字通

［普及版］

白川静

平凡社

題字　今井凌雪
装幀　山崎　登

字通［普及版］目次

序

〔字統〕〔字訓〕の二書につづいて、ここに〔字通〕を刊行する運びとなった。三部作として、かねてその完成を期していたが、着手して十三年余にして、ようやく初志を達することができた。この間を通じて、私の関心は、主として国語の将来と、漢字の関係という問題にあった。漢字は難解であり、新しい時代の言語生活に適合しないという考えかたが、一部に根強くある。しかしわが国の文化は、漢字に支えられているところが多い。ことに知的な営みの世界から漢字を除くことは、ほとんど不可能といってよい。わが国の文化的集積の大部分が、その上に築かれているからである。漢字は、国語表記の上からは、国字である。音訓を通じて自在に表記するという方法は、わが国独自のものである。

漢字は難解であるとされるが、漢字が成立した当時の資料である甲骨文、つづいて殷周期の金文などによってその初形が知られ、その字形学的研究によって、その字源はほぼ明らかになった。それは一定の原則のもとに、整然たる体系をもっている。字源と、したがってその語源とが、これほど明らかにされた言語は、他にその例がない。〔字統〕はそのことを論じた。

漢字は、わが国では音訓をあわせ用いるという方法によって、完全に国語表記の方法となった。他の民族の、他の語系に属する文字を、このように自国の言語、その言語の表記に用いるという例は、他にないものである。これは誇るべき、一つの文化的成就といってよい。その消息を明らかにするために、私は〔字訓〕を書いた。

この音訓を兼ね用いるという方法によって、われわれは、中国の文献を、そのまま国語の文脈になおして、読み下すことができた。すぐれた思想や歴史記述、また多くの詩文なども、自国の文献のように読むことができた。そこには、語法的な組織力とあわせて、知的な訓練をも獲得するという意味があった。そのような基礎的な体験があって、わが国の文化は、どのような外的刺激にも対応することができた。私はこの〔字通〕において、そのような知的教養の世界を回復したいと思う。語彙の文例に、表現として完全な、文意を把握しうる文章や詩句を用意したのは、そのためである。編集の詳しい方針と方法とについては、後に述べる。

この書の編集にあたっては、はじめ中国芸文研究会の諸君に語彙の抽出を、また問題のあるごとに、随時文献の調査を依頼した。研究会は立命館大学文学部中国文学専攻の卒業生を以て組織し、清水凱夫教授を責任者として、随時私の要請にこたえてくれた。また津崎幸博・史夫妻は、編集の準備段階から校了に至るまで、終始よき協力者であった。ことに阪神の大震災で被災した中でも、作業は継続された。史は私の長女、早く教職を退いて、このことに専念してくれた。

編集部の諸氏にも、いろいろお世話になった。大部なものであるため、原稿の読みかえしも容易でなく、進行上いろいろご苦労をかけた。多くの方々の協力を得たにもかかわらず、本書はなお誤りや不十分なところが多いであろうと思う。ただこの書によって、私の意図するところがひろく理解され、また世用に役立つことをねがうのである。

平成八年八月　　白川　静

＊『字通』（一九九六年発行）の刊行に際して著者が書き下ろしたものをそのまま掲載した。

凡例

本書は一九九六年一〇月刊行の『字通』を小型化し、普及版としたものである。小型化するにあたり、本文部分の内容を保持するように努めたが、組み方の体裁を改め、また付録の一部を割愛した。

以下、『字通』の凡例を抜粋して掲げる。文中の括弧・記号類は本書のものに変え、(例)は本書の組み方で示す。体裁以外に改めた主な点は＊の下に付記する。

編集の方針

本書は、漢字の体系的な理解と、字義の展開のあとを考え、またその用語例を通じて、漢字文化の特質にふれることを目的として編纂した。漢字による用語の理解を深めることは、国語の表現をゆたかにする基礎になるものと考えられるからである。

収録した文字

本書に収録した文字は、次の基準によった。

一　常用漢字表、人名用漢字別表の文字。

＊常用漢字表は二〇一〇年一一月内閣告示された「常用漢字表」に対応し、原則的に親字として掲げた。「常用漢字表」が別の形を許容する字（餌・遡・遜・餅・謎）は、それを異体字として示した。

＊二〇一三年末現在の人名用漢字で、『字通』が見出しとして収めていた字に限り、人名用漢字であることを示す。常用漢字の旧字・異体字が人名用漢字のものは、常用漢字を親字とする項目にまとめ、異体字の関係にある二字がともに人名用漢字であれば、一方を親字とし、その項目で他方も扱う。また、『字通』の刊行後に人名用漢字として認められたもので、『字通』の見出し字と字形に微妙な差異がある字は『字通』の字形に従い、用語例の語彙は古典に多出する字体で示す場合がある。

なお、付録の「人名用漢字一覧」では、官報が掲げる全ての字を示す。

二　中国の古典に使用例があり、読書や研究の上に、普通に知識として知る必要のある文字。

三　国語の古典や資料、また近代の文章表現の上に、普通に知識として知る必要のある文字。

四　漢字の体系、その字形学的解釈の上に、要素的に必要と考えられる字形と、その関連の文字。

五　収録した親字の字数は、副見出しとしてあげた字を含めて、約九六〇〇字である。

親字について

常用漢字表、人名用漢字別表にある文字は、原則としてそれぞれその字形によった。常用漢字には[常]、人名用漢字には[人]と、見出し上に附した。

前項の字形が旧字形と異なるときは、その下に旧字形を〔 〕を加えて、副見出しとしてあげた。旧字形には、書き方の違いによるものも含めた。

(例)　[常]【亜】7　[人]〔亞〕8 1010

(例)　[人]【巌】20　[人]〔巖〕23 2224

常用漢字表、人名用漢字別表の文字が、旧字形において別の字であるときは、その旧字形を親字とする一条を、別に設けた。

(例)　缶〔罐〕　カン
缶　フ（別出）
灯〔燈〕　トウ
灯　テイ（別出）

親字のうち、たとえば〔説文解字〕にあげる古文・籀文(ちゅうぶん)・或る体のように、異体異構の字があるときは、親字の下に、［ ］を加えてあげた。

例 常【災】7/2280 ［烖］10/4385 ［灾］7/3080

親字の字形は、一応〔康熙字典〕によったが、字形学的に改める必要のあるときは、一部改めたところがある。

配列について

親字は、その字音によって、五十音順に配列した。

音は最も普通に用いられるものにより、すべて表音式によった。

常用漢字表、人名用漢字別表にあげるものは、原則としてその音によった。

右二表に訓のみであげられているものも、字音によってあげた。

例 皿（さら）→皿（ベイ）

同じ音の字は字画数により、同画数の字は部首の画数順によった。

同じ音に属する親字は、そのはじめのところに、一括して見出し文字表を掲げ、検字に便した。

＊「見出し文字表」冒頭の音見出し（字音がない親字は字訓を片仮名で記す）のみを残し、文字表はこれをすべて割愛した。

字の画数について

見出し字の下に、その文字の画数を掲げた。

字の画数は、運筆上の実際の数に従った。たとえば、辶は〔康熙字典〕以来すべて三画とするが、実際の運筆は四画であるから、四画とする。辶を字形中に含む文字の画数も、同様である。

艸部の字は、新字形では草冠は三画とするが、旧字形においては四画として数える。また辶も新字形においては三画とし、旧字形においては四画とする。

なお、臣は新字形、旧字形とも六画に数えた。

四角号碼について

画数の下に四角号碼の数字を掲げた。

＊四角号碼は、方形の漢字の四隅に、左上・右上・左下・右下の順に、その形によって0〜9までの番号をつけ、四けたの数字で示す検字法である。もとは商務印書館の王雲五氏によって創案されたものであり、中国の文献を利用するときに便宜がよい。それぞれの番号が示す形は次表の通りである。

号碼	筆名	筆形	挙例	説明
0	頭	亠	言 主 广 疒	いわゆるなべぶたの形
1	横	一 ㇀ ㇗ ㇂	天 土 地 江 元 風	横の線、横のかぎ
2	垂	丨 丿 亅	山 月 千 則	垂れ、左かぎ（左下に垂れ）
3	点	丶 ㇏	宀 礻 冖 厶 之 衣	点、磔（右斜めに引く）
4	叉	十 乂	草 杏 皮 刈 大 葤	両筆交叉
5	挿	扌	才 戈 申 史	垂線上に、二筆以上が通る
6	方	口	國 鳴 目 四 甲 由	四角の形
7	角	㇆ 厂 亅 ㇗ 𠂆 ㇇	羽 門 灰 陰 雪 衣 學 罕	角のある形、矩形
8	八	八 丷 人 𠂉	分 頁 羊 余 災 氽 足 午	八の形、その変形
9	小	小 ⺌ ⺗ 个 忄	尖 糸 舞 呆 惟	小の形、その変形

字音について

字音は、語彙として実際に用いられる音のみをあげた。たとえば重には、字書にチョウ、ヂュ、トウ、ヅ、シュウ、シュの附音があるが、このうち語彙として用いるのはチョウ、慣用音としてのジュウのみであるから、この二音のみをとり、慣用音をもって収めた。

字音は表音式により、旧字音を（ ）で示した。

例 常【重】9/2010 ジュウ(ヂュウ) チョウ おもい かさなる

字訓について

字音の傍らに、字訓をそえた。字訓は、常用漢字表にあげる主要なもののほか、その字のもつ普通に用いられる訓をあげた。

例　常【異】11/6080　イ ヨク
ことなる あやしむ わざわい
（常用漢字表には、「イ／こと」の音訓を掲げる。）

文字資料について

古代文字の資料として、甲骨文（卜文）、金文、石鼓文、及び〔説文解字〕に収める篆文（てんぶん）・籀文（ちゅうぶん）・古文の字形を収めた。その採集書は次の諸書である。

〔甲骨文編〕十四巻　孫海波　民国二十三年
〔甲骨文編〕十四巻　中国科学院考古研究所編輯　一九六五年
〔続甲骨文編〕十四巻　金祥恒　民国四十八年
〔金文編〕十四巻　容庚　重訂本
〔古文字類編〕　高明　一九八〇年
〔漢語古文字字形表〕　徐仲舒　一九八〇年

〔説文解字〕に収める字形は、主として〔説文篆韻譜〕所収のものによった。〔説文新附〕の字など、〔篆韻譜〕未収のものは、〔大徐本〕〔小徐本〕などによって補った。

右の文字資料のうち、〔説文解字〕に収める字形は、無印のまま文字資料欄の冒頭に掲げ、ついで甲骨文には◉印、金文には◎印、それ以外の文字には○印を附して、この順に掲げた。

＊『字通』が文字資料に付けていた印を改め、それぞれ以下の見出しにした。
無印：篆文・古文・籀文
◉印：甲骨文
◎印：金文
○印：侯馬盟書・簡書・石鼓文・詛楚文・古印璽・その他

例　【盂】8/1010　［杅］7/4194　ウ
みずいれ わん

字形について

字形は六書の法によって、会意・形声・指事・仮借に分かって解説した。字の原義を明らかにし、そこから字義の展開を考える。本義と展開義との関係を明らかにする。

訓義について

訓義の展開を1 2 3…の順序でしるす。

例　他　訓義　1ほか、よそ、ほかのひと、他人。2ことなる、よこしま、ふたごころ。3かれ、あれ、たれ。

「他」には、常用漢字表による訓はない。しかしわが国の古辞書にあげる訓には、以上の諸義が含まれており、それを語義の一般的な展開の順序に従って、それぞれ語群として整理した。語義の展開の順序は、歴史的な用義法の展開を考慮した（なお、二〇一〇年の「常用漢字表」では「他」に「ほか」の訓が加えられている）。

古辞書の訓について

わが国の古辞書、〔新撰字鏡〕〔和名類聚抄〕〔類聚名義抄〕〔字鏡〕〔音訓篇立〕〔龍谷大学本字鏡集〕からとり、そのうち初期訓義の代表として〔名義抄〕、その後の訓義の増加のあるものは、〔字鏡〕以下の書によって補入した。これらの古辞書には、誤写あるいは明らかに誤訓とみられるものは、他の古辞書を参考にして、省略し、もしくは訂正し、傍点を附すなどした。

例　左　古訓　〔名義抄〕左 ヒダリ・ホトリ・タスク／左右 トニカクニ・タスケ・タスク 〔篇立〕左 タスク・ヒダリ・イヤメツラ・ホトリ・ヒウカシ・トサマ・コカタ 〔字鏡集〕ナ・左 ニシ・ヒダリノテ・ホトリ・タスク・トサケ（マ）・ヒダリ

声系について

その字を声字とする一連の形声字を、声系という。声系の字には、　系の声義をもつものが多い。

例　它　声系　〔説文〕に它声として、佗・沱・鉈など九字を収める。佗は負荷、沱は旁流する溜り水、鉈は短矛。みな、まるくふくれた形のものをいう。它がとぐろを巻く形への連想があるのであろう。

語系について

語原的に同系と考えられるものを、語系としてまとめ、その声義の関係を説明する。語系については王力氏の〔同源字典〕にかなりの整理が試みられており、たとえば墮について、墮duai、鬌tuai、墜diuət、隤duaiをあげているが、墮が肉が崩れおちることを原義とすることからいえば、多tai、墮duai、朶tuaiという関係を考えることができる。多は肉を重ねる形、朶は花が崩れこぼれるような状態をいう。

㊀例 墮 **語系** 墮（隋・隊）duai は同声。また鬌 tuai、墜（隧）diuət、隤 duai も声近く、みなおちることをいう。鬌はつぶれ髪、隤は壊隤、崩れおちる意で、みな一系の語である。

用語例について

用語例の語彙は、二字の連語に限定した。掲出は、次の方式による。

語彙の下に字音のよみをつける。よみは表音仮名を用い、字の本音が表音と異なるときは、その本音（字音という）を（ ）内につける。

よみの下にわけを加える。わけは用語例によって理解されることが望ましいので、簡略なものにした。

次に用語例をあげる。用語例には、出典として、書籍のときには〔 〕内に書名・篇名、作品のときには作者名を附して〔 〕内に作品名をあげる。

用語例の詩文は、すべて古典として扱うものであるから、旧漢字・歴史仮名遣いとする。

書名・篇名は固有名詞として扱うので、常用漢字、人名用漢字表による表記とする。

引用文中の難読の字には、よみをつける。よみは字音仮名による。

引用文中の難解な語には和訓、（ ）内に解釈、あるいは説明を加える。

引用文のうち省略する部分は～を以て示す。

㊀例 【京華】けいか（くわ） みやこ。花の都。晋・郭璞〔遊仙詩、十四首、一〕京華は游俠の窟（すみか） 山林は隱遯（いんとん）の棲（すまひ） 朱門何ぞ榮とするに足らん 未だ蓬萊に託するに若（し）かず

【焼残】しよう（せう）ざん やきはらう。〔史記、呉王濞伝〕兵を起して以て宗廟を危くし、～無罪を天殺（えうさつ）し、民家を燒殘し、其の丘冢（きうちよう）（墳墓）を掘（あば）き、甚だ暴虐を爲す。

その他の語彙について

用語例をあげる語彙のほかに、用語例をあげずに、二字の語彙のみを、⬆を附して一括して録し、その語彙の下に簡単な訳を加えた。

下接語について

その字を下におく連語を下接語という。字の用義法として、また語の構成法として、下接語の語彙を必要とすることが多い。それで最後に⬇を附して下接語を加えた。〔佩文韻府〕は韻字を下接語とする語彙を収録するものであるから、主として〔佩文韻府〕によって語彙を拾い、また他書によって補入した。

付録について

付録として、常用・人名漢字一覧のほか、別に同訓異字、作者解説、書名解説と、平仄一覧とを加えた。用語例をなるべく具体的に理解するために、作者と出典書名についての知識を必要とすることがあるので、この両者を加えることにした。

＊本書は『字通』本文の内容の保持を最優先して組み替えを行い、本文部分は約四五〇ページの増加となった。一方で製本の都合から、付録・索引の一部に再録できなかったものがある。本書では付録として、「常用・人名用漢字一覧」と、「平仄一覧」とを載せ、「同訓異字」「作者解説」「書名解説」は割愛した。また、索引では「四角号碼索引」（四角号碼の説明はこの凡例で簡単に記した）を除き、「字音索引」「字訓索引」「総画索引」「部首索引」は巻末にまとめて収めた。

なお、この凡例の最後に「主要出典略記」を設ける。そこで取り上げた出典書名は、「書名解説」に沿って経・史・子・小学（文字学）・類書などに分類し、配列した。各項は「書名解説」にある基本的な書誌情報に続けて、⇩の下に本書での扱い方の一例を示す。

平仄一覧について

本篇の親字の下に東・冬のように韻名を加えるのにかえて、各字の韻目韻字表、また字の全体を五十音順に配列して、それぞれ平仄を分かつ平仄韻字表・両韻字表を附載した。韻・平仄を検し、また詩作の便宜に供するためである。

主要出典略記

〈経類〉

【詩】し【毛詩】もうし【詩経】しきょう　風（民謡、十五国風）百六十篇、雅（大雅・小雅、貴族の儀礼・宴遊歌）百五篇、頌（周・魯・商、廟歌）四十篇、計三百五篇。⇩〔詩、周南、漢広〕〔詩、王風、揚之水〕〔詩、小雅、大田〕〔詩、周頌、臣工〕

【韓詩外伝】かんしがいでん　六巻。漢・韓嬰撰。⇩〔韓詩外伝、二〕

【書】しょ【尚書】しょうしょ【書経】しょきょう　今文尚書二十九篇、古文尚書十六篇。〔尚書正義〕二十巻は偽書を含む。⇩〔書、舜典〕

【易】えき【周易】しゅうえき【易経】えききょう　上下二経と十伝。⇩〔易、乾、九二〕〔易、大有、象伝〕

【周礼】しゅらい　六篇。その成立について古来偽書説が多いが、秦の統一前後のものであろう。⇩〔周礼、天官、大宰〕

【儀礼】ぎらい　今文十七篇。漢初に魯・高堂生が伝える。⇩〔儀礼、士冠礼〕

【礼記】らいき　四十九篇。漢・戴聖編。⇩〔礼記、曲礼上〕〔中庸、二〕〔大学、十〕

【大戴礼】だたいれい　八十五篇。漢・戴徳撰。⇩〔大戴礼、夏小正〕

【春秋】しゅんじゅう　魯の隠公より哀公に至る十二公、二百四十二年の編年史。解釈法に左氏（魯・左丘明撰という）・公羊（斉・公羊高撰とするが、その家の伝承するところを編述したもの）・穀梁（穀梁赤撰）の三家がある。⇩〔春秋、桓元年〕〔左伝、文十八年〕〔公羊伝、僖三十一年〕〔穀梁伝、荘二十七年〕

【孝経】こうきょう　一巻。孔子と曽参の問答を記録したものという。⇩〔孝経、開宗明義章〕

【論語】ろんご　二十篇。孔子および孔門の徒の言行を録する。⇩〔論語、学而〕

【孟子】もうし　七篇。戦国魯・孟軻撰。⇩〔孟子、梁恵王上〕

〈史類〉

【国語】こくご　二十一篇。魯・左丘明撰という。⇩〔国語、晋語八〕

【戦国策】せんごくさく　三十三巻。漢・劉向編。⇩〔戦国策、秦一〕

【逸周書】いつしゅうじょ　十巻五十九篇。晋・孔晁注。⇩〔逸周書、諡法解〕

【越絶書】えつぜつしょ　十五巻。漢・袁康撰。⇩〔越絶書、越絶呉内伝〕

【呉越春秋】ごえつしゅんじゅう　十巻。漢・趙曄撰。⇩〔呉越春秋、越王無余外伝〕

【史記】しき　一百三十巻。漢・司馬遷撰。⇩〔史記、項羽紀〕

【漢書】かんじょ　百巻。後漢・班固撰。⇩〔漢書、芸文志〕

【東観漢記】とうかんかんき　二十四巻。後漢・班固等の奉勅撰。⇩〔東観漢記、光武帝紀〕

【漢紀】かんき　三十巻。後漢・荀悦撰。⇩〔漢紀、武帝紀二〕

【後漢書】ごかんじょ　一百二十巻。南朝宋・范曄等の撰。⇩〔後漢書、皇后上、和熹鄧皇后紀〕

【三国志】さんごくし　六十五巻。晋・陳寿撰。⇩〔三国志、魏、陳思王植伝〕〔三国志、蜀、諸葛亮伝〕〔三国志、呉、呉主伝〕

【晋書】しんじょ　一百三十巻。唐・房玄齢等の奉勅撰。⇩〔晋書、文苑、左思伝〕

【宋書】そうじょ　百巻。梁・沈約の奉勅撰。⇩〔宋書、謝霊運伝〕

【南斉書】なんせいしょ　五十九巻。梁・蕭子顕の奉勅撰。⇩〔南斉書、高帝紀上〕

【梁書】りょうしょ　五十六巻。唐・姚思廉等の奉勅撰。⇩〔梁書、処士、陶弘景伝〕

【陳書】ちんしょ　三十六巻。唐・姚思廉撰。⇩〔陳書、陸子隆伝〕

【魏書】ぎしょ　一百三十巻。北斉・魏収の奉勅撰。⇩〔魏書、釈老志〕

【北斉書】ほくせいしょ　五十巻。唐・李百薬の奉勅撰。⇩〔北斉書、神武紀上〕

【周書】しゅうしょ【北周書】ほくしゅうしょ　五十巻。唐・令狐徳棻撰。⇩〔周書、文帝紀下〕

【隋書】ずいしょ　八十五巻。唐・魏徴等の奉勅撰。⇩〔隋書、礼儀志一〕

【南史】なんし　八十巻。唐・李延寿撰。⇩〔南史、顔延之伝〕

【北史】ほくし　百巻。唐・李延寿撰。⇩〔北史、斉文宣帝紀上〕

【旧唐書】くとうじょ【唐書】とうじょ　二百巻。後晋・劉昫等の奉勅撰。⇩〔旧唐書、玄宗紀上〕

【唐書】とうじょ【新唐書】しんとうじょ　二百二十五巻。宋・欧陽脩等の奉勅撰。⇩〔唐書、選挙志上〕

【旧五代史】きゅうごだいし【五代史】ごだいし　一百五十巻。宋・薛居正の奉勅撰。⇩〔旧五代史、周、段希堯伝〕

【五代史】ごだいし【新五代史】しんごだいし　七十四巻。宋・欧陽脩撰。⇩〔五代史、死節、王彦章伝〕

【資治通鑑】しじつがん　二百九十四巻。宋・司馬光の奉勅撰。⇩〔資治通鑑、漢紀四十三〕

【宋史】そうし　四百九十六巻。元・托克托等の奉勅撰。⇩〔宋史、欧陽脩伝〕
【遼史】りょうし　一百十六巻。元・托克托等の奉勅撰。⇩〔遼史、営衛志中、部族上〕
【金史】きんし　一百三十五巻。元・托克托等の奉勅撰。⇩〔金史、文芸下、元好問伝〕
【元史】げんし　二百十巻。明・宋濂等の奉勅撰。⇩〔元史、外夷一、日本伝〕
【明史】みんし　三百三十六巻。清・張廷玉等の奉勅撰。⇩〔明史、王禕伝〕
【史通】しつう　二十巻。唐・劉知幾撰。⇩〔史通、疑古〕

〈子類〉

【老子】ろうし【老子道徳経】ろうしどうとくきょう　上下二巻、八十一章。老聃撰という。⇩〔老子、七十三〕
【墨子】ぼくし　七十一篇。うち十八篇欠。墨翟撰という。⇩〔墨子、親士〕
【管子】かんし　二十四巻。斉・管仲撰という。⇩〔管子、牧民〕
【晏子春秋】あんししゅんじゅう　内篇六・外篇二、二百十五章。斉・晏嬰の遺聞を後人が録したものであろう。⇩〔晏子、問上九〕
【孫子】そんし　〔孫子兵法〕ともいう。十三篇。斉・孫武撰。⇩〔孫子、計〕
【呉子】ごし　呉起の書とされるが、門人説、偽撰説がある。六篇。⇩〔呉子、料敵〕
【尉繚子】うつりょうし　いま二十四篇。戦国・尉繚撰。⇩〔尉繚子、治本〕
【六韜】りくとう　六巻。周・呂望撰というが、後人の偽託。⇩〔六韜、虎韜、軍略〕
【荘子】そうじ　三十三篇。戦国・荘周撰。⇩〔荘子、逍遥遊〕
【列子】れっし　八巻。周・列禦寇撰。⇩〔列子、黄帝〕
【荀子】じゅんし　三十二篇。戦国・荀子撰。⇩〔荀子、勧学〕
【韓非子】かんぴし　二十巻、五十五篇。戦国・韓非撰。⇩〔韓非子、初見秦〕
【商君書】しょうくんしょ【商子】しょうし　いま二十四篇。秦・商鞅撰とするが疑わしい。⇩〔商君書、農戦〕
【呂氏春秋】りょししゅんじゅう【呂覧】りょらん　二十六巻。秦・呂不韋撰。⇩〔呂覧、重己〕
【新語】しんご　二巻。前漢・陸賈撰。⇩〔新語、至徳〕
【新書】しんじょ　十巻。前漢・賈誼撰。⇩〔新書、過秦下〕
【淮南子】えなんじ　二十一巻。漢・淮南王劉安撰。⇩〔淮南子、原道訓〕
【春秋繁露】しゅんじゅうはんろ　十七巻。漢・董仲舒撰。⇩〔春秋繁露、王道〕
【法言】ほうげん　また〔揚子法言〕ともいう。十三巻。漢・揚雄撰。⇩〔法言、問神〕
【新序】しんじょ　いま十巻。漢・劉向撰。⇩〔新序、雑事一〕
【説苑】ぜいえん　二十巻。漢・劉向撰。⇩〔説苑、政理〕
【塩鉄論】えんてつろん　十二巻。前漢・桓寛撰。⇩〔塩鉄論、本議〕
【論衡】ろんこう　三十巻。後漢・王充撰。⇩〔論衡、幸偶〕
【潜夫論】せんぷろん　十巻。後漢・王符撰。⇩〔潜夫論、讃学〕
【孔子家語】こうしけご　十巻。魏・王粛撰。⇩〔孔子家語、相魯〕
【新論】しんろん　二十九篇。後漢・桓譚著。⇩〔新論、激通〕
【抱朴子】ほうぼくし　内外二篇、内篇二十巻、外篇五十巻。晋・葛洪撰。⇩〔抱朴子、金丹〕

〈総集・叢書・類書〉

【楚辞】そじ　二十五篇。漢・劉向編。⇩〔楚辞、離騒〕〔楚辞、九歌、東皇太一〕
【文選】もんぜん　三十巻。梁・昭明太子撰。⇩〔文選、古詩十九首、一〕
【玉台新詠】ぎょくだいしんえい　十巻。陳・徐陵撰。⇩〔玉台新詠、焦仲卿の妻の為に作る〕
【楽府詩集】がふししゅう　百巻。宋・郭茂倩編。⇩〔楽府詩集、相和歌辞三、相和曲下、陌上桑〕
【初学記】しょがくき　三十巻。唐・徐堅等の奉勅撰。⇩〔初学記、二十に引く謝承の後漢書〕
【唐詩紀事】とうしきじ　八十一巻。宋・計有功撰。⇩〔唐詩紀事、四十、賈島〕
【太平御覧】たいへいぎょらん　千巻。宋・李昉等の奉勅撰。⇩〔太平御覧、一七七に引く帝王世紀〕
【太平広記】たいへいこうき　五百巻。宋・李昉等の奉勅撰。⇩〔太平広記、六十に引く神仙伝、麻姑〕

〈小学類〉

【倉頡篇】そうけつへん　字はまた蒼頡に作る。百二章。秦・李斯等。⇩〔倉頡篇〕
【爾雅】じが　十九篇。撰者不詳。⇩〔爾雅、釈詁〕
【急就篇】きゅうしゅうへん　〔急就章〕ともいう。漢・史游撰。⇩〔急就篇〕
【方言】ほうげん　正名は〔輶軒使者絶代語釈別国方言〕。十三巻。漢・揚雄撰。⇩〔方言、一〕

【釈名】しゃくみょう 八巻。漢・劉熙撰。⇩〔釈名、釈天〕

【説文解字】せつもんかいじ 十五巻。漢・許慎撰。宋・徐鉉の校定本を〔大徐本〕、弟徐鍇の校定本〔説文解字繫伝〕を〔小徐本〕という。⇩〔説文〕一上

【広雅】こうが 十巻。魏・張揖撰。⇩〔広雅、釈詁一〕

【字林】じりん 晋・呂忱撰。⇩〔字林〕

【玉篇】ぎょくへん 三十巻。梁・顧野王撰。⇩〔玉篇〕

【一切経音義】いっさいきょうおんぎ 二十五巻。唐・釈玄応撰。また、百巻。唐・釈慧琳撰。⇩〔一切経音義、二十三〕〔慧琳音義、二〕

【広韻】こういん 〔大宋重修広韻〕の略称。五巻。宋・陳彭年の奉勅撰。⇩〔広韻〕

【六書故】りくしょこ 三十三巻。宋末元初・戴侗撰。⇩〔六書故〕

【竜龕手鑑】りゅうがんしゅかん もと〔竜龕手鏡〕と題し、四巻。遼（契丹）・僧行均撰。⇩〔竜龕手鑑〕

【正字通】せいじつう 十二集。明・張自烈撰。⇩〔正字通〕

【康熙字典】こうきじてん 四十二巻。清・康熙勅撰。⇩〔康熙字典〕

【説文解字注】せつもんかいじちゅう 三十二巻。うち三十巻は〔説文解字〕の注、後二巻は「六書音均表」。清・段玉裁撰。⇩〔段注本〕〔段注〕

【説文通訓定声】せつもんつうくんていせい 十八巻。清・朱駿声撰。⇩〔説文通訓定声〕

〈別集・小説・筆記・雑〉

【夷堅志】いけんし 現存五十巻。宋・洪邁撰。⇩〔夷堅志、丁三、謝花六〕

【雲仙雑記】うんぜんざっき 十巻。唐・馮贄撰。⇩〔雲仙雑記、八、酒魔〕

【雲麓漫鈔】うんろくまんしょう 十五巻。宋・趙彦衛撰。⇩〔雲麓漫鈔、三〕

【閲微草堂筆記】えつびそうどうひっき 二十四巻。清・紀昀撰。⇩〔閲微草堂筆記、灤陽消夏録三〕

【燕京歳時記】えんけいさいじき 一巻。満州の旗人敦崇撰。光緒二十六年（一九〇〇）刊。⇩〔燕京歳時記、打春〕

【甌北詩話】おうほくしわ 十巻、続二巻。清・趙翼撰。⇩〔甌北詩話、六〕（陸放翁の詩）

【開元天宝遺事】かいげんてんぽういじ 四巻。五代・王仁裕撰。⇩〔開元天宝遺事、天宝下、夢筆頭生花〕

【陔余叢考】がいよそうこう 四十三巻。清・趙翼撰。⇩〔陔余叢考、三十三、烟草〕

【鶴林玉露】かくりんぎょくろ 十六巻。別に甲乙丙三編十八巻本がある。宋・羅大経撰。⇩〔鶴林玉露、甲二、二蘇〕

【漢学師承記】かんがくししょうき 八巻。もと〔国朝漢学師承記〕、のち〔清朝漢学師承記〕（周予同選註本）のようにいう。清・江藩撰。⇩〔漢学師承記、八、顧炎武〕

【顔氏家訓】がんしかくん 上下二巻。北斉・顔之推撰。⇩〔顔氏家訓、勉学〕

【癸辛雑識】きしんざっしき 前集・後集各一巻、続集・別集各二巻。宋末元初・周密撰。⇩〔癸辛雑識、後集、訳者〕

【帰田録】きでんろく 二巻。宋・欧陽脩撰。⇩〔帰田録、一〕

【荊楚歳時記】けいそさいじき 一巻。梁・宗懍撰。⇩〔荊楚歳時記〕

【雞肋編】けいろくへん 三巻。宋・荘綽撰。⇩〔雞肋編、上〕

【古今注】ここんちゅう 三巻。晋・崔豹撰。⇩〔古今注、輿服〕

【五雑組】ござっそ 十六巻。明・謝肇淛撰。⇩〔五雑組、地部一〕

【紅楼夢】こうろうむ 原名は〔石頭記〕。一百二十四回。清・曹霑、高顎作。⇩〔紅楼夢、三十七回〕

【高士伝】こうしでん 三巻。晋・皇甫謐撰。⇩〔高士伝、上、許由〕

【西京雑記】さいきょうざっき 原二巻。のち六巻。作者は劉歆、葛洪説などあるも、確かめがたい。「せいけいざっき」とも読む。⇩〔西京雑記、六〕

【三輔黄図】さんぽこうず 六巻。補遺一巻。作者不詳。⇩〔三輔黄図、三、未央宮〕

【詩品】しひん 三巻。梁・鍾嶸撰。⇩〔詩品、上、魏の陳思王植〕

【事物紀原】じぶつきげん 十巻。宋・高承撰。⇩〔事物紀原、歳時風俗部、薬市〕

【朱子語類】しゅしごるい 一百四十巻。宋・黎靖徳撰。⇩〔朱子語類、一三〇〕

【拾遺記】しゅういき 十巻。晋の王嘉の撰にして梁の蕭綺録すとするが、王嘉は後秦の方士。⇩〔拾遺記、四、秦始皇〕

【述異記】じゅついき 二巻、梁・任昉撰。また十巻、斉・祖冲之撰。⇩〔述異記、上〕

【春在堂随筆】しゅんざいどうずいひつ 十巻。清・兪樾撰。⇩〔春在堂随筆、一〕

【徐霞客游記】じょかかくゆうき 十巻。明・徐弘祖撰。⇩〔徐霞客游記、游武夷山日記〕

【邵氏聞見録】しょうしぶんけんろく 二十巻。宋・邵伯温撰。⇩〔邵氏聞見録、九〕

【貞観政要】じょうがんせいよう 十巻。唐・呉兢撰。⇩〔貞観政要、政体〕

【神仙伝】しんせんでん 十巻。晋・葛洪撰。⇩〔神仙伝、六、劉安〕

【水経注】すいけいちゅう 四十巻。北魏・酈道元撰。⇩〔水経注、河水一〕

【水滸伝】すいこでん 明・施耐庵作、羅貫中補訂ともいう。一百回本・一百二十回本となり、清・金聖嘆が七十回までを定本とした。⇩〔水滸伝、五十二回〕

【世説新語】せせつしんご　三巻。南朝宋・劉義慶撰。⇩〔世説新語、徳行〕
【斉民要術】せいみんようじゅつ　十巻。後魏・賈思勰撰。⇩〔斉民要術、三、種葵〕
【山海経】せんがいきょう　十八巻。撰者不詳。⇩〔山海経、西山経〕〔山海経、海内北経〕
【宣和画譜】せんながふ　二十巻。撰者不詳。⇩〔宣和画譜、山水一、王維〕
【捜神記】そうしんき　いま二十巻、また八巻。晋・干宝撰。⇩〔捜神記、一〕
【滄浪詩話】そうろうしわ　一巻。宋・厳羽撰。⇩〔滄浪詩話、詩弁〕
【大唐新語】だいとうしんご　十三巻。唐・劉粛撰。⇩〔大唐新語、十三〕
【大唐西域記】だいとうせいいきき　十二巻。唐・玄奘述、弁機撰。⇩〔大唐西域記、十一、僧伽羅国〕
【池北偶談】ちほくぐうだん　二十六巻。清・王士禎撰。⇩〔池北偶談、十二、世祖御筆〕
【通俗編】つうぞくへん　三十八巻。清・翟灝撰。⇩〔通俗編、俳優、説書〕
【輟耕録】てっこうろく　三十巻。明・陶宗儀撰。⇩〔輟耕録、二十五、院本名目〕
【東観余論】とうかんよろん　二巻。宋・黄伯思撰。⇩〔東観余論、上、張長史の書を論ず〕
【東京夢華録】とうけいむかろく　十巻。宋・孟元老撰。⇩〔東京夢華録、二、酒楼〕
【唐国史補】とうこくしほ　三巻。唐・李肇撰。⇩〔唐国史補、上〕
【洞天清録集】どうてんせいろくしゅう　不分巻。宋・趙希鵠撰。⇩〔洞天清録、古鐘鼎彝器弁〕
【独異志】どくいし　三巻。唐・李冗撰。⇩〔独異志、上〕
【独断】どくだん　二巻。漢・蔡邕撰。⇩〔独断、上〕
【敦煌変文集】とんこうへんぶんしゅう　八巻。王重民等撰。⇩〔敦煌変文集、降魔変文〕
【日知録】にっちろく　三十二巻。清・顧炎武撰。⇩〔日知録、十八、十三経注疏〕
【博物志】はくぶつし　十巻。晋・張華撰。⇩〔博物志、二〕
【白虎通義】びゃくこつうぎ　〔白虎通〕〔白虎通徳論〕ともいう。四巻。漢・班固撰。⇩〔白虎通、号〕
【風俗通義】ふうぞくつうぎ　略して〔風俗通〕ともいう。十巻。漢・応劭撰。⇩〔風俗通、山沢〕
【文心雕竜】ぶんしんちょうりょう　十巻。南朝梁・劉勰撰。⇩〔文心雕竜、明詩〕
【文体明弁】ぶんたいめいべん　八十四巻。明・徐師曽撰。⇩〔文体明弁、墓表〕
【封氏聞見記】ほうしぶんけんき　十巻。唐・封演記。⇩〔封氏聞見記、六、飲茶〕
【北夢瑣言】ほくむさげん　二十巻。宋・孫光憲撰。⇩〔北夢瑣言、六〕
【穆天子伝】ぼくてんしでん　六巻。晋・荀勗等著。⇩〔穆天子伝、六〕
【本草綱目】ほんぞうこうもく　五十二巻。明・李時珍撰。⇩〔本草綱目、石三、銀朱〕
【夢渓筆談】むけいひつだん　二十六巻。補筆談三巻。続筆談一巻。別に逸文一巻がある。宋・沈括撰。⇩〔夢渓筆談、雑誌一〕
【野獲編】やかくへん　〔万暦野獲編〕ともいう。三十巻、補遺四巻。明・沈徳符撰。⇩〔野獲編、兵部、程鵬起〕
【酉陽雑俎】ゆうようざっそ　二十巻、続集十巻。唐・段成式撰。⇩〔酉陽雑俎、八、黥〕
【容斎随筆】ようさいずいひつ　十六巻。続筆十六巻。三筆十六巻。四筆十六巻。五筆十巻。宋・洪邁撰。⇩〔容斎随筆、十五〕〔容斎四筆、官称別名〕
【洛陽伽藍記】らくようがらんき　五巻。北魏・楊衒之撰。⇩〔洛陽伽藍記、一、瑶光寺〕
【聊斎志異】りょうさいしい　十六巻。清・蒲松齢撰。⇩〔聊斎志異、嬰寧〕
【冷斎夜話】れいさいやわ　十巻。宋・釈恵洪撰。⇩〔冷斎夜話、七〕
【隷釈】れいしゃく　二十七巻。宋・洪适撰。⇩〔隷釈、七、泰山都尉孔宙碑〕
【歴代名画記】れきだいめいがき　十巻。唐・張彦遠撰。⇩〔歴代名画記、十、唐下〕
【老学庵筆記】ろうがくあんひっき　十巻。続筆記二巻。宋・陸游撰。⇩〔老学庵筆記、一〕

字通の編集について

白川 静

目次

一――本書の趣旨

本書は、〔字統〕〔字訓〕につづいて、一般辞書としての編集を試みた。〔字統〕は字源、その字形学的な研究、〔字訓〕は漢字を国字化する過程についての問題をとり扱ったものであるが、本書では、それらの問題をも含みながら、字の用義法を中心として、辞書的な編集を試みることを趣旨とする。字の用義法は、主として二字の連語（連文ともいう。熟語）によって示されるものであるから、所収の語彙もその範囲のものにとどめ、ひろく名詞・名物、また語句の類に及ぶことを避けた。漢字の本来の字義と、その用義法を通じて示される字義の展開を明らかにすることを、主とするものである。それで書名にも「辞書」の「辞」を用いず、「字通」と名づけた。通とは体系、文字の形・声・義を、それぞれの体系においてとらえることを目的とするという意味である。この書は、文字に組織を与え、体系を与えることを目的としている。そのことが、漢字を理解し、使用する上に、基本的に必要な、基礎的なことと考えるからである。

文字に組織を与えるとともに、その用義例を通じて、中国の文献が、かつてわが国で占めていた古典の教養としての意味を回復し、そのような表現に親しむ機会を提供するということも、私の意図するところであった。中国の文献は、かつては訓読法によって、そのままわが国の人々にもよまれ、その教養の一部をなしていた。それは今日においても、古典として、他に匹敵するものをみないゆたかな世界であり、しかもそれは久しくわが国の文化の中に生きつづけ、今もその生命を保ちつづけているものである。漢文の教育が廃止されて久しいが、わが国が東洋の文化に回帰することの必要性は、おそらく今後次第に自覚されてくるのではないかと思う。そのためにも、古典への教養のみちは、つねに用意しておかなくてはならない。

この書では、文字の用義例として、かつて国民的な教養の書として親しまれていた文献や詩文からその例を求め、それを訓み下し文で掲げることにした。表現が完結性をもち、文意や事実の関係が理解されるのでなければ、用例として掲げる意味のないことであるから、その意味で完全主義をとることにした。そこに一つの知識としての、具体的な事実や表現を求めうるものであることを意図した。

辞書の全体を、組織的に、体系あるものとして編集すること、そのために文字の形・声・義にわたる系列的な記述を加えること、またその用語例を通じて、中国の古典を、ひろく一般の教養として回復すること、この二点が、本書を編集するにあたって、私が意図し、特に留意を加えたところである。

二――従来の字書の編集法について

漢和大字典

明治以後のいわゆる漢和辞典は、おおむね定まった編集法によっている。まず字説としては、〔康熙字典〕の部首法により、部中の字を筆画によって排次し、漢・唐・宋の字書類によって訓義を加える。〔康熙字典〕は語彙を加えないが、これに語彙を加える編集法は、西洋の辞書の編集法をとり入れたもので、その方法は、中国でよりも、わが国でまず行われたようである。

今の漢和辞典の形式を創始したものは、おそらく三省堂の〔漢和大字典〕であろう。貴族院議員文学博士重野安繹、東宮侍講文学博士三島毅、北京大学堂教習文学博士服部宇之吉三者の監修に成り、貴族院議長学習院長公爵近衛篤麿および重野安繹が序を加え、近衛の序は日下部鳴鶴の書に成る。書名の題字には、北京大学堂総教習呉汝綸を煩わしている。重野・服部両博士が、実際に監修の任に当たった。その例言数条を録しておく。

一、本書は泰西辭書中、最も進歩したるものの體裁に則りて、漢字を、平易に且つ秩序正しく訓釋したるものとす。

一、字の排列の順序は殆んど康熙字典に據り、甚しき廢字の外は、すべて之を收め、力めて字の遺脱なからんことを期せり。

一、字毎に、其の下に、先づ漢音を記し、次に呉音を記し～切（反切）之に次ぎ、韻之に次ぐ。韻の四聲は、□の隅に小圏を附して、之を分かてり。

一、其の字の有する異義に從ひ、項を分かちて訓釋する場合には、原義を前にし轉義を後にし、㈠㈡㈢の順に之を排列せり。

一、熟語・成語は汎く諸書より之を摘抄し、すべて其の語末にあたれる字の後に錄せり。

最後の項は、語彙は下接語によるとするものである。〔佩文韻府〕の語彙は下接語によって収録しているので、それを利用するための便宜によるものであろうが、正法としがたい。本文の目次、索引、国訓国字表など、辞書として用意の備わるもので、のちの辞書はほとんどこの形式を踏襲している。ただ字源の解釈がなく、そのため「原義を前にし轉義を後にする」という原則は、必ずしも厳密には行われていない。たとえば「寡」は、未亡人が廟中に哀告する形で、金文にも「鰥寡」の語で初見、未亡人を原義とする字であるが、この書では

①多からず、すくなし ②勢力少きもの 孤立のもの 劣等の地位に立つ者 少人數の者 ③五十歳にて夫無き女 老いて夫無き女、夫に死に別れたる嫁 やもめ ごけ～ ④徳少しとの義より、王侯の己れの謙稱～ ⑤減らす 少くす

の順に訓義を列する。また「文」は文身の象であるが、その十四訓義のうちにその義を列することがない。字の形義を扱う項目がなく、その初形初義を説くことなくして訓義を次第することは、もとより困難なことである。しかし本書はその用意の備わることからいえば、近衛の序に「泰西辭書中、最も進歩したるものの體裁に則り」、「意匠斬新、完整無比、洵に斯學の津梁たり」というのも、決して誇称ではない。「此の書一たび出で、彼此の情形、益ゝ相融通し、以て唇齒の誼を金くせば、東洋の治安の策に補ふこと有らんか」とは、近衛の一家言であるかも知れないが、編集者にもそのような気概は存していたであろうと思う。

この書は明治三十六年（一九〇三年）二月の出版であるが、中国では数年後〔辞源〕が出版された。おそらくこの書の出版が、その機運を促したのであろうと思われる。

辞源

中国における辞書の刊行は、〔辞源〕にはじまる。洋務運動の広まるにつれて、情報の交換も盛んとなり、海外文献の紹介なども急激に増加して、辞書の刊行を待望する声が強まってきていたが、わが国の〔漢和大字典〕の刊行は、それに強い刺激を与えたことと思われる。〔辞源〕は民国四年（大正四年、一九一五年）に出版されたが、その序に「癸卯・甲辰（明治三十六、七年）の際」、急にその議が起こって、同志五、六人、のちには数十人が、十余万巻の書を渉猟し、八年を経て、はじめてその功を終えたという。

編集の方法はほとんど〔漢和大字典〕と異なるところはないが、語彙はひろく翻訳語、科学用語などにも及び、明らかに百科辞書の用を兼ねようとするものであった。のち民国二十年、続編を刊行、附録に、正編末の「世界大事表」につづいて、「民国紀元以来世界大事表」のほか「行政区域表」「全国商埠表」「全国鉄路表」「化

学元素表」「中外度量衡幣表」などを加える。のちまた正続の合訂本が出ている。

中国最初の辞書であった〔辞源〕は、のち修訂版が作られ、一九七九年第一巻刊、四巻より成る。一九七六年より改修に着手、「馬列（マルクス・レーニン）主義、毛沢東思想の立場・観点・方法を指導方針として」改訂したという。かなりの増補が加えられていて、中辞典というほどの分量のものである。

辞海

〔辞海〕は〔辞源〕の初版本が出た民国四年（一九一五年）に編集企画が出され、十六年にいちおう完稿したが、「原稿中、已に死するの舊辭太はだ多く、流行の新辭太だ少なきを覺え」、方針を変更して「刪舊增新」の方針を定め、先後従事する者百数十名、一九四七年（昭和二十二年）に刊行、全書の条数十万以上、総字数約七、八百万、新造の活字は一万六千個に及んだが、なお不十分であったという。戯曲・小説など、白話系の語彙が甚だ多く、わが国でいえば、〔辞源〕が古語辞典であるのに対して、〔辞海〕は古語・近世語辞典という趣がある。編印者である陸費逵氏は、その「編印縁起」の末に「天如し我に假するに年を以てせば、吾當に其の餘勇を賈ひ、再び一二十年の歳月を以て、一部百萬條の大辭書を經營すべし」と述べている。そのころわが国では、すでに諸橋轍次博士による〔大漢和辞典〕が組版を完了していたが、組版はことごとく戦禍に失われていた。

大漢和辞典

〔大漢和辞典〕の構想は、著者の自序によると、大正末年の頃よりはじまり、その準備に着手、昭和十八年に第一巻を発行、続刊の予定であったが、戦禍で一切の資料が失われた。ただ全巻一万五千頁分の校正刷三部が残されていたので、再び残稿の整理に入り、昭和三十四年（一九五九年）文化の日に第一巻を刊行、爾来四年の歳月を要して、本文十二巻、索引一巻を刊了した。収録字数四万八千八百九十九、語彙約五十万、語彙はじめに採録した約百五十万より厳選したものであるという。戦禍の災厄もあり、著者も視力を喪うなどまことに苦難の多いことであったが、国家的な大事業としてその完成が祝福された。昭和の大出版として書史にも残る壮挙であった。昭和六十一年にはその修訂版も出され、地名・人名のほか現代白話、官用語なども多く収められている。

中文大辞典

〔大漢和辞典〕が刊行された数年後、民国五十一年（昭和三十七年、一九六二年）、台湾でこれとほぼ同規模の〔中文大辞典〕三十六冊が刊行された。収録の字数四万九千八百八十八、語彙も各字条に番号を附して録しており、その数も〔大漢和辞典〕とほぼ相等しい。各字条に卜文・金文以下、明・清の書に至るまで、各体の字様を録入している。

漢語大字典

近年に至って、中国では、二部の注目すべき辞書の出版が行われた。その一つは四川で出版された〔漢語大字典〕八冊で、一九八六年刊行を開始、一九九〇年に刊了した。文字の形・音・義の解釈を主とする字書で、徐中舒氏の主編、三百余名が十年を要して編集したもので、単字五万六千、収録の字数は〔康熙字典〕よりも遥かに多い。字形については卜文・金文のほか、侯馬盟書や睡虎地竹簡など新出の文字資料にも及び、篆・隷・漢碑、璽文の類をも網羅している。これよりさき、一九八〇年に刊行された〔漢語古文字字形表〕は、この書に録入する資料として用意されたものであろう。単字の字書として、これだけの規模のものでありながら、字形・字源についてはただ〔説文〕を徴引するのみで、近年の卜文・金文の研究に及んでいないことが惜しまれる。〔字形表〕にも字形についての考説や記述はない。

漢語大詞典

一九八六年十一月に第一巻を発行した〔漢語大詞典〕は、上海を中心とする華東諸大学の四百余人の協力によって編集、一九七五年以来十二年を経て完稿、全十二巻、別に附録・索引一巻、詞目三十七万条、五千余万字、僻字・死字を収めず、専門語は一般語としても通用するものに限って採録する。「釈義確切」「文字簡煉」、語例に踏襲少なく、典拠確実、校正もかなり厳密に行われている。解説部分には現行の簡体字を用いるが、徴引の文はすべて旧字による。「大辞典」としては、わが国の〔大漢和辞典〕、台湾の〔中文大辞典〕とともに、それぞれの出版文化を代表するものであり、特に後出のこの〔大詞典〕は、用意の最も備わるものということができる。

漢字の字形学的解説と字義の展開

わが国の一冊本の常用辞典としては、大正五年（一九一六年）、服部宇之吉・小柳司気太両博士監修の〔詳解漢和大字典〕、大正十二年（一九二三年）、簡野道明博士の〔字源〕などがあり、のち改修・増補の書が相次ぎ、近年は角川書店の〔大字源〕、大修館の〔大漢語林〕など、一冊本で中辞典に相当するほどの内容をもつ書が出ている。検索用の辞書としては、十分世用に供しうるもので、あらためてこの種の辞書を編集する必要は、ほとんどないといってよい。そのような状況の中で、本書の編集を試みるのは、さきにもしるしたように、漢字を一つの文化、文化科学的対象として、そのありかたを組織的に整理し、体系として考察するということを、今日的な課題として、重要な目的の一つと考えるからである。

漢字に字形学的な解説を加えるときには、従来は〔説文解字〕によって説くことが普通であり、まれに編者の意見が加えられるときにも、字形学的体系の上に立つものは、ほとんどなかった。文字が成立した当時の初形を示す卜文・金文の資料の出土によって、説文学は基本的に改訂を必要としている。それで私は〔説文新義〕を書いて説文学の批判を試み、のち〔字統〕にその概要をしるした。「説文学」は、資料的にも方法的にも、ここに新しい体系を獲得することができたと確信している。

字の初形初義が明らかとなって、はじめて字義の展開を考えることができる。字義の展開は、いちおう歴史的なものであるから、文献の使用例によって追跡しうるが、ときにはその事例を欠くために、論理的に補充する必要のあることもある。たとえば「眞（真）」は顚倒の顚の従うところであり、もと顚死者の象であるが、その強烈な呪霊によって、真誠・真実在の意にまで昇華する。ただその昇華の過程は、訓詁の上では実証を欠くところがあり、一種の思弁的過程を経ているものと考えなければならない。また「雅（雅）」は鴉の意であるが、それが雅正・風雅の意となるのは、おそらく通仮によるもので、その通仮の対象が「夏」であったというようなことは、訓詁的な論証を必要とする。このような演繹と通仮とによって、字義は複雑な展開をする。しかしこのような問題も、まず確かな起点を設定することからはじめるのでなければならない。そしてその声系・語系を明らかにすることによって、はじめて字義の展開を明らかにすることができる。そこにはときに、字義を通じての思惟過程の問題、精神史的な課題を含むことがある。

字義の展開には、訓詁の歴史をたどることが望ましい。それぞれの時期における辞書の訓義は、いわば最大公約数のようなもので、具体的な記述に即するものでなく、その点ではたとえば〔経籍籑詁〕のような資料を活用することが望ましい。それで本書の初稿にはその項目を用意し、採録排次を試みたが、分量の問題もあるので割愛した。辞書としての体系は、いちおう字形の解説、訓義の展開、また声系・語系を通じて、形・声・義の関係を明らかにすることによって、その大略を組織することができると思うからである。

三――字訓について

漢字は、わが国ではじめから国字として用いられた。伝来された漢籍も、わが国で学習される時期には、訓読的な方法が用いられたであろう。新羅で行われていた「郷歌」の形式のように、漢語を交えた語法があったとすれば、その方法を訓読に適用することは、それほど困難であったとは思われない。それはたとえば、古代の朝鮮において、「鸚鵡能言（鸚鵡能く言ふ）」を、イディオムとしてそのまま音読するというような方法が、わが国にはその痕跡をも残していないということからも考えられる。複合の名詞も動詞の類もすべて訓読する〔日本書紀〕の文章は、はじめから訓読すべきものとして書かれており、後になって訓点を加えたという性質のものではない。

漢字が国語表記の方法として用いられた初期の状況は、特に重要な問題を含むものであるから、私は別に〔字訓〕にそのことをまとめておいた。それで本書では、内外典の典籍の訓読を通じて、字訓がどのように加えられてきたかを、いくらか歴史的にたどることを試みた。

わが国の字書

わが国の字書は〔篆隷万象名義〕にはじまり、和訓を加えたものは〔和名類聚抄〕以来、〔字鏡〕〔音訓篇立〕、最もまとまったものでは〔類聚名義抄〕に代表される。一般に「和玉篇」とよばれる仮名訓注本に至って完成する。和訓は文語としての訓であるから、文語の完成期までの資料を第一資料として、記録しておくのがよいと思われる。

わが国の字書の歴史は、そのような和訓の資料としての意味のほかにも、わが国における漢字文化の一環としての歴史的な意味をも担うものであるから、これらの書に簡単な解説を加えておきたい。

篆隷万象名義

わが国の最も古い字書に、弘法大師の撰と伝える〔篆隷万象名義〕三十巻がある。京都の高山寺にその古写本を蔵し、国宝とされている。この書は〔玉篇〕三十巻の部立と篇次により、その反切・訓義を抄録したもので、各字上欄に篆字を加え、本文掲出字の隷字（今の楷字）と対照するものであるから、〔篆隷万象名義〕という。篆隷を併せ掲げることは唐の当時にもあり、また「名義」は「翻訳名義」の意で、多く仏典関係の字書名に用いた。しかしこの書は仏典とは関係なく、一般字書として作られている。いわば〔玉篇〕の節略本であるが、この書に篆体を加えているところに、大師の創意があったかとみられる。その篆体の字は、神田喜一郎博士の指摘にもあるように、古い〔説文〕系写本にみられる懸針体で、字形はやや狭長、懸垂の末筆は細く長くかかれている。大師在唐のときの篆体は、李陽冰のいわゆる玉箸体、今の篆刻印判のような字様であるから、懸針体の篆字を加えることには、特別の主張があったものとみなければならない。本文にもいくらか〔説文〕による説解が加えられている。ただ高山寺本の大部分に篆体を省略しているのは、字形学的あるいは書法的な問題の意識が、のちの人に失われていったからであろう。〔説文〕のような字形への理解は、篆字形がなくては不可能なことであった。

〔篆隷万象名義〕は、篆隷を併せ掲げることによって、字形学的な理解を加え、また「万象」にわたる字書として、「名義」類の仏典翻訳書の性格を脱し、一般字書としての方向をとろうとしたものであった。ただその訓は、たとえば「神（神）」字条に、〔玉篇〕には〔説文〕〔書〕〔易、王弼注〕を引き、最後に「爾雅に云ふ、神は重なり、治なり、愼なり。廣雅に云ふ、神は弘なり」とあるうち、治・愼・重・弘の訓のみをとる。また「祇」には「大なり・敬なり」とあるが、「敬なり」は〔説文〕によって加えた訓である。このような〔玉篇〕と本書との間にある異同については、周祖謨氏の〔問学集〕に詳細な論述がある。字形に〔説文〕の篆体をとり、訓義に多く〔玉篇〕をとるという本書の方法は、字書としては、六朝以後〔切韻〕系の韻書が盛行し、字形・訓義の書が衰微してゆく傾向の中にあって、一種の見識を存するものであったということができよう。

新撰字鏡

〔篆隷万象名義〕より六十年ほどのち、昌泰（八九八―九〇一）のころに、昌住の〔新撰字鏡〕が作られた。〔玉篇〕は〔説文〕を増益して、所収の字は一万六千九百十七字に及んでいるが、〔新撰字鏡〕は所収約二万九百四十字、これを「天・日・月・肉・雨・气・風・火」「人・父・親、身・頁・面・目・口～」のように、部門別に部首字を列する配列法をとる。〔爾雅〕の「釈天」「釈地」のような部立に似ており、後の類書の形式に近い。そして天・日・月をそれぞれの部首とする字を録しているので、〔説文〕の部首法を、類書の分類法に分属する形式をとる。それでたとえば天部に、天・昊・吞・替・蚕などを録し、また九天の名を列するが、〔説文〕には天の部がなく、昊以下はみな他部の字、九天の名をあげるのは、類書の形式である。また月の次に肉を列するのは形によるもので、肉は天の部門に入るものでない。類書の部門と字書の部首法とは、分類の方法が異なり、そのため天部のように部首の繫属に混乱が多く、ことに部首を立てがたいものが多くて、それらはすべて「雑」に収め、その字数は六百五十三字に及ぶ。部首の混乱と非部首字が多くて、この書は検索の極めて困難なものとなっている。また所部の字の多いものは四声別の配列により、〔切韻〕系字書のなごりをとどめている。文字にも古体・異体の字が多く、おそらく依拠するところがあったのであろう。〔新撰字鏡〕のような編集法が、昌住の創始したものであったのかどうかは、明らかでない。書名に「新撰」と冠することからいえば、先行の書に「字鏡」という題号の字書があったのであろう。

〔新撰字鏡〕の訓注は、著者が漢字学習の困難を嘆き、〔一切経音義〕のような訓注を字書として編集したいと考えて、諸書を渉猟して訓注を集めたものであるらしく、それに多く和訓を加えている。その形式は次のようなものである。

曀 或作壇、於計・邑計二反、去、陰而風曰曀、亦翳也、言、奄翳日光、使不明也、无光也、太奈久（毛）礼利、又、久留、又、久毛利天加世不久

字の異体・別体につづいて、反切・四声・訓釈、そして万葉仮名による和訓を加える。万葉仮名による和訓は約三千七百条、多く古訓を存するため、その部分を節録した享和本や群書類従本の類がひろく行われたが、原本は一般にはかなり扱いにくいものとして、敬遠されていたようである。

曀字条の注は、「或いは壇に作る」は〔一切経音義、十〕、「陰りて風ふくを曀と曰ふ」は〔爾雅、釈天〕、「翳なり。言ふこころは、雲氣日光を掩翳して、明らかならざらしむるなり」は〔釈名、釈天〕の文によって「雲氣」の二字を脱し、「光无きなり」は、あるいは編者が加えた訓であろう。のちの〔和名抄〕には曀字を収めず、これらの和訓もない。

本居宣長の〔玉かつま〕九四六に、次の一条がある。

新撰字鏡は、かつて世にしられぬふみなりしに、めづらしく近きころ出で、古學びするともはあまねく用ふるを、あつめたる人のつたなかりけむほど、序の文のいと拙きにてしるく、すべてしるせるやう、いとも〳〵心得ぬ書なり。そはまづ其の字ども、多くは世にめなれず、いとあやしくて、から書きはさらにもいはず、こゝのいにしへ今のふみどもにも、かつて見えぬぞ多かる。

編集上、そのような欠点の多い書であるが、わが国最古の字書として、動かしがたい価値があることをも、宣長は認めている。

されば拙きながらに、時世の上りたれば、おのづから訓はみな古言にて、和名抄よりまさりて、めづらしきこと多く、すべて彼の抄をたすくべき書にて、物まなびせむ人の、かならず常に見るべき書にぞありける。

これらの古訓は、序に「或いは東倭の音訓有り、是れ諸書私記の字なり」とあり、編者が自ら書きとって集めたものである。全書にみられる音・訓の混乱も、そのような収録の過程で生まれたものであろうが、そこにかえって編者の労苦をみることができるようである。

和名抄

源順の〔和名類聚抄〕は、略して〔和名抄〕とよぶことが多い。書名の示すように類聚形式のもので、全巻を「天地・人倫」巻一、「形體・疾病・藝術」巻二、「居處・舟車・珍寶・布帛」巻三〜「稲穀・菜蔬・果蓏」巻九、「草木」巻十の十巻二十四部に分かつ。他に二十巻本、四十部二百六十八門とする増補本がある。この部立では文字は主として名詞に限られ、動詞・形容詞など用言の大部分を収めることができず、〔篆隷万象名義〕と同じく、字書としては大きな制約をもっている。

その説解には、〔爾雅〕〔説文〕〔玉篇〕〔切韻〕など、多く中国の字書を引き、またわが国の奈良期の字書とみられる〔楊氏漢語抄〕〔弁色立成〕や〔和名本草〕〔日本紀私記〕など、古い訓注類の引用が多い。この書は源順の序によると、醍醐帝の皇女勤子内親王の依嘱を受け、和訓を施すための字書として編修し、前記の諸書からその和訓を収めたものであるという。収録の字が名物に限られているため、古語を多くしるした〔私紀〕の資料などは多く棄てられているが、なお二千六百語に及ぶ和訓を存している。

その記述の形式は、多く内外の書を徴引し、和訓を施すもので、徴引の書は二百九十余種に及ぶ。原文の形式をみるため、一条を録する。

雷公霹靂電附、兼名苑云、雷公、一名雷師雷音、力回反、和名、奈流加美、一云、以加豆知　釋名云、霹靂辟歷二音、和名、加美渡計、〜玉篇云、電音甸、和名、以奈比加利、一云、以奈豆流比、又云、以奈豆末

泉郎　日本紀私記云、漁人阿萬辨色立成云、泉郎和名同上、楊氏漢語抄説文同、萬葉集云、海人（巻一）

この書には狩谷棭斎の〔箋注〕があり、詳審を極めている。また別に二十巻本があり、歳時・音楽・香薬・職官、また国郡名のような大量の実務的項目が加えられていて、官公署用の百科辞書的な性格が著しくなっている。

類聚名義抄

古訓和語の集録は、〔類聚名義抄〕に至って大成される。略して〔名義抄〕という。「名義」は「翻訳名義」の意で、もと仏典のためのものであるが、のち次第に改編されて、文字はひろく字書の全体に及び、和訓は仏典外の訓読書の訓義をも捜集し、わが国の古訓のすべてを網羅するものとなった。その成立には数次にわたる改編があったものと思われるが、現存の資料によっていえば、図書寮本が原撰に近く、蓮成院本系統に至ってやや備わり、観智院本に至って完成したといえよう。ただ観智院本も数次の書写を経たものであるらしく、誤写がかなり多い。いま各書からそれぞれ一条ずつを録しておく。

○図書寮本糸部

縁音鉛、玉（篇）曰、又、餘絹反、脩・東・由・因循・従・附・欺言、メグル ヨリテ コトノモト シタガヒテ／ツラナル モト、ミス

なお以下に無縁（藤原）公任、ヨシナシ以下、縁葛、因縁、等無閒縁、〜縁起、縁覺など、多く仏典の語を録し、仏典の文を引いている。

○鎮国守国神社蔵本（蓮成院系統本）言部

語魚擧反　コト コトハ カタラフ カタル モノカタリ モノイフ サヘヅリ／コトワザ サツク トフ アフ ネゴト イフ カタラフ　説・喜、又去、禾（和）ゴ　耳語サヽヤク　戯語タハフレゴト　大語コハタカ

この条は、観智院本とまったく同じであるが、観智院本には、書写の誤りと思われるところがある。

○観智院本白部

白音帛　シロシ キヨシ マウス ススマジ サカツキ スナホニ／イチジロシ カタチ カタラフ モノガタリ トヽノフ カナフ　白皙シラ、カナリ　白地アカラサマ イチジルシ

この条は鎮国守国本とほぼ同じであるが、「イチジロシ」の訓が多く、そこに斜線

が加えられている。書中に多くみえるこの種の斜線は、他本との対校のときに加えられたものであろう。白晳・白地の連語も、ここに新たに加えられている。

〔本朝書籍目録〕に〔仮名玉篇〕三巻を録している。その書は佚して伝わらないが、これがいわゆる〔倭玉篇〕の祖本と考えられ、〔名義抄〕もなお「仏」「法」「僧」三部の編成である。同じくこの系統のものに〔音訓篇立〕〔字鏡〕があり、近年龍谷大学本〔字鏡集〕が刊行された。〔龍谷本〕は完本であり、和訓も多く、おそらくこの種の字書の、完成期の著作と考えられる。〔篇立〕以下はいずれも室町期の写本とみられ、いわゆる和訓は、ここに集大成されているといえよう。

以上に古訓の字書について概説したのは、〔字訓〕にとり扱った時期につづいて、平安・鎌倉・室町期は、漢字が国字として定着し、〔文選〕〔史記〕など漢籍の翻読がすすみ、抄物の著作、漢文の形式による詩文の制作などもひろく行われて、わが国における漢字の用義法が、ほぼ完成した時代と考えられるからである。それで本書には「古訓」の項目を設けて、〔新撰字鏡〕以下、和訓のとるべきものを収めることにした。漢字の訓義は、ほとんどここに網羅されているといってよい。そこにはわが国における、いわば漢字の生態をみることができよう。

四——声系と語系

声系について

文字の体系的研究をすすめる上に、字形学的研究とともに、声系・語系についても、その系列化を試みる必要がある。単音節語である中国語には、同音の字が多い。その同音関係は、端的には同じ声符で示される。同じ声符で示される文字の関係を、声系ということにする。声系に属する字には、声符のもつ本来の意味を継承するものが多い。たとえば敫 kyô 声（本字は敫。〔説文〕八下に「謌(たう)ふ所なり」とし、「古弔切」とする）の字に

噭・徼・璬・皦 kyô　覈 heak　激 kyek

などの字があり、みな敫の声義を承ける。形と声において同じ系列の字であるから、字義においても同声相承けるところがあるはずであるが、しかしこの系列の字義と相承の関係を明らかにするためには、まず敫の字形とその意味するところを知らなくてはならない。

〔説文〕四下には、敫を放部に属し、「光景流るるなり。白に從ひ放に從ふ。讀みて龠(や)の若(ご)くす」という。白光を放つ意の字と解したのであろう。光景を主とするならば、字は白部に属すべきであるが、〔段注〕に「白に從ひて白部に入らざる者は、其の外に放つを重しとするなり」、すなわち放の意に従うものとする。徐灝の〔段注箋〕に「敫は疑ふらくは即ち皦字」として玉光の意とし、兪樾の〔児笘録〕に、敫は放流の放とは関係がなく、白部に属して皦の正字とすべしというが、いずれも敫の字形を具体的に説くものではない。

〔説文〕放部に放・敖・敫の三字を列し、「放は逐ふなり。攴に從ひ方聲」、「敖は出游なり。出に從ひ、放に從ふ」という。この場合、方の形義が字の基本義をなすものと考えられるが、〔説文〕八下は方を「併船なり」としており、放字条では方舟の解をとりえず「方聲」とする。およそ放のように攴に従う字は、扁の部分が攴（撃つ）の対象となる関係のものが多い。啓（啓）は神戸を啓(ひら)いて神意を問う形、數（数）(さく)は女の結いあげた髪（婁）をうち乱す形、敗は鼎（貝）銘を毀敗して、盟誓を破棄する意、敲は白骨を敲(たた)いて呪儀を行う意である。方は卜文・金文の字形によれば人を架する形。人を架してこれを殴(う)つことを放といい、それが邪霊を放逐する呪的な方法であった。敖とは長髪の人を架して殴つ形で、出に従う字ではない。敖声の字はおおむねその呪儀に関している。放は架屍、敖は長髪の人、白は髑髏の象であるから、敫とは白骨を架して殴つ呪儀をいう。その頭部を殴つ形が敲である。

敫 kyô を〔説文〕四下に「讀みて龠(や)の若(ご)くす」というのは、繳 tjiak との声の関係を考えたものであろうが、白骨に対する呪儀としては、殴つことのほかに、詠吟し、呵してその欲するところを求めることがあり、そのことを敫 kyô という。〔説文〕八下に「謌ふ所なり。欠に從ひ、噭の省聲。讀みて叫呼の叫の若くす」とあり、声の関係を以ていえば、この声系の字は敫に従うべきである。おそらくもとは、敫・敫ともに声義の同じ字であったと考えられ、それで噭・徼の諸字は、みな敫の声でよまれるのである。

敫（敫）声の字はみな敫（敫）の声義を承け、皦白の意と、邪霊を祓い遠ざける呪儀とに関している。辺徼でその呪儀を行うことを徼といい、その呪霊を鼓舞することを檄といい、そのようにものを激することを激という。敫（敫）声の字は、その声系がそのまま語系をなしている例である。

声系が同時に語系をなすということが、造字法の上からいえば原則であるけれど

も、また同声の他の字を借るということも少なくない。それで声系すなわち語系とは定めがたいところがある。

〔説文〕に告（吿）声の字として牿・造（造）・誥・梏・窖・浩（浩）・焅など十八字を録する。これらの字に、声義の一貫した解釈を求めることは困難である。〔説文〕二上に「告は牛、人に觸る。角に横木を著く。人に告ぐる所以なり」と解し、牛が人に角をすりよせて告げようとする形と解するが、それは〔易、大畜、六四〕の「童牛の告」という語から附会したもので、今本は字を牿に作り、正字は梏で施梏の意。告は卜文・金文の字形は小枝に祝告の器である凵を著けた形、わが国でならば榊に申し文を結んだ形で、これを以て神に告げる意である。しかし〔説文〕に告声とする十八字のうち、その声義を承けるものは「祰は告祭なり」、「誥は告なり」の二条に過ぎず、造は声も異なる。それで〔説文〕に告声をとるものでも、会意とすべきものがあり、また他の声と別に語系の関係をもつものがあると考えられる。たとえば浩 hu は「澆 kyô なり」とあり、澆は水をそそぐ意。浩は浩浩・浩蕩のように用いる字である。その声義の関係からいえば、洪・鴻 hong、宏 hoang、弘 huang、荒（荒）xuang の系列に近い語であろう。また窖 keu は「地藏なり」とあって、地窖をいう。その声義の関係からいえば谷 kok、圣 khuat、竅 khyô、屈 kiuat などの系列に属する語であろう。

声系の字が、その語系に属するかどうかは、声字のもつ形義の解釈によることであるから、声系の字を考えるときにおいても、基本字の字形解釈が正しく行われているかどうかが前提となる。敫を「光景流る」、告を「童牛の告にして、牛が人に告げる」というような字形解釈の上に立つ限り、声系の問題も、正しい理解の方法に達することはできない。

訓詁学と語系

清代に考証学が起こり、漢唐の訓詁学は考証学によって精密な検証が加えられ、清代の小学が成立する。清代小学は、考証学の精華ともいわれ、その大成者は王念孫・引之父子である。〔経義述聞〕はこの二代の小学家の業績の、総括を示すものといってよい。王引之の〔序〕に「大人（念孫）曰く、訓詁の指は聲音に存す。字の聲同じく聲近き者は、經傳往往にして假借す。學者、聲を以て義を求め、其の假借の字を破りて、讀むに本字を以てせば、則ち渙然として冰釋せん」とあり、「声近ければ義近し」という原則を以て字の通仮を論じた。巻末の〔通説、上下〕に字説の要約がある。その方法について、一、二の例をあげよう。

〔詩、唐風、鴇羽〕〔小雅、四牡・杕杜〕などに「王事靡盬」という句があり、旧注では「王事盬きこと靡し」と訓んで、王家の命ずるところが厳厲にすぎることを怨む意であると解されている。しかし「盬きこと靡し」という否定態の表現はいかにも不自然であるので、王念孫は〔爾雅、釈詁〕に「苦は息なり」とあるのによって盬 ka と苦（苦）kha とを同じ語とみて、「王事盬むこと靡し」と解した。これで句意は通じやすいものとなる。

盬・苦は確かに声が近く、句意も通じやすいが、しかしそれならば「苦は息なり」とする訓を、文字学として字義に即して実証する必要がある。苦を息と訓する訓詁を証明しない限り、苦もまた通仮の字にすぎないからである。のち馬瑞辰の〔毛詩伝箋通釈〕に至って、〔玉篇〕〔広韻〕に「鹽は息ふなり」とあることに注目し、盬を鹽にして止息の意と解した。これによって盬の本字は鹽 ka、一般に姑息という語の姑 ka にあたるものであることが知られた。〔周礼〕に盬・苦通用の例はあるが、「靡盬」の盬は苦ではなく鹽であり、姑である。王念孫の盬苦説は、実は鹽・姑のようなその本字を発見することによって、はじめて解決がえられるのである。

〔通説、上〕にまた弔字説がある。「引之謹んで按ずるに、弔字に祥善の義有り。而れども學者之れを察せず」として、〔書、大誥〕「弗弔なる天、割を予に降す」、〔柴誓〕「乃の甲冑を善の（繕）へ敿め、～敢て弔からざること無かれ。乃の弓矢を備へ、～敢て善からざること無かれ」と弔と善とを同義に用い、また〔詩、小雅、節南山〕「不弔なる昊天　亂定まること有る靡し」、〔左伝、荘十一年〕「宋に大水あり、公弔せしむ。曰く、天、淫雨を作し、粢盛を害す。若之何ぞ不弔なる」などの例をあげ、みな不善の意であるという。そして

後人、弔の音の丁擊の反（きて）なる者、訓して「至る」と爲し、多嘯の反（うた）なる者、訓して「閔傷」と爲し、強ひて分別を加ふ。而して弔の善爲るは、卒に之れを知る者無し。故に〔玉篇〕〔廣韻〕竝びに「弔は善なり」の訓を收めず。蓋し其の傳を失ふこと久し。

という。「不弔」の語は金文にもみえ、人の死をいう。弔は叔の初文にして淑、〔詩、鄘風、君子偕老〕に「子の不淑なる　ここに之れを如何せん」とは、国君夫人の死を悼む語である。

王引之はここでは弔に善の意があるとし、いわゆる仮借説を提出していない。ま

た弔を善とする訓詁上の語例を提示していないが、弔には善の義はない。金文にみえる弔は象形で繳(しゃ)（いぐるみ）の形、すなわち弔字で示されるものは繳 tjiak の初文。繳は淑 tjiuk と声近くして仮借して用いるもので、弔（繳）は淑の声を写したものにすぎない。金文の叔 sjiuk の字形はそのいぐるみの形、叔が繳の初文、その叔を淑の義に用いるという関係であった。すなわちその字形と、また通仮という過程によって、「不弔」を「不淑」とする解釈がはじめて成立するのである。

清代小学の精華といわれた王念孫父子の訓詁の学は、その用例から帰納して通仮の関係を確かめるということに終始し、その字形・声義から考えて語系をたどるという、文字学の体系を考えるものではなかった。もとよりそのような作業は、古代音韻学の知識をも必要とすることであるが、古韻二十一部説を提示してその研究に道を開いた王氏父子においても、語系の問題は容易に企図しうることではなかったのかも知れない。

音韻学と語系

声符によって声系を求め、訓詁によって通用仮借字を求めるという方法に対して、音韻によって語系を求めるという方法がある。音韻は、単音節語である中国語においては、頭音を示す声母（また紐という）と、声母につづいて韻尾を占める部分（韻という）とによって構成される。たとえば東 tong は t が声母、ong が韻。声母は三十六、古代の音韻については古紐といい、王力氏はその声母を三十三とする。その系統表を、王氏の〔同源字典〕によってしるすと、下（右表）の通りである。

また古韻は二十九部、陰・入・陽の三声に分かつ。陰は母音、入は入声の字、陽は ng n m で終わる音、これも王氏の図表によって下（左表）に示す。

陰・入は之・職、幽・覺など、横の関係で通韻することが多い。これを対転、陰入対転という。陰・入・陽の各声のうちで、たとえば之幽、質月、陽元のように、両韻の間に通韻するものがある。この関係のものを旁転という。この同紐・旁紐、また通韻・対転・旁転の関係にある語の間には、語系の関係にあるものが多い。たとえば〔同源字典〕には、端母同紐の字として弔俶・俶淑の例をあげている。

弔 tyôk、俶 thjiuk（端穿隣紐、沃覺旁轉）

俶 thjiuk、淑 zjiuk（穿禪旁紐、覺部疊韻）

そして〔書、費誓〕「敢て弔(よ)からざること無(な)かれ」、〔鄭注〕「弔は猶ほ善のごときなり」、〔説文〕「俶は善なり」、〔詩、周南、關雎〕「窈窕たる淑女」、〔伝〕「淑は善な

古韻表

陰声	入声	陽声
1 之 ə	10 職 ək	21 蒸 əng
2 幽 u	11 覺 uk	冬 ung
3 宵 ô	12 藥 ôk	
4 侯 o	13 屋 ok	22 東 ong
5 魚 a	14 鐸 ak	23 陽 ang
6 支 e	15 錫 ek	24 耕 eng
7 脂 ei	16 質 et	25 眞 en
8 微 əi	17 物 ət	26 文 ən
9 歌 ai	18 月 at	27 元 an
	19 緝 əp	28 侵 əm
	20 盍 ap	29 談 am

古紐表

喉音		影						
牙音		見 k	溪 kh	群 g	疑 ng		曉 x	匣 h
舌音	舌頭	端 t	透 th	定 d	泥 n	來 l		
	舌面	照 tj	穿 thj	神 dj	日 nj	喩 j	審 sj	禪 zj
歯音	正歯	莊 tzh	初 tsh	牀 dzh			山 sh	俟 zh
	歯頭	精 tz	清 ts	從 dz			心 s	邪 z
唇音		幫 p	滂 ph	竝 b	明 m			

同紐の語，すなわち頭音の同じ語は双声．枠内の上下の紐，また舌歯両音の間の語もこれに準じる．同類横の関係のものは旁紐，枠内上下にして横の関係にあるものもこれに準じる．

り」など多く経注の例をあげ、これらがみな善の義で、同源の語であるとしている。ただこれらを同源の字とするのには、なぜ弔・俶・淑にそれぞれ善の義があるのか、その字義の因るところを、字源としても明らかにする必要があるが、〔同源字典〕は一切そのことに及んでいない。いわば訓詁学的・音韻学的な説明は加えられているが、文字学的な説明が試みられていないのである。弔葬の弔に善の意があるはずはない。金文に「不弔」というときの弔は、実は繳 tjiak の象形で叔と釈すべく、繳は淑と審禪旁紐、同韻の字である。叔伯の叔はまた字形が異なり、叔の左扁の尗 sjiuk は戚 tsyek（まさかり）の従うところであり、戚は儀器として玉を用いることもあり、その材質には精良なものを用いた。これを廟中におくことを宗 tzyek といい、寂の初文。人においては俶 thjiuk といい、俶善の意。淑は〔説文〕十一上に「清湛なり」とあって清澄の水をいう。俶に借用して「淑人君子」「窈窕淑女」のようにいう。語の同源を論ずるならば、声のみではなく、このようにその字源にまで遡って論ずることが必要である。

同源字説

同源の字を求めてその声義を考えるという方法は、古くから行われ、漢代にすでに〔釈名〕のような専門の書が出ている。「日 njiet は實 djiet なり」、「月 ngiuat は闕 khiuat なり」、「春 thjiuən は蠢 thjiuən なり」、「冬 tuəm は終 tjiuəm なり」というような音義的な訓は、理解しやすい例である。冬（冬）は終（終）の初文。冬は織り留めの結びの糸の形で、金文に終の意に用いる字である。闕は厥 kiuat のほうが月の声義に近い。

ただこのような同源説は、ときに恣意に陥りやすく、例えば〔釈名〕「天 thyen は顯 xian なり」は声義はなはだ遠く、むしろ〔説文〕一上に「天は顚 tyen なり」というのが、声義ともに近い。天は顚の象形、人の頭部を大きく記した形で、その顚頂を示す。また「地 diei は底 tyei なり」とするが、地の初文は墜 diuət に作り、神梯を示す自の前に、犠牲として磔牪をおき、土神（社）を祀り、神の降格するところとする意で、神降ろしをするところをいう。底は氏厥（ナイフ）で物の底部を平らかに削る意で底平のところ、墜とは関係のない字である。地は隊（隊）diuət、邃 siuət と関係があり、深邃の地をいう。隊は「高きより隊おつるなり」とするが、神の降格するところ、「邃は深遠なり」とあって神聖の地をいう。神の降りるところを墜といい、それが地の初文である。

〔釈名〕のような方法は音義説とよばれるもので、〔説文〕の訓義にもそのような方法を用いることが多い。たとえば「王 hiuang は天下の歸往 hiuang する所なり」「士 dzhiə は事 dzhiə なり」は、まさに同声の字である。しかし同声であるから、その原義も等しく、同源同系の語であると定めうるものではない。王は鉞の刃部を下にしておき、玉座の象徴とするもので、鉞頭の象。戉（鉞）hiuat は王と同系、王の呼称もその儀器の名から出ていることが知られる。王の上部、柄を装着する柲部のところに、儀器として玉飾を加えることがあり、その字は皇 huang、王の転音とみられる。

王の出幸のとき、王はこの儀器を足の上に加える。その字は㞷わう、上部は之（止、趾の形）。儀器の呪力を足に移して出発するので、㞷は往（往）の初文。往も古くは㞷に従う字であった。王と往とが同声であるのは、儀器としての王による出発の儀礼を、その儀器の名によって往といったからであって、王に帰往の意があるからではない。

士 dzhiə は、儀器としての王の小型の鉞頭の形。その身分を示す儀器である。事は卜文・金文では史（使）・事一系の字。史 shiə はもと祭祀。告が祝冊を木の枝に著けるように、史は祝冊を木に著けて奉持する形。卜辞によると、内祭を史祭という。外に出て祀ることを使 shiə といい、祭祀の使者をいう。その使者の行う祭祀を事 dzhiə といい、大祭には大事といった。事の字形は、使者を示す史の上部に、外に使することを示す偃游（吹き流しの類）を著けている形である。事は史の掌るところで、字形の上からも士とは関係がない。それで〔説文〕一上が「士は事なり」というのは誤りであり、同声ではあっても同源、同じ語系の語とはしがたいのである。

王力氏の同源字典

語系を考えるとき、まず声義の関係が問題となる。声が近く、義もまた近いというときに、語としての両者の関係を考えることができるからである。この場合、同じ声符をもつ字の関係、すなわち声系については、すでに述べた。ただ同じ声符をもつものであっても、それぞれの字の間にどのような共通義が生ずるのか、各字とその声符との間にどのような声義の関係があるのかという問題があり、また各字の字義が展開してゆくなかで、他の語系とどのように接触し、関わってゆくのかという問題がある。そのような展開を通じて、系は紀となり綱となり、語は万象に通ずるものとなる。

〔説文〕に曷声の字として喝（喝）・趨・謁（謁）・楬・歇・碣・愒・渇（渇）・揭（掲）など、二十六字をあげる。曷 hat は曰（祝告）と匃 kat とに従い、その会意字であり、匃の亦声の字である。匃は〔説文〕十二下に「气なり。亡人を匃と爲す。逯安の說なり」とあり、亡人の象であるとするのは正しいが、「气なり」とするのは字義に合わず、匃は金文に匃求の意に用い、「用て萬年を匃（もと）む」、「用て眉壽を匃む」、「用て多福を匃む」のようにいう。匃が匃求の意となるのは、その屍骨を呪霊として、希求の呪祝を行うからであろう。その音系に希求の意があるらしく、乞 khiət（气の初文、气の字をも用いる）、旂 giən（㫃）、祈（祈）giəi なども金文にみえ、幾（幾）kiəi は経籍に多くみえる。

曷に匃求の義があり、求めることの実現を願って、激しく呵叱する意であろう。〔説文〕五上に「何なり」とあり、呵叱する意より「なんぞ」という疑問詞となる。その声を喝 xat という。曷・喝はもと擬声的な語であろう。遏 at は呪祝して抑止する意で、「鎮壓」の壓（圧）eap と声義が近い。壓は犬牲を供えて、邪意を鎮圧する意の字である。謁 iat は曰 hiuat、說（説）jiuat に近く、懇願する意を含むようである。呪祝を行うときにも、威圧的な方法もあり、媚悦を以てする方法もある。声高で声の涸れることを渇 khat、一息つくことを愒 khiat、すっかり尽きることを歇 xiat また竭 giat、呪祝を高く揭げて呪禁とすることを揭 giat、碑として墓域にとどめるものを碣 kiat という。みな匃・曷より分岐して、その声義をえているものである。

声符の異なる字の間にも、声義近くして一系の語をなすものがある。これは、曷が曷声の諸字に声義ともに分化していったのと異なって、もと異なる声系に属するものが、共通義をもつ他の声系の字と接近して、そのような関係によって一つの語系をなすもので、本書でとり扱う「語系」とは、主としてそのような関係にあるものをいう。王力氏の〔同源字典〕も、主としてそのような声義の関係の字を扱っている。古くは〔釈名〕〔説文〕にみえる音義説的な解釈、のちには王念孫父子、段玉裁などの訓詁学的な研究、また下って章炳麟などの音韻研究も、多くこの問題をとり扱っている。ただ音義説はもとより、王念孫父子の訓詁学的方法、章炳麟の音韻学的方法には、それぞれその方法になお不十分なところがあることについては、すでに述べた。

王力氏の〔同源字典〕は、これら先行の研究者の成果を十分に顧慮しながら、同源の語を求める方法を詳論し、音韻学的な法則をも厳密に規定した上で、多くの同源の語群を録している。本書の「語系」の執筆には、主としてその書を参照したが、なお新たに加えたところも多く、特にその語系形成の基本となる字形学的・字源的な解釈を新たに加えた。王力氏のこの書は、同源の字について多く訓詁経注の類を引いて、訓詁的実証を試みている。その方法は清代小学家のなすところと、ほとんど異なるところがない。しかし訓詁は、いわば用字法上の慣例であり、結果としての現象であるから、同源の根拠は、字義そのものの系統的理解の上に立って、語系の各字に共通する声義の関係を、字形学的に説明するのでなければならない。本書では簡略であるがその方法を補うことによって、語系の問題に文字学的に依拠するところを与えることを試みた。たとえば否定詞の無の系列に属するものとして、〔同源字典〕には以下の諸字を表示している。

無（无）miua : 毋 miuə〈同音〉

無 miua : 亡・罔 miuang〈魚陽對轉〉

無 miua : 莫 mak〈魚鐸對轉〉

無 miua : 靡 miai〈魚歌通轉〉

靡 miai : 蔑 miat〈歌月對轉〉

蔑 miat : 末 muat〈月部疊韻〉

蔑 miat : 未・勿 miuət〈月物旁轉〉

これらはすべて明（明）母の字で否定の意味をもつ語であること、また各字について多く訓注の例をあげ、訓詁上同義の字であるとする説明がある。

これらの字が、声近くして通用の関係にある字であることは、訓詁の例からも疑いのないことであるが、しかしこのように多様な文字の中には、本来その字義をもつものもあり、その演繹義によるものもあり、また仮借によるものもあると考えられる。それで字の本義に即した、字形学的な解釈を加えることが必要であると思われる。

そのような関係の最も知りやすい例としては、たとえば擬声語をあげることができよう。擬声語は音によって状態を示すものであるから、たとえば水の音、風の声などには、相似た声のものが多い。それでそのような類をこえて、たとえば「速く飛ぶ、速い」というような共通の意味をもつ語が、数多く生まれることになる。たとえば

蜚 phiuəi 飛 piuəi 猋 piô 飆 piô 㶾 bhiô 飄 phiô 彯 piô 驫 piô 翩 phyen・

phiuan はそれぞれ声近く、みな疾飛・疾走の状をいう語である。蜚は虫が飛ぶこと、飛は鳥、その翩々として飛ぶを翩という。猋は犬、驫は馬、鬣をなびかせることを彭という。票は猛火で屍を焚き、ものの飄揺する象、そのような状態を風に移して飆といい、飄という。扶揺とは飄の長音化した語である。それぞれの字形と語において示されるものは異なるが、示すところの共通の観念があり、語として相近いという関係にある。このような関係のものを語系という。

語系をまとめるのには、単に声義の近い関係のものを集めて類比を試みるだけではなく、それぞれの声義の因るところを明らかにし、その共通義のあるところを明らかにして、はじめて語系を構成することができる。たとえば、句 ko、曲 khiok、局 giok は、みな勾曲の義があり、一系の語をなすものと考えられる。句声・曲声・局声の字もそれぞれの声義を承けるものが多い。〔説文〕に「句は曲なり」、「鉤は曲なり」、「痀は曲背なり」、〔釈名〕に「曲は局なり」、〔玉篇〕に「跼は踡跼して伸びざるなり」など、訓詁の例は多いが、基本的には句・曲・局それぞれの字の原義を明らかにし、その原義のうちに、通用の義を求めうるのでなければならない。

句は、人の句曲した形である勹に、口を加えた形である。口は祝告の器で、この字は人を葬るときの形をいう。局はその繁文に近く、これも屈肢葬をいう字である。句・局は同義の字であるが、句には一くぎり、局に終局の意がある。曲の初文は竹で編んだ筐の形。祭器の簠簋(ほき)も竹器を用いることが多く、金文の簠の字形はもと曲の形に従う。筐（匡）khiuang は曲と双声の語である。

局は屍を局束して葬る屈肢葬であるので、屈 kiuət もまたその声義が近い。局のような姿勢で人を罪することを亟 kiak という。上下を狭めたところに人をおしこめ、前に呪祝の器（𠙵）をおき、後からおしこめる形の字。両手で強くかかえることを𦥑 kiuk という。これらはすべて窮屈な状態にあることを示す語で、それぞれ表現のしかたは異なるが、その共通項をもつ語であり、同源の語である。その語群を次第によって整理し、分派し演繹してゆく過程を追跡してゆくと、言語の体系の全体にわたる脈絡がみえてくるかも知れない。

語源とオノマトペ

どのような言語体系のものであっても、その語源学的研究に何らかの成果が求められるとすれば、それは言語一般の歴史の研究に大きく寄与することができると考えられる。多くの言語体系のなかでも、中国では文字の起源も古く、その文字資料も連綿としていて、各時代にわたり豊富を極めており、資料的にこれほどゆたかな世界はない。かつ単音節語の表記法として、一字一音節をとるほかなかった漢字は、語の形態に著しい変化を受けることもなかった。殷虚の甲骨文を、そのまま後世の文献と同じように読んで理解できるという事実は、他の言語・文字の体系のなかでは考えられない、まことに驚異的なことである。

単音節語には、語としての形態の発展が乏しく、漢字はその字形上に、文字成立当時の原初の観念をそのままとどめている。その後の字義の展開については、各時代の用義法をたどることによって、綿密に追跡することができる。また他の文字と結合して作られる連文（連綿字・連語とも。熟語）のありかたを通じて、語義の広がりを把握することができる。それで、本書に試みたような声系・語系の問題を単位として、その系列を群別として体系化し組織してゆくならば、この言語体系の原始の状態から、他に匹敵するもののない文字文化の展開の過程、そのみごとな成就の次第をうかがうことができよう。

単音節語である中国語、その表記法としての漢字は、また語の原始性を保存する上に、極めて好適な条件をもっている。与えられたその字形は、成立以来の形をもちつづけていて、変化することがなく、その字形にこめられている原初の観念を忠実に維持しており、そこには文字の成立した当時の心性が認められる。ことばの最も原始的なものはオノマトペ、擬声的な言語であるが、漢字にはオノマトペ的な語が多い。さきにあげた疾飛するもの、蜚・飛・猋・飆・票・飄・彭・驫・翩なども、もとはみな擬声語であり、それを具体的なものに即してそれぞれに字形化したものにすぎない。擬声的な言語においては、一般に母音には曖昧さや暖かさ、やさしさがあり、歯音には寂寥・沈静・清澄の感があり、喉音には緊張と扞格、脣音には破裂・摩擦の状態を示すものが多い。二字連文の語彙にもその類のものが多く、曖昧・潺湲・剞劂・挑達・霹靂など、双声・畳韻の語となることがある。オノマトペの語が極めて基本的なものであったことは、その声系・語系によって語の展開を考えると、容易に知ることができる。

たとえば皮 biai は、獣皮を剝ぎとる形を示す字であるが、同時にそれを剝取するときの音を示す語である。剝 peok とは剝取する行為をいう。皮を剝ぐという行為が、生活を営む上に重要なことであり、多くの事象がその観念と連鎖することによって、皮声の字が生まれた。披 phiai・波 puai・陂 piai・被 biai・坡 phuai・簸 puai・頗 phuai・跛 puai はみな皮声の字であるが、皮は単なる声符でなく、皮に対するいわば原体験的なものが、ここに反映していると思われる。それはまた皮に近い声義をもつ霸（覇）peak（雨ざらしの皮）・白 beak（頭顱）、ひらひらと分散するものの意をもつ𠂢 phe・朩 phuat・𣏟 phe・薄（薄）bak・扁 byen・平（平）bieng（手斧で剝ぐ）・番 buai（獣の掌の形）とも連なるもので、みなその状態に近い擬声語であり、それぞれの事象の具体的なありかたを字形化したものにほかならない。これらはまた合して、オノマトペの一群を構成する。このようにしてオノマトペとしての語群を拡大構成することができるのは、漢字のまた大きな特質の一つといえよう。

漢字の声系・語系について項目を設け、簡単な記述を試みたのは、このように漢字を通じての言語学的な問題への可能性を、いささかでも指摘しておきたいと考えるからである。

五――語彙と例文について

漢字を形・声・義にわたって体系的に理解するとともに、わが国の字訓の用法を確かめることは、漢字を国語表記に用いるときの基本の作業であるが、国語の語彙の半数以上が、その漢字を結合した連文、いわゆる熟語で占められている事実からいえば、語彙もまた重要な国語領域の問題である。

漢字は単音節語であるから、ひびきが強く、また多義的であるという特徴がある。それでそのような漢字の結合は、造語の上に種々のはたらきをする。たとえば同義字を重ねることによって、概念を集中し、強め、純化し、深化する。声義の近い字を連ねることによって、概念を拡大し、方向づけ、また相矛盾するものを連ねることによって、そのような対立を含む範疇の全体を示し、あるいはまた、修飾・被修飾の関係が容易であることから、語の構成が容易であり、かつ多様でありうるなど、孤立語特有の造語法がある。しかもそれは、同一の文字による、二千年にも及ぶ歴史の集積の上に成るものであるから、語彙そのものに歴史の背景がある。語彙の構造の上からも、その歴史の上からも、語彙そのものが一種の存在感ともいうべきものをもち、それによって比類のない表現の世界を展開している。中国が文字の国といわれるのは、そのような文字による表現の世界をもつからであり、一つの語彙が、ときには一つの思想の集約として、ときにはある歴史的な事実と関連するものとして、ときにはある作品に直接に連なるものとして、それらを想起させる。語彙はしばしば、その全体の支点をなしている。

わが国では、かつてはそのような中国の文献、その漢字による表現の世界を、わが国の古典を読みこなすような容易さで、国語として読むことができた。中国の文献は、また同時に、わが国の文献でもありえた。大量の漢語がわが国で国語化して用いられるのは、そのような状況のなかで可能であった。

語彙は、具体的な表現のなかで生きている。したがって語彙は、そのような表現のなかにあるものとして、扱わなければならない。語彙の解釈は、他の語におきかえるということだけで、終わるものではない。語彙は、本来はおきかえることを許さないものであるはずである。おきかえることを許さない固有の表現であるということが、語彙の条件であるといえよう。それで語彙の解説に用いる例文は、一つの完結した表現であることを要する。単に出所を示すだけのことならば、それを注記するだけでもよい。しかし語彙が語彙であるためには、その文例は具体的な表現であることを必要とするのである。

たとえば、「軽舟」という語がある。「軽い舟」、「軽く小さい舟」、「小さくて速い舟」と訳してみても、語感としては適当でなく、また十分でない。おきかえができないのである。しかし「軽舟既に過ぐ萬重の山」というとき、「軽舟」は姿をあらわす。語釈というようなものを越えて、軽舟そのものが眼前に出てくる。「兩岸の猿聲啼いて盡きざるに」という上の句をつけ加えると、山川ともに動く躍動する世界のなかにある軽舟の姿が、いっそう鮮明となる。さらにもし「朝に辭す、白帝彩雲の閒　千里の江陵、一日に還る」という上二句を加えれば、表現はもとより完璧となる。そしてこのとき、「軽舟」が天地の主である姿がうかぶ。

本書では、そのような意味で、例文に重点をおいた。例文によって感得されるものが、最も正しい、完全な解釈である。それで例文には、完結した表現をもつものであることが望ましい。また例文は、何びとにも理解しやすいものでなければならない。それで例文はすべて訓み下し文とし、難語には訓みをつけ、注を施した。徴引の文は経子史集の各分野にわたり、古典から近人の作家に至るまで、なるべく独自の主張をもち、独自の表現をもつものをえらんだ。既存の辞書に負うところも多いが、私自身が採録を試みたもの、協力者によって摘録されたものもあり、すべて原典により、原拠を確かめたうえで収録した。ただ表現の完結した例文を、訓み下し文によって収めるのには紙幅を要するので、結局は当初収録を予定していた文例の幾分を、節略せざるをえなかった。もし機会があれば、この書が有志者によって、さらに多くの例文を加え、中国における表現の精華を、より多く伝えるものとなることを希望している。

例文を収めえなかった語彙は、簡単な解釈を附して列挙することにした。これらの語はなお世用に供しうるものであり、造語法のみるべきもの、修辞の参考となるものなどを録し、廃語に近いものは略した。

また次に下接語を加えた。〔佩文韻府〕は各字条に下接語を録しているので、それを主とし、別に通用の語を求めて加えた。語彙や下接語は、適当な表現の語を検索するときの資料として、用意した。

六――付録について

付録として字音、字訓、総画数、部首別、四角号碼によるそれぞれの索引のほか、常用・人名漢字一覧、また同訓異字、平仄一覧、作者・書名解説を加えた。常用漢字一覧には議すべきことも多いが、このことは別の機会にいうほかない。ただこの常用漢字一覧は、本来、教育漢字・公用漢字として制定したものであり、あくまでもその範囲のものにすぎないということは、その前文にもしるされている通りである。

同訓異字には、その用法に自然に慣行とすべきものがあり、必ずしも厳密な区別を施すべきものではない。ただ古典を読むとき、表現の機微にわたることもあり、すでに各字条にしるしていることも、同訓の字を併せて考えるとき、その用法が明確となることもある。古くは伊藤東涯の〔操觚字訣〕、清の劉淇の〔助字弁略〕、王引之の〔経伝釈詞〕などが参考の書とされ、それによる解説が多い。それらは、用例から帰納してその用義を考えるという方法をとるが、本書では字の原義立意の上から解説することを試みた。これは従来にない解説の方法であるので、いくらか参考に供することができるように思う。

本書には、簡単な平仄一覧を加えることにした。一般の辞書には、〔広韻〕〔集韻〕などによって反切・韻を加える例であるが、漢字を国字とする立場をとる本書では、これを略することにした。平仄を必要とするのは、大体において詩賦の類を扱うときのことであるから、そのためには韻別に一括した平仄表を掲げることが便宜であろうと考えるからである。

漢詩を作ることは、昭和の初年にはまだ全国規模の詩社も数社あり、詩会なども行われていたが、今ではほとんど聞くことがない。しかし漢詩の鑑賞には、自らも作詩の経験をもつことが必要であり、平仄表や多数の語彙が、一書のうちに用意されていることが望ましい。

文例として掲げた文献や詩文、その書名や作者たちについては、語彙の辞典である本書には録入しなかったので、別に簡単な解説を加えることにした。文献はほぼ四部別、作者は時代別にした。主要な典籍や作者の、ほぼ全体にわたるものとなっている。

〔字統〕以来、本書の刊行に至るまでに、私はほぼ十三年の歳月を要した。〔字統〕〔字訓〕とともに、いささか世用に役立つものであることを願っている。

平成八年九月

＊『字通』（一九九六年発行）の刊行に際して著者が書き下ろしたものをそのまま掲載した。『字通［普及版］』では付録に一部、割愛したものがある（凡例参照）。

字通

［普及版］

ア

【丫】 3 8020 ア あげまき ふたまた

象形 童子の髪を総角に結んだ形。

訓義 [1]あげまき、両角の形に結んだ髪型、その髪型の小児・少女・道士・老人。[2]ふたまたの木の枝、先端がふたまたの形のもの。[3]語詞として語頭につける。また、叫ぶときの擬声語。[4]いま、肉さし。[5]注音符号のひとつ、a の音。

古訓 丫はわが国の古い字書にみえず、伊藤東涯の〔名物六帖、第二帖、人品箋〕に、中国の出典をあげて「丫鬟・小女・小婢コメラウ・丫頭・小鬟・女僕・青衣コシモト」などの語をあげている。丫頭という語はわが国の「おちょぼ」というに近い。「おちょぼ」とは、小さな髪型をいう語であろう。古語では「あげまき」という。〔新撰字鏡〕に「髮 角丱束髮、阿介万支（あげまき）」、また〔和名抄〕に「總角 辨色立成に云ふ、阿介萬岐（あげまき）」とあり、〔崇峻前紀〕に「角子」、〔景行紀〕に「總角」の字を用いている。

語系 丫・椏ea は同声。椏は〔玉篇〕に「木の椏杈なり」とあって、ふたまたの意。〔広韻〕に引く〔方言〕に「江東、樹枝を言ひて椏杈と爲す」とみえる。

【丫丫】 あげまきの形、あげまき。元・馬祖常〔絶句、七首、四〕詩 江南の女兒、年十五 兩髻丫丫として面粉光る

【丫角】 あげまき。〔太平広記、五十四に引く続仙伝〕舟を江濱に泊す。忽ち丫角布衣の少年有り、暴雨を衝っいて來る。衣履濕れず。

【丫髻】 あげまきの少女。宋・欧陽脩〔蒼蠅を憎むの賦〕此の時に於て、孔子何に由りて周公を髣髴に見ん。莊生安くんぞ蝴蝶と飛揚することを得ん。徒らに蒼頭丫髻をして、巨扇もて揮颺せしむ。

【丫頭】 丫髻に同じ。唐・劉禹錫〔小樊に寄贈す〕詩 花面丫頭、十三四 春來綽約として人に向ふ時

【丫童】 少年。宋・陸游〔舎北行飯、触目を書す、二首、二〕詩 小婦煙を破りて去艇を撐さへ 丫童笛を横たへて歸牛を喚よぶ

↑丫環 小間使／丫鬟 丫髻／丫叉 二股／丫槎 叉枝／丫子 二股／丫枝 叉枝／丫雀 かささぎ／丫木 二股／丫戻 ねじれる／丫路 岐路

常【亜】 7 入〔亞〕 8 1010 ア アク はふり つぐ

篆文

甲骨文

金文

象形 旧字は亞に作り、陵墓の墓室の平面形。玄室の四隅をおとした形。〔説文〕十四下に「醜なり。人の局背の形に象る。賈侍中の說に、以爲へらく、次弟なりと」とあり、醜悪の意とするが、字は明らかに墓壙玄室の形である。亜次の義も、墓葬を司る聖職者の意から出たものであろう。

訓義 [1]玄室、棺をおくへや。[2]玄室の儀礼を司るもの、はふり。葬祭の儀礼を司るもの、その官職名。[3]次ぐ、第二、王に次ぐ聖職者。[4]近い、並ぶ、匹配、ひとしい、なかま。[5]悪に通じ、醜悪の意がある。婭に通じ、両壻相謂う語に用いる。堊に通じ、塗る意に用いる。[6]圧と声近く、俯す意に用いる。低い、掩う、払う、曲脊の意がある。[7]擬声語、どもる声。

古訓 〔字鏡集〕亞 フサガレリ・ツグ・アツ・ツイデ・カナフ・ミ（ニ）クシ・シヒタリ・モノイハズ

声系 啞・證・惡（悪）・堊など亞声。啞は笑う擬声語。證は相毀る意で、惡と声義が近い。玄室（亞）の儀礼は凶礼であるから、悪の意を生ずる。堊は玄室を漆喰で塗るので、その白土をいう。

語系 亞a ak は阿 ai と声近く、幼女を亜奴、また阿奴、年輩の人を亜公、また阿公、婦人を亜婆、また阿婆という。自称の亜儂は呉下の阿蒙の阿と同じ。

【亜卿】 九卿に次ぐ官位。〔左伝、文六年〕先君～諸これを秦に仕へしめて、亞卿と爲せり。

【亜献】 古代の祭祀に三献の礼があり、第二次の薦献をいう。〔後漢書、百官志一〕太尉～凡そ郊祀の事に、亞獻を掌る。

【亜元】 第二位。元は一位。宋・楊万里〔二十四日、暁に起きて海棠を看る、八首、八〕詩 牡丹を除却して 海棠を亞元に當つ

【亜相】 御史大夫の別称。秦のとき丞相の副であった。わが国では大納言をいう。唐・白居易〔李昌元、御史大夫を兼ぬべしの制〕亞相の秩、威重寵崇なり。爾の身に加へ、以て能くする者を勸む。

【亜聖】 聖人に次ぐもの、孔門の高弟や孟子をいう。漢・趙岐〔孟子題辞〕書七篇二百六十一章～を著はす。～天地を包羅し、萬類を揆敍す。仁義道德、性命禍福、粲然載せざる所靡し。～命世亞聖の大才なる者なり。

【亜祖】 高祖に次ぐもの。金文〔史牆盤〕靑（静）幽なる高祖、～粦明なる亞祖祖辛（祖の名）。

【亜飯】 古代の天子諸侯の饗宴に、第二次の進食のとき奏楽するもの。〔論語、微子〕大師摯は齊に適き、亞飯干（干は人名）は楚に適く。

【亜匹】 同一流の人物。〔三国志、蜀、諸葛亮伝評〕諸葛亮は～識治の良才、管（仲）・蕭（何）の亞匹と謂ふべし。

【亜父】 父に次いで尊親すべき人。〔史記、項羽紀〕亞父南嚮して坐す。亞父とは范增なり。

【亜旅】 軍官。亜・旅ともに儀礼を掌るものであろう。〔左伝、文十五年〕宋の華耦來りて盟ふ。～命を亞旅に承けんと請ふ。

↑亜尹 官名、少尹／亜魁 科挙第二席／亜公 年長の人／亜歳 冬至／亜次 ならべる／亜似 そっくり／亜将 副将／亜帥 元帥の次／亜迹 あとをおう／亜駝 神の名／亜台 亜相／亜奴 女児／亜等 同等の人／亜流 同じ流派の人、まね手

↓姻亜・偃亜・相亜・低亜・匹亜・流亜・倫亜

【婀】 8 4142 〔嫛〕 11 4142 ア たおやか

篆文

甲骨文

形声 声符は可。可は阿の省文。〔説文〕十二下に婆・婕・嬰など十二字とともに「女の字なり」とするが、嬰・嬰は女巫、婕は女官名に用いる。婀と通用する。

訓義 [1]女のあざな。[2]たおやか、しなやか。[3]婀と通用する。

古訓 〔名義抄〕婀 タヲヤカナリ／婀娜 ヨキカホ・ナマメク

語系 婀・婀 ai は同声。もと同じ語であろう。哀 ai、委 iuai などと同系の語である。

【娿】 8 4640 アカ しつけうば

篆文

形声 声符は可。k の音が脱落する例が多い。〔説文〕十二下に「女師なり」とあり、「杜林説に、教を女に加ふるものなり」と、加の字義を説く。ほとんど文献にみえない字である。また姆ともいう。文献には多く姆を用いる。

訓義 [1]しつけうば。

↑娿保 おもり役のうば

入【阿】 8 7122 ア くま のき しなやか こびる

篆文

金文
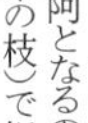

形声 声符は可。〔説文〕十四下に「大陵を阿と曰ふ。自に從ひ、可の聲なり。一に曰く、阿は曲れる自なり」（段注本）とみえる。可声が阿となるのは圭・奇が蛙・倚となるのと同じ。可は、丁（木の枝）で祝詞を収めた器である∪を殴ち、神の許可を求める意。自は神の降下する神梯。たいてい山陵の屈曲したところで、その下で儀礼を行う。

訓義 1山のくま、山のわき、さか、くま、ふもと、おか。水ならば入りこんだ岸。2家の形にたとえて、のき、むね。3ゆるやかな傾斜、ななめ。その姿勢より、寄る、近寄る。4猗・委・依と通用し、しなやかなさま、やわらかなさま、ゆっくりする、こびる意に用いる。5親しみを含めた接頭語。人に対して用いる。また物にもいう。6⿰糹阿と通用し、細繒をいう。7〔玉篇〕に「北なり、邸なり」の訓がある。北は隈の意からの転義であろう。

古訓 〔名義抄〕阿 クマ・キシ・マガレルキシ・ヤノムネ・ヨル・シタガフ・キタ・オモネル

声系 阿を声符とするものとして〔説文〕に婀・疴（痾）の二字を収める。女子の姿態や病気の意に用いるのは、その萎えた姿をいうものであろう。

語系 阿・疴 ai は同声。猗 iai、委 iuai、依 iai などはみな、しなやかなさまをいう語で、もと一系の語であろう。それで阿娜・猗儺・委蛇・依遲・婀娜などの連語はみな、あでやか、しなやかなさまをいう。

【阿伽】あか 梵語 argha の音訳。仏に供える水。閼伽。〔和名抄〕梵語なり。漢には鬱勃と言ふ。雜香を烝煮して、其の汁を以て佛に供養するなり。

【阿閣】あかく 四方にひさしのある楼門風の建物。〔文選、古詩十九首、五〕交疏、綺牕を結び 阿閣三重の階

【阿監】あかん 宮女を取り締まる官。唐・白居易〔長恨歌〕詩 梨園の弟子、白髪新たに 椒房の阿監、青蛾（黒い眉）老いたり

【阿衡】あこう（かう） 殷の官名。湯を佐けた伊尹をいう。〔詩、商頌、長発〕實に維れ阿衡 實に商王を左右けたり

【阿戎】あじゅう 従弟。唐・杜甫〔杜位宅に守歳す〕詩 歲を守る阿戎の家 椒盤已に花を頌す

【阿従】あじゅう 迎合する。〔漢書、外戚下、孝成趙皇后（飛燕）伝〕（耿育の上疏）各〻指に隨ひて阿從し、以て容媚を求む。～萬事已に訖れり。

【阿誰】あすい 何びと。〔三国志、蜀、龐統伝〕（先主）統に謂ひて曰く、今日の會、樂しと謂ふべしと。統曰く、人の國を伐ちて以て歡と爲すは、仁者の兵に非ずと。先主醉うて怒る。～尋いで悔い、～謂ひて曰く、向者の論、阿誰を失と爲すと。統對へて曰く、君臣俱に失すと。

【阿那】あだ しなやかなさま。阿娜。漢・王延寿〔魯の霊光殿の賦〕朱桂南北に黝儵として、蘭芝東西に阿那たり。

【阿堵】あと ものを指示する語。これ。この。〔晋書、王衍伝〕衍、晨に起きて銭を見、婢に謂ひて曰く、阿堵物を擧げて却れと。◇この故事によって、銭を阿堵・阿堵物という。

【阿党】あとう（たう） 仲間を作り、法をまげる。〔管子、重令〕法令を謹みて以て治め、阿黨せず。能を竭くし力を盡して、而も得ることを尙ばず。

【阿鼻】あび 梵語 avīci の音訳。無間と訳す。阿鼻は八大地獄の一。また無間地獄という。〔梁書、儒林、范縝伝〕（神滅論）惑はすに茫昧の言を以てし、懼れしむるに阿鼻の苦を以てす。

【阿附】あふ 迎合して従う。〔後漢書、党錮、李膺伝〕南陽の樊陵、～後に宦官に阿附するを以て、位を太尉に致す。

【阿蒙】あもう 進歩のない少年にたとえる。呂蒙の故事。〔三国志、呉、呂蒙伝注に引く江表伝〕今に至りては、學識英博、復た呉下（呉にいた当時）の阿蒙に非ず。

【阿諛】あゆ おもねり従う。〔漢書、匡張孔馬伝賛〕儒の衣冠を服し、先王の語を傳ふ。其の醞藉（おくゆかし）なるは可なり。然れども皆祿を持し位を保ち、阿諛の譏りを被る。

↑阿阿 嘆息の声／阿姨 おば／阿意 追従／阿吽 気息の出入／阿婉 美女／阿翁 祖父、父／阿哥 兄さん／阿街 喝道／阿獃 愚か／阿丘 片岡／阿舅 母の兄弟／阿曲 おもねる／阿兄 兄、叔父／阿姑 夫の母／阿公 夫の父／阿子 子よ／阿私 おもねる／阿姊 お姉さん／阿叔 叔父／阿順 阿従／阿女 娘／阿丈 目上の人／阿嬢 母／阿世 世におもねる／阿爹 父／阿娜 阿那／阿大 親友／阿嬭 乳母／阿茶 公主／阿弟 弟／阿諂 へつらう／阿奴 若者／阿儂 私、お前／阿伯 父、夫の兄／阿比 したしむ／阿媚 こびる／阿父 父、おじ／阿偏 かたよる／阿保 保育する／阿母 乳母、母／阿媽 母／阿妹 妹／阿爺 お父さん／阿邑 へつらう／阿老 夫

↓依阿・海阿・巖阿・九阿・丘阿・曲阿・隅阿・谿阿・迎阿・軒阿・谷阿・山阿・四阿・私阿・順阿・城阿・水阿・垂阿・崇阿・川阿・層阿・大阿・中阿・長阿・庭阿・洞阿・平阿・偏阿・妄阿・門阿・陵阿・菱阿・林阿

【娃】 11 4141 ア あいむこ こびる こしもと

形声 声符は亞（亜）。亞に相次ぐ意があり、相次する関係のものをいう。

訓義 1〔爾雅、釈親〕に「兩壻相ひ謂ひて亞と爲す」とあり、あいむこ、妻の姉妹の夫。2阿・婀と声義近く、こびる。3こしもとの意に用いる。

古訓 〔和名抄〕娃 阿比无古（あひむこ）〔名義抄〕娃 アヒムコ

語系 娃・阿・婀 ai は同声で通用する。

【娃嬛】あけん こしもと。丫鬟。〔水滸伝、四〕那箇の娃嬛に分付けて、一面に火を焼き着けさす。

【娃婿】あせい あいむこ。〔唐書、李傑伝〕長孫昕、素より傑を惡む。道に遇ふ。內、玄宗の娃婿なるを恃み、親しむ所の楊仙玉と、共に之れを毆辱す。

【娃姹】あだ なまめかしい。宋・陸游〔春愁曲〕詩 蜀姬雙鬟、娃姹として嬌なり 醉うて看る、恐らくは是れ海棠の妖ならんと

↑娃鬟 少女の髪型、こしもと

↓姻娃・婚娃・親娃・宗娃・朋娃

【蛙】 12 5411 ［鼃］ 19 4071 アワ かえる

篆文

形声 声符は圭。圭に哇・洼の声がある。〔説文〕十三下に鼃を正字とし、「蝦蟇なり」という。鼃も蟇も、その鳴き声をとる。

訓義 1かえる。2淫邪の意がある。

古訓 〔新撰字鏡〕蛙・䵷 加戸留（かへる）〔和名抄〕蛙黽 阿末加倍流（あまがへる）〔名義抄〕蛙蟆 アヲガヘル／蛙黽 アマガヘル〔字鏡集〕蛙 アマガヘル・カイル・カハヅ

【蛙鼓】あこ 蛙の鳴く声。宋・邵雍〔王安之少卿の雨後に和す〕詩 蛙鼓、未だ聽くに足らず 蚊雷、未だ驅り易からず

【蛙市】あし 蛙がやかましく鳴きたてる。宋・葛長庚〔翠麓夜飲の序〕草螢、燈を鬭はせ、田蛙、市を作す。

【蛙吹】あすい 蛙の声。前蜀・韋荘〔夏夜〕詩 蛙吹鳴きて還た息み 蛛羅（蜘蛛の糸）滅して又光る

【蛙声】あせい 蛙の鳴く声。唐・張籍〔賈島の野居を過ぎる〕詩 蛙聲、籬落（かき）の下 草色、戶庭の閒

【蛙黽】あぼう（ばう） あまがえる。喧噪にたとえる。唐・杜甫〔八哀詩、～張公九齡〕碣石、歲に崢嶸 天地、日に蛙黽

【蛙鳴】あめい 蛙の鳴く声。宋・蘇軾〔～船上小詩八首を題する

有り。〜聊か為に之れに和す、八首、其の一〕詩 蛙は鳴く、青草の泊 蟬は噪ぐ、垂楊の浦

↑蛙蚓 かえるとみみず／蛙泳 蛙泳ぎ／蛙歌 淫声／蛙蝦 蛙、がま／蛙角 髪の型／蛙讙 蛙声／蛙群 蛙の群／蛙羹 蛙の羹物／蛙井 井蛙／蛙怒 蛙が騒ぐ／蛙鬧 蛙が争う／蛙吠 蛙鳴

↓蚓蛙・淫蛙・詠蛙・渇蛙・讙蛙・群蛙・呪蛙・春蛙・食蛙・井蛙・青蛙・螢蛙・泥蛙・怒蛙・憤蛙・暮蛙・鳴蛙・乱蛙・霊蛙

【痾】 13 0012 ［疴］ 10 0012 アカ やまい

篆文 

形声 声符は可。可は阿の省文。字はまた疴に作る。いま痾の字形を用いる。〔説文〕七下に「疴は病なり」とし、「五行傳に曰く、時に卽ち口痾有り」という。〔広韻〕に「小兒驚くなり」とあり、発作症状の類をいうのであろう。

訓義 ①やまい。

古訓 〔新撰字鏡〕痾 小兒驚くなり、痾字 〔篇立〕痾 ヲフシ・ヤマヒ・ツヽガ

【痾禍】(くわ) 他に災いが及ぶ。〔後漢書、律暦志中〕妖孽累りに仍かなり、痾禍一に非ず。

【痾恙】(やう) 恙はつつが。病気。北周・庾信〔滕王集序を謝する啓〕比年、痾恙彌留す(久し)。光陰に視息するも、桑楡(暮年)已に迫れり。

↑痾疾 疾病

↓懐痾・旧痾・孽痾・宿痾・沈痾・疲痾・微痾・百痾・負痾・風痾・抱痾・幽痾・妖痾・養痾・療痾

【瘂】 13 0011 ア おし

形声 声符は亞(亜)。〔玉篇〕に「瘖瘂なり」とあり、亞は発声がつまって声とならぬさまの擬声語。〔説文〕七下に瘖を録して「言ふこと能はざるなり」という。啞・喑・瘖は同系の語。その口ごもるようなさまを含胡、また含糊という。

訓義 ①啞者。②啞と同じ、口ごもるさまの擬声語。

古訓 〔和名抄〕瘖瘂 於布之(おふし) 〔篇立〕瘂 ヲシ・ヲフシ・コトヾモリ

語系 瘂・啞ak、瘖・喑iamは声義近く、いずれも瘂疾をいう。発音が明らかでなく、口ごもるさまの擬声語である。

↑瘂瘖 啞者／瘂羊 愚昧

↓瘖瘂・聾瘂

【鴉】 15 1722 ［鵶］ 19 1712 ア からす はしぶとがらす

篆文 

形声 声符は牙。鵶は亞(亜)を声符とする異体の字。牙の語頭子音ng-の脱落したもの。字はまた雅(雅)に作り、〔説文〕四上に「楚烏なり。一名鸒、一名卑居、秦之れを雅と謂ふ」とみえる。鴉は唐宋以後の文献にみえる。金文にみえる烏は死烏の形、於はその羽を縄にかけわたした形。みな作物の害を避け、烏をおどすのに用いた。

訓義 ①からす、はしぶとがらす。②字はまた烏・於に作る。

古訓 〔新撰字鏡〕鴉 白頭烏、毛受(もず)、又、不久呂不(ふくろふ) 〔名義抄〕鴉 カラス 〔字鏡集〕鵶 鴉同じ、アトリ・カラス・トモナイトリ

語系 鴉・雅ea ngea、烏a、於iaはみな「からす」をいう語。烏は感動詞の烏呼に用い、その字は羽を垂れた死烏の形。於の金文形は𣄴、烏の羽を縄にかけわたした形。烏をおそれさせるためで、今もその方法を用いる。鴉・雅はその鳴き声をとる。

【鴉鬟】(くわん) 黒い髪。また婢女。唐・于濆〔古意に擬す〕詩 鴉鬟未だ髻を成さず 鸞鏡徒だ相ひ知る

【鴉群】 鳥のむれ。唐・李咸用〔早行〕詩 馬首殘月を搖かし 鴉群古城に起る

【鴉黄】(くわう) 額に塗る黄色の化粧粉。唐・盧照鄰〔長安古意〕詩 片片たる行雲、蟬鬢(薄く結った髪)に著き 纖纖たる(細い)初月(眉)、鴉黄に上る

【鴉鵲】 鴉も鵲もよく鳴き騒ぐもの。宋・陸游〔臥竜寺に遊ぶ〕詩 翻翻として林表に鴉鵲語り 渺渺たる煙邊に鷗鷺行く

【鴉頭】 あげまき。丫髻。唐・白居易〔東南行一百韻〜〕詩 繡面(顔一面の入墨)誰が家の婢ぞ 鴉頭、幾歳の奴ぞ

↑鴉軋 轆轤の音／鴉髻 女のまげ／鴉昏 夕鴉／鴉叉 丫叉／鴉觜 つるはし／鴉臭 腋臭／鴉娘 みこ／鴉陣 鳥の群飛／鴉青 紺色／鴉棲 鳥が棲む／鴉噪 鳥が噪ぐ／鴉啼 鳥の声／鴉飛 鳥が飛ぶ／鴉鬢 黒髪／鴉翎 黒髪／鴉鷺 黒白

↓鳶鴉・寒鴉・帰鴉・飢鴉・驚鴉・暁鴉・群鴉・江鴉・昏鴉・山鴉・残鴉・慈鴉・宿鴉・城鴉・晨鴉・青鴉・棲鴉・夕鴉・皁鴉・噪鴉・霜鴉・村鴉・啼鴉・田鴉・晩鴉・暮鴉・鳴鴉・林鴉・老鴉

【鼃】 19 4711 ［鼁］ 19 4071 アワ かえる あおがえる

篆文 

形声 蛙の初文。声符は圭。圭に哇・洼の声がある。〔説文〕十三下に「鼃は蝦蟇なり」とし、黽をその象形とする。〔説文通訓定声〕に「脰を以て鳴く者なり。蘇俗に之れを田鷄と謂ひ、揚州に之れを水鷄と謂ひ、亦た吠蛤と曰ふ。其の聲の閣閣たるを言ふなり」とし、また「鼃は食ふべきも、蝦蟇は食ふべからず。同類にして異物」という。字はまた鼁に作り、一般には蛙を用いる。

訓義 ①かえる、あおがえる。②がま。③みだらな声、だみ声。

＊語彙は蛙字条参照。

【鼃咬】(かう) やかましくみだらな音楽。漢・張衡〔東京の賦〕咸池(古楽の名)は度を鼃咬に齊しうせず、而れども衆聽するものは或いは疑ふ。

↑鼃声 俗楽／鼃黽 がま

アイ

常 【哀】 9 0073 アイ かなしい あわれむ

篆文  金文 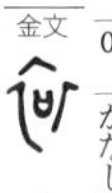

会意 衣＋口。〔説文〕二上に「閔むなり」とし、衣声とするが、字は会意。死者の招魂のために、その衣の襟もとに、祝詞を収める器の形の𠙵を加える。魂よばいをする哀告の儀礼を示す。

訓義 ①かなしい、いたむ。②あわれむ。

古訓 〔名義抄〕哀 カナシブ・イタム・ウレフ・ナク・オモハカル・メグム・ワザハヒ

語系 哀哀・依依・鬱鬱・乙乙・烏烏・隱隱(隱隱)・怏怏・邑邑・慍慍はみな同系。その鬱屈した音のうちに、悲哀の情を含む。愛・優も同系の語。哀ai、依iəi、鬱iuət、隱iən、怏iang、邑iəp、慍iuənや愛ət、憂iuはみな語頭に母音をもち、その声義に通じるところがある。

【哀哀】 深く哀慕する気持ち。〔詩、小雅、蓼莪〕哀哀たる父母 我を生みて劬勞す

【哀怨】(あいえん) かなしみ怨む。唐・李白〔古風、五十九首、二〕詩 正聲、何ぞ微茫(遠くかすか)たる 哀怨、騷人に起る

【哀音】 かなしい声。唐・白居易〔慈烏夜啼〕詩 慈烏其の母を失ひ 啞啞として哀音を吐く 晝夜飛び去らず 年を經て故林を守る

【哀歌】 なげき歌う。〔荘子、天地〕子貢〜曰く、孔丘の徒なりと。圃を爲る者曰く、子は夫の博學以て聖に擬し、於

于(媚佞)して以て衆を蓋ひ、獨り弦し哀歌して、以て名聲を天下に賣る者に非ずや。～子往け。吾が事を乏ぶる無かれと。

【哀毀】あいき 喪に服してやせ衰える。〔世説新語、徳行〕和嶠は禮を備ふと雖も、神氣損せず。王戎は禮を備へずと雖も、哀毀して骨立す。

【哀矜】あいきょう かなしみあわれむ。〔書、呂刑〕庶戮の不辜なるを哀矜し、虐に報ずるに威を以てす。

【哀吟】あいぎん かなしげに鳴く。魏・曹植〔雑詩、六首、一〕孤雁飛んで南に游き 庭を過ぎりて長く哀吟す 翹思して遠人を慕ふ 願はくは遺音を托せんと欲す

【哀号】あいごう(がう) かなしみ泣き叫ぶ。また葬送のとき、大声で泣き従うこと。唐・杜甫〔前苦寒行、二首、一〕詩 楚江巫峡、氷、懷に入る 虎豹の哀號、又記するに堪へたり

【哀哉】かなしいかな 感動詞的に用いる。金文〔禹鼎〕烏虖哀しい哉。用て天、大喪を下國に降せり。

【哀子】あいし 親の喪に服する子。〔礼記、雑記上〕祭には孝子孝孫と稱し、喪には哀子哀孫と稱す。

【哀傷】あいしょう(しやう) いたみ悲しむ。魏・阮籍〔詠懐、八十二首、十六〕詩 羈旅(旅中)疇匹(仲間)無し 俛仰哀傷を懷く

【哀情】あいじょう(じやう) もの悲しい。漢・武帝〔秋風の辞〕詩 簫鼓を鳴らして棹歌を發す 歡樂極まりて哀情多し 少壯幾時ぞ、老を奈何せん

【哀戚】あいせき 悲しみいたむ。哀慼。〔礼記、檀弓下〕拜して稽顙(礼)するは、哀戚の至隱(痛)なり。

【哀切】あいせつ 身にせまるように悲しい。〔後漢書、馬援伝〕(兄の子)嚴と援の妻子と、～闕に詣りて罪を請ふ。～上書して冤を訴へ、前後六たび上る。辭甚だ哀切なり。

【哀痛】あいつう 甚だしく悲しむ。〔荀子、礼論〕三年の喪は、二十五日にして畢る。哀痛未だ盡きず、思慕未だ忘れず。

【哀悼】あいとう(たう) 人の死をかなしむ。漢・蔡邕〔郭有道(林宗)碑文〕凡そ我が四方同好の人、永く懷ひて哀悼し、念ひを寘く所靡し。

【哀閔】あいびん かなしみ閔れむ。〔漢書、薛宣伝〕陛下至徳仁厚にして、元元(人民)を哀閔す。

【哀慕】あいぼ かなしみしたう。〔夢渓筆談、人事一〕朱壽昌～其の母微なり。～流落貧家、～遂に母の在る所を失ふ。壽昌、哀慕已まず。長ずるに及び、乃ち官を解きて母を訪ひ、遍く四方に走り、備さに艱難を歴たり。

【哀楽】あいらく かなしみと楽しみ。〔中庸、一〕喜怒哀樂の未だ發せざる、之れを中と謂ふ。

【哀憐】あいれん かなしみあわれむ。〔漢書、南粵王伝〕今陛下幸ひに哀憐して故號を復し、漢に通使すること故の如くならしむ。老夫死すとも骨腐ちず。

↑哀哇 悲しみとりみだす／哀韻 悲しい調子の音／哀鬱 気がふさぐ／哀咽 悲しみむせぶ／哀艶 哀れで美しい／哀感 悲しみの感情／哀泣 悲しんで泣く／哀禽 悲しそうに鳴く鳥／哀嗷 悲しみなき叫ぶ／哀告 悲しんで訴える／哀哭 声をあげて泣く／哀冊 天子・皇后の弔文／哀策 哀冊。殯によむ／哀思 もの悲しい思い／哀詩 死者を悲しむ詩／哀辞 韻語の弔文／哀恤 哀れみめぐむ／哀杖 喪中につく杖／哀色 悲しそうな顔色／哀声 もの悲しい声／哀慼 悲しみいたむ／哀訴 嘆き悲しんで訴える／哀惻 哀しみいたむ／哀弔 人の死を悲しみ弔う／哀慟 悲しみ慟哭する／哀念 悲しんで心にかける／哀愍 悲しみあわれむ／哀憤 悲しみ憤る／哀擗 胸をうって悲しむ／哀鳴 鳥・獣が悲しみ鳴く／哀容 悲しげなさま／哀誄 死者への弔辞／哀麗 哀れで美しい／哀惋 悲しみ嘆く

↓一哀・永哀・過哀・居哀・矜哀・激哀・告哀・新哀・凄哀・清哀・送哀・沈哀・悲哀・余哀・揚哀・楽哀

【埃】 10 4313 アイ ほこり

篆文 

形声 声符は矣。〔説文〕十三下に「塵なり」という。矣に唉・欸の声があり、口気の意がある。風で塵埃の生ずるのを埃という。

訓義 1 ほこり。2 ほこりにまみれた状態のもの、ちり・ごみ。3 土けむり、もや。

古訓 〔名義抄〕埃 チリ・チリヒヂ 〔篇立〕埃 チリヒヂ・チリヰルナス

【埃𡒉】あいあい 埃でよごれる。晉・左思〔魏都の賦〕太清に憑りて以て混成し、埃𡒉を越えて始めに資る。

【埃靄】あいあい 埃で靄のようになる。土ぼこり。晉・成公綏〔嘯の賦〕滯積を散じて播揚し、埃靄の溷濁を蕩ふ。

【埃気】あいき 俗気。世俗的なけがれ。宋・黄庭堅〔蔡明遠帖跋〕筆意縱橫にして、一點の埃氣無し。

【埃塵】あいじん(ぢん) 土ぼこり、ちり。〔後漢書、光武帝紀上〕雲車十餘丈、城中を瞰臨す。旗幟野を蔽ひ、埃塵天に連なり、鉦鼓(陣太鼓)の聲、數百里に聞ゆ。

【埃風】あいふう 塵埃を吹きあげるような風。旋風。〔楚辞、離騒〕玉虬(竜)を駟し(四頭立て)として以て鷖(鳥の名)に乘り 埃風を溘やかにして余れ上り征く

【埃氛】あいふん よごれた大気。俗世間。宋・蘇軾〔夜、秘閣に直す～〕詩 蓬瀛(仙人)の宮闕、埃氛を隔つ 帝樂天香、聞くを許すに似たり

↑埃鬱 埃が立ちこめる／埃昏 埃や塵で暗い／埃銭 僅かばかりの銭／埃土 土ぼこりが積む／埃煤 埃やすす／埃蕪 荒れて埃まみれとなる／埃墨 油煙などの埃／埃霧 砂けむり／埃穢 埃で穢れる

↓𡒉埃・炎埃・煙埃・軽埃・涓埃・紅埃・黄埃・囂埃・塵埃・青埃・清埃・纖埃・俗埃・沈埃・飛埃・浮埃・風埃・氛埃・雰埃・芳埃

常【挨】 10 5303 アイ うつ

篆文 

形声 声符は矣。〔説文〕十二上に「背を撃つなり」、次条の撲に「挨つなり」とみえる。矣に埃・唉の声がある。

訓義 1 撃つ、後ろから背を撃つ。2 強く推す、推しのけるように撲つ。3 よりそう、せまる、順序に次第する。

古訓 〔名義抄〕挨 ヲス・ヤカラ・タグヒ・アツム 〔字鏡集〕挨 ヲス・サヅク・アツム・ヤカラ・タグヒ

参考 拶は〔広韻〕に「逼まり拶するなり」とあり、身をすり寄せるような行為をいう。拶指は指攻め。挨は宋以後に多く用い、挨身・挨擠・挨闘・挨排・挨捕・挨傍、また挨肩拶背などの語があり、みな俗語。挨拶も同系の語。禅家で一問一答を一挨一拶といい、それより応対・応待の意となった。

【挨坐】あいざ おしあって、つめて坐る。宋・曽鞏〔分寧県雲峯院記〕長少、里閭に挨坐し、相ひ講語するに法律を以てす。意嚮小しく戻るときは、則ち相ひ告ぐ。

【挨拶】あいさつ 大勢がおしあう。挨擠。また、禅家で問答することをいう。宋・葛長庚〔海琼集、鶴林問道篇〕昔者天子登りて泰山に封ず。其の時、士庶挨拶す。

【挨排】あいはい ぎっしり並ぶ。唐・姚合〔悪神行雨〕詩 凶神扇䬟して、惡神行ぐる 洶湧挨排して、白霧生ず

↑挨挨 徐々に／挨越 ですぎ／挨延 ぐずぐず／挨肩 肩よせ／挨次 順次／挨擠 こみ合う／挨枕 おしのけ／挨班 組順

↓肩挨

【欸】 11 2748 アイ ああ なげく

篆文 

形声 声符は矣。〔説文〕八下に「訾るなり」とする。矣は厶（目）に矢をそえた形で、そのときの祈る声をいう。農具を清める儀礼。欠は口を開く形で、そのときの祈る声をいう。

訓義 ①感動詞。〔楚辞〕に「欸」と用いる。②なげき祈る。③ゆるやかにこたえるときの声。擬声語。承諾するときに用いる。④〔説文〕八下に「訾るなり」とあり、恚る意とする。

古訓 〔名義抄〕欸 ナゲク 〔字鏡集〕欸 ノル・ナゲク・ソシル・イカル

【欸乃】 舟人が相応える声。櫓の音。舟歌。唐・柳宗元〔漁翁〕詩 煙銷え日出でて、人を見ず 欸乃一聲、山水綠なり ▢猥欸・靄乃・靄廼も同じ。唐・元結〔欸乃曲の序〕に、結が大暦の初め、道州刺史のときに欸乃曲を作ったといい、宋・黄庭堅の説に、欸乃は歌中に加える相の手の声であるという。

↑欸欸 まごころ

↓牙欸・猥欸

常 **【愛】** 13 2024 ［㤅］ 8 7133 アイ いつくしむ したしむ

篆文  古文 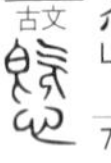 金文 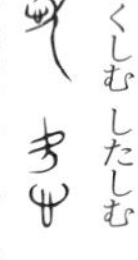

会意 旡＋心。旡は後ろを顧みて立つ人の形。それに心を加え、後顧の意を示す。〔説文〕五下に「愛は行く皃なり」とするのは、㤅十下に「恵なり」とし、㤅を愛の義とし、愛を別義の字としたものであろうが、㤅・愛は同じ字である。

訓義 ①いつくしむ、心を残す、愛しと思う、あわれむ。②したしむ、情をかける。③めでる、愛好する。④惜しむ。⑤僾と通用し、ぼんやりした、不安定な、ほのかな感情をいう。

古訓 〔篇立〕愛 メグム・ウツクシ・アハレブ・ヨシ・チカシ・ヤスシ・ヲシム 〔字鏡集〕旣 ヲモフ・メグム・アハレブ・ユク・カスム、愛同じ

声系 〔説文〕に愛声として僾など二字を収めるが、ほかに曖・薆・靉などがある。愛は顧みて憂えるさまで、もどかしく不安定な心情をいう。また、ものがたちこめて不透明な状態にあることをいう。

語系 愛・僾・薆・曖・靉ət は同声。翳yet、薈uat、隱（隠）iən、また蔚・鬱iuət、薀iuən、苑（苑）iuan はみな中にこもる意があり、もと同系の語。

参考 愛は国語では古語の「かなし」にあたり、「かなし」は哀・愛の語義を含む。〔万葉〕には「可奈之」「可奈思」などの仮名書きのほかに、「哀しき手」「春菜採む兒を見るが悲也さ」「あやに憐しき」のように哀・悲・憐（憐）を用い、愛の用例がない。愛は「愛人」「愛しき」「愛妻」「愛での盛り」「最愛子」「愛兒」「愛子」のように用いる。〔記〕に「愛しき我がなにもの命」「愛友」「孰れか愛はし」「愛悲いとほしうれはし」「愛重みしたまふ」のような例がある。

【愛育】 めぐみ育てる。〔後漢書、王符伝〕（潜夫論、貴忠篇）夫れ帝王の尊敬する所の者は、天なり。皇天の愛育する所の者は、人なり。

【愛悦】 気に入って愛する。〔晋書、温嶠伝〕（温）嶠、性聰敏、～風儀秀整、談論を美くす。見る者皆之れを愛悦す。

【愛悪】 悪はにくむ。愛憎、好憎。〔易、繫辞伝下〕是の故に愛惡相ひ攻めて吉凶生じ、遠近相ひ取りて悔吝生じ、情僞相ひ感じて利害生ず。

【愛玩】 気に入ってかわいがる。〔韓非子、亡徴〕婢妾の言聽かれ、愛玩の智用ひらる。外内悲惋し、數不法を行ふ者は亡ぶべきなり。

【愛狂】 狂を好む。狂は志高く、進取の気象に富むもの。唐・元稹〔哥舒大少府の同年の科第に寄せらるるに酬ゆ〕詩 前年の科第、偏に年少 未だ羞を知るを解せず、最も狂を愛す

【愛卿】 戯れて夫をよぶ。〔世説新語、惑溺〕王安豐（戎）の婦、常に安豐を卿とよぶ。安豐曰く、～後復た爾かすること勿かれと。婦曰く、卿を親しみ卿を愛す。是を以て卿を卿とす。我、卿を卿とせずんば、誰か當に卿を卿とすべきと。

【愛敬】 愛し敬う。〔孝経、天子章〕愛敬、親に事ふるに盡し、德教百姓に加はる。

【愛顧】 目をかける。漢・楊脩〔臨淄侯に答ふる牋〕脩、死罪死罪。侍せざること數日なるも、年載を彌たるが若し。豈に愛顧の隆んなるに由り、係仰の情をして深からしむるか。

【愛護】 大事にする。〔顔氏家訓、治家〕人の典籍を借りては、皆須らく愛護すべし。先に缺壞有らば、就ち補治を爲せ。此れ亦た士大夫百行の一なり。

【愛幸】 気に入り愛する。〔史記、呂后紀〕高祖漢王と爲るに及んで、定陶の戚姬を得て愛幸す。趙の隱王如意を生む。～高祖以爲へらく、～如意、我に類たりと。

【愛狎】 したしみなれる。〔晋書、文苑、顧愷之伝〕愷之、諧謔を好む。人多く之れを愛狎す。

【愛山】 山景を楽しむ。唐・白居易〔西林寺に宿す〕詩 木落ち天晴れて、山翠開く 山を愛して騎馬、山に入り來る

【愛日】 日時を惜しむ。また冬日をいう。〔大戴礼、曾子立事〕君子は日を愛しみて以て學ぶ。

【愛惜】 ものおしみする。大切にする。〔文選、古詩十九首、十五〕愚者は費を愛惜し 但だ後世に嗤はる

【愛憎】 愛すると憎むと。宋・蘇軾〔常州の居住を乞ふ表〕群言或いは愛憎に起り、孤忠遂に疑似に陷る。

【愛寵】 気に入って愛する。寵愛。〔漢書、杜欽伝〕好憎の心生ずるときは、則ち愛寵一人に偏す。

【愛読】 好んで読む。唐・王建〔早秋、竜武の李将軍の書斎を過ぎる〕詩 就中愛讀す英雄の傳 功勳を立てんと欲して、如かざるを恐る

【愛撫】 いたわり愛する。〔宋史、范仲淹伝〕仲淹の將と爲るや、號令明白にして士卒を愛撫す。

【愛慕】 慕いなつかしむ。〔後漢書、卓茂伝〕師法を究極し、稱して通儒と爲す。性、寬仁恭愛、鄉黨故舊、～皆愛慕して欣欣たり。

【愛民】 民を愛する。〔穀梁伝、荘二十七年〕未だ嘗て大戰有らざるは、民を愛すればなり。

【愛養】 いつくしみ養う。〔漢書、谷永伝〕明王は基本を愛養し、敢て窮極せず。

【愛悋】 ものおしみする。愛吝・愛恪。〔風俗通、正失〕（燕）丹寔に士を好み、愛悋する所無し。

【愛憐】 いとしむ。〔戦国策、趙四〕太后曰く、丈夫も亦た其の少子を愛憐するかと。（左師公）對へて曰く、婦人よりも甚だしと。

↑愛恩 恩愛／愛学 好学／愛翫 愛玩／愛己 利己／愛奇 奇を好む／愛姫 寵姫／愛妓 寵妓／愛嬌 可愛い／愛恵 慈しむ／愛景 賞景／愛好 好む／愛国 国を愛する／愛才 才を愛する／愛士 士を愛する／愛子 慈し子／愛私 利己／愛酒 酒好き／愛恤 慈しむ／愛尚 大事／愛賞 めでる／愛著 愛執／愛重 大切／愛怒 喜怒／愛媚 なつく／愛憫 可愛がる／愛附 なつく／愛友 兄弟／愛欲 情欲／愛利 利を好む／愛恋 慕う

↓遺愛・頤愛・恩愛・可愛・雅愛・割愛・歓愛・器愛・旧愛・求愛・欽愛・恵愛・敬愛・兼愛・狎愛・酷愛・最愛・子愛・至愛・私愛・

自愛・慈愛・賞愛・鍾愛・情愛・心愛・深愛・親愛・仁愛・相愛・憎愛・存愛・耽愛・貪愛・忠愛・寵愛・溺愛・篤愛・熱愛・博愛・汎愛・偏愛・盲愛・友愛・隆愛・恋愛・憐愛

【隘】 13 7821 アイ アクヤク せまい けわしい

篆文  籀文  その他 

形声 声符は益（益）。〔説文〕十四下に「陋なり」とあり、隘巷をいう。益に溢と縊の両形があり、溢は溢水、縊は糸を縊る形に従う。隘は縊る、くびれたところをいう。阝（𨸏）は神梯、神霊の降るところは盤座のように往来の困難な険峻の地である。籀文は水溢の形に従い、誤形。

訓義 ①せまくけわしいところ。②行きどまりの進みがたい状態。③険阨のところの意から、困難をきわめる状態をいう。苦しむ。④陋しい、せまく小さい。

古訓 〔名義抄〕隘 ケハシ・サカシ・ヒバシ・イヤシ・スミヤカニ〔字鏡集〕隘 スミヤカ・イヤシ・ミニクシ・タチマチ・ケハシ・サカシ・サカ・サキ・ツタナシ・セバシ・ハザマ・タシナム

声系 搤は縊系統の字で、隘と声義が近い。阨は車の軛に従う形であるが、声義が近い。

語系 隘・厄・阨・扼ekは古音同じ。嗌iek、握eokも声義が近く、すべてネックとなるところをいう。咽yen、噎yetも咽喉のつまる意があり、同系の語。

【隘窮】 苦しみこまる。困窮。漢・劉歆〔遂初の賦〕昔仲尼の淑聖なるも、竟に陳蔡に隘窮す。

【隘狭】 細くせまい。隘陜。漢・劉向〔楚辞、九歎、怨思〕阜に隘狭にして幽険なり。

【隘窘】 おしつまって苦しむ。〔戦国策、斉三〕人の急なるや、自ら隘窘の中に在るが若し。

【隘巷】 せまい町中の道。〔詩、大雅、生民〕誕に之れを隘巷に寘く 牛羊腓けて之れを字しふ 誕に之れを平林に寘く 平林を伐るに會ふ

【隘湫】 せまく湿気の多い低地。宋・韓駒〔子飛弟の荊南に帰るを送る〕詩 我は恨む、詩に縁りて窮するを 賃屋、隘にして湫かなり

【隘阻】 けわしい。要害険阻の地。〔荀子、議兵〕是れ豈に固塞隘阻無からんや。其の之れを統ぶる所以の者は、其の道の故に非ざるなり。

【隘路】 山あいのせまく通りにくい路。また、ことの進行成就を妨げ、障害となる問題点。〔六韜、虎韜、臨境〕我を隘路に要し、我を便處に撃つ。

↑隘害 要害／隘衢 隘巷／隘険 険要／隘塞 要塞／隘懾 悲しい／隘薄 小心／隘厄 困苦／隘陋 みすぼらしい

↓関隘・危隘・狭隘・狷隘・険隘・喧隘・嶮隘・峻隘・湫隘・阻隘・束隘・塞隘・俗隘・塡隘・墊隘・迫隘・貧隘・褊隘・陋隘

【僾】 15 2224 アイ ほのか

篆文 

形声 声符は愛。〔説文〕八上に「仿佛なり」とあり、愛はふり返って立つ人の形で、その不安定な心情をいう。かすかに見える状態。

訓義 ①ほのか、彷彿としたさま。②心にかかる、うれえる。③むせぶ。

古訓 〔名義抄〕僾 ホノカ・ヲソル・ムス・ホガラカナリ

語系 愛ət、翳yet、薈uat、隱（隠）iənは同系の語。鬱iuət、燠iukも声義近く、さだかでない、うちにこもる、心がむすぼれる意のある字である。

参考 〔名義抄〕のムスという訓は、おそらくムセブの意であろう。〔詩、大雅、桑柔〕に「彼の風に遡ひて 亦た孔だ之れ僾ぶが如し」とみえる。

【僾而】 ほのかで見えにくい。愛而。〔詩、邶風、静女〕愛として（「愛而」を副詞とした語）見えず 首を搔いて踟躕す（立ちもとおる）

【僾然】 ほのかに見えるさま。僾而。愛而。薆而。〔礼記、祭義〕祭るの日、室に入りて、僾然として必ず其の位を見ること有り。

↑僾俙 ぼんやり／僾逮 凸めがね、靉靆／僾唈 むせび泣く

【鞋】 15 4451 ［鞵］ 19 4253 アイ カイ ケイ くつ わらじ

篆文 

形声 声符は圭。圭に哇・街の声がある。アイは慣用音。〔説文〕三下に鞵に作り、「生革の鞮（革履）なり」（段注本）という。鞋はその俗体の字。短靴の類。李商隠の〔雑纂、悪模様〕に「鞋を著けて牀上に臥す」とみえる。

訓義 ①くつ、わらじ。②短靴。③系と通じ、車上の紐。

古訓 〔新撰字鏡〕鞋・鞵 加波和良久豆（かはわらぐつ）〔字鏡集〕鞋・鞵 ハキモノ・カハシキレ・カハクツ・アサキクツ・クツ

【鞋底】 靴底。足の下。脚下。宋・范成大〔重ねて南嶽に遊ぶ〕詩 崇禋（参拝）事竣りて曉壇空し 躋攀小か試む青鞋底 知らず、雲磴幾千丈なるを 但だ見る漫山、白龍の尾

↑鞋下 脚下／鞋痕 靴あと／鞋子 短靴／鞋袋 靴袋／鞋韈 靴と足袋

↓吟鞋・糸鞋・青鞋・線鞋・楚鞋・草鞋・竹鞋・芒鞋・麻鞋・羅鞋

【噯】 16 6204 アイ いき おくび

形声 声符は愛。〔玉篇〕に「暖氣なり」とあり、暖かい息づかいをいう。また、おくび。その擬声語。悲哀の意の感動詞にも用いる。

訓義 ①いき。②おくび。③ああ、いたみかなしむ声。

古訓 〔名義抄〕噯 ナグサム

↑噯気 おくび

【瘱】 16 0014 アイ イ

篆文 

形声 声符は殹。〔説文〕七下に「劇聲なり」とあり、疾痛にうめく声であるという。〔説文〕三下殳部に「殹は撃ちて中たる聲なり」とするが、殹は毉・醫（医）の初文とみるべき字。矢は呪矢。これを撃ち、呵声を発して治療をするので、その声をいう。

訓義 ①うめくこえ。②つかれる。

古訓 〔字鏡集〕瘱 アクビ・ツカル

常【曖】 17 6204 アイ かげる くらい あたたか

形声 声符は愛。愛に、おぼつかなく、ほのかな意がある。人の姿には僾、草がくらく茂るを薆、日のかげるを曖という。

訓義 ①かげる、くらい。②日ざしがほのあたたかい、あたたか。

古訓 〔名義抄〕曖 クラシ・ホノカナリ・クモル〔字鏡集〕曖 ホノカナリ・カクル・クラシ・アタヽカ・クモル

語系 曖曖をまた薆薆に作る。翳翳と声義が通ずる。系列字については僾字条参照。

【曖曖】 うすぐらくなる。ほのぐらいさま。〔楚辞、離騒〕時、曖曖として其れ將に罷まらんとす 幽蘭を結びて延佇す

【曖乎】 情愛のこもるさま。〔韓非子、主道〕是の故に明君の賞を行ふや、曖乎として時雨の如し。

【曖日】 うす日がさす。陳・後主〔立春～舟を玄圃に浮かぶ～〕詩 春光、禁苑に返り 曖日、源桃に暖かなり

【曖然】うすぐらいさま。唐・沈佺期〔遠きに餞す〕詩 曖然たり、青軒の暮 浩思、任ふる所に非ず
【曖昧】かすんで定かでない。ことの理否が明らかでない。〔晋書、杜預伝〕臣の心實に了る。敢て曖昧の見を以て、自ら後の累ひを取らず。
↑曖色 ほのぐらい/曖迺 櫓の音
↓晻曖・暗曖・隠曖・雲曖・映曖・草曖・芬曖・幽曖・余曖

【薆】 17 4424 アイ キ かくす くらい

形声 声符は愛。愛に曖昧の意がある。草木の茂るさまを薪薆、香気のこもるさまを晻薆という。
訓義 ①かくす、おおう。②草木が茂る。③くらい。
古訓 〔篇立〕薆 ツマシ・カクス 〔字鏡集〕薆 カクル
↑薆薆 かげる/薆然 くらい/薆逮 かげる/薆昧 くらい
↓晻薆・翳薆

【藹】 20 4462 アイ しげる たちこめる

篆文 

形声 声符は謁(謁)。〔説文〕一三上に字を言部に属し、「臣、力を盡すことの美なり」とし、葛(葛)声とする。〔詩、大雅、巻阿〕「藹藹たる王の多吉士」の義によって解するが、字の本義は、草木の盛んに茂るさまをいう。
訓義 ①しげる。②たちこめるように茂る。もののたちこめるさまをいう。
古訓 〔名義抄〕藹 タナビク・サカリ・オホキナリ・イロ・ヤム・カクル・クラシ・オホフ 〔字鏡集〕藹 ヲホキナリ・シゲシ・タナビク・サカリ・マサリ・イロ・カクル・クラシ・オホフ・サカユ・ヤム
語系 藹藹をまた曖曖に作り、晻藹を晻靄に作る。藹・靄 at、曖 at は声義近く、一系の語である。
【藹藹】草木の盛んに茂るさま。晋・束晳〔補亡詩、六首、五〕彼の崇丘を瞻るに 其の林藹藹たり
【藹蔚】草木の茂りあうさま。晋・張華〔帰田の賦〕草木の藹蔚たるに育し、地勢の丘墟に因る。
【藹彩】新鮮なさま。唐・陸亀蒙〔偶 野蔬を掇り、襲美(皮日休)に寄す～〕詩 風を淩いで、藹彩として初めて籠を携ふ 露を帯びて、虛疏として或いは襟に貯ふ
【藹如】和気にみちたさま。唐・韓愈〔李翊に答ふる書〕仁義の人は、其の言藹如たり。
【藹然】たちこめるさま。〔管子、侈靡〕藹然として夏の靜雲の、乃ち人の體に及ぶが若し。
↑藹集 みち集まる
↓埃藹・暗藹・晻藹・菴藹・闇藹・蔭藹・隠藹・蔚藹・翳藹・遠藹・蓊藹・森藹・紛藹・暮藹・芳藹・黝藹・杳藹・窈藹・流藹・淪藹

【靄】 24 1062 アイ もや たちこめる

篆文 

形声 声符は謁(謁)。〔説文新附〕十一下に「雲の皃なり」とし、「藹の省聲」とする。謁に藹の声がある。
訓義 ①もや。②たちこめる。草木には藹といい、雲霧には靄という。
古訓 〔名義抄〕靄 キリ・クモル・タナビク・アタ、ム・アカル 〔字鏡集〕靄 ツクス・タナビク・アタム・アタ、ム・カスカナリ・クモル・アタクモ・アカル
語系 靄・藹 at、曖 at、鬱 iuat、薈 uat は声義近く、一系の語である。
【靄靄】もやがかかる。雲がたちこめる。晋・陶潜〔停雲〕詩 靄靄たる停雲 濛濛たる時雨
↑靄散 消えて散る/靄然 靄靄/靄乃 欸乃
↓埃靄・晻靄・遠靄・寒靄・軽靄・香靄・彩靄・残靄・深靄・新靄・塵靄・青靄・川靄・蒼靄・淡靄・断靄・暖靄・竹靄・氛靄・暮靄・芳靄・野靄・幽靄・余靄・窅靄・窈靄・林靄

【靉】 25 1274 アイ くらい くもる

形声 声符は愛。靉靆はくもるさま、雲のさかんなさま。
訓義 ①くらい、くもる。②雲のさかんなさま、雲のたなびくさま。
古訓 〔名義抄〕靉 タナビク・クモル・クラシ/靉靆 タナビク
↑靉靉 雲深し/靉靆 雲なびく

アク

【堊】 11 1010 アク ア しろつち

篆文 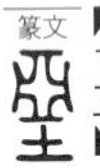

形声 声符は亞(亜)。亞は陵墓の玄室の平面形。その壁には貝を焼いた蜃灰や漆喰を塗った。〔説文〕十三下に「白く涂るなり」という。〔周礼、春官、守祧〕に、墓所の地は黝く、牆壁の部分は白く塗ることがみえている。

訓義 ①しろつち。②白土で白く塗る。③白く塗った牆壁、かべ。④亜と通じて、亜ぐ、次ぐの意がある。

古訓 〔名義抄〕堊 シラツチ 〔字鏡集〕堊 シラツチ・シラカベ・イシハシ
語系 亞 a の系列字。亞は陵墓玄室。蜃灰などを用いて壁を塗ったものと思われる。また、そのままで上塗りしない牆壁を堊という。それで粗悪の意となる。堊・惡(悪) ak は同声。堊の意に亞を用いることがあり、白亜館のようにいう。

【堊室】白壁の室。服喪する室。〔礼記、雑記下〕三年の喪、～廬・堊室の中には、人と坐せず。堊室の中に在るときは、時に母に見ゆるに非ざれば、門に入らず。

【堊帚】壁塗りの刷毛。〔書断〕飛白は八分の輕きものなり。(蔡)邕、鴻都門に在り、匠人の堊帚を施すを見て、遂に創意す。

【堊墀】白土で塗った階上の空地。〔韓非子、十過〕夏后氏沒して、殷人之れを受く。～四壁堊墀し、茵席雕文す。此れ彌いよ侈れり。

【堊塗】白く壁を塗る。塗りこむ。〔北斉書、神武紀上〕其の本住む所、團焦す。石を以て之れを堊塗するに、留まりて毀れず。

【堊漫】白土を塗る。堊慢。漫・慢は、べったり塗る。〔荘子、徐無鬼〕郢人、其の鼻端を堊漫し～匠石をして之れを斲らしむ。匠石、斤を運らして風を成し、～堊を盡せども鼻傷つかず。

↑堊車 服喪の人の乗る車/堊牆 白土で塗ったかき/堊筆 白墨/堊廬 堊室
↓鉛堊・加堊・華堊・赭堊・青堊・石堊・素堊・丹堊・土堊・白堊・鼻堊・不堊・黝堊

常【悪】 11 人【惡】 12 1033 アク オ(ヲ) わるい にくむ ああ いずくんぞ なんぞ

篆文 

形声 旧字は惡に作り、亞(亜)声。亞は玄室の象形で凶礼・凶事の意があり、その心情を悪という。
訓義 ①わるい。②その心情を他に及ぼし、動詞化する。にくむ。③にくむべき行為、悪事、罪過、わざわい。④心身の不快、やまい、みにくい。⑤状態の甚だしいこと、はなはだ。⑥けがれ、糞溺。⑦烏・於・于・噫などと通用して、感動詞に用いる。ああ。⑧焉・安・烏などと通用して、疑問副詞に用いる。いずくんぞ、なんぞ。
古訓 〔名義抄〕惡 アシ・ナンゾ・カタチミニクシ・イカムゾ・ハヂ

マウク・ニクム・ニクミス・ミヌクシ・イヅクゾ・イヤシ・オコル

語系 惡ak、烏aは声近く、於ia、于hiua、乎haもみな感動詞「ああ」に用いる。また焉ian、安anは声近く、また惡・烏と通用して、疑問副詞「いづくんぞ」「なんぞ」に用いる。

【悪衣】あくい 粗末な着物。〔論語、里仁〕士、道に志して、惡衣惡食を恥づる者は、未だ與に議るに足らざるなり。

【悪意】あくい ずるい考え。人を傷つけようとする悪い考え。〔後漢書、劉焉伝〕今日の走ぐるは、以て鋒鋭を避くるのみ。惡意有るに非ず。

【悪運】あくうん 不幸なめぐりあわせ。〔漢書、武五子伝賛〕其の惡運を銷くし、亂原を遏むるを以て、～天人の祐助を傳へ得たりと云ふ。☒悪事をしてもその報いがなく、なお栄えつづける強運をいう。

【悪気】あくき わざわいをもたらす悪い気。〔後漢書、明帝紀〕昔、禹、九牧の金を收め、鼎を鑄て以て物に象り、人をして神姦を知り、惡氣に逢はざらしむ。

【悪戯】あくぎ ざれごとする。〔北史、斉文宣帝紀〕沈湎既に久しく、轉た本性を虧く。～崔季舒、俳言に託して曰く、老小公子、惡戲すと。

【悪客】あくきゃく いやな客。迷惑な客。唐・李商隠〔雑纂、人を悩ます〕請ひたる貴客來らず、惡客請はざるに自ら來る。☒大酒飲み。酒飲まぬ客。

【悪逆】あくぎゃく 逆乱。無道。〔漢書、師丹伝〕趙玄、奏言す。～丹、惡逆暴著、赦令を蒙ると雖も、宜しく爵邑を有たしむべからず。請ふ、免じて庶人と爲さんと。奏可せらる。

【悪言】あくげん 悪口。人を傷つける語。〔礼記、祭義〕壹たび言を出だしては、敢て父母を忘れず。是の故に、惡言口に出ださず、忿言身に反らず。

【悪語】あくご 悪言。宋・蘇軾〔劉貢父～詩を以て戯れらる。聊か其の韻に次す〕詩 門前の惡語、誰か傳へ去る 醉後の狂歌、自ら知らず

【悪事】あくじ 不正なこと。悪行。〔春秋繁露、同類相動〕美事は美類を召し、惡事は惡類を召す。

【悪疾】あくしつ 悪性の病気。不治の病。〔大戴礼、本命〕女に五不取有り。～世々惡疾有るは取らず。

【悪酒】あくしゅ わる酒。わる酔いする酒。宋・蘇軾〔金山寺に柳子玉と飲み、～其の壁に書す〕詩 惡酒は惡人の如し 相ひ攻むること、刀箭よりも劇し

【悪少】あくしょう(せう) 悪少年。正業のない無頼の若者。〔漢書、昭帝紀〕三輔(畿内)及び郡國の惡少年～を發し、遼東に屯せしむ。

【悪心】あくしん 悪事をたくらむような心。〔国語、魯語下〕夫れ民は、～思ふときは則ち善心生ず。～善を忘るるときは、則ち惡心生ず。☒おしん(をしん) 吐き気。

【悪声】あくせい 悪口。〔史記、楽毅伝〕臣聞く、古の君子は、交は り絶つとも惡聲を出ださずと。

【悪徒】あくと 悪党。〔史通、浮詞〕(韓信)後に榮貴に居り、滿盈にして禍を速き、躬ら進みて上に逆らひ、名は惡徒に隷く。

【悪怒】あくど にくみ怒る。〔詩、小雅、節南山〕君子如し夷らかならば 惡怒を是れ違らん

【悪党】あくとう(たう) 悪人たちの仲間。唐・懿宗〔宝位に登る教書〕元和末の惡黨、前後處斷の人、數已に多し。今より以後、宜しく一切問はざるべし。

【悪徳】あくとく 不道徳な行為。〔書、説命中〕爵は惡德に及ぼすこと罔かれ。惟だ其れ賢のみ。善を慮りて以て動き、動くに惟だ厥れ時のみ。

【悪人】あくにん 悪行の人。〔孟子、公孫丑上〕伯夷は～惡人の朝に立たず、惡人と言はず。

【悪物】あくぶつ にくむべきこと。〔左伝、昭二十五年〕生は好物なり。死は惡物なり。好物は樂し、惡物は哀し。

【悪報】あくほう(はう) 悪事のむくい。梁・武帝〔酒肉を断つ文、一〕經に言ふ、十惡を行ふ者は惡報を受け、十善を行ふ者は善報を受くと。

【悪夢】あくむ わるい夢。〔周礼、春官、占夢〕季冬、王の夢を聘ふ。吉夢を王に獻ず。王拜して之れを受く。乃ち四方に舍萌して、以て惡夢を贈る。

【悪名】あくめい わるい評判。〔左伝、襄二十七年〕公曰く、～吾れ之れと言ふ。事未だ知るべからず。祇だ惡名を成さんのみ。止めよと。

【悪戾】あくれい わるもの。〔史記、斉悼恵王世家〕齊王の母の家駟鈞(人名)は惡戾なり。虎にして冠する者なり。

↑悪穢 けがれ/悪雨 淫雨/悪縁 悪因縁/悪寒 寒け/悪鬼 魔物/悪許 何処/悪口 譏しる/悪行 悪事/悪業 前世の悪事/悪歳 飢年/悪士 悪人/悪子 不孝者/悪日 凶日/悪臭 汚臭/悪習 悪い風習/悪処 悪い場所/悪食 粗食/悪辱 辱め/悪臣 奸臣/悪性 性わる/悪政 虐政/悪舌 毒舌/悪戦 苦闘/悪銭 不正な金/悪俗 悪習/悪憚 憚る/悪地 荒地/悪道 不正/悪佞 諂う/悪念 悪心/悪罵 罵る/悪筆 悪書/悪吏 悪役人/悪厲 悪疾/悪劣 拙劣/悪路 悪い路

↓愛悪・畏悪・溢悪・隠悪・瑕悪・姦悪・毀悪・逆悪・旧悪・凶悪・元悪・交悪・好悪・極悪・罪悪・嗜悪・疾悪・首悪・酒悪・羞悪・衆悪・醜悪・宿悪・小悪・譖悪・性悪・積悪・拙悪・前悪・善悪・粗悪・造悪・憎悪・大悪・貪悪・黜悪・獰悪・佞悪・悖悪・美悪・蔽悪・暴悪・揚悪

【喔】 12 6701 アク

篆文

形声 声符は屋。屋に渥・握の声がある。〔説文〕二上に「雞の聲なり」とあり、また人の嘲笑するときの声をいう。

訓義 ①とりのこえ。②しいてわらう、あざけりわらう。

古訓 〔名義抄〕喔 ナゲク 〔字鏡集〕喔 ニハトリノナク・ナゲク

語系 喔eok、啞akは声義近く、ともに鶏の声。また、人のなげき、笑う声に用いる。

【喔喔】あくあく 鶏の声。清・黄遵憲〔庚子元旦〕詩 喔喔として、天雞又一鳴す 一耀を雙懸して、光明を展ぶ

【喔咿】あくい 鶏の声。また、作り笑い。唐・白居易〔代りて書する詩一百韻、微之(元稹)に寄す〕詩 色を正して強禦を摧き 剛腸、喔咿を嫉む

↑喔齪 あくせく/喔嚅 おしゃべり

↓嗌喔・嚶喔

【幄】 12 4721 アク てんまく

形声 声符は屋。屋に渥・握の声がある。〔釈名、釈牀帳〕に「幄は屋なり。帛を以て板に衣せて之れを施す。形、屋の如きなり」とあり、蒙古包のような天幕の家をいう。

訓義 ①てんまく。②まんまく、じんまく。③まくうち。

古訓 〔和名抄〕幄 阿計波利(あげはり) 〔名義抄〕幄 アゲハリ 〔字鏡集〕幄 マク・トバリ・オホキニハル・アゲハリ

↑幄帷 とばり/幄茵 帷と席/幄帟 幄殿/幄屋 幕舎/幄臥 とばりの中で安臥する/幄坐 帷中の坐/幄次 神事の帳/幄舎 あげばり/幄中 幕中/幄帳 とばり/幄亭 テント/幄殿 幕屋/幄内 帷幕の中/幄幕 幕舎/幄裏 幄中

↓華幄・几幄・綺幄・宮幄・褰幄・行幄・香幄・紫幄・繡幄・神幄・

宸幄・翠幄・天幄・典幄・油幄・竜幄

常【握】12 5701 アク にぎる

篆文  古文 

形声 声符は屋。屋は殯のための板屋で、狭いところに閉じこめる意がある。〔説文〕十二上に「搤持するなり」とあり、指をかがめて強く握りしめる意。掌中に握持することを握という。

訓義 1にぎる、手にもつ。2掌握する、支配する、治める。3握るところ、中央の部分。4握る長さ、四寸。

古訓 〔名義抄〕握 ニギル・モツ・トル・ツカム 〔字鏡集〕握 モツ・トル・ニギル・タモツ・ツカム・ウタ

参考 〔説文〕十二上の古文の字形は屋字条八上にも似た形のものがあり、おそらく重出の字。〔字鏡集〕の訓にみえる「ウタ」は「アタ」の意であろう。

【握汗】あくかん 手に汗握る。〔元史、趙壁伝〕憲宗位に卽き、壁を召し問うて曰く、天下何如ならば治まらんと。對へて曰く、請ふ、先づ近侍の尤も不善なる者を誅せよと。～世祖曰く、秀才、汝渾身是れ膽なるか。吾も亦た汝の爲に兩手の汗を握れりと。

【握卷】あくかん(くわん) 書物を離さない。〔南斉書、孝義、江泌伝〕泌、少くして貧し。～夜、書を讀みて月光に隨ひ、卷を握りて屋に升る。

【握管】あくかん(くわん) 筆をもってしるす。南朝宋・謝霊運〔山居の賦〕伊れ昔髫齔(幼時)、實に斯文を愛す。紙を援りて管を握り、性に會し神に通ず。

【握簡】あくかん 書札をもつ。字を書く。梁・沈約〔武帝集の序〕筆を載せ簡を握るは、各〻有司存せり。綸の旨の如きは、時に或いは翰を染む。

【握機】あくき 枢要のところをとる。斉・王融〔三月三日曲水詩の序〕我が大齊の、機を握り歴を創むるや、誕に命じて家を建てしむ。

【握拳】あくけん 痛憤の甚だしいこと。宋・蘇軾〔偶書、二首、二〕張睢陽(巡)、生きて猶ほ賊を罵り、齒を嚼みて齦を穿ち、顔平原(真卿)死して君を忘れず、拳を握りて掌に透る。

【握齪】あくさく あくせくする。偓齪・偓促・齷齪。〔史記、司馬相如伝〕委瑣握齪として、文に拘せられ、俗に牽かる。

【握持】あくじ(ぢ) しっかりもつ。〔後漢書、杜林伝〕林、～漆書古文尚書一卷を得て、常に之れを寶愛す。～握持して身より離さず。

【握手】あくしゅ 手を握って親しむ。漢・蘇武〔詩四首、三〕手を握りて一たび長歎す 涙生別の爲に滋し

【握髪】あくはつ 人材を得るにつとめる。〔韓詩外伝、三〕吾～一沐に三たび髮を握り、一飯に三たび哺を吐き、猶ほ天下の士を失はんことを恐る。

【握瑜】あくゆ 瑜は美玉。才能にたとえる。〔史記、屈原伝〕漁父曰く、～何の故に瑾を懷き瑜を握りて、自ら放たれしむるを爲すと。

↑握翰 執筆／握君 如意／握月 月をみる／握権 政権をとる／握粟 トう／握中 掌中／握図 受命の符を得て、帝位に即く／握臂 親しむ／握符 握図／握命 志を得て、天命にあたる／握沐 握髪／握要 要所をとる／握腕 親しむ

↓一握・兼握・拳握・固握・持握・手握・袖握・掌握・吐握・把握・披握・秉握・満握

人【渥】12 3711 アク オウ あつい ひたす うるおう

篆文 

形声 声符は屋。屋は、中に巻きこむ、閉ざす意があり、水中に十分にひたすことをいう。〔説文〕十一上に「霑ふなり」とあり、〔韓非子、説難〕「周澤未だ渥からざるなり」のように用いる。

訓義 1あつい、十分である。2ひたす、十分にひたす。3ぬれてうるおう、光沢を生ずる、美しい。4恩恵が及ぶ。

古訓 〔名義抄〕渥 アツシ・ヒタス・ウルフ・アム・ナス・ツエタリ・ヤスシ

語系 渥eok、漚ioはともにひたす意がある。渥は巻きこむように、漚は傴むようにして、十分に水にひたすことをいう。

【渥恩】あくおん あついめぐみ。晋・潘岳〔西征の賦〕秋霜の嚴威を弛うし、春澤の渥恩を流らす。

【渥恵】あくけい 厚恩。〔漢書、外戚下、孝成班倢伃伝〕(自悼の賦)聖恩の渥惠を蒙り、日月の盛明に當る。光烈の翕赫を揚げ、隆寵を增成に奉ず。

【渥厚】あくこう てあつく十分である。〔論衡、命義〕氣渥厚にして體竪彊なり。堅彊ならば則ち壽命長し。

【渥洽】あくこう(かふ) てあつくゆきわたる。めぐみ。楚・宋玉〔楚辞、九弁、五〕願はくは枚を銜んで言ふこと無からん 常て君の渥洽を被れり

【渥彩】あくさい みごとな彩り。宋・蘇軾〔賜～を謝する状〕草木何ぞ知らん、慶雲の渥彩を冒すことを。

【渥赭】あくしゃ 赤い色。立派な赤ら顔。〔詩、邶風、簡兮〕左手に籥(笛)を執り 右手に翟(雉羽)を秉る 赫として渥赭の如し 公言に爵を錫ふ

【渥盛】あくせい みちて盛んなこと。〔論衡、別通〕夫れ水は精氣渥盛なり。故に其の物を生ずるや、衆多奇異なり。

【渥然】あくぜん つややかでうるおう。宋・欧陽脩〔秋声の賦〕宜なり、其の渥然として丹き者は槁木と爲り、黟然として黒き者(髪)は星星(まっ白)と爲ること。～念ふに誰か之れが戕賊を爲すものぞ。

【渥沢】あくたく 厚恩。梁・王僧孺〔吏部郎～を謝する啓〕一たび休明に遇ひてより、多く渥澤に逢ふ。

【渥丹】あくたん 顔がつややかで赤い。〔詩、秦風、終南〕終南に何か有る 條有り梅有り 君子至る 錦衣狐裘 顏は渥丹の如し 其れ君なるかな

【渥霧】あくむ しっとりした霧。晋・夏侯湛〔石榴の賦〕華圃の嘉樹を覽み、石榴の奇生を羨む。～靈液の粹色に霑ひ、渥霧を含みて以て深榮なり。

【渥露】あくろ しとどにおく露。晋・傅玄〔雑詩〕纖雲、時に髣髴たり 渥露、我が裳を沾す

↑渥刑 重刑／渥采 渥彩／渥摯 まこと／渥朱 渥丹／渥淳 ひたす／渥飾 美しい飾り／渥地 沼地／渥楨 渥丹／渥霑 濡らす／渥沛 さかん／渥美 美しい／渥眄 厚遇／渥味 濃厚な味／渥沃 茂盛

↓恩渥・温渥・顔渥・旧渥・恵渥・厚渥・鴻渥・渾渥・慈渥・殊渥・周渥・純渥・親渥・清渥・聖渥・丹渥・寵渥・霑渥・徳渥・霈渥・優渥・隆渥

【齷】24 2771 アク ちいさい こせつく

形声 声符は屋。〔説文〕にみえず、漢・劉向〔楚辞、九歎、憂苦〕に「偓促」の語があり、齷齪は魏晋以後にみえる。

訓義 1ちいさい。2こせつく、あくせく。

【齷齪】あくさく あくせくする。偓促。唐・孟郊〔登科の後〕詩 昔日は齷齪として誇るに足らず 今朝は放蕩して思ひ涯し無し

アツ

常【圧】5 〔壓〕17 7121 アツ オウ(アフ) エン おさえる しずめる

篆文 

会意 旧字は壓。厭＋土。厭は犬牲を以て呪禁を施し、清め祓う意。地霊を鎮圧する呪儀。邪鬼を鎮圧することを魘という。〔説文〕十三下に「壞るるな

り。一に曰く、塞補するなり」という。〔段注〕に「此れ厂部の厭と義絶えて同じからず。而れども學者多く辨ずること能はず。廣韻の壓下に云ふ、鎮なり、降なり、窄なりと。乃ち皆厭の訓なり」とし、厭・壓の字義相関せずとするが、呪力を以てするを厭といい、重圧を以てするを壓という。

訓義 ①おさえる、邪霊を鎮圧する。②地を清めしずめる。③せまる、窄める、力を加えて服する、圧伏する。④壊ぶり損なう。

古訓 〔名義抄〕壓 オス・オサフ・オソフ 〔字鏡集〕壓 オス・オソフ・オサフ・フサグ・イトフ・クダル・シヅム

語系 壓eap、遏at、按an、抑iet、厭iap、堙・湮ian は声義近く、みな抑圧・圧止・閉塞の意を含む語である。

【圧巻】あっかん(くわん) 巻中第一の文章。科挙の最優秀作を巻上においたことからいう。〔直斎書録解題、十九〕渭南集一卷。唐の渭南の尉、趙嘏承祐の撰。壓巻に、長笛一聲、人、樓に倚るの句有り。當時稱して趙倚樓と爲す。

【圧迮】あっさく 圧迫して善処させる。〔後漢書、陳忠伝〕(上疏)是こを以て盜發の家敢て申告せず、鄰舍比里、共に相ひ壓迮す。或いは私財を出し、以て亡ふ所を償ふ。

【圧塞】あっそく ふせぎおさえる。〔後漢書、循吏、王渙伝〕其の冤嫌久訟～は、情詐を曲盡し、群疑を壓塞せざる莫し。

【圧倒】あっとう(たう) おしたおす。はるかに勝る。明・宋濂〔劉経歴の韻に次す〕詩 先生の勁氣、松柏に類す 壓倒す、柔脆の千蒹葭

【圧尾】あつび 最終。大尾。宋・楊万里〔霸東の石橋を過ぎるに、桐花尽く落つ〕詩 紅千紫百、何ぞ曾て夢みん 壓尾の桐花、也た塵と作れり

↑圧按 静める/圧一 第一/圧韻 押韻/圧架 満架/圧壊 おし潰す/圧気 辛抱/圧驚 慰める/圧光 艶出し/圧搾 搾る/圧殺 おし殺す/圧死 圧殺される/圧紙 文鎮/圧次 抑制/圧軸 大切り/圧膝 刑具/圧尺 文鎮/圧酒 酒搾り/圧縮 ちぢめる/圧書 文鎮/圧勝 呪法/圧条 とり木/圧捺 おしつけ/圧迫 抑える/圧伏 抑える/圧服 圧伏/圧腰 腰さげ/圧抑 抑える/圧卵 危険/圧力 下圧の力

↓枉圧・下圧・壊圧・気圧・傾圧・高圧・推圧・声圧・勢圧・占圧・沈圧・鎮圧・追圧・低圧・塡圧・擯圧・風圧・覆圧・抑圧・論圧

【軋】 8 5201 アツ きしる ひく

篆文 

形声 声符は乙。乙は曲がった骨の形で、また車輪の転ずるときのきしる音。〔説文〕十四上に「輾しるなり」とあり、輾は、のち輾に作る。車でものを轢くことをいう。乙は〔史記、律書〕に「乙なる者は、萬物の生じて軋軋たるを言ふなり」とあって、ものの群動すること、相雑ざって乱れることをいう。軋軋はその擬声語。

訓義 ①きしる、物がすれてきしる。②強い力で轢く、ふみつける。③発声がどもる。④隅までかきさがす。

古訓 〔名義抄〕軋 アト・ホヒロク 〔字鏡集〕軋 トヾロク・アト・ホヒロク・ナガエ

語系 乙eat、閼・遏at、抑iet は声義近く、同系の語。

【軋鴉】あつあ 櫓のきしる音。唐・杜牧〔九峰楼に登る〕詩 白頭搔殺すること、柱に倚りて遍くす 帰棹、何れの時にか軋鴉を聞かん

【軋軋】あつあつ 車のきしる音。ものの群生するようす。唐・許渾〔旅懐〕詩 征車何ぞ軋軋たる 南北して天涯に極る

【軋摩】あつま もみあう。明・宋濂〔羅鄂州小集題辞〕六經の作を謂ふ、日の天を行めぐるが如し。以て軋摩すべからずと。

↑軋伊 糸車の音/軋吃 吃る/軋刑 轢殺の刑/軋忽 長遠/軋死 ひき殺す/軋辞 委曲の辞/軋争 せり争う/軋盤 広大/軋沕 細かいさま/軋茀 軋沕/軋轢 紛争

↓鴉軋・咿軋・嗚軋・嘔軋・侵軋・勢軋・塡軋・排軋・奮軋・磨軋・幽軋

【遏】 13 3630 アツ とどめる そこなう

篆文 

形声 声符は曷。曷に謁(謁)・藹の声がある。〔説文〕二下に「微しく止むるなり」とするが、〔詩、大雅、民労〕「式て寇虐を遏む」のように、邪悪なるものを圧止する意。曷は曰と匃との会意字。匃は死骨、曰は祝詞を啓く形。死骨の呪霊に祈って呪詛し、また呪詛を遏絶する呪儀をいう。その祈る声を喝(喝)、喝止することを遏という。

訓義 ①とどめる、さえぎりおさえる、やめる。②そこなう、病ましめる、およぼす。

古訓 〔名義抄〕遏 トヾム・ヤム・サク・タユ・タツ・タヾス・シリゾク・サマタグ・サイギル・サル・カギル・ヲヨブ

語系 遏・閼at、抑iet、厭iap、按an、堙ian は声義近く、みな、ものをおしとどめ、ふさぐ意がある。遏・閼・厭・按は、それぞれ呪的な方法によることを示す字である。

【遏悪】あつあく 悪をとどめる。〔易、大有、象伝〕君子以て惡を遏め善を揚げ、天の休命に順ふ。

【遏雲】あつうん 流れる雲もとどまるほどの妙曲。〔列子、湯問〕秦青止めず。郊衢に餞し、節を撫して悲歌す。聲は林木に振ひ、響は行雲を遏む。

【遏絶】あつぜつ 絶滅する。〔書、呂刑〕皇帝、庶戮の不辜(無実)なるを哀矜し、虐に報ずるに威を以てし、苗民を遏絶して、世々下に在ること無からしむ。乃ち重黎に命じ、地天の通を絶たしむ。

【遏密】あつみつ 音曲をやめ喪に服する。〔書、舜典〕帝乃ち殂落す。百姓、考妣(父母)を喪へるが如し。三載、四海のうち八音を遏密す。

【遏劉】あつりゅう(りう) 殺伐を阻止する。〔詩、周頌、武〕嗣げる武(王)之れを受け 殷に勝ちて劉すことを遏め 爾の功を耆し定めたり

↑遏佚 なくする/遏姦 邪魔する/遏悪 遏止/遏止 とどめる/遏障 遮る/遏截 遮る/遏阻 遮る/遏塞 ふさぐ/遏奪 奪う/遏匿 おおい匿す/遏防 防ぐ/遏滅 滅ぼす/遏抑 抑遏/遏乱 乱れをとどめる/遏流 流れをとどめる

↓永遏・掩遏・禁遏・検遏・止遏・遮遏・粛遏・綏遏・静遏・断遏・鎮遏・撫遏・防遏・夭遏・擁遏・抑遏

人

【斡】 14 4844 アツ ワツ カン(クヮン) めぐる

篆文 

会意 倝+斗。〔説文〕十四上に「蠡柄(ひしゃくの柄)なり」とし、「斗に従ひ、倝聲」とするが、声が異なる。倝は吹き流しのある旗。斗は北斗の象。北斗のめぐるように、めぐることをいう。斡維はまた筦維に作り、〔匡謬正俗、七〕にその音を是とするが、倝声ではその音をえがたい。斡官(漢の官名)のほかには、その声を用いるものがない。

訓義 ①めぐる。②ことをめぐらす、つかさどることをいう。③ひしゃくの柄、北斗の形による。

古訓 〔名義抄〕斡 メグラス 〔字鏡集〕斡 マワル・メグル・メグラス

【斡維】あついい(ゐ)・かんいい(くわんゐ) 天体をめぐらす中軸。〔楚辞、天問〕斡維、焉くにか繫かれる 天極、焉くにか加はれる 八柱何れにか當り 東南、何ぞ虧けたる

【斡運】(あつうん) 時がめぐりうつる。晋・張華〔励志〕詩 大儀（地球）斡運し、天廻り地游く

【斡棄】(あつき) 運び棄てる。漢・賈誼〔屈原を弔ふ文〕周鼎を斡棄して、康瓠（破れ壺）を寶とす。

【斡旋】(あつせん) 周旋奔走する。宋・蘇轍〔三省に代りて司馬丞相を祭る文〕一二の卿士、天に代りて斡旋す。事棼るること絲の如く、～治亂の幾、閒、髮を容れず。

【斡遷】(あつせん) めぐりうつる。晋・盧諶〔蟋蟀の賦〕日月の代謝を候ひ、時運の斡遷するを知る。

【斡排】(あつはい) おしのける。唐・杜甫〔柟樹、風雨の抜く所と為るの歎〕詩 江翻り石走りて雲氣を流す 雷雨を斡排して猶ほ力爭す

【斡流】(あつりゅう(りう)) 時がめぐり流れる。斡遷。漢・賈誼〔鵩鳥の賦〕斡流して遷り、或いは推して還る。形氣轉續し、變化して嬗る。

↑斡縈 めぐる／斡転 めぐる

↓移斡・運斡・廻斡・舛斡・旋斡・排斡・風斡・力斡

【閼】 16 7723 アツ アエン さえぎる ふさぐ とどめる

篆文

形声 声符は於。於の初形は烏の羽を縄にかけわたした形で、烏の害を防ぐもの。その声は呪禁のとき発するもので、門で邪悪を遮ることを閼という。〔説文〕十二上に「遮攤するなり」とあり、攤は壅と同義。閼は、呪的に閉塞を加えることをいう字であろう。匈奴の単于の妻閼氏は、古くはアツの音でよんだ。また仏教語では「閼伽」の音でよむ。

訓義 1さえぎる、ふせぎとどめる。2出入りをふさいでとめる、ふさぐ。

古訓 〔名義抄〕閼 トヾム・ヤム・ヲコタル 〔字鏡集〕閼 ヤム・フサグ・トヾム・ヲコタル

語系 安于を閼于、閼氏を烏氏・烏枝・焉氏・焉提としるすことがあり、閼は安・烏・焉と声が近い。また閼・遏at、抑iet、按anは声義の近い語である。

【閼氏】(えんし／あつし) 匈奴王単于の皇后の号。〔史記、韓王信伝〕上、白登に出づ。匈奴の騎、上を圍む。上乃ち人をして厚く閼氏に遺らしむ。

【閼塞】(あつそく) ふさがり止まる。〔呉越春秋、越王無余外伝〕帝堯の時、洪水滔滔として、天下沉漬し、九州閼塞し、四瀆壅閉するに遭ふ。

【閼密】(あつみつ) 音曲を廃して服喪する。遏密。〔春秋繁露、煖燠郭多〕二十有八載、放勳（尭）乃ち殂落す。百姓、考妣を喪ふが如し。四海の内、八音を閼密すること三年。

【閼与】(あつよ) ゆったりする。猶予。漢・揚雄〔羽猟の賦〕三軍芒然として、窮尤（怠り）閼與す。

↑閼鬱 気がふさぐ／閼伽 仏に供える水／閼止 とめる／閼性 欲を絶つ／閼積 つめこむ／閼絶 絶つ／閼聡 智を絶つ／閼適 閼性／閼伯 星の名／閼逢 太歳甲の年／閼抑 抑制する

↓鬱閼・於閼・淤閼・単閼・沈閼・塡閼・抑閼

アン

常【安】 6 3040 アン やすらか おく いずくんぞ

篆文

甲骨文

金文

会意 宀+女。〔説文〕七下に「靜かなり」とあり、宀に従うのは廟中の儀礼である。宀は家廟。新しく嫁する女は、廟中で灌鬯（清め）の儀礼をし、祖霊に対して受霊の儀礼をする。卜文に水滴を垂らす字、金文に下に衣をそえる字形があるのは、その安寧の儀礼を示す。里帰りすることを帰寧という。

訓義 1安寧の儀礼より、やすらか、安んずる意。2おちつく、しずか。3その家に安んずる、居る、おく、安置する。4匽・晏に通じて、たのしむ意。5焉に通じて、いずくんぞ、なんぞ。6抑に通じて、そもそも。

古訓 〔名義抄〕安 ヤスシ・イヅクゾ・シヅカナリ・ヒロシ・イカゾ・スウ・ヤウヤク・ヨシ・トヾム・シタガフ・オク 〔字鏡集〕安 ヤスシ・サダム・アツシ・ヒロシ・シヅカナリ・ヲダヤカナリ・ヲサフ・トヾム・ヲク・スウ・キビシ・ヨシ・トヅ・ヒラ・イヅクゾ・イヅクンゾ・ナンゾ・イカゾ・ヤウヤク

声系 〔説文〕に安声として宴・晏・案・按・侒など十一字を収め、おおむね安の声義を承ける。宴の初文は匽。秘匿の聖所（匸）で、女子が頭上に玉（日の形）を戴いて魂振りする形で、安の字義と近い。晏は安と匽とを兼ねる形。按は安撫、侒は〔説文〕八上に「宴しむなり」とみえる。

語系 安・侒anは同声。晏ean、宴（匽）ianも声義が近い。燕ianは宴の仮借通用の字。字はまた讌に作る。安an、焉ianは声近く、いずれも疑問副詞に用いる。

【安安】(あんあん) 特に努力することなく、自然に安らかなさま。〔書、尭典〕欽明文思、安安たり。

【安易】(あんい) のんびりくつろぐ。〔国語、晋語八〕鞅（人名）や、居處恭しく、敢て安易にせず。

【安慰】(あんい) なだめ慰める。〔玉台新詠、焦仲卿の妻の為に作る〕詩 時時、安慰を爲し 久久、相ひ忘るること莫かれ

【安佚】(あんいつ) たのしむ。何もせず楽しむ。安逸。〔孟子、尽心下〕四肢の安佚に於けるや、性なり。命有り。君子、性と謂はざるなり。

【安逸】(あんいつ) 何もせず楽しむ。安佚。〔荘子、至楽〕苦しむ所の者は、身、安逸なることを得ず。口、厚味なることを得ず。形、美服することを得ず。

【安穏】(あんおん(をん)／あんのん) 安泰。〔晋書、文苑、顧愷之伝〕愷之、諧謔を好む。～破家に至り、風に遭ひて（布帆）大いに敗る。～（殷）仲堪に與ふる牋に曰く、地、破家と名づく。眞に破家して出づ。行人安穩にして、布帆恙無しと。

【安歌】(あんか) しずかに、ゆるやかに歌う。〔楚辞、九歌、東皇太一〕枹（ばち）を揚げて鼓を拊ち 節を疏緩にして安らかに歌ふ

【安臥】(あんが(ぐわ)) しずかに、おちついて寝る。〔史記、倉公伝〕年四十ならば當に安坐すべく、年五十ならば當に安臥すべし。

【安閑】(あんかん) しずかにゆったりする。宋・蘇軾〔太白山下早行～〕詩 亂山、翠嶂を横たへ 落月、孤燈澹し 奔走、郵吏を煩はし 安閑、老僧に愧づ

【安危】(あんき) 安否。〔管子、参患〕君の卑尊なる所以、國の安危なる所以の者は、兵より要なるは莫し。

【安居】(あんきょ) やすらかにくらす。〔老子、八十〕其の居に安んじ、其の俗を樂しむ。☒(あんご) 仏教語。三ケ月間坐禅修行する。夏安居、坐夏ともいう。

【安坐】(あんざ) しずかに坐る。席に安んずる。〔荘子、説剣〕大王、坐に安んじて氣を定めよ。劍事は已に畢く奏せり。

【安車】(あんしゃ) 老人・婦人の坐乘する車。〔漢書、張禹伝〕相と爲りて六歳、鴻嘉元年、老病を以て骸骨を乞ふ。上、加優すること再三、乃ち聽許し、安車駟馬・黃金百斤を賜ふ。

【安詳】(あんしょう(しやう)) ものしずかでゆきとどく。漢・蔡邕〔何進に与へて辺讓を薦むる書〕安詳審固、守持内に定まる。

【安心】(あんしん) 心をしずめ、欲望がない。晋・張華〔励志〕詩 心を安んじて恬蕩たり 志を浮雲に棲ましむ

【安神】(あんしん) 神は心。心を安んずる。〔後漢書、仲長統伝〕神を

閨房に安んじ、老氏の玄虛を思ふ。
【安全】 危うげなく、無事。〔顔氏家訓、風操〕兵は凶にして戰ひは危し。安全の道に非ず。古者天子は喪服して以て師に臨み、將軍は凶門を鑿ちて出でたり。
【安息】 しずかにいこう。〔詩、小雅、小明〕嗟爾君子 安息を恆にすること無かれ
【安泰】 やすらか。危難を免れて無事であること。〔易林、井之恒〕倒懸(逆さにつるす刑)を解釋して、歷國安泰なり。
【安置】 しずかに据えつける。唐・白居易〔郡斎暇日、廬山草堂を憶ふ、～三十韻、～〕詩 平治す行道の路 安置す坐禪の牀
【安定】 無事におちつける。〔書、盤庚中〕今予將に試みに汝と以に遷り、厥の邦を安定せんとす。
【安堵】 堵はかき。安心してくらす。〔史記、田単伝〕即墨即し降らば、願はくは吾が族家の妻妾を虜掠すること無く、安堵せしめよ。⊠ わが国の中世、旧所領の知行を公認すること。
【安寧】 寧はやすらか。平穏。〔詩、小雅、常棣〕喪亂既に平らぎ 既に安く且つ寧し
【安排】 あるがままに任せる。〔荘子、大宗師〕安排して去化し、乃ち寥たる天の一に入る。
【安否】 無事かどうか、消息を問うときに用いる。〔礼記、文王世子〕文王の世子爲りしとき、王季に朝すること日に三たび、～寢門の外に至り、內豎の御者に問うて曰く、今日の安否は何如んと。
【安分】 自己の本分に安んじて満足する。唐・白居易〔拙を詠ず〕詩 性命苟に此くの如し 反するときは則ち苦辛を成す 此を以て自ら分に安んず 窮すと雖も每に欣欣たり
【安便】 おちつく。気分がよい。宋・蘇軾〔径山に遊ぶ〕詩 近來愈〻覺ゆ世議の隘しきを 每に寛處に到りて差や安便なり
【安歩】 しずかに歩く。平穏に生きる。〔漢書、東方朔伝贊〕飽食安步して、仕を以て農に易ふ。
【安民】 民の生活を安らかにする。〔書、皐陶謨〕都、人を知るに在り。民を安んずるに在り。
【安眠】 よく眠る。安らかな生活をいう。唐・元結〔石宮四詠、四〕詩 石宮冬日煖かに 煖日溫泉に宜し 晨光水霧靜かに 逸者猶ほ安眠す
【安楽】 安らかで楽しい。〔能改斎漫録、十、議論〕天下の事、多く貧賤感激の中に成り、或いは富貴安樂の際に敗る。理、疑ふべき無きなり。

➡安怡 喜ぶ／安燠 暖か／安駕 車をとめる／安懐 なつく／安吉 幸い／安近 なつく／安敬 慎む／安固 堅固／安行 安んじて行う／安康 安泰／安止 安定／安肆 遊ぶ／安戢 おだやか／安処 おちつく／安徐 静か／安舒 ゆるやか／安帖 安舒／安靖 静か／安静 静か／安然 ゆっくり／安宅 おちつく家／安諦 静か／安適 快い／安轡 按馬／安平 無事／安命 運命に任す／安愉 安楽／安和 おだやか

⬇晏安・慰安・永安・悦安・燕安・懐安・乂安・閑安・帰安・久安・吟安・好安・苟安・坐安・清安・静安・請安・大安・治安・長安・鎮安・定安・恬安・偸安・撫安・文安・平安・偏安・便安・問安・養安・楽安・隆安

㊅【按】 9 5304 アン おさえる しらべる

篆文 

形声 声符は安。〔説文〕十二上に「下すなり」とあり、手を加えて抑止する意とする。〔詩、大雅、皇矣〕に「以て旅(地名)に徂くを按む」とみえる。安は廟中で新たに嫁した女を安撫する儀礼。安撫のため手を下すを按という。

訓義 [1]おさえる、なでる、うつ、安んずる。[2]しらべる、せめる、巡察する。[3]按排してならべる。[4]案と通用し、考案する。

古訓 〔名義抄〕按 オス・スル・タツ・トヾム・トル・オサフ・シヅカナリ 〔字鏡集〕按 ヲス・ヲサフ・トヾム・ヲシスル・タツ・スル・トル・トリシバル・シヅカナル・ヤラ(ウ)ヤク

語系 按an、遏at、抑iet、壓(圧)eapは声義近く、すべて抑圧・按止の意のある語である。

【按拠】 おさめて根拠とする。〔史記、白起伝〕秦、～韓を攻めしめて上黨を取る。上黨の民、趙に走る。趙、長平に軍し、以て上黨の民を按據す。
【按剣】 刀の柄に手をかけてかまえる。〔史記、平原君伝〕毛遂劍を按じ、歷階して上る。～楚王、平原君に謂ひて曰く、客は何爲る者ぞと。平原君曰く、勝(平原君の名)の舍人なりと。
【按験】 実否をしらべる。案験。〔漢書、孫宝伝〕丞相史を遣はして按驗し、其の姦を發かしむ。
【按行】 列を整える。案行。漢・司馬相如〔子虛の賦〕車は行を按じ、騎は隊に就く。
【按堵】 旧居におちつく。安堵。〔漢書、高帝紀上〕父老と約す、法三章のみ。人を殺す者は死さん。人を傷つけ及び盜するは、罪に抵たらん。餘は悉く秦の法を除去せん。吏民皆按堵すること故の如し。
【按牘】 取り調べの書類。手紙。唐・白居易〔～郡の南亭に題す〕詩 按牘既に簡少 池館亦た清閑
【按撫】 安撫。綏撫。〔三国志、魏、郭淮伝〕遂に羌・迷當等を討ち、柔氏の三千餘落を按撫す。
【按摩】 筋肉のこりをもみほぐす。〔素問、血気形志〕經絡通ぜず、病は不仁(手足のしびれ)に生ず。之れを治むるに、按摩醪藥を以てす。
【按問】 実否を調べる。〔漢書、王商伝〕其の(琅邪)郡に災害十四有り。～商、部屬して按問す。
【按抑】 考えおさえる。宋・蘇舜欽〔演化琴徳～〕詩 按抑、聲の指に在るを知らず 指は自ら心の起る所を知らず 節奏盡すべく、韻收むべし 時に疎濬の中に於て深意を寄す

➡按閲 巡視／按歌 節まわし／按劾 弾劾／按詰 審問／按検 しらべる／按絃 琴ひく／按鼓 鼓をうつ／按語 考定の語／按講 講義案／按合 薬方／按獄 断獄／按罪 治罪／按察 吟味する／按止 抑える／按視 しらべる／按酒 酒の肴／按照 準拠／按訊 審問する／按尋 審問する／按籍 帳簿調べ／按節 徐行する／按治 調べる／按定 考定／按程 順序だて／按排 按配／按拍 拍子とる／按轡 按節／按部 見廻る／按舞 舞う／按覆 よく調べる／按兵 屯兵／按法 法による／按本 原本と照合する／按律 按法／按例 慣例による／按練 訓練／按論 調べ論ずる

⬇依按・劾按・看按・鞫按・糾按・窮按・拠按・挙按・謹按・検按・考按・告按・察按・収按・巡按・詢按・召按・推按・奏按・提按・督按・覆按・捕按・抑按・臨按

㊅【晏】 10 6040 アン エン やすらか たのしい あざやか おそい

篆文 

形声 声符は安。〔説文〕七上に「天淸むなり」とあり、日を日月の日と解するが、その義には曣を用いる。安は匽と同じく安寧の呪儀を行う意。安は廟中で、匽は秘匿の聖所で、玉(日の形)を加えて魂振りすることを示す。故に晏は日＋安の会意とみてもよく、また匽の声がある。

訓義 ①やすらか。②匽は燕・宴の初文で、たのしい。③〔詩、鄭風、羔裘〕「羔裘晏かなり」のように用い、あざやか。④晩暮の意に用いて、くらい、おそい。

古訓 〔名義抄〕晏 ヤスラカ・ヨロコブ・ウレシ・シヅカ・ヤハラカナリ・ハル・ハレタリ・ヒタク・タケヌ・オソシ・クル・クラシ

語系 晏can、安・侒an、宴・燕ianは声義近く通用する。また嚥yanも声近く、嚥は天の清む意、星の雲無きを嚥という。

【晏晏】 やすらかなさま。〔後漢書、何敞伝〕今國家、聰明の弘道を秉る。明公、晏晏の純德を履み、君臣相ひ合ふ。天下翕然たり。

【晏温】 晴れて暖かい。〔史記、武帝紀〕汾陰に～鼎を得たり。～文鏤ありて、款識無し。～乃ち禮を以て祠る。鼎を迎へて甘泉に至る。～中山に至りて晏溫、黃雲の蓋ふ有り。

【晏駕】 崩御。〔邵氏聞見後録、一〕國初、神有り。～張守眞の家に降る。～(太祖)其の妄を疑ひ、～命じて神を降らしむ。～明日、太祖晏駕す。

【晏起】 おそおき。〔礼記、内則〕孺子(小児)は蚤く寢ね、晏く起き、唯だ欲する所のままにして、食は時無し。

【晏日】 よく晴れた日。〔史記、倉公伝〕所謂氣なる者は、當に飲食を調へ、晏日を擇び、車歩志を廣うし、以て筋骨肉血脈を適へしめ、以て氣を瀉ぐべし。

【晏如】 おちついたさま。晋・陶潜〔始めて鎮軍参軍と作りて、曲阿を経るとき作る〕詩 被褐して自得するを欣び 屢空しきも常に晏如たり

【晏然】 おだやか。〔史記、呂后紀論贊〕高后、女主稱制す。政、房戸を出でずして、天下晏然たり。

【晏朝】 朝おそく。〔礼記、礼器〕質明(夜明け)にして始めて事を行ひ、晏朝にして退く。

【晏寧】 ゆっくりおちつく。魏・曹植〔応詔〕詩 將に聖皇に朝せんとす 敢て晏寧なるに匪ず

【晏眠】 朝寝する。唐・曹松〔長安春日〕詩 塵中、一丈の日 誰か是れ晏眠の人ぞ

↑晏安 安らか／晏陰 ひっそり／晏衍 楽声／晏臥 安居／晏間 しずか／晏怯 懦弱／晏語 閑談／晏歳 年の暮／晏室 私室／晏出 晩出／晏食 晩食／晏清 治まる／晏静 よく晴れる／晏寂 晏閑／晏息 安息／晏晡 夕ぐれ／晏遊 宴遊

↓安晏・寛晏・歳晏・時晏・日晏・春晏・清晏・静晏・夕晏・早晏・息晏・天晏・寧晏・和晏

常 【案】 10 3090 アン つくえ かんがえる

篆文 

形声 声符は安。〔説文〕六上に「几の屬なり」とあり、机をいう。几は机の初文。もと食盤用。足のあるものを案、ないものを槃という。

訓義 ①つくえ、机案。②考案、考える、察する、尋ねる。③その案件、書類。④按に通じて、おさえる、よる、なでる。

古訓 〔名義抄〕案 カムガフ・カタムルニ・オサフ・ミル・ハカラフ・ツクヱ・ユル・シヅカニ 〔字鏡集〕案 フンヅクヱ・クタス・ハラハス・ヲキツ・ヲサフ

語系 案can、安・按anは声義近く、安堵を案堵・按堵、案験をまた按験という。

＊語彙は按字条参照。

【案鞫】 しらべあげる。〔宋史、孝義、李璘伝〕璘、刃を手にして友を殺し、遁去せず。自ら言ふ、父の讐を復せりと。案鞫して實を得たり。太祖、壯として之れを釋せり。

【案験】 証拠をあげてしらべる。〔後漢書、党錮、賈彪伝〕婦人、子を殺す者有り。～彪怒りて曰く、～母子相ひ殘なふは、天に逆らひ道に違ふと。遂に車を驅りて北行し、其の罪を案驗す。

【案行】 巡察。〔三国志、蜀、諸葛亮伝〕軍退くに及んで、宣王(司馬懿)、其の營壘の處所を案行して曰く、天下の奇才なりと。

【案察】 吟味する。〔後漢書、党錮、范滂伝〕時に冀州饑荒し、盜賊群起す。乃ち滂を以て清詔使と爲して、之れを案察せしむ。

【案上】 机上。唐・韋応物〔馮著に寄す〕詩 幸ひにして職事に牽かるる無し 且らく案上の書を覽る

【案治】 吟味する。〔史記、李斯伝〕趙高、李斯を案治す。李斯、拘執束縛せられ、囹圄(牢獄)の中に居り、天を仰ぎて歎ず。

【案堵】 旧居におちつく。安堵。〔史記、高祖紀〕父老と約す、法三章のみ。人を殺す者は死し、人を傷つけ及び盜するは罪に抵てん。餘は悉く秦の法を除去せんと。諸吏人、皆案堵すること故の如し。

【案牘】 取り調べの書類。唐・劉禹錫〔陋室の銘〕絲竹の耳を亂る無く、案牘の形を勞する無し。南陽の諸葛(亮)の廬、西蜀の子雲(揚雄)の亭。孔子云ふ、何の陋か之れ有らんと。

【案問】 取り調べる。〔史記、秦始皇紀〕諸生の咸陽に在る者、吾れ人をして廉問せしむるに、或いは訞言を爲して、以て黔首(衆民)を亂すと。是に於て御史をして悉く諸生を案問せしむ。

↑案衣 机かけ／案衍 低地／案几 机／案抝 本づく／案件 事案／案券 契約書／案検 検査／案考 考問／案坐 連坐／案罪 治罪／案殺 死刑／案事 事件／案酒 下等の酒／案責 責問／案節 馬をとめる／案致 案治する／案頭 机上／案屯 駐留／案比 戸口調査／案部 部署する／案撫 按撫／案覆 調べる／案法 法による／案摩 按摩／案論 論告

↓几案・起案・議案・挙案・玉案・撃案・原案・公案・肴案・香案・試案・持案・食案・設案・草案・提案・答案・発案・撫案・文案・法案・翻案・立案

人 【庵】 11 0021 ［菴］ 12 4471 アン いおり

形声 声符は奄。奄にものを蓋う意があり、庵は草葺きの草庵をいう。

訓義 ①いおり。②僧尼の居るところ。

古訓 〔名義抄〕庵 ヲサム・クサノイホリ 〔字鏡集〕庵 イホ・イホリ・クサノイホリ・イヘ・ヲホフ・ヲサム

語系 菴は草の茂るさま。唐宋以後、庵の意に用いる。庵・菴iam、闇(闇)əm、陰iamは声義近く、闇はもと喪中に居る倚廬を意味し、庵もその意であろう。庵はのち盦と通用し、盦は雅号として用いる。

【庵舎】 喪に服する小屋。〔南斉書、王秀之伝〕父卒す。庵舎を墓下に爲りて持喪す。

【庵裏】 草庵の中。唐・白居易〔山中に元九(稹)に書を与へ、因りて書後に題す〕詩 今夜、書を封じて何れの處にか在る 廬山の庵裏、曉燈の前

【庵廬】 いおり。粗末な宿舎。〔後漢書、皇甫規伝〕軍中に大疫あり。死する者、十に三四なり。規、親しく庵廬に入りて、將士を巡視す。三軍咸く悅ぶ。

↑庵居 草庵／庵堂 尼寺

↓寒庵・空庵・結庵・松庵・禅庵・草庵・僧庵・蓬庵・茅庵・廬庵

【晻】 12 6401 アン エン くらい

篆文 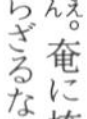

形声 声符は奄。奄に掩う意がある。〔説文〕七上に「明ならざるなり」とあり、日のかげ

ることをいう。

訓義 ①くらい、くらいさま。②霧などがたちこめる、ふさぎこめる。

古訓 〔名義抄〕晻 クラシ

語系 晻am、暗(暗)・闇(闇)am、黯əam、陰iəm は声義近く、みな、うす暗く閉ざされた状態をいう語である。

【晻曖】うす暗いさま。漢・張衡〔南都の賦〕晻曖蓊蔚として、芬を含み芳を吐く。

【晻藹】陰暗のさま。〔楚辞、離騒〕雲霓の晻藹たるを揚げ 玉鸞の啾啾たるを鳴らす

【晻昧】おろか。〔漢書、谷永伝〕天地の明戒を忽せにし、晻昧の瞽説(愚かな意見)に聴く。

↑晻溘 雲気/晻薆 香る/晻靄 茂る/晻晻 うす暗い/晻翳 かげる/晻忽 忽ち/晻世 暗い世/晻然 そのまま/晻澹 ぼやける/晻莫 暗い

↓藹晻・霧晻

【菴】 12 4471 アン エン いおり

形声 声符は奄。〔玉篇〕に「藺蒿なり」とあり、いぬよもぎ。また廬舎・庵室をいう。

訓義 ①いおり。②しげる、しげりおおう。③草の名、菴藺、いぬよもぎ。

古訓 〔名義抄〕菴藺 イホリ 〔篇立〕菴 ハラ・イホリ・ハ、コグサ

＊語彙は庵字条参照。

【菴菴】うす暗い。〔玉台新詠、焦仲卿の妻の為に作る〕詩 菴菴たる黄昏の後 寂寂として人定まる初め 我が命、今日に絶たん 魂去るも尸は長く留まらん 裙を攬り絲履を脱し 身を擧げて淸池に赴く

↑菴藹 茂り覆う/菴観 寺観/菴舎 いおり/菴婪 貪る/菴廬 幕舎

常

【暗】 13 6006 〔暗〕 13 6006 アン くらい おろか

篆文 

形声 声符は音(音)。音は、形がみえず、音のみ聞こえる意。暗は、日の光がなく、冥暗の意。闇(闇)と声義が同じ。〔説文〕七上に「日に光無きなり」とみえる。

訓義 ①くらい、やみ、よる、ふかぶかとしている。②おろか、暗愚。③諳と通用し、暗誦する、そらんじる。

古訓 〔名義抄〕暗 クラシ・ヤミ・ソラ・ムナシ・ホノカナリ/闇 ヨル

語系 暗・諳am、晻am、黯əam、陰iəm、隱(隠)iən は声義近く、みな、ほのかで明らかでない意がある。

【暗曖】定かでないさま。闇藹。漢・張衡〔思玄の賦〕繽として連翩、紛として暗曖なり。

【暗暗】奥深く静かなさま。漢・揚雄〔甘泉の賦〕稍く暗暗として靚かに深し。

【暗雨】暗夜の雨。宋・陳師道〔次韻夜雨〕詩 暗雨來たること何ぞ急なる 寒房、客自ら醒む

【暗記】そらでおぼえる。諳記。〔後漢書、応奉伝〕奉、少くして聰明、童兒爲りしより長ずるに及ぶまで、凡そ經履する所、暗記せざる莫し。

【暗鬼】疑心によって忘想する。宋・林希逸〔列子口義、説符、隣人の子の条〕猶ほ諺に、疑心暗鬼を生ずと言ふがごとし。

【暗渠】地下の溝。宋・梅尭臣〔正仲屯田と広教寺に遊ぶ〕詩 春灘、尙ほ渉るべし 惜しまず、衣裾に濺ぐを 古寺、深樹に入り 野泉、暗渠に鳴る

【暗香】それとなく漂う香。宋・林逋〔山園小梅、二首、一〕詩 疎影、横斜して、水淸淺 暗香、浮動して、月黄昏

【暗合】期せずして一致する。〔史通、自叙〕其の古人に暗合する者有り、蓋し勝げて紀すべからず。始めて知る、流俗の士、之れと言ひ難きを。

【暗恨】人知れぬ嘆き。唐・白居易〔琵琶行〕詩 別に幽愁、暗恨の生ずる有り 此の時聲無きは聲有るに勝れり

【暗算】むな算。心の中で計算する。唐・杜荀鶴〔旅寓〕詩 暗算すれば鄕程、數州を隔つ 歸らんと欲するも計無く、涙空しく流る

【暗室】暗くて人が見ていない室。〔旧五代史、周、段希尭伝〕吾が生平の履行、暗室を欺かず。

【暗誦】そらんじる。〔晋書、芸術、鳩摩羅什伝〕羅什、暗誦する所多く、其の義旨を究めざる無し。既に舊經を覽るに、多く紕繆有り。～更に經論、凡そ三百餘卷を出だす。

【暗澹】ほの暗い。宋・欧陽脩〔雁〕詩 水闊く天低く、雲暗澹たり 朔風吹き起りて、自ら行を成す

【暗昧】ものがわからず、愚か。〔国語、鄭語〕今、王は高明昭顯を棄てて、讒慝暗昧を好む。

【暗冥】暗い所。漢・揚雄〔羽猟の賦〕漢女水に潛み、怪物暗冥にして、殫く形はすべからず。

【暗流】伏流。唐・王勃〔焦岸早行～〕詩 複嶂、晴色かと迷はしめ 虚巖、暗流を辨かつ

【暗涙】人知れぬ涙。しのび泣き。唐・賈島〔秋暮〕詩 白鬢相ひ竝びて出で 暗涙兩行に分る

↑暗雲 黒雲、不穏/暗監 ひそかに窺う/暗虚 月食の月/暗愚 おろか/暗君 愚主/暗黒 闇黒/暗唱 暗誦/暗礁 水面下の石/暗水 伏流/暗数 暗算/暗然 かなしむ/暗中 やみの中/暗灯 暗い灯/暗夫 愚夫/暗風 暗夜の風/暗黙 もだす/暗夜 やみ夜/暗約 忖度/暗喩 隠喩

↓陰暗・花暗・江暗・黒暗・昏暗・至暗・夕暗・天暗・閉暗・明暗・迷暗・蒙暗・幽暗・庸暗・葉暗・柳暗

人

【鞍】 15 4354 ［鞌］ 15 3050 アン くら

篆文 

形声 声符は安。安は案。乗馬のとき用いる鞍の形が案に類している。〔説文〕三下に字を鞌に作る。趙の武霊王以来、騎馬の俗が起こった。

訓義 ①くら。

古訓 〔新撰字鏡〕鞍 久良(くら)/鞍帊 久良於保比(くらおほひ)/被鞍 馬久良阿久(うまくらあぐ)/郎鞍 久良於呂須(くらおろす)〔名義抄〕鞍・鞌 クラ・クラホネ・ムマノクラ・シタクラ/鞍褥 クラシキ/鞍帊 クラノオホヒ 〔篇立〕鞍 シホテ・クラ

【鞍甲】鞍と甲。戦闘。南朝宋・鮑照〔代東武吟〕楽府 肌力、鞍甲に盡き 心思、涼溫を歴たり

【鞍馬】馬に鞍をおく。〔漢書、匈奴伝賛〕文帝中年、赫然として憤を發し、遂に躬ら戎服し、親ら鞍馬に御し、～戰陣を講習す。

【鞍轡】たづなをとる。唐・白居易〔高僕射～に和す〕詩 鞍轡鬧裝うし(衆宝を綴り)て、光、馬に滿つ 何人か信に道はん、是れ書生と

【鞍勒】鞍と、くつわ。馬具。〔呉子、治兵〕車騎の具、鞍勒銜轡は、必ず完堅ならしむ。

↑鞍鎧 鞍と甲/鞍銜 鞍とくつわ/鞍橋 鞍ぼね/鞍子 鞍/鞍上 鞍の上/鞍駄 駄の荷/鞍帕 鞍覆い/鞍鑣 鞍銜

↓解鞍・扨鞍・踞鞍・玉鞍・金鞍・吟鞍・銀鞍・賜鞍・釈鞍・繡鞍・征鞍・堕鞍・離鞍・枕鞍・鈿鞍・投鞍・覆鞍・驢鞍

【盦】 16 8010 アン ふた

篆文 

形声 声符は酓。酓は酒器などの壺に蓋栓を加えた形。〔説文〕五上に「覆蓋するなり」

とみえ、器に蓋をする意とする。今(きん)は蓋栓の形である。

訓義 1ふた、つぼのふた、ふたする。2食器。3庵(菴)と声が通じて、草庵の意とし、庵号に用いる。

古訓 〔字鏡集〕盦 オホフ・フタ

語系 盦・暗(晻)・闇(闇)əm は同声。晻 am、黯 eəm、陰 iəm と声義近く、とざされてうす暗い意がある。盦を草庵の意に用いるが、もと諒闇(りょうあん)の際の倚廬(いろ)をいう語であったかと思われる。

↓饋盦・小盦・素盦

【諳】 16 0066 アン そらんじる

篆文

形声 声符は音(音)(おん)。音に、とじこめて音するものの意がある。〔説文〕三上に「悉(つく)すなり」とあるのは、暗誦するほどに熟読する意であろう。〔玄応音義〕に引く〔説文〕には「大言なり」に作り、〔玉篇〕にも「大聲なり」という訓がある。

訓義 1そらんじる、諷誦する。2大きな声でいう、つくす、識り暁(さと)る。

古訓 〔名義抄〕諳 ソラニス・ヨソ・アキラカニ・サトル・ウカブ・オボユ 〔字鏡集〕諳 ソラス・ソラニス・ソランズ・ソランズル・シルス・オボユ・シル・サトル・ウカブ・アラハス・アキラカナリ・ヨヅ

語系 諳・暗(晻)・闇(闇)əm、弇・揜・奄・厭 iam、陰 iəm は声義近く、ものにおおわれ、隠れる意がある。

【諳憶】(あんおく) そらんじ記憶する。〔南史、王倹伝〕朝儀舊典、晉・宋來施行の故事、撰次諳憶して、遺漏する者無し。所以(このゆゑ)に朝に當り事を理(をさ)むるに、斷決流るるが如し。

【諳記】(あんき) そらでおぼえる。暗記。〔南史、臧厳伝〕嚴、學に於て諳記する所多し。尤も漢書に精(くは)し。諷誦して略(ほぼ)皆口に上る。

【諳究】(あんきゅう(きう)) すっかりそらんじる。〔晋書、王隠伝〕隱、儒素を以て自ら守り、～博學多聞、父の遺業を受け、西都の舊事、諳究する所多し。

【諳悉】(あんしつ) 暗記しつくす。唐・楊衡〔王秀才の安南に往くを送る〕詩 君諳海の客と爲る 客路誰(たれ)か諳悉せん

↑諳委(あんい) 知悉する／諳忽(あんこつ) 記憶を忘失する／諳事(あんじ) 諳知の事／諳識(あんしき) 諳記する／諳習(あんしゅう) 諳練する／諳詳(あんしょう) 詳しく覚える／諳達(あんたつ) 諳練する／諳知(あんち) 熟知する／諳通(あんつう) 精通する／諳練(あんれん) 熟習する／諳鍊(あんれん) 諳練する

↓旧諳・詳諳・深諳・素諳・能諳・飽諳

常 【闇】 17 7760 〔闇〕 17 7760 アン やみ くらい

篆文

形声 声符は音(音)(おん)。〔説文〕十二上に「門を閉ざすなり」とあり、閉門の意とするが、閉門には閉の字があり、音に従うこの字には別の義があるべきである。音は言(祝詞)が音を発する意で、神の「音なひ」を示す。門は廟門。祭祀は夜行われ、廟門に祝詞をおいて、神の訪れを待った。

訓義 1やみ、くらがり、くらい。2とざす、おおう。3暗・陰と通用し、日食・月食をもいう。

古訓 〔名義抄〕闇 クラシ・ヤミ・ソラニ・オボツカナシ 〔字鏡集〕闇 ヤミ・クラシ・ヲボツカナシ・カスカナリ・ハルカナリ・ソラニ・カド、ヅ

語系 闇・暗(晻)əm、晻 am、黯 eəm、陰 iəm、隱(隠) iən は声義近く、みな、閉ざされて明らかでない意がある。

【闇藹】(あんあい) みちあふれるさま。漢・揚雄〔羽猟の賦〕車騎、雲のごとく會し、登降すること闇藹たり。

【闇晦】(あんかい(くわい)) くらくおろか。〔淮南子、説林訓〕之れを見ること闇晦ならば、必ず其の謀を留む。

【闇虚】(あんきょ) 月食のとき、遮られている地形。漢・張衡〔霊憲〕日の衝に當るも、光、常に合はざる者は、地に蔽はるればなり。是れを闇虚と謂ふ。

【闇忽】(あんこつ) 明らかでない。漢・揚雄〔劇秦美新〕道極まり數殫(つ)き、闇忽にして還らず。

【闇室】(あんしつ) 暗室。人の見ていない室。〔世説新語補、徳行下〕〔阮〕長之の一生、闇室を侮(あなど)らず。

【闇弱】(あんじゃく) 愚かで懦弱(だじゃく)。〔後漢書、董卓伝〕卓乃ち奮首して言ひて曰く、～皇帝闇弱にして、以て宗廟を奉じて、天下の主と爲るべからず。

【闇誦】(あんしょう) そらんじる。〔三国志、魏、王粲伝〕初め粲、人と共に行き、道邊の碑を讀む。人問うて曰く、卿(けい)能く闇誦するかと。曰く、能くすと。因りて背して之れを誦せしむるに、一字をも失はず。

【闇然】(あんぜん) さとらない。〔説苑、至公〕始皇闇然として以て之れに應(こた)ふる無く、面に慙(は)づる色有り。

【闇乱】(あんらん) くらく乱れる。〔韓非子、姦劫弑臣〕身、深宮の中に在りて、四海の内を明照するは、～何ぞや。闇亂の道廢(すた)れて、聰明の勢興ればなり。

↑闇闇(あんあん) くらい／闇解(あんかい) 黙して識る／闇行(あんこう) 愚行／闇香(あんこう) 暗香／闇合(あんごう) 暗合／闇主(あんしゅ) 暗君／闇浅(あんせん) あさはか／闇惰(あんだ) 怠る／闇鈍(あんどん) おろか／闇蔽(あんぺい) おろか／闇昧(あんまい) くらい／闇劣(あんれつ) 暗劣／闇練(あんれん) 習熟／闇廬(あんろ) 服喪の室／闇陋(あんろう) 卑しい／闇惑(あんわく) 愚かで迷う

↓陰闇・久闇・虚闇・狂闇・愚闇・昏闇・至闇・室闇・塵闇・黮闇・煩闇・服闇・瞢闇・幽闇・柳闇・梁闇・諒闇

【餡】 17 8777 アン カン あん

形声 声符は臽(かん)。臽声の字であるが、唐音によって「あん」とよむ。餅に入れる具。

訓義 1あん。2あまい、あまみが多い。3国語で、小豆に砂糖を加えたあん。

【黭】 20 6431 アン エン あおぐろい くらい

篆文

形声 声符は奄(えん)。〔説文〕十上に「靑黒なり」とあり、青黒色をいう。青黒色の黭に対して、やや青黒色を黝(ゆう)という。

訓義 1あおぐろい。2くろ、くらい。3淹と通用し、淹忽(えんこつ)、たちまち。

古訓 〔名義抄〕黭 アヲグロ 〔字鏡集〕黭 ツシム・アヲクヒ(ロ)

【黭黭】(あんあん) くらい。宋・梅尭臣〔張太素、邠の幕に之(ゆ)く〕詩 悠悠として關戍(くわんじゅ)遙かに 黭黭として煙雲屬(つら)なる

【黭黮】(あんたん) 暗黒のさま。晉・劉伶〔北芒客舍詩〕泱漭(あうまう)として望舒(ばうじょ)(月)隱れ 黭黮として玄夜陰(くら)し

↑黭靄(あんあい) うす暗い／黭惨(あんさん) 天が暗い

【鷃】 21 6742 〔鴳〕 17 3742 アン ふなしうずら

篆文

形声 声符は晏(あん)。字はまた鴳に作る。〔説文〕四上に「鴳は雇なり」とあり、〔爾雅、釈鳥〕に「鳸は鴳なり」とみえる。字はまた鷃に作り、鷃雀・斥鷃のようにいう。

訓義 1ふなしうずら。2国語で、かやくき。

古訓 〔新撰字鏡〕鷃 加也久支(かやくき) 〔和名抄〕鷃 加夜久岐(かやくき) 〔字鏡〕鷃 カヤクキ 〔字鏡集〕鷃 ハシタカ・タカ・ヒバリ・スヽメ・チカシ・カヤクキ

↑鷃鷃(あんあん) ふなし鶉／鷃雀(あんじゃく) 小鳥／鷃歩(あんぽ) 小歩

↓斥鷃

【黯】 21 6036 アン くらい かなしい

篆文

形声 声符は音(音)。音に暗・闇の意がある。〔説文〕十上に「深黑なり」とみえる。

訓義 ①くらい、くろ、まっくろ。②かなしみで色を失う、かなしい。

古訓 〔名義抄〕黯 クラシ・クロシ・ヒタシロ・ワスル

【黯黯】あんあん くらいさま。魏・陳琳〔遊覧、二首、一〕詩 粛粛として、山谷の風 黯黯として、天路陰る

【黯慘】あんさん くらく悲しい。金・元好問〔雪中石嶺関を過ぎる〕詩 老天、黯慘として、平蕪に入る 朔吹崩奔して、萬竅呼ぶ

【黯爾】あんじ くらいさま。晋・陶潜〔形影神、影形に答ふ〕詩 同じに此れ既に常なり難し 黯爾として、時と倶に滅ぶ

【黯然】あんぜん もの悲しい。唐・柳宗元〔舎弟宗一に別る〕詩 零落せる残魂、倍ます黯然たり 別涙を雙び垂らす、越江の邊

【黯澹】あんたん うすぐらい。唐・呉融〔東帰して華山を望む〕詩 春煙の籠むること、黯澹たるを奈せんするなし 秋雨の洗ふこと、分明なるに堪ふべけんや

↑黯靄 深いもや/黯黒 くらい/黯淡 黯澹/黯湛 うすぐらい/黯漠 うすぐらい

↓黮黯・雲黯・慘黯・沈黯・夜黯

イ

【囗】 3 6000 イ(ヰ) かこむ めぐる

篆文

象形 城郭でかこんだ形。國(国)の初文は或。或は戈と囗とに従い、武装した邑を意味するが、更に外に城郭を加えて國となる。「圍む」は韋に従うが、韋は邑の上下をめぐる形。〔説文〕六下に「回るなり。回帀の形に象る」とするが、回は淵水のめぐる意で、都城とは関係がない。

訓義 ①かこむ、城郭。②めぐる。③くに、國の古文として用いる。

古訓 〔字鏡集〕囗 メグル

部首 〔説文〕に圜・團(団)・圓(円)・回・圖(図)・圛・國・困・圈(圏)・囚など二十六字、重文四字、〔玉篇〕に六十一字を属する。周圏を施すもののほか、円形のもの、まるく一括するものなどを含む。

声系 〔説文〕に囗声として韋・員の二字を収め、また韋声の字二十字を収める。囗・韋は同声。城郭を設けることを囗といい、城郭の南北をめぐることを韋という。

語系 囗・韋・圍(囲)・違(違)・緯(緯)hiuəi は同声。員 hiuən は圓の初文で、その外縁をいう。員はもと円鼎を示す字である。

人【已】 3 1771 イ やむ すでに はなはだ

篆文

甲骨文

金文

象形 〔説文〕十四下に「用ふるなり」とするのは以字と同訓。已然の已と同形であるが、用義は異なる。已は㠯(耜)の形で、耜・私はその本音に従う。また矣・台の声がある。本義の「すき」には耜を用い、他の訓はすべて仮借。

訓義 ①やむ、いえる、おわる。②すでに、いまや。③はなはだ。④終助詞、のみ。⑤以と通用し、もちいる。

古訓 〔名義抄〕已 ヤム・ヲハル・オコタル・スデニ・スツ・ハナハダシキ・モチヰル・ワキマフ・オサフ・ワヌシ・ノミナリ/已々 ヤムナム/く

語系 已・㠯・以はもと同字。㠯は耜の初文で、のち耜の字にその義を存している。矣 jiə も同声。已・矣は終助詞として通用し、またその声は感動詞に用いることがある。

【已已】いい 物いう。〔世説新語、賞誉〕王(珣)謝安、通ぜず。~(謝)還りて劉夫人に謂ひて曰く、向さきに阿爪(王)を見たるに、故もより自ら未だ有たしみ易からず。相ひ關せずと雖も、正まさに自ら人をして已已すること能はざらしむと。

【已矣】いい もうおしまいだ。〔楚辞、離騒〕已矣哉るかな國に人無し 我を知るもの莫し

【已往】いおう 過去。以前。晋・陶潜〔帰去来の辞〕已往の諫いましめざるを悟り、來者の追ふべきを知る。

【已還】いかん その後。このかた。唐・陳鴻〔長恨歌伝〕方士に揖いふし、皇帝の安否を問ひ、次に天寶已還の事を問ふ。

【已後】いご 以後。〔論語集解序、疏〕弟子離居已後、各と異見を生じ、聖言の永滅せんことを恐る。

【已甚】いじん 度をこす。〔論語、泰伯〕人にして不仁なるも、之れを疾にくむこと已甚はなはだしければ、亂る。

【已然】いぜん 既成のこと。漢・賈誼〔治安策〕凡人の智は、能く已然を見るも、將然を見る能はず。

↑已矣 ~のみ/已下 以下/已業 すでに/已降 以後/已事 すんだこと/已上 以上/已知 既知/已定 既定/已夫 ~のみ/已来 以来

↓往已・而已

常【以】 5 2810 イ もって おもう ともに ひきいる ゆえ

篆文

甲骨文

金文

象形 㠯きすの形。〔説文〕十四下に「㠯は用ふるなり。反巳に従ふ」とし、賈侍中説として「已、意已の實なり。象形」とする説を引く。意已は薏苡という草。字は象形で、耜きすの形。もと㠯と同文。のち字形は厶・㠯・以に分かれた。

訓義 ①用・庸と通用し、もって、もちいる。②為・謂と通用して、おもう。③与と通用して、ともに。④率と通用して、ひきいる。⑤名詞として、ゆえ、理由説明的に用いる。

古訓 〔名義抄〕以 モチヰル・モツ・モテス・コレヲモテ・モチフ・ヰテアリク・ヲモフ・モテスト云フ・ヲモンミレバ・オモヘラク・トモニ・タメニ・スデニ・アタフ・ユヱ/所以 ユヱ・コノユヱニ/是以コ、ヲモテ

声系 以・已・厶・㠯はもと同字。以・已・㠯にそれぞれその声系の字があり、矣・台は厶の声系に属する。以声に苡・似・姒があり、苡は芣苡。芣苡に胚胎はいの意がある。

語系 以 jiə、與(与)jiə、用・庸 jiong、爲(為)hiuai、謂 hiuət、率(率)shiuət は声近く、語として系列をなし、通用することがある。

【以為】いい おもえらく。思う。考える。〔左伝、僖二十三年〕公子之れに安んず。從者以爲おもへらく、不可なりと。將まさに行きらんとす。

【以謂】いい おもえらく。思う。以為。唐・柳宗元〔非国語、上、軽幣〕予われ以謂おもへらく、桓公の伯たるは、是かくの如く弊ならざるなり。

【以往】いおう 以後。〔左伝、僖二十八年〕今日より以往、既に盟ちかふの後、行く者は其の力を保つこと無く、居る者は其の罪を懼おそるること無からむ。

【以下】いか ~より下。已下。〔左伝、襄二十九年〕呉の公子季札、來聘す。~周樂を觀んことを請ふ。~鄶くわいより以下は、譏そしること無し。

【以外】いがい その他。〔顔氏家訓、勉学〕此かくの如き諸賢、故もと上品と爲す。以外は率おほむね多く田野閒人にして、音辭鄙陋、風操蚩拙なり。

【以還】いかん ~よりこのかた。以下。〔世説新語、文学〕中人

より以還、北人の書を看るは、顯處に月を視るが如く、南人の學問するは、牖中(窓の中)に日を窺ふが如し。

【以後】~よりのち。以往。〔後漢書、列女伝序〕故に中興より以後、其の成事を綜べ、述べて列女篇を爲る。

【以降】~よりこのかた。以後。〔後漢書、逸民伝序〕武は美を盡せり。終に孤竹の絜を全うす。茲れより以降、風流彌いよ繁し。

【以上】~より上。〔論語、述而〕子曰く、束脩を行ふより以上は、吾未だ嘗て誨ふること無くんばあらず。

【以前】~より前。〔戦国策、趙四〕今より三世以前、趙の趙爲るに至るまで、趙主の子孫の侯なる者、其の繼ぎて在る者有るか。

【以文】文事で友となる。〔論語、顔淵〕君子は文を以て友を會し、友を以て仁を輔く。

【以聞】上表する。晉・陸機〔平原内史を謝する表〕臣、屏營延仰に勝へず、謹みて拜表以聞す。

【以来】~よりこのかた。〔孟子、公孫丑上〕聖人の民に於ける、亦た類なり。其の類を出でて、其の萃を抜く。生民より以來、未だ孔子より盛んなるは有らざるなり。

↑以及 及ぶ/以次 順序/以心 以心伝心/以西 ~より西/以内 以下

↓何以・曷以・是以・所以・有以

【匜】 5 7171 イ みずさし

篆文 金文

象形 水をそそぐ水器の象形。〔説文〕十二下に「羹魁に似て、柄中に道有り。以て水を注ぐべし。匚に從ひ、也聲」とする。羹魁は羹を酌む杓。〔左伝、僖二十三年〕の晋の公子重耳の諸国巡りの説話のうちに、秦にあるとき「匜を奉じて盥に沃ぐ。既りて之れを揮ふ」とあって、水差しの類である。金文に字を也に作り、也は器を上からみた形。流し口があり、把手がある。金文にまた鉇に作り、また盅に作る。

訓義 ①みずさし。②兕觥の蓋のない形で、また杯にも用いたものであろう。

古訓 〔名義抄〕匜 ハンサフ 〔字鏡集〕匜 ハサフ

語系 也・匜jiə は同声。兪jio は声近く、余(手術刀)を以て膿血を盤(舟形)に移す形。水を移す匜と声義に通じるところがある。

【匜水】匜に入れた水。〔儀礼、士虞礼〕匜水は槃中に錯く。流を南にし、西階の南に在り。

↓瓦匜・香匜・巵匜・洗匜・螭匜・槃匜・奉匜・鳳匜・旅匜

【台】 5 2360 イ タイ ダイ もちいる よろこぶ われ

篆文

会意 ム+口。〔説文〕二上に「説ぶなり」とし、字を㠯(以)声とするが、金文には以の義に用いることが多く、〔王孫遺者鐘〕「用て享し、台て孝す」のように「用~台~」の形式をとることが多い。ムの原形は㠯、耜の象形。口は祝詞を収める器の形で𠙵。台は祝詞を奏して耜を清める儀礼を示す字。それより農作をはじめる意となる。

訓義 ①もちいる、以と同じ。以も耜の象形の字。②怡・頤と声が通じ、よろこぶ、やしなう意。③予・余・朕と声近く、一人称の「われ」に用いる。

古訓 〔名義抄〕台 ワレ・ヤシナフ・シタカフ・トシ

声系 〔説文〕に台声として怡・詒・飴、冶、始・枱・枲、胎・眙・怠・殆・迨・紿・駘、治・笞など二十一字を収める。なお矣声・治声の字もこの声系に属する。

語系 台də、㠯・矣jiə はみな耜の儀礼に関する字。朕(朕)jiəng、予・余jia は台と声近く、仮借して一人称に用いる。

参考 いま台を臺の常用字とするが、もと別の字。台(臺)は別にその音の条に出す。

【台台】和らぎよろこぶ。怡怡。〔呉越春秋、勾践帰国外伝〕葛を采るの婦、~乃ち苦の詩を作りて曰く、葛は蔓を連ね、菶菶として台台たり

【台位】三公の位。宰相。唐・楊巨源〔陳判官~を送る〕詩 心に期す玉帳、台位に親しむを 魏勃、君に因りて姓名を説く

【台槐】三公。庭に槐を植え、これに面して座を定めた。〔晋書、鄭袤等伝論賛〕此の數公は、或いは雅望を以て台槐に處り、或いは高名を以て保傅に居る。

【台衡】三公の位。宰相。〔後漢書、安帝紀論〕移民逃寇(羌族の侵寇をいう)、咎を台衡に推し、以て天の眚ひに答ふ。

【台宰】天子を輔佐する宰相。台弼。〔後漢書、謝弼伝〕夫れ台宰は重器にして、國命の繼ぐ所なり。~災異に因り、竝びに罷黜を加ふべし。

【台鼎】三公。鼎足にたとえる。〔後漢書、陳球伝〕公、宗室より出でて、位、台鼎に登れり。天下瞻望す。

【台輔】台宰。〔後漢書、周挙伝〕擧曰く、明公、年八十を過ぎて、位、台輔と爲る。今時に於て忠を竭くし國に報ぜずして、身を惜しみ寵に安んじ、以て何をか求めんと欲すると。

↑台安 敬具/台嶽 三公宰相/台鑒 御覧/台顔 尊顔/台祺 ご多祥/台啓 親展/台鉉 三公/台候 お伺い/台座 三公/台室 重臣/台席 宰相/台庭 丞相の府/台背 老人/台弼 台輔/台保 台輔/台覧 御覧/台嶺 天台山

↓鉉台・公台・黄台・袞台・象台・置台・天台・登台・輔台

人 【伊】 6 2725 イ よる これ ふさぐ

篆文 古文 甲骨文 金文

形声 声符は尹。尹は神官が神杖をもつ形。その神杖によって神をよぶ意がある。〔説文〕八上に「殷の聖人阿衡なり。天下を尹治する者なり。人に從ひ、尹に從ふ」と字を会意とし、伊尹の名とする。伊尹は箱舟で洪水を免れ、空桑の中から見出だされた聖者で、洪水説話にみえる神。卜辞に「黃尹」の名があり、「阿衡」にあたるものであろう。〔周礼、秋官、伊耆氏〕に「國の大祭祀に、其の杖咸(函)を共(供)し~することを掌る」とあり、古い聖家族の伝統を伝えるものであろう。

訓義 ①よる、おす。②隹・唯・維と通じて、助詞「これ」に用いる。隹系統の字は鳥占によって神意を確かめる意がある。③垔と通じて、ふさぐ意がある。④川の名、人の姓。

古訓 〔名義抄〕伊 コレ・コ、ニ・イマ・マコト・コトハ

語系 伊iei、唯・維jiuəi、隹tjiuəi は同系の語。神意の示現を確かめる意がある。垔・湮・堙ian も声近く、水を塞ぐ意。川の名、人の姓もこれと関係があろう。

【伊鬱】心が結ばれる。魏・何晏〔景福殿の賦〕溽暑の伊鬱に感じ、性命の平らかなる所を慮る。

【伊耆】古帝の名。また伊耆氏。〔周礼、秋官、伊耆氏〕伊耆氏は、國の大祭祀に、其の杖咸を共(供)し~することを掌る。

【伊闕】洛陽南の城塞。〔史記、秦紀〕左更白起、韓・魏を伊闕に攻め、首を斬ること二十四萬。

【伊吾】うめく声。讀書の声。宋・黄庭堅〔考試局に~戯れに竹枝歌三章を作りて~、一〕詩 南窓に書を讀む、聲伊吾 北窓に月を見て、竹枝を歌ふ

【伊昔】むかし。梁・江淹〔雑体詩、三十首、王侍中〕伊昔、世亂に値ひ 馬に秣ひて、帝京を辭す

【伊優】ことばが聞きとれない。宋・姜夔〔越九歌、蔡孝子〕詞 雨、荷を鳴らして風、葦に入り 伊優して泣くこと未だ已まざるが若し
【伊洛】伊水と洛水。また、宋の程子・朱子の学をいう。〔国語、周語上〕昔伊洛竭きて夏亡び、河竭きて商亡ぶ。
【伊呂】伊尹と太公望呂尚。〔漢書、董仲舒伝賛〕劉向稱ふ、董仲舒は王佐の材有り。伊呂と雖も、以て加ふる亡しと。
➡伊旧 昔のまま／伊始 はじめ／伊誰 たれ／伊曹 汝ら／伊邑 伊優
⬇軋伊・郁伊・鬱伊・吾伊

【圯】 6 4711 イ どばし

篆文 

形声 声符は巳。〔説文〕十三下に「東楚にては橋を謂ひて圯と爲す」とあり、〔水経注〕に徐・泗の間では圯というとみえる。漢の張良が黄石公と出会ったという下邳は、古徐州の地である。

訓義 ①どばし、はし。

古訓 〔名義抄〕圯 土ハシ

【圯橋】土橋。唐・李白〔下邳の圯橋を経て、張子房を懐ふ〕詩 我れ圯橋の上に來り 古を懷うて英風を欽ふ
【圯上】土橋の上。〔史記、留侯世家〕(張)良~歩して下邳の圯上に游ぶ。一老父有り、褐を衣る。良の所に至る。~顧みて良に謂ひて曰く、孺子(若者)、下りて履を取れと。
⬇傾圯・城圯・池圯

人【夷】 6 5003 イ えびす たいらか きずつく

篆文 

甲骨文 

金文 

象形 初文は尸。人が腰をかがめて坐る形。〔説文〕十下に「平らかなり。大に從ひ、弓に從ふ。東方の人なり」とするが、訓義と字形の関係が明らかでない。金文の字形は弓に従わず、尸に近い。夷人の坐りかたを示す。

訓義 ①えびす、東方の族、うずくまる。②のち字を夷に作る。夷は矢に繳を加えた形。夷居の意に用いて、たいらか、たやすい、大きい。③痍に通じて、きず、きずつく。④怡・悸に通じて、よろこぶ。⑤薙に通じ、のぞく。⑥尸に通じ、つらねるの意となる。

古訓 〔字鏡集〕夷 エビス・ウズヰ・タヒラカナリ・タヒラグ・ヤスシ・ナラス・ヒトシ・コロス・ヤブル・ホロボス・ナヤマフ・(ス)・アハク・ワキマフ・ツネニス

声系 尸 sjiei、夷 jiei は古声近く、夷は頭音 s の脱落した形。夷声の字に荑・洟・徳・痍・銕があり、銕は鐵(鉄) thyet の異文で、夷にその声がある。

語系 尸・矢 sjiei は同声で、矢はつらねる意。雉・薙(薙) thyei は声近く、雉はつらねる、薙はなぐ、ころす。徳・痍 jiei は夷と同声、徳はたいらか、痍は傷つくの意。〔儀礼、士喪礼〕の「夷衾」は尸を覆う衾、〔周礼、天官、凌人〕の「夷槃の冰」は尸の盤に用いる冰をいう。

【夷易】平らかで易らか。平易。漢・司馬相如〔封禅文〕由る所を前に愼み、遺教を後に謹むのみ。故に軌迹夷易にして、遵ひ易きなり。

【夷懌】よろこぶ。夷悦。〔詩、商頌、那〕我に嘉客有り 亦た夷懌せざらんや
【夷説】よろこぶ。〔孔子家語、五帝徳〕舜~四凶を流して、天下服す。其の言忒はず、其の德回ならず。四海の內、舟輿の及ぶ所、夷説せざるは莫し。

【夷夏】外夷と中国。〔陳書、陸子隆伝〕城郭を修建し、夷夏を綏集し、甚だ民の和を得たり。

【夷簡】平易で恬淡。〔晋書、曹志伝〕曹志~少くして好學、才行を以て稱せられ、夷簡にして大度有り。兼ねて騎射を善くす。

【夷居】あぐら。〔書、泰誓上〕惟れ受(紂)に悛心有ること罔く、乃ち夷居して、上帝神祇に事へず、厥の先宗廟を遺てて祀らず。

【夷険】治乱。宋・欧陽脩〔相州昼錦堂記〕能く將相に出入し、王家に勤勞して、夷險節を一にす。~社稷の臣と謂ふべし。

【夷堅】古代のものしり。〔列子、湯問〕終髮の北、溟海なる者有り、天池なり。魚有り、~世豈に此の物有るを知らんや。大禹、行きて之れを見、~夷堅、聞きて之れを志す。

【夷考】公平に考える。〔孟子、尽心下〕其の志嘐嘐然として曰く、古の人、古の人と。其の行ひを夷考するに、焉れを掩はざる(背かざる)者なり。

【夷傷】傷つく。〔左伝、成十六年〕子反、軍吏に命じて、夷傷するものを察し、卒乘を補ひ、甲兵を繕はしむ。

【夷則】十二律の一。七月。〔礼記、月令〕孟秋の月、~其の音は商、律は夷則に中る。

【夷族】宗族をみな殺しにする。夷滅。〔後漢書、宦者、曹節伝〕今、忍びざるの恩を以て、夷族の罪を赦さる。姦謀一たび成らば、悔ゆとも亦た何ぞ及ばん。~(朱)瑀の爲す所は、誠に皇天の復た赦さざる所なり。願はくは陛下、~臣の表を裁省し、醜類を掃滅し、以て天怒に荅へんことを。

【夷狄】えびす。東夷、北狄。〔白虎通、王者不臣〕夷狄は、中國と域を絶し、俗を異にす。

【夷貉】東北方の異族。〔荀子、勧学〕干越夷貉の子、生れて聲を同じうし、長じて俗を異にするは、教へ之れをして然らしむるなり。

【夷靡】地形が崩れる。晋・潘岳〔射雉の賦〕或いは乃ち崇墳の夷靡たるは、農、壠(うね)を易めざればなり。

【夷滅】みな殺しにする。〔史記、呂后紀〕今皆已に諸呂を夷滅す。吾が屬、類無し。諸王を視るに、最も賢なる者、之れを立つるに如かず。

【夷戮】平らげ殺す。〔後漢書、張衡伝〕故に恭儉畏忌なるものは、必ず祉祚を蒙り、奢淫諂慢なるものは、夷戮せられざるもの鮮なし。

➡夷言 異族の語／夷荒 荒遠／夷寇 外寇／夷曠 平広／夷世 治平の世／夷泰 平坦／夷坦 平坦／夷殄 滅びる／夷味 蒙昧／夷道 夷路／夷槃 喪用の冰盤／夷泯 夷滅／夷道／夷愉 楽しい／夷由 ためらう／夷猶 夷由／夷与 夷由／夷路 平坦な道
⬇遐夷・外夷・希夷・九夷・曠夷・四夷・戎夷・焼夷・傷夷・攘夷・征夷・清夷・翦夷・創夷・島夷・蕃夷・明夷・陵夷

【异】 6 7744 イ あげる

篆文 

会意 巳+廾。巳は巳す。耜を奉ずる形。用例に乏しく、〔書、堯典〕に「岳曰く、异(異)なる哉、可なるを試みて乃ち已めん」とあり、〔釈文〕に「鄭(玄)の音は異、孔(安国)・王(粛)の音は怡」とあって、异の定解がない。ただ〔列子、楊朱〕に「重囚纍梏、何を以て异ならんや」、また左思の〔魏都の賦〕「异なる乎、交益の士」などは、鄭玄の注によって、この語を用いるものであろう。〔説文〕三上に「擧なり」と訓するのは、字形にあう。その解をとれば、文は「擧げん哉、可なるを試みて乃ち已めん」となる。

訓義 ①あげる。②ああ。③異なる。

古訓 〔字鏡集〕异 ユタカニ

【匜】 6 7171 イ やしなう おとがい

篆文  籒文  金文 

象形 乳房の形。𦣞は乳房で子に授乳する形。頤は巳（赤子の形）に代えて、装うた人の形をそえたもので、頤養の礼を示す。

訓義 ①やしなう。②もと乳房の形。〔説文〕十二上に誤って「顫なり」とし、おとがいの意とする。

古訓 〔名義抄〕頤 ア・（ヤ）シナフ・カヘリミル・イコフ・オトガヒ

部首 〔説文〕十二上に𦣞を録し、「廣き匜なり」とするが、授乳の象。熙（熈）は𦣞に従う。頤は匜の異文。

声系 匜・頤jiəは同声。匜は乳房の象で名詞、頤は授乳の意で動詞であろう。宧jiəは「養う」、姫（姫）kiəは匜（乳）によって、成人の女を示す字であろう。

常【衣】 6 0073 イ エ イン ころも きる まつり

篆文  甲骨文  金文 

象形 衣の襟もとを合わせた形。〔説文〕八上に「二人を覆ふ形に象る」とするが、襟もとの形。また「依るなり。上を衣と曰ひ、下を裳と曰ふ」という。〔白虎通、衣裳〕に「隠るなり」とあり、依・隠（隱）は声の近い字によって解する。依は衣による受霊、「襲衾」の観念を含むものと思われる。

訓義 ①ころも、裳に対していう。②衣をきる。③外装、おおう。④殷と通じ、祭名、まつり、合祀することをいう。卜文にみえる。

古訓 〔名義抄〕衣 キモノ・コロモ・キヌ・キル・キヌキル・コロモキス・ツク・コケ

部首 〔説文〕に一一六字、〔玉篇〕に二九四字。

声系 衣声の字に依・扆などがある。依は衣による受霊の意。哀を〔説文〕に衣声とするが、哀・襄・衰（衰）・褱・瞏などは、葬送の儀礼に関する会意字である。

語系 衣・依iəiは同声。倚iai、隠・殷iənは声近く、通用することがある。卜文の衣祀は文献の殷祀に当たり、合祭をいう。

【衣架】 ころもかけ。衣桁。唐・沈佺期〔七夕曝衣篇〕詩 朝霞、彩を散らして、衣袈に羞ぢらひ 晩月、光を分ちて、鏡臺に劣る

【衣褐】 あらぬのの衣。賤者の服。〔史記、留侯世家〕一老父有り、褐を衣る。（張）良の所に至り、直に其の履を圯下に墮とす。

【衣冠】 衣服と冠。礼服。〔論語、尭曰〕君子は其の衣冠を正しくし、其の瞻視を尊くす。

【衣裘】 衣と裘。〔漢書、王莽伝上〕輿馬衣裘を散じて賓客に振施し、家に餘す所無し。

【衣裾】 衣服のすそ。唐・杜甫〔草堂〕詩 舊犬我が歸るを喜び 低徊して衣裾に入る

【衣巾】 衣服と頭巾。梁・沈約〔新安江至りて清く、～京邑の遊好に貽る〕詩 紛として吾れ囂滓を隔つ 寧ぞ衣巾を濯ふに假らんや

【衣衿】 衣のえり。衣襟。魏・王粲〔七哀詩、二首、二〕迅風、裳袂を拂ひ 白露、衣衿を沾す

【衣衾】 衣服と夜着。〔三国志、魏、文帝紀〕棺槨を爲るは以て骨を朽ちせしむるに足り、衣衾は以て肉を朽ちせしむるに足るのみ。

【衣裳】 上衣と裳。衣服。〔易、繫辞伝下〕黃帝堯舜、衣裳を垂るるのみにして、天下治まる。

【衣食】 衣服と食物。〔管子、牧民〕倉廩實ちて、則ち禮節を知り、衣食足りて、則ち榮辱を知る。上度を服ひて、則ち六親固し。

【衣帯】 衣服と帯。〔文選、古詩十九首、一〕相ひ去ること日に已に遠く 衣帶日に已に緩し

【衣著】 衣服。晉・陶潛〔桃花源記〕阡陌交はり通じ、雞犬相ひ聞こゆ。其の中に往來種作す。男女の衣著、悉く外人の如し。

【衣鉢】 袈裟と飯鉢。法を伝授する証とする。〔旧唐書、方伎、神秀伝〕僧達摩といふ者有り。本天竺の王子なり。～南海に入り、禪宗の妙法を得たり。云ふ、釋迦より相ひ傳ふ。衣鉢有り、記と爲し、世相ひ付授す。

【衣被】 衣服。おおう。恩恵が及ぶ。〔文心雕竜、弁騒〕是を以て枚（乗）・賈（誼）、風を追うて以て麗に入り、馬（司馬相如）・揚（雄）、波に沿うて奇を得たり。其の詞人に衣被すること、一代のみに非ざるなり。

【衣服】 きもの。〔論語、泰伯〕禹は吾れ閒然すること無し。飲食を菲くして、孝を鬼神に致し、衣服を惡しくして、美を黻冕（祭服）に致す。

【衣履】 衣服と、くつ。〔荘子、山木〕士に道德有りて行ふ能はざるは憊なり。衣弊れ履穿てるは貧なり。～此れ所謂時に遭はざるなり。

【衣領】 衣のえり。〔南史、王思遠伝〕終日匡坐して、妄りに言笑せず。簪帽衣領、整絜ならざる無し。

↑衣纓 衣冠簪纓／衣褐 衣襟／衣魚 しけ虫／衣篋 衣裳箱／衣屨 衣とくつ／衣袴 衣と裳／衣甲 よろい／衣笥 たんす／衣袖 衣の袖／衣繡 ぬいとり／衣簪 官吏の服／衣装 きもの／衣褚 わたいれ／衣囊 かくし／衣帛 きれ／衣物 衣など／衣袂 たもと／衣冕 衣冠／衣袍 表衣／衣帽 衣と帽子／衣禄 俸禄

↓悪衣・羽衣・雨衣・葛衣・褐衣・澣衣・客衣・玉衣・錦衣・吟衣・軽衣・霓衣・玄衣・更衣・垢衣・縞衣・黒衣・袞衣・褌衣・蓑衣・紫衣・緇衣・授衣・繡衣・戎衣・春衣・書衣・絮衣・振衣・寝衣・征衣・青衣・雪衣・摂衣・褻衣・素衣・草衣・僧衣・胎衣・苔衣・脱衣・単衣・短衣・地衣・天衣・擣衣・濤衣・白衣・被衣・布衣・舞衣・払衣・敝衣・便衣・法衣・胞衣・暴衣・墨衣・麻衣・明衣・面衣・毛衣・油衣・浴衣・羅衣・攬衣・緑衣・斂衣

常【位】 7 2021 イ（ヰ） くらい

篆文  甲骨文  金文 

会意 人＋立。立は一定の場所に人の立つ形で、その位置を示し、位の初文。のち位を用いる。〔説文〕八上に「中庭の左右に列す、之れを位と謂ふ」とみえる。中廷は冊命など廷礼の行われる所で、金文では〔諫𣪘〕「王、大室に各り、立（位）に即く」、〔利鼎〕「王、般宮に格る、邢伯內りて利を右け、中廷に立ちて北嚮す」のようにいう。金文では、立を位と立つとの両義に用いる。

訓義 ①くらい、その位に就く。禄・爵・朝位などについていう。②涖・莅と通用し、のぞむ、その場所に臨む。

古訓 〔名義抄〕位 クラヰ・イガタ・タ、・ヒラ・ヨシ

声系 涖・莅は位声。みな、臨む意がある。

【位次】 位の順序。〔史記、陳丞相世家〕絳侯勃（周勃）を以て右丞相と爲す。位次、第一なり。

【位勢】 地位と権勢。〔史記、鄒陽伝〕（獄中上書）今天下寥廓の士をして、威重の權を攝り、位勢の貴に主たらしめんと欲す。

【位置】 そのあるべき場所。〔魏書、穆子弼伝〕子弼、風格有り。善く自ら位置す。～己れに矜り物を陵ぎ、頗ぶる以て損す。

【位望】 地位と人望。〔論衡、初稟〕遷轉の人、或いは

公卿に至る。命祿尊貴、位望高大なり。

↑位階 官位／位遇 位と待遇／位号 位と名号／位署 公式署名／位序 位次／位地 地位／位秩 位と扶持／位服 礼服／位分 位階／位貌 位と容貌／位祿 位と食祿

↓栄位・王位・下位・官位・貴位・去位・居位・虚位・御位・顕位・高位・在位・歯位・嗣位・失位・爵位・授位・叙位・上位・譲位・臣位・正位・盛位・勢位・窃位・践位・即位・退位・地位・致位・定位・帝位・天位・陪位・備位・品位・賓位・服位・復位・方位・有位・履位・霊位・祿位

常【医】 7 7171 〔醫〕 18 7760 〔毉〕 18 7710

イ エイ

くすし いやす うつぼ

篆文

古印璽

会意 旧字は醫。殹+酉(酉)。殹は医を殴つ形。矢を呪器としてこれを敺ち、病魔を祓う呪的行為を殹(殴)という。またそのかけ声を殹という。酉は酒器。その呪儀に酒を用いる。古代の医は巫医であった。ゆえに字はまた毉に作る。〔説文〕十四下に「醫、病を治す工なり。殹は惡姿なり。醫の性、然り。酒を得て使ふ。酉(酒)に從ふ。王育說。一に曰く、殹は病める聲なり。酒は病を治す所以なり」という。一曰の説が理に近い。

訓義 ①くすし、医者。②いやす。③あまざけのような飲物、うめず。④医、うつぼ。

古訓 〔名義抄〕醫・毉 クスシ 〔篇立〕醫 イシ・クスリ

参考 医と醫とはもと別の字。医はうつぼ(矢を入れる袋)。殹は秘匿のところに呪矢を収め、かけ声をかけて邪気を祓う呪術で、その声をいう。醫・毉はその声義を承ける。

【医師】 医者。古代は官名。〔周礼、天官、医師〕醫師は醫の政令を掌り、毒藥を聚め、以て醫事に共(供)す。

【医者】 医師。〔宋史、神宗紀二〕太皇太后の疾むを以て、天下の醫者を驛召す。

【医術】 病気を治す方法、技術。〔晋書、裴頠伝〕頠、通博多聞、兼ねて醫術に明らかなり。

【医巫】 巫医。また、医者と巫。〔漢書、鼂錯伝〕爲に醫巫を置き、以て疾病を救ひ、以て祭祀を脩む。~此れ民をして其の處を樂しみ、長居の心有らしむる所以なり。

【医方】 病気を治す方法。〔隋書、経籍志三〕醫方なる者は、疾疢を除き、性命を保つ所以の術なり。

【医卜】 医者と卜者。宋・蘇軾〔王晋卿に和す〕詩 賢愚、定分有り 樽俎、尸祝を守る 文章何ぞ云ふに足らん 技を執ること醫卜に等し

【医薬】 治療の薬。〔史記、倉公伝〕意(倉公)、少時より醫藥を喜む。醫藥方、之れを試みるに、驗あらざる者多し。

【医療】 病を治す。〔後漢書、韋彪伝〕父母卒し、哀毀三年、~服竟りて羸瘠し、骨立異形なり。醫療すること數年、乃ち起つ。學を好み治聞、雅より儒宗と稱せらる。

↑医案 カルテ／医院 病院／医家 医者／医学 医術の学／医官 官の医者／医経 医書／医工 医者／医国 国を治める／医剤 薬／医士 医者／医匠 医者／医生 医者／医道 医術／医婆 女医／医流 医者

↓棄医・国医・恒医・侍医・神医・拙医・大医・典医・巫医・名医・庸医・良医・懶医・老医

常【囲】 7 〔圍〕 12 6050

イ(ヰ)

かこむ めぐる

篆文

金文

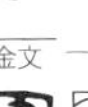

形声 旧字は圍。声符は韋。〔説文〕六下に「守るなり」とし、韋声とするが、韋は城郭を示す口の上下に、足の形を加えて、城郭を違る形で、攻め囲む意。さらに外囲の口を加えた。

訓義 ①かこむ、まもる、ふせぐ。②めぐる。③めぐる意より、周囲の意となる。

古訓 〔名義抄〕圍 カクム・マモル・フセク・メグル・イタル・コム 〔字鏡集〕圍 フセグ・マモル・カコム・ツク・メグル・コモル・コム・イタル・カクム

語系 圍・幃 hiuəi、衞(衛) hiuat はみな韋に従い、同系の字で、かこむ意がある。

【囲灌】 城を水攻めにする。〔国語、晋語九〕(襄子)乃ち晉陽に走る。晉の師圍みて之れに灌ぐ。沈竈に鼃(蛙)を産するも、民に叛く意無し。

【囲守】 囲むようにして守る。魏・陳琳〔袁紹の為に予州に檄す〕(曹)操、部曲の精兵七百を持して、宮闕を圍守す。外は宿衞に託するも、内は實に拘執なり。

【囲場】 狩場。〔宋史、礼志二十四〕太祖建隆二年、始めて近郊に校獵す。先づ禁軍を出だして圍場を爲り、五坊鷙禽細犬を以て從ふ。

【囲繞】 とりまく。〔東観漢記、周嘉伝〕嘉、太守何敞に從ひて賊を討つ。~賊圍繞すること數十重、嘉~身を以て之れを扞る。

↑囲掩 おおう／囲陥 陥れる／囲棋 碁／囲撃 囲攻／囲護 守る／囲攻 囲み攻める／囲子 円圏／囲取 囲み取る／囲阻 囲み阻む／囲範 模倣する／囲屛 折り畳み屛風／囲腰 腰廻り／囲擁 抱きかかえる／囲落 かき／囲猟 まき狩り

↓外囲・棋囲・攻囲・合囲・四囲・周囲・十囲・重囲・障囲・長囲・範囲・布囲・包囲

【矣】 7 2343

イ

篆文

金文

会意 ム+矢。ムの初形は㠯で耜の初文。耜に矢を加えて清め祓う意。その声を矣・唉・欸、その動作を挨という。〔詩、小雅、十月之交〕に謀・萊(萊)と韻している。〔説文〕五下に「語已るの詞なり」とし、以声の字とするが、もとは矢でムを祓う儀礼で、その声をいう。語句を強く結ぶとき、その声を加えたのであろう。

訓義 ①語末の助詞。断定・決定・決意など、強い語気を示す語である。

古訓 〔字鏡集〕矣 トゞム・ヒサシ・カナ・タケヒキ

声系 〔説文〕に矣声として唉・誒・俟・欸・騃・竢・涘・挨・埃など十一字を収め、唉・欸・挨などは矣の字形が示す呪儀に関する字であろう。欸乃はゆるやかな舟歌などをいう。

語系 矣・也・已 jiə は同声。ともに語末に感動を含めてそえる。その劇しい声は殹 yet、ゆるやかな声は應(応) iəng、憂うる声は悒 iəp、みな一系の語である。

↓懿矣・蔚矣・鬱矣・往矣・久矣・休矣・行矣・皇矣・尚矣・甚矣・壯矣・逖矣・悲矣・勉矣・耄矣・老矣

常【依】 8 2023

イ エ

よる たもつ うつくしい

篆文

甲骨文

会意 人+衣。衣は受霊に用いる霊衣。それを身につけることによって、その霊に依り、これを承継することができた。〔説文〕八上に「倚るなり」とし、字を形声とするが、卜文に、衣中に人をしるす字形があり、わが国の「眞床襲衾」のような、受霊のための霊衣とみられる。安・保の古い字形にも「襲衾」をそ

える形がある。〔詩、大雅、公劉〕は都作りの詩で、「京に于て斯ち依る」「既に登り乃ち依る」なども、受霊に由来する用法であろう。

訓義 ①よる、よりそう。②身に受けて、たもつ。③より従う。④委・婉と通じて、うつくしい、たおやか。⑤隠と通じて、いたみかなしむ。

古訓 〔名義抄〕依 ヨル・タヨリ・タスク・タノム・ヲサフ・ホノカナリ・ウツクシブ・イタム・タトヒ・ナンゾ／依々 タヲヤカナリ・イタム

語系 依iəi、倚・椅iaiは声近く、よる。委・逶iuai、宛・婉iuanも声近く、委は舞う姿、宛は坐する姿で、ともに、うつくしい意。隱(隠)iənも声近く、いたむ、憂える意がある。

【依依】しなやか。ほのか。晋・陶潜〔園田の居に帰る、五首、一〕詩 曖曖たり、遠人の村 依依たり、墟里の煙

【依倚】よりかかる。〔論衡、論死〕夫れ物の未だ死せざる、精神、形體に依倚す。故に能く變化す。

【依違】はっきりせず、迷う。〔後漢書、第五倫伝〕倫、公に奉じ節を盡し、言事、依違する所無し。

【依帰】よりすがる。頼る。〔書、金縢〕天の降せる寶命を墜すこと無かれ。我が先王も永く依歸すること有らん。

【依稀】さながら。彷彿。依俙。梁・江淹〔赤虹の賦〕俄かにして赤蜺電出し、～依稀として常ならず。

【依旧】昔のまま。唐・白居易〔長恨歌〕詩 歸來、池苑、皆舊に依る 太液の芙蓉、未央の柳

【依拠】根拠とする。漢・許沖〔書を上りて説文を進む〕蓋し聖人空しく作らず、皆依據するところ有り。

【依怙】頼りにする。魏・明帝〔櫂歌行〕楽府 哀しい哉、王士の民 瞻仰するも依怙するところ無し ⊠国語では、えこひいき。

【依準】より従う。〔後漢書、方術下、華佗伝〕皆、佗に従ひて學ぶ。(呉)普、佗の療に依準するに、全濟する所多し。

【依然】昔のまま。唐・韓翃〔斉山人の長白山に帰るを送る〕詩 柴門の流水、依然として在り 一路の寒山、萬木の中

【依託】かこつける。〔漢書、翟義伝〕陳寶に謂ひて曰く、新都侯(王莽)天子の位を攝す。～周公、成王を輔くるの義に依託して、且く以て觀望す。必ず漢家に代らん～と。

【依遅】ぐずぐずする。徐行する。唐・王維〔輞川の別業に別る〕詩 依遲として車馬を動かし 惆悵として松蘿を出づ

【依微】ぼんやりする。唐・韋応物〔鞏洛より舟行して黄河に入る～〕詩 寒樹依微たり、遠天の外 夕陽明滅す、亂流の中

【依憑】たよりとする。〔後漢書、酷吏、陽球伝〕案ずるに(楽)松・(江)覽等、皆微蔑に出づ。斗筲の小人、世戚(身内)に依憑し、權豪に附託す。

【依倣】ならう。まねする。依放。〔史通、言語〕凡そ撰する所の今語は、皆舊辭に依倣す。

【依傍】たよりとする。宋・梅尭臣〔汝墳の貧女〕詩 勤勤、四隣に囑す 幸ひに相ひ依傍せんことを願ふ

【依約】かすか。唐・劉兼〔郡楼に登りて懐を書す、一〕詩 天際寂寥として、雁の下る無く 雲端依約として、僧の行く有り

【依様】まねする。手本にする。清・鄭燮〔臨蘭亭叙に跋す〕古人の書法、入神超妙、而して石刻木刻、千翻萬變し、遺意蕩然たり。若し復た依樣葫蘆せば、才子倶に惡道に歸せん。

【依頼】たよる。宋・曽鞏〔～舜廟に謁する文〕常に陰施を垂れて、此の困窮に恵み、庶はくは遺民をして、永く依賴すること有らしめよ。

→依阿 へつらう／依允 同意する／依隠 よる／依鬱 抑鬱／依許 ゆるす／依止 依託する／依次 順序／依恃 たのむ／依藉 たのむ／依仗 たよる／依随 放任する／依前 前のまま／依著 たよる／依庇 おかげ／依霏 たなびく／依附 すがる／依負 たのむ／依慕 模倣する／依放 まねる／依麗 依附／依類 類似／依恋 留恋

↓違依・因依・充依・属依・馮依・摹依

常 【委】 8 2040 イ(ヰ) ふす おく したがう まかす

篆文

甲骨文

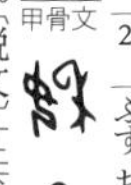

会意 禾+女。〔説文〕十二下に「委隨なり。女に從ひ、禾に從ふ」と会意とするがその意を説かず、徐鉉は「其の禾穀の垂れし穗の委曲の皃を取る」という。禾は禾形の稲魂。これを被って男女が歌舞し、豊作を祈る。その女は委、男は年(禾+人)で、年は稔りを祈る意。女はしなやかに、低く臥すような姿勢で舞う。

訓義 ①しなやか、ふす。②おく、すてる、つむ。③くずれる、したがう、なえる。④その姿勢より、やすらか、まかすの意となる。

古訓 〔名義抄〕委 ユタカナリ・ウルハシ・ツマビラカニ・クハシ・タ、ナハル・スツ・オツ・ツモル・マカス・マジハル・ユヅル／委曲 コケ・ヒク 〔字鏡集〕委 ユタカナリ・タ、ナハル・ヲク・ホシヒマ、・ツバビラカニ・クハシ・シキム・シタガフ・マウス・スツ・サヅク・ツモル・マカス・ヨリ・マジハル・ヲツ・ツム・マガル・カナフ・アツマ(ル)・ウルハシ・ユヅル

声系 〔説文〕に委声として萎(萎)・逶・踒・諉・餧・痿・倭・緌など十四字を収める。おおむね委の声義を承ける。

語系 委・萎・逶・餧・倭iuaiは同声。みな、低く、しなやかな意がある。迂・紆iua、宛・婉iuanも同系の語である。

【委棄】放置。〔漢書、谷永伝〕臣前きに幸ひに～條對するを得たり。～書、前に陳ぶ。陛下委棄して納れず。～是の故に、皇天勃然として怒りを發し、～暴風三たび溱る。

【委曲】こまごましい。〔史記、天官書〕委曲の小變に至るが若きは、勝げて道ふべからず。⊠身を屈して従う。〔漢書、儒林、厳彭祖伝〕何ぞ委曲して俗に從ひ、苟くも富貴を求むべけんや。

【委形】授かりもの。〔荘子、知北遊〕舜曰く、吾が身は吾が有に非ざるなり。孰か之れを有するやと。(丞)曰く、是れ天地の委形なり～と。

【委瑣】つまらぬこと。細砕。〔史記、司馬相如伝〕且つ夫れ賢君の位を踐むや、豈に特だ委瑣握齪として、文に拘せられ、俗に牽かるる～のみならんや。

【委質】質は贄。尊上に初見のときに献ずる礼物。委贄。〔三国志、蜀、黄忠伝〕先主南のかた諸郡を定む。忠、遂に委質し、隨從して蜀に入る。

【委積】蓄え。儲備。〔孫子、軍争〕軍に輜重無きときは則ち亡び、～委積無きときは則ち亡ぶ。

【委順】自然のなりゆき。〔荘子、知北遊〕性命は汝の有に非ず。是れ天地の委順なり。

【委随】すなおに従う。〔後漢書、竇憲伝〕(竇)憲～先帝の敬ふ所にして仁厚委隨なるを以て、故に之れを尊崇して、以て大傅と爲す。⊠柔弱なさま。手足などがしびれて動かぬことをいう。漢・枚乗〔七発〕四支委隨し、筋骨挺解す。

【委佗】ゆったりしたさま。委蛇。古く委々佗々とするすが、重点ではない。〔詩、鄘風、君子偕老〕委佗たり、委佗たり山の如く、河の如し

【委地】どさりと地に落ちる。〔荘子、養生主〕刀を動かすこと甚だ微なり。謋然として已に解くること、土の地に委るるが如し。

【委頓】疲れ果てる。くじけて力が抜ける。〔晋書、潘岳

伝」時に張載甚だ醜し。行く毎に、小兒瓦石を以て之れに擲(なげう)つ。委頓して反(かへ)る。

【委任】いにん まかせる。〔史記、馮唐伝〕賞賜外に決し、中より擾(みだ)されず。委任して成功を責む。

【委廃】いはい うちすてて用いない。唐・柳宗元〔～南池に遊讌する序〕余れ既に世に委廢せられ、恆に是の山水と伍を爲すことを得たり。

【委靡】いび 衰え弱る。萎靡。唐・韓愈〔高閑上人を送る序〕泊と淡と相ひ遭ひて、頽墮委靡、潰敗して收拾すべからず。

【委付】いふ まかせる。〔三国志、呉、諸葛恪伝〕丞相輔漢の效を忝(かたじけな)くせしめんことを懼(おそ)れ、先帝委付の明を損せんことを恐る。

【委命】いめい 命をさし出す。漢・賈誼〔過秦論、上〕南のかた百越の地を取り、以て桂林象郡と爲す。百越の君、首を俛(ふ)せ頸に係し、命を下吏に委す。

【委輸】いゆ 貨物を運ぶ。〔史記、留侯世家〕諸侯變有らば流れに順ひて下り、以て委輸するに足る。此れ所謂(いはゆる)金城千里、天府の國なり。

【委頼】いらい 頼む。まかせる。〔宋書、沈攸之伝〕四方竝び反し、國家の保つ所、復(ま)た百里の地無し。唯だ殷孝祖有りて、朝廷の委賴する所と爲る。

↑委紆 曲折／委鬱 舒巻／委捐 すてる／委婉 婉曲／委懐 思いを遣る／委去 すてる／委屈 かがむ／委決 決定／委巷 露路／委困 窮乏／委罪 罪をなする／委貲 貯える／委蕤 柔らか／委折 曲折／委絶 衰亡／委然 なえ伏す／委蛇 ゆったりしたさま／委備 詳らか／委伏 埋没する／委服 俯伏する／委約 疲弊／委吏 倉庫役／委離 死ぬ／委輪 転送する／委羸 弱る／委麗 連なる／委陋 僻陋／委和 随順する

↓宛委・曲委・源委・信委・親委・崇委・積委・端委・典委・塡委・任委・繁委・紛委

【怡】 8 9306 イ よろこぶ たのしむ

篆文 

形声 声符は台(い)。〔説文〕十下に「台は説(よろこ)ぶなり」とあり、〔史記、太史公自序〕に「諸呂台(よろこ)ばず」のような例がある。台は怡の初文。厶(目・耜(すき))に口(祝詞の器の𠙵(さい))を加えて農具を清める儀礼で、神意を怡(よろこ)ばせ、豊作がえられるとされた。

訓義 1よろこぶ、たのしむ。2やわらぐ。3おこたる。

古訓 〔名義抄〕怡 ヨロコブ・ウレシ・タノシム・ヤハラグ・ヤハラカナリ・ユタカナリ・ヒロシ・タクマシ

語系 怡 diaは懌 jyak、悅(悦)・說(説) jiuat、豫(予) jiaと声義が近い。また怠 daと同声で、通用することがある。

【怡懌】いえき 心が喜ぶ。魏・嵇康〔琴の賦〕穆(ぼく)として溫柔にして、以て怡懌し、婉として順敍にして、委蛇たり。

【怡悦】いえつ 喜ぶ。怡說。漢・傅毅〔舞の賦〕觀る者麗なりと稱し、怡悅せざる莫(な)し。

【怡顔】いがん にこやかに楽しむ。顔色をやわらげる。晉・陶潛〔帰去来の辞〕壺觴(こしゃう)を引きて以て自ら酌み、庭柯を眄(かへり)みて以て顏を怡ばす。

【怡然】いぜん 楽しむさま。晉・陶潛〔桃花源記〕男女の衣著、悉(ことごと)く外人の如し。黃髮垂髫(老少)、竝びに怡然として自ら樂しむ。

【怡予】いよ 喜び楽しむ。〔三国志、呉、諸葛恪伝〕上官の變有り。身を以て此れに值(あ)ふ、何ぞ敢て怡豫せんや。

↑怡怡 喜ぶ／怡易 安らか／怡逸 楽しむ／怡情 楽しい／怡色 にこやか／怡心 心楽しい／怡神 怡心／怡蕩 楽しむ／怡穆 和らぐ／怡愉 楽しい／怡養 楽しむ／怡楽 楽しむ／怡和 和らぐ

↓顏怡・嬉怡・遨怡・自怡・情怡・心怡・神怡・微怡

【咿】 9 6705 イ つくりわらい

形声 声符は伊(い)。〔玉篇〕に「喔咿(あくい)嚅唲(じゅげい)は、強ひて笑噱(せうきゃく)することを謂ふなり」とあり、つくり笑いをいう。

訓義 1つくりわらい。2咿唔は、読書の声。3人の声、ものの音。

古訓 〔名義抄〕咿 ナゲク 〔篇立〕咿 コレ・ナゲク・ミツ 〔字鏡集〕咿 コレ・ミツ・ナゲク・コヒタルカタチ

【咿啞】いあ かたこと。また舟こぐ音。唐・韓偓〔南浦〕詩 應(まさ)に是れ石城、艇子(ていし)(舟人)の來(きた)るなるべし 兩槳(りゃうしゃう)咿啞として、花塢(くわを)を過ぐ

【咿軋】いあつ きしるような音。宋・陳与義〔初めて茶花を識る〕詩 咿軋たる籃輿(らんよ)、催すことを受けず 湖南の秋色、更に佳なる哉(かな)

【咿嚶】いおう(あう) 話すような声。〔閲微草堂筆記、姑(しばら)く之れを妄聽せよ、一〕一夕月明、伯玉、木偶の院中に跳舞し、演劇の狀を作(な)すを見る。之れを聽くに、亦た咿嚶、曲を度するに似たり。

↑咿喔 かたこと／咿啞 か細い声／咿唔 読書の声／咿呦 かたこと／咿嚘 咿嚶

↓喔咿・唔咿

【姨】 9 4543 イ おば

篆文 

形声 声符は夷(い)。〔説文〕十二下に「妻の女弟なり」とあり、妻の同母姉妹をいう。子の立場からいえば、母方のおばにあたる。母方の姉妹の夫は姨夫・姨父・姨丈、母方の従兄は姨兄、従弟は姨弟、婦女は互いに姨媽という。父の妾をいうことがある。

訓義 1妻の同母姉妹。2おば。3父の妾。4女同士の呼称。

古訓 〔名義抄〕姨 イモ・シウトメ・コジウトメ・ヲバ・ヨメ・ハ、カタノヲバ 〔字鏡集〕姨 イモ・ウシ(シウ)トメ・コシウトメ・イモト・ヲバ

【姨子】いし 母方のおばの子。〔左伝、襄二十三年〕室を繼がしむるに、其の姪を以てす。穆姜(魯の宣公夫人)の姨子なり。

【姨娘】いじょう(ぢゃう) 母方のおば。また、父の妾。〔陔余叢考、三十八、姨娘〕姨は本妻の姊妹(しまい)の稱、爾雅及び釋名に見ゆ。～世俗亦た妾を稱して姨娘と爲す。～蓋(けだ)し姨は本と姬侍の稱、～故に其の子の母を呼ぶも、亦た同じきのみ。

常 【威】 9 5320 イ(ヰ) おごそか おどす

篆文  金文 

会意 戌(じゅつ)＋女。〔説文〕十二下に戌と女との会意とし、「姑なり。～漢律に曰く、婦は威姑に告ぐ」と漢律の語を引く。西周の金文に「威義」の語があり、〔詩〕〔書〕には「威儀」に作る。字形を以ていえば、戌は鉞(まさかり)。女子が廟事をつとめるとき、聖器としての鉞で清め、その威儀を正す意。威儀のあることを原義とする。

訓義 1おごそか。2おどす、おそれる。3他に脅威を与えるような力、いきおい。

古訓 〔名義抄〕威 イカメシ・ヨソホヒ・カ、ヤク・オソロシ・カシコシ・カシコマル・オドス・オヅ・サトル・スナハチ・イカメシ・ヒトシ／不威 カシコマラズ／疾威 スミヤカニス 〔字鏡集〕威 カシコシ・ヲドス・カシコマル・サトル・ヨソホヒ・カ、ヤク・ホコソル・チカラナリ・イカメシ・ヒトシ・スナハチ

語系 威・畏 iuəiは同声。神威を加えることをいう。

【威儀】いぎ(ゐ) 容止動作。その礼式。〔中庸、二十七〕大なる哉、聖人の道、洋洋乎たり。～禮儀三百、威儀三千。其の人を待ちて、然る後行はる。

【威脅】いきょう(ゐけふ) おどす。威嚇。〔晉書、王敦伝〕將(まさ)に以て朝廷を威脅し、宗社を傾危せんとす。

【威彊】いきよう(ゐきやう)　威勢。威強。〔晏子、問下十一〕敢て問ふ。長く威彊を保ちて、失ふ勿きの道は若何と。晏子對へて曰く、民を先にして身を後にし、施を先にして誅を後にす～と。

【威刑】いけい(ゐけい)　威光と刑罰。〔左伝、隠十一年〕既に徳政無く、又威刑無し。是を以て邪に及ぶ。

【威権】いけん(ゐけん)　権威。権力。〔国語、晋語八〕圖ること明訓に在り。明訓は威權に在り。威權は君に在り。～民、其の威を畏れて、其の徳に懷く。

【威厳】いげん(ゐげん)　おごそか。〔礼記、曲礼上〕朝を班ち、軍を治め、官に涖み、法を行ふに、禮に非ざれば威嚴行はれず。

【威信】いしん(ゐしん)　威望と信頼。〔漢書、薛宣伝〕陳留の太守と爲る。盜賊禁止す。吏民、其の威信を敬ふ。

【威勢】いせい(ゐせい)　威光と勢力。たけき勢い。〔韓非子、外儲説右下〕人主たる者、術を操らざれば、則ち威勢輕くして、臣、名を擅にす。

【威遅】いち(ゐち)　道が長くたどたどしい。倭遲。威夷。南朝宋・顔延之〔秋胡行、九首、二〕楽府　車を驅りて郊郭を出づれば　行路正に威遲たり　存きては久しき離別を爲し　沒しては長へに歸らざるを爲さん
【威重】いちよう(ゐちよう)　威厳があり、重々しい。〔史記、高祖紀〕奈何ぞ人主をして人臣を拜せしむる。此の如くんば、則ち威重行はれず。

【威怒】いど(ゐど)　はげしく怒る。〔後漢書、桓帝紀論〕梁冀を誅し、威怒を奮ふに及び、天下猶ほ其の休息を企ふ。

【威徳】いとく(ゐとく)　威勢と徳望。〔管子、兵法〕宗廟を定め、男女を遂げ、官四分せば、則ち以て威徳を定め、法儀を制し、號令を出だすべし。

【威武】いぶ(ゐぶ)　武威。兵威。〔孟子、滕文公下〕富貴も淫すること能はず、貧賤も移すこと能はず、威武も屈すること能はざる、此れを之れ大丈夫と謂ふ。

【威風】いふう(ゐふう)　威厳のあるさま。〔三国志、呉、張昭伝〕昭、容貌矜嚴にして、威風有り。

【威服】いふく(ゐふく)　おそれ従う。〔史記、秦始皇紀〕先帝、郡縣を巡行して、以て彊を示し、海内威服す。

【威望】いぼう(ゐばう)　威光と人望。宋・徐鉉〔殷、游二舍人の翰林に入り、江給事の中丞を拜するを賀す〕詩　閣老深嚴にして翰苑(翰林)に歸し　夕郎威望ありて霜臺(中丞)を拜す
【威名】いめい(ゐめい)　威光と名声。〔漢書、翟方進伝〕朔方刺史に遷る。官に居りて煩苛ならず、察する所、條に應じて輒ち擧ぐ。甚だ威名有り。

【威容】いよう(ゐよう)　立派なようす。〔華陽国志、後賢志〕杜軫～入りて尚書郎と爲る。升降する每に、廊閣の下に趍翔し、威容觀るべし。

【威力】いりよく(ゐりよく)　人を伏する勢い。〔新語、至徳〕皆輕しく師を用ひて、威力を尙び、以て斯に至る。

【威令】いれい(ゐれい)　きびしい命令。〔管子、牧民〕鬼神を明らかにせざれば、則ち陋民悟らず。山川を祇まざれば、則ち威令聞せず。

【威霊】いれい(ゐれい)　神霊の威。〔楚辞、九歌、国殤〕天時懟み、威靈怒る　嚴殺し盡されて、原野に棄てらる
【威烈】いれつ(ゐれつ)　盛んな威光。〔後漢書、度尚伝〕桂陽の宿賊渠帥卜陽・潘鴻等、尙の威烈を畏れ、徙りて山谷に入る。尙、窮追すること數百里。

↑威夷　うねる／威紆　うねる／威懐　威と徳／威嚇　おどす／威虐　おどす／威怯　おどす／威強　威彊／威姑　しゅうとめ／威蕤　さかん／威侮　あなどる／威福　威徳／威柄　権力／威命　威令、厳命／威猛　たけし／威網　法網／威稜　みいつ／威厲　はげしい

↓淫威・英威・炎威・寒威・厳威・抗威・皇威・国威・取威・衆威・声威・盛威・折威・宣威・霜威・朝威・定威・徳威・武威・風威・奮威・秉威・勇威・来威・立威・霊威

【宧】　9　3071　イ　やしなう

篆文

会意　宀+匠。〔説文〕七下に「養ふなり」とし、また「室の東北隅、食の居る所なり」という。字を匠声とするが、匠は乳房の象形。宀は廟。乳子を養育することを祖霊に告げる意。廚房の意ではない。

訓義　1やしなう。2室の東北隅をいう。西南隅は奥、東南隅を宧という。

古訓　〔名義抄〕宧　室の東北隅。ヤシナフ

語系　宧・匠・頤jiəは同声。匠は乳房の形。宮廟で宧養の儀礼を行い、祖霊に告げる、授乳することを頤という。頁は儀礼のときの姿をいう。乳飲み子の楽しむさまを配・熙(熈)という。巳が乳子の象。

常【為】　9　人〔爲〕　12　3402

イ(ヰ)　なす　つくる　おもう　まねる　ため

篆文　古文　甲骨文　金文

会意　象+手。〔説文〕三下に「母猴なり」とし、猴の象形とするが、卜文の字形に明らかなように、手で象を使役する形。象の力によって、土木などの工事をなす意。

訓義　1なす、なる、もちいる、おさむ。名詞として、しわざ、わざ。2つくる、施す。3～を～となすを、思考の上に及ぼして、おもう、いう。4模倣的な行為に及ぼして、まなぶ、まねる。5同一の関係を示す動詞、たり。6介詞として、ため、ために。

古訓　〔名義抄〕為　母猴なり。ナス・ス・スルトコロ・セヌカ・シカスル・ツクル・シワザ・ヲコス・タスク・エラブ・マナブ・マネス・タリ・タメニ・タツ／以為　オモヘラク・オモミル・―トオモヘリ・オモヒテ／無為　アヂキナシ／若爲　イカバカリ・イカスルヲカ／奚爲　イカガ／何爲　イカシテカ　〔字鏡集〕爲　ス・イハク・タリ・シワザ・タスク・ナス・シロシ・ヲコス・タメニ・シケ・ハタ・タツ・シク・オモフ・ヌル・マナブ・スル・ヲサム・ナリ・ツクル・タメ

声系　〔説文〕に譌・僞(偽)・撝・嬀など爲声十一字を収める。爲hiuai、僞nguai、譌nguaiは声義が近い。それで為・偽を通用することもあり、〔詩、唐風、采苓〕「人の爲言」は「譌言」、また〔書、堯典〕の「南僞」を〔史記〕に引いて「南爲」に作る。

語系　爲hiuai、曰hiuat、以・于jiə、於aは声近く、通用することがある。

【為我】いが(ゐが)　自分のためにする。楊朱の学説。〔孟子、尽心上〕楊子は我が爲にするを取る。一毛を抜きて天下を利するも、爲さざるなり。

【為学】いがく(ゐがく)　学問する。〔老子、四十八〕學を爲むるときは日とに益し、道を爲むるときは日とに損す。之れを損して又損し、以て無爲に至る。

【為言】いげん(ゐげん)　譏言。譌言。〔詩、唐風、采苓〕人の言を爲すは苟くも亦た信ずること無かれ
【為人】ひととなり　人がら。〔論語、述而〕其の人と爲りや、憤を發しては食を忘れ、樂しみて以て憂を忘れ、老の將に至らんとするを知らずと爾か云ふ。

【為政】いせい(ゐせい)　政治を行う。〔論語、為政〕政を爲すに德を以てせば、譬へば北辰の其の所に居て、衆星の之れに共ふが如し。

【為善】いぜん(ゐぜん)　善事をする。〔書、泰誓中〕我れ聞く、吉人は善を爲すに、惟れ日も足らず～と。

↑為己 己の為にする／為間 しばらく／為後 あとつぎ／為国 国を治める／為詐 欺く／為作 造作／為寿 お祝い

↓以為・云為・営為・何為・敢為・行為・作為・施為・所為・人為・擅為・天為・当為・無為・有為

常【畏】9 6073 イ(ヰ) ワイ おそれる つつしむ

篆文 古文 甲骨文 金文

象形 鬼頭のもの形。〔説文〕九上に「惡なり」とし、上は甶(鬼)頭、下は虎爪にして「畏るべき」ものとするが、下部は人と呪杖の形である。卜文・金文の形は鬼頭の者が呪杖をもち、その威霊を示す形。夢などにあらわれるものをもいい、卜辞に「畏夢多し」などの語がある。

訓義 ①おそれる、にくむ、はばかる、忌む。②つつしむ、かしこまる。③金文の〔大盂鼎〕に「天畏を畏れよ」とあり、威と通用する。

古訓 〔名義抄〕畏 オソル・オヅ・ツヽシム・カシコマル

声系 〔説文〕に畏声として椳・猥・隈など七字を録する。隈 ǝi は猥 uai と声義近く、その系統の語。

語系 畏・威 iuəi は同声。〔詩、小雅、常棣〕「死喪の威れ」は「畏れ」、〔小雅、巧言〕「昊天已だ威る」は金文の「旻天疾畏」と同義。文献に畏・威通用の例が甚だ多い。

【畏愛】 おそれ愛する。〔左伝、襄三十一年〕君に君の威儀有るときは、其の臣畏れて之れを愛す。

【畏影】 自分の影におびえる。〔荘子、漁父〕人、影を畏れ、迹を惡みて、之れを去りて走る者有り。足を擧ぐること愈〻數〻にして、迹愈〻多く、走ること愈〻疾かにして、影、身を離れず。

【畏忌】 おそれ忌む。〔列子、黄帝〕都て愛惜する所無く、都て畏忌する所無し。水に入るも溺れず、火に入るも熱せず。～神行くのみ。

【畏怯】 おそれおじる。宋・曾鞏〔撫州顔魯公祠堂記〕小人繼續して政に任じ、天下日に弊に入る。大盜繼いで起り、天子輒ち出でて之れを避く。唐の在朝の臣、多く畏怯觀望す。

【畏恐】 おそれおじる。〔韓非子、解老〕人、禍有れば則ち心畏恐す。心畏恐すれば則ち行ひ端直なり。行ひ端直なれば、則ち禍害無し。

【畏懼】 おそれる。〔史記、蘇秦伝〕此れ一人の身なり。富貴なれば則ち親戚も之れを畏懼し、貧賤なれば則ち之れを輕易す。況んや衆人をや。

【畏敬】 おそれ敬う。〔漢書、礼楽志〕樂は以て内を治めて同を爲し、禮は以て外を修めて異を爲す。同じときは則ち和親し、異なるときは則ち畏敬す。～二者竝び行はれ、合して一體と爲る。

【畏事】 敬いつかえる。〔後漢書、章帝八王、清河孝王慶伝〕慶～尤も畏事愼法、朝毎に陵廟に謁し、常に夜分嚴裝、衣冠して明くるを待つ。

【畏粛】 おそれ自粛する。〔後漢書、蘇章伝〕州境、章の私無きを知り、風を望んで畏肅す。

【畏懦】 おそれひるむ。〔史記、東越伝〕是の時漢使～敢て擊たず。～皆畏懦に坐して誅せらる。

【畏憚】 おそれはばかる。〔漢書、循吏、龔遂伝〕(龔)遂、～(昌邑)王(賀)の過ちを面刺す。王、耳を掩うて起ちて走るに至る。～國中に及んで皆畏憚す。

【畏途】 けわしい道。唐・李白〔蜀道難〕詩 問ふ君、西遊して、何れの時にか還る 畏途巉巖、攀づべからず

【畏伏】 おそれ服する。〔南史、程霊洗伝〕少くして勇力を以て聞ゆ。步行すること日に二百里、便騎善く游ぶ。素より鄕里に畏伏せらる。

【畏服】 おそれ服する。〔漢書、魏相伝〕後に河南太守に遷る。姦邪を禁止し、豪彊畏服す。

【畏友】 畏敬する友。宋・陸游〔王深甫先生の書簡に跋す〕一二の書、朝夕之れを觀るに、人をして嚴師畏友の間に居るが若く、敢て一毫の不善意をも萌さざらしむ。

↑畏威 おそれる／畏悪 にくむ／畏日 夏の日／畏首 おそれる／畏縮 ちぢまる／畏慎 慎む／畏愞 おそれひそむ／畏惕 おそれる／畏塗 畏途／畏怕 おそれる／畏避 さける／畏怖 おそれる／畏附 従う／畏慕 敬慕／畏慄 おののく／畏凜 おそれる

↓愧畏・恭畏・敬畏・愁畏・懾畏・尊畏・憚畏・天畏・怖畏・憂畏

常【胃】9 6022 イ(ヰ) い いぶくろ

篆文 金文

会意 田＋月。〔説文〕四下に「穀府なり。肉図に従ふ。象形」という。田は胃の象形。図は田中に穀のある形。下部は肉の形をとる。

訓義 ①い、いぶくろ。

古訓 〔新撰字鏡〕胃 久曾不久呂(くそぶくろ)〔名義抄〕クソブクロ・モノハミ

声系 喟・謂・蝟など〔説文〕に胃声の字七字を録する。みな蝟集の意がある。列国期の〔吉日剣〕に胃を「謂ふ」の義に用いる。

語系 胃・謂・蝟 hiuət は同声。喟 khiuət、謂 hiuət もまた声義が近い。

↑胃脘 胃袋／胃囊 胃袋／胃腑 胃の腑／胃風 胃カタル／胃脯 羊の胃の乾肉

↓肝胃・心胃・腸胃・腹胃

【苡】9 4418 イ おおばこ

篆文

形声 声符は以。〔説文〕一下に「芣苡なり。一名馬舄、其の實、李の如く、人をして子らむに宜しからしむ」という。芣苡は胚胎と音が通じ、子求めのためその草摘みが行われた。〔詩、周南、芣苢(苡)〕はその草摘み歌である。

訓義 ①おおばこ、芣苢。②薏苡は、はとむぎ。

古訓 〔名義抄〕芣苡 オホバコ／薏苡 ツシタマ〔篇立〕苡 ツシタマ

↑苡仁 ずずだまの実／苡米 苡仁

↓薏苡・芣苡

【韋】9 4050 イ(ヰ) なめしがわ たがう

篆文 古文 甲骨文 金文

象形 卜文・古文の字形に、獸皮を木に張り、卷きつけてなめす形を示すものがあり、韋皮の象。

訓義 ①なめしがわ。②韋皮の柔軟なさま、やわらか。

会意 囗＋舛。囗は城邑。その上下に左行・右行する趾の形である止を加える。圍(囲)の初文。圍は韋にさらに囗を加えて、包囲・囲繞の意を示す。まもるときには衛という。

訓義 ①城邑をめぐって左行・右行することから、たがう、そむく、めぐる。②囲と通じて、かこむ。

韋は〔説文〕五下に「相ひ背くなり。舛に從ひ、囗聲。獸皮の韋、以て束ねて枉戾し、相ひ韋背すべし。故に借りて以て皮韋と爲す」とし、囲束・違戻の二義を導こうとしているが、卜文の

韋皮の字は囗に従わず、周圍の字と韋束の字とは、もと別の字。韋皮の字はなめし皮を張りつけてなめす形、違背の字は囗（城邑）の上下に、左行・右行の止を加えてめぐる形であるから、衛もまた韋に従う。囲む、左右違うの意となる。

古訓 〔名義抄〕韋 ヲシカハ・カハ・ソムク 〔字鏡集〕韋 カハ・ヲシカハ・ソムク・アヒソムクナリ

部首 韋皮の字。〔説文〕に十五字、〔玉篇〕に五十八字を録する。

声系 〔説文〕に韙・違（違）・圍・幃・闈・緯（緯）・諱・褘など二十字を録する。諱・褘 xiuəi は音系が異なる。

語系 韋・圍・違・緯 hiuəi は同声。回 huəi は声義近く、みな、纏繞し、迂回する意がある。衛（衛）hiuat も、その韋声に従う字である。

【韋衣】いい(ゐ) 皮の服。〔晋書、魏舒伝〕常人の節を修めず。～性、騎射を好む。韋衣を著て山澤に入り、漁獵を以て事と爲す。

【韋篋】いきょう(ゐけふ) 皮製のはこ。元・戴表元〔趙子実に贈る〕詩 幅巾の大帶、長襦袍 韋篋錦囊、綵毫鮮やかなり

【韋索】いさく(ゐ) なめし皮の縄。〔宋史、岳飛伝〕初め兀朮に勁軍有り。皆重鎧、貫くに韋索を以てし、三人を聯と爲す。～官軍、當ること能はず。

【韋柔】いじゅう(ゐじう) 柔弱。〔唐書、関播伝〕盧杞、雅より播の韋柔にして、制すべきを知る。因りて從容として言ふ、播の材、宰相に任ふ。其の儒厚、浮動を鎮すべしと。

【韋帯】いたい(ゐ) 皮の帯。賤服。〔漢書、賈山伝〕夫れ布衣韋帶の士、身を内に修め、名を外に成す。

【韋布】いふ(ゐ) 韋帯布衣。賤服。漢・司馬相如〔卓文君に報ずる書〕五味甘しと雖も、寧ろ稻黍を先にせん。五色燦たる有るも、韋布を掩はず。

【韋編】いへん(ゐ) 皮紐で編じた竹簡。書籍。〔史記、孔子世家〕孔子晩にして易を喜み、彖・繫・象・說卦・文言を序す。易を讀みて、韋編三たび絶ゆ。

↑韋轂 なめし皮で包んだ車の外輪／韋氏 皮革を作る職／韋絮 韋輪／韋裳 皮袴／韋駄 韋駄天／韋沓 皮ぐつ／韋弁 皮の冠／韋輪 韋轂

↓依韋・柔韋・乗韋・染韋・佩韋・羊韋

【倚】 10 2422 イキ よる もたれる あやしい

篆文

古印璽

形声 声符は奇。奇に猗・椅の声がある。奇は把手のある大きな曲刀の形で、直立しがたいものである。〔説文〕八上に「依るなり」とあり、他のものに倚附し、よりかかる状態をいう。

訓義 ①よる、よりそう。②もたれる、まかせる、たよる。③おす、かたよる、かたむく。④奇と通じて、あやしい、めずらしい。また踦・畸と通用する。

古訓 〔名義抄〕倚 ヨル・ヨリタテリ・ヨセタツ・ヨリイル・ヨリフス・タノム・カタブク・ヒ、ム 〔字鏡集〕倚 カダフ・ヨリイル・トキ・タム・ヨ、ム・ヨル・タツ・ヨセタツ・マタ・タノム・タガフ・ヨリタテリ・カタブク

語系 倚 iai、依 iəi は声義が近い。奇・畸 kiai も声が近く、通用することがある。

【倚愛】いあい いつくしむ。〔後漢書、呉漢伝論〕呉漢～常に上公の位に居り、倚愛の親に終始す。

【倚魁】きかい(くわい) 奇怪のこと。〔荀子、修身〕倚魁の行ひは、難からざるに非ざるなり。然れども君子の行はざるは、止まればなり。

【倚几】いき 机によりかかる。〔国語、楚語上〕几に倚りては誦訓の諫有り、寢に居りては褻御の箴有り。～以て之れを訓御す。

【倚剣】いけん 剣に身を寄せる。〔呂覧、壹行〕今行く者、大樹を見ては必ず衣を解き、冠を懸け、劍に倚りて其の下に寢ぬ。～此くの如き者は信なり。

【倚仗】いじょう(ぢやう) たよる。〔世説新語、品藻〕（龐士元、顧劭に答えて）曰く、～王霸の餘策を論じ、倚仗の要害を覽るは、吾れ一日の長有るに似たりと。

【倚人】きじん 畸人。〔荘子、天下〕南方に倚人有り。黃繚と曰ふ。天地の墜ちず陷らざる所以、風雨雷霆の故を問ふ。惠施、辭せずして應ふ。

【倚翠】いすい 美人の眉。唐・高適〔秋胡行〕詩 妾は本と邯鄲、未だ嫁せざるの時 容華倚翠、人未だ知らず

【倚重】いちょう たのみとし重んずる。〔唐書、杜讓能伝〕凡そ號令行下するに、事に處すること機に値ひ、遺算する所無し。帝、之れを倚重す。

【倚靡】いび にえきらぬ。〔晋書、夏侯湛伝〕僕は東野の鄙人、～當世の便を識らず、朝廷の情に達せず、倚靡容悅する能はず。

【倚伏】いふく 相因って生起する。〔老子、五十八〕禍は福の倚る所、福は禍の伏する所なり。

【倚望】いぼう(ばう) 門によって子を待つ。唐・岑參〔楊千牛の～婚を成すを送る〕詩 汝南、遙かに倚望するならん 早く去りて春盤（立春）に及べ

【倚門】いもん 倚望。倚閭。〔戦国策、斉六〕女朝に出でて晩に來れば、則ち吾れ門に倚りて望む。女暮に出でて還らざれば、則ち吾れ閭に倚りて望む。

【倚廬】いろ 父母の喪中に住むいおり。〔礼記、喪大記〕父母の喪には、倚廬に居りて、塗らず。

↑倚移 しなやか／倚岸 岸ぞい／倚傾 傾く／倚徙 さまよう／倚恃 たよる／倚藉 たよる／倚杖 たよる／倚乗 立ち乗り／倚子 いす／倚勢 勢いを恃む／倚席 席による／倚託 依託する／倚柱 柱による／倚任 信任する／倚馬 馬上／倚拝 片膝で拝する／倚薄 迫る／倚附 従う／倚傍 のっとる／倚用 信用する／倚頼 依頼する／倚輪 一輪

↓依倚・傾倚・眷倚・交倚・坐倚・親倚・酔倚・頽倚・枕倚・跛倚・背倚・偏倚・門倚・邐倚

【恚】 10 4033 イ いかる

篆文

形声 声符は圭。圭に蛙・窪の声があり、「い」はその転音。感情をそのまま語にしたもので、悪・於・烏・噫・唉などは感動詞、恚はその動詞形に用いる語。〔説文〕十下に「恨むなり」、次条に「怒は恚るなり」とあり、怒りの感情をもつことをいう。

訓義 ①いかる。②うらむ。

古訓 〔名義抄〕恚 イカル・フツクム 〔字鏡集〕恚 ウラム・ウラミイル

声系 嫢は恚声。恚・嫢 iue は同声。〔説文〕十二下に「說ばざるなり」とあり、女の妬忌の情をいう。

【恚怨】いえん(ゑん) 怒り怨む。〔後漢書、皇后上、光武郭皇后紀〕郭后、衰離を以て貶せられ、恚怨して尤を成すも、猶ほ恩もて～黨戚に增寵せらる。

【恚恨】いこん 怒り恨む。〔論衡、死偽〕高皇帝、趙王如意を以て我に似たりと爲して、之れを立てんと欲す。呂后恚恨し、後、趙王を酖殺す。

【恚怒】いど 怒る。〔漢書、朱買臣伝〕妻、恚怒して曰く、公等の如きは、終に溝中に餓死せんのみ。何ぞ能く富貴ならんと。買臣、留むること能はず。

【恚忿】いふん 怒る。〔魏書、崔光伝〕崇く佛法を信じ、～終日怡怡として、未だ曾て恚忿せず。

【恚憤】いふん 怒りいきどおる。〔後漢書、隗囂伝〕囂、病みて且つ餓ゑ、城を出でて糗糒（いり豆と、ほしいい）を餐ひ、恚憤して死せり。

【恚望】(いぼう(ばう)) 怒りうらむ。〔三国志、魏、鮑勛伝〕太子を立て、勛を以て中庶子と爲す。～勛、～正を守りて撓まず。太子固より悅ぶこと能はず。～恚望滋ます甚だし。

⬆恚悔(いかい) 悔恨する／恚礙(いがい) 妨げ／恚憾(いかん) うらみ／恚結(いけつ) 妨げ／恚責(いせき) 怒責する／恚懟(いたい) うらむ／恚罵(いば) 怒りののしる／恚目(いもく) 怒った眼

⬇怨恚・慍恚・懐恚・憾恚・恨恚・慙恚・愁恚・瞋恚・震恚・忿恚・佛恚・忿恚・憤恚・奮恚・憂恚

【扆】 10 3023 イ ついたて

篆文 

形声 声符は衣。〔説文〕十二上に「戸牖の閒、之れを扆と謂ふ」とあり、戸牖の間に立てて、障屏とするもの。

訓義 ①ついたて。②よる、へだてかくす。③隠に通じて、かくす。

古訓 〔名義抄〕扆 ヨソヰ

語系 衣・依・扆iəiは同声。〔漢石経尚書残碑〕に〔書、顧命〕の「黼扆」を「黼衣」に作り、〔礼記、明堂位〕に「負扆」を「負依」に作り、衣・依・扆の三字は通用する。依は霊衣による受霊の呪儀を示し、衣・扆にも、そのような観念を含むものと思われる。

【扆帷】(いい(ゐ)) とばりの内。〔梁書、元帝紀〕(王僧弁奉表)農山・圯下の策、金匱玉鼎の謀、算を扆帷に定め、勝を千里に決せざる莫なし。

【扆座】(いざ) 玉座。陳・徐陵〔貞陽侯の為に、王太尉に答ふる書〕未だ居を扆座と稱し、行を乘輿と曰ふこと有らず。

⬆扆雲(いうん) 雲の衝立／扆筵(いえん) 御座／扆坐(いざ) 扆座／扆屏(いへい) 御座の屏／扆旒(いりゅう) 皇帝

⬇御扆・玉扆・珠扆・宸扆・帝扆・天扆・斧扆・負扆・鳳扆

【移】 10 4792 イ セイ にわうめ

篆文 

形声 声符は多。多に移の声がある。〔説文〕六上に「棠棣なり」、〔爾雅、釈木〕に「唐棣は移なり」という。〔詩、召南、何彼襛矣〕に「何ぞ彼の襛たる 唐棣の華」と歌われている。

訓義 ①にわうめ。

古訓 〔篇立〕移 オサフ 〔字鏡集〕移 オサフ・オホフ

常 【唯】 11 6001 イ(ヰ) ユイ しかり これ ただ

篆文 

甲骨文 

金文 

会意 口＋隹。〔説文〕二上に「諾するなり」とあり、唯諾は応答の語である。また口に従う字とするが、口は祝告の器である𠙵で、祈り。その𠙵が蟲に禍されているときは雖となり、保留・限定の意となる。唯は鳥占。はじめ隹を用い、のち唯・惟・維を用いる。鳥占によって神意の是とするところを隹という。肯定の応答である。

訓義 ①しかり、はい、よし。②発語の辞に用いて、これ。③神意によって与えられる特定のもの、唯一のものとして、ただ。卜辞に「唯あり」と用いることがあり、その限定した用法とみてよい。

古訓 〔名義抄〕唯 タヾ・ヒトリ・タカシ 〔篇立〕唯 ウケタマハル・モハラ・ヒトリ・タヾ・タカシ

語系 唯・維jiuəi、隹tjiuəi、雖siuəiは一系の語。隹が初文。雖は唯の逆接態。また、有hiuəも声近く、古くは隹・唯をその義に用いることがあり、のちその限定義に用いる。

【唯阿】(いあ(ゐあ)) 応答の語。唯は謹直、阿は粗末な返事。〔老子、二十〕唯と阿と、相ひ去ること幾何ぞ。

【唯唯】(いい(ゐゐ)) かしこまった返事。〔史記、趙世家〕周舍死す。～簡子曰く、～諸大夫朝するも、徒だ唯唯を聞くのみ。周舍の鄂鄂を聞かず。

【唯一】(ゆいいつ) ただ一つ。〔論衡、言毒〕物、靡屑(こまごました)爲る者多し。唯一、火のみ最も烈しきは、火は氣の燥なる所なればなり。

【唯謹】(いきん(ゐきん)) ひたすら謹む。〔論語、郷党〕其の宗廟・朝廷に在りては、便便として言ふ。唯だ謹むのみ。

【唯是】(いし(ゐし)) これのみ。強める語。〔左伝、僖四年〕君は北海に處り、寡人は南海に處る。唯だ是れ風する馬牛も、相ひ及ばざるなり。虞からざりき、君の吾が地に渉らんとは。何の故ぞ。

【唯諾】(いだく(ゐだく)) 返事する声。承諾する。〔礼記、曲礼上〕父召すときは諾する無し。先生召すときは諾する無し。唯して起つ。必ず唯諾を愼む。

【唯兪】(いゆ(ゐゆ)) 返事する声。女は兪という。〔礼記、内則〕子、能く食を食らふときは、右手を以てすることを教へ、能く言ふときは、男は唯し、女は兪す。

⬆唯今(いこん) ただ今／唯識(ゆいしき) 唯心／唯心(ゆいしん) 一切唯心／唯然(いぜん) ひとり／唯独(いどく) ひとり

⬇阿唯・応唯・諾唯

常 【尉】 11 7420 イ(ヰ) ウツ ひのし

篆文 

会意 もと㷉に作る。𡰥＋火＋又(又)。〔説文〕十上に「上より下を案ふるなり」とあって、火のしをすることをいう。𡰥は折りたたんだ衣服・布。これに又(手)で火を持つ。以て繒を尉申するなり」とある。のち官名に用いられ、また別に熨(熨斗)の字が作られた。

訓義 ①ひのし、ゆのし。②官名、古の獄官。じょう。③慰に通じ、なぐさめる。④罻に通じ、あみ。

古訓 〔字鏡集〕尉 ノス・ノシ

声系 蔚・罻・慰はみな尉声に従い、熱する、うちに閉じこめる、ほぐすなどの意がある。

語系 尉juət、鬱iuət、翳yetは声義に通じるところがあり、気のこもる状態をいう。

【尉安】(いあん(ゐあん)) 慰め安んずる。慰安。〔漢書、車千秋伝〕千秋～上の連年太子の獄を治め、誅罰尤も多く、群下恐懼するを見、上の意を寛廣にし、衆庶を尉安せんことを思ふ。

【尉藉】(いしゃ(ゐしゃ)) 慰め安んずる。慰藉。〔後漢書、竇融伝〕帝復た席封をして融・友(融の弟)に書を賜はしめ、之れを尉藉する所以甚だ備はる。

【尉薦】(いせん(ゐせん)) 慰藉する。〔漢書、趙広漢伝〕廣漢、二千石と爲り、和顏を以て士に接す。其の尉薦して吏を待遇すること、殷勤にして甚だ備はる。

【尉斗】(いと(ゐと)) ひのし。熨斗。〔資治通鑑、陳紀、八〕(宣帝、太建十二年)(李)穆、渾をして尉斗を(楊)堅に奉ぜしめて曰く、願はくは威柄を執り、天下を尉安せよと。

⬆尉氏(いし) 刑官／尉律(いりつ) 刑法／尉繚(いりょう) 兵家

⬇衛尉・軍尉・校尉・准尉・大尉・廷尉・都尉

【帷】 11 4021 イ(ヰ) たれぎぬ とばり かたびら

篆文 

古文 

形声 声符は隹。隹に唯・維・惟の声がある。〔説文〕七下に「旁に在るを帷と曰ふ」とあり、また「幕、帷の上に在るを幕と曰ふ。食案を覆ふをも亦た幕と曰ふ」「嵰は帷なり」とあり、垂れぎぬを帷という。古文は韋に従い、めぐらす意がある。

訓義 ①たれぎぬ、とばり。②まく、おおい。③おおう、かくす。④かたびら。

古訓 〔和名抄〕帷 加太比良(かたびら) 〔名義抄〕帷 カタビ

ラ〔字鏡集〕帷 カタビラ・トバリ・マク

【帷幄】とばり、軍営。〔韓非子、喩老〕天下無道にして攻撃休まず。相ひ守ること數年にして已まず。甲冑に蟣蝨生じ、燕雀帷幄に處る。

【帷扆】帝坐の後ろの衝立。〔資治通鑑、唐紀、十四〕(太宗、貞観二十年)一迴一惑、瞬息の閒に在り。自ら可とし自ら否とす、帷扆の所に變ず。

【帷裳】縫い目のない裳。また、婦人の車のひきまく。〔詩、衛風、氓〕淇水湯湯として 車の帷裳を漸す

【帷帳】とばり、軍営。〔史記、高祖紀〕夫れ籌策を帷帳の中に運らし、勝を千里の外に決するは、吾れは子房(張良)に如かず。

【帷幕】帷帳。また、閨房。〔孔子家語、五刑解〕古の大夫~淫亂にして男女別無きに坐する者有るも、之れを淫亂にして男女別無しと謂はず、則ち帷幕修まらずと曰ふ。

↑帷帟 閨房/帷屋 幕舎/帷下 教室/帷蓋 おおい/帷宮 帳殿/帷軒 貴妃の室/帷戸 まく/帷座 仮の座所/帷車 婦人の車/帷墻 女部屋/帷牆 帷墻/帷席 帷座/帷闥 閨房/帷中 幕中/帷鼎 大臣/帷殿 帷宮/帷薄 すだれ/帷帔 とばりと夜具/帷屏 おおい/帷房 閨房/帷冒 かずき/帷帽 帷冒/帷幔 まく/帷門 帳の門/帷簾 すだれ

↓幄帷・扆帷・下帷・錦帷・褰帷・香帷・紗帷・坐帷・綵帷・緇帷・車帷・書帷・垂帷・組帷・丹帷・絺帷・殿帷・薄帷・披帷・被帷・黻帷・文帷・敝帷・幔帷・羅帷・簾帷

人【惟】11 9001 イ(ヰ) ユイ おもう ただ これ

篆文

金文

形声 声符は隹。隹に唯・維の声がある。〔説文〕十下に「凡思なり」という。また慮に「謀思」、念に「常思」、想に「冀思」とあり、「凡思」とは汎く思う意であろう。隹は鳥占。その神意を示すことを唯といい、神意をはかることを惟といい、やがて人の思念する意となった。

訓義 1おもう、はかる。2唯と通じて、「ただ」「これ」のような語詞に用いる。

古訓〔名義抄〕惟 オモンミレバ・オモハカル・ハカリミレバ・ハカリゴト・オモフ・ネガハクハ・コレ・コヽニ・コトワリ・カタラヒ・ウツ・アリ・ムラガル・ノブ・ヒラク

語系 惟・維jiuəi、隹tjiuəi、雖siuəi は同系の語。もと鳥占に関する字。以jiə、與(与)jia、用jiongとも声が近い。

【惟一】専一。〔書、大禹謨〕人心惟れ危く、道心惟れ微なり。惟れ精、惟れ一、允に厥の中を執れ。

【惟新】万事が改まる。維新。晋・干宝〔晋紀総論〕世祖に至りて、遂に皇極を享く。~故に民惟新を詠じ、四海悅び勸む。

【惟度】自ら思う。魏・曹植〔自試を求むる表〕竊かに自ら惟度するに、終に伯樂・韓國の擧無し。是を以て、於邑(悲しみ心ふさぐ)して竊かに自ら痛む者なり。

↑惟惟 したがう/惟謹 小心/惟象 すがた/惟神 かんながら/惟真 肖像/惟独 ひとり/惟謀 はかる

↓伊惟・永惟・思惟・深惟・伏惟・謀惟

【猗】11 4422 イ キ ア ああ うつくしい

篆文

形声 声符は奇。奇に倚・椅の声がある。〔説文〕十上に「犗犬なり」とあり、去勢した犬とする。牛に犍・犗、馬に騬、羊に羠といい、家畜を去勢することがあるが、犬を去勢することもあったのであろう。ただその義の用例を見ず、猗は〔詩〕に「ああ」という感動詞に用いる。

訓義 1ああ。2猗儺のように、うつくしい、しなやかの意に用いる。3依・倚と通用し、よる、かたよる。

古訓〔名義抄〕猗 ヨシ・アヤシ・ウルハシ・サカン・アヤシ・ナガシ・ヨリカヽル・カタマカル/猗々 ―トウルハシ・―トテレリ/猗歟 ア

声系 漪は猗声。〔詩、魏風、伐檀〕「河水淸くして、且つ漣猗」は水の細文、美しく波立つことをいう。〔経典釈文〕にまた「漣漪」に作る。

語系 猗那は阿那・猗儺、猗靡は倚靡ともしるし、みな双声・畳韻の形況の語である。

【猗猗】草木が美しく盛んなさま。〔詩、衛風、淇奥〕彼の淇奥を瞻るに 綠竹、猗猗たり

【猗違】ぐずぐずする。〔漢書、孔光伝〕上は重ねて大臣の正議に違ひ、又内は傅太后に迫られ、猗違する者連歳、~後數月、遂に光を策免す。

【猗嗟】ああ。詠嘆の声。〔詩、斉風、猗嗟〕猗嗟昌んなり 頎として長し

【猗那】しなやかなさま。〔淮南子、脩務訓〕今鼓舞する者は、~曾撓して地を摩り、扶旋し猗那として、動容轉曲し、~騁馳すること鶩するが若し。

【猗儺】しなやかなさま。〔詩、檜風、隰有萇楚〕隰に萇楚有り 猗儺たる其の枝

【猗靡】しなやかで美しい。また、心こまやか。魏・阮籍〔詠懐八十二首、二〕詩 猗靡として情歡愛す 千載相ひ忘れざらん

【猗歟】ああ。嘆美する声。魏・曹植〔王仲宣の誄〕猗歟侍中(王仲宣)、遠祖彌よ芳し。

↑猗移 すなお/猗偉 立派/猗萎 なびく/猗蔚 しげる/猗与 ああ

↓愛猗・鬱猗・陶猗・邈猗

常【異】11 6080 イ ヨク ことなる あやしむ わざわい

篆文

甲骨文

金文

象形〔説文〕三上に「分つなり」と分異の意とし、字を畀(与える)+廾(両手)の会意とする。卜文・金文の字形によると、鬼頭のものが両手をあげている形。畏はその側身形。神異のものを示す。

訓義 1ことなる、ことにする、わかつ。2神異のものとして、あやし、あやしむ。3異変のことで、わざわい。4ものを翼戴する形で、古くは翼の音で用いた。

古訓〔名義抄〕異 コトニ・コトナリ・ケニ・アヤシム・メヅラシ・ウヤマフ・ホシマヽ・ハナハダシ・タスク

声系 廙は異声。冀は異声とされるが、おそらく全体象形で、頭角のある形。趩は金文に「翼々」の意に用い、おそらく翼(翼)・異と同声であろう。

語系 異・翼・翊(翌)jiəkは同声。異・翼は通用し、翼・翊はまた通用する。金文の〔虢叔旅鐘〕に「嚴として上に在り異として下に在り」とみえ、異を厳翼の意に用いる。

【異意】むほん心。〔史記、秦始皇紀〕(二十六年)廷尉李斯、議して曰く、~天下に異意無きは、則ち安寧の術なり。諸侯を置くは不便なりと。

【異域】外の地。外国。唐・王維〔秘書晁監(阿倍仲麻呂)の日本国に還るを送る〕詩 鄉樹、扶桑の外 主人、狐島の中 別離、方に異域 音信、若爲ぞ通ぜん

【異客】他郷の人。また旅人。唐・王維〔九月九日、山東の兄弟を憶ふ〕詩 獨り異鄉に在りて異客と爲る 佳節に逢ふ每に倍ます親を思ふ

【異観】すぐれた眺め。晋・左思〔魏都の賦〕八方を壹にして混同し、風𥝱の異觀を極む。

【異軌】いき 法度が異なる。〔隋書、礼儀志一〕必ず人情の將に禮意を移さんとする有り。殷周の軌を異にする所以なり。秦漢、焉に於て轍を改む。

【異議】いぎ 異論。〔顔氏家訓、慕賢〕齊文宣帝、即位數年、便ち沈湎縱恣、略ぼ綱紀無し。尙ほ能く政を尙書令楊遵彥に委し、內外淸謐、朝野晏如たり。各〻其の所を得て、物に異議無し。

【異郷】いきょう(きやう) よその土地。他郷。前蜀・韋荘〔江上、李秀才に別る〕詩 尊前に向つて沈醉することを惜しむこと莫れ 君と倶に是れ異郷の人

【異形】いぎょう(ぎやう) 異様な姿のもの。〔晋書、阮瞻伝〕客～色を作して曰く、～僕は便ち是れ鬼なりと。是に於て變じて異形と爲り、須臾にして消滅す。瞻、默然として、意色大いに惡し。

【異曲】いきょく 調子が異なる。様式がちがう。同工異曲のように用いる。唐・韓愈〔進学解〕(揚)子雲、(司馬)相如は、工を同じうするも、曲を異にするに逮ぶ。

【異口】いく/いこう 異なる人。多くの人。〔宋書、庾炳之伝〕今の事跡は、異口同音、便ち是れ彰著なり。政、未だ物の數を測り得ざるのみ。

【異行】いこう(かう) すぐれた行為。〔後漢書、順帝紀〕初めて郡國に令して孝廉を擧げしむ。年四十已上に限る。～其の茂才異行有ること、顏淵・子奇の若きもの有らば、年齒に拘らず。

【異香】いこう(かう)/いきょう(きやう) よい香り。唐・李山甫〔牡丹〕詩 數苞の仙豔、火中より出で 一片の異香、天上より來る

【異国】いこく 外国。〔漢書、西域下、烏孫国伝〕公主、其の國に至り、～自ら歌を爲作りて曰く、吾が家、我を天の一方に嫁せしめ 遠く異國に託す、烏孫王

【異才】いさい すぐれた才能。〔三国志、魏、王粲伝〕(蔡)邕曰く、此れ王公の孫なり。異才有り。吾れ如かざるなり～と。

【異策】いさく すぐれた謀。〔後漢書、陳忠伝〕(上疏)若し嘉謀異策有らば、宜しく輒ち納用すべし。～對問高き者は、宜しく省覽を垂れ、特に一等を遷し、以て直言の路を廣くすべし。

【異志】いし ふた心。〔左伝、襄九年〕今日既に盟へるより後、鄭國にして唯だ晉の命を是れ聽かずして、或いは異志有る者は、此の盟の如き有り。

【異事】いじ 異常のこと。宋・蘇軾〔登州海市〕詩 重樓翠阜、霜曉に出づ 異事驚倒す、百歳の翁

【異時】いじ 別の時。のち。〔史記、蘇秦伝論賛〕然れども世に蘇秦を言ふこと異多し。異時、事の之れに類する者有るときは、皆之れを蘇秦に附す。

【異日】いじつ 他日。前日にも後日にもいう。〔史記、秦始皇紀〕異日、韓王地を納れ璽を效し、～已にして約に倍く。～故に兵を興して之れを誅す。

【異術】いじゅつ すぐれた技。異技。〔北史、江式伝〕殊藝異術も、王教の一端なり。苟しくも以て國に加ふべき者有らば、悉く集めざる靡し。

【異心】いしん ふた心。そむく心。〔左伝、昭三十一年〕若し君に從ひて歸るを得ば、則ち固より臣の願ひなり。敢て異心有らんや。

【異説】いせつ 異論。奇説。〔晋書、荀勖伝〕勖、議して以爲へらく、～奇技を去り異説を抑ふれば、～則ち官業常有りて、人心遷らざらん。

【異態】いたい すぐれたさま。唐・柳宗元〔始めて西山を得て宴游するの記〕以爲へらく、凡そ是の州の山水の異態有る者は、皆我が有なりと。

【異端】いたん 正統でない学問。邪説。〔論語、為政〕子曰く、異端を攻むるは、斯ち害あらんのみ。

【異同】いどう 不一致。蜀・諸葛亮〔出師の表〕宮中府中は倶に一體爲り。臧否(善悪)を陟罰するに、宜しく異同あるべからず。

【異能】いのう すぐれた特殊な才能。〔史記、仲尼弟子伝〕業を受けて、身通ずる者七十有七人、皆異能の士なり。

【異稟】いひん すぐれた生まれつき。魏・陳琳〔東阿王に答ふる牋〕此れ乃ち天然の異稟にして、鑽仰する者の庶幾ふ所に非ざるなり。

【異聞】いぶん 一般と異なる話。〔後漢書、班彪伝上〕彪、乃ち前史の遺事を繼採し、異聞を傍貫して、後傳數十篇を作る。因りて前史を斟酌して、得失を譏正す。

【異謀】いぼう むほんの計。〔宋史、宗沢伝〕萬一にも敵に異謀有るときは、則ち吾が兵已に城下に在り。

【異味】いみ 珍しい味。〔左伝、宣四年〕楚人、黿(すっぽん)を鄭の靈公に獻ず。～子公(公子宋)の食指動く。～曰く、他日～必ず異味を嘗めんと。

【異類】いるい 類の異なるもの。鬼神の類。〔荘子、人間世〕虎の人と類を異にし、而も己を養ふ者に媚ぶるは、順なればなり。

↑異花 珍異の花/異義 別義/異芸 特技/異見 別の考え/異采 異彩/異材 異才/異爨 別居の生活/異処 別の所/異迹 非常な成果/異俗 殊俗/異朝 外国/異図 むほん心/異邦 外国/異例 例外

↓違異・逸異・穎異・乖異・怪異・魁異・瑰異・瓌異・駭異・奇異・詭異・咎異・矜異・驚異・傑異・好異・考異・差異・災異・雑異・志異・殊異・祥異・神異・新異・絶異・卓異・嘆異・寵異・珍異・同異・特異・伐異・謬異・表異・標異・分異・別異・変異・弁異・尤異・妖異・立異・霊異・録異

【痍】 11 0013 イ きず

篆文

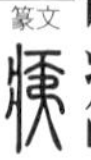

形声 声符は夷。〔説文〕七下に「傷つくなり」とあり、〔公羊伝、成十六年〕に「矢に傷つくなり」とあるように、矢創をいう。夷は繳のある矢の形。矢創を痍といい、刀創を瘡という。

訓義 1 きず。2 きずつく、そこなう。3 夷と通用する。

古訓 〔名義抄〕痍 キズ 〔字鏡集〕痍 キズ・カサ・イタム・ヲロカナリ

【痍傷】いしょう(しやう) きず。きずつく。南朝宋・顔延之〔陽給事の誄〕烈烈たる陽子、困に在りて彌〻達す。痍傷を勉慰し、饑渴を拊巡す。

↑痍毀 破壊

↓傷痍・創痍・瘡痍

常【移】 11 2792 イ うつす うつる

篆文

会意 禾+多。〔説文〕七上に「禾、相ひ倚移するなり」とし、多声とするが、声義ともに適当でない。〔左伝、哀六年〕に、楚王の災禍を令尹に移す禜という祟よけの話があり、移殃を原義とする字と思われる。禾は禾穀、多は肉の象。この両者を供えて祀り、災異を他に転移することをいう。

訓義 1 災異を他に移す、うつす、うつる。2 転ずる、動く。3 去る、遺る、離す。4 易える、変える、代える。5 侈・㢋に通じ、侈る、㢋きい意に用いる。

古訓 〔名義抄〕移 ウツル・ウツス・メグル・ナビカス・ノガル・ノブ・カハル・ノコル・ネガフ・オホキナリ 〔字鏡集〕移 ウツス・ウツル・メグル・メクラス・カハル・カヘル・ノガル・ヤスシ・ネガフ・ノブ・ヲホキナリ・ナビカス・ノコル

語系 移・施 jiai は同声、延(延)jian も声義近く、延久の意がある。また迆 zia、侈・㢋 thjiai、施 sjiai と通用し、侈大の意がある。

【移易】いえき 移動する。変わる。〔水経注、温水〕馬文淵、兩銅柱を林邑に立つ。～山川移易し、銅柱今復た海中に在り。

【移禍】いか(くわ) 禍いを転嫁する。〔史記、楚世家〕昭王、軍中に病む。～將相～乃ち自ら身を以て神に禱らんと請ふ。昭王曰く、將相は孤の股肱なり。今禍を移すも、庸ぞ是の身を去らんやと。聽かず。

【移晷】いき 時がたつ。移景。梁・昭明太子〔文選の序〕文囿に歷觀し、辭林を泛覽し、未だ嘗て心遊目想、移晷して倦むを忘れずんばあらず。

【移檄】いげき ふれぶみ。〔後漢書、岑彭伝〕偏將軍屈充を遣はし、江南に移檄し、詔命を班行せしむ。

【移徙】いし 移動する。〔漢書、西域上、大月氏国伝〕大月氏～畜に隨ひて移徙し、匈奴と俗を同じうす。控弦十餘萬、故より彊くして、匈奴を輕んず。

【移日】いじつ 時を過ごす。〔公羊伝、成二年〕(晉の)二大夫出で、相ひ與に閭に踦りて語り、日を移して然る後相ひ去る。齊人皆曰く、患ひの起るは、必ず此れより始まらんと。二大夫歸り、～鞌の戰を爲す。

【移書】いしょ 文書を移送する。〔韓非子、存韓〕二國の事畢らば、則ち韓以て移書して定むべきなり。

【移鼎】いてい 王權を移す。革命、鼎革。〔南史、宋武帝紀論〕桓溫、雄才蓋世、勳一時に高し。移鼎の業已に成り、天人の望將に改まらんとす。斯れより以後、帝道彌〻昏し。

【移風】いふう 風俗を改める。〔孝経、広要道〕風を移し俗を易ふるは、樂より善きは莫し。

【移民】いみん 他に移し住ませる。〔周礼、秋官、士師〕若し邦凶荒ならば、則ち荒辯の灋(法)を以て之れを治め、民を移し財を通じ、糾守緩刑せしむ。

↑移貫 移籍／移換 変換／移記 移し書き／移詭 偽る／移居 転居／移挙 動かす／移告 ふれる／移根 移植／移栽 移植／移志 変心／移時 しばらく／移住 転住／移植 植えかえ／移心 変心／移籍 転籍／移置 おきかえ／移牒 通告する／移天 出嫁／移転 移住／移動 移る／移入 移りこむ／移文 ふれぶみ／移報 移文

↓倚移・逶移・回移・帰移・神移・推移・遷移・奪移・転移・符移・変移・流移

常【萎】11 4440 〖萎〗12 4440 イ(ヰ) かれる なやむ なえる

篆文 

形声 声符は委ぃ。委に、しなやかの意がある。〔説文〕一下に「牛を食やしなふなり」とあり、まぐさの意とする。草木の枯れしぼむことをいう。

訓義 1かれる、枯草、牛馬のまぐさとする。2痿と通じて、なやむ、なえる、すべて生色・生気を失うことをいう。

古訓 〔名義抄〕萎 シワム・ナユ・シボム・アサヤカナリ・シゲル 〔字鏡集〕萎 カル・ナユ・シホム・シハム・ヲト(ロ)フ・シゲル・アサヤカナリ

語系 萎・委・逶・㱙・痿iuaiは同声。みな、しおれなやむ意がある。蔫ian、菸iaも同系。草の黄ばむことをいう。

【萎花】いか(ゐくわ) しおれた花。唐・白居易〔東坡に歩す〕詩 新葉、鳥下り來り 萎花、蝶飛び去る

【萎弱】い(ゐ)じゃく 軟弱。〔苕渓漁隠叢話、宋朝雑記上〕一士人の詩に云ふ、一胡蘆の酒、一篇の詩と。～此の句、才かに一字を疊用するのみにして、已に其の萎弱重複、其の長きに勝へざるが若きを覺ゆ。

【萎悴】い(ゐ)すい なえしおれる。晉・夏侯湛〔薺の賦〕衆草の萎悴するを覩み、林果の零殘するを覽る。

【萎絶】い(ゐ)ぜつ 枯れ落ちる。〔楚辞、離騒〕萎絶すと雖も、其れ亦た何ぞ傷まんや 衆芳の蕪穢なるを哀しむ

【萎餒】い(ゐ)だい 疲れ飢える。〔魏書、薛真度伝〕豫州大いに飢う。～去歳、收(穫)あらず。～今又災雪三尺、民人萎餒し、以て之れを濟ふ無し。

【萎約】い(ゐ)やく 疲れ苦しむ。楚・宋玉〔楚辞、九弁、三〕芳藹の方に壯んなるを離れ 余れ萎約して悲愁す

↑萎黄 枯れる／萎死 枯死する／萎謝 散る／萎縮 なえる／萎蕤 しおれる／萎切 死ぬ／萎苶 疲れる／萎頓 疲れきる／萎靡 なえ衰える／萎落 散る

↓委萎・猗萎・枯萎・黄萎・傷萎・衰萎

常【偉】12 2425 〖偉〗11 2425 イ(ヰ) すぐれる

篆文 

形声 声符は韋ぃ。〔説文〕八上に「奇なり」とあり、奇偉の意とする。韋に圍(囲)・違(違)・衞(衛)のように城郭をめぐる意と、皮韋のように皮革の意と、両系がある。皮革の美盛なる意を承ける字であろう。

訓義 1すぐれる。2大きい、立派な。3うるわしい、さかんな。

古訓 〔名義抄〕偉 タクマシ・メツラシ・アヤシ・イカシ・ウルハシ・タ、ハシリ・オト、ケシ・ウラム・ヨム・コモ・ウレシ・オムカシ

語系 偉・韋・煒・韙hiuaiは同声。みな美盛の意がある。傀kuai、巍ngiuaiなども同系の語である。

【偉観】いかん(ゐくわん) すぐれた景観。明・宋濂〔閲江楼記〕豈に天造地設、以て大一統の君を俟ちて、千萬世の偉觀を開く者に非ずや。

【偉器】い(ゐ)き 大器。立派な人。〔後漢書、黄允伝〕黄允、儁才を以て名を知らる。(郭)林宗、見て謂ひて曰く、卿、絶人の才有り。偉器を成すに足る。然れども守道篤からざれば、將に之れを失はんとするを恐ると。

【偉人】い(ゐ)じん 偉大な人。〔三国志、魏、鍾繇伝〕文帝～曰く、(太尉鍾繇・司徒華歆・司空王朗)此の三公は、乃ち一代の偉人なり、後世殆ど繼ぎ難からんと。

【偉績】い(ゐ)せき すぐれた功績。宋・陸游〔～孫太古の画ける英恵王の像を観る〕詩 奇勳偉績、曠世無し 仁人志士、風に臨んで慟す

【偉度】い(ゐ)ど すぐれた度量。〔明史、王禕伝〕幼にして敏慧、長ずるに及んで身長嶽立、屹として偉度有り。～元の政の衰敝せるを覩みて、書七八千言を爲りて、時宰に上る。

【偉烈】い(ゐ)れつ 偉大な功業。明・帰有光〔王子敬に与ふる書〕平生の足迹、天下に及ばず。又當世の奇功偉烈を得ず。之れを書して嘆を增すのみ。

↑偉幹 大軀／偉鑒 卓識／偉岸 立派／偉奇 抜群／偉挙 偉業／偉業 大業／偉才 偉器／偉士 偉人／偉志 遠大の志／偉姿 よい姿／偉辞 すぐれた文／偉状 立派なさま／偉蹟 偉績／偉絶 卓絶／偉壮 立派／偉大 立派／偉美 立派な人／偉茂 盛大／偉望 名望／偉貌 偉容／偉誉 名誉／偉容 立派な姿／偉略 立派な計／偉麗 すぐれて麗しい／偉論 卓論

↓逸偉・英偉・怪偉・恢偉・魁偉・奇偉・巨偉・閎偉・秀偉・俊偉・壮偉・卓偉・明偉・雄偉

【幃】12 4425 イ(ヰ) キ ふくろ においぶくろ とばり

篆文 

金文 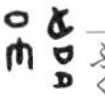

形声 声符は韋ぃ。〔説文〕七下に「囊なり」とあり、韋は韋皮の意。金文に虎皮の膝かけを「虎幃冟」という。

訓義 1皮で作った袋、ふくろ。2のち香囊に用いる。においぶくろ。また褘という。3帷と通用し、とばり。4織物の意に用いて、あやぎぬ。

古訓 〔名義抄〕幃 フクロ・カタビラ 〔字鏡集〕幃 フクロ・トバリ・カタビラ

語系 幃・帷・圍(囲)hiuaiは同声。韋にまた囲繞の意がある。

【幃幄】い(ゐ)あく とばり。軍中、内庭。〔抱朴子、広譬〕秦始、城を

築きて胡を遏むるも、禍は幃幄に發し、漢武、旌を萬里に懸くるも、變は蕭牆に起る。

【幃帳】とばり。たれぎぬ。〔史記、文帝紀〕幸する所の愼夫人、～幃帳文繡することを得ず。以て敦朴を示し、天下の先と爲る。

【幃幕】とばりと幕。〔晏子、諫下十七〕疏縷(ぼろ)の緯を合はせて、以て幃幕を成す。太山の高は、一石に非ざるなり。～夫れ天下を治むる者は、一士の言を用ふるに非ざるなり。

【幃幔】とばり。たれぎぬ。宋・蘇軾〔紀行、子由に寄す〕詩 輕風に幃幔卷き 落日に髻鬟愁ふ

↑幃幌 たれぎぬ／幃室 帷帳の室／幃裳 婦人の車の幕／幃褥 寝所／幃屏 寝所／幃簾 すだれ

↓繡幃・書幃・裳幃・垂幃・丹幃・佩幃・屏幃・簾幃

【𦰩】 12 4044 イ(ヰ) みのる ふくらむ

篆文 

象形 花が終わって実を結びはじめ、しべが垂れている形。〔説文〕六下に「艸木𦰩孛の皃なり」とあり、孛も実を結びはじめてふくらみかけた形をいう。

訓義 1みのる、ふくらむ。2さかん。

語系 𦰩・韡・煒・圍(囲) hiuəi は同声。彙・胃 hiuət もみな声近く、集まり、実り、かがやく意がある。

↑𦰩勃 実の入るさま

【駇】 12 6124 イ あらためる あなどる

篆文 

会意 易+攴。〔説文〕三下に「侮るなり」とあり、敵を軽んじ侮る意。のち易を用いる。易を蜥易(とかげ)とすれば、攺と同じように呪霊のある虫を毆って禍殃を祓う呪儀を示す字となる。

訓義 1𣪠攺と同じく、あらためる。2易と通じ、あなどる、かろんずる。

古訓 〔名義抄〕駇 ヲシフ・シナフ

語系 駇・易・傷 jiek は同声。みな易慢、軽易の意がある。

参考 〔佩觿、中〕(平声入声相対す)に駇・駇をあげ、駇を易声で「改むるなり」と訓する。改の初文は攺で、蛇を毆って祟りを祓う呪儀。駇も立意の同じ字と考えられ、改易を本義とする字であろう。ただその用義例をみない。また〔説文〕八上に傷があり、「輕なり」と訓する。これが軽易の字である。

常【椅】 12 4492 イ いいぎり あおぎり いす はし

篆文  古印璽 

形声 声符は奇。奇に倚・輢の声がある。〔説文〕六上に「梓なり」とあり、桐系統の木。〔詩、鄘風、定之方中〕は衛の都作りの歌。榛・栗・椅・桐・梓・漆を植えて、後の材用とすることを歌う。椅・桐は琴瑟の資とする。

訓義 1いいぎり、あおぎり。2倚と通用し、いす、こしかけ。3国語で「はし」とよむ。

古訓 〔名義抄〕椅 ウルシノキ・キリ・エタ・アシトル・アシトテヒク・カタシトテヒク

語系 椅・倚 iai は同声。依 iəi、奇・踦 kiai も声義が近い。みな、よる、よりかかる意がある。

参考 国語で〔逸文丹後国風土記〕「天の椅立」、〔万葉集、一二八二〕「倉椅山」のように用いる。

↑椅几 脇息／椅梧 いいぎり／椅子 坐椅子／椅卓 テーブル／椅榻 坐臥具／椅桐 いいぎり／椅背 もたれ／椅披 もたれ

↓双椅・桐椅

【欹】 12 4768 イキ ああ かたむく

形声 声符は奇。奇に、かたむく意がある。猗と通じ、感動詞に用いる。依と通じ、よる意に用いる。

訓義 1ああ。2かたむく。3おとろえる。

古訓 〔名義抄〕欹 ソバタツ

【欹案】読書机。〔研北雜志、下〕曹公(操)欹案を作り、臥して書を視る。周美成、又之れを倚書床と謂ふ。

↑欹歟 ああ

【渭】 12 3612 イ(ヰ)

篆文 

形声 声符は胃。〔説文〕十一上に「渭水、隴西首陽渭首亭の南谷に出で、東南して河に入る」とし、「杜林説に、夏書に以爲へらく、鳥鼠山に出づ。雝州の寖なりと」(段注本)という。古来、陝西を貫いて東流し、清渭とよばれた。〔広雅、釈水〕に「渭は徑くなり」とあり、「渭渭」とは水の流れるさまをいう。

訓義 1川の名。2渭渭は、水の流れるさま。

古訓 〔名義抄〕渭 キヨシ・ワタル・スム・ミダル・ウルホフ・ニゴル・ソフ

【渭橋】渭水にかけた橋。〔史記、文帝紀〕代王、馳せて渭橋に至る。群臣拜謁して、臣と稱す。代王、車を下りて拜す。

【渭城】漢の武帝が新たに築いた城。西征の軍を送るところ。唐・王維〔元二の安西に使するを送る〕詩 渭城の朝雨、輕塵を浥す 客舎青青として、柳色新たなり

【渭浜】渭水のほとり。太公望呂尚が釣して、文王に逢ったという浜。唐・儲光羲〔哥舒大夫頌德〕詩 超超たり、渭濱の器 落落たり、山西(伯夷)の名

↑渭曲 渭浜／渭表 渭浜

【詒】 12 0366 イタイ おくる あざむく

篆文  金文 

形声 声符は台。〔説文〕三上に「相ひ欺詒するなり」と欺く意とするのは、〔広雅、釈詁二〕「欺くなり」の訓による。また「一に曰く、遺るなり」とあり、〔詩、大雅、文王有声〕「厥の孫に謀を詒る」、〔書、金縢〕「公乃ち詩を爲りて以て王に詒る」とあり、この方が古訓。台は厶(初形は㠯)を祓う儀礼。その祝詞を神に伝えることをいう。

訓義 1おくる、つたえる、贈与する。2ことばだけで伝えて、あざむく。紿の音でよむ。紿と通用の訓。

古訓 〔名義抄〕詒 オクル・ノコス・ツタフ・オクラヌカ 〔字鏡集〕詒 ノコル・アザケル・ツグル・オクル・ツタフ

語系 詒・貽 jiə は同声。祝福をおくるを詒、財をおくるを貽という。紿・詒 də は同声。欺詒するをいう。

【詒託】ことよせる。〔穀梁伝、定元年〕夫れ請ふ者は、詒託して往くべきに非ざるなり。必ず之れを親からする者なり。是こを以て之れを重んず。

【詒謀】謀を子孫に残す。〔詩、大雅、文王有声〕厥の孫に謀を詒り 以て翼子を燕しましむ

↑詒欺 あざむく／詒肄 労苦を残す

↓饋詒・欺詒・致詒

【貽】 12 6386 イ おくる

篆文 

形声 声符は台。〔説文新附〕六下に「贈遺するなり」とあり、〔詩、周頌、思文〕に「我に來牟(麰)を貽る」とあって、天帝より嘉禾を与えられたことをいう。台は厶(初形は㠯)を祓う儀礼。これによって神の祝福をうるをいう。

訓義 1おくる、人に財物をおくる、おくりもの。2のこす、つたえる。3黒い貝。

古訓 〔名義抄〕貽 ノコス・ノコル・オクル 〔字鏡集〕貽 オク

ル・ノコス・ノコル・オク・シロキカヒ・イカヒ

語系 貽・詒jiəは同声。おくる意。財をおくるを貽という。

【貽訓】先人の残した教え。〔晋書、郭璞葛洪伝論〕夫れ怪を語り神を徵するは、伎成れば則ち賤し。前修の貽訓、茲の道を鄙しとす。

【貽範】手本を残す。晋・陸雲〔呉王の観を起すを諫むる疏〕固より将に憲章令典、範を萬世に貽さんとす。基を始むるの制、愼まざるべからず。

↑貽殃 殃いを残す／貽悔 悔いを残す／貽害 害を残す／貽笑 笑われる／貽統 垂統／貽謀 謀を残す／貽累 殃いを残す

↓餽貽・自貽・神貽・致貽

【透】 12 3230

イ(ヰ) めぐる まわる

篆文 

形声 声符は委。〔説文〕二下に「透池は衺行なり」、また次条に「池は衺行なり」とあり、透池を連語として用いる。池、衺めに去る皃なり」、また次条に「池は衺行なり」とあり、透池を連語として用いる。委は農耕儀礼として、禾(稲魂)を被った女が低い姿勢で舞いめぐる意。

訓義 ①めぐる、まわる。②ななめとなる、しなやかなさま。

古訓 〔名義抄〕透迤 タヲヤカナリ・シタラカ・ワタカマル・アツマル・ツハクム・ナ、メナリ 〔字鏡集〕透 シリゾク・ナ、メナリ・アツマル

語系 透・委iuai、迂・紆iua、宛iuanは声義が近い。

【透邃】奥深くめぐる。唐・柳宗元〔永州韋使君新堂記〕怪石森然、四隅に周ぐる。或いは列し、或いは跪き、～竅穴透邃、堆阜突怒す。

【透随】めぐり連なる。漢・王逸〔楚辞、九思、逢尤〕舊邦を望んで、路透隨し 憂心悄として、志勤劬す 魂、煢煢として、寐ぬるに遑あらず 目、眽眽として、寤むること終朝なり

【透蛇】めぐり連なるさま。〔淮南子、泰族訓〕河は透蛇たるを以ての故に、能く遠く、山は陵遲を以ての故に、能く高し。

【透遅】めぐり連なる。梁・江淹〔別れの賦〕舟は水濱に凝滯し、車は山側に透遲たり。櫂、容與として詎ぞ前すまん、馬、寒鳴して息はず。

↑透移 めぐり連なる／透透 めぐり連なる／透迂 うねり連なる／透麗 ゆるやか

常

【彙】 13 2790 ［蝟］ 15 5612

イ(ヰ) はりねずみ あつまる

篆文 

象形 〔説文〕九下に「蟲なり。豪豬に似たる者なり」とあり、はりねずみをいう。字形について、「希に従ひ、胃の省聲」とするが、胃の字形とは関係がない。はりねずみが身を丸めている形。〔説文〕は別に形声字の蝟をも録する。

訓義 ①はりねずみ。②蝟は胃声に従い、集める意がある。あつまる、あつめる、たぐい。③彙と声義近く、しげる、さかん、うつくしい。

古訓 〔篇立〕彙 ツラヌ・タグヒ・ツラネタリ・トモガラ・ムラガレ〔字鏡集〕彙・蝟 カハムシ・ツノムシ・ウクロモチ・クサヰカキ・(ナギ)・アツマル・ムラガル・トモガラ・タグヒ・クサス・ヒク

語系 彙(蝟)・胃・謂・彙hiuətは同声。声義が近く、密集する意がある。

【彙解】物件をまとめて送る。〔六部成語、戸部、彙解注〕數款を彙集し、一齊に解送するを彙解と曰ふ。

【彙聚】分類して集める。梁・昭明太子〔文選の序〕凡そ文の體を次し、各ゝ以て彙聚す。

【彙進】一緒に進む。宋・蘇軾〔明君与に忠言を為すべきの賦〕心に蔽はるる有れば、則ち薄を以て厚と爲す。遂に諛臣をして隙に乗じて彙進し、智士をして微を知りて出でて走らしむ。

【彙類】分類彙集。元・馬祖常〔簡管勾を送る序〕平易にして坦夷、和樂して靜專、～彙類して之れを觀るに、古の君子の道の域に入る者は、亦た是れに由る。

↑彙交 集めて渡す／彙刻 集めて刊行する／彙冊 集めた書冊／彙纂 彙聚／彙次 集めて編次する／彙集 彙纂／彙出 輩出する／彙斉 そろえる／彙注 集注／彙編 彙纂／彙報 雑報

↓語彙・字彙・辞彙・聚彙・庶彙・綜彙・博彙・品彙・部彙

常

【意】 13 0033 【意】 13 0033

イ おしはかる おもう こころ ああ

篆文 

会意 音(音)＋心。〔説文〕十下に「言を察して意を知るなり」とし、字を言に従うものと解するが、字は音に従う。音は、言(祝詞)に対して、「神の音なひ」を示す自鳴の音が加わることを示す字。もと「神の音なひ」、すなわち「おとづれ」。意は、その神意を憶度することをいう。

訓義 ①おしはかる。②ひろくものごとを推量して考えること、おもう。③考えてその意志を定めること、こころ。④噫と通用する。ああ。

古訓 〔名義抄〕意 オモフ・オモヒ・オモムク・コ、ロ・カナシフ・トモ・モト／意者 オモミレハ

声系 〔説文〕に意声として、噫・薏・檍など四字を録する。噫は深く意うときの嘆声である。

語系 意・噫iə、嘻・譆xiəは声義近く、感動詞に用いる。意・億(億)iəkは同声、通用する。

【意気】いきごみ。心もち。〔史記、晏嬰伝〕其の夫、相の御と爲り、～意氣揚揚として甚だ自得す。既にして歸る。其の妻、去らんことを請ふ。

【意義】事がらのわけ。意味。趣意。〔神仙伝、班孟〕又能く墨を含み、紙を舒のべ、～之れを噴くに、皆文字を成す。滿紙各ゝ意義有り。

【意見】考え。所存。〔後漢書、王充等伝論〕夫れ運の恆無きに遭ひて、意見偏雜なり。故に是非の論、紛然として相ひ乖く。

【意向】意図。〔南斉書、庾杲之伝〕昔袁公の衞軍を作るや、我を用つて長史と爲さんと欲す。就くを獲ざりしと雖も、要は是れ意向此の如し。

【意恨】心の中でうらむ。〔後漢書、袁紹伝〕紹乃ち河を度る。～沮授(人名)、～遂に疾を以て退く。紹許さずして、意ここに之れを恨む。

【意志】考え。志。〔抱朴子、自叙〕既に性闇く、善く忘れ、又文を少きて意志專らならず、識る所の者甚だ薄し。亦た惑を免れず。

【意思】考え。〔三国志、魏、方技、杜夔伝〕漢の鑄鐘工柴玉、巧みにして意思有り。形器の中、造作する所多し。亦た時の貴人に見知せらる。

【意指】意の在るところ。意旨。〔史記、酷吏、杜周伝〕君、天子の爲に平を決す。三尺(竹簡)の法に循はずして、專ら人主の意指を以て獄を爲す。獄する者、固より是の如きか。

【意識】心に識る。意向、見解。〔論衡、実知〕衆人闊略にして、意識する所寡なし。賢聖の名物を見ては、則ち之れを神なりと謂ふ。

【意趣】思い。意向。〔宋書、胡藩伝〕桓玄、意趣常ならず。毎に職を失へるに怏怏たり。

【意匠】工夫。唐・杜甫〔丹青引〕詩 詔して將軍に謂ふ、絹素を拂へと 意匠慘澹たり、經營の中

【意象】(いしょう)(しやう) 考えと、その形象。〔文心雕竜、神思〕獨照の匠をして、意象を闚ひて斤を運ばしむ。此れ蓋し馭文の首術にして、謀篇の大端なり。

【意想】(いそう)(さう) 心に思う。考え。〔韓非子、解老〕人、生象を見ること希れなり。故に諸人の意想する所以の者は、皆之れを象と謂ふなり。

【意度】(いたく) 心におしはかる。〔韓非子、解老〕物に先んじて行ひ、理に先んじて動くを之れ、前識（直観）と謂ふ。前識とは、縁よること無くして妄りに意度するなり。～故に曰く、前識なる者は、道の華にして愚の首なり。

【意表】(いひょう)(へう) 言外の意。真意。晋・陶潜〔飲酒、二十首、十一〕詩 裸葬、何ぞ必ずしも惡しからん 人、當に意表を解すべし

【意味】(いみ) おもむき。宋・朱熹〔論語序説〕程子曰く、頤、十七八より論語を讀む。～之れを讀むこと愈く久しくして、意味の深長なるを覺ゆ。

【意欲】(いよく) 欲望。〔淮南子、道応訓〕故に、人主の意欲、外に見はるるときは、則ち人臣の制する所と爲る。

【意料】(いりょう)(れう) 思いはかる。〔新編五代史平話、唐下〕一旦の變は意料の外に生じ、禍は肘腋の閒に起る。

➡意会 わかる／意界 心が解ける／意外 予想外／意格 格調／意境 意境／意解 心が解ける／意外 予想外／意格 格調／意忌 そねむ／意帰 おもむき／意境 心のさま／意興 意境／意計 巧らむ／意旨 意指／意地 我意／意緒 心緒／意舒 のんびり／意尚 志向／意数 計画／意趣 意図／意存 所存／意中 心中／意馬 欲情／意望 願い／意脈 気質／意慮 考え／意量 はかる

⬇悪意・遺意・一意・雨意・鋭意・恩意・我意・雅意・介意・会意・快意・隔意・含意・銜意・希意・起意・寄意・貴意・棄意・客意・愜意・愚意・寓意・敬意・傾意・決意・古意・故意・語意・巧意・好意・合意・懇意・作意・賛意・旨意・志意・私意・思意・指意・恣意・肆意・詩意・辞意・失意・実意・謝意・主意・殊意・酒意・趣意・秋意・祝意・春意・純意・初意・匠意・象意・情意・属意・心意・真意・深意・人意・随意・生意・誠意・精意・絶意・戦意・善意・素意・壮意・創意・総意・他意・大意・題意・達意・着意・注意・暢意・逞意・適意・天意・当意・同意・得意・篤意・内意・如意・任意・配意・敗意・反意・非意・卑意・微意・筆意・不意・諷意・文意・芳意・放意・発意・本意・翻意・妙意・民意・無意・有意・遊意・余意・用意・来意・楽意・立意・留意・礼意

【煒】 13 9485 イ(ヰ) キ あきらか

篆文 

形声 声符は韋。〔説文〕十上に「盛赤なり」とあり、盛んにして明らかな意。あざやかな赤い色をいう。

訓義 ①あきらか。②あかい。③かがやく。

古訓 〔篇立〕煒 アキラカ・サカリ・ウルハシ・テル 〔字鏡集〕煒 カ、ヤク・アキラカ・ウルハシ・サカリ

【煒煒】(いい)(ゐゐ) 輝かしい。晋・夏侯湛〔朝華の賦〕灼として煌煌として、以て煒煒たり。獨り崇朝よりして、暮に達す。

【煒煌】(いこう)(ゐくわう) 光り輝く。〔夢渓筆談、雑誌二〕陳文忠（堯叟）樞密爲り。一日、日沒れんとする時、忽ち中人の宣召する有り、既に右掖に入る。～時に簾幃有り、燈燭の煒煌たるを見る。

【煒如】(いじょ)(ゐ) 輝くさま。〔晋書、元帝紀〕（元帝）隆準龍顔、目に精曜有り、顧眄煒如たり。

➡煒煜 輝く／煒然 輝く／煒燁 麗し／煒発 光を放つ／煒曄 煒曄

⬇韡煒・炎煒・赤煒

【瑋】 13 1415 イ(ヰ) うつくしい めずらしい

形声 声符は韋。〔広雅、釈詁三〕に「重し」とする。もと玉名。美しく、珍しい意がある。〔後漢書、党錮、李膺伝〕「梁の惠王、其の照乘の珠を瑋とす」、王逸〔楚辞章句、叙〕「楚の人、其の行義を高しとし、其の文采を瑋とす」のように用いる。

訓義 ①たま。②うつくしい。③よい、めずらしい。

古訓 〔篇立〕瑋 アキラカ・サカリ・カ、ヤク・テル・ウルハシ

【瑋奇】(いき)(ゐ) すぐれて珍しい。〔広陽雑記、三〕馥庭、向さに廣西太平府に在り。其の山川の奇秀、草木鳥獸の瑋奇なることを極言す。

【瑋麗】(いれい)(ゐ) 華美。宋・曽鞏〔人に代りて李白を祭る文〕子の文章、人の上に傑立す。～瑋麗にして瑰奇、大巧にして自然なり。

➡瑋異 奇異／瑋瓌 珍奇／瑋芸 卓越の技／瑋質 美質／瑋術 奇異の術／瑋製 精品／瑋態 偉容／瑋宝 珍宝／瑋燁 華美

⬇英瑋・瑰瑋・奇瑋・琦瑋・珍瑋・秘瑋

【痿】 13 0014 イ(ヰ) なえる しびれる

篆文 

形声 声符は委。〔説文〕七下に「痺れるなり」とあり、神経系の疾患をいう。委は禾(稲魂)を被った女が低い姿勢で舞う形。しなやかに、なえるようなさまをいう。

訓義 ①なえる、しびれる。②足やその他がしびれる。

古訓 〔新撰字鏡〕痿 痺れる、行歩すること能はず、足比留牟（あしひるむ）、比留（ひる）〔名義抄〕痿 アシナヘ・ヒルム

語系 痿・委・矮 iuai は同声。蔫 ian、菸 ia はみな草の枯れ凋む意があり、同系の語である。

【痿痺】(いひ)(ゐ) しびれる病。唐・李商隠〔行きて西郊に次りて作る、一百韻〕詩 人の一身に當り 左有るも右邊無きが如し 筋體半ば痿痺し 肘腋に臊膻を生ず

➡痿疾 しびれる病／痿弱 虚弱／痿人 いざり人／痿瘁 なえる／痿損 なえる／痿廃 なえる／痿疲 疲れる／痿病 痿疾／痿躄 痿人

⬇陰痿・蹶痿

【肄】 13 2540 〔肆〕 13 7570 〔肆〕 15 7573 イ シ ならう

篆文 

会意 字の正体は隸に作り、長毛の獣の尾をもつ形。呪霊のある獣によって呪儀を行い、災厄を人に移すことで、移されたものを隸という。肄は隸・肆の譌形とみられる。肄習・労苦の意がある。また長い枝の先をいう。肄余の意がある。

訓義 ①もと隸に作り、ころす、つらねる。②ならう、おさめる。③くるしむ。④ながいえだ、えださき、あまる。⑤しらべる。

古訓 〔字鏡集〕肄 マナブ・イタハル・アマル・ナラフ・ヒコバエ・アマレリ

＊語彙は肆字条参照。

【肄業】(いぎょう)(げふ) 課業を学ぶ。〔陳書、後主十一子、呉興王胤伝〕胤、性聰敏、學を好み、經を執り、業を肄ひ、終日倦まず。博く大義に通じ、兼ねて善く文を屬る。

【肄習】(いしゅう)(しふ) 練習する。宋・姜夔〔暗香詞の序〕此の兩曲を作り、石湖（范成大）把玩して已まず、工妓をして之れを肄習せしむ。

➡肄儀 威儀を習う／肄誦 誦習する／肄治 学習する／肄武 練武／肄練 訓練する

⬇教肄・講肄・習肄・条肄・請肄・闌肄・素肄

人【葦】 13 4450 〔葦〕 13 4450 イ(ヰ) あし よし

篆文 

形声 声符は韋。〔説文〕一下に「大葭なり」とあり、あし、よしをいう。韋に、緯（緯）のよう

に編みこむ意がある。編んだ葦には呪的な意があるとされた。

訓義 ①あし、よし。

古訓 〔名義抄〕葦 アシ

【葦衣】い(ゐ)い 粗末な服。唐・方干〔初めて鏡中に帰りて陳端公に寄す〕詩 故交若し逍遙の事を問はば 玄冕、何ぞ曾て葦衣に勝らん

【葦杭】い(ゐ)こう(かう) 小舟で渡る。葦航。〔詩、衛風、河広〕誰か河を廣しと謂ふ 一葦、之れを杭る

【葦茭】い(ゐ)こう(かう) 葦を束ねて邪気をはらう縄。〔晋書、礼志上〕歳旦、常に葦茭・桃梗・磔雞を宮及び百寺の門に設けて、以て惡氣を禳ふ。

【葦索】い(ゐ)さく 葦を束ねて縄とし、門に飾って邪気をはらう。〔独断、上〕歳竟るとき、～乃ち荼壘を畫き、幷せて葦索を門戸に懸け、以て凶を禦ぐ。

【葦笥】い(ゐ)し 葦で編んだはこ。魏・武帝〔内誡令〕孤、鮮飾嚴具を好まず。用ふる所雜新皮葦笥なり。

【葦席】い(ゐ)せき 葦で編んだむしろ。葬儀に用いる。葦蓆。〔周礼、春官、司几筵〕凡そ喪事には葦席を設く。

【葦籥】い(ゐ)やく 葦で編んだ笛。〔礼記、明堂位〕土鼓・蕢桴・葦籥は、伊耆氏の樂なり。

→葦莞 葦蓆/葦篋 葦の箱/葦橋 葦の釣橋/葦姑 葦の神/葦航 小舟/葦筰 葦の縄/葦事 喪用の葦/葦簫 葦笛/葦杖 刑杖/葦帯 葦の帯/葦汀/葦辺/葦箔 葦の簾/葦蘆 あし

←一葦・荷葦・葭葦・菅葦・枯葦・茭葦・航葦・索葦・束葦・竹葦・白葦・編葦・蒲葦・蓬葦・茅葦・蘆葦

【葳】 13 4425 イ(ヰ) しげる

形声 声符は威。「葳蕤」は草の生い茂るさま、草木の華の垂れるさま、羽飾りの盛んなさま、乱れ衰えるさまなどにも用いる。

訓義 ①しげる、さかんにしげる。②美しいさま。羽飾り、旗飾りなどの美しいさま。③葳蕤は草の名、あまどころ。④茈葳はのうぜんかずら。

【葳蕤】い(ゐ)すい しげる。さかんなさま。漢・東方朔〔楚辞、七諫、初放〕便娟たる脩竹 生を江潭に寄す 上は葳蕤として露を防ぎ 下は泠冷として風を來す

→葳瓠 独木舟/葳匏 独木舟

←紆葳・茈葳・紫葳

常 【違】 13 3430 〔違〕 13 3430 イ(ヰ) めぐる たがう

篆文

金文

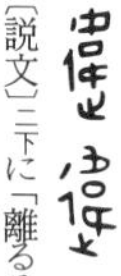

形声 声符は韋。〔説文〕二下に「離るるなり」とあって、離去の意とする。韋字条五下に「相ひ背くなり」とする訓を承けるものであるが、韋は囗(城郭)の上下に左行・右行する足(止)を加えたもので、めぐる意。辵を加えてその行為をいう。

訓義 ①めぐる。②上下に異なる方向にめぐるので、たがう意となる。そむく、もとる、ことなる。③相違い離れることから、さる、はなれる。④よこしま、あやまち。⑤依違のような連語となって、たもとおる、うろうろする。

古訓 〔名義抄〕違 メグル・タガフ・ワカル・ハナル・ソムク・ウラム・サル・ユルス・カナフ

語系 違・韋・緯(緯)hiuəi は同声。よこに編むように動く意がある。回huəi、運(運)hiuən、衞(衛)hiuat も同系の語。

【違異】い(ゐ)い そむき離れる。魏・阮瑀〔曹公の為に書を作りて孫権に与ふ〕恩情已に深し。違異の恨み、中間は尚ほ淺きなり。

【違怨】い(ゐ)えん そむき怨む。〔書、無逸〕民、否とするときは則ち厥の心違怨し、～則ち厥の口詛祝す。

【違遠】い(ゐ)えん 遠ざかる。晋・王献之〔書帖、違遠帖〕吾れ十一日吳興を發し、兄姉に違遠す。感戀喩ふる無し。

【違棄】い(ゐ)き すてる。〔楚辞、離騒〕厥の美を保ちて以て驕傲し 日に康娛して以て淫遊す 信に美なりと雖も禮無し 來り違棄して改め求めん

【違言】い(ゐ)げん 道理にそむく語。〔管子、戒〕聖人は～邪行體に亡く、違言口に存せず。

【違忤】い(ゐ)ご さからう。〔後漢書、馬融伝〕初め融、鄧氏に懲る。敢て復た勢家に違忤せず。

【違弐】い(ゐ)じ 二心ある者。〔晋書、荀勖伝〕(刺客蜀に入る。)～勖曰く)明公、至公を以て天下を宰る。宜しく正義に仗り、以て違貳を伐つべし。

【違失】い(ゐ)しつ 違反。過失。〔後漢書、百官志三〕侍御史十五人、～違失有るときは之れを擧劾す。

【違背】い(ゐ)はい そむく。違反。〔後漢書、襄楷伝〕楷、辭理を正さず、要務を指陳して、析言破律、經藝に違背す。星宿に假借し、神靈に僞託す。

【違反】い(ゐ)はん 規定にそむく。〔後漢書、律暦志中〕議郎蔡邕の議に以爲へらく、～意造妄說、經文に違反す。之れを謬る こと甚だしき者なり。

【違命】い(ゐ)めい 命にそむく。〔左伝、昭十三年〕(鬬韋亀)曰く、禮を棄て命に違ふ(公子棄疾を立てず)。楚は其れ危いかなと。

【違戻】い(ゐ)れい 誤る。〔後漢書、范升伝〕升、又太史公の五經に違戻し、孔子の言を謬り、及び左氏春秋の錄すべからざること三十一事を上る。

【違和】い(ゐ)わ 病気。〔陳書、孔奐伝〕世祖の疾篤し。奐～對へて曰く、陛下御膳違和、痊復久しきに非ず～と。

→違依 順逆/違意 心にたがう/違科 違犯/違逆 そむく/違捂 違忤/違錯 たがう/違心 二心/違制 規定に違反する/違舛 たがう/違程 違制/違犯 違法/違非 違戻/違謬 誤る/違法 法にそむく/違約 食言する/違離 そむく/違例 常例にそむく/違惑 誤る

←依違・猗違・乖違・頑違・逆違・差違・縄違・相違・背違・駮違・非違

【漪】 14 3412 イ なみ さざなみ かな

形声 声符は猗。もと終助詞。〔詩、魏風、伐檀〕「河水淸くして且つ漣つ猗」を〔経典釈文〕に漪に作り、のち「漣漪」と連ねて漣の同義語となった。

訓義 ①終助詞、かな。②なみ、さざなみ。③なみだつ。④水のほとり。

古訓 〔名義抄〕漪 ナミタツ・ナミ・サ、ラナミ 〔篇立〕漪 アラフ・オホミヅ

参考 猗が終助詞であることは、〔書、秦誓〕「斷斷猗として他技無し」、〔荘子、大宗師〕「我は猶ほ人爲る猗」などの例によって知られる。

【漪瀾】い らん さざ波と大波。晋・成公綏〔隷書体〕俯して之れを察すれば、凜として淸風の水を厲げ、漪瀾の文を成すが若し。

【漪淪】い りん さざ波。元・貢師泰〔西山に遊び、周伯温の韻に次す〕詩 耦耕、畎畝雜はり 獨釣、漪淪に當る

【漪漣】い れん さざ波。〔晋書、衛恒伝〕(四体書勢)遠く之れを望めば、翔風の水を厲げ、淸波漪漣の若く、就きて之れを察すれば、自然の若き有り。

→漪漪 ただよう/漪渙 波光/漪如 波だつ/漪流 ただよう

←廻漪・寒漪・曲漪・細漪・散漪・清漪・澄漪・直漪・風漪・文漪・碧漪・嵐漪・緑漪・淪漪・漣漪

常【維】 14 2091 イ(ヰ) つな つなぐ これ

篆文 金文

形声 声符は隹(すい)。隹に唯・惟(い)の声がある。〔説文〕十三上に「車蓋の維(つな)なり」とするが、〔詩、小雅、白駒〕に「之れを維(つな)ぐ」とあり、移動しやすいものをつなぎとめる意がある。

訓義 1つな、つなぐ。2つらねる、ささえる。3惟に通じて、おもう、はかる。4隹・惟に通じて、発語の「これ」に用いる。卜辞・金文には隹・惟、〔詩〕〔書〕に至って維を用いる。

古訓 〔名義抄〕維 ツナグ・ユフ・シバル・アフ・カタシ・カタム・カヽル・タヾス・トル・スミ・カタスミ・コレ・ミツ

【維持】(いぢ) 支える。〔史記、三王世家〕齊王、國に之(ゆ)くや、左右維持するに禮義を以てす。

【維新】(いしん) ものごとが一新する。〔詩、大雅、文王〕周は舊邦なりと雖も 其の命は維(こ)れ新たなり

↑維御(いぎょ) 治める/維繫(いけい) つなぐ/維綱(いこう) 法度/維縶(いちつ) つなぐ/維縄(いじょう) つなぐ/維斗(いと) 北斗/維摩(ゆいま) 釈迦時代の人

↓斡維・乾維・羈維・皇維・綱維・国維・坤維・四維・縶維・縄維・水維・纖維・地維・天維

【蜲】 14 5214 イ(ヰ) わらじむし

形声 声符は委(い)。「蜲蜲」はうねりゆく、「蜲蛇(いだ)」はうねり進むさま。蜲は黍負という虫の名で、わらじ虫をいう。

訓義 1わらじむし。2蜲蜲、蜲蛇は、うねりはう。

古訓 〔名義抄〕蜲蛇 ワタカマル

【蜲蛇】(いだ) うねるようにゆく。委蛇。〔詩、召南、羔羊〕羔羊の皮 素絲五紽(だ) 公より退食す 蜲(委)蛇たり蜲(委)蛇たり

↑蜲蜲(いい) 蜲蛇

【蜼】 14 5011 イ(ヰ) くもざる おながざる

篆文

形声 声符は隹(すい)。隹に唯・維(い)の声がある。〔説文〕十三上に「母猴の如くにして、卬(仰)鼻長尾」とあり、〔爾雅、釈獣〕に「卬鼻にして長尾」とあるのによる。尾の長さは四、五尺に及ぶという。

訓義 1くもざる、おながざる。

古訓 〔字鏡集〕蜼 カタ、ガヒ・ツラヌク・ヒラク・サル・カヽル

【蜼彝】(いい) 蜼の文様を加えた礼器。彝は酒器。〔周礼、春官、司尊彝〕凡そ四時の閒祀、追享・朝享・祼(くわん)には、虎彝・蜼彝を用ふ。

↑蜼玃(いかく) おながざると、おおざる

↓猨蜼・虎蜼・蒼蜼

【飴】 14 8376 イ シ あめ やしなう

篆文 籀文

形声 声符は台(い)。〔説文〕五下に「米糱(げつ)の煎(い)れるものなり」という。籀文(ちゅうぶん)の字形は、その製法を示すものであろう。

訓義 1あめ、あまみ、あまい、甘味と滋養に富む。2やしなう。3貽に通じて、おくる。

古訓 〔新撰字鏡〕飴 糖、飼ふ、万加利(まがり) 〔名義抄〕飴 アメ・アメカフ・クヽム・フクム・ノコル 〔字鏡集〕飴 アメ・アメカフ・フクム・クヽム・ヲモノ・アヘタリ・タヽス・マカス(リ)・フコル

【飴塩】(いえん) 岩塩の一種。甘味がある。〔周礼、天官、塩人〕王の膳羞に飴鹽を共(供)す。后及び世子も、亦た之(か)くの如くす。

【飴蜜】(いみつ) 飴と蜂蜜。〔論衡、本性〕鄙文茂記、繁きこと栄華の如く、詼諧劇談、甘きこと飴蜜の如きも、未だ必ずしも實を得ず。

↑飴漿(いしょう) 飴汁/飴糖(いとう) 水飴/飴餳(いとう) かた飴

↓含飴・酥飴・調飴・黏飴・醴飴

常【慰】 15 7433 イ(ヰ) ウツ なぐさめる いやす うらむ

篆文

形声 声符は尉(い)。〔説文〕十下に「安なり」とし、また「一に曰く、恚怒(いど)なり」というが、慰を恚怒の意に用いる例はなく、それは鬱(うつ)、慍(うん)の声に通用したものであろう。尉は火のし。火のしをしたように、平らかに安らかとなる意である。

訓義 1なぐさめる、やすめる。2いやす、なおす。3鬱・慍と通じ、むすぼれる、いかる、うらむの意に用いる。

古訓 〔名義抄〕慰 ヤスム・イコフ・トフ・コシラフ 〔字鏡集〕慰 ナクサム・ヤスンズ・ヤスム・コシラフ・トフ・シリソク・イコノフ・イル

語系 慰・熨・蔚iuətは同声。鬱iuətもまた同声。中にとじこもり、むすぼれる意がある。慍iuənもその声が近い。

【慰安】(いあん) 慰め安んずる。〔後漢書、劉焉伝〕(張)魯、本(もと)善意有るを以て、人を遣はして之れを慰安す。魯、即ち家屬と出で逆(むか)ふ。

【慰誨】(いかい) 慰めさとす。漢・李陵〔蘇武に答ふる書〕昔者(むかし)遺(わす)れずして、遠く還答を辱(かたじけ)なくす。慰誨懃懃として、骨肉に踰ゆる有り。

【慰賜】(いし) いたわって物を与える。〔晋書、陶侃伝〕若(も)し力作して致す所あらば、微なりと雖も必ず喜び、慰賜すること參倍なり。

【慰藉】(いしゃ) 慰撫する。〔後漢書、隗囂伝〕光武、素(もと)より其の風聲を聞く。報ゆるに殊禮を以てし、言ふに字(あざな)を稱し、敵國の儀を用ふ。之れを慰藉すること、良厚なる所以なり。

【慰卹】(いじゅつ) 慰問する。慰恤。〔三国志、魏、三少帝、高貴郷公髦紀〕各部の大吏をして、其の門戸を慰卹せしむ。~其の力戰して事に死する者は、皆舊科の如く、漏るる所有る勿(なか)らしむ。

【慰撫】(いぶ) 慰め安んずる。〔漢書、匡衡伝〕連(しき)りに骸骨を乞ひ、位を讓らんとす。上(しゃう)、輒(すなは)ち詔書を以て、慰撫して許さず。

【慰勉】(いべん) 慰め励ます。〔三国志、魏、杜畿伝〕班下屬縣、孝子貞婦順孫を擧げ、其の繇役を復し、隨時之れを慰勉す。

【慰問】(いもん) 見舞う。〔後漢書、宋均伝〕均~闕に詣(いた)りて恩を謝す。帝、中黄門をして慰問せしむ。因りて留まりて疾を養ふ。

【慰労】(いろう) 慰めねぎらう。〔後漢書、段熲伝〕徵(め)して京師に還らしむ。~詔して大鴻臚を遣はし、節を持して鎬(川の名)に慰勞せしむ。

↑慰唁(いげん) とむらう/慰謝(いしゃ) あやまる/慰恤(いじゅつ) 慰卹/慰釈(いせき) 慰藉/慰存(いぞん) 見舞う/慰待(いたい) もてなす/慰納(いのう) 接納/慰譬(いひ) さとす/慰愍(いびん) 哀れむ/慰拊(いふ) 慰撫/慰喩(いゆ) なぐさめさとす/慰諭(いゆ) 慰喩/慰励(いれい) はげます

↓安慰・恩慰・寛慰・自慰・招慰・賞慰・綏慰・宣慰・存慰・弔慰・鎮慰・撫慰・勉慰・褒慰・奔慰・誘慰・労慰

【熨】 15 7480 イ(ヰ) ウツ ひのし のす

形声 声符は尉(い)。尉の初文は㷉に作り、ひのしをする形で、熨の初文。尉を他義に用いるようになって、熨が作られた。

訓義 1ひのし。2ひのしでおさえ暖める、のす。

古訓 〔名義抄〕熨 ノス・アツシ/熨斗 ノシ

語系 熨・尉・慰・蔚iuətは同声。鬱iuətも同声。みな、中にとじこもり、むすぼれる意がある。

【熨貼】(うっちょう) ひのしをかける。熨帖。唐・杜甫〔白糸行〕詩 美人細意、熨貼すること平らかに 裁縫滅盡す、針綫の迹

【熨斗】(うっと) ひのし。〔世説新語、夙慧〕韓康伯數歲のとき、家酷(はなは)だ貧し。大寒に至るも、止(た)だ襦を得たるのみ。母殷夫人、自ら之れを成し、康伯をして熨斗を捉(と)らしむ。

↑熨衣(うつい) ひのしする/熨帖(うっちょう) 熨貼/熨炉(うつろ) 暖炉

↓火熨・攻熨・洗熨・澡熨・湯熨・毒熨・砭熨

【蝟】 15 5612 **［彙］** 13 2790 イ(ヰ) はりねずみ あつまる

篆文 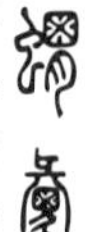

形声 声符は胃。胃に蝟集の意がある。〔説文〕九下に正字を彙とする。彙ははりねずみの象形。外敵に対するとき、毛を立てて球形となるので、蝟集の意となる。

訓義 ①はりねずみ。②あつまる。

古訓 〔字鏡集〕蝟 カハムシ・ウクロモチ・ツノムシ・クサヰキ・クサス・ムラガル・タグヒ・アツマル・トモガラ

語系 蝟(彙)・胃・謂・彙 hiuət は同声の語。

【蝟結】多く集まる。梁・任昉〔曹景宗を奏弾する文〕景宗、受命致討、時にして言に邁かざるに由る。故に蝟結蟻聚をして、水草に依る有らしむ。

【蝟集】多く集まる。明・兪安期〔衡岳の賦〕文粱(美しいはり)霓起して夭嬌し、華榱(美しいたるき)蝟集して縱横す。

【蝟縮】蝟のように縮まる。唐・皮日休〔呉中苦雨、因りて百韻を書し、魯望に寄す〕詩 如何ぞ鄉里の輩 之れを見て乃ち蝟縮する

【蝟毛】はりねずみの毛。〔晋書、桓温伝〕温、豪爽にして風概有り。姿貌甚だ偉、面に七星有り。～(劉)惔、嘗て之れを稱して曰く、溫の眼は紫石の稜の如く、鬚は蝟毛の磔を作すと。

➡蝟起 毛が立つ／蝟合 集まる／蝟鬚 濃い鬚／蝟鼠 はりねずみ／蝟張 集まって強く張る／蝟紛 集まり乱れる／蝟奮 奮張／蝟立 奮毛

⬇刺蝟・鋒蝟

常 **【遺】** 15 3530 **〖遺〗** 16 3530 イ(ヰ) ユイ おくる のこす うしなう

篆文 金文 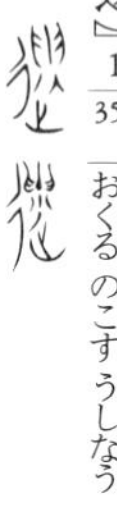

形声 声符は貴。古くは貴声であった。貴は貝貨を両手で奉ずる形。これを人に遺贈するを遺という。〔説文〕二下に「亡ふなり」と遺失の意とするが、遺贈することによって失われるのであるから、遺失とは遺贈の結果をいう。「おくる」が初義。遺留して「残す」意となる。

訓義 ①おくる、あたえる、はなす。②のこす、あまる、わすれる。③すてる、おとす、うしなう。④随と通用して、したがう。

古訓 〔名義抄〕遺 オクル・アタフ・クハフ・ハナル・ウツス・イタル・ノコス・ノコル・ワスル・アマル・ト〻ム・スツ・ウシナフ・トモシ・ツクス・シタカフ・アフス

参考 〔篆隷万象名義〕に「胡蔡の反」、また〔新撰字鏡〕に「正、胡葵の反、平。又、以珠の反、去」とする。古くは貴声の語であった。

【遺愛】古人の仁愛のなごりのある人。なごり。おしむ。生前に大切にしていた遺品。〔左伝、昭二十年〕子産の卒するに及び、仲尼之れを聞き、涕を出だして曰く、古の遺愛なりと。

【遺佚】見すてる。失う。〔孟子、公孫丑上〕(柳下恵は)遺佚せらるるも怨みず、阨窮するも憫へず。

【遺逸】遺佚。〔後漢書、儒林伝序〕建初中、大いに諸儒を白虎觀に會す。～又高才生に詔し、古文尚書・毛詩・穀梁・左氏春秋を受けしむ。～遺逸を網羅し、博く衆家を存する所以なり。

【遺音】余韻。〔礼記、楽記〕清廟の瑟は、朱弦ありて疏越(ゆるやか)に、壹倡して三歎するは、遺音有る者なり。

【遺韻】古人の遺風。作品。晋・陸機〔文の賦〕百世の闕文を収め、千載の遺韻を採る。朝華を已に披くに謝し、夕秀を未だ振はざるに啓く。

【遺戒】古人が残した戒め。遺誡。〔顔氏家訓、雑芸〕夫れ巧者は勞して智者は憂ふ。常に人の役使する所と爲る。～韋仲將(誕)の遺戒、深く以有るなり。

【遺棄】わすれる。委棄。宋・蘇轍〔黄楼の賦〕一飲千石、憂患を遺棄し、超然自得す。

【遺響】後にまで残る響き。余韻。宋・蘇軾〔赤壁の賦〕飛仙を挾んで以て遨遊し、明月を抱きて長へに終へんこと、驟かに得べからざるを知り、遺響を悲風に託す。

【遺訓】先人の残した教え。〔国語、周語上〕事を賦し刑を行ふに、必ず遺訓に問ふ。

【遺孼】残された子ども。陳・徐陵〔梁の貞陽侯の為に、陳司空に与ふる書〕兇渠を殘厥し、曾ち遺孼靡し。

【遺賢】民間にいる賢人。〔書、大禹謨〕允に茲くの若くならば、嘉言伏する攸罔く、野に遺賢無く、萬邦咸く寧からん。

【遺言】古人の遺訓。〔荀子、勧学〕先王の遺言を聞かざれば、學問の大なるを知らざるなり。◻ゆいごん。〔左伝、襄十四年〕楚の子囊、呉を伐つより還る。卒す。將に死せんとし、遺言して子庚に謂ふ、必ず郢に城けと。

【遺構】廃墟の建物。唐・杜甫〔玉華宮〕詩 知らず何王の殿ぞ 遺構、絶壁の下

【遺稿】残された故人の詩文。宋・蘇軾〔范文正公文集の序〕遂に其の季德孺と、徐に同僚たり。～公の遺稿を以て、序を爲ることを屬せらる。

【遺恨】心に残るうらみ。〔後漢書、王常伝〕陛下、河北に即位すと聞く。～今闕庭(御所)を見ることを得て、死すとも遺恨無し。

【遺矢】便をもらす。〔史記、廉頗伝〕廉將軍老いたりと雖も、尚ほ善く飯す。然れども臣と坐して、頃くにして三たび遺矢せりと。趙王以て老と爲して、遂に召さず。

【遺事】昔のこと。後世に残されていること。〔史記、楽毅伝〕夫れ齊は霸國の餘業にして、最勝の遺事なり。

【遺失】わすれる。遺逸。〔後漢書、魯丕伝〕既に巖穴を顯はして以て仁賢を求む。幽遠をして獨り遺失有らしむること無かれ。

【遺緒】先人の残した事業。遺業。〔書、君牙〕惟れ予れ小子、文武成康の遺緒を嗣守す。亦た惟れ先王の臣、克く左右して四方を亂めたり。

【遺詔】君主の遺言。〔史記、秦始皇紀〕(趙高)更に詐りて、丞相(李)斯、始皇の遺詔を沙丘に受くと爲し、子胡亥を立てて太子と爲す。

【遺属】死後のことを遺託する。〔晋書、隠逸、宋纖伝〕素より遺屬有り。諸れを知識に屬し、山に在りては山に投じ、水に臨みては水に投ぜよと。～遂に食はずして卒す。時に年八十二。

【遺迹】昔のあと。遺跡。宋・蘇轍〔黄州快哉亭記〕長州の濱に至りては、故城の墟なり。～其の流風遺迹、亦た以て快を世俗に稱するに足る。

【遺蹟】昔のあと。遺迹。清・邵長蘅〔夜、孤山に遊ぶ記〕林逋は一布衣なり。六百年に垂んとし、遺蹟顧りて今に至りて尙ほ存するは何ぞや。

【遺俗】残された風俗。〔孟子、公孫丑上〕紂の武丁を去ること、未だ久しからず。其の故家遺俗、流風善政、猶ほ存する者有り。

【遺存】残されたもの。晋・陸機〔歎逝の賦〕親落落として日に稀に、友靡靡として愈〻索く。舊要を遺存に顧み、十一を千百に得。

【遺直】直を守る古風のある人。〔左伝、昭十四年〕仲尼曰く、叔向は古の遺直なり。國を治め刑を制して、親(族の罪)

を隠さず。

【遺轍】い(ゐ)てつ　古人の失敗のあと。晉・陸機〔五等諸侯論〕光武中興し、皇統を纂隆す。而るに猶ほ覆車の遺轍に遵ひ、喪家の宿疾を養ふ。僅かに數世に及び、姦軌充斥す。

【遺徳】い(ゐ)とく　前人の徳。蜀・諸葛亮〔出師の表〕誠に宜しく聖聴を開張し、以て先帝の遺徳を光にし、志士の氣を恢弘すべし。

【遺風】い(ゐ)ふう　昔のおもかげ、ようす。〔楚辞、九章、哀郢〕州土の平樂を哀しみ　江介の遺風を悲しむ

【遺文】いぶん　生前に書き残した文章。昔の文書。〔史記、太史公自序〕百年の閒、天下の遺文古事、畢く太史公に集まらざるは靡し。

【遺秉】い(ゐ)へい　とり残しの稲。〔詩、小雅、大田〕彼に遺秉有り　此れに滯穗有り　伊れ寡婦の利なり

【遺忘】いぼう(ゐばう)　忘れる。〔国語、楚語上〕旁く聖人を求め、既に得て以て輔と爲す。又其の荒失遺忘せんことを恐る。故に朝夕規誨箴諫せしむ。

【遺墨】い(ゐ)ぼく　故人の書画。宋・梅堯臣〔蔡君謨・江隣幾と宋中道の書画を観る〕詩　鍾王（鍾繇・王羲之）の眞蹟、尚ほ覗るべく　歐褚（欧陽詢・褚遂良）の遺墨、模に因るに非ず

【遺民】い(ゐ)みん　生き残り。亡国の民。〔左伝、閔二年〕狄、衞に入る。～宵に濟る。衞の遺民、男女七百有三十人なり。

【遺類】い(ゐ)るい　生き残り。〔史記、高祖紀〕項羽嘗て襄城を攻む。襄城に遺類無し。皆之れを阬にす。諸く過ぐる所、殘滅せざる無し。

【遺烈】い(ゐ)れつ　功業が後に及ぶ。〔史記、越王句踐世家論贊〕（禹の苗裔句踐）號して霸王と稱す。～蓋し禹の遺烈有り。

【遺老】いろう(ゐらう)　長寿の人。〔史記、樊噲等伝論贊〕吾れ豐沛に適き、其の遺老に問ひ、故の蕭（何）・曹（参）・樊噲・滕公の家を觀、其の素に及ぶに、異なる哉聞く所。

【遺漏】い(ゐ)ろう　手落ち。〔晉書、陶侃伝〕終日膝を斂めて危坐し、～千緒萬端、遺漏有ること罔し。遠近の書疏、手答せざる莫し。

↑遺遺　逶迤／遺育　育てる／遺裔　遠孫／遺捐　すてる／遺記　残存の記録／遺却　忘れる／遺教　遺訓／遺形　忘形／遺計　失敗する／遺欠　欠ける／遺孤　孤児／遺行　過失／遺才　遺佚の才／遺財　遺産／遺策　ておち／遺算　てちがい／遺種　子孫／遺書　遺言／遺嘱　遺属／遺世　世を棄てる／遺跡　昔のあと／遺像　古人の像／遺族　のこった家族／遺溺　遺矢／遺伝　のこし伝える／遺編　遺著／遺法　遺則／遺余　あまり／遺利　すておかれている利益

↓餽遺・闕遺・孑遺・欠遺・献遺・忽遺・拾遺・餉遺・贈遺・滞遺・脱遺・掇遺・廃遺・補遺

【頤】15 7178　イ　やしなう　あご

篆文

会意　匝＋頁。〔説文〕十二上に頤を匝の重文とし、「顄なり」、匝七下を「養ふなり」とする。字形よりいえば、匝は乳房の象形、宧は廟中での授乳式、配は乳子に授乳する形。頤はその儀礼の形を示し、みな、養育の儀礼に関する字である。

訓義　1やしなう。2乳を飲むとき、乳子はあごを動かすので、あごの意となる。

古訓〔新撰字鏡〕頤　頷、養ふ、面、頬、於止加比（おとがひ）〔名義抄〕頤　ア（ヤ）シナフ・イコフ・カヘリミル・オトガヒ

【頤愛】いあい　養いいつくしむ。〔後漢書、光武帝紀下〕皇太子、帝の勤勞怠らざるを見て、閒を承けて諫めて曰く、～願はくは精神を頤愛し、優游して自ら寧んぜよと。

【頤育】いいく(ゐく)　養い育てる。〔後漢書、王符伝〕（述赦篇）萬民を頤育し、以て大化を成す。

【頤志】いし　志を養う。漢・班固〔幽通の賦〕紀（信）は躬を焚きて以て上を衞り、（四）皓は志を頤ひて傾かず。

【頤指】いし　あごで使う。〔旧唐書、郭子儀伝〕麾下の老將、李懷光の輩の若き數十人、皆王侯重貴、子儀頤指進退すること、僕隸の如し。

【頤神】いしん　精神を養う。魏・嵇康〔幽憤詩〕薇を山阿に采り　髮を巖岫に散じ　永嘯長吟して　神を頤ひ壽を養はん

【頤養】いよう(やう)　保養する。〔漢書、食貨志下〕酒は天の美祿、帝王の天下を頤養する所以なり。

↑頤頷　おとがい／頤賢　賢者を養う／頤使　頤指／頤性　本性をやしなう／頤脱　あごが外れる／頤令　頤指

↓解頤・期頤・垂頤・朶頤・脱頤

【噫】16 6003　イ　アイ　ああ　なげく

篆文

形声　声符は意（意）。〔説文〕二上に「飽食して息するなり」とあって、「おくび」の意とする。意は神の音ずれに感動するときの語で、感動詞にも用いる。のち噫が分化した。

訓義　1ああ。2なげく。3おくび。

古訓〔名義抄〕噫　ア・アツ・アハレブ・イタム・ナゲク・カナシム・タヅヌ〔字鏡集〕噫　アツ・アク・タヅヌ・アハレブ・ヲクス・イタム・イキ・カナシブ・ナゲク

語系　噫・意ia、嘻・譆xiaは声近く、みな感動詞に用いる。

【噫瘖】あいいん　はっきりことばで言えない。瘖は啞。宋・蘇軾〔張安道、近詩を示さる〕詩　遂に兩耳を掩はんと欲す　文に臨みて但だ噫瘖するのみ

【噫噎】あいえつ　むせぶ。宋・晁補之〔蘇翰林の、五日揚州石塔寺に茶を烹るに次韻す〕詩　今、公、方丈に食し　玉茗、噫噎を攄ぶ

【噫気】あいき　吐き出す息。おくび、あくび。〔荘子、斉物論〕夫れ大塊の噫氣、其の名を風と爲す。是れ唯だ作る無し。作れば則ち萬竅怒呺す。

【噫嘻】ああ　感嘆する声。〔詩、周頌、噫嘻〕噫嘻成王　既に爾に昭假（昭格）せり　時の農夫を率ゐて　厥の百穀を播け

【噫興】いきよう　神を祭るとき、先ず発する声。神をよび興し、神降ろしする意。わが国では「おお」という。〔儀礼、既夕礼〕聲三たびす。〔鄭玄注〕神を存するなり。～舊說に以て聲噫興と爲す。

【噫欠】あいけん　おくびと、あくび。宋・蘇軾〔東林第一代広慧禅師真賛〕堂堂たる總公、僧中の龍なり。呼吸は雲と爲り、噫欠は風と爲る。

【噫乎】ああ　嘆息する声。〔史記、河渠書〕（瓠子歌）薪の屬がざるは衞人の罪なり　燒けて蕭條たり　噫乎、何を以てか水を禦がん

↑噫啞　烏の声／噫鬱　ふさぐ／噫嗚　なげく／噫嚶　泣く／噫戯　ああ／噫嘘　嘆息／噫嗟　ああ

↓五噫・嘆噫・長噫・憂噫・余噫

【縊】16 2891　イ　くびる　くくる

篆文

形声　声符は益（益）。益に糸を結ぶ形と、水の溢れる形と二系があり、縊は糸を結ぶ形。強く搤る、縊死に用いることが多く、〔説文〕十三上に「經るなり」という。

訓義　1くびる。自らくびるを縊といい、他をくびるを搤という。2くくる、縄をつなぐ。

古訓〔新撰字鏡〕縊　絞る、經る、久比留（くびる）〔名義抄〕縊　クビル・クビレヌ

参考　糸を結ぶ形に従うものは搤・嗌・螠・隘。みな、扼して狭

隘の意をもつ字である。

【縊殺】首をしめて殺す。絞殺。〔公羊伝、僖元年〕夫人姜氏、夷（斉の地）に薨ず。齊人以て歸る。～（斉の）桓公、召して之れを縊殺す。

【縊死】首をくくって自殺する。〔後漢書、方術、費長房伝〕家人之れを見るに、卽ち長房の形なり。以て縊死せりと爲して～遂に之れを殯葬す。長房其の傍らに立てるも、之れを見る莫きなり。

↑縊刑　絞刑／縊痕　縊首の縄あと

↓絞縊・逼縊・刎縊

常 【緯】 16 2495 〔緯〕 15 2495 イ（ヰ） よこいと

篆文 

形声 声符は韋。韋は圍（囲）の初文で、口（城郭）の上下をめぐる形。上は左へ、下は右への足（止）の形。そのように織物の横糸をめぐらすことを緯という。〔説文〕十三上に「織る横絲なり」とみえる。

訓義 ①よこいと。②よこ、いと、おる。③すじみち。④東西を緯、南北を経という。

古訓 〔名義抄〕緯　ヌキ・メグル・マフ・タテ　〔篇立〕緯　ヌキ・オル・イト・オルイト・メグル・アム・タテ

語系 緯・葦（葦）・違（違）hiuəi は同声。回 huəi も声義が近い。

【緯書】経書に付会して、未来のことを予言した書。〔礼記、王制、疏〕公羊、六國の時に當り、孔子を去ること既に遠く、緯書世に行はる。

【緯讖】緯書。讖は図讖。ことの前兆としてあらわれるもの。〔隋書、経籍志一〕孔子既に六經を敍べ、以て天人の道を明らかにす。～故に別に緯及び讖を立てて、以て來世に遺す。

↑緯繣　もとる／緯侯　讖緯／緯車　糸車／緯術　緯書の術／緯象　天文／緯蕭　すだれ／緯世　経世／緯説　緯書説／緯俗　匡俗／緯図　緯書図讖

↓経緯・讖緯・地緯・図緯・南緯・符緯・北緯・絡緯・六緯

人 【謂】 16 0662 イ（ヰ） なづける　いう　おもう

篆文  金文  石鼓文 

形声 声符は胃。〔説文〕三上に「報ずるなり」とするが、もとは「名づける」意であったと思われる。東周の〔吉日剣〕に「朕余れ之れに名づけて～と胃（謂）ふ」とあって、胃を用いる。曰・云と声近く、通用の字である。

訓義 ①名づける、むね、いわれ。②いう、つげる、となえる、思うところをいう。③おもう、心のうちにおもう。以・為と通ずる。④謂何は如何。

古訓 〔名義抄〕謂　イフ・イハク・ノタマハク・カタラフ・モノガタリ・オモフ・タメ・ノブ・ツトメ／所謂　イハユル／無謂　イハレ

語系 謂 hiuət、曰 hiuat、云 hiuən は声義が近い。以 jiə、爲（為）hiuai も声義の近い語である。

【謂何】何といおうぞ。〔詩、小雅、節南山〕赫赫たる師尹　不平、何とか謂はん

【簃】 17 8892 〔誃〕 13 0762 イチ わきべや

篆文 

形声 声符は移。〔説文新附〕五上に「閣邊の小屋なり」とあり、誃と通用する。移に延及の意があり、閣に連なる建物をいう。

訓義 ①わきべや。②のち、書屋の雅号に用いる。

古訓 〔篇立〕誃　ハナル

語系 移・施 jiai は同声。延（延）jian と声義が近い。誃は㢌・侈 thjiai と同声で、侈大の義がある。

【簃台】台の名。逃責の台。誃台。〔太平御覧、一七七に引く帝王世紀〕周の赧王～民に貰り、以て之れを歸す無し。乃ち臺に上りて以て之れを避く。故に周人、因りて其の臺を名づけて、逃債の臺と曰ふ。洛陽南宮の簃臺、是れなり。

【闈】 17 7750 イ（ヰ）キ こかど

篆文 

形声 声符は韋。韋に囲む意がある。〔説文〕十二上に「宮中の門なり」とあり、建物と建物とを相通ずる小門をいう。

訓義 ①こかど。

古訓 〔字鏡〕闈　コカド・オ、ヤケカド・シキア・（ヰ）

【闈闥】王宮中の小門。〔三輔黄図、六、雑録〕闈闥は宮中の小門なり。

【闈門】宮中の往来の門。〔礼記、雑記下〕夫人至るときは、闈門より入り、側階より升る。

↑闈墨　郷試合格の答案／闈閾　宮門の中

↓宮闈・禁闈・重闈・春闈・庭闈

【餧】 17 8274 〔餒〕 16 8274 イ（ヰ）ダイ かう　うえる　くさる

篆文 

形声 声符は委。〔説文〕五下に「飢うるなり」とし、「一」に曰く、魚の敗るるを餧と曰ふ」とする。〔玉篇〕に「飼ふなり」、〔広雅、釈詁三〕に「食なふなり」とあり、それが本訓であろう。乏餧を飢という。

訓義 ①かう、やしなう。②食料、たべもの。③うえる。④すえる、くさる。

古訓 〔名義抄〕餧　ウフ（ウ）・クヒモノ・カフ・クラフ／餒　ウフ（ウ）・タクハフ・トモシ　〔字鏡集〕餧　クサシ・クラフ・ヱフ・クヒモノ・トモシ・ウフ（ウ）・カフ・ウヱタリ

【餧虎】虎に食わせる。〔漢書、陳余伝〕倶に死せざる所以は、～秦に報ぜんと欲すればなり。今倶に死せば、肉を以て虎に餧はしむるが如し。

【餧獣】獣に食わせる。〔礼記、月令〕（季春の月）是の月や～田獵の罝罘・羅網・畢翳（兎網と被い）、獸に餧はしむ藥、九門より出だす毋かれ。

↑餧死　饑死／餧食　養う／餧毒　毒殺／餧馬　饑馬／餧養　飼養

↓萎餧・餓餧・寒餧・気餧・饑餧・救餧・窮餧・魚餧・荒餧・困餧・充餧・瘠餧・大餧・貪餧・凍餧・疲餧・乏餧・療餧・羸餧

【鮪】 17 2432 イ（ヰ）ユウ（イウ） しび　まぐろ

篆文 

形声 声符は有（有）。〔詩、衛風、碩人〕に「鱣鮪發發たり」とあり、川魚と思われる。陸璣の〔毛詩草木鳥獣虫魚疏、下〕に「鮪魚、形は鱣に似て、色は青黑、頭小にして尖り、鐵兜鍪に似たり。口亦た頷下に在り」とみえる。

訓義 ①しび。②まぐろ。③川の名。

古訓 〔新撰字鏡〕鮪　伊留加（いるか）〔名義抄〕鮪　シビ・ハニコヒ・イキス　〔字鏡〕鮪　ヰ、シビ・イキス・ハエ・コヒ・シビ　〔字鏡集〕鮪　シビ・ハエ

↓鱣鮪

【彝】 18 2744 イ のり　つね

篆文  古文  甲骨文  金文 

会意 鶏に廾（両手）を加え、羽交いじめにする形。その鶏血を以て清めた祭器を彝器という。器名としてはそのうらの酒器をいう。〔説文〕十三上に「宗廟の常器なり」とし、字形について「糸に從ふ。糸は綦なり。廾（両手）は持、米は器中の實なり。

彑聲。此れ爵と相似たり」(小徐本)というが、秦以後の譌形によって説くもので、卜文・金文の字形に明らかなように、米・糸を含む字形ではない。

【訓義】①祭器、酒器。②祭器として定められたもので、のりの意となる。③法則として用いる常法、つね。

【古訓】〔名義抄〕彝 ノリ・ツネ・チカシ・トモ・ヒツ

【参考】金文に祭器を作るとき「寶障彝を作る」という。〔詩、大雅、烝民〕「民の彝を秉る」は常法、西周の金文〔班𣪘〕に「彝に在り」の語があり、常の意。「民の彝」を〔孟子、告子上〕に「民の夷」に作り、彝・夷は通用する。彝・夷 jiei は同声。

【彝器】祭器。〔左伝、昭十五年〕諸侯の封ぜらるるや、皆明器を王室に受け、以て其の社稷を鎭撫す。故に能く彝器を王に薦む。

【彝訓】常に守るべき教訓。〔書、酒誥〕小子、惟れ土物を愛し、厥の心を臧くし、祖考の彝訓を聰聽せよ。

【彝式】手本。〔隷釈、七、泰山都尉孔宙碑〕是に於て故吏門人、乃ち共に名山に陟り、嘉石を采り、銘を勒して後に示し、彝式有らしむ。

【彝倫】人の常に守るべき道。〔書、洪範〕帝乃ち震怒し、洪範九疇を畀へず。彝倫攸て斁る。鯀則ち殛死す。禹乃ち嗣ぎて興る。天乃ち禹に洪範九疇を錫ふ。彝倫攸て敍ぶ。

↑彝経 常典/彝憲 常法/彝酒 常に酒を飲む/彝準 常法/彝叙 常法/彝章 常法/彝制 常制/彝鼎 礼器/彝典 常道/彝法 常法/彝理 常理/彝量 標準の量器

↓宗彝・尊彝・鼎彝・匪彝・秉彝・民彝

【誃】 18 0762 イ シチ

【形声】声符は移い。〔漢書、諸侯王表序〕「幽・平より後、日に以て陵夷し、～逃責の臺有り」の〔注〕に「劉德曰く、洛陽南宮の誃臺、是れなりとと」とあり、周の赧王が債を逃れたところであるという。

【訓義】①うてなの名、誃台。②門の名、誃門。③誃と通じ、わかれる。④簃と通じ、宮室相連なる。

【古訓】〔名義抄〕誃・謻 ハナル 〔篇立〕誃 ハナル

【誃台】逃責の台。〔太平御覧、八十五に引く帝王世紀〕(赧)王、天子の位に居ると雖も、諸侯の侵逼する所と爲り、～多く民に貰り、以て之れを歸す無し。乃ち臺に上りて以て之れを避く。故に周人、因りて其の臺を名づけて逃債の臺と曰ふ。洛陽南宮の誃臺、是れなり。

↑誃塘 支塘/誃堂 別館/誃門 別門/誃廊 別出の廊

【韙】 18 6480 〔愇〕 12 9405 イ(ヰ) よい

篆文

籀文

【形声】声符は韋い。韋に圍(囲)・違(違)系統のものと、韋皮系統のものとがあるが、韙は煒・韡・偉(偉)と同じく、韋皮の美しい意を承ける字であろう。〔説文〕二下に「是なり」、〔左伝、隠十一年〕に「五不韙を犯す」とあり、不韙とは不正をいう。

【訓義】①よい、ただしい。②よろこぶ。

【古訓】〔名義抄〕韙 コレ・ヨル(シ)/不韙 ヨカラズ

【参考】〔説文〕二下に籀文として愇をあげている。女部十二下に「媁は、説ばざる皃」とあり、〔玉篇〕〔広韻〕に愇を怨恨の意とする。韙 hiuai と愇・媁 yuai とは、おそらく別の語であろう。

↓不韙

【黟】 18 6732 イ エイ こくたん くろい

篆文

【形声】声符は多た。多に侈しの声がある。〔説文〕十上に「黑木なり」とあり、黒檀。また烏文木ともいう。〔古今注〕に「烏文木は波斯國に出づ」、また〔南方草木状〕に「文木樹、高さ七八丈、色正黑にして水牛角の如し」とみえる。

【訓義】①こくたん。②くろい。③また、黝に作る。

【古訓】〔名義抄〕黟 オホシ

【黟然】黒いさま。宋・欧陽脩〔秋声の賦〕宜なり、其の渥然として丹き者は槁木と爲り、黟然として黑き者(髪)は星星(まっ白)と爲ること。奈何ぞ金石の質に非ずして、草木と榮を争はんと欲するや。

【壝】 19 4513 イ(ヰ) だん

【形声】声符は遺(遺)い。〔玉篇〕に「猶ほ壇のごときなり」とあり、祭壇の前に土盛りしたところ。周囲に埒らを設ける。祭の庭。

【訓義】①だん。②らち。

【古訓】〔名義抄〕壝 ツクル/壝 トコロ・ホトリ 〔字鏡集〕壝 ツチツクル・マガキ・ホトリ・クヅル・ヒトシ・トコロ・ニハ

【壝埒】祭の庭。祭場のかき。〔魏書、礼志一〕(天興)二年正月、帝親しく上帝を南郊に祀り、始祖神元皇帝を以て配す。壇を爲くりて四陛を通じ、壝埒三重を爲る。天位其の上に在り。

↑壝宮 行在/壝牆 外垣/壝壇 祭場

↓外壝・社壝・壇壝・内壝

【韡】 21 4455 イ(ヰ) うつくしい

篆文

【形声】声符は韋い。〔説文〕六下に「盛なり」とし、〔詩、小雅、常棣〕の句を引く。韋は韋皮。なめし皮の光沢ある意を承け、華の盛美なさまをいう。

【訓義】①うつくしい、さかんなさま。②さかえる。

【古訓】〔名義抄〕韡 ウルハシ 〔字鏡集〕韡 ウルハシ・サカリナリ・ヨイカナ・ヨシ・アヤシ・アヤシム

【語系】韡・煒・韙 hiuai は同声。声義の近い語である。

【韡韡】花の美しく盛んなさま。〔詩、小雅、常棣〕常棣の華 鄂不(萼柎)韡韡たり

【韡萼】花が群がり咲く。〔文心雕竜、才略〕楨幹の實才は、群華の韡萼たるに非ざるなり。

【韡曄】明るくかがやくさま。魏・曹植〔鼙舞歌、聖皇篇〕楽府 車服齊整して設け 韡曄天精に耀く

↓萼韡・斐韡

【饐】 21 8471 イ エイ エツ すえる むせぶ

篆文

【形声】声符は壹(壱)い。〔説文〕五下に「飯、溼し(濕)に傷むなり」とみえる。壹は壺中のものが醞釀し、熱気にむれてすえる意。

【訓義】①すえる。②噎に通じ、むせぶ。

【古訓】〔篇立〕饐 モタユ・ムセフ 〔字鏡集〕饐 ムス・ムカツク・フサグ・ミテリ・ウレフ・サクリ

【語系】饐・噎・咽 yet は同声。咽 yen、嚥 yan、嗌 ick はまた同系の語である。

【饐餲】むれてくさる。〔論衡、商虫〕穀の乾燥せる者には蟲生ぜざるも、温濕饐餲せるには、蟲生じて禁ぜず。

【饐死】のどがつまって窒息して死ぬ。〔呂覧、蕩兵〕夫れ饐を以て死する者有るも、天下の食を禁ぜんと欲するは、悖れり。

【懿】 22 4713 イ よい うつくしい

篆文

金文

【会意】字はもと歕に作り、亞(亜)+欠。亞は壺、壺中の美酒を飲む形。神に薦める美酒をいう。〔説文〕十下に「專久にして美

なり」とし、恣の省声とするが、恣はのちの誤った形で、壹(壱)がその声。壹も、もと亞に従い、壺の形であった。恣も、欠が初形。美酒を飲んで、神人相楽しむことを懿という。金文に「歅徳」「歅釐」のように、神霊の徳をたたえる語として用いた。

訓義 1よい、うつくしい。神意にかなう意であるから、懿徳・懿釐のように用いる。

古訓 〔字鏡集〕懿 ヨシ・ヨミス・ウヤマフ・ネコフ・ミル・ヒサシ・ヲホイナリ・ハルカナリ・モハラ・ウレウ

語系 懿 yet は壹 iet、噎 yet と同系。強い酒を飲むときの感触をいう語のようである。壹は酒のむれる形。

参考 〔国語、楚語上〕の「懿戒」は〔詩、大雅、抑〕をさす。抑 iet は懿 yet と声が近く、通用した。

【懿戒】(いかい) よい戒め。〔詩、大雅、抑〕の篇。〔国語、楚語上〕昔、衞の武公、年數九十有五なり。猶ほ國に箴儆す。～是に於てか、懿戒を作りて以て自ら儆む。

【懿親】(いしん) 情愛のある近親。〔左伝、僖二十四年〕是くの如くんば、則ち兄弟に小忿有りと雖も、懿親を廢せず。

【懿徳】(いとく) すぐれた徳。〔顔氏家訓、文章〕昔より天子にして才華有る者は、唯だ漢武、魏の太祖・文帝・明帝、宋の孝武帝のみ。皆世議に負き、懿徳の君に非ざるなり。

【懿範】(いはん) 立派な手本。唐・王勃〔滕王閣の序〕宇文新州の懿範、襜帷暫らく駐まる。

【懿文】(いぶん) 立派な文。唐・白居易〔裴度を中書舍人に除する制〕裴度、茂學懿文を以て、訓誥を潤色す。體要典麗、甚だ其の宜を得たり。

↑懿懿 美しい/懿規 善法/懿訓 善訓/懿行 徳行/懿士 善士/懿旨 皇后の令旨/懿事 美事/懿淑 淑善/懿戚 懿親/懿度 大度/懿美 美しい/懿風 美風/懿文 美文/懿望 人望

↓淵懿・雅懿・淑懿・純懿・淳懿・親懿・清懿・忠懿・貞懿

イキ

常

【域】

11 / 4315

イキ(ヰキ)
ちいき くいき かぎる くぎる

篆文

金文

形声 声符は或。〔説文〕十二下に或の重文として域を出だし、「邦なり。口に從ひ、戈に從ひ、以て一を守る。一は地なり」という。或は口(城邑)を戈で守る形で、國(国)の初文。その邑居の区域を域という。

訓義 1ちいき、くいき。2そのように地域を限定することをいう。かぎる、くぎる。3特定の区域、墓域などをいう。

古訓 〔名義抄〕域 サカヒ・カギル・シナ・タモツ 〔字鏡集〕域 サカヒ・カギル・ヰル・タモツ・ツカ・シナ

語系 或 hiuək は有(有) hiuə に対して限定することを意味し、域 hiuək、國 kuək はその声義を承ける字である。口・韋・圍(囲) hiuəi は口を衞り、囲む意。また或・域と関連する語である。

【域外】(いきがい(ゐきぐわい)) 一定の場所の外。境外。国外。梁・簡文帝〔大愛敬寺刹下銘〕功、域外に超え、道、寰中に邁ぐる所以を思ふ。

【域中】(いきちゅう(ゐきちゆう)) 世の中。宇内。国中。〔老子、二十五〕道大なり、天大なり、地大なり、王も亦た大なり。域中に四大有り。而して王は其の一に居る。

【域内】(いきない(ゐきない)) 一定の地域の中。清・黄宗羲〔万里、兄を尋ぬる記〕長伯震、外に商し、十年を踰ゆるも歸らず。～作ちて曰く、吾が兄、域内に在るに過ぎず。吾が兄至るべし。吾れ何ぞ獨り至るべからざらんやと。屩を躡んで門を出づ。

↑域域 浅狭のさま/域兆 墓地

↓異域・禹域・塋域・遠域・遐域・海域・界域・外域・寰域・旧域・境域・疆域・区域・芸域・広域・荒域・国域・西域・殊域・浄域・職域・神域・人域・水域・聖域・絶域・壇域・地域・肇域・土域・統域・日域・辺域・方域・邦域・封域・流域・陵域・領域・霊域

イク

常

【育】

8 / 0022

〖育〗 7 / 0022

［毓］ 13 / 8051

イク(ヰク)
そだてる やしなう

篆文

甲骨文

金文

会意 𠫓+月(肉)。𠫓は生子の倒形。生まれるときのさま。月(肉)は限定符的に加えたものか、或いは肉を供して養育の意を示したものであろう。〔説文〕十四下に「子を養ひて、善を作さしむるなり」とし、字を肉(肉)声とするが、形声の字ではない。また重文として毓をあげる。毎は婦人の姿。㐬は生まれた子の頭髪のある形。育・毓はいずれも子の生まれる形を含む字で、養育の意。毓は卜文にもみえ、育の初文で、その象形の字である。

訓義 1うむ、そだてる、そだつ。2やしなう。

古訓 〔字鏡集〕育 ウム・ハク、ム・ヤシナフ・ヒト、ナル・イトケナシ・チカシ・カクス・オホフ

語系 育 jiuk は畜 thiuk と声義近く、畜養の義がある。粥 jiuk は育と同声。賣 jiok と声義が通じ、粥を売る義に用いることがある。

【育育】(いくいく(ゐくゐく)) 活潑なさま。〔管子、小問〕詩に之れ有り。浩浩たるは水 育育たるは魚 未だ室家有らず 而ち安くんぞ我を召して居らんやと。

【育英】(いくえい(ゐくえい)) 英才を教育する。〔孟子、尽心上〕君子に三樂有り。而して天下に王たるは、與り存せず。～天下の英才を得て之れを教育するは、三の樂しみなり。

【育成】(いくせい(ゐくせい)) 養い育てる。北魏・高允〔岱宗を祭る文〕神怪譎詭、倏忽百靈、風雲を吐納し、萬品を育成す。攝生の歸する所、禎祥の萃まる所なり。

【育孕】(いくよう(ゐくよう)) 子を生む。〔魏書、崔光伝〕將に元愉の妾李氏を刑せんとす。～李、今懷妊す。～乞ふ、李の獄を停めて、以て育孕するを俟たん。

【育養】(いくよう(ゐくやう)) 育て養う。〔三国志、蜀、杜微伝〕且らく以て境を閉ぢ農を勸め、民物を育養せん。

↑育鞠 つらい暮し/育才 育英/育材 育英/育徳 徳を養う

↓愛育・化育・涵育・鞠育・教育・煦育・訓育・薫育・恵育・飼育・字育・滋育・孳育・生育・成育・体育・胎育・知育・長育・徳育・発育・蕃育・扶育・孚育・傅育・撫育・覆育・保育・孕育・養育

常

【昱】

9 / 6010

イク(ヰク) ヨク
あきらか あくるひ

篆文

形声 声符は立。立に翌(翌)・㕸の声がある。古くは翌日の翌に用いたが、のち日の明らかの意に用いる。〔説文〕七上に「明日なり」とあり、〔玉篇〕に「日明らかなるなり」とあって、煜の義とする。煜の初文であろう。

訓義 1あきらか。2あくるひ。

古訓 〔新撰字鏡〕昱 明らかなり。曉、弖留(てる)。又、阿支良加尓(あきらかに) 〔名義抄〕昱 ヒカリ・ヒカル・テル・アキラカニアリ

声系 煜は昱声。〔説文〕十上に「熠くなり」とする。

【昱奕】(いくえき(ゐくえき)) 明るく耀く。南朝宋・謝霊運〔長歌行〕楽府 倏爍として夕星流れ 昱奕として朝露團かなり

【昱耀】(いくよう／ゐくえう) 明るく輝く。梁・武帝〔上雲楽、鳳台曲〕楽府 羽衣昱耀として 春吹き去りて復(ま)た留まる

↑昱昱(いくいく) 光りかがやくさま。昱耀

↓晃昱・焜昱

人 【郁】 9 4722 イク(ヰク) うつくしい

篆文 

形声 声符は有(有)(ゆう)。もと地名。〔説文〕六下に「右扶風、郁夷なり」という。彧(いく)・戫(いく)と通用し、その義に用いる。

訓義 1うつくしい、あや。2さかん、かぐわしい。3あたたかい。以上すべて通用の義。4地名。

古訓 〔名義抄〕郁 サカ(リ)ナリ・アキラ(カ)ナリ・タスク／郁々 マダラカナリ／郁子 ムベ

語系 郁・彧・戫 iuək は同声。蔚・鬱 iuət、蘊 iuən、苑(苑) iuan と声近く、茂盛・あたたかの意がある。

【郁郁】(いくいく／ゐくゐく) 文物の盛んなさま。香気のあるさま。奥深くつつましいさま。〔論語、八佾〕周は二代に監(かんが)みて郁郁乎として文なる哉。

【郁烈】(いくれつ／ゐくれつ) 烈しい香気。魏・曹植〔洛神の賦〕椒塗の郁烈たるを践(ふ)み 蘅薄の流芳に歩す。

↑郁靄(いくあい) たちこめる／郁夷(いくい) 憂える／郁毓(いくいく) 茂る／郁然(いくぜん) 美しいさま／郁馥(いくふく) かぐわしい／郁氛(いくふん) 郁馥／郁文(いくぶん) 文物さかん／郁穆(いくぼく) 和らぐ

↓鬱郁・淑郁・醲郁・馥郁・芬郁・紛郁・芳郁

【彧】 10 5310 ［戫］ 16 4325 イク(ヰク) うつくしい

篆文 

形声 正字は戫に作り、彧(いく)声。〔詩、小雅、信南山〕に「黍稷彧彧たり」とあり、穀物の実るさまをいう語である。彡(さん)は穆の従うところと同じく、穆も穀物の実るさまをいう。もと「黍稷彧彧」のように用いる字。のち文物の美をいう。

訓義 1茂盛のかたち。2うつくしいさま、文章のあるさま。3郁と通用する。

古訓 〔字鏡集〕彧 シゲシ・カザル

語系 彧(戫)・郁 iuək は同声。蔚・鬱 iuət、蘊 iuən、苑(苑) iuan と声近く、もと茂盛を原義とする字である。

【彧彧】(いくいく／ゐくゐく) 盛んに茂る。〔詩、小雅、信南山〕疆場(きやうえき) 翼翼たり 黍稷彧彧たり 曾孫の穡(しょく) 以て酒食と爲す

↑戫汩(いくいつ) 風などの疾いさま／彧蔚(いくうつ) 美しい

↓芃彧・曼彧・謾彧

【毓】 13 8051 ［育］ 7 0022 イク(ヰク) そだてる やしなう

篆文 金文 甲骨文 

会意 毎(毎)＋㐬。毎は髪飾りを整えた婦人。㐬は子の生まれ落ちる形。子が生まれたことを廟に告げる儀礼。養育の意となる。字はまた育に作る。

訓義 1そだてる。2やしなう。

古訓 〔字鏡集〕毓 ムマル・マヅヒト・ナル・ヤシナフ・ホカト・ヨシ

語系 毓(育) jiuk は畜 thiuk と声義近く、畜養の義がある。

＊語彙は育字条参照。

【毓徳】(いくとく／ゐくとく) 徳を養う。南朝宋・顔延之〔皇太子釈奠会の作、九章、一〕詩 道を稟(う)けて徳を毓(やしな)ひ 藝を講じて言を立つ

【毓養】(いくよう／ゐくやう) 育て養う。魏・嵇康〔琴の賦〕或いは徘徊して顧慕し、擁鬱(ようつ)抑按し、盤桓(ばんかん)として毓養し、従容として祕翫す。

↑毓物(いくぶつ) 物を育てる

↓産毓・蓄毓・孕毓・養毓・擁毓

【煜】 13 9681 イク(ヰク) かがやく

篆文 

形声 声符は昱(いく)。〔説文〕十上に「熠(かがや)くなり」、〔玉篇〕に「火焰なり。盛なる皃なり」とあり、火焰の輝くことをいう。

訓義 1かがやく。2ほのお。3火のかがやくさま。

古訓 〔名義抄〕煜々 ―トテリアキラカニシテ

【煜煜】(いくいく／ゐくゐく) 光り輝く。宋・蘇軾〔二十七日～南山中蟠竜寺に宿る〕詩 谷中、暗水響くこと、瀧瀧(ろうろう)たり 嶺上の疎星、明るきこと煜煜たり

【煜霅】(いくこう／ゐくかふ) 光り輝く。〔漢書、叙伝上〕游説の徒、風颺(ふうやう)電激、並びに起ちて之れを救ふ。其の餘、猋飛(ひょう)景附、其の閒に煜霅する者、蓋(けだ)し勝(あ)げて載すべからず。

【煜爚】(いくやく／ゐくやく) 光り輝く。漢・辛延年〔羽林郎〕楽府 銀鞍、何ぞ煜爚たる 翠蓋、空しく跱躇(ちちょ)す

↑煜煒(いくい) 光り輝く／煜明(いくめい) 明るい／煜熠(いくゆう) 輝く／煜耀(いくよう) 輝く

↓暐煜・霅煜・炳煜・熠煜・曄煜・耀煜

【賣】 15 4080 ［賣］ 17 4080 イク(ヰク) つぐなう うる うりあるく

篆文 金文 

会意 金文の字形は眚(せい)の省文と貝とに従う。眚(わざわ)いを救うために貝を提供する意で、贖罪(しょくざい)を原義とする。〔説文〕六下に「衒(てら)ふなり」とし「貝に從ひ、𡏳聲、𡏳は古文睦、讀みて育(いく)の若(ごと)くす」というが、形も声も確かでない。〔玉篇〕に「或いは粥(しゅく)・鬻(いく)に作る」という。声符としては、瀆(とく)・贖(しょく)・覿(てき)の音に用いる。

訓義 1つぐなう。2贖罪のとき、その贖物を誇称することが多く、それで売りこむことを衒鬻(げんいく)という。鬻と賣とは通用の字。うる、うりあるく。

古訓 〔名義抄〕賣 ウル・イソク／儥 ウル 〔字鏡集〕賣 テラフ・アラソフ・ナカレ

声系 儥・贖・續(続)・竇・讀(読)・黷は、みな賣声に従い、その声義を承ける字である。

語系 賣 jiok、鬻 jiuk は声近く、通用する。〔荘子、逍遥遊〕「今一朝にして技を百金に鬻(ひさ)ぐ」、〔楚辞、九思、疾世〕「衒鬻せんと欲するも取る莫(な)し」のように、いくらか詐欺的要素を含む。〔説文〕に「賣は衒(てら)ふなり」とあり、売りあるく意である。

【戫】 16 4325 イク(ヰク) うつくしい

篆文 

形声 声符は彧(いく)。彧がその初文。のち戫となり、郁となる。〔説文〕七上に有部に属し、「文章有るなり。有に從ひ、𢧢聲」とするが、𢧢(彧)は戈に呪飾を施した形、戫は彧の繁文とみるべき字で、有(有)がその声となる。ゆえに、また字を郁に作る。〔論語、八佾〕「周は二代に監(かんが)みて郁郁乎として文なる哉(かな)」の郁を、〔汗簡〕に載せる〔古論語〕に戫に作る。彧・戫・郁は三字みな同じく、古今の字である。

訓義 1うつくしい。

【澳】 16 3713 イク(ヰク) オウ(アウ) くま ふかい おき

篆文 

形声 声符は奥(奥)(おう)。〔説文〕十一上に「隈厓なり。其の内を澳と曰ひ、其の外を隈と曰ふ」とあり、水の深く湾入するところをいう。

訓義 1くま。2ふかい。3おき。沖や澳を「おき」の意に用いるのは、国語の用法である。

古訓〔名義抄〕澳 ホトリ 〔字鏡集〕澳 クマ・ホトリ・ウシホ
語系 澳・奥・隩uk は同声。窔・幽yu、杳yôも声近く、みな奥深いところをいう。奥は室内の神を祀る所である。
【澳溟】深く暗い。梁・何遜〔七召〕深潭の澳溟に至り、洞室の穹崇たる有り。
↑澳港 みなと/澳汩 しずむ/澳清 澄む
↓限澳・江澳・港澳

【燠】 17 9783 イク(ヰク) オウ(アウ) あたたかい

篆文 

形声 声符は奥(奧)。奥は釆(獣の膰)を供える所で、室の西南隅。ここに神を祀り、炉をおいた。それで温暖の意がある。〔説文〕十上に「熱、中に在るなり」とみえる。
訓義 ①あたたかい、あつい。②隩と通じ、奥にいる。
古訓〔名義抄〕燠 アタ、カナリ 〔字鏡集〕燠 アタ、カナリ・アツシ・ヤク
語系 燠iuk、溫(温)uən、熅iuən、鬱iuət は声義が近い。
【燠寒】寒温。寒暖。〔礼記、内則〕衣の燠寒と疾痛苛癢とを問ひ、敬(つつし)みて之れを抑搔す。
【燠休】なぐさめ安んずる。〔左伝、昭三年〕民人痛疾あるときは、之れを燠休すること或り。
↑燠燠 あたたかい/燠炎 炎熱/燠温 あたたかい/燠館 浴室/燠炫 かがやく/燠疾 熱病/燠暑 むし暑い/燠煖 あたたかい/燠沐 温暖
↓安燠・鬱燠・炎燠・温燠・寒燠・煖燠・煩燠

【鬻】 22 1722 イク(ヰク) シュク ビ かゆ うる やしなう

篆文 

会意 粥+鬲。粥はかゆ。鬲は蒸し器。鬲で米を蒸し、湯気が両旁に立ちのぼる形。〔説文〕三下に「鍵(か)ゆなり」とみえる。
訓義 ①かゆ。②賣と通用し、ひさぐ、うる。③育と通用し、やしなう。
古訓〔名義抄〕鬻 ニル・ヒサグ 〔篇立〕鬻 ウル・ヒサク・アツカル・タクハヘ・マホル 〔字鏡集〕鬻 ウル・アキノフ・ヒサク・カユ
語系 鬻・粥jiuk、賣jiok は通用。育(育)jiuk は同声。〔詩、豳風、鴟鴞〕「鬻子を之れ閔れめ」は育子、〔礼記、楽記〕「毛ある者孕鬻す」は、孕育の意である。
【鬻徳】徳を施す。〔韓非子、外儲説右上〕宮婦の御せざる者は、出だして之れを嫁せしむ。七十に祿米を受ぐ。徳を鬻ぎて民に惠施するなり。
【鬻文】文を売る。〔旧唐書、文苑中、李邕伝〕中朝の衣冠、及び天下の寺觀、多く金帛を齎らし持して、往きて其の文を求む。~古より文を鬻ぎて財を獲る、未だ邕の如き者有らず。
↑鬻卦 売卜/鬻歌 門つけして歌う/鬻官 売官/鬻挙 不正な手段で合格する/鬻言 忠言/鬻獄 獄中で賄賂を使う/鬻妻 妻を売る/鬻爵 官爵を売る/鬻妾 娼婦/鬻職 官職を売る/鬻売 うりこむ
↓貨鬻・獱鬻・酤鬻・私鬻・自鬻・待鬻・転鬻・売鬻・販鬻・分鬻・孕鬻

イツ

常

【一】 1 1000 〔弌〕 4 4310 イツ イチ ひとつ はじめ もっぱら

篆文 一 古文  甲骨文 一 金文 一

指事 横画一。記号的表示。算木をならべる計算法。卜文・金文では四までは横画を重ね、五は×、十は|で示す。弌は貳(弍)より派生。貳は鼎銘を戈で削り、盟約に貳(たが)う意。その字形を一に適用した。〔説文〕一上に「惟(こ)れ初め太始、道は一に立つ。天地を造分し、萬物を化成す」とし、古文一字を収める。一・二・三を発生論的に解する思考法は、〔老子〕によるものであろう。古文の字形は卜文・金文にみえず、ただ〔㫚鼎(こつてい)〕に「貳(たが)ふ」の字があり、鼎に戈を加えて銘文を削り改める意であろう。のち略して弌に作り、一にも弌の形が作られた。〔古文尚書、文侯之命〕にその字がみえる。

訓義 ①数の一、ひとつ、ひとり、ひとたび。②一よりはじめるので、はじめ。③最小の数であるから、すこし、わずか。④一にまとめるので、すべて、みな、もっぱらの意となる。

古訓〔名義抄〕一 ヒトツ・ヒトリ・トモシ・チヒサシ・モハラ・キハム・オナシ・トモ/一心 コ、ロヲモハラニス/一二 ツバヒラカニ
語系 一・壹(壱)iet は同声。壹は壺中にあるものが醞釀して、その気がなかに充つる意。その充溢したものを一という。鬱・蔚iuət、薀iuən なども同系の語である。

【一握】ひと握り。少し。〔淮南子、原道訓〕夫れ道は、天を覆ひ地を載す。~之れを舒(の)ぶれば六合を幎(おほ)ひ、之れを巻けば一握に盈(み)たず。

【一葦】一葉の葦舟。宋・蘇軾〔赤壁の賦〕白露江に横たはりて、水光天に接す。一葦の如(ゆ)く所を縦(ほしいまま)にして、萬頃の茫然たるを凌ぐ。

【一詠】詩を歌う。魏・嵇康〔声に哀楽無きの論〕各〻をして一詠の歌を發せしめば、~則ち鍾子の徒、各〻其の情を審らかにせん。

【一个】ひとつ。〔国語、呉語〕譬へば群獸の如く然り。一个矢を負はば、將(まさ)に百群皆奔らんとす。王其れ方(みち)の收むる無きなり。

【一箇】ひとつ。一个。〔能改斎漫録、五、弁誤〕偶〻(たまたま)孔毅父の續世說を讀むに、宏靖を引いて曰く、汝が曹、能く兩石弓を挽くは、一箇の字を識るに若(し)かずと。乃ち此の箇字に作る。因りて誤りて丁と爲(つく)れること、疑ふべき者無し。

【一臥】仕官せず、民間で気楽に暮らす。唐・高適〔人日、杜二拾遺(甫)に寄す〕詩 一臥東山、三十春 豈に知らんや、書劍風塵に老いんとは
【一介】わずか。少し。〔孟子、万章上〕一介も以て人に與へず。一介も以て諸(これ)を人に取らず。

【一概】同じに扱う。同一と見る。〔春秋繁露、深察名号〕其の未だ覺(さと)らざるに當りては、善質有りと謂ふべきも、而(なほ)善と謂ふべからず。目の瞑して覺(さ)むると、一概の比なり。

【一覚】夢がさめる。唐・杜牧〔懐を遣(や)る〕詩 十年一覺、揚州の夢 占め得たり、靑樓薄倖の名
【一竿】一本のさお。宋・陸游〔旧に感ず〕詩 回首、壯遊、眞に昨夢 一竿の風月、南湖に老ゆ
【一貫】全体を一つの理で貫く。〔論語、里仁〕子曰く、參(しん)や、吾が道、一以て之れを貫くと。曾子曰く、唯(ゐ)と。子、出づ。門人問うて曰く、何の謂(いひ)ぞやと。曾子曰く、夫子の道は忠恕のみ。

【一簡】ひとつの書札。〔宋書、謝霊運伝論〕一簡の內、音韻盡(ことごと)く殊なり。兩句の中、輕重悉(ことごと)く異なり。此の旨に妙達して、始めて文を言ふべし。

【一気】天地の間の氣。〔荘子、知北遊〕萬物は一なり。~臭腐復(ま)た化して神奇と爲り、神奇復た化して臭腐と爲る。故に曰く、天下を通ずるは一氣のみと。聖人故に一を貴ぶ。

【一奇】めずらしい計。〔旧唐書、魏元忠伝〕布衣韋帶の人、一奇を懷(ふところ)にし、一策を抱きて闕下(けっか)に上書す。朝に進めて夕に召さるるを望むも、何ぞ得べけんや。

【一紀】木星が一周する期間。十二年。〔文心雕竜、神思〕張衡、(両)京を研(みが)くに十年を以てし、左思、(三)都を練

るに一紀を以てす。

【一揆】いっき 揆は法則。道を同じうすること。〔孟子、離婁下〕地の相ひ去ること千有餘里、世の相ひ後るること千有餘歳。志を得て中國に行ふは、符節を合するが若し。先聖後聖、其の揆、一なり。

【一期】いっき いちご ある時期。生涯。晋・袁宏〔三国名臣序賛〕夫れ萬歳も一期、有生の通塗なり。千載に一遇するは、賢智の嘉會なり。

【一簣】いっき もっこ一杯の土。〔論語、子罕〕譬へば山を爲るが如し。未だ成らざること一簣なるも、止むは吾が止むなり。

【一掬】いっきく ひとすくい。両手一杯。唐・李白〔秋浦歌、十七首、一〕詩 遙かに一掬の涙を傳ふ 我が爲に揚州に達せよ

【一去】いっきょ ひとたび去る。〔戦国策、燕三〕荊軻和して歌ひ、～又前すすみて歌を爲りて曰く、風蕭蕭として易水寒し 壯士一たび去りて復た還らず

【一挙】いっきょ ひとたびの行動。〔左伝、襄二十五年〕今甯子は、君を視ること奕棋にも如かず。～九世の卿族、一擧にして之れを滅ぼす。哀しむべき哉。

【一曲】いっきょく 川などが屈折する。唐・杜甫〔江村〕詩 淸江一曲、村を抱きて流る 長夏江村、事事幽なり ⊠音曲の一ふし。魏・嵇康〔山巨源に与へて交を絶つ書〕濁酒一盃、彈琴一曲、志願畢はる。

【一隅】いちぐう 四隅中の一隅。片すみ。〔論語、述而〕一隅を擧げて、三隅を以て反せざれば、則ち復たびせざるなり。

【一計】いっけい ひとつの方策。〔史記、魯仲連伝〕地を裂き封を定め、富陶(魏冄)・衞(商君)に比し、世々孤と稱し、齊と久しく存す。又一計なり。

【一言】いちげん ひとこと。〔左伝、僖二十八年〕楚は一言にして三國を定め、我は一言にして之れを亡ふ。我は則ち禮無し。何を以て戰はんや。

【一顧】いっこ ふりむく。目をかける。〔漢書、外戚上、孝武李夫人伝〕(李)延年～起ちて舞ひ、歌うて曰く、北方に佳人有り 絶世にして獨立す 一顧すれば人の城を傾け 再顧すれば人の國を傾く

【一刻】いっこく ひととき。わずかの時間。宋・蘇軾〔春夜〕詩 春宵一刻、値千金 花に淸香有り、月に陰有り

【一座】いちざ 同席の人。一坐。〔宋書、沈懐文伝〕文義の士畢く集まり、連句詩を爲る。懷文の作る所尤も美にして、辭一座に高し。

【一再】いっさい 一、二度。〔史記、司馬相如伝〕竊かに聞く、長卿之れ(琴)を好むと。願はくは以て自ら娛しめと。相如辭謝し、爲に鼓すること一再行。

【一策】いっさく ある計。画策。漢・揚雄〔解嘲〕今、吾子幸ひに明盛の世に遭ふ。～曾ち一奇を畫し、一策を出だし、上は人主に說き、下は公卿に談じ、～論者當ること莫き能はず。

【一粲】いっさん 一笑する。宋・蘇軾〔鳳翔八観、二、詛楚文〕詩 遼かなる哉、千載の後 我が一笑の粲を發す

【一死】いっし 死ぬ。〔史記、汲鄭伝論賛〕翟公、乃ち大いに其の門に署して曰く、一死一生、乃ち交情を知り、一貧一富、乃ち交態を知り、一貴一賤、交情乃ち見はると。

【一枝】いっし ひとえだ。〔荘子、逍遥遊〕鷦鷯深林に巢ふも、一枝に過ぎず。偃鼠河に飮むも、腹を滿たすに過ぎず。歸休せよや君、予れ天下を用て爲す所无し。

【一字】いちじ 詩文の一字を改めるを、一字の師という。〔詩人玉屑、一字の師〕齊己に～早梅の詩有り、云ふ、前村深雪の裏、昨夜數枝開くと。(鄭)谷曰く、數枝は早きに非ず、未だ一枝に若かずと。齊己覺えず下拜す。是れより士林、谷を以て一字の師と爲す。

【一時】いちじ その当座。ひと時。〔孟子、公孫丑下〕孟子、齊を去る。充虞、路に問うて曰く、～前日虞、諸れを夫子に聞けり。曰く、君子は天を怨みず、人を尤めずと。(孟子)曰く、彼も一時なり。此れも一時なり～と。

【一瀉】いっしゃ 一斉にそそぐ。唐・韓愈〔貞女峡〕詩 懸流轟轟として水府を射る 一瀉百里雲濤を翻す

【一終】いっしゅう ひとめぐり。一曲。〔呂覧、音初〕有娀氏に二佚女有り。～帝、燕をして、往きて之れを視しむ。～燕、二卵を遺して北に飛び、遂に反らず。二女、歌一終を作りて曰く、燕燕往きて飛ぶと。實に始めて北音を作爲す。

【一将】いっしょう(しやう) 一人の将軍。唐・曹松〔己亥の歳、二首、一〕詩 澤國江山、戰圖に入る 生民何の計ぞ、樵蘇を樂しまん 君に憑む、話すこと莫かれ封侯の事 一將功成りて、萬骨枯る

【一縄】いちじょう 一本の縄。〔後漢書、徐穉伝〕我が爲に郭林宗(泰)に謝せよ。大樹將に顚れんとす。一繩の維ぐ所に非ず。何爲れぞ栖栖として、寧處(安居)するに遑あらざる。

【一心】いっしん 心が一致する。ひたすら。専心。〔書、泰誓上〕予に臣三千有るも、惟れ一心なり。

【一酔】いっすい 少し酔う。ひとたび酔う。〔博物志、雑説下〕昔劉玄石～亡來三年、已に葬る。是に于て棺を開くに、醉始めて醒む。俗に云ふ、玄石飮酒、一醉千日と。

【一斉】いっせい そろう。すべて。同時に。〔荘子、秋水〕萬物は一齊なり。孰れか短く、孰れか長き。

【一洗】いっせん 洗い尽くす。唐・杜甫〔丹青引〕詩 斯須(忽ち)にして、九重(宮中)に眞龍出づ 萬古の凡馬を一洗して空し

【一双】いっそう(さう) 一対。一組。〔史記、項羽紀〕我、白璧一雙を持して、項王に獻ぜんと欲す。

【一束】いっそく ひとたばね。宋・陸游〔幽居雑題、四首、二〕詩 久閑、棋格長じ 多病、釣徒疏なり 藥を漬す三升の酒 頭を支ふる一束の書

【一代】いちだい 一生。一世。その時代。唐・杜甫〔酔時歌〕詩 德一代に尊ばるるも、常に坎軻(不遇) 名、萬古に垂るるも、知んぬ何の用ぞ

【一諾】いちだく 承知する。約する。〔史記、季布伝〕黃金百斤を得るは、季布の一諾を得るに如かず。

【一旦】いったん ひとたび。〔後漢書、王符伝〕明察の資、仁義の志有りと雖も、一旦富貴なれば、則ち親に背き舊を捐て、其の本心を喪ふ。

【一簞】いったん わりご。〔論語、雍也〕一簞の食、一瓢の飮、陋巷に在り。人は其の憂ひに堪へざるに、回(顔回)や其の樂しみを改めず。賢なる哉回や。

【一籌】いっちゅう(ちう) 勝負に負けるを「一籌を輸す」という。明・喬宇〔嵩山に遊ぶの記〕白鶴觀に至る。～(客)絶頂に至ること能はず。予れ歸りて顧みて笑うて曰く、若ぢ我に一籌を輸せりと。

【一朝】いっちょう(てう) 一旦。ひとたび。唐・劉希夷〔白頭を悲しむ翁に代る〕詩 一朝病に臥して、相ひ識るもの無し 三春の行樂、誰が邊にか在る

【一擲】いってき ひと思いに投げ出す。唐・呉象之〔少年行〕詩 一擲千金、渾べて是れ膽 家に四壁無きも、貧を知らず

【一途】いっと ひとすじ。ひとつの方法。元・呉澄〔人の武昌に遊ぶを送る〕詩 丈夫落落として、四海に志す 俗士拘拘として、一途を守る

【一統】いっとう ひとすじ。統一する。〔史記、秦始皇紀〕今陛下～天下を平定し、海内を郡縣と爲し、法令一統に由る。上古より以來、未だ嘗て有らず。五帝の及ばざる所なり。

【一派】いっぱ ひとつの流れ。一脈。金・元好問〔自ら写真に題す、二首、二〕詩 一派の春煙、淡くして收まらず 漁家已に許す、扁舟を借ふを

【一杯】いっぱい 一杯の酒。唐・李白〔山中、幽人と対酌す〕詩 兩

人、對酌すれば、山花開く 一杯一杯、復た一杯

【一髪】いっぱつ ひとすじの髪。宋・蘇軾〔澄邁駅通潮閣、二首、二〕詩 杳杳として天低れ、鶻(はやぶさ)沒する處 靑山一髪、是れ中原

【一般】いっぱん 同じ。同様。唐・斉己〔翡翠〕詩 水邊飛び去れば、靑辨じ難し 竹裏歸來すれば、色一般

【一臂】いっぴ 片腕。〔北史、薛道衡伝〕爾光陰晩暮、侍奉誠に勞す。～今爾の去るは、朕一臂を斷らるるが如し。

【一夫】いっぷ 一人の男。匹夫。〔孟子、梁恵王下〕殘賊の人、之れを一夫と謂ふ。一夫紂を誅するを聞けども、未だ君を弑するを聞かざるなり。

【一別】いちべつ 別れる。宋・欧陽脩〔張生を送る〕詩 一別相ひ逢ふ、十七春 頹顏衰髮、互ひに相ひ詢ふ

【一抔】いっぽう ひとつまみ。唐・駱賓王〔李敬業に代つて武氏を討つ檄〕一抔の土、未だ乾かざるに、六尺の孤、安くにか在る。～共に勤王の勳を立て、大君の命を癈すること無かれ。

【一味】いちみ これだけ。ひたすら。宋・陸游〔独り遯菴に至りて暑を避く～〕詩 客來るも笑ふこと莫かれ、茆茨の陋なるを 占め盡す、炎天一味の涼

【一沐】いちもく 髪を洗う。〔史記、魯周公世家〕我一沐に三たび髪を捉り、一飯に三たび哺(口中の食)を吐き、起ちて以て士を待ち、猶ほ天下の賢人を失はんことを恐る。

【一陽】いちよう(やう) 冬至。唐・杜牧〔冬至の日、京使の発するに遇ひ、舍弟に寄す〕詩 遠信、初めて雙鯉の去くに逢ひ 他鄉、正に一陽の生ずるに遇ふ

【一様】いちよう(やう) 同じさま。また一様式。〔滄浪詩話、詩評〕五言絕句は、衆唐人是れ一樣、少陵(杜甫)是れ一樣、韓退之(愈)是れ一樣、王荊公(安石)是れ一樣、本朝の諸公是れ一樣なり。

【一流】いちりゅう(りう) その流派。また第一流。〔人物志、接識〕一流の人は能く一流の善を識り、二流の人は能く二流の美を識る。盡く諸流有り。則ち亦た能く兼ねて衆材を達す。

【一縷】いちる ひとすじの糸。漢・枚乗〔書を上りて呉王を諫むる書〕夫れ一縷の任を以て、千鈞の重きを係く。～甚だ愚なるの人と雖も、猶ほ其の將に絕えんとするを哀しむを知る。

【一路】いちろ ひとすじの路。唐・李華〔春行、寄興〕詩 芳樹人無く、花自ら落つ 春山一路、鳥空しく啼く

↑一意 専心／一雨 ひとあめ／一架 ひとたな／一喝 叱咤／一行 ひとくだり／一局 ひと勝負／一芸 一能／一元 はじめ／一切 すべて／一拶 ひとあしらい／一盞 一杯／一餐 一食／一是 専ら／一次 一回／一宿 一泊／一瞬 瞬間／一場 その場／一新 改まる／一陣 ひとしきり／一隻 片方／一掃 ねこそぎ／一尊 一番尊い／一朵 花ひと枝／一段 ひときわ／一致 合致する／一対 ひとそろい／一天 別天地／一転 一変／一道 一筋／一二 わずか／一念 ひた思い／一斑 一部分／一筆 短い文／一封 封書／一幅 かけもの／一碧 青一色／一偏 片方／一遍 ひと通り／一望 見はるかす／一眸 見渡す／一脈 ひとすじ／一命 命／一面 一方面／一門 一族／一躍 飛びこす／一遊 旅／一覧 一見／一理 ひと理窟／一律 一本調子／一粒 ひとつぶ／一領 ひとかさね／一類 なかま／一例 一様／一列 ひと並び／一聯 対句／一臠 肉一片／一老 老徳の人／一弄 一曲奏す／一楼 楼中／一壟 ひとうね／一籠 ひとかご

↓画一・帰一・貴一・均一・合一・混一・執一・什一・純一・随一・斉一・精一・専一・太一・第一・択一・単一・逐一・貞一・統一・同一・得一・寧一・不一・抱一・方一・唯一・理一

【乙】 1 2771 ［鳦］ 12 2731 イツ つばめ

篆文

仮借 鳦の声符。鳦の字に用いる。甲乙の乙とは別。〔説文〕十二上に「玄鳥なり。齊魯に之れを乙と謂ふ。其の鳴きて自ら呼ぶを取るなり。象形」とするが、象形とはみえず、その鳴き声によって、その鳥を示す仮借の用法とみるべきである。

訓義 ①つばめ。②字はまた鳦に作る。

古訓 〔新撰字鏡〕鳦 鷀、豆波比良古(つばひらこ)〔名義抄〕鳦 ツバクラメ・ツ、

語系 〔説文〕〔玉篇〕の乙部に孔・乳(乳)をあげるが、乙に従う字でない。鳦 eat、燕 ian は声が近い。

↑乙乙 つばめの声

【聿】 6 5000 イツ ふで ここに

篆文 甲骨文 金文

会意 筆の形と又(手)。〔説文〕三下に「書する所以なり」とあり、筆の初文。楚では聿、呉では不律、燕では弗という。〔説文〕にまた字を「聿に従ひ、一聲」とし、〔段注〕に聿一の会意字とする。聿は〔説文〕三下に「手の疌巧なる」ことをいい、巧筆の意であるとするが、疌は、敏捷の捷の初文。敏(敏)・捷はいずれも婦人が祭祀に奔走することをいう字である。

訓義 ①ふで。②遹・越・述・術・遂と声近く、通用によって、したがう。③ここに、の意に用いる。

古訓 〔名義抄〕聿 ツヒニ・ミヅカラ・ノブ〔字鏡集〕聿 フンデ・フミ・ノブ・コトバ・シタガフ・ヲノヅカラ・ミヅカラ・ハジメ・ツヒニ・コレ

語系 聿・遹 jiuat は同声。曰・越・粵 jiuat、遂(遂) ziuat、述(述)・術(術) djiuat は声近く、通用することがある。

【聿懐】いつかい(くわい) 述べて思う。〔詩、大雅、大明〕昭らかに上帝に事へ 聿に多福を懷ふ

【聿脩】いつしゅう(しう) 祖先の徳を述べおさめる。〔孝経、開宗明義章〕大雅(文王)に云ふ、爾の祖を念ふこと無からんや、厥の徳を聿べ脩むと。

【聿遵】いつじゅん 述べしたがう。南朝宋・范曄〔後漢書皇后紀論〕明帝、先旨に聿遵し、宮教頗る修まる。

↑聿越 越える／聿新 一新する／聿追 追述する

【佚】 7 2523 イツ テツ たのしむ みだら

篆文

形声 声符は失。失に泆・軼の声がある。〔説文〕八上に「佚民なり」と、逸民の義とする。失は巫女が祈ってエクスタシーの状態となる形。そのような姿態でたのしむことをいう。

訓義 ①たのしむ。②程度をこえてたのしむこと、みだら。③妷に通じ、うつくしい。④逸に通じ、のがれる。⑤失の意を承けて、あやまる、ゆるがせにする、失う。

古訓 〔名義抄〕佚 アヤマチ・サカリ

語系 佚・軼・逸(逸) jiet は同声。みな逸脱の意がある。脱(脫)は兌に従い、兌もエクスタシーの状態をいう。

＊語彙は逸・軼字条参照。

【佚女】いつじょ(ぢょ) 美しい女。〔楚辞、離騒〕瑤臺の偃蹇たるを望み 有娀の佚女(簡狄)を見る

【佚宕】てっとう(たう) 荒らしまわる。〔穀梁伝、文十一年〕(長狄の)弟兄三人、中國に佚宕す。～叔孫得臣～其の目を射る。身、九畝に横たふ。

【佚蕩】てっとう(たう) おおまか。〔漢書、揚雄伝上〕雄～人と爲り簡

易佚蕩、口吃にして、劇談すること能はず。默して深湛の思ひを好む。

【佚民】 逸民。〔漢書、梅福伝〕昔者、秦二周を滅ぼし六國を夷ぼし、隱士顯はれず、佚民擧げず。三統を絶ち、天道を滅ぼす。

【佚遊】 気ままに遊ぶ。〔論語、季氏〕驕樂を樂しみ、佚遊を樂しみ、宴樂を樂しむは損なり。

【佚予】 気ままに楽しむ。〔漢書、薛宣伝〕(上疏)陛下～躬みに日仄の勞有りて、佚豫の樂しみ亡し。允に聖道を執り、刑罰惟れ中たる。

【佚楽】 あそび楽しむ。〔史記、李将軍伝〕李廣の軍、極めて簡易なり。～而れども其の士卒亦た佚樂し、咸之れが爲に死することを樂しむ。

【佚老】 遁世の老人。宋・蘇軾〔郭熙の画ける秋山平遠〕詩 伊川の佚老、鬢、霜の如く 臥して秋山を看て、洛陽を思ふ

↑佚遺 遺失/佚気 逸気/佚居 遊び暮らす/佚忽 怠る/佚事 逸事/佚失 逸失/佚書 散佚の書/佚怠 怠る/佚畋 遊び狩り/佚文 逸亡の文/佚聞 逸聞/佚飽 佚居飽食/佚冶 たのしむ/佚愉 安楽/佚游 佚遊/佚乱 みだれる/佚労 逸労

↓安佚・遺佚・淫佚・宴佚・驕佚・康佚・散佚・奢佚・輯佚・蕩佚・放佚・愉佚・遊佚・優佚・楽佚・老佚・労佚

常【壱】 7 4071 〔壹〕 12 4010

イツ イチ もっぱら ひとつ

篆文  詛楚文 

象形 旧字は壹に作り、壺中のものが発酵して、その気が中にみちる状態を示す。〔説文〕十下に「專壹なり」とし、吉声とするが、字の初形は吉に従わず、壺中にもののある形。〔詛楚文〕には壺の形に従い、氤氳(気がたちこめる)の象で、壺中に氤氳の気がみちることをいう。

訓義 1もっぱら、みな。2一杯のもの、ひとつ。3同一の関係、ひとし、同じ。4副詞として、ひとえに、ひとたび。5字の本義は、とじる、ふさぐ、むせぶ。

古訓 〔名義抄〕壹 ヒトタビ・ヒトツ 〔字鏡集〕壹 モハラ・ミナ・アツマル・コト〴〵ク・アフ・ヒトツ・ヒトタビ・マコトニ・シカシナガラ

部首 〔説文〕壹部に懿を収め、「專久にして美なり」とするが、もと酒のよく醸成される意であろう。

語系 壹ietは噎・殪・饐・曀yetと声義近く、醞iuənも同系の語。すべて、中にみち、むせぶ意がある。

【壱鬱】 気がふさがる。ひとり憂える。〔漢書、賈誼伝〕已んぬる矣か、國に其れ吾を知る莫し。子獨り壹鬱として、其れ誰にか語らん。

【壱気】 専一純粋の心。一気。〔楚辞、遠遊〕壹氣孔だ神なり 中夜に存す

【壱切】 すべて。おしなべて。一切。〔漢書、趙広漢伝〕廣漢～壹切治理し、威名流聞す。

【壱是】 すべて。専ら。〔大学〕天子より以て庶人に至るまで、壹是に皆身を脩むるを以て本と爲す。其の本亂れて、末治まる者は、否ず。

【壱倡】 祭祀の楽歌に一人が発声し、三人これに和するを、壱倡三歎という。壱唱。〔礼記、楽記〕清廟の瑟は朱弦にして疏越(ゆるやか)に、壹倡して三歎するは、遺音有る者なり。

【壱敗】 負ける。〔史記、高祖紀〕天下方に擾れ、諸侯並び起る。今、將を置くこと善からずんば、壹敗地に塗れん。

↑壱意 専心/壱概 おしなべる/壱匡 一匡/壱献 一献/壱食 会食/壱心 同心/壱湌 一餐/壱定 一定/壱統 一統/壱同 一様/壱飯 一食

↓気壱・粛壱・醇壱・斉壱・誠壱・得壱・寧壱

【佾】 8 2822

イツ

篆文 

形声 声符は𦙍。𦙍に肸の声がある。佾は頭音のkが脱した音。𦙍は肉を分かつ形。〔説文新附〕八上に「舞の行列なり」とあり、佾はその肉を列するように、舞列をなす意であろう。

訓義 1舞の列。2逸と通じ、安んずる。

声系 〔説文〕に𦙍声として肸・屑の二字を収める。𦙍声に、小さく振動するものの意がある。

【佾舞】 佾の舞。〔唐書、礼楽志十二〕女伎をして佾舞を爲さしむ。雄健壯妙なり。孫武順聖樂と號す。

↑佾生 佾舞を学ぶもの

↓羽佾・八佾・六佾

【泆】 8 3513

イツ あふれる ほしいまま

篆文 

形声 声符は失。失に佚・軼の声がある。〔説文〕十一上に「水の蕩泆する所なり」とし、失に蕩逸の意があるとする。失は巫女が狂舞するさま。水の狂蕩のさまを泆という。

訓義 1水があふれる。2人の心意に移して、放泆をいう、ほしいまま。3逸・佚・軼と通用する。

古訓 〔名義抄〕泆 トラカス

語系 泆・佚・逸(逸)・軼jietは同声。淫jiəmも声義が近い。

＊語彙は佚字条参照。

【泆湯】 水がおどりこぼれる。〔荘子、天地〕木を鑿りて機を爲り、後重前輕、水を挈くこと抽くが若く、數きこと泆湯の如し。其の名を槹と爲す。

↑泆然 わがまま/泆宕 泆蕩/泆蕩 放蕩

↓淫泆・決泆・奔泆

常【逸】 11 〔逸〕 12 3730

イツ のがれる はやい たのしむ

篆文  金文 

会意 兔(兎)＋辵。兔を逐い、兎が走りのがれる意。〔説文〕十上兔部に「失ふなり」とあり、逸・失は畳韻の訓。兎はよく走るものであるから、兔を意符に用いた字である。金文の〔陳曼簠〕に「逸康」、〔詩、小雅、白駒〕に「逸豫」など、早くから楽しむ意に用いる。

訓義 1のがれる、かくれる。2早く脱走するので、はやい。3すぐれる、ぬきんでる。4佚と通じて、たのしむ、ほしいまま。5失と通じて、あやまち。

古訓 〔名義抄〕逸 ノガル・マヌガル・スグ・スグル・トク・タチマチ・イサム・オコル・オコク・ヤスシ・ホシイマヽ・ホシキマヽ・ニ・アソブ・ユルク・スサビタリ・ヲトル・アヤマル・アヤマリ・イフリニ・オク・サダム・ホロブ

語系 逸・佚・軼・汩jietは同声。みな、他より早くて、安佚・逸出の意がある。

＊語彙は佚・軼字条参照。

【逸韻】 風雅なあそび。唐・李白〔南陵の常賛府と五松山に遊ぶ〕詩 逸韻、海上を動かし 高情、人閒に出づ

【逸軌】 すぐれたあと。晉・潘岳〔秋興の賦〕群儁の逸軌を仰ぎ、雲漢を攀ぢて以て游騁す。

【逸興】 すぐれた興趣。唐・王勃〔滕王閣の序〕遙吟俯暢、逸興遄やかに飛ぶ。爽籟發して清風生じ、纖歌凝つて白雲

遏まる。

【逸響】いっきょう(きやう) すぐれた音楽。〔文選、古詩十九首、四〕今日、良宴の會 歡樂、具さに陳べ難し 箏を彈じて、逸響を奮ひ 新聲、妙にして神に入る

【逸才】いっさい すぐれた才能。〔後漢書、蔡邕伝〕伯喈(邕)は曠世の逸才にして、多く漢事を識る。當に後史を續成し、一代の大典を爲すべし。～之れを誅するは、乃ち人望を失ふこと無からんや。

【逸士】いっし 世をのがれた人。〔後漢書、逸民、高鳳伝論〕先大夫宣侯(范泰)、嘗て講道の餘隙を以て、逸士の篇を寓す。高文通の傳に至りて、輟めて感有り。

【逸足】いっそく 駿足。〔三国志、蜀、龐統伝〕統曰く、陸子(勣)は駑馬にして、逸足の力有りと謂ふべし。

【逸致】いっち 高尚な趣。〔書断、一、鍾会〕尤も隷書に工みなり。遂に逸致飄然として、凌雲の志有り。

【逸蕩】いっとう(たう) 酒色にふける。遊びほける。〔列子、楊朱〕桀～耳目の娛しむ所を恣にし、～熙熙然として以て死に至る。此れ天民の逸蕩なる者なり。

【逸徳】いっとく 道を誤る。〔書、胤征〕火、崑岡に炎ゆれば玉石俱に焚く。天吏の逸德は猛火よりも烈し。

【逸品】いっぴん すぐれた品格。〔梁書、武帝紀下〕(帝)六藝備さに閑ふ。棊は逸品に登る。

【逸民】いっみん 世に隠れている人。〔論語、堯曰〕滅國を興し、絶世を繼ぎ、逸民を擧ぐれば、天下の民、心を歸す。

【逸予】いっよ あそびたのしむ。〔書、君陳〕爾尚はくは時の周公の猷訓に式り、惟れ日に孜孜として、敢へて逸豫すること無からんことを。

【逸楽】いっらく 気ままに楽しむ。〔史記、伯夷伝〕近世に至るが若き、操行不軌にして、專ら忌諱を犯すも、終身逸樂し、富厚にして累世絶えず。～余甚だ惑ふ。

↑逸異 卓異/逸偉 卓偉/逸格 逸品/逸気 秀逸の気/逸驥 名馬/逸議 高逸の議/逸去 にげる/逸居 佚居/逸群 超群/逸材 逸才/逸思 妙想/逸詩 〔詩〕の逸篇/逸事 逸聞/逸出 にげる/逸情 脱俗/逸態 秀姿/逸宕 無頓着/逸文 佚文/逸聞 逸話/逸味 風味/逸遊 縦遊/逸話 隠れた話

↓安逸・怡逸・淫逸・隠逸・横逸・暇逸・間逸・古逸・高逸・散逸・秀逸・遒逸・俊逸・駿逸・縦逸・清逸・卓逸・超逸・恬逸・蕩逸・任逸・飄逸・風逸・奮逸・放逸・亡逸・奔逸・楽逸・老逸・労逸

【矞】 12 1722 イツ キツ ケツ ただす

篆文 

会意 矛＋冏。〔説文〕三上に字を㕯部に属し、「錐を以て穿つ所有るなり」というが、矛に従ひ、㕯に従ふ。一に曰く、滿ちて出づる所有るなり。矛は穿つためのものではない。また㕯も「言の訥なり」とあり、形義ともに誤る。冏は台座。矛を台座に立てて武威を示し、巡撫査察することを「遹正」という。商(商)も辛を冏上に立てて刑罰権を示し、同構の字である。

訓義 ①遹正、ただす。②おそれおどろく。③譎に通じて、いつわる。

古訓 〔新撰字鏡〕矞 穿つ、滿つ、疾し、飛ぶ 〔名義抄〕矞 ムラカレトブ

声系 〔説文〕に矞声の字として潏・遹・譎・橘・鷸など十三字がある。動詞に用いる字には、ただす、おそれる、偽る意がある。

↑矞矞 美しい/矞宇 いつわる/矞皇 かがやく

【軼】 12 5503 イツ テツ すぎる

篆文 

形声 声符は失。失に佚・泆の声があり、また迭(迭)の声がある。〔説文〕十四上に「車相ひ出づるなり」とあって、車がたがいに追い越すようなさまをいうとする。佚出、迭出の意とするものであろう。〔荘子、徐無鬼〕に「超軼絶塵」の語があり、軼去することをいう。迭は迭過。車で佚過することを軼という。

訓義 ①すぎる、すぐれる、まさる。②佚と通じ、なくなる。③泆と通じ、あふれる。④轍と通じ、わだち。⑤迭と通じ、たがいに。

古訓 〔名義抄〕軼 スツ・ウス・オク・ツク・サス・アヤマツ 〔字鏡集〕軼 スグ・スギタリ・スツ・ヲク・ツク・サス・ヌク・アヤマツ・コシリ・ウス

語系 軼jiet、迭・跌dyetは声が近い。代dək、遞(逓)dyekもまた轍diatと声義が近い。

【軼材】いっざい すぐれた才能。逸材。〔漢書、王褒伝〕益州の刺史(王襄)、因りて褒に軼材有りと奏す。上乃ち褒を徵す。既にして至る。褒に詔して、聖主、賢臣を得るの頌を爲らしむ。

【軼事】いっじ 世に知られていない事実。逸事。〔史記、管晏伝論贊〕其の書に至りては、世に多く之れ有り。是を以て論ぜず、其の軼事を論ず。

【軼民】いっみん 世をのがれている人。逸民。〔淮南子、泰族訓〕聖主上に在るときは、～官府に事無きが若く、朝廷に人無きが若く、隱士無く、軼民無く、勞役無く、冤刑無し。

↑軼駕 奔放/軼軌 超越する/軼毀 相そしる/軼群 超群/軼行 逸行/軼才 軼材/軼士 逸民/軼史 逸史/軼詩 逸詩/軼出 超出する/軼塵 脱俗/軼俗 脱俗/軼態 逸状/軼致 逸致/軼蕩 佚蕩/軼廃 迭廃/軼聞 佚聞/軼倫 超出する/軼話 逸話

↓超軼・突軼・奔軼・亡軼・楽軼

人 【溢】 13 3811 イツ あふれる

篆文 

形声 声符は益(益)。〔説文〕十一上に「器滿つるなり」とあり、益は盤上に水の溢れる形。

訓義 ①あふれる、あまる。②器中にみちる、没する、過ぎる、さかん。③謐に通じて、しずか、やすんずる。

古訓 〔名義抄〕溢 アフル・コボル・コボス・アマル・ミツ・アツマル・イタス

声系 益の字源に、水溢の形と縊系の形との両系があり、声義ともに異なる。溢は滋益の意。益声の字のうち搤・縊・鷁などは、縊系の益に従うものであるが、〔説文〕はすべて水溢の益の形に誤っている。

語系 溢jiek、盈jiengは同系の語。盈は盤中に人の浴する形で、そのため水が盈満する意。夃は坐する人の側身形で、膝のところがもり上がっている形。

【溢悪】いっあく 悪く言いすぎる。〔荘子、人間世〕言は必ず之れを傳ふる者或り。～兩喜には必ず溢美の言多く、兩怒には必ず溢惡の言多し。

【溢言】いっげん 言いすぎ。度をすぎた語。〔荘子、人間世〕法言に曰く、其の常情を傳へ、其の溢言を傳ふること無くんば、則ち全きに幾からんと。

【溢美】いっび ほめすぎ。飾って言う。〔論衡、是応〕夫れ儒者の言には、溢美にして實に過ぐる有り。

【溢目】いっもく 目にみちる。晉・陸機〔文の賦〕文徽徽として以て目に溢れ、音泠泠として耳に盈つ。

【溢誉】いっよ ほめすぎ。〔三国志、蜀、諸葛瞻伝〕蜀の人亮を追思し、咸く其の才敏を愛す。～是を以て(瞻の)美聲溢譽、其の實に過ぐるもの有り。

↑溢溢 あふれる/溢気 元気/溢決 決潰する/溢語 溢言/溢辞 溢言/溢出 外にあふれ出る/溢羨 余分の利益/溢発 外にあふれ出る/溢泛 あふれ

る／溢沸 涌きあがる／溢満 一杯／溢欲 貪欲／溢利 余分の利益／溢流 あふれ出る
↓淫溢・盈溢・横溢・外溢・驕溢・奢溢・充溢・声溢・羨溢・増溢・漲溢・美溢・飄溢・富溢・放溢・豊溢・旁溢・暴溢・満溢・踰溢・余溢・洋溢・涌溢・流溢

【遹】 16 3730 イツ ただす したがう ここに
篆文 金文

形声 声符は矞。〔説文〕二下に「回避なり」というのは譎詐の意とするものであろう。〔詩、大雅、抑〕「其の徳を回遹にす」、〔詩、大雅、桑柔〕「民の回遹する」、〔詩、小雅、小旻〕「謀猶、回遹す」はみなその義で、譎と通用の義。本義は金文に、〔大盂鼎〕「其れ先王の受けられたまひし民と、受けられたまひし疆土とを遹省せよ」、〔小克鼎〕「王、善夫克に命じ、命を成周に舍き、八師を遹正せしむる年」のように用い、威を示して正す意である。矞は台座の冏の上に矛を樹てて武威を示す。遹はこれを奉じて巡行し、査察を行う意で、これを遹正、遹省という。
訓義 ①ただす。②その遹正に従う、よる、したがう。③述に通じて、のべる。④聿に通じて、「ここに」という発語に用いる。
古訓 〔名義抄〕遹 ノブ 〔篇立〕遹 メグル・サル・サクル・ノフ・ヤル 〔字鏡集〕遹 メグル・ノブ・サル・ヲノヅカラ・タフトシ
語系 遹・聿 jiuət、述（述）・術（術）djiuət と、遂（遂）ziuət は声近く通用する。〔経伝釈詞〕に欥・聿・遹・曰を一類の語とする。
【遹求】 ここに求める。〔詩、大雅、文王有声〕文王聲有り 遹に駿いに聲有り 遹に厥の寧きを求め 遹に厥の成るを觀る 文王は烝なる哉
↑遹皇 往来するさま
↓回遹

【鴥】 16 2338 イツ とぶ
篆文

形声 声符は穴（穴）。穴に抉・紎の声がある。〔説文〕四上に「鸇の飛ぶ皃」とする。
訓義 ①とぶ、疾く飛ぶ、鳥の飛ぶさま。②字はまた鷸・矞に作る。
古訓 〔名義抄〕鴥 アガル 〔字鏡〕鴥 カクル、飛び駛する皃、波也不左（はやぶさ）
語系 鴥・鷸 jiuət、佚・逸（逸）jiet は声が近く、鴥に逸飛の意がある。
【鴥飛】 疾く飛ぶ。〔詩、小雅、采芑〕鴥たる彼の飛隼 其れ飛んで天に戻る

【鎰】 18 8811 イツ かぎ

形声 声符は益（益）。溢と通用し、〔儀礼〕には鎰にかえて溢を用いる。
訓義 ①金の重さの単位、二十両、また二十四両。一鎰は米二十四分升の一。②鑰と通じ、かぎ。
古訓 〔名義抄〕鏁鎰 カギ 〔篇立〕鎰 カラカギ
↓一鎰・斤鎰・千鎰・万鎰

【鷸】 23 1722 イツ しぎ かわせみ
篆文

形声 声符は矞。鳥の名。〔説文〕四上に「天の將に雨ふらんとするを知る鳥なり」とあり、「禮記に曰く、天文を知る者は鷸を冠す」と、〔礼記〕の文を引くが、逸篇の語である。大鳥で蚌（どぶ貝）を啄するもの。また翠、翡翠。
訓義 ①しぎ。②かわせみ。③鴥と通じ、疾く飛ぶさま。
古訓 〔名義抄〕鷸 ソヒ・ホラ・サクナキ 〔字鏡〕鷸 サクナギ
【鷸冠】 かわせみの羽飾りのある冠。〔左伝、僖二十四年〕鄭の子華の弟子臧、宋に出奔し、好んで鷸冠を聚む。鄭伯聞きて之れを惡み、～盜をして之れを誘はしむ。八月、盜之れを陳宋の閒に殺す。
【鷸蚌】 鷸と蚌とが相争い、漁父が利を占める。相争うて、第三者に利を占められることを、鷸蚌の争い、漁父の利という。〔戦国策、燕二〕蚌、方に出でて曝し、而して鷸、其の肉を啄す。蚌合せて其の鷸を拑む。～兩者相ひ舍つことを肯んぜず。漁者得て、并せて之れを禽る。
↓冠鷸・翠鷸

イワシ

【鰯】 人 21 いわし

国字 〔新撰字鏡、享和本〕に「鰮 伊和志（いわし）」、〔和名抄〕に「鰯 楊氏漢語抄に云ふ、鰯 伊和之（いわし）」という。狩谷棭斎の〔箋注〕に「鰯、又主計式に見ゆ。按ずるに鰯字は諸書に見ゆる無し。或いは是れ皇國の製字ならん。新撰字鏡に鰮同訓。又閩中海錯疏を按ずるに、鰮、馬鮫に似て小、鱗有り。大なる者も僅かに三四寸、是こを以て伊和之に充つべきなり」とみえる。

イン

【乚】 1 2071 イン かくれる
篆文

象形 堰屏を設けて、隠匿するものの形。〔説文〕十二下に「匿るるなり。迟曲隱蔽する形に象る」とし、「讀みて隱の若くす」という。声義は隠（隱）に近く、形は匿（匿）の従うところに近い。〔説文〕十二下に匿を次の匸部に属し、「匸に従ひ、若聲」とするが、匿は隠辟の処で巫祝が匿れて祈る形である。
訓義 ①かくれる、かくす。②堰屏を設ける。
部首 〔説文〕十二下に直をこの部に属し、「正見なり。乚に従ひ、十に従ひ、目に従ふ」とし、古文一字を録する。金文の字形によると、眉飾りをつけた目と乚とに従い、匿・德（徳）と声義が近い字である。
語系 乚・隱・湮・堙 ien は同声。隠とは、呪具を以て神霊を隠し封じること、湮・堙はとじこめふさぐ意。縕 iuən は包みこんで、中にこもる意のある語である。

【廴】 3 1740 イン
篆文

象形 彳に従うもので、金文にみえるものは廷（廷）・建（建）の二字であるが、廷は土主を祀り、神を降す儀礼の場である中廷、廴はその聖所にひきめぐらした屛障の形である。〔説文〕二下に「長く行くなり」とし、「イに従ひて之（止、あし）を引く」と、足を長く伸ばす形と解するのは、延（延）の字義による。〔説文〕に廷・延・建の諸字を属する。建はおそらく中廷に筆を立て、奠基のことを卜する儀礼を示す字であろう。「国を建つ」というような際の、儀礼の場所をいう。行歩に関する字ではない。
訓義 ①中廷の障壁。②ながくあゆむ。③のばす、ひく。
古訓 〔字鏡集〕廴 ス、ム・タヾス・ミチビク・マス・ナガシ・ユミヒク・ユミハル・ヒク

【允】 人 4 2321 ［𡕲］ 15 4341 イン（ヰン） まこと あたる ゆるす
篆文 甲骨文 金文

象形 〔説文〕八下に「信なり」と訓し、目ぃ声とするが、後ろ手にした人の形。虜囚。𡕲十下はこれに縲紲（罪人の縄）を加えた形。金文にみえる𪗍は訊の初形で、辮髪の虜囚を後ろ手にし、

盟誓の器である𠙵の前で訊問し、まことの供述をうること。允・𩊚・嗌は関連をもつ字である。

訓義 ①まこと。②あたる。③まことの供述をえたのち、許すことがある。ゆるす。

古訓 〔名義抄〕允 マコト・カナフ・アタル・ツクス・タカシ 〔字鏡集〕允 マコト・マコトニ・アタル・カナフ・ツクス・タカシ・ツ、シム・ミタル

声系 〔説文〕に允声として吮・沇・𩊚など五字、〔説文通訓定声〕に夋をもその声系に属して、合わせて二十六字をその声系の字とする。允は虜囚、夋は𣅀(厶)を頭とする農穀の神像の象形で、両者は何の関係もない字である。

【允許】いん(ゐん)きよ ゆるし。同意。唐・韓愈〔孔戣の致仕を論ずる状〕戣~今年纔かに七十、筋力耳目、未だ衰老を覺えず。~臣、戣の上疏して致仕を求むるを知る。~戣、臣の為に言ふ、已に聖主の允許を蒙れりと。~實に國の為に愛惜すべし。

【允愜】いんきよう(ゐんけふ) ふさわしい。適切。〔顔氏家訓、書証〕通俗文は~晉中經簿及び七志に、並びに其の目無し。竟に誰の制なるかを知ることを得ず。然れども其の文義允愜、實に是れ高才なり。

【允洽】いんこう(ゐんかふ) かなう。協和する。漢・班固〔東都の賦〕世廟を揚げ、雅樂を正し、人神の和、允洽にして、群臣の序、既に肅しつつむ。

【允若】いん(ゐん)じやく 心から従う。唐・陸贄〔謝玄の宗廟に告ぐる文〕幸ひに烈祖の遺澤に頼り、感ずること人に深し。人心の歸する攸、天意允若たり。

【允当】いんとう(ゐんたう) 道理にかなう。〔左伝、僖二十八年〕軍志に曰く、允當なれば則ち歸ると。又曰く、難きを知りて退くと。又曰く、有德には敵すべからずと。此の三志の者は、晉の謂ひなり。

【允文】いん(ゐん)ぶん 文徳をほめる語。〔詩、周頌、武〕允に文なる文王 克く厥の後を開く

↑允可 かなう/允諧 心にかなう/允合 符合する/允承 承諾する/允正 ただしい/允切 切当/允諾 承知する/允納 採納/允膺 あたる/允釐 治まる/允亮 まこと/允令 よい命令

↓懐允・許允・惬允・顕允・信允・清允・忠允・聴允・僉允

【尢】 4 4001 イン ユウ(イウ) ゆく おこたる

篆文 

象形 〔説文〕五下に「尢尢として行く皃なり」(段注本)とし、「人の冂(境界)を出づるに従ふ」とする。耽・枕などの字から考えると、耳を傾け、枕する意の字とみるべきであろう。ただその義に用いた例はない。

訓義 ①尢尢は行くかたち。ゆく。②尢予はためらう意。おこたる。

古訓 〔字鏡集〕尢 人の門を出づるに従ふ。ユクカタチ

声系 枕・紞・沈・耽は尢声。紞は冠冕から垂れた耳飾りの耳だま、耽は耳たぶ。尢に従うものには、耳もとに関する字が多い。

語系 〔説文〕に「尢尢として行く皃なり」とし、尢尢は淫淫。尢・淫・婬 jiam は同声。耽・酖 tam、沈 diam、また妉・湛・媅 tam も声義近く、ふける、楽しむ意をもつ。沈湎して酖しむ意のある語である。

【尢疑】ゆう(いう)ぎ ためらう。尢予。〔唐書、馬璘伝〕洛陽を攻む。史朝義の衆十萬、北邙山に陣す。旗鎧日に照る。諸將尢疑し、未だ敢て撃たず。

【尢予】ゆう(いう)よ ためらう。尢疑。〔後漢書、来歙伝〕(隗)囂の將王元、囂に說くに、多く疑故を設け、久しく尢豫して決せず。歙~遂に憤を發す。

【匀】 4 2712 イン キン ひとしい すくない

篆文 

金文 

会意 勹+二。〔説文〕九上に「少なり。勹二に従ふ」とするが、その会意の義について説くところがない。あるいは包裹する所が少ないとするのであろう。勹は旬の初文で、光るもの。二は ⁚ の形で、一定量の金属を鋳こんだ塊の形、金文にその字形がみえる。鈞の初文。

訓義 ①一定量であるから、ひとしい、あまねし、ととのう。②小塊の形であるから、すくない、わかつ。

古訓 〔字鏡集〕匀 ヒトシ・アマネシ・スクナシ、匂同じ、ニホフ・カホル

声系 〔説文〕に旬を匀声とする。その勹はもと九の形に近く、九は竜の形。旬は天界の竜を示す字であった。

参考 匂は国字。韵の略字から作られたものであろう。〔名義抄〕に「匂 ヒトシ・ニホフ、是なる歟」とし、別に匂の字を出す。〔篇立〕に「匂 カイ・カツ・クヰン・ヰン」の音を付しているが、カイ・カツは匄の音。その下にニホフとあり、匀より匂が転化したものであることが知られる。

【匀匀】いんいん 広く平らかなさま。唐・柳宗元〔晋問〕但だ其の所に至れば、~敞くして匀匀、渙として鱗鱗、邐瀰紛屬し、其の垠りを知らず。

【匀円】いんえん(ゑん) まんまる。唐・杜甫〔野人朱桜を送る〕詩 數回細寫して、仍ほ破れんかと愁へ 萬顆匀圓にして、許も同じきかと訝る

↑匀均 均しい/匀斉 ととのう/匀静 安らか/匀妥 おだやか/匀注 化粧/匀調 適当/匀飭 ととのう/匀停 平均/匀面 化粧

↓香匀・風匀・綿匀

【尹】 4 1750 イン(ヰン) ただす おさめる つかさどる つかさ

篆文 

古文 

甲骨文 

金文 

会意 丨+又(手)。〔説文〕三下に「治むるなり」とし、字形を「事を握る者なり」とするが、そのように抽象的なものではない。丨は呪杖。呪杖をもつ人。杖には神霊が憑りつく。尹とは聖職者で、神意をただすものである。

訓義 ①ただす。②神意によってことを治める。おさめる。③そのことを職掌とする。つかさどる、つかさ。

古訓 〔名義抄〕尹 タヾシ 〔字鏡集〕尹 タヾス・タテマツル・マコト・カミ・ヒサシ・タヾ

語系 尹 hiuən、依 iəi はおそらく同系の語。尹は呪杖に神の憑っく形。依は衣によって受霊することをいう。

参考 尹は呪杖に神の憑く意で、それに祝禱の器の形である𠙵を加えたものは君。巫女たる女君をいう。〔説文〕古文の字形は呪布を用いて祟りを祓う形で、おそらく尹とは別の字であろう。

【尹人】いん(ゐん)じん 人を正す。〔書、酒誥〕敢て酒に湎たること罔し。~亦た惟れ助けて王の德を成して顯はすと、人を尹めて辟(法)を祇っっむとに暇あらず。

↑尹祭 祭祀の乾肉/尹司 役人/尹寺 宦官/尹長 官長

↓閹尹・楽尹・官尹・関尹・師尹・庶尹・卜尹・門尹・里尹・令尹

常

【引】 4 1220 イン ゆみひく ひく

篆文 

会意 弓+丨。〔説文〕十二下に「弓を開くなり」とあり、弓ひく意。古い形がなく、丨に従う意が明らかでない。弓を射る意には射を用いる。引はあるいは弓勢を直すために檃栝(ため木)をそえた形であるかも知れない。

訓義 1ゆみひく。2すべて力を加えて手前に引き寄せることをいう。ひく。3車の索。車を引くときに用いる。4引きのばす、のびる、つづく、つらなる、ながい。5互いに引いて、あらそう。

古訓 〔名義抄〕引 ヒク・タヾシ・マガル・コユ・ツクロフ・ナガシ 〔字鏡集〕引 ユミヒク・ヒク・ユミハル・タヾス・タヾシ・ツクロフ・ナガシ・ミチビク・ス丶ム・マガル・マス

声系 靷・紖は引声。弞・矤は引の省声に従うという。みな引の声義を承ける字である。

語系 引・演jienは同声。曳jiat、延(延)jianは声義近く、みな力を加えて引く意がある。寅jyənは矢幹を正す意の字。この寅に対して、引は弓幹を正す意の字であろう。

【引援】ひっぱる。〔荘子、山木〕東海に鳥有り。其の名を意怠と曰ふ。～引援せられて飛ぶ。

【引気】吹奏の気息。魏・文帝〔典論、論文〕諸れを音樂に譬ふるに、～氣を引くこと齊しからず、巧拙に素(生まれつき)有るに至りては、父兄に在りと雖も、以て子弟に移すこと能はず。

【引弓】弓を引く。弓の上手。〔漢書、李陵伝〕悉く引弓の民を擧げて、共に之れを攻圍す。

【引咎】責任を負う。〔呉越春秋、勾践伐呉外伝〕西のかた河を渡りて以て秦を攻む。～會秦怖懼し、逆つて自ら引咎す。越乃ち軍を還す。軍人悅樂し、遂に河梁の詩を作る。

【引頸】くびをのばして待つ。延頸。引領。〔宋史、朱台符伝〕陛下、天より命を受け、物と更始す。～中外頸を引いて、德音を觀聽す。

【引決】責めを負うて自殺する。引訣。〔漢書、司馬遷伝〕罪加ふる罔きに至るに及んで、引決して自ら財(裁)すること能はず、塵埃の中に在り。

【引見】貴顕の人に目通りする。〔漢書、龔勝伝〕哀帝～固より已に其の名を聞く。徵されて諫大夫と爲り、引見せらる。

【引疾】病気を理由に退く。病気にかこつける。〔唐書、李光弼伝〕朔方の節度使安思順、～其の材を愛し、子を以て之れに妻はさんと欲す。光弼、引疾して去る。

【引証】証拠を引く。〔南史、王倹伝〕朝に當りて事を理むるに、斷決流るるが如し。每に博議引證、先儒其の例有ること罕なり。

【引伸】引きのばす。ひろめる。〔易、繫辞伝上〕(易は)八卦して小成す。引きて之れを伸ばし、觸類して之れを長ず。天下の能事畢る。

【引進】ひきたてる。〔南史、江智深伝〕上宴私するに、～智深常に其の首と爲る。同侶未だ前むに及ばざるに、輒ち獨り引進を蒙る。每に衆に越ゆるを以て慚と爲し、未だ嘗て喜色有らず。

【引接】よび入れて会う。〔宋書、武二王、彭城王義康伝〕府門每旦、常に數百乘の車有り。復た位卑しく人微なりと雖も、皆引接せらる。

【引争】あらそう。〔韓非子、説難〕周澤既に渥く、深く計りて疑はれず、引爭して罪せられざれば、則ち利害を明割して、以て其の功を致す。

【引退】職を退いて隠居する。南朝宋・謝荘〔大司馬江夏王義恭に与ふる牋〕前に聖道の初めて開くを以て、未だ引退するに遑あらず。

【引得】索引。英語indexの音訳。〔四庫全書総目引得、叙例〕引得は英文index 一字より譯出するに係る。卽ち索引の改譯なり。

【引満】なみなみと酒をつぐ。〔晋書、王羲之伝〕衣食の餘、親知と時に歡讌を共にせんと欲す。興言高詠、杯を銜んで引滿すること能はずと雖も、田里に行ふ所を語る。故に以て掌を撫するの資と爲す。其の得意爲る、言ふに勝ふべけんや。

【引領】首を長くして待つ。〔孟子、梁恵王上〕如し人を殺すことを嗜まざる者有らば、則ち天下の民、皆領を引いて之れを望まん。

【引路】出発する。〔北史、李弼伝〕弼、征討する每に、朝に命を受くれば夕に便ち引路し、略ぼ私事を問はず、亦た未だ嘗て家に宿せず。

↑引火 もえ移る／引抜 証拠／引訣 引決／引言 序文／引考 長寿／引罪 罪を負う／引酌 飲酒／引取 獲得する／引首 待ちわびる／引觴 杯をもつ／引杖 杖を引く／引申 引伸／引声 声を長くする／引託 寄託する／引致 拘引する／引道 出発／引導 案内／引慝 引責する／引納 容接する／引馬 騎従／引発 葬車を出す、出殯／引比 準用する／引避 さける／引譬 たとえを引く／引伏 引責する／引服 引責する／引紼 引発、送葬／引分 引決／引文 引用文／引命 宣召による／引喩 たとえを引く／引誘 さそう／引例 例を引く

↓延引・援引・勧引・吸引・汲引・牽引・験引・勾引・拘引・控引・強引・索引・承引・招引・証引・推引・接引・薦引・徴引・導引・博引・発引・挽引・誣引・膚引・旁引・満引・蔓引・面引・誘引・抑引

常 【印】 6 7772 イン おさえる しるし はん

篆文

甲骨文

金文

会意 爪+卪。〔説文〕九上に「執政持する所の信なり」とし、字を爪と卪(卩)とに従い、卪を節にして印璽、これを爪でおさえて押捺する意とする。次条に「印は按なり」とし、「反印に従ふ」とするが、印は抑の初文。それならば印も人をおさえる形で、印璽とは関係がない。爪は指先。手で人を上からおさえる形。印璽は後起の義。

訓義 1おさえる、支配する。2印璽をおす、しるし、はん。3しるしをつける、そのあと。

古訓 〔名義抄〕印 オシテ・シルシ 〔字鏡集〕印 ヲシテ・シルシ・マコト

語系 印・垔・湮iənは同声。按an、遏at、壓(圧)eap、軋eat、抑ietは声義近く、みなおしとどめる意がある。

【印可】ゆるし。承認。免許。宋・劉昌詩〔蘆浦筆記の叙〕顧ふに獨學寡識、安んぞ敢て以て是と爲さん。將に印可を先覺の士に求めんとす。儻いは改めて諸れを正せ。是れ予の願ひなり。

【印刷】版刻活字などで刷る。〔夢渓筆談、技芸〕慶曆中、布衣畢昇といふもの有り。又活版を爲る。～常に二鐵板を作り、一板は印刷し、一板は已に自ら字を布く。更互に之れを用ひ、瞬息に就すべし。

【印璽】天子・諸侯の印。〔漢書、食貨志上〕宣帝始めて單于に印璽を賜ふ。天子と同じ。

【印綬】印とその紐。〔史記、項羽紀〕項梁、守の頭を持し、其の印綬を佩ぶ。門下大いに驚き擾亂す。(項)籍の擊殺する所、數十百人。

【印卲】明らかにする。金文〔毛公鼎〕余れに先王の若德を告げ、用つて皇天に印卲し、大命を讎騮し、四國を康んじ能めよ。

【印章】はん。印判。〔後漢書、公孫述伝〕多く天下の牧守の印章を刻し、公卿百官を備置す。

【印燮】あきらかにし治める。金文〔曾伯簠霥〕曾伯霥～哲聖元武、元武孔だ黹らかなり。淮夷に克ち狄

（湯）ほどけ、繁湯（の地）を印燮す。
【印信】公私の印章。清・黄恵仁〔可堂印譜に題す〕詩 伊れ惟れ印信の作 旨き哉な書の意を得たり
【印泥】印肉。〔文心雕竜、物色〕故に巧言の狀に切なること、印の印泥の如く、雕削を加へずして、曲さに毫芥を寫す。
↑印窠 印章／印鑑 印章／印記 官印／印亀 印鼻／印黥 入墨／印検 封緘／印子 痕迹／印識 しるし／印朱 朱肉／印証 証明／印象 心の感覚／印組 印綬／印鈕 印鼻／印嚢 印の袋／印把 印鼻／印版 版木／印鼻 印のつまみ／印譜 印文集／印封 封印／印文 印章の文字／印摸 印刷／印模 印の鋳型／印烙 焼印
↓影印・押印・火印・仮印・官印・亀印・金印・契印・血印・結印・検印・刻印・私印・璽印・実印・手印・朱印・焼印・証印・心印・信印・石印・節印・螭印・調印・篆印・銅印・捺印・封印・拇印・摹印・法印・烙印・弄印

常 【因】 6 6043 イン むしろ よる もと

篆文  甲骨文  金文 

会意 囗ぃ＋大。〔説文〕六下に「就くなり。囗大に從ふ」とあり、囲就の意とするものであろうが、囗は薦むしろの平面形。そこに人が寝臥する形で、茵むしろの初文。

訓義 1むしろ。2常に臥薦せきとして用いるもので、よる、たよる、つねにの意となる。3常に用いることから、もと、ちなみに、ふるいの意となる。

古訓 〔名義抄〕因 ヨル・ヨリテ・チナミ・ユヱ・ヨシ・ハタス・ツク・タネ・カソフ 〔篇立〕因 ウフ・チナミニ・チナミ・ユヱ・ヨリテ・カサヌ・シタガフ・ヨシ・ナツク・シタシ・ヨル・マカル・タネ・カヘル・メグル

声系 因・茵・捆・姻 ien は同声。因は茵の初文。捆はその席に就くこと。姻は因仍じょうの義で、歴世通婚の意であろう。

【因縁】たより。縁故。〔史記、田叔伝、褚少孫論〕任安～少かくして孤にして貧困なり。人の爲に車を將ひき長安に之ゆき、留まりて事かへて小吏爲たらんことを求むるも、未だ因縁有らざるなり。
【因果】仏教語。因縁と果報。〔南史、范縝伝〕君、因果を信ぜず。何ぞ富貴貧賤なるを得ん。
【因革】因襲と改革。〔文心雕竜、物色〕古來の辭人、代を異にして武（歩）を接し、參伍以て相ひ變じ、因革以て功を爲さざる莫なし。
【因襲】従来のしきたりによる。風習。慣例。〔史記、亀策伝序〕孝文・孝景、掌故に因襲し、未だ講試に遑いとあらず。
【因循】ぐずぐずする。ためらう。旧習による。〔史記、太史公自序〕道家は無爲、～其の術は虛無を以て本と爲し、因循を以て用と爲す。
【因仍】相つぐ。従来のしきたりによる。〔三国志、魏、程昱伝〕（程暁の上疏）轉た相ひ因仍して、其の本を正す莫なし。
【因是】是非に絶対の規準はないこと。〔荘子、斉物論〕方まさに可なれば方に不可なり。方に不可なれば方に可なり。是に因るは非に因り、非に因るは是に因る。是ここを以て聖人は由らずして、之れを天に照らす。
↑因依 よりあう／因応 臨機応変／因業 悪業／因習 因襲
↓悪因・一因・遠因・縁因・起因・近因・原因・業因・主因・宿因・証因・成因・前因・善因・素因・敗因・副因・誘因・要因

【㸒】 8 2010 イン むさぼる

篆文 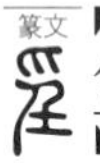

会意 爪そう＋壬てい。〔説文〕八上に「近づき求むるなり」とあり、「爪壬に從ふ。壬は徼幸なり」という。壬はその部首字で「善なり」と訓し、挺生の義とするが、その解では廷（廷）・呈（呈）など、その声義の字との関連を求めがたい。壬は呈・廷の従うところで、挺立して天に祈る意。㸒は壬に手を加えてその祈りを責める意で、みだりに幸いを徼もとめることをいう。〔玉篇〕に「濫りに貪るなり」、〔広韻〕に「貪るなり」の訓がある。

訓義 1むさぼる。2近づく。

声系 〔説文〕に㸒声として淫・婬の二字を収める。淫は浸淫にして濫みだる、婬は私逸にして淫楽の意がある。

語系 㸒・淫・婬・霪 jiəm は同声。霖 liəm も声近く、淫・霪・霖に、みな久雨の意、過度の意がある。

常 【咽】 9 6600 イン エン エツ のど むせぶ

篆文 

形声 声符は因いん。〔説文〕二上に「嗌のどなり」とあり、咽喉をいう。嗌は、縊くびれる、隘せまし の意をもち、むせびやすいところ。咽を動詞にして「むせぶ」といい、噎・饐つえと声義が通じる。

訓義 1のど。2噎・饐と通じ、むせぶ。

古訓 〔名義抄〕咽 ノムド・ムセブ・サクリ・ムス 〔字鏡集〕咽 ムセブ・ノムト・サクリ・アヂハフ・コハ、ク・クサリ・ムス・ノム・クヒ・クフ

語系 咽 yen、嗌 iek、隘・搤・扼 ek は声近く、咽喉を咽・嗌という。嚥 yan と通じ、呑む。噎 yet と通じ、むせぶことをいう。斉の威王は名は「因斉」、〔戦国策、趙〕に「嬰齊」に作る。〔釈名、釈車〕に喉下を嬰というとあり、嬰 ieng は咽の声義と近い。

【咽咽】鼓の音。〔詩、魯頌、有駜〕鼓すること咽咽として 酔うて言ここに歸る 于ここに胥あひ樂しまむ
【咽喉】のど。地勢の狭い要害の所。〔戦国策、秦四〕韓は天下の咽喉にして、魏は天下の胸腹なり。
【咽塞】のどがつまる。〔後漢書、方術下、華佗伝〕咽塞を病む者有るを見る。因りて之れに語りて曰く、～萍齏へいせい甚だ酸すし。三升を取りて之れを飲むべしと。～即ち佗の言の如くするに、立たちどころに一蛇を吐けり。
【咽哺】飲食。〔漢書、匈奴伝賛〕邊城守境の民をして、父兄緩帯し、稚子咽哺し、胡馬長城を窺はず、羽檄げき中國に行はしめざれば、亦た天下に便ならずや。
↑咽嗚 むせぶ／咽下 のみ下す／咽気 吐納／咽泣 むせび泣く／咽噓 大笑い／咽語 ささやく／咽吭 のどぶえ／咽哽 むせぶ／咽項 くび／咽絶 声がつまる／咽断 ふさぐ／咽頭 喉頭／咽門 のど／咽領 急所
↓啞咽・哀咽・委咽・怨咽・嗚咽・下咽・感咽・気咽・窮咽・嬌咽・凝咽・控咽・喉咽・充咽・凄咽・断咽・悲咽・搤咽・幽咽

【垔】 9 1010 〔堙〕 12 4111 〔陻〕 12 7121 イン ふさぐ

篆文  古文  金文 

会意 西＋土。〔説文〕十三下に「塞ぐなり。尙書に曰く、鯀こん洪水を垔さぐ」とあり、いま〔書、洪範〕に「洪水を陻ぐ」に作る。また字を「土に從ひ、西聲」とするが、音が合わない。上部は煙の流れる煙抜きの形。下は竈。煙（烟）の初文とみてよく、煙のたちこめる形。その流通の滞るさまをいう。

訓義 1ふさぐ、ふさがる。2みちる。

古訓 〔名義抄〕垔 ウム／堙 フサグ・ウム・ウヅム・ホロブ・フセグ

声系 垔・堙・陻 ien は声義同じ。湮 ien は水没、煙 yen は火煙、闉 ien は城の重門をいう。

語系 垔 ien、堰 ian、遏 at、抑 iet、淤 ia は声義が近い。〔魏石経〕に〔書、洪範〕の陻を伊に作る。おそらく尹 hiuən の音を以

て写したものであろう。

【姻】 常 9 4640 イン とつぐ えんぐみ みうち

篆文 籀文 詛楚文

形声 声符は因（いん）。籀文（ちゅう）は𡚁（えん）声。〔説文〕十二下に「壻の家なり。女の因る所、故に姻と曰ふ。女に從ひ、因に從ふ。因は亦聲なり」という。〔繫伝通論〕に籀文の字が𡚁に従う意について、「𡚁は回水なり。女子に歸宗（里帰り）の義有り。本を忘れざるなり」とする。因は因仍、重なりあう意で、歴世通婚の意であろう。〔爾雅、釈親〕に「婦の父母、壻の父母、相ひ謂ひて婚姻と爲す」とみえる。

訓義 ①女のとつぎさき、とつぐ。②えんぐみ、みうち。③むこのいえ。

古訓 〔名義抄〕姻 トツギ・トツグ・シウトメ・コヒト 〔字鏡集〕姻・婣 トツキ・ムツヒキ・シフトメ

【姻婭】いんあ 婚姻による親戚。晋・庾亮〔中書令を譲る表〕臣、中書を領するは、則ち天下に示すに私を以てするなり。何となれば、臣は陛下に於ては后の兄なり。姻婭の嫌、實に骨肉中表（いとこ同士）と同じからず。

【姻縁】いんえん 夫婦の縁。元・喬吉〔玉簫女両世姻縁雑劇、四〕男婚女嫁は尋常に有り。兩世の姻緣、古より無し。

【姻親】いんしん 姻戚。〔左伝、襄二十五年〕今陳、周の大德を忘れ、我が大惠を蔑（ないがし）ろにし、我が姻親を棄て、楚の衆に介恃し、以て我が敝邑を憑陵す。

【姻戚】いんせき 婚姻による親戚。〔後漢書、皇后上、和熹鄧皇后紀〕車騎將軍騭等、～宗門廣大、姻戚少なからず。賓客姦猾、多く禁憲を干（おか）す。

【姻族】いんぞく 婚姻による親族。〔後漢書、張綱伝〕漢安元年、時に（梁）冀の妹皇后と爲り、内寵方（まさ）に盛んなり。諸梁の姻族、朝に滿つ。

↑姻亞（いんあ） 姻婭／姻懿（いんい） 親戚／姻家（いんか） 親戚／姻嫁（いんか） 結婚／姻旧（いんきゅう） 親戚故旧／姻眷（いんけん） 姻戚／姻故（いんこ） 姻旧／姻好（いんこう） 姻親／姻媾（いんこう） 通婚の家／姻臣（いんしん） 外戚／姻属（いんぞく） 婚家／姻類（いんるい） 姻家／姻連（いんれん） 姻戚

↓下姻・嘉姻・外姻・旧姻・媾姻・昏姻・婚姻・初姻・親姻・戚姻・族姻・帝姻・締姻・良姻・連姻

【胤】 人 9 2201 イン すえ たね つぐ

篆文 古文 金文

象形 〔説文〕四下に「子孫相ひ承續するなり。肉に從ひ、八に從ふ。其の長きに象るなり。幺（えう）に從ふ。重累に象るなり」とするが、そのように分解すべきではない。古文の字は両手に従う形にみえるが、おそらく獣の両脚の形。その間から獣子の生み落とされる意で、その全体象形の字であろう。羍（たつ）は羊子を生み落とすさま。大は母羊を後ろからみた形で、胤と字の立意が近い。

訓義 ①子、うみおとした子、子孫、すえ。②たね、ちすじ。③よつぎ、あとつぎ、つぐ。

古訓 〔名義抄〕胤 ムマコ・タネ・ツギ・ヨハシ・ナハヰ／胤子 タネ 〔字鏡集〕胤 ヨハシ・ムマヤ・ツイデ・ツグ・ナヰ・タネ

【胤子】いんし あとつぎ。〔書、堯典〕帝曰く、疇（た）れか咨（あ）あ、時（こ）こに若（したが）ひて登庸せんと。放齊曰く、胤子朱、啓明なりと。帝曰く、吁（あ）あ、嚚訟（ぎんしょう）なり。可ならんやと。

【胤嗣】いんし あとつぎ。〔南斉書、江斅伝〕江忠簡（湛）の胤嗣の寄る所、唯だ斅（こう）一人のみ。傍らに眷屬無し。

↑胤裔（いんえい） 子孫／胤息（いんそく） 子息／胤続（いんぞく） あとつぎ／胤孫（いんそん） 子孫／胤冑（いんちゅう） あとつぎ／胤文（いんぶん） 俗文

↓賢胤・後胤・皇胤・子胤・淑胤・垂胤・祚胤・帝胤・苗胤・来胤・落胤

【員】 常 10 6080 イン（ヰン） エン（ヱン） ウン まるい あまねし かず

篆文 籀文 甲骨文 金文

象形 〔説文〕六下に「物の數なり」と員数の意とし、また字を口（ゐ）声とするが、上部の〇は円鼎の上部を示す記号的なもので、口ではない。貝は鼎の省文。員は圓（円）の初文であるが、のちまた外円を加えて圓となった。

訓義 ①まるい、まわり。②あまねし、ひとしい。③鼎によって供薦の数を数える。かず。④云と通用し、いう。また助詞。

古訓 〔新撰字鏡〕員 志奈（しな）、又、加須（かず）〔名義抄〕員 カズ・マス・マドカナリ 〔字鏡集〕員 シバ／＼・カズ

声系 員・圓・篔・隕・磒 hiuən は同声。みな、まるい形のものの意をもつ。

語系 員・圓 hiuən、圜 hiuan、丸 huan は声義近く、〔詩、商頌、長発〕の「幅隕」の隕は圓、円周の意。

【員外】いんがい（ゐんぐわい） 定員外の官。〔旧唐書、李嶠伝〕初め嶠、吏部に在りし時、志、私惠を曲行せんと欲す。復（ま）た相位に居らんことを冀（ねが）ひ、奏して員外の官數千人を置く。

【員鈞】うんきん ろくろ台。〔墨子、非命中〕若（も）し言にして義無くんば、譬へば猶ほ朝夕（方位測定の器）を員鈞の上に立つるがごときなり。

【員数】いんずう（ゐんずう） 定員。〔後漢書、宦者伝序〕宦官には悉（ことごと）く閹人を用ふ。～永平中に至りて、始めて員數を置く。中常侍四人、小黄門十人。

【員石】えんせき（ゑんせき） まるい石。墓碑。〔後漢書、趙岐伝〕臥蓐（がじょく）七年、～遺令を爲（つく）りて～曰く、～一員石を吾が墓前に立つべし。之れに刻して曰へ。漢に逸人有り。姓は趙、名は嘉。志有るも時無し。命なるかな、奈何（いかん）せんと。

【員程】いんてい（ゐんてい） 一定の分量。〔塩鉄論、水旱〕縣官（役人）鐵器を鼓鑄し、大抵多く大器を爲（つく）り、員程に應ぜんことを務め、民用に給せず。

【員品】いんぴん（ゐんぴん） 役人の等級員数。魏・陳琳〔袁紹の為に予州に檄す〕群談する者は顯誅を受け、腹議する者は隱戮（いんりく）を蒙る。百寮口を鉗（かん）し、道路目を以てす。尚書は朝會を記し、公卿は員品に充（あ）つるのみ。

↑員員（うんうん） にわかに／員環（えんかん） 玉の輪／員園（えんがん） まるい／員欠（いんけつ） 欠員／員首（えんしゅ） 百姓／員通（えんつう） 四方に通達する／員呈（いんてい） 員程／員幅（いんぷく） 幅員／員方（えんほう） 方円／員僚（いんりょう） 官吏／員籙（いんろく） 名簿

↓委員・会員・各員・議員・客員・金員・社員・儒員・冗員・剰員・職員・人員・随員・正員・成員・全員・総員・団員・定員・党員・動員・備員・復員・兵員・方員・満員・役員・要員・吏員

【恁】 10 2233 イン ジン ニン おもう やすらぐ このように

篆文 金文

形声 声符は任（じん）。〔説文〕十下に「下に齎（もた）すなり」とあるが、古く金文の〔王孫遺者鐘〕「余（われ）、台（わ）が心を恁（やす）らぐ」、〔中山大鼎〕「恁と忠と」のように用い、〔中山大鼎〕の字は、信の古文と甚だ近い。〔広雅、釈詁一〕に「思ふなり」、〔玉篇〕に「念ふなり」とみえる。

訓義 ①おもう。②やすらぐ、まこと。③荏と通じ、よわい、やさしい。④宋以後の俗語。このように。

古訓 〔名義抄〕恁 オモフ・マコト・ヨワシ 〔字鏡〕恁 オモフ・ハラタツ・マコト

語系 恁・荏・栠 njiəm は同声。荏に荏弱（じんじゃく）の義があり、また栠は〔説文〕六上に「弱き皃なり」とみえる。

【恁麽】どうして。このような。宋・辛棄疾〔鷓鴣天、三山道中〕詞 此の身已に覺ゆ、渾べて無事なるを 却つて兒童をして恁麽すること莫からしむ
↑恁生 このような／恁地 恁生／恁的 恁地

【殷】 10 2724 イン アン さかん ただしい あか

篆文  金文 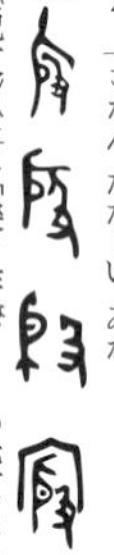

会意 㐆+殳。〔説文〕八上に「樂を作すことの盛んなるを殷と稱ふ」と、楽声の殷殷たることをいうとするが、字形からいえば「朱殷」のように、血の色をいうのが原義であろう。㐆は身の反文。身は妊娠の象。これを殳で毆つのは、何らかの意味をもつ呪的方法と思われる。金文に⿱宀殷に作り、その呪儀を廟中で行う。孕んでいる子の、生命力を鼓舞する意の呪儀であろう。
訓義 ①さかん、大きい、ゆたか、多い、深い。②正しい、あたる、ただす。③慇に通じ、ねんごろ、うれえる。④血などの赤黒の色、あか、あかい。⑤古代の王朝の名、地の名、姓の名。
古訓 〔名義抄〕殷 サカユ・サカリナリ・サカリニ・オホキナリ・タヾシ・ミダル・アヤシ・アカクロナリ 〔字鏡集〕殷 サカリ・サカユ・オホシ・オホキナリ・ミダル・ネムコロ・フルシ・アカシ・アカイロ・モロ〳〵・ナホ
声系 殷・慇ianは同声。慇は慇痛。殷はもと身（妊娠の象）を毆つ形で朱殷の意。その義を承ける。
語系 殷・慇・隱（隠）ianは同声。隱に隠痛の意がある。

【殷殷】さかんなさま。〔呂覧、慎人〕其の時に遇ふや、登りて天子と爲る。賢士之れに歸し、萬民之れを譽む。丈夫女子、振振殷殷として、戴說せざる無し。

【殷鑒】殷が夏の滅亡を手本とする。殷の鏡。殷の故事を手本とする。〔詩、大雅、蕩〕殷鑒遠からず 夏后の世に在り
【殷勤】ねんごろ。慇懃。〔漢書、司馬遷伝〕夫れ僕、李陵と倶に門下に居る。素より相ひ善きに非ず。趣舍、路を異にす。未だ嘗て盃酒を銜み、殷勤の歡を接せず。

【殷見】周代、群侯の朝見する礼。〔周礼、春官、大宗伯〕春見を朝と曰ひ、夏見を宗と曰ふ。～時にして見ゆるを會と曰ひ、殷見を同と曰ふ。

【殷厚】ゆたか。〔顔氏家訓、名実〕一士族有り。書を讀むこと二三百巻に過ぎず、天才鈍拙なるも、家世殷厚なり。雅より自ら矜持し、多く酒犢珍玩を以て、諸名士に交はる。～朝廷以て文華と爲す。

【殷衆】多くさかん。〔国語、呉語〕今、越王句踐、～身は自ら約にし、其の衆庶を裕かにす。其の民、殷衆にして以て甲兵多し。

【殷賑】にぎわう。〔水経注、沔水中〕魏武、荊州を平らげ南郡を分ち、立てて襄陽郡と爲す。～邑居殷賑、冠蓋相ひ望む。一都の會なり。

【殷盛】さかん。ゆたか。〔史記、李斯伝〕孝公、商鞅の法を用ひ、風を移し俗を易へ、民以て殷盛に、國以て富強なり。

【殷薦】薦め祀る。〔易、予、象伝〕雷の地を出でて奮ふは豫なり。先王以て樂を作り、德を崇め、之れを上帝に殷薦し、以て祖考に配す。

【殷富】富み栄える。〔詩、鄘風、定之方中、序〕文公徙りて楚丘に居る。始めて城市を建て、宮室を營み、其の時制を得たり。百姓之れを說び、國家殷富なり。

【殷雷】鳴りひびく雷。漢・王延寿〔魯の霊光殿の賦〕瀝滴（雨滴）を動かして、以て響きを成し、殷雷應じて、其れ驚くが若し。

↑殷盈 ゆたか／殷墟 殷都の址／殷彊 富強／殷妍 色めいてあでやか／殷戸 金持ち／殷紅 赤黒色／殷懇 懇切／殷祭 葬後の大祭／殷雑 繁雑／殷実 充実する／殷昌 栄える／殷商 殷朝、商はその本号／殷切 親切／殷然 盛ん／殷湊 集まる／殷足 殷富／殷糶 多い／殷阜 繁昌する／殷聘 諸侯殷見の礼／殷繁 謁見の礼／殷禘 祖祭の名／殷同 殷見の礼／殷繁 繁昌する／殷聘 諸侯の往来／殷憂 深憂／殷轔 車の音／殷輅 殷の車
↓戸殷・紅殷・朱殷・衆殷・庶殷・寧殷・豊殷・有殷・隆殷

【氤】 10 8061 イン

形声 声符は因。〔玉篇〕に「氤氳は元氣なり」とあり、気のさかんなさまをいう。
訓義 ①気のさかんなさま。
古訓 〔名義抄〕氤氳 フスボル・フカシ
語系 氤ien、咽yen は声義近く、中にこもって滞る意がある。氤氳と連語に用いる。氳・熅・藴iuən、溫（温）uən は声近く、垔・堙ien もまた同系の語である。

【氤氳】気がうちにこもって、さかんなさま。絪縕。唐・張九齡〔湖口より廬山の瀑布の泉を望む〕詩 靈山、秀色多し 空水、共に氤氳
↑氤鬱 氤氳

【𤔌】 10 2017 イン かくす よる

篆文 

会意 爫+工。爫は上下の手。工は神につかえるときの呪具。祝詞の器（𠙵、口）をもつは右、呪具の工をもつは左。〔説文〕四下に「依據する所なり」とし、隱（隠）の音でよむとしており、隱の初文とみてよい。工を以て神を隱す意。工で神を隠し塞ぐ意の塞は、もと㠭に従う字である。いまの隱の字は、その最も重要な工を削っている。
訓義 ①かくれる。②よる、身をよせる。
古訓 〔名義抄〕𤔌 相依據す
声系 㥯・隱は𤔌の声義を承ける字である。
語系 𤔌・㥯・隱ian、蔚・鬱iuət、蘊iuən、また暗（暗）・闇（闇）əm、陰iəm は声義近く、一系の語。

【紖】 10 2290 イン チン つな はなづな

篆文 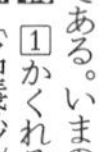

形声 声符は引。〔説文〕十三上に「牛の系なり」とあり、牛の鼻綱をいう。また紖・絼の字形があり、チンの音でよむ。紖は柩車や犠牲を牽くつなをいう。
訓義 ①つな、索、係、系。②車を挽く紼、くるまのつな。③牛の鼻綱。
古訓 〔名義抄〕紖・絼・紖 ナル・ウシノハナヅラ 〔篇立〕紖 ウシノハナヅラ・ナハナル
↓執紖

【茵】 10 4460 イン しとね

篆文 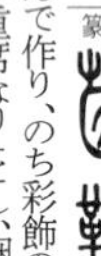

形声 声符は因。因は茵席に人の臥している形で、茵の初文。草を編んで作り、のち彩飾のあるものを文茵という。〔説文〕一下に「車の重席なり」とし、鞇の字を録する。金文に虎皮を用いることがみえ、〔詩、秦風、小戎〕の「文茵」もその類であろう。本来は草席をいう字である。
訓義 ①しとね。②車の重席として用いる。③虎皮などで作るものを鞇という。
古訓 〔名義抄〕茵 シトネ

【茵蓐】しとね。しきもの。〔三国志、魏、王烈伝〕更に安車・衣被・茵蓐を賜ひ、禮を以て發遣す。

【茵褥】しとね。しきもの。茵蓐。〔晋書、隠逸、楊軻伝〕常に土牀に臥し、覆ふに布被を以てし、其の中に倮寢す。下に茵褥無し。

【茵席】しとね。茵褥。〔韓非子、十過〕食器雕琢、觴酌刻鏤し、四壁堊墀し、茵席雕文す。此れ彌〻侈れり。
↑茵軾 飾りのある車のながえ／茵縟 しとね／茵飪 寝食／茵薦 茵席／茵幬 しとねと、とばり／茵伏 茵軾
↓花茵・華茵・錦茵・香茵・羔茵・坐茵・繡茵・牀茵・乗茵・苔茵・長茵・重茵・文茵・蒲茵・芳茵・累茵・連茵

【蚓】10 5210 ［螾］17 5318 イン みみず

篆文 

形声 声符は引。正字は螾に作り、寅声。〔説文〕十三上に「螾は側行する者なり」とし、別体として蚓を録する。

訓義 ①みみず。②山蚓は蛇。

古訓 〔名義抄〕蚯蚓 ミヽズ・ミヰズ

語系 引・寅jien は同声。ともに延引の意がある。延（延）jian も同系の語。蛇djyai もその系列の語である。

【蚓曲】みみずが夏の夜鳴くことをいう。〔古今注、魚虫〕蚯蚓～善く地中に長吟す。江東、之れを歌女と謂ふ。
【蚓操】みみずが土と水のみで生きるように小節を守ることをいう。〔孟子、滕文公下〕然りと雖も仲子、惡んぞ能く廉ならん。仲子の操を充たすは、則ち蚯蚓にして而る後に可なる者なり。
【蚓塿】みみずの糞。〔本草綱目、虫四、蚯蚓〕（陶）弘景曰く、～道術に多く其の屎を用ふ。呼んで蚓塿と爲す。
↑蚓歌 蚓曲／蚓竅 蚓歌／蚓廉 蚓操／蚓螻 蚓塿
↓蛙蚓・寒蚓・蟻蚓・蚯蚓・穴蚓・蛇蚓・螻蚓

常【院】10 7321 ［寏］12 3080 イン（ヰン） カン（クヮン） おくごてん かき その かたい

篆文 

形声 声符は完。〔説文〕七下に寏を正字とし、「周垣なり」という。また或る体として院を加える。両字はのち、その慣用の異なる字となった。

訓義 ①かきのあるたてもの、のち学校・工廠・仏寺・道観・妓楼・劇場の名とする。②宮掖、おくごてん。③かき、その建物に附属する庭、園。④かたい。

古訓 〔名義抄〕院 カキ・ツカサ・ヤク・オツ・カタシ

語系 院はもと完声であるが、のち垣の音でよまれた。完huan、院・垣hiuan、寏huan はそれぞれの声が近い。

【院画】宋の宣和中に設けた宮中御用の画院の画。元・柳貫〔寿皇御題淳熙宮画牡丹扇面に題す、二首、一〕詩 劍南の樵客、花容を寫す 院畫流傳して、國工と號す
【院本】金元の演劇の一。〔輟耕録、院本名目〕金に院本雜劇諸公調、院本雜劇有り。其の實、一なり。國朝（明）に、院本雜劇、始めて釐めて之れを二にす。
【院落】中庭。院子。宋・蘇軾〔春夜〕詩 歌管樓臺、聲細細 鞦韆院落、夜沈沈
↑院宇 垣のある家／院君 婦人の封号／院公 院主、また、じいや／院号 院試／院子 院落、また下僕／院使 元代、茶事を司る人／院試 科挙の一／院主 住職／院牆 家のまがき／院体 宮廷風／院台 上司の尊号／院批 院の使令
↓医院・学院・諫院・棊院・妓院・議院・後院・斎院・産院・寺院・春院・書院・小院・深院・僧院・竹院・庭院・道院・尼院・病院・分院・別院・本院・薬院・幽院

【婬】11 4241 イン みだら

篆文 

形声 声符は㸒。㸒に節度を超える意がある。〔説文〕十二下に「私かに逸しむなり」とあり、婬逸をいう。また通じて淫を用いる。

訓義 ①みだら、たわける。②たのしむ、たわむれる。

古訓 〔新撰字鏡〕婬 宇加礼女（うかれめ）、又、布介留（ふける）、又、多波留（たはる）〔名義抄〕婬 タハル・アソブ・フケル・タハシ・ウカレメ・タハブル・ヨシ・ヨロコブ

声系 婬・㸒・淫・霪jiəm は同声。過度のことをいう。

【婬佚】みだら。みだらなことを楽しむ。〔春秋繁露、五行順逆〕如し人君婬佚を好み、妻妾過度なるときは、～則ち民、心腹を病む。
【婬荒】みだら。女色ですさむ。〔孔子家語、子路初見〕桓子既に女樂を受け、君臣婬荒すること三日、國政を聽かず。～孔子、遂に行る。
【婬穢】みだら。けがらわしい。〔後漢書、劉盆子伝〕凡そ賊の發する所、玉匣有り。殮する者、率ね皆生けるが如し。故に赤眉多く婬穢を行ふことを得たり。
↑婬技 みだらなしわざ／婬戯 婬伎／婬虐 みだらで、はげしい／婬縦 みだら／婬慝 邪悪／婬靡 みだら／婬奔 色好み／婬冶 なまめかしい／婬欲 性欲／婬乱 みだら

人【寅】11 3080 ［寅］16 3010 イン つつしむ とら

会意 矢＋収。収は左右の手。矢に両手を加え、矢がらの曲直を正す。〔説文〕十四下に「髕なり」とあり、「ひざさら」の意とする。また「正月、陽气動き、黄泉を去りて上出せんと欲するも、陰尚ほ彊し。宀くして達せず、下に髕寅するに象るなり」とあり、これは五行説によって説くものであろう。金文の〔陳侯因𪒠敦〕に「諸侯、吉金を寅薦す」とあり、神に供えるときの儀礼をいう。

訓義 ①つつしむ、すすむ。②まこと、うやまう。③矢がらを正す、弓引く。④演に通じて、のぶ。⑤十二支のとら。

古訓 〔名義抄〕寅 ツヽシム 〔字鏡集〕寅 ツヽシム・ウヤマフ・コハシ・ノブ・トラ

語系 寅・螾・夤jien、演jyen は寅声。寅は、神事に用いる矢がらを正すので、つつしむ、伸ばすの意がある。檃ien は檃栝で「ため木」、木の曲直を正すもの。引jien は弓ひくこと。みな一系をなす語である。

【寅畏】おそれつつしむ。〔書、無逸〕昔、殷王中宗に在りて、嚴恭寅畏、天命自ら度り、民を治むるに祗み懼れ、敢て荒寧せざりき。
【寅餞】つつしんで送る。〔書、尭典〕分ちて和仲に命じて、西に宅らしむ。昧谷と曰ふ。寅んで納日（入日）を餞らしむ。
↑寅縁 よりすがる／寅誼 同僚のよしみ／寅恭 つつしみ敬う／寅兄 同僚の敬称／寅虔 寅恭／寅好 親友／寅丈 同僚の先輩／寅正 旧正月／寅生 同僚／寅誠 誠敬／寅夕 朝夕／寅弟 後輩／寅夜 寅の刻、深夜／寅僚 同僚
↓建寅・同寅

常【淫】11 3211 イン みだら はびこる ふける

篆文 詛楚文

形声 声符は𡈼。〔説文〕十一上に「侵淫して理に随ふなり」とあり、地の脈理に従って水が浸してゆく意とする。また「久雨を淫と為す」とは、侵淫して止まぬ意であろう。𡈼は呈（𡈼）（挺立して祝詞を掲げ祈る人）に手を加えて督促する形で、過甚の意。水の滲透することには淫といい、人の欲情においては婬という。

訓義 1みだら、みだす、みだれる。2水の過甚なるもの。ひたす、あふれる、はびこる。3長雨、深い、沈む。4一般に、甚だしい状態をいう。ふける、ほしいまま、久しい、大きい、よこしま。

古訓 〔名義抄〕淫 ミダル・ヒロゴル・ウルフ・シヅム・オホイナリ・ヒサシ・アソブ・ヤウヤク・ソム・オツ・スソ

語系 淫・霪jiəm は同声。霖liəm も声義が近く、久雨をいう。

【淫哇】 淫穢の曲。魏・嵆康〔養生論〕聲色を見て是れ耽り、目は玄黄に惑ひ、耳は淫哇を務む。滋味其の府藏を煎き、醴醪其の腸胃を鬻く。

【淫佚】 なまけて楽しむ。〔説苑、脩文〕凡そ人の患禍有る者は、淫佚暴慢に生ず。淫佚暴慢の本は、飲酒に生ず。故に古者は、其の飲酒の禮を慎む。耳に雅音を聴き、目に正儀を視しむ。～故に終日酒を飲むも、過失無し。

【淫逸】 なまけて楽しむ。〔国語、呉語〕有罪の者を斬りて以て徇へて曰く、此の淫逸の、禁ずべからざるが如くすること莫かれと。

【淫雨】 ながあめ。〔左伝、荘十一年〕宋に大水あり。公、焉れを弔はしめて曰く、天、淫雨を作せり。粢盛に害あり。之れを若何ぞ弔はざらんと。

【淫豔】 あだめいて美しい。唐・元稹〔杜甫墓係銘序〕陵遅（衰微）して梁陳に至り、淫豔刻飾、佻巧小碎の詞劇だし。又宋齊の取らざる所なり。唐、學官を興し、大いに歴世の文を振ふ。

【淫楽】 みだらな音楽。〔礼記、楽記〕姦聲亂色は聰明を留めず、淫樂慝禮は心術に接せず。

【淫虐】 残虐が甚だしい。〔左伝、昭四年〕若し適に淫虐ならば、楚將に之れ（天の相くる所）を棄てんとす。吾又誰と與に爭はんや。

【淫驕】 わがままでおごる。〔新書、過秦下〕借し秦王をして、上世の事を論じ、殷周の迹に竝び、以て其の政を制御せしめば、後に淫驕の主有りと雖も、猶ほ未だ傾危の患有らざるなり。

【淫巧】 甚だしい奇巧。〔書、泰誓下〕郊社修めず、宗廟享せず。奇技淫巧を作して、以て婦人を悦ばす。上帝順はず、祝ちて時の喪を降せり。

【淫行】 みだらな行為。〔左伝、昭二十八年〕戊（人名）の人と爲りや、～守心有りて淫行無し。

【淫志】 欲ばる。〔史記、老荘申韓伝〕君子は盛徳あるも、容貌愚なるが若し。子の驕氣と多欲、態色と淫志とを去れ。是れ皆子の身に益無し。

【淫侈】 ぜいたく。気まま。〔後漢書、独行、范冉伝〕吾昏闇の世に生まれ、淫侈の俗に値ふ。～氣絶するときは便ち斂し、斂するに時服を以てせよ。衣は形を蔽ふに足り、棺は身を周るに足る。

【淫祀】 邪神を祀る。〔後漢書、第五倫伝〕會稽の俗、淫祀多く、卜筮を好む。民、常に牛を以て神を祭る。百姓の財産、之れを以て困匱す。

【淫辞】 かざったでたらめなことば。〔孟子、公孫丑上〕詖辭（偏頗なことば）は其の蔽はるる所を知る。淫辭は其の陷る所を知る。

【淫邪】 みだりがわしいこと。〔三国志、呉、陸凱伝〕先帝～左右に淫邪の色を置かず、後房に曠積の女無し。今中宮、萬もて數ふるも、嬪嬙に備へず。外に鰥夫多く、女は中に吟く。

【淫声】 みだらな音楽。〔左伝、昭元年〕是に於て煩手淫聲有り。心耳を慆堙し、乃ち平和を忘る。君子聽かざるなり。

【淫慝】 大悪。〔左伝、宣十二年〕古者明王、不敬を伐ち、以て大戮を爲す。是に於てか京觀有り。以て淫慝を懲む。

【淫靡】 みだら。梁・簡文帝〔六根懺文〕鄭衛の淫靡を聽き、脅身側耳す。～淫靡の聲は、之れを欣ぶ者衆し。願はくは此の穢耳を捨てて、彼の天聰を得ん。

【淫風】 みだらな風潮。〔書、伊訓〕敢て貨色に殉ひ、遊畋を恆にする有る、時れを淫風と謂ふ。

【淫僻】 片寄る。〔荘子、駢拇〕夫れ人の適を適として、自ら其の適を適とせざるは、盜跖と伯夷と雖も、是れ同じく淫僻と爲すなり。余は道德に愧づ。是を以て上は敢て仁義の操を爲さず、下は敢て淫僻の行を爲さざるなり。

【淫乱】 みだら。〔漢書、地理志下〕襄公淫亂にして、姑姉妹嫁せず。是に於て國中の民家に令し、長女は嫁することを得ざらしむ。名づけて巫兒と曰ひ、家の主祠と爲す。

【淫麗】 飾りたてて美しい。〔後漢書、辺譲伝〕邊讓能く文を屬る。章華の賦を作る。淫麗の辭多しと雖も、之れを終ふるに正を以てすること、亦た（司馬）相如の諷の如きなり。

↑淫威 大きな威力／淫泆 淫佚／淫淫 流れ去る／淫具 房事の具／淫好 淫交／淫荒 酒色に荒む／淫昏 心がくらむ／淫祠 淫祀／淫詞 卑猥な歌／淫事 淫乱のこと／淫酒 酒におぼれる／淫神 邪神／淫人 淫行の人／淫沈 耽る／淫溺 おぼれる／淫蕩 淫荒／淫辟 淫僻／淫暴 暴戻／淫放 しほうだい／淫湎 淫酒／淫遊 荒遊／淫慾 みだらな欲／淫楽 荒淫／淫濫 淫乱／淫霖 ながあめ／淫厲 おそろしいたたり／淫浪 放蕩／淫潦 大雨／淫惑 邪淫

↓晦淫・姦淫・狂淫・驕淫・夸淫・荒淫・詩淫・邪淫・書淫・浸淫・声淫・煩淫・靡淫・誣淫・僻淫・楽淫

常 【陰】 11 7823 ［侌］ 8 8073 ［霒］ 16 1072

イン かげ くもる ひそか

篆文 古文 金文 石鼓文 古印璽

形声 声符は侌。〔説文〕十四下に「闇なり。水の南、山の北なり」と地勢による陰晴の義とし、また雲部十一下に霒の字を録し「雲、日を覆ふなり」とし、侌の古文二形を録する。侌は陰の古文。侌は云（雲気）を今（蓋栓の形）で蓋する意で、気をとじこめる意。陰陽は𠂤（神梯）の前に気を閉ざした呪器、または昜（玉の光）をおく呪儀。神気を閉ざし、または神気を発揚することをいう。

訓義 1とざす、おおう。2かげ、ひかげ、くらい、奥深い。3くもる、しめる、うるおう。4ひそか、かくれる。5陽に対して陰の性格をもつもの。男に対して女、方位では北、山の北側、川の南岸。6性器。

古訓 〔名義抄〕陰 カゲ・クル・クモル・クラシ・フカシ・モダニ・ヒソカニ・フグリ・キタ・カクル・ハヤル 〔字鏡集〕陰 キタ・ハカル・カクス・カクル・クル・ヒソカニ・フカシ・カゲ・クモル・モダス・クラシ・トガ・ツクル・クモノオホフ

声系 侌（霒）・陰・蔭（蔭）・隂iəm は同声。蔽おわれたものの意がある。気・日光の関係に用いる。

語系 陰・霒iəm、隱（隠）iən、暗（暗）・闇（闇）əm は声義が近く、おおわれてくらく、かくされる意がある。

【陰陰】いんいん くらくしずか。唐・王維〔積雨、輞川荘の作〕詩 漠漠たる水田に、白鷺飛び 陰陰たる夏木、黄鸝囀る（うぐいすの一種）

【陰雨】いんう 雨降り。〔三国志、魏、王粛伝注に引く魏略〕或るひと三餘の意を問ふ。（董）遇言ふ、冬は歳の餘、夜は日の餘、陰雨は時の餘なりと。

【陰雲】いんうん 暗雲。雨ぐも。晋・陸機〔苦寒行〕楽府 陰雲、巖側に興り 悲風、樹端に鳴く

【陰翳】いんえい かげる。うす暗いかげ。宋・欧陽脩〔酔翁亭記〕已にして夕陽、山に在り、～樹林陰翳し、鳴聲上下するは、遊人去りて、禽鳥樂しむなり。

【陰気】いんき 陰の気。〔礼記、郊特牲〕社は土を祭りて陰氣を主とするなり。君、北墉下に南郷（嚮）するは、陰に答ふるの義なり。

【陰行】いんこう（かう） 隠れた善行。〔淮南子、人間訓〕夫れ陰徳有る者は、必ず陽報有り。陰行有る者は、必ず昭名有り。

【陰惨】いんさん 暗くみじめ。漢・張衡〔西京の賦〕夫れ人、陽時に在りては則ち舒、陰時に在りては則ち慘なり。此れ天に牽かるる者なり。

【陰私】いんし かくしごと。〔漢書、王嘉伝〕過を察しては悉く劾し、陰私を發揚す（あばきたてる）。

【陰識】いんしき 凹文の銘。〔洞天清録集〕（古鐘鼎彝器弁）三代は陰識を用ふ。之れを偃囊と謂ふ。其の字凹入するなり。漢以來、或いは陽識を用ふ。

【陰事】いんじ かくしごと。〔史記、信陵君伝〕公子曰く、臣の客に、能く趙王の陰事を探得する者有り。趙王の爲す所、客輒ち以て臣に報ず。臣此れを以て之れを知ると。是の後魏王、公子の賢能を畏る。

【陰騭】いんしつ ひそかに定める。〔書、洪範〕嗚呼、箕子よ。惟れ天、下民を陰騭し、厥の居を相け協へしむ。我は其の彝倫の敍ぶる攸を知らず。

【陰森】いんしん うす暗く茂る。唐・孟浩然〔庭橘〕詩 明發（よあけ）群物を覽るに 萬木何ぞ陰森たる

【陰賊】いんぞく 人を害する心をもつ。〔史記、游俠、郭解伝〕解、人と爲り短小精悍、酒を飲まず。少時陰賊にして、～身づから殺す所甚だ衆し。

【陰徳】いんとく 隠れた善行。〔史記、淮南王安伝〕淮南王安、人と爲り讀書鼓琴を好む。～亦た陰徳を行ふを以て、百姓を拊循し、譽を天下に流さんと欲す。

【陰伏】いんぷく かくしごと。〔漢書、楊惲伝〕惲～性刻害、好んで人の陰伏を發く。同位の己に忤ふ者有るときは、必ず之れを害せんと欲す。

【陰謀】いんぼう 秘密の計。〔史記、陳丞相世家〕我（陳平）陰謀多し。是れ道家の禁ずる所なり。～終に復た起つ能はざるは、吾が陰禍多きを以てなり。

【陰陽】いんよう（やう） 陰と陽。万物のもと。〔易、繫辞伝上〕生生、之れを易と謂ひ、象を成す、之れを乾と謂ひ、法を效す、之れを坤と謂ふ。數を極め來を知る、之れを占と謂ひ、變に通ずる、之れを事と謂ひ、陰陽測られざる、之れを神と謂ふ。

↑陰悪 陰慝／陰闇 くらい／陰瘞 なえる／陰霪 霖雨／陰鬱 鬱陶しい／陰厭 わか死にした子の祭／陰火 鬼火／陰晦 くらい／陰姦 わるい下心／陰乾 かげぼし／陰器 性器／陰渠 暗渠／陰教 女子の教え／陰茎 男根／陰計 陰謀／陰恵 陰徳／陰険 悪心／陰戸 陰門／陰巧 詐巧／陰罪 かくれた罪／陰殺 暗殺／陰字 陰文／陰邪 陰険／陰柔 腹ぐろ／陰処 ひっそりと住む／陰助 ひそかに助ける／陰訟 男女の訟／陰情 かくれた悪事／陰唇 外陰部／陰燧 方諸／陰晴 天気のもよう／陰精 月など／陰銭 紙銭／陰讁 陰罪／陰地 かげ地／陰中 人を陥れる／陰虫 秋の虫／陰沈 暗澹／陰天 やみ空／陰兎 月／陰慝 かくれた悪事／陰毒 隠し毒／陰嚢 ふぐり／陰霾 土ぐもり／陰魄 月／陰微 わずか、かすか／陰霏 くもる／陰庇 かばう／陰府 地獄／陰符 兵書／陰風 北風／陰文 凹文の印／陰閉 閉じ塞ぐ／陰蔽 おおいかくす／陰密 ひそか／陰門 処子の陰部／陰約 密約／陰憂 心のうれえ／陰涼 日かげ／陰燐 鬼火／陰礼 婦人の礼／陰沴 寒冷の疾／陰暦 太陰暦

↓帷陰・簷陰・花陰・凝陰・月陰・午陰・沍陰・光陰・歳陰・山陰・枝陰・樹陰・秋陰・春陰・新陰・翠陰・寸陰・清陰・晴陰・夕陰・惜陰・積陰・太陰・竹陰・重陰・庭陰・半陰・繁陰・庇陰・碑陰・微陰・伏陰・分陰・暮陰・門陰・夜陰・幽陰・余陰・嵐陰・柳陰・涼陰・諒陰・緑陰・林陰・簾陰・籠陰

【喑】 12 6006 イン アン おうし なく

篆文

形声 声符は音（音）。音は声が中にこもる意。〔説文〕二上に「宋・齊にて、兒の泣きて止まざるを謂ひて、喑と曰ふ」とあり、子が泣きじゃくり、ことばが出ないことをいう。

訓義 ①おうし、くちつむぐ、ことばの障害。②なく、さけぶ。③瘖と通用する。

古訓 〔新撰字鏡〕喑 咷ぶ、喑く、大呼す、於不志（おふし）〔名義抄〕喑 オフシ 〔字鏡集〕喑 ヲフシ・ニヨブ・サケブ・ナク・マミレテナク・キハメテナク

声系 喑・音・瘖 iəm は同声。瘖は〔説文〕七下に「言ふこと能はざるなり」とあり、その病をいう。

＊語彙は瘖字条参照。

【喑啞】いんあ 啞者。宋・蘇軾〔司馬君実独楽園〕詩 掌を撫して先生を笑ふ 年來、喑啞に效ふを

【喑噫】いんい むせび泣く。唐・韓愈〔劉統軍の碑〕公、少長にして事を好む。西戎勢ひに乘じ、盜、河外を有つ。公、家居すと雖も、國の爲に喑噫す。來りて邊師に破るべきの計を告ぐ。

【喑嗚】いんお（を） 怒ってむせび泣く。〔資治通鑑、漢紀四十三〕（順帝、永建元年）（虞）詡曰く、寧ろ歐刀（刑刀）に伏して、以て遠近に示さん。喑嗚して自殺せば、是非孰か辨ぜんや。

【喑黙】いんもく 沈黙する。〔唐書、孝友、梁文貞伝〕少くして軍に從ひ、邊を守る。還るに逮び、親已に亡し。～晨夕汎埽し、墓左に廬し、喑默すること三十年。

↑喑畏 沈黙する／喑喑 喑啞／喑咽 むせぶ／喑噎 だまる／喑嗟 嘆息する／喑蟬 おしぜみ／喑付 はかる／喑薬 ことばの障害をおこす薬／喑聾 聾啞

↓口喑・坐喑・陽喑・聾喑

【堙】 12 4111 イン ふさぐ うもれる ほろびる

形声 声符は垔。垔は煙（㷑）の初文。煙が煙抜けにこもる形。堙は土でものが塞がれる意。

訓義 ①ふさぐ。②土でふさぐ、うもれる、うずむ。③湮に通じ、しずむ、ほろびる。

古訓 〔名義抄〕堙 フサグ・ウム・ウヅム・ホロブ・フセグ

声系 垔・堙・湮・闉 iən は同声。煙 yen は声義が近い。

語系 堙 iən は堰 ian、淤 ia、按 an、遏 at、抑 iet、厭 iap、壓（圧）eap と声義近く、力を加えておさえ、よどむ意がある。

【堙鬱】いんうつ 気がふさがる。〔史記、賈生伝〕訊に曰く、已んぬる矣、國に其れ我を知るもの莫し。獨り堙鬱として、其れ誰にか語らん。

【堙滅】いんめつ 埋もれ滅びる。湮滅。〔史記、伯夷伝〕巖穴の士、

趣舍(進退)時有り。此くの若ごきの類、名堙滅して稱せられず。悲しい夫か。

↑堙曖 隠れる/堙穴 地下道/堙塹 堀埋め/堙茨 埋めふさぐ/堙塞 ふさぐ/堙替 すてる/堙澱 ふさがりつまる/堙廃 すたれる/堙蕪 あれる

↓下堙・井堙・通堙

【愔】 12 9006 イン アン やわらぐ しずか

形声 声符は音(音)。音は神の自己啓示の音。しずかな物音をいう。宋玉の〔神女の賦〕に「澹として淸靜にして、其れ愔嫕(和らぎ、しとやか)なり 性、沈詳にして煩ならず」と、神女のさまをいう。

訓義 ①やわらぐ。②しとやか。③ものしずか。

古訓 〔字鏡〕愔 志豆介之(しづけし)、ハナハダ 〔字鏡集〕愔 ヤスシ・ハナハダ

↑愔愔 安らぐ/愔嫕 深静/愔然 沈黙

↓愛愔・徳愔

【湮】 12 3111 イン ふさぐ しずむ

篆文 

形声 声符は垔。〔説文〕十一上に「沒するなり」、また沒(没)字条に「沈むなり」とあって、沈没の意とする。垔は煙(烟)の初文。煙が煙抜けにこもる形。湮は水流がふさがれる意。

訓義 ①ふさぐ、とどこおる。②しずむ。③ほろびる。

古訓 〔名義抄〕湮 フタガル・シヅム・ウヅム・オツ・ホロブ

声系 垔・湮・堙・闉 ian は同声。煙 yen も垔声に従い、声義が近い。

【湮鬱】 気がふさぐ。心がむすぼれる。唐・韓愈〔原道〕之れが禮を爲りて、以て其の先後を次し、之れが樂を爲りて、以て其の湮鬱を宣のぶ。

【湮没】 ほろぶ。〔後漢書、応劭伝〕舊章湮沒し、書記存するもの罕れなり。劭、慨然として歎息し、乃ち聞く所を綴集し、漢官禮儀故事を著はす。

【湮滅】 滅び失われる。〔史記、游俠伝序〕秦より以前、匹夫の俠、湮滅して見はれず。

【湮淪】 沈む。なくなる。唐・駱賓王〔帝京篇〕詩 故人、湮淪する有り 新知、意氣無し

↑湮佚 散佚する/湮軼 散佚する/湮佚/湮晦 消失する/湮散 散佚する/湮塞 ふさぐ/湮替 すたる/湮沈 ほろび沈む/湮墜 ほろびる/湮殄 絶える/湮廃 すたる/湮圮 ほろぶ/湮伏 ほろびうせる/湮亡 滅亡する/湮昧 埋没する/湮阨 くるしむ/湮落 埋没する

↓鬱湮・沈湮・埋湮

常【飲】 12 〔飮〕 13 8778 〔㱃〕 11 8060 〔歓〕 15 8768 イン オン のむ みずかう

篆文 甲骨文 金文 古文 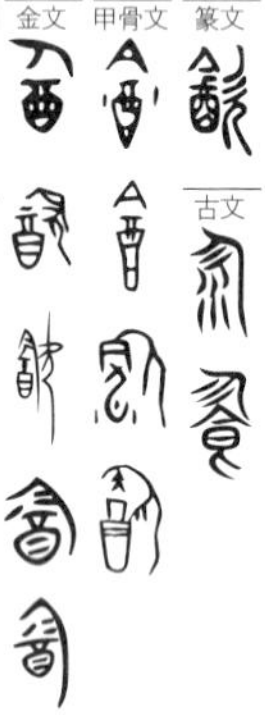

会意 正字は㱃。酓+欠。酓は酒壺に蓋栓を加えた形で、飲の初文。欠は口を開いて飲む形。酒漿の類を歠のむ形で、〔説文〕八下に「歠するなり」とする。次条に「歠は㱃むなり」とあって互訓。歠はすすする音の擬声語である。

訓義 ①のむ、すする。②そそぐ。③さかもり。④みずをのませる、みずかう。

古訓 〔名義抄〕飲 ノム・ナム・ミヅカラ(フ)・ツ、シム 〔字鏡集〕飲 ノム・ナム・ス、ル・ミヅノム・ミヅカフ・カクス・ツ、シム

語系 飲(㱃)iəm、燕ian は声近く、通ずることがある。

【飲宴】 さかもり。〔後漢書、霊帝紀〕帝、列肆(店)を後宮に作り、諸采女をして販賣し、更と相ひ盜竊爭鬬せしむ。帝、商估の服を著け、飲宴して樂しみと爲す。

【飲河】 河水を飲む。〔荘子、逍遥遊〕鷦鷯深林に巣くふも、一枝に過ぎず。偃鼠(もぐらもち)河に飲むも、腹を滿たすに過ぎず。

【飲器】 酒器。また便器。〔史記、刺客、予譲伝〕趙襄子~智伯を滅ぼす。~趙襄子、最も智伯を怨む。其の頭に漆うるして、以て飲器と爲す。

【飲客】 酒客。上戸。梁・沈約〔七賢論〕酒の用爲たる、獨り酌むべきのみに非ず、宜しく須らく侶ともに用ふべし。然る後に歡を成す。劉伶、酒性既に深し。子期(向秀)又是れ飲客なり。

【飲泣】 むせび泣く。〔漢書、賈捐之伝〕老母寡婦、飲泣して巷に哭し、遙かに虛祭を設け、魂を萬里の外に想ふ。

【飲恨】 忍んで心に恨みをもつ。梁・江淹〔恨みの賦〕古より皆死有り。恨みを飲みて聲を吞まざる莫なし。

【飲至】 凱旋して宴会する。〔左伝、桓二年〕凡そ公行くときは宗廟に告げ、行より反りては飲至し、爵を舍おき勳を策するは、禮なり。

【飲酒】 酒を飲む。さかもり。〔史記、項羽紀〕宋義~乃ち其の子宋襄を遣はして、齊に相たらしめ、身づから之れを送りて無鹽(地名)に至り、飲酒高會す。

【飲食】 食事。〔論語、泰伯〕子曰く、禹は吾れ閒然すること無し。飲食を菲うすくして、孝を鬼神に致し、衣服を惡しくして、美を黻冕(礼服)に致す。~禹は吾れ閒然すること無し。

【飲餞】 送別の宴。〔詩、邶風、泉水、集伝〕飲餞とは、古の行く者、必ず祖道の祭(うまのはなむけ)有り。祭畢はりて、處を る者之れを送り、其の側に飲み、而る後に行くなり。

【飲馬】 馬に水かう。〔左伝、宣十二年〕楚子~將まさに馬に河に飲みづかひて歸らんとす。晉師既に濟わたると聞き、王還らんと欲す。

【飲氷】 心に憂える。〔荘子、人間世〕今吾れ朝に命を受け、夕に冰を飲む。我其れ内熱するか。吾未だ事の情に至らずして、既に陰陽の患有り。

【飲涙】 涙をのむ。すすり泣く。漢・班婕妤〔擣素の賦〕百憂の盈抱を懷だき、空しく千里にして涙を飲む。

↑飲羽 深く矢がささる/飲燕 飲宴/飲嚥 飲みこむ/飲讌 飲宴/飲会 酒宴/飲妓 倡妓/飲戯 飲み楽しむ/飲局 酒宴/飲禊 みそぎの宴/飲血 血涙を飲む/飲子 湯薬/飲酌 飲酒/飲漿 飲みもの/飲烝 酒宴/飲歠 すする/飲啄 飲水啄食/飲儲 酒の肴/飲徒 飲み仲間/飲杯 酒杯/飲盟 酒で誓う/飲量 酒の量

↓宴飲・燕飲・讌飲・快飲・渴飲・酣飲・汲飲・牛飲・狂飲・鯨飲・劇飲・訣飲・浩飲・豪飲・轟飲・酌飲・小飲・縦飲・井飲・対飲・暢飲・沈飲・痛飲・泥飲・陪飲・瀑飲・鼻飲・冰飲・餔飲・抔飲・飽飲・暴飲・茗飲・夜飲・溜飲

【筠】 13 8812 イン(ヰン) ウン たけのかわ たけ

篆文 

形声 声符は均。均に韵の声がある。〔説文新附〕五上に「竹の皮なり」とあり、竹そのものをもいう。

訓義 ①たけのかわ、たけ。②竹の青皮の美しいこと、うるおい、つや。

古訓 〔名義抄〕筠 タカムナ・フシ 〔字鏡集〕筠 タケノカハ・タ

ケノナカヘ・タカムナ

語系 筠 jiuen、隕 hiuen は声近く、隕は落ちるものをいう。また筍 siuen と通ずる。

【筠篁】（いんこう（ゐんくわう））たけ。梁・元帝〔全徳志論〕良園廣宅をして、水に面し山を帶びしむ。甘果饒くして、花卉足り、筠篁を葆らせて、魚鳥を玩ぶ。

【筠心】（いんしん（ゐんしん））竹を割ったような心。梁・江淹〔知己の賦〕英は芬を馳せて激し、譽は聲を流して滿つ。我は筠心にして松性、君は金采にして玉相。

【筠箭】（いんせん（ゐんせん））やだけ。高い品格にたとえる。〔礼記、礼器〕其の人に在るや、竹箭の筠有るが如し。

【筠筒】（いんとう（ゐんとう））粽などを入れる竹づつ。唐・沈亜之〔五月六日石頭城を発す〜〕詩 蒲葉、呉刀綠に 筠筒、楚粽香し

【筠籠】（いんろう（ゐんろう））竹かご。北周・庾信〔燭に対する賦〕蓮帳の寒檠、窗の曙を拂ひ、筠籠の熏火、香絮に盈つ。

↑筠管 竹管／筠渓 竹ある谷／筠床 竹床／筠席 竹の蓆／筠窓 竹の窓／筠籜 竹の皮／筠竹 竹／筠梯 竹梯子／筠簟 竹席／筠斑 斑竹／筠風 竹の風／筠籃 竹の籠／筠簾 竹の簾

↓煙筠・旧筠・松筠・翠筠・霜筠・叢筠・貞筠・庭筠・文筠・碧筠・野筠・緑筠

【隕】 13 7628 イン（ヰン） ウン おちる

篆文  金文 

形声 声符は員。〔説文〕十四下に「高きより下つるなり」という。員は圓（円）の初文で、円く転ずるものの意がある。自は神梯の象で聖所。天より落つることを隕といい、その石を磒という。

訓義 ①おちる、おとす、うしなう、くずれる。②天より落つるもの。磒、隕石。③枯れおちる、死ぬ。

古訓 〔名義抄〕隕 オツ・ホロブ・ワヅラフ・クツガヘス

語系 隕・磒・霣・殞 hiuen は同声。殞は死の婉曲語法として用いる。

【隕失】（いんしつ（ゐんしつ））失う。〔晏子、問上二十五〕景公、晏子に問うて曰く、古者其の民を離散し、其の國を隕失する者、其の常行何如と。

【隕石】（いんせき（ゐんせき））流星の地に落下するもの。〔左伝、僖十六年〕春、宋に隕石あること五、隕星なり。

【隕喪】（いんそう（ゐんさう））死ぬ。〔三国志、蜀、諸葛亮伝〕如何ぞ不弔（淑）にして、事克つに垂とするに臨み、疾に遘うて隕喪する。朕用て傷悼し、肝心裂くが若し。

【隕霜】（いんそう（ゐんさう））霜がおりる。〔春秋、僖三十三年〕隕霜、草を殺さず。李梅實る。

【隕蘀】（いんたく（ゐんたく））草木が枯れ落ちる。〔詩、豳風、七月〕八月、其れ穫し 十月、隕蘀す

【隕墜】（いんつい（ゐんつい））失墜。〔晋書、楊駿伝〕舅氏道を失ひ、宗族隕墜す。渭陽の思ひ、孔だ感傷を懷ふ。

【隕涕】（いんてい（ゐんてい））涙を流す。〔漢書、陳湯伝〕昔、白起秦の將と爲り、〜纖介の過を以て死を杜郵に賜ふ。秦の民之れを憐れみ、隕涕せざるもの莫し。

↑隕越 転落する／隕潰 破れる／隕穫 志気を喪失する／隕蹶 倒れ死ぬ／隕星 隕石／隕節 節義に死ぬ／隕絶 たえる／隕隊 おちる／隕顚 落ち倒れる／隕踣 倒れる／隕斃 斃死する／隕没 死ぬ／隕命 死ぬ／隕落 死ぬ／隕涙 涙を流す／隕零 草木が枯れしぼむ

↓栄隕・失隕・星隕・石隕・霜隕・籜隕・凋隕・涕隕・葉隕

【靷】 13 4250 イン ひきづな むながい

篆文 

形声 声符は引。〔説文〕三下に「軸を引くなり」と車を引く意とするが、馬の胸にかけるむながいをいう。

訓義 ①ひきづな、むながい。②靳と通用する。

古訓 〔新撰字鏡〕靷 馬の胸に繫くる者なり、牟奈加支（むなかき）〔名義抄〕靷 ヒク・ムナカキ 〔篇立〕靷 ムナカキ・オモガイ

語系 靷・引 jien は同声。曳 jiat、延（延）jian も声義が近い。

↓陰靷・靳靷・結靷・韅靷・失靷・執靷・車靷・脱靷・長靷・馬靷・両靷

【夤】 14 2780 イン つつしむ

篆文  籀文  金文  古印璽 

形声 声符は寅。寅は神事用の矢を正す形で、寅敬の意がある。夕は祭肉。〔説文〕七上に「敬み愓るる」とあり、金文の〔秦公𣪘〕に「嚴として天命を虩夤す」とみえる。

訓義 ①つつしむ、おそれる。②延と通じ、のびる、つらなる。③大きい。

古訓 〔字鏡集〕夤 ウヤマフ・ツヽシム・スヽム・ノブ・オホイナリ

【夤畏】（いんい（ゐ））つつしみ畏れる。〔北史、房彦謙伝〕今國家、祇つつしみて靈命を承け、人の父母と作る。刑賞曲直、天に升聞す。照臨を夤畏し、亦た宜しく謹肅すべし。

【夤恪】（いんかく）つつしむ。梁・簡文帝〔南郊頌を上る表〕周、南甸に郊すと雖も、宗伯の官、徒だ設けたるのみ。漢、北時を興すも、夤恪の道未だ隆んならず。

↑夤縁 連なる／夤承 敬承／夤夜 深夜／夤亮 忠敬

【廕】 14 0023 イン オン おおう おかげ

形声 声符は陰。〔玉篇〕に「庇陰なり」とあり、余沢の及ぶことをいう。父祖の功により叙任されることを、恩廕という。

訓義 ①おおう。②かばう、まもる。③おかげ。④蔭・陰と通用する。

古訓 〔字鏡集〕廕 ヒサシ・カクル

【廕官】（いんかん（くわん））父祖の功によって、子が叙任される。〔清国行政法汎論、文官仕途の種類、廕生〕廕官に二種有り。國家に大慶典有り、恩を施して文武官員の子に授官するを、恩廕官と曰ふ。又殉難陳亡、或いは公事に死する者の子に授官するを、稱して難廕官と曰ふ。

【廕子】（いんし）父祖の功によって、子が受官する。〔続文献通考、選挙七〕其の廕子の品職に入る者は、各〻其の資考に循がひ、流升轉遷し、〜本等に止まる。

【廕叙】（いんじょ）父祖の功によって、子が叙任される。宋・范仲淹〔執政に上る書〕今は則ち大慶を擧ぐる毎に、必ず此の典を行ふ。兩省より以上、子弟を奏請し、必ず京官と爲る。〜遂に廕敍の人をして、仕路を塞がしむ。

↑廕庥 かばう／廕授 廕叙／廕襲 父祖の職位をつぐ／廕序 廕叙／廕生 廕子／廕調 廕叙／廕庇 父祖のおかげ／廕覆 廕庇／廕補 廕叙

↓休廕・授廕・庇廕

【㥯】 14 2033 ［𢥞］ 20 9203 イン オン つつしむ うれえる かなしむ

篆文 

形声 声符は㥯。〔説文〕十下に「謹むなり」という。㥯は呪具の工の上下に手を加える形。その呪具によって、神聖なものを隠す意。その心情を㥯という。のち隱（隠）、穩（穏）の字を用いる。

訓義 ①つつしむ。②つつしみ憂える心情をいう。うれえる、かなしむ。

【古訓】〔字鏡集〕㥯 ツ、シム・ウレフ

【声系】〔説文〕に㥯声の字として隱・檃など五字を収める。穩は〔説文新附〕七上にみえる。

【語系】㥯・㥯(㦩)・隱ianは同声。穩uanもその系統の語。愛・薆ət、翳yetまた暗(暗)əm、陰iəmも声近く、語義が通ずる。

【参考】〔詩、邶風、柏舟〕「隱憂有るが如し」の隱憂は㥯憂、㥯もまた憂える意である。

【慇】 14 2733 イン オン いたむ したしむ

篆文 

【形声】声符は殷。〔説文〕十下に「痛むなり」とみえる。殷は身の反文に殳(ほこ)を加える形で、妊婦を殴つ意。それを廟中で行う𣪠の字があり、妊婦に対する呪的儀礼を示す字。その心情を慇という。

【訓義】①いたむ、うれえる。②慇懃、したしむ、ねんごろ。③殷と通じ、さかん。

【古訓】〔名義抄〕慇 ネムコロ・サカリ・ウラム・ヤスシ/慇懃 ネムゴロナリ 〔字鏡集〕慇 イタム・ウラム・アハレフ・ネムゴロ・サカリ・ヤス(シ)

【慇慇】 憂えるさま。〔詩、大雅、桑柔〕憂心慇慇として 我が土宇を念ふ 我が生、辰ならず 天の僤怒(大いなる怒り)に逢へり

【慇懃】 ねんごろ。唐・楊巨源〔折楊柳〕詩 惟だ春風の最も相ひ惜しむ有り 慇懃に更に手中に向つて吹く

↑慇勤 慇懃/慇潤 富み潤う/慇憂 憂える

【殞】 14 1628 イン(ヰン) ウン しぬ おちる

【形声】声符は員。〔玉篇〕に「歿するなり」とみえる。

【訓義】①しぬ。②隕と通じ、おちる。

【古訓】〔名義抄〕殞 オツ・オトス・ホロブ 〔字鏡集〕殞 シヌ・ウス・ホロブ・ヲツ・ヲトル

【語系】殞・隕hiuənは同声。隕は磒、磒石。円石の落下するもの。沒(没)・歿が死を意味するように、殞も死の婉曲語法。

【殞越】 死ぬ。魏・曹植〔王仲宣(粲)の誄〕金石は弊れ難きも、人命常靡し。吉凶は制を異にす。此の驩べる人、孰れか先づ殞越せん。

【殞涕】 涙をながす。〔淮南子、泰族訓〕趙王房陵に遷し流され、故郷を思うて山水の嘔を為す。聞く者、涕を殞さざる莫し。

【殞命】 死ぬ。〔後漢書、寇栄伝〕蓋し忠臣は身を殺して以て君の怒りを解き、孝子は命を殞して以て親の怨みを寧んず。~乞ふ、身を以て重責を塞がん。

↑殞殪 たおれる/殞潰 潰滅する/殞泣 涙を流す/殞骨 死ぬ/殞謝 死ぬ/殞身 死ぬ/殞生 死ぬ/殞逝 死ぬ/殞石 隕石/殞絶 絶命する/殞霜 霜がおりる/殞墜 墜ちる/殞顚 滅びる/殞倒 倒れ死ぬ/殞斃 たおれる/殞亡 死ぬ/殞没 死ぬ/殞滅 滅びる/殞落 死ぬ

↓哀殞・秋殞・殂殞・凋殞・靡殞

【瘖】 14 0016 イン オン

篆文 

【形声】声符は音(音)。音は、中に声がこもる意がある。〔説文〕七下に「言ふこと能はざるなり」とみえる。

【訓義】①ことばの障害、ことばの障害のあるひと。②闇に通じ、くらい。

【古訓】〔名義抄〕瘖 オフシ・ヒロシ 〔篇立〕瘖 ヲフシ・ヲシ・ニヨブ・コト・ミモリ

【語系】瘖・音・喑iəmは同声。みな音の声義を承ける。因ien、殟uənを声符とするものにも、同系の語がある。

【瘖默】 沈黙する。默りこむ。唐・柳宗元〔蕭翰林俛に与ふる書〕是れを用つて更に瘖默を楽しみ、木石と徒と為らんことを思ひ、復た意を致さず。

【瘖藥】 ことばの障害をおこす薬。〔史記、呂后紀〕太后遂に戚夫人の手足を断り、眼を去り耳を煇き、瘖藥を飲ましめ、廁中に居らしめ、命けて人彘と曰ふ。

【瘖聾】 口と耳の障害。〔淮南子、泰族訓〕人道通ぜず。故に瘖聾の病有る者は、家を破ると雖も醫を求め、其の費を顧みず。

↑瘖啞 啞者/瘖士 隠士/瘖疾 瘖啞/瘖者 啞者/瘖蟬 おしぜみ/瘖俗 だまり俗/瘖俳 言語障害

↓瘂瘖・噫瘖・闇瘖・失瘖・疾瘖・盲瘖

【禋】 14 3121 イン まつり つつしむ

篆文 

籀文 

金文 

【形声】声符は垔。垔は煙(煙)の初文。〔説文〕一上に「潔祀なり」とあり、犠牲や黍稷・柴薪を燎き、その芳香を以て天神を祀る祭儀をいう。

【訓義】①まつり、まつる、天を祭る。②つつしむ、うやまう。

【古訓】〔名義抄〕禋 マツリ・マツル・イサギヨウス・ウヤマフ・イノル・サイハヒ

【声系】禋・垔・堙・陻ianは同声。煙がたちこめる、うずめる意がある。煙で潔祀することを禋という。

【禋絜】 清らかに清める。〔国語、楚語下〕能く山川の號、高祖の主、~忠信の質、禋絜の服を知りて、明神に敬恭なる者、以て之れが祝と為る。

【禋郊】 天を郊に祀る。〔後漢書、祭祀志賛〕天地に禋郊し、宗廟に享祀す。咸く無文を秩し、山川にも具はる。

【禋祀】 天の祭。〔詩、大雅、雲漢〕禋祀を殄たず 郊より宮に徂く 上下に奠瘞(犠牲を奠え瘞める)し 神として宗ばざる靡し

↑禋瘞 天地の祭/禋享 天を祭る/禋柴 天を祭る/禋祠 禋祀/禋樽 酒を供える/禋天 天を祭る/禋燎 禋柴/禋礼 禋祀

↓郊禋・明禋・類禋

入【蔭】 14 4423 〔蔭〕 15 4423 イン かげ おおう

篆文 

【形声】声符は陰。〔説文〕一下に「艸陰の地なり」とあり、草陰をいう。また日景をいう。

【訓義】①かげ、ひかげ。②おおう、ものかげ。③おおわれる、おかげ。④陰・廕と通用する。

【古訓】〔名義抄〕蔭 カゲ・カクス・カクル・オホフ・オソフ・クラシ・クモル/蔭蔚 ―トサカリニシテ

【語系】蔭・陰・廕iəm、暗(暗)・闇(闇)əm、隱(隱)ianは声義近く、一系の語。みな幽暗にして明らかでない意がある。

【蔭翳】 木が茂りおおう。また、そのかげ。晉・左思〔魏都の賦〕蘴芋充茂し、桃李蔭翳す。

【蔭官】 父祖のおかげで得た官。〔資治通鑑、後漢紀〕(桓帝、延熹二年、注)蔭は庇なり。今人、世資に憑藉して官を得る者を謂ひて、蔭官と為す。

【蔭覆】 木蔭で覆う。〔西京雑記、三〕五柞樹有り。皆連なること三抱、上枝は數十畝を蔭覆す。

【蔭蔽】 おおいかくす。〔説苑、復恩〕臣、~往者に醉うて禮を失せるに、王、隱忍して誅を加へず。臣終に敢て蔭蔽

徳を以て、顯はに王に報ぜずんばあらず。～臣は乃ち夜、纓を絶ちし者なり。

【蔭補】父祖の功により補任される。〔続資治通鑑、宋紀〕(仁宗、慶暦三年)詔して蔭補の法を更む。長子は年を限らず、餘子孫は年十五を過ぎ、弟姪は年二十を過ぐるときは、乃ち蔭することを得。

↑蔭藹 茂りあう／蔭蔚 蔭藹／蔭鬱 蔭蔚／蔭映 映りあう／蔭蓋 かくす／蔭子 蔭官の人／蔭室 地下室／蔭除 蔭補／蔭生 蔭子／蔭藉 家柄／蔭徳 ひそかに徳を施す／蔭庇 庇護／蔭附 有力者に従う／蔭佑 庇護

↓恩蔭・官蔭・資蔭・樹蔭・初蔭・垂蔭・託蔭・重蔭・繁蔭・庇蔭・父蔭・覆蔭・補蔭・苞蔭・柳蔭・涼蔭・緑蔭

【酳】 14 1262 イン シン すすぐ

篆文

形声 声符は胤の省文。〔儀礼、士昏礼〕に「贊(手助けの人)爵を洗ひ、酌みて主人に酳せしむ」とあり、儀礼の際、食後に酒で口を漱ぐことをいう。

訓義 ①すすぐ。②尸に酒をすすめること。儀礼的にすこし飲む。

古訓 〔名義抄〕酳 クチス、グ・ノム・ス、ル

語系 酳jyən、吮dziuanは声義近く、同系の語であろう。

【酳酢】尸の食後に酒をすすめ、また尸が主人夫婦に酒をすすめる。〔礼記、楽記〕此れ先王の廟を祭る所以にして、獻酬酳酢する所以なり。

【酳尸】尸に酒をすすめる。〔儀礼、特牲饋食礼〕主人角(爵)を洗ひて升り、酌みて尸に酳す。

↑酳酬 酒を献酬する

↓一酳・酌酳

常【隠】 14 【隱】 17 7223 イン オン かくす いたむ よる

篆文 古印璽

形声 声符は㥯。㥯は呪具の工で神を鎮め匿す意。自は神の陟降する神梯。その聖所に神を隠し斎うことをいう。〔説文〕十四下に「蔽ふなり」とするが、神聖を隠す意。

訓義 ①かくす、おさめる。②おくふかい、ほのか、かすか。③穏に通じ、しずか、やすらか。④慇に通じ、いたむ、うれえる。⑤意に通じ、はかる。⑥雩に通じ、よる、たのむ。

古訓 〔名義抄〕隠 カクル・カクス・カスカナリ・オホキナリ・ヲク・イタム・ヨル・カ、ル・ハカル・フルシ・シム・アヤツル

語系 隱ian、愛ət、翳yetと声近く、不安、おそれの意がある。穩(穏)uən、殷・慇ianと通用する。依iəi、倚iaiは声近く、雩ianは同声。みな隠依の意がある。

【隠逸】世を避けかくれる。魏・嵆康〔志を述ぶ、二首、二〕詩 巖穴に隱逸多し 輕擧して吾が師を求めん 晨に箕山の巓に登り 日夕、饑うることを知らず

【隠隠】音の盛んなさま。〔玉台新詠、焦仲卿の妻の為に作る〕詩 府吏の馬は前に在り 新婦の車は後に在り 隱隱として何ぞ甸甸たる 倶に會す、大道の口

【隠栝】ため木。曲直をただす器。〔韓非子、難勢〕夫れ隱栝の法を棄て、度量の數を去らば、奚仲(いにしえの車作りの名)をして車を爲らしむるも、一輪をも成す能はざらん。

【隠几】机にもたれる。〔後漢書、孔融伝〕流矢雨集す。～融、几に隱りて讀書し、談笑自若たり。

【隠居】世を避けて仕官しない。〔論語、季氏〕孔子曰く、～隱居して以て其の志を求め、義を行ひて以て其の道を達すと。吾れ其の語を聞くも、未だ其の人を見ず。

【隠顕】見えかくれする。〔北史、儒林下、劉炫伝〕自ら贊を爲りて曰く、～人閒に隱顯し、世俗に沈浮す。～立身立行、慚恧實に多し。

【隠語】なぞ。〔文心雕竜、諧讔〕昔、楚莊・齊威、性隱語を好み、東方曼倩(朔)に至りて尤も辭述に巧みなり。但だ謬辭詆戲、規補に益無し。

【隠竄】かくれひそむ。〔後漢書、独行、繆肜伝〕肜獨り留まりて去らず。(梁湛の)爲に墳冢を起し、～晝は則ち隱竄し、夜は則ち土を負ふ。

【隠士】世をのがれている人。〔荘子、繕性〕古の所謂隱士なる者は、其の身を伏かくして見はれざるに非ざるなり。～時命大いに謬ればなり。

【隠疾】かくれた疾患。〔礼記、曲礼上〕子に名づくるに、國を以てせず、日月を以てせず、隱疾を以てせず、山川を以てせず。

【隠退】世をのがれ退く。〔南史、隠逸上、雷次宗伝〕少くして廬山に入り、沙門釋慧遠に事へ、～隱退して徵辟を受けず。

【隠匿】かくす。〔呂覧、音初〕盛衰、賢不肖、君子小人、皆樂に形はれ、隱匿すべからず。

【隠遁】世をのがれ隠れる。〔後漢書、宣秉伝〕王氏の～逆亂の萌有るを見て、遂に深山に隱遁す。州郡連りに召すも、常に疾と稱して仕へず。

【隠忍】しのぶ。〔後漢書、孔融伝〕重戻有りと雖も、必ず宜しく隱忍すべし。賈誼の所謂鼠を擲つに器を忌むとは、蓋し此れを謂ふなり。

【隠微】かすか。〔中庸、一〕隱れたるより見はるるは莫く、微かなるより顯かなるは莫し。故に君子は、其の獨りを愼む。

【隠避】避けかくれる。〔後漢書、卓茂伝〕劉宣～王莽の當に簒ふべきを知り、乃ち名姓を變じ、經書を抱きて林藪に隱避す。建武の初乃ち出づ。

【隠閔】かなしむ。〔楚辞、九章、思美人〕寧ろ隱閔にして壽考ならん 何ぞ變易するを爲すべけん

【隠黙】おしだまる。宋・蘇舜欽〔蜀士〕詩 嗟乎區宇大なり 此の徒、亦た已に繁し 城市と巖穴と 隱默、孰れか旃れを辨ぜん

【隠約】奥深い。〔史記、太史公自序〕夫れ詩書の隱約なる者は、其の志の思ひを遂げんと欲すればなり。

【隠憂】深い憂え。〔詩、邶風、柏舟〕耿耿として寐ねられず 隱憂有るが如し

【隠淪】世に隠れうらぶれる。〔晋書、郭璞伝〕嚴平は塵肆に澄漠し、梅眞は市卒に隱淪す。

↑隠映 かげり、またはえる／隠化 死ぬ／隠晦 くらます／隠懐 内心／隠括 隠栝／隠机 隠几／隠欺 だます／隠宮 宮刑／隠曲 僻遠の地／隠形 姿を隠す／隠見 見え隠れ／隠幻 変幻／隠戸 逃亡の家／隠坐 穏やかにすわる／隠私 内緒のこと／隠射 あてごと／隠者 隠士／隠秀 優雅／隠恤 いたみあわれむ／隠賑 にぎわい／隠人 隠士／隠棲 かくれ家／隠静 隠幽／隠迹 隠れ住む／隠絶 隠遁／隠度 ひそかにはかる／隠痛 かなしみ／隠遯 隠遁／隠囊 からだをもたれる大きな袋／隠庇 かばう／隠伏 かくれる／隠僻 辺鄙／隠謀 陰謀／隠没 なくなる／隠密 内緒で行動する／隠民 困窮の人／隠幽 奥まってしずか／隠略 おおまか

↓逸隠・回隠・晦隠・官隠・顕隠・索隠・市隠・仕隠・自隠・小隠・招隠・真隠・深隠・雪隠・潜隠・蔵隠・惻隠・大隠・退隠・探隠・逃隠・韜隠・遯隠・秘隠・伏隠・蔽隠・卜隠・幽隠・傭隠・吏隠

【軓】 15 4341 イン(ヰン) まこと すすむ

篆文

形声 声符は允。〔説文〕十下𡗜部に「進むなり」とあり、〔易、升、初六〕「𡗜(まこと)に升(のぼ)る。大吉なり」の文を引く。今本に允に作り、𡗜・允は同字。金文に玁狁を厰𡗜に作る。允は後ろ手に縛した人の形で虜囚。神の前で訊問し、犠牲にも供した。訊は金文に嗌に作り、縛して神前に誓わせる意象の字である。

訓義 ①まこと。②すすむ。③玁狁をまた厰𡗜に作る。

声系 允・𡗜 ziwən は同声、もと同じ字である。

【醺】 16 1461 イン ジン こうじ たのしむ

篆文

会意 酉(酉)+甚。酉は酒樽、甚は竈に鍋をかける形。麹を熟する意。〔説文〕十四下に「孰(熟)せる麴なり」とする。

訓義 ①こうじ。②湛・耽と通じ、たのしむ。

古訓 〔字鏡集〕醺 カムタチ・カスカ・アツキカフ(ム)タチ

語系 醺 ziəm、沈 diəm、湛・媅・酖・耽 təm は声義が近い。

【駰】 16 7630 イン どろあしげ

篆文

形声 声符は因。〔説文〕十上に「馬、陰白雜毛にして黑し」とあり、泥驄ともいう。〔爾雅、釈畜〕の文による。陰とは、浅黒色をいう。

訓義 ①どろあしげ。

【檃】 17 7290 イン ためぎ

篆文

形声 声符は隱(隠)の省文。〔説文〕六上に「栝なり」とあり、弓の曲勢をなおす木をいう。〔書、盤庚下〕「尚はくは皆隱れよや」は檃、是正することをいう。

訓義 ①ためぎ、ためる。②隠と通じ、はかる。

語系 檃・㥯・隱 iən は同声。㥯は〔説文〕四下に「依據する所なり」とあり、これら㥯声の字に隠倚の意がある。

【檃括】ためぎ。〔淮南子、脩務訓〕木の直、繩に中たるも、揉めて以て輪と爲さば、其の曲、規に中るは、檃括の力なり。

↑檃栝 檃括

【螾】 17 5318 イン みみず

篆文

形声 声符は寅。〔説文〕十三上に「側行する者なり」とあり、匍匐(はらばい)してゆくものの意。字はまた蚓に作る。寅は弓体を引いて匡正する意の字で、ひきのばす意がある。蚓に作るのも同意。

訓義 ①みみず。②匍匐してうごく。③つくつくぼうし、寒蟬。

古訓 〔名義抄〕螾 トカゲ 〔字鏡集〕螾 ミヽズ

語系 螾・寅 jyən、引 jien は声近く、通用する。

＊語彙は蚓字条参照。

↑螾螾 蠢くさま／螾衍 げじげじ／螾螘 みみずと、あり

↓蚯螾

【闉】 17 7710 イン ふさぐ まがる

篆文

形声 声符は垔。垔は煙出しの形で、煙がたちこめる所。〔説文〕十二上に「城内の重門なり」とあり、出入口のせまい城門をいう。

訓義 ①城内の重門。門外の曲城の部分などをいう。②ふさぐ。③まがる。

語系 闉・垔・堙・湮・陻 iən は同声。遏 at、按 an、堰 ian、抑 iet、壓(圧)cap、厭 iap は、声義に通ずるところがある。

【闉闍】闉は曲城、闍は城台。垔は堙、者は堵。城隅の重門のところ。そこに出町があった。〔詩、鄭風、出其東門〕其の闉闍を出づれば 女有り、荼の如し

↑闉跂 背のかがんだ人／闉戹 ふさがり困しむ

↓厳闉・荒闉・城闉・重闉・帝闉・填闉・登闉

【霣】 18 1080 イン(ヰン) ウン あめ いかずち

篆文

形声 声符は員。〔説文〕十一下に「雨ふるなり。齊人、靁を謂ひて霣と爲す」とし、「一に曰く、雲轉起するなり」と、雲の舞い起こる意とする。

訓義 ①あめ、あめふる。②いかずち、雷鳴。③雲が舞い起こる。④雲が起こり、雨ふる。⑤隕と通じ、おちる。

古訓 〔新撰字鏡〕霣 阿女布利於豆(あめふりおつ) 〔名義抄〕霣 オツ 〔篇立〕霣 アメフリオツ 〔字鏡集〕霣 オツ・ツキヨ

語系 霣・云・殞・磒 hiuən は同声。みな落ちる意がある。

【霣石】隕石。〔公羊伝、僖十六年〕春、王の正月、戊申朔、宋に霣石あること五。是の月、六鷁退飛して、宋都を過ぎる。

【霣霜】霜がおりる。〔公羊伝、僖三十三年〕(冬十有二月)霣霜、草を殺さず、李梅實のると。何を以て書する、異を記すなり。何をか異とする、時ならざるなり。

↑霣降 降りる／霣喪 衰え滅びる／霣隊 墜ちる／霣墜 霣隊／霣零 降る

↓顚霣・飄霣

【霪】 19 1011 イン ながあめ

形声 声符は淫。淫は過度なるもの。〔玉篇〕に「久雨なり」とあり、十日も続くような長雨をいう。

訓義 ①ながあめ。

【霪雨】ながあめ。〔淮南子、脩務訓〕禹、霪雨に沐浴し、扶風に櫛けづり、江を決し河を疏し、龍門を鑿ち伊闕を闢き、～水土を平治す。

↑霪淋 久雨

↓陰霪・滞霪・淋霪

常

【韻】 19 0668 〔韵〕 19 0668 イン(ヰン) ひびき

篆文

形声 声符は員。〔説文新附〕三上に「和するなり」とあり、音声の調和するをいう。古くは均を用いた。

訓義 ①ひびき、おと。②人に及ぼして、なりふり、ようす、すがた。③風雅、おもむき、このみ。

古訓 〔名義抄〕韻 シラブ・シタガフ・キホフ 〔字鏡集〕韻 ヒヾキ・シラブ・コヱヤハラグ・コヱ・キホフ・シタガフ

参考 字は古くは均を用い、のち韻を用いる。韵はわが国で作られた俗字であるらしく、匂はまたその転化したもの。韻に風韻の意があり、国語に移して「にほふ」の訓をあてた。

【韻語】有韻の文。詩賦の類。〔宋書、謝弘微伝〕嘗て酣宴の餘に因り、韻語を爲りて、以て(謝)靈運・(謝)瞻等を獎勸す。

【韻度】風流な心の趣。〔世説新語、任誕〕阮渾長成(長成は字)、風氣韻度、父(阮籍)に似たり。亦た達を作さんと欲す。歩兵(籍)曰く、仲容(阮咸)已に之れに預かる。卿復た爾ることを得ずと。

↑韻外 世外／韻格 風格／韻脚 句末の韻字／韻士 風雅の人／韻事 風流なこと／韻勝 韻事／韻清 風流な心／韻藻 詩的な表現／韻致 おもむき／韻調 格調／韻流 風雅な人たち

↓哀韻・遺韻・逸韻・軼韻・遠韻・押韻・音韻・雅韻・諧韻・格韻・寛韻・気韻・奇韻・協韻・襟韻・巧韻・高韻・賡韻・詞韻・詩韻・次韻・失韻・松韻・畳韻・神韻・声韻・清韻・切韻・絶韻・俗韻・

探韻・通韻・排韻・風韻・分韻・幽韻・余韻・流韻・和韻

ウ

【于】 3 1040 〔亐〕 3 1020 〔玗〕 6 1742

ウ
まがる ああ に

篆文 甲骨文 金文

象形 〔説文〕五上に「於なり。气の舒ろに亐るに象る。亐に従ひ、一に従ふ」とし、「一」とは其の气の平らかなるなり」（段注本）という。感動詞にはもとその字なく、仮借の義を以て字形を説くのは誤りである。字形は、曲がった形を作るためのそえ木。また刃の長い曲刀の形。卜文・金文の玗は、弓にそえ木をそえた形である。

訓義 1まがる。2大きい、遠い。3感動詞、ああ。4助詞、に、～において。5為に通じ、なす、ため。

古訓 〔名義抄〕于 ユク・コ、ニ・ヲク・ニ・ワキハサム 〔字鏡集〕于 ワキハサム・ヲク・ユク・タカシ・ヲカム・ノタマハク・ホム・ホトリ・コ、ニ・イハク

声系 〔説文〕に于声として、芋（芋）・迂・訏・盂・杅・宇・夸・汙・紆など二十二字を収める。おおむね迂曲・夸大の意をもつ字である。

語系 于・芋・竽・盂hiuaは同声。迂iua、訏xiua、夸khoa、幠xaは声近く、みな、大の義がある。また於ia、乎haは感動詞、助詞として通用し、聿・遹jiuət、曰・越・粤jiuatは語頭に発語の辞として通用する。

【于于】 満足するさま。〔荘子、盗跖〕神農の世、臥しては則ち居居たり、起きては則ち于于たり。民、其の母を知りて、其の父を知らず。

【于役】 行役に出る。〔詩、王風、君子于役〕君子役に于く 其の期を知らず 曷か至らんや

【于嗟】 ああ。于嗟乎。〔詩、衛風、氓〕于嗟、鳩や 桑葚を食ふ無かれ 于嗟、女や 士と耽る無れ

【于思】 鬚が多いさま。〔左伝、宣二年〕城く者謳ひて曰く、睅たる（出目の）其の目 皤たる（出ばった）其の腹 甲を棄てて復る 于思于思 甲を棄てて復り來たると。

↑于越 春秋期の越。于は発語／于喁 かけ声

↓錞于・単于・蔓于・友于

常 【宇】 6 3040 〔寓〕 12 3042

ウ
のき おおきい

篆文 籀文 金文
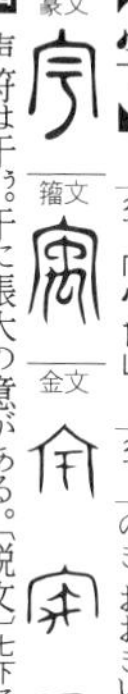

形声 声符は于。于に張大の意がある。〔説文〕七下に「屋邊なり」とあり、檐先の意とする。〔説文〕の籀文の字形は寓に作る。

訓義 1のき、いえ、やね。2広大な構えの建物。大きい。3上下四方を宇という。宇宙。

古訓 〔名義抄〕宇 ノキ・イヘドコロ・オホキナリ・ヤカス・ヤ・アメノシタ・オホソラ・スケ／寓 ヨル・ヤドル

語系 宇・于・盂hiuaは同声。迂iuaは声近く、大の意がある。訏xiua、幠xaも声義近く、またみな大の意がある。

参考 寓は廟中に禹の居る形。禹は虫と蚪（九）を組み合わせた形。金文に㝢の字があり、廟中の禹を敺つ呪儀を示す。〔荀子、賦篇〕〔漢書、功臣表の序〕に宇・寓を通用する例がある。

【宇内】 天の下。世の中。晋・陶潜〔帰去来の辞〕已んぬる矣乎、形を宇内に寓すること復た幾時ぞ。曷ぞ心に委せて、去留に任ぜざる。

【宇宙】 時間と空間。〔淮南子、斉俗訓〕往古來今、之れを宙と謂ひ、四方上下、之れを宇と謂ふ。

↑宇域 天地／宇下 のきした／宇寰 世の中／宇県 天下／宇溜 雨だれ／宇量 器量

↓遺宇・一宇・院宇・屋宇・館宇・居宇・区宇・厳宇・邃宇・仙宇・禅宇・大宇・第宇・宅宇・壇宇・亭宇・庭宇・天宇・殿宇・棟宇・堂宇・徳宇・比宇・飛宇・眉宇・廟宇・甍宇・梵宇・陋宇・廊宇

常 【羽】 6 〔羽〕 6 1712

ウ
はね は

篆文 甲骨文

象形 鳥の羽の形。〔説文〕四上に羽を「鳥の長毛なり」とし、乚三下を短羽の象とする。

訓義 1はね、は。2羽あるもの、とり。3両羽を以て蔽うので、たすける。

古訓 〔名義抄〕羽 ハ・ハネ・ツバサ・ユルブ・ノブ・アツマル・ハク・シク 〔字鏡集〕羽 ハ・ハネ・ツバサ・アツマル・タスク・ユルブ・ヤナクヒ・ヨシ・ハク・シク・ハタ・ノブ・ノリ

部首 〔説文〕に三十四字、〔玉篇〕に重文を合わせて百二十三字を収める。別に習部に〔説文〕に二字、〔玉篇〕に三字を収める。

声系 羽・雩hiuaは同声、詡・栩xiaは羽声の字であるが、声が異なる。

【羽衣】 仙人の衣。道士。唐・白居易〔仙を夢む〕詩 坐して一白鶴に乗り 前に雙紅の旌を引く 羽衣忽ちにして飄飄たり 玉鸞俄かにして錚錚たり

【羽化】 仙人となる。宋・蘇軾〔赤壁の賦〕浩浩乎として、虚に憑り風に御して、其の止まる所を知らざるが如く、飄飄乎として、世を遺れて獨立し、羽化して登仙するが如し。

【羽儀】 羽飾り。儀容。〔南史、宋武帝紀〕嘗つて（徐）羨之を思ひ、便ち歩して西掖門を出づ。羽儀絡繹として追随し、已に西明門を出づ。諸子旦に起居を問ふこと、～家人の禮の如し。

【羽客】 仙人。道士。唐・李白〔王右軍〕詩 右軍（羲之）本と清眞 瀟灑、風塵を出づ 山陰に羽客に遇ひ 此の鵝を好むの賓を愛す

【羽檄】 急を要するときの檄文。羽書。〔史記、陳豨伝〕上曰く、～陳豨反し、～吾れ羽檄を以て天下の兵を徴すも、未だ至る者有らず。

【羽觴】 酒杯。左右に羽形がある。唐・李白〔春夜～桃李園に宴するの序〕瓊筵を開いて以て花に坐し、羽觴を飛ばして月に酔ふ。

【羽扇】 鳥の羽で作った扇。宋・蘇軾〔念奴嬌、赤壁懐古〕詞 雄姿英發 羽扇綸巾、談笑の間 狂虜灰のごとく飛びて湮滅せり

【羽葆】 羽飾りの車の華蓋。尊貴の人が用いる。〔漢書、韓延寿伝〕延壽、黃紈方領を衣、四馬に駕し、總を傅つけ幢棨を建て、羽葆を植つ。

【羽旄】 雉の羽と旄牛の尾。文舞に用いる。〔礼記、楽記〕音を比せて之れを樂し、干戚（まさかり）羽旄に及ぶ。之れを樂と謂ふ。

【羽籥】 雉の羽と笛。〔周礼、春官、籥師〕國子に舞羽歙籥を教ふることを掌る。祭祀には、則ち羽籥の舞を鼓し、賓客饗食には、則ち亦た之の如くす。

【羽翼】 鳥の羽。補佐。〔史記、留侯世家〕上、～戚夫人を召して～曰く、我之れを易へんと欲するも、彼の四人之れを輔け、羽翼已に成る。動かし難し。

【羽猟】 かり。羽は箭。漢・揚雄〔羽猟の賦〕孝成帝の時、羽獵す。雄從ひて以爲へらく、昔在二帝三王は、～財かに以て郊廟に奉じ、賓客を御へ、庖廚に充つるに足るのみ。

【羽林】 禁衛の軍。〔漢書、百官公卿表上〕郎中令は秦官なり。宮殿掖門戸を掌る。～又期門羽林皆屬す。大夫は論議を掌る。

⬆羽蓋 車蓋／羽翮 羽茎／羽翰 はね／羽旂 羽飾りの旗／羽旗 羽旂／羽騎 近衛兵／羽巾 道士の頭巾／羽君 道士／羽茎 羽の茎／羽觥 羽觴／羽翅 羽翼／羽爵 羽觴／羽書 羽檄／羽仗 儀仗／羽人 仙人／羽旌 羽旗／羽節 使者の印／羽族 鳥類／羽属 鳥類／羽翟 羽舞の羽／羽翿 羽飾りの旗／羽幢 羽翿／羽杯 羽觴／羽帔 道士の肩かけ／羽服 道服／羽物 鳥類／羽流 道士／羽鱗 鳥魚／羽翎 はね

⬇飲羽・画羽・解羽・干羽・揮羽・宮羽・軽羽・翅羽・戢羽・翠羽・析羽・箭羽・全羽・蟬羽・翟羽・騰羽・舞羽・奮羽・毛羽・鱗羽・翎羽・鷺羽

常【芋】 6 4440 〔芋〕 7 4440 ウ いも さといも

篆文 

形声 声符は于。于に大の意がある。〔説文〕一下に「大葉實根、人を駭かす。故に之れを芋と謂ふなり」と、吁驚の意を以て解する。大葉はさといも。

訓義 ①いも、さといも。②訏と通じ、大きい。

古訓 〔名義抄〕芋 イモ・イヘノイモ・イヘツイモ・ケイモ・オホイナリ／山芋 ヤマツイモ・ヤマノイモ

語系 芋hiua、訏・吁xiuaは声が近い。吁はまた呼xa、嘘・歔xiaと声が近いが、芋は吁驚の意ではなく、訏大の意である。

【芋梗】 芋がら。ずいき。〔夢渓筆談、雑誌一〕人、蜂に螫されたる者有るときは、芋梗を挼みて之れを傅くれば、則ち愈ゆ。

【芋粥】 いもがゆ。宋・陸游〔雑題〕詩 朝飯(朝食のこと)、米空しくして芋粥を烹に 夜缸、油盡きて松明を點ず

【芋菽】 いもと、まめ。粗食。〔史記、項羽紀〕今歲饑ゑて民貧しく、士卒芋菽を食ひ、軍に見糧(現在の食糧)無し。

【芋墻】 芋をつぶし固めて牆とし、非常の食に備える。〔海録砕事、農田、五穀〕閣皁山の僧、種植に勤め、芋を收むること甚だ多し。之れを杵きて泥の如くし、塹を造り墻と爲す。後、飢に遇ふも、數十口倶に活く。

【芋栗】 さといもと栗。唐・杜甫〔南鄰〕詩 錦里先生、烏角の巾 園に芋栗を收め、全ては貧しからず

⬆芋衣 芋の皮／芋魁 芋頭／芋幹 ずいき／芋渠 芋頭／芋茎 芋の茎／芋頭 おや芋／芋柄 芋茎

⬇蕫芋・山芋・紫芋・種芋・大芋・稲芋・野芋・攸芋・栗芋

【杅】 7 4194 〔盂〕 8 1010 ウ みずのみ わん

篆文 甲骨文 金文 簡書 

形声 声符は于。〔説文〕五上に「盂は飯器なり」とあって、椀の類。周初の〔匽侯盂〕は自名の器で、水器と考えられる。〔礼記、玉藻〕に、杅を浴器とする。

訓義 ①みずのみ。②水器。③わん。④ゆあみだらい。

古訓 盂字条参照。

語系 杅・于・芋(芋)・宇・盂hiuaは同声。ふくよかに大きいものの意がある。

【杅穿】 容器が破れるほど物富み国力が余って、しかるのち征役を行う。〔公羊伝、宣十二年〕古者杅穿たず、皮蠹やぶれざれば、則ち四方に出でず。

⬆杅杅 満足する／杅水 湯のみ

⬇瓦杅・盤杅・覆杅

人【迂】 7 3130 ウ まわる さける とおい よこしま

篆文 甲骨文 

形声 声符は于。于に于曲の意がある。〔説文〕二下に「避くるなり」とあり、迂曲・迂回する意。また迂遠の意がある。

訓義 ①まわる。②迂回して、さける。③遠まわりする、とおい。④あやまり、よこしま。

古訓 〔名義抄〕迂 タミタリ・マガル・メグル・サル・ス、ム・ニゴル・シム・サカル

語系 迂・紆iuaは同声。委・逶iuai、宛・冤iuanと声義近く、迂回し、ぐずぐずして進まない意がある。

【迂遠】 事情にうとい。〔史記、孟子伝〕梁の惠王～見て以て迂遠にして、事情に闊しと爲す。

【迂闊】 まわり遠く、役に立たぬ。〔漢書、王吉伝〕上其の言の迂闊なるを以て、甚だしくは寵異せず。吉、遂に病と謝して、琅邪に歸る。

【迂緩】 手ぬるく、役立たぬ。魏・王粲〔儒吏論〕竹帛の儒、豈に生れながらにして迂緩ならんや。講堂の上に起り、鄉校の中に遊び、嚴猛斷割、以て自ら裁すること無し。

【迂久】 しばらくする。〔後漢書、劉寛伝〕嘗つて坐客、蒼頭をして酒を市はしむ。迂久にして、大いに醉ひて還る。客、之れに堪へず。罵りて畜產(人を罵る語、畜生)と曰ふ。

【迂儒】 つまらぬ学者。宋・戴復古〔陳与機県尉を湘潭下の摂市に訪ふ〕詩 清淡、風節を守り 官に當りて隱居の若し 自ら稱して漫尉と爲し 人は道ふ是れ迂儒と

【迂拙】 世事にうとい。唐・白居易〔晩に香山寺に帰る～〕詩 吾が道、本と迂拙 世途、險艱多し

【迂疎】 世事にうとい。宋・蘇軾〔言ふもの有り、～其の韻に次す〕詩 已に迂疎に坐して此の地に來たる 分として勞苦を將つて生涯を送らん

【迂叟】 世事にうとい老人。謙称。宋・司馬光〔独楽園記〕迂叟、平日多く堂中に處りて書を讀む。上は聖人を師とし、下は群賢を友とす。

【迂誕】 でたらめ。〔史記、武帝紀〕其の道、少しく寬假なるに非ざれば、神來たらず。神事を言ふは、事、迂誕の如きも、積むに歲を以てせば、乃ち致すべし。

【迂直】 急がば廻れ。〔孫子、軍争〕其の途を迂にして、之れを誘ふに利を以てす。人に後れて發し、人に先んじて至る。此れ迂直の計を知る者なり。

【迂鈍】 のろい。迂拙。宋・蘇舜欽〔夜、秋声を聞く～〕詩 俎豆の事を棄てんと欲し 強ひて孫呉の篇を習ふ 迂鈍爲すべからず 屈曲性亦た難し

【迂路】 まわりみち。〔隋書、龐晃伝〕晃～馬邑に至り、迂路賀蘭山に出で、賊を擊ちて之れを破る。

⬆迂怪 迂誕／迂曲 紆曲／迂愚 愚か／迂言 迂遠な話／迂書 拙著／迂心 ねじけ／迂生 拙者／迂滞 とどこおる／迂大 おおまか／迂途 遠まわり／迂謬 まちがい／迂腐 愚か／迂陋 卑陋

⬇逶迂・縈迂・怪迂・廻迂・恢迂・疏迂・路迂・老迂

【盂】 8 1010 〔杅〕 7 4194 ウ みずいれ わん

篆文 甲骨文 金文 簡書 

形声 声符は于。〔説文〕五上に「飯器なり」とするが、周初の〔匽侯盂〕は自名の器で、水器とみられる。木器のものを杅という。

訓義 ①みずいれ。②飯器、わん、みずのみわん。

古訓 〔名義抄〕盂 ホトギ・サラ・ツトム 〔篇立〕盂 アラフ・ハチ・ヒトモリ 〔字鏡集〕盂 ホトキ・ハム・ヒトモリ・サラ・ハチ・サカツキ・イヒノツキ・ツトム

語系 盂・杅・于・芋（芋）hiua は同声。ふくよかに大きいものの意がある。盂は器腹のふくらんだ水器。

【盂方】(うほう（はう）) 方形の鉢。民は君に従うたとえ。〔韓非子、外儲説左上〕孔子曰く、人君爲たる者は猶ほ盂のごとく、民は猶ほ水のごとし。盂、方ならば水方に、盂、圜ならば水圜なりと。

↑盂箸(うちよ) 鉢と箸／盂鉢(うはち) はち

↓一盂・献盂・水盂・凍盂・盃盂・盋盂・飯盂・盤盂・覆盂・盆盂

常 【雨】 8 1022 ウ あめ あめふる

象形 雨の降る形。全体が象形。

訓義 ①あめ。②あめふる。

古訓 〔名義抄〕雨 アメ・フル・アメフル

部首 〔説文〕十一下に四十七字を属し、重文十一字、〔新附〕五字を加える。〔玉篇〕に百五十字を収め、別に雲部がある。

語系 雨・雩 hiua は同声。雩は求雨の祭名。このとき童男童女が舞雩を舞って祈った。

【雨衣】(うい) みの。かっぱ。唐・許渾〔村舎、二首、一〕詩 自ら青莎を翦りて、雨衣を織る 南峰の煙火は、是れ柴扉

【雨意】(うい) あまもよう。宋・晁補之〔西帰、七首、五〕詩 巣居、風聲を識り 穴藏、雨意を知る

【雨気】(うき) 雨の気配。唐・孟浩然〔張明府～に和す〕詩 草は風光を得て動き 虹は雨氣に因りて成る

【雨屐】(うげき) あしだ。宋・王禹偁〔浚義の朱学士に贈る〕詩 雨屐、僧を送りて、莎逕滑らかに 夜棋、客を留めて、竹齋寒し

【雨後】(うご) 雨あがり。唐・陸亀蒙〔襲美の茶具十詠に奉和す。茶人〕詩 雨後、芳を採ねて去り 雲間、幽路危し

【雨蓑】(うさ) みの。宋・陸游〔重九の後、風雨止まず、遂に小寒を作す〕詩 虎を南山に射る、復た夢みる無し 雨蓑烟艇、魚翁を伴ふ

【雨糸】(うし) 糸のような雨。前蜀・韋荘〔丙辰～寒食に遇ひ、城外に酔吟す、五首、五〕詩 雨絲煙柳、清明ならんと欲し 金屋の人は閑にして、鳳笙を煖む

【雨施】(うし) 雨がうるおす。〔易、乾、文言伝〕時に六龍に乗じて以て天を御す。雲行き雨施し、天下平らかなり。

【雨集】(うしゅう（しふ）) 多く集まる。漢・王褒〔四子講徳論〕是を以て海内歡慕し、風馳雨集、襲雜して竝び至り、庭に塡ち闕に溢れざるは莫し。

【雨声】(うせい) 雨の音。唐・儲光羲〔山中流泉〕詩 地に映じて天の色を爲し 空に飛んで雨聲を作す

【雨勢】(うせい) 雨の勢い。宋・蘇軾〔寒食、雨、二首、二〕詩 春江、戸に入らんと欲し 雨勢、來りて已まず 小屋、漁舟の如く 濛濛たり、水雲の裏

【雨霽】(うせい) 雨が晴れる。唐・王勃〔滕王閣の序〕虹銷え雨霽れて、彩は雲衢に徹す。落霞、孤鶩と齊しく飛び、秋水、長天と共に一色。

【雨雪】(うせつ) 雪ふる。唐・杜審言〔蘇味道に贈る〕詩 邊聲、羌笛を亂し 朔氣、戎衣を卷く 雨雪、關山暗く 風霜、草木稀なり

【雨余】(うよ) 雨あがり。唐・鄭谷〔曲江春草〕詩 花落ちて江堤暖烟簇る 雨餘の山色、遠く相ひ連なる

【雨露】(うろ) 雨露が養う。〔孟子、告子上〕是れ其の日夜の息する所、雨露の潤す所、萌糵(ひこばえ)の生ずる無きに非ざるも、牛羊又從つて之れを牧す。

↑雨雲(ううん) 雨ぐも／雨燕(うえん) 雨中の燕／雨下(うか) 降雨／雨花(うか) 雨中の花／雨期(うき) 雨季／雨脚(うきやく) 雨あし／雨具(うぐ) あま具／雨径(うけい) 雨中の径／雨景(うけい) 雨の眺め／雨香(うこう) 春雨／雨降(うこう) 雨降り／雨矢(うし) 矢が雨のように多くそそぐ／雨師(うし) 雨の神／雨湿(うしつ) しめり／雨潤(うじゆん) 雨湿／雨晴(うせい) 霽れる／雨窓(うそう) 雨ふる窓／雨足(うそく) 雨あし／雨沢(うたく) うるおす／雨注(うちゆう) 降り注ぐ／雨滴(うてき) 雨だれ／雨天(うてん) 雨降り／雨点(うてん) 雨だれ／雨氷(うひよう) ひさめ／雨沫(うまつ) しぶき／雨沐(うもく) 沐雨／雨夜(うや) 雨の夜／雨裏(うり) 雨中／雨霖(うりん) なが雨／雨涙(うるい) 降る涙／雨潦(うろう) 水たまり

↓暗雨・淫雨・陰雨・雲雨・煙雨・檐雨・簷雨・過雨・甘雨・寒雨・喜雨・旧雨・急雨・峡雨・苦雨・好雨・江雨・紅雨・香雨・降雨・豪雨・黒雨・穀雨・細雨・山雨・残雨・糸雨・時雨・慈雨・疾雨・秋雨・愁雨・驟雨・宿雨・小雨・瘴雨・凄雨・晴雨・纖雨・多雨・長雨・朝雨・凍雨・梅雨・白雨・麦雨・飛雨・微雨・氷雨・風雨・紛雨・暮雨・法雨・密雨・霧雨・猛雨・濛雨・沐雨・夜雨・雷雨・涼雨・緑雨・淋雨・霖雨・連雨・簾雨・和雨

【禹】 9 2042 ウ むし

会意 虫＋九。九は竜の形。雌雄の竜を組み合わせた形で、洪水神の禹を示す。〔説文〕十四下に「蟲なり」とする。

訓義 ①むし。②洪水神の禹。夏王朝の祖神とされる。

古訓 〔名義抄〕禹 フク・ミツ 〔字鏡集〕禹 ムシ・オホキミ・キミ・フク・ミツ・オホナラ

声系 〔説文〕に禹声として踽・楀など八字を収める。禹・齲 hiua と瑀・踽 kiua と、二系の声がある。

参考 金文に寓・㝢の字形があり、廟中に禹を祀り、また禹を敺つ呪儀を示す。禹はその呪儀に用いた虫であろう。

【禹穴】(うけつ) 会稽山にある禹の遺跡。唐・杜甫〔孔巣父を送り、～李白に呈す〕詩 南のかた禹穴を尋ねて李白を見ば 道へ、甫問訊す、今如何と。

【禹迹】(うせき) 禹が治水したあと。天下。〔左伝、襄四年〕芒芒たる禹迹、畫して九州と爲す。

【禹湯】(うとう（たう）) 夏の禹王と殷の湯王。〔後漢書、光武帝紀下〕皇太子～閒を承けて諫めて曰く、陛下禹湯の明有れども、黃老養性の福を失ふ。

【禹瀆】(うとく) 禹が開いた水路。〔水経注、河水五〕河の海に入るは舊と碣石に在り。今の川流の導く所は、禹瀆に非ざるなり。周の定王五年、河、故瀆に從つる。

【禹歩】(うほ) 跛行のような歩きかた。〔尸子、君治〕禹、是に於て河を疏し、江を決し、十年其の家を窺はず。～手に爪あらず、脛に毛あらず。偏枯の病、步して相ひ過ぎらず。人、禹步と曰ふ。

↑禹域(ういき) 九州／禹功(うこう) 治水の功／禹績(うせき) 治水の功／禹跳(うちよう) 禹歩／禹門(うもん) 竜門

↓夏禹・舜禹・神禹・大禹

【竽】 9 8840 ウ ふえ

形声 声符は于。〔説文〕五上に「管（楽）、三十六簧なり」とあり、管楽の器。管に長短あり、また「参差(しんし)」ともいう。

訓義 ①ふえ。②大の意があり、頭目。盗賊の頭目を盗竽という。

【竽瑟】(うしつ) 笛と琴。〔楚辞、九歌、東皇太一〕竽瑟を陳ねて浩いに倡ふ 靈、偃蹇として姣服す

↑竽笙(うしよう) ふえ／竽籥(うやく) ふえ／竽籟(うらい) ふえ

↓寒竽・瑟竽・笙竽・吹竽・斉竽・調竽・盗竽・拊竽・風竽・鳴竽・籟竽・濫竽

【紆】 9 2194 ウ まがる めぐる

篆文  古印璽 

形声 声符は于。于にゆるくまがる意がある。〔説文〕十三上に「詘がるなり。糸に従ひ、于聲。一に曰く、縈るなり」とあって、屈曲することをいう。

訓義 ①まがる、めぐる。②まとう、むすぼれる。

古訓 〔名義抄〕紆 メグル・カヽル・モトホル・トホシ・マツフ 〔字鏡集〕紆 マガル・マツフ・メグル・メグラス・カカル・モトホル・トクル・マカフ・トホシ・ウル

語系 紆・迂 iua は同声。委・逶 iuai、宛 iuan、椀・腕 uan は声近く、みな紆余婉曲の意がある。

【紆鬱】うつ 心結ぼれる。漢・劉向〔楚辞、九歎、憂苦〕願はくは簧を假りて、以て憂へを舒べん 志、紆鬱として、其れ釋け難し

【紆徐】じょ ゆるやかな道。唐・孟浩然〔西山に辛諤を尋ぬ〕詩 石潭に洞徹を窺ひ 沙岸に紆徐を歴たり

【紆軫】しん 心結ぼれる。南朝宋・謝荘〔月の賦〕情紆軫して、其れ何か託せん。皓月に愬へて長歌す。

【紆余】よ 屈折。晉・陸機〔洛に赴く道中の作、二首、一〕詩 山澤、紛として紆餘 林薄、杳として阡眠(遥か)たり

↑紆委 曲折する／紆縈 まとう／紆回 まわる／紆曲 まがる／紆譎 あざむく／紆険 けわしい／紆行 蛇行する／紆周 めぐる／紆繞 めぐる／紆折 曲折する／紆纏 まとう／紆盤 めぐる／紆漫 ゆるやか

↓鬱紆・縈紆・回紆・環紆・磴紆・煩紆・盤紆

人 【烏】 10 2732 ウ オ(ヲ) からす ああ なんぞ

篆文  古文 

金文 

象形 〔説文〕四上に「孝鳥なり」とし、古文の字二形をあげる。金文の字形は死鳥を懸けた形。鳥害を避けるためのもので、羽を縄にかけわたした形は於。烏・於はともに感動詞にも用いるが、もと鳥を追う声であろう。〔新撰字鏡〕に鸒を「からす」と訓するが、〔説文〕に「卑居なり」とみえ、はしぶとからすをいう。

訓義 ①からす。②ああ。③焉・安・悪・何と通じて、疑問副詞に用いる。なんぞ、いずくんぞ。

古訓 〔新撰字鏡〕鸒 カ良須(からす) 〔名義抄〕烏 カラス・クロシ・イヅクゾ 〔字鏡集〕烏 カラス・クロシ・イカデカ・イカンゾ・コレ・コヽニ・コトニ

部首 〔説文〕〔玉篇〕に舃(鵲)・焉を属する。舃は履舃の象形、焉も鳥に従う形の字ではない。

語系 烏・惡(悪) a は安 an、焉 ian と声近く通用する。鴉・雅(雅) ea が烏の本字本音、雅は楚烏、また卑居という。

【烏衣】い 黒い粗末な服。〔三国志、魏、鄧艾伝〕歳の凶旱に値ひ、～身に烏衣を被り、手に耒耜を執り、以て将士を率ゐる。

【烏鳶】えん からすと、とび。宋・蘇軾〔子由の踏青に和す〕詩 歌鼓、山を驚かして、草木動き 簞瓢、野に散じて、烏鳶馴る

【烏烏】おお 声を上げてよぶ。〔漢書、楊惲伝〕(会宗に報ずる書)家は本と秦なり。能く秦聲を爲す。～酒後耳熱し、天を仰いで缶を拊ち、烏烏と呼ぶ。

【烏喙】かい とがった口。〔呉越春秋、句践伐呉外伝〕夫れ越王の人と爲りは、長頸烏喙、鷹視狼歩、以て患難を共にすべきも、共に樂に處るべからず。

【烏鬼】き 鵜の異名。唐・杜甫〔戯れに俳諧体を作る～、二首、一〕詩 家家に烏鬼を養ひ 頓頓と黃魚を食ふ

【烏巾】きん 黒頭巾。隠者の服。〔法書要録、一〕呉の時張弘、好學にして仕へず。常に烏巾を著く。時人號して張烏巾と爲す。此の人、特に飛白を善くす。書を能くする者、之れを好まざる鮮し。

【烏号】ごう 弓の名。〔史記、封禅書〕百姓仰望するに、黃帝既に天に上る。乃ち其の弓と胡髯とを抱きて號く。故に後世、因りて其の處を名づけて鼎湖と曰ひ、其の弓を烏號と曰ふ。

【烏合】ごう 無秩序な集まり。晉・干宝〔晉紀総論〕新起の寇は烏合の衆、呉蜀の敵に非ざるなり。

【烏紗】さ 黒いうす絹の帽子。〔唐書、車服志〕烏紗帽は、事を視、及び賓客を燕見するの服なり。

【烏糸】し 黒いけい紙。宋・陸游〔東窗遺興〕詩 烏絲を寫さんと欲して、還た嬾くなり去る 詩名、老去、判として悠悠たり

【烏鵲】じゃく かささぎ。魏・武帝〔短歌行、二首、一〕楽府 月明らかに星稀にして 烏鵲、南に飛ぶ

【烏集】しゅう 烏合。魏・曹冏〔六代論〕故に漢祖、三尺の劍を奪ひ、烏集の衆を驅り、～帝業を成す。

【烏棲】せい 烏がすむ。唐・李白〔烏夜啼〕詩 黃雲城邊、烏棲まんと欲し 歸り飛んで、啞啞として枝上に啼く

【烏蟾】せん 日中に烏、月中に蟾蜍(ひきがえる)が居るという。日月。唐・陸亀蒙〔襲美の雨に苦しむに奉酬す〕詩 烏蟾、倶に光を沈め 晝夜、暗に度るを恨む

【烏啼】てい 烏がなく。唐・李賀〔貴公子夜闌曲〕詩 裊裊たり、沈水(沈香)の煙 烏は啼く、夜闌けの景

【烏兎】と 日と月。烏蟾。晉・左思〔呉都の賦〕烏兔を日月に籠め、飛走の棲宿を窮む。

【烏皮】ひ 黒い皮。宋・司馬光〔和冲卿の中秋の朧月に次韻す〕詩 烏皮の几穩やかにして、風、鬢を侵し 白玉、樓高くして、冷、肌に透る

【烏哺】ほ 口移しに養う。反哺。孝養する喩え。晉・束皙〔補亡詩、六首、一〕嗷嗷たる林烏 哺を子に受く 養ひ隆んにして敬の薄きは 惟れ禽に之れ似たり

【烏帽】ぼう 隠者の黒い帽子。唐・李商隠〔桂林より、～感懐、献尚書に寄す〕詩 白衣、居士訪ひ 烏帽、逸人尋ぬ

↑烏鴉 はしぶと／烏暗 暗黒／烏員 猫／烏角 烏帽／烏丸 墨／烏犍 水牛／烏乎 烏呼／烏虖 ああ／烏香 阿片／烏雑 烏合／烏師 遊芸の師／烏漆 漆黒／烏署 御史台／烏薪 木炭／烏扇 ひおうぎ／烏賊 いか／烏台 御史台／烏啄 くびき／烏貪 貪る／烏菟 虎、於菟／烏藤 藤杖／烏髪 黒髪／烏鬢 少年／烏宝 紙幣／烏木 黒檀／烏有 虚幻／烏闌 烏糸欄／烏竜 犬／烏輪 太陽

↓寒烏・暁烏・金烏・群烏・孝烏・慈烏・夕烏・楚烏・霜烏・跛烏・朝烏・啼烏・兎烏・日烏・晩烏・夜烏・野烏・陽烏・林烏・老烏

【雩】 11 1020 ウ あまごい

篆文  甲骨文 

金文 

形声 声符は于。〔説文〕十一下に「夏の祭なり。赤帝に樂して、以て甘雨を祈るなり」とあり、雨乞いの祭をいう。重文として翌を録するのは、羽舞の意であろう。

訓義 ①あまごい。②羽舞。

古訓 〔名義抄〕雩 アマゴヒス・アマヒキ 〔篇立〕雩 アマコヒ・アマヒキ・アマコヒマツリ

語系 雩・雨・羽(羽) hiua は同声。巫・舞(舞) miua は声義が

近い。

【参考】卜文に霝・雩の字形がある。無は舞の初文。

【雩禜】雨乞いの祭。〔礼記、祭法〕幽禜は星を祭るなり。雩禜は水旱を祭るなり。

【雩祭】雨乞いの祭。〔春秋繁露、三、精華〕大旱には雩祭して雨を請ひ、大水には鼓を鳴らして社を攻む。天地の爲す所、陰陽の起す所なり。

【雩禳】雨乞いし、はらう。晉・束皙〔田農を広むる議〕水旱、中を失ひ、雩禳して請ふ有り。

↑雩祀 雨乞い／雩祝 雩祀／雩帝 雩祀／雩斂 雨請料

↓詠雩・夏雩・郊雩・春雩・大雩・禱雩・舞雩

【傴】13 2121 ウ かがむ ふす つつしむ

篆文

【形声】声符は區（区）。區に歐（欧）・毆（殴）の声がある。〔説文〕八上に「僂（かがむ）なり」とあり、次条に「僂は尫なり」とあって、背を尫曲することをいう。巫覡の徒に、そのような異常者が多く、〔荀子、王制〕に「其の吉凶妖祥を知るは、傴巫跛擊（覡）の事なり」とみえる。

【訓義】①かがむ。②ふす。③つつしむ。

【古訓】〔名義抄〕傴 クヾセ・サクヾマル・カヾマル・タフル・ツブル／傴背 クヾセ 〔字鏡集〕傴 カヾム・カヾマル・セクヾマル・クヾセ・タフル・ツブル・クルシ・ミノハタ

【語系】傴・嫗・軀ioは同声。嘔・歐o、飫ioは声近く、みな身をかがめるような姿勢に関係がある。

【傴尫】傴僂と鳩胸。〔呂覧、尽数〕甘水の所には好と美人と多く、辛水の所には疽と痤人と多く、苦水の所には尫と傴人と多し。

【傴背】傴僂。傴僂。〔淮南子、説山訓〕鮑申は傴背なれども、以て楚國の治を成せり。

【傴巫】傴僂のみこ。〔荀子、王制〕龜を鑽り卦を陳ね、攘擇（お祓い）五卜を主り、其の吉凶妖祥を知るは、傴巫跛擊（覡）の事なり。

【傴僂】身をかがめる。宋・欧陽脩〔酔翁亭記〕負へる者塗に歌ひ、行く者樹に休ひ、前なる者呼び、後なる者應へ、傴僂提攜し、往來して絶えざる者に至りては、滁人の遊ぶなり。

↑傴宇 区域／傴傴 かがむ／傴者 曲背の人／傴身 傴者／傴人 傴者／傴拊 撫育／傴伏 ふせる／傴歩 伏し走る／傴翼 おおう

↓尫傴・蹇傴・病傴・俯傴・僂傴

【齲】24 2272 〔𤘘〕13 7222 ウク むしば

篆文 甲骨文

【形声】声符は禹。卜文は齒（歯）＋虫の会意。〔説文〕二下に𤘘に作り、「齒蠹（むしば）なり」という。蠹は橐中の穀を食うもの。蠹蝕の歯を齲という。

【訓義】①むしば。②はいたみ。③やえば。

【古訓】〔新撰字鏡〕齲 歯病む、波也牟（はやむ）、又、波乃虫（はのむし）〔名義抄〕齲 ムシカム 〔篇立〕齲 ツクキ・ムシカム 〔字鏡集〕齲 ムシカメハ・ムシカム

【齲歯】むしば。〔後漢書、梁冀伝〕（孫）壽、色美にして、善く妖態を爲す。愁眉・啼粧・墮馬髻・折腰歩・齲歯笑を作し、以て媚惑を爲す。

【齲痛】歯痛。晉・王羲之〔賢姉帖〕吾が齲痛、作る所の讃、又恐らくは任へざらん。

↑齲病 齲歯／齲攣 みにくい

↓齲齲・治齲

ウイ

【茴】10 4460 ウイ カイ（クワイ） ういきょう

【形声】声符は回。茴香は香草。〔玉篇〕に「茴香なり」とみえる。また懐香ともいう。字はもと蘹に作る。

【訓義】①ういきょう。

↑茴香 懐香

ウツ

【蔚】15 4424 ウツ イ（ヰ） おとこよもぎ

篆文

【形声】声符は尉。尉は火のし。なかに熱気のこもる状態をいう。その状態を草木に移して、さかんに繁茂するをいう。〔説文〕一下に「牡蒿なり」とするが、鬱と通用することが多い。

【訓義】①さかん、あやあるさま。②牡蒿、おとこよもぎ。③殄に通じ、病む。

【古訓】〔篇立〕蔚 ナマシキクサ・ウルハシ・モチ・メハジキ 〔字鏡集〕蔚 サカリ・アキラカニ・マダラカ・ウルフ・メハジキ・ナマシキクサ・モチ・タツ・ヤクス

【語系】蔚・鬱iuətは同声。郁iuək、薀・蘊iuənは声義が近い。みな草木茂盛の意に用いる語である。

【蔚蔚】心が結ぼれる。鬱鬱。〔後漢書、仲長統伝〕（昌言、理乱篇）彼の蔚蔚たる、皆匈（胸）に詈り腹に詛ひ、我の成らざらんことを幸ふ。

【蔚爾】草木の盛んに茂るさま。晉・皇甫謐〔三都の賦の序〕煥乎として文有り、蔚爾として鱗のごとく集る。皆近代辭賦の偉なり。

【蔚然】草木の盛んに茂るさま。蔚爾。宋・欧陽脩〔酔翁亭記〕滁を環りて皆山なり。其の西南の諸峰、林壑尤も美なり。之れを望むに蔚然として深秀なる者は、琅邪なり。

【蔚薈】雲が興るさま。陳・張正見〔石の賦〕上は雲を興して蔚薈、下は水を激して推移す。

↑蔚藹 蔚然／蔚映 茂り映える／蔚嶽 たち並ぶ／蔚気 病気／蔚起 盛んに起こる／蔚結 鬱結／蔚蒼 鬱蒼

↓藹蔚・映蔚・榮蔚・翳蔚・蓊蔚・煥蔚・粲蔚・森蔚・芊蔚・繁蔚・彪蔚・彬蔚・文蔚・幽蔚・薈蔚

【𩰪】28 7772 ウツ かおりぐさ

篆文

【会意】〔説文〕五下に「𩰪は芳艸なり。十葉を貫くを𩰪と爲す。臼・冖・缶・鬯に從ふ。彡は其の飾りなり。一に曰く、𩰪鬯は百艸の華、遠方𩰪人の貢する所の芳艸なり。之れを合釀して以て神を降す。𩰪は今の鬱林郡なり」とみえる。神事には鬯酒を用い、灌鬯などを行った。

【訓義】①かおりぐさ、においぐさ、うっこんそう。②かおりざけ。③こがねいろ。④通じて鬱に作る。

【参考】〔説文〕に𩰪を𩰪鬯、鬱を鬱茂の字とするが、金文には𩰪鬯の字を鬱に作り、𩰪の字形はみえず、もと𩰪鬯と鬱茂とは同字であったのであろう。

↑𩰪金 黄金色／𩰪鬯 鬯酒

常【鬱】29 4472 ウツ しげる ふさがる うれえる

篆文 金文

【会意】林＋缶＋冖＋鬯＋彡。〔説文〕六上に「木、叢生する者なり」とし、𩰪の省声に従うとする。鬯は酒をかもす形。

彡はその酒気。密閉して香草を加え、その醞醸を待つ意。もと鬱に作り、臼に従う。蔚と通じ、蔚茂の意に用い、字形も鬱を用いる。

訓義 ①しげる、さかん、あつまる。②もと醞醸を待つ意で、酒気の満つる意。ふさがる、こもる、むす、むれる。③心意の上に移して、うれえる、いかる、うらむ、心がむすぼれる。④もと鬯酒に用いる香草、においぐさ。

古訓 〔名義抄〕鬱 サカユ・サカリニ・―トサカリニ・シゲシ・フサグ・ニホフ・ムセブ・ウレフ・シナフ・イキドホル・イブカシ・ヨホ、ナリ・ヨロコブ・ヤ

語系 鬱・蔚iuət、彧・郁iuək、蘊（蘊）iuən、菀iuan、薈uat は一系の語。こんもりと茂る意。溫（温）uən、熅iuən、燠iuk も、また鬱iuatと一系の語、熱気をいう。

【鬱伊】うつい　心がふさぐ。〔後漢書、崔寔伝〕或いは信ぜらるるの佐、括嚢（無言）して祿を守り、或いは疎遠の臣、言ふも賤を以て廢せらる。是を以て王綱上に縱弛し、智士下に鬱伊す。悲しい夫。

【鬱郁】うついく（ゐく）　よく匂う。梁・劉峻〔広絶交論〕心、琴瑟に同じければ、言は蘭茝よりも鬱郁たり。

【鬱紆】うう　道がめぐる。唐・魏徵〔述懐〕詩　鬱紆として高岫に陟り　出没して平原を望む

【鬱鬱】うつうつ　木が茂る。〔文選、古詩十九首、二〕靑靑たる河畔の草　鬱鬱たる園中の柳

【鬱屈】うっくつ　心ふさぐ。地勢が屈曲する。宋・蘇軾〔是の日、下馬磧に至る～〕詩　西のかた五丈原を觀るに　鬱屈すること、長蛇の如し

【鬱結】うっけつ　心ふさぐ。〔史記、太史公自序〕此れ人皆意に鬱結する所有りて、其の道を通ずるを得ず。故に往事を述べて、來者を思ふ。

【鬱乎】うっこ　草木の茂るさま。宋・蘇軾〔赤壁の賦〕西のかた夏口を望み、東のかた武昌を望む。山川相ひ繆うて、鬱乎として蒼蒼たり。此れ孟德（曹操）が周郎（周瑜）に困しめられし者に非ずや。

【鬱金】うっこん　酒に香をつける草。唐・李白〔客中行〕詩　蘭陵の美酒鬱金香　玉椀盛り來る琥珀の光

【鬱蒸】うつじょう　むし暑い。魏・応璩〔広川の長岑文瑜に与ふる書〕涼臺に處るも、鬱蒸の煩有り。寒水に浴するも、灼爛の慘有り。宇宙廣しと雖も、陰の以て憩ふ無し。

【鬱積】うっせき　心ふさぐ。鬱塞。晉・張華〔雜詩、三首、三〕思ひを懷くこと、豈に隆んならざらんや　物に感じて、重ねて鬱積す

【鬱葱】うっそう　こんもり茂る。佳気の盛んなさま。〔論衡、吉験〕光武、河北に到るに及び、～問うて曰く、卿～何を用って其の氣の佳なるを知るやと。（蘇）伯阿、對へて曰く、其の鬱鬱葱葱たるを見ればのみと。

【鬱塞】うっそく　鬱抑。明・高啓〔金陵の雨花台に登りて、大江を望む〕詩　我が懷ひ鬱塞す、何に由りて開かん　酒酣にして走りて上る、城南の臺

【鬱滞】うったい　ふさがり滞る。〔漢書、儒林伝序〕（公孫）弘、學官と爲り、道の鬱滯せることを悼む。乃ち請ふ。～制して曰く、～詳らかに天下方聞の士を延き、咸く諸れを朝に登らしめよと。

【鬱鬯】うっちょう（ちやう）　鬱金草で香をつけた酒。祭祀に用いる。金文には「秬鬯一卣」のようにいう。〔礼記、礼器〕諸侯相ひ朝するに、灌ぐに鬱鬯を用ふ。

【鬱陶】うっとう（たう）うつよう（えう）　心が結ぼれる。〔孟子、万章上〕象曰く、鬱陶として君を思ふのみと。忸怩たり。

【鬱盤】うつばん　ふさがりまがる。唐・孟浩然〔盧明府、九日峴山に～宴す〕詩　宇宙、誰か開闢する　江山、此に鬱盤たり

【鬱怫】うつふつ　心ふさがる。漢・劉向〔楚辞、九歎、遠逝〕志隱隱として鬱怫たり　愁へ獨り哀しみて冤結す

【鬱勃】うつぼつ　茂るさま。魏・応瑒〔楊柳の賦〕陽春の和節に赴き、纖柳を植ゑて以て涼を承く。豐節を攄ばして廣く布き、紛として鬱勃として、以て陽に敷く。

【鬱抑】うつよく　気がふさがる。唐・孟郊〔同年春燕〕詩　鬱抑、忽ち已に盡き　親朋、樂しきこと涯り無し

【鬱律】うつりつ　深くけわしい。宋・蘇軾〔鳳翔八観、石鼓の歌〕詩　舊しく聞く石鼓、今之れを見る　文字鬱律として、蛟蛇走る

【鬱壘】うつりつ　百鬼を支配する神。〔論衡、訂鬼〕上に二神人有り。一を神荼と曰ひ、一を鬱壘と曰ふ。萬鬼を閱領することを主る。

【鬱隆】うつりゅう　気の盛んなさま。晉・郭璞〔山海経図讃、南山経、育隧谷〕炎雰を是れ扇ぎ、以て鬱隆を散ず。

↑鬱渥　芳香／鬱猗　茂盛して美しい／鬱湮　塞がる／鬱泱　雲が起こる／鬱蓊　こんもり茂る／鬱燠　むし暑い／鬱潤　茂りうるおう／鬱森　茂る／鬱盛　さかん／鬱然　茂るさま／鬱蒼　ほの暗い／鬱怒　積怒／鬱憤　鬱怒／鬱密　塞がる／鬱悶　気がふさぎ、もだえる／鬱悒　気がふさぎ、愁える／鬱悠　憂える／鬱憂　憂える／鬱揺　喜ぶ

↓壱鬱・陰鬱・堙鬱・紆鬱・縈鬱・翳鬱・炎鬱・蓊鬱・気鬱・蒸鬱・深鬱・積鬱・蒼鬱・沈鬱・陶鬱・煩鬱・怫鬱・芬鬱・幽鬱・悒鬱・憂鬱・窈鬱・抑鬱・薈鬱

ウン

【云】 4 / 1073 ウン　くも　いう　ここに　人

古文

甲骨文

象形 雲の形。〔説文〕に雲の初文とする。卜文の字形は、竜が雲中に頭をかくし、その巻いた尾が下にあらわれている形に作る。

訓義 ①くも。②謂・曰と声が通じ、いう。③曰・聿・遹などと声が通じ、ここに。④員・焉と声近く、終助詞に用いる。

古訓 〔名義抄〕云 イフ・イハク・イフシク・マウス・コ、ニ・スクナシ／云々 サ、ヤク〔字鏡集〕云 イハク・クモ

声系 〔説文〕に芸・魂など九字を云声とする。魂は云（雲）気に従う会意字、魂以外は云声である。氣のみちるさまをいう語が多い。

語系 云hiuən、謂hiuət、曰hiuat は声近く通用。また曰hiuat、聿・遹jiuət、粤・越jiuat、爰hiuan、于hiua は声近く、助詞として同じように用いる。

【云云】うんうん（うんぬん）　しかじか。〔漢書、汲黯伝〕上曰く、吾れ云云せんと欲すと。黯對へて曰く、陛下内多欲にして外仁義を施す。奈何ぞ唐虞の治に效はんと欲するやと。上怒り、色を變じて朝を罷む。

【云何】いかん　如何。〔三国志、魏、閻温伝注に引く魏略〕（楊）豐、（黄）昂に謂ひて曰く、卿、前に我が頸を生繫せんと欲す。今反って我の繫する所と爲る。云何と。

【云爾】うんじ　しかいう（いふ）。〔論語、述而〕其の人と爲りや、憤を發しては食を忘れ、樂しみて以て憂を忘れ、老の將に至らんとするを知らずと、爾か云ふ。

↑云為　言動／云孫　八代の孫

【吽】 7 / 6500 ウン　コウ　ゴウ　イン　ほえる　うなる

会意 牛＋口。獣が吠え、かみ合う。本音は「コウ」。また呴・吼・呞に作る。仏教語で阿吽のように用いる。

訓義 ①ほえる、うなる、かみあう。

古訓 〔名義抄〕呴・吽 クチサキラ／吼・呞 イビキ・ヨバフ・ホユ・ナク

参考 阿吽は室町期の〔悉曇三密抄〕にみえ、梵語 a-hūṃ の音訳。開口音の阿、閉口音の吽の二音の間に、法界万有の理を包摂するという。

【吽呀】犬が争って吠えたてる。宋・梅堯臣〔冬夕集会飲、聯句〕細書、昏瞳を刺し 吽呀、争犬を聞く

↑吽吽 牛の鳴く声／吽牙 吽呀

【沄】 7 3113 ウン コン ながれる

篆文

形声 声符は云。云は雲の初文、雲の巻き流れる形。〔説文〕十一上に「轉り流るるなり」とあり、「讀みて混の若くす」というが、その音によむ例はないようである。

訓義 ①めぐりながれるさま。②ひろくふかいさま。③さかんなさま。

古訓 〔字鏡集〕沄 メグリナガル

【沄沄】水の流れるさま。ことの速やかなさま。宋・王安石〔次韻して陳正叔に答ふ、二首、一〕詩 功名落落として、求むるも値ひ難し 日月沄沄として、去りて回らず

↓泫沄・潟沄・汾沄

【芸】 8 4473 ウン くさのこう くさぎる きばむ

篆文

形声 声符は云。〔説文〕一下に目宿に似た草とし、また淮南王説として、死を生に復しうるという。

訓義 ①くさのこう、香草、除虫に用いる。②耘・藝に通じ、くさぎる。③隕と通じ、木の葉がおち、きばむ。

古訓 〔名義抄〕芸 クサノ香・クサギル・クサハラフ・モミチ

語系 芸・云・囩・貟・沄・雲 hiuən は同声。乱れる意がある。䅬(藝)・賱・隕 hiuən と声義が通じる。

【芸芸】多く盛んなさま。〔老子、十六〕夫れ物は芸芸たるも、各〻其の根に復歸す。

【芸閣】書庫。書斎。芸は紙魚除けの草。〔史通、忤時〕蓬山(蓬萊山)の下には、良直、肩を差べ、芸閣(漢の秘書省の蔵書台)の中には、英奇、武(歩)を接す。

【芸黄】草木が枯れる。梁・武帝〔擣衣〕詩 陰蟲、日に慘烈 庭草、復た芸黄す

【芸窗】書斎。金・馮延登〔洮石硯〕詩 芸窗盡日、人の到る無し 坐して看る、玄雲の翠微(山の翠)を吐くを

【芸編】書籍。宋・陸游〔夏日雑題〕詩 天隨(人名)の手は、朱黄(書に校点を加える色)を去らず 蠹を辟くる芸編、細細香し

↑芸穫 農事／芸館 蔵書室／芸簡 書翰／芸局 秘書省／芸扃 芸局／芸縑 書籍／芸香 香草の名／芸署 芸閣／芸耨 草ぎる／芸籤 書帙の籤／芸台 秘書監／芸帙 書帙／芸儲 蔵書／芸田 田草を刈る／芸夫 農夫

↓香芸・書芸

【紜】 10 2193 ウン みだれる

形声 声符は云。云は雲の初文で、雲気のあつまる意。〔玉篇〕に「數亂なり」とみえる。

訓義 ①みだれる。

古訓 〔篇立〕紜 ミダリガハシ・ミダル・イタハラシク・マガフナリ

語系 紜 hiuən、縕・蘊 iuən、殷・垔 iən と声近く、みだれて中にたちこめる意がある。

【紜紜】多くて乱れる。紛紜。〔孫子、勢〕紛紛紜紜、闘亂して亂るべからず。渾渾沌沌、形圓くして敗るべからず。

↑紜紛 紛紜

↓紛紜

【耘】 10 5193 ［䅬］ 16 5698 ［藝］ 14 4493 ウン くさぎる

篆文

形声 声符は云。〔説文〕四下に䅬を正字とし、「䅬は苗閒の穢れを除くなり」とする。耒はすき。耒で草の紛紜をすき取る意。

訓義 ①くさぎる、すく、のぞく。②たがやす、つちかう。

【耘耘】耕作の盛んなさま。宋・胡錡〔耕祿藁〕風、靑耜に生じ、千耦の耘耘たるを慶ぶ。

【耘芸】くさぎり、植える。〔晋書、石季竜載記上〕今或いは功を耘藝の辰に盛んにし、或いは役を收穫の月に煩はす。〜誠に聖君仁后の、忍んで爲す所に非ざるなり。

【耘耔】くさぎり、つちかう。晋・陶潜〔帰去来の辞〕良辰を懷うて以て孤り往き、或いは杖を植てて耘耔す。

【耘鋤】くさぎり、すく。唐・杜甫〔文公上方に謁す〕詩 甫や、南北の人なり 蕪蔓にして、耘鋤すること少なし

↑耘艾 くさぎる／耘耕 耕す／耘除 耘耨／耘耨 くさぎる／耘薙 耘艾／耘耙 くさかき／耘笠 農事の笠

↓火耘・帰耘・去耘・耕耘・鉏耘・鋤耘・熱耘

【惲】 12 9705 ウン キン あつい はかる

篆文

形声 声符は軍。軍に運(運)の声がある。〔説文〕十下に「重厚なり」、また〔方言、十三〕に「謀るなり」とあり、また「惲寿平」のように姓に用いる。

訓義 ①あつい、てあつい。②はかる、はかりごと。

古訓 〔名義抄〕惲 アツシ・ハカリゴト

常 【運】 12 3730 〔運〕 13 3730 ウン めぐる はこぶ うつる

篆文

形声 声符は軍。軍に惲・暈の声がある。〔説文〕二下に「逐り徙るなり」とするのは、運旋の意をとるものであろう。軍は車上に旗を靡かせて、軍の行動を指示する意。運とは軍をめぐらすことをいう。

訓義 ①めぐる、めぐらす。②はこぶ、うごかす、うごく。③うつる、ゆく。④一定のみち、さだめ。

古訓 〔名義抄〕運 メグル・メグラス・ハコブ・オクル・ウツス・スミヤカニ・オゴク・イノチ・サイハヒ・ムクユ・トフ 〔字鏡集〕運 トヲシ・ウツス・メグル・ウゴク・ハコブ・アマネシ・スミヤカニ・メグム・サイハヒ・イノチ・ムクユ・ヲクル・ヲカシ・トフ

語系 運 hiuən、回 huəi、還(還) hoan は声義近く、みな、めぐる意がある。暈 hiuən は同声。日をめぐるかさをいう。

【運会】世のめぐりあわせ。晋・盧諶〔劉琨に贈る、一首、書を并せたり〕嘗て自ら思惟するに、運會に因縁し、接事を蒙るを得たり。淸塵を奉ぜしより、今に五稔なり。

【運気】まわりあわせ。運勢。〔論衡、宣漢〕今亦た天下、仁を修むるも、歳と運氣に遭ひて、穀頗る登らず。

【運斤】技巧の極をいう。〔荘子、徐無鬼〕郢人、堊(漆喰)もて其の鼻端を慢ること蠅翼の若くし、匠石をして之れを斲らしむ。匠石、斤を運らし風を成し、聽かせて之れを斲る。堊を盡せども鼻傷つかず。郢人、立ちて容を失はず。

【運鈞】回転するろくろ。運均。〔墨子、非命上〕言にして儀毋きは、譬へば猶ほ運鈞の上にして朝夕(方位計)を立つるがごとき者なり。

【運遇】運命。めぐりあい。晋・向秀〔思旧の賦〕嵆生(康)の永へに辭するを悼む。日影を顧みて琴を彈ず。運遇

を領會に託し、餘命を寸陰に寄す。

【運行】めぐりゆく。唐・韓愈〔秋懐〕詩 運行に窮期無く 稟受すること氣苦だ異なり

【運掌】手のひらの中で動かす。たやすい。〔孟子、公孫丑上〕諸侯を朝せしめ天下を有つこと、猶ほ之れを掌に運らすがごときなり。

【運籌】謀をめぐらす。唐・杜甫〔西閣口号～〕詩 社稷〔国家〕流涕に堪へたり 安危、運籌に在り

【運転】めぐる。〔荘子、天運〕意ふに其れ運轉して、自ら止まること能はざるか。

【運動】めぐりうごく。〔新語、慎微〕天の時に因りて罰を行ひ、陰陽に順ひて運動す。

【運筆】筆づかい。梁・武帝〔陶弘景に答へて書を論ずる書、四首、二〕夫れ運筆邪めなれば、則ち芒角無し。執手寛なれば、則ち書綏弱なり。

【運甓】心身をきたえる。〔晋書、陶侃伝〕功を以て柴桑侯に封ぜらる。～侃、州に在りて事無し。輒ち朝に百甓を齋外に運び、暮に齋内に運ぶ。～曰く、～過爾優逸せば、恐らくは事に堪へざらんと。

【運謀】謀をめぐらす。〔管子、侈靡〕夫れ謀を運らす者は、天地の虚滿（盈虚）なり、合離（合は春夏で満、離は秋冬で虚）なり。

【運命】うん。〔宋書、羊玄保伝〕人の仕宦は唯だ才に須つのみに非ず。然れども亦た運命に須つ。

【運輸】物をはこぶ。漢・司馬相如〔巴蜀に喩す檄〕郡、又擅に轉粟運輸を爲す。皆陛下の意に非ざるなり。

【運用】はたらかせる。〔宋史、岳飛伝〕陣して而る後に戰ふは、兵法の常なり。運用の妙は一心に存す。

↑運斡 めぐる／運脚 運賃／運均 運鈞／運載 載せ運ぶ／運策 運謀／運指 運筆／運踵 たちまち／運数 運命／運世 移り変わり／運送 輸送する／運漕 水運／運担 担ぎ運ぶ／運丁 運搬夫／運変 変わる／運磨 臼を廻す／運流 めぐり動く／運路 運ぶ道／運腕 運筆

↓悪運・斡運・家運・嘉運・海運・開運・革運・気運・機運・亨運・啓運・行運・幸運・航運・国運・時運・昌運・進運・水運・衰運・世運・盛運・聖運・漕運・大運・退運・泰運・頽運・通運・天運・転運・任運・否運・非運・悲運・不運・符運・武運・福運・文運・命運・冥運・幽運・流運・隆運・糧運・輪運・歴運

常

【雲】

12 1073 〔云〕 4 1073 ウン くも

篆文

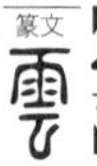

古文

甲骨文

形声 声符は云。云は雲の初文。雲気の下に竜尾のみえる形。〔説文〕十一下に「山川の气なり」という。

訓義 ①くも。②すべて雲のような状態をいう。

古訓 〔名義抄〕雲 クモ・ハコブ

部首 〔説文〕雲部に霒を属し、侌の初文。

語系 雲・云・芸・紜・沄hiuən は同声。集まり乱れる意がある。緼・蘊iuən、殷・堙ianも声義が近い。

【雲衣】雲の衣。〔宋書、楽志四〕列子を攜へ、帝郷を超え、雲衣雨帯、風に乗りて翔く。

【雲雨】神女が朝雲暮雨となって現われる。男女の情をいう。唐・李白〔清平調詞、三首、二〕詩 一枝の穠豔、露にも香を凝らす 雲雨巫山、(巫山の神女)枉げて断腸す

【雲影】雲の影。唐・盧綸〔春日、杜叟山下の別業に題す〕詩 雲影断じ來つて、峰影出で 林花落ち盡して、草花生ず

【雲煙】雲でかすむ。雲霞がたちこめる。雲煙。唐・王昌齢〔万歳楼〕詩 誰か登望するに堪へん、雲煙の裏 晩に向つて、茫茫旅愁を發す

【雲霞】雲と霞。南朝宋・謝霊運〔石壁精舎～〕詩 林壑、暝色を斂め 雲霞、夕霏を収む

【雲臥】雲中にねる。俗外の生活。唐・李白〔口号、楊徴君鴻に贈る〕詩 雲臥、丹壑に留まり 天書、紫泥を降す

【雲海】雲の覆う広漠としたところ。宋・陸游〔秋夜、門を出でて月を観る〕詩 雁は來たる、慘淡たる沙場の外 月は出づ、蒼茫たる雲海の間

【雲外】雲の上。唐・元稹〔玉泉道中の作〕詩 遐かに想ふ雲外の寺 峯巒渺るかに相ひ望む

【雲間】大空。漢・卓文君〔白頭吟〕詩 皚として山上の雪の如く 皎として雲間の月の若し

【雲漢】天の川。天漢。銀漢。〔詩、大雅、棫樸〕倬たる彼の雲漢 章を天に爲す

【雲巌】雲のかかる高い巌。唐・杜牧〔故人に逢ふ〕詩 塵路、事盡きず 雲巌、閒にして歸るに好し

【雲気】雲。〔荘子、逍遥遊〕藐姑射の山に、神人有りて居る。～風を吸ひ、露を飲み、雲氣に乘じ、飛龍に御し、四海の外に遊ぶ。

【雲錦】雲なす錦。宋・蘇軾〔潮州韓文公廟碑〕公、昔、龍に騎る、白雲の郷 手に雲漢を抉して、天章を分つ 天孫、爲に織る雲錦の裳 飄然として風に乘じて、帝旁より來たれ

【雲衢】雲の往来するところ。唐・王勃〔滕王閣の序〕虹銷え雨霽れて、彩は雲衢に徹す。落霞孤鶩と齊しく飛び、秋水、長天と共に一色。

【雲渓】雲のかかった谷。唐・韋応物〔廬山の樓衣居士に寄す〕詩 俗客尋ねんと欲するも、應に遇はざるべし 雲溪の道士、見ること猶ほ稀なり

【雲景】かすんだ景色。斉・謝朓〔随王殿下に奉和す、十六首、三〕詩 時は惟れ清夏の始め 雲景、曖として芳を含む 月陰、夜色に洞り 日華、池光麗らかなり

【雲髻】婦人の美しいまげ。魏・曹植〔洛神の賦〕雲髻峩峩として、脩眉聯娟たり。

【雲霓】にじ。また雲とにじ。〔楚辞、離騒〕雲霓の晻藹たるを揚げ 玉鸞の啾啾たるを鳴らす

【雲月】雲と月。唐・杜甫〔青草湖に宿す〕詩 寒冰、争うて倚薄し 雲月、遞ひに微明なり

【雲行】雲が雨をめぐむ。〔易、乾、彖伝〕大なる哉乾元、～雲行雨施して、品物形を流しく。

【雲光】雲の光。唐・杜牧〔商山麻澗〕詩 雲光嵐彩、四面に合し 柔柔たる垂柳、十餘家あり

【雲構】大きな家。斉・王融〔三月三日曲水詩の序〕飛觀神行し、虛檐雲構し、離房乍ち設け、層樓閒ま起る。

【雲興】雲がわく。〔晋書、文苑、顧愷之伝〕千巖秀を競ひ、萬壑流れを争ひ、草木蒙籠として、雲興り霞蔚つたるが若し。

【雲根】高い山。唐・司空図〔陌梯寺に上りて、旧僧を懐ふ、二首、一〕詩 雲根は禪客の居 皆説ふ、舊と吾が廬なりと

【雲際】雲のあたり。唐・陳子昂〔白帝城懐古〕詩 古木、雲際に生じ 孤帆、霧中より出づ

【雲桟】高いかけはし。唐・白居易〔長恨歌〕詩 黄埃散漫、風蕭索 雲棧縈紆して劍閣に登る

【雲散】雲のように散る。魏・王粲〔蔡子篤に贈る〕詩 濟岱江衡 邈焉として處を異にす 風のごとく流れ、雲のごとく散じ 一別雨の如し

【雲山】雲のかかる山。宋・范仲淹〔桐廬郡厳先生祠堂記〕雲山蒼蒼 江水泱泱たり 先生の風 山高く水長し

【雲樹】雲のたちこめる木。唐・杜甫〔南嶽に過ぎりて、洞

庭湖に入る〕詩 鄂渚、雲樹を分ち 衡山、舳艫を引く

【雲岫】 雲のわく山。晋・陶潜〔帰去来の辞〕雲、心無くして、以て岫を出で、鳥、飛ぶに倦んで、還るを知る。

【雲集】 雲のごとく集まる。漢・賈誼〔過秦論、上〕木を斬りて兵と爲し、竿を掲げて旗と爲す。天下雲のごとく集り、響きのごとく應ず。

【雲章】 雲のように立派な手蹟。〔鶴林玉露、甲一〕手写九経〕高宗、萬乘の尊、萬機の繁を以て、乃ち亦た親しく宸翰を灑ぎ、遍く九經を寫し、雲章粲然たり。古より帝王未だ有らざる所なり。

【雲擾】 雲のごとく乱れる。漢・揚雄〔長楊の賦〕豪俊糜沸し、雲擾し、群黎(人民)之れが爲に康からず。

【雲水】 雲と水。また禅宗の行脚僧をいう。唐・韓愈〔晩に宣渓に次りて、～張使君の恵書に酬ゆ〕詩 韶州南に去れば、宣溪に接す 雲水蒼茫として、日、西に向ふ

【雲梯】 高いはしご。〔墨子、公輸〕公輸般、楚の爲に雲梯の械を造りて成る。將に以て宋を攻めんとす。

【雲泥】 天地の差。北魏・荀済〔陰涼州に贈る〕詩 雲泥、已に路を殊にす 暄涼、詎ぞ節を同じうせん

【雲濤】 遠くから寄せる雲のような波。唐・白居易〔海漫漫〕詩 雲濤煙浪、最も深き處 人は傳ふ、中に三神山有りと

【雲飛】 雲のように飛ぶ。唐・温庭筠〔崔郎中の幕に赴くを送る〕詩 心遊目送す、三千里 雨散雲飛す、二十年

【雲鬢】 美しい髪。唐・白居易〔長恨歌〕詩 雲鬢花顔、金歩搖 芙蓉の帳は暖かにして、春宵を度る 春宵短きに苦しみ、日高くして起き 此れより君王、早朝せず

【雲物】 雲の色や変異のこと。〔左伝、僖五年〕凡そ分至啓閉には、必ず雲物を書す。備への爲の故なり。

【雲辺】 雲のほとり。唐・温庭筠〔蘇武廟〕詩 雲邊、雁は斷ゆ胡天の月 隴上、羊は歸る塞草の煙

【雲峯】 雲のかかる高い峯。唐・王維〔香積寺を過ぎる〕詩 知らず香積寺 數里にして雲峯に入る 古木、人逕無く 深山、何れの處の鐘ぞ

【雲霧】 雲霧のこもる状態。〔晋書、楽広伝〕此れ人の水鏡、之れを見るに瑩然、雲霧を披きて靑天を覩るが若こし。

【雲母】 きらら。唐・李商隠〔常娥〕詩 雲母の屏風、燭影深し 長河漸く落ちて、曉星沈む

【雲容】 雲の姿。唐・温庭筠〔太液池の歌〕詩 平碧、淺春に綠塘に生じ 雲容雨態、靑蒼に連なる

【雲裏】 雲の中。唐・王維〔聖製～雨中春望の作に奉和す。応制〕詩 雲裏の帝城、雙鳳闕 雨中の春樹、萬人の家

【雲竜】 雲と竜。〔易、乾、文言伝〕雲は龍に從ひ、風は虎に從ふ。聖人作りて、萬物覩はる。

【雲林】 雲のかかる林。唐・郭良〔早行〕詩 早行、星尙ほ在り 數里、未だ天明けず 雲林の色を辨ぜず 空しく風水の聲を聞く

【雲路】 雲の流れる高所。出世。唐・寒山〔寒山詩、二五四〕時人、雲路を尋ぬれば 雲路、杳として蹤無し～雲路の處を知らんと欲せば 雲路は虛空に在り

↑雲鴉 黒髪／雲陰 雲が覆う／雲蔚 雲が盛ん／雲英 きらら／雲翳 雲影／雲液 酒／雲火 のろし／雲駕 駕御／雲壑 深谷／雲雁 かり／雲客 仙人／雲笈 道家の書箱／雲蜺 にじ／雲谷 雲壑／雲斎 僧房／雲紙 くもがみ／雲榭 高台／雲霄 そら／雲情 雲雨の情／雲蒸 群がり起こる／雲陣 陣雲／雲棲 世外に隠居する／雲勢 雲の姿／雲窓 高殿の窓／雲僧 雲水／雲孫 八代の孫／雲胆 きらら／雲程 青雲への道／雲殿 高殿／雲破 雲が開く／雲邈 はるか／雲髪 多い髪／雲蹕 行幸／雲表 雲の上／雲標 雲表／雲布 ひろがる／雲翻 すぐ変わる／雲遊 放浪する／雲斂 雲散／雲浪 雲の浪

↓暗雲・陰雲・翳雲・炎雲・煙雲・横雲・旱雲・寒雲・間雲・奇雲・綺雲・去雲・卿雲・景雲・軽雲・慶雲・巻雲・玄雲・孤雲・行雲・紅雲・香雲・黄雲・興雲・黒雲・彩雲・細雲・山雲・桟雲・残雲・紫雲・朱雲・宿雲・祥雲・陣雲・水雲・瑞雲・青雲・星雲・夕雲・戦雲・繊雲・蒼雲・層雲・叢雲・朶雲・淡雲・断雲・暖雲・朝雲・沈雲・停雲・東雲・凍雲・濃雲・排雲・白雲・薄雲・披雲・微雲・浮雲・風雲・碧雲・片雲・暮雲・抱雲・峰雲・密雲・野雲・妖雲・乱雲・爛雲・流雲・凌雲・緑雲・林雲

【慍】 13 9601 ウン うらむ いかる

篆文 

形声 声符は𥁕。〔説文〕十下に「怒るなり」とするが、〔段注〕に「怨む」の誤りであろうという。𥁕は器中のものが温められて、熱気が中に充溢する意。これを心情の上に移して慍という。

訓義 ①うらむ。②いかる。③うれえる。

古訓 〔名義抄〕慍 イカル・ウフ・タヅヌ・イタル

語系 慍・縕・蘊・氳iuənは同声。また云・雲・芸・紜hiuən、殷・堙iənも声義近く、みな、うちにこもる意がある。

【慍色】 憤怨の情。漢・司馬遷〔任少卿(安)に報ずる書〕草創未だ就らざるに、會たま此の禍に遭ふ。其の成らざるを惜しみ、已に極刑に就けども、慍む色無し。

【慍懟】 うらみ憤る。〔資治通鑑、晋紀〕(孝武帝、太元二十一年)(濮陽公)策、皇太子と爲る。～策、年十一、素より孱弱なり。(清河公)會、之れを聞きて心に慍懟す。

【慍容】 怒ったようす。〔列子、黄帝〕商丘開、常に慍容無し。諸客の技單きて、戲笑に憊る。

↑慍恚 怒り恨む／慍然 慍色／慍羝 わきが／慍怒 憤る

↓喜慍・結慍・煩慍・憤慍・憂慍

【暈】 13 6050 ウン かさ くま

篆文 

形声 声符は軍。軍に運(運)の声がある。〔説文新附〕七上に「日月の气なり」とあり、日月の周囲に生ずるかさをいう。

訓義 ①かさ。②周辺のぼかし、あや。③国語で、くまの意に用いる。顔の彩色など。

古訓 〔新撰字鏡〕暉・暈 光、光明、弖良須(てらす)〔名義抄〕暈 日月ノカサ・ニホフ・テル・ヒカリ

語系 暈hiuən、暉・煇xiuənは声義が近い。軍は車上に旗をなびかせて指揮する形。めぐる意がある。

【暈囲】 日月のかさ。〔韓非子、備内〕故に日月の、外に暈圍あるも、其の賊、内に在り。

【暈目】 目をくらます。唐・欧陽詹〔智達上人水精念珠歌〕詩 陸離たる電熌(電光)紛として常ならず 眸を凌ぎ目を暈らまして光芒を生ず

↑暈蔭 うっすら／暈花 かすむ／暈気 日がさ／暈裙 月光のようなもすそ／暈穴 急所／暈月 月のかさ／暈眩 めまい／暈光 彩虹／暈昏 かすんで迷う／暈珥 日がさ／暈蝕 かさと蝕／暈船 舟酔い／暈染 ぼかし／暈淡 ぼかし

↓暗暈・月暈・眩暈・酒暈・酔暈・船暈・日暈

【氳】 14 8011 ウン たちこめる

形声 声符は𥁕。𥁕は器中のものが温められて、たちこめる形、気のたちこめることを氳という。〔玉篇〕に「氳は氛氳、祥氣な

り」とあり、気の活動が盛んで、たちこめるさまをいう。

訓義 1たちこめる、気がたちこめる。2さかん、気のさかんなさま。

古訓 〔名義抄〕氳 フスボル・フカシ 〔字鏡〕氳 カウバシ・タカシ・サカリ

【氳氳】気がたちこめて、さかんなさま。唐・孟郊〔寒渓、九首、五〕詩 皎皎として何ぞ皎皎たる 氳氳として復た氳氳たり 瑞晴、日月を刷ひ 高碧、星辰を開く

【氳氛】気のさかんなさま。唐・李白〔元丹丘の坐の巫山の屏風を観る〕詩 水石潺湲として、萬壑分る 煙光、草色、倶に氳氛たり。

↑氳氤 氤氳/氳熇 温暖

↓氤氳・夕氳・氛氳

【熅】 14 9681 ウン オン(ヲン) あたたか

篆文 

形声 声符は昷。昷は器中に暖気のたちこめる形で、温かい意がある。〔説文〕十上に「鬱煙なり」、〔玉篇〕に「氣なり、煗かなり」とみえる。天地の間の暖気を「烟熅」「氤縕」という。

訓義 1あたたか、あつい。2暖気がたちこめる。3うずみ火。

古訓 〔篇立〕熅 アツハヒナリ・アタ、ム・アカク・ケフリ・アッシ

【熅熅】気のこもるさま。大地の元気、氤氳。漢・班固〔典引〕太極の元、兩儀始めて分れ、烟烟熅熅たり～沈浮交錯し、庶類混成す。

【熅火】埋火。〔漢書、蘇武伝〕地を鑿ちて坎と爲し、熅火を置き、(蘇)武を其の上に覆せしめ、其の背を蹈みて、以て血を出だす。

↑熅恭 温恭/熅斗 のし

↓烟熅・棼熅・耀熅

【褞】 15 3621 ウン オン(ヲン) ころも うちかけ

形声 声符は昷。昷は中に暖かさを包むものをいう。字はまた縕に作る。

訓義 1ころも、うちかけ。2縕と通用する。

古訓 〔字鏡〕褞 コロモ

【褞袍】ぬのこ。どてら。〔後漢書、桓鸞伝〕少かくして操行を立て、褞袍糟食、盈餘を求めず。

↑褞褐 ぬのこ

【縕】 16 2691 ウン ふるわた くずあさ

篆文 

形声 声符は昷。〔説文〕十三上に「紼なり」とあり、紼字条に「亂れたる枲なり」(段注本)とあり、麻が乱れて絮のような状態になるものをいう。纊とか旧絮といわれるものである。昷は器中のものを熱する形。温熱の気がみちて、みだれる意がある。

訓義 1ふるわた、くずあさ。2みだれる。3蘊に通じ、ゆたか、みちる。4緼に通じ、赤黄の色。

古訓 〔字鏡集〕縕 ワタ・フルイト・ミダル・ムシ

語系 縕・溫(温)・蘊・氳iuənは同声。云・雲・芸・紜hiuən、殷・堙iənも声義近く、みな、うちにこもる意がある。

【縕奥】学問の奥深いところ。漢・趙岐〔孟子題辞〕儒家には惟だ孟子のみ有り。閎遠微妙にして、縕奥見難し。宜しく條理の科に在るべし。

【縕袍】どてらの類。〔論語、子罕〕子曰く、敝れたる縕袍を衣て、狐貉を衣たる者と立ちて恥ぢざる者は、其れ由(子路)なるか。

↑縕褐 縕袍/縕藉 おだやか/縕緒 粗末な服/縕絮 綿入れ/縕著 縕緒/縕襏 くずあさ/縕予 皆で楽しむ/縕縷 粗衣

↓衣縕・枲縕・敝縕・袍縕

【醞】 17 1661 ウン かもす つつむ

篆文 

形声 声符は昷。昷は器中のものが温められてたちこめる意。〔説文〕十四下に「釀すなり」とあり、酒の発酵するをいう。

訓義 1かもす、久しくかもす。2中にふくむ、つつむ。

古訓 〔名義抄〕醞 カム・ソヒス 〔篇立〕醞 サケツクル・ソヒ

語系 醞・蘊・氳iuənは同声。雲・芸・紜hiuən、殷・堙iənも声義近く、みな、うちにこもる意がある。

【醞藉】おだやか。蘊藉。〔漢書、薛広徳伝〕廣德、人と爲り溫雅にして、醞藉なる有り。三公と爲るに及びて、直言諫爭す。

【醞釀】酒をかもす。ものを養成する。宋・蘇軾〔蜜酒の歌、又一首、二猶子と王郎との和せらるるに答ふ〕詩 詩書と我と、麴蘗と爲り 老夫を醞釀して、搢紳を成さん

↑醞言 やさしい言/醞戸 酒造り/醞酒 酒造り

↓嘉醞・奇醞・私醞・春醞・初醞・精醞・薄醞・美醞・名醞・梨醞・良醞・臘醞

【餫】 18 8775 ウン コン

篆文 

形声 声符は軍。軍に運(運)・渾の声がある。〔説文〕五下に「野饋を餫と曰ふ」とあり、田野に働く人に食を届けること。また餅・饅頭の類をいう。

訓義 1食をおくる、田野の人に食をとどける。2もちの類。

↑餫飩 餅の類/餫夫 食を届ける人

↓饋餫・送餫・転餫・発餫

【饂】 19 ウン うどん

国字 声符は昷。饂飩はうどん。もと「溫飩」(〔天正本節用集〕)、また「餛飩」(〔易林本節用集〕〔塵芥〕)のようにしるした。〔日葡辞書〕にはVdonとして出ている。食品としては奈良期からあったとされるが、文献には室町期以後にみえる。

訓義 1うどん。

【蘊】 20 4491 **［薀］** 17 4411 ウン つむ つつむ

篆文 

形声 声符は縕。〔説文〕一下に「積むなり」とし、〔唐石経〕初刻に薀に作り、蘊は俗字。のちその字を用いる。

訓義 1つむ。2つつむ、たくわえる、おく。3むすぼれる、ふさぐ。4熅と通じ、あたたか、あつい。5ものの集まり、さかんなことをいう。

古訓 〔名義抄〕薀 アツム・ツ、ム・カクス・タクハフ・ツモレリ・キハム・ハカル・ツム・アツシ・ウヅモル・オモヒ・ユタカ・フスフ 〔字鏡集〕蘊 ツム・ツモル・ツ、ム・アツム・アツマル・カクス・タクハフ・キハム・アツシ・ユタカ・ウツモル・ヲモシ・アガム・タフトシ・ハカル・フスフ

語系 蘊・縕・氳iuənは同声。云・雲・芸・紜hiuən、殷・堙iənも声義の関係がある。

【蘊蘊】深々としたさま。唐・元結〔補楽歌、十首、九淵〕詩 聖德至深にして、蘊蘊として淵の如し 生類娭娭たり、孰れか其の然るを知らん

【蘊奥】学問などの奥深いところ。〔宋史、道学一、邵雍伝〕(李)之才の傳(河図洛書の学)、遠く端緒有り。雍、～妙悟神契、蘊奥に洞徹す。

【蘊結】心が結ぼれる。魏・曹植〔玄暢の賦〕悵として蘊結して延佇し、鵬擧して以て天に搏たることを希ふ。

【蘊藉】おだやか。温厚。晉・范曄〔逸民伝論〕漢室中ごろ微にして、王莽位を簒ふ。士の蘊藉なるも、義憤すること甚だし。

【蘊崇】高く積みあげる。〔左伝、隠六年〕惡を見るこ

と、農夫の務めて草を去るが如し。之れを芟夷蘊崇し、其の本根を絶ちて、能く殖えしむること勿くんば、則ち善なる者信びん。

【蘊蓄】たくわえる。〔左伝、昭二十五年〕蓄へて治めざれば、將に薀(醞)せんとす。薀蓄せば、民將に心(民心)を生ぜんとす。

【蘊隆】むし暑い。〔詩、大雅、雲漢〕旱既に大甚だし 蘊隆、蟲蟲たり

➡蘊学 深奥の学／蘊含 包含する／蘊芸 秘芸／蘊質 よい稟性／蘊粋 純粋な徳／蘊積 深く蓄える／蘊藻 水草／蘊蔵 蘊積／蘊哲 智を蔵する／蘊幽 蘊蔵

⬇五蘊・崇蘊・精蘊・蔵蘊・内蘊・秘蘊・余蘊

【鶤】 20 3752 ウン コン しゃも

篆文 

形声 声符は軍。軍に運(運)・渾の声がある。〔説文〕四上に「鶤雞なり」とあり、〔爾雅、釈畜〕に「雞三尺なるを鶤と爲す」とあって大雞をいう。張衡〔西京の賦〕の〔李善注〕に「鶤雞は黃白色、長頷赤喙」とみえる。〔淮南子、覧冥訓、注〕に「鳳皇の別名なり」とあり、そのときは声が異なる。

訓義 ①しゃも、とうまる、大きな鶏。②鶤雞、鳳凰の異名。

古訓 〔字鏡集〕鶤 ニハトリ・ハヤブサ・ヤマドリ・サギ

エイ

常 **【永】** 5 3023 エイ ながれ ながい

篆文 甲骨文 金文 

象形 水の流れる形。〔説文〕十一下に「水の長きなり。水の巠理の長永なるに象るなり」(段注本)という。巠理とは水脈、𠂢は分流、永は合流のところ。水勢の急疾なるところである。

訓義 ①ながれ。②水脈の長いところ、ながい。③泳に通じ、およぐ。④詠に通じ、うたう。

古訓 〔名義抄〕永 ナガシ・ナガウス・ツネニ・ヒタフル・フツニ 〔字鏡集〕永 ナガシ・ヒク・トホシ・ツブサニ・ヒタフル

声系 〔説文〕に永声として詠(咏)・泳を収める。詠は永長の義を承ける。羕および羕声も、この声系の字である。

語系 永・詠(咏)hyuangは同声。羕・漾・洋jiangも声義が近い。往(徃)・迋hiuangも声義の関係があろう。

【永遠】とこしえ。晉・潘岳〔寡婦の賦〕亡魂逝きて永遠なり。時歲、忽として、其れ遒ち盡く。

【永歌】声を引いて歌う。〔詩、大序〕之れを嗟歎して足らず、故に之れを永歌す。之れを永歌して足らず、手の舞ひ、足の蹈むを知らず。

【永懐】ながくおもう。唐・杜甫〔覃二判官を送る〕詩 爾を餞す、白頭の日 永く懷ふ、丹鳳城 遲遲として屈(原)・宋(玉)を戀ひ 渺渺として荊衡に臥す

【永観】永久に観る。その状態の存続をねがう。〔詩、周頌、有瞽〕喤喤たる厥の聲 肅雝として和鳴す 先祖是れ聽かん 我が客(客神)戾れり 永く厥の成を觀ん

【永久】長久。漢・張衡〔帰田の賦〕都邑に遊んで、以て永久なるも、明略の以て時を佐くる無し。徒らに川に臨んで以て魚を羨み、河清を未だ期せざるに俟つ。

【永訣】永くわかれる。死別。梁・江淹〔別れの賦〕賦に凌雲の稱有り、辯に雕龍の聲有るも、誰か能く暫離の狀を摹し、永訣の情を寫す者あらんや。

【永言】声をのばして節をつける。〔書、舜典〕詩は志を言ひ、歌は言を永うす。

【永号】声を引いてなげきよぶ。〔詩、魏風、碩鼠〕逝に將に女を去り 彼の樂郊に適かん 樂郊、樂郊 誰か之れ永號せん

【永劫】永遠。梁・沈約〔内典の序〕寸陰の短晷を以て、永劫の延路を馳す。情靈起伏し、萬緒千名あり。

【永字】永字によって運筆の八法を説く。唐・張懐瓘〔玉堂禁経、用筆法〕大凡そ筆法、點畫の八體は、永字に備はる。側・勒・努・趯・策・掠・啄・磔～なり。八法は隸字の始めに起り、～八體は萬事に該ぬ。

【永終】永く続く。〔書、金縢〕予小子、新たに三王に命ぜらる。惟れ永く終ふることを是れ圖らん。茲に攸て俟ち、能く予一人を念はむ。

【永世】かぎりない世。魏・曹植〔楊徳祖に与ふる書〕永世の業を建て、金石の功を留めん。

【永生】ながいき。長生。魏・曹植〔七啓〕玄微子～虛に耽り靜を好みて、此の永生を羨む。

【永絶】ながく絶える。魏・曹植〔親親を通ずることを求むる表〕近ごろ且つ婚媾通せず、兄弟永絕し、吉凶の問も塞がり、慶弔の禮廢す。恩紀の違ふこと、路人よりも甚だし。

【永歎】ながく嘆息する。〔三国志、蜀、費詩伝〕適李鴻と漢陽に會し、消息を承知し、慨然として永歎し、以て足下平素の志を存す。

【永命】長命。〔書、召誥〕王其れ德を之れ用ひ、天の永命を祈れ。

➡永業 永業田／永古 永遠／永巷 宮中のこみち／永思 ながく思う／永辞 死別／永寿 長寿／永嘯 息をながくうそぶく／永逝 死去する／永夕 長夜／永祚 遠祚／永存 ながく存する／永宅 墓／永昼 日長／永長 長久／永年 長生／永念 ながく思う／永夜 長夜／永誉 永久の誉／永路 長路

⬇安永・悠永・隆永

人 **【曳】** 6 5000 エイ ひく

篆文 

会意 臼+人。〔説文〕十四下に「臾曳するなり」とし、丿声であるとするが、声が合わない。臼は両手。両手で人をひき動かす形。卜文の牽は索で牛をひく形。人には両手を加えて曳という。

訓義 ①ひく、ひきずる。②跇と通じ、こえる。

古訓 〔名義抄〕曳 ヒク 〔篇立〕曳 ヒク・ナビク

語系 曳・厂jiat(抴引の形)は同声。厂は曳引の象。拽・抴・跇jiatは同声。跇は〔説文〕二下の〔段注〕に「迣ゆ」とみえる。

【曳裾】裾をひく。〔漢書、鄒陽伝〕(書を呉王に上る)固陋の心を飾らば、則ち何王の門にか長裾を曳くべからざらんや。然れども臣～尤も大王の義を説ぶ。

【曳衒】夫婦で市中を売り歩く。奇怪な行動。〔楚辞、天問〕妖夫曳衒す 何をか市に號べる

【曳踵】かかとをひいて歩く。〔礼記、曲礼下〕行くに足を擧げず。車輪のごとく踵を曳く。

【曳杖】杖をひく。〔礼記、檀弓上〕孔子蚤く作き、手を負ひ杖を曳き、門に消搖(逍遥)す。

【曳白】白紙答案。〔唐書、苗晋卿伝〕(張)奭、本と學無し。故に議者、囂然として平らかならず。～帝爲に花萼樓に御し、覆實す。～奭、紙を持して終日筆下さず。人之れを曳白と謂ふ。

【曳尾】尾をひく。貧賤でも自由なのがよいとするたとえ。〔荘子、秋水〕此の龜は、寧ろ其れ死して骨を留めて貴ばれんか、寧ろ其れ生きて、尾を塗(泥)中に曳かんか。

➡曳曳 たなびく／曳笻 杖をひいて散歩する／曳履

歩く/曳地　地にひく/曳動　揺動/曳仆　ひき仆す/曳剌　走卒/曳輪　とまる/曳練　白絹をひく/曳婁　裾をひく

↓雲曳・牽曳・掣曳・拖曳・倒曳・跛曳・疲曳・踰曳・揺曳・逕曳・流曳

【泄】 8 3411 ［洩］ 9 3510 エイ セツ もれる

篆文

形声 声符は世。〔説文〕十一上に水名とする。〔広雅、釈言〕に「漏る」、〔釈言〕に「泆る」「發る」の訓がある。また洩に作り、曳声。

訓義 ①もれる、もれ出る、へる。②褻・媟に通じ、なれる、あなどる。③渫に通じ、さらえる、ちる。

古訓 〔名義抄〕泄 モル・モラス・オトス・ツキヌ・ツクス・ツナグ・サグル・ムラガル・サル/洩 マジハル

参考 世は唐の太宗世民の名で、避諱して泄を〔唐石経〕に洩に作る。枻を栧、紲を絏に作るのも同じ。

【泄泄】 多いさま。鳥がはばたく。人がひしめく。多言するさま。〔詩、大雅、板〕天の方に蹶きとき 然く泄泄すること無かれ

【泄漏】 もらす。もれる。〔陳書、姚察伝〕心を盡して上に事へ、知りて爲さざる無し。機密に侍奉し、未だ嘗て泄漏せず。

↑泄下　下痢/泄気　放屁/泄散　もれ散る/泄瀉　下痢/泄涕　泣く/泄沓　多言/泄憤　憤りをもらす/泄薬　くだし薬/泄露　ばれる

↓嘔泄・下泄・瀉泄・滲泄・宣泄・通泄・防泄・謀泄・流泄・漏泄

常 【泳】 8 3313 エイ およぐ

篆文

形声 声符は永。〔説文〕十一上に「潛りて水中を行くなり」とあり、下条に「汓は浮かびて水上を行くなり」と汓・泳を相対して解する。永は水の合流する急疾の流れ。その水を渡る意である。汓は水上に人のある形。

訓義 ①およぐ。②くぐる。

古訓 〔名義抄〕泳 オヨグ・ク丶ル・ミナク丶リ・アソブ・ユク

↑泳涵　ひたる/泳游　游泳

↓涵泳・競泳・水泳・潜泳・飛泳・漂泳・遊泳・浴泳

常 【英】 8 4453 〔英〕 9 4453 エイ はな すぐれる

篆文

形声 声符は央。〔爾雅、釈草〕に「榮きて實らざるを英と曰ふ」とあり、〔説文〕一下も同じ。秀とは禾穀の花。英は央に従い、央に盛大の意があって、美しく花弁の垂れるものの意であろう。

訓義 ①はな。②はなざかり、うつくしい。③人の才能・性情に移して、すぐれる、立派。

古訓 〔名義抄〕英 ハナ・ハナフサ・アダバナ・ヒヅ・ヒデタリ・ヨシ・ク丶タチ・スフル・ヤトル

【英偉】 すぐれた人。〔晋書、陳頵伝〕詩（大雅、崧高）に稱ふ、維れ嶽、神を降し 甫と申とを生むと。夫れ英偉大賢は、多く山澤に出づ。

【英英】 白雲のさま。和らぐさま。美しくすぐれたさま。〔晋書、荀闓伝〕闓、字は道明、~京師之れが語を爲りて曰く、洛中の英英、荀道明と。

【英華】 うるわしい。はなやか。ほまれ。すぐれた詩文。〔詩品、上、晋の平原相陸機〕其の源は陳思（曹植）に出づ。才高く辭贍り、擧體華美なり。~然れども其の英華を咀嚼し、膏澤に厭飫するは、文章の淵泉なり。

【英気】 すぐれた気性。豪気。〔唐書、藩鎮、羅紹威伝〕紹威、字は端己。少くして英氣有り。

【英奇】 すぐれてぬきんでる。梁・范雲〔古意、王中書に贈る〕詩 岱山、靈異饒く 沂水、英奇富かなり

【英毅】 気性がすぐれてつよい。〔唐書、十一宗諸子、承天皇帝倓伝〕始め建寧に王たり。英毅にして才略有り。騎射を善くす。

【英傑】 すぐれた人物。英豪。英哲。〔荀子、王制〕賢不肖雜はらざれば、則ち英傑至る。

【英賢】 すぐれて賢い。俊賢。唐・杜甫〔晴を喜ぶ〕詩 英賢、轗軻（不遇のこと）に遇へば 遠く引いて泥沙に蟠まる

【英彦】 すぐれた男子。英俊。英賢。〔南史、劉穆之伝〕聖主、上に在り。英彦、朝に滿つ。

【英豪】 すぐれた人物。豪傑。〔周書、文帝紀下〕儒術を崇尚し、政事に明達す。恩信は物を被ひ、能く英豪を駕馭す。

【英魂】 すぐれた人の霊。宋・王安石〔欧陽文忠公を祭る文〕英魂靈氣、異物に隨つて腐散せず。長へに箕山の側と潁水の湄とに在らん。

【英才】 秀才。〔孟子、尽心上〕君子に三樂有り。~天下の英才を得て之れを教育するは、三の樂なり。而して天下に王たるは、與り存せず。

【英姿】 すぐれた姿。唐・杜甫〔故の司徒李公光弼〕詩 雅望と英姿と 惻愴して槐里（墓）に接す 三軍、光彩晦く 烈士、痛しみ稠疊す

【英主】 名君。〔唐書、太宗紀〕高祖、李密を遣はし、傳（伝車）を馳せて之れを豳州に勞せしむ。密、太宗を見て敢て仰視せず。退いて歎じて曰く、眞の英主なりと。

【英俊】 才智すぐれた人。晋・左思〔詠史、八首、二〕詩 世冑は高位を躡み 英俊は下僚に沈む 地勢之れをして然らしむ 由來、一朝に非ず

【英達】 英明の人。唐・銭起〔初めて黄綬、藍田県に赴く作〕詩 英達の顧を忝なくすること勿く 寧ろ造化の恩を窺はん

【英特】 ひとりすぐれぬきんでる。〔宋書、武帝紀中〕圖讖（天子の禎瑞、皎然として斯に在り。加ふるに龍顔（天子の顔）英特、天授殊姿なるを以てす。人に君たるの表、煥として日月の如し。

【英発】 すぐれて賢い。宋・蘇軾〔念奴嬌、赤壁懐古〕詞 遙かに想ふ 公瑾（周瑜）の當年 小喬（女の名）初めて嫁し了り 雄姿英發なりしを

【英抜】 衆にぬきんでる。〔南史、江総伝〕元舅呉平侯蕭勱~謂ひて曰く、爾、神采英拔、後の名を知らるること、當に吾が右に出づべしと。

【英風】 英傑のようす。唐・李白〔下邳の圯橋を経て、張子房を懐ふ〕詩 我圯橋の上に來り 古を懷うて英風を欽ふ

【英物】 傑物。〔晋書、桓温伝〕生まれて未だ期（一年）ならずして、太原の溫嶠之れを見て曰く、此の兒奇骨有り。試みに啼かしむべしと。其の聲を聞くに及んで曰く、眞に英物なりと。

【英髦】 すぐれた人物。梁・劉峻〔弁命論〕昔の玉質金相、英髦秀達も、皆當年に擯斥（排斥）せられ、奇才を韞みて用ひらるること莫し。

【英邁】 才智がすぐれる。〔元史、趙孟頫伝〕孟頫、才氣英邁にして神采煥發、神仙中の人の如し。世祖、之れを顧みて喜ぶ。

【英名】 名声。晋・左思〔詠史、八首、四〕詩 悠悠たる百世の後 英名、八區に擅にす

【英雄】 英傑。〔三国志、蜀、先主伝〕曹公（操）従容として、先主（劉備）に謂ひて曰く、今天下の英雄、唯だ使君と操とのみ~と。先主方に食し、匕箸を失す。

【英霊】 すぐれた人。霊気。霊魂。唐・王維〔送別〕詩 聖代、隱者無し 英靈盡く來歸す 遂に東山の客をして 顧みて

薇を采るを得ざらしむ

【英烈】偉功。唐・李白〔張相鎬に贈る、二首、二〕詩 英烈厥の孫に遺し 百代、神猶ほ王なり 十五、奇書を観 賦を作りて（司馬）相如を凌ぐ

↑英異 優れる／英叡 賢い／英媛 才媛／英乂 賢人／英幹 才幹ある人／英徽 優れる／英勲 偉勲／英悟 聡明／英材 英才／英資 賢い資質／英秀 俊秀／英声 名声／英絶 優れる／英爽 俊爽／英卓 卓出する／英断 明断／英冑 華冑／英図 雄図／英年 盛壮の年／英稟 英資／英敏 明敏／英武 叡武／英明 叡明／英猷 明謀／英略 優れた謀

↓育英・花英・華英・含英・玉英・群英・瓊英・賢英・餐英・残英・秀英・衆英・集英・聚英・俊英・清英・精英・石英・掇英・綴英・繁英・雄英・落英・蘭英

【拽】9 5500 ［抴］8 5401 エイ エツ ひく

篆文

形声 声符は曳。〔説文〕十二上に抴を録し「抴は捈くなり」、また捈に「臥して引くなり」という。舟を拽き上げる意。曳もそのような引きかたをいう字である。字はまた抴に作る。

訓義 ①ひく、ひきずる、よこにひく。

古訓 〔篇立〕拽 ヒクサヲ 〔字鏡集〕拽・抴 サヲ・タナ・フネノカヂ・フナダナ・キヅナ

【拽白】白紙答案。曳白。〔太平広記、一八六に引く唐・盧氏雑説、張奭〕苗晉卿、典選す。御史中丞張倚の男奭、參選し～其の首に在り。～玄宗、乃ち登科（及第）の人を花蕚樓の前に集めて重試す。～奭、手に試紙を持ち、竟日一字をも下さず。時人之れを拽白と謂ふ。

↑拽筇 散策／拽身 退官／拽帛 拽白／拽扶 扶ける／拽文 文を弄す／拽拉 牽く

常【映】9 6503 エイ うつす はえる

篆文

形声 声符は央。また英（英）に従う形がある。〔説文新附〕七上に「明なり。隱なり」とあり、隱とはほのか。ここでは傍照の意。照りかえす光をいう。

訓義 ①うつす、うつる。②光が反射して、はえる。

古訓 〔名義抄〕映 ヒカリ・テル・テラス・カ、ヤク・ヒラメク・カクル・オソシ・ヒル

【映蔚】茂った葉が映え合う。南朝宋・謝霊運〔石壁精舎より湖中に還るの作〕詩 芰荷迭ひに映蔚し 蒲稗相ひ因依す

【映帯】景色が映り合う。晉・王羲之〔蘭亭集の序〕此の地に崇山峻嶺、茂林脩竹有り。又、淸流激湍有り、左右に映帶す。

【映徹】光り通る。〔世説新語、賞誉〕一世を休明する能はずと雖も、以て九泉に映徹するに足る。

【映発】光や色が映り合う。〔宣和画譜、花鳥三、丘慶余〕～凡そ設色する者は、已だ動植に逼れり。其の草蟲に至りては、獨り墨の淺深を以て映發す。

【映簾】すだれに映る。唐・李商隠〔燕台、四首、春〕詩 醉起微陽、初曙の若く 映簾夢斷えて、殘語を聞く

↑映曖 明暗／映煇 輝く／映顕 反映／映日 陽に映える／映射 照射／映雪 雪明かり／映奪 かがやきが目を奪う／映媚 映発

↓靄映・陰映・蔚映・掩映・花映・暉映・輝映・虚映・光映・照映・清映・雪映・透映・反映・炳映・余映・耀映・流映

【枻】9 4491 ［栧］10 4590 エイ セツ かい ゆだめ

形声 声符は世。また栧に作り、曳声。〔説文〕にみえず、〔荀子、非相、注〕に弓形を整えるゆだめの意の紲枻という語がある。

訓義 ①かい、かじ。②ゆだめ。

古訓 〔名義抄〕枻 フネノカヂ・フナダナ・キヅナ 〔字鏡集〕枻 サヲ・タナ・フネノカヂ・フナダナ・キヅナ

参考 唐の太宗の名世民の世を避けて、栧の字形を用いた。泄を洩、紲を絏とするのと同じである。

↓鼓枻・叩枻

常【栄】9 人［榮］14 9990 エイ はな さかえる

篆文

形声 旧字は榮に作り、𤇾（熒）声。〔説文〕六上に「桐木なり」とする。また字を「熒の省聲」とするが、熒は炬火（たいまつ）を組み合わせた形。庭燎（にわび）の明るくはなやぐ意を草木に及ぼして、その花をいう。

訓義 ①はな。②花の咲く美しさより、はなやぐ、さかえる。③人に及ぼして、ほまれ、さかえ。④木の名。花が咲くも実のならぬ栄桐。⑤屋翼のそりのあるところ、やねづま。

古訓 〔新撰字鏡〕榮 屋翼、比左志（ひさし）〔名義抄〕榮 ハナサカユ・ヨシ・ハナサク・サカリナリ・カハル・チヒサシ・アマネシ・ハナ・サカユ・ハナヒラク 〔字鏡集〕榮 ハナ・ハナサク・ハナヒラク・ハナノサカユルナリ・サカユ・サカリナリ・イハフ・キリノキ・アマネシ・チヒサシ・ヨシ・ハカル・エクル・ハナヌク

声系 〔説文〕に榮声の字を多く熒の省声とするが、もと𤇾声に従うものとみてよい。

語系 榮・瑩hiueng、熒・螢（蛍）hyuengは声近く、みな、光る、かがやくものの意がある。

【栄位】ほまれある地位。〔抱朴子、自叙〕且つ榮位勢利は、譬へば寄客の如し。既に常物に非ず。又其の去るも、留むることを得べからざるなり。

【栄華】草木の花。花咲く。さかえ時めく。〔淮南子、説林訓〕榮華有る者は、必ず憔悴有り。

【栄貴】高い位。唐・杜甫〔阮隠居に貽る〕詩 明らかにするに足る、箕潁の客 榮貴、糞土の如しとするを

【栄顕】立身出世する。呉・韋昭〔博弈論〕黃霸、道を囹圄（牢獄）に受け、終に榮顯の福を有ち、以て不朽の名を成せり。

【栄枯】栄落。盛衰。魏・曹植〔丁翼に贈る〕詩 積善には餘慶有り 榮枯は立ちどころに須つべし

【栄爵】名誉の爵位。〔晋書、桓石秀伝〕鎭蠻護軍、西陽太守を領して、尋陽に居る。性放曠、常に林澤に弋釣し、榮爵を以て心に嬰けず。

【栄辱】名誉と恥。〔管子、牧民〕倉廩實ちて則ち禮節を知り、衣食足りて則ち榮辱を知る。

【栄達】さかえて高い地位に進む。〔亢倉子、賢道〕窮厄なれば、則ち命を以て自ら寬うし、榮達なれば、則ち道を以て自ら正す。

【栄望】栄達の望み。〔後漢書、献帝紀〕今、耆儒年六十を踰え、～專業を得ず。結童學に入り、白首空しく歸る。長く農野に委し、永く榮望を絶つ。朕甚だ愍れむ。

【栄名】名声。〔史記、游侠伝序〕今拘學或いは咫尺の義を抱き、久しく世に孤となるは、豈に卑論して俗と儕しくし世と沈浮して、榮名を取るに若かんや。

【栄耀】栄華。魏・曹植〔雑詩、六首、四〕時俗、朱顏を薄んず 誰が爲にか皓齒を發かん 俛仰して歲將に暮れんとす 榮耀久しくは恃み難し

【栄落】栄枯。唐・宋之問〔太平公主山池の賦〕春秋寒暑、歲ごとに榮落し、林巒沼沚、日に芳鮮。吾が君、永く南山の壽

を保ち、車騎往來すること、千萬年ならんことを。

【栄覧】 他人の文章を見せてもらう。また他人に見てもらう時の語。宋・欧陽脩〔呉給事に与ふる書〕特に顧訪を承け、感咽何ぞ勝へん。仍ほ寵恵に沐し、雄編に榮覽を遂げしめらる。哀迷に在りと雖も、亦た開警することを知る。

【栄禄】 高い官職と俸禄。唐・李白〔賀監(賀知章)の四明に帰るを送る、応制〕詩 久しく榮祿を辭して、初衣を遂ぐ 曾て長生に向ひて息機を說く 眞訣自ら茅氏(盈)より得たり 恩波應に洞庭に歸るを阻むべし

↑栄逸 栄楽/栄懐 安楽/栄光 光栄/栄滋 茂る/栄進 栄達する/栄悴 盛衰/栄声 名声/栄盛 栄える/栄擢 抜擢の栄誉を受ける/栄秩 顕職/栄寵 君寵/栄典 恩典/栄転 昇任する/栄途 栄達の仕途/栄閥 名門/栄班 高位/栄富 貴富/栄福 栄幸/栄満 栄誉にみちる/栄命 特別の恩命/栄茂 繁茂する/栄問 声聞/栄曜 栄華にかがやく/栄楽 栄幸/栄利 名利/栄吝 栄辱/栄路 出世の路

↓安栄・恩栄・加栄・含栄・虚栄・共栄・驕栄・顕栄・枯栄・光栄・春栄・世栄・清栄・勢栄・尊栄・長栄・朝栄・寵栄・吐栄・繁栄・茂栄・余栄

【盈】 9 1710 エイ みちる

篆文

石鼓文

会意 夃+皿。〔説文〕五上に「器に満つるなり」とするが、器に満つるものが何であるかを説くところがない。〔説文〕は夃を益多の義としている。〔慧琳音義〕に引く〔説文〕に、盈を夃声とするが、声義ともに合わない。夃は人の坐して、膝のもりあがる形。皿は盥盤の形。その中に坐して浴し、太腿が溢れるような形でもりあがる。ゆえに盈満の意となる。

訓義 [1]みちる、みたす、あふれる。[2]みちたりる、おおい。[3]贏と通じ、うつくしい。[4]贏と通じ、あまる。

古訓 〔名義抄〕盈 ミツ・オホシ

声系 〔説文〕に盈声として楹・縕の二字を収める。みな、ゆたかにふくらむ意がある。

語系 盈・贏・贏jiengは同声、通用する。溢jiekは声義近く、盈満して水が溢れることをいう。

【盈溢】 みちあふれる。〔漢書、溝洫志〕如し霖雨有りて、旬日霽れざるときは、必ず盈溢す。

【盈盈】 水のみちるさま。〔文選、古詩十九首、十〕河漢、清くして且つ淺し 相ひ去ること復た幾許ぞ 盈盈たる一水の閒 脈脈として語ることを得ず

【盈虧】 みちかけ。盈欠。唐・李白〔古風、五十九首、五十九〕詩 田(蚡)・竇(嬰)相ひ傾奪し 賓客互ひに盈虧す 世途翻覆多し 交道方に嶮巇 斗酒、強ひて然諾するも寸心、終に自ら疑ふ

【盈虚】 みちかけ。盈欠。〔易、豊、彖伝〕日、中すれば則ち昃き、月盈つれば則ち食す。天地の盈虛は時と消息す。而るを況んや人に于てをや。

【盈欠】 盈虚。唐・宋之問〔冬宵引、司馬承禎に贈る〕詩 獨り山中に坐して、松月に對す 美人(月)の屢盈缺するを懷ふ

【盈縮】 みちかけ。〔淮南子、俶真訓〕至道は無爲、一龍一蛇。盈縮卷舒し、時と與に變化す。

【盈進】 順序をふんで進む。〔孟子、離婁下〕原泉混混として、晝夜を舍かず。科に盈ちて而る後に進み、四海に放る。本有るものは是くの如し。

【盈積】 みちつもる。晋・潘岳〔悼亡詩、三首、一〕春風、隟より來り 晨霤、檐滴を承く 寢息、何れの時にか忘れん 沈憂、日に盈積す

【盈満】 みちる。充満。〔史記、春申君伝〕本國殘はれ、社稷壞る。鬼神孤傷し、血食する所無し。人民、生を聊しまず。族類離散し、流亡して僕妾と爲る者、海内に盈滿す。

【盈余】 あまり。残り。〔後漢書、馬援伝〕士の一世に生まるるや、但だ衣食裁かに足るを取り、~墳墓を守り、鄉里善人と稱するときは、斯ち可なり。盈餘を致求するは、但だ自ら苦しむのみ。

↑盈悪 積悪/盈案 案件が渋滞する/盈衍 溢れる/盈厭 満足する/盈臆 胸いっぱい/盈貫 みちる/盈几 盈案/盈掬 手にいっぱい/盈座 満座/盈爵 満盃/盈昃 盈虚/盈仞 充満する/盈世 世にみちる/盈盛 至極盛ん/盈尺 尺余/盈羨 あり余る/盈塞 充満する/盈多 衆多/盈庭 満庭/盈抱 満懐/盈裕 十分にゆとりがある/盈容 盛容/盈利 利益

↓衍盈・貫盈・虧盈・久盈・虚盈・驕盈・持盈・充盈・憤盈・満盈

【熒】 10 9940 エイ にわび ひあかり

金文

象形 炬火(たいまつ)を組み合わせた形。庭燎(にわび)。金文に榮(栄)伯の字をこの形に作る。軍営などに縈らしたので、のちの𤇾に従う字に「あかるい」「めぐる」意がある。〔説文〕において「熒の省聲」のようにいうものは、もと熒に従い、その声義をとる。

訓義 [1]にわび、ひあかり。

【郢】 10 6712 エイ

篆文

金文

形声 声符は呈(呈)。〔説文〕六下に「故の楚の都、南郡江陵の北十里に在り」という。今の湖北省江陵の北。

訓義 [1]地名、春秋時代の楚の都。[2]徑に通じ、ゆく。

【郢客】 「郢客、陽春を唱ふ」は、高雅な曲は卑耳に入らぬ喩え。楚・宋玉〔楚王の問に対ふ〕客に郢中に歌ふ者有り。~其の陽春、白雪を爲すときは、國中の屬して和する者、數十人に過ぎず。

【郢曲】 郢地の曲。のち俗曲。南朝宋・鮑照〔月を城西門解中に翫ぶ〕詩 蜀琴、白雪を抽き 郢曲、陽春を發す

【郢政】 詩文の添削を請う。郢正。〔荘子、徐無鬼〕に、匠石が郢人の鼻端に塗った堊土を、斤を振るって取り去った話がある。明・黄中〔重刻朱子年譜記〕諸君子の更に郢政を爲して、別に善本を刊せんことを祈る。

↑郢斤 郢政/郢匠 名匠/郢正 郢政/郢斲 郢政/郢斧 郢政

【殹】 11 7774 エイ ああ

篆文

金文

石鼓文

会意 医+殳。〔説文〕三下に「擊ちて中る聲なり」とするが、医は秘匿のところに呪矢をおく形。これを殴つとき発する声を殹という。病をなおす呪術で、これを行う巫を毉といい、醫(医)の初文。殹は古く也の声と近く、秦の〔新郪虎符〕に「行け殹」とあるのは「行け也」の意。また感動詞の繄も、殹の繁文である。

訓義 [1]うつこえ。[2]〔左伝、隠元年〕の「繄、我は獨り無し」の繄は、殹の繁文とみてよい字。ああ。[3]のちの助詞「也」にあたる。

古訓 〔字鏡集〕殹 ウツコヱ・クスシ

声系 〔説文〕に殹声として翳・瘞・繄・醫など八字を収める。瘞・醫（毉）は殹の声義を承け、呪医に関する字である。

【劓】 12 7220 エイ ケイ するどい そこなう

籀文 

会意 厂＋炎＋刀。鋭（鋭）の籀文。〔説文〕十四上鋭字条に、劓を籀文として録しているが、鋭が形声の字であることからいえば、劓はその初文であると考えられる。劓は炉中の熱火の中に刀を入れて、刀刃をにらぐことを示す字。先が鋭く、鋭利の意がある。

訓義 ①するどい。②〔広雅、釈詁四〕に「傷ぶる」とあり、そこなう、きずつく。

古訓 〔新撰字鏡〕劓 傷ふ、鋭字なり、鋭小なり、利するし、精くはし

声系 〔説文〕に劓声とする蘙・翳は、劓と声が異なる。

常 【営】 12 〔營〕 17 9960 エイ いとなむ

篆文 

形声 旧字は營に作り、𤇾声。𤇾は金文に熒に作り、炬火（たいまつ）を組んだ形で、庭燎（にわび）。軍営や宮殿にこれを縈らした。呂は建物の相接する平面形。〔説文〕七下に字を宮に従う形とし、また「市居なり」とする。「市居」は「帀居」の字の誤りであろう。

訓義 ①軍営、陣営、宮殿、住居。営造のものをいう。②そのような建造物を造営することをいう。営む、経営する、つくる。③炬火をめぐらす意より、めぐる、めぐらす。④営域、さかい。⑤熒に通じ、まどう。

古訓 〔名義抄〕営 イトナム・ツクル・ヲサム・マトフ・イホリ・マホル・エタリ・シタガフ

語系 營jiueng、縈hiuang、縈iuengは声近く、縈は〔説文〕一上に「緜蕝（しめ縄を張ったところ）を設けて營と爲し、以て風雨雪霜、水旱癘疫を、日月星辰山川に禳ふなり」とあって、みなその声義に関連のある字である。

【営域】 かこんだ一定区域。漢・張衡〔西京の賦〕彼の靈囿の中に在り。～虞人、焉れを掌り、之れが營域を爲す。

【営営】 休まず努力する。宋・范仲淹〔韓魏公（琦）に与ふる書〕吾が輩、須らく日夜營營として、以て將來に備ふべし。

【営衛】 兵衛。〔史記、樊噲伝〕樊噲～事の急なるを聞き、乃ち鐵盾を持ち、入りて營に到る。營衞、噲を止む。噲、直ちに撞っきて入り、帳下に立つ。項羽之れを目し、誰爲るかを問ふ。

【営妓】 兵営内におく遊女。後蜀・何光遠〔鑒誡録、蜀才婦〕呉越に營妓饒く、燕趙に美姝多し。宋に歌姫を産し、蜀に才婦を出だす。薛濤なる者、容儀頗ぶる麗しく、才調尤も佳し。～韋南康、成都に鎭するの日、～樂籍に入らしめて、呼んで女校書と爲す。

【営救】 手段を設けて人を救う。〔三国志、魏、崔琰伝〕罪を獲て囹圄に幽せらる。陰夔、陳琳の營救するに頼りて、免るることを得たり。

【営業】 生活のために事業を営む。〔三国志、呉、駱統伝〕百姓虛竭し、嗷然愁擾す。愁擾せば則ち營業せず。營業せざれば則ち窮困を致す。

【営窟】 穴居。〔孟子、滕文公下〕水逆行して中國に氾濫す。蛇龍之れに居り、民定る所無し。下き者は巣を爲くり、上き者は營窟を爲る。

【営魂】 動きやまぬ魂。営魄。晉・陸機〔文の賦〕營魂を攬りて以て賾く（深く隠れたもの）を探り、精爽（心）を頓めて自ら求む。

【営作】 建物を作る。〔史記、高祖紀〕蕭丞相（何）、未央宮を營作し、東闕・北闕・前殿～を立つ。高祖還り、宮闕の壯甚だしきを見て怒る。

【営私】 自分の利益だけをはかる。〔後漢書、蔡邕伝〕吏をして奉公の福、營私の禍を知らしむ。則ち衆災の原も、庶ねはくは塞ぐべし。

【営生】 生業を営む。晉・陸機〔君子有所思行〕楽府 善い哉な、膏粱（裕福な生活）の士 生を營みて奥かく且つ博し

【営繕】 建造と修理。〔通典、職官典九、将作監〕光宅元年（将作監を）改めて營繕監と爲す。

【営造】 建築の造作。〔宋史、太祖紀〕（乾徳元年五月乙丑）大内を廣む。～六月壬辰、暑し。營造を罷め、工匠に衫履を賜ふ。

【営度】 いとなみはかる。〔楚辞、天問〕圜にして九重なるは 孰れか之れを營度する

【営治】 作りあげる。唐・韓愈〔～清河張君墓誌銘〕營治勤劇、皆君の手よりし、之れを人に假らず。家貧しく、妻子常に飢色有り。

【営築】 いとなみ建てる。晉・潘岳〔西征の賦〕成（王）都を建てて營築し、既に鼎を郟鄏に定め、遂に龜（卜）を鑽りて繇（卜兆）を啓く。

【営田】 田を作る。屯田。唐・杜甫〔兵車行〕詩 或いは十五より、北のかた河に防ぎ 便ち四十に至るも、西のかた田を營む

【営内】 陣営のなか。〔宋書、沈慶之伝〕諸軍に命じて各と池を營内に穿たしめ、朝夕外に汲まず、兼ねて以て爨の火を防ぐ。

【営魄】 たましい。〔老子、十〕營魄（心身のはたらき）を載せて一（道）を抱き、能く離るること無からんか。

【営塁】 とりで。軍営。〔後漢書、公孫瓚伝〕乃ち盛んに營壘を修む。樓觀數十あり。

【営惑】 まどわす。熒惑。〔史記、孔子世家〕孔子～曰く、匹夫にして諸侯を營惑する者は、罪、誅に當る。請ふ、有司に命ぜよと。有司法を加ふ。

↑営為 営み／営宇 宮室／営運 運営／営丐 物乞い／営求 尋訪する／営慧 あくせく／営建 建造する／営護 救護する／営勾 拘引／営構 構築する／営柴 とりで／営塞 とりで／営索 尋ねる／営塹 とりで／営恤 すくう／営所 陣屋／営書 校訂／営繞 めぐる／営陣 陣営／営巣 巣作り／営喪 葬事／営置 建造する／営中 陣中／営疇 田作り／営奠 葬儀／営頓 陣屋／営府 本陣／営部 営舎／営兵 兵卒／営窆 墓作り／営弁 処理する／営堡 とりで／営奉 奉養する／営門 軍門／営養 養分／営乱 乱れる／営利 金儲け／営理 営治する

↓運営・官営・禁営・軍営・経営・公営・行営・郊営・私営・自営・宿営・陣営・征営・設営・造営・築営・駐営・屯営・入営・幕営・府営・兵営・屏営・辺営・本営・民営・夜営・野営・柳営・林営・連営・露営

人 【瑛】 12 1413 〔瑛〕 13 1413 エイ

篆文 

形声 声符は英（英）。〔説文〕一上に「玉光なり」、〔玉篇〕に「水精之れを玉瑛と謂ふ」とみえる。

訓義 ①たまのひかり。②水晶。

【瑛瑶】 美しい玉。魏・曹植〔平陽懿公主の誄〕於惟これ懿主、瑛瑤なる其の質、～岐嶷の姿、實に朗らかに實に極れり。

↑瑛琚 水晶で作った佩玉／瑛瑜 美玉

常 【詠】 12 0363 ［咏］ 8 6303 エイ うたう

篆文 金文

形声 声符は永。〔説文〕三上に「歌ふなり」とし、別体として咏を録している。みな永の声義を承ける。

訓義 ①うたう。②詩歌を作る、よむ。③鳥に移して、なく、さえずる。

古訓 〔名義抄〕詠 ウタフ・シノバシム・サヘヅル 〔字鏡集〕詠 ウタフ・ナガウタ・ナガム・シノブ・シノバシム・サヘヅル

語系 詠・咏・永hyuangは同声。永は水の合流する形。水勢ののびやかに展開することを示す字である。そのように歌うことを詠という。

【詠歌】えいか 詩歌をうたう。〔国語、周語下〕五に夷則と曰ふ。九則を詠歌し、民を平らかにして、貳ふこと無からしむる所以なり。

【詠懐】えいかい（くわい） 思いをうたう。〔詩品、上、晋の歩兵阮籍〕詠懐の作は、以て性靈を陶し、幽思を發すべし。言は耳目の内に在りて、情は八荒の表に寄す。

【詠帰】えいき 風景をめでながら帰る。〔論語、先進〕沂（水名）に浴し、舞雩に風ふかれ、詠じて歸らん。

【詠史】えいし 史実を主題にして詩歌を作る。〔晋書、文苑、袁宏伝〕宏、逸才有り。文章絶美。曾て詠史詩を爲る。是れ其の風情の寄する所なり。

【詠歎】えいたん 声を引いて歌う。漢・王褒〔四子講徳論〕詠歎すること雅に中たり、轉運すること律に中る。嘽緩舒繹、曲折節を失はず。

↑詠志えいし 志を歌う／詠頌えいしょう ほめる／詠嘯えいしょう 嘯詠／詠矚えいしょく ながめる／詠物えいぶつ 物を歌う

↓愛詠・遺詠・一詠・歌詠・間詠・玩詠・戯詠・旧詠・近詠・吟詠・偶詠・孤詠・口詠・高詠・嗟詠・坐詠・雑詠・詩詠・称詠・誦詠・嘯詠・賞詠・觴詠・即詠・題詠・発詠・賦詠・諷詠・朗詠

【塋】 13 9910 エイ はか

篆文

形声 声符は𤇾。〔説文〕十三下に「墓なり」とし、「熒の省聲」とするが、𤇾はもと熒に作り、炬火（たいまつ）を組み合わせた形で、庭燎（にわび）をいう。庭燎をめぐらした聖所の意。墓域をいう。

訓義 ①はか。

古訓 〔字鏡集〕塋 ツカ・アナ・ツチクレ・カハラ

【塋域】えいいき（ゐき） 墓地。〔後漢書、欒巴伝〕務めて省約に従ふ。塋域の極たる所、裁かに二十頃のみ。

【塋壟】えいろう 墓地。晋・張悛〔呉令謝詢の為に〜冢を守る人を置かんことを求むる表〕四時に穨毀を修護し、塋壟を掃除せしめ、永く以て常と爲さん。

↑塋園えいえん 墓園／塋記えいき 墓誌の類／塋樹えいじゅ 墓地の樹／塋地えいち 墓地／塋兆えいちょう 墓地／塋田えいでん 墓地／塋墓えいぼ はか／塋封えいほう 墓地の境域／塋木えいぼく 塋樹

↓丘塋・旧塋・古塋・孤塋・残塋・先塋・冢塋・墳塋・墓塋・廬塋・壟塋

【楹】 13 4791 エイ はしら

篆文

形声 声符は盈。盈は盤中に人が沐浴する形で、盈満の意がある。〔説文〕六上に「柱なり」とあり、柱は直柱、楹は円柱。

訓義 ①はしら、つかはしら。②家。

古訓 〔名義抄〕楹 ハシラ・ツカハシラ 〔字鏡集〕楹 ハシラ・ツカハシラ・ウタチ

【楹書】えいしょ 遺言書。〔晏子、雑下三十〕晏子病みて將に死せんとす。楹を鑿ちて書を納む。其の妻に謂ひて曰く、楹の語は、子壯とならば之れを示せと。～書の言に曰く、～士（仕）は窮むべからず。窮むれば任ふべからず。

【楹聯】えいれん 楹柱に題する聯語。対聯。楹帖。後蜀の孟昶が、滅亡の前年に寝門に題したのにはじまるという。民国・蘇曼殊〔劉三に与ふる書〕得山、公の書せる楹聯を得たり。亦た歡喜すること無量なり。

↑楹階えいかい 堂上／楹鼓えいこ 建鼓／楹語えいご 楹書／楹帖えいじょう 楹聯／楹柱えいちゅう はしら／楹雕えいちょう 柱の彫刻／楹銘えいめい 柱の銘

↓華楹・画楹・綺楹・軒楹・彩楹・繡楹・前楹・題楹・丹楹・雕楹・棟楹・鳳楹・瑶楹・梁楹

【裔】 13 0022 エイ すそ ちすじ とおい

篆文 古文 金文

会意 衣＋冏。〔説文〕八上に「衣の裾なり」とし、冏声とするが、声が合わず、冏は台座の形。𧙫・啇（商）などと同形。故人の衣裳を台座に懸けて、故人の遺徳をしのんだ。衣の裾を流した形。

訓義 ①すそ。②その故人を祀るもの、血統のもの、ちすじ。③遠い子孫のもの、末裔、とおい。④はて、ほとり。

古訓 〔名義抄〕裔 ウヘモ・ホカ・ホトリ・ハツムマゴ・ハツコ 〔字鏡集〕裔 ソデ・ウヘ・ウヘモ・ハツコ・ハツムコマ（マゴ）・ホカ・ホトリ

【裔裔】えいえい 群がりゆく。飛び流れる。〔漢書、礼楽志〕（郊祀歌、十九章、練時日）靈の來たること 神なる哉沛たり 先んずるに雨を以てし、般として裔裔たり

【裔冑】えいちゅう（ちう） 遠い子孫。〔左伝、襄十四年〕惠公其の大德を蠲らかにし、我が諸戎は是れ四嶽の裔冑なりと謂ひて、是れを翦棄する毋かれと曰へり。

【裔土】えいど 荒れはてた辺土。〔三国志、蜀、許靖伝〕若し時に險易有り、事に利鈍有り、人命常無く、隕沒して達せざる者、則ち永く罪責を銜みて裔土に入らん。

↑裔夷えいい 遠方の夷人／裔子えいし 遠い子孫／裔壤えいじょう 辺土／裔孫えいそん 裔子／裔末えいまつ 末孫／裔民えいみん 荒れはてた辺土の民／裔邑えいゆう 辺土のまち

↓遺裔・胤裔・遠裔・遐裔・孤裔・後裔・荒裔・支裔・四裔・水裔・冑裔・東裔・蛮裔・苗裔・辺裔・末裔・門裔・幽裔・悠裔・余裔・葉裔・遥裔・来裔

【勩】 14 4482 エイ くるしい

篆文

会意 貰＋力。力は耜の象形。貰は借る。〔説文〕十三下に「勞るるなり」とあり、もと耕作に労することをいう。

訓義 ①くるしい、つかれる。②いたつき。

古訓 〔名義抄〕勩 ツカル・イタハル 〔字鏡集〕勩 クルシ・ツカル・イタハル・ウム

【睿】 14 2160 ［叡］ 16 2764 エイ あきらか ふかい

篆文 古文 籀文 金文

象形 字の上部は面を蔽うている帽飾。㕡はその下部に神容を示す谷をしるす。睿はその口（祝詞の器の𠙵）に代えて目を加えたもので、深々とした面貌の意。叡は手でその蔽いを披く形。みな叡明の意をもつ字である。〔広雅、釈詁三〕〔玉篇〕に「智なり」とあり、〔説文〕四下に叡の古文とする。

訓義 ①さとい、あきらか。②ひじり。③ふかい。

古訓 〔篇立〕睿 フカシ・アキラカナリ・ミヤビト・サカシ 〔字鏡集〕睿・叡 アキラカ・アキラケシ・カシコシ・サカシ・ヒジリ・フカシ

＊語彙は叡字条参照。

【睿才】えいさい すぐれた才能。唐・李憕〔聖製～春望の作に奉和

す、応制〕詩 已に知る、聖澤深くして限り無きことを 更に喜ぶ、年芳にして睿才に入るを

【睿旨】 天子のおぼしめし。〔隋書、文学、潘徽伝〕遂に躬から睿旨を紆ぐらし、是非を摽摘し、宏綱を撮擧し、篇部を裁斷す。舊轍を總會し、新意を創立す。

【睿聖】 聖明。〔国語、楚語上〕昔衞の武公、年數九十有五なり。～懿戒を作りて以て自ら儆む。～之れを睿聖武公と謂ふ。

【睿知】 すぐれた知性。〔韓詩外伝、三〕孔子曰く、～聰明睿知なる者は、之れを守るに愚を以てす。

【睿哲】 すぐれてさとい。漢・張衡〔東京の賦〕區宇乂まり寧ずく、和を思ひ中を求む。睿哲玄覽、茲この洛宮に都す。

【睿覧】 天覧。唐・銭起〔蓋地図の賦〕豎亥(禹の臣)の遐歩を廣くし、重華(舜)の睿覽に資す。～蠻貊を度内に致し、山川を巻中に出だす。

↑睿渥 恩沢／睿化 天子の徳に教化される／睿感 御感／睿訓 聖訓／睿算 天子のすぐれた謀／睿思 睿旨／睿資 聖明の性／睿性 睿資／睿藻 御製／睿断 聖断／睿聴 天聴／睿図 天子のすぐれた謀／睿聞 天聴／睿謨 天子の謀／睿明 聖明／睿慮 思召し

↓殷睿・君睿・思睿・縦睿

常

【影】

15 | 6292 | エイ ヨウ(ヤウ) かげ ひかり

会意 景＋彡。景は望楼状のアーチ門である京の上に日をしるし、日影をはかる意で、影の初文。彡は光や音をしるす記号である。

訓義 1かげ、ひかり、ひざし。2光によって生ずる蔭、ひかげ。3光によって生ずるかたち、すがた、かたち。4影響を受ける、おかげ。

古訓 〔名義抄〕影 カゲ・ナ、メナリ・カタブク 〔字鏡集〕影 カゲ・カタブク・カタチ・ナ、メナリ・オホイナリ・ヒヾキ

語系 影yangは景kyangの子音が脱落したもので、影の声義において通用する。また光kuang、鏡(鏡)kyang、煌・晃huangも声義が近い。

参考 〔顔氏家訓、書証〕に、影は晉の葛洪の〔字苑〕にはじまるとするが、その字は漢碑の〔張平子碑〕また〔繁陽令碑、陰〕にみえ、漢以来の字である。ただ〔説文〕にみえず、〔玉篇〕彡部に「形影」「影響」の語を録している。古くは景を用い、景にまた影の音がある。

【影響】 光と、かげ。また、音とひびき。原因と結果の関係をもつことにたとえる。〔荘子、在宥〕大人の教へは、形の影に於ける、聲の響きに於けるが若ごく、問有りて之れに應ず。

【影質】 こっそり受け取る礼物。〔北史、儒林上、徐遵明伝〕頗ぶる聚斂を好む。～徒を聚めて教授す。絲粟を懸納せしめ、衣物を留めて、以て之れを待つ。名づけて影質と曰ふ。

【影灯】 まわり灯籠。〔雲仙雑記、四〕洛陽の人家、上元に影燈の多きを以て上と爲す。其の相勝の辭に曰く、千影萬影と。

【影堂】 寺廟・道観で尊師の影像を奉ずるところ。後蜀・杜光庭〔本竹観に題す〕詩 帝子の影堂、香漠漠 眞人の丹澗、水潺潺

【影壁】 壁塑。壁面に凹凸を以てしあげる。明・楊慎〔芸林伐山、九、影壁〕或いは凹或いは凸、乾けば則ち墨を以て其の形跡に隨ふ。峯巒林谷を暈成し、之れに樓閣人物を加ふ。宛然天成、之れを影壁と謂ふ。

↑影印 写真版／影戯 かげ絵、映画／影護 守る／影向 仏影が出現する／影国 属国／影事 幻影／影写 光でうつす／影射 他人の名をかたる／影青 青白磁／影迹 事迹／影前 遺影の前／影像 画像／影帯 光でうつし出される／影柱 日時計／影殿 影堂／影庇 守りかばう／影表 日時計／影附 つき従う／影片 写真／影慕 しき写し

↓印影・陰影・雲影・火影・花影・寒影・雁影・旧影・鏡影・玉影・近影・空影・形影・月影・幻影・孤影・午影・光影・撮影・写影・射影・斜影・樹影・秋影・春影・照影・燭影・身影・真影・人影・清影・夕影・隻影・絶影・船影・疏影・尊影・潭影・灯影・投影・島影・日影・波影・反影・帆影・片影・峰影・余影・落影・嵐影・流影・留影・林影・簾影

【潁】

15 | 2128 | エイ

篆文 

形声 声符は頃。頃に潁の声がある。〔説文〕十一上に「潁水は潁川陽城乾山に出で、東して淮に入る」(段注本)という。潁水には、尭の時、隠士許由が、位を譲ろうといわれて耳を洗った話が〔高士伝、上〕にある。宋の蘇轍は晩年、許に退隠して「潁濱遺老」と称した。

訓義 1川の名、地の名、人の姓。

【瑩】

15 | 9910 | エイ ヨウ(ヤウ) あきらか みがく

篆文 

形声 声符は𤇾。〔説文〕一上に「玉色なり」とし、「熒の省聲」とする。𤇾の初形は烾。炬火(たいまつ)を組み合わせた形で、庭燎(にわび)をいう。その声義を承けて、玉光をいう。

訓義 1あきらか、かがやく。2みがく、光らせる。3玉に似た石。

古訓 〔名義抄〕瑩 ミガク 〔篇立〕瑩 カヾヤク・ミガク・カザル・キヨメテ・イシノタマ・ミル

語系 瑩hiueng、熒・螢(蛍)hyuengは声近く、通用することがある。

【瑩潔】 つやがあり清らか。梁・陶弘景〔許長史旧館壇碑〕君、清潁瑩潔、世倫に特絶す。

【瑩潤】 つやがあり潤う。宋・陸游〔老学庵筆記、八〕端硯～瑩潤にして瑕無ければ、乃ち佳なり。何ぞ必ずしも眼を以て貴しと爲さんや。

↑瑩鏡 明鏡／瑩質 美質／瑩琇 美石／瑩浄 光が透る／瑩潔／瑩然 瑩潔のさま／瑩沢 瑩潤／瑩徹 光が透る／瑩白 清らか／瑩魄 月光／瑩払 みがく／瑩磨 みがく／瑩明 瑩徹

↓玉瑩・瓊瑩・光瑩・珠瑩・琇瑩・晶瑩・青瑩・澄瑩・氷瑩・蘭瑩

【瘞】

15 | 0011 | エイ うずめる まつる

篆文 

会意 疒＋夾＋土。疒は病。〔説文〕十三下に「幽かに薶むるなり」とあり、埋め祭ることをいう。夾は左右に人を従える形。人牲と獣牲とを埋めることを伏瘞といい、また犠牲を埋めて地を祭ることを瘞薶といい。字が疒に従うのは、もと道殣(行きだおれ)などを埋めたものであろう。

訓義 1うずめる、はか。2地に犠牲を埋めてまつる、地をまつる。3かすか。

古訓 〔名義抄〕瘞 カクル・ス(カ)スカナリ・ウヅム・ハナル 〔字鏡集〕瘞 ウヅム・カクス・ハフリ・カスカナリ・ハルカ

【瘞玉】 玉を埋めて地を祭る。〔漢書、武帝紀〕還りて北地に幸し、常山を祠り、玄玉を瘞む。

【瘞銭】 死者を葬るとき埋める銭。〔唐書、王璵伝〕漢以來、葬喪には皆瘞錢有り。後世の里俗、稍く紙寓錢を以て鬼事を爲す。是に至りて璵乃ち之れを用ふ。

【瘞埋】 犠牲を埋めて地を祭る。〔史記、封禅書〕黃犢羔各く四、～皆生きながら瘞埋す。俎豆の具無し。

↑瘞坎 埋牲の穴／瘞蔵 埋蔵／瘞薶 瘞埋

↓仮瘞・坎瘞・毀瘞・守瘞・地瘞・典瘞・発瘞・燔瘞・封瘞・伏瘞・焚瘞・墳瘞・埋瘞・斂瘞

【禜】 15 9990 エイ おはらい

篆文 

形声 声符は𤇾。𤇾の初文は熒。庭燎（にわび）をめぐらす意。〔説文〕一上に「縣蕝を設けて營と爲し、以て風雨雪霜、水旱癘疫を、日月星辰山川に禳ふなり」という。縣蕝はまた縣蕞ともいい、縣はしめ縄の類をめぐらすこと、蕞は木の枝を束ねたもので、わが国の笹竹の類。柴刺しや、モンゴルのオボと似た形式のものであろう。また高貴の人の災厄を他に移すときにも用いる。

訓義 1おはらい、おはらいの祭事。2幽禜は、ほしまつり。

古訓 〔名義抄〕禜 門祭、イハフ 〔字鏡集〕禜 イハフ

【禜禳】災厄をはらう。宋・葉適〔馮伝之を送る〕詩 禜禳するに國寶を用ふ 誰か能く沈燔（犧牲）を免れん

【禜禱】おはらいする。〔後漢書、臧洪伝〕前刺史焦和、好んで虛譽を立て、淸談を能くす。時に黃巾の群盜、處處に飆起す。～和、戎警を理めず。但だ巫史を坐列し、群神に禜禱するのみ。

↓幽禜

常【鋭】 15 8811 〔銳〕 15 8811 ［剡］ 12 7220 エイ するどい

篆文  籀文 

形声 旧字は銳に作り、兌声。字はもと剡に作り、炉火に刀を加えて刀刃をにらぐ意。銳はその形声字。〔説文〕十四上に「芒なり」とあり、芒刃の意。剡はその籀文で、炎に刀刃をにらぐ意の字。

訓義 1するどい、ほさきをつける。2ほさき、きっさき。3はやい、つよい、かしこい。

古訓 〔名義抄〕銳 スルド（シ）・トシ・ミガク・トガル・ス、ム・キリ

【銳意】一心に集中する。呉・韋曜〔博弈論〕其の局に臨みて交爭し、雌雄未だ決せざるに當りては、專精銳意、神迷ひ體倦む。

【銳気】鋭い気象。〔史記、淮陰侯伝〕夫れ銳氣は險塞に挫かれ、糧食は內府に竭っく。百姓罷極怨望し、容容として倚よる所無し。

【鋭騎】精鋭な騎兵。晉・陸機〔弁亡論、上〕羽檝萬計、順流に龍躍し、銳騎千旅、原隰に虎步す。

【鋭士】強い兵士。〔荀子、議兵〕魏氏の武卒は、以て秦の銳士に遇はしむべからず。

【鋭師】強い軍隊。〔史記、蘇秦伝〕秦、楚を攻む。齊・魏各と銳師を出だして、之れを佐たく。

【鋭卒】精兵。〔史記、孫子伝〕今、梁・趙相ひ攻めば、輕兵銳卒、必ず外に竭っきん。

【鋭鋒】鋭い鋒先。〔三国志、魏、張魯伝〕左右、悉く寶貨倉庫を燒かんと欲す。魯曰く、～今の走るは銳鋒を避くるのみ。惡意有るに非ず。寶貨倉庫は國家の有なりと。遂に封藏して去る。

↑鋭悍 鋭く強い／鋭志 鋭意／鋭将 驍将／鋭精 鋭意／鋭然 突出する／鋭敏 感性が鋭い／鋭利 よく切れる

↓果鋭・悍鋭・気鋭・驍鋭・勁鋭・軽鋭・剛鋭・犀鋭・志鋭・執鋭・新鋭・精鋭・尖鋭・纖鋭・聡鋭・敏鋭・鋒鋭・猛鋭・勇鋭・利鋭

人【叡】 16 2764 ［睿］ 14 2160 エイ あきらか

篆文  古文  籀文  金文 

会意 睿＋又（又）。睿は面を蔽う帽飾の下に目深く目があらわれている形で、奥深い面貌。又は手。その帽飾を披いて、その叡明をあらわす意。〔説文〕四下に睿・叡・壡を同字とするが、睿は叡の古文。

訓義 1あきらか、かしこい。叡明の意より、天子の行為にそえて用いる。

古訓 〔字鏡集〕叡・睿 アキラカ・アキラケシ・カシコシ・サトシ・ヒジリ・フカシ

＊語彙は睿字条参照。

【叡才】すぐれた才能。〔三国志、魏、方技、管輅伝注に引く輅別伝〕卿の叡才を持して雲漢の閒に遊ばば、富貴ならざるを憂へざるなり。

【叡聖】知徳の特にすぐれた人。晉・陸機〔孔子賛〕孔子は叡聖にして、天に配して道を弘む。

【叡藻】御製の詩文。唐・孫逖〔宰相の為に竹扇を賜ふを謝する表〕淺識薄材、何ぞ叡藻に當るに足らん。外、天錫を榮とし、內、御題に愧づ。

【叡達】さとくて事理に通じる。晉・陸機〔弁亡論、下〕夫れ吳の桓王は、之れを基むるに武を以てし、太祖は之れを成すに德を以てす。聰明叡達にして、懿度弘遠なり。

【叡知】すぐれた智慧。睿智。〔中庸、三十一〕唯だ天下の至聖、能く聰明叡知にして、以て臨むこと有るに足る～と爲す。

【叡哲】すぐれて道理に明るい。また、その人。〔逸周書、謚法解〕聰明叡哲を獻と曰ふ。

↑叡感 御感／叡旨 聖旨／叡質 聖明の質／叡斉 聖明賢くととのう／叡智 叡知／叡喆 叡哲／叡徳 聖明の徳／叡敏 敏く賢い／叡明 聖明／叡覧 御覧／叡略 すぐれた御謀／叡慮 御心

↓英叡・寛叡・慧叡・神叡・精叡・聡叡・敏叡・明叡

【嬴】 16 0021 エイ みちる あまる

篆文 金文 

形声 声符は𣎆。𣎆はやどかりの象形。贏は貝を負う形。〔説文〕十二下に「少昊氏の姓なり」とし、羸の省声とするが、金文の字形は𣎆に女を加えた形である。

訓義 1身をはみ出す形で、みちる、あまる。2女を加えて姓に用いる。同系の姓を嬴・盈・偃・匽・熊にも作り、どれが姓として本来のものなのか知られない。嬴・熊ならば、トーテム的な起原が考えられる。少昊氏の姓。秦の姓。3うつくしい。

語系 嬴・贏・盈jiengは声義通じ、盈は盤中に浴する人のふくよかな姿。溢jiekも声義が近い。

【嬴縮】みちかけ。盈虛。進退。〔管子、勢〕成功の道は、嬴縮を寶と爲す。

【嬴絀】進退。屈伸。〔荀子、非相〕時と與に遷徙し、世と與に偃仰し、緩急嬴絀す。

↑嬴育 育てる／嬴嬴 ふくよかなさま／嬴儲 たくわえ／嬴土 肥沃の地／嬴余 余分／嬴媵 媵女／嬴鏤 模様彫り

【噎】 16 6401 エイ エツ くもる

篆文 

形声 声符は壹（壱）。壹は器中に気がこもる形。〔説文〕七上に「天陰沈たるなり」（段注本）とし、「詩に曰く、終に風ふき、且つ噎る」と〔詩、邶風、終風〕の句を引く。〔伝〕に「陰りて風ふくを噎と曰ふ」とみえる。

訓義 ①くもる。②くもり風ふく。

古訓 〔名義抄〕曀 クラシ・クモル・ホノカナリ 〔字鏡集〕曀 ホノカナリ・クモル・クラシ・クモリカゼフク・クラマス

語系 曀・翳yetは同声。曀はたちこめる状態、翳はおおいかくす状態で、ともに暗くとざされることをいう。また中にむれるようにふさがることを鬱iuatという。もと形況の語である。

【曀曀】 たちこめて暗いさま。〔詩、邶風、終風〕曀曀として其れ陰り 虺虺として其れ靁いらす

【曀霾】 くもり、風ふき、土ふらす。〔爾雅、釈天〕風ふきて土を雨ふらすを霾と爲し、陰りて風ふくを曀と爲す。

↑曀曖 暗い／曀陰 曇る／曀晦 暗い／曀滞 暗くとざす／曀霧 霧がたちこめる

↓晻曀・淫曀・陰曀・煙曀・昏曀・晨曀・塵曀・風曀・氛曀

【殪】 16 1421 エイ たおれる

篆文 古文

形声 声符は壹（壱）い。壹は壺中のものがむれて、気のこもること。そのように胸苦しくなって死ぬことをいう。〔説文〕四下に「死するなり」とあり、殺すことをもいう。

訓義 ①たおれる、しぬ、ころす。②つきる、たつ。

古訓 〔名義抄〕殪 コロス・タフル・カブ 〔字鏡集〕殪 タフル・シヌ・コロス・ホロブ

語系 殪・曀yetは同声。嗌iek、咽yenも声義に通ずるところがあり、呼吸が苦しくなることをいう。

【殪没】 たおれ死ぬ。〔三国志、魏、陳思王植伝〕數年以來、水旱時ならず。民、衣食に苦しむ。～加ふるに東に覆敗の軍有り、西に殪没の將有り。

↑殪仆 たおす

【穎】 16 2198 〔頴〕 16 2198 エイ ほさき すぐれる

篆文

形声 声符は頃けい。頃に穎えいの声がある。頃は傾く。〔説文〕七上に「禾の末なり」とあり、穂をいう。頴は俗体の字。

訓義 ①ほさき、ほ。②すべて尖端の鋭い部分をいう。きっさき、ふでさき。③秀抜、すぐれる、かしこい。

古訓 〔名義抄〕穎 カヒ 〔字鏡集〕穎 カヒ・ハコ・ノキ

【穎異】 ずばぬけてすぐれる。〔宋史、道学二、楊時伝〕楊時、～幼にして穎異、能く文を屬る。

【穎慧】 すぐれてさとい。梁・陶弘景〔相経の序〕或いは穎慧神の若きも、僅かに齠齔に至るのみ。或いは菽麥を辨ぜざるも、更に黃耇を保つ。

【穎悟】 すぐれてさとい。〔晋書、王戎伝〕戎、幼にして穎悟、神彩秀徹、日を視るも眩せず。

【穎秀】 才智がすぐれる。〔晋書、謝尚伝〕長ずるに及んで、開率穎秀、辨悟絶倫、細行を脱略し、流俗の事を爲さず。

【穎脱】 錐きりが嚢ふくろを破って出る。才気が外にあらわれる。〔史記、平原君伝〕（毛）遂をして蚤く嚢中に處るを得しめば、乃ち穎脱して出でん。特だ其の末の見はるるのみに非ざるなり。

【穎毛】 筆の穂さき。宋・梅尭臣〔（王）景彝の閣後の紫薇花盛んに開くに次韻す〕詩 六十にして名無く、空しく筆を執る 穎毛、應に笑うて簪華に映ずべし

↑穎黠 才覚がある／穎才 賢い／穎哲 聡明／穎敏 さとい／穎露 才能が外にあらわれる

↓英穎・禾穎・剛穎・才穎・秀穎・俊穎・垂穎・聡穎・脱穎・鋒穎・明穎・毛穎・利穎・露穎

【縈】 16 9990 エイ めぐる

篆文 金文

形声 声符は𤇾えい。𤇾はもと熒えいに作り、庭燎（にわび）をめぐらす意。〔説文〕十三上に「收め卷くなり」（段注本）とみえる。

訓義 ①めぐる、めぐらす、まがる。

古訓 〔名義抄〕縈 メグル・マツハル・マツハレリ 〔字鏡集〕縈 メグル・マツフ・マツハレリ・マク・カヽル・ヲサム

語系 縈iueng、縈hiuang、營（営）jiuengは声義近く、みなめぐりまとう意をもつ語である。

【縈紆】 めぐる。唐・白居易〔長恨歌〕詩 黃埃散漫、風蕭索 雲棧縈紆して、劍閣に登る

【縈廻】 めぐる。転折する。唐・王勃〔滕王閣の序〕鶴汀鳧渚は、島嶼の縈廻を極め、桂殿蘭宮は、岡巒の體勢に列なる。

【縈帯】 めぐりとりまく。唐・李華〔古戦場を弔ふ文〕浩浩乎として平沙垠り無く、敻かに人を見ず。河水縈帶し、群山糾紛たり。

【縈纏】 めぐりまつわる。梁・簡文帝〔箏の賦〕餘音未だ盡きざるに、新弄縈纏す。參差として容與し、顧慕し流連す。

【縈盤】 めぐりわだかまる。唐・杜甫〔竜門関〕詩 危途、中ごろ縈盤す 仰ぎ望めば、綫縷垂る

↑縈委 曲折する／縈映 映帯する／縈回 縈廻する／縈懐 懐う／縈曲 縈廻する／縈結 まとう／縈繞 めぐる／縈旋 めぐる／縈転 めぐる／縈蔽 おおう／縈抱 抱く／縈夢 夢路／縈繚 まつわる／縈連 めぐり連なる

↓紆縈・縁縈・廻縈・虯縈・牽縈・遶縈・垂縈・施縈・纏縈・煩縈・樊縈・蟠縈・繚縈

常 【衛】 16 人〔衞〕 16 2122 エイ（ヱイ） まもる

篆文 甲骨文 金文

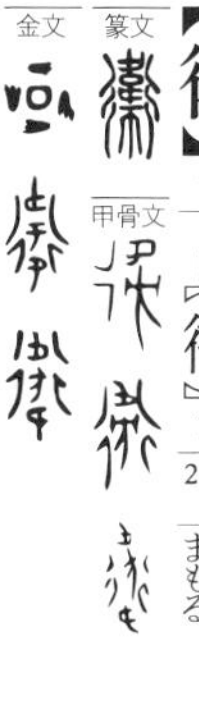

形声 声符は韋い。韋は城邑を示す口いの周囲を巡回する形。巡回して衛ることをいう。〔説文〕二下に衞を正字とし、「宿衞なり」と訓し、字は韋と帀そうとに従うというが、韋に「めぐる」「かこむ」の意があり、衞は巡邏警備することをいう。金文の字形に口の部分を方に作るものがあり、方とは国境の意。

訓義 ①まもる、ふせぐ。②守るもの、宿衛、軍衛。③衛服、王畿外二千五百里の地。

古訓 〔名義抄〕衛 マホリ・マモリ・メグル・マモル・カクム 〔字鏡集〕衛 マモル・マモリ・モル・カクム・メグル・メグラス

語系 衛hiuat、圍（囲）・幃hiuaiは声義近く、みな、めぐる意がある。

【衛尉】 官名。秦以来、宮門の護衛を掌る。漢・張衡〔西京の賦〕衞尉八ところに屯たむろし、夜を警いましめ書を巡り、～用って不虞ふぐを戒む。

【衛生】 養生。健康・長寿をはかること。晋・陶潜〔形影神、影、形に答ふ〕詩 存生、言ふべからず 衞生、毎つねに拙なるに苦しむ

↑衛禁 禁衛／衛士 禁衛の士／衛守 守る／衛助 援助／衛仗 儀仗／衛籍 軍籍／衛卒 衛兵／衛輔 まもり

↓営衛・扞衛・儀衛・救衛・近衛・禁衛・軍衛・警衛・厳衛・護衛・後衛・自衛・侍衛・守衛・戎衛・宿衛・仗衛・親衛・前衛・屯衛・扶衛・武衛・兵衛・保衛・葆衛・奉衛・防衛・門衛・輿衛・擁衛・翼衛・列衛

【褮】 16 9973 エイ ケイ

篆文  金文

形声 声符は𤇾(えい)。𤇾の初形は熒(えい)で、庭燎(にわび)の形。かがやくものの意がある。〔説文〕八上に「鬼衣なり」とするも、もとは栄誉のために与える衣の意で、栄光の意であろう。金文の〔[illegible]鎛〕に「[illegible](鮑)叔又成(人名)、齊邦に褮あり」とみえる。のち鬼衣の意となった。

訓義 ① しにんのころも。

【嬰】 17 6640 エイ みどりご くびかざり かける

篆文  金文 

会意 賏(えい)＋女。賏は䋲(えい)の初文で、貝の首飾り。呪具として新生の女子の首に加えた。その子を嬰児という。〔説文〕十二下に「頸飾なり」とするが、その字には䋲を用いる。

訓義 ① みどりご。② くびかざり。③ かける、めぐらす、つらねる。

古訓 〔名義抄〕嬰 カク・カヽル・メグラス・メグル・マトハル・ワヅラフ・ナク・ヤドル・アク 〔字鏡集〕嬰 ミドリコ・メグラス・カヽル

語系 嬰・賏ieng は同声。䋲・瓔・癭ieng も同声の語。䋲・瓔は首にかけるもの。癭は首にこぶのできる病。

【嬰孩】えいがい みどりご。唐・杜甫〔山寺〕詩 思量す、入道の苦しきを 自ら哂(わら)ふ、嬰孩に同じきを

【嬰繫】えいけい とらえる。晋・郭璞〔山海経図讃、北山経〕幽頞は猴に似たり。～物に觸れては則ち笑ふ。人を見ては佯(いつは)りて睡り、好んで小慧を用ふるも、終(つひ)に是れ嬰繫せらる。

【嬰児】えいじ みどりご。幼児。〔老子、十〕氣を專らにして柔を致し、能く嬰兒のごとくならんか。

【嬰茀】えいふつ 雲気がなびく。〔楚辞、天問〕白蜺(げいはく)の嬰茀たる胡爲(なんす)れぞ此の堂においてする

【嬰病】えいへい 病みつかれる。〔後漢書、党錮、范滂伝〕獄吏將(まさ)に掠考(拷問)を加へんとす。滂、同囚に嬰病多きを以て、乃ち先づ格(かせ)に就かんことを請ふ。～滂等皆三木(項(うなじ)の械(かせ)、手足の枷(かせ))頭に囊(ふく)ろし、階下に暴(さら)さる。

【嬰戮】えいりく 殺される。〔後漢書、左雄等伝論〕朝に在る者は、正議を以て戮に嬰(かか)り、事を謝する者は、黨錮を以て灾(さい)を致す。～嗚呼。

【嬰累】えいるい 災厄にあう。魏・嵆康〔幽憤詩〕咨(ああ)予(われ)不淑(不幸)にして 嬰累して虞(うれ)ひ多し 天より降(くだ)るに匪(あら)ず 寔(まこと)に頑疎なるに由(よ)る

↑嬰意(えいい) 心配／嬰懷(えいかい) 嬰意／嬰遘(えいこう) かかりあう／嬰罪(えいざい) 罪にふれる／嬰子(えいし) 嬰児／嬰疾(えいしつ) 病となる／嬰弱(えいじゃく) 幼少／嬰孺(えいじゅ) 幼児／嬰触(えいしょく) ふれる／嬰稚(えいち) 幼少／嬰纏(えいてん) 嬰繫／嬰年(えいねん) 少年／嬰耄(えいもう) 老幼

↓孩嬰・玉嬰・孺嬰・退嬰・纏嬰・童嬰

【緊】 17 7790 エイ ほこぶくろ ああ

篆文 

形声 声符は殹(えい)。〔説文〕十三上に「戟(ほこ)の衣(ふくろ)なり」とみえる。

訓義 ① ほこぶくろ。② 殹と通じ、感動詞に用いる。ああ。殹は病魔を祓うとき、呪矢を殴(う)つ意。そのとき発する声を殹といい、毉(醫)の初文。③ 伊に通じ、これ。④ 青黒の繒(かとり)。

古訓 〔名義抄〕緊 コレ 〔字鏡集〕緊 コレ・アヲクロノカトリ

語系 殹・緊yet は同声。殹は呪巫のかけ声。伊iei、也jia は声近く、かけ声に近い発語として用いる。

【翳】 17 7712 エイ はね かざす かげ

篆文 

形声 声符は殹(えい)。殹は呪矢を殴(う)って病をはらう呪儀。羽(羽)にも呪飾の意がある。〔説文〕四上に「華蓋なり」とあり、車の羽蓋とする。

訓義 ① はね、かざしのはね、きぬがさ。② かざす、おおう、かくれる、かげ。③ くもり、かすむ。

古訓 〔名義抄〕翳 オホフ・クラシ・シホムヒ・カクル・マブシ・ハ・タフレキ／躬翳 マブシ 〔字鏡集〕翳 カクシ・カクル・アカル・オホフ・サハル・マブシ・クラシ・シボム・クモル・メノヤマヒ

【翳翳】えいえい 日がかげって暗いさま。晋・陶潜〔帰去来の辞〕景(かげ)翳翳として以て將(まさ)に入らんとす。孤松を撫して盤桓す。

【翳障】えいしょう(しやう) 屛障の類。〔西京雑記、四〕皆雜寶を以て、翳障に錯(まじ)へ厠(お)き、靑州の蘆葦を以て弩矢と爲し、輕騎妖服して道路に追隨し、以て歡娯と爲す。

【翳然】えいぜん かくれる。晋・陶潜〔貧士を詠ず、七首、六〕詩 翳然として交游を絶つ 詩を賦すること、頗(すこ)ぶる能く工(たく)みなり

【翳滅】えいめつ 人が死ぬこと。晋・陸機〔愍懷太子の誄〕我が惠后を傷(いた)む。寂焉として翳滅す。

↑翳藹(えいあい) 茂る／翳陰(えいいん) くらい／翳鬱(えいうつ) 木が茂ってくらい／翳雲(えいうん) 雲のかげり／翳景(えいけい) 日かげ／翳霾(えいばい) くらい／翳蔽(えいへい) おおう／翳没(えいぼつ) おおってみえぬ／翳昧(えいまい) くらい／翳茂(えいも) 茂る／翳薈(えいわい) 鬱蒼と茂る

↓陰翳・雲翳・掩翳・蓊翳・幻翳・光翳・荒翳・遮翳・障翳・塵翳・清翳・纖翳・竹翳・沈翳・日翳・微翳・浮翳・氛翳・屛翳・蔽翳・目翳・幽翳・壅翳・淪翳・薈翳

【霙】 17 1053 エイ オウ(アウ) みぞれ

形声 声符は英(えい)(英)。〔玉篇〕に「雨雪雜(まじ)りて下るなり」とあり、みぞれをいう。また、みぞれ状の雪やあられにもいう。蘇軾の〔雪夜、独り柏仙庵に宿す〕の詩に「晩雨纖纖として、玉霙に變ず 小庵に高臥して餘淸有り」の句がある。

訓義 ① みぞれ。② ゆき。③ あられ。

古訓 〔名義抄〕霙 ミゾレ 〔字鏡集〕霙 アラレ・ミゾレ

↑霙霙(おうおう) 白雲のさま

【瀛】 19 3011 エイ うみ

篆文 

形声 声符は嬴(えい)。嬴に盈満、周帀(しゅうそう)の意がある。〔説文新附〕十一上に「水名なり」というが、大沢や大海をいう。その海中に神仙の山があるという。

訓義 ① うみ。② 海中の神山。③ 池また川の名。

古訓 〔名義抄〕瀛 オキ

【瀛海】えいかい 大海。〔論衡、談天〕禹貢九州～東南隅に在り。名づけて赤縣神州と曰ふ。復(ま)た更に八州有り。一州每に、四海之れを環(めぐ)る。～九州の外、更に瀛海有り。

【瀛洲】えいしゅう(しう) 東海中の三神山の一。〔史記、秦始皇紀〕徐市(じょふつ)等上書して言ふ、海中に三神山有り。蓬萊・方丈・瀛洲と曰ふ。僊人之れに居ると。

↑瀛寰(えいかん) 世界／瀛壺(えいこ) 瀛洲／瀛表(えいひょう) 海外／瀛渤(えいぼつ) 大瀛と渤海／瀛溶(えいよう) 水波揺動

↓外瀛・寰瀛・仙瀛・滄瀛・大瀛・東瀛・蓬瀛

【攖】 20 5604 エイ ふれる からめる

形声 声符は嬰(えい)。〔玉篇〕に「結ぶなり」とあり、まといめぐらすようにして結ぶことをいう。〔広雅、釈詁三〕に「亂すなり」とあるのも、その意。

訓義 ① ふれる、せまる。② むすぶ、まとう、めぐらす、からめる。③ ひねる、みだす、ひく。④ ぬく、つらぬく。

古訓 〔名義抄〕攖 ミダル 〔字鏡集〕攖 ムスブ・ミダル

【攖寧】えいねい 外界のあらゆる事態に接して道は完成される。〔荘子、大宗師〕其の物爲(た)る、將(おく)らざる無きなり、迎へざる無きなり、毀(やぶ)らざる無きなり、成らざる無きなり、其の名を攖寧と爲す。攖寧なる者は、攖(まと)はりて而る後に成る者なり。

↑攖疾 病む／攖擾 擾みだす／攖心 心を乱す／攖当 障る／攖撓 乱す／攖払 犯す／攖挽 糾纏する／攖鋒 突く／攖鱗 逆鱗にふれる

【蠑】20 5919 エイ いもり とかげ

形声 声符は榮(栄)。〔方言、八〕に「守宮、南楚にては之れを蛇醫と謂ひ、或いは之れを蠑螈と謂ふ」とあり、いもり、とかげをいう。

訓義 1いもり、とかげ。

古訓 〔字鏡集〕蠑 トカゲ

【蠑螈】いもり。〔本草綱目、鱗一、石竜子〕集解～諸説に據るに、當に草澤に在る者を以て蠑螈・蜥蜴と爲し、屋壁に在る者を蝘蜓・守宮と爲すべきなり。藥に入るるには、草澤の者を以て良と爲す。

↑蠑蚖 蠑螈／蠑螺 さざえ

【贏】20 0021 エイ あまる

篆文 金文

会意 𣎆+貝。𣎆はやどかりの象形。贏はやどかりが貝を負う形。そのはみ出した形から、贏余の意となる。〔説文〕六下に字を贏声とし、賈して余利のある意とする。貝を財利の意と解するものであろうが、字は全体が象形である。

訓義 1あまる、あふれる。2もうけ。3まさる、かつ。

古訓 〔名義抄〕贏 タフサ

【贏闕】過不足。〔宋史、食貨志下一〕贏闕の處を計り、有無をして相ひ通ぜしむ。

【贏財】余財。〔三国志、蜀、諸葛亮伝〕若し臣死するの日、内に餘帛有り、外に贏財有りて、以て陛下に負かしめずと。卒するに及んで、其の言ふ所の如し。

【贏縮】進退。屈伸。〔淮南子、人間訓〕外は能く詘伸し、贏縮卷舒して、物と推移す。

【贏利】利益。〔商君書、外内〕農の力を用ふること最も苦しみて、贏利は少なし。商賈技巧の人に如かず。

【贏糧】食糧を荷う。〔戦国策、楚一〕是に於て糧を贏ひて潛かに行き、峥山に上り深谿を踰ゆ。蹠穿たれ、膝暴はれ、七日にして秦王の朝に薄る。

↑贏衍 余分／贏虚 過不足／贏金 利益／贏数 余数／贏羨 あまり／贏銭 余分の金／贏担 負担／贏蓄 蓄え／贏絀 屈伸／贏縢 はばき／贏得 余利／贏飽 十分あく／贏輸 勝負

↓奇贏・挙贏・虚贏・計贏・取贏・輸贏・収贏・争贏・損贏・得贏・薄贏・余贏・養贏

【癭】22 0014 エイ ヨウ(ヤウ) こぶ

篆文

形声 声符は嬰。嬰は貝の首飾り。それで首に肉瘻を生ずることを癭という。〔説文〕七下に「頸の瘤なり」とみえる。

訓義 1こぶ、こぶのできる病。2木などのふしこぶ。

古訓 〔篇立〕癭 コブ・クビハル 〔字鏡集〕癭(腰) コブ・ハレモノ・クビハル・フシ・シヒネ・ヤツコヤミ

語系 癭・嬰・纓・瓔ieng は同声。雍・癰iong と声義の関係があり、ふくれあがり、滞る意がある。

【癭腫】こぶ。〔博物志、五方人民〕山居の民、癭腫の疾多し。癭は泉の流れざる者を飲むに由る。

↑癭瘤 こぶ／癭瘻 頸のこぶ

↓槐癭・頸癭・結癭・大癭

【鷖】22 7732 エイ かもめ

篆文

形声 声符は殹。〔説文〕四上に「鳧の屬なり」とあり、かもめの類。

訓義 1かもめ。2五采の鳥、鳳凰の屬。

古訓 〔字鏡〕鷖 カモ 〔字鏡集〕鷖 ミヅドリ・カモ

【鷖輅】柩車。唐・韓滉〔昭徳皇后哀冊文〕鷖輅徐ろに轉じ、纛旗前に導く。

↑鷖総 青黒／鷖弥 嬰児

↓鳧鷖

【纓】23 2694 エイ ヨウ(ヤウ) ひも かざりひも

篆文

形声 声符は嬰。嬰は貝の首飾り。首に繫けて垂らす飾り紐。〔説文〕十三上に「冠の系なり」とみえる。

訓義 1ひも、かざりひも。2冠のひも。3馬のむながいを繁纓という。

古訓 〔名義抄〕纓 エンビ・カヽル・カムザシス 〔字鏡集〕纓 フサ・カク・カヽル・カムサシス・カフリノヲ・カフリノタレヲ・エンビ・ワキアケ・マサシ

語系 纓・嬰・瓔ieng は同声。鞅iang は馬の繁纓。

【纓冠】髪を束ねずに冠の紐を結ぶ。急なときの動作。〔孟子、離婁下〕今、同室の人の闘ふ者有り。之れを救ふに、被髪纓冠して之れを救ふと雖も、可なり。

【纓徽】においぶくろ。魏・嵇康〔琴の賦〕新衣翠粲(衣ずれの音)として、纓徽芳を流す。

【纓緌】冠の紐と飾り。身分ある人。漢・蔡邕〔郭有道の碑文〕時に纓緌の徒、紳佩の士、形表を望んで影附し、嘉聲を聆いて響和す。

【纓紱】冠纓と印綬。高い官職。〔北史、王昕伝〕元景(王昕の字)本も自ら庸才、素より動行無し。早く纓紱に霑ひ、遂に清途を履む。

【纓絡】珠玉を綴った飾り物。〔梁書、諸夷、高国伝〕女子は頭髪辮して垂れず、錦纈(しぼり染め)・纓絡・環釧(腕輪)を著く。

↑纓襟 冠の纓と襟／纓繳 繳にかかる／纓綬 纓紱／纓纕 馬のむながいと腹帯／纓佩 官服の飾り／纓縻 つなぐ／纓紼 纓紱

↓衣纓・華纓・解纓・衿纓・結纓・紅纓・香纓・珠纓・襲纓・条纓・簪纓・塵纓・世纓・請纓・絶纓・組纓・帯纓・濯纓・長纓・朝纓・繁纓

【黳】23 7733 エイ ほくろ

篆文

形声 声符は殹。〔説文〕十上に「小黑子なり」とあり、ほくろをいう。殹に翳の意がある。

訓義 1ほくろ。2あざ。3くろい。4字はまた黟と通用する。

【黳黑】色が黒い。〔宋史、劉審瓊伝〕審瓊、嘗て外諸侯に給事す。雅より酒令、博鞠を善くす。年八十餘、筋力衰へず、髭髮黳黑なり。

↑黳玉 黒い玉／黳髯 黒いひげ／黳髪 黒い髪

エキ

【亦】6 0033 エキ わき また 入

篆文

象形 人の正面形である大の、両腋を示す。〔説文〕十下に「兩亦の形に象る」とし、腋の初文。

訓義 1わき、わきのした。2又・有・也と声近く通用する。また、3奕に通じ、おおいに。

古訓 〔名義抄〕亦 マタ・ヲサム 〔字鏡集〕亦 ヒヂ・マタ・ヲタ・ヲサム

声系 〔説文〕に亦声として迹・弈・夜・奕、また狄を亦の省声とする。夜は亦の一方に月を配する形。

【亦越】上文を承ける語。〔書、立政〕亦た越に成湯、陟りて丕いに上帝の耿命を釐む。

【亦各】それぞれ。〔詩、鄘風、載馳〕女子善く懷ふ 亦た各ゝ行有り

【易】 8 6022 常

エキ イ

あらためる かわる やさしい あなどる とかげ

篆文

会意 日＋勿。日は珠玉の形。勿はその玉光。玉光を以て魂振りを行う。玉を台上におく形は昜で、陽と声義が近い。〔説文〕九下に「蜥易・蝘蜓・守宮なり」と、とかげ・いもり・やもりの名をあげ、象形とする。また一説として「日月を易と爲す。陰陽に象るなり」とするが、下部は勿の形。玉による魂振りをいう。

訓義 1あらためる、かわる。2魂振りにより、やさしい、やすらか。3平易より、あなどる、おろそか。4周易、えき。5蜥易、とかげ。

古訓 〔名義抄〕易 カフ・カハル・カハル／ゞ・ソムク・ヤスシ・タヤスシ・タヤスク・カロ／～シ・アナヅル・アキナフ

声系 〔説文〕に易声として敡・賜・惕など十五字を収める。賜の従うところは、別の字である。

語系 易・傷・敡jiekは同声。傷・敡に軽侮の意がある。惕thyekも易の声義を承け、敬う意がある。

参考 賜の初形は爵より酒を注ぐ形で、「爵を賜う」ことを示す字。易と形義の関係はない。

【易易】たやすいさま。〔荀子、楽論〕吾れ郷（飲酒礼）に観て、王道の易易たるを知るなり。

【易簀】病牀をとりかえる。人の死をいう。〔礼記、檀弓上〕曾子、疾に寢ねて病なり。～曰く～元（曾子の子）起ちて簀を易へよと。曾元曰く、夫子の病革かなりと。～擧げて扶けて之れを易へしむ。席に反り、未だ安んぜずして沒せり。

【易水】川の名。荊軻が燕の太子丹に別れるとき歌った易水歌がある。〔戦国策、燕三〕風蕭蕭として易水寒し 壮士一たび去つて復た還らず

【易姓】王朝がかわる。〔史記、暦書〕王者姓を易へ命を受く。必ず始初を愼む。正朔を改め、服色を易へ、天元を推本し、厥の意を順承す。

【易俗】風俗を改める。秦・李斯〔書を秦の始皇に上る〕孝公、商鞅の法を用ひ、風を移し俗を易ふ。

【易田】休耕する田。〔漢書、食貨志上〕歳ごとに耕種する者を、不易上田と爲し、一歳を休する者を、一易中田と爲し、二歳を休する者を、再易下田と爲す。

【易野】心が誠実であるが、礼文が備わらない。〔説苑、脩文〕文質脩まる者、之れを君子と謂ふ。質有りて文無き、之れを易野と謂ふ。

【易諒】すなおなこと。〔韓詩外伝、二〕智慮潛深ならば、則ち之れを一にするに易諒を以てす。

↑易意 改心する／易換 かえる／易簡 やさしい／易心 改心する／易世 易姓／易筮 卜い／易節 変節／易占 卜い／易怠 怠る／易代 易世／易地 交替する／易置 おきかえ／易直 てがる／易轍 方針を変更する／易内 妻妾交換／易卜 卜い／易楽 和楽する／易良 温良／易路 平坦な道

↓安易・夷易・改易・革易・簡易・玩易・近易・軽易・倹易・険易・交易・忽易・賤易・遷易・率易・難易・不易・侮易・平易・辟易・変易・便易・貿易・慢易・約易・容易・楽易

【奕】 9 0043

篆文

エキ ヤク

おおきい

形声 声符は亦。〔説文〕十下に「大なり。大に従ひ、亦聲」という。この大は、「天は大なり、地は大なり、人も亦た大なり」という大小の大とは別構の字とするが、両者に区別があるとはみえない。亦は両腋。両手を拡げて立つ姿の大きく立派なことをいう。

訓義 1おおきい。2うつくしい。3弈に通じ、博奕、いご、ばくち。

古訓 〔字鏡集〕奕 オホキナリ・カサヌ・ユク・ウレフ

【奕奕】すぐれて立派なさま。〔北斉書、武成十二王、琅邪王儼伝〕琅邪王、眼光奕奕として、數歩にして人を射る。

【奕棋】囲碁。唐・杜甫〔秋興八首、四〕詩 聞道ならく、長安は奕棊に似たりと 百年の世事、悲しみに勝へず

【奕世】代々。〔後漢書、楊秉伝〕臣（楊秉）奕世恩を受け、納言（尚書）に備はるを得たり。

【奕代】累世。〔北斉書、劉禕伝〕世宗～云ふ、卿の家を以て世ゝ忠純、奕代冠冕たり。

【奕葉】累世。〔隋書、礼儀志七〕高祖～詔を下して曰ふ、宣尼（孔子）、法を制して、夏の時を行ひ、殷の輅（車馬）に乗ると云ふ。奕葉共に遵ふ。理として革むべき無し。

↑奕赫 かがやく／奕致 美貌

↓英奕・婉奕・格奕・赫奕・観奕・戯奕・善奕・博奕

【帟】 9 0022

篆文

エキ

ひらとばり

形声 声符は亦。〔説文新附〕七下に「上に在るを帟と曰ふ」、また〔釈名、釈牀帳〕に「小幕を帟と曰ふ。張りて上に在り、帟帟然たるなり」という。〔周礼、天官、幕人〕「帷幕幄帟綬の事を掌る」の〔鄭司農注〕に「帟は平帳なり」とあり、塵除けに張るものをいう。

訓義 1ひらとばり、ひらはり。2奕と通用する。

古訓 〔和名抄〕帟 比良波利（ひらはり）〔字鏡〕帟 ヒラハリ

【帟帟】奕奕。盛大、また美しいさま。南朝宋・謝恵連〔長安有狭斜行〕楽府 紀郢に通逵有り 通逵、軒車並ぶ 帟帟として離輪馳せ 軒軒として翠蓋舒びやかなり

↑帟幕 帳幕

【疫】 9 0014 常

篆文

エキ

えやみ

形声 声符は役の省声。〔説文〕七下に「民皆疾むなり」とあり、流行病をいう。

訓義 1えやみ、はやり病。癘鬼のなすところであるとして、えやみはらいの儺が行われた。

古訓 〔名義抄〕疫 エヤミ・トキノケ

【疫旱】えやみと、ひでり。魏・阮瑀〔曹公の為に書を作り、孫権に与ふ〕疫旱並び行はれて、人兵減損す。～人の災ひを幸ひとするは、君子は爲さず。

【疫鬼】やくびょう神。〔論衡、訂鬼〕顓頊氏に三子有り。生れて亡げ去り、疫鬼と爲る。

【疫死】疫病死。〔後漢書、馬援伝〕暑の甚だしきに會ひ、士卒多く疫死す。援も亦た病に中る。乃ち岸を穿ちて室と爲し、以て炎氣を避く。

【疫癘】流行病。〔三国志、呉、駱統伝〕徴役繁數なり。重ぬるに疫癘を以てし、民戸損耗す。

↑疫気 流行病／疫疾 流行病／疫症 疫病／疫疹 はしか／疫病 えやみ／疫痢 下痢をともなう流行病

↓悪疫・饑疫・救疫・検疫・蠱疫・災疫・疾疫・瘴疫・穰疫・大疫・儺疫・防疫・免疫・夭疫・癘疫

【益】 10 8010 常

篆文 甲骨文

〔㿻〕 10 8010

エキ イツ

ます ますます

金文

会意 水＋皿。器上に水があふれる意。〔説文〕五上に「饒なり」と訓し、水皿の会意とする。すなわち溢れる意。また搤・縊も益に従うが、その字は水溢の義と異なり、糸の末端を縊くる形の象形の字である。

訓義 ①ます、ふやす、くわえる。②利財の意として、もうけ、ゆたか。③溢に通じ、あふれる。④隘に通じ、せまい、けわしい。

古訓 〔名義抄〕益 マス・マサル・コボス・タスク・マス〳〵〔字鏡集〕益 マス・マサル・ミツ・オホカリ・クハフ・タスク・マス〳〵・キル

声系 〔説文〕に益声として嗌・搤・溢・縊・鷁・隘など九字を収めるが、溢のほかは縊くる意の益に従う字。益の字源に水溢の形と縊糸の形とがあり、のち、ともに益の字形にしるすが、もとは別系の字であった。

【益寿】 寿命を益す。〔史記、武帝紀〕黄金成りて以て飲食の器と爲さば、則ち壽を益さん。

【益友】 有益な友人。〔漢書、楚元王伝賛〕豈に直諒多聞、古の益友なるものに非ざる與か。

↑益軍 増兵／益削 増減する／益世 世に役立つ／益多 ふやす／益宅 増築する／益年 益寿／益発 増発する／益賦 増税／益封 加封／益厲 はげしくなる／益齢 益寿／益禄 益封

↓求益・匡益・権益・公益・広益・滋益・収益・純益・潤益・饒益・請益・増益・損益・多益・大益・忠益・裨益・附益・富益・便益・補益・無益・有益・利益

【場】 11 4612 エキ さかい あぜ

篆文

形声 声符は易。〔説文新附〕十三下に「彊なり」、〔広雅、釈詁三〕に「界なり」とあり、田界をいう。

訓義 ①さかい。②あぜ。

参考 場は彊場。その語は〔詩、小雅、信南山〕にみえる。場は祭場、墓道などで祭る所をいう。

【掖】 11 5004 エキ たすける わきばさむ

篆文

形声 声符は夜。夜に液の声がある。亦・腋は名詞、掖は多く動詞に用いる。亦に手をそえる意。〔説文〕十二上に「手を以て人の臂を持ち、地に投ずるなり」とあるのは、〔左伝、僖二十五年〕「掖して以て外に赴し、之れを殺す」の文によるが、誘掖を本義とする字である。

訓義 ①たすける、わきばさむ。②わき、かたわら。

古訓 〔名義抄〕掖 ワキヒ(シ)タ・アフク・ホシマ、〔字鏡集〕掖 タスケモツ・アフク・ホシイマ、・ハ(ワ)キ

語系 掖・亦・腋jyakは同声。亦は象形、腋はその形声字、掖はその動詞。搤・隘・厄ekも同系の語。

【掖垣】 宮殿の垣。また、唐代、門下を左掖、中書を右掖という。唐・杜甫〔春、左省に宿す〕詩 花は隱す、掖垣の暮啾啾として棲鳥過ぐ

【掖省】 唐代、門下・中書の二省。〔唐書、劉祥道伝〕且つ掖省は崇峻、王言は祕密、尚書は政の本、人物の歸する所、專ら曹史を責め、理、未だ盡さざる有り。宜しく稍之れを革め、以て其の選を淸くすべし。

【掖門】 正門の両わきの小門。〔漢書、高后紀〕(劉)章～卒千人を請ひ、未央宮の掖門に入る。(呂)產を廷中に見る。日、餔時(夕食の時)なり。遂に產を擊つ。

↑掖闈 宮門／掖殺 抱え殺す／掖廷 後宮／掖庭 掖廷／掖殿 掖庭／掖逢 儒服／掖誘 誘掖

↓宮掖・禁掖・椒掖・振掖・仙掖・丹掖・提掖・鳳掖・縫掖・誘掖

常 【液】 11 3014 エキ ヤク セキ シャク しる とける

篆文

形声 声符は夜。夜に掖の声がある。〔説文〕十一上に「𦘔(津)なり」とあり、津液(中からにじみ出る液)をいう。〔素問、調経論〕に「精の空竅に滲み留まりて、行かざる者を液と爲す」というものが、津液にあたる。

訓義 ①しる。②釋に通じ、とける。③掖に通じる。

古訓 〔名義抄〕液 アセ・アセツク・シル・タル・ヨダリ・シヅク・ツバキ・ホトリ・マサル・ホトボス〔字鏡集〕液 シル・アセ・ツバキ・ヨダリ・シヅク・アセツク・ウルヒ・シルタル・ホトボス・ホトリ・マサル・ツ・タフトク

【液雨】 十月の雨。薬雨ともいう。〔荊楚歲時記〕十月一日、天時和暖、春に似たり。故に小春と曰ふ。此の月内の一雨、之れを液雨と謂ふ。百蟲此れを飲みて藏蟄す。俗に呼びて藥水と爲す。

【液湯】 薬を煎じる。〔史記、扁鵲倉公伝〕閒く有りて身寒く、已にして熱きこと火の如し。～臣(淳于)意、卽ち之れが爲に火齊を液湯し、熱を逐ふ。一飲して汗盡き、再飲して熱去り、三飲して病已ゆ。

↑液洽 うるおう／液庭 宮庭／液樠 松やに

↓胃液・果液・華液・甘液・血液・香液・膏液・滋液・漆液・津液・精液・唾液・丹液・湯液・鼻液・薬液・幽液・溶液・霊液・醴液・瀝液

【棭】 12 4094 エキ ねむのき

形声 声符は夜。夜に腋・液の声がある。この字は〔集韻〕などに「木名」というのみで、用例もみえない字である。わが国で「ねむのき」とよむのは、字が夜に従うので、「合歓木」を充てたものであろう。〔和名抄箋注〕を著わした狩谷望之は「棭斎」と号した。

訓義 ①ねむのき。

【腋】 12 7024 エキ ヤク わき

形声 声符は夜。夜に液・掖の声がある。亦は象形。腋は形声字。

訓義 ①わき、わきのした。

古訓 〔名義抄〕腋 ワキ

【腋気】 わきが。腋臭、狐臭。宋・沈作喆〔寓簡、十〕席閒に妓有り、秀美にして肌白きこと玉雪の如し。頗る腋氣有りて、近づき難し。

↑腋下 わきの下／腋芽 わきが／腋汗 冷汗／腋間 腋下／腋臭 わきが／腋臊 腋臭

↓闊腋・胸腋・狐腋・山腋・肘腋・縫腋・両腋

【嗌】 13 6801 エキ アク アイ のど むせぶ わらう

篆文

形声 声符は益(㒳)。益に「溢る」と「縊る」の意を示す二形があり、嗌は縊る形の益に従う。〔説文〕二上に「咽なり」とあり、のど。のどのつまるような声で、むせぶ、わらう、へつらう意となる。

訓義 ①のど。②のどのつまった声、むせぶ、わらう、へつらう。

古訓 〔名義抄〕嗌 ムス・ノム〔篇立〕嗌 ノムド〔字鏡集〕嗌 ノムド・ムス

語系 嗌iekは咽yen、嚥yan、噎yetと声義近く、みな、のど・のむの義がある。

↑嗌喔 作り笑い／嗌嗌 嗌喔／嗌嘔 むせぶ／嗌痛 のどの痛み

↓乾嗌・号嗌・廝嗌・腫嗌

【睪】 13 6040 エキ タク ト やぶれる うかがう

篆文  侯馬盟書 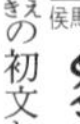

象形 獣屍の象。風雨にさらされて、分解する状態となっている形。殬・繹の初文とみてよい。〔説文〕十下に字を㚔部に属し、「司ひ視るなり」とし、㚔を人を驚かす意、「吏をして目を將つて罪人を捕へしむ」とするが、その意の用例もなく、睪声の字の声義を考えることもできない。殬解・解釋(釈)は獣屍がほぐれて分解するさまをいう。その色を脱したものを皐といい、白色の意。これも獣屍の象である。

訓義 ①やぶれる、やぶる。②うかがう、うかがいみる。③懌・繹・択と通用する。

古訓 〔名義抄〕睪 タカシ 〔字鏡集〕睪 ヒク・ウカヾフ・ウルハシ・ツミス・ネガフ・コノム・タマフ・タカシ・ヒラ

声系 〔説文〕に睪声として釋・譯(訳)・𢍰・斁・殬・驛(駅)・澤(沢)・擇(択)・繹・鐸・蘀など十五字を収める。おおむね、ほぐれて解ける、演繹するの意をもち、睪の声義を承ける。釋は釆(獣爪)を以て獣屍を裂く意の字である。

↑睪鼓 鼓の名/睪芷 香草の名/睪如 つづく

【蜴】 14 5602 エキ セキ とかげ やもり

形声 声符は易。〔説文〕十三上に蜥を録するも、蜴はみえず、〔集韻〕に引く〔説文〕に「蜥易・蝘蜓は守宮なり」という。

訓義 ①とかげ、やもり。

古訓 〔名義抄〕蜥蜴 ヰモリ 〔字鏡集〕蜴 トカゲ・ヰモリ

常 【駅】 14 〔驛〕 23 7634 エキ うまや えきしゃ

篆文 

形声 旧字は驛に作り、睪声。睪は獣屍の象で、解けほぐれて、ながくつづくものの意があり、駅とは長く乗りつぐ駅車、駅伝をいう。〔説文〕十上に「置騎なり」とあり、駅伝をいう。次条の馹にも「驛傳なり」とみえる。

訓義 ①うまや、えきしゃ。

古訓 〔名義抄〕驛 ムマヤ・ツラヌ・ハス・ハシル・ミチ

語系 驛・繹・譯(訳)・𢍰jyak は同声。みな、ひきつづく意がある。

【駅騎】 宿駅の馬。唐・杜甫〔唐興の劉主簿弟に逢ふ〕詩 江山、且く相ひ見ゆ 戎馬、未だ安居せず 劍外、官人冷やかに 關中、驛騎疎らなり

【駅券】 駅馬・駅夫を徴するてがた。〔宋史、職官志十二〕其の(四)川・陝(西)に赴任する者に、驛券を給す。

【駅使】 官文書を伝達する人。唐・李白〔子夜呉歌、四首、四〕詩 明朝、驛使發せん 一夜、征袍に絮たす

【駅樹】 宿駅の木。唐・杜甫〔竜門〕詩 龍門、野に横たはりて斷え 驛樹、城を出でて來る 氣色、皇居(東都)近く 金銀、佛寺開く

【駅書】 宿駅に伝えられる文書。〔漢書、武五子、燕刺王旦伝〕(上官)桀等、因りて謀りて共に(霍)光を殺して、(昭)帝を廢し、燕王を迎へ立てて、天子と爲さんことを謀る。旦、驛書を置く。往來相ひ報ず。

【駅亭】 宿場。唐・白居易〔藍橋駅に元九(稹)を見る〕詩 驛亭に到る毎に、先づ馬を下り 牆に循ひ柱を遶りて、君が詩を覓む

【駅馬】 宿駅の馬。〔史記、鄭当時伝〕常に驛馬を長安の諸郊に置き、諸故人を存し、賓客を請謝す。夜以て日に繼ぎ、其の明旦に至る。

【駅路】 宿場に通ずる路。唐・杜荀鶴〔秋、臨江駅に宿す〕詩 漁舟の火影、寒くして浦に歸り 驛路の鈴聲、夜、山を過ぐ

↑駅駅 さかんなさま/駅官 宿奉行/駅館 旅舎/駅戸 はたご/駅子 馬子/駅車 宿の車/駅舎 はたご/駅船 宿舟/駅送 伝馬送り/駅站 宿駅/駅置 駅の人足/駅逓 うまつぎ/駅程 路程/駅店 駅の店/駅田 駅の費用にあてるための田地/駅伝 早つぎ/駅頓 はたご/駅夫 駅の人夫/駅邏 見廻り/駅吏 宿場の役人/駅楼 駅の物見の楼

↓遠駅・旧駅・空駅・古駅・江駅・行駅・荒駅・候駅・宿駅・津駅・水駅・送駅・置駅・馳駅・亭駅・伝駅・破駅・馬駅・廃駅・駱駅・陸駅

【圛】 16 6040 エキ めぐる

篆文 

形声 声符は睪。睪は獣屍が風雨にさらされて分解する形。〔説文〕六下に「回り行くなり」とあり、〔書、洪範〕に雲気による占卜をしるし、雲気のめぐる象を圛という。

訓義 ①めぐる。②あきらか。

古訓 〔新撰字鏡〕圛 明らか、阿加志(あかし) 〔名義抄〕圛 アキラカニ

【嶧】 16 2674 エキ

篆文 

形声 声符は睪。睪に絡繹(連なる)の意がある。〔説文〕九下に「葛嶧」という山名とする。〔爾雅、釈山〕に「屬なる者は嶧なり」とみえる。

訓義 ①つらなる山。②山名。

古訓 〔字鏡集〕嶧 ツラナル

【嶧孔】 魯の嶧山。〔水経注、泗水〕嶧山〜東西二十里、高秀獨出、積石相ひ臨み、殆ど土壤無し。石閒孔穴多く、洞達相ひ通じ、往往數閒の屋の如き處有り。其の俗之れを嶧孔と謂ふ。

【嶧山】 魯の繹山。始皇帝が東行の際、碑を建てたがのち焼失した。唐・杜甫〔李潮の八分小篆の歌〕詩 嶧山の碑、野火に焚く 棗木の傳刻、肥くして眞を失ふ

【懌】 16 9604 エキ よろこぶ

篆文 

形声 声符は睪。睪は獣屍が風雨にさらされて分解する形。懌は、人の心意の上に移して、心のわだかまりの解けることをいう。〔説文新附〕十下に「説ぶなり」とみえる。

訓義 ①よろこぶ、たのしむ。②釈に通じ、とける。

古訓 〔名義抄〕懌 ヨロコブ・タノシブ・アラタム・ホノカ・ツク・タクマシ・ミチ 〔字鏡集〕懌 ヨロコブ・サトル・タクマシ・ツク・ミチ・タノシブ・ホノカ・アラタム

語系 懌jyak、悦(悅)・説(說)jiuat は声義近く、豫(予)jia も悦豫のように用いて通用する。

【懌懐】 心をよろこばす。〔文心雕竜、書記〕言は以て鬱陶を散じ、風采を託す。故に宜しく條暢以て氣に任じ、優柔以て懷ひを懌ばすべし。文明從容なるは、亦た心聲の獻酬なり。

↑懌悦 よろこぶ/懌気 楽しむ

↓夷懌・怡懌・悦懌・喜懌・欣懌・娯懌・不懌・和懌

【繹】 19 2694 エキ とく ほぐれる

篆文  侯馬盟書 

形声 声符は睪。睪は獣屍。その屍体が風雨にさらされて、ほぐれるように解けることをいう。〔説文〕十三上に「絲を抽くなり」とあり、繭をつむぐような状態で、絶えずに続くことを絡繹という。思いをたぐるように考えることを繹思、尋繹という。

訓義 ①とく、ほぐれる。②ひく、つらなる、つづく。③ながい、たどる、たずねる。④おわる、おさまる。⑤あとのまつり、つぎまつり。⑥懌に通じ、よろこぶ。斁に通じ、いとう。釈に通じ、とく。

古訓 〔名義抄〕繹 ヲサム・オホイナリ・ヨロコブ・ツク・マツリ・タヅヌ・ツラナル・シタガフ・スミヤカ・タチマチ 〔字鏡集〕繹 ツ

ラナル・タヅヌ・シタガフ・マツフ・ツク・オホイキナルイト・エツリ・ノブ・ヲフ・ヲサム・コトハリ・ヨロコブ・スミヤカニ・タチマチ・イソグ・ヲハリ・ツイテ

語系 繹・睪・斁・圛・驛（駅）jyakは同声。みな、ほぐれ、つらなるものの意がある。

【繹祭】正祭の翌日に行う祭の名。卜辞・金文に彡・肜という。〔爾雅、釈天〕繹は又祭なり。周に繹と曰ひ、商に肜と曰ひ、夏に復胙と曰ふ。

【繹如】絶えずにつづく。〔論語、八佾〕子、魯の大師に樂を語りて曰く、樂は其れ知るべきなり。始めて作るや、翕如たり、之れを從つや、純如たり。皦如たり、繹如たり、以て成る。

【繹味】吟味。味読。〔唐書、李太亮伝〕（太宗）荀悦の漢紀を賜うて曰く、悅の論議は深博にして爲政の體を極む。公宜しく之れを繹味すべしと。

↑繹繹 相連なるさま／繹思 尋思する／繹酒 醞釀の日の久しい酒／繹騷 騒がしい／繹抽 ぬきだす／繹絡 つらなる

↓衍繹・演繹・玩繹・翕繹・吟繹・講繹・細繹・思繹・尋繹・紬繹・討繹・由繹・連繹・論繹

【醳】 20 1664 エキ セキ シャク さけ

形声 声符は睪。酒、また、酒食で人をねぎらうことをいう。

訓義 ①さけ、こいさけ、ふるいさけ、にがいさけ、としこしざけ、うまいさけ。②ねぎらう、ふるまう。③釈と通じ、とく、ゆるす、すてる。④液と通じ、ひたす。

古訓 〔名義抄〕醳 コサケ・ユルス 〔字鏡集〕醳 コサケ・フルサケ・ユルス

【醳醳】酒のすんだ色。〔西京雑記、四〕鄒陽、酒賦を爲つる。其の詞に曰く、～流光醳醳として、甘滋泥泥たり、醪釀既に成り、綠瓷既に啓く。

↑醳然 釈然とする／醳兵 酒食で兵をねぎらう

↓凝醳・肴醳・觴醳・新醳・清醳・村醳・汎醳

エツ

【曰】 4 6010 エツ（ヱツ） いう ここに

篆文

甲骨文

金文

象形 祝詞や盟誓を収める器の上部の一端をあげて、中の書をみる形。その書の内容を他に告げる意。〔説文〕五上に「詞なり。口に從ひ、乙聲」とし、「亦た口气の出づるに象るなり」とするが、字は乙声ではなく、口気の象を示すものでもない。金文に曶の字があり、曰の上部に手を加えて、これを曶開する形である。

訓義 ①いう。神聖な語のときは「のたまはく」。②となえる、なづける。③聿・遹・粤・越・于に通じ、助詞に用いる。ここに。

古訓 〔名義抄〕曰 イフ・イハク・トク・マウス・コ、ニ・コタフ・イフシク 〔字鏡集〕曰 イフ・イハク・マウス・イフシク・トク・コタフ・コタフコトバ・コトバノハヒ・ホウヒ・ココニ・カシラノキヌ

部首 〔説文〕に曷・曶・朁・沓・曹など六字を属し、みな祝誓に関する字。聿部三下の書、木部六上の某（謀の初文）、また白部四上の皆・魯・者（者）・䰜、習部四上の習（習）・翫も、もと曰の形に従い、祝誓・呪詛に関する字である。

語系 曰hiuat、謂hiuat、云hiuanは声近く、通用する。于・越・粤・聿・遹jiuatも発語の助詞として通用する。

【曰若】ここに。越若、粵若、雩若。古い発語の形式。〔書、堯典〕曰若に古の帝堯を稽ふ。

【戉】 9 3330 エツ（ヱツ） こえる

篆文

形声 声符は戉。〔説文〕二下に「踰ゆるなり」とあり、いま字を越に作る。もと同字。

訓義 ①こえる。

古訓 〔字鏡集〕戉 ハシル・タカシ・ヲツ・トホシ・チル

参考 往（往）の初文は、鉞頭の形である王の上に、之（止、あし）を加える形。戉が戉に従うのも、戉（鉞）が踰越の呪儀に用いられたからであろう。戉・戉・越jiuat、往・迋hiuangは声義の関係があるものと思われる。

常 【悦】 10 9801 〖悅〗 10 9801 エツ よろこぶ

形声 声符は兌。兌は祝（兄は、人が祝詞の𠙵を戴く形）の上に、神気が彷彿として下り、祝が恍惚の状態となる意で、その心意を悦という。

訓義 ①よろこぶ、たのしむ。②よろこびしたがう。③〔方言、十〕に、楚語でよみがえる意であるという。

古訓 〔字鏡〕悦 ヨロコブ・ナダラカ

語系 悅jiuat、懌jyak、豫（予）jiaは声義近く、喜ぶ意がある。

【悦愛】よろこび愛する。〔韓非子、内儲説下〕夫人鄭袖、王の之れを悅愛するを知るや、亦た之れを悅愛すること、王よりも甚だし。

【悦懌】大いによろこぶ。〔論衡、験符〕建初三年、零陵泉陵の女子傅寧宅の土中に、忽ち芝草五本を生ず。長き者は尺四五寸。～太守～奉獻す。皇帝悅懌し、錢衣食を賜ふ。

【悦玩】よろこび大事にする。〔晋書、文苑、左思伝〕（三都の）賦成るに及ぶも、時人未だ之れを重んぜず。～張載～劉逵、竝びに經學洽博、才章美茂を以て、咸皆な悅玩し、之れが訓詁を爲る。～是れより後、盛んに當時に重んぜらる。

【悦耳】聞いて感じがよい。〔説苑、脩文〕衣服容貌は、目を悅ばしむる所以なり。聲音應對するは、耳を悅ばしむる所以なり。

【悦色】よろこばしそうな顔色。晋・陶潜〔庶人孝伝賛〕（江革）賊を避け、母を負ひて逃がる。～力を竭くして傭債し、以て甘暖を致し、和顏悅色して、以て歡心を盡す。

【悦服】よろこんで従う。晋・孫楚〔石仲容の為に孫皓に与ふる書〕桴鼓一たび震ひて、元凶折首し、～民庶は悅服し、殊俗は款附す。

【悦予】よろこび楽しむ。漢・班固〔両都の賦の序〕武・宣の世に至りて、乃ち禮官を崇び、文章を考へ、～廢を興し絕を繼ぎ、鴻業を潤色す。是こを以て衆庶悅豫し、福應尤も盛んなり。

【悦楽】よろこび楽しむ。蜀・諸葛亮〔新書、勝敗第二十七〕賢才上に居り、不肖下に居るときは、三軍悅樂し、士卒畏懼す。

↑悦安 安堵する／悦意 楽しむ／悦可 ゆるす／悦愷 楽しむ／悦翫 悦玩／悦喜 よろこぶ／悦熙 よろこぶ／悦欣 よろこぶ／悦口 美味／悦好 すき／悦康 楽しむ／悦志 心よろこぶ／悦心 たのしい／悦随 よろこび従う／悦染 よろこびふける／悦暢 よろこんで心がのびやかとなる／悦怒 喜怒／悦媚 こびる／悦附 よろこび従う／悦慕 よろこびしたう／悦穆 和楽する／悦目 見てたのしむ／悦悆 悦予／悦和 よろこびなごやか

↓愛悦・怡悦・酣悦・感悦・歓悦・喜悦・恐悦・欣悦・悟悦・耳悦・取悦・心悦・親悦・大悦・耽悦・媚悦・慕悦・法悦・満悦・愉悦・諛悦・容悦・和悦

【粤】 12 2620 エツ（ヱツ） ここに

篆文 甲骨文 金文
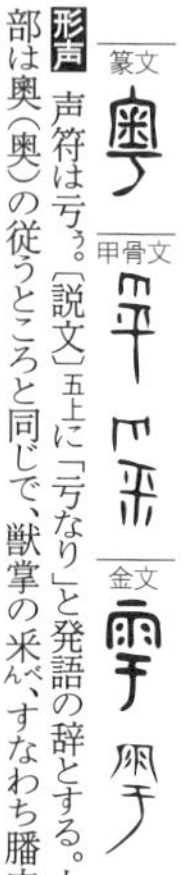

形声 声符は亐。〔説文〕五上に「亐なり」と発語の辞とする。上部は奥(奥)の従うところと同じで、獣掌の釆、すなわち膰肉を供えて祀るところ。もと奥と声義の近い字であろう。経籍に粤・亐(于)・曰・越、金文に雩・霸を発語に用いる。

訓義 ①ここに。②中国南部の称、広東の方面を古く粤といった。

古訓 〔名義抄〕粤 コ、ニ・コレニオイテ・イハク 〔字鏡集〕粤 コ、ニ・コレニオイテ・ツ、シムコトハ・マコト・イハク

語系 粤・越・曰・于 jiuat は同声。聿・遹 jiuət も声近く、みな発語の「ここに」に用いる。曰は祝詞や盟誓を披く意象の字で原義に近く、他は仮借字。

【粤宛】よくしたがう。〔管子、五行〕然らば則ち天、粤宛を爲すときは、草木養長し、五穀蕃實秀大なり。

【粤若】ここに。発語の辞。漢・王延寿〔魯の霊光殿の賦〕粤若に古の帝漢の祖宗を稽ふるに、濬哲欽明なり。

↓閩粤

常

【越】 12 4380 ［戉］ 9 3330

エツ(ヱツ) オチ(ヲチ)
こえる ここに

篆文 金文

形声 声符は戉。〔説文〕二上に「度るなり」、また戉二下は「踰ゆるなり」とあって、声義同じ。

訓義 ①こえる、わたる。②度越して、遠く至ることをいう。とおい、いたる。③与に通じて、と。于・粤に通じて、ここに、に、これ。④国の名、種族の名。

古訓 〔名義抄〕越 コユ・コ、ニ・コレ・オイテ・オク・ムカシニ・ワタル・トホシ・コレニオイテ・ムキカフ・コ、ロ 〔字鏡集〕越 コユ・ワタル・ハシル・トホシ・ムカシ・オク・オイテ・コ、ニ・コレニオイテ・コレ・ヤク・コ、ロ

語系 越・曰・粤・于 jiuat、聿・遹 jiuət はみな声近く、発語の「ここに」の意に用いる。

【越軌】規則を逸脱する。〔北史、魏孝文帝紀〕迺者(このごろ)人漸く奢尙にして、婚葬軌を越ゆ。～犯す者は、違制を以て論ぜよ。

【越竟】国境をこえる。〔左伝、宣二年〕太史書して曰く、趙盾、其の君を弑すと。～孔子曰く、～趙宣子は古の良大夫なり。法の爲に惡を受く。惜しいかな、竟を越えなば、乃ち免れしならんと。

【越在】遠く離れて居る。漢・潘勖〔魏公に九錫を冊する文〕制詔す。～朕不德を以て、少くして閔凶に遭ひ、西土に越在し、唐衞に遷る。

【越次】順序をこえる。〔漢書、馮野王伝〕上、下第よりして(張)譚を用ふ。次を越え嫌を避けて野王を用ひず。昭儀の兄なるを以ての故なり。

【越若】ここに。曰若。〔書、召誥〕越若に來る三月、惟れ丙午朏より、三日戊申に越ぶ。

【越俎】本分をこえて、他人の職分を犯す。〔荘子、逍遥遊〕庖人庖を治めずと雖も、尸祝(尸や祝)樽俎を越えて之れに代らず。

【越礼】礼法をこえる。魏・嵆康〔司馬相如賛〕長卿世を慢り、禮を越えて自ら放にす。犢鼻して市に居り、其の狀を恥ぢず。

↑越位 分をこえる／越逸 勝手にふるまう／越軼 逸亡する／越溢 あふれる／越界 越境／越外 分外／越格 規定をこえる／越境 越竟／越疆 越境／越群 抜群／越控 越訴する／越獄 脱獄／越思 とりこし苦労／越訟 越控／越墻 よばい／越職 越権／越絶 絶険のところ／越渡 こえる／越度 おちど／越冬 冬越し／越等 越次／越分 過分／越法 規定をこえる／越踰 こえる／越裂 散失する

↓違越・汨越・逸越・溢越・隕越・遠越・甌越・乖越・干越・激越・胡越・跨越・呉越・克越・差越・散越・殊越・秀越・清越・僭越・楚越・対越・卓越・檀越・超越・顚越・度越・騰越・播越・閩越・奮越・放越・奔越・踰越・優越・陵越

【暍】 13 6602

エツ
あつさあたり

篆文

形声 声符は曷。曷に謁(謁)の声がある。〔説文〕七上に「暑に傷るるなり」、〔玉篇〕に「熱に中るなり」とあって、暑気あたりをいう。

訓義 ①あつさあたり。②あつい、あたたかい。

古訓 〔名義抄〕暍 アタ、カ・アツシ 〔字鏡集〕暍 アタ、カ・ヤクル・タガフ・アツヤク・アツシ

【暍人】暑気あたりの人。〔淮南子、人間訓〕武王、暍人を樾下に蔭はしめ、左に擁して右に之れを扇ぐ。而して天下其の德に懷きたり。

↑暍暍 熱が高い／暍困 暍疾／暍死 炎熱死／暍疾 夏病み／暍者 暍人／暍暑 暑気にあたる

【鉞】 13 8315 ［戉］ 5 5370

エツ(ヱツ)
まさかり

篆文 甲骨文 金文

形声 声符は戉。戉は鉞の初文で象形。〔説文〕十二下に「戉は斧なり」とし、また鉞字条十四上に「車の鑾聲なり」とし、〔詩〕の「鑾聲鉞鉞」の句を引くが、〔詩、小雅、庭燎〕〔詩、魯頌、泮水〕に「鸞聲噦噦」に作り、その字は鐬で三家詩の異文、鉞とは別の字である。

訓義 ①まさかり、おおおの。②戉は鉞の初文。

古訓 〔新撰字鏡〕鈇 鉞なり。万佐加利(まさかり) 〔名義抄〕戉 カイソク／鉞 ホコ・マサカリ／鈇鉞 マサカリ 〔字鏡集〕戉 カイソク／鉞 マサカリ・テオノ

声系 〔説文〕に戉声として鉞・戉・越など八字を収めるが、鉞は戉の繁文。〔説文〕の附音「呼會切」は、字を鐬と誤るものである。

【鉞下】斧鉞を賜うた将軍の部下。梁・江淹〔～竟陵公子良に詣たす牋〕竊かに惟ふに明使君鉞下、～譽は紘外に拂たり、芳は震中に激す。

↑鉞斧 刑具

↓麾鉞・玉鉞・金鉞・桀鉞・黄鉞・執鉞・受鉞・杖鉞・征鉞・節鉞・斧鉞・鈇鉞・秉鉞

【噎】 15 6401

エツ エイ
むせぶ ふさぐ

篆文

形声 声符は壹(壱)。壹は壺中のものが発酵して、気のむれる状態をいう。咽喉がむせぶ状態となることを噎という。〔説文〕二上に「飯、窒がるなり」とみえる。

訓義 ①むせぶ、ふさぐ。

古訓 〔新撰字鏡〕噎 肥ゆ、鳥聲。阿波不支(あはふき)、哽ぶ、氣逆を噦と曰ひ、塞喉を噎と曰ふ 〔名義抄〕噎 ムス・ムセブ・ムセム／嘶噎 コロ、ク 〔字鏡集〕噎 ムス・ムセブ・ムカツヮ・フサグ・サクリ・ミテリ・ウレフ

語系 噎・饐 yet は同声。嗌 iek、咽 yen、嚥 yan も声義近く、むりに呑みこんで、はげしくむせぶような状態をいう。

【噎噫】むせび悲しむ声。〔方言、一〕宋・衞の閒、凡そ怒りて噎噫する、之れを脅閲と謂ふ。

【噎嘔】むせぶ。喜びのあまり、声がつまる。唐・韓愈〔元和聖德詩〕卿士庶人 黃童白叟 踊躍歡呀し 失喜噎嘔す

↑噎喑 声がつまる／噎鬱 気がふさがる／噎噎 むせぶ／噎欧 噎嘔／噎娼 うれえいとう

↓晻噎・煙噎・塵噎・霾噎・風噎・氛噎・幽噎

常 【謁】15 人〔謁〕16 0662 エツ まみえる

篆文 

形声 声符は曷。曷に暍の声がある。〔説文〕三上に「白すなり」とあり、もと神に告げ求める意。曷は曰と匃とに従い、曰は祝詞。匃は屍骨の象で、その呪霊によって神に請謁する意であった。のち貴人にまみえる意に用いる。

訓義 1まみえる。2つげる、とう、こう。3とりつぎ、その際に用いるなふだ。

古訓 〔名義抄〕謁 マミユ・アフ・ムカフ・マウス・ネガフ・コフ・イフ・ツグ・カタラフ・ト、ノフ・ツカフ・ウク・シロシ・エラブ

語系 謁 iat、曷 hat、喝（喝）xat、遏 at、歇 xiat、竭 giat はみな曷の声義を承け、請謁・遏止の意をもつ字。また抑 iet、壓（圧）eap も声義近く、強く求める意がある。

【謁帰】休暇をえて帰る。〔史記、高祖紀〕三年、魏王豹、謁歸し、親の疾を視る。至れば卽ち河津（渡場）を絶ち、反つて楚の爲にす。

【謁見】貴人にまみえる。〔後漢書、張禹伝〕（張）況、郡吏と爲り、光武に謁見す。光武大いに喜びて曰く、乃ち今、我が大舅を得たるかと。

【謁刺】名刺。宋・祝穆〔事文類聚、別集、人事部〕汪輔之といふ者有り。～初めて入謁す。潞公（文彦博）方に廳事に坐し、謁刺を閲み、案上に置きて問はず。

【謁者】取次の役。〔韓非子、説林上〕不死の藥を荊王に獻ずる者有り。謁者之れを操りて以て入る。中射の士問うて曰く、食らふべきかと。曰く、可なりと。因りて奪ひて之れを食らふ。

↑謁急 急を告げる／謁観 謁見する／謁遇 面会する／謁候 伺候する／謁告 暇を請う／謁辞 あいさつ／謁舎 面会所／謁請 お目通りをねがう／謁薦 お供え／謁奠 お祭

↓往謁・求謁・啓謁・敬謁・迎謁・告謁・私謁・刺謁・祠謁・辞謁・受謁・女謁・上謁・進謁・趨謁・薦謁・素謁・走謁・朝謁・通謁・典謁・内謁・入謁・拝謁・伏謁・奉謁・面謁・来謁・礼謁

常 【閲】15 7721 〔閱〕15 7721 エツ かぞえる けみする いれる

篆文 

形声 声符は兌。〔説文〕十二上に「數を門中に具するなり」とあり、「説の省聲」とする。門中の車馬の数をかぞえる意。〔周礼、夏官、大司馬〕「大閱」の〔鄭玄注〕に「軍實を簡ぶるなり」とあるのと、同じ意。軍礼をいう字とするものである。

訓義 1かぞえる。2すべて改めしらべる意に用いる。3けみする、みる。4功績をいう。いさお。5うける、あたえる。

古訓 〔名義抄〕閲 カゾフ・ミル・エラブ・カムガフ・イル・ウク・ヒラク・ヨル 〔字鏡集〕閲 エラブ・ミル・カズ・イル・カゾフ・ウク・マラウド・アラハス・アツム・カムガフ・マコト

【閲巻】答案をしらべる。〔宋史、選挙志一〕凡そ廷試は、帝親しく閲巻し、日を累ぬ。宰相屢宜しく有司に歸せんことを請ふ。

【閲視】みてまわる。〔後漢書、皇后紀序〕洛陽鄕中に於て、良家の童女、年十三以上、二十已下の姿色端麗、法相に合する者を閲視せしむ。

【閲試】ためす。〔後漢書、文苑下、禰衡伝〕（曹操）衡の善く鼓を撃つを聞き、乃ち召して鼓史と爲し、因りて大いに賓客を會し、音節を閲試す。

【閲実】実否をしらべる。〔書、呂刑〕大辟（死罪）の疑はしきは赦し、其の罰は千鍰、其の罪を閲實す。

【閲兵】軍を査閲する。元・王惲〔沢潞即事雑詩、三首、二〕角聲、日を催して牙城に上り 白羽、風淸くして坐して兵を閲す

【閲歴】経過する。清・石濤〔梅竹小幅、四首、一〕六朝を閲歴するに、惟だ隱逸 支離たる殘臘、倍ます精神

↑閲軍 演習して閲兵する／閲月 月がたつ／閲歳 年をへる／閲者 読者／閲書 読書／閲世 世をへる／閲定 調べる／閲読 書を読む／閲年 年をへる／閲武 閲軍／閲問 調べる／閲覧 閲読

↓按閲・一閲・簡閲・掘閲・検閲・考閲・校閲・講閲・査閲・坐閲・熟閲・親閲・省閲・精閲・大閲・探閲・伐閲・閥閲・繙閲・披閲・門閲・容閲・臨閲

エン

常 【円】4 7722 人〔圓〕13 6080 エン（ヱン） まる まるい まわり まどか

篆文 

形声 旧字は圓に作り、員声。員は円鼎。貝の部分は鼎の省略形。口は円鼎の口沿を○で示したもので、員がその初文。のち員を他義に用いるに及んで、更に外周を加え、圓となった。〔説文〕六下に「圜みて員の若くす」とし、「讀みて員の若くす」とする。

訓義 1まる、まるい。2その円周、まわり。3まどか、なめらか、完全。

古訓 〔名義抄〕圓 マトナリ・マドカナリ・マドカニ・ミツ・マロナリ・マロガス・アツマル 〔字鏡集〕圓 マロナリ・マドカナリ・マリラカ・マロガス・マトナリ・マワリ・メグル・ミツ・アツマル・ハナノカザリ・モトノマ、・ウチホラ

語系 圓・員 hiuan、圜 hiuan、丸 huan は声義近く、みな、まろきものの、円周、円転の意がある。宛 iuan、腕 uan、爰 hiuan も同系の語とみてよい。

【円活】なだらか。元・吾丘衍〔学古編〕小篆、李斯は方圓廓落、李陽冰は圓活姿媚なり。

【円滑】なだらか。宋・丁謂〔公舍春日〕詩 鶯聲圓滑にして、耳を淸ますに堪へたり 花艷鮮明にして、身を照らさんと欲す

【円機】ぶんまわし。円の中心。〔荘子、盗跖〕若しくは是、若しくは非、而の圓機を執り、獨り而の意を成して、道と與に徘徊せよ。

【円通】事理に通達する。〔梁書、処士、陶弘景伝〕弘景、人と爲り圓通謙謹、出處冥會、心明鏡の如し。物に遇へば便ち了る。

【円転】なめらか。唐・白居易〔胡旋女〕詩 天寶の季年、時變ぜんと欲し 臣妾人人、圓轉を學ぶ

【円満】仏教語。みち足りる。〔南史、梁武帝紀〕神光有り、壇上に圓滿し、朱紫黃白雜色あり。食頃しばらくにして乃ち滅す。

【円顱】まるい頭。〔南史、陳武帝紀〕日者昊天不弔（淑）にして、亂を我が國家に鍾め、～方趾圓顱（平足、円頭。人間）萬に一を遺さず。

↑円景 月／円影 月／円円 まんまる／円穏 おだやか／円規 ぶんまわし／円丘 天を祀る壇／円邱 円丘／円光 日月の光／円渾 渾沌／円坐 車座に坐る／円日 十五夜の日／円首 人の頭、人／円熟

熟達する／円潤 円熟する／円象 日月星辰などをいう／円扇 うちわ／円旋 めぐる／円蟾 月をいう／円足 充足する／円壇 天壇／円土 牢獄／円備 完備する／円楣 まる木のはり／円方 方円／円夢 夢中／円門 獄門／円融 なだらか／円麗 なだらかで美しい

↓一円・規円・丘円・形円・光円・渾円・周円・深円・清円・楕円・大円・団円・池円・通円・篆円・半円・幅円・輻円・平円・璧円・方円・露円

【㕣】 5 8060 ［容］ 12 2160 エン よりそう

篆文  古文 

会意 八（八）＋口。八は神気の彷彿として下る形。口は祝詞を収める器（口）の形。神気を二重に示す形は谷。その廟中にあらわれるものは容で、神容の意。〔説文〕二上に載せる古文の形は、深く面帽でその容をかくす意で、目を加えた字は睿。〔説文〕に「山閒の陷泥の地なり」とし、〔段注〕に谷と同系とするが、その系統の字ではない。㕣は下に人を加えると兌、神意を承けて恍惚の状となる意。

訓義 1よりそう。2やまあいのぬま。

声系 〔説文〕に㕣声として船（船）・沿（沿）・鉛（鉛）の三字を収める。〔釈名、釈船〕に「船は循なり。水に循ひて行くなり」、また〔荀子、栄辱、注〕に「鉛は循なり」とあり、㕣に循の声義がある。

【夗】 5 2721 エン（エン） ふくよか ころがりふす

篆文 

象形 人が坐して、その膝のふくよかな形。〔説文〕七上に「轉臥するなり」とし、夕と卩（節）に従う字とするが、夕は坐する人の膝のふくよかな形。転臥の象ではない。

訓義 1ふくよか。2ころがりふす。

声系 〔説文〕に夗声として苑（苑）・鴛・宛・怨、また宛声として婉など十七字を収める。おおむね夗の声義を承け、ふくよかで婉約の意を含む字である。

語系 夗・宛・怨・婉iuanは同声。迂・紆iua、委・逶iuaiは声義近く、みな婉約・迂曲の意がある。

【夗専】 双六の賽。専は轉（転）の音でよむ。〔方言、五〕簙、之れを蔽と謂ふ。～呉・楚の閒、～或いは之れを夗専と謂ふ。

【㫃】 6 0820 エン はたあし ふきながし

篆文  古文  甲骨文  金文 

象形 旗竿とそれに著けた吹き流しの形。〔説文〕七上に「旌旗の游（吹き流し）㫃蹇たるの皃なり。中に従ひ、曲りて垂下す。㫃して相ひ出入するなり」（段注本）とみえる。

訓義 1はたあし、ふきながし。

古訓 〔色葉字類抄〕㫃 ハタアシ 〔字鏡集〕㫃 マフハタ

部首 旌旗の類の部首。〔説文〕に二十二字、〔玉篇〕に三十七字。のちの字書に方部に収めるが、もと方とは異なる字である。

参考 㫃ian、偃yanは声義に通ずるところがあり、先秦の人名に、晋の荀偃、鄭の公子偃、孔門の言偃はみな字を子游という。吹き流しの游の㫃蹇の意をとるもので、名と字と対待の義をなすものである。

↑㫃蹇 吹き流しのさま

【妟】 7 6040 エン やすらか

篆文 

会意 日＋女。〔説文〕十二下に「安らかなるなり」とし、女日の会意とするが、日に従う字ではない。日は玉の形。その玉を以て女の魂振りをする呪儀を示す。その呪儀を、秘匿のところで行うを匽、廟所で行うを宴という。

訓義 1やすらか。2晏と通用する。

語系 妟an、匽・宴yanは一系の字。〔説文〕に匽声の字として偃・揠などを収める。婉iuan、嫣ianも声義の関係のある語であろう。

【肙】 7 6022 エン（エン） ぼうふら

篆文 

象形 ぼうふらの形。〔説文〕四下に「小蟲なり。肉に従ひ、口聲、一に曰く、空なり」とし、また虫部十三上に「蜎は肙なり」（段注本）とみえるが、何の虫であるかをいわない。蜎字条の〔段注〕に「按ずるに、井中の孑孒、蟲の至りて小なる者なり。獨り井中に之れ有るのみならず」と、ぼうふらと解する。肙はその象形とみてよく、口はその尾端の象であろう。目空の義は、捐の字義によるものであろう。

訓義 1ぼうふら。

声系 〔説文〕に肙声とするものは稍・悁・涓・絹など十七字。悁は於緣切、また蜎に狂兖・烏玄の二切があり、両声がある。

人【奄】 8 4071 ［奄］ 11 4071 エン おおう おおきい ひさしい にわか

篆文 

会意 大＋申。〔説文〕十下に大と申とに従い、「覆ふなり。大にして餘有るなり」とするが、大は人の形。下部は黽の形とみてよく、金文の図象にこれに類するものがある。呪物としての黽を掩蓋・奄閉する呪儀があったのであろう。

訓義 1おおう。2おおきい。3ひさしい。4にわか、たちまち。奄のこれらの諸義は、その呪的な方法から演繹されたものであろう。

古訓 〔名義抄〕奄 オホフ・タチマチ・ヒサシ・クチスホ・ヤム・イタル・ニハカ・ヒサグ・オホイナリ・スナハチ 〔字鏡集〕奄 オホフ・オホキナリ・タチマチ・ニハカニ・スナハチ・オナジ・ヒサシ・ヲソフ・イタル・タ（ク）チスホ・ヲロカ・トル・ヤム

声系 〔説文〕に奄声として晻・掩・淹・閹など十二字を収める。おおむね奄の声義を承ける字である。

語系 奄・掩・閹・猒iamは同声。弇iam、音（音）iəm系統の字も声義の関係があり、みな閉塞の意をもつ。

【奄藹】 雲気がたちこめる。魏・王粲〔鶯の賦〕日奄藹として、以て西に邁き、忽ち逍遙して、既に冥し。隅角に就きて翼を斂め、獨宿に倦みて頸を宛む。

【奄奄】 息がたえだえになる。晋・李密〔情事を陳ぶる表〕過って拔擢を蒙り、寵命優渥なり。～但だ劉（祖母）、日（生命）西山に薄り、氣息奄奄たり。人命危淺にして、朝に夕を慮られず。

【奄棄】 にわかに棄てる。死ぬことをいう。唐・韓愈〔憲宗崩し、諸道に慰する疏〕上天禍を降し、大行皇帝、萬國を奄棄す。伏して惟ふに攀慕永痛、哀感勝へ難し。

【奄忽】 たちまち。にわかに。〔文選、古詩十九首、四〕人生の一世に寄すること 奄忽として、飈塵の若し

【奄受】 奄有。〔後漢書、張衡伝〕區夏を奄受して、遂に帝位を定めたるは、皆謀臣の由なり。

【奄人】 宦官。閹人。〔唐書、趙憬伝〕時に杜黄裳、奄人の讒詆に遭ふ。～憬、救護申解し、皆免るることを得たり。

【奄息】 いこう。休息する。唐・張籍〔懐別〕詩 遠程、未だ奄息せず 別念、朝昏に在り

【奄有】 くまなく保有する。〔書、大禹謨〕皇天眷命

し、四海を奄有し、天下の君と爲す。
➡奄靄　奄藹／奄一　統一する／奄化　死ぬ／奄隔　死ぬ／奄官　宦官／奄欻　奄忽／奄口　口をおおう／奄荒　久遠／奄寺　宦官／奄謝　死ぬ／奄豎　宦官／奄逝　死ぬ／奄冉　ぐずつく／奄然　さながら／奄宅　久しく住む／奄奠　奄有／奄莫　くれる／奄抑　抑える／奄淪　死ぬ

常【宛】8 3021

エン(ヱン)　ウツ
かがむ　まがる　ふくよか　さながら　あたかも

篆文 

会意　宀＋夗。〔説文〕七下に「草を屈めて自ら覆ふなり」とするが、そのような形象の字ではない。宀は廟。夗は人が坐して、膝のふくよかな形。廟中に坐して神霊を拝する形であろう。

訓義　1かがむ、まがる。2ふくよかなさま、うつくしい。3さながら、そのままの姿勢、あたかも。4鬱の音でよみ、むすぼれる。

古訓　〔名義抄〕宛　カタチ・アタカモ・シヌベシ・マタシ　〔字鏡集〕宛　アタハス・シヌベシ・シヘタリ・ワヅラフ・カ、ル・カタチ・シノグ・ウラム・アタカ・ツカヌ・マダシ・ヰル・ワク・ワカル・スム・タシナム

声系　〔説文〕に宛声として苑・婉など五字を録する。おおむね宛屈・宛鬱の意をもつ字である。

語系　宛・婉iuan、腕uanはふくよかにまがる意。委・逶iuai、紆・迂iuaもゆるやかにめぐる意があり、同系の語である。

【宛延】うねうねと長くつらなる。漢・揚雄〔甘泉の賦〕紅采の流離を曳き、翠氣の宛延を颺ぐ。

【宛然】さながら。そのまま。〔唐国史補、上〕山川宛然として、原野未だ改まらず。

【宛転】ゆるやかにめぐる。女の眉の美しいさま。唐・劉希夷〔白頭を悲しむ翁に代る〕詩　宛轉たる娥眉、能く幾時ぞ　須臾にして鶴髮、亂れて絲の如し

【宛孌】親しみ愛する。唐・蔣防〔霍小玉伝〕爾れより宛孌相ひ得ること、翡翠の雲路に在るが若どし。

➡宛宛　連なる／宛蜒　宛延／宛気　鬱気／宛結　鬱結する／宛乎　とけちる／宛虹　虹／宛似　宛然／宛爾　明らか／宛順　柔順／宛如　意のまま／宛舌　巻き舌／宛暢　のびやか／宛媚　美しい／宛曼　遥か／宛妙　曲折の妙／宛麗　美しい

➡縈宛・粤宛・曲宛

常【延】8 1240 〖延〗7 1240

エン
はかみち　のびる　のばす　つらなる

篆文 

会意　㢟(廴)＋丿声とするが、字は㢟に従う。㢟は「長行なり」とし、丿声とするが、字は㢟に従う。

死者。㢟は廷のような儀礼の場所。おそらく墓室に通ずる羨道の意で、羨の本字。羨は仮借字であろう。ゆえに長延の意がある。

訓義　1はかみち。2ながい、のびる、のばす、とおい。3つらなる、およぶ。

古訓　〔名義抄〕延　ノブ・ヒク・オヨブ・シリゾク・ミチビク・ヒサシ・チカヅク・ホヒコル・ス、ム・アヒダ・トホシ・ナガシ・ヒログ　〔字鏡集〕延　ツラナル・ヒク・ツヾク・ス、ム・ナガシ・ホヒコル・オヨブ・ヒログ・イノチナガシ・ヒサシ・ミチビク・チカヅク・シリゾク・アヒダ

声系　〔説文〕に延声として唌・誕(誔)・筵・挻など九字を録する。筵・挻は延の声義を承ける字。

語系　延jian、演jyen、引jienは声義が近い。延は墓室への羨道、演・引は弓矢に関する字である。

【延引】引きのばす。また、引き入れる。唐・李白〔高山人に答へ、兼ねて權・顧二侯に呈す〕詩　故鄕の人を延引す　風義未だ淪替(すたれる)せず　顧侯は語默に達し　權子は通蔽を識る

【延延】連なる。唐・韓愈〔南山詩〕延延として、離れて又屬つなり　夬夬として、叛いて還た遘へり

【延期】時期を延ばす。〔漢書、王莽伝中〕予前きに大麓(官名)に在り、～劉(漢)を輔け延期する所以の術を思索廣求し、用ひざる所靡し。

【延及】ひき及ぶ。〔書、呂刑〕蚩尤惟れ始めて亂を作し、平民に延及し、寇賊せざる罔し。

【延頸】くびをのばす。待ち望む。〔三国志、呉、諸葛恪伝〕衆悅ばざる莫く、恪の出入する每に、百姓頸を延ばし、其の狀を見んことを思ふ。

【延見】引き入れて会う。引見。〔漢書、金安上伝〕太皇大后、數正殿に臨み、群臣を延見し、禮經を講習す。

【延寿】長生き。〔史記、封禅書〕(新垣)平、上に言ひて曰く、闕下に寶玉の氣の來たる者有りと。已にして之れを視るに、果して玉杯を獻ずる者有り。刻して人主延壽と曰ふ。

【延佇】しばらくたたずむ。たちどまり、望む。延竚。〔楚辞、離騷〕道を相るの察らかならざるを悔い　延佇して吾れ將に反らんとす

【延長】長くのびる。〔漢書、翼奉伝〕天道終りて始めに復す。窮すれば則ち本に反へる。故に能く延長して窮まる亡きなり。

【延年】命を延ばす。魏・阮籍〔詠懐、八十二首、五十五〕詩　人は言ふ、願はくは年を延ばさんと　年を延ばして、焉くにか之かんと欲する

【延望】頸をのばして遠く望む。〔宋書、何承天伝〕經略既に張り、宏圖將に擧がらんとす。士女延望し、華夷義を慕ふ。

【延袤】長く連なる。〔史記、蒙恬伝〕長城を築く。地形に因り、用て險塞を制す。臨洮より起りて、遼東に至る。延袤萬餘里。

【延誉】名声をあげる。〔韻語陽秋、十八〕孟浩然、詩名籍甚なり。一たび長安に遊び、王維傾蓋(一見して親しくなり)延譽す。

【延齢】命を延ばす。梁・簡文帝〔勅して長生米を賚ふを謝する啓〕食は乃ち民天の貴、粒に延齡の名有り。此れを藉りて身に資し、斯れに因りて性を養はん。

➡延飲　客と飲む／延縁　ぐずつく／延款　款待する／延企　遠方を望む／延久　永久／延仰　仰ぐ／延迎　延接する／延結　延接する／延顧　接待する／延亘　連なる／延視　遠方を望む／延首　待つ／延世　長生／延声　延誉／延接　引接する／延薦　とり立て／延属　連なる／延滞　滞る／延竚　延佇／延眺　遠方を眺める／延道　墓道／延入　接納する／延納　延入／延慕　したう／延蔓　のびる／延綿　続く／延攬　とり立て／延留　とどまる／延路　遠路

➡永延・宛延・淹延・遐延・久延・迎延・広延・周延・順延・招延・親延・接延・遷延・薦延・遅延・佇延・登延・賓延・曼延・蔓延・踰延・連延

常【沿】8 3716 〖沿〗8 3716

エン
そう　へり

篆文 

形声　声符は㕣。〔説文〕十一上に㕣を「山閒の陷泥の地」とするが、㕣は祝禱に対して神気のあらわれる意で、神意に承順する意。神意を承けて恍惚とな

るを兌・悦（悦）・脱（脱）という。随順の意を水に施して沿という。

訓義 ①そう。②川のくま。③沿辺、へり。

古訓 〔名義抄〕沿 シタガフ・シタヽル・ヨル・シヅム・ナガレ・クム・タル・アラタシ・ナガレカヽル 〔字鏡集〕沿 ヨル・ナガレ・ナガレカヽル・ナガレクダル・シタヽル・シタム・シヅム・ミナギル・シタガフ・クム・アラタム・ヨナ（ト）ム

【沿洄】えんかい（くわい） 流れに沿うて上下する。唐・李白〔淮陰書懐、王宗成に寄す〕詩 沿洄、且（しばら）く定まらず 瓢忽（へうこつ）、悵として徂征す

【沿海】えんかい 海沿い。その土地。〔国語、呉語〕海に沿ひ淮を泝（さかのぼ）り、以て呉の路を絶たむ。

【沿革】えんかく 移り変わり。変改の経過。〔隋書、高祖紀上〕朕（われ）籙に應じ圖を受け、海内に君臨す。載（すなは）ち沿革を懷ふも、事に同じからざる有り。

【沿襲】えんしゅう（しふ） しきたり。しきたりに従う。〔陳書、儒林、沈文阿伝〕其の壞奠（作物のお供え）の節、～此の數事の若（ごと）きは、未だ古に聞かず。後相ひ沿襲し、梁に至りて之れを行ふ。

【沿泝】えんそ 流れに沿うて上下する。〔水経注、江水二〕夏水陵に襄（のぼ）るに至りて、沿泝阻絶す。王命急宣のとき、時に朝に白帝を發し、暮に江陵に到ること有り。其の閒、千二百里。乘奔御風と雖も、以て疾（はや）しとせず。

➡沿河（えんか） 河ぞい／沿改（えんかい） 沿革／沿貫（えんかん） 沿襲／沿岸（えんがん） 岸べ／沿察（えんさつ） 巡察する／沿習（えんしゅう） 習わし／沿飾（えんしょく） 飾る／沿創（えんそう） 沿革／沿途（えんと） 道すじ／沿道（えんどう） 道すじ／沿波（えんぱ） 波のまにまに／沿泛（えんぱん） 舟で下る／沿流（えんりゅう） 川ぞい／沿歴（えんれき） 経過する／沿路（えんろ） 沿道

➡洄沿・襲沿・旋沿・泝沿・旁沿

常 **【炎】** 8 9080 エン タン ほのお

篆文

甲骨文

金文

会意 火＋火。火炎の意をあらわす。〔説文〕十上に「火光上るなり」とみえる。

訓義 ①ほのお、ほむら。②もえる、やく、さかん、あつい。

古訓 〔字鏡集〕炎 ホノホ・ヒノハナ・アツシ・カゲロフ

部首 〔説文〕に燄・粦など七字、〔玉篇〕に九字を属する。燄は炎の形声字。

声系 〔説文〕に炎声として琰・啖・談・剡（せん）・欻（こつ）など十五字を録する。欻は会意とみるべきであろう。

語系 炎・燄jiamは同声、燄は〔説文〕に「火行（めぐ）ること微にして燄燄たるなり」という。

【炎威】えんい（ゐ） はげしい暑さ。唐・劉禹錫〔裴祭酒尚書～同作〕詩 吟風、天籟を起し 蔽日、炎威無し

【炎燠】えんいく（ゐく） 非常に暑い。唐・白居易〔曲江早秋〕詩 方（まさ）に喜ぶ、炎燠の銷（き）ゆるを 復（ま）た嗟（なげ）く、時節の換るを

【炎鬱】えんうつ むし暑い。宋・欧陽脩〔普明院避暑〕詩 勝を選びて炎鬱を避く 林泉、清、佳（よ）なるべし

【炎炎】えんえん かがやく。さかん。〔荘子、斉物論〕大知は閑閑（寛裕）たり、小知は閒閒（分別ずき）たり。大言は炎炎たり、小言は詹詹（せんせん）（無駄弁）たり。

【炎夏】えんか ま夏。〔水経注、巨洋水〕余、總角の年、節を東州に持す。至れば炎夏、火流るるが若（ごと）し。閑居倦想、琴を提げ、友を命ず。

【炎気】えんき あつさ。〔楚辞、九章、悲回風〕炎氣の相ひ仍（よ）るを觀 煙液の積む所を窺ふ

【炎光】えんこう（くわう） ほのおの光。〔晋書、劉元海載記〕顯宗孝明皇帝、肅宗孝章皇帝、累葉暉（ひか）りを重ね、炎光再び闡（あき）らかなり。

【炎荒】えんこう（くわう） 南方僻遠の地。唐・柳宗元〔弟宗直を祭る文〕炎荒萬里、毒瘴充塞す。汝已に久しく病めるに、此（ここ）に來（きた）りて吾（われ）に伴ふ。～一寐（いち）覺めず、便（すなは）ち古人と爲る。茫茫たる上天、豈に此の痛（いた）みを知らんや。

【炎暑】えんしょ きびしい暑さ。魏・阮籍〔詠懐、八十二首、七〕詩 炎暑惟（こ）れ茲（こ）の夏 三旬將（まさ）に移らんと欲す

【炎蒸】えんじょう むしあつい。唐・杜甫〔李十二白に寄す〕詩 五嶺、炎蒸の地 三危（三苗の地）、放逐の臣

【炎天】えんてん 夏の日。南朝宋・顔延之〔夏夜、従兄の散騎車長沙に呈す〕詩 炎天方に埃鬱（あいうつ） 暑晏、塵粉を闋（と）ざす 獨り靜かに閑偶に坐し 堂に臨んで星分に對す

【炎熱】えんねつ きびしい暑さ。唐・杜甫〔楊五桂州譚に寄す〕詩 五嶺（桂州の山）は皆炎熱 人に宜しきは、獨（ただ）桂林のみ

【炎風】えんぷう 東北の風。また熱風。唐・岑参〔交河郡に使す。郡は火山の脚（ふもと）に在り。其の地苦熱にして、雨雪無し。～〕詩 暮に投ず交河城 火山赤くして崔巍（さいぎ）たり 九月尚ほ流汗 炎風沙埃を吹く

【炎涼】えんりょう（りやう） 寒温。寒暄。〔水経注、灉水〕湯側に又寒泉有り。地勢殊ならざるも、炎涼致を異にす。隆火盛日と雖も、肅として冰谷の若（ごと）し。

➡炎靄（えんあい） 夏の気／炎裔（えんえい） 南の果て／炎焔（えんえん） ほのお／炎火（えんか） ほのお／炎赫（えんかく） 暑熱／炎旱（えんかん） ひでり／炎漢（えんかん） 漢は火徳の王／炎暵（えんかん） ひでり／炎暉（えんき） 暑い日光／炎徼（えんきょう） 炎熱の地／炎鑠（えんしゃく） 酷熱／炎瘴（えんしょう） 瘴癘の気／炎上（えんじょう） もえる／炎燧（えんすい） のろし／炎節（えんせつ） 夏／炎土（えんど） 南土／炎毒（えんどく） 暑気あたり／炎氛（えんぷん） 暑気／炎門（えんもん） 権門／炎爚（えんやく） 猛炎／炎陽（えんよう） 夏／炎燿（えんよう） もえ耀く／炎烈（えんれつ） 酷熱

➡威炎・火炎・赫炎・気炎・光炎・残炎・焦炎・余炎・陽炎・涼炎

人 **【苑】** 8 4421 〔苑〕 9 4421 エン（ヱン） オン（ヲン） ウツ その まきば

篆文

古印璽

形声 声符は夗（えん）。夗は人がふくよかに坐する形。ゆるやかに起伏するものの意がある。〔説文〕一下に「禽獸を養ふ所以なり」とあり、牧場の類をいう。

訓義 ①その。②まきば、まき。③鬱・薀に通じ、こもる、つもる、むすぼれる。

古訓 〔名義抄〕苑 ソノ

語系 苑・夗・宛・婉iuanは同声。迂・紆iua、委・逶iuaiは声義近く、みな、ゆるやかに迂曲する意がある。鬱iuat、薀iuənと通じ、鬱結する意がある。

【苑花】えんか（ゑんくわ） その の花。唐・白居易〔馬侍御の贈らるるに答ふ〕詩 苑花雪に似て、同じく輦に隨ひ 宮月眉の如く、直廬（ちょくろ）（宿直の室）に伴ふ

【苑結】えんけつ 心が結ぼれる。苑は鬱。鬱結。〔詩、小雅、都人士〕彼の君子の女 之れを尹吉（ゐんきつ）と謂ふ 我見ずして 我が心苑結す

【苑樹】えんじゅ（ゑん） 庭園の木。唐・宋之問〔竜門、応制〕詩 河堤、柳新たに翠に 苑樹、花先づ發（ひら）く

【苑牆】えんしょう（ゑんしやう） 庭のかき。唐・杜甫〔曲江、雨に対す〕詩 城上の春雲、苑牆を覆ふ 江亭の晩色、年芳靜かなり

【苑囿】えんゆう（ゑんいう） 動物を畜（か）うところ。大を苑、小を囿という。また樹木に苑、禽獣に囿という。〔呂覧、重己〕昔、先聖王の苑囿園池を爲（つく）るや、以て觀望して形を勞（ねぎら）ふに足るのみ。～聖王の性を養ふ所以なり。

➡苑外（えんがい） 庭の外／苑廐（えんきゅう） うまや／苑沼（えんしょう） 苑池／苑地（えんち） その／苑池（えんち） 庭園と池

➡花苑・画苑・外苑・学苑・翰苑・旧苑・宮苑・廐苑・御苑・禁苑・空苑・瓊苑・芸苑・古苑・故苑・小苑・上苑・神苑・新苑・清苑・

仙苑・池苑・帝苑・内苑・廃苑・文苑・芳苑・鳳苑・名苑・薬苑・囿苑・游苑・霊苑・鹿苑

【阽】 8 7126 エン テン くずれる あやうい

篆文

形声 声符は占。占に黏・店の声がある。〔説文〕十四下に「壁危きなり」とあり、壁の崩れるおそれがあることをいう。〔楚辞、離騒〕に「余が身を阽くして死に危づく」という句があり、〔広雅、釈詁一〕に「危きなり」とみえる。

訓義 ①くずれる、くずれかかる。②あやうい、死にかかる。③のぞむ、危うきにのぞむ。④おちかかる。

古訓 〔名義抄〕阽 アヤシ・シタフ・ノゾム 〔字鏡集〕阽 ノゾム・シタガフ・アヤフシ・シタシ・アヤシ

【阽危】 危ういところに臨む。〔三国志、魏、和洽伝〕昏世の主には、黷近すべからず。久しく阽危せば、必ず讒慝の、其の中を閒つる者有らん。

→危阽

【匽】 9 7171 エン かくす ふせる たのしむ

篆文 金文

形声 声符は妟。妟は女子の頭上に玉（日）をおいて魂振りする儀礼。匸は秘匿の場所。〔説文〕十二下に「匿すなり」とするが、匿（匿）も秘匿のところで巫が呪儀を行うことを示す字である。

訓義 ①かくす。②偃と通じ、ふせる。③宴の初文。金文に匽飲のように用いる。たのしむ。

古訓 〔字鏡集〕匽 フス・カクル

声系 〔説文〕に匽声として偃・揠など六字を収める。偃匿・堰塞の意がある。

語系 匽・宴yan、妟anは一系の字。婉iuan、燕・嫣ianは声義近く、たのしみやわらぐ意がある。

【匽飲】 宴飲。金文〔杕氏壺〕慮れ以て匽飲し、我が室家を盱しましめん。

【匽廁】 便所。〔唐書、百官志三〕右校署、令二人、～版築・塗泥・丹堊・匽廁の事を掌る。

【匽武】 武器をふせ、戦いをやめる。〔漢書、礼楽志〕海内安寧にして、文を興し武を匽す。

【匽兵】 武器をふせ、戦いをやめる。〔漢書、天文志〕天下兵を匽す。壄（野）に兵（武器）有る者は、當る所の國、大凶ならん。

→匽戟 三枝の戟／匽溷 匽廁／匽溲 かわや／匽豬 雨だれうけ／匽瀦 匽豬／匽薄 伏し迫る

【垣】 常 9 4111 エン（ヱン） かき

篆文 籀文 金文 その他

形声 声符は亘。亘に桓・洹の声がある。〔説文〕十三下に「牆なり」とあり、籀文の字形は城郭の象に従う。亘は建物をめぐる形。

訓義 ①かき、かきね。

古訓 〔名義抄〕垣 カキ・ソコ・カタム

語系 垣・院hiuanは同声。周垣のあるものをいう。

【垣宮】 諸侯の大学。〔白虎通、辟雍〕諸侯には泮宮と曰ふ。～獨り南面禮儀の方に水有るのみ。其の餘は之れを壅ぐ。垣宮と言ふ。之れに名づくるは、尊卑を別つなり。

【垣墻】 かき。〔戦国策、燕三〕國の封疆有るは、猶ほ家の垣墻有るがごときなり。好を合はせ、惡を掩ふ所以なり。

【垣屛】 かき。〔晋書、文苑、成公綏伝〕垣屛駱驛して珠連、三台差池として鴈翔す。

→垣衣 かきの苔／垣下 かきね／垣捍 ふせぐ／垣幹 かきね／垣闕 門闕／垣柵 やらい／垣牆 かき／垣堵 お土居／垣土 ついじ／垣墉 かき／垣籬 まがき／垣閭 里門

→掖垣・壊垣・埦垣・毀垣・宮垣・禁垣・高垣・女垣・牆垣・神垣・苔垣・頽垣・長垣・殿垣・敗垣・藩垣・複垣・門垣・踰垣・埒垣・籬垣・繚垣・曡垣

【弇】 9 8044 エン カン ダン ナン ふかい ひろい

篆文 古文 甲骨文

会意 合＋廾。〔説文〕三上に「蓋なり」とし、合と廾の会意とするが、小篆の字形には疑問があり、その古文の字形から考えると婦人の分娩の形であろう。卜文に胯間を開き、両手を加える形があり、分娩の意に用いる。〔周礼、春官、典同〕注に「中央寬きを弇と謂ふ」とするのが初義に近い。

訓義 ①ふかい、ひろい。②おおう、せばめる、あわせる。

古訓 〔名義抄〕弇 クチスボ 〔字鏡集〕弇 オホフ・トホス・オナジ・ワタ

声系 〔説文〕に弇声として揜・媕など五字を収める。おおむね覆い斂める意をもつ字である。

語系 弇・揜・奄・掩iamは同声。掩蓋の意がある。

参考 〔爾雅、釈器〕に「圜の上を弇めたるもの、之れを鼒と曰ふ」とあり、口窄く、奥の深く大きなものの口沿部を弇という。卜文の「弇加」は「娩するに嘉なるか」の意であろう。嘉とは男子の出生をいう。

【弇声】 こもった声。〔周礼、春官、典同〕侈聲は筰（急な声）、弇聲は鬱（こもる声）なり。

【弇斂】 収めて外にあらわさない。〔呂覧、士容〕今は客の弇斂する所は、士の術施（述施）する所なり。

→弇鬱 声がこもる／弇蓋 おおう／弇侈 腹が大きい／弇中 狭い路／弇鄙 空疎／弇陋 浅薄

【怨】 常 9 2733 エン（ヱン） うらむ

篆文 古文

形声 声符は夗。〔説文〕十下に「恚るなり」という。夗は人の坐する形。廟中に坐して祈る形は宛、心に憂えることがあって、祈るような心情を怨という。古文は令に従うが、令とは神意を聞く意である。

訓義 ①うらむ。②いかりにくむ、かなしむ。

古訓 〔名義抄〕怨 ウラム・ウラミ・イカル・ハラタツ・ムツカル・アタ・オモフ／怨思 ウラミオモヒ

語系 怨・冤iuanは同声。心に冤として恨むところがあって、怨訴する心情を怨という。

【怨恚】 うらみいかる。〔漢書、王莽伝上〕傅太后之れを聞きて大いに怒り、會することを肯ぜず、重ねて莽を怨恚す。

【怨悪】 うらみにくむ。怨憎。〔淮南子、時則訓〕優游を行ひ、怨惡を棄て、役罪を解く。

【怨家】 うらみのある家。〔史記、張耳伝〕貫高の怨家、其の謀を知り、乃ち變を上り、之れを告ぐ。～上、皆趙王・貫高等を幷せ逮捕す。

【怨咎】 うらみとがめる。〔漢書、趙広漢伝〕潁川の豪傑大姓、～吏俗朋黨す。～既に罪名を得、法を行ひて之れを罰す。廣漢、故に其の語を漏泄して、相ひ怨咎せしむ。

【怨隙】 うらんで仲たがいする。〔後漢書、臧洪伝〕將吏皆垂泣して曰く、明府（洪）の袁氏（紹）に於ける、本と怨隙無し。今、郡將の爲の故に、自ら危困を致す。吏人何ぞ當(まさ)に明府を捨て去るに忍びんやと。

【怨結】(えんけつ)(ゑん) うらみがとけぬ。〔後漢書、王符伝〕正士、怨結を懷(いだ)きて信(の)べられず、猾吏、姦軌を崇んで坐せられず。此れ～天下に困窮多き所以なり。

【怨言】(えんげん)(ゑん) うらみごと。〔左伝、僖二十四年〕尤(とが)めて之れに效(なら)ふは、罪又甚だし。且つ怨言を出だしては、其の食(しよく)を食らはず。

【怨曠】(えんこう)(ゑんくわう) 配偶者のいない寂しさ。〔詩、邶風、雄雉、序〕軍旅數(しばしば)起り、大夫久しく役し、男女怨曠す。國人之れを患へて是の詩を作る。

【怨嗟】(えんさ)(ゑん) うらみなげく。唐・杜甫〔古柏行〕詩 志士幽人、怨嗟すること莫(なか)れ 古來、材大なれば用を爲し難し

【怨思】(えんし)(ゑん) うらむ。漢・班固〔兩都の賦の序〕京師、宮室を脩め、城隍を浚(ふか)くし、苑囿を起し、以て制度を備ふ。西土の耆老、咸(ことごと)く怨思を懷(いだ)く。

【怨讎】(えんしゆう)(ゑんしう) かたき。〔韓非子、解老〕有道の君、外には鄰敵に怨讎無く、內には人民に德澤有り。

【怨色】(えんしよく)(ゑん) うらむようす。〔左伝、襄二十一年〕伊尹(いいん)大甲を放ち、(復位ののち)之れを相(たす)く。(大甲)卒(つひ)に怨色無し。

【怨声】(えんせい)(ゑん) うらむ声。〔後漢書、何敞伝〕冤獄を擧ぐるに及んで、春秋の義を以て之れを斷ず。是(ここ)を以て郡中怨聲無く、百姓其の恩禮に化す。

【怨懟】(えんつい)(ゑん) うらむ。〔淮南子、兵略訓〕吳王夫差、～驕溢縱欲、諫を拒(こば)み諛を喜び、愎悍にして過ちを遂げ、～大臣怨懟し、百姓附かず。

【怨痛】(えんつう)(ゑん) うらみかなしむ。〔国語、周語上〕明神蠲(きよ)からず、民に遠志(反意)有り。民神怨痛し、依懷する所無し。故に神も亦た往く。

【怨慝】(えんとく)(ゑん) うらんで悪事をする。〔風俗通、過誉〕朋黨姦を構(かま)へ、～在る所荒亂し、虛にして治まらず。怨慝竝び作(おこ)り、百姓之れに苦しむ。

【怨讟】(えんとく)(ゑん) うらみそしる。〔貞観政要、君道〕怨讟既に作(おこ)り、離叛も亦た興る。

【怨毒】(えんどく)(ゑん) 深くうらむ。魏・阮籍〔詠懷、八十二首、十三〕詩 感慨、辛酸を懷く 怨毒、常に多きに苦しむ

【怨誹】(えんぴ)(ゑん) うらみそしる。〔後漢書、馬廖伝〕太后崩ぜし後、馬氏勢ひを失ふ。廖、性寛緩、子孫を教勅すること能はず。(馬)豫、遂に投書怨誹す。

【怨憤】(えんぷん)(ゑん) うらみ憤る。〔後漢書、文苑下、趙壹伝〕世を刺(そし)り邪を疾(にく)むの賦を作り、以て其の怨憤を舒ぶ。

【怨望】(えんぼう)(ゑんばう) うらみそねむ。〔史記、商君伝〕衛鞅～號して商君と爲す。商君、秦に相たること十年、宗室貴戚、怨望する者多し。

【怨尤】(えんゆう)(ゑんいう) うらむ。不満とする。〔呂覧、誣徒〕人の情、己に異なる者を惡(にく)む。此れ師徒相ひ與(とも)に怨尤を造(な)すなり。

➡怨忌(えんき) 忌む/怨仇(えんきゆう) かたき/怨耦(えんぐう) 夫婦不仲/怨屈(えんくつ) 遺恨/怨骨(えんこつ) うらみ/怨魂(えんこん) 怨死者/怨嘖(えんさく) うらみそしる/怨訕(えんさん) うらみそしる/怨咨(えんし) 怨嗟/怨訾(えんし) うらみそしる/怨疾(えんしつ) うらみにくむ/怨嫉(えんしつ) 怨疾/怨女(えんじよ) 怨曠/怨心(えんしん) うらみ/怨嗔(えんしん) 怨怒/怨訴(えんそ) うらみ訴える/怨詛(えんそ) うらみのろう/怨憎(えんぞう) うらみにくむ/怨憝(えんたい) にくむ/怨痛(えんつう) 深くうらむ/怨怒(えんど) うらみいかる/怨黷(えんとく) 怨讟/怨府(えんぷ) うらみの的/怨婦(えんぷ) 怨女/怨慕(えんぼ) 嘆き慕う/怨謗(えんぼう) 怨誹/怨懣(えんまん) うらみにくむ/怨詈(えんり) うらみののしる/怨戾(えんれい) うらみ

➡哀怨・恩怨・解怨・銜怨・久怨・仇怨・旧怨・閨怨・結怨・嫌怨・搆怨・猜怨・私怨・疾怨・修怨・愁怨・讎怨・夙怨・宿怨・小怨・情怨・清怨・積怨・蓄怨・憤怨・謗怨・幽怨・余怨

【洹】 9 3111 エン(ヱン) カン(クヮン)

篆文 甲骨文 金文

【形声】 声符は亘(かん)。〔説文〕十一上に「洹水、齊魯の閒に在り」(段注本)と、水名とする。魯の河とは別に、山西黎城より、安陽の殷墟を経て衛に注ぐものがあり、安陽河ともいう。渙と通じ、「渙渙」の意に用いることがある。

【訓義】 1川の名。2渙と通じ、水のながれるさま。

【古訓】 〔篇立〕洹 ヲキ

【洹水】(えんすい)(ゑん) 洹河。〔韓非子、初見秦〕昔者(むかし)、紂天子と爲り、天下の甲兵百萬を將率して、左のかた淇溪に飲(みづか)ひ、右のかた洹溪に飲ふ。淇水竭(つ)きて洹水流れず、以て周の武王と難を爲す。

➡洹洹(かんかん) 渙渙

【爰】 9 2044 エン(ヱン) ひく ここに

篆文 甲骨文 金文

【会意】 〇+受(ひよう)。〔説文〕四下に「引くなり。受に從ひ、丁に從ふ」とするが、卜文に〇を上下よりもつ形の字があり、玉器の瑗を相援(ひ)く形であろう。尊貴の人を援くとき用いる。

【訓義】 1ひく。2于・聿・於・焉と声が通じ、ここに、ここにおいて、これ。

【古訓】 〔名義抄〕爰 コ、ニ 〔字鏡集〕爰 コ、ニ・イヅクカ・オコナフ・ツクロフ・タメ・イハク

【声系】 〔説文〕に爰声として援(援)・瑗・媛・煖・鍰など十二字を録する。援hiuanと諼xiuanの両系がある。

【語系】 爰hiuanは、于hiua、於ia、焉ian、曰jiuat、聿jiuatと声近く、発語の「ここに」や、他の諸義に通用する。

【爰爰】(えんえん)(ゑんゑん) のんびり。ゆるやか。〔詩、王風、兎爰〕兎有りて爰爰たり 雉は羅(あみ)に離(かか)る

【爰書】(えんしよ)(ゑん) 罪人の口述書。聞取書を交換して公平を期した。〔漢書、張湯伝〕鼠を劾して掠治し、傳(追送赴対)し、爰書して、訊鞫(じんきく)論報す。

【爰田】(えんでん)(ゑん) 税収を賜与とするための公田。轅田。〔左伝、僖十五年〕晉、是(ここ)に於てか爰田を作る。

➡爰茲(えんじ) ここに/爰臂(えんぴ) 猨臂/爰立(えんりつ) 宰相となる

【衍】 9 2122 エン あまる おおい

篆文 甲骨文 金文

【会意】 行+水。〔説文〕十一上に「水、海に朝宗するなり」とするが、行は路。行路の上に水が溢れる意。

【訓義】 1あまる、あふれる。2おおい、おおきい、ひろい、ゆたか。

【古訓】 〔新撰字鏡〕衍 比呂万留(ひろまる) 〔字鏡集〕衍 ミツ・ミチテリ・マホル・イタル・ヒロム・ユク・ヤスシ・ユタカナリ・トホル・シク・ノブ・ヒク・ホシキマヽ・ホドコス・タノシビ

【語系】 衍・延(延)jianは同声。餘(余)jia、益(益)jiek、盈jiengは溢余、演jyen、引jien、曳jiatも同系の語。みな長く引く意がある。

【衍溢】(えんいつ) 満ちあふれる。漢・司馬相如〔上林の賦〕悠遠長懷、寂漻(せきれう)として聲無く、～東のかた太湖に注ぎ、陂池に衍溢す。

【衍盈】(えんえい) 満ちあまる。〔韓詩外伝、八〕國に佚士無く、皆世に用ひられ、黎庶(民衆)歡樂し、方外に衍盈す。

【衍繹】演繹。元・陳澔〔礼記集説の序〕不肖~自ら量らず、會萃衍繹して附するに臆見の言を以てす。名づけて禮記集説と曰ふ。

【衍衍】ゆたかにゆくさま。漢・東方朔〔七諫、自悲〕青龍に駕して以て馳鶩し、班衍衍として冥冥たり。

【衍処】平坦の地に住む。〔管子、軽重丁〕北方の萌は衍處して海を負ひ、沸を煮て鹽を爲くる。濟に梁して魚を取るの萌なり。

【衍沃】広く肥えた土地。〔国語、周語上〕民の口有るは、~猶ほ其の原隰の衍沃有るがごとし。衣食是こに於てか生ず。~其の財用衣食を阜かにする所以なり。

↑衍奥 深く広い/衍凱 楽しむ/衍字 誤入の字/衍羨 増補/衍忒 誤り/衍蕃 茂る/衍文 誤入の文/衍変 移り変わり/衍曼 はびこる/衍裕 ゆたか/衍漾 ただよう/衍乱 はびこりみだれる

↓盈衍・奥衍・煥衍・広衍・閎衍・慈衍・饒衍・推衍・大衍・登衍・繁衍・蕃衍・富衍・敷衍・紛衍・墳衍・平衍・漫衍・蔓衍・游衍・優衍・余衍・沃衍・流衍

常

【俺】

10 | 2421

エン　おおきい　われ

篆文 

形声 声符は奄。奄にものを掩う意がある。〔説文〕八上に「大なり」とあり、前条の伴(伴)も同訓。伴に胖の意がある。

訓義 ①おおきい、ゆたか。②のち、元曲では自称に用いる。われ。③おろか。

古訓 〔名義抄〕俺 オホイナリ 〔字鏡集〕俺 オホヘリ・オホキナリ

語系 俺iuam、奄・弇iamは声近く、みな蓋う意がある。

↑俺𠆧 愚か/俺抜 梨に似た果物/俺們 我ら

【冤】

10 | 3741

エン(エン)　かがむ　とがめ

篆文 

会意 冂+兎(兎)。兎が冂(境界)のうちに捕らえられ、逸脱することができぬさまをあらわす。〔説文〕十上に「屈するなり」とあり、逸脱するものを逸(逸)というのに対して、さえぎられて脱出しえないことを冤という。

訓義 ①かがむ、屈す。②無実にして、その主張が認められないこと。ぬれぎぬ、とがめ。③惋に通じ、うらみ。

古訓 〔名義抄〕冤 アダ・タシナム・シヘタク・ヰル・ワヅラフ・クジク・スム・シノグ・マガレリ・クジケ 〔字鏡集〕冤 クジケ・ヒガム・ユガム・カヾマル・マガレリ・シヘタク・タシナム

語系 冤・宛・婉iuanは同声、みな宛曲の意がある。迂・紆iua、委・逶iuaiも声義の近い字である。

【冤枉】無実の罪。〔晋書、武帝紀〕囚徒を錄し、冤枉を理め、政刑の得失を察す。

【冤家】かたき。唐・寒山〔寒山詩、二四〇〕我世間の人を見るに 堂堂として好き儀相なり~箇箇妻兒を惜しみ 爺孃を供養せず 兄弟は冤家に似 心中常に悒怏たり

【冤苦】無実の罪で苦しむ。唐・白居易〔秦吉了〕詩 秦吉了(九官鳥) 人は云ふ爾は是れ能言の鳥なりと 豈に鷄燕の冤苦を見ざらんや

【冤結】無実の罪で心がはれぬ。魏・曹植〔出婦の賦〕嗟冤結して訴ふる無し、乃ち愁苦して長窮す。

【冤酷】無実の罪で苦しめられる。〔三国志、魏、鄧艾伝〕昔秦の民、白起の無罪を憐れみ、吳人、(伍)子胥の冤酷を傷む。

【冤獄】無実の罪に陥る。〔漢書、魏相伝〕諫大夫博士を遣はして天下を巡行し、風俗を察し賢良を擧げ、冤獄を平らかにし、冠蓋交道せしむ。

【冤魂】無実の罪になく亡霊。唐・杜甫〔天末にて李白を懐ふ〕詩 應に冤魂と共に語らんとして 詩を投じて汨羅に贈るなるべし

【冤死】無実の罪で死ぬ。〔漢書、刑法志〕今郡國の刑せられて死する者、歲に萬を以て數ふ。天下の獄二千餘所、其の冤死する者、多少相ひ覆ひ、獄一人をも減ぜず。

【冤囚】無実の罪でとらわれている人。〔東観漢記、和喜鄧皇后伝〕太后、洛陽寺に幸し、庶獄を省し、冤囚を擧ぐ。

【冤讎】あだ。誤って仇とされる。唐・韓愈〔江陵に赴き、途中~寄贈す〕詩 或いは慮る、語言洩るるときは 之れを傳へて冤讎に落ちんことを

【冤人】無実の人。〔後漢書、光武紀上〕(建武二年)三月乙未、天下に大赦す。詔して曰く、頃獄に冤人多し。用刑深刻なり。朕甚だ之れを愍れむ。~其れ~議して刑法を省けと。

【冤痛】ひどく冤罪をかなしむ。〔三国志、魏、楊俊伝〕(帝)怒を發して俊を收む。~俊曰く、臣、罪を知れりと。遂に自殺す。衆之れを冤痛す。

【冤尤】とがめ。〔塩鉄論、毀学〕禮以て之れを行ひ、孫(遜)以て之れを出だす。是こを以て、終日言ふも口過無く、終身行ふも冤尤無し。

【冤抑】無実の罪に陥る。〔唐書、楊瑒伝〕瑒た、拒みて應ぜず。~曰く、論ずる所の者は、民の冤抑なり。位の高下は、何ぞ取らんと。

↑冤陥 冤罪に陥る/冤鬼 冤死者/冤曲 ゆがむ/冤屈 枉屈する/冤刑 冤罪/冤繫 冤囚/冤譴 冤罪/冤恨 無実の恨み/冤訟 無実を訴える/冤辱 屈辱/冤譖 讒言/冤訴 冤訟/冤懟 冤仇/冤煩 無実のことで煩悶する/冤誣 無実のことで累を受ける/冤謗 冤讃/冤濫 無実/冤累 無実/冤戾 冤屈する

↓懐冤・銜冤・仇冤・窮冤・君冤・結冤・讎冤・伸冤・侵冤・深冤・診冤・旌冤・雪冤・直冤・沈冤・煩冤・幽冤

【剡】

10 | 9280

エン　セン　するどい

篆文 

会意 炎+刀。刀を炎に入れて、刀刃をにらぐ意。〔説文〕四下に「鋭利なり」とし、炎声とするが、亦声とみてよい。

訓義 ①するどい、ほさき。②けずる、そぐ、きる。

古訓 〔名義抄〕剡 ケヅル・カイソフ・トシ・キル 〔字鏡集〕剡 トシ・ソク・カイソフ・ケヅル・サフ・ソヽク・ヒカリ

語系 剡・炎jiamは同声。銳(鋭)jiuatも声義の関係があろう。銳の籀文は剡。厂は炉の形。炉火に刃をやく意。

【剡剡】光りかがやく。〔楚辞、離騒〕皇(神霊)剡剡として、其れ靈を揚げ 余に告ぐるに吉故を以てす

【剡藤】紙の名。浙江剡渓の藤を原料とする。宋・蘇軾〔孫莘老、墨を寄す、四首、二〕詩 谿石に馬肝(石の名、硯に善し)を琢し 剡藤、玉版開く 嘘嘘として雲霧出で 奕奕として龍蛇綰まる

↑剡移 貫の木/剡裁 手紙/剡削 けずる/剡紙 剡藤/剡耜 すき/剡章 奏章/剡奏 奏上/剡牘 公牘/剡利 鋭利

【埏】

10 | 4214

エン　セン　こねる

篆文 

形声 声符は延(延)。土をこねて延ばすことをいう。〔説文新附〕十三下に「八方の地なり」、〔玉篇〕に「地の八際なり」とあり、〔方言、十三〕にも「竟な

り」とあって、遠地をいう語とする。本来は土を和らげ延ばして塗り、あるいは器を制作する意であろう。羨と音が通じ、羨道は埏道、墓道をいう。漆喰などで塗ったものである。羨道は埏の音でよむ。

訓義 ①こねる、土をやわらげる、ねやす、ひねる。②はかみち、羨道。③下隰の地。④地の果て。

古訓 〔名義抄〕埏 ツカ・ミチ・ネヤス 〔字鏡集〕埏 ネヤス・ウツ・ツカ・ミチ・イケ・ツカフ・アヤマル・ツク

【埏埴】ねば土をこねる。〔老子、十一〕埴を埏して以て器を爲る。其の無に當りて器の用有り。

【埏隧】墓中の道。〔後漢書、陳蕃伝〕民に趙宣といふもの有り。親を葬りて埏隧を閉ぢず。因りて其の中に居り、服を行ふこと二十餘年。

【埏側】墓道のほとり。晉・潘岳〔悼亡詩、三首、三〕落葉、埏側に委ち 枯荄(枯れた根) 墳隅に帶ぶ

↑埏闥 墓穴の門/埏中 墓道/埏陶 陶器/埏路 墓道

↓垓埏・寰埏・九埏・窮埏・柔埏・殖埏・陶埏

常 【宴】 10 3040 〔㝧〕 9 7171 エン たのしむ うたげ

篆文 金文

会意 宀+妟。妟は女子の頭上に玉(日)を加えて魂振りする意。廟中で行うを宴、秘匿のところで行うを㝧という。これにより心が安らぐので、宴安・宴楽の意となる。〔説文〕七下に「安なり」と訓するが、西周後期の金文〔噩侯鼎〕に「王、宴を休ふ」「王、宴す。咸る。歓す」のように、公的儀礼として行われる饗宴をいう。字の初形は㝧。㝧は魂振り儀礼であるから、宴ももと魂振り的な意をもつ儀礼であろう。

訓義 ①やすらか、たのしむ。②宴飲の意に用いて、うたげ、さかもり。

古訓 〔名義抄〕宴 ヤスシ・シヅカニ・タノシ・トモシ・カスカナリ

語系 宴・㝧yan、妟anは一系の字。燕ian、婉iuanも声義近く、たのしみやわらぐ意がある。

【宴安】遊びたのしむ。〔左伝、閔元年〕諸夏親暱は棄つべからず。宴安酖毒は懷ふべからず。

【宴逸】遊びたのしむ。〔南史、范雲伝〕雲曰く、三時の務め、亦た甚だ勤勞す。願はくは殿下、稼穡の艱難を知り、一朝の宴逸に徇ふ無かれと。

【宴会】さかもりする集まり。唐・杜甫〔崔駙馬山亭宴集〕詩 客は醉うて金椀を揮ひ 詩成つて繡袍を得たり 清秋、宴會多し 終日、香醪に困しむ

【宴衎】宴してたのしむ。〔晉書、謝安伝論〕衣冠、慮を易へ、遠邇、心を崩す。從容として姦謀を杜ざし、宴衎して群寇を清ましむ。

【宴居】くつろいでいる。〔国語、楚語上〕事に臨んでは瞽史の導有り、宴居には師工の誦有り。

【宴饗】饗宴。さかもり。〔国語、周語中〕親戚の宴饗には則ち餚烝有り。~唯だ是れ先王の宴禮、以て女に貽らんと欲す。

【宴見】君主のひまな時に目通りする。〔漢書、汲黯伝〕丞相(公孫)弘、宴見す。上或いは時に冠せず。黯を見るが如きに至りては、冠せざれば見ざるなり。

【宴語】たのしく語る。〔後漢書、郭伋伝〕(武)帝卽ち引見し、幷せて皇太子諸王を召し、宴語すること終日なり。車馬衣服什物を賞賜す。

【宴坐】くつろいで休む。唐・白居易〔病中宴坐〕詩 窗戸、秋景を納れ 竹木、夕陰澄む 小池の畔に宴坐し 清風時に襟を動かす

【宴私】くつろぐ。〔後漢書、翟酺伝〕願はくは陛下、~情欲の歡を割き、宴私の好を罷めよ。

【宴席】酒席。〔開元天宝遺事、天宝上、氷山避暑〕楊國氏の子弟、伏中に至る毎に、大冰を取り、匠をして琢して山を爲らしめ、宴席の間に周圍す。座右~各〻寒色有り。

【宴餞】送別の宴。〔唐書、后妃上、楊貴妃伝〕初め安祿山、邊功有り。帝之れを寵す。~來朝するときは、必ず宴餞して歡を結ぶ。

【宴息】くつろぎ休む。〔易、随、象伝〕君子以て晦に嚮へば、入りて宴息す。

【宴游】酒宴でたのしむ。〔漢書、賈山伝〕古者は大臣は媟れず。故に~大臣は宴游に與るを得ず。~以て其の節を高うせしむ。

【宴飫】さかもり。唐・白居易〔驪宮高し〕詩 八十一車、千萬騎 朝に宴飫有り、暮に賜有り 中人の產、數百の家 未だ君が一日の費に充つるに足らず

【宴楽】さかもりして楽しむ。〔左伝、文四年〕昔諸侯、王に朝正するときは、王之れを宴樂す。

↑宴慰 やすめなぐさめる/宴飲 さかもり/宴筵 さかもり/宴貨 引出物/宴歌 酒宴に歌う/宴玩 たのしむ/宴享 宴饗/宴娯 宴楽する/宴好 引出物/宴犒 酒食でねぎらう/宴集 さかもり/宴聚 宴集/宴処 宴息/宴如 やすらか/宴適 くつろぐ/宴夜 宴会の夜

↓飲宴・花宴・嘉宴・賀宴・雅宴・会宴・酣宴・歓宴・綺宴・御宴・享宴・饗宴・曲宴・禊宴・高宴・講宴・私宴・賜宴・侍宴・酒宴・寿宴・祝宴・小宴・招宴・祖宴・送宴・内宴・芳宴・茗宴・夜宴・游宴・飫宴・留宴

【悁】 10 9602 エン(ヱン) ケン いかる うれえる なやむ

篆文

形声 声符は肙。〔説文〕十下に「忿るなり」とあり、「一に曰く、憂ふるなり」とあって、憂えなやむことをいう。躁急のときには、ケンの声でよむ。

訓義 ①いかる。②うれえる、なやむ。③あせる、いらだつ。

古訓 〔新撰字鏡〕悁 伊支止保呂之(いきどほろし)、又、伊太牟(いたむ)、又、祢太志(ねたし) 〔名義抄〕悁 ウレフ・イカル・ウラム・メクル 〔字鏡集〕悁 ウラム・メクム・ウレフ・イカル

【悁急】短気。躁急。〔宋史、晏殊伝〕殊、性剛簡、奉養清儉なり。累りに州を典す。吏民頗る其の悁急なるを畏る。

【悁忿】怒る。立腹する。〔韓非子、亡徵〕變褊にして心急に、輕疾にして動發し易く、心悁忿にして前後を訾らざる者は、亡ぶべきなり。

【悁悒】憂え憤る。漢・蔡邕〔何進に与へて辺讓を薦む書〕邕、誠に竊かに悁悒し、此の寶鼎の、未だ犧牛大羹の和を受けずして、久しく煎熬爑𦤎の閒に在るを怪しむ。

↑悁恚 いかる/悁悁 憂える/悁憤 憤る/悁労 なやむ 悲しむ/悁恨 恨む/悁想 悲しむ

↓結悁・悲悁・忿悁・便悁・幽悁

【捐】 10 5602 エン ケン すてる おくる

篆文

形声 声符は肙。〔説文〕十二上に「棄つるなり」という。肙は猒・厭の従うところに近く、おそらく骨つきの肉の形。それを棄て、あるいは与える意であろう。

訓義 ①すてる、のぞく。②おくる、あたえる。

古訓 〔名義抄〕捐 スツ・ウツ・ムナシ

声系〔説文〕に肙声として蜎・稍・絹・捐など十八字を収める。肙はぼうふらの形。捐はおそらく肰・猒と同系の字で、蜎・絹とは別系の字であろう。

【捐館】（えんかん（くわん））やかたをすてる。貴人の死をいう。〔戦国策、趙二〕今奉陽君、館舍を捐てたり。大王乃ち今然る後、士民と相ひ親しむことを得ん。

【捐棄】（えんき）すてる。〔後漢書、東夷伝〕疾病死亡するや、輒ち舊宅を捐棄し、更めて新居を造る。

【捐軀】（えんく）身をすててつくす。命をささげる。魏・曹植〔白馬篇〕楽府　軀を捐てて國難に赴かん　死を視ること、忽として歸するが如し

↑捐委　拋棄する／捐官　官を買う／捐款　寄附金／捐金　捐助／捐墾　自費で開墾する／捐済　義捐／捐資　醵金／捐失　失う／捐舍　捐館／捐除　除く／捐陞　官を買う／捐身　捐軀／捐賑　義捐／捐生　捐命／捐銭　寄付／捐贈　贈る／捐納　官を買う／捐背　死ぬ／捐廃　すてる／捐班　官を買う／捐復　捐納して官に復する／捐募　義金を募集する／捐忘　忘れる／捐放　棄逐する／捐命　命をすてる、死ぬ／捐輸　寄付する／捐落　遺棄する

↓委捐・遺捐・棄捐・義捐・暫捐・出捐・釐捐

【袁】 10 4073 エン（ヱン）　とおい

篆文 

会意 之＋玉＋衣。〔説文〕八上に「長衣の皃」とするのは、字が衣に従うからであろう。死者の衣の襟もとに、魂振りとして玉（○）を加え、枕もとに之を加えて、遠く死出の旅に出ることを示す字。その玉を睘（環）という。袁は遠（遠）の初文。

訓義 ①とおい。②ながいころも。③人の姓などに用いることが多い。

古訓〔字鏡集〕袁　ナガキヌ

声系〔説文〕に袁声として遠・睘・園・轅・猿の五字を収める。睘は還（還）の初文で、環玉をそえた形。復魂には環（環）、送魂には猿という。

【偃】 11 2121 エン　ふす　たおれる　あおむく　かくれる

篆文 

形声 声符は匽。〔説文〕八上に「僵るるなり」と顚僵の意とする。匽は秘匿の場所（匸）で、女子に玉（日）を加えて魂振りすることを示す。女は伏してその玉を加えられるので、偃とはその姿勢をいう。

訓義 ①ふす、たおれる、あおむく。②魂振りを受けて、やすらか。③秘匿の場所で行われるので、かくれる、かくす。④横臥する形から、とめる、やめる、せき。

古訓〔名義抄〕偃　フス・ハヒフス・タフル・アフグ・ノケザマ・ノク・ナビカス・ソラス・カクル・フセグ・オノヅカラ・ヤスム・ニカス・アラス／偃蹇　—トタガフ・オコル

語系 偃・匽・宴yan、晏anは一系の字。婉iuan、燕・嫣ianは声義近く、みな宴安の意がある。

【偃臥】（えんが（ぐわ））ねころぶ。〔世説新語、簡傲〕高坐道人、丞相の坐に於て、恆に其の側に偃臥す。卞令（卞望之）を見て、肅然として容を改めて云ふ、彼は是れ禮法の人なりと。

【偃蓋】（えんがい）おおい。〔抱朴子、仙薬〕五德芝～其の葉は五色、～上は偃蓋の如く、中には常に甘露有り、紫氣起ること數尺。

【偃蹇】（えんけん）高くそびえ、わだかまるさま。〔楚辞、離騒〕瑤臺の偃蹇たるを望み　有娀の佚女を見る

【偃仰】（えんこう（かう））気ままに起き臥しする。〔唐才子伝、張諲〕天寶中、官を謝し、故山に歸りて偃仰し、復た人閒に來らず。

【偃然】（えんぜん）やすらかなさま。〔荘子、至楽〕人且た偃然として巨室に寢ぬるに、我噭噭然として隨ひて之れを哭す。自ら以爲へらく、命に通ぜずと。

【偃鼠】（えんそ）もぐら。〔荘子、逍遥遊〕鷦鷯深林に巣ふも、一枝に過ぎず。偃鼠河に飲むも、腹を滿たすに過ぎず。歸休せよや、君。我天下を用って爲す所無し。

【偃息】（えんそく）やすらい休む。世を退く。〔後漢書、党錮、李膺伝〕願はくは怡神無事、衡門（かぶき門）に偃息せん。

【偃武】（えんぶ）武器を伏せて用いない。〔書、武成〕王、商より來り、豐に至る。乃ち武を偃め文を修む。馬を華山の陽に歸し、牛を桃林の野に放つ。

【偃伏】（えんぷく）ねころがる。親しい。〔漢書、杜欽伝〕穰侯は昭王の舅なり。～日莫、偃伏の愛有り。

【偃兵】（えんぺい）いくさをやめる。〔荘子、徐無鬼〕吾民を愛し、義の爲にして兵を偃めんと欲す。其れ可ならんか。

↑偃偃　彎曲する／偃革　偃武／偃旗　停戦する／偃休　休む／偃屈　身を伏せかがめる／偃憩　いこう／偃月　弦月／偃卬　偃仰／偃溲　かわや／偃人　はとむね／偃側　ねがえりする／偃豬　いぜき／偃転　ころび伏す／偃囊　凹入の印／偃仆　ふせる／偃俛　ねころぶ／偃腹　はらばい

↓休偃・僵偃・月偃・坐偃・棲偃・息偃・仆偃・彎偃

【婉】 11 4341 エン（ヱン）　つつましい　しなやか

篆文 

形声 声符は宛。宛は女子がつつましく廟中に坐している形。その姿を婉という。〔説文〕十二下に「順ふなり」と、婉順の意とする。

訓義 ①つつましい。②しなやか、わかくうつくしい。

古訓〔新撰字鏡〕婉　尓己也介之（にこやけし）〔名義抄〕婉　ウルハシ・ウツクシフ・ヤハラカナリ・シタガフ・カザル・メグル・ウゴカス・マゲテ・タオヤカナリ

語系 婉・宛iuan、迂iua、逶iuaiは声義近く、婉曲の意がある。

【婉婉】（えんえん（ゑんゑん））しなやか。北周・庾信〔遊山〕詩　婉婉として藤、倒垂し　亭亭として松、直竪す

【婉豔】（えんえん（ゑん））たおやかで美しい。〔北史、后妃上、魏文昭皇后伝〕（竜城）鎮、后の、德色婉豔なるを表す。至るに及び、文明太后親しく～后を見て之れを奇とし、掖庭に入る。時に年十三。

【婉曲】（えんきょく（ゑん））それとなく、おだやかにいう。明・王守仁〔教条、竜場の諸生に示す〕忠告して之れを責善するに、其の忠愛を悉くし、其の婉曲を致す。

【婉辞】（えんじ（ゑん））ものやわらかにいう。〔淮南子、詮言訓〕今美酒嘉肴有りて、以て相ひ饗し、體を卑くし辭を婉にして、以て之れに接し、以て歡を合せんことを欲す。

【婉縟】（えんじょく（ゑん））かざって美しい。〔唐書、虞世南伝〕學を呉の顧野王に受くること十年、精思懈らず。累旬に至るも盥櫛せず。文章婉縟なり。

【婉然】（えんぜん（ゑん））しなやか。漢・司馬相如〔美人の賦〕女有り、獨り處り、婉然として牀に在り。奇葩逸麗にして、淑質豔光なり。

【婉輭】（えんぜん（ゑん））やさしく、やわらか。唐・柳宗元〔乞巧文〕吶舌を拔去して、納るるに工言を以てす。文詞婉輭にして、步武輕便なり。

【婉転】（えんてん（ゑん））しなやかに動く。〔淮南子、精神訓〕生を以て志を挂くるに足らず、死を以て神を幽ふるに足らず。屈伸俛仰し、命を抱きて婉轉す。

【婉媚】（えんび（ゑん））たおやかでうつくしい。〔唐書、上官儀伝〕儀、詩を工みにし、其の詞、綺錯婉媚なり。貴顯なるに及んで、人多く之れに倣ひ、謂ひて上官體と爲す。

【婉娩】（えんべん（ゑん））すなおでしとやか。〔礼記、内則〕女子十年に

して出でず。姆、婉娩聽從を教ふ。

【婉約】ひかえめ。〔世説新語、言語注に引く司馬徽別伝〕人倫鑒識有り。～時人、人物を以て徽に問ふ者有り。～毎に輒ち佳と言ふ。～其の婉約遜遁なること、此の如し。

【婉麗】しとやかで美しい。〔晋書、列女、段豊妻慕容氏伝〕慕容氏、寡となりて歸る。～姿容婉麗にして、服飾光華あり。～遂に浴室に於て自縊して死す。

【婉孌】年若く美しい。晋・陸機〔承明に於て作り士竜に与ふ〕詩 飲餞するは、豈に異族のみならんや 親戚、弟と兄と 婉孌たり、居人の思ひ 紆鬱たり、游子の情

↑婉愛 美しくいとしい／婉奕 美しい／婉慧 美しく賢い／婉言 婉曲にいう／婉詞 婉言／婉淑 しとやか／婉順 柔和／婉佞 やさしくとりいる／婉美 婉麗／婉冶 美しい／婉愉 したしむ／婉容 美しい姿／婉恋 したう

↓哀婉・燕婉・華婉・柔婉・淑婉・清婉・静婉・纖婉・貞婉・幽婉・優婉・妖婉

【崦】 11 2471 エン

形声 声符は奄。崦嵫は山名。〔山海経、西山経〕に「又西二百二十里を鳥鼠同穴の山と曰ふ。其の上に白虎・白玉多し。～西南三百六十里を崦嵫の山と曰ふ。～獣有り、其の狀、馬身にして鳥翼、人面蛇尾」のような記述がある。日の入る処という。

訓義 ①山の名。

【崦嵫】西方、日の入る山。〔楚辞、離騒〕吾れ羲和（日を御する者）をして節（太陽の進行）を弭め 崦嵫を望んで迫ること勿からしむ

【掩】 11 5401 エン おおう かくす とる

篆文 

形声 声符は奄。奄はものをおおう形。〔説文〕十二上に「斂むるなり。小上を掩と曰ふ」とあり、鼎部七上「鼏、鼎の圜くして上を掩めたる者」とは、器腹の大きな鼎をいう。

訓義 ①おおう、とざす、かくす。②とる、おさめる、やめる。

古訓 〔名義抄〕掩 オホフ・オサフ・カクル・フサカル・トル・ヒク・トヾム・ノコル・ワタル・ウヤス・ヤム・ノコフ・ウラナフ・カイナラム

語系 掩・奄・揜・弇 iam は同声。みな掩蓋の意。

【掩藹】ぼんやりかくれる。北周・王褒〔関山篇〕楽府 軍に従つて隴阪を出で 馬を驅りて關山を度る 關山恆に掩藹たり 高峰、白雪の外

【掩翳】おおいかくす。〔東京夢華録、二、酒楼〕九橋門外酒を市る店、綵樓相ひ對し、繡旆相ひ招き、天日を掩翳す。

【掩蓋】おおいかくす。〔戦国策、燕三〕寡人に非有らば、則ち君の之れを掩蓋せんことを望む。

【掩巻】書を伏せて読むことをやめる。唐・李白〔翰林にて書を読み、懐を言ふ～〕詩 書を觀て遺帙を散じ 探古至妙を窮む 片言苟くも心に會すれば 巻を掩うて忽つとして笑ふ

【掩群】獣を群れごと狩り取る。〔礼記、王制〕天子は合圍せず。諸侯は群を掩はず。

【掩撃】不意に襲う。〔唐書、薛万均伝〕死士百人を率ゐ、地道より出でて、其の背を掩撃す。衆驚きて潰え去る。

【掩口】口をおおう。沈黙する。〔史記、武帝紀〕臣恐る、文成に效ひて、則ち方士皆口を掩はん。悪くんぞ敢て方を言はんや。

【掩耳】耳をおおう。〔淮南子、説山訓〕其の鐘を竊み負ひて走る者有り。鎗然として聲有り。人の之れを聞くことを懼れ、遽かにして其の耳を掩ふ。

【掩取】襲うて取る。〔後漢書、酷吏、黄昌伝〕政は嚴猛を尚び、好んで姦伏を發く。人其の車蓋を盜む者有り。～後乃ち密かに親客を遣はし、門下の賊、曹家に至り、掩取して之れを得たり。～大姓戰慴し、皆神明と稱す。

【掩襲】不意を襲う。〔三国志、蜀、廖立伝〕（孫）權、呂蒙を遣はして、南三郡を掩襲せしむ。立、身を脱して走り、自ら先主（劉備）に歸す。

【掩息】やむ。斉・王融〔三月三日曲水詩の序〕道斯に行はれ、讒莠（讒言するわるもの）は聞く蔑く、攘爭掩息す。

【掩涕】顔をかくして泣く。〔楚辞、離騒〕長太息して以て涕を掩ふ 民生の多艱なるを哀しむ

【掩匿】おおいかくす。〔後漢書、殤帝紀〕災害を覆蔽し、～流亡を揣らず。競ひて戸口を増し、盜賊を掩匿し、姦惡をして懲らること無からしむ。

【掩鼻】鼻をつまむ。〔孟子、離婁下〕西子（施）も不潔を蒙らば、則ち人皆鼻を掩ひて之れを過ぎん。惡人有りと雖も、齋戒沐浴せば、則ち以て上帝を祀るべし。

【掩蔽】おおいかくす。〔韓非子、備内〕大臣比周し、～相ひに耳目を爲し、以て主の隙を候ふ。人主掩蔽せられて、聞くを得るに道無し。

【掩抑】低くおさえる。唐・白居易〔五絃彈〕詩 第五の絃聲、最も掩抑 隴水凍咽して、流れ得ず

【掩涙】面をおおうて泣く。晋・潘岳〔笙の賦〕衆、堂に滿ちて酒を飲むも、獨り隅に向つて涙を掩ふ。

↑掩薆 掩藹／掩遏 とめる／掩衣 袈裟／掩鬱 不明なさま／掩映 掩翳／掩咽 嗚咽する／掩獲 掩群／掩観 大観する／掩棄 すてる／掩泣 掩涙／掩護 守る／掩攻 おそう／掩忽 たちまち／掩障 さえぎる／掩飾 ごまかす／掩絶 かくしはなす／掩蔵 おおいかくす／掩塞 ふさぐ／掩討 包囲して討伐する／掩破 急襲する／掩覆 掩蔽／掩閉 とざす／掩捕 包囲して逮捕する／掩没 かくれる／掩埋 埋葬する／掩滅 滅ぼす／掩面 顔をおおう

↓隠掩・扇掩・半掩・披掩・蔽掩・暮掩・門掩

人 【淵】 11 3210 エン（ヱン） ふち

篆文  古文  金文 

形声 声符は𣶒。〔説文〕十一上に「回める水なり」とあり、𣶒は水の回流する形で、淵の初文。

訓義 ①ふち、いけ。②ふかい水、ふかい。③しずか。

古訓 〔新撰字鏡〕淵 不知（ふち）、又、佐加万支（さかまき） 〔名義抄〕淵 フチ・フカシ・ハラ 〔篇立〕淵 フチ・シヅカ

【淵懿】奥深くうるわしい。〔法言、問明〕成湯は丕いに承けたり。文王は淵懿なり。

【淵淵】深いさま。〔荘子、天道〕夫れ道は、～廣廣乎として、其れ容れざる無きなり。淵淵乎として、其れ測るべからざるなり。

【淵雅】おくゆかしい。〔三国志、魏、管寧伝評〕管寧は淵雅高尚にして、確然不抜なり。

【淵玄】奥深く、幽玄。漢・蔡邕〔文範先生陳仲弓碑の銘〕於、熙いなる文考（父）、天授、弘いに造る。淵玄にして其れ深く、巍巍として其れ高し。

【淵源】みなもと。〔三国志、魏、管寧伝〕寧、清高恬泊、～其の淵源を測り、其の清濁を覽るに、未だ厲俗獨行、寧の若き者有らざるなり。

【淵乎】奥深いさま。〔老子、四〕道は沖しくして、之れ

を用ふる（こと久しき）も或いは盈たず。淵乎として萬物の宗に似たり。

【淵曠】深くひろい。〔南斉書、王倹伝〕南昌公倹は、道を體して哲を秉り、風宇淵曠なり。

【淵旨】奥深い意味。梁・任昉〔王文憲集の序〕以て摸を淵旨に仰ぎ、則を後昆に取る無し。

【淵識】深い見識。〔三国志、魏、陳思王植伝注に引く張隠文士伝〕臨菑侯（曹植）～博學淵識、文章絶倫なるに至る。

【淵深】奥深い。〔淮南子、泰族訓〕夫れ六藝の廣崇を觀、道德の淵深を窮めば、無上に達し、無下に至る。

【淵静】奥深く静か。〔荘子、天地〕無爲にして萬物化し、淵靜にして百姓定まる。

【淵然】深く静かなさま。唐・柳宗元〔鈷鉧潭西の小丘の記〕悠然として虛しき者は神と謀り、淵然として靜かなる者は心と謀る。

【淵藪】魚は淵、鳥獣は藪に集まる。物の集まる所。〔書、武成〕今商王受（紂）無道にして、～天下の逋逃（逃亡者）の主と爲り、淵藪に萃まる。

【淵塞】思慮深い。晋・袁宏〔三国名臣の序賛〕公衡（黄権）は仲達にして、心を秉ること淵塞なり。～進みては徽音を能くし、退くも德を失はず。

【淵潭】ふち。宋・蘇軾〔峡に入る〕詩 縈紆して浩渺たるを收め 蹙縮して淵潭を作す

【淵通】深く通ずる。〔三国志、蜀、譙周伝評〕譙周は、詞理淵通にして、世の碩儒爲り。董（仲舒）・揚（雄）の規有り。

【淵邈】深く博い。〔抱朴子、刺驕〕俗人は徒だ其の外形の粗簡なるを覩、其の精神の淵邈なるを察すること能はず。務むること皮膚に在りて、心志を料らず。

【淵黙】静かで奥深い。〔世説新語、賞誉注に引く顧愷之画賛〕（山）濤は標明する所無し。淳深淵默、人其の際を見る莫きも、罥然として亦た道に入れり。

↑淵意 深い心／淵映 水に映る／淵遠 深遠／淵愨 篤厚／淵涵 深広／淵鑑 深くかんがみる／淵原 淵源／淵古 遠い昔／淵酔 深酔い／淵邃 奥深い／淵清 深く清い／淵潜 深く潜む／淵沢 深い沢／淵達 淵通／淵湛 深い水／淵致 深い趣／淵智 深い智慧／淵沈 深沈／淵図 深謀／淵博 該博／淵妙 玄妙／淵明 深く明らか／淵嘿 淵黙／淵慮 深慮／淵淪 微波

↓九淵・虞淵・渓淵・故淵・広淵・江淵・洪淵・塞淵・渉淵・神淵・深淵・清淵・静淵・旋淵・滄淵・潭淵・重淵・澄淵・沈淵・天淵・淩淵・竜淵・臨淵・霊淵

【淹】 11 3411 エン ひたす ひさしい

篆文 

形声 声符は奄。〔説文〕十一上に水名とする。奄に掩う意があり、久しく水に掩われることをいう。

訓義 [1]ひたす。[2]久しくその状態にある。ひさしい、とどまる、おそい。[3]しずむ。

古訓 〔字鏡集〕淹 ヒタス・アラフ・オホフ・ウルフ・ツク・ヒサシ・トヾコホル・トヾム・トヾマル・ヤブル・ツヽマル・イタル・コル・キヨシ・タツミ・スヽキ

語系 淹・渰iamは同声。奄・弇・掩・揜も同声。奄声と弇声と通用することが多い。

【淹雅】学問がひろく、人柄がよい。〔晋書、何充伝〕充、風韻淹雅にして、文義稱せらる。

【淹該】ひろく通じる。淹通。〔唐書、趙彦昭伝〕父武孟、少くして游獵す。～母泣きて、～食を爲さず。武孟感激し、遂に力學して、書記に淹該す。

【淹貫】ひろく通じる。淹該。〔唐書、柳登伝〕群書に淹貫し、年六十餘にして始めて仕宦す。

【淹久】ひさしくとどまる。〔左伝、宣十二年〕將に鄭を是れ訓定せんとす。豈に敢て罪を晉に求めんや。二三子、淹久すること無かれ。

【淹数】遅速。数は速やか。〔史記、賈生伝〕（服鳥の賦）吉なるか、我に告げよ。凶ならば、其の菑ひを言へ。淹數の度、予れに其の期を語れ。

【淹識】ひろく知る。博学。〔晋書、桓沖伝〕沖、字は幼子。溫の諸弟中、最も淹識にして武幹有り。

【淹恤】他国にさびしく留まる。〔左伝、襄二十六年〕君淹恤して外に在ること十二年、而も憂色無く、亦た寛言無し。猶ほ夫の人のごときなり。

【淹滞】とどこおる。才徳ある者が挙用されないこと。〔左伝、昭十四年〕貧に分ち窮を振ひ、孤幼を長じ、老疾を養ひ、介特を収め、災患を救ひ、孤寡を宥らげ、罪戻を赦し、姦慝を詰り、淹滯を擧げしむ。

【淹通】ひろくゆきわたる。〔文心雕竜、体性〕平子（張衡）は淹通なり。故に（思）慮周にして、（文）藻密なり。

【淹留】ひさしくとどまる。唐・杜甫〔秦州雑詩、二十首、一〕西征して烽火を問ひ 心折けて此に淹留す

↑淹遠 広大／淹緩 とどこおる／淹晷 遅刻／淹究 ひろく究める／淹屈 沈滞する／淹蹇 不遇／淹広 ひろい／淹弘 淹広／淹歳 年経て／淹死 溺死／淹漬 ひたす／淹次 久しく留まる／淹疾 久しい病／淹日 一日中／淹寂 ひっそり／淹襲 うけつぐ／淹宿 一宿すぎ／淹旬 一旬中／淹潤 脂粉／淹浸 ひたす／淹息 久しく留まる／淹速 遅速／淹遅 遅緩／淹沈 耽溺する／淹停 久しく留まる／淹溺 溺れる／淹篤 重い長患い／淹泊 滞留する／淹博 広博／淹穆 もの静か／淹没 埋まる／淹歿 死ぬ／淹滅 滅ぶ／淹遊 逗留して遊ぶ／淹流 沈滞する

↓涵淹・寂淹・速淹・滞淹・遅淹・漫淹

【焉】 11 1032 エン いずくんぞ ここに

篆文  金文  詛楚文 

象形 〔説文〕四上に「焉鳥なり。黄色。江淮に出づ」とするが、〔段注〕に「今未だ何の鳥なるかを審らかにせず」とあり、実体が知られない。烏・於が死鳥やその羽の象形であることからいえば、焉も呪的に用いる鳥の象形で、そのゆえに疑問詞にも用いるのであろう。

訓義 [1]とりのな。[2]この鳥の羽を掲げて、卜い問うことに用いたらしく、「いずくんぞ」「いずこ」のように疑問詞とする。[3]ここに。また終助詞に用いる。

古訓 〔名義抄〕焉鳥 カラス・クロシ・イヅクソ／焉頭 クハユキ／焉 コレ・コ、ニ・キハム・イカンソ・イヅクンソ・ナソ

声系 〔説文〕に焉声として蔫・鄢・嫣など五字を収める。蔫は草木の枯れた色をいう字である。

語系 焉ian、安an、烏・惡（悪）a、於ia、于hiuaは声が近く通用する。烏・於は死烏の象、またその羽を呪的に用いる意。焉もその系統の字であろう。

【焉烏】字形の誤り易いこと。また、烏焉馬を成すともいう。宋・宋祁〔人に代りて出づるを乞ふ表〕思ひを書し命を記すに、目に焉烏を辨ぜず。

【焉逢】十干の甲。太歳（木星）が甲にある年。閼逢。焉

逢・摂提格などは西方古代語の音訳語。〔史記、暦書〕太初元年、歳を焉逢攝提格と名づく。

↑焉耆　西域の国の名／焉支　甘粛の山の名

↓烏焉・鬱焉・介焉・赫焉・奐焉・渙焉・煥焉・闕焉・慊焉・皎焉・溘焉・忽焉・潸焉・終焉・少焉・惄焉・泊焉・炳焉・俛焉・懵焉・悖焉・悠焉・爛焉

入

【堰】 12 4111 エン せき

形声 声符は匽。匽は秘匿のところで、女子に玉(日)を加えて魂振りする意。偃はそのとき偃臥すること。土堤を横たえて水を壅ぐを堰という。

訓義 ①せき、いせき。②せく、せきとめる。

古訓 〔新撰字鏡、享和本〕堰 井世久(ゐせく) 〔字鏡集〕堰 ヰセキ・ミヅセキ・フサグ・フセグ・サクル

語系 堰ian、堙ian、遏atは声義近く、壅ぎ止める意がある。

↑堰渠　せきと水路／堰埭　いせき／堰瀦　堰埭／堰堤　つつみ／堰流　水をとめる

↓渠堰・決堰・古堰・故堰・溝堰・井堰・石堰・大堰・堤堰・陂堰

【⿰女弇】 12 4844 エン したう

形声 声符は弇。〔説文〕十二下に「女、心有りて⿰女弇⿰女弇たるなり」とあって、女子が人を慕うさまをいうとする。前条に「婏は宴婏なり」とあるのもその意。弇・免(免)は分娩の象で、ともにそれが本義であろう。

訓義 ①したう。②うつくしいさま。

古訓 〔字鏡集〕⿰女弇 媕同じ、イカル・イヤシ

語系 弇・⿰女弇・奄・媕iamは同声。免・俛・挽mianも声が近い。みな胯間をひらく意のある字である。

↑⿰女弇娿　ぐずつく／⿰女弇⿰女弇　したう／⿰女弇浅　浅薄／⿰女弇哢　鳥が鳴く

常

【媛】 12 4244 〖媛〗 12 4244 エン(ヱン) ひめ

形声 声符は爰。〔説文〕十二下に「美女なり。人の援く所なり」とするが、もと嬋媛といような形況の語であろう。

訓義 ①ひめ、たおやめ。

古訓 〔篇立〕媛 タヲヤカナリ・シヒトメ

語系 媛hiuan、宛・婉iuan、員・圓(円)hiuan、嫣ianは声義近く、みな、まろやか、ふくよかの意がある。

【媛女】(えんじょ(ゑんぢよ)) 美しい女。魏・曹植〔芙蓉の賦〕是に於て、狡童媛女、相ひ與に同に遊ぶ。

↑媛徳　女子の美徳

↓英媛・歌媛・宮媛・賢媛・才媛・淑媛・嬋媛・妃媛・美媛・邦媛・名媛

【掾】 12 5703 エン テン たすける したやく じょう

形声 声符は彖。彖に緣(縁)の声がある。〔説文〕十二上に「緣るなり」とあり、官制においては属官をいう。もと縁辺のことに従う意。

訓義 ①たすける。②属官、したやく。わが国では「じょう」という。③縁に通じ、ふち、よる。

語系 掾・緣djiuanは、㕣・沿(沿)jiuan、延(延)jian、瑗hiuanと声義に通じ、沿辺の意がある。

【掾史】(えんし) 下級の官吏。〔漢書、韓延寿伝〕吏の聞く者自ら傷悔し、～因りて瘖(口ごもり)して言ふこと能はず。延壽之れを聞き、掾史に對して涕泣し、吏醫を遣はして、～治視せしむ。

【掾吏】(えんり) 下級の官吏。〔後漢書、崔駰伝〕平理して(獄より)出だす所二千餘人。掾吏叩頭して諫めて曰く、～誠に仁者の心なるも、然れども獨り君子を爲さば、將に悔ひ有らんとするかと。

↑掾佐　したやく／掾曹　掾史／掾属　属官

↓旧掾・郡掾・県掾・獄掾・市掾・書掾・丞掾・曹掾・属掾・廷掾・令掾

【揜】 12 5804 エン アン おおう とる

形声 声符は弇。〔説文〕十二上に「關より以東、取ることを謂ひて揜と曰ふ。一に曰く、覆ふなり」とあり、掩うて取る意。弇は分娩の象である。

訓義 ①おおう、かくす、おさめる。②とる、おそう。

古訓 〔字鏡集〕揜 オホフ・トル・カク・ヲソル・アフ・ヲホシ

語系 揜・弇・⿰女弇・奄・掩・媕iamは同声。免(免)・俛・挽mianも声近く、胯間をひろげ、おおう意がある。

【揜耳】(えんじ) 耳をおおう。掩耳。〔呂覧、自知〕百姓に鍾(鐘)を得たる者有り。～鍾況然として音有り。人の之れを聞きて己より奪はんことを恐れ、遽かに其の耳を揜ふ。

【揜藏】(えんぞう(ざう)) おおいかくす。〔顔氏家訓、教子〕一學士有り。聰敏にして才有り。父の寵する所と爲り、教義を失す。～一行(一つの行為)の非なるも、揜藏文飾して、其の自ら改むるを冀ふ。

【揜蔽】(えんぺい) おおいかくす。〔韓非子、説疑〕進みては則ち賢良を揜蔽し、以て其の主を陰闇にす。

↑揜鬱　抑鬱／揜映　かくす／揜揜　目をおおう／揜蓋　おおう／揜函　おとし穴／揜群　群れごと捕る／揜護　かばう／揜口　口をおおう／揜取　不意に奪う／揜迹　先人の業を継ぐ／揜匿　かくす／揜覆　ごまかす／揜冒　おおう／揜抑　抑える

常

【援】 12 5204 〖援〗 12 5204 エン(ヱン) ひく たすける

形声 声符は爰。〔説文〕十二上に「引くなり」とあり、援引することをいう。爰は○形の玉を上下より両引する形。貴人の手を援くとき、その玉を用いた。

訓義 ①ひく、ひきあげる、ひきよせる。②手を援いてたすける、たすける。③戈の直刃の部分。

古訓 〔名義抄〕援 チハフ・タスク・トル・ヒク・ツカム 〔字鏡集〕援 ヒク・トル・イタク・ヒカフ・ツカム・マホル・タスク・ヲシフ・イタシ・ト丶ノホル・チハフ・スチ

語系 援・猨(猿)hiuanは同声。垣・院hiuanも声同じく、みな、とりまき、めぐる意がある。

【援引】(えんいん(ゑんいん)) ひきあげる。証拠として引く。〔晋書、庾峻伝〕尚書の義を峻に問ふ。峻、師説を援引し、經旨を發明し、疑滯を申暢し、對答すること詳悉なり。

【援拠】(えんきょ(ゑんきよ)) 援引。証拠として引く。晋・郭璞〔爾雅の序〕事に隱滯有るときは、援據して之れを徵す。其の了し易き所は、闕きて論ぜず。

【援古】(えんこ(ゑんこ)) 古を引いて証とする。宋・徐鉉〔説文を校するの序〕大抵此の書、古を援いて以て今を正し、今に徇ひて古に違はざらんことを務む。

【援助】(えんじょ(ゑんじよ)) たすけ。魏・応璩〔侍郎曹長思に与ふる書〕援助(後援者)に薄き者は、高妙(の官)に追參すること能はず。

【援溺】(えんでき(ゑんでき)) 溺れる者を救う。危難を救う。〔魏書、蕭衍伝〕則ち我が皇魏、～符を上帝に致し、溺を下土に援く。怪物殄死し、淫水作らず。

【援筆】(えんぴつ(ゑんぴつ)) 筆をとる。詩文を作る。〔晋書、忠義、嵇含伝〕弘農王粹、含をして之れが讃を爲らしむ。含、筆を援りて弔文を爲る。文に點を加へず。

↑援翰　筆をとる／援琴　琴をとる／援軍　増援の兵／

援繫 手づる／援験 証拠をあげる／援毫 筆をとる／援赦 減罪する／援拾 拾録する／援升 引きあげる／援拯 すくう／援進 挙用する／援摭 ひろう／援送 護送する／援牘 紙をとって書く／援抜 緩急／援攀 よじのぼる／援庇 かばう／援兵 援軍／援用 引用する／援立 扶ける／援例 前例を引く
↓応援・外援・救援・拠援・牽援・後援・鉤援・支援・資援・推援・声援・勢援・畔援・攀援・赴援

【焰】 人 12 9787 ［燄］ 16 1978 エン ほのお もえる

篆文

形声 声符は臽。臽に閻の声がある。〔説文〕十上に燄を正字とし、「火行くこと微にして燄燄たるなり」とあり、ほのおのもえ上がることをいう。

訓義 ①ほのお。②もえる。

古訓 〔篇立〕焰 ホノカナリ・ホノホ・ヤク

語系 焰(燄)・炎jiamは同声。爓ziamと声義が近い。

【焰焰】 少しもえあがった火。〔孔子家語、観周〕焰焰滅せざれば、炎炎(大きな炎)を若何せん。

【焰火】 ほのお。北周・庾信〔趙王隠士に奉和す〕詩 野鳥、繁絃と囀り 山花、焰火と然ゆ

↑焰灰 生死／焰幻 変化／焰光 ほのおの光／焰硝 火薬／焰勢 火勢／焰然 明らか／焰転 延焼する
↓鬱焰・炎焰・烟焰・火焰・華焰・気焰・巨焰・凶焰・光焰・紅焰・高焰・残焰・紫焰・水焰・声焰・青焰・赤焰・飛焰・兵焰・余焰・陽焰・流焰・炉焰

【焱】 12 9088 エン ヒョウ(ヘウ) ほのお

篆文 甲骨文 金文

会意 火＋火＋火。火勢のさかんなことを示す。〔説文〕十下に「火華なり」とあり、炎・焰と声義同じ。

訓義 ①ほのお、ひばな。②とぶひ。③誤って猋と通じる。

古訓 〔新撰字鏡〕焱 保乃保(ほのほ)、又、毛由(もゆ)〔篇立〕焱 ヒノハナ・ホノホ〔字鏡集〕焱 トブヒ・ヒノハナ

語系 焱・炎jiamは同声、繁簡の字。焰jiamは形声の字。猋piôは焱と形が似ているが別の字。

【焱焱】 ほのおがあがる。光り輝く。漢・班固〔東都の賦〕焱焱炎炎として、光を揚げ文を飛ばす。～日月は之れが為に明を奪はれ、丘陵は之れが為に揺震す。

【焱絶】 文章の立派さをいう。魏・陳琳〔東阿王(曹植)に答ふる牋〕音義既に遠く、清辭妙句、焱絶煥炳なり。

↑焱起 はげしく起こる／焱挙 はげしく挙がる／焱忽 疾風／焱至 疾風のように至る／焱集 急に集まる／焱槖 ふいご／焱飛 火花のように飛ぶ／焱勇 はやく勇ましい
↓騰焱・余焱

【猨】 12 4224 ［蝯］ 15 5214 エン(ヱン) さる

篆文

形声 声符は爰。爰に攀援の意がある。〔説文〕十三上に正字を蝯に作る。のち猨・猿に作る。〔玉篇〕に「猨は獮猴に似て大、能く嘯く」という。

訓義 ①さる。

古訓 〔名義抄〕猨猴 サル／猿 ワカサル〔字鏡集〕猨 サル・コト・アタ・ワカザル

語系 猨(蝯・猿)・爰・援(援)・瑗hiuanは同声。みな攀援・援引の意がある。

【猨飲】 手で水を掬んで飲む。〔水経注、河水一〕縣渡の國有り。山谿通ぜず、繩を引いて渡る。～其の人山居し、石を累ねて室と爲し、民、手を接して飲む。所謂ゆる猨飲なり。

【猨嘯】 さるの声。〔荊州記〕常に高猨長嘯有り、屬引する(声を引く)こと清遠なり。

【猨臂】 さるのように長いひじ。射に適する。〔史記、李将軍伝〕廣、人と爲り長たかくして猨臂、其の射を善くするも、亦た天性なり。

【猨狖】 さる。てなが、おながのさる。〔淮南子、主術訓〕猨狖も木を失へば、狐狸に擒とせらる。

↑猨戯 猿しばい／猨嗛 さるのほほ／猨猴 さる／猨狙 手長猿／猨啼 猿のなく声／猨猱 手長猿
↓猿字条参照。

【菀】 12 4421 エン(ヱン) オン(ヲン) ウツ その しげる

篆文

形声 声符は宛。〔説文〕一下に「茈菀なり。漢中房陵に出づ」とあり、しおん。苑と通じ、茂る。鬱と通じ、茂盛、また鬱結の意となる。

訓義 ①しおん。②その。③しげる、繁茂する。④むすぼれる、つみかさなる、とどこおる。

古訓 〔篇立〕菀 サカリ・ムラサキ・サケカメ・クスリ・ソノ・ムラクサ〔字鏡集〕菀 ソノ・ムラサキノハナ・ムラクサ・ウヅモル

【菀枯】 栄枯。盛衰。明・張煌言〔平夷侯周九苞を祭る文〕然れども菀枯する者は旦暮、修短(長短)する者は陰陽、形を委す命に順ふ。夫れ何ぞ其の悲涼することを用ひんや。

↑菀菀 婉婉／菀結 鬱結／菀死 心が鬱結して死ぬ／菀濁 屈辱を受ける／菀熱 積熱／菀勃 憤激する／菀抑 しおれる
↓茈菀・紫菀・女菀

【菸】 12 4423 エン オ しおれる

篆文

形声 声符は於。於は扵に従う字。〔説文〕一下に「鬱なり」とあり、鬱邑に用いる香草。また「一に曰く、𣨙るるなり」という。〔玉篇〕に「臭草なり」とあって、臭気の強い草のようである。

訓義 ①香草、鬱草。②しおれる、かれる。③悪臭、臭気が強い。④烟と通じ、煙草。⑤蔫と同じ。

古訓 〔名義抄〕菸 シボム・シボメリ・クサシ・ナユ

↑菸萎 凋む／菸黄 黄ばむ／菸質 ニコチン／菸敗 枯れる／菸邑 凋む
↓蔫菸

【園】 常 13 6023 人 ［薗］ 16 エン(ヱン) その

篆文

形声 声符は袁。〔説文〕六下に「果を樹うる所以なり」とする。園廟・園陵・園塋など墓域に関する語が多く、もと墓地に植樹する意の字であろう。薗は園の繁文であろう。

訓義 ①その。②はたけ。③はか。

古訓 〔名義抄〕園 ソノ・ソノフ

語系 園・袁・遠(遠)hiuanは同声。袁は死者の衣襟に玉を加えてその遠行を送る意。園はその声義を承ける字とみてよい。もと霊園の意であろう。苑(苑)iuanはそのなだらかな地勢をいい、また園と声義の近い字である。

【園塋】 墓地。南朝宋・顔延之〔陵廟を拝して作る〕詩 哀敬、祖廟に隆んに 崇樹、園塋に加ふ

【園菜】 野菜。〔宋書、隠逸、沈道虔伝〕人、其の園菜を竊む者有り。～乃ち自ら逃隠し、竊む者の足るを取りて去るを待ちて、後に乃ち出づ。

【園寝】 陵墓の廟所。〔後漢書、祭祀志下〕古、墓祭せず。漢の諸陵に皆園寝有るは、秦の爲す所を承くるなり。～

故に陵上を寝殿と稱す。

【園蔬】えん(ゑん)そ　畑の野菜。晉・陶潛〔郭主簿に和す、二首、二〕詩 交はりを息めて、閑業に遊び 臥起に書琴を弄ぶ 園蔬、餘滋有り 舊穀、猶ほ今に儲ふ

【園池】えん(ゑん)ち　庭園と池。〔呂覧、重己〕昔、先聖王の苑囿園池を爲くるや、以て觀望して形を勞ふに足るのみ。

【園亭】えん(ゑん)てい　庭園のあずまや。〔宋史、楊存中伝〕園亭を湖山の閒に葺く。高宗、爲に水月の二字を書す。居る所の建閣、以て御書を藏す。孝宗題して風雲慶會の閣と曰ふ。

【園庭】えん(ゑん)てい　庭園。〔北斉書、李元忠伝〕大率常に酔ひ、家事大小、了に心に關せず。園庭の内、果藥を羅種し、親朋尋ね詣るや、必ず留連宴賞す。

【園田】えん(ゑん)でん　庭とはたけ。晉・陶潛〔園田の居に歸る、五首、一〕詩 羈鳥、舊林を戀ひ 池魚、故淵を思ふ 荒を開く、南野の際 拙を守りて園田に歸らん

【園圃】えん(ゑん)ぽ　はたけ。〔墨子、非攻上〕今一人有り、人の園圃に入りて、其の桃李を竊む。衆聞かば、則ち之れを非とせん。～此れ何(の故)ぞや。人を虧きて、自ら利するを以てなり。

【園柳】えんりゅう(ゑんりう)　庭の柳。〔文選、古詩十九首、二〕青青たる河畔の草 鬱鬱たる園中の柳 盈盈たる樓上の女 皎皎として牕牖に當る

【園陵】えん(ゑん)りょう　みささぎ。〔後漢書、光武帝紀上〕(建武)二年春正月～是の月、赤眉、西京の宮室を焚き、園陵を發掘し、關中を寇掠す。

【園林】えん(ゑん)りん　木の茂る園。唐・杜審言〔湘江を渡る〕詩 遲日、園林に昔遊を悲しむ 今春、花鳥、邊愁を作す

【園廬】えん(ゑん)ろ　田園と屋敷。唐・杜甫〔無家別〕詩 寂寞たり天寶の後 園廬は但だ蒿藜 我が里の百餘家 世亂れて各〻東西す

↑園院 庭園／園苑 その／園家 農家／園官 庭守り／園監 庭守り／園葵 野菜／園径 庭の小径／園芸 園に花卉を植える／園戸 茶作り／園鏁 庭の門関／園子 庭園／園舎 別墅／園樹 あずまや／園主 園庭の主人／園樹 園庭の木／園妾 陵番の女／園場 はたけ／園人 園丁／園宅 園のあるやしき／園地 はたけ／園疇 はたけ／園丁 庭の係／園廛 畑と宅地／園廟 園寝／園夫 農夫／園木 園庭の木／園民 園戸／園門 庭の門／園邑 御陵の世話をする邑／園囿 王室の花園や鳥獣の飼育場／園吏 庭役人／園裏 園中／園令 庭守り／園鹿 園に放ち飼いする鹿

↓苑園・花園・果園・家園・学園・官園・寒園・閑園・灌園・淇園・祇園・丘園・旧園・御園・杏園・郷園・禁園・空園・故園・公園・後園・郊園・菜園・山園・梓園・詞園・春園・小園・荘園・桑園・池園・茶園・中園・庭園・田園・桃園・内園・廃園・美園・文園・圃園・芳園・名園・茗園・薬園・幽園・遊園・楊園・瑶園・楽園・李園・梨園・梁園・林園・霊園

常【塩】13 4810〔鹽〕24 7810　エン　しお

篆文 

形声 旧字は鹽に作り、鹵に従い監声。監に鑑・濫の声がある。鹽はその声の転じたものであろう。鹵は天生の塩の象形。〔説文〕十二上に「鹹なり」とあり、また「古者、宿沙、初めて煮海鹽を作る」という事物起源説を記している。

訓義 ①しお。②しおにつける、からい。③引・行のように楽曲の名として用いる。④艶に通じ、艶羨の意に用いる。うらやむ。

古訓〔新撰字鏡〕鹽 閻羅、閻なる者は之保(しほ)〔名義抄〕鹽 シホ〔字鏡集〕鹽 ヲフ・シホ・ヒロシ

参考 塩は古くは鹵といい、〔説文〕十二上に「西方の鹹地なり」とし、「西の省に従ひ、鹵の形に象る」とするが、鹵の外郭は器の形、その器中の小点は塩の象形である。金文に鹵・鹵賚千両などを賜う例がある。鹽はのちの形声字で、岩塩の状をなすものであろう。塩は俗字、また常用の字とする。

【塩花】えんか(くわ)　花のように白く結晶した塩。〔宋史、地理志三、陝西〕解州、～鹽花を貢す。

【塩官】えんかん(くわん)　漢代に塩税、のち塩の専売に従う官吏。〔魏書、長孫道生伝〕昔、高祖昇平の年、乏少する所無し。猶ほ鹽官を創置し、典護を加ふ。

【塩虎】えんこ　虎の形に固めた塩。武を示す。〔左伝、僖三十年〕武は畏るべきなり。～以て其の德に象り、五味を薦め、嘉穀を羞め、鹽虎形し、以て其の功を獻ず。

【塩豉】えんし　みそ。納豆の類。〔史記、淮南厲王長伝〕其れ長の死罪を赦し、縣、爲に家室を築蓋し、皆廩食し、薪菜鹽豉・炊食の器・席蓐を給せん。

【塩井】えんせい　製塩の塩水を汲む井戸。〔漢書、貨殖、程鄭伝〕羅裒～鹽井の利を擅にし、期年にして得る所自ら倍し、遂に其の貨を殖やせり。

【塩池】えんち　塩の出る池。またその池の名。〔水経注、涑水〕鹽池、～池は安邑の西南に在り。～紫色澄渟、渾として流れず。水、石鹽を出だし、自然に印成す。朝に取るも夕に復し、終に減損無し。

【塩鉄】えんてつ　塩と鉄。漢の武帝以後、多く政府の専売とされた。〔後漢書、和帝紀〕昔、孝武皇帝、誅を胡・越に致す。故に權に鹽鐵の利を收め、以て師旅の費に奉ず。

【塩梅】えんばい(あんばい)　塩味と酢味。ほどよく調和すること。〔文心雕竜、声律〕聲、鹽梅を得れば、響、楡槿(楡の実と菫菜)よりも滑らかなり。

【塩酪】えんらく　塩と乳漿。〔南史、孝義上、劉瑜伝〕又母を喪ふ。三年、鹽酪を進めず。號泣して、晝夜聲を絶たず。身力を勤めて、以て葬事を營む。

【塩鹵】えんろ　山塩。内陸に産する塩。〔史記、貨殖伝〕山東には海鹽を食し、山西には鹽鹵を食す。

↑塩引 塩商の鑑札／塩運 塩の輸送／塩淹 塩漬け／塩煙 塩やく煙／塩課 塩税／塩汗 あせ／塩禁 塩の私造禁止／塩戸 塩を作る家／塩估 塩税／塩差 各地の製塩を監査する官／塩菜 塩と野菜／塩醋 塩と酢／塩車 塩を運ぶ車／塩絮 雪／塩場 製塩場／塩神 塩の神／塩人 塩政の官／塩政 塩務の官／塩税 塩の税／塩籍 塩戸の籍／塩泉 塩井／塩酢 塩と酢／塩菹 漬物／塩宗 塩の神／塩霜 粒塩／塩竈 塩がま／塩丁 塩田夫／塩票 塩取引の許可証／塩民 塩人／塩冶 製塩製鉄／塩利 塩の利益

↓飴塩・鬻塩・運塩・花塩・海塩・榷塩・官塩・魚塩・漁塩・羌塩・苦塩・形塩・畦塩・虎塩・鹽塩・紅塩・山塩・散塩・私塩・煮塩・戎塩・食塩・新塩・井塩・製塩・虀塩・石塩・赤塩・煎塩・茶塩・甜塩・梅塩・白塩・米塩・卵塩

常【煙】13〔煙〕13 9181［烟］10 9680　エン イン　けむり けむる

篆文 　古文 　籀文 

形声 旧字は煙に作り、垔声。垔は竈の煙がたちこめて、煙抜きに流れ出る形。〔説文〕十上に「火气なり」とあり、煙の部分をいう。

訓義 ①けむり、けむる。②すす。③くも・きり・ほこりのたちこめ

ること。

古訓 〔名義抄〕烟 カマド・ケブリ・モユ

声系 〔説文〕に垔声として煙・湮・闉など八字を収める。垔は竈に煙の流れる形。ふさぐ、たちこめるなどの意がある。垔は煙の初文とみてよい。

語系 煙yen、垔・湮・闉・堙ianは声義近く、一系の字。淤ia、抑iet、堰ian、遏atに、みな、とどこおり、つまる意がある。

【煙靄】えんあい もや。唐・杜甫〔万丈潭〕詩 跼歩垠堮(危ういがけ)を凌ぎ 身を側だてて煙靄より下る

【煙雨】えんう けぶるような雨。唐・杜牧〔江南春絶句〕詩 千里鶯啼いて、綠、紅に映ず 水村山郭、酒旗の風 南朝四百八十寺 多少の樓臺、煙雨の中

【煙雲】えんうん かすみとくも。清・銭大昕〔梁山舟前輩八十〕詩 占め得たり西湖第一峯 煙雲供養す、幾千重 門に懸く曼碩(掲傒斯)の山舟の字 人は識る坡公(蘇軾)笠屐の容

【煙焰】えんえん けむりとほのお。〔北史、来護児伝〕護兒乃ち輕舸數百を以て、直ちに江岸に登り、襲ひて其の營を破る。因りて火を縱ち、煙焰天に張る。賊、火を顧みて懼る。

【煙花】えんか(くわ) もやと花。春の景色。唐・李白〔黄鶴楼に孟浩然の広陵に之くを送る〕詩 故人西のかた黄鶴樓を辭して 煙花三月、揚州に下る

【煙霞】えんか かすんだ景色。唐・杜甫〔厳公庁の宴、同じく蜀道の画図を詠ず〕詩 興は煙霞と會し 清罇、幸ひに空しからず

【煙海】えんかい ひろびろとかすみがこめる。宋・陸游〔鵝鼻山に登りて絶頂に至り、秦の刻石を訪ふ～〕詩 殘碑禁ぜず、野火の燎くを 造物、焚書の虐に報ずるに似たり 人民城郭、倶に已に非なり 煙海浮天、獨り昨の如し

【煙閣】えんかく かすみのかかった高楼。唐・韋応物〔始めて尚書郎に除せられ、善福精舍に別る〕詩 明晨煙閣を下る 白雲、幽谷に在り

【煙客】えんきゃく 紫雲に乗る仙人。梁・江淹〔雑体詩、三十首、郭弘農(璞)〕眇然として、萬里に遊び 掌を矯げて、煙客を望む

【煙景】えんけい かすんだ春の景色。唐・李白〔春夜、桃李園に宴するの序〕況んや陽春、我を召すに煙景を以てし、大塊我に假すに文章を以てするをや。桃李の芳園に會し、天倫の樂事を序す。

【煙月】えんげつ おぼろ月。唐・張九齢〔初めて発し、道中王司馬に贈り、兼ねて諸公に寄す〕詩 林園、事益〻簡なり 煙月、賞すること恆に餘りあり

【煙蓑】えんさ 煙雨の中で蓑をつける。公事を棄てた世外の境をいう。宋・陸游〔渓上小雨〕詩 掃空す、紫陌紅塵の夢 收め得たり、煙蓑雨笠の身

【煙際】えんさい かすむかなた。南唐・李煜〔浣渓沙〕詞 江邊一望すれば、楚天長かに 片帆煙際に、孤光閃く

【煙爨】えんさん 火で炊事する。〔後漢書、周挙伝〕太原一郡、舊俗、介子推の焚骸せるを以て、龍忌(竜星、大火)の禁有り。～是れに由り、士民每冬中、輒ち一月に寒食し、敢て煙爨する莫し。老小堪へず、歲ごとに死する者多し。

【煙樹】えんじゅ かすんで見える遠くの木。唐・孟浩然〔夜、鹿門山に帰る歌〕詩 鹿門の月照、煙樹を開き 忽ち龐公の棲隱の處に到る

【煙塵】えんじん(ぢん) すなけむり。また、戦塵。唐・白居易〔長恨歌〕詩 漁陽の鞞鼓、地を動かして來り(安禄山の叛) 驚破す、霓裳羽衣の曲 九重の城闕、煙塵生じ 千乘萬騎、西南に行く

【煙波】えんぱ もやのかかった水面。唐・崔顥〔黄鶴楼〕詩 日暮鄉關、何れの處か是なる 煙波江上、人をして愁へしむ

【煙霧】えんむ けむりやもや。唐・杜甫〔孔巣父～を送り～兼ねて李白に呈す〕詩 巣父、頭を掉つて住まることを肯んぜず 東のかた將に海に入つて、煙霧に隨はんとす

【煙嵐】えんらん 山がすみ。唐・李咸用〔王氏の山居に題す〕詩 簷に煙嵐の色有り 地に松竹の風多し

【煙巒】えんらん かすむ峰。清・銭謙益〔香山寺〕詩 萬疊の煙巒、欄檻の外 知らず、何れの處か身と平らかならん

↑煙埃 煙や埃/煙熅 こもる/煙苑 霞む庭/煙塢 霞む庭/煙村/煙管 キセル/煙鬟 黒髪/煙眼 霞み目/煙気 けむり/煙屩 山行/煙径 霞む小道/煙谿 霞む谷/煙戸 人口/煙昏 煙って暗い/煙散 はかなく消える/煙曙 あけぼの/煙銷 晴れる/煙瘴 南の熱病/煙条 柳枝/煙色 煙景/煙岑 煙巒/煙燼 もえ残り/煙翠 山の雲霧/煙雪 細雪/煙窓 煙る窓/煙村 霞む村/煙中 霧の中/煙汀 霞む汀/煙篆 香の煙が立ちのぼる/煙罩 たちこめる/煙濤 煙波/煙突 煙抜き/煙煤 すす/煙霏 もやがなびく/煙蕪 霞む野/煙氛 悪気/煙墨 墨/煙滅 消え失せる/煙綿 煙がなびきつづく/煙容 細い煙る姿/煙柳 柳条/煙林 霞む林/煙縷 細い煙/煙嶺 煙巒/煙浪 煙波/煙楼 霞む楼

↓鬱煙・雲煙・炎煙・火煙・寒煙・巌煙・喫煙・暁煙・禁煙・軽煙・孤煙・湖煙・荒煙・香煙・茶煙・柴煙・山煙・残煙・紫煙・愁煙・春煙・松煙・硝煙・瘴煙・晨煙・人煙・塵煙・水煙・炊煙・翠煙・青煙・竈煙・村煙・淡煙・澹煙・厨煙・長煙・朝煙・汀煙・篆煙・煤煙・晩煙・微煙・浮煙・風煙・噴煙・暮煙・烽煙・墨煙・夜煙・野煙・油煙・幽煙・余煙・嵐煙・凌煙・緑煙・炉煙・狼煙

常 **【猿】** 13 4423 **［蝯］** 15 5214 **［猨］** 12 4224

エン(ヱン)
さる

篆文

形声 声符は袁。正字は〔説文〕十三上に蝯に作り、爰声。「善く援づ。禺(母猴)の屬なり」とみえ、字はまた猿・猨に作る。

訓義 ① さる、ましら。

古訓 〔名義抄〕猿 ワカサル/猨猴 サル

語系 袁・爰hiuanは同声。袁は死者の襟もとに玉を加える形、爰は瑗玉を以て相援く形。ともにまるい玉を用い、援引・攀援の意があり、声義が近い。猨は攀援の意をとるものであろう。

【猿鶴】えん(ゑん)かく 猿と鶴。〔宋史、石揚休伝〕揚休、閑放を喜ぶ。平居猿鶴を養ひ、圖書を玩び、吟詠自適す。

【猿嘯】えんしょう(ゑんせう) さるの声。唐・杜甫〔九日、五首、五〕詩 風急に天高くして、猿の嘯くこと哀し 渚清く沙白くして、鳥飛び廻る

【猿声】えん(ゑん)せい さるの声。唐・李白〔早に白帝城を発す〕詩 朝に辭す、白帝(城)彩雲の閒 千里の江陵、一日に還る 兩岸の猿聲啼いて盡きざるに 輕舟已に過ぐ萬重の山

【猿猱】えんどう(ゑんだう) さる。てなが猿。唐・李白〔蜀道難〕詩 黃鶴の飛ぶも、尙ほ過ぐることを得ず 猿猱、度らんと欲して、攀援を愁ふ

↑猿引 攀援/猿戯 五禽戯の一/猿吟 猿嘯/猿嗛 さるのほほ/猿肱 猿臂/猿猴 さる/猿酒 猿ざけ/猿愁 猿が哀しく鳴く/猿心 世俗の心/猿臂 猿の長い手/猿鳴 猿の声

↓哀猿・巌猿・窮猿・狂猿・吟猿・犬猿・猴猿・山猿・愁猿・心猿・蒼猿・啼猿・巴猿・飛猿・暮猿・夜猿・野猿・林猿・嶺猿・老猿

【晼】 13 6301

エン(ヱン)

篆文

形声 声符は宛。〔説文〕十三下に「田三十晦を晼と曰ふ」(段注本)とあり、宛声。〔楚

辭、離騷〕「余既に滋(う)ゑたる蘭の九畹なるあり」の〔王逸注〕に「十二畝を畹と曰ふ」という。
訓義 1田の広さ。2田の長さ。
古訓 〔字鏡集〕畹 ウネ

【筵】 13 8840 エン むしろ

篆文 

形声 声符は延(延)(えん)。〔説文〕五上に「竹席なり」とする。延は死者を葬るところで、羨道(えんどう)の羨の初文。もと神の座。またそのような神事や儀礼の際の竹席を筵という。

訓義 1むしろ、たかむしろ。2座席、しきもの。3会集するところ、場所をいう。

古訓 〔名義抄〕筵 ムシロ・シキモノ・ホビコル・ナガムシロ 〔字鏡集〕筵 ムシロ・ナガムシロ・スダレ
語系 筵・延 jian は同声。引 jien、演 jyen、施 jiai、挻 sjian は声義近く、みな長くひく意がある。羨 zian は延・筵の転声とみるべき字で、羨道のときは延の音でよむ。

【筵宴】(えんえん) 宴会。〔釈常談、上、周郎〕周瑜～音律に妙なり。筵宴有る毎に、奏する所の音樂、小(すこ)しく誤失有るときは、瑜、必ず目を擧げて瞪視す。

【筵几】(えんき) 座席とひじかけ。〔儀礼、聘礼〕厥(そ)の明、賓朝服し、幣を禰(でい)に釋(お)く。有司室中に筵几す。

【筵九】(えんきゅう(きう)) 正月十九日、宮中の宴。〔燕京歳時記、筵九〕十九日、之れを筵九と謂ふ。～皇上、西廠子小金殿に幸して筵宴し、玩藝貫跤(くわんかう)(蒙古の角力戲)を看る。蒙古の王公、請安告歸す。

【筵席】(えんせき) 典薦のものを敷くむしろ。のち宴席。〔礼記、楽記〕筵席を鋪(し)き、尊俎を陳(つら)ぬ。

↑筵燕(えんえん) 筵宴/筵羞(えんしゅう) 宴会/筵上(えんじょう) 宴席上/筵前(えんぜん) 座席の前/筵中(えんちゅう) 進講の処
↓帷筵・宴筵・華筵・賀筵・開筵・歓筵・几筵・綺筵・御筵・経筵・慶筵・瓊筵・高筵・講筵・四筵・侍筵・酒筵・祝筵・初筵・書筵・盛筵・設筵・餞筵・祖筵・談筵・長筵・陳筵・榻筵・賓筵・舞筵・文筵・別筵・芳筵・法筵・末筵・満筵・茗筵・離筵

【蜒】 13 5214 エン タン

形声 声符は延(延)(えん)。蚰蜒(ゆうえん)は〔爾雅、釈虫、疏〕に「呉公(むかで)に象(に)て、黄色にして細長し」とあって、げじげじの類。また〔爾雅翼〕に「今蝸牛の殼無きもの、俗に蜒蚰と呼んで蜒蚰と爲す」とあって、なめくじ、かたつむりをいう。
訓義 1うねうねとする。2げじげじ、なめくじ、かたつむり。3蜑(たん)と通ずる。蛮人のあまを蛮蜒という。
古訓 〔新撰字鏡〕蜒 奈女久地(なめくぢ) 〔名義抄〕蚰蜒 ナメクチ
【蜒蜒】(えんえん) 竜などがうねうねとしたさま。唐・韓愈〔南海神廟碑〕海の百靈祕怪、慌惚(くわうこつ)として畢(ことごと)く出で、蜿蜿蜒蜒として、來(きた)りて飲食を享(う)く。
↑蜒酒(たんしゅ) 蜑人(あま)の作る酒/蜒蚰(えんゆう) なめくじ

【趄】 13 4180 エン(ヱン) カン(クヮン) かえだ つよい

篆文 

形声 声符は亘(かん)。亘に垣(えん)の声がある。〔説文〕二上に「趄田(えんでん)、居を易(か)ふるなり」とあり、一易の田、一年ごとに休耕する田をいう。金文にこの字を武勇をいう桓桓の義に用い、一易の田は仮借義である。
訓義 1爰田、一年休耕の田、かえだ。2つよい、武勇のさま。
語系 金文の用例では桓の初文。趄・桓・狟 huan は同声。
参考 金文に趄を武勇の意に用い、〔虢季子白盤(かくきしはくばん)〕に「趄趄(かんかん)たる子白」、〔秦公𣪘(しんこうき)〕に「剌剌(れつれつ)趄趄」のように用いる。その用法が字の初義であろう。

常 【遠】 13 3430 〔遠〕 14 3430 エン(ヱン) オン(ヲン) とおい

篆文  古文  金文 

形声 声符は袁(えん)。〔説文〕二下に「遼(はる)かなり」とし、遼(遼)と互訓。袁は死者の衣襟のうちに玉(○)を加え、枕もとに之(あし、はきもの)を加えて、遠く送る意。それより遠方・遐遠の意となる。
訓義 1とおい、はるか。2とおざかる、けうとい。3ひさしい、ひろい。
古訓 〔名義抄〕遠 トホシ・サル・マタ・サカル 〔字鏡集〕遠 トホシ・サル・キハマル・サカル・ハナル・ウトシ・ヒロシ・サク・マタ・サケフ
語系 遠 hiuan は、蘊 iuan、隱(隠) ian と同系の語であろう。
【遠意】(えん(ゑん)い) 古人の考え。また、遠くへの思い。唐・賈島〔集文上人の遊方するを送る〕詩 首を分つ芳草の時 遠意、靑天の外 此の遊、幾嶽にか詣(いた)る 嵩・華・衡・恆・泰
【遠裔】(えん(ゑん)えい) 遠孫。〔晋書、赫連勃勃載記賛〕淳維(じゅんゐ)(匈奴の異名)の遠裔にして、名王の餘なり。～神器を弄すと雖も、猶ほ凶渠と曰ふ。
【遠影】(えん(ゑん)えい) 遠い姿。唐・李白〔黄鶴楼に孟浩然の広陵に之(ゆ)くを送る〕詩 孤帆遠影、碧空に盡く 唯だ見る、長江の天際に流るるを
【遠役】(えん(ゑん)えき) 遠く行役する。晋・張協〔雑詩、十首、一〕君子、遠役に從ひ 佳人、煢獨(けいどく)を守る
【遠客】(えん(ゑん)かく) 遠くから来た人。唐・劉長卿〔李穆の寄せらるるに酬ゆ〕詩 柴門を掃つて、遠客を迎へんと欲すれば 靑苔黄葉、貧家に滿つ
【遠近】(えん(ゑん)きん) 距離。遠いところと近いところ。〔管子、乗馬〕壹宿の行有り。道の遠近に數有り。
【遠計】(えん(ゑん)けい) 遠い将来のはかりごと。〔史記、蔡沢伝〕大夫種(しょう)、越王の爲に深謀遠計、會稽の危を免れ、亡を以て存と爲し、辱に因りて榮と爲す。
【遠見】(えん(ゑん)けん) 遠い将来を見通す。〔韓非子、孤憤〕智術の士は、必ず遠見にして明察なり。
【遠行】(えんこう(ゑんかう)) 遠くへ行く。唐・杜甫〔元二が江左に適(ゆ)くを送る〕詩 亂後、今相ひ見る 秋深くして復(ま)た遠行す 風塵、客と爲るの日 江海、君を送る情
【遠国】(えん(ゑん)ごく) 遠方の国。〔穀梁伝、僖二年〕中國にては齊・宋を稱し、遠國にては江・黄を稱す。
【遠山】(えん(ゑん)ざん) 遠くの山。宋・韓琦〔広教院閣に登る〕詩 高臺壘に面して、平野を包み 老柏天に參じて、遠山に擬す
【遠竄】(えん(ゑん)ざん) 遠くへにげかくれる。〔晋書、邵続伝〕國家、符に應じて、八表を撥亂(はつらん)するに心を遺晉に宅し、威を怖れて揚・越に遠竄す。
【遠志】(えん(ゑん)し) 遠大な志。〔史記、孔子世家〕穆然(ぼくぜん)として深思する所有り。怡然(いぜん)として高望して、遠志する所有り。～文王に非ずして、其れ誰か能く此れを爲さんや。
【遠識】(えん(ゑん)しき) 遠い将来を見通す見識。〔晋書、盧欽伝〕欽、清澹にして遠識有り。志を經史に篤うす。孝廉に擧げらるるも、行かず。
【遠趣】(えん(ゑん)しゅ) 深い趣。〔晋書、嵆康伝〕康、善く理を談じ、又能く文を屬(つづ)る。其の高情遠趣、率然玄遠なり。
【遠樹】(えん(ゑん)じゅ) 遠くの木。斉・謝朓〔東田に游ぶ〕詩 遠樹、曖(あい)として仟仟(せんせん)(茂るさま)たり 生煙、紛として漠漠たり
【遠信】(えん(ゑん)しん) 遠方からの手紙。宋・蘇軾〔陶(潜)の〔丙申の歳、八月中〕下潠の田舍に穫(か)る(の作)に和す〕詩 海を跨(こ)えて、遠信を得たり 冰盤、鳴玉哀し
【遠人】(えん(ゑん)じん) 遠方の人。〔中庸、二十〕百工を來(きた)せば、則

ち財用足る。遠人を柔らぐれば、則ち四方之れに歸す。

【遠征】えん(ゑん)せい　遠行。遠く征伐する。唐・李白〔子夜呉歌、四首、三〕詩　何れの日か、胡虜を平らげ　良人、遠征を罷めん

【遠想】えんそう(ゑんさう)　高遠な思い。梁・江淹〔雑体詩、三十首、嵆中散(康)〕遠想、宏域を出で　高歩、常倫を超ゆ

【遠大】えん(ゑん)だい　遠く大きい。宋・黄庭堅〔快閣に登る〕詩　落木千山、天、遠大　澄江一道、月、分明

【遠度】えん(ゑん)たく　高遠な考え。〔貞観政要、論誠信〕善を択び能に任ぜずして、之れを俗吏に委するは、既に遠度無く、必ず大體に遠し。

【遠謫】えん(ゑん)たく　遠く流される。唐・杜甫〔巫山県にて～小詩を題して屋壁に留む〕詩　故人、猶ほ遠謫せらる　茲の日、倍ます多く違ふ

【遠致】えん(ゑん)ち　遠くいたす。すぐれた趣致。〔晋書、孫綽伝〕高情遠致は、弟子早く已に伏膺せり。然れども一詠一吟は、許(詢)将に北面せんとす。

【遠図】えん(ゑん)と　遠い将来への謀。〔後漢書、賈復伝賛〕膠東の鹽吏、南のかた宛の賊を征す。奇鋒敵を震はしめ、遠圖國を謀る。

【遠道】えんどう(ゑんだう)　遠方。唐・李白〔蜀道難〕詩　嗟爾遠道の人　胡爲れぞ來れるや　劍閣崢嶸として、崔嵬たり

【遠謀】えん(ゑん)ぼう　遠い将来の謀。〔左伝、荘十年〕肉食の者(高官)は鄙し。未だ遠謀する能はず。

【遠方】えんぽう(ゑんぱう)　遠い所。〔文選、古詩十九首、十七〕客遠方より來り　我に一書札を遺る　上に言ふ、長く相ひ思ふと　下に言ふ、久しく離別すと

【遠夢】えん(ゑん)む　遠い地を夢みる。唐・李白〔襄陽の旧遊を憶うて、馬少府巨に贈る〕詩　歸心、遠夢を結び　落日、春愁を懸く

【遠来】えん(ゑん)らい　遠方から来る。唐・韓愈〔左遷せられて藍関に至り、姪孫湘に示す〕詩　知る、汝が遠く來る、應に意有るべし　好し、吾が骨を收めよ、瘴江の邊

【遠覧】えん(ゑん)らん　遠くを見る。漢・馮衍〔顕志の賦〕獨り慷慨して遠覽す、庸庸の識る所に非ず。

【遠慮】えん(ゑん)りよ　遠い先までのことを考える。〔論語、衛霊公〕子曰く、人、遠き慮り無ければ、必ず近き憂ひ有り。

【遠路】えん(ゑん)ろ　遠い道のり。漢・蘇武〔詩四首、四〕征夫、遠路を懷ひ　遊子、故郷を戀ふ　寒冬十二月　晨に起きて嚴霜を践む

↑遠靄えんあい　遠く霞む／遠域えんいき　遠地／遠煙えんえん　遠い靄／遠奥えんおう　奥深い／遠遐えんか　はるか／遠界えんかい　遠方の地／遠隔えんかく　遠方／遠翰えんかん　遠方からの便り／遠巌えんがん　遠くの岩／遠境えんきょう　遠い敵／遠坰えんけい　遠い郊外／遠古えんこ　遠い昔／遠寇えんこう　遠い敵／遠曠えんこう　はるか／遠歳えんさい　永年／遠旨えんし　深い意味／遠思えんし　遠慮／遠邇えんじ　遠近／遠昵えんじつ　親疏／遠戍えんじゅ　辺境の守り／遠墅えんしょ　別荘／遠条えんじょう　長い枝／遠岑えんしん　遠山／遠世えんせい　遠い昔／遠戚えんせき　遠い親戚／遠祖えんそ　遠い祖先／遠族えんぞく　遠縁／遠孫えんそん　後裔／遠冑えんちゅう　末孫／遠籌えんちゅう　遠謀／遠眺えんちょう　遠く望む／遠天えんてん　遠い空／遠土えんど　遠地／遠遁えんとん　遠く遁れる／遠遯えんとん　遠遁／遠年えんねん　多年／遠念えんねん　遠く懐う／遠派えんぱ　遠い分派／遠播えんぱ　ひろがる／遠帆えんぱん　遠くの舟／遠物えんぶつ　遠地の物／遠碧えんぺき　遠山／遠別えんべつ　遠い別れ／遠辺えんぺん　辺地／遠望えんぼう　遠く望む／遠猷えんゆう　遠謀／遠離えんり　離れる／遠略えんりゃく　遠謀／遠流えんりゅう　遠く流す

↓迂遠・永遠・淵遠・奥遠・遐遠・懐遠・隔遠・闊遠・簡遠・久遠・求遠・窮遠・極遠・迥遠・敬遠・玄遠・孤遠・広遠・弘遠・宏遠・高遠・曠遠・察遠・旨遠・至遠・脩遠・柔遠・渉遠・蕭遠・深遠・綏遠・邃遠・崇遠・清遠・絶遠・阻遠・疏遠・疎遠・卓遠・知遠・致遠・黜遠・長遠・迢遠・追遠・通遠・定遠・洞遠・道遠・卑遠・鄙遠・平遠・僻遠・辺遠・望遠・謀遠・幽遠・悠遠・慮遠・遼遠

【鉛】 13 9716 〔鉛〕 13 8716

常

エン　なまり

篆文 

形声 声符は㕣。〔説文〕十四上に「青金なり」、〔玉篇〕に「黑錫なり」とみえる。錫は鉛・銀の間で、銀色にして鉛質なるもの。

訓義 ①なまり。②鉛を焼き、その鉛華をおしろいとする。おしろい。

古訓 〔新撰字鏡〕鉛　黑奈万利(くろなまり)〔名義抄〕鉛　ナマリ・クロナマリ

【鉛華】えんか(くわ)　白粉。魏・曹植〔洛神の賦〕延頸秀項、皓質呈露す。芳澤加ふる無く、鉛華御ひず。

【鉛黄】えんこう(くわう)　鉛粉と雌黄。書を校訂するときに用いる。唐・陶翰〔鄭員外に贈る〕詩　何ぞ必ずしも章句を守り　終年、鉛黄を事とせん

【鉛槧】えんざん　鉛は胡粉、槧は字を書く木の札。筆記の具。〔西京雑記、三〕揚子雲(雄)、事を好む。常に鉛を懷にし、槧を提へ、諸計吏を從へ、殊方絶域、四方の語を訪ひ、以て裨補と爲す。

【鉛黛】えんたい　おしろいとまゆずみ。〔文心雕竜、情采〕夫れ鉛黛は容を飾る所以なれども、盼倩(愛らしく笑う目の美しさ)は淑姿に生ず。

【鉛丹】えんたん　道家で鉛を煉って丹とする。〔譚子化書、一〕術に火煉鉛丹有り、以て穀食に代ふ。

【鉛刀】えんとう(たう)　なまくら刀。役立たずにたとえる。漢・賈誼〔屈原を弔ふ文〕嗚呼哀しい哉、時の不祥に逢へり。～莫邪(古の名刀)を鈍しと爲し、鉛刀を銛しと爲す。

【鉛筆】えんぴつ　胡粉を用いて書く筆。〔東観漢記、十八、曹褒〕書夜沈思し、寢ぬるときには則ち鉛筆を懷き、行くときには則ち文書を誦す。

↑鉛印えんいん　活版／鉛汞えんこう　鉛と水銀／鉛紅えんこう　白粉とべに／鉛膏えんこう　毛髪の油／鉛摘えんてき　校正／鉛毒えんどく　白粉の毒／鉛白えんぱく　白粉／鉛版えんぱん　活版

↓亜鉛・懐鉛・金鉛・銀鉛・玄鉛・黒鉛・焼鉛・粧鉛・蒼鉛・丹鉛

【厭】 14 7123 〔猒〕 12 6323

エン　ヨウ(エフ)　アツ　オウ(アフ)　オン　たる　あく　いとう　おさえる

篆文 

金文 

会意 厂+猒。〔説文〕は猒と厭とをそれぞれ別に録し、猒五上には「飽くなり。甘に従ひ肰に従ふ」と甘肉に飽く意とし、厭九下には「窄くなり」として「壓窄」の壓(圧)と解する。厂は聖所。猒は犬の肩肉で厭の初文。猒を供えて祀り、神が満足する意。

訓義 ①たる、あく。②猒は呪禁のために用いる。邪霊のいとうもの、いとう。③圧服の呪儀として行う。おさえる、おす、ふせぐ、はらう、せまる。

古訓 〔名義抄〕厭　フサグ・カナフ・アク・イトフ・シヘタク・オサフ・マジワザ／猒　イトフ〔字鏡集〕厭　アク・イトフ・ヲサフ・マジワザ・フサグ・カナフ・シヘタグ

声系 〔説文〕に厭声として黶・擪・壓など六字を収める。厭の声義を承けるものが多い。

語系 厭・魘iap は同声。魘に厭勝を加えることを壓という。揖iap、遏at、撎iet、壓eap、按an、堙ian は、それぞれ声義において厭と通ずるところがある。

【厭劾】よう(えふ)がい　災厄を払いのぞく。〔晋書、芸術、幸霊伝〕高悝の家に鬼怪有り。～人の形を見ず。或いは器物自ら行

き、再三火を發す。巫祝厭劾するも、絶つこと能はず。

【厭苦】いとい苦しむ。〔捜神記、一〕漢陰生は、長安渭橋の下の乞小兒なり。常に市中に於て匃こふ。市中厭苦し、糞を以て之れに灑そそぐ。～之れに灑ぎし者の家、屋室自ら壞やぶる。

【厭殺】圧殺。〔漢書、外戚上、孝文竇皇后伝〕弟廣國、字は少君。～其の主人の爲に山に入り炭を作る。暮に岸下に臥するもの百餘人、岸崩れ、盡ことごとく臥する者を厭殺す。少君獨り脫して死せず。自らトす、數日にして、當に侯と爲るべしと。

【厭勝】まじない。まじないで圧服する。〔漢書、王莽伝下〕莽、親みづから南郊に之ゆき、威斗を鑄作し、～以て衆兵を厭勝せんと欲す。

【厭色】いやがる顏色。〔顏氏家訓、治家〕(裴子野)家素もと清貧。時に水旱に逢ひ、二石の米を薄粥と爲し、(疎親故屬)僅かに徧あまねくするを得たり。躬みづから之れを同ともにし、常に厭色無し。

【厭世】世をいとう。〔荘子、天地〕千歳世に厭き、去りて上僊す。彼の白雲に乘じ、帝鄉に至らん。三患至ること無く、身、常に殃わざはひ無し。

【厭足】満足する。〔史記、淮陰侯伝〕漢王～其の意、盡ことごとく天下を吞むに非ざれば休やまず。其の厭足するを知らざること、是かくの如く甚だし。

【厭当】おさえる。まじないで対応する。〔論衡、吉驗〕秦の始皇帝常かつて曰く、東南に天子の氣有りと。是ここに於て東遊し、以て之れを厭當せんとす。(漢の)高祖の氣なり。

【厭伏】まじないで邪気をはらう。〔埤雅〕桃は五木の精なり。故に能く邪氣を厭伏す。

【厭飫】食べあきる。唐・杜甫〔麗人行〕詩 犀筯厭飫して、久しく未だ下さず 鸞刀縷るのごとく、切つて空しく紛綸たり
【厭離】いとい棄てる。宋・蘇軾〔黄魯直の李氏伝後に書す〕厭離する所無し、何に從よりて世を出でん。欣慕する所無し、何に從りて道に入らん。

↑厭易 侮る/厭焉 かくす/厭厭 かよわいもののさま/厭汚 けがす/厭悪 いみきらう/厭応 おさえる/厭捍 圧服する/厭気 いや気/厭宜 祓い祀る/厭居 安居/厭倦 飽きる/厭蠱 虫の呪力でのろう/厭恨 いとい恨む/厭攢 くどい話/厭事 仕事嫌い/厭日 忌む日/厭縦 勝手気儘/厭禳 祓う/厭衰 減退する/厭絶 絶交する/厭賤 賤しむ/厭然 安らか/厭詛 のろう/厭塞 ふさぐ/厭怠 怠る/厭翟 皇后の車/厭禱 祈禱/厭毒 憎む/厭悩 なやむ/厭魅 人をのろう巫術、媚道/厭服 悦服する/厭飽 あきる/厭満 満足する/厭夢 悪夢/厭浥 うるおう/厭抑 抑える

↓陰厭・盈厭・亀厭・欣厭・禁厭・倦厭・嫌厭・疲厭

【嫣】 14 4142 エン あでやか

篆文 

形声 声符は焉えん。〔説文〕十二下に「長き皃なり」、〔玉篇〕に「長美の皃なり」とする。嫣然とは、あでやかに笑うさまをいう。

訓義 ①あでやか。②すらりとして美しい。

古訓 〔字鏡集〕嫣 ヨキカタチ

語系 嫣ian、宛・婉iuanは声義近く、同系の語。

【嫣然】あでやかにほほえむさま。嫣嬋。楚・宋玉〔登徒子好色の賦〕嫣然として一笑すれば、陽城を惑はし、下蔡を迷はす。

↑嫣紅 赤い花/嫣潤 美しくつややか/嫣嬋 嫣然/嫣媚 美しくあでやか/嫣綿 連なる

↓嬋嫣

【榬】 14 4493 エン(エン) いとまき

形声 声符は袁えん。〔方言、五〕に「籆くわは榬なり」とあり、糸巻の枠。〔郭璞注〕に「絲を絡まとふ所以なり」とみえる。また鐘磬などの楽器を懸繫するもの。

訓義 ①わく、いとまき。②楽器をかけるもの。

常 【演】 14 3318 エン イン のばす おこなう

篆文 

形声 声符は寅いん。寅は矢を正しく直すこと。〔説文〕十一上に「長流なり」とあり、直流することをいう。

訓義 ①のばす、のぶ。②水が直流する、流れ通る。③おこなう、ことをひらきおしひろめる、及ぶ。

古訓 〔名義抄〕演 ノブ・ヒク・オホイナリ・ナガシ・イタル・ウルフ・メグル 〔字鏡集〕演 ノブ・ヒク・トク・ヒロシ・オホイナリ・ウルフ・ナガシ・イタル・メグル・ハカル

語系 演jyen、延(延)jian、引jien、曳jiatは声義近く、長く延びてとどこおらぬことをいう語である。

【演易】易の八卦を重ねて、六十四卦とする。〔漢書、司馬遷伝〕蓋けだし西伯(周の文王)拘せられて周易を演し、仲尼戹くるしめられて春秋を作る。

【演繹】意義をのべ明らかにする。宋・朱熹〔中庸章句の序〕是ここに於て、堯舜以來相ひ傳ふるの意を推本し、質ただすに平日聞く所の父師の言を以てし、更互に演繹して、此の書を作爲す。

【演化】教化を広める。〔景德伝灯録、二〕尊者偈げを說き已をはり、～他國に之ゆき、機に隨ひて演化せしむ。

【演義】道理や事実をくわしく述べる。〔後漢書、逸民、周党伝〕黨等、文は演義すること能はず、武は君に死すること能はず。華名を釣采して、三公の位を庶幾こひねがふ。～皆大いに不敬なり。

【演成】推し広めて完成する。漢・班固〔西都の賦〕奉春(婁敬)策を建て、留侯(張良)演成す。天人合應し、以て皇明を發す。

【演説】講説する。〔北斉書、儒林、権会伝〕貴游の子弟其の德義を慕ふ者、其の學業を受く。會、欣然演說し、未だ嘗かつて懈怠せず。

↑演池 ひろまる/演延 続きのびる/演技 わざ/演戯 芝居/演芸 遊芸/演劇 演戯/演行 実行する/演算 運算/演史 講談/演習 練習する/演述 口演する/演承 継承する/演撰 著述/演展 展開する/演念 通読する/演派 分派/演武 武芸を習う/演変 変化/演歩 漫歩する

↓開演・涵演・競演・公演・広演・弘演・講演・試演・実演・出演・上演・推演・宣演・独演・熱演・披演・布演・敷演

【蜿】 14 5311 エン(エン) ワン はううねりゆく

形声 声符は宛えん。宛に宛転の意がある。はう、うねるような状態でうごくことをいう。古い字書にみえないが、用例は〔楚辞〕や漢賦の類にみえる。

訓義 ①はう、うねりゆく。②長くつづく。

古訓 〔名義抄〕蜿蜒 モゴヨフ/蜿蟺 ミ、ズ・モヌケ・ワダカマル・オコク

【蜿蜿】竜蛇などのうねりゆくさま。〔楚辞、離騷〕八龍(八頭の馬)の蜿蜿たるに駕し 雲旗(雲を画いた旗)の委蛇ゐだたるを載たつ

↑蜿蜒 蜿蜿/蜿蜷 屈伸する/蜿虹 虹/蜿繞 めぐる/蜿蟬 めぐる/蜿蟺 めぐる/蜿転 めぐる

↓蜷蜿・蟠蜿・竜蜿

【鳶】 14 4332 〔鳶〕 17 8032 エン とび

篆文  金文 

形声 声符は弋。〔説文〕四上に本字を鳶に作り、「鷙鳥なり」とあり、猛禽の名。いま、とびの意に用いる。

訓義 ①とび。②字はまた鳶に作る。

古訓 〔新撰字鏡〕鳶 鵄、止比(とび)、又、佐支(さき) 〔名義抄〕鳶 トビ 〔字鏡集〕鳶 トビ・クマタカ

参考 鳶・鳶はいずれも形声としては音が合わず、鳥の上部はその冠飾を示し、もと象形の字であろう。

【鳶飛】 鳶が空高く飛ぶ。〔詩、大雅、旱麓〕鳶飛んで天に戾たり 魚、淵に躍る 〔中庸、十二〕にこの句を引いて「其の上下に察らかなるを言ふなり」とする。ものは自然の性に従って、霊活の作用をする意。

↑鳶肩 怒り肩/鳶鴟 鴟は梟/鳶尾 いちはつ/鳶鳴 鳶が鳴く/鳶唳 鳶が鳴く

↓烏鳶・寒鳶・孤鳶・紙鳶・鴟鳶・晴鳶・蒼鳶・鵰鳶・飛鳶・風鳶・鳴鳶・鷹鳶

常 【縁】 15 人〔緣〕 15 2793 エン タン へりかざり ふち

篆文 

形声 旧字は緣に作り、彖声。〔説文〕十三上に「衣の純なり」とあり、衣のへり飾りをいう。彖は篆のように屈曲して連なるものをいう。

訓義 ①へりかざり。②ふち、ふちに沿うてめぐる、まとう。③よる、したがう、経る。④ゆかり、えにし。⑤夫人の衣、緣衣。

古訓 〔新撰字鏡〕緣 毛止保利(もとほり)、又、衣乃保曾久比(ころものほそくび) 〔名義抄〕緣 ヘリ・ハタ・メグル・ホトリ・アマリ・ツラナル・ヨシ・ヨル・タグリテ・ツタフ・マサグル・シタガフ・モトホシ・ヌク・イツハル・ユヱナリ・牛ノハナツラ

語系 緣 djiuan、純 duan は声義近く、純は布の総飾り、緣は衣服のへり飾りをいう。彖 thuan の音は蠢 thjiuan と声義近く、獣の屈曲した形。すべて一系の語である。

【緣衣】 王后・夫人の服。正字は褖に作る。〔周礼、天官、内司服〕王后の六服、褘衣・揄狄・闕狄・鞠衣・展衣・緣衣・素沙を掌る。

【緣故】 理由、わけ。宋・蘇軾〔安燾の転官を辞免するを允されんことを乞ふ劄子〕伏して望むらくは、聖慈、其の請ふ所に従はんことを。若し除受別に緣故有らば、即ち乞ふ、明らかに指揮を降さんことを。

【緣飾】 外面を飾る。〔淮南子、俶真訓〕弦歌鼓舞、詩書を緣飾し、以て名譽を天下に買ふ。

【緣飭】 かざる。〔漢書、翟方進伝〕方進、知能餘り有り。兼ねて文法吏事に通じ、儒雅を以て法律を緣飭す。號して通明の相と爲す。

【緣辺】 まわり。周辺。唐・杜甫〔秦州雑詩、二十首、四〕鼓角(太鼓と角笛、軍事に用いる)、緣邊の郡 川原、夜ならんと欲する時

【緣領】 領をふちどる。〔漢書、賈誼伝〕天子の后は以て其の領に緣し、庶人の孽妾は其の履に緣す。此れ臣の所謂舛へるなり。

↑緣因 因緣/緣家 緣者/緣会 因緣/緣崖 がけぶち/緣竿 竿登り/緣隙 つけこむ/緣坐 連坐する/緣事 係の役/緣尋 たずねる/緣分 因緣/緣由 ゆかり/緣累 ゆかり/緣類 緣者/緣例 前例通り

↓悪緣・因緣・有緣・縈緣・外緣・奇緣・機緣・逆緣・契緣・血緣・結緣・周緣・宿緣・順緣・所緣・諸緣・勝緣・塵緣・随緣・絶緣・前緣・善緣・俗緣・内緣・攀緣・万緣・不緣・復緣・仏緣・募緣・芳緣・法緣・無緣・由緣・離緣・良緣・領緣・類緣

【蝘】 15 5111 エン やもり

篆文 

形声 声符は匽。〔説文〕十三上に「壁に在るを蝘蜓と曰ひ、艸に在るを蜥易と曰ふ」とあり、やもり、また、蟬の一種をいう。

訓義 ①やもり。②蟬の一種。

古訓 〔名義抄〕蝘蜓 ヰモリ 〔字鏡集〕蝘 イモリ・トカゲ

【蝘蜓】 やもり。〔中華古今注、下、蝘蜓〕一に守宮と曰ひ、一に龍子と曰ふ。善く樹上に於て蟬を捕りて之れを食ふ。其の長細五色なる者、名づけて蜥蜴と曰ふ。其の長大なる者、名づけて蠑螈と曰ふ。

↑蝘蜓 蝘蜓

【圜】 16 6073 エン(ヱン) カン(クヮン) まるい まわる めぐる

篆文 

形声 声符は睘。〔説文〕六下に「天體なり」とし、〔繫伝〕に字を方円の圓(円)とし、その音で用いる。

訓義 ①まるい、天。②まわる、めぐる。③圜土、ひとや。

古訓 〔新撰字鏡〕圜 規なり、万止尓阿利(まとにあり) 〔名義抄〕圜 マロナリ・マトカナリ・マロカス・マリ、カ・メグル

語系 圜 hiuan、圓 hiuən、丸 huan は声義が近く、まるいものをいう。

【圜丘】 天子が冬至に天を祭る円形の壇。〔漢書、揚雄伝上〕(甘泉の賦)崇崇たる圜丘、隆く天を隱す。

【圜鑿】 まるいあな。楚・宋玉〔楚辞、九弁、五〕圜の鑿にして、方の枘(四角のほぞ) 吾れ固より其の鉏鋙(形がくいちがう)して、入り難きを知る

【圜土】 ひとや。牢獄。〔墨子、尚賢下〕昔者、傅說は北海の州、圜土の上に居り、褐を衣き索を帶とし、傅巖の城に傭築す。

↑圜冠 儒者の冠/圜形 円形/圜孔 円い穴/圜宰 天/圜視 目をみはる/圜室 ひとや/圜舍 蝸牛のような小さな廬/圜牆 ひとや/圜陳 円陣/圜壇 圜丘/圜堵 方丈の室/圜扉 獄門/圜方 円と方/圜門 獄門/圜流 急流

【睘】 16 6243 エン ケン おおきい

篆文 

象形 人の正面形である大の上部に、くまどりした両目をしるす。睘を〔説文〕十下に「大なる皃なり」とし、佀の声でよむという。また拳勇の字とするが、それは圕は〔説文〕四上に「目圍なり」とする字で、くまどり。拳(拳)・捲の声でよむべきであろう。

訓義 ①おおきい。

声系 〔説文〕に睘声として顯・嬛の二字を収める。顯は「顚頂」、嬛は「好なり」と訓する字である。

人 【燕】 16 4433 エン つばめ たのしむ

篆文 

象形 つばめの飛ぶ形。〔説文〕十一下に「玄鳥なり」とあり、燕燕・鳦ともいう。

訓義 ①つばめ。②宴・讌と通用し、たのしむ。③古代の国の名。金文には匽・郾に作る。

古訓 〔名義抄〕燕 ツバクラメ・ツ、ム 〔字鏡集〕燕 ツバクラメ・ツ、ム・ヤスシ・ハツ・クツ・フクム・ノム

声系 〔説文〕に燕声として驠・嬿など四字を収める。特に燕の声義を承けるとみられるものはない。

語系 燕 ian、乙(鳦) eat は声近く通用する。また宴 yan は同

声、安an、匽yanも声近く、通用することがある。

【燕衣】天子が平常のときに服する衣。〔礼記、王制〕燕衣は祭服に踰えず。寢は廟に踰えず。

【燕飲】さかもり。〔史記、張丞相伝〕是の時太中大夫鄧通、方に愛幸隆んなり。賞賜巨萬を累ぬ。文帝嘗に通の家に燕飲す。

【燕婉】やさしくしとやか。〔詩、邶風、新台〕燕婉を之れ求めたるに 籧篨(はとむねの醜い人)鮮しからず

【燕燕】くつろぐさま。〔詩、小雅、北山〕或いは燕燕として居息し 或いは盡瘁して國に事ふ

【燕歌】燕の地の歌。唐・盧照鄰〔長安古意〕詩 羅襦の寶帶、君が爲に解き 燕歌趙舞、君が爲に開く

【燕喜】楽しみ喜ぶ。〔詩、小雅、六月〕文武なる吉甫 萬邦憲と爲す 吉甫燕喜す 既に多く祉ひを受く

【燕居】くつろいでいる。〔論語、述而〕子の燕居するとき、申申如たり、夭夭如たり。

【燕享】酒食でもてなす。唐・韓愈〔南海神廟碑〕燕享時有り、賞與節を以てす。公藏私畜、上下倶に足る。

【燕見】非公式に謁見する。〔史記、汲鄭伝〕丞相(公孫)弘、燕見す。上、或いは時に冠せず。(汲)黯の見ゆるが如きに至りては、上、冠せざれば見ざるなり。

【燕好】特に親しみを示す。〔左伝、僖二十九年〕介葛盧來る。～之れに禮し、燕好を加ふ。

【燕子】つばめ。宋・陸游〔花下小酌、二首、一〕詩 柳色初めて深くして、燕子回る 猩紅千點、海棠開く

【燕私】くつろぎ休む。〔史記、李斯伝〕二世怒りて曰く、吾れ常に閒日多きに、丞相來らず。吾方に燕私するとき、丞相輒ち來りて事を請ふ。丞相豈に我を少かしとするか。

【燕雀】小人物にたとえる。〔史記、陳渉世家〕陳渉少き時、嘗て人と傭耕す。～悵恨すること久之しくして曰く、苟し富貴とならば、相ひ忘るること無からんと。傭者～曰く、若傭耕を爲す。何ぞ富貴ならんやと。陳渉太息して曰く、嗟乎、燕雀安んぞ鴻鵠の志を知らんやと。

【燕処】くつろぐ。〔韓非子、八姦〕燕處の虞しみに託し、醉飽の時に乘じて、其の欲する所を求む。

【燕息】くつろぎ休む。宋・曾鞏〔清心亭記〕其の治所の東に亭を作り、以て燕息の所と爲し、之れに名づけて清心亭と曰ふ。

【燕游】宴飲して楽しむ。唐・韓愈〔許郢州を送る序〕愈の使君に於ける、燕游一朝の好に非ざるなり。故に其の行に贈る、頌を以てせずして、規を以てす。

【燕譽】やすんじ楽しむ。〔詩、大雅、韓奕〕慶して既に居らしむ 韓姞燕譽す

↑燕安 くつろぐ／燕窠 燕の巣／燕窩 海燕の巣／燕衎 楽しむ／燕間 くつろぎやすむ／燕頷 まる顎／燕几 テーブル／燕休 休息する／燕饗 燕享する／燕戸 燕の巣／燕弧 角弓／燕語 宴席の語／燕支 べに／燕脂 べに／燕室 常のへや／燕昵 親しい／燕榭 酒楼／燕爵 燕雀／燕出 おしのびの出行／燕食 常食／燕石 まがい物／燕説 こじつけの話／燕褻 なじみ／燕惰 怠る／燕泥 燕の巣の泥／燕寧 安寧にする／燕禖 請子／燕服 常の服／燕侶 つれあい／燕礫 燕石／燕和 安らか

↓飲燕・鶯燕・賀燕・海燕・帰燕・去燕・群燕・軽燕・社燕・春燕・寝燕・息燕・飛燕・風燕・遊燕・老燕

【閹】

16 7771 エン かんがん

篆文

形声 声符は奄。〔説文〕十二上に「門豎なり。宮中の奄、昏に門を閉ざす者なり」(段注本)とあり、奄とは精気閉蔵する者をいう。すなわち宮刑を受け、あるいは去勢した男子で、宮中につかえるもの。

訓義 1宦官。2宮門の開閉を司るもの。3奄と通用し、おおう。

古訓 〔名義抄〕閹 オホフ・フサカル・ツカサ人・フグリトリヒト 〔字鏡集〕閹 フグリ(トリヒク)・フグリヒク・クチスボ・オホフ・アサカル・ツカサヒト・カドサスモノ

語系 閹・奄・淹・掩iamは同声。掩う意がある。弇・揜iamも声義同じ。猒・厭iamも同声。みな一系の語である。

【閹尹】宦官の長。〔後漢書、鄭玄伝〕(子を戒むる書)閹尹の擅勢に遇ひ、黨に坐して禁錮せられ、十有四年にして赦令を蒙る。

【閹官】宦官。〔後漢書、党錮、巴粛伝〕竇武、陳蕃等と、閹官を誅せんことを謀り、武等害に遇ふ。肅も亦た黨に坐して禁錮せらる。

【閹寺】閹人と寺人。宦官。〔後漢書、党錮伝序〕桓・靈の閒に逮び、主荒み政繆り、國命閹寺に委し、士子與に伍を爲すことを羞づ。

【閹豎】宦官。〔後漢書、荀淑等伝論〕漢は中世より以下、閹豎擅恣なり。故に俗、遂に遁身矯絜、放言するを以て高しと爲す。

【閹然】本心をかくして世に媚びる。〔孟子、尽心下〕閹然として世に媚ぶる者は、是れ鄉原なり。～孔子、以て德の賊と爲す。

↑閹謁 取り次ぎ／閹割 宮刑／閹宦 宦官／閹人 宦官／閹奴 宦官／閹茂 戌の歳

↓小閹・贅閹・刁閹

【閻】

16 7777 エン ちまた

篆文

形声 声符は臽。臽に焔の声がある。〔説文〕十二上に「里中の門なり」とあり、閭もまた里門、合わせて閭閻という。

訓義 1里中の門。2ちまた。3ひらく、すすめる。4豔と通じ、みめよし、美しい。

古訓 〔名義抄〕閻 サトノカド・シキミ・サト 〔字鏡集〕閻 サト・サトナカノカド・シキミ・サトノカド・トビラ・シキヰ・ス、ム

【閻妻】美しい妻。〔詩、小雅、十月之交〕皇父は卿士 番は維れ司徒～蹶は維れ趣馬 楀は維れ師氏 豔妻(〈魯詩、閻妻に作る〉)煽んに方に處る

↑閻君 閻魔／閻浮 俗世／閻魔 地獄の裁判官

↓閭閻

【鴛】

16 2732 エン(ヱン) おしどり

篆文

形声 声符は夗。〔説文〕四上に「鴛鴦なり」とあり、雄を鴛、雌を鴦という。鴛鴦は双声の語。

訓義 1おしどり。

古訓 〔名義抄〕鴛 ヲヲシ／鴦 メヲシ／鴛鴦 ヲシ・ヲヲシ

【鴛鴦】おしどり。〔詩、小雅、鴛鴦〕鴛鴦于に飛ぶ 之れを畢し之れを羅す 君子萬年 福祿之れに宜なふ

【鴛衾】夫婦が用いるふとん。唐・銭起〔長信怨〕詩 鴛衾久しく別れて、夢を爲し難し 鳳管遙かに聞こえて、更に愁ひを起す

↑鴛瓦 鴛鴦瓦／鴛綺 美しい織物／鴛行 朝廷の高官の列／鴛思 相思／鴛被 鴛衾／鴛盟 夫婦の約／鴛鸞 賢人／鴛侶 同僚／鴛列 鴛行／鴛鷺 朝廷の高官の列

↓戯鴛・孤鴛・彩鴛・祥鴛・双鴛・文鴛・両鴛

【檐】

17 4796 エン タン のき ひさし

篆文

形声 声符は詹。詹に簷の声がある。〔説文〕六上に「梠なり」、梠字条に「楣なり」とあって同義。簷は材質を異にするもので、また同義。

訓義 ①のき、ひさし。②器物の周辺に、ひさし状に加えた部分。まびさし。③家の周辺のかき、壇。④簷と声義同じ。簷は後起の字。⑤擔と通じ、になう。

語系 檐・簷djiam、詹・瞻tjiam、澹damは声近く、詹は多言、小声で多く話す意。澹は小さく水の揺れる意。詹声に小さくて集まる、めぐらす意がある。

【檐子】 肩輿の類。〔宋史、輿服志二〕龍肩輿～一名龍檐子、舁ぐに二竿を以てす。故に檐子と名づく。

↑檐宇 房屋／檐下 のきした／檐瓦 のき瓦／檐隙 のきま／檐鼓 牽牛星／檐声 雨滴の音／檐石 一擔の量／檐鐸 風鈴／檐端 のきば／檐滴 雨だれ／檐頭 のきば／檐馬 風鈴の類／檐板 おろか者／檐扁 扁額／檐溜 雨承け／檐霤 雨承け／檐鈴 風鈴

↓雨檐・屋檐・廻檐・外檐・寒檐・危檐・暁檐・空檐・傾檐・高檐・承檐・垂檐・尖檐・層檐・頽檐・重檐・滴檐・堂檐・破檐・敗檐・晩檐・飛檐・風檐・払檐・暮檐・茆檐・笠檐・梁檐

【轅】 17 5403 エン(ヱン) ながえ

篆文

形声 声符は袁。袁に長遠の意がある。〔説文〕十四上に「輈なり」、また次条の輈に「轅なり」とあって互訓。

訓義 ①ながえ。②くるま。③爰に通じ、爰田。

古訓 〔名義抄〕轅 ナガエ・クルマノナガエ 〔字鏡集〕轅 ヒガム・クルマ・ナガエ・ヌケタリ

語系 轅・爰・援(援)hiuanは同声。轅は車を挽くもので、援引の義に通ずる。

【轅駒】 ながえにつながれた子馬。不自由なたとえ。〔史記、魏其武安侯伝〕上、内史に怒りて曰く、公、平生數と魏其・武安の長短を言ふ。今日の廷論、局趣として轅下の駒に效ふ。

【轅田】 配分地を交換して収益の平等を期する法。疆界を改めることもあった。〔国語、晋語三〕且つ賞して以て衆を悅ばしむ。衆皆哭す。焉に轅田を作る。

【轅門】 軍車を並べて門とする。軍門。〔史記、項羽紀〕項羽、諸侯將を召見す。轅門に入り、膝行して前まざる無く、敢て仰ぎ視るもの莫し。

↑轅下 門下／轅騎 轅馬／轅条 ながえ／轅轍 車のあと／轅馬 車御の馬／轅軛 ながえ

↓瓊轅・軒轅・車轅・折轅・双轅・攀轅・来轅

【厭】 18 7133 エン やすらか あきる

篆文

形声 声符は猒。猒は犬の肩肉を供えて祭る意。これによって神が満足することをいう。〔説文〕十下に「安んずるなり」と訓し、「詩に曰く、厭厭たる夜飲」と〔詩、小雅、湛露〕の句を引く。いま「厭厭」に作り、猒猒は猒足、厭厭はその心情をいう。

訓義 ①やすらか。②たる、あきる、満足する。③痷と通じ、病む。

古訓 〔名義抄〕厭 イトフ・シヅカニ・アク 〔字鏡集〕厭 シヅカナリ・イトフ・ヤスシ・アク

【厭厭】 安らか。また、病みつかれる。唐・劉兼〔春昼、酔うて眠る〕詩 處處の落花、春寂寂たり 時時、酒に中りて、病みて厭厭たり

↑厭前 いらいらする

【嚥】 19 6403 エン のむ

形声 声符は燕。〔釈名、釈形体〕に「物を嚥むなり。～頤下、纓(頸)理(頸の筋)の下に在るなり」とあり、咽が名詞的であるのに対して、嚥は動詞的な語である。

訓義 ①のむ、のみこむ、のみ下す。②のど。

古訓 〔名義抄〕嚥 ムス 〔篇立〕嚥 ムス・ノム

語系 嚥yanは咽yen、噎yet、嗌iekと声義近く、一系の語。

【嚥気】 道家養生法の一。〔論衡、道虚〕陰陽の氣、人を飽かしむること能はず。人或いは氣を嚥めば、氣滿ち腹脹くれ、饜飽すること能はず。

【嚥唾】 唾をのむ。道家養生法の一。〔神仙伝、一、彭祖〕脣を舐め唾を嚥み、氣を服すること數十、乃ち起ちて行きて言笑す。

↑嚥下 呑みこむ／嚥日 陽気を吸う／嚥嚼 たべる／嚥漱 すすぐ／嚥息 嚥気

↓餓嚥・緩嚥・坐嚥・嗽嚥・頓嚥・幽嚥

【嬿】 19 4443 エン しとやか うつくしい

篆文

形声 声符は燕。〔説文〕十二下に「女の字なり」とする。嬿婉のように連語として用いる。

訓義 ①しとやか。②うつくしい。③たのしい。④女の字。

古訓 〔名義抄〕嬿婉 タヲヤカナリ・ウゴカス・カザル・ウルハシ・ヤハラカナリ・シタガフ・ウツクシブ・メクル・マゲテ

語系 嬿・燕ianは同声。宴yan、晏canは声近く、みな宴安の意がある。宴の本字は匽yan、聖所で玉(日)を戴き、魂振りする意。燕・嬿はその仮借字。

↑嬿婉 しとやか／嬿嬿 美しい／嬿私 親しむ／嬿服 美服

【簷】 19 8826 エン のき

形声 声符は詹。詹に檐の声があり、檐は簷と同じ。詹は小声で祈る意で多言の意があり、こまごまと小さなものをすきまなく集める意がある。細かく葺きこんだところ。

訓義 ①のき、ひさし。②周辺に垂れ下がるもの。冠のたれなど。

古訓 〔新撰字鏡〕簷頭 乃木(のき) 〔名義抄〕簷 ノキ 〔篇立〕簷 ヒサシ

＊語彙は檐字条参照。

【簷宇】 のき。〔南史、庾子輿伝〕父卒し、～初め蜀を發せしとき、雙鳩有り、舟中に巣ふ。至るに及んで又廬側に棲み、哭泣の聲を聞く毎に、必ず簷宇に飛翔し、悲鳴すること激切なり。

【簷雨】 のきばたに降る雨。唐・杜牧〔国棊(棊の名手)王逢を送る〕詩 玉子紋楸(楸材の棊局) 一路饒し 最も宜し、簷雨、竹に蕭蕭たるに

【簷下】 のきした。唐・白居易〔微之に和する詩、二十三首、自ら勸むるに和す、二首、一〕詩 暖に就き、盤を移して、簷下に食し 寒を防ぎ、被を擁して、帷中に宿す

【簷際】 のきば。簷間。梁・何遜〔詩五首、三〕燕戲れて、簷際に還り 花落ちて、枕前に落つ

【簷前】 のききき。唐・杜甫〔蛍火を見る〕詩 忽ち驚く、屋裏琴書の冷ややかなるに 復た亂る、簷前星宿の稀なるに

【簷溜】 雨だれ。唐・白居易〔雨夜、元十八に贈る〕詩 共に聽く簷溜の滴 心事、兩つながら悠然たり

↑簷帷 のれん／簷陰 のきかげ／簷楹 のき／簷牙 のき先／簷瓦 のき瓦／簷外 のきの外／簷間 のきば／簷月 のきばの月／簷声 のきの雨滴の音／簷雪 のきの雪／簷鐸 のきの風鈴／簷端 のきば／簷滴 のきの雨だれ／簷頭 のきば／簷馬 風鈴の類／簷楣 のき／簷風 のき吹く風／簷霤 雨だれ／簷梁 の

きと梁木
↓屋簷・茨簷・破簷・飛簷・風簷

常【艶】19 2711 〔艷〕24 2711 ［豔］28 2411 エン うつくしい あでやか

会意 正字は豔に作り、豐（豊）＋盍。〔説文〕五上に「好にして長し」とあり、〔玉篇〕に「豔、俗に艶に作る」とみえる。
訓義 ①うつくしい。②あでやか。
＊豔字条参照。

【鵷】19 3722 エン（ヱン） ほうおう

形声 声符は夗。〔荘子、秋水〕に「南方に鳥有り。其の名を鵷雛と爲す」とあり、〔釈文〕に「乃ち鸞鳳の屬なり」という。
訓義 ①ほうおうの類、聖鳥。②高官の人にたとえる。
古訓 〔字鏡〕鵷 シマ・ヒナ 〔字鏡集〕鵷・鵷雛 ヒナ
【鵷閣】中書省の異名。〔全唐詩話、一、徐彦伯〕彦伯、文を爲くるに、多く變易して新を求む。鳳閣を以て鵷閣と爲し、龍門を虬戸と爲し、金谷を銑溪と爲し、玉山を瓊岳と爲す。
【鵷行】朝班、朝臣の列。唐・杜甫〔至日、興を遣る～、二首、一〕詩 去歳の玆の辰に、御牀を捧じ 五更三點にして、鵷行に入る
【鵷雛】鳳凰の類。〔荘子、秋水〕鵷雛、南海を發して北海に飛ぶ。～是こに於て鴟、腐鼠を得たり。鵷雛之れを過ぎる。仰ぎて之れを視て曰く、嚇と。
↑鵷鷟 鳳凰の類／鵷鴻 鵷行／鵷班 鵷行／鵷鸞 鵷行／鵷鷺 文官
↓群鵷・紫鵷・集鵷・翔鵷・雛鵷・陪鵷・鳳鵷・竜鵷・鷺鵷

【燗】20 9782 エン ほのお

篆文 

形声 声符は閻。〔説文〕十上に「火門なり」とあるのは、火爓の壞文であろう。炎・焰とほとんど同義。
訓義 ①ほのお、ほのおのひかり。②やく、ゆでる。
古訓 〔字鏡集〕爓 ヒノホノホ・ヒカリ・アタ、カナリ・アクタヤク
＊語彙は炎・焰字条参照。

【臙】20 7423 エン えんじ べに

形声 声符は燕。臙脂は顔料。
訓義 ①えんじ、燕支、べに。②嚥に通じ、のど。
【臙脂】べに。べに色の顔料。唐・杜甫〔曲江、雨に対す〕詩 林花雨を著けて、臙脂濕ひ 水荇（あさざ）風に牽かれて、翠帶長し

【鼴】22 7171 エン もぐら

形声 声符は匽。匽に偃・堰の意がある。〔玉篇〕に「大鼠なり」とあり、もぐら。また鼴鼠という。〔荘子、逍遥遊〕にみえる偃鼠はこれである。
訓義 ①もぐら、もぐらもち。②水牛に似た獣。③字はまた堰に作る。堰鼠。
古訓 〔名義抄〕鼴鼠 ウクロモチ 〔字鏡〕鼴 モクロモチ 〔字鏡集〕鼴 オホネズミ・ウクロモチ
【鼴腸】もぐらもちの腹。小度量にたとえる。前蜀・韋荘〔又玄集の序〕自ら鼴腸の盈たし易きを慙づ。其の熊蹯（熊掌）の獨り美なるを嗜むに非ず。

【讌】23 0463 エン さかもり うたげ

形声 声符は燕。燕は宴と通じ、宴飲・宴楽の意があり、讌は燕の繁文とみてよい。〔玉篇〕に「讌設なり」とあり、宴会を設けることをいう。
訓義 ①さかもり、うたげ。②集まって語り合う。
古訓 〔名義抄〕讌 ヨロコブ・サケノミス・ウタゲウツ・ウタ・オロシ 〔字鏡集〕讌 タハル・ウタ・ウタゲウツ・ウタサケノミス
＊語彙は燕・宴字条参照。
【讌飲】宴会。魏・曹植〔呉質に与ふる書〕讌飲日に彌たると雖も、其の別るること遠く、會ふこと稀なるに於て、猶ほ其の勞積を盡さず。

【讌会】さかもりの集まり。〔後漢書、皇后上、和熹鄧皇后紀〕讌會有る毎に、諸姫貴人、競ひて自ら修整す。簪珥光采あり、袿裳鮮明なり。

【讌饗】宴会してもてなす。〔文心雕竜、頌讃〕斯れ乃ち宗廟の正歌にして、讌饗の常詠に非ず。頌は神に告ぐるを主とす。義必ず純美なり。

【讌語】くつろいで語る。〔後漢書、馬武伝〕帝後に功臣諸侯と讌語す。～武、人と爲り酒を嗜み闊達にして敢て言ひ、～避忌する所無し。帝故らに之れを縱るし、以て笑樂と爲せり。

【讌私】うちわのさかもり。晉・盧諶〔劉琨に贈る、一首、書を幷せたり〕運籌の謀に與り、讌私の歡に廁る。綢繆の旨、骨肉に同じき有り。

【讌笑】たのしみ笑う。〔三国志、魏、三少帝、斉王芳紀注に引く魏書〕（小優郭）懷・（袁）信等をして、（広望）觀下に於て遼東の妖婦を作さしめ、嬉褻の度を過ぐ。道路の行人、目を掩ふ。帝、觀上に於て、以て讌笑を爲す。

↑讌歌 宴歌／讌戯 宴し戯れる／讌享 讌饗／讌見 宴見／讌坐 くつろぐ／讌席 宴席／讌設 酒宴の用意／讌服 平常着／讌楽 宴楽／讌話 おしゃべり
↓酒讌・談讌

【饜】23 7173 エン あきる

形声 声符は厭。厭は犬肉を以て神を祀り、神が満足する意。厭飽の意があり、食に厭飽することをいう。〔玉篇〕に「飽くなり」とみえる。
訓義 ①あきる、あきたる。②厭に通じ、いとう。
古訓 〔名義抄〕饜 アク・アキタル 〔字鏡集〕饜 アキタル・アク・イタフ
【饜足】食べあきる。〔孟子、離婁下〕其の妻～良人の之く所に從ふ。卒に東郭墦閒（墓場）の祭る者に之き、其の餘を乞ひ、足らざれば又顧みて他に之く。此れ其の饜足を爲すの道なり。
【饜飫】食べあきる。味得する。〔梁書、昭明太子伝〕（王筠、哀冊文）典禮に沈吟し、方册に優遊し、膏腴に饜飫し、肴核を含咀す。
↑饜事 多忙／饜食 飽食する／饜飽 食べ飽きる

【魘】24 7121 エン ヨウ（エフ） おそわれる うなされる

篆文 

形声 声符は厭。厭に圧伏の意がある。鬼は夢の中で人をおそう夢魔。〔説文新附〕九上に「寱みて驚くなり」とあり、夢魔にうなされることをいう。夢魔は媚蠱の呪詛によるものとされた。夢（夢）の上部は媚女の姿である。薨とは夢魔によって死を致すことをいう。
訓義 ①うなされる、夢の中でおそわれる。②字は、また厭に作る。
古訓 〔新撰字鏡〕魘 於曾波留（おそはる）
語系 魘・猒・厭 iam は同声。また魘・厭 iap も同声。厭を魘と通用することがある。厭は犬牲を供えて呪祝を行うことで、悪夢の意がある。iap の音は、壓（圧）eap、遏 at、抑 iet の系列の語である。

↑魘死 夢におそれて死ぬ／魘魔 夢魔／魘魅 のろう
↓解魘・鬼魘・驚魘・辟魘・夢魘

【黶】 26 7133 エン ほくろ

篆文 

形声 声符は猒。〔説文〕十上に「中黑なり」（段注本）とするが、〔玄応音義〕に「面中の黑子なり」とあるのがよい。北人は黶子といい、呉越では誌（痣）という。

訓義 1ほくろ、あざ。2くろあざ、くろい。

古訓 〔篇立〕黶 ハハクソ・エクボ・フスヘ・ウツ

↑黶翳 くらい／黶子 ほくろ／黶然 かくす
↓索黶・瘢黶

【豔】 28 2411 ［艶］ 19 2711 ［豓］ 24 2711 エン うつくしい あでやか

篆文 

会意 豐＋盍。〔説文〕五上に「好にして長し」とし、「豐に從ふ。豐は大なり。盍聲」とするが、声が合わない。豐は俎豆に穀物を盛って神に供薦すること。盍は蓋物の形。神薦の美をいう。

訓義 1うつくしい、いろふかし。2婦人の美しさをいう。あでやか、なまめかしい、美しくたけ高し。3いろ、つや、つややか。婦人の顔色の美しいことをいう字となり、艶・豓としるす。4楚調の歌辞の名。

古訓 〔新撰字鏡〕艶 以呂布加之（いろふかし）〔名義抄〕艶・豔 ヤサシ・ウルハシ・ナマメイタリ・ナヨ、カナリ／艶イロフ・ウルハシ・コヒ

語系 豔jiam、姪jiam、冶jia、燿（燿）jiôk は声義に通ずるところがある。

【豔豔】 あでやかなさま。梁・武帝〔歓聞歌、二首、一〕楽府 豔豔たり金樓の女 心は玉池の蓮の如し 底を持してか郎の恩に報いん 倶に梵天に遊ぶを期さん

【豔歌】 あでやかな歌。梁・武帝〔子夜歌、二首、一〕楽府 朱口に豔歌を發し 玉指、嬌弦を弄す

【豔姫】 美しい姫。梁・江淹〔恨みの賦〕豔姫と美女とに別れ、金輿と玉乘とを喪ふ。置酒して飲まんと欲す。悲しみ來りて、膺に塡つ。

【豔質】 豔美の質。陳・後主〔玉樹後庭花歌〕楽府 麗宇芳林、高閣に對し 新粧の豔質本と城を傾く

【豔色】 美しいかお。晉・陶潛〔閒情の賦〕傾城の豔色を表はし、有德を傳聞に期す。

【豔発】 つややかさにあふれる。〔宋書、謝霊運伝論〕夫の平子（張衡）の豔發の若き、文情を以て變ず。絶唱高蹤、久しく嗣響無し。

【豔舞】 あでやかな舞。清・劉鶚〔星岡茶寮〕詩 荊布の女兒、玉、肌を作す 星が岡の風景、最も淸奇 酣歌豔舞、到り得ず 只だ高人の來りて、詩を說く有り

【豔容】 あでやかな姿。〔抱朴子、知止〕文茵兼ねて華第に舒のべ、豔容左右に粲爛たり。

↑豔意 豔麗さ／豔花 美しい花／豔嬌 美しくあでやかな女／豔曲 情歌／豔才 美才／豔史 情史／豔姿 豔容／豔詩 豔歌／豔姝 美しい女／豔称 ほめる／豔靚 美しくなまめかしい／豔絶 とても美しい／豔羨 羨望にたえない／豔藻 美しい詩文／豔美 なまめかしく美しい／豔服 美しい服／豔粉 脂粉／豔冶 なまめかしく美しい／豔陽 春日／豔麗 麗しい
↓哀豔・淫豔・婉豔・花豔・閑豔・奇豔・綺豔・嬌豔・軽豔・光豔・紅豔・香豔・姝豔・絶豔・纖豔・鮮豔・濃豔・繁豔・美豔・富豔・豊豔・明豔・冶豔・妖豔・冷豔

【灩】 31 3411 ［灔］ 27 3711 エン みなぎる

形声 声符は豔。豔はつやめかしく美しい。水が月光などでかがやくさまを瀲灩・灩灩という。

訓義 1みなぎる。2みなぎりひかる。

【灩灩】 水が月光にかがやき流れるさま。唐・張若虛〔春江花月夜〕詩 春江の潮水、海に連なつて平らかなり 海上の明月、潮と共に生ず 灩灩として波に隨ふこと千萬里 何れの處にか、春江月明無からん

↑灩海 みなぎる／灩碧 青い波／灩瀲 瀲灩
↓淫灩・春灩・翠灩・清灩・澹灩・泛灩・揺灩・瀲灩

オ

【圬】 6 4112 オ（ヲ） こて

形声 声符は亏。〔集韻〕に〔説文〕を引いて、「塗る所以なり。秦には之れを杇と謂ひ、關東には之れを槾と謂ふ。或いは圬に作る」という。亏は首をまげた曲刀の形で、圬は鶴首・柳葉のような細いこて、槾は平塗りに用いる平たいこてであろう。

訓義 1こて。2左官。

古訓 〔名義抄〕圬 クボカニ〔字鏡集〕圬 コテ・クボカニ

↑圬工 瓦職人／圬者 左官／圬人 左官／圬泥 泥まみれ／圬槾 こて／圬鏝 こて

常【汚】 6 3112 ［汙］ 6 3114 オ（ヲ） ウ ワ けがれる よごす きたない ひくい

篆文 

形声 正字は汙に作り、于声。于は曲刀の象。ゆるくまがる、くぼむなどの意がある。汙はくぼんだ水たまりで、泥にけがれるところ。〔説文〕十一上に「薉るるなり」とし、一に曰く、小池を汙と爲す。一に曰く、涂るなり」と三義を列する。薉は雑草の茂る意で、汚泥の汚が字の本義である。

訓義 1けがれる、けがす、よごす。2ひくい、水だまり。3けがらわしい、きたない、いやしい。4土をぬりこむ、ぬる。

古訓 〔新撰字鏡〕汚 久保（くぼ）、又、久保加尓（くぼかに）〔名義抄〕汚 ケガル・ケガス〔字鏡集〕汚 ケガス・ニゴル・ニゴリミヅ・タマリミヅ・オホミヅ・フカシ・クボム・アラフ・シボル・ソム・ヌル・ワヅラフ

語系 汚a、窊oa、洼oe は声義近く、くぼみゆがんだものをいう。また穢・薉iuat も声義通じ、けがれる意がある。

【汚穢】 けがれ。〔後漢書、党錮、李膺伝〕膺、免ぜられて郷里に歸り、陽城山中に居る。天下の士大夫、皆其の道を高尚とし、朝廷を汚穢とす。

【汚行】 けがれたおこない。穢行。〔史記、鄒陽伝〕（獄中上書）故に回面汚行し、以て諂諛の人に事へ、左右に親近するを求む。則ち士は堀穴巖巖（叢）の中に伏死せんのみ。

【汚垢】 あか。けがれ。〔三国志、呉、呉主伝〕布衣韋帶、相ひ與に交結し、好合を成すを分とし、汚垢（危難のとき）にも異ならざるを尙ぶ。

【汚邪】 けがれとよこしま。また、くぼ地。〔史記、滑稽、淳于髡伝〕甌窶（高く狭い地）なるも、（収穫は）篝に滿てよ。汚邪なるも、車に滿てよ。五穀蕃熟し、穰穰として家に滿てよ。

【汚染】 けがす。〔後漢書、陳球伝〕馮貴人の冢墓發かれ、骸骨暴露し、賊と尸を併せ、魂靈汚染せらる。

【汚尊】 地を掘って酒樽とする。〔礼記、礼運〕夫れ～汚尊して抔飲（手で掬うて飲む）する～も、猶ほ若くのくして

以て其の敬を鬼神に致すべし。

【汚池】水たまり。池。〔孟子、滕文公下〕堯舜既に沒し、聖人の道衰ふ。暴君代る作り、宮室を壞ちて以て汚池と爲し、民安息する所無し。～園囿汚池、沛澤多くして、禽獸至る。

【汚瀆】小さなどぶ。漢・賈誼〔屈原を弔ふ文〕彼の尋常の汚瀆、豈に能く夫の呑舟の巨魚を容れんや。江湖に横たふの鱣鯨、固より將に螻蟻に制せられんとす。

【汚名】不名誉。〔管子、中匡〕四鄰の賓客～入る者は說ばず、出づる者は譽めず。汚名、天下に滿つ。～人に君たる者は、名を之れ貴しと爲す。財安んぞ有すべけん。

【汚萊】土地が荒れる。低地は水だまり、高所は雑草が茂る。〔詩、小雅、十月之交〕我が牆屋を徹し 田、卒く汚萊となる

【汚吏】不正な役人。〔孟子、滕文公上〕夫れ仁政は必ず經界より始む。經界正しからざれば、井地均しからず、穀祿平らかならず。是の故に暴君汚吏は、必ず其の經界を慢にす。

【汚隆】高低。盛衰。梁・劉峻〔広絶交論〕聖人は、金鏡を握りて風烈を闡き、龍のごとく驤り、蠖(尺取虫)のごとく屈し、道に從つて汚隆す。

↑汚悪 そしり／汚下 低地／汚壑 低い谷／汚君 暗君／汚溝 みぞ／汚辱 恥辱／汚世 濁世／汚俗 悪習／汚損 汚す／汚沢 小さな沢／汚濁 穢れ／汚泥 泥まみれ／汚点 汚れ／汚塗 ぬかるみ／汚卑 卑劣／汚附 附会する／汚衊 血まみれ／汚慢 けがす／汚窳 いびつ／汚乱 淫乱／汚劣 低劣／汚潦 ぬかるみ

↓穢汚・姦汚・愚汚・垢汚・臭汚・辱汚・塵汚・沾汚・貪汚・泥汚・点汚・卑汚・誣汚

入【於】8 0823 オ(ヲ) ウ ヨ ああ ここに おいて

古文 金文

象形 〔説文〕四上に烏の古文としてこの字形を出しているが、字形についての説明はない。金文の字形は、烏の羽を解いて縄にかけわたした形。烏も死烏を懸けた形で、いずれも鳥害を避けるためのもの。その鳥追いの声を感動詞に用いた。金文に「烏虖」「𢒍」を用いる。𢒍は於の初文である。

訓義 1ああ。2于・乎・焉などと通用し、助詞として「に」「を」「より」の意に用いる、おいて。3爰・焉に通用し、いずくに、ここに。

古訓 〔名義抄〕於 オク・コ、ニ・イヅクニカ・ヨリモ 〔字鏡集〕於 ア・オイテ・オク・コ、ニ・ヨリモ・イヅクンカ・ノゾム・ヨソ・キル

声系 〔説文〕に於声として菸・瘀・淤の三字を収める。菸は鬱殘、瘀は積血、淤は澱滓、みな鬱積してよどむ意があり、声を圧して強く出すを於という。

語系 於ia、乎ha、于hiua は声近く、みな助詞に用いる。焉ian、爰hiuan は於と通用する例が多い。

【於戲】ああ。〔大学、三〕詩に云ふ、於戲、前王忘られずと。君子其の賢を賢とし、其の親を親とす。～此を以て世を沒するまで忘れざるなり。

【於乎】ああ。〔詩、大雅、雲漢〕王曰く、於乎 何の辜ある今の人 天、喪亂を降し 饑饉薦りに臻る

【於菟】とら。古代の楚の方言。〔左伝、宣四年〕虎、之れを乳す。～楚人乳を穀と謂ひ、虎を於菟と謂ふ。故に之れに命けて鬭穀於菟と曰ふ。

【於穆】ああうるわし。ほめことば。〔詩、周頌、維天之命〕維れ天の命 於穆として已まず

【於邑】心がむすぼれる。〔論衡、感虚〕夫れ人の哭悲は、雍門子に過ぐるは莫し。雍門子の孟嘗君に哭對するや、孟嘗君之れが爲に於邑す。

↑於安 安穏／於于 自得する／於越 越の国／於於 笑う声／於赫 ああ赫たり／於茲 ここに／於昔 古／於𥝩 於菟／於悒 於邑

【洿】9 3412 オ(ヲ) たまりみず くぼみ どろ

篆文

形声 声符は夸。夸は把手のある大きな曲刀。これで削るので、くぼむ意がある。汚と声義が近い。〔説文〕十一上に「濁水流れざるなり」また「一に曰く、窳みて下きなり」とみえる。

訓義 1たまりみず、あつまる。2くぼみ、ふかい。3けがれ、どろ。

古訓 〔名義抄〕洿 ニゴル・ケガス・フカシ・クボム・シボル・アラフ・クボカニ

語系 洿・汚a、窳oa、洼oe、穢iuat は声義近く、一系の語。

【洿下】低地。〔三国志、魏、田疇伝〕時方に夏にして、水雨あり、濱海洿下、濘滯通ぜず。

【洿邪】低地。〔説苑、尊賢〕祝りて曰く、～洿邪なるも百車、之れを後世に傳へ、洋洋として餘り有らんと。

【洿染】けがす。〔三国志、呉、薛綜伝〕鬱霧冥く、鹹水其の下に蒸す。善く流腫(脚気)を生じ、轉た相ひ洿染す。凡そ海を行く者、斯の患無きこと稀なり。

【洿池】ため池。〔孟子、梁恵王上〕數罟(細網)洿池に入らずんば、魚鼈勝げて食ふべからざるなり。

↑洿沫 涙／洿君 暗愚の君／洿行 汚れた行い／洿辱 辱め／洿沢 鵜の鳥／洿濁 けがれ／洿恥 恥辱／洿泥 汚れ／洿塗 泥道／洿瀆 小みぞ／洿濘 ぬかるみ／洿萊 荒地／洿隆 盛衰／洿穢 汚れ

【淤】11 3813 オ ヨ どろ ふさがる

篆文

形声 声符は於。於は嘆く声。おしふさがるような声をいう。淤は〔説文〕十一上に「澱滓、濁泥なり」とあり、澱は「滓滋なり」、滓は「澱なり」とあって、水底にたまった黒い泥水をいう。

訓義 1どろ、おり、かす。2にごる。3泥でふさぐ、ふさがる。

古訓 〔名義抄〕淤 ニゴル・オヒク

語系 淤ia、汚a、窳oa、洼oe は声近く、くぼんでたまったものの意がある。また堙ian、堰ian、遏at は、ものが滞留してふさぐ意がある。ともに一系の語。

【淤閼】泥でふさがる。〔唐書、孟簡伝〕出でて常州刺史と爲る。州に孟瀆有り、久しく淤閼す。簡、治導して(流れをつけ)田に漑ぐこと凡そ四千頃。

【淤塞】泥で塞がる。〔宋史、河渠志五〕御河漲溢するも、斗門の啓閉有り。衝注淤塞の弊無し。

【淤泥】どろ。泥沼。宋・周敦頤〔愛蓮の説〕予は獨り、蓮の淤泥より出でて染まず、清漣に濯はれて妖ならず、～香遠くして益き清き～を愛す。

↑淤渣 おり／淤紫 泥紫の色／淤賜 多く賜う／淤積 溜る／淤阻 泥のたまり／淤滞 とどこおる／淤灘 泥水／淤漲 泥が一杯となる／淤淀 泥のたまり／淤墊 泥づまり／淤澱 淤淀／淤土 泥

↓濁淤・張淤・泥淤・塡淤・澱淤・塗淤

【梌】12 4893 オ ヨ

形声 声符は於。〔玉篇〕に「几の屬なり」とあり、礼器を列ねておく台。その足のあるものを、禁・棜禁という。

訓義 1足なし台、平台。

【梌禁】礼器をおく台。〔礼記、礼器〕天子・諸侯の尊

（酒器）には禁を廢つ。大夫・士は棜禁あり。此れ下きを以て貴しと爲すなり。

【嗚】 13 6702 オ(ヲ) ああ なげく

形声 声符は烏。烏は死烏を懸ける形。その鳥追いの声を烏・於という。嗚は烏の形声字で、むせぶような声。また感動詞に用いる。

訓義 ①ああ、なげく。②むせぶ。

古訓 〔名義抄〕嗚 ムセブ・サケブ・ワブル・アクフ・スフ・クチスフ

語系 嗚・烏a、於ia、意（意）・噫iə、嘻xiə、惡（悪）akは声近く、みな感動詞に用いる。

【嗚軋】（おあつ） 角笛の音。唐・杜牧〔斉安城楼に題す〕詩 嗚軋たり、江樓、角一聲 微陽瀲瀲として、寒汀に落つ

【嗚咽】（おえつ） むせび泣く。〔後漢書、列女、董祀の妻の伝〕（悲憤詩、二章、一）馬は爲に立ちて踟躕し 車は爲に轍を轉ぜず 觀る者、皆歔欷（すすり泣き）し 行路、復た嗚咽す

【嗚嗚】（おお（をを）） なげきむせぶ声。宋・蘇軾〔赤壁の賦〕客に洞簫を吹く者有り。〜其の聲、嗚嗚然として、怨むが如く慕ふが如く、泣くが如く訴ふるが如く、餘音嫋嫋として、絶えざること縷の如し。

【嗚呼】（ああ） ああ。感嘆・嘆息の声。〔礼記、檀弓上〕魯の哀公、孔子に誄して曰く、天、耆老を遺さず、予が位を相くるもの莫し。嗚呼哀しい哉、尼父と。

➡嗚啞 鳥の声/嗚咿 角笛の声/嗚噎 嗚咽する/嗚嚱 ああ/嗚虖 ああ/嗚唧 泣き悲しむ/嗚唈 むせび泣く

【塢】 13 4712 〔隖〕 13 7722 オ(ヲ)ウ どて とりで

篆文

形声 声符は烏。〔後漢書、馬援伝〕「塢候」の〔注〕に引く〔字林〕に、「小障なり」とみえる。

訓義 ①どて。②とりで。③山のくま。④むら。⑤窪に通じて用いる。⑥また隖に作る。聖所にめぐらすものを、隖という。

古訓 〔名義抄〕塢 カベ 〔篇立〕塢 ハキリ・カベ 〔字鏡集〕塢 カハ・ムラ・ハキリ・カベ・シラツチ

【塢候】（おこう（をこう）） とりで。〔後漢書、馬援伝〕援、奏して爲に長吏を置き、城郭を繕め、塢候を起す。

【塢壁】（おへき（をへき）） 防禦用の土堡。〔後漢書、西羌、東号子麻奴伝〕又、扶風・漢陽・隴道に於て、塢壁三百所を作り、屯兵を置き、以て百姓を保聚す。

➡塢樹 木むら

↓花塢・村塢・林塢

オウ

常 【王】 4 1010 オウ(ワウ) きみ

篆文

古文

甲骨文

金文

その他

象形 鉞の刃部を下にしておく形。王位を象徴する儀器。〔説文〕一上に「天下の歸往する所なり」と帰往の意を以て説くが、音義説にすぎない。字形について、董仲舒説として「古の文を造る者、三畫して其の中を連ね、之れを王と謂ふ。三なる者は天地人なり。而して之れを參通する者は王なり」とするが、卜文・金文の下画は強く彎曲して、鉞刃の形をなしている。

訓義 ①きみ、天子・諸侯、統治者をいう。②きみとなる。

古訓 〔名義抄〕王 キミ・オホイナリ・オホキナリ・サカユ・ユク

部首 〔説文〕に閏・皇の二字を属する。閏はおそらく壬声の字。皇は鉞頭を示す王の上に玉飾を施し、その玉飾のかがやくことを示す。王・皇はともに王の儀器である。

声系 〔説文〕に王声として迋・翌の二字を収めるが、迋は往（往）と同じく㞷（王の出行をいう）に従う字、翌は皇声の字である。

参考 王は神聖な儀器としての鉞頭の形。皇は鉞頭に玉飾を加えて、かがやく意。士は鉞頭の小なるもので、戦士階級を示す儀器。父（父）は斧をもつ形で、斧は父権を示す儀器である。

【王位】（おうい（わうゐ）） 王の位。金文〔班毀〕王、毛伯に命ず。虢城公の服（職事）を更ぎ、王立（位）を甹けて、四方の亟（極）と作り、繁・蜀・巣の令（命）を秉れ。

【王畏】（おうい（わうゐ）） 王者の威光。金文〔毛公鼎〕女敢て墜さず、乃の服（職事）に在りて、夙夕を䡅み、王畏の易からざるを敬念せよ。

【王化】（おうか（わうくわ）） 王の徳化。〔詩、大序〕周南・召南は、正始の道、王化の基なり。

【王家】（おうか（わうか）） 王室。金文〔蔡毀〕昔先王既に女に命じて宰と作し、王家を嗣めしめたまへり。

【王駕】（おうが（わうが）） 王の乗物。〔史記、高祖紀〕楚、因りて四面より之れを撃つ。將軍紀信、乃ち王の駕に乗り、詐りて漢王と爲りて、楚を誑く。

【王気】（おうき（わうき）） 王者のいるきざしの雲気。北周・庾信〔哀江南の賦の序〕將た江表の王氣、三百年に終るに非ざるか。

【王畿】（おうき（わうき）） 都を中心とする王の直轄地。〔周礼、夏官、職方氏〕乃ち九服の邦國を辨ず。方千里を王畿と曰ふ。其の外五百里を侯服と曰ふ。

【王休】（おうきゅう（わうきう）） 王の賜。王から与えられた光栄。金文〔趞卣〕貝五朋を賜ふ。趞、王の休に對揚（対える）して、用て姞の寶彝を作る。

【王業】（おうぎょう（わうげふ）） 王者の事業。魏・曹植〔薤露行〕楽府 孔氏、詩書を刪り 王業、粲として已に分らかなり

【王覲】（おうきん（わうきん）） 王にまみえる。〔左伝、隠四年〕州吁未だ其の民を和すること能はず。〜石厚、石子（碏）に問ふ。石子曰く、王覲するを可と爲すと。

【王公】（おうこう（わうこう）） 天子諸侯。〔周礼、冬官、考工記、総目〕坐して道を論ずる、之れを王公と謂ふ。

【王后】（おうこう（わうこう）） 君王。また王の正夫人。〔戦国策、秦五〕（呂不韋曰く、王、年高く、王后に子無し。

【王侯】（おうこう（わうこう）） 王者と諸侯。〔易、蠱、上九〕王侯に事へず、其の事を高尚にす。

【王国】（おうこく（わうこく）） 王の治める国。〔詩、小雅、六月〕王于に出で征き 以て王國を匡す

【王佐】（おうさ（わうさ）） 王の補佐。〔後漢書、王允伝〕郭林宗嘗て允を見て之れを奇として曰く、王生は一日千里、王佐の才なりと。遂に與に定交す。

【王師】（おうし（わうし）） 天子の軍。唐・陳子昂〔著作佐郎崔融等の〜東征を送る〕詩 金天（秋の日）、方に肅殺 白露始めて專征す 王師、戰を樂しむに非ず 之の子、佳兵を愼め

【王事】（おうじ（わうじ）） 王命による使役。〔詩、小雅、四牡〕四牡、騑騑たり 周道、倭遲たり 豈に歸るを懷はざらんや 王事盬むこと靡し 我が心傷悲す

【王室】（おうしつ（わうしつ）） 王家。〔書、康王之誥〕爾の身は外に在りと雖も、乃の心は王室に在らざること罔かれ。

【王者】（おうじゃ（わうじゃ）） 王道を以て世を治める人。〔論語、子路〕子曰く、如し王者有りとも、必ず世（一代がかり）にして、而る後に仁ならん。

【王城】（おうじょう（わうじやう）） みやこ。唐・杜甫〔新安の吏〕詩 中男は絶だ短小なり 何を以てか王城を守らん

【王臣】（おうしん（わうしん）） 王の臣。〔易、蹇、六二〕王臣蹇蹇たり（忠

義をつくす）。躬の故に匪ず。

【王孫】おう(わう)そん 貴公子。漢・淮南王安〔招隠士〕王孫遊びて歸らず 春草生じて萋萋たり

【王沢】おう(わう)たく 天子のめぐみ。漢・班固〔両都の賦の序〕昔（周の）成・康沒して頌聲寢み、王澤竭きて詩作らず。

【王庭】おう(わう)てい 朝廷。〔書、多士〕爾曰ふ又り、夏は迪て王庭に簡ばれ、有た百僚に服すと。予れ一人、惟れ德を聽用す。肆に予敢て爾を天邑商に求む。

【王都】おう(わう)と 王の都。〔詩、小雅、雨無正〕爾王都に遷れと謂へば 予れ未だ室家有らずと曰ふ

【王土】おう(わう)ど 王の支配する地。〔詩、小雅、北山〕溥天の下 王土に非ざる莫く 率土の濱 王臣に非ざる莫し

【王道】おうどう(わうだう) 王者の治道。〔書、洪範〕偏無く黨無く、王道蕩蕩たり。黨無く偏無く、王道平平（公平無私）たり。

【王覇】おう(わう)は 徳を以て治める王道と、力で支配する覇道。〔孟子、公孫丑上〕力を以て仁に假る者は霸なり。霸は必ず大國を有つ。德を以て仁を行ふ者は王なり。王は大なるを待たず。

【王父】おう(わう)ふ 祖父を尊んでいう。〔礼記、曲礼下〕王父を祭るに皇祖考と曰ひ、王母を皇祖妣と曰ふ。

【王命】おう(わう)めい 天子の命。金文〔師望鼎〕望、肇ぎて皇考（父）に帥型し（手本としてならい）、夙夜を虔み、王命を出納す。

【王猶】おうゆう(わういう) 王者の治めかた。〔詩、大雅、常武〕王の猶允に塞つ 徐方（国名）既に來る

↑王翁 老人／王基 王業の基／王躬 王の身／王教 王者の教え／王子 王の子／王政 王者の政／王族 王の一族／王朝 朝廷／王廷 王庭／王統 王の世系／王慝 王の怨敵／王八 罵る語／王輔 王の輔佐／王母 祖母／王民 王者の民／王遊 巡幸／王猷 王者の謀／王輿 車駕／王略 王猷／王礼 王者の礼／王霊 王威／王路 王者の道

↓花王・今王・勤王・君王・賢王・古王・侯王・後王・皇王・国王・始王・女王・親王・聖王・先王・素王・尊王・大王・哲王・天王・覇王・蕃王・辟王・法王・魔王・名王・明王・来王・竜王

常 【凹】 5 7777 オウ(アウ) オウ(アフ) くぼむ

象形 凸に対して凹陷の象を示す図形的な文字。凹入の意より凹陷・凹屈・凹嶮などの意となる。六朝期以後にみえる字である。〔一切経音義、二十三〕に〔倉頡篇〕を引いて窅に作り、「墊下なり」という。低湿の地をいう。

訓義 ①くぼむ、へこむ、ひくい。②くぼみ、あな。

古訓 〔新撰字鏡〕凹 久保无（くぼむ）〔字鏡集〕凹・窅 クボム

語系 凹 eap は汚 a、窪 oe、窊 oa と声近く、低く、くぼむ意をもつ。一系の語をなすものであろう。

【凹陥】おう(あふ)かん なかくぼ。〔抱朴子、登渉〕童男童女をして、倶に水を以て銅に灌がしむべし。～則ち銅自ら分れて、兩段と爲る。凸起有る者は、牡銅なり。凹陷有る者は、牝銅なり。

【凹嶮】おう(あふ)けん おちこんでけわしい。梁・江淹〔青苔の賦〕絕磵は俯視し、崩壁は仰顧す。凹嶮を悲しみ、唯だ流水のままにして馳騖す。

【凹凸】おう(あう)とつ でこぼこ。清・鄭燮〔画題、一筆石〕西江の萬先生、名は个、能く一筆石を作る。而して石の凹凸淺深、曲折肥瘦、畢く具はらざる無し。八大山人の高弟子なり。燮、偶一たび之れを學べり。

↑凹窪 陥落する／凹鏡 凹面鏡／凹硯 凹心硯／凹心 中くぼ／凹洞 奥深い／凹突 高低

常 【央】 5 5003 オウ(アウ) エイ まんなか なかば つきる

篆文 甲骨文 金文

象形 〔説文〕五下に「中なり」（段注本）とし、字形について「大に従ひ、冂の内に在り。大は人なり」という。冂を〔説文〕に郊野と解するから、内とは都城の意とするものであろうが、また「央・旁は同意なり」とし、「一に曰く、久なり」ともあって、要領をえがたい。字は人の首に枷を加えた正面形で、殃の初文。首に加えるので中央の意となる。

訓義 ①まんなか。②中半の状態、なかば。③中半をすぎて、つきる、やむ。④ひさしい。⑤近世語。もとめる。

古訓 〔名義抄〕央 ツク・ナカバ 〔字鏡集〕央 ナカバ・ツク・ヒサシ

声系 〔説文〕に央声として英（英）・殃・盎・秧・怏・泱など十六字を収める。中からもり上がり、勢いづくという基本義をもつものが多い。

語系 央・泱・殃 iang は同声。滃 ong は声近く、〔説文〕十一上に「泱は滃なり」とあり、水勢のさかんな意。蓊 ong に蓊鬱の意がある。央・翁（翁）の声義に通ずるところがある。

【央央】えいえい 〔詩〕に、鈴の音のひびき合うさま、旗のあざやかになびくさまを形容する語に用いる。〔詩、周頌、載見〕龍旂、陽陽たり 和鈴、央央たり 〔詩、小雅、出車〕車を出だすこと彭彭たり 旂旐央央たり ☒おうおう(あうあう) 広やかなさま。漢・司馬相如〔長門の賦〕杜棍（柱や、はり）を撫して以て從容し、曲臺（宮殿の名）の央央たるを覽る。

【央瀆】おう(あう)とく 水を流し出すみぞ。〔荀子、正論〕今、人或いは其の央瀆に入りて、其の豬彘（豚）を竊まば、則ち劍戟を援りて、之れを逐はん。

↑央求 頼む／央極 極尽／央告 要求／央請 請託／央託 央告／央煩 頼みこむ／央亡 狡獪

↓中央・未央・無央・夜央

常 【応】 7 人 〔應〕 17 0023 オウ こたえる あたる まさに

篆文 金文 詛楚文

形声 旧字は應に作り、雁声。〔説文〕十下に雁声とし「當るなり」と訓する。また言部三上に譍を録し「言を以て對ふるなり」とあって、その字も雁声に従う。金文に「雁受」、〔書、康誥〕に「應保」とあり、字はもと雁に従う。雁は鷹狩りによって神意を問う「うけひ狩り」を意味する字。神の応答を問う意の字である。

訓義 ①こたえる。②神意が、トうものの意と一致する。あたる。③うける、したがう、和する、やわらげる。④従うて行為すること、まさに～べし。

古訓 〔字鏡集〕應 コタフ・カナフ・アタル・アツ・アフ・シタガフ・ヨロシ・コ、ロヨシ・ヒビク・タマフ・ムカフ・マツ・マシ・カタシフ・ベシ・アガル

声系 雁はおそらく應の初文。金文の〔毛公鼎〕に「雁受」とあるのは応受の意。雁は鷹狩りで、鷹を膺に抱き、うけい狩りして神の対応を待つ意。

参考 應を要素とする字になお軈があるが、国字。「やがて」とよむ。〔今昔物語集〕に「軈而」、〔篇立〕に「軈 ヤガテ」とあり、「即ち」「即坐に」の意である。直ちに対応を感得するという意であろう。

【応唯】おう(おう)い(ゐ) 返事。〔礼記、内則〕父母舅姑の所に在りて、之れに命ずること有れば、應唯して、敬み對へ、進退周旋、愼みて齊しうす。

【応感】 心が物に応じて動く。晋・陸機〔文の賦〕夫の應感の會、通塞の紀の若きは、來りて遏むべからず、去りて止むべからず。

【応機】 機を失わずに行う。魏・陳琳〔東阿王（曹植）に答ふる牋〕君侯、高世の才を體し、靑萍・干將（ともに名剣の名）の器を秉り、鐘を拂うつも聲無く、機に應じて立ちどころに斷ず。

【応挙】 科挙の試に応ずる。唐・白居易〔府酒五絶、自ら勸む〕詩 憶ふ昔、羈貧（旅先で貧し）にして擧に應ずるの年 衣を脫ぎ酒を典かふ、曲江の邊ほとり

【応手】 手が動くにつれて。〔三国志、魏、典韋伝〕韋、手に十餘戟を持ち、大いに呼びて起ち、抵たる所、手に應じて倒れざる者無し。

【応受】 自ら承ける。〔詩、周頌、賚〕文王既に勤しみたまへり 我之れを應受す

【応酬】 応待。交際。やりとり。宋・陸游〔晩秋農家、八首、一〕詩 老來、萬事嬾し 獨り應酬を廢するのみならず 門前は即ち湖山なるも 亦復た出游すること罕なり

【応詔】 天子の命を受けて詩文を作る。唐・宋には応制という。魏・曹植〔応詔〕詩 肅んで明詔を承け 應に皇都に會すべしと 星みて陳ね、夙に駕し 馬に秣ひ、車に脂さす

【応接】 訪れる人に会う。応待。〔甌北詩話、六〕放翁（陸游）の律詩、～名章俊句、層見疊出し、人をして應接するに暇あらざらしむ。

【応対】 うけこたえ。〔論語、子張〕子夏の門人小子、洒掃・應對・進退に當りては、則ち可なり。抑も末なり。之れを本づくるは、則ち無し。之れを如何せん。

【応待】 もてなす。〔墨子、非命上〕外は以て諸侯の賓客を應待すること無く、內は以て食飢衣寒、老弱を將養（たすけ養う）すること無し。

【応聘】 招聘に応ずる。〔論衡、語增〕孔子栖栖として、周流して聘に應ずるも、身容れらるるを得ず、道行はるるを得ず。

【応変】 事情の変化に応じて処理する。〔荀子、非相〕居錯（挙措）遷徙し、變に應じて窮まらざるは、是れ聖人の辯なる者なり。

【応募】 召募に応ずる。〔史記、大宛伝〕乃ち能く使する者を募る。（張）騫、郎を以て募に應じ、月氏に使す。～隴西を出でて、匈奴を經ふ。

【応報】 報い。善悪の因果応報。〔漢書、劉向伝〕諸侯下に和し、天、上に應報す。故に周頌に曰く、福を降すこと穰穰たりと。

【応用】 時宜に応じて用いる。〔宋書、袁豹伝〕器は以て用に應じ、商は以て財を通ず。

【応和】 たがいにこたえあう。〔史記、曹相国世家〕吏の舍、日〻に飲みて歌呼す。～從吏、相國の之れを召按せんことを幸ふ。乃ち～酒を取り、坐を張りて飲ましめ、亦た歌呼して與に相ひ應和す。

↑応援 味方する／応急 とり急ぎ／応許 承諾する／応験 しるし／応口 口早／応試 受験する／応縄 まっすぐ／応世 時世むき／応戦 迎撃する／応卒 応急／応諾 承諾する／応当 あたる／応答 応待／応分 身分相応／応辟 招きに応じる／応保 保んずる／応務 処務／応命 命に従う／応門 取り次ぎ／応令 命に従う

↓一応・感応・鑑応・供応・嚮応・饗応・呼応・再応・酬応・順応・祥応・照応・瑞応・相応・即応・対応・適応・答応・内応・反応・報応・和応

【汪】 7 3111 オウ（ワウ） ひろい ゆたか

篆文  金文 

形声 声符は王。〔説文〕十一上に「深廣なり」とあり、水の汪洋たるさまをいう。

訓義 [1]ひろい。[2]ゆたか、おおい。[3]海や池など。

古訓 〔名義抄〕汪 ツ、ミ・タマリミヅ・フカシ 〔字鏡集〕汪 ミヅノフカクヒロキ・タマリミヅ・ツ、ミ・ハルカ・フカシ・オホイナリ・ハカル

【汪肆】 広大。明・宋濂〔見山楼記〕其の下に巨湖有り。廣袤百里、汪肆浩渺として、三方に環浸す。晦明に吐吞し、朝夕に萬變す。

【汪茫】 勢い盛んにして広大。〔唐書、文芸上、杜甫伝賛〕甫に至りて、渾涵汪茫、千彙萬狀、古今を兼ねて之れを有す。他人は足らざるも、甫は乃ち厭餘あり。

【汪洋】 広大はてなし。〔元史、河渠志一〕海子は一名積水潭、西北諸泉の水を聚め、流行して都城に入りて、此に匯まる。汪洋なること海の如し。都人、因りて名づく。

↑汪汪 水が深く広い／汪濊 水がゆたか／汪涵 ひたす／汪坑 水坑／汪洸 水が深く広い／汪翔 飛びまわる／汪然 水勢が盛ん／汪波 水勢／汪漾 涙のあふれるさま

【坳】 8 4412 オウ（アウ） ヨウ（エウ） くぼみ

篆文 

形声 声符は幼。幼は糸たばを拗じる形。坳とは凹凸のある地。〔説文新附〕十三下に「地、平らかならざるなり」とあり、そのくぼみの部分をいう。

訓義 [1]くぼみ。[2]ぬりならす。

古訓 〔篇立〕坳 クボム・クボ

【坳堂】 庭のくぼみ。〔荘子、逍遥遊〕杯水を坳堂の上に覆せば、則ち芥之れが舟と爲る。

【坳窪】 深いくぼみ。唐・柳宗元〔永州竜興寺東丘記〕凡そ坳窪坻岸の狀、其の故を廢する無し。屏するに密竹を以てし、聯ぬるに曲梁を以てす。

↑坳泓 深い水たまり／坳沢 さわ／坳塘 水たまり

【尪】 8 8121 ［尢］ 3 4001 ［尣］ 4 8021 オウ（ワウ） あしなえ くぐせ

篆文  古文 

形声 声符は王。字はもと尢・尣に作り、曲脛の人の象形。古くは廃疾の人を神の犠牲とすることがあったので、巫尪という。

訓義 [1]あしなえ。[2]身の丈がひくい、傴僂。[3]虚弱な人、よわい。

古訓 〔名義抄〕尢 ツブル・アッシ・ヨハシ 〔字鏡集〕尫 ツブル・アメウケハナ・ヨハシ・マツル・シヅカナリ・アッシ・ヨロ（ワ）シ／尢 ミジカシ

参考 尪はもと𡉚声に従う。𡉚は往（徃）の初文。出行のとき鉞頭（王）の上に之（止）を加える呪儀。これによって強い霊力が与えられる。他から強い力を加えることを𡉚という。故に枉曲の意がある。𡉚声の字には、その義を承けるものが多い。

【尪闇】 からだが弱く、おろか。〔晋書、劉元海載記〕孤今猥りに群公の推す所と爲り、三祖の業を紹修す。茲の尪闇を顧みるに、戰惶（ふるえおそれる）厝く靡し。

【尪弱】 からだが弱い。南朝宋・謝霊運〔康楽侯に封ぜらるるを謝する表〕豈に臣の尪弱なる、當に忝く承くべき所ならんや。

【尪病】 弱くて病気がち。〔晋書、山濤伝〕（淳・允）竝

びに少くして尫病、形甚だ短小なるも、聰敏は人に過ぐ。武帝聞きて、之れを見んと欲す。～濤、～表して曰く、臣の二子は尫病、宜しく人事を絶つべし。敢て詔を受けずと。

【尫羸】おう(わう)るい 虚弱。〔抱朴子、自叙〕(葛)洪、稟性尫羸、之れに兼ぬるに多疾、貧にして車馬無く、徒行に堪へず。行くことも、亦た性の好まざる所なり。

【尫陋】おう(わう)ろう 弱くてみにくい。〔晋書、山濤伝〕武帝聞きて之れを見んと欲す。～(山)允自ら尫陋なるを以て、行くことを肯んぜず。

↑尫怯 怯懦/尫蹇 くぐせと足なえ/尫疾 尫病/尫柔 柔弱/尫孱 弱々しい/尫纖 か弱い/尫卒 残兵/尫懦 懦弱/尫駑 無能/尫頓 弱く疲れる/尫弊 尫頓/尫劣 尫陋/尫老 老弱

↓纖尫・懦尫・巫尫・暴尫

常【往】8 2021 〔往〕8 2021 オウ(ワウ) ゆく

篆文

古文

甲骨文

金文

形声 声符は王。〔説文〕二下に「之くなり」と訓し㞷声とするが、㞷は往の初文。卜文の「往來」の往は、鉞頭の形である王の上に、之(止)を加えて、出行に当たって行う魂振りの呪儀を示す。すなわち㞷の字形。のちこれに彳・辵を加えて往・迋となった。

訓義 1ゆく、いたる。2さき、のち、むかし、過去。3死ぬ。

古訓 〔名義抄〕往 ユク・ヤル・イヌ・サル・サク・ツカハス・イタル・ユクサキ・ワタル・ムカシ・イニシヘ・イマ・ノチ・マツ・トコロ・モト・シヌ・カゾフ

声系 〔説文〕六下に㞷を「艸木妄生するなり」とするが、その象ではない。〔説文〕に㞷声として往・枉・狂・汪・匡・誑など十六字を収める。もの狂おしく、勢いよく、虚誑の意を含むものが多い。出行の儀礼として行われる呪儀の意を承けるところがある。

語系 往・迋hiuangは同声。また永hyuang、皇・煌・遑huangは声近く、永は合流する水勢の強いこと、皇は強くかがやく意。勢いが強められる意がある。

【往往】おうおう(わうわう) ときどき。つねづね。〔史記、五帝紀賛〕長老皆各々往往にして黄帝・堯・舜を稱するの處に至るに、風教固より殊となり。

【往還】おうかん(わうくわん) ゆきかえり。往来。交際する。唐・王維〔張五弟に答ふ〕詩 妨げず、酒を飲み復た釣を垂るるに 君但だ能く來り、相ひ往還せよ

【往賢】おう(わう)けん むかしの賢人。〔梁書、処士、何点伝〕此れ蓋し前代の盛軌、往賢の同じくする所なり。

【往古】おう(わう)こ むかし。〔史記、欒布伝賛〕彼れ誠に處する所を知り、自ら其の死を重んぜず。往古の烈士と雖も、何を以て加へんや。

【往行】おうこう(わうかう) 過去の行為。〔易、大畜、象伝〕天(乾)、山(艮)中に在るは大畜なり。君子以て多く前言往行を識し、以て其の德を畜ふ。

【往事】おう(わう)じ むかしのできごと。〔史記、太史公自序〕此れ人皆意に鬱結する所有りて、其の道を通ずることを得ず。故に往事を述べ、來者を思ふ。

【往時】おう(わう)じ むかし。以前。漢・揚雄〔劇秦美新〕往時、司馬相如、封禪の一篇を作りて、以て漢氏の休(喜び)を彰はす。

【往日】おう(わう)じつ むかし。かつて。〔楚辞、九章、惜往日〕往日の曾て信ぜられしを惜しむ 命詔を受けて時を昭らかにす

【往者】おう(わう)しゃ すぎ去るもの。過去。〔論語、微子〕往く者は諫むべからず。來者は猶ほ追ふべし。

【往昔】おう(わう)せき むかし。唐・杜甫〔壮遊〕詩 往昔、十四五 出遊す、翰墨の場～七齢、思ひ即ち壯なり 開口、鳳凰を詠ず

【往年】おう(わう)ねん むかし。先年。唐・韓愈〔盧仝に寄す〕詩 往年、筆を弄して同異を嘲り 怪辭、衆を驚かして、謗り已まず

【往返】おう(わう)へん ゆきかえり。魏・王粲〔従軍詩、五首、一〕徒行し、兼乘(車馬を捕獲)して還る 空しく出でて、餘資有り 地を拓くこと三千里 往返速きこと飛ぶが若し

【往来】おう(わう)らい 往返。ゆきき。交際。〔老子、八十〕鄰國相ひ望み、雞犬の聲相ひ聞ゆ。民、老死するに至るまで、相ひ往來せず。

↑往化 死去/往駕 死去/往懷 おもい/往旧 むかし/往迎 出迎え/往愆 過去のあやまち/往彦 前賢/往歳 往年/往載 往歳/往初 むかし/往生 死ぬ/往常 常日頃/往世 むかし/往迹 昔のなごり/往造 訪れる/往代 往古/往哲 昔の賢人/往轍 前轍/往反 ゆきき/往復 ゆきき/往略 往事/往例 先例/往烈 前烈/往路 往くときの道

↓已往・以往・一往・帰往・既往・嚮往・古往・孤往・後往・再往・神往・徂往・長往・追往・悼往・独往・邁往・来往

【怏】8 9503 オウ(アウ) うらむ

篆文

形声 声符は央。央は首枷を加えられた人の正面形。〔説文〕十下に「服せずして懟むなり」とあり、罪殃に苦しみなやむことをいう。

訓義 1うらむ。2心に不満とし、楽しまぬ気持ちがこみあげてくる。怏怏。

古訓 〔新撰字鏡〕怏 宇良也牟(うらやむ)、又、阿太牟(あたむ)、又、伊太牟(いたむ)〔字鏡〕怏 アキタラズ・イタム・ウラムラク・アタム

【怏怏】おうおう(あうあう) 心ふさぎ、うらむ。〔史記、白起伝〕白起の遷さるるや、其の意、尙ほ怏怏として服せず。

【怏然】おう(あう)ぜん 心楽しまぬさま。〔史記、魯仲連伝〕新垣衍怏然として悅ばずして曰く、噫嘻、亦た太甚だしいかな、先生の言や。先生又惡くんぞ能く秦王をして、梁(魏)王を烹醢(烹て塩づけにする)することを得しめんや。

【怏悒】おうゆう(あういふ) 不満でうらむ。唐・杜甫〔早に射洪県南を発し、途中に作る〕詩 汀洲、稍く疎散 風景、怏悒を開く

↑怏意 気がふさぐ/怏鬱 心晴れぬ/怏恨 恨む/怏悵 嘆く/怏悶 悶える

↓鬱怏・愴怏・悵怏・悒怏

常【押】8 5605 オウ(アフ) コウ(カフ) おす おさえる

形声 声符は甲。もと甲の音でよみ、柙・柙檻の意に用いたが、のち押捺・花押の意に用い、いまはその義に用いる。

訓義 1おす、おさえる。2かきはん。3くくる、とらえる、おり。4とりしまる。

古訓 〔新撰字鏡〕押 於須(おす)〔名義抄〕押 オス・オシハラフ・シルス・ウツ・クダク・アツム・ハサム・タル・カムガフ・シボル・サシハサム

【押韻】おういん(あふゐん) 詩句に韻字を用いる。〔捫蝨新話、一〕韓退之(愈)の詩は、世に押韻の文のみと謂ふ。然れども自ら一種の風韻有り。

【押券】おう(あふ)けん 署名した文書。〔韓非子、外儲説右下〕田嬰、官をして押券斗石參升の計を具せしむ。王自ら計を聽く。計、聽くに勝へず。

【押黄】おうこう(あふくわう) 唐代の詔勅には黄紙を用いた。その訂正の貼紙。〔唐国史補、下〕黄勅既に行下し、小しく異同有るを

帖黄と曰ふ。一に押黄に作る。

【押字】 かきはん。〔東観余論、上〕後人の花押、乃ち草(書の体)を以て其の自書を記す。故に押字と謂ふ。

【押班】 百官の着席の位次などを定める。〔唐書、百官志三〕朝會に~御史二人押班す。

【押尾】 文書の紙の継目に加える花押。〔東観余論、上〕名を首尾紙縫の閒に題す。故に或いは之れを押縫と謂ひ、或いは之れを押尾と謂ふ。

➡押引 率いる／押運 押送する／押宴 宴の世話／押衙 護衛長／押角 四隅の席／押款 担保貸し／押差 年貢を取り立てる／押紙 附箋／押収 没収する／押署 署名捺印／押送 護送する／押頭 書物の標題／押纛 旗手／押捺 捺印する／押伴 接待係／押保 警護する／押縫 押尾／押領 護衛する

⬇花押・監押・御押・金押・検押・勾押・書押・署押・抵押・典押・判押・拉押

【拗】 8 5402 オウ(アウ) ヨウ(エウ) イク(ヰク) ねじる たがう

篆文 

形声 声符は幼。幼は糸たばを拗らす形で、拗の初文。〔説文新附〕十二上に「手もて拉くなり」とするのは、ねじる意。

訓義 ①ねじる、もとらす、もとる。②力を加えて形をかえる。くじく、たがう、おさえる。③ねじける、すねる、すねもの。

古訓 〔名義抄〕拗 オサフ／相拗 タガヘシ 〔字鏡集〕拗 ヲル・オス・オモフ

【拗体】 詩の変格のもの。〔文章弁体、弁詩〕換句拗體、粗豪險怪の者の若きは、斯れ皆律體の變、學者の先とする所に非ざるなり。

➡拗花 花を折る／拗開 こじ開け／拗強 剛情／拗頸 剛情／拗抗 違反する／拗執 頑固／拗折 ねじ折る／拗阻 阻止する／拗調 拗体／拗転 ねじる／拗怒 怒る／拗戾 ねじける／拗捩 ねじける

⬇摧拗・執拗・折拗・捉拗

常 # 【旺】 8 6101 ［晎］ 12 6001 オウ(ワウ) さかん

篆文 

形声 声符は王。正字は往(往)に従い、㞷声。㞷は鉞頭(王)の上に之(止)を加えて、旅立つときに魂振りする呪儀。霊力をそえる意がある。故に㞷(王)声の字に、勢いのさかんな意のあるものが多い。〔説文〕七上に「光美なり」、〔玉篇〕に「日の暈なり」とするが、旺盛の意。

訓義 ①さかん。②字はまた晎に作る。

古訓 〔字鏡集〕旺 ヨシ・ヒノカ、ヤク

【旺興】 さかんに興じてたのしむ。唐・牛僧孺〔~(劉夢得・(白)楽天に奉呈す)〕詩 旺興、魔力を添へ 消煩、宿酲(二日酔い)を破る

➡旺運 盛運／旺旺 美盛のさま／旺気 好運／旺健 元気／旺熾 さかん／旺盛 さかん／旺壮 旺盛／旺茂 さかんで立派

【枉】 8 4191 オウ(ワウ) まがる

篆文 

形声 正字は㞷に従い、㞷声。㞷は鉞頭の形である王に之(止)を加え、出行のときに魂振りする呪儀。これによって足に呪力が加えられる。他に力を加える意があり、無理にことを運ぶ意がある。〔説文〕六上に「衺曲なり」とあり、枉戾をいう。

訓義 ①まげる、まがる、もとる、ゆがむ。②よこしま、むりに。③わざわざ。尊者の行為に対して用いる。

古訓 〔名義抄〕枉 マガレリ・マゲテ・シハタク・ユフ 〔字鏡集〕枉 マゲテ・マグ・マガレリ・マガル・シユタク・タムラカス・ユフ

【枉駕】 貴人が自ら訪れる。〔三国志、蜀、諸葛亮伝〕徐庶~先主(劉備)に謂ひて曰く、諸葛孔明は臥龍なり。~將軍宜しく駕を枉げて之れを顧みるべしと。

【枉陷】 無実の罪に陥る。晉・陸機〔平原内史を謝する表〕首を俛し膝を頓て、憂愧して厲きが若し。而も横に故の齊王冏に枉陷せらるる所と爲る。

【枉曲】 法をまげる。〔後漢書、王符伝〕(潜夫論、愛日篇)郷亭部吏、亦た決斷に任ずる者有り。類ね枉曲多し。蓋し故有り。

【枉屈】 貴人自ら訪れる。蜀・諸葛亮〔出師の表〕先帝、臣の卑鄙なるを以てせず、猥りに自ら枉屈して、三たび臣を草廬の中に顧みる。

【枉結】 むすぼれた気持ち。冤結。〔後漢書、馮異伝〕百姓を懷け來らしめ、枉結を申べ理む。出入りすること三歳にして、上林、都を成せり。

【枉殺】 無実の罪で殺す。〔後漢書、劉盆子伝〕呂母垂泣して曰く、諸君に厚うする所以の者は、~徒だ縣宰不道にして、吾が子を枉殺せり。爲に怨みを報ぜんと欲するのみと。

【枉死】 冤罪で死ぬ。〔後漢書、天文志下〕桓帝崩ず。太傅陳蕃・大將軍竇武・尙書令尹勳・黃門令山冰等、皆枉死す。太白、心(星)を犯す~の應なり。

【枉実】 事実をまげる。冤罪。〔後漢書、皇后上、和熹鄧皇后紀〕囚有り、~頭を擧げて自ら訴へんと欲するが若し。太后察視して之れを覺り、卽ち呼還して狀を問ひ、具さに枉實を得たり。

【枉道】 正道をまげる。〔論語、微子〕道を直くして人に事ふ。焉くに往くとして三たび黜けられざらん。道を枉げて人に事ふ。何ぞ必ずしも父母の邦を去らん。

【枉撓】 まげて罪する。〔礼記、月令〕乃ち有司に命じ、百刑を申嚴にし、斬殺必ず當り、枉撓或ること毋からしむ。

【枉筆】 事実をまげて記す。〔宋書、文五王、桂陽王林範伝〕望むらくは便ち二豎を執錄して、以て冤魂に謝さば、則ち先帝順悌の名を失はず、宋世に枉筆の史無からん。

【枉法】 法をまげる。〔商君書、定分〕天下の吏民、賢良辯慧有りと雖も、一言を開きて、以て法を枉ぐること能はず。

【枉訪】 ご来訪。宋・蘇軾〔李廷評に与ふ〕經由特に枉訪を辱くす。適と臥病數日、及び連日會集するを以て、殊に少暇無し。治行怱遽にして、詣謝するに及ばず。豈に愧負に勝へんや。

➡枉遏 おしとめる／枉害 枉死／枉騎 枉駕／枉虐 法をまげて、虐刑にあう／枉挙 無理に挙用する／枉径 邪径／枉繫 冤罪にかかる／枉顧 枉駕／枉酷 枉虐／枉志 まげて志を屈する／枉渚 曲汀／枉生 妄生／枉然 徒然／枉訴 誣告する／枉誅 枉殺する／枉直 曲直／枉費 むだに費用を使う／枉誣 まげて罪する／枉伏 理をまげて服する／枉辟 邪辟／枉没 枉死／枉用 理をまげて挙用する／枉抑 おとしめる／枉濫 法を乱す／枉戮 枉殺／枉流 悪人方／枉累 法をまげて罪に陥れる／枉戾 歪曲

⬇怨枉・冤枉・乖枉・懷枉・姦枉・疑枉・挙枉・矯枉・摧枉・讒枉・邪枉・錯枉・貪枉・謬枉・誣枉・抑枉

常 # 【欧】 8 ［歐］ 15 7778 オウ うたう はく

篆文  古印璽 

会意 旧字は歐。區(区)+欠。〔説文〕八下に「吐くなり」とし、區声とするが、声義ともに異なる。區は匸(秘匿の場所)に、祝告の器である𠙵を多くおき、これに対して祈ることをいう。

欠は口を開いて祈る形。その声調は謳に似ている。

【訓義】1うたう。2その声はいきんで、ものを吐くのに似ている。3殴に通じ、かりたてる、うつ。4欧羅巴はヨーロッパ。

【古訓】〔和名抄〕歐吐 倍止都久（へどつく）、又、太万比（たまひ）〔名義抄〕歐 タマヒ・ハク／歐吐 ヘドツク・タマヒ 〔字鏡集〕歐 ヘドツク・タマフ・ハク・アツク・ニハカニ

【語系】歐・嘔oは同声通用の字。嘔吐には嘔を用いるが、嘔は〔説文〕にみえない。欠部の字は、呪歌・呪祝に関するものが多く、歐は毆（殴）o、謳ioと同系の語であろう。

【欧血】血を吐く。吐血。〔北斉書、楊愔伝〕悲感慟哭し、血を歐くこと數升、遂に病を發す。

【欧捶】鞭うつ。〔顔氏家訓、勉学〕（斉の）田鵬鸞は本蠻人なり。～周軍の獲る所と爲る。～齊主（後主）何くに在るかと問ふ。～紿きて云ふ、已に去れり～と。其の信ならざるを疑ひ、歐捶して之れを服せしめんとす。一支（肢）を折る每に辭色愈厲し。竟に四體を斷ちて卒す。

【欧吐】へどつく。〔晋書、杜預伝〕預～荊州に在りしとき、宴集に因りて醉臥す。齋の中外の人、歐吐の聲を聞き、竊かに戸を窺ふに、止だ一大蛇の頭を垂れて吐くを見る。聞く者之れを異とせり。

【欧冶】春秋期の越の刀工の名。またその剣。〔越絶書、記宝剣〕呉に干将有り、越に歐冶子有り。此の二人は、世に甲れて生まる。

↑欧軋 きしむ音／欧歌 謳歌する／欧逆 もどす／欧撃 うつ／欧傷 殴傷する／欧杖 鞭うつ／欧攘 うち攘う／欧刃 首斬り刀／欧泄 吐きくだす／欧刀 欧刃

↓噎欧・虚欧・喉欧

常【殴】8 〔毆〕15 7774 オウ うつ

篆文  金文  侯馬盟書  石鼓文 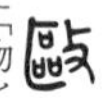

【会意】旧字は毆。區（区）＋殳。〔説文〕三下に「物を捶撃するなり」と訓し、「區聲」とするが、區を殴つ形。區は匸（秘匿のところ）で呪祝の器である口を多く列ねる意。祝禱のとき、その器を殴って、祈ることの成就を責める。その祈る声を謳という。

【訓義】1うつ、たたく。2たたいてせめる、かりたてる。3駆と通じ、かりたてゆかせる。

【古訓】〔名義抄〕毆 ウツ・カル

【殴撃】なぐる。〔論衡、訂鬼〕人病みて鬼を見る。～病む者困劇して身體痛むとき、則ち鬼、箠杖を持ちて之れを毆撃すと謂ふなり。

【殴殺】なぐり殺す。〔漢書、鮑宣伝〕凡そ民に七亡有り。～又七死有り。酷吏毆殺する、一死なり。治獄深刻なる、二死なり。

↑殴死 殴殺する／殴除 駆除する／殴傷 傷つける／殴辱 辱める／殴撻 鞭うつ／殴奪 奪う／殴逐 叩き出す／殴踢 ふみつけ

【泓】8 3213 オウ（ワウ） コウ（クヮウ） ふかい ふち

篆文 

【形声】声符は弘。〔説文〕十一上に「下深き皃」とあり、思わぬ深さのある水をいう。

【訓義】1ふかい、思うよりもふかい。2ふち、水だまり。

【古訓】〔名義抄〕泓 スミタ、フ 〔篇立〕泓 スム 〔字鏡集〕泓 タ、フ・スミ・フカシ

↑泓迴 深い流れ／泓涵 深い／泓宏 声がひびく／泓然 水が深いさま／泓澄 深く澄む／泓渟 水が深いさま

↓寒泓・湖泓・水泓・澄泓・渟泓

【泱】8 3513 オウ（アウ） ヨウ（ヤウ）

篆文 

【形声】声符は央。〔説文〕十一上に「滃なり」、前条に「滃は雲气起るなり」とあって、雲気のさかんなさまをいう。央・翁（翁）の声が、その形況の語である。

【訓義】1さかんなさま。雲が起こり、水が流れ、気のみちあふれるさまなどにいう。

【古訓】〔名義抄〕泱 トホル・アツム・アマネシ・タ、ク・タナビク

【泱鬱】盛大なさま。〔漢書、息夫躬伝〕玄雲泱鬱たり、將に安くにか歸らんとする。

【泱泱】さかんに流れ動くさま。〔詩、小雅、瞻彼洛矣〕彼の洛を瞻るに 維れ水、泱泱たり

【泱漭】広大なさま、また小暗いさま。唐・王維〔殷遥を哭す〕詩 泱漭たり、寒郊の外 蕭條として、哭聲を聞く

↑泱軋 かざりないさま／泱蕩 ひろくさかんなさま／泱茫 広大なさま

【殃】9 1523 オウ（アウ） わざわい とがめ

篆文 

【形声】声符は央。央は首枷を加えた人の正面形。〔説文〕四下に「咎なり」とあり、罰として与えられる災禍をいう。

【訓義】1わざわい。2天罰、とがめ。

【古訓】〔名義抄〕殃 ツミ・ワザハヒ 〔篇立〕殃 ワザハヒ・トガ・ヤブル・ツミ

【殃禍】わざわい。〔荀子、天論〕時を受くること治世と同じくして、而も殃禍は治世と異なり。以て天を怨むべからず。其の道、然らしむるなり。

【殃咎】罪とが。唐・韓愈〔仏骨を論ずる表〕佛如し靈有つて、能く禍祟を作さば、凡そ殃咎有るときは、宜しく臣が身に加ふべし。

【殃孽】わざわい。〔荀子、成相〕君子之れを道ふこと、順にして以て達、其の賢良を宗とし、其の殃孽を辨ぜよ。

【殃戮】わざわいにあって殺される。〔漢書、賈誼伝〕秦、四維を滅ぼして張らず。故に君臣乖亂し、六親殃戮せられ、姦人竝び起り、萬民離叛す。

↑殃疫 疫病／殃害 わざわい／殃及 連累／殃慶 吉凶／殃殺 殃戮／殃毒 禍害／殃罰 わざわいにあって罪せられる／殃僇 殃戮

↓貽殃・加殃・荷殃・阜殃・咎殃・苦殃・疾殃・受殃・禳殃・積殃・致殃・天殃・被殃・百殃・逢殃・無殃・余殃・罹殃・厲殃

【瓮】9 8071 オウ（ヲウ） かめ ほとぎ

篆文 

【形声】声符は公（公）。公に翁（翁）の声がある。〔説文〕十二下に「罌なり」とあり、罌は頸部の大きな瓶をいう。〔玉篇〕に「瓮は大甖なり」とみえる。

【訓義】1かめ、みか、ほとぎ。2また甕に作る。

【古訓】〔新撰字鏡〕瓮・盆 保止支（ほとぎ）〔名義抄〕瓮 ヘ 〔字鏡集〕瓮 ヒラカ／甕 オホカメ・オホイナルカメ・モタヒ・ヲ、キナリ

【語系】瓮・甕・罌ongは、罃engと声義近く、盎angも旁転の語。みな頸部の大きな器をいう。雍はむね、央は首枷、嬰は首飾り。みな盛り上がり、ふくよかの意がある。

＊語彙は甕字条参照。

【瓮水】かめの水。少しの水。〔抱朴子、喩蔽〕四瀆の濁れるは、瓮水の淸に方べられず、巨象の痩せたるは、羔羊の肥えたるに同じからず。

【瓮精】酒瓶の精。酒好き。〔清異録、四〕螺川の人何

晝、薄(すこ)しく文藝有るも、意を五侯鯖(合鍋の類)に屈し、尤も酒を善(この)む。人、瓮精を以て之れを誚(そし)る。

常【桜】10 人〔櫻〕21 4694 オウ(アウ) さくら ゆすらうめ

篆文 

形声 旧字は櫻に作り、嬰(えい)声。もと桜桃をいい、わが国では、さくらをいう。

訓義 1さくら。2ゆすらうめ。

古訓 〔新撰字鏡〕櫻 桾桃、佐久良(さくら) 〔和名抄〕櫻 左久良(さくら) 〔名義抄〕櫻 サクラ

【桜花】(おうか(あうくわ)) ゆすらうめの花。南唐・李煜〔新恩を謝す〕詩 櫻花落(ち)り盡して、階前に月あり 象床に愁ひつつ薫籠に倚(よ)る

【桜桃】(おうとう(あうたう)) ゆすらうめ。また、さくらんぼ。唐・李白〔久別離〕詩 別來、幾春か未だ家に還らず 玉窻五たび見る、櫻桃の花

↑桜脣(おうしん) 美人の脣

↓金桜・山桜・残桜・紫桜・朱桜・珠桜・春桜・新桜・庭桜

【盎】10 5010 オウ(アウ) はち ほとぎ

篆文 

形声 声符は央(おう)。〔説文〕五上に「盆なり」、〔爾雅、釈器〕に「盎、之れを缶(ふ)と謂ふ」とあり、腹大きく口のせまい、腹太の器。泱と通じ、盛大の意がある。

訓義 1はち、ほとぎ。2みちあふれる、さかん。

古訓 〔篇立〕盎 ミツ 〔字鏡集〕盎 ヒラカ

語系 盎ang、甖・罃engは声義近く、みな、ほとぎの類。

【盎盎】(おうおう(あうあう)) 和らぎみちる。唐・杜牧〔李賀文集の序〕春の盎盎たるも、其の和を爲すに足らず。秋の明潔なるも、其の格を爲すに足らず。~蓋(けだ)し騷の苗裔、理及ばずと雖も、辭は或いは之れに過ぎん。

【盎然】(おうぜん(あう)) みち溢れるさま。宋・蘇軾〔李邦直に答ふ〕詩 我が久しく慵倦なるを知り 我を起すに新詩を以てす 詩詞は醇酒の如し 盎然として四支(肢)を薰す

↑盎溢(おういつ) 溢れる

【秧】10 2593 オウ(アウ) なえ うえつけ

篆文 

形声 声符は央(おう)。央は人に首枷を加えた正面形。わずかに頭部のあらわれる意がある。〔説文〕七上に「禾若、秧穰(あうじやう)なり」とあり、〔玉篇〕に禾若を禾苗に作る。秧穰とはうえつけて茂るさまをいう語であろう。

訓義 1なえ、うえつけ。

【秧針】(おうしん(あう)) 稲の苗がはじめて出る。明・謝晉〔牧牛図〕詩 水田高下、秧針綠なり 桑暗くして、布穀(ふこく)(呼子鳥、ふふどり)の鳴くを聞かず

【秧挿】(おうそう(あうさふ)) 稲の苗のうえつけ。宋・陸游〔大雨〕詩 緜地千里の閒 四月、秧盡(ことごと)く插せり 季夏、雨ふること三日 凄爽、篁(はう)ちを忘れんと欲す

【秧田】(おうでん(あう)) 苗代。宋・范成大〔蟠竜瀑布~城中布水第一〕詩 人閒(じんかん)只(た)だ見る、秧田の潤ふを 喚(よ)んで蟠龍洞裏の泉を作(な)さん

【秧稲】(おうとう(あうたう)) 苗。苗のうえつけ。宋・黄庭堅〔新喩道中、元明に寄す~〕詩 客を喚(よ)び茶を煎(に)る、山店遠く 人の秧稻するを看れば、午風涼し

【秧苗】(おうびょう(あうべう)) 稲の苗。宋・范成大〔邗郁駅、大雨〕詩 竹葉は頭を垂れて碧(みどり)に 秧苗は意を滿たして靑し

↑秧歌(おうか) 田植歌/秧雞(おうけい) くいな/秧新(おうしん) 植えた苗/秧稺(おうち) 稲の苗

↓移秧・下秧・春秧・新秧・水秧・青秧・早秧・挿秧・抽秧・稲秧・布秧・分秧

常【翁】10 〔翁〕10 8012 オウ(ヲウ) くびげ おきな

篆文 

形声 声符は公(公)(こう)。公に瓮(おう)の声がある。〔説文〕四上に「頸毛なり」とあり、鳥の首毛をいう。老翁の鬚毛にたとえて、のち老翁をいう語となった。

訓義 1くびげ。2おきな。3ちち。

古訓 〔名義抄〕翁 ヲキナ 〔字鏡集〕翁 ヲキナ・トリノクビノケ・トブ・タフレヌ

声系 〔説文〕に翁声として滃など四字を収める。滃は滃鬱、さかんにしてたちこめる意がある。

語系 翁ongは公kongの語頭子音を脱した形。〔方言、六〕に「凡そ老を尊んで、~周晉秦隴(しんろう)にては之れを公と謂ひ、或いは之れを翁と謂ふ」とみえる。

【翁翁】(おうおう(をうをう)) 祖父。宋・陸游〔三三孫十月九日生日、翁翁為に詩を賦して寿を為す〕詩 落筆千言猶ほ細事 讀書萬卷、深期を要す 汝が翁は豪傑にして、今の士に非ず 用ひず簦(とう)(笠)を擔(にな)ひて更に師を覓(もと)むるを

↑翁鞋(おうあい) 綿入れの履(くつ)/翁媼(おうおう) じじばば/翁雞(おうけい) 雁/翁姑(おうこ) 夫の父母/翁主(おうしゅ) 諸王の女/翁長(おうちょう) 翁甫/翁博(おうはく) 盛大/翁甫(おうほ) 老人の尊称

↓阿翁・家翁・岳翁・漁翁・孤翁・蓑翁・塞翁・山翁・主翁・愁翁・酔翁・村翁・乃翁・田翁・皤翁・婦翁・放翁・野翁・薬翁・老翁

人【凰】11 7721 オウ(ワウ) おおとり

形声 声符は皇(おう)。〔爾雅、釈鳥〕に「鶠鳳、其の雌は皇」とあって、皇がその初文。〔詩、大雅、巻阿〕に「鳳皇于(ここ)に飛ぶ」とみえる。のち鳳の字形に合わせて凰に作る。鳳凰は畳韻の語。

訓義 1おおとり。想像上の霊鳥。

古訓 〔篇立〕凰 メトリ

常【奥】12 人〔奧〕13 2743 オウ(アウ) オク おく ふかい

篆文 

会意 旧字は奧に作る。宀(べん)+釆(べん)+廾(きょう)。〔説文〕七下に「宛なり。室の西南隅なり」とするが、宛は字の誤りであろう。宀は神聖な建物。釆は獣掌の象で膰肉の類。廾はこれを神に薦める意。その祀所を奥という。

訓義 1室の西南隅、祀る所。2おく、うち、室の奥深いところ。3ふかい、ひそか、重要な。4燠に通じ、あたたか。

古訓 〔名義抄〕奧 オク・フカシ・ウチ 〔篇立〕奧 オク・フカシ・カクス・ハルカ・コハシ・イハク

声系 〔説文〕に奧声として薁・燠・澳・墺・隩など六字を収める。澳・隩は隈厓、神の居る所である。

語系 奧uk、幽・窈yu、杳・窔yôは声義近く、みな幽深隠暗、神の居る所のさまをいう。

参考 〔論語、八佾〕「其の奧に媚びんよりは、寧ろ竈(さう)に媚びよ」は奧・竈対文で押韻。奧は上位の神の祀所、竈は日常下位の神。〔論語〕の文は、下位の者にとり入る意。

【奥衍】(おうえん(あう)) 意味が奥深い。〔唐書、韓愈伝〕其の原道・原性・師說等數十篇は、皆奧衍閎深、孟軻・揚雄と相ひ表裏して、六經を佐佑すと云ふ。

【奥遠】(おうえん(あうゑん)) 奥深い。〔三国志、魏、傅嘏伝〕蓋(けだ)し聞く、帝制宏深、聖道奧遠、苟(いやし)くも其の才に非ざれば、則ち道、虛(むな)しく行はれず。神にして之れを明らかにするは、其の人に存すと。

【奥義】(おうぎ(あうぎ)) 極意。漢・孔安国〔尚書の序〕夏商周の書に至りては、教へを設くること倫(ひと)しからずと雖も、雅誥の奧義は、其の歸、揆(き)を一にす。

【奥区】(おうく(あうく)) 奥深く、険要の地。唐・杜甫〔橋陵詩〕永く奧區と固し 川原紛として眇冥たり

【奥賾】(おうさく(あう)) 奥深いところ。唐・許敬宗〔封禅を勧むる表〕人心を謠詠に察し、洋洋乎として耳に盈(み)てり 三才の奧賾に參じ、百神の感通を驗す。

【奥趣】おう(あう)しゅ 奥深い趣。唐・柳宗元〔永州竜興寺東丘記〕水亭陜室も、曲さに奥趣有り。然れども焉に至る者、往往にして邃を以て病と爲す。

【奥博】おう(あう)はく 深く博い。唐・白居易〔元九(稹)に与ふる書〕康楽(謝霊運)の奥博なるを以て、多く山水に溺れ、(陶)淵明の高古なるを以て、偏に田園に放にす。

【奥秘】おう(あう)ひ 奥深いところ。奥義。〔貞観政要、議征伐〕明は未形を照らし、智は無際に周し。奥秘を麟閣に窮め、探賾を儒林に盡す。

【奥妙】おう(あう)みょう 奥深くすぐれる。唐・賈島〔武功姚主簿に寄す〕詩 靜棋、功奥妙 閒作、韻清淒

【奥略】おう(あう)りゃく 深遠な計画。〔晋書、劉弘伝〕詔して曰く、將軍文武兼資、～其の恢宏奥略、南海を鎭綏し、以て推轂(推挙)の望に副ふと。

↑奥穢 荒蕪／奥宇 宇内／奥鬱 幽深／奥蘊 深く包む／奥雅 奥ゆかしい／奥学 深奥の学／奥境 深い境地／奥隅 奥区／奥区 深奥にして古朴／奥旨 深い意義／奥義／奥思 深く思う／奥壌 辺地／奥邃 深奥／奥泄 汚濁／奥絶 世離れ／奥美 深く美しい／奥渺 奥深い／奥僻 幽隠の地／奥房 奥の室

↓縕奥・蘊奥・淵奥・遠奥・遐奥・奇奥・胸奥・隅奥・玄奥・古奥・弘奥・閫奥・室奥・深奥・枢奥・精奥・典奥・堂奥・内奥・秘奥・媚奥・密奥・幽奥・窔奥・霊奥

【媼】 13 4641 オウ(アウ) ウン はは おんな

篆文 

形声 声符は𥁕。〔説文〕十二下に「女の老いたる偁なり」とあり、老母をいう。また「讀んで奥の若くす」とあり、媼と同声。媼も母や老女をいう。

訓義 1はは、年老いたはは。2年老いたおんな。

【媼媼】おう(あう)おう(あう) 老婆。〔北史、邢卲伝〕吏民爲に生祠を立つ。～代るに及び、吏人父老、及び媼媼、皆遠く相ひ攀追し、號泣して絶えず。

↑媼神 土地の神

↓翁媼・孤媼・慈媼・主媼・酒媼・村媼・乳媼・婢媼・巫媼・嫠媼・隣媼・老媼

【滃】 13 3812 オウ(ヲウ)

篆文 

形声 声符は翁(翁)。翁は鳥の首毛の密生するもので、盛美の意がある。〔説文〕十一上に「雲气起るなり」、〔玉篇〕に「川谷の氣を吐く皃なり」とあって、雲気のさかんに起るさまをいう。滃鬱・滃勃のように連語として用いる。

訓義 1雲気・水勢などのさかんなさま。

【滃鬱】おう(をう)うつ 雲が出てくらくなる。漢・王褒〔九懐、昭世〕舊邦の滃鬱たるを覽る 余安んぞ能く久しく居らん

【滃然】おう(をう)ぜん 泉の水がさかんにわき出るさま。宋・欧陽脩〔豊楽亭記〕中に清泉有り、滃然として仰ぎ出づ。俯仰左右し、顧みて之れを樂しむ。

【滃渤】おう(をう)ぼつ 雲霧がわきおこるさま。唐・柳宗元〔海賈を招く文〕滄茫として形無く、往來遽卒なり。陰陽開闔して、氛霧滃渤たり。

↑滃雲 わきおこる雲／滃浴 雲気飄遊

↓鬱滃・雲滃・潼滃・浡滃・流滃

【嘔】 14 6101 オウ ウ ク はく うたう

形声 声符は區(区)。區に歐(欧)・毆(殴)・謳の声がある。〔説文〕八下に「歐は吐くなり」とあって、歐と同義。〔釈名、釈疾病〕に「嘔は傴なり。將に吐く所有らんとして、脊、曲傴するなり」とするが、區は多くの祝告の器(品)を秘匿のところ(匸)に列して、これに対して謳吟して祈る意で、區に従う字は、おおむねその姿勢と声とをいう。

訓義 1はく。2うたう、こえ。3やわらぎよろこぶ。

古訓 〔名義抄〕嘔 ツク・ハク・ウラム・チハク・タノシブ 〔字鏡集〕嘔 ツク・タノシブ・ハク・ウタフ

【嘔啞】おうあ 意味の知られないさまざまの音。唐・杜牧〔阿房宮の賦〕直欄横檻は、九土の城郭よりも多く、管絃の嘔啞たるは、市人の言語よりも多からしむ。

【嘔軋】おうあつ きしる音。唐・李群玉〔処士の番禺の東遊より便ち蘇台の別業に帰るを送る〕詩 嘔軋たり、暮江の上 櫓聲、心を搖落す

【嘔嘔】おうおう やさしい声。〔史記、淮陰侯伝〕項王、人を見るとき、恭敬慈愛、言語嘔嘔たり。

【嘔吟】おうぎん 声をあげてうたう。漢・王褒〔四子講徳論〕奔走貢獻し、懽忻來附し、婆娑嘔吟し、掖を鼓して笑はざるもの靡し。

【嘔心】おうしん 心血を吐く。〔文心雕竜、隠秀〕心を嘔き膽を吐くも、窮を語るに足らず。歳を燬き年を煉くも、奚ぞ能く苦を喩へん。

↑嘔鴉 みどりご／嘔歌 うたう／嘔逆 もどす／嘔煦 あたため養う／嘔喁 よろこぶ／嘔瀉 吐瀉する／嘔然 よろこぶ／嘔煖 暖める／嘔吐 吐く／嘔符 愛撫する／嘔喩 和らぐ／嘔噦 吐く

↓啞嘔

【嫗】 14 4141 オウ ウ はは おんな

篆文 

形声 声符は區(区)。區に謳、傴の声がある。〔説文〕十二下に「母なり」とあり、老女も嫗という。祈るとき身をかがめる姿勢を傴という。オウは慣習音。その音でよむことが多い。

訓義 1はは。2年老いたおんな。

古訓 〔新撰字鏡〕嫗 波々(はは)、又、乎波(をば)、又、与女(よめ) 〔名義抄〕嫗 オムナ・ヲバ・ヨメ

【嫗煦】おうく あたため育てる。〔三国志、魏、高堂隆伝〕國を有ち家を有つ者は、近くは諸れを身に取り、遠くは諸れを物に取り、嫗煦養育す。

【嫗伏】おうふく 卵をあたためかえす。〔礼記、楽記〕羽ある者は嫗伏し、毛ある者は孕鬻(育)す。

↑嫗育 育てる／嫗翊 慰撫する／嫗然 ほしがる／嫗拊 いたわる

↓翁嫗・媼嫗・煦嫗・孤嫗・公嫗・市嫗・酒嫗・少嫗・神嫗・乳嫗・媒嫗・貧嫗・巫嫗・野嫗・老嫗

【漚】 14 3111 オウ ウ ひたす

篆文 

形声 声符は區(区)。區に謳、傴の声がある。〔説文〕十一上に「久しく漬すなり」とあり、麻などを柔らかくするため、ながく水中につけることをいう。

訓義 1ひたす、水につける。2あわ。

古訓 〔新撰字鏡〕漚 奈津久(なつく)、又、比太須(ひたす)、又、水尓豆久(水につく)、又、宇留保須(うるほす) 〔名義抄〕漚 ヒタス・ミナツボ・アハ・ウカブ・カタ

語系 漚io、滃ong、蘊iuənなどには、ひたりつくす意があり、同源の語であろうと思われる。

【漚鬱】おううつ 香気の強いさま。漢・司馬相如〔上林の賦〕夫の青琴・宓妃の徒の若き、絶殊離俗、妖冶嫺都～芬芳漚鬱、酷烈淑郁、皓齒粲爛、宜笑的皪たり。

↑漚鳥 かもめ／漚泊 水泡／漚泡 水泡／漚麻 麻を漬す／漚爛 ただれる

【蓊】 14 4412 オウ(ヲウ) しげる

形声 声符は翁(翁)。翁は鳥の首毛。密生して盛んなものの意がある。〔広雅、釈草〕に花茎が伸びて「とう」の立つ意とする。

訓義 ①草花のとう。②しげる、さかえる、さかんなさま。③蓊鬱は、草木のしげるさま。

古訓 〔名義抄〕蓊 サカリナリ・サカユ・シゲル・アラシ・オキナ

語系 蓊・滃・翁ong、央・泱iangは声義近く、内部の勢いが強く外にあらわれるさまをいう。

【蓊薆】草木が茂りおおう。蓊藹。漢・司馬相如〔二世を哀しむ賦〕衆樹の蓊薆たるを觀、竹林の榛榛たるを覽る。

【蓊藹】草木が茂りおおう。晋・潘岳〔閑居の賦〕竹木蓊藹として、靈果參差たり。

【蓊鬱】草木が茂る。雲気などがたちこめる。魏・文帝〔物に感ずる賦〕玄雲の蓊鬱たるを瞻み、沈陰の杳冥たるを仰ぐ。甘雨の豐霈たるを降し、長溜の泠泠たるを垂る。

【蓊然】盛んなさま。〔関尹子、七釜〕我と物と、蓊然蔚然として、大化の中に在り。性は一なるのみ。

→蓊薉 よく茂る/蓊穢 よく茂る/蓊蔚 蓊鬱/蓊翳 茂り蓋う/蓊蓊 よく茂るさま/蓊茸 蓊翳/蓊薹 とう/蓊勃 盛んなさま/蓊茂 よく茂る/蓊濛 蓊鬱

↓鬱蓊

【鞅】 14 4553 オウ(アウ) むながい

篆文

形声 声符は央。央は首枷を加えた人の正面形。〔説文〕三下に「頸靼なり」とあり、馬のむながいをいう。首から胸にかける革紐で、人に首枷を加えるのと似ている。

訓義 ①むながい。②馬腹の紐、はらおび。また、牛のきずな。③になう。

古訓 〔新撰字鏡〕鞅 牟奈加支(むなかき)、又、止良不(とらふ)〔和名抄〕鞅 漢語抄に云ふ、无奈加岐(むなかき)〔名義抄〕鞅 ムナカキ・トラフ・ハラフ

語系 鞅・央・紻iangは同声。紻は纓巻(むなかき)をいう。纓・嬰iengは貝を綴って首に繫けるもの。声義が近い。

【鞅鞅】心に楽しまぬ。〔史記、秦始皇紀〕今、(趙)高は素より小賤、～大臣鞅鞅として、特だ貌を以て臣に従ふのみ。其の心、實に服せず。

【鞅掌】引き受けて煩労する。〔詩、小雅、北山〕或いは棲遲偃仰し 或いは王事に鞅掌す

→鞅鬱 怏鬱として楽しまぬ/鞅罔 無頼/鞅勒 むながいとくつわ

↓羈鞅・朱鞅・掌鞅・塵鞅・世鞅・馬鞅・輪鞅

常【横】 15 4498 人〔橫〕 16 4498 オウ(ワウ) コウ(クヮウ) よこ ほしいまま

篆文

形声 声符は黄(黃)。〔説文〕六上に「闌なる木なり」とあり、門に施すかんの木の類をいう。縦横の字には古く衡を用い、衡はくびき。牛馬の首に横にわたす木である。同声によって通用する。

訓義 ①よこ、よこのき、かんのき。②よこぎる、よこたえる、よこたわる。③縦が従うこと、秩序を意味するのに対して、横はまげる、さまたげる、ほしいままの意となる。④黌に通じる。

古訓 〔名義抄〕横 ヨコザマ・ヨコシ・ヨコタフ・ホシイマヽ・キヌハリ・ミツ〔字鏡集〕横 ヨコサマ・ヨコサマナ・ヨコタフ・フサグ・カウサマ・ホシマヽ・キヌハリ・ミツ

語系 横hoang、璜huang、衡heangは声近く一系の語。璜は佩玉の上端などにわたした半璧、衡は牛馬に軛を施して曳かせる轅の前の横木。魚の形にみえるのは牛・馬に衡を施した前面の象形。

【横佚】自在に智弁をふるう。〔史記、韓非伝〕凡そ説くことの難きは、～吾れ敢て横佚して、能く盡すことの難きに非ざるなり。

【横逸】自在にふるまう。晋・潘岳〔笙の賦〕新聲、曲を變へ、奇韻横逸す。

【横雲】よこぐも。唐・銭起〔郎士元の半日呉村の別業に題す〕～詩 横雲嶺外、千重の樹 流水聲中、一兩家

【横議】勝手な議論。〔孟子、滕文公下〕聖王作らず、諸侯放恣にして、處士横議し、楊朱・墨翟の言、天下に盈つ。

【横逆】勝手で理にそむく。〔孟子、離婁下〕此に人有り、其の我を待つに横逆を以てせば、則ち君子は必ず自ら反みるなり。

【横行】勝手に行動する。〔史記、伯夷伝〕盗跖日に不辜(罪なき人)を殺し、～黨を聚むること數千人、天下に横行す。竟に壽を以て終ふ。是れ何の徳に遵ひしや。

【横槊】槊を横たえる。宋・蘇軾〔赤壁の賦〕其の(曹操)荊州を破り、江陵を下り、流れに順って東するに方りてや、～酒を釃みて江に臨み、槊を横たへて詩を賦す。固に一世の雄なり。而るに今安くに在るや。

【横死】非命の死。〔宋書、柳元景伝〕世祖嚴暴異常なり。～世祖崩ず。義恭・元景等竝びに相ひ謂ひて曰く、今日始めて横死を免れたりと。

【横恣】勝手気まま。〔論衡、禍虚〕横恣にして而も禍に罹らず、道に順ひて福に違ふこと多し。

【横生】あふれ出る。楚・宋玉〔神女の賦〕其の少しく進むや、皎として明月の其の光を舒ぶるが若く、須臾(しばらく)の間に、美貌横生す。

【横絶】よこぎる。横断。唐・李白〔蜀道難〕詩 西のかた太白に當りて、鳥道有り 以て峨眉の巓を横絶すべし

【横断】よこぎる。唐・李白〔剣閣の賦〕咸陽の南、直ちに望むこと五千里、雲峯の崔嵬たるを見る。前に剣閣の横斷する有り、靑天に倚りて中ごろ開く。

【横放】はびこる。〔三国志、呉、妃嬪、孫和何姫伝〕呉末昏亂し、何氏驕僭にして、子弟横放なり。百姓之れを患ふ。

【横暴】わがままで乱暴。〔三国志、魏、崔琰伝〕時に士卒横暴にして、丘隴を掘發す。

【横目】人の目。人。〔荘子、天地〕夫子、横目の民に意無きか。願はくは聖治を聞かん。

【横流】水がはびこり流れる。〔孟子、滕文公上〕堯の時に當り、天下猶ほ未だ平らかならず。洪水横流し、天下に氾濫す。

【横厲】勝手にはげしく振舞う。〔漢書、杜業伝〕專ら威福を作し、厚き所に阿黨し、英俊を排擠し、公に託して私に報じ、横厲にして畏忌する所無し。

→横遏 阻む/横溢 あふれる/横禍 悲運の禍/横臥 ねる/横街 横町/横角 横笛/横猾 ずるい/横虐 暴虐/横撃 横から撃つ/横決 決潰/横譴 無実/横坐 満坐/横肆 専横/横舎 横は黌、校舎/横集 多く集まる/横従 思うまま/横塾 校舎/横術 道路/横吹 西域の笛/横征 苛税/横政 暴政/横逝 遠去/横截 横断/横説 自在にいう/横塞 塞がる/横奪 奪取する/横着 ずぼら/横睇 横目/横畔 叛く/横被 あまねくおお

う／横眉　怒る／横睥　横目／横奔　横行する／横民　暴民／横夭　若死に／横乱　乱れる／横濫　横溢

↓猾横・強横・驕横・権横・交横・豪横・叙横・従横・縦横・専横・擅横・貪横・暴横・連横

【懊】 16 9703 オウ(アウ) なやむ

形声 声符は奥(奧)。奥は老婦(炊事の神)を祀るところで、ふさがりむすぼれる意がある。

訓義 1なやむ、うらむ、くるしむ。

古訓 〔新撰字鏡〕懊 久留志牟(くるしむ)〔名義抄〕懊 ナヤマス・ムサボル・サマヨフ〔字鏡〕懊 イタミ・ナヤマス・イタム・クルシム

語系 懊uk、憂・優iu、怮yu、鬱iuat、悒iəp はみな、うちにふさがりこもる意があり、同系の語である。

【懊喪】(あうさう) 落胆する。〔世説新語、言語〕支公(遁)鶴を好む。～人有り其の雙鶴を遺る。少時にして翅長じ飛ばんと欲す。支、意に之れを惜しみ、乃ち其の翮を鎩く。鶴～復た飛ぶ能はず。乃ち翅を反顧し～懊喪の意有るが如し。

↑懊藹　漁歌／懊咿　なげく／懊怨　怨む／懊懐　なやむ／懊恨　恨む／懊傷　悲傷する／懊惜　痛惜する／懊歎　なげく／懊悵　いたむ／懊悩　なやむ／懊儂　なやむ／懊憹　懊儂／懊悶　もだえる／懊惋　口惜し

【甌】 16 7171 オウ ウ かめ

篆文 

形声 声符は區(区)。區に歐(欧)・嘔の声がある。〔説文〕十二下に「小盆なり」とあり、〔玉篇〕に「椀の小なるもの」とするが、口や腹の大きな瓶の類をいう語であろう。甕・罌・瓮などと声義近く、

訓義 1かめ。2小さな鉢、わん。3口の大きい低い皿。

古訓 〔名義抄〕甌 モタヒ

語系 甌io、甕(罋)・瓮(甕・罋)ong、罌eng は声義近く、一系の語。

【甌宰】(おうさい) 宴席で酒を勧める役。〔清異録、人事〕廣席多賓には、必ず一人慣習精俊の者を差はし、甌宰に充て、職を擧げて衆を律せしむ。

【甌脱】(おうだつ) 胡人が斥候用に作った国境の土室。〔漢書、匈奴伝上〕漢の兵之れを追ふ。斬首獲虜九千人、甌脱に王を生得す。漢は失亡する所無し。

【甌臾】(おうゆ) 凹地。土もりとみぞ。〔荀子、大略〕語に曰く、流丸は甌臾に止まり、流言は知者に止まると。此れ家言邪學の、儒者を惡む所以なり。

【甌窶】(おうろう) 高く狭い地。〔史記、滑稽、淳于髡伝〕道傍に田に禳る者有るを見る。一豚蹄・酒一盂を操り、祝りて曰く、甌窶なるも篝(ふせご)に滿てよ。汚邪(低地)なるも車に滿てよ。

↑甌蟻　茶沫／甌犧　杯杓など／甌金　金盆／甌瓿　かめ

↓瓦甌・金甌・銀甌・擎甌・小甌・深甌・清甌・素甌・茶甌・銅甌・白甌・氷甌・茗甌

【隩】 16 7723 オウ(アウ) イク(ヰク) くま

篆文 

形声 声符は奥(奧)。奥は室の西南隅、神を祀る最も奥深いところ。〔説文〕十四下に「水の隈崖なり」とあり、山川のいりくんだところをいう。そこに神を迎えて祀る。𨸏は神の陟降する神梯の象。山川の聖所をいう。

訓義 1くま、ふかくいりくんだところ。2奥に通じ、ふかくかくれたところ。3燠に通じ、あたたか。4墺に通じ、おか、くが。

古訓 〔新撰字鏡〕隩 藏なり、久牟志良(くむしら)〔名義抄〕隩 カクル〔字鏡集〕隩 クマ・ホトリ・キシ・カクル

語系 隩・奥・燠・澳uk、iuk、墺iuk は同声。みな奥の声義を承ける。幽・窈yu、窅・杳yôと声義の関係がある。

↑隩区　奥地／隩隅　室の西南隅／隩室　暖かい室／隩限　崖の外と内

↓九隩・隅隩・荒隩・四隩・井隩・塗隩・限隩

【鴦】 16 5032 オウ(アウ) おしどり

篆文 

形声 声符は央。〔説文〕四上の鴛・鴦各条に「鴛鴦なり」とあり、鴛鴦は双声の語でおしどり。鴛は雄、鴦は雌。

訓義 1おしどり、おしどりのめす。

古訓 〔名義抄〕鴦 メヲシ・タカヘ／鴛 ヲシ・ヲヲシ

参考 夗・央はともに、まるく、ふっくらした形のものの意がある。

↑鴦亀　亀の一種／鴦錦　美しい錦

↓鴛鴦

入 【鴨】 16 6752 オウ(アフ) あひる かも

篆文 

形声 声符は甲。〔説文新附〕四上に「鶩なり」とあり、あひるをいう。わが国ではかもの意に用い、〔万葉〕の表記に助詞の「かも」にこの字を充てている。

訓義 1あひる。2かも。

古訓 〔新撰字鏡〕鴨 加利(かり)、又、宇豆良(うづら)〔和名抄〕鴨 本草に云ふ、鴨通、加毛乃久曾(かものくそ)〔字鏡〕鴨 カモ・ウヅラ・カリ・ミヅトリ

【鴨臛】(おう(あふ)かく) 鴨のあつもの。〔南史、皇妃上、斉宣孝陳皇后伝〕詔すらく、太廟四時の祭に、宣皇帝には起麵餅と鴨臛とを薦めよ～と。

【鴨脚】(おう(あふ)きやく) いちょう。「いてふ」は鴨脚の中国音の転訛したもの。〔洛陽伽藍記、一、瑶光寺〕珍木香草、勝げて言ふべからず。牛筋狗骨の木、雞頭鴨脚の草、亦た悉く備はる。

【鴨頭】(おう(あふ)とう) あひるの頭。緑色。唐・李白〔襄陽歌〕詩 遙かに看る、漢水鴨頭の綠 恰も似たり、葡萄の初めて醱醅するに

【鴨炉】(おう(あふ)ろ) 鴨の形に作った香炉。宋・范成大〔西楼秋晩〕詩 晴日滿窗、鳬鶩散じ 巴童(巴渝の地の少年)來りて按ず、鴨爐の灰

↑鴨黄　鴨のひな／鴨子　あひるの卵／鴨雛　鴨黄／鴨蛋　鴨子／鴨通　鴨糞／鴨桃　仙桃／鴨梨　梨の一種

↓烏鴨・家鴨・画鴨・鵞鴨・寒鴨・戯鴨・驚鴨・金鴨・群鴨・雞鴨・江鴨・小鴨・水鴨・睡鴨・青鴨・雪鴨・双鴨・闘鴨・白鴨・汎鴨・浮鴨・眠鴨・野鴨・養鴨・緑鴨・蘆鴨

【甕】 18 0071 ［罋］ 19 0077 ［⿱雝缶］ 24 2077 オウ(ヲウ) ヨウ かめ

篆文 

形声 声符は雍、雍は膺。ゆたかにふくらむ意がある。頸部にふくらみのある大きなかめをいう。

訓義 1かめ、みか、もたい。2瓮・罌と声義が近い。へ。3つるべ。

古訓 〔和名抄〕甕 毛太比(もたひ)〔名義抄〕甕 へ／甕子 モタヒ／大甕 ミカ〔篇立〕甕 オホキナリ・モタヒ・ミカ

語系 甕(罋・⿱雝缶)・罌・罃eng、瓮ong、盎ang は声義近く、雍・賏・央にはふくよかなものの意がある。

＊語彙は瓮字条参照。

【甕盎】(おうおう(をうあう)) かめ。おおきなかめ。〔荘子、徳充符〕甕盎大癭(大こぶの男)齊の桓公に説く。桓公之れを説ぶ。而

ち全人（普通の人）を視るに、其の脰（頸）肩肩（細小）たり。

【甕頭】おう（をう）とう　新酒。唐・孟浩然〔戯れに主人に贈る〕詩 客酔ひて、眠り未だ起きず 主人呼びて酲を解く 已に言ふ、雞黍熟すと 復た道ふ、甕頭清しと

【甕牖】おうゆう（をういう）　甕の口を家の窓にする。貧家。〔荘子、譲王〕原憲、魯に居る。環堵（方丈）の室、～蓬戸完からず。桑以て樞と為し、甕の牖なり。

↑甕盎　かめと鉢／甕醯　かつお虫／甕鶏　かつお虫／甕缸　かめ／甕城　甕門／甕精　酒好き／甕聴　つぼきき／甕天　小見識をたとえる／甕洞　アーチ／甕鼻　鼻ふさがり／甕門　城門前の垣／甕瓴　かめ

↓円甕・醯甕・虚甕・金甕・撃甕・酒甕・醤甕・醸甕・新甕・水甕・菹甕・窓甕・大甕・提甕・破甕・貧甕・覆甕・抱甕・酪甕・老甕・漏甕

人【襖】18 3723　オウ（アウ）　かわごろも　ふすま

篆文

形声　声符は奥（奥）。〔説文新附〕八上に「裘の属なり」という。袍の類をいう。

訓義　①かわごろも。②うわぎ、あわせ。③わが国では、音のまま「あお」という。袍。④ふすま。

古訓　〔新撰字鏡〕襖　袍なり、古己呂毛（こころも）〔和名抄〕襖子　阿乎之（あをし）〔名義抄〕襖子　アヲジ〔字鏡〕襖　アヲ・コ、ロモ・ハラヘ〔字鏡集〕襖　アコメ・アヲ

【襖子】おう（あう）し　ぬのこ。〔旧唐書、輿服志〕爰に北齊に至り、長帽短靴、合袴襖子、朱紫玄黄有り。各〻好む所に任す。

↑襖靄　歌う声／襖児　ぬのこ

↓錦襖・紅襖・絳襖・衫襖・紙襖・繡襖・皁襖・破襖・布襖・袍襖・綿襖

【謳】18 0161　オウ　うたう

篆文

形声　声符は區（区）。區に歐（欧）・毆（殴）の声がある。〔説文〕三上に「齊の歌なり」とするが、すべて抑揚のある徒歌をいう。區は匸（秘匿のところ）に品（多くの口）をおく形。匸中で祝禱を行う意で、その祈る声を謳という。

訓義　①うたう、うた。②たたえる、おもねる、よろこぶ。

古訓　〔名義抄〕謳　ウタフ・ヨロコブ・ワザウタ〔字鏡集〕謳　ウタ・ウタフ・ワザウタ・ヨロコブ・コセハタ

語系　謳io、嘔・歐・毆oは声義近く、みな祝禱するときの声や、祈る動作に関する語である。

【謳歌】おうか　たたえる。〔孟子、万章上〕天下諸侯の朝覲する者、堯の子に之かずして舜に之き、～謳歌する者、堯の子を謳歌せずして舜を謳歌す。

【謳吟】おうぎん　うたう。宋・蘇軾〔潮州韓文公廟碑〕鈞天人無く、帝悲傷す 謳吟下招して、巫陽を遣はす 爆牲鶏卜、我が觴を羞む 於、茘丹と蕉黄とを粲らへ

↑謳詠　うたう／謳者　うたう者／謳唱　うたう／謳頌　謳歌／謳誦　はやり歌／謳和　和して歌う

↓吚謳・於謳・倡謳・樵謳・斉謳・清謳・善謳・楚謳・棹謳・民謳・名謳

【甖】19 6671　［罌］20 6677　オウ（アウ）エイ　かめ

篆文

形声　声符は賏。〔方言、五〕に瓮などかめの類の諸名を列し、「甖は其の通語なり」という。賏は貝飾り、腹のふくらみのある形をいう。字はまた罌に作る。

訓義　①かめ、もたい。②とくり。③字はまた罌に作る。

古訓　〔名義抄〕甖　カメ・ツボ〔字鏡集〕甖　モタヒ・カメ

↑甖缸　かめ／甖缶　もたい

【鏖】19 0010　オウ（アウ）ヒョウ（ヘウ）　みなごろし　なべ

形声　字に二音あり、麀声・麃声とする説があるが、オウの声でよむ。

訓義　①みなごろし。②はげしくたたかう。③なべ。

古訓　〔新撰字鏡〕に「鏖　於刀反、銅盆」「鏖　力六反、温器、釜、久豆和（くつわ）」とみえるが、鏖とは別の字。〔広韻〕に鏖を麀声の字に作り、「銅瓫なり」とし、〔説文〕十四上の「温器なり」とする訓を引き、鏖と同字とする。

【鏖戦】おう（あう）せん　はげしく戦う。苦闘する。〔唐書、王翃伝〕翃～二州刺史に移書し、約して皆進み討つ。兵三千を引き、賊と鏖戰し、日に數〻遇ふ。

↑鏖鬪　苦闘／鏖撲　うち殺す／鏖馘　みな殺し／鏖殺　みな殺し／鏖糟　不潔／鏖闘

【嚶】20 6604　オウ（アウ）　なく

篆文

形声　声符は嬰。〔説文〕二上に「鳥鳴くなり」とあり、鳥がなめらかに鳴く声をいう。擬声語。

訓義　①とりのこえ。②なく、とりがなく。

古訓　〔名義抄〕嚶　ヤハラギナク・ヤハラカナリ・キホフ・ナク

【嚶喔】おう（あう）あく　鳥の声。擬声語。晋・傅玄〔啄木〕詩 緶して樹間に縁りて、啄ずること錐の如し 嚶喔嚶喔、聲正に悲し

【嚶嚶】おうおう（あうあう）　鳥の鳴く声。〔詩、小雅、伐木〕木を伐ること丁丁たり 鳥鳴くこと嚶嚶たり

【嚶鳴】おう（あう）めい　鳥が鳴く。梁・劉峻〔広絶交論〕故に絪縕相ひ感じ、霧涌き雲蒸す。嚶鳴相ひ召し、星のごとく流れ、電のごとく激す。

【嚶呦】おうゆう（あういう）　鳥の鳴く声。宋・蘇軾〔子由の、子瞻～終南に如き書を読まんとするを聞くに和す〕詩 塵埃、未だ脱せずと雖も 暫く憩ひて一たび漱ぐことを得ん 我南澗に走かんと欲し 春禽始めて嚶呦たり

↑嚶唔　哀怨の声／嚶声　鳥の声／嚶鳥　鳴く鳥／嚶嚀　鳥の声

↓吚嚶・鳥嚶・鳴嚶・呦嚶・流嚶

【罌】20 6677　オウ（アウ）エイ　ほとぎ

篆文

形声　声符は嬰。嬰はふくらみのある形のものをいう。〔説文〕五下に「缶なり」とあり、缶の大なるものをいう。〔玉篇〕に「瓦器なり」とあり、また瓦に従うて甖に作る。

訓義　①ほとぎ、かめ、もたい。②瓶の形のもの。

古訓　〔名義抄〕罌　カメ・ツボ

＊語彙は甖字条参照。

【罌缶】おう（あう）ふ　もたい。〔漢書、韓信伝〕（魏王豹）臨晉を塞ぐ。信、乃ち益〻疑兵を為り、船を陳ねて臨晉を度らんと欲し、伏兵は夏陽より木罌缶を以て軍を度し、安邑を襲ふ。～遂に豹を虜にす。

↑罌盎　酒器／罌粟　けし／罌缾　かめ

【鶯】21 9932　オウ（アウ）　うぐいす

篆文

形声　声符は𤇾。〔詩、小雅、桑扈〕に「鶯たる羽有り」とあり、羽の美しい意にも用いる。

訓義　①うぐいす。②鳥の羽が美しい。

古訓　〔名義抄〕鶯　ウグヒス〔字鏡集〕鶯　マダラカ・ノボル・トル

【鶯鶯】おうおう（あうあう）　うぐいす。唐・杜牧〔人の為に題贈す、二首、二〕詩 緑樹、鶯鶯語り 平江、燕燕飛ぶ 枕前、雁の去るを聞き 樓上、春の歸るを送る

【鶯歌】おう（あう）か　鶯の声。唐・李白〔宮中行楽詞、八首、八〕詩 鶯歌、太液に聞え 鳳吹、瀛州を遶る

【鶯語】おう(あう)ご 鶯の声。唐・白居易〔琵琶行〕詩 閒關たる鶯語、花底に滑らかに 幽咽する泉流、冰下に難めり

【鶯梭】おう(あう)さ 鶯が飛び交う。元・張養浩〔遂閑堂独坐自和三首、三〕詩 苔垣の蝸篆、斜めに玉を行らし 柳岸の鶯梭、巧みに藍を織る

【鶯声】おう(あう)せい 鶯の声。唐・劉長卿〔海塩官舎早春〕詩 一官、遠客の如く 萬事、飄蓬を極む 柳色、孤城の裏 鶯聲、細雨の中

【鶯遷】おう(あう)せん 鶯が谷から出て喬木に遷る。考試に合格し、また昇任するのにたとえる。唐・白居易〔東都、冬日～鄭家の林亭に宴す〕詩 桂折應に樹を同じうすべし 鶯遷、各ゝ年を異にす

【鶯啼】おう(あう)てい 鶯が啼く。唐・杜牧〔江南春絶句〕詩 千里鶯啼いて綠、紅に映ず 水村山郭、酒旗の風 南朝四百八十寺 多少の樓臺、煙雨の中

↑鶯翁 鶯/鶯吟 鶯の声/鶯児 鶯の雛/鶯時 暮春/鶯雛 鶯児/鶯舌 鶯の声/鶯囀 鶯の声/鶯粉 白粉/鶯鳴 鶯啼/鶯弄 鶯の声/鶯哢 鶯の声

↓嬌鶯・暁鶯・孤鶯・黄鶯・山鶯・残鶯・春鶯・初鶯・新鶯・雛鶯・遷鶯・啼鶯・晩鶯・鳴鶯・野鶯・遊鶯・流鶯・老鶯・籠鶯

人 【鷗】 22 7772 オウ かもめ

篆文 

形声 声符は區(区)。區に謳・歐(欧)の声がある。〔説文〕四上に「水鴞なり」とあり、〔列子、黄帝〕に「漚鳥」に作る。その鳴き声をとる語であろう。

訓義 1かもめ、水鴞。

古訓 〔新撰字鏡〕鷗 水鴞、宇弥加毛(うみかも)、又、白左支(しらさぎ)、又、海加毛(うみかも) 〔和名抄〕鷗 加毛米(かもめ) 〔字鏡集〕鷗 カモメ・ヲシ・ミヅドリ・オホドリ

【鷗沙】おうさ かもめの遊ぶすな地。宋・方岳〔簡李桐廬〕詩 鷗沙、草長じて、江に連なりて暗く 蟹舍(漁人の家)潮回りて、雨を帶びて腥し

【鷗波】おうは かもめが水に遊ぶ。隠居自由の身にたとえる。宋・陸游〔雜興〕詩 意を得たり、鷗波の外 歸ることを忘る、雁浦の邊り

【鷗盟】おうめい かもめを友とする。世外の交わり。宋・陸游〔夙興〕詩 鶴怨、誰に憑りてか解かん 鷗盟、恐らくは已に寒からん

↑鷗閑 隠者の生活/鷗社 鷗盟/鷗洲 かもめのいる汀/鷗心 隠者の心境/鷗鳥 かもめ/鷗眠 かもめが眠る/鷗夢 世外の心/鷗鷺 世外の交わり

↓遠鷗・海鷗・寒鷗・間鷗・群鷗・江鷗・狎鷗・沙鷗・春鷗・渚鷗・翔鷗・信鷗・随鷗・白鷗・飛鷗・浮鷗・鳧鷗・夢鷗・盟鷗・野鷗

【鸚】 28 6742 オウ(アウ) おうむ

篆文 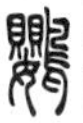

形声 声符は嬰。〔説文〕四上に「鸚䳇、能く言ふ鳥なり」とあり、のち鸚鵡の字を用いる。わが国では大化三年に新羅からの献上の記録がある。

訓義 1鸚鵡、おうむ。2鸚螺、まき貝。

古訓 〔名義抄〕鸚䳇 今の鸚鵡、コトマナビ 〔字鏡〕鸚 カヤクキ・アウヤウ/䳇 カヤクキ、事万奈池(ことまなび)

参考 カヤクキは「草潜き」。鸚・鸖・鶬・鸈・鴹などにその訓がある。

【鸚舌】おう(あう)ぜつ ことばの巧みなこと。唐・元稹〔薛濤に寄贈す〕詩 言語の巧みなることは鸚鵡の舌を偸み 文章は鳳皇の毛を分ち得たり

【鸚䳇】おう(あう)む おうむ。鸚鵡。〔山海経、西山経〕(黄山)鳥有り。其の狀は鴞の如く、靑羽赤喙、人舌ありて能く言ふ。名づけて鸚䳇と曰ふ。

【鸚鵡】おう(あう)む おうむ。晉・張華〔鷦鷯の賦〕蒼鷹は鷙にして緤を受け、鸚鵡は惠にして籠に入る。

↑鸚哥 いんこ

オク

常 【屋】 9 7721 オク(ヲク) いえ

篆文  古文  籀文 

会意 尸+至。〔説文〕八上に「居なり。尸に從ふ。尸は主る所なり。一に曰く、尸は屋の形に象る。至に從ふ。至は至り止まる所なり。室・屋は皆至に從ふ」という。至は矢の到るところ。地をトするのに、矢を放って、その達するところによって占地をした。廟所として祀るところを室、しばらく屍体をおいて風化を待つところを屋という。殯葬する板屋の意。

訓義 1かりもがりのいたや。2いえ、やしき、すまい。3やね、むね。4おおい、とばり、きぬがさ。5剭に通じ、ころす。

古訓 〔名義抄〕屋 ヤ 〔字鏡集〕屋 イヘ・ヤ

声系 〔説文〕に屋声として喔・楃・偓・渥・握を収める。屋は屍体の風化を待つ小さな板屋。屋に、小さな所に収めて覆う意がある。

語系 屋ok、幄・楃eokは声義近く、幄・楃は木帳の類。徐灝の〔段注箋〕に「古の宮室に屋の名無し」というように、屋はもと一時的な板屋帷帳をいう。

【屋宇】おく(をく)う 家。〔南斉書、高逸、沈驎之伝〕餘不呉差山に隱居し、經を講じ教授す。從學する者數十百人。各ゝ屋宇を營み、其の側に依止す。

【屋檐】おく(をく)えん のき。唐・白居易〔晏起〕詩 鳥は庭樹の上に鳴き 日は屋檐を照らすの時

【屋室】おく(をく)しつ 家。〔後漢書、耿純伝〕純、族を擧げて命に歸すと雖も、老弱行に在り、猶ほ宋人賓客の、半ば心を同じうせざる者有るを恐る。故に屋室を燔燒し、其の反顧の望みを絶つ。

【屋舍】おく(をく)しや やしき。〔晉書、王尼伝〕今、尼の屋舍資財、悉く公の軍人の略する所と爲る。尼、今飢凍す。是れ亦た明公の負なり。

【屋宅】おく(をく)たく やしき。〔三国志、呉、陳表伝〕年三十四にして卒す。家財、士を養ふに盡く。死するの日、妻子露立す。太子登、爲に屋宅を起せり。

【屋壁】おく(をく)へき 家の壁。〔隋書、牛弘伝〕漢興り、秦の弊を改め、敦く儒術を尙び、藏書の策を建て、校書の官を置き、屋壁山巖、往往にして閒ゝ出づ。

【屋梁】おくりよう(をくりやう) 屋根。うつばり。唐・杜甫〔李白を夢む、二首、二〕詩 君、今羅網に在り 何を以てか羽翼有る 落月、屋梁に滿ち 猶ほ顏色を照らすかと疑ふ

【屋廬】おく(をく)ろ すまい。唐・韓愈〔児に示す〕詩 始め我、京師に來りしとき 止だ一束の書を攜ふ 辛勤すること、三十年 以て此の屋廬有り

【屋漏】おく(をく)ろう 室の西北隅。中霤(雨水のおちるところ)の神を祀る。最も奧深く暗いところ。〔詩、大雅、抑〕爾の室に在るを相るに 尙ほ屋漏に愧ぢず

↑屋簷 のき/屋架 家/屋瓦 屋根瓦/屋蓋 屋頂/屋極 むね/屋山 むね/屋除 入口の階段/屋脊 棟梁/屋鼠 家鼠/屋頂 屋極/屋椽 たるき/屋棟 むなぎ/屋頭 家の辺/屋比 やなみ/屋廡 やね/屋翼 のきづま/屋裏 家の中/屋霤 雨滴承け/屋梠 のき

↓架屋・夏屋・家屋・華屋・瓦屋・巌屋・旧屋・金屋・𡨋屋・空屋・寓屋・古屋・高屋・黄屋・構屋・斎屋・茨屋・室屋・社屋・舎屋・

書屋・椒屋・乗屋・場屋・深屋・新屋・人屋・水屋・石屋・草屋・大屋・竹屋・賃屋・殿屋・洞屋・堂屋・破屋・敗屋・廃屋・白屋・板屋・比屋・貧屋・覆屋・敝屋・弊屋・蒲屋・舫屋・豊屋・蓬屋・茅屋・幔屋・老屋・陋屋・廊屋・漏屋

常 **【億】** 15/2023 〔億〕 15/2023

オク ヨク
やすらか おもう はかる かず

篆文

金文
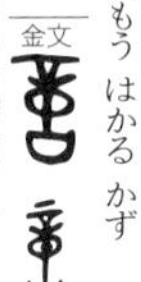

形声 声符は意(意)。億は古くは十万、のち万万をいう。列国期の金文〔嗣子壺〕に「萬意年」とあり、古くは意を借用した。〔詩、大雅、仮楽〕に「子孫千億」とみえる。〔説文〕八上に「安きなり」と訓するのは、〔左伝、昭二十一年〕「心億きときは則ち樂し」、〔国語、晋語四〕「百神を億寧す」などによる。それが本義である。

訓義 1やすらか、やすんずる。2意は神意をおもいはかる意で、通用する。おもう、はかる。3かず、古くは十万、のち万万。4噫に通じ、ああ。

古訓 〔名義集〕億 ヲク・オモフ・オモハカル・カナラズ・十万〔字鏡集〕億 ヤスシ・オモヒハカル・オモフ・カナラズ

語系 億・啻iakは同声。〔説文〕十下に啻を「滿なり」「一に曰く、十萬を啻と曰ふ」とあり、啻を十万の字とする。億を〔説文〕に啻声とするが、意に従う字とすべく、意は神の訪れを示す音によって神意を憶り、それによって安らぐを億という。意・噫iəは億と声義が近い。

【億計】 億単位で数える。漢・司馬相如〔蜀の父老を難ず〕四面、徳に風き、二方の君鱗集して流れを仰ぎ、號を受くることを得んと願ふ者、億を以て計ふ。

【億載】 一億年。晋・陸機〔文の賦〕伊れ茲の文の用為る、固より衆理の因る所。萬里を恢いにして閡り無からしめ、億載に通じて津を為す。

【億測】 おしはかる。〔唐書、逆臣上、安禄山伝〕長ずるに及んで、忮忍多智、善く人情を億測し、六蕃語に通じ、互市郎と為る。

【億度】 推量。漢・王褒〔四子講徳論〕今、子分寸(尺度)を執りて億度すること罔く、把握に處りて寥廓(大空、遠方)を却く。

【億中】 予測があたる。〔論語、先進〕賜(子貢)は命を受けずして貨殖す。億すれば則ち屢中る。

【億兆】 きわめて多数。人民。晋・陸機〔五等諸侯論〕遠くは王莽の簒逆の事を惟ひ、近くは董卓の權を擅にするの際を覽るに、億兆心を悼ましめ、愚智痛みを同じうす。

【億万】 きわめて多数。〔書、泰誓上〕受(紂、殷王)に臣億萬有るも、惟れ億萬の心なり。

↑億盈 あふれる/億劫 無限の時/億衆 人民/億庶 人民/億断 臆断/億寧 安んずる/億品 万物/億変 千変

↓幾億・巨億・千億・兆億・万億・庾億・累億・麗億

常 **【憶】** 16/9003 〔憶〕 16/9003

オク
おもう

篆文

籀文

形声 声符は意(意)。意は音(音)に従い、音によって示される神意をはかり、さとることをいう。〔説文〕十下に字を意に作り、「滿なり」「一に曰く、十萬を意と曰ふ」と億の意とするが、憶は神意をはかる意に従う字である。

訓義 1おもう、はかる。2おぼえる。

古訓 〔名義抄〕憶 オモフ・オボユ・ムカシ・ハツ/憶在 ソノカミ〔字鏡集〕憶 オモフ・ハカル・オボユ・タヅヌ・ムカシ・キミ・ハツ・ミツ

【憶識】 記憶する。〔後漢書、列女、董祀の妻の伝〕(曹)操〜(文姫に)問うて曰く、夫人の家先、墳籍多しと聞く。猶ほ能く之れを憶識するや不やと。文姫曰く、〜今誦憶する所、裁かに四百餘篇のみと。

【憶昔】 思いおこす。唐・杜甫〔憶昔、二首、二〕詩 憶ふ昔開元全盛の日 小邑も猶ほ藏す萬家の室

↑憶郷 懐郷/憶想 おもう/憶念 記憶する

↓諳憶・遠憶・臥憶・閑憶・記憶・久憶・旧憶・空憶・誦憶・心憶・尋憶・静憶・想憶・長憶・追憶・頻憶・愊憶・幽憶

常 **【臆】** 17/7023 〔臆〕 17/7023 [肊] 5/7721

オク
おもう

篆文

形声 声符は意(意)。意は神の訪れを示す音によって、神意を意度する意。臆をその或る体とする。〔説文〕四下に肊を正字とし、「胸の骨なり」といい、乙は骨の象形。

訓義 1おもう、おしはかる、おもわく。2むねのほね、むね。

古訓 〔名義抄〕臆 ムネ

語系 臆iək、膺iəngは声近く、膺は胸。〔広雅、釈親〕に「臆は匈(胸)なり」とあり、胸臆(むねのうち)の意に用いる。

【臆決】 推量できめる。唐・韓愈〔淮西を平らぐる碑〕大官臆決して唱聲し、萬口和附して幷せて一談と爲り、牢として破るべからず。

【臆説】 あて推量の議論。〔顔氏家訓、帰心〕何の故に凡人の臆説を信じ、大聖の妙旨に迷ふ。

【臆度】 あて推量。臆測。宋・蘇軾〔神宗皇帝に上る書〕恭しく惟ふに、祖宗の深く計り預め慮る所以にして、固より小臣の能く臆度して周知する所に非ざるなり。

【臆断】 推量できめる。〔梁書、処士、劉歊伝〕其の言約、其の旨妙、其の事隱、其の意深、未だ以て臆斷すべからず、得て精覈にし難し。

【臆中】 むねの中。〔論衡、案書〕漢に書を作る者多し。司馬子長(遷)、揚子雲(雄)は河漢なり。〜然れども子長に臆中の說少なく、子雲に世俗の論無し。

↑臆改 臆測変改/臆逆 邪推する/臆仰 仰むけ/臆計 推量する/臆見 私見/臆算 私的推算/臆揣 臆測する/臆撰 杜撰/臆想 主観/臆造 臆測で作成する/臆測 おし測る/臆対 臆答/臆定 臆断する/臆病 小胆/臆弁 臆解する/臆料 臆測

↓胸臆・衿臆・空臆・決臆・摧臆・在臆・出臆・心臆・素臆・中臆・腸臆・沾臆・塡臆・発臆・愊臆・撫臆・服臆

オツ

常 **【乙】** 1/1771

オツ イツ
まがる きのと おとる

篆文

甲骨文

金文

象形 獣骨の象。〔説文〕十四下に「春、艸木冤曲して出づ。侌气(陰気)尙ほ彊く、其の出づること乙乙たるに象るなり。丨と意を同じうす。乙は甲を承けて人頸に象る」(段注本)とするが、文意に一貫性を欠く。〔爾雅、釈魚〕に「魚腸、之れを乙と謂ふ」とし、魚尾を丙、魚枕(頭骨)を丁とするが、魚とは関係がない。乙は獣骨で作った骨べらの象である。亂(乱)は𤔔(乱れた糸)を乙で解くので、これを乙治という。

訓義 1まがる、へらの形。2甲乙は五行の木。木の兄(甲)、木の弟(乙)という。きのと。3十干において、甲に次ぐ。おと

る。4名の代わりに、某を甲・乙のようにいう。なにがし。5乙に通じ、乙鳥(燕)、つばめ。6軋に通じ、きしる。

古訓 〔名義抄〕乙 キノト・ヲハル

部首 〔説文〕に乾・亂・尤の三字を属する。乾は旗桿の吹き流しの形、尤は祟をなす呪霊をもつ獣の象形。ともに乙の形義と関係はない。亂は骨べらで乱れた糸を解く形。

声系 〔説文〕に乙声として戹・失・軋を収め、また戹・失の声系字を収めるが、戹の乙は軛(くびき)の象形、失はエクスタシーの状態にある巫女の象形である。軋(軋)は擬声語。

語系 乙・鳦eat、燕ianは声近く通用する。燕を乙というのは斉人の語。

【乙乙】いつ 進みがたいさま。軋軋と同じ。晋・陸機〔文の賦〕理は翳翳として愈 伏し、思ひは乙乙として其れ抽んづるが若し。

【乙正】いつせい 誤倒を正す。〔諸子平議、呂氏春秋一〕此れ師徒相ひ與に怨尤を造すなり。上文此れ師徒相ひ與に心を異にするなりと、文義相ひ屬す。~當に乙正すべし。

【乙夜】いつや 夜を五夜に分つ。今の十時。二更。〔後漢書、百官志三注に引く漢儀〕衞士甲乙、徼へて相ひ傳ふ。甲夜畢り、乙夜に傳ふ。相ひ傳へて五更を畢す。

↑乙科 考試二級/乙選 乙科選抜/乙第 別邸/乙鳥 つばめ/乙部 史書/乙榜 乙科/乙覧 乙夜の覧

↓魚乙・甲乙・天乙・不乙・鳧乙・風乙

【嗢】 13 6601 オツ(ヲツ) むせぶ わらう

篆文

形声 声符は𥁕。〔説文〕二上に「咽ぶなり」とあり、噎・嗌と声義が近い。〔広雅、釈詁一〕に「笑ふなり」とあり、笑いのとまらぬさまをいう。

訓義 1むせぶ、のんでむせぶ。2わらう、わらいむせぶ。

古訓 〔篇立〕嗢 イカル 〔字鏡集〕嗢 ムセブ・イカル

語系 嗢uət は嗌iek、咽yen、噎yetと声近く同系の語である。

【嗢噱】おつきやく 大笑い。楽しく笑う。魏・文帝〔鍾繇に答ふる書〕書を執りて嗢噱し、手より離すこと能はず。若し(孫)權復た黠ならば、當に折くに汝南許劭の月旦の評を以てすべし。

↑嗢咿 語る/嗢咽 むせぶ/嗢呼 飲む/嗢飫 飽食する

↓咽嗢

【膃】 14 7621 オツ(ヲツ) こえる

形声 声符は𥁕。膃肭は肥えて柔らかい意。膃肭臍はオットセイ。本名はオットツ。膃肭はその中国音訳。臍や陰茎を強精剤に用いた。

訓義 1こえる、こえて柔らかい。

古訓 〔字鏡集〕膃 コエタリ

↑膃肭 オットツの音訳、肥柔の意がある/膃腯 肥柔/膃脖 病む

オン

常 【音】 9 0060 【音】 9 0060 オン イン おと ね

篆文

金文

その他

会意 言+一。〔説文〕三上に「聲なり。心に生じ、外に節有る、之れを音と謂ふ。宮商角徵羽は聲なり。絲竹金石匏土革木は音なり」とし、字形について「言に従ひ、一を含む」という。言の下部の祝禱の器を示す𠙵の中に、神の応答を示す一を加えた形。神はその音を以て神の訪れを示した。器の自鳴を示す意である。

訓義 1おと、ね、ねいろ。2うた、ふし。

古訓 〔名義抄〕音 オト・オトヅル・コヱ・カゲ・ワタル

部首 〔説文〕に響(響)・韶・章(章)・竟など五字を属する。章は文身を加える辛の針部に墨だまりのある形で、文章(彣彰)を示す字。字形の上で、音と関係はない。

声系 〔説文〕に音声として、喑・諳・暗(暗)・窨・瘖・歆・黯・闇(闇)など十五字を収める。おおむね幽暗にして声を発しない意がある。神が音を以て神意を示す意を承ける。

語系 音・陰iəm は同声。弇・奄iam は覆う。暗・闇əm は幽暗。黯eəm、隱(隠)iənもこの語系に近い。すべて神の支配する幽隠のことに関している。

【音韻】おんいん(ゐん) 字の声調。〔宋書、謝霊運伝論〕一簡の内、音韻盡く殊なり。兩句の中、輕重悉く異なり。此の旨に妙達して、始めて文を言ふべし。

【音景】おんえい 音と光。姿。晋・陸機〔魏の武帝を弔ふ文〕苟に形聲の翳沒する、音景と雖も、其れ必ず藏る。

【音楽】おんがく 楽器で音曲を奏する。〔呂覧、大楽〕音樂の由來する所の者遠し。度量に生じ、太一に本づく。太一は兩儀に出で、兩儀は陰陽に出づ。

【音翰】おんかん ことばをしるす。書きもの。晋・陸機〔魏の武帝を弔ふ文〕營魄(いのち)の未だ離れざるに迨んで、餘息を音翰に假る。

【音徽】おんき ほまれ。音信。梁・劉峻〔重ねて劉秣陵詔に答ふる書〕余は其の音徽未だ沬まずして、而も其の人已に亡きを悲しむ。

【音響】おんきやう 音とひびき。〔文選、古詩十九首、五〕上に絃歌の聲有り 音響一に何ぞ悲しき 誰か能く此の曲を爲せる 乃ち杞梁の妻なること無からんや

【音曲】おんきよく 楽曲。晋・張協〔七命〕此れ蓋し音曲の至妙なり。子豈に能く我に從つて之れを聽かんか。

【音訓】おんくん 文字の音と義。〔北史、劉芳伝〕芳、才思深敏、特に經義に精し。博聞強記、兼ねて(三)蒼(爾)雅(古代の字書)を覽る。尤も音訓に長じ、辯析して疑ふこと無し。

【音辞】おんじ ことば。言辭。〔晋書、裴綽伝〕善く玄理を言ひ、音辭清暢、冷然として琴瑟の若し。

【音訊】おんじん たより。唐・元稹〔楽天の早春~に酬ゆ〕詩 故交、音訊少れに 歸夢、往來頻りなり 獨り喜ぶ、同門の舊 皆郡臣に列するを爲せるを

【音声】おんせい 音と声。〔老子、二〕故に有無相ひ生じ、難易相ひ成り、長短相ひ形はれ、高下相ひ傾き、音聲相ひ和し、前後相ひ隨ふ。

【音節】おんせつ 音の高低緩急。〔世説新語、豪爽〕(王敦)坐に於て袖を振ひて起ち、槌を揚げて奮擊す。音節諧捷、神氣豪上、傍らに人無きが若し。

【音調】おんちよう(てう) 音のしらべ。〔世説新語、豪爽〕桓(温)既に素より雄情爽氣有り。加ふるに爾の日、音調英發、~其の狀磊落、一坐歎賞す。

【音吐】おんと ものいう声。〔唐書、盧鈞伝〕帝元日、含元殿に大饗す。鈞、年八十、升降すること儀の如く、音吐鴻暢なり。擧朝咨歎す。

【音容】おんよう 声と姿。おもかげ。唐・白居易〔長恨歌〕詩 玉容寂莫、涙闌干 梨花一枝、春、雨を帶ぶ 情を含み睇を凝らして、君王に謝す 一別音容兩つながら渺茫たり

↑音均 音韻/音影 声と姿/音気 音声/音義 字音字義/音形 声と姿/音耗 たより/音旨 音辞/音書 たより/音信 たより/音塵 おとずれ/音切

反切／音息 消息／音問 たより／音郵 たより／音律 音の調子

↓哀音・遺音・遠音・訛音・嘉音・角音・楽音・翰音・希音・徽音・宮音・凶音・蛩音・響音・玉音・琴音・空音・恵音・瓊音・古音・鼓音・五音・呉音・語音・弘音・好音・高音・細音・子音・至音・嗜音・嗣音・字音・商音・鐘音・信音・新音・声音・清音・噪音・騒音・促音・大音・託音・濁音・知音・潮音・聴音・底音・土音・同音・徳音・南音・巴音・爆音・八音・発音・撥音・悲音・美音・微音・表音・浮音・風音・福音・母音・方音・法音・北音・無音・余音・拗音・抑音・綸音・櫓音・弄音・録音・和音

常 **【恩】** 10 6033 オン めぐみ いつくしむ

篆文 

形声 声符は因。〔説文〕十下に「惠むなり」とあり、恩恵の意。

訓義 ①めぐむ、めぐみ。②親しみ愛する情、いつくしむ。

古訓 〔名義抄〕恩 メグム・ネムコロ・ネムコロナリ・ウツクシム・アイス・ヲシム・カクル

語系 恩en、隱(隠)・慇ian、蘊iuənは心に深く思う意があり、声義に通ずるところがある。因に絪縕の意を含むのであろう。

【恩哀】 めぐみいとおしむ。魏・呉質〔魏の太子に答ふる牋〕手命を奉讀するに、亡を追ひ存を慮る。恩哀の隆んなること、文墨に形はる。

【恩愛】 愛情。〔後漢書、襄楷伝〕浮屠(僧)は桑下に三宿せず。久しくして恩愛を生ずることを欲せずと。精の至りなり。

【恩威】 恩恵と威光。〔魏書、皇后、宣武霊皇后胡氏伝〕是れより朝政疏緩にして、恩威立たず。天下の牧守、所在貪惏す(むさぼる)。

【恩廕】 父祖の功による子孫の任官。〔清国行政法汎論〕廕官に二種有り。國家に大慶典有り。恩を施し、官を文武官員の子に授く。稱して恩廕官と曰ふ。

【恩栄】 君恩による栄誉。唐・杜甫〔秋日、夔府詠懐、鄭監李賓客に寄す、一百韻〕詩 奴僕、何ぞ禮を知らん 恩榮、錯つて權を與ふ

【恩怨】 なさけとうらみ。〔金史、元好問伝〕歌謠は、慷慨にして幽幷(北方の州)の氣を挾み、其の長短句は、新聲を揄揚(高くあげる)し、以て恩怨を寫す者、又數百篇なり。

【恩義】 恩愛と義理。唐・杜甫〔舎弟の消息を得たり〕詩 骨肉、恩義重く 漂泊、相ひ遇ひ難し

【恩遇】 情け深いもてなし。梁・劉峻〔広絶交論〕恩遇を銜んで款誠(まごころ)を進め、青松を援いて以て心を示し、白水を指して信を旌はす。

【恩恵】 めぐみ。なさけ。〔韓非子、外儲説右上〕貧窮を振ひて、孤寡を恤れみ、恩惠を行ひて、足らざるに給さば、民將に君に歸せんとす。

【恩倖】 特に天子の寵愛を受ける。〔宋書、恩倖伝論〕嗚呼、漢書に恩澤侯表有り、又佞倖傳有り。今其の名を采り、列ねて以て恩倖篇と爲すと云ふ。

【恩賜】 天子より賜わる。〔後漢書、安成孝侯賜伝〕賜に恩信有るを以て、數讌私を蒙り、時に其の第(邸)に幸す。恩賜特に異なり。

【恩赦】 天子の恩命により刑を減免する。大赦。唐・白居易〔閿郷県の禁囚を奏する状〕前後兩たび恩赦に遇ひ、今春又德音降る。

【恩讎】 恩怨。宋・欧陽脩〔相州昼錦堂記〕其の言、恩讎を快とし、名譽を矜るを以て、薄んずべしと爲す。蓋し昔人の夸る所の者を以て、榮と爲さずして、以て戒と爲す。～其の志、豈に量り易からんや。

【恩情】 なさけ。恩愛の情。漢・班婕妤〔怨歌行〕楽府 常に恐る、秋節の至りて 涼風、炎熱を奪ふを 篋笥の中に棄捐せられ 恩情、中道にして絶えん

【恩信】 恩徳と信義。〔漢書、韓延寿伝〕延壽の恩信、二十四縣に周偏く、復た辭訟を以て自ら言ふ者莫し。其の至誠を推し、吏民欺紿(あざむく)するに忍びず。

【恩沢】 めぐみ。唐・劉禹錫〔伏波神祠を経〕詩 自ら負く霸王の略 安んぞ知らん恩澤侯

【恩寵】 いつくしみ。〔後漢書、班固伝〕朝廷に大議有るときは、公卿に難問し、前に辯論せしむ。賞賜恩寵、甚だ渥し。

【恩賚】 天子の賜与。〔金史、宣宗紀上〕貞祐と改元し、大赦す。恩賚、中外臣民に差有り。

【恩礼】 天子の礼遇。〔後漢書、魯恭伝〕侍中に遷る。數召して讌見し、問ふに得失を以てす。賞賜恩禮、寵異なり。

↑恩渥 厚い恩／恩意 めぐみ／恩慰 いたわり／恩引 招待／恩隠 おかげ／恩蔭 おかげ／恩仮 賜暇／恩紀 恩情／恩誼 恩義／恩旧 旧誼／恩勤 慈しむ／恩眷 めぐみ／恩光 めぐみ／恩幸 恩倖／恩旨 聖旨／恩慈 慈愛／恩恤 めぐみ／恩奨 励まし／恩賞 おほめ／恩審 恩命を以て再審する／恩地 めぐみ／恩霑 恩沢／恩徳 めぐみ／恩波 めぐみ／恩撫 いたわる／恩俸 加俸／恩免 恩赦／恩問 お訪ね／恩養 養育／恩霊 恩寵

↓渥恩・加恩・荷恩・懐恩・感恩・旧恩・君恩・広恩・厚恩・洪恩・皇恩・浩恩・高恩・鴻恩・国恩・四恩・市恩・私恩・施恩・師恩・慈恩・謝恩・主恩・殊恩・重恩・少恩・深恩・仁恩・垂恩・推恩・崇恩・聖恩・昔恩・積恩・前恩・多恩・大恩・朝恩・天恩・芳恩・逢恩・報恩・蒙恩・隆恩

【昷】 10 6010 オン(ヲン) あたたかい やわらぐ

篆文 

象形 皿(盤)上の器中のものが、温熱の状態にあることを示す。溫(温)・熅の初文とみてよい。〔説文〕五上に「仁なり」と訓し、「皿に從ふ。以て囚に食はしむるなり」とするが、囚形の部分は、熱によって器中に気がめぐる象。囚とは形義が異なる。

訓義 ①あたたかい。②温暖によって、やわらぐ。

古訓 〔字類抄〕昷 ヤハラグ

声系 〔説文〕に昷声として熅・慍・溫・縕・醞・蘊など十一字を収める。みな温鬱してうちに蔵する意があり、昷の声義を承ける。

参考 用例のない字であるが、〔宋史、張昷之伝〕に、「張昷之」の名がみえる。

【唵】 11 6401 オン アン ふくむ

形声 声符は奄。〔玉篇〕に「含むなり」とあり、手を以て食を口に進める意。口に含み、掩うて食するをいう。

訓義 ①ふくむ。②仏教語。呪禁の発語、梵語のoṃの音訳。③感動詞。応答・疑問を示す。

古訓 〔名義抄〕唵 アマネシ・フサグ 〔篇立〕唵 フタグ・ノム・フサグ・アマネク

常 **【温】** 12 3611 人 **【溫】** 13 3611 オン(ヲン) ウン あたたかい おだやか

篆文 

形声 声符は昷。昷は皿(盤)上の器中が温められて、熱気がみちている形で、溫の初文。〔広雅、釈詁三〕に「煗むるなり」、〔玉篇〕に「漸く熱きなり」とあり、温煖の意。

訓義 ①あたたかい。②人の心意に移して、おだやか。③よく温熟する、ならう、たずねる。④薀・醞に通じ、つつむ。

古訓 〔名義抄〕溫 アタ、ム・タヅヌ・ウルフ・ツ、ム・シル・アタ、カナリ・ウツクシ・ヤハラカナリ

声系 〔説文〕に溫声として薀を収める。字はまた蘊に作る。蘊

積・蘊藉の意があり、温の声義を承ける。

語系 温・昷uən、熅・醞・薀(蘊)iuən、垔・湮ien、鬱iuət、燠iuk、郁iuəkは声義に通ずるところがある。みな、うちにとじこめられて、こもる意がある。〔論語、為政〕の「温故」は醞・蘊の意にあたる。

【温温】おんおん(をんをん) おだやかなさま。〔詩、小雅、小宛〕温温たる恭人も 木に集まるが如し

【温雅】おんが(をんが) やさしく奥ゆかしい。〔南史、王泰伝〕長ずるに及んで通和温雅、家人喜慍の色を見ず。

【温顔】おんがん(をんがん) おだやかな顔色。〔漢書、韓王信伝〕(韓増)人と爲り寛和自ら守り、温顔遜辭を以て上に承け下に接し、意を失ふ所無し。

【温恭】おんきょう(をんきょう) おだやかでつつしみ深い。〔詩、商頌、那〕温恭朝夕 事を執りて恪むこと有り

【温故】おんこ(をんこ) 古いことをよくしらべる。〔論語、為政〕故きを溫ねて新しきを知らば、以て師爲るべし。

【温厚】おんこう(をんこう) やさしく手厚い。〔礼記、郷飲酒義〕天地溫厚の氣は、東北に始まりて東南に盛んなり。此れ天地の盛德の氣なり。~天地の仁義なり。

【温克】おんこく(をんこく) やさしくて節度がある。〔詩、小雅、小宛〕人の齊聖なる 酒を飲むも溫克なり

【温習】おんしゅう(をんしふ) 復習する。〔北斉書、張耀伝〕左氏の書、備さに言事を敍す。~故に己を厲まして溫習す。古人の得失を詆訶せんと欲するに非ず。

【温柔】おんじゅう(をんじう) 温和でやさしい。〔礼記、経解〕其の人と爲りや、溫柔敦厚なるは、詩の教へなり。

【温潤】おんじゅん(をんじゅん) やさしく潤いがある。漢・王褒〔洞簫の賦〕其の妙聲は則ち清浄厭瘱、~優柔溫潤なるは、又君子に似たり。

【温凊】おんせい(をんせい) 夏冬父母に孝養する。〔礼記、曲礼上〕凡そ人の子たるの禮、冬は溫かく、夏は凊しくし、昏に定めて、晨に省みる。

【温存】おんぞん(をんぞん) やさしくいたわる。唐・韓愈、孟郊〔雨中孟刑部に寄す、幾道聯句〕溫存深惠に感じ 琢切明誠を奉ず(韓愈)

【温飽】おんぽう(をんぱう) 暖衣飽食。〔東軒筆録、十四〕劉子儀~戯れに之れに語りて曰く、狀元、三場を試み、一生喫着し盡さずと。沂公(王曾)色を正して答へて曰く、曾、平生の志、溫飽に在らずと。

【温裕】おんゆう(をんゆう) おだやかでゆとりがある。〔南史、江総伝〕總、性寛和溫裕、尤も五言七言に工みなり。

【温良】おんりょう(をんりやう) おだやかで、すなお。〔論語、学而〕子禽、子貢に問うて曰く、夫子の是の邦に至るや、必ず其の政を聞く。之れを求めたるか、抑いは之を與へたるかと。子貢曰く、夫子は溫良恭儉讓、以て之れを得たり~と。

【温麗】おんれい(をんれい) 詩文がおだやかで美しい。〔後漢書、周栄伝〕古者、帝王、號令する所有り。言は必ず弘雅、辭は必ず溫麗、後世に垂れ、典經に列す。

【温和】おんわ(をんわ) おだやかでなごやか。〔説苑、脩文〕君子は中を執り、以て本と爲す。~故に其の音、溫和にして中に居る。以て生育の氣に象るなり。

➡温藹 温和/温郁 温燠/温燠 暖か/温繹 すじが通る/温気 暖気/温給 ゆたか/温煦 暖か/温言 優しい言/温乎 おだやか/温好 柔和/温辞 含蓄の語/温室 温かい部屋/温藉 おだやか/温酒 暖め酒/温濡 温柔/温恤 めぐむ/温純 すなお/温淳 味がよい/温書 復習する/温恕 思いやり/温食 熱食/温信 誠実/温慎 慎み深い/温仁 思いやり/温尋 しらべる/温静 和静/温然 おだやか/温足 温飽/温暖 暖か/温適 程よい/温湯 温泉/温突 オンドル/温飩 うどん/温軟 しなやか/温熱 温かい/温念 親切/温敏 気が利く/温馥 匂う/温房 温室/温涼 暖と涼

⬇家温・寒温・気温・玉温・検温・香温・高温・辞温・酒温・常温・水温・清温・静温・体温・低温・晩温・微温・涼温・炉温・和温

【瘟】 15 0011 オン(ヲン) えやみ

形声 声符は昷。昷は皿(盤)上の器中に熱気のこもる形。瘟疫は急性の流行病、マラリヤの類。

訓義 [1]えやみ。[2]もだえる、もだえるさま。[3]いたむ。[4]罵る語。

➡瘟疫 流行病/瘟鬼 疫病神/瘟瘴 悪疫/瘟神 疫病神/瘟疹 流行病

常

【穏】 16 〔穩〕 19 2293 オン(ヲン) おだやか

篆文 

形声 旧字は穩に作り、㥯声。〔説文新附〕七上に「穀を蹂んで聚むるなり」とするが、その用義例なく、すべて穩便の意に用いる。

訓義 [1]おだやか、やすらか。[2]穀物をふみ集める。

古訓 〔名義抄〕穩 ヲダヒカナリ・ヲダヒニ・ヤスシ・ヤスラカナリ・タヒラカナリ

語系 㥯・㥯ienは同声。蹂穀の義はあるいは饐と関係があろう。饐は〔説文〕五下に「秦人相ひ謁して麥を食ふを謂ひて饐餢と曰ふ」とみえる。穩uən、隱(隠)iənは声義が近い。隱は呪具の工を上下よりもち、神梯(𨸏)の前に神を隠す意。穩は饐と同系の語であるが、㥯・㥯と声義の関係は知りがたい。あるいは収穫の安穩を祈る意であろう。

【穏臥】おんが(をんぐわ) おだやかに臥す。唐・白居易〔来りて酒を飲むに如かず、七首、七〕詩 來りて酒を飲むに如かず 穩臥して醉うこと陶陶たり

【穏重】おんじゅう(をんぢゆう) 落ちつく。宋・韓琦〔柳絮二関、一〕詩 一春の情緒空しく撩亂(美しくみだれる) 是れ天生穩重の花ならず

【穏帖】おんじょう(をんでふ) 穩当。宋・蘇軾〔孫知損運使に与ふる書〕條する所の上の數事も、亦た甚だ穩帖にして、張皇なるに至らず。

【穏便】おんびん(をんびん) 無理がなく、便利。〔貞観政要、政体〕今より詔敕に穩便ならざる有るを疑はば、必ず須からく執言すべし。

【穏麗】おんれい(をんれい) 落ちついていて美しい。〔甌北詩話、三〕(韓昌黎詩)(喜雪・咏月・咏雪等の詩)措思極めて細かに、遣詞極めて工、試帖に工なる者と雖も、亦た其の穩麗を遜る。此れ則ち大才辨ぜざる所無し。

➡穏穏 やすらか/穏駕 安駕/穏記 牢記する/穏愜 妥当/穏健 すこやか/穏固 牢固/穏坐 くつろぐ/穏実 確実/穏称 身にあう/穏適 適度/穏審 おちつく/穏睡 安眠する/穏妥 妥当/穏当 妥当/穏婆 産婆/穏平 おだやか/穏歩 安歩する/穏利 牢固

⬇安穏・臥穏・舟穏・詳穏・深穏・睡穏・栖穏・清穏・不穏・平穏・夢穏

【轀】 17 5601 オン(ヲン) ウン くるま

篆文 

形声 声符は昷。〔説文〕十四上に「臥車なり」とあり、今の寝台車にあたる。秦の始皇帝が客死したとき、「轀涼車」に載せて運んだというから、温度調節のできる車であろう。

訓義 [1]くるま、安車。[2]柩車。

古訓 〔字鏡集〕轀 喪車、ヒキクルマ

【轀車】おんしゃ(をんしゃ) 臥車。〔史記、秦始皇紀〕始皇、沙丘平臺に崩ず。~乃ち之れを祕して喪を發せず。~暑に會ひ、上の轀

車臭し。乃ち～一石の鮑魚を載せて、以て其の臭を亂さしむ。
➡轀輬 轀車

【韞】 19 4651 オン(ヲン) ウン つつむ かくす

形声 声符は𥁕。𥁕は皿（盤）上の器中のものが熱して、熱気のこもる形。中につつみかくすことをいう。〔玉篇〕に「赤黄の閒色なり」というのは、「韋」の色をいうものであろう。また「裏なり」とあるのは、〔広雅、釈詁四〕に「裹むなり」とするのがよい。物を収めるはこ・ふくろの類をもいう。

訓義 1つつむ、おさめる、かくす。2うら、うち、うちがわ。3はこ、くしげ。4ゆみぶくろ。5韞と通用する。

古訓 〔名義抄〕韞 ヲサム・ツ、メリ 〔篇立〕韞 アホクキ・ツ、メリ・カクル・イロ・ヲサム・ナル・ツ、ム 〔字鏡集〕韞 ツ、ム・ヲサム・ウチ・ナレルイロ・アヲクロ・ツ、メリ・ツメリ

【韞玉】 玉をうちに蔵める。晉・陸機〔文の賦〕石は玉を韞みて山輝やき、水は珠を懷きて川媚し。彼の榛楛（雑木）の翦る勿きも、亦た榮（華やかさ）を集翠（翠鳥の群がり）に蒙る。

【韞藉】 重厚で含蓄のあること。〔敬斎古今黈、二〕唐の明皇（玄宗）、樂を勤政樓下に陳ぬ。～兵部侍郎盧絢、上已に起てりと謂ひ、鞭を垂れ轡を按じ、横さまに樓下を過ぎる。絢、風標精粹なり。上、之れを目送し、深く其の韞藉なるを歎ず。

【韞匵】 ひつに収める。才を抱いて世に出ないたとえ。〔論語、子罕〕子貢曰く、斯に美玉有り。匵に韞めて諸れを藏せんか、善賈を求めて諸れを沽らんかと。子曰く、之れを沽らん哉、之れを沽らん哉、我は賈を待つ者なりと。
➡韞価 韞匵/韞蠢 愚か/韞櫝 韞匵

カ

【匕】 2 2171 カ(クワ) かわる

篆文

象形 人を倒さかにした形。〔説文〕八上に「變るなり。到（倒）人に從ふ」とあり、化（化）の初文。人の死をいう。

訓義 1かわる、しぬ。

部首 〔説文〕に𣬉・眞（真）・化をその部に属する。𣬉は疑の初文。眞は匕の下に県（倒首の形）を加える。化は匕の繁文。みな変化の意を承ける。

声系 〔説文〕に匕声として化など二字、化声として吪・囮・貨（貨）など五字を収める。みな、そのものらしくする意がある。

語系 匕・化xuai は同声。鬼kiuai と化とに従う傀xuai は〔説文〕九上に「鬼變なり」とあり、また変化の意で、同系の語。

参考 1匕は変化、眞・老の字はこれに従う。2匕は比、比・从（従）の字はこれに従う。3匕は匕箸、匙は匕に従い、是はスプーンの形。4匕は下降する人。卬・頃は下より仰ぐ形。拜するを頃（稽）といい、その姿勢を傾という。5牝の従うところは牝器の象形。

常【下】 3 1023 カ ゲ した くだる さがる おりる

篆文

古文

甲骨文

金文

指事 掌をふせて、その下に点を加え、下方を指示する。〔説文〕一上に「底なり」とするが、掌の上下によって、上下の関係を示す。

訓義 1した、しも、下方。2もと、そこ。3ひくい、くだる、おちる、さがる、さげる、おりる、おろす。4のち、すえ。5おとる、したがう。

古訓 〔名義抄〕下 シモ・シタ・イタル・イタス・オロス・タマフ・カタハラ・ホドコス・クツガヘス・ソコ・ノチ・シモフト・タル・イヤシブ・シタガウ・ミジカシ・オル・オロス・ノチニ・フモト・モト・ヲトス・ヲツ・マカル

声系 〔説文〕に下声として芐の一字を収める。その正字は苦（苦）。また雫は〔康熙字典〕にもみえず、国字であろう。

語系 下hea、襾xea は声義近く、襾は覆う意。掌を伏せて覆うところを下という。一系の語である。

【下位】 低い地位。〔孟子、告子下〕下位に居り、賢を以て不肖に事へざる者は、伯夷なり。

【下帷】 とばりを垂れ、講義する。〔史記、儒林、董仲舒伝〕董仲舒～孝景の時に博士と爲り、帷を下して講誦す。弟子傳へて、久次（古い者順）を以て受業を相く。或いは其の面を見ること莫し。

【下学】 手近のことから学ぶ。〔論語、憲問〕天を怨みず、人を尤めず、下學して上達す。

【下官】 下級の官吏。その自称。〔梁書、曹景宗伝〕高祖數しば功臣を讌見し、共に故舊を道ふ。景宗醉後謬まり忘れ、或いは誤つて下官と稱ふ。高祖～以て笑樂と爲せり。

【下気】 気分をおちつける。態度を柔らげる。〔礼記、内則〕父母に過有るときは、氣を下し色を怡ばせ、聲を柔らげて以て諫む。

【下九】 旧暦、月の十九日。婦女の遊宴の日。〔玉台新詠、焦仲卿の妻の為に作る〕詩 初七と下九と 嬉戲せしこと相ひ忘るること莫かれ

【下愚】 至って愚かな者。〔論語、陽貨〕子曰く、唯だ上知と下愚とは移らず。

【下元】 旧暦十月十五日。唐・李賀〔仁和里雑叙皇甫湜〕詩 明朝下元復た西道す 崆峒（甘粛の山名）に別れを敍すれば、長きこと天の如し

【下寿】 長寿三等の下。一説に八十。〔荘子、盗跖〕人、上壽は百歳、中壽は八十、下壽は六十。

【下湿】 土地が低くて湿気が多い。〔呉子、論将〕軍を下濕に居き、水通ずる所無きは、霖雨數しば至れば、灌ぎて沈むべし。

【下泉】 黄泉。魏・王粲〔七哀詩、三首、一〕彼の下泉の人に悟り 喟然として心肝を傷ましむ

【下賤】 いやしい。卑賤。〔新書、瑰瑋〕今刑餘の鬻妾の下賤と雖も、衣服諸侯に過ぎ、天子に擬するを得。

【下達】 世俗のことに明るい。〔論語、憲問〕君子は上達し、小人は下達す。

【下土】 大地。〔詩、邶風、日月〕日や月や 下土を照臨す～日や月や 下土を是れ冒ふ

【下筆】 筆を下す。詩文を作り、書画をかく。〔旧唐書、褚遂良伝〕（魏）徵曰く、褚遂良は下筆遒勁、甚だ王逸少（羲之）の體を得たり。

【下風】 かざしも。支配下。〔左伝、僖十五年〕君、后土を履みて皇天を戴く。皇天后土、實に君の言を聞く。群臣敢て下風に在り。

【下問】 目下の者にたずねる。〔論語、公冶長〕（孔文子は）敏にして學を好み、下問を恥ぢず。是こを以て之れを文と謂ふなり。

【下流】 川しも。下位。〔論衡、逢遇〕或いは高才潔行なるも、遇はざれば退いて下流に在り。

【下劣】 低劣。いやしい。〔滄浪詩話、詩弁〕若し自ら退屈せば、卽ち下劣なる詩魔の、其の肺腑の閒に入ること有り。志を立つること高からざるに由るなり。

➡下圧 抑える/下意 心を下す/下筵 末席/下嚥 のみ下す/下嫁 降嫁/下浣 下旬/下澣 下旬/下瞰 見下ろす/下気 気を静める/下客 拙客/下弦

ゆみはり/下限 日限/下戸 貧民、また酒を飲めぬもの/下午 午後/下工 不器用/下交 下と交わる/下行 縦書き/下降 下る/下国 諸侯国/下獄 入獄/下坐 末席/下才 不才/下妻 めかけ/下材 下才/下罪 軽い罪/下策 拙策/下士 下級の士/下阯 山麓/下視 見下す/下趾 足/下手 みずからする/下酒 酒の肴/下処 下宿/下稷 日ぐれ/下臣 臣の自称/下人 しもべ/下世 死ぬ/下声 低い声/下斉 もすそ/下泄 腹下り/下截 下部/下遷 位が下がる/下走 下僕/下体 下半身/下胎 流産/下第 落第/下端 末端/下秩 小禄/下直 宿直明け/下墜 おちる/下程 餞別/下奴 しもべ/下道 間道/下年 来年/下馬 下乗/下拝 席を下りて礼する/下輩 末輩/下班 末席/下藩 下辺 底辺/下僕 しもべ/下民 世の人/下野 官職を退く/下鑰 錠する/下瀬 瀬を下る/下吏 下役人/下里 墓所/下痢 腹下り/下僚 下役/下臨 見下す/下禄 小禄

↓咽下・雨下・閣下・管下・眼下・机下・貴下・麾下・却下・脚下・急下・闕下・月下・謙下・言下・午下・交下・降下・刻下・座下・傘下・時下・膝下・日下・瀉下・上下・城下・臣下・宣下・足下・台下・地下・馳下・注下・直下・沈下・低下・天下・殿下・吐下・灯下・南下・配下・輩下・幕下・卑下・部下・陛下・拋下・放下・奔下・目下・門下・流下・廊下・漏下

【个】 3 8020 カ コ ひさし

象形 支柱のあるひさしの形。〔礼記、月令〕「孟春の月～、天子青陽の左个に居り」～季春の月、～天子青陽の右个に居る」とあり、明堂四面のひさしをいう。

訓義 1ひさし。2個・箇の別体として用いる。数をかぞえる語。3射的の上下につける細長い布、的の舌。

古訓 〔字鏡集〕个 ヒサシ・ヒラ

語系 个・箇・個kaiは同声。介keatと声義近く、〔書、秦誓〕「一介の臣」を〔礼記、大学〕に「一个の臣」に作る。〔左伝、襄八年〕に「一个の行李」のほか、〔左伝〕に「一个」の語が数見し、〔周礼、考工記〕〔儀礼〕〔礼記〕に、三个・四个のように牲体を数える。〔説文〕に个を収めず、〔段注本〕に〔六書故〕に引く〔唐本説文〕により「箇、或いは个に作る。半竹なり」の文を補うが、竹葉とはしがたい字形である。

↓一个・下个・介个・左个・上个・右个

常 【化】 4 〖化〗 4 2421 カ(クヮ) ケ かわる しぬ したがう

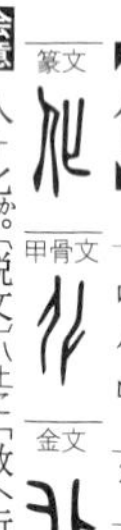

会意 人＋匕。〔説文〕八上に「教へ行はるるなり」～匕は亦聲なり」と、教化の意とするが、字は死人の倒錯している形。匕がその初文。生死によって、ものの化することをいう。

訓義 1かわる、しぬ。2教え導いて道にしたがわせる、したがう。3自然が物を育成すること、造化。4うつりかわる、変化。

古訓 〔字鏡集〕化 七、古なり。オモフク・ヤスシ・ヲコナフ・アラタム・ヲシフ・オツ・ミダル・ウル・ウゴク・ウツクシブ・タカラ・ユク・カハラ(ル)・ワタル・ワタス

声系 〔説文〕に化声として叱・囮・貨(貨)など五字を収める。おおむね変化の意を含む。訛の本字は譌に作り、僞(偽)と声義が近い。

語系 化・匕xuai、鬼kiuaiは声義近く、死ぬこと、鬼変をいう。

【化育】 万物を養い育てる。〔中庸、二十二〕唯だ天下至誠のみ、能く其の性を盡すと爲す。能く其の性を盡さば、則ち能く人の性を盡す。能く人の性を盡さば、則ち能く物の性を盡す。能く物の性を盡さば、則ち以て天地の化育を贊くべし。

【化工】 造化のたくみ。漢・賈誼〔鵩鳥の賦〕且つ夫れ天地を鑪と爲し、造化を工と爲す。陰陽を炭と爲し、萬物を銅と爲す。

【化醇】 精醇なものにしあがる。〔易、繫辞伝下〕天地絪縕し、萬物化醇す。男女精を構せ、萬物化生す。

【化身】 仏教語。衆生のために仏身が種種の形で現われること。隋・慧遠〔大乗義章、十九〕佛、衆生に隨ひて種種の形を現ず。或いは人、或いは天、或いは龍、或いは鬼、～名づけて化身と爲す。

【化人】 幻術の人。〔列子、周穆王〕周の穆王の時、西極の國に、化人有りて來る。水火に入り、金石を貫き、～千變萬化、窮極すべからず。

【化成】 教化されてしあがる。〔易、恒、彖伝〕天地の道は恆久にして已まず。～聖人其の道を久しうして、天下化成す。

【化流】 徳化がしきひろまる。〔後漢書、和帝紀〕元首明ならざれば、化流良きこと無し。政、民に失ふときは、譴み天に見はる。

↑化感 感化/化期 死期/化機 天の化育の機/化居 交易/化訓 教化/化言 ねなしごと/化現 化身/化作 造り化す/化者 死者/化淳 化醇/化生 へんげ/化象 姿を変える/化迹 変化のあと/化俗 風俗が改まる/化沢 徳化/化転 変化/化度 仏の教えで救う/化導 教化/化風 化俗/化変 変化

↓悪化・羽化・衍化・王化・欧化・改化・開化・感化・簡化・帰化・教化・薫化・激化・幻化・硬化・権化・純化・淳化・順化・馴化・醇化・消化・浄化・神化・進化・随化・成化・声化・聖化・宣化・遷化・造化・俗化・大化・退化・転化・電化・同化・道化・徳化・軟化・万化・美化・孵化・風化・物化・文化・変化・慕化・冥化・遊化・融化・流化・良化・礼化

【戈】 4 5300 カ(クヮ) ほこ

象形 戈の形に象る。〔説文〕十二下に「平頭の戟なり」という。金文の図象に、呪飾の綏を加えるものが多く、修祓の呪器としても用いた。

訓義 1ほこ。

古訓 〔名義抄〕戈 ホコカマ・ヒトシホコ・ツハモノ・イル 〔字鏡集〕戈 ツハモノ・ホコ・ヒトシ

部首 〔説文〕に肇以下二十五字、〔玉篇〕は部中に五十字を属する。肇は肇(肈)と形義近く、金文では同義に用いる。神廟の扉を開く儀礼をいう。戠は〔説文〕にその声義を欠くが、織(織)・熾の声符となる字で文彩があることをいう。戈身に綏飾を加えた字とみられる。

語系 我・義は戈の系列字。我は鋸。嵯峨・齟齬のように、ぎざぎざに刻む音。戈kuaiは割裂の音を示すものらしく、咼khuai、瓦nguai、割(割)katなどと声が近い。

【戈羽】 戈に羽飾りをつけたもの。舞人がもって舞う。〔礼記、月令〕仲夏の月、～是の月や、樂師に命じて、～干戚戈羽を執らしむ。

【戈盾】 ほことたて。〔周礼、夏官、旅賁氏〕喪紀には則ち衰葛して戈盾を執り、軍旅には則ち介して趨る。

【戈矛】ほこ。矛は枝のないほこ。〔書、費誓〕乃の弓矢を備へ、乃の戈矛を鍛へよ。

↑戈偃 休戦/戈鎧 戈甲/戈革 兵革/戈檻 ほこの垣/戈棘 ほこ/戈戟 ほこ/戈撃 戈で撃つ/戈剣 戈と剣/戈殳 ほこ/戈楯 戈盾/戈刃 兵刃/戈船 軍船/戈殺 ほこ/戈磔 末筆をつよく右下にはねる筆法/戈波 戈磔/戈柲 ほこの柄/戈兵 兵器/戈鋒 ほこさき/戈櫓 戈船

↓偃戈・援戈・何戈・干戈・揮戈・弓戈・挙戈・興戈・載戈・攢戈・止戈・執戈・修戈・盾戈・称戈・杖戈・寝戈・尋戈・操戈・霜戈・短戈・長戈・雕戈・挺戈・提戈・天戈・投戈・倒戈・韜戈・負戈・舞戈・奮戈・抱戈・鋒戈・矛戈・用戈・揚戈・擁戈・立戈

常 【火】 4 9080 カ(クワ) ひ

篆文 甲骨文

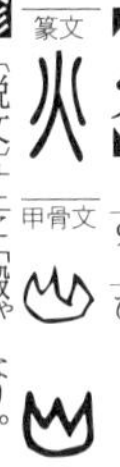

象形 〔説文〕十上に「燬くなり。~象形」とあり、火の燃える形。また「南方の行なり」とあり、五行思想によって、火は南方に配当される。

訓義 1ひ。2やく、たく。

古訓 〔名義抄〕火 ヒ 〔篇立〕火 フルキヒ

部首 〔説文〕に百十一字、〔新附〕六字あり、〔玉篇〕にはすべて二百九十二字。字の増加が著しい。

声系 〔説文〕に火声とするもの邑部一字。地名。

語系 〔説文〕焜字条に「火なり」とあり、火 xuəi、燬・焜 xiuəi は声義が近い。〔左伝、襄三十年〕に、宋の大廟に「譆譆出出」と叫ぶ者あって、出火の予兆とされているが、譆・嬉 xiə はまた火 xuəi と音が近い。〔詩、豳風、七月〕に流火・授衣・萑葦の火・衣・葦を韻としている。

【火雲】夏の雲。赤やけ雲。唐・杜甫〔復た愁ふ、十二首、九〕詩 江上、亦た秋色 火雲、終に移らず 巫山、猶ほ錦樹 南國、且つ黃鸝

【火燄】ほのお。唐・白居易〔山石榴、元九(稹)に寄す〕詩 日、血珠を射て、將に地に滴らんとし 風、火燄を飜して、人を焼かんと欲す

【火牛】牛の尾に火をつけ、敵陣に走らせる攻撃法。〔史記、田単伝〕田單乃ち城中を收めて千餘牛を得、~兵刃を其の角に束ね、脂を灌ぎて葦を尾に束ね、其の端を焼き、~夜、牛を縦つ。~牛尾熱し、怒りて燕軍に奔る。

【火災】火事。〔後漢書、廉范伝〕成都~邑宇逼側(混雜)す。舊制、民の夜作を禁じ、以て火災を防ぐ。而れども更ゝ相ひ隱蔽し、燒くる者日に屬っぐ。范、乃ち先令を毀削し、但だ嚴しく水を儲へしむるのみ。百姓便と爲せり。

【火樹】多くの灯火の光。〔南斉書、礼志上〕華燈は火樹の若く、百枝に熾んなること煌煌たり。

【火箭】火矢。唐・韓愈、李正封〔晩秋、郾城夜会聯句〕峨峨として、雲梯翔けり 赫赫として、火箭著く(韓愈)

【火宅】仏教語。煩悩の多い俗界をたとえる。北斉・王巾〔頭陁寺碑文〕法雲を眞際に蔭へば、則ち火宅も晨に涼しく、慧日を康衢(大道)に曜かせば、則ち重昏も夜に曉し。

【火田】焼畑。また田猟。〔礼記、王制〕草木零落して、然る後に山林に入る。昆蟲未だ蟄せざるときは、以て火田せず。

↑火逸 飛び火/火炎 ほのお/火煙 火と煙/火殃 火災/火艾 もぐさ/火鉗 火箸/火鑑 凹面鏡/火気 火のけ/火急 大至急/火居 妻帯の道士/火炬 たいまつ/火禁 防火令/火憲 防火令/火後 寒食の後/火攻 火攻め/火候 火加減/火耕 焼畑/火鉤 とびぐち/火叉 火箸/火剤 煮物/火傘 熱い日光/火鑽 火きり/火事 火災/火日 太陽/火炙 火あぶり/火者 宦者/火珠 凸レンズ/火種 火耕/火春 焼酎/火縄 火なわ/火食 熟食/火燭 あかり/火燼 もえ残り/火寸 マッチ/火斉 瑠璃/火勢 火の勢い/火舌 炎口/火前 寒食の前/火馳 はやい/火斗 火のし/火刀 鉄砲/火頭 炊事夫/火囤 つつもたせ/火遁 五遁の一/火捺 硯紋/火熱 あつい/火把 松明/火馬 火牛の類/火伴 仲間/火票 火急の書/火布 火浣布/火風 熱風/火弊 田猟が終わる/火燎 もえる/火林 森林火災/火輪 太陽/火烈 盛んにもえる火/火炉 ひばち/火楼 火の見櫓

↓陰火・炎火・焰火・煙火・遠火・華火・改火・活火・灌火・爟火・鬼火・旧火・救火・炬火・挙火・漁火・禦火・近火・禁火・薫火・蛍火・孽火・江火・行火・香火・候火・篝火・劫火・業火・災火・山火・鑽火・爨火・祀火・失火・爝火・取火・宿火・出火・情火・薪火・燭火・心火・身火・神火・慎火・人火・水火・燧火・星火・聖火・石火・戦火・箭火・藻火・竈火・大火・耐火・炭火・鎮火・鉄火・天火・点火・吐火・灯火・投火・湯火・蹈火・導火・熱火・発火・氷火・赴火・噴火・兵火・辟火・放火・砲火・烽火・猛火・野火・余火・揚火・陽火・流火・燎火・燐火・冷火・烈火・炉火・弄火

常 【加】 5 4600 カ くわえる

篆文 金文 詛楚文

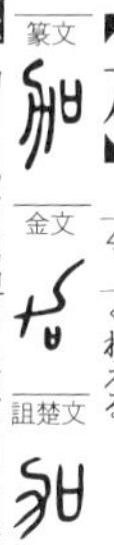

会意 力+口。力は耜の象形。口は𠙵、祝禱を収める器の形。〔説文〕十三下に「語、相ひ增加するなり」と語を加える意とするが、耜を清めて、その生産力の増加を祈る儀礼を示す字であろう。鼓声を加えた字は、嘉。靜(静)も力(耜)を清める儀礼で、その収穫を以て神を祀るとき、「籩豆靜嘉」という。のちすべて、附加し、増加することをいう。

訓義 1くわえる、ます、たす。2おくる、あたえる。3まさる、こえる。4ますます、そのうえ。

古訓 〔名義抄〕加 クハフ・マサル・マタ・ソヘモノ・カツ・カ、ル・マス

声系 〔説文〕に加声として枷・駕・嘉・賀など八字を収める。嘉・賀にはよろこび、嘉礼の意がある。

語系 加・枷・嘉・駕 keai は同声。蓋(葢) kat と声義近く、加上・加重の意がある。また哿 kai、可 khai、賀 hai と声義が近い。

参考 〔説文〕三上に「加なり」とあり、「加は語、相ひ增加するなり」、譖字条、誣字条三上に「加なり」とあり、誣加の意とするが、加の呪祝的な意味を、のち悪意に転じたものである。

【加官】兼職、また昇進。〔漢書、百官公卿表上〕侍中、左右曹、諸吏、散騎、中常侍に皆加官す。~員亡し。多きときは數十人に至る。

【加冠】元服。〔説苑、脩文〕君子始めて冠するとき、必ず祝し、成禮加冠して、以て其の心を厲ます。~顯令の名を成す所以なり。

【加餐】よく飲食して養生する。〔古楽府、飲馬長城窟行〕長跪して素書を讀む 書上、竟に何如 上に有り、餐食を加へよと 下に有り、長く相ひ憶ふと

【加点】詩文の添削をする。唐・岑参〔張直公の南鄭に帰りて拝省するを送る〕詩 萬言、點を加へず 七歩、猶ほ遲きを嫌ふ

【加年】年をとる。唐・白居易〔夢得(劉禹錫)と和し~兼ねて鄙懐を吟ず〕詩 老を催すも嫌ふ莫かれ、孫稚の長ずるを年を加へて須らく喜ぶべし、鬢毛の秋しきを

【加礼】かれい 礼を以て接する。〔史記、魏其武安侯伝〕灌夫、人と爲り剛直、～己の右に在るものに禮を加ふることを欲せず、必ず之れを陵しのぐ。

【加労】かろう(らう) 恩賞を与えてねぎらう。〔左伝、僖九年〕伯舅が耋老てつろうなるを以て、加勞して一級を賜ひ、下拜すること無からしむ。

↑加意かい 注意／加遺かい おくる／加恩かおん 恩賞／加価かか 騰貴／加階かかい 昇級／加害かがい 害する／加級かきゅう 昇進／加強かきょう 増強／加眖かきょう 加賜／加笄かけい 女子の成人の礼／加譴かけん とがめる／加減かげん 増減／加護かご まもる／加功かこう 助勢／加之かし のみならず／加賜かし 加増／加爵かしゃく 酒をすすめる／加署かしょ 署名する／加膳かぜん 増し膳／加増かぞう 増加／加損かそん 損益／加秩かちつ 増秩／加懲かちょう こらす／加腆かてん 礼物を増す／加非かひ そしる／加誣かふ 陥れる／加法かほう 罰する／加俸かほう 増俸／加隆かりゅう 手厚くする／加齢かれい 加年

↓改加・再加・参加・増加・追加・添加・倍加・付加・附加・冥加・妄加・累加

【卡】 5 2123 カ ソウ(サフ) せき

会意 上下を合わせて、関所の意としたものであろう。〔字彙補〕に「楚、關隘くわんあいの地方に屬して兵を設け塘を立つ。之れを守卡と謂ふ」とあり、從納切(サフ)の音とする。また、南越では、険隘のところをいい、楚嫁切(サ)の音でよむ。いまはcard(卡片)、car(卡車)の音訳、また卡路里カロリー、卡門カルメン、卡桀克カザツクのように用いる。

訓義 1関所、税関。2けわしい、けわしい路。3せき、せきする声。4カード、車、カロリーなどの音訳に用いる。

↑卡座かざ 飲食店の腰掛／卡通カートン 戯画／卡片かへん カード／卡房かぼう 拘置所／卡倫かりん 哨戒所

常 【可】 5 1062 カ よし ゆるす べし ばかり

篆文 甲骨文 金文

会意 口+丁か。〔説文〕五上に「肎うべ(肯)ふなり」とあり、〔爾雅、釈言〕に「肎は可なり」とあるのと互訓。肎・可は双声の訓であるが、肎(肯)は肯綮こうけいの象、可は祝禱に関する字である。口は𠙵さい、祝禱を収める器の形。丁は木の枝で、のちの柯にあたる。柯を以て祝禱の器を殴うち、神に呵してその祝禱の承認を認める意で、神が許可する意となる。

訓義 1よし、ゆるす、きく。2可能、たえる、命令する、べし。3許と通じ、ばかり、ほど。

古訓 〔名義抄〕可 キク・ヨシ・ユルス・セム・タヘタリ・ヤム・カナヘリ・ベシ・ムベナフ・アヘテ・ハカル・バカリ・ナラシ・ヨロコブ・アニ・シカルヲ・ヒサシ

声系 〔説文〕に可声として、苛(苛)・訶・奇・哿・柯・何・河・軻・阿・哥など十八字を収める。おおむね可の声義を承ける。ただ奇は曲刀である剞劂きけつの象形、河は河水の流声の擬声語である。

語系 可khai、訶xai、哿・歌kaiは声義近く、訶して許可を求め、その祈るときの声調を歌という。

【可意】かい 心にかなう。〔漢書、陳湯伝〕武帝の時、工(人)楊光の作る所、數しばしば意に可なふを以て、自ら將作大匠に致す。

【可人】かじん よい人物。〔礼記、雑記下〕管仲盜に遇ふ。二人を取り、上げて以て公の臣と爲す。曰く、其の與ともに遊ぶ所、辟よこしまなればなり。可人なりと。

【可否】かひ よしあし。能否。〔左伝、襄三十一年〕裨諶ひじん善く謀る。～裨諶と乘りて以て野に適ゆき、可否を謀らしむ。

【可憐】かれん 愛らしい。やさしい。唐・李白〔清平調詞、三首、二〕詩 借問す漢宮誰れか似ることを得ん 可憐の飛燕(皇后趙飛燕)、新粧に倚よる

↑可哀かあい 哀れ／可愛かあい 愛すべき／可以かい よい／可畏かい 畏ろしい／可謂かい いうべし／可可かか よい／可怪かかい 怪しい／可懐かかい 思う／可口かこう うまい／可是かし しかし／可児かじ 可人／可笑かしょう おかしい／可傷かしょう 悲しい／可惜かせき あたら／可嘆かたん 嘆くべし／可痛かつう 悲しい／可道かどう いうべし／可念かねん 気の毒／可能かのう 耐える

↓意可・允可・印可・悦可・議可・許可・見可・献可・裁可・試可・制可・奏可・認可・不可・無可・両可

人 【禾】 5 2090 カ(クヮ) いね

篆文 甲骨文 金文

象形 いねの象形。〔説文〕七上に「嘉穀なり」とみえる。

訓義 1いね、穀類。2軍門の左右に立てる表木の形、両禾軍門という。軍門。

古訓 〔字鏡集〕禾 アハ・イネ・ヨコク

部首 〔説文〕に秀・稼・穡・種など八十六字、〔新附〕二、〔玉篇〕にはすべて二百三十四字を属する。食生活の多様化を反映するものであろう。

声系 〔説文〕に禾声として和・龢・盉・科の四字を収める。和は軍門の禾において盟誓(𠙵さい)する意。龢は楽音の和諧することをいう。

参考 〔説文〕六下に「𥝌けいは木の曲頭、止まりて上ること能はざるなり」とし、稽留の意と解する。禾は表木に袖木をつけた形で、のちの華表に近く、両禾軍門といわれる軍門の表木は、もとその形であった。金文にその図象がある。

【禾稼】か(くゎ)か 穀物。〔詩、豳風、七月〕九月、場圃を築き 十月、禾稼を納いる

【禾菽】か(くゎ)しゅく 稲と豆。唐・白居易〔雨を喜ぶ〕詩 圃の旱は葵菫ききんを憂ひ 農の旱は禾菽を憂ふ 人各おのおの私する所有り 我が旱は松竹を憂ふ

【禾黍】か(くゎ)しょ 稲ときび。〔史記、宋微子世家〕箕子き周に朝し、故との殷虛を過ぎり、宮室毀壞し、禾黍を生じるに感じ、～乃ち麥秀の詩を作る。～其の詩に曰く、麥秀でて漸漸ぜんぜんたり 禾黍油油たり 彼の狡僮かうどうや 我と好からざりき と。

【禾穂】か(くゎ)すい 稲の穂。唐・白居易〔杜陵の叟〕詩 九月霜降りて秋早く寒く 禾穗未だ熟せざるに皆青乾す

↑禾穎かえい 稲の穂／禾稈かかん わら／禾卉かき 穀草／禾宮かきゅう 稲たば／禾穀かこく いね／禾子かし 粟／禾束かそく 稲たば／禾担かたん 天秤棒／禾疇かちゅう 田野／禾田かでん 稲田／禾稲かとう いね／禾把かは 稲たば／禾麦かばく 麦／禾苗かびょう 稲のなえ／禾米かべい 米／禾芒かぼう のぎ／禾莠かゆう 田の雑草

↓偃禾・嘉禾・刈禾・穫禾・帰禾・芸禾・取禾・秋禾・黍禾・鋤禾・剪禾・早禾・稈禾・珍禾・登禾・納禾・麦禾・犯禾・晩禾・美禾・莠禾・養禾・稑禾

常 【仮】 6 〔假〕 11 2724 カ ケ かり かる かす たとい

篆文

形声 旧字は假に作り、叚か声。〔説文〕八上に「眞に非ざるなり」と訓し、「一に曰く、至るなり」として〔書、堯典〕「上下に假いたる」の文を引くが、〔堯典〕の文は格の仮借。眞(真)は顚死の人であるから、真仮は対言すべきものでない。叚は玉質の石塊を切り出して、これを琢治する意。玉石を分かつ以前のもの。假は仮面。かりにその象を借るものをいう。

訓義 1かり、かりの、かりに。2一時的に代わる、かる、かす。3たとい、もし。4琢治する以前の石。仮面はすべて材質の大き

なものから作る。大きい。5遐に通じ、はるか。6蝦に通じ、さいわい。7暇に通じ、ひま、いとま。8嘉に通じ、よい。9格に通じ、いたる。

古訓 〔名義抄〕假 カリ・カル・カス・カハリ・ヨル・アカラサマ・カタシ・イトマ・イトマアリ・オホキナリ・タトヒ・イタル・ヨロコブ・ウタ、・カ、ル・ノボル 〔字鏡集〕假 カ、ル・カフ・ヨシ・カス・カハリ・シバラク・ヨル・カル・アカラサマ・イトマアリ・ウタ、・タトヒ・キタル・イタル・ノボル・オホキナリ・カリニカル・カタシ・ミダリガハシ・ツ、ム・イトマ

声系 〔説文〕に叚声として假・瑕・徦・蝦・暇・鍜など十五字を収める。叚は琢冶以前の材質のもので真に非ざるもの。假に「大なり」「遠なり」「暇なり」の訓があるのはその通用義。「至る」は格の通用義である。

語系 假・叚・徦・蝦keaは同声。瑕・暇・鍜heaも同系の語。格keakも声近く、神霊の降臨することを金文や〔書〕には「卲各」「昭格」に作り、〔詩〕には「昭假」に作る。各は口（𠙵、祝告）に対して、神霊の降下する足（夂）の象で、各・格が正字、假は声の仮借字である。

【仮館】宿舎をかる。〔孟子、告子下〕（曹）交、鄒君に見ゆるを得て、以て假館すべし。願はくは留まりて業を門に受けん。（孟子）曰く、～子歸りて之れを求めば、餘師有らんと。

【仮髻】かずら。〔晋書、五行志上〕公主婦女、緩鬢傾髻、以て盛飾と爲す。用髮既に多く、恆に戴すべからず。乃ち先づ木及び籠上に於て之れを裝ふ。名づけて假髻と曰ふ。或いは假頭と名づく。

【仮山】築山。庭内に作る小山。唐・杜甫〔仮山詩の序〕天寶の初め、南曹の小司寇舅、我が太夫人の堂下に於て、土を累ねて山を爲る。

【仮使】仮設の辞。〔南斉書、文学、崔慰祖伝〕（謝）朓歎じて曰く、假使班（固）馬（司馬遷）復た生ずるとも、以て此れに過ぐること無からん。

【仮借】他の助けをかる。〔荘子、至楽〕生は假借なり。之れを假りて生く。生くる者は塵垢なり。☒ゆるす。〔戦国策、燕三〕北蠻夷の鄙人、未だ嘗て天子を見ず。故に振慴す。願はくは大王、少しく之れを假借し、畢く前むことを得しめよ。☒六書の一。他の字の音を仮りて用いる。是は匙の形で匙の初文。これを代名詞や是非の意に用いるのは仮借。

【仮称】名をかたる。〔魏書、高祖紀上〕諸巫覡、神鬼を假稱し、妄りに吉凶を説ふ。～墳典の戴する所に非ざる者は、嚴に禁斷を加へよ。

【仮食】寄食する。〔列子、説符〕齊に貧者有り。～馬醫に從ひて、役を作して假食す。

【仮摂】他人に代わって職務をとる。〔荀子、儒效〕天子なる者は、少を以て當るべからざるなり。假攝を以て爲すべからざるなり。

【仮託】かこつける。口実とする。〔隋書、芸術伝序〕或いは陰陽を變亂して、君欲を曲成し、或いは神怪に假託して、民心を熒惑す。

【仮寐】うたたね。〔詩、小雅、小弁〕彼の舟流の 届る所を知らざるに 譬ふ 心の憂ふる 假寐するに遑あらず

【仮冒】偽称する。〔魏書、李安世伝〕盧井荒毀し、桑楡改め植う。事已に歴遠にして、假冒を生じ易し。強宗豪族、其の侵凌を肆にす。

【仮面】舞楽などの面。〔隋唐嘉話、下〕高齊蘭陵王長恭、白くして美婦人に類す。乃ち假面を著けて敵に對ふ。周の師と金墉の下に戰ひ、勇、三軍に冠たり。齊の人之れを壯とし、乃ち舞を爲りて、以て其の指麾擊刺の容に效ふ。

【仮令】かりに。〔史記、張儀伝〕張儀曰く、～臣、王の節を奉じて楚に使す。楚、何ぞ敢て誅を加へん。假令臣を誅すとも、秦の爲に黔中の地を得ば、臣の上願なり。

↑仮易 寛容／仮意 かりの考え／仮印 偽印／仮隠 にせ隠者／仮瘞 仮埋葬／仮花 造花／仮偽 にせ／仮休 休暇／仮居 仮寓／仮形 化身／仮紒 かずら／仮継 まま母／仮言 うそ／仮口 借口する／仮号 偽号／仮子 養子／仮死 一時的な死／仮日 休暇／仮藉 かる／仮若 もし／仮儒 偽学者／仮充 一時的に補充する／仮助 たすけ／仮傷 偽りの傷／仮真 みせかけ／仮寝 仮寐／仮人 賢人／仮請 かる／仮説 仮定の説／仮葬 仮埋葬／仮想 想像／仮貸 かす／仮托 仮託／仮賃 賃借する／仮捏 偽造する／仮途 道をかる／仮頭 かずら／仮貣 かる／仮寧 休暇／仮父 義父／仮母 まま母／仮謗 偽ってそしる／仮埋 仮埋葬／仮命 委任する／仮喩 比喩／仮与 貸し与える／仮容 まねする／仮楽 楽しむ

↓恩仮・寛仮・乞仮・休仮・給仮・虚仮・権仮・告仮・私仮・賜仮・取仮・請仮・貸仮・天仮・転仮・赴仮・補仮・満仮・濫仮

【冎】 6 7722 カ(クワ) けずる

篆文 

象形 頭や胸の骨の形。〔説文〕四下に「人の肉を剔りて其の骨を置くなり。象形。頭隆骨なり」という。〔列子、湯問〕に炎人の国の話として、親が死ぬと「其の肉を冎りて之れを棄つ」とあり、複葬の俗をいう。卜辞に「犬を冎らんか」のように、犬牲の法を卜するものがある。冎に祝禱の器である𠙵を加えたものは咼。禍（禍）の初文である。

訓義 1わける、けずる、とく。2わざわい。

声系 咼は冎声に従う。〔説文〕に咼声の字十三字を収める。多く冎の声義に従う字である。

人 【瓜】 6 〔瓜〕 5 7223 カ(クワ) うり

篆文 

金文 

象形 瓜の実の形。〔説文〕七下に「𤓰なり。象形」、また艸部の蓏に「木に在るを果と曰ひ、地に在るを蓏と曰ふ」とあり、みなその形をとる。

訓義 1うり。

古訓 〔名義抄〕瓜 ウリ・ヒサゴ

部首 〔説文〕に瓣（弁）・𤓰など六字の他に瓠・瓢（瓢）の字があり、〔玉篇〕の瓜部にすべて二十五字を属する。

声系 〔説文〕に瓜声として、苽・觚・窊・狐・弧（弧）・孤（孤）など十一字を収める。瓠落（からりとしたさま）・中虚の意をもつものがある。

語系 瓜koaの音は果kuai、蠃luaiと近く、果蠃とは瓜をいう。壺ha、鼓kaも瓜と声近く、みな中空の意がある。〔荘子、逍遥遊〕の「瓠落」も同じく廓落の意。ともに擬声的な語である。

【瓜葛】瓜とくず。蔓草。茂く蔓延するので、親族縁者にたとえる。魏・明帝〔種瓜篇〕楽府 君と新たに婚を爲す 瓜葛、相ひ結連す 不肖の軀を寄託す 太山に倚る如き有り

【瓜時】瓜のなるとき。任期。〔左伝、荘八年〕齊侯、連稱・管至父をして葵丘を戍らしむ。瓜の時にして往く。曰く、瓜に及んで代らしめんと。

【瓜田】瓜畑。〔古楽府、君子行〕君子は未然を防ぐ 嫌疑の間に處らず 瓜田に履を納れず 李下に冠を正さず

【瓜分】同じように分割する。〔戦国策、趙三〕天下將に秦の怒りに因り、趙の敝れたるに乘じて、之れを瓜分せんとす。

↑瓜期 瓜時／瓜牛 蝸牛／瓜瓠 瓜とひさご／瓜犀 瓜の種／瓜子 瓜の種／瓜戚 親戚／瓜菹 瓜の漬物／

瓜蔕 瓜のへた/瓜代 瓜時/瓜瓞 瓜の蔓/瓜奠 死者を祭る/瓜皮 瓜皮帽/瓜弁 瓜の種/瓜剖 瓜分/瓜棚 瓜だな/瓜裂 分裂する/瓜練 冬瓜の綿
↓花瓜・華瓜・嘉瓜・甘瓜・懸瓜・胡瓜・削瓜・種瓜・新瓜・垂瓜・西瓜・薦瓜・播瓜・投瓜・盗瓜・南瓜・破瓜・剝瓜・美瓜・䫙瓜・分瓜・包瓜・剖瓜・匏瓜・木瓜

【襾】6 1022 カア おおう

篆文 

象形 器口に蓋をする形。その左右を垂れて覆う意を示す。〔説文〕七下に「覆ふなり。冂に従ふ。上下より之れを覆ふ」とするが、深く覆う意である。

訓義 ①おおう、かくす。

古訓 〔名義抄〕襾 カヽル

部首 〔説文〕に覂・覈・覆(覆)の三字を属する。覂に「覆なり」(段注本)、覆に「覂なり」とするが、乏は死者、敫は死骨を敺つ呪儀、覆もおそらく死者を覆う意であろう。

声系 〔説文〕に賈を襾声とする。賈の貝はおそらくもと鼎形であったと考えられ、その鼎を覆う形。鼎中のものを売買したのであろう。

参考 襾は西と似ているが、西は巣の中に鳥のいる形で栖・棲の初文。巣(巢)は雛の頭が巣の上に出ている形である。

【伽】人 7 2620 カ ガ キャ とぎ

形声 声符は加。仏教の音訳語に用いる。梵語のカ ka kha、ガ ga gha にあたる。〔名義抄〕などに「ユタカニ」などの訓があるのは「伽那」ghana(厚い、密なる)の意によるものであろう。

訓義 ①ゆたかに。②国語では「とぎ」とよむが、その由来は明らかでない。③茄に通じ、なす。

【伽羅】きゃら 梵語tagara(多伽羅)の略。インド・中国の南方に産する香木から取った香。黒沈香。〔玄応音義、一〕多伽羅香、此れを根香と曰ふ。

↑伽子 なす/伽陀 仏教の偈/伽那 象/伽耶 象/伽藍 寺、精舎
↓阿伽・閼伽・僧伽・頻伽・瑜伽

【何】常 7 2122 カ になう なに いずく

篆文 甲骨文 金文 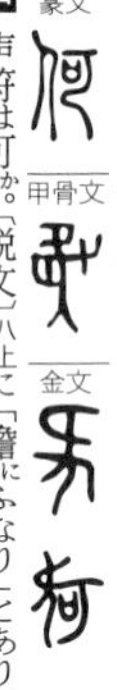

形声 声符は可。〔説文〕八上に「儋ふなり」とあり、荷担する意。〔詩、商頌、玄鳥〕「百禄を是れ何ふ」、〔詩、商頌、長発〕「天の休を何ふ」とあり、古くは何をその義に用いた。卜文の字形は戈を荷うて呵する形に作り、呵・荷(荷)の初文。金文に[illegible]に作る形があり、顧みて誰何する形。のち、両字が混じてひとつとなったものであろう。

訓義 ①になう。のち荷に作る。②[illegible]は顧みて問い、なじる形。なに、なんぞ、いかんぞ。③疑問詞に用いる。いずれ、いずく、いくばく。④上を承けて理由説明的にいう。なんとなれば。

古訓 〔名義抄〕何 ニナフ・オホセリ・ナニ・ナゾモ・ナゾヤ・ナゾ・イヅクゾ・イカニ・イヅレ・コレ・ニハカ・ツクル・カス/云何 イカム・イカムシテカ・イカナルヲカ・コヽニナゾ

声系 〔説文〕に何声として荷を収める。何は戈を負う形。のち何儋の字に荷を用いる。

語系 何hai、曷・害(害)hat、盍hap、胡haは声近く、みな疑問詞に用いる。何の金文の[illegible]は顧みて神に責問すること、曷は匃(人の屍骨)に曰(祝詞)を加えて、祈る呪儀を示す字で、疑問詞としての原義をもつ字である。

【何以】なにをもつて 何ゆえに。〔論語、季氏〕夫の顓臾は~社稷の臣なり。何を以て伐つことを爲さん。

【何為】なんすれぞ どうして。なぜ。〔顔氏家訓、帰心〕江河百谷、何れの處より生ずる。東流して海に到る。何爲れぞ溢れざる。

【何居】なんぞ どうしてか。〔礼記、檀弓上〕公儀仲子の喪に、檀弓免ず(髪に喪の巾をつける)。仲子、其の孫を舍きて其の子を立つ。檀弓曰く、何居ぞや。我未だ之れを前に聞かざるなりと。

【何許】いずこ どこ。晉・陶潛〔五柳先生伝〕先生は何許の人なるかを知らず。亦た其の姓字を詳らかにせず。宅邊に五柳樹有り。因りて以て號と爲す。

【何遽】なんぞ どうして。疑問。反語。〔淮南子、人間訓〕塞上に近きの人に術を善くする者有り。馬、故無くして亡げて胡に入る。人皆之れを弔ふ。其の父曰く、此れ何遽ぞ福を爲さざらんやと。居ること數月、其の馬、胡の駿馬を將ゐて歸る。

【何時】いつ いつ。唐・宋之問〔下山歌〕詩 嵩山を下れば、所思多し 佳人を携へて、歩むこと遲遲たり 松閒の明月永へに此くの如きも 君が再遊せんは、復た何れの時ぞ

【何若】いかん どうか。どうすればよいか。〔晏子、問上十八〕景公、晏子に問うて曰く、明王の民を教ふること何若。

【何処】いずこ どこ。唐・杜甫〔牛頭寺に上る〕詩 何れの處か、鶯啼切切なり 時を移して獨り未だ休まず

【何如】いかん どうか。どう考えればよいか。〔論語、子路〕子貢問ふ、~今の政に從ふ者は何如と。子曰く、噫、斗筲の人、何ぞ算ふるに足らんやと。

【何人】なんびと いかなる人。〔論語、述而〕伯夷・叔齊は何人ぞや。曰く、古の賢人なり。

【何誰】かすい なにびと。〔史記、呉王濞伝〕呉王~笑って(袁盎に)應へて曰く、我已に東帝爲り。尙ほ何誰をか拜せんと。

【何必】なんぞかならずしも それだけには限らぬ。〔孟子、梁恵王上〕王曰く、叟(老先生)千里を遠しとせずして來る。亦た將に以て吾が國を利する有らんとするかと。孟子對へて曰く、王何ぞ必ずしも利と曰はん。亦た仁義有るのみ。

【何不】なんぞ~ざる どうして~しないのか。〔文選、古詩十九首、十五〕生年、百に滿たず 常に千歳の憂ひを懷く 晝短くして、夜の長きに苦しむ 何ぞ燭を秉つて遊ばざる

【何也】なんぞや なぜか。漢・司馬遷〔任少卿に報ずる書〕自ら免るること能はず。卒に死に就くのみ。何ぞや。素より自ら樹立する所、然らしむるなり。

↑何其 どうして/何渠 どうして/何詎 どうして/何故 なぜ/何校 首かせ/何在 どこ/何所 どこ/何則 それは/何奈 どんなか/何有 容易/何与 どちらか
↓伊何・謂何・云何・幾何・如何・誰何・那何・奈何・無何

【吪】7 6401 カ(クヮ) うごく

篆文 

形声 声符は化(化)。〔説文〕二上に「動くなり」とあり、〔詩、王風、兎爰〕に「尙はくは寐ねて吪くこと無からん」とみえる。

訓義 ①うごく。②化に通じ、かわる。③訛に通じ、いつわる、あやまったことば。

古訓 〔名義抄〕吪 カシコマル

【囮】7 6021 [圝] 20 6069 カ(クヮ) ユウ(イウ) おとり

篆文 

形声 声符は化(化)。〔説文〕六下に「譯なり。囗化に従ふ。鳥を率る者、生鳥を繫ぎて以て之れを來すを、名づけて囮と曰ふ。讀みて譌の若くす」とし、異文として圝を録する。圝は繇声の字。「譯(訳)」とは媒介というほどの意。囮はおそらく欺き誘う意であろう。

訓義 1おとり。2あざむく、あざむきさそう。3吪と通じ、かわる。

古訓 〔新撰字鏡〕囮 袁止利(をとり)〔和名抄〕囮 漢語抄に云ふ、天々禮(ててれ)〔名義抄〕囮 ヲトリ〔字鏡〕囮 テ、レ・テ、ラ、保止利〔字鏡集〕囮 ハタ、カナリ・ヲトリ

語系 囮・譌 nguai は同声、化 xuai は声近く、通用の語である。

↑囮育 化育/囮子 おとり/囮場 賭場

↓讒囮

常

【花】 7 〔花〕 8 4421 〔華〕 12 4450

カ(クヮ) ケ
はな はなさく

篆文

形声 声符は化(化)。正字は華(華)に作り、古くは象形字であった。その華を抜きとる形は拜(拜)。もと「拜ぬく」と訓する字で、その右旁が花の象形である。漢・魏以前には花の字がなく、花は北魏のとき作られた新字のひとつであろう。

訓義 1はな、はなさく。2はなやか、うつくしい。3かすむ、もや。

古訓 〔名義抄〕花 ハナ・ハナサク・カ、ヤク・アザヤカナリ〔字鏡集〕花 ハナ・ハナサク・サカユ・アザヤカナリ・アキラカ・カヾヤク・ウツハキ・イタル

＊語彙は華字条参照。

【花雨】か(くわ)う 雨のように降る花。唐・貫休〔春山行〕詩 重疊たり、太古の色 濛濛たり、花雨の時

【花影】か(くわ)えい 花かげ。宋・蘇軾〔月夜、客と酒を杏花の下に飲む〕詩 衣を褰げ月に歩して、花影を踏めば 炯として流水の青蘋を涵すが如し

【花下】か(くわ)か 花のもと。唐・杜甫〔漫成、二首、二〕詩 江皐已に仲春 花下復た清晨なり

【花顔】か(くわ)がん 花のように美しい顔。唐・白居易〔長恨歌〕詩 雲鬢花顔、金歩搖(簪の飾り) 芙蓉の帳は暖かにして、春宵を度たる

【花卉】か(くわ)き 草花。〔梁書、徐勉伝〕但だ培塿の山を爲り、石を聚め果を移し、雜ふるに花卉を以てし、以て休沐(官吏の休暇)を娯しましめ、用て性靈を託さざる能はず。

【花渓】か(くわ)けい 花の咲く谷川。唐・王建〔早春書情〕詩 漸く老いて、風光人に著かず 花溪柳陌、早く春に逢ふ

【花月】か(くわ)げつ 花と月と。唐・賈至〔王道士の京に還るを送る〕詩 借問す、淸都の舊花月 豈に知らんや、遷客の瀟湘に泣くを

【花香】かこう(くわかう) 花の香気。唐・岑参〔西掖省即時〕詩 千門の柳色、靑瑣に連なり 三殿の花香、紫微(宮殿)に入る

【花字】か(くわ)じ かきはん。花押。〔邵氏聞見後録、十〕近ごろ西南夷より(韋)皐の故君に授けたる長牒を得る有り。皐の位下に、皐字の若きを書し、復た塗るに墨を以てす。～蓋し皐の花字なり。

【花時】か(くわ)じ 花咲くころ。唐・許渾〔新たに原上の居を卜し、袁校書に寄す〕詩 貧居、此に樂游す 江海、思ひ迢迢たり 雪夜、書千卷 花時、酒一瓢

【花酒】か(くわ)しゅ 妓と酒と。唐・呂巖〔敲爻歌〕詩 行歌唱詠す、胭粉の詞 持戒酒肉、常に腹に充つ 色は是れ藥、酒は是れ祿 酒色の中に、拘束無し 只だ花酒に因りて誤つて長生す 飲酒帶花、神鬼哭す

【花樹】か(くわ)じゅ 花咲く木々。斉・王融〔王丞僧孺に別る〕詩 花樹雜はりて錦を爲し 月池皎として練るが如し 如何ぞ此の時に於て 別離す、言と宴と

【花燭】か(くわ)しょく 美しい蠟燭。結婚の宴に用いる。北周・庾信〔詠舞に和す〕詩 洞房花燭明らかに 燕餘雙舞輕し 頓履疎節に隨ひ 低鬟上聲を逐ふ

【花信】か(くわ)しん 花だより。宋・范成大〔元夕後連陰〕詩 誰か能く腰鼓、花信を催す 快打す、涼州百面の雷

【花神】か(くわ)しん 花精。明・高啓〔梅花、九首、三〕詩 幾たびか孤影を看て、低徊する處 只だ道ふ、花神夜出でて遊ぶと

【花雪】か(くわ)せつ 花ふぶき。梁・簡文帝〔東宮の袠を賜ふを謝する啓〕地に朔風卷き、庭には花雪を流す。故を以て、裾に惠氣を生じ、袖に陽春を起す。

【花箋】か(くわ)せん 花模様のある詩箋。花牋。〔李翰林外集の序〕李龜年に命じて、金花箋を持し、宣して李白に賜ひ、淸平調三章を爲らしむ。

【花前】か(くわ)ぜん 花のまえ。唐・崔敏童〔城東の荘に宴す〕詩 能く花前に向つて幾回か醉はむ 十千、酒を沽うて、貧を辭すること莫かれ

【花草】かそう(くわさう) 草花。花卉。唐・杜甫〔絶句、二首、一〕詩 遲日、江山麗はしく 春風、花草香し 泥融けて燕子飛び 沙暖かにして鴛鴦睡る

【花叢】か(くわ)そう 花の咲いた草むら。唐・杜甫〔牛頭山の亭子に登る〕詩 兵革、身將に老いんとし 關河、信通せず 猶ほ殘す、數行の淚 忍んで百花の叢に對す

【花鳥】かちょう(くわてう) 花と鳥。唐・王翰〔涼州詞、二首、二〕詩 秦中の花鳥、已に應に闌なるべし 塞外の風沙、猶ほ自ら寒し

【花朝】かちょう(くわてう) 旧暦二月の節日。また花咲く朝。唐・白居易〔琵琶行〕詩 春江花朝、秋月の夜 往往酒を取りて、還た獨り傾く

【花鈿】か(くわ)でん 花かんざし。唐・白居易〔長恨歌〕詩 花鈿、地に委して人の收むる無し 翠翹、金雀、玉搔頭

【花嫩】か(くわ)どん 花が若く美しい。宋・陸游〔小園に独り立つ〕詩 草香、處として覓むる無く 花嫩、飛ぶを禁ぜず 澤國、春歸ること晩く 柴門、客過ぐること稀なり

【花圃】か(くわ)ほ 花畑。唐・李咸用〔陳処士の山居に題す〕詩 花圃、春風、客醉を邀かへ 茅簷、秋雨、僧棋に對す

【花貌】かぼう(くわばう) 美しい顔。唐・白居易〔長恨歌〕詩 中に一人有り、字は太眞 雪膚花貌、參差として是ならん

【花木】か(くわ)ぼく 花と木。花樹。唐・戴叔倫〔南軒〕詩 山に面しては畫に對むふが如く 水に臨みては坐して觴を流す 更に愛す、閒花木 欣欣として、陽に向ふを得るを

【花柳】かりゅう(くわりう) 花や柳。はなやかなところ。花街。唐・李白〔夜郎に流さるるとき～〕詩 昔長安に在りしとき、花柳に醉ふ 五侯七貴、杯酒を同にせり

【花露】か(くわ)ろ 花におく露。唐・顧況〔幽居弄〕詩 苔衣生じ花露滴る 月は西林に入りて東壁に蕩く

【花浪】かろう(くわらう) 花吹雪。宋・蘇軾〔王晉卿の梅花を送るに和し、次韻す〕詩 此の閒の風物、君未だ識らず 花浪、天に翻つて、雪相ひ激す

【花楼】か(くわ)ろう 美しいたかどの。唐・李賀〔秦王飲酒〕詩 花樓、玉鳳、聲嬌獰 海綃の紅文、香淺淸

↑花衣 美しい衣/花音 花信/花陰 花かげ/花韻 花の趣/花雲 花の雲/花英 はな/花園 花ぞの/花筵 花の筵/花魁 遊女/花萼 花と萼/花眼 眼花/花期 花時/花筐 花かご/花径 花の小道/花言 不実の言/花戸 花売り/花姑 花神/花甲 還暦/花紅 花が赤い/花骨 花の髄/花魂 花心/花釵 花かんざし/花際 花辺/花子 乞食/花枝 花さく枝/花師 植木屋/花紙 色紙/花事 花見/花実 花と実/花樹 花園の亭/花謝 花散る/花書 花押/花絮 柳花/花匠 植木屋/花勝 首飾り/花娘 芸妓/花場 花畑/花心 しべ/花晨 花咲く朝/花蕊 しべ/花精 花の精/花牋 花箋/花簇 群れ咲き/花村 花の咲く村/花朶 花の枝/花

態 花の姿／花壇 花を並べた壇／花帳 二重帳簿／花蝶 花と蝶／花底 花の下／花蔕 へた／花天 満天の花／花殿 花の御殿／花灯 ぼんぼり／花葩 はな／花婆 花売り女／花畔 花辺／花趺 台座／花風 花時の風／花片 花びら／花辺 花の辺／花弁 花びら／花舫 飾った船／花房 花ぶさ／花縵 華鬘／花夢 春の日／花霧 花霞／花面 美しい顔／花紋 花模様／花薬 芍薬／花余 花の後／花容 美姿／花落 花散る／花裏 花の中／花林 花木の林／花暦 花ごよみ／花臉 美顔

↓雨花・宴花・烟花・煙花・艶花・桜花・鶯花・佳花・開花・浣花・寒花・閑花・眼花・奇花・菊花・宮花・狂花・藕花・群花・渓花・瓊花・献花・好花・江花・皇花・紅花・香花・国花・山花・散花・残花・衆花・春花・舜花・賞花・燭花・新花・尋花・生花・折花・雪花・叢花・造花・探花・趁花・汀花・庭花・荻花・擲花・天花・灯花・桃花・把花・売花・梅花・買花・攀花・万花・晩花・飛花・美花・百花・蘋花・風花・名花・野花・楊花・落花・李花・梨花・籬花・柳花・菱花・林花・蘆花・露花・弄花・浪花・鏤花

常【佳】 8 2421 カ カイ よいめでたい

篆文 

形声 声符は圭。〔説文〕八上に「善なり」とあり、人の佳善なるをいう。

訓義 ①よい、うつくしい。②事物のよきものをいう。好ましい、めでたい。

古訓 〔名義抄〕佳 ヨシ・オホイナリ・フカシ・フサヌ・カス・ミナ

語系 佳ke、嘉keaiは声義近く、人には佳といい、ことには嘉といったのであろう。

【佳意】 善意。宋・蘇軾〔書に代へて梁先に答ふ〕詩 子の佳意に感ずるも、能く酬ゆる無く 反つて木瓜を將つて、珍投に報ず

【佳客】 よい客。唐・杜甫〔賓至る〕詩 竟日淹留して、佳客坐す 百年麤糲(粗食)、腐儒餐ふ

【佳気】 めでたい気。唐・盧照鄰〔長安古意〕詩 弱柳青槐、地を拂うて垂れ 佳氣紅塵、天を暗うして起る

【佳境】 妙境。〔能改斎漫録、五、弁誤〕顧愷之、虎頭將軍と爲る。蔗を食ふ每に、尾より本に至る。人或いは問ふ。曰く、漸く佳境に入ると。

【佳興】 よい趣。唐・王維〔崔濮陽兄季重の前山の興〕詩 秋色、佳興有り 況んや君が池上の閒なるをや

【佳句】 よい句。〔世説新語、文学〕孫興公(綽)天台の賦を作りて成る。以て范榮期に示す。～佳句に至る每に輒ち云ふ、應に是れ我が輩の語なるべしと。

【佳景】 よい景色。美景。唐・元稹〔楽天に寄す、二首、二〕詩 老いて佳景に逢ひて、唯だ惆悵す 兩地各〻、何限の神を傷ましむ

【佳言】 善言。〔晋書、胡毋輔之伝〕(胡毋)彥國、佳言を吐くこと鋸の木屑の如く、霏霏として絕えず。誠に後進の領袖爲り。

【佳作】 よい作品。唐・李白〔春夜桃李園に宴する序〕佳作有らずんば、何ぞ雅懷を伸べん。如し詩成らずんば、罰は金谷の酒數に依らん。

【佳士】 立派な人。唐・杜甫〔丹青引〕詩 將軍善く畫く、蓋し神有り 必ず佳士に逢はば、亦た眞を寫さん

【佳事】 よいこと。〔三国志、蜀、諸葛瞻伝〕朝廷一善政佳事ある每に、瞻の建倡する所に非ずと雖も、百姓皆傳へて相ひ告げて曰く、葛侯の爲す所なりと。

【佳時】 よい時。宋・陸游〔山家暮春〕詩 佳時幸にして事無し 酒盡きなば、更に須からく添ふべし

【佳趣】 よい趣。唐・張九齡〔山水を画ける障に題す〕詩 對翫す、佳趣有り 我が心をして渺綿たらしむ

【佳色】 美しい色。晋・陶潜〔飲酒、二十首、七〕詩 秋菊に佳色有り 露に裛へるに、其の英を掇る 此の忘憂の物に汎ぶれば 我が世を遺るるの情を遠くす

【佳人】 美人。主君・良臣・良友・美男・夫をいうことがある。宋・蘇軾〔薄命佳人〕詩 古より佳人多くは薄命 門を閉し春盡きて、楊花落つ

【佳設】 ご馳走。〔世説新語、雅量〕羊曼、丹陽の尹に拜せらる(官を拝するとき、輿に供饌を飾る)。客來ること蚤き者は、竝びに佳設を得たり。

【佳節】 めでたい日。節供。唐・王維〔九月九日、山東の兄弟を憶ふ〕詩 獨り異鄕に在りて、異客と爲る 佳節に逢ふ每に、倍〻親を思ふ

【佳蔬】 おいしい野菜。宋・蘇軾〔黎君の郊居を過ぎる〕詩 半園の荒草、佳蔬沒し 占禾(粗米)を煮得たるも、半ばは是れ藷なり

【佳致】 風致。すぐれた趣。〔世説新語、文学〕殷(浩)～謝(尚)の爲に諸義を標榜し、數百語を作す。既に佳致有り。兼ねて辭條豐蔚、甚だ以て心を動かし聽を駭かすに足れり。謝、神を注ぎ意を傾けて、覺えず流汗面に交はる。

【佳兵】 鋭い武器。〔老子、三十一〕夫れ佳兵は不祥の器なり。～君子の器に非ず。

【佳名】 名声。〔世説新語、徳行〕祖光祿(納)少くして孤貧なり。性至孝、常に自ら母の爲に炊爨して食を作る。王平北(乂)、其の佳名を聞き、兩婢を以て之れに餉り、～中郎と爲せり。

【佳麗】 美しい。美人。唐・白居易〔長恨歌〕詩 後宮の佳麗三千人 三千の寵愛、一身に在り

【佳話】 よい話。美談。宋・晁補之〔即事一首、祝朝奉十一丈に次韻す〕詩 倏然たる一室の内 黃卷佳話を開く

↑佳雨 よい雨／佳期 よい時節／佳器 立派な人物／佳妓 美妓／佳譃 冗談／佳偶 似合い／佳恵 たまもの／佳語 よいことば／佳詩 よい詩／佳実 佳果／佳酒 美酒／佳什 すぐれた詩文／佳称 名声／佳章 お手紙／佳辰 吉日／佳政 善政／佳晴 快晴／佳夕 よい夕／佳絶 すぐれて立派／佳饌 ご馳走／佳兆 吉兆／佳配 よいつれあい／佳美 美しい／佳賓 よい客／佳篇 佳什／佳茗 茗茶／佳冶 美人／佳容 よい姿

↓景佳・殊佳・清佳・絶佳・善佳・幽佳・両佳・麗佳

常【価】 8 人〔價〕 15 2128 カ あたい

篆文 

形声 旧字は價に作り、賈声。〔説文新附〕八上に「物の直なり」とあり、対価をいう。賈は鼎(貝)中のものを蓋う形で、売買すべきもの。

訓義 ①あたい、ねだん。②のち声価・評価のように価値をいう。ねうち。③かず。

古訓 〔名義抄〕價 アタヒ・モノカフ・フルマヒ 〔字鏡集〕價 アタヒ・ウル・フルマヒ・カス・モノカフ

語系 價kea、賈・沽・酤kaは声義近く、みな売買に関する語。酤は酒類専用に用いる語である。

【価直】 あたい。価値。唐・白居易〔偶〻拙詩数首を以て裴大尹侍郎に寄呈す。～〕詩 君に投ずるの文、甚だ荒蕪 數篇の價直、一束の芻

↑価科 ねだん／価格 ねだん／価估 うりね／価称 声価／価銭 ねだん／価重 高値／価目 価格表示／価領 受取

↓異価・益価・下価・加価・貴価・原価・衒価・減価・估価・工価・

高価・穀価・市価・紙価・詩価・時価・常価・真価・成価・声価・賤価・善価・争価・増価・宅価・地価・定価・奠価・特価・納価・売価・半価・飛価・美価・評価・物価・平価・米価・名価・予価・耀価

【卦】 8 4310 カ(クワ) カイ(クワイ) ケ うらかた うらなう

篆文 

形声 声符は圭。〔説文〕三下に「筮なり」とあり、圭とは易の卦爻をしるす土版。のち木にしるした。卜は卜兆。卦にしるすものは筮であるが、六爻の法はもと卜兆から出ているらしく、故に字はなお卜に従う。

訓義 ①うらかた。②うらなう。③掛に通じ、かける。

古訓 〔篇立〕卦 ウラナフ・ムラ 〔字鏡集〕卦 シルシ

声系 掛は卦声。もと挂に作り、〔説文〕十二上に「畫するなり」とあって、爻を画する意。〔易、繫辞伝上〕に字を掛に作り、挂はその省文であろう。

【卦爻】 八卦は六爻、その組み合わせによって六十四卦となる。〔易、繫辞伝下〕八卦列を成して、象其の中に在り。因りて之れを重ねて、爻其の中に在り。

【卦候】 六十四卦を気節に配したもの。〔唐書、暦志三上〕僧一行に詔して、新暦を作る。～其の五卦候議に曰く、七十二候は、周公の時訓に原づく。～後魏より始めて暦に載す。乃ち易軌に依り傳を取るも、經の義に合はず。

【卦肆】 易者。宋・劉克荘〔除夕〕詩 更殘(夜更け)自ら算す、明年の事 君平の卦肆に就いて占はず

【卦象】 卦爻の象徴することがら。宋・王安石〔蔣侍郎に上まつる書〕斯れ則ち聖人、必然の理を賾ぐり、卦象に寓して以て人事を示し、人の、進退時を以てし、妄動を爲さざるを欲す。

【卦筮】 易のうらない。漢・孔融〔虞翻に答ふる書〕梁丘は卦筮を以て世を寧んじ、劉向は洪範を以て名を昭らかにす。

↑卦気 卦候／卦姑 卜い婆／卦辞 卦の辞／卦者 占官／卦兆 うらかた／卦売 かけ値／卦版 筮用の版／卦変 変卦／卦理 卦辞の義

↓按卦・陰卦・起卦・吉卦・下卦・建卦・乾卦・作卦・上卦・乗卦・成卦・筮卦・設卦・説卦・兆卦・重卦・陳卦・定卦・八卦・半卦・布卦・問卦・陽卦・立卦

【呵】 8 6102 カ せめる しかる

形声 声符は可。可は祝禱の器である㠯に対して、柯枝で殴ってその実現を責める意で、呵するの意があり、その意に従うを可という。〔玉篇〕に「責むるなり。訶と同じ」とあり、訶は金文では歌の意に用いる。その祝禱の声調を訶という。

訓義 ①せめる、もとめる、なじる。②大きな声を出す、しかる、よぶ、注意する。

古訓 〔名義抄〕呵 イサフ・サイナム・イカル・クチノサキラ・ムサボル・フク・アヤマル・アヤカル 〔篇立〕呵 セム・セメラル・イサフ・イサナム・タ、ク・トガム・イカル・アヤマル・アヤカル・ムサボル・ネムコロ

声系 呵・可・訶・哥・歌はみな可声。可の声義を承ける。河は河の流声を写し、みな擬声語である。

【呵呵】 笑う声。〔晋書、石季竜載記下〕(石)宣、素車に乗り、千人を従へ、(石)韜の喪に臨みて哭せず。直だ呵呵と言ひ、衾を擧げしめて屍を看、大笑して去る。

【呵禁】 叱ってとめる。唐・韓愈〔李愿の盤谷に帰るを送る序〕虎豹跡を遠ざけ、蛟龍遁藏す。鬼神守護して、不祥を呵禁す。

【呵譴】 きびしく叱る。〔世説新語、尤悔〕謝太傅(安)東船行に於て、小人船を引く。～放船從橫、人を撞き岸に觸る。公、初めより呵譴せず。人は謂へらく、公は常に嗔喜すること無きなりと。

【呵護】 守護する。唐・李商隠〔驪山に感有り〕詩 驪岫の飛泉暖香を泛べ 九龍呵護す玉蓮房

【呵叱】 大声で叱る。〔後漢書、宦者、孫程伝〕虞詡罪を訟す。表を懷にして殿に上り、左右を呵叱す。帝怒りて、遂に程の官を免ず。

【呵責】 きびしく叱る。〔三国志、魏、高貴郷公髦伝〕(髦)性情暴戾、日に月に滋す甚だし。吾れ(皇太后)數しば呵責す。遂に更に忿恚す。

【呵筆】 寒中に手筆に息をふきかけて、詩文を作る。唐・羅隠〔雪〕詩 寒窗、筆を呵して詩句を尋ぬ 一片飛來して、紙上に銷ゆ

↑呵引 先払い／呵衛 御所を衛る／呵喝 呵叱／呵詰 呵責／呵禦 きびしく衛る／呵噭 呵喝／呵欠 あくび／呵詬 ののしる／呵止 とめる／呵辱 ののしる／呵噪 さわぐ／呵殿 後払い／呵怒 どなる／呵導 先払い／呵罵 ののしる／呵蹕 呵導／呵辟 呵引／呵問 とがめる

↓譴呵・叱呵・受呵・笑呵・譙呵・啖呵・怒呵・導呵・咄呵・筆呵・鞭呵・連呵

【妜】 8 5701 カ(クワ)

篆文 

甲骨文 

金文 

会意 戈＋丮。〔説文〕三下に「踝を撃つなり」とするが、丮はものを奉ずる形。戈を奉ずるのは何らかの儀礼を示すとみるべく、殷器の〔卬其卣〕に「既に上下帝に妜す」という語がある。また周初の〔麦尊〕に「者(諸)妜臣二百家」とあって、そのような儀礼の奉仕者であろう。その儀器をも妜といったらしく、周器の〔県改𣪘〕に「妜の弋(柲、戈の柄あるもの)」を賜与することがみえる。文献にみえない字で、〔説文〕にその字を収める経緯を知りがたい。

訓義 ①くるぶしをうつ。②古代のまつりの名。上帝をまつる。

古訓 〔字鏡集〕妜 ツブシウチ・コヱ

常 **【果】** 8 6090 カ(クワ) カン(クワン) このみ はたす はて

篆文 

金文 

象形 木上に果実のある形。〔説文〕六上に「木實なり。木に從ひ、果の形の木上に在るに象る」とあり、全体を象形とする。

訓義 ①このみ、くだもの。②花よりして実り、結実するので、はたす、はて、結果の意となる。つよい、いさぎよい、勝つ。③敢・惈と通じ、果敢・果決の意となる。④祼と通じ、祼礼。

古訓 〔和名抄〕果 日本紀私記に云ふ、古能美(このみ)、俗に久多毛乃(くだもの)と云ふ 〔名義抄〕果 コノミ・クダモノ・ハタス・トグ・トゲヌ 〔字鏡集〕果 コノミ・クダモノ・ハタス・サダム・ノブ・ナル・トゲヌ・ヨシ・アラハス

声系 〔説文〕に果声として祼・蜾・踝・課・夥・窠・裹・顆・婐など十三字を収める。果はまるくつやのあるもの、外皮のないものなどを意味する。内に生命力を含むものをいう。祼は贏の異文。果に倮・裸の声があるのは、果の古音が蜾贏、壺盧の音と近かったからであろう。その語は、中空の意である。

語系 果・裹kuai、窠khuai、瓜(瓜)koaは声義が近い。また別にkuanの声があり、祼・灌kuanと同声。鬱鬯を以て灌ぐ祼礼をいう。敢kamも声近く、通用する。

【果敢】 思いきりよくする。〔論語、陽貨〕果敢にして、窒がる者を惡む。

【果毅】 強い決断力。〔国語、周語中〕戎を制するに果

毅を以てし、朝を制するに序成を以てす。

【果決】かけつ　思いきりがよい。〔晋書、忠義、楽道融伝〕(甘)卓、性果決ならず。且つ年老いて疑ひ多し。遂に諸方の同に進むを待ち、出軍稽遅す。

【果樹】かじゆ　実のなる木。〔後漢書、淳于恭伝〕善く老子の清静を説び、榮名を慕はず。家に山田の果樹有り。人侵盗すること或れば、輒ち助けて收採を爲さしむ。

【果然】かぜん　満腹の状態。〔荘子、逍遥遊〕莽蒼に適く者は、三飡にして反る。腹猶ほ果然たり。☒はたして然り。〔史記、汲黯伝〕刀筆の吏は公卿と爲るべからずと。果して然り。

【果断】かだん　思いきりよく決断する。〔書、周官〕惟れ克く果斷なれば、乃ち後艱罔し。

【果報】かほう　仏教の用語。因果応報。〔南史、江革伝〕時に(梁の武帝)～手敕して曰く、果報は信ぜざるべからず～と。革、因りて乞ひて菩薩戒を受く。

【果烈】かれつ　勇気がありはげしい。魏・陳琳〔呉の将校部曲に檄する文〕凡そ此の輩數百人、皆忠壯果烈にして、智有り、仁有り。

↑果鋭　思いきりがよく勇ましい／果園　果樹園／果悍　果敢／果勁　勇決／果験　応験／果行　果断に実行する／果穀　果物と穀物／果菜　果物と野菜／果子　果物／果爾　その通り／果実　木の実／果将　清めの祭／果団　果物店／果否　然否／果必　必定／果腹　満腹／果法　応報の法／果木　果樹／果勇　勇決／果蓏　草木の実

↓因果・瓜果・花果・佳果・嘉果・甘果・柑果・奇果・業果・結果・効果・香果・残果・市果・時果・朱果・酒果・秋果・上果・新果・成果・青果・碩果・仙果・戦果・善果・蔬果・沈果・珍果・庭果・摘果・擲果・投果・百果・蘋果・仏果・木果・妙果・名果・野果

常

【河】

8　3112　カ　かわ

篆文　甲骨文　金文

形声　声符は可か。卜文の字は柯枝の象に従う。金文は何の形に従い、可の声をとる字。河はそのはげしい流水の音を写した語であろう。

訓義　①かわ、黄河。

古訓　〔名義抄〕河　カハ

【河海】かかい　河と海。広大なもの。秦・李斯〔書を秦の始皇に上る〕太山は土壤を讓らず。故に能く其の大を成す。河海は細流を擇ばず。故に能く其の深きを就す。

【河嶽】かがく　黄河と五嶽。河岳。宋・文天祥〔正気の歌〕詩　天地、正氣有り　雜然として流形に賦す　下りては則ち河嶽と爲り　上りては則ち日星と爲る

【河漢】かかん　黄河と漢水。また、天の川。〔荘子、逍遥遊〕吾れ其の言に驚怖す。猶ほ河漢の極て無きがごときなり。大いに逕庭有り、人情に近からず。

【河津】かしん　河のわたし場。北周・庾信〔春の賦〕三日曲水、河津に向ひ、日晚河邊、多く神を解く。

【河清】かせい　黄河の水がすむ。〔左伝、襄八年〕周詩に之れ有り。曰く、河の清むを俟つも　人壽幾何ぞ～と。～謀の族多く民之れ多く違ふ。

【河図】かと　黄河から周易、洛水から洪範九疇を示す遺物が出たという。河図・洛書。〔論語、子罕〕子曰く、鳳鳥至らず、河、圖を出ださず。吾れ已んぬる矣夫と。

【河豚】かとん　ふぐ。宋・蘇軾〔恵崇の春江晩景、二首、一〕詩　竹外、桃花三兩枝　春江、水暖かにして、鴨先づ知る　蔞蒿地に滿ち、蘆芽短し　正に是れ河豚上らんと欲すの時

【河伯】かはく　河の神。〔荘子、秋水〕秋水時に至り、百川河に灌ぐ。～是に於て河伯欣然として自ら喜び、天下の美を以て盡く己に在りと爲す。

【河畔】かはん　河のほとり。〔古楽府、飲馬長城窟行〕青青たり、河畔の草　緜緜として遠道を思ふ　遠道、思ふべからず　宿昔、夢に之れを見る

【河梁】かりよう　河の橋。漢・李陵〔蘇武に与ふ、三首、三〕詩　手を攜へて河梁に上る　遊子、暮に何くにか之く　蹊路の側に徘徊し　悢悢として辭することを得ず

↑河陰　黄河の南／河運　水運／河雲　天の川／河淤　河の泥地／河厓　河岸／河干　河浜／河関　遠隔の地／河岸　河ぎし／河渠　水路／河橋　はし／河曲　河のくま／河傾　氾濫／河滸　河のほとり／河口　川口／河公　河伯／河災　水害／河朔　河北／河事　治水／河洲　河の中洲／河政　治水／河宗　河伯／河漕　水運／河隄　土手／河泥　腐植土／河童　かっぱ／河道　河すじ／河馬　かば／河氷　河の氷／河浜　河のほとり／河風　川風／河辺　河のほとり／河務　治水／河流　河の流れ／河路　水路／河湾　河の入りこみ

↓運河・雲河・滎河・沿河・寒河・灌河・九河・銀河・傾河・懸河・古河・跨河・鑿河・山河・渉河・星河・絶河・先河・泝河・大河・帯河・濁河・長河・天河・塡河・渡河・凍河・淘河・禱河・導河・氷河・馮河・瀕河・涙河

人

【茄】

8　4446　〔茄〕9　4446　カ　はちす　なす

篆文

形声　声符は加か。〔説文〕一下に「芙蕖の莖なり」とあり、また「蓮は芙蕖の實なり」「荷は芙蕖の葉なり」とあって、通じて蓮の意に用いる。

訓義　①はすのくき、はちす。②茄子は、なす、なすび。

古訓　〔和名抄〕茄　波知須乃久岐(はちすのくき)／茄子　崔禹食經に云ふ、茄、奈須比(なすび)〔名義抄〕茄　ハチスノクキ・ハチス・ナスビ・シク・ハカル

【茄房】かぼう　蓮の実。唐・柳宗元〔柳州の山水、治に近くして游ぶべき者の記〕其の宇下に流石有り。成形肺肝の如く、茄房の如し。

↑茄花　蓮の花／茄荷　蓮の茎／茄鼓　隷卒／茄子　なす／茄袋　巾着の類

↓瓜茄・荷茄・芰茄・苦茄・紫茄・秋茄・新茄・青茄・例茄

常

【苛】

8　4462　〔苛〕9　4462　カ　からい　きびしい

篆文　金文

形声　声符は可か。〔説文〕一下に「小艸なり」とするが、〔一切経音義、一〕に〔説文〕を引いて「尤劇なり」とし、苛酷の意とする。可に呵叱の意がある。

訓義　①からい、きびしい。②こまごまと、わずらわしい。みだれる。③呵・訶と通じ、せめる、とがめる。④小さな草。

古訓　〔新撰字鏡〕苛　伊良(いら)〔和名抄〕苛　以良(いら)〔名義抄〕苛　イラ・カラシ・ハシカシ・チヾケイコト〔字鏡集〕苛　イラ・カラシ・イカル・アヂマメ・チヾケイフ

語系　苛khai、苦(苦)khaは声義近く、草の味の感覚より、人の心意をいう語に転じたものであろう。苷も同じ。

【苛殃】かおう(あう)　きびしい禍。〔呂覧、審時〕時の稼を得ば其の臭は香、其の味は甘、其の氣章らかなり。～殃氣(凶気)入らざれば、身に苛殃無し。

【苛禁】かきん　きびしい禁制。〔漢書、宣帝紀〕詔して曰く、～今郡國二千石、或いは擅に苛禁を爲し、民の嫁娶を禁じ、酒

食を具して相ひ賀召するを得ざらしむ。是れに由りて郷黨の禮を廢す。

【苛刻】きびしく残酷。苛酷。〔韓非子、内儲説下〕史擧は上蔡の監門なり。大は君に事へず、小は家に事へず。苛刻を以て天下に聞ゆ。

【苛砕】くだくだしい。苛細。〔三国志、魏、王昶伝〕昶～以爲へらく、魏は秦・漢の弊を承けて、法制苛砕なりと。～乃ち治論を著はす、～二十餘篇。又、兵書十餘篇を著はす。

【苛細】こまごまと煩わしい。〔後漢書、宣秉伝〕司隷校尉に遷る。務めて大綱を擧げ、苛細を簡略にす。百僚之れを敬ふ。

【苛察】微細なことまでしらべる。〔荘子、天下〕君子は苛察を爲さず。身を以て物に假らず。

【苛擾】苛酷でみだれる。〔塩鉄論、執務〕上、苛擾せず、下、煩勞せず。各ゝ其の業を脩め、其の性に安んぜば、則ち～賦斂省かれて、農、時を失はず。

【苛政】重税。〔礼記、檀弓下〕婦人の墓に哭する者有りて哀し。～曰く、～昔者吾が舅、虎に死し、吾が夫又死す。今吾が子も又死せりと。夫子曰く、何爲れぞ去らざるやと。曰く、苛政無ければなりと。夫子曰く、小子之れを識るせ。苛政は虎よりも猛しと。

【苛礼】くだくだしい礼式。〔史記、酈生伝〕酈生(酈食其)、其の將の皆握齱して苛禮自ら用ふることを好み、大度の言に聽くこと能はざるを聞き～乃ち深く自ら藏匿す。

【苛斂】きびしく租税をとりたてる。〔旧唐書、穆宗紀〕初め憲宗兵を用ひ、皇甫鎛を擢んでて相と爲し、苛斂して下を剝するものは、人皆之れを咎め、以て譴逐するに至る。

↑苛役 労役が多い／苛虐 虐げる／苛求 苛斂／苛厳 厳刻／苛克 苛刻／苛酷 苛刻／苛止 呵止する／苛疾 重病／苛峻 厳刻／苛責 責める／苛罰 重罰／苛文 苛法／苛暴 暴虐／苛濫 緩急の当を失う／苛論 苛酷な論／苛穢 蕪雑

↓厳苛・細苛・惨苛・残苛・小苛・深苛・大苛・煩苛・暴苛

【叚】 9 7724 カ かり

篆文 古文 金文

会意 手(又)を以て岩石を切り取る形。また琢冶を加えない瑕玉の意。これを琢冶して真玉を得るので真仮の意となる。假(仮)は仮面。

訓義 [1]かり。[2]動詞に用い、かりる、かす。

声系 〔説文〕に叚声として瑕・葭・假・蝦・暇・假・鍜など二十一字を収める。叚は玉石の切り出した素材で、未完成、仮借、大きなものの義を含む。

語系 金文の「叚休」は「嘏休」、「叚望」は「遐望」、「爲德無叚」は「德を爲すこと叚り無し」、「叚不黃耇萬年」は「叚ぞ黃耇萬年ならざらん」で、嘏・遐・何の意に用いる。叚・嘏・假kea は同声。遐hea、何hai は声近く、通用する字である。

【叚休】立派でありがたい。金文〔寰盤〕寰拜して稽首し、敢て天子の丕顯(丕いに顯らか)なる叚休の命に對揚す。

【叚望】忘れ去ってしまう。金文〔禹鼎〕武公も亦た朕が聖祖考幽大叔・懿叔(祖考の名)を叚望したまはず。

【咼】 9 7722 カ(クヮ) わざわい

篆文 甲骨文 古印璽

会意 冎+口。冎は人の上体の残骨の象。口は𠙵、祝禱を収める器の形。その死霊の呪能によって、人に呪詛する意で、これによって禍殃を与える。〔説文〕二上に「口戾りて正しからざるなり」とあり、禍(禍)の初文。

訓義 [1]わざわい。[2]口もとがゆがむ。

古訓 〔新撰字鏡〕喎 戾なり、由加牟(ゆがむ)〔篇立〕咼 クチユガム

声系 〔説文〕に咼声として禍・過(過)・騧・媧・蝸など十二字を収める。禍殃のことに関する字が多い。

語系 咼khuai に従う窩uai は窠・科khuai、坎kham と同系の語で、穴ぐら状のものをいう。咼もその系列の語。

【咼壁】和氏の璧。〔淮南子、説山訓〕咼氏の璧を得るは、事の適する所を得るに若かず。

↑咼斜 ななめ

【姱】 9 4442 カ(クヮ) コ うつくしい

形声 声符は夸。〔楚辞〕に「姱女」「賢姱」の語があり、みな女巫をいう。多く〔楚辞〕に用いる。

訓義 [1]うつくしい。[2]夸に誇・跨の意があり、おごる、大きい。

古訓 〔名義抄〕姱 ウルハシ・ヨシ・カホヨシ・ワシル

【姱節】よい行い。〔楚辞、離騷〕汝何ぞ博謇にして修を好み 紛として獨り此の姱節有る

【姱麗】美しい。漢・張衡〔思玄の賦〕既に姱麗にして雙鮮なきも、是の時の珍とする攸に非ず。余が榮を奮ふも見るもの莫く、余が香を播けども聞ぐもの莫し。

↑姱嬉 楽しむ／姱志 美志／姱姿 美容／姱辞 美辞／姱修 好修／姱女 美女／姱尚 ほこる／姱大 誇大にいう／姱服 美服／姱名 美名／姱容 美容

↓形姱・妍姱・賢姱・好姱・修姱・信姱

常 【架】 9 4690 カ たな けた かける

形声 声符は加。両柱の上にかけわたすもの。

訓義 [1]たな、けた、ものをのせる台、衣桁。[2]かけわたす、くみたてる、支える。[3]上に乗る、しのぐ。

古訓 〔字鏡集〕架 カマフ・タカホカ(コ)・マセ・マカキ・カナフ・オモフ・ミソカナリ

語系 架・加・駕keai は同声。蓋(蓋)kat は上に覆う。格・挌keak は交錯して組み立てる。みな同系の語。

【架屋】家を作る。〔世説新語、文学〕庾仲初(闡)揚都の賦を作りて成る。～(庾)亮、親族の懷を以て、大いに其の名價を爲す。～此に於て、人人競うて寫し、都下の紙、之れが爲に貴し。謝太傅(安)云ふ、爾かることを得ず。此れは是れ屋下に屋を架するのみ。事事擬學にして、儉狭なるを免れずと。

↑架架 鳥の声／架海 航海／架虚 そらごと／架橋 はし／架空 架虚／架構 かけ渡す／架子 たな／架上 棚の上／架勢 態勢／架殿 たかどの／架捏 捏造する／架板 棚板／架累 推挙する／架話 伝説

↓衣架・委架・欹架・榹架・盈架・屋架・画架・橋架・玉架・戟架・後架・高架・構架・銃架・書架・小架・垂架・数架・石架・挿架・担架・刀架・搭架・藤架・半架・万架・筆架・満架

【枷】 9 4690 カ からさお かせ くびかせ

篆文

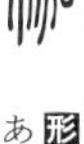

形声 声符は加。〔説文〕六上に「柫なり」とあって、稲や麦の穂をたたいて、穀実を落としてとる器具。

訓義 [1]からさお。[2]械・楔と通じ、かせ、くびかせ。[3]架と通じ、衣桁。

古訓 〔名義抄〕枷 クビカシ・ネリ 〔字鏡集〕枷 クビカシ・ネリ・キヅナ・クビツナ・クサリ

参考 枷・架は文字の要素は同じであるが、別の字。

【枷楔】かせと、くさび。〔唐書、酷吏伝序〕推劾の吏、嶮責痛詆を以て功と爲し、鑿空投隙（犯罪をむりに作りあげる）、相ひ矜るに殘（忍）を以てし、泥耳籠首、枷楔兼暴す（拷問して虐げる）。

↑枷禁 拘囚して、枷を加える／枷警 枷問／枷研 架問／枷号 さらし者／枷示 さらし首／枷杖 枷と杖刑／枷責 枷問／枷鏁 枷と鎖／枷懲 枷問／枷棒 枷杖／枷問 枷を加えて審問する

↓敲枷・施枷・手枷・帯枷・脱枷・担枷・長枷・鉄枷・肉枷・連枷

【柯】 9 4192 カ えだ え

篆文 

形声 声符は可。可は木の枝を以て祝禱を収めた器（口、𠙵）を殴ち、その許しを求める意で、可のうちに柯枝の象を含む。〔説文〕六上に「斧の柄なり」とするのは、〔詩、豳風、伐柯〕に「柯を伐り柯を伐る 其の則遠からず」という詩句によるが、斧の柄は字の原義ではない。

訓義 ①えだ、きのえだ。②え、器の柄。

古訓 〔新撰字鏡〕柯 木牟良（こむら）〔名義抄〕柯 ヒコバユ・エダ・セフ・ツカ・ヲノ、エ〔字鏡集〕柯 エダ・ヲノ、カラ・ヲノ、エ・ツカ・ヒコバユ・カラ

【柯条】木の枝。魏・文帝〔離に感ずるの賦〕柯條、憯みて色無く、綠草、變じて萎黃す。

【柯葉】木の枝と葉。唐・杜甫〔病柏〕詩 歳寒、忽ち憑る無し 日夜、柯葉改まる

【柯爛】斧の柄が朽ちるほどの長い時間。〔述異記、上〕信安郡の石室山に、晉の時、王質木を伐りて至り、童子數人、棊して歌ふを見る。～俄頃くにして童子謂ひて曰く、何ぞ去らざると。質起ちて斧を視るに、柯爛れて盡きたり。既に歸る。復た時人無し。

↑柯幹 枝と幹／柯樹 枝のある高い木／柯斧 斧

↓倚柯・栄柯・横柯・改柯・寒柯・旧柯・茎柯・交柯・高柯・摧柯・攢柯・枝柯・執柯・修柯・条柯・垂柯・翠柯・粗柯・霜柯・叢柯・長柯・庭柯・伐柯・半柯・繁柯・飛柯・斧柯・木柯・爛柯・緑柯

人【珂】 9 1112 カ たま

篆文 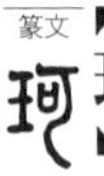

形声 声符は可。〔説文新附〕一上に「玉なり」とあり、〔玉篇〕に「石の玉に次ぐものなり。亦た碼碯、絜白なること雪の如き者なり。一に云ふ、螺の屬なり。海中に生ず」という。

訓義 ①たま。白瑪瑙の類。②くつわ貝。③くつわ。

古訓 〔名義抄〕珂 ミ、カネ〔篇立〕珂 ヤクカヒ・テラス・シロシ・カハ（ヒ）ノタグヒ・コマカ〔字鏡集〕珂 カヒノタグヒ・クツハミ・ミ、カネ・メナウノシロキナリ

【珂傘】玉で飾った傘蓋。〔唐国史補、下〕元日冬至每に杖を立て、大官皆珂傘列燭を備ふ。五六百炬に至る者有り。之れを火城と謂ふ。

【珂声】玉声。玉のふれあう音。唐・白居易〔新春、江に次る〕詩 怪しむこと莫かれ、珂聲の碎くるを 春來、五馬驕れり

【珂雪】玉と雪。潔白のもの。〔斉民要術、八、常滿塩花塩〕輒ち沈漉して之れを取る。花印二鹽、白きこと珂雪の如く、其の味又美なり。

↑珂郷 貴郷／珂月 皎月／珂繖 珂傘／珂馬 玉飾の馬／珂佩 玉佩

↓玉珂・珮珂・繁珂・明珂・鳴珂・瑶珂・驪珂・連珂

人【珈】 9 1610 カ かみかざり

篆文 

形声 声符は加。〔説文新附〕一上に「婦人の首飾りなり」とあり、〔詩、鄘風、君子偕老〕に「副笄六珈」とみえ、髮飾りの玉をいう。いま珈琲の字に用いる。

訓義 ①婦人の髪飾り。②コーヒー。

常【科】 9 2490 カ（クヮ） しな おきて あな

篆文 

会意 禾＋斗。〔説文〕七上に「程るなり」、また次条の程に「品なり」とあり、農作物の品定めをする意であろう。斗は量器で、禾穀を量り、その量・質を定める。

訓義 ①しな、ほど、品等。②規準、わりあて、おきて。③箇条、すじ。④坎・窾と通じ、あな。⑤国語で、とがの意に用いる。

古訓 〔名義抄〕科 シナ・ツミ・トリ・ノリ・ワキマフ・アツ・ツミス・ハカル・キハ・オホス〔字鏡集〕科 ハカル・ワカツ・キハ・シナ・ノリ・サキマフ・オホス・アツ・キル・ツミ・ツミス・ハルカ

語系 科・課・窠khuaiは同声。科・課、また科・窠は声義が通ずる。窩uai、坎khamも空穴のところをいう。

【科挙】官吏登用試験。隋・唐にはじまり、宋に至って備わる。〔宋史、選挙志一〕乃ち詔して曰く、科擧の舊條は皆先朝の定むる所なり。宜しく一切故の如くすべし。

【科禁】おきて。〔三国志、魏、何夔伝〕所領六縣、疆域初めて定まり、加ふるに饑饉を以てす。若し一切に齊ふるに科禁を以てせば、恐らくは或いは教へに從はざる者有らん。

【科甲】科挙の甲科。元曲〔金銭記〕幾年か窗下に班（固）・馬（司馬遷）を學ぶ。吾れ豈に匏瓜（食われぬにが瓜、無用のもの）ならんや。指望して一擧に科甲に登ることを待つ。

【科試】分科考試。秀才・明経・進士の科があった。唐・白居易〔元九（稹）に与ふる書〕家貧にして多故。～既に（郷試に）第するの後、科試に專らにすと雖も、亦た詩を廢せず。

【科第】試験。また、科挙。宋・王安石〔陳舜俞の制科東帰するを送る〕詩 君、今壯歳にして、科第を收む 我れ它時に事功を看んと欲す

【科斗】おたまじゃくし。また、古文字の一体。〔西京雑記、四〕文字皆古異。左右能く知るもの莫し。以て叔孫通に問ふ。通曰く、科斗書なりと。今文を以て之れを寫す。

【科頭】冠を著けず、頭をあらわす。〔戦国策、韓一〕秦は帶甲百餘萬、車千乘、騎萬匹、虎摯の士、跿跔科頭、頣（弓）を貫き戟を奮ふ者、勝げて計ふべからざるに至る。

【科品】等級。〔後漢書、安帝紀〕舊令制度、各〻科品有り。百姓をして、務めて節約を崇ばしめんと欲す。～有司任を惰り、訖に奉行せず。

【科斂】わりあてて取り立てる。〔元史、仁宗紀一〕縣官に諭して曰く、吾れ衞士の不法、胥吏の科斂重くして、民の困しみを爲すことを慮ると。乃ち王傅に命じて、巡行して之れを察せしむ。

↑科役 賦役／科款 科条／科刑 刑罰／科計 はかる／科結 科頭／科索 賄賂分担／科策 策問／科指 規定／科取 わりつけ／科須 科取／科条 規定／科場 試験場／科制 規定／科税 課税／科責 処罰／科則 賦役の規定／科讁 罪せられる／科段 段落／科断 さばき／科徴 徴収／科配 臨時税／科白 せりふ／科髪 科頭／科罰 処罰する／科半 刑を半減する／科範 儀範／科聘 招聘／科別 品別／科名 及第者／科網 法網／科目 試験種目／科約 規約／科律 法令／科令 法令／科例 条例

↓依科・盈科・乙科・改科・学科・教科・金科・軽科・厳科・甲科・考科・高科・差科・罪科・四科・首科・重科・上科・条科・常科・正科・制科・設科・専科・選科・前科・大科・定科・登科・犯科・

分科・文科・別科・法科・本科・明科・理科・律科

人 **【迦】** 9 3630 ［迦］ 13 3630 カ カイ さえぎる

篆文 

形声 声符は加。〔説文〕二下に「迦互して行くを得ざらしむるなり」とあり、さえぎり止める意。

訓義 ①さえぎる。②邂と通じ、であう。③仏教語の音訳に用いる。たとえば釈迦。

古訓 〔名義抄〕迦 カナフ 〔字鏡集〕迦 カナフ・キラフ・カラスノコヱ・ハツス

↑迦枒 枝がからむ／迦互 迦枒／迦逅 ゆきあう／迦戸 竹の西域名／迦摩 愛染神

↓釈迦・楞迦

【哥】 10 1062 カ うた あに

篆文 

会意 可＋可。可を上下に重ねた形。可は祝禱を収めた器（口、𠙵）を柯枝で敺ち、その成就を求めて呵責を加える意。そのとき発する声を呵といい、その声調を哥・謌という。謌は歌の初文。〔説文〕五上に「聲なり」とし、「古文以て謌の字と爲す」、また欠部八下の歌字条に、重文として謌を録する。

訓義 ①うた、うたうこえ。②人をよぶときの語。目上や親しい人をよぶとき用いる。近世以来の俗語では、兄さんというほどの語。あに。

古訓 〔名義抄〕哥 ウタフ 〔字鏡集〕哥 ウタフ・ウタフコヱ・ヘシ・キク・ヨシ

声系 〔説文〕に哥声として歌、その重文として謌を収める。可・哥・歌は一系の字。金文には歌に訶を用いる。六朝・斉の〔元賢墓誌〕に謌、唐の虞世南の〔孔子廟堂碑〕に哥を用いる例がある。

語系 可 khai、歌 kai、許 xa、阿 ai などは、みな神に祈る儀礼のときに発する語。その緩急の声である。

【哥哥】 父が子に対していう自称。のち兄や他人をよぶ敬称。〔称謂録〕淳化閣帖に、唐の太宗の高宗に與ふる書有り。哥哥敕すと稱す。父、子に對して自ら哥哥と稱ふ。蓋し唐代の家法是くの如し。

↓鸚哥・大哥

【哿】 10 4662 カ よい

篆文 

形声 声符は加。〔説文〕五上に「可なり」と訓し、〔詩、小雅、正月〕「哿い矣、富める人」の句を引く。下句に「哀し、此の惸獨（身寄りのない人）」とあって、哿と哀と対文。嘉と声義の通ずる字である。

訓義 ①よい。②珈と通じ、婦人の髪飾り。

古訓 〔名義抄〕哿 ヨシ・ヨロコブ 〔字鏡集〕哿 ヨイカナ・ヨシ・ヨロコブ

語系 哿 kai、可 khai、嘉 keai は声義近く、〔詩、小雅、正月〕「哿矣」の〔伝〕に「哿は可なり」、〔詩、小雅、雨無正〕の〔伝〕に「哿は可なり」とあり、哿に嘉善の意がある。

常 **【夏】** 10 1024 ［頣］ 14 1118 カ ゲ なつ

篆文 古文 金文 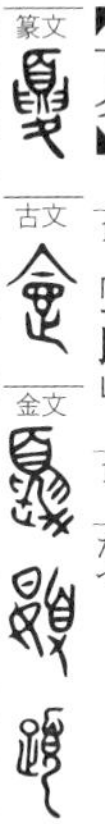

象形 舞冠を被り、儀容を整えて舞う人の形。〔説文〕五下に「中國の人なり。夊に從ひ、頁に從ひ、臼に從ふ。臼は兩手、夊は兩足なり」とし、古文一字を録する。金文の字形は舞冠を著け、両袖を舞わし、足を高く前に挙げる形に作り、廟前の舞容を示す。古く九夏・三夏とよばれる舞楽があり、〔周礼〕にみえる。足を前にあげる形は頣、その省文の疋は雅（雅）の字義に用いられるが、夏・雅はまた通用の字である。夏を中国の意に用いることは春秋期の金文に至ってみえ、〔秦公𣪘〕に「蠻（蠻）夏」の語がある。また季節名に用いることも、春秋期以後にその例がみえる。

訓義 ①舞の名。②中国の古名。周辺の異民族に対していう。③古代王朝の名。④なつ。四季の名は、文献では春秋期以後にみえる。⑤華と通じ、あや。⑥仮・暇などと通じ、大きい。

古訓 〔名義抄〕夏 オホキナリ

声系 〔説文新附〕に夏声として廈を収める。廈は大屋。榎（えのき）は国字。

語系 夏・廈 hea は同声。夏は舞容のすぐれる意。廈は大屋。華（華）hoa と通用し、中夏をまた中華という。雅 ngea と通用することがあり、〔荀子、栄辱〕「君子は雅に安んず」は、〔荀子、儒效〕に「夏に居りて夏なり」というのと同じ意で、通用する。

【夏雲】 夏の雲。晋・陶潜〔四時〕詩 春水、四澤に滿ち 夏雲、奇峯多し 秋月、明暉を揚げ 冬嶺、孤松秀づ

【夏屋】 盛饌を設け、礼物を備えること。〔詩、秦風、権輿〕於、我や 夏屋渠渠たりしに 今や食らふと毎も餘り無し 于嗟乎、權輿を承けず

【夏蚕】 なつこ。宋・戴復古〔織婦歎〕詩 春蠶絲を成し、復た絹を成す 夏蠶を養ひ得て、重ねて繭を剝ぐ

【夏至】 二十四節気のひとつ。昼の最も長い日。〔呂覧、有始〕夏至、日近道を行めぐり、乃ち上に參はる。樞（極）の下に當りて、晝夜無し。

【夏日】 夏の日。唐・元稹〔遣興、十首、二〕詩 夏日の長きを厭ふこと莫かれ 冬日の短きを愁ふること莫れ

【夏声】 中国の音楽。〔左伝、襄二十九年〕呉の公子札、來聘す。～周の樂を觀んことを請ふ。～之れが爲に秦を歌ふ。曰く、此れを之れ夏聲と謂ふ。～其れ周の舊なるかと。

【夏台】 夏后氏の獄名。牢獄。〔史記、夏紀〕帝桀の時、～湯を召して之れを夏臺に囚ふ。

【夏簟】 夏のしきもの。たかむしろ。唐・杜甫〔劉峡州伯華使君に寄す、四十韻〕詩 宴には引く、春壺の酒 恩は分つ、夏簟の冰

【夏籥】 夏后氏の文舞の楽。〔呂覧、古楽〕禹立ちて天下に勤勞す。～是に於て皐陶に命じて夏籥九成を作爲し、以て其の功を昭らかにす。

【夏臘】 夏冬。僧の出家後の年数をいう。唐・賈島〔無得頭陀に寄す〕詩 夏臘、今應に三十餘なるべし 樹下、塚間の居を離れず

↑夏雨 夏の雨／夏雩 夏の雨乞い／夏耘 草とり／夏炎 夏の暑さ／夏橘 夏蜜柑／夏畦 夏の畑仕事／夏景 夏景色／夏坐 夏安居／夏時 夏王朝の暦／夏首 初夏／夏条 夏の木の枝／夏正 夏王朝の暦／夏楚 むち／夏中 夏季／夏鼎 禹の宝鼎／夏天 夏の日／夏半 夏の過半／夏峯 夏山／夏木 夏の木立／夏礿 夏の祭／夏潦 夏の大水

↓一夏・炎夏・火夏・華夏・祴夏・季夏・九夏・区夏・結夏・三夏・残夏・肆夏・首夏・春夏・初夏・暑夏・諸夏・銷夏・深夏・清夏・盛夏・大夏・中夏・仲夏・長夏・冬夏・麦夏・半夏・晩夏・孟夏・論夏・有夏・陽夏・立夏

常 **【家】** 10 3023 カ ケ いえ

篆文 古文 金文 甲骨文 

会意 宀＋豕。〔説文〕七下に「居なり。宀に從ひ、豭の省聲」

とする。金文の字形は豖（豛豛した犬牲）に従う形。犧牲を埋めて地鎮を行った建物の意。卜辭では「上甲の家」のように、その廟所の意に用いる。

訓義 1みたまや。2廟を中心に居住をしたので、住居の意となる。いえ。3その居住者、家族、血縁者。4その限定義。つま、おっと。5歴史的に、いえがら、いえすじ。6自家。一家を成すもの。

古訓 〔和名抄〕家 伊閇（いへ）〔名義抄〕家 イヘ・シヅカナリ〔字鏡集〕家 イヘ・ヰル・シヅカナリ

声系 〔説文〕に家声として、稼・嫁など三字を収める。稼は種穀、嫁は嫁帰、家は祀所として、そこに移る意があろう。

語系 家・嫁keaは同声。居kiaは声義近く、尸の居る姿勢をいう。家・居は、聖所としてそこに移る意の字であろう。

【家醞】手造りの酒。唐・白居易〔陶潜の体に効ふ詩、十六首の序〕家醞の新たに熟するに會ひ、雨中獨り飲む。往往酣醉して、終日醒めず。

【家翁】家の主人。〔隋書、長孫平伝〕鄙諺に曰く、癡ならず聾ならずんば、未だ大家翁と作るに堪へずと。此の言小と雖も、以て大に喩ふべし。

【家誡】家訓。〔唐書、房玄齡伝〕乃ち古今の家誡を集め、書して屛風と爲し、諸子をして各〻一具を取らしむ。曰く、意を此に留めば、以て躬を保つに足る～と。

【家学】家に伝える専門の学。〔後漢書、党錮、孔昱伝〕昱少くして家學を習ふ。大將軍梁冀辟せども應ぜず。～後黨事に遭ひ、禁錮せらる。

【家諱】家の父祖の名を諱む。〔礼記、曲礼上〕君所にては私諱無し。〔鄭玄注〕臣、君前に言ふときは家諱を辟けざるを謂ふ。尊、二無ければなり。

【家居】官に就かず、家に居る。〔漢書、司馬相如伝下〕相如既に病もて免ぜられ、茂陵に家居す。

【家郷】故郷。唐・賀知章〔郷に回りて偶〻書す〕詩 家郷に離別して、歳月多し 近來人事、半ば銷磨す

【家業】先祖伝来の職業。〔漢書、楊王孫伝〕黄老の術を學び、家業千金、厚く自ら養生を奉じ、致さざる所亡し。

【家君】他人に対して、父をいう。〔易、家人、彖伝〕家人に嚴君有りとは、父母の謂なり。

【家訓】一家の教え。庭訓。〔後漢書、文苑下、辺譲伝〕髫齓（幼時）夙く孤にして、家訓を盡さず。學廬に就くに及んで、便ち大典を受く。

【家兄】他人に対して、自分の兄をいう。〔晋書、謝玄伝〕謝安嘗て（戴）逵に謂ひて曰く、卿の兄弟の志業、何ぞ殊に殊なると。逵曰く、下官は其の憂へに堪へず、家兄は其の樂しみを改めずと。

【家計】くらし。生計。〔三国志、魏、夏侯玄伝注に引く魏略〕（李）豐、前後仕へて二朝を歷たるも、家計を以て意と爲さず、俸稟を仰ぐのみ。

【家産】財産。身代。〔漢書、伍被伝〕朔方の郡、土地廣美なり。民の從ふる者、以て其の地を實たすに足らず。～家産五十萬以上の者は、皆其の家屬を朔方の郡に從す。

【家山】故郷。故山。唐・白居易〔初めて香山院に入りて月に対す〕詩 今よりは便ち是れ家山の月 試みに問ふ、清光は知るや知らざるや

【家資】家の財産。〔後漢書、朱暉伝〕建初中、南陽大いに飢う。米石千餘なり。暉盡く其の家資を散じ、以て宗里故舊の貧羸なる者に分つ。鄉族皆歸す。

【家事】家のこと。〔史記、廉頗藺相如伝〕（趙括の）母、～曰く、始め妾、其の父に事ふ。時に將爲たり。～命を受くるの日、家事を問はざりき。

【家室】夫婦。〔詩、周南、桃夭〕之の子于に歸ぐ 其の家室に宜しからん

【家書】家からのたより。唐・杜甫〔春望〕詩 烽火、三月に連なり 家書、萬金に抵る 白頭、搔けば更に短く 渾て簪に勝へざらんとす

【家蔬】自家の野菜。唐・劉長卿〔鸚鵡洲の王処士の別業を過ぐる〕詩 白首、此に漁を爲す 靑山、結廬に對す 人に問うて野筍を尋ね 客を留めて家蔬を饋る

【家属】家の人。家族。〔後漢書、天文志下〕太傅陳蕃・大將軍竇武、盡く諸宦者を誅せんと欲す。～中常侍曹節～制を矯めて蕃・武等を殺し、家屬は日南・比景に從さる。

【家諜】家の系図。家牒。梁・任昉〔王文憲集の序〕公は、～琅邪臨沂の人なり。其の先は秦より宋に至る。國史家諜に詳らかなり。

【家廷】家族。その生活の場所。〔後漢書、鄭均伝〕常に病を家廷に稱し、州郡の辟召に應ぜず。郡將必ず之れを致さんと欲す。～均是に於て濮陽に客となる。

【家伝】家の記録。南朝宋・謝霊運〔山居の賦〕國史以て前紀を載せ、家傳以て世模を申ぶ。篇章以て美刺を陳ね、論難以て有無を覈ふ。

【家僮】召使い。生産に従う者をも含む。家童。〔史記、呂不韋伝〕秦王、年少し。太后時時、竊私かに呂不韋に通ず。不韋、家僮萬人あり。

【家風】家のしきたり。北周・庾信〔哀江南の賦の序〕潘岳の文采、始めに家風を述べ、陸機の辭賦、先づ世德を陳ぶ。

【家邦】家と国。国家。〔詩、大雅、思斉〕寡妻に刑し 兄弟に至り 以て家邦を御む

【家門】家。一家一門。〔左伝、昭三年〕政、家門に在り。民依る所無し。

【家問】家書。〔晋書、陸機伝〕機に駿犬有り。～京師に羈寓（仮住居）し、久しく家問無し。笑つて犬に語りて曰く、～汝能く書を齎し、消息を取るや不やと。～犬、路を尋ねて南走し、遂に其の家に至れり。

【家累】家族や使用人たち。梁・昭明太子〔陶淵明伝〕事を執る者之れを聞き、以て彭澤の令と爲す。家累（家族眷属）を以て自ら隨はず。

↑家冤 家の冤罪／家宴 家族の宴／家園 故郷／家鴨 あひる／家屋 人家／家戒 家訓／家規 家訓／家妓 お抱えの妓／家舅 自分の舅／家禽 飼う鳥／家慶 一家の喜び／家眷 家族／家姑 自分の姑／家口 家族の人数／家公 家の父／家巷 まちなか／家菜 手料理／家財 家の器具／家貲 家資／家兒 わが子／家慈 自分の母／家什 什器／家処 家居／家乗 家の歴史／家食 家で暮らす／家臣 家来／家信 家書／家人 一家の人／家世 家すじ／家生 生活／家声 家の名誉／家俗 家風／家尊 他人の父／家宅 住居／家闥 門の内／家畜 人が飼う鳥獣／家珍 家宝／家奴 しもべ／家童 家僮／家道 家人の道／家難 家の不幸／家閥 先祖の功／家婢 下女／家廟 祖廟／家父 自分の父／家婦 主婦／家兵 私兵／家母 自分の母／家法 家の掟／家僕 しもべ／家務 家事／家約 家憲／家邑 所領として与えられている地／家里 妻／家閭 家門／家令 家憲／家礼 一家の礼／家例 しきたり／家隷 家来／家老 家臣の長／家醪 手作り酒／家禄 世襲の禄／家録 家の記録

↓一家・姻家・王家・我家・画家・外家・官家・貴家・仇家・旧家・去家・巨家・居家・君家・権家・厳家・故家・侯家・皇家・高家・豪家・国家・婚家・在家・作家・山家・私家・詩家・室家・実家・

主家・酒家・儒家・衆家・讎家・出家・書家・諸家・妾家・将家・商家・樵家・人家・世家・生家・成家・斉家・勢家・仙家・専家・全家・宗家・喪家・僧家・俗家・村家・大家・檀家・朝家・田家・伝家・当家・道家・農家・破家・万家・貧家・夫家・婦家・富家・武家・仏家・分家・文家・兵家・保家・母家・邦家・法家・墨家・本家・民家・名家・立家・良家・隣家・礼家

【盉】 10 2010 カ(クヮ)

篆文 金文

会意 禾+皿。〔説文〕五上に「味を調ふるものなり」とし、禾声の字とするが、金文の字形に禾に又(手)を加える形のものがあり、器中に禾を加え、酒を注ぐなどして、酒味を調える酒器である。銘文に盉としるした器があって、その形態と器用とを知ることができる。殷器には雄偉の作が多く、根津美術館に蔵する三器一肆の盉は、特に著名である。

訓義 ①酒器。か。

古訓 〔字鏡集〕盉 アツモノ

常 **【荷】** 10 4422 〔荷〕 11 4422 カ はす にになう

篆文 甲骨文 金文

形声 声符は何。〔説文〕一下に「芙蕖の葉なり」とみえる。

訓義 ①はす、はちす。②何と通じ、に、になう。③苛と通じ、せめる、わずらわしい。

古訓 〔名義抄〕荷 ハチスノハ・ハチス・ニナフ・モツ・カウフル・タフ・ニ

声系 荷・何haiは同声、苛(苛)khaiは声が近い。何は古くは戈を荷う形であった。苛は可(呵叱して責める)の意を承ける。

【荷荷】 はっはと笑う。歌のかけ声。清・黄遵憲〔都踊りの歌〕詩 長袖飄飄、髻峨峨たり 荷荷 裙、緊束して、帯は斜に插さす 荷荷

【荷華】 蓮の花。唐・李白〔採蓮曲〕詩 若耶溪の傍ら、採蓮の女 笑つて荷華を隔てて、人と共に語る

【荷香】 蓮の香。唐・劉長卿〔李明府雪の渓水堂に留題す〕詩 晩竹、疏簾の影 春苔、雙履の痕 荷香、坐臥に隨ひ 湖色、晨昏に映ゆ

【荷鋤】 すきをになう。晋・陶潛〔園田の居に帰る、五首、三〕詩 晨に興きて荒穢を理め 月を帯びて鋤を荷ひて帰る

【荷篠】 篠(竹製のかご。除草に用いる)をになう。〔論語、微子〕子路、従ひて後る。丈人の、杖を以て篠を荷ふに遇ふ。

【荷担】 かつぐ。背には担という。〔後漢書、丁鴻伝〕鴻、年十三、桓榮に従つて歐陽尚書を受く。～論難を善くし、都講と爲る。遂に篤志精鋭、布衣荷擔して、千里を遠しとせず。

【荷風】 蓮池を吹く風。快い風。唐・孟浩然〔夏日、南亭に辛大を懐ふ〕詩 荷風、香氣を送り 竹露、清響に滴る

↑荷衣 蓮葉の衣／荷屋 荷蓋／荷恩 感謝する／荷花 蓮の花／荷感 感謝する／荷気 蓮の香／荷蕢 隠士／荷蕖 はちす／荷繈 むつき／荷藕 蓮根／荷校 かせ／荷糸 藕糸／荷銭 若蓮の葉／荷鉏 荷鋤／荷戴 荷恩／荷沢 恩沢を受ける／荷池 蓮池／荷帙 笈を負う／荷寵 寵愛を受ける／荷任 任務を負う／荷嚢 嚢を負う／荷佩 有難く思う／荷筆 筆をもつ／荷負 負担する／荷頼 頼る／荷笠 蓮葉の笠／荷累 牽累／荷礼 苛礼／荷露 蓮葉の露／荷禄 俸禄を受ける

↓衣荷・円荷・感荷・芰荷・擎荷・枯荷・香荷・高荷・採荷・秋荷・衆荷・集荷・重荷・出荷・春荷・蘘荷・新荷・衰荷・折荷・戴荷・担荷・池荷・挺荷・敗荷・薄荷・晩荷・披荷・負荷・風荷・芳荷・菱荷・緑荷・累荷・裂荷・蓮荷・露荷

常 **【華】** 10 4450 〔華〕 12 4450 カ(クヮ) ケ はな はなやか

篆文 金文

象形 金文の字形は草花の象。その華を抜き取るように摘むことを拜(拝)という。その姿勢が拝礼に近いので、のち拝礼の字となるが、もとは草花を抜く意。〔説文〕六下に「榮なり」とあり、〔爾雅、釈草〕に「木には之れを華と謂ひ、草には之れを榮と謂ふ」とするが、字形の上からいえば、木には栄、草には華というべきである。

訓義 ①はな、はなさく。②その美しさから、はなやか、はなやぐ、あでやか、かざり。③人事に及ぼして、さかえる、ほまれ、すぐれる。④実に対して、うわべ。⑤蛮夷に対して、中国をいう。中華。

古訓 〔字鏡集〕華 ハナ・オホハナ・ハナフサ・アキラカ・ウルハシ・サカユ・アツマル・ミヤコ・シラケ・シロシ・イタル・シゲシ・サカンナリ

部首 〔説文〕に曄をその部に属する。白華をいう。

声系 〔説文〕に華の省声として、崋を収める。華山をいう。

語系 〔説文〕に「𠌶は艸木の華なり」とあり、「華は榮なり」とは華咲く意の動詞とするものであろう。𠌶・花(花)xoa、華hoaは一系の語。

参考 花は華と同じ字とされるが、慣用にも異なるところがある。古くは華を用いた。花は後起の字。

【華栄】 栄華。かがやく。〔後漢書、蔡邕伝〕心は守高に恬澹に、意は持盈に爲す無し。粲乎として煌煌、華榮に非ざる莫し。

【華屋】 立派な御殿。魏・曹植〔箜篌引〕楽府 生存しては華屋に處るも 零落(死亡)しては山丘に歸す

【華夏】 蛮夷に対して中国をいう。〔書、武成〕華夏蠻貊、率ひ俾ひて、天の成命を恭まざる罔し。

【華萼】 花と萼。兄弟にたとえる。南朝宋・謝瞻〔安城に於て(謝)霊運に答ふ〕詩 華萼相ひ光き飾り 嚶鳴(鳥が鳴き交す声)響を同じうするを悦ぶ

【華嶽】 華山と岳山。〔中庸、二十六〕今夫れ地は一撮土の多きなり。其の廣厚に及びては、華嶽を載せて重しとせず、河海を振めて洩らさず。

【華翰】 人からの手紙。唐・劉禹錫〔竇相公に謝する啓〕華翰に逢ふ毎に、之れに哀言を賜ひ、果して新恩を蒙り、重ねて清貫を忝くす。

【華裾】 美しい服のもすそ。唐・李賀〔高軒過〕詩 華裾、翠を織つて青は葱の如く 金環、轡を壓して、揺れて玲瓏たり

【華語】 中国語。〔宣和画譜、山水三、日本国〕太平興國中、日本の僧、其の徒五六人と商舶に附して至る。華語に通ぜず。其の風土を問へば、則ち書して以て對ふ。書は隷を以て法と爲す。其の言、大率ね中州を以て楷式と爲す。

【華采】 はなやかな色どり。〔楚辞、九歌、雲中君〕蘭湯に浴して芳に沐す 華采の衣英の若し 靈、連蜷として既に留まり 爛、昭昭として未だ央きず

【華簀】 美しいすのこ。〔礼記、檀弓上〕曾子、疾に寢ねて病なり。～童子隅坐して燭を執る。童子曰く、華にして睆(美麗)たるは、大夫の簀かと。～曾子之れを聞き、瞿然として曰く、呼と。

【華辞】 かざったことば。〔南史、文学、崔慰祖伝〕慰祖、口吃にして、華辭無し。而れども酬據(応答)精悉なり。一座之れを稱服す。

【華実】か(くわ)じつ　華と実。外観と実質。〔南史、斉宗室、衡陽元王道度伝〕性、學を好み、善く文を屬る。～武帝、王儉に謂ひて曰く、衡陽王は文學に須ちひん。當に華實をして相ひ稱はしむべし～と。

【華胥】か(くわ)しよ　理想的な夢の世界。〔列子、黄帝〕黄帝～夢に華胥氏の國に遊ぶ。～其の國～其の民に嗜欲無く、自然なるのみ。～黄帝既に寤め、怡然として自得す。～曰く、～今至道の、情を以て求むべからざるを知る～と。

【華勝】か(くわ)しよう　婦人の髪飾り。〔後漢書、輿服志下〕簪は瑇瑁を以て擿と爲す。長さ一尺、端を華勝と爲し、上を鳳凰爵(雀)と爲し、翡翠を以て毛羽と爲す。

【華燭】か(くわ)しよく　美しい燭火。結婚式に用いる。〔剪灯余話、洞天花燭記〕丈人讀み既り、稱嘆すること再三。遂に留宿して、以て華燭の會を光かす。

【華簪】か(くわ)しん　立派な冠どめの簪。貴人の地位。唐・白居易〔中書寓直〕詩 病みては詞頭に對して彩筆を慙ぢ 老いては鏡面を看て華簪に愧づ

【華説】か(くわ)せつ　言葉だけ立派で、内容のない説。晉・陸機〔文の賦〕是れ蓋し輪扁(車造り)の(輪の作りかげんを)言ふを得ざる所、故より亦た華説の能く精しくする所に非ず。

【華牋】か(くわ)せん　美しい料紙。唐・杜甫〔秋日夔州詠懷、鄭監・李賓客に寄す、一百韻〕詩 遠遊、絶境を淩ぎ 佳句、華牋に染む 毎に孤飛して去らんと欲するも 徒だ百慮に牽かる

【華素】か(くわ)そ　貴族と平民。梁・裴子野〔宋略、選挙論〕古は德義尊ぶべく、負販を擇ぶ無し。～名公の子孫と雖も、還た布衣の伍に齊し。士庶分ると雖も、本と華素の隔て無し。

【華藻】かそう(くわさう)　文飾。魏・曹植〔七啓〕歩光(古剣名)の劍、華藻の繁縟、飾るに文犀(通天犀)を以てし、彫るに翠綠(翡翠と碧玉)を以てす。

【華誕】か(くわ)たん　うわべだけ飾る。〔大戴礼、文王官人〕物生じて聲有り。聲に剛有り、柔有り。～好有り、惡有り、咸く聲に發す。心氣華誕なる者は、其の聲流散し、心氣順信なる者は、其の聲順節、～心氣寬柔なる者は、其の聲溫好なり。

【華冑】かちゆう(くわちう)　貴族の子孫。〔晋書、桓玄伝〕(楊)佺期、人と爲り驕悍、常に自ら謂へらく、籍を華冑に承け、江表(東)に比するもの莫しと。

【華灯】か(くわ)とう　美しい灯火。唐・寒山〔寒山詩、一〇四〕富兒、高堂に會す 華燈、何ぞ煒煌たる

【華年】か(くわ)ねん　少年のとき。唐・李商隱〔錦瑟〕詩 錦瑟端無くも五十絃 一絃一柱、華年を思ふ 莊生の曉夢、蝴蝶に迷ひ 望帝の春心、杜鵑に託す

【華髪】か(くわ)はつ　白髪。唐・杜甫〔北征〕詩 況んや我胡塵に墮ち 歸るに及んで盡く華髮たり 年を經て茅屋に至れば 妻子、衣百結(ぼろぎれ)す

【華表】かひよう(くわへう)　柱上に十字形の横木をつけた標木。古くは軍門、墓門など、聖所に樹てた。桓表、和表ともいう。〔捜神記、十八〕時に燕の昭王の墓前に一斑狐有り。年を積みて能く變幻を爲す。乃ち變じて一書生と作り、～過りて墓前の華表に問ふ。

【華篇】か(くわ)へん　美しい詩文。〔南斉書、文学伝論〕桂林湘水は、平子(張衡)の華篇あり。飛館玉池は、魏文(曹丕)の麗篆あり。

【華鬘】けまん　インドの古俗で、花を結んで頭や身を飾る。仏像の装具とする。唐・白居易〔悟真寺に遊ぶ詩、一百三十韻〕霜を疊んで、袈裟と爲し 雹を貫いて、華鬘と爲す

【華麗】か(くわ)れい　はなやかで美しい。晉・陸機〔周夫人の、車騎(夫、車騎の官)に贈るが為に(作る)〕詩 今時、君の書を得たり 聞く君京城に在りと 京城は華麗の所 璀璨(輝くさま)として異人多し

➡華夷 夷夏／華域 中国／華茵 美しい筵／華雨 花時の雨／華雲 美しい雲／華英 輝き／華裔 中国の辺裔／華婉 あでやか／華筵 立派な宴席／華艶 あでやか／華押 花押／華蓋 きぬがさ／華客 花見客／華鄂 華萼／華睆 美しい／華緘 立派なお手紙／華顔 花顔／華虚 浮華／華京 花の都／華景 日光／華絢 美しいあや／華顕 高位／華甲 還暦／華構 華屋／華曠 広壮／華轂 美しい車／華歳 正月／華時 花時／華質 美質／華奢 贅沢／華首 老人／華条 花の枝／華食 美食／華縟 飾りが多い／華榱 飾ったたるき／華節 春／華僭 おごる／華饌 ご馳走／華鈿 華の簪／華榻 美しい榻／華魄 花／華靡 奢侈／華鬢 美しい髪／華密 枢密の位／華名 名誉／華腴 貴族／華容 美容

➡雲華・英華・栄華・煙華・鉛華・含華・輝華・九華・虚華・空華・京華・月華・妍華・光華・香華・豪華・国華・才華・歳華・散華・詞華・秀華・昇華・章華・晨華・声華・精華・雪華・咀華・霜華・中華・重華・日華・年華・髮華・繁華・披華・浮華・風華・芬華・紛華・文華・鬢華・妙華・優華・容華・菱華・蓮華・露華

【崋】 11 2250 カ(クワ)

篆文 

形声 声符は華(華)か。〔説文〕九下に「山なり。弘農華陰に在り」という。五岳の一、西岳。漢碑にはなお崋の字を用いるが、のち多く華を用いる。

訓義 ①山の名。

古訓 〔字鏡集〕崋 シゲシ・サカンナリ

【崋山】か(くわ)ざん　華山。〔風俗通、山沢、五岳〕西方は崋山、崋なる者は華なり。萬物滋然として、西方に變華するなり。

常 【掛】 11 5300 ［挂］ 9 5401 カ(クワ) カイ(クワイ) かける かかり

形声 声符は卦か。卦は卜兆の数を土版にしるすもので、易の卦爻をいう。〔易、繫辞伝上〕に「一を掛けて以て三に象る」とあり、筮竹を指にはさんで分ける意。のち懸繫の意となり、縊死することを「枝に掛く」のようにいう。

訓義 ①挂と同字。かける、かかる。②筮法の上から、わける、とる。③国語では、上からかける、よる、たのむ、費用など、多くの使いかたがある。

古訓 〔名義抄〕掛 カ、ル

【掛剣】かいけん(くわいけん)　呉の延陵の季子が、生前に徐君の欲していた剣を、その墓にかけて贈った故事。信義に敦いことをいう。唐・杜甫〔李尚書を哭す〕詩 徐に留むる劍を掛けんと欲するも 猶ほ(王子猷が)戴(安道)を憶ふの船を廻らす

【掛戸】けいこ　戸を掲げる。また、戸にかかる。宋・蘇軾〔紫団参(紫団山の人参)、王定国に寄す〕詩 淸宵、月、戶に掛かり 半夜、珠(津液)、井に落つ

【掛歯】けいし　歯牙にかける。問題としてとりあげる。宋・蘇軾〔朱康叔に与ふる書、二十首、十五〕問ふ所の菱(淩)翠、今に至るまで虛位、雲は乃ち權りに發遣するのみ。何ぞ齒牙に掛くるに足らん。呵呵。

【掛錫】か(くわ)しやく　僧が巡行の錫杖をかけて、一時止まること。掛杖。宋・寇準〔中秋、江上の吟僧に寄す〕詩 掛錫して荊楚に在り 杜門、往還無し

【掛瓢】かいひよう(くわいへう)　瓢をかける。隠遁。〔逸士伝〕許由手もて水を捧じて飲む。人一瓢を遺る。飲み訖りて木上に掛く。風吹きて聲有り、由以て煩と爲して之を去る。

➡掛画 画をかける／掛冠 辞職する／掛甲 鎧を衣る／掛鉤 鉤をつける／掛号 番号／掛轂 雑踏／掛軸 書画のかけもの／掛縄 縄をかける／掛心 懸

念する／掛席 帆をあげる／掛単 行脚僧が留宿する／掛漏 遺漏

【笳】 11 8846 カ あしぶえ

形声 声符は加。もと胡人の用いた笛で、胡笳という。

訓義 ①あしぶえ。②珈と通じ、かんざし。

古訓 〔篇立〕笳 ホシブエ・フク・アシブヱ

【笳管】 胡笳。〔南史、隠逸下、阮孝緒伝〕外兄王晏、貴顯なり。屢〻其の門に至る。孝緒、之れが必ず顚覆するに至るを度り、其の笳管を聞き、籬を穿ちて逃匿し、與に相ひ見えず。

【笳鼓】 胡笳と胡人の鼓。〔南史、曹景宗伝〕景宗、振旅凱入す。帝、華光殿に於て宴飲連句す。～景宗已に酔ふも、作を求めて已まず。～便ち筆を操り、斯須にして成る。其の辭に曰く、去る時兒女悲しむ 歸來笳鼓競ふ 借問す、行路の人 霍去病(漢の名将)に何如ぞと。

【笳簫】 胡人の吹く笛。胡笳。唐・杜甫〔韋大夫の晋に之くを哭す〕詩 笳幕、風燕旋り 笳簫、暮蟬急なり

【笳吹】 あしぶえ。梁・劉孝威〔宴に侍して、竜沙宵明月を賦し得たり〕詩 落照、樓影を移し 浮光、塹瀾を動かす 櫪馬、笳吹を悲しみ 城烏、塞寒に啼く

↑笳音 胡笳の声／笳角 軍楽の器／笳吟 胡笳の声／笳笛 あしぶえ

↓哀笳・怨笳・角笳・寒笳・羌笳・暁笳・凝笳・金笳・胡笳・塞笳・簫笳・吹笳・清笳・長笳・晩笳・悲笳・辺笳・暮笳・蘆笳

【舸】 11 2142 カ ふね

篆文 

形声 声符は可。〔説文新附〕八下に「舟なり」、〔方言、九〕に「南楚・江湘、凡そ船の大なる者、之れを舸と謂ふ」とみえる。

訓義 ①ふね、おおぶね。

古訓 〔和名抄〕舸 楊氏云ふ、波夜布禰(はやふね)〔篇立〕舸 ウフネ・ハヤフネ・ヒラタ

参考 古代の越人は大船を舸艫とよんだ。〔日本書紀、応神紀五年〕にみえる軽舟「枯野」はその音を伝える語。舸もその系統の語であろう。

【舸艦】 軍船。また巨艦。唐・王勃〔滕王閣の序〕閭閻地を撲つ、鐘鳴鼎食の家あり。舸艦、津に迷ふ、靑雀黃龍の舳あり。

【舸船】 ふね。〔三国志、呉、董襲伝〕(孫)權、黃祖を討つ。祖、兩蒙衝(戦艦)を横たへて沔(水名)口を挾守す。～襲、淩統と倶に前部と爲り、～大舸船に乘り、蒙衝の裏に突入す。

↑舸窗 舟の窓／舸頭 舷頭／舸纜 舟のともづな

↓遠舸・画舸・帰舸・妓舸・軽舸・鷁舸・江舸・小舸・船舸・戦舸・走舸・大舸・単舸・釣舸・半舸・泛舸・飛舸・纜舸・利舸・竜舸

常 【菓】 11 4490 〔菓〕 12 4490 カ(クヮ) このみ かし

形声 声符は果。果は果実で、菓の初文。菓子はもと果物を意味した。

訓義 ①このみ、くだもの。②かし。もと果物を砂糖漬けにした。

古訓 〔名義抄〕菓 クダモノ・コノミ

↑菓子 果物／菓盤 果物をのせる盆／菓品 果物類

↓茶菓・製菓・乳菓・氷菓

【訛】 11 0461 〔譌〕 19 0462 カ(クヮ) ガ(グヮ) いつわる あやまり

篆文 

金文 

形声 正字は譌に作り、爲(為)声。訛はその異体字であり、化(化)声。

訓義 ①偽・譌と通じ、いつわり、いつわる。②正しからぬこと、あやまり、なまる、たがう、かわる。③吪と通じ、うごく。

古訓 〔新撰字鏡、享和本〕訛 太波己止(たはこと)〔名義抄〕訛・譌 イツハル・タガフ・カザル・アヤマレリ・ヒナフ・ウゴク・ウゴカス・ヨコタハル・ヨコナハル・カマビスシ

参考 〔説文〕三上に譌を正字とするが、金文の〔中山王諸器〕にすでに訛に作るものがあり、〔詩、小雅、沔水〕にも「訛言」とあって、流言蜚語の類をいう。譌と同字で、文献には両字を用いる。

【訛闕】 あやまり、欠ける。〔唐書、芸文志一〕六經秦に焚かれしより、復た漢に出づ。其の師傳の道中絶し、簡編脱亂訛闕し、學者其の本眞を得る莫し。是に於て諸儒章句の學興る。

【訛言】 誤った風評。流言。〔詩、小雅、正月〕民の訛言亦た孔だ之れ將いなり

【訛誤】 あやまり。いつわり。梁・武帝〔申ねて選人を飭しむる表〕且つ夫れ譜牒訛誤、詐僞多緒なり。人物の雅俗、肯て留心する莫し。

【訛舛】 あやまりたがう。〔隋書、礼儀志一〕世載遐邈にして、風流訛舛す。必ず人情の將に禮意を移さんとする有り。殷周の軌を異にする所以なり。

【訛謬】 あやまり。誤謬。〔宋史、高若訥伝〕兼ねて醫書に通ず。～張仲景の傷寒論訣、孫思邈の方書及び外臺祕要は久しく傳はらず。悉く訛謬を考校して之れを行ふ。世始めて是の書有るを知る。名醫多く衞州に出づるは、皆高氏の學に本づく。

↑訛音 なまり／訛火 野火／訛偽 いつわり／訛語 方言／訛索 金品を詐取する／訛錯 錯誤／訛奪 脱漏／訛頭 誤りのもと／訛濫 でたらめ

↓違訛・音訛・姦訛・欺訛・疑訛・欠訛・校訛・字訛・承訛・正訛・声訛・贅訛・舛訛・貞訛・転訛・伝訛・弁訛・民訛・妖訛

常 【貨】 11 〔貨〕 11 2480 カ(クヮ) たから

篆文 

形声 声符は化(化)。〔説文〕六下に「財なり」とあり、財貨をいう。もと貨幣の意。

訓義 ①貨銭、ぜに。②たから、しな。③商品として扱う、うる、まいなう。

古訓 〔新撰字鏡〕貨 女豆良志(めづらし)〔名義抄〕貨 タカラ・タカラモノ・マヒナヒ・マミナヒ・ヒサク・タクハフ〔字鏡集〕貨 タカラ・タカラモノ・イチクラ・タクハフ・カフ・アキナフ・アツラフ・ウル・マミナヒ・アキラカ

語系 貨・化xuai、囮・訛nguai は声が近い。囮はおとりで鳥を取る、訛は金をまるく削る意。

【貨鬻】 売る。ものうり。〔南史、文学、劉勰伝〕勰、文心雕龍五十篇を撰る。～定を沈約に取らんと欲するも、自ら達するに由し無し。乃ち書を負ひて、約を車前に候つ。狀、貨鬻する者の若し。約、取りて讀み、大いに之れを重んず。

【貨財】 財物。〔礼記、曲礼上〕貧者は貨財を以て禮と爲さず。老者は筋力を以て禮と爲さず。

【貨殖】 金もうけ。〔論語、先進〕賜(子貢)は命を受けずして貨殖す。億(思わくで取引)すれば屢〻中る。

【貨泉】 銭貨。〔後漢書、光武帝紀論〕王莽、位を簒ふに及び、劉氏を忌惡す。錢文に金刀有るを以て、故に改めて貨泉と爲し、或いは貨泉の字文を以て、白水眞人と爲す。

【貨糴】 貿易し、穀物を買う。〔晋書、五行志上〕夫れ米廡は貨糴の屋なり。故無くして自ら壞る。此れ五穀踴貴し、糴賣すること無き所以なり。

【貨幣】 ぜに。かね。〔後漢書、光武帝紀下〕建武十六年～初め王莽の亂後、貨幣に布帛金粟を雜用す。是の歲、始めて五銖錢を行ふ。

【貨物】か(くわ)もつ　しなもの。物資。〔史記、平準書〕桑弘羊を大農丞と爲し、諸會計の事を筦(管)せしむ。稍稍(やうやう)く均輸を置き、以て貨物を通ず。

【貨賂】か(くわ)ろ　まいない。賄賂。〔管子、七臣七主〕君、法あるときは、則ち主の位安く、臣、法あるときは、則ち貨賂止みて、民に姦無し。

【貨賄】か(くわ)わい・かかい(くわくわい)　かねや布帛。貨財。〔礼記、月令〕仲秋、～是の月や、關市を易くして商旅を來(きた)し、貨賄を納(い)れて以て民事に便にす。四方來集し、遠郷皆至る。

↑貨運　貨物の輸送／貨易　貿易／貨款　売買契約／貨器　財貨と什物／貨求　賄賂を要求する／貨貢　貢物／貨材　貨財／貨産　資産／貨資　貨財／貨主　物の所有者／貨声　売り声／貨積　財産／貨節　税関の手形／貨船　商船／貨銭　貨泉／貨店　商店／貨貝　古代のかね／貨罰　物で償う／貨布　王莽の時の貨泉／貨宝　たから／貨郎　小間物の行商人

↓家貨・奇貨・金貨・銀貨・古貨・估貨・好貨・硬貨・穀貨・財貨・雑貨・資貨・聚貨・出貨・食貨・殖貨・正貨・銭貨・贓貨・滞貨・畜貨・儲貨・珍貨・通貨・排貨・貝貨・舶貨・百貨・布貨・負貨・良貨・糧貨・賄貨

【堝】 12 4712 カ(クヮ) るつぼ

形声 声符は咼(か)。咼は残骨の象に従い、底のくぼんだものの意がある。坩堝(かんか)は高熱で金属を鎔かす鍋をいう。

訓義 1るつぼ。

古訓 〔名義抄〕堝　ナベ・ツチナベ

↓瓜堝・坩堝・沙堝

【媧】 12 4742 カ(クヮ)

篆文　籀文

形声 声符は咼(か)。籀文(ちゅうぶん)の字形は鬲(か)に従う。〔説文〕十二下に「古の神聖の女、萬物を化する者なり」と、化(化)の声義を以て解する。伏羲・女媧の創生神話は南方苗系の伝承するところで、ともに蛇形の神像とされる。

訓義 1じょか。神話上の創造神の名。

【媧皇】かこう(くわくわう)　女媧。共工が天を傾けたのを補い、万物を化生した女神。唐・李白〔崇明寺仏頂尊勝陀羅尼幢頌〕共工、山に觸れずんば、媧皇は天を補はず。其の鴻波汩汩(こつこつ)として流るるに、伯禹水を治めずんば、萬人は其れ魚とならんか。

↓羲媧・皇媧・女媧・神媧・聖媧・霊媧

【斝】 12 6640 カ さかずき

篆文　甲骨文　金文

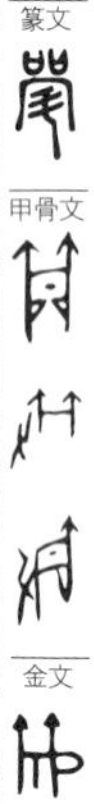

象形 青銅器の斝の器制は、爵の流(注ぎ口)のないものに、両柱を加えた形。上部の 吅 はその両柱の形。卜文・金文は象形。のち斗勺の意で斗を加えた。〔説文〕十四上に「玉爵なり。夏には琖と曰ひ、殷には斝と曰ひ、周には爵と曰ふ」とするが、斝・爵は異制、殷・周にそれぞれ斝・爵の器がある。〔詩、大雅、行葦〕に「爵を洗ひ、斝を奠(お)く」とあり、大小の別があったようである。斝・角・觚のような酒器は殷代に多い。

訓義 1さかずき。

古訓 〔字鏡集〕斝　サカヅキ

【斝彝】かい　六彝(りくい)のひとつ。彝は祭器。古代の祭祀に用いた酒器のひとつ。〔周礼、春官、司尊彝〕秋の嘗(しやう)、冬の烝(じよう)(ともに季節の祖祭)、裸(そそ)ぐに斝彝・黄彝を用ふ。

【斝歴】かれき　斝中の残りの酒。歴は瀝。〔周礼、夏官、量人〕凡そ宰祭には、鬱人と斝歴を受け、皆(とも)に之れを飲む。

↑斝耳　玉杯

常【渦】 12 3712 カ(クヮ) ワ うず

形声 声符は咼(か)。咼は窠と声義近く、まるくくぼんだ形のものをいう。水がはげしく渦まくとき、その形となる。

訓義 1うず、うずまく。

【渦旋】か(くわ)せん　うずまく。〔游宦紀聞、七〕又一に説(い)ふ。大洋海中に渦旋の處有り。龍、下に在り、其の涎を湧出す。太陽の爍かがく所と爲れば、則ち片(竜涎)を成す。風に飄(ただよ)はされて岸に至り、人則ち之れを取りて官に納(い)る。

【渦中】か(くわ)ちゆう　まきこまれる。宋・朱熹〔呂子約に答ふる書〕蘇黄門、初め佛を學ばず。只だ筠州に在るに因りて、此の漩渦中に陷入す。

↑渦水　うずまき／渦盤　うずまき

↓水渦・清渦・千渦・旋渦・白渦・微渦・瑶渦

【訶】 12 0162 カ しかる うた

篆文　金文

形声 声符は可(か)。可は祝禱を収めた器(口、𠙵(さい))を柯枝で毆(う)ち、その成就を求めて、神を呵責する意。その祈る声を訶という。

訓義 1しかる、せめる。2その声におのずから声調があり、訶は歌の初文。金文に歌の意に用いる。〔説文〕八下の歌の重文を謌に作る。うた、うたう。

古訓 〔名義抄〕訶　イサフ・イカル・セム・チカフ・ハカル・トフ・ムカフ・キラフ・タヒラカナリ

語系 訶xai、可khai、何haiは声義近く、同系の語。

【訶辱】かじよく　叱り辱める。〔晋書、陶侃伝〕奉饋(ほうき)する者有れば、皆其の由る所を問ひ、若(も)し力作の致す所ならば、微なりと雖も必ず喜び、～若し理もて之れを得るに非ざれば、則ち切厲訶辱して、其の饋(おく)る所を還す。

【訶責】かせき　叱り責める。〔三国志、呉、顧雍伝注に引く江表伝〕(顧雍の孫)譚、酒に酔ひ、三たび起(た)ちて舞ひ、舞うて止まるを知らず。雍、内(こころ)に之れを怒り、明日譚を召して之れを訶責す。

↑訶譏　そしる／訶護　かばう／訶詆　叱る／訶怒　叱り怒る／訶咄　叱りつける／訶詈　ののしる

↓諧訶・譏訶・教訶・禁訶・軽訶・譴訶・護訶・譙訶・嗔訶・誅訶・詆訶・怒訶・摩訶

【跏】 12 6610 カ かさねあし あぐら

形声 声符は加(か)。加に架・枷など組み重ねる意がある。〔玉篇〕に「結跏して坐す」とあり、あしぐみする意。仏教の坐法。

訓義 1かさねあし、あぐら。

古訓 〔名義抄〕跏　カサネノアシ・ウタクミ

【跏趺】かふ　両足の甲を重ねて坐る。結跏。明・高啓〔支遁菴〕詩　跏趺の影を見ず　鶴鳴いて、此の山空し

↓結跏

【軻】 12 5102 カ くるま

篆文

形声 声符は可(か)。〔説文〕十四上に「軸を接(つ)ぎたる車なり」とする。可に柯枝の意があり、本来は自然の曲木を用いたものであろう。轗軻(かんか)は双声、危途不遇をいう。〔広韻〕に「孟子、貧に居りて轗軻なり。故に名は軻、字(あざな)は子居」というのは俗説。孟子の字は子輿。軻と輿とは、名と字と対待をなす語である。

訓義 1くるま。

古訓 〔篇立〕軻　タ、ス

↑軻峨　高いさま

↓一軻・埳軻・轗軻・卿軻・接軻・尊軻

常【過】12 3730 〖過〗13 3730 カ(クヮ) すぎる よぎる あやまち

篆文

金文

侯馬盟書
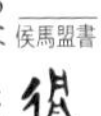

形声 声符は咼。〔説文〕二下に「度るなり」と度越・通過の意とする。咼は残骨の上半に、祝禱を収める器（口、ㅂ）の形を加え、呪詛を加える呪儀。特定の要所を通過するとき、そのような祓いの儀礼をしたのであろう。

訓義 ①すぎる、よぎる、こえる、わたる。②咼の声義を承けて、あやまち、あやまる、つみ、とが。③程度をこえることをいう。はなはだ、まさる。

古訓 〔名義抄〕過 ワタル・スグ・ヨギル・タビ・コユ・トガ・アシ・アヤマリ・アヤマル・ヲコタル

参考 春秋期の金文〔邾大宰鐘〕に「用て眉壽～を過る」という用法がある。金文に多く見える「匄る」も人骨の呪霊を用いる呪儀。国語の「すぐ」は「すがし」と同根の語と思われ、修祓によって心の清まる意。「あやまち」は「霊」のはたらきをいい、呪儀による禍殃を意味する。

【過悪】あやまち。〔周礼、地官、州長〕正月の吉、各其の州の民を屬めて灋（法）を讀み、以て其の德行道藝を攷へて之れを勸め、以て其の過惡を糾して之れを戒む。

【過軼】車で走り過ぎる。追い越す。〔左伝、僖三十二年〕君、大事を命ず。將に西師の我を過軼する有らんとす。之れを擊たば大いに捷たん。

【過客】旅人。唐・李白〔春夜桃李園に宴する序〕夫れ天地は萬物の逆旅、光陰は百代の過客なり。而して浮生夢の若し。歡を爲すこと幾何ぞ。

【過患】あやまち。〔顔氏家訓、文章〕昔より～盛名有りて過患を免るる者、時に復た之れを聞くも、但だ其の損敗するもの多きに居るのみ。

【過眼】目前を通りすぎる。宋・蘇軾〔王君宝絵堂記〕吾れ富貴に薄くして書に厚く、死生を輕んじて書に重し。（然れどもその得失は）之れを烟雲の眼を過ぎり、百鳥の耳に感ずるに譬ふ。

【過計】失計。〔荀子、富国〕夫れ有餘不足は、天下の公患に非ざるなり。特だ墨子の私憂過計なり。天下の公患は、之れを亂傷するなり。

【過隙】時の速やかなたとえ。〔荘子、盗跖〕天と地とは窮まり无きも、人の死するは時有り。時有るの具を操りて、无窮の閒に託す。忽然として騏驥の馳せて隙を過ぐるに異なること无きなり。

【過言】失言する。〔礼記、哀公問〕君子過り言ふときは、則ち民、辭を作し、過り動くときは、則ち民、則と作す。君子動くこと則を過らざるときは、百姓命せずして敬恭す。

【過誤】あやまち。過失。〔後漢書、鍾離意伝〕過誤の失は、常人の容す所なり。

【過行】あやまった行為。〔礼記、表記〕君子は～自ら其の功を尙しとせず、以て情に處るを求め、過行に率したはず、以て厚きに處るを求む。

【過更】辺境の徭役義務に代えて徴収する税。更賦。〔史記、游俠、郭解伝〕踐更（兵役義務に代えて徴税する）に至る毎に、數過なるも、吏求めず。〔如淳注〕更に三品有り。卒更有り、踐更有り、過更有り。

【過倖】過分のしあわせ。〔後漢書、文苑上、黄香伝〕帝其の精勤なるを知り、數恩賞を加ふ。～在位薦達する所多く、寵遇甚だ盛んなり。議する者、其の過倖を譏る。

【過酷】ひどくむごい。〔後漢書、酷吏、周紆伝〕紆、法を奉じ姦を疾くみ、貴戚に事へず。然れども苛慘、中を失す。～太傅鄧彪、紆の任に在りて過酷、京輦を典司するに宜しからずと奏す。免ぜられて田里に歸る。

【過差】程度をこす。魏・嵆康〔山巨源（濤）に与へて交はりを絶つ書〕阮嗣宗（籍）は、口に人の過ちを論ぜず。～至性人に過ぎ、物の與めに傷つくこと無し。唯だ飲酒過差なるのみ。

【過失】あやまち。〔楚辞、九章、惜往日〕密事を祕して心に載め 過失すと雖も猶ほ治せず

【過所】通行手形。〔魏書、元丕伝〕今京師旱儉、飢貧の人の關を出で食を逐ふを聽さんと欲す。如し過所を給せんと欲せば、時日を稽延し、災窘を救はざることを恐る。

【過称】ほめすぎ。過褒。〔後漢書、明帝紀〕閒者章奏頗る浮詞多し。自今、若し過稱虛譽有らば、尙書皆宜しく抑して省せず、諂子の嗤ひを爲さざるを示すべし。

【過尽】程度をこす。やりすぎ。清・鄭燮〔濰県署中、舍弟墨に与ふる第二書〕（書後又一紙）且つ天も亦た過盡の弊有り。～孔子を生むに及んで、天地も亦た氣之れが爲に竭き、力之れが爲に衰ふ。更に復た聖人を生むこと能はず。

【過絶】たちまさる。〔漢書、劉歆伝〕歆乃ち六藝群書を集め、種別して七略を爲る。～歆及び（劉）向始め皆易を治む。～父子倶に好古、博見彊志、人に過絶す。

【過多】多すぎる。唐・韓愈〔圬者王承福伝〕其の自らの爲にするや過多、其の人の爲にするや過少。其れ楊朱の道を學ぶ者か。

【過庭】家で教える。父が子に教える。〔論語、季氏〕嘗て（子）獨り立てり。鯉（孔子の子）趨りて庭を過ぐ。曰く、詩を學びたるかと。對へて曰く、未だしと。曰く、詩を學ばざれば以て言ふ無しと。

【過半】半ば以上。大部分。〔易、繫辞伝下〕噫、亦た存亡吉凶を要むるは、則ち居ながらにして知るべし。知る者、其の彖辭を觀ば、則ち思ひ半ばに過ぎん。

【過分】身分以上。宋・梅尭臣〔途中、尚書晏相公（殊）に寄上す、二十韻〕詩 平生獨り文字を以て樂しむ 曾ち未だ敢て貧賤を恥づることを爲さず 官は寸進なりと雖も、實に過分なり 名姓は已に賢者に知られたり

【過濫】甚だしい。ひどい。〔後漢書、酷吏、李章伝〕千乘の太守を遷し、盜賊を誅斬すること過濫なるに坐して、徵されて獄に下りて免ぜらる。

【過慮】思い過ごし。とりこし苦労。晉・潘岳〔摯虞の新婚に答ふる箴〕性情の際、誠に心を處き難し。君子過慮す。爰に明箴を獻ず。

【過礼】礼にすぎる。〔後漢書、樊儵伝〕謹約にして父（樊宏）の風有り。後母に事へて至孝。母卒するに及び、哀思過禮、毀病して自ら支へず。

↑過愛 溺愛する／過為 思い違い／過飲 立ち寄り飲む／過雨 通り雨／過謁 途中で面謁する／過往 以前／過悔 過失／過咎 あやまち、とがめ／過挙 失敗／過釁 とが／過激 激しすぎる／過去 以前／過午 ひるすぎ／過後 その後／過厚 過分／過歳 往年／過耳 聞き流し／過辞 過賞／過日 先日／過実 実際以上／過酒 飲みすぎ／過少 少なすぎ／過奨 ほめすぎ／過剰 余分／過世 死ぬ／過絶 こえる／過足 十分／過重 重すぎ／過渡 渡し／過費 むだがね／過謬 間違い／過法 厳刑／過訪 訪れる／過逢 であう／過門 門前を通る／過憂 心配しすぎ／過誉 ほめすぎ

↓一過・雨過・寡過・悔過・看過・咎過・救過・挙過・匡過・禁過・空過・経過・口過・功過・差過・細過・罪過・赦過・小過・飾過・数過・声過・大過・超過・懲過・通過・透過・読過・蔽過・黙過・

宥過・来過・慮過・濾過

【嘩】人 13 6405 〔嘩〕15 6405 〔譁〕19 0465
カ(クヮ) かまびすしい

篆文 形声 正字は譁に作り、華(華)か声。〔説文〕三上に「讙(かまびす)しきなり」とあって、喧嘩をいう。口やかましく騒ぐ意。〔切韻〕残巻に「大語なり」とあり、字はまた嘩に作る。

訓義 ①かまびすしい、やかましい。②譌(訛)と通じ、いつわる。

古訓 〔新撰字鏡〕譁 カマヒスシ 〔名義抄〕譁 カマビスシ・カタラフ・ワスル 〔字鏡集〕譁 カマビスシ・カタラフ・ワラフ・ワスル・ミダル

語系 譁(嘩)xoa、喧xiuan、讙xuan は声義近く、一系の語。喧嘩はまた讙譁に作り、争言讙呼することをいう。

【譁然】かくわぜん やかましくさわぐさま。唐・柳宗元〔捕蛇者の説〕悍吏の吾が郷に来たるや、東西に叫囂(きょうごう)し、南北に隳突(きとつ)す。譁然として駭(おど)く者、雞狗と雖も寧(やす)きことを得ず。

【譁譟】かそう(くわさう) やかましくさわぐ。〔宋史、狄棐伝〕士卒譁譟して府門に趣く。棐、～治むること能はず。

↑譁譁か 喧しい／譁吟かぎん よび騒ぐ／譁諠かけん 諠譁／譁釦かこう 譁呼／譁囂かごう 喧しい／譁耳かじ 喧しい／譁笑かしょう 騒ぎ笑う／譁沸かふつ 騒ぎたつ

↓讙譁・虚譁・喧譁・諠譁・囂譁・啾譁・紛譁

【嫁】常 13 4343
カ よめ とつぐ

篆文 形声 声符は家か。〔説文〕十二下に「女、人に適(ゆ)くなり」とし、家声とする。家は家廟。そこに仕えるものを、嫁という。

訓義 ①よめ。②とつぐ、ゆく。③賈と通じ、うる、なすりつける、おしつける。

古訓 〔名義抄〕嫁 トツギ・トツグ・ヨバフ・ヲウトアハス 〔字鏡集〕嫁 トツグ・マグ・ヨバフ

語系 嫁・家kea は同声。家は犬牲を埋めて祖霊を祀るところ。居kia も声義近く、祭祀のとき尸(かたしろ)の踞する形。嫁にも、そのような家廟の祭祀に参加する意を含む。

【嫁怨】かえん(あん) 怨みを他人になすりつける。〔宋史、呂大防伝〕(呂)大防、朴厚惷直、～恩を市(う)り怨みを嫁し、以て聲譽を邀(もと)めず。

【嫁禍】かか(くわ) 災難を他人になすりつける。〔戦国策、趙一〕且つ夫(そ)れ韓の趙に内(い)るる所以の者は、其の禍を嫁せんと欲すればなり。

【嫁娶】かしゅ 結婚。嫁入りと、めとる。〔後漢書、烏桓伝〕其の嫁娶には、則ち先づ女を略して情を通じ、或いは半歳百日、然る後牛馬羊畜を送りて、以て娉幣と為す。壻、妻に随ひて家に還る。

【嫁殤】かしょう(しゃう) 嫁ぐ以前に死んだ女子を、婚約者と結婚させる。〔周礼、地官、媒氏〕遷葬する者と、嫁殤する者とを禁ず。

【嫁非】かひ 自己の失敗を他に転嫁する。〔唐書、李嶠伝〕中宗、嶠の身宰相にして、乃ち自ら失政を陳(の)べ、官を罷めんことを丐(こ)ひ、嫁非する所無きを以て、手詔詰讓す。

↑嫁衣かい 花嫁衣裳／嫁帰かき 嫁入り／嫁期かき 適齢／嫁子かし 嫁女／嫁資かし 嫁入り仕度／嫁取かしゅ 嫁娶／嫁妾かしょう 附添い女／嫁粧かしょう 嫁入り道具／嫁装かそう 嫁入り衣裳／嫁奩かれん 化粧箱

↓下嫁・改嫁・帰嫁・許嫁・更嫁・降嫁・婚嫁・娶嫁・初嫁・女嫁・善嫁・待嫁・転嫁・来嫁

【廈】13 0024
カ いえ ひさし

篆文 形声 声符は夏か。夏は祭礼のときの舞容を示す字で、大の義がある。〔説文新附〕九下に「屋なり」とし、〔玉篇〕に「今の門無なり」という。

訓義 ①いえ、大きないえ。②ひさし。

参考 〔詩、秦風、權輿〕「於(ああ)我や 夏屋渠渠たりしに 今や食ふと毎(つね)に餘り無し」の夏屋を、大屋の廈の意に解することが多いが、〔鄭箋〕に「屋は具なり」とあり、屋は握・幄の意で、夏屋とは膳具をいう。故に下句に食事のことをいう。また次章に「於(ああ)我や 食する毎(ごと)に四簋(き)(簋は食器)なりしも 今や食ふと毎(つね)にも飽かず」とあり、すべて膳食のことに関している。

【廈屋】かおく(をく) 大きな家。晋・左思〔魏都の賦〕廈屋揆(き)を一にし、華屏(かへい)榮(やね)を齊(ひと)しうす。

↑廈宇かう 廊屋／廈房かぼう 旁屋

↓架廈・巨廈・広廈・高廈・崇廈・大廈・頽廈

【猧】13 1742
カ(クヮ) わざわい

篆文 形声 声符は咼か。咼は残骨を用いて呪詛を行う意。旡(き)は頭をそむける形。〔説文〕八下に「屰惡、驚く詞なり」とあり、驚き嘆く声をいう。

訓義 ①おどろくこえ。②禍と通じ、わざわい。

古訓 〔字鏡集〕猧 コトバ

語系 猧・禍(禍)huai は同声。過(過)kuai も声義が近い。

↑猧敗かはい 災禍で失われる

【暇】常 13 6704
カ いとま ひま

篆文 形声 声符は叚か。叚は真仮の仮(假)の初文。かりのもの、一時的なものの意があり、また大・遠の意がある。〔説文〕七上に「閑あるなり」とは、閑暇あるをいう。

訓義 ①いとま、ひま。

古訓 〔名義抄〕暇 イトマ・アク 〔篇立〕暇 イトマ

【暇逸】かいつ ひまで遊ぶ。〔書、酒誥〕敢て自ら暇ありとし自ら逸せず。矧(いは)んや其れ敢て崇飲せんや。

【暇給】かきゅう(きふ) ひま。ゆとり。〔漢書、諸侯王表序〕藩國の大なる者は～連城數十、宮室百官、制を京師に同じうす。撟枉、其の正に過ぎたりと謂ふべし。然りと雖も、高祖創業し、日に暇給あらず。

【暇景】かけい ひま。唐・太宗〔臨層台の賦〕惟(こ)れ萬機の暇景に、千慮を巖廊に屏(しりぞ)く。

【暇日】かじつ 無事の日。魏・王粲〔登楼の賦〕茲(こ)の樓に登りて以て四望す。聊(いささ)か暇日にして以て憂ひを銷(け)す。

【暇予】かよ ひまで楽しむ。漢・馬融〔長笛の賦〕是(ここ)に於て遊閒の公子、暇豫の王孫、心に五聲の和を樂しみ、耳に八音(はちいん)の調に比(した)しむ。

↑暇隙かげき ひま／暇遑かこう いとま／暇適かてき 自適の時／暇余かよ 余暇

↓安暇・逸暇・間暇・寛暇・休暇・公暇・私暇・自暇・書暇・小暇・乗暇・寸暇・請暇・不暇・来暇

【瑕】13 1714
カ きず

篆文 古印璽 形声 声符は叚か。叚は玉の原石を切り出す形。〔説文〕一上に「玉の小赤なり」とし、また〔広雅、釈詁二〕に「裂なり」と、玉に瑕釁(かきん)(きず)のある意とする。玉の小疵をいう。

訓義 ①きず。②人事の上に移して、あやまち、つみ。③きずの意より、すき、もろい。④遐と通じて、とおい、はるか。胡・何と通じて、なんぞ。

古訓 〔名義抄〕瑕 タマキズ・トガ・カク・ヲサム・アヤマツ・トホシ・サク

語系 瑕・霞・蝦・騢hea は同声。瑕は玉の小赤疵あるもの。霞は赤雲の氣。蝦は海老。騢は馬の赤白雑色なるもの。叚に小赤の意を含むようである。

【瑕穢】きずと、けがれ。〔淮南子、説山訓〕夫れ玉は潤澤にして光有り。其の聲舒揚、渙乎として其れ似たる有り。內無く外無く、瑕穢を匿さず。

【瑕釁】きず。過失。〔史記、李斯伝〕秦王に說きて曰く、胥人は其の幾を去り、大功を成す者は、瑕釁に因りて遂に之れを忍ぶに在り。

【瑕隙】すきま。晉・劉琨〔勧進表〕狡寇窺窬し、國の瑕隙を伺ふ。齊人(一般の民)波蕩(動揺)し、心を繫ぐ所無し。

【瑕痕】きずあと。唐・陸亀蒙〔陰符経を読み、鹿門士に寄す〕詩 未だ意義を窮むること能はず 豈に敢て瑕痕を求めんや

【瑕疵】きず。欠点。〔顔氏家訓、省事〕或いは宰相の瑕疵を劫持して、酬謝を獲んとする有り。或いは時人の視聽を喧聒(やかましく)し、發遣せられんことを求む。

【瑕讁】きず。欠点。〔老子、二十七〕善行に轍迹無く、善言に瑕讁無し。

【瑕瑜】欠点と美点。瑜は美玉。〔礼記、聘義〕瑕、瑜を揜はず、瑜、瑕を揜はざるは、忠なり。

➡瑕悪 欠点／瑕翳 斑点／瑕瑾 瑕釁／瑕欠 玉のきず／瑕垢 汚点／瑕訾 そしる／瑕謫 瑕讁／瑕殄 見棄てる／瑕玷 欠点／瑕慝 瑕謫／瑕病 きず／瑕尤 欠点

⬇隠瑕・揜瑕・棄瑕・毀瑕・求瑕・去瑕・抉瑕・痕瑕・細瑕・疵瑕・纖瑕・点瑕・韜瑕・匿瑕・微瑕・璧瑕・無瑕・瑜瑕

常 **【禍】** 13 3722 囚〔禍〕 14 3722 カ(クヮ) わざわい とがめ

篆文

甲骨文

金文

形声 声符は咼か。咼は残骨を用いて呪詛を行う意。それによってもたらされるものを禍という。〔説文〕一上に「害なり」、〔釈名、釈言語〕に「毀なり」という。毀も残骨を毆って呪詛する意。字はまた旤に作る。

訓義 ①わざわい、わざわいする。②つみ・とがをうける、とがめ、やぶれる。

古訓 〔名義抄〕禍 ワザハヒ・ツミ・トガ

【禍応】わざわいがそれに応じて起こる。〔唐書、劉蕡伝〕(対策)臣、言發して禍應じ、計行はれて身僇さるるを知らざるに非ず。

【禍殃】わざわい。不幸。〔楚辞、九章、惜往日〕寧ろ溘やかに死して流亡せん 禍殃の再び有らんことを恐る

【禍害】わざわい。〔韓非子、解老〕人～心、畏恐すれば、則ち行ひ端直に、行ひ端直なれば、則ち禍害無し。禍害無ければ、則ち天年を盡す。

【禍患】わざわい。〔荀子、大略〕禮なる者は、其の表なり。先王、禮を以て天下の亂を表す。今禮を廢する者は、是れ表を去るなり。故に民迷惑して禍患に陷る。此れ刑罰の繁き所以なり。

【禍機】わざわいの生ずるきざし。〔梁書、江淹伝〕景素、荊州と爲る。～腹心と日夜謀議す。淹、禍機の將に發せんとするを知り、乃ち詩十五首を贈りて以て諷す。

【禍根】わざわいのもと。〔潜夫論、断訟〕凡そ諸の禍根は、早く斷絶せざれば、則ち或いは轉た滋蔓せん。

【禍災】災難。〔史記、伯夷伝〕行くに徑に由らず、公正に非ざれば憤を發せざるに、禍災に遇ふ者、勝げて數ふべからざるなり。

【禍菑】わざわい。〔史記、暦書〕少皞氏の衰ふるや、九黎德を亂し、民神雜擾し、物を放つべからず。禍菑薦りに至り、其の氣を盡す莫し。

【禍胎】わざわいのもと。唐・白居易〔閒臥、所思有り、二首、二〕詩 權門要路は、是れ身災 散地閒居、禍胎少なし

【禍端】わざわいのきざし。〔韓非子、亡徵〕大利を見て趨らず、禍端を聞きて備へず。～務めて仁義を以て自ら飾る者は亡ぶべし。

【禍難】災難。〔左伝、襄三十年〕國の禍難、誰たか之を敝まる所を知らん。或いは彊直を主とせば、難乃ち生ぜざらん。姑らく吾が所を爲さん。

【禍敗】わざわい。〔漢書、五行志上〕商の人、其の禍敗の釁(きざし)、必ず火に始まるを閱る。是を以て天道を知ること有り。

【禍福】幸不幸。吉凶。〔荘子、庚桑楚〕身は槁木の枝の若く、心は死灰の若し。是くの若き者は禍も亦た至らず、福も亦た來らず、禍福も有ること无し。

【禍変】わざわい。異変。〔論衡、別通〕夫れ通ぜざる者は、惡事なり。故より其の禍變、不善を致す。是の故に、盜賊は穢草に宿し、邪心は無道に生ず。無道なる者は、道術無きなり。

【禍尤】わざわい。とが。〔易林、无妄之遯〕恭謙を衞と爲さば、終に禍尤無からん。

【禍乱】世の乱れ。〔荀子、臣道〕忠の順を通ずると、險の平を權ると、禍亂にも聲に從ふのみなると、三者は明主に非ざれば之れを能く知る莫きなり。

➡禍淫 淫遊／禍階 禍梯／禍基 禍根／禍毀 禍敗／禍凶 わざわい／禍郷 死地／禍釁 わざわい／禍隙 わざわい／禍孼 わざわい／禍譴 とがめ／禍裁 禍災／禍辱 わざわいと、はずかしめ／禍心 悪企み／禍祟 たたり／禍泉 酒／禍兆 禍端／禍梯 わざわいの由来／禍適 譴責／禍罰 とがめ／禍苗 禍根／禍辟 つみ／禍謀 悪計／禍門 口のわざわい／禍累 わずらい

⬇畏禍・移禍・殃禍・悔禍・解禍・懐禍・患禍・艱禍・奇禍・詭禍・結禍・黄禍・遘禍・災禍・索禍・惨禍・始禍・酒禍・召禍・水禍・舌禍・絶禍・戦禍・息禍・速禍・大禍・天禍・転禍・党禍・敗禍・筆禍・滅禍・阨禍・罹禍

【窠】 13 3090 カ(クヮ) すあな

篆文

形声 声符は果か。果につぶらなるものの意がある。〔説文〕七下に「空なり。穴中を窠と曰ひ、樹上を巣と曰ふ」とする。鳥の営巣することをまた窠臼という。

訓義 ①す、すあな。②すあなのようなへや、へや。③窩・科・坎と通じ、あな、くぼみ。④形が似ているので、花ぶさ、ますがた。

古訓 〔名義抄〕窠 トリノス・ハナノシベ・ス 〔字鏡集〕窠 ス・トリノス・スミカ・アナノナカノス・アナ・スナシ・ハナノシベ

語系 窠・科 khuai は同声。窩 uai、坎 kham も声義近く、みな同系で空・穴の意がある。

【窠臼】しきたり。つきなみ。元・方回〔滕元秀詩集の序〕誠齋(楊万里)有り、亦た放翁(陸游)有り。窠臼を跳脱し、脂膩を擺落し、近世の卑陋酸嘶の作無し。唐人の有る有り。江西に亦た

➡窠窟 岩穴の巣／窠闕 欠官／窠坐 安坐／窠子 私娼／窠巣 巣／窠叢 枝の密生するところ／窠段 段落／窠名 条項

⬇一窠・印窠・営窠・燕窠・花窠・危窠・旧窠・臼窠・結窠・虎窠・巧窠・簪窠・巣窠・団窠・竹窠・雕窠・鈿窠・土窠・盤窠・蜂窠

【葭】 13 4424 カ あし

篆文 

形声 声符は叚。〔説文〕一下に「葦の未だ秀でざる者なり」、前条に「葦は大葭なり」とみえる。〔爾雅、釈草〕に「華なり」とあるのは、葦（葦）の誤りである。

訓義 ①あし、よし。②笳に通じ、あしぶえ。

古訓 〔新撰字鏡〕蒹葭 平支（をぎ）〔名義抄〕葭 アシ 〔字鏡集〕葭 アシ・ハチス・ワサビ

【葭葦】あし。よし。〔漢書、西域、鄯善国伝〕鄯善國、～國に玉を出す。葭葦・檉柳・胡桐・白草多し。

【葭灰】あしの灰。〔後漢書、律暦志上〕候氣の法、室を爲くること三重、戸を閉づ。～毎律各一、内庳く外高く、其の方位に從ひ律を其の上に加へ、葭莩の灰を以て其の内端を抑へ、暦を案じて之れを候ふ。氣至る者は灰動く。

【葭莩】あしの茎の中の薄い膜。きわめて軽少のことをいう。〔漢書、景十三王、中山靖王勝伝〕今群臣、葭莩の親、鴻毛の重有るに非ず。群居黨議し、朋友相ひ爲く。

【葭蘆】あし。唐・温庭筠〔病中書懷、友人に呈す〕詩 躍魚、藻荇に翻り 愁鷺、葭蘆に睡る

↑葭藁 席薦／葭菼 葭と荻／葭蒲 あしとがま

↓寒葭・軽葭・胡葭・黍葭・吹葭・青葭・清葭・蒼葭・菼葭・鳴葭・菱葭

【遐】13 3730 カ はるか とおい なんぞ

篆文 

形声 声符は叚。叚は玉の原石で未琢のものであるから、大の義がある。これを距離の意に用いる。

訓義 ①はるか、とおい。②何と通じ、なんぞ。

古訓 〔名義抄〕遐 ハルカニ・ハルカナリ・サカル・サク・トホシ・ユク・アソブ

語系 遐hea、假keaは声義が近い。何haiは声近く、疑問副詞として通用する。

【遐域】遠方の地。外国。〔宋書、武帝紀下〕才弱く事艱く、津濟（わたし）無きが若し。夕に惕れ永く念ひ、心を遐域に馳す。

【遐裔】僻遠。辺境。隋・盧思道〔後周興亡論〕（宣帝）特に詭異を好み、衣冠形色、皆舊制と同じからず。文武の侍臣、遐裔に屏棄せらる。

【遐遠】はるか。魏・嵆康〔難宅無吉凶摂生論〕夫れ神祇は遐遠にして、吉凶は明らかにし難し。中人自ら竭くすと雖も、其の端を得る莫し。

【遐観】遠く眺める。晉・陶潛〔帰去来の辞〕策（杖）は老を扶けて、以て流憩し、時に首を矯げて、遐く觀る。

【遐景】はるかな眺め。晉・陶潛〔時運〕詩 洋洋たる平津 乃ち漱ぎ乃ち濯ふ 邈邈たる遐景 載ち欣び、載ち矚る

【遐荒】遠い未開の地。魏・曹植〔五遊詠〕楽府 九州は歩するに足らず 願はくは雲を凌ぎて翔けることを得ん 八紘の外に逍遙し 遊目して遐荒を歴ふ

【遐邇】遠近。〔三国志、呉、張温伝〕今陛下、聰明の姿を以て、契を往古に等しうす。～遐邇風を望んで、欣賴せざる莫し。

【遐蹤】遠い昔のあと。晉・夏侯湛〔東方朔画賛〕往代を瞻望し、爰に遐蹤を想ふ。邈邈たる先生、其の道猶ほ龍のごとし。

【遐心】疏遠にする心。〔詩、小雅、白駒〕爾の音を金玉にして 遐心有ること毋かれ

【遐想】超世の思い。〔晉書、謝安伝〕嘗て王羲之と冶城に登り、悠然として遐想し、高世の志有り。羲之謂ひて曰く、～今四郊壘多し。宜しく自ら效すことを思ふべし～と。

【遐登】人の死。晉・束晳〔蕭孟恩を弔ふ文〕嗚呼哀しい哉、精爽（心）遐登し、形骸幽匿す。

【遐年】長生き。魏・曹植〔王仲宣の誄〕庶幾はくは遐年、手を攜へて同に征かんことを。如何ぞ奄忽にして、我を棄てて夙く零つる。

【遐福】大きな幸い。〔詩、小雅、天保〕爾に遐福を降すこと 維れ日も足らず

【遐方】遠方の地。漢・揚雄〔長楊の賦〕遐方疏俗、殊鄰絶黨の域、～足を蹻げ首を抗げて、厥の珍を獻ずることを請はざるもの莫し。

【遐齢】長生き。長寿。〔魏書、常景伝〕知命を以て遐齢と爲し、樂天を以て大惠と爲す。

【遐路】はるかな道。晉・陶潛〔帰鳥〕詩 雲に遇へば頡頏（上下）し 相ひ鳴きて歸る 遐路、誠に悠かなるも 性愛、遺するること無し

↑遐夷 遠い蕃族／遐宇 遠方／遐奥 奥深い／遐外 遠方／遐瞰 遠く見下ろす／遐紀 長寿／遐棄 遺棄する／遐窺 遠く見る／遐挙 遠行／遐曠 遥か遠い／遐志 大志／遐思 遐想／遐爾 遐邇／遐矚 遐観／遐陬 辺地／遐征 遠く征く／遐冑 遠孫／遐眺 遐観／遐逖 僻遠／遐邈 遠く遥か／遐被 広くゆきわたる

↓広遐・荒遐・邇遐・升遐・陟遐・絶遐・登遐・邈遐・不遐・忘遐・幽遐

常【靴】13 〔鞾〕13 4451 カ（クヮ） くつ かわぐつ

篆文 

形声 声符は化（化）。もと鞾に作り、〔説文新附〕三下に「鞮の屬なり」とあり、鞮字条に「革履なり」という。〔隋書、礼儀志七〕に「戎服に施す」とあり、軍靴をいう。

訓義 ①くつ、かわぐつ。

古訓 〔和名抄〕靴 化乃久豆（化のくつ）〔名義抄〕靴 クワノクツ・カハワラクツ 〔篇立〕靴 クツ・キノクツ

【靴笏】くつと、しゃく。〔帰田録、二〕往時の學士は唐の故事に循ひ、宰相に見ゆるに靴笏を具せず。

【靴韈】靴足袋。宋・蘇軾〔九日黄楼の作〕詩 黄花白酒、人の問ふもの無し 日暮歸り來つて、靴韈を洗ふ

↑靴掖 靴下／靴衫 乗馬服／靴板 靴笏／靴袍 靴と袍

↓軍靴・長靴

【鍋】13 1520 カ（クヮ） どがま どなべ

篆文 

象形 鬲に注口をつけた形。〔説文〕三下に「秦、土釜を名づけて鍋と曰ふ」とあり、土鍋をいう。鍋はのちの形声字であろう。鬲は壺に近い形の深い器。金文に「鍋攸従」という人の名がみえるが、鍋は文献に用例のない字である。

訓義 ①どがま、どなべ。

人【嘉】14 4046 カ よい よみする

篆文  甲骨文  金文 

会意 壴（鼓）＋加。加は力（耜）に祝禱の器（𠙵）を加え、耜を祓い清める儀礼。それに鼓声を加えて秋の虫害を祓い、穀物の増収を祈る。その礼を嘉という。〔説文〕五上に「美なり」とするが、もと農耕儀礼をいう字であった。同じく丹・靑（青）を加えて力（耜）を清めることを靜（静）といい、その清められた農具で収穫したものを「静嘉」という。〔詩、大雅、既酔〕に「籩豆靜嘉」の句がある。のち嘉礼一般をいう語となった。

訓義 1よい、よみする。2めでたい、たのしむ。

古訓 〔名義抄〕嘉 ヨシ・ヨミス 〔字鏡集〕嘉 ヨシ・ヨミス・ヨロコビ

語系 嘉・加keaiは同声。喜xiəも声義ともに近く、字の構成要素にも通ずるところがある。

【嘉運】よいめぐりあわせ。晋・陸機〔呉王の郎中の時、梁陳に従ひて作る〕詩 在昔嘉運を蒙り 迹を矯げて崇賢に入りぬ

【嘉宴】立派な宴。梁・任昉〔大司馬の記室に到る牋〕昔嘉宴を承けしとき、屬りに緒言(暗示的な語)有り。提挈の旨、善誰に形はる。

【嘉応】めでたいしるし。〔漢書、王褒伝〕神爵・五鳳の閒、天下殷富にして、數しば嘉應有り。

【嘉禾】周が得たというよい穀物。〔論衡、講瑞〕嘉禾、禾中に生ずるも、禾中と穗を異にす。之れを嘉禾と謂ふ。

【嘉会】めでたい集まり。呉・韋昭〔博弈論〕文武竝び騖す、～程試の科を設け、金爵の賞を垂る。誠に千載の嘉會、百世の良遇なり。

【嘉客】よい客。祭事詩では客神をいう。〔詩、小雅、白駒〕所謂伊の人 焉に嘉客となる

【嘉貺】有りがたく賜う。晋・張華〔何劭に答ふ、二首、二〕詩 是こを用つて感ず嘉貺の 心を寫して中誠を出だせるを

【嘉恵】恩恵。漢・賈誼〔屈原を弔ふ文〕恭しく嘉惠を承けて、罪を長沙に俟つ。側かに聞く、屈原自ら汨羅に沈めりと。

【嘉慶】めでたい。南朝宋・顔延之〔秋胡行、九首、七〕楽府 堂に上りて嘉慶を拜し 室に入りては何づくに之せんかと問ふ

【嘉言】よいことば。〔書、大禹謨〕兪り。允に茲くの若くならば、嘉言伏する攸罔からん。

【嘉好】よしみ。〔国語、楚語下〕是に於て其の百苛を弭め、其の讒慝を殄ち、其の嘉好を合はせ、其の親暱を結び、其の上下を億んず。

【嘉穀】よい穀物。嘉禾。〔書、呂刑〕禹には水土を平らげ、山川に名づくることを主らしむ。(后)稷には、降りて種を播き、嘉穀を殖することを農めしむ。

【嘉士】立派な人。〔後漢書、竇武伝〕瑞の生ずるは必ず嘉士に於てし、福の至るは實に善人に由る。德に在りては瑞を爲し、德無きは灾ひを爲す。

【嘉趣】よいおもむき。宋・梅堯臣〔次韻して～枯菊を詠ずるに和す〕詩 黄金碎翦す、千萬の層 小樹婆娑として、嘉趣足れり

【嘉樹】立派な木。嘉木。魏・阮籍〔詠懐、八十二首、三〕詩 嘉樹は下に蹊を成す 東園の桃と李と 秋風吹きて藿(豆の葉)を飛ばす 零落すること此れより始まる

【嘉淑】称賛。よいもの。〔左伝、宣十四年〕小國の大國より免るるは、聘して物を獻ず。～是こに於て容貌、采章・嘉淑有りて、加貨有り。其の免れざるを謀るなり。

【嘉尚】ほめたたえる。賛美する。〔梁渓漫志、六、大観廷策士〕建炎の召札に、今の名儒鉅公、清節を嘉尚せられ、題跋軸に盈つと云ふ。

【嘉奨】おほめ。宋・蘇舜欽〔～韓公行状〕時に河北に蝗旱あり。～公、力抗章請して賦役を蠲さる。州民賴りて以て活を全うす。詔して嘉奬せらる。

【嘉賞】おほめ。梁・江淹〔雑体詩、三十首、王侍中(粲)〕賢主、嘉賞を降す 金貂の服、玄纓

【嘉辰】めでたい日。佳辰。梁・王筠〔五日望、採拾〕詩 長絲、良節を表はし 金縷、嘉辰に應ず

【嘉石】文理のある石。獄訟のとき聖器として用いる。〔周礼、秋官、大司寇〕凡そ萬民の罪過有りて、未だ灋(法)に麗らざるも、州里に害ある者は、桎梏(かせ)して諸れを嘉石に坐せしむ。

【嘉節】佳節。魏・曹植〔冬至、襪履を献ずる表〕千載の昌期、一陽の嘉節。四方交ごも泰く、萬物昭蘇なり。亞歳祥を迎へ、履長(冬至)慶を納る。～拜表奉賀、竝びに～襪若干副を獻ず。

【嘉蔬】よい野菜。また稲の別名。唐・杜甫〔雨に苦しむ～〕詩 嘉蔬、溷濁に沒し 時菊、榛叢に碎く

【嘉遯】世をのがれて自ら清うする。〔易、遯、象伝〕嘉く遯る。貞にして吉なりとは、志を正しくするを以てなり。

【嘉納】うけいれる。〔後漢書、朱暉伝〕(朱)暉、～便宜を上り、密事を陳ぶ。深く嘉納せらる。詔報して曰く、～惟れ今の言ふ所、我が願ひに適へり、生其れ之れを勉めよと。

【嘉賓】よい客。嘉客。〔詩、小雅、鹿鳴〕我に嘉賓有り 瑟を鼓し琴を鼓す 瑟を鼓し琴を鼓し 和樂し且つ湛しむ

【嘉謨】立派な謀。〔法言、孝至〕或ひと忠言嘉謨を問ふ。曰く、言、稷・契に合する、之れを忠と謂ひ、謨、皋陶に合する、之れを嘉と謂ふと。

【嘉謀】よい計。〔書、君陳〕爾に嘉謀嘉猷有らば、則ち入りて爾の后に内に告げよ。

【嘉命】よい命令。勅命。唐・韓愈〔崔群を戸部侍郎に除する制〕才を擇び賦を均しくするは、古より尤も難し。往きて乃の司を愼み、以て嘉命に服せよ。

【嘉誉】ほまれ。〔国語、周語上〕贄幣、瑞節を爲りて以て之れを鎭め、班爵を爲りて貴賤以て之れを列し、令聞嘉譽を爲して以て之れを聲む。

【嘉話】よい話。晋・張協〔七命〕不敏に在りと雖も、敬んで嘉話を聽かん。

↑嘉愛 いとしむ／嘉意 善意／嘉雨 よい雨／嘉醞 よい酒／嘉詠 よい歌／嘉穎 嘉禾／嘉音 おたより／嘉卉 よい花木／嘉気 佳気／嘉喜 よろこび／嘉議 よい謀／嘉吉 めでたい／嘉享 うけいれる／嘉玉 美玉／嘉句 佳句／嘉耦 よい夫婦／嘉訓 よい教え／嘉月 旧三月／嘉娯 たのしみ／嘉功 てがら／嘉巧 たくみ／嘉殽 佳肴／嘉菜 嘉蔬／嘉歳 豊年／嘉祉 さいわい／嘉詩 佳詩／嘉賜 たまもの／嘉贄 よい進物／嘉事 慶事／嘉時 よい時節／嘉辞 ほめ言葉／嘉日 吉日／嘉実 よい果物／嘉酒 美酒／嘉寿 年寿／嘉什 よい詩篇／嘉祝 めでたい／嘉祥 吉祥／嘉称 よい名／嘉頌 たたえる／嘉醸 よい酒／嘉瑞 吉兆／嘉声 ほまれ／嘉盛 ご馳走／嘉静 安んずる／嘉績 立派な功／嘉羨 うらやむ／嘉薦 お供え／嘉善 よい／嘉俎 お供え／嘉祚 さいわい／嘉沢 恩恵／嘉嘆 ほめる／嘉致 よい趣／嘉寵 寵愛／嘉答 お答え／嘉道 よい道／嘉徳 美徳／嘉遁 嘉遯／嘉年 よい年／嘉美 佳美／嘉福 さいわい／嘉問 ほまれ／嘉聞 ほまれ／嘉籩 お供え／嘉木 佳樹／嘉名 評判／嘉友 善友／嘉猷 よい謀／嘉頼 たより／嘉良 よい／嘉量 ますめ／嘉諒 よみす／嘉令 立派／嘉礼 喜びの礼／嘉例 佳例／嘉禄 さいわい

↓休嘉・享嘉・欣嘉・眷嘉・柔嘉・称嘉・清嘉・靖嘉・静嘉・歎嘉・寵嘉・珍嘉・拝嘉・百嘉・褒嘉

【嘏】 14 4764 カ さいわい

篆文

金文

形声 声符は叚。〔説文〕三上に「大遠なり」と假(仮)・遐の

意に解するが、嘏は福祜の意に用いる。金文に「屯叚」(純嘏)、「叚休」(嘏休)のように、叚を嘏の意に用いる。

訓義 ①さいわい、おいわい。②仮・遐と通じ、おおきい、とおい。

古訓 〔字鏡集〕嘏 サイワヒ・オホキナリ・オホヒナリ・カタシ・ナガシ・トホシ

語系 嘏・假kea、遐hea は声義が近い。古・固ka も声義に通ずるところがある。

【嘏辞】かじ　祭のとき、主人に福を致すことば。〔文体明弁、嘏辞〕祝(はふり)、尸と爲りて、福を主人に致すの辭なり。記(儀礼)に所謂嘏は慈を以て告ぐとは、是れなり。

【嘏命】かめい　大命。〔逸周書、皇門解〕王用つて明憲に監みる有り、~用て能く天の嘏命を承く。

↓降嘏・純嘏・大嘏・天嘏

【夥】 14 6792 カ(クワ) おおい　おびただしい

篆文 

形声 声符は果。〔説文〕七上に「齊にて多きを謂ひて錁と爲す」とするが、〔漢書、陳勝伝〕には「楚人多きを謂ひて夥と爲す」とする。〔方言、一〕に「凡そ物の盛多なる、之れを寇と謂ふ」とし、夥を「齊・宋の郊、楚・魏の際」の語であるという。

訓義 ①おおい、おびただしい。

古訓 〔名義抄〕夥 オホシ

参考 果は窠の従うところ。巣窠のようにものの密集する状態を夥という。夥huai、窠khuai は同系の語。「おびただし」は〔今昔物語集〕〔宇津保物語〕などよりみえ、戦記物に多く用いるが、字は「夥し」のほか〔平家物語〕「山門の大衆、飫し」、〔太平記〕「篝火の數震し」などの字をも用いる。辞書には〔色葉字類抄〕以後にみえる。

【夥頤】かい　多いかな。〔史記、陳渉世家〕其の故人~宮に入り、殿屋帷帳を見る。客曰く、夥頤(多きかな)、渉の王爲る、沈沈たる者なりと。

【夥多】かた　多い。唐・顔真卿〔尚書刑部侍郎~孫逖文公集の序〕凡そ斯の夥多なる、庸ぞ悉く數ふべけん。

↑夥居　同居/夥計　合資会社/夥够　多い/夥長　舵取り/夥党　謀叛人/夥盗　盗賊仲間/夥煩　多い/夥繁　多い

↓衆夥・叢夥・稠夥・蕃夥・繁夥・分夥・豊夥

常 【寡】 14 3022 カ(クワ) やもめ　すくない

篆文 
金文 

会意 宀+頁+人。〔説文〕七下に「少なきなり」とし、「宀に従ひ、頒に従ふ。頒は分ち賦つなり。故に少なしと爲すなり」と解するが、字は頒(頒)に従う形でなく、下部は憂の側身形である。宀は家廟。頁は廟所で儀礼に従うときの形。喪葬のとき、頭に衰麻の類をつけた人が、哀告する形を示したもので、〔礼記、王制〕「老いて夫無き者、之れを寡と謂ふ」とあるのにあたり、寡婦をいう。老いて妻なきものを鰥という。

訓義 ①やもめ。②徳少なきものの意より、すくない、まれ。③ひとりもの、弱小のものの意。④王侯の自称に用いる。寡人。嗣君が即位するとき、孤、寡と称したことによる。

古訓 〔和名抄〕寡婦　夜毛女(やもめ)〔名義抄〕寡　トモシ〔字鏡集〕寡　ヤモメ・ヒトリ・サスリヒト・スクナシ・スコシ・アナツル

語系 寡koa、孤(孤)kua は声義近く、幼にして父無きを孤という。〔釈名、釈親属〕に「寡は踝なり。踝踝は單獨の言なり」、また〔説文〕寡字条の〔段注〕に「凡そ倮然單獨なるを、皆寡と曰ふ」とあり、踝hua、倮luai も同系の語。

【寡恩】かおん　思いやりがない。〔戦国策、秦一〕商君、秦を治む。~期年の後、道に遺ちたるを拾はず。民妄りに取らず。~諸侯畏懼す。然れども刻深寡恩、特だ強を以て之れを服するのみ。

【寡居】かきょ　やもめぐらし。〔史記、外戚世家〕是の時、平陽主寡居す。當に列侯の尚主に用ふべし。

【寡君】かくん　自国の主君。他に対していう。〔左伝、僖四年〕(楚の使者)對へて曰く、貢の入らざるは寡君の罪なり。敢て共給せざらんや。昭王の復らざるは、君其れ諸れを水濱に問へと。

【寡兄】かけい　自分の兄。他人に対していう。〔書、康誥〕越に厥の邦と厥の民と、惟れ時れ敍せしは、乃の寡兄勖めたればなり。

【寡言】かげん　言葉が少ない。晋・陸機〔漢の高祖の功臣の頌〕絳侯は質木(質朴)にして、略ぼ多く言寡なし。

【寡妻】かさい　夫人。〔詩、大雅、思斉〕寡妻に刑し、兄弟に至り　以て家邦を御む

【寡人】かじん　王侯、また夫人の自称。〔孟子、梁恵王下〕王曰く、寡人疾有り、寡人貨を好むと。

【寡徳】かとく　徳が少ない。〔三国志、魏、三少帝、高貴郷公髦紀〕朕寡徳を以て、式て寇虐を遏むること能はず。乃ち蜀賊をして邊陲に陸梁せしむ。

【寡独】かどく　孤独な人。魏・文帝〔寡婦の賦〕薄命の寡獨を傷み、内に惆悵として自ら憐れむ。

【寡婦】かふ　やもめ。〔詩、小雅、大田〕彼に遺秉有り　此に滯穗有り　伊れ寡婦の利なり

【寡聞】かぶん　見聞がせまい。〔礼記、学記〕獨學にして友無ければ、則ち孤陋にして寡聞なり。

【寡黙】かもく　ことばが少ない。〔朱子語類、一三〇〕种(師道)は關西の人なり。其の性寡默、中朝の士大夫と合はず。

【寡欲】かよく　欲が少ない。〔孟子、尽心下〕心を養ふは、寡欲より善きは莫し。其の人と爲りや寡欲ならば、存せざる者有りと雖も、寡なし。

【寡慮】かりょ　思慮が足りない。宋・蘇轍〔兄軾が獄に下るが爲に上る書〕軾、狂狷にして慮寡なく、竊かに天地包含の恩を恃み、自ら抑畏せず。

【寡陋】かろう　見聞が少なく、かたくな。晋・陶潜〔子に命く〕詩　嗟余れ寡陋にして　瞻望及ばず　顧みて華鬢に慚じ　影を負ひて隻立す

↑寡過　過失が少ない/寡学　浅学/寡見　見聞が少ない/寡嗛　欠乏/寡孤　独り者/寡功　効が少ない/寡刻　残刻/寡識　見識が少ない/寡弱　ひ弱い/寡酒　肴が少ない/寡処　やもめ暮らし/寡女　やもめ/寡少　少ない/寡浅　少ない/寡鮮　少ない/寡孀　やもめ/寡多　多寡/寡断　優柔不断/寡儔　孤独/寡特　ひとり/寡訥　寡言/寡薄　少ない/寡夫　男やもめ/寡謀　謀が少ない/寡味　味気ない/寡命　天命/寡劣　おろか

↓簡寡・鰥寡・居寡・矜寡・孤寡・才寡・弱寡・守寡・衆寡・小寡・少寡・新寡・賑寡・多寡・凋寡・疲寡・貧寡・豊寡

人 【榎】 14 4194 カ えのき

形声 声符は夏。〔玉篇〕に「檟、山楸なり」とあり、重文として榎を録する。山楸はやまひさぎ、また山榎ともいう。国字の用法では、榎はえのきをいう。

訓義 ①え、えのき。

古訓 〔新撰字鏡〕檟・榎　衣乃木(えのき)〔和名抄〕榎　衣(え)〔名義抄〕榎　エノキ

人 【樺】 14 4495 〔樺〕 16 4495 カ(クワ) かば

【形声】声符は華（華）か。〔玉篇〕に「木皮は以て燭と爲すべし」とみえる。蠟を巻いて用いた。わが国では「かには」といい、〔万葉集〕に「櫻皮」という語があり、〔日葡辞書〕にも「櫻の樹皮」と解している。のち白樺をいう。
【訓義】①かば、しらかば。②かばいろ。
【古訓】〔和名抄〕樺 迦邇波（かには）、今櫻皮に之れ有り。木名、皮は以て炬と爲すべき者なり 〔篇立〕樺 カハ・カニハ・カルム 〔字鏡集〕樺 カハ・マツカニ・ワカツリ
【樺巾】かくわきん 樺の樹皮で作った頭巾。唐・寒山〔寒山詩、二〇六〕樺巾木屐、流れに沿うて歩き 布裘藜杖、山を繞りて迴る
【樺燭】かくわしょく 樺の樹皮で蠟を巻いて作った燭。唐・白居易〔行簡、初めて拾遺を授けらる。～十二韻〕詩 宿雨に沙堤潤ひ 秋風に樺燭香し
↑樺皮 樺の樹皮／樺木 樺の木

常【歌】14 1768 ［謌］17 0162 カ うたう うた

篆文
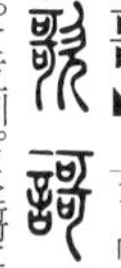

【形声】声符は哥か。〔説文〕八下に「詠ふなり」、詠字条三上に「歌ふなり」とあって互訓。また謌に作り、金文は訶に作る。可は祝禱の器である口（𠙵）に対して、柯枝を以て呵責してその成就を求める意。その祈る声を呵・訶といい、その声調のものを謌・歌という。
【訓義】①うたう、うた。
【古訓】〔名義抄〕歌 ウタ・ウタフ・ウタウタフ／倭歌 ヤマトウタ 〔字鏡集〕歌 ウタ・ウタフ・ウタウタフ・アサムク
【参考】可・呵・訶・謌・歌は一系の字。国語の「うた」は「うたき」と関係ある語であろう。祈りのとき、特殊な発声をするのである。
【歌詠】かえい うたう。〔戦国策、劉向序〕周室、文・武の始めて興りしより、道徳を崇び禮義を隆んにし、～刑錯くこと四十餘年、遠方義を慕ひ、賓服せざる莫し。雅頌歌詠して、其の上を恩徳とす。
【歌筵】かえん うたげでうたう。北周・庾信〔道士歩虚詞、十首、三〕楽府 迴雲、舞曲に随ひ 流水、歌筵を逐ふ
【歌嘔】かおう うたう。歌謳。〔漢書、朱買臣伝〕束薪を擔ひ、行くゆく且つ書を誦む。其の妻も亦た負戴して相ひ隨ふ。數しば買臣を止めて、道中に歌嘔する毋からしむ。
【歌楽】かがく 歌と音楽。〔礼記、儒行〕言談は仁の文なり。歌樂は仁の和なり。⊠からく 歌い楽しむ。〔史記、周紀〕是こに於て、古公乃ち戎狄の俗を貶す。～民皆之れを歌樂し、其の德を頌す。

【歌管】かかん（くわん） 歌と音楽。宋・蘇軾〔春夜〕詩 歌管樓臺、聲細細たり 鞦韆院落、夜沈沈
【歌姫】かき 歌妓。〔旧唐書、宗室、河間王孝恭伝〕孝恭、性奢豪にして、遊宴を重んじ、歌姫舞女、百有餘人あり。然れども寬恕退讓にして、驕矜自ら伐ほこるの色無し。
【歌戯】かぎ うたい戯れる。〔三国志、魏、東夷伝、高句麗〕其の民、歌舞することを喜ぶ。國中の邑落、暮夜に男女群聚し、相ひ就いて歌戲す。
【歌曲】かきょく 歌。歌のふし。〔論衡、講瑞〕歌曲彌いよ妙にして、和する者彌いよ寡なし。
【歌弦】かげん 弦楽に合わせてうたう。〔史記、佞幸、李延年伝〕延年、歌を善くす。～上、方に天地の祠を興す。樂詩を造りて之れを歌弦せしめんと欲す。
【歌行】かこう（かう） 歌いもの。〔唐音癸籤、体凡〕歌曲の總名なり。其の事を衍して之れを歌ふを行と曰ふ。歌は最も古し。行と歌行とは、皆漢に始まり、唐人之れに因る。
【歌哭】かこく うたって弔い哭する。〔周礼、春官、女巫〕凡そ邦の大烖には、歌哭して請ふ。
【歌詩】かし 歌と詩。〔唐書、文芸中、李白伝〕文宗の時、詔して、白の歌詩、裴旻の劍舞、張旭の草書を以て三絶と爲す。
【歌辞】かじ 歌のことば。唐・杜甫〔蘇端・薛復の筵にて、薛華に簡せる醉歌〕詩 座中の薛華、善く醉歌す 歌辭、自ら風格の老ゆるを作す
【歌唱】かしょう（しやう） 歌。うたう。南朝宋・鮑照〔少年時、衰老に至るに代る行〕楽府 歌唱す、靑齊の女 彈箏す、燕趙の人
【歌頌】かしょう たたえ歌。〔史記、楽書〕寬にして靜、柔にして正なる者は、歌頌に宜し。
【歌吹】かすい 歌と笛。〔漢書、霍光伝〕昌邑の樂人を引き內れ、鼓を擊ち歌吹して、俳倡を作さしむ。
【歌声】かせい 歌ごえ。唐・杜甫〔楽遊園歌〕詩 水を拂うて低回し、舞袖翻へり 雲に緣よりて淸切、歌聲上る 却つて憶ふ、年年、人醉へる時 只今未だ醉はざるに、已に先づ悲し
【歌台】かだい 歌をうたう台。唐・杜牧〔阿房宮の賦〕歌臺の暖響、春光融融たり。舞殿の冷袖、風雨凄凄たり。一日の內、一宮の閒、而かも氣候齊しからず。
【歌板】かばん 歌の拍子をとる板。唐・杜牧〔八月十二日～長句四韻〕詩 萬家相ひ慶して、秋成を喜ぶ 處處の樓臺、歌板の聲
【歌舞】かぶ うたい舞う。徳をたたえる。〔左伝、襄三十一年〕文王の功、天下誦して之れを歌舞す。

【歌抃】かべん 歌をうたい、手を拍ってよろこぶ。〔南斉書、張敬児伝〕普天率土、誰たれか歌抃せざらん。
【歌謡】かよう（えう） うた。〔詩、魏風、園有桃〕心の憂ふる 我歌ひ且つ謠ふ〔伝〕曲の樂に合するを歌と曰ひ、徒歌を謠と曰ふ。
【歌楼】かろう 妓楼。唐・鄭谷〔雪中偶題〕詩 亂れて飄がへる僧舍は、茶煙濕うるほひ 密かに灑そぐ歌樓は、酒力微なり
↑歌意 歌の心／歌媛 歌ひめ／歌謳 うたう／歌妓 歌ひめ／歌響 歌ごえ／歌吟 歌う／歌呼 高吟／歌工 歌い手／歌功 功を歌う／歌詞 歌のことば／歌榭 歌台／歌酒 歌と酒／歌倡 歌ひめ／歌笑 歌い笑う／歌誦 歌う／歌鐘 編鐘／歌情 歌の心／歌人 歌い手／歌酔 酔歌／歌奏 歌と奏楽／歌鳥 啼鳥／歌堂 音楽堂／歌童 歌う子供／歌唄 梵唄／歌儛 歌舞／歌篇 歌詞／歌舫 舟で歌う／歌様 歌いぶり／歌伶 歌工
↓哀歌・安歌・倚歌・永歌・詠歌・宴歌・燕歌・艶歌・秧歌・謳歌・雅歌・凱歌・愷歌・概歌・楽歌・酣歌・歓歌・緩歌・旧歌・漁歌・狂歌・郷歌・琴歌・軍歌・献歌・弦歌・古歌・寤歌・口歌・巧歌・好歌・江歌・行歌・巷歌・浩歌・高歌・賡歌・傲歌・豪歌・国歌・載歌・作歌・山歌・詩歌・酒歌・秀歌・升歌・唱歌・商歌・笙歌・頌歌・嘯歌・樵歌・鐘歌・情歌・新歌・酔歌・声歌・清歌・聖歌・善歌・楚歌・奏歌・俗歌・卒歌・短歌・長歌・田歌・徒歌・悼歌・棹歌・登歌・答歌・踏歌・櫂歌・鐃歌・反歌・挽歌・輓歌・蕃歌・悲歌・微歌・賦歌・舞歌・放歌・牧歌・妙歌・民歌・名歌・輿歌・揚歌・俚歌・離歌・流歌・櫓歌・和歌

【窩】14 3022 カ（クワ）ワ あな くぼみ
【形声】声符は咼か。咼は上半身の残骨の象に従い、空竅のあるもの。窩は小さな穴やくぼみをいう。
【訓義】①あな、くぼみ、いわや。山中の洞窟などに住む盗賊を窩家、窩盜のようにいう。②かくれる、かくれすむ。③別墅の雅名などに用いる。すみか。
【語系】窩uai、窠・科khuai、坎khamは声義近く、みな凹陥、空穴の意がある。窩は鍋底の形に近い。
↑窩隠 かくれる／窩家 盗人の窟／窩弓 伏弩／窩主 窩蔵の主／窩娼 私娼／窩綫 さぐりを入れる眼線／窩蔵 盗品をかくす／窩逃 逃亡者をかくまう／窩頓 窩蔵／窩舗 小屋／窩棚 陋屋／窩留 かくまう
↓一窩・燕窩・眼窩・旧窩・吟窩・行窩・山窩・蜂窩・蝸窩

常

【箇】 14 8860 カ コ

篆文 

形声 声符は固。〔説文〕五上に「竹の枚なり」とあり、竹べらの類で、計数の具に用いる。

訓義 ①ものを数えるときにそえる語。こ。②唐以後の俗語で、ものをさすときの語詞に用いる。這箇(この)、那箇(あの)の類。③字はまた个・介・個を用いることがある。

古訓 〔名義抄〕箇 ツ、カズ・ヒラ・コレ・ヘテ 〔字鏡集〕箇 ヒラ・カズ・ツ、カズ・スベテ・コレ・ヘテ

語系 箇・个 kai は同声。介 keat も声が近く通用する。〔書、泰誓〕「一介の臣」を〔礼記、大学〕に「一个の臣」に作る。字の原義はそれぞれ異なるが、声が近くて通用する。

【箇箇】かか それぞれ。おのおの。唐・杜甫〔秋野、五首、四〕詩 砧響、家家に發す 樵聲、箇箇に同じ

【箇人】こじん あの人。宋・陳亮〔念奴嬌、金陵に至る〕詞 因りて念ふ、舊日の山城 箇の人は畫の如し 已に中州の想ひを作せり

【箇中】こちゅう この中。宋・蘇軾〔李頎秀才~次韻して之れに答ふ〕詩 平生自ら是れ箇中の人 漁舟に向つて、便ち眞を寫さんと欲す

【箇裏】こり このうち。唐・劉禹錫〔竹枝詞、九首、八〕詩 箇の裏に愁人の腸自ら斷たるるは 由來、是れ此の聲の悲しきにあらず

↑箇所 その場所/箇条 くだり/箇数 物の数/箇儂 かの人/箇般 この/箇様 このよう

↓一箇・幾箇・好箇・渾箇・這箇・遮箇・若箇・真箇・両箇

【蜾】 14 5619 〔蠣〕 19 5112 カ(クワ) ラ じがばち

篆文 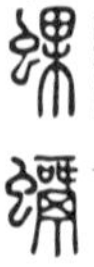

形声 声符は果。〔説文〕十三上に「蠣蠃、蒲盧なり。細要(腰)の土蠭(蜂)なり」とみえる。或る体として蜾をあげ、果声とする。正字を蠣に作り、𠄙声とし、

訓義 ①じがばち。②蠃と通用し、かたつむり。

語系 蜾を単用することはなく、「蜾蠃」という語で用いる。蜾蠃は瓜蓏・壺盧・果蠃・瓠落と同系の語で、腰細の中空のものを意味する語である。

【蜾蠃】から じがばち。蜾蠃。じがばちが螟蛉(桑虫)に卵を生みつけ、蜾蠃はこれを餌に生長するという。〔詩、小雅、小宛〕螟蛉子有り 蜾蠃之れを負ふ

【裹】 14 0073 カ(クワ) つつむ まとう

篆文 

会意 衣＋果。果を衣中に加えるのは、招魂のための魂振り儀礼。死喪のとき行ったものであろう。〔説文〕八上に「纏ふなり。~果聲」とするが、哀・褱・襃などの構造から考えると、この字も会意である。

訓義 ①つつむ、まとう。②ふくろにする。③ふさ、くさのみ。

古訓 〔新撰字鏡〕裹 豆々牟(つつむ)〔名義抄〕裹 ツ、ム・マトフ・メグル・ハナフサ・フサ

参考 裹と同じ構造法をとるものに哀・褱・襃・衰(衮)などがあり、みな死者の衣襟に、それぞれの呪具を加え、また呪儀を行う意。哀は祝告の器の𠙵、褱は禳う呪具、襃は眔、衰は麻絰(麻飾り)を加える形である。

【裹革】かかく 馬革で屍を包む。戰死。唐・員半千〔隴頭の水〕詩 旌旗、雲裏に度り 楊柳(送別の曲)曲中に喧し 血を喋りて、壯膽多し 革に裹つむも、怯魂無し

【裹屍】かし 屍を包む。〔後漢書、馬援伝〕男兒要は當に邊野に死して、馬革を以て屍を裹つみ、還りて葬らるべきのみ。

【裹蒸】かじょう ちまき。竹の皮でもち米を包み、三角形にして蒸す。〔南斉書、明帝紀〕太官、御食を進む。裹蒸有り。帝曰く、我此れを食し盡さず。四片に之れを破くべし。餘は晩食に充てんと。

【裹足】かそく 足を包んで進まない。〔史記、李斯伝〕天下の士をして、退いて敢て西に向はず、足を裹つんで秦に入らざらしむ。

【裹糧】かりょう 糧食を包む。〔詩、大雅、公劉〕廼ち餱糧(食糧)を裹つむ 橐に囊に

↑裹掖 包囲/裹脚 脚絆/裹傷 繃帯/裹送 包んで送る/裹瘡 繃帯/裹束 包む/裹肚 腹かけ/裹頭 髪を包む/裹飯 弁当/裹包 包む/裹薬 買薬

↓囲裹・盈裹・巾裹・軽裹・新裹・装裹・展裹・纏裹・布裹・覆裹・包裹・抱裹・苞裹・牢裹・籠裹

【頍】 14 1118 〔夏〕 10 1024 カ まい

金文 

象形 頁は儀礼を行うときの姿。夂は足を前にあげて舞う意。古帝王の舞楽に九夏・三夏として伝えられる夏の初文。金文の〔秦公𣪘〕に、夏に両袖を加えて、舞楽の意を残している。夏・雅(雅)は通用の字。頍の省体である疋を、〔詩、大雅〕〔詩、小雅〕の雅に用いることがある。

訓義 ①まい。②省体の疋を、〔詩〕の雅の意に用いる。

参考 〔説文〕二下疋部に「足なり。~古文以て詩大雅の字と爲す。亦た以て足字と爲す。或いは曰く、胥字なりと。一に曰く、疋は記なり」(段注本)とし、雅・足・胥の三説をあげているが、統貫するところがない。頍は夏の初文で雅と通じ、疋の部分は舞容の足で、疋は頍の略体として雅と通用した。疋は佐胥の胥とは関係のない字である。

常

【稼】 15 2393 カ うえる みのり かせぐ

篆文 

形声 声符は家。〔説文〕七上に「禾の秀實あるものを稼と爲す」とあり、収穫をいう。〔詩、大雅、桑柔〕「稼穡」の〔伝〕に「耕種するを稼と曰ひ、収斂するを穡と曰ふ」と分別するが、すべて農事をいう。

訓義 ①うえる。②みのり、みのった稲。③わが国では、かせぐ。農事に限らず、仕事にはげむことをいう。

古訓 〔名義抄〕稼 ナリハヒ・ニギハヒ・タナヲロシ・タネヲロシ・ツクリ・タネ・ウヘ・ホタリ 〔字鏡集〕稼 ウヱ・タネヲロシ・タナヲロシ・ナヘ・タネ・ツクリ・ホタリ・ナリハヒ・ニギハヒ・ミカク

【稼器】かき 農耕具。〔周礼、地官、遂大夫〕正歳(夏暦の正月)に稼器を簡らび、稼政を脩む。

【稼穡】かしょく 農事。〔書、無逸〕小人を相みるに、厥の父母は稼穡に勤勞せるに、厥の子は乃ち稼穡の艱難を知らず。~曰く、昔の人は聞知する無しと。

↑稼事 農事/稼殖 うえつけ/稼畜 稼穡/稼政 農政/稼桑 桑の差し芽/稼苗 穀物の苗/稼部 民部

↓禾稼・学稼・躬稼・耕稼・作稼・樹稼・秋稼・熟稼・殖稼・桑稼・多稼・穉稼・稲稼・農稼・晩稼・百稼・苗稼・卜稼・力稼

【蝌】 15 5410 カ(クワ) おたまじゃくし

形声 声符は科。〔爾雅、釈魚〕に「科斗は活東なり」とあり、〔注〕に「蝦蟆の子なり」という。みなその動くさまを形容する語であろう。

訓義 ①おたまじゃくし。

【蝌蚪】かと おたまじゃくし。科斗。科斗文は古代文字の一。〔爾雅翼、蝌蚪〕魯の恭王、孔子の舊宅を壞ち、壁中に於て孔子先人の藏する所の古文~を得たり。皆蝌蚪文字なり。

↑蝌篆 蝌蚪篆文

【蝦】 人 15 5714 カ がま えび

篆文

形声 声符は叚。〔説文〕十三上に「蝦蟆なり」とするが、えびの意に用いることが多い。

訓義 1がま。2鰕と通じ、えび。

古訓 〔名義抄〕蝦蟇 カヘル

語系 蝦・瑕・霞・騢・鰕 hea は同声。叚に赤の意を含むことがあり、これらの字に通じてその意がある。〔洞冥記〕に丹蝦の名がみえ、長さ十丈、鬚の長さ八尺、鼻は鋸の如しという。

【蝦夷】アイヌの古称。〔通典、辺防、東夷〕蝦夷は海島中の小國なり。其の使、鬚の長さ四尺、尤も弓矢を善くす。

【蝦蟹】えびとかに。〔北史、斉文宣帝紀〕夏四月庚午、詔して蝦蟹蜆蛤の類を取ることを禁ず。

【蝦魚】えびの一種。〔桂海虞衡志、志虫魚〕蝦魚は灘水より出づ。肉白くして豐く、味は蝦に似て鬆美なり。

【蝦鬚】えびのひげ。〔太平御覧、九四三に引く王隠の晋書〕或ひと(滕)脩に、蝦鬚の長さ一丈なるを語る。脩信ぜず。其の人後故に東海に至り、蝦鬚の長さ四、五尺なるを取りて、封じて以て脩に示す。脩乃ち服す。

【蝦醬】えびで作った醬。〔斉民要術、作醬法〕蝦醬を作るの法、蝦一斗、飯三升を糝と爲し、鹽一升、水五升もて和調し、日中之れを曝らす。

【蝦蟆】ひき。ひきがえる。唐・寒山〔寒山詩、三十九〕三月蠶猶ほ小さし 女人來つて花を采る 墻に隈りて胡蝶を弄び 水に臨んで蝦蟆に擲つ

↑蝦鬼 しゃこ/蝦姑 しゃこ/蝦菜 鮮魚/蝦蛇 くらげ/蝦斗 しゃこ/蝦杯 蝦殻の杯/蝦米 乾えび/蝦棚 照明具

↓乾蝦・魚蝦・銀蝦・珠蝦・青蝦・大蝦・丹蝦・天蝦・竜蝦

【蝸】 15 5712 カ(クヮ) ラ かたつむり

篆文

形声 声符は咼。咼に渦状の意がある。〔説文〕十三上に「蝸蠃なり」とあり、かたつむりをいう。

訓義 1かたつむり。2蠃と通じ、にし。3蜾と通じ、じがばち。

古訓 〔名義抄〕蝸 カタツブリ・カニ 〔篇立〕蝸 ナメクヂ・カタツブリ

【蝸角】かたつむりの触角。「蝸角の争い」とは、つまらぬ争いをいう。〔荘子、則陽〕蝸の左角に國する者有り。觸氏と曰ふ。蝸の右角に國する者有り。蠻氏と曰ふ。時に相ひ與に地を争ひて戰ひ、伏尸(遺棄屍体)數萬なり。

【蝸牛】かたつむり。唐・白居易〔酒に対す、五首、二〕詩 蝸牛角上、何事をか争ふ 石火光中、此の身を寄す 富に隨ひ貧に隨ひ、且らく歡樂せよ 口を開いて笑はざるは、是れ癡人

【蝸篆】かたつむりのはったあと。篆字のように屈曲する。宋・毛滂〔玉楼春、十二調の二〕詞 泥銀四壁、蝸篆盤り 明月一庭、秋、院に滿つ

【蝸廬】小さな家。唐・銭起〔玉山東渓、李叟の屋壁に題す〕詩 野老、薇を採りて暇あり 蝸廬、客を招きて幽なり

↑蝸殻 かたつむりの殻/蝸室 蝸廬/蝸舎 蝸廬/蝸居 蝸廬/蝸髻 童子の髪/蝸書 古文字/蝸迹 蝸涎/蝸涎 かたつむりの液/蝸螺 にな/蝸蠃 かたつむり

↓居蝸・旋蝸・篆蝸・盤蝸・壁蝸

【課】 常 15 0669 カ(クヮ) こころみる わりあてる

篆文

形声 声符は果。〔説文〕三上に「試みるなり」、次条に「試は用なり」とあって、試用の意。

訓義 1こころみる、はかる。2果声の字に夥・窠・顆など、密集するもののうちにまた区分がある意があり、分課・分担の意がある。わりあてる、おわせる。3わりあてられたしごと、つとめ。4課役、夫役。

古訓 〔名義抄〕課 ハカリゴト・ワザ・カタラフ・オホス・コ、ロミル・コ、ロム・イドム・イタス・ハカラフ・アタル・ハタス・ツカフ・ス、ム 〔字鏡集〕課 コ、ロム・コ、ロミル・ハカラフ・ハカリコト・カタラフ・イト(ナ)ム・ツカフ・ツカサ・イタス・ハタス・アラハス・トガ・アタル・ヲ、シ(オホス)・ハサ(ワザ)・ヲコス

【課役】わりあてて使う。租税と力役。〔隋書、高祖紀下〕(開皇十八年)秋七月壬申、詔して河南八州の水あるを以て、其の課役を免ず。

【課校】はかりしらべる。〔史記、匈奴伝〕歳の正月、諸長、單于の庭祠に小會す。五月、蘢城に大會して、其の先、天地鬼神を祭る。秋、馬肥ゆ。大いに蹛林に會し、人畜の計を課校す。

【課試】科目試験。〔唐律疏義、職制上、貢挙其の人に非ず〕其の課試とは貢擧の人の藝業伎能、令に依つて課試すること數有るを謂ふ。

【課詩】詩を日課として作る。〔旧唐書、白居易伝〕二十已來、晝は賦を課し、夜は書を課し、閒に又詩を課し、寢息に遑あらず。

↑課覈 しらべる/課戸 課役の義務のある家/課口 課丁/課績 割当成績/課銭 税金/課題 問題/課調 年貢割当/課丁 納税労役の義務ある者/課程 割当分/課捕 徴税/課法 税法/課余 読書時間外/課養 学問修業/課吏 役人の成績調査/課利 税金/課斂 賦税/課録 年貢賦課

↓学課・欠課・公課・功課・考課・索課・詩課・書課・正課・清課・責課・租課・茶課・定課・程課・冬課・督課・日課・夫課・負課・賦課・分課・放課・夜課

【踝】 15 6619 カ(クヮ) くるぶし

篆文

形声 声符は果。〔説文〕二下に「足踝なり」とあり、くるぶしをいう。

訓義 1くるぶし、かかと。

古訓 〔新撰字鏡〕踝 久比々須(くびひす)、又、豆夫不志(つぶふし)〔和名抄〕踝 豆不奈岐(つぶなき)、俗に云ふ、豆不々之(つぶふし)〔名義抄〕踝 ツブナギ・ツブ、シ 〔字鏡〕踝 ツフナキ・ツフ、シ・久比々須(くびひす)

参考 果は木の実のようにつぶらなものの形をいう。国語の「くびひす」は「かぶ」、「つぶふし」は「円」(つぶ)を語幹とする。

↑踝踝 堅いさま/踝脛 踝とすね/踝跣 すあし

↓掩踝・膝踝・重踝・趺踝・没踝・両踝

【豭】 16 1724 カ いのこ

篆文

形声 声符は叚。〔説文〕九下に「牡豕なり」とあり、〔方言、八〕に北燕・朝鮮の語であるという。

訓義 1いのこ、おすのいのこ。

【豭豚】おすのいのこ。〔礼記、雑記下〕凡そ宗廟の器、其の名ある者は、成れば則ち之れに釁るに豭豚を以てす。

↑豭喙 猪の口/豭国 猿に似た獣/豭彘 ぶた/豭羆 ひぐま

↓猪豭

【鴚】 16 2132 カ がん がちょう

篆文

形声 声符は可。〔説文〕四上に「鴚鵝なり」、次条に「鵝は鴚鵝なり」とあり、鴈(雁)にも

「餓なり」とみえる。〔方言、八〕に関東では雁を駒餓、南楚の外では鵝というとする。みな、その鳴き声による名である。

訓義 1がん。がんの一種。2がちょう。

【櫝】 17 4198 カ ひさぎ

篆文

形声 声符は賈。〔説文〕六上に「楸なり」とあり、また「春秋傳に曰く、六櫝を蒲圃に樹う」と〔左伝、襄四年〕の文を引く。櫝は棺材に用いるもので、〔左伝、哀十一年〕、伍子胥が死を賜うたとき、「吾が墓に櫝を樹ゑよ。櫝は材とすべきなり。呉は其れ亡びんか」といった語をのせている。〔玉篇〕に字をまた榎に作る。

訓義 1ひさぎ。2茶の一種。

古訓 〔新撰字鏡〕櫝・榎 衣乃木(えのき) 〔名義抄〕榎 エノキ/櫝正 〔篇立〕櫝 ヒサカキ

【櫝楚】 囚人をうつむち。〔晋書、虞預伝〕臣聞く、閒者以來、刑獄轉た繁く、多力の者は則ち廣牽連逮、以て年月を稽め、援無き者は、則ち其の櫝楚を嚴にし、重に入るることを期すと。

↑櫝苦 茶/櫝楛 茶/櫝辱 むちうちの辱

↓孤櫝・樹櫝・楸櫝・松櫝・茶櫝・美櫝・楡櫝

【罅】 17 8174 カ さける ひび

篆文

形声 声符は虖。〔説文〕五下に「裂くるなり」とし、「缶焼けて善く裂くるなり」と、土器が熱によってひびを生ずる意とする。その裂ける音を虖という。

訓義 1さける。2ひび。

古訓 〔名義抄〕罅 サケメ・カケタリ 〔篇立〕罅 ハサメ

【罅隙】 われめ。宋・蘇軾〔李台卿を弔ふ〕詩 書を看る眼は月の如く 罅隙、照らさざる靡し

【罅漏】 すきま。唐・韓愈〔進学解〕異端を觝排し、佛老を攘斥し、罅漏を補苴し、幽眇を張皇す。

↑罅間 すきま/罅欠 われめ/罅穴 すきま/罅発 はじける/罅縫 縫いめ

↓隙罅・孔罅・寸罅・疏罅・坼罅・発罅・補罅・縫罅・無罅

常 【鍋】 17 8712 カ(クヮ) なべ かりも あぶらさし

形声 声符は咼。咼に渦状のまる底の形の意がある。円底のなべ、かまの類をいう。古くは車釭(かりも)、また車の油さしの名に用いた。また刈鎌の意に用いるのは、打撾の意をとるものであろう。

訓義 1なべ、かま。2かりも。3あぶらさし。4かま。

古訓 〔名義抄〕鍋 ナベ・カナ、ヘ・カナヘ・ツミ・サスナベ・ツチナベ

↑鍋戸 塩やき/鍋灶 かまど/鍋竈 かまど/鍋帳 行軍用の道具

【鍜】 17 8714 カ しころ

篆文

形声 声符は叚。〔説文〕十四上に「錏鍜なり」、前条に「錏は錏鍜、頸鎧なり」とあり、兜のすそ、頸の部分にあてる「しころ」をいう。しころはまた錣の字をあてる。鉄板や革などを綴って作る。

訓義 1しころ。

古訓 〔名義抄〕鍜 錏鍜/鍜冶 カヂ 〔字鏡集〕鍜 カヂス

人 【霞】 17 1024 カ かすみ

篆文

形声 声符は叚。〔説文新附〕十一下に「赤き雲气なり」とあり、夕やけどきなどに、遠くたなびく霧をいう。叚に小赤の意があり、また遐遠の意がある。

訓義 1かすみ、あさやけ、ゆうやけ。2かすんだ状態、ひがさ、なまめかしい。3遐と通じ、はるか、とおい。

古訓 〔和名抄〕霞 加須美(かすみ) 〔名義抄〕霞 カスミ 〔字鏡集〕霞 カスミ・タナヒク

語系 霞・瑕・蝦heaは同声。叚声の字に少しく赤色を含んだものの意がある。霞に遐遠の意もあり、〔楚辞、遠遊〕の「登霞」は登遐(死去、上天)の意。

【霞衣】 霞の衣。仙人の衣。金・元好問〔梨花海棠、二首、二〕詩 窈窕(しなやか)たる春風の前 霞衣、輕く擧がらんと欲す

【霞外】 霞のかなた。斉・孔稚珪〔北山移文〕其の物表に亭亭として、霞外に皎皎たり。千金を芥にして眄みず、萬乘(王の位)を屣つること、其れ脱するが如し。

【霞光】 朝やけ夕やけの光。唐・白居易〔湖中に宿る〕詩 水天、晩に向って碧沈沈 樹影霞光、重疊として深し

【霞彩】 朝やけ夕やけの色。唐・張均〔岳陽晩景〕詩 水光日に浮んで出で 霞彩江に映じて飛ぶ

【霞觴】 美しい杯。〔長生殿、定情〕金屋裝ひ成り、玉樓に歌徹り、千秋萬歲、霞觴を捧ぐ。

↑霞暈 彩霞/霞影 霞光/霞花 仙女/霞閣 高い閣/霞冠 道士の帽/霞観 高楼/霞起 霞立つ/霞輝 霞の光/霞挙 霞起/霞裾 美しい裾/霞衾 美しい衾/霞瞼 美しい顔/霞際 雲辺/霞燦 霞輝/霞章 文彩/霞人 仙人/霞刹 遠い寺/霞川 霞む川/霞箋 彩箋/霞想 山水の想/霞態 朝やけの美しいさま/霞梯 山の雲気/霞洞 仙洞/霞杯 流霞杯/霞珮 仙人の服/霞帔 婦人服/霞表 霞外/霞雰 赤い雲気/霞文 霞のあや/霞片 雲片/霞嶺 峻嶺

↓飲霞・雲霞・映霞・煙霞・海霞・綺霞・暁霞・凝霞・金霞・錦霞・孤霞・紅霞・虹霞・香霞・彩霞・山霞・散霞・餐霞・残霞・紫霞・朱霞・収霞・春霞・初霞・晨霞・新霞・翠霞・栖霞・晴霞・夕霞・赤霞・川霞・仙霞・早霞・蒼霞・丹霞・澹霞・朝霞・汀霞・赬霞・吐霞・登霞・晩霞・披霞・飛霞・碧霞・暮霞・明霞・落霞・流霞・凌霞

【顆】 17 6198 カ(クヮ) つぶ

篆文

形声 声符は果。果は果実。頁は儀礼の際の形。〔説文〕九上に「小頭なり」とする。果実や粒状のものを数えるときに用いる。

訓義 1果実。2粒状のもの。3果実や粒状のものを数える助数詞。4つちくれ。

古訓 〔篇立〕顆 チヒサキカシラ 〔字鏡集〕顆 チヒサキカシラ・カズ

【顆顆】 一粒一粒。元・欧陽玄〔蒲萄〕詩 宛馬西來、帝郷に貢す 驪珠(赤玉)顆顆、露、光を凝らす

↑顆塩 粒塩/顆粒 粒状

↓橘顆・玉顆・金顆・残顆・珠顆・熟顆・酥顆・丹顆・半顆・飯顆・蓬顆・梨顆

【譌】 19 0462 ［訛］ 11 0461 カ(クヮ) いつわる

篆文

形声 声符は爲(為)。〔説文〕三上に「譌言なり」とし、「詩に曰く、民の譌言」の句を引く。今本は「訛言」に作る。金文の〔中山王諸器〕にも訛に作る字がある。〔書、堯典〕「南訛」を〔史記、五帝紀〕に「南爲」に作る。

訓義 1いつわる、いつわりのことば。2あやまり、あやまる。3〔玉篇〕に「妖言を譌と曰ふ」とあり、およずれごと。

古訓 〔名義抄〕訛・譌 イツハル・アヤマレリ・タガフ・カザル・カマビスシ・ウゴク・ウゴカス・ヨコタ(ナ)ハル・ヒナフ

＊語彙は訛字条参照。
【譌雑】あやまりみだれる。〔後漢書、儒林伝論〕其の耆名高義、門を開き徒に受くる者、編牒萬人を下らず。皆專ら相ひ傳祖し、譌雑或ること莫し。
【譌舛】誤り。元・王逢〔偰正字に寄す〕詩 魚豕(誤りやすい字)譌舛を知る 鉛黄、屬して訂詳す
↑譌火 怪火／譌言 いつわりごと／譌字 誤字／譌謬 誤り
↓澆譌・訂譌・浮譌・妖譌

【騧】 19 7732 カ(クワ)
篆文 
形声 声符は咼か。〔説文〕十上に「黄馬黑喙なり」とあり、〔爾雅、釈畜〕には「白馬黑脣は駩なり。黑喙は騧なり」という。その〔注〕に「今、淺黄色なる者を以て騧馬と爲す」とみえる。
訓義 1くちさきの黒い、黄色の馬。2浅黄の馬。3蝸と通用し、かたつむり。
古訓 〔篇立〕騧 カゲノマ・ムマ〔字鏡集〕騧 カゲノウマ
【騧驪】浅黄色の馬と黒毛の馬。〔詩、秦風、小戎〕騏駵是れ中とし 騧驪を是れ驂とす
【騧騮】良馬の名。〔北史、王慧伝〕(王劭の上書)千里の馬なる者は、蓋し至尊の舊乘る所の騧騮馬なり。
↓驕騧・白騧・疲騧・驪騧・六騧

【鰕】 20 2734 カ えび
篆文 
形声 声符は叚か。〔説文〕十一下に「鰕魚なり」(段注本)とあり、えびをいう。他に山椒魚、めくじらの意がある。
訓義 1えび。2山椒魚。3めくじら、鯢。
古訓 〔字鏡〕鰕 エビ
【鰕鬚】えびのひげ。簾の異名。唐・無名氏〔小蘇の家〕詩 堂内の月娥、横さまに波を剪り 門に倚りて腸断す、鰕鬚の隔つるに
↑鰕虎 はぜ／鰕醤 鰕のひしお
↓魚鰕

【麚】 20 0024 カ おじか
篆文 
形声 声符は叚か。〔説文〕十上に「牡鹿なり」とあり、「夏至を以て角を解く」という。
訓義 1おじか。
古訓 〔名義抄〕麚 カノシシ、・サヲシカ
語系 叚に赤の意があり、瑕・霞・蝦など、みな赤味あるものをいう。麚もまたその毛色を以ていうものであろう。
↑麚角 牡鹿の角
↓麐麚・呼麚・神麚・麋麚・伏麚・牡麚

【韡】 21 4455 ［靴］ 13 4451 カ(クワ) くつ かわぐつ
篆文 
形声 声符は華(華)か。〔説文新附〕三下に「鞮の屬なり」とみえる。靴(靴)の異体字。
訓義 1くつ、かわぐつ。2また、靴に作る。
古訓 〔篇立〕韡 クツ・カハノクツ〔字鏡集〕韡 クロノクツ・クツ・カハノクツ
＊語彙は靴字条参照。

【驊】 22 7435 カ(クワ)
形声 声符は華(華)か。驊騮は名馬。〔玉篇〕に「驊騮は駿馬なり」という。
訓義 1良馬の名。2字はまた華に作る。
【驊騮】名馬。唐・杜甫〔簡高三十五使君に奉ず〕詩 當代、才子を論ずれば 公の如き復た幾人ぞ 驊騮、道路を開き 鷹隼、風塵に出づ

ガ

常 【牙】 4 7124 ガ きば
篆文  古文  金文 

象形 牙の上下相交わる形。〔説文〕二下に「牡齒なり」とあり、〔段注〕に「壯齒」の誤りとする。

訓義 1きば、きばかむ。2牙の形をしたもの、きざす。3天子・将軍の本営に牙旗を立てることから、本営、役所。

古訓 〔名義抄〕牙 キ・キバ・キザス・ヲヒテタリ・アカラカナリ
部首 〔説文〕に猗など二字を属する。〔玉篇〕に三字を属し、猗の重文の齵を齒(歯)部に移している。

声系 〔説文〕に牙声として芽(芽)・訝・迓・雅(雅)・邪(邪)・衺など十字を収める。おおむね上下が交わり、不揃いの状態となる牙の声義を承ける字である。

語系 牙・芽ngeaは同声。また迓・訝ngeaは迎(迎)ngyang、逆(逆)ngyakと声義近く、愕ngak、遇(遇)ngioとも通ずるところがある。牙は衙ngiaと声近く、軍門の意に用いる。

【牙牙】女児の愛らしい声。擬声語。唐・司空図〔障車文〕二女は則ち牙牙として語を學び、五男は則ち雁雁として行を成す。

【牙角】牙と角。鋭い形のもの。唐・韓愈〔月蝕詩、玉川子の作に効ふ〕東方青色の龍 牙角、何ぞ呀呀たる
【牙管】象牙製の筆管。〔南史、范岫伝〕恆に廉潔を以て著稱せらる。～晉陵に在りしとき、唯だ牙管筆一雙を作りしも、猶ほ以て費と爲す。

【牙簡】書札。文書。〔旧唐書、代宗紀〕(永泰七年五月)荒廢の際、寇攘斯に起り、遂に圜土嘉石(獄訟)の下、積みて繫囚有り。竹章牙簡の中、法吏に困しめられしむ。

【牙旗】天子・将軍の旗。漢・張衡〔東京の賦〕戈矛、林の若く、牙旗、繽紛たり。上林に迄り、徒營を結び、和(軍門)を次べ表を樹て、司鐸し鉦を授く。

【牙機】弩の引金の装置。〔後漢書、張衡伝〕復た候風地動儀を造る。～其の牙機は巧制、皆隱して尊中に在り。覆蓋周密にして際無し。

【牙距】きばと、けづめ。書の筆勢などにたとえる。〔晉書、索靖伝〕(草書状)蓋し草書の狀爲るや、婉として銀鉤の若く、～凌魚奮尾、蛟龍反據、空に投じて自ら竄れ、牙距を張設す。

【牙牀】象牙のねだい。元・周伯琦〔宮詞四首、三〕詩 巫山、隱約、寶屏斜めなり 朝に重綿を著け、晝は紗を著く 牙牀に徙倚して、新睡足る 一瓶の芍藥、荷花に當る
【牙璋】軍の出動を命ずるときの割符。その牡契。〔周礼、春官、典瑞〕牙璋以て軍旅を起し、以て兵守を治む。

【牙城】主将の居る城。本丸。〔資治通鑑、唐紀五十七〕(憲宗、元和十四年)子城已に洞開す。惟だ牙城のみ拒守す。

【牙籤】蔵書の分類、見出し用につける象牙の札。唐・韓愈〔諸葛覚、随州に往きて書を読むを送る〕詩 鄴侯、家に書多し 架に插む三萬軸 一一牙籤を懸け 新たなること、手未だ觸れざるが若し
【牙籌】象牙製のかずとり。〔晉書、王戎伝〕戎～性、興利を好む。～毎に自ら牙籌を執り、晝夜算計す。恆に足らざるが若し。

【牙帳】牙営のとばり。大将の陣営。〔周書、異域伝下、突厥〕可汗、恆に於都斤山に處り、牙帳東に開く。蓋し日の出づる所を敬ふなり。

【牙門】 大将の軍門。衙門。〔三国志、魏、典韋伝〕韋、士と爲る。牙門の旗長大にして人能く勝ふる莫し。韋、一手もて之れを建つ。

↑牙印 象牙の印／牙営 本営／牙媼 口入れ婆／牙儈 仲買人／牙官 武官／牙頰 口／牙齗 はぐき／牙軍 牙兵／牙孽 芽生え／牙櫱 芽生え／牙骨 象牙／牙根 歯根／牙錯 交錯する／牙刷 歯みがき／牙子 仲買人／牙市 互市／牙児 新生児／牙軸 牙籤／牙車 ほおげた／牙将 副将／牙章 象牙印／牙笙 象牙の笙／牙檣 帆柱／牙杖 爪楊枝／牙帖 仲買の鑑札／牙娘 妓女／牙人 仲買人／牙旌 牙旗／牙扇 象牙の扇／牙船 旗艦／牙銭 口銭／牙梳 象牙の櫛／牙爪 爪牙／牙嫂 世話婆／牙宅 長官宅／牙虫 虫歯／牙殿 象牙の御殿／牙疼 歯痛／牙塔 象牙の塔／牙幢 はたぼこ／牙纛 牙旗／牙婆 やりて／牙旆 司令旗／牙牌 カルタ／牙板 象牙の拍子板／牙版 牙板／牙盤 象牙の盆／牙筆 牙管／牙符 象牙の割符／牙粉 歯磨粉／牙兵 衛兵／牙癢 歯がみ／牙吏 牙門の吏／牙郎 仲買人

↓簷牙・奇牙・機牙・倨牙・鋸牙・軍牙・犬牙・建牙・虎牙・口牙・高牙・喉牙・鉤牙・贅牙・叉牙・槎牙・犀牙・歯牙・車牙・獣牙・衝牙・崇牙・爪牙・象牙・大牙・猪牙・長牙・弩牙・毒牙・磨牙

常

【瓦】 5 1071 ガ(グヮ) かわら

篆文 

象形 屋根瓦のそりのある形。〔説文〕十二下に「土器の已に燒きたるものの總名なり」とあり、土部十三下の「坏、～一に曰く、瓦の未だ燒かざるもの」に対する語。紡塼の類をもいう。

訓義 ①かわら、かわらけ、やねがわら。②糸まき。③重さの単位、グラム。

古訓 〔和名抄〕瓦 加波良（かはら）〔名義抄〕瓦 カハラ・モタヒ・オホカメ

部首 〔説文〕に甄・甂・瓮・瓿・瓷など、〔新附〕を合わせて二十七字を属し、〔玉篇〕にはすべて百四字を属する。

参考 「かはら」は梵語 **kapāla** とよく似ている。〔琴歌譜〕に「可和良」としるし、もと擬声語であろう。瓦 **nguai** も土器のふれる音をとるものであろう。

【瓦盎】 素焼きのかめ。宋・蘇軾〔謫居三適、夜臥濯足〕詩 瓦盎、深さ膝に及ぶ 時に復た冷暖投ず

【瓦屋】 瓦葺き。〔墨子、備突〕竇（窯竈の孔）門に入ること四、五尺、其の門上を瓦屋と爲し、水潦をして能く入らしむること毋し。

【瓦解】 ばらばらに分散する。〔淮南子、泰族訓〕武王左に黄鉞を操り、右に白旄を執りて、以て之れを麾く。則ち瓦解して走り、遂に土崩して下る。

【瓦器】 素焼き。かわらけ。〔三国志、魏、裴潜伝〕遺令して儉葬せしむ。墓中に惟だ一坐の瓦器數枚を置き、其の餘は一も設くる所無し。

【瓦硯】 かわら製の硯。〔文房四譜〕古瓦硯は相州魏の銅雀臺に出づ。里人土を掘りて、往往之れを得。水を貯むること數日なるも滲まず。

【瓦溝】 瓦を並べた溝。唐・白居易〔東亭に宿し、暁に興く〕詩 雪は瓦溝に依りて白く 草は牆根を繞りて緑なり

【瓦子】 かわら。〔南部新書、戊〕西京壽安縣に墨石山有り。神祠頗ぶる靈なり。神龍中、神前に兩瓦子有り。過客之れを投じて以て休咎（吉凶）をトす。仰ぐを吉と爲し、覆ふを凶と爲す。

【瓦舎】 宋代、繁華街の称。また瓦子・瓦肆。〔夢粱録、十九〕杭城、紹興の間、此こに駐蹕す。～軍士に西北人多し。是こを以て城の内外に刱めて瓦舍を立て、妓樂を招集し、以て軍卒暇日娯戲の地と爲す。

【瓦塼】 糸とりに用いる紡錐。〔後漢書、列女、曹世叔の妻の伝〕古は女を生みて三日、之れを牀下に臥せしめ、之れに瓦塼を弄せしめて、齋告す。

【瓦全】 無価値に生きる。玉砕に対する語。〔北斉書、元景安伝〕大丈夫寧ろ玉砕すべきも、瓦全すること能はず。

【瓦甓】 かわら。〔荘子、知北遊〕東郭子、荘子に問うて曰く、所謂道は惡くにか在ると。～(荘子)曰く、瓦甓に在りと。曰く、何ぞ其れ愈と甚だしきやと。曰く、屎溺に在りと。東郭子、應へず。

【瓦盆】 素焼きの盆。酒器のかわらけ。唐・杜甫〔少年行、二首、一〕詩 笑ふこと莫かれ、田家の老瓦盆 酒を盛りてしより、兒孫を長じたり

【瓦礫】 瓦や小石。価値のないもの。〔貞観政要、政体〕玉、美質有りと雖も、石閒に在りて、良工の琢磨に値はざれば、瓦礫と別たず。

【瓦裂】 こなごなとなる。北周・庾信〔小園の賦〕遂に乃ち山崩れ川竭き、冰砕瓦裂す。大盗潛移し、長離永滅す。

【瓦椀】 素焼きの椀。宋・梅尭臣〔次韻して呉長文内翰の遺れる石器八十八件に答ふ〕詩 我が家固より之れに宜し 瓦椀漏屋に居る

↑瓦案 瓦机／瓦衣 瓦上の苔／瓦甌 土がめ／瓦甕 土がめ／瓦壊 瓦解／瓦棺 素焼の棺／瓦罐 土製の壺／瓦鼓 土鼓／瓦工 瓦師／瓦盞 かわらけ／瓦巵 瓦盞／瓦師 瓦作り／瓦肆 盛り場／瓦室 瓦屋／瓦獣 屋上の瓦飾／瓦石 瓦礫／瓦蘚 瓦衣／瓦樽 素焼の樽／瓦苔 瓦衣／瓦敦 瓦製の食器／瓦大 酒器／瓦兆 瓦卜／瓦殿 瓦屋／瓦豆 土製の食器／瓦竇 水抜き／瓦缶 ほとぎ／瓦釜 土がま／瓦甒 瓦盎／瓦瓶 土の瓶子／瓦俑 土人形／瓦窰 瓦を焼く窰／瓦糧 布施／瓦鬲 土釜／瓦炉 香炉／瓦壠 棟瓦／瓦隴 棟瓦／瓦盌 瓦椀

↓簷瓦・屋瓦・宮瓦・研瓦・古瓦・翠瓦・甎瓦・霜瓦・竹瓦・殿瓦・投瓦・陶瓦・棟瓦・甯瓦・銅瓦・敗瓦・半瓦・縹瓦・覆瓦・文瓦・碧瓦・緑瓦・裂瓦・煉瓦・弄瓦

【疋】 5 1780 ［雅］ 12 7021 ガ

篆文 

象形 舞踊のとき前にあげた足の形。〔説文〕二下に「足なり」とし、「古文以て詩の大雅の字と爲す」（段注本）とあり、雅（雅）の仮借字とする。清儒は大雅・小雅の字に好んで疋を用いるが、金文に夏を頭に作り、夏は舞容。九夏・三夏などは古舞楽の名。夏・雅は通用の字。ゆえに夏の別体である頭の省略形である疋が、また雅に借用されるのである。疋（あし）・匹とは別の字である。夏・雅字条参照。

訓義 ①頭の省体。舞容。②雅に通じる。

【呀】 7 6104 ガカ くちあける

篆文 

形声 声符は牙。〔説文新附〕二上に「口を張る皃なり」、〔玉篇〕に「大きく空しき皃なり」とあり、大きく口を開くことをいう。感嘆・驚嘆のさまを表す。

訓義 ①くちをあける、大きく口をあける。②おどろく。③わらう。

古訓 〔新撰字鏡〕呀 和良不（わらふ）〔名義抄〕呀 アザワラフ・ホガラカニ・イブカシ・クチアク〔字鏡集〕呀 クチアク・アザワラフ・ホガラカナリ・クチヒラク

【呀呀】 口をひらくさま。唐・独孤及〔李尚書の画ける虎を射るの図の歌に和す〕詩 飢虎呀呀として、立ちて路に當る

萬夫震驚し、百獸怒る

【呀豁】がかつ（くわつ） からりと空しい。唐・韓愈〔劉師服に贈る〕詩 羨む、君が齒牙の牢くして且つ潔きに 大肉硬餅も刀もて截きるが如し 我今呀豁として、落つる者多し 存する所十餘、皆兀鮠なり

【呀然】がぜん 口をあけるさま。宋・王禹偁〔帰雲洞〕詩 碧洞、何ぞ耽耽たる 呀然として、山根に倚る 朝雲は出づること嘔くが如く 暮雲は帰ること呑むが如し

↑呀嚇がかく 浸透／呀咻がきゅう かまびすしい／呀許がきょ かけ声／呀空がくう 凌空／呀呷がこう 呑吐する／呀喘がぜん あえぐ／呀張がちょう 開く

↓開呀・歓呀・鬩呀・驚呀・欠呀・狗呀・号呀・穿呀・喘呀

【庌】 7 0024 ガ ひさし

篆文 

形声 声符は牙が。〔説文〕九下に「無なり」とあり、ひさしのある部分。廊屋。大屋に設けるものであるから、〔釈名、釈宮室〕に「大屋を廡と曰ふ」、〔広韻〕に「庌は廰なり」、また〔一切経音義、十四〕に「客堂を庌と曰ふ」とみえる。

訓義 ①ひさし。②ひさしのある堂屋。③ひさしをかける。

古訓 〔字鏡集〕庌 イヘ・カドヤ

語系 庌ngea、廈heaは声義近く、牙には突出・反転の意を含む。

【庌舍】がしゃ 客を出迎える館舍。〔表異録、四〕漢書の、庌舍、庌なる者は迓ふるなり。漢の時、野路に賓客を候迎するの所に、皆庌舍有り。

【庌廡】がぶ 廊廡。廊下。清・張恵言〔金先生を祭る文〕先生精研、思ひ約にして理積む。頭を庌廡に掉へば、壼奥獨り闢く。

常 【我】 7 2355 ガ われ

篆文 古文 甲骨文 金文 

仮借 我は鋸刃の刃物の象形で、鋸の初文。義・羲は犠牲としての羊に我（鋸）を加える形。しかし我を鋸の義に用いることはなく、一人称の代名詞に仮借して用いる。〔説文〕十二下に「身に施して自ら謂ふなり」と一人称とし、また「或いは說ふ、我頃、頓くなり。戈に従ひ、手に従ふ。手は或いは說ふ、古の垂の字なり」と字形を説き、さらに「一に曰く、古の殺の字なり」という。卜文・金文の字形は鋸の形で、仮借して一人称とする。鋸はその形声の字で、我の初義を留める字である。

訓義 ①われ、わが、おのれ。②わたくし、私意。③俄と通じ、俄傾、かたむく。

古訓 〔名義抄〕我 イタツキ・カタキ 〔字鏡集〕我 ワレ・ワガミ・イタツキ・カタキ

部首 〔説文〕〔玉篇〕に、義をその部に属する。義も羊と我とに従う字で、下部の丂は羊の下体が切り離されている形である。

声系 〔説文〕に我声として餓（餓）・俄・峨・鵝など十三字を収める。我は鋸の形で、我声の字に俄傾・嵯峨の意を含むものがある。鵝は鳴き声を写す語。

語系 一人称の代名詞に仮借する。我ngai、吾nga、卬ngangは声近く、みな代名詞に仮借する。予・余・台・朕もまた一人称代名詞として一系をなす語である。

【我生】がせい 我が生命。その生きる時代。〔詩、大雅、桑柔〕我が生、辰ならず 天の僤怒に逢へり

【我曹】がそう（さう） われら。〔東観漢記、張堪伝〕堪、蜀郡を守る。公孫述之れを遣撃す。堪に同心の士三千人有り。相ひ謂ひて曰く、張君我が曹を養ふは今日の爲なり。

【我輩】がはい われら。われ。〔世説新語、任誕〕阮籍の嫂嘗て家に還る。籍、見て與に別る。或るひと之れを譏る。籍曰く、禮豈に我が輩の爲に設けられしものならんやと。

↑我儀がぎ ともがら／我見がけん 自分一人の見解／我山がざん わが山／我執がしゅう 自分一人の見解に執着する／我田がでん わが田。自分に都合のよい理屈を、我田引水という／我儂がのう 自分／我利がり 自分の利

↓愛我・為我・畏我・誨我・棄我・貴我・毀我・啓我・軽我・個我・私我・自我・舎我・主我・小我・人我・推我・責我・全我・大我・適我・彼我・非我・撫我・物我・奉我・忘我・没我・無我・膂我・類我

常 【画】 8 1077 〔畫〕 12 5010

ガ（グワ） カク（クワク）
え えがく かぎる はかる

篆文 古文 金文 

会意 旧字は畫に作り、聿＋田。聿は筆、田は周（周）の初形。周は彫（彫）・雕の字の従うところで、彫盾の形。周は方形の楯面を四分して彫飾を施す意。その彫飾を施すことを畫という。〔説文〕三下に「界なり。田の四界に象る。聿は之れを畫する所以なり」とするが、劃は文様の分界を劃することをいう。

訓義 ①え、えがく。②文様の分界を劃する、かぎる、ととのえる、線を引く。③文様のありかたを考える、はかる、いろどる。④その設計を定める、はかりごと。

古訓 〔名義抄〕畫 ヱ・アヤ 〔字鏡集〕畫 ヱ・アヤ・カタチ・カク・ワカツ・ハカリゴト・ハカル・ヤム

部首 〔説文〕に晝（昼）をこの部に属するが、晝は日暈の象を示すもので、畫とは関係がない。〔玉篇〕に畫・晝を書部に加えるが、書は邑落の堵中に、呪符を加える意の字で、畫とは関係のない字である。

声系 〔説文〕に畫声として劃・嫿の二字を収める。劃は彫盾に刀を用いる意。彫はその文彩を示す字。嫿は徽嫿・緯嫿のように連語で静好の意に用いる。

語系 畫・劃hoekは同声。〔説文〕四下に「錐刀を劃と曰ふ」とあり、彫飾を加えることをいう。強く劃することを刻（刻）khəkといい、深く彫りこむことを克khəkという。もと擬声的な語であったと思われる。

【画一】かくいつ（くわくいつ） 一様にととのえる。〔史記、曹相国世家〕百姓之れを歌ひて曰く、蕭何法を爲る 顜らかなること畫一の如しと。

【画院】がいん（ぐわゐん） 宋・明両朝が宮中に設けた画家の詰所。〔事物紀原、七、庫務職局部〕宋朝會要に曰く、雍熙元年、翰林圖書院を置く。内中苑東門の裏に在り。

【画簷】がえん（ぐわえん） 彩色を加えた簷。唐・杜牧〔十九兄の郡楼に宴有るも病みて赴かず〕詩 十二層樓畫簷敞く 連雲歌盡きて草纖纖たり

【画舸】がか（ぐわか） 彩色した船。〔五代史、前蜀世家、王衍〕江に浮んで上る。龍舟畫舸、江水を照耀す。

【画角】がかく（ぐわかく） 彩色した笛。唐・杜甫〔野老〕詩 王師未だ報ぜず、東郡を收むるを 城闕秋生じて、畫角哀し

【画閣】がかく（ぐわかく） 絵のある高殿。唐・盧照鄰〔長安古意〕詩 梁家の畫閣、天中に起り 漢帝の金莖、雲外に直し 樓前相ひ望んで、相ひ知らず 陌上相ひ逢ふも、詎ぞ相ひ識らん

【画鷁】がげき（ぐわげき） 船首に鷁鳥をえがく。北周・庾信〔画屛風を詠ずる詩、二十四首、二十三〕金鞍、磧岸に聚り 玉軸、中流に泛ぶ 畫鷁、先づ水を防ぎ 媒龍、卽ち舟を負ふ

【画虎】が(ぐわ)こ 虎をえがく。〔後漢書、馬援伝〕季良（馬援）に效ひて得ざれば、陷りて天下輕薄の子と爲らん。所謂虎を書きて成らず、反つて狗に類する者なり。

【画行】が(ぐわ)かう 公文書に所管長官が許可するとき、行の字を署した。宋・周必大〔文忠集、論依字〕臣愚～乞はんと欲す。日後六部判する所の文案、竝に行の字を以て依の字に代へん。

【画叉】が(ぐわ)さ かけじかけ。〔図画見聞誌、六、玉画叉〕張文懿、性、書畫を喜ぶ。今古の圖軸、襞積繁夥なり。詮量必ず當り、愛護尤も勤む。畫を張る毎に、必ず先づ帟幕を施す。畫叉は白玉を以て之れを爲る。其の畫は知るべきなり。

【画策】かく(くわく)さく はかりごとをする。〔史記、魯仲連伝〕魯仲連は齊の人なり。奇偉俶儻の畫策を好み、仕宦任職を肯んぜず。好みて高節を持す。

【画師】が(ぐわ)し 画工。唐・王維〔偶然に作る、六首、六〕詩 老來詩を賦するに嬾く 惟だ老の相ひ隨ふ有り 宿世は謬りて詞客となるも 前身は應に畫師なるべし

【画手】が(ぐわ)しゅ 画家。唐・杜甫〔冬日、洛城の北に玄元皇帝（老子）の廟に謁す〕詩 畫手、前輩を看るに 吳生（呉道子）遠く場を擅にす

【画地】かく(くわく)ち 地に境界線を引く。漢・張衡〔西京の賦〕地を畫して川と成し、渭を流し涇を通ず。

【画中】が(ぐわ)ちゅう 絵の中。宋・蘇軾〔摩詰（王維）の藍田烟雨の図に書す〕摩詰の詩を味はふに、詩中に畫有り。摩詰の畫を觀るに、畫中に詩有り。

【画図】が(ぐわ)と・が(ぐわ)づ 画。唐・白居易〔春、湖上に題す〕詩 湖上春來たりて、畫圖に似たり 亂峯圍繞して、水平らかに鋪く

【画棟】が(ぐわ)とう 彩色したむなぎ。唐・王勃〔滕王閣〕詩 畫棟朝に飛ぶ、南浦の雲 朱簾暮に捲く、西山の雨 閒雲潭影、日に悠悠 物換り星移り、幾秋を度る

【画堂】が(ぐわ)だう 画飾のある室。〔漢書、成帝紀〕母を王皇后と曰ふ。元帝、太子の宮に在りしとき、甲觀の畫堂に生む。世嫡皇孫と爲す。

【画眉】が(ぐわ)び まゆずみで眉をかく。梁・劉孝威〔郄県にて率爾、婦に寄す〕詩 新粧には黛を點ずること莫かれ 余れ還りて自ら眉を畫かん

【画屏】が(ぐわ)へい ついたてに画く。〔図絵宝鑑、二、呉〕曹弗興～畫を以て名一時に冠絶す。孫權命じて屏に畫かしむ。墨を誤り、蠅の狀を成す。權、其の眞なるを疑ひ、手を以て之れを彈く。

【画餅】が(ぐわ)べい 絵にかいた餅。役にたたぬもの。〔三国志、魏、盧毓伝〕選擧には名有るを取る莫かれ。名は地に畫きて作りたる餅の如し。啖ふべからず。

【画舫】が(ぐわ)ばう 美しく彩色した舟。唐・劉希夷〔江南曲、八首、二〕詩 畫舫、烟中に淺く 青陽、日際に微なり

【画欄】が(ぐわ)らん 美しく彩色した欄干。唐・李賀〔金銅仙人漢を辞する歌〕詩 畫欄桂樹、秋香を懸け 三十六宮、土花（こけ）碧なり

【画梁】が(ぐわ)りやう 美しく彩色したうつばり。唐・李白〔秋日、揚州の西靈塔に登る〕詩 萬象、空界を分ち 三天、畫梁に接す 水は搖かす、金刹の影 日は動かす、火珠の光

【画楼】が(ぐわ)ろう 美しく彩色した楼閣。唐・李商隠〔無題〕詩 昨夜の星辰、昨夜の風 畫樓の西畔、桂堂の東

↑画衣 絵模様の衣／画苑 画壇／画押 画字／画可 裁可する／画架 画布の枠／画家 えかき／画灰 灰にかく／画界 区切り／画繢 刺繡／画格 画の品格／画閣 画楼／画旂 画旗／画規 企画／画夾 とじ本／画供 画押／画橋 美しい橋／画計 計画／画工 えかき／画綵 えぎぬ／画賛 画の賛／画史 えかき／画刺 署名／画字 かき判／画軸 画の掛軸／画趣 画の趣／画繡 刺繡／画匠 画家／画妝 え化粧／画色 絵具／画燭 飾り蠟燭／画人 えかき／画井 絵天井／画生 画学生／画尺 物さし／画蹟 画迹／画船 飾り船／画然 明確／画象 画像／画像 像を画く／画題 画の題材／画諾 かき判／画布 模様巾／画分 区分／画壁 壁画／画癖 画好き／画裏 画中／画廊 画のある廊

↓愛画・衣画・印画・院画・陰画・映画・横画・挂画・界画・絵画・繢画・看画・観画・企画・奇画・規画・揆画・綺画・機画・戯画・区画・計画・劇画・欠画・結画・闕画・原画・古画・工画・交画・好画・刻画・采画・細画・作画・策画・参画・賛画・残画・指画・字画・識画・漆画・手画・春画・書画・省画・飾画・図画・線画・善画・爪画・草画・挿画・装画・対画・題画・耽画・籌画・直画・点画・篆画・唐画・陶画・動画・童画・南画・能画・俳画・白画・曝画・版画・秘画・筆画・描画・品画・仏画・分画・壁画・北画・墨画・漫画・密画・妙画・名画・洋画・陽画・略画・臨画・録画

入 **【臥】** 8 7370 ガ(グヮ) ふす

篆文 

会意 臣＋人。臣は眼の形。人が臥して下方を見る形で、臨・監はその形に従う。〔説文〕八上に「休するなり。人・臣に從ふは、其の伏するを取るなり」とあり、休は伏の誤りであろう。臣伏の意とするが、伏視を原義とする。

訓義 1ふす、うつむく。2やすむ、ねる。3うつぶせ、たおれる。4ふしど、ねま。5かくれる。

古訓 〔名義抄〕臥 フス 〔字鏡集〕臥 ネコル・フス・ヤスム・フセリ

部首 〔説文〕に監・臨など三字を属し、〔玉篇〕に重文を加えて七字を属する。監は水盤に臥して水鑑とする意で、鑑の初文、臨は神霊が天より臨み、また降臨する意。

【臥雲】が(ぐわ)うん 隠者の生活。唐・白居易〔昔微之と朝日に在り～且く後期を結ばん〕詩 雲に臥す計を作さず 手を攜へて何くに之かんと欲する

【臥屋】が(ぐわ)をく 寝ている家。〔晋書、王濬伝〕濬、夜夢に三刀を臥屋の梁上に懸け、須臾にして又一刀を益す。濬驚き覺め、意に甚だ之れを惡む。

【臥起】が(ぐわ)き おきふし。〔漢書、蘇武伝〕武、既に海上に至り、廩食至らず。野鼠を掘り、屮（草）實を去めて之れを食ふ。漢節を杖つきて羊を牧し、臥起に操持し、節旄盡く落つ。

【臥虎】が(ぐわ)こ 恐るべき官吏。〔後漢書、酷吏、董宣伝〕（宣、洛陽の令と爲る。）豪彊を搏擊し、震慄せざる莫し。京師號して臥虎と爲す。

【臥牀】が(ぐわ)しやう ねどこ。寝台。唐・白居易〔燕子楼、三首、一〕詩 滿窗の明月、滿簾の霜 被は冷やかに、燈殘りて、臥牀を拂ふ

【臥息】が(ぐわ)そく ふしやすむ。くらす。〔三国志、魏、東夷伝、倭〕屋室有り。父母兄弟、臥息處を異にす。朱丹を以て其の身體を塗ること、中國の粉を用ふるが如きなり。

【臥枕】が(ぐわ)ちん 枕にする。唐・白居易〔几に隠り、客に贈る〕詩 臥しては枕す、一卷の書 起きては嘗む、一盃の酒

【臥轍】が(ぐわ)てつ 車前に臥して遮る。人を引きとめる。梁・任昉〔王文憲集の序〕轍に臥し、子を棄て、予れを後にするかと胥ひ怨む。

【臥榻】が(ぐわ)たふ 寝台。〔続通鑑長編、宋太祖紀〕天下は一家なるも、臥榻の側、豈に他人の鼾睡を容るさんや（我が寝床で他人が眠るを許さない）。

【臥病】が(ぐわ)びやう 病気でねる。唐・孟浩然〔晩春病に臥し、張八に寄す〕詩 南陌、春將に晚れんとし 北窗、猶ほ病に臥す

【臥遊】が(ぐわ)いう 画や文によって山水の遊を楽しむ。〔宋書、隠

逸、宗炳伝〕山水を好み、遠遊を愛す。～疾有りて江陵に還り、嘆じて曰く、～唯だ當に懷を澄ませ道を觀じ、臥して以て之れに游ぶべしと。凡そ游履する所、皆之れを室に圖す。

【臥竜】 英傑の人がまだ世に出ないときをたとえていう。〔三国志、蜀、諸葛亮伝〕徐庶～先主(劉備)に謂ひて曰く、諸葛孔明は臥龍なり。將軍、豈に之れを見んことを願ふかと。

【臥廬】 家で休む。宋・范成大〔読史〕詩 壇に登りては劉・項(劉邦と項羽)を策し、廬に臥しては曹・孫(曹操と孫権)を料る

↑臥痾 病臥／臥衣 ねまき／臥隠 隠居／臥看 臥し看る／臥牛 ねうし／臥居 ふせる／臥具 寝具／臥見 臥看／臥語 寝物語り／臥斎 ねどこ／臥簀 簀にねる／臥蚕 眉毛／臥室 寝室／臥杵 よこづち／臥床 臥牀／臥吹 横笛／臥勢 寝姿／臥席 ねござ／臥氈 毛布／臥喘 いびき／臥簟 ねどこ／臥内 ねどこ／臥碑 学生を取り締まる規則を刻した碑文／臥傅 おもり／臥伏 臥して隠れる／臥仏 涅槃像／臥聞 寝てきく／臥覧 臥看／臥鹿 臥した鹿

↓安臥・一臥・雲臥・偃臥・淹臥・横臥・鷗臥・仮臥・間臥・帰臥・起臥・寄臥・饑臥・牛臥・仰臥・吟臥・傾臥・孤臥・高臥・坐臥・蚕臥・愁臥・嘯臥・深臥・寝臥・酔臥・睡臥・静臥・草臥・霜臥・側臥・対臥・退臥・袒臥・昼臥・長臥・恬臥・独臥・憊臥・病臥・仆臥・平臥・蓬臥・旁臥・眠臥・黙臥・幽臥・裸臥・羸臥・露臥・鹿臥

常 【芽】 8 4424 〔芽〕 8 4424 ガ めきざす

篆文 

形声 声符は牙が。牙は芽の初生のかたちに似ている。〔説文〕一下に「萌芽なり」とみえる。

訓義 ①め。②きざす、めぐむ。③はじめ、ひこばえ。

古訓 〔名義抄〕芽 ハギ・ウマツナギ・キザス 〔篇立〕芽 キザス・クチアク・ハギ・ハ、キフ・イフ

語系 芽・牙ngeaは同声。古くは芽に牙を用い、〔漢書〕にも「萌牙」とする例がある。

【芽甲】 新芽。宋・韓維〔崔象之の謝せらるるの作に答ふ〕詩 即ち看る、春風の芽甲を撼かすを 定めて見ん、紅紫の相ひ欹扶するを

【芽茶】 茶の新芽。〔宣和北苑貢茶録〕凡そ茶芽數品、最上なるを小芽と曰ふ。雀舌・鷹爪の如し。其の勁直纖鋭なるを以ての故に、芽茶と號ふ。

↑芽肄 新芽／芽活 めぐむ／芽蘖 めばえ／芽菜 もやし

↓腋芽・玉芽・紅芽・穀芽・根芽・柴芽・出芽・新芽・青芽・早芽・霜芽・茶芽・抽芽・摘芽・吐芽・冬芽・豆芽・嫩芽・肉芽・胚芽・麦芽・発芽・物芽・芳芽・萌芽・茗芽・蓼芽・緑芽・蘆芽・露芽

【迓】 8 3130 〔訝〕 11 0164 ガ むかえる

篆文 

形声 声符は牙が。訝・逆(逆)・御(御)と声近く、みな迎える意がある。

訓義 ①むかえる。

古訓 〔名義抄〕迓 ムカフ 〔字鏡集〕迓 ムカフ・タガヒニ

語系 迓・訝ngeaは、御ngia、晤・迕nga、迎(迎)ngyang、逆ngyak、遇(遇)ngioと声義近く、みな一系の語。語の原義は御の字形に最もよく示されており、午は敵を迎え、これを禦ぐための呪器。他は声近く、その語意を承ける。

【迓衡】 迓は御、衡は平衡。治道を誤らぬことをいう。〔書、洛誥〕旁く穆穆を作し、迓衡して文武の勤教に迷はざらしめよ。

↑迓鼓 元代の楽府／迓使 出迎え

↓敬迓・士迓・掌迓・邀迓

入 【俄】 9 2325 ガ にわか かたむく

篆文 

形声 声符は我が。我は鋸の象形。傾斜して用いる。〔説文〕八上に「頃なり」(段注本)とあり、俄頃の意。

訓義 ①にわか、たちまち。②我に傾きけわしい意があり、かたむく。③ロシアの異称のオロスの音訳、俄羅斯の略称。

古訓 〔名義抄〕俄 ニハカニ・シバラク・スミヤカニ・タチマチ・シバラクアリテ・カタブク・ナ、メナリ・ツラヌ・ノブ・アタフ 〔字鏡集〕俄 ノブ・アタフ・シバラクアリテ・ナ、メナリ・ツラヌ・ニハカニ・ニハカナリ・シバラク・タチマチ・アフグ・スミヤカニ・カタブク

【俄頃】 しばらく。にわかに。晋・郭璞〔江の賦〕倏忽にして數百、千里も俄頃たり。

【俄刻】 しばらく。にわかに。〔南斉書、竟陵文宣王子良伝〕絳標寸紙、一日に數至る。村に徵し、里に切り、俄刻にして十たび催す。

【俄然】 にわかに。ふと。〔荘子、斉物論〕昔者莊周、夢に胡蝶と爲る。栩栩然として胡蝶なり。～俄然として覺むれば、則ち蘧蘧然として周なり。

↑俄俄 高峻のさま／俄忽 たちまち／俄思 思いつき／俄而 にわかに／俄爾 俄而／俄瞬 たちまち／俄且 すぐに／俄人 ロシア人／俄旋 まもなく

↓傀俄

【哦】 10 6305 ガ うたう

篆文  金文 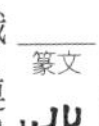

形声 声符は我が。〔説文新附〕二上に「吟ずるなり」とあり、吟哦と連ねて用いる。我は擬声的に用い、大きな声をいう。吟は今(蓋栓)に従い、あまり口を開かないさま。

訓義 ①うたう。②軽く声をあげて驚く。

古訓 〔名義抄〕哦 ナゲク・ツクス・ナク 〔字鏡集〕哦 ツクス・ナク・ナゲク

【哦松】 松下で吟詠する。唐の崔斯立が藍田県丞となり、老松の下で吟詠したことから、県丞となることをいう。唐・韓愈〔藍田県丞庁壁記〕二松を對樹し、日に其の閒に哦ふ。

↑哦呵 あわれ／哦誦 朗誦

↓吟哦・口哦・酔哦・長哦・独哦・幽哦

【娥】 10 4345 〔娿〕 10 2340 ガ うつくしい

篆文 甲骨文 

形声 声符は我が。〔説文〕十二下に「帝堯の女、舜の妻娥皇の字なり」とし、また「秦・晉にて、好きものを謂ひて、娙娥と曰ふ」とあり、〔広雅、釈訓〕に「娥娥は容なり」と形況の語とする。卜文に娥の字がみえ、神名。のち月神を常娥という。

訓義 ①うつくしい、美人。②女の字。③月。

古訓 〔名義抄〕娥 ヨシ・ウルハシ・セハシ

【娥英】 舜の二妃である娥皇と女英。梁・陶弘景〔水仙賦〕漳渠水府、包山洞臺、娥英の遊往する所、琴馮(水神、鼓して舞う)是焉に去來す。

【娥影】 月光。唐・鮑溶〔上陽宮の月〕詩 織ることを學ぶ機邊、娥影靜かに 新を拜する衣上、露華沾ふ

【娥娥】 女の美しいさま。〔文選、古詩十九首、二〕盈盈たる樓上の女 皎皎として䆫牖(まど)に當る 娥娥たる紅粉の粧ひ 纖纖として素手を出だす

【娥眉】 美しいまゆ。美しい女。唐・劉希夷〔白頭を悲しむ翁に代る〕詩 一朝、病に臥して、相ひ識るもの無し 三春の行樂、誰が邊にか在る 宛轉たる娥眉、能く幾時ぞ 須臾に

して鶴髪亂れて絲の如し
↑娥輝 美女/娥月 月/娥姣 美しくなまめかしい/娥妝 美女のよそおい/娥翠 娥眉/娥緑 眉墨/娥輪 月
↓雲娥・英娥・影娥・羲娥・宮娥・月娥・姮娥・舜娥・湘娥・常娥・神娥・翠娥・青娥・仙娥・素娥・楚娥・嬪娥・奔娥・両娥・麗娥

【峨】 入 10 2375 ［峩］ 10 2255 ガ けわしい たかい

篆文 

形声 声符は我。我は鋸の象形。歯形があり、鋭い意がある。〔説文〕九下に「嵯峨なり」とあり、山の高峻なさまをいう。

訓義 [1]けわしい。[2]たかい、いかめしい。

古訓 〔名義抄〕峨 タカシ・サカシ/峨々 サカシ 〔字鏡〕峨 タカシ・サカシ・ヲシ・カタブク・カイ

語系 峨ngai、巍nguiai、嵬・隗nguai、巖ngiuai、巋khiuaiは声義近く、みな山の高峻なさまをいう。

【峨峨】 高峻。〔楚辞、招魂〕魂よ歸り來れ 北方は以て止まるべからず 增冰峨峨として 飛雪千里 歸り來れ歸り來れ 以て久しかるべからず

【峨髻】 高く結いあげた髪。唐・李賀〔河南府試十二月楽詞、二月〕詩 金翹の峨髻、暮雲に愁ひ 沓颯として起ちて舞ふ、眞珠の裙

↑峨冠 高い冠/峨巍 高大/峨然 高いさま
↓鬱峨・鬼峨・嵦峨・危峨・岌峨・嶸峨・嵯峨・仙峨・嶒峨

【莪】 11 4455 ガ つのよもぎ

篆文 

形声 声符は我。〔説文〕一下に「蘿莪なり」とあり、つのよもぎ。蘿蒿、また莪蒿という。

訓義 [1]つのよもぎ。[2]きつねあざみ。

古訓 〔新撰字鏡〕莪 宇波支(うはぎ) 〔名義抄〕莪蒿 オハギ 〔篇立〕莪 ヲハギ 〔字鏡集〕莪 ヲハギ・コマ

【莪蒿】 きつねあざみ。始生を莪、長ずるを蒿という。〔詩、小雅、蓼莪〕蓼蓼たる者は莪 莪に匪ず、伊れ蒿なり

↑蒿莪・菁莪・蓼莪

【訝】 11 0164 ガゲ むかえる あやしむ

篆文 

形声 声符は牙。〔説文〕三上に「相ひ迎ふるなり」とあり、迓と同義。〔儀礼、聘礼〕に「厥の明、賓を館に訝ふ」とみえる。

訓義 [1]むかえる。[2]むかえて誰何する、いぶかる。[3]呀は驚く声。通じて、おどろく。

古訓 〔名義抄〕訝 ムカフ・オモブク・イソグ・フス・イブカル・イブカシ・オソル・アザムク 〔字鏡集〕訝 ムカフ・オモフク・アヒムカフ・アフ・イブカシ・イブカル・アザムク・ナゲク・ヲソル・イソグ・フス

語系 訝(迓)ngea、御(御)ngia、晤・迕nga、迎(迎)ngyang、逆(逆)ngyakは声義近く、同系の語である。

【訝鼓】 神を迎える太鼓。〔宣和遺事、前集下〕訝鼓通宵、華燈競ひ起り、五夜齊しく開く。

【訝呰】 あやしみ、そしる。〔呂覧、必己〕夫の道徳の若きは、則ち然らず。訝も無く呰も無し。一龍一蛇、時と倶に化し、肎へて專らに爲すこと無く、~萬物の祖に浮游す。

【訝賓】 賓客を迎える。〔儀礼、聘礼〕賓、館に即く。訝へて公命を將ふ。

↑訝士 四方の獄訟と、賓客を送迎する官
↓怪訝・玩訝・驚訝・譴訝・嗟訝・深訝

【賀】 常 12 4680 ガ いわう よろこぶ

篆文 

金文 

会意 加+貝。加は力(耜)を祓い清めてその生産力を刺激する儀礼。貝は魂振り、生産力を刺激する呪器。〔説文〕六下に「禮を以て相ひ奉慶するなり」とするが、魂振りを原義とする。

訓義 [1]いわう、ねぎらう。[2]よろこぶ、よろこび。[3]嘉と通じ、よみする。

古訓 〔名義抄〕賀 ヨシ・ヨロコブ 〔字鏡集〕賀 イノル・ヨロコブ・カス・カハル・ヨシ・ツト・スチ

語系 賀hai、加・嘉keai、哿kai、嘏keaは声義が近く、みなよろこぶ意がある。

【賀慶】 よろこび。慶賀。〔周礼、春官、大宗伯〕賀慶の禮を以て、異姓の國を親しむ。

【賀朔】 五月一日の朝賀。道家の説による。唐以後行われた。〔五代史、唐、明宗紀〕五月己巳、群臣を朝し、賀朔せしむ。

【賀寿】 長寿を祝う。〔後漢書、礼儀志中〕皇太子を拜するの儀、~三公階に升り殿に上り、萬歲を賀壽す。因りて天下に大赦す。

【賀表】 国家の慶事にたてまつる奉祝の文。〔南史、垣崇祖伝〕高帝即位し、方鎭皆賀表有り。王儉、崇祖の啓を見、咨嗟すること良や久しうして曰く、此れ(夏侯)恭叔の辭ならんと。

↑賀宴 祝宴/賀筵 祝宴/賀廈 落成祝い/賀喜 祝う/賀儀 お祝い/賀客 祝賀の人/賀啓 祝い状/賀献 祝賀の品/賀私 内祝/賀詞 祝詞/賀書 賀状/賀正 正月を祝う朝賀/賀節 年賀/賀銭 祝儀/賀冬 冬至の賀/賀問 お喜び
↓謁賀・恭賀・謹賀・慶賀・参賀・算賀・寿賀・受賀・祝賀・上賀・大賀・朝賀・同賀・年賀・拝賀・表賀・抃賀・奉賀・来賀・臨賀

【蛾】 13 5315 ［䖸］ 19 2313 ガギ はねあり

篆文 

形声 声符は我。正字は䖸に作り、〔説文〕十三下に「蠶の化して飛ぶ蟲なり」とあって、蚕蛾をいう。字はまた蛾に作る。すべて蛹(さなぎ)より羽化するものを、みな蛾という。別に虫部十三上に「蛾は羅なり」とあり、羅もまた蚕蛾、重出の字である。

訓義 [1]が、かいこのちょう、ひむし。[2]また蟻に作り、あり、はねあり。

古訓 〔和名抄〕蛾 比々流(ひひる) 〔名義抄〕蛾 ヒ、ル

【蛾術】 蛾は蟻。小蟻が大蟻にならって、ついに蛭を作る。人も聖賢にならって大事を成すにたとえる。〔礼記、学記〕蛾子、時に之れを術ぶ。

【蛾翠】 緑色の蛾眉。美人の眉。唐・温庭筠〔春洲の曲〕詩 韶光染色、蛾翠の如し 綠濕紅鮮、水容媚し

【蛾賊】 黄巾賊。後漢末の農民の叛乱。蟻のように集まるのでいう。〔後漢書、皇甫嵩伝〕(張角等)一時に倶に起る。皆黄巾を著けて標幟と爲す。時人之れを黄巾と謂ひ、亦た名づけて蛾賊と爲す。

【蛾眉】 蛾の触角のような眉。美人。〔詩、衛風、碩人〕螓首蛾眉 巧笑倩たり 美目盼たり

【蛾附】 蟻のように集まる。〔三国志、魏、鍾会伝〕斯須にして、門外は梯に倚り城に登り、或いは城屋を焼きて、蛾附亂進し、矢下ること雨の如し。

【蛾揚】 蛾眉。美人の眉。梁・昭明太子〔銅博山香鑪の賦〕齊姬、歡を合はせて流眄し、燕女、巧笑して蛾揚す。

↑蛾蛾 大きいさま/蛾鬟 黒髪/蛾月 眉月/蛾子 昆虫/蛾而 俄かに/蛾黛 眉墨/蛾傅 蛾附/蛾羅 蚕の蝶/蛾緑 蛾黛
↓火蛾・縠蛾・蚕蛾・残蛾・燭蛾・新蛾・螓蛾・翠蛾・青蛾・夕蛾・

繊蛾・素蛾・双蛾・黛蛾・澹蛾・蟄蛾・長蛾・灯蛾・毒蛾・白蛾・飛蛾・噸蛾・文蛾・夜蛾・揚蛾・緑蛾

【衙】 13 2122 ガ ギョ やくしょ

篆文 

形声 声符は吾ご。〔説文〕二下に「行く皃なり」とするのは、衙衙という連語の語義。衙は牙と声近く、牙旗を軍門に立てて衙門という。それより官衙の意とする。

訓義 1やくしょ、つかさ、兵営。2天子の居処、宮殿、へや。3衙衙はゆくさま。

古訓 〔名義抄〕衙 マラフトコト・ミチビク・ユク・オコナフ・トフ・トシ・アシタ 〔字鏡集〕衙 シメス・ス、ム・ノブ・オホヒ・マイル・ミチビク・オコナフ・トシ・ユク・トフ・アシタ

語系 衙ngiaは吾ngaの声義を承け、攼敔する(まもる)ことを本義とする字であろう。牙ngeaと通用し、牙旗のあるところをいう。

【衙官】がかん(ぐわん) 州鎮の属官。〔旧唐書、文苑上、杜審言伝〕吾が文章は、合に屈(原)・宋(玉)を得て、衙官と作るべし。吾の書跡は、合に王羲之を得て、北面すべし。

【衙衙】ぎよぎよ 行くさま。楚・宋玉〔楚辞、九弁、十〕雷師の闐闐たるに屬き 飛廉の衙衙たるを通ず

【衙参】がさん 朝夕、官吏が朝廷・衙門に参集すること。〔太平広記、一〇八に引く報応記〕兗州の節度使崔尚書、法令嚴峻なり。嘗て一軍將の衙參に到らざるもの有り。崔大いに怒り、衙門に就いて斬に處せしむ。

【衙内】がない 唐代の禁衛官。〔唐書、儀衛志上〕凡そ朝會の仗は、三衞番上し、分ちて五仗と爲す。衙内の五衞と號す。

【衙門】がもん 兵営・官署の古称。〔北斉書、循吏、宋世良伝〕世良、才識閑明、尤も治術を善くす。〜衙門(獄中)虚寂、復た訴訟する者無し。

➡衙役がえき 役所の下役/衙会がかい 会議/衙鼓がこ 時報/衙斎がさい 官邸/衙日がじつ 衙参の日/衙署がしよ 官庁/衙職がしよく 役所の職/衙推がすい 軍府の官/衙前がぜん 宋代の賦役/衙退がたい 退職/衙庭がてい 役所/衙蠹がと 悪吏/衙府がふ 官署/衙兵がへい 禁衛兵/衙楼がろう 官庁の望楼

➡宴衙・槐衙・官衙・間衙・休衙・空衙・県衙・公衙・国衙・坐衙・散衙・趨衙・正衙・退衙・排衙・晩衙・放衙・報衙

常【雅】 13 7021 〔雅〕 12 7021 ガ からす みやびやか ただしい

篆文 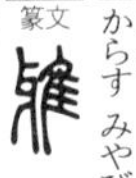

形声 声符は牙が。〔説文〕四上に「楚烏なり」という。牙は鴉の従うところと同じく、その鳴き声。

訓義 1からす、はしぶと。2舞楽を意味する夏と通用する。古楽章に九夏・三夏などあり、これに対して〔詩〕の大雅・小雅という。雅は貴族社会の詩篇。それより都雅・典雅の意となる。みやびやか、あでやか、うるわしい。3正楽の意より、ただしい、つね、よい。

古訓 〔名義抄〕雅 マサシ・ウルハシ・マサカナリ・ヒタフト・ナホシ・モトヨリ・マコト・タクマシ・イサ、カニ・ヤハラカナリ・ミヤビカナリ・オダヒカナリ 〔字鏡集〕雅 カラス・ヒタフト・カモカラス・ウルハシ・オダヒカナリ・ミヤビヤカナリ・ヤハラカナリ・マサシ・サカリ・マコト・サカシ・ヨシ・タクマシ・ノリ・イサ、カニ・トモ・タヒカナリ

参考 雅と夏と通用することがあり、〔荀子、栄辱〕「君子は雅に安んず」は中夏の意。〔荀子、儒効〕に「夏に居りては夏なり」の「夏なり」は雅正の意。字形の上で、夏は古く頙としるし、足をあげる舞容の形。その疋がを雅の意に用い、大疋・小疋(大雅・小雅)のようにいうことがある。

【雅愛】があい もとより愛する。〔顔氏家訓、慕賢〕丁覘〜頗る善く文を屬り、殊に草隷に工みなり。〜時に云ふ、丁君の十紙は王褒の數字に敵らずと。吾れ雅より其の手迹を愛し、常に寶持する所なり。

【雅意】がい つねの意。〔漢書、外戚上、孝武李夫人〕武帝崩ず。大將軍霍光、上の雅意に縁り、李夫人を以て配食(配祀)す。

【雅懐】がかい(くわい) 風流。優雅な心情。唐・李白〔春夜桃李園に宴するの序〕佳作有らずんば、何ぞ雅懷を伸べん。如し詩成らずんば、罰は金谷の酒數に依らん。

【雅楽】ががく 朝廷の正しい音楽。〔論語、陽貨〕紫の朱を奪ふを惡む。鄭聲の雅樂を亂るを惡む。

【雅業】がぎよう(げふ) 平生のしごと。梁・武帝〔立学詔〕耕耘の雅業なりと雖も、傍ら藝文を闚ふ。

【雅健】がけん 上品で勢いがある。〔唐書、柳宗元伝〕韓愈、其の文を評して曰く、雄深雅健、司馬子長(遷)に似たり。崔(寔)・蔡(邕)は多とするに足らざるなりと。

【雅言】がげん 正しいことば。〔論語、述而〕子の雅言する所は、詩書執禮、皆雅言なり。

【雅故】がこ 正しい訓詁。旧友。平素。〔史記、燕世家〕今呂氏は雅故、本と高帝を推轂(推し助ける)して、天下を就さしむ。功至りて大なり。

【雅好】がこう(かう) 平素から好む。〔南史、梁簡文帝紀〕雅より賦詩を好む。其の自序に云ふ、七歳にして詩癖有り。長じて倦まずと。〜時に宮體と號す。

【雅才】がさい 立派な才能。〔後漢書、儒林下、服虔伝〕太學に入りて業を受く。雅才有り。善く文論を著はし、春秋左氏傳解を作る。

【雅士】がし 上品な人物。〔三国志、魏、邢顒伝〕(曹植の)家丞邢顒は、北土の彦なり。少くして高節を秉り、玄靜澹泊、言少なく理多し。眞に雅士なり。

【雅志】がし 素志。〔晋書、謝安伝〕經略の粗ぼ定まるを須ちて、江道より東に還らんと欲す。雅志未だ就らず、遂に疾の篤きに遇ふ。

【雅辞】がじ 平素のことば。金・元好問〔高平道中、陵川を望む、二首、二〕詩 座中の佳客、虛日無く 簾下の歌童、盡く雅辭

【雅馴】がじゅん 文辞が穏当であること。〔史記、五帝紀論賛〕學者多く五帝を稱するも、尙し。〜而して百家の黃帝を言ふは、其の文雅馴ならず。薦紳先生、之れを言ふを難る。

【雅尚】がしよう(しやう) 平素から尚ぶところ。〔三国志、魏、管寧伝〕太祖曰く、人各〻志有り。出處、趣を異にす。勉めて雅尚を卒へ、義、相ひ屈せずと。

【雅人】がじん 高尚な心の人。〔晋書、列女、王凝之の妻謝氏伝〕道韞(謝氏の字)稱ふ、吉甫、頌を作る 穆として清風の如し 仲山甫永懷す 以て其の心を慰むと。(謝)安謂ふ、雅人の深致有りと。

【雅正】がせい みやびで正しい。〔南史、張種伝〕種、少くして恬靜。居處雅正、傍らに造請無し。

【雅声】がせい 正しい音楽。楚・宋玉〔高唐の賦〕大絃を紬きて、雅聲流れ、冽風過ぎて、悲哀を增す。

【雅素】がそ 平生。〔漢書、張禹伝〕上報じて曰く、〜君何ぞ疑ひて數〻骸骨を乞ひ、忽ち雅素を忘れて流言を避けんと欲するや。朕聞くこと無し。

【雅操】がそう(さう) 正しいみさお。〔晋書、山濤伝〕文帝、濤に書を與へて曰く、足下事に在りて清明、雅操時に邁ぐ。念ふに乏しき所多からん。今錢二十萬、穀二百斛を致すと。

【雅俗】がぞく 風雅と世俗。梁・任昉〔范尚書の為に吏部封侯を

譲る、第一表〕漢魏より已降(このかた)、達識軌(あと)を継ぐ。雅俗の帰(おもむ)く所、惟だ許(劭)・郭(泰)を稱す。

【雅達】(がたつ) 雅正達識。道理に通じている人。晋・陸機〔弁亡論、上〕彼の二君子(張昭、周瑜)は、皆弘敏にして多奇、雅達にして聰哲なり。

【雅淡】(がたん) 風雅でかざりけがない。陳・徐陵〔晋陵太守王励徳政碑〕君、藍田の美玉、大海の明珠を以て、灼灼として其の聲芳を美くし、英英として其の符彩を照(かがや)かす。風神雅淡、識量寛和なり。

【雅談】(がだん) 清談。〔晋書、慕容皝載記〕方今、四海に倒懸の急有り。～寧(なん)ぞ枕を安んじて逍遙し、雅談して歳を卒(を)ふることを得んや。

【雅致】(がち) 風雅なおもむき。〔世説新語、言語〕王(衍)曰く、裴僕射(頠)は善く名理を談ず。混混として雅致有り。張茂先(華)の史・漢を論ずるは、靡靡(びび)として聴くべし。

【雅度】(がど) 正しい道。〔晋書、張茂伝〕比年已來、轉(うた)た衆務日に往より奢なるを覺ゆ。毎(つね)に經營する所、輕(やや)もすれば雅度に違ふ。實(まこと)に士女の明公に望む所に非ずと。茂曰く、吾れ過(あやま)てり、吾過てりと。

【雅拝】(がはい) 片膝を立てて拝する。奇拝。〔漢書、何武伝〕擧ぐる所の者召見せられ、槃辟(ばんべき)(拝舞するしぐさ)雅拜す。

【雅文】(がぶん) 正しい文章。〔荀子、富国〕之れを說く所以の者は、必ず雅文辨慧の君子を將(も)つてす。

【雅望】(がぼう) 名声。清望。唐・王勃〔滕王閣の序〕都督閻公(伯璵)の雅望、棨戟(けいげき)遙かに臨む。宇文、新州の懿範、襜帷(せんゐ)暫く駐(とど)まる。

【雅流】(がりゅう) 教養ある人。〔世説新語、賞誉〕周侯(周顗)荊州に於て敗績す。還りて未だ用ひらるるを得ず。王丞相(導)人に書を與へて曰く、雅流の弘器、何ぞ遺(す)つるを得べけんと。

【雅量】(がりょう) 広い度量。おっとりした気性。〔晋書、裴秀伝〕初め裴秀は雅量弘博にして、思心通遠なり。先帝登庸し、前朝に贊事す。

【雅麗】(がれい) みやびでうるわしい。〔南史、陸慧暁伝〕初め慧暁に兗州を授けらる。三子、次第に依り各(おのおの)一讓表を作る。辭並に雅麗なり。時人歎伏す。

【雅論】(がろん) 正しい論。〔顔氏家訓、勉学〕其の餘は、～直だ其の清談雅論、玄を剖き微を析(さ)き、賓主往復し、心を娯しませ耳を悦ばすを取るのみ。濟世成俗の要に非ざるなり。

↑雅韻(がいん) 雅致/雅烏(がう) 烏/雅歌(がか) 正しい歌/雅会(がかい) 風流の会/雅誨(がかい) お教え/雅鑒(がかん) 御覧下さい/雅玩(がかん) 雅遊/雅器(がき) 打楽器/雅客(がきゃく) 風流人/雅教(がきょう) お教え/雅貺(がきょう) 贈りもの/雅曲(がきょく) 雅声/雅琴(がきん) よい琴音/雅兄(がけい) 雅友/雅語(がご) 雅言/雅旨(がし) 雅意/雅詞(がし) 宋の詞曲/雅詩(がし) 詩経の大雅・小雅/雅趣(がしゅ) 雅致/雅寿(がじゅ) 献盃/雅章(がしょう) 正しい楽/雅舂(がしょう) 打楽器/雅誦(がしょう) 雅歌/雅粋(がすい) 純粋/雅奏(がそう) 雅吹/雅澹(がたん) 雅淡/雅重(がちょう) 重々しい/雅飭(がちょく) 整う/雅鄭(がてい) 正俗の楽/雅媚(がび) 美しい/雅舞(がぶ) 文武の舞/雅友(がゆう) 風流な友/雅裕(がゆう) ゆるやか/雅遊(がゆう) 清遊/雅慮(がりょ) 雅意/雅亮(がりょう) まこと/雅魯(がろ) 胡語で拝舞をいう

↓淵雅・淹雅・温雅・賀雅・閑雅・間雅・寛雅・古雅・弘雅・高雅・詩雅・儒雅・醇雅・小雅・春雅・崇雅・清雅・素雅・奏雅・蒼雅・騒雅・藻雅・大雅・淡雅・端雅・通雅・典雅・都雅・博雅・風雅・文雅・明雅・幽雅・優雅・麗雅

常 【餓】 15 8375 【餓】 16 8375 ガ うえる

篆文 

形声 声符は我(が)。〔説文〕五下に「飢うるなり」とあり、飢餓をいう。我は鋸(のこぎり)の象形。我を声とするのは、その衰えて骨があらわれる意であろう。

訓義 ①うえる、うえ。

古訓 〔名義抄〕餓 ウウ・アク

語系 餓ngaiは饑giəi、幾(𢆶)kiəi、飢(飢)kieiとおそらく関連するところのある語であろう。

【餓鬼】(がき) 梵語pretaの訳。六道の一、亡者の世界。〔理趣六度経、三〕餓鬼、身は太山の如く、頭は穹廬の如く、咽喉の細きこと針の如し。

【餓虎】(がこ) 飢えた虎。〔荘子、達生〕魯に單豹(ぜんぺう)といふ者有り。巖居して水飲し、民と利を共にせず。行年七十にして、猶ほ嬰兒の色有り。不幸にして餓虎に遇ふ。餓虎殺して之れを食ふ。

【餓莩】(がひょう) ゆきだおれ。〔孟子、梁恵王上〕庖に肥肉有り。廏(うまや)に肥馬有り。民に飢色有り。野に餓莩有り。此れ獸を率ゐて人を食(は)ましむるなり。

【餓隷】(がれい) やせた奴隷。〔晋書、王羲之伝論〕(王)獻之、父(羲之)の風有りと雖も、殊に新巧に非ず。其の字勢を觀るに、疏瘦なること隆冬の枯樹の如く、其の筆蹤を覽るに、拘束せらるること嚴家の餓隷の若し。

↑餓饑(がき) うえる/餓饉(がきん) 饑饉/餓殺(がさつ) 餓死させる/餓死(がし) うえ死に/餓者(がしゃ) うえた人/餓人(がじん) 餓者/餓餒(がだい) うえる/餓腸(がちょう) 空腹/餓殍(がひょう) 餓莩/餓病(がびょう) 餓餒/餓民(がみん) うえた人/餓獠(がりょう) 貪欲な蛮人/餓羸(がるい) 餓病/餓狼(がろう) うえた狼

↓偃餓・寒餓・飢餓・饑餓・久餓・禦餓・枯餓・守餓・清餓・凍餓・殍餓・流餓・羸餓

人 【駕】 15 4632 ガ のる しのぐ

篆文
籀文 
石鼓文 

形声 声符は加(か)。加に架上の意があり、車に馬をつけることをいう。〔説文〕十上に「馬、軛中に在り」とみえる。

訓義 ①車に馬をつける、馬をそえる。②馬車をしたてて、のる。のりもの。③上に乗って、つかう。つかう、おさめる。④上に乗って、しのぐ。

古訓 〔名義抄〕駕 ノボル・ハヤル・カヽリ・カヽル・シノグ・ノリモノ・ユク・ノル・アガル・ノス

語系 駕・加・架・枷keaiは同声。蓋(蓋)katも声義近く、駕にはそれらの声義をも含んでいる。

【駕馭】(がぎょ) 馬を使いこなす。人にもいう。唐・杜甫〔昔游〕詩 猛士、胡を滅ぼさんことを思ひ 將帥、三台を望む 君王惜しむ所無し 駕馭す英雄の材

【駕言】(がげん) 車で出遊すること。〔詩、邶風、泉水〕駕して言(ここ)に出で遊び 以て我が憂を寫(のぞ)かん

【駕駟】(がし) 四頭立ての馬車。〔史記、淳于髡伝〕惠王、卿相の位を以て、之れを待たんと欲す。髡因りて謝去す。是(ここ)に於て送るに安車駕駟、束帛加璧、黃金百鎰を以てす。終身仕へず。

【駕説】(がせつ) 自分の説を伝える。〔法言、学行〕天の道は仲尼に在らずや。仲尼は駕說する者なり。

【駕頭】(がとう) 鹵簿(ろぼ)中に携えたこしかけ。〔夢渓筆談、故事一〕正衙法座は香木もて之れを爲(つく)り、金飾を加ふ。四足、墮角。～車駕出幸する毎に、則ち老内臣をして馬上に之れを抱かしむるを駕頭と曰ふ。

【駕服】(がふく) 車駕に服する。〔漢書、公孫弘伝〕夫(そ)れ虎豹馬牛は、禽獸の制すべからざる者なり。其の之れを教馴服習するに及んでは、牽持駕服すべきに至り、唯だ人に之れ從ふ。

↑駕軼(がいつ) 凌ぐ/駕御(がぎょ) 駕馭/駕轎(がきょう) かご/駕肩(がけん) 車と輿/駕跨(がこ) 乗馬/駕幸(がこう) 行幸/駕載(がさい) 乗物/駕車(がしゃ) 馬車/駕乗(がじょう) 乗物/駕前(がぜん) 車駕の前/駕長(がちょう) 船長/

駕馬 馬車の馬/駕髀 合格の名札/駕病 病が加わる/駕弁 古曲の名/駕崩 崩御する/駕輿 こし/駕臨 光臨/駕浪 舟行

↓安駕・晏駕・逸駕・引駕・枉駕・鶴駕・駆駕・軽駕・迎駕・軒駕・厳駕・皇駕・車駕・主駕・十駕・従駕・夙駕・粛駕・上駕・宸駕・晨駕・親駕・聖駕・整駕・税駕・仙駕・旋駕・装駕・息駕・大駕・長駕・駑駕・騰駕・発駕・晩駕・飛駕・鑣駕・服駕・別駕・奉駕・法駕・鳳駕・命駕・遊駕・輿駕・来駕・鑾駕・鸞駕・竜駕・騮駕・凌駕・陵駕・霊駕

【鵝】 18 2752 ガ がちょう

篆文 

形声 声符は我。〔説文〕四上に「鴚䳘なり」とあり、その鳴き声を写したものであろう。家雁ともいう。

訓義 ①がちょう。

古訓 〔名義抄〕鵝 カリ・ノセ・ク、ヒ

【鵝鴨】 がちょうと、かも。宋・蘇軾〔九日、黄楼の作〕詩 詩人猛士、龍虎を雜へ 楚舞呉歌、鵝鴨を亂る

【鵝黄】 がちょうのひなの色。うす黄。酒、柳などの色にいう。唐・杜甫〔舟前小鵝児〕詩 鵝兒、黄なること酒に似たり 酒に對して新鵝を愛す

【鵝池】 王羲之の旧宅の池。〔清、嘉慶一統志、二九四〕舊くより傳ふ、王羲之の故宅前に、鵝池有りと。

【鵝鶩】 がちょうと、あひる。〔戦国策、斉四〕士は三たびの食も饜くことを得ず、君の鵝鶩には、餘食有り。下宮（後宮の下列のもの）は羅紈を糅へ綺縠を曳くも、士は緣（衣のえり）を爲すことを得ず。

【鵝毛】 がちょうの羽毛。唐・白居易〔令公（裴度）の雪中に贈らるる～に酬ゆ〕詩 雪は鵝毛に似て、飛びて散亂し 人は鶴氅を披きて、立ちて徘徊す

↑鵝盎 徳利/鵝眼 唐の孔銭/鵝掌 がちょうのあしの料理/鵝雛 酒の名/鵝毳 がちょうの細毛/鵝肪 がちょうの脂肪/鵝梨 梨の一種/鵝翎 がちょうの羽

↓家鵝・換鵝・鸛鵝・雁鵝・戯鵝・求鵝・驚鵝・金鵝・群鵝・江鵝・黄鵝・鴻鵝・新鵝・睡鵝・隻鵝・双鵝・蒼鵝・池鵝・鬪鵝・白鵝・放鵝・野鵝・養鵝

【齖】 19 2174 ガ

形声 声符は牙。牙は獣牙の象。齖は歯なみのそろわぬこと。

訓義 ①はならびがわるい。

語系 齖齬・齬齖・齟齬・櫨牙・嵯峨は、みな平らかにそろわぬ意で、同系の語。

↑齖齵 歯がそろわぬ

↓聱齖・齟齖・齬齖

カイ

【巜】 2 2233 カイ（クヮイ） カン（クヮン） みぞ うるおう

篆文 

象形 水の流れる形。大水の災いをなすものを巛という。〔説文〕十一下に「水流るること澮澮たるなり」とし、「方百里なるを巜と爲す。廣さ二尋、深さ二仞なり」とあって、田間に灌漑する水をいう。くは甽・畎の初文。巛は災の初文。く・巜・巛は水流の大小を区別する字である。

訓義 ①みぞ、大きなみぞ。②うるおう。③澮と通じ、灌漑用の水をいう。

古訓 〔字鏡集〕巜 ミゾノナガル、カタチナリ

部首 〔説文〕十一下に粼を属し、「水、厓石の閒に生じて粼粼たるなり」とあり、粦声とする。次の巛（川）字条に「虞書に曰く、くく巜を濬くして巛を距ぐ」とあるものは古文〔皐陶謨〕である。くくは畎澮にあたる。

声系 巜・澮 huat は同声。巜は象形、澮は形声、同字異文。ともに灌漑のための水流をいう。

↓くく

【丐】 4 1020 〔匄〕 5 2772 カイ こう

象形 字はもと匄に作り、人骨を組み合わせた形。〔史記、外戚世家〕「沐を丐ふ」の〔索隠〕に「丐は乞ふなり」、〔広韻〕に「匄は乞ふなり」とみえる。卜文・金文に匄に作り、人骨の呪霊によって祈ることを、匄求という。

訓義 ①こう、もとめる、とる。②ゆるす、あたえる。

古訓 〔字鏡〕丐 ユク・モトム・カタヒ・ワロキモノナリ・ユルシテ・アマネシ・ニホフ

参考 同じく「こふ」と訓する乞は、雲気の流れる象。雲気を望んで祈り乞う意の字。形の似ている丏は屍の伏する形。水に浮かぶものを汎といい、土中に葬ることを窆という。丐・乞はもと同字である。丐は匄の譌変の字。

【丐戸】 江蘇・浙江方面の賤民。〔野獲編、風俗〕浙東に丐戸といふ者有り。俗に大貧と名づく。其の人、丐に非ず。亦た必ずしも貧に非ざるなり。

【丐取】 ねだり取る。唐・柳宗元〔段太尉逸事状〕軍を邠州に寓し、士卒無頼を縱はなつ。～吏、問ふことを得ず。日に群行し、市に丐取して嗛かず。輒ち奮擊して、人の手足を折る。

【丐命】 命ごい。〔宋史、岳飛伝〕黎明、～賊衆亂れ、山を棄てて下る。～賊呼びて命を丐ふ。飛、殺すこと勿からしめ、其の降を受く。

↑丐育 収め養う/丐頡 奪い取る/丐巧 乞巧/丐者 乞食/丐首 乞食頭/丐食 乞食する/丐人 乞食/丐籍 乞食の籍/丐貸 頼みこんで借る/丐剝 乞食する/丐夫 乞人/丐養 養子

↓仮丐・干丐・乞丐・強丐・請丐・貸丐・沾丐・遊丐・要丐・傭丐・邀丐・斂丐

【丯】 4 5000 カイ しるし

篆文 

象形 斜線を刻してこれを両半とし、約束のしるしとする。刀を加えた㓞は、契約の契（契）の初文。〔説文〕四下に「艸蔡なり」と草の散乱する形とするが、㓞・契・絜の系統の字である。

訓義 ①しるし。②草が乱れるさま。

部首 〔説文〕に格をその部に属し、「枝格なり」という。前条に㓞部があり、丯・㓞・契は、声義が関連する字である。

声系 〔説文通訓定声〕に㓞・夆・害（害）およびその声系字二十五字を列するが、逢・峯の従うところは別の字。また害の従うところは刃器の把手の象で、丯と声義の関係はない。㓞系の字は丯の声義を承ける。

参考 丯は契約のために木に刻する齧齒の象。夆・逢は喬木の上に神霊の降下する意である夂を加えたもので、丰は神の鉾杉の形。丯は斜線、害の上部はもと把手の象で、形が異なる。

常 【介】 4 8022 カイ よろい たすける へだてる

篆文 

甲骨文 

詛楚文 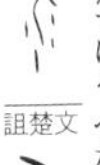

象形 身の前後によろいをつけた人の象。〔説文〕二上に「畫るなり」、畫字条三下に「界なり」とあってかぎる意とするが、介冑の介を本義とする。

訓義 ①よろい、こうら。②身を守るもので、たすける。③他と界して、へだてる、はさまる、さかい。④身にそえるもので、おおきい、

かたい、つよい。5かたくつよい態度、みさお。6个と通じ、ひとつ、わずか。

古訓〔名義抄〕介 タスク・ハサム・ハサマル・オホキニス・オホキナリ・アキラカニ・ヨル・ヤドル・キル・タヽク・ヒラク・ホソシ・ヤスシ・ヨロシ

声系〔説文〕に介声として芥(芥)・疥・髤・駘・界など十八字を収める。芥・疥は介小、髤・駘は前後・左右に分かつ、界は田界。みな介の声義を承ける。

語系 介 keat は个・箇 kai と声義近く通用し、〔書、秦誓〕「一介の臣」を〔礼記、大学〕に「一个の臣」に作る。のち介小の意において通用した。王引之の〔経義述聞〕に一字より分化したとする説があるが、もと別の字である。

【介意】(かいい) 気にする。懸念する。〔後漢書、度尚伝〕(宿賊渠師)卜陽等の財寶、足富數世〜なるも、亡ふ所少少なるのみ。何ぞ意に介するに足らん。

【介介】(かいかい) 人と相容れず、不安なさま。〔後漢書、馬援伝〕但だ畏る、長者の家兒、或いは左右に在り、或いは與に事に従ふ。殊に調するを得難し。介介として獨り惡くまるること、是れのみ。

【介居】(かいきょ) はさまれて、中間に居る。〔左伝、襄九年〕天、鄭國に禍し、二大國の閒に介居せしむ。大國、徳音を加へず、亂以て之れを要む。

【介潔】(かいけつ) かたく節操を守る。高潔。宋・蘇舜欽〔〜王公(質)行状〕公、剛峭介潔、而して性仁厚、義斷に果なり。論者謂ひて烈祖の風操有りとす。

【介在】(かいざい) はさまる。中間に居る。〔左伝、襄三年〕孟獻子曰く、敝邑の東表(東方)に介在し、仇讎に密邇するを以て、寡君將に君を是れ望まんとす。敢て稽首せざらんやと。

【介士】(かいし) 甲冑の士。〔韓非子、顕学〕國平らかなれば則ち儒俠を養ひ、難至れば則ち介士を用ふ。養ふ所の者、用ふる所に非ず。用ふる所の者、養ふ所に非ず。此れ亂るる所以なり。

【介侍】(かいじ) たよる。〔左伝、襄二十五年〕我が姻親を棄て、楚の衆に介侍して、以て我が敝邑を馮陵す(凌ぎおかす)。

【介者】(かいしゃ) 介士。〔礼記、少儀〕玉を執り龜筴を執りては趨らず。堂上には趨らず、城上には趨らず。武車には式(軾)せず、介者は拜せず。

【介寿】(かいじゅ) 長寿を求め祝う。〔詩、豳風、七月〕此の春酒を爲り 以て眉壽を介む 〔箋〕に「介は助なり」とし、「眉壽を介く」とよむ。金文に「萬年眉壽を匄む」のように匄を用い、また气・祈・祈匄などを用いることもある。

【介紹】(かいしょう) なかだち。紹介。漢・王褒〔四子講徳論〕夫子曰く、介紹の道無し。安くに從つて公卿に行はんやと。文學曰く、〜苟しくも至道有らば、何ぞ必ずしも介紹せんと。

【介絶】(かいぜつ) 孤立する。〔漢紀、宣帝紀論〕道理遼遠にして、人物介絶す。人事の至らざる所、血氣の沾さざる所なり。

【介然】(かいぜん) 堅固な志。晋・陶潜〔飲酒、二十首、十九〕詩 是の時、立年(三十歳)に向なんとして 志意、恥づる所多し 遂に介然の分を盡して 衣を拂つて(辞職し)田里に歸る

【介虫】(かいちゅう) 殻をもつ虫。〔礼記、月令〕孟秋に冬令を行ふときは、則ち陰氣大いに勝ち、介蟲穀を敗り、戎兵乃ち來る。

【介冑】(かいちゅう) よろいかぶと。甲冑。〔礼記、曲礼上〕介冑するときは、則ち犯すべからざるの色有り。

【介特】(かいとく) 孤独な人。〔左伝、昭十四年〕孤幼を長ぜしめ、老疾を養ひ、介特を收め災患を救ひ、孤寡を宥らげ罪戾を赦す。

【介福】(かいふく) 大きな幸。〔詩、小雅、楚茨〕孝孫、慶有り 報ずるに介福を以てし 萬壽無疆ならん

【介僻】(かいへき) かたくな。唐・羅隠〔讒書、賀蘭友に答ふる書〕性を受くること介僻、方圓なる能はず。既に人と合はず。又之れを視ること仇讐の如し。

【介立】(かいりつ) ひとりその道に生きる。南朝宋・顔延之〔陶(潜)徵士の誄〕物すら尙ほ孤生す。人は固より介立す。豈に伊これ時に遘はん。曷ぞ云に世に及ばん。

【介鱗】(かいりん) 甲虫と鱗虫。〔大戴礼記、曾子天円〕介蟲は介して而る後に生まれ、鱗蟲は鱗して而る後に生まる。介鱗の蟲は、陰氣の生ずる所なり。

↑介異(かいい) 孤立する/介懐(かいかい) 介意/介圭(かいけい) 大きな玉/介卿(かいけい) 次卿/介倪(かいげい) にらむ/介甲(かいこう) よろい/介使(かいし) 副使/介駟(かいし) 介馬/介弐(かいじ) つきそい/介衆(かいしゅう) 大衆/介心(かいしん) 堅固な心/介人(かいじん) 善人/介性(かいせい) 狷介/介石(かいせき) 石より固い/介鮮(かいせん) 魚介類/介卒(かいそつ) 甲兵/介弟(かいてい) 弟さま/介塗(かいと) 孤立する/介徳(かいとく) 大徳/介独(かいどく) 介特/介馬(かいば) 武装した馬/介婦(かいふ) かいぞえの女/介副(かいふく) かいぞえ/介物(かいぶつ) 介虫/介慮(かいりょ) 介意

↓一介・奇介・魚介・夾介・潔介・狷介・孤介・拘介・高介・剛介・豪介・細介・志介・使介・駟介・鎡介・衆介・小介・紹介・清介・纖介・単介・仲介・貞介・媒介・微介・副介・偏介・方介・保介・厄介・良介・鱗介・廉介

【夬】 4 5003 カイ(クヮイ) ケツ ゆがけ わける

篆文

会意 正字は叏に作り、又(又)は手。ゆがけをもつ形。また刃器をもつ形とも解される。〔説文〕三下に「分決するなり」とし、また「決の形に象る」と二義に解する。分決の字は玦の従うところで玉環の欠ける所のあるもの、決の従うところは、ゆがけの形。また刃器の形に従うとすれば抉、快などはその義の字かと思われる。

訓義 1ゆがけ。2刃器のときは、わける。3決に通じ、きめる。

古訓〔名義抄〕決拾 ユガケ・トモ〔篇立〕夬 ワカツ

声系〔説文〕に夬声として抉・玦・缺・駃・決・快・袂など二十二字を収める。袂のほかは、みな夬声。刃器をもつ夬の意に通ずるものが多い。

【夬夬】(かいかい)(くわいくわい) 思いきりがよい。また、はなれるさま。唐・韓愈〔南山詩〕延延として離れて、又屬なり 夬夬として叛いて、還た遘へり

【夬履】(かいり)(くわいり) 正道をふむ。〔易、履、九五〕履ひを夬む。貞なれども厲し。

【凷】 5 2277 カイ(クヮイ) つちくれ

篆文

会意 凵+土。凵は坑陥の象。土は土塊。塊は凷の形声字とみてよい。〔説文〕十三下に「墣なり」とあり、墣ち固めた土。服喪のとき枕に用い、また、これを堤防などに用いた。

訓義 1つちくれ。2蕢・蒯と通じて用いる。

古訓〔新撰字鏡〕凷 久保(くぼ)〔篇立〕凷 クロキ〔字鏡集〕凷 ホトキ

声系〔説文〕八上に凷声として屆(屆)を収め、「行くこと便ならざるなり」という。屍を埋める意。

↑凷席(かいせき) 草席/凷草(かいそう) 紙を作る草/凷枹(かいふう) 鼓槌

↓挙凷・枕凷・落凷

【匄】 5 2772 〔匃〕 5 2772 〔丐〕 4 1020 カイ もとめる

篆文

甲骨文

金文

会意 勹+亡(亡)。ともに人骨の象。これを呪霊として祈り求める意。〔説文〕十二下に「气むるなり」とあり、气・乞はもと

同字。卜辞に匃・乞・气を祈求の意に用いる。「上甲(祖名)に苦方(外族の国名)を(禦がんことを)匃めんか」という例がある。乞・气は雲気をみて祈ることをいう。金文に害(害)をも匃求の意に用いる。害は祝詞の器である口(𠙵)を、把手のある大きな針で刺し、その祝禱を無効とする呪的な方法で、その声が近く、やはり祈求の意がある。

訓義 1もとめる、こう。2あたえる。

＊古訓・語彙は丐字条参照。

声系 〔説文〕に匃声として曷を収める。また曷声の字に喝(喝)・渇・謁(謁)・楬・歇・碣・渴(渇)・愒など三十三字を収める。匃は人骨を用いる呪儀、曷はそれに祝禱の器である曰を加えた形で、みな匃・曷の声義を承ける。

常 **【会】** 6 8073 〔會〕 13 8060 〔佮〕 9 2826 〔迨〕 10 3830 〔𨞼〕 11 7772 カイ(クヮイ) エ(ヱ) あう あつまる

象形 会の旧字は會に作り、蓋のある食器の形。器の下部は甑、その上に蓋のある器をおき、下から蒸す。〔説文〕五下に「合ふなり」と訓し、「亼に從ひ、曾の省に從ふ」といい、「曾は益なり」と説くが、曾(曽)は甑、その甑に蓋することを會という。金文に「會鼎」のような語があり、また〔儀礼、公食大夫礼〕に「坐して簋の會を啓く」とあり、蓋のある鼎、簋の類をいう。蒸しもの用で器蓋を合するので、あう意となる。

訓義 1器蓋があう、ふたする。2あう、あつまる。会合の意には、卜文・金文に佮・迨・𨞼を用いる。合も器蓋合する形であるが、食器というよりも、祝禱や盟誓を収める器と思われる。會を会合の意に用いるのは列国期以後、秦器や徐器にみえる。合に従う字が、本来相会する意の字で、祝禱や盟誓の際のことをいう。3人のつどい、ものの集まるところ、終計。4であい、めぐりあわせ、たまたま。5中世以来、かならず。

古訓 〔名義抄〕會 アフ・ミル・ムカフ・カナラズ・カナフ・アツマル・ハム 〔字鏡集〕會 アツム・アツマル・ミル・アフ・アハス・ムカフ・ヒタメ・カナフ・ハム・タマ／＼・カナラズ

部首 〔説文〕五下に「𩞁は益なり」「朁は日月合宿す」の二字を属する。會は器蓋のある蒸し器で、列国期以後にみえるものであるから、これらの字は古いものではない。

声系 〔説文〕に會声として禬・薈・膾・旝・儈・獪・繪(絵)など、十八字を収める。おおむね会合・衆多の意をもつ字である。

語系 會・繪 huat、禬・襘 kuat は声義に通ずるところがある。五采をあつめて刺繍するものを繪といい、衣のえりの会するところを襘といい、凶荒のことを集めて祓い除く祭祀を禬という。

【会飲】かい(くわい)いん 集まって酒を飲む。〔史記、廉頗藺相如伝〕秦の御史、前みて書して曰く、某年月日、秦王、趙王と會飲し、趙王をして瑟を鼓せしむと。

【会期】かい(くわい)き 会合の時期。〔左伝、襄五年〕晉人將に～諸侯を合せんとし、魯・衞をして先づ呉に會せしめ、且つ會の期を告ぐ。

【会遇】かい(くわい)ぐう めぐりあう。であい。〔南史、劉遵伝〕鷁舟乍ち動き、朱鷺徐ろに鳴く。未だ嘗て一日として追隨せず、一時として會遇せずんばあらず。益者三友とは、此れ實に其の人なり。

【会計】かい(くわい)けい 年度出入の計算。〔孟子、万章下〕孔子嘗て委吏と爲る。曰く、會計當るのみと。

【会合】かいごう(くわいがふ) 集まりあう。魏・曹植〔七哀詩〕浮沈、各〻勢ひを異にす 會合、何れの時にか諧はん 願はくは西南の風と爲り 長く逝いて君の懷に入らん

【会撮】かい(くわい)さつ もとどり。〔荘子、人間世〕支離疏は、頤は臍に隱れ、肩は頂より高く、會撮は天を指し、五管は上に在り、兩髀は脅と爲る。

【会試】かい(くわい)し 明・清の科挙の試験。合格者を貢士という。〔明史、選挙志二〕三年大比、～中式者を擧人と爲し、次年擧人を以て之れを京師に試みるを、會試と曰ふ。

【会集】かいしゅう(くわいしふ) 集める。〔後漢書、周磐伝〕年七十三、歲朝に諸生を會集し、講論すること終日。

【会食】かい(くわい)しょく 集まって食事する。〔史記、淮陰侯伝〕其の裨將をして飱を傳へしめて曰く、今日趙を破りて會食せんと。諸將皆信ずるもの莫し。

【会心】かい(くわい)しん 心にかなう。〔世説新語、言語〕簡文(帝)、華林園に入り、顧みて左右に謂ひて曰く、會心の處は必ずしも遠きに在らず、翳然たる林水、便ち自ら濠濮の閒の想有るなり。

【会戦】かい(くわい)せん 両軍がその主力を集中して、相会して戦う。〔孫子、虚実〕戰ひの地を知り、戰ひの日を知らば、則ち千里にして會戰すべし。

【会銭】かい(くわい)せん 金を集める。出しあう。〔唐書、循吏、韋宙伝〕民貧にして牛無く、力を以て耕す。宙、爲に社を置き、二十家月ごとに錢若干を會め、名を探り得たる者(入札者)先づ牛を市ふ。是れを以て準と爲す。

【会朝】かいちょう(くわいてう) 諸侯が天子のもとに会する。〔左伝、襄二十一年〕會朝は禮の經なり。禮は政の輿なり。政は身の守りなり。

【会通】かい(くわい)つう 天下の理が合して通ずる。〔易、繫辞伝上〕聖人以て天下の動を見る有り。其の會通を觀、以て其の典禮を行ひ、辭を繫けて以て其の吉凶を斷ず。

【会同】かい(くわい)どう 周代、諸侯が天子に参集拝謁する礼。〔詩、小雅、車攻〕赤芾金舄 會同繹たる有り

【会得】え(ゑ)とく さとる。領会。〔十国春秋〕或ひと言ふ。劉昌は閩語を言ふ。恐らくは奏對、會し難からんと。(宋の)太宗曰く、我自ら會得せりと。

【会弁】かい(くわい)べん 縫目に玉飾を加えた皮弁の冠。〔詩、衛風、淇奥〕充耳(耳飾り)琇瑩(美しい玉) 會弁星の如し

【会盟】かい(くわい)めい 諸侯を会合して盟約する。〔史記、秦紀〕(桓公十年)是の時に當りて、楚、覇として會盟を爲し、諸侯を合す。

【会面】かい(くわい)めん あう。面会。〔文選、古詩十九首、一〕相ひ去ること萬餘里 各〻天の一涯に在り 道路阻にして且つ長し 會面安んぞ知るべけん

【会友】かいゆう(くわいいう) 朋友が集まり、交わる。〔論語、顔淵〕曾子曰く、君子は文を以て友を會し、友を以て仁を輔く。

【会猟】かいりょう(くわいれふ) 集まって狩りする。婉曲に戦争をいう。魏・武帝〔孫権に与ふる書〕今、水軍八十萬の衆を治め、方に將軍と呉に會獵せん。

【会論】かい(くわい)ろん 会合して論ずる。〔漢書、酷吏、厳延年伝〕冬月、屬縣の囚を傳し、府上に會論す。血を流すこと數里。河南號して屠伯と曰ふ。

【会話】かい(くわい)わ 人と話す。対話。唐・孟郊〔二三の友と、秋宵、清上人の院に会話す〕詩 何れの處の山か幽ならざらん 此の中、情又別なり

↑会肄 皆で習う／会宴 会飲／会厭 のどびこ／会下 修行僧／会家 理解者／会賀 皆で祝う／会勘 検証／会館 同郷の会／会銜 連署する／会議 相談する／会見 あう／会悟 悟る／会晤 あう／会講 輪講／会子 宋の紙幣／会次 朝会の席次／会社 講中／会主 司会者／会首 会主／会酒 宴会／会衆

大衆／会所　集会の所／会場　会試／会審　陪審／会親　結婚の祝宴／会萃　集める／会奏　連名で上奏する／会喪　集まり弔う／会葬　会喪する／会茶　茶会／会弔　会喪／会鼂　今朝／会適　ふさわしい／会田　集まって猟する／会当　該当／会髪　括髪／会飯　まぜ飯／会票　かわせ／会賦　人口割りの税／会文　文をもって友を会する／会逢　であう／会榜　会試／会慮　特赦

↓宴会・佳会・嘉会・画会・雅会・開会・学会・歓会・機会・議会・協会・教会・吟会・計会・慶会・交会・好会・国会・再会・斎会・歳会・際会・参会・散会・司会・詩会・社会・集会・初会・商会・照会・賞会・常会・心会・清会・節会・総会・大会・茶会・朝会・通会・都会・入会・発会・繁会・附会・仏会・文会・法会・密会・面会・融会・要会・理会・流会・領会・例会

常 **【回】** 6 6060　〔囘〕 5 7722　カイ(クヮイ)　めぐる　かえる　よこしま

篆文　古文　金文

象形 水の回流する形。〔説文〕六下に「轉ずるなり」とするが、淵字条十一上に「回水なり」とあり、孔門の顔回、字は子淵。いわゆる名字対待。水のめぐる意より、すべて旋回することをいう。

訓義 ①めぐる。②かえる、ひとまわり、たび。③まがる、さける、たがう。④よこしま。

古訓 〔名義抄〕回　カヘル・マガル・タガフ・マドカニ　〔字鏡集〕回　メグル・カヘル・マドカ・マドカニ・マガル・ヒガム・タガフ・ヨコサマ

声系 〔説文〕に回声として洄を収める。洄は遡洄、水の回流する意。本来水の回流することをいう字であった。

語系 回huai、還(還)・環(環)hoan、また運(運)hiuan は声義近く、旋回の意がある。回・徊huai は同声、桓huan と声近く、徘徊・盤桓のように用いる。回遹の義は違(違)hiuai と声近くして通用するものであろう。

【回遹】 よこしま。〔詩、大雅、抑〕其の徳を回遹し 民をして大いに棘ならしむ

【回隠】 避けかくれる。〔南史、顔延之伝〕延之、性既に褊激、兼ねて酒過有り。肆意直言し、曾て回隠すること無し。故に論者多く之れに與せず。之れを顔彪と謂ふ。

【回遠】 道が曲がりくねって遠い。〔漢書、食貨志下〕鄭當時、渭(水)の漕の回遠なるが爲に、鑿漕直渠、長安より華陰に至り、朔方も亦た溉渠を穿つ。作る者各〻數萬人。

【回看】 ふりかえってみる。唐・杜甫〔牛頭寺を望む〕詩 狂歌の老と作るを休めて 回看せん、不住の心

【回顧】 ふりかえる。〔三国志、呉、孫策伝注に引く呉歴〕一たび君と符を同じうし、契を合はせたるも、永固の分有り。今便ち行かん。老母弱弟を以て、君に委付す。策、復た回顧の憂ひ無し。

【回護】 かばう。〔朱子全書、論語〕前の諸儒、此の處に到りて、～宛轉回護し、敢て窮究到底せず。

【回遑】 かえりみ迷う。〔後漢書、西羌伝論〕謀夫は回遑し、猛士は疑慮す。遂に西河四郡の人を徙して、關右の縣に雜寓せしむ。

【回首】 ふりかえる。魏・王粲〔七哀詩、三首、一〕南のかた、覇陵の岸に登り 回首して長安を望む 彼の下泉の人(詩、曹風、下泉)に悟り 喟然として心肝を傷ましむ

【回春】 病気が恢復する。若返る。春となる。宋・蘇軾〔浪淘沙、探春〕詞 昨日、東城を出で、試みに春情を探る 牆頭の紅杏、暗に傾くが如し 檻内の群芳、芽未だ吐かざるも 早く已に回春せり

【回心】 心を改める。〔漢書、賈誼伝〕夫れ風を移し俗を易へ、天下をして回心して道に鄉はしむるは、類ね俗吏の能く爲す所に非ざるなり。

【回雪】 雪が舞う。魏・曹植〔洛神の賦〕髣髴たること、輕雲の月を蔽ふが若く、飄颻たること、流風の雪を回らすが若し。

【回瞻】 ふりかえり、みる。宋・蘇軾〔子由の柳湖に和す〕詩 回瞻すれば、郡閣遙かに檻を飛ばし 北望すれば、檣竿半ば堤に隱る

【回天】 時勢を一変する。〔唐書、張玄素伝〕張公の事を論ずる、回天の力有り。仁人の言と謂ふべき哉。

【回頭】 ふりかえる。回顧する。唐・白居易〔長恨歌〕詩 回頭して、下 人寰を望む處 長安を見ず、塵霧を見る

【回避】 さける。〔三国志、蜀、孟光伝〕光の痛癢を指擿する、多く是の類の如し。～每に直言して、回避する所無し。代(世)の嫌ふ所と爲る。

【回風】 つむじ風。唐・李白〔古風、五十九首、七〕詩 兩兩たり、白玉の童 雙び吹く紫鸞の笙 去影、忽ちにして見えず 回風、天聲を送る

【回辟】 よこしま。秦・李斯〔之罘刻石文〕六國回辟にして、貪戾厭く無く、虐殺已まず。

【回望】 ふりかえり望む。唐・杜牧〔華清宮に過ぎる絶句、三首、一〕詩 長安回望すれば、繡、堆を成す 山頂の千門、次第に開く

【回容】 法をまげて許す。寬容。〔後漢書、馬武伝〕帝、功臣を制御すと雖も、每に能く回容して、其の小失を宥す。

【回鑾】 天子の巡幸。また還幸。唐・太宗〔幷州の大興国寺に謁す〕詩 回鑾して、福地に遊び 極目して、芳晨を玩ぶ

【回祿】 火の神。火災。〔国語、周語上〕夏の興るや、融、崇山に降り、其の亡ぶるや、回祿聆隧に信る。～是れ皆明神の志(記)なる者なり。

↑回移　うつる／回紆　まがりめぐる／回運　めぐる／回易　改める／回応　返事／回枉　無実／回還　かえる／回簡　返事／回観　見廻す／回忌　さける／回帰　もどる／回教　イスラム教／回曲　ねじける／回潏　まわる／回軒　長窓／回戸　イスラム教徒／回光　反射の光／回皇　たちもとおる／回紇　ウイグル／回残　あまり／回思　回想／回視　反顧する／回車　車をかえす／回邪　邪悪／回従　おもねる／回書　返事／回翔　飛びめぐる／回踵　戻る／回声　こだま／回旋　めぐる／回想　回顧する／回奪　気を奪う／回湍　早瀬／回憚　尻ごみ／回灘　早瀬／回腸　なやむ／回潮　ひき潮／回程　帰途／回転　めぐる／回答　返事／回慝　邪曲／回念　回思／回納　返書／回波　波紋／回馬　里帰り／回薄　せまる／回畔　そむく／回轡　馬を反す／回蹕　ご帰還／回猋　つむじ風／回颷　回猋／回文　回文の詩／回峯　周囲の山々／回報　回答／回味　あとくち／回面　へつらう／回門　里帰り／回遊　廻り遊ぶ／回陽　蘇生する／回来　帰って来る／回覧　廻しよみする／回鸞　里帰り／回繚　まとう／回礼　挨拶廻り／回廊　廻廊／回話　返事する

↓迂回・紆回・縈回・駕回・姦回・環回・幾回・却回・逆回・九回・周回・巡回・昭回・旋回・餞回・奪回・遅回・超回・低回・撤回・天回・転回・邅回・斗回・倒回・波回・裴回・挽回・盤回・避回・毎回・縵回・輪回

常 **【灰】** 6 〔灰〕 6 7128 カイ(クヮイ) はい

篆文 

会意 火＋又(又)。又は手。灰を取る意。〔説文〕十上に「死火の餘𤈦(燼)なり」とし、「火既に滅し、以て執持すべし」という。全く熱のない、再びもえ上がらないものを、死灰という。

訓義 ①はい、もえたあと。②ほろびる。

古訓 〔和名抄〕灰 波比(はひ)／灰汁 辨色立成に云ふ、阿久(あく) 〔字鏡〕灰 ハヒ・アタユキ・アク・ホスヒ 〔字鏡集〕灰 ハヒ・ハヒフラス

声系 〔説文〕に灰声として恢の一字を収める。他に詼・盔・詼など灰声の字がある。〔広雅、釈詁一〕に「恢は大なり」とあり、灰声の字に恢大の意をもつものが多い。

【灰管】 気候の測定に用いた器具。葭莩(葦茎の膜)の灰を律管の中においた。〔晋書、律暦志上〕時日を晷度に叶へ、地氣を灰管に效す。故に陰陽和するときは則ち景至り、律氣應ずるときは則ち灰飛ぶ。

【灰死】 冷たい灰。唐・杜甫〔憶昔行〕詩 巾拂、香は餘す、藥を搗く塵 階除、灰は死ゆ、丹を燒くの火

【灰汁】 あく。〔水経注、贛水〕城中に井有り。其の水色、半ば清く半ば黄なり。黄なる者は灰汁の如く、取りて飲粥を作るに、悉く皆金色にして、甚だ芬香あり。

【灰心】 死灰のような心。無心。宋・蘇軾〔呂穆仲寺丞に寄す〕詩 首を回らせば、西湖は眞に一夢 灰心霜鬢、更に論ふことを休めよ

【灰人】 長雨のとき、晴天を祈る像。梁・簡文帝〔灰人を祭る文〕積注奄旬、祭ること灰人に在り。玆の獸炭を消し、此の桂薪を焚く。

【灰塵】 灰と塵。滅びて尽きる。唐・高適〔古大梁行〕詩 魏王の宮觀は、盡く禾黍となり 信陵の賓客は、灰塵に隨ふ

【灰燼】 燃え残り。燃えほろびる。魏・曹冏〔六代論〕宗廟は焚かれて灰燼と爲り、宮室は變じて蓁藪と爲る。～悲しい夫か。

【灰没】 水火をふんで死ぬ。晋・庾闡〔石虎に檄する文〕石勒、釁に因り、舊京を剪覆す。～百姓灰沒の酷を受け、王室に黍離の哀有り。

【灰滅】 すべて滅びる。〔後漢書、陳亀伝〕擧國掩戸、種を盡して灰滅し、孤兒寡婦、空城に號哭す。野に靑草無く、室、懸磬の如し。

【灰爛】 滅び消える。〔晋書、夏侯湛伝〕僕の言の若きは、皆糞土の說なり。消磨灰爛、垢辱穢を招く。適だ衞士の爨に充て、掃除の器に盈たすべきのみ。

【灰冷】 火の気がない。冷静なさま。宋・蘇轍〔毛君の山房即事に次韻す、十首、九〕詩 灰冷にして銅爐、香滅せんと欲し 床頭の一點、葛燈微かなり

↑灰埃 ちりほこり／灰暗 暗淡とした／灰隕 死ぬ／灰殞 死ぬ／灰琯 灰管／灰気 灰志／灰月 つごもり／灰瞼 石鹼／灰黒 うす黒／灰菜 あかざ／灰志 意気が消沈する／灰煮 あくで煮る／灰身 粉骨／灰燧 改火／灰頽 灰志／灰釘 棺の釘／灰土 ちり／灰湯 あく／灰念 灰心／灰白 うす鼠／灰泯 滅ぶ／灰粉 粉骨砕身／灰礮 宋の火砲／灰墨 暗黒色／灰末 灰／灰炉 火炉

↓飲灰・焰灰・寒灰・管灰・垢灰・蛤灰・劫灰・残灰・死灰・施灰・心灰・蜃灰・薪灰・燼灰・吹灰・石灰・積灰・土灰・熱灰・揚灰・冷灰・炉灰・蘆灰

【夆】 7 2750 カイ さえぎる

篆文 

会意 夂＋丯。夂は足。丯は逆木の類で、これをうちこんで人の進入を遮る意。〔説文〕五下に「要害を相ひ遮るなり」という。〔説文〕は害(害)七下をも丯に従う形声の字と解するが、金文の字形は丯に従う形ではない。

訓義 ①さえぎる。

参考 夆は夆・逢の従うところで、夆とは異なる。丰はもと 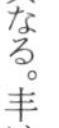 に作り、喬木の枝の高竦する形。夆はその上に神霊の降下する象。神霊と逢う所を峯といい、あうことを逢という。

常 **【快】** 7 9503 カイ(クヮイ) こころよい はやい

篆文 

形声 声符は夬。夬の初形は叏に作り、又(手)で刃器をもつ形。これでものを分断する。その勢いは快感をさそうもので、また快速の意となる。

訓義 ①こころよい、よろこぶ、たのしむ。②するどい、はやい。③かならず、もっぱら。

古訓 〔名義抄〕快 ヨシ・コ、ロヨシ・ヤスシ・タクマシ・ヨロコブ・アヤシブ・ホム・トシ・イタム・ナゲク 〔字鏡集〕快 コ、ロヨシ・ヨロコブ・ヤスシ・ヨシ・ホム・トシ・タチマチ・イタム・ナゲク・アヤシブ・ワスレ・ヘシ・タクマシ

【快意】 思うままにする。心地よい。〔国語、晋語三〕夫れ君は政刑、是を以て民を治む。命を聞かずして進退を擅にするは、政を犯すなり。快意して君を喪するは、刑を犯すなり。

【快飲】 たのしく酒を飲む。晋・陶潜〔飲酒、二十首、二十〕詩 若し復た快飲せずんば 空しく頭上の巾に負かん 但だ恨むらくは謬誤多からん 君、當に醉人を恕すべし

【快雨】 はげしい雨。急雨。〔三国志、魏、方技、管輅伝〕輅曰く、今夕當に雨ふるべしと。是の日暘燥、～坐に在るもの、咸な然らずと謂ふ。鼓一中に到るころ、星月皆沒し、風雲竝び起り、竟に快雨と成る。

【快活】 心が晴れやか。愉快。唐・拾得〔拾得詩、四十二〕若し常に快活するを論ぜば 唯だ隱居の人のみ有り

【快挙】 痛飲。宋・楊万里〔寒食、酒に対す〕詩 醒むる時、本より強飲す 醉後にも忽ち快擧す 一盃、三盃に至る 一二三四五

【快哉】 愉快さを示す歎声。宋・蘇轍〔黄州快哉亭記〕清河の張君夢得、～其の廬の西南に卽きて亭を爲り、以て江流の勝を覽觀す。而して余が兄子瞻(蘇軾)、之れに名づけて快哉と曰ふ。

【快士】 快男児。〔三国志、蜀、黄権伝〕宣王(司馬懿)、諸葛亮に與ふる書に曰く、黄公衡(権)は快士なり。坐起する每に、足下を歎述し、口實(常のかたりぐさ)を去らずと。

【快志】 存分に振る舞う。〔史記、老荘申韓伝〕子、亟やかに去れ。～我は寧ろ汚瀆の中に游戲して、自ら快くせん。國を有つ者の、羈する所と爲る無く、終身仕へず、以て吾が志を快くせん。

【快心】 心地よい。また、腹いせ。〔戦国策、燕三〕今、君、厚く位を先王に受けて、以て尊を成し、輕々しく寡人を棄てて以て心に快しとせば、則ち邪を掩ひ過ちを救ふこと、君に得難し。

【快晴】 よく晴れる。宋・朱熹〔秀野劉丈の～寄示せらるる～に和す〕詩 滕王閣下、水初めて生ず 聞道くらく、登臨復た快晴なりと

【快然】 心地よいさま。晋・王羲之〔蘭亭集の序〕其の遇ふ所を欣び、暫く己に得るに當りては、快然として自ら足り、曾ち老の將に至らんとするを知らず。

【快適】 心にかなう。宋・蘇舜欽〔金山寺〕詩 軒を

開きて、心曠絶 上下、異色無し 氣象特に清壮 覽る所輒ち快適

【快刀】(かいとう)(くわいたう) 切れ味のよい刀。唐・李商隠〔行きて西郊に次る作、一百韻〕詩 快刀其の頭を斷り 列ねらるること、豬牛の懸けらるるに若たり

【快眠】(かいみん)(くわい) 気持ちよく眠る。宋・朱熹〔秀野の蘄簟の句に和す〕詩 溽暑快眠して、簟の好きことを知り 晩涼徐ろに覺めて、詩の成るを喜ぶ

【快楽】(かいらく)(くわい) 心地よく楽しい。宋・梅堯臣〔韻に依りて永叔の寄せらるるに和す〕詩 誠に豪俠の自ら快樂することを知る 東郊南陌、鬪雞を競ふ

↑快闊 はれやか/快感 愉快/快眼 鋭い目/快緊 厳しい/快剣 利刃/快健 丈夫/快行 快走する/快子 筷子、箸/快耳 聞きよい/快児 箸/快事 痛快な事/快疾 迅速/快手 兵卒/快人 快士/快走 疾走/快速 迅速/快諾 こころよく諾する/快暢 爽快/快愈 全快する/快利 鋭い/快論 痛論する

↓欣快・軽快・慶快・曠快・豪快・俊快・迅快・清快・全快・壮快・爽快・痛快・不快・奔快・明快・愉快・雄快

常【戒】 7 5340 カイ いましめる

篆文 甲骨文 金文

会意 戈＋廾。〔説文〕三上に「警なり。廾戈に従ふ。戈を持ちて、以て不虞を戒む」（段注本）とあり、廾は両手。両手で高く戈をあげている形。斤をあげる形は兵。兵備を戒めて警戒する意。

訓義 ①いましめる、そなえる。②自らいましめる、つつしむ。③人に告げていましめる、さとす。④屆と通じ、いたる。

古訓 〔名義抄〕戒 イマシム・ツ、シム・トラフ・イム・イタル 〔字鏡集〕戒 イマシメ・ツ、シム・イムコト・イム・ウレフ・イタル・トラフ

声系 〔説文〕に戒声として祴・誡・械・悈の四字を収める。械は木を組み合わせる意。他の三字は戒の声義を承ける。祴は祴楽（古楽章の名）、また陔の字を用いる。

語系 戒・誡・悈 kək は同声。また忌・諅 giə も声義近く、〔説文〕三上に「諅は誡なり」とみえる。忌・諅は警戒する心意、動作をいう語である。

参考 戎は十（干）と戈とに従い、すなわち干戈、武器による戦いの意。戍は戈と人、戈でまもる意。

【戒禁】(かいきん) いましめ。おきて。禁令。〔周礼、地官、遂大夫〕其の政令戒禁を掌り、其の治訟を聽く。

【戒懼】(かいく) いましめおそれる。〔左伝、桓二年〕文物以て之れを紀し、聲明以て之れを發し、以て百官に臨照す。百官是に於てか戒懼し、敢て紀律を易へず。

【戒具】(かいぐ) 祭祀や朝礼のときの要具。〔周礼、天官、小宰〕灋（法）を以て祭祀・朝覲・會同・賓客の戒具を掌る。

【戒厳】(かいげん) 非常の事態に対して、警戒を厳にする。〔三国志、魏、賈逵伝注に引く魏略〕大霖雨あり。三軍多く行くことを願はず。太祖（曹操）～教へて曰く、今、孤、戒嚴す。未だ之く所を知らず。諫むる者有らば死さんと。

【戒心】(かいしん) 用心の事。〔孟子、公孫丑下〕薛に在るに當りて、予に戒心有り。辭に曰く、戒あるを聞く。故に兵の爲に之れを餽ると。予何爲れぞ受けざらん。

【戒慎】(かいしん) いましめ慎む。〔中庸、一〕道なる者は、須臾も離るべからざるなり。離るべきは、道に非ざるなり。是の故に君子は、其の睹ざる所に戒愼し、其の聞かざる所に恐懼す。

【戒勅】(かいちょく) いましめ気をつける。〔三国志、魏、中山恭王袞伝〕袞、來朝し、京都の禁を犯す。～袞、憂懼して官屬を戒敕し、愈謹む。帝其の意を嘉みす。二年、削る所の縣を復す。

【戒備】(かいび) いましめそなえる。〔国語、晋語三〕内に謀り、外に度り、日に考して習ひ、戒備畢る。

【戒律】(かいりつ) 仏教語。戒と律。僧侶の規則。〔南史、隠逸下、張孝秀伝〕群書を博渉し、專ら釋典に精し。僧に戒律を虧く者有り。衆を佛前に集め、羯磨を作りて之れを笞し、多く能く改過す。

【戒令】(かいれい) いましめの命令。〔周礼、天官、宰夫〕凡そ邦の弔事には、其の戒令と、其の幣器財用とを掌る。

↑戒火 火の用心/戒忌 禁忌/戒謹 いましめ謹む/戒訓 訓戒/戒守 用心/戒属 いましめる/戒世 警世/戒装 注意深く旅仕度をする/戒旦 早朝/戒壇 伝戒の壇/戒懲 懲戒する/戒飭 戒勅する/戒塗 旅仕度/戒道 出発する/戒輔 いましめ助ける/戒路 戒道/戒臘 受戒の年/戒籙 予言書

↓畏戒・遺戒・懿戒・家戒・官戒・勧戒・諫戒・鑑戒・規戒・咎戒・教戒・訓戒・敬戒・儆戒・警戒・厳戒・五戒・誥戒・告戒・斎戒・自戒・持戒・七戒・執戒・酒戒・授戒・十戒・女戒・哨戒・浄戒・深戒・慎戒・箴戒・垂戒・酔戒・善戒・大戒・懲戒・勅戒・天戒・破戒・備戒・微戒・仏戒・法戒・明戒・面戒

常【改】 7 1874 〔攺〕 7 7874 カイ あらためる

篆文 詛楚文 甲骨文 金文

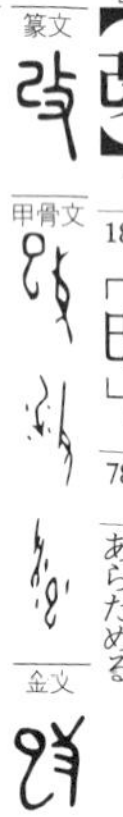

形声 声符は己。〔説文〕三下に「更ふるなり」と変改の意とし、「攴己に従ふ」と会意に解するが、己の意を解かず、〔繫伝〕に己声とする。攴は「毆つ」意で、攺・改・故・微（微）などみな毆つ対象を示し、攺は巳（蛇）、改は亡（屍骨）、故は古（密封した呪詛）、微は長髪の巫女を毆つ形で、みなその呪儀をいう。己は紀の初形で糸を巻き取る器。呪器とはしがたいものであるから、改はおそらく攺の異文で、のちその形声字と考えられたものであろう。攺は蛇形のものをうつ呪儀で、これによって自己に加えられた呪詛を変改することができるとされた。

訓義 ①改更懲止、あらためる、あらたまる、かわる。②かえる、なおす。

古訓 〔名義抄〕改 アラタム・アタラシ・カフ 〔字鏡集〕改 アラタム・アラタマル・アタラシ・カフ・サラニ・ワラフ

語系 改 kə、更（更）keang、革 kək は声義近く、みな変更、変革の義があり、改・更はそれぞれその呪的な方法を示す字である。

【改易】(かいえき) 改める。〔漢書、地理志上〕先王の迹既に遠く、地名又數改易す。是を以て舊聞を采獲し、迹を詩書に考へ、山川を推表す。

【改火】(かいか)(くわ) 火種を改める。〔論語、陽貨〕三年の喪は、期（一年）なるも已に久し。～舊穀既に沒し、新穀既に升る。燧を鑽り、火を改む。期にして可なるのみ。

【改過】(かいか)(くわ) 過ちを改める。〔漢書、刑法志〕刑せられし者は復た屬ぬべからず。後に改過自ら新にせんと欲すと雖も、其の道繇る亡きなり。

【改悔】(かいかい)(くわい) 後悔する。〔潜夫論、述赦〕數王法に陷る者は、此れ乃ち民の賊、下愚極惡の人なり。桎梏を脱し、囹圄（牢獄）を出づと雖も、終に改悔の心無し。

【改革】(かいかく) 改めなおす。〔貞観政要、論礼楽〕甚だ風俗を損じ、禮經を紊る有り。既に輕重宜しきを失ふ。理、須らく改革すべし。

【改観】(かいかん)(くわん) 様子をかえる。見直す。〔後漢書、文苑上、黃香

伝〕帝〜乃ち香に殿下に詔す。顧みて諸王に謂ひて曰く、此れ天下無雙、江夏の黄童といふ者なりと。左右改觀せざる莫し。

【改旧】(かいきゅう)(きう) 旧習を改める。〔魏書、献文六王、咸陽王禧伝〕禧曰く、陛下聖明、御運實に迹を前王に邁ぎんことを願ふ。〜宜しく應に舊を改め、以て日新の美を成すべしと。

【改業】(かいぎょう)(げふ) 職業をかえる。唐・白居易〔洛中に分司し暇多し。〜酔後狂吟、偶ゝ十韻を成す。〜〕詩 業を改めて逋客(世捨て人)と爲り 家を移して醉郷に住まん

【改元】(かいげん) 元号を改める。〔漢書、律暦志下〕光武皇帝〜景帝の後、高祖九世の孫を以て、命を受けて中興す。漢を復し、改元して建武と曰ふ。

【改行】(かいこう)(かう) 行為を改める。〔史記、文帝紀〕今、人過ち有り。教へ未だ施さずして、刑焉これに加ふ。或いは行を改めて善を爲さんと欲するも、道由無きなり。朕、甚だ之れを憐れむ。

【改更】(かいこう)(かう) 改める。〔楚辞、天問〕過ちを悟りて改更せば 我又何をか言はむ 呉光、國を爭ひ 久しく余に是れ勝てり

【改歳】(かいさい) 年が代わる。〔詩、豳風、七月〕嗟我が婦子 曰に改歳と爲す 此の室に入りて處れ

【改竄】(かいざん) 文字や語句を直す。〔晋書、阮籍伝〕公卿、籍をして其の辭を爲らしむ。籍、沈醉して作ることを忘る。〜使者以て告ぐ。籍、便ち案を書し、使、之れを寫して、改竄する所無し。

【改修】(かいしゅう)(しう) 直し整える。梁・任昉〔斉の竟陵文宣王行状〕外寢に震あり。匠者以て不祥と爲す。〜公曰く、此れ天譴なり。改修する所無く、以て吾が過を記し、且つ戒懼して怠らざらしめんと。

【改制】(かいせい) 制度を改める。〔漢書、律暦志上〕殷周皆業を創め制を改むるより、咸く暦紀を正し、服色之れに從ふ。其の時氣に順ひて、以て天道に應ず。〜五伯の末、史官喪紀、疇人子弟、分散す。

【改張】(かいちょう)(ちやう) 琴の調子を強める。法度をかえるのにたとえる。〔貞観政要、論礼楽〕理、通允に非ず。宜しく改張することと有るべし。

【改定】(かいてい) なおす。〔三国志、魏、王粲伝〕善く文を屬り、筆を擧ぐれば便ち成り、改定する所無し。時人常に以て宿構と爲す。

【改轍】(かいてつ) 方法を改める。〔隋書、礼儀志一〕世載遐邈にして、風流訛舛す。必ず人情、將に禮意を移さんとする有り。殷周の軌を異にする所以なり。秦漢焉に於て轍を改む。

【改廃】(かいはい) 変更と廃止。〔孟子、尽心上〕大匠は、拙工の爲に繩墨(すみなわ)を改廢せず。羿(弓の名人)は拙射の爲に其の彀率(弓の引き具合)を變へず。

【改物】(かいぶつ) 文物制度を改める。〔国語、周語中〕叔父若し能く大德を光裕せば、姓を更め物を改め、以て天下を創制し、自ら顯庸せよや。

【改容】(かいよう) 居ずまいをただす。〔荘子、徳充符〕今、子と我と、形骸の内に遊び、而も子、我に形骸の外を索む。亦た過たずやと。子産蹵然として容を改め、貌を更へて曰く、子、乃ち稱ふこと无かれと。

↑改意 改心／改捐 官を買う／改刊 改正版／改換 とりかえる／改居 居を移す／改稽 しらべ直す／改悔 悔い改める／改構 改築する／改号 改名／改差 別人を派遣する／改作 作りかえる／改刪 改竄する／改書 任意に改訂する／改除 別途に任免する／改醮 改嫁／改心 心を改める／改燧 改火／改正 直す／改節 操を改める／改善 よくする／改操 改節／改俗 悪習を直す／改奪 変更する／改築 建て直す／改鋳 鋳直す／改徴 米穀にかえて金納とする／改訂 修定／改図 計画を変更する／改都 遷都／改塗 方法を変える／改年 改歳／改殯 改め葬る／改辟 開拓／改変 改める／改窆 改め葬る／改編 編集しなおす／改補 別職を補任する／改封 領地換え／改望 失望する／改抹 書き改め／改良 改善

↓可改・刊改・更改・錯改・刪改・竄改・修改・除改・衰改・燧改・省改・増改・損改・懲改・転改・塗改・繆改・鬢改・変改・摩改・面改・妄改・釐改

【攺】 7／7874 カイ イシ あらためる

篆文　詛楚文　甲骨文　金文

会意 巳+攴。巳は蛇形の蠱、虫。媚蠱・巫蠱のような呪詛に用いた。これを攴つのは、その蠱霊をはたらかせる呪的行為。〔説文〕三下に「毅攺なり」という。毅は祟りをなす呪霊をもつ獣を殴つ形。毅攺とも大剛卯以て鬼魅を逐ふなり」という。毅は祟をなす呪霊をもつ獣を殴つ形。毅攺ともにそのような呪的方法で、禍を改めるのに用いた。卜文には巳に血の滴る形をそえるものがある。また牛や羊などを用いて「攺せんか」と卜する例があり、攺はおそらく改の初文。改においては、己にそのような呪的意味は認めがたい。〔説文〕は攺を攱の字義を以て解するものであろう。攱は施と同じく、「ころす」意である。清の鈕樹玉の〔説文解字校録〕に「顧(炎武)云ふ、宋本五音韻譜・繫傳、皆古亥の切、毛斧季攺めて余止の切と爲す者は、玉篇に依れるのみ」という。毅攺はおそらく双声畳韻の連語であろう。金文の〔牧殷〕に「䝟攺」という語がある。卜辞に「羌百を攺すること勿らんか」のような例があり、禍を更改する呪的な方法であった。

訓義 ①あらためる。②攱(施)と通じ、ころす。

＊語彙は改字条参照。

↓毅攺

人【芥】 7／4422 〔芥〕 8／4422 カイ からしな あくた

篆文

形声 声符は介。〔説文〕一下に「菜なり」とみえる。

訓義 ①からしな、からし。②小さな草、草のようなあくた、ちりあくた。③小さくこまかなもの。

古訓 〔和名抄〕芥 賀良之(からし) 〔名義抄〕芥 カラシ・アクタ・チリ・アクハ 〔字鏡集〕芥 タカナ・カラシ・チリ・アクタ

【芥舟】(かいしゅう)(しう) 小さな舟。水に浮かぶ塵。〔荘子、逍遥遊〕杯水を坳堂(くぼみ)の上に覆せば、則ち芥之れが舟と爲るも、杯を置けば則ち膠つく。

【芥拾】(かいしゅう)(しふ) あくたを拾う。容易なこと。〔漢書、夏侯勝伝〕經術苟くも明らかならば、其の靑紫(高官)を取ること、地の芥を拾ふが如きのみ。

【芥帶】(かいたい) ごく小さな、気になるもの。〔風俗通、怪神〕人は物の精を用ふること多し。生有るの最も靈なる者なり。何ぞ其の胸腹に芥帶して、之れを割裂せざらんや。

↑芥薑 からしなとしょうが／芥子 からしなの実／芥視 軽視する／芥醤 からしなのひしお／芥塵 塵芥／芥屑 からし／芥末 からし粉／芥辣 からし

↓遺芥・一芥・醯芥・韮芥・荊芥・豪芥・拾芥・辛芥・塵芥・寸芥・纎芥・草芥・蔕芥・土芥・浮芥

【乖】 8／2011 〔乖〕 11／2040 カイ(クヮイ) せぼね そむく

篆文

象形 背の肉の左右に分かれる形。〔説文〕四上に「戻るなり」とし、また

𠦬字条十二上に「背呂なり。脊肋に象る」とあばらの意とするが、ともに背肉の形。左右に分かれるので、相背く意に用いる。

訓義 1せ、せぼね、わきばら。2そむく、はなれる、たがう。3よこしま、わるがしこい。

古訓 〔名義抄〕乖 ソムク・タガフ 〔字鏡集〕乖 ソムク・タガフ・ハナル・ヒガム・キタル

部首 〔説文〕は乖を丫部に属するが、丫は羊角の象。また𠦬を部首として、脊を属する。乖・𠦬は声義同じく、もと一字。

【乖異】かい(くわい)い そむきたがう。乖違。〔史記、三代世表〕其の曆譜諜、終始五德の傳を稽ふるに、古文咸な同じからずして、乖異せり。

【乖違】かいい(くわいゐ) そむきたがう。乖異。〔晋書、禿髪烏孤載記〕吾が業を承くるに及んで、諸部背叛し、邇きも既に乖違す。遠きは何を以てか附かん。

【乖越】かいえつ(くわいゑつ) たがう。〔史通、書志〕證應を求むる者、該らかにし難し。~此れ昔人の、言に乖越有る所以、後進の、事反して精審ならざる所以なり。

【乖崖】かいがい(くわいがい) 世とかけはなれる。宋・蘇軾〔路都曹を送る〕詩 恨むらくは乖崖の老の 芥蔕の胸を一洗すること無きを

【乖角】かいかく(くわいかく) 道理にそむく。抵触。唐・韓愈〔曲河駅に食す〕詩 而ち我れ重罪を抱き 孑孑たり、萬里の程 親戚頓に乖角し 圖史(図書と史籍)棄てて縱横

【乖疑】かいぎ(くわいぎ) 疑う。〔後漢書、王允伝〕允、情を矯め意を屈して毎に相ひ承附す。(董)卓も亦た心を推し、乖疑を生ぜず。故に王室を危亂の中に扶持するを得、臣主內外、倚恃せざる莫し。

【乖忤】かいご(くわいご) くいちがう。そむく。〔北史、儒林上、李業興伝〕其の好合に與しては、身を傾けて吝しむ無し。乖忤すること有れば、便即ち疵毀す。

【乖誤】かいご(くわいご) あやまり。宋・蘇軾〔成伯大雨中~に奉和す〕詩 樂事幷せ難しとは、眞に實語 坐排(席次)に意を用ふるも、乖誤多し

【乖差】かいさ(くわいさ) あやまり。〔宋書、律暦志中〕景初日中の晷景は、卽ち漢の四分法を用ふ。是を以て漸く乖差に就く。其の五星を推すは、則ち甚だ疏闊す。晉の江左以來、更めて乾象五星法を用ひて、以て之れに代ふ。

【乖錯】かいさく(くわいさく) 誤る。混乱する。〔論衡、薄葬〕術と用と乖錯し、首尾相ひ違ふ。故に以て非と爲す。非と是と明らかならず。皆行ふべからず。

【乖絶】かいぜつ(くわいぜつ) 仲たがい。〔三国志、魏、陳思王植伝〕近且婚媾通ぜず、兄弟乖絶す。吉凶の問塞がれ、慶弔の禮廢す。

【乖背】かいはい(くわいはい) そむく。漢・劉向〔列子書録〕力命篇に至りては、一に分命を推し、楊子の篇は、唯だ放逸を貴ぶ。二義乖背し、一家の書に似ず。

【乖畔】かいはん(くわいはん) そむく。〔後漢書、東夷伝〕中興よりの後、四夷來賓す。時に乖畔有りと雖も、而れども使驛絶えず。故に國俗風土、得て略記すべし。

【乖謬】かいびゅう(くわいびう) あやまり。〔鶡冠子、天則〕使しむるも往かず、禁ずるも止まず。上下乖謬する者は、其の道相ひ得ざればなり。

【乖僻】かいへき(くわいへき) ねじける。みだれる。〔宋書、何偃伝〕(顔)竣、時に勢ひ朝野を傾く。偃自ら安んぜず、遂に心悸の病を發し、意慮乖僻す。

【乖離】かいり(くわいり) そむき離れる。〔荀子、天論〕禮義脩まらずんば、內外別無く、男女淫亂し、父子相ひ疑ひ、上下乖離し、寇難竝び至る。

【乖戾】かいれい(くわいれい) もとる。情理にそむく。〔後漢書、范升伝〕春秋の家、~各〻執る所有り、乖戾分爭す。之れに從ふときは則ち道を失ひ、從はざるときは則ち人を失ふ。

↑乖覚 おませ/乖隔 へだたり/乖闊 遠ざかる/乖間 不一致/乖詭 偽り/乖譃 悪ふざけ/乖遇 逆境/乖暌 たがう/乖嫌 きらう/乖蹇 行き詰まり/乖言 違言/乖迕 乖忤/乖散 離散する/乖弐 疑う/乖失 誤る/乖邪 邪曲/乖職 失職する/乖人 孤独の人/乖析 ばらばらとなる/乖舛 たがう/乖疏 疏遠/乖疎 失当/乖喪 喪失する/乖誕 そむき誤る/乖致 不一致/乖張 相反する/乖悖 乖背/乖繆 乖謬/乖別 別れる/乖濫 乱れる

↓意乖・暌乖・志乖・醜乖・傷乖・飾乖・体乖・張乖・分乖・理乖・礼乖

【咍】 8 6306 カイ タイ わらう

篆文

形声 声符は台。〔説文新附〕二上に「蚩笑するなり」とあり、〔楚辞、九章、惜誦〕に「又衆兆の咍ふ所なり」とみえる。嘲り笑う、また喜んで楽しみ笑うことをいう。

訓義 1わらう、あざけりわらう。2たのしみわらう、よろこぶ。

古訓 〔名義抄〕咍 アザワラフ・ワレ・アザケル・ヤブル・ヤシナフ・ア 〔字鏡集〕咍 ヤシナフ・アザケル・ヨロコブ・アザワラフ・ヤブル・ワラフ・トク・ワレ

【咍咍】かいかい 喜び笑うさま。唐・皇甫湜〔吉州刺史庁壁記〕昔の民は嗷嗷(皆でやかましくさわぐ)たり。公能く之れを撫し、鰥寡怡ぶ有り、流亡既に來る。今の民は咍咍たり。

↑咍噱 笑う/咍吁 ああ/咍口 笑う/咍笑 嗤笑/咍楽 歓笑

↓可咍・歓咍・自咍・嘲咍

常【届】 8 7727 〔屆〕 8 7727 カイ いたる とどける

篆文

会意 旧字は屆に作り、尸+凷。凷は〔説文〕十三下に「墣なり」、その前条に「墣は塊なり」という。届は〔説文〕八上に「行くこと便ならざるなり。一に曰く、極なり」とするが、字の形義が明らかでない。〔詩、大雅、蕩〕に「侯れ作ひ侯れ祝ること 届まること靡く究まること靡し」と究極の意とする。届は尸(屍体)を深く土中に埋め、その呪力の及ぶことを断つ意であろう。

訓義 1いたる、きわまる、あたる。2ゆきなやむ。3国語で、とどく、とどける。

古訓 〔名義抄〕届 イタル・ヨル・キハム・キハマル・トツグ・フグリ 〔字鏡集〕届 イタル・キハマル・ヨル・トホク・トツグ・ヤ・イヘ・フグリ

↑届期 期限にいたる/届候 時期にいたる/届時 届期/届満 任期が満了する/届路 出発する

↓夷届・遠届・致届・天届・不届・攸届

常【怪】 8 9701 〔恠〕 9 9401 カイ(クヮイ) ケ あやしい

篆文

形声 声符は圣。卜文に土主の形である土の左右に手を加える字があり、地霊である土主を祀る儀礼を示す字とみられる。〔説文〕十下に「異なり」とあり、怪とはもと地の怪異、地妖をいう。恠に作るものは俗字。圣を在の形に誤ったものである。

訓義 1あやしい、あやしむ、いぶかる。2あやしいもの、ばけもの、怪異。

古訓 〔名義抄〕怪 アヤシ 〔字鏡集〕怪 アヤシフ・コトナリ・クネ・イタハル・サトル

参考 怪の従う圣は、卜文に「圣田」としてみえる圣と異なる。

圣田の圣は開墾の礼をいう字である。

【怪異】かい(くわい)い　ふしぎ。〔漢書、董仲舒伝〕國家將に失道の敗有らんとするや、天乃ち先づ災害を出だして、以て之れに譴告し、自ら省することを知らざれば、又怪異を出だして之れを警懼せしむ。

【怪偉】かい(くわい)ゐ　すぐれて雄大。〔鶴林玉露、丙五、南中巖洞〕桂林石山の怪偉は、東南に無き所なり。韓退之(愈)は謂ふ、山は碧玉の簪の如しと。柳子厚(宗元)は謂ふ、拔地峭起、四野に林立すと。黄魯直(庭堅)は謂ふ、平地蒼玉、忽として巉峩と。～皆其の形容を極む。

【怪迂】かい(くわい)う　いかがわしい、あやしげなこと。〔史記、武帝紀〕天子益々方士の怪迂の語を怠厭す。然れども終に羈縻して絶えず、其の眞に遇はんことを冀ふ。此れより後、方士の祠神を言ふ者、彌々衆し。

【怪怪】かいかい(くわいくわい)　奇怪至極。唐・韓愈〔窮を送る文〕其の次を文窮と曰ふ。一能を專らにせず、怪怪奇奇、時に施すべからず。祇だ以て自ら嬉しむ。

【怪奇】かい(くわい)き　あやしくめずらしい。〔論衡、道虛〕伍被(人名)の屬、殿堂に充滿し、道術の書を作り、怪奇の文を發す。～道終に成らず、效驗立たず。

【怪譎】かい(くわい)けつ　あやしげなさま。晉・郭璞〔山海経、海外南経、厭火国図讃〕人有り、獸體。厥の狀怪譎なり。炎精を吐納し、火、氣に隨ひて烈し。

【怪事】かい(くわい)じ　理解しがたいこと。〔晋書、殷浩伝〕浩、黜放せらるると雖も、口に怨言無く、神を夷らかにし、命に委し、談詠して輟めず。～但だ終日、空に書して、咄咄怪事の四字を作すのみ。

【怪誕】かい(くわい)たん　でたらめ。唐・韓愈〔青竜寺に遊ぶ～〕詩　忽ち驚く、顏色の韶稚(若々しさ)に變ずるに　卻つて信ず、靈仙の怪誕に非ざるを

【怪特】かい(くわい)とく　すぐれて異なる。唐・柳宗元〔始めて西山を得て宴游する記〕余、僇人と爲りて、是の州に居りしより～以爲へらく、凡そ是の州の山水の異態有る者は、皆我が有なりと。而れども、未だ始めより西山の怪特なるを知らず。

【怪変】かい(くわい)へん　ふしぎなこと。〔後漢書、彭寵伝〕其の妻、數しば惡夢あり。又多く怪變を見る。卜筮及び望氣の者皆言ふ、兵當に中より起るべしと。

【怪民】かい(くわい)みん　狂気の人。唐・柳宗元〔蕭翰林俛に与ふる書〕罪人と交はること十年、～聖朝弘大、貶黜甚だ薄きも、衆人の怒りを塞ぐこと能はず、謗語轉た侈く、囂囂嗷嗷、漸く怪民を成す。

【怪力】かい(くわい)りよく　ふしぎな力。怪異なもの。〔論語、述而〕子、怪力亂神を語らず。

【怪麗】かい(くわい)れい　ふしぎな美しさ。〔後漢書、南蛮西南夷伝論〕乃の藏山隱海の靈物、沈沙棲陸の瑋寶の若き、怪麗を呈表し、宮幄に雕被せざる莫し。

↑怪恚　腹立つ／怪羽　奇鳥／怪訝　あやしみいぶかる／怪愕　驚く／怪卉　珍らしい花／怪気　あやしげな雲／怪詭　いぶかしい／怪疑　怪訝／怪禽　奇鳥／怪傑　ふしぎなすぐれたもの／怪幻　ふしぎ／怪巧　奇巧／怪哉　あやしや／怪術　魔術／怪慴　怖れる／怪神　乱神／怪人　奇怪な人／怪祟　たたり／怪説　奇怪な説／怪虫　奇虫／怪徵　あやしい兆／怪秘　神怪／怪誣　でたらめ／怪僻　奇僻／怪癖　奇癖／怪変　変化／怪来　あやしむ／怪戾　不条理／怪陋　あやしげ／怪論　奇論／怪惑　あやしみ惑う

↓吁怪・迂怪・可怪・駭怪・姦怪・奇怪・鬼怪・詭怪・疑怪・巨怪・狂怪・驚怪・譎怪・見怪・険怪・幻怪・炫怪・古怪・蠱怪・荒怪・豪怪・志怪・殊怪・醜怪・神怪・水怪・徵怪・珍怪・土怪・秘怪・誣怪・物怪・変怪・木怪・幽怪・妖怪・霊怪

常【拐】8 5602　カイ　つらねる　かたる

形声　古い字書にみえず、隋唐以後に用いる。おそらく掛の別体の字であろう。〔宋史、岳飛伝〕に「拐子馬」のことがみえ、三騎を葦索で連ね、敵中に突入するものをいう。おそらく連ねて持つ意が原義。のち拐帯・誘拐の意に用いる。

訓義　1 つらねる、もつ。2 かたる、たぶらかす、かどわかす。3 拐杖のように、つえ。4 手・足・枝のように、長く分出するものをいう。

↑拐孤　乖僻／拐棍　拐杖／拐児　誘拐者／拐杖　拄杖／拐帯　もちにげ／拐売　人買い／拐騙　だまし取る／拐老　拐児

↓誘拐

【乖】9 8350　カイ(クワイ)

篆文

形声　声符は毎(毎)。毎に海(海)・晦の声がある。〔説文〕三下に「易卦の上體なり」とあり、易卦六爻のうち、下三爻を内、上三爻を外といい、また乖という。易はもと卜兆から起こり、卜兆を記録することから易卦が生まれたと考えられる。それで易筮の語彙には、卜法に由来するものが多い。乖もまた卜に従う。字はまた悔(悔)に作る。

訓義　1 易の卦の上体、外卦。

人【廻】9 1640〔廻〕9 1640［迴］10 3630　カイ(クワイ)　エ(ヱ)　まわる　めぐる

形声　声符は回。廻・迴はともに〔説文〕にみえず、回と同義の字であろう。廴は延・建など、儀礼の場所やその建造物を示し、聖所を区画する意。迴はその行動を示す動詞的な字。いずれも回の限定的な用法の字であろう。語彙には廻・迴いずれの字をも用いる。

訓義　1 まわる、めぐる。2 まがる、さける。3 よこしま。

古訓　〔名義抄〕迴　サク〔字鏡集〕迴　メグル・カヘル・カヘテ・タクラフ・サル・ヲハル・ハカル・ハルカ・ハルカナリ・トヲシ・トコロ・イタル・スベテ・ムナシ・ナシ・フカシ・ヒロシ・アラハナリ・ヲカシ・ウサギノミチ

【迴渓】かい(くわい)けい　めぐりまわっている谷。南朝宋・謝霊運〔石門の最高頂に登る〕詩　峯を疏りて高館を抗げ　嶺に對ひて迴溪に臨む

【迴顧】かい(くわい)こ　ふりかえる。〔三国志、呉、陸禕伝〕召さるるに及んで、當下に(直ちに)徑ちに還りて都に赴き、道するに武昌由りし、曾て迴顧せず。

【迴合】かいごう(くわいがふ)　めぐりあう。唐・劉希夷〔公子行〕詩　馬聲は迴合す、靑雲の外　人影は動搖す、綠波の裏

【迴車】かい(くわい)しや　車をめぐらす。漢・揚雄〔甘泉の賦〕是に於て事畢り功弘まり、車を迴らして歸る。

【迴首】かい(くわい)しゆ　ふりかえる。唐・杜甫〔将に荊南に赴かんとし、李剣州弟に寄別す〕詩　戎馬相ひ逢ふ、更に何れの日ぞ　春風迴首す、仲宣の樓

【迴翔】かいしよう(くわいしやう)　かけめぐる。〔楚辞、九歌、大司命〕君迴翔して以て下る　空桑を踰えて女に從ふ

【迴心】かい(くわい)しん　心を改める。晉・潘岳〔悼亡詩、三首、一〕僶俛として朝命を恭しみ　心を迴らせて初役に反る　廬を望んで其の人を思ひ　室に入りて歷る所を想ふ

【迴雪】かい(くわい)せつ　舞う雪。唐・白居易〔胡旋女〕詩　迴雪飄颻として、轉蓬舞ふ　左旋右轉して、疲るることを知らず

【迴旋】かい(くわい)せん　めぐりまわる。〔旧唐書、迴紇伝〕元和四年、

〜使を遣はし、改めて廻鵠と爲す。義、迴旋輕捷なること、鵠の如くなるを取るなり。

【迴眺】ながめまわす。晉・左思〔呉都の賦〕曠く瞻れば迢遰、迴かに眺むれば冥蒙たり。

【迴腸】曲がりくねる腸。唐・柳宗元〔柳州城楼に登り、漳汀封連の四州に寄す〕詩 嶺樹重なりて、千里の目を遮り 江流は曲りて、九迴の腸に似たり

【迴汀】めぐる地形のなぎさ。唐・李商隱〔細雨〕詩 蕭灑として迴汀に傍ひ 依微として短亭を過ぐ

【迴天】天をめぐらす。晉・陸機〔魏の武帝を弔ふ文〕夫れ迴天倒日の力を以てするも、形骸の內を振ふこと能はず。濟世難を夷かにするの智なるも、困を魏闕の下に受く。

【迴避】さけのがれる。〔後漢書、逸民伝論〕或いは隱居して以て其の志を求め、或いは迴避して以て其の道を全うし、或いは己を靜めて其の躁を鎭む。

【迴飇】つむじ風。魏・曹植〔雜詩、六首、二〕轉蓬、本根を離れ 飄颻として長風に隨ふ 何ぞ意はん迴飇擧がり 我を吹いて雲中に入れしめんとは

【迴風】つむじかぜ。唐・柳宗元〔南磵中に題す〕詩 秋氣、南磵に集る 獨り遊ぶ、亭午の時 迴風一に蕭瑟たり 林影久しく參差

↑迴斡 回転する/迴迂 迂遠/迴縈 めぐる/迴易 交易/迴憶 回想/迴壑 めぐれる谷/迴環 めぐる/迴観 見まわす/迴忌 さける/迴渠 曲溝/迴曲 まがる/迴景 夕映え/迴穴 不安定/迴眷 眷顧/迴護 まもる/迴光 落日/迴遑 うろつく/迴残 投売り/迴邪 邪曲/迴渚 迴汀/迴身 身をひるがえす/迴軫 迴車/迴折 迴曲/迴川 回川/迴船 迴漕船/迴帯 とりまく/迴遅 ためらう/迴潮 退潮/迴睇 顧みる/迴転 めぐる/迴頭 回首/迴二 再嫁/迴念 回想/迴薄 せまる/迴飄 迴飇/迴文 迴文詩/迴瀾 挽回する/迴鑾 王の帰還/迴流 めぐり流れる/迴慮 熟慮する/迴遼 はるか/迴繚 めぐる/迴廊 回廊

【佮】9 2826 〔迨〕10 3830 〔〓〕11 7772 カイ(クヮイ) あう

篆文

古文

金文
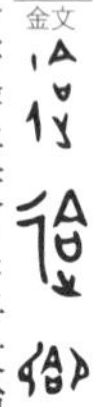

形声 声符は合。〔説文〕五下會字条に重文として古文佮を録する。會(会)は蓋のある食器、合も器蓋の合する形。会合の意には佮が本字。金文に佮・迨・〓を用い、祭祀・儀礼には迨、会射のときには〓射という。

訓義 ①あう。②〔玉篇〕に「行く皃」とするが、用例はない。

【徊】9 2620 カイ(クヮイ) さまよう

形声 声符は回。回は回水の象。道路に徘徊するを徊という。

訓義 ①さまよう、たちもとおる。②迴・廻と通用し、めぐる。

古訓 〔名義抄〕徊 ワカル・タチモトル/徘徊 タ、ズム・タチモトホル 〔篇立〕徊 タチモトホル・メグル

【徊徨】さまよう。梁・武帝〔孝思の賦〕晨に孤立して縈結し、夕に獨處して徊徨す。

【徊翔】鳥が飛び舞う。唐・韋応物〔漢の武帝雜歌、三首、一〕詩 來らんと欲するも來らず、夜未だ央きず 殿前の青鳥、先づ徊翔す

↑徊徊 さまよう/徊集 めぐり集まる

↓低徊・天徊・邅徊・徘徊

人【恢】9 9108 カイ(クヮイ) おおきい

篆文

形声 声符は灰(灰)。〔説文〕十下に「大なり」という。灰声にその義はないから、他の声義と通用するものであろう。

訓義 ①おおきい、ひろい、ひろめる。②詼と通じ、おどける。

古訓 〔名義抄〕恢 オホイナリ・ヒロシ・ヒロム

語系 恢khuaは曠khuang、魁kuai、廓kuak、快kuatと声義に通ずるところがあり、その語系に属するものであろう。

【恢偉】大きくて立派。〔北史、魏諸宗室伝論〕秦王(儀)は體度恢偉、陳留(王、虔)は膽氣絶倫なるも、身を強寇に亡ぼし、志力展のべず。惜しい哉。

【恢遠】遠大。〔北史、刁雍伝論〕刁雍は才識恢遠、聲を著はし事を立つ。禮遇優隆にして、世々人爵有り。

【恢恢】大きくて余裕のあるさま。〔老子、七十三〕天網恢恢にして、疏にして失はず。

【恢廓】心がひろく、度量が大きい。〔晉書、王濬伝〕疎通亮達、恢廓にして大志有り。

【恢詭】すぐれてめずらしい。明・帰有光〔瀛涯勝覽に題す〕今海南際天萬里、其の日月風雲、山水の殊異なる、惜しむらくは以て其の恢詭を極むるの辭無し。

【恢弘】ひろめる。蜀・諸葛亮〔出師の表〕誠に宜しく聖聽を開張し、以て先帝の遺德を光いにし、志士の氣を恢弘すべし。

【恢宏】ひろやか。宋・蘇軾〔程正輔の碧落洞に游ぶに次韻す〕詩 何れの時ぞ謫仙人 來りて鈞天の聲を作す 胸中幾雲夢 餘地恢宏多し

【恢然】大きいさま。〔周書、李遠伝〕(李)賢の弟遠〜幼にして器局有り。志度恢然たり。〜郡守見て之れを異として〜曰く、此の小兒、必ず將軍と爲らん〜と。

【恢達】心がひろやか。〔世説新語、賢媛注に引く晉陽秋〕(山)濤雅素より恢達、度量弘遠にして、心、事外に存し、時と俛仰す。

【恢誕】でたらめ。〔風俗通、正失〕(東方)朔の、名其の實に過ぐる所以は、その恢誕多端にして、一行に名あらざるを以てなり。

【恢張】大きく広げる。晉・皇甫謐〔三都の賦の序〕時これより厥の後、綴文の士、典言に率はず、竝びに恢張することを務む。其の文、博誕空類なり。

【恢復】もとのよい状態にもどす。漢・班固〔東都の賦〕唐統を系つぎ、漢緒を接け、群生を茂育して、疆宇を恢復す。勳は在昔を兼ね、事は三五(三皇五帝)より勤む。

↑恢夷 平らか/恢怪 でたらめ/恢諧 おどけ話/恢郭 城の外郭/恢涵 寛容/恢奇 すぐれる/恢毅 気が大きく強い/恢紘 恢弘/恢済 広くすくう/恢崇 高大/恢宣 宣揚する/恢贍 大きくゆたか/恢闡 広め明らかにする/恢大 広大/恢卓 すぐれる/恢拓 広め拓く/恢博 博大/恢富 博富

↓廓恢・規恢・弘恢・張恢・雄恢

常【悔】9 人〔悔〕10 9805 カイ(クヮイ) とがくいる

篆文

侯馬盟書

形声 声符は毎(毎)。毎に海(海)・晦の声がある。毎は多く髪飾りをつけた女の姿。その甚だしいものを毒という。毎・毒に甚だしいもの、上を蔽われたものの意があるのであろう。卜文に毎を悔の意に用いる。〔説文〕十下に「悔恨なり」とみえる。古い用法では、神意に合わないことをいい、〔詩、大雅、雲漢〕「明神を敬恭す 宜しく悔怒すること無かるべし」、〔詩、大雅、抑〕

「庶はくは大悔無らん」のように神怒、神の降すとがをいう。

訓義 ①とが。②神怒に対して悔悟することをいう。くい、くいる。③毎と通じ、易の外卦。④国語で弔意を示すこと、くやみ。

古訓 〔名義抄〕悔 クユ・ムクユ・イカル・ウミヌ・アラタム・イタル

語系 悔 xuə は憾 həm、恨 hən と声義が近い。感は神意に感応すること、艮は邪眼によって人を却けることで、その心情は、悔が神の下す大悔・悔怒に対する心情であるのと似たところがある。

【悔過】かいか(くわいくわ) 過失を後悔する。〔論衡、無形〕傳に稱ふ。高宗桑穀の異有るや、過ちを悔い政を反み、福を享くること百年と。是れ虚なり。

【悔咎】かいきゅう(くわいきう) わざわい。〔後漢書、清河孝王慶伝〕庶はくは上策戒に遵ひ、下悔咎を免れんことを望む。其れ非枉を糺督し、典禁を明察せよ。

【悔恨】かいこん(くわい) 過失をくい、残念に思う。魏・阮籍〔詠懐、八十二首、六十一〕詩 軍旅、人をして悲しましむ 烈烈として、哀情有り 我が平常の時を念ひ 悔恨、此れより生ず

【悔責】かいせき(くわい) 後悔して自ら責める。〔貞観政要、議安辺〕朕、竟に其の計を用ふること能はざりき。今日、方に自ら悔責す。

【悔怒】かいど(くわい) 過失を神が怒る。〔詩、大雅、雲漢〕明神を敬恭す 宜しく悔怒すること無かるべし

【悔吝】かいりん(くわい) とが。〔易、繫辞伝上〕象とは象を言ふ者なり。爻とは變を言ふ者なり。吉凶とは其の失得を言ふなり。悔吝とは其の小疵を言ふなり。

【悔戾】かいれい(くわい) とがめ。わざわい。〔北史、張普恵伝〕一德の虧くる、自ら悔戾を貽し、幽壤に沈淪して、緬焉として収めず。

↑悔恚 怒り／悔怨 怨み／悔懊 くい悩む／悔改 改過／悔憾 遺憾／悔過 遺憾／悔悟 くい悟る／悔慙 慙愧／悔志 後悔する／悔事 遺憾なこと／悔悛 くいあらためる／悔心 後悔する／悔然 恥じる／悔恥 後悔する／悔悖 悔戾／悔非 悔過／悔望 くい恨む／悔悶 なやむ／悔尤 くい怨む／悔悋 悔吝

↓畏悔・怨悔・改悔・懐悔・患悔・憾悔・記悔・幾悔・甚悔・久悔・咎悔・禦悔・愆悔・悟悔・後悔・困悔・恨悔・罪悔・慙悔・取悔・羞悔・小悔・傷悔・大悔・追悔・悲悔・閔悔・変悔・无悔・憂悔

【枴】 9 4692 カイ(クワイ) つえ

形声 字はもと咼に従い、咼声。枴杖は老人のつえ。〔五代史、漢、高祖紀〕に「王、牙將王峻を遣はし、表を契丹に奉ぜしむ。耶律德光、之れを呼んで兒と爲し、賜ふに木枴を以てす。虜の法、之れを貴ぶこと、中國の几杖の如し。大臣より優なるに非ずんば得べからず。峻、枴を持して歸る。虜人之れを望み、皆道を避く」という話がみえている。

訓義 ①つえ、枴杖。②織具。

古訓 〔字鏡集〕枴 ツヱ

↑枴棍 老人のつえ／枴杖 つえ

↓一枴・木枴

【洄】 9 3610 カイ(クワイ) さかのぼる ながれる かわ

篆文

形声 声符は回。〔説文〕十一上に「溯洄するなり」とあり、流れを遡ることをいう。〔説文〕に字を会意とするが、亦声とみてよい。回とは淵水、めぐる水の象形字である。

訓義 ①さかのぼる、流れに遡る。②ながれる、めぐりながれる。③川。④佪と通じ、おろか。

古訓 〔名義抄〕洄 ウヅマク・メグル・サカノボル 〔字鏡集〕洄 ウヅマク・メグル・カヘル・サカサマニナガル、ナリ

【洄洄】かいかい(くわいくわい) 水のめぐるさま。唐・孟郊〔盧殷を弔す、十首、三〕詩 夢世、浮くこと閃閃たり 淚波、深きこと洄洄たり 薤歌(挽歌)一たび以に去り 蒿(墓)閉ぢて復た開かず

↑洄闇 深く暗い／洄汨 旋流する／洄沿 洄游する／洄穴 めぐる／洄旋 めぐる／洄蕩 ただよう／洄澋 洄蕩／洄流 めぐり流れる

↓沿洄・清洄・遡洄・湾洄

常【海】 9 〔海〕 10 3815 カイ うみ

篆文

金文

形声 声符は毎(毎)。毎に晦・悔(悔)の声がある。〔説文〕十一上に「天池なり。以て百川を納るる者なり」とあり、天池とは大海をいう。

訓義 ①うみ。②ものの多く集まるところをたとえていう。大きく、ひろいところ。③晦と通じ、くらい。

古訓 〔和名抄〕海 宇美(うみ) 〔名義抄〕海 ウミ 〔字鏡集〕海 ウミ・アヲウミ・アヲウナハラ・オホキナリ・オホフ・サムシ

語系 海・晦・悔 xuə は同声。声符の毎 muə は、祭祀に従う婦人が、多く髪飾りを加える形で、上を覆う、暗い意がある。晦冥のところを海といい、それを畏れる心情を悔という。

【海宇】かいう 海内。〔梁書、武帝紀上〕海宇を浹くして、以て風を馳せ、輪裳(異族)を罄くして、朔を禀く(朝貢を受ける)。

【海雲】かいうん 海上の雲。唐・杜甫〔所思〕詩 農と爲る、山澗の曲 病に臥す、海雲の邊

【海裔】かいえい 海のはて。〔淮南子、原道訓〕其の身を全うせば、則ち道と一と爲る。故に江潯海裔に游ぶ～と雖も、聖人之れに處り、以て其の精神を營はす～に足らず。

【海鷗】かいおう 海のかもめ。南朝宋・謝霊運〔南山より北山に往き、湖中を経～〕詩 海鷗、春岸に戲れ 天雞、和風を弄す

【海角】かいかく 海のはて。唐・白居易〔桃杏を種う〕詩 海角と天涯とを論ずる無く 大抵心安ければ即ち是れ家なり

【海岳】かいがく 海山。唐・羅隠〔竜丘より東下し、孫員外に卻寄す〕詩 恩は海岳の如きも、何れの時にか報いん 恨みは煙花に似て、觸處に生ず

【海涵】かいかん 海は百川を容れる。そのように度量が大きいたとえ。宋・蘇軾〔湖州謝上表〕群生を天覆(天のごとく覆う)し、萬族を海涵す。

【海岸】かいがん 海ばた。〔三国志、魏、東夷伝、倭〕海岸に循ひて水行し、韓國を歴へ、乍いは南し乍いは東し、其の北岸狗邪韓國に到る。

【海眼】かいがん 海水が陸地に潜流し、噴出するところ。唐・杜甫〔石笋行〕詩 古來相ひ傳ふ、是れ海眼なりと 苔蘚(こけ)食(蝕)し盡す、波濤の痕

【海気】かいき 海のけはい。唐・韓愈〔臨滝寺に題す〕詩 潮陽未だ到らざるに、吾れ能く説く 海氣昏昏として、水、天を拍つ

【海客】かいきゃく 海の旅行者。唐・李白〔江上吟〕詩 仙人、待つ有りて、黃鶴に乘り 海客、心無くして、白鷗に隨ふ

【海嶠】かいきょう(けう) 海の断崖。唐・劉長卿〔揚州棲霊寺の塔に登る〕詩 江流、空翠(緑の山気)に入り 海嶠、微碧を現はす

【海曲】かいきょく 海の入りこんだ所。晉・陸機〔斉謳行〕楽府 營丘は海曲を負ひ 沃野は爽く且つ平らかなり 洪川、河濟を控き 崇山、高冥に入る

【海隅】かいぐう 海の片ほとり。〔書、君奭〕我咸な文王の功を、怠らず丕いに冒むるに成さば、海隅の出日までも、率俾(率従)せざる罔からん。

【海槎】かいさ 海に浮かべたいかだ。隋・虞茂〔昆明池の一物を賦して織女石を得たり〕詩 船は海槎の渡るかと疑はれ 珠は

客星の來るに似たり

【海際】うみべ。〔述異記、上〕案消山に石樓樹有り。呉の太皇元年、郡吏伍曜、海際に之れを得たり。枝莖紫色にして、光有り。南越之れを石連理と謂ふ。

【海市】蜃気楼。〔夢渓筆談、異事〕登州の海中、時に雲氣の宮室の如き有り。臺觀・城堞・人物・車馬・冠蓋、歷歷（はっきり）として見るべし。之れを海市と謂ふ。

【海若】海の神。〔楚辞、遠遊〕湘靈をして瑟を鼓せしめ海若をして馮夷（水神）を舞はしむ

【海上】海のほとり。〔列子、黄帝〕海上の人に漚（鷗）鳥を好む者有り。毎旦海上に之き、漚鳥に從つて游ぶ。～其の父曰く、吾れ聞く、漚鳥皆汝に從つて游ぶと。汝取り來れ、吾之れを玩ばんと。明日海上に之くに、漚鳥舞ひて下らず。

【海色】海の色。宋・蘇軾〔六月二十日夜、海を渡る〕詩 雲散じ、月明らかに、誰か點綴する 天容、海色、本と澄清

【海人】あま。〔述異記、下〕東海に牛魚有り。其の形、牛の如し。海人採捕し、其の皮を剝ぎて之れを懸く。潮水至れば、則ち尾起つ。

【海神】海の神。〔史記、秦始皇紀〕始皇、夢に海神と戰ふ。人の狀の如し。占夢に問ふ。博士曰く、～此の惡神有り。當に除去すべし。而ち善神致すべしと。

【海澨】海のほとり。梁・江淹〔雑体詩三十首、謝臨川（霊運）の遊山に擬す〕且く桂水の潮に汎び 月に映じて、海澨に遊ばん

【海賊】海上・沿岸で盗賊をなす者。〔後漢書、法雄伝〕永初三年、海賊張伯路等三千餘人、赤幘を冠し、絳衣を服し、自ら將軍と稱す。濱海九郡に寇し、二千石・令長を殺す。

【海内】国内。天下。〔孟子、梁恵王上〕海内の地、方千里なる者九、齊集めて其の一を有す。

【海天】海と空。唐・柳宗元〔柳州城楼に登り、～四州に寄す〕詩 城上の高樓、大荒に接す 海天、愁思、正に茫茫

【海道】航路。〔晋書、庾翼伝〕時に東土に賦役多し。百姓乃ち海道より廣州に入る。刺史鄧嶽、大いに鼓鑄（鋳造法）を開く。諸夷此れに因りて、兵器を造ることを知る。

【海湄】海のほとり。魏・嵆康〔琴の賦〕周旋永望し、邈として凌飛するが若し。邪めに崑崙を睨み、俯して海湄を闞ふ。

【海浜】海のほとり。〔左伝、昭三十年〕呉は周の冑裔なり。而れども棄てられて海濱に在り。姫と通ぜず。今にして始めて大なり。諸華に比して、光り又甚だ文なり。

【海風】海からの風。唐・李白〔廬山の瀑布の水を望む、二首、二〕詩 海風、吹いて斷えず 江月、照らして空を還る

【海氛】うみべのけはい。元・柳貫〔楊君祥の定海に赴くを送る〕詩 山翠簾に入りて、宿酒を消し 海氛雨を吹いて、秋衣に落つ

↑海運 海上輸送／海蘊 もずく／海塩 海水の塩／海屋 海上の仙屋／海蝦 えび／海外 国外／海権 塩の専売／海壑 海の深いところ／海寰 世界／海豨 いるか／海沂 うみべ／海徼 海の果て／海月 くらげ／海估 船商人／海賈 海産物の商人／海吼 海鳴り／海寇 海賊／海砂 塩／海産 海の産物／海士 あま／海師 舟のり／海次 舟泊まり／海日 海上の日／海獣 海の獣／海商 貿易商／海城 海辺の城／海陬 うみべ／海誓 固い誓い／海石 軽石／海汐 夕しお／海舄 ひがた／海舌 くらげ／海扇 ほたて貝／海鮮 海の食物／海鼠 なまこ／海藻 海草／海苔 のり／海獺 あしか／海胆 うに／海站 海道の駅／海鳥 海の鳥／海潮 うしお／海甸 沿海の地／海島 海中の島／海頭 海のほとり／海濤 海の波／海豚 いるか／海暾 海の日の出／海馬 竜の落とし子／海髪 いぎす／海畔 うみべ／海表 海外／海豹 あざらし／海獱 とど／海瀕 うみべ／海鳧 海かもめ／海物 海産物／海辺 うみべ／海浦 はまべ／海防 沿岸防衛／海鰻 はも／海霧 海気／海面 海づら／海門 海峡／海洋 海／海容 大きい度量／海贏 法螺貝／海陸 陸と海／海流 潮の流れ／海量 大酒量／海路 ふなじ／海楼 うみべの楼

↓雲海・瀛海・沿海・烟海・河海・外海・学海・寰海・環海・観海・巨海・近海・苦海・硯海・湖海・公海・江海・航海・黄海・山海・四海・酒海・樹海・周海・曙海・深海・人海・塵海・制海・青海・絶海・浅海・宗海・掃海・滄海・蒼海・大海・譚海・智海・潮海・渡海・東海・踏海・韜海・騰海・呑海・内海・南海・入海・汎海・氷海・表海・浜海・瀕海・赴海・文海・碧海・辺海・防海・北海・墨海・奔海・冥海・溟海・陸海・領海・臨海

常【界】 9 6022 ［畍］ 9 6802 カイ さかい

篆文 

形声 声符は介。〔説文〕十三下に字を畍に作り、「境なり」という。〔繫伝〕は界に作り、漢碑の類もみなその字形である。介は介冑の形で前後に分界があり、田土の境界を界という。堺はその繁文。

訓義 ①さかい、しきり。②さかいする、へだてる。③その領域の全体、その固有の体性。仏教語の訳語として用いる。

古訓 〔名義抄〕界 サカヒ・サカフ

語系 界keat、疆kiang、境（境）kyangは声義の近い字。畺は田を分界する形で、界と字の立意が近い。竟は楽章の終わり。地に施して境界の終わるところをいう。

【界限】境界。唐・韓愈〔雪を喜ぶ～〕詩 地は空しくして、界限に迷ひ 砌は滿ちて、高卑に接す

【界綫】界線。民国・梁啓超〔宗教家と哲学家の長短得失を論ず〕至誠と發狂と、二者の界綫は、相ひ去ること一杪黍のみ。故に其の擧動の奇警・猛烈・堅忍・鋭入なること、常に他人の喩る能はざる所と爲る有り。

【界内】境内。範囲。宋・陸游〔夏日、五首、三〕詩 三千界内、人人錯る 七十年來、念念非なり 投老、萬緣倶に掃盡す 今より僧も亦た依るを須ひず

↑界域 境域／界画 直線画／界隔 隔てる／界紙 罫紙／界尺 定規／界石 境界石／界説 定義／界盗 国境の盗人／界碑 界石／界標 分界標示／界分 境界／界別 区別／界辺 境界線

↓越界・遠界・外界・各界・画界・隔界・学界・眼界・境界・疆界・業界・近界・苦界・下界・結界・限界・国界・三界・視界・色界・出界・上界・浄界・人界・塵界・世界・政界・接界・仙界・泉界・俗界・他界・天界・畔界・仏界・分界・辟界・別界・辺界・法界・封界・魔界・冥界・幽界・欲界・隣界・霊界

【疥】 9 0012 カイ ひぜん

篆文  古印璽 

形声 声符は介。介は介冑の象であるが、疥の従うところは、牀上の人の前後に疥癬のあることを示すもので、その象形。疒とは病牀をいう。〔説文〕七下に「搔くなり」とあり、癢い皮膚病である。

訓義 ①ひぜん。はたけ、かゆいできもの。②その皮膚病のように、よごす。③痎と通じ、おこり。

古訓 〔和名抄〕疥癩 波太介（はたけ）〔名義抄〕疥 ハタケ 〔字鏡集〕疥 ハタケ・カサ・イツキ・クマヒ

語系 疥keat、痂keaiは声近く、痂は〔説文〕七下に「疥なり」とあって、できもののかさをいう。

【疥壁】 壁に落書きする。〔酉陽雑俎、十二、語資〕大暦の末、禪師玄覽、荊州の陟屺寺に住す。～張璪常て古松を齋壁に畫き、符載、之れに讚し、衞象、之れに詩つくる。亦た一時の三絶なり。覽、悉く堊を加ふ。人其の故を問ふ。曰く、吾が壁に疥するを事とする無からしむと。

【疥癘】 かゆい吹き出もの。〔礼記、月令〕(仲冬の月)春令を行へば、則ち蝗蟲敗を爲し、水泉咸な竭き、民に疥癘多し。

↑疥癬 ひぜん／疥搔 かゆくてかく／疥瘙 かゆくてかく／疥瘡 ひぜん／疥騒 疥瘙／疥癢 疥瘙／疥癰 かさはれもの／疥癩 はたけ

↓患疥・癬疥・爬疥・風疥・痒疥

常 【皆】 9 2160 カイ みな

篆文  金文  簡書 

会意 比＋曰。いま字を皆に作り、〔説文〕四上に「倶にする詞なり」とし、白は自(鼻)の一体で、「詞言の气、鼻より出づ。口と相ひ助くるなり」とするが、鼻は詞気とは関係がない。金文の字形は从(従)と曰とに従う。比・从はともに人の連なり並ぶ形。曰は祝禱・盟誓を収める器。多数の霊が降下することを皆という。その祝禱を神が受け容れることを「諧う」という。祝禱に対して一人の霊が下ることを「旨(詣)る」といい、詣の初文。

訓義 1みな。2あまねし。

古訓 〔名義抄〕皆 ミナ・アマネシ・ヒトシ・ヨシ 〔字鏡集〕皆 ミナ・ヒトシ・オナジ・アマネシ・トモナリ・サカリナリ・ヨシ

声系 〔説文〕に皆声として喈・諧・楷・偕・階など十三字を収める。皆は、神霊に祈ってその意がかない、そろって霊が降下する意。皆声の字にその声義を承けるものが多い。

語系 皆・偕kei、諧hei、和・龢huaiは声義に通ずるところがある。

【皆動】 みな動く。波及する。〔漢書、韋玄成伝〕一方に急有るときは、三面之れを救ふ。是れ天下皆動して、其の害を被るなり。

↑皆既食／皆具 馬具一式／皆悉 みな

↓悉皆

【恝】 10 5733 カイ カツ うれいなし

篆文 

形声 声符は㓞。〔説文〕心部十下に忿を録し、「忿は忽なり」とし、「孟子に曰く、孝子の心は是くの若く忿ならず」と〔孟子、万章上〕の文を引く。字はいま恝に作り、〔注〕に「愁ひ無きの貌なり」とする。恝・忿は一字。心にかけぬことをいう。また价に通じ、うれえる意。

訓義 1うれいなし、こころにかけぬ、きにしない。2价と通じ、うれえる、きにする、ゆとりがない。

古訓 〔字鏡集〕恝 ウラム

【恝然】 無関心。冷淡。宋・辛棄疾〔酔翁操の詞の序〕又念ふに、廓之、余と遊ぶこと八年、日に詩酒の間に従事し、意相ひ得て歡ぶこと甚だし。其の別るるに於て、何ぞ獨り能く恝然たらん。

【恝置】 放置。清・曾国藩〔劉孟容に答ふる書〕二年に三たび書を辱くし、一たびも報答せず。槁木の無情なると雖も、亦た恝置すること此くの若くならざらん。性本と嬾怠なればなり。

↑恝視 茫視／恝情 忘情

【悝】 10 9601 カイ(クヮイ) リ うれえる たわむれる

篆文 

形声 声符は里。古くは里声でよんだ。〔説文〕十下に「啁るるなり」とし、また「一に曰く、病なり」とする。〔詩〕に里を「悝い」の意に用いる例が二見しており、それが本義であろう。

訓義 1うれえる、うれえ、かなしむ、やまい。2詼と通じ、たわむれる。

古訓 〔名義抄〕悝 イヤシ・アザケル 〔字鏡〕悝 ウレフ・アザケル・オホイナリ

参考 里声は来母。来母の字に鬲(隔)・廉(兼)のように音の転化するものがある。

【晐】 10 6008 カイ そなわる

篆文 

形声 声符は亥。〔説文〕七上に「兼ね晐らすなり」とあり、遍く照らすことをいう。

訓義 1あまねくてらす。2該・賅と通じ、そなわる、みな、つつむ。

【晐姓】 多くの姓の女を後宮に入れる。〔国語、呉語〕一介の嫡女、箕箒を執り、以て姓を王宮に晐ふ。

↑晐備 具備

【𣪘】 10 0724 カイ おにやらい

篆文 

会意 亥(亥)＋殳。亥は祟りをなす呪霊をもつ獣の象形。これを殴って邪霊を追い放つ共感呪術的な呪儀。〔説文〕三下に「𣪘攺、大剛卯なり。以て精魅を逐ふ」(段注本)とし、亥声とする。亦声とみてよい。大剛卯は漢代に用いた呪符。金石や桃杖に有韻の呪文をしるし、腰に帯びた。わが国の卯杖・卯槌の類である。

訓義 1おにやらい。

【𣪘攺】 正月卯の日に身につけて邪気をはらう。攺は金文に改の意に用いており、巳(蛇)を殴つ呪儀で、改の初文であろうと考えられる。〔急就篇、三、注〕射鬾とは大剛卯を謂ふなり。金玉及び桃木を以て刻して之れを爲る。一に𣪘攺と名づく。

【偕】 11 2126 カイ ともに ととのう あまねし

篆文 

形声 声符は皆。皆は比と曰とに従い、祝禱(曰)に対して神霊のともに降る意。これを人に及ぼして、偕という。

訓義 1ともに、ひとしい。2ととのう、かなう。3あまねし。4〔説文〕八上に「彊し」とあり、偕偕という連語の用義。つよい。

古訓 〔名義抄〕偕 トモニ・トモガラ・ヒトシ・アマネシ・ミナ・トモナフ・コハシ・ナラブ 〔字鏡集〕偕 トモ・トモニ・トモカラ・トモナフ・ミナ・ヒトシ・ナラブ・アマネシ・コハシ・クラヰ

語系 偕・皆keiは同声。諧heiは神意にかない和らぐ意。喈keiは鳥の鳴く擬声語。ともに連語として用いる。

【偕偕】 強壮勇武なさま。〔詩、小雅、北山〕偕偕たる士子 朝夕、事に従ふ

【偕行】 人とともに行く。〔詩、秦風、無衣〕王于に師を興す 我が甲兵を脩め 子と偕に行かん

【偕楽】 ともに楽しむ。〔孟子、梁恵王上〕古の人は、民と偕に樂しむ。故に能く樂しむなり。

【偕老】 ともに老いる。夫婦の約。〔詩、邶風、撃鼓〕死生、契闊す 子と說を成さん 子の手を執り 子と偕に老いん

↑偕偶 つれあい／偕生 生まれつき／偕世 同時代／偕適 かなう／偕同 偕老同穴

↓計偕・儷偕

人 【晦】 11 6805 カイ(クヮイ) くらい つごもり

篆文  甲骨文 

形声 声符は毎(毎)。毎に海(海)・悔(悔)の声がある。毎は婦人の髪飾りの多い形。その甚だしいものを毒という。その

ように上を飾って下を壅閉することから、晦暗の意が生まれる。〔説文〕七上に「月盡るなり」とあり、つごもりをいう。

訓義 1くらい、やみ。2月影の全く欠けるとき、つごもり。3道理にくらい、おろか。4かすか、尽きる。

古訓 〔名義抄〕晦 クラシ・クラマス・ツゴモリ・カクス・カクル・シバラク

【晦暗】くらい。〔後漢書、桓帝紀〕（建和三年詔）閒者日食毀缺し、陽光晦暗なり。朕、祗懼潛思して、啓處（ゆったりする）に遑あらず。

【晦淫】陰の気が多い。〔左伝、昭元年〕六氣とは、陰陽風雨晦明を曰ふ。～晦淫は惑疾し、明淫は心疾す。

【晦顕】世に知られず、また知られる。栄枯。宋・欧陽脩〔晏公神道碑銘〕公、諱は殊、字は同叔、姓は晏氏。其の世次晦顯、徙遷常ならず。

【晦朔】月末と一日。また朝晩。〔荘子、逍遥遊〕朝菌（きのこの一種）は晦朔を知らず。蟪蛄（寒蟬）は春秋を知らず。

【晦日】みそか。唐・杜甫〔王使君に陪し、晦日江に泛び、黄家亭子に就く、二首、二〕詩 結束紅粉多く 歡娛白頭を恨む 君が人客を愛するに非ずんば 晦日更に愁を添へん

【晦迹】世に出ずかくれる。〔高僧伝、五、竺道壹〕少くして出家し、貞正にして學業有り。而れども晦迹隱智、人能く知るもの莫し。之れと久しく處り、方めて其の神出なるを悟る。

【晦節】みそかの節会。唐・宋之問〔桂州、王都督に陪し、晦日逍遥楼に宴す〕詩 晦節、高樓に望めば 山川、一半の春

【晦蔵】かくす。韜晦する。宋・欧陽脩〔太常博士尹君墓誌銘〕人と爲り剛簡、矜飾せず、能く自ら晦藏す。人と居ること久しくして知る莫し。

【晦匿】才能をかくす。〔隋書、高祖紀上〕内史王軌、驟々帝（陳の武帝）に言ひて曰く、～堅の貌に反相有りと。～高祖甚だ懼れ、深く自ら晦匿す。

【晦明】夜と昼。〔楚辞、九章、抽思〕孟夏の短夜を望む 何ぞ晦明の歲の若くなる 惟だ郢路の遼遠なる 魂、一夕にして九たび逝く

【晦冥】くらやみ。〔淮南子、兵略訓〕晝は則ち旌を多くし、夜は則ち火を多くし、晦冥には鼓を多くす。此れ善く設施を爲す者なり。

【晦養】韜晦閉蔵する。唐・元稹〔故中書令贈大尉沂国公墓誌銘〕魏の法、虐切疑忌、諸將才を以て死する者多し。公～又多才、～宜しく免るべからず。然れども晦養謹愼、二十年を下らず、訖ひに禍無し。

➡晦昱 夜と昼／晦湮 湮没する／晦景 かげる／晦晦 暗い／晦気 残念／晦暁 よあけ／晦光 光を覆う／晦黒 暗い／晦渋 難解／晦色 暗い色／晦溽 雨気／晦心 晦蔵／晦滞 滞る／晦蹈 韜晦／晦魄 みそか月／晦昧 暗い／晦瞑 晦冥／晦盲 まっ暗／晦蒙 暗い／晦默 沈黙／晦悶 くらくて気が重い／晦夜 早暁／晦惑 くらくてまどう

⬇陰晦・隠晦・患晦・景晦・顕晦・昏晦・朔晦・四晦・自晦・時晦・初晦・節晦・潜晦・多晦・昼晦・韜晦・霾晦・避晦・冥晦・幽晦・養晦・理晦・淪晦

【械】 常 11 4395 カイ かせ からくり

篆文 

形声 声符は戒。〔説文〕六上に「桎梏なり」、また「一に曰く、器の總名なり。一に曰く、持するなり。一に曰く、盛有るを械と爲し、盛無きを器と爲す」と三義を列する。〔説文〕のいう盛（盛）は、皿形で物を容れる所をいう。盛は成。〔史記、秦始皇紀〕「器械一量」の〔正義〕に「內成を器と曰ふ。甲冑兜鍪の屬なり。外成を械と曰ふ。戈矛弓戟の屬なり」とあり、内外とは防禦と攻撃の意であろう。〔孫子、謀攻〕「器械を具す」の〔注〕に「器械は機關攻守の總名なり」という。機動的な性能をもつものを械という。

訓義 1かせ。2からくり。3うつわ。4たな、つくえ。5武器。

古訓 〔和名抄〕械 阿之賀之（あしかし）〔名義抄〕械 アシカシ・ツクロフ

語系 機（機）械 kiai-heak、杆格 kan-keak、校構（校構）heô-ko はみな木を交互に組んで機能をなすもので、一の語系をなしている。

【械器】器物。武器の類。〔管子、国蓄〕千乘の國は、天財の殖する所、械器の出づる所、財物の生ずる所を封ず。

【械繫】加械して牢に入れる。〔漢書、婁敬伝〕上、敬を怒罵して曰く、齊虜（婁敬をさす）、舌を以て官を得、乃ち今妄言して、吾が軍を沮むと。敬を廣武に械繫す。

➡械解 押送する／械檻 加械して収檻する／械機 機心巧智／械頸 首かせ／械梏 かせ／械数 割符／械送 押送する／械致 護送する／械杻 かせ／械闘 凶器をもち群闘する／械伐 槍いかだ／械用 道具

⬇解械・器械・機械・工械・甲械・拘械・持械・手械・守械・受械・戎械・杖械・大械・兵械・木械・利械

【痎】 11 0018 カイ ガイ おこり

篆文 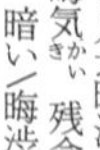

形声 声符は亥（亥）。〔説文〕七下に「二日に一たび發する瘧なり」とあり、おこり。

訓義 1おこり、瘧。2字はまた疥に作る。

古訓 〔字鏡集〕痎 ハラハヤミ・アヤミ

➡痎瘧 おこり／痎痁 おこり

⬇瘧痎

【盔】 11 7110 カイ（クヮイ） はち わん

形声 声符は灰（灰）。〔玉篇〕に「鉢なり」とあり、鉢・盌の類のものをいう。首鎧をよぶこともある。

訓義 1はち、わん。2かぶと。

古訓 〔字鏡集〕盔 ハチ

➡盔纓 かぶとの緒／盔甲 甲冑／盔子 鉢／盔頭 かぶと

【傀】 12 2621 ［瓌］ 20 1013 カイ（クヮイ） もののけ おおきい

篆文 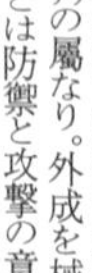

形声 声符は鬼。鬼に塊・鬼の声がある。〔説文〕八上に「偉なり」と傀偉の意とする。〔周礼、春官、大司楽〕「大傀異烖」の〔鄭注〕に「大怪異烖とは、天地の奇變を謂ふ」とし、字を怪に改めている。傀は人に鬼が憑依する状態、怪とは地妖の変異をいう。〔説文〕重文（瓌）の従う所の褢は、衣に鬼が憑く意であろう。

訓義 1怪と通じ、もののけ、わざわい。2魁と通じ、大きい、さかんなさま。3塊と通じ、ひとりはなれるさま。4傀儡、くぐつ、あやつり人形。

古訓 〔新撰字鏡〕傀 由太介之（ゆたけし）、又、太々波志（たたはし）〔名義抄〕傀儡 クヽツ、上、クヽツ・ミニクシ・タヽハシ・ユタカナリ、下、クグツ・ヤフル／傀儡師 クヾツ・マハシ／傀儡子 クヾツ〔字鏡集〕傀 クヾツ・ミニクシ

語系 傀kuai、鬼kiuai、魁kuai、嵬nguaiなど鬼声の字に魁偉の意をもつものが多い。偉（偉）hiuaiも畳韻の字。

【傀俄】傾くさま。〔世説新語、容止〕山公（濤）曰く、嵇叔夜（康）の人と爲りや、巖巖として孤松の獨立するが若く、其の醉ふや、傀俄として玉山の將に崩れんとするが若

しと。

【傀然】かいぜん(くわい) すぐれて、ひとりあるさま。〔荀子、性悪〕天下之れを知らば、則ち天下と同に之れに苦樂せんと欲し、天下之れを知らざれば、則ち傀然として天地の閒に獨立して畏れず。

【傀儡】かいらい(くわい) くぐつ。あやつり人形。〔顔氏家訓、書証〕問ふ。俗に傀儡子を名づけて郭禿と爲す、故實有るかと。答へて曰く、～前代の人に姓郭にして禿を病める者有り。滑稽にして戲調す。故に後人其の象を爲り、呼びて郭禿と爲す。

↑傀異 怪異／傀怪 奇怪／傀奇 奇異／傀卓 卓偉／傀民 うそいつわりの人

↓大傀・倭傀

【喈】 12 6106 カイ やわらぐ

篆文

形声 声符は皆。〔説文〕二上に「鳥の鳴く聲なり」とあり、鳴きかわす声の擬声語。

訓義 ①鳥の声、鳴きかわす声。②やわらぐ、なごやか。

古訓 〔名義抄〕喈 ナル・ナク 〔篇立〕喈 トホクシテナク・ナルナリ・ヤハラカナリ・カナフ 〔字鏡集〕喈 ナル・サイナム・サヘヅル・ナク・トホクナク

【喈喈】かいかい 鳥の鳴く声。〔詩、周南、葛覃〕黄鳥于に飛び 灌木に集り 其の鳴くこと喈喈たり

↑喈声 鳴声

【喙】 12 6703 カイ(クヮイ) セイ くちばし くるしむ

篆文

形声 声符は彖。〔説文〕二上に「口なり」。～彖聲」とする。彖声の字に喙・瘚の声がある。〔詩、大雅、緜〕「維れ其れ喙しめり」、〔国語、晋語五〕「余れは病みて喙かれたり」は、〔玉篇〕「瘚は困極なり」の義。〔方言、二〕に、息づかいの荒いことを「關よりして西、秦晉の閒、或いは喙と曰ふ」とみえ、それらの音もある。

訓義 ①くち、くちばし。②くるしむ、つかれる。

古訓 〔名義抄〕喙 クチ・クチバシ・クチサキラ・クルシブ 〔字鏡集〕喙 クチ・クチバシ・クチサキラ・クルシブ・ハム・ツイバム・サキラ

【喙息】かいそく(くわい) 口で息する。獣の類。〔漢書、公孫弘伝〕蓋し聞く、上古至治、～舟車の至る所、人迹の及ぶ所、跂行喙息まで、咸く其の宜しきを得たりと。朕甚だ之れを嘉す。今、何に道りて此に臻るや。

【喙長】かいちょう(くわいちやう) くちばしが長い。口八丁。〔雲仙雑記、九に引く朝野僉載〕陸餘慶、～善く事を論ずるも、決判(決定)に繆る。時に之れを嘲りて曰ふ、事を說きては、則ち喙長きこと三尺、事を判じては則ち手重きこと五斤と。

↑喙呀 大口を開く／喙争 口舌の争い

↓烏喙・鋭喙・餓喙・乖喙・開喙・箝喙・曲喙・虎喙・勾喙・合喙・豕喙・衆喙・赤喙・尖喙・長喙・鳥喙・張喙・容喙

人 【堺】 12 4612 カイ さかい

篆文

形声 声符は界。界の繁文でその俗字。わが国では地名に用いる。〔日本書紀、景行紀〕に「封堺」の語がある。

訓義 ①さかい。②国語では地名。

古訓 〔名義抄〕堺 サカヒ・サカフ・ケ 〔篇立〕堺 サカヒ・ケ・カト

↓虜堺

【愒】 12 9602 ［⿰忄歇］ 16 9708 カイ ケイ ケツ カツ むさぼる いこう

篆文

形声 声符は曷。曷に揭(掲)の声がある。〔説文〕十下に「息ふなり」とし、「今別に憩に作るは是に非ず」という徐鉉の附説がある。〔段注〕に憩を愒の俗体とする。曷は曰と匃とに従い、曰は祝詞、匃は屍骨。その呪霊を用いて呪詛などを行う意である。字はまた⿰忄歇に作り、歇に従う。歇は曷を呵してその呪能を促す意。このような字の構造からいえば、〔爾雅、釈言〕に「貪るなり」とするのが字義に合う。また喝(喝)に通ずる。憩息の義は、「息む」の義より転じたものであろう。

訓義 ①むさぼる。②おどす。③いこう、やむ。④趨と通じ、すみやか。

古訓 〔名義抄〕愒 ムサボル・イコフ 〔字鏡〕愒 イコフ・アヤフシ・オソル・ハナツ・ヤマヒ 〔字鏡集〕愒 イコフ・イキサシ・ムサボル・ネガフ

語系 愒・憩・⿰忄歇 khiat は同声。憩はいこう、⿰忄歇はむさぼる意。歇 xiat も声義が近い。

【愒陰】かいいん 日月をむさぼる。〔陳書、虞寄伝〕寄、沈痼彌留し、愒陰將に盡きんとす。常に恐る、卒に溝壑に塡ち、涓塵も報ずること莫きを。

【愒時】かいじ ただ時を送る。明・王守仁〔教条、竜場の諸生に示す〕今學者、曠廢隳惰、歳を玩び時を愒らば、百も成す所無からん。皆志の未だ立たざるに由るのみ。

【愒日】かいじつ 日をむさぼる。〔左伝、昭元年〕趙孟、蔭(月影)を視て曰く、朝夕相ひ及ばざらん(命はかなし)～と。后子出でて人に告げて曰く、趙孟將に死せんとす。民に主として、歳を翫び日を愒る。其れ幾何ぞと。

↑愒息 休息

↓玩愒・恐愒・小愒

【祴】 12 3325 カイ

篆文

形声 声符は戒。〔説文〕一上に「宗廟に祴樂を奏す」とあり、〔周礼、春官、笙師〕に、祴楽を教えることがみえる。その楽を祴夏、また陔夏という。〔周礼、夏官、大司馬〕に騶という鼓楽があり、軍礼に用いる。豈は凱楽の凱の初文。みな通ずるところがある。

訓義 ①宗廟の祴楽。祴夏。古代の楽章の名。

【祴夏】かいか 古代の楽章の名。九夏の一。〔周礼、春官、鍾師〕凡そ樂事には、鍾鼓を以て九夏を奏す。王夏・肆夏・昭夏～祴夏・驁夏。

【祴楽】かいがく 祴夏の楽。〔周礼、春官、笙師〕牘應雅(三器の名)を舂きて、以て祴樂を教ふ。

常 【絵】 12 2896 ［繪］ 19 カイ(クヮイ) エ(ヱ) えがく

篆文

形声 旧字は繪に作り、声符は會(会)。〔説文〕十三上に「五采を會めたる繡なり」とあり、五色の刺繡による絵模様をいう。

訓義 ①え、えぎぬ、ぬいとり。②いろどり、いろどる。③えがく。

古訓 〔名義抄〕繪 ホソイヌノ・エ 〔字鏡集〕繪 ホソイヌノ・エ・イロドル・エガク

語系 會・繪 huat、繪・襘 kuat は声近く、みな会聚の意がある。ただ會はもと蓋のある食器。これを会合・会集の意に用いることは列国期以後、秦の〔驫羌鐘〕や虎符の類に至ってみえる。従って繪の字の成立は、それより以後とみてよい。〔論語、八佾〕には「繪事」の語がある。

参考 絵画の画はもと畫に作り、田土の境界を劃定する意。境界を示す地図である。図画の圖は、啚(鄙、農耕地)をかいた地図。図画とは、もと耕地の地図をいう。

【絵画】かいが(くわいぐわ) え。えがく。〔宋史、張斉賢伝〕時に玉清昭應宮を建つ。齊賢言ふ、符瑞を繪畫するは、謙德を損する有り。又天を奉ずる意に違ふと。

【絵事】かいじ(くわいじ) えをかくこと。〔論語、八佾〕子夏問うて曰く、～素以て絢を爲すとは何の謂ひぞやと。子曰く、繪事は素を

後にすと。〔子夏〕曰く、禮は後かと。

【絵塑】(かい(くわい)そ) 彩色した泥人形。宋・蘇舜欽〔南内の九竜宮に游ぶ〕詩 繪塑、神靈集まり 飛潛、爪角雄なり

【絵像】(かいぞう(くわいざう)) 画像。〔唐書、郭英乂伝〕初め～道士の祠を爲り、冶金して帝像を作り、盡く乘輿侍衞を繪く。～英乂其の地の勝選なるを愛し、輒ち繪像を壞りて、自ら之れに居る。

↑絵絢 絹の絵／絵飾 絵で飾る／絵真 写真／絵図 図画／絵製 図表／絵染 ぼかし／絵素 え

↓華絵・錦絵・刻絵・彩絵・作絵・繡絵・図絵・垂絵・設絵・素絵・装絵・藻絵・品絵・文絵

常 【開】 12 7744 カイ ひらく あける

篆文 古文

会意 門＋幵。門の両扉を披く形。また、かんの木を外す形。〔説文〕十二上に「張るなり」とあり、開張する意。

訓義 ①ひらく、ときはなす、とおす、あける。②はじまる、うごく、もよおす。③ひろがる。

古訓 〔名義抄〕開 ヒラク・ハリヒラク・ホカラカナリ・トク・ユルス・クホ・ツビ 〔字鏡集〕開 ヒラク・アケテ・アカル・トク・コ、ロツキナリ・ユルス・ハル・ハリ・ツビ・クホ・ホガラカナリ

語系 開khəi、啓(啟)khyei、闓khəiは声義近く、みな啓開の意をもつ。啓は神祠の扉を手で開く形に従う字である。

【開運】(かいうん) 運命を開く。時世がはじまる。〔南史、斉高帝紀論〕齊高帝、基命の初め、武功潛かに用ひ、泰始(年号)開運し、大いに時艱を拯ふ。

【開筵】(かいえん) 宴を設ける。唐・王勃〔秋日季処士の宅に宴する序〕白雲を披いて、以て筵を開き、靑溪に俯して、酌を命ず。

【開化】(かいか(くわ)) 教化を開く。〔宋書、顧愷之伝〕夫れ極を建て化を開き、聲を樹て則を貽す。典防の興る、由來尙し。

【開可】(かいか) 許可。〔後漢書、梁統伝〕議者以爲へらく、隆刑峻法は、明王の急務に非ざるも、施行すること日久し。豈に一朝の釐むる所ならんや。統の今定むる所、宜しく開可すべからず。

【開花】(かいか(くわ)) 花が咲く。唐・杜甫〔秋雨歎、三首、一〕詩 著葉滿枝、翠羽の蓋 開花無數、黃金の錢

【開豁】(かいかつ(くわつ)) 心が広く大きい。晉・夏侯湛〔東方朔画賛〕夫れ其の明濟開豁、包含弘大なる～は、其の萃を拔きて、方の外に遊ぶ者と謂ふべし。

【開巻】(かいかん(くわん)) 書を開いて読む。唐・韓愈〔出門〕詩 古人已に死すと雖も 書上に其の辭有り 卷を開いて讀み且つ想ふ 千載相ひ期するが若し

【開関】(かいかん(くわん)) 城門を開く。晉・潘岳〔西征の賦〕或いは關を開いて、以て敵を延き、競ひて遯逃して、以て奔竄す。

【開館】(かいかん(くわん)) 館を設ける。宋・李格非〔洛陽名園記の後に記す〕公卿貴戚、東都に開館列第する者、千有餘邸と號す。～唐と共に滅び俱に亡ぶる者、餘處無し。

【開顔】(かいがん) 楽しみ笑う。南朝宋・謝霊運〔従弟恵連に酬ゆ、五章、一〕詩 末路に令弟と値ひ 顏を開いて、心胸を披く

【開基】(かいき) 創立する。魏・何晏〔景福殿の賦〕物難しとして知らざる無く、乃ち造化と隆を比す。天地に譬しうして以て基を開き、列宿に竝んで制を作す。

【開業】(かいぎょう(げふ)) 創業。国を建てる。〔史記、秦紀〕昔我が穆公、～西のかた戎翟に霸となり、地を廣むること千里。天子伯を致し、諸侯畢く賀す。後世の爲に業を開くこと、甚だ光美なり。

【開悟】(かいご) さとる。〔史記、商君伝〕吾れ、公に說くに帝道を以てするも、其の志開悟せず。～吾、公に說くに霸道を以てするに、其の意之れを用ひんと欲す。誠に復た我を見えしめば、我之れを知れり。

【開口】(かいこう) ものをいう。〔戦国策、秦三〕(呉起)橫(連衡)を破り、從(合縱)を散じ、馳說(遊説)の士をして、其の口を開く所無からしむ。功已に成り、卒に支解(体解)せらる。

【開講】(かいこう(かう)) 講義を開く。〔魏書、儒林、盧景裕伝〕齊の文襄王、入りて相となり、第に於て開講し、時儁(時の賢者)を招延す。景裕をして、注する所の易を解せしむ。

【開国】(かいこく) 建国。唐・李白〔蜀道難〕詩 蠶叢及び魚鳧 國を開くこと、何ぞ茫然たる 爾來四萬八千歲 秦塞と人煙を通ぜず

【開墾】(かいこん) 荒地をきりひらいて田畑を作る。〔晋書、食貨志〕近ごろ魏武皇帝、～征伐の中に於て帶甲の士を分ち、宜に隨ひて開墾せしむ。故に下も甚だしく勞せずして、大功克く擧るなり。

【開済】(かいさい) 事をはじめ成しとげる。唐・杜甫〔蜀相〕詩 三顧頻繁なり、天下の計 兩朝(前主と後主)開濟す、老臣の心

【開鑿】(かいさく) 道路や水路をきりひらく。唐・韓愈〔病中、張十八に贈る〕詩 半途喜んで開鑿し 派別大江を失ふ

【開始】(かいし) 事をはじめる。〔晋書、劉波伝〕陛下、宣帝開始の宏基を承け、元帝克終の成烈を受く。大を保ち、功を定め、兵を戢め、亂を靜やんず。

【開示】(かいじ) うちあける。説き示す。〔後漢書、馬援伝〕帝前に於て、米を聚めて山谷と爲し、形勢を指畫し、衆軍の從る所の道徑往來を開示す。

【開春】(かいしゅん) 春の初め。初春。〔呂覧、開春〕開春始めて雷あるときは、則ち蟄蟲動く。時雨降るときは、則ち草木育す。

【開奨】(かいしょう(しやう)) 導きすすめる。〔顔氏家訓、勉学〕田鵬鸞有り。本蠻人なり。～便ち好學を知り、懷袖握書、曉夕諷誦す。～吾れ甚だ憐愛し、倍ゝ開獎を加ふ。

【開心】(かいしん) 啓発。〔顔氏家訓、勉学〕讀書學問する所以は、本開心明目、行に利せんと欲するのみ。

【開成】(かいせい) 開物成務。智を開き、事を成す。〔易、繫辞伝上〕夫れ易は物を開き務を成し、天下の道を冒ふ。斯くの如きのみなる者なり。

【開設】(かいせつ) 新たに設ける。漢・孔安国〔尚書の序〕漢室の龍興するや、學校を開設し、旁く儒雅を求めて、以て大猷を闡く。

【開闡】(かいせん) ひらき広める。梁・簡文帝〔大法頌の序〕是に於て國界を莊嚴にし、道場を建立し、廣く利益を行ひ、佛事を開闡す。

【開拓】(かいたく) 荒地・山野をひらく。開発。新しい分野をひらく。〔宋史、儒林六、陳亮伝〕(朱熹に与ふる書)一世の智勇を推倒し、萬古の心胸を開拓するは、自ら謂ふに差や一日の長有り。

【開張】(かいちょう(ちやう)) ひらき発展させる。蜀・諸葛亮〔出師の表〕誠に宜しく聖聽を開張し、以て先帝の遺德を光いにし、志士の氣を恢いにすべし。

【開導】(かいどう(だう)) 指導する。〔宋史、蘇軾伝〕翰林學士に除せられ、二年、侍讀を兼ぬ。進讀して治亂興衰、邪正得失の際に至る毎に、未だ嘗て反覆開導せずんばあらず。啓悟する所有るを覬ふ。

【開闢】(かいびゃく) 天地創造のとき。世のはじめ。魏・曹冏〔六代論〕開闢より以來、其の功を興し勳を立つること、未だ漢祖の易きが若き者有らざるなり。

【開閉】(かいへい) あけしめ。一張一弛。〔淮南子、精神訓〕開閉張歙(ちやうきふ)(開き、収める)、各ゝ經紀有り。

【開辺】(かいへん) 辺境を広める。唐・杜甫〔兵車行〕詩 邊庭の流血、海水を成すも 武皇(漢の武帝。暗に現王をさす)の邊を開くこと、意未だ已まず

【開亮】心が広く、誠実。唐・韓愈〔河南府同官記〕我が公(裴均)、原潔にして沈密、開亮にして卓偉、～家烈を嗣紹し、其の先に違はず。

【開朗】明るく広やか。晋・陶潜〔桃花源記〕復た行くこと數十歩、豁然として開朗、土地平曠にして、屋舍儼然たり。良田美池、桑竹の屬有り。阡陌交通し、雞犬相ひ聞ゆ。

↑開延 延き入れる／開宴 開筵／開呵 前口上／開河 運河を開鑿する／開喙 口出し／開懐 気晴らし／開緘 開封する／開眼 悟る／開境 拓境／開禁 解禁／開襟 心を開く／開葷 精進落とし／開径 路作り／開啓 開く／開欠 退職／開建 はじめる／開戸 籍を外す／開甲 発芽する／開交 解決／開闔 開閉／開合 開閉／開歳 年頭／開載 記載する／開山 開基／開市 貿易／開肆 店を開く／開謝 花の開落／開釈 ゆるす／開秋 孟秋／開除 のぞく／開城 降伏／開場 入場を開始する／開霽 晴れる／開析 ひらく／開爽 爽やか／開創 創業／開塞 開閉／開坼 ひらく／開端 始める／開地 開境／開治 治める／開滌 あらう／開展 広がる／開冬 初冬／開統 王朝を創建する／開動 始まる／開年 開歳／開納 収納／開幕 本営作り／開帆 出帆／開版 出版する／開比 照合する／開眉 安心／開敏 さとい／開府 役所を創立する／開復 恢復／開放 ゆるす／開萌 きざす／開報 届け出／開縫 すきま／開務 開物成務／開明 文明／開右 助ける／開誘 導く／開洋 船出／開落 開謝／開立 創立する／開列 列記／開路 道を開く

↓筵開・廓開・豁開・眼開・啓開・公開・広開・鑿開・散開・修開・心開・新開・扇開・剪開・全開・打開・肇開・展開・洞開・半開・帆開・披開・眉開・冰開・萍開・峯開・旁開・満開・未開・霧開・簾開・路開

常 **【階】** 12 7126 ［堦］ 12 4116 カイ きだ きざはし

篆文 

形声 声符は皆。〔説文〕十四下に「陛なり」、陔字条に「階の次なり」とあって、みな次を以て高きにのぼることをいう。皆に整列する意があり、段階を以て上るべきものをいう。自は神梯の象。もと祭壇の階をいう語であった。字はまた堦に作る。

訓義 ①きだ、はし、きざはし、祭壇の階。②神梯、はしご、はしごをかける。③段階、位階、階級。④のぼる、すすむ、導く。⑤てびき、道、たより。

古訓 〔和名抄〕堦 波之(はし)、一訓、之奈(しな)〔名義抄〕階 ハシ・シナ・ヨル・ノブ・ス丶ム・ホトリ・ノボル・カナフ・トモニ・コトハリ／堦或いは階字 マス・ミチ・ミギリ・ハシ・カナフ

【階下】きざはしの下。〔後漢書、党錮、范滂伝〕獄吏將に掠考(拷問)を加へんとす。～滂等皆三木(項・手足の械)、頭に囊し、階下に暴さる。

【階禍】わざわいの発端。〔三国志、蜀、先主伝〕董卓、難を首めて、京畿を蕩覆し、曹操禍を階めて、天衡(政権)を竊み執る。

【階級】階段。また、社会的な尊卑の制。清・康有為〔大同書、甲部第五章〕階級の制、盡く滌蕩し、汎く之れを除かざれば、是れ下級の人の苦惱窮まる無くして、人道終に極樂に至るに由無きなり。

【階次】等級の次序。漢・蔡邕〔貞節先生陳留の范史雲(丹)碑〕善を擧ぐるに階次に拘はらず、惡を黜くるに強禦を畏れず。

【階序】きざはし。漢・王褒〔四子講徳論〕夫れ蠭蝱は終日經營(努力)するも、階序を越ゆること能はず。驥尾に附するときは、則ち千里に渉る。

【階除】きざはし。唐・杜甫〔雨に対ひて懐を書し、走りて許主簿公を邀ふ〕詩 座は賢人の酒に對し 門は長者の車を聽く 相ひ邀へて泥濘を愧づ 騎馬、階除に到る

【階前】きざはしの前。庭前。唐・孟浩然〔大禹寺義公の禅房に題す〕詩 戸外、一峯秀で 階前群壑深し 夕陽、雨足に連なり 空翠、庭陰に落つ

【階庭】階前の庭。〔耆旧続聞、十〕登科の啓に曰ふ、三槐(三卿)正位、人、衮繡の榮を瞻み、雙桂聯芳、天、階庭の秀を發す。

【階梯】はしご。また、事の段階。唐・韓愈〔南内朝賀、帰りて同官に呈す〕詩 法吏、少年多し 磨淬して角圭を出だす 將に汝の愆尤(過失)を擧げ 以て己の階梯(出世の手段)と爲さんとす

【階陛】建物のきざはし。〔水経注、泗水〕(県)城内に漢の高祖の廟有り。～後漢に廟基を立て、靑石を以て之れを爲くる。階陛尙ほ存す。

↑階位 位階／階宇 階のある建物／階縁 すがる／階檐 軒下の階／階官 官級／階間 階の間／階迎 出迎え／階戺 階辺／階侍 堂下に侍る／階緒 仕進する／階職 官職／階砌 きざはし／階漸 次第／階礎 階の基礎／階層 社会的身分／階闥 宮中／階段 段階／階墀 庭まわり／階秩 位階／階途 官途／階堂 役所／階品 位階／階屏 庭まわり／階封 官秩／階由 門路／階歴 経歴／階列 順列／階廊 外まわり

↓倚階・雲階・盈階・楹階・下階・官階・旧階・玉階・勲階・讒階・初階・叙階・上階・進階・塵階・正階・西階・砌階・石階・雪階・前階・阼階・側階・台階・苔階・壇階・超階・庭階・天階・殿階・土階・東階・登階・賓階・武階・舞階・文階・門階・踰階・擁階・乱階・履階・躐階・臨階・厲階・歴階

【匯】 13 7171 カイ(クヮイ) ワイ あつまる

篆文 

形声 声符は淮。〔説文〕十二下に「器なり」とあり、匚十二下は「物を受くるの器」である。〔玉篇〕に「回なり」、〔広雅、釈詁一〕に「大なり」と訓する。

訓義 ①あつまる、めぐる。②うつわ、集めて入れるもの。③大きい。④のち手形、為替の意とする。

古訓 〔字鏡集〕匯 マハル・スツル・カクル 〔篇立〕淮 ソ丶グ

語系 匯huai、圍(囲)hiuaiは声近く、〔段注〕に両字の声義が通ずるという。匯は用義の新しい字である。

【匯瀸】水が広くたまる。明・何景明〔曙を待つの賦〕島嶼出沒して、以て蹙沓し、江海匯瀸として、廻旋す。

↑匯印 編印する／匯劃 手形交換／匯寄 手形送金／匯合 合流する／匯集 集める／匯聚 匯集／匯粋 抜粋／匯総 総集／匯兌 為替／匯納 集める／匯票 為替／匯編 編集する／匯報 集報／匯涌 合流する／匯流 合流する

↓江匯・川匯・停匯・淪匯

常 **【塊】** 13 4611 ［凷］ 5 2277 カイ(クヮイ) つちくれ かたまり

篆文 

形声 声符は鬼。〔説文〕十三下に凷を正字とし「墣なり」と訓し、前条に「墣は塊なり」という。鬼頭は大、鬼声の字におおむねその声義がある。

訓義 ①つちくれ、つち、かたまり。②傀と通じ、ひとりのさま、安らかなさま。

古訓〔新撰字鏡〕塊 久保(くぼ)〔名義抄〕塊 ツチクレ〔篇立〕塊 ツチクレ・ホル・クボ・クル・エラブ

【塊然】かいぜん(くわいぜん) ひとり安らかにおる。すぐれたさま。〔荘子、応帝王〕雕琢(てうたく)を朴に復(かへ)し、塊然として獨り其の形を以て立つ。紛而(ふんじ)として封なる哉(かな)。

【塊独】かいどく(くわいどく) 孤独なさま。〔楚辞、九弁、四〕塊として獨り此の澤無きを守り 浮雲を仰いで永歎す

➡塊偉(かいい) すぐれる/塊鞠(かいきく) 孤苦/塊坐(かいざ) 独坐/塊子(かいし) かたまり/塊蘇(かいそ) 土くれと薪/塊土(かいど) 土くれ/塊阜(かいふ) 小山/塊磊(かいらい) 心の鬱結

⬇一塊・銜塊・血塊・魘塊・山塊・受塊・如塊・石塊・積塊・大塊・垤塊・土塊・肉塊・蓬塊・磊塊・壘塊・歴塊・欒塊

【嵬】 13 2221

篆文 

カイ(クワイ) キ けわしい たかい

形声 声符は鬼(き)。鬼頭は大、ゆえに高大の意がある。〔説文〕九上に「高くして平らかならざるなり」とあり、〔爾雅、釈山〕に「石の土を戴く、之れを崔嵬と謂ふ」とみえる。

訓義 1けわしい、たかい、平らかでない。2山の高いさま。

古訓〔名義抄〕嵬 サカシ・タヒラカニス/崔嵬 ―トタカクサカシ・サカシ〔字鏡集〕嵬 サカシ・サカ・ナラス・タヒラ・タカシ・タヒラカナラズ

語系 嵬・隗 nguəi、巍 ngiuəi、歸 khiuəi、巖 ngiuai、峨・俄 ngai はみな同系、高くけわしい意をもつ語である。

【嵬嵬】かいかい(くわいくわい) 高くそびえるさま。唐・韓愈〔雪後、崔二十六丞公に寄す〕詩 天に攢(あつま)りて嵬嵬として凍りて相ひ映ず 君乃ち命を其の閒に寄す

【嵬瑣】かいさ(くわいさ) くだらぬ説。〔荀子、儒効〕其の窮するや、俗儒之れを笑ふ。其の通ずるや、英傑之れに化す。嵬瑣之れを逃れ、邪説之れを畏れ、衆人之れを媿(は)づ。

【嵬説】かいせつ(くわいせつ) 狂妄の説。〔荀子、正論〕今世俗の説を爲す者、朱(堯の子)・象(舜の弟)を怪しまずして、堯・舜を非とす。豈に過甚ならずや。夫(そ)れ是れを之れ嵬說と謂ふ。

【嵬然】かいぜん(くわいぜん) 高くそびえるさま。〔淮南子、詮言訓〕至德の道は、丘山の嵬然として動かずして、行く者以て期(目標)と爲すが若(ごと)きなり。

➡嵬峨(かいが) 高大/嵬岸(かいがん) おごりたかぶる/嵬疑(かいぎ) 高大/嵬岌(かいきゅう) 高峻/嵬昂(かいこう) けわしい/嵬容(かいよう) 奇怪な姿/嵬磊(かいらい) 大きな石山

⬇崔嵬・大嵬・磊嵬

【楷】 常 13 4196

篆文 

カイ かた かいしょ

形声 声符は皆(かい)。〔説文〕六上に「楷木なり」(段注本)とするがその名も知られず、孔子の墓に弟子たちがもち寄った木というのも、伝説であろう。楷は麦藁(むぎわら)で堅固の意があり、木には楷というのであろう。

訓義 1かた、のり、手本、法式。2ただしい、式にかなう。3書の一体、楷書。

古訓〔名義抄〕楷 スナハチ・スル〔篇立〕楷 ス・ム・スク・スナハチ

【楷式】かいしき 法則。典範。〔老子、六十五〕智を以て國を治むるは國の賊なり。智を以て國を治めざるは國の福なり。此の兩者を知るは、亦た楷式なり。

【楷書】かいしょ 書体の一。〔書断、八分〕(八分)本(もと)之れを楷書と謂ふ。楷は法なり、式なり、模なり。

【楷模】かいぼ 手本。〔梁書、文学上、庾肩吾伝〕近世の謝朓・沈約の詩、任昉・陸倕の筆の如きに至りては、斯れ實に文章の冠冕(くわんべん)、述作の楷模なり。

【楷法】かいほう(かいはふ) 楷書の書法。楷書。〔南史、殷鈞伝〕鈞～學を好み、思理有り。隷書を善くし、當時の楷法と爲る。

【楷隷】かいれい 楷書。また楷書と隷書。〔書史会要〕建初中、隷書を以て楷法と爲す。本(もと)一書にして二名あり。鍾・王(鍾繇・王羲之)體を變じ、始めて古隷今隷の分有り。

➡楷字(かいじ) 楷書/楷正(かいせい) 端正/楷素(かいそ) 手本/楷則(かいそく) 定則/楷範(かいはん) 手本

⬇官楷・細楷・小楷・章楷・真楷・多楷・通楷・妙楷・隷楷

【解】 常 13 2725

篆文 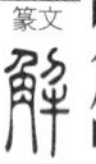 甲骨文  金文 

カイ ゲ とく

会意 角＋刀＋牛。刀で牛角を解く意。〔説文〕四下に「判(わか)つなり」とあり、のち牲体を解く意となり、またすべてのものを解釈する意となる。釋(釈)も獣爪(釆(べん))を以て獣屍(睪(えき))を解く意である。

訓義 1牛角を解く、とく、きりとる、ぬぐ。2とける、おちる、はなれる。3わかつ、はなす、分別する。4ことを分別する、わかる、さとる、理解する。5ときあかす、いいわけ。

古訓〔名義抄〕解 トク・サトル・オツ・シル・マウス・ヌク/解除 ハラヘ/解離 アヲカヅラ〔字鏡集〕解 トク・ハナツ・オツ・ヌク・ヒラク・サトル・ユルシ・シル・マウス

声系〔説文〕に解声として懈・澥・蟹など五字を収める。他に邂などもあり、解は懈・邂と通用する。

語系 解・懈 ke は同声。解は解脱・弛緩。心意に移して懈という。〔詩、大雅、烝民〕「夙夜解(おこた)らず」は懈の意。

【解頤】かいい おとがいを解く。口をあけて大笑する。〔漢書、匡衡伝〕家貧しく、庸作して以て資用に供す。尤も精力人に過絶す。諸儒之れが語を爲して曰く、詩を説くこと無(なか)れ、匡(衡)鼎(まさ)に來(きた)る。匡の詩を說くや、人の頤を解かしむと。

【解印】かいいん 印綬を解く。官を辞す。魏・曹冏〔六代論〕漢の宗室王侯、印を解き綬を釋(す)て、社稷(しゃしょく)(国家)を貢奉す。

【解渇】かいかつ かわきをいやす。〔世説新語、仮譎〕三軍皆渴す、(魏武帝)乃ち令して曰く、前に大梅林有り。子(み)饒(おほ)く、甘酸なり。以て渴を解くべしと。

【解褐】かいかつ 褐衣を脱いで官服を着る。任官する。〔南史、梁武帝紀上〕今より九流常選、年未だ三十ならず、一經に通ぜざるものは、解褐することを得ず。若(も)し才有る～ものは、年次に限る勿(なか)れ。

【解顔】かいがん 顔をほころばせる。笑う。晉・陶潜〔癸卯の歳、始春に田舎に懐古す、二首、二〕詩 耒(すき)を秉(と)りて時務を歡(よろこ)び 顔を解きて農人に勸む

【解義】かいぎ 意義をときあかす。〔晋書、郭象伝〕是れより先、莊子を注する者數十家、能く其の旨統を究むる莫(な)し。向秀、舊注の外に於て解義を爲し、妙(はなは)しく奇致を演(の)べ、大いに玄風を暢(の)ぶ。

【解巾】かいきん 仕官。〔後漢書、韋義伝〕帝に白(まう)して、家に就きて(韋)著を東海の相に拜す。詔書逼切にして已(や)むことを得ず。巾を解きて郡に之(ゆ)く。

【解禁】かいきん 禁止を解く。〔後漢書、皇甫嵩伝〕嵩以爲(おもへ)らく、宜しく黨禁を解き、益(ますま)す中藏の錢、西園の廏馬を出だして、軍士に班(わか)つべしと。

【解決】かいけつ もつれたことがらをとく。〔論衡、案書〕兩傳并(あは)せ紀し、肯(あへ)て明處せざるは、渾沌(こんとん)を剖破し、亂絲を解決する～と孰(いづ)れぞ。

【解構】かいこう 離間。迎合。〔淮南子、詮言訓〕已(や)むを得ざる所の事を行ひて、解構せざるのみ。豈(あ)に故(ことさら)に爲すことを加へんや。

【解斎】かいさい 斎戒を解く。〔後漢書、礼儀志上〕齋日の内に汙

染有るときは齋を解き、副倅（そえもの）して禮を行ふ。

【解作】(かいさく) 天地が解け合って雷が起る。〔易、解、象伝〕天地解けて、雷雨作る。雷雨作りて、百果草木皆甲坼す。解の時、大なる哉。

【解散】(かいさん) ばらばらとなる。漢・孔安国〔尚書の序〕秦の始皇、先代の典籍を滅ぼし、書を焚き儒を坑するに及んで、天下の學士、難を逃れて解散す。

【解驂】(かいさん) そえ馬を解く。〔史記、晏嬰伝〕越石父、賢にして縲紲（獄）の中に在り。晏子出でて之れに塗に遭ふ。左驂を解いて之れを贖ひ、載せ歸る。～久之くして越石父絶たんことを請ふ。

【解舍】(かいしや) 釈放する。〔管子、五輔〕上彌〻殘苛にして解舍無く、下愈〻覆鷙（強暴）にして聽從せず。上下交〻引きて和同せず。

【解釈】(かいしやく) ときあかす。また、消える。唐・李白〔清平調詞、三首、三〕詩 春風無限の恨を解釋して 沈香亭北、闌干に倚る

【解綬】(かいじゆ) 綬（官印の紐）を解く。辞職する。梁・昭明太子〔陶淵明伝〕淵明歎じて曰く、我豈に能く五斗米の爲に腰を折りて、鄉里の小兒に向はんやと。卽日綬を解きて職を去り、歸去來を賦す。

【解愁】(かいしゆう（しう）) 愁いをとく。晉・陸雲〔兄平原に与ふる書〕文章既に自ら羨むべし。且く愁ひを解き憂ひを忘る。但だ之れを作ること工みならざるのみ。

【解除】(かいじよ（ぢよ）) とりのぞく。はらい去る。〔易林、小畜之井〕憂患解除せば、喜び至り、慶來る。

【解縦】(かいしよう) ときはなつ。〔三国志、蜀、張嶷伝〕其の帥魏狼を生縛す。又解縱し、告喩して餘類を招懷せしむ。～種落三千餘戸、皆安土供職す。

【解析】(かいせき) ときわけて明らかにする。また、数学の用語。〔梁書、儒林、崔霊恩伝〕性拙朴にして風采無し。解經析理に及びては、甚だ精致有り。

【解説】(かいせつ) 意味をときあかす。〔漢書、儒林、費直伝〕卦筮に長じ、章句亡し。徒だ彖象系辭十篇の文言を以て、上下經を解說す。

【解惰】(かいだ) 解は懈。なまけ怠る。〔礼記、月令〕（季秋の月）春令を行ふときは、則ち煖風來り至り、民氣解惰し、師興りて居まず。

【解帯】(かいたい) 帯を解く。くつろぐ。唐・王維〔張少府に酬ゆ〕詩 松風、解帯を吹き 山月、彈琴を照らす

【解脱】(かいだつ) かせなどを解く。〔漢書、酷吏、義縱伝〕縱、壹切に捕鞠くして曰く、死罪と爲して解脫せしめんと。是の日、皆報殺すること四百餘人。◻（げだつ） 仏教語。世俗の一切の煩悩から解放され、悟りをひらくこと。

【解豸】(かいち) 獄訟に用いる神獣。鹿に似て一角。よく曲直を識るという。獬豸。〔史記、司馬相如伝索隠に引く張揖〕解豸は鹿に似て一角。人君、刑罰中たるときは則ち朝に生じ、不直に觸るることを主る者なり。

【解逐】(かいちく) 疫払い。魔よけで祓う。〔論衡、解除〕解逐の法は、古の逐疫の禮に緣るなり。

【解嘲】(かいちよう（てう）) 人の嘲りを解く。漢・揚雄〔解嘲の序〕時に雄方に太玄を草創し、以て自ら泊如を守る有り。人、雄を嘲るに、玄の尙ほ白き（泊）を以てする有り。雄之れを解き、號して解嘲と曰ふ。

【解頭】(かいとう) 郷試の首席合格者。〔唐詩紀事、四十〕時に（張）又新を張三頭と號す。進士狀頭、宏詞敕頭、京兆解頭なるを謂ふ。

【解任】(かいにん) 任務を解く。〔魏書、司馬躍伝〕疾を以て、表して任を解かんことを求む。

【解帆】(かいはん) 巻いた帆をとく。出帆する。唐・杜甫〔魏六丈佑少府の交広に之くを奉送す〕詩 解帆、歲云に暮る 春風と與に歸るべし

【解紛】(かいふん) もつれをとく。〔老子、五十六〕其の兌（耳目）を塞ぎ、其の門を閉ぢ、其の銳を挫き、其の紛を解き、其の光を和らげ、其の塵に同ず。是れを玄同と謂ふ。

【解放】(かいほう（はう）) ときはなつ。〔三国志、魏、趙儼伝〕儼既に之れを囚へ、乃ち府に表して解放せしむ。是れより威恩並び著はる。

【解免】(かいめん) いいのがれる。いいぬける。〔史記、老荘申韓伝〕善く書を屬り辭を離ね、事を指し情を類し、用つて儒墨を剽剝す。當世の宿學と雖も、自ら解免すること能はず。

【解悶】(かいもん) うさはらし。唐・白居易〔洛下寓居〕詩 秋館、清涼の日 書は解悶に因りて看る

【解纜】(かいらん) ともづなをとく。出帆する。南朝宋・謝霊運〔隣里方山に相送る〕詩 纜を解いて流潮に及ばんとするも 舊を懷うて發すること能はず

【解離】(かいり) とき離す。〔三国志、魏、張邈伝〕卒合の軍～之れを連雞に比す。勢ひ俱に棲まず、解離すべきのみ。

【解惑】(かいわく) 惑いをとく。〔荘子、徐無鬼〕不惑を以て惑を解かば、不惑に復らん。是れ尚ほ大いなる不惑なり。

↑解鞍（かいあん） 鞍を外す／解衣（かいい） 脱衣／解囲（かいい） 囲みをとく／解慍（かいうん） なごむ／解怨（かいえん） 怨みをとく／解化（かいか） 死ぬ／解何（かいか） 弁解する／解角（かいかく） 角おち／解官（かいかん） 服喪のため辞職する／解勘（かいかん） 下級審／解勧（かいかん） 仲裁／解銜（かいかん） 輪の隕石／解気（かいき） 気晴らし／解亀（かいき） 解印／解休（かいきゆう） ゆるめる／解究（かいきゆう） 糾問する／解急（かいきゆう） 急を救う／解給（かいきゆう） 送る／解衿（かいきん） くつろぐ／解夏（げげ） 夏解／解禊（かいけい） みそぎ／解結（かいけつ） 結ばれたものを解く／解厳（かいげん） 戒厳を解除する／解故（かいこ） 訓詁／解詁（かいこ） 訓詁／解雇（かいこ） ひまを出す／解悟（かいご） 悟る／解語（かいご） 語が分かる／解甲（かいこう） 甲をぬぐ／解垢（かいこう） 附会する／解合（かいごう） ゆるす／解骨（かいこつ） 倦怠／解菜（かいさい） 精進落し／解弛（かいし） ゆるむ／解試（かいし） 郷試／解事（かいじ） 練達／解侍（かいじ） 退職し侍養する／解謝（かいしや） お祓い／解手（かいしゆ） 別れる／解神（かいしん） お礼参り／解審（かいしん） 再審／解人（かいじん） 理解者／解晴（かいせい） 疑いがはれる／解船（かいせん） 出帆する／解素（かいそ） 解菜／解組（かいそ） 解綬／解装（かいそう） 旅装をとく／解体（かいたい） ばらす／解怠（かいたい） おこたる／解泰（かいたい） 安らか／解鷹（かいたい） 解豸／解題（かいだい） 書の解説／解注（かいちゆう） 注釈／解酲（かいてい） 酔いざめ／解土（かいど） 地鎮／解闘（かいとう） 和解する／解道（かいどう） 知る／解難（かいなん） 弁解する／解配（かいはい） 囚人を護送する／解剝（かいはく） ときさく／解犯（かいはん） 解配／解煩（かいはん） 気晴らし／解繆（かいびゆう） 誤をとく／解赴（かいふ） 護送する／解紱（かいふつ） 解綬／解袂（かいべい） 別れる／解剖（かいぼう） ふわけ／解慢（かいまん） 怠る／解夢（かいむ） 夢判断／解履（かいり） 参殿／解了（かいりよう） さとる／解穢（かいわい） お祓い／解腕（かいわん） 腕をおとす

↓衣解・意解・瓦解・旧解・求解・救解・暁解・曲解・訓解・見解・懸解・玄解・諺解・誤解・講解・尸解・支解・枝解・肢解・自解・識解・詳解・心解・申解・信解・神解・真解・深解・図解・正解・精解・俗解・体解・知解・注解・通解・摘解・読解・難解・半解・氷解・分解・兵解・別解・弁解・明解・訳解・融解・要解・溶解・鎔解・纜解・理解・略解・了解・領解・諒解・論解・和解

【詼】 13 0168 カイ（クワイ） たわむれる

形声 声符は灰（灰）。〔広雅、釈詁四〕に「調るなり」とあり、詼諧をいう。

訓義 ①たわむれる、おどける、からかう。②悝と通じ、悝は〔説文〕十下に「啁なり」という。

古訓 〔篇立〕詼 ト、ノフ

【詼諧】(かいかい（くわいかい）) おどけ。諧謔。晉・夏侯湛〔東方朔画賛〕明

節は以て久しく安かるべからず。故に詼諧して、以て容れられんことを取る。

【詼謔】(かいぎやく) ざれごと。〔晋書、文苑、顧愷之伝〕愷之、詼謔を好み、人多く之れを愛狎す。

【詼譎】(かいけつ（くわい）) ふざけ。でたらめ。〔石林燕語、十〕米芾、詼譎好奇、～無為軍に知たり。初めて州廨（官署）に入り、立石の頗ぶる奇なるを見て喜ぶ。～毎に呼んで石丈と曰ふ。

【詼啁】(かいちよう（くわいてう）) ざれごとをいう。〔三国志、蜀、馬忠伝〕忠、人と為り寛濟にして、度量有り。但だ詼啁大笑するのみにて、忿怒色に形はさず。

【詼調】(かいちよう（くわいてう）) ふざけからかう。唐・韓愈〔～鄭君墓誌銘〕吹笙彈箏、飲酒舞歌、詼調醉呼し、日夜を連ねて厭はず。

↑詼咍 おかしい／詼奇 めずらしい／詼詭 めずらしく面白い／詼笑 おどけ笑う／詼達 思うままに詼謔する／詼談 冗談／詼嘲 詼啁／詼俳 滑稽
↓詭詼・善詼・談詼・嘲詼・俳詼

【隗】 13 7621 カイ（クワイ） たかい けわしい
篆文 古印璽
形声 声符は鬼。鬼声の字に高大の義をもつものが多い。〔説文〕十四下に「隗隗なり」、前条の隗に「隗隗、高きなり」という。自は神梯の象で聖所を示し、隗隗とは磐座のようなところであろう。
訓義 ①たかい、けわしい。②かたむく、たおれる。③姓。
語系 隗・嵬nguəi、巍nguai、峨ngai、巋khiuəi はみな声義近く、高大の義。一系の語である。
【隗隗】(かいかい（くわいくわい）) 高大なさま。晋・支遁〔詠懐詩、五首、三〕隗隗として形崖頽れ 冋冋として神宇敞し
↑隗俄 酔いつぶれる
↓陮隗

【嘅】 14 6101 カイ ガイ なげく
篆文
形声 声符は既（既）。既は食し終わって身をそむけ、食に飽いて気をもらす形。人の慨くときの形と似ているので慨く意とする。〔説文〕二上に「嘆くなり」、〔詩、王風、中谷有蓷〕に「嘅として其れ嘆く」とみえる。
訓義 ①なげく、なげくさま。②慨と声義が通ずる。
語系 嘅・慨（慨）khət は同声。また氣（気）khiət、喟khiuət、愾xiət も声義近く、同系の語。もとは擬声的な語であろう。
↑嘅然 なげく／嘅息 なげく／嘅嘆 嘆息する／嘅発 なげきもらす

【槐】 14 4691 カイ（クワイ） えんじゅ
篆文
形声 声符は鬼。鬼に魁の声がある。〔説文〕六上に「槐木なり」（段注本）とあり、えんじゅの木。古く三公のつく宮廷の位置に植え、その下で訟を聴いたという。
訓義 ①えんじゅ。②にわとこ。
古訓 〔新撰字鏡〕槐 宮槐、加太久祢（かたくみ）〔名義抄〕槐 エニスノキ・カラタチ〔字鏡集〕槐 エンス・カツラ・エンスノキ・カラタチ
【槐火】(かいか（くわいくわ）) 槐木より火を取る。〔周礼、夏官、司爟、注〕鄭司農、説くに鄹子を以てして曰く、春は楡柳の火を取り、～冬は槐檀の火を取ると。
【槐花】(かいか（くわいくわ）) 槐樹の花。唐・戴叔倫〔車参軍を江陵に送る〕詩 槐花落ち盡して、柳陰清し 蕭索たる涼天、楚客の情
【槐棘】(かいきよく（くわい）) 周代、三公九卿の宮廷に槐棘を植えたのによる。〔三国志、魏、高柔伝〕古者、刑政に疑はしき有るときは、輒ち槐棘の下に議す。今より後、朝に疑義及び刑獄の大事有るときは、宜しく數、以て三公に咨訪すべし。
【槐黄】(かいこう（くわいくわう）) 槐花の黄なるとき。科挙の時期。宋・范成大〔劉唐卿戸曹の擢第せられて西帰するを送る、六首、三〕詩 槐黄燈火、豪英を困しましむ 此に書窗を去つて、此の生を得たり
【槐市】(かいし（くわい）) 漢代、長安の読書人の市。〔三輔黄図〕常滿倉の北を槐市と爲す。槐樹數百行を列して隊と爲し、牆屋無し。～諸生朔望に此の市に會し、各、其の郡の出だす所の貨物、及び經傳書記～を持して、相ひ與に買賣す。雍容揖讓し、或いは樹下に論議す。
【槐庭】(かいてい（くわい）) 三公の位。〔晋書、王戎王衍伝論〕濬沖（戎）善く談端を發し、夷甫（衍）仰ぎて方外を希ふ。槐庭の顯列に登り、漆園（荘周）を顧みて高視す。
↑槐位 三公／槐陰 槐樹の下／槐影 槐陰／槐掖 宮廷／槐衙 官庁街／槐嶽 高官／槐館 太学／槐卿 三公九卿／槐座 槐位／槐宰 宰輔／槐樹 えんじゅ／槐秋 受験期／槐序 夏季／槐省 三公の官署／槐色 黄色／槐庁 学士院／槐鼎 三公／槐門 三公／槐路 槐の大路
↓瘦槐・古槐・高槐・三槐・楸槐・桑槐・庭槐・緑槐・老槐

【犗】 14 2356 カイ うし
篆文
形声 声符は害（害）。害に割去の意がある。〔説文〕二上に「騬牛なり」とあり、騬十上は「犗馬なり」とあって、去勢した馬。犗とは去勢した牛をいう。犍・羯・豶・豭はみな獣の去勢をいう字。去勢をいう字が多いのは、牧畜族の畜養上の知識を示すものであろう。
訓義 ①あおきうし、きんきりうし。②すべて去勢することをいう。③つよい。
古訓 〔名義抄〕犗 アホキウシ〔篇立〕犗 ウシ〔字鏡集〕犗 ウシ・フカル・ノボル・アヲキウシ
語系 犗keat、割（割）kat、羯kiat は声近く、みな割勢をいう。犍kian、虔gian も同系の語で、みな去勢をいう。
【犗餌】(かいじ) 去勢した牛を餌として釣る。〔荘子、外物〕任の公子、大鉤巨緇（太い釣り糸）を爲り、五十犗以て餌と爲し、會稽に蹲し、竿を東海に投ず。～期年にして魚を得ず。已にして大魚之れを食ふ。～白波山の若し。
【犗特】(かいとく) 去勢した牛。〔世説新語、排調〕明帝、周伯仁（顗）に問ふ、眞長（劉惔）は何如なる人ぞと。答へて曰く、故より是れ千斤の犗特なりと。
↑犗刑 宮刑

【瑰】 14 1611 カイ（クワイ） たまうつくしい
篆文
形声 声符は鬼。〔説文〕一上に「玫瑰なり」、また「一に曰く、圜好なり」という。
訓義 ①たま、たまの名、まいかい。②まるくて形がよい、うつくしい。③瓌と通用し、すぐれる、めずらしい。
古訓 〔名義抄〕玫瑰 キラ、・アヤシ
【瑰異】(かいい（くわい）) 珍しい。漢・張衡〔西京の賦〕瑰異日に新たにして、殫く未だ見ざる所なり。
【瑰偉】(かいい（くわいゐ）) 珍しくすぐれたもの。漢・司馬相如〔子虚の賦〕俶儻瑰偉、異方殊類、～其の中に充牣するもの、勝げて記すべからず。
【瑰怪】(かいかい（くわいくわい）) 立派でみなれない。宋・王安石〔褒禅山に遊ぶ記〕世の奇偉瑰怪、非常の觀は、常に險遠に在り。人の罕に至る所なり。
【瑰岸】(かいがん（くわい）) 状貌がすぐれる。〔冊府元亀、総録二、形貌〕（唐の）程千里、身の長七尺、骨相瑰岸なり。

【瑰奇】(かい(くわい)き) 珍しく立派。明・高啓〔楊榮陽に贈る〕詩 匣劍、未だ久しく埋もれず 嚢錐已に先づ見はる 詞を吐けば實に瑰奇 讀む者、心顫はんと欲す
【瑰瓊】(かい(くわい)けい) 玉のようにすぐれる。明・高啓〔余新鄭に答ふ〕詩 須臾にして君が我に寄するの札を出だす 上に秀句有りて、瑰瓊の如し
【瑰鑠】(かい(くわい)しやく) 立派で美しい。晉・陸雲〔兄平原に与ふる書、三十五首、二十一〕兄の往日の文、多く瑰鑠なりと雖も、文體に至りては、實に今日に如かず。
【瑰宝】(かいほう(くわいはう)) 立派な宝物。晉・陸雲〔～張贍を薦むる書〕同郡の張贍、茂徳精粹、器慮深通、～誠に帝室の瑰寶にして、清廟の偉器なり。
↑瑰意 非凡な心／瑰瑋 瑰偉／瑰逸 すぐれたもの／瑰英 秀英／瑰穎 稀な才能／瑰佹 奇異／瑰詭 奇異／瑰奇／瑰傑 状貌がすぐれる／瑰譎 珍しい／瑰才 大才／瑰材 瑰才／瑰姿 美しい姿／瑰詞 美しい詞／瑰大 碩大／瑰卓 卓異／瑰特 奇特／瑰博 広博／瑰富 富麗／瑰癖 奇癖／瑰望 立派なようすの人／瑰落 卓越／瑰麗 すぐれて麗わしい
↓瓊瑰・璿瑰・碧瑰・玫瑰・明瑰

【蒯】 14 4220 カイ(クワイ) あぶらがや

篆文 

形声 字はもと蕢に作り、貴声。〔説文〕一下に蒯を草の名とし、字を蔽に作るが、声義の関係を確かめがたい。

訓義 ①あぶらがや。②縄にして巻きつける。③芥と通じ、あくた。④蕢と通じ、土くれ。

古訓 〔新撰字鏡〕蒯 卉中に縈有るなり

【蒯緱】(かいこう(くわいこう)) あぶらがやの縄で巻いた刀のつか。粗末な刀。〔史記、孟嘗君伝〕馮先生甚だ貧し。猶ほ一劍有るのみ。又蒯緱なり。
↑蒯屨 わらじ／蒯剣 縄巻きの剣／蒯席 かや蓆／蒯桴 楽器の名、蕢桴
↓菅蒯・蒼蒯

【誡】 14 0365 カイ いましめる

篆文 

形声 声符は戒。戒は両手で戈を奉じ、警戒する意。〔説文〕三上に「敕むるなり」とあり、他を勅戒することをいう。

訓義 ①いましめる、いましめ。②おしえる、つげる、いいつける。

古訓 〔新撰字鏡〕誡 伊牟事宇久(いむことうく) 〔名義抄〕誡 イマシム 〔篇立〕誡 イマシム・ツグル・サトル

語系 誡・戒 keək は同声。〔左伝、宣十二年〕「軍政戒めずして備はる」、〔儀礼、公食大夫礼〕「大夫をして戒めしむ」は誡の意。両字通用の例が多い。

【誡誨】(かいかい(くわい)) いましめ教える。〔三国志、魏、趙王幹伝〕青龍二年、私かに賓客に通ず。有司の奏する所と爲り、幹に璽書を賜ひ、之れを誡誨す。
【誡勉】(かいべん) いましめ励ます。〔北史、僭偽附庸、蕭琮伝〕立ちて梁の太子と爲る。位を嗣ぐに及んで、帝、賜ふに璽書を以てし、敦く之れを勉む。又梁の大臣に璽書を賜ひ、之れを誡勉す。
【誡勒】(かいろく) いましめ規制する。〔宋書、武三王、江夏文献王義恭伝〕初め虜、深く入る。上、義恭の彭城を固むること能はざるを慮り、備さに誡勒を加ふ。
↑誡勧 忠告／誡諫 忠告／誡訓 教戒／誡警 警戒／誡厳 厳戒／誡勅 戒める／誡飭 誡勅／誡命 いいつけ／誡喩 さとす／誡諭 さとす／誡律 戒律／誡厲 誡勉
↓家誡・勧誡・教誡・訓誡・軍誡・憲誡・厳誡・女誡・箴誡・垂誡・聖誡・大誡・勅誡

【誨】 14 0865 カイ(クワイ) おしえる

篆文 
甲骨文 
金文 

形声 声符は毎(每)。毎に悔(悔)・晦の声がある。〔説文〕三上に「曉し教ふるなり」とあり、金文の「肇誨」、また「誨猷」は「謀猷」の意で、ともに神事に関する語。もと祭事を教える意であろう。

訓義 ①おしえる、さとす、しめす。②おしえ。

古訓 〔名義抄〕誨 ヲシフ 〔篇立〕誨 ヲシフ・アキラム・ミチビク・イマシム

【誨言】(かいげん(くわいげん)) 訓言。〔書、洛誥〕公其れ予と萬億年ならんことを。天の休(賜)を敬み、誨言を拜手稽首せん。
【誨示】(かいじ(くわいじ)) 教え示す。〔後漢書、隗囂伝〕囂乃ち書を(王)向に移り、喩すに天命を以てし、反覆誨示するも、終に従はず。是に於て、兵を進めて之れを虜にす。
【誨諭】(かいゆ(くわいゆ)) 教えさとす。〔顔氏家訓、序致〕童子の暴謔を禁ずるには、則ち師友の誡は傅婢の指揮に如かず。凡人の鬭鬩を止むるには、則ち堯舜の道は、寡妻の誨諭に如かず。
【誨猷】(かいゆう(くわいいう)) はかりごと。金文〔王孫遺者鐘〕肅哲聖武にして、政徳に恵み、威儀に淑しくして、誨猷食たず。
【誨誘】(かいゆう(くわいいう)) 教え導く。〔顔氏家訓、序致〕吾が家の風教、素と整密と爲す。昔齠齔(歯の生えかわりの頃)に在りしとき、便ち誨誘を蒙る。
↑誨育 教育／誨淫 淫を誘う／誨益 教えさとす／誨化 教え導く／誨戒 教え戒める／誨教 教える／誨授 教授する／誨奨 すすめる／誨稚 幼児の教育／誨勅 教え戒める／誨迪 みちびく／誨導 教え導く／誨利 導く
↓遺誨・慰誨・誡誨・勧誨・規誨・鞠誨・教誨・訓誨・啓誨・高誨・講誨・告誨・指誨・示誨・慈誨・授誨・諄誨・垂誨・聖誨・善誨・納誨・勉誨・誘誨

【髤】 14 7222 カイ もとゆい

篆文 

形声 声符は介。〔説文〕九上に「簪もて結ぶなり」とあり、もとゆいに笄を刺した形をいう。〔繫伝〕に「簪髻、即ち假髻なり」とするが、簪を以て髪を結びとめる意。簪笄を、髪を結びとめるのに用いるときと、冕弁を髪に刺しとめるのに用いるときとがあり、〔南史、夷貊下、倭国伝〕に「男女皆露髤」とあるのは、冕弁を用いない形をいう。束ね髪を覆う布をまた髤といい、かつらをもいう。

訓義 ①もとゆい、もとゆいを簪でさしとめる。②束ね髪を覆う布。③かつら。

古訓 〔字鏡集〕髤 カムサシ
↓冠髤・高髤・露髤

人
【魁】 14 2421 カイ(クワイ) すぐれる さきがけ

篆文 
古印璽 

形声 声符は鬼。鬼に高大の意がある。〔説文〕十四上に「羹斗なり」とあり、斗は勺。羹ものを酌む大勺をいう。

訓義 ①あつものをくむ勺、大きな勺。②勺頭の大きな意より、すぐれる、すぐれたもの、かしら。③勺頭を用いるものであるから、さきがけ。

古訓 〔新撰字鏡〕魁 須久礼太利(すぐれたり) 〔名義抄〕魁 イクサ 〔篇立〕魁 ムラキミ・スタマサク・タクマシ 〔字鏡集〕魁 コノカミ・スマタ(タマ)・イクサノキミ・アヤシフ・イモカシラ

語系 魁に雄偉、また異常・傷壊の意があり、魁瘣 kuai-huai

は虺隤 xuai-duai と同じく畳韻の連語。瘣・壞（壊）huai、瘣 xuai と通ずる。樹木の根節などが盤結するのを魁瘣という。

【魁偉】（かいい（くわいゐ））からだが大きくて立派。〔晋書、劉元海載記〕姿儀魁偉にして、身の長け八尺四寸、鬚の長さ三尺餘。

【魁岸】（かいがん（くわいがん））大きくてたくましい。〔陳書、袁泌伝〕袁泌～清正にして幹局有り。容體魁岸にして、志行修謹なり。

【魁奇】（かいき（くわいき））すぐれて、衆人と異なる。〔晋書、赫連勃勃載記論〕赫連勃勃は、獯醜の種類なり。入りて邊宇に居る。～英賢を驅駕し、天下を闚闟す。然れども其の器識高爽にして、風骨魁奇なり。

【魁毅】（かいき（くわいき））からだが大きく、たくましい。宋・蔡襄〔制誥〕姿器魁毅にして、氣尚沈雄なり。

【魁傑】（かいけつ（くわいけつ））たくましく、すぐれる。また、頭目。〔魏書、昭成子孫、陳留王虔伝〕虔、姿貌魁傑にして、武力絶倫なり。

【魁健】（かいけん（くわいけん））たくましく、強い。〔漢書、匈奴伝下〕外國は天性忿鷙、形容魁健にして、力を負み、氣を怙む。化するに善を以てし難し。

【魁梧】（かいご（くわいご））からだが大きくて立派。〔史記、留侯世家論賛〕余以爲へらく、其の人計るに魁梧奇偉ならんと。其の圖を見るに至りては、狀貌、婦人好女の如し。

【魁帥】（かいすい（くわいすい））かしら。魁首。〔晋書、江逌伝〕逌、官に至る。其の魁帥を召し、厚く撫接を加ふ。

【魁薦】（かいせん（くわいせん））科挙の試験に、最優秀の成績で及第すること。〔称謂録、挙人〕部の使者、此の山を過ぎりて曰く、當に異人を生むべしと。後、鄭僑、魁薦に擢んでられ、官は樞相に至る。

【魁然】（かいぜん（くわいぜん））大きい。孤独。〔漢書、東方朔伝〕今世の處士、魁然として徒無く、廓然として獨り居る。～寡耦少徒は、固より其の宜なり。

【魁頭】（かいとう（くわいとう））何もかぶらない。科頭。〔三国志、魏、東夷伝、韓〕其の人、性彊勇、魁頭露紒（結髪のまま）、炅兵の如く、布袍を衣、足に革蹻蹋を履く。

↑魁解　首席で合格する／魁崛　魁偉／魁元　魁首／魁甲　進士第一／魁士　名士／魁主　かしら／魁首　魁主／魁殊　魁奇／魁星　北斗の第一星／魁選　魁薦／魁堆　高い／魁大　大きい／魁長　かしら／魁斗　北斗星／魁柄　大権／魁瘣　木の根の節／魁陵　小丘／魁壘　魁岸

↓花魁・怪魁・巨魁・渠魁・俠魁・玉魁・傑魁・元魁・糞魁・首魁・賊魁・大魁・斗魁・党魁・雄魁・吏魁・里魁

【儈】

篆文　15　2826　カイ（クワイ）　なかがい

形声　声符は會（会）。〔説文新附〕八上に「合市なり」とあり、仲買人をいう。その業界の有力者を駔儈といい、古くから大きな勢力をもった。

訓義　①なかがい。②あきんど。

【儈牛】（かいぎゅう（くわいぎう））牛の仲買。〔後漢書、逸民、逢萌伝〕（王）君公、亂に遭ふも獨り去らず、儈牛して自ら隱る。時人之れが論を謂ひて曰ふ、世を牆東に避く、王君公と。

↑儈駔　仲買人。駔儈／儈佞　ずる商人／儈婆　口入婆／儈売　仲買い／儈夫　仲買人／儈父　儈夫

↓駔儈

【憒】

篆文　15　9508　カイ（クワイ）　みだれる

形声　声符は貴。貴に潰・繢の声がある。〔説文〕十下に「亂るるなり」とあり、潰乱するをいう。

訓義　①みだれる。②くらい、おろか。

古訓　〔名義抄〕憒　ワヅラフ・ワヅラハシ・ミダル・サハガシ・ヒロシ・オホフ

声系　憒・殨・潰・繢・隤・聵・聩はみな貴声。形が崩れ潰乱する意がある。

【憒憒】（かいかい（くわいくわい））みだれる。心がくらい。〔荘子、大宗師〕彼又惡くんぞ能く憒憒然として、世俗の禮を爲し、以て衆人の耳目に觀さんや。

【憒眊】（かいもう（くわいまう））とりみだす。〔漢書、息夫躬伝〕軍書交馳して輻湊し、羽檄重迹して押至す。小夫懦臣の徒、憒眊して爲す所を知らず。

【憒乱】（かいらん（くわいらん））ものがわからず、みだれる。〔漢書、食貨志下〕百姓憒亂して、其の貨行はれず。民私かに五銖錢を以て市買す。（王）莽、之れを患へて下詔す。

↑憒辱　みだれ汚す／憒毒　けがれ／憒眊　憒眊／憒慢　怠慢／憒悶　煩悶する

↓惨憒・愁憒・躭憒・煩憒・懵憒・憂憒・乱憒・聾憒

常

【潰】

篆文　15　3518　カイ（クワイ）　ついえる

形声　声符は貴。貴に憒・繢の声があり、潰るるなり」と訓し、〔段注〕に屋根漏りの意とするが、水の決潰乱の意をもつものが多い。〔説文〕十一上に「漏することをいう。

訓義　①ついえる、堤がきれる、くずれる。②みだれる、やぶれる、にげる。③憒と通じ、心みだれる。④殨と通じ、ただれる。⑤遂と通じ、とげる。

古訓　〔名義抄〕潰　ツユ・ツヒヤス・ヒタル・モル・ツキニ・ツイテ・ツ、ク・トケヌ・ナラフ・ヤトル・タスク・ツモル・ヒラク・ナミタツ

語系　潰・殨 huat は同声。水の旁決するを潰、腫癰の破れることを殨という。貴と潰乱の義との関係は明らかでないが、蕢をまた蒯に作り、その声義より導かれたものであろう。頹・隤 duai、墮（堕）duai、墜（墜）diuat も、同系の語とみてよい。

【潰潰】（かいかい（くわいくわい））みだれるさま。〔詩、大雅、召旻〕昏椓靡く共すること（小人）潰潰として回遹す

【潰陥】（かいかん（くわいかん））くずれ陥る。敗る。〔宋書、向靖伝〕（向）彌、甲を擐きて先登す。即時に潰陷し、其の牙旗を斬る。賊、遂に奔走す。

【潰散】（かいさん（くわいさん））ばらばらになる。〔世説新語、徳行〕軍人潰散して山澤に逃走し、皆多く饑死す。（陳）遺、獨り焦飯を以て活くることを得たり。

【潰敗】（かいはい（くわいはい））くずれる。唐・韓愈〔高閑上人を送る序〕其の心爲る、必ず泊然として起る所無く、其の世に於ける、必ず淡然として嗜む所無からん。泊と淡と相ひ遭はば、頽墮委靡、潰敗して收拾すべからず。

【潰叛】（かいはん（くわいはん））そむき去る。魏・曹冏〔六代論〕胡亥、少くして剋薄の教へに習ひ、長じて凶父の業に遵ふ。～遂に乃ち郡國心を離し、衆庶潰叛す。

【潰癰】（かいよう（くわいよう））膿んだできもの。また、それがつぶれる。〔荘子、大宗師〕彼は生を以て附贅懸疣と爲し、死を以て決疣潰癰と爲す。

【潰爛】（かいらん（くわいらん））くずれただれる。〔三国志、呉、孫策伝注に引く呉録〕火、上風に放ち、兵、煙下に激す。弓弩竝び發し、流矢雨のごとく集まる。～（黄）祖乃ち潰爛す。

【潰裂】（かいれつ（くわいれつ））破れる。宋・葉適〔法度総論、二〕隋の末年に及んで、喪亂蠭起し、癰疽潰裂す。

↑潰囲　囲みを破る／潰溢　くずれ溢れる／潰決　決潰する／潰師　敗軍／潰走　敗走／潰退　敗退／潰墜　ついえくずれる／潰敵　敵を敗る／潰逃　敗走する／潰版　陥落する／潰畔　潰叛する／潰兵　敗走の兵／潰茂　茂る／潰亡　敗亡する／潰奔　敗走／潰盟　盟

いに叛く／潰瘍　潰癰／潰漏　水もれ
↓隕潰・河潰・晦潰・駭潰・陥潰・棄潰・蟻潰・魚潰・驚潰・決潰・洸潰・囂潰・昏潰・自潰・衆潰・疹潰・殲潰・大潰・退潰・倒潰・破潰・敗潰・糜潰・粉潰・崩潰・防潰・旁潰・奔潰・壅潰・乱潰・裂潰

【艘】 15 2244　カイ　ソウ　いたる

篆文

形声 声符は叜。〔説文〕八下に「船著きて行かざるなり」とあり、〔段注本〕に「沙に箸きて」と補う。〔爾雅、釈詁〕〔方言、一〕に「至るなり」と訓し、漢・司馬相如〔大人の賦〕に「蹋として以て路に艘る」のように用いる。その〔索隠〕に「艘の音は屆」とあり、屆(届)と声義同じ。屆は屍を土中に埋める象であるらしく、艘は凶懼の象を示す叜を、舟に載せて流棄する意象の字で、屆と艘とはともに屍を埋め、あるいは舟で流す意の字であろう。遠くへ放ちいたる意と思われる。また孫炎説に、艘を古の界の字であるという。

訓義 ①いたる。屆と声義が通ずる。②舟が砂地につく。③界と通じ、界を設ける。④艘と通じ、その声がある。

古訓 〔名義抄〕艘　ヰル〔篇立〕ヰル・フネヰル

↑艘路　路に境界を作る

【噦】 16 6105　カイ(クヮイ)　ケイ　エツ(ヱツ)　すずのね　えずく

篆文

形声 声符は歲(歳)。歲に濊・翽の声がある。〔説文〕二上に「气牾すなり」とあって吐気を催す意とするが、〔詩〕に噦噦を鈴の音の擬声語に用いており、その用例が古い。

訓義 ①すずのね。②えずく。③あかるいさま。

古訓 〔新撰字鏡〕噦　阿波不支(あはふき)〔篇立〕噦　アヘク・アハキ・ヲツ・ウソフキス〔字鏡集〕噦　トリナク・トリノコヱ・ムカツク・タリコヱ・サカイキ・ウソフク・サクル・ナトム・サクリ・ハク・サハリ・イナム・シハフキ・イトム

【噦噫】しゃっくり。おくび。〔礼記、内則〕升降出入揖遊するに敢て噦噫・嚏咳(はなひる、せき)・欠伸(あくび、せのび)・跛倚(片足立ち、よりかかる)・睇視(わきみ)せず。敢て唾洟(唾吐き)せず。

【噦噦】鈴の音。〔詩、小雅、庭燎〕君子至る　鸞聲噦噦たり

↑噦噎　しゃっくり／噦嘔　嘔吐／噦喈　鳥の声／噦逆　もどす／噦心　血を吐く／噦息　息をはく／噦罵　唾罵する

↓口噦・雀噦・鳴噦

常【壊】 16 人〔壞〕 19 4013　カイ(クヮイ)　ケエ　やぶれる　こわれる

篆文　古文　籀文　金文

形声 旧字は壞に作り、褱声。古文二形をあげる。〔説文〕十三下に「敗るるなり」とし、籀文・古文二形をあげる。籀文は褱に攴を加える形。古文は土(社主)に眔(涙)を加える形で、死者に訣別するときの儀礼を示す字であろう。ゆえに敗壊の意となる。褱は死者の衣襟(衣)に眔(涙の象形)を注ぐ形。

訓義 ①やぶれる、やぶる。②くずれる、こわれる、こわす。③瘣と通じ、やむ。

古訓 〔名義抄〕壊　ヤブル・コボル・カクル〔篇立〕壊　ヤブル・コホツ・アハレテ・メクル・フツクロ・ミダル・ヲル・コボル

語系 壞・瘣huəi は同声。魁瘣kuəi-huəi、阤隤xuəi-duəi は同系。ものの疲弊し、また敗壊することをいう連語。

【壊垣】くずれた垣。〔後漢書、光武帝紀下〕地、震裂す。制詔して曰く、～吏人死亡して、或いは壊垣毀屋の下に在り。

【壊屋】つぶれた家。〔論衡、偶会〕壊屋の壓する所、崩崖の墜つる所、屋精崖氣、此の人を殺すに非ざるなり。屋老い崖沮れ、命凶の人、遭ま屋を屍り、適ま履むのみ。

【壊牆】くずれた垣。頽牆。〔韓非子、説林下〕鄭人に一子有り。曰く、必ず壊牆を築け。是れ不善の人、将に竊まんとすと。～人果して之れを竊めり。

【壊頽】やぶれくずれる。漢・王褒〔洞簫の賦〕逍遙踊躍して、壊頽するが若ごし。

【壊廃】やぶれすたれる。〔漢書、兒寛伝〕暦紀壊廢す。漢興りて未だ正朔を改めず。宜しく正すべし。上乃ち寛と(司馬)遷等に詔して、共に漢の太初暦を定めしむ。

【壊滅】こわれる。唐・王昌齢〔諸官、招隠寺に遊ぶ〕詩　金色、身壊滅し　眞如、性主無し

【壊乱】くずれみだれる。〔漢書、元后伝〕曲陽侯根～内は王路を塞ぎ、外は藩臣に交はり、驕奢僭上にして、制度を壊亂す。

【壊漏】やぶれて、雨がもる。〔史記、五宗世家〕府庫壊漏し、盡く財物を腐らしむること、巨萬を以て計ふ。終に収徙するを得ず。

↑壊圧　おしつぶす／壊衣　袈裟／壊潰　つぶれる／壊毀　つぶす／壊隳　壊毀／壊朽　朽壊／壊坐　あぐら／壊散　ばらばらにこわれる／壊残　こわす／壊址　廃址／壊沮　こわれる／壊証　危篤／壊城　こわれた城／壊疽　えそ／壊俗　悪い風習／壊堕　崩れ落ちる／壊徹　破棄する／壊病　手当違い／壊壁　破れ壁／壊木　朽木／壊落　壊堕／壊爛　ぼろぼろとなる／壊裂　破れる

↓汚壊・毀壊・朽壊・決壊・荒壊・興壊・砕壊・散壊・残壊・震壊・折壊・全壊・沮壊・損壊・堕壊・替壊・撤壊・蠹壊・倒壊・破壊・敗壊・腐壊・弊壊・壁壊・変壊・崩壊・爛壊

【廥】 16 0026　カイ(クヮイ)　まぐさくら

篆文

形声 声符は會(会)。〔説文〕九下に「芻藁の藏なり」とあり、飼料を入れるところをいう。また一般の倉をもいう。

訓義 ①まぐさくら。②くら。

古訓 〔名義抄〕廥　クサヤ〔字鏡〕廥　クサヤ・クサクラ〔字鏡集〕廥　クサヤ・クサツムイヘ・クラ

【廥聚】倉庫のたくわえ。〔唐書、朱粲伝〕粲、克つ所の州縣、皆藏粟を發して以て食ふ。～去るときは輒ち廥聚を燔き、城郭を毀る。

【廥畜】倉のたくわえ。〔唐書、渾鎬伝〕鎬、～鎮境を壓して屯す。～賊始めは亦た畏るるも、鎬の斥候無きを見、乃ち師を潛めて定境に入り、廥畜を焚き、鄉聚を屠る。鎬の軍遂に搖らぐ。

【廥廩】秣糧の倉庫。〔唐書、顔真卿伝〕安祿山の逆狀、牙孽あり。眞卿、必ず反せんことを度り、陽りて霖雨に託し、陴を增し隍を濬くし、才壯(の人)を料り、廥廩を儲く。

↑廥積　廥聚／廥中　倉の中／廥儲　廥畜

↓官廥・軍廥・芻廥・祟廥・儲廥・粢廥・糧廥・廬廥

【廨】 16 0025　カイ　ゲ　やくしょ

形声 声符は解。〔玉篇〕に「公廨なり」とあって、公舎をいう。

訓義 ①やくしょ。②官物を蔵するところ、くら。

語系 廨が解声に従う理由は明らかでない。おそらく廨と声義の近い字であろう。廨は〔説文〕九下に「廡なり」とあり、廡は堂下周屋、そこが執務の場所となり、官物を蔵するところとされ

たのであろう。〔周礼、夏官、圉師〕に「夏、馬を庌ふ」とあり、上を覆うたものである。

【廨宇】官舍。〔南史、蔡凝伝〕將に郡に之かんとするに及び、更に左右をして、中書の廨宇を修めしむ。

【廨舍】役所の建物。〔晋書、文苑、羅含伝〕廨舍諠擾なるを以て、城西の池の小洲上に茅屋を立つ。木を伐りて材と爲し、葦を織りて席と爲して居る。布衣蔬食なるも、晏如たり。

【廨署】役所、官舍。晋・左思〔呉都の賦〕屯營櫛のごとく比び、廨署棊のごとく布く。

↑廨銭 公債／廨中 役所／廨田 公廨田

↓尉廨・営廨・外廨・官廨・郡廨・県廨・公廨・州廨・府廨・立廨

【懈】 16 9705 カイ ケ おこたる

篆文  金文 

形声 声符は解。〔説文〕十下に「怠るなり」とみえる。〔詩、大雅、烝民〕に「夙夜解るに匪ず」、〔墨子、尚賢下〕に「心を攸ひ、體を解る」とあり、解・懈を通用する。

訓義 ①おこたる。②とく、ゆるむ。③つかれる。

古訓 〔名義抄〕懈 オコタル・モノウシ・タユム 〔字鏡集〕懈 オコタル・モノウシ・ユルナリ・タユム

語系 懈・解keは同声で、通用。〔詩、大雅、烝民〕を〔孝経、卿大夫章〕に引いて、「夙夜懈るに匪ず」に作る。

【懈意】なまける。宋・朱熹〔端明殿学士黄公墓誌銘〕未だ嘗て爵齒を以て自ら高しとし、懈意惰容すること有らざるなり。

【懈倦】なまける。〔南史、謝嚼伝〕年數歳、生む處の母郭氏疾む。〜僕役の營疾(看護)懈倦せんことを恐れ、躬ら自ら勞を執る。

【懈弛】気がゆるむ。〔三国志、魏、田疇伝〕今虜〜進むことを得ずして退き、懈弛して備へ無し。〜其の備へざるを掩はば、蹋頓の首、戰はずして禽るべし。

【懈惰】おこたる。〔後漢書、趙熹伝〕熹は内、宿衞を典り、外、宰職を幹す。身を正して朝に立ち、未だ嘗て懈惰せず。

【懈怠】なまける。くつろぐ。漢・司馬相如〔上林の賦〕是に於てか遊戲懈怠し、酒を顥天の臺に置き、樂を膠葛(広遠)の寓に張る。

↑懈渙 締まりがない／懈忽 軽忽／懈沮 懈息／懈粗 おおまか／懈息 なまける／懈堕 懈惰／懈体 なまる／懈忒 誤る／懈慢 怠慢

↓沮懈・堕懈・体懈・怠懈・労懈

常【懐】16 人【懷】19 9003 カイ(クヮイ) おもう いだく なつかしむ なつく

篆文  金文 

形声 旧字は懷に作り、褱声。褱は死者の衣襟の間に罘(涙の象形)をそそぐ形。その死を哀惜し、懐念することをいう。金文に「寍褱」「神褱」のように褱を用いる。褱を〔説文〕八上に「俠なり。〜一に曰く、橐なり」とするが、俠は夾、物を懐にする意。字は懐の初文。懐はその形声字である。〔説文〕十下に「念思なり」とするが、追懐を字の本義とする。

訓義 ①おもう、おもいおこす、あわれむ。②心にいだく、こころ、ふところにする、心につつむ。③なつかしく思う、なつかしむ、なつく、やすんずる。④やわらげる、おちつく。⑤いたる、くる、おくる。

古訓 〔名義抄〕懷 コ、ロ・イムダク・ウダク・オモフ・オモヒ・チカシ・ヤスシ・ナツク・カヘル・ナツカシムル・フツ(ト)コロニス・カクル・カヌ・カネタリ・イタイカナ・キタス・イタム・スツ・トヾム・トヾマル・キタル・イタル・ハラム・ハチ・ムツマシ・シタカフ・ヨル・ヤハラク

語系 懷・褱・褢hoaiは同声。褢は〔説文〕八上に「袖なり。一に曰く、藏なり」とあり、懐袖の意とするが、大袖の意であろう。みな懐抱の意をもつ。

【懐愛】したう。やさしくする。〔韓非子、八経〕一〜明主は、懷愛して聽かず。説びを留めて計らず。〜故に明主の制を行ふや天、其の人を用ふるや鬼。天なれば則ち非られず。鬼ならば則ち困しまず。

【懐安】やすらか。安逸。〔左伝、僖二十三年〕姜曰く、行けや。懷と安とは、實に名を敗ると。公子可かず。姜、子犯と謀り、醉はしめて之れを遣る。醒めて、戈を以て子犯を逐ふ。

【懐遠】遠方の人をなつける。〔淮南子、泰族訓〕大は以て衆を容るるに足り、德は以て遠を懷くるに足り、信は以て異を一にするに足る。

【懐鉛】鉛筆をもつ。筆録に従う。〔西京雑記、三〕揚子雲(雄)事を好む。常に鉛を懷にし槧(木の札)を提へ、諸計吏を從へ、殊方絶域、四方の語を訪ふ。

【懐恩】めぐみになつく。恩徳をおもう。魏・陳琳〔呉の将校部曲に檄する文〕恩に懷き過ちを悔い、質を委して還り降る。

【懐奇】すぐれた才能をもつ。唐・韓愈〔試大理評事王君墓誌銘〕書を讀むことを好み、奇を懷き氣を負ひ、人の後に隨ふことを肯んぜず。

【懐帰】故郷へ帰りたく思う。漢・張衡〔西京の賦〕豈に伊れ枌楡(社名。洛陽)に歸るを懷はざらんや。天命滔かず、疇れか敢て以て渝らん。

【懐疑】疑問をもつ。魏・曹植〔王仲宣の誄〕死生存亡の數度を論じ、子猶ほ懷疑して之れが明據を求む。

【懐旧】むかしをしのぶ。晋・左思〔魏都の賦〕千祀を踰ゆと雖も、舊きを懷ひ遐年に蘊む。

【懐居】安住をねがう。〔論語、憲問〕子曰く、士にして居を懷ふは、以て士と爲すに足らず。

【懐挟】科挙の試験に、携帯禁止の書をひそかにもちこむこと。カンニング。宋・欧陽脩〔挙人の文字を懐挟するを条約する劄子〕竊かに聞く、近年擧人、公然と文字を懷挾す。皆是れ小紙細書、抄節甚だ備はると。

【懐郷】ふるさとをなつかしむ。宋・范仲淹〔岳陽楼記〕國を去りて鄕を懷ひ、讒を憂へ譏りを畏れ、滿目蕭然として、感極まりて悲しむ者有らん。

【懐玉】玉をいだく。明徳・才能をもつ。〔老子、七十〕我を知る者は希なるは、則ち我なる者貴ければなり。是を以て聖人は褐を被て玉を懷く。

【懐襟】こころ。明・周砥〔葉秀才に贈る〕詩 劍に仗つて此れより別る 秋風懷襟に滿つ

【懐古】むかしを思いおこす。晋・潘岳〔西征の賦〕山川を眄みて、以て古を懷ふ、悵として轡を中塗に攬る。

【懐顧】過去を思いおこす。漢・劉向〔楚辞、九歎、離世〕心、蛩蛩として懷顧し、魂、眷眷として獨り逝く。

【懐刺】名刺。名刺をもつ。〔後漢書、文苑下、禰衡伝〕少くして才辯有り。〜建安の初、許下に來遊し、始めて潁川に達す。乃ち陰かに一刺を懷にす。既にして之適(ゆく)する所無し。刺の字漫滅するに至る。

【懐柔】安んじやわらげる。〔詩、周頌、時邁〕百神を懷柔し 河と喬嶽とに及ぶ

【懐春】女が男をおもう。〔詩、召南、野有死麕〕女有り、春を懷ふ 吉士之れを誘ふ

【懐生】生業に安んずる。〔左伝、僖二十七年〕出で

ては襄王を定め、入りては民を利することを務め、民、生に懐んず。

【懐中】かい(くわい)ちゆう　ふところの中。〔史記、扁鵲伝〕長桑君～與に語りて曰く、我に禁方有り。年老いたり。公に傳與せんと欲す。公、泄らすこと毋かれと。～乃ち其の懷中の藥を出して、扁鵲に予ふ。

【懐土】かい(くわい)ど　いまのすまいに満足する。また、故郷をなつかしむ。魏・王粲〔登楼の賦〕人情は土を懷ふに同じ。豈に窮達にして心を異にせんや。

【懐徳】かい(くわい)とく　徳をしたう。徳を念頭におく。〔論語、里仁〕子曰く、君子は德を懷ひ、小人は土を懷ふ。君子は刑を懷ひ、小人は惠を懷ふ。

【懐宝】かいほう(くわいはう)　才能を抱く。〔論語、陽貨〕陽貨～孔子に謂ひて曰く、～其の寶を懷きて其の邦を迷はす、仁と謂ふべきか。～事に從ふを好みて亟時を失ふ、知と謂ふべきかと。曰く、不可なりと。

【懐抱】かいほう(くわいはう)　いだく。心に思う。晋・陶潜〔雑詩、十二首、四〕緩帶、歡娛を盡し　起ること晩く、眠ること常に早からんことを　當世の士の　冰炭を懷抱に滿たすに孰若れぞ

【懐樸】かい(くわい)ぼく　素樸な心をもつ。〔老子、十九〕素を見はし樸を抱く。

【懐楽】かい(くわい)らく　なつき楽しむ。〔史記、蔡沢伝〕仁を質とし義を秉り、道を行ひ德を施し、志を天下に得ば、天下懷樂し、敬愛して之れを尊慕せん。

【懐禄】かい(くわい)ろく　俸禄をのぞむ。〔晋書、庾峻伝〕七十の致仕を聽るすべし。則ち士に懷祿の嫌無からん。

↑懐痾　病む／懐隠　かくす／懐蘊　懐蔵／懐怨　うらむ／懐憶　おもう／懐奸　企む／懐危　危惧する／懐給　おもねる／懐刑　刑を畏れる／懐恵　恵を思う／懐巻　才能を外にあらわさない／懐故　懐旧／懐恨　恨む／懐猜　疑う／懐慙　慚じる／懐私　私心／懐思　慕う／懐弐　二心／懐執　心に忘れない／懐手　無為／懐羞　羞じる／懐輯　なつける／懐傷　悲しむ／懐身　はらむ／懐信　ま心／懐衽　ふところ／懐袵　懐衽／懐石　投水する／懐戚　悲しむ／懐感　悲しむ／懐想　思う／懐蔵　深く懐う／懐胎　はらむ／懐帯　懐挟／懐恥　羞じる／懐寵　寵を恃む／懐慝　悪心をいだく／懐毒　怨む／懐任　いだく／懐妊　はらむ／懐姙　懐妊／懐念　懐う／懐嚢　うちに包む／懐被　広く恵む／懐附　なつく／懐撫　なつける／懐服　懐附／懐憤　憤激／懐哺　育てる／懐慕　思慕する／懐繃　赤児／懐望　懐う／懐誘　なつける／懐憂　憂える／懐擁　懐蔵／懐恋　慕う

↓委懐・慰懐・聿懐・殷懐・永懐・盈懐・詠懐・雅懐・款懐・感懐・奇懐・寄懐・久懐・旧懐・虚懐・狂懐・胸懐・興懐・近懐・襟懐・吟懐・苦懐・愚懐・寓懐・巻懐・牽懐・孤懐・顧懐・孔懐・好懐・高懐・曠懐・私懐・詩懐・示懐・写懐・秋懐・述懐・所懐・書懐・舒懐・招懐・傷懐・情懐・軫懐・仁懐・塵懐・綏懐・素懐・疎懐・存懐・中懐・衷懐・長懐・追懐・騁懐・独懐・入懐・披懐・悲懐・鄙懐・布懐・風懐・包懐・抱懐・放懐・望懐・本懐・緬懐・有懐・幽懐・憂懐・離懐・攄懐

【澮】 16 3816 ［巜］ 2 2233

カイ(クヮイ)
みぞ

篆文 

形声 声符は會(会)。巜はその象形字。巜は畎澮。澮は田に水をそそぐための小みぞ。

訓義 ①みぞ、小みぞ。広さ二尋、深さ二仞の定めであった。②あつまる、水があつまる。③深くて広い。

古訓 〔名義抄〕澮　ミナアヒ・アツム・サカシ　〔字鏡集〕澮　サカシ・タミゾ・アツム・ミナアヒ

↑澮渠　田のみぞ／澮畎　澮渠

↓汪澮・決澮・畎澮・涓澮・溝澮・清澮・注澮・田澮・壅澮

【濊】 16 3115

カイ(クヮイ)　カツ(クヮツ)　ワイ
けがれる　にごる　おおい

篆文 

形声 声符は歲(歳)。歲に噦・翽の声があり、また薉・穢の声がある。〔説文〕十一上に「礙げられたる流れなり」(段注本)とし、〔詩、衛風、碩人〕「罛を施すこと濊濊たり」の句を引き、濊濊は罛のために水が停滞する意とする。また汚穢の意となる。別に外族の名。〔後漢書、東夷伝〕に濊の族の記述がある。

訓義 ①けがれる、にごる。②おおい、水がおおい、ながれる。③流れが滞る、水の音。④東夷の濊の族名。

古訓 〔新撰字鏡〕濊　佐女久(さめく)、又、保女久(ほめく)　〔名義抄〕濊　濊同じ。　サカシ・ソ丶ク　〔字鏡集〕濊　サカリスグ・ミヅノコヱ・サ丶ク・オホシ・サカシ・オホキミヅ・ソ丶ク

語系 濊・薉・翽・穢iuatは同声。濊は水の音、翽は鳥の羽の音。汚・洿a、洼oe、窊oaも声に通ずるところがあり、汚穢の意がある。

【濊濊】かつかつ(くわつくわつ)　網うつ音。水の音。〔詩、衛風、碩人〕罛を施すこと濊濊たり　鱣鮪發發たり

【濊貊】わいばく　濊水方面の少数民族。濊貊。〔漢書、匈奴伝上〕漢の使楊信、匈奴に使す。是の時、漢、東のかた濊貊・朝鮮を抜きて、以て郡と爲す。

↑濊貊　濊貊

↓汚濊・汪濊・濁濊・湛濊・沛濊・蕪濊

【獪】 16 4826

カイ(クヮイ)　カツ(クヮツ)
わるがしこい

篆文 

形声 声符は會(会)。〔説文〕十上に「狡獪なり」とあり、児戯をいい、また狡黠の意。もと敏捷なことをいう語であろう。

訓義 ①わるがしこい。②みだす。③猾と通じ、ずるい。

【獪猾】かいかつ(くわいくわつ)　わるがしこい。狡獪。〔五代史、唐、唐六臣伝序〕嗚呼、唐の亡ぶるや、賢人君子、既に之れと與に盡く。其の餘の在る者は、皆庸懦不肖、傾險獪猾、趨利賣國の徒なり。

↑獪険　狡獪で陰険

↓黠獪・姦獪・譎獪・狡獪・詐獪・貪獪・敏獪・老獪

【獬】 16 4725

カイ
かいち

形声 声符は解。〔説文〕に獬字を収めず、廌字条十上に「解廌獸なり。山牛に似て一角。古は訟を決するに、不直なるものに觸れしむ」とあって、この獣を神判に用いた。獬豸をいう。

訓義 ①かいち。②獬獬、強いさまをいう。

古訓 〔字鏡集〕獬　ケダモノ

【獬冠】かいかん(くわん)　法官の獬豸冠。〔淮南子、主術訓〕楚の文王、獬冠を服するを好み、楚國之れに效ふ。

【獬廌】かいたい　神獣の名。獬豸。晋・張協〔七命〕獬廌を挫く。〔注〕張揖の漢書注に曰く、獬廌は、鹿に似て一角なり。

【獬豸】かいち　神判に用いる神羊。〔異物志〕東北荒の中に獣有り、獬豸と名づく。一角、性忠にして、人の鬪ふを見ては則ち不直の者に觸れ、人の論ふを聞きては則ち不正の者を咋ふ。

【褢】 16 0073

カイ(クヮイ)
きょうかたびら　そで　いだく

篆文 

古印璽 

会意 衣＋鬼。〔説文〕八上に形声とし、「袖なり。一に曰く、藏なり」とするが、字は会意の構造法であり、〔字鏡〕に「鬼衣なり」とするのがよい。死者の用いる衣、すなわち経帷子の類である。

訓義 ①きょうかたびら。②そで、そででつつむ、たもとにする。

③褱と通じ、いだく。
語系 褢・褱・懷（懐）hoəi は同声。〔説文〕は懷袖の意によって褢を袖と解するが、褢は鬼衣で死者の衣、褱はそれに涙する意の字。瓌（傀）kuəi は褢に從い、瓌はその弔喪のときに用いる呪玉であろう。
【褱誠】 誠実。〔漢書、外戚下、孝成許皇后伝〕將相大臣、誠を褱き忠を秉り、唯だ義に是れ從ふ。

【褱】16 0073 カイ(クヮイ) おもう いだく
篆文  金文 
会意 衣＋眔。眔はなみだの落ちる形。死者の胸もとに眔するのは死者を懐念する意で、褱は懷（懐）の初文。〔説文〕八上に字を形声、「俠なり」とし、〔段注〕に夾の誤りとし、「盜竊褱物」と解するが、死者を懐い悼む意の字である。
訓義 ①おもう、心におもう。②心にいだく、いだく、ふところにする、つつむ。③懷の初文、なつく。
声系 〔説文〕に褱声として懷・壞（壊）・瀤など四字を収める。懷は褱の繁文とみてよく、金文に「褱受」「褱井（刑）」のような語がある。壞の〔説文〕古文に、土主に眔（涙）をそそぐ形のものがあるが、国が滅んで大去するとき、その社主に眔し、これを大壞して去ったのであろう。瀤はそのような毀壊の礼を示す字とみられる。
【褱玉】 懐玉。〔馬王堆漢墓出土帛書甲本老子、徳経〕是を以て、聖人は褐（粗衣）を被て玉を褱く。
【褱子】 胎む。〔漢書、外戚下、孝成趙皇后伝〕元延二年、子を褱む、其の十一月、乳す（出産する）。

常【諧】16 0166 カイ あう ととのう やわらぐ
篆文 
形声 声符は皆。皆は祝禱して神を迎え、神が相伴うて偕に降る意。〔説文〕三上に「詥ふなり」と訓する。神意にかなって和諧することをいう。
訓義 ①あう、かなう、ととのう。②やわらぐ。③たわむれ。
古訓 〔名義抄〕諧 ヤハラカナリ・ヤハラグ・ト、ノフ・カナフ・ヒトシ・トフラフ・ウタフ・トナフ・ヒサシ
語系 諧hei、龢・和huai は声義近く、龢は声調の諧和をいう。和は軍門の象（禾）に從い、媾和。みな字源を異にするが、声義において近い。

【諧易】 くつろぎ親しむ。〔唐書、陸長源伝〕長源、諧易を好み、威儀無きも、淸白自ら將ふ。
【諧婉】 調和してうつくしい。〔唐書、李嗣真伝〕裴知古、亦た樂律を善くす。～太廟に享して樂作こる。～曰く、金石諧婉、將に大慶有らんとす。
【諧謔】 じょうだん。〔西京雜記、四〕京兆に古生といふ者有り。～詆謾（冗談）を善くす。二千石隨ふに諧謔を以てす。皆其の權要を握り、其の懽心を得たり。～今の俳戲に、皆古掾曹を稱す。
【諧声】 六書の一。形声ともいう。〔周礼、地官、保氏〕五に曰く六書。〔鄭玄注に引く鄭司農注〕六書とは、象形・會意・轉注・處事・假借・諧聲なり。
【諧比】 したしむ。〔唐書、呉兢伝〕呉兢～少くして厲志、經史に貫知し、方直にして諧比寡なし。～詔して～國史を脩めしむ。
【諧附】 したがいつく。〔唐書、王叔文伝〕陰かに天下有名の士と結ぶ。士の速進を欲する者、率ゐて之れに諧附す。韋執誼・陸質～柳宗元・劉禹錫の若き、死友と爲る。
【諧和】 仲よくする。〔周礼、地官、調人〕調人は萬民の難を司り、之れを諧和することを掌る。
↑諧允 心にかなう／諧因 頼りあう／諧隠 それとなく諷喩する／諧悦 よろこぶ／諧価 平価／諧喙 冗談／諧嬉 楽しむ／諧戯 ふざける／諧協 ととのう／諧偶 仲よし／諧契 心があう／諧決 定める／諧結 仲よくする／諧語 韻のある語／諧合 和合する／諧臣 俳優／諧暢 のびやか／諧調 からかう／諧靡 はなやぐ／諧穆 むつまじい
↓意諧・允諧・韻諧・婉諧・音諧・詼諧・楽諧・歓諧・鈞諧・口諧・克諧・輯諧・燮諧・心諧・声諧・斉諧・談諧・嘲諧・調諧・俳諧・和諧

【〓】16 2710 カイ せまい
形声 声符の部分は奴であるが、おそらく〓の省文に従うものであろう。〔説文〕に〓を収めず、韭部七下に「〓は菜なり」とみえ、〓と同声。〔文選、左思、魏都の賦〕に「風俗は〓惈を以て嬙しと爲し、人物は戕害を以て藝と爲す」とあり、〓果とは狭劣果勇の意。
訓義 ①せまい。心がせまく、せっかち。
声系 〓は〔説文〕未収であるが、水部の〔新附〕十一上に〓があり、〓の省声とする。また〓に「沆〓の氣なり」とあり、冷澄の露気、北方の夜気をいう。鋭くきびしいものを感じさせる語である。
↑〓惈 気性が荒い

【頮】16 1148［沬］8 3519 カイ(クヮイ) きよめる
篆文  古文 
会意 水＋廾＋頁。頁は儀礼の際の姿。儀礼に臨むにあたって、顔を洗うことをいう。〔書、顧命〕は、成王崩じ、康王が即位するときの受霊継体の儀礼を示すもので、「王乃ち水に洮頮す」とは、成王がその礼に臨むにあたって、まず身を清めることをいう。〔説文〕十一上に「沬は面を洒ふなり」とし、古文として頮を録するが、頮は頮の省文とみてよい。
訓義 ①かおあらう。②きよめる。
古訓 〔名義抄〕洮頮 テアラヒオモテアラフ 〔字鏡集〕頮 オモテアラフ・オモテノコエタルカタチ
↑頮濯 あらう／頮面 顔を洗う

【頠】16 2148 カイ(クヮイ) キ ほおぼね
篆文 
形声 声符は危。〔説文〕九上に「權なり」とあり、權（権）は顴、頰骨をいう。〔荘子、天道〕「頠然たり」とは、額つきのすぐれる意。
訓義 ①ほおぼね、ほおぼねが高い。②あつい、大きい、すぐれる。③質朴なさま、大朴のさま。④小頭。中央広く、両端が鋭い形。
【頠然】 高くあらわれて美しいさま。〔荘子、天道〕而の容は崖然たり。而の目は衝然たり。而の頯は頠然たり。而の口は闞然たり。

人【檜】17 4896 人［桧］10 4893 カイ(クヮイ) ひのき
篆文 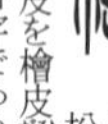
形声 声符は會（会）。〔説文〕六上に「柏葉松身」とあり、松科の常緑樹。檜は火の木の意。樹皮を檜皮といい、神殿・宮殿の屋根を葺くのに用いる。桧は俗字である。
訓義 ①ひのき、ひ。②旝と通じ、はた。③棺上の飾り。④古代の国名。〔詩〕の国風に「檜風」がある。⑤古く栝に作る。
古訓 〔新撰字鏡〕檜 比乃木（ひのき） 〔和名抄〕檜 飛（ひ） 〔名義抄〕檜 ヒ・ヒノキ 〔字鏡集〕檜 ク、ル・カサキ・ユミノハズ・イタル・ヤハズ・ヒノヤ
【檜楫】 檜のかい。〔詩、衛風、竹竿〕淇水、滺滺

いうたり 檜の楫、松の舟

↑檜煙 檜の香煙／檜花 檜の花／檜宅 官邸

↓寒檜・翰檜・孤檜・杉檜・秋檜・樅檜・翠檜・疎檜・双檜・蒼檜・霜檜・庭檜・晩檜・風檜・老檜

【檞】 17 4795 カイ まつやに かしわ

形声 声符は解。〔玉篇〕に「松構なり」とあり、松脂をいう。

訓義 ①まつやに。②やどりき。榎・栗などに寄生する。③国語、かしわ。槲の誤用。

古訓 〔新撰字鏡〕檞 万加志波（まかしは）〔和名抄〕檞 可之波（かしは）〔名義抄〕檞 カシハ・カシハキ・アフチノキ 〔字鏡集〕檞 クスノキ・カシハ・カケハシ・オホトチ

【檞葉】 かしわの葉。唐・温庭筠〔商山早行〕詩 檞葉、山路に落ち 枳花、驛牆に明らかなり

【膾】 17 7826 カイ（クワイ） なます

篆文

形声 声符は會（会）。〔説文〕四下に「細かく切りたる肉なり」とあり、魚肉のときには鱠という。〔論語、郷党〕に「膾は細きを厭はず」とみえる。

訓義 ①なます。②細かく割く。

古訓 〔名義抄〕膾 ナマス 〔篇立〕膾 シ、ノホソヘクヒ・ナマス

【膾炙】 なますとあぶり肉。美味。よく人に知られる。〔容斎随筆、十五〕連昌宮詞・長恨歌は皆人口に膾炙し、之れを讀む者をして、情性蕩搖せしむ。

↑膾羹 膾と羹／膾残 白魚／膾腥 膾と生肉／膾截 膾の切身／膾刀 肉庖丁／膾鯉 鯉の膾／膾鱸 鱸の膾

↓乾膾・綦膾・牛膾・魚膾・鯨膾・羹膾・細膾・作膾・炙膾・斫膾・切膾・鮮膾・肉膾・盤膾・美膾・庖膾・余膾・羊膾・縷膾

【薤】 17 4421 ［䪥］ 23 2781 カイ おおにら

篆文

形声 正字は䪥。韭はにらの象形。〔説文〕七下に「菜なり。葉は韭に似たり」とあり、叡声とする。薤は䪥の省体に従う。漢の古楽府に「薤露歌」「蒿里曲」の二曲があり、ともに送葬の曲。蒿は草間に屍骨のある象。䪥の従うところはおそらく𣪊と近く、𣪊はぬけがら。蒿と同じく死者への連想をもつ字であろう。

訓義 ①おおにら、らっきょう。②薤露。

古訓 〔新撰字鏡〕薤 奈女見良（なめみら）〔和名抄〕薤 於保美良（おほみら）〔字鏡集〕薤 ヒル・ミラ・ニラ・ナメミラ・キ、ミラ

声系 䪥と同じ声符に従うものに𣪊があり、〔説文〕十三下に「凶突出するなり」とするが、文義が明らかでない。〔段注〕以下、この字に言及するものなく、ただ〔説文通訓定声〕に、字が「埍、徒隷の居る所」の次にあるので、「按ずるに土豈に從ふ。圜土なるか」とする。圜土は獄舎。𣪊以下は瘞・堋・垗・塋など、みな墓域に関する字であるから、𣪊もおそらく墓域に関する字であろう。そこは薤草の茂るところ。ゆえに䪥露と蒿里と相対して用いる。

【薤歌】 挽歌。薤露。〔宋史、楽志十五、鼓吹上〕（元豊二年、慈聖光献皇后発引四首、十二時）薤歌鳳吹 悠颺として風を逐うて悲し

【薤葉】 篆書の一体。〔書史会要、秦〕小篆の後、又別れて八と爲る。～曰く、薤葉篆。

【薤露】 古楽府の名。挽歌。晉・陸機〔挽歌、三首、一〕詩 中闈 且らく謹しくすること勿かれ 我が薤露の詩を聽け

↑薤白 らっきょう

↓韭薤・玉薤・山薤・春薤・椒薤・薤薤・吹薤・蔬薤・蘇薤・葱薤・白薤・野薤・露薤

【澮】 17 3830 カイ（クワイ） あう めぐる

甲骨文 金文

形声 声符は會（会）。會は蒸し器に蓋する形。金文に「會鼎」の語がある。列国期以後、会合の意に用い、〔沇児鐘〕に「百生（姓）を龢澮せん」のように用いる。會を会合の意に用い、澮はその動詞形。字はまた迨に作る。〔玉篇〕に「澮は迊るなり」とみえる。

訓義 ①あう。②めぐる。

【邂】 17 3730 カイ であう

篆文

形声 声符は解。〔説文新附〕二下に「邂逅は期せずして遇ふなり」とあり、二字双声の連語として用いる。また邂覯に作り、うちとける意。

訓義 ①あう、であう。②うちとける。

古訓 〔名義抄〕邂 タマサカ／邂逅 タマサカ・アフ 〔字鏡集〕邂 タマサカ・アヒアフ

【邂逅】 めぐりあう。〔詩、鄭風、野有蔓草〕野に蔓草有り 零露溥たり 美なる一人有り 清揚、婉たり 邂逅して相ひ遇ふ 我が願ひに適へり

【醢】 17 1461 カイ しおから ししびしお

篆文 籀文

会意 籀文の字形は、肉を塩鹵の中に入れて蓋蔵する形。〔説文〕十四下に「肉醬なり」とし𥁕声とするが、𥁕声の字は他に例がない。醓醢と連用することが多く、醢は酢を用いるもの、醢は塩・酒・麹などで味つけするものをいう。

訓義 ①しおから、ししびしお。②しおづけにする。

古訓 〔新撰字鏡〕醢 肉比志保（ししびしほ）、又、太比々志保（たひびしほ）〔和名抄〕醢 之々比之保（ししびしほ）〔名義抄〕醢 シ、ビシホ・タヒ、シホ

【醓醢】 しおからと酢のもの。南朝宋・謝恵連〔古家を祭る文〕芻靈（わら人形）已に毀ち、塗車既に摧く。～盤に梅李或り、盎に醓醢或り。

【醢醬】 ししびしおと、ひしお。〔礼記、内則〕豚を濡るには、苦に包み蓼を實たす。雞を濡るには、醢醬にて蓼を實たす。魚を濡るには卵醬にて蓼を實たす。鼈を濡るには醢醬にて蓼を實たす。

↑醢豚 豚のひしお／醢脯 醢と乾肉

↓塩醢・加醢・蝸醢・蟹醢・魚醢・醓醢・祭醢・蔵醢・釀醢・蜃醢・歠醢・煎醢・菹醢・誅醢・覆醢・脯醢・烹醢

【禬】 18 3826 カイ（クワイ） はらい

篆文

形声 声符は會（会）。〔説文〕一上に「福を會する祭なり」とするが、〔玉篇〕に「災害を除くなり」とあり、〔芸文類聚〕に引く〔説文〕にも「惡を除く祭なり」とあって、その方がよい。

訓義 ①はらい。わざわいをはらう。②福を求める。③財貨をあつめて、被災者を救う。

古訓 〔名義抄〕禬 サイハヒ・サカフ・ヲフ 〔字鏡集〕禬 ホカフ・アカフ・サカフ・サイハヒ・オマツリコト・ヲフ

語系 會huat、禬kuat は声近く、刮kuat は會と同声。〔周礼、春官、詛祝〕に禬の「祝號」のことがみえ、〔天官、女祝、注〕に「災害を除くを禬と曰ふ。禬は猶ほ刮去のごときなり」と、刮の声義を以て説く。〔周礼、春官、大宗伯〕「禬禮」の〔注〕に「財貨を合會して、以て其の喪ふ所を更ふ」とあって合会の意

をとるが、本来は禬禳の意をもつものであろう。
【禬祭】禬は災厄を祓う祭。禜は日月星辰山川の祭。〔周礼、春官、詛祝〕盟詛類造、攻說禬禜の祝號を掌る。
↑禬祭 禬禳／禬禳 お祓い／禬礼 禬禳
↓攻禬

【繢】 18 2598 カイ(クヮイ) おりあまり いろどる あやぎぬ

篆文

形声 声符は貴。貴に潰・憒の声がある。〔説文〕十三上に「織餘なり」とあり、織り余りの総のところをいう。

訓義 ①おりあまり。②織余を編む。くみひも、うちひも。③絵と通じ、いろどる、あやぎぬ、え。

古訓 〔名義抄〕繢 カク・アツム・ヱ・ヱカイテ 〔篇立〕繢 アツム・クリソメ・ツクス・カク・ハタシネ

語系 繢huət、憒kuət、聵nguət は声近く、憒乱の意がある。彩織の織余のさまを繢という。繪(絵)huat は繢と声近く、また五色の会合するさまをいう。

【繢縠】うすいあやぎぬ。〔後漢書、董卓伝〕(董卓死す)士卒皆萬歲を稱し、百姓道に歌舞す。長安中の士女、其の珠玉衣裝を賣りて、酒肉を市ひて相ひ慶ぶ者、街肆に塡滿す。~塢中の珍藏に金二三萬斤、銀八九萬斤、錦綺繢縠、紈素奇玩有り、積むこと丘山の如し。

【繢繡】繡のあるえぎぬ。漢・馬融〔樗蒲の賦〕緣どるに繢繡を以てし、紩ふに綺文を以てす。杯は則ち搖木の幹、崐山より出づ。

↑繢画 え／繢事 図画／繢純 へり飾り／繢人 図画係／繢綏 あや糸の冠の紐／繢組 美しい組紐／繢總 えぎぬ／繢繒 えぎぬ／繢藻 文彩

↓衣繢・画繢・綺繢・錦繢・采繢・侈繢・純繢・織繢・染繢・組繢・藻繢・雕繢・繁繢・文繢

【聵】 18 1518 カイ(クヮイ) みみしい

篆文

形声 声符は貴。貴に潰・憒の声があり、潰乱の意がある。〔説文〕十二上に「聾なり」とあり、先天性のものをいう。

訓義 ①みみしい。②おろか。

古訓 〔字鏡集〕聵 ミ、シヒ

【聵聵】ものがわからぬ。無知なさま。宋・蘇軾〔米元章に与ふ、二十八首、二十一〕兒子何れの處に於てか、寶月觀の賦を得たり。~此の若きの賦、當に古人に過ぐべし。今世を論ぜざるなり。天下豈に常に我が輩の聵聵なるが如くならんや。

↑聵眊 耳目がくらい／聵聾 みみしい

↓瞽聵・耳聵・眊聵・耄聵・聾聵

【闓】 18 7710 カイ ひらく たのしむ

篆文

形声 声符は豈。〔説文〕十二上に「開くなり」とあり、〔段注〕に「本義を開門と為す」という。豈は凱楽の楽器の形で、愷ぶ意がある。門は廟門。廟門に凱楽を奏する。ゆえにまた愷楽の意となる。

訓義 ①ひらく、門をひらく。②ひらける、あきらか。③たのしむ、よろこぶ。

古訓 〔字鏡〕闓 アキラカ・ヒラク

語系 闓khai、開khei、啓(啓)khyei は声義が近い。開は左右の扉を手で開く形。啓は口(𠙵)、祝詞・盟誓)を収めた神戸棚の戸を、手で開く形。〔方言、六〕に「戶を開くを、~楚にては之れを闓と謂ふ」とあり、闓は方言音である。

【闓懌】喜び楽しむ。〔漢書、司馬相如伝〕(封禪文)首惡(謀叛の指導者)鬱沒し、闇昧昭晣たり。昆蟲闓懌し、回首して内に面ふ。

↑闓闡 明るい／闓明 ひらく／闓爽 明るい／闓拓 ひらく／闓張 ひらく／闓陽 太陽

【旝】 19 0826 カイ(クヮイ) はた

篆文

形声 声符は會(会)。〔説文〕七上に「旌旗なり」(段注本)とあり、また「一に曰く、大木を建て、石を其の上に置き、發するに機を以てし、以て敵を槌つ」とあり、弩をいう。

訓義 ①はた、赤地のはた。これを動かして号令を発する。②いしゆみ、弩。

古訓 〔名義抄〕旝 イシハジキ

↓旗旝・矢旝・旃旝・大旝・転旝

【瀣】 19 3711 カイ

篆文

形声 声符は韰の略体。〔説文新附〕十一上に「沆瀣の气なり」とあり、海気や露の気、また北方夜半の気など、澄明なものをいう。沆瀣・沆瀣は双声の連語。もと形況の語であろう。

訓義 ①気のみちるさま、気の澄明なさま。②水のさかんなさま。

【瀣気】夜の水気。清・龔自珍〔桂殿秋、詞の序〕時に方に夜なり。月光呑吐し、百歩の外に在り。瀣氣の空濛たるを盪かし、都て一碧と爲り、淸景を散じて離合し、幾重なるかを知らず。

↑瀣沆 沆瀣

↓沆瀣

【翽】 19 2722 カイ(クヮイ)

篆文 簡書

形声 声符は歳(歲)。歳に噦・濊の声がある。〔説文〕四上に「飛ぶ聲なり」とあり、羽音をいう擬声語。

訓義 ①はばたきの音。

古訓 〔新撰字鏡〕翽 波祢於止(はねおと) 〔名義抄〕翽 トブ

【翽翽】鳥の羽音。〔詩、大雅、巻阿〕鳳皇于に飛ぶ 翽翽たる其の羽

入【蟹】 19 2713 カイ かに

篆文

形声 声符は解。〔説文〕十三上に「二敖八足有り。旁行す。蛇鱓の穴に非ざれば、庇るる所無し」とみえる。解に従うのは、脱皮する意か、あるいは、その全身が分節より成る意であろう。

訓義 ①かに。

古訓 〔和名抄〕蟹 加邇(かに) 〔名義抄〕蟹 カニ

語系 蟹he、解ke は声が近い。介keat はいくらか声が遠いようである。

【蟹眼】湯のわきたつさま。宋・蘇軾〔試院に茶を煎る〕詩 蟹眼已に過ぎて、魚眼(茶の泡立ち)生じ 颼颼たる松風の鳴を作さんと欲す

【蟹匡】かにの背。甲羅。唐・銭珝〔江行無題〕詩 謾ぎて罇中の物を把る 人の蟹匡を啄する無し

【蟹行】横に歩く。漢・張超〔青衣を誚むるの賦〕蟹行して妃を索め、旁行して偶を求む。

【蟹黄】かにみそ。宋・陸游〔舟中、暁に賦す〕詩 香飯に菰白(まこもの実)を炊き 醇醪(こい酒)に蟹黃を點ず

【蟹舍】漁師の家。唐・張志和〔漁父の歌〕詩 松江の蟹舍、主人歡び 菰飯蓴羹、亦た共に餐す

【蟹胥】かにのひしお。北周・庾信〔永豊殿下の言志に奉和す、十、十首〕詩 濁醪は鶴髓に非ず 蘭肴は蟹胥に異なり

野情、風月曠く 山心人事疏なり
【蟹杯】(かいはい) 蟹の甲を用いた杯の名。〔蟹譜、下、蟹杯〕其の斗（匡の異名）の大なる者、漁人或いは用ひて以て酒を酌む。之れを蟹杯と謂ふ。亦た阿陵（魚の酒樽）雲螺（美しい螺貝）の流なり。
↑蟹火(かいか) 蟹漁の火／蟹殻(かいかく) 蟹の殻／蟹戸(かいこ) 漁師／蟹甲(かいこう) 蟹の甲／蟹羹(かいこう) 蟹の羹／蟹臍(かいせい) 蟹の腹／蟹厄(かいやく) 蟹の稲害／蟹簾(かいれん) 蟹の漁具
↓蝦蟹・寒蟹・魚蟹・窟蟹・江蟹・蛤蟹・羹蟹・螯蟹・山蟹・嗜蟹・煮蟹・新蟹・鮮蟹・糖蟹・烹蟹・夜蟹・老蟹

【瓌】 20 1013 ［瑰］ 14 1611

カイ（クヮイ）キ
たま すぐれる めずらしい

篆文 

形声 声符は褢(かい)。〔説文〕一上に字を瑰に作り、鬼声。「玫瑰なり。一に曰く、圜好(えんこう)なり」という。玫瑰には瑰、瓌宝の字には瓌を用いる。

訓義 ①たま。②すぐれる、立派。③めずらしい。

古訓 〔名義抄〕瓌 アヤシ・メグル／玫瑰 キラヽ・アヤシ 〔篇立〕瓌 タマ・アヤシ

＊語彙は瑰字条も参照。

【瓌異】(かいい) すぐれてめずらしい。〔晋書、五行志下〕桓玄～一老公の青牛を驅るに逢ふ。形色瓌異なり。桓玄即ち乘る所の牛を以て易(か)へて取る。
【瓌偉】(かいい) すぐれて立派。〔晋書、赫連勃勃載記〕勃勃～文を爲(つく)らしめて、陰(ひそ)かに之れを誦し、(劉)裕の使を召して前(すす)ましめ、舍人に口授す。～裕、其の文を覽て之れを奇とす。使者又勃勃の容儀瓌偉、英武人に絶するを言ふ。
【瓌逸】(かいいつ) すぐれたもの。晉・陶潛〔閑情の賦〕夫(そ)れ何ぞ瓌逸の令姿、獨り曠世にして以て群に秀でたる。
【瓌奇】(かいき) すぐれて珍しい。唐・韓愈〔鄭群、簟を贈る〕詩 蘄(き)州の笛竹は、天下知る 鄭君の寶とする所は、尤も瓌奇なり
【瓌譎】(かいきつ) ふしぎな美しさ。漢・王延寿〔魯の霊光殿の賦〕邈(ばく)として世に希(まれ)にして特出し、羌(あゝ)瓌譎にして鴻紛たり。
【瓌傑】(かいけつ) 状貌がすぐれて立派。〔晋書、阮籍伝〕阮籍、字(あざな)は嗣宗、～容貌瓌傑にして、志氣宏放なり。～性に任せて不羈(ふき)にして、喜怒色に形(あら)はさず。
【瓌姿】(かいし) 立派な姿。楚・宋玉〔神女の賦の序〕上古に既に無し、世に未だ見ざる所。瓌姿瑋態、勝(あ)げて贊(たた)ふべからず。
【瓌望】(かいぼう) 立派なようすの人。晉・范寧〔穀梁伝の序〕漢興りてより以來(このかた)、瓌望碩儒、各々習ふ所を信(の)べ、是非紛錯し、準裁定まる靡(な)し。
【瓌麗】(かいれい) すぐれてうるわしい。唐・李華〔揚州功曹～蕭穎士文集の序〕厥(そ)の後、賈誼(かぎ)有り、文詞最も正にして、理體に近し。枚乘、司馬相如も、亦た瓌麗の才士なり。然れども風雅に近からず。
↑瓌瑋(かいい) 瓌偉／瓌穎(かいえい) 穎才／瓌艶(かいえん) あでやか／瓌怪(かいかい) あやしく美しい／瓌琦(かいき) 瓌奇／瓌詭(かいき) 瓌異／瓌器(かいき) よい器量／瓌才(かいさい) 奇才／瓌材(かいざい) 瓌才／瓌秀(かいしゅう) すぐれる／瓌能(かいのう) 瓌才／瓌富(かいふ) すぐれてゆたか

【靧】 21 1568

カイ（クヮイ）

形声 声符は貴(き)。〔玉篇〕に「面を洗ふなり。頮(かい)と同じ」とあり、〔説文〕十一上に「沬は面を洒(あら)ふなり」とある字にあたる。

訓義 ①かおあらう。②字はまた頮に作る。

【靧面】(かいめん) 顔を洗う。〔太平御覧、二十〕に引く虞世南の史略〕北齊の盧士深の妻～才學有り。春日桃花を以て兒の面を靧(あら)ふ。呪(のろ)りて曰く、紅花を取り白雪を取り、兒の與(ため)に洗面して光悅を作(な)さん。～雪白を取り花紅を取り、兒の與に洗面して華容を作さんと。
【靧粱】(かいりょう) 粱米のとぎ汁で顔を洗う。〔礼記、玉藻〕日に五たび盥し、稷に沐して、粱に靧(あら)ふ。

【韰】 23 2781

カイ
おおにら

篆文 

形声 声符は㕡(か)。薤の正字。〔説文〕七下に「菜なり。葉は韭(にら)に似たり。～㕡聲」とあり、いわゆる韮菜。また鴻薈(こうかい)ともいい、臭味の強いものである。

訓義 ①おおにら、らっきょう。②せまい。③字はまた薤に作る。

＊語彙は薤字条参照。

↑韰露(かいろ) 薤露

【鱠】 24 2836 ［膾］ 17 7826

カイ（クヮイ）
なます

形声 声符は會（会）(かい)。膾と同字異文。

訓義 ①なます。②〔本草綱目〕に鱠残という魚の名がみえる。身潔白にして銀の如く、鱗がないのでその名がある。魚の名。

古訓 〔和名抄〕鱠 奈万須（なます）〔名義抄〕鱠 ナマス

＊語彙は膾字条参照。

【鱠鯉】(かいり) 鯉をなますにする。〔詩、小雅、六月〕諸友に飲御して 包鼈(ほうべつ)（すっぽんのあぶり焼き）鱠鯉あり

ガイ

【乂】 2 4000 ［刈］ 4 4200

ガイ
かる おさめる

篆文 

象形 鋏(はさみ)の形。〔説文〕十二下に「艸を芟(か)るなり」という。字はまた刈に作る。

訓義 ①かる、草を刈る。②政事に及ぼして、整理し治めることをいう。おさめる、おさめる才ある人。字はまた⿱辟乂に作る。③⿱乂心(がい)と通じ、こらしめる。

古訓 〔名義抄〕刈 カル 〔篇立〕乂 カル・コロス・ヤキハ・トル

声系 〔説文〕に乂を丿(へつ)部に属するが、乂は鋏の象形で、部首とすべき字である。乂声として艾・⿱乂心・⿱辟乂など五字を収める。⿱辟乂は罪辟・辟治の意を以て辟に従う。金文に辥に作り、𠂤(し)（出征のときの脤肉）を懸けて、辛（曲刀）を加える形で、⿱辟乂治の意をもつ。金文の〔大克鼎〕「周邦を保辥す」は「保⿱辟乂」「保乂」にあたる語である。

語系 乂・⿱乂心 ngiat は同声。艾 ngat は畳韻。〔説文〕十下に「⿱乂心は懲なり」「懲は⿱乂心なり」と互訓。字はまた乂・艾に作る。みな乂の声義を承ける。

【乂安】(がいあん) 治まって無事。〔史記、武帝紀〕元年、漢興りてより已に六十餘歲、天下乂安なり。薦紳（縉紳）の屬、皆天子封禪して、正度を改めんことを望む。
【乂清】(がいせい) 治まっておだやか。魏・鍾会〔蜀に檄する文〕國家故(こと)に多きに方(あた)り、未だ九伐の征を脩むるに遑(いとま)あらず。今邊境乂清にして、方内無事なり。力を畜(たくは)へて時を待ち、兵を併せて一(ひたすら)に向はん。
↑乂康(がいこう) 安らか／乂俊(がいしゅん) 俊才／乂寧(がいねい) 乂安
↓安乂・英乂・康乂・時乂・粛乂・俊乂・懲乂・統乂・保乂

常【刈】 4 4200 ［乂］ 2 4000

ガイ
かる

篆文  甲骨文

形声 声符は乂(がい)。乂は鋏の象形。〔説文〕十二下に「乂は艸を芟(か)るなり」とし、重文として刈を加えるが、刈を乂治の意に用いることはなく、別の字として扱うべきである。

訓義 ①かる、きる、とる。②ころす。③かま。

古訓〔字鏡集〕刈 トル・カル・ヌク・コロス
語系 乂ngiat、艾ngatは声義近く、ともに草を薙る意。
【刈穫】かりとる。清・黄燮清〔秋日田家雑詠〕詩 刈穫須らく時に及ぶべし 總べて雨雪に傷れん
【刈殺】きりひらく。開墾。〔国語、呉語〕昔吾が先王、～上帝に達す。譬へば農夫の耦を作して、以て四方の蓬蒿を刈殺するが如く、以て名を荊に立てしは、此れ則ち大夫の力なり。
↑刈禾 稲刈り／刈鉤 かま／刈取 刈穫／刈除 除く／刈田 収禾後の田／刈亡 滅ぼす
↓穫刈・芟刈・鏟刈・斬刈・収刈・銍刈

常【外】5 2320 ガイ(グヮイ) ゲ そと よそ はずれる

篆文 古文 金文

会意 夕＋卜。夕は肉を削りとる意。〔説文〕七上に「遠きなり。卜は平旦（朝あけ）を尚ぶ。今、夕にして事を卜するは外なり」とあり、夕に卜するを法外の意とする。〔周礼、考工記、梓人〕に「外骨」「内骨」の語があり、外骨は亀、内骨は鼈の属。亀は外骨内肉、その腹甲を卜版に用いた。夕はまた月の形にしるし、卜辞に「其れ父丁に三罕を月さんか」とは、その犠牲の肉を削ることをいう。殷王の外丙・外壬を卜文に卜丙・卜壬に作り、外は卜事に関する字である。

訓義 ①そと、そとがわ、おもて。②ほか、よそ、とおい、はずれ。③うわべ、おろそかにする。

古訓〔名義抄〕外 ホカ・ウトシ・ノヘ・ト〔字鏡集〕外 ホカ・トホシ・ウトシ
【外夷】外族。外国人。〔漢書、蕭望之伝〕外夷稽首して藩と稱し、中國讓りて臣とせず。此れ則ち羈縻の誼、謙亨の福なり。

【外畏】外部をおそれる。〔史記、呂后紀〕内は絳侯・朱虚等を憚り、外は齊楚の兵を畏る。

【外壝】外側の、囲みめぐらした壇。〔隋書、礼儀志一〕中壝、内壝を去り、外壝、中壝を去ること各〻二十五歩。皆八門に通ず。

【外域】外国の地。〔後漢書、西域伝論〕漢の世、張騫致遠の略を懷き、班超封侯の志を奮ふ。終に能く功を西遐に立て、外域を羈服す。

【外役】外の守り。国境警備。〔左伝、昭二十年〕寡君の下臣は君の牧圉なり。若し外役を扞ることを獲ずんば、是れ寡君有りとせざるなり。

【外苑】宮外の苑囿。〔宋史、礼志十六〕第四日、百官を都亭驛に、宋室を外苑に宴す。

【外援】外からの援助、支持。〔左伝、文元年〕凡そ君、位に卽くときは、卿出でて竝びに聘し、舊好を踐修し、外援を要結す。

【外羨】墳墓の出入口。墓室から外に通ずる羨道。〔史記、秦始皇紀〕葬して既に已に下す。～已に臧（蔵）して中羨を閉ぢ、外羨の門を下し、盡く工匠臧する者を閉ぢ、復た出づる者無からしむ。草木を樹ゑて、以て山に象る。

【外縁】外よりの欲望。〔宋書、謝霊運伝〕窮巖に幽棲し、外緣兩つながら絶ゆ。

【外応】外にあって相応ずる。〔唐書、宦者上、魚朝恩伝〕郭子儀密かに白す。朝恩嘗て周智光と結び、外應を爲し、久しく內兵を領す。早く圖らざれば、變且に大ならんとすと。

【外患】外からの攻撃。外寇。〔孟子、告子下〕入りては則ち法家拂士（輔弼の人）無く、出でては則ち敵國外患無き者は、國恒に亡ぶ。

【外求】他に救いを求める。〔穀梁伝、荘二十八年〕古者、稅は什の一。豐年には敗（凶年）を補ひ、外求せずして、上下皆足るなり。

【外挙】縁故のない者を用いる。〔礼記、儒行〕儒に、内に稱するに親を辟けず、外擧には怨みを辟けず、功を程り事を積み、～苟くも國家を利して、富貴を求めざる有り。

【外交】外国との交わり。〔礼記、郊特牲〕庭實（幣物を獻じる）して私に覿ゆること、何ぞ諸侯の庭に爲さんや。人臣爲る者には、外交無し。敢て君に貳せざるなり。

【外寇】外国からの攻撃。〔後漢書、光武帝紀上〕今、兵穀既に少なく、外寇彊大なり。力を幷せて之れを禦がば、功庶はくは立つべし。

【外柔】うわべはおだやか。〔晋書、甘卓伝〕卓、外柔內剛、政を爲すこと簡惠なり。綏撫に善く、估稅悉く除き、～西土稱して惠政と爲す。

【外署】尚書省の下で実務を執る所。〔魏書、官氏志〕（天興）二年三月、尚書三十六曹及び諸外署を分ち、凡そ三百六十曹を置き、大夫をして之れを主らしむ。

【外人】他人。仲間以外の人。〔孟子、滕文公下〕公都子曰く、外人皆夫子辯を好むと稱す。敢て問ふ、何ぞやと。孟子曰く、予豈に辯を好まんや。予已むことを得ざればなり。

【外成】とつぐ。〔貞観政要、論礼楽〕舅は母の本宗為たり、姨は外成他姓爲り。

【外戚】皇后の一族。母方の親戚。〔史記、魏其武安侯伝賛〕魏其・武安は、皆外戚を以て重んぜらる。

【外遷】地方官に転任する。〔貞観政要、任賢〕杜如晦～俄かに陜州總督府の長吏に遷さる。時に府中、英俊多く、外遷せらるる者衆し。

【外孫】他家にとついだ娘の子。〔漢書、司馬遷伝〕遷、既に死したる後、其の書稍く出づ。宣帝の時、遷の外孫平通侯楊惲、其の書を祖述す。

【外地】地方。〔宋史、竇儼伝〕淫刑の興る、～蓋し外地、通規を守らざるに緣る。或いは長釘を以て人の手足を貫き、或いは短刀を以て人の肌膚を臠る。

【外廷】表むきの役所。漢・司馬遷〔任少卿（安）に報ずる書〕嚮には僕も亦た常（嘗）て下大夫の列に廁はり、外廷の末議に陪せり。～今以に形を虧き埽除の隷と爲り、闒茸（下人たち）の中に在り。

【外蕃】外国。外藩。唐・杜甫〔八哀詩、司空王公思礼に贈る〕九曲外蕃に非ず 其の王轉た深壁
【外藩】外国。また諸侯王。〔宋史、孝宗紀賛〕古より人君、外藩より起り、入りて大統を繼ぎ、能く宮庭の孝を盡す。未だ帝の若きもの有らず。

【外侮】外から受ける侮り。〔左伝、僖二十四年〕周の懿德有るも、猶ほ兄弟に如く莫しと曰ふ。故に之れを封建す。～猶ほ外侮有らんことを懼る。～故に親を以て周を屛る。

【外物】富貴・名利の類。唐・韋応物〔幽居〕詩 獨り外物に牽かるる無く 此の幽居の情を遂ぐ 微雨夜來に過ぐ 知らず、春草の生ずるを
【外嬖】お気にいり。嬖臣。〔左伝、成十七年〕晉の厲公、侈にして外嬖多し。～盡く群大夫を去りて、其の左右を立てんと欲す。

【外貌】うわべ。みかけ。〔韓非子、喩老〕空竅は神明の戶牖なり。耳目は聲色に竭き、精神は外貌に竭く。故に中主無し。

【外野】ひろ野。魏・阮籍〔詠懐、八十二首、二〕詩 孤鴻、外野に號き 翔鳥、北林に鳴く 徘徊して將た何をか見る 憂思獨り心を傷ましむ

【外誘】(がいゆう) 誘惑。〔中庸章句、一〕蓋し學者、此に於て諸これを身に反求し、之れを自得し、以て夫の外誘の私を去り、其の本然の善を充たさんことを欲す。

【外欲】(がいよく) 外物に対する欲望。〔呂覧、君守〕中欲出ださざる、之れを扃と謂ひ、外欲の入らざる、之れを閉と謂ふ。

【外朗】(がいろう) 明朗。〔南斉書、宗室、衡陽元王道度伝〕宣帝、二兒の學業を問ふ。次宗答へて曰く、其の兄は外朗、其の弟は內潤、皆良璞なりと。

↑外囲 外囲い／外溢 溢れ出る／外院 別邸／外宇 地方／外瀛 海外／外垣 そと垣／外怨 他の怨み／外園 外苑／外檐 外ひさし／外翁 外祖父／外家 妻の家／外貨 外国品／外禍 外患／外海 海外／外界 外部／外客 外来の人／外郭 外ぐるわ／外廓 外郭／外姦 外部の敵／外館 客舎／外艱 父の喪／外観 うわべ／外気 外の空気／外議 世論／外舅 妻の父／外境 外地／外釁 外憂／外懼 外患／外虞 外患／外寓 外地に仮住いする／外兄 父の姉妹の子／外景 火／外警 国境警戒／外権 外の力／外戸 外扉／外姑 妻の母／外公 外祖父／外剛 強がり／外国 他国／外婚 よめ／外詐 ふりする／外妻 妾／外祭 郊社の祭／外斎 外の室／外子 庶子／外氏 母の家／外司 地方官／外市 交易／外使 外国の使者／外祀 山川の祭／外師 外征／外事 外交／外舎 外戚／外集 正集の補編／外処 地方／外書 外典／外奨 お世辞／外障 そこひ／外牆 外がき／外状 みかけ／外攘 攘夷／外職 地方官／外臣 他国の臣／外寝 奥座敷／外親 外戚／外生 外甥／外姓 母方／外甥 妻の兄弟／外祖 母の父母／外属 母方／外宅 別宅／外治 国政／外朝 朝廷／外寵 嬖臣／外邸 下屋敷／外第 別邸／外典 儒家の書／外伝 別伝／外土 外地／外党 妻の家の親戚／外套 清の盛服／外盗 外部の盗／外頭 外辺／外内 内外／外難 外患／外任 地方官／外迫 外圧／外発 外に出る／外班 地方官／外畔 外境／外誹 他からのそしり／外表 表面／外賓 外国の客／外婦 妾／外覆 上をおおう／外廡 外の廊下／外聞 世評／外辺 外がわ／外変 国外との紛争／外弁 禁衛／外堡 外塁／外補 地方の任官／外母 外姑／外方 遠方／外邦 外国／外奔 亡命する／外命 財物／外盟 同盟／外輸 輸出入／外郵 国境の宿／外憂 外患／外洋 海外／外慾 外欲／外翼 左右両翼／外邏 巡邏する／外来 外から来る／外吏 地方官／外略 外征／外塁 国境の塁／外論 世論

↓案外・意外・域外・員外・院外・雲外・烟外・簷外・屋外・化外・花外・遐外・霞外・海外・格外・郭外・館外・檻外・畿外・徼外・橋外・局外・形外・圏外・言外・限外・戸外・語外・口外・江外・荒外・郊外・闔外・塞外・在外・事外・除外・渉外・心外・身外・人外・塵外・世外・疎外・窓外・存外・竹外・中外・宙外・天外・度外・等外・内外・排外・番外・物外・方外・法外・望外・門外・野外・埒外・欄外・慮外・例外・嶺外・廬外・論外

人【亥】6 0028 〔亥〕6 0028 ガイ カイ い

象形 獣の形。〔説文〕十四下に「荄なり」と草の根の意に解するが、獣の形とみるべく、㱾攺の㱾はその形に従う。㱾は呪霊をもつ獣を殴って邪霊を祓う意の字。十二支獣の猪にあてるが、十二支獣は漢以後の知識である。干支は殷の甲骨文にすでにみえるが、十二支と字義との関係はなお明らかでない。

訓義 ①十二支の「い」。②草の根。

古訓 〔名義抄〕亥 ヰ 〔字鏡集〕亥 ヰ・ヨル

部首 〔説文〕に古文一字を録する。〔玉篇〕も同じ。ともに篇末にあり、始一終亥の部立である。

声系 〔説文〕に亥声として荄・咳・該(該)・㱾・骸(骸)・刻(刻)・核(核)・晐・欬・駭・閡・劾(劾)・陔など二十字を収める。該・㱾・閡・陔のように呪儀に関するもののほか骸・核のように骨骼に関するもの、咳・駭のように擬声や形況を写すものなどがある。

参考 〔説文〕にその字形を解して「十月、微陽起り、盛陰に接す。二に従ふ。二は古文上字、一人は男、一人は女なり。乙に従ふ。子を裹きて咳咳する形に象る」という。〔左伝、襄三十年〕に「亥に二首六身有り」とするのと同じく、篆文の字形によって説を成すものであるが、卜文・金文の字形は、呪儀に用いる獣の側身形である。

【亥市】(がいし) 亥の日に開く市。唐・張籍〔江南曲〕詩 江村亥の日、長く市を爲す 落帆橋を度つて浦裏に來る

【亥豕】(がいし) 字形が似ているための誤り。〔呂覧、察伝〕史記を讀む者有り、曰く、晉の師三豕河を渉ると。子夏曰く、非なり。是れ己亥なり。夫れ己と三と相ひ近し。豕と亥と相ひ似たりと。

↑亥月 旧十月／亥合 集市／亥地 西北北方／亥歩 禹の臣豎亥、健脚の人

↓吉亥・建亥・算亥

【艾】6 4440 ガイ よもぎ もぐさ やしなう

形声 声符は乂。〔説文〕一下に「冰臺なり」とあり、氷をレンズとして艾に火を取ることをいう。その草はよもぎ。晉の張華の〔博物志、戲術〕にその法がしるされている。

訓義 ①よもぎ、よもぎいろ。②もぐさ。③年老いて髪が艾色となることから、としより、たける、ひさしい。④やしなう。⑤乂・刈と通じ、かる、きる、たつ。また、かま。⑥乂と通じ、おさめる。

古訓 〔和名抄〕艾 與毛岐(よもぎ) 〔名義抄〕艾 ヨモギ・ヤイクサ・ヤシナフ・ミル・ナガシ・ヌク・タク・ヒサシ・カズ・カル・タエヌ

【艾安】(がいあん) 治まって無事。〔漢書、郊祀志上〕漢興りてより已に六十餘歲、天下艾安なり。縉紳の屬、皆天子封禪し、正度を改めんことを望む。

【艾衣】(がいい) 端午の日の衣。〔遼史、礼志六〕五月重五日の午の時、艾葉と綿とを採りて著衣す。七事は天子に奉じ、北南の臣僚は各〻三事を賜ふ。

【艾艾】(がいがい) どもっていう語。〔世説新語、言語〕鄧艾、口吃にして、語るに艾艾と稱す。晉の文王之れに戲れて曰く、卿、艾艾と云ふ、定めて是れ幾艾ぞと。對へて曰く、鳳や鳳や、故是れ一鳳のみと。

【艾耆】(がいき) 老人。〔礼記、曲礼上〕五十を艾と曰ふ。官政に服す。六十を耆と曰ふ。指使す。

【艾虎】(がいこ) 端午の節句に髪飾りとするもの。〔荊楚歳時記〕五月五日、艾を以て虎形を爲り、或いは綵を剪りて小虎を爲り、帖るに艾葉を以てす。內人爭うて之れを相ひ戴く。

【艾殺】(がいさつ) 切り殺す。〔左伝、哀元年〕楚は德無しと雖も、亦た其の民を艾殺せず。

【艾人】(がいじん) 端午の節句に使う人形。〔荊楚歳時記〕五月五日、之れを浴蘭節と謂ふ。四民並びに蹋百草の戲有り。艾を採りて以て人を爲り、門戸の上に懸け以て毒氣を禳ふ。

【艾服】(がいふく) 五十歲。官政に服する。〔礼記、曲礼上〕人生まれ

て十年を幼と曰ふ。學ぶ。二十を弱と曰ふ。冠す。三十を壯と曰ふ。室有り。四十を強と曰ふ。而して仕ふ。五十を艾と曰ふ。官政に服す。

↑艾怨(がいえん) 怨みをこらえる／艾猳(がいか) 牡豚／艾褐(がいかつ) 染料／艾気(がいき) 吃る／艾康(がいこう) 安んずる／艾蒿(がいこう) よもぎ／艾餻(がいこう) 草餅／艾者(がいしゃ) 老人／艾炷(がいしゅ) もぐさ／艾酒(がいしゅ) よもぎ酒／艾蕭(がいしょう) よもぎ／艾色(がいしょく) 美女／艾絶(がいぜつ) かりきる／艾壮(がいそう) 老健／艾草(がいそう) よもぎ／艾年(がいねん) 五十歳／艾納(がいのう) 香の名／艾焙(がいばい) 灸／艾髪(がいはつ) 白髪／艾畢(がいひつ) よもぎ色の前かけ。これを断って宮刑にかえるという。古代の象刑／艾韠(がいひつ) 艾畢／艾符(がいふ) 端午の門飾り／艾餅(がいへい) よもぎ餅／艾命(がいめい) 殺す／艾養(がいよう) 養う／艾老(がいろう) 五十歳

↓火艾・葛艾・耆艾・薫艾・荊艾・虎艾・好艾・槁艾・蒿艾・采艾・芝艾・嗜艾・蓍艾・灼艾・秀艾・俊艾・初艾・鋤艾・少艾・焼艾・蕭艾・針艾・鍼艾・創艾・長艾・童艾・年艾・沛艾・燔艾・砭艾・保艾・蒲艾・蓬艾・野艾・薬艾・幼艾・蘭艾・老艾

常 **【劾】** 8 0422 〔劾〕 8 0422 ガイ カイ せめる しらべる

篆文 

形声 声符は亥(亥)(がい)。〔説文〕十三下に「辠(つみ)有るものを法(廢)するなり」と弾劾の意とする。しかし力は耒(すき)の象形で、この字義に関するところがない。もと殺(がい)と同源の語で、弾劾・自劾の意となる。亥は呪霊をもつ獣の形。〔急就篇、四〕に「詐僞を誅罰し、罪人を劾す」とあり、告発する意。「劾を投ず」とは、自己弾劾して職を辞することをいう。

訓義 ①せめる、しらべる、さばく。②官吏の罪を告発する。③自劾。

古訓 〔名義抄〕劾 トフ

【劾按】(がいあん) とりしらべる。〔唐書、文芸下、李華伝〕華、使を出だし、劾按して撓(たわ)まず。州縣肅然たり。爲に權幸に疾(にく)まれ、右補闕に徙(うつ)さる。

【劾繫】(がいけい) 告発して拘禁する。〔史記、呉王濞伝〕漢に賊臣有り。天下に功無く、諸侯の地を侵奪し、吏をして劾繫訊治せしめ、之れを僇辱(りくじょく)するを以て故(こと)と爲す。

【劾奏】(がいそう) 官吏の罪を天子に上奏する。〔漢書、韋玄成伝〕騎して廟下に至る。有司劾奏す。等輩數人、皆爵を削りて關内侯と爲す。

↑劾案(がいあん) 劾按／劾験(がいけん) しらべる／劾罪(がいざい) 罪をしらべる／劾死(がいし) 死罪として告発する／劾状(がいじょう) 自己告発／劾責(がいせき) 糾責する／劾鼠(がいそ) 鼠裁判／劾治(がいち) 取り調べ／劾詆(がいてい) 告発する／劾捕(がいほ) 告発し逮捕する／劾問(がいもん) 訊問する

↓按劾・陰劾・鞠劾・糾劾・挙劾・繫劾・考劾・告劾・坐劾・自劾・手劾・収劾・奏劾・弾劾・廷劾・投劾・排劾・誣劾・覆劾・免劾

【厓】 8 7121 ガイ がけ きし はて

篆文 

形声 声符は圭(けい)。〔説文〕九下に「山邊なり」とあり、断崖のところをいう。山には崖、水には涯という。

訓義 ①がけ、きし、きわ、かたへ。②はて、はし、かぎり。③睚と通じ、まなじり。

古訓 〔字鏡集〕厓 カギリ・キシ・キハ

声系 〔説文〕に崖を圭声とし、水部〔新附〕十一上には涯を厓の亦声とする。涯は先秦の文献にもみえる字である。

語系 厓・崖・涯 ngeは同声。その断層をなすものを厓、断岸をなすものを崖という。岸は岸限の意。

＊語彙は崖字条参照。

↑厓岸(がいがん) 崖岸／厓谷(がいこく) 山谷／厓眥(がいさい) にらむ／厓略(がいりゃく) 概略

↓陰厓・縁厓・河厓・懸厓・高厓・秋厓・峻厓・水厓・絶厓・層厓・丹厓・断厓・磨厓

【咳】 9 6008 〔孩〕 9 1048 ガイ カイ せき

篆文  古文 

形声 声符は亥(亥)(がい)。〔説文〕二上に「小兒の笑ふなり」とあり、その擬声語。またせきする声。〔説文〕古文に孩を録するが、その字はのち幼孩の意に用いる。

訓義 ①あぎとう。②せき、しわぶき。③字は、また孩に作り、おさない。④該と通じ、かねる。

古訓 〔名義抄〕咳 シハブキ・アギトフ 〔字鏡集〕咳 チゴノワラフ・アギトフ・シハブキ・ツバキ

【咳嬰】(がいえい) みどりご。あかご。〔史記、扁鵲伝〕先生の方能く是(か)くの如くんば、則ち太子生くべきなり。是の若(ごと)くなる能はずして之れを生かさんと欲するは、曾(すなは)ち以て咳嬰の兒にも告ぐべからず。

【咳嗽】(がいそう) せき。しわぶき。〔春秋繁露、五行逆順〕如(も)し人君戰を好み、諸侯を侵陵～するときは、則ち民、喉を病みて咳嗽す。

【咳唾】(がいだ) せきと、つばき。長者の言。〔後漢書、文苑下、趙壹伝〕勢家宜しき所多し 咳唾自ら珠を成す 褐を被(き)て金玉を懐(いだ)くも 蘭蕙(らんけい)(香草)化して芻(まぐさ)と爲る

↑咳咳(がいがい) 笑うさま／咳逆(がいぎゃく) せきこむ／咳兒(がいじ) 孩児／咳笑(がいしょう) 小児が笑う／咳喘(がいぜん) 咳逆／咳吐(がいと) 言論

↓謦咳・声咳・労咳・癆咳

【垓】 9 4018 ガイ カイ さかい

篆文 

形声 声符は亥(亥)(がい)。〔説文〕十三下に「八極を兼晐するの地なり」とし、「國語に曰く、天子は九垓の田に居る」の文を引く。〔国語、鄭語〕に「九晐」に作る。本来は境界をいう語で、八極九垓で天下の意となる。

訓義 ①さかい、くにざかい。②かぎり、はて。③数。千億をいう。④字は、また晐に作る。⑤陔と通用する。

↑垓埏(がいえん) 地の果て／垓垓(がいがい) 乱雑なさま／垓極(がいきょく) 垓埏／垓心(がいしん) 重囲の中／垓坫(がいてん) さかい

↓九垓・崇垓・壇垓・田垓・八垓・累垓

【孩】 9 1048 ガイ あかご

古文 

形声 声符は亥(亥)(がい)。亥は咳、擬声語。〔説文〕二上に孩を咳の古文として録するが、のち幼孩の意に用いる。

訓義 ①あかご、みどりご、おさない。②あやす。

古訓 〔篇立〕孩 イトケナシコ・アギトフコ 〔字鏡集〕孩 イトケナシ・アギトフ

【孩子】(がいし) あかご。〔論衡、本性〕孩子始めて生まれ、未だ物と接せざれば、誰(たれ)か悖(もと)らしむる者ぞ。丹朱は唐宮に生れ、商均は虞室に生る。～二帝の旁、必ず賢多からん。然れども、丹朱は傲り、商均は虐にして、竝(み)な帝統を失ふ。

【孩兒】(がいじ) 幼児。〔後漢書、公孫述伝〕城降りて三日、吏人從ひ服す。孩兒老母、口萬を以て數ふ。一旦兵を放ち火を縱(はな)たば、之れを聞くも酸鼻を爲すべし。～何ぞ此れを行ふに忍びん。

【孩稚】(がいち) 幼児。〔顔氏家訓、音辞〕吾が家の兒女、孩稚に在りと雖も、便(すなは)ち漸く之れを督正す。

【孩提】(がいてい) 二、三歳の幼児。〔孟子、尽心上〕孩提の童も、其の親を愛することを知らざる者無し。其の長ずるに及んでは、其の兄を敬(うやま)ふことを知らざるもの無きなり。

【孩童】(がいどう) 幼児。〔貞観政要、論封建〕始め高祖、宗正の籍を擧げ、弟姪(ていてつ)・再從・三從の孩童已上、王に封ぜらるる者數十人なり。

【孩抱】(がいほう(はう)) だかれるほどの幼児。〔列子、楊朱〕百年は壽の

大齊（限）なり。百年を得る者、千に一も無し。設(たと)ひ一有るも、孩抱より以て昏老（年より）に逮(およ)ぶまで、幾(ほとん)ど其の半(なかば)に居る。

↑孩嬰(がいえい)　嬰児／孩孺(がいじゅ)　こども／孩笑(がいしょう)　咳笑／孩赤(がいせき)　あかご／孩虫(がいちゅう)　幼虫／孩乳(がいにゅう)　乳児／孩幼(がいよう)　おさなご

↓嬰孩・携孩・孤孩・生孩・提孩・童孩・幼孩

【陔】 9 7028　ガイ　カイ　きざはし

篆文 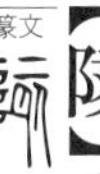

形声 声符は亥（亥）(がい)。〔説文〕十四下に「階次なり」とあり、階に近いところ。〔漢書、郊祀志上〕に「泰一の壇は三陔なり」とあって三段の意。字はまた垓に作る。自(ふ)は神梯。亥に堅核の意があり、聖所に設けた段階をいう。

訓義 ①きざはし、きざはしのほとり、段階。②かさなり、おか。③陔夏。楽の名。

古訓 〔新撰字鏡〕陔　志奈（しな）〔篇立〕陔　カ、リ・シナ〔字鏡集〕陔　ハシ

参考 古く楽曲の名に陔夏があり、字はまた祴に作る。〔儀礼、郷射礼〕「樂正、命じて陔を奏せしむ」の〔注〕に「陔は陔夏、其の詩は亡びたり」、また〔郷飲酒礼〕「賓出づるときは陔を奏す」の〔注〕に「陔の言たる、戒なり」とみえる。もと祀廟の前庭などで奏したものであろう。〔繫伝〕に「鼓を撃ちて登階の節を為す」というのが近いようである。

【陔夏】(がいか)　楽曲の名。〔儀礼、郷射礼、注〕陔は陔夏、其の詩は亡びたり。周の禮、賓酔うて出づるときは陔夏を奏す。陔夏は、天子諸侯には鐘鼓を以てし、大夫・士には鼓するのみ。

↑陔歩(がいほ)　歩の節度

↓鼓陔・三陔・奏陔・南陔

常【害】 10 3060 〔害〕 10 3060　ガイ　そこなう　わざわい

篆文 　金文 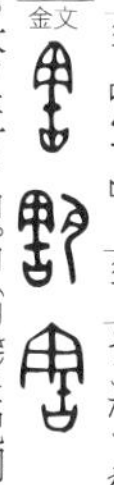

会意 把手のある大きな針＋口。口（𠙵(さい)）は祝詞を収めた器。その器に上部から把手のある大きな針を加え、その祝禱の呪能を害する意。〔説文〕七下に「傷つくるなり」と訓し、字は宀(べん)と口とに従い、「言、家より起るなり」と口禍が家の内より起こる意とするが、祝禱の呪能を害する意。

訓義 ①そこなう、いためる。②さまたげる、きずつける、じゃまする。③わざわい、うれえ。④困難、険阻。⑤何・曷・盍と通じ、なんぞ、いつか。⑥匃(かい)と通じ、もとむ。

古訓 〔名義抄〕害　コロス・ヤブル・フ、ム・ソコナフ・ナズンゾ

声系 〔説文〕に害声として犗・割（割）・䛫・轄（轄）など六字を収める。轄は舝の形声字。他はおおむね割害・割開の意をもつ。〔説文〕は字を丯(かい)声にしてその声義を承けるとするが、害の金文はその形に従う字ではない。

語系 金文に「害(もと)む」とする用法があり、また「匃(もと)む」「气(もと)む」の例がある。害 hat、匃 kat、气 khiat はその声が近い。匃は屍骨の象に従い、その呪霊を用いる字、气は雲気を望んで祈る意で、乞と同源。害は匃・气と声近くして通用する字である。また疑問副詞の用法は何 hai、盍 hap、胡 ha、曷 hat と声が近く、通用の義。

【害菑】(がいし)　わざわい。漢・東方朔〔客の難ずるに答ふ〕傳に曰く、天下に害菑無くんば、聖人有りと雖も、才を施す所無(なか)らん。上下和同ならば、賢者有りと雖も、功を立つる所無らん。故に曰く、時異なれば事異なりと。

【害傷】(がいしょう（しやう）)　傷つく。〔荀子、議兵〕凡そ人の動くは、賞慶の爲に之れを爲す。則ち害傷を見ては焉(ここ)に止(や)む。故に賞慶刑罰勢詐は、以て人の力を盡し、人の死を致すに足らず。

↑害悪(がいあく)　害となる／害意(がいい)　悪意／害危(がいき)　危害／害義(がいぎ)　義をそこなう／害虐(がいぎゃく)　そこなう／害咎(がいきゅう)　わざわい／害寇(がいこう)　盗賊／害心(がいしん)　害意／害釱(がいてい)　かせ／害毒(がいどく)　毒する／害民(がいみん)　民をそこなう

↓加害・干害・患害・寒害・危害・忮害・去害・凶害・賈害・構害・刻害・酷害・災害・殺害・惨害・残害・自害・実害・除害・傷害・障害・侵害・深害・震害・水害・阻害・霜害・賊害・損害・天害・蠹害・毒害・迫害・被害・風害・弊害・防害・無害・戹害・有害・要害・利害・累害・冷害

【欬】 10 0728　ガイ　アイ　しわぶき　せき　おくび

篆文 

形声 声符は亥（亥）(がい)。〔説文〕八下に「屰气(ぎゃくき)なり」とあり、おくびをする意。亥は咳。のどをならすような擬声語。欠は口を開き、あくび、おくびする形。

訓義 ①しわぶき、せき。②謦欬、言笑する、さざめく。

古訓 〔新撰字鏡〕欬　志波不支（しはぶき）、又、己和世利（こわせり）〔新撰字鏡、享和本〕欬　己和豆久利（こわづくり）〔和名抄〕欬欶　之波不岐（しはぶき）〔篇立〕欬　サカイキ・シハブキ・タチマチ〔字鏡集〕欬　サカイキ・スハブキ

【欬逆】(がいぎゃく)　せきあげる。〔北史、楊津伝〕文明太后臨朝す。津、嘗(かつ)て入りて左右に侍す。忽ち欬逆して謦を失ひ、遂に吐血すること數升、之れを衣袖に藏(かく)す。太后謦を聞き、～其の故を問ふ。具(つぶ)さに實を以て言ふ。遂に敬愼を以て知らる。

【欬嗽】(がいそう)　せき。〔三国志、魏、方伎、華佗伝〕（徐）毅、佗に謂ひて曰く、昨(きのふ)醫曹吏劉祖をして胃管に針せしめ訖(をは)りて、便(すなは)ち欬嗽に苦しむ～と。佗曰く、刺、胃管を得ず、誤りて肝に中(あた)れるなり～と。

【欬唾】(がいだ)　せきとつば。よいことば。〔文心雕竜、弁騒〕顧盼(こへん)して以て辭力を驅(か)るべく、欬唾して以て文致を窮むべし。

↑欬疾(がいしつ)　咳の出る病

↓噦欬・嘔欬・謦欬・嚔欬・風欬・労欬

【豈】 10 2210　ガイ　キ　かちどき　あに

篆文 

象形 軍鼓の形である豆の上に、羽飾りなどを飾る形。苗族の楽器である銅鼓を示す南の古い字形にも、上端両旁に羽飾りを加えた形のものがある。〔説文〕五上に「師を還すときの振旅の樂なり」とあり、凱の初文とみてよい。

訓義 ①かちどき。②愷と通じ、たのしむ。③覬と通じ、ねがう。④幾・其と通じ、ねがう、あに。また発語。

古訓 〔字鏡集〕豈　ヤスシ・ネガフ・モトモ・アニ・イカン・ヤマノフモト

部首 〔説文〕五上に愷・⿰豈幾の二字を属し、⿰豈幾に「事を訖(を)はるの樂なり」とする。〔玉篇〕に豈を「安なり。焉なり」とし、また愷の或る体として凱を加えている。

声系 〔説文〕に豈声として剴・皚・覬・磑・愷・闓・螘・塏・鎧など十五字を収める。愷・闓は豈の声義を承け、磑は擬声語。塏・鎧は磑の形態をとる字であろう。覬は「幾(ねが)う」、幾（幾）と声が近い。

語系 豈 khiai、覬・幾 kiai は声近く、通用の字。

【豈弟】(がいてい)　やわらぎたのしむ。愷悌。〔詩、大雅、泂酌〕豈弟の君子は　民の父母なり

【豈楽】(がいらく)　たのしむ。〔詩、小雅、魚藻〕王在りて鎬に在り　豈樂して飲酒す　⊠(がいがく)　凱旋の楽。

↑豈詎(がいきょ)　なんぞ

【啀】 11 6101　ガイ　いがむ

形声 声符は厓(がい)。〔玉篇〕に「狗、齧(か)まんと欲す」とあり、犬が齧み合うこと。厓はその擬声語であろう。

訓義 ①いぬがかむ、いぬがかみあう、いがむ。

古訓 〔名義抄〕啀 イカム・カマフ 〔字鏡集〕啀 イヌノクハムトスル・イヌキ・イカム・マカ(カマ)フ

【啀啀】(がいがい) 犬がかみあう声。〔管子、戒〕東郭に狗有り。啀啀として旦暮に我が猳を齧まんと欲するも、使しめざるなり。今夫の易牙は、子をも之れ愛すること能はず。將た安くんぞ能く君を愛せん。

常【崖】 11 2221 ［厓］ 8 7121 ガイ がけ きし

篆文 崖

形声 声符は厓。〔説文〕九下に屵部を立て、崖をその部に属するが、崖の初文は厓。〔説文〕九下に「崖は高邊なり」とあり、水涯を涯、その断崖をなすものを岸という。

訓義 ①がけ。②涯と通じ、きし、みずぎわ。

古訓 〔名義抄〕崖 キシ・カギリ・ホトリ・タカシ・ウタヘ 〔字鏡集〕崖 タカシ・ヤマノイシ・タカキホトリ・カギリ・キシ・キシキハ・ウタヘ

【崖異】(がいい) はなはだ異なる。絶異。〔荘子、天地〕行ひ崖異ならざるを之れ寛と謂ふ。萬同じからざる有るを之れ富と謂ふ。

【崖屋】(がいおく(をく)) がけづくりの家。宋・王安石〔呉長文新たに顔公の壊碑を得たり〕詩 荒壇壞冢、朽崖屋 剝落して風雨、煨塵に埋もる

【崖岸】(がいがん) 山崖。またおごり高ぶる人。唐・韓愈〔唐故朝散大夫尚書部郎中鄭君墓誌銘〕君、天性和樂、～初めより一心を持し、未だ嘗て節を變へず。～翕翕の熱きことを爲さず、亦た崖岸斬絶の行ひを爲さず。

【崖穴】(がいけつ) 岩穴。山洞。陳・徐陵〔武皇帝相と作りし時、嶺南の酋豪に与ふる書〕今は王猷帝載、化被垠り無し。～崖穴丘園(隠者、在野)、争うて金馬(門)に趨く。

【崖巘】(がいけん) けわしい峰。南朝宋・謝霊運〔山居の賦〕猗蔚たる溪澗、森疎なる崖巘。

【崖谷】(がいこく) 山谷。唐・杜甫〔秦州雑詩、二十首、十六〕東柯、崖谷好し 衆峯と群せず 落日、雙鳥を邀へ 晴天、片雲を卷く

【崖涘】(がいし) きし。流れの末。〔荘子、秋水〕今爾、崖涘を出でて大海を觀、乃ち爾の醜を知れり。爾將ど與に大理を語るべし。

【崖嶂】(がいしょう(しやう)) 断崖やけわしい峰。唐・杜甫〔楊監又画鷹十二扇を出だす〕詩 粉墨、形開なるに似たり 識者、一たび惆悵す 干戈暇日少なし 眞骨、崖嶂に老ゆ

【崖然】(がいぜん) 気負いのあるさま。〔荘子、天道〕而の容は崖然たり、而の目は衝然たり。

【崖壁】(がいへき) きり立ったがけ。唐・岑参〔嘉州青衣山中峰に上る～の詩の序〕青衣の山は、大江の中に在り。屹然として迥絶し、崖壁蒼峭なり。

【崖略】(がいりゃく) 概略。〔荘子、知北遊〕夫れ道は窅然として言ひ難き哉。將に汝の爲に其の崖略を言はんとす。夫れ昭昭は冥冥に生じ、有倫は无形に生じ、精神は道に生ず。

【崖溜】(がいりゅう(りう)) がけから流れおちる水。陳・江総〔摂山棲霞寺碑〕澗風長く瀉ぎ、崖溜懸かりて抽く。花臺は雪に似て、夏室は秋かと疑はる。

【崖嶺】(がいれい) がけのような嶮しい峰。〔水経注、漸江水〕(桐渓)水は、～天目山に出づ。山極めて高峻、崖嶺竦疊し、西のかた峻澗に臨めり。

↑崖塩 岩塩／崖下 崖の下／崖階 崖の急な石段／崖角 崖の角／崖郭 範囲／崖崿 がけ／崖澗 谷川／崖窾 崖の穴／崖嶠 崖の道／崖検 謹直／崖口 崖ぐち／崖柴 犬の声／崖際 崖ぎわ／崖塹 山谷／崖趾 崖下／崖寺 山崖の寺／崖樹 崖の木／崖峭 けわしいがけ／崖澨 水ぎわ／崖石 崖の石／崖泉 崖の泉／崖隤 崖崩れ／崖頂 崖の上／崖顛 崖の頂／崖巓 崖の頂／崖磴 崖の急な石段／崖抜 高い崖／崖畔 断崖のはて／崖浜 崖となったみぎわ／崖浦 きし／崖墓 洞穴墓／崖末 首尾／崖蜜 石蜜

↓懸崖・巉崖・絶崖・断崖

常【涯】 11 3111 ガイ みぎわ はて

篆文 涯

形声 声符は厓。〔説文新附〕十一上に「水邊なり」とあり、水涯をいう。その涯際のないことから、極限をいう。

訓義 ①みぎわ、きし。②かぎり、はて、きわまり。

古訓 〔和名抄〕涯 岐之(きし) 〔名義抄〕涯 キシ・キハ・キハマル・カギル・ウラム・ナギサ・ホトリ 〔字鏡集〕涯 ミギハ・ナギサ・キシ・キハ・カギリ・カギル・ホトリ・キハマリ・ハカリ・カヘル・ウラム

【涯岸】(がいがん) みぎわ。はて。北周・庾信〔哀江南の賦の序〕江淮に涯岸の阻無く、亭壁に藩籬の固無し。～將た江表の王氣、三百年に終ふるに非ざるか。

【涯垠】(がいぎん) きわまるところ。はて。〔淮南子、天文訓〕宇宙、氣を生ず。氣に涯垠有り。淸陽なる者は薄靡して天と爲り、重濁なる者は凝滯して地と爲る。

【涯限】(がいげん) きり。限度。〔顔氏家訓、止足〕宇宙は其の極に臻るべきも、情性は其の窮まるを知らず。唯だ少欲知足、爲に涯限を立つるに在るのみ。

【涯際】(がいさい) はて。北周・庾信〔周柱国大将軍長孫倹神道碑〕狀貌丘壚、風神磊落。玉山秀立し、喬松直上す。烟霞の涯際尋ぬる莫く、江海の波瀾測られず。

【涯涘】(がいし) みぎわ。はて。唐・韓愈〔柳子厚墓誌銘〕閒に居りて益ゝ自ら刻苦し、記覽に務め、詞章を爲る。汎濫停蓄、深博にして涯涘無きを爲す。

【涯分】(がいぶん) 身分相応のこと。分際。宋・曾鞏〔欧陽学士(脩)に上る第二書〕其の中の有る所を環視し、頗ぶる涯分を識れり。

↑涯洩 辺際／涯芸 際限／涯検 制限／涯坻 みぎわ／涯度 深さ／涯略 あらまし／涯量 限量／涯鄰 岸べ

↓一涯・雲涯・海涯・窮涯・境涯・垠涯・際涯・涘涯・生涯・津涯・水涯・端涯・地涯・天涯・浜涯・辺涯・無涯・有涯・臨涯

人【凱】 12 2711 ［豈］ 10 2210 ガイ カイ かちどき たのしむ

形声 声符は豈。豈がその初文。豈は鼓上に羽飾りを樹てた形で軍楽に用いる鼓。これを鼓楽するを豈楽といい、凱旋のときに用いた。古い字形がなくて確かめがたいが、几はのちにそえられたもので意符ともみえず、おそらく声符であろう。

訓義 ①かちどき、凱旋。②たのしむ、やわらぐ。③大きい。

古訓 〔篇立〕凱 ヨロコブ

【凱歌】(がいか) 戦勝を祝う歌。〔晋書、楽志上〕其の短簫の樂有る者は則ち所謂王師大捷、軍中をして凱歌せしむる者なり。

【凱楽】(がいがく) 戦勝を祝う楽。北周・庾信〔周宗廟歌、皇夏〕詩 凱樂して朱雁を聞き 鐃歌して白麟を見る 𫌀 やわらぎ楽しむ。晋・陸機〔演連珠、五十首、八〕是を以て萬邦の凱樂するは、鍾鼓の娛しみを悅ぶに非ず。

【凱還】(がいかん(くわん)) かちどきをあげて帰る。凱旋。宋・陸游〔長歌行〕詩 何か當に凱還して將士を宴すべき 三更、雪は壓す、飛狐城

【凱旋】(がいせん) 戦に勝ち、かちどきをあげて帰る。唐・宋之問〔軍中、人日登高、房明府に贈る〕詩 聞道らく、凱旋して騎に乘りて入ると 君が馬を走らすを看、芳菲(美しい花)を見る

【凱弟】楽しみやわらぐ。愷悌。〔礼記、表記〕詩に云ふ、凱弟の君子は 民の父母なりと。
【凱風】南風。和風。〔楚辞、遠遊〕凱風に順ひて、以て従遊せん 南巣に至りて、壹たび息はん
↑凱易 やわらぐ/凱闓 尚書省/凱燕 楽しい宴/凱帰 凱旋/凱康 楽しむ/凱勝 戦勝/凱声 かちどき/凱切 切実/凱奏 凱旋の楽/凱沢 恩沢/凱定 平定する/凱悌 愷悌/凱入 凱旋して帰る
↓振凱・奏凱・大凱・入凱・八凱

【剴】 12 2210 ガイ かま きる

篆文 

形声 声符は豈。〔説文〕四下に「大鎌なり」とあり、大きな鎌をいう。「一に曰く、摩するなり」とは磨切の意。〔広雅、釈詁三〕に「磨するなり」に作る。また〔玉篇〕に「切るなり、動くなり」の訓がある。

訓義 1かま、大きなかま。2きる、みがく。3ちかづく。4よそえる、あたる、あてはまる。5磑と通じ、する。

古訓 〔字鏡集〕剴 キル・ナヅ・ハゲム・ウゴク・スル

【剴切】急所にあたる。〔唐書、魏徴伝〕徴、亦た自ら世に遇はざるを以て、乃ち底蘊(蘊蓄)を展べ 盡して隱す所無し。凡そ二百餘奏、剴切にして帝の心に當らざる無し。
↑剴易 平実/剴摯 親切/剴直 真率/剴到 行きとどく/剴備 該備/剴諷 適切なさとし

常 【街】 12 2122 ガイ よつまた まち

篆文 

形声 声符は圭。〔説文〕二下に「四通の道なり」という。圭は占卜に用いる土版で、区画を施す意がある。街衢によって居住地が構成されるので、のち市街の意となる。

訓義 1よつまたのみち、みち、おおじ。2まち、ちまた。

古訓 〔名義抄〕街 チマタ・ミチハシ・メグム/街衢 ―ノチマタ 〔字鏡〕街 ハシ・チマタ・ミチツジ・ミチ・メグム・ミチハシ

【街衢】まち。ちまた。漢・張衡〔西京の賦〕軌を方ぶるもの十二、街衢に相ひ經たる。
【街鼓】城坊で警戒のために夜鼓をうつ。〔唐書、百官志四上〕凡そ城門坊角、～日暮、鼓すること八百聲にして門を閉づ。乙夜、～五更二點、鼓、內より發し、諸街鼓承けて振ひ、坊市の門皆啓く。鼓うつこと三千撾、辨色して止む。
【街談】世間のうわさ話。〔漢書、芸文志〕小說家者流は、蓋し稗官(世話を蒐集する官)に出づ。街談巷語、道聽塗說者の造る所なり。
【街頭】みちばた。唐・杜甫〔偪仄行〕詩 街頭の酒價常に貴きに苦しむ 方外(世外)の酒徒、醉眠稀なり
【街道】まちの広い道。宋・張舜民〔赦さるるを聞きて、作有り〕詩 撃鼓、街道を塡め 傳聲、水濱を過ぐ
【街坊】まち。ちまた。〔西湖遊覧志余、熙朝楽事〕十二月二十四日、之れを交年と謂ふ。～此れより街坊簫鼓の聲、鏗鍧として絕えず。
【街里】まち。まちなか。晉・潘岳〔西征の賦〕是に於て～農功を巡省し、廬室を周行す。街里蕭條として、邑居散逸す。
【街閭】まち。〔漢書、游俠、萬章伝〕長安熾盛にして、街閭に各〻豪俠有り。章は城西の柳市に在り。號して城西の萬子夏と曰ふ。
【街路】まちの通り。〔晉書、地理志上〕一同百里、提封萬井、山川坑岸、城池邑居、園囿街路を除きて、三千六百井なり。
↑街官 街路取り締まりの吏/街檻 市城の小門/街禁 宵禁/街隅 街角/街子 街卒/街市 ちまた/街肆 店や/街術 街路/街心 路の中央/街卒 街路取り締まりの吏/街弾 町役場/街店 店舗/街灯 街路灯/街陌 街道/街邏 警邏の吏/街吏 町役人
↓花街・官街・曲街・蕖街・市街・塵街・千街・帀街・掃街・通街・塡街・都街・蕃街・万街・満街

【塏】 13 4211 ガイ カイ かわきち

篆文 

形声 声符は豈。〔説文〕十三下に「高燥なり」とあって、そのような地をいう。

訓義 1たかくかわいたところ、高地。

古訓 〔篇立〕塏 カレタルツチ 〔字鏡集〕塏 カレ・アキラカ

【塏塏】かわきはげるさま。明・何景明〔憂旱の賦〕山、塏塏として以て赬顔(赤く焼けた色)、野、蕭條として色無し。
↑塏壤 大地
↓勝塏・爽塏

【愷】 13 9201 ガイ たのしみ かちどき

篆文 

形声 声符は豈。豈は凱旋するときの鼓楽の器。鼓上に羽飾りを樹てている形で、愷・凱の初文。〔説文〕は豈部五上に「康しむなり」、心部十下に重出して「樂しむなり」という。

訓義 1たのしむ、やわらぐ。2かちどき、かちいくさのおんがく。3闓と通じ、ひらく、あきらか。

古訓 〔名義抄〕愷 ヨロコブ・タノシブ・スヱ・ヤスシ・ヤハラカ 〔字鏡集〕愷 タノシ・ヨロコブ・ヤスシ・ヤハラク・ヤハラカナリ・スヱ

【愷歌】戦勝を祝う歌。凱歌。〔周礼、春官、楽師〕凡そ軍に大獻あるときは、愷歌を教へ、遂に之れを倡へしむ。
【愷楽】戦勝を祝う楽。〔周礼、春官、大司楽〕王師に大獻あるときは、則ち愷樂を奏せしむ。
【愷悌】やわらぎたのしむ。豈弟。〔左伝、僖十二年〕君子曰く、管氏の世祀せらるるは、宜なる哉。讓りて其の上を忘れず。詩に曰く、愷悌の君子は 神の勞する所なりと。
↑愷献 戦勝の楽/愷至 懇切にする/愷捷 かちどき/愷切 懇切/愷旋 凱旋/愷惻 あわれむ/愷直 真率/愷弟 愷悌/愷風 凱風/愷予 和楽する
↓燕愷・和愷

【愾】 13 9801 ガイ カイ なげく いかる

篆文 

形声 声符は氣(気)。〔説文〕十下に「大息なり」とし、氣を亦声とする。〔詩、曹風、下泉〕「愾として我れ寤嘆す」のように古い用例がある。形況の語。

訓義 1なげく、気がたかぶる。2いかる、うらむ。

古訓 〔字鏡〕愾 アカラシ 〔字鏡集〕愾 オホイナリ・ネタム

語系 愾 xiət は氣 khiət を状態化した語。慨(慨)・嘅 khət、喟 khiuət と声義近く、みな一系の語。

【愾焉】ため息してなげくさま。〔礼記、問喪〕復た見るべからざるのみ。故に哭泣辟踊し、哀を盡して止む。心、悵焉、愴焉、惚焉、愾焉たり。
【愾歎】慨嘆する。〔明史、湯開遠伝〕朝の縲辱擯棄、少しも愛せられざるの人は、又野の推重愾歎、少くべからずとさるる人なり。
↑愾惜 惋惜する/愾然 ため息してなげくさま/愾敵 敵愾心/愾憤 憤慨する
↓忼愾・慊愾・歎愾・長愾・敵愾・憤愾・余愾

常 【慨】 13 9101 〔慨〕 14 9101 ガイ カイ なげく

篆文 

形声 声符は既(既)。既は食に飽いて、顧みておくびをする形。〔説文〕十下に「忼慨するな

り」とあり、士が志をえないことを嘆く意とするが、すべて慨嘆することをいう。

訓義 ①なげく、いきどおる、うれえる。②つかれるさま。

古訓 〔名義抄〕慨　ハゲム・ネタム・ナゲク・アハレム・アハレブ・クルシブ・ウラム・イタム・イキドホル・イタル・アヤフシ／慷慨　ネタム　〔字鏡集〕慨　イキドホル・ナゲク・クルシブ・アハレブ・カナシブ・ネタム・ウラム・イタム・アヤフシ・ハゲム・ソ、ク・イタル・オホイナリ

語系 慨khət、愾xiət、喟khiuət は声近く、一系の語。みな、はげしく気息をもらすことをいう。

【慨憶】(がいおく) なげき思う。梁・簡文帝〔又湘東王に答ふる書〕分別して已來、毎に慨憶を増す。歎きは月に因りて積り、想ひは時を逐うて旋る。

【慨恨】(がいこん) 残念に思う。〔魏書、李同軌伝〕(永熙)三年春釋菜に、詔して公卿學官を顯陽殿に延く。～同軌は經義素より優、辯析兼美、而も經を執ることを得ず、深く慨恨を爲せり。

【慨然】(がいぜん) 深く思いなげく。晉・潘岳〔秋興の賦〕譬へば猶ほ池魚籠鳥の、江湖山藪の思ひ有るがごとし。是に於て染翰操紙して、慨然として賦す。

【慨想】(がいそう(さう)) なげき想う。明・方孝孺〔間居感懐、十七首、八〕詩　憂ふる所は諒に他無し　慨想す禹の九州

【慨歎】(がいたん) 憤りなげく。〔晋書、祖逖伝〕中流にして楫を撃ちて誓ひて曰く、祖逖、中原を淸めて復た濟ふこと能はざるときは、大江の如き有らんと。辭色壯烈なり。衆皆慨歎す。

【慨憤】(がいふん) なげき憤る。南朝宋・傅亮〔予章郡公に封じて号を加ふるの詔〕賊臣桓玄、寵を怙み逆を肆にす。～誓つて國恥を雪ぎ、陵夷(衰微)を慨憤せん。

↑慨允　感じて認める／慨焉　慨然／慨慨　深くなげく／慨慷　慷慨／慨傷　悲しむ／慨世　世を憂える／慨息　ためいき／慨諾　慨允／慨涕　なげいてなく／慨念　感慨／慨慕　感じて慕う／慨懣　もだえる

↓永慨・感慨・眷慨・忼慨・慷慨・慙慨・自慨・軫慨・歎慨・悲慨・憤慨・惋慨

【睚】 13 6101　ガイ　まなじり

篆文

形声 声符は厓。〔説文新附〕四上に「目際なり」とあり、厓は厓際。まなじり。目を見開くことをいう。

訓義 ①まなじり、まぶち。②目を見開いて、にらむ、みあげる。③うらむ、にくむ。

古訓 〔名義抄〕睚　ニラム・メクハス／睚眦　ニラム・メクハス

【睚眦】(がいさい) うらみ、にらむ。〔史記、范雎伝〕一飯の徳にも必ず償ひ、睚眦の怨みにも必ず報ず。

常【蓋】 13 4410　〔蓋〕 14 4410　ガイ　コウ(カフ)　おおう　ふた　けだし

篆文　金文

形声 声符は盍。盍は器物に蓋をする形。その声義を承ける。〔説文〕一下に「苫なり」とあり、ちがやの類。屋根を蓋うのに用いる。

訓義 ①おおう、おおい。②ふた、ふたする。③とま。苫の別名。④何不の合音。なんぞ～せざる。⑤発語。けだし、なお。

古訓 〔和名抄〕蓋　岐沼加散(きぬがさ)　〔名義抄〕蓋　オホフ・フタ・フク・カフル・キヌガサ・ケダシ・オホムネ

語系 蓋kat は會(会)huat と声近く、加・架・駕・枷 keai と声義の通ずるところがあり、みな加上の意がある。

【蓋棺】(がいかん(くわん)) 棺のふたをする。人の死。唐・杜甫〔君不見簡蘇徯〕詩　丈夫棺を蓋うて、事始めて定まる　君今幸にして、未だ老翁と成らず　何を恨みてか、憔悴して山中に在る

【蓋闕】(がいけつ) 疑わしいことは保留する。〔論語、子路〕子曰く、野なるかな由(子路)や。君子、其の知らざる所に於て、蓋し闕如たり。

【蓋世】(がいせい) 一世をおおう。一代を圧倒する。〔史記、項羽紀〕項王、乃ち悲歌忼慨し、自ら詩を爲りて曰く、力山を抜き、氣は世を蓋ふ　時利あらず、騅逝かず　騅逝かず、奈何すべき　虞や虞や(愛姫の名、虞美人)、若を奈何せんと。

【蓋蔵】(がいぞう(ざう)) 貯蔵する。貯蔵物。〔礼記、昏義〕婦順とは、舅姑に順ひ、室人を和らぎ、～以て糸麻布帛の事を成し、以て審らかに委積し蓋藏を守るなり。

↑蓋以　思うに／蓋謂　思うに／蓋印　捺印する／蓋屋　屋根をふく／蓋裹　包み入れる／蓋瓦　屋根瓦／蓋巾　頭巾／蓋愆　罪滅ぼし／蓋障　障る／蓋壌　天地／蓋積　貯蔵する／蓋然　たぶん／蓋戴　おおう／蓋頭　婦人の面被／蓋冪　巾でおおう／蓋蓬　とま／蓋冒　おおう／蓋抹　塗りなおす／蓋笠　笠／蓋廬　小屋／蓋老　娘婿

↓円蓋・掩蓋・華蓋・冠蓋・穹蓋・傾蓋・車蓋・遮蓋・苫蓋・大蓋・天蓋・覆蓋・籠蓋

常【該】 13 0068　〔該〕 13 0068　ガイ　やくそく　そなえる

篆文

形声 声符は亥(亥)。〔説文〕三上に「軍中の約なり」とあり、「讀みて心中滿該の若くす」という。滿該とは十分に満足することをいう。

訓義 ①軍中の約、やくそく、約する。②晐と通じ、そなわる、そなえる、かねつつむ。③ことごとく、みな。④〔玉篇〕に「盛んなり」とする。さかん。⑤該当、まさに。

古訓 〔新撰字鏡〕該　加祢太利(かねたり)　〔名義抄〕該　ソナフ・ツブサニ・ミナカネタリ・カナヘリ・シカナリ・サセリ・ユルス・ヒラク・ヲハリ・スナハチ・ハク

【該覈】(がいかく) ひろくしらべ考える。〔晋書、劉頌伝論〕子雅(頌)、束髪登朝、誠を竭くして國に奉ず。～刑名を詳辨し、政體を該覈す。

【該貫】(がいかん(くわん)) 詳しく通じる。〔金史、粱襄伝〕襄、春秋左氏傳に長じ、地理氏族に至るまで、該貫せざる無し。

【該験】(がいけん) くわしくしらべる。〔宋書、律暦志下〕古今を捜練し、沈奥を博采す。唐篇夏典、揆量せざる莫く、周正漢朔、咸く該驗を加ふ。

【該洽】(がいこう(かふ)) 学術にひろく通じる。〔北斉書、文苑、顔之推伝〕虛談は其の好む所に非ず。還た禮・傳を習ひ、群書を博覽し、該洽せざる無し。

【該悉】(がいしつ) ひろく知りつくす。〔梁書、処士、庾承先伝〕玄經釋典、該悉せざる靡く、九流七略、咸く精練する所なり。

【該成】(がいせい) そなわり成る。〔漢書、律暦志上〕玉衡杓建は、天の綱なり。日月初躔は、星の紀なり。～指顧して象を取る。然る後、陰陽萬物、條鬯該成せざる靡し。

【該綜】(がいそう) かねあわせる。〔唐書、蔣乂伝〕乂、幼にして外家に從つて學び、其の書を得たり。博覽彊記、冠するに逮んで群籍を該綜す。

【該博】(がいはく) ひろく通じる。〔晋書、索靖伝〕靖、少くして逸群の量有り。～經史に該博に、兼ねて内緯に通ず。～郡、賢良方正に擧げ、對策高第なり。

【該備】(がいび) かねそなわる。〔梁書、徐勉伝〕軍禮を搜尋し、其の條章を閲するに、該備せざる靡し。

【該富】(がいふ) 内容が豊富である。〔文心雕竜、史伝〕司馬遷の辭を觀るに、～其の十志は該富、讚序は弘麗なり。儒雅彬彬、信に遺味有り。

【該覧】(がいらん) あまねくみる。〔晋書、孝友、劉殷伝〕弱冠にして

博く經史に通じ、群言を綜核す。文章詩賦、該覽せざる靡し。

↑該允 妥当/該管 係/該求 よく探す/該究 究明する/該暁 明らかにし、さとる/該差 使者/該胥 下役人/該書 担当の書記/該承 係官/該渉 ひろく学ぶ/該贍 十分に足る/該通 該博な知識/該当 すべきである/該班 当番/該敏 十分で早い/該部 担当/該明 ひろく知る/該吏 係官

↓淹該・研該・兼該・当該・博該・備該・遍該

【豥】 13 6088

ガイ
たる そなわる

形声 声符は亥(亥)が。〔玉篇〕に「奇なり。非常なり」とするが、〔荘子、斉物論〕「百骸九竅六藏、豥はりて存す」とあり、充足の意に用いる。

訓義 1たる、そなわる。2常でない。

↑豥備 かねそなわる

常【概】 14 4191 〔槩〕 15 4191

ガイ カイ
とかき あらまし おおむね

篆文 

形声 声符は既(既)き。既に漑・慨(慨)がいの声がある。〔説文〕六上に字を槩に作り、斗斛(ますめ)を平らかにならすものであるという。

訓義 1とかき。2ならす、おさえる、はかる。3あらまし、おもむき、ようす。4おおむね、おおよそ。

古訓 〔名義抄〕概 ハカリ・スル・ハラフ・オホムネ 〔字鏡集〕概 タヒラム・オホムネ・トカケノキ・ハラフ・ハラム・ハカリ・ツエ・トカ・ハルカ・スル

【概見】 あらましあらわれる。〔史記、伯夷伝〕余の聞く所を以てするに、(許)由・(務)光の義は至りて高し。其の文辭少しも概見せざるは何ぞや。

【概乎】 あらまし。〔荘子、天下〕彭蒙・田駢・愼到は道を知らず。然りと雖も、概乎として皆嘗て聞くこと有る者なり。

【概量】 ますではかる。〔宣和遺事、後集〕比來この州縣の租稅を受納するに、務めて概量を加へ、以て出剩を規す。禁止せしむべし。

↑概可 ほぼよし/概括 まとめ/概観 概括/概況 気節/概言 大略/概算 大概の数/概尚 気節/概状 概況/概説 まとめていう/概則 準則/概念 考え/概平 平衡/概要 大要/概略 大略/概論 大要の論

↓一概・感概・気概・梗概・勝概・節概・大概・風概・要概

【漑】 14 3111

ガイ カイ
そそぐ すすぐ

篆文  金文 

形声 声符は既(既)き。既に概(概)・慨(慨)がいの声がある。〔玉篇〕に「亦た灌注するなり」とあって、水をそそぐ意。〔説文〕十一上に水名とするが字の原義でなく、

訓義 1そそぐ。2そそぎあらう、すすぐ。3川の名。

古訓 〔名義抄〕漑 ミヅソヽグ・水マカス・ソヽク・マカス・アラフ・ヒク 〔字鏡集〕漑 ウガフ・マカス・ヌキ・ナガル・ミヅマカス・ソヽグ・タマル・ワク・ヒク・アラフ

語系 漑・摡kətは同声。ともに濯うことをいう。漑は水の流れる音、摡はふり洗いする音の擬声語であろう。

【漑盥】 すすぎ洗う。漢・馬融〔長笛の賦〕是の故に以て～致誠、志を效し、率作、事を興し、汚濊を漑盥し、垢滓を澡雪す(洗いそそぐ)べし。

【漑灌】 水をそそぐ。〔漢書、循吏、召信臣伝〕行きて郡中の水泉を視、溝瀆を開通し、水門を起し、提閼するこ と凡そ數十處、以て廣く漑灌す。歲歲增加し、多きこと三萬頃に至る。

【漑浸】 そそぎひたす。〔史記、河渠書〕二江を成都の中に穿つ。此の渠は皆舟を行ゃるべく、餘り有るときは則ち用て漑浸す。

【漑田】 田地に水をそそぐ。〔漢書、地理志下〕始皇の初め、鄭國(人名)渠を穿ち、涇水を引き田に漑ぐ。沃野千里、民以て富饒なり。

↑漑汲 くみ注ぐ/漑導 水を引く/漑糞 泥肥料

↓旱漑・灌漑・懸漑・沆漑・浩漑・鑿漑・澡漑・濯漑・滌漑・沾漑・田漑・糞漑・養漑

【獃】 14 2313

ガイ
おろか

形声 声符は豈が。近世以後、「アイ」の音でよみ、愚かの意。

訓義 1おろか。2ぼんやり。

↑獃意 愚か/獃悍 愚かであらあらしい/獃気 愚か/獃子 愚人/獃想 ぼんやり

【閡】 14 7728

ガイ
とざす とどめる

篆文 

形声 声符は亥(亥)が。〔説文〕十二上に「外より閉づるなり」とあり、扃字条十二上に「外閉の關なり」とあるのを参考すると、関鍵の類である。〔段注〕に礙と声義同じとし、〔一切経音義、一〕に引く郭璞説に、閡を古文の礙とする説がある。

訓義 1とざす、かぎをかける。2かぎる、とどめる、ふさぐ。3礙と通じ、さまたげる、そこなう。4陔と通じ、台階。

古訓 〔名義抄〕閡 アタツ・サカヒ・カザル・サハル・カギル 〔字鏡〕閡 カギカヽル・カヽル・サフ・サハル・サカヘリ・トヾコホル・トヾム・カクル・サカ・カギル・サハリ

語系 閡・礙ngəは同声。閡は礙限のところをいう。

↑閡蔵 とざしてなおす

↓疑閡・九閡・拘閡・傷閡

【皚】 15 2261

ガイ
しろい

篆文 

形声 声符は豈が。〔説文〕七下に「霜雪の白きなり」とあり、そのさまを皚皚と形容する。

訓義 1しろい、高く白い。

古訓 〔名義抄〕皚 シロシ 〔字鏡集〕皚 シモユキノシロシ・シロシ

【皚皚】 霜雪の白いさま。漢・班彪〔北征の賦〕風猋發して漂遙し、谷水灌ぎて波を揚ぐ。雲霧の杳杳たるを飛ばし、積雪の皚皚たるを渉る。

↑皚雪 白雪/皚白 雪の白いさま

【磑】 15 1261

ガイ
いしうす

篆文 

形声 声符は豈が。〔説文〕九下に「䃺なり」、また前条に「䃺は石磑なり」とある。䃺は磨(磨)の初文。豈は石臼で䃺くときの音をとるもので、擬声語である。

訓義 1いしうす、ひきうす、すりうす。2高くつむ、かたい。

古訓 〔新撰字鏡〕磑 加良宇須(からうす) 須利宇須(すりうす) 〔和名抄〕磑 須利宇須(すりうす) 〔名義抄〕磑 カラウス・スリウス・トグ・ミガク 〔字鏡集〕磑 スル・スリウス・カラウス・トグ・スヾリ・カタキイシ・ミガク

【磑磑】 高くて白く光る。漢・張衡〔思玄の賦〕積冰の磑磑たるを行く、清泉沍りて流れず。

【磑茶】 うすで茶を挽く。宋・陸游〔初夏閑居、八首、六〕詩 小樓月有りて、吹笛を聽き 深院風無くして、茶を磑くを

看る

↑磑牛　臼ひく牛／磑船　水車型船／磑碾　ひく

↓水磑・井磑・石磑・茶磑・転磑・碾磑

【⿱辟又】 15 7040　ガイ　おさめる

篆文

形声　声符は乂。〔説文〕九上に「治むるなり。辟に従ひ、乂聲。虞書に曰く、能くするもの有らば、⿱辟又めしめんと」とあり、辟（法）を以て治めることをいう。〔虞書〕は〔書、尭典〕。〔玉篇〕に「理むるなり」とみえる。

訓義　①おさめる、法を以て治める。②また乂・艾に作る。

【駭】 16 7038　ガイ　おどろく

篆文

形声　声符は亥（亥）。〔説文〕十上に「驚くなり」とあり、前条に「驚は馬駭くなり」とみえる。馬はよく驚く動物とされたのであろう。

訓義　①おどろく、おどろかす。②みだれる、うごく、たちさわぐ。③四蹄の白い豚。

古訓　〔名義抄〕駭　オドロク・アヤフシ・オコク・ヲトル・タヒラカニ・トシ・トル　〔字鏡集〕駭　ヲトル・ヲコル・オドロク・タヒラカ・オソキウマ・トル・アヤフシ・トシ・ソク

【駭異】　おどろきあやしむ。〔唐書、杜元穎伝〕穆宗、元穎の多く朝章を識るを以て、尤も寵せらる。～帝の即位せしより、歳を閲せずして宰相に至る。搢紳駭異す。

【駭愕】　おどろく。〔晋書・趙王倫伝〕初め富室の兒と、城西に馬を販る。百姓忽ち其の主に向しゃするを聞き、駭愕せざる莫し。

【駭汗】　おどろいて冷汗を流す。宋・欧陽脩〔相州昼錦堂記〕道を夾むの人、相ひ與に駢肩累迹（人出でこみあう）、瞻望咨嗟し、而して所謂庸夫愚婦なる者、奔走駭汗、羞愧し俯伏して、以て自ら罪を車塵馬足の間に悔ゆ。

【駭遽】　おどろきあわてる。〔楚辞、九章、惜誦〕衆、駭遽して以て離心す　又何を以て、此の伴を爲さんや

【駭懼】　おどろきおそれる。〔晋書、劉琨伝〕匈羯石勒～勢轉た盛んなり。來りて臣を襲はんと欲す。城塢駭懼し、志自ら守るに在り。

【駭耳】　耳をおどろかす。漢・馬融〔長笛の賦〕衆音猥積し、以て厥の終を送る。然る後少く息み暫く怠り、雑弄閒奏す。聽を易へ耳を駭かし、搖演する所有り。

【駭神】　心をおどろかす。魏・嵇康〔琴の賦〕變用雑はりて竝び起り、衆聽を竦かして神を駭かす。

【駭服】　おどろき服する。〔金史、張中彦伝〕中彦手づから小舟を製す。纔かに數寸許り。膠漆を假らずして、首尾自ら相ひ鉤帶す。～諸匠駭服せざる無し。其の智巧此の如し。

【駭乱】　おどろきみだれる。晋・劉琨〔石勒に遺る書、二〕將軍～紛擾の中に大呼し、駭亂の際に奮臂す。～古より名將、未だ喩と爲すに足らず。

【駭栗】　おどろきおそれる。〔唐書、李宗閔伝〕時に（李）訓・（鄭）注、權を以て天下を市らんと欲し、凡そ己に附かざる者は、皆指すに二人の黨を以てし、之れを逐去す。人人駭栗す。

【駭惋】　おどろきなげく。〔唐書、后妃上、貴妃楊氏伝〕帝に謝して曰く、妾罪有り。～今且に死せんとするも、以て報ずる無しと。刀を引きて一線髮を断ち、之れを奏す。～帝見て駭惋し、遽かに召して入れ、禮遇すること初めの如し。

↑駭怪　ふしぎ／駭駭　鼓の声／駭機　弩牙／駭惶　おどろきあわてる／駭震　震えあがる／駭人　おどろかす／駭水　奔流／駭世　世をおどろかす／駭怛　駭懼／駭胆　胆をつぶす／駭歎　驚嘆／駭電　電光／駭恫　心痛む／駭突　狂奔／駭遁　おどろき逃げる／駭猋　驚風／駭颷　はやて／駭目　目を廻す／駭躍　おどろいてとびあがる／駭踊　駭躍／駭浪　あらなみ

↓意駭・歓駭・譁駭・危駭・機駭・恐駭・驚駭・吁駭・惶駭・恨駭・悚駭・慴駭・心駭・神駭・振駭・震駭・大駭・嘆駭・霆駭・怖駭・風駭・憤駭・奔駭・目駭・夜駭・栗駭

常

【骸】 16 7028 **【骸】** 16 7028　ガイ　むくろ　はぎぼね

篆文

形声　声符は亥（亥）。〔説文〕四下に「脛骨なり」という。亥は獣屍の骨骼の形。骸はその骨骼をいう。

訓義　①むくろ、なきがら、ほね。②はぎぼね。

古訓　〔新撰字鏡〕骸　須祢汁（すねしる）　〔字鏡集〕骸　カバネ・ホネ・スネ・シリ・サネ

語系　骸kə、核（核）kək、骼keak、覈keôk は声義近く、みなその骨骼をなすものをいう。

【骸骼】　かばね。死体。〔唐書、文芸下、李翰伝〕且つ彊死して厲と爲るも、歸する所有れば則ち災ひを爲さず。（張）巡、身首分裂し、將士骸骼掩はず。宜しく睢陽に於て高原を相みて擇び、大冢を起し、招魂して葬るべし。善を旌はすの義なり。

【骸骨】　むくろ。「骸骨を賜ふ」とは辞職すること。〔史記、項羽紀〕范増大いに怒りて曰く、天下の事大いに定まる。君王自ら之れを爲せ。願はくは骸骨を賜うて、卒伍に歸せんと。項王、之れを許す。

↑骸筋　からだ／骸軀　からだ

↓委骸・遺骸・瘞骸・寃骸・棄骸・乞骸・筋骸・軀骸・形骸・槁骸・骨骸・残骸・死骸・哀骸・析骸・積骸・枕骸・暴骸・微骸・百骸・焚骸・羸骸

【⿺走豈】 17 4280　ガイ　はしる

金文

形声　声符は豈。〔玉篇〕に「走るなり」とみえるが、字の用例はない。西周の金文に〔⿺走豈殳〕があり、その豈の字形は、鼓上に羽飾りを樹てた形である。豈の初義を知るべき字である。

訓義　①はしる。

【騃】 17 7333　ガイ　シ　チ　イ　おろか

篆文

形声　声符は矣。矣声の字にガイの音でよむものはなく、あるいは疑の系統の音を承けるものかも知れない。〔説文〕十上に「馬行くこと仡仡たるなり」と勇壮の意とするが、〔倉頡篇〕に「無知の貌なり」、〔広雅、釈詁三〕に「癡なり」、〔方言、十〕に「癡は騃なり」とあり、痴愚が字の本義であろう。

訓義　①おろか。②馬の行くさま、勇ましいさま。

古訓　〔新撰字鏡〕騃　加太久奈（かたくな）、又、也牟々志（やむやむし）　〔名義抄〕騃　オロカ・カタクナ・ヤムヤムシ・タケシ・ホル・ホレタリ・ヨシ

【騃子】　おろかな子。〔潜夫論、辺議〕百姓の被害、今に迄るも止まず。癡兒騃子すら尚ほ當に救助すべからず、且く天時を待たんと云ふ。

【騃女】　おろかな女。宋・徐鉉〔新月の賦〕乃ち騃女癡男有り、朱顏稚齒、春物の駘蕩を欣び、春臺の靡迤に登る。

↑騃惷　おろか／騃冶　なまめかし

↓頑騃・驕騃・愚騃・拙騃・痴騃・童騃・訥騃・鄙騃・朴騃

人

【鎧】 18 8211　ガイ　よろい

篆文

形声　声符は豈。〔説文〕十四上に「甲なり」とあり、鎧甲をいう。

訓義　①よろい、よろう。②首鎧、かぶと。

古訓　〔名義抄〕鎧　ヨロヒ／首鎧　カブト　〔篇立〕鎧　ヨロヒ・ノ

ル・カブト

【鎧騎】 武装した騎兵。〔唐書、郭子儀伝〕（天子）身自ら鎧騎二千を率ゐて、陣中に出入す。回紇、怪しみて問ふ、是れ誰れを謂ふかと。報じて曰く、郭令公なりと。驚きて曰く、令公存するかと。

【鎧甲】 よろい。〔南史、夷貊下、高句麗伝〕國人氣力を尙ぶ。便ち弓矢刀矛鎧甲有り、戰鬪を習ふ。沃沮、東濊、皆屬す。

【鎧仗】 よろいと剣戟の類。〔三国志、魏、東夷伝、夫余〕弓矢刀矛を以て兵と爲す。家家自ら鎧仗有り。國の耆老自ら說ふ、古の亡人なりと。

【鎧冑】 甲冑。〔唐書、吐蕃伝上〕其の鎧冑は精良。之れを衣ること周身、兩目を竅にす。勁弓利刃も、甚だしくは傷つくること能はず。

【鎧馬】 武装した馬。〔晋書、劉曜載記〕公卿已下、子弟の勇斡有る者を召して親御郎と爲し、被甲して鎧馬に乘り、動止自隨して以て折衝の任に充つ。

↑鎧曹 具足奉行

↓挂鎧・剣鎧・甲鎧・鎖鎧・犀鎧・首鎧・装鎧・大鎧・重鎧・鉄鎧・刀鎧・馬鎧・被鎧・兵鎧・鍪鎧

【礙】 19 1768 ［碍］ 13 1664 ガイ さまたげる

篆文 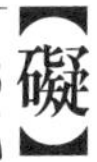

形声 声符は疑。疑は顧みて立ちどまり、凝止する形。〔説文〕九下に「止むるなり」とあり、石などにさえぎられて、進みえないことをいう。碍はその俗字。

訓義 1さまたげる、さえぎる。2とめる、へだてる、ふせぐ。3碍子。その意には碍を用いる。

古訓 〔名義抄〕礙 サマタグ・サヘ・サハル・サフ・トヾコホル・カギル・ウタガフ・トシ・コノム 〔字鏡集〕礙 トヾコホル・コノム・トク・サフ・ウタガフ・サヘ・サダム・ミガク・サハル・トヾマル・サマタグ・カギル・トシ

↑礙眼 目ざわり/礙険 けわしい/礙手 さまたげる/礙石 邪魔石/礙塞 さまたげ、ふさぐ/礙滞 とどこおる/礙難 不便/礙目 満眼、蔽眼/礙夜 深夜

↓恚礙・艱礙・蹇礙・梗礙・障礙・阻礙・滞礙・無礙・有礙・累礙

カク

常 【各】 6 2760 カク いたる おのおの

篆文 甲骨文 金文 

会意 夂+口。夂は下降する足の形。口（𠙵）は祝詞を収める器の形で祝告。神に祈り、それに応えて神霊の降下して格る形。金文に「洛る」「逧る」、文献に「格る」の字を用いるが、各がその初文。また金文に「卲各」「卲客」といい、文献に「昭格」「昭假」という。〔説文〕二上に「異詞なり」（段注本）とし、夂とは止むるも相聴かざる意で、各自の義とするが、一人降格するを各、衆神並び降るを皆という。それより各自の意となる。

訓義 1いたる。また洛・逧・客・格に作る。2おのおの。皆に対して各自をいう。ひとりひとり、べつべつ。

古訓 〔名義抄〕各 オノオノ・ツクス

声系 〔説文〕に各声として路・雒・骼・格・格・賂・客・頟・貉・駱・洛・零・閣・挌・絡・略・輅など二十九字を収める。字は路・客のように降神の儀礼に関するものと、格・格のように枝格（からむ）の義をもつものとに分かれ、声も各と洛との二系となる。

【各各】 それぞれ。〔玉台新詠、焦仲卿の妻の為に作る〕詩 手を執りて道を分ちて去り 各各家門に還る 生人、死別を作す 恨恨、那ぞ論ずべけん

【各自】 おのおの。めいめい。〔史記、孟嘗君伝〕孟嘗君、客擇ぶ所無く、皆善く之れを遇す。人人各自に以爲へらく、孟嘗君、己に親しと。

↑各員 各人/各款 各条/各憲 各上役/各項 各条/各社 各村/各種 各様/各条 各項/各色 各様/各人 各自/各別 それぞれ/各様 さまざま/各落 危ういさま

常 【角】 7 2722 カク ロク つの かど すみ あらそう

篆文 甲骨文 金文 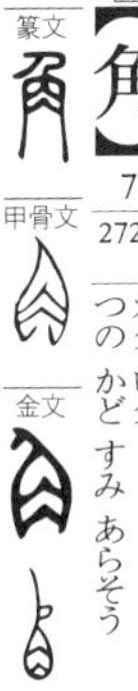

象形 獣角の形。〔説文〕四下に「獸角なり。象形」とし、字形について「角と刀魚と相ひ似たり」とする。漢碑の〔曹全碑〕〔景北海碑〕などの鰥の字形を、角に従う形に作る。殷周の酒器に角とよばれる酒器があり、古く角を酒器に用いたなごりである。

訓義 1つの、獣の角。2角ばったところ、かど、すみ、さき、ななめ。3角で争う、あらそう、きそう、くらべる、こころみる。4ふえ、つのぶえ、酒器、ます、量器。

古訓 〔和名抄〕角 豆能（つの）。楊氏漢語抄に云ふ、大角、波良乃布江（はらのふえ）、小角、久太乃布江（くだのふえ）〔名義抄〕角 ツノ・クラブ・スミ・アラソフ。倭言、ハラクダ・イマシム・イソグ・ナ、メナリ・トサカ/大角 ハラノフエ/小角 クダノフエ

部首 〔説文〕角部三十八字、〔玉篇〕百五字。角を材質とする器用が増加し、その字も増加した。

声系 〔説文〕に角声として桷・确・斛の三字を収める。桷は方形の木、角声の字におおむね角ばるものの義がある。

語系 角 keok、較（較）keôk はその声近く、角に校（校）・競・試の義があり、較にもまたその諸義がある。

【角角】 小四角のくぎり。唐・杜牧〔郡斎独酌〕詩 東南は我が見る所 北は幽荒を討るべし 中畫は一萬國 角角として棋布のごとく方ぶ

【角觡】 角のある獣。觡は外皮のある鹿角の類。〔礼記、楽記〕然る後に草木茂り、區萌（勾萌、屈曲した芽）達し、羽翼（鳥類）振ひ、角觡生じ、蟄蟲（地中の虫）昭蘇す。

【角掎】 角を執り、足を牽いて倒す。前後挟撃する。〔左伝、襄十四年〕譬へば鹿を捕ふるに、晉人は之れを角り、諸戎は之れを掎しく。

【角弓】 獣角で飾った弓。唐・王維〔観猟〕詩 風勁くして角弓鳴り 将軍、渭城に獵す 草枯れて鷹眼疾く 雪盡きて馬蹄輕し

【角巾】 方巾。隠者。〔晋書、羊祜伝〕既に邊事を定む。當に角巾東路（東帰）、故里に歸り、容棺の墟と爲すべし。

【角髻】 あげまきの類。三角髻。〔神仙伝、六、劉安〕（淮南王安、道を好む。）八公有り、往いて之れが門に詣る。～皆變じて童子と爲り、～角髻青絲、色は桃花の如し。

【角犀】 鼻柱が犀のようにもり上がった相。賢者の相。〔国語、鄭語〕今、王、高明昭顯を棄てて、讒慝暗昧を好み、角犀豐盈を惡みて、頑童窮固を近づく。

【角材】 才能をきそい試みる。〔漢書、賈誼伝〕陛下の諸公に與ける、親ら材を角して之れを臣とするに非ざるなり。又身ら之れを封王するに非ざるなり。

【角試】 比較する。〔管子、幼官〕百工の鋭器を論じ、器成るときは否臧（善否）を角試し、天下の豪傑を収め、天下の稱材を有す。

【角勝】 勝ちを争う。魏・曹植〔司馬仲達に与ふるの書〕

今賊（呉）徒だ江表の域を保ち、區區の呉を守らんと欲するのみ。雄を宇内に争ひ、勝を平原に角ふの志有ること無し。

【角声】角笛の声。唐・杜甫〔府に宿す〕詩 永夜の角聲、悲しみて自ら語り 中天の月色、好きも誰か看ん

【角戦】きそい戦う。〔文心雕竜、時序〕春秋以後、英雄を角戰せしめ、六經泥に蟠まり、百家飆駭す。是の時に方りてや、～唯だ齊楚兩國のみ、頗ぶる文學有り。

【角逐】勝ちを争う。〔戦国策、趙三〕魏牟曰く、～今王、憧憧として乃ち建信（君）を輦して、以て強秦と角逐す。臣、秦の、王の椅（車旁）を折かんことを恐ると。

【角枕】角で飾った枕。〔詩、唐風、葛生〕角枕粲たり 錦衾爛たり 予が美（良人）此に亡し 誰と與にか獨り旦かさん

【角抵】力わざをきそう。〔漢書、武帝紀〕（元封）三年春、角抵戲を作る。三百里內、皆觀る。

【角觝】角抵。〔後漢書、仲長統伝〕目に角觝の觀を極め、耳に鄭衞（淫靡の楽）の聲を窮む。

【角襪】たびの類。〔中華古今注、中〕三代及び周には角襪を著く。帶を以て踝に繫ぐ。

【角立】ぬきんでる。傑出する。唐・李徳裕〔大孤山の賦〕惟これ大孤の角立する、二山を掩ひて礫豎す。

【角力】力をくらべる。また、相撲。〔呂覧、孟冬紀〕天子乃ち將率に命じて武を講じ、射御を肄ひ、力を角べしむ。

【角戻】ちぐはぐになる。〔晋書、王恭伝〕斜絹を以て書と爲し、～鏑に合して之れに漆す。～恭、書を發く。絹文角戻し、復た識るべからず。

【角楼】すみやぐら。唐・元稹〔曙けんと欲す〕詩 片月、城堞に低く 稀星、角樓に轉ず

➡角握 四指の幅／角果 莢果／角冠 道冠／角妓 角はやり妓／角口 口論する／角工 角細工／角枷 角さじ／角鴟 みみずく／角児 あげまき／角射 競射／角爵 角の杯／角黍 ちまき／角勢 争う／角節 角の符節／角尖 わずか／角梳 角の櫛／角槍 角突き／角智 智慧競べ／角瑱 角の耳飾り／角田 豆畠／角婢 少婢／角崩 降参する／角落 隅角／角量 はかる

⬇哀角・一角・羽角・鋭角・屋角・斝角・牙角・乖角・顔角・岐角・掎角・宮角・球角・牛角・仰角・暁角・巾角・隅角・圭角・勁角・鼓角・觚角・互角・口角・叩角・高角・犀角・三角・四角・死角・兕角・獣角・城角・折角・截角・双角・総角・雕角・直角・觝角・兎角・頭角・鬪角・突角・鈍角・肉角・悲角・眉角・奮角・聞角・暮角・方角・崩角・芒角・鳴角・毛角・羊角・竜角・稜角・麟角・羸角・弄角・楼角・鹿角

常

【拡】8　〔擴〕18　5008　カク（クヮク）　ひろめる

形声 旧字は擴に作り、廣（広）声。廣とは広屋をいう。〔玉篇〕に「引張の意なり」とあり、広の動詞形の字である。

訓義 ①ひろめる、ひろげる。②みたす。

古訓 〔字鏡集〕擴 ヒキハル・ヒキハルコ、ロ・ナク

語系 擴・彍・彉 khuak は同声。〔玉篇〕に「引張の意」とするのは弓を張ることをいう。〔説文〕十二下に「彍は弩滿つるなり」とし、「讀みて郭の若くす」とあり、また〔広雅、釈詁一〕に「彉は張るなり」とみえる。

【拡施】ひろめ施す。〔論衡、感虚〕王者は何を須ひて身を修め行ひを正し、善政を擴施せしむるや。陰陽の曲を鼓調せしめば、和氣自ら至らん。

【拡充】おしひろげてみたす。〔孟子、公孫丑上〕凡そ我に四端有る者は、皆擴して之れを充たすことを知る。火の始めて然え、泉の始めて達するが若し。

➡拡散 ちらばる／拡清 廓清／拡大 広げる／拡張 広げる／拡展 伸展する／拡被 広く被らしめる

【玨】8　1111　〔瑴〕14　4714　カク　たま

篆文

甲骨文

会意 正字は玨に作り、二王（玉）を並べた形。〔説文〕一上に「二玉相ひ合するを一玨と爲す」とあり、一綴りの玉をいう。字はまた瑴に作り、㱿声。〔左伝、荘十八年〕「皆、玉五瑴を賜ふ」、〔左伝、襄十八年〕「獻子、朱絲を以て玉二瑴を繫ぐ」のように、瑴を用いる。甚だ貴重なものとされ、〔左伝、僖三十年〕に王と晋侯に十瑴を献じ、〔国語、魯語上〕に「玉二十瑴」をおくることがみえる。

訓義 ①たま、一対の玉。②字はまた瑴に作る。

【咯】9　6706　カク　ラク　はく

形声 声符は各。〔集韻〕に各の音で「雉の聲なり」、酪の音で「訟言なり」とする。喀と通じ、のち咯血のように用いる。擬声的な語である。

訓義 ①はく。②雉の声。③いいあらそう。

➡咯咯 嘔吐／咯血 血をはく／咯児 おくび／咯痰 つばはく／咯当 コットン

【恪】9　9706　〔愙〕13　3033　カク　つつしむ　うやまう

篆文

形声 声符は各。正字は愙に作り、客声。〔説文〕十下に「敬なり」とし、「陳を以て三愙に備ふ」という〔左伝、襄二十五年〕の文を引く。いま「諸これを陳に封じて、以て三恪に備ふ」に作るが、愙が初文。客は客神。各は神霊の降下・降格を示す字。廟中に降格するものを客という。その客神を迎える心を愙（恪）という。

訓義 ①つつしむ、うやまう。②字はまた愙に作る。

【恪居】つつしみ居る。〔左伝、襄二十三年〕公鉏之れを然りとし、朝夕に敬共し、官次に恪居す。

【恪恭】つつしみうやまう。〔国語、周語上〕王則ち大徇す。～民用って震動せざる莫なし。農に恪恭し、其の疆畔を修む。

【恪勤】つつしみつとめる。〔国語、周語上〕朝夕恪勤し、守るに敦篤を以てし、奉ずるに忠信を以てす。奕世德を載ひ、前人を忝かしめず。

【恪謹】つつしむ。〔書、盤庚上〕先王服有り、天命に恪謹するも、茲に猶ほ常には寧んぜず。

【恪虔】つつしむ。〔宋書、謝晦伝〕喉舌を管司し、夙夜に恪虔し、恭謹心を一にし、死を守り道を善くす。

【恪言】正しいことば。〔逸周書、小開武解〕王拜して曰く、允となる哉。余聞く、在昔、訓典規に中る。時に恪言有る罔きに非ず。日に余が足らざるを正せ。

【恪慎】つつしむ。〔書、微子之命〕恪愼にして克く孝、神人に肅恭す。

【恪敏】つつしみ深く、さとい。〔唐書、源乾曜伝〕性謹重、～歷官皆淸愼恪敏を以て名を得たり。

➡恪共 恪恭／恪敬 恪恭／恪固 まもる／恪守 遵守／恪粛 つつしむ／恪循 したがう／恪順 恪循／恪遵 恪循／恪尊 可汗の妻／恪奉 奉戴

⬇夤恪・共恪・勤恪・懃恪・謹恪・倹恪・厳恪・儼恪・三恪・清恪・忠恪・陟恪・廉恪

【挌】9　5706　カク　うつ　たたかう

篆文

形声 声符は各。〔説文〕十二上に「擊つなり」、〔玉篇〕に「擧ぐるなり」という。手挌して争う意。

訓義 1うつ、もみあう、たたかう。2とめる、ただす。3あげる。4格と通用する。

古訓 〔名義抄〕挌 ウツ・トヾム・サヽグ・イタル・コバム・コヽロザシ・ノリ・ワタル・アグ・ト、ノフ・ミダル・タクム・ツヽシム・マサシ・タヾス・マサニ・キタル・カムガフ

＊語彙は格字条参照。

常 **【革】** 9 4450 カク キョク かわ あらためる

篆文  古文  金文  

象形 獣の革をひらいた形。皮革をいう。〔説文〕三下に「獸皮なり。其の毛を治去して、之れを革更するなり」という。獣皮を剝ぐを剝、ひらくを皮・披、去毛を革、なめしたものを韋皮という。

訓義 1かわ。2皮で作ったもの、鼓・太鼓・たて・かぶと・よろい・たづな・かわかざりの類。3改・更に通じ、あらためる、あらたまる。4亟・棘に通じ、すみやか、きびしい。

古訓 〔和名抄〕革 都久利加波（つくりかは）〔名義抄〕革 カハ・ツクリカハ・カハコロモ・ハネヒログ・アラタム・アタラン〔字鏡集〕革 アラタム・カハ・ツクリカハ・スツ・カツテ・ネムゴロ・カハゴロモ・ハネヒログ

部首 〔説文〕に五十六字、〔新附〕に四、〔玉篇〕に百九十九字を属する。六朝期の増加字数が著しい。

声系 〔説文〕に革声として鞠など二字を収める。〔詩、小雅、斯干〕「鳥の斯こに革ぶが如し」を〔韓詩〕に「鞠ぶ」に作り、〔伝〕に「翅とぶ」、〔広雅、釈器〕に「翼なり」という。鞠は急疾に翔ぶをいう。

語系 革kək、鞹（鞟）khuak、椁・郭kuakは声義近く、外から堅固に包むものをいう。また改kə、更（更）keangも声近く通用する。革・鞹の義が本義、改・更は通用の義である。

【革易】（かくえき） 改革する。〔三国志、魏、傅嘏伝〕大いに官制を改定せんと欲するも、今、帝室の多難なるに遇ひ、未だ革易すること能はず。

【革故】（かくこ） 旧故を改める。梁・任昉〔位を梁王に禅ゆづる璽書〕取新の應、既に昭らかなり。革故の徵、必ず顯はれん。加ふるに天表秀特、軒狀堯姿を以てす。君臨の符、諒まことに一揆に非ず。

【革更】（かくこう（かう）） あらためる。〔白虎通、諫諍〕諫は閒なり、因なり、更なり。是非相ひ閒まじはる。其の行を革更するなり。

【革剗】（かくさん） あらためけずる。〔漢書、叙伝下〕降つて秦・漢に及び、五等を革剗して、郡縣を制し立つ。略ぼ山川を表はし、其の剖判を彰らかにす。地理志第八を述ぶ。

【革除】（かくじょ（ぢよ）） 除きさる。〔漢学師承記、四、武億〕暇日に耆老を召して、土俗の利病を問ひ、〜里馬に草豆を饋おくるの諸秕政を革除す。

【革制】（かくせい） 制度を改める。〔三国志、魏、后妃、武宣卞皇后伝〕陛下、聖德を以て應運受命、業を創め制を革む。當まさに永く後式と爲すべし。

【革弊】（かくへい） 弊害を改める。〔晋書、李重伝〕古者諸侯の治、分土常有り。〜秦斯の道に反し、〜風俗淺薄となる。〜漢、其の弊を革めて、周・秦に斟酌し、侯守を竝べ建つ。

【革木】（かくぼく） 皮を張った鼓と、木で作った柷敔しゆくぎよ（四角い箱形の楽器）。〔国語、周語下〕匏竹（笛の類）は議（調和）を尙び、革木は聲を一にす。

【革命】（かくめい） 天命が改まり、王朝が代わる。〔易、革、象伝〕天地革まりて四時成り、湯武命を革めて、天に順ひ人に應ず。革の時、大なる矣哉かな。

【革面】（かくめん） 表面だけ服従する。〔易、革、象伝〕君子は豹變すとは、其の文蔚うつたるなり。小人面を革む。順にして以て君に從ふなり。

【革輅】（かくろ） 革でおおった車。〔隋書、礼儀志五〕革輅、以て兵を巡り、戎に卽っく。

↑革鞍（かくあん） 革製の鞍／革役（かくえき） 免職／革屋（かくおく） 革の家／革去（かくきょ） 改める／革抉（かくけつ） ゆがけ／革言（かくげん） 改革の言／革工（かくこう） 革職人／革笥（かくし） 革箱／革車（かくしゃ） 革輅／革襦（かくじゅ） 革の短衣／革飾（かくしょく） 革で飾る／革職（かくしょく） 免職／革心（かくしん） 改心する／革新（かくしん） 改新／革正（かくせい） 改正する／革政（かくせい） 政治改革／革船（かくせん） 獣皮で作った舟／革争（かくそう） ごねる／革退（かくたい） 退職／革帯（かくたい） 革の帯／革逐（かくちく） 追放する／革黜（かくちゆつ） 罷免する／革鳥（かくちょう） 速い鳥／革鞜（かくとう） 革ぐつ／革囊（かくのう） 皮袋／革鞭（かくべん） 馬鞭／革滅（かくめつ） 滅ぼす／革容（かくよう） 改容／革吏（かくり） 武人／革履（かくり） 靴／革路（かくろ） 革輅

↓韋革・沿革・改革・刊革・希革・朽革・矯革・金革・筋革・堅革・虎革・甲革・犀革・剗革・朱革・戎革・柔革・掤革・鼎革・馬革・皮革・豹革・兵革・変革・匏革・羊革・鼇革・鱗革・裂革・老革

【格】 10 5706 カク からむ

篆文 

形声 声符は各かく。丯かいは木に線刻を加え、割符として契約の証とするもの。〔説文〕四下に「枝、格じまはるなり」とあり、扞格かんかくの格と同じ。〔玉篇〕に「枝柯なり」とあり、枝のからむ意。

訓義 1からむ。2さえぎるもの、さかもぎ。

参考 〔説文〕に格を丯部に属し、丯を「艸蔡なり。艸の生じて散亂するに象るなり」とするが、草の象ではなく、丯は契刻の象、前の部の㓞・栔と合わせて、丯部とすべきである。

↓枝格

【捔】 10 5702 カク サク つのとる

形声 声符は角かく。〔広雅、釈言〕に「掎ひくなり」、また「恭し」の訓もあるが、その用例はない。わが国では「捔力すまひ」のように用いることがある。

訓義 1つのとる、ひく。2うやうやしい。3さす。4くらい。

古訓 〔新撰字鏡〕捔 知加良久良夫（邊）（ちからくらべ）〔字鏡集〕捔 クラブ・タクラブ・チカラクラベ・ツカム・カツ・ウツ・タスク・サヽグ・スグル・ツクロフ・モノモテツク・クスヌク・キヲフ

語系 漢の張衡の〔西京の賦〕「叉簇さくの攙捔ざんさくする所」の〔注〕に「攙捔は之れを貫刺するなり」とあって、その用義がある。捔dzheokは朿・刺tsiekと声義に通ずるところがある。

↑捔巧（さくこう） 争巧／捔力（さくりょく） 力較べ

↓攙捔

常 **【核】** 10 4098 〔**【梗】** 10 4098〕 カク カイ さね かたい かんがえる

篆文 

形声 声符は亥（亥）がい。亥は獣の骨骼の形で、堅核の意がある。〔説文〕六上に「蠻夷、木皮を以て篋と爲す。狀、籢奩れんの如し」とあり、籢は鏡匣の意。

訓義 1さね、たね、しん。2くだもの。3かたい、きびしい。4覈・較・校と通じ、しらべる、かんがえる、ただす、さだめる。

古訓 〔新撰字鏡〕核 水加志乃木（水かしの木）〔和名抄〕核 佐禰（さね）〔名義抄〕核 サネ・マコト・アキラカニ

語系 核kək、骼keak、覈keôk、骸（骸）keaは声義近く、みなその肉を除いた中核のところをいう。〔周礼、地官、大司徒〕「其の植物は覈物かくぶつに宜し」とは李・梅の属をいう。覈にまた覈検の意がある。較（較）・校（校）keôkと同声である。

【核実】（かくじつ） 正確。〔三国志、魏、崔琰伝注に引く魏氏春秋、孔融の罪状を宣示する令〕孔融、既に其の罪に伏す。然れども世人多く其の虚名を採り、核實に少なしとす。融の浮豔、好んで變異を作すを見て、其の誑詐に眩まどひ、復また其の亂俗を察せざるなり。

【核練】（かくれん） 精密な才能。〔世説新語、政事注に引く王隠の晋

書」(鄭)沖〜核練の才有り。清虚寡欲にして、喜んで經史を論ず。

↑核果 核実/核擬 罪を擬定する/核議 審議する/核験 審験する/核算 通計/核視 審査する/核心 中心の所/核仁 さね/核正 査定する/核定 査定する/核桃 くるみ/核物 核果/核論 確論

↓果核・結核・肴核・殽核・根核・残核・実核・精核・綜核・中核・剔核・留核・練核

常 【格】 10 4796 カク からむ いたる ただす

篆文  金文 

形声 声符は各。〔説文〕六上に「木長ずる皃なり」とあり、枝が伸びてからむことをいう。各に「いたる」意があり、神の降格する意。神意によってただす、それより格式・規格の意となる。

訓義 [1]からむ、あたる、たたかう、いりくむ。[2]いたる、きたる、ただす。[3]はかる、のり、規格、地位、身分。[4]架と通じ、衣かけ。

古訓 〔名義抄〕格 エダ・タクラブ・イタル・ハカリ・ハカラフ・ウツ・ウカヾフ・ワタリ・イル 〔字鏡集〕格 カハル・ワタル・マサケリ・ウカブ・タクラブ・ウツ・コロモアリ

語系 各は神の降格する意。神の降下を迎えることを愙(恪)という。格・⿰彳各・挌 keak は同声、假(仮)・徦 kea、閣 kak、愙(恪) kheak、架 keai とそれぞれ通用の義がある。金文に「いたる」に各・⿰彳各・⿺辶各・格を用い、文献に格・假・徦を用いる。格は枝のからむ意。手で格闘することを挌という。

【格格】 鳥の鳴く声。唐・温庭筠〔晩帰曲〕詩 格格たる水禽、飛んで波を帶び 孤光斜に起りて、夕陽多し

【格訓】 正しい教え。〔梁書、武帝紀下〕天の道を用ひ、地の利を分つは、蓋し先聖の格訓なり。〜頃者豪家富室、多く公田を占取す。〜今より公田悉く豪家に假與することを得ず。

【格言】 戒めのことば。法則とすべきことば。梁・沈約〔王源を奏弾す〕我が族類に非ざれば(其の心必ず異ならん)とは、往哲の格言なり。薫蕕(香臭)雜へずとは、之れを前典に聞く。

【格殺】 手でうち殺す。〔漢書、李広伝〕郎・騎常侍と爲り、數しば射獵に從ひて、猛獸を格殺す。

【格式】 法式。規則。〔旧唐書、刑法志〕開元前格十巻、〜開元後格十巻、〜皆尚書省二十四司を以て篇目と爲す。凡て式三十有三篇。亦た尚書省列曹〜を以て其の篇目に名づけ、二十巻と爲す。

【格獣】 獣を手でうち殺す。〔三国志、魏、任城威王彰伝〕少くして射御を善くす。膂力人に過ぎ、手もて猛獸を格し、險阻を避けず。

【格術】 光で映像がさかさになる方法。〔夢渓筆談、弁証一〕陽燧物を照らして、皆倒さとなるは、中間に礙有る故なり。算家之れを格術と謂ふ。

【格心】 正しい心。〔礼記、緇衣〕夫れ民は之れを教ふるに德を以てし、之れを齊しうするに禮を以てせば、則ち民に格心有り。

【格制】 品位。〔野老記聞〕林季野、(黄)魯直の詩を觀、紬繹すること再四にして云ふ、詩は未だ篇篇佳ならざるも、但だ格制高きのみと。

【格致】 風格。〔帰田録、二〕(趙)昌の花は寫生眞に逼るも、筆法輭俗にして、殊に古人の格致無し。然れども時に亦た未だ其の比有らず。

【格調】 詩歌の声調。人の品格。〔唐詩紀事、六十三、秦韜玉〕(貧女の詩)誰か愛す風流、格調の高きを 共に憐れむ時勢、梳妝を儉しむを

【格闘】 組みうち。〔漢書、武五子、戻太子伝〕(太子)泉鳩里に臧匿す。〜吏圍みて太子を捕ふ。太子、〜自經す。〜主人公、遂に格闘して死す。皇孫二人、皆幷びに害に遇ふ。

【格非】 誤りを正す。〔書、冏命〕愆りを繩し謬りを糾し、其の非心を格す。

【格物】 物を来す、物に至る、物を正すなどの諸説がある。〔大学、一〕其の心を正しくせんと欲する者は、先づ其の意を誠にす。其の意を誠にせんと欲する者は、先づ其の知を致す。知を致すは格物に在り。

【格律】 格調。〔図画見聞志、二〕郭乾暉将軍は〜工に鷙鳥雜禽、疏篁槁木を畫き、格律老勁、巧變鋒出す。曠古未だ其の比を見ず。

【格量】 立派な器量。〔晋書、蔡謨伝〕父克、少くして好學、〜素より格量有り。選官に居るに及び、苟進の徒、風を望んで畏憚す。

【格力】 詩文の格調と気勢。〔滄浪詩話、詩弁〕詩の法に五有り。曰く體製、曰く格力、曰く氣象、曰く興趣、曰く音節。

【格令】 規則。格と令。〔隋書、蘇威伝〕修する所の格令章程、竝びに當世に行はる。

↑格外 特別/格礙 妨げ/格眼 罫引紙/格軌 規範/格拒 拒む/格撃 うちあう/格検 検査/格虎 虎を手うちにする/格五 双六の類/格高 高い格調/格思 至る/格是 すでに/格詩 古体詩/格餌 牛肉/格准 定準/格尚 高尚/格状 格度/格人 正しい人/格正 正す/格戦 うちあう/格沮 阻止する/格対 対等/格磔 鷓鴣の声/格知 知る/格的 めあて/格敵 たたかう/格度 品格/格套 程式/格範 規範/格文 公文/格法 おきて/格様 様式/格来 きたる/格虜 強情者/格例 条例/格論 正しい論

↓逸格・下格・価格・扞格・几格・帰格・規格・旧格・拒格・厳格・古格・考格・降格・高格・合格・骨格・柞格・枝格・姿格・詩格・字格・失格・社格・手格・主格・書格・上格・常格・人格・正格・性格・清格・戦格・体格・磔格・茶格・陟格・定格・同格・能格・破格・筆格・標格・品格・風格・平格・別格・変格・捕格・方格・本格・凡格・妙格・用格・来格・老格

【郝】 10 4732 カク セキ

篆文 

形声 声符は赤。また赫の省声。〔説文〕六下に「右扶風、鄠、盩厔郷」とし、赤声とする。姓に用いるときは、カクの音でよむ。

訓義 [1]地名。[2]姓の名。

【隺】 10 4021 カク かたい うつ

篆文 

会意 冂+隹。隹が奮飛しようとするのを、冂で遮り止める意。確く執ることが原義であろう。〔説文〕五下に「高く至るなり。隹の上りて冂を出でんと欲するに從ふ」とするが、冂は覆いさえぎる意である。

訓義 [1]かたい。[2]隺然は高く飛ぶ意、たかい。[3]搉と通じ、手でうちつぶす意、うつ。

声系 〔説文〕に隺声として鶴・榷・皠・搉など十字を収める。鶴は高飛の鳥、榷は木を横にわたす、搉は撃つ意。それぞれ隺の声義を承けるところがある。確は〔説文〕にみえず、〔玉篇〕に「堅固なり」とし、字はまた塙に作る。隺は堅確をその本義とする字と思われる。

【桷】 11 4792 カク たるき

篆文 

形声 声符は角（かく）。〔説文〕六上に「榱なり」とあり、「椽の方なるを桷と曰ふ。～春秋傳に曰く、桓宮の桷に刻す」と〔春秋、荘二十四年〕の文を引く。

訓義 1たるき。2えだ、木のえだ。3苗と通じ、蚕簿の柱。4觳と通じ、かんがえる。5国語で、ずみ（林檎の類）をいう。

古訓 〔名義抄〕桷 スミギ 〔篇立〕桷 ハシダチ・スミキ

↑桷榱（かくすい） たるき／桷杙（かくよく） くい

↓華桷・綵桷・朱桷・榱桷・螭桷・椽桷・鬪桷・廟桷・樸桷・竜桷・梁桷・輪桷

常 **【殻】** 11 〔殼〕 12 4724 ［㱿］ 10 4714

カク コク から

篆文 

会意 㱿（こう）＋殳（しゅ）。穀を殴（う）って、その穀実を脱する形。脱穀したあとの、もみがら。〔説文〕三下に「㱿は上より下を撃つなり」、また「一に曰く、素なり」という。

訓義 1から、もみがら。2すべてものが脱化したあと、ぬけがら。3貝のように外皮・外殻のあるもの。4上からたたく。㱿然はその中空なるものの音。5下地、未完成のもの。

古訓 〔名義抄〕殻 カヒ 〔篇立〕殻 虫ノカハ・カヒコ・サ、ケ

声系 〔説文〕七下に殻の字の従う㱿（こう）を「幬帳の象」とし、殻を㱿声の字とするが、㱿は殻の象形で、その初文。〔説文〕に殻声として轂・穀（穀）・縠・觳・㝅など十五字を収める。おおむね空殻の意をもつが、轂のようにその声を形況に用いるものがある。

↑殻果（かくか） 胡桃の類／殻菜（かくさい） 貝類／殻族（かくぞく） 貝類／殻斗（かくと） 栗の実の類／殻物（かくぶつ） 貝類

↓介殻・亀殻・甲殻・地殻・皮殻・卵殻

常 **【郭】** 11 0742

カク（クヮク） くるわ かこい

篆文 

甲骨文 

金文 

形声 字の初文は𩫏に従い、𩫏（かく）声。𩫏は城郭の象形で、その平面形。南北に望楼のある形。郭はその省略形に従い、城郭をいう。

訓義 1城壁でかこう、かこい、くるわ。外囲を施した一区画。2すべてものの外側、外縁をいう。銭のふち、刀剣のさや、外皮。

古訓 〔名義抄〕郭 オホキナリ・ワタル・メグリ・クニ・ミゾ・タレ・タレミゾ 〔字鏡集〕郭 オホキナリ・ワタル・メグリ・クニ・ミゾ・タレ

声系 〔説文〕に𩫏・郭の声に従うものとして椁・鞹・霩など六字を収める。霩はまた廓に作り、その字を用いる。みな外郭あり、内部が廓空のものをいう。

語系 𩫏・郭・椁・槨 kuak は同声。革 kək、鞹 khuak も同系。外囲のあるものをいう。

【郭圉（かくぎょ）】外城と辺塞。これで守禦する。〔尉繚子、守権〕凡そ守る者、進みて郭圉せず、退いて亭障せずして以て禦ぎ戦ふは、善者に非ざるなり。

【郭公（かっこう）】杜鵑科のふふどり。その鳴き声から名づける。元・李孝光〔朱希顔に寄す、二首、一〕詩 會（たまたま）行人有り、回首する處 兩邊の楓樹、郭公啼く

【郭索（かくさく）】蟹ががさがさと行く。〔夢渓筆談、芸文一〕欧陽文忠（脩）常に林逋の詩、草泥、行くこと郭索 雲木、叫ぶこと鉤輈（こうちゅう）（鷓鴣の声） の句を愛す。～郭索は、蟹の行く貌なり。揚雄の太玄に曰く、蟹の郭索すとは、心を用ふること躁（あわただ）しきなりと。

【郭門（かくもん）】城壁の門。〔墨子、号令〕遮（やし）（斥候）は郭門の外内に坐し、其の表を立つ。

↓一郭・恢郭・外郭・胸郭・山郭・城郭・水郭・西郭・土郭・東郭・南郭・負郭・郛郭・坊郭・北郭・遊郭・輪郭

【喀】 12 6306 ［咯］ 9 6706 ［嵱］ 15 2316

カク はく

形声 声符は客（かく）。字はまた咯・嵱に作る。各・客ははくときの擬声語。

訓義 1はく、血をはく。2はく声。

古訓 〔篇立〕喀 トハク 〔字鏡集〕喀 ワタラシヌ

【喀喀（かくかく）】ものをはく声。〔列子、説符〕爰旌目（えんせいもく）曰く、譆（ああ）汝は盗に非ずや。胡爲（なんす）れぞ我に食はしむるや～と。兩手もて地に據りて之れを歐（は）く。出でず。喀喀然として遂に伏して死せり。

↑喀血（かっけつ） 血をはく／喀痰（かくたん） 痰をはく

【椁】 12 4094 ［槨］ 15 4792

カク（クヮク） ひつぎ

篆文 

形声 声符は𩫏（かく）。字はまた槨に作り、郭（かく）声。〔説文〕六上に「葬に木𩫏有るなり」という。𩫏は城郭の南北に望楼のある形。〔玉篇〕に槨を椁の重文とする。棺の外椁。

訓義 1ひつぎ、うわひつぎ。2大きい。3はかる。

古訓 〔名義抄〕椁 マカリキ・エツリ 〔字鏡集〕椁 オホトコ・マカリキ・エツリ

語系 椁（槨）・郭 kuak は同声。また、革 kək、鞹（鞟）khuak も声近く、みな外側を堅固にするものをいう。内核をも核（核）kək といい、これも同系の語であろう。

↑椁柩（かくきゅう） ひつぎ／椁室（かくしつ） 墓室／椁席（かくせき） 柩の薦／椁幬（かくとう） 外棺

↓棺椁・磚椁

【确】 12 1762

カク かたい

篆文 

形声 声符は角（かく）。〔説文〕九下に「礐（かく）、石なり」、前条に「礐は堅なり」とあり、确は石ころ地。次条の磽にも「礐石なり」とあり、磽确（ぎょうかく）という。㱿・確は确の異体字。また碻・塙に作り、〔説文〕十三下に「塙は堅くして抜くべからざるなり」という。碻・塙・槁の従う高は、骨の枯槁した象である。

訓義 1石の多いやせ地、磽确。2かたい、つよい、きびしい。3角と通じ、あらそう、きそう。

古訓 〔新撰字鏡〕确 加太久（かたく）、又、己波志（こはし）、又、曾禰（そね）、又、也和戸留（やわこる）所なり 〔名義抄〕确 ソネ・フタ・ワヒトコロ 〔字鏡集〕确 ツタ・ソネ・スル・フネ・ミガク

語系 确・確・碻・塙 kheôk は同声。みな堅確の意がある。また角 keok と通用することがある。

【确瘠（かくせき）】石の多いやせ地。〔資治通鑑、唐紀五十五〕（憲宗、元和八年）天徳の故城は僻處确瘠、河を去ること絶遠にして、烽候警急、相ひ應接せず。

【确切（かくせつ）】的確で切実。〔文心雕竜、銘箴〕箴（しん）は全（もっぱ）ら過ちを禦（ふせ）ぐ。故に文、确切に資（と）る。

【确然（かくぜん）】しっかりして動かないさま。確然。〔宋書、良吏、陸徽伝〕上表して士を薦めて曰く、～廣州の別駕従事史朱萬嗣、～确然として志を守り、聞達を求めず。

【确犖（かくらく）】でこぼこ石のところ。唐・劉禹錫〔我が馬を傷むの詞〕水轍の淋漓（りんり）たる、淖途（だうと）の汪洋たる、結んでは确犖と爲り、融けては坳堂（あうだう）と爲る。

↑确确（かくかく） 堅硬／确石（かくせき） 石ころ／确薄（かくはく） やせ地／确顱（かくろ） 白額の馬

↓磽确・荒确・豊确

常 **【覚】** 12 〔覺〕 20 7721

カク コウ（カウ） めざめる さとる

篆文 

形声 旧字は覺に作り、見の上部が声符。〔説文〕八下に「寤むるなり」とあり、〔詩、王風、兎爰〕「尙はくは寐ねて覺むること無からん」のように用いる。

訓義 ①めざめる。②未知のことにめざめる、さとる、さとり、さとい。③知る、覚える、感じる。④あらわれる、あらわす。⑤状況の語に用いる。大きい。

古訓 〔名義抄〕覺 サム・サトル・シル・ウツヽ・オボユ・オモフ・アラハル・タヾシ・タカシ・オホキナリ・マコト・クラシ・ムクロ

【覚臥】めざめたまま寝ている。〔管子、宙合〕大いに度儀を揆り、覺臥の若く、晦明の若し。

【覚挙】公務を誤ったとき自首する。〔唐律、名例、公事失錯〕公事失錯するも、自ら覺擧する者は、其の罪を原す。

【覚寤】さとる。〔史記、項羽紀論賛〕謂へらく、霸王の業、力征を以て天下を經營せんと欲すと。～身、東城に死して尙ほ覺寤せずして、自ら過ちを責めず。～豈に謬らずや。

【覚非】非をさとる。唐・劉商〔春日臥病〕詩 今日方に命を知り 前身、自ら非を覺る

↑覚悟 さとる／覚察 気づく／覚醒 めざめる／覚知 さとる／覚痛 いたむ／覚露 露見する

↓一覚・円覚・感覚・嗅覚・驚覚・幻覚・後覚・才覚・錯覚・視覚・自覚・正覚・触覚・睡覚・先覚・大覚・知覚・聴覚・直覚・統覚・発覚・不覚・本覚・味覚・夢覚

人 **【塙】** 13 4012 カク コウ(カウ) かたい

篆文 

形声 声符は高。〔説文〕十三下に「堅くして抜くべからざるなり」とあり、剛土をいう。また土がやせ、石の多いことをいう。

訓義 ①かたい、土がかたい。②土がやせ、石が多い。③確と通用し、塙切・当塙のようにいう。④国語で「はなわ」とよむ。山の突き出たところ。また、姓として「ばん」。

【塙解】的確な解釈。〔群経平議、論語 一〕漢書楊惲傳に、董生(仲舒)の言～數語を引く。乃ち此の章の塙解なり。

↑塙覈 確切／塙切 切当／塙然 明確

↓堅塙・当塙

【搉】 13 5401 カク うつ はかる

篆文 

形声 声符は隺。〔説文〕十二上に「敲擊するなり」とあり、〔漢書、五行志中之上〕に「其の眼を搉つ」のように用いる。〔荘子、徐無鬼〕に「揚搉」という語があり、はかる意。

訓義 ①うつ、たたく。②隺に堅く執る意があり、しめる、専らにする。③較と通じ、はかる、くらべる。④あらまし。

古訓 〔名義抄〕搉 ウツ・ヒサグ・カマフ・ホヾ・アラ〳〵シ・ユル・ハフ・ハク

【搉巧】技巧にすぐれる。漢・班固〔答賓戲〕逢蒙(人の名)は技を弧矢に絶し、般輸(人の名)は巧を斧斤に搉らにす。

【搉場】売買を監督するところ。〔宋史、真宗紀〕(景徳二年二月)霸州安肅軍に搉場を置く。

【搉揚】推敲する。〔梁書、劉遵伝〕志を言ひ詩を賦し、忠賢を校覆し、文史を搉揚す。益者三友とは、此れ實に其の人なり。

【搉利】利を専らにする。〔唐書、食貨志 一〕搉利借商、進奉獻助、爲さざる所無し。

↑搉估 専売／搉沽 搉估／搉酤 酒の専売／搉茶 茶の専売／搉慮 大略／搉量 はかる／搉論 討論する

↓商搉・大搉・明搉・揚搉

【貈】 13 2724 ［⿷匚貈］ 15 7171 カク つつしむ むじな

篆文 

会意 豸＋舟。舟は盤。盤上に犧牲の獸をおく形。〔説文〕九下に「善く睡る獸なり」とし、舟声とするが、声が合わない。獸名には貉の字を用いる。金文に⿷匚貈の字があり、聖所に牲を供える意。〔毛公鼎〕「夙夕を⿷匚貈む」、〔番生𣪘〕「大命を⿷匚緟⿷匚貈し、王位を甹けよ」のように用いる。⿷匚緟⿷匚貈は緟恪、〔書、盤庚上〕「天命を恪謹す」というのに近い。⿷匚貈は恪の初文とみてよい。

訓義 ①つつしむ。②貉と通じ、むじな。

↓狐貈

【貉】 13 2726 ［貈］ 13 2724 カク バク バ むじな

篆文  金文 

形声 声符は各。〔説文〕九下に「北方の豸種なり」とするのは蛮貊の意。〔論語、子罕〕の「狐貉」はまた「狐貈」に作り、貉・貈・貊の三字の間に混乱を生じている。貈は⿷匚貈の初文で、つつしむ。貉はむじな。貊は蛮貊の字。〔説文〕九下に「貈は狐に似て、善く睡る獸なり」とし、貈をむじな、貉を貊の意とする。

訓義 ①むじな。②貊と通じ、蛮貊、えびす。③貈(⿷匚貈)と通じ、つつしむ。④絡と通じ、からむ。⑤禡と通じ、師祭。⑥氏族の名。金文に「貉子」の名がみえる。

古訓 〔和名抄〕狢 漢語抄に云ふ、无之奈(むじな)。狐に似て善く睡る者なり 〔字鏡集〕貉 シヅカナリ

【貉祭】軍中の祭。〔周礼、夏官、大司馬〕遂に以て蒐田す。有司、表貉して民に誓ふ。～獻禽して以て社に祭る。〔注〕表貉とは、表を立てて貉祭するなり。～貉は讀みて禡と爲す。

【貉子】小さなむじな。人を罵る語。〔世説新語、惑溺〕妻嘗て妬し、乃ち(孫)秀を罵つて貉子と爲す。秀大いに平らかならず。

【貉奴】六朝のとき、北人が江東人を罵る語。〔晋書、陸機伝〕(宦人孟超等)兵を縱つて大いに掠む。機、其の主なる者を錄す。超～之れを奪ひ、顧みて機に謂ひて曰く、貉奴、能く督を作すや不やと。

↑貉袖 袖なし／貉縮 なわ／貉睡 よく睡る／貉嗼 しずか

↓于貉・狢貉・玄貉・狐貉・胡貉・豺貉・睡貉・白貉・表貉・搏貉

常 **【較】** 13 5004 〖較〗 13 5004 ［較］ 11 5404 カク コウ(カウ) くらべる

篆文  金文 

形声 声符は交(爻)。〔説文〕十四上に字を較に作り、爻声。「車輢上の曲鉤なり」(段注本)とあり、車の両旁の輢(もたれ)の上から前方に突出している横木。二重にしたものを重較という。爻がその形。

訓義 ①くるまのよこぎ、まっすぐ、もっぱら。②校・覈と通じ、くらべる、はかる、きそう、あきらか。③大較、やや、ほぼ、あらまし。

古訓 〔名義抄〕較 クラブ・ミル・カムガフ・アキラカナリ・アラハル・ナホシ・ノコル・ヨロコブ・マジフ

語系 較(較)・校(校)・覈 keôk は同声。角 keok もその旁転の語。みな比較・校量の意がある。角に「校なり、競なり、試なり」の訓がある。「くらぶ」は「座ぶ」、神聖のものの地位を争う意であった。

【較議】譲らず論議する。〔後漢書、皇后上、明徳馬皇后紀〕時に諸將の奏事及び公卿の較議、平め難き者、帝數以て后に試む。后輒ち趣理を分解し、各其の情を得

しむ。

【較然】明らか。〔史記、刺客伝論賛〕其の義或いは成り、或いは成らず。然れども其の立意較然として、其の志を欺かず。名、後世に垂るること、豈に妄ならんや。

【較著】著明。〔論衡、物勢〕(蒼竜・白虎・朱鳥・玄武)天に四星の精有り、降りて四獸の體を生む。含血の蟲、四獸を以て長と爲す。四獸の五行の氣を含むこと、最も較著なり。

【較略】あらまし。大略。〔三国志、呉、宗室、孫皎伝〕此の人驫豪にして、人の意の如くならざる時有りと雖も、然れども其の較略は大丈夫なり。

↑較覈　しらべる／較勘　校訂する／較計　比較する／較芸　技競べ／較言　明言する／較固　壟断する／較讐　校訂する／較準　規準／較証　立証する／較親　争いもつれる／較切　明白／較遅　やや遅い／較比　比較する／較覆　較覈／較炳　著明／較別　特別／較弁　明弁／較明　明白／較約　較略／較要　切要／較猟　武技を競べる／較量　比較する
↓倚較・金較・計較・歳較・参較・詮較・大較・重較・比較

常【隔】13　〔隔〕13　7122　カク　へだてる

篆文 

形声　声符は鬲。〔説文〕に収める鬲声八字のうち、翮・槅・[石+鬲]・搹は隔と同声。来母の字にk・l二系の音をもつものが多い。〔説文〕十四下に「隔は障なり」、次条に「障は隔なり」とあって互訓。𠂤は神の陟降するところ。そこでの隔離儀礼を示す字で、聖所に鬲をおいて境界としたのであろう。鬲よりそそぐを鬲といい、祼礼に用いる。周初の麦氏諸器に「麥の宮に鬲す」「邢侯の出入に鬲せん」とあり、聖所への出入に鬲の儀礼をした。そのようにして聖俗を分かつことを隔という。
訓義　1へだてる、へだたる、へだたり、さえぎる、はなれる。2しきる、かくす、おおう。3とおざける、うとんずる、わける。
古訓　〔名義抄〕隔　ヘダツ・トヾム・カクル・サフ・フサグ・ウツ
語系　隔・膈kekは同声。膈は胸膈、いわゆる横膈膜。〔釈名、釈形体〕に「膈は塞なり」、また〔文選、西京の賦、注〕に引く〔説文〕も「塞なり」とする。塞は呪具の工を以て神霊を塡塞する意で、また一種の隔離儀礼である。
【隔異】わけへだてする。〔史記、南越伝〕陸賈、南越に至る。王甚だ恐れ、書を爲りて謝し、稱して曰く、～前日高后、南越を隔異せり。竊かに疑ふらくは、長沙王、臣を讒せるならん～と。
【隔越】遠くへだたる。漢・蔡琰〔胡笳十八拍、十五〕楽府　子と母と分離し、意任へ難し　同天隔越すること、商(星)參(星)の如し
【隔遠】遠くへだたる。〔宋史、常同伝〕今韓世忠は楚に在り、張俊は建康に在り、岳飛は江州に在り、呉玠は蜀に在り。相ひ去ること隔遠、情相ひ通ぜず。
【隔閡】へだてる。〔晋書、江統伝〕縱ひ夏を猾すの心、風塵の警有りと雖も、則ち中國に絶遠にして、山河を隔閡す。寇暴を爲すと雖も、害する所廣からず。
【隔闊】遠くへだたる。宋・陸游〔自規〕詩　四海の交朋、常に隔闊す　一生の光景、蹉跎し易し　耄年尚ほ吾が後を鞭うたんと欲す　太息す、人に訑訶せらるること無きを
【隔宿】一晩置く。〔斉民要術、七、造神麹幷酒等〕團麴は當日に使ひ訖り、隔宿するを得ず。
【隔絶】さえぎる。〔漢書、匈奴伝上〕是の時、漢は東のかた濊貉・朝鮮を抜きて、以て郡と爲し、西のかた酒泉郡を置きて、以て胡と羌と通ずる路を隔絶す。
【隔窓】窓をへだてる。唐・王維〔勅して岐王に～暑を避けしむ。応教〕詩　窗を隔てて雲霧、衣上に生じ　幔を巻けば山泉、鏡中に入る
【隔塞】へだたり塞がる。〔後漢書、竇融伝〕外は則ち羌胡を折挫し、内は則ち百姓福を蒙る。威德流聞し、虛心相ひ望む。道路隔塞す。邑邑(気がふさぐこと)何ぞ已まん。
【隔断】へだてたつ。宋・朱熹〔瑞巌寺に入り、道間に四絶句を得たり～、三〕詩　紅塵を隔斷すること三十里　白雲黃葉、共に悠悠たり
【隔帳】とばりをへだてる。隋・李徳林〔狭路の間に相ひ逢ふ〕詩　牀を懸けて高士に接し(後漢の陳蕃の故事)　帳を隔てて諸生に授く(後漢の馬融の故事)
【隔離】へだてはなれる。唐・杜牧〔阿房宮の賦〕三百餘里を覆壓して天日を隔離し、驪山北に構へて西に折れ、直ちに咸陽に走く。
【隔簾】すだれごし。〔南史、夏侯亶伝〕晩年頗ぶる音樂を好む。妓妾十數人有り、竝びに被服姿容無し。客有る毎に、常に簾を隔てて之れを奏せしむ。時に簾を謂ひて夏侯の妓衣と謂ふ。
↑隔意　隔心／隔礙　遮る／隔眼　かけ鏡／隔月　一月おき／隔在　へだたる／隔是　すでに／隔日　一日おき／隔牆　隣家／隔心　心へだて／隔水　川向こう／隔世　世をへだてる／隔生　隔世／隔截　きる／隔年　一年おき／隔箔　簾ごし／隔閉　とざす／隔蔽　おおう／隔壁　壁ごし／隔別　別々／隔夜　一夜おき
↓雲隔・永隔・乖隔・廻隔・間隔・関隔・県隔・狷隔・懸隔・限隔・歳隔・心隔・阻隔・疎隔・地隔・杜隔・防隔・遥隔・壅隔・離隔・籬隔・遼隔・路隔

【劃】14　5210　カク(クヮク)　くぎる　わける

篆文 

金文 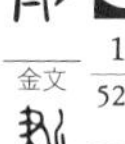

形声　声符は畫(画)。畫は方形の楯に彫飾を加えた形。その文様を田字形に、楯の全面に施したものを周(周)、刻画を加えることを雕、聿(筆)を加えた形は畫、刻文を加えることを劃という。〔説文〕四下に「錐刀を劃と曰ふ」とあり、錐刀はその彫刻刀をいう。
訓義　1くぎる、くぎって刻画を加える、かぎる。2面を分割する、わける、しわける、裂く。
古訓　〔名義抄〕劃　キザム・ヒラク・カギル　〔字鏡集〕劃　キザム・ワカツ・カギル・ヒラク・ヤブル・フタグ・トヅ・サス・カタク
語系　劃・畫hoekは同声。〔説文〕三下に「畫は界なり。田の四界に象る」とするのは誤り。田界を刀で劃することはない。畫は画楯。周は方形の楯に従い、楯面は井形に区分し、彫飾を加えた。
【劃然】物をうち割るような高い調子の声の形容。宋・蘇軾〔後の赤壁の賦〕劃然として長嘯すれば、草木震動し、山鳴り谷應へ、風起り水涌く。
＊語彙は画字条参照。
↑劃一　一様／劃劃　割く音／劃条　小切手／劃定　画定／劃分　区分
↓界劃・欠劃・堅劃・刻劃・紋劃

【幗】14　4620　カク(クヮク)　かみつつみ

篆文 

形声　声符は國(国)。〔説文新附〕七下に「婦人の首飾りなり」、〔玉篇〕に「髮の上を覆ふ」とあり、巾で髮を覆うこと。これを巾幗という。婦人のことを巾幗者流という。
訓義　1髪づつみ、髪の飾り。2婦人の喪冠。服喪のとき用いる。
古訓　〔和名抄〕幗　知岐利加宇不利(ちきりかうふり)。今老嫗之れを載す　〔名義抄〕幗　カウブリ・チキリ　〔字鏡集〕幗　カ

ウブリ・チキリヤフル
↓巾幗・紺幗・髽幗・襦幗・繒幗

【廓】 14 0022 カク(クヮク) ろうか ひろい むなしい くるわ

形声 声符は郭。郭は城郭。字は广部に属し、本義は建物にとりめぐらした歩廊の類をいう。それより廓大・廓落・遊廓の意となる。

訓義 ①歩廊、建物の周辺にある廊下。②ひろい、大きい、ひらける、あかるい、ゆるやか。③むなしい、からりとしたさま。④一定の区画された場所、くるわ。

古訓 〔名義抄〕廓 ホガラカニ・ホガラカナリ・ムナシ・ハカル・オラス・オホイナリ・ツイヒテ(ヂ)〔字鏡集〕廓 ヒロシ・ツイヒヂ・オホシ・オホキナリ・ホガラカナリ・アキラカ・テラス・ムナシ・ハカル・ハカリ・ハカリゴト

【廓焉】かく(くわく)えん 心の広くむなしいさま。晉・盧諶〔重ねて劉琨に贈る〕詩 死生既に齊し 榮辱奚ぞ別たん 其の玄根に處れば 廓焉として結ぶこと靡し

【廓恢】かくかい(くわくくわい) ひろめ大きくする。〔三国志、魏、高堂隆伝〕文帝、天の明命を受け、皇基を廓恢す。踐祚七載、毎事未だ遑あらず。

【廓開】かく(くわく)かい ひろめ明らかにする。〔後漢書、班超伝〕今朝廷の德を廓開せずして、屯戍の費に拘せば、若し北虜遂に熾んならば、豈に安邊久長の策ならんや。

【廓爾】かく(くわく)じ 心の悟るさま。唐・寒山〔寒山詩、二二五〕心の了絶せざるが爲に 妄想起ること煙の如し 性月は、澄澄として朗らかに 廓爾として無邊を照らす

【廓如】かく(くわく)じょ からりと明らかになる。〔法言、問明〕仲尼は聖人なり。或る者諸れを子貢より劣れりとす。子貢辭(説)して之れを精しくし、然る後に廓如たり。

【廓清】かく(くわく)せい 世の乱れを清め治める。〔漢紀、高帝紀四〕高祖～亂を征し暴を伐ち、帝宇を廓清す。

【廓然】かく(くわく)ぜん 心の広くむなしいさま。〔説苑、君道〕人君の道は、～廓然として遠く見、踔然として獨立し、屢と省みて績を考へ、以て臣下に臨む。此れ人君の操なり。

【廓大】かく(くわく)だい ひろく大きい。唐・柳宗元〔道州の文宣王廟碑〕廟舍峻整にして、階序廓大なり。

【廓落】かく(くわく)らく 大きくむなしい。ひろやか。さびしい。楚・宋玉〔楚辭、九弁、一〕廓落として羈旅にして友生無し 惆悵として私かに自ら憐れむ

【廓寥】かくりょう(くわくれう) 広くさびしい大空。唐・皇甫湜〔鶴、雞群に処るの賦〕志は廓寥に在るも、跡は泥塗に依る。

↑廓廓 大きい／廓充 拡充する／廓惝 広やか／廓達 闊達／廓地 地域を拡大する／廓張 拡張する／廓澄 澄む／廓定 平定する／廓塡 双鉤／廓土 廓地／廓平 平らげる／廓犖 卓犖

↓恢廓・外廓・寛廓・虚廓・匡廓・空廓・夸廓・宏廓・高廓・閎廓・城廓・清廓・地廓・澄廓・土廓・遊廓・寥廓

【慤】 14 4733 ［愨］ 16 4733 カク つつしむ まごころ

篆文

形声 声符は㱿。〔説文〕十下に「謹むなり」とみえる。㱿は中を空しくする意。

訓義 ①つつしむ。②まごころ、まことにする、よい。

古訓 〔名義抄〕慤 マコト・ツ、シム

声系 牛が屠所に赴くことを恐れることを「觳觫」という。形況の語で、㱿声にその意がある。

【慤愿】かくげん つつしみ深く、すなお。〔管子、明法解〕寄託の人、不肖にして位尊きときは、則ち民、公法に倍きて趨くに勢有り。此くの如くんば則ち慤愿の人其の職を失ひ、廉潔の吏其の治を失ふ。

【慤士】かくし まじめな人。〔荀子、不苟〕庸言は必ず之れを信にし、庸行は必ず之れを愼む。流俗に法はんことを畏るるも、而も敢て其の獨り是とする所を以ちひず。是くの若くんば則ち慤士と謂ふべし。

【慤禄】かくろく 才能と俸禄と相かなう。〔荀子、栄辱〕皆人をして其の事を載ひて各ゝ其の宜を得しむ。然る後慤祿の多少厚薄をして之れ稱はしむ。

↑慤謹 つつしむ／慤実 まじめ／慤誠 まこと／慤切 至誠／慤善 誠善／慤素 すなお／慤直 朴直

↓謹慤・愚慤・潔慤・堅慤・謙慤・愿慤・厳慤・懇慤・質慤・情慤・信慤・尽慤・清慤・誠慤・切慤・端慤・致慤・忠慤・貞慤・敦慤

囚 【摑】 14 5600 カク(クヮク) うつ つかむ

形声 声符は國(国)。〔玉篇〕に「耳を掌つなり」と訓し、一体として馘声の字とする。訓義よりすれば聝声の字である。北宋の葉夢得の〔避暑録話〕に「其の口を摑つ」とあり、国語ではものをつかむ意に用いる。

訓義 ①うつ、耳をうつ。②つかむ。

古訓 〔新撰字鏡〕摑 豆支波牟(つきはむ)〔名義抄〕摑 ヒコヅラフ・ツカム〔字鏡集〕摑 オモテカク・ツカミ・サク・タナゴコロ・ナヒヤカ

【摑裂】かく(くわく)れつ さき破る。仏教語。〔無量寿経、上〕邪網を摑裂す。

↑摑混 荒らす／摑手 拍手／摑打 うつ

↓百摑

【斠】 14 5440 カク コウ(カウ) はかる

篆文

形声 声符は冓。〔説文〕十四上に「斗斛を平らかにするなり」とあり、搉・榷・校(挍)・較(較)と通用する。〔礼記、月令〕「(仲春の月)是の月や～則ち度量を同じくし、衡石を鈞しくし、斗甬を角る」とある角は、斠の仮借字。校正の意にも用い、清の孫詒讓の〔古籀拾遺自叙〕に「修學の儒、篆籀を翠斠し、輒ち證を金文に取る」という。

訓義 ①はかる、計量する、計量を平らかにする。②くらべあわせる、校正する、対校する。

古訓 〔字鏡集〕斠 ハカル

↑斠改 校改／斠画 調べる／斠士 学者／斠準 規準／斠然 均一のさま／斠紬 校理／斠理 整理

【榷】 14 4491 カク まるきばし

篆文

形声 声符は隺。〔説文〕六上に「水上の横木、渡す所以の者なり」とあって、丸木橋の類をいう。また酒の専売制を榷酤といい、その税法をいう。漢の武帝が榷酤を制して以来、この種の専売制によって利益を独占することが行われた。

訓義 ①まるきばし。②専売の税、官営・払い下げ品の税、その税法。③枳、からたち。

古訓 〔篇立〕榷 カチツラフ

【榷塩】かくえん 塩の専売税。〔唐書、食貨志四〕諸道に榷鹽錢を加ふ。～天下の賦、鹽の利、半ばに居る。

【榷会】かくかい(くわい) 会は儈、仲買。仲買によって利益を独占する。〔漢書、景十三王、趙敬肅王彭祖伝〕趙王、權を擅にし、使をして縣に卽き、賈人の爲に榷會せしむ。入ること國の租税よりも多し。

【榷酤】かくこ 酒の専売。〔漢書、武帝紀〕(漢天)三年春二月、～初めて酒酤に榷す。

【榷茶】かくちゃ 茶に課税する。〔唐書、王涯伝〕始めて茶法を變じ、

其の税を益し、以て用度を濟す。~鄭注も亦た榷茶を議す。

【榷利】 専売の利。〔法言、寡見〕或るひと曰く、(桑)弘羊、榷利して國用足る。盍ぞ諸これに榷せざるやと。曰く、諸れを父子に譬ふ。其の父の爲に其の子に榷す。利を縱にするも、子を如何せん~と。

↑榷易 専売/榷貨 専売品/榷課 専売税/榷管 専売/榷采 専売/榷酒 榷酤/榷場 国境の市場/榷政 徴税事務/榷然 明確のさま/榷束 専管/榷賦 榷税/榷務 榷政/榷茗 榷茶/榷略 検討する/榷論 討論する

↓管榷・禁榷・辜榷・酤榷・酒榷・商榷・掌榷・征榷・税榷・茶榷・納榷・利榷

【敫】 14 0724 カク コウ(カウ) たたくうつ

篆文 

会意 高+殳。高は人骨の上半の形。これを敫つのは何らか呪的な意味をもつ行為であろう。〔説文〕三下に「頭を擊つなり」とし、高声とするが、高は枯槁の骨。その埋葬するところを蒿里という。殳部・攴部の字には、毆つべき対象を特定しているものが多く、それらは会意字とみるべきである。

訓義 ①たたく、あたまをうつ。屍骨をうつ呪法をいう。②うつ。うつ声。

古訓 〔篇立〕敫 タ、ク・ウツ・サ、ク 〔字鏡集〕敫 カシラヲウツナリ・カトヒラク

語系 敫kheôk、敲kheô は同系の語。叩・敂・扣kho、攷khu も声義近く、みなたたく音の擬声語。

参考 敲は〔説文〕三下に「横さまに擿つなり」とし、高声。〔左伝、定二年〕「之れが杖を奪ひて、以て之れを敲つ」の〔釈文〕に〔説文〕を引いて敫字とする。〔玄応音義〕などに、敫に横擊頭・横擿の二訓を加える。殳部・攴部の字に、通用の例が多い。

【敫頭】 頭を叩く。〔呂覧、当務〕舜に不孝の行有り、禹に淫湎の意有り、湯武に放殺の事有り、五伯に暴覽の謀有り。世皆之れを譽め、人皆之れを諱むは、惑へり。故に(盜跖)死して金椎を操りて葬らる。曰く、下も六王五伯を見ば、將に其の頭を敫たんとすと。

【聝】 14 1315 ［馘］ 17 8365 カク(クヮク) みみきる

篆文 
金文 

形声 声符は或。或に國(国)、摑の声がある。戦場で敵を殪したときは、その左耳を切って軍獲の証とした。〔説文〕十二上に「軍戰ひて耳を斷るなり」という。また重文として馘を録する。金文に䤜、また戒に作り、字が爪に従うのは、あるいは指爪を以て数えることもあったのであろう。俘獲とは生獲のものをいう。

訓義 ①みみきる。②くびきる。

古訓 〔名義抄〕馘 キリミ、〔篇立〕聝 ミ、キレ/馘 サク

語系 聝・馘koak は軍獲。捕獲・収穫の獲(獲)hoak、穫(穫)huak も同系の語であろう。

↑聝耳 耳切る/聝首 首切る

【赫】 14 4433 カク セキ あかい

篆文 

会意 赤+赤。二赤をならべた形。〔説文〕十下に「大赤の皃」(段注本)、〔繫伝〕に「火の赤き皃なり」とする。赤は火光を浴びている人の姿で、聖火で身を清める意。〔詩、邶風、簡兮〕「赫として渥赭の如し」とは、人の盛容盛德をほめる語。

訓義 ①あかい、あかいさま。②あきらか、さかん、立派。③はげしくおこる。④奭と通じ、あきらか、さかん。

古訓 〔名義抄〕赫 アカシ・カ、ヤク・サカリ・サカユ・アキラカナリ・アラハス・オコス・ハヤシ

【赫奕】 光り輝くさま。晉・陸機〔魏の武帝を弔ふ文〕伊れ君王の赫奕たる、寔に終古の難しとする所。威、天に先んじて世を蓋ひ、力、海を湯かして山を抜く。

【赫赫】 かがやかしく、さかんなさま。〔詩、小雅、節南山〕赫赫たる師尹 民具に爾を瞻る

【赫咺】 威儀のすぐれたさま。〔詩、衛風、淇奥〕瑟たり僩たり 赫たり咺たり 匪たる有る君子 終に諼るべからず

【赫羲】 光りかがやく。暑気。漢・繁欽〔柳樹の賦〕炎夏の白日を翳ひ、隆暑の赫羲を救ふ。

【赫顕】 特に顕著なこと。〔宋史、呉居厚伝〕政地に在ること久しく、周謹を以て自ら媚ぶ。赫顯の惡無し。一時~推されて稱首と爲りしのみ。

【赫爾】 いかるさま。〔後漢書、班固伝〕是に於て聖皇乃ち~皇圖を披き、帝文を稽へ、赫爾として憤を發し、應ずること興雲の若し。

【赫怒】 激しく怒る。唐・李白〔古風、五十九首、四十八〕詩 秦皇、寶劍を按じ 赫怒して威神を震ふ 日を逐うて海右を巡り 石を驅りて滄津に駕せしむ

↑赫炎 まばゆい/赫焉 あかあか/赫戲 赫羲/赫曦 赫羲/赫烜 赫咺/赫姿 偉容/赫斯 赫爾/赫灼 かがやく/赫爍 赫灼/赫如 赫然/赫赤 深紅/赫咤 憤怒する/赫著 顕著/赫張 盛大/赫蹏 薄小の紙/赫曄 かがやく/赫烈 赫顕

↓栄赫・炎赫・煥赫・貴赫・翕赫・烜赫・顕赫・光赫・震赫・寵赫・電赫・彤赫・隆赫

常 【閣】 14 7760 カク たな たかどの

篆文 

形声 声符は各。〔説文〕十二上に「扉を止むる所以なり」という。各に格止、さえぎり止める意がある。門旁の長いくいをいう。また皮閣(たな)の意、宮閣・楼閣・閣道などの意に用いる。

訓義 ①門の両旁にあって扉をおさえるくい。とめる。②皮閣。木をわたして上にものをのせる。たな、おきだな、ぜんだな、くりや。③木を組みあげた高い建物、たかどの、ごてん。④建物をつなぐ高い廊下、わたどの、かけはし。⑤品物をならべて売る店。⑥擱と通じ、おく、さしおく、やめる。

古訓 〔名義抄〕閣 サシオク・サシハサム・ホシマ、・ヒロシ・マタガル・トビラ・ヒラク 〔字鏡〕閣 トビラ・ヒラク・トヾム・イタシキ・オク・サシオク・サシハサム・カサナル・タカドノ・ロウナリ・ハルカ・ヒロシ

語系 閣・擱kak は同声。擱は白話文学に至って用い、停輟すること。書き終えることを擱筆という。

【閣下】 高い身分の人をよぶのに用いる。唐・白居易〔劉蘇州に与ふる書〕閣下僕の爲に駕を税くこと十五日、朝觴夕詠、頗ぶる平生の歡を極む。

【閣外】 閣の外。〔南斉書、祥瑞志〕(永明)五年四月、甘露、荊州府中閣外の桐樹に降る。

【閣閣】 かたくまといつける。〔詩、小雅、斯干〕之れを約すること閣閣たり 之れを椓すること橐橐たり ☒蛙の声。宋・韓維〔象の夜飲の什に奉和す〕詩 嗷嗷として鶴、群遊し 閣閣として蛙、亂鳴す

【閣手】 手を束ねて無為。〔資治通鑑、宋紀十六〕(順帝、昇明七年)既にして蕭道成兼ねて軍國を總べ、心膂を布置し、與奪自ら專らにす。褚淵は素より相ひ憑附し、(劉)秉と袁粲とは、閣手して成を仰ぐのみ。

【閣道】 高架の廊。複道。〔史記、秦始皇紀〕先づ前殿を阿房に作る。東西五百歩、南北五十丈、上は以て萬人を坐

せしむべし。～周馳して閣道を爲くり、殿下より直ちに南山に抵たる。

【閣老】 宰相などの異称。〔容斎四筆、十五、官称別名〕唐人好んで它名を以て官稱を標榜す。～宰相を呼んで堂老と爲し、兩省の相、相ひ呼んで閣老と爲す。

↑閣屋 高楼／閣学 内閣学士／閣斎 書楼／閣帖 淳化閣帖／閣臣 明・清の大学士／閣正 他人の妻／閣鮮 鮮魚／閣殿 高殿／閣筆 擱筆／閣免 ゆるす／閣門 小門／閣路 桟道／閣楼 高楼

↓阿閣・芸閣・雲閣・架閣・華閣・画閣・館閣・几閣・綺閣・宮閣・曲閣・金閣・銀閣・郡閣・闕閣・剣閣・古閣・紅閣・香閣・高閣・采閣・斎閣・山閣・桟閣・紫閣・寺閣・朱閣・珠閣・書閣・小閣・椒閣・城閣・水閣・禅閣・組閣・層閣・台閣・丹閣・重閣・釣閣・邸閣・亭閣・殿閣・彤閣・投閣・倒閣・内閣・入閣・飛閣・秘閣・廟閣・舞閣・複閣・仏閣・歩閣・鳳閣・梵閣・連閣・輦閣・櫓閣・廊閣・楼閣

【匳】 15 7171 ［㲉］ 13 2724 カク つつしむ

会意 匚＋㲉。豸は牲獣、舟は盤。匚は物を包む形。犧牲を捧げて祈る意で、恪謹の義がある。文献にみえず、金文の〔毛公鼎〕に「夙夕を匳む」、〔番生𣪘〕に「大命を𩰫匳す」とあり、緟恪の意。〔書、盤庚上〕「天命を恪謹す」とあるのと語義が近い。のち貉・恪の字を用いる。匳はその初文とみるべき字である。

訓義 ①つつしむ。

↓𩰫匳

常【確】 15 1461 ［碻］ 15 1062 カク かたい たしか

形声 声符は隺。隺は鳥の高飛するのを妨げて、確くとめておく形。〔玉篇〕に「堅固なり」とし、字をまた塙に作る。また碻・確・确に作ることもある。霍は隺の繁文。高は枯骨の形に従う。

訓義 ①かたい、つよい。②確実、たしか、まさしく、しっかり。

古訓 〔篇立〕碻 カタシ 〔字鏡集〕確 カタシ・アキラカ・マコト・オドロク・タカシ

語系 確（碻）・确 kheôk は同声。确は磽确、石ころ、石ころのごろごろした状態をいう。みな堅硬の意がある。

【確乎】 堅固なさま。〔易、乾、文言伝〕世を遯れて悶ふること无く、是とせられずして悶ふること无し。樂しむときは則ち之れを行ひ、憂ふるときは則ち之れを違さる。確乎として其れ拔くべからざるは、潛龍なり。

【確志】 確乎とした志。〔隋書、楊素伝〕公乃ち累世の元勳を建て、一心の確志を執る。古人言へる有り、曰く、疾風勁草を知り、世亂れて誠臣有りと。公、之れを得たり。

【確然】 確乎。〔漢書、師丹伝〕國に端誠にして、患難を顧みず、忠節を執り、聖法に據り、尊卑の制を分明にし、確然として柱石の固め有り。～社稷の臣と謂ふべし。

【確当】 正確。〔漢学師承記、六、任大椿〕嘗つて夏小正に注し、～二條を補入す。王光祿禮堂（鳴盛）序して、以て確當絶倫と爲せり。

【確闘】 全力で決戦する。〔資治通鑑、後梁紀四〕（均王、貞明三年）聞く、晉王梁人と確闘し、騎兵の死傷少なからずと。

【確論】 精確な評論。〔唐書、王珪伝〕對へて曰く、～潔濁揚清、惡を疾み善を好むに至りては、臣、數子に於て一日の長有りと。帝、善しと稱す。（房）玄齡等、亦た以て己の長ずる所を盡すと爲す。之れを確論と謂ふ。

↑確摭 確証／確言 明確にいう／確限 期限／確固 確乎／確士 賢貞の士／確爾 確乎／確執 不和／確実 たしか／確守 堅持する／確証 不動の証／確信 疑いなし／確切 的確／確定 きめる／確認 誤りがないことを確かめる／確評 適確な評／確立 確実にする

↓謹確・堅確・志確・純確・商確・詳確・正確・精確・端確・貞確・的確・明確

【虢】 15 2131 ［鞹］ 17 4054 ［鞟］ 20 4752 カク（クヮク） なめす

篆文

金文

会意 寽＋虎。〔説文〕五上に「虎の攫畫する所の明文なり」とするが、文義が明らかでなく、〔段注〕に「虢字の本義久しく廢して、用ふる者有ること罕なり」という。金文の字形によると、虎皮を剝取して治める形。金文の賜与に「朱虢旂」の語がみえ、旗桿に虎皮を捲いて飾ったものであろう。字はまた鞟・鞹に作り、〔論語、顔淵〕に「虎豹の鞟」とあり、車軾の中央に巻く皮を鞹鞃という。

訓義 ①虎皮をなめす、なめす、なめした皮。②国族の名。③虎のつめあと。

古訓 〔篇立〕虢 クニノナ／鞹 ヒラク

常【獲】 16 4424 ［獲］ 17 4424 カク（クヮク） とる えもの える

篆文

甲骨文

金文

形声 声符は蒦。卜文・金文に隻を獲の意に用いており、隻がその初文。隹を又（手）に執る形で会意の字である。〔説文〕十上に「獵の獲る所なり」。犬に從ひ、蒦聲」とあり、犬は猟犬を意味する。獲の初文である隻は、あるいは鷹を用いたものであろうか。卜辞に「象を隻えんか」「羌を隻んか」のように、獣や異族を対象としていうことが多く、また金文には〔小盂鼎〕「聝四千八百□十二を隻たり」、〔楚王酓忎鼎〕「戰ひて兵銅を隻たり」のように軍獲をもいう。

訓義 ①えものをとる、とらえる、えもの。②える、手に入れる、獲得する。③矢があたる、あたり、かずとり。④はしため、はしための子、臧獲。

古訓 〔篇立〕獲 エモノ・ウ 〔字鏡集〕獲 トル・エモノ・エタル・ウ

語系 獲 hoak、穫（穫）huak は声義が近い。漁猟については獲といい、収穀のことには穫という。

【獲罪】 罪人となる。罪を負う。〔論語、八佾〕罪を天に獲えば、禱る所無きなり。

【獲醜】 敵を捕虜とする。〔詩、小雅、出車〕執訊獲醜 薄らく言に還歸す

【獲旌】 射礼のとき、的に中ったことを示す旗。〔周礼、春官、司常〕凡そ射には、獲旌を共す。

【獲利】 利益を得る。〔韓非子、喩老〕時に隨ひて以て事を擧げ、資に因りて功を立て、萬物の能を用ひて、利を其の上に獲う。

【獲麟】 孔子が〔春秋〕の記述を獲麟の記事で終わったこと。のち、絶筆・臨終の意にも転用する。〔春秋、哀十四年〕春、西狩して麟を獲たり。〔公羊伝〕孔子曰く、孰爲れぞ來たれるや、孰爲れぞ來れるやと。袂を反して面を拭ひ、涕袍を沾うるせり。

↑獲乂 治定する／獲咎 罪をうる／獲献 擒獲のものを献じる／獲穀 郭公／獲取 取得する／獲成 和解する／獲祚 幸をえる／獲致 獲得する／獲得 得る／獲犯 捕縛する／獲匹 結婚する／獲福 幸をえる／獲宥 赦免する／獲戻 獲罪／獲鹵 捕らえる

↓漁獲・禽獲・献獲・攻獲・購獲・採獲・執獲・新獲・生獲・旌獲・臧獲・拿獲・田獲・俘獲・捕獲・弋獲・乱獲・濫獲・利獲・鹵獲

【翮】16 1722 カク レキ つばさ はね

篆文 

形声 声符は鬲。鬲にまた隔(隔)の声がある。〔説文〕四上に「羽莖なり」とあり、羽根の茎の白い部分をいう。〔周礼、地官、羽人〕に「時を以て羽翮を徴するの政を掌る」とあり、これを装飾・呪飾に用いた。〔逸周書、王会解〕に、諸方の奇鳥・羽翮の類を献ずることがみえる。古代の烹炊の器である鬲と通用する。

訓義 ①はねのくき、はねのもと。②つばさ、はね。③れき

古訓 〔新撰字鏡〕翮 豆波佐(つばさ)〔和名抄〕翮 波爾(はね)〔篇立〕翮 カサキリノハネ・ツバサ・カケル 〔字鏡集〕翮 ツバサ・ハネ・ハノクキ

語系 翮hek、鞹kək は声義近く、翮は羽茎。大鳥の羽をいい、鞹はその動詞形にあたる。〔詩、小雅、斯干〕「鳥の斯に革ぶが如し」を〔韓詩〕に「鞹ぶが如し」に作る。急疾に飛ぶことをいう。

↑翮翰 羽翼

↓逸翮・羽翮・企翮・挙翮・翅翮・迅翮・大翮・短翮・飛翮・風翮・六翮・厲翮・弄翮

【翯】16 1722 カク はねしろし

篆文 

形声 声符は高。高は枯槁した白骨の象で、白の意がある。〔説文〕四上に「鳥白く、肥澤の皃なり」とあり、〔詩、大雅、霊台〕「白鳥翯翯たり」の句を引く。

訓義 ①鳥の羽が白く清らか、はねしろし、鳥がこえてつやのあるさま。②滈と通じ、水が激して清く光るさま。③皜・皠と通じ、しろいさま。

古訓 〔名義抄〕翯 ツバサ 〔字鏡集〕翯 コエタリ

語系 高声の字に翯hôk、皜hô、縞kôなど、白の義をもつものが多く、皓(皓)・皞huも声義が近い。また皎・皦kyôもこの系統の語であろう。その声符である高・皋・皦、意符である白は、いずれも白骨の屍体を示す字である。

【翯翯】鳥がこえて白くつやのあるさま。〔詩、大雅、霊台〕麀鹿濯濯たり 白鳥翯翯たり

【翯乎】水が白く光るさま。〔漢書、司馬相如伝上〕安くんか に翔り徐ろに徊り、翯乎として滈滈たり。

【霍】16 1021 カク(クヮク) はやい

篆文  甲骨文 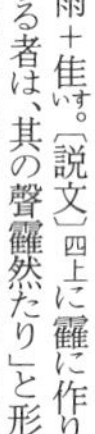 金文 

会意 雨＋隹。〔説文〕四上に靃に作り、「飛ぶ聲なり。雨ふりて雙飛する者は、其の聲靃然たり」と形況の語とする。群飛するさまを霍繹、急疾のさまを霍焉・霍然という。金文に靃に従う字形がある。

訓義 ①鳥のはやく飛ぶ音、多く飛ぶ音。②すみやか、はやい。③国・地・氏の名。

古訓 〔名義抄〕霍 ヒロシ・フルフ・タチマチ/霍亂 シリヨリクチヨリコクヤマヒ 〔字鏡集〕靃 霍同じ、トリノハヤクトブ・トブコエ・フルフ・ヒロシ・ツユ

声系 〔説文〕に靃声として藿・籗の二字を収める。藿は藜藿の藿の本字で、豆の若葉。籗は漁具のざるをいう。

【霍奕】はやくかけるさま。漢・馬融〔広成頌〕咎鼓を伐ち、華鐘を撞ち、獵徒縦しりて、榛叢に赴く。徽嫿霍奕として、別れ騖り分れ奔る。

【霍繹】群をなして飛ぶさま。漢・張衡〔西京の賦〕彼に起り、此に集ひ、霍繹紛泊として、彼の靈囿の中に在り、前後垠鍔(際限)有ること無し。

【霍焉】すみやかなさま。〔荀子、議兵〕勞苦煩辱なれば則ち必ず犇る。霍焉として離るるのみ。下、反つて其の上を制す。

【霍霍】あわてる。また、かがやくさま。〔世説新語、軽詆〕王興道謂ふ、謝望蔡(琰)は霍霍として鷹を失へる師の如しと。

【霍然】にわかに消える。漢・司馬相如〔大人の賦〕煥然として霧のごとく除り、霍然として雲のごとく消ゆ。

【霍乱】コレラなどの下痢症状。〔漢書、厳助伝〕夏月暑時、歐泄霍亂の病、相ひ隨ひ屬す。

↑霍濩 盛んなさま/霍眼 眼光/霍食 粗食/霍閃 電光/霍地 忽然/霍落 物の落ちる音

↓揮霍・翛霍

【骼】16 7726 カク ほね

篆文 

形声 声符は各。各に構格の意がある。〔説文〕四下に「禽獸の骨を骼と曰ふ」とするが、人畜に通じていう。

訓義 ①ほね、ほねぐみ。②されぼね、白骨。③挌と通じ、うつ。

古訓 〔名義抄〕骼 カバネ 〔字鏡集〕骼 ワキノシタ・アラホネ・ケダモノ、ホネ

語系 骼・格keak は同声。格に組み合わすものの意がある。また骸(骸)keə、核(核)kək も声に通ずるところがあり、骸は骨の象である亥(亥)に従い、核は中核をなすものをいう。

↓掩骼・骸骼・筋骼・枯骼・歯骼・膊骼・羊骼・裂骼・牢骼

【𩫏】16 0040 ［郭］11 0742 カク(クヮク) ヨウ くるわ はかる

篆文 

象形 城郭の上下(南北)に望楼のある形。郭の初文。郭はその形声字。〔説文〕五下に「度るなり」とし、「民の度居する所なり」とするが、字の初形は城郭の象。卜文・金文に庸に用いることがあり、金文の「僕𩫏」は附庸の意とみられる。のちその字には墉を用いる。〔説文〕土部十三下に「墉は城垣なり。土に從ひ、庸聲。𩫏は、古文」とみえる。

訓義 ①くるわ、城壁。郭と同じ。②はかる。③墉と通じ、かき、附墉。

古訓 〔名義抄〕𩫏 オホキナリ 〔篇立〕𩫏 アキラカ・フセキ

部首 〔説文〕に㚔を属し、「古者、城は其の南方を闕く」と城闕の意とする。〔玉篇〕に垣・墠・城(城)・堵・埤・墉の古文・籀文の字形を、みな𩫏に従う形に作る。

声系 𩫏声の字は郭の偏の形で、〔説文〕に椁・郭・鞹・漷・霩など六字を郭声とする。みな外郭・郭大の意をもつ字である。

＊語系は郭字条参照。

【嚄】17 6404 カク(クヮク) ワク わめく

形声 声符は蒦。感動詞に用い、大きな声を発すること。擬声語。また大笑するさまにもいう。

訓義 ①ああ、おどろきの声。②わめく、さけぶ、大声をあげる。③わらう、大笑する。

【嚄唶】大声で叫ぶ。談笑する。清・趙翼〔春農同年挽詞〕詩 嚄唶す、壯懷、燈下の酒 懵騰す、老霧、眼中の花

↑嚄嚄 豚の声/嚄咋 猿の声/嚄嘖 嚄唶/嚄嘖 嚄嘖

常【嚇】17 6403 カク カ おどす しかる

形声 声符は赫。おどすようにして叱るときの擬声語。〔荘子、秋水〕に「鴟腐鼠を得たり。鵷雛之れを過ぎる。仰ぎて之れを視て曰く、嚇と」とあり、下文に「我を嚇す」と動詞に用いる。似た語に〔史記、外戚世家、褚少孫論〕「武帝車を下り、泣きて

曰く、嚄𠯆」のような語があり、驚き訝しむときの語である。

訓義 ①おどす声、しかる声。嚇嚇は笑う声。②おどす、しかる、いかる。

古訓 〔和名抄〕嚇 奈久（なく）〔名義抄〕嚇 カ、ナク・ナク・サヘヅル・イサフ・ヒラク・イカル・ヒマ・シヅカナリ・ワラフ〔字鏡集〕嚇 シヅカナリ・キク・カ、ナク・サヘヅル・ヒマ・イカル・ヒラク・カキヒラク・ワラフ・イサフ

↑嚇鬼 鬼おどし／嚇恐 おどす／嚇詐 だます／嚇殺 嚇死／嚇死 気絶する／嚇辱 辱める／嚇怒 赫怒／嚇騙 だます

↓威嚇・呵嚇・恐嚇・脅嚇・叱嚇・喘嚇・大嚇

【擱】 17 5702 カク おく

形声 声符は閣。閣の俗字。近世に用いる字。

訓義 ①おく、ものをおく。②かける、かけわたす。

＊語彙は閣字条参照。

↑擱浅 坐洲／擱筆 筆をおく

【觳】 17 4724 カク コク あらそう さかずき

篆文

形声 声符は㱿。角を動詞化したもので、觳抵を本義とする字であろう。〔説文〕四下に「盛觵巵なり」、〔玉篇〕に「酒を盛る巵なり」とあって酒杯の意とするが、酒器には角・觚・觶の類がある。

訓義 ①あらそう、きおう、くらべる。②酒器、さかずき。③ふれる、ふるえる、觳觫。④うすい、つましい。⑤獣の後ろ右足。⑥尽きる。

古訓 〔字鏡集〕觳 サカヅキ・コトゞゝク

【觳折】 觳は獣の後ろ右足。その肉を分ける。〔儀礼、特牲饋食礼〕主婦の俎は觳折、其の餘は阼の俎の如し。

【觳觫】 死をおそれてふるえすくむ。〔孟子、梁恵王上〕王、堂上に坐す。牛を牽いて堂下を過ぐる者有り。～王曰く、之れを舍け。吾れ其の觳觫として、罪無くして死地に就くが若くなるに忍びずと。

【觳抵】 力くらべ。すもう。〔史記、大宛伝〕是の時、上方に數しば海上を巡狩し、乃ち悉く外國の客を従ふ。～是に於て大いに觳抵し、奇戯諸この怪物を出だす。聚り観る者を多く、賞賜を行ふ。

【觳薄】 倹約する。〔唐書、薛苹伝〕身を治むること觳薄、衣る所の緑袍、十年を更へたり。

↑觳苦 貧乏／觳悉 觳觫／觳束 觳觫／觳抵 觳抵／觳土 やせ地／觳力 角力／觳陋 貧賤／觳簏 竹かご

↓倹觳・成觳・不觳

【馘】 17 8365 カク（クヮク） くびきる

篆文　金文

形声 声符は或。聝の異文。〔説文〕十二上に聝の重文とする。聝字条参照。

訓義 ①くびきる、みみきる。②きりとった首・耳。③国語で免職・解雇。

【馘俘】 討ち取った敵と捕虜。〔逸周書、世俘解〕太公望、命じて方來を禦がしむ。丁卯、望至る。告ぐるに馘俘を以てす。

↑馘耳 討ち取った敵の耳を切る／馘首 首きる／馘截 首きる

↓隕馘・鏖馘・劓馘・禽馘・献馘・斬馘・授馘・訊馘・折馘・截馘・剪馘・俘馘・焚馘

常 【穫】 18 2494 〖穫〗 19 2494 カク（クヮク） かりとる かりいれ

篆文

形声 声符は蒦。〔説文〕七上に「穀を刈るなり」とあり、穀物を収穫することをいう。狩猟には獲、収穀には穫という。

訓義 ①かりとる、かりいれ。②とる、える、おさめる。

古訓 〔名義抄〕穫 カル・トル〔字鏡集〕穫 ハキ・トキ・トル・カル

語系 穫huak、獲（獲）hoakは古くは蒦としるされ、同源の語。のち狩猟と収穀の字に分化した。

【穫刈】 かり入れ。漢・王褒〔四子講徳論〕収秋には則ち奔狐馳兎あり、穫刈には則ち顚倒殪仆す。之れを追ふときは則ち奔遁し、之れを釋くときは則ち寇を爲す。

↑穫渠 蓑衣／穫穀 布穀鳥／穫薪 薪とり／穫稲 刈り入れた稲／穫斂 とり入れ

↓隕穫・刈穫・収穫・秋穫・多穫

【覈】 19 1024 〔覈〕 21 1024 カク キョウ（ケウ） かんがえる

篆文

会意 襾＋敫。襾は覀のように上からものを覆う形。敫は架屍を殴ってその呪能を責め、徼めるところを実現させようとする呪儀をいう。〔説文〕七下に「實にするなり。事を考へて襾笮し、其の辭を邀遮して實を得るを覈と曰ふ」とし、別体として覈を録するが、雨に従う理はなく、その字は譌形。敫声の字は、すべて架屍を殴つ呪儀を示すもので、これによって呪霊を激し、これを激え、またこれを覈験することをいう。

訓義 ①かんがえる、しらべる、あきらかにする。②きびしい、あきらめただす。③核と通じ、さね。④骸と通じ、ほね。

古訓 〔名義抄〕覈 ツバヒラカ・マコト・タヾス・シルシス〔字鏡集〕覈 カンガフ・タヾス・アキラム・アキラカニ・アラハス・キハム・シルス・タ、カフ・カクス・ムナシ・アナ／覈 ツバビラカ・アキラム・キハム・タヾス・マコト・ハカリ・シルス・シルシス・アナグル・カネ

【覈挙】 しらべて挙用する。〔後漢書、盧植伝〕宜しく州郡をして賢良を覈擧し、方に随ひて委用し、責求選擧せしむべし。

【覈実】 事実をしらべる。〔抱朴子、明本〕夫れ（司馬）遷の洽聞なる、旁く幽隠を綜ぶ。事物の臧否（善悪）を沙汰し、古人の邪正を覈實す。其の評論するや、實に自然に原本し、其の褒貶するや、皆至理に準的す。

【覈理】 条理が明らか。〔韓非子、揚権〕夫れ道は弘大にして形無きも、徳なる者は覈理にして普く至る。群生に至りては、斟酌して之れを用ふ。

【覈論】 きびしく論ずる。〔後漢書、郭太伝〕（郭）林宗、人倫に善しと雖も、危言覈論を爲さず。故に宦官政を擅ほしいにするも、傷つくること能はず。

↑覈究 究明する／覈見 洞察する／覈験 証明する／覈考 きびしく調べる／覈査 調べる／覈正 校正する／覈物 核果／覈弁 調べる／覈問 査問する／覈要 要約する／覈領 治める

↓究覈・窮覈・研覈・検覈・考覈・校覈・刻覈・細覈・実覈・詳覈・慎覈・審覈・推覈・精覈・詮覈・討覈・品覈・明覈・練覈

【騞】 19 7536 カク（クヮク）

形声 声符は砉。砉は石の裂ける音。疾走し、鋭く裂けるような状態をいう形況の語。〔玉篇〕に「行きて止まらざるなり」とは、疾走のさまをいう。砉と通じ、鋭く裂ける音をいう。

訓義 ①疾走して止まらない。②するどく裂ける、その音。③牛を解き、その骨節を外す音。

【騞然】 刀で裂きはずす音。〔荘子、養生主〕庖丁、文恵君の爲に牛を解く。手の觸るる所、肩の倚る所、足の履む

所、膝の踦る所、砉然嚮然、刀を奏ぐること騞然、音に中らざる莫し。桑林の舞に合し、乃ち經首の會に中る。
↑騞砉 ものの裂ける音

【矍】 20 6640 カク(クヮク) キャク

篆文

会意 䀠+隹+又(又)。䀠は驚いて左右を見る意。〔説文〕四上に「隹逸走せんと欲す。又(手)の之れを持すること矍矍たるに從ふ」とし、「一に曰く、視ること遽しき皃なり」という。前条に「瞿は鷹隼の視なり」とあり、懼の意がある。隻の亦声と解してもよい。隻を鷹狩の意とすれば、矍も「鷹隼の視」とみてもよい。

訓義 1おどろきみるさま、おどろくさま、みまわすさま。2はやるさま、いさむさま。

古訓 〔篇立〕矍 ミル 〔字鏡集〕矍 イソギミル

声系 〔説文〕に矍声として躩・玃・攫・钁など七字を収める。躩・攫など行為に関する字は、矍・瞿の声義を受け、急遽・恐懼の意を含む。

語系 矍kiuak、瞿kiua、懼giua、遽giaは声義近く、一系の語である。

【矍矍】 きょろきょろとおちつかない。〔易、震、上六〕震索索たり。視ること矍矍たり。⊠疾走するさま。唐・柳宗元〔故秘書郎姜君墓誌銘〕進取に矍矍たらず、驕伉に施施(徐行)たらず。左絃右壺、樂しみて自ら放にす。
【矍踢】 おどろきさわぐ。漢・揚雄〔河東の賦〕河靈矍踢として、華(山)を爪(掌)ち衰(山)を蹈む。
【矍鑠】 年老いて元気なさま。〔後漢書、馬援伝〕援、鞍に據りて顧眄し、以て用ふべきを示す。帝笑つて曰く、矍鑠たる哉、是の翁やと。
【矍然】 おどろくさま。漢・班固〔東都の賦〕主人の辭未だ終らざるに、西都の賓、矍然として容を失ひ、逡巡して階を降る。
↑矍駭 驚く/矍視 驚き視る
↓驚矍

【藿】 20 4421 カク(クヮク) まめのは

篆文

形声 声符は霍。正字は靃に従う。〔説文〕一下に「尗の少きものなり」とあり、豆の若葉をいう。

訓義 1豆のわかば。2草の名。3花の散りしくさま。

古訓 〔名義抄〕藿 マメノハ・ヤマトリクサ・ウムキナ・アフヒ・ナへ・アヅキ 〔字鏡集〕藿 マメノハ・ヤマトリクサ・ウムキナ・アフヒ・ナへ・クス

【藿羹】 まめの葉のあつもの。〔戦国策、韓一〕韓の地險惡、~民の食ふ所は大抵豆飯藿羹なり。一歳收あらざれば、民は糟糠にも饜かず。
【藿食】 粗食。在野の人。〔説苑、善説〕草茅の臣東郭の民祖朝、國家の計を請聞せんことを願ふと。獻公使をして出でて之れに告げしめて曰く、肉食の者已に之れを慮る。藿食の者尙ほ何ぞ與らんと。
【藿嚢】 まめの葉を入れたふくろ。無学の人。〔太平御覧、七〇四に引く(梁・沈約の)俗説〕何(承天)、顏(延年)に問うて曰く、藿嚢とは是れ何物ぞと。顏答へて曰く、此れ當に復た何と解すべきや。藿嚢とは將た是れ卿なるかと。
【藿藜】 まめの葉と、あかざ。粗食。〔韓非子、外儲説左下〕孟獻伯、魯に相となる。堂下に藿藜を生じ、門外に荊棘(いばら)を長ず。
↑藿蠋 豆の葉の虫/藿靡 花のちるさま
↓芸藿・園藿・葵藿・芸藿・羹藿・採藿・菽藿・茹藿・場藿・長藿・庭藿・豆藿・薇藿・蘼藿・芳藿・蓬藿・蓼藿・藜藿・糲藿

【蠖】 20 5414 カク(クヮク) ワク しゃくとりむし かがむ

篆文

形声 声符は蒦。〔説文〕十三上に「尺蠖。詘申する蟲なり」とあり、しゃくとり虫。尺は肱から手首に至る形で、尺蠖が屈したときの形に似ている。

訓義 1しゃくとり虫。2かがむ、かがんで進退する。

古訓 〔新撰字鏡〕蠖 衣比万良虫(えびまら虫)、又、止加介(とかげ) 〔名義抄〕尺蠖 ヲギムシ 〔字鏡集〕尺蠖 タカハカリムシ・ヲギムシ・クハノムシ

語系 蒦huakの動詞形に擭uakがあり、握る・持つと訓する字。阱擭は獣をとるわな。みな採めて屈曲するものの意がある。蠖uakは擭と同声の字。

【蠖屈】 しゃくとり虫が屈する。才能をかくす。〔易、繫辞伝下〕尺蠖の屈するは、以て信びんことを求むるなり。龍蛇の蟄るるは、以て身を存するなり。
【蠖略】 進んだり止まったりする。漢・司馬相如〔大人の賦〕應龍象輿の蠖略委麗たるに駕し、赤螭青虯の蚴蟉宛蜒たるを驂にす。
↑蠖濩 刻鏤。奥深いさま/蠖伸 才能を発揮する
↓温蠖・屈蠖・柔蠖・尺蠖・桑蠖・竜蠖

【鞹】 20 4752 〔鞟〕 17 4054 カク(クヮク) つくりかわ

篆文

形声 声符は郭。虢の形声字。虢は虎皮を治める形。字はまた鞟に作る。〔説文〕三下に「毛を去りし皮なり」とし、「論語に曰く、虎豹の鞹」と〔論語、顏淵〕の文を引く。虢字条参照。

訓義 1かわ、つくりかわ。2なまかわ、きかわ、さらしかわ。

古訓 〔字鏡集〕鞹 ヒラク・ツクリカハ

【鞹革】 つくり皮。〔新序、雑事一〕中行氏の政を爲すや、奇を以て察と爲し、欺を以て明と爲す。~之れを譬ふるに、其れ猶ほ鞹革のごとき者か。大は則ち大なるも、裂くるの道なり。
【鞹鞃】 軾(車の前の横木)の中央を革で巻いたもの。〔詩、大雅、韓奕〕鞹鞃淺幭 鞗革金厄
↓牛鞹・犀鞹・朱鞹・騂鞹・皮鞹・熊鞹

【癨】 21 0011 カク(クヮク) かくらん

形声 声符は霍。暑気あたりのはげしいもの、癨乱。急性腸カタル、コレラ、疫痢の類。

訓義 1かくらんの病、暑気あたり、下痢。
↑癨乱 霍乱。吐瀉・悪寒を伴う暑気あたり

常 【鶴】 21 4722 カク つる

篆文

形声 声符は隺。〔説文〕四上に「鶴、九皐に鳴き 聲天に聞ゆ」(段注本)と〔詩、小雅、鶴鳴〕の句を引き、隺声とする。隺はその鳴き声。古くから瑞鳥とされ、仙人の乗るところとされた。その異相瑞祥を説く〔相鶴経〕の類がある。

訓義 1つる、たず、あしたず。2鋤の頭、つるはし。3翯と通じ、しろい。

古訓 〔和名抄〕鶴 都留(つる) 〔字鏡〕鸖 ナヒキ・ツル・オホトリ・トブコヱ・タヅ 〔字鏡集〕鶴 ツル・ミヅトリ

語系 鶴・皠・翯hôkは同声。縞kô、皞huとも声が近く、皓白の義をもつ字であるが、〔鶴鳴〕の詩にもみえるように、その声が最も印象に深いものであるから、その鳴き声による命名と思われる。

【鶴飲】 一杯飲んで樹に登り、降りてまた飲む飲酒法。囚飲、巣飲。〔画墁録、一〕鶴飲なる者は、一杯して復た樹に登り、下りて再飲するのみ。

【鶴影】かくえい つるの姿。元・呉師道〔官舎の壁に題す〕詩 池煙、鶴影明らかに 林雨、蟬聲を斷つ

【鶴鶴】かくかく 鳥が白くこえてつやのあるさま。〔孟子、梁恵王上〕詩（詩、大雅、霊台）に云ふ。～王、靈囿に在れば 麀鹿伏する攸 麀鹿濯濯たり 白鳥鶴鶴たり

【鶴企】かくき 首をのばして待つ。〔晋書、隠逸、郭瑀伝〕故に使者を遣はし、左を虚しうし綏を授け、先生の乃ち下國を眷みるを鶴企す。

【鶴脛】かくけい つるのすね。長い脚。〔荘子、駢拇〕鳧脛は短しと雖も、之れを續がば則ち憂へん。鶴脛は長しと雖も、之れを斷たば則ち悲しまん。

【鶴軒】かくけん 大夫の車。〔左伝、閔二年〕衛の懿公、鶴を好む。鶴にして軒に乘る者有り。將に戰はんとす。國人の甲を受くる者皆曰く、鶴を使へ～と。

【鶴寿】かくじゅ つるの寿命。長寿をいう。〔淮南子、説林訓〕鶴の壽は千歳、以て其の游を極む。

【鶴書】かくしよ 鶴頭書。賢者を招く詔書。斉・孔稚珪〔北山移文〕其の鳴騶谷に入り、鶴書隴に赴くに及んでは、形馳せ魄散じ、志變じ神動く。

【鶴渚】かくしよ つるの遊ぶなぎさ。唐・皎然〔九月八日、蕭少府～を送る〕詩 行は鶴渚を過ぎり、住むに堪へたるを知る 家は龍沙に在りて、意違ふ有り

【鶴氅】かくしよう（しやう） 鶴の羽で作った衣。唐・白居易〔令公の雪中に贈らるる～に酬ゆ〕詩 雪は鵞毛に似て飛んで散亂し 人は鶴氅を被きて立ちて徘徊す

【鶴觴】かくしよう（しやう） 酒の名。〔洛陽伽藍記、四、法雲寺〕京師の朝貴、～相ひ餉饋す。千里を踰え、其の遠く至るを以て、號して鶴觴と謂ひ、亦た騎驢酒と名づく。

【鶴声】かくせい 鶴の鳴き声。唐・顧況〔剡渓より赤城に至る〕詩 夜半の鶴聲、殘夢の裏 猶ほ疑ふ、琴曲洞房の閒かなるを

【鶴棲】かくせい 鶴が棲む。唐・李紳〔鶴林寺を望む〕詩 鶴は棲む、峰下青蓮の宇 花は發く、江城世界の春

【鶴痩】かくそう 鶴のようにやせる。唐・白居易〔楊九弘貞～に酬ゆ〕詩 龍臥、心に待つ有り 鶴痩、貌彌よ淸し

【鶴汀】かくてい 鶴渚。唐・王勃〔滕王閣の序〕鶴汀鳧渚は、島嶼の縈廻を窮め、桂殿蘭宮は、岡巒の體勢に列なる。

【鶴髪】かくはつ 白髪。唐・劉希夷〔白頭を悲しむ翁に代る〕詩 宛轉たる蛾眉、能く幾時ぞ 須臾にして鶴髮亂れて絲の如し

【鶴望】かくぼう（ばう） 首を長くして待ち望む。〔三国志、蜀、張飛伝〕今寇虜害を作し、民荼毒を被る。漢を思ふの士、頸を延いて鶴望す。

【鶴眠】かくみん 鶴が眠る。唐・李白〔雍尊師の隠居を尋ぬ〕詩 雲を撥きて古道を尋ね 樹に倚りて流泉を聴く 花暖かにして青牛臥し 松高くして白鶴眠る

【鶴鳴】かくめい 鶴が鳴く。在野の賢人にたとえる。〔後漢書、楊賜伝〕佞巧の臣を斥遠し、鶴鳴の士を速き徵めす。

【鶴翼】かくよく 左右の翼で包囲する陣形。唐・太宗〔帝範の序〕身から甲冑を擐き、親から矢石に當り、夕に魚鱗の陣に對し、朝に鶴翼の圍に臨む。

【鶴立】かくりつ 鶴のように立つ。気高く立ちつくす。魏・曹植〔洛神の賦〕輕軀を竦てて以て鶴立す、將に飛ばんとして未だ翔ばざるが若し。

【鶴唳】かくれい 鶴の声。〔晋書、陸機伝〕（成都王）穎、～秀をして密かに機を收めしむ。～因りて穎に牋を與ふ。詞甚だ悽惻なり。既にして歎じて曰く、華亭の鶴唳、豈に復た聞くべけんやと。遂に害に軍中に遇へり。

↑鶴衣 鶴の毛／鶴音 鶴の声／鶴駕 仙人王子喬のこと／鶴蓋 車蓋／鶴馭 鶴駕／鶴禁 太子の宮／鶴頸 長い頸／鶴語 鶴の声／鶴骨 鶴痩／鶴峙 鶴立／鶴膝 詩の八病の一／鶴首 久しく待つ／鶴心 高潔な心／鶴毳 鶴毛／鶴扇 白羽の扇／鶴巣 鶴棲／鶴頂 丹頂／鶴天 高空／鶴媒 おとりの鶴／鶴板 鶴書／鶴舞 鶴が舞う／鶴歩 鶴の歩み／鶴俸 官俸／鶴躍 鶴舞／鶴侶 雅友／鶴料 鶴俸／鶴翎 鳥の羽／鶴齢 鶴寿／鶴籠 鶴を養う籠

↓雲鶴・瘞鶴・亀鶴・騎鶴・琴鶴・群鶴・玄鶴・孤鶴・高鶴・黄鶴・皓鶴・沙鶴・松鶴・翔鶴・乗鶴・真鶴・棲鶴・仙鶴・双鶴・蒼鶴・田鶴・白鶴・病鶴・舞鶴・放鶴・鳳鶴・夜鶴・野鶴・唳鶴・老鶴・籠鶴

【鑊】 22 8414 カク（クヮク） かま

篆文 

形声 声符は蒦。〔玉篇〕に「鼎鑊なり」、〔淮南子、説山訓、注〕に「足有るを鼎と曰ひ、足無きを鑊と曰ふ」とみえる。これで煮ることを「濩る」という。

訓義 [1]かま、足のない大きな鼎、ひらかなえ。[2]煮殺す刑、鑊亨、鼎鑊。

古訓 〔新撰字鏡〕鑊 加奈戸（かなへ）〔和名抄〕鑊子 方言要目に云ふ、比良賀奈倍（ひらかなへ）〔名義抄〕鑊 カナヘ・ワカス・クサリ・ヒラナベ 〔字鏡集〕鑊 カナヘ・ヒラナベ・カマノフタ・ワカス・クサリ

【鑊煮】かくしや かなえで煮る。〔三国志、魏、董卓伝〕坐中に於て先づ其の舌を斷ち、或いは手足を斬り、或いは眼を鑿ち、或いは之れを鑊煮す。

【鑊亨】かくほう（くわくはう） かまでゆで殺す刑。〔漢書、刑法志〕陵夷して戰國に至り、～肉刑・大辟を増加し、鑿顚（頭上に穴あける）・抽脅・鑊亨の刑有り。

↑鑊子 なべ／鑊釜 大なべ

↓鉅鑊・金鑊・牲鑊・大鑊・鼎鑊・鉄鑊・湯鑊・斧鑊・赴鑊・羊鑊

【戄】 23 9604 カク（クヮク） ワク おどろく みつめる

形声 声符は矍。矍は〔説文〕四上に「視ること遽しき皃なり」とあり、そのような心的状態を戄然という。

訓義 [1]おどろく、おどろきあわてる。[2]みる、あわててみる、あわてみつめる。[3]おそれる、おそれつつしむ。

古訓 〔字鏡集〕戄 ウヤマフ・ツトム・オドロク・タ、ス・ツ、シム・ハヤクミル

【戄然】かく（くわく）ぜん 驚きおそれる。〔説苑、敬慎〕齊の頃公～霸者の餘尊を得て、驕蹇怠傲なり。～四國（晋・魯・衛・曹）相ひ輔けて鞍に期戰し、大いに齊の師を敗り、齊の頃公を獲え、逢丑父を斬にす。是に於て、戄然として大いに恐る。

↓驚戄

【攪】 23 5701 カク コウ（カウ） みだす うごかす

篆文 

形声 声符は覺（覚）。〔説文〕十二上に「亂すなり」とあり、手でかきまぜるような動作をいう。

訓義 [1]みだす、かきみだす。[2]うごかす、ゆする。[3]めぐる。[4]もてあそぶ。[5]おさめる。

古訓 〔新撰字鏡〕攪 加伊奈也須（かいなやす）〔名義抄〕攪 カク・カキメグラカス・マハス・ミダル・ナヤマス・マサグル・クヅル・クヅス・トル・ニギル 〔字鏡集〕攪 マサグル・ツクス・ニギル・カ、ミル・サハク・サハス・カキメグラス・ナヤマス・ミダル・チカシ・トル・カク・ヲリ・タ、ス・スル・コ、ロミル

【攪撓】かくどう（だう） かきみだす。唐・元稹〔競渡〕詩 群動皆攪撓し 化して流れの渾渾たるを作す

【攪乱】かくらん かきみだす。元・郝経〔～月を玩んで酔歌す〕詩 悄然として淸唱、怨曲多し 羈思を攪亂して、爲に觴を停めしむ

↑攪匀(かくいん) ならす／攪攪(かくかく) 入り乱れる／攪聒(かくかつ) 騒がしい／攪合(かくごう) 攪拌する／攪散(かくさん) 散らす／攪車(かくしゃ) 綿くり／攪擾(かくじょう) みだす／攪旋(かくせん) まぜる／攪捜(かくそう) 水声／攪破(かくは) みだす／攪拌(かくはん) かきまわす／攪煩(かくはん) わずらう／攪離(かくり) 離間する／攪和(かくわ) まぜる

↓縈攪・掀攪・杓攪・捜攪・撓攪・遍攪・翻攪・乱攪

【攫】 23 5604 カク(クヮク) キャク ケキ つかむ とる

篆文 

形声 声符は矍(かく)。〔説文〕十二上に「扟(と)るなり」とあり、また別に「攫は爪もて持つなり」とする文があり、爪を立てるようにして把ることをいう。

訓義 1つかむ、つかみとる。2うつ。3擱と同義。

古訓 〔名義抄〕攫・擱 ヒコヅラフ・ツカム 〔字鏡集〕攫 ツカム・ヒコヅラフ・ウツ・テウツ・ツク・ツム・ヌク・モル・ノソク・カク

【攫援】(かくえん) とる。〔淮南子、精神訓〕夫(そ)れ造化者の物を攫援するや、譬へば猶ほ陶人の埏埴(せんしょく)するがごとし。其の之れを地に取るのみにして、盆盎と爲る。

【攫金】(かくきん) 金をとる。〔列子、説符〕齊人に金を欲する者有り。～金を鬻(ひさ)ぐ者の所に適(ゆ)き、因りて其の金を攫りて去る。吏之れを捕へ得て問うて曰く、人皆在るに、子(し)、人の金を攫るは何ぞと。對(こた)へて曰く、金を取るの時、人を見ず。徒(た)だ金を見るのみと。

【攫醳】(かくせき) 琴の弦をつまみ、はなす。琴をならす。宋・蘇軾〔僧昭素の琴を聴く〕詩 至和は攫醳すること無く 至平は按抑(あんよく)すること無し

【攫搏】(かくはく) つかみ、うつ。〔淮南子、説山訓〕熊羆の動くや攫搏を以てし、兕牛(じぎゅう)の動くや觝觸(ていしょく)(角で突きあう)を以てす。

【攫戻】(かくれい) 無道の者をうちとる。漢・張衡〔南都の賦〕謀臣武將有り。皆能く戻を攫(う)ち猛を執らへ、堅を破り剛を摧(くだ)く。

↑攫客(かくかく) すり／攫撃(かくげき) うつ／攫撮(かくさつ) つかむ／攫肆(かくし) 猛撃する／攫取(かくしゅ) つかむ／攫攘(かくじょう) 腕まくり／攫噬(かくぜい) かみつく／攫搔(かくそう) なげうつ／攫鳥(かくちょう) 猛禽／攫拏(かくだ) 争い奪う／攫盗(かくとう) すりとる／攫利(かくり) 利をかすめる／攫裂(かくれつ) ひき裂く

↓虎攫・鷙攫・獣攫・触攫・拏攫

【玃】 23 4624 カク(クヮク) おおざる

篆文 

形声 声符は矍(かく)。〔説文〕十上に「大母猴なり。善く人を攫持し、好みて顧盼す」(段注本)という。また〔爾雅、釈獣〕に「玃父、善く顧る」とあるのを引く。

訓義 1おおざる。2攫と通じ、うつ、手でうつ。

古訓 〔篇立〕玃 ソ(ヲ)ケザル・ハワザル 〔字鏡集〕玃 サル・ヲケザル・ヤナコ・イヌノハナコ

↑玃猿(かくえん) さる／玃猴(かくこう) さる／玃鳥(かくちょう) 猛禽／玃猱(かくどう) さる／玃父(かくほ) 大猿

↓蛙玃・化玃・孤玃・狙玃・大玃・猱玃・狖玃・熊玃

【靃】 24 1021 カク(クヮク) スイ

篆文  金文 

形声 声符は霍(かく)。霍にまた隹(すい)を加えて、雨中に飛ぶ鳥の羽音を示した。〔説文〕四上に「飛ぶ聲なり。雨雔に従ふ。雨ふりて雔飛する者、其の聲靃然たり」(段注本)とするが、霍の繁文とみてよい字である。字はまた通じて霍に作る。〔玉篇〕に「露なり」と、また別解を施し、「靃靡、草の風に随ふ皃なり」とする。

訓義 1雨中に飛ぶ鳥の羽音。2つゆ。3草のなびくさま、草のなよやかなさま。

古訓 〔篇立〕靃 タハヤカナリ・ナビク・トラフ 〔字鏡集〕靃 トリノハヤクトブ・トブコヱ・フルフ・ヒロシ・ツユ

【靃靃】(すいすい) 細やかなさま。斉・謝朓〔思帰の賦〕微莖の靃靃たるを睇(み)、水葉の田田たるを望む。

↑靃靡(すいび) 草のなびくさま

【鷽】 24 7732 カク ガク おながどり

篆文 

形声 學(学)の省声に従う。〔説文〕四上に「雗鷽は山鵲、來事を知る鳥なり」とし、異文一を録する。〔爾雅、釈鳥、注〕に「鵲に似て文彩有り。長尾、觜脚赤し」とあって、おながどりをいう。わが国ではうそどりの意とする。うそぶくように悲しげに鳴く声から名づけたとする説がある。

訓義 1おながどり。2鷽鳩、こばと、じゅずかけばと。3うそ、うそどり。

古訓 〔名義抄〕鷽 山鵲、マダラカニ 〔字鏡集〕鷽 ヤマサギ・サギ・ウソ

【鷽鳩】(がっきゅう)(がくきゅう) じゅずかけばと。〔荘子、逍遥遊〕蜩(ちょう)と鷽鳩と、之れを笑つて曰く、我、決起して飛び、楡枋を搶(つ)くも、時に則ち至らずして、地に控(お)つるのみ。

↓雗鷽・雉鷽・蜩鷽

【躩】 27 6614 カク(クヮク) キャク あしすくむ

篆文 

形声 声符は矍(かく)。矍はおそれて身を屈し、足のすくむようなさまをいう。〔説文〕二下に「足躩如たり」とは〔論語、郷党〕の文。似た字に躣(く)があり、〔説文〕に「行く皃なり」とする。

訓義 1あしがすくんで、進まぬさま。2反射的に速く、うごくさま、おどる。

【躩如】(かくじょ) つつしみ深く歩む。〔論語、郷党〕君召して擯たらしむるときは、～足躩如たり。

↑躩歩(かくほ) 速く歩く

↓矯躩・足躩・豹躩

【钁】 28 8614 カク(クヮク) くわ

篆文 

形声 声符は矍(かく)。〔説文〕十四上に「大きなる鉏(すき)なり」とあり、大きなすき・くわをいう。

訓義 1くわ。2おおすき。

古訓 〔新撰字鏡〕钁 久波(くは) 〔篇立〕钁 サク・スキ・クハ 〔字鏡集〕钁 ハルクハ・カナヘ・カラスキ・クハ

↑钁臿(かくそう) 大きなすき／钁鍤(かくそう) 大きなすき

↓荷钁・鍬钁・鉄钁・犂钁

ガク

常 【学】 8 9040 〔學〕 16 7740 〔斆〕 20 7144 ガク コウ(カウ) まなぶ おしえる

篆文  甲骨文  金文 

会意 旧字は學。爻(こう)+臼(きょく)+冖(べき)+子。字の初形は斈。屋上に千木(ちぎ)のある形。それに子を加えるのはメンズハウスの意。臼は後に加えたものであるが、卜文にすでにみえる。〔説文〕三下に斆を正字として「覺悟するなり」と訓するが、教える意。斆は金

文の〔也設〕にみえ、學の動詞形とみられる。〔玉篇〕に斆を「教ふるなり」、學を「教へを受くるなり。覺るなり」とあり、学ぶ意とし、両字を区別する。〔書、説命下〕に「惟れ斆ふることは、學ぶことの半ばなり」とあり、教と学と相長ずることをいう。

訓義 ①まなぶ、ならう、さとる、知る。②学問、まなぶ人、まなぶこと。③まなびや。④おしえる。

古訓 〔名義抄〕學　マナブ・ナラフ・ヲシフ・モノナラフ・マネブ〔字鏡集〕斆・學　ナラフ・モノナラフ・マナブ・マネブ・ヲシフ・サトル

部首 〔説文〕に教（教）を部首とし、斆をその部に属する。字は𡥈・孶・學・斆のように展開し、孶に攴を加える教が、その動詞形として派生した。

声系 〔説文〕に學の省声として鷽・覺（覚）など六字を収める。高大の義をもつものが多い。

語系 孶 keô は學の初形。教 keôk、學・斆 heuk がそれより分岐する。王力の〔同源字典〕に效（効）heô を同源の字とするが、效の従うところは爻ではなく矢の形で、孶とはその系統を異にする字である。

【学規】 学校の規則。〔宋史、道学三、朱熹伝〕郡に至り、利を興し、害を除く。～閒ま郡學に詣る。～白鹿洞書院の遺址を訪ね、奏して其の舊を復し、學規を爲りて之れを守らしむ。

【学究】 研究する。〔洛陽伽藍記、四、法雲寺〕烏陽國の胡沙門曇摩羅、～聰慧利根にして、釋氏を學究す。

【学窮】 役立たずの学者。唐・韓愈〔送窮文〕其の次を名づけて學窮と曰ふ。數と名とに傲り、杳微を摘抉し、高く群言を挹み、神の機を執る。

【学業】 学問。〔陳書、文学、張正見伝〕簡文、雅より學業を尙ぶ。每に自ら座に昇りて經を說く。正見嘗て講筵に預かり、疑義を請決す。吐納和順、進退詳雅なり。四座咸く屬目す。

【学芸】 学問技芸。〔後漢書、劉寬伝〕熹平五年～太尉と爲る。靈帝頗ぶる學藝を好み、寬を引見する每に、常に經を講ぜしむ。

【学古】 古学を学ぶ。〔宋史、道学一、張載伝〕載、學古力行、關中士人の宗師と爲る。世稱して橫渠先生と爲す。書を著はして正蒙と號く。

【学行】 学問と品行。〔三国志、魏、高柔伝〕博士は道の淵藪、六藝の宗とする所。宜しく學行の優劣に隨ひ、待つに不次の位を以てすべし。

【学校】 学問を教えるところ。〔孟子、滕文公上〕庠序學校を設爲して、以て之れに教ふ。～學は則ち三代之れを共にす。皆人倫を明らかにする所以なり。

【学士】 学問をする人。学者。〔韓非子、顕学〕吏の稅する所は耕す者なり。上の養ふ所は學士なり。耕す者には則ち稅を重くし、學士には則ち賞を多くす。

【学子】 学生。唐・韓愈〔児に示す〕詩　躚躚として媚しき學子　牆屛に日に徒有り

【学市】 学生の物資交換のための市場。唐・盧照鄰〔楽府雑詩の序〕時に巾を三蜀に褫ぎ、一邱に歸臥す。書林に散髮し、學市に狂歌す。

【学事】 従って学ぶ。〔史記、賈生伝〕賈生～故と李斯と邑を同じうし、常て學事せり。

【学識】 学問と見識。〔南史、韋叡伝〕汝の文章は或いは小しく減ぜんも、學識は當に之れ（内兄王憕、姨弟杜惲）に過ぐべし。然れども國家を幹し功業を成すは、皆汝に逮ぶ莫きなり。

【学者】 学ぶ人。〔論語、憲問〕古への學者は己の爲にし、今の學者は人の爲にす。☒学問のある人。〔旧五代史、史匡翰伝〕尤も春秋左氏傳を好む。每に政を視るの暇に、學者を延きて講說せしむ。

【学習】 稽古する。〔論語、学而〕學びて時に之れを習ふ。亦た說ばしからずや。

【学術】 学問。〔唐書、杜暹伝〕其の人と爲りや、學術少なし。故に朝に當りて議論するに、時時淺薄に失す。

【学書】 書を読むことを学ぶ。〔史記、項羽紀〕書を學びて成らず。去りて劍を學ぶ。又成らず。☒書法を学ぶ。唐・杜甫〔丹青引〕詩　書を學びて初め衞夫人を學ぶ　但だ恨むらくは、王右軍に過ぐること無きを

【学殖】 深い学識。〔晋書、列女、王凝之の妻謝氏伝〕嘗て（謝）玄の學殖進まざるを譏りて曰く、塵務の心に經ふるが爲か、天分の限り有るが爲かと。

【学人】 学者。〔随園詩話、四〕陸陸堂・諸襄七・汪韓門の三太史は、經學淵深なるも、詩に澁悶多し。所謂學人の詩、之れを讀むも人をして懽ばざらしむ。

【学政】 教育行政。〔周礼、春官、大司楽〕成均の瀍（法）を掌り、以て建國の學政を治め、國の子弟を合す。

【学則】 学問する者の守るべき準則。〔管子、弟子職〕夙に興き夜に寐ね、～朝に益し暮に習ひ、小心翼翼、此れを一にして解らざる、是れを學則と謂ふ。

【学堂】 学校。〔北斉書、儒林、権会伝〕會、方に學堂に處りて講說す。忽ち旋風の瞥然たる有り。～曰く、行人至る～と。～果して其の語の如し。

【学童】 幼い学生。〔漢書、芸文志〕漢興りて、蕭何律を草す。亦た其の法を著はして曰く、太史學童を試み、能く書を諷すること九千字以上ならば、乃ち史と爲すを得と。

【学道】 道をまなぶ。〔史記、仲尼弟子伝〕原憲曰く、財無き者、之れを貧と謂ふ。道を學んで行ふこと能はざる者、之れを病と謂ふ。

【学文】 書物をまなぶ。〔北史、隋文帝紀〕（詔）禁衞九重の餘、鎭守四方の外、戎旅軍器、皆宜しく停罷すべし。武力の子も、俱に文を學ぶべし。

【学問】 学んで知識を深める。〔荀子、大略〕詩に曰ふ、切するが如く瑳するが如く　琢するが如く磨するが如しとは、學問するを謂ふなり。

【学力】 深い学問。宋・范成大〔劉唐卿～の西帰するを送る、六首、三〕詩　學力根深くして、方に蔕固く　功名水到りて、自ら渠（疏水）成る

【学林】 学問の淵叢。〔南史、王僧孺伝〕竟陵王子良、西邸を開き、文學を招く。僧孺～辭藻を善くするを以て游ぶ。僧孺と高平の徐夤と、俱に學林爲り。～文學を以て友を會す。

【学礼】 礼をまなぶ。〔礼記、内則〕二十にして冠し、始めて禮を學ぶ。以て裘帛を衣るべし。

↑学案　学派史／学院　学校／学苑　学校／学稼　農を学ぶ／学界　学術界／学館　学舎／学宮　学校／学兄　学の先輩／学憲　地方の督学／学語　語学／学師　教師／学資　学費／学室　書斎／学舎　学校／学取　学びとる／学尚　学識／学心　向学心／学賑　給費生／学邃　学殖／学正　学監／学生　生徒／学説　学的見解／学租　学田の収入／学僧　学問僧／学庭　学校／学田　学校田／学徒　学生／学統　学の系統／学僮　学童／学得　会得する／学派　学の分派／学伴　学友／学費　学資／学廟　孔子廟／学顰　学歩／学府　学の中心／学風　学の風気／学歩　ものまね／学圃　学稼／学俸　給費／学僕　師家の僕／学門　学舎の門／学囿　学域／学養　学問教養／学流　学派／学侶　学友／学歴

学門歴／学廬　学舎

↓為学・異学・下学・化学・科学・家学・官学・宦学・勧学・偽学・旧学・休学・共学・教学・郷学・曲学・勤学・苦学・軍学・経学・見学・研学・兼学・玄学・衒学・古学・語学・向学・好学・行学・後学・講学・国学・困学・才学・在学・雑学・算学・仕学・史学・志学・私学・師学・詞学・字学・耳学・実学・受学・儒学・修学・習学・就学・従学・宿学・術学・初学・書学・小学・奨学・誦学・心学・進学・慎学・新学・崇学・正学・西学・聖学・碩学・絶学・善学・禅学・俗学・卒学・村学・大学・太学・通学・停学・哲学・篆学・同学・道学・篤学・独学・入学・農学・廃学・博学・晩学・不学・武学・文学・兵学・僻学・勉学・樸学・梵学・末学・無学・問学・遊学・幼学・洋学・来学・蘭学・理学・力学・立学・律学・留学・励学・老学・論学

常 **【岳】** 8 7277 〔嶽〕 17 2223　ガク　やま　たけ

篆文

古文

甲骨文

象形 嶽の初文。嶽はその形声字。卜文の字形は山上に羊頭の形をしるす。岳は嵩嶽の古名。その嶽神は伯夷で姜姓の祖。〔詩、大雅、崧高〕に「維これ嶽、神を降し　甫と申とを生めり」とあり、甫(呂)・申・許・斉は姜姓四国。〔左伝、荘二十二年〕「姜は大嶽の後なり」、〔国語、鄭語〕「姜は伯夷の後なり」とみえる。羌は牧羊人、その始祖たる岳は山上に羊頭を加えた形でしるされた。伯夷・許由・皐陶の夷・由・陶はもと一音の転化したものである。

訓義 ①やま、たけ。②四岳、五岳。

古訓 〔名義抄〕岳　ヲカ・山ノミチ・クマ・サカシ／嶽　ヤマ・ミネ・ヲカ・タケ・ミタケ

＊語彙は嶽字条参照。

【岳牧】のちの公卿諸侯にあたる。〔書、周官〕唐虞古を稽へ、官を建つること惟れ百、内に百揆四岳有り、外に州牧侯伯有り。

【岳立】そびえ立つ。屹立。晋・陸機〔賈長淵に答ふ〕詩　呉、實に龍飛す　劉、亦た岳立す

↑岳雲　山にかかった雲／岳翁　妻の父／岳家　妻の実家／岳岳　高く聳えるさま／岳響　こだま／岳峙　聳える／岳秀　高い山／岳丈　妻の父／岳瀆　山川／岳伯　岳牧／岳父　妻の父／岳母　妻の母／岳霊　山の霊気

↓河岳・海岳・巨岳・喬岳・群岳・孤岳・五岳・高岳・崑岳・山岳・四岳・峻岳・神岳・崇岳・川岳・藩岳・方岳・令岳・霊岳・列岳

【咢】 9 6620 〔咢〕 12 6640 〔噩〕 16 1010　ガク　やかましい

篆文

金文

形声 正字は咢に作り、屰声。〔説文〕二上に「譁しく訟ふるなり」とし、〔玉篇〕に「驚咢するなり」という。金文に字を噩に作り、祝禱の器である𠙴を四個列し、その中央に犬牲らしい牲獣をおく。すなわちさわがしく祈りたてる意である。屰はその擬声語であろうが、あるいは牲獣の形から変化したものかも知れない。

訓義 ①やかましくいのる、やかましくいい争う。②おどろくような声、おどろく。③うたう、鼓楽する。④諤と通じ、直言する。⑤鍔と通じ、鋒刃。

古訓 〔名義抄〕咢　オドロク・ウタフ・ナク／噩　カサヌ・オドロク〔字鏡集〕咢・噩　アキ・ヲドロク・ウタフ・カサヌ・ヲドロカス

声系 〔説文〕に咢声として遌・卾・鄂の三字を収めるが、他に諤・愕・蕚などがある。〔玉篇〕に「諤は正直の言なり」、〔広雅、釈詁一〕に「愕は驚くなり」とみえ、咢声の字に驚呼・喧譟の意をもつものがある。

【咢然】おどろく。愕然。〔唐書、逆臣中、朱泚伝〕逆徒、白華殿に居る。或いは說ふ、泚、天子を迎ふと。泚、顧望して咢然たり。

↑咢咢　諤諤

↓歌咢・驚咢

【愕】 12 9602 〔遌〕 13 3630　ガク　おどろく

篆文

形声 声符は咢。咢の初形は噩。多くの祝禱の器(𠙴)を列し、犬牲を加えて祈り訴える意。神を驚かすことをいう。〔説文〕二下に遌を正字とし、「相ひ遇ひて驚くなり」とする。神異のものに遇うて驚く意であろうが、もとはやかましく祈りたてて、神を驚かすことをいう。

訓義 ①おどろく、おどろかす、うろたえる。②諤と通じ、直言する。

古訓 〔新撰字鏡〕愕　於豆(おづ)、又、於比由(おびゆ)、又、於止呂久(おどろく)〔名義抄〕愕　オドロク・オビユ・オビヤカス

語系 遌(愕)ngak、迕・啎nga、御(御)ngiaは同系の語。また迓・訝ngea、遇(遇)ngio、逆(逆)ngyak、迎(迎)ngyangは声義近く、予見しがたいもの、あるいは畏懼すべきものに遭逢して、驚くような意がある。

【愕愕】直言する。諤諤。〔塩鉄論、国疾〕林中に疾風多く、富貴に諛言多し。萬里の朝、日に唯唯を聞く。而る後諸生の愕愕を聞くは、此れ乃ち公卿の良薬鍼石なり。

【愕驚】おどろく。驚愕。〔漢書、胡建伝〕時に監軍御史、姦を爲す。～建～遂に御史を斬る。護軍諸校、皆愕驚して、以す所を知らず。

【愕然】おどろくさま。〔史記、留侯世家〕顧みて(張)良に謂ひて曰く、孺子、下りて履を取れと。良、愕然として之れを殴たんと欲す。

↑愕異　怪しむ／愕疑　懐疑する／愕懼　おどろき恐れる／愕視　おどろき視る／愕眙　おどろき視る／愕窒　息詰まる／愕夢　悪夢

↓哀愕・駭愕・愧愕・驚愕・切愕・惋愕

【鄂】 12 6722 〔噩〕 16 1010　ガク　かぎる

篆文

形声 声符は咢。〔説文〕六下に字を咢に従う形に作り、江夏県の古名とする。金文に字を噩に作り、噩は咢の初形。四口(祝禱を収める器)を列して犬牲を加える形で、譁しく祈りたてる意がある。

訓義 ①地名。湖北省武昌の古名。②卾と通じ、境界、さかい、かぎる、くぎりをつける。③蕚と通じ、うてな、花蕚。④愕と通じ、おどろく。⑤諤と通じ、直言する。

声系 〔漢書、霍光伝、注〕に「凡そ鄂と言ふ者は、皆阻礙して依順ならざるを謂ふ」とあり、それは咢声の字に通じていうことができる。

【鄂鄂】直言して争う。諤諤。〔大戴礼、曽子立事〕是の故に、君子は言を出だすに鄂鄂を以てし、身を行ふに戰戰(おそれつつしむ)を以てす。

【鄂謝】驚きあやまる。〔史記、灌夫伝〕魏其、灌夫に謂ひて曰く、丞相豈に之れを忘るるかと。～武安、鄂謝して曰く、吾れ昨日醉ひ、忽ち仲孺(灌夫の字)と言ひしを忘ると。

↑鄂王　岳飛／鄂驚　驚愕／鄂不　蕚とうてな／鄂博　蒙古の祠

↓沂鄂・垠鄂・柞鄂

常【楽】13 囚【樂】15 2290

ガク ラク リョウ(レウ) ゴウ(ガウ)
おんがく たのしむ ねがう

篆文

甲骨文

金文

象形 柄のある手鈴の形。白が鈴の部分。〔説文〕六上に「鼓鞞の形に象る。木はその虡(台)なり」(唐写本)という。鼓鞞はふり太鼓。これを楽器台におく形とするが、全体が手鈴の形である。古代のシャーマンは鈴を鳴らせて神をよび、神を楽しませ、また病を療したので、療の初文は藥に作る。

訓義 ①おんがく、がく、なりもの、なりものをならす。②たのしむ、やわらぐ、やすらか、かなう。③ねがう、このむ。

古訓 〔名義抄〕樂 タノシビ・ネガフ・ホス・ウツクシブ 〔字鏡集〕樂 タノシブ・ヨロコブ・ウツクシビ・ネガフ

声系 〔説文〕に樂声として瓅・藥(薬)・爍・鑠・轢など十三字を収める。藥・爍は樂の声義と関係がある。瓅・鑠・轢は小さく光るものの意があり、また別系の語。

語系 樂ngôk、噩・遻ngak は声近く、楽は鈴の音、噩は祝禱の声のやかましいことをいう。

【楽易】らくい たのしくやすらか。〔荀子、栄辱〕樂易なる者は常に壽長なり。憂險なる者は常に夭折す。

【楽意】らくい 心を楽しませる。〔荘子、盗跖〕俗に與(くみ)し、世に化す。至重(生)を去り、至尊(道)を棄つ。～此れ其の長生安體、意を樂しましむの道を論ずる所以、亦た遠からずや。

【楽軼】らくいつ たのしみあそぶ。〔史記、燕世家〕燕國殷富にして、士卒樂軼して戰ひを輕んず。是に於て遂に樂毅を以て上將軍と爲し、～以て齊を伐つ。

【楽飲】らくいん たのしく酒を飲む。魏・呉質〔魏の太子に答ふる牋〕置酒樂飲し、詩を賦し壽を稱ぐ。

【楽音】がくおん 音楽。〔史記、楽書論賛〕夫れ禮は外より入り、樂は内より出づ。～故に樂音なる者は、君子の義を養ふ所なり。

【楽歌】がくか 音楽に合わせて歌う歌。〔漢書、夏侯勝伝〕音律に協へて樂歌を造り、上帝に薦め太山に封ず。

【楽歓】らくかん たのしみ。〔晋書、王羲之伝〕年、桑楡(晩年)に在り、自然に此に至る。頃(このごろ)正に絲竹に頼りて陶寫す。恆に恐る、兒輩の覺りて、其の樂歡の趣を損せんことを。

【楽飢】りょうき うえをいやす。欲望をみたす。〔詩、陳風、衡門〕泌(ひ)(川の名)の洋洋たる 以て飢(うゑ)を樂(い)やすべし

【楽郷】らくきょう 安楽な村ざと。宋・蘇軾〔峡州甘泉寺に留題す〕詩 嗟哉(ああ)此の樂郷 乃ち姜子の教へなること毋(な)からんや

【楽曲】がくきょく 音楽のふし。〔唐書、礼楽志十二〕(協律郎張文收、律呂を考正し、起居郎呂才、其の聲音を叶へ、樂曲遂に備はる。

【楽好】ごうこう 愛好する。〔礼記、儒行〕儒に、之れに委するに貨財を以てし、之れを淹(ひた)すに樂好を以てするも、利を見て其の義を虧(か)かざる有り。

【楽郊】らくこう たのしい土地。楽土。〔詩、魏風、碩鼠〕逝(ここ)に將(まさ)に女(なんぢ)を去り 彼の樂郊に適(ゆ)かん 樂郊樂郊 誰(たれ)か之れ永號せん

【楽康】らくこう たのしみやすらぐ。〔楚辞、九歌、東皇太一〕五音紛として繁會し 君欣欣として樂康す

【楽歳】らくさい 豊作の年。豊年。〔孟子、梁恵王上〕是の故に、明君の民の産を制する、～樂歳には終身飽き、凶年には死亡を免れしむ。

【楽山】らくさん 山をたのしむ。〔論語、雍也〕子曰く、知者は水を樂しみ、仁者は山を樂しむ。知者は動き、仁者は靜かなり。知者は樂しみ、仁者は壽(いのちなが)し。

【楽死】らくし 死をたのしみ、おそれない。漢・司馬相如〔巴蜀に喩す檄〕彼れ豈に死を樂しみ生を惡(にく)み、編列の民に非ずして、巴蜀と主を異にせんや。

【楽志】らくし 心を楽します。〔後漢書、仲長統伝〕人生滅び易し。優遊偃仰、以て自ら娯しむべし。居を清曠にトし、以て其の志を樂しましめんと欲す。

【楽事】らくじ たのしいこと。唐・李白〔春夜桃李園に宴するの序〕桃李の芳園に會し、天倫(家族、親戚の間柄)の樂事を序す。

【楽趣】らくしゅ たのしみ。元・潘音〔龐徳公〕詩 久しく知る、軒冕浮榮(けんべんふえい)の薄きを 已(すで)にトす、耕鋤(こうじょ)(田の仕事)樂趣深きを

【楽処】らくしょ たのしいところ。〔楚辞、招魂〕魂よ、歸り來れ 君の恆幹(身)を去りて 何爲(なんす)れぞ四方にゆく 君の樂處を舍(お)きて 而(すなは)ち彼の不祥に離(あ)はんとする

【楽胥】らくしょ たのしむ。胥は助詞。〔詩、小雅、桑扈〕君子樂胥す 天の祜(さいはひ)を受けん

【楽章】がくしょう 音楽に合わせて歌う歌詞。〔唐書、文芸中、李白伝〕帝、沈香子亭に坐す。意(こころ)に感ずる所有り、白を得て樂章を爲(つく)らしめんと欲す。

【楽水】らくすい 水をたのしむ。〔論語、雍也〕子曰く、知者は水を樂しみ、仁者は山を樂しむ。知者は動き、仁者は靜かなり。知者は樂しみ、仁者は壽(いのちなが)し。

【楽託】らくたく 心がこだわらない。落托。〔世説新語、賞誉下〕謝中郎(万)云ふ、王脩載(耆之)の樂託の性は、門風より出づ。

【楽地】らくち たのしい境地。〔世説新語、徳行〕(王澄・胡毋輔之)諸人、皆任放を以て達と爲す。～樂廣笑ひて曰く、名教の中(うち)、自ら樂地有り。何爲(なんす)れぞ乃ち爾(しか)るやと。

【楽天】らくてん 天命を楽しむ。境遇に安んずる。〔孟子、梁恵王下〕天を樂しむ者は天下を保ち、天を畏るる者は其の國を保つ。

【楽府】がふ 漢の武帝が設けた音楽所。〔漢書、芸文志〕孝武、樂府を立てて歌謠を采る。⊠(が)ふ 楽府で採集され、音楽に合わせて歌う歌謡、その歌体のもの。〔文体明弁、楽府〕樂府は、樂官肆習の樂章なり。

【楽舞】がくぶ 舞楽。〔史記、封禅書〕是(ここ)に於て南越を塞ぎ、太一后土に禱祀し、始めて樂舞を用ふ。

【楽命】らくめい 運命に安んずる。唐・李白〔少年行〕詩 男兒百年、且(しばら)く命を樂しまん 何ぞ須(もち)ひん、書に徇(したが)つて貧病(ひんぺい)を受くるを

➡楽佚 あそぶ／楽逸 楽佚／楽説 喜ぶ／楽翁 妻の父／楽豈 楽しむ／楽観 安心／楽境 楽土／楽欣 喜ぶ／楽経 楽の経書／楽闋 楽終わる／楽戸 官妓／楽悞 楽しむ／楽工 楽人／楽只 楽しい／楽思 楽しい／楽師 楽官／楽酒 酒を楽しむ／楽輸 喜捨／楽笑 歓笑する／楽人 楽師／楽正 楽官の長／楽声 音楽／楽籍 官妓／楽善 善を楽しむ／楽奏 奏楽／楽喪 弔う楽／楽宅 安宅／楽耽 楽しむ／楽湛 楽しむ／楽調 楽の調べ／楽土 安楽の地／楽邦 楽土／楽棚 劇場の桟敷／楽容 舞姿／楽楽 安楽／楽律 楽の調子／楽和 和楽

⬇哀楽・愛楽・安楽・佚楽・逸楽・淫楽・永楽・悦楽・宴楽・燕楽・音楽・雅楽・快楽・偕楽・懐楽・豈楽・凱楽・管楽・歓楽・気楽・喜楽・器楽・嬉楽・伎楽・妓楽・戯楽・久楽・挙楽・共楽・享楽・郷楽・忻楽・苦楽・軍楽・弦楽・古楽・鼓楽・娯楽・好楽・行楽・康楽・極楽・作楽・三楽・散楽・至楽・肆楽・肆楽・寿楽・女楽・笑楽・常楽・正楽・声楽・清楽・盛楽・奏楽・俗楽・耽楽・長楽・張楽・陳楽・徹楽・天楽・典楽・田楽・同楽・道楽・独楽・能楽・伯楽・蕃楽・備楽・靡楽・廟楽・舞楽・文楽・邦楽・豊楽・友楽・遊楽・洋楽・乱楽・礼楽・和楽

【萼】13 4420 ガク はなぶさ

形声 声符は咢。花のうてなの部分。〔玉篇〕に「花萼なり」とあり、〔詩、小雅、常棣〕「萼不韡韡」は「萼柎、韡韡たり」の意。

訓義 1がく、はなのうてな、はなぶさ、華柎。2字はまた鄂に作る。

古訓 〔和名抄〕萼 波奈布佐（はなぶさ）〔篇立〕萼 フサ・ハナブサ・ハナビラ・シキ

参考 花萼の萼、口顎の顎、剣鞘の鍔は、みなものを含みもつところをいう。

↑萼珠 美しい萼／萼不 萼柎／萼片 花びら

↓雨萼・華萼・含萼・綺萼・金萼・紅萼・香萼・朱萼・秀萼・深萼・新萼・纖萼・素萼・嫩萼・発萼・万萼・跗萼・瑶萼

【遌】13 3630 ［逆］16 3630 ガク あう おどろく

篆文

形声 声符は咢。愕と同字。〔説文〕二下に遌を正字とするが、文献に驚愕の字には愕を用い、遌は神異のものに遇うことをいい、字の慣用に区別がある。宋玉の〔高唐の賦〕「卒かに異物に愕ふ」の〔注〕に「遌ふは見るなり」、班固の〔幽通の賦〕「高きに乗じて神に遌ふ」など、みな神異のものに遇うことをいう。

訓義 1あう。2おどろく。

古訓 〔新撰字鏡〕遌 於比由（おびゆ）〔字鏡集〕遌 アフ・ムカフ・オドロク・フル・タガフ・サカフ・オカス・ヲロカ

＊語彙は愕字条参照。

【頟】15 2168 ガク ひたい

篆文

形声 声符は各。〔説文〕九上に「顙なり」とあり、〔方言、十〕に「頟は顙なり。中夏にては之れを頟と謂ひ、東齊にては之れを顙と謂ふ」とみえる。額の初文。

訓義 1ひたい。2車を推す声。3とりしらべる。4頟頟は、せっせと悪事をする。

古訓 〔名義抄〕頟 ヒタヒ・ウナジ・カホ

【頟頟】 悪事をはたらく。〔書、益稷〕慢遊を是れ好み、傲虐を是れ作し、晝夜と罔く頟頟たり。

【噩】16 1010 ［咢］9 6620 ガク おどろく

金文

会意 㗊＋犬。口は祝禱の器（𠙵）。犬は犠牲。器（噐）と同構の字であるが、器は祓禳を加える意で、その清めた祭器をいい、噩は祝告する意で、やかましく祈りたてることをいう。祈りたてて神霊をおどろかす意。〔説文〕二上に正字を咢を作り、屰声。のち咢の字形で行われる。金文に噩に作り、噩がその初形。

訓義 1おどろく、おどろかす。2やかましい、さわがしい。3噩はおごそかなさま。

古訓 〔名義抄〕噩 カサヌ・オドロク 〔字鏡集〕咢・噩 オドロク・オドロカス・ウタフ・カサヌ・アキ

語系 噩（咢）・遌・愕 ngak は同声。みなおどろく意がある。

＊語彙は咢・愕字条参照。

【噩噩】 きびしいさま。〔法言、問神〕虞夏の書は渾渾爾たり。商の書は灝灝爾たり。周の書は噩噩爾たり。周より下る者は、其の書譙乎たり。

【噩夢】 おどろいてみる夢。宋・范成大〔江州庾楼夜宴〕詩 客三峡より來る 噩夢奔瀧に隨ふ

↑噩運 凶運／噩音 凶報／噩迕 であう／噩神 凶神／噩然 おどろく／噩兆 凶兆／噩厲 きびしい

【諤】16 0662 ガク

形声 声符は咢。咢は神にやかましく訴える意。〔広雅、釈訓六〕に「諤諤は語るなり」とあり、直言してはばからぬことをいう。

訓義 1直言する、はばからずいう。2字はまた鄂に作る。

古訓 〔字鏡集〕諤 マサシキコトバ

【諤諤】 直言する。鄂鄂。〔韓詩外伝、七〕（趙）簡子、之れに問はしめて曰く、子、寡人に見えんと欲す。何をか事とすると。周舍、對へて曰く、願はくは諤諤の臣爲らんと。

【諤然】 直言するさま。〔列子、力命〕家に在りては熙然として朕れを棄つるの心有り。朝に在りては諤然として朕に敖るの色有り。

↓謇諤・鯁諤・忠諤

【壑】17 2710 ［叡］14 2764 ガク たに ほり

篆文

形声 声符は叡。〔説文〕四下に叡を正字とし、「溝なり」と訓し、壑をその一体の字とする。〔爾雅、釈詁〕に「壑は虚なり」、その〔郭璞注〕に「壑は谿壑なり」とあって、深谷をいう。叡は歺が、すなわち残骨の象に従うて、空虚の意がある。〔爾雅、釈言〕に「隍は壑なり」とあり、隍とは城池をいう。

訓義 1たに。2ほり、からほり、みぞ。3あな、いわや。

古訓 〔字鏡集〕壑 タニ・フカシ・ミゾ・アナ・ホラ・ムナシ・ホガラカニ

語系 壑・叡 xak、谷 kok はその声義近く、阬・坑 kheang、坎・埳 kham とともに、合わせて一系の語。

【壑谷】 たに。あなぐら。〔左伝、襄三十年〕鄭の伯有、酒を耆む。窟室を爲りて夜酒を飲み、鍾（楽鐘）を撃つ。朝至るも未だ已まず。朝する者曰く、公焉くにか在ると。其の人（家臣）曰く、吾が公は壑谷に在りと。

【壑舟】 谷にかくした舟。事物の推移を知らぬたとえ。〔荘子、大宗師〕夫れ舟を壑に藏し、山を澤に藏し、之れを固しと謂ふ。然れども夜半力有る者、之れを負ひて走るも、昧き者は知らざるなり。

↓雲壑・淵壑・煙壑・巖壑・危壑・丘壑・旧壑・巨壑・空壑・谿壑・江壑・溝壑・舟壑・衆壑・峻壑・濬壑・深壑・邃壑・井壑・石壑・絶壑・千壑・川壑・泉壑・大壑・潭壑・長壑・通壑・塡壑・洞壑・万壑・滿壑・霧壑・幽壑・墉壑・林壑

【嶽】17 2223 ［岳］8 7277 ガク やま たけ

篆文

古文

甲骨文

形声 声符は獄。〔説文〕九下に古文として岳をあげ、五嶽の総称とする。岳は卜文では山上に羊を加えた形にしるし、姜姓の始祖とする嵩岳をいう。すなわち姜姓四国の祖。その伝承を誤って、のち四嶽・五嶽の総称とされたのであろう。〔詩、大雅、崧高〕「崧高なるは維れ嶽〜維れ嶽、神を降し 甫と申とを生めり」とみえる。のち山の通名となる。

訓義 1やま、たけ。2五嶽、四嶽。

＊語彙は岳字条参照。

↑嶽雨 山雨／嶽雲 山の雲／嶽影 山のかげ／嶽翁 妻の父／嶽客 山の客／嶽嶽 厳めしい／嶽祇 山神／嶽月 山月／嶽公 妻の父／嶽祠 山の神祠／嶽寺 山寺／嶽峙 高く峙つ／嶽樹 山樹／嶽秀 すぐれる／嶽峻 嶽秀／嶽丈 妻の父／嶽色 山色／嶽神 伯夷／嶽宗 嵩山／嶽僧 山寺の僧／嶽鎮 山神／嶽瀆 五嶽四瀆、名山大川の総称／嶽父

岳父／嶽牧 岳牧／嶽立 屹立する／嶽霊 山霊／嶽楼 山の楼／嶽麓 山麓
↓蔚嶽・海嶽・喬嶽・古嶽・五嶽・四嶽・秀嶽・崇嶽・宗嶽・鎮嶽・幽嶽

【鍔】 17 8612 ガク つば

形声 声符は咢。〔玉篇〕に「刀刃なり」とあり、剣刃や剣端、刀のみね、剣稜をいう。わが国では刀のつばの意に用いる。

訓義 ①やきば、きっさき、刀のみね。②つば。③鍔鍔は高いさま。④きし、がけ。

古訓 〔名義抄〕鍔 ヤキバ・ハ 〔篇立〕鍔 ヤキハ・ツバ・モトリ 〔字鏡集〕鍔 ヤキハ・ツルギ・カタチ・ハ

【鍔鍔】 高く角張るさま。漢・張衡〔西京の賦〕橧桴(二重のむなぎ)重棼(二本のうつばり)、鍔鍔列列(高いさま)たり。

↓鉛鍔・垠鍔・剣鍔・皓鍔・淬鍔・染鍔・霜鍔・挺鍔・氷鍔・鋒鍔・鋩鍔・礪鍔・廉鍔・斂鍔

常 **【額】** 18 3168 ［額］ 15 2168 ガク ひたい

篆文

形声 声符は客。〔説文〕九上に正字を頟に作り、各声。「顙なり」と訓する。額は〔書、益稷〕に「晝夜と罔く額額たり」、〔伝〕に「額額とは惡を肆にして休息すること無し」とあるほか、用例がない。

訓義 ①ひたい。②高くめだつところに標識とするもの、がく。③一定限の分量、たか、さだめ、かぎり。

古訓 〔和名抄〕額 比太比(ひたひ) 〔名義抄〕額 ヒタヒ・ヌカ／頟 ヒタヒ・ウナジ・カホ

語系 頟・額 ngeak、顏(顔) ngean は声義近く、ともにひたいをいう。〔方言、十〕に、中夏では頟、東斉では顙、汝潁淮泗の間では顔というとみえる。

【額黄】 ひたいに黄粉を山形にぬる化粧法。六朝期の婦女の風習。額山。梁・簡文帝〔戯れに麗人に贈る〕詩 同じく安んず、鬟裏の撥(髪へら) 異に作す、額間の黄

【額子】 はちまき。〔画史〕又其の後方に、紫羅を以て無頂の頭巾と爲すを見る。之れを額子と謂ふ。猶ほ敢て庶人の頭巾に習はず。

↑額縁 縁とり／額外 定員外／額角 こめかみ／額額 武勇のさま／額銀 定額／額骨 前頭骨／額山 額黄／額支 経常費／額手 喜ぶさま／額数 定数／額徴 一定の税をとる／額賦 年貢の額／額駙 駙馬

↓簷額・価額・嬌額・巾額・金額・広額・扣額・高額・歳額・賜額・繡額・蹙額・書額・署額・総額・多額・題額・長額・勅額・定額・点額・篆額・破額・白額・碑額・眉額・廟額・粉額・扁額・封額・豊額・榜額・名額・捫額・立額・竜額・簾額

常 **【顎】** 18 6128 ガク あご

形声 声符は咢。〔玉篇〕に「面の高き皃なり」、また〔広韻〕に「嚴敬なるを顎と曰ふ」とあって、威厳のある顔の意とする。国語では、あごの意に用いる。

訓義 ①あご。②おもだか、いかめしいかお。

古訓 〔篇立〕顎 ヒタヒ 〔字鏡集〕顎 ウヤマフ

参考 あごの本字は齶。顎は頁に従い、顔容をいう。

【斅】 20 7144 ガク コウ(カウ) おしえる

篆文 金文

会意 學(学)の異文、學＋攴。〔説文〕では教部三下に属し、「斅は覺悟するなり。教に從ひ、冂に從ふ。冂は尙ほ矇きなり。臼聲。學は篆文斅の省なり」という。斅は教える、學は学ぶ。他動・自動の区別がある。〔書、説命下〕に「惟れ斅ふるは、學ぶことの半ばなり」という語がある。

訓義 ①おしえる。②効と通じ、いたす。③教・学と通じて用いる。

古訓 〔名義抄〕斅 ナラフ・シルス・ヲシフ 〔字鏡集〕斅 イマシム・イタル・アラハニ・シルス・ミル・カムガフ・アラハス・ヲシフ・ユルス・ナラフ・ヤム・コ、ロシラフ

【斅死】 死をいたす。効死。〔淮南子、詮言訓〕上下心を一にし、君臣志を同じうし、之れと社稷を守らば、死を斅すとも民離らず。

↑斅嚬 効顰、まねする

【鰐】 20 2632 ［鱷］ 27 2131 ［蚅］ 12 5814 ガク わに

篆文

形声 声符は咢。〔説文〕十三上に蚅を正字とし、屰声。「蜥易に似て長さ一丈。水に潛りて人を呑み、卽ち浮かぶ。日南に出づ」という。字はまた鱷に作る。

訓義 ①わに。

古訓 〔新撰字鏡〕鰐 和尓(わに) 〔和名抄〕鰐 和邇(わに) 〔名義抄〕鰐 ワニ

【鰐魚】 わに。〔捜神記、二〕扶南王范尋、鰐魚十頭を養ふ。若し罪を犯す者あれば、投じて鰐魚に與へ、噬まざれば乃ち之れを赦す。

↑鰐浪 巨浪

【鶚】 20 6722 ガク みさご

形声 声符は咢。〔広雅、釈鳥〕に「鵰なり」、また〔本草綱目、禽三、鶚〕の李時珍説に「鵰の類なり。鷹に似て土黄色、深目好峙す。雄雌の相ひ得るや、鷙しにして別有り」とみえ、みさごの類。

訓義 ①みさご。

古訓 〔名義抄〕鶚 クマタカ 〔字鏡集〕鶚 ワシ・オホソシ・クマタカ・タツ・トモ

【鶚視】 みさごのように鋭くみつめる。〔梁書、武帝紀上〕鶚視して先を爭ひ、龍驤して竝び驅く。

【鶚薦】 すぐれた人物として推薦する。〔後漢書、文苑下、禰衡伝〕上疏して之れ(衡)を薦めて曰く、～鷙鳥は白を累ぬるも、一鶚に如かず。衡をして朝に立たしめば、必ず觀るべき有らん～と。

↑鶚書 推薦書／鶚眙 鶚視／鶚鳥 みさご／鶚表 推薦の上表／鶚立 立ちつくす

↓作鶚・鷙鶚・秋鶚・鷲鶚・蒼鶚・蹲鶚・鵰鶚

【鷟】 25 4332 ガク

篆文

形声 声符は獄。〔説文〕四上に「鸑鷟、鳳の屬、神鳥なり」という。〔国語、周語上〕に「周の興るや、鸑鷟岐山に鳴く」とあり、神鳥とされた。〔説文〕にまた「江中に鸑鷟有り、鳧に似て大、赤目なり」とあり、鴨に似た鳥であるという。

訓義 ①鸑鷟。②鴨に似た鳥。

カシ

入 **【樫】** 15 かし

国字 堅い木の意。「かし」には古く檮・橿を用い、〔斉明紀、五年〕に「甘檮丘」とあり、〔新撰字鏡〕に「橿、萬年木なり」、また〔和名抄〕に「橿 加之(かし)、萬年木なり」という。また橿ともいう。〔万葉、一一九五〕に「麻衣著れば夏樫(懐かし)」のように、「かし」と訓読させている例がある。

訓義 ①かし。

カツ

【㓞】 6 5702 カツ ケイ きざむ

篆文  甲骨文 

会意 丰＋刀。〔説文〕四下に「巧みに㓞むなり」という。丰は〔説文〕四下に草の散乱する形とするが、契刻して歯形をつけることで、これを両半として割符とした。その契刻を人面に加えたものは契（契）で、奴隷などのしるし。また呪飾として糸を加えたものは絜で、清め祓う意がある。

訓義 ①きざむ。

声系 〔説文〕に㓞声として齧・絜・契・挈・楔などを収め、なお契・楔を声符とするものがある。㓞に従うものは契刻の意、絜に従うものには修潔の意を含むものが多い。丰・㓞・契・絜は、一系をなす字である。

語系 丰 keat、㓞 kheat、契・楔・鍥 khyat は声近く、もと契刻のときの声をとるものであろう。

【昏】 7 7260 カツ（クヮツ） けずる ふさぐ

篆文  古文  金文 

会意 氏＋口。氏は劂刀（把手のある曲刀）の形。口は𠙵で、祝禱を収める器の形。劂刀でその器の蓋をこじあけ、けずる意の字で、刮の初文とみてよい。刮は更に刀を加えた重複の字。〔説文〕二上に「口を塞ぐなり」とするが、むしろこじあける意で、口も口耳の意ではない。

訓義 ①けずる、こじあける。②ふさぐ。

声系 〔説文〕に昏声とするものに話・刮・栝・活・聒など二十字を収め、別に活声の字がある。刮・栝は削る。活・聒はその声、祏・話などはその呪儀に関する字であろう。祏は災厄を刮除し、話は誂言詬語、他に災厄を与える語である。

【刮】 8 2260 ［𠛾］ 9 7260 カツ（クヮツ） かきとる けずる

篆文 

形声 声符は舌。舌の初形は昏。氏は劂（把手のある曲刀）、口は𠙵で、祝禱の器。その器に劂を加えて、その祝禱の呪能を害することをいう。昏は刮の初文。更に刀を加える刮は、その繁文である。

訓義 ①かきとる、けずる。②あばく。③みがく、へらす。

古訓 〔名義抄〕刮 ケヅル・ムシル・ワブル・コソグ 〔字鏡集〕刮 ケヅル・コソグ・ナヅ・ムシル・スル・ハグ・ハツ・メヲソロフ・ハラフ・トヾム

【刮眼】かつ（くわつ）がん よくみる。刮目。唐・韓愈〔襄城を過ぎる〕詩 郾城辭し罷やんで、襄城を過る 潁水嵩山、刮眼して明らかなり

【刮垢】かつ（くわつ）こう 悪い部分をとり除く。唐・韓愈〔進学解〕爬羅剔抉、垢を刮り、光を磨く。

【刮骨】かつ（くわつ）こつ 骨を削る。〔三国志、蜀、関羽伝〕醫曰く、矢鏃に毒有り。毒、骨に入る。當に臂を破りて創を作し、骨を刮りて毒を去るべし～と。羽便ち臂を伸べ、醫をして之れを劈かしむ。

【刮摩】かつ（くわつ）ま みがきあげる。〔元史、儒学二、呉師道伝〕乃ち幡然（心を改める）として、己の學を為し、刮摩淬礪するに志有り。

【刮目】かつ（くわつ）もく 目を見張ってみる。〔三国志、呉、呂蒙伝注に引く江表伝〕蒙曰く、士別るること三日ならば、卽ち更に刮目して相ひ待たん～と。

↑刮抉 けずり取る／刮語 刪正／刮刷 こする／刮擦 こする／刮車 手押し水車／刮除 刮抉／刮席 ひれ伏す／刮舌 舌こき／刮絶 廃除する／刮躁 やかましい／刮地 大風／刮滌 とり除く／刮発 発掘する／刮面 顔を吹く

↓巧刮・細刮・清刮・洗刮・皮刮・風刮・磨刮

常【括】 9 5206 ［𢫬］ 10 5206 カツ（クヮツ） くくる

篆文 

形声 声符は舌。舌の初形は昏で、刮の初文。〔説文〕十二上に「絜るなり」とあり、細く束ねてまとめることをいう。括嚢とは嚢の口を閉じて括ることをいう。

訓義 ①くくる、たばねる、むすぶ、まとめる、つつむ。②しめくくる、約束、のり。③筈と通じ、やはず、つがえる。④佸と通じ、あう、あつまる。⑤聒と通じ、かまびすしい。⑥髺と通じ、まげくくる。

古訓 〔新撰字鏡〕括 阿奈久留（あなぐる）〔名義抄〕括 クヽル・アナクル・ムスブ・ハヤス・クシル・クル・カムカフ・トヾム 〔字鏡集〕括 アサクル・ムスブ・クヽル・カサヽ・トリエ・ヤハズ・ヤブル・ムカフ・トヾム・ハヤス・カラカフ・クル・スヽル・タヽク

【括羽】かつ（くわつ）う やはずと羽。〔新論、崇学〕呉幹は質勁なるも、括羽に非ざれば美ならず、越劍は性利なるも、淬礪に非ざれば銛なるからず。

【括囊】かつのう（くわつなう） 袋の口をとじる。口をつぐむ。〔易、坤、六四〕括嚢なり。咎も无く、譽も无し。⊠くくりまとめる。〔後漢書、鄭玄伝論〕鄭玄、大典を括囊し、衆家を網羅し、繁誣を刪裁し、漏失を刊改す。

【括髪】かつ（くわつ）はつ 喪礼のとき、麻で髪をたばねる。〔礼記、檀弓上〕主人既に小斂し、袒して括髪す。

↑括香 香花／括索 捜索する／括撮 つまむ／括市 すり／括耳 耳にかまびすしい／括取 掠奪する／括集 徴集／括春 括香／括正 正す／括地 大地をも包括する／括羅 一括して買い入れる／括約 くくる／括厲 かまびすしい

↓一括・隠括・下括・概括・機括・結括・検括・弦括・巧括・綜括・総括・統括・嚢括・髪括・弁括・包括・籠括

【曷】 9 6072 カツ アツ もとめる なんぞ

篆文 

会意 曰＋匃。〔説文〕五上に「何ぞ」と訓し、匃声とするが、字は会意。曰は祝禱の器である𠙵に祝禱を収めた形。匃は屍骨の形。屍骨の呪霊あるものに祝禱をそえて祈る意で、神に謁し、喝して愒し、災厄を遏め歇ませる。そのようにして祈り求めることを原義とする。金文に匃を匃求の意に用い、匃に曰をそえて曷となる。

訓義 ①もとめる、いのる。②害と声通じ、そこなう。③害・何・盍・胡と声通じ、なんぞ、いつ、いずれ、たれ。

古訓 〔名義抄〕曷 イヅクソ・イヅレ・イドコカ・ナムゾ・イトマ・トヽム・イカムソ・ヲフ・イカニ

語系 曷・害（害）hat は同声。盍 hap、何 hai は声近く、みな疑問詞として用いる。何の初文は可で、呵責し、歐歌して神に祈る意。曷・何が疑問詞として神に交渉する意味をもつ字である。匃 kat は屍骨を呵して祈り求める意で、曷と声義が近く、曷は匃の声義に従う。

【曷為】なんすれぞ 何ゆえに。〔公羊伝、隠元年〕春、王の正月。元年とは何ぞ。君の始年なり。～曷爲れぞ先づ王と言ひ、而る後に正月と言ふ。王の正月なればなり。

【曷若】いかん どうであろう。〔荀子、彊国〕是れ一國謀を作せば、則ち三國必ず起ちて我に乘ぜん。是くの若くんば、則ち齊必ず斷たれて四三と爲り、～必ず天下の大笑と爲らん。曷若。

↑曷鼻 仰鼻

常【活】 9 3216 ［湉］ 10 3216 カツ（クヮツ） いきる

篆文 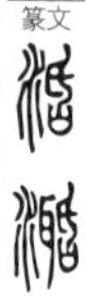

形声 声符は舌。舌はもと昏に作り、氏劂(曲刀)を以て祝禱の器を削り、蓋をとりさる意。力を加えてものを動かす意がある。〔説文〕十一上に「水の流るる聲なり」とし、また聒声に従う字を録する。活に賦活・復活の意があり、生命的な躍動の力をいう。

訓義 1いきる、いきながらえる、くらす。2いかす、よみがえる、やしなう。3水の流れる音。

古訓 〔名義抄〕活 イク・ヨミカヘル・ヤシナフ・ワタラフ・イコフ・シヅカナリ

【活活】 水のさかんに流れる音。南朝宋・謝霊運〔石門の最高頂に登る〕詩 活活として夕流駛せ 噭噭として夜猨啼く

【活計】 生活。宋・蘇軾〔蒲伝正に与ふる一首〕千乗姪屢〻言ふ、大舅全て活計を作さず、多く書畫奇物を買ひ、典錢使(質屋通い)を常とす。老弟の苦ろに公に勸めんことを欲すと。

【活潑】 魚が勢いよくはねるように、ぴちぴちする。〔中庸章句、十二〕程子曰く、此の一節は、子思喫緊に人の爲にする處、活潑潑地なり。讀む者、其れ思ひを致せと。

【活絡】 円滑。自在でこだわらない。宋・朱熹〔黄直卿に答ふる書〕又能く此れに由りて推考證驗せば、則ち其の胸中、萬理洞然として、通透活絡たらん。

↑活眼 眼力/活気 生気/活況 活気あるさま/活孔 ぬけ穴/活殺 生殺/活産 動産/活如 いきいき/活身 保身/活人 医術/活水 流水/活脱 生き写し/活転 蘇生/活套 慣用法/活動 はたらく/活剝 不遠慮/活変 方便/活便 活法/活法 活用法/活門 にげ道/活躍 よく働く/活用 役立つ/活落 活動/活路 血路

↓汩活・円活・快活・苟活・死活・自活・生活・蘇活・存活・偸活・敏活・復活・平活・養活

【栝】 10 4296 〔桰〕 11 4296

カツ(クヮツ) テン カイ(クヮイ)
ゆはず たきぎ

篆文 

形声 声符は舌。舌の初形は昏で、氏(劂、曲刀)に従い、刮る意。弓末の弦をかける部分に、削って凹みをつける。〔説文〕六上に「櫽なり」とし、また「一に曰く、矢栝、弦を築す處」とあり、ゆはずの意。櫽栝とは弓勢を正すためのためぎをいう。

訓義 1ゆはず。2ためぎ。3[木+忝]と通じ、たきぎ、つえ。

古訓 〔新撰字鏡〕栝 不弥太(ふみだ) 〔名義抄〕栝 ヤハズ・ヤサキ・ユミノハズ 〔篇立〕栝 ク・ル・シルス・トヾム・アラキ・カシラ・ハヤス・ツ、ク・カンガフ

↑栝樹 檜/栝楼 きからすうり

↓櫽栝・杉栝・松栝・翠栝・疎栝・束栝・楓栝

常【喝】 11 〔喝〕 12 6602

カツ しかる

篆文 

形声 旧字は喝。声符は曷。曷は曰と匃とに従い、屍骨の象である匃に、祝禱を示す曰を加え、匃の呪霊によって祈り、呪詛などを加える意。〔説文〕二上に「㵣くなり」とあり、〔説文通訓定声〕に「聲の歇むなり」とする。もと呪詛して威嚇を加える意。のどを痛めるほどの声を出したのであろう。

訓義 1しかる、おこる、どなる、となえる。2のどがかわく、声がかれる、むせぶ、なく。3はやす、はやしたてる。

古訓 〔新撰字鏡〕喝 水乃无(水のむ)、又、左へ(戸)豆利止奈(余)无(さへづりとよむ) 〔名義抄〕喝 イバユ・イナ、ク・オビユ・ミヅニウフ・サヘヅリトナフ/恐喝 カシコマル

【喝采】 もと賭博の采をふるとき、かけ声をかけてふること。のち拍手して賛美すること。〔京本通俗小説、菩薩蛮〕手に象板を拿り、筵前に立ち、梁を遶ぐらすの聲を唱起す。衆皆喝采す。

【喝道】 先ばらい。貴人高官が通るとき、人を追い払った。唐・李商隠〔雑纂、殺風景〕花間に喝道す。

↑喝拳 拳うち/喝彩 喝采/喝盞 乾杯/喝叱 しかる/喝声 大声/喝茶 喫茶/喝破 説破する/喝罵 ののしる/喝喇 早口

↓一喝・虚喝・恐喝・脅喝・呼喝・大喝・洞喝・縛喝・捕喝

【戛】 11 1050

カツ ほこ うつ たたく

篆文 

会意 百+戈。百は首。〔説文〕十二下に「戟なり」とし、会意とする。〔爾雅、釈詁〕に「常なり」、〔爾雅、釈言〕に「禮なり」とあるのは、〔書、康誥〕「大戛に率はず」の大法の意によって訓するが、他にその用義例がみえない。〔書、益稷〕「戛として鳴球を撃つ」は、玉を撃つ擬声語。多く戛撃の意に用いる。

訓義 1ほこ、長いほこ。2たたく、うつ、玉をうつ声。3楷と通じ、かた、のり。

古訓 〔名義抄〕戛 スル・ウツ・ハラフ・ウヤマフ 〔字鏡集〕戛 ホコ・タチ・ウツ・ハラフ・スル・ウヤマフ・ツネ

【戛戛】 ものの相撃つ音。困難にして努力を要すること。唐・韓愈〔李翊に答ふる書〕其の心に取りて、手に注するに當りて、惟だ陳言を之れ務めて去るは、戛戛乎として其れ難い哉。

【戛撃】 金石の楽器をうちならす。〔宣和画譜、道釈二、孫位〕矛戟森嚴、鼓吹戛撃、聲縹緲の間に在るが若し。〜筆精に、墨妙に、情高く、格逸なるに非ずんば、其れ能く此れに與からん耶。

【戛然】 高くなりひびく音。また、鶴の声。宋・蘇軾〔後の赤壁の賦〕適〻孤鶴有り、江を横ぎりて東より來る。翅車輪の如く、玄裳縞衣、戛然として長鳴し、予が舟を掠めて西す。

↑戛玉 玉をうつ音/戛羹 兄嫁/戛瑟 弾琴/戛磨 うち磨く

↓玉戛・嘐戛・大戛・痛戛・摩戛

常【渇】 11 人〔渴〕 12 3612

カツ かわく つきる

篆文 金文 

形声 声符は曷。〔説文〕十一上に「盡くるなり」とするが、その意には竭を用いることが多い。渇は飢渇。曷は呪祝して喝する意。愒すために喝し、大声を発して、口の渇くをいう。

訓義 1かわく、のどがかわく、饑渇。2竭・歇と通じ、つきる、かれる。3愒と通じ、むさぼる。

古訓 〔字鏡集〕渇 ミヅニウエタリ・ツク・ツクス・ミガク・ネンゴロ・ネガフ

語系 渇khatは涸hakと声義の通ずるところがある。渇・竭giat、歇xiatと涸hak、枯・殆khaとは対応する関係がある。

【渇飲】 のどがかわいて飲む。〔南史、曹景宗伝〕平澤中に麞を逐ひ、數肋にして之れを射、渇しては其の血を飲み、飢ゑては其の脯を食するに、甜きこと甘露の漿の如し。耳後に風を生じ、鼻頭に火を出だすを覺ゆ。

【渇仰】 仏をあこがれしたう。仰慕する。〔仏国記〕佛を見ざること久し。咸く皆渇仰雲集す。

【渇筆】 かすれた筆づかい。〔丹鉛総録〕渇筆とは枯れて墨無きなり。書家に在りて難しと爲す。

【渇望】 強くのぞむ。宋・范成大〔洪景盧内翰の使して

還り境に入る。詩を以て之れを迓ふ〕詩 國人、公の顔色を渴望す 爲に報ず、帷を褰げて帝畿に入る

➡渴愛 湯愛する／渴雨 雨ふらず／渴見 切に会いたい／渴酒 酒が欲しい／渴水 水が涸れる／渴睡 寝不足／渴切 急切／渴餒 飢渴する／渴沢 水のない沢／渴念 思い焦れる／渴病 消渴／渴吻 切望する／渴聞 むさぼり聞く／渴盼 渴見／渴乏 かわく

⬇飲渴・解渴・旱渴・飢渴・饑渴・久渴・旧渴・救渴・窮渴・虚渴・苦渴・枯渴・涸渴・釈渴・酒渴・消渴・焦渴・長渴・病渴・療渴

【秸】 11 2496 カツ キツ わら

篆文 

形声 声符は吉。〔書、禹貢〕に「三百里は秸を納るの服」とあり、秸は麦の表皮を去ったわら。祭天の儀礼に、その祭席を作るために徴収した。字はまた稭に作り、声義同じ。

訓義 ①わら。②わらのしん。③字はまた稭に作る。

古訓 〔名義抄〕秸 ワキギ・ツム・ウク 〔字鏡集〕秸 ツムウク

【秸席】 穂をとったわらで作った席。〔旧唐書、礼儀志三〕制して曰く、～今封禪には、即ち玉牒金繩を用ひよ。器物の閒に復また瓦罇秸席有り。

➡秸秆 わら／秸莞 秸席／秸鞠 つつどり

⬇稾秸・稲秸・納秸・剝秸・麦秸・賦秸・茅秸・糧秸

常

【割】 12 3260 〔割〕 12 3260 カツ カイ わる さく そこなう

篆文  金文 

形声 声符は害（害）。害は把手のある大きな針で、祝禱を収めた器（曰）を刺し通し、その呪能を害する意。それにまた刀を加えて、ものを割裂する意をあらわす。〔説文〕四下に「剝ぐなり」とするが、剝とは獣皮を剝ぐことで、字義が異なる。宰割のように切り開くときに用いる。金文に「用つて眉壽を割む」のように、匄求の意に用いる。

訓義 ①そこなう、たつ、たやす。②わる、さく、きりさく。③さきとる、きりとる。④害と通じ、わざわい、もとむ。⑤わる、わりあい。

古訓 〔名義抄〕割 サク・ヤブル・ホフル・キル・ソコナハル 〔字鏡集〕割 ソコナハル・キル・エル・サク・ハク・ホフル・ヤフル

語系 害声の字のうち割kat、轄keatは声義近く、轄とは去勢することをいう。割にも割勢の意があり、羯kiat、犍kian、虔gianも同系の語である。

【割愛】 愛情をたちきる。忍んで思いきる。清・呉昌碩〔饑ゑて天を看るの図に自ら題す〕詩 裘を風雪の候に典し 割愛して時に書を賣る

【割棄】 断ちきる。魏・嵇康〔養生論〕或いは情を抑へ欲を忍び、榮願を割棄するも、嗜好は常に耳目の前に在り。希ふ所は、數十年の後に在り。

【割拠】 地を分割してその地に拠る。〔三国志、呉、呉主伝評〕（孫）策、英氣傑濟にして、猛鋭世に冠たり。～江東に割據するは、策の基兆なり。

【割劌】 傷つけきる。〔戦国策、斉五〕今干將・莫邪と雖も、人力を得るに非ずんば、則ち割劌すること能はず。

【割削】 領地や禄位をけずる。〔晋書、李含伝〕司徒王戎、含を表すらく、曾て大臣爲たり。割削せらるると雖も、應に降して此の職と爲すべからずと。詔して停む。後、始平の令と爲る。

【割愁】 哀愁をよびおこす。愁腸を割く。唐・柳宗元〔浩初上人と同に山を看る～〕詩 海畔の尖山、劍鋩に似たり 秋來處處、愁腸を割く

【割譲】 領土を割き譲る。〔清史稿、兵志九〕光緒十三年、臺灣を開き省治と爲す。～中日の戰ふに及び、日本に割譲す。

【割勢】 去勢。〔晋書、刑法志〕劉頌の廷尉と爲るに及び、～又、上言して曰ふ。～亡ぐる者は足を刖り、～盜む者は手を截り、～淫する者は其の勢を割かん～と。

【割剝】 しいたげる。魏・陳琳〔袁紹の為に予州に檄す〕（曹）操、遂に承資跋扈し、肆に凶忒を行ひ、元元（人民）を割剝し、賢を殘ひ善を害す。～是れ自り士林憤痛し、民怨彌よ重し。一夫臂を奮ひ、擧州聲を同にす。

【割臂】 臂をさいて盟う。〔史記、魯周公世家〕莊公～孟女を見、說びて之れを愛し、立てて夫人と爲さんことを許す。臂を割きて以て盟ふ。

【割烹】 肉を切り、料理する。〔孟子、万章上〕伊尹、割烹を以て湯（王）に要む。

【割面】 顔に傷つける。〔晋書、劉曜載記〕伊餘を生擒し、悉く其の衆を俘にす。權渠大いに懼れ、被髮（髪を散らす）割面して降る。

【割裂】 分割する。魏・曹冏〔六代論〕州國を割裂し、子弟を分ち王とし、三代の後を封じ、功臣の勞に報いば、士に常君有り、民に定主有り。枝葉相ひ扶け、首尾用を爲さん。

➡割哀 節哀／割移 わかつ／割恩 割愛する／割刈 収穫する／割驩 喜びあう／割減 へらす／割刻 そこなう／割察 詳察する／割炙 肉を分かつ／割捨 思い切る／割情 割愛／割制 わりきめ／割青 青田刈り／割政 虐政／割牲 殺牲／割席 絶交する／割截 きる／割絶 きり放す／割塞 杜絶する／割断 決断する／割土 割地／割地 地をさき与える／割腸 断腸／割剔 ほじくる／割配 分配する／割髪 髪を切る／割半 半分にする／割符 わりふ／割分 分割する／割烹 割烹

⬇棄割・劓割・刳割・降割・宰割・細割・侵割・生割・切割・剪割・断割・屠割・剝割・披割・分割・方割・剖割・烹割

入

【筈】 12 8860 ［括］ 9 5206 カツ（クヮツ） やはず ゆはず はず

形声 声符は舌。舌の初形は昏。氏はもと劂（把手のある曲刀）の形に従い、ものを劂（刮）る意。筈は弓矢の先を削って弦にかけるところ。弓の上端を末弭、下端を本弭、矢筈をやはずという。字はまた括に作る。

訓義 ①やはず、ゆはず、はず。②国語で、予定される意の、はず、道理、当然にあるべきこと。

古訓 〔名義抄〕筈 ヤサキ・ヤハズ・ハタ

⬇羽筈・機筈・弦筈・矢筈・箭筈・鏃筈・脱筈・竹筈・鋒筈

【聒】 12 1216 カツ（クヮツ） かまびすしい

篆文 

形声 声符は舌。舌はもと昏に作り、氏（劂、把手のある曲刀）を以て削りとる形。その音を聒という。〔説文〕十二上に「驩語なり」とあり、やかましくさわぐことをいう。〔韓非子、顕学〕に「聲、耳に括まる」とは、聒しい意である。

訓義 ①かまびすしい、さわがしい。②聒聒はおろかなさま。

古訓 〔新撰字鏡〕聒 左和久（さわく）、又、乃々志留（ののしる）〔名義抄〕聒 カマビ（ミ）スシ・オドロク・コヱサハク・ノ、シル 〔字鏡集〕聒 コヱキコユ・ナヤマス・ミダル・オドロク・カマビスシ

【聒聒】 鳥がやかましく鳴く声。わけもわからずさわぐ。おろかなさま。〔書、盤庚上〕今汝聒聒として、信を險膚（険陂膚浅の説）に起す。

【聒耳】 耳にかまびすしい。〔韓非子、顕学〕千秋萬歲の聲、耳に聒しくして、一日の壽も人に徵無し。此れ人の巫祝

を簡ずる所以なり。

【聒庁】かっちょう（くわっちやう） 除夜の行事。〔武林旧事、三〕（除夜）紅、霄漢に映じ、爆竹鼓吹の聲、喧闐夜を徹す。之れを聒廳と謂ふ。

【聒乱】かつ（くわつ）らん やかましくして人の意を乱す。唐・韓愈〔双鳥〕詩 兩鳥の鳴いてより 聒亂雷聲收まる

↑聒讙かっかん やかましい／聒叫かっきょう 叫ぶ／聒喧かっけん 聒讙／聒子かっし おたまじゃくし／聒然かつぜん やかましい／聒噪かっそう 騒がしい／聒帳かっちょう 聒庁／聒天かってん 天に響く

↓叫聒・驚聒・吟聒・喧聒・清聒・蟬聒・嘈聒・噪聒・鳥聒

常 【葛】 12 4472 〔葛〕 13 4472 カツ くず かずら

篆文 

形声 声符は曷かつ。〔説文〕一下に「絺綌ちげきの艸なり」とあり、古くは葛の纖維を用いて祭衣を作った。〔詩、周南、葛覃〕に「絺と爲し綌と爲し 之れを服して斁いとふ無し」とみえる。葛布はあらい布で、夏服などに用いた。

訓義 1くず、まくず、つる。2くずぬの、あらぬの。3国語、つづら。

古訓 〔新撰字鏡〕葛 加豆良（かづら）〔和名抄〕葛 久須加豆良乃美（くずかづらのみ）〔名義抄〕葛 カヅラ・クズカヅラ〔篇立〕葛 カヅラ・クズ・マジハル

【葛衣】かつい くずいとで織ったかたびら。唐・白居易〔官舎小亭閑望〕詩 葛衣もて時の暑さを禦ふせぎ 蔬飯もて朝の飢うゑを療いやす

【葛巾】かっきん くずいとで作った頭巾。〔宋書、隠逸、陶潜伝〕郡將、潛を候うかがふ。其の酒の熟するに値あひ、頭上の葛巾を取りて酒を漉こし、畢をはりて還また復ふたたび之れを著きる。

【葛屨】かっく 夏のくつ。くずの纖維で作る。〔詩、魏風、葛屨〕糾糾きうきうたる葛屨 以て霜を履ふむべし

【葛溝】かっこう 太古、屍をくずで包み、溝に棄てた。〔法言、重黎〕楊王孫、倮葬以て世を矯ためんとす。曰く、～如もし世を矯めんとせば、則ち葛溝尚まされり。

【葛生】かっせい くずがのびる。古代の挽歌。〔詩、唐風、葛生〕葛生ひて楚いばらに蒙かうむり 蘞かがみ野に蔓はびこれり 予が美、此ここに亡なし 誰たれと與ともにか獨り處をらん

【葛経】かってつ くずの纖維で作ったひも。婦人の喪章。〔礼記、少儀〕葛絰して麻帶す。

【葛藤】かっとう もつれ。議論。〔続伝灯録、十五〕遂に去りて、翠巖の順禪師を見る。順、知見甚だ高く、語話に葛藤を好む。

【葛茀】かっふつ 柩車を引くのに用いるくずのつな。〔左伝、宣八年〕冬、敬嬴けいえい（公の夫人）を葬る。旱ひでりして麻無し。始めて葛茀を用ふ。

【葛粉】かっぷん くずこ。唐・白居易〔韜光禅師を招く〕詩 泉に濾こして、葛粉を澄ませ 手を洗ひて、藤花を摘む

【葛蔓】かつまん くずのつる。魏・曹植〔種葛篇〕楽府 葛を種うう、南山の下 葛蔓、自ら陰を成す

【葛藟】かつるい かずら。つたかずら。〔詩、王風、葛藟〕緜緜めんめんたる葛藟は 河の滸ほとりに在り

↑葛越かつえつ 南方の布／葛裘かっきゅう 夏冬／葛橋かっきょう つたで架けた橋／葛穀かっこく 葛の実／葛根かっこん 薬用／葛紗かっさ 葛布／葛衫かっさん 葛布の下着／葛帯かったい 喪帯／葛絺かっち 葛と細布／葛帳かっちょう とばり／葛布かっぷ 葛の纖維で織った布／葛麺かつめん 葛きり麺／葛蘿かつら 蔓草／葛縷かつる 葛の糸／葛籠かつろう つづら

↓衣葛・越葛・瓜葛・夏葛・糾葛・裘葛・樛葛・采葛・細葛・纖葛・疏葛・短葛・紵葛・長葛・挽葛・麻葛・蔓葛・捫葛・冶葛

【蛞】 12 5216 カツ（クヮツ） おたまじゃくし

形声 声符は舌かつ。舌の初文は𠯑かつ、剮け（把手のある曲刀）でものを刮けずりとる意。おたまじゃくし、がまの子、なめくじなどの字に用いるが、おたまじゃくしを「科斗」というのは、蛞の音をとるものであるらしく、もと、ぼうふらの状態をいう語であろう。

訓義 1おたまじゃくし、ぼうふら。2がまのこ。3蛞蝓かつゆ はなめくじ。4蛞螻かつろう はけら。

常 【滑】 13 3712 カツ（クヮツ） コツ なめらか すべる みだれる

篆文  古印璽 

形声 声符は骨こつ。骨になめらか、つややか、みだれるなどの意がある。〔説文〕十一上に「利なり」とあり、滑利とはなめらかなことをいう。

訓義 1なめらか、つややか、美しい。2すべる、やわらか。3汩こつ・淈こつと通じ、ごたごたとみだれる、水がにごる。4猾と通じ、ずるい、ずるがしこい。

古訓 〔名義抄〕滑 ナメラカナリ・ナダラカナリ・ナダラカニ・ナメル〔字鏡集〕滑 ナメラカナリ・ナダラカナリ・ナヌ（メ）ル・トラケヌ・ミダル・トシ

【滑甘】かつ（くわつ）かん 甘くて口ざわりがよい。〔礼記、内則〕凡そ和は、～調するに滑甘を以てす。

【滑稽】かつ（くわつ）けい こっけい 酒器の名。転じて、よどみない弁舌で人を惑わし、笑わせること。〔史記、孔子世家〕夫それ儒者は滑稽にして、軌法とすべからず。

【滑膩】かつじ（くわつぢ） すべすべしている。唐・元稹〔寄せて薛濤に贈る〕詩 錦江滑膩にして、蛾眉秀づ 幻出す、文君（卓文君）と薛濤と

【滑賊】かつ（くわつ）ぞく わるがしこい。猾賊。〔史記、酷吏、寧成伝〕滑賊にして威に任ず。～宗室豪桀も、皆人人惴恐す。

【滑沢】かつ（くわつ）たく なめらかでつややか。〔韓非子、難言〕言ひ難き所以の者は、言、順比滑澤にして、洋洋纚纚し然たるときは、則ち見て以て華にして實ならずと爲す。

【滑泥】こつでい どろをにごす。世塵にまみれる。〔後漢書、袁紹伝上〕若もし苟いやしくも泥を滑にごし波を揚げ、榮を偸ぬすみ利を求めんと欲せしめば、則ち進みて以て祿位を享竊し、退いて門戸の患無からしむべし。

【滑磴】かつ（くわつ）とう なめらかな石段。宋・蘇軾〔洞に遊ぶの日～〕詩 滑磴、秋蔓を攀ぢ 飛橋、古槎を踏む

↑滑鬼かっき 滑頭／滑疑こつぎ 惑乱する／滑汩こつこつ 乱れる／滑淈こつこつ 乱れにごる／滑柔かつじゅう 鳥の声／滑潤かつじゅん 潤滑／滑然こつぜん 乱れる／滑汰かった なめらか／滑泰かったい 滑汰／滑梯こってい すべり台／滑頭かっとう 狡獪な男／滑湣こつびん 乱れる／滑民こつみん 狡猾な民／滑落かつらく 落ちる／滑乱こつらん 乱す／滑吏かつり 奸吏／滑利かつり 順調／滑和かつわ おだやか

↓円滑・温滑・凝滑・険滑・堅滑・膩滑・柔滑・潤滑・甜滑・軟滑・平滑

【猾】 13 4722 カツ（クヮツ） みだす わるがしこい

形声 声符は骨こつ。骨にみだれる、なめらかの意がある。〔広雅、釈詁四〕に「擾みだるるなり」、〔玉篇〕に「黠なり」とあり、狡獪の意。〔書、舜典〕「蠻夷、夏を猾す」のように、治安を害することをいう。

訓義 1みだす、みだれる。2わるがしこい、ずるい。

古訓 〔名義抄〕猾 ミダル・アレタリ・カムガフ〔字鏡集〕猾 ミダレガハシ・アレタリ・ホコロビ・アタル・カムガフ・モタ

【猾悪】かつ（くわつ）あく わるがしこい。〔後漢書、酷吏伝論〕朱邑、笞辱ちじょくを以て物に加へず、袁安、未だ嘗かつて人の臧罪を鞫きくせずして、猾惡自ら禁じ、人欺犯せず。

【猾賊】かつ（くわつ）ぞく わるがしこい。その人。〔史記、高祖紀〕懷王の諸老將皆曰く、項羽は人と爲り僄悍猾賊なり。～諸々の過ぐる所、殘滅せざる無し～と。

【猾民】かつ（くわつ）みん わるがしこい民。〔史記、酷吏、義縦伝〕縱～曰く、死罪解脱を爲さんと。是の日皆報じて四百餘人を殺す。

其の後郡中、寒からざるも栗ふ。猾民、吏を佐けて治を爲す。

【猾吏】わるがしこい役人。〔後漢書、皇甫規伝〕軍士勞怨し、猾吏に困しむ。進みては快戰して以て功を徼むるを得ず、退いては溫飽して以て命を全うするを得ず。溝渠に餓死し、骨を中原に暴らす。徒だ王師の出づるを見るも、振旅(凱旋)の聲を聞かず。

↑猾悍　狡猾にして凶悍／猾僞　欺く／猾戸　悪党／猾賈　悪徳商人／猾棍　悪人／猾子　猾民／猾豎　悪党の狡猾者／猾胥　悪役人／猾長　猾伯／猾伯　悪党の頭／猾役　猾胥／猾乱　みだす／猾虜　猾賊

↓獪猾・奸猾・姦猾・詭猾・欺猾・巨猾・凶猾・強猾・軽猾・険猾・巧猾・狡猾・豪猾・大猾・佞猾・老猾

【轄】13 4050 カツ(クヮツ) くさび

篆文 

象形 車軸の端にくさびを施した形。〔説文〕五下に「車の軸耑の鍵なり。兩穿相ひ背く」とあり、その形に象る。上部の五、下部の 舛がそのくさびでとめた形である。〔詩、邶風、泉水〕に「載ち脂さし舝さし 車を還らして言に邁く」とあり、脂をさして運行に便した。〔説文〕に字形を「舛に從ひ、嵩の省聲なり。嵩は古文偰の字なり」とするが、声義ともに関係はなく、字は車舝の象形である。字はまた轄(轄)・鎋に作り、ともに形声。

訓義 ①くさび、車のくさび。くさびする。

古訓 〔字鏡集〕舝 カモ・クルマノカモ・ヒク

↓廻舝・管舝・金舝・施舝・脂舝・車舝・設舝・脱舝・投舝・扶舝・副舝・輪舝・聯舝

常【褐】13 〔褐〕14 3622 カツ わたいれ

篆文 

形声 声符は曷。〔説文〕八上に「枲を編みたる韈なり。一に曰く、粗衣なり」とあり、靴たびや粗衣の類をいう。あらい毛織の衣を着たものを褐寛博といい、どてら風のふだん着である。仕官することを「褐を釋ぐ」という。褐色の意は、枲麻の布の色である。

訓義 ①あらいぬの、あらいぬのの衣、くつたび、あさの衣。②けおりの衣、わたいれ、ぬのこ。③いやしく貧しい人。④褐色、かちいろ、かち。

古訓 〔名義抄〕褐 ムマキヌ・ツヾル 〔字鏡〕褐 ムマキヌ・ツ、リ・ツルハミ・ウヘキヌナリ・カチ

【褐衣】あらいぬのの衣服。〔史記、平原君伝〕民は褐衣だにも完からず、糟糠だにも厭かず。

【褐巾】あらいぬのの頭巾。〔後漢書、鄭弘伝〕妻子に勅しめ、褐巾布衣、素棺殯殮せしむ。

【褐衾】あらいぬののしとね。〔列女伝、賢明、黔婁の妻の伝頌〕布衣褐衾、賤に安んじ、淡を甘しとす。豐美を求めず、尸、揜蔽せず。

【褐博】どてら。どてら着の匹夫。〔孟子、公孫丑上〕北宮黝の勇を養ふや、～褐寛博にも(辱を)受けず、亦た萬乘の君にも受けず。萬乘の君を刺すを視ること、褐夫を刺すが若し。

【褐夫】あらいそまつな衣服の、身分のいやしい者。金・楊雲翼〔応制、白兎〕詩 聖德天の如く、物、祥を效す 褐夫新たに賜ふ、雪衣裳

【褐綾】あらい毛織物とあや絹。唐・白居易〔三適、道友に贈る〕詩 褐綾の袍は厚く暖かくして 臥蓋行坐に披る

↑褐色　かちいろ／褐父　褐夫

↓衣褐・解褐・壞褐・裘褐・巾褐・荊褐・褁褐・蕢褐・釈褐・毳褐・素褐・粗褐・草褐・脱褐・短褐・絺褐・茶褐・長褐・破褐・馬褐・敗褐・皮褐・被褐・敝褐・麻褐・毛褐・野褐

【剳】14 1220 カツ(クヮツ) さく

篆文 

形声 声符は舌。〔説文〕四下に「惡創の肉を刮去するなり」といい、〔周礼、天官、瘍医〕の「剳殺の齊」の語を引く。剳は膿血を取り去ること、殺(殺)は薬で患部の悪肉を取ること、齊(斉)は薬剤である。

訓義 ①けずる。②刮と通用する。

【剳拭】けずりぬぐう。〔唐書、楊収伝〕涔陽に耕して古鍾を得たり。高さ尺餘。收めて之れを扣きて曰く、此れ姑洗角なりと。既にして剳拭するに、刻の兩欒(左右の下辺)に在る有り、果して然り。

↑剳殺　悪膿をとりのぞく

【嘎】14 6105 カツ なく

形声 声符は戛。嘎嘎は鳥の鳴く声。また、人の笑う声。擬声語。

訓義 ①なく声、鳥がなく声。②笑う声。

【嘎嘎】鳥の鳴く声。唐・李山甫〔方干隠居〕詩 咬咬嘎嘎たり、水禽の聲 露は松陰を洗うて、滿院清し

↑嘎然　急に音がやむ

【稭】14 2196 〔秸〕11 2496 カツ わら みご

篆文 

形声 声符は皆。〔説文〕七上に「禾稾、其の皮を去り、天を祭るに以て席と爲すなり」とあり、いわゆる浄茎、みごをいう。〔史記、封禅書〕に「地を埽うて祭るとき、席には葅稭を用ふ」とみえる。

訓義 ①わら、みご、みごわら。②字はまた秸に作る。

古訓 〔字鏡集〕稭 ワラ

＊語彙は秸字条参照。

↑稭稈　わらしべ

【瞎】15 6306 カツ めしい

形声 声符は害(害)。〔玉篇〕に「一目合す」とあり、かための意。

訓義 ①かため。②めしい。③めあきめくら。

古訓 〔名義抄〕瞎 カタメシヒ・メカケ・シヒレメ・シヒタリ・カタメシヒタリ

【瞎巴】向こう見ずの巴人。〔北史、董紹伝〕紹、上書して～云ふ、臣當に瞎巴三千を出だし、蜀子(謀叛した蕭宝夤)を生噉すべしと。

【瞎牓】まぐれで合格する。〔宋史、陳若拙伝〕若拙、～學術寡くなし。當時、第二人を以て及第せる者を牓眼と爲す。若拙素も無文、故に目して瞎牓と爲すと云ふ。

↑瞎漢　めしい／瞎虎　隻眼の虎／瞎子　めしい／瞎児　かため／瞎摸　手探り／瞎乱　でまかせ

↓騎瞎・刺瞎・真瞎・攣瞎

【羯】15 8652 カツ ケツ ひつじ

篆文 

形声 声符は曷。〔説文〕四上に「羊羖(牡羊)の犗せるものなり」とあり、犗は牛の去勢、羯は羊の去勢をいう。割勢をいう語に羯・犗・犍など、声の近いものが多い。

訓義 ①ひつじ。②去勢した黒羊。

古訓 〔名義抄〕羯 ヒツジ・ツミ

語系 羯 kiat、犗 keat、犍 kian、虔 gian は声義近く、割(割) kat と関係のある語であろう。

【羯鼓】五胡の一である羯族の用いる両面うちの鼓。両杖鼓。〔夢渓筆談、楽律一〕羯鼓錄に羯鼓の聲を序して云ふ、透空碎遠、極めて衆樂に異なりと。唐の羯鼓曲は、今唯だ邠州の一父老のみ、之れを能くする有り。

【羯羶】生臭い肉のにおい。羯は胡人の居る上党の地。漢・蔡琰〔胡笳十八拍、三〕楽府 氈裘を裳と爲し 骨肉震驚

す 羯羶を味と爲し 我が情を枉遏す
↑羯鶏(かつけい) 去勢した鶏／羯羊(かつよう) 去勢した羊
↓兇羯・獷羯・群羯・胡羯・好羯・寇羯・醜羯・戎羯

【蝎】 15 5612 カツ きくいむし 篆文

形声 声符は曷(かつ)。〔説文〕十三上に「蝤蠐(しゅうせい)なり」とあり、きくいむしをいう。またやもりを蝎虎(かつこ)といい、蠍(けつ)と通じて、さそりをいう。

訓義 ①きくいむし。②やもり。③さそり。

古訓 〔名義抄〕蝎 クツナハ・オホハチ・テラムシ 〔字鏡集〕蝎 クハノムシ・クハノナカノムシ・キノムシ

【蝎蠹】(かっと) 損害を与える。唐・李徳裕〔幽州紀聖功碑銘の序〕上國を蝎蠹すること百有餘年、既にして桀驁(けつがう)に親無く、天命佑けず。

↑蝎虎(かつこ) やもり／蝎子(かっし) さそり／蝎唇(かっしん) 酒器／蝎譖(かっしん) 讒言

↓蛇蝎・老蝎

【潡】 16 3718 カツ かわく むさぼる 篆文

形声 声符は歇(かつ)。〔説文〕八下に「歙歠(いんせつ)せんと欲するなり」(段注本)とし、渇(渴)(かつ)声とする。〔段注〕に「此れ形聲を擧げて會意を包(か)ぬ。渇なる者は、水盡くるなり。音竭に同じ。水渇くときは則ち水を欲す。人潡(かわ)くときは則ち飲を欲す。其の意一なり。今則ち竭を用(もつ)て水渇の字と爲し、渇を用て飢潡の字と爲す。而して潡字廢し、渇の本義廢す」という。潡は愒と同じく、貪る意を本義とし、〔国語、晋語八〕「今、日を忨(もてあそ)び歳を潡(むさぼ)る」を〔左伝、昭元年〕に「歳を翫び日を愒る」に作る。

訓義 ①かわく、のどがかわく、うえる。②むさぼる、おそしとする。

古訓 〔名義抄〕潡・渇 ミヅニウエタリ・ツク・ネガフ・ネムコロ・ウウ・ミヅナシ

【潡歳】(かっさい) 歳をむさぼる。〔国語、晋語八〕今、日を忨(もてあそ)び歳を潡(むさぼ)り、怠偷すること甚だし。死の之れに逮(およ)ぶに非ずんば、必ず大咎有らん。

【髺】 16 7260 カツ(クヮツ) たばねがみ 篆文

形声 声符は舌(𠯑)(かつ)。〔説文〕九上に「髮を絜(たば)ぬるなり」(段注本)とあり、括り髪にする意。喪礼のときには簪笄を用いず、括り髪にする。麻で束ねるのである。また、ものの弛んだ状態をいう。

訓義 ①たばねがみ。②ゆるむ。

古訓 〔字鏡集〕髺 タブサ・モトヾリ

【髺髪】(かつ(くわつ)ぱつ) 髪を束ねる。〔儀礼、士喪礼〕主人、髺髪し、袒(かたはだぬ)ぐ。

【豁】 17 3866 カツ(クヮツ) ひらく 篆文

形声 声符は害(害)(がい)。〔説文〕十一下に「通谷なり」とあり、豁然として谷あいのひらけることをいう。

訓義 ①ひらく、ひらける、とおる。②大きい、むなしい、うつろ。③ふかい。

古訓 〔名義抄〕豁 ヒラク・ヒラケタリ・タニ・ホカラカナリ・ホカラカニス 〔字鏡集〕豁 タチマチ・タカシ・ホガラカ・ムナシ・ヒラク

語系 豁 xuat、闊 khuat は声義近く、ともに割裂してひらける意がある。

【豁険】(かつ(くわつ)けん) ふかくけわしい。梁・徐悱〔古意、到長史溉の琅邪城に登る詩に酬ゆ〕詩 此の江、豁険に稱(かな)ひ 茲の山、復(ま)た鬱盤(うつばん)たり

【豁悟】(かつ(くわつ)ご) からりとさとる。梁・沈約〔八関斎〕詩 迷塗、既已(すで)に復す 豁悟、漸無きに非ず

【豁如】(かつ(くわつ)じょ) 心がひろい。〔漢書、高帝紀上〕高祖人と爲り～寛仁にして人を愛す。意、豁如たり。常に大度有り。家人の生産作業を事とせず。

【豁然】(かつ(くわつ)ぜん) からりと開く。悟る。〔大学章句、五〕力を用ふること久しくして、一旦豁然として貫通するに至りては、則ち衆物の表裏精粗、到らざる無く、吾が心の全體大用、明らかならざる無し。

【豁達】(かつ(くわつ)たつ) からりとする。度量が大きい。晋・潘岳〔西征の賦〕夫(か)の漢高の興るを觀るに、徒(ただ)に聰明神武、豁達大度なるのみに非ざるなり。乃ち實に終りを愼み舊きを追ひ、篤誠款愛なり。

【豁落】(かつ(くわつ)らく) 度量が大きい。〔本事詩、情感〕韓翃少(わか)くして才名を負ふ。～隣に李將の妓柳氏有り。李至る毎に、必ず韓を邀(むか)へて同飲す。韓、李の豁落の大丈夫なるを以て、故に常に逆はず。

↑豁豁(かつかつ) 広やか／豁拳(かつけん) 拳あそび／豁除(かつじょ) 免除する／豁蕩(かつとう) 豁達／豁瀆(かつとく) 大川／豁免(かつめん) ゆるす／豁目(かつもく) 刮目する／豁寥(かつりょう) ただ広い

↓開豁・危豁・虚豁・空豁・軒豁・険豁・顕豁・宏豁・散豁・清豁・穿豁・疏豁・大豁・通豁・恬豁・洞豁・頓豁・寧豁・窅豁

常【轄】 17 5306 〔舝〕 17 5306 カツ くさび 篆文

形声 声符は害(害)(がい)。〔説文〕十四上に「車の聲なり」とあり、車轂と軸のふれあう音の意とするが、「一に曰く、鍵なり」とあるのが本義。舝(かつ)は象形、轄はその形声の字である。

訓義 ①くさび、軸端にさしこむ。②轂と軸のきしむ音。③くさびをさすことから、とりしまる、しめくくる。

古訓 〔新撰字鏡〕轄 久佐比(くさび) 〔和名抄〕轄 久佐比(くさび) 〔字鏡集〕轄・舝 クサビ・クサビサス・クルマノコヱ・カネノクサビ

【轄撃】(かつげき) 車がふれあう。〔戦国策、斉一〕將軍～轄撃摩車して相ひ過ぎよ。彼の罷弊老弱をして、主を守らしむ。(地の利)必ず一にして十に當り、十にして百に當り、百にして千に當らん。

↑轄下(かつか) 管轄下／轄境(かつきょう) 管轄区域／轄制(かつせい) 抑制する／轄治(かっち) 治める／轄統(かつとう) 支配する

↓管轄・館轄・車轄・所轄・総轄・直轄・統轄・分轄

【闊】 17 7716 カツ(クヮツ) ひろい 篆文

形声 声符は活(かつ)。〔説文〕十二上に「疏なり」とあり、門が広くて通りやすい意とする。寛・広の意をもち、また、〔詩、邶風、撃鼓〕「于嗟(ああ)、闊(とほ)ざかれり」のようにも用いる。

訓義 ①ひろい、ゆるやか。②とおる。③とおい、ゆるい、へだたる、まれ、ひさしい。④ほしいまま、おごる。

古訓 〔名義抄〕闊 ヒロシ・チキル・トホシ・ホシイマヽ・ハルカニ・ヒサシ・サカル・ネムコロナリ 〔字鏡集〕闊 ハルカニ・ヒサシ・ヲロソカ・サカル・ヒラク・ネムコロナリ・チキル・トホシ・ヒロシ・ハタハリ・ワタリ・ハルカナリ

語系 闊 khuat、寛(寬) khuan、曠 khuang、また廣(広) kuang、荒(荒) xuang はともに声義近く、同系の語であろう。

【闊遠】(かつ(くわつ)えん) ひろく遠い。〔韓非子、解老〕衆人の輕(かろ)がろしく道理を棄て、易妄擧動する者は、其の禍福の深大にして、道の闊遠なること、是(か)くの若(ごと)きを知らざるなり。

【闊屋】(かつ(くわつ)おく) 広大な家。〔淮南子、斉俗訓〕廣廈闊屋、連闥通房は、人の安んずる所なり。

【闊岸】(かつ(くわつ)がん) 広い岸。唐・杜甫〔舟中、江陵の南浦に出で、

鄭少尹審に奉寄す〕詩　雨洗ひて、平沙浄く　天銜みて、闊岸紆める

【闊絶】かつ（くわっ）ぜつ　隔絶。宋・蘇軾〔策略、五〕其の子孫に及んでは、深宮の中に生まれ、富貴の勢ひに狃れて、尊卑闊絶し、上下の情疎し。禮節繁多にして、君臣の義薄し。

【闊達】かつ（くわっ）たつ　心がひろくこだわらない。豁達。〔史記、貨殖伝〕臨菑も亦た～一都會なり。其の俗、寛緩闊達にして、智足りて議論を好む。

【闊別】かつ（くわっ）べつ　別れて久しい。晋・王羲之〔問慰諸帖下、十二〕羲之頓首す。闊別稍や久し。眷ふこと、時と與に長し。

【闊歩】かつ（くわっ）ぽ　大またに歩く。〔三国志、魏文帝紀注に引く魏書〕曩時、累息の民をして、闊歩高談するを得、危懼の心無からしめんと欲す。

【闊略】かつ（くわっ）りやく　おおまか。疎略。〔論衡、実知〕衆人闊略にして意識する所寡くなし。賢聖の物に名づくるを見ては、則ち之れを神なりと謂ふ。

↑闊狭　広狭／闊陿　広狭／闊禁　禁を緩める／闊窄　広狭／闊袖　広い袖／闊如　広いさま／闊然　闊如／闊疎　おろそか／闊顙　広いひたい／闊漫　広く平らか／闊朗　ひろく朗らか／闊和　心和らぐ

↓迂闊・快闊・乖闊・海闊・開闊・隔闊・寛闊・簡闊・眼闊・希闊・久闊・空闊・契闊・谿闊・広闊・曠闊・阻闊・疏闊・疎闊・天闊・平闊・野闊・離闊・遼闊

【鞨】 18 4652　カツ バツ　かわぐつ

形声 声符は曷。〔広雅、釈器〕に「履なり」とあり、鞨とは皮をなめすこと。北方族は多く靴や頭巾に用いたので、また頭巾をもいう。

訓義 1かわぐつ。2皮をなめす。3鞨巾は頭巾。

【鞨巾】かつ きん　皮の頭巾。〔列子、湯問〕南國の人は祝髮（断髪）して裸く（はだか）、北國の人は鞨巾して裘し、中國の人は冠冕して裳す。

↑鞨鼓　羯鼓

【黠】 18 6436　カツ　わるがしこい

篆文 

形声 声符は吉。〔説文〕十上に「堅黒なり」、〔玉篇〕に「堅なり、黒なり」とするが、用義例ではわるがしこいことをいう。

訓義 1わるがしこい、さかしい。2かたい、くろい。

古訓 〔名義抄〕黠　クロシ・サカシ・ワキア（マ）フ・カシコシ・カタシ・モタ・イサチタリ・ウソクレタリ　〔字鏡集〕黠　モタ・イサテ（チ）タリ・オクレタリ・クロシ・カタシ・サカシ・モテ・カタマシ・コ（カ）シコシ・サトル・モ、・ワキマフ

語系 吉声の字に佶・拮など、角々しい意がある。〔方言、一〕に虔・儇・慧（慧）・黠を同義の方言としている。

【黠獪】かつ（くわい）　わるがしこい。狡獪。〔唐書、陳子昂伝〕吐蕃黠獪、天誅に抗ふたる者二十餘年なり。

【黠児】かつ じ　かしこい子。〔顔氏家訓、教子〕齊の武成帝の子琅邪王は、太子の母弟なり。生まれながらにして聰慧なり。～帝毎に之れを面稱して曰く、此れ黠兒なり。當に成す所有るべしと。

【黠虜】かつ りよ　わるがしこい異族。〔三国志、魏、鮑勛伝〕今又兵を勞からしめて遠を襲ひ、日に千金を費す。中國虚耗し、黠虜をして威を玩ばしむ。

↑黠慧　こざかしい／黠桀　狡獪／黠鼠　ねずみ／黠智　わるぢえ／黠奴　悪者／黠盗　悪盗／黠馬　悍馬／黠民　悪党

↓陰黠・奸黠・姦黠・凶黠・驕黠・愚黠・軽黠・慧黠・桀黠・健黠・巧黠・狡黠・豪黠・捷黠・痴黠・敏黠・虜黠

【鶡】 20 6772　カツ　やまどり

篆文 

形声 声符は曷。〔説文〕四上に「雉に似たり。上黨に出づ」とあり、雉に似て大、青色にして毛角あり、勇健にして死闘するという。古くから冠飾に用いられ、漢代には武官の冠飾であった。

訓義 1やまどり、雉の類。2とりの名、鶡雀・鶴など。

古訓 〔字鏡〕鶡　ホトリ　〔字鏡集〕鶡　ホ、トリ

【鶡冠】かつかん（くわん）　やまどりの毛を飾った冠。〔漢官儀〕孝武皇帝始めて期門を置く。平帝、名を虎賁中郎将と更め、鶡冠を戴く。

↑鶡雞　やまどり／鶡蘇　鶡の冠飾／鶡尾　鶡の冠飾

↓翹鶡・雞鶡・戴鶡・雕鶡

【鬠】 23 7260 ［髺］ 16 7260　カツ（クワツ）　カイ（クワイ）　こうがい　かみくくる

篆文 

形声 声符は會（会）。會にあつめる意がある。〔説文〕九上に字を髺に作り、昏声。昏（括）もくくる意。〔玉篇〕に鬠・髺の二字を同字とする。分別していえば、髪を括るときには髺、こうがいには鬠を用いる。

訓義 1こうがい。2髪をくくる。3もとゆい。

古訓 〔名義抄〕鬠　モトユヒ　〔篇立〕鬠　モトユヒ・モトヒ

語系 鬠・髺 kuat は同声。名詞と動詞というような関係であろう。

【鬠笄】かつ（くわっ）けい　束ねた髪をとめるこうがい。〔儀礼、士喪礼〕鬠笄には桑を用ひ、長さ四寸。

【鬠体】かつ（くわっ）たい　死葬のとき、髪を束ね、爪を切る。〔荀子、礼論〕始めて卒するや、沐浴し、鬠體し、飯唅す。生の執（勢）に象るなり。

ガツ

【歹】 4 1020 ［歺］ 5 2120 ［𣦵］ 5 2122　ガツ タイ　ほね

篆文 
古文 
甲骨文 

象形 残骨の形。〔説文〕四下に「歺は列骨の殘なり。半冎に従ふ」という。冎は人体上部の残骨。𣦵はその一部を存する形。死はこれを拝する形で、複葬を意味する字である。歹の音でよむのは、おそらく別系の語で、〔敦煌変文〕や〔元曲〕などにみえ、わるいの意。

訓義 1ほね、残骨。2わるい。

部首 〔説文〕に殀・殂・殛など三十二字、重文六、〔玉篇〕に合わせて百七字を属する。みな屍骨に関する字。

↑歹意　悪意／歹心　悪心／歹人　盗賊／歹毒　悪毒／歹話　いやな話

【屵】 5 2220　ガツ　がけ

篆文 

会意 山＋厂。〔説文〕九下に「岸高なり。山厂に従ふ。厂は亦聲なり」とする。山下の崖を示す。

訓義 1きしがたかい、がけ。2山のたかいさま。3あおぐ。

部首 〔説文〕に屵を部首とし、岸・崖など五字を属する。

カン

【凵】 2 2277　カン　つちあな　はこ

篆文 

象形 土あな、坑坎の象。〔説文〕二上に「口を張るなり」と口を開く形とするが、凵の声義を承ける凾・函・臽などの字義から考えると、字は坑坎の象とすべきである。また方形の底の深い凾の象とみることもできる。

訓義 ①つちあな。②はこ。③口をあけた形。

部首 〔説文〕〔玉篇〕は凵を一部一字とするが、〔康熙字典〕には凵部に二十数字を収める。しかしたとえば部中の凶字は胸郭の中央に文身を施した形、出は足をふみ出したときのかがとの跟迹の形で、凵部に属すべき字ではない。

語系 凵kyuan、埳・坎kham、臽・陷(陥)heam、函・涵hamは声義に通ずるところがあり、凵の声義を承ける字と考えられる。凾heam、困khyuenもまた声義の関係をもつものであろう。すべて陥入の意をもつ字である。

【厂】 2 7120 〔厈〕 5 7124 カン ゲン がけ きし

篆文 籀文 金文 

象形 山の崖や岸の形。〔説文〕九下に「山石の厓巖(がいがん)、人の居るべきところ」という。厓巖を利用して屋根かけした構造のものは、广(げん)で示すことが多い。厂形のものにまた彥(彦)・產(産)など、人の額部を示すものがある。

訓義 ①がけ、きし。②ひたい。

古訓 〔字鏡集〕厂 イハヤ

部首 〔説文〕に厓以下二十七字、〔玉篇〕に五十六字を属する。また广部に〔説文〕は四十九字、〔新附〕六字、〔玉篇〕には百六十七字を属する。厂部と广部との間には通用するものが多く、概していえば、厂は自然の厓巖を利用したもの、广は屋廡(おくぶ)の象とみてよい。

声系 〔説文〕に厂声として雁・鴈を収め、また彥を厂声、產を彥の省声とするが、いずれも厓巖の象に従うものではない。彥・產は額に文身することを示す字で、字形中の厂は額の象である。

語系 厂(厈)xan、岸ngan、垠ngianは声義近く、また巖(巌)・嵒(岩)ngeamもその語系に属する。

↑厂上(かんじょう) 岸上
↓石厂

【𢎘】 2 1720 カン ゴン つぼみ

篆文 

象形 草木の花が咲ききらないで、ものを含んだような咲きかけの状態にあることをいう。〔説文〕七上に「嘾(ふく)むなり。艸木の華未だ發(ひら)かず、函然(かんぜん)たるなり。象形」とあり、〔繫伝〕に「草木の華未だ吐かず、人の物を含むが若(ごと)きなり」とする。〔徐箋〕に粵(えつ)族の人になおその語が残されており、今はランの音であるという。また含と声義近く、〔後漢書、逸民、梁鴻伝〕の〔呉に適(ゆ)く〕の詩に「麥含含として方(まさ)に秀づ」の句がある。

訓義 ①つぼみ。②ふくむ。

部首 〔説文〕に𢎘を部首とし、函・甹・甬などを属する。函は金文の字形によると、器中に矢を蔵する形、甬は鐘を懸けるために鐶を加えている形で、明らかに𢎘の形義を承けるとみられる字はない。

声系 〔説文〕に函を𢎘声とし、函声の字五字を録するが、函は矢の革囊(ふくろ)にかけ紐をつけた形。むしろ凵の声義に近い。

語系 𢎘heam、含hamは声義近く、国語の「ふふむ」に近い状態をいう。犯hiuamもその系統の語とみてよい。

常 【干】 3 1040 カン たて ふせぐ おかす ほとり

篆文 甲骨文 金文 

象形 長方形の盾(たて)の形。〔説文〕三上に「犯すなり」と干犯の意とするが、盾は身を護るもので、金文の〔毛公鼎〕に「王の身を干吾(かんぎよ)せよ」とあり、扞敔(かんぎよ)の意。金文の〔小臣宅毀〕に戈と合わせて、「畫干戈九」を賜うことがみえる。方形の盾に画飾を加えたものは周(周)、その彫飾を彫(彫)・雕という。円形の盾には羽飾りなどをつけて單(単)の形にしるし、戰(戦)・獸(獣)(狩の初文)などはその形に従う。

訓義 ①たて。②ふせぐ、まもる。③おかす、もとめる、みだす、もとる、たがう。④かかわる、あずかる。⑤岸・澗と通じ、きし、たに、ほとり。⑥乾と通じ、かわかす、ほす。⑦竿と通じ、さお。⑧奸と通じ、くるう、たわける。⑨幹と通じ、十幹十二枝、干支の意に用いる。⑩箇と通じ、不定数を若干という。

古訓 〔名義抄〕干 ヲカス・モトム・ユク・ツクル・ヲハル・ホトリ・ホス・カハク・ミル・ツネ・アト・ツクス・サヲ・ホコ／若干 ソコバク

部首 〔説文〕に𢆉(じん)・屰(ぎゃく)をこの部に属する。𢆉は用例なく、字義が明らかでない。屰は大(人の正面形)の倒さまにした形で、向こうより人の来ることをあらわす。

声系 〔説文〕に干声として衎・訏・刊・旱・岸・扞・奸・軒など二十八字を収める。干声の字に強悍の意をもつものが多いようである。旱声の字にもその義がある。

語系 干kanは名詞。扞・戦hanはその動詞形。厈xan、岸nganは角ばったところ、悍han、奸kanは悍悪。澗keanとも声近く、「ほとり」の意に用いる。

【干羽】(かんう) 干舞と羽舞。武舞は干(たて)をもち、文舞は羽をもつ。〔書、大禹謨〕三旬、苗民命に逆(さか)らふ。～帝乃ち誕(おほ)いに文德を敷き、干羽を兩階に舞はしむ。七旬にして有苗格(いた)る。

【干越】(かんえつ(ゑつ)) 春秋期の呉と越。于越。〔荀子、勧学〕干越夷貉(いはく)の子、生まれて聲を同じうし、長じて俗を異にするは、教へ之れをして然らしむるなり。

【干謁】(かんえつ) むりに謁見を求める。〔甌北詩話、二、杜少陵の詩〕士、窮困の時に當り、求進に急なり。貴人に干謁するは、固(もと)より免れざる所なり。李白の韓荊州(朝宗)に上(たてまつ)る書、韓退之の宰相に上る書の如き、皆是れなり。

【干嘔】(かんおう) 吐き気。えずく。晉・王羲之〔問慰諸帖、下〕胸中淡悶あり、干嘔轉(うた)た劇(はげ)し。

【干戈】(かんか(くわ)) たてとほこ。武器。戰爭。〔史記、伯夷伝〕伯夷・叔齊、馬を叩(ひか)へて諫めて曰く、父死して葬らざるに爰(ここ)に干戈に及ぶ。孝と謂ふべきか。臣を以て君を弒す。仁と謂ふべきかと。

【干諱】(かんき) 人の忌み隠すことにふれる。漢・東方朔〔七諫、謬諫〕願はくは閒を承けて志を致(いた)さん。忌を犯して、諱を干(をか)さんことを恐る。

【干支】(かんし) 十干十二支。干支は幹枝。十干は甲乙丙丁戊己庚辛壬癸、十二支は子丑寅卯辰巳午未申酉戌亥。殷の卜辞の紀日法にみえる。十二支を獸名にあてるのは後漢以後。〔広雅、釈天〕甲乙を幹(干)と爲す。幹なる者は日の神なり。寅卯を枝(支)と爲す。枝なる者は月の靈なり。

【干殳】(かんしゅ) たてとほこ。梁・武帝〔移して京邑に檄す〕掖庭(朝廷)に裨販(ひはん)(小商人)の名有り、姫姜に干殳の服を被(き)せしむ。

【干渉】(かんしょう(せふ)) 他人のことにさし出る。〔後漢書、東夷伝、濊〕其の俗、山川を重んず。山川に各〻部界有り。妄りに相ひ干渉することを得ず。

【干城】(かんじょう(じやう)) たてと城。国を守るもの。軍人。〔詩、周南、兎罝〕赳赳(きうきう)たる武夫は 公侯の干城

【干進】(かんしん) 仕進・任官を求める。〔楚辞、離騒〕既に進むことを干(もと)め、入れられんことを務む 又何の芳をか、之れ能く祗(つつし)まん

【干戚】たてとまさかり。武具。また武舞に用いる。〔礼記、楽記〕音を比べて之れを樂し、干戚羽旄に及ぶ。之れを樂と謂ふ。

【干黷】おかしけがす。唐・韓愈〔兵部李侍郎に上たてまつる書〕如し覽觀を賜はば、亦た采るべき有らん。嚴尊を干黷し、伏して惶恐を增す。

【干犯】おかす。ふれおかす。〔後漢書、史弼伝〕至戚を干犯す。罪、誅を容れず。憤懣に勝へず、謹んで死を冒して以聞す。

【干旄】竿先に旄牛（から牛）の尾を飾った旗。〔詩、鄘風、干旄〕孑孑たる干旄 浚の郊に在り 素絲之れを紕（ふさ飾り）にす 良馬之れを四にす
【干名】名誉を求める。〔塩鉄論、非鞅〕比干心を剖かれ、（伍）子胥鴟夷（革嚢に入れて水に流す刑）せらるるは、輕しく君を犯して以て身を危くし、強諫して以て名を干むるに非ざるなり。

【干櫓】小さいたてと、大きなたて。〔礼記、儒行〕儒に、忠信以て甲冑と爲し、禮義以て干櫓と爲し、仁を戴きて行ひ、義を抱きて處り、暴政有りと雖も、其の所を更へざる有り。

【干禄】仕官を求める。〔論語、為政〕子張、祿を干むることを學ばんとす。子曰く、～言に尤寡なく、行に悔ひ寡なければ、祿其の中に在りと。

↑干紀 紀律違反／干休 終わる／干係 関係／干乾 絶食／干迕 逆らう／干索 さがす／干遮 古楽曲／干蔗 甘蔗／干将 呉の名剣／干証 証人／干霄 空高くのぼる／干擾 みだす／干色 強諫する／干触 ふれる／干請 請託する／干掫 夜廻り／干沢 干禄／干瀆 おかしけがす／干突 唐突／干飯 乾飯／干媚 こびる／干舞 楯の舞／干儛 干舞／干冒 おかす／干没 利をとる／干与 干渉する／干予 干与／干誉 干名／干預 干与する／干揚 楯の舞／干乱 みだす／干闌 樹上の家／干欄 干闌／干鹵 干櫓／干弄 弄ぶ
↓河干・画干・学干・江干・支干・若干・十干・上干・水干・総干・舞干・満干・野干・闌干・欄干

【卝】 4 1122 ［丱］ 5 2277

カン（クヮン） コウ（クヮウ） ラン
あげまき あらがね たまご

象形 あげまきの形。また粗礦の形。また卵の形。それぞれ声義が異なる。
訓義 ①あげまき。〔詩、斉風、甫田〕「總角、丱たり」とあり、総角（童髪）の形。②あらがね。〔周礼、考工記、卝人〕は銅鉄樸石を掌る。卝は礦の古文で、その粗礦の形。③たまご。丱を卵の古文とする説がある。卵は中に卵粒のある形である。三義みな声義を異にするが、この形を用いる。
古訓 〔字鏡集〕卝 アラカネ・アカ、ネ・アラシ・アラト
【卝人】周礼にみえる官名。卝は礦・鑛（鉱）の初文。〔周礼、地官、卝人〕金玉錫石の地を掌り、之れが厲禁を爲りて、以て之れを守る。

【弓】 4 1712 ［弓］ 5 1712

カン（クヮン）

略体 おそらく卷（巻）の略体字であろう。道家の巻帙を数えるときなどに用いる。〔八瓊室金石補正、北魏鄭羲下碑〕に「遂に閑に乘じて述作し、諸經論に注し、話林數弓を撰る」など、その頃からみえる字である。
訓義 ①巻、書巻、巻帙の数。
↑弓舒 巻舒

【毌】 4 7755

カン（クヮン）
つらぬく

篆文

象形 貝を貫く形。〔説文〕七上に「物を穿ちて之れを持つなり」とし、その貫くものは「寶貨の形に象る」とするが、古くは貝を以て宝貨とした。金文に両貝を貫き、またその二系一聯を朋（朋）の形にして肩に荷う図象がある。金文には「貝一朋」のようにいう例が多い。
訓義 ①つらぬく。②貫と同字異文。
部首 〔説文〕に貫・虜（虜）の二字を属する。毌・貫は同字。虜は盧系の字の金文の字形から考えると、毌に従う字とはみえず、またその声義をも求めがたい。
声系 〔説文〕に毌声として貫を録する。もと同字異文。患字の串声を毌とする説があり、同形と考えられる。
参考 毌は母・毋と似ているが、母・毋は女に従って一系、毌は貝貨を連ねた形で、別系の字である。

常
【刊】 5 1240

カン
けずる のぞく

篆文

形声 声符は干。〔説文〕四下に「剟るなり」、次条に「剟は刊るなり」とあって互訓。木をけずる意に用いることが多く、書版に付することを刊行、誤りを正すことを刊誤・校刊という。また刊除・刊落のように除去する意がある。

訓義 ①けずる、きる、きざむ。②のぞく、けずりのぞく。③書物を出版・刊行する。④刊誤、誤りを正しけずる。⑤栞と通じ、木の枝を切る。

古訓 〔名義抄〕刊 ケヅル・キザム・キル 〔篇立〕刊 ケヅル・サダム・ノゾク・タクチ
【刊改】けずり正す。刪定。〔後漢書、鄭玄伝論〕鄭玄、大典を括囊し、～繁誣を刪裁し、漏失を刊改す。是れより學者、略ぼ歸する所を知る。

【刊校】文字の誤りをなおす。〔旧唐書、褚无量伝〕内庫の舊書～漸く遺逸を致すを以て、奏して、繕寫刊校、以て經籍の道を弘めんことを請ふ。

【刊刻】版刻。〔宋史、畢士安伝〕士安曰く、惡は以て世を戒め、善は以て後に勸む。善惡の事は春秋に備載すと。眞宗之れを然りとし、遂に命じて刊刻せしむ。

【刊削】けずり除く。〔晋書、儒林、徐邈伝〕帝～好んで手詔詩章を爲り、以て侍臣に賜ふ。或いは文詞率爾、言ふ所穢雜なり。邈每に時に應じて收斂し、省に還りて刊削して、皆觀るべからしむ。帝の重覽を經て、然る後之れを出だす。

【刊書】書籍の出版。〔前塵夢影録、下〕汲古閣は虞山の郭外十餘里に在り。藏書刊書は皆是に於てす。～萬曆の中葉に開工す。

【刊正】正誤。〔後漢書、盧植伝〕專心研精、～庶はくは聖典を裁定し、碑文を刊正せん。

【刊謬】文字の誤りを正す。〔晋書、文六王、斉王攸伝〕人に就きて書を借れば、必ず手づから其の謬りを刊り、然る後に之れを反す。

【刊布】書物を公刊する。〔漢学師承記、四、朱筠河（筠）〕乃ち命ぜられて四庫全書を纂輯す。永樂大典中に逸書五百餘部を採輯し、次第に刊布し、海内に流傳す。實に先生之れを啓くなり。

【刊滅】滅びる。漢・王逸〔楚辞章句の序〕所謂金相玉質、百世匹無し。名、罔極に垂れて、永く刊滅せざる者なり。

【刊落】削除する。〔後漢書、班彪伝上〕一人の精、文重思煩。故に其の書刊落するも盡きず、尚ほ盈辭有り、齊一ならざること多し。

【刊鏤】刻板。印刷。〔石林燕語、八〕五代の時、馮道始めて奏請して、六經の板を官鏤して印行す。國朝淳化中、復た史記・前後漢を以て、有司に付して摹印す。是れより書籍刊

鏤の者、益と多く、士大夫復た藏書を以て意と爲さず。

↑刊啓 ひらく/刊誤 正誤/刊裁 修訂/刊載 記載する/刊刪 けずる/刊竄 改める/刊緝 選輯する/刊職 免職/刊石 石に刻む/刊定 改定する/刊薙 伐り除く/刊摘 あばく/刊剟 けずる/刊剝 はぎとる/刊板 刊行する/刊木 木を切る/刊本 出版書/刊約 要約/刊立 建碑/刊勒 改め刻る

↓改刊・季刊・既刊・休刊・近刊・月刊・公刊・鑴刊・週刊・旬刊・新刊・創刊・増刊・重刊・朝刊・追刊・停刊・日刊・廃刊・発刊・不刊・未刊

常 **【甘】** 5 4477 カン かぎ あまい

篆文 

象形 左右の上部に横に鍵を通す錠の形で、拑・鉗の初文。中にものを嵌入する意がある。甘声の字はおおむねその声義を承ける。〔説文〕五上に「美なり。口の一を含むに従ふ。一は道なり」と甘美の意とするが、それは苷・酣の義をとったものであろう。甘苦の字は苷がその本字。甘はもと鉗の初文で、首かせに施錠する意の字である。

訓義 1かぎ、くびかせ、くびかせのかぎ、はさむ。2苷と通じ、あまい、うまい。3あましとする、あまんずる。4よく熟する、熟して甘味がある。5酣と通じ、たのしむ。

古訓 〔名義抄〕甘 アマムス・アマシ・アマナフ・ムマシ・ネムコロナリ・ネガフ・ネガハクハ・クツロク 〔字鏡集〕甘 アマナフ・アマネシ・ムナ(マ)シ・ネガフ・ネガハクハ・コ、ロヨシ・ネンゴロ・ツクロフ・タノシフ・タノシム・ヨシ

部首 〔説文〕に甛・曆・猒・甚をその部に属し、〔玉篇〕に甞など三字を加えるが、甛の他はみな甘美とは関係のない字である。曆は金文の「蔑曆」を、郭沫若は「蔑曆」にして免冑の意とするが、「蔑曆」は功曆を蔑(伐)旌(表彰)する意である。猒は犬の肩肉を神に供する意で、字形中の曰は肩の骨臼部分の象。また甚の上部は竈にかけた鍋の形で、煁る意。すなわち甛の他の諸字は、甘の象に従う字ではない。

声系 〔説文〕に甘声として苷・拑・鉗・酣・猒・箝など十二字を収める。拑・鉗・箝などの字によって、甘が鉗制・嵌入の意をもつ字であることは明らかである。

語系 甘・苷・柑 kam、酣 ham は甘美の字。拑・鉗・箝 giam は鉗子・嵌入の意をもつ字。甘美の意は苷草より出ており、甘は鉗の初文である。

【甘雨】 時をえた雨。慈雨。〔詩、小雅、甫田〕以て田祖を御へ 以て甘雨を祈り、以て我が稷黍を介(匃)とむ

【甘苦】 あまさと、にがさ。苦楽。〔史記、燕召公世家〕樂毅、魏より往き、～士爭ひて燕に趨く。燕王、死を弔ひ孤を問ひ、百姓と甘苦を同にす。

【甘屈】 屈することにたえる。〔抱朴子、任命〕尺蠖を覺る者は、屈に甘んじて以て伸を保つ。

【甘罪】 甘んじて罪に服する。〔後漢書、馮緄伝〕(父)煥、自殺せんと欲す。緄、詔文に異有るを疑ひ、煥を止めて曰く、～必ず是れ凶人の妄詐ならん。～願はくは事を以て自ら上り、罪に甘んずるも晩きこと無しと。煥～上書して自ら訟ふ。果して詐者の爲す所なり。

【甘旨】 旨い。〔漢書、食貨志上〕夫れ寒の衣に於ける、輕煖を待たず。飢の食に於ける、甘旨を待たず。飢寒身に至れば、廉恥を顧みず。

【甘死】 甘んじて死ぬ。〔説苑、指武〕唯だ勝たざるを恐れて、其の身を忘る。故に必ず死す。故に必死は樂死に如かず、樂死は甘死に如かず、甘死は義死に如かず、義死は死を視ること歸するが如くなるに如かず。

【甘受】 甘んじて受ける。〔後漢書、党錮、范滂伝〕滂、對へて曰く、～忠臣姦を除きて、王道以て淸し。若し臣の言に貳ふこと有らば、顯戮を甘受せんと。吏詰ること能はず。

【甘心】 満足する。魏・曹植〔雜詩六首、五〕閑居は我が志に非ず 甘心して國憂に赴かん

【甘脆】 うまくて柔らかな肉。〔戦国策、韓二〕聶政謝して曰く、臣に老母有り、家貧にして客游す。～旦夕に甘脆を得て、以て親を養ふべし。

【甘沢】 恵みの雨。時雨。〔後漢書、循吏、孟嘗伝〕昔東海の孝婦、天に感じて旱を致し、于公一言して、甘澤時に降る。宜しく訟者を戮し、以て冤魂に謝すべし。

【甘美】 あまくておいしい。〔南史、夷貊上、中天竺国伝〕國は大江に臨む。新陶と名づく。源は崑崙に出づ。分れて五江と爲る。總名は恆水。其の水甘美。下に眞鹽有り、色正白にして水精の如し。土に犀・象・貂鼠・瑇瑁・火齊～を出だす。

【甘眠】 よく眠る。熟睡する。唐・白居易〔偶吟〕詩 便ち一年の生計の足るを得て 君と美食し、復た甘眠せん

【甘養】 ご馳走。宋・王令〔朱明之昌叔の、赴きて山陽に尉となるを送る〕詩 尉官小なりと雖も、俸薄しと雖も 猶ほ餘錢の甘養を買ふ有り

【甘楽】 甘んじて楽しむ。〔漢書、蘇武伝〕常に肝腦の地に塗れんことを願ふ。今身を殺して自ら效すを得ば、斧鉞(斬殺の刑)湯鑊(烹殺の刑)を蒙ると雖も、誠に之れを甘樂せん。

【甘露】 甘い露。太平の象。〔老子、三十二〕天地相ひ合し、以て甘露を降す。

【甘醪】 あまざけ。魏・文帝〔善哉行〕楽府 朝に高臺の觀に遊び 夕に華池の陰に宴す 大酋、甘醪を奉じ 狩人、嘉禽を獻ず

↑甘意 甘心/甘液 酒/甘瓜 まくわ瓜/甘果 甘い果物/甘堝 るつぼ/甘鍋 るつぼ/甘甘 満足する/甘橘 蜜柑/甘結 宣誓書/甘言 巧辞/甘肴 佳肴/甘膏 甘雨/甘坐 甘罪/甘嗜 このむ/甘膩 甘脆/甘辞 甘言/甘餌 美食/甘酒 あま酒/甘蔗 砂糖きび/甘藷 いも/甘食 うまいもの/甘寝 甘眠/甘薺 あまな/甘毳 甘脆/甘泉 おいしい水/甘鮮 鮮美なもの/甘膳 ご馳走/甘草 苷草/甘足 満足/甘茶 あま茶/甘波 酒/甘肥 肥肉/甘服 甘食美服/甘分 分に安んずる/甘芳 甘美芳香/甘味 美味/甘蜜 蜂蜜/甘冥 安眠/甘瞑 甘冥/甘腴 甘美/甘利 利益を追求する/甘霤 時雨/甘醴 甘ざけ/甘鹵 しお

↓含甘・言甘・口甘・酸甘・旨甘・食甘・辛甘・寝甘・清甘・薺甘・珍甘・甜甘・濃甘・肥甘・微甘・烹甘・和甘

人 **【亘】** 6 1010 カン(クヮン) セン コウ めぐる わたる

篆文  甲骨文 

象形 上下の二線の区画の間に、垣などのめぐる形。〔説文〕十三下に「亘の回る形に象る。上下は物を求むる所なり」とするが、求索の意がある字ではない。〔繋伝〕に「宣字の回風回轉に從ふは、陰陽を宣ぶる所以なり」という。宣室は獄舎に用いたもので、宣はその構造に関するところのある字であろう。盤桓は盤亘、亘にその意がある。

訓義 1めぐる。2つらなる、わたる、あまねし。3おわる、きわまる。4桓と通じ、盤桓。5宣と通じ、のべる。6亙・恒と通じ、つね。

声系 〔説文〕に亘声として咺・趄・桓・宣・絙・垣など十二字を収める。桓・宣・垣はみな声を異にするが、古くは、桓 huan、宣 siuan、垣 hiuan で、近い音であった。盤桓 buan-huan、徘徊

buai-huai、彷徨bang-huangはみな畳韻の連語である。

【奸】6 4144 カン おかす みだす たわける

篆文 **形声** 声符は干(かん)。干に干犯の意がある。〔説文〕十二下に「婬を犯すなり」とあり、姦婬のことをいう。

訓義 1おかす、みだす。2よこしま、わるもの。3姦と通じ、みだら、たわける。

古訓 〔名義抄〕奸 ウルハシ 〔字鏡集〕奸 タハシ・ヲカス・ミダル・ウルハシ・カホヨシ・ヨコサマ・コナミ

語系 干・奸・姦kanは同声。姦はもと神姦をいう。

＊語彙は姦字条参照。

【奸雄】悪知恵のはたらく英雄。姦雄。〔三国志、呉、陸凱伝〕君の明は奸雄に闇(くら)まされ、君の恵は群孼(ぐんげつ)(多くの悪者)に閉(ふさ)がる。

↑奸詭 いつわる／奸渠 大悪人／奸細 小悪人／奸説 よこしまな説／奸犯 おかす／奸命 命に違う／奸吏 悪役人

↓漢奸・斬奸・讒奸・大奸・佞奸

【扞】6 5104 カン ふせぐ まもる

篆文 **形声** 声符は干。干は方形の盾の象形。その盾を以て衛ることを扞敔(かんぎよ)という。もと干吾に作り、金文の〔毛公鼎〕に「王の身を干吾(かんぎよ)せよ」とみえる。〔説文〕十二上に「忮(さか)ふなり」、忮字条十下に「很(もと)るなり」とするが、扞は干の動詞形とみるべき字である。

訓義 1ふせぐ、まもる、こばむ、とどめる。2扞蔽、おおう。3扞弦、ゆがけ。4干と通じ、おかす。

古訓 〔名義抄〕扞 マモル・フセグ・スツ・カムカフ・ハラフ・タモツ・ハル

【扞衛】まもる。扞護。〔後漢書、馮衍伝、上〕乃ち衍を以て、爲に漢の將軍を立て、(馮衍)狼孟の長を領し、太原に屯(たむ)し、上黨の太守田邑等と、甲を繕(をさ)め士を養ひ、幷(へい)の土を扞衛す。

【扞格】抵抗があって進まない。〔礼記、学記〕大學の法、未發に禁ずる、之れを豫と謂ふ。～發して然る後に禁ずるときは、則ち扞格して勝(た)へず。時過ぎて然る後に學ぶときは、則ち勤苦して成り難し。～獨學して友無きときは、則ち孤陋にして寡聞なり。

【扞弓】弓を引く。〔呂覧、貴卒〕管仲、弓を扞(ひ)いて公子小白(桓公)を射て、鉤に中(あた)つ。

【扞城】楯と城。ふせぎ守る。〔晉書、明帝紀〕諸方嶽征鎭・刺史將守は皆朕が扞城にして、外に推轂(すいこく)す。事に内外有りと雖も、其の致一なり。

【扞難】難をふせぐ。〔淮南子、原道訓〕變に遭ひ卒に應じ、患を排し難を扞ぎ、力勝(た)へざること無く、敵凌がざること無し。

↑扞遏 防ぐ／扞拒 防ぐ／扞圉 守る／扞禦 防ぐ／扞弦 ゆがけ／扞護 守る／扞戍 守る／扞制 とめる／扞撫 守り治める／扞蔽 守る／扞戻 乖戻

↓垣扞・救扞・拒扞・禦扞・亢扞・剋扞・自扞・守扞・殊扞・戎扞・障扞・定扞・抵扞・隄扞・蕃扞・扶扞・屛扞・蔽扞・辺扞・鋒扞・防扞

常【汗】6 3114 カン あせ

篆文 **形声** 声符は干。〔説文〕十一上に「人の液なり」という。洟は鼻液、唾は口液、汗とは身液をいう。

訓義 1あせ、あせする。2うるおう、にごる。

古訓 〔和名抄〕汗 阿勢(あせ) 〔名義抄〕汗 アセナガス 〔字鏡集〕汗 ソム

【汗顔】額に汗する。深く恥じる。唐・韓愈〔柳子厚を祭る文〕善く斲(き)ることを爲さず。指を血にし、顔に汗す。巧匠旁観して、手を袖閒に縮(をさ)む。

【汗牛】車をひく牛が汗するほど重い荷物。蔵書の多いことをいう。汗牛充棟。唐・柳宗元〔唐故給事中～陸文通先生墓表〕其の書爲(た)る、處(を)れば則ち棟宇に充ち、出づれば則ち牛馬に汗す。

【汗血】はげしく働く。〔漢書、西域上、大宛国伝〕宛の別邑七十餘城。善馬多し。馬、血を汗す。

【汗珠】珠なす汗。宋・蘇軾〔慈湖夾にて風に阻まる、五首、四〕詩 日輪亭午(ていご)(昼)汗、珠のごとくに融(と)く 誰か識らん、南訛(なんくわ)(南方国)長養の功

【汗青】油をぬいた竹のふだ。竹簡。書籍をいう。宋・文天祥〔零丁洋を過ぐる〕詩 人生、古(いにしへ)より誰(たれ)か死無からん 丹心を留取して、汗青を照らさん

【汗馬】戦場をはせめぐる。汗馬の功。〔史記、晉世家〕夫(そ)れ我を導くに仁義を以てし、我を防(まも)るに徳恵を以てするは、此れ上賞を受けん。～矢石の難、汗馬の勞は、此れ復(ま)た次賞を受けん。

【汗漫】ひろびろとして、とりとめのないこと。〔淮南子、俶真訓〕至徳の世には、溷澖(こんかん)の域に甘瞑し、汗漫の宇に徙倚(しい)す。

↑汗衣 下着／汗液 あせ／汗汚 汗まみれ／汗汗 水の広大なさま／汗簡 汗青／汗巾 汗どめ／汗垢 汗汚／汗衫 汗とり／汗酒 焼酎／汗襦 肌着／汗羞 冷汗／汗湿 汗がにじむ／汗喘 汗であえぐ／汗竹 汗簡／汗搨 汗とり／汗背 背の汗／汗毛 寒毛／汗粒 汗珠

↓衣汗・可汗・駭汗・渙汗・箇汗・揮汗・愧汗・驚汗・血汗・洽汗・紅汗・香汗・浩汗・惶汗・膏汗・朱汗・珠汗・羞汗・拭汗・戦汗・喘汗・大汗・霑汗・熱汗・馬汗・背汗・発汗・蕃汗・漫汗・面汗・爛汗・流汗・涙汗

【犴】6 4124 ［豻］10 2124 カン やけん ひとや

篆文 **形声** 声符は干(かん)。〔説文〕九下に豻を正字とし、「胡地の野狗なり」という。犴はその異文。また〔詩、小雅、小宛〕の「宣(は)た犴宣た獄す」(韓詩)の句を引く。〔荀子、宥坐〕に「獄犴治まらず」とあり、獄舎をいう。獄は両犬に従い、犴獄の犴も、獄と同じく犬牲を用いる意であろう。

訓義 1胡地の野犬。2犴獄の犴、ひとや。3豻と通じ、猟犬。

古訓 〔字鏡集〕犴 イヌ

【犴獄】牢獄。唐・韓愈〔江陵に赴く途中～〕詩 何ぞ況んや犴獄を親(みづか)らするをや 敲榜(かうばう)(鞭をうち)、姦偸を發す

↑犴圄 監獄／犴戸 監獄／犴訟 獄訟／犴庭 監獄／犴狴 監獄

常【缶】6 8077 ［罐］24 8471 カン(クヮン) かめ かん

篆文 金文 **形声** 旧字は罐に作り、雚(かん)声。缶(ふ)はほとぎ。土器で瓶・甕の類をいう。いま罐の略字としてその字を用いる。

訓義 1かめ、かん。2鑵と通じ、つるべ。

古訓 〔和名抄〕鑵 都留閇(つるべ) 〔篇立〕罐 ツルベ・ホトキ・カメ・モタヒ

↑缶子 水さし／缶底 鼻烟壺

↓汽缶・薬缶

常【串】7 5000 カン(クヮン) つらぬく くし

象形 ものを串ざしにした形。毌と声義同じ。おそらくその別体の字であろう。毌は貝を貫いて紐で綴じる形。二系に分かったものを一朋という。串はその一系のものであろう。〔詩、大雅、皇矣〕「串夷載ち路る」のような古い用例があるが、串夷は昆夷（西戎の国）。字はまた貫・慣・摜とも通用する。

訓義 ①つらぬく。②慣・摜と通じ、なれる、したしむ。③国語で、くしざし、くし。

古訓 〔名義抄〕串 ナラフ・ツラヌク・クシ 〔字鏡集〕串 ユク・ナラフ・トホス・マナブ・タノム・ツラヌク・サシハサム・クシ

【串客】かん（くわん）かく 人形使い。また、幇間。〔揚州画舫録、十一〕汪某、串客を以て其の家を傾け、乞兒と爲るに至る。遂に粉を傅っけて小丑の狀を作し、五色の箋紙を以て戲具と爲す。

↑串瓦 茶屋浸り／串貫 貫く／串戯 おどけ／串供 口合わせ／串根 書きつけ／串茶 唐代の茶／串子 受領証／串珠 貫珠／串習 慣習／串女 多情な女／串仗 着衣／串請 請託する／串賊 盗人／串通 結託する／串徹 透徹／串党 共謀者／串同 ぐる／串票 税の受取／串用 慣用／串連 連なる／串聯 串連する

【坎】 7 4718 カン あな けわしい

篆文 

形声 声符は欠。欠は人があくびして大きく口を開く形。それを土坑に及ぼして坎という。〔説文〕十三下に「陷るなり」とあり、坎に陷る意とする。墓壙や埋牲のところをいう。土地の陷没するところで坎険の意があり、人生にたとえて坎坷・坎廩という。

訓義 ①あな、はかあな、つちあな、たに。②ひくい、けわしい、つかれる、くるしむ。③うれえる、うらむ。④易の卦名。方位は北にあたる。

古訓 〔名義抄〕坎 アナホル・フモト 〔字鏡集〕坎 アナ・ホル・アナホル・ケハシ・クボム・オトス・フモト・モト・キタ

語系 坎kham、窠・科khuai、窩uaiは、みなあなの意がある。陷（陥）heamはその動詞的な語。壑xak、谷kok、埂keang、坑kheangとも声義が通ずる。みな地の凹陥のところをいう。

【坎坷】かんか 行きなやむ。不遇にくるしむ。宋・文天祥〔平原を過ぎりて作る〕詩 崎嶇坎坷にして、志を得ず 四朝に出入して、忠節に老いたり

【坎軻】かんか 行きなやむ。坎坷。魏・杜摯〔毌丘倹に贈る〕詩 壯士、志未だ伸びず 坎軻、辛酸多し

【坎坎】かんかん 鼓を打つ音。木を伐る音。〔詩、魏風、伐檀〕坎坎として檀を伐ち 之れを河の干に寘く

【坎止】かんし 険難にあって止まる。自然に進むを流行という。宋・黄庭堅〔李輔聖に贈る〕詩 舊管新たに收む、幾粧鏡 流行坎止す、一虛舟

【坎井】かんせい 浅い井戸。〔荘子、秋水〕（水の）多少を以て進退せざる者は、此れ亦た東海の大樂なりと。是に於て坎井の鼃（蛙）之れを聞き、適適然として驚き、規規然として自失す。

【坎廩】かんらん 失意のさま。楚・宋玉〔楚辞、九弁、一〕坎廩たり、貧士職を失ひて 志平らかならず

↑坎陷 陥る／坎侯 箜篌／坎穽 おとし穴／坎壇 山川の祭壇／坎徳 水徳／坎毒 怨む／坎壈 不遇／坎路 悪路

↓瘞坎・搒坎・下坎・科坎・遇坎・坑坎・残坎・塹坎・習坎・深坎・井坎・穿坎・地坎・屯坎・入坎・埋坎・壈坎・菹坎

常 # 【完】 7 3021 カン（クヮン） ゴツ まったし

篆文 

会意 宀＋元。〔説文〕七下に「全きなり。宀に從ひ、元聲。古文以て寬の字と爲す」とするが、寬（寛）とは何の関係もなく、廟中の儀礼を示す字。元は人の頭部を強調する形。廟中で元服する儀礼を冠といい、完に手を加える形。廟中で俘囚の首を撃ち、呪祝を加えることを寇（寇）という。寬は廟中で巫祝がゆるやかに舞う形。完・冠・寇・寬はみな廟中の儀礼に関する字である。

訓義 ①まったし、まっとうする、結髪を整え終える、元服の儀礼を終える意、一人前となる。②戦に出て無事にかえる、おわる、はたす、たもつ、まもる。③身を傷つけず、禁錮にするだけの自由刑。④髡と通じ、結髪を切り落とす刑。

古訓 〔和名抄〕完骨 美々世々乃保禰（みみよよのほね） 〔名義抄〕完 マタシ・サダム・タモツ・ユタカニ 〔字鏡集〕（完）マホル・タモツ・マタシ・ヤスシ・サダム・ユタカ・シ、・ヱム・スコシワラフ

声系 〔説文〕に完声として莞・筦・垸・院など八字を収めるが、完の声義を承けるものはない。完・冠・寇は廟見の儀礼で、形義に関係がある。垸・院はもと声を仮借したもので、丸・奐との声義の関係が考えられる。

語系 完・梡huan、棞huenは声義近く、棞は〔説文〕六上に「梡木、未だ析かざるなり」、梡は「棞木薪なり」とあって、丸太のまま薪木とすること。完に本来の形のままの意があり、もと人体の完きをいう。

【完給】かんきゅう（くわんきふ） 十分にそなわる。十分供給される。〔韓非子、顕学〕豐年旁入の利無くして、而も獨り以て完給する者は、力に非ずんば則ち儉なり。

【完堅】かん（くわん）けん 完全で堅牢。〔呉子、治兵〕車騎の具、鞍勒銜轡は、必ず完堅ならしむ。

【完実】かん（くわん）じつ 十分に蓄える。〔唐書、裴玢伝〕玢、治を爲すこと嚴稜、權勢を畏遠す。～蔬食弊衣。居處、風雨を避くるを取るのみ。倉庫完實し、百姓之れに安んず。

【完聚】かん（くわん）しゅう 戦備を整える。〔左伝、隠元年〕大叔完聚し、甲兵を繕め、卒乘を具へ、將に鄭を襲はんとし、夫人將に之れを啓かんとす。

【完輯】かんしゅう（くわんしふ） 残らず集める。〔後漢書、蘇意伝〕王莽の時、劉歆等と共に校書を典り、代郡の中尉を拜す。～意、終に一郡を完輯す。

【完飾】かん（くわん）しょく 十分に備わる。〔塩鉄論、非鞅〕昔商君の秦に相たるや、內法度を立て、～外百倍の利を設け、～器械完飾し、蓄積餘り有り。

【完全】かん（くわん）ぜん すべて欠けたところがない。唐・斉己〔行軍太傅の白氏東林集を得たるを賀す〕詩 百氏の典墳（古典）、喪亂に隨ひ 一家の風雅、獨り完全なり

【完然】かん（くわん）ぜん 完全で善い。〔唐書、文芸伝序〕大曆貞元の閒、美才輩出す。～韓愈之れを倡へ、柳宗元～等之れに和し、百家を排逐す。法度森嚴、～唐の文完然に一の王法と爲る。

【完備】かん（くわん）び 十分に備える。〔唐書、叛臣上、李懷光伝〕今、朝に入りては則ち必ず宴勞留連す。賊從容完備することを得て、卒に圖り難きなり。

【完膚】かん（くわん）ぷ まともな皮膚。〔唐書、忠義下、劉迺伝〕朱泚、人を遣はして之れを召す。固く篤し（重病）と稱す。復た僞相蔣鎭を遣はして慰誘す。迺、瘖と佯りて答へず。灸して完膚無し。

【完利】かん（くわん）り 完全で鋭い。〔漢書、鼂錯伝〕兵、完利ならざるは、空手と同じ。甲、堅密ならざるは、袒裼（肩ぬぐ）と同じ。

↑完鋭 完利／完久 丈夫／完旧 前通り／完彊 健全／完具 完備／完刑 髴を剃りおとす刑／完計 完璧の計／完結 終了する／完潔 清らか／完固 完堅／完工 竣工／完好 立派な／完稿 脱稿／完事 完計／完守 守りきる／完熟 円熟／完盛 完実する／完繕 完全に繕う／完納 全納／完璧 完

全な玉／完密　周密／完理　十分に修理する／完了　終わる／完牢　堅牢
↓堅完・修完・繕完・大完・復完・保完・補完・未完

【攼】 7/1844 ［敦］ 11/6844　カン　まもる　ふせぐ

篆文  金文  

会意 干＋攴。〔説文〕三下に敦を正字とし、「止むるなり」と訓し、〔書、文侯之命〕「我を艱に敦る」の文を引く。今、扞に作る。干・扞・攼・敦は古今の字とみてよい。金文の〔大鼎〕に「王、～厥の友(官)とを召し、入りて攼らしむ」とあり、攼を用いる。干は盾、それを執って守る意である。
訓義 ①まもる、ふせぐ、とめる。②すすむ、もとめる。
古訓 〔名義抄〕攼　フス〔字鏡集〕攼　フス・ス、ム・タテマツル

【旰】 7/6104　カン　くれる

篆文 

形声 声符は干。〔説文〕七上に「晩るるなり」とし、「春秋傳に曰く、日旰れ、君勞す」と〔左伝、昭十二年〕の文を引く。今本は「勞」を「勤」に作る。〔徐箋〕に「晏・旰・晩は一聲の轉なり」とする。また干に盛火の意があり、日のたけたるを旰という。
訓義 ①くれる、くれがた。②旰旰は光のさかんなさま。
古訓 〔名義抄〕旰　ヒダク・ヒクタル・クル・ユフベ・アカツキ・ヤム〔篇立〕旰　アッシ・ヒデリ・ホス〔字鏡集〕旰　ヒタク・アカツキ・ヒクレ・ユフベ
【旰旰】かんかん　さかんなさま。〔史記、河渠書〕(瓠子歌)瓠子(河の名)決す、將た柰何せん　皓皓旰旰として、閭(おおむね)殫く河と爲る
【旰昃】かんしょく　ひぐれ。おそくまで政務につとめる。唐・常袞〔久旱、陳べて相を讓せむる表〕陛下勤閔の慮を發し、旰昃の勞を躬からす。
【旰食】かんしょく　夜になって食事する。政務につとめる。呉・韋昭〔博弈論〕君子の室に居るや、身を勸めて以て養を致し、其の朝に在るや、命を竭くして以て忠を納る。事に臨みて且つ猶ほ旰食す。而も何の暇ありて、博弈に之れ耽るに足らんや。
↑旰雲　暮雲／旰日　日のくれ／旰宵　旰食宵衣
↓滯旰・日旰・宵旰・未旰・爛旰

【旱】 7/6040　カン　ひでり　かわく

篆文 

形声 声符は干。干に干乾の意がある。〔説文〕七上に「雨ふらざるなり」とあり、ひでりをいう。
訓義 ①ひでり、かわく。②ひでりによる不作、ききん。③悍と通じ、たけし。
古訓 〔和名抄〕旱魃　比天利乃加美(ひでりのかみ)〔名義抄〕旱　ヒデリ・ヒデリス
語系 旱han、乾kan、暵・熯xanは声義近く、みな乾燥・飢饉の意をもつ字である。
【旱乾】かんかん　ひでり。旱魃。〔孟子、尽心下〕犧牲既に成り、粢盛既に潔く、祭祀時を以てす。然れども旱乾水溢あるときは、則ち社稷を變置す。
【旱暵】かんかん　ひでり。〔周礼、春官、女巫〕歲時の祓除釁浴を掌る。旱暵には則ち舞雩(雨乞い)す。
【旱蝗】かんこう(くわう)　ひでりと蝗害。〔後漢書、南匈奴伝〕匈奴中、連年旱蝗あり。赤地數千里、草木盡く枯れ、人畜飢疫し、死耗する者大半なり。
【旱災】かんさい　ひでりの害。旱害。〔神異経、南荒経〕魃～一名旱母。遇ふ者、之れを得て溷中に投ずれば、卽ち死し、旱災消ゆ。
【旱歲】かんさい　ひでりの年。宋・陸游〔呉夢子の詩篇に跋す〕子嘗て旱歲の雲を見たるか。嵯峨突兀として、起りて奇峰を爲し、以て人の目を悅ばしむるに足る。而れども用ひらるるを見ず。此れ雲の不幸なり。
【旱魃】かんばつ　ひでり。魃はその悪神。〔詩、大雅、雲漢〕旱魃、虐を爲し　惔くが如く焚くが如し
【旱潦】かんろう(らう)　ひでりと水害。〔唐書、西域上、泥婆羅伝〕池、廣きこと數十丈、水常に溢沸す。共に傳ふ、旱潦にも、未だ始めより耗溢(増減)することあらずと。～其の上に釜おけば、少選くにして熟すべし。
↑旱殃　旱害／旱渇　ひでり／旱気　ひでり／旱亢　大旱／旱荒　旱害／旱祭　雨乞い／旱神　ひでりの神／旱井　雨水の井戸／旱石　礪石／旱湛　旱潦／旱母　ひでりの神／旱竜　虹／旱沴　ひでり
↓炎旱・苦旱・枯旱・涸旱・亢旱・蝗旱・水旱・霜旱・大旱・天旱

【杆】 7/4194　カン　たて　てこ　まゆみ

形声 声符は干。干は方形の盾の象形。
訓義 ①たて。②槓杆、てこ。③〔玉篇〕に「檀木なり」とあり、まゆみ。また柘、やまぐわ。
古訓 〔字鏡集〕杆　マユミ
【杆杓】かんしゃく　盾の柄。〔南史、沈慶之伝〕太子妃、孝武に金鏤・匕筯及び杆杓を上る。
↓鎧杆・槓杆・槍杆・欄杆

【玕】 7/1114 ［玵］ 11/1614　カン　たま

篆文  古文 

形声 声符は干。〔説文〕一上に「琅玕なり」とし、また〔書、禹貢〕の文を引いて「雝州、(厥の貢は)球琳・琅玕なり」という。重文として古文玵を加える。〔爾雅、釈地〕に「西北の美なる者、崑崙虛の璆琳琅玕有り」とみえる。
訓義 ①たま、美しいたま、琅玕。
古訓 〔字鏡集〕玕　タマ
↓珠玕・琅玕

【罕】 7/3740 ［䍐］ 9/7740　カン　あみ　まれ

篆文 

象形 鳥さしのあみの形。〔説文〕七下に「网なり。网に從ひ、干聲」とするが、干は网の長い柄の形。その全体が象形である。〔詩、鄭風、大叔于田〕「叔、發つこと罕なり」は、希・稀の意、声が近くて通用する。
訓義 ①あみ、とりあみ、鳥さしのあみ。②〔玉篇〕に「旌旗なり」とする。はた。③希・稀と通じ、まれ。
古訓 〔名義抄〕罕　マレナリ・トリノアミ〔字鏡集〕罕　トリアミ・マレナリ・カタシ
語系 罕xanは希・稀xiəiと声近く、通用する。〔爾雅、釈詁〕に「希は罕なり」とあり、先秦の文に通用の例が多い。
【罕見】かんけん　まれに見る。〔礼記、少儀〕罕に見ゆるときは、名を聞す(申し上げる)と曰ふ。亟しば見ゆるときは、朝夕す(機嫌を伺う)と曰ふ。
【罕儔】かんちゅう(ちう)　なかまが少ない。世に稀な。〔春秋正義序〕劉炫、聰慧辯博、固より亦た儔罕なり。
【罕漫】かんまん　明らかでない。漢・揚雄〔劇秦美新〕混混茫茫の時に在り、亹聞罕漫にして昭察ならず。
【罕倫】かんりん　たぐいまれ。唐・韋応物〔雲陽の鄒儒立少府、侍奉して京師に還るを送る〕詩　鄒生は乃ち後來なるも　英俊亦た倫罕なり
↑罕稀　まれ／罕旗　天子の旗／罕言　まれにいう／罕車　猟車／罕畢　儀仗／罕物　珍奇の物／罕罔　あみ／罕儷　比類少なし

↓畢罕

常【肝】7 7124 カン きも こころ

篆文  形声 声符は干。〔説文〕四下に「木の藏なり」とあり、肺を金、脾を土のように、五臓を五行にあてる。〔釈名、釈形体〕に「肝は榦なり。五行に於いて木に屬す。故に其の體狀に枝榦有るなり」という。〔素問、六節藏象〕に「肝は罷極の本、魂の居る所なり」とあり、人の活動力の源泉とされた。

訓義 1きも。2心、まごころ。3肝要のところ、かなめ。

古訓 〔和名抄〕肝 岐毛(きも) 〔名義抄〕肝 キモ・ヤム

【肝懐】(かんかい) こころ。晋・陸雲〔楊彦明に与ふる書、七首、七〕永耀已に葬り、冥冥として遠し。其の人を存想するに、肝懷に痛切なり。柰何いかん。柰何。

【肝血】(かんけつ) まごころ。晋・陸機〔平原内史を謝する表〕莫大(不孝)の釁(過失)、日に聖聽に經ふるも、肝血の誠、終ひに一聞だにもせず。

【肝心】(かんしん) こころ。〔晋書、愍帝紀〕庶はくは祖宗の靈、群公義士の力に憑より、凶寇を蕩滅し、幽宮を拯拔せん。瞻望して未だ達せず、肝心分裂す。

【肝腎】(かんじん) 肝臓と腎臓。重要なところ。心。宋・陳与義〔書懐、友に示す、十首、八〕詩 揚雄、平生の學 肝腎、雕鐫(彫飾を加える)するに困くるしむ 晩に玄に於て得る有り 始めて甘泉を賦せるを悔ゆ

【肝胆】(かんたん) 肝臓と胆嚢。心のある所とされた。〔荘子、達生〕其の肝膽を忘れ、其の耳目を遺わすれ、芒然として塵垢の外に彷徨し、無事の業に逍遙す。

【肝腸】(かんちょう) 肝臓と腸。心をいう。唐・李白〔東魯の二稚子に寄す〕詩 此れを念おもうて次第を失ひ 肝腸日ごとに憂ひに煎にらる

【肝脾】(かんぴ) 肝臓と脾臓。心。〔後漢書、列女、董祀の妻の伝〕(悲憤の詩)馬邊には男頭を縣かけ 馬後には婦女を載せ 長驅して西のかた關に入る 迥路險且つ阻なり 還顧するに邈はるかにして冥冥 肝脾爲に爛腐す

↑肝液 涙/肝膈 こころ/肝気 癇癪/肝厥 てんかん/肝脳 こころ/肝膂 肝臓の脂

↓心肝・忠肝・雕肝・鉄肝・肺肝・披肝・銘肝・竜肝・牢肝

人【侃】8 2621 カン たのしむ やわらぐ

篆文  金文 

会意 人＋口＋彡。口は𠙵、祝禱の器。神に祈り、感応して神気の下る意で、彡はその神気をあらわす。神の喜侃することをいう。〔説文〕十一下に「剛直なり」とし、字を古文の信に従い、川の形に従うて「其の晝夜を舍おかざるを取る」というが、神の喜侃する意。金文の〔士父鐘〕に「用て皇考(父)を喜侃す」、〔井編鐘〕に「用て追孝し、前文人を侃たのしましめん」のように、神霊に対していう。

訓義 1たのしむ、やわらぐ。2列国期の器に鋳作者を侃師といい、その口は鋳込み鍋の形と思われる。鋳作のことから、剛侃の意となる。鋳型を外すことを剛という。つよい。

古訓 〔名義抄〕侃 タヽノトモ 〔字鏡集〕侃 タノシ・ナホシ・コハシ・トモ

参考 喜侃の侃と、侃師の侃とは、もと字源を異にするが、のち混じて一となったものであろう。喜侃と剛侃の字義の間に、関係は認められない。

【侃侃】(かんかん) 和楽するさま。〔論語、郷党〕朝にて下大夫と言ふときは、侃侃如たり。上大夫と言ふときは、誾誾如たり。

【侃爾】(かんじ) 和楽するさま。漢・韋孟〔鄒に在りての詩〕我が鄒者なりと雖も 心は其れ好し 我が徒だ侃爾たるも 樂しみ亦た在り

【侃然】(かんぜん) 和楽するさま。また、剛直なさま。〔後漢書、独行、向栩伝〕侍中に拜せらる。朝廷の大事毎に、侃然として色を正す。百官之れを憚る。

【侃直】(かんちょく) つよく正しい。〔漢学師承記、四、朱筠河〕纂修を總裁す。館に相見るも、往きて見るの禮無し。先生の友某公、先生に強ひて之れを見しむ。先生論を持すること侃直、稍こすしも下らず。

↑侃快 爽やか/侃諤 はばかることなく直言する/侃楽 楽しむ

↓喜侃

人【函】8 1077 ［凾］10 1760 カン はこ いれる よろい

篆文  象形 正字は凾に作り、矢を入れる嚢の形。函は凵形の坑中に人の陷る形。凾と函と声が同じで合して一字となったが、字源を異にする字である。

訓義 1矢を入れるふくろ、やなぐい。2はこ、ひつ、ふばこ。3いれる、つつむ。4身を包む武具、よろい。5〔説文〕七上に字を𢎘部に属し、「舌なり。象形。舌の體、𢎘𢎘たり」とするが、その用義例はない。

古訓 〔名義抄〕函 フムハコ・ハコ・コモル・フヽム・フクム・イル・マダラカニ 〔字鏡集〕函 ウルシヌリノ・メグル・フクム・コモル・イル・シルノツボ・フヽム・ヤヽ・フムハコ・ハコ

語系 函・涵ham、含ham、嗛heam、銜heamは声義近く、みな凵中・口中に含まれる意がある。また緘keam、槭heamと声義近く、みな緘とじこめる意がある。

【函弘】(かんこう) ひろい。晋・左思〔呉都の賦〕伊これ茲この都の函弘なる、神州を傾けて韞櫝うんとくし、南斗を仰ぎて以て斟酌しんしゃくし、二儀の優渥を兼ねたり。

【函使】(かんし) 文書の使者。〔資治通鑑、梁紀五〕(武帝、天監十八年)始めて馬有り。鎮に給して函使と爲るを得て洛陽に至る。

【函丈】(かんじょう) 師弟の席の間に、一丈の余地をとる。師長への手紙の脇付に用いる。〔礼記、曲礼上〕若もし飲食の客に非ざれば、則ち席を布くに席間、丈を函いる。

【函人】(かんじん) 具足師。〔孟子、公孫丑上〕矢人(矢作り)は豈に函人より不仁ならんや。矢人は惟だ人を傷つけざらんことを恐れ、函人は惟だ人を傷つけんことを恐る。巫匠も亦た然り。

【函封】(かんぷう) はこに入れて封ずる。〔戦国策、燕三〕樊於期はんおき～遂に自刎ふんす。～乃ち遂に收めて樊於期の首を盛いれ、之れを函封す。

↑函宇 宇内/函蓋 器蓋/函寄 郵送/函義 そこに含まれている意味/函笈 おいずる/函胡 ことばが不明瞭/函工 函作り/函甲 はこ/函宏 函弘/函札 手紙/函受 包容する/函詢 照会/函書 手紙/函商 手紙で相談する/函蔵 封蔵/函知 函致/函致 手紙を出す/函定 注文状/函訂 函定/函牘 手紙/函縛 靴/函復 返信/函蒙 おおう/函問 手紙/函列 連なる/函奩 香ばこ/函和 のどか

↓一函・雲函・遠函・画函・解函・玉函・金函・剣函・犀函・冊函・実函・書函・署函・杖函・数函・奏函・雕函・勅函・投函・内函・披函・負函・包函・宝函・密函・薬函

【坩】8 4417 カン るつぼ

形声 声符は甘。〔玉篇〕に「土器なり」とみえ、甘はその器形を示すものであろう。坩堝は鋳造のときに用いるるつぼ。列国期の金文に鋳作者を侃師とするものがあり、侃の口の部分

がその坩堝の形とみられる。
訓義 ①土器のつぼ。②るつぼ。
古訓 〔和名抄〕坩 楊氏漢語抄に云ふ、坩、都保(つぼ) 〔名義抄〕坩 ツボ・ツハキ 〔字鏡集〕坩 ツボ・モタヒ・タ、ヘ・タ、イヘ・ツハキ

【坩堝】かんか(くわ) 金属をとかすのに用いるるつぼ。坩鍋。〔天工開物、下、五金〕(銀)高爐の火中、坩鍋(堝)足煉し、硝少許を撒き、銅鉛盡く鍋底に滯るを、名づけて銀銹と曰ふ。
➡坩鍋 るつぼ

常 **【官】** 8 3077 カン(クヮン) つかさ つかさどる

篆文

甲骨文

金文

会意 宀+𠂤。〔説文〕十四上に「吏の君に事ふるものなり。宀に從ひ、𠂤に從ふ。𠂤は猶ほ衆のごときなり。此れ師と同意なり」(小徐本)という。〔説文〕十四上は𠂤について「小さき𠂤なり。象形」、すなわち阜の小なるものとしており、これを師衆の意とするのはその解と合わない。𠂤は軍が出行するときに携える脤肉の象。軍社に祀って、その祭肉である脤肉を保護霊として携行する。駐屯地ではこれを奠置して束茅の類を立て、𩫖という。駐留の地には屋舎を設けてこれを祀り、官という。のちの館の初文で、将軍の居る所である。吏(吏)は史祭のために派遣される祭の使者で祭祀官。官は軍官。軍を分遣するときその祭肉を頒ち、凱旋して帰るときにも𠂤肉を奉ずるので、遣(遣)・歸(帰)は𠂤に従う。卜辞・金文では、𠂤を師・𩫖の字に用いる。
訓義 ①つかさ、つかさびと、つかさどる。②やくしょ、やくにん、おおやけ。③きみ、ちち。④五官、官能。⑤館と通じ、やかた。
古訓 〔名義抄〕官 ツカサ・オホヤケ・キミ・ミヤツカサ・ミヤツカヘ/下官 シモベ 〔字鏡集〕官 ツカフ・ツカサドル・スサマシ・ツカヒツル・ツカマツル・ツカフ・ミヤツカヘス・オホヤケ・キミ
部首 〔説文〕𠂤部に辥・官の二字を属する。辥は辥の初文。辥は軍中の懸係した𠂤肉に、大きな曲刀である辛を加えてその肉を削りとる形。軍中に災厄をもたらすことを示し、孼の初文。追(追)・遣・歸・師・帥などの従う𠂤は、小さい阜の象ではなく、軍将が携行する軍社の祭肉の象であり、本来𠂤部に従うべき字である。
声系 〔説文〕に𠂤声として歸・追・帥・師をあげ、なお追声・歸声の字がある。師は𠂤の初文。他はみな会意の字である。

【官娃】かん(くわん)あ 官妓。唐・白居易〔洛橋寒食の日に作る、十韻〕詩 府醞(官酒)傷みて送らしむ 官娃豈に迎ふるを要せん 舞腰は那ぞ柳に及かん 歌舌は鶯に如かず
【官員】かんいん(くわんゐん) 官吏。役人。〔貞観政要、論択官〕理を致すの本は、惟だ審らかに才を量り職を授け、務めて官員を省くに在り。

【官屋】かんおく(くわんをく) 官舎。〔宋史、蘇軾伝〕昌化は故の儋耳の地なり。人の居るべき所に非ず。~初め官屋を僦りて以て居る。有司猶ほ不可なりと謂ふ。軾、遂に地を買ひ室を築く。

【官家】かんか(くわんか) かんけ(くわんけ) お上。唐・白居易〔塩商の婦〕詩 毎年鹽利の官に入る時 少しく官家に入れ、多く私に入る 官家利薄く、私家厚し 鹽鐵尙書、遠くして知らず
【官廨】かんかい(くわんかい) 官署。役所。〔梁書、呂僧珍伝〕鄉人咸く廨を徙して、以て其の宅を益さんことを勸む。僧珍怒りて曰く、督郵は官廨なり。置立以來、便ち此の地に在り。豈に之れを徙して、吾が私宅を益すべけんやと。

【官司】かんし(くわんし) 官職。役人。〔左伝、僖十五年〕是の歲、晉又饑う。秦伯又之れに粟を餼る。~是に於て、秦始めて晉の河東を征し、官司を置く。

【官寺】かんじ(くわんじ) 役所。〔漢書、成帝紀〕廣漢の男子鄭躬等六十餘人、官寺を攻め、囚徒を篡ひ、庫兵を盜み、自ら山君と稱す。

【官舎】かんしゃ(くわんしや) 官吏の宅。〔漢書、盧綰伝〕(陳)豨~常て趙に告過す。賓客の之れに隨ふ者千餘乘、邯鄲の官舍皆滿つ。豨、客を待つ所以、布衣の交はりの如し。皆客下に出づ。

【官守】かんしゅ(くわんしゆ) 職責。〔孟子、公孫丑下〕官守有る者は、其の職を得ざれば則ち去る。

【官場】かんじょう(くわんぢやう) 役所。官立の市場。唐・杜甫〔張十二山人彪に寄す、三十韻〕詩 官場、鎭積に羅なる 賊火、洮岷に近し
【官職】かん(くわん)しょく 職務。官位。〔史記、平準書〕吏道雜にして多端なれば、則ち官職耗廢す。

【官人】かん(くわん)じん 官吏。社会的身分のある男子。夫。〔荀子、彊国〕士大夫には爵を益し、官人には秩を益し、庶人には祿を益す。是を以て善を爲す者は勸め、不善を爲す者は沮まる。

【官曹】かんそう(くわんさう) 役人たち。唐・杜甫〔三韻、三篇、三〕詩 名利苟しくも取るべくんば 身を殺して權要に傍はん 何ぞ當に官曹淸かるべき 爾が輩、一笑に堪へたり
【官治】かん(くわん)ち 法令により国を治める。〔韓非子、解老〕國家に必ず文武有り。官治に必ず賞罰有り。

【官秩】かん(くわん)ちつ 官吏の俸禄。〔荀子、王覇〕百官は則ち將に其の制度を齊へ、其の官秩を重くす。是くの若くんば、則ち百吏、法を畏れて繩(則)に遵はざる莫し。

【官牒】かんちょう(くわんてふ) 官爵の名簿。〔後漢書、李固伝〕辟召する所、~或いは富室財賂、或いは子壻婚屬、其の列して官牒に在る者、凡て四十九人なり。

【官廷】かん(くわん)てい 役所。〔後漢書、李通伝〕容貌絶異、人と爲り嚴毅、家に居ること官廷の如し。

【官邸】かん(くわん)てい 高級官吏のための官舎。〔後漢書、南匈奴伝〕諸王大人、或いは前み至る。所在の郡縣、爲に官邸を設け、賞賜して之れを待遇す。

【官婢】かん(くわん)ぴ 官の女奴隷。〔漢書、刑法志〕齊の太倉の令淳于公、罪有りて刑に當る。~其の少女緹縈~上書して曰く、~妾願はくは沒入せられて官婢と爲り、以て父の刑罪を贖ひ、自ら新たにするを得しめんと。

【官府】かん(くわん)ぷ 役所。政府。〔墨子、尚賢中〕關市山林澤梁の利を收斂し、以て官府を實たす。

【官物】かん(くわん)ぶつ 政府の物。〔唐律、廐庫〕諸〻官物を放散する者は、贓に坐して論ず。物在らば官に還さしむ。已に散用せる者は徵すること勿かれ。

【官俸】かん(くわん)ぽう 官吏の俸給。唐・白居易〔書事詠懐〕詩 官俸、生計を將ふ 貧しと雖も、豈に敢て嫌せんや
【官吏】かん(くわん)り 役人。〔漢書、食貨志下〕高祖乃ち賈人をして絲を衣き車に乘るを得ざらしむ。~孝惠・高后の時、天下初めて定まるが爲に、復た商賈の律を弛く。然れども市井の子孫、亦た官吏と爲ることを得ず。

【官僚】かんりょう(くわんれう) 官吏。同僚の役人。〔後漢書、孔融伝〕司徒楊賜の府に辟めさる。時に隱かに官僚の貪濁なる者を覈しべ、將に貶黜を加へんとす。

【官路】かん(くわん)ろ 官道。また仕途。唐・司空図〔桃を移し栽う〕詩 獨り官路に臨みて傷摧し易し 春風に從遣して恣意に開かしめん
➡官位 官職と位/官医 公医/官印 公印/官蔭 恩蔭/官運 官で輸送する/官塩 専売の塩/官暇 公休/官衙 役所/官階 官吏の等級/官街 役所街/官権 専売/官学 国立の学校/官宦 役人/官閑 閑職/官銜 新旧の官/官紀 官規/官規 服務規定/官騎 鹵簿/官妓 官娃/官休 退官/官

級 官の等級／官給 俸給／官挙 官名呼称／官勲 官位と勲功／官軍 官兵／官刑 官吏の刑／官計 成績表／官繋 官に拘致する／官欠 滞納税／官健 州兵／官絹 公絹／官戸 官吏の家／官告 告身／官拘 官の束縛／官誥 辞令／官斛 公定の枡／官獄 牢獄／官差 公の使者／官子 碁作り／官仕 仕官／官試 採用試験／官次 官階／官事 官務／官社 公立の社／官所 役所／官書 公文書／官商 公営／官賞 恩典／官上 上官／官箴 官規／官制 官の制度／官政 政治／官籍 公用帳簿／官船 御用船／官撰 官庁の編著／官租 租税／官荘 荘田／官族 官吏筋／官属 属官／官粟 政府米／官宅 官舎／官地 官有地／官茶 専売茶／官鋳 公鋳の銭／官庁 官署／官長 長官／官亭 宿舎／官第 官邸／官程 官吏の赴任する日程／官田 公田／官斗 公用のます／官徒 官属／官途 仕官のみち／官奴 官の奴婢／官帑 政府金／官当 罪を贖って官位を下げる／官等 官品／官道 国道／官能 五官／官板 官の刊本／官班 官次／官飯 給食／官費 公費／官品 官位等級／官布 官銭／官賦 租税／官兵 官軍／官簿 官牒／官民 朝野／官役 下役人／官理 官治／官侶 官吏／官寮 官僚／官廩 官の米倉／官暦 官発行の暦／官列 官次／官禄 官位俸禄／官話 公文書の用語

↓医官・蔭官・塩官・閹官・王官・下官・仮官・衙官・解官・学官・楽官・宦官・寒官・諫官・貴官・器官・技官・九官・旧官・休官・求官・居官・馭官・教官・郷官・軍官・刑官・京官・警官・兼官・五官・候官・校官・高官・曠官・左官・士官・尸官・仕官・史官・祠官・徙官・守官・儒官・女官・除官・小官・上官・冗官・稷官・職官・世官・清官・銭官・選官・俗官・族官・大官・退官・代官・治官・長官・朝官・田官・都官・同官・内官・任官・農官・拝官・稗官・売官・判官・卑官・罷官・微官・百官・服官・文官・兵官・補官・法官・本官・免官・冶官・訳官・幼官・泣官・理官・猟官・僚官・伶官・冷官・歴官・郎官

【拑】 8 5407 カン はさむ

篆文 

形声 声符は甘。甘は箝入する形。〔説文〕十二上に「脅持せしむるなり」とするが、ものを箝入することをいう。竹を以てするを箝、鉄を以てするを鉗という。また口をつぐむことをもいう。

訓義 ①はさむ、はさみこむ。②つぐむ、口つぐむ。

古訓 〔名義抄〕拑 ハサム・トル 〔篇立〕拑 ハサム・フサグ・ツク

【拑口】口をふさぐ。〔史記、秦始皇紀論賛〕秦の俗、忌諱の禁多し。忠言未だ口に卒へずして、身戮没せらる。故に天下の士をして、耳を傾けて聴き、足を重ねて立ち、口を拑して言はざらしむ。

↑拑撃 挟撃する／拑者 沈黙者／拑制 しめつけ／拑勒 拑制

【盰】 8 6104 カン みはる

篆文 

形声 声符は干。〔説文〕四上に「目の白多きなり。一に曰く、目を張るなり」とあり、目を見張るをいう。旰と通用する。

訓義 ①みはる。②白目が多い。③旰と通用し、さかんなさま。

古訓 〔名義抄〕睢盰 メミハル／盰衡 マユアゲ／盰 ナガシメ・メヅラカニス 〔篇立〕盰 メミハル 〔字鏡集〕盰 ナガシメ・メミハル

【盰乎】さかんなさま。魏・曹植〔魏徳論〕乃ち～席巻すること千里、隱乎として崩るる嶽の若く、盰乎として潰るる海の若し。

↓裂盰

【臽】 8 2777 カン おとしあな おちいる

篆文  金文 

象形 人が土あなに陥る象。〔説文〕七上に「小さき阱なり。人の臼上に在るに従ふ」という。字は臼に従うものでなく、金文の字形は逆茂木をうった陥穽の形。そこに人が陥る意で、陥(陷)の初文。陥は聖所にそのような陥穽を設ける意である。

訓義 ①おとしあな、おとしあなにおちいる。②おとしいれる。

古訓 〔字鏡集〕臽 アナ・クラフ

声系 〔説文〕に臽声として啗・欿・陷・閻など十二字を収める。おおむね陥没の意をもつ字である。

語系 臽・陷heam、坎・埳khamは声義近く、土中に陥ることをいう。その大なるものは壑xak、谷kokという。

↑臽鉄 鉄をも通す強さ

↓地臽

【邯】 8 4772 カン

篆文 

形声 声符は甘。〔説文〕六下に「趙の邯鄲県なり」とあり、趙の都であった。別に西羌に川の名がある。

訓義 ①邯鄲、趙の都。②川の名。③姓。

【邯鄲】趙の都。舞容のさかんな所であった。〔荘子、秋水〕且つ子獨り夫の壽陵(呉の都)の餘子の、行を邯鄲に學ぶを聞かざるか。未だ國能(趙の歩行技)を得ざるに、又其の故行を失へり。

【冠】 常 9 3721 カン(クヮン) かんむり げんぷく

篆文 

会意 冖+元+寸。また完+寸とみてもよい。完は廟中で儀礼を行う意であろう。結髪加冠のことならば元服。〔説文〕七下に「絭なり」と畳韻を以て訓し、「髪を絭むる所以なり。弁冕の總名なり。冂に従ひ、元に従ふ。元は亦聲なり。冠に法制有り。寸に従ふ」と、寸を法制の意に解するが、加冠の形である。また字を冂に従うとするが、完・寇の字形との関連からみても、廟屋の象に従うべきである。字は養育の儀礼で字養の意、冠は加冠元服の意で、その儀礼はすべて廟中で行われた。

訓義 ①かんむり、冠をこうむる。②元服の儀礼、げんぷく、成年。③最も上のもの、すぐれる、おおう、かしら。④鶏冠、とさか。

古訓 〔和名抄〕冠 辨色立成に云ふ、幞頭、賀宇布利(かうぶり) 〔名義抄〕冠 カウブリ・カブラシム・イタダク・オソヒ・トサカ・サカ・シメス

【冠衣】冠と衣服。〔礼記、曲礼上〕人の子爲たる者、父母存するときは、冠衣素(白)を純(縁)にせず。孤子室に當る(世嗣となる)ときは、冠衣采(色)を純にせず。

【冠纓】冠のひも。〔史記、滑稽、淳于髡伝〕淳于髡天を仰いで大いに笑ふ。冠纓の索は絶きれたり。

【冠蓋】冠と車蓋。使者。〔戦国策、魏四〕魏、人をして救ひを秦に求めしむ。冠蓋相ひ望む(連なる)も、秦の救ひ出でず。

【冠笄】男子は二十にして冠し、女子は十五にして笄を加える。成人。〔礼記、内則〕男女未だ冠笄せざる者は、雞初めて鳴けば、咸な盥漱し、櫛縰し、髦を拂ひ、總角し、纓を衿むぶ。

【冠者】元服した若者。〔論語、先進〕莫春には春服既に成る。冠者五六人、童子六七人、沂に浴し、舞雩に風ふかれ、詠じて歸らん。

【冠首】 かしら。第一。〔漢書、伍被伝〕或いは言ふ、其の先は伍子胥の後なりと。~是の時淮南王安、術學を好み、節を折りて士に下り、英雋を招致すること百を以て數ふ。被、冠首爲り。

【冠緌】 冠の紐を結び、その余りの垂れた部分。〔詩、斉風、南山〕葛屨五兩 冠緌は雙ぶ

【冠絶】 最もすぐれる。〔晋書、劉琨伝〕時に征虜将軍石崇、河南の金谷澗中に別廬有り、時輩に冠絶す。賓客を引致し、日に以て詩を賦す。

【冠帯】 衣冠を整える。礼装。身分ある人。〔後漢書、儒林伝序〕帝正坐して自ら講ず。諸儒經を執り、前に問難す。冠帯縉紳の人、橋門を圜りて觀聽する者、蓋し億萬もて計ふ。

【冠佩】 冠と佩玉。身分ある地位。宋・范成大〔昼錦行、陳福公~を送る〕詩 漢家の麟閣、王侯多し 冠佩相ひ望むこと、幾秋をか經たる

【冠冕】 かんむり。仕官する。名族。首位にある者。〔三国志、蜀、龐統伝〕司馬徽、淸雅にして人を知るの鑒有り。~徽、甚だ之れを異しみ、統を稱して、當に南州の士の冠冕と爲すべしとす。是れより漸く顯はる。

【冠履】 冠と履。〔淮南子、泰族訓〕法の生ずるや、以て仁義を輔くるなり。今法を重んじて義を棄つるは、是れ其の冠履を貴んで、其の頭足を忘るるなり。

➡冠緌 とさか/冠軼 すぐれる/冠距 雄鶏/冠巾 頭巾/冠歳 二十歳/冠幘 賤者の冠/冠子 成人/冠事 冠礼/冠時 冠代/冠櫛 冠とくし/冠序 序言/冠裳 正装する/冠飾 冠の飾り/冠世 冠代/冠素 白布の冠/冠族 名門/冠代 一代に冠絶する/冠服 冠衣/冠弁 皮冠/冠倫 抜群/冠礼 元服の礼

⬇衣冠・栄冠・纓冠・王冠・加冠・花冠・華冠・画冠・峩冠・掛冠・解冠・挂冠・弁冠・鶏冠・玄冠・黄冠・絳冠・縞冠・鶡冠・昏冠・弱冠・首冠・儒冠・初冠・振冠・崇冠・正冠・蟬冠・素冠・弾冠・豸冠・長冠・鳥冠・貂冠・典冠・投冠・童冠・道冠・南冠・冕冠・宝冠・鳳冠・免冠・礼冠・練冠

常【巻】 9 9071 人〔卷〕 8 9071 カン(クヮン) ケン コン まく まがる

篆文 

会意 釆+廾+㔾。篆文の字形は、釆(獣爪を含む獣皮)を廾(両手)で㔾の形に捲きこむ意。獣皮を捲く形で、一捲きの獣皮を巻という。〔説文〕九上に「厀曲るなり」とするがこの字の本義でなく、弄は字条三上に「飯を搏むるなり」とし、「讀みて書巻の若くす」とするが、巻が書巻の字である。古くは重要な文書は皮に記した。のち簡札・紙を用いるが、なお巻を以て数える。

訓義 [1]まく、まきもの、書巻。[2]まげる、まがる、かがめる、たばねる。[3]まきかためる、まるくつつみこむ。[4]捲と通じ、まく。絭と通じ、たすき。拳と通じ、こぶし。圏と通じ、かたまり。鬈と通じ、まきあげた髪。惓と通じ、つつしむ。[5]衮と通じて用いる。

古訓 〔字鏡〕巻 マガレリ・シ、ム・ヒラ・メグラシ・ヲサム・マク・カヾマル・マクル

声系 〔説文〕に巻(弄)声として眷・劵(券)・帣・豢・拳(拳)・絭・劵・圈(圏)・倦・鬈・捲など十九字を収める。おおむね巻曲・巻縛の義を承ける。弄は巻の初文とみてよい。

語系 巻・拳・惓 giuan は同声。悃 khuən、款 khuan と声義近く、拳拳・惓惓・悃悃・款款はみな忠謹の意をもつ形況の語である。

【巻阿】 曲がりくねった丘。〔詩、大雅、巻阿〕巻たる阿有り 飄風南よりす 豈弟の君子 來り游び來り歌ひ 以て其の音を矢ぬ

【巻懐】 才能をあらわさない。〔論語、衛霊公〕君子なる哉、蘧伯玉、邦、道有るときは則ち仕へ、邦、道無きときは、則ち巻きて之れを懷むべし。

【巻曲】 まがりくねる。〔荘子、逍遥遊〕吾に大樹有り。~其の大本は擁腫して繩墨に中らず。其の小枝は巻曲して規矩に中らず。

【巻巻】 親切・丁寧・忠勤のさま。〔漢書、賈捐之伝〕臣幸にして明盛の朝に遭ひ、危言の策を蒙り、忌諱の患無し。敢て昧死して巻巻を竭くすを得。

【巻甲】 よろいを巻く。軽装して疾行する。また、敗北する。北周・庾信〔哀江南の賦〕豈に百萬の義師の、一朝甲を巻いて芟夷斬伐さるること、草木の如くなること有らんや。

【巻綬】 官印のくみひもを巻き、官職を誇らぬこと。梁・簡文帝〔湘東王~に答ふる書〕必ず綬を巻き賢を避け、病を辭し迹を收めんと欲す。

【巻舒】 伸縮。進退。緩急の節を保つ。梁・江淹〔雑体詩、三十首、謝僕射(混)〕巻舒、萬緒なりと雖も 動きては復た有靜に歸す

【巻舌】 驚嘆する。漢・揚雄〔解嘲〕當今~言奇なる者は疑はれ、行殊なる者は辟けらる。是を以て談らんと欲する者は、舌を巻いて聲を同じうし、歩まんと欲する者は、足を擬りて投跡す。

【巻束】 書巻を巻く。〔顔氏家訓、治家〕濟陽の江祿、書を讀みて未だ竟らざれば、急速有りと雖も、必ず巻束整齊なるを待ち、然る後起つことを得たり。

【巻帙】 書巻と綴本。梁・陶弘景〔肘後百一方の序〕方術の書、巻帙徒らに煩しきも、拯濟は殊に寡くなし。

【巻土】 はげしい勢い。巻土重来はまきかえし。唐・杜牧〔烏江亭に題す〕詩 江東の子弟、才俊多し 巻土重來、未だ知るべからず

【巻髪】 巻きあげた髪型。〔詩、小雅、都人士〕彼の君子の女 巻髪蠆(さそり)の如し

【巻簾】 簾を巻きあげる。唐・杜甫〔悶〕詩 瘴癘、三蜀に浮かび 風雲、百蠻暗し 簾を巻けば唯だ白水のみ 几に隱るも亦た靑山

【巻欒】 手足がひきつる病。また、世をおそれ分に安んずる意。唐・柳宗元〔乞巧文〕納るるに工言を以てし、文詞婉轉、~突梯(角がなく世に随う)巻欒、世の賢とする所と爲る。

➡巻衣 衮竜の衣/巻雲 まき雲/巻価 書物代/巻起 まきあげ/巻沙 沙塵/巻子 書巻/巻軸 巻物/巻首 巻頭/巻縮 ちぢむ/巻然 しなやか/巻第 巻次/巻端 巻頭/巻頭 巻物の始め/巻尾 巻末/巻覆 圧倒する/巻襞 折り畳み/巻冕 衮冕/巻末 巻の終わり/巻幔 幕をまく/巻竜 衮衣/巻婁 ひきつる

⬇圧巻・画巻・開巻・経巻・公巻・甲巻・黄巻・詩巻・軸巻・首巻・珠巻・収巻・書巻・舒巻・図巻・席巻・全巻・大巻・探巻・長巻・帳巻・通巻・展巻・廃巻・帆巻・万巻・付巻・武巻・封巻・鳳巻・幔巻・竜巻・連巻・鸞巻

【咸】 9 5320 カン おわる ことごとく みな

篆文 

甲骨文 

金文 

会意 戌+口。戌は鉞。口は㔾、祝禱や盟誓を収めた器の形。その上に聖器としての戉を加え、これを封緘する意で、緘の初文。ことがすべて終わり、完了する意。〔説文〕二上に「皆な

り。悉なり」とし、「口に從ひ、戌に從ふ。戌は悉なり」と声の関係を以て説くが、祝誓のことが終わってこれを封緘し、この終わる意を示す字とみるべきである。金文の〔班毁〕に「鈴勒（車馬用の鈴）を賜ふ。咸はる」、〔令彝〕「既に咸く命ず」、〔叔夷鎛〕「九州を咸有す」のように用いる。

訓義 ①おわる、つくす。②みな、ことごとく。③やわらぐ、おなじ、ひとし。④械と通じ、はこ。⑤緘と通じ、なわ、しめなわ。

古訓 〔名義抄〕咸 ミナ・コトノ〜ク・オナジク・シキル・ツ、ム・ヘク・ヤハラカナリ・ヨシ・スコシ・ウカヾフ・マコト

声系 〔説文〕に咸声として諴・箴・椷・顑・感・減・摵・緘・鍼・鹹など十三字を収める。咸は聖器を以て祝禱・盟誓の器を封緘する意で、その声義を承けるものが多い。箴・鍼はまた別に一系をなす字である。

【咸熙】かんき　みなひろまる。〔書、舜典〕三載にして績を考へ、三考して幽明を黜陟す。庶績咸く熙まる。

【咸亨】かんこう　みな支障なく行われる。〔易、坤、象伝〕坤は厚くして物を載せ、德は无疆に合し、含弘光大にして、品物咸く亨る。

【咸集】かんしゅう　みな集まる。晉・王羲之〔蘭亭集の序〕暮春の初、會稽山陰の蘭亭に會す。禊事を修するなり。群賢畢く至り、少長咸な集まる。

【咸劉】かんりゅう　すべて殺す。〔書、君奭〕後に武王と、誕いに天威を將ひ、咸く厥の敵を劉せり。

↑咸喜 咸熙／咸宜 みな宜し／咸竭 みなつきる／咸縄 棺の縄／咸池 天池／咸秩 ただす／咸黜 とり除く／咸和 親しむ

↓季咸・巫咸・彭咸

【奐】 9 2743 カン（クヮン） おおきい さかん

篆文  金文 

会意 免（免）＋廾。免は分娩するときの象。廾は左右の手。生まれる子をとりあげる意。生まれるとき一種の勢いを以て出るので、そのさまを渙然という。羊の子が生まれるのを羍といい、達の意があるのと同じ。〔説文〕三上に「取奐なり。一に曰く、大なり」とし、字を夐の省声とするが、夐とは声義の関係がなく、取奐という語も意味が知られない。免・弁は分娩に関する字。卜辞の「弁加」は「弁嘉」、男子の出産をトする辞である。

訓義 ①いきおいのあるさま、さかん、大きい。②煥と通じ、あきらかなさま、立派。③渙と通じ、とびちるさま、さかんなさま。

古訓 〔字鏡集〕奐 サケブ

声系 〔説文〕に奐を夐の省声とし、奐・渙・換・喚・煥を奐声、嵒を夐の省声とする。奐声の字はおおむね奐の声義を承ける。奐は〔説文〕三下に「柔韋なり」とあって、髀間の柔皮をいう。奐の示す場所に近いところである。

【奐衍】かんえん　散りひろがる。魏・嵇康〔琴の賦〕詳らかに其の區土の產毓する所、奧宇の寶殖する所を觀るに、〜叢集累積して、其の側に奐衍たり。

【奐焉】かんえん　かがやかしく美しい。〔礼記、檀弓下〕晉、文子（趙武）の室を成せるを獻ふ。晉の大夫、發（祝辞）す。張老曰く、美なる哉、輪焉たり。美なる哉、奐焉たり。斯に歌ひ斯に哭し、國族を斯に聚めんと。

↑奐奐 かがやく／奐若 奐焉／奐然 奐焉／奐爛 かがやく

↓懿奐・伴奐・美奐・輪奐

【姦】 9 4044 ［奸］ 9 4144 カン よこしま わるい

篆文  古文  金文 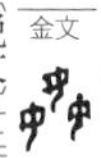

会意 女を三人合わせた形。〔説文〕十二下に「ム（私）するなり。三女に從ふ」（段注本）とし、重文を録するが、その字は悍の古文である。二女に從うものは奻、「訟ふるなり」と訓する。ム字条九上に「姦衺なり」とあり、邪悪の意。〔荘子、徐無鬼〕に「夫れ神は和を好みて姦を惡む」、〔左伝、文十八年〕に「賄を竊むを盜と爲し、器を盜むを姦と爲す」とあって、もと神を瀆す行為をいう。神の邪悪なるものを神姦という。

訓義 ①よこしま、わるい。②ぬすむ、わたくしする。③みだる、みだら。④奸と通用する。

古訓 〔名義抄〕姦 カシカマシ・ヨコサマ・アザムク・カマヒスシ・イツハル・ミダリガハシ・サハガシ・サ、ヤク・カタマシ・ヌスム・ヒスカニ・サマ・アハス〔字鏡集〕姦 モタ・ミダリガハシ・アザムク・サ、ヤク・サマ・ヨコサマ・カタマシ・カシカマシ・イツハル・ヲカス・ヌスム・アハス・ヒガム・カマビスシ・サハカシ・サハク・アタ

＊語彙は奸字条参照。

【姦穢】かんあい　わるもの。奸穢。〔後漢書、董卓伝〕今臣は輒ち鍾鼓を鳴らして洛陽に如かん。請ふ、（張）讓等を收めて、以て姦穢を清めん。

【姦悪】かんあく　わるもの。〔貞観政要、論刑法〕但だ明らかに糾訪を加へ罪を科せしめば、庶はくは以て姦惡を肅清すべし。

【姦隠】かんいん　隠しごと。〔隋書、乞伏慧伝〕馬邑の鮮卑の人なり。〜高祖の禪を受けしとき、曹州刺史に拜せらる。曹土の舊俗、民に姦隱多し。戶口簿帳、恆に實を以てせず。慧、車を下りて按察し、戶數萬を得たり。

【姦譌】かんか（くわ）　あやまり。非道。〔漢書、江充伝〕趙王彭祖〜言ふ。充は逋逃の小臣、苟しくも姦譌を爲して、聖朝を激怒せしむ。萬乘に取必（勝利を收める）して、以て私怨を復せんと欲す〜と。上、許さず。

【姦回】かんかい（くわい）　よこしま。〔左伝、宣三年〕（王孫満曰く）德の休明ならば、（鼎）小なりと雖も重きなり。其の姦回昏亂ならば、大なりと雖も輕きなり。〜鼎の輕重、未だ問ふべからざるなり。

【姦黠】かんかつ　わるがしこい。唐・韓愈〔酔つて（孟）東野を留む〕詩 韓子は稍や姦黠なり 自ら慙づ、青蒿の長松に倚ることを

【姦宄】かんき　わるもの。悪事。〔書、牧誓〕乃ち惟れ四方の多罪逋逃を、〜大夫・卿士と爲して、百姓を暴虐し、以て商邑に姦宄せしむ。

【姦軌】かんき　わるもの。姦宄。〔漢書、元帝紀〕詔して曰く、蓋し聞く、唐虞は象刑にして、民犯さず。殷周は法行はれて、姦軌服す〜と。

【姦偽】かんぎ　よこしまで偽る。〔管子、君臣上〕聰明を言はずして而も善人擧げられ、姦僞誅せらるるは、視聽する者、衆ければなり。

【姦桀】かんけつ　わるがしこく、強いもの。〔後漢書、酷吏、周紆伝〕夏陽侯瓌を案ずるに、〜外には儒徒を招くとして、實は姦桀を會せしむ。天威を輕忽し、王室を侮慢す。〜當に誅戮に伏すべし。

【姦言】かんげん　邪悪なことば。〔荀子、非相〕凡そ言の先王に合はず、禮義に順はざる、之れを姦言と謂ふ。

【姦詐】かんさ　邪悪で偽る。〔管子、明法解〕權衡は平正にして物を待つ。故に姦詐の人、其の私を行ふことを得ず。

【姦市】かんし　不正なものを売る市場。〔韓非子、飭令〕都の過（科）を行ふるときは、則ち都に姦市無し。物多く末（商）衆く、農弛み姦勝つときは、則ち國必ず削らる。

【姦邪】かんじゃ　よこしま。悪人。〔荀子、君道〕工賈を省くなくして農夫を衆くし、盜賊を禁じて姦邪を除くは、是れ之れを生養する所以なり。

【姦声】かんせい　不正な音楽。〔礼記、楽記〕今夫れ新樂は、進むに俯し退くに俯し、姦聲にして以て濫し、溺れて止まらず。〜樂

終りて以て語るべからず。

【姦賊】わるもの。〔後漢書、許劭伝〕曹操微なりし時、常に卑辭厚禮、己の目(品藻の題目)を爲さんことを求む。～(許)劭已むことを得ずして曰く、君は清平の姦賊、亂世の英雄なりと。

【姦諂】邪悪でへつらう。〔北史、庫狄士文伝〕士文、州に至り、姦諂を發擿す。長吏、尺布斗粟の贓も、寬貸する所無し。千人を得て、之れを奏す。

【姦党】わるものたち。〔漢書、趙広漢伝〕姦黨散落し、風俗大いに改まる。吏民相ひ告訐し、廣漢得て以て耳目と爲す。盜賊、故を以て發せず。

【姦慝】邪悪。悪人。〔左伝、昭十四年〕災患を救ひ、孤寡を宥らげ、罪戾を赦し、姦慝を詰り、淹滯を擧げしむ。

【姦富】不正な手段で富む。〔史記、貨殖伝〕本富を上と爲し、末富之れに次ぎ、姦富最も下なり。巖處奇士の行無くして、長く貧賤、好んで仁義を語るは、亦た羞づるに足るなり。

【姦伏】かくれた悪事。〔後漢書、循吏、王渙伝〕洛陽の令と爲り、平正居身を以て、寬猛の宜を得たり。～能く譎數を以て姦伏を發擿す。京師稱歎して、以て渙に神筭有りと爲す。

【姦暴】よこしまで暴虐。〔後漢書、桓帝紀〕詔して曰く、梁冀姦暴にして、王室を濁亂す。～朕をして母子の愛を離れ、顧復の恩を隔てしむ。

【姦謀】邪悪な謀。〔荀子、致士〕退姦進良の術、～是くの如くんば、則ち姦言姦說、姦事姦謀、姦譽姦愬は、之れを試みること莫し。

【姦民】よこしまな民。〔管子、七法〕姦吏、官法を傷り、姦民、俗教を傷り、賊盜は國衆を傷る。

【姦雄】姦智にたけた人物。〔漢書、司馬遷伝贊〕大道を論じては、則ち黃老を先にして六經を後にし、遊俠を序しては、則ち處士を退けて姦雄を進め、貨殖を述べては、則ち勢利を崇び、賤貧を羞とす。此れ其の蔽はるる所なり。

【姦乱】姦淫乱行。〔後漢書、董卓伝〕何后の葬に及んで、文陵を開く。(董)卓悉く藏中の珍物を取り、又公主を姦亂し、宮人を妻略す。

【姦利】不正な利益。〔漢書、王莽伝下〕天下の吏、奉祿を得ざるを以て、竝びに姦利を爲し、郡尹縣宰、家に千金を累ぬ。

【姦路】姦邪を行う道。〔後漢書、徐防伝〕太學、博士弟子を試みるに、皆意を以て說き、家法を修めず。私かに相ひ容隱し、姦路を開生す。

↑姦意 ねじけ心／姦軌 姦宄／姦婬 姦淫／姦淫 ふしだら／姦汙 穢れる／姦枉 姦邪／姦牙 悪仲買／姦猾 ずるい／姦猾 姦獪／姦官 悪役人／姦詭 偽る／姦欺 姦偽／姦逆 奸逆／姦渠 悪人頭／姦凶 悪漢／姦曲 邪曲／姦釁 邪悪と罪／姦計 奸計／姦譎 欺く／姦櫱 悪人／姦険 姦佞／姦故 姦詐／姦巧 巧詐／姦行 不正な行為／姦狡 狡猾／姦豪 姦桀／姦昏 姦悪で無智／姦差 悪役人／姦細 密探／姦讒 そしる／姦私 かくしごと／姦事 悪事／姦宄 奸邪／姦所 密通現場／姦胥 姦吏／姦色 間色／姦心 邪心／姦臣 奸臣／姦人 邪悪な人／姦説 邪説／姦銭 私鋳銭／姦憸 姦険／姦愬 邪悪な訴え／姦臧 着服する／姦贓 姦贓／姦智 奸才／姦鋳 私鋳銭／姦刁 巧詐／姦通 密通する／姦逓 悪役人／姦徒 悪仲間／姦蠹 わるもの／姦盗 奸盗／姦道 邪道／姦慝 姦慝／姦貪 奸貪／姦佞 ねじけ人／姦非 よこしま／姦媚 こびる／姦逼 密通する／姦夫 みそかお／姦婦 密通女／姦騙 かたりだます／姦妄 奸妄／姦罔 かたりだます／姦朋 姦党／姦門 悪への道／姦諛 姦佞／姦濫 姦乱／姦吏 悪役人／姦良 善悪／姦隷 悪臣

↓渴姦・陰姦・外姦・詰姦・糾姦・圉姦・禦姦・強姦・矯姦・禁姦・愚姦・豪姦・告姦・作姦・止姦・刺姦・宿姦・除姦・繩姦・飾姦・神姦・折姦・潜姦・蔵姦・大姦・停姦・佞姦・発姦・犯姦・伏姦・弁姦・保姦・防姦・和姦

【奸】 9/4144 〔姦〕 9/4044 カン わるもの

形声 声符は干。干におかす意がある。奸の繁文とみるべき字であるが、〔玉篇〕には姦の俗字とする。奸・姦両字の声義において用いる。

訓義 ①たわける。②わるもの。

古訓 〔新撰字鏡〕奸 比須加和佐(ひすかわざ)、又、太波久(たはく) 〔名義抄〕奸 ヲカス・ヒスカワザ・カタマシ・カタム・モタ・タヽフ

＊語彙は奸・姦両字条参照。

【宧】 9/3071 カン(クヮン) つかえる

篆文

金文

会意 宀＋臣。〔説文〕七下に「仕ふるなり」とあり、出仕の意とする。臣はもと神に仕えるもの。〔国語、越語上〕「孤子寡婦、疾疹貧病の者をして、其の子を納宧せしむ」とあるのが原義に近い。〔左伝、僖十七年〕「妾を宧女と爲す」とあるのも同じ。金文の〔伊設〕に「康宮の王の臣妾百工を官嗣せよ」とあり、宮廟に仕えるこれらのものは、また王の私臣であった。〔国語、越語〕に越王句践の降服をしるして、「范蠡と入りて呉に宧す」とあり、その徒隷となることをいう。のち出仕することを求めて遊学することを宧学といい、宧遊という。

訓義 ①つかえる、神廟につかえる、宮中につかえる。②官途につく、つかさにつく、つかさびと。③官途につくためにまなぶ、官事を見習う、故郷を出てまなぶ。④かんがん、宧官。閹寺・閽寺ともいう。去勢した出仕者。⑤豢と通じ、やしなう。

参考 宧・官は字形近く、声義に通ずるところがあるが、宧は廟中に仕える臣僕で神の徒隷たるもの。古くは犠牲であったと考えられる。官は軍が出征に当たって奉ずる祭肉(𠂤)を聖所に納めて、軍の保護霊とする意で、館(舘)の初文。のち軍官・王官の意となる。また頤は頤の初文。頤は頤養、授乳の儀礼で、いわば食べ初め。祖先の祭廟にその儀礼を報告することを頤という。𦣝は乳房の部分の象形である。

【宧学】仕官の道を学び、六芸を学ぶ。〔礼記、曲礼上〕君臣上下、父子兄弟も、禮に非ざれば定まらず。宧學して師に事ふるも、禮に非ざれば親しからず。

【宧官】宮廷につかえる去勢した男子。宧者、閹人。〔後漢書、宧者伝序〕中興(光武)の初め、宧官には悉く閹人を用い、復た他士を雜調せず。永平中に至り、始めて員數を置く。

【宧事】役人となる。〔史記、留侯世家〕秦、韓を滅ぼす。(張)良年少くして未だ韓に宧事せず。韓破るるや、～韓の爲に仇を報いんとす。

【宧豎】宧官。賤しめていう。漢・司馬遷〔任少卿(安)に報ずる書〕夫れ中才の人を以てするも、事の宧豎に關する有れば、氣を傷ましめざる莫し。而るを況んや慷慨の士に於てをや。

【宧女】官婢。また、妾。〔左伝、僖十七年〕卜招父と卜偃せ～、之れを卜す。～招曰く、～男は人臣と爲り、女は人妾と爲らんと。故に男に名づけて圉と曰ひ、女に妾と曰ひ、～妾、宧女と爲れり。

【宦情】(かんじよう)(くわんじやう) 仕官したい志。南朝宋・謝霊運〔魏の太子の鄴中集の詩に擬す、八首、徐幹の序〕少くして宦情無く、箕潁(箕山・潁川の隠者)の心事有り。故に世に仕ふるも、素辭多し。

【宦人】(かんじん)(くわん) 宦官。南朝宋・范曄〔宦者伝論〕孝武に至り、亦た李延年を愛す。帝、數〻後庭に宴し、或いは潛かに離館に遊ぶ。故に機事を請奏するは、多く宦人を以て之れを主らしむ。

【宦成】(かんせい)(くわん) 仕官して高位につく。〔漢書、疏広伝〕功遂げ身退くは、天の道なりと。今仕官して二千石に至る。宦成り、名立つ。此くの如くにして去らざれば、懼らくは後悔有らん。

【宦達】(かんたつ)(くわん) 官吏として出世する。唐・杜甫〔高三十五詹事に寄す〕詩 時來らば、宦の達せんことを知る 歳晩なるも、情疎なること莫かれ

【宦途】(かんと)(くわん) 仕官のみち。唐・白居易〔短歌行、二首、二〕詩 三十にして宦途に登り 五十にして朝服を被る 奴は濕く新たに纊を挾みさしはさみ 馬は肥えて初めて粟を食らふ

【宦遊】(かんゆう)(くわんいう) 仕官のため遊学する。また、役人となる。〔史記、司馬相如伝〕相如歸り、家貧し。～素より臨邛の令王吉と相ひ善し。吉曰く、長卿久しく宦遊遂げず、來りて我に過ぎよると。是に於て相如往きて都亭に舍す。

【宦吏】(かんり)(くわん) 宦官。〔漢書、外戚下、孝成許皇后伝〕宦吏忮佷し、必ず自ら勝たんと欲す。

↑宦意 仕えたい心／宦海 官界／宦客 宦遊の人／宦牛 去勢した牛／宦況 仕官の情況／宦境 宦況／宦孼 悪人の宦官／宦寺 宦官／宦侍 宦官／宦者 宦官／宦孺 宦官／宦術 出仕する法／宦蹟 宦政績／宦籍 官吏の籍／宦族 宦官の家／宦程 赴任の期限／宦轍 宦途／宦夫 宦者／宦門 官吏の家筋／宦路 官途

↓位宦・遠宦・閹宦・寒宦・羈宦・久宦・群宦・倦宦・孤宦・巧宦・仕宦・豎宦・少宦・世宦・清宦・素宦・謫宦・達宦・通宦・内宦・薄宦・微宦・浮宦・辺宦・末宦・名宦・游宦・冷宦・老宦

人
【柑】 9 4497 カン こうじ みかん

形声 声符は甘。甘声の字に、甘のように甘美の意があり、柑は柑子、蜜柑の類をいう。また柑口の意に用いる。

訓義 1こうじ、みかん。2鉗・箝と通じ、くつわ、くつばむ。

古訓 〔和名抄〕柑子 加无之(かむし)〔名義抄〕柑子 カムシ

【柑果】(かんか)(くわ) みかんの実。〔世説新語、倹嗇〕王丞相(導)倹節なり。帳下の甘(柑)果、盈溢するも散ぜず。春に渉りて爛敗す。～公舍てて去らしめて曰く、愼んで大郎(王悦)に知らしむべからずと。

【柑口】(かんこう) 口をつぐむ。〔漢書、五行志中之上〕君炕陽(無慈悲)にして暴虐なれば、臣刑を畏れて口を柑ざす。則ち怨謗の氣、謌謠に發す。故に詩妖有り。

【柑子】(かんし)(こう(かう)じ) みかんの一種。〔大唐新語、十三〕益州、歳毎に柑子を進む。皆紙を以て之れを裹つむ。

↑柑核 蜜柑の種／柑橘 柑果／柑馬 馬の轡／柑皮 柑子の皮／柑勒 柑馬

↓温柑・金柑・香柑・黄柑・脂柑・嗜柑・朱柑・種柑・新柑・青柑・蒼柑・霜柑・甜柑・乳柑・蜜柑

【柬】 9 5090 カン えらぶ

篆文  金文 

象形 橐の中に物のある形。橐の初形は東。〔説文〕六下に「分別して之れを簡ぶなり」とし、字形を束と八(八)に従い、八に分別の意があるとするが、八に従う字ではない。橐の中に物を入れ、精練し区別することを示す字である。

訓義 1えらぶ、えりわける。2簡と通じ、てがみ。

古訓 〔名義抄〕柬 ワカル

声系 〔説文〕に柬声として諫・楝・煉・湅・闌・練(練)など七字、また闌声の字六字を収める。柬声の字が諫、練の二系の音に分かれるのは、その語頭音がかつてkl-のような複合の子音であったことを示すもので、見母の兼(兼)・監、來(来)母の立・各・婁・樂(楽)の形声字に、その二系に分かれるものがある。

語系 柬・簡(簡)keanと同声。ともに簡別の意がある。また柬帖の意に用いることがある。

↑柬寄 選抜し委任する／柬書 手紙／柬帖 折帖名刺／柬請 招待状／柬汰 えらび除く／柬択 択ぶ／柬擢 選抜する／柬抜 選抜する／柬房 手紙係

【狟】 9 4121 カン(クヮン) おおいぬ

篆文 

形声 声符は亘。桓桓に威武の意がある。〔説文〕十上に「犬行くなり」とするが、狟狟はたけだけしいさま。そのような犬をいう。また貆・貛に通じ、まみ・あなぐまをいう。

訓義 1おおいぬ。2犬のゆくさま。3まみ、あなぐま。

古訓 〔名義抄〕狟 ウカ、フ

↑狟狟 勇武のさま／狟狢 あなぐま

常
【看】 9 2060 カン みる

篆文 

会意 手＋目。手をかざしてものを見る意。〔説文〕四上に「睎るなり」とあり、手をかざして遠く望み見ることをいう。

訓義 1みる、手をかざして見る、のぞむ。2あう、みまう、みまもる、もてなす。3心にさとる、えとくする。

古訓 〔名義抄〕看 ミル・カヘリミル・アヅカル

語系 看khan、觀(観)kuan、瞰・闞khamは声義近く、同系の語であろう。

【看花】(かんか)(くわ) 花見。進士及第者には城内看花の俗があった。唐・孟郊〔登科後〕詩 春風に得意、馬蹄疾し 一日に看盡す、長安の花

【看看】(かんかん) みるみる。唐・王建〔関山月〕詩 邊風面を割さいて、天明けんと欲す 金沙嶺西、看る看るに沒す

【看殺】(かんさつ) 見る。よくよく見る。〔邵氏聞見後録、二十〕東坡～船中に坐す。運河の岸を夾む千萬人、隨ひて之れを觀る。東坡坐客を顧みて曰く、軾を看殺すること莫きや否やと。其の人に愛慕せらるること、此くの如し。

【看取】(かんしゆ) 見る。見ぬく。唐・杜牧〔楽遊原に登る〕詩 看取せよ、漢家何の事業ぞ 五陵、樹として秋風を起す無し

【看他】(かんた) 見る。他は助辞。唐・王維〔盧員外象と～林亭に過ぎる〕詩 科頭(無帽)箕踞す、長松の下 白眼看他す、世上の人

【看灯】(かんとう) 元宵節の灯籠を見る。〔旧唐書、中宗紀〕(景竜)四年～上元の夜、帝、皇后と微行して燈を觀る。～丁卯の夜、又微行して燈を看る。

↑看過 見逃す／看客 見物人／看官 看客／看玩 見て弄ぶ／看戲 観劇／看劇 観劇／看見 見る／看驗 調べる／看顧 ひいき／看語 判決書／看護 看守／看守 番をする／看出 見出す／看書 読書／看承 護持する／看詳 審定する／看青 作物を見張る／看設 陳設する／看穿 看破する／看銭 見物料／看得 調書／看督 見守る／看破 看透かす／看病 介抱する／看望 観望する／看来 見てくる／看楼 物見台

↓愛看・臥看・回看・眼看・起看・窺看・仰看・好看・坐看・細看・

参看・愁看・徐看・儘看・酔看・静看・貪看・同看・独看・頻看・俯看・遍看・遥看

人【竿】 9 8840 カン さお

篆文 

形声 声符は干。〔説文〕五上に「竹梃なり」とあり、梃とは梃直なるもの。干にその義がある。もと箘をいい、竹竿は旗さおに用いる。

訓義 ①さお、はたさお。②たけのこ。③干と通じ、おかす。④簡と通じ、竹簡。

古訓 〔名義抄〕竿 サヲ・フダ 〔字鏡集〕竿 サヲ・タカサヲ・フダ

【竿竹】さおだけ。唐・白居易〔竹楼の宿〕詩 小書楼下、千竿の竹 深火爐前、一盞の燈

【竿頭】さおの先。〔景徳伝灯録、十〕百丈竿頭、須らく歩を進むべし 十萬世界、是れ全身

【竿牘】書札。〔荘子、列禦寇〕小夫の知は、苞苴(贈りもの)竿牘を離れず。～是くの若き者は、宇宙に迷惑して、太初を知らず。

↑竿栧 さお／竿影 竿の影／竿叉 竹の三叉／竿殳 竹杖／竿首 竿頭／竿蔗 甘蔗／竿旌 雉羽の旗／竿杪 竿首／竿旄 干旄／竿網 竿あみ／竿綸 釣道具

↓一竿・花竿・旗竿・高竿・修竿・招竿・旌竿・釣竿・葦竿

【甘】 9 4477 カン かんぞう

篆文 

形声 声符は甘。甘は甘味。〔説文〕一下に「甘草なり」とあり、甘味のある薬草。もと甘草といった。

訓義 ①かんぞう。

【衎】 9 2110 カン たのしむ

篆文 

形声 声符は干。〔説文〕二下に「行きて喜ぶ皃なり」とあり、道路で楽しむような行為をいうとする。〔詩、小雅、南有嘉魚〕に「嘉賓式て燕しみ以て衎しむ」とあって儀礼の際に用い、また〔礼記、檀弓上〕に「居處言語飲食すること、衎爾たり」とあって、たのしむさま。外に行くこととは関係がないようである。侃と声義が近い。

訓義 ①たのしむ、よろこぶ、おちつく。②侃と通じ、ただしい、つよい。

古訓 〔名義抄〕衎 タノシブ・ユタカナリ・ネガフ 〔字鏡集〕衎 ユタカナリ・タノシフ・ヨロコブ

語系 衎・侃khan、款khuanは声義近く、通用する。

【衎衎】和楽するさま。また、強毅忠直のさま。〔漢書、張敞伝賛〕張敞は衎衎として、忠を履み言を進む。緣飾することを儒雅、刑罰必ず行ふ。

【衎爾】自得して安んずるさま。〔礼記、檀弓上〕子夏、諸これを夫子に問うて曰く、君の母と妻との喪に居ること、居處言語飲食すること、衎爾たりと。

↑衎謇 剛直／衎而 衎爾／衎然 喜ぶさま／衎直 剛直／衎楽 楽しむ

↓燕衎

【倌】 10 2327 カン(クヮン) とねり

篆文 

形声 声符は官。〔説文〕八上に「小臣なり」とあり、〔詩、鄘風、定之方中〕の句を引く。その第三章に「靈雨既に零つ 彼の倌人に命じ 星みて言に夙に駕し 桑田に説らしむ」とあり、この小臣たる倌人は、わが国でいえば内舎人にあたる。この詩は都作りすることを歌うもので、「桑田に說る」とは、その地霊を鎮めるための行為であるらしい。小臣は殷周期には神に仕えるもので、殷の建国を助けた伊尹は神話的人物であるが小臣とよばれ、殷の王族中、聖職に在るものも小臣と称した。倌は他に用例がなく、倌人はのち蘇州の方言では妓女をいい、いまは料理店のボーイをいう。

訓義 ①倌人、とねり、小臣。②妓女、ボーイ。③家畜の飼養者。

↓堂倌・馬倌・羊倌

【倝】 10 4840 カン はた はためく

篆文  籀文  金文 

象形 旗ざおに吹き流しをつけた形。〔説文〕七上に「日始めて出で、光倝倝たるなり」とし、「旦に従ひ、㫃聲」とする。次にその籀文かと思われる字を掲げるが、その形義に不明のところがあるとして説解を加えず、「闕」とする。金文の図象に、旗竿の上部に杠飾りを加える形があり、日はその杠飾りの形で、日光とは関係がない。㫃は旗に偃游(吹き流し)を加えた形である。

訓義 ①はた。②はためく。③日のかがやくさま。

声系 〔説文〕に倝声として翰・韓・韓(韓)・榦・幹・乾など十字を収めるが、日光に関する字義をもつものはない。高飛強健の意を含むものが多く、旗の高くはためく気象を承ける。

【函】 10 1760 カン エン やぶくろ おちいる した

篆文  甲骨文 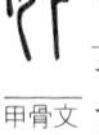 金文 

象形 矢を入れる囊。〔説文〕七上に「舌なり。象形。舌體㔾㔾。㔾に従ふ。㔾の亦聲なり」とするが、卜文・金文の字形は、革嚢の中に矢のある形。「やなぐい」もまた象形に作るが、その字はのち形声字となり箙を用いる。金文に字を陥入の義に用い、〔毛公鼎〕「女の、乃の辟を以て、艱(艱)に函しいれしめざらんことを欲す」、〔不嬰段〕「我が車を以て、艱に函れしめず」のように用いる。字はまた閻に通じ、金文に多くみえる函皇父は、文献にみえる閻氏のことであろうと思われる。函はまた圅と同字とされるが、字の形象が異なり、同一の字とはしがたい。

訓義 ①やぶくろ、やなぐい。②臽と通じ、おちいる。③㔾・含と声義が近く、含むもの。した、あご。

【函鍾】林鍾。十二律の一。〔周礼、春官、大司楽〕乃ち蕤賓を奏し、函鍾を歌ふ。

【垸】 10 4311 カン(クヮン) ぬる

篆文 

形声 声符は完。〔説文〕十三下に「桼して灰に餘(和)し、丸めて髹るなり」(段注本)とあり、漆と灰とをまぜて、塀などをぬりこめることをいう。また「一に曰く、垣を補ふなり」とはその意である。

訓義 ①ぬる、ぬりこめる。②漆と灰をまぜてまるめ、ぬりこむ。③まるい、丸と通用する。④鍰と通用し、重量をいう。

古訓 〔名義抄〕垸 ヒカハラケ 〔字鏡集〕垸 モヒ・ヤキカハラケ

【𢍰】 10 2277 ［𢍱］ 11 2277 カン(クヮン) つらぬく

篆文 

象形 門関を施す形。關鍵の關(関)の初文であろう。〔説文〕十三上に「織るに絲を以て杼を毌(貫)くなり」(段注本)とし、字を丱声とするが、字の全体が象形である。また〔説文〕に丱を古文の卵とするが、声も異なり、丱は総角の形。𢍰は貫の木を施した門関の象形である。

訓義 ①門扉に貫の木を施す、かんのき、つらぬく。②杼を通して織る、ぬく。

古訓 〔字鏡集〕𢍰 オル・ツラヌク

声系 〔説文〕十二上に𢍰声として關を収め、「木を以て横さまに

門戸を持するなり」、すなわち貫の木を施した形とする。その関鍵の部分が𢍏である。

語系 𢍏・關koan は同声。ともに門関をいう字である。

【悍】 10 9604 カン つよい たけだけしい

篆文

形声 声符は旱。〔説文〕十下に「勇なり」という。輕悍・愚悍・悍戻のように用い、〔一切経音義、五〕に引く〔倉頡篇〕に「桀なり」とあるように桀悪、たけだけしい意がある。

訓義 1つよい、あらい、たけだけしい。2はげしい、するどい、はやい。

古訓 〔新撰字鏡〕悍 波介之(はげし) 〔名義抄〕悍 タケシ・ハサム・イサム・モハラ 〔字鏡集〕悍 タケシ・イサム・モトラヒ・モハラ・ハサム

語系 悍・駻han は同声。馬の性の桀悪なるものを駻馬といい、その驍威を強悍・上悍・下悍とする。

【悍鋭】 あらあらしくつよい。〔唐書、藩鎮、呉少誠伝〕地、馬少なし。騾に乘りて以て戰ひ、騾子軍と號す。尤も悍鋭なり。甲に皆書公星文を畫きて、以て厭勝(まじない)とす。

【悍忌】 気があらくてねたみ深い。〔後漢書、馮衍伝下〕衍、北地任氏の女を娶りて妻と爲す。悍忌にして、媵妾を畜ふることを得ず。

【悍急】 気があらくて短気。〔福恵全書、郵政、撥馬〕若し與ふるに悍急の乘(馬)を以てせば、恐らくは顛仆するを致さん。駑質の尤も蹇衛に勝へざるに如かず。

【悍亟】 するどくはやい。〔新序、善謀下〕遠方絶域不收の民は、以て中國を煩はすに足らざるなり。且つ匈奴は輕疾悍亟の兵なり。～居處常無く、得て制し難きなり。

【悍妻】 気のあらい妻。〔漢学師承記、七、汪中〕(劉)孝標、嬰年(幼少)にして失恃(親を失う)。～余幼にして窮罰に罹ふ。～此れ一の同じきなり。孝標、悍妻室に在り、家道轗軻(困難)す。余～勃谿(嫁姑不和)累歲、～終に溝水(離別)を成す。此れ二の同じきなり。

【悍人】 向こう見ず。〔戦国策、秦五〕秦王、中期と爭論して勝たず。～大いに怒る。～或ひと～秦王に說きて曰く、悍人なるかな中期、適明君に遇ふが故なり。向者に桀紂に遇はば、必ず之れを殺ししならんと。秦王、因りて罪せず。

【悍戦】 勇敢に戦う。〔三国志、蜀、黄権伝〕呉人は悍戰す。又、水軍は流れに順ふ。進むこと易く、退くこと難し。臣請ふ、先驅と爲りて、以て寇を嘗みむと。

【悍戇】 気があらくおろか。〔荀子、大略〕悍戇にして鬪ふを好むは、勇に似て非なり。

【悍民】 あらあらしく、邪悪な民。〔荀子、王覇〕國として愿民有らざる無く、國として悍民有らざる無し。～兩者竝び行はる。國、上偏に在るときは國安く、下偏に在るときは國危し。

【悍勇】 あらあらしく勇ましい。〔史記、孫子伝〕彼の三晉の兵は、素より悍勇にして、齊を輕んず。齊、號して怯と爲す。善く戰ふ者は、其の勢ひに因りて之れを利導す。

【悍吏】 凶暴な役人。宋・柳宗元〔捕蛇者の説〕悍吏の吾が鄕に來たるや、東西に叫囂し、南北に隳突す。譁然として駭かす者、雞狗と雖も寧きことを得ず。

【悍戻】 凶暴でねじけた人。〔旧唐書、楊於陵伝〕會監軍使許遂振、悍戾貪恣にして、軍政を干撓す。於陵、奉公潔己、遂振能く柰何ともする無し。

↑悍逆 悍戻／悍強 悪強い／悍驕 あらあらしくて驕る／悍勁 強悍／悍軽 つよくはやい／悍堅 剛強／悍梗 頑固／悍士 勇士／悍室 悍婦／悍獣 荒々しい獣／悍将 猛将／悍然 気の荒いさま／悍壮 たくましい／悍塞 強情／悍妬 嫉妬深い／悍党 凶党／悍馬 荒れ馬／悍潑 あばずれ／悍夫 勇士／悍婦 気の荒い女／悍辟 悍悪／悍目 目をみはる／悍薬 劇薬／悍虜 気の荒い僕

↓鋭悍・頑悍・凶悍・狂悍・強悍・矯悍・驍悍・愚悍・勁悍・軽悍・堅悍・健悍・獷悍・剛悍・傲悍・遒悍・声悍・精悍・粗悍・壮悍・燥悍・妬悍・慓悍・剽悍・標悍・暴悍・猛悍・勇悍・雄悍・廉悍

【捍】 10 5604 〔扞〕 6 5104 カン まもる ふせぐ

篆文

形声 声符は旱。〔説文〕十二上に扞を正字とし、「忮ふなり」と訓し、〔玉篇〕に「衞るなり」という。扞衛の意には、金文に干・攼を用い、干吾・攼敔という。干は盾の象形。〔列子、楊朱〕に「肌膚は以て自ら捍禦するに足らず」というのは、その後起の字である。

訓義 1まもる、ふせぐ。2ゆごて。3悍と通じ、たけだけしい、あらい、はげしい。4捍然、かたいさま。

古訓 〔名義抄〕捍 コバム・マモル・トル・キル・スマフ 〔字鏡集〕捍 コバム・フセク・マホル・フルフ・ハラフ・セムカフ・トル・キル・タモツ・スマフ・ハル・スツ・ユル・ホソク

語系 捍・扞han、干kan は同系の語。抗khang も声義の通ずる字である。

＊語彙は扞字条参照。

【捍禦】 ふせぐ。〔列子、楊朱〕人は爪牙は以て守衛に供するに足らず。肌膚は以て自ら捍禦するに足らず。趨走は以て利害を逃るるに足らず。

【捍塞】 ふさいで防止する。〔魏書、常景伝〕杜洛周、燕州に反す。～又景に詔して、山中嶮路の處、悉く捍塞せしむ。

【捍撥】 琵琶の撥先をまもる飾り。金・銀・象牙などをはめた。唐・元稹〔琵琶歌〕詩 涙、捍撥に垂れて、朱絃濕ひ 冰泉嗚咽して、流鶯澀る

↑捍遏 はばむ／捍衛 まもる／捍格 もつれる／捍隔 はばみへだてる／捍患 患害を防ぐ／捍拒 捍禦／捍圉 捍禦／捍護 防護する／捍制 ふせぎとどめる／捍然 堅いさま／捍敵 敵をふせぐ／捍辺 辺境を守る

↓救捍・勁捍・険捍・射捍・遮捍・剽捍

【栞】 10 1190 カン しおり きる

篆文

会意 幵＋木。〔説文〕六上に「槎識なり」とあり、道しるべに用いる細く削った木。〔書、禹貢〕に「山に隨ひて木を栞る」とあり、刊の意。木頭を刊って表識とし、榜示に用いる。わが国ではしおりとよむ。

訓義 1木を削るようにして、きる。2道しるべの木。3しおり。

古訓 〔名義抄〕栞 キル

語系 栞・刊kan は同声。おそらくもと同じ字であろう。栞の初文は二天に従うが、それが槎識の象であろう。

【栞木】 木を伐って、しるべとする。〔漢書、地理志上〕禹をして之れを治めしむ。～禹、土を敷つ。山に隨つて木を栞り、高山大川を奠む。

【栞旅】 山行に木を伐ってしるべとし、山祭をする。〔史記、夏紀〕九山、栞旅す。

↑栞正 刊正／栞奠 平定

↓竣栞・不栞

【桓】 10 4191 カン(クヮン) しるしのき つよい

篆文

形声 声符は亘。〔説文〕六上に「亭郵の表なり」とあり、宿坊の前の標識とする。古代には神聖な場所に表識を立てて榜示とし、軍門にも小さな袖木の

ある禾形の柱を左右に立てた。それを両禾軍門という。字はまた和・華・桓に作り、和表・華表・桓表という。

訓義 ①しるしの木、和表、華表、桓表。左右にならび立てることが多い。②狟と通じ、つよい、たけくいかめしい。③盤桓、たちもとおる、めぐる。

古訓 〔名義抄〕桓 カキ・タチモトホル・タケシ 〔篇立〕桓 ハナノキ 〔字鏡集〕桓 タケシ・カキ・ハナノキ・タチモトホル

語系 桓・狟huan は同声。禾・和huai、華(華)hoa も声近く、桓表の意に用いるが、桓表は禾がその初形。金文の図象に、禾稷の字と別に、禾表の形のものがある。盤桓は徘徊・彷徨の意。徊huai、徨huang は桓とその声が近い。

【桓楹】棺を下ろすため、墓穴の四隅に立てる柱。柱頭に穴をあけ、紐を通して静かに下ろす。のち石柱を立て、碑銘を刻するようになった。木柱には宮廟の柱頭のように雕飾を加えた。〔礼記、檀弓下〕夫れ魯は初(由来)有り。公室は豐碑(天子に用いる)に視らへ、三家は桓楹(諸侯に用いる)に視ふ。

【桓桓】武勇のさま。〔書、牧誓〕勖めよや夫子、尚はくは桓桓たれ。虎の如く貔の如く、熊の如く羆の如くせよ。

【桓撥】勇気活力のあるさま。〔詩、商頌、長発〕玄王桓撥たり 小國を受くるも是れ達し 大國を受くるも是れ達す

【桓碑】棺を下ろすため、墓穴の四隅に立てた柱。碑の原型となった。宋・欧陽脩〔集古録目序〕夫の漢魏已來、聖君賢士の桓碑彝器、銘詩序記と、下、古文籀篆、分隷諸家の字書に至るまで、皆三代以來の至寶なり。

【桓表】古く聖所や要所に立てた榜示のための表木。〔漢書、酷吏、尹賞伝注〕舊亭傳、〜屋上に柱の出づる有り。高さ丈餘。大板有り、柱を貫きて四出す。名づけて桓表と曰ふ〜と。(顔)師古曰く、卽ち華表なりと。

↑桓圭 瑞玉の一

↓烏桓・三桓・盤桓

【浣】 10 3311 〔澣〕 16 3814 カン(クヮン) あらう

篆文

形声 声符は完。〔説文〕十一上に澣を正字とし、「衣垢を濯ふなり」とあり、その字は榦声。〔詩、周南、葛覃〕に「薄く我が衣を澣ふ」と澣を用いる。

訓義 ①あらう、すすぐ。②唐代、一旬に一日休沐の日があり、一月を上中下の三浣に分かつ。旬の意。

古訓 〔名義抄〕浣・澣 アラフ・ス、グ 〔字鏡集〕澣・浣 アラフ・ス、グ・キユ

語系 浣・澣huan、盥kuan は声義近く、手足を洗うを盥、衣垢を洗うを浣(澣)という。

＊語彙は澣字条参照。

【浣衣】衣を洗う。洗いざらし。〔後漢書、馬廖伝〕元帝は服官を罷め、成帝は浣衣を御ひ、哀帝は樂府を去る。然れども侈費しく息まず、衰亂に至る。

【浣雪】洗いすすぐ。罪名を除く。〔唐書、藩鎮、王承宗伝〕淄青・盧龍、數しば表して赦されんことを請ふ。乃ち詔して浣雪し、盡く故地を以て之れに畀へ、諸道の兵を罷む。

【浣染】よごれを洗いとる。〔唐書、食貨志一〕帝の性儉約、身に御ひる所の衣、必ず浣染すること再三に至り、以て天下に先だたんと欲す。

【浣腸】腸を洗う。〔史記、扁鵲伝〕上古の時、醫に兪跗有り。病を治するに湯液醴灑を以てせず。〜腸胃を湔浣し、五臟を漱滌し、練精して形を易ふ。

【浣沐】足を洗い、髪を洗う。〔南史、文学、卞彬伝〕澡刷すること謹まず、浣沐時を失ふ。〜故に葦席蓬纓の閒、蚤蝨猥りに流る。

↑浣胃 胃を洗う／浣洒 すすぐ／浣濯 洗いすすぐ／浣滌 洗いすすぐ／浣帛 洗った帛／浣練 洗う

↓下浣・火浣・盥浣・三浣・手浣・上浣・中浣

人【莞】 10 4421 〔莞〕 11 4421 〔[艹睆]〕 16 4461 カン(クヮン) いのむしろ わらう

篆文

形声 声符は完。〔説文〕一下に「艸なり。以て席を作るべし」とあり、藺草をいう。また[艹睆]に作り、〔説文〕一下に「夫離なり」とするが、〔爾雅、釈草〕に「莞は苻離なり」とあり、同字異文とみてよい。

訓義 ①い、いぐさ、まるがま。②いのむしろ、むしろ。③莧と通じ、わらうさま、わらう。

古訓 〔新撰字鏡〕莞 大井(おほゐ)、又、加万(かま) 〔和名抄〕莞 漢語抄に云ふ、於保井(おほゐ) 〔篇立〕莞 オホヰ・カマ・ヒユ・ニヲウ(ワラフ)

【莞爾】微笑する。〔論語、陽貨〕子(孔子)、武城(宰は子游)に之き、絃歌の聲を聞く。夫子、莞爾として笑つて曰く、雞を割くに焉んぞ牛刀を用ひん。

【莞席】いのむしろ。〔梁書、良吏、孫謙伝〕牀には蘧篨(蘆荻)屏風を施し、冬は則ち布被莞席、夏日は幬帳無くして夜臥するに、未だ嘗て蚊蚋有らず。人多く異とす。

【莞簟】いのむしろと、たかむしろ。〔詩、小雅、斯干〕莞を下にし簟を上にし 乃ち安んじ斯ち寢ねしむ

↑莞筵 いのむしろ／莞蒻 いとあし／莞荏 いのしとね／莞然 莞爾／莞蒲 いとがま

↓葦莞・一莞・下莞・草莞・平莞・編莞・蒲莞

【豻】 10 2124 〔犴〕 6 4124 カン ガン やけん ひとや

篆文

形声 声符は干。〔説文〕九下に「胡地の野狗なり」とし、重文として犴をあげ、また〔詩、小雅、小宛〕の「犴に宜しく獄に宜し」の句を引く。いまその字を岸に作り、〔韓詩〕には犴に作る。〔周礼、夏官、射人、注〕には豻に作る。犴獄の字はともに犬に従い、おそらくその建物を建てる際の修祓に、犬牲を用いたのであろう。

訓義 ①いぬ、野犬。②ひとや。

古訓 〔名義抄〕豻 コマイヌ

語系 豻・岸ngan、干kan、厈xan、巖(巖)ngeam、堮ngak は声が近い。獄舎をそのような厓巌のところに設けたのであろう。

【豻侯】胡犬の皮で周辺を飾った射的。〔周礼、夏官、射人〕士は三耦を以て豻侯を射る。

↓獄豻・青豻・貙豻・狴豻

常【陥】 10 人〔陷〕 11 7727 カン おちいる

篆文

形声 旧字は陷に作り、臽声。臽は人が坑坎の中に陥る形。阜は神の陟降する神梯の形であるから、聖所を守るために陥穽を設ける意の字であろう。そのような土坑を埳井という。

訓義 ①おちいる、おとしいれる。②おとしあな。③あやまる、おちこむ、わなにかかる。④やぶれる、敵の手中に入る。

古訓 〔名義抄〕陷 オツ・オチイル・オチル・シヅム・クボム・フム・イル・ホビコル 〔字鏡集〕陷 クツガヘル・カヾマル・トヾマル・ウツ・クボム・シヅム・ヲチル・ホヒコル・イル・フム

語系 陷・臽heam、埳・坎kham は声義が近い。また埂keang、坑kheang もその系統の語である。

【陥鋭】(かんえい) 強敵を破る。〔韓非子、存韓〕夫れ進みて趙を撃つも取ること能はず、退いて韓を攻むるも抜くこと能はず。則ち陥鋭の卒は野戰に勠れ、負任の旅(輸送部隊)は内攻に罷れん。

【陥害】(かんがい) 陥れて害する。〔漢書、刑法志〕諺に曰く、棺を鬻ぐ者は歲の疫ならんことを欲すと。人を憎みて之れを殺さんと欲するに非ず。利、人の死することに在るなり。今治獄の吏、人を陥害せんと欲するも、亦た猶ほ此のごときなり。

【陥撃】(かんげき) 謀に陥れて撃つ。〔後漢書、西羌伝論〕乃ち陥撃の殲傷する所、追走の崩藉する所の若き、頭顱は萬丈の山に斷落し、支革は重崖の上に判解す。

【陥穽】(かんせい) おとし穴。〔後漢書、寇栄伝〕閶闔(宮門)九重、陥穽歩ごとに設く。～萬乘の前に至るに緣無く、永く見信の期無からん。

【陥溺】(かんでき) 穴に落ち水に溺れる。〔荀子、大略〕禮なる者は人の履む所なり。履む所を失へば、必ず顚蹶陥溺す。

↑陥仮 欠点／陥咎 咎におちいる／陥刑 刑におちいる／陥車 囚人の車／陥陣 敵陣を取る／陥陳 陳をおとす／陥陬 痩せこけ／陥阱 おとしあな／陥擠 おしおとす／陥懟 うらむ／陥入 陥没する／陥破 攻め破る／陥敗 敗れる／陥落 落城する

↓傾陥・欠陥・坑陥・攻陥・構陥・摧陥・失陥・擠陥・排陥・誣陥・陵陥・淪陥

常【乾】 11 4841

篆文  籀文 

カン ケン はためく かわく

会意 倝+乙。〔説文〕十四下に「上に出づるなり。乙に從ふ。乙は物の達するものなり」とするが、文意が明らかでない。倝字条七上に「日始めて出で、光倝倝たるなり」とあり、光の達する意かと思われるが、その義の用例はない。倝は旗竿の象、乙は偃游(吹き流しの類)のなびく形。旗游のはためくさまから、勇健の気象を示すものと考えられる。易に乾・坤の二卦を立て、字義に深遠なものを加えた。〔玉篇〕に「健なり、天なり、君なり」とするのは、乾坤の乾の義、「燥く」の訓を加えるのは、旱・暵と近い語義である。

訓義 ①旗がひらめく、はためく。②勇ましいさま、力あるさま。③かわく、かれる。④易の乾卦。陽、男、君、夫、父、いぬい。

古訓 〔篇立〕乾 カハク・ホス・カレタリ

語系 乾・干 kan、旱 han、暵・熯 xan、晞 xiəi は声義に通ずるところがあり、通用する。

【乾嗌】(かんえき) のどが乾く。苦心する。〔越絶書、内伝陳成恒〕孤～焦脣乾嗌、心を苦しめ力を勞す。～願はくは一たび呉と、天下の兵を中原の野に交へん。

【乾乾】(けんけん) おこたらず努力する。〔易、乾、九三〕君子は終日乾乾、夕べに惕若たり。厲けれども咎无し。

【乾元】(けんげん) 天の気象。ものを生ずる力。〔易、乾、彖伝〕大なる哉乾元、萬物資りて始む。乃ち天を統ぶ。雲行雨施して、品物形を流しく。

【乾耗】(かんこう(かうう)) かわきへる。消耗し尽す。〔宋史、胡銓伝〕眞宗皇帝の時、宰相李沆、王旦に謂ひて曰く、我死せば公必ず相と爲らん。切に虜と講和すること勿かれ～と。旦、殊に以て然りと爲さず。既にして遂に和し、海内乾耗す。

【乾剛】(けんごう(がう)) 天道の剛健なるをいう。〔後漢書、楊震伝〕唯だ陛下乾剛の徳を奮ひ、驕奢の臣を棄て、以て訞言の口を掩ひ、皇天の戒を奉承せよ。

【乾坤】(けんこん) 天地。陰陽。日月。唐・杜甫〔岳陽楼に登る〕詩 呉楚、東南に坼け 乾坤、日夜浮ぶ

【乾愁】(かんしゅう(しう)) そこはかとなき愁い。唐・韓愈〔感春、四首、四〕詩 乾愁漫りに解し坐ろに自ら累ふ 衆と趣を異にせば誰か相ひ親しまん

【乾笑】(かんしょう(せう)) 冷笑する。〔宋書、范曄伝〕曄の妻～曄を罵りて曰く、君、百歲の阿家(母親)を爲はず、天子の恩遇に感ぜず、身死すとも固より罪を塞ぐに足らず。奈何ぞ子孫を枉殺すると。曄乾笑して云ふ、罪至れるのみと。

【乾道】(けんどう(だう)) 天の至健の德。〔易、乾、彖伝〕乾道變化し、各と性命を正しくし、大和を保合するは、乃ち利貞なり。庶物に首出して、萬國咸く寧し。

【乾暴】(かんばく) さらしかわかす。〔論衡、商虫〕宿麥の種を藏するに、烈日に乾暴し、燥器に投ずれば、則ち蟲生ぜず。

【乾没】(かんぼつ) 僥倖を求める。〔抱朴子、安貧〕髮膚の明戒を忘れ、乾沒を冀ひ難きに尋ぬ。▨依託物を横領する。唐・顏眞卿〔李司空碑〕乾沒の贓、一たび百萬を徵し、繕完の利、費省くこと巨億なり。

【乾浴】(かんよく) 干沐浴。両手で皮膚を摩擦する健康法。宋・蘇軾〔子由(弟蘇轍)の浴し罷はるに次韻す〕詩 息を閉ぢて、萬竅(身の孔穴)通じ 霧散、乾浴と名づく

【乾糧】(かんりょう(りやう)) ほしいい。〔論衡、芸増〕周殷の士卒、皆盛糧を齎し、或いは乾糧を作る。

↑乾位 西北の方位／乾萎 かわき萎びる／乾宇 天界／乾噦 空えずき／乾円 天円／乾嘔 乾噦／乾暵 かわく／乾儀 朝儀／乾魚 干魚／乾竭 かわきる／乾涸 かれる／乾喉 乾嗌／乾餱 かれいい／乾菜 乾物類／乾屎 ひぐそ／乾粥 寒食／乾浄 清潔／乾情 うわべ／乾食 乾飯／乾腊 梅／乾舌 乾噦／乾癬 たむし／乾嗽 空ぜき／乾燥 乾く／乾苔 青のり／乾啼 空なき／乾都 痩せ老人／乾統 皇統／乾徳 王徳／乾肉 ほし肉／乾杯 乾盃／乾梅 梅ぼし／乾飯 ほしいい／乾糒 乾飯／乾麩 ふすま／乾覆 覆育／乾物 ひもの／乾脯 ほし肉／乾酪 チーズ／乾霊 天の神

↓握乾・萎乾・応乾・旱乾・涵乾・暵乾・御乾・枯乾・肴乾・皇乾・坤乾・象乾・乗乾・脣乾・声乾・析乾・旋乾・蘚乾・体乾・苔乾・泥乾・風乾・霊乾

常【勘】 11 4472

篆文 

カン かんがえる しらべる

会意 甚+力。〔説文新附〕十三下に「校ふるなり」とし、甚声とするが、戡・堪なども甚声ではなく、これらは会意字とすべきである。〔玉篇〕に「覆定するなり」とみえるが、〔唐律〕などに至って用例がある。甚を堪・碪などによって磨礪の器と解するならば、力は耒の象形であるから、耒に礪ぎを加える意となるが、古くは戡も戈に従い、立意の近い字である。

訓義 ①かんがえる、しらべる、くらべる。②罪人をしらべる。③戡・刊・堪と通用する。

古訓 〔名義抄〕勘 カムガフ・サダム 〔字鏡集〕勘 カムカフ・サダム・ツハヒラカ・イマシム

語系 〔説文〕に甚声とする字のうち、勘・堪・戡 khəm は別に一系をなしている。甚・煁 zjiəm は同声。甚はもと火炉の形。また斟 tjiəm は鍋より斗勺で酌む形である。

【勘鞫】(かんきく) 罪人をとりしらべる。〔旧唐書、韋嗣立伝〕公卿士庶、頸を連ねて戮を受く。～皆謂へらく、勘鞫して情を得たり。是れ其の實犯なり。寛捨せんと欲すと雖も、其れ法を如何せんと。

【勘合】(かんごう(がふ)) 割符と合わせてしらべる。宋・葉適〔経総制銭、一〕產を得たるときは勘合有り、典賣には牙契(仲介者の証明)有り。

【勘審】(かんしん) 詳しくしらべあわせる。〔隋書、律暦志中〕旅騎尉

張冑玄、理思沈敏、術藝宏深、懷道白首、來りて曆法を上まつる。太史の舊曆と、竝びに勘審を加へしむ。

【勘定】校訂。清・曾国藩〔経史百家簡編の序〕沅甫（曽国荃）重ねて一冊を寫し、余に請ひて勘定せしむ。▣国語で、計算することをいう。

【勘当】罪科をしらべ、法にあてる。〔唐書、儒学中、徐堅伝〕大逆を犯すに比す。使者に詔して勘當せしめ、實を得ば輒ち決せしむ。▣国語。君父の旨に逆らって追放され、縁を切られる。

【勘弁】ものごとを考え定める。宋・陸游〔蘭亭の序に跋す〕蘭亭（帖）を觀ること、當に禪宗の如く勘辨すべし。門に入りて便ち了る。▣国語で、人の罪過をゆるして、問責しないことをいう。

↑勘会 引き合わせ／勘契 割符／勘検 勘合／勘験 勘検／勘誤 刊誤／勘校 校勘／勘査 実否をしらべる／勘災 被害の調査／勘察 勘査／勘実 実否をしらべる／勘書 校勘／勘読 校閲する／勘破 実否を見破る／勘覆 反覆調査する／勘問 査問

↓鞫勘・契勘・検勘・互勘・校勘・審勘・請勘・対勘・勅勘・点勘・駁勘・覆勘・磨勘

常【患】 11 5033 カン（クヮン） うれえる わずらう

篆文

古文

形声 声符は串。〔説文〕十下に「憂ふるなり」とあり、憂患の意とする。串は毌と同字。宝貝を貫く形で、その傷め易いことを憂える意であろう。

訓義 ①うれえる、わずらう、おもいなやむ、心づかいする。②わずらい、くるしみ、やまい、わざわい。

古訓 〔名義抄〕患 ウレフ・ヤマヒ 〔字鏡集〕患 ウレフ・ヤマヒ・ワザハヒ

語系 患hoan、害（害）hatは声義の関係がある。〔淮南子、脩務訓〕の〔許慎注〕に「害は患なり」とあって、互訓の例が多い。

【患禍】わざわい。〔韓非子、問田〕逢遇は必すべからざるなり。患禍は斥くべからざるなり。

【患悔】心配と後悔。〔易林、明夷之屯〕日月の塗み、行く所必ず到り、患悔有る无し。

【患害】わざわい。魏・阮籍〔詠懷、八十二首、六〕詩 膏火、自ら煎熬す 多財、患害を爲す 布衣にして身を終ふべし 寵禄、豈に賴むに足らんや

【患急】さしせまった難儀。〔三国志、蜀、許靖伝〕許文休（靖）は英才偉士、智略以て事を計るに足る。流宕より已來、群士と相ひ隨ふ。患急有る每に、常に人を先にし己を後にす。

【患毒】甚だにくむ。〔宋書、蕭思話伝〕思話十許りの歲、未だ書を知らず。博誕遊遨を以て事と爲す。好んで屋棟に騎り、細腰鼓を打ち、鄰曲を侵暴す。之れを患毒とせざる莫し。

【患難】困難。くるしみ。〔史記、越王句践世家〕越王、人と爲り長頸烏喙、與に患難を共にすべきも、與に樂しみを共にすべからず。

【患憂】心配ごと。〔管子、揆度〕國に患憂有るときは、五穀を輕重して、以て用を調ふ。

↑患忌 憚り／患咎 苦しみ／患御 近習／患苦 なやみ／患険 患難／患戚 うれい／患惙 うれい／患悶 なやみ／患吏 奸吏／患累 わざわい

↓外患・艱患・咎患・急患・近患・苦患・後患・国患・疾患・重患・水患・大患・内患・風患・憂患

【㪋】 11 6844 カン ガン とどめる まもる

篆文

形声 声符は旱。〔説文〕三下に「止むるなり」と訓し、〔書、文侯之命〕「我を艱に㪋る」の文を引く。金文に干吾・扞敔という語があり、㪋は干・扞と同義。〔文侯之命〕はいま扞に作る。

訓義 ①とどめる、まもる。②うつ。

＊語彙は扞字条参照。

【捍】 11 4694 ［扞］ 7 4194 カン まもる ふせぐ

形声 声符は旱。〔正字通〕に扞の俗字とする。扞はたて。杠扞をまた槓捍としるすことがある。槓捍はてこ。

訓義 ①たて。②まもる、ふせぐ。③てこ。

＊語彙は扞字条参照。

【涵】 11 3117 カン ひたす しずむ うるおう

篆文

形声 声符は函。〔説文〕十一上に字を涵に作り、函声とし、「水澤多きなり」という。また〔詩、小雅、巧言〕「僭（譖）始めて既に涵ふ」の句を引くが、字はいま涵に作る。函は矢を入れる橐の形であるから、涵とは深くひたす意であろう。

訓義 ①ひたす、しずむ。②うるおう、ぬれる。③淊と通じ、泥水。

古訓 〔名義抄〕涵 フ、メリ 〔字鏡集〕涵 シヅム・イル・オヨグ・フ、メリ・コホリ・オナジ・ウカブ

語系 涵həm、含həm、嗛heəm、銜heəm は声義近く、深くものを含む意があり、一系の語である。

【涵育】めぐみ育てる。〔宋書、顧覬之伝〕夫れ聖人は懷を虛しうして以て涵育し、明を凝らして洞照す。惟だ虛なり。故に往くとして通ぜざる無し。惟だ明なり。故に來るとして燭らさざる無し。

【涵泳】水に入っておよぐ。深く体会するをいう。〔朱子語類、五、性理二〕此の語或いは中り、或いは否らず。皆臆度に出づ。之れを要するに未だ遽かに論ずべからず。且らく涵泳玩索せば、久しうして當に自ら見有るべし。

【涵肆】ひたりゆきわたる。専心する。宋・欧陽脩〔湖州長史蘇君（舜欽）墓誌銘〕水石を買ひ、滄浪亭を作り、日に益ゝ書を讀み、大いに六經に涵肆し、而して時に其の憤悶を歌詩に發す。

【涵濡】ひたしうるおす。恩恵が及ぶ。唐・元結〔補楽歌十首、三、雲門〕詩 玄雲溶溶として 垂雨濛濛たり 我が聖澤の涵濡して窮まらざるに類たり

【涵浸】ひたす。〔唐書、韓愈伝賛〕天下已に定まる。荒を治め、蠹を剔り、儒術を討究して以て典憲を興し、薰醲涵浸すること、殆ど百餘年。

【涵蓄】心に包蔵する。宋・王炎〔前韻を用ひて、黄一翁に答ふ〕詩 士、得喪を齊しうせんと欲せば 胸次、涵蓄するを要す

【涵碧】水や空の青。宋・朱熹〔即事、懷有り～〕詩 一水、方に碧を涵し 千林、已に紅を變ず

【涵養】その心を養う。宋・朱熹〔徐子融に答ふる書、四首、四〕平易明白、切實なる處に就きて玩索涵養し、心地をして虛明ならしめば、久しうして須らく自ら見得すべし。

↑涵意 含義／涵映 照り映える／涵淹 ひそむ／涵演 包含する／涵蓋 包容する／涵虚 水天／涵煦 ひたし育する／涵渾 すべて／涵漬 ひたす／涵咀 玩味する／涵澹 水がゆらぐ／涵貯 蓄える／涵沈 含蔵する／涵洞 溜池／涵容 寛容／涵溶 深く広い／涵量 容量

↓泳涵・泓涵・海涵・虚涵・江涵・渾涵・清涵・潜涵・澄涵・渟涵・韜涵・包涵

【玲】 11 1816 カン ふくみだま

篆文 

形声 声符は含(がん)。〔説文〕一上に「死を送るときの口中の玉なり」とあり、死者の口中に入れる含玉をいう。〔周礼、天官、玉府〕に「大喪には含玉～を共(供)す」、また〔荀子、大略〕に「玉貝を唅と曰ふ」とあり、含には玉や貝を用いた。殷周の墓葬にその遺品が多い。貝は生命力の象徴とされ、玉器にも貝や蟬の形に作るものが多い。含が字の初形。のち玲を用いる。

訓義 ①ふくみだま。②字はまた含を用いる。

語系 玲・含・唅 həm はもと同字。今は蓋栓の形で、これを口中に入れて死気を封ずるのが字の原義であろう。銜 heəm は馬の勒くつばみであるが、同系の語。

↓営玲・帰玲・受玲・親玲・飯玲・賓玲

入【菅】 11 4477 〔菅〕 12 4477 カン すげ ふじばかま

篆文 

形声 声符は官(かん)。官に管の意がある。〔説文〕一下に「茅なり」、茅(茅)字条に「菅なり」とあって互訓。葉の下部が鞘状となって茎をかこむので、菅という。

訓義 ①すげ、すが。②ふじばかま、あららぎ。③とま。かやで編んで作る。④姦と通じ、よこしま、わたくし。⑤管と通じる。

古訓 〔和名抄〕菅 須計(すげ)〔名義抄〕菅 スゲ

【菅屨】 すげぞうり。〔礼記、喪服四制〕父母の喪には、衰冠・縄纓・菅屨す。

【菅蒲】 水辺のあし草の類。〔説苑、建本〕之れを譬ふれば汚池の如し。水潦焉に注ぎ、菅蒲之れに生ず。

【菅茅】 かやの類。〔詩、小雅、白華〕英英たる白雲 彼の菅茅を露ほす

↑菅屩 草鞋／菅蘧 すげとはす／菅菲 菅屨

↓漚菅・枯菅・黄菅・榛菅・翠菅・草菅・霜菅・芳菅・野菅

常【貫】 11 7780 カン(クヮン) ワン つらぬく ぜにさし ひく

篆文 

会意 貝＋毌(かん)。毌は貝を貫く形。〔説文〕七上に「錢貝の貫なり」とあって、ぜにさしをいう。金文の図象に、貝を二つ連ねて綴るものがあり、前後二系を合わせて一朋という。朋(朋)はもと貝を綴った形。ものを貫くことから、継続慣行の意となる。

訓義 ①ぜにさし、かねの重さ、貝貨をつらぬく、つらぬく、とおす。②うがつ、つらねる。③場所的につらねる、時間的につながる。④すじみち、しきたり、ならわし、ならう。⑤本貫、本籍の所在地。⑥彎と通じ、弓ひく。

古訓 〔字鏡集〕貫 ツラヌク・ウガツ・トホス・ツラナル・ヌク・アツ・ヒク・ツム・アカル・ナラフ・ツカフ・ツカマツル・カフル・ナル・イツ

声系 〔説文〕に貫声として遺・摜の二字を収め、ともに「習ふなり」と訓する。別に慣の字があり、また慣習をいう。みな貫の声義を承ける字である。

【貫頤】 おとがいを貫く。奮戦する。〔列子、説符〕白公勝～杖策を倒にす。錣(杖末の鋒)上りて頤を貫き、血流れて地に至るも知らず。

【貫盈】 ぜにさしに、銭の満つる意。盈満の状態をいう。〔書、泰誓上〕商(殷)の罪、貫盈す。天、命じて之れを誅せしむ。

【貫弓】 弓をひきしぼる。彎弓。〔史記、伍子胥伝〕使者、伍胥を捕らへんとす。伍胥、弓を貫き、矢を執りて使者に嚮かふ。使者敢て進まず。

【貫朽】 銭さしがくさる。銭があまる。〔史記、平準書〕漢興りて七十餘年の閒、國家事無し。～京師の錢巨萬を累ね、貫朽ちて校ふべからず。太倉の粟、陳陳相ひ因り、充溢して外に露積す。

【貫扃】 戸を開き通させる。〔淮南子、要略〕說山・說林は、百事の壅遏を竅窕し、萬物の窒塞を穿鑿し、通行貫扃する所以の者なり。

【貫習】 習熟する。〔梁書、処士、庾詵伝〕新野の庾詵、止足棲退、自ら却掃を事とするも、經史文藝、貫習する所多し。

【貫穿】 通貫する。〔漢書、司馬遷伝賛〕亦た其の渉獵する者は廣博、經傳を貫穿し、古今に馳騁す。上下數千載の閒、斯れ已だ勤めたり。又其の是非、頗ぶる聖人に繆る。

【貫綜】 つらぬきまとめる。〔三国志、魏、陳登伝注に引く先賢行状〕登、忠亮高爽、沈深にして大略有り。～博く載籍を覽、雅より文藝有り。舊典文章、貫綜せざる莫し。

【貫通】 つらぬく。明瞭になる。〔大学章句、五〕力を用ふること久しくして、一旦豁然として貫通するに至りては、則ち衆物の表裏精粗、到らざる無く、吾が心の全體大用、明らかならざる無し。

【貫道】 道を貫く。唐・李漢〔昌黎先生集の序〕文は道を貫くの器なり。斯の道に深からざれば、至ること有る者、不らざるなり。

【貫瀆】 なれあなどって、けがす。〔左伝、昭二十六年〕侵欲厭く無く、規求度無し。鬼神を貫瀆し、刑法を慢棄す。

↑貫一 一貫の道／貫軼 整い治める／貫魚 女官の列／貫匈 貫胸国／貫故 旧友／貫甲 着甲する／貫行 続行／貫索 なわ／貫址 本籍地／貫耳 耳に通す／貫主 統領／貫珠 珠を貫く／貫籍 本籍／貫串 貫穿する／貫属 本籍地／貫徹 貫通する／貫頭 貫頭衣／貫覧 通覧する／貫流 貫き流れる

↓移貫・一貫・盈貫・淹貫・横貫・覊貫・旧貫・朽貫・魚貫・郷貫・虹貫・矢貫・珠貫・習貫・縦貫・条貫・情貫・縄貫・親貫・籍貫・穿貫・銭貫・総貫・探貫・通貫・同貫・洞貫・突貫・包貫・旁貫・本貫・名貫・理貫

【閈】 11 7740 カン むら かど

篆文  金文 

形声 声符は干(かん)。干は盾。防備用の門。〔説文〕十二上に「門なり」とし、「汝南の平輿にては里門を閈と曰ふ」とあり、古くは里門をいう語であった。

訓義 ①里門、むら、さと。②かど、すまい。③とじる。

古訓 〔名義抄〕閈 カキ・サト・ヰル 〔字鏡集〕閈 カキ・ヰル・カド・ヲリ

【閈閎】 閈は里門、閎は里中の小門。〔左伝、襄三十一年〕吏人をして、客の館る所を完くし、其の閈閎を高くし、其の牆垣を厚くせしむ。

↑閈庭 垣庭

↓関閈・郷閈・郊閈・高閈・城閈・大閈・廛閈・邑閈・里閈・閭閈

【喊】 12 6305 カン こえ ときのこえ

形声 声符は咸(かん)。〔法言、問神〕に「狄牙(易牙、よく味を知る人)能く喊ふ」とあって、それが字の初義であろうが、〔方言、十三〕に「聲なり」とあり、大声を発し、一時に叫ぶときなどに用いる。

訓義 ①味をととのえる、味を和らげる、ものをすすりこむ音。②こえ、勇みたつ声、怒る声。③しかる。

古訓 〔名義抄〕喊 イカル・イサフ

【喊呀】怒りさけぶ。唐・柳宗元〔祟を解くの賦〕風雷唬唬として以て槖籥（ふいご）を為し、回祿（火神）煽怒して喊呀す。

↑喊冤 冤罪を申し立てる／喊叫 叫ぶ／喊控 申し立てする／喊告 喊控／喊声 ときの声／喊問 訊問する／喊稟 大声でいう／喊話 大声で話す

↓衆喊・斉喊・大喊・吶喊

常 【喚】 12 6703 カン（クヮン） よぶ わめく

篆文 

形声 声符は奐。〔説文新附〕二上に「評ぶなり」とする。奐に大きく開き散ずる意があり、叫喚の声をいう。

訓義 1よぶ、まねく。2わめく、なきわめく。3また嚾・囂に作る。

古訓 〔名義抄〕喚 サケブ・メス・ヨバフ・ヨブ

語系 喚・嚾・讙・歡（歓）・囂xuanは同声。嚾・讙・歡は歓喜のとき、囂は莧（巫祝）の象に従い、祈るときの声。喚は奐（分娩の象）に従い、産声をいう字であろう。

【喚雨】雨をよぶ。宋・蘇軾〔子由の、子瞻の将に終南の太平宮～に和す〕詩 中閒、旱暵に罹ふ 喚雨の鳩に學ばんと欲す

【喚起】よびおこす。注意させる。唐・杜甫〔彭衙行〕詩 衆雛、爛漫として睡る 喚び起して盤飧（食事）に霑はしむ

【喚作】よぶ。おもう。宋・楊万里〔聴雨〕詩 昨夜、茅檐に疎雨作る 夢中に喚んで作す、篷（とま葺きの屋根）を打つ聲ならんと

【喚醒】よびさます。宋・真山民〔春遊、胡叔芳の韻に和す〕詩 棠（海棠）、醉ひて風扶け起し 柳、眠りて鶯喚醒す

↑喚応 呼応する／喚客 客をよぶ／喚叫 叫ぶ／喚質 取り調べ／喚取 招く／喚唱 妓をよぶ／喚審 取り調べ／喚声 よぶ声／喚鉄 鳥追い／喚頭 散髪屋（大きな鋏をならしながら路をゆく）／喚問 喚質

↓起喚・急喚・叫喚・狂喚・呼喚・召喚・招喚・人喚・酔喚・宣喚・大喚・馳喚・長喚・勅喚・追喚・通喚・万喚・要喚・遥喚・来喚・連喚

常 【堪】 12 4411 カン タン たえる すぐれる

篆文 

形声 声符は甚。甚に戡・媅の声がある。〔説文〕十三下に「地突なり」とあり、突（突）とは竈突（かまど）の意であろう。甚は土竈の上に鍋をおく形で、煁は竈。天地を堪輿というのは、器物を焼成するように万物を造成する意。焼成して堅固となるので、ものにたえ、すぐれる意となる。媅と通用し、媅楽の意に用いる。

訓義 1たえる、すぐれる、さかん。2かまど、竈突。3媅と通用し、たのしむ。

古訓 〔名義抄〕堪 アヘテ・ヨシ・タフ・タヘタリ・キヌイタ・オホキナリ

語系 堪・戡khamは同声。戡は戡定・克勝の意。克khakも克定の意。戡は刺す、克は剋剝の意がある。また桑の実の黒ずんだものを黮tham、酒の熟したものを醰dzjiam、かまどを煁dzjiamという。黮以下は、甚の原義を承けるところがある。

【堪士】すぐれた人。〔呂覧、報更〕堪士は驕恣を以て屈すべからざるなり。

【堪忍】がまんする。〔魏書、酷吏、李洪之伝〕洪之、志性慷慨、堪忍する所多し。疹疾灸療するに、艾炷（もぐさ）圍将んど二寸、首足十餘處、一時に倶に下すも、言笑すること自若たり。

【堪能】才能がある。〔顔氏家訓、勉学〕此の如き諸賢、～以外は率ね多く田野閒の人なり。音辭鄙陋、風操蚩拙、相ひ與に專固にして、堪能する所無し。

【堪輿】天地。〔淮南子、天文訓〕北斗の神に雌雄有り。～雄は左行し、雌は右行す。～堪輿徐かに行り、雄は音を以て雌を知る。

↑堪可 堪える／堪厳 幽峻／堪事 役立つ／堪笑 おかしい／堪羨 うらやましい／堪任 適任／堪用 役立つ

↓何堪・久堪・克堪・難堪・不堪・無堪

常 【寒】 12 【寒】 12 3030 カン さむい こごえる まずしい

篆文 

金文 

会意 宀＋茻＋人＋冫。〔説文〕七下に「凍るなり」（段注本）とし、「人の宀下に在るに従ふ。茻の上下に覆を爲すに従ふ。下に仌（冰）有るなり」という。凍土の上に艸（草）をうち重ねて、寒冷の意を示した。金文の字形は両艸と人の下に二横画をしるし、それは衽席の意であるらしい。人の生活の上に移して、すべて貧窮・冷酷・困難の意となる。

訓義 1さむい、つめたい、こごえる、ひえる。2まずしい、さびしい、いやしい。3くるしい、きびしい。

古訓 〔和名抄〕寒 師説に、寒は古與之毛乃（こよしもの）と讀む。此の閒には邇古與春（にこよす）と云ふ 〔名義抄〕寒 サムシ・ヒヤカニ・ス、シ・イヤシ・ツクス・サユ・コヨシモノ・ニコヨス・ニコヨシ 〔字鏡集〕寒 カナシ・コ、ユ・ヒヤ、カニ・サユ・サムシ・ニコヤス・イヤシ・ツラヌ・ニコラカス・ス、シ・コヨシモノ

声系 〔説文〕に寒声、寒の省声とするものに搴・蹇・褰・騫など七字があり、多く蹇難の意をもつ。この形のものには塞系のものもあるが、塞は呪具の工を塡塞して呪禁とするもので、寒とは形・声・義みな異なり、別系の字である。

【寒鴉】冬のからす。宋・秦観〔満庭芳〕詞 斜陽の外 寒鴉萬點 流水孤村を繞る

【寒衣】冬着。唐・杜甫〔秋興、八首、一〕詩 寒衣、處處に刀尺を催す 白帝城は高くして、暮砧急なり

【寒奥】寒暖。寒燠。〔漢書、五行志下之上〕雨旱寒奥、亦た風を以て本と爲す。四氣皆亂る。故に其の罰は常風なり。常風は物を傷る。

【寒雨】冷雨。また、さびしい雨。唐・王昌齢〔芙蓉楼に辛漸を送る、二首、一〕詩 寒雨、江に連なつて、夜湖に入る 平明に客を送れば、楚山孤なり

【寒雲】冬の雲。唐・皇甫冉〔李録事の饒州に赴くを送る〕詩 積水長天、遠客に隨ひ 荒城極浦、寒雲足る

【寒影】冬のさびしい影。唐・薛奇童〔擬古〕詩 寒影、波上の雲 秋聲、月前の樹 川氣、曉夕に生じ 野陰、乍ち煙霧

【寒煙】ものさびしくたなびく煙。うすもや。寒烟。元・黄庚〔江村〕詩 極目江天一望賖かなり 寒煙漠漠として、月西に斜めなり

【寒温】寒暖。時候の推移。宋・蘇軾〔子由（轍）の、柳湖、物に感ずに次韻す〕詩 四時の盛衰、各々態有り 搖落悽愴、寒溫に驚く

【寒柯】冬の木立、その枝。晋・陶潜〔飲酒、二十首、八〕詩 壺を提げて寒柯に挂け 遠望、時に復た爲す 吾が生、夢幻の閒 何事ぞ、塵羈に紲がる

【寒餓】寒さと飢え。宋・蘇軾〔病中、大雪数日、未だ嘗て起きず。～〕詩 客有り、獨り苦吟す 清夜、默して自ら課す 詩人は窮蹇を例とす 秀句は寒餓に出づ

【寒饑】寒さと飢え。唐・白居易〔唐生に寄す〕詩 唐生なる者は何人ぞ 五十にして寒く且つ饑ゑたり 口に食無きを悲しまず 身に衣無きを悲しまず

【寒郷】貧しい境遇。貧しい地。南朝宋・鮑照〔東武

吟に代る〕楽府 僕は本寒郷の士 出身、漢恩を蒙る

【寒吟】 さむざむと鳴く。晋・潘岳〔秋興の賦〕蟬は嘒嘒(蟬の鳴きしきる声)として寒く吟じ、雁は飄飄として南に飛ぶ。

【寒苦】 苦寒。貧苦。また詩文の風格の痩硬なるをいう。〔南唐書、伍喬伝〕詩を學ぶに力む。調、寒苦。每に痩童羸馬の歎有り。

【寒月】 冬の月。冬。〔鶴林玉露、丙四、誠斎夫人〕楊誠齋夫人羅氏、年七十餘、每寒月、黎明に卽ち起き、廚に詣り躬ら粥一釜を作り、遍く奴婢に享し、然る後之れをして服役せしむ。~曰く、我自ら此れを樂しむ。寒きを知らず~と。

【寒光】 冬日の光。冬景色。唐・祖詠〔薊門を望む〕詩 萬里の寒光、積雪に生じ 三邊の曙色、危旌(高く掲げた旗)に動く

【寒江】 冬の川。唐・柳宗元〔江雪〕詩 千山、鳥飛ぶこと絕え 萬逕、人蹤滅す 孤舟蓑笠の翁 獨り寒江の雪に釣る

【寒荒】 寒く荒れはてた地。〔新論、激通〕寒荒の地は、風雪の積む所、慷慨の懷は、忠義の聚まる所なり。是を以て、~鳥激しては則ち能く靑雲の際を翔り、矢驚きては則ち能く白雪の嶺を踰ゆ。

【寒骨】 貧賤の身。自ら謙遜していう。唐・李洞〔感恩書事、集義司徒相公に寄上す〕詩 積雪の峯西に、奬稱に遇ひ半家の寒骨、溝塍(田舍)に起つ

【寒斎】 さびしい書斎。唐・杜牧〔酔眠〕詩 秋醪(秋の酒)、雨中に熟す 寒齋、落葉の中

【寒山】 さびしい山。唐・杜牧〔山行〕詩 遠く寒山に上れば、石徑斜めなり 白雲生ずる處、人家有り 車を停めて坐ろに愛す、楓林の晩 霜葉は二月の花よりも紅なり

【寒士】 貧賤の人。唐・杜甫〔茅屋、秋風の破る所と為るの歌〕詩 安くにか廣廈千萬間を得て 大いに天下の寒士を庇け、倶に歡顏せん 風雨にも動かず、安きこと山の如くならんことを

【寒儒】 まずしい学者。宋・欧陽脩〔読書〕詩 吾が生、本寒儒 老いて尙ほ書卷を把る

【寒城】 冬のさびしい城。唐・高適〔宋中、十首、五〕詩 落日、鴻雁度り 寒城、砧杵(きぬたの声)愁ふ

【寒色】 さびしい景色。唐・李頎〔秦川を望む〕詩 秋聲、萬戸の竹 寒色、五陵の松

【寒食】 火断ち。〔荊楚歳時記〕冬節(冬至)を去ること一百五日、卽ち疾風甚雨有り。之れを寒食と謂ふ。火を禁ずること三日、餳(あめ)と大麥の粥を造る。

【寒人】 貧賤の人。〔宋書、羊欣伝〕以て其の後軍の府舍人と為す。此の職、本寒人を用ふ。欣、意貌恬然として、高卑を以て色に見はさず。

【寒声】 さむざむとした声。清・袁枚〔赤壁〕詩 我來たるに、簫を吹くの客と共にせず 烏鵲の寒聲、靜夜に聞ゆ

【寒砌】 さびしい石畳の庭。唐・温庭筠〔旧遊を経ふ〕詩 屛は故窗に倚りて、山六扇 柳は寒砌に垂れて、露千條

【寒泉】 冷泉。〔詩、邶風、凱風〕爰に寒泉有り 浚の下に在り 子七人有るも 母氏勞苦す(親を思う詩とされ、寒泉の思という)

【寒素】 倹素。晋に士を挙げる科目とした。〔抱朴子、審挙〕時人の語に曰く、~寒素淸白、濁れること泥の如し。高第良將、怯なること雞の如し。

【寒窓】 冬のさびしい窓。唐・元稹〔(白)楽天(居易)の江州司馬を授けられしを聞く〕詩 垂死の病中、驚きて坐起すれば 暗風、雨を吹いて、寒窓(窗)に入る

【寒痩】 詩文の冷峻な風格。〔白雨斎詞話、八〕香山(白居易)の老嫗も解すべく、盧仝・(李)長吉の牛鬼蛇神、賈島の寒痩、(黄)山谷の桀驁なるが若き、各〻一境有りと雖も、學ばざるも害無し。

【寒餒】 うえこごえる。〔北斉書、文苑、祖鴻勲伝〕位高陽太守に至る。官に在りて淸素、妻子も寒餒を免れず。時議、之れを高しとす。

【寒潭】 水の冷たい淵。唐・王勃〔滕王閣の序〕潦水盡きて寒潭淸く、煙光凝って暮山紫なり。

【寒竹】 冬の竹。唐・盧仝〔徐希仁に石硯を贈りて別る〕詩 靑松火鍊りて、翠煙凝り 寒竹風搖ぎて、遠天碧なり

【寒潮】 冬の潮。冬の海。唐・皇甫冉〔張継に酬ゆ〕詩 落日に川に臨んで音信を問へば 寒潮唯だ夕陽を帶びて還る

【寒砧】 寒い日の杵の声。唐・沈佺期〔古意、補闕喬知之に呈す〕詩 九月、寒砧、木葉を催す 十年の征戍、遼陽を憶ふ

【寒天】 寒空。唐・岑参〔三会寺蒼頡造字台に題す〕詩 野寺、荒臺晩れ 寒天、古木悲し 空階、鳥跡有り 猶ほ書を造れる時に似たり

【寒灯】 冬の夜のさびしい灯火の影。唐・高適〔除夜の作〕詩 旅館の寒燈に獨り眠らず 客心何事ぞ、轉た悽然たる 故郷、今夜、千里を思ふ 霜鬢、明朝、又一年

【寒蕪】 荒涼たる荒野。唐・杜甫〔昔游〕詩 昔者高(適)・李(白)と 晩に單父の臺に登る 寒蕪、碣石に際まり 萬里、風雲來たる

【寒氛】 寒気。唐・岑参〔天山雪歌~〕詩 晻靄たる寒氛萬里凝り 闌干たる陰崖千丈冰る

【寒房】 寒くさびしい室。唐・杜甫〔夜〕詩 絕岸、風威動き 寒房、燭影微なり

【寒門】 貧賤の家。〔晋書、劉毅伝〕上品に寒門無く、下品に勢族無し。時に曁んで之れ有るは、皆曲さに故有り。

【寒流】 冬の流れ。卑賤の家がら。唐・韋応物〔休暇の日~〕詩 怪來むらくは詩思、人骨を淸むるかと 門は寒流に對し、雪は山に滿つ

【寒林】 冬の林。唐・劉長卿〔長沙に賈誼の宅を過ぎる〕詩 秋草獨り尋ぬ、人去りて後 寒林空しく見る、日の斜めなる時

↑寒靄 冬のもや/寒威 烈しい寒さ/寒意 寒さ/寒栄 冬の南檐/寒駅 冬の宿場/寒園 寂しい園/寒蜒 寒蟬/寒泓 硯台/寒屋 貧家/寒家 貧家/寒客 臘梅/寒官 微官/寒雁 冬の雁/寒気 寒さ/寒暉 冬の日ざし/寒乞 乞食/寒居 わび住居/寒蛩 晩秋の虫/寒暁 冬の朝/寒衾 冬の夜着/寒窘 貧しい苦しみ/寒禽 冬鳥/寒噤 寒さで身ぶるい/寒窶 貧しくやつれる/寒懼 恐れる/寒空 冬空/寒勁 寒さが強い/寒徑 小みち/寒荊 愚妻/寒閨 寂しい閨/寒谿 冬の谷/寒欠 貧寒/寒硯 凍った硯/寒暄 寒温/寒蹇 貧苦/寒故 貧しい友/寒冱 氷る/寒更 冬の夜ふけ/寒郊 冬の野/寒香 梅の香/寒谷 冬の谷/寒酷 酷寒/寒蓑 冬の蓑/寒細 卑賤/寒菜 冬の野菜/寒歳 寒い年/寒酸 貧苦/寒澌 川の流氷/寒鴟 冬の鳶/寒颸 寒風/寒寺 冬の寺/寒疾 風邪/寒日 冬の日/寒舎 拙宅/寒邪 悪寒/寒樹 冬木立/寒縮 ちぢむ/寒俊 貧しい賢者/寒杵 冬の砧/寒庶 庶民/寒渚 冬の汀/寒暑 夏冬/寒松 冬の松/寒商 秋風/寒鐘 冬の鐘声/寒条 冬の枝/寒燭 寒灯/寒心 憂慮する/寒晨 冬の朝/寒水 冷水/寒悴 やつれる/寒翠 冬の緑/寒磧 冬の沙漠/寒泄 下痢/寒雪 冬の雪/寒川 冬の川/寒賤 貧賤/寒霰 あられ/寒饌 粗食/寒蟬

ひぐらし／寒葅　寒食の朝食／寒蔬　粗食／寒草　枯草／寒霜　冬の霜／寒族　寒門／寒粟　鳥はだ／寒村　寂しい村／寒苔　冬の苔／寒柝　冬の拍子木／寒煖　寒暖／寒地　微官／寒蜩　ひぐらし／寒汀　冬の汀／寒点　冬夜の鐘／寒渡　冬の渡し場／寒熱　冷暖／寒煤　冬の墨／寒醅　冬醸の濁酒／寒薄　冷淡／寒微　卑賤／寒鄙　鄙賤／寒冰　氷／寒品　卑賤の家柄／寒風　冬風／寒服　冬着／寒歩　冬の散歩／寒蓬　枯れよもぎ／寒木　常緑樹／寒民　貧民／寒霧　冬の霧／寒盟　盟約にそむく／寒毛　人の細毛／寒夜　冬の夜／寒葉　枯葉／寒瘍　霜やけ／寒膺　肝を冷やす／寒緑　常緑／寒冷　冷たく寒い／寒癘　寒地の疾／寒劣　貧賤／寒冽　厳寒／寒鷺　冬の鷺／寒陋　寒微／寒漏　水時計

↓鴉寒・一寒・陰寒・悪寒・温寒・飢寒・饑寒・救寒・禦寒・暁寒・凝寒・苦寒・軽寒・劇寒・喧寒・厳寒・孤寒・向寒・江寒・恒寒・酷寒・極寒・歳寒・山寒・酸寒・残寒・歯寒・颼寒・時寒・春寒・初寒・小寒・峭寒・消寒・傷寒・凄寒・清寒・送寒・霜寒・大寒・耐寒・煖寒・地寒・天寒・嫩寒・薄寒・晩寒・避寒・微寒・氷寒・貧寒・風寒・辟寒・暮寒・防寒・猛寒・夜寒・余寒・隆寒・凌寒・涼寒

【嵌】 12 2278 カン ガン はめる

篆文 

形声 声符は甘。〔説文新附〕九下に「山の深き皃なり」とし、歁の省声とするが、甘は甚の省文ではない。甘に拑・鉗の意があり、嵌入の象。甚は匹（竈の形）の上に鍋をおく形で煁の意。甘とは声義ともに関係はない。漢の揚雄の〔甘泉の賦〕に「嵌として巖巖として其れ龍鱗のごとし」とあって、竜鱗の層々相重なる形容に用いる。そのように象眼として嵌入することをも嵌という。

訓義 ①山の深いさま、谷の深いさま、山がけわしくそばだつさま。②あな、あなにはめる、える、ちりばめる。③上に大きく開き張るさま。

古訓 〔字鏡集〕嵌　ヒラケ・チカシ・アマ

語系 嵌xam、甘kam、鉗・拑giamは一系の語。𢎘・圅・臽・欿・陷（陥）heamも同系で、みな嵌入の意がある。

【嵌空】ひろびろとしたさま。唐・沈佺期〔蜀の竜門を過ぐる〕詩　長竇、五里に亘り　宛轉、復た嵌空

【嵌竇】あな。唐・杜甫〔万丈潭〕詩　遠川曲りて流れを通じ　嵌竇潛みて瀬を洩らす

↑嵌巖　山洞／嵌金　象眼／嵌窟　洞穴／嵌工　象眼工／嵌合　はめこむ／嵌谷　深い谷／嵌巉　山が険しい／嵌然　開き張る／嵌補　補入する／嵌牢　覚える

↓嵌嵌・巌嵌・欹嵌・穹嵌・嶔嵌・空嵌・山嵌・嶄嵌・象嵌

【掔】 12 7750 カン ケン かたい

篆文 

甲骨文 

形声 声符は臤。臤に堅固の意がある。〔説文〕十二上に「固なり」、〔爾雅、釈詁〕に「厚なり」とみえる。

訓義 ①かたい。②あつい。③うつ、ひく、もつ、とる。④牽と通じ、ひく、ひきつれる。

古訓 〔名義抄〕掔　モツ・トル・ユルス・アツシ　〔篇立〕掔　アツシ・ユルス・トル　〔字鏡集〕掔　ヒク・トル・モツ・ユルス・アツシ・カタシ・ヌク

↑掔緯　固く結ぶ／掔掔　堅固なさま／掔羊　羊を牽く

【揀】 12 5509 カン えらぶ

形声 声符は柬。〔広雅、釈詁一〕に「擇ぶなり」とあり、よりわけることをいう。柬は東（橐）の中にものを入れる形。汰揀はよなげることをいう。

訓義 ①えらぶ、えらびわける、より出す。②ひろいとる。

古訓 〔篇立〕揀　エラブ・ノブ　〔字鏡集〕揀　サス・エラブ・ハナツ・トヅ

【揀選】選抜する。唐・韓愈〔石鼓の歌〕詩　從臣の才藝、咸な第一　揀選撰刻して、山阿に留む

【揀択】わかちえらぶ。明・張居正〔六事を陳ぶる疏〕惟だ名實の覈らかならざる、揀擇の精ならざる、用ふる所其の急とする所に非ず、取る所其の求むる所に非ず。

↑揀授　面接して任命する／揀汰　淘汰する／揀退　退役／揀罷　えらんで退任させる／揀発　識別する／揀補　選抜して補任する／揀別　識別する／揀練　選抜訓練

↓閲揀・招揀・慎揀・選揀・汰揀・料揀

常【換】 12 5703 カン（クヮン） とりかえる かわる

篆文 

形声 声符は奐。奐は分娩の象。〔説文〕十二上に「易ふるなり」とあり、交換することをいう。獣が生まれることを達といい、達の初文。容易に生まれることを達という。奐はまた渙の初文で、渙然として生まれる意。新しい生命を取得することから、改まる、とりかえる意となったものであろう。

訓義 ①とりかえる、かえる、交易する。②あらたまる、かわる。③畔換は、ほしいまま。

古訓 〔名義抄〕換　カフ・ハル・サケブ・アシラタシ　〔字鏡集〕換　カフ・カハル・アラタシ・カタチハラ（フ）・ヤスシ・サケブ

参考 免（免）は奐の側身形とみてよく、同じく分娩の象。また揜の声符の弇も奐と似た意象の字で、卜辞には分娩の意に用いる。奐xuan、免mian、弇iamは、その声義において関係のある字である。

【換易】とりかえる。かわる。宋・蘇軾〔仙都観に留題す〕詩　舟中の行客、去りて紛紛たり　古今換易すること、秋草の如し

【換鵝】王羲之が書と交換に鵝を求めた故事。書を求める意。〔晋書、王羲之伝〕山陰に一道士有り、好鵝を養ふ。羲之～固く之れを市はんことを求む。道士云ふ、爲に道德經を寫せ～と。羲之、欣然として寫し畢り、鵝を籠にして歸る。

【換骨】道家で、金丹を服して仙骨となる方法。換骨奪胎は、古人の詩文を作りかえて新意を出すこと。〔冷斎夜話、一〕其の意を易へずして其の語を造る、之れを換骨法と謂ふ。其の意を窺ひ入れて之れを形容する、之れを奪胎法と謂ふ。

【換心】心臓をとりかえる。〔列子、湯問〕扁鵲曰く、～若し汝の心を換へば、則ち善に均しからんと。～遂に二人に毒酒を飲ましめ、迷死すること三日、胸を剖き心を探り、易へて之れを置く。投ずるに神藥を以てし、既に悟めて初めの如し。二人辭して歸る。～妻子も亦た識らず。

↑換衣　衣がえ／換季　時季代わり／換給　取換給付／換銀　両替／換刑　罰金／換盞　献酬／換授　職務換え／換称　別名／換代　交代する／換班　交替する／換喩　比喩

↓暗換・回換・改換・求換・交換・更換・歳換・時換・悛換・招換・新換・推換・世換・節換・兌換・替換・置換・凋換・転換・撥換・叛換・畔換・変換

常【敢】 12 1814 カン つつしむ あえて

篆文 

古文 

籀文 

金文
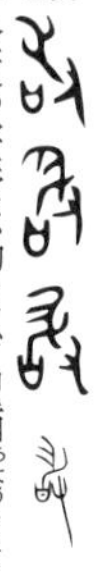

【象形】金文の字形は、杓を以て鬯酒をそそぎ、儀礼の場所を清める灌鬯の礼を示す。嚴恭の意で、極度につつしむ意。敢てその尊厳のことを行うので、つつしんでの意より、敢てするの意となる。「敢て」とは、つつしんでの意。周初の〔令彝〕に「敢て明公尹の休に揚へ」「敢て明公の賞を父丁に追ぼし」というのは、「つつしみて」の意。〔説文〕四下に「進み取るなり」と敢為の意とするのは、のちの転義。本来は神事に関していう。金文の〔彔刻卣〕に「淮夷、敢て内國を伐つ」とあるのは、本来あるべからざる行為を、敢てなすことをいう。

【訓義】1つつしむ、あえて。

【古訓】〔名義抄〕敢 アヘテ・ベケムヤ・エ・マカス・ス、ム・ヲカス・カシコマル

【声系】〔説文〕に敢声として厰・闞・嚴（厳）など六字、また嚴声として儼・巖（厳）など五字を収める。厰は金文に厳の字義に用い、その初文。みな敢の声義を承ける。

【敢為】決行する。断行する。唐・韓愈〔進学解〕少くして始めて學を知り、敢爲に勇なり。長じて方に通じ、左右具な宜し。

【敢諌】あえて忠告する。〔淮南子、主術訓〕堯は敢諌の鼓を置き、舜は誹謗の木を立つ。湯に司直の人有り。武王は戒愼の鞀（ふり鼓）を立つ。

【敢毅】果敢で強い。〔唐書、石雄伝〕少くして牙校と爲り、敢毅善く戰ひ、氣、軍中を蓋ふ。先驅して河を度らしめ、鼓行前無し。

【敢言】不興を受けても進んでいう。〔越絶書、請糴内伝〕人に君たる者には、必ず敢言の臣有り。上位に在る者には、必ず敢言の士有り。

【敢行】断行する。〔史記、李斯伝〕斷じて敢て行へば、鬼神も之れを避け、後に成功有り。

【敢作】敢行。〔石洲詩話、四〕石湖（范成大）誠齋（楊万里）～放翁（陸游）と竝稱せらる。而して誠齋は之れを石湖に較ぶるに、更に敢作敢爲の色有り。頤指氣使、意の如くならざること無きに似たり。其の名、尤も重き所以なり。

【敢死】決死の人。〔史記、平原君伝〕李同曰く、邯鄲の民、骨を炊き、子を易へて食ふ。急なりと謂ふべし～と。是に於て平原君之れに從ふ。敢死の士三千人を得たり。

【敢戦】決死で戦う。〔五代史、唐、廃帝紀〕從珂（廃帝の名）常に戰功を立つ。莊宗其の小字を呼びて曰ふ。阿三、徒だに我と同年なるのみならず、其の敢戰することも亦た我に類すと。

【敢争】すすんで争う。〔韓非子、有度〕法の加はる所は、智者も辭すること能はず、勇者も敢て爭はず。

【敢断】思いきりがよい。〔尉繚子、十二陵〕害を除くは敢斷に在り、衆を得るは人に下るに在り。

【敢当】敵対する。〔孟子、梁恵王下〕王請ふ、小勇を好むこと無かれ。夫れ劍を撫して疾視して曰く、彼惡んぞ敢て我に當らんやと。此れ匹夫の勇、一人に敵する者なり。

【敢問】失礼ながらお尋ねします。〔孟子、公孫丑上〕曰く、～我善く吾が浩然の氣を養ふと。敢て問ふ。何をか浩然の氣と謂ふと。曰く、言ひ難し。

↑敢往 敢為／敢悍 敢毅／敢擬 あてがう／敢決 果断／敢士 決死の士／敢辞 辞退する／敢爾 敢てする／敢然 断然／敢任 気にまかせる／敢勇 勇決

↓果敢・忠敢・不敢・武敢・勇敢

常
【棺】

12
4397
カン（クヮン）
ひつぎ

篆文

詛楚文

【形声】声符は官。官に綰くる意がある。棺は屍体を布でくるんで収める木箱。外箱を槨（槨）という。〔説文〕六上に「關すなり」とするのは、音義的な解釈である。屍体は布帛で包み、棺も包みこんで槨に収めた。

【訓義】1ひつぎ。2ひつぎに収める。

【古訓】〔和名抄〕棺 比度岐（ひとき）〔名義抄〕棺 ヒトキ・ヒツキ〔字鏡集〕棺 ヒツキ・カバネヲカクスモノ

【棺槨】ひつぎと外棺。〔易、繫辞伝下〕古の葬る者は、厚く之れに衣するに薪を以てし、之れを中野に葬り、封せず樹せず、喪期數无し。後世の聖人、之れに易ふるに棺槨を以てす。

【棺柩】ひつぎ。梁・任昉〔王文憲集の序〕宋の明帝～位に卽くに及び、詔有りて舊塋を廢毀し、棺柩を投棄せしむ。公、死を以て固く請ふ。

【棺材】ひつぎの材。〔南斉書、劉祥伝〕楊（亡弟の母）死して殯葬せず。崇聖寺の尼慧首、頭を剃りて尼と爲し、五百錢を以て棺材を買ふ。

【棺束】ひつぎをしばる革ひも。〔礼記、檀弓上〕天子の棺は四重、～棺束は縮二、衡三。

【棺櫝】ひつぎ。〔魏書、高祖紀上〕獄に在りて致死し、近親無き者は、公より衣衾棺櫝を給して之れを葬埋し、曝露することを得ざらしむ。

【棺殯】棺に収め、殯りもがりする。〔南史、隠逸上、顧歡伝〕棺殯槨葬は、中夏の風なり。火焚水沈は、西戎の俗なり。

【棺木】ひつぎの材。〔東観漢記、欧陽歙伝〕大司徒歐陽歙～獄中に死す。～帝乃ち棺木を賜ひ、三千を贈賻す。

↑棺蓋 棺を覆う布／棺槨 棺槨／棺器 棺材／棺具 葬具／棺櫬 ひつぎ／棺銭 棺代／棺漱 たらい／棺斂 納棺

↓衣棺・瓦棺・画棺・蓋棺・玉棺・金棺・県棺・朱棺・出棺・石棺・束棺・題棺・桐棺・入棺・納棺

常
【款】

12
4798
カン（クヮン）
まこと よろこぶ

篆文
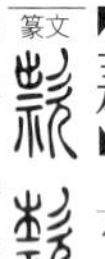
古印璽

【会意】㰻+欠。㰻は祟の簡体。祟は呪能をもつ獣の形。これを殴って敵の呪詛を無力にする共感呪術を殺（殺）といい、これに祈ってその感応を期待することを款という。〔説文〕八下に「意に欲する所有るなり。欠と㱄の省とに従ふ」という。㱄は殺と同義で、放竄の意にも用いる。鐘鼎の銘文を款識といい、陰文（凹文）を款、陽文（凸文）を識という。刊・窾と通用する。

【訓義】1まこと、まこともてまじわる、まごころ。2よろこぶ、いたる。3窾と通じ、あな、むなしい、凹文をきざむ、える、まがる。4緩と通じ、ゆるやか、とまる。5叩・扣と通じ、たたく。

【古訓】〔名義抄〕款 ヨロコビ・マウス・イタル・タ、ク・ナゲク・タ、ス・タシカニ・ヤマフキ〔字鏡集〕款 トフ・マウス・アイス・ヤマフキ・マコト・タ、ク・アカス・タシカニ・カサヌ・イタル・イタス・ヨロコビ・タ、ス・ムナシ・マチス

【声系】窾は款声。〔説文〕未収の字であるが、刊・科と声義の通ずる字で、空・穴の意がある。私心なく神と交わることを款という。

【語系】款khuan、懇khən は声義近く、懇も獣の呪霊を用いる呪儀をいう字であろう。また、惓giuan、悃khuən も声義近く、神に祈る意の字であろう。窾空（空）khuan-khong も同系の字とみてよい。

【款愛】心から愛する。晉・潘岳〔西征の賦〕乃ち實に終りを愼み舊きを追ひ、篤誠款愛にして、澤漸ひたさざる靡く、恩逮ばざる無し。

【款関】(かんかん(くわんくわん)) 関所の通行を求める。〔史記、商君伝〕秦に相たること六七年、～教へを封内に發し、巴人貢を致す。～由余之れを聞き、關を款きて見えんことを請ふ。

【款曲】(かんきよく(くわんきよく)) 委細。うちとける。まごころ。漢・秦嘉〔婦に贈る詩、三首、二〕念ふ、當に遠く離別すべし　思念して、款曲を敍べん
【款啓】(かんけい(くわんけい)) 小穴をあける。見聞の少ない意。〔荘子、達生〕今(孫)休は款啓寡聞の民なり。吾れ告ぐるに至人の徳を以てす。～彼れ又惡んぞ能く驚く無からんや。

【款晤】(かんご(くわんご)) よろこびうちとける。宋・蘇頌〔鄭無忌の南帰を送る〕詩　竭くし來りて京國に至り　首じめ余と款晤す
【款交】(かんこう(くわんかう)) あつく交わる。〔南史、隠逸上、杜京産伝〕京産少くして恬靜。～頗ぶる文義に渉り、專ら黃老を修む。會稽の孔覬、淸剛にして竣節有り。一見して款交を爲す。

【款洽】(かんこう(くわんかふ)) うちとける。〔隋書、長孫平伝〕高祖龍潛(在野)の時、平と情好款洽す。丞相と爲るに及んで、恩禮彌いよ厚し。

【款識】(かんし(くわんし)) 鐘鼎の銘文。陰文を款、陽文を識という。〔史記、武帝紀〕汾陰の巫錦、～掊りて視るに鼎を得たり。鼎の大いさ、衆鼎に異なり。文鏤(文様)ありて、款識毋し。

【款接】(かんせつ(くわんせつ)) 心からもてなす。款待。〔南史、張融伝〕高帝素もより融を愛して太尉と爲し、時に融と款接す。融を見て常に笑ひて曰く、此の人、一無かるべからず。二有るべからずと。

【款然】(かんぜん(くわんぜん)) うちとけるさま。南朝宋・謝霊運〔旧園に還りて作り、顔(延之)・范(泰)二中書に見めす〕詩　曾ち是こに昔園に反へり　往を語り、實に款然たり
【款足】(かんそく(くわんそく)) 鼎の足が中空で、ものをみたし得るもの。〔爾雅、釈器〕鼎の絶大なる、之れを鼐と謂ふ。～款足なる者、之れを鬲と謂ふ。

【款篤】(かんとく(くわんとく)) 誠実の心があつい。晉・陸雲〔陳伯華を弔ふ書〕昔、大君と義を分ち、款篤彌いよ隆かんにして、愛恩は兄弟よりも加ふ。

【款附】(かんぷ(くわんぷ)) 心から従う。晉・孫楚〔石仲容の為に孫皓に与ふる書〕離を收め散を聚め、咸く其の居に安んぜしむ。民庶悅び服し、殊俗款附す。

【款留】(かんりゆう(くわんりう)) もてなして留める。唐・唐彦謙〔索蝦〕詩　時に同じく相ひ訪ひ　數日款留を承く

➡款引　罪に服する／款懐　まごころ／款款　まごころのさま／款顔　喜び会う／款願　懇願する／款襟　寛ぐ／款遇　款待／款眷　愛顧／款言　虚言／款語　懇談する／款狎　なれあう／款矻　徒労／款至　ねんごろ／款志　まごころ／款式　様式／款実　誠実／款書　落款／款情　愛情／款誠　忠実／款待　もてなす／款託　たよる／款談　款語／款睇　見て喜ぶ／款冬　ふき／款東　ふき／款凍　ふき／款扉　人を訪う／款伏　款引／款服　悦服する／款文　落款／款歩　しずかに歩く／款縫　手紙綴り／款密　親密にする／款門　人を訪う／款話　款語

➡哀款・陰款・謁款・帰款・寄款・旧款・具款・愚款・結款・虔款・献款・愿款・叩款・交款・悾款・悃款・懇款・借款・純款・順款・心款・深款・親款・清款・誠款・大款・丹款・談款・忠款・衷款・陳款・通款・定款・篤款・納款・披款・布款・密款・門款・約款・幽款・遊款・来款・落款・留款

【欿】

12　1778　カン　タン　もとめる

篆文

形声 声符は臽。〔説文〕八下に「得んと欲するなり」とあり、「讀みて貪の若くす」とするが、陷声でよむことが多い。〔玉篇〕に「貪林を欿と曰ふ」とあり、字を貪声によむ。〔広雅、釈水〕に「欿は坑なり」とは坑陷の意とするものである。

訓義 ①もとめる、むさぼる。②歉と通じ、うれえる、あきたらぬ。③坎と通じ、あな。④欿欿はものの音。

古訓 〔名義抄〕欿　モノホシウス　〔字鏡集〕欿　モノホシウス・ムサボル

【欿憾】(かんかん) 志をえず、憂えうらむ。漢・厳忌〔哀時命〕志、欿憾して憺のしまず　路、幽昧にして甚だ難し

➡欿視　不満に思う／欿切　強く恨む／欿然　不満なさま

【渙】

12　3713　カン(クヮン)　ちる　はなれる

篆文

形声 声符は奐。奐は婦人の分娩の象であろう。その側身形は免(免)、俛・娩はその系統の字。渙ははげしく水の散る意。〔説文〕十一上に「散りて流るるなり」とみえるが、自然に流れる水の状態ではない。獣子の生まれることを𡙡といい、達(達)はそのさまをいう。みな勢いづいたさまをいう語である。

訓義 ①ちる、勢いよくちる、とびはなれる。②水が分流する、ちるように流れる、さかんに流れる。③煥と通じ、あきらか、かしこい。④もののさかんなさま。

古訓 〔字鏡集〕渙　ミヅノサカリナルカタチ・ナガル

【渙衍】(かんえん(くわんえん)) ゆたかなさま。晉・潘岳〔笙の賦〕徘徊布濩(ひろまる)し、渙衍葺襲す。

【渙焉】(かんえん(くわんえん)) 散り離れるさま。〔荀子、議兵〕事と大に敵堅きときは、則ち渙焉として離るるのみ。飛鳥の如く然り。

【渙渙】(かんかん(くわんくわん)) 水がさかんに流れるさま。〔詩、鄭風、溱洧〕溱と洧と　方に渙渙たり
【渙兮】(かんけい(くわんけい)) とけ散るさま。〔老子、十五〕古の善く士を爲むる者は、～強ひて之れが容を爲さば、～渙兮として冰の將に釋けんとするが若し。

【渙散】(かんさん(くわんさん)) ばらばらに散る。唐・韓愈〔南内朝賀～〕詩　緑槐十二街　渙散として輪蹄(車馬)を馳す
【渙然】(かんぜん(くわんぜん)) さらりととける。晉・杜預〔春秋左氏伝の序〕將に學者をして、始めを原ね終りを要め、～自ら之れに趨かしめ、江海の浸、膏澤の潤の若く、渙然として冰釋し、怡然として理順がひ、然る後に得たりと爲すなり。

【渙発】(かんぱつ(くわんぱつ)) 盛んに発する。勅令などにいう。唐・柳宗元〔韋中丞に代りて元和の大赦を賀する表〕大號を渙發し、舊章を申明す。農に薄征(税)有り、市に彊價無し。

【渙爛】(かんらん(くわんらん)) かがやく。〔後漢書、延篤伝〕百家衆氏、閒に投じて作る。洋洋乎として其れ耳に盈ち、渙爛として其れ目に溢れ、紛紛欣欣として其れ獨り樂しむ。

➡渙渥　王の恩沢／渙解　氷解する／渙汗　かがやく／渙弛　渙散／渙釈　氷解する／渙若　渙然／渙靡　散失する／渙漫　渙散／渙命　王命／渙落　敗滅する

➡恩渙・灝渙・散渙・判渙・泮渙・叛渙・畔渙・氷渙・風渙

【琯】

12　1317　カン(クヮン)　ふえ

篆文

形声 声符は官。官に管の意がある。〔説文〕の管字条五上に「篪の如くにして六孔」とし、また琯字を録して「古者玉琯は玉を以てす」といい、舜のとき西王母が献じたという説話をしるしている。その話は〔大戴礼、少間〕にみえ、また〔風俗通〕にもみえるもので、〔説文〕の文は後人の附記であろう。白琯は候気の器とされ、また神人相和するものとされた。

訓義 ①ふえ、玉のふえ。②気候を察する器。③みがいて玉をひからせる。④玉の飾り。

語系 琯・管 kuan は同声。關（関）koan、楗・鍵（鍵）gian も声義近く、その構造に似たところがある。管籥はまた鍵管の類にも用いる語である。

＊語彙は管字条参照。

↓華琯・楽琯・玉琯・金琯・候琯・商琯・素琯・雕琯・白琯・鳳琯・明琯

【晥】 12 2361 ［晥］ 11 6301 カン（クヮン） あきらか

篆文

形声 声符は完。晥は明らかなさま。晥も声義同じ。

訓義 ①あきらか、あきらかなさま。②明星。③地名、安徽の古称。清の江永・戴震の学派を晥派という。

古訓 〔字鏡集〕晥 ハナ

【睅】 12 6604 ［睆］ 12 6301 カン（クヮン） でめ

篆文

形声 声符は旱。〔説文〕四上に「大目なり」とし、字はまた睆に作るという。〔左伝、宣二年〕に、敗走した宋の将軍華元を民衆が罵って「睅たる其の目 皤たる其の腹 甲を棄てて復る」と歌いはやしたことがみえる。睅は悍とも声義が通じ、勇ましく見ひらいた目をいう。睆はつぶら目をいう。

訓義 ①大きな目、出目、大きくとび出した目。②目をみひらく。

【睅然】 目を見開く。唐・韓愈〔鱷魚の文〕刺史（潮州刺史、韓愈）天子の命を受けて此の土を守り、此の民を治む。鱷魚睅然として溪潭に安んぜず。～鱷魚知る有らば、其れ刺史の言に聽け。

【睅目】 突き出た大きな目。宋・蘇軾〔雍秀才の画ける草虫八物、蝦蟇〕詩 睅目、知んぬ誰をか瞋る 皤腹、空しく自ら脹る

【睆】 12 6301 カン（クヮン） でめ

篆文

形声 声符は完。〔説文〕四上に「大目なり」という。〔詩、小雅、杕杜〕「杕たる杜有り 睆たる其の實有り」、〔詩、小雅、大東〕「睆たる彼の牽牛」は、いずれもまるく美しいものを形容する。〔礼記、檀弓上〕「華にして睆たるは、大夫の簀か」は、漆塗りの美しい色をいい、その本字は垸。睆を用いるのは仮借である。

訓義 ①大きな目、出目。②まじろぐ、みはる、みめぐらす。③美しい、美しく光る。④まるくつぶらなもの、みちているさま。

↑睆焉 みるさま／睆睆 窮めみる／睆然 微笑するさま／睆暘 華暘／睆目 出目

↓華睆・睍睆・燭睆

【稈】 12 2694 ［秆］ 8 2194 カン わら むぎわら

篆文

形声 声符は旱。〔説文〕七上に「禾莖なり」とあり、禾茎のすでに水気を失ったものをいう。

訓義 ①わら、むぎわら。②みごわら。

古訓 〔新撰字鏡〕稈・秆 阿波加良（あはがら）〔字鏡〕秆 アハカラ

【稈草】 まぐさ。〔東京夢華録、一、外諸司〕冬月に遇ふ毎に、諸郷、粟稈草を納む。牛車道路に闐塞し、車尾相ひ銜み、數千萬輛絶えず。場内に堆積すること山の如し。

↓禾稈・稭稈・萁稈・莖稈・膠稈・粟稈・麦稈・抱稈・乱稈

【菡】 12 4477 カン はす

形声 声符は函。菡萏は蓮の花、その蕾の状態のもの。菡はまた莟に作ることがある。

訓義 ①はす、はすのつぼみ。

古訓 〔名義抄〕菡萏 ハチスノハナ

【菡萏】 はすの花。また、その蕾。〔詩、陳風、沢陂〕彼の澤の陂に 蒲と菡萏と有り 美なる一人有り 碩大にして且つ儼たり

↓玉菡・折菡

【萈】 12 4421 カン（クヮン） みこ

篆文

象形 眉に呪飾を加えて祈る巫女の形。〔説文〕十上に「山羊、細角の者なり。兔足に從ひ、苜聲。～讀みて丸の若くす。寬の字此れに從ふ」という。寛（寬）は廟中に萈のある形。萈は眉飾を加えた巫女が、はげしく祈る姿である。

訓義 ①みこ、はげしく祈り身をはだけた巫女。その姿は寛。②角の細い山羊。

声系 〔説文〕に萈声として䑕・寬など三字を収める。䑕は多くの祝禱の器（吅）を列して、はげしく祝禱する巫女の姿を加えたもので、讙囂の意。寛は廟中にその巫女のある意で、身をはだけて祈る形であろう。これによって神意を和らげ、寛うすることができると考えられた。

語系 萈 huen、寬 khuan、曠 khuang、闊 khuat は同系の語。寬は〔説文〕七下に「屋、寬大なり」とするが、萈の声義を承ける字とみるべきである。

【萑】 12 4421 ［雚］ 16 4421 カン（クヮン） スイ おぎ めはじき

篆文 甲骨文

形声 もと萑に従い萑声。また隹に従う字もあり、隹声。いま多く萑声によって用いる。〔説文〕一下に「艸の多き皃なり」とあり、萑とはまったく異なる字である。

訓義 ①おぎ。②莞と通じ、い、まるがま。③「すい」声でよみ、草が多い、しげる。④めはじき、やくも。⑤からむし。

語系 萑 thuai、蕤 njiuai、緌 njuai は声近く、みな、よく茂って伸びる意があり、萑声の字と声義ともに異なる。

【萑葦】 おぎと、あし。〔礼記、少儀〕～苞苴～、戈の刃有る者は櫝す。〔注〕苞苴とは、萑葦を編束（束ねて、つとする）して、以て魚肉を裹むを謂ふ。

【萑席】 おぎで編んだ席。〔儀礼、公食大夫礼〕司宮、几と蒲筵の常なるとを具ふ。緇布の純（縁飾）なると、萑席の尋（七尺）なるとを加ふ。

【萑苻】 沢の名。盗賊のかくれ場であった。〔左伝、昭二十年〕大叔、政を爲す。猛に忍びずして寛にす。鄭國に盜多し。人を萑苻の澤に取る。

↑萑沢 萑苻／萑蒲 おぎとがま／萑蘭 涙の流れるさま

↓沢萑・編萑

【逭】 12 3330 ［爟］ 24 3411 カン（クヮン） のがれる

篆文

形声 声符は官。〔説文〕二下に「逃るるなり」とし、或る体として爟を録する。ある兆候を観て対応する意であろうが、その用字例はない。官に縋る意があり、また捾く意があり、そのような方法で脱出することをいう。

訓義 ①のがれる、さる、ゆく。②めぐる、たがう。

古訓 〔名義抄〕逭 ノガル・マグ・ユク・メグル・アタル・カナシブ 〔字鏡集〕逭 アユム・ヲクル・ヤスシ・カナシ・ニグ・ユク・アタル・メグル・ノガル・ヤシナフ

【逭暑】 避暑する。〔唐書、張説伝〕久視（年号）中、（武）后、暑を三陽宮に逭れ、秋に汔ぶも未だ還らず。説、上疏す。～后、省せず。

【酣】 12 1467 カン たのしむ たけなわ

篆文 

形声 声符は甘。〔説文〕十四下に「酒のみて樂しむなり。酉に從ひ、甘に從ふ。甘は亦聲なり」という。〔書、伊訓〕「室に酣歌す」は酔歌の意。すべてたけなわの状態にあることをいう。

訓義 ①たのしむ、酒を飲んでたのしむ。②たけなわ、さかん、さかり。③醒めず、酔わざるの時をいう。

古訓 〔名義抄〕酣 タケナハナリ 〔篇立〕酣 タケナハナリ・サケノサメタルナリ

語系 酣ham、甘・柑kamは声義近く、甘の声義を承ける。

【酣飲】(かんいん) さかんに酒を飲む。〔世説新語、傷逝〕吾れ昔、嵆叔夜(康)・阮嗣宗(籍)と共に此の壚に酣飲し、竹林の遊にも亦た其の末に預かれり。

【酣讌】(かんえん) さかんな宴。〔後漢書、鄧晨伝〕章陵に行幸す。晨を徵して、廷尉の事を行はしむ。從つて新野に至り、置酒酣讌す。賞賜すること數百千萬。

【酣歌】(かんか) 酒を飲み、大いに楽しみ歌う。〔書、伊訓〕敢て恆に宮に舞し、室に酣歌すること有る、時れを巫風と謂ふ。

【酣臥】(かんが(ぐわ)) 熟睡する。〔唐書、李太亮伝〕番直する毎に、常に假寐す。帝勞して曰く、公在り、我酣臥することを得たりと。

【酣豢】(かんかん(くわん)) 酒食の楽しみ。〔宣和遺事、後集〕(建炎四年四月)秦檜を用つて參政とす。此れより則ち復た和議を倡ふ。~一時士大夫、講和に甘心し、湖山歌舞の娯しみに酣豢す。

【酣興】(かんきよう) 心ゆくまで楽しむ。〔周書、長孫澄伝〕雅より賓客に對し、接引して疲れを忘る。酒を飲まずと雖も、好んで人の酣興するを觀る。

【酣賞】(かんしよう(しやう)) 心ゆくまで楽しむ。〔北斉書、邢邵伝〕邵、(袁)翻の害する所と爲るを恐れ、乃ち辭するに疾を以てし、~遂に靑(州)土に在り、終日酣賞し、山泉の致を盡す。

【酣觴】(かんしよう(しやう)) さかんに酒を飲む。〔晋書、阮裕伝〕裕、(王)敦の不臣の心有るを以て、乃ち終日酣觴し、酒を以て職を廢す。~是れに由りて敦の難を違るを得たり。論者此れを以て之れを貴ぶ。

【酣酔】(かんすい) 大酔する。〔晋書、隠逸、陶潜伝〕或いは、酒有りて之れを要へ、或いは之れを要へて共に酒坐に至れば、主人を識らずと雖も、亦た欣然として忤ふこと無く、酣醉して便ち反る。

【酣戦】(かんせん) 思う存分に戦う。唐・杜甫〔丹青引〕詩 褒公鄂公、毛髪動き 英姿颯爽、來りて酣戰す

【酣暢】(かんちよう(ちやう)) 酒を飲んでのんびりする。〔世説新語、任誕〕阮宣子(脩)、常に步行するに、百錢を以て杖頭に挂け、酒店に至れば、便ち獨り酣暢す。當世の貴盛と雖も、肯て詣らざるなり。

【酣適】(かんてき) 酔って愉快になる。宋・蘇軾〔東皐子伝後に書す〕客の盃を擧げ徐ろに引くを見ては、則ち予が胸中、之れが爲に浩浩焉たり、落落焉たり。酣適の味は、乃ち客に過ぐ。

【酣放】(かんほう(ぱう)) 酔って気ままに振る舞う。〔世説新語、簡傲〕晉の文王、~坐席嚴敬なり。~唯だ阮籍のみ坐に在り、箕踞嘯歌し、酣放自若たり。

【酣眠】(かんみん) 熟睡する。宋・辞季宣〔青田~四首、一〕詩 灘水自ら鳴り、山は自ら綠なり 短篷(舟のとま)斜めに挂かりて、酣眠を得たり

【酣楽】(かんらく) 酒を飲み楽しむ。十分に楽しむ。〔晋書、儒林、徐邈伝〕(孝武)帝、宴集酣樂の後、好んで手詔詩章を爲りて、以て侍臣に賜ふ。

↑酣悦 たのしみ悦ぶ/酣酣 たけなわ/酣嬉 酔い遊ぶ/酣叫 おらぶ/酣娯 のみたのしむ/酣紅 酔う/酣嗜 深く嗜む/酣肆 酣放/酣春 春たけなわ/酣笑 大笑い/酣唱 盛んに唱う/酣身 深酒を飲む/酣睡 熟睡する/酣然 うち興じる/酣酡 深く酔う/酣対 酒の付き合い/酣態 酔態/酣悒 酣暢/酣飽 たらふく飲む/酣飫 酔飽/酣乱 酔いつぶれる

↓一酣・飲酣・宴酣・歌酣・懽酣・興酣・醺酣・語酣・渾酣・酒酣・春酣・觴酣・酔酣・睡酣・戦酣・善酣・長酣・沈酣・晩酣・余酣・楽酣・婪酣

常 【閑】 12 7790 カン ふせぐ しずか

篆文  金文 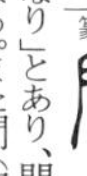

会意 門+木。〔説文〕十二上に「闌なり」、闌字条に「門の遮なり」とあり、門にしきりをすることをいう。ゆえに、ふせぐ意となる。また閒(間)と通じて、間静の意に用いる。

訓義 ①もんのしきり。②ふせぐ、さえぎる、とじる、かぎる、とめる。③間と通じ、ひま、しずか。④嫺と通じ、みやびやか、ならう。⑤簡と通じ、大きい。⑥闌と通じ、うまや。

古訓 〔名義抄〕閑 シヅカナリ・シヅカニ・ミヤビカナリ・ミヤビヤカニ・ホノカナリ・ウヤヒヤカナリ・ウヤヒヤナリ・ヒラク・トラフ・ウルハシ・ヲシフ・ナラフ・フセク・ノリ・ホノメク・イタヅラ・ヒソカニ・イトマ・ナホシ・ナホナリ

語系 閑kean、嫺hean、閒・簡(簡)keanは声近く、それぞれの字義に通用することがある。
＊語彙は間字条参照。

【閑雲】(かんうん) しずかに流れる雲。唐・李山甫〔方干隠居〕詩 人に問ふ、遠岫(遠山)千重の意 客に對す、閑雲一片の情

【閑暇】(かんか) いとま。無事。〔三国志、魏、杜恕伝〕今閑暇に向ふ。潜思して一家言を成すことを試みるべしと。章武に在りて、遂に體論八節を著はす。

【閑臥】(かんが(ぐわ)) 世を逃れて静かにくらす。陳・徐陵〔東陽双林寺の傅大士の碑〕嚴子(陵、光)の高き、閑臥して光武に加ふ。

【閑閑】(かんかん) 大きくゆとりあるさま。〔荘子、斉物論〕大知は閑閑たり、小知は閒閒(分別ずき)たり。大言は炎炎たり。小言は詹詹(多言)たり。

【閑居】(かんきよ) ひまなくらし。〔後漢書、梁竦伝〕閑居以て志を養ふべく、詩書以て自ら娯しむに足る。

【閑吟】(かんぎん) しずかに詩句を歌う。唐・白居易〔閑吟〕詩 唯だ詩魔の降すこと未だ得ざる有り 風月に逢ふ毎に一たび閑吟す

【閑坐】(かんざ) しずかにすわる。唐・王建〔故行宮〕詩 寥落たり、古行宮 宮花、寂寞として紅なり 白頭宮女在り 閑坐して玄宗を説く

【閑肆】(かんし) しずかで自由。宋・欧陽脩〔江鄰幾文集の序〕詩尤も清淡、閑肆喜ぶべし。

【閑習】(かんしゆう(しふ)) 習熟する。〔後漢書、鄭太伝〕少くして國の將と爲り、軍事に閑習す。數しば戰場を踐み、名、當世に振ふ。

【閑愁】(かんしゆう(しう)) そぞろなる愁い。宋・欧陽脩〔浣渓沙、九首、五〕詞 乍いは雨ふり乍いは晴れ、花自ら落つ 閑愁閑悶、晝偏に長し

【閑素】(かんそ) ものしずかでかざらない。〔三国志、魏、袁渙伝〕渙の子侃、亦た精粹閑素にして、父の風有り。郡守尚書に歷位す。

【閑望】(かんぼう(ばう)) のどかに眺める。唐・白居易〔東都留守令狐尚書の任に赴くを送る〕詩 地は高情に稱ひて、水竹多く 山は閑望に宜しくして、風塵少れなり

↑閑安 安らか/閑逸 しずか/閑役 閑職/閑宴 くつろぐ/閑豔 淑やか/閑鷗 水鷗/閑花 閑雅な花/閑雅 淑やか/閑官 閑職/閑漢 閑人/閑緩 ものしずか/閑却 なおざり/閑客 閑人/閑興 しずかな趣/閑潔 さっぱりしたさま/閑語 むだ話/閑

雑閑 無用／閑散 ひま／閑事 暇つぶし／閑邪 悪事をふせぐ／閑寂 しずか／閑趣 しずかな趣／閑処 ひま／閑舒 ものしずか／閑職 閑な職／閑人 ひま人／閑清 閑潔／閑靖 安らか／閑静 間寂／閑滞 長い浪人生活／閑達 習熟する／閑談 むだ話／閑地 あき地／閑中 ひま／閑庭 しずかな庭／閑適 間適／閑都 みやびやか／閑独 一人しずか／閑媚 美しい／閑靡 淑やか／閑敏 習練／閑物 無用な物／閑歩 散歩／閑夜 静夜／閑遊 のんびりあそぶ／閑予 安らか／閑麗 美しい／閑練 習熟する

↓安閑・御閑・小閑・消閑・上閑・森閑・寸閑・清閑・静閑・大閑・長閑・投閑・偸閑・等閑・農閑・馬閑・有閑・幽閑・優閑・余閑

常 【間】 12 7760 〖閒〗 12 7722 ［𨳿］ 12 7723

カン
すきま あいだ しずか

篆文 古文 金文

会意 旧字は閒に作る。門＋月（月）。〔説文〕十二上に「隙なり。門と月とに従ふ」（段注本）とし、古文として𨳿を録する。月は月光と解されているが、金文の字形によって考えると、廟門に肉をおいて祈る儀礼を示す字であるらしく、そこから離隔・安静の意が生ずるのであろう。〔左伝、定四年〕「管（叔）蔡（叔）啓きて王室を惎間す」とあり、その呪詛的方法を示す字と考えられる。

訓義 [1]あいだ、すきま、へだつ、うかがう。[2]しずか、やすらか、くつろぐ、いこう。[3]ひそかに、こっそり。[4]時間的にへだたる、このごろ、しばらく。[5]距離的にへだたる、あいま、へだたる、はなれる、へや。[6]簡と通じ、大きい、はぶく。[7]閑と通じ、ふせぐ、ふさぐ。

古訓 〔名義抄〕閒 ハジメ・ミテル・ヒマ・シバラク・コノゴロ・ウカガフ・サカフ・タガヒニ・ヒソカニ・アヒタマ・マ、ニ・イフ・アツカル・マシナフ・イユ・マジハル・シヅカニ・フサク・アヒダム・ハサマル・ソシル・カサル・アヒダ・マ／人閒 ヨノナカ／中閒 ナカコロ／此閒 コ、／彼閒 カシコ／偸閒 アカラサマ／閒諜 ウカミス 〔字鏡集〕閒 ハシタ・サカフ・ヘダツ・マジナフ・ハカル・マホル・アタフ・フサク・アツラフル・マ、ニ・コホル・イロフ・ツシル・イユ・ハサマル・ヒソカ・カザル・マジハル・シヅカニ・アヒタム・タガヒニオクル・アハ（シバ）ラク・コノコロ・イトマ・ヒラク・ミタル・タガヒニ・セキ・トル・アツラフ・マ・ヒマ・ヨ

声系 〔説文〕に閒声として瞯・簡（簡）・癇・僩・澗・嫻など十四字を収める。瞯・簡・僩・嫻など、通用の義をもつものがある。

語系 閒kean、隙khyakは声義の関係がある。隙は神の陟降する神梯（𠂤）の前に玉（日）をおき、その光が上下に照射する象で、神と人との間を隔てるもの、いわゆる神人の際を示す。閒も廟門において肉（月）を供えて祀る象で、隙と同様の意味をもつ字である。

＊語彙は閑字条参照。

【間雲】しずかに流れる雲。唐・王勃〔滕王閣〕詩 閒雲潭影、日に悠悠 物換り星移り、幾秋を度る

【間詠】のんびり歌う。晉・陶潜〔時運〕詩 童冠業を齊しうし 閒詠して以て歸る

【間暇】いとま。無事。〔孟子、公孫丑上〕國家閒暇なりとせん。是の時に及んで其の政刑を明らかにせば、大國と雖も必ず之れを畏れん。

【間雅】しとやか。〔史記、司馬相如伝〕相如の臨邛に之くや、車騎を從へ、雍容閒雅、甚だ都やかなり。卓氏に飲むに及んで、琴を弄す。文君竊かに戸より之れを窺ふ。

【間隔】へだたる。晉・陶潜〔桃花源記〕先世秦時の亂を避け、妻子邑人を率ゐて、此の絶境に來り、復た出でず。遂に外人と閒隔せり。

【間闊】久しく別れる。宋・陸游〔久雨〕詩 鄰舍相ひ逢うて、閒闊なるに驚く 通宵寐ねず、淋浪を聽く

【間関】車のきしる音。また、鳥の鳴く声。唐・白居易〔琵琶行〕詩 閒關たる鶯語、花底に滑らかに 幽咽せる泉流、冰下に難めり

【間居】独りくつろぐ。〔大学、六〕小人閒居して不善を爲し、至らざる所無し。君子を見て、而る后厭然として、其の不善を揜ひて其の善を著はす。

【間隙】すき。〔漢書、劉向伝〕群小閒隙を窺ひ見、文字を緣飾し、巧言醜詆、流言飛文、民閒に譁し。

【間止】しずかなすまい。晉・陶潜〔酒を止む〕詩 居止、城邑に次り 逍遙して自ら閒止す

【間処】しずかに暮らす。〔荘子、刻意〕藪澤に就き、閒曠に處り、魚を釣りて閒處するは、無爲なるのみ。此れ～閒暇なる者の好む所なり。

【間靖】ものしずかでやすらか。晉・陶潜〔五柳先生伝〕閒靖にして言少なく、榮利を慕はず。

【間寂】ひっそりともの静か。〔南史、顧覬之伝〕覬之、繁を御むるに約を以てし、縣用つて事無し。晝日簾を垂れ、門階閒寂なり。

【間然】欠点。非難すべきこと。〔論語、泰伯〕禹は吾れ閒然すること無し。飲食を菲くして孝を鬼神に致し、～宮室を卑くして力を溝洫に盡す。禹は吾閒然すること無し。

【間澹】安らか。唐・白居易〔元九（稹）に与ふる書〕近歲、韋蘇州（応物）の歌行の如きは、才麗の外、頗ぶる興諷に近し。其の五言詩、又高雅閒澹にして、自ら一家の體を成す。今の筆を秉る者、誰か能く之れに及ばん。

【間歩】微行。しのび歩き。〔史記、信陵君伝〕公子、趙に處士毛公～薛公～有りと聞き、～兩人を見んと欲す。～乃ち閒歩して往き、此の兩人に從つて游び、甚だ歡ぶ。

↑間宴 くつろぐ／間園 閑庭／間鷗 閑鷗／間架 あじろ／間官 閑職／間間 こせこせ／間漢 ひま人／間翫 弄ぶ／間釁 すき／間径 ぬけ道／間郤 すきま／間隟 すき／間潔 閑潔／間月 ひまな月／間健 閑健／間言 なかごと／間語 むだ話／間口 むだ話／間行 微行／間候 間者／間搆 離間する／間構 間搆／間坐 間居／間歳 一年おき／間雑 まぜる／間散 無職／間竄 隠れる／間伺 こっそりうかがう／間廁 まじる／間視 さぐる／間事 間牒／間者 この頃／間執 ふさぐ／間習 習熟する／間情 風雅心／間色 中間色／間心 そぞろ心／間人 ひま人／間甚 多少／間静 閑静／間染 巻き添え／間阻 妨げ／間疏 へだてる／間疎 離間／間潭 しずかな淵／間断 たえま／間談 閑談／間地 あき地／間諜 間者／間丁 雑役／間適 閑適／間土 免租地／間道 ぬけ道／間衲 ひまな僧／間廃 閑人／間伏 間者／間放 気まま／間謀 離間の計／間謗 そしる／間民 遊民／間離 離間する／間麗 美しい／間路 間道／間話 むだ話

↓安間・雲間・乖間・甚間・期間・窺間・居間・峡間・行間・空間・巷間・候間・山間・讒間・伺間・時間・週間・瞬間・少間・承間・乗間・人間・世間・静間・草間・艙間・俗間・待間・中間・田間・投間・偸間・等間・発間・反間・眉間・幇間・坊間・民間・夜間・有間・幽間・優間・余間・腰間・欄間・離間・林間

【萑】 12 4421

カン（クヮン）
みみずく

篆文  甲骨文 

象形 毛角のある鳥の形。〔説文〕四上に「鴟の屬なり。隹に従ひ、𦫳に従ふ。毛角有り、鳴く所、其の民に旤（禍）有り。～讀みて和の若くす」とあり、木兎をいう。〔爾雅、釈鳥〕に「老鵵なり」とみえる。ただ字の声からいうと雚をいう字かと思われ、雚は雈に目を加えた形の字である。艸部の萑は草名。雈とは別の字である。

訓義 ①みみずく。②おそらく雚の初文であろう。

部首 〔説文〕に蒦・雚・舊（旧）をこの部に属し、〔玉篇〕に䨼など二字を加えている。

声系 〔説文〕に雈声として艸部の一字を収める。雈部の字も、みな雈と声義の関係があるようである。

常
【勧】13 〔勸〕20 4422

カン（クヮン） すすめる つとめる

篆文 

形声 旧字は勸に作り、雚声。〔説文〕十三下に「勉なり」とあり、すすめつとめる意。雚声の字には鳥占の俗を背景とするものがあり、また力は耒の象形であるから、もと農事に関して神意を問う意であろう。その神意にかなうことから、勧誘・勧奨の意となったものと思われる。

訓義 ①すすめる、はげます。②つとめる、おもむく。③倦・勸と通じ、うむ。

古訓 〔名義抄〕勸 ス、ム・アツラフ

【勧戒】かん（くわん）かい 善をすすめ悪を戒める。〔三国志、蜀、諸葛亮伝評〕刑政峻なりと雖も、怨む者無し。其の心を用ふること平らかにして、勸戒明なるを以てなり。識治の良才～と謂ふべし。

【勧誨】かんかい（くわんくわい） すすめ教える。〔宋史、儒林二、何渉伝〕平居未だ嘗て人の禍惡を談ぜず。至る所多く學館を建て、諸生を勸誨す。

【勧学】かん（くわん）がく 学問をすすめる。〔左伝、閔二年〕衞の文公、～材を務め農を訓へ、商を通じ工を惠み、教へを敬し學を勸め、方を授け能に任ず。

【勧業】かんぎよう（くわんげふ） 事にはげむ。〔史記、貨殖伝〕各〻其の業を勸め、其の事を樂しむこと、水の下きに趨くが若く、日夜休む時無し。

【勧禁】かん（くわん）きん 勧奨と禁止。〔韓非子、六反〕凡そ賞罰の必する者は、勸と禁となり。賞厚ければ、則ち欲する所の得ること疾し。罰重ければ、則ち惡む所の禁ずること急なり。

【勧功】かん（くわん）こう 仕事をはげみ行う。〔管子、禁蔵〕五徳を賞し、爵祿を滿たし、官位を遷し、孝弟を禮し、賢力を復するは、功を勸むる所以なり。

【勧進】かん（くわん）しん すすめはげます。〔漢書、王莽伝中〕上下心を同じくし、農業を勸進し、元元（人民）を安んぜんことを幾ふ。

【勧説】かん（くわん）ぜい すすめる。〔漢書、疏広伝〕今日飲食の費も且に盡きんとす。宜しく丈人の所に從ひ、君に勸說して田宅を買はしむべし。

【勧善】かん（くわん）ぜん 善をすすめる。〔墨子、尚同中〕若し苟くも上下義を同じうせざれば、賞譽は以て善を勸むるに足らず、刑罰は以て暴を沮むに足らず。

【勧懲】かん（くわん）ちよう 勧善懲悪。〔左伝、成十四年〕春秋の稱は微にして顯、～惡を懲らしめ善を勸む。聖人に非ざれば誰か能く之れを脩めん。

【勧導】かんどう（くわんだう） すすめ導く。〔北史、長孫倹伝〕荊蠻の舊俗、少は長を敬はず。倹、殷勤に勸導し、風俗大いに革まる。務めて耕桑を廣め、兼ねて武事を習ふ。故に邊境虞れ無く、人、其の業に安んず。

【勧督】かん（くわん）とく すすめ促す。〔三国志、呉、陸遜伝〕縣、連年亢旱あり。遜、倉穀を開いて以て貧民を振ひ、農桑を勸督し、百姓蒙賴す。

【勧農】かん（くわん）のう 農事をすすめる。〔史記、文帝紀〕農は天下の本なり。～其の勸農の道に於て未だ備はらず。其れ田の租税を除け。

【勧罰】かん（くわん）ばつ 善をすすめ悪を罰する。〔北史、常爽伝〕門徒を教授すること七百餘人。京師の學業、翕然として復た興る。爽、訓を立つるに甚だ勸罰の科有り。弟子之れに事ふること嚴君の若し。

【勧勉】かん（くわん）べん はげます。漢・李陵〔蘇武に答ふる書〕左右の人～來りて相ひ勸勉す。異方の樂、祇だ人をして悲しましめ、忉怛を增さしむるのみ。

【勧誘】かんゆう（くわんいう） すすめさそうこと。〔顔氏家訓、帰心〕三世の事、信にして徵有り。家世〻歸心す。～但だ懼る、汝が曹、猶ほ未だ牢固ならず、略〻勸誘を重んずるのみなるを。

➡勧引 さそう／勧掖 助ける／勧化 すすめて感化する／勧駕 都に召す／勧解 仲裁する／勧誡 勧戒／勧諫 諫言する／勧教 勧誨／勧講 侍講／勧賛 奨助ける／勧止 とめる／勧酬 杯の献酬／勧奨 奨励する／勧賞 励ます／勧穡 勧農／勧沮 勧懲／勧登 はかどらせる／勧杯 勧酒／勧募 募る／勧喩 すすめさとす／勧諭 さとす／勧侑 すすめる／勧誉 誉めすすめる／勧励 すすめ励ます／勧労 すすめ慰労する／勧和 和解させる

⬇陰勧・加勧・戒勧・匡勧・教勧・競勧・欣勧・勤勧・奨勧・聳勧・申勧・旌勧・宣勧・沮勧・勅勧・督勧・微勧・靡勧・風勧・諷勧・勉勧・褒勧・喩勧・諭勧・労勧

常
【寛】13 〔寬〕15 3021 人〔寬〕14

カン（クヮン） ゆるやか ひろい

篆文 

会意 旧字は寬に作り、宀＋萈。萈声。〔説文〕七下に「屋、寬大なり」とし、萈声とするが、宀は廟屋。萈は眉飾を加えた巫女が祈禱する形。巫女が廟中にあって祈禱し、神意を寛くするのが原義であろう。それですべてゆるやかな気象をいい、寛厚・寛大の意となる。

訓義 ①心がゆるやかとなる、のびやか、おだやか、ひろやか、ゆたか。②くつろぐ、ひろい、大きい。

古訓 〔名義抄〕寛 ヒロシ・トホシ・トモガラ・ナダム・ユルス・ユルク・モト・ユタカナリ・アイス 〔字鏡集〕寛 ユルシ・アイス・ヲシム・ナダム・ヒロシ・トホシ・ユタカナリ・オホイナリ・トモ・トモガラ

語系 寬khuan、曠khuang、闊khuatは声義近く、寛広闊大の意がある。寛はもと人の心意についていう。

【寛易】かん（くわん）い おおらか。宋・曾鞏〔范貫之奏議集の序〕公、人と爲り溫良慈恕。其の政に從ふや、寬易にして人を愛す。

【寛慰】かんい（くわんゐ） ゆるしなぐさめる。唐・白居易〔蘇六に答ふ〕詩 更に別計の相ひ寬慰する無し 故に陽關（三疊の曲）を更に一盃を勸めしむ

【寛仮】かん（くわん）か ゆるやかにする。〔漢書、翟方進伝〕今、方進復た（涓）勳を擧奏す。議者以爲へらく、～勳、素行公直にして、姦人の惡む所なり。少しく寬假して、其の功名を遂げしむべしと。

【寛雅】かん（くわん）が おちついていて上品。〔後漢書、袁紹伝〕紹、外寬雅にして局度有り。憂喜、色に形はさず。而れども性、矜愎にして、自ら高しとす。

【寛廓】かんかく（くわんくわく） 心が広い。〔新論、慎隟〕漢祖、貫高の逆を免し、魏后、曹操・張繡の讐を泄す。～此れ皆英達の主、寬廓の矜に遇ひ、深怨を以て讐を爲さざるを得たり。

【寛刑】かん（くわん）けい 刑罰をゆるくする。〔晋書、劉弘伝〕弘、是こ

に於て農桑を勸課し、刑を寬くし賦を省く。歲用つて年有り、百姓愛悅す。

【寬恵】かん(くわん)けい 心が広く情深い。〔管子、八觀〕法を置き令を出だし、衆に臨み民を用ふるに、其の民に行はるると、其の民に行はれざると、計れば、其の威嚴寬恵の、知るべきなり。

【寬厳】かん(くわん)げん ゆるやかさときびしさ。〔宋史、汪大猷伝〕今議する所の六項法、犯す者は法を以て之れを行ふ。～惟だ再び犯す者は死す。寬嚴適中すと謂ふべし。

【寬弘】かん(くわん)こう ゆるやかでひろい。〔南史、梁簡文帝紀〕長ずるに及んで、器宇寬弘、未だ嘗て喜慍(喜怒)の色を見ず。尊嚴なること神の若し。

【寬厚】かん(くわん)こう 心ひろく温厚。宋・蘇轍〔枢密韓太尉に上る書〕今其の文章を觀るに、寬厚宏博、天地の閒に充ち、其の氣の小大に稱ふ。

【寬綽】かん(くわん)しやく ゆるやかにする。〔書、無逸〕厥の心を寬綽にせず、亂りて罪無きを罰し辜無きを殺さん。怨みと同(恫)みと、是れ厥の身に叢まる。

【寬柔】かんじゆう(くわんじう) 寬大で優しい。〔中庸、十〕寬柔以て教へ、無道に報いざるは、南方の強なり。君子之れに居る。

【寬詳】かんしよう(くわんしやう) 心がゆたかでゆきとどく。〔後漢書、陳忠伝〕忠自ら以へらく、世と刑法を典る。心を用ふること、務むること寬詳に在りと。

【寬仁】かん(くわん)じん 心広く慈悲深い。〔漢書、高帝紀上〕高祖人と爲り、隆準にして(鼻すじ高く)龍顏、～寬仁にして人を愛し、意豁如たり。常に大度有り。家人の生産作業を事とせず。

【寬静】かん(くわん)せい ゆるやかで静か。〔礼記、楽記〕寬にして靜か、柔にして正しき者は、頌を歌ふに宜し。

【寬大】かん(くわん)だい 度量が大きい。〔漢書、宣帝紀〕今吏、或いは姦邪を禁ぜざるを以て寬大と爲し、有罪を縱ち釋すを不苛と爲し、或いは酷惡を以て賢と爲す。皆其の中を失せり。

【寬典】かん(くわん)てん ゆるやかな刑罰。〔旧唐書、刑法志〕其の後寬典を存すと雖も、犯す者漸く少なし。

【寬猛】かんもう(くわんまう) ゆるやかさときびしさ。〔孔子家語、正論解〕寬以て猛を濟し、猛以て寬を濟す。寬猛相ひ濟す。政是こを以て和す。

【寬宥】かんゆう(くわんいう) 寬容。ゆるす。〔後漢書、王梁伝〕渠を開くことを建議し、～迄に成功無し。～寬宥を蒙ると雖も、猶ほ謙退を執る。

【寬裕】かん(くわん)ゆう 心がゆたか。〔礼記、内則〕必ず其の寬裕・慈恵・溫良・恭敬にして、愼みて言寡なき者を求めて、子の師爲らしむ。

【寬容】かん(くわん)よう 心が広い。〔韓詩外伝、八〕德行寬容にして、之れを守るに恭を以てする者は榮ゆ。

【寬略】かん(くわん)りやく ゆるやかで大まか。〔後漢書、東夷伝論〕箕子、～地を朝鮮に避け、～八條の約を施し、～頑薄の俗を回らし、寬略の法に就かしむ。

【寬和】かん(くわん)わ 心ひろく温和。〔漢書、循吏、黃霸伝〕是れに繇り、俗吏は嚴酷を上びて以て能と爲すも、霸は獨り寬和を用つて名と爲す。

↑寬衣 普段着／寬隱 いたむ／寬衍 のびやか／寬暇 ゆったり／寬仮／寬懈 怠る／寬郭 ゆるやかで大きい／寬闊 ゆるやか／寬簡 おおどか／寬閑 のどか／寬間 寬閑／寬緩 ゆるやか／寬限 延期する／寬窄 広狭／寬弛 ゆるやか／寬赦 ゆるす／寬袖 広袖／寬粛 ゆるやか／寬厳／寬処 広い処／寬恕 思いやり／寬舒 ゆるやか／寬敞 広い／寬縦 なおざり／寬饒 ゆたか／寬制 寬典／寬征 減税／寬然 ゆるやか／寬租 寬税／寬怠 怠る／寬泰 ゆるやか／寬貸 寬宥／寬適 くつろぐ／寬忍 ゆるす／寬博 ゆるやか／寬譬 なだめる／寬憫 哀れむ／寬腹 中ふくれ／寬放 なおざり／寬法 寬刑／寬袍 大きな服／寬免 ゆるす／寬愉 くつろぐ／寬栗 寬厳／寬令 寬法

↓恩寬・刑寬・自寬・綽寬・致寬・裕寬・優寬

常 【幹】 13 4844 〔榦〕 14 4849 カン はしら みき ただす

篆文

金文

形声 声符は干。正字は榦に作り、倝声。〔説文〕六上に倝声とし、「牆を築くときの耑木なり」とあり、版築のとき、その版を支える両端の木の意とする。倝は金文の図象に、杠飾りのある旗竿に吹き流しを加えたものがあり、幹とは旗竿。そのような柱で、ものの根幹となるものをいう。

訓義 1旗ざお、はしら、おやばしら。2みき、くき、もと、えだ。3せぼね、わきばらのほね、すね。4ゆみ、弓体。5たえる、になう、つかさどる。6つよい、すぐれる、ただしい、ただす。7やすらか、たすける。8干支、えと。9簳と通じ、しの竹、やがら。10韓と通じ、井げた。11管と通じ、つかさどる。

古訓 〔名義抄〕幹 カラ・ハズ・コハシ 〔字鏡集〕幹 カラ・エダ・モト・ハシ・コブシ・コハシ・スガタ・ツトム・マサシ・カハカス

声系 〔説文〕に幹声として澣を収め、字はまた浣に作る。

語系 榦(幹)・干・倝・乾 kan は同声。榦(幹)は干・倝の声義を承ける。

【幹器】かんき 才幹と器量。〔華陽国志、後賢志〕(柳)伸の子純、字は偉淑。名德幹器有り、秀才に擧げらる。～西夷長水校尉、巴東監軍となる。

【幹国】かんこく 国事を治める才能。〔後漢書、史弼伝〕弼に幹國の器有り。宜しく台相に登すべし。

【幹佐】かんさ ことをただし補佐する。〔三国志、魏、鄧艾伝〕艾～口吃なるを以て、幹佐と作すを得ず。～宣王之れを奇とし、之れを辟して掾と爲す。

【幹済】かんさい しごとをとりはこぶ才能。〔北斉書、唐邕伝〕書計を善くす。強記默識、幹濟を以て知らる。擢んでられて、世宗の大將軍府參事と爲る。

【幹策】かんさく 謀を立てる能力。〔三国志、魏、毌丘倹伝〕靑龍中、帝、遼東を討たんことを圖る。儉の幹策有るを以て、徙つして幽州刺史と爲す。

【幹事】かんじ 事をただす。〔易、乾、文言伝〕貞は事の幹なり。君子は仁を體して以て人に長たるに足り、～貞固にして以て事を幹すに足る。

【幹正】かんせい ただす。〔後漢書、楽恢伝〕陛下春秋に富み、大業を纂承す。諸舅宜しく王室を幹正し、以て天下の私を示すべからず。

【幹勇】かんゆう 才能と勇気。〔魏書、于烈伝〕老臣、累朝に歷奉し、頗ぶる幹勇を以て識を賜ふ。今日の事、敢て辭せざる所なり。

【幹略】かんりやく 才能と謀略。〔三国志、呉、諸葛恪等伝評〕諸葛恪は才氣幹略、邦人の稱する所なり。然れども驕りて且つ吝なり。～己れに矜り人を陵しぐ。能く敗るること無からんや。

【幹練】かんれん 熟達する。漢・蔡邕〔太傅文恭侯胡公(広)碑〕機事に幹練し、樞極に綢繆す。

↑幹営 ただしいとなむ／幹殻 ぬけ殻／幹官 均輸官／幹局 ただしつかさどる／幹劇 劇務をこなす／幹蠱 禍いを正す／幹才 才幹／幹材 才能／幹枝 干支／幹実 誠実／幹主 中心／幹掌 管理する／幹旋 執行する／幹楨 主柱／幹当 処理する／幹任 主任／幹能 才能／幹部 中心となる人たち／幹辧 主任／幹貌 体貌／幹用 役立つ／幹吏 中心の

吏／幹理 治める
↓基幹・機幹・旧幹・巨幹・強幹・喬幹・局幹・軀幹・形幹・古幹・孤幹・功幹・高幹・合幹・国幹・骨幹・根幹・才幹・材幹・矢幹・枝幹・肢幹・主幹・身幹・世幹・体幹・忠幹・直幹・貞幹・挺幹・楨幹・典幹・武幹・駢幹・本幹・勇幹・吏幹・理幹・老幹

常 **【感】** 13 5320 カン こころうごく おもう

篆文 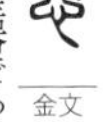 金文 

形声 声符は咸。〔説文〕十下に「人の心を動かすなり」という。咸は聖器である戉（鉞）を以て、祝詞を収めた器の口（𠙵）を封緘し、神の降監し、感応するを待つ意であるから、もと神意を動かすことをいう字であった。〔玉篇〕に「傷むなり」とあり、感傷の意とする。

訓義 1 心を動かす、感じさせる、さとらせる。2 心に思う、さとる、ありがたく思う。3 感覚、知覚、ふれる。4 憾と通じ、うらむ。

古訓 〔名義抄〕感 ウゴク・イタム・タノシ・コトノ〳〵ク・カナフ・ホム・カワル・カシコシ 〔字鏡集〕感 ホム・イタム・タノシ・カナフ・イマシム・ウゴカス・ヲカス・ウラム・ウゴク・カシコシ・ヤフル・コトノ〳〵ク

声系 〔説文〕に感声の字を収めないが、〔玉篇〕に「撼は搖なり」「憾は恨なり」「顑は動首なり」「轗は轗軻なり」など、感声の字が多い。みな撼く意のある字である。

語系 感həm、降（降）hoəm、監keam は声近く、感とは神霊の降監することに感ずる意であろう。

【感悦】心からよろこぶ。〔後漢書、鄧禹伝〕禹の止まる所は輒ち事を停め節を住む。～父老童穉、垂髪戴白（幼老）、其の車下に滿ち、感悅せざる莫し。是に於て名、關西に震ふ。帝之れを嘉みし、數〻書を賜ひて褒美す。

【感応】心が動いて作用する。〔易、咸、彖伝〕咸は感なり。柔（兌）上りて剛（艮）下る。二氣感應して、以て相ひ與みする。

【感恩】めぐみをありがたく思う。晉・陸機〔平原内史を謝する表〕恩に感じ咎を惟ひ、五情震悼す。跼天蹐地、容るる所無きが若し。

【感化】よい影響を受けて心がかわる。〔後漢書、陳禅伝〕禪、學に於て禮を行ふ。爲に道義を說きて以て之れを感化す。單于懷つき服す。

【感荷】ありがたく思う。宋・蘇轍〔兄軾の獄に下るが為に上まつる書〕軾、恩貸に感荷し、此れより深く自ら悔咎し、敢て復た爲す所有らざらん。

【感会】よいときに出会う。晉・范曄〔後漢書二十八将伝論〕中興の二十八將は、～咸な能く風雲に感會し、其の智勇を奮ふ。稱して佐命と爲す。亦た各〻志能の士なり。

【感懐】心に深く感じおもう。唐・杜牧〔感懐詩〕聊か感懷の韻を書し 之れを焚いて賈生（賈誼）に遺る

【感慨】感動して悲しみなげく。魏・阮籍〔詠懐、八十二首、十三〕詩 感慨して辛酸を懷き 怨毒、常に多きに苦しむ

【感旧】往時をなつかしく思い起こす。〔三国志、魏、荀彧伝〕今、車駕軫を旋らす。義士に存本の思ひ有り。百姓舊に感じて哀しみを增す。

【感遇】恩遇に感激する。〔晋書、庾亮伝〕先帝謬まり顧み、情布衣に同じ。既に今恩重くして命輕し。遂に感遇して身を忘る。

【感激】心に深く感じて奮いたつ。〔三国志、蜀、諸葛亮伝〕先帝～猥りに自ら枉屈して、三たび臣を草廬の中に顧みる。～是れに由りて感激し、遂に先帝に許すに驅馳を以てせり。

【感傷】ものに感じて悲しむ。〔詩、陳風、沢陂序〕澤陂は時を刺るなり。～靈公の君臣、其の國に淫し、男女相ひ說び、憂思感傷す。

【感戴】ありがたく思う。〔三国志、呉、朱桓伝〕往きて疫癘に遇ふ。～桓、良吏を分部し、隱かに醫藥を親らし、飧粥相ひ繼がしむ。士民之れを感戴す。

【感歎】深く感じて心が動く。唐・張九齢〔感遇、十二首、六〕詩 衆情は外物に累はされ 己を恕して内修を忘る 感歎長へに此くの如し 我が心をして悠悠たらしむ

【感動】深く感じて心動く。〔礼記、楽記〕雅頌の聲を制す。～其の曲直繁瘠・廉肉節奏、以て人の善心を感動するに足らしむるのみ。

【感佩】ありがたく思う。唐・李商隠〔尚書范陽公に上まつる啓、第三〕襟見肘兗、前哲に類し、裂裳裹踵、昔人に取る無し。恩私に感佩し、喩ふる所を知らず。

【感奮】心に深く感じて奮いたつ。〔唐書、朱忠亮伝〕吏白す。耄卒の戰ひに任へざる者は罷むべしと。答へて曰く、古は老馬に於けるも棄てず。況んや戰士をやと。聞く者感奮せざる莫し。

【感銘】心に感じて忘れない。宋・陳師道〔陳先輩に答ふる書〕書問貽らる。感銘斯に切なり。

↑感咽 咽び泣く／感悔 悔やむ／感愾 なげく／感槩 感慨／感覚 感知／感愕 おどろく／感官 感覚器／感喜 感悦／感愧 恥じる／感泣 うれし泣き／感興 興味／感悟 さとる／感哽 感泣する／感刻 感激する／感忽 恍惚となる／感恨 うらむ／感謝 礼をいう／感賞 めでる／感情 気持ち／感触 手ざわり／感心 感服する／感人 感動させる／感性 感受性／感切 感化／感染 うつる／感想 感じ思う／感愴 悲しむ／感惻 いたむ／感通 感応／感涕 感泣／感徹 感通／感怒 いかる／感悼 悲しむ／感慟 はげしく泣く／感発 心がひらく／感服 感心する／感憤 感奮する／感慕 したう／感冒 風邪／感涙 感泣

↓意感・歡感・応感・音感・恩感・快感・愧感・共感・興感・欣感・偶感・寓感・五感・語感・交感・好感・孝感・雑感・酸感・至感・実感・所感・情感・触感・心感・神感・深感・随感・誠感・精感・善感・相感・多感・知感・直感・通感・痛感・同感・鈍感・反感・万感・悲感・百感・敏感・予感・霊感

【戡】 13 4375 カン さす かつ

篆文 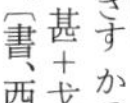

会意 甚＋戈。〔説文〕十二下に「刺すなり」とあり、〔書、西伯戡黎〕に「西伯既に黎に戡つ」とみえる。〔説文〕に引いて𢦟に作るのは形声の字。わが国に伝える〔隷古定商書残巻〕の篇題に、堪に作り、〔爾雅、釈詁〕に「堪は勝つなり」、その〔郭注〕に引く〔書〕にも堪に作る。甚は堪・碪で、礪ぎ台の意。それで戈を礪ぐのが字の原義であろう。

訓義 1 さす、うつ。2 かつ、ころす、とる、きる。

古訓 〔名義抄〕戡 サス・カツ・ヲサム・タツ・キル 〔字鏡集〕戡 サス・キル・ホコ・クタク・オサム・カツ・サク

【戡定】討ち定める。〔書、康王之誥〕惟れ新たに陟れる王、畢く賞罰に協ひ、厥の功を戡定し、用て敷く後人に休を遺したまへり。

【戡難】危難を平定する。〔唐書、陸贄伝〕議者謂へらく、興元（年号、李希烈の反あり）戡難の功、爪牙（武将）力を宣ぶと雖も、蓋し贊助くる有りと。～政を輔くるに及び、～事可否有れば、必ず之れを言ふ。

↑戡夷 平定する／戡済 平定する／戡翦 平定する／戡殄 滅ぼす／戡復 中興／戡乱 平定する

常 **【漢】** 13 人〔漢〕14 3413 カン おとこ

篆文  古文  金文 

形声 旧字は漢に作り、莫声。〔説文〕十一上に「漾なり。東を滄浪水と爲す」とあり、東南流して江に注ぐ。銀河の流れと方向を同じうするので、銀河を天漢という。五胡のとき、胡人が漢人を漢子とよび、のち男をいう語となった。

訓義 1川の名、漢中、前後の漢王朝。みな漢水の名より起こる。2おとこ、漢人、漢子の意。3悍と通じ、いかる。

古訓 〔名義抄〕漢 ソラ・トホル・キヨシ 〔篇立〕漢 ヲノコ・アマノカハ・ハルカニ・ヲキロニ

【漢月】天の川と月。唐・沈佺期〔関山月〕詩 漢月、遼海に生じ 曈朧として半暉を出だす

【漢子】男。〔北斉書、魏愷伝〕青州の長史に遷さるるも、固辭して就かず。～顯祖大いに怒り、～云く、何物の漢子ぞ、我れ官を與ふるに、肯て就かざる～と。～愷、情貌坦然たり。

【漢仗】体貌の立派なこと。清・梁章鉅〔退園随筆、十三〕将を選ぶの法は、士を選ぶと同じからず。智勇は固より先んずる所に在るも、漢仗も亦た須らく兼ね顧みるべし。

【漢土】中国の本土。唐・白居易〔縛戎人〕詩 蕃に沒し、囚へられて漢土を思ひ 漢に歸り、劫かされて蕃虜と爲る

↑漢奸 売国奴／漢簡 漢の木簡・竹簡

↓悪漢・雲漢・炎漢・河漢・快漢・怪漢・巨漢・凶漢・銀漢・好漢・江漢・史漢・斜漢・汝漢・霄漢・蜀漢・秦漢・酔漢・星漢・清漢・楚漢・俗漢・痴漢・天漢・鈍漢・巴漢・暴漢・羅漢・老漢・和漢

【煥】 13 9783 カン(クヮン) あきらか

篆文 

形声 声符は奐。奐は分娩するさま。水の散るさまに移して渙といい、火のかがやくさまには煥という。〔説文新附〕十上に「火光なり」とあり、光りかがやくさまをいう。

訓義 1あきらか。2火のひかり、かがやく。3あやあるさま、美しいさま。

古訓 〔名義抄〕煥 テラス・アキラカニ・カヾヤク・トホル・テラス 〔字鏡集〕煥 テラス・ヒノヒカリ・カ、ヤク・アキノフカキナリ

【煥乎】明らかなさま。〔論語、泰伯〕大なる哉、堯の君爲るや、～巍巍乎として其れ成功有り。煥乎として其れ文章有り。

【煥然】立派なさま。宋・葉適〔丁君墓誌銘〕其の居に卽き、縈山帶水、菊薫行を成し、高堂溫室を起し、朱綠照映す。窮村陋墅、煥然として王侯貴人、幽奇閑麗の境と爲る。

【煥発】詔書を発する。渙発。〔清国行政法汎論、中央官庁〕立憲政體の議、囂然として朝野に噪かし。九月一日、遂に立憲準備の上諭を煥發す。

【煥炳】光りかがやく。〔西京雑記、三〕蟠螭を作り、口を以て燈を銜へしむ。燈燃ゆ。鱗甲皆動き、煥炳、星を列して、室に盈たすが若し。

↑煥蔚 文彩／煥映 かがやき映る／煥奕 かがやく／煥衍 かがやき溢れる／煥焉 煥然／煥赫 かがやく／煥煥 かがやく／煥綺 かがやき美しい／煥景 光景／煥粲 かがやく／煥燦 かがやく／煥別 明弁／煥明 明らか／煥曜 かがやく／煥爛 かがやく／煥朗 明らか

↓蔚煥・華煥・輝煥・昭煥・紹煥・照煥・燭煥・靡煥・彪煥・文煥・炳煥・明煥・耀煥・輪煥

【裸】 13 3629 カン(クヮン) きよめ

篆文 

形声 声符は果。〔説文〕一上に「灌祭なり」とあり、鬱鬯の酒をそそいで清める灌鬯の礼をいう。〔書、洛誥〕に「王、太室に入りて裸す」とあり、周初の金文〔麦尊〕に「用って侯の逆造(出入)に裸す」とみえ、聖所に出入するときの祓いの儀礼であった。

訓義 1清めの酒をそそいではらう、きよめ、きよめの祭。2祭の時、酒をくみかわす。

語系 裸・灌・盥kuanは同声。盥は沐浴に用いる。また澣huanも声義が近い。裸・灌は降神・迎神の礼。土や安に、ときに水滴を加える字があるのはその礼である。

【裸享】酒をふりかけて祭る。〔左伝、襄九年〕君冠するときは、必ず裸享の禮を以て之れを行ひ、金石の樂を以て之れを節す。

【裸玉】裸礼に用いる玉。〔周礼、春官、鬱人〕凡そ裸玉は之れを濯ひ、之れを陳ねて、以て裸事を贊く。

【裸圭】古代の酒器。鬱鬯の酒をそそぐのに用いる。〔周礼、春官、典瑞〕裸圭に瓚有り、以て先王を肆り、以て賓客に裸す。

【裸将】裸の祭をする。〔詩、大雅、文王〕殷士の膚敏なるも 京に裸将す

↑裸器 裸礼の器／裸献 裸礼をして祭る／裸戸 かたしろに裸の礼をする／裸事 裸礼／裸薦 裸将／裸鬯 裸礼

【筦】 13 8821 カン(クヮン) くだ

篆文 

形声 声符は完。〔説文〕五上に、「筟(織機の横糸を巻くくだ)なり」という。また管と通用する。

訓義 1くだ、織機の横糸を捲くくだ。2楽器の管。3管と通じ、管理、つかさどる。4かぎ。

語系 筦・管・琯kuanは同声。みな細長い管状のもの。關(関)koan、楗gianも声近く、その形状と機能に似たところがある。

【筦権】管理することによって、利益を独占する。〔宋史、畢士安伝〕開寶四年、濟州團練推官を歷へ、專ら筦権を掌り、歳課(年収)増羨す。

【筦執】主管する。〔漢書、劉向伝〕尚書九卿、州牧郡守、皆其の門に出で、樞機を筦執し、朋黨比周す。

↑筦鍵 かぎ／筦絃 管絃／筦籥 ふえ、かぎ

【豢】 13 9023 カン(クヮン) やしなう

篆文 

形声 声符は𠔉。〔説文〕九下に「穀を以て豕を圈養するなり」とあり、𠔉は圈(圏)の意。圈とは豕の処る所をいう。〔周礼、地官、槀人〕に「祭祀の犬を豢ふことを掌る」とみえる。

訓義 1やしなう。2飼養する家畜。3利を以てさそう、くらわす。

古訓 〔字鏡〕豢 カヘル 〔字鏡集〕豢 コメコフ

【豢竜】馬を飼養する官。〔左伝、昭二十九年〕昔～董父、～實に甚だ龍を好み、能く其の耆欲を求め、以て之れに飲食せしむ。龍多く之れに歸す。乃ち龍を擾畜して、以て帝舜に服事す。帝之れに姓を賜ひて董氏と曰ひ、豢龍と曰ひ、諸れを鬷川に封ず。

↑豢愛 ペット／豢畜 飼育する／豢圉 飼育する／豢豕 養豚／豢収 飼う／豢擾 飼いならす／豢腴 うまい肉／豢養 飼育する／豢牢 飼育する

↓嘉豢・酣豢・芻豢・犓豢・烹豢

【狟】 13 2121 ［狟］ 9 4121 カン(クヮン) むじな

篆文 

形声 声符は亘。〔説文〕九下に「貉の類なり」とし、〔爾雅、釈獣〕に「貈の子は狟なり」とする。

訓義 1むじな、むじなの子。2まみ、まみだぬき、やまあらし。

古訓 〔字鏡集〕狟 ウカ、フ

【狟猪】 やまあらし。〔明一統志、八十五、広西布政司、南寧府、土産〕狟猪身に棘刺有り。能く振ひて以て人を禦ぐ。常に百十群を爲し、以て苗稼を傷つく。

↓県狟

【鉗】 13 8417 カン ケン ガン くびかせ かなばさみ とざす

篆文

形声 声符は甘。〔説文〕十四上に「鐵を以て劫束する所有るなり」とあり、首枷をいう。甘はその枷を施している形。甘・箝・嵌・鉗はみなその声義を承ける。

訓義 1くびかせ、くびわ、あしかせ。2かなばさみ、はさみ。3とじる、つむぐ、とざす。4はさみこむ。

古訓 〔新撰字鏡〕鉗 波志（はし）〔和名抄〕鉗 加奈岐（かなき）〔字鏡集〕鉗 ツクル・カナキ・ハサミ・ツクム・トシキ・クツハ・フサク・カ（ナ）ハシ・ツクテ・カリマタ

語系 甘kamに拑・鉗の系統と、甘蜜の系統とがあり、拑・鉗giamと柑kam、酣hamと音系が分化する。甘蜜の意は甘草の甘の意を承ける。

【鉗忌】 人を忌み害する。〔後漢書、梁冀伝〕（妻孫）壽、色美にして善く妖態を爲し、愁眉～折腰歩・齲齒笑を作し、以て媚惑を爲す。～壽の性鉗忌、能く冀を制御す。冀、甚だ之れを寵憚す。

【鉗口】 口をとざす。〔淮南子、本経訓〕今至人、亂世の中に生まれ、徳を含み道を懷き、無窮の智を抱き、口を鉗し説くを寢め、遂に言はずして死する者衆し。

【鉗梏】 首かせと手かせ。束縛する。唐・柳宗元〔童区寄伝〕越人恩少なく、男女を生まば必ず貨を以て之れを視る。毀齒（七・八歳）より以上、父兄鬻賣して、以て其の利を覬ふ。足らざれば則ち他室に盜み取り、之れを束縛鉗梏す。

【鉗鎚】 かみそりで剃り、鎚でうつ。禪家で教導の意に用いる。宋・蘇轍〔方子明道人に贈る〕詩 鉗鎚槖籥（ふいご。鼓動するもの）、心力を枉ぐ 虀鹽布褐（禪家の衣食）、因縁に隨ふ

【鉗鉄】 鉄の首かせ。〔中論、下、亡国〕在朝の人をして、進まんと欲しては則ち其の謀を陳ぶるを得ず、退かんと欲しては則ち其の身を安んずるを得ざらしむ。是れ則ち綸組（位官）を以て縲索と爲し、印佩を以て鉗鐵と爲すなり。

【鉗徒】 首かせの刑を受けた囚人。〔史記、衛将軍驃騎伝〕一鉗徒有り。靑を相して曰く、貴人なり。官、封侯に至らんと。靑笑つて曰く、人奴の生（自ら云う）、笞罵せらるること毋きを得ば、即ち足る。安んぞ封侯の事を得んやと。

【鉗奴】 鉄の首かせの刑を受けた囚人。鉗徒。漢・司馬遷〔任少卿（安）に報ずる書〕季布は朱家の鉗奴と爲り、灌夫は辱めを居室に受く。此の人皆身王侯將相に至るも、～引決自裁すること能はずして、塵埃の中に在るは、古今一體なり。

【鉗勒】 束縛する。〔唐書、后妃、則天武后伝〕帝も亦た儒昏にして、能を擧ぐるも鉗勒し、專らにすることを得ざらしむ。久しくして稍ゝ平ならず。

↑鉗蓋 とじて蓋する／鉗噤 口をふさぐ／鉗夾 はさむ／鉗鉗 うその返事／鉗髡 罪人／鉗子 鉗徒／鉗赭 首枷と赤衣／鉗制 抑圧する／鉗塞 口をとじ塞ぐ／鉗馬 馬にくつわする

【骭】 13 7124 カン はぎ

篆文

形声 声符は干。〔説文〕四下に「骹なり」、前条に「骹は脛なり」とあり、また〔玉篇〕には「脛なり」に作り、はぎをいう。甯戚の〔飯牛歌〕に「生まれて堯と舜との禪りに逢はず 短布の單衣、適だ骭に至る」の句がある。また脅の骨をいうことがある。

訓義 1すねのほね。2すねはぎ、向こうずね。3あばら。

古訓 〔字鏡集〕骭 カツ・ハギ・アシ

↓反骭・露骭

常【慣】 14 9708 ［摜］ 14 5708 カン（クヮン） ならう なれる

篆文

形声 声符は貫。貫は貝を貫き綴った形で、前後相連なる意がある。代々住みつく地を本貫、その家がらを旧貫、しきたりを貫行・貫習という。その心情を慣という。〔説文〕十二上に字を摜に作り、「習ふなり」とし、〔左伝、昭二十六年〕「鬼神を摜瀆す」の句を引く。今本に貫に作る。慣は貫の繁文とみてよい。

訓義 1久しく用いる、ならう、なれる、ならわし。

古訓 〔名義抄〕慣 ナラフ・コノム・タノム〔字鏡集〕慣・遦 ナラフ・マナフ・コノム・タノム・ユク・サシハサム・ツラヌク・トホス

声系 〔説文〕に遦・摜の両条にともに「習ふなり」とあり、貫の声義を承ける。〔爾雅、釈詁〕に「慣は習なり」とあり、〔釈文〕に字をまた貫・遦に作るという。みな貫より分化した字。

【慣習】 なれる。ならわし。唐・杜甫〔前の苦寒行、二首、二〕詩 秦城の老翁、荊揚の客 炎蒸に慣習して、歳（末）にも絺綌（麻の薄い衣）す

↑慣家 老練の人／慣串 貫穿する／慣看 見なれる／慣行 慣習／慣狎 なれ親しむ／慣住 すみなれる／慣縦 おちつく／慣性 習慣性／慣瀆 なれてけがす／慣便 習慣／慣用 使いなれる／慣例 慣行

↓旧慣・習慣・懶慣

常【監】 14 7810 カン かがみ みる

篆文 古文 甲骨文 金文

会意 臥＋皿。臥は人が臥して下方を視る形。皿は盤。盤水に臨んでその姿を映す意で、いわゆる水鏡。すなわち鑑の初文。〔説文〕八上に「下に臨むなり。臥に從ひ、衉の省聲」とするが、下は水盤の形。〔詩、小雅、節南山〕「何を以て監みざる」、〔詩、大雅、烝民〕「天、有周を監る」のように用いる。金文に「監嗣」（監司）という語があり、もと天より監臨することをいう。〔呉王夫差鑑〕に「自ら御監を作る」とあり、鑑（水鏡）をいう。

訓義 1かがみ。2かがみにうつす、上からみる、のぞみみる。3みる、みはる、めつけ、めつけの役人。4監獄、牢。

声系 〔説文〕に監声として藍（藍）・鑑・檻・襤・覽（覧）・濫・鹽（塩）・擥・鑑など十五字を収める。その音は覽・檻の二系に分かれるが、監の語頭子音に古くkl-のように二系に分化する音があったのであろう。

語系 監・鑑keamと鏡（鏡）kyang、光kuang、景kyang、影yangは、それぞれ系列をなし、声義に通じるところがある。

【監戒】 手本とし、戒める。〔国語、楚語下〕人の多く善敗を聞くを求むるは、以て監戒せんとするなり。今、子聞きて之れを棄つるは、猶ほ耳を蒙ふがごときなり。

【監観】 しらべみる。〔詩、大雅、皇矣〕四方を監觀し民の莫（謨）を求む

【監禁】 とじこめて自由にさせない。〔清会典事例、刑部〕凡そ監禁人犯、止だ細鍊を用ふるのみにして、長枷を用ひず。

【監護】 注意しながら、世話をする。〔史記、陳丞相世家〕漢王～是の日、乃ち（陳）平を拜して都尉と爲し、參乘・典護軍爲らしむ。諸將盡く讙し。曰く、大王一日楚の亡卒

を得、～即ち與に同に載せ、反つて軍の長者を監護せしむと。
【監察】かんさつ 監査董督する。〔後漢書、陳忠伝〕三公を稱して冢宰と曰ふ。入りては則ち參對して政事を議し、出でては則ち監察して是非を董す。
【監脩】かんしゅう(しう) もと国史を編修するをいう。〔宋史、銭若水伝〕俄かに詔して太宗實錄を修めしむ。～呂端、監脩爲りと雖も、局に涖まざるを以て、名を署することを得ず。
【監統】かんとう 監督統理する。〔晉書、殷仲堪伝〕虛しく監統の名有るも、制御の用無し。分位の本旨、經國の遠術に非ざることを懼る。
【監寐】かんび 目を開いたまま寝る。〔後漢書、袁紹伝下〕此の言を聞く者、悼心揮涕せざる莫く、～我が州の君臣をして監寐悲歎せしむ。
【監謗】かんぼう(ばう) そしる者を監視する。〔国語、周語上〕厲王虐にして、國人王を謗る。邵公王に告げて曰く、民、命に堪へずと。王怒り、衛の巫を得て謗る者を監せしむ。以て告ぐるときは則ち之れを殺す。
【監門】かんもん 門番。〔史記、信陵君伝〕隱士有り、侯嬴と曰ふ。年七十、家貧しく、大梁(魏)夷門の監者爲り。公子之れを聞き、往きて請ふ。～受くるを肯へんぜずして曰く、臣脩身絜行數十年、終に監門の困しみの故を以て、公子の財を受けずと。
【監臨】かんりん 監督のためその場に臨む。〔史記、陳余伝〕夫れ天下の諸將に監臨するに、王と爲らざれば不可なり。願はくは將軍立ちて楚王と爲れ。
↑監印 官印の係／監閲 監督検閲／監羈 監禁する／監軍 軍の目付／監郡 通判／監決 断罪／監言 鑒戒／監故 牢死／監侯 死刑執行の猶予／監国 郡国の監査／監獄 牢獄／監査 監察／監史 酒宴の吏／監司 監察官／監市 市場の取り締り／監視 取り締り／監試 考査員／監寺 執事僧／監事 監査役／監者 番人／監守 番人／監収 収監／監書 監修／監送 護送する／監倉 倉庫番／監卒 獄卒／監本／監燭 照らす／監生 国子監生／監撰 監択 えらぶ／監治 治める／監中 獄中／監定 鑑定する／監典 司る／監奴 召使いの頭／監董 監督／監督 取り締り／監犯 囚人／監撫 鎮撫する／監斃 獄死する／監房 囚人室／監本 国子監の刊本／監吏 監視役／監領 取り締り

↓阿監・医監・技監・宮監・軍監・卿監・三監・司監・寺監・酒監・収監・丞監・総監・太監・台監・天監・都監・統監・入監・馬監・秘監・牧監・冶監・立監・臨監・老監

【箝】 14 8857 カン はさむ

篆文 

形声 声符は拑。拑の初文は甘。閉塞箝式の錠の形。首枷の形もこれに近い。箝は箝馬のように獣に施すものであるが、人の発言を封ずるときにも用いる。〔逸周書、芮良夫解〕に「賢智は口を箝し、小人は舌を鼓す」とみえる。

訓義 1はさむ、はさみとめる。2くびかせ。

古訓 〔字鏡集〕箝 ツカム・ハサム

語系 甘に箝・拑・鉗のような箝入の系統と、柑・酣のような甘蜜の系統とがあり、甘蜜の意は甘から出ている。

＊語彙は鉗字条参照。

【箝語】かんご 口をつぐむ。〔漢書、異姓諸侯王表〕秦既に帝と稱す。～是に於て五等を削去し、城を墮ち刃を銷かし、語を箝し書を焼き、內雄俊を鋤き、外胡粵を攘ふ。
【箝口】かんこう 口をつぐむ。魏・楊修〔臨淄侯に答ふる牋〕呂氏淮南、字の直千金。然れども弟子口を箝み、市人手を拱く者は、聖賢卓犖、固より凡庸に殊絶する所以なり。
↑箝求 探究する／箝結 箝口／箝鎖 とざす／箝制 束縛する／箝束 控制する／箝馬 馬に箝を施す／箝默 沈默する／箝絡 箝馬／箝勒 箝馬
↓銜箝・鉤箝・囚箝・閉箝

常【管】 14 8877 〔琯〕 12 1317

カン(クヮン)
くだ ふえ つつ つかさどる

篆文 

形声 声符は官。竹管の楽器。〔説文〕五上に「篪の如くにして六孔」とし、重文として琯をあげている。琯は玉器。〔西京雑記、三〕に、咸陽宮の府庫に二十六孔の「昭華の琯」という秘宝があったことをしるしている。字はまた管籥の意より、管領の意となった。

訓義 1くだ、ふえ。2つつ形のもの、つつ、筆軸。3かぎ、つらぬく。4つかさどる、とりしまる。

古訓 〔名義抄〕管 ツヽ・スブ・ツカサドル・ウク・スベタリ 〔字鏡集〕管 ツヽ・ツカ・タケノツヽ・ツカサドル・トヽノフ・カヌ・スベテ・スベタリ・ウク・ス

語系 管・琯kuan、關(関)koan、鍵(鍵)gianは声義が近い。楽器の名以外の訓義は、その語系に属している。

【管轄】かんかつ(くわんかつ) 車のくさび。管下をとりしまる地位にたとえる。晉・孫綽〔功曹參軍の為に事を駁する牋〕綱紀、管轄の任に居り、以て外內を糺司す。

【管窺】かんき(くわんき) 管の穴からみる。見識の狭いこと。私見。〔後漢書、章帝紀〕(建初二年詔)朕弱冠に在り。未だ稼穡の艱難を知らず。區區たる管窺、豈に能く一隅を照らさんや。

【管見】かんけん(くわんけん) せまい見識。私見。〔晉書、陸雲伝〕臣、位に大臣に備はる。職は可を獻ずるに在り。苟くも管見有らば、敢て規を盡さざらんや。

【管鍵】かんけん(くわんけん) かぎ。管鑰。〔周礼、地官、司門〕管鍵を授け、以て國門を啓閉するを掌る。

【管弦】かんげん(くわんげん) 管楽と絃楽。〔後漢書、皇后上、和熹鄧皇后紀〕易に羲・農を載せて皇德著はれ、書に唐虞を述べて帝道崇し。故に聖明と雖も、必ず功を竹帛に書し、音を管弦に流しく。

【管象】かんしょう(くわんしやう) 管を以て、周の武王の楽曲象武を吹く。〔礼記、文王世子〕下(堂下)にして管象し、(庭中に)大武を舞はす。

【管簫】かんしょう(くわんせう) ふえ。〔呂覽、仲夏紀〕是の月や、樂師に命じて～琴瑟管簫を均しくし、干戚(斧鉞)戈羽を執らしめ、竽笙壎篪を調へしむ。

【管鮑】かんぽう(くわんぱう) 管仲と鮑叔牙。互いに知己として交わった。唐・杜甫〔貧交行〕詩 君見ずや、管鮑貧時の交はり 此の道、今人棄てて土の如し
【管鑰】かんやく(くわんやく) かぎ。〔晉書、陶侃伝〕疾篤きに及んで、將に長沙に歸らんとす。軍資器仗・牛馬舟船、皆定簿有り。倉庫に封印し、自ら管鑰を加ふ。

【管領】かんりょう(くわんりやう) 支配する。受け取る。唐・白居易〔早春晩帰〕詩 金谷の風光、舊に依りて在り 人の石家(石崇)の春を管領する無し
【管蠡】かんれい(くわんれい) 管で天をのぞき、貝殻で大海の水を測る。見識の狭いたとえ。漢・東方朔〔客難に答ふ〕語に曰く、筦(管)を以て天を窺ひ、蠡を以て海を測る～と。

↑管維 繫ぐ要所／管韻 笛の音／管押 管領／管音 笛の音／管下 支配下／管家 管理者／管管 勝手／管翰 筆／管闚 管窺／管教 しつける／管響

笛の音／管区 管轄区／管穴 管見／管庫 蔵番／管勾 弁理する／管毫 筆／管算 監査／管糸 管絃／管視 管見／管事 管理事務／管主 管掌／管掌 つかさどる／管制 管理控制／管摂 監督／管綜 統轄する／管束 束縛する／管帯 指揮／管到 貫到／管統 統べる／管内 管轄内／管閉 鍵かけ／管籥 ふえ／管理 取り締まる

↓哀管・移管・竽管・煙管・笳管・葭管・歌管・牙管・気管・窺管・急管・玉管・金管・愚管・磬管・血管・弦管・勾管・毫管・細管・糸管・漆管・主管・所管・笙管・簫管・吹管・寸管・清管・短管・竹管・鉄管・土管・彤管・鐃管・筆管・風管・編管・保管・鳳管・籥管・瑶管・蘆管

常 **【関】** 14 7743 〔關〕 19 7777 カン（クヮン） ワン かんのき とじる せき

篆文  金文 

会意 門＋𢇁。𢇁は関鍵の象。門に𢇁を施す意。〔説文〕十二上に「木を以て横に門戸を持するなり」とあり、かんのきを施すことをいう。〔説文〕十三上に𢇁を織機の杼の形とするが、おそらく𢇁は扃鐍とよばれる構造の鍵で、両扉を連ねてこれを閉ざす鍵であろう。門関以外にも訓義の多い字であるが、みなその引伸義とみてよい。

訓義 ①もんのかぎ、かんのき。②とじる、とざす、ふさぐ、へだてる。③せき、せきしょ、駅、宿場。④ものの関鍵、要所。⑤つらなる、かかわる、関係。⑥鍵を通す、通す、穿つ、貫く。⑦彎と通じ、弓ひく。

古訓 〔和名抄〕關 日本紀私記に云ふ、關門、世岐度（せきど）〔名義抄〕關 アヅカル・トホス・トホル・カヨハス・ワタル・ツラヌク・ツ丶ル・イル・サカヒ・ト丶ム・アキラム・ワキマフ・セキ・クスヌク・フサク・トヲシ・トザシ・サス

【関河】 関所と黄河。〔史記、蘇秦伝〕秦は四塞の國、山を被り渭を帶とし、東に關河有り、西に漢中有り、南に巴蜀有り、北に代馬有り。此れ天府（天然の府庫）なり。

【関懐】 心にかける。〔宋書、謝霊運伝〕郡に名山水有り。靈運素より愛好する所。～遂に肆意游遨し、～民間に訟を聽くも復た關懷せず。

【関隔】 さまたげ。隔たり。唐・韓愈〔科目に応ずる時、人に与ふる書〕天池の濱、大江の濆、曰ここに怪物有り。～其の水に及ばざること、蓋し尋常尺寸の閒のみ。高山大陵、曠途絶険の、之れが關隔を爲す無きなり。然れども其の窮涸、自ら水に致すこと能はず。

【関関】 鳥のなごやかに鳴く声。〔詩、周南、関雎〕關關たる雎鳩は 河の洲に在り

【関譏】 関所で調べあらためる。〔礼記、王制〕關は譏（あらため）して征（課税）せず。

【関係】 かかわり。〔甌北詩話、六〕放翁（陸游）は則ち轉じて、詩外の事を以て盡く詩中に入る。～或いは大聲疾呼、或いは長言永嘆す。命意既に關係有り、出語自ら沈雄なるを覺ゆ。

【関決】 そのことに与り決する。〔漢書、石奮伝〕九卿更ゝ進みて事を用ふ。事、（内史）慶に關決せず。慶は醇謹なるのみ。

【関楗】 かんぬきと、かぎ。〔老子、二十七〕善く計るものは、籌策（数とり）を用ひず。善く閉ざすものは、關楗無きも、開くべからず。

【関鍵】 かぎ。枢要のところ。〔文心雕竜、神思〕神こころ胸臆に居りて、志氣は其の關鍵を統すぶ。物、耳目に沿ひ、辭令其の樞機を管す。

【関左】 関東。函谷関以東の地。〔北史、孫紹伝論〕孫紹は關左の士、又能く時務を指論す。

【関塞】 国境の関門。とりで。〔漢書、賈山伝〕昔者むかし秦政（始皇）、～六國を破りて以て郡縣と爲し、長城を築きて以て關塞と爲す。

【関市】 関所と市場。〔孟子、梁恵王下〕關市は譏（あらため）して征（課税）せず。澤梁は禁無く、人を罪するに孥（家人に連坐）せず。

【関雎】 雎は雎鳩。〔詩、周南〕の篇名。〔論語、八佾〕關雎（夫婦）は樂しみて淫せず、哀しみて傷やぶらず。

【関渉】 そのことにかかわる。〔三国志、魏、公孫淵伝注に引く魏名臣奏〕（酈弘）少わかくして學問を好み、博く書記に通じ、關渉する所多し。口に論すること速捷、辯にして俗ならず。

【関心】 こころにかかる。唐・王維〔張少府に酬ゆ〕詩 晩年唯だ靜を好み 萬事心に關せず

【関津】 関所と渡し場。〔三国志、魏、文帝紀注に引く魏書、庚戌令〕關津は商旅を通ずる所以、池苑は災荒を禦ふせぐ所以なり。禁を設け税を重くするは、民に便する所以に非ず。其れ池籞の禁を除き、關津の税を輕くし、皆什の一（十分の一）に復せよ。

【関説】 頼んでいわせる。〔史記、佞幸伝〕高祖、至りて暴抗なり。～（籍孺・閎孺）此の兩人は材能有るに非ず。徒だ婉佞を以て貴幸せられ、上と臥起す。公卿皆因りて關說せしむ。

【関防】 関を設け、防備する。唐・杜甫〔塞蘆子〕詩 延州は秦の北戸なり 關防猶ほ倚るべし

【関門】 境界の関所。唐・魏徴〔述懐〕詩 縦横、計は就ならざれども 慷慨、志は猶ほ存す 策を杖つきて天子に謁し 馬を驅りて關門を出づ

【関籥】 門のかんぬきと錠。〔墨子、備穴〕之れが戸及び關籥獨順（縄楨、緊急のとき切り落とす）を爲くり、往來して其の中に行くを得しむ。

【関与】 事にあずかる。かかわる。〔晋書、羊祜伝〕祜、二朝に歷職し、任ぜられて樞要を典つかさどり、政事の損益、皆諮訪せらるるも、勢利の求めは關與する所無し。

【関覧】 随意に読む。渉猟する。〔後漢書、文苑下、張升伝〕升、少わかくして學を好み、關覽すること多きも、情に任じて不羈なり。

↑関愛 気にかけて愛する／関隘 狭い関所／関意 関心／関下 関のあたり／関外 関所の外／関碍 妨げ／関礙 関碍／関閈 関門／関弓 弓を引く／関徼 辺塞／関竅 関節の穴／関禁 関所の禁／関扃 戸を閉ざす／関繫 関係／関候 関役人／関支 交附する／関試 吏部の試験／関情 関心／関税 通関税／関接 かかわる／関節 ふし／関銭 通行税／関託 関説／関通 貫通する／関渡 関とわたし場／関白 政務を上奏する／関文 公文書／関牡 かんのき／関報 知らせる／関右 関西／関予 関与／関預 関予／関吏 関候／関棙 からくり／関楼 物見

↓雲関・越関・海関・開関・郭関・扞関・機関・郷関・扃関・啓関・鍵関・玄関・古関・故関・鎖関・塞関・山関・司関・出関・税関・摂関・相関・脱関・通関・透関・難関・入関・赴関・閉関・辺関・門関・連関

【嫺】 15 4742 カン みやびやか ならう

篆文 

形声 声符は閒（間）かん。〔説文〕十二下に「雅なり」という。字はまた僩に作り、〔詩、衛風、淇奥〕に「瑟たり僩たり」、〔韓詩〕に「僩は美なり」とみえる。

訓義 ①みやびやか、しとやか、うつくし、しずか。②攢と通じ、ならう。

古訓 〔名義抄〕嫺 ウルハシ・ミヤビカナリ・シヅカナリ

【嫺雅】優雅。〔後漢書、馬援伝〕（朱勃）年十二、能く詩書を誦し、～辭言嫺雅なり。援、裁かに書を知るのみ。之れを見て自失す。

【嫺都】優雅。漢・司馬相如〔上林の賦〕靡曼美食には、夫の青琴・宓妃の徒の若き、絶殊離俗、妖冶嫺都なり。

↑嫺婉 みやびやかで美しい／嫺習 しとやかでならう／嫺淑 しとやかで美しい／嫺熟 熟達する／嫺静 安らか／嫺穆 嫺淑／嫺妖 美しくなまめかしい／嫺麗 しとやかで美しい

↓雅嫺・姿嫺・妖嫺・雍嫺・麗嫺

【嘆】 15 6403 カン ひでり かわく

篆文 

形声 声符は菓。菓はひでりのとき、祝告を捧げた巫を焚いて雨乞いする焚巫の象を示す字。〔説文〕七上に「乾くなり」と双声の語を以て訓する。〔周礼、地官、舞師〕に「皇舞を教ふ。帥ゐて旱嘆の事を舞はしむ」とあり、ひでりをいう。嘆を訴え愁えることを歎という。

訓義 ①ひでり。②かわく、さらす、かれる。③あつい、熱気。

古訓 〔名義抄〕嘆 カ、ヤク・サラス

【嘆赫】日照りがはげしく熱い。唐・沈佺期〔弾せらる〕詩 窮囚、垢膩多し 愁坐、蟣虱饒し 三日に唯だ一飯 兩旬に再び櫛らず 是の時盛夏の中 嘆赫として癈疾多し

【嘆嘆】あつくて、ものが乾く。〔新書、脩政語下〕君子將に其の職に入らんとするや、則ち其の民に於ける、旭旭然として日の始めて出づるが如し。～君子既に其の職に入るや、則ち其の民に於ける、嘆嘆然として日の正中するが如し。

↑嘆旱 ひでり／嘆熱 炎熱／嘆魃 旱魃

↓炎嘆・旱嘆・乾嘆・時嘆・夕嘆

常【歡】 15 【歡】 22 4728 カン（クワン） よろこぶ

篆文  古印璽 

形声 旧字は歡に作り、雚声。雚は毛角のある鳥の象。鳥占や祈禱のときに用いたらしく、欠は声を発して祈る意。〔説文〕八下に「喜樂するなり」とみえる。その祈りが成就される意であろう。

訓義 ①よろこぶ、たのしむ。②よろこびあう、したしむ、よしみ。③愛する、情人。

古訓 〔名義抄〕歡 ヨロコブ・タノシム・ミモノニス

語系 歡・懽・讙・驩 xuan は同声。同義に用いる。雚は卜辞に「雚耤」のような語があって、もと農耕儀礼に関する字であるらしく、歡とはその結果の好ましいことをいう。雚声の字は、おおむねその声義を承ける。

【歡愛】よろこび愛する情。南朝宋・謝霊運〔旧園に還りて作り、顔・范の二中書に見す〕詩 長く歡愛と別れ 永く平生の縁を絶たん

【歡飲】たのしみ飲む。〔後漢書、文苑下、辺讓伝〕長夜の歡飲を設け、中情の嬿婉を展ぶ。

【歡栄】よろこびと栄え。唐・韋応物〔鄠戸曹の驪山感懐に酬ゆ〕詩 海内朝貢を湊め 賢愚歡榮を共にす

【歡讌】たのしく宴する。〔晋書、王羲之伝〕（謝万に与ふる書）衣食の餘、親知と時に歡讌を共にせんと欲す。～其の得意爲る、言ふに勝ふべけんや。

【歡恩】恩愛の情。魏・曹植〔親親を通ずることを求むる表〕願はくは陛下、沛然詔を垂る、～以て骨肉の歡恩を敍べ、怡怡の篤義を全うせしめよ。

【歡会】たのしくうちとけた集い。唐・杜甫〔王侍御に陪して同に東山の最高頂に登る～〕詩 人生の歡會、豈に極まること有らんや 霜露をして、人衣を霑さしむること無かれ

【歡喜】よろこぶ。〔戦国策、中山〕長平の事（戦）、秦軍大いに尅ち、趙軍大いに破る。秦人歡喜し、趙人畏懼す。

【歡謔】よろこび戯れる。〔南史、徐君蒨伝〕聲色を好み、侍妾數十、～飲酒數升なれば便ち醉ふ。～歡謔に遇ふ毎に、則ち飲みて斗に至る。

【歡欣】よろこぶ。〔国語、斉語〕人と人と相ひ疇す。～其の歡欣は、以て相ひ死するに足る。

【歡迎】よろこび迎える。晋・陶潜〔帰去来の辞〕乃ち衡宇（冠木門と屋根）を瞻み、載ち欣び載ち奔る。僮僕歡び迎へ、稚子門に候つ。

【歡呼】よろこび叫ぶ。〔旧唐書、郭子儀伝〕子儀、廣平王を奉じて東都に入り、兵を天津橋の南に陳ぬ。士庶、路に歡呼す。

【歡娯】よろこび楽しむ。漢・蘇武〔詩四首、三〕結髮、夫妻と爲る 恩愛、兩ながら疑はず 歡娯今夕に在り 嬿婉良時に及ばん

【歡笑】よろこび笑う。晋・陶潜〔飲酒二十首の詩の序〕聊か故人（古なじみ）に命じて之れを書せしめ、以て歡笑と爲さんのみ。

【歡賞】よろこびほめる。唐・杜甫〔楽遊園の歌〕詩 長生の木瓢、眞率なるを示す 更に鞍馬を調して、歡賞に狂す

【歡心】よろこび。満足。〔後漢書、文苑上、夏恭伝〕再び太山の都尉に遷り、百姓を和集し、甚だ其の歡心を得たり。

【歡然】よろこぶさま。〔列子、説符〕牛缺なる者は、上地の大儒なり。～盗に耦沙の中に遇ふ。盡く其の衣裝車馬を取られ、歩して去る。之れを視ること歡然として、憂ひ悋しむ色無し。

【歡暢】楽しみ。唐・白居易〔酒に対して行簡に示す〕詩 今日一尊の酒 歡暢何ぞ怡怡たる

【歡適】心にかなう。宋・蘇軾〔臂痛謁告、三絶句を作る。～、一〕詩 公退（休暇）の清閑、致仕の如し 酒餘の歡適、郷に還るに似たり

【歡慕】よろこびしたう。漢・王褒〔四子講徳論〕是こを以て海内歡慕し、風のごとく馳せ、雨のごとく集まり、襲雜して竝び至り、庭に塡ち闕に溢れざる莫し。

【歡友】心にかなう友。晋・陸機〔今日良宴の会に擬す〕詩 閑夜、歡友を命び 置酒す、迎風の館

【歡遊】たのしく遊ぶ。唐・司空曙〔曹同椅を送る〕詩 惆悵して空しく相ひ送る 歡遊、此れより疎なり

【歡楽】よろこび。漢・武帝〔秋風の辞〕詩 歡樂極まりて哀情多し 少壯幾時ぞ、老を奈何せん

↑歡慰 喜び安心する／歡懌 喜ぶ／歡悦 喜ぶ／歡説 歡悦／歡燕 歡讌／歡呀 歡声／歡哈 喜び笑う／歡諧 和らぐ／歡駭 驚喜する／歡感 歡楽と感傷／歡顔 嬉し顔／歡客 佳客／歡噱 歡笑／歡叫 歡呼／歡悁 心に悁う／歡興 楽しい／歡忻 欣喜／歡虞 楽しむ／歡慶 慶び／歡眷 歡愛／歡語 談笑／歡交 親交／歡好 よしみ／歡媾 良縁／歡時 春／歡昵 親しむ／歡醑 美酒／歡悰 よろこびと怖れ／歡情 愛情／歡場 遊び場／歡声 喜ぶ声／歡戚 喜憂／歡楚 悲喜／歡待 もてなす／歡泰 安らか／歡伯 酒の異名／歡附 歡服する／歡服 悦服する／歡抃 心おどる／歡躍 よろこび躍る／歡愉 心楽しむ／歡容 よろこぶ姿

↓哀歡・永歡・諧歡・喜歡・旧歡・忻歡・欣歡・結歡・古歡・交歡・

合歡・至歡・所歡・承歡・心歡・尽歡・追歡・悲歡・抃歡・楽歡・留歡

【澗】 15 3712 カン たにがわ

篆文 

形声 声符は閒（間）。〔説文〕十一上に「山、水を夾むなり」とあり、両山の間の谷川をいう。

訓義 1たにがわ。2大数の名。十等の数を億・兆・京・垓・秭・壤・溝・澗・正・載という。

古訓 〔新撰字鏡〕澗 保良（ほら）〔名義抄〕澗 タニノミヅ・タニ

【澗阿】 谷川のくま。金・元好問〔除夜〕詩 一燈の明暗、夜如何 寐夢、衡門は澗阿に在り

【澗壑】 渓谷。宋・蘇軾〔虎丘寺〕詩 陰風、澗壑に生じ 古木、潭井を翳ふ

【澗渓】 渓流。宋・王安石〔芝閣記〕上は不測の高きに至り、下は澗渓壑谷に至り、分崩裂絶、幽窮隠伏、人迹の通ぜざる所、往往にして求む。

【澗戸】 山澗の家。斉・孔稚珪〔北山移文〕澗戸摧絶して、與に歸る無く、石逕荒涼として、徒らに延佇す。

【澗谷】 谷川。〔梁書、処士、陶弘景伝〕偏く名山を歴へ、仙藥を尋訪す。澗谷を經る毎に、必ず其の閒に坐臥し、吟詠盤桓す。

【澗泉】 谷川の水。唐・玄宗〔早に太行山中に登り、志を言ふ〕詩 澗泉、宿凍を含み 山木、餘霜を帶ぶ

【澗底】 谷底。晋・左思〔詠史、八首、二〕詩 鬱鬱たる澗底の松 離離たる山上の苗 彼の徑寸の莖を以て 此の百尺の條を蔭ふ 世冑は高位を躡み 英俊は下僚に沈む 地勢之れをして然らしむ 由來一朝に非ず

【澗道】 谷の蹊。唐・杜甫〔張氏の隠居に題す、二首、一〕詩 春山伴無く、獨り相ひ求む 伐木丁丁として、山更に幽なり 澗道の餘寒、冰雪を歴ふ 石門の斜日、林邱に到る

↑澗飲 隠棲する／澗峡 谷あい／澗響 渓声／澗月 谷の月／澗沚 谷川の岸／澗声 渓声／澗棲 谷に隠居／澗中 谷中／澗畔 谷川のほとり／澗辺 谷の辺り／澗籟 渓声／澗隈 澗阿

↓寒澗・渓澗・谿澗・荒澗・山澗・松澗・深澗・邃澗・青澗・清澗・石澗・絶澗・苔澗・断澗・碧澗・幽澗・林澗・冷澗

【熯】 15 9483 カン ゼン かわく

篆文 

形声 声符は𦰩。𦰩はひでりのとき、祝告を奉じた巫女を焚き殺す形。ひでりを招くような熱さで、乾燥することをいう。〔説文〕十上に「乾く皃なり」、〔玉篇〕に「火、盛んに乾く」とみえ、〔易、説卦伝〕に「萬物を燥かす者は、火より熯くは莫し」とあって、火気によって乾燥することをいう。

訓義 1かわく、かわくさま。2やく、もやす、あぶる。3難と通じ、つつしむ。

古訓 〔名義抄〕熯 ツ、シメリ

語系 〔説文〕に熯を漢（漢）xan の省声とし、呼旱・呼旰 xan の他に人善 njian の反切を加えるが、その音は難（難）nan、戁 njian の省声である。𦰩 xan、難 nan、戁 njian はそれぞれ声異なり、熯は暵 xan と声義の同じ字とすべきである。いまカンを本音とする。乾 kan、旱 han と同系の語。ゼンの音は謹む意。

↑熯薪 薪をやく／熯熱 熱い／熯焚 焚く

【睘】 15 6073 ［睘］ 13 6073 カン（クヮン） ケイ おどろきみる

篆文  金文 

会意 金文の字形は睘に作り、目＋○（まるい玉）＋衣。衣は卒衣。卒衣の胸もとにまるい玉を加え、上に目を加えて、蘇生復活を願う魂振りの儀礼を示すもので、還魂の還（還）の初文。〔説文〕四上に睘に作り、袁声とするが、その声義を証すべき字はない。また「目驚き視るなり」とするが、袁は遠（遠）の初文で、死者を送り出す意。もはや生還の儀礼は終わっている。〔説文〕は生還の睘と遠行の袁とを合わせて一字としているが、声義ともに異なる別の字である。金文に睘の字形があるので、いま睘をその字として扱う。

訓義 1驚き視る。死者が再び目を開くことを求める生還の儀礼。2かえる。

声系 〔説文〕に睘声として環・還・圜・儇・懁・嬛・轘など十八字を収めるが、声符はみな睘に作り、声も睘声である。〔説文〕が字を睘に作るのは、疑問とすべきところがある。

語系 睘の原音は還・環 hoan によって考えるとその音であるらしく、回 huai、運（運）hiuən と声義に通ずるところがあって還魂・回生の意を含むと考えられる。驚きみる意は矎 pian と、また孤独の意は煢 hiueng との音の通仮とみるべきであろう。

【睘睘】 孤独。たよるところがない。煢煢。〔詩、唐風、杕杜〕獨り行くこと睘睘たり 豈に他人無からんや 我が同姓に如かず

【緘】 15 2395 カン とじる ふばこ

篆文  金文 

形声 声符は咸。咸は、祝禱を収めた器である口（𠙵）の上に聖器としての戉（鉞）を置き、これを封緘してその呪能を守る意。〔説文〕十三上に「篋を束ぬるなり」とあり、紐で篋などを巻き束ねることをいう。次条に「縢は緘なり」とあり、つづらの紐。手紙などにも封を施すので、封緘・緘書という。

訓義 1とじる、とじるなわ。2ふばこ、ふばこにいれる、てがみ。3棺を束ねる、ひつぎのとじなわ。

古訓 〔名義抄〕緘 ツ、ム・トヅ・モトム・ユフ・ツクフ・ヲサム・ツカヌ 〔字鏡集〕緘 ツグム・ユフ・トヅ・フサグ・ツ、ム・ツカヌ・オサム・ツタフ・モトム・ヲコタル・ツカフ

語系 咸 heam、緘 keam はもと同語、また函 ham、匣 heap、篋 khyap は声義近く、咸・緘は動詞、函・匣・篋はその器をいう。

【緘口】 口をつぐむ。〔孔子家語、観周〕孔子周を觀、遂に太祖后稷の廟に入る。廟堂の右階の前に金人有り、其の口を參緘して其の背に銘して曰く、古の言を愼める人なり～と。

【緘恨】 うらみを封じこめる。元・柳貫〔次韻して郷友呉立夫に答ふ～〕詩 詩を題して、恨みを緘し去る 離緒（離別の情）、紛綸を極む

【緘札】 封書。唐・李商隠〔春雨〕詩 玉璫緘札（耳飾りにつけた手紙）、何に由つてか達せん 萬里雲羅、一雁飛ぶ

【緘愁】 手紙で相思の情をいう。陳・江総〔七夕〕詩 横波（天の川の波）、瀉涙を翻し 束素（手紙）、緘愁を反す

【緘縢】 とじからげる。〔後漢書、酷吏、陽球伝〕諸〻の奢飾の物は、皆各〻緘縢し、敢て陳設せず。京師喪震す。

【緘秘】 とじてかくす。〔書譜、上〕設し會する所有るも、緘祕すること已に深く、遂に學者をして茫然として領要（要領）を知ること莫からしむ。

【緘黙】 口をつぐむ。〔宋書、范泰伝〕深根固蔕の術、未だ愚心に洽からず。是を用つて猖狂妄作して、緘默すること能はざる者なり。

↑緘怨 緘恨／緘音 手紙／緘翰 手紙／緘鎖 とざす／緘書 封書／緘情 情を含む／緘縄 棺の縄／緘脣 緘口／緘制 抑える／緘素 手紙／緘蔵 緘保／緘束 束ねる／緘題 上書き／緘封 封緘／緘閉 密封する／緘保 封存する／緘包 包みこむ／緘密

密封する
↓開緘・啓緘・愁緘・蔵緘・題緘・縢緘・発緘・披緘・表緘・封緘・捧緘・幽緘・瑶緘

常【緩】15 2294 〖緩〗15 2294 ［⿱髟爰］19 5294

カン(クヮン) ゆるい おそい

篆文 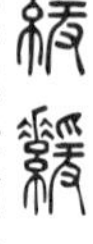

形声 声符は爰。爰に諼・湲の声がある。爰は杖を以て人を援く意。緩は糸をゆるやかに引く意。〔説文〕十三上に字を素に従って緩に作り、「繛なり」という。繛も素に従って繛に作り、「緩なり」とあり、余分のところを綽縮という。金文の〔蔡姞𣪕〕に「用って眉壽を祈匄す。綽綰永命～ならんことを」とみえる。素は糸を染めるとき縊ってある手許の部分で、染め残しとなり、余分となる。その部分を緩といい、繛という。

訓義 ①余分の長いところ、ゆるやか、ゆるめる、たるむ。②おくれる、おそい。

古訓 〔名義抄〕緩 ユルブ・ユルク・ユルナリ・ヒロシ・メグル・アヤシ・イミ・ミドリ・オコタル・オソシ 〔字鏡集〕緩 ユルフ・ユルシ・ユルク・ノブ・ナビク・ヒロシ・メグル・ヤスシ・ヲソシ・ヲコタル・クミ・アシ・ミトリ

【緩歌】ゆるやかに歌う。唐・白居易〔長恨歌〕詩 緩歌慢舞(ゆるやかに舞う)、絲竹を凝らし 盡日、君王看れども足らず

【緩急】遅速。寛厳。また、危急。緩はいいそえた帯字。〔史記、絳侯周勃世家〕孝文且に崩ぜんとする時、太子に誡めて曰く、卽し緩急有らば、周亞夫は眞に將兵を任ずべしと。

【緩頰】顔色をやわらげていう。〔宋史、姦臣二、趙良嗣伝〕頗ぶる能く緩頰して心を盡す。金と爭議し、龍圖閣直學士に進められる。

【緩刑】刑を軽くする。刑の執行を猶予する。〔漢書、賈山伝〕獄を平らかにし刑を緩くせば、天下說喜せざる莫し。

【緩弱】ゆるく弱い。梁・武帝〔陶弘景に答へて書を論ずる書、四首、二〕夫れ運筆邪なれば、則ち芒角(筆先)無く、執手寛なれば、則ち書緩弱なり。

【緩帯】帯をゆるめ、くつろぐ。魏・曹植〔箜篌引〕楽府 樂飮、三爵に過ぎ 緩帶、庶羞(肴)を傾く

【緩舞】ゆるやかに舞う。唐・王昌齡〔重ねて李評事に別る〕詩 呉姬緩舞して、君を留めて醉はしむ 隨意なれ、靑楓白露の寒きを

【緩服】平服。ゆったりした官服。〔宋書、張暢伝〕但だ不武を以て、命を受けて軍を統ぶ。戎陣の閒、容に緩服すべからず。

【緩歩】ゆるやかに歩む。南朝宋・謝霊運〔魏の太子の鄴中集の詩に擬す、八首、応瑒〕詩 顧ふ、我梁川にありし時 緩やかに歩して、潁許(潁川・許)に集へり 一旦世難に逢ひ 淪薄して羈旅を恆とす

【緩慢】ゆるやか。唐・白居易〔江上酒に対す〕詩 酒は疏頑(疏忽でかたくな)の性を助け 琴は緩慢の情を資く

↑緩緩 ゆるやか／緩決 猶予する／緩行 徐行／緩死 減刑／緩耳 垂れ耳／緩衝 紛争を緩和する地／緩縦 ゆるめる／緩心 優柔／緩声 緩歌／緩怠 怠る／緩遅 おそい／緩徵 税を猶予する／緩留 のろい／緩和 ゆるめる

↓迂緩・淹緩・懈緩・閑緩・寛緩・急緩・凝緩・散緩・弛緩・徐緩・舒緩・縦緩・心緩・静緩・疎緩・遅緩・痴緩・停緩・煩緩・和緩

【寰】16 3073

カン(クヮン) ケン よのなか

篆文 

形声 声符は瞏。瞏は死者の復生を願って、衣襟の間に玉をおく形で、還(還)の初文。そのまるい玉を環(環)という。〔説文新附〕七下に「王者の封、畿内の縣なり」とみえる。字は廟屋の象である宀に従うが、語義が拡大されて、その治下の地域をいい、天下・宇宙をもいう語となった。また都市を人寰といい、世間の意に用いる。

訓義 ①宮殿、宮廟。②直轄の領地、支配する領域。③宇内、宇宙。④人寰、よのなか。⑤縣と通じ、その音によむ。

古訓 〔名義抄〕寰 サト・クカ 〔字鏡集〕寰 ウチ・サト・クカ・カチ

【寰宇】天下。唐・駱賓王〔帝京篇〕詩 劍履、南宮に入り 簪纓、北闕より來る 聲名、寰宇に冠(第一)たり 文物、昭回(日光)に象る

【寰瀛】天下。世界。唐・劉禹錫〔八月十五日夜、月を玩ぶ〕詩 天、今夜の月を將て 一遍(あまねく)、寰瀛を洗はん

【寰中】天下。よのなか。斉・謝朓〔酬徳の賦〕金華に登りて以て道を問ひ、石室の名篇を得たり。寰中の迫脅なるに悟り、輕擧して旃を舍てんと欲す。

【寰内】天下。天子の領域内。〔穀梁伝、隠元年〕寰内の諸侯、天子の命有るに非ざれば、出でて諸侯に會することを得ず。

↑寰域 区域／寰界 世界／寰海 世界／寰観 みまわす／寰極 北極／寰区 領内／寰甸 王畿／寰土 疆土

↓宇寰・畿寰・区寰・人寰・塵寰・仙寰・通寰・民寰

【憨】16 1833

カン おろか

形声 声符は敢。〔玉篇〕に「愚なり、癡なり」とあり、痴愚をいう。敢声に従うのは、軽率の意を含むものであろう。

訓義 ①おろか。②おろそか。③そこなう。

古訓 〔名義抄〕憨 オロカナリ・カタクナシ

【憨笑】無邪気に笑う。〔聊斎志異、小翠〕夫人怒り、女の室に奔りて、之れを詬讓す(罵り責める)。女惟だ憨笑するのみにして、竝べて一たびも置詞(いいわけ)せず。

【憨態】嬌痴のさま。〔隋遺録、上〕帝、(虞)世南に謂ひて曰く、昔は傳ふ、(趙)飛鷰は掌上に舞ふべしと。朕常に謂へらく、儒生文字を飾るのみ、豈に人能く是くの若くならんやと。今寶兒を得て、方めて前事を昭らかにす。然れども憨態多し。卿は才人なり。便ち之れを嘲すべしと。

【憨痴】おろかしい。〔聊斎志異、嬰寧〕生、其の憨癡なるを以て、房中の隱事を漏洩せんことを恐る。而れども女殊に密祕し、肯へて一語をも道はず。

↑憨害 そこなう／憨獃 愚か／憨嬉 天真／憨勁 頑固／憨厚 朴実／憨実 愚直／憨寢 熟睡する／憨生 憨態／憨直 愚直／憨憐 溺愛

↓愚憨・困憨・酒憨・太憨・痴憨・放憨

常【憾】16 9305

カン うらむ うれえる

形声 声符は感。感は祝禱の器である口(𠙵)に、聖器の戉(鉞)を加えて緘し、神の感応を待つ意。そのようにして人を動かすことを撼、他から憂傷を受けることを憾という。〔左伝、哀十七年〕「陳に憾有り」とは、遺恨の意。

訓義 ①うらむ、うらみ。②うれえる、いかる、ねたむ。

古訓 〔名義抄〕憾 ウラム・ウラミ・ウレフ・カキル・クルシ・ネタム・ソネム

語系 憾həm、恨hənは声義近く、悔(悔)xuəもその意。〔礼記、中庸、注〕〔論語、公冶長、注〕などに「憾は恨なり」、また〔楚辞、離騷、注〕に「悔は恨なり」とみえる。

【憾恚】(かんい) うらみいかる。陳・徐陵〔顧記室に与ふる書〕陳暄なる者～虜袍通踝して、～遍く相ひ排抱す。～吾れ卽ち舍吏を呼びて責列するも、答へずして走り、反つて憾恚を爲し、妄りに相ひ陷辱す。

【憾悔】(かんかい(くわい)) うらみ悔いる。〔戦国策、秦三〕故に君子は身を殺して以て名を成す。義の在る所は、身死すと雖も憾悔無し、何爲れぞ不可ならんや。

【憾恨】(かんこん) うらみ。〔管子、版法解〕此くの如くんば則ち衆に鬱怨の心無く、憾恨の意無し。此の如くんば則ち禍亂生ぜず、上位殆ふからず。

↑憾怨(かんえん) うらむ／憾軻(かんか) 坎軻／憾詞(かんし) うらむ語／憾事(かんじ) 遺憾事／憾惜(かんせき) 遺憾におもう／憾愴(かんそう) 傷心

↓恚憾・遺憾・懐憾・旧憾・私憾・肆憾・釈憾・宿憾・素憾・蓄憾・涅憾・悲憾

【撼】 16 5305 ［撼］ 12 5305 カン うごかす ゆらぐ

篆文 

形声 声符は感。感は祝禱の器である口（𠙵）に、聖器としての戉（鉞）を加えて緘封し、神の感応を求める意。天地の動くを震撼という。〔詩、召南、野有死麕〕「我が帨（ひざかけ）を撼かすこと無かれ」は、女が悪ふざけする男をたしなめる語。ものほしげな動作にもいう。〔説文〕十二上に字を摵に作り、「搖かすなり」と訓する。徐鉉は「今別に撼に作るは是に非ず」とし、〔段注〕にもその語を引くが、摵の用字例はみえず、字形としても撼に作るものがよい。

訓義 ①うごかす、ゆする、ゆるがす。②ゆすりせまる。

古訓 〔名義抄〕撼 カギル・ウゴカス・マカス 〔字鏡集〕撼 カ、ル・ウゴカス・ウゴク・フルフ・フル・マカス・ワカス・カギル

【撼動】(かんどう) ゆり動かす。陷れる。宋・欧陽脩〔湖州長史蘇君（舜欽）墓誌銘〕人主の方に信用せらるるを顧み、以て撼動すること有るを思ふも、未だ其の根を得ず。

【撼頓】(かんとん) ゆすぶりたおされる。宋・曽鞏〔撫州顔魯公祠堂記〕維だ大奸に歷忤し、顚跌撼頓すること七八たびに至り、終始死生禍福を以て秋毫の顧慮をも爲さざるは、道に篤き者に非ざれば此くの如きこと能はず。此れ以て公の大を觀るに足るなり。

【撼揺】(かんよう(えう)) ゆり動かす。〔宋史、姦臣三、秦檜伝〕是に於て檜の位復た安く、之れに據ること凡そ十八年、公論も撼搖すること能はず。

↑撼膝(かんしつ) 膝をゆする／撼撞(かんとう) ゆすりつく／撼摩(かんま) 迫る／撼落(かんらく) ゆり落とす／撼鈴(かんれい) 鈴を振る

↓敲撼・震撼・声撼・頓撼・風撼・揺撼

【擐】 16 5603 カン(クヮン) ケン つらぬく まとう

篆文 

形声 声符は睘。睘は環（環）の初文。〔説文〕十二上に「毌くなり」とあって、貫く意。貫き穿つように身に着甲することをいう。

訓義 ①つらぬく、まとう、身につける。②つなぐ。

古訓 〔名義抄〕擐 ツラヌク・カキアグ・キル・ヨロヒ・コロモキル・スル・ヨハシ

語系 擐hoan、貫kuan、關（関）koanは声義近く、みな貫通の意がある。

【擐甲】(かんこう(くわんかふ)) よろいをつける。〔左伝、成二年〕甲を擐つけ兵を執るは、固より死に卽くなり。

↓躬擐・親擐

【橄】 16 4894 カン かんらん

形声 声符は敢。橄欖は南方の喬木。〔三輔黄図、三、甘泉宮〕に、漢の武帝が南越を破り、橄欖百余本をえたという話を載せる。高さ四十メートルに及び、実は食用、樹皮は薬用となる。

訓義 ①かんらん。

【澣】 16 3814 ［浣］ 10 3311 カン(クヮン) あらう すすぐ

篆文 

形声 声符は幹。字はまた浣に作る。〔説文〕十一上に「衣垢を濯ふなり」とあり、〔詩、周南、葛覃〕に「薄か我が衣を澣ふ」とみえる。唐制では旬日ごとに澣沐の休暇があり、澣は身をあらう、沐は髮をあらう意。一月三旬を上澣・中澣・下澣という。〔礼記、内則注〕に「手には漱と曰ひ、足には澣と曰ふ」とするが、漱は漱口、澣は身幹の意をとるものであろう。

訓義 ①あらう、すすぐ。②衣服をあらう。③上旬・中旬・下旬の一旬の意。

古訓 〔名義抄〕澣 アラフ・ス、ク 〔字鏡集〕澣 アラフ・ス、ク・キユ

語系 澣（浣）huan、盥kuanは声近く、盥はその器、澣（浣）は動詞的な語であろう。

＊語彙は浣字条参照。

【澣衣】(かんい(くわんい)) 洗った衣。〔礼記、礼器〕晏平仲は其の先人を祀るに、豚肩豆（お供えの器）を揜はず、澣衣濯冠して以て朝せり。

【澣濯】(かんたく(くわん)) 洗いすすぐ。晋・干宝〔晋紀総論〕其の妃后は～師傅を尊敬し、澣濯の衣を服し、煩辱の事を脩め、天下を化するに婦道を以てす。

↑澣洒(かんさい) すすぎ洗う／澣滌(かんでき) 洗う

↓下澣・揮澣・休澣・三澣・上澣・漱澣・濯澣・中澣・磨澣・沃澣

【燗】 16 9782 ［爤］ 25 9482 カン ラン にる

篆文 

形声 声符は閒（間）。〔説文〕十上に「爤は孰するなり」とあって、十分に炊きあげる意。その或る体として燗を収める。もと爛熟の字であるが、わが国では酒の燗の意に用い、閒の音でよむ。

訓義 ①にる。②酒の燗。

古訓 〔名義抄〕爤 ミダル・タ、ル・ホノホ・クサル・ツク・クツ・ユヒタリ・ユヒク／爛・燗 タ、ル・コガル・タヅ・ユルフ

＊爤は爛字条参照。

【盥】 16 7710 カン(クヮン) たらい てあらう

篆文  甲骨文  金文 

会意 水＋臼＋皿。臼は左右の手、皿は盤。盤中で両手を洗う形。〔説文〕五上に「手を澡ふなり」という。列国期の盤銘に「盥盤」と銘するものがあり、盤を以て沐浴した。顔を洗うことを頮、髮を洗うことを沐、足を洗うことを洗という。

訓義 ①たらい、水器、沃器。②てあらう、すすぐ。③浣と通用する。

古訓 〔名義抄〕盥 タラヒ・テアラフ・クチス、ク

語系 盥kuan、澣（浣）huanは声義近く、盥は名詞、澣は動詞的な語である。

【盥浣】(かんかん(くわんくわん)) 洗いすすぐ。〔後漢書、列女、曹世叔の妻の伝〕塵穢を盥浣し、服飾鮮絜、沐浴時を以てし、身に垢辱あらざる、是れを婦容と謂ふ。

【盥耳】(かんじ(くわんじ)) 耳を洗って清める。許由が潁川に耳を洗った故事。〔後漢書、崔駰伝〕君子は變に通じ、各〻履む所を審らかにす。故に士は或いは目を掩ひて淵潛し、或いは耳を盥ひて山棲す。

【盥櫛】(かんしつ(くわん)) 身づくろいする。〔南史、謝述伝〕景仁疾むに及びて、述、心を盡して湯藥を視、飲食は必ず嘗めて而る後に進む。衣、帶を解かず、盥櫛せざること累旬なり。

【盥手】(かんしゅ(くわん)) 手水を使う。唐・陸亀蒙〔引泉詩〕香を焚き

て眞像に禮し 手を盥ひて靈編を披く

【盥漱】 手を洗い、口すすぐ。〔礼記、内則〕子の父母に事ふるや、雞初めて鳴き、咸な盥漱し、～笏を搢み、左右に用(具)を帶ぶ。

【盥浴】 湯あみする。〔後漢書、劉寛伝〕寛、簡略にして酒を嗜み、盥浴を好まず。

➡盥溉 洗う／盥事 灌祭／盥水 すすぎ水／盥洗 洗う／盥澡 ゆあみする／盥濯 洗う／盥滌 洗う／盥盤 たらい／盥盆 たらい／盥沐 行水

⬇漑盥・觀盥・巾盥・潔盥・侍盥・櫛盥・手盥・清盥・洗盥・薦盥・梳盥・濯盥・滌盥・沃盥

【翰】 16 4842 カン とぶ はね ふで

篆文 石鼓文

形声 声符は倝。倝は高い旗竿に吹き流しのなびく形。〔説文〕四上に「天雞なり。赤羽」と鳥名とするが、〔詩、大雅、常武〕「飛ぶが如く翰ぶが如し」、〔詩、小雅、小宛〕「翰く飛んで天に戻る」など、高く飛ぶ意に用いる。羽・筆毛の意にも用いる。

訓義 ①とぶ、たかくとぶ、はやくとぶ、たかい。②とり、とりのはね、やまどり。③しろい羽、しろい、きよらか。④筆、ふで毛、てがみ。⑤幹と通じ、はしら。⑥ひつぎの飾り。

古訓 〔名義抄〕翰 コハシ・ツバサ・フムデ／遊翰 ヲトリ 〔字鏡集〕翰 ツバサ・トブ・フムデ・ヲトル・ニハトリノアフラ

声系 翰声の字に瀚があり、〔淮南子、叔真訓〕「浩浩瀚瀚」の〔許慎注〕に「浩浩瀚瀚は廣大の貌なり」とみえる。その字は〔説文〕未収。翰の声義を承ける。

【翰苑】 翰林院。翰林学士は内朝にあって、詔旨の文を作る。唐・白居易〔盧秘書に酬ゆ、二十韻〕詩 謬つて文場の選を歷へ 翰苑の才に非ざるを慙づ

【翰音】 空高く飛ぶ鳥の声。〔易、中孚、上九〕翰音、天に登る。貞なれども凶なり。

【翰如】 疾く走るさま。〔易、賁、六四〕賁如たり、皤如たり。白馬翰如たり。寇するに匪ず、婚媾(結婚)せんとするなり。

【翰藻】 文采。辞藻。梁・昭明太子〔文選の序〕事は沈思に出で、義は翰藻に歸す。故に夫の篇什と、雜へて之れを集む。

【翰鳥】 高く飛ぶ鳥。晉・陸機〔文の賦〕是に於て沈辭怫悅として、遊魚の鉤を銜みて重淵の深きより出づるが若く、浮藻聯翩として、翰鳥の繳(いぐるみ)に纓りて、層雲の峻きより墜つるが若し。

【翰牘】 かきもの。文書。てがみ。梁・任昉〔王文憲集の序〕之れを載籍に求むるに、翰牘の未だ紀さざる所。之れを遺老に訊ふに、耳目の未だ接せざる所なり。

【翰墨】 筆と墨。文章。文学。魏・曹植〔楊徳祖に与ふる書〕豈に徒だ翰墨を以て勳績と爲し、辭賦をもて君子と爲さんや。

【翰林】 文学の人たち。詞壇文苑。また官名、翰林院、翰林学士。唐・白居易〔洛中偶作〕詩 五年、翰林に職となり 四年、潯陽に涖みたり

➡翰海 北海／翰翮 羽翼／翰彩 文章の美／翰札 書札／翰迹 筆迹／翰染 書画／翰池 墨池／翰飛 高く飛ぶ／翰屛 まもり／翰蔽 屛障／翰毛 長い毛／翰厲 激烈

⬇逸翰・羽翰・雲翰・援翰・音翰・華翰・貴翰・矯翰・軽翰・香翰・高翰・毫翰・彩翰・札翰・詞翰・鷙翰・手翰・濡翰・脩翰・書翰・宵翰・宸翰・迅翰・青翰・染翰・操翰・霜翰・藻翰・短翰・天翰・霑翰・繁翰・藩翰・飛翰・筆翰・文翰・篇翰・芳翰・翻翰・来翰・弄翰

【蕑】 16 4422 カン ふじばかま

形声 声符は閒(間)。蘭の一種、ふじばかま。〔詩、鄭風、溱洧〕は三月上巳の修禊の俗を歌うもので、「士と女と 方に蕑を秉る」とあり、盛弘之の〔荊州記〕に「都梁縣に山有り。山下に水有り、淸泚なり。其の中に蘭草を生ず、都梁香と名づく。山に因りて號と爲す。其の物、蟲毒を殺し、不祥を除くべし。故に鄭人、春三月に方りて、溱洧の上に、士女相ひ與に蕑を秉りて、祓除す」とみえる。また、はすをいう。

訓義 ①ふじばかま。②はす。③菅と通じ、すげ。

【蕑屨】 すげで編んだくつ。喪礼のときに用いる。〔大戴礼、哀公問五義〕斬衰蕑屨、杖つきて粥を歠する者は、志、飲食に在らず。

⬇秉蕑・蒲蕑

【諫】 16 0569 ［讕］ 24 0762 カン ラン いさめる ただす

篆文 金文

形声 声符は柬。〔説文〕三上に「証すなり」とあり、前条に「証は諫むるなり」とあって互訓。〔詩、大雅、民労〕「王、女を玉にせんと欲す 是を用て大いに諫む」など、〔詩〕にも多くみえる。周初の〔大盂鼎〕に「朝夕に入りて讕む」とあり、その字形は門中に柬を加えた形に従う。柬の初形は東で橐の形。門は廟門。廟門に贖物を収めた橐を供えて祈る意で、もと自らの罪を謝することであったらしい。のち戒勅する意となり、〔番生毀〕に「用て四方を諫し、遠きを柔んじ默きを能む」のようにいう。のち人の誤りを諫正する意となった。

訓義 ①自らの罪をいましめる。②人をいさめただす、直言する、とめる。

古訓 〔新撰字鏡〕諫 曾志留(そしる)〔名義抄〕諫 イサム・イサフ・イサメゴト・ノブ・アラソフ・タヾス・ハル・イマシム・カザル・ハカリゴト

参考 金文に「入諫」の意に用いる讕は、〔説文〕三上に「怟讕なり」とあり、闌声。こばみいつわる意の字とする。声義ともに金文の用義法と異なる。讕言とはでたらめの語をいう。金文には別に諫の字形もあり、もと讕・諫は一字であったが、のち分化して声義の異なる字となった。

【諫過】 過失をいましめる。〔漢書、賈山伝〕工は箴諫を誦し、瞽は詩諫を誦し、公卿は比諫し、士は言を傳へて過ちを諫む。

【諫勸】 過ちをいさめ、善をすすめる。〔漢書、谷永伝〕故に永等を推して、天變に因りて切に諫勸せしむ。上、納れて之れを用ふ。

【諫議】 君をいさめる。〔呉越春秋、句践帰国外伝〕(伍)子胥は戰伐に力め、諫議に死す。

【諫鼓】 人民が君に進諫しようとするときうちならす鼓。宮門においた。〔淮南子、主術訓〕堯は敢諫の鼓を置き、舜は誹謗の木(投書箱)を立つ。

【諫死】 君をいさめて死ぬ。〔論語、微子〕微子は之れを去り、箕子は之れが奴と爲り、比干は諫めて死す。孔子曰く、殷に三仁有りと。

【諫書】 君をいさめる書。〔漢書、儒林、王式伝〕治事使者責問して曰く、師、何を以て諫書亡きやと。式對へて曰く、～臣三百五篇を以て諫む。是を以て諫書亡しと。

【諫説】 いさめ説く。〔韓非子、説難〕諫說談論の士、愛憎の主を察して、而る後に說かざるべからず。～說者能く人主の逆鱗に嬰るること無くんば、則ち幾かし。

➡諫誨 さとす／諫言 いさめ／諫止 いさめ止める／諫

職　諫官／諫臣　いさめる臣／諫正　いさめ正す／諫疏　諫言して上疏する／諫争　いさめ争う／諫諍　諫争／諫喩　さとす

↓往諫・勧諫・規諫・幾諫・譎諫・泣諫・匡諫・強諫・教諫・極諫・苦諫・啓諫・功諫・好諫・死諫・至諫・受諫・従諫・書諫・誦諫・進諫・箴諫・正諫・誠諫・切諫・善諫・致諫・忠諫・直諫・通諫・杜諫・入諫・納諫・犯諫・微諫・筆諫・表諫・風諫・謗諫・面諫・諛諫・容諫・累諫・礼諫

【諴】 16 0365 カン まこと やわらぐ

篆文 

金文 

形声 声符は咸。咸は祝禱の器である口（𠙵）に聖器の戉（鉞）を加え、祈る意。諴は神意にかなう意であろう。誠（誠）と字義が近い。〔説文〕三上に「和らぐなり」とあり、〔書、召誥〕に「其れ丕いに能く小民を諴らぐ」、〔書、大禹謨〕に「至諴、神を感ぜしむ」とみえる。〔広雅、釈言〕に「𧨦ふなり」、〔広雅、釈詁四〕に「調ふなり」とあり、これは譀と通用の義であろう。

訓義 ①神意にかなう、まこと。②やわらぐ、やわらげる。③譀と通じ、からかう、たわむれる。

古訓 〔名義抄〕諴 ヤハラカナリ・ヤハラグ・タハブル

参考 列国期の金文〔若公諴鼎〕の諴は、咸の下に糸を加え、糸飾りを呪飾として加える。成は戈にそのような呪飾を加える形であるから、成（成）・誠と咸・諴とが、もと形義の近い字であることが知られる。

【諴雅】もと梁の楽曲。〔隋書、音楽志上〕是に至りて、改めて諴雅と爲す。尙書の、至諴神を感ぜしむるを取るなり。

↑諴諴　誠あるさま

↓至諴・畢諴

常【還】 16 〖還〗 17 3630 カン（クヮン） セン ゲン かえる めぐる

篆文 

甲骨文 

金文 

簡書 

形声 声符は睘。睘は死葬のとき、死者の復活を願って、玉環をその胸もとにおく形で、還帰の意を含む。〔説文〕二下に「復るなり」と往復の意とするが、もと復活の意。金文の〔噩侯鼎〕に「唯れ征より還る」とあり、早くから帰還の意に用いる。〔詩、斉風、還〕に「子の還やかなる」とは旋の意。速やかに旋ることをいう。睘は玉環、ゆえに還に循環の意がある。

訓義 ①かえる、かえす、たちかえる。②めぐる、ふりかえる、みまわす。③また、ふたたび。④旋・嫙・䞝と通じ、すみやか、すばやい。

古訓 〔字鏡集〕還 カヘル・カヘス・シリゾク・メグル・マイラス・ヤム・タマヘ・マタ

語系 還hoanは運（運）hiuən、回huəiと古音近く、回転する意があり、また圜hiuan、丸huanもその系統の字。〔詩、斉風、還〕は旋ziuanの音でよまれるが、〔韓詩〕に字を嫙に作り、「好き貌なり」とあるので、便旋・敏捷の意であろうと思われる。

【還往】往還往来。宋・蘇軾〔安惇秀才の失解して西帰するを送る〕詩　我れ昔家居して還往を断つ　書を著はして園葵を窺ふに暇あらず

【還雁】北地にかえる雁。唐・駱賓王〔豔情、郭氏に代る～〕詩　歸雲已に落つ、涪江の外　還雁應に過ぐべし、洛水の瀍

【還帰】かえる。〔詩、召南、采蘩〕被の祁祁たる　薄く言こに還歸せん

【還期】かえる時期。晉・潘岳〔懐県に在りて作る、二首、二〕詩　此の還期の淹しきに感じ　彼の年の往くことの駛きを歎く

【還俗】僧尼がもとの世俗の人にもどる。〔魏書、釈老志〕沙門師賢、～佛法を罷めし時、師賢假に醫術を爲めて還俗せしも、道を守りて改めず。

【還辟】退き避ける。〔礼記、曲礼上〕若し主人拜するときは、則ち客、還辟して拜を辟く。

【還望】みまわす。ふりかえる。魏・文帝〔善哉行、二首、一〕楽府　野雉は群して雊き　猿猴は相ひ追ふ　故郷を還望するに　鬱として何ぞ壘壘たる

【還報】ひきかえして知らせる。〔史記、高祖紀〕高祖酒を被り、夜澤中を徑たる。～前を行く者還り報じて曰く、前に大蛇有り、徑に當る。願はくは還らんと。高祖醉ひて曰く、～何ぞ畏れんと。乃ち前すんで劍を拔き、撃ちて蛇を斬る。

↑還雲　帰雲／還嬰　若返り／還轅　車を返す／還駕　還轅／還翰　返書／還願　願ほどき／還忌　はばかる／還郷　帰郷する／還京　帰京する／還徑　帰途／還原　還元／還顧　かえりみる／還魂　蘇生する／還債　返済する／還首　自首する／還初　復初／還書　返書／還踵　早速／還軫　還轅／還世　蘇生する／還旋　めぐる／還葬　すみやかに葬る／還答　返事／還童　若返り／還風　旋風／還反　立ち返る／還返　還反／還暦　六十歳／還路　帰路

↓已還・以還・往還・廻還・凱還・帰還・呼還・召還・招還・償還・生還・送還・奪還・返還・放還・来還

常【館】 16 〖館〗 17 8377 カン（クヮン） やかた たち やどる

篆文 

形声 声符は官。官は軍行中に、軍社の祭肉として奉ずる𠂤（𢧢。社主として祭る脤肉）を安置するところ。そこが軍官の居るところであった。のち将軍や外交官の宿泊するところとなり、公営の施設となる。〔周礼、地官、遺人〕に「五十里ごとに市有り、市ごとに候館有り。候館に積有り」、また〔周礼、地官、委人〕「凡そ軍旅の賓客、館す」のようにいう。公館に対して、卿大夫の居宅を私館という。

訓義 ①神の宿るところ、ずし。②やかた、たち、たて、公用のたてもの。③やどる、やどす、とまる。④のち、観の字を用いることがある。

古訓 〔和名抄〕館　太知（たち）、日本紀私記に云ふ、无路都美（むろつみ）〔名義抄〕館　ヤシナフ・タチ・ムロツミ・シヅカニ・ミタチ　〔字鏡集〕館　ムロツミ・タチ・イヘ・ヤドル・マラムト・ヤシナフ・ツクル・シヅカニ・ミタリ

【館宇】館舎。〔後漢書、郭鎮伝〕下邳の趙興も亦た諱忌を卹へず。官舍に入る毎に、輒ち更めて館宇を繕修し、移穿改築し、故に妖禁を犯す。

【館駅】宿場。〔唐書、薛存誠伝〕元和の初、劉闢を討つ。郵傳、事叢し。詔して中人を以て館驛使と爲す。存誠以爲へらく、體を害すること甚だしと。奏して之れを罷めしむ。

【館客】客を待遇する。また門客、食客。〔北斉書、儒林、権会伝〕僕射崔暹引いて館客と爲し、甚だ敬重す。～會、此れに因りて聞達す。

【館閣】やかた。宋代、翰林の別称。〔帰田録〕王安國、予に語りて曰く、文章須らく是れ官様なるべしと。豈に亦た館閣の氣有るを謂ふか。

【館穀】軍兵が敵の館舍に入り、その糧穀を用いること。〔左伝、僖二十八年〕晉の師、三月館穀し、癸酉に及んで還る。

【館師】寺小屋の教師。〔陔余叢考、四十二、館師、帝王と爲る〕館師を以て帝と爲る者有り。南史、陳霸先、少時嘗て義興に游び、許氏に館す。後、遂に帝と爲る。

【館舎】やかた。〔後漢書、仲長統伝〕（昌言、損益

篇）井田の變に、豪人貨殖し、館舍州郡に布き、田畝方國に連なる。

【館職】かんしょく 宋代、館閣の職をいう。〔容斎随筆、十六、館職名存〕國朝館閣の選、皆天下の英俊なり。然れども必ず試して而る後に命ぜらる。一たび此の職を經ば、遂に名流と爲る。～之れを館職と謂ふ。

【館第】かんてい やしき。〔唐書、韓滉伝〕石頭の五城を築く。～館第數十を石頭城に置き、井を穿つこと皆百尺なり。

➡館娃 呉宮の名／館監 長官／館人 接待係／館甥 女婿／館宅 館第／館遞 車馬人足／館伴 接待役／館夫 宿の人足

⬇娃館・捐館・華館・霞館・会館・開館・客館・学館・帰館・旧館・宮館・玉館・吟館・公館・江館・候館・高館・史館・私館・使館・舍館・酒館・授館・儒館・書館・商館・新館・翠館・仙館・台館・池館・直館・亭館・第館・賓館・府館・分館・碧館・別館・蓬館・本館・郵館・立館・旅館・陋館・楼館

常【環】17 〖環〗17 1613 カン（クヮン） たま たまき

篆文 金文

形声 声符は睘。睘は死葬のとき、死者の復活を願って玉環をその胸もとにおき、復活の象として目をその上に加えた形。その玉を環という。〔説文〕一上に「璧なり、肉と好（孔）と一の若き、之れを環と謂ふ」とみえる。援引に用いる瑗は「肉、孔に倍す」、つまり肉部の多い玉である。〔説文〕に環を瞏に従う字とするが、金文の睘は目＋衣＋○、その○が環の形である。

訓義 1たま、たまき、環形の玉。2円形の玉で、めぐる、めぐらす、わ。

古訓 〔名義抄〕環 タマキ・トモキル・メグル・ユビマキ 〔字鏡集〕環 タマキ・ユビマキ・メグル・モトアシ・キル・トモ

語系 環・還（還）hoan は同声。運（運）hiuan、回 huai と声義近く、みな旋回の意がある。

【環域】かんいき 天体の運行する区域。〔漢書、五行志下之下〕劉歆以爲へらく、北斗に環域有り。四星、其の中に入ると。斗は天の三辰、綱紀の星なり。

【環暈】かんうん 日月のかさ。〔五代史、司天考二〕五代の際、日に冠珥・環暈・纓紐・負抱・戴履・背氣有り。十日の中、常に七八なり。其の繁、以て書するに勝ふべからず。

【環海】かんかい 四海。また海内。唐・韓愈〔尊号を冊するを賀する表〕天人慶を合はせ、日月光を揚げ、環海の間、含生の類、歡欣踊躍し、以て歌ひ以て舞ふ。臣某誠歡誠喜、頓首頓首。

【環坐】かんざ 車坐。明・高啓〔京師苦寒〕詩 尋常、舍に在り、信に樂しむべし 牀頭、每に松醪の存する有り 山中、炭賤くして、地爐煖かに 兒女環坐して、卑尊を忘る

【環視】かんし とりまいて見る。また、見まわす。〔元史、方伎、田忠良伝〕帝～忠良を顧みて曰く、今一大將を拜して江南を取らしめんとす。朕が心已に定まる。果して何人ぞやと。忠良、左右を環視し、一人を目して對へて曰く、是の偉丈夫、大事を屬すべしと。

【環中】かんちゅう 環の中央の空虚の部分。無窮の変動を可能にする絶対の立場にたとえる。〔荘子、斉物論〕是れも亦た彼なり。彼も亦た是れなり。～彼是其の偶（相対）を得る莫き、之れを道樞と謂ふ。樞始めて其の環中を得て、以て無窮に應ず。

【環堵】かんと 土垣をめぐらした家。一堵は四丈、また五丈。狹く貧しい家。晉・陶潛〔五柳先生伝〕環堵蕭然として、風日を蔽はず。

【環佩】かんぱい 腰に下げる佩玉。おびだま。〔礼記、経解〕行歩するときは、則ち環佩の聲有り。

【環壁】かんぺき たまきと、たま。〔墨子、天志中〕外は以て環壁珠玉を爲ひて、以て四鄰に聘撓する有りて、諸侯の冤興らず、邊境の兵甲作らず。

【環流】かんりゅう うずまき流れる。〔説苑、雑言〕孔子、呂梁を觀る。懸水四十仞、環流九十里。魚鱉も過ぐること能はず、黿鼉も敢て居らず。

【環列】かんれつ ぐるりととりまいて列ぶ。宮衛の兵などをいう。〔左伝、文元年〕穆王立つ。～（潘崇を）大師と爲し、且つ環列の尹（長官）を掌らしむ。

➡環紆 めぐる／環衛 禁衛／環回 めぐる／環居 とりまいて住む／環拱 とりまいて衛る／環境 周囲の条件／環繞 めぐる／環顧 見廻す／環聚 とりまく／環翠 緑の中／環擠 せりあう／環旋 めぐる／環匝 めぐらす／環帯 めぐらし帯びる／環瑱 耳玉／環帔 裙廻り／環抱 抱える／環擁 抱きかかえる／環繚 めぐる

⬇一環・縈環・玉環・金環・銀環・玦環・指環・耳環・珥環・珠環・周環・循環・繞環・旋環・刀環・佩環・珮環・半環・轡環・歩環・鳴環・游環・揺環・琳環・輪環・連環・鑾環

【曆】17 7127 カン ととのえる

篆文

形声 声符は甘。〔説文〕五上に「和なり。甘厤に從ふ。厤は調なり」とし、甘の亦声とする。字の用例がなく、篆文の字形は曰に從っており、おそらく曆（曆）の字であろう。金文に「蔑曆」という語が頻見しており、功績を旌表する意に用いる。厤は両禾軍門の象、曰は祝詞の器で、神に告げてその功歴を旌表する意。「曆を蔑す」とよむ。蔑（蔑）は伐旌の伐の初文。郭沫若は「蔑曆」を「免曆」とよみ、「免函（甲を免ぐ）」とよんだが、金文の文例に適合しないよみかたである。

訓義 1おそらく曆の字の誤り、その篆文の字形によって確かめられる。いさおし、功歴の意。2〔説文〕に函の音でよみ、味を調える意とするが、用例はない。

＊曆字条参照。

【癇】17 0012 カン ひきつけ

篆文

形声 声符は閒（間）。〔説文〕七下に「病なり」とあり、ひきつけの類をいう。癲癇はその甚だしいものである。

訓義 1ひきつけ、かん、きょうふう。2てんかん。

古訓 〔新撰字鏡〕癇 小兒の瘨なり、波良布久留（はらふくる） 〔名義抄〕癇 オビユ 〔篇立〕癇 クルフヤマヒ・ハラフクル 〔字鏡集〕癇 オビユ・クルフヤマヒ

【癇病】かんびょう 小児のひきつけ。〔後漢書、王符伝〕哺乳多きときは則ち癇病を生ず。

➡癇痙 ひきつけ／癇厥 めくらみ／癇眩 癇厥／癇疾 癇病／癇癪 癇の病気／癇癖 癇癪もち

⬇瘨癇・癲癇

【瞯】17 6702 カン うわめ ながしめ

篆文

形声 声符は閒（間）。〔説文〕四上に「戴目なり」とあり、うわめづかいに見ることをいう。〔方言、二〕に「眄なり。～呉揚江淮の閒、或いは瞯と曰ふ」とあり、また、ながしめをいう。

訓義 1うわめ。2ながしめ。3しろめ。4片目の馬。5小児のひきつけ。6瞰と通じ、みる。

古訓 〔名義抄〕瞯 オヒカヒ 〔字鏡集〕瞯 ミル・オヒカヒ

【瞯然】 勇武のさま。〔西湖遊覧志余、才情雅致十〕孫何、錢唐に帥たり。柳耆卿、望海潮の詞を作りて之れに贈る。～此の詞流播す。金主亮之れを聞き、瞯然として投鞭渡江の想ひを起せり。畫工に命じて潛かに臨安に入り、西湖を圖せしむ。

↑瞯摸 伺う

【瞰】 17 6804 カン みる

形声 声符は敢。〔広雅、釈詁一〕に「視るなり」とあり、遠く望み、また遥かに見おろすことをいう。字はまた矙・矙に作り、神意をうかがう意であろう。敢は鬯酌の象で、酒をそそいで清めること。廟門でその儀礼をして、神意をうかがったものであろう。うかがうという動作を示すために矙が作られ、瞰はその省文とみてよい。

訓義 ①みる、うかがう、うかがいみる。②遠くながめる、はるかに見おろす。③魚の眼のように閉じないこと。

古訓 〔名義抄〕瞰 ノゾム・ミル・ニラム

語系 瞰・矙・矙 kham は同声。おそらくもと同字であろう。看khan、觀(観) kuan もその系統の語。

【瞰臨】 見おろす。〔後漢書、光武帝紀上〕之れを圍むこと數十重。列營百數、雲車十餘丈、城中を瞰臨す。旗幟野を蔽ひ、埃塵天に連なる。

↑瞰視 俯視／瞰望 遠く見る

↓延瞰・下瞰・遐瞰・近瞰・鳥瞰・俯瞰・臨瞰

【窾】 17 3098 カン(クヮン) あな

形声 声符は款。款は科と通じ、穴の意がある。空隙のところをいう。

訓義 ①あな。②うつろ、むなしい。③とぼしい、貧しい。④款と通じ、のり。

古訓 〔字鏡集〕窾 ムナシ・クボム

【窾坎】 中の空虚なものの音。宋・蘇軾〔石鐘山記〕大石の中流に當る有り。百人を坐せしむべし。空中にして竅多し、風水と相ひ呑吐し、窾坎鏜鞳(鐘鼓の音)の聲有り。

【窾木】 うつろ木。〔淮南子、説山訓〕窾木の浮くを見て、舟を爲ることを知り、飛蓬の轉ずるを見て、車を爲ることを知る。

【窾理】 法則、道理。清・龔自珍〔春秋決事比、自序〕是れに由りて又其の用を竟へんと欲し、逕ちに其の文を援いて、以て大いに當世を救裨するに、悉く窾理に中たれり。

↑窾奥 情理／窾会 関鍵／窾窾 法則／窾曲 表情／窾啓 管見／窾隙 すき／窾言 空言／窾枯 うつろ／窾貧 貧乏／窾要 重要

↓崖窾・九窾・虚窾・空窾・斲窾・小窾・鍾窾・大窾・端窾

【艱】 17 4753 ［囏］ 23 4456 カン くるしい なやむ

篆文

籀文

甲骨文

金文
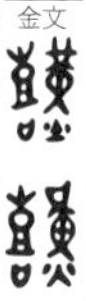

形声 声符は艮。艮は目と後ろ向きの人の形に従い、邪眼に逢って恐れて進みえない形。堇はひでりのとき、祝告を奉ずる巫女を焚殺する形。いずれも非常の困難になやむ意。〔説文〕十三下に「土、治め難きなり」と墾辟の困難をいう字とするが、堇は飢饉を示す字である。〔説文〕に籀文として囏を録する。囏は卜辞に「今夕、來囏亡きか」というものがあり、「來囏」とは「來嬉」というのと近く、外寇をいう。壴・喜は鼓、軍鼓の象に従い、軍事をいう。饑饉による苦難を艱という。

訓義 ①くるしい、くるしむ、なやむ。②かたい、しにくい、なんぎ。③けわしい。④親の喪、かなしい。

古訓 〔名義抄〕艱 カタシ・カタムス・ナヤム・ナヤマシ 〔篇立〕艱 カタシ・ナヤマシ・タシミ・タシナム・ハヾカル・タヅヌ

語系 艱(囏) kean、墾 khan は声近く、〔段注〕に艱を墾の初文とし、徐灝の〔段注箋〕に、〔書、益稷〕の「艱食鮮食」を例として艱を墾の義とする。〔釈文〕に「馬(融)本根に作りて云く、根生の食とは百穀を謂ふ。鄭康成(玄)曰く、禹復た稷と、民に澤物菜蔬艱戹の食を教ふ」とみえる。根 kən も声の近い字である。

【艱禍】 困難と災害。晉・劉琨〔勧進表〕元康より以來、艱禍繁く興り、永嘉の際、氛厲彌と昏らく、～國家の危きこと、綴旒の若きなり。

【艱礙】 妨げられる。〔南史、張興世伝〕賊、上流に據り、兵張り、地勝る。今奇兵を以て潛かに其の上に出で、其の首尾をして周惶し、進退疑沮、糧運艱礙せしめば、乃ち勝を制するの奇なり。

【艱窘】 なやみ苦しむ。宋・張耒〔郭圃、蕪菁を送る。感じて長句を成す〕詩 孔明蜀に用ひられて、最も艱窘す 百計掇拾して、遺策無し

【艱窶】 貧しく苦しむ。〔唐書、文芸上、杜甫伝〕時に所在寇奪す。甫の家、鄜に寓す。彌年艱窶、孺弱餓死するに至る。

【艱險】 険しく困難なこと。唐・魏徵〔述懐〕詩 既に千里の目を傷ましめ 還た九折の魂を驚かす 豈に艱險を憚らざらんや 深く國士の恩を懷ふ

【艱蹇】 行きなやむ。〔宋史、儒林一、崔頤正伝〕頤正、年老いて歩趨艱蹇なり。表して致仕を求む。上、命じて坐せしめ、問恤甚だ至り、器幣を賜ふ。

【艱辛】 苦しみなやむ。〔宋書、楽志四〕(鼓吹鐃歌、有所思篇)幼にして荼毒に罹かり 艱辛を備さにす 慈顏絶えて 見るに因し無し

【艱深】 詩文の表現が深奥で、難解であること。〔東観余論、下〕柳柳州(宗元)～獨り能く天對を作る。～深宏傑異、析理精博なり。～庶幾はくは覽る者瑩然として、子厚の文の、苟くも艱深を爲さざるを知らんことを。

【艱貞】 艱難に耐えて節を守る。〔易、明夷〕明夷は艱しみて貞なるに利ろし。象に曰く、明、地中に入るは明夷なり。～艱しみて貞なるに利ろしとは、其の明を晦ますなり。內、難にして能く其の志を正しくす。箕子は之れを以ふ。

【艱難】 くるしみ。〔書、無逸〕小人を相るに、厥の父母は稼穡に勤勞せるに、厥の子は乃ち稼穡の艱難を知らず、乃ち逸し乃ち諺る。

【艱戹】 くるしみ。〔後漢書、班超伝〕唯だ焉耆・龜茲のみ、獨り未だ服從せず。臣前に官屬三十六人と、使を絶域に奉じ、備さに艱戹に遭へり。疏勒を孤守せしより、今に五載なり。

↑艱易 難易／艱晦 困難／艱患 困難と憂え／艱関 苦しみ／艱疚 憂苦／艱急 さしせまった難儀／艱棘 親の喪／艱虞 心配／艱困 難儀／艱疾 難病／艱渋 難儀／艱阻 なやむ／艱地 苦境／艱屯 行きなやむ／艱毒 艱苦／艱否 困厄／艱歩 艱屯／艱乏 困乏

↓家艱・銜艱・曲艱・苦艱・険艱・後艱・克艱・事艱・時艱・処艱・心艱・辛艱・深艱・勢艱・拙艱・阻艱・丁艱・図艱・塗艱・投艱・内艱・難艱

【鍰】 17 8214 カン(クヮン)

篆文

甲骨文
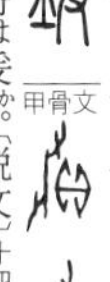

形声 声符は爰。〔説文〕十四上に「鋝なり」、また鋝字条に

「十銖二十五分の十三なり」という。金文の〔禽𣪘(きん)〕(伯禽の𣪘)に「王、金百寽(くゎん)を賜ふ」とあり、他に金をいうとき「金十勻(きん)」のようにいう。寽は玉形のものをもつ形で、勻はその形に鋳こんだ金、鍰はその重さをいう字であろう。当時の金とは、銅をいう。鍰と通用することがある。

訓義 1目方の単位。2わ。

【駻】 17 7634 カン あらうま

篆文

形声 声符は旱(かん)。旱に悍の意がある。〔説文〕十上に「馬突なり」とあり、あらうまをいう。

訓義 1あらうま。2高さ六尺のうま。3くら、馬のくら。

古訓 〔名義抄〕駻 ハネムマ 〔字鏡集〕駻 ハネムマ・ハヌ

【駻突】(かんとつ) あれる馬。〔漢書、刑法志〕今漢、衰周暴秦、極敝の流を承け、俗已に三代よりも薄し。而して堯・舜の刑を行ふ。是れ猶ほ鞿(き)を以て駻突を御するがごとし。時を救ふの宜に違(たが)へり。

↑駻馬(かんば) 悍馬

【馯】 17 2144 カン いびき

篆文

形声 声符は干(かん)。〔説文〕四上に「臥息なり」とあり、いびきをいう。干は臥息の声、鼻部に及(及)声・會(会)声・圭(か)声・合声・希声・曷声・率(率)声の字があり、みな臥息の擬声語である。

訓義 1いびき。ねいき。

古訓 〔新撰字鏡〕馯 久豆知(くづち)、又、伊比支(いびき) 〔名義抄〕馯 イビキ・ク(ヅ)チ・ハナカケ・キル

【馯睡】(かんすい) 熟睡していびきをかく。唐・唐彦謙〔田家に宿る〕詩 車を停(とど)めて、茅店に息(いこ)ふ 安寝、正に馯睡す

【馯雷】(かんらい) 雷のようないびき。宋・黄庭堅〔東坡(蘇軾)の字後に題す〕性、酒を喜(この)む。然れども四五龠(やく)(勺)なること能はず。已にして爛酔し、辭謝せずして臥に就けば、鼻馯雷の如し。少焉(しばら)くして蘇醒し、落筆風雨の如し。

↑馯声(かんせい) いびき/馯眠(かんみん) 馯睡

【檻】 18 4891 カン おり てすり

篆文

形声 声符は監(かん)。〔説文〕六上に「櫳(ろう)なり」「一に曰く、圏なり」とあり、櫳・柙(こう)字条に「檻なり」という。櫳は牢で、牛馬を畜養するところ。檻・柙はおりの類。穽(せい)にしかけたものを檻穽という。檻はまた欄干をいう。

訓義 1おり、わな、おとしあな。2ひとや、かこい、とらえる。3てすり、おばしま。4いげた。

古訓 〔名義抄〕檻 オバシマ・ヲリ 〔篇立〕檻 サス・ハカ

語系 檻 heam、柙 heap は声義が近い。柙は〔説文〕六上に「檻なり、以て虎兕(じ)を藏す」とあり、特に厳重なものである。

【檻外】(かんがい(ぐわい)) てすりの外。唐・王勃〔滕王閣〕詩 閣中の帝子、今何(いづ)くにか在る 檻外の長江、空しく自ら流る

【檻檻】(かんかん) 車の行く音。〔詩、王風、大車〕大車檻檻たり 毳衣(ぜいい)(毛織の服)菼(たん)(青色)の如し

【檻車】(かんしゃ) 罪人の護送車。四方を板で囲う。〔史記、陳丞相世家〕節を以て樊噲(はんくわい)を召す。～即ち反接して檻車に載せ、傳して長安に詣(いた)らしむ。

【檻穽】(かんせい) 獣を捕らえる陥穽。漢・司馬遷〔任少卿(安)に報ずる書〕猛虎の深山に在るや、百獸震恐す。檻穽の中に在るに及んでは、尾を搖(うご)かして食を求む。威約を積むこと漸(ひさ)しければなり。

【檻塞】(かんそく) 囲いをしてふさぐ。〔漢書、谷永伝〕中尚書宦官、大異を檻塞す。皆瞽說(こせつ)、天を欺く者なり。

↑檻屋(かんおく) 家/檻獣(かんじゅう) 檻中の獣/檻送(かんそう) 罪人を護送する/檻牕(かんそう) れんじ窓/檻致(かんち) 檻送する/檻徼(かんちょう) 禁錮/檻辺(かんぺん) てすりの辺り/檻櫺(かんれい) 格子作りの檻

↓倚檻・雨檻・縈檻・横檻・閣檻・危檻・綺檻・機檻・曲檻・玉檻・軒檻・圏檻・虎檻・高檻・鈎檻・鎖檻・彩檻・朱檻・囚檻・獣檻・井檻・石檻・折檻・層檻・大檻・丹檻・置檻・重檻・雕檻・囊檻・破檻・半檻・樊檻・飛檻・撫檻・風檻・欄檻・櫺檻・牢檻・楼檻・鏤檻・籠檻

常【簡】 18 8822 〔簡〕 18 8822 カン たけふだ ふみ はぶく おおどか えらぶ

篆文 金文

形声 声符は閒(間)(かん)。〔説文〕五上に「牒なり」、また木部六上に「札は牒なり」とあり、竹簡・木簡をいう。軍令も簡にしるしたもので、〔詩、小雅、出車〕に「此の簡書を畏る」の句がある。簡に大小あり、各一字一寸、韋(皮ひも)で結ぶので韋編という。

訓義 1竹簡、竹ふだ、ふみ、てがみ。2簡略・簡大の意は玉書・帛書に対していう。はぶく、つづまやか、すくない、おろそか。3おおどか、おごる、おこたる。4柬と通じ、えらぶ、しらべる、くらべる、みる。5まこと、とおる、あきらか。6諫と通じ、いさめる。

古訓 〔新撰字鏡〕簡 波志(はし) 〔和名抄〕簡札 不美太(ふみた) 〔字鏡集〕簡 フダ・ツ、マヤカナリ・オロカナリ・オロソカニ・マレラ・アラ／～シ・ナカラ・カナヘリ・スクナシ・オホイナリ・ソムク・エラブ・オロソカナリ

語系 簡・柬 kean は同声。柬は東(橐ふくろ)の中にもののある形で、これを精選する意。ゆえに練(練)・錬(錬)・湅 lian は柬に従う。湅字条十一上に「瀾(あら)ふなり」とあり、閒声と柬声との間に、声義の関係がある。

【簡易】(かんい) てがる。やさしい。〔史記、叔孫通伝〕漢の五年、已に天下を幷(あは)せ、諸侯共に漢王を尊ぶ。～叔孫通、其の儀號を就(な)す。高帝悉(ことごと)く秦の苛儀を去り、法は簡易と爲す。

【簡閲】(かんえつ) しらべる。〔論衡、乱竜〕神荼(しんと)・鬱壘(うつるい)といふ者有り。～桃樹の下に立ちて百鬼を簡閲す。

【簡寡】(かんか(くわ)) てがる。〔後漢書、光武帝紀下〕是(ここ)に於て法物始めて備はる。時に兵革既に息(や)み、天下事少なし。文書調役、務めて簡寡に從ふ。

【簡簡】(かんかん) 大きくゆたかな音。〔詩、商頌、那(だ)〕鼓を奏すること簡簡たり 我が烈祖を衎(たの)しましむ

【簡記】(かんき) 竹簡にしるしたもの。〔礼記、王制〕大史は禮を典(つかさど)り、簡記を執り、諱惡(きを)を奉る。

【簡兮】(かんけい) おおどかなさま。〔詩、邶風、簡兮〕簡兮(かんたり) 簡兮 方將(まさ)に萬舞せんとす 日の方(まさ)に中するとき 前上の處に在り

【簡恵】(かんけい) おうようで恵み深い。梁・任昉〔斉の竟陵文宣王行状〕公、内に寛明を樹て、外に簡惠を施し、神皐(しんかう)は載(すなは)ち穆(やはら)ぎ、轂下は以て淸し。

【簡潔】(かんけつ) 簡要をえている。〔元史、呉澄伝〕易・春秋・禮記に於て、各々纂言(さんげん)有り。盡(ことごと)く傳註の穿鑿(せんさく)を破り、～精明簡潔、卓然として一家言を成す。

【簡厳】(かんげん) 簡素で厳正なところがある。〔宋史、李及伝〕及、資質淸介にして、治むる所簡嚴なり。喜(この)んで下吏を慰薦し、人の善を道(い)ふを樂しむ。

【簡古】(かんこ) 簡潔で古雅。〔東坡題跋、二、黄子思詩集の後に記す〕李・杜の後、詩人斷作す。～獨り韋應物・柳宗元、纖穠(せんぢょう)を簡古に發し、至味を澹泊に寄す。餘子の及ぶ所に非ざるなり。

【簡傲】(かんごう(がう)) 志が大きく、人に高ぶる。〔北史、崔贍伝〕贍、性簡傲、才地を以て自ら矜る。與(とも)に周旋する所は、皆一時の名望なり。

【簡策】(かんさく) 竹簡。書物。〔管子、宙合〕是の故に聖人、之れを

簡筴に著はし、傳へて以て後進に告ぐ。

【簡札】竹簡。書物。〔論衡、自紀〕吾が文の未だ簡札の上に集ならずして、胸臆の中に藏めたるは、猶ほ玉の隱れ、珠の匿れたるがごとし。

【簡紙】竹簡と紙。〔後漢書、賈逵伝〕逵をして自ら～諸生高才の者二十人を選ばしめ、教ふるに左氏を以てす。簡紙經傳、各〻一通を與ふ。

【簡秀】簡潔ですぐれる。〔晋書、阮裕伝〕裕、骨氣は逸少（王羲之）に及ばず、簡秀は眞長（劉惔）に～如しかざるも、兼ねて諸人の美有り。

【簡粛】簡潔でおごそか。宋・秦観〔越州に程給事祠堂を立つるを請ふの状〕政は、簡肅を尙び、苟且（かりそめ）苛細の事を爲さず。

【簡書】竹簡にしるしたもの。文書。〔詩、小雅、出車〕豈に歸るを懷はざらんや 此の簡書を畏る

【簡省】むだをはぶく。〔後漢書、循吏、王景伝〕景、役費を簡省すと雖も、然れども猶ほ百億を以て計ふ。明年夏渠成り、帝親自ら巡行す。

【簡靖】簡素でやすらか。〔南史、宋文帝紀〕帝、聰明仁厚、雅より文儒を重んじ、～惟だ簡靖を心と爲す。時に政平らかに訟理まり、朝野悅睦す。江左の政より未だ有らざる所なり。

【簡切】簡潔で切要。宋・蘇洵〔田枢密に上る書〕詩人の優柔、騷人（楚辞）の精深、孟・韓の溫淳、（司馬）遷・（班）固の雄剛、孫・吳の簡切、之れを嚮ふ所に投ずるに、意の如くならざる無し。

【簡素】自然で素朴。〔梁書、止足、蕭眎素伝〕情に任じて通率、自ら矜高せず、天然簡素なり。

【簡率】てがるでおおまか。〔晋書、王接伝〕性簡率にして、俗操を修めず。鄉里の大族、多く之れに善きこと能はず。唯だ裴頠のみ雅より知れり。

【簡淡】てがるでさっぱりしている。〔晋書、王湛伝〕門を闔ぢて靜を守り、當世に交はらず。沖素簡淡、器量隤然として、公輔の望有り。

【簡直】かざらず正直なこと。〔宋史、彭亀年伝〕龜年、學識正大、議論簡直にして、善惡是非、辨析甚だ嚴なり。

【簡牘】かきもの。文章。〔北史、李元護伝〕少くして武力有り。～將の用を以て自ら達すと雖も、然れども亦た頗る文史を覽、簡牘に習ふ。

【簡抜】えらびぬく。蜀・諸葛亮〔出師の表〕此れ皆良實、志慮忠純なり。是を以て、先帝簡拔して、以て陛下に遺せり。

【簡兵】兵をえらぶ。〔左伝、襄二十六年〕雍子（楚の大夫）、命を軍に發して曰く、老幼を歸し、孤疾を反し、～兵を簡び乘を蒐（点検）し、馬に秣ひ蓐食し、師は陳（陣列）し次（宿舍）を焚け。明日將に戰はんとすと。

【簡編】書物。唐・韓愈〔符、書を城南に読む〕詩 燈火稍〻親しむべし 簡編卷舒すべし

【簡朴】簡素でかざりけがない。宋・陸游〔山西の村に遊ぶ〕詩 簫鼓追隨して、春社近し 衣冠簡朴にして、古風存す

【簡慢】おろそかにしてあなどる。〔管子、形勢解〕解惰簡慢、之れを以て主に事ふれば、則ち不忠なり。之れを以て父母に事ふれば、則ち不孝なり。

【簡明】わかりやすい。〔容斎随筆、一、解釈経旨〕經旨を解釋するは簡明を貴ぶ。惟だ孟子のみ獨り然り。

【簡約】てがるで質素。〔貞観政要、論礼楽〕今宜しく禮典に依據し、務めて簡約に從ひ、仰ぎて先哲に效ひ、法を將來に垂るべし。

【簡略】てがるにする。〔後漢書、宣秉伝〕務めて大綱を擧げ、苛細を簡略にす。百僚之れを敬ふ。

【簡廉】おおまかで廉直。〔旧唐書、路嗣恭等伝論〕路嗣恭、微より著に至り、法を執ること簡廉なり。～然れども嗣恭は財を聚め、功名の瑕玷と爲す。（李）叔明は財を聚め、子孫の驕淫を致す。財の人を汚す、誡に誡むべきなり。

【簡練】えらび出し、訓練する。〔礼記、月令〕（孟秋の月）天子乃ち將帥に命じ、士を選び兵を厲がしむ。桀俊を簡練し、專ら有功に任ず。

↑簡格 弩の棚／簡隔 関係ない／簡覈 簡閲／簡闊 てがる／簡倨 簡傲／簡勁 力強い／簡稽 調べる／簡劇 繁簡／簡絜 簡潔／簡倹 簡素／簡愿 てがるで正しい／簡亢 簡傲／簡校 調べる／簡曠 曠達／簡忽 ゆるがせにする／簡査 調べる／簡裁 手早く裁く／簡冊 簡策／簡策 簡筴／簡散 無雑作／簡槧 書札の版／簡弛 弛む／簡視 調べる／簡質 簡素／簡取 選びとる／簡習 練習／簡恕 寛恕／簡除 のぞく／簡少 少ない／簡捷 はかどる／簡章 書籍／簡浄 簡明／簡正 簡直／簡静 簡靖／簡尺 手紙／簡斥 えらび除く／簡褻 かろんじる／簡選 えらぶ／簡然 簡単／簡疏 ゆるやか／簡汰 えらぶ／簡惰 怠る／簡怠 怠る／簡択 えらぶ／簡単 てがる／簡短 簡単／簡澹 簡淡／簡治 調べる／簡帙 書籍／簡黜 退ける／簡牒 簡札／簡暢 伸びやか／簡定 定める／簡擢 選抜する／簡点 調べる／簡独 独り／簡任 選任／簡能 能をえらぶ／簡薄 微薄／簡版 簡槧／簡孚 事実をしらべる／簡侮 侮る／簡別 えらぶ／簡便 てがる／簡補 補任／簡法 簡明な法／簡墨 文書／簡樸 簡朴／簡要 簡約／簡礼 略礼／簡連 おごる／簡老 簡約で力強い

↓夷簡・易簡・遺簡・盈簡・鉛簡・華簡・牙簡・汗簡・寛簡・漢簡・翰簡・希簡・旧簡・狂簡・倹簡・縑簡・厳簡・古簡・弘簡・行簡・苟簡・錯簡・残簡・視簡・事簡・辞簡・執簡・手簡・首簡・書簡・尚簡・詳簡・慎簡・青簡・政簡・清簡・精簡・尺簡・隻簡・折簡・牋簡・銓簡・素簡・疎簡・疏簡・蠹簡・操簡・大簡・太簡・墜簡・脱簡・単簡・短簡・端簡・断簡・竹簡・抽簡・通簡・廸簡・擲簡・恬簡・白簡・煩簡・披簡・秘簡・筆簡・平簡・片簡・返簡・篇簡・編簡・芳簡・末簡・木簡・約簡・来簡・落簡・吏簡・了簡・料簡・礼簡・廉簡・練簡

常【観】18 〔觀〕25 4621 カン（クヮン） みる しめす

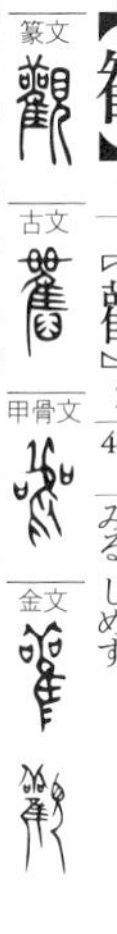

形声 旧字は觀に作り、雚声。〔説文〕八下に「諦視するなり」とあって、審らかに視る意とする。卜辞に「雚耤」という語があり、農耕儀礼に関する字であろう。雚は毛角のある鳥の象。これによって鳥占を行う意であるらしく、觀とはこの鳥占によって神意を察することであろう。

訓義 1みる、つまびらかにみる、みきわめる。2しめす、あらわす、あきらかにする。3ながめ、みもの、ようす、けしき、ありさま、あそび。4観望のための高い建物、うてな、たかどの、宮観、寺観。5京観、屍骨を塗りこんだ門状の建物、おそらく宮観の原型をなすアーチ状の門。戦勝の記念として建てた。京字条参照。6鸛と通じ、こうのとり。

古訓 〔名義抄〕観 ミル・ノゾム・サトル・オヨブ・ヨソフ・アフグ・ワタル・オホカリ・オホカシ・ウカフ・オホウス・シメス・ミモノ〔字鏡集〕観 ヨソフ・ミル・アキラカニミル・ウカヾフ・サトル・シメス・アフグ・ミモノ・カタチツクリス・オホカリ・ワタル・オヨブ・ヲホウス

語系 觀（観）kuan、看khan、瞰・闞khamはみな声義が近い。

観は鳥占によって、闕は廟門で鬯酒を酌んで神意をうかがう意象の字とみられる。

【観宇】かん(くわん)う 宮殿の建物。晉・左思〔魏都の賦〕垣を繚らし圍を開き、観宇相ひ臨む。

【観感】かん(くわん)かん 目に見、心に感じる。〔宋史、礼志十五〕是れ皆性の自然に因り、観感に發す。必ず各〻其の至を盡し、然る後に稱ふと爲す。

【観釁】かん(くわん)きん 乗ずるすきをうかがう。〔左伝、襄二十二年〕先大夫子蟜、又寡君に従ひて以て釁を楚に観る。晉、是に於てか蕭魚の役有り。

【観察】かん(くわん)さつ くわしく見てしらべる。〔周礼、地官、司諫〕朋友には其の行ひを正して之れを強め、道藝には巡問して之れを観察し、時を以て其の徳行道藝を書する～ことを掌る。

【観止】かん(くわん)し 最高のものを見て、そこで終わる。〔左伝、襄二十九年〕韶箾(簫韶、舜の楽)を舞ふ者を見る。曰く、徳至れる哉、～観ること止めん。若し他の樂有るも、吾敢て請はざるのみと。

【観試】かん(くわん)し 見て試みる。実見する。魏・繁欽〔魏の文帝に与ふる牋〕頃諸鼓吹(軍楽部隊)異妓を廣求す。～年始めて十四、能く喉囀引聲、笳と音を同じうす。～即日故に共に観試し、乃ち天壌の生ずる所、誠に自然の妙物有るを知るなり。

【観書】かん(くわん)しよ 声をたてずに書を読む。〔左伝、昭二年〕晉侯、韓宣子をして來聘せしむ。～書を大史氏に観る。易象と魯の春秋とを見て曰く、周の禮悉く魯に在り～と。

【観笑】かんしよう(くわんせう) 見て笑う。笑いもの。漢・司馬遷〔任少卿(安)に報ずる書〕李陵既に生降して、其の家聲を隤り、僕又之れに蠶室に佴ぎ、重ねて天下の観笑と爲る。悲しい夫、悲しい夫。

【観象】かんしよう(くわんしやう) 易の卦象(うらかた)を見る。事象によってその意味するところを考える。〔易、繫辞伝上〕聖人卦を設けて象を観、辭を繫けて吉凶を明らかにす。

【観照】かんしよう(くわんせう) 仏教で智慧を以て事理を照見するをいう。唐・李華〔衢州竜興寺故律師体公碑〕辨才に於て自在を得、文義に於て解脱を得、人法に于て無我を得、観照に于て甚深を得たり。

【観心】かん(くわん)しん 心性を見てさとる。唐・施肩吾〔景上人の山門に題す〕詩 水に清蓮有り、沙に金有り 老僧此に於て獨り心を観る
【観聴】かんちよう(くわんちやう) 見聞する。晉・左思〔蜀都の賦〕斯れ蓋し宅土の安樂する所、観聴の踊躍する所なり。焉くんぞ獨り三川のみ世の朝市爲らん。

【観灯】かん(くわん)とう 上元の夜、灯火を見る遊び。〔旧唐書、睿宗紀〕(景雲二年)上元の日の夜、上皇、安福門に御して燈を観る。內人を出だし、連袂踏歌す。百僚の之れを観ることを縱す。

【観濤】かんとう(くわんたう) 波濤を見る。漢・枚乘〔七発〕將に八月の望を以て、諸侯遠方の交游兄弟と、竝び往いて濤を廣陵の曲江に観んとす。

【観風】かん(くわん)ぷう 地方の人情風俗の美悪をしらべる。〔礼記、王制〕大師に命じて詩を陳ねしめて、以て民風を観る。市に命じて賈を納れしめ、以て民の好惡する所を観る。

【観兵】かん(くわん)ぺい 軍を列ねてその威力を示す。〔左伝、宣三年〕遂に雒(洛)に至り、兵を周疆に観す。

【観望】かんぼう(くわんばう) 景色などをながめる。また、ようすを見る。〔史記、信陵君伝〕軍を留め、～名は趙を救ふと爲すも、實は両端を持して以て観望す。

【観楽】かん(くわん)らく 見て楽しむ。〔左伝、哀元年〕夫差は、～一日の行、欲する所必ず成り、玩好必ず従ふ。珍異を是れ聚め、観樂を是れ務む。～夫れ先づ自ら敗れんのみ。安んぞ能く我を敗らん。

【観覧】かん(くわん)らん 見る。ながめる。〔漢書、匡衡伝〕衡、經學精習にして、說に師の道有り。観覧すべし。

↑観花 花見/観閣 物見台/観玩 慰める/観戯 観劇/観魏 高楼/観劇 芝居見物/観闕 宮闕/観月 月見/観古 古事を見る/観顧 顧みる/観好 楽しむ/観幸 行幸/観国 国見/観示 示す/観視 熟視する/観者 観客/観取 看取する/観賞 見て楽しむ/観省 省みる/観戦 戦況を見る/観瞻 見る/観測 はかる/観台 物見台/観潮 観濤/観鼎 君位を伺う/観伯 酒/観摩 まねる/観歴 見めぐる
↓異観・偉観・永観・遠観・往観・遐観・外観・概観・監観・奇観・闕観・客観・旧観・宮観・極観・京観・景観・甲観・高観・坐観・参観・止観・寺観・主観・殊観・縦観・盛観・静観・仙観・瞻観・壮観・層観・大観・台観・第観・達観・直観・通観・亭観・諦観・騁観・展観・東観・道観・拝観・飛観・悲観・美観・俯観・並観・汎観・傍観・門観・遊観・容観・来観・楽観・覧観・流観・臨観・歴観・列観・楼観

【雚】 18 4421 カン(クヮン) こうのとり

篆文

甲骨文

金文

象形 毛角があり、大きな目をした鳥の形。萑は毛角のある鳥で木兎。それに目を加えている。〔説文〕四上に「小爵(雀)なり」とし、吅声とするが、形声字の構造法としがたい。〔玉篇〕に「水鳥なり」というのは、あまさぎの類であろう。卜辞に「往きて雚せんか」「酒もて雚せんか」「雚して歳せんか」「雚耤せんか」などの辞例があり、雚は農耕儀礼に関する祭儀をいう字であろう。金文にも〔効尊〕「王、嘗に雚す」とあり、農耕の重要な儀礼であるらしい。鳥形の字であるから、鳥占を行う意かと思われるが、儀礼の詳しいことは知られない。

訓義 [1]こうのとり。いま字を鸛に作る。[2]古代の農耕儀礼、鳥占によって豊凶を卜するものであろう。[3]水鳥、あまさぎ。[4]芄と通じ、芄蘭、ががいも。

古訓 〔字鏡集〕雚 ミヅドリ・ホソキヤシ・タチマチ

声系 〔説文〕に雚声として瓘・讙・鸛・權(権)・觀(観)・歡(歓)・驩・爟・懽・灌・勸(勧)など十八字を収める。雚声の字の共通義として、審らかに視ること、歓びさわぐことなどをあげうるが、それが卜辞にみえる雚の儀礼とどのように関連するものであるのかは明らかでない。

【雚蒲】かん(くわん)ぽ 水辺の草の名。がまの類。魏・王粲〔従軍詩、五首、五〕雚蒲は廣澤に竟り 葭葦は長流を夾む 日夕涼風發し 翩翩として吾が舟を漂はす
↑雚夷 よし/雚葦 よし/雚雀 こうづる/雚蕈 草席/雚苻 川柳/雚蔽 雚席の蔽い

常 【韓】 18 4445 〔韓〕 17 4445 カン いげた

篆文

金文

会意 正字は倝に従い、倝＋韋。〔説文〕五下に「井垣なり」といげたの意とし、韋は「其の帀ることを取るなり」というが、韋は韋皮。金文の〔驫羌鐘〕に韓の字がみえ、その字は韋に従わず、旗竿の象。その旗竿に韋皮を巻くことがあり、韓の字が作られたのであろう。〔段注本〕に〔説文〕の文を「井橋なり」とするが、それならば桔槔の意となる。〔説文〕三下に「鞔は物を量る鞔なり。一に曰く、井を抒む鞔なり」とあり、汲井に皮革の器を用いている。韓が韋に従うのもその意であろう。

訓義 ①いげた、井垣。②字は倝に従い、旗竿の象、あるいはつるべをかける柱であろう。③古代の国の名。
古訓 〔篇立〕韓 カラ
【韓娥】よく歌を歌う人。〔列子、湯問〕昔、韓娥～雍門に過ぎり、歌を鬻ぎて假食す。既に去りて、餘音梁欐(屋棟)を繞り、三日絶えず。

【顑】 18 5128 カン うえる やつれる

篆文

形声 声符は咸。〔説文〕九上に「飯するこ と飽かず、面黄にして起ちて行くなり」とあり、顑頷の状態をいう。漢・厳忌〔哀時命〕の「欿憾」というのと同じ語であろう。
訓義 ①うえる。②やつれる。
【顑頷】飢餓のため、黄色となってやせる。〔楚辞、離騒〕苟に余が情、其れ信に姱くして練要ならば 長く顑頷すとも、亦た何ぞ傷まん

【瀚】 19 3812 カン ひろい あらう

形声 声符は翰。〔淮南子、俶真訓〕「浩浩瀚瀚」の〔許慎注〕に「廣大の貌なり」とあり、文献の厖大なものを浩瀚という。また澣に通じて用いる。
訓義 ①ひろい。②澣と通じ、あらう。
古訓 〔字鏡集〕瀚 アラフ・ウミヂ・トハカリ
↑瀚海 北海／瀚瀚 広大／瀚灝 洗瀚／瀚漠 瀚海／瀚漫 広大
↓浩瀚

【簳】 19 8844 カン しのだけ やがら

形声 声符は幹。〔玉篇〕に「箭簳なり」とあり、やがらをいう。矢だけを用いる。
訓義 ①しのだけ、やだけ。②やがら。③矢羽。④いま稲の茎をいう。
古訓 〔名義抄〕簳 ヤガラ
↑簳箭 矢
↓矢簳・篠簳・箭簳・碧簳

【顄】 19 1168 カン おとがい

篆文

形声 声符は函。函に、入るるものの意がある。〔説文〕九上に「頤なり」、また𦣞字条十二上に「顄なり」と互訓する。𦣞は乳房の象形で、頤は乳房を含ませて乳養する意。そのおとがいの動きが特徴的であるから、頤がおとがいの意となる。
訓義 ①おとがい、あご。②うごく、ゆれうごく。
↑顄淡 水がゆれうごくさま

常

【艦】 20 2841 カン いくさぶね

形声 声符は監。〔玉篇〕に「版屋舟なり」とあり、舟の上に板屋を設けて矢を防ぐ軍船をいう。四方を板で囲んだ形が檻と似ており、その声義をとる。長江が南北の作戦区域に入った三国期ころからみえる字である。
訓義 ①軍船、いくさぶね。②ふなだな。
古訓 〔新撰字鏡〕艦 不奈太奈(ふなだな)、又、舟屋(ふなや)〔名義抄〕艦 ヤカタ・フナヤ・フナヤカタ
語系 艦・檻 heam、柙 heap は声義の近い字。〔釈名、釈船〕に「上下重版を艦と曰ふ。四方に版を施して以て矢石を禦ぐ。其の内、牢檻の如きなり」とあって、もと檻の字を用いた。〔説文〕六上に「柙は檻なり」とみえる。函 ham、槭 heam も声義の近い字である。
【艦戸】船の出入口。馬門ともいう。〔宋書、劉鍾伝〕天、霧ふる。賊、鉤して其の舸を得たり。鍾、因りて左右を率ゐて艦戸を攻む。賊遽に戸を閉ぢて之れを距ぐ。鍾、乃ち徐ろに還る。
↑艦隊 軍艦の船団／艦艇 軍船
↓火艦・舸艦・旗艦・巨艦・軍艦・軽艦・坐艦・舟艦・戎艦・乗艦・船艦・戦艦・大艦・闘艦・母艦・砲艦・僚艦・列艦・楼艦

【轗】 20 5305 ［坎］ 7 4718 カン ゆきなやむ

篆文

形声 声符は感。〔玉篇〕に「轗軻、亦た坎に作る」とあり、顧野王の案語に「不遇なり」という。〔説文〕十三下坷字条に「坎坷なり」とみえ、また坎軻・埳軻ともいう。車が悪路に入って進みがたいことをいう。形況の語である。
訓義 ①轗軻、ゆきなやむ、車がゆきなやむ。②人が志をえないことをいう。
古訓 〔字鏡集〕轗 クルマノコヱ
【轗軻】車が進みがたいさま。志をえず、不遇なさま。魏・嵇康〔述志、二首、一〕詩 轗軻、悔吝に丁り 雅志、施すことを得ず
【轗頓】挫折する。北周・庾信〔枯樹の賦〕苔に埋もれ菌に壓せられ、鳥剝蟲穿、或いは霜露に低垂し、或いは風烟に轗頓せざる莫し。

【轘】 20 5603 カン(クヮン) くるまざき

篆文

形声 声符は睘。〔説文〕十四上に睘に従う字とし、「人を車裂するなり」という。また〔左伝、宣十一年〕「諸れを栗門に轘す」の文を引く。轘は公開処刑で、人の集まる城門の前などで行われた。〔左伝〕の文は「夏徴舒を殺して、諸れを栗門に轘す」とあって、死屍に対して加えたようである。
訓義 ①くるまざき、車裂の刑。②轘轅は山名。
古訓 〔字鏡集〕轘 クルマサキ・キル・ナカエ・マス
【轘轅】河南西部の山名。〔管子、地図〕凡そ兵の主なる者は、必ず先づ地圖を審知すべし。轘轅の險、濫車の水、～困殖の地、必ず盡く之れを知る。
【轘磔】くるまざき。〔陳書、始興王叔陵等伝論〕叔陵、險躁奔競、遂に悖逆を行ひ、形骸を轘磔するも、未だ其の罪に臻らず。～悲しい哉。
【轘裂】くるまざき。〔後漢書、宦者、呂強伝〕中常侍曹節・王甫・張讓等、～人物を放毒し、忠良を疾妒し、趙高の禍有るも、未だ轘裂の誅を被らず。朝廷の明を掩ひ、私樹の黨を成す。
↑轘曲 曲折／轘刑 くるまざき／轘藥 くるまざきと毒殺／轘臠 肉裂き
↓迴轘・函轘・刑轘・車轘・亭轘

【闞】 20 7714 カン のぞむ うかがう

篆文

形声 声符は敢。〔説文〕十二上に「望むなり」、〔玉篇〕に「視るなり、望むなり、臨むなり」の三訓をあげ、また〔詩、大雅、常武〕「闞として虓虎の如し」の句を引く。闞の本義は、敢が神事における灌鬯の礼を厳修する意を承け、廟門において神意をうかがう意とみられ、瞰・矙も声義の近い字である。
訓義 ①のぞむ、みる、うかがう。②獣の怒る声、虎の声。
古訓 〔字鏡〕闞 ミル・ノゾク〔字鏡集〕闞 ミル・ノゾク・コル
語系 闞・瞰・矙 kham、看 khan、觀(観) kuan は声義が近い。闞以下の字は灌鬯を示す敢(嚴の初文)に従って、神意をうかがう意。觀など雚に従う字は、鳥占によって神意をうかがう意。いずれも、もと神聖に対してその意を問う行為をいう

字であった。

【闞闞】かんかん 勇武のさま。唐・独孤及〔北客を招くの文〕巨麋(びきょ)(大きなとなかい)は牛の如く、脩角は劍の如し。餓虎肉を争ひ、吼怒すること闞闞たり。

↑闞虓(かんこう) 怒号/闞然(かんぜん) 怒るさま

↓窺闞・口闞・哮闞・虓闞・俯闞・咆闞・誘闞

【鹹】 20 2365 カン ゲン しおけ しおからい

篆文 形声 声符は咸(かん)。〔説文〕十二上に「銜(かん)なり。北方の味なり」と同音を以て解するが、〔爾雅、釈言〕に「苦(にが)し」とあり、塩気をいう。その味は苦味を含む。〔本草綱目〕の李時珍説に、鹹は潤下の味、また減(げん)の音でよむときは塩土の意で、のちの鹼の字義にあたるという。

訓義 ①しおけ、あく。②鹼と通じ、塩土。

古訓 〔名義抄〕鹹 シハ、ユシ・シホカラシ 〔字鏡集〕鹹 ニガシ・シバ、ユシ・シホカラシ・オホカラシ・カラシ

【鹹苦】かんく からくにがい味。〔三国志、魏、牽招伝〕郡の治むる所の廣武の井水、鹹苦なり。民皆輦(れん)を擔ひて、遠く流水を汲む。往返すること七里。

【鹹鹺】かんさ 祭祀に用いる塩の名。〔礼記、曲礼下〕凡そ宗廟を祭るの禮、~韭(きう)には豐本と曰ひ、鹽には鹹鹺と曰ふ。

↑鹹解(かんかい) 塩洗い/鹹菜(かんさい) 塩漬け菜/鹹壌(かんじょう) 塩土/鹹水(かんすい) 塩水/鹹潟(かんせき) 潮干潟/鹹泉(かんせん) 塩分のある泉/鹹淡(かんたん) 女形/鹹地(かんち) 塩土/鹹土(かんど) 塩分のある地/鹹蓬(かんぽう) まつな/鹹味(かんみ) 塩味/鹹鹵(かんろ) 塩気のある荒地

↓塩鹹・加鹹・海鹹・甘鹹・沙鹹・酸鹹・嗜鹹・食鹹・辛鹹・水鹹・腥鹹・石鹹・大鹹・味鹹・沃鹹・鹵鹹

【嚾】 21 6401 〔喚〕 12 6703 カン(クヮン) よぶ

篆文 形声 声符は雚(かん)。〔説文新附〕二上喚字条に「評(よ)ぶなり」とあり、嚾は喚の或る体の字。また囂(ごう)とも声義が近く、囂は巫が狂呼して祈る意の字である。

訓義 ①よぶ、わめく。②かまびすしい、やかましい。

【嚾嚾】かんかん(くわんくわん) やかましくいう。清・方苞〔広文陳君墓誌銘〕吾が徒、若(も)し嚾嚾焉(くわんえん)として、程朱(程顥、程頤、朱子)の言を按飾するのみにして、諸(これ)を身に反せざれば、程朱其れ之れに與(くみ)せんや。

【嚾呼】かんこ(くわんこ) よばわる。〔後漢書、礼儀志中〕大儺す。~因りて方相と十二(支)獣とを作りて儛ひ、嚾呼して前後を周偏して省みること三過、炬火を持ち、疫を送りて端門を出づ。

↑嚾噪(かんそう) さわがしい/嚾流(かんりゅう) さわぎひろがる

【懽】 21 9401 カン(クヮン) よろこぶ

篆文 形声 声符は雚(かん)。雚は毛角のある鳥の象。農耕儀礼としてその豊凶を卜する鳥占(とりうら)に用いたらしく、懽とはその吉兆をよろこぶ意である。歡(歓)・讙にもみなよろこぶ意がある。〔説文〕十下に「喜款(款)するなり」とあり、款も祟(たたり)のように呪霊のある獣を用いて祈る意で、よろこぶ意がある。

訓義 ①よろこぶ、たのしむ。②懽懽、うれえる。

古訓 〔名義抄〕懽 ヨロコブ 〔字鏡集〕懽 ヨロコブ

語系 懽・歡・讙・驩 xuan はみなその義が近い。〔説文〕に歡は喜楽、懽は喜款、讙は譁、驩は〔三倉〕に古の歡の字とする。款 khuan もまた声義の近い字である。

＊語彙は歓字条参照。

【懽愛】かんあい(くわんあい) よろこび愛する。〔随園詩話、四〕(春江公子)乙丑、翰林に入る。妻、楊氏亡す。再び呉氏に娶る。貌(かたち)與(とも)に相ひ抵(あた)る。遂に懽愛異常なり。

【懽益】かんえき(くわんえき) よろこび益する。魏・嵇康〔山巨源(濤)に与へて交はりを絶つ書〕若(も)し趣(すみ)やかに共に王塗(官途)に登り、~時に懽益を爲さんと欲するも、一旦之れに迫らば、必ず其の狂疾を發せん。

【懽喜】かんき(くわんき) よろこぶ。〔漢書、蕭望之伝〕耳順の年に至りて、折衝の位を履み、號して将軍に至る。誠に士の高致なり。窟穴の黎庶、懽喜せざる莫(な)し。咸(みな)曰く、将軍は其の人なりと。

【懽忻】かんきん(くわんきん) よろこぶ。漢・王褒〔四子講徳論〕今、聖徳隆盛、~奔走貢獻し、懽忻來附し、婆娑嘔吟し、掖(腋)を鼓して笑はざるもの靡(な)し。

【懽娯】かんご(くわんご) よろこび楽しむ。漢・劉歆〔遂初の賦〕天地の極變を窮むと雖も、曾(すなは)ち何ぞ留意するに足らんや。長く恬澹して、以て懽娯す。固(もと)より賢聖の喜ぶ所なり。

【懽暢】かんちょう(くわんちやう) 心のどかによろこぶ。〔晋書、劉輿伝〕賓客筵に滿ち、文案机に盈ち、遠近の書記、日に數千有り。終日倦まず。或いは夜を以て之れに繼ぐ。皆人人懽暢し、悦附せざる莫(な)し。

【懽予】かんよ(くわんよ) よろこび楽しむ。晋・摯虞〔観魚の賦〕既に懽豫して倦まず、願はくは晝を窮め夜を兼ねん。獨り川に臨んで慷慨(かうがい)し、逝く者の捨(お)かざるに感ず。

【懽楽】かんらく(くわんらく) よろこび楽しむ。漢・蘇武〔詩四首、四〕山海、中州を隔て 相ひ去ること悠(はる)かにして且つ長し 嘉會兩(ふた)びは遇ひ難し 懽楽殊に未だ央(つ)きず

↑懽慰(かんい) 心なぐさむ/懽懌(かんえき) よろこぶ/懽悦(かんえつ) よろこぶ/懽説(かんえつ) 懽悦/懽快(かんかい) 懽好/懽懽(かんかん) 憂える/懽顔(かんがん) 歓顔/懽噱(かんきゃく) 懽笑/懽欣(かんきん) 懽忻/懽迎(かんげい) 歓迎する/懽呼(かんこ) 歓呼/懽好(かんこう) 仲よし/懽洽(かんこう) 睦まじい/懽聚(かんしゅう) よろこび集う/懽笑(かんしょう) よろこび笑う/懽心(かんしん) 歓心/懽然(かんぜん) よろこぶさま/懽伯(かんはく) 酒/懽服(かんぷく) 悦服/懽忭(かんべん) よろこぶ

【灌】 21 3411 カン(クヮン) そそぐ ひたす

篆文 形声 声符は雚(かん)。〔説文〕十一上に川の名とするが、灌漑・浸灌の意に用いる。祭祀・儀礼のとき、鬯酒(ちょうしゅ)(香酒)をそそぐことを灌鬯という。

訓義 ①そそぐ、ひたす、くむ、のむ。②酒を酌んでそそぐ、祼礼(かんれい)、酒を献ずる。③灌木、木むら、叢。④懽と通じ、うれえる。款と通じ、ねんごろ。摜と通じ、なれる。⑤川の名。

古訓 〔名義抄〕灌 ソ、ク・アラフ・アツマル・モトモ・ヒタス・オホカリ・ウルフ・ス、ク・ホドコス・フカシ・イル・コムラ 〔字鏡集〕灌 ソ、ク・ヒタス・タヾヨフ・ス、ク・アラフ・ウルフ・フカシ・オホリ・アツム・アツマル・コムラ・オドロク・ホドコス・シク・モトム・ノム・イル・モトモ

語系 灌・祼 kuan は同声。〔説文〕一上に「祼は灌祭なり」とあり、〔礼記、礼器〕に「灌には鬱鬯(うつちやう)を用ふ」とあって、鬯酒をそそぐ。敢 kam はその鬯酌を示す字で、嚴(厳)の初文である。

【灌園】かんえん(くわんゑん) 畑に水をやる。〔史記、商君伝〕君の危きこと朝露の如し。~則ち何ぞ十五都を歸し、園に鄙に灌(そそ)がざる。

【灌漑】かんがい(くわんがい) 田畑に水をやる。〔後漢書、馬援伝〕援、過ぐる所、輒(すなは)ち郡縣の爲に城郭を治め、穿渠灌漑し、以て其の民を利す。

【灌植】かんしょく(くわんしょく) 畑に水をやる。〔南史、劉虬伝〕虬、四節疾病に臥す。三時は灌植を營み、餘陰(余時)を山澤に暢(の)びやかにし、暮情を魚鳥に託す。

【灌蔬】かんそ(くわんそ) 野菜に水をやる。梁・昭明太子〔宴闌(たけなは)にして旧を思ふ〕詩 灌蔬、實に溫雅 摛藻(ちさう)(文辞をつらねる)毎(つね)に清新

【灌莽】かんもう(くわんまう) 草木の茂るに任せた地。南朝宋・鮑照〔蕪城の賦〕灌莽、杳(えう)として際(かぎ)り無く、叢薄(茂った叢)、紛として其れ相ひ依る。

【灌輸】かん(くわん)ゆ 水陸で運ぶ。〔史記、平準書〕遠方をして、各〻其の物貴かりし時、商賈の轉じ販ぎし所の者を以て賦と爲して、相ひ灌輸せしむ。

↑灌溢 そそぐ／灌花 花に水やる／灌畦 水やり／灌漑／灌濡 ぬらす／灌浸 ひたす／灌水 水やり／灌洗 そそぎ洗う／灌澡 そそぎ洗う／灌叢 茂み／灌地 地に酒をそそぐ／灌注 そそぐ／灌鬯 鬯酒をそそぐ／灌頂 灌仏／灌腸 腸詰め／灌暢 灌鬯／灌瀆 灌漑水／灌仏 灌仏会／灌木 叢木／灌沐 洗う／灌薬 飲み薬／灌沃 水やり／灌流 流れる／灌礼 灌地の礼

↓漑灌・汲灌・澆灌・膏灌・賜灌・酒灌・集灌・浸灌・斟灌・水灌・澡灌・沃灌

【鐶】 21 8613 カン(クヮン) わ ゆびわ

形声 声符は睘。睘に巡還する意がある。玉を以てするを環(環)、金を以てするを鐶という。

訓義 1わ、かなわ。2ゆびわ。3みみわ。4くびわ。

古訓 〔和名抄〕鐶 由比万岐(ゆびまき)〔名義抄〕鐶 タマキ・ユビマキ・キヨヒヌキ／鐶劍 トノヒキテ 〔字鏡集〕鐶 ミ、カネ・ユビカネ・タマキ・クサリ

【鐶鈕】かんちゅう(くわんちう) とって。金の把手。〔酉陽雑俎、十三、尸穸〕(墓穴)後魏の俗、竟に厚葬す。棺厚くして高大、多く栢木を用ひ、兩邊に大銅鐶鈕を作る。公私貴賤を問はず、悉く～虜鼓を打ち、哭聲は南朝に似せんと欲す。

↓金鐶・銀鐶・古鐶・指鐶・垂鐶・双鐶・銅鐶・撫鐶

【鰥】 21 2633 カン(クヮン) コン おとこやもめ

篆文  金文 

会意 魚＋眔。眔は涙の象形字。老いて妻なきを鰥という。〔説文〕十一下に「魚なり」とするが、鰥寡の意に用い、老いて夫無きを寡という。魚は女の象徴とされ、眔をそえて老妻を失った意をあらわす。〔礼記、王制〕「老いて妻無き者、之れを矜と謂ふ」とあるのは、仮借の字である。

訓義 1やもお、老いて妻無き者。2魚の名、大魚であるという。3また瘝に作る、やむ、なやむ。4鯤と通じ、魚の子。

古訓 〔新撰字鏡〕鰥 男也毛女(をとこやもめ)〔和名抄〕鰥夫 也毛乎(やもを)〔名義抄〕鰥 ヤモヲ・ヤモメ・ヒトリウト

【鰥寡】かんか(くわんくわ) 老いて妻無き者と、夫無き者。〔書、康誥〕克く徳を明らめ罰を愼みて、敢て鰥寡を侮らず。庸て祇み威れて～民を顯ふ。

【鰥鰥】かんかん(くわんくわん) 目がさえて眠られない。唐・李商隠〔晋昌亭に宿る〕詩 羈緒(旅情)鰥鰥として、夜景侵す 高窗掩はずして、驚禽を見る

↑鰥居 独居の老女／鰥惸 男やもめ／鰥曠 男やもめ／鰥処 鰥居／鰥夫 男やもめ／鰥民 鰥夫／鰥嫠 独居の老女

↓窮鰥・惸鰥・煢鰥・貧鰥・魴鰥

【爟】 22 9481 カン(クヮン) やく

篆文 

形声 声符は雚。〔説文〕十上に「火を日に取る。官名」とし、「周禮に曰く、司爟、行火の政令を掌る」と〔周礼、夏官、司爟〕の文を引く。〔呂覧、本味〕の〔高誘注〕に「爟火なる者は、其の不祥を祓除する所以なり。火を枯槔に置き、燭して以て之れを照らす」とあり、祭事に用いるものであった。

訓義 1やく、もやす、もえる。2日から火をとる、火をつける、火をあげる。3あつい、もえさかる。4たいまつ、かがり。5のろし。

【爟火】かんか(くわんくわ) 日からうつした火でやく。〔淮南子、氾論訓〕夫れ鼎俎の閒(伊尹)より發り、屠酤の肆(太公望)より出で、累紲の中(管仲)より解かれ、牛領の下(寧戚)より興り、之れを洗ふに湯沐を以てし、之れを祓ふに爟火を以てし、之れを本朝の上に立て、之れを三公の位に倚す。

↑爟燧 烽火／爟烽 烽火

↓祭爟・熂爟

常 【鑑】 22 8811 ［鑒］ 22 7810 カン かがみ みる いましめ

篆文  金文 

形声 声符は監。監は盤に水を盛り、顔容を水鑑として映す意で、鑑の初文。金文の鑑の銘には監を用いる。〔説文〕十四上に「大盆なり。一に曰く、監諸、以て明水を月に取るべし」という。監諸は方諸。〔淮南子、天文訓〕の〔許慎注〕に「方諸は陰燧、大蛤なり。熟く拭して熱せしめ、月の盛なる時、以て月に向へば、下に則ち水生ず。銅盤を以て之れを受くれば、水下ること數滴なりと。先師の說然り」という。氷台で火を取るという陽燧に対して、陰燧の説があったのであろう。

訓義 1かがみ、かがみにうつす。2みわける、てらす、かんがえる。3いましめる、手本とする。4はち、水盤。

古訓 〔名義抄〕鑑・鑒 カヽミ・カガミル・ミル・テラス・キヨシ・シルス・ツハヒラカ 〔篇立〕鑑・監 カヽミ・カヽム・カヽミヽル・ミル・テラス・アキラム・モラス・カムラ・シルス・カヽミル

語系 鑑keam、鏡(鏡)・景kyang、また光kuang、煌huangはともに声義に通ずるところがあり、一系の語である。

【鑑許】かんきょ しらべて承認する。〔漢学師承記、四、王蘭泉(昶)〕(江)藩、先生に従つて游ぶこと、三十年に垂んとす。論學談藝、多く鑑許を蒙る。

【鑑裁】かんさい 真偽善悪をよく識別する。〔晋書、王羲之伝〕(庾)亮、薨ずるに臨みて上疏し、羲之の清貴にして、鑑裁有るを稱す。

【鑑察】かんさつ よく善悪を見定める。〔晋書、呂光載記〕卿、雅より志忠貞にして、史魚(春秋期の衛の人、直諫して死んだ)の操有り。成敗を鑑察すること、遠く古人に侔し。豈に宜しく姦邪を聽納して、以て大美を虧くべけんや。

【鑑識】かんしき 善悪や価値を見分ける。〔塩鉄論、殊路〕和氏の璞は、天下の美寶なり。鑑識の工を待ちて、而る後に明らかなり。

【鑑照】かんしょう(せう) てらして明らかにする。漢・班昭〔東征の賦〕庶はくは靈祇の鑑照して、貞良を祐け信を輔けんことを。

【鑑賞】かんしょう(しやう) 作品の価値を見定めて賞美する。斉・王倹〔褚淵の碑文〕宋の文帝は、端明にして朝に臨み、鑑賞昧きこと無し。

【鑑燧】かんすい 水火を日月からとる器。銅盤で月から水、氷台で日から火をとる。〔周礼、考工記、輈人〕金に六齊(合金)有り。～金錫半ばなる、之れを鑑燧の齊と謂ふ。

【鑑別】かんべつ 真偽や価値を鑑定する。〔漢学師承記、七、汪中〕君、一生坎軻不遇。晩年に至り、鹺使(塩運使)全德、～君を延いて書畫を鑑別せしめ、君の爲に生計を謀る。此れを藉りて、稍く能く自ら給す。

↑鑑機 機微を知る／鑑悟 さとる／鑑査 鑑定／鑑止 止水に映す／鑑諸 水鏡／鑑達 練達／鑑定 めきき／鑑徹 すみきる／鑑念 おもう／鑑寐 うたたね／鑑臨 御覧

↓逸鑑・印鑑・殷鑑・永鑑・睿鑑・円鑑・淵鑑・遠鑑・火鑑・亀鑑・機鑑・鏡鑑・恵鑑・啓鑑・玄鑑・古鑑・弘鑑・光鑑・考鑑・降鑑・国鑑・才鑑・裁鑑・事鑑・賞鑑・神鑑・宸鑑・審鑑・図鑑・水鑑・省鑑・清鑑・聖鑑・精鑑・前鑑・藻鑑・達鑑・通鑑・天鑑・洞鑑・

年鑑・氷鑑・品鑑・俯鑑・風鑑・宝鑑・法鑑・民鑑・明鑑・銘鑑・門鑑・幽鑑・霊鑑

【闞】22 7714 カン いかりほえる

形声 声符は敢かん。〔詩、大雅、常武〕に「闞いかること虓虎かうの如し」とあり、猛虎のいかりほえることをいう。たけだけしく、声の大きい意。

訓義 ①いかる、いかりほえる。②たけだけしい、声が大きい。

↓哮闞・虓闞

【囏】23 4456 ［艱］17 4753 カン くるしい

篆文 

籀文 

形声 声符は𦰩かん。𦰩は飢饉。その苦しみをいう。〔説文〕十三下に艱の籀文ちゅうぶんとして囏を録している。〔周礼、地官、郷師〕に「歳時を以て國及び野を巡りて、萬民の囏阨を賙たす」、〔周礼、地官、遺人〕に「以て民の囏阨を恤すくふ」と、〔周礼〕には囏の字を用いる。くるしみ、なやみ。

訓義 ①ききんのくるしみ。②くるしみ、なやみ。

＊語彙は艱字条参照。

↑囏窶かんく 貧しい／囏難かんなん 苦しみ

【鬟】23 7273 カン(クヮン) みずら わげ

篆文 

形声 声符は睘かん。睘は玉環。まるくわげた髪をいう。〔説文新附〕九上に「髪を總むすぶなり」とあり、わげにして巻くことをいう。結びあげたものを髻けいという。

訓義 ①みずら、わげ。②その髪型の女、はしため。③遠山の稜線が似ている、山の形、色あいをたとえていう。

古訓 〔名義抄〕鬟 モトヽリ・ミヅラ

↓丫鬟・娃鬟・鴉鬟・雲鬟・縈鬟・花鬟・歌鬟・華鬟・蛾鬟・嬌鬟・暁鬟・傾鬟・髻鬟・香鬟・高鬟・山鬟・斜鬟・柔鬟・小鬟・垂鬟・翠鬟・青鬟・仙鬟・双鬟・黛鬟・桃鬟・螺鬟・両鬟・緑鬟

【囂】24 6666 カン(クヮン) さけぶ

篆文 

会意 㗊しゅう＋莧かん。〔説文〕三上に「呼ぶなり」とするが、ただ叫呼するだけの意ではない。㗊は多くの祝告の器を列する意。莧は眉飾を施した巫女。多くの祝詞を並べ、巫女が祈りたてることをいう。㗊に従うものには、みな囂嚚ごうきょうの意がある。廟中に巫女が祈ることを寛(寬)という。

訓義 ①やかましくいのる、いのりたてる。②さけぶ、よぶ。

古訓 〔名義抄〕囂 ヨバフ 〔篇立〕囂 ヨバフ・サケブ・メス・ヨブ

【罐】24 8471 ［缶］6 8077 カン(クヮン) つるべ かん

篆文 

金文 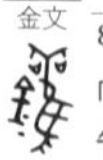

形声 声符は雚かん。〔説文新附〕五下に「器なり」とあり、つるべをいう。灌注の器で水器。〔集韻〕に「汲む器なり」とあり、つるべをいう。いま略して缶ふを用いるが、その字はほとぎ。声義ともに異なる。

訓義 ①つるべ。②かん。

古訓 〔名義抄〕罐 ツルベ・ホトキ 〔字鏡集〕罐 モタヒ・カメ・ツルベ・ホトキ

↑罐子かんす 水汲みのかめ

↓汽罐・鉄罐・瓶罐・薬罐

【贛】24 0748 カン コウ トウ(タウ) たまう

篆文 

籀文 

形声 声符は貢こう。もとは夅こうに従う字であった。〔説文〕六下に「賜ふなり」という。孔門の端木賜は字は子貢、賜と貢と対待の字。貢の初文は贛に作り、〔漢石経〕には子贛に作る。字はもと夅に従い、神霊の下降を意味し、それで賜与の義がある。字は古く陥(陷)かんの音でよまれたらしく、〔書、顧命〕の〔馬鄭王本〕に「爾なんぢ釗きう(康王の名)を以て、非幾に冒贛ばうかんせしむること無かれ」、〔馬融注〕に「贛は陷なり」とあって降陷の意とする。地名・人名にカンの音でよみ、おそらくその音が古いのであろう。

訓義 ①地名、人名。②たまう。③おろか。また戇とうに通じ、戇愚の意に用いる。

古訓 〔名義抄〕贛 オロカナリ

【贛石かんせき】 贛水十八灘をいう。〔読史方輿紀要、江西、贛州府贛県〕贛水～其の上流は、～石磧険阻、尤も十八灘に甚だし。孟浩然云ふ、贛石三百里 沿洄す千嶂の間と、是れなり。～贛石に二十四灘有り。會たまたま水暴漲すれば、高さ數丈。三百里の間巨石皆沒す。

【贛愚とう(たう)ぐ】 おろか。〔墨子、非儒下〕其の親死するときは尸しかばねを列して斂をさめず、屋に登り、井を窺ひ、鼠穴を挑ほじり、滌器できを探り、其の人を求む。以て實まことに在りと爲さば、則ち贛愚甚だし。

↓冒贛

【讙】25 0461 カン(クヮン) かまびすしい よろこぶ

篆文 

形声 声符は雚かん。雚は農耕儀礼として鳥占とりうらを行う意であろう。〔説文〕三上に「譁かまびすしきなり」とあって讙譁の意とするが、もと喧しく祈禱する意であろう。聒字条十二上に「驩語なり」とあり、驩も同義。字はまた喧・諠に作る。

訓義 ①かまびすしい、やかましい、さわぐ、いいあらそう。②よろこぶ。③せめる、よぶ。

古訓 〔新撰字鏡〕讙 弥太(利)己止(みだりごと)〔名義抄〕讙 カマビスシ・サハガシ・ワスル・ミル 〔字鏡集〕讙 カマヒスシ・サハク・サヘツル・ワスル・ミル・ユヅル

語系 讙・懽・驩 xuan は同声。また喧・諠 xiuan、譁 xoa も声義が近い。もと擬声的な語であろう。

【讙説かん(くわん)えつ】 喜ぶ。〔漢書、疏広伝〕宣帝、太子の宮に幸す。～觴を奉り壽を上たてまつるに、辭禮閑雅なり。上、甚だ讙說す。

【讙譁かんか(くわんくわ)】 やかましくさわぐ。〔墨子、号令〕諸〻の衆彊を以て弱少を淩ぎ、及び人の婦女を彊奸し、以て讙譁する者は皆斷ず。

【讙言かん(くわん)げん】 やかましく騒ぎたてていう。〔漢書、霍光伝〕又民間の讙言を聞くに、霍氏、許皇后を毒殺せりと。寧すなはち是れ有るか。

【讙呼かん(くわん)こ】 叫びさわぐ。〔後漢書、劉盆子伝〕長安城に入る。更始來たり降る。盆子、長樂宮に居り、諸將日に會して功を論じ、爭言讙呼し、劍を抜き柱を擊つ。

【讙敖かんごう(くわんがう)】 やかましい。〔荀子、彊国〕百姓讙敖なれば、則ち從ひて之れを執縛し、之れを刑灼す。

【讙囂かんごう(くわんがう)】 やかましくさわぎたてる。〔墨子、号令〕讙囂して衆を駴おどかす者は、其の罪、殺す。

【讙呶かん(くわん)ど】 さわがしくよぶ。唐・韓愈〔秋雨聯句〕詩 讙呶、一聲を尋ね 灌注、群籟ぐんらい咽むせぶ

【讙奮かん(くわん)ふん】 よろこび奮い立つ。〔唐書、李晟伝〕年十八、往きて～吐蕃を擊つ。悍酋、城に乘じて士を殺傷すること甚だ衆おほし。～晟、一矢を挾みて之れを殪たふす。三軍、讙奮す。

【讙愉かん(くわん)ゆ】 心に楽しむ。唐・韓愈〔荊潭唱和詩の序〕讙愉の辭は工なり難く、窮苦の言は好なり易し。是の故に文章の作は、恆つねに羈旅草野に發す。

↑讙声かんせい やかましい声／讙然かんぜん 喜ぶ／讙譟かんそう さわぐ

↓蛙讙・叫讙・呼讙・虓讙・衆讙・笑讙・譟讙

【貛】25 2421 カン(クヮン) まみ

篆文

形声 声符は雚かん。〔説文〕九下に「野豕なり」とあり、まみ、まみだぬき、あなぐまをいう。また〔爾雅、釈獣〕に「狼、牡貛、牝狼」とあり、牡の狼をいう。

訓義 1まみ、まみだぬき。2おすの狼。3字はまた狟に作る。

【貛炙】かんしや まみの焼肉。〔呂覧、本味〕肉の美なる者は、猩猩の脣、貛貛の炙なり。

↑貛児かんじ まみ

↓穴貛・牡貛・貍貛

【鑵】 26 8411 〔罐〕 24 8471 カン（クヮン） つるべ かん

篆文

金文

形声 声符は雚かん。〔集韻〕に「罐は汲む器なり。或いは金に従ふ」とあって罐（缶）の異文。もと、つるべの意。缶は土器。金属製となって鑵を用いる。いま罐の字を略して缶を用いるが、缶ふはほとぎ。別の字である。〔集韻〕に「亦た櫬に作る」とあるが、櫬は棺、棺の音と通用したのであろう。

訓義 1つるべ。2かん。

古訓 〔篇立〕鑵 クサリ・カナヘ・クロタ

↓金鑵・湶鑵・鉄鑵・缾鑵・涼鑵

【驩】 28 7431 カン（クヮン） よろこぶ

篆文

形声 声符は雚かん。雚に歡（歓）・懽・讙など、よろこびさわぐ意がある。〔説文〕十上に「馬の名なり」とするが、〔孟子、尽心上〕に「霸者の民は、驩虞如くわんぐじよたり」のように、歓娯の意に用いる。

訓義 1よろこぶ、やわらぎたのしむ。2馬の名。

古訓 〔名義抄〕驩 ヨロコブ・ヨロコビ

語系 驩・歡（歓）・懽・讙 xuan は同声。雚の声義を承け、歓び娯しむ意がある。

＊語彙は歓・懽・讙字条参照。

【驩愛】かんあい よろこび愛する。〔漢書、鼂錯伝〕幼にしては則ち同ともに游び、長じては則ち事を共にし、～驩愛の心、以て相ひ死するに足る。

【驩喜】かんき よろこぶ。〔漢書、匈奴伝下〕單于ぜんう自ら言ふ、願はくは漢氏に婿と為り、以て自ら親しまんと。元帝、後宮良家の子王嬙わうしやう、字あざなは昭君を以て、單于に賜ふ。單于驩喜す。

【驩欣】かんきん よろこび愛する。驩愛。〔管子、小匡〕少わかくして相ひ居り、長じて相ひ游ぶ。～居處相ひ樂しみ、行作相ひ和す。～是の故に～驩欣以て相ひ死するに足る。

【驩虞】かんぐ よろこびたのしむ。〔孟子、尽心上〕霸者の民は、驩虞如くわんぐじよたり。王者の民は皞皞如かうかうじよたり。～民、日に善に遷りて、而も之れを為せしむる者を知らず。

【驩洽】かんこう よろこびとけあう。〔漢書、文帝紀〕郡國に令して來獻すること無からしめ、惠を天下に施す。諸侯四夷、遠近驩洽す。

【驩楽】かんらく 歓楽する。〔新書、属遠〕古は天子の地、方千里、之れに中して都と為す。～輸將する者、其の勞に苦しまず、繇使えうしする者、其の費を傷やぶらず。故に遠方の人、其の居に安んじ、士民皆其の土を驩樂する有り。此れ天下の能く長久する所以ゆゑんなり。

↑驩説かんえつ よろこぶ／驩焉かんえん よろこぶさま／驩館かんかん 妾宅／驩迎かんげい 歓迎／驩合かんごう 驩洽／驩心かんしん よろこばせる／驩然かんぜん 驩焉／驩附かんぷ よろこび従う／驩愉かんゆ 喜楽する

↓欣驩・交驩・至驩・親驩・悲驩

ガン

【鸛】 29 4722 カン（クヮン） こうのとり

形声 声符は雚かん。雚はおそらく鸛の初文。毛角のある鳥の象形。卜辞に「雚藉」のように農耕儀礼や祭儀に雚というものがあり、鳥占とりうらによってその応答を観ることが行われたのであろう。〔爾雅、釈鳥〕に「鸛の如くにして短尾。之れを射れば矢を銜くはへて人を射る」という返し矢の話を載せており、神秘的な鳥とされていたのであろう。

訓義 1こうのとり。2〔集韻〕に〔説文〕を引いて、「小爵（雀）なり」という。3かささぎ。

古訓 〔和名抄〕鸛 於保止利（おほとり）〔名義抄〕鸛 オホトリ

【鸛石】かんせき こうのとりが水を塞せく石。〔埤雅、釈鳥〕鸛、巨石に遇ふ毎ごとに、其の下に蛇有るを知る。即ち石前に於て、術士の禹歩するが如くせば、其の石防然ろくぜんとして轉ず。又其の巣の一傍に泥して池と為し、石を以て水を宿す。今人之れを鸛石と謂ふ。

【鸛鳴】かんめい こうのとりが鳴く。〔詩、豳風、東山〕我れ東山に徂ゆき（出征）しより 慆慆たうたうとして歸らず 我東より來たれば 零雨れい其れ濛たり 鸛は垤てつに鳴き 婦は室に歎く

↑鸛鵝かんが 軍陣の名／鸛鶂かんげき 水鳥の名／鸛鵠かんこく 水鳥／鸛雀かんじやく こうのとり／鸛鵲かんじやく かささぎ／鸛陣かんじん 鸛鵝

常 【丸】 3 4001 ガン（グヮン） たま まるい

篆文

甲骨文

象形 弓弦にまるい弾をあてている形。これを弾いてうつので弾丸という。〔説文〕九下に「圜なり。傾側けいそくして轉ずる者。反仄に従ふ」とし、字を仄の反文とするが、その形ではない。卜文に象形の字があり、弦上に○を加えている。〔左伝、宣二年〕に、晋の霊公が台上より外を通行する人を弾ち、その丸を避けるさまを見て楽しんだことがみえる。すべてまるく小さなものをいい、薬にも丸薬がある。

訓義 1たま、はじきだま。2まるい、まろぶ。3形の完結したもの、もっぱら、全体。4丸形のもの。卵・墨・餅・薬などに用いる。

古訓 〔名義抄〕丸 マトナリ・マロカス・マドカニ〔字鏡集〕丸 マトナリ・マロカス・マドカニ・マロナリ・トル

部首 〔説文〕〔玉篇〕にこの部に檛い以下三字を属し、檛九下には「鷙鳥食し已をはつて、其の皮毛を吐くこと丸の如し」という。他は声義も明らかでないような字である。

声系 〔説文〕に丸声として芄・骫・紈など五字を録する。骫は〔楚辞、九思、憫上〕に「骫靡ゐび」という語があり、面柔というほどの意である。

語系 丸huan、圜hiuan、圓（円）・員hiuan はみな声義が近い。圜は環玉の圜に従い、圓は円鼎の員に従う。

【丸丸】がんがん まっすぐ。挺直のさま。〔詩、商頌、殷武〕彼の景山に陟のぼれば 松柏丸丸たり

【丸剣】がんけん 鈴と剣。古代の雑伎で、この二つを揮う技。唐・元稹〔西涼伎〕詩 前頭百戲、撩亂れうらんを競ふ 丸劍跳躑して、霜雪浮ぶ

【丸縎】がんそう 弾丸と、いぐるみ。〔新序、雑事二〕鴻鵠は河海の中を保つ。厭して之れを小澤に移徙せんと欲せば、則ち必ず丸縎の憂ひ有らん。

【丸薬】がんやく 丸い粒状の薬。〔史記、倉公伝〕即ち更に丸藥を服せしむ。出入六日、病已いえたり。

【丸蘭】がんらん 盛んに茂る。〔太玄経、密〕陽氣天に親しみ、萬物丸蘭し、咸みな密にして無間なり。

↑丸髻がんけい みずら／丸剤がんざい 丸薬／丸散がんさん 薬剤／丸挺がんてい うち叩く／丸丹がんたん 丹薬／丸泥がんでい 土塊／丸転がんてん 転がる／丸封がんふう 封泥／丸墨がんぼく まる墨／丸熊がんゆう 熊の胃

↓一丸・薤丸・珠丸・銃丸・摂丸・弾丸・擲丸・吐丸・土丸・銅丸・佩丸・発丸・飛丸・墨丸・蜜丸・薬丸・弄丸

【刓】 6 1220 ガン(グヮン) きる けずる

篆文 

形声 声符は元。〔説文〕四下に「剸るなり」、また剸字条九上に「截るなり」とあり、その本字は斷(断)と首とに従う。刓も元は元首、首を截ることをいう字であろう。削るようにして取ることをいい、〔楚辞、九章、懐沙〕に「方を刓つて以て圜と爲す」とみえる。磨滅した碑文を刓碣という。まるく窪むような削りかたをいう。

訓義 ①きる、きりそろえる。②けずる、ほる、すりへる。

古訓 〔名義抄〕刓 ツフル・キル・タツ・ツヅ・ツヒタリ 〔字鏡集〕刓 カキル・ツフ・キル・タツ・ケツル・ツヒタリ

【刓印】 がんいん(ぐわん) 角のすりへった印。晉・左思〔魏都の賦〕朝に刓印無く、國に費留無し。

【刓困】 がんこん(ぐわん) 欠乏する。〔唐書、藩鎮、王承宗伝〕方に江淮に水潦あり、財力刓困す。

【刓脱】 がんだつ(ぐわん) ごまかす。〔唐書、関播伝〕諸司の甲庫、令史の直曹なるを以て、刓脱して姦を爲す。播、悉く易ふるに士人を以てす。

【刓敝】 がんへい(ぐわん) 印がすりへる。〔史記、淮陰侯伝〕項王、~印、刓敝するも、忍んで予ふること能はず。

↑刓隠 ぼける／刓欠 すりへる／刓碣 磨滅した碑／刓刻 ほる／刓削 けずる／刓弛 衰えゆるむ／刓琢 みがく／刓団 角をとる／刓断 すりへる／刓剔 けずる／刓蠹 弊害／刓鈍 磨損する／刓繆 乱れる／刓弊 すりへっていたむ／刓泐 磨損する

↓印刓・鑽刓・半刓・磨刓

常 **【含】** 7 8060 ガン ふくみだま ふくむ

篆文 

会意 今+口。今は、酒器を盦、飲(飲)の初文を歙とするように、器の栓のある蓋の形。口は甲骨・金文の字では、一般に祝告を収める器の形の𠙵であるが、含は含玉の意であるから、今を口に加えて、死気を遮閉する意とみてよい。〔説文〕二上に「嗛むなり」とあり、琀の初文。その復活を願う意を以て、蟬形の玉器を用いる。含玉の意より、のちすべて内に含む意に用いる。

訓義 ①ふくみだま、琀。②ふくむ、うちにふくむ、つつむ、いだく、おもう、おさめる。

古訓 〔名義抄〕含 フクム・ク丶ム・フ丶ム・シノフ・ツボム

声系 〔説文〕に含声とするものは琀一字。含・琀はもと同字である。文献に唅を用いるのは俗字。

語系 含・琀ham、銜heam、また圅・涵ham、嗛heamはみな声義に通ずるところがあり、一系の語。坎kham、陷(陥)heamも同系とみてよい。

【含哀】 がんあい 哀しみの情を抱く。魏・嵇康〔阮徳如に与ふ〕詩 哀を含んで舊廬に還る 感切、心肝を傷ましむ

【含飴】 がんい 飴をなめる。孫の相手をする。〔東観漢記、明徳馬皇后伝〕吾が性剛急、胸中の氣有り。愼まざるべからず。~吾れ但だ當に飴を含んで孫を弄せんのみ。復た政事を知ること能はず。

【含一】 がんいつ 君臣ともに純一の徳をもつ。魏・阮籍〔奏記、蔣公に詣る〕明公、含一の徳を以て、上台の位に據る。群英首を翹げ、俊賢足を抗ぐ。

【含雨】 がんう 雨にぬれる。梁・簡文帝〔新亭に侍遊す、応令〕詩 柳葉、風を帶びて轉じ 桃花、雨を含んで開く

【含英】 がんえい 美しいものを内にもつ。〔文選、古詩十九首、八〕傷む、彼の蕙蘭の花の 英を含んで光輝を揚ぐるを

【含玉】 がんぎょく 死者の口中に含ませる玉。〔周礼、春官、典瑞〕大喪には、飯玉・含玉・贈玉を共す。

【含薫】 がんくん 香を内にもつ。晉・陶潜〔飲酒、二十首、十七〕詩 幽蘭、前庭に生じ 薫を含んで清風を待つ 清風、脱然として至らば 蕭艾の中に別たる

【含血】 がんけつ 血気あるもの。〔史記、律書〕含血戴角の獸よりして、犯さるれば則ち校ふ。而るを況んや人の、好惡喜怒の氣を懷くに於てをや。

【含胡】 がんこ ことばが明瞭でない。口ごもり。〔唐書、忠義中、顔杲卿伝〕(安禄山)其の舌を鉤斷して曰く、復た能く罵るや否やと。杲卿、含胡して絕す。

【含弘】 がんこう 心が広大であること。魏・嵇康〔幽憤詩〕大人は含弘にして 垢を藏し、恥を懷む

【含垢】 がんこう 辱めを忍ぶ。〔左伝、宣十五年〕川澤、汙を納れ、山藪、疾を藏す。瑾瑜、瑕を匿くし、國君垢を含むは、天の道なり。

【含秀】 がんしゅう(しう) 芽をふくむ。〔抱朴子、守塉〕先生の此に宅るや、~陸に含秀の苗無く、水に吐穗の株無きも、~坦然として去就の謨無し。

【含羞】 がんしゅう(しう) はじらう。はにかむ。漢・班婕妤〔擣素の賦〕弱態含羞し、妖風靡麗なり。

【含愁】 がんしゅう(しう) 心に愁いをもつ。唐・沈佺期〔古意~〕詩 誰か謂ふ愁ひを含む獨不見(楽府曲、会いえぬ嘆きを歌う)更に明月をして流黃(黒ずんだ黄のとばり)を照らさしむ

【含春】 がんしゅん 春色となる。唐・杜甫〔西閣を離れず〕詩 江柳、時に非ずして發し 江花、冷色頻りなり 地偏にして、應に瘴有るなるべし 臘近くして、已に春を含む

【含情】 がんじょう(じやう) 風情のあるさま。唐・王昌齢〔西宮秋怨〕詩 卻つて恨む、情を含んで秋扇を掩ふを 空しく明月を懸けて君王を待つ

【含襚】 がんすい 含玉と死者に贈る衣襟。〔礼記、雑記下〕諸侯、人をして弔せしむ。其の次は含・襚・賵・臨なり。皆同日にして事を畢はる者なり。

【含態】 がんたい しなをつける。ようすをする。唐・盧照鄰〔長安古意〕詩 鴉黃粉白、車中より出づ 嬌を含み態を含んで、情一に非ず

【含蓄】 がんちく 言外の深い意味。宋・韓琦〔胡九齢員外の画牛を観る〕詩 採摭す、諸家の百餘狀 毫端の古意、含蓄多し

【含徳】 がんとく 徳を内にもつ。〔老子、五十五〕含徳の厚き、赤子に比す。毒蟲も螫さず、猛獸も據らず、攫鳥も摶たず。

【含筆】 がんぴつ 文想をねる。〔文心雕竜、神思〕人の才を稟くるは、遲速分を異にす。~相如は筆を含んで毫を腐らせ、揚雄は翰を輟めて夢に驚く。

【含餔】 がんぽ 口移しに食わせる。〔説苑、復恩〕趙の宣孟、~翳桑下に臥餓の人有り、動くこと能はざるを見る。宣孟車を止め、之れが爲に飧を下し、自ら含んで之れに餔す。

【含露】 がんろ 露をおびる。隋・煬帝〔四時白紵歌、東宮春〕楽府 露を含む桃花、開きて未だ飛ばず 風に臨んで楊柳、自ら依依たり

↑含握 睦みあう／含荑 芽ぐむ／含怨 心に怨みをもつ／含冤 冤罪をうける／含懐 心に思う／含蕚 つぼみをもつ／含含 出穂／含気 生物／含義 含む意味／含嬌 しなを作る／含欣 心に欣ぶ／含糊 口ごもる／含詬 辱めをうける／含恨 心に恨む／含酸 悲しみをもつ／含歯 人間／含辞 いいかけ／含嚼 味わう／含珠 含玉／含笑 微笑む／含翠 翠さす／含吮 すう／含咀 含み食う／含苴 含咀／含楚 苦しみをうける／含胎 はらむ／含啼 なきかけ／含睇 流し目でみる／含吐 出入／含怒 心に怒る／含納 包容する／含葩 つぼみ／含貝 死者に含ませる／含美 内面の美／含顰 愁い顔／含覆 含む／含芬 香／含哺 含餔／含味 玩味／含霧 天霧る／含有

含む／含孕 はらむ／含養 涵養する／含涙 涙ぐむ／含霊 人間／含斂 納棺／含殮 含斂

↓阿含・意含・廻含・気含・吐含・内含・包含・容含

【忨】 7 9101 ガン(グヮン) むさぼる おしむ

篆文

形声 声符は元。〔説文〕十下に「貪るなり」、〔玉篇〕に「愛しむなり」とあり、楽しんで無為に過ごすことをいう。〔説文〕に〔左伝、昭元年〕「歳を忨り日を潡る」の文を引く。翫字条四上には引いて翫に作る。〔左伝〕の今本は翫に作る。忨・翫は通用の字。翫が字の原義に近く、忨はその形声である。

訓義 ①むさぼる、ぬすむ。②おしむ。

古訓 〔字鏡〕忨 ムサボル・ヲシム 〔字鏡集〕忨 ムサボル・ヲシム・マコト・アイス

語系 忨・翫・玩 nguan は同声。玩は玩弄。魂振りとしてもつ玉器。翫は習(習)に従い、習は曰(祝禱を収めた器)を羽で摺って、その呪能を刺激する意で、それより翫褻の意となった。忨はそのような心情をいう形声の字である。

【忨潡】 いたずらに時をすごす。〔国語、晋語八〕趙孟、将に死せんとす。～今、日を忨び歳を潡る。怠偸すること甚だし。死の之れに逮ぶに非ずんば、必ず大咎有らん。

↑忨愒 忨潡／忨日 怠け過ごす／忨愓 貪る

【抏】 7 5101 ガン(グヮン) くじく

形声 声符は元。元に园ずる、翫ぶ意がある。〔史記〕〔漢書〕に「抏敝」という語があり、消耗疲弊することをいう。

訓義 ①くじく。②へらす、へる、けずる。③もてあそぶ。

古訓 〔名義抄〕抏 ツブル・ツクス 〔篇立〕抏 ツブル・マツ

【抏弊】 疲弊衰困する。〔史記、平準書〕中外騒擾して相ひ奉じ、百姓抏弊して、以て法を巧みにす。財賂衰耗して贍らず。

↑抏弊 抏弊

↓案抏・遊抏

常 【岩】 8 2260 ［嵒］ 12 6077 ガン いわ

篆文

象形 正字は嵒。山上に岩石の累々たる形。〔説文〕九下に「嵒は山巖なり」とあり「讀みて吟の若くす」という。字はまた巖(巌)の省文として用いる。

訓義 ①いわ。②けわしい、そびえる、みね。

古訓 〔名義抄〕岩 イハホ 〔字鏡〕岩 サカシ・イシ・イハホ・ヲツ

語系 岩(嵒)・巖 ngeam は同声。岸 ngan、垠 ngiən も声義近く同系の語。山岸のところに岩、巌の露出することが多い。

＊語彙は巌字条参照。

↓怪岩・奇岩・巨岩・砂岩

常 【岸】 8 2224 ガン きし がけ

篆文

形声 声符は厈。〔説文〕九下に「水厓にして高き者なり」とし、干声とする。金文に厈の字があり、おそらく岸の初文であろう。厂は傾斜面、干にはとりの意がある。〔詩、小雅、小宛〕に「宜た岸し、宜た獄す」とあり、〔韓詩〕に岸を犴に作る。犴・獄は獄訟、ともに犬牲を伴う字で、犬牲を以て祓う意。岸はその通用義として用いる。人に移して傲岸・魁岸のようにいう。

訓義 ①きし、がけ、山涯、きわだつ地形のところ、たかい。②人に移して、かどかどしい、おごる。また、ひたい。③犴と通じ、うったえ、ひとや。

古訓 〔名義抄〕岸 キシ・タカシ・カギリ・ナギサ・ウタヘ・カタフク・シナ〳〵

声系 〔説文〕馬部に岸声の字を収める。声系としては、干声の字と声義の通ずるものが多い。

語系 岸 ngan、干 kan は声義近く、嵒・巖 ngeam、垠 ngiən も声義に通ずるところのある字である。

【岸曲】 入りこんだ岸。唐・李白〔月夜江行、崔員外宗之に寄す〕詩 岸曲りて、後浦に迷ひ 沙明らかにして、前洲を瞰る

【岸巾】 頭巾をぬぎ、前額をあらわす。〔大唐新語、二〕(人)上書して(武三思の)事を告ぐ。～中宗愈と怒り、衣履を整ふるに及ばず、岸巾して側門を出づ。

【岸獄】 牢獄。〔詩、小雅、小宛〕哀しし、我れ塡寡(貧窮)にして 宜た岸し宜た獄す

【岸幘】 岸巾。〔晋書、謝奕伝〕(桓)溫辟して安西司馬と爲す。猶ほ布衣の好を推し、溫の坐に在りて岸幘笑詠すること、常日に異なること無し。

【岸峭】 岸がけわしく高い。〔宋書、胡藩伝〕江津岸峭、壁立すること數丈、～藩、～刀頭を以て岸を穿ち、劣かに脚指を容る。～既に岸に登るを得て、殊死して戰ふ。

【岸上】 岸頭。唐・杜甫〔劉郎浦を発す〕詩 舟中、日として沙塵ならざる無し 岸上の空村、盡く豺虎

【岸勢】 岸のすがた、ありさま。唐・柳宗元〔小丘の西、小石潭に至る記〕其の岸勢、犬牙差互して、其の源を知るべからず。

【岸頭】 岸のほとり。唐・薛能〔蒲中、霽後晩望〕詩 河邊の霽色、人の見る無く 身、春風を帯びて岸頭に立つ

【岸風】 岸べを吹く風。唐・杜甫〔岳陽城下に泊す〕詩 岸風、夕浪を翻へし 舟雪、寒燈に灑ぐ

【岸辺】 岸べ。唐・羅鄴〔友人の越幕に入るを聞き、因りて詩を以て贈る〕詩 岸邊の叢雪、晴香老い 波上の長虹、晩影遙かなり

↑岸異 不凡／岸岸 きわだつさま／岸傑 大柄／岸限 限界／岸谷 岸と谷／岸忽 傲慢／岸垂 岸べ／岸前 岸べ／岸然 厳粛なさま／岸側 岸べ／岸荻 岸のおぎ／岸畔 岸べ

↓異岸・偉岸・沿岸・遠岸・河岸・廻岸・海岸・魁岸・崖岸・涯岸・隔岸・危岸・奇岸・碕岸・宜岸・夾岸・曲岸・近岸・空岸・渓岸・湖岸・護岸・江岸・阬岸・高岸・傲岸・沙岸・山岸・残岸・斬岸・此岸・州岸・峭岸・上岸・深岸・水岸・垂岸・青岸・接岸・側岸・対岸・頽岸・潭岸・断岸・長岸・墜岸・汀岸・登岸・坡岸・半岸・阪岸・畔岸・攀岸・楓岸・壁岸・擁岸・柳岸・稜岸・臨岸

常 【玩】 8 1111 ［貦］ 11 6181 ガン(グヮン) もてあそぶ

篆文

形声 声符は元。重文の字は貦に作り、貝に従う。〔説文〕一上に「弄ぶなり」、弄字条三上に「玩ぶなり」とあって互訓。〔詩、小雅、斯干〕は新室の祝頌詩で、男子が生まれると玉璋、女子には瓦器を弄せしめるという。玉・貝・土器は魂振りの呪器として、新生の子に持たせた。これを玩弄という。膚身はなさず持つものであるから、のち翫褻の意となる。

訓義 ①もてあそぶ。②なれる、あなどる、けがす。③忨と通じ、むさぼる。

古訓 〔字鏡集〕玩 フケル・モテアソブ・ナル・アナツル・ナラフ・メデタシ・ナツク

語系 玩・翫・忨 nguan は声義近く、玩・翫は魂振りとしての玩弄、のち翫褻の意となり、むさぼる意の忨の義を生じた。

【玩愛】 もてあそびたのしむ。玩賞。宋・沈遼〔磻翁に竜尾硯を贈る〕詩 瑩潤、與に比する無し 玩愛、何ぞ論ずべけん

【玩詠】 玩味し諷詠する。〔三国志、魏、嵆康伝注に

引く魏氏春秋〕康の著はす所の諸文論六七萬言、皆世の玩詠する所と爲る。

【玩繹】玩味し探求する。宋・葉適〔二劉文集の後に題す〕幸ひに其の猶ほ存する者有り。豈に之れが爲に之れを勤重玩繹せざるべけん歟。

【玩巧】巧詐を弄する。〔史記、太史公自序〕維れ幣の行はれ、以て農商を通じてより、其の極は則ち玩巧、并兼茲殖、機利を争ひ、本を去り末に趨る。平準書を作りて、以て事變を觀る。

【玩好】好みのもの。〔顔氏家訓、教子〕(斉の武成帝の子、琅邪王)年十許歳、驕恣無節にして、器服玩好、必ず乘輿(天子の車馬)に擬す。

【玩索】玩味し探求する。〔中庸章句、一〕子程子曰く、~此の篇は乃ち孔門傳授の心法なり。~其の味窮まりて無く、皆實學なり。善く讀む者、玩索して得る有らば、則ち終身之れを用ふるも、盡すこと能はざる者有らん。

【玩辞】言葉を玩味する。〔易、繫辞伝上〕君子居るときは則ち其の象を觀て其の辭を玩び、動くときは則ち其の變を觀て其の占を玩ぶ。

【玩習】よく習う。〔三国志、魏、三少帝、高貴郷公髦紀〕今より以後、群臣皆當に古義を玩習し、經典を脩明し、朕が意に稱ふべし。

【玩賞】觀賞する。〔夷堅志補、十九、猪嗜道人〕洛陽の李巘、嘗て暮春を以て名園に遊び、牡丹を玩賞す。偕侶相ひ攜へて花徑を穿つ。

【玩人】人をもてあそぶ。〔書、旅獒〕人を玩べば徳を喪ひ、物を玩べば志を喪ふ。

【玩世】世俗のことを軽視する。〔漢書、東方朔伝賛〕飽食安歩、仕を以て農に易ふ。隱に依り世を玩び、時に詭ひて逢はず。

【玩聴】たのしんできく。〔漢書、車千秋伝〕乃ち御史・中二千石と共に~上に勸む、恩恵を施し、刑罰を緩くし、音樂を玩聽し、志を養ひ神を和し、天下の爲に自ら虞樂せよと。

【玩読】味読。〔三国志、呉、孫策伝注に引く呉録〕高岱といふ者有り。~其の左傳を善くすと聞き、乃ち自ら玩讀し、與に論講せんと欲す。

【玩物】無用の物をもてあそぶ。清・黄宗羲〔七怪〕昔の學者は道を學ぶ者なり。今の學者は罵を學ぶ者なり。氣節を矜る者は則ち罵りて標榜と爲し、經世を志す者は則ち罵りて功利と爲し、讀書作文する者は則ち罵りて玩物喪志と爲す。

【玩兵】軽々しく兵力を用いる。〔説苑、指武〕夫れ兵は玩ぶべからず。玩べば則ち威無し。兵は廢すべからず。廢せば則ち寇を召かん。

【玩味】詩文などをよく味わう。宋・蘇軾〔王公峡中詩の刻後に書す〕先の太尉、峽中石刻諸詩を出だす。反復玩味するに、則ち赤甲・白鹽・灩澦・黃牛の狀、凜然として人の目中に在り。

【玩弄】常にもてあそぶ。〔論衡、案書〕劉子政(向)、左氏を玩弄す。童僕妻子も、皆之れを呻吟す。

↑玩意 玩味/玩愒 もてあそびおろそかにする/玩戯 戯れる/玩偶 人形/玩月 月見/玩悞 あやまち/玩狎 もてあそびなれる/玩忽 もてあそびおろそかにする/玩色 好色/玩飾 飾りもの/玩惜 愛惜する/玩褻 もてあそびけがす/玩耽 熱中する/玩黷 もてあそびけがす/玩侮 侮る/玩諷 玩詠/玩服 愛用する/玩法 法をもてあそぶ
↓愛玩・悦玩・雅玩・奇玩・戯玩・欣玩・吟玩・娯玩・好玩・狎玩・嗜玩・自玩・笑玩・誦玩・賞玩・尋玩・清玩・精玩・静玩・窃玩・素玩・耽玩・嘲玩・珍玩・把玩・披玩・秘玩・服玩・覆玩・目玩・楽玩・臨玩・弄玩

【紈】 9 2491

篆文 

ガン(グヮン) しろぎぬ むすぶ

形声 声符は丸。〔説文〕十三上に「素なり」とあり、白絹をいう。〔釈名、釈采帛〕に「煥なり。細澤にして光有ること、煥煥然たるなり」とあり、上質の絹である。〔玉篇〕に「累ぬるなり、結ぶなり」という。字形からみて、その義もあったのであろう。
訓義 ①しろぎぬ。②むすぶ、かさなる。
古訓 〔名義抄〕紈 ムスブ・カサヌ・シラキヌ・マリ、カナリ・ウスイキヌ 〔字鏡集〕紈 ウスイキヌ・カサナル・ムスブ・シロイト・シラキヌ・マリ、カナリ・カトリ・カサヌ
【紈綺】しろぎぬと、あやぎぬ。上等の衣服。晉・潘岳〔秋興の賦〕散騎の省に寓直す。高閣連雲、陽景も曜り罕なり。蟬冕を珥みて、紈綺を襲るの士、此れ焉に游處す。
【紈袴】貴族の子弟。若さまたち。〔漢書、叙伝上〕出でて王(鳳)・許(商)の子弟と群を爲す。綺襦紈袴の閒に在るは、其の好に非ざるなり。
【紈縠】白い細絹。うすもの。〔唐書、諸帝公主、太平公主伝〕天下の珍滋譎怪、家に充つ。供帳聲伎、天子と等し。侍兒の紈縠を曳く者數百、奴伯媼監千人なり。
【紈質】白絹のような肌。南朝宋・鮑照〔蕪城の賦〕東都の妙姫、南國の麗人、蕙心紈質、玉貌絳脣なるも、魂を幽石に埋め、骨を窮塵に委すてざるは莫し。
【紈繡】白絹のぬいとりのある服。〔晋書、石崇伝〕財産豐積、室宇宏麗なり。後房百數、皆紈繡を曳き、金翠を珥む。
【紈扇】白いねり絹のうちわ。梁・江淹〔雑体詩、三十首、班婕妤の詠扇〕紈扇、團月の如し 機中の素より出づ
【紈素】白いねり絹。漢・班婕妤〔怨歌行〕楽府 新たに齊の紈素を裂く 鮮潔、霜雪の如し
↑紈牛 小牛/紈巾 しろぎぬの頭巾/紈縑 かとり/紈袖 しろぎぬの袖/紈絺 しろぎぬと葛布/紈羅 薄絹
↓阿紈・衣紈・綺紈・軽紈・縑紈・裁紈・珠紈・綃紈・斉紈・繊紈・素紈・霜紈・繒紈・白紈・薄紈・氷紈・羅紈・裂紈

常 【眼】 11 6703

篆文 

ガン ゲン まなこ め みる

形声 声符は艮。〔説文〕四上に「目なり」とあり、目は象形。眼は限字の従うところの艮と同じく、艮は呪眼を掲げて聖所に立ち入ることを禁ずる形であるから、眼とは呪眼をいう。
訓義 ①まなこ、め、みる、視力のあるところ。②かなめ。
古訓 〔和名抄〕眼 万奈古(まなこ) 〔篇立〕眼 ナガメス・マナカ 〔字鏡集〕眼 マナコ・メ
【眼暈】目くらむ。唐・姚合〔閒居〕詩 頭風、春飲苦しく 眼暈、夜書に多し
【眼花】目がかすむ。唐・杜甫〔飲中八仙歌〕詩 (賀)知章が馬に騎るは、船に乗るに似たり 眼花し井に落つるも、水底に眠らん
【眼界】見渡す限り。唐・唐彦謙〔清涼寺に遊ぶ〕詩 一塵到らず、心源淨く 萬有俱に空しく、眼界淸し
【眼学】直接見て学ぶ。〔顔氏家訓、勉学〕談説製文、古昔を援引するに、必ず眼學を須ちひよ。耳受(耳学問)を信ずること勿かれ。
【眼看】目前に。唐・王績〔酒家を過ぎる〕詩 眼看人の盡く醉ふ 何ぞ忍んで獨り醒むることを爲さん
【眼鏡】めがね。〔陔余叢考、三十三、眼鏡〕古未だ眼

鏡有らず。有明に至りて始めて之れ有り。本も西域より來る。～形色絶だ雲母石に似て、質甚だ薄く、金を以て相輪廓して之れに紐す。合すれば則ち一と爲り、岐れば則ち二となる。

【眼穿】みすえる。唐・韓愈〔酒中～〕詩 眼穿、長く訝る雙魚(音信)の斷ゆるを 耳熱するも、何ぞ辭せん數爵の頻りなるを

【眼前】目前。唐・呉融〔廃宅〕詩 獨り淒涼、眼前の事のみならず 咸陽の一火、便ち原を成す

【眼中】目のうち。いつも心に思う。唐・杜甫〔短歌行、王郎司直に贈る〕詩 青眼高歌して、吾子を望む 眼中の人、吾老いたり

【眼底】眼のそこ。眼中。宋・陳与義〔春日、二首、一〕詩 朝來、庭樹、鳴禽有り 紅綠、春を扶けて、遠林に上る 忽ち好詩の眼底に生ずる有り 句法を安排せんとして、已に尋ね難し

【眼到】眼をそそいで視る。〔朱子語類、十〕余嘗て謂ふ、讀書に三到有り。心到・眼到・口到なり。心此に在らざれば、則ち眼子細を看ず。心眼既に專一ならざれば～決ず記すこと能はず。

【眼波】秋波。唐・杜牧〔宣州留贈〕詩 爲に報ず、眼波須らく穩當なるべし 五陵の遊宕、知聞すること莫し

【眼白】冷眼。また白い眼。〔南史、夷貊下、倭国伝〕又南に黑齒國・裸國有り。～又西南萬里に海人有り。身黑く眼白し。裸にして醜、其の肉美なり。行く者或いは射て之れを食ふ。

【眼福】目の幸。見る喜び。〔春在堂随筆、七〕(江西徐王祠中に)昌黎(韓愈)の碑有り。～余數十年訪求するも得ざりし者、今乃ち之れを得たり。眼福に非ずと云ふべからず。

【眼明】眼がよく見える。宋・陸游〔新たに小園を闢く〕詩 眼明らかに身健にして、殘年足る 飯軟かく茶甘くして、萬事忘る

【眼目】め。眼光。また、中心となる主要のところをいう。〔直斎書録解題、四〕去取すること甚だ嚴、以て前輩、讀書眼目の高きを見るべし。

【眼力】見る力。唐・姚合〔武功県中の作、三十首、三〕詩 簿書、眼力を銷し 杯酒、心神を耗す 早く歸休の計を作し 深居、此の身を養はん

↑眼衣 眼帯/眼翳 霞み目/眼下 目の前/眼窠 眼の穴/眼角 まなじり/眼瞎 目がひらいたまま視力がない/眼豁 眼界がひらける/眼闊 視界が広い/眼患 眼病/眼球 眼玉/眼眶 まぶた/眼見 見る/眼瞼 まぶた/眼語 めくばせ/眼孔 見識/眼光 見識/眼昏 眼くらみ/眼眥 まなじり/眼眵 目くそ/眼字 字眼/眼識 めきき/眼疾 眼病/眼珠 眼の玉/眼熟 熟知する/眼笑 情ある眼/眼睫 まつげ/眼水 涙/眼勢 眼色/眼睛 ひとみ/眼綫 探偵/眼蔵 眼光/眼電 眼光/眼瞥 目をかける/眼望 望む/眼眸 ひとみ/眼涙 涙/眼冷 冷眼

↓鬱眼・翳眼・開眼・蟹眼・活眼・豁眼・義眼・炬眼・魚眼・嬌眼・近眼・具眼・炯眼・慧眼・抉眼・検眼・高眼・刺眼・詩眼・字眼・慈眼・主眼・銃眼・書眼・心眼・塵眼・衰眼・酔眼・睡眼・正眼・青眼・醒眼・隻眼・双眼・蒼眼・象眼・俗眼・着眼・天眼・点眼・偸眼・独眼・肉眼・白眼・反眼・半眼・病眼・複眼・仏眼・碧眼・瞥眼・方眼・法眼・凡眼・満眼・両眼・緑眼・涙眼・冷眼・露眼・弄眼

【荅】 11 4460 ガン カン つぼみ

形声 声符は含。〔広韻〕に「萏、心を含んで秀かんと欲するなり」とあり、穂先の花が咲きかけることをいう。

訓義 ①つぼみ。②はなしべ。③はな。菡萏は、はすのはな。

↓小荅・新荅・晩荅

【嵒】 12 6077 ［岩］ 8 2260 ガン ギン ギュウ(ギフ) いわ けわしい

篆文 

象形 山上に累々たる岩石のある形。〔説文〕九下に「山巖なり」とし、吟の声でよむとするが、それは崟の音であろう。

訓義 ①いわ。②けわしい。③崟と通じ、みね。④地名のとき、ギュウとよむことがある。

古訓 〔字鏡〕嵒 ヲカ 〔字鏡集〕嵒 サカシ・イハヤ

＊語彙は岩・巖字条参照。

【嵒崿】きり立つ。梁・江淹〔雑体詩、三十首、謝臨川(霊運)〕嵒崿轉た奇秀 岑崟、還た相ひ蔽ふ

↑嵒嵒 高峻のさま/嵒齬 高低/嵒峻 嶮しい

↓嵌嵒・危嵒・桂嵒・岑嵒・翠嵒

入 【雁】 12 7121 ［鴈］ 15 7122 ガン かり

篆文 

形声 声符は厂。〔説文〕四上に「雁鳥なり。隹に從ひ、人に從ふ。厂聲」(段注本)とし、「讀みて鴈の若くす」という。字が人に従うものとすれば、それは人にあうときの礼物として、雁を贄とする俗を示すものかもしれない。〔左伝、荘二十四年〕「男の贄には、大なる者は玉帛、小なる者は禽鳥」とみえる。常時には贄として鵝雁(あひる)の類を用いたようである。

訓義 ①かり、かりがね。

古訓 〔字鏡〕鴈 チヒサキカリ・カリ/雁 ミサゴ

声系 〔説文〕に鴈を厂声とするが、雁の省声でその異文とみるべき字。また火部十上に「赝は火色なり。～讀みて鴈の若くす」とする字がある。

語系 雁・鴈ngean、鵝ngaiは声近く、〔爾雅、釈鳥、注〕に「野に鴈と曰ひ、家に鵝と曰ふ」、また〔方言、八〕に関の東では雁を駉鵝、南楚の外では鵝というとする。ともにその鳴き声をとる擬声語である。

参考 鴈は〔説文〕鳥部四上に「鵝なり」とあり、あひるの意とする。雁・鴈は声同じく、のち通用する字で、同字異文とみてよい。鵝には舒雁という。

【雁影】かりの飛ぶすがた。唐・駱賓王〔劉少府の越州に遊ぶを送る〕詩 露下りて、蟬聲絶え 寒來りて、雁影連なる

【雁戸】移動しながら異郷でくらす人。唐・劉禹錫〔洛中、崔司業の～唐州に赴くを送る〕詩 洛苑に、魚書(手紙)至り 江村に、雁戸歸る

【雁行】かりが並んで飛ぶ。また、斜めに並んで飛ぶ。〔詩、鄭風、大叔于田〕兩服(馬)は上襄(一歩前)し 兩驂(そえ馬)は雁行す

【雁翅】両辺に並ぶ。北周・庾信〔伏して遊獵を聞く〕詩 石關は魚貫(縦列)して上り 山梁は雁翅して行く

【雁歯】雁行と歯牙。少しずらして重ねる。北周・庾信〔温湯碑〕秦皇の餘石は、仍ほ雁齒の階を爲し、漢武の舊陶は、即ち魚鱗の瓦を用ふ。

【雁字】雁行を字になぞらえる。宋・黄庭堅〔虚飄飄〕詩 蜃樓百尺、滄海に横たはり 雁字一行、絳霄に書す

【雁書】書信。〔漢書、蘇武伝〕使者をして單于に謂はしめて言ふ。天子、上林中に射て雁を得たり。足に帛書を係くる有り。言ふ、武等某澤中に在りと。～單于、左右を視て驚きて、漢使に謝して曰ふ、武等實は在りと。

【雁陣】かりが列をなして飛ぶ。唐・王勃〔滕王閣の序〕漁舟、晩に唱へて、響は彭蠡の濱を窮め、雁陣、寒に驚いて、聲は衡陽の浦に斷ゆ。

【雁声】かりの声。清・王士禎〔樊圻画〕詩 蘆荻花無

く、秋水長し 滄雲微雨、瀟湘に似たり 雁聲搖落して、孤舟遠し 何れの處の青山か、是れ岳陽

【雁奴】夜、雁群の周辺を警戒するかり。金・元好問〔恵崇蘆雁、三首、二〕詩 雁奴辛苦して、寒更を候ふ 夢は破る、黄蘆、雪に打たるる聲

【雁帛】書信。元・柳貫〔舟中睡起〕詩 江驛、比來雁帛無し 水鄉、隨處に魚罾有り

【雁鶩】かりとあひる。梁・劉峻〔広絶交論〕雁鶩の稻粱を分ち、玉斝の餘瀝を霑す。

↑雁引 かりの列/雁鵝 かり/雁喙 おにばす/雁語 かりの声/雁鴻 かり/雁序 雁行/雁信 信書/雁使 たより/雁素 手紙/雁足 たより/雁兒 かり/雁書/雁柱 琴柱/雁奠 婚約/雁頭 かりのくちばし/雁堂 仏堂/雁櫝 物見の食事/雁泊 雁戸/雁幣 婚約

↓一雁・雲雁・遠雁・家雁・過雁・客雁・帰雁・魚雁・胡雁・候雁・鴻雁・残雁・贄雁・初雁・数雁・栖雁・赤雁・隻雁・聴雁・沈雁・庭雁・天雁・度雁・白雁・病雁・捕雁・眠雁・遊雁・落雁・旅雁・蘆雁

常【頑】 13 1128 ガン(グヮン) かたくな おろか

篆文

形声 声符は元。〔説文〕九上に「棞頭なり」とあり、棞六上は「梡木の未だ析かざるなり」、梡は「梱木、薪なり」とあり、節くれだった丸太をいう。元は頭の形を主とする字。析きようのない木のように、始末におえぬ人を頑固という。そのような人に頑健・頑強の人が多い。

訓義 1 かたくな、つよい。2 おろか、にぶい。3 むさぼる、よくがふかい、わるい。

古訓 〔名義抄〕頑 カタクナシ・カタクナ・カタクナナリ・ヲロカナリ・ミシフ(ニブシ)・スルコトナシ

【頑悪】かたくなで悪人。宋・岳飛〔新淦蕭寺の壁に題す〕詩 雄氣堂堂、斗牛を貫く 誓つて直節を將つて君讐に報いん 頑惡を斬除して、車駕を還さんことを 問はず登壇、萬戸の侯

【頑闇】頑固でおろか。漢・蔡邕〔巴郡太守謝表〕臣尚書邕、免冠頓首死罪、臣猥りに頑闇を以て、連りに盛時に値ふ。

【頑嚚】意地がわるい。〔書、堯典〕父は頑に、母は嚚に、象(舜の弟)は傲る。克く諧ふるに孝を以てし、烝烝として(孝徳厚く)、乂めて姦に格らしめず。

【頑軀】頑健なからだ。自己の謙称。宋・蘇軾〔宝山昼睡〕詩 七尺の頑軀、世塵に走く 十圍の便腹(太鼓腹)、天眞を貯ふ

【頑愚】かたくなでおろか。〔後漢書、律暦志下〕王徳の衰ふに及んでや、無道の君、之れを上に亂し、頑愚の史、之れを下に失ふ。

【頑空】外見堅固、中味はなし。〔鶴林玉露、乙六、無思無為〕蓋し頑空は、則ち頑然無知の空、木石是れなり。

【頑慧】愚と智。〔論衡、命禄〕人君は猶ほ無能を以て主の位に處り、人臣は猶ほ鴻才を以て斯役を爲す。故に貴賤は命に在りて、智愚に在らず。貧富は祿に在りて、頑慧に在らず。

【頑健】達者。自分についていう。宋・呂頤浩〔黄嗣深に与ふる書〕某、向者連年疾病なりしも、閑退以來、稍く頑健なるを覺ゆ。

【頑固】かたくな。片意地。〔宋書、前廃帝紀〕汝、素より都べて懈怠し、狷戾なること日に甚だし。何を以て頑固なること、乃ち爾るや。

【頑狡】頑固でずるい。宋・蘇轍〔表弟〜泗州に知たり〕詩 談笑して頑狡伏す 何ぞ曾ち敲榜(鞭うち責める)を用ひん

【頑質】かたくなな性質。〔後漢書、橋玄伝〕操(曹操)、幼年を以て堂室に升るに逮び、特に頑質を以て君子に納れらる。增榮益觀は、皆獎助に由る。

【頑素】おろかなたち。魏・武帝〔武平侯に増封することを譲むる表〕伏して自ら三省するに、姿質頑素、材志鄙下なり。

【頑疎】おろかで世事にうとい。魏・嵆康〔幽憤詩〕咨予不淑(不幸)なる 累に嬰かり虞ひ多し 天より降るに匪ず 寔に頑疎に由る

【頑惰】頑固で怠る。南朝宋・何承天〔元嘉暦を上る表〕臣、授性頑惰、關解する所少なし。昔幼年より、頗る曆數を好み、耽情注意して、白首に迄る。

【頑痴】頑愚。唐・韋応物〔楊開府に逢ふ〕詩 一字都て識らず 飮酒頑癡を肆にす

【頑駑】頑固でおろか。〔後漢書、陳亀伝〕臣、至りて頑駑、器に鉛刀一割の用無し。過つて國恩を受け、榮秩兼ねて優なり。

【頑童】道理のわからぬ子供。〔書、伊訓〕敢て聖言を侮り、忠直に逆らひ、耆德を遠ざけ、頑童に比しむこと有る、時に之れを亂風と謂ふ。

【頑頓】頑鈍。〔漢書、陳平伝〕今大王、嫚にして禮少なし。士の廉節なる者は來らず。然れども大王、能く人を饒かにするに爵邑を以てす。士の頑頓にして利を耆み恥無き者、亦た多く漢に歸す。

【頑鄙】かたくなでいやしい。〔老子、二十〕俗人は察察たり、我は獨り悶悶たり。〜衆人は皆以すこと有るも、我は獨り頑にして鄙なるに似たり。我は獨り人に異なり、母に食はるるを貴ぶ。

【頑夫】道理のわからぬ男。〔孟子、万章下〕伯夷は目に惡色を視ず、耳に惡聲を聽かず。〜故に伯夷の風を聞く者は、頑夫も廉に、懦夫も志を立つる有り。

【頑昧】頑固で道理にくらい。わからずや。〔宋書、武二王、彭城王義康伝〕臣頑昧を以て、獨り微管(微中管見)を獻ず。

【頑民】頑迷な民。〔書、多士〕成周既に成り、殷の頑民を遷す。周公、王命を以て誥ぐ。

【頑魯】頑愚。〔晋書、阮种伝〕臣猥りに頑魯の質を以て清明の擧に應ず。前者の對策は、以て聖詔に疇塞するに足らず。

【頑陋】かたくなでいやしい。〔後漢書、曹褒伝〕且つ三(皇)五(帝)の步驟、優劣軌を異にす。況んや予れは頑陋、以て克く堪ふる無し。

↑頑悍 頑固で荒い/頑玩 悪癖/頑頑 遊ぶ/頑顔 頑固顔/頑虐 頑悍/頑凶 頑悪/頑強 剛情/頑戸 頑固者/頑抗 悪拒み/頑梗 頑固/頑獷 頑凶/頑才 鈍才/頑豎 頑童/頑愁 消えぬ愁い/頑拙 愚拙/頑率 頑固で軽率/頑鈍 頑魯/頑弊 頑蔽/頑蔽 頑愚/頑朴 かざらぬ/頑麻 しびれ/頑迷 頑冥/頑冥 頑愚

↓奸頑・艱頑・強頑・驕頑・堅頑・狡頑・傲頑・疏頑・懦頑・痴頑・訂頑・怒頑・駑頑・童頑

【銜】 14 2122 ガン カン くつばみ ふくむ

篆文

会意 行＋金。〔説文〕十四上に「馬、口中に勒なり」とし、また「馬を行やる者なり」という。口中に含ませるもので、含と声義が近い。それで人に移して、

銜悲・銜冤のようにもいう。

訓義 ①くつばみ、くつわ。②ふくむ、心にもつ。③旧新の官を相銜めて書くので、位官をいう。

古訓 〔新撰字鏡〕銜 馬乃久豆和（うまのくつわ）〔名義抄〕銜 フ、ム・フクム・ウマクツハ・クツバミ・クツハ〔字鏡集〕銜 クツワ・クツワヅラ・クツバミ・クチハシ・クチヒル・フクム・ツグム・カブル・ハサム

語系 銜heam、含hәm、函hәm、嗛heamは声義近く、すべて口中に含むことをいう。〔左伝、僖六年〕許男が降服することを「面縛して璧を銜む」としるしている。面を覆い、口中に璧を含むことは、自らを死者とする意である。

【銜哀】心にかなしむ。愁懐。晋・陶潜〔従弟仲徳を悲しむ〕詩 哀を銜んで舊宅を過ぎる 悲涙、心に應じて零つ

【銜怨】怨みを抱く。〔漢書、王嘉伝〕聖王の獄を斷むるや、必ず先づ心を原ねて罪を定め、意を探りて情を立つ。故に死者は恨みを抱いて地に入らず、生者は怨みを銜みて罪を受けず。

【銜冤】無実の罪を受ける。唐・李商隠〔劉蕡を哭す〕詩 上帝の深宮、九閽（門）を閉し 巫咸（神巫）下りて銜冤を問はず

【銜荷】恩にきる。有り難く思う。〔晋書、慕容徳載記〕陛下～澤九泉に被る。若し彼れをして知る有らしめば、寧ぞ銜荷せざらんや。

【銜塊】口中に土を含む。死する決意。銜土。〔唐書、后妃上、楊貴妃伝〕安祿山反す。～帝、皇太子を以て軍を撫せんと欲す。～妃、塊を銜んで死せんことを請ふ。帝の意沮まれ、乃ち止む。

【銜竿】矢ががかくれるほど深く射こむ。北周・庾信〔三月三日、華林園馬射の賦〕羽を飲み竿を銜み、猿を吟かしめ、雁を落とさざる莫し。

【銜橛】くつわ。〔韓非子、姦劫弑臣〕捶策（むち）の威、銜橛の備へ無ければ、造父（古の名御者）と雖も、以て馬を服すること能はず。

【銜恨】遺恨。残念に思う。晋・潘岳〔楊荊州の誄〕將に王略を宏いにし、荒遐を肅清せんとす。降年永からず、玄首未だ華（白）ならず。恨みを銜んで世を沒ふ。命なる也か、奈何せん。嗚呼哀しい哉。

【銜恤】うれいをもつ。父母の死をいう。〔詩、小雅、蓼莪〕出でては則ち恤ひを銜み 入りては則ち至る靡し

【銜紲】くつわと、たづな。制御の具。〔後漢書、仲長統伝〕（昌言、理乱篇）形復た伉するに堪へず、勢ひ復た校ぶるに足らず。乃ち始めて羈首係頸、我が銜紲に就くのみ。

【銜枚】行軍中、口に板状のものをくわえ、喧噪を禁ずる。〔周礼、夏官、大司馬〕群司馬振鐸し、車徒皆作り、遂に鼓行す。徒は枚を銜みて進む。

【銜杯】杯をふくむ。民国・郁達夫〔晨に名古屋を発す、二首、二〕詩 一曲の陽關、人、世を隔つ 杯を銜んで語無く、山の明なるを看る

【銜悲】悲しみを抱く。梁・任昉〔王文憲（倹）集序〕建康の官舍に薨ず。皇朝軫慟し、儲鉉（副君三卿）傷情す。有識銜悲し、行路泣を掩ふ。

【銜轡】くつわと、たづな。法律。〔荀子、性悪〕前に銜轡の制有り、後に鞭策の威有り。之れに加ふるに造父（古の名御者）の馭を以てし、然る後一日にして千里を致す。

【銜忿】心にいかる。憤りをもつ。〔晋書、潘岳伝〕（孫秀）狡黠自ら喜ぶ。岳、其の人と爲りを惡み、數之れを撻辱す。秀、常に忿を銜む。

【銜璧】璧を口中に含む。死喪・降服の礼。〔左伝、僖六年〕許男、面縛して璧を銜み、大夫は衰経（服喪の礼）し、士は櫬（棺）を輿ふ。

【銜命】君命を奉ずる。〔礼記、壇弓上〕（子夏）曰く、請ひ問ふ、昆弟の仇に居ること、之れを如何と。（孔子）曰く、～君命を銜みて使し、之れに遇ふと雖も鬭はずと。

【銜勒】くつわ。〔大戴礼、盛徳〕古は法を以て銜勒と爲し、官を以て轡と爲し、刑を以て筴と爲し、人を以て手と爲す。～善く馬を御する者は、銜勒を正し轡筴を齊ふ。

↑銜雲 雲の模様／銜恩 恩に感じる／銜悔 残念に思う／銜羈 拘束する／銜泣 泣きかける／銜御 御馬／銜協 参酌する／銜掲 肩書／銜口 口にくわえる／銜酷 惨痛／銜巵 杯をふくむ／銜志 志をもつ／銜指 羨望する／銜持 相持する／銜戢 銜荷／銜称 職名／銜踵 続く／銜觴 銜杯／銜悽 悲愴な思い／銜接 連なる／銜組 鐘磬の台／銜知 知遇／銜啼 泣きかける／銜刀 刀をのむ／銜鐙 銜とあぶみ／銜佩 牢記する／銜尾 連なる／銜碑 銜悲／銜憤 銜忿／銜奉 心から奉ずる／銜軛 くびきをつける

↓鞍銜・曳銜・横銜・官銜・雁銜・鎖銜・心銜・啄銜・馬銜・悲銜・轡銜・密銜・列銜

【翫】

篆文

15
1161

ガン（グヮン）
もてあそぶ

形声 声符は元。習（習）はもと羽（羽）と曰とに従い、祝禱を収めた器（曰）の上を羽で摺って、その呪能を刺激する意。あまりしばしばすることは神聖をけがし翫ぶ行為となる。〔説文〕四上に「習うて猒ふなり」とするが、習はくりかえすこと、それによって神意を玩ぶこととなる。玩は玉器を玩弄として新生の子に持たせ、魂振りとする。常に帯びるものであるから、翫とも声義に通ずるところがある。

訓義 ①もてあそぶ、もてあそびもの。②なれる、あなどる。③忨と通じ、むさぼる。

古訓 〔名義抄〕翫 モテアソブ・ナラフ・メヅラシ・フケル〔字鏡集〕翫 タノム・フケル・メヅラシ・ナラフ・モテアソブ・モロ／＼

語系 翫・玩・忨nguanは同声。もと一系の語。

＊語彙は玩字条参照。

【翫意】心に思いめでる。唐・劉禹錫〔兵部鄭侍郎省中四松の詩に和す、十韻〕詩 陰に息ひて常に仰望し 翫意して幾たびか裴（徘）回す

【翫習】なれる。十分に習う。〔顔氏家訓、雑芸〕吾れ幼にして門業（家門の業）を承く。～見る所の法書亦た多くして、翫習功夫頗ぶる至れるも、遂に佳なること能はざる者は、良に分無きに由るが故なり。

【翫笑】笑いぐさにする。〔魏書、術芸、蔣少游伝〕滑稽多智、辭說端無し。尤も淺俗委巷（下町）の語を善くす。至りて翫笑すべし。

【翫世】世を軽んずる。宋・葉適〔鄭虞の任ぜられて京西検法官に赴くを送る〕詩 雅も知る、禪味足るを 世を翫んで、憂喜を失す

【翫弄】もてあそぶ。おもちゃ。〔後漢書、皇后上、和熹鄧皇后紀〕御府尚方、～金銀珠玉・犀象瑇瑁・彫鏤翫弄の物、皆絶えて作らず。

↑翫閲 よくみる／翫花 花をながめ遊ぶ／翫愒 歳月をむさぼり過ごす／翫月 月をながめ遊ぶ／翫古 骨董好き／翫好 愛好する／翫歳 翫愒／翫索 玩味する／翫辞 ことばをもてあそぶ／翫賞 玩賞／翫読 味読する／翫物 玩物／翫味 玩味する

↓愛翫・奇翫・嗜翫・賞翫・静翫・褻翫・珍翫・諦翫・貪翫・披翫・

侮翫・服翫・流翫・留翫・聆翫

【鴈】 15 7122 ガン あひる

篆文

形声 声符は厂かん。〔説文〕四上に「鵝なり」、鵝字条に「鴚鵝なり」とあって、あひるをいう。雁とはもと別の字であるが、通用する。

訓義 ①あひる。②雁と通じ、がん、かり。③贋と通じ、にせ、にせもの。

古訓 〔字鏡〕鴈 チヒサキカリ・カリ

語系 雁・鴈ngeanは同声。鵝ngaiも声近く、鴈は鵝の意に用いる。みな鳴き声の擬声語である。

＊語彙は雁字条参照。

【頷】 16 8168 ガン あご うなずく

篆文 金文

形声 声符は含がん。金文に今に従う字がある。〔説文〕九上に「面黄なり」とあるのは、〔楚辞、離騒〕「長く顑頷かんがんすとも亦た何ぞ傷いたまん」の意。〔方言、十〕に南楚の方言にあごをいうとし、下顎をいう。含の声義を承け、それが本義であろう。承諾のときにうなずくことを頷可という。

訓義 ①あご、うなずく。②顑頷。顔色が衰え、黄色となる。

古訓 〔和名抄〕頷 於度加比（おとがひ）〔名義抄〕頷 オトガヒ・フ、ム・ウナヅク・ウゴク 〔字鏡集〕頷 オトガヒ・フクム・フ、ム・ウゴク・ウナヅク・カマチ・ウゴカス

語系 頷（頜）ham、顄hamは声義近く、〔説文〕に「頜は顄なり」「顄は頤おとがひなり」、また〔方言、十〕に「頷・頤は頜なり」とあって、みないわゆる頷車、下顎をいう。

【頷下】がんか あごの下。〔荘子、列禦寇〕夫それ千金の珠は、必ず九重の淵にして、驪龍の頷下に在り。

【頷車】がんしゃ 歯の下の骨。〔釈名、釈形体〕頤〜或いは頷車と曰ふ。頷は含なり。口、物を含むの車なり。

【頷首】がんしゅ 承諾する。唐・韓愈〔華山女〕詩 玉皇頷首して、帰去することを許す 龍に乗り鶴に駕して、青冥より來きたる

↑頷可がんか 承諾する／頷之がんし 承知する／頷命がんめい 受命／頷聯がんれん 律詩の第三・四句

↓頤頷・燕頷・牙頷・顑頷・虎頷・黄頷・首頷・笑頷・絶頷・探頷・長頷・豊頷・満頷・竜頷

【癌】 17 0017 ガン

形声 声符は嵒がん。嵒は岩の初文。悪性の腫瘍で、その組織が次第に増大して岩のようになるので、癌という。宋代の〔衛済宝書〕や楊士瀛の〔仁斎直指方〕に、その症状についての記載がある。

訓義 ①がん。

↑癌変がんへん 癌の徴候

常【顔】 18 〔顏〕 18 0128 ガン ひたい かお

篆文 籀文 金文

形声 声符は彥（彦）げん。厂かん（額の象形）に加入の儀礼を示す文身の象（文）を加え、彡さんはその美彩あるをいう。頁けつは儀礼のときの儀容。したがって顔とは、儀礼のとき加入儀礼を示す文身を加えた顔容をいう。〔説文〕九上に「眉目の閒なり」とは、その文身を加える額の部分をいう。〔方言、十〕に「顙ひたいなり」とみえるのが初義。顔面の面は、目だけを残して他を覆うもので、ペルソナの意。〔左伝、荘五年、正義に引く世族譜〕にみえる郳顔がん、字は夷父。夷俗は断髪文身、ゆえに顔・夷を名字対待の義に用いるが、古くは中国にも文身の俗があった。

訓義 ①ひたい。②文身を加えた顔の上部、かお、かおつき。③いろをぬる、いろどり。

古訓 〔新撰字鏡〕顔 万与安比（まよあひ）〔和名抄〕顔面 遊仙窟に云ふ、面子。師説に云ふ、加保波世（かほばせ）、一に云ふ、保々都岐（ほほつき）〔名義抄〕顔 カホ・オモテ・カタチ／強顔 オモカゲ・ツレナシ 〔字鏡集〕顔 ホ、ツキ・オモテ・カホ・カタチ

語系 顔ngeanは彥ngianの声義を承ける。額（頟）ngeakも声義が近く、顔はもと額をいう語であった。〔説文〕に「頟は顙なり」、〔広雅、釈親〕に「顔は額なり」とあって、それが古義。ただ額がく・顙そうは顔の部分呼称であるが、顔は文身を施して、儀礼の際の特定の顔容をいう。

【顔儀】がんぎ 顔つきと儀容。〔玉台新詠、焦仲卿の妻の為に作る〕詩 門に入って家堂に上るに 進退、顔儀無し 阿母、大いに掌を拊うつ 圖らざりき、子し自ら歸らんとは

【顔甲】がんこう（かふ） 顔皮が鉄甲のように厚い。鉄面皮。〔開元天宝遺事、開元、慙顔厚如甲〕進士楊光遠、惟だ矯飾多くして忌諱を識しらず。王公の門に遊謁し、權豪の族を干索す。〜時人多く之れを鄙やしみ、皆云ふ、楊光遠、慙顔の厚きこと、十重の鐵甲の如しと。

【顔厚】がんこう 厚顔。恥しらず。〔詩、小雅、巧言〕蛇蛇いいたる碩言（大言） 口より出づ 巧言、簧くわう（笛の舌）の如し 顔之れ厚し

【顔色】がんしょく 顔のいろつや。容色。また、絵具。唐・白居易〔長恨歌〕詩 眸ひとみを回めぐらして一笑すれば百媚生じ 六宮りくきゅう（後宮）の粉黛ふんたい、顔色無し

【顔題】がんだい 冠のひたい飾り。題はひたい。〔後漢書、輿服志下〕古は冠有るも幘さく（髪を包む布）無し。（秦）乃ち其の武將に首飾を加へて絳袙かう（赤い鉢巻）と爲し、以て貴賤を表はし、其の後稍稍やうやく顔題を作る。〜之れに名づけて幘と曰ふ。

【顔鬢】がんびん 耳あたりの毛。びんずら。陳・沈炯〔長安少年行〕楽府 道邊の一老翁 顔鬢、衰蓬の如し 自ら言ふ漢世に居り 少小にして豪雄を見たりと 五侯倶に爵を拜し 七貴各〻功を論ず

【顔貌】がんぼう（ばう） 顔かたち。陳・沈炯〔帰魂の賦〕霜微すこしく凝こるも骨を侵し、樹裁わづかに動くも風適かなし。我が親戚の顔貌を思ひ、夢寐むびに寄せて魂に求む。

【顔面】がんめん かお。顔色。〔元史、相威伝〕（相威）既に引伏す。旨有りて釋免し、仍ほち相威に諭さとして曰く、朕、卿の顔面を惜しまざる（顔面を犯して諌める、直諫する）を知ると。

↑顔渥がんあく 赤ら顔／顔角がんかく ひたいつき／顔形がんけい かお形／顔采がんさい かお色／顔慙がんざん 恥じる色／顔状がんじょう 顔容／顔衰がんすい やつれ／顔酡がんだ 酔顔／顔沢がんたく 顔のつや／顔魄がんぱく 顔と心／顔碑がんぴ 碑の題字／顔容がんよう 顔かたち／顔料がんりょう 色料

↓怡顔・嬰顔・温顔・花顔・華顔・開顔・解顔・汗顔・煕顔・矜顔・強顔・玉顔・厳顔・亢顔・厚顔・紅顔・慙顔・慈顔・赭顔・朱顔・羞顔・愁顔・笑顔・承顔・衰顔・悴顔・酔顔・正顔・盛顔・洗顔・孱顔・素顔・蒼顔・尊顔・酡顔・頽顔・赬顔・天顔・童顔・破顔・拝顔・犯顔・披顔・美顔・芳顔・容顔・竜顔・隆顔・麗顔・老顔・和顔

【贋】 19 7180 〔贗〕 22 7180 ガン にせもの

形声 正字は贗に作り、鴈がん声。真贋の意は、あるいは雁・鴈の名から出たものかもしれない。雁はかり、鴈はあひるである。それを財貨や器に及ぼして贋という。〔韓非子、説林下〕に「齊、魯を伐ちて讒鼎ざんていを索む。魯、其の鴈を以て往く。齊人曰く、鴈なりと。魯人曰く、眞なりと」とあり、鴈を贋の意に用いる。〔説文〕火部十上に「熯は火色なり」とあり、贋器を鋳作する意のようである。〔韓非子〕の文にもみえるように、古くから贋作のことが行われた。

訓義 ①にせもの、偽器。②ただしくない。

古訓〔字鏡集〕贋 ユガム

【贋書】(がんしょ) にせの書。明・袁中道〔中郎先生全集の序〕彼れ未だ全くは其の書を讀まず、又贋書の麌はす所と爲るも、怪しむに足る無きのみ。

↑贋作(がんさく) 偽作／贋造(がんぞう) 偽造／贋本(がんぽん) 偽の書画

↓眞贋

常 **【願】** 19 7128 ガン(グヮン) ねがう おもう

篆文

形声 声符は原(げん)。〔説文〕九上に「大頭なり」(小徐本)とあり、頑に「棞頭(こんとう)なり」というのと似ているが、その義の用例をみない。〔爾雅、釈詁〕に「思ふなり」とあり、〔詩〕には〔鄭風、野有蔓草〕「我が願ひに適(かな)へり」、〔邶風、二子乗舟〕「願(おも)うて言(ここ)に子を思ふ」のような用法がある。

訓義 ①ねがう、のぞむ。②おもう。③いえども。④大頭。

古訓 〔名義抄〕願 ネガフ・オモフ 〔字鏡集〕願 オモヒミル・オモフ・ネガフ

【願言】(がんげん) (ぐわんげん) おもう。言は「ここに」、また語助。〔詩、邶風、二子乗舟〕願(おも)うて言(ここ)に子を思ふ 中心養養たり

↑願望(がんぼう) ねがい／願欲(がんよく) のぞみ

↓哀願・盈願・懐願・祈願・冀願・欣願・結願・弘願・懇願・至願・志願・私願・始願・宿願・所願・情願・心願・誓願・請願・素願・訴願・大願・嘆願・適願・念願・発願・悲願・本願・満願・余願

人 **【巌】** 20 人 **【巖】** 23 2224 ガン ゲン いわ

篆文

形声 旧字は巖に作り、嚴(厳)(げん)が声。〔説文〕九下に「岸なり」とするが、巖・嵒は同声。山巌をいう字である。巖は山巌を聖所として、そこで祼鬯(かんちょう)を行う意。敢はその鬯酌の象。古くから岩場は聖所とされた。吅(けん)は祝告を列する形である。

訓義 ①いわ、いわお。②いわば、がけ、巌穴、巌窟、あな。③ふかい、けわしい。

古訓 〔和名抄〕巖 伊波保(いはほ) 〔名義抄〕巖 イハホ・ミネ・ケハシ・フカシ・ツク・スル 〔字鏡集〕巖 イハホ・イハヤ・ミネ・ケハシ・フカシ・ツク・スル・アラシ

語系 巖・嵒ngeamは同声同義。ただ、巖は聖所で厳修される儀礼を背景とする字、嵒は岩の累積する象(品)に従う象形の字である。また、岸ngan、垠ngiən、堮ngakはそれぞれ地形によっていう。

【巌阿】(あがん) 巌のくま。魏・王粲〔七哀詩、三首、三〕山岡、餘映有り 巖阿、重陰(深い影)を増す

【巌雨】(がんう) 巌に降る雨。唐・陳子昂〔万州暁に発し～蜀中の親朋に寄す〕詩 空濛(煙るような空模様)巖雨霽(は)れ 爛熳として曉雲歸る

【巌影】(がんえい) 巌のかげ。宋・徐鉉〔九日、落星山登高〕詩 巖影晩(おそ)くして、雲の岫(くき)を出づるを看 湖光遙かにして、客の綸(いと)を垂るるを見る

【巌煙】(がんえん) 巌にもやがかかる。唐・呉筠〔竹の賦〕水霧の沈沈たるを蓄へ、巖煙の漠漠たるを撓(う)かす。湘妃、揮涕の感有り。楚謠、防露の作を興す。

【巌屋】(がんおく) (がんをく) いわや。唐・楊衡〔遊陸先生故巖居〕詩 上に一巖屋有り 相ひ傳ふ、靈人の宅なりと

【巌下】(がんか) 崖巌の下。〔世説新語、容止〕裴令公(楷)、王安豐(戎)を目すらく、眼爛爛として、巖下の電(いなずま)の如しと。

【巌巌】(がんがん) 巌がつみ重なる。そのようなさま。〔詩、小雅、節南山〕節たる彼の南山 維(こ)れ石巖巖たり 赫赫(かくかく)たる師尹 民具(とも)に爾(なんぢ)を瞻(み)る

【巌居】(がんきょ) 山巌の間に隠居する。〔韓詩外伝、五〕巖居穴處すと雖も、王侯與(とも)に名を争ふこと能はざるは何ぞや。仁義の化存すればのみ。

【巌扃】(がんけい) いわやの戸。隠居のところをいう。宋・楊万里〔入峡歌〕詩 雲去り雲來つて、巖扃を遮る 忽然雲を褰(かか)げて、山脚を露(あら)はす

【巌谿】(がんけい) 巌と谷。唐・岑参〔虢州郡斎、南池幽興。因りて閻二侍御と道に別る〕詩 性、本(もと)魚鳥を愛するも 未だ巖谿に返る能はず 中歳、微官に徇(した)がひ 遂に心賞をして睽(そむ)かしむ

【巌穴】(がんけつ) 巌屋に世を避ける人。〔史記、伯夷伝〕巖穴の士、趨舍(すうしや)(進退)時有り。此(か)くの若(ごと)きの類、名湮滅して稱せられず。悲しい夫(かな)。

【巌光】(がんこう) (ぐわんくわう) 巌にさす光。唐・韋応物〔暁に西斎に坐す〕詩 鼕鼕(とうとう)として城鼓動き 稍稍として林鴉去る 柳意、春に勝(た)へず 巖光已に曙を知る

【巌谷】(がんこく) 巌の多い谷。唐・王維〔韋侍郎山居〕詩 閒花、巖谷に滿ち 瀑水、杉松に映ず

【巌処】(がんしょ) 山中の巌穴に隠居する。〔史記、貨殖伝〕巖處奇士の行無くして長く貧賤、好んで仁義を語るは、亦た羞づるに足るなり。

【巌嶂】(がんしょう) (しやう) 壁のような巌。宋・陸游〔入蜀記、三〕西のかた群山の靡迤(びい)たるを望む。巖嶂深秀にして、宛(あたか)も吾が廬山の如し。

【巌牆】(がんしょう) (しやう) 高くて危うい牆壁。〔孟子、尽心上〕命に非ざる莫(な)きなり。其の正を順受す。是の故に命を知る者は、巖牆の下に立たず。

【巌上】(がんじょう) (じやう) 大きな巌の上。梁・陶弘景〔山を尋ぬる誌〕髮を散じ帶を解き、巖上に盤旋す。心容曠朗にして、氣宇調暢なり。

【巌棲】(がんせい) 山中の巌穴に隠れ住む。魏・嵇康〔山巨源(濤)に与へて交はりを絶つ書〕堯・舜の世に君たる、許由の巖棲する、～其の揆(き)一なり。

【巌石】(がんせき) 大きな石。〔史記、高祖紀〕(始皇)東遊して以て之れを厭(まじない)す。高祖卽ち自ら疑ひ、亡匿して芒碭(ばうたう)(二山の名)の山澤巖石の閒に隱る。呂后、～求めて常に之れを得たり。

【巌側】(がんそく) 巌のそばだつあたり。晋・陸機〔苦寒行〕楽府 陰雲、巖側に興り 悲風、樹端に鳴る

【巌底】(がんてい) 巌石のきり立っている底。巌下。宋・蘇軾〔二十七日～南山の中の蟠竜寺に宿す〕詩 寺は巖底に藏す、千萬仞路は山腰に轉ず、三百曲

【巌巓】(がんてん) 巌の頂上。唐・白居易〔悟真寺に遊ぶ詩、一百三十韻〕山下より山上を望むに 初め疑ふらくは攀(よ)づべからずと 誰か知らん、中に路有り 盤折して巖巓に通ずるを

【巌電】(がんでん) 巌下のいかずち。鋭い眼光にたとえる。宋・陸游〔秋夜読書〕詩 老夫、八十に垂(なんな)んとし 巖電尙ほ爛爛たり 孤燈、細字に對す 堅坐常に夜半

【巌壁】(がんぺき) 壁状の崖。唐・白居易〔石門澗に遊ぶ〕詩 時に逢ふ、山水の秋 淸輝、古昔の如し 常(かつ)て聞く、慧遠(ゑをん)の輩 詩を此の巖壁に題すと

【巌辺】(がんぺん) 巌のほとり。唐・方干〔山中言事八韻。李支使に寄す〕詩 竹裏の斷雲、枕上に來(きた)り 巖邊の片月、牀頭に在り

【巌邑】(がんゆう) (いふ) 要害堅固な城邑。北周・庾信〔周大将軍襄城公鄭偉墓誌銘〕國に巖邑有り、朝に君子多し。

【巌幽】(がんゆう) (いう) もの静かな巌のさま。唐・王勃〔青苔の賦〕江曲の寒沙を繞(めぐ)り、巖幽の古石を抱く。

【巌巒】(がんらん) 険しい山。梁・徐悱〔古意、到長史漑の琅邪城に登る詩に酬ゆ〕詩 表裏は形勝を窮め 襟帶は巖巒を盡す

【巌溜】(がんりゅう) (りう) 巌から滴るしずく。唐・劉禹錫〔僧方及～を送る〕詩 石門、聳えて峭絕 竹院、空濛を含む 幽響、巖溜滴り 晴芳、野叢を飄(ひるが)へす

【巌嶺】(がんれい) 巌峯。〔水経注、溱水〕崖壁峻岨、巖嶺天を干(をか)し、

交柯雲蔚、天霾らく景晦らし。之れを瀧中と謂ふ。懸湍迴注し、崩浪山を震はす。之れを瀧水と名づく。

↑巖隠 巖かげ／巖榏 広大な室／巖窩 山洞／巖罅 巖穴／巖崖 巖のがけ／巖壑 巖と谷／巖岸 巖の岸／巖巍 巨巖／巖客 山中の隠士／巖曲 巖阿／巖吟 険阻／巖嶇 険しい／巖窟 いわや／巖径 巖の道／巖景 巖の姿／巖隙 巖穴／巖軒 巖屋／巖険 要害／巖口 石窟の入口／巖岡 巖山／巖根 岩根／巖際 巖側／巖趾 山脚／巖寺 巖上の寺／巖榭 巖上の台／巖樹 巖上の樹／巖岫 巖穴／巖障 巖嶂／巖栖 巖棲／巖雪 巖上の雪／巖前 巖の前／巖阻 要害／巖藪 巖と藪沢／巖沢 巖藪／巖端 巖のはし／巖灘 巖と急流／巖中 石室／巖庭 巖の庭／巖隥 巖の坂／巖頭 巖上／巖磴 巖隥／巖竇 巖穴／巖洞 巖屋／巖瀑 巖上の滝／巖畔 巖辺／巖扉 巖局／巖腹 山腹／巖房 石室／巖木 巖上の木／巖末 巖端／巖牖 石窟の窓／巖窈 巖洞／巖腰 山腰／巖蘿 巖の蔦／巖籟 巖の風／巖稜 巖角／巖麓 巖山の麓／巖隈 巖阿

↓倚巖・陰巖・隠巖・雲巖・遠巖・怪巖・寒巖・危巖・奇巖・嶔巖・窟巖・古巖・孤巖・高巖・礬巖・山巖・嶄巖・巉巖・樹巖・峻巖・松巖・岑巖・深巖・翠巖・邃巖・崇巖・青巖・石巖・絶巖・千巖・疏巖・蒼巖・層巖・頽巖・断巖・長巖・重巖・破巖・攀巖・盤巖・碧巖・峰巖・幽巖・緑巖・林巖

【龕】 22 8021 ガン カン うける ずし

篆文

金文

形声 声符は合。金文の字形は今に従っており、古くは今声の字であったと思われる。〔説文〕十一下に「龍の皃なり」とするが、その用例はない。〔逸周書、祭公解〕に「用って克く成康の業を龕紹（うけつぐ）す」、また〔法言、重黎〕に「劉（漢）、南陽を龕る」とあって、襲継・襲取の意をもつようである。仏教語では龕灯・龕塔のように、厨子の形式のものをいう。字は龍（竜）に従うことに意味があるらしく、今は蓋栓の形であるから、呪霊のある霊獣を封じて何らかの呪儀が行われ、それによって霊的継承が行われるのであろう。襲（龔）は先人の衣裳による霊の継承を示す字である。

訓義 ①うける、うけつぐ。②戓・戡と通じ、かつ、ころす、とる。③諶と通じ、まこと。④仏教語。ずし、塔。

古訓 〔名義抄〕龕 モロコシ・カサナル 〔字鏡集〕龕 イハヤ・モロコシ・ウク・モリ・カサリ／塔 モロコシ

語系 龕（龕）・戓・堪・戡 kham は同声。克・勀 khak と声義に通ずるところがある。みな克勝の義。戓字条十二下の〔段注〕に「漢魏六朝の人、戓・堪・戡・龕の四字、甚だしくは區別せず」とするが、龕をその義に用いることはほとんどない。ただ龕・戓の音が同じであることから、金文の龕が龕の初文であることを確かめうるのである。

【龕像】仏像をずしに安置する。陳・江総〔摂山棲霞寺碑〕克く先業を荷ひ、龕像を荘厳にす。～坐身三丈一尺五寸、通座四丈。

↑龕居 塔に籠る／龕室 龕中／龕世 戡世／龕中 厨子の中／龕定 戡定する／龕灯 仏壇の灯／龕嚢 ふくろ／龕廟 塔下の龕／龕暴 暴虐を制圧する／龕乱 乱を伐つ

キ

【几】 2 7721 キ ひじかけ つくえ

篆文

象形 両端に足のある台の形。机の初文。机は楡に似た木の名で、もと別の字。〔説文〕十四上に「踞几なり」とあり、坐几をいう。老者には特に几を薦めるのが礼で、〔詩、大雅、行葦〕に「或いは之れに几を授く」という。また祭礼や儀礼のときには、薦献のため几筵を設けた。のち文書を几上で扱うので几案といい、棚に用いるようになって几閣という。

訓義 ①ひじかけ。②神戸の依るところ。③そなえものの台。④つくえ。

古訓 〔和名抄〕几 於之万都岐（おしまつき）〔名義抄〕几 オシマツキ 〔篇立〕几 オシカヽリ

部首 〔説文〕に凭・凥・処の三字をこの部に属する。凭は依几。坐几にもたれること。凥は腰かける形。処は金文に處に作り、虎形のものが几に依る形で、神霊の依る所をいう。〔玉篇〕になお䡴の異文を加えるが、譌形である。

声系 〔説文〕に几声として肌・飢（飢）・机・朹など五字を収める。机は楡に似た木の名。もと几とは別の字であった。

【几案】つくえ。魏・王粲〔儒吏論〕几案の下に起り、官曹の閒に長ず。溫裕文雅、以て自ら潤す無し。察刻無からんと欲すと雖も、得ること能はず。

【几筵】ひじかけと敷物。〔荀子、礼論〕禮なる者は養なり。牀笫（牀の上面を竹で編む）几筵は、體を養ふ所以なり。

【几几】舄の先の飾りが立派なこと。〔詩、豳風、狼跋〕公孫碩膚 赤舄几几たり

【几硯】机と硯。宋・蘇軾〔雨中舒教授を過ぎる〕詩 疎疎たる簾外の竹 瀏瀏たる竹閒の雨 窗扉靜かにして塵無し 几硯寒くして霧を生ず

【几杖】ひじかけと杖。〔礼記、曲礼上〕長者に謀るに、必ず几杖を操りて、以て之れに従ふ。

【几席】几筵。〔史記、礼書〕鐘鼓管絃は、耳を養ふ所以なり。刻鏤文章は、目を養ふ所以なり。疏房牀笫几席は、體を養ふ所以なり。

【几榻】机とこしかけ。唐・白居易〔洛下の諸客、宅に就く～偶たま西亭に題す〕詩 几榻、池に臨みて坐し 軒車、雪を冒して過ぐ

↑几閣 書棚／几上 机上／几簟 几席／几頭 机上／几櫝 机

↓案几・依几・倚几・椅几・隠几・筵几・曲几・玉几・書几・牀几・仍几・浄几・席几・俎几・素几・竹几・彤几・凭几・舗几

【丌】 3 1022 キ ものおきだい その

篆文

金文

象形 ものをおく台の形。几とはまた異なる。〔説文〕五上に「下基なり。物を薦むるの丌なり。象形」という。金文に代名詞の其の字に用いることがあり、〔牧殷〕に「敢て丌の不中不刑を尹さざること毋れ」のように用いる。〔古文尚書〕や〔墨子〕〔穆天子伝〕に其に代えて丌を用い、〔三体石経〕の〔書、君奭〕に基を丌に作る。字はまた斉器の〔子禾子釜〕に亓に作り、台上にもののある形である。

訓義 ①だい、ものおきだい。②その。

古訓 〔新撰字鏡〕其 丌、上古の文 〔字鏡集〕丌 モト

部首 〔説文〕に辺・典・顨・畀・巽（巽）・奠の六字を属する。辺の他はみな台基の象。典は書冊を几上におく形。顨・巽は舞台の上で二人そろって舞う形。〔玉篇〕になお其の字を加える。丌上に箕をおく形である。

【旡】 4 1041 キ むせぶ

象形 人が後ろ向きになって口を開く形。欠の反文である。〔説文〕八下に「飲食の气、屰にして息するを得ざるを旡と曰ふ」とあり、食し終えることを既（既）という。既は食（皀）を前にして頭をそむける形で、十分に食し既る意。嘅・慨（慨）はみな既に従い、そのような反顧の姿勢をいう。

訓義 ①むせぶ、いきづまる。②つきる。

古訓 〔名義抄〕旡 ツクス 〔篇立〕旡 ツク

部首 〔説文〕に旤・𣄼の二字を属し、〔玉篇〕も同じ。咼は呪霊をもつ骨に祈って呪詛する字。京は戦場の屍骨を収めた凱旋門。旡はそれに対して咨嗟して歎く意象の字である。

語系 旡声と乞声と声義近く、既・訖 kiət は同声。旡は後ろ向きになってむせぶ姿勢、乞はその音をとる字である。

参考 旡・先・无はその形が似ているが、旡は屰気、先は簪の象形でその初文、无は亡（亡）の異文で、無の意。

【气】 4 8011 キ カイ キツ うんき もとめる

象形 雲気が空に流れ、その一方が垂れている形。〔説文〕一上に「雲气なり」とあり、氣（気）の初文とされる字である。卜文に乞に作り、祈求・匄求の意に用いるのは、古く雲気を望んで、それに祈ったからである。

訓義 ①うんき。②もとめる、いのる、こう。

部首 〔説文〕に氛、〔玉篇〕に氣・氤・氳など五字を属する。气・乞はもと同字。ゆえに歎は乞の声でよむ字である。

声系 〔説文〕七上に气声として氣を収め、餼はその異文。乞・气はもと同字であったが、のち乞声の字と別系となる。

語系 气・氣 khiət、愾・餼 xiət は声義に相承けるところがある。また喟 khiuət、慨（慨）・嘅 khət は深く嘆息する意で、气と同系の語とみてよい。

【宄】 5 3041 キ わるもの

会意 宀＋九。〔説文〕七下に「姦なり。外なるを盜と爲し、内なるを宄と爲す」とし、九声とする。卜文の字形は、廟中に九を殴つ形のものがあり、また九を両手で奉ずる形に作るものがある。九は蛇の象形。廟中で蛇を奉じ、その呪霊によって他に呪詛して害を与えようとするもので、仇敵の意となる。盜（盗）とは、血盟に叛いて、血に唾してこれを瀆す行為をいい、むしろ内に対する謀叛をいう字である。

訓義 ①のろう、蛇の呪霊を用いて呪詛する。②その呪詛の対象となるもの、わるもの。③わざわい、みだれ。

古訓 〔名義抄〕宄 コト〴〵ク 〔字鏡集〕宄 カタマシ・ヌスム

↓奸宄・姦宄・内宄

常 【企】 6 8010 キ つまだつ くわだてる

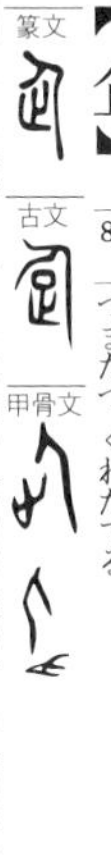

象形 人が踵をあげて立つ形。人の側身形の下に足の形を加える。〔説文〕八上に「踵を擧ぐるなり」とし、止声とするが、止もまた象形である。かかとを、わが国の古語で「くは」「くはびら」という。鍬先の曲がる形と似ている。踵を立てることを「くはだつ」という。かかとをあげ、遠くを望むのは、他に対して何らか画策するときの姿勢であるから、ものを企てる意となる。

訓義 ①つまだつ、たつ、のぞむ。②くわだてる、はかる、ねがう。

古訓 〔名義抄〕企 クハタツ・ノゾム・ノボル・ス・ム・カヘリミ・トフ

語系 企・跂 khie は伎 gie と声義近く、つま立ち傾く意がある。危（危）ngiuai、俄 ngai もその系列の語である。

参考 〔詩、衛風、河広〕「跂つてば予れ之れを望む」の跂を、漢碑に多く企に作る。ともにつま立ちし、傾側するの意がある。

【企踵】 つま立ちする。願い望む。〔漢書、蕭望之伝〕天下の士、頸を延き踵を企て、爭うて自ら效して、以て高明を輔くることを願はむ。

【企佇】 心から待ち望む。魏・曹植〔親親を通ずることを求むる表〕臣僂僂の誠、竊かに獨り守る所は、寔に鶴立企佇の心を懷けばなり。

↑企懐 望みおもう／企画 計画／企劃 計画／企冀 ねがう／企擬 ねがう／企及 望む／企求 求める／企嚮 仰慕／企仰 仰望／企効 ならう／企竦 つま立つ／企羨 仰慕する／企想 したいおもう／企図 計画／企慕 仰慕／企望 待ち望む／企立 つま立つ

↓遠企・懐企・希企・脚企・翹企・竦企・踵企・聳企・瞻企・側企・長企・渺企・慕企・望企・遥企

常 【伎】 6 2424 キ ギ わざ

形声 声符は支（支）。支に岐・庋の声がある。〔説文〕八上に「與するなり」、また〔広韻〕に「侶なり」とみえるが、その義に用いた適例がない。〔説文〕に〔詩、大雅、瞻卬〕「人を鞫べて伎忒す」の句を引くが、字はいま忮に作り、忮格して害を為す意で、党与の意ではない。伎は歧と声義近く、歧は〔説文〕八上に「頃くなり」とあり、〔詩、小雅、大東〕「歧たる彼の織女」の句を引く。歌舞するときの姿態や身の動きを伎といい、わが国の「かぶく」にあたる。ゆえに伎楽の意となる。

訓義 ①わざ、わざおぎ。②はたらき、たくみ。③とも、ともがら、ともに。④枝と通じ、そこなう。

語系 伎・技・妓 gie は同声。妓は女楽をいう。伎は俄 ngai、危（危）ngiuai と声が近く、伎とはその舞容・所作についていう語であろう。わが国の「かぶく」というのに似ている。

【伎荷】 荷の葉がまだ開かずに巻いているもの。〔老学庵筆記、十〕今人、卷荷を謂ひて伎荷と爲す。伎は立なり。〜或いは芰に作るは是に非ず。

【伎楽】 音楽舞妓。唐・韓愈〔唐朝散大夫〜孔君（戣）墓誌銘〕遂に疾を以て辭去し、東都の城東に臥し、酒食・伎樂の燕に與らず。

【伎伎】 走るさま。〔詩、小雅、小弁〕鹿の之れ奔るは 維れ足伎伎たり

【伎芸】 わざ。たくみ。〔後漢紀、献帝紀二〕（蔡邕）博學にして雋才有り。善く文を屬る。音聲を解し、伎藝竝びに術數の事、精綜ならざる無し。

【伎工】 宮廷の歌舞芸人。〔隋書、礼儀志二〕金石の樂を設けず、伎工の端潔にして善く謳詠する者を選び、雲漢の詩を壇の南に歌はしむ。

【伎術】 わざ。〔顔氏家訓、省事〕古人云ふ、多く少善を爲すは、一を執るに如かず。鼫鼠五能にして、伎術を成さずと。

【伎水】 水に入り、魚虫を取る者。漢・揚雄〔羽猟の賦〕文身の伎、水をして、鱗蟲を格たしむ。

【伎数】 方伎、数術。〔後漢書、桓譚伝〕今諸の巧慧小才伎數の人、圖書を增益し、矯めて讖記と稱し、以て貪邪を欺惑す。

【伎能】 技能。〔史記、日者伝、褚少孫論〕傳に曰く、富を

上と爲し、貴之れに次ぐ。既に貴ならば、各各一伎能を學びて、其の身を立つ。

【伎癢】その技能を実現したくてむずむずする。唐・張建封〔韓校書愈の打毬歌に酬ゆ〕詩 軍中の伎癢、驍智の材 競うて駿逸を馳せて我に隨つて來る

【伎倆】うでまえ。手腕。〔旧唐書、文苑下、司空図伝〕（詩）咄咄、休休休、莫莫莫 伎倆多しと雖も、性靈惡ならば 是れに賴りて長く閑處に着せしめん

【伎力】技能と力。〔人物志、八観〕是の故に、不仁の質勝つときは、則ち伎力、器を害することを爲さん。

⬆伎苛 繁雑／伎巧 わざ／伎作 手芸／伎児 歌舞芸人／伎女 妓女／伎妾 伎女の妾／伎船 遊び舟／伎道 方術／伎坊 教坊／伎癢 伎癢

⬇異伎・怪伎・工伎・倡伎・縄伎・方伎

【刉】 6 8270 ［刏］ 5 8270 キ カイ きずつける

篆文 

形声 声符は气。字はまた刏に作り、乞声。气・乞はもと同字で、ともに雲気の流れる象。その雲气を望んで匂求のことを行う。刉も犠牲を供して祈ることをいう字である。〔説文〕四下に「劃傷するなり。～一に曰く、斷つなり」とあり、刀で傷つける意。「又讀みて殪の若くす。一に曰く、刀利ならざれば、瓦石上に於て之れを刉ぐ」と研磨の意とする。〔周礼、秋官、士師〕は刉珥のことを掌る。刉は獣、珥は鳥を殺して、その血を塗って清める儀礼をいう。〔周礼、春官、肆師〕に「祈珥」とあるのも同じ。祭器の成るや、鶏血を取って清め、その清めた器を彝という。彝は、鶏を羽交い締めにして、その血を取る形。血を用いるのは釁の儀礼である。

訓義 1きずつける、きる、たつ、さす。2ころす。3刃物をとぐ。

古訓 〔篇立〕刉 サク

【卉】 6 4044 キ クツ くさ

篆文 

会意 中を三つ重ねて、衆草の意を示す。〔説文〕一下に「艸の總名なり」とあり、〔方言、十〕に東越揚州の語とし、また〔呉都の賦〕「卉木」の〔五臣注〕に「百草の總名、楚人の語なり」とみえるが、広く草木をいう語である。

訓義 1くさ、くさき。2しげる、おおい。3㚔と通じ、すみやか。

古訓 〔名義抄〕卉 クサ

声系 〔説文〕に卉声として本部十下に㚔、手部十二上に捧を収める。㚔は「疾なり」とあって忽疾の意、捧は「首、地に至るなり」とあって拜（拝）の初文。㚔声とするが、捧は手を以て草木の華を抜く意である。拜は〔詩、召南、甘棠〕に「蔽芾たる甘棠 翦る勿れ拜ぐ勿れ」の〔鄭箋〕に「拜は拔なり」とあり、捧はその意の字。㚔は華（華）の初形とみるべき字である。拜はのち拝首の字となった。

参考 卉は卌（卉）とは異なる字。〔字彙〕に卉を卉の初文とするが、古くは卉は卌としるした。

【卉裳】くさおりの服。唐・柳宗元〔柳州文宣王新修廟碑〕惟これ柳州は古の南夷爲り。椎髻卉裳、攻劫鬬暴、唐虞の仁と雖も柔らぐる能はず、秦漢の勇も威す能はず。（唐）、國を有つに至つて、始めて法度に循ふ。

【卉服】麻や葛の衣裳。唐・呉筠〔高士詠、孫公和〕詩 孫登、淳古を好み 卉服して穴居に從ふ

【卉木】草木。〔詩、小雅、出車〕春日遲遲として 卉木萋萋たり

⬆卉衣 草衣／卉煒 美しい／卉汨 速やか／卉翕 風樹の声／卉裘 粗裘／卉歙 卉翕／卉犬 獨狗／卉然 盛んなさま／卉布 粗布／卉物 草木／卉醴 蜜の名

⬇異卉・艶卉・花卉・嘉卉・寒卉・奇卉・妍卉・残卉・衆卉・春卉・榛卉・葩卉・百卉・芳卉・名卉・野卉・陽卉・霊卉

常

【危】 6 2721 〖危〗 6 2721 キ あやうい たかい

篆文 

形声 声符は产。产は危の初文。产の下に、跪く人の形を加えたものが危。〔説文〕九下に「高きに在りて懼るるなり。产に從ひ、自ら卪（節）して之れを止む」とするが、厓の上下に跪く人の形をそえて危うい意を示す。危冠は冠を危くすること、危坐は端坐すること、すべて端厳の状態についていう。

訓義 1あやうい、あやぶむ、あやうく。2たかい、けわしい、正しい。3はげしい、かたむく、はやい。

古訓 〔字鏡集〕危 アヤフシ・アヤフム・アヤフミ・オトス・ヲツ・ミネ

部首 〔説文〕に戯をこの部に属する。崎嶇の崎と同じ。〔説文〕は产を厂部に属するが、产は危・詹などの字の従うところで、一部をなすべき字。〔玉篇〕危部になお䲶・跪の二字を加えている。

声系 〔説文〕に危声として跪・詭・觤・垝など十一字を収める。おおむね傾く、敗れるの意をもつ字である。

語系 危 ngiuai、俄 ngai は声近く、ともに傾く姿勢をいう。伎・妓 gie もその系統の語である。

【危害】危険で身をそこなう。〔韓非子、姦劫弑臣〕人焉くんぞ能く安利の道を去りて、危害の處に就かんや。

【危機】危難の生ずる機会。晋・陸機〔豪士の賦〕厳刑峻制、以て傷心の怨みを賈ふ。～衆心、日に隊れ、危機、將に發せんとす。

【危疑】危難と疑惑。明・李夢陽〔曹植集の序〕嗟乎植や、其の音宛にして其の情危、其の言憤切にして餘悲有り。殆ど危疑の際に處る者か。

【危急】危うくさしせまる。蜀・諸葛亮〔出師の表〕今天下三分し、益州罷弊せり。此れ誠に危急存亡の秋なり。

【危苦】危うく困難な状態。〔史記、平原君伝〕家の有る所は、盡く散じて以て士に饗す。士其の危苦の時に方りて、德とし易きのみ。

【危懼】危ぶみおそれる。危惧。〔書、湯誥〕茲に朕れ、未だ戾を上下に獲るを知らず。栗栗危懼、將に深淵に隕ちんとするが若し。

【危徑】危うい小径。唐・王維〔大散より～黃牛嶺に至る～〕詩 危徑、幾萬轉 數里に將に三たび休せんとす

【危險】危うい。〔漢書、劉向伝〕今佞邪と賢臣と、竝びに交戟（宿衛）の内に在り。合黨共謀、善を違り惡に依り、歙歙訿訿、數危險の言を設け、以て主上を傾移せんと欲す。

【危言】剛直な言論。〔論語、憲問〕邦に道有れば、言を危くし、行ひを危くす。邦に道無ければ、行ひを危くし言は孫る。

【危語】人を恐れさせるような語。〔明史、楊廷和伝〕廷和、其の弱くして脅かすべきを以て、～詳しく江彬の反狀を言ひ、危語を以て之れを怵れしむ。

【危困】危険と困窮。〔後漢書、臧洪伝〕將吏皆垂泣して曰く、～今郡將の爲の故に、自ら危困を致す。吏人何ぞ當に明府（洪）を捨てて去るべきに忍びんやと。～男女七八十人、相ひ枕して死せり。

【危坐】正坐。端坐。宋・蘇軾〔赤壁の賦〕蘇子愀然として、襟を正して危坐して客に問うて曰く、何爲れぞ其れ然るやと。

【危削】きさく 国危うく、国土も侵される。〔荀子、王覇〕上、其の下を詐き、下、其の上を詐く。則ち是れ上下析るるなり。是くの如くんば、則ち敵國之れを輕んじ、與國之れを疑ひ、權謀日に行はれ、國危削を免れざらん。

【危桟】きさん 高く険しい桟道。〔宋史、孫長卿伝〕泥陽に羅川・馬嶺有り。上に危棧を構へ、下は不測の淵に臨む。過ぐる者惴恐す。

【危死】きし 死に近づく。〔楚辞、離騒〕余が身を阽くして死に危づくも 余が初を覽て、其れ猶ほ未だ悔いず

【危峭】きしょう(せう) 危うく険しい。〔論衡、効力〕大石に至りては、沙土も覆はず、山も持すること能はず。危峭の際に處かば、則ち必ず坑谷の閒に崩墜せん。

【危檣】きしょう(しやう) 高い帆柱。唐・杜甫〔旅夜書懐〕詩 細草、微風の岸 危檣、獨夜の舟 星は平野に垂れて闊く 月は大江に湧いて流る

【危心】きしん おそれる心。唐・李益〔馮翊に宿す～〕詩 危心、夜雨に驚く 起望、漫かにして悠悠

【危身】きしん 身を危うくする。〔礼記、檀弓下〕喪には居を慮らず(売りて厚葬せず)、毀には身を危くせず。喪に居を慮らざるは、廟無きが爲なり。毀に身を危くせざるは、後(子孫)無きが爲なり。

【危脆】きぜい 危うくもろい。〔宋書、張邵伝〕人生は危脆なり。必ず當に遠く慮るべし。

【危巣】きそう(さう) 高い樹の上の鳥の巣。宋・蘇軾〔後の赤壁の賦〕虎豹(その形をした奇岩)に踞し、虬龍に登り、棲鶻の危巢を攀ぢ、馮夷(水神)の幽宮に俯す。

【危殆】きたい 危うい。〔管子、立政九敗解〕夫れ朋黨前に處り、賢不肖分たず。則ち爭奪の亂起りて、君危殆の中に在り。

【危顚】きてん 危うくて傾き倒れる。〔管子、宙合〕高く其の居を爲るときは、危顚して之れを救ふ莫し。～故に盛は必ず失し、雄は必ず敗る。

【危途】きと 危険な道。唐・杜甫〔竜門閣〕詩 危途、中に縈盤す 仰ぎ望めば綫縷垂る

【危道】きどう(だう) 危険な方法。〔史記、高祖紀〕沛公急に關に入らんと欲すと雖も、秦兵尙ほ衆し。～宛、後より擊ち、彊秦前に在り。此れ危道なり。

【危難】きなん 危ういめにあう。〔戦国策、趙一〕信盟の約に背いて、危難にして成すべからざるの事を爲す。其の勢ひ見るべきなり。

【危敗】きはい 危険で失敗。〔文心雕竜、風骨〕舊規に跨略して、新作を馳騖せば、巧意を獲と雖も、危敗も亦た多からん。

【危微】きび 危うく、かすかなところ。〔荀子、解蔽〕故に道經に曰く、人心之れ危く、道心之れ微なりと。危微の幾は、惟だ明君子にして、而る後能く之れを知る。

【危怖】きふ 危ぶみおそれる。〔三国志、呉、周魴伝〕人の世閒に居る、猶ほ白駒の隙を過ぐるがごとくにして、而も常に危怖を抱く。其れ言ふべけんや。

【危邦】きほう(はう) 今にも滅びようとする国。〔論語、泰伯〕危邦には入らず、亂邦には居らず。天下、道有るときは則ち見はれ、道無きときは則ち隱る。

【危峯】きほう 高峯。南朝宋・謝霊運〔山居の賦〕北阜に倚りて講堂を築き、危峯に傍うて禪堂を立つ。

【危亡】きぼう(ばう) 危急滅亡。〔史記、酈生伝〕酈生、齊王に說きて曰く、～漢王に下らずんば、危亡すること、立ちて待つべきなりと。

【危乱】きらん 危険で乱れる。〔晏子、問上三〕德以て之れを安んずる無くんば則ち危く、政以て之れを和する無くんば則ち亂る。未だ危亂の理を免れずして、安和の國を伐たんと欲するは不可なり。

【危楼】きろう たかどの。唐・李端〔度関山〕詩 危樓、廣漠に縁より 古竇、長城に傍ふ

↑危隘 険しくせまい／危安 安危／危駭 恐れおどろく／危閣 高閣／危冠 高冠／危巖 高巌／危巘 険路／危弓 強弓／危窮 窮途／危狭 危険／危嶠 高峻／危局 危機／危軀 身が危うい／危髻 高髻／危臬 危うい／危蹇 危厄／危行 正しい行い／危構 高い建物／危国 危邦／危視 危ぶむ／危事 危険な事／危榭 危楼／危弱 危うく弱い／危蹙 せまる／危術 危道／危峻 高峻／危悚 危懼／危聳 そびえる／危慴 危悚／危辱 危害と恥辱／危惴 危惧／危勢 危地／危石 高い石／危然 正しくしているさま／危台 高台／危地 危急の場所／危堞 城の物見／危墜 危亡／危亭 高い亭／危惙 憂える／危巓 高い頂／危篤 瀕死／危迫 切迫する／危逼 危迫／危覆 傾覆／危厄 危険困難／危欄 高欄／危慄 危怖／危嶺 高峰／危路 危ない路

↓安危・懐危・艱危・攲危・欹危・傾危・険危・孤危・弘危・高危・守危・峻危・牆危・乗危・身危・憂危・履危・臨危・路危

【改】 6 1474 キ

篆文

金文

形声 声符は己き。〔説文〕十二下に「女の字なり」とし、己声。〔史記、殷紀〕に「紂、婦人を嬖し、妲改を愛す」とみえる。金文に、女子の姓として用いる例がある。

訓義 ①おんなのあざな。

参考 妃の字と左右をかえた形にみえるが、妃の従うところは、もと巳に作るもので、卜辞に「需妃」、金文に「孝大妃」「中妃」のような名があり、巫祝や婦人の廟号に用いる。巳は祀の初文で祭祀。改は己声に従うもので、妃とは異なる字である。

【卮】 6 2771 キ はげやま

篆文

形声 声符は己き。〔説文〕九下に「山に艸木無きなり」とあり、はげ山をいう。〔釈名、釈山〕に「卮は圮なり。出生する所無きなり」と「圮る」意を以て解する。〔詩、魏風、陟岵〕に「彼の卮に陟りて 母を瞻望す」の句があり、首章に「彼の岵に陟りて 父を瞻望す」という。

訓義 ①はげやま、はだかやま。②いしやま。

↓陟卮

【弃】 6 0044 キ すてる

古文

金文
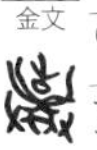

会意 厶＋廾。〔説文〕棄(棄)字条四下に、古文としてこの字を録する。棄は「捐つるなり。廾に從ふ。華を推して之れを棄つ。厶に從ふ。厶は逆子なり」と逆子を棄てる意とする。棄の華を略した形が弃。初生児を棄て、あるいは民俗として一時棄子とするようなこともあった。「弃疾」のように、名に用いることがある。

訓義 ①すてる。②すてご。

古訓 〔名義抄〕弃 スタル・スツ 〔篇立〕弃 ヤム・スツ・スタル・ステ、

＊語彙は棄字条参照。

【攲】 6 2474 キ かたむく

篆文

甲骨文
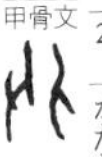

形声 声符は支(支)き。〔説文〕八上に「頃かたむくなり。匕に從ひ、

支聲。匕は頭頃くなり」とあり、〔詩、小雅、大東〕「跂たる彼の織女」の句を引く。〔玉篇〕に「頣ぐ皃なり」という。

訓義 ①かたむく。②あおぐ。③字はまた跂に作る。

古訓 〔篇立〕跂 チマタ・クマタ・タカシ

常 **【机】** 6 4791 ［几］ 2 7721 キ つくえ

篆文 

形声 声符は几。几は机の初文で象形。両端に足のある台の形。〔説文〕十四上に「几は踞几なり。象形」とみえる。机を〔説文〕六上に木の名とし、楡に似た木の名であるが、これは別義。

訓義 ①つくえ。②木の名、さるなし。③くわのみ。

古訓 〔新撰字鏡〕机 加知木（かぢき）〔和名抄〕机 都久恵（つくゑ）〔字鏡集〕机 ウツバリ・ツクエ・ヲシマツキ

＊語彙は几字条参照。

↑机案 つくえ／机筵 座席／机下 書信の脇付／机上 机の上／机杖 机と杖／机榻 机と腰かけ／机辺 机の傍ら

↓案机・玉机

常 **【気】** 6 人［氣］ 10 8091 ［餼］ 19 8871 キ ケ おくりもの くうき

篆文 

形声 旧字は氣に作り、气声。〔説文〕七上に「客に饋る芻米なり」とあり、〔左伝、桓十年〕「齊人、來りて諸侯に氣る」の文を引く。いま氣を餼に作る。气が氣の初文、また氣は餼の初文。いま气の意に気を用いる。

訓義 ①客におくる食糧、食事のおくりもの。②空気、いき。③活動の源泉となるもの、元気、ちから、いきおい。④人の心もち、気だて、うまれつき。⑤気としてただようもの、におい、かぐ。⑥もののある状態、おもむき、ありさま。⑦季節を動かすもの、とき。

古訓 〔名義抄〕氣 イキ・ケハヒ／氣調 イキナシ

声系 〔説文〕に氣声として愾・餼の二字を録する。餼は敵愾の愾の初文。愾は大息することをいう。

語系 气・氣 khiət は愾・餼 xiət、また喟 khiuət、慨（慨）・嘅 khət と声義近く、みな気息を発するをいう。餼は饋・餽 giuəi、歸（帰）kiuəi と通用し、食事を饋ることをいう。

【気意】いき こころもち。気分。〔管子、内業〕氣意得れば而ち天下服し、心意定まれば而ち天下聽く。

【気韻】きいん（きゐん） 詩文や書画における気品。〔捫蝨新話、上一〕文章は氣韻を以て主と爲す。氣韻足らざれば、辭藻有りと雖も、要は佳作に非ざるなり。

【気宇】きう 気ぐらい。風度。梁・陶弘景〔山を尋ぬる誌〕是に於て髮を散じ帶を解き、巖上に盤旋す。心容曠朗にして、氣宇調暢（整ってのびやか）なり。

【気運】きうん 時の勢いのなりゆき。〔世説新語、傷逝〕戴公（逵）、林法師（支遁）の墓を見て曰く、德音未だ遠からざるに、拱木已に積めり。冀くは神理緜緜として、氣運と俱に盡きざらんのみと。

【気鋭】きえい 意気ごみがはげしい。〔三国志、魏、張既伝〕進んで胡を撃たんと欲す。諸將皆曰く、士卒疲倦し、虜衆氣銳なり。與に鋒を爭ひ難しと。

【気燄】きえん 意気の盛んなこと。唐・顔真卿〔李公神道碑〕公、虛中自ら牧ひ、下に接するに愈と恭しくし、～身を正して氣燄の忌無し。

【気概】きがい 意気と節操。気節。〔宋書、王玄謨伝〕玄謨、幼にして不群。世父蕤、人を知るの鑒有り。常に笑つて曰く、此の兒氣概高亮、太尉彥雲（王淩）の風有りと。

【気格】きかく 氣品のあること。唐・皎然〔詩式、一〕語、興と驅り、勢ひ情を逐うて起り、作ること意に由らざれば、氣格自ら高し。

【気幹】きかん 気性と才幹。〔宋書、臧質伝〕屢名郡に居り、史籍を涉獵し、尺牘（手紙）便敏（す早い）なり。既にして氣幹有り、好んで兵權を言ふ。太祖、大いに任ずべしと謂へり。

【気俠】ききょう（きけふ） 男だて。俠気。〔後漢書、張堪廉范伝論〕皆氣俠を以て名を立つ。其の危急を振ひ、險阨に赴くを觀るに、壯とするに足る者有り。

【気勁】きけい 気性がはげしい。唐・劉禹錫〔裴処士の制挙に応ずるを送る〕詩 裴生久しく風塵の裏に在り 氣勁く言高くして、知己少れなり

【気決】きけつ 気性がはげしく、決断が早い。〔後漢書、耿夔伝〕夔、字は定公、少くして氣決。

【気候】きこう 天候。南朝宋・謝霊運〔石壁精舎より湖中を還る〕詩 昏旦に氣候變ず 山水清暉を含む 清暉能く人を娛しましむ 游子憺しんで歸ることを忘る

【気骨】きこつ 信念を守って屈しない気性。〔梁書、丘遅伝〕遲、八歲にして便ち文を屬る。靈鞠（父）常に氣骨我に似たりと謂ふ。

【気質】きしつ きだて。気性。〔宋書、謝霊運伝論〕漢より魏に至るまで四百餘年、辭人才子、文體三變す。～子建（曹植）仲宣（王粲）は氣質を以て體と爲す。～是を以て一世の士、各と相ひ慕習す。

【気尚】きしょう（きしやう） けだかい人格。〔北史、李洪之伝〕長子神、少くして膽略有り。氣尚を以て名と爲す。

【気象】きしょう（きしやう） 自然の景象。宋・范仲淹〔岳陽楼記〕遠山を銜み、長江を吞み、浩浩湯湯として横さまに際涯無く、朝暉夕陰、氣象萬千なり。此れ則ち岳陽樓の大觀なり。

【気色】きしょく 顔色。〔荀子、勧学〕故に未だ與に言ふべからずして言ふ、之れを傲と謂ふ。～氣色を觀ずして言ふ、之れを瞽と謂ふ。

【気数】きすう めぐりあわせ。運命。元・方回〔宣枢南山朱公の遺集を読む〕詩 功名は氣數に拘せらるるも 文字に精神を見る

【気勢】きせい 気象と形勢。唐・杜牧〔長安秋望〕詩 樓は霜樹の外に倚り 鏡天、一毫無し 南山と秋色と 氣勢兩つながら相ひ高し

【気節】きせつ 気骨があり、正義を守る。〔史記、汲黯伝〕黯、人と爲り性倨、禮少なく、面折す。～然れども學を好み、游俠にして、氣節に任ず。

【気喘】きぜん あえぐ。〔顔氏家訓、勉学〕田鵬鸞有り。本と蠻人なり。～便ち好學を知り、懷袖握書、曉夕諷誦す。～文林館に至る每に、氣喘ぎ汗流れ、書を問ふの外、他の語に暇あらず。

【気息】きそく 呼吸。いのち。晉・李密〔情事を陳ぶる表〕過つて拔擢を蒙り、寵命優渥なり。～但だ劉（祖母）日（生命）西山に薄まり、氣息奄奄たり。人命危淺、朝に夕を慮られず。～是を以て區區、廢遠する能はず。

【気体】きたい 心身。〔礼記、内記〕凡そ老を養ふに、五帝は（老に）憲り、三王はまた言を乞ふ。五帝は憲るも、氣體を養ひて、言を乞はず。

【気調】きちょう（きてう） 勢いと風格。〔顔氏家訓、文章〕文章は當に理致を以て心腎と爲し、氣調を筋骨と爲し、事義を皮膚と爲し、華麗を冠冕と爲すべし。

【気稟】きひん 気質の性。天性。〔中庸章句、一〕性道は同じと雖も、氣稟は或いは異なり。故に過不及の差無きこと能はず。

【気味】きみ おもむき。けはい。風味。唐・杜甫〔厳中丞の青城山の道士の乳酒一瓶を送られしを謝す〕詩 山缾の乳酒、靑雲より下る 氣味濃香にして、幸ひにして分たる

【気脈】 血気の循環するすじ。そのつながり。〔塩鉄論、軽重〕扁鵲息脈を撫して、疾の由りて生ずる所を知る。陽氣盛んならば則ち之れを損して陰を調し、寒氣盛んならば則ち之れを損して陽を調す。是こを以て氣脈調和して、邪氣留まる所無し。

【気量】 度量。唐・杜甫〔最能行〕詩 此の鄉の人、氣量窄し 悞つて南風を競ふとし、北客を疎んず

【気力】 ことを遂行する力。根気。〔韓非子、五蠹〕曰く事異なれば則ち備へ變ずと。上古は道徳を競ひ、中世は智謀を逐ひ、當今は氣力を争ふ。

【気類】 生類。また意気の合うもの。魏・曹植〔親親を通ずるを求むる表〕臣竊かに自ら傷む。敢て乃ち氣類に交はり、人事を脩め、人倫を敍することを望まざるも、～吉凶の問塞がり、慶弔の禮廢す。恩紀の違ふこと、路人よりも甚だし。

↑気鬱 気が沈む／気暈 かさ／気咽 むせぶ／気応 よい前兆／気温 温度／気化 気の変化／気慨 気概／気寒 寒気／気感 気に感じる／気岸 気丈／気誼 情誼／気毬 まり／気矜 意気盛ん／気局 気格／気形 動物／気激 元気盛ん／気血 血脈／気結 気鬱／気験 兆候／気戸 鼻孔／気孔 気門／気吼 腹立ち／気昏 気鬱／気根 根気／気朔 気節／気索 元気なし／気殺 憤死／気死 憤死／気志 志気／気疾 気沮／気邪 邪気／気習 習気／気序 時序／気性 きだて／気祥 気応／気状 心ばえ／気情 欲望／気祲 悪い気／気尽 気索／気絶 仮死／気沮 気おくれ／気窓 通気窓／気餒 気昏／気奪 気抜け／気転 機転／気土 風土／気倒 いらだつ／気毒 悪い風気／気魄 気力／気品 気位／気風 きだて／気物 時の物／気氛 運気／気変 気の変化／気母 気の源／気望 声望／気貌 風采／気勃 元気／気悶 煩悶／気勇 勇気／気雄 雄気／気流 大気の流れ／気楼 空気抜き

↓噫気・悪気・異気・意気・一気・逸気・引気・陰気・雨気・鬱気・雲気・英気・鋭気・炎気・王気・温気・火気・花気・荷気・海気・外気・活気・脚気・寒気・換気・鬼気・客気・御気・狂気・俠気・驕気・凝気・空気・勁気・景気・血気・剣気・元気・厳気・語気・江気・虹気・香気・候気・顥気・灝気・剛気・豪気・骨気・根気・才気・作気・朔気・殺気・山気・士気・志気・使気・辞気・磁気・湿気・邪気・酒気・秀気・秋気・臭気・習気・淑気・春気・暑気・舒気・升気・勝気・上気・乗気・蒸気・心気・神気・蜃気・水気・翠気・瑞気・正気・生気・精気・石気・積気・節気・占気・宣気・喘気・素気・壮気・爽気・喪気・霜気・俗気・大気・胆気・短気・暖気・地気・稚気・悒気・暢気・調気・通気・天気・電気・怒気・冬気・同気・毒気・任気・熱気・覇気・麦気・病気・風気・服気・雰気・噴気・憤気・奮気・平気・屛気・暮気・本気・猛気・蒙気・夜気・勇気・妖気・陽気・養気・嵐気・理気・涼気・林気・凜気・令気・冷気・沴気・霊気・和気

常

【肌】 6 7721 キ はだ

篆文

形声 声符は几。〔説文〕四下に「肉なり」とあり、肌膚は筋骨に対する語。〔春秋繁露、度制〕に「肌膚は血氣の情なり」とみえ、人の健康度のしるしとされた。

訓義 ①はだ、はだえ。②にく、皮下の肉。③からだ。

古訓 〔新撰字鏡〕肌 加波倍（かはべ）〔和名抄〕肌 賀波倍（かはべ）〔名義抄〕肌 ハダヘ・カハベ・シ、ベ・モ、

【肌革】 はだ。唐・柳宗元〔蕭翰林俛に与ふる書〕忽ち北風の晨起するに遇ひ、薄寒體に中り、則ち肌革慘懍し、毛髮蕭條たり。

【肌骨】 はだと骨。身体。魏・応瑒〔五官中郎将建章台集に侍す〕詩 往春、北土に翔り 今冬、南淮に客となる 遠行して霜雪を蒙り 毛羽、日に摧頽す 常に恐る、肌骨を傷まして 身隕ちて黄泥に沈まんことを

【肌肉】 はだと肉。膚肉。〔論衡、実知〕溝に流澌有り、澤に枯骨有り。髮首陋亡し、肌肉腐絶す。

【肌膚】 はだ。〔荘子、逍遥遊〕藐姑射の山に神人有りて居る。肌膚冰雪の若く、淖約として處子の若し。五穀を食はず、風を吸ひ露を飲む。

【肌腴】 肌肉がゆたかになること。〔論衡、量知〕身の益有るは、猶ほ穀の飯と成り、之れを食らひて肌腴を生ずるがごときなり。

【肌理】 はだのきめ。唐・杜甫〔麗人行〕詩 態濃やかに意遠くして、淑且つ眞 肌理細膩にして、骨肉勻し

【肌慄】 身ぶるいする。おそれる。〔後漢書、孝明八王、梁節王暢伝〕臣暢、昭見する所無く、與に相ひ然諾し、自ら死罪に陥りて、以て考案に至るを知らず。肌慄心悸、自ら悔ゆるも復た及ぶ所無し。

↑肌液 あせ／肌膏 肉と脂／肌色 はだの色／肌雪 雪はだ／肌体 からだ／肌肪 皮膚／肌力 肉体の力

↓按肌・寒肌・頳肌・凝肌・玉肌・瓊肌・香肌・皓肌・細肌・削肌・死肌・柔肌・酔肌・雪肌・仙肌・素肌・頹肌・鳥肌・透肌・軟肌・皮肌・氷肌・膚肌・豊肌・磨肌・曼肌・密肌・明肌

【虫】 6 5013 キ チュウ むし まむし

篆文

甲骨文

金文

象形 蛇など、爬虫類の形。〔説文〕十三上に「一名蝮」とし、また虫類の総名に用いる。〔爾雅、釈魚〕「蝮虺」の〔注〕に、江淮以南では蝮、江淮以北では虺といい、江南のものには猛毒があるという。虫は古く呪霊をもつものがあるとされて、蠱術に用い、蠱による呪詛を祟という。䖵は虫類の総名、蟲は小さな虫の集まる形。いま虫を蟲の意に用いる。

訓義 ①むし。②まむし。

古訓 〔名義抄〕虫 ムシ〔字鏡集〕虫 フトウシ・ムシ

部首 〔説文〕に百五十三字、〔新附〕に七字を属し、〔玉篇〕には五百二十五字を収める。江南の開発に伴って、多くの種類が加えられたのであろう。〔説文〕虫部の字のうち、蜀は牡器を主とする牡獣の象で、虫の部分が牡器、これを縊って去勢することを蠲という。この蜀・蠲の二文を、この部より除くべきである。

【圻】 7 4212 ［垠］ 9 4713 キ ギン かぎり

篆文

形声 声符は斤。斤に沂・祈（祈）の声がある。〔説文〕十三下に「垠は地の垠なり。一に曰く、岸なり」とし、その或る体として斤に従う圻を録する。〔左伝、昭二十三年〕に「今土は數圻」とあり、圻とは方千里をいう。〔玉篇〕に「圻堺なり」とし、また合わせて〔左伝〕の〔杜預注〕を引く。方千里とは王畿の意である。

訓義 ①王畿方千里の地をいう。へり、岸。②かぎり、はて。

古訓 〔名義抄〕圻 ホトリ・カギリ〔字鏡集〕圻 キハ・サク・カギル・キシ・ヒラク・カギリ・カキ

語系 圻・垠ngiənは同字。また、岸ngan、巖（巌）ngeam、限heənはみな声義近く、地形の険しい、限界のところをいう。

【圻鄂】 玉などの断面の隆起した線刻文様。〔周礼、春官、典瑞注〕瑑とは、圻鄂瑑起（あげ彫り）するもの有り。

【圻岸】 きし。南朝宋・謝霊運〔彭蠡湖口に入る〕詩 州島驟しば廻合し 圻岸屢しば崩奔す

【圻父】王畿を警備する司馬職。〔書、酒誥〕汝、殷の獻臣(遺臣)、侯・甸・男・衞、~矧た惟れ若の疇(儔)なる圻父の薄違(違法糾察の職)、農父の若保、宏父の定辟に~劼げ毖め、矧た汝も剛く酒を制めよ。
↑圻界 境界/圻郊 郊野/圻田 王領地/圻内 王畿の内/圻埒 辺界
↓雲圻・華圻・遐圻・迥圻・海圻・京圻・郊圻・数圻・封圻

常【岐】7/2474 ［歧］7/2414 ［郊］7/4742
キ
わかれる わかれみち おいたつ

篆文  古文 

形声 声符は支(攴)。支に伎・庋の声がある。〔説文〕六下に字を郊に作り、「周の文王の封ぜられし所」、すなわち岐山の地であるとする。分岐を意味する字は〔説文〕二下に「跂は足に指多きなり」とあり、字はまた歧に作る。〔釈名、釈道〕に「二達を岐旁と曰ふ。物兩なるを岐と爲し、邊に在るを旁と曰ふ」とあり、岐をその意に用いる。

訓義 1わかれる、わかれみち。2岐嶷、そだつ、ちえづく。3岐山、国の名、姓。

古訓 〔和名抄〕歧神 布奈土乃加美(ふなどのかみ)〔名義抄〕岐 チマタ・イハヤ・サカル・スチカヘ・ミチ・スミヤカ・ヤマノナ/岐神 フナトノカミ〔字鏡集〕歧 ミチ・イハ・チマタ・ワカシ

声系 支声の字のうち、芰・跂・鬾・翅・枝・肢は、分岐の意を以て支声に従う字である。

【岐嶷】よく立ちあがる。幼くて聡慧なことをいうのに用いる。〔詩、大雅、生民〕誕に實に匍匐(はらばい)し 克く岐にして克く嶷なり

【岐秀】高秀。すぐれる。〔唐書、張仲方伝〕仲方生れながらにして岐秀、父の友高郢、見て之れを異しみて曰く、是の兒必ず國器と爲らん。吾をして位を得しめば、將に之れを振起せんとす。

【岐路】わかれみち。〔列子、説符〕楊子の鄰人、羊を亡ふ。既に其の黨を率ゐて~之れを追ひ、(獲ずして)反る。~曰く、岐路の中に又岐有り。吾之く所を知らず。反る所以なりと。
↑岐異 まちまち/岐意 異見/岐穎 すぐれる/岐角 鹿角など/岐岐 岐嶷/岐嶇 険しい/岐首 両頭/岐出 岐異/岐峻 高峻/岐趨 趣旨不明/岐蹏 牛蹄など/岐轍 邪道/岐塗 岐路/岐念 雑念/岐旁 岐路/岐木 二股の木
↓異岐・泣岐・郊岐・克岐・殊岐・峻岐・他岐・多岐・通岐・分岐・羊岐・両岐・臨岐・路岐

常【希】7/4022
キ ケ チ
まれ ねがう

象形 すかし織りの布。上部の爻はその文様を示す。〔説文〕に希字を収めない。〔論語、先進〕「瑟を鼓すること希なり」、〔論語、公冶長〕「怨み是を用つて希なり」など、稀の意に用いる。〔爾雅、釈詁〕に「罕なり」とみえる。稀と通用し、希望の意は覬・冀・幾との通用義。〔周礼、春官、司服〕「社稷五祀を祭るときは、則ち希冕す」とあって絺の初文とみられ、希とはあらい麻織の織目の形を示す字であろう。

訓義 1絺の初文。あらい麻織。糸のあらい織りで、稀の意となる。まれ。2密度のあらいことから、とおい、うとい、しずか。3覬・冀・幾と通用し、ねがう、こいねがう、もとめる。

古訓 〔名義抄〕希 マレラナリ・マレナリ・マレニ・スクナシ・ネガフ・コヒネガフ・タマ〳〵・ヲシム

声系 〔説文〕に希声として唏・睎・晞・稀・欷・絺など十一字を収める。絺は希の形声字。希声の字は稀少の意が多く、唏・欷はなくときの擬声語。

語系 希xiəi、覬・幾(㡬)kiəi、冀kiei、欯kiət は声義近く、心に強く希求することをいう。气khiət、匄kat、曷hat の字形が、雲気を望み、屍骨を用いる古い呪儀を示すものであることからいえば、欯がその原義に近く、希以下は音の通用による仮借とみてよい。

＊語彙は稀字条参照。

【希夷】感覚的にはとらえがたい奥深いもの。道の本体。〔老子、十四〕之れを視れども見えず、名づけて夷と曰ふ。之れを聽けども聞えず、名づけて希と曰ふ。之れを搏てども得ず、名づけて微と曰ふ。此の三者は致詰すべからず。故に混じて一と爲る。

【希有】めったにない。きわめて珍しい。〔老子、七十四〕夫れ大匠に代りて斲る者は、其の手を傷つけざること有ること希なり。

【希革】鳥獣の羽毛が生えかわる。〔書、堯典〕日は永く、星は火なり。以て仲夏を正す。厥の民は因り(集まって耕作に従事し)、鳥獣は希革す。

【希冀】こいねがう。〔三国志、魏、臧洪伝〕今王室衰弱す。~際會に因りて非望を希冀せんと欲し、多く忠良を殺して以て姦威を立つ。

【希覬】のぞむ。ねらう。〔晋書、劉曜載記〕(田)崧、色を厲まして大言して曰く、若賊氏奴才、安んぞ敢て非分を希覬せんと欲するや。

【希言】自然のかすかなことば。〔老子、二十三〕希言は自然なり。故に飄風は朝を終へず、驟雨は日を終へず。孰か此れを爲す者ぞ。天地なり。天地すら尙ほ久しきこと能はず。而るを況んや人に於てをや。

【希覯】まれにみる。〔娜嬛記、上〕季女、賢夫に贈るに綠華尋仙の履、~黃金雙蝶の鈕を以てす。皆製極めて精巧、當世希覯の物なり。

【希旨】迎合。希指。〔大唐新語、九〕都督劉蘭、反を謀る。之れを腰斬す。將軍丘行恭、希旨して、心肝を探りて食ふ。太宗之れを責めて曰く、典に自ら常科有るに、何ぞ此の如きに至る~と。

【希世】世誉をねがう。また、世にまれな。晉・張協〔七命〕爪牙(兵士)景のごとくに附き、函夏(中国)風を承く。此れ蓋し希世の神兵なり。

【希声】かすかな声。〔老子、四十一〕大方(道)は隅無く、大器は晚成す。大音は希聲、大象は形無し。道は隱れて名無し。

【希静】声のない静かな世界。魏・嵆康〔養生論〕今躁競の心を以て、希靜の塗を涉る。意速やかなるも事遲く、望み近きも應ずること遠し。

【希代】世にまれな。稀世。唐・陳鴻〔長恨歌伝〕夫れ希代の事は、出世の才に遇ひて之れを潤色するに非ずんば、則ち時と消沒し、世に聞えざらん。

【希図】企図。明・唐順之〔海防経略の事を条陳する疏〕遠方の無頼、名を土兵の報效に託し、鹵掠を希圖し、群然として麕至す。

【希微】かすか。熹微。〔晋書、隠逸、陶潜伝〕(帰去来の辞)征夫に問ふに前路を以てし、晨光の希微なるを恨む。

【希慕】仰慕する。〔後漢紀、順帝紀下〕(漢安二年)(馬寔)書は經書を誦し、夜は弓兵を習ひ、名流を希慕し、豪傑に交結す。

【希望】のぞみ。また、欲望。〔宋書、殷孝祖伝〕國亂れて朝危し。~群小相ひ煽り、構造無端、幼弱を貪利し、競うて希望を懷く。
↑希衣 絺衣/希意 迎合する/希栄 出世をねがう/希

闊 まれ／希企 ねがう／希奇 ふしぎ／希儗 ならう／希求 求める／希盱 喜ぶ／希歇 まれ／希見 疎遠／希賢 賢をねがう／希古 古をしたう／希幸 僥倖心／希少 稀少／希心 向慕／希聖 聖をねがう／希稠 疎密／希寵 希栄／希年 古稀／希聞 稀聞／希冕 絺冕／希禄 大禄

↓幾希・古希・鮮希・稠希

【戻】 7 0024 ［㢊］ 10 0024 キ おくとだな

篆文

形声 声符は支（攴）し。攴に伎・岐きの声がある。〔説文新附〕九下に㢊に作り、「山を祭るを㢊縣と曰ふ」というのは〔爾雅、釈天〕の文。つり下げる懸肉に対して、戻閣するものを戻・㢊という。〔玉篇〕に「戻は閣なり」とあって、棚に置く意。戻閣はもと神事として供することであった。

訓義 ①おく、しまう。②とだな、たな。

古訓 〔字鏡〕戻 太奈（たな）、食閣なり

【戻閣】 膳だな。たな。〔少室山房筆叢、経籍会通四〕關中、積書の家無きに非ざるも、往往戻閣に束置し、以て蠹魚（しけ虫）に飽かしむ。

【戻県】 山を祭るときの供犠のしかた。〔爾雅、釈天〕天を祭るを燔柴と曰ひ、地を祭るを瘞薶と曰ひ、山を祭るを㢊（戻）縣と曰ひ、川を祭るを浮沈と曰ひ、～風を祭るを磔と曰ふ。

【戻置】 たなの上に置く。擱置。明・李東陽〔永嘉県学奎光閣記〕積書數千卷、其の中に戻置す。以て講誦に資し、聞見を博くす。

↑戻架 戻閣／戻間 貯蔵室／戻蔵 収蔵

↓緘戻・装戻・宝戻

常 【忌】 7 1733 キ いむ つつしむ

篆文 金文

形声 声符は己き。〔説文〕十下に「憎惡するなり」とあり、忌避・妬忌のように用いる。もと戒慎の意であったらしく、金文の〔叔夷鎛〕「少心愢忌」、〔陳肪𣪘〕「鬼神に龔𡪞し、襄𩱙愢忌す」のように、神事につかえる心情をいう語である。〔綸鎛〕に字を「畏誋」に作る。誋は〔説文〕三上に「誡なり」とあり、その敬忌する意より畏忌・忌憚の意となった。国語の「いむ」も「斎む」から「忌む」へ語義が展開したもので、忌の字義の展開と似たところがある。

訓義 ①つつしむ、おそれる、いましめる。②いむ、にくむ、きらう。③タブーとする、さける。

古訓 〔名義抄〕忌 イム・オソル・ニクム・カナシ・オソシ・オコル・ユルシ・ウラム 〔字鏡集〕忌 ウヤマフ・オソル・イム・ト、ム・ニクム・オコル・ユルシ・アシ・カナシ

語系 忌・誋・諅 giə は同音。〔説文〕三上に「諅は忌なり」とあって三字同義。また跽 giə、跪 giue、戒 keək も声義近く、みな畏忌の意がある。

【忌畏】 いみおそれる。〔後漢書、桓帝紀〕梁冀姦暴にして、王室を濁亂す。～心に忌畏を懷き、私かに殺毒を行ふ。～禍害深大、罪釁日に滋し。

【忌悪】 いみにくむ。〔後漢書、光武帝紀論〕王莽、位を簒ふに及び、劉氏を忌惡す。錢文に金刀有るを以て、故に改めて貨泉と爲す。

【忌害】 いみ害する。〔後漢書、皇后下、順烈梁皇后紀〕兄大將軍冀、質帝を鴆殺し、專權暴濫、忠良を忌害し、數しば邪說を以て太后を疑誤す。～太后又宦官に溺る。

【忌諱】 忌避すべきこと。諱は先王の名。漢・賈誼〔過秦論、下〕此の時に當りてや、世に深慮知化の士無きに非ざるなり。然れども敢て忠を盡し過を拂はざる所以の者は、秦の俗に忌諱の禁多ければなり。

【忌克】 人の能をにくみ、勝とうとする。〔左伝、僖九年〕詩に曰く、～僭はず賊はず 則と爲らざること鮮なしとは、好無く惡無く、不忌不克の謂ひなり。今其の言に忌克多し。難い哉。

【忌刻】 人の能をいみ、むごくあたる。〔北史、王世積伝〕世積、帝の性の忌刻にして、功臣多く罪を獲るを見る。是れに由りて酒を縱にし、執政と時事を言及せず。

【忌恨】 きらい遺恨におもう。〔三国志、蜀、先主伝〕劉巴は、宿昔の忌恨する所なり。皆之れを顯任に處き、其の器能を盡さしむ。有志の士、競勸せざる無し。

【忌恣】 人をいみ、ほしいままに振る舞う。〔後漢書、宦者、単超伝〕（梁）冀、太尉李固・杜喬等を誅してより、驕橫益と甚だし。皇后埶（勢）に乘じて忌恣し、鴆毒する所多し。上下鉗口し、言ふ者有ること莫なし。

【忌憚】 いみはばかる。遠慮する。〔中庸、二〕小人の中庸に反するや、～小人にして忌憚無きなり。

【忌避】 いみさける。〔魏書、高車伝〕性爲たる粗猛、黨類同心、寇難に至りては翕然として相ひ依る。～其の俗、蹲踞褻黷、忌避する所無し。

↑忌盈 満をいむ／忌厭 嫌う／忌月 いみ月／忌忤 逆らう／忌剋 忌刻／忌妻 嫉妬深い妻／忌斎 物忌み／忌祭 年忌／忌歳 いみ年／忌視 嫉視／忌疾 にくむ／忌日 命日／忌辰 忌日／忌慎 慎む／忌制 禁制／忌憎 にくむ／忌俗 俗嫌い／忌忍 忌刻／忌服 服喪の期間

↓畏忌・違忌・陰忌・怨忌・回忌・悍忌・諱忌・疑忌・驕忌・禁忌・敬忌・険忌・嫌忌・鉗忌・厳忌・顧忌・猜忌・讒忌・私忌・疾忌・周忌・疏忌・疎忌・憎忌・俗忌・多忌・妬忌・忍忌・年忌・辟忌・逢忌

【杞】 7 4791 キ くこ

篆文 甲骨文 金文

形声 声符は己き。〔説文〕六上に「枸杞なり」とあり、くこをいう。その実は薬用として強精剤に、また枸杞油として用いられる。また杞柳をいう。

訓義 ①くこ。②柳の一種、かわやなぎ、こぶやなぎ。③古代の国名。禹の後と伝える。春秋期に杞伯の青銅器が多い。

古訓 〔新撰字鏡〕杞 比乃木（ひのき）、又、一比乃木（いちひのき） 〔名義抄〕枸杞 ヌミグスリ・クコ 〔篇立〕杞 ヒノキ・イチヒノキ

【杞菊】 くこと菊。宋・蘇軾〔後の杞菊の賦〕吾方に杞を以て糧と爲し、菊を以て糗と爲し、春は苗を食ひ、夏は葉を食ひ、秋は花實を食ひ、冬は根を食ふ。西河・南陽の壽に庶幾からんか。

【杞梓】 おうちと梓。良材。良能にたとえる。〔左伝、襄二十六年〕晉の卿は楚に如かず。其の大夫は則ち賢、皆卿の材なり。杞梓皮革の、楚より往くが如し。

【杞婦】 斉の杞梁の妻。夫の戦死を嘆き、城壁がそのため崩れたという。清・劉鶚〔老残游記、自叙〕城は杞婦の哭に崩れ、竹は湘妃（舜の妃）の涙に染む。（涙竹）此れ有力の類の哭泣なり。

【杞憂】 とりこし苦労。〔列子、天瑞〕杞の國に、人の、天地崩墜し、身寄する所亡きを憂へて、寢食を廢する者有り。又彼の憂ふる所を憂ふる者有り。因りて往きて之れに曉さとす。

【杞柳】 白楊の一。しなやかで、筐などを作る。〔孟子、

告子上」告子曰く、性は猶ほ杞柳のごときなり。義は猶ほ桮棬(まげもの)のごときなり。人の性を以て仁義を爲すは、猶ほ杞柳を以て桮棬を爲るがごときなりと。

➡杞笋 くこの芽／杞慮 杞憂

➡苦杞・枸杞・荊杞・采杞・梓杞・樹杞・秋杞・苞杞・柳杞・緑杞

【汽】常 7 3811 ［汔］ 6 3811 キ キツ ゆげ ほとんど

篆文 

形声 声符は气。气はまた乞に作り、古くは气・乞は同字で雲気をいう。水が気化する状態で、また〔詩、大雅、民労〕「民も亦た勞せり。汔んど小康すべし」のように副詞に用いる。〔説文〕十一上に「水涸るるなり」また「或いは曰く、泣下るなり」という。

訓義 1ゆげ。2せまる、つきる、かれる。3ほとんど、ちかい。4涙が流れる。

古訓 〔名義抄〕汽 ツク・ツキヌ・ホトノ〳〵・アヤフシ

語系 汽(汔)xiat、幾(幾)kiəiは声近く、ともに「ほとんど」の意に用いる。迄xiat、訖・既(既)kiatも、「ほとんど」「つきる」の意に用いる。

➡汽化 気体化／汽角 汽笛／汽車 蒸気車／汽舟 汽船／汽尽 かれる

➡水汽・滌汽

【沂】7 3212 キ ギ ギン ほとり

篆文 

形声 声符は斤。〔説文〕十一上に水名とする。〔論語、先進〕に「沂に浴す」とみえる魯の川である。圻・垠に通じ、ほとりの意に用いる。

訓義 1川の名。2ほとり、ふち、きし。3横吹楽器の名、ふえ。

古訓 〔字鏡集〕沂 ホトリ・ミツノイツル

語系 沂・圻・垠ngiənは同声。また、岸ngan、巖(巖)ngeam、堮ngakも声義近く、みな崖岸の意があり、水涯を沂という。

【沂鄂】 器物のへりにつけた凹凸文。沂は凹処、鄂は凸処をいう。〔礼記、哀公問、孔穎達疏〕車には雕幾せずとは、幾とは沂鄂を謂ふ。雕鏤せずして、沂鄂有らしむるを謂ふなり。

➡沂垠 辺隅

➡河沂・海沂・江沂・清沂・前沂・浴沂・臨沂

【辺】7 3130 キ しるす この

篆文 

形声 声符は丌。〔説文〕五上に「古の遒人(宣命の官)、木鐸を以て詩言を記す」とし、丌の亦声にして「讀みて記と同じうす」とあって、記録する意とする。毎歳仲春、民間の詩を採録する俗があって、その官を遒人という。〔詩、大雅、崧高〕に「往け近の王舅」という句があり、近は辺の譌字である。また其・記・忌と同じく助詞に用いる。

訓義 1しるす、遒人のなすところ。2この。3助詞。

語系 辺・其・記kiə、忌giəは声近く、助詞に用いる。其・忌は〔詩〕に終助詞に用いる例が多い。

【佹】8 2721 キ もとる

形声 声符は危(危)。危に不安定なものの意がある。〔荀子、賦篇〕に「佹詩」があり、「天下治まらず、請ふ佹詩を陳べん」とは、奇異激切の語をなす意。また〔詩、大雅、皇矣〕「四方以て拂る無し」の〔鄭箋〕に「拂は猶ほ佹のごとし」とあり、払戻の意とする。〔淮南子、斉俗訓〕に「爭うて佹辯を爲す」とあるのは詭弁。〔春秋、僖九年〕「晉侯佹諸、卒す」を〔公羊伝〕に「詭諸」に作り、佹・詭は通用の字である。

訓義 1もとる、あやしい、はげしい。2よる、かさなる。3詭・攱と通じる。

古訓 〔字鏡集〕佹 ナク・モトル

【佹佹】 みかけがよく似ている。〔列子、力命〕佹佹として成る者は、成るに俏たるなり。初めより成るに非ざるなり。

【佹詩】 奇異激切の辞を以て批判を加える。〔荀子、賦篇〕天下治まらず 請ふ、佹詩を陳べん

【佹弁】 こじつけ。〔淮南子、斉俗訓〕爭うて佹辯を爲し、久しく稽まりて訣せず、治に益無し。

➡佹瑣 奇異でこまごましたこと／佹辞 詭弁／佹常 異常／佹侘 失意／佹誕 でたらめなこと／佹得 偶然に得る

➡僑佹・傴佹

【其】人 8 4480 ［箕］ 14 8880 キ み その

篆文 古文 籀文 甲骨文 金文 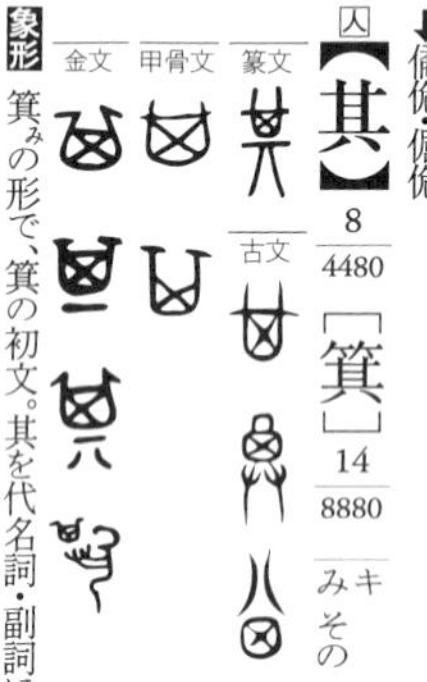

象形 箕の形で、箕の初文。其を代名詞・副詞に用いるに及んで、のち箕が作られた。〔説文〕五上に箕を正字として「簸なり」とし、古文・籀文の字形をあげる。金文には箕を簸揚する形、また女に従う形がある。終助詞として、己・記・忌と通用する。

訓義 1み。2代名詞として、その、それ。3強意の副詞として、それ。疑問や反語にも用いる。4終助詞。己・忌・記と同じように用いる。

古訓 〔名義抄〕其 イマソレ・アニナソ・トフラフ 〔字鏡集〕其 コトハ・ソノ・トフラフ・アミ(ニ)・ソレ・コト・ナリ

声系 〔説文〕に其声として祺・朞・諆・棊・旗・期(期)・稘・欺・頬・騏・麒・甚・基など十七字を収める。其は箕の形で、およそ方形のもの、その形に区画しうるものをいう。欺・頬は倛面を以て人を欺く意で、倛よりの派生義である。

【其者】 思うに。あるいは。〔漢書、武五子、燕剌王旦伝〕寡人束帶して朝を聽くこと三十餘年、曾て聞くこと無し。其者寡人の及ばざるか。意(抑)亦た子大夫の思ひ、至らざる所有るか。

【其諸】 思うに。あるいは。〔論語、学而〕夫子の之れを求むるや、其諸人の之れを求むるに異なるか。

【其然】 道理はその通り(しかし事実はその通りであろうか)。〔論語、憲問〕子曰く、其れ然り。豈に其れ然らんや。

➡何其・誰其・凄其・彼其

【呬】8 6600 キ いき いこう

篆文 

形声 声符は四。正字はおそらく塈に作り、既(既)声。呬はその別体であろう。〔説文〕二上に「東夷、息することを謂ひて呬と爲す」と東夷の語とする。字はまた嘅に作る。

訓義 1いき、いこう。2ひそかに知る。3多くの声。4道家の吐納術の一。

古訓 〔名義抄〕呬 ワラフ・ヤム・イコフ 〔字鏡集〕呬 イコフ・ワラフ・ヨダリ・イキ・ヤム

【奇】常 8 4062 キ ギ かたがわ あやしい すぐれる

篆文 

会意 奇+口。口は祝詞を収める器の𠙵。奇は把手のある大きな曲刀。この曲刀を以て呵して祝禱の成就を求める意。字の立意は可と近く、可は柯枝を以て祝禱を呵してその成就を求める意。神の承認を求めることを可といい、奇はその系列の語である。〔説文〕五上に「異なり」と奇異の意とし、また「一に曰く、耦(偶)あらざるなり。

大に従ひ、可に従ふ」とするが、大とは関係がない。奇は剞劂の形に従う。曲刀で不安定な形であるから奇邪の意（彫刻刀）の形に従う。曲刀で不安定な形であるから奇邪の意となり、それよりして奇異・奇偉の意となる。

訓義 1かたがわ、かたよる、まがる。2ことなる、あやしい。3すぐれる、ぬきんでる。4偶あらざるもの、正常でないもの、かける、あまり。5いつわり、ひそか。

古訓 〔名義抄〕奇 アヤシフ・ミジカシ・メヅラシ・イツハル・マレナリ・アハレブ・タガフ・ナゲク・ヨル・オモテアラフ／數奇 サチナシ

声系 〔説文〕に奇声として倚・踦・攲・剞・觭・椅・寄・倚・騎・猗・掎・綺・畸・錡など二十字を収める。おおむね偏倚・奇異の意をもつ字である。奇は剞劂の象に従い、その曲刀が平衡を失した形であるから、その意を得たものであろう。畸は残田、錡はさきの鋭いすきである。

語系 奇・畸 kiai は同声。一定面積に配分したあとの半端な田地を畸という。畸人のようにも用いる。奇には偏る、傾く意があり、危（危）ngiuai、俄 ngai や伎・妓 gie などと関係があろう。

【奇異】 ふしぎ。めずらしい。〔漢書、叙伝上〕蓋し高祖に在りて、其の興ること五有り。一に曰く、帝堯の苗裔、二に曰く、體貌に奇異多し。

【奇偉】 すぐれて立派。〔史記、留侯世家論賛〕余以爲へらく、其の人計るに魁梧（からだが大きくて立派）奇偉ならんと。其の圖を見るに至りて、狀貌婦人好女の如し。

【奇逸】 人にすぐれまさる。〔三国志、魏、陳矯伝〕博聞彊記、奇逸卓犖には、吾れ孔文擧を敬す。

【奇穎】 抜群にすぐれる。〔宋史、宗室二、周王元儼伝〕元儼、少くして奇穎。太宗特り之れを愛す。朝會宴集毎に、多く左右に侍せしむ。

【奇貨】 めずらしい品物。掘り出し物。〔史記、呂不韋伝〕子楚は秦の諸庶孼孫、諸侯に質となり、～居處困しみ、意を得ず。呂不韋、邯鄲に賈し、見て之れを憐れんで曰く、此れ奇貨なり、居くべしと。

【奇禍】 思いがけないわざわい。〔列女伝、仁智、晋の羊叔姫の伝〕奇福有る者は、必ず奇禍有り。

【奇怪】 ふしぎなこと、尋常でないもの。〔史記、周紀〕帝紂乃ち西伯を羑里に囚ふ。閎夭の徒之れを患へ、乃ち有莘氏の美女、驪戎の文馬、～他の奇怪の物を求め、～之れを紂に獻ず。

【奇観】 めずらしいながめ。みもの。偉観。〔論衡、別通〕人の遊ぶや、必ず都に入らんと欲す。都には奇觀多ければなり。

【奇玩】 めずらしい玩賞物。〔後漢書、董卓伝〕塢中の珍藏に金二三萬斤、銀八九萬斤、錦綺繢縠紈素奇玩有り、積むこと丘山の如し。

【奇気】 めずらしくすぐれた気象。宋・蘇轍〔枢密韓太尉に上る書〕太史公天下を行り、四海の名山大川を周覽し、燕趙閒の豪俊と交游す。故に其の文疏蕩にして、頗る奇氣有り。

【奇奇】 ふしぎ。奇々怪々。唐・韓愈〔窮を送る文〕其の次を文窮と曰ふ。一能を專らにせず、怪怪奇奇、時に施すべからず。祇だ以て自ら嬉しむ。

【奇技】 ふしぎな手わざ。〔書、泰誓下〕郊社修めず、宗廟享せず。奇技淫巧を作して、以て婦人を悦ばす。上帝順はず、祝ちて時の喪を降す。

【奇戯】 ふしぎな遊び。〔史記、大宛伝〕是に於て大いに觳抵し、奇戲諸〻怪物を出だす。聚り觀る者多し。～漢の廣大なるを見て、之れに傾駭す。～而して觳抵奇戲、歳ごとに增變す。

【奇矯】 なみはずれる。〔徐霞客游記、游武彝山日記〕諸峯上皆峭絶、～外に磴道無し。獨り西に一罅を通ずるのみ。天台の明巖に比し、更に奇矯と爲す。

【奇嶷】 すぐれてさとい。〔後漢紀、明帝紀上〕兄客卿、幼にして奇嶷、～年六歲、能く諸公に應接し、賓客に專對す。

【奇遇】 思いがけずあう。宋・柳永〔迎新春〕詞 更闌けて、燭影花陰の下 少年の人 往往にして奇遇す

【奇形】 異形。〔晋書、温嶠伝〕牛渚磯に至る。～世に云ふ、其の下に怪物多しと。嶠、遂に犀角を燬きて之れを照らす。須臾にして水族の火を覆ふを見るに、奇形異狀、或いは馬車に乘り、赤衣を著くる者あり。

【奇計】 奇謀。〔漢書、鄒陽伝〕（鄒）陽、素より齊の人王先生を知る。年八十餘、奇計多し。

【奇見】 すぐれた見識。唐・韓愈〔水陸運使韓侍御の所治に帰るを送る序〕寧ぞ士をして、盡く用ひざるの歎有り。奇見を懷きて、施設することを得ざらしめんや。

【奇古】 風変わりで古めかしい。唐・杜甫〔李尊師の松樹障子に題する歌〕詩 老夫平生、奇古を好む 此れに對して、興は精靈と與に聚まる

【奇觚】 奇書。觚は六面・八面の木簡。〔急就篇、一〕急に奇觚に就くも、衆と異なり。

【奇語】 めずらしい、気の利いた語。宋・李純甫〔病中書事〕詩 暗中に摸索して奇語を出だす 字字、瓊瑤琚（玉の名）に減ぜず

【奇功】 人の意外とする功績。唐・李白〔族弟綰の安西に従軍するを送る〕詩 爾ぢ漢將に隨つて門を出で去らば 虜を剪ること草の若く、奇功を收めん

【奇骨】 すぐれた骨相。〔晋書、桓温伝〕桓溫～生まれて未だ期ならざるに、太原の溫嶠、之れを見て曰く、此の兒奇骨有り、試みに啼かしむべしと。其の聲を聞くに及んで曰く、眞に英物なりと。

【奇才】 すぐれた才能。〔三国志、蜀、諸葛亮伝〕亮、疾病にて軍に卒す。～軍退くに及んで、宣王（司馬懿）其の營壘の處所を案行して曰く、天下の奇才なりと。

【奇士】 衆にすぐれた人。漢・司馬遷〔任少卿（安）に報ずる書〕僕其の人と爲りを觀るに、自ら守るの奇士にして、親に事へて孝、士と與にして信、財に臨んで廉、取與義あり、分別讓有り。

【奇思】 すぐれた構想。宋・陸游〔中丞蔣公墓誌銘〕公、天資警邁、七歲にして牧童の詩を賦す。奇思有り、遂に詞賦に精し。

【奇趣】 妙趣。奇致。宋・蘇軾〔生日～次韻して謝と為す〕詩 故人奇趣有り 逸想幽蟄に寄す

【奇術】 ふしぎな術。妖術。〔管子、任法〕奇術技藝の人、敢て高言孟行し、以て其の情に過ぎ、以て其の主を遇つ莫し。

【奇書】 ふしぎな書。〔漢書、郊祀志上〕齊人少翁～帛書を爲りて以て牛に飯せしめ、陽りて知らざるまねして言ふ、此の牛の腹中に奇書有りと。～天子、其の手（手迹）を識る。之れを問ふに、果して爲れる書なり。

【奇勝】 奇策で勝つ。また、すぐれた景色。〔唐書、文芸中、王維伝〕別墅は輞川に在り。地奇勝なり。～裴迪と其の中に游ぶ。

【奇人】 ひま人。また、不遇の人。変わりもの。非常の人。〔後漢書、隗囂伝〕（方）望聞く、烏氏に龍池の山有り。～其の傍らに時に奇人有りと。

【奇正】 奇襲の法と正攻法。〔孫子、勢〕戰勢は奇正に過ぎず。奇正の變は、勝げて窮むべからず。

【奇節】 すぐれた節操。〔史記、蕭相国世家論贊〕蕭相國何、秦の時に於て刀筆の吏と爲り、錄錄として（平凡なさま）未だ奇節有らず。漢興るに及んで、～何の勳、爛たり。

【奇絶】 すぐれてめずらしい。すばらしい。宋・蘇軾〔六月二

十日夜海を渡る〕詩 南荒に九死すとも吾恨みず 茲の游の奇絶、平生に冠たり

【奇致】めずらしいおもむき。奇趣。〔晋書、郭象伝〕向秀、〔荘子〕舊註の外に於て解義を爲し、妙に奇致を演のべ、大いに玄風を暢ぶ。

【奇智】すぐれた知略。〔新書、連語〕梁王曰く、陶の朱叟（陶朱公、もと范蠡）布衣を以て富は國に侔し。是れ必ず奇智有らんと。

【奇徴】めずらしいしるし。〔北史、后妃上、魏孝文文昭皇后伝〕曾て夢に堂内に在りて立つ。日光窗中より之れを照らし、灼灼として熱す。～是の如きこと數夕。之れを怪しむ。～遼東の人閔宗に問ふ。宗曰く、此れ奇徴なり。～此の女將に帝命を被り、人君を誕育せんとするの象なりと。

【奇特】奇異特出。すぐれる。〔坦斎通編〕荊公（王安石）素より德行有り。劉元城（安世）之れを稱す。平生不屈なり。故に自ら奇特なりと。

【奇抜】思いもよらずすぐれる。〔世説新語、文学〕支道林・許（詢）・謝（安）～王（濛）の家に集る。～支道林先づ通じ、～七百許語を作る。敍致精麗、才藻奇拔なり。

【奇筆】すぐれた筆跡。〔唐書、文芸中、張旭伝〕老人曰く、公の筆の奇妙なるを觀て、以て家に藏せんと欲するのみと。旭因りて藏する所を問ふ。盡く其の父の書を出だす。旭之れを視るに、天下の奇筆なり。是れより、其の法を盡せり。

【奇品】すぐれたもの。宋・司馬光〔安国寺～に牡丹を賞するに和す〕詩 洛邑の牡丹、天下に最たり 西南土沃えて春を得ること多し 一城の奇品、安國を推す 四面の名園、月波に接す

【奇服】一般と異なった服。〔楚辞、九章、渉江〕余幼にして此の奇服を好み 年既に老いて衰へず

【奇物】珍貴なもの。〔管子、任法〕夫れ法は上の民を一にし下を使ふ所以なり。故に聖君は儀を置き法を設く。～信近親愛の者も離すこと能はず。珍怪奇物も惑はすこと能はず。

【奇聞】めずらしい話。宋・蘇轍〔枢密韓太尉に上まつる書〕百氏の書、讀まざる所無しと雖も、然れども皆古人の陳迹なり。～故に決然として舍すて去り、天下の奇聞壯觀を求めて、以て天地の廣大なるを知らんとす。

【奇兵】奇襲の兵。〔史記、淮陰侯伝〕其の勢ひ、糧食必ず其の後に在らん。願はくは足下、臣に奇兵三萬人を假かせ。閒道より其の輜重を絕たん。

【奇変】奇襲戦法。〔後漢書、皇甫嵩伝〕波才、大衆を引ゐて城を圍む。嵩、兵少なく、軍中皆恐る。乃ち～謂ひて曰く、兵に奇變有り、衆寡に在らず～と。其の夕、～火を縱はなち大呼す。～賊驚亂奔走す。

【奇方】方術。〔史記、封禅書〕齊人の上疏して神怪奇方を言ふ者、萬を以て數ふ。然れども驗ある者無し。乃ち益ゝ船を發し、海中の神山を言ふ者數千人をして、蓬萊の神人を求めしむ。

【奇峯】ふしぎな形をした峯。雲をたとえる。晉・陶潜〔四時〕詩 春水四澤に滿ち 夏雲奇峯多し

【奇謀】奇策。奇略。〔史記、陳丞相世家〕楚・漢相ひ距ふせぐ。臣、奇謀の士を進む。

【奇味】珍味。〔西京雑記、二〕婁護、豐辯なり。五侯の閒に傳食し、各ゝ其の懽心を得たり。競ひて奇膳を致す。護乃ち合して以て鯖と爲す。世、五侯鯖と稱し、以て奇味と爲せり。

↑奇意 巧趣／奇瑋 美しい／奇雲 異形の雲／奇贏 余分／奇縁 妙縁／奇奥 奥深い／奇果 珍果／奇瑰 珍奇／奇懐 妙思／奇巌 異形の巌／奇卉 珍花／奇鬼 怪物／奇詭 奇異／奇伎 奇技／奇曲 妙曲／奇禽 奇鳥／奇句 秀句／奇耦 奇数と偶数／奇崛 険しい／奇警 警抜／奇譎 たくらみ／奇険 険しい／奇言 奇語／奇巧 巧みに惑わす／奇好 好み／奇行 奇僻の行／奇狡 ずるい／奇香 妙香／奇倖 僥倖／奇覯 奇遇／奇材 奇才／奇策 奇計／奇姿 奇異な姿／奇字 異形の字／奇事 奇怪／奇辞 奇怪な語／奇識 妙識／奇疾 奇病／奇邪 よこしま／奇衺 奇邪／奇樹 珍木／奇秀 優れる／奇羞 ご馳走／奇習 珍奇な習俗／奇醜 みにくい／奇儁 才識がある／奇峭 険しい／奇状 奇態／奇瑞 吉兆／奇声 変な声／奇石 珍石／奇跡 珍しいしわざ／奇説 珍説／奇羨 余利／奇饌 奇羞／奇膳 珍しいご馳走／奇相 異相／奇想 奇抜な着想／奇態 異様／奇談 奇譚／奇譚 珍奇な話／奇珍 奇妙／奇童 怪童／奇道 非凡な謀／奇能 奇抜な能力／奇拝 一拝／奇薄 薄幸／奇秘 秘密／奇表 異相／奇伏 伏兵／奇文 奇異の文／奇辟 かたよる／奇僻 奇辟／奇謨 奇謀／奇鋒 奇襲／奇木 奇樹／奇妙 奇異／奇夢 ふしぎな夢／奇薬 妙薬／奇利 意外の利／奇零 不整数／奇嶺 奇峯／奇齢 長寿／奇麗 綺麗／奇弄 珍曲／奇論 奇異な議論

↓愛奇・偉奇・一奇・蘊奇・英奇・雅奇・怪奇・恢奇・傀奇・瑰奇・魁奇・究奇・屈奇・見奇・好奇・高奇・残奇・辞奇・出奇・神奇・新奇・数奇・正奇・清奇・絶奇・擅奇・超奇・珍奇・伝奇・抜奇・秘奇・標奇・偏奇・幽奇・雄奇・用奇・離奇・獝奇

常【季】 8 2040 キ わかい とき

篆文

甲骨文

金文

会意 禾か＋子。〔説文〕十四下に「少わかき偁なり。子に從ひ、稚の省に從ふ。稚は亦聲なり」とするが声が合わず、字形も年・委などと立意同じ。年は禾と人、委は禾と女。みな稲魂を示す禾を頭上に被って、田舞をする姿。年・委は男女、季は幼少の子が加わって、農耕儀礼としての田舞を舞った。字は卜辞・金文にみえ、稚の亦声とする理由はない。

訓義 ①わかい、おさない。②親族称謂として、すえ、すえの子。長幼の序を伯（孟）仲叔季という。③とき、おり、末年、時季。

古訓 〔名義抄〕季 スヱ・ヲワリ／季指 コオヨビ／季世 スヱノツギ〔字鏡〕季 スクナシ・スヱ・ハジメ・ヲハル・ヲトキ・ヲヘリ

声系 〔説文〕に季声として痵・悸の二字を収める。季と声義の関係なく、ともに擬声語であろう。

【季世】末の世。〔左伝、昭三年〕叔向曰く、齊は其れ何如いかんと。晏子曰く、此れ季世なり。～齊は其れ陳氏と爲らん～と。叔向曰く、然り。吾が公室と雖も、今亦た季世なり～と。

【季節】気候。時節。晋・夏侯湛〔雷の賦〕伊これ朱明（夏）の季節にして、暑燻赫かくとして以て盛んに興る。

【季年】末年。晩年。〔左伝、文元年〕晉の文公の季年、諸侯晉に朝するに、衞の成公朝せず。

【季布】季布一諾。然諾を重んじる。〔史記、季布伝〕楚人の諺に曰く、黃金百斤を得るは、季布の一諾を得るに如しかずと。足下何を以て此の聲を梁・楚の閒に得るや。

【季葉】末世。乱れた世。唐・李白〔常侍御に贈る〕詩 大賢に卷舒有り 季葉、風雅を輕んず

↑季夏 夏の末／季雅 大杯／季咸 神巫の名／季漢 蜀漢／季脇 小肋骨／季月 季末の月／季候 気

候/季指 小指/季秋 秋の末/季叔 若者/季春 春の末/季女 末娘/季商 九月/季俗 頽敗の俗/季孫 末孫/季代 末世/季弟 末弟/季冬 冬の末/季父 父母の末弟/季風 季節風/季末 末世/季肋 あばら

↓一季・雨季・運季・夏季・乾季・漢季・艱季・澆季・後季・昏季・四季・叔季・世季・節季・冬季・摽季・末季・孟季

【欯】 8 8778 キ ねがう

篆文 

形声 声符は气。气・乞は古く同字で匃求の意がある。雲气(気)を望んで祈る意の字。それに欠を加え、祈る語を発することを示す。ゆえにねがう意となる。〔説文〕八下に「㚖なり」とあり、㚖は幸、ねがう意。また「一に曰く、口、言ふに便ならざるなり」とは吃の意。これは擬声語としての解である。匃と通用することがある。

訓義 1ねがう、こう、もとめる。2口がどもる、ことばがつまる、口ごもる。3匃と通じ、もとめる、あたえる。

語系 欯kiatは覬・幾(幾)kiai、冀kiei、希xiai、豈khiaiと声近く、ねがう意に用いる。欯が本義の字であるが、のち希・幾の字を多く用いる。匃katと通用することがある。

【炁】 8 7133 キ

形声 声符は旡。旡は食することすでに終わり、後ろをむいておくびする形で、既(既)の初文。その気を炁という。道教では気の意にこの字を用いる。

訓義 1き、いき。2おくび。3たなびく。

古訓 〔名義抄〕炁 タナビク

↑炁海 気海、丹田(臍下三寸の気を養うところ)

↓元炁・多炁

人 **【祁】** 8 3722 キ シ さかん おおい

篆文 その他 

形声 声符は示。〔左伝、宣二年〕の「提彌明」を〔公羊伝、宣六年〕に「祁彌明」に、〔史記、晋世家〕に「示眯明」に作り、提・祁・示が同音の字として用いられている。〔説文〕六下に太原の地名とするが、〔詩、大雅、韓奕〕に「祁祁として雲の如し」のように衆多の意に用い、〔詩、小雅、吉日〕「其れ祁いに孔だ有し」のように用いる例がある。

訓義 1さかん、おおいに。2おおい、人のゆきするさま。

古訓 〔新撰字鏡〕祁 舒遅なり、於富志(おほし) 〔名義抄〕祁 サカリ・サカリナリ・オホキナリ・オホシ・マナフ・オコス・ヤウヤク 〔字鏡集〕祁 オホイナリ・マシフ・サカリ・オコス・ヤウヤク

【祁寒】 きびしい寒さ。〔書、君牙〕冬、祁寒す。小民亦た惟れ曰に怨咨せん。

【祁祁】 多い。多くの人がゆききするさま。〔詩、豳風、七月〕春日遅遅として 蘩を采ること祁祁たり

↑祁哀 大哀/祁連 匈奴の語で天をいう

常 **【祈】** 8 3222 人〔祈〕 9 3222 〔旂〕 13 0826 〔旟〕 22 0822 キ いのる

篆文 甲骨文 金文 

形声 声符は斤。斤に圻・沂の声がある。〔説文〕一上に「福を求むるなり」とあり、前条の祓に「悪を除く祭なり」とあるのと合わせて、祭にはこの二義があった。金文に字を旟に作り、後期の器銘には旂・旂などの字を用いる。みな軍行に当たって、あるいは遠行に際して無事を祈願したものであろう。金文にまた匃・介・乞・害(害)などの字を祈求の義に用いる。みな声の近い字である。

訓義 1いのる、もとめる。2つげる。3圻・祁・蘄と通じて用いる。

古訓 〔新撰字鏡〕祈 伊乃留(いのる) 〔名義抄〕祈 コフ・イノリ・ムクユ・ネガハクハ・モトム/祈年 トシコヒ

語系 祈・旂・旟・蘄giaiは同声。介keat、匃kat、害hat、乞(气)khiatも声近く、みな祈求の意がある。

【祈雨】 雨ごい。〔詩、小雅、甫田〕琴瑟、鼓を撃ち 以て田祖を御へ 以て甘雨を祈り 以て我が稷黍を介め 以て我が士女を穀はむ

【祈瘞】 埋めて祭る。〔山海経、中山経〕景山より琴鼓の山に至る。~其の神状、皆鳥身にして人面、其の祠に一雄雞を用ひて祈瘞す。~驕山は冢なり。其の祠に羞酒少牢を用ひて祈瘞す。

【祈願】 祈りねがう。梁・武帝〔酒肉を断つ文、二〕若し不殺を以て祈願せば、輒ち上教を得ん。若し殺生を以て祈願せば、輒ち教を得ざらん。

【祈珥】 牲血を以て清める。〔周礼、春官、肆師〕歳時を以て、其の祭祀及び其の祈珥を序す。

【祈祥】 福を祈る。〔管子、軽重甲〕之れを設くるに祈祥を以てし、之れを推すに禮義を以てす。

【祈禳】 祈りはらう。〔漢書、孔光伝〕俗の祈禳小數(小術)は、終に天に應じ異を塞ぎ、禍を銷し福を興すに益無し。較然として甚だ明らかに、疑惑すべき無し。

【祈請】 神仏に祈る。〔後漢書、順帝紀〕政厥の和を失ひ、陰陽隔幷す。冬に宿雪鮮なく、春に澍雨(うるおす雨)無し。分禱祈請し、神として禜らざる靡し。

【祈禱】 神仏に祈る。〔後漢書、欒巴伝〕郡土に山川鬼怪多し。小人常に貲產を破りて以て祈禱す。巴、素より道術有り。~妖異自ら消ゆ。

【祈年】 年穀の豊穣を祈る。〔詩、大雅、雲漢〕年を祈ること孔だ夙く 方社(祭)莫からず

【祈父】 官名。封圻の兵甲を掌る。〔詩、小雅、祈父〕祈父よ予は王の爪牙(近衛の兵)なるに 胡ぞ予を恤に轉じ 止居する所靡からしむる

【祈報】 祈りと感謝の祭。〔礼記、郊特牲〕祭に祈有り、報有り、由りて辟むること有り。

【祈望】 魚塩の利を掌る官。春秋の斉の官。〔左伝、昭二十年〕海の鹽蜃は、祈望之れを守る。

↑祈寒 きびしい寒さ/祈祈 緩やかなさま/祈喜 福を祈る/祈求 求める/祈嚮 心を寄せる/祈候 お伺いする/祈告 祈る/祈穀 祈年/祈賽 感謝祭/祈祉 幸いを祈る/祈澍 雨乞い/祈祝 祈る/祈勝 勝利を祈る/祈奏 お祈り/祈沈 山川の祭/祈念 念じ祈る/祈福 祈祉/祈祓 お祓い

↓供祈・禳祈・虔祈・斎祈・秋祈・牲祈・多祈・陳祈・禱祈・報祈

【芰】 8 4440 〔茤〕 10 4420 キ ひし

篆文 

形声 声符は支(支)。支に跂・歧の声がある。〔説文〕一下に「蔆なり」とあり、異文として茤を録する。〔本草綱目、果六、芰実〕に李時珍説として、「其の葉支散、故に字は支に從ふ。其の角稜峭、故に之れを蔆と謂ふ」とする。〔国語、楚語上〕に、屈到が芰を好んだことがみえる。

訓義 1ひし、ひしのみ。

古訓 〔名義抄〕芰 ソラシ/茤 ヒシ 〔字鏡集〕芰 ハチス・ヒシ・ソラシ

【芰荷】かき ひしと、はちす。〔楚辞、招魂〕芙蓉始めて發き 芰荷を雜ふ
【芰製】せい 芰荷の衣。仙道隠者の服。斉・孔稚珪〔北山移文〕芰製を焚きて荷衣を裂き、塵容を抗げて俗状を走らす。
↑芰茄かき 芰荷/芰角かく はまびし
↓荷芰・紅芰・香芰・嗜芰・製芰・薦芰・蘋芰・蓬芰・縫芰・蘭芰・菱芰

常【姫】9 〔姬〕9 4141 キ ひめ

篆文 甲骨文 金文
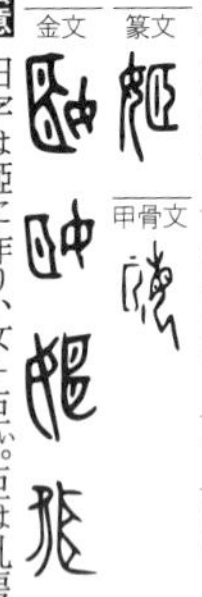

会意 旧字は姬に作り、女＋𦣝。𦣝は乳房の形。女の跪く形に乳房をそえ、成人した婦人を示す。〔説文〕十二下に「黃帝、姬水に居り、以て姓と為す」という。卜文にみえる女部の字は大半は姓とみてよい。彥(彦)は、男子の成人のとき、その額に文身を加える加入儀礼を示す。姬も、女子の成人の際における、何らかの儀礼を示す字かと思われる。授乳の形を巸といい、和煕の意がある。

訓義 1ひめ、むすめ、成人した女。2きさき、つま、妾。3女官。4姓。周は姫姓。5居と通じ、いる。

古訓 〔和名抄〕姫 比女(ひめ)〔名義抄〕姫 ヒメ 〔篇立〕姫 ヒメキミ

語系 金文に女の字として改があり、姫・改kiəは同声。また妃phiuaiも声の近い字である。

↑姫漢きかん 周と漢/姫姜ききょう 周斉の姓/姫侍きじ 妾/姫妾きしょう そばめ/姫昌きしょう 周の文王昌/姫娘きじょう そばめ/姫人きじん 妾/姫傅きふ 女官/姫媵きよう 姫妾
↓愛姫・艶姫・王姫・歌姫・貴姫・呉姫・幸姫・姣姫・侍姫・淑姫・仙姫・寵姫・美姫・舞姫・曼姫・名姫・妖姫・麗姫

【巸】9 7771 〔𡟭〕12 7740 キ イ たのしむ

篆文 古文 金文

会意 𦣝＋巳。𦣝は婦人の乳房。巳は幼子の象。合わせて授乳の形で、頤養の意となる。〔説文〕十二下に字を𡟭に作り、「説樂なり」と訓するが、頤養を本義とすべく、それより和楽・悦楽の意となったものであろう。字はまた煕(熙)に作り、喜と同声である。

訓義 1やしなう。2たのしむ。

声系 〔説文〕に巸声として煕・𡟭を収める。煕を〔説文〕十上に「燥く」意とするが、その字は熹、「炙る」と訓するのと同義。巸は𡟭の字形の示すように、婦人が授乳している姿である。

語系 巸jiə、𡟭・煕xiəは一系の語。喜・熹・嬉・娭xiəは同声。煦xio、旭xiokも関連のある語である。

↑巸巳いき よろこぶ

【枳】9 4698 キ シ からたち

篆文

形声 声符は只。只声のよみもあるが、迟・觬の声もある。〔説文〕六上に「枳木、橘に似たり」(段注本)とあって、からたちをいう。

訓義 1からたち。2疻と通じ、いたむ、そこなう。3枝と通じ、わかれる、ささえる。

古訓 〔新撰字鏡〕枳 加良立花(からたちばな)〔名義抄〕枳 カラタチ

【枳棘】ききょく からたちと、いばら。悪木。〔韓非子、外儲説左下〕橘柚を樹うる者は、之れを食へば則ち甘くし、之れを嗅げば則ち香し。枳棘を樹うる者は、成りて人を刺す。故に君子は樹うる所を慎む。

【枳籬】きり からたちのまがき。〔晋書、成都王穎伝〕黃橋の戰に、亡する者八千餘人有り。～穎乃ち棺八千餘枚を造り、成都の國秩を以て衣服を爲くり、斂祭し、黃橋の北に葬り、枳籬を樹ゑて之れが塋域と爲す。

↑枳華きか からたちの花/枳椇きく きこく/枳殻きこく からたち/枳実きじつ からたちの実/枳落きらく 枳籬
↓甘枳・棘枳・荊枳・種枳・叢枳・芳枳・李枳

【洎】9 3610 キ そそぐ およぶ

篆文

形声 声符は自で、臮の略体。洎はおそらく臮(曁)の異体の字であろう。臮・曁は「與と」「及ぶ」と訓する字。

訓義 1そそぐ、うるおす。2およぶ、～と。3肉汁。

古訓 〔名義抄〕洎 イタル・オヨブ 〔篇立〕洎 オヨブ・シル・イタル 〔字鏡集〕洎 イタル・ウルフ・シ、ノシル・ヲヨソ・オヨブ

↑洎乎きこ 待つ/洎孫きそん 小孫

【癸】9 1243 キ はかる みずのと

篆文 籀文 金文 甲骨文

象形 器を樹てるときの台座として用いる柎足の形。木を十字形に交叉して組み、地において安定した座とする。〔説文〕十四下に「冬時、水土平らかにして揆度すべきなり。水、四方より流れて地中に入るの形に象る」とするが、卜文・金文の字形はその象としがたい。〔説文〕はまた字を「癸は壬を承け、人の足に象る」とするが、足の形ではない。十干の名は卜辞にみえ、これを木火土金水にあて、癸を「水の弟」とするのは五行説以来のことで、十干は本来は五組の記号名であったらしい。甲乙は亀甲獣骨、壬癸の壬は碪任(たたく台)の形、癸は器を樹てる台の形。揆度の意は、その台座の間隔などが度量の基準として使用されたからであろう。

訓義 1台座の形。2間隔をはかる、ことをはかる、心をはかる。3十干の一、みずのと。干支の組み合わせは癸酉・癸未・癸巳・癸卯・癸丑・癸亥。4戣に通じ、武器。

古訓 〔名義抄〕癸 ハッ・ヲフ・ハカル

声系 〔説文〕に癸声として葵(葵)・睽・侯・騤・闋・揆など九字を収める。〔書、顧命〕に「一人冕して戣を執る」とあり、戣とは三鋒の矛をいう。金文の癸の字形に、そのように鋒の分岐した器の形に作るものがある。睽に乖離、侯に左右両視の意があり、分岐・乖戻の意がある。

↑癸穴きけつ 癸穴庚渦。道家で口液をいう/癸水きすい 月経

常【紀】9 2791 キ いとすじ のり しるす

篆文 金文 その他

形声 声符は己。己は糸をくりとる器の形で、おそらく己が紀の初文であろう。〔説文〕十三上に「絲の別あるなり」とあり、糸すじを分かつ意とする。〔礼記、礼器〕に君子の行礼を論じて「衆の紀なり。紀散ずれば衆亂る」とあって紀綱の意とする。その〔注〕に「絲縷の數の紀有る者なり」とみえる。ことの大綱を治めることを経紀、本末をしるすことを紀事という。

訓義 1いとすじ、いとをまきとる、おさめる、つな。2のり、もとい、かなめ、みち。3しるす、かず。4よ、とし、十二年、きわまる。

古訓 〔名義抄〕紀 トシ・キハム・カナフ・ヲサム・シルス・ミル・シル・コトハリ・ツマビラカナリ・ワカツ・タヾス・モトイ・ノリ 〔字鏡集〕紀 カソフ・ナハ・シルス・ノリ・トシ・シルシ・シル・モトヰ・サトリ・ナホシ・マサシ・タヾス・キハム・コトワリ・ツバヒラカナリ・ヲサム・ミル・ワカツ

【紀極】(ききょく) はて。かぎり。〔左伝、文十八年〕縉雲氏に不才子有り。飲食を貪り、貨賄を冒り、～聚斂積實(富)し、紀極を知らず。～天下の民、以て三凶に比して、之れを饕餮と謂ふ。

【紀元】(きげん) 歴史の紀年のはじめ。〔旧唐書、順宗紀〕爰に令辰を以て、光いに冊禮に膺たる。～宜しく紀元の慶に因り、用って在宥の澤を覃くすべし。～天下の死罪は降して流に従ひ、流以下は一等を遞減せよ。

【紀行】(きこう(かう)) 旅行の行程をしるす。宋・蘇軾〔王太尉送行詩後に書す〕慶曆皇祐の間、朝廷號して多士と稱す。故に～王公、冠を掛けて江陵に歸るや、詩を作り行を紀す者、一時の傑多し。

【紀綱】(きこう(かう)) 国の大小の規律。小を紀、大を綱という。〔書、五子之歌〕今厥の道を失ひ 其の紀綱を亂し 乃ち滅亡を底せり。

【紀号】(きごう(がう)) 名称。表題。漢・蔡邕〔明堂月令論〕秦の相呂不韋、書を著はし、月令を取りて紀號と爲す。淮南王安、亦た以て取りて第四篇と爲し、名を改めて時則と曰ふ。

【紀載】(きさい) 記載。〔三国志、呉、韋曜伝〕世閒に古曆注有り。其の紀載する所、既に虛無多し。書籍に在る者も、亦た復た錯謬す。～異同を考合し、耳目の及ぶ所を采摭して、以て洞紀を作る。

【紀事】(きじ) 事実の経過を主とする記述法。〔文体明弁、紀事〕紀事は紀志の別名にして、野史の流なり。～文人學士、見聞する有るに遇ひ、手に隨ひて記錄し、或いは以て史官の採擇に備へ、或いは以て史籍の遺亡を裨く。

【紀述】(きじゅつ) 記述。唐・柳宗元〔桂州の李中丞に上りて、盧遵を薦むる啓〕伏して以ふに外族(宗元内弟)積德儒厚、以て家風と爲す。～孝仁の譽、他門に高し。伯舅叔仲、咸な孝德を以て鬼神に通じ、文士の紀述する所と爲る。

【紀伝】(きでん) 本紀と列伝。天子の紀、臣下の伝、その人を主とする歴史記述法。〔史通、列伝〕夫れ紀傳の興るは、史(記)・漢(書)に肇まる。蓋し紀は編年なり、傳は列事なり。

【紀年】(きねん) 年数。また、年齢。〔左伝、襄三十年〕臣は小人なり。紀年を知らず。

【紀録】(きろく) 記録。〔論衡、超奇〕古昔の遠き、四方に辟匿なる、文墨の士、紀錄を得難し。

↑紀経 おきて／紀限 極限／紀識 しるす／紀実 記録する／紀序 秩序／紀擢 抜擢する／紀度 おきて／紀統 法則／紀堂 山と平地／紀念 記念／紀聞 覚え書／紀遊 遊記／紀要 要綱を書きとめる／紀庸 功績を記録する／紀理 治める／紀律 規則／紀略 要略／紀暦 こよみ

↓握紀・一紀・雲紀・恩紀・官紀・季紀・規紀・軍紀・経紀・五紀・皇紀・校紀・綱紀・国紀・歳紀・三紀・時紀・寿紀・人紀・世紀・成紀・西紀・星紀・大紀・地紀・治紀・定紀・帝紀・天紀・統紀・道紀・年紀・譜紀・風紀・芳紀・鳳紀・本紀・民紀・乱紀・律紀・両紀・倫紀・礼紀・歴紀

【虺】 9 1521 キ カイ(クヮイ) まむし

篆文 

会意 兀＋虫。〔玉篇〕に兀を尢の形に作り、尢は九と同じく虫の形。虺は虫と九とに従う禹と同じく、虫を組み合わせた字である。〔説文〕十三上に「注(味)を以て鳴く」とあり、〔詩、小雅、正月〕「哀し今の人 胡ぞ虺蜴を爲す」の句を引く。虺蜥は蜥蜴(とかげ)の類。また〔詩、邶風、終風〕に「虺虺として其れ靁す」とあって、雷鳴を形容する。〔説文〕に字を兀声とするが、その声ではない。虺・禹のような構造は、雌雄の虫を組み合わせた形である。

訓義 ①むし、まむし、へび。②とかげ。③虺虺は雷の音。

古訓 〔字鏡集〕虺 カハムシ・ヌカツキムシ・ハミ

語系 虺隤 xuai-duai は魁瘣 kuai-huai と同じく畳韻の語。瘣 xuai、瘣 huai と同系の語である。

【虺蜴】(きえき) とかげの類。害毒をなすもの。〔詩、小雅、正月〕哀し今の人 胡ぞ虺蜴を爲す

【虺虺】(かいかい(くわいくわい)) 雷の音。〔詩、邶風、終風〕曀曀として其れ陰り 虺虺として其れ靁す

【虺隤】(かいたい(くわい)) つかれる。よわる。〔詩、周南、巻耳〕彼の崔嵬(険しい山)に陟れば 我が馬虺隤たり

【虺蜮】(きよく) まむし。毒蛇。〔子華子、上、晏子〕嚚嚚として自ら庸ひ、巧みに其の非心を持す。本を毀ち源を塞ぐこと、虺蜮よりも甚だし。

↑虺韡 光り輝く／虺蜥 虺蜴／虺蛇 毒蛇／虺頽 疲れ衰える／虺毒 まむし毒／虺蝮 まむし

↓王虺・狐虺・蛇虺・蠆虺・虫虺・鴆虺・土虺・毒虺・蝮虺・蟒虺・雄虺

常【軌】 9 5401 キ みち

篆文 

形声 声符は九。〔説文〕十四上に「車徹なり」とあり、車の輿の下、両輪の間をいう。またその車迹をいい、それより軌迹・軌式・軌則の意となる。

訓義 ①車の両輪の間。乗車は六尺六寸、旁を加えて八尺の定めであった。②車のわだちのあと、軌道。③車軸、車。④道路。⑤法則、規範。⑥古代の戸口の編制で、王家を軌という。

古訓 〔名義抄〕軌 クルマノアトノリ・ヨル・スガタ・アト・アク・シタガフ 〔字鏡集〕軌 クルマノアト・クルマノユクアト・シタガフ・タフトシ・ノトル・スガタ・ノリスガタ・アト・アク

【軌儀】(きぎ) 手本。のり。軌範儀則。〔国語、周語下〕律を度り鍾(量器)を均らかにし、百官軌儀す。

【軌憲】(きけん) おきて。〔晋書、孫盛伝〕性方嚴にして、軌憲有り。子孫班白と雖も、庭訓愈いよ峻し。

【軌行】(きこう(かう)) 礼儀にかなった行い。〔晋書、蔡謨伝〕前司の徒謨、道素を以て著稱せられ、軌行名を成す。故に先朝に歷事し、位を台輔に致せり。

【軌迹】(きせき) 車のあと。前例。漢・司馬相如〔封禅文〕然れども異端無く、由る所を前に愼み、遺教を後に謹むのみ。故に軌迹は夷易にして遵ひ易く、湛恩は厖鴻にして豊かにし易きなり。

【軌節】(きせつ) 軌迹と竹節(わりふ)。軌範。法度。〔韓非子、解老〕今擧動して天下と之れ讐と爲るは、全身長生の道に非ざるなり。是を以て、軌節を行ひて之れを擧ぐるなり。

【軌轍】(きてつ) 軌迹。前例。法則。晋・左思〔呉都の賦〕茲れ乃ち喪亂の丘墟、顚覆の軌轍なり。

【軌道】(きどう(だう)) 車の通る道。また、法度に従う。また、天体の運行する道。〔唐書、暦志三上〕晷景の進退を觀、軌道の升降を知る。

【軌範】(きはん) 法式。模範。漢・孔安国〔尚書の序〕典謨・訓誥・誓命の文、凡て百篇。至道を恢弘し、人主に示すに軌範を以てする所以なり。

【軌物】(きぶつ) 法度。物は身分を示す飾り。〔左伝、隠五年〕事を講じて以て軌を度る。量之れを軌と謂ふ。材を取りて以て物を章らかにす。之れを物と謂ふ。

【軌法】(きほう(はふ)) 手本。法度。〔史記、孔子世家〕夫れ儒者は、滑

稽にして軌法とすべからず。倨傲にして自ら順ひ、以て下と爲るべからず。

↑軌革 占候の術／軌訓 訓戒／軌甲 軌革／軌事 法度／軌式 法度／軌承 奉承／軌数 度量の法／軌制 法則／軌跡 軌迹／軌則 手本／軌躅 軌迹／軌長 五家の長／軌塗 道路／軌度 法則／軌符 売り渡し許可／軌文 同規同文／軌模 手本／軌律 規律／軌量 規則／軌路 軌道／軌漏 水時計

↓遺軌・懿軌・一軌・逸軌・越軌・王軌・儀軌・旧軌・狭軌・広軌・宏軌・後軌・洪軌・高軌・合軌・失軌・車軌・殊軌・承軌・常軌・臣軌・塵軌・正軌・成軌・斉軌・清軌・先軌・前軌・貞軌・鉄軌・度軌・同軌・道軌・不軌・風軌・物軌・文軌・並軌・方軌・芳軌

【僛】 10 2428 ［䫏］ 17 4188 ［魌］ 18 2421

キ
あざむく きめん

篆文

形声 声符は其。其は箕の初文で、方形の意がある。〔荀子、非相〕に「仲尼の狀、面は蒙僛の如し」とあり、蒙僛は方相氏の用いる面。雨乞いの土偶をも僛という。欺と通用することがある。〔玉篇〕に「僛儗は行かざるなり」とみえる。

訓義 ①あざむく。②鬼やらいに方相氏が用いる面。③土偶。

語系 僛・䫏・魌khiaは同声。もと同字。娸・欺・諆khiaも同声で、声義に関係がある。娸は娸醜、方相の面貌に近い。欺・諆はその外面を以て欺く意。

↑僛醜 雨乞いに用いる土人形／僛頭 蒙僛

↓蒙僛

【剞】 10 4260

キ
さいくがたな

篆文

形声 声符は奇。奇に大きな曲刀の意がある。剞は彫刻刀。反りの大きなものを劂といい、合わせて剞劂という。〔説文〕四下に「剞剧、曲刀なり」とあり、剞剧は剞劂。

訓義 ①さいくがたな、彫刻刀。②おびやかす。

古訓 〔新撰字鏡〕剞 万加留（まがる）、又、太和牟（たわむ）〔名義抄〕剞 タワム 〔字鏡集〕剞 オビヤカス・キザム・カマ

【剞劂】 彫刻刀。曲刀。漢・厳忌〔哀時命〕剞劂を握るも用ひず 規榘（ものさし）を操るも施す所無し

↑剞剧 剞劂／剞刻 ほる

【唏】 10 6402

キ
わらう なく

篆文

形声 声符は希。〔説文〕二上に「笑ふなり。～一に曰く、哀痛して泣かざるを唏と曰ふ」とあり、いずれも声にならぬ状態をいう。「唏唏」は笑う声、「嘘唏」はすすり泣く声。ともに擬声語である。

訓義 ①わらう。②なく、かなしむ。③ねいき。

古訓 〔名義抄〕唏 ナク・イタム・オホケナシ・アハレム 〔字鏡集〕唏 オホケナシ・アサマシ・イタム・アサム・アハレム・ナク・ワラフ・オホキナリ

【唏嘘】 すすりなく。歔欷。〔書影、三〕少陵（杜甫）は百代に雄視し、前に古人無し。集中、兵車、出塞、無家、垂老、新安吏、石壕吏の諸作の如きは、沈雄悲壮、感慨唏嘘、自ら是れ樂府の勝場なり。

↑唏唏 笑声／唏𡀔 嘆息の声／唏嘆 嘆息する

↓咺唏・嘘唏

常 【帰】 10 〖歸〗 17 2712

キ
かえる とつぐ おくる

篆文

籀文

甲骨文

金文
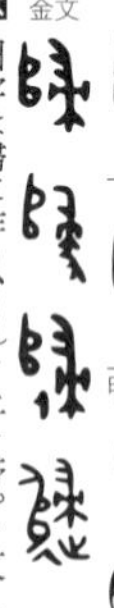

会意 旧字は歸に作り、𠂤＋止＋帚。卜文・金文の字形は𠂤と帚とに従い、止は後に加えられた。𠂤は脤肉の形。軍が出行するときに軍社に祭った肉で、これをひもろぎとして奉じた。軍が帰還すると、これを寝廟に収めて報告祭をした。帚は寝廟で灌鬯などを行うとき、酒をふりかけて用いるもので、寝廟を意味する。婦人の嫁することを「帰」というのは、異姓の女が新たに寝廟につかえることについて、祖霊の承認を求める儀礼を行うからである。帚は灌鬯に用いる束茅の形。〔説文〕二上に「女の嫁するなり」という。饋・餽と通用し、食をおくることをいう。

訓義 ①かえる、軍が帰還する。②おもむく、ゆく、よる、したがう、なつく。③とつぐ。④饋・餽と通じ、おくる。

古訓 〔名義抄〕歸 トツグ・タノム・ノコル・ツク・オクル・オモムク・オモムキ・カヘル・カヘス・ヨル／歸就 ヨリツク

声系 〔説文〕に歸声として巋など二字を収める。別に䠣があり、鬼・䰻など鬼声の字と声義が近い。

語系 歸kiuai、饋・餽giuaiは声義が近い。〔論語、陽貨〕「孔子に豚を歸る」の〔鄭注〕に「魯、饋を歸と爲す。今、古に従ふ」とあり、〔魯論〕は歸、〔古論〕は饋字であった。

【帰鴉】 塒へ帰る鴉。宋・陸游〔西園〕詩 江近くして、夕陽宿鷺を迎へ 林昏くして、殘角歸鴉を促す

【帰意】 故郷を慕う心。唐・温庭筠〔楊柳、八首、五〕詩 王孫、歸意の切なるを繫ぎ得たり 春草の綠、萋萋たるに關せず

【帰雲】 帰りゆく雲。晉・張衡〔思玄の賦〕歸雲に憑りて遐く逝き、夕べに余れ扶桑に宿る。

【帰依】 神仏の教えを頼みすがる。唐・王維〔化感寺に遊ぶ〕詩 抖擻（頭陀、僧となる）、貧里を辭し 歸依、化城に宿す

【帰往】 おもむく。〔穀梁伝、荘三年〕其の、王と曰ふ者は、民の歸往する所なり。

【帰化】 徳化に帰する。〔後漢書、循吏、童恢伝〕一境清靜にして、牢獄連年囚無し。比縣の流人、歸化して徙居するもの、二萬餘戶なり。

【帰臥】 官職をやめて故郷に退隠する。唐・李山甫〔山中、梁判官に寄す〕詩 東林に歸臥して、偶諧を討る 柴門、深く翠微（山麓の緑）に向つて開く

【帰還】 帰る。もどる。〔戦国策、秦一〕商君告歸す。人、惠王に說きて曰く、～今秦の婦人嬰兒も、皆商君の法を言ひ、大王の法を言ふもの莫し～と。～商君歸還す。惠王之れを車裂し、而も秦人憐れまず。

【帰期】 帰る時期。唐・李商隠〔夜雨、北（妻）に寄す〕詩 君、歸期を問ふも、未だ期有らず 巴山の夜雨、秋池に漲る

【帰義】 正義に帰服する。漢・鄒陽〔書を呉王に上る〕游談の士、義に歸し、名を思ふ。

【帰客】 帰る人。唐・王維〔寒食、汜上にて作る〕詩 廣武城邊、暮春に逢ふ 汶陽の歸客、涙、巾を沾す

【帰休】 帰る。帰ってくつろぐ。〔荘子、逍遥遊〕歸休せよや君、予れ天下を用つて爲す所無し。

【帰咎】 咎を負わせる。責任をとらせる。〔左伝、桓十八年〕魯の人、齊に告げて曰く、寡君、～來りて舊好を脩めしに、禮成るも（魯公）反らず。咎を歸する所無し。～請ふ、彭生を以て之れを除かんと。齊人、彭生を殺す。

【帰去】 帰る。晉・陶潜〔帰去来の辞〕歸去來（来は助詞。帰りなん、いざ）、田園將に蕪れんとす。胡ぞ歸らざる。

【帰居】 故郷の家に帰る。〔漢書、董仲舒伝〕位を去りて歸居するに及んで、終に家の產業を問はず。修學著書を以て事と爲せり。

【帰愚】(きぐ) 愚になりきる。唐・韓愈〔秋懐、十一首、五〕詩 愚に歸りて夷塗(平路)を識り 古を汲みて脩き綆(長い瓶つるべの紐)を得たり

【帰国】(きこく) 故郷に帰る。〔晋書、陶侃伝〕未だ亡せざること一年、位を遜りて國に歸らんと欲す。佐吏等、苦ろに之れを留む。

【帰魂】(きこん) 魂の帰着するところ。唐・杜甫〔東屯月夜〕詩 日轉じて東方白く 風來つて北斗昏る 天寒くして寢を成さず 夢の歸魂を寄する無し

【帰山】(きざん) 故山に帰る。また、道家で死をいう。唐・賈島〔楽山人の易水を弾ずるを聴く〕詩 朱絲弦底、燕泉急なり 燕將の雲孫、白日に彈ず 嬴氏(秦帝)山に歸して、陵已に掘らる 聲聲猶ほ帶ぶ、髮、冠を衝くを

【帰志】(きし) 故郷に帰りたいと思う心。〔孟子、公孫丑下〕夫れ晝(斉の地名)を出づるも、王、予れを追はざるなり。予、然る後浩然として歸志有り。

【帰思】(きし) 故郷に帰りたいと思う心。晋・陶潜〔始めて鎮軍参軍と作りて曲阿を経るとき作る〕詩 眇眇として、孤舟逝き 緜緜として、歸思紆はる

【帰趣】(きしゅ) おもむき。おちつくところ。帰趨。晋・杜預〔春秋左氏伝の序〕其の經、義例無し。行事に因りて言ふ。則ち傳は直だ其の歸趣を言ふのみ。

【帰舟】(きしゅう(しう)) 故郷に帰る舟。斉・謝朓〔宣城郡に之かんとして、新林浦を出でて板橋に向ふ〕詩 天際に歸舟を識り 雲中に江樹を辨つ

【帰順】(きじゅん) 反逆者が改心して服従する。〔宋書、文九王、南平穆王鑠伝〕虜荊州刺史魯爽及び弟秀等、部曲を率ゐて、鑠に詣りて歸順す。

【帰処】(きしょ) 帰り安んずる。また、墓所。〔詩、曹風、蜉蝣〕心の憂ふる 於に我れ歸處せん

【帰心】(きしん) 帰服する心。心を安んずる。また、故郷に帰りたいと思う心。唐・賈島〔桑乾を渡る〕詩 并州に客舍して、已に十霜 歸心、日夜咸陽を憶ふ

【帰脤】(きしん) 祭肉を同姓の諸侯に頒かって、その福を共にする。〔春秋、定十四年〕天王、石尙をして、來りて脤を歸らしむ。

【帰襚】(きすい) 襚をおくる。襚は死者におくる衣服。〔春秋、文九年〕秦人來りて、僖公成風の襚を歸る。

【帰省】(きせい) 故郷に帰り、父母の安否を問う。故郷を訪ねる。唐・朱慶余〔馬秀才を送る〕詩 風塵、歸省の日 江海、寄家の心

【帰息】(きそく) 帰り息う。墓所に入る。〔詩、曹風、蜉蝣〕心の憂ふる 於に我れ歸息せん

【帰朝】(きちょう(てう)) 君命で外に使したものが帰国する。唐・杜甫〔敬みて族弟唐十八使君に寄す〕詩 歸朝、病肺に跼す 敍舊、重ねて陳べんことを思ふ

【帰程】(きてい) 帰る道すじ。道のり。唐・李白〔菩薩蛮〕詞 玉階空しく佇立す 宿鳥歸り飛ぶこと急なり 何れの處ぞ、是れ歸程 長亭、更に短亭

【帰寧】(きねい) 他に嫁いだ女が、一定の時期に里帰りして、父母の安否を問うこと。〔詩、周南、葛覃〕害れをか澣ひ害れをか否せざらん 父母に歸寧せん

【帰帆】(きはん) 帰るほかけ舟。帰舟。唐・王維〔秘書晁監(阿倍仲麻呂)の日本国に還るを送る〕詩 國に向つて唯だ日を看 歸帆、但だ風に信かす

【帰附】(きふ) 心を寄せて従う。帰順する。〔後漢書、馬援伝〕(馬援)留まりて牧畜す。賓客、歸附する者多し。遂に役屬するもの數百家なり。

【帰伏】(きふく) 降服する。〔後漢書、桓譚伝〕今、聖朝祖統を興復し、人臣の主と爲る。而して四方の盜賊未だ盡くは歸伏せざる者は、此れ權謀未だ得ざればなり。

【帰福】(きふく) 福は祭肉。祭肉を親戚たちにおくる。〔国語、晋語二〕今夕、君、齊姜を夢みたり。必ず速やかに祠りて、福(祭肉)を歸れ。

【帰賵】(きぼう(ばう)) 賵は死者へのおくりもの。車馬には賵といい、衣服には襚という。〔春秋、隠元年〕天王、宰咺をして、來りて惠公仲子の賵を歸らしむ。

【帰沐】(きもく) 官吏が沐浴の休暇を得る。〔南史、劉孝綽伝〕梁の天監の初め、～歸沐の詩を爲りて、任昉に贈る。昉報じて曰く、～詎ぞ蓋嗟の人を慰むる、徒だ老夫の託を深くすと。～其の名流の重んずる所と爲ること此くの如し。

【帰与】(きよ) 帰らんか。〔論語、公冶長〕子、陳に在りて曰く、歸らんか、歸らんか。吾が黨の小子狂簡、斐然として章を成すも、之れを裁する所以を知らず。

【帰養】(きよう(やう)) 家に帰って父母を養う。〔史記、信陵君伝〕令を軍中に下して曰く、父子俱に軍中に在るものは父歸れ。兄弟俱に軍中に在るものは兄歸れ。獨子にして兄弟無きものは歸養せよと。

【帰来】(きらい) 帰ってくる。帰ってこい。〔漢書、武五子、戻太子拠伝〕上(武帝)、太子の無辜(無実)なるを憐れみ、～歸來望思の臺を湖に爲る。

【帰路】(きろ) 帰るみち。南朝宋・謝霊運〔永初三年七月十六日、郡に之かんとして初めて都を発つ〕詩 從來漸く二紀 始めて歸路に傍ふことを得たり

【帰老】(きろう(らう)) 老いて官職を退く。〔史記、万石君伝〕孝景帝の季年、萬石君、上大夫の祿を以て家に歸老し、歲時を以て朝臣と爲る。

➡帰愛 慕う／帰安 帰寧する／帰鞍 馬で帰る／帰倚 たよる／帰移 転送する／帰遺 みやげ／帰一 まとまる／帰隠 隠居する／帰栄 故郷に錦を飾る／帰家 家に帰る／帰華 落花／帰嫁 嫁ぐ／帰懐 なつく／帰格 帰ってくる／帰款 内通する／帰雁 春の雁／帰忌 外出の忌月／帰京 帰都／帰郷 故郷へ帰る／帰結 結末／帰向 なつく／帰耕 帰農する／帰降 投降する／帰控 おちつく／帰鴻 帰雁／帰骨 帰葬する／帰根 根本に帰る／帰罪 罪を受ける／帰煞 帰魂／帰市 市に赴く／帰死 受刑して死ぬ／帰舎 家に帰る／帰寂 僧侶の死／帰首 自首する／帰授 かえす／帰宿 結着する／帰餉 家で食事する／帰情 帰心／帰信 信仰する／帰真 真に帰る／帰軫 晩年／帰人 死者／帰尽 死ぬ／帰趨 赴く／帰泉 死ぬ／帰旋 かえる／帰湊 おもむき集まる／帰属 ゆき従う／帰著 到達する／帰第 帰宅する／帰天 死ぬ／帰田 帰農する／帰途 帰り道／帰土 埋葬／帰農 農夫に戻る／帰赴 おもむく／帰服 帰伏する／帰復 かえる／帰慕 したう／帰本 帰農／帰夢 帰郷の夢／帰敷 帰ろうよ／帰要 要領／帰落 帰依する／帰流 海に入る／帰慮 帰心

⬇依帰・于帰・詠帰・嫁帰・回帰・懐帰・凱帰・還帰・遺帰・孤帰・告帰・三帰・思帰・指帰・疾帰・大帰・脱帰・適帰・転帰・塗帰・投帰・逃帰・同帰・不帰・復帰・忘帰・望帰・夢帰・来帰

【庋】

10 0024 ［庪］ 7 0024 キ やまのまつり たな

篆文

形声 声符は技。〔説文新附〕九下に「山を祭るを庋縣と曰ふ」とあり、〔爾雅、釈天〕には「山を祭るを庋縣と曰ふ」に作る。庋は犧牲を机上におき、或いは地下に埋めること、縣は懸けることをいう。この犧牲を以て山を祭る。庋はもと牲肉を閣置するたなをいう字。字はまた庪に作る。

【訓義】①山の祭。②たな、のきのあたり、けた。③攱と通じ、おこす。
【古訓】〔字鏡集〕庪 サシオク
↑庪県 山の祭。牲幣を懸けて祭る。庪懸
↓緘庪・装庪・宝庪

【旂】 10 0822 キ はた

篆文 金文

【形声】声符は斤。斤に沂・祈（祈）の声がある。〔説文〕七上に「旗に衆鈴有りて、以て衆に令するものなり」という。鈴は呪飾として加える。〔詩、周頌、載見〕に「龍旂陽陽 和鈴央央たり」とあり、金文には鑾旂といい、鑾の飾りのある鈴を用いた。金文では旂をまた祈求の意に用い、字はまた旟に作る。
【訓義】①はた。旒に交竜を画き、鈴を竿頭につける。②祈と通じ、いのる。
【古訓】〔篇立〕旂 ホドコス・ハタ 〔字鏡集〕旂 ハタノス・アルナリ・ホドコス
【語系】旂giəi、旗giəは声義が近い。金文に旂・旟を气（乞）・匃・害（害）・旝と同じく祈求の意に用いる。气（乞）は望気して乞う。匃は屍骨を呪霊として祈る。旂・旟・旝は軍旗の下で祈る軍礼をいう字であろう。
【旂旗】（きき） はた。〔左伝、桓二年〕三辰（日月星）の旂旗は、其の明を昭らかにするなり。
【旂章】（きしょう（しやう）） 旗じるし。〔韓非子、外儲説左下〕夫れ爵祿・旂章は、功伐（功歴）を異にし、賢不肖を別つ所以なり。
【旂常】（きじょう（じやう）） はた。〔周礼、春官、司常〕九旗の物名を掌る。各〻屬有りて、以て國事を待つ。日月を常と爲し、交龍を旂と爲す。～王は大常を建て、諸侯は旂を建て、～大夫・士は物を建つ。
【旂幢】（きどう（だう）） はたと、はたぼこ。唐・韓愈〔鄭尚書の南海に赴くを送る〕詩 海を蓋うて、旂幢出で 天に連なつて、觀閣開く
↑旂旐 はた／旂頭 兵卒の長／旂鸞 旂と鸞車
↓羽旂・雲旂・牙旂・画旂・建旂・玄旂・紅旂・絳旂・載旂・朱旂・淑旂・常旂・青旂・旌旂・赤旂・白旂・旛旂・鑾旂・竜旂

常 【既】 10 7171 〖旣〗 11 2171 キ おわる つきる すでに

篆文 甲骨文 金文

【会意】旧字は旣に作り、皀と旡とに従う。皀は段（簋）の初文。盛食の器。旡は食に飽いて、後ろに向かって口を開く形。食することすでに終わり、嘅気を催すさまを示す。〔説文〕五下に「小食なり」というのは、〔段注〕にいうように嘰の声義を以て解するもので、既字の本義ではない。

【訓義】①食すること終わる、おわる、すむ。②つきる、みな。③すでに、もはや。

【古訓】〔名義抄〕既 スデニ・カサヌ・コトノ〲ク・ツキタリ／既往 イニシヘ 〔字鏡集〕既 スデニ・ツク・ツキヌ・カサヌ・ヲハル・コトノ〲ク
【声系】〔説文〕に既声として嘅・槩・曁・慨（慨）・漑・摡・嘅など九字を収める。嘅・慨は口気をもらして嘆くこと、漑・摡は水を漑ぎ摡う意で、その水声を写す語であろう。

【語系】既・訖kiətは同声。もと口気を写し終止することをいい、漑・摡kətは濯漑の音を示す。

【既往】（きおう（わう）） すんだこと。過去。〔論語、八佾〕成事は說かず、遂事は諫めず、既往は咎めず。

【既成】（きせい） すでに成る。〔詩、小雅、六月〕維れ此の六月 既に我が服成る 我が服既に成る 于に三千里 王于に出征す 以て天子を佐く
【既夕】（きせき） 葬る二日前に、死者を哭する礼。〔儀礼、既夕礼〕既夕、哭す。啓期を請ひ、賓に告ぐ。

【既倒】（きとう（たう）） すでに倒れる。衰亡する。唐・韓愈〔進学解〕百川を障へて之れを東せしめ、狂瀾を既倒に廻らす。先生の儒に於ける、勞せりと謂ふべし。

【既望】（きぼう（ばう）） 陰暦十六日。また、それより約一週の日をいう。〔書、召誥〕惟れ二月既望、（その週期中の）越に六日乙未、王、朝に周より歩して、則ち豐に至る。

【既稟】（きりん） 毎月の官俸。ふち米。〔中庸、二十〕既稟事に稱ふは、百工を勸むる所以なり。

↑既已 すでに／既以 すでに／既過 従来／既決 決定済み／既月 一ケ月／既且 すむ／既祥 忌明け
↓皆既・終既・蝕既

【豨】 10 4422 キ ぶた

【形声】声符は希。ぶた。また、ぶたをよぶ声をいう。

【訓義】①ぶた。②ぶたをよぶ声。

【古訓】〔篇立〕豨 ヰノコ・ヰノシシ、

【豨韋】（きい（ゐ）） 三皇以前の古帝王。〔荘子、外物〕夫れ古を尊んで今を卑しむは、學者の流なり。且つ豨韋氏の流を以て今の世を觀る、夫れ孰れか能く波（詖）はざらん。

↑豨膏 豚の油／豨鬣 豚の毛

【耆】 10 4460 キ シ としより このむ

篆文 金文
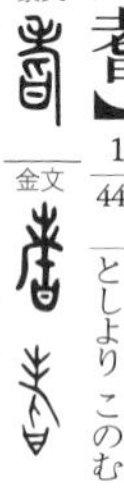

【形声】声符は旨。旨は詣の初文。〔説文〕八上に「老なり」とし、字を老の省に従って旨声とするが、字の本音と合わない。詣は稽の初文で稽首の意があり、その姿勢のように耉曲したものの意であろう。〔礼記、曲礼上〕に「六十を耆と曰ふ。指使す」とあるのは、旨の声を用いたものである。嗜好の意はまた別義。

【訓義】①としより。六十歳、また七十歳以上という。②長者、耆宿の人、おさ。③嗜と通じ、たしなむ、このむ。

【古訓】〔名義抄〕耆 コハシ・オキナビト・六十・オヨス・ニクム／耆宿 オキナビト・フルオキナ 〔字鏡集〕耆 ニクム・ツカル・タカシ・イタル・コハシ・ミル・ヲキナ・ヲイタリ・オホヨソ・オモキ
【声系】〔説文〕に耆声として蓍・嗜・榰の三字を収める。榰は支柱。〔説文〕六上に「柱氐なり」（段注本）とあって、礎石の部分をいう。旨は詣・稽の初文で、つくばうような姿勢をいう字であった。

【耆艾】（きがい） としより。艾は五十。老師・尊者をいう。〔詩、魯頌、閟宮〕爾をして昌んにして大ならしめ 爾をして耆にして艾ならしめん
【耆旧】（ききゅう（きう）） 老人で昔なじみ。〔漢書、蕭育伝〕上、育が耆舊名臣なるを以て、乃ち三公の便車を以て育を載せしめ、殿中に入れて策を受けしむ。

【耆耇】（きこう） としより。漢・王褒〔四子講徳論〕厖眉耆耇の老、咸な朝夕を愛惜し、須臾を濟たる。

【耆酒】（ししゅ） 酒をたしなむ。耆は嗜。〔左伝、宣十五年〕狄に五罪有り。儁才多しと雖も、何ぞ補はん。祀らざること、一なり。酒を耆むこと、二なり。

【耆寿】（きじゅ） 年老いて徳望の高い人。〔書、文侯之命〕即ち我が御事（執政の臣）に、耆壽の、俊く厥の服に在るもの、或ること罔し。

【耆儒】（きじゅ） 老儒。漢・揚雄〔劇秦美新〕是を以て耆儒碩老、其の書を抱いて遠く遜れ、禮官博士、其の舌を卷きて談ぜず。

【耆宿】（きしゅく） 年老いて学徳ある人。〔後漢書、樊儵伝〕率ね年少の能く恩に報ずる者を取り、耆宿大賢は多く廢棄せらる。

【耆碩】耆宿。唐・韓愈〔韋相公の為に官を譲る表〕況んや今、俊乂至りて多く、耆碩咸く在り。苟しくも以て登用せば、皆臣より踰えたり。

【耆定】いたし定める。〔詩、周頌、武〕嗣げる武、之れを受け 殷に勝ちて劉すことを遏め 爾の功を耆し定めたり

【耆徳】年老いて徳の高い人。〔書、伊訓〕敢て聖言を侮り、忠直に逆らひ、耆徳を遠ざけ、頑童に比しむこと有る、時れを亂風と謂ふ。

【耆年】老人。斉・王融〔三月三日曲水詩の序〕耆年は市井の游を闕き、稚齒(少年)は車馬の好豐し。

【耆耄】老人。耄は七十歳。〔塩鉄論、未通〕鄉飲酒の禮、耆老は饌を異にす。耆耄を優にして、養老を明らかにする所以なり。

【耆昧】愚かさを増長させて、時期を待つ。〔左伝、宣十二年〕汋(詩、周頌、酌)に曰く、於鑠ける王師 時の晦(愚)を遵養すとは、昧を耆すなり。

【耆老】年老いて徳の高い人。〔礼記、檀弓上〕魯の哀公、孔丘に誄して曰く、天、耆老を遺さず、予が位を相くる莫し。

↑耆英 老人の賢者/耆訓 老人の教え/耆賢 老人の賢者/耆彦 耆英/耆秀 老人の賢者/耆臣 老臣/耆叟 老人/耆哲 耆賢/耆耋 老人/耆名 老人で高名の人/耆蒙 老幼/耆欲 嗜欲/耆利 利を貪る/耆羸 老弱/耆臘 老僧

↓叟耆・村耆・年耆・幼耆・養耆

常 【記】 10 0761 キ しるす かきもの

篆文 

形声 声符は己。己は紀の初文で、糸を収束する器。ことの経緯をしるすことを紀・紀事といい、また記事・記録という。〔説文〕三上に「疋なり」(段注本)とあり、疋は疏、分疏してしるす意。疋字条二下にも「疋記なり」と互訓している。また記憶・記誦のように用いる。

訓義 ①しるす。②しるしたもの、かきもの。③おぼえる。④記述・説解の文。⑤助詞。彼記は、彼のの意。

古訓 〔名義抄〕記 シルス・オモヒハカル・アヤシフ・ノリ・オモフ・トシ・マツリ

語系 記・紀 kiə は同声。徽 xiuəi も声義の近い語で、通用することがある。

【記憶】おぼえる。唐・杜甫〔赤霄行〕詩 丈夫名を垂れて、萬年を動かす 細故を記憶するは、高賢に非ず

【記言】ことばを記録する。〔漢書、芸文志〕古の王者は、世史官有り。~左史は言を記し、右史は事を記す。事は春秋と爲り、言は尙書と爲る。

【記識】しるす。記憶する。〔後漢書、郎顗伝〕父宗~吳の命を拜す。時に卒かに暴風有り。宗、占して京師に當に大火有るべきを知り、時日を記識して、人を遣はして參候せしむ。~其の言の如し。

【記事】事実をしるす。〔礼記、文王世子〕是の故に聖人の事を記すや、之れを慮るに大(道)を以てし、之れを愛するに敬を以てし、~之れを紀するに義を以てし、之れを終ふるに仁を以てす。

【記室】記録の官。後漢に置かれ、元以後廢す。〔三国志、魏、陳琳伝〕太祖竝せて(陳)琳・(阮)瑀を以て司空軍謀祭酒と爲し、記室を管せしむ。

【記述】書きしるす。〔三国志、呉、薛瑩伝〕今は吏を見るに、經學多しと雖も、記述の才、瑩の如き者は少なし。

【記籍】人事に関する帳簿。また、記録。魏・嵆康〔養生論〕夫れ神佛は目に見えずと雖も、然れども記籍の載する所、前史の傳ふる所、較して之れを論ずれば、其の有ること必せり。

【記得】心にとどめている。得は助詞。唐・劉禹錫〔旧宮中楽人穆氏の唱歌を聴く〕詩 曾て織女に隨って天河を渡る 記し得たり、雲間第一の歌

【記念】おぼえる。記憶にとどめるためのもの。かたみ。〔遊仙窟、五〕遂に奴の曲琴を喚び、相思枕を取らしめ、留めて十娘に與へ、以て記念と爲す。

【記問】古書を誦しその応答ができるだけの学問。〔礼記、学記〕記問の學は、以て人の師と爲るに足らず。必ずや其れ語を聽かんか。

【記覧】見聞し記憶する。唐・韓愈〔柳子厚墓誌銘〕閑に居りて益自ら刻苦し、記覽に務め、詞章を爲る。汎濫停蓄、深博にして涯涘無きを爲す。而して自ら山水の閒に肆にす。

【記録】書きしるす。書きとどめる。〔顔氏家訓、風操〕蓬麻中に生ずれば、翰墨を勞せず。汝が曹、戎馬の閒に生まる。視聽の曉らざる所、故に聊か記錄して、以て子孫に傳示す。

↑記意 記憶する/記旗 馬印/記罣 気がかり/記験 かたみ/記載 記録する/記幟 さし物/記数 かずとり/記性 記憶力/記注 記録/記牒 書札/記伝 記録伝記/記府 文書庫

↓按記・案記・暗記・遺記・刊記・旧記・強記・軍記・古記・故記・誤記・行記・札記・雑記・纂記・史記・私記・識記・手記・書記・序記・条記・籍記・牋記・戦記・撰記・疏記・奏記・速記・題記・注記・諜記・追記・典記・転記・伝記・登記・答記・日記・秘記・碑記・筆記・表記・標記・付記・譜記・墳記・別記・簿記・明記・銘記・要記・暦記・連記・牢記

常 【起】 10 4780 【起】 10 4780 キ たつ おきる

篆文 

古文 

古印璽 

形声 旧字は起に作り、巳声。〔説文〕二上に「能く立つなり」とする。金文・篆文の字形はすべて巳に従っており、それならば蛇が頭をもたげてゆく意である。坐して起つときの動作をいい、それよりすべてことを始める意となる。

訓義 ①たつ、たちあがる、おきる。②ことをはじめる、つくる、たかまる。

古訓 〔名義抄〕起 オコス・タツ・ツクル・サラニ・トヲ・ヲカス・オク・オキヌ・イツ 〔字鏡集〕起 オキヌ・トシナス・ハジム・ヲカス・サラニ・オク・オコス・オコル・ツクル・イヅ・タツ・ウゴク

語系 起 khiə、興 xiəng、熙(煕) xiə は声義近く、〔説文〕三上に「興は起すなり」、〔爾雅、釈詁〕に「熙は興なり」とあって、みな興起の意がある。興は同(酒器)の酒を土主に灌いで、地霊を興起させる意。熙は授乳の象である臣に従って、和楽の象を示す字である。

【起案】案を立てる。〔国語、斉語〕國(事)を參にして案を起し、以て三官と爲し、臣には三宰を立て、工には三族を立て、市には三鄕を立つ。

【起家】官にあげられ、出世する。〔史記、武安侯田蚡伝〕丞相、入りて事を奏し、坐語して日を移す。言ふ所皆聽かれ、人を薦めて、或いは起家して二千石に至る。權、主上を移しぐ。

【起義】義例を立てる。また、正義の兵をあげる。〔宋書、殷琰伝〕汝南・新蔡二郡の太守周衿、懸瓠に起義し、兵を收めて千餘人を得たり。

【起去】起って去る。〔世説新語、簡傲〕鍾士季(会)~先より嵆康を識らず。~康を尋ね、~時を移して一言をも交へず。鍾起ちて去らんとす。

【起居】おきふし。安否。〔世説新語、言語〕顧司空(和)

～輸を援りて曰く、王光祿（含）遠く流言を避け、明公（王導）塵を路次に蒙り、群下寧からず。尊體の起居何如を審らかにせずと。

【起敬】いよいよ一層うやまう。〔礼記、内則〕父母に過ち有るときは、～聲を柔らげて以て諫む。諫めて若し入れられざるときは、起ゝ敬し起ゝ孝す。

【起元】暦元を建てる。〔旧唐書、傅仁均伝〕昔、洛下閎、漢武の太初元年、歳は丁丑に在るを以て、暦を創め元を起す。元は丁丑に在り。

【起坐】起居。たちい。魏・劉楨〔徐幹に贈る〕詩 子を思うて心曲を沈ましむ 長歎して言ふこと能はず 起坐次第を失ひ 一日に三四たび遷る

【起事】事をはじめる。〔管子、形勢解〕解惰簡慢～之れを以て事を起すときは、則ち成らず。

【起旋】立ち小便。唐・韓愈〔張中丞伝後叙〕城陷るに及んで、賊（張）巡等數十人を縛して坐せしめ、且將に戮さんとす。巡、起ちて旋す。～戮に就くの時、顏色亂れず、陽陽として平常の如し。

【起伏】高低。盛衰。〔後漢書、皇后上、光武郭皇后紀論〕物の興衰、情の起伏、理固より然かするもの有り。而れども崇替去來の甚だしき者は、必ずや唯だ寵惑のみなるか。

【起復】喪中にある官吏を復職させる。のち忌後の復職をいい、喪中の者には奪情という。〔晋書、卞壼伝〕繼母の憂ひ（喪）に遭ひ、既に葬る。舊職に起復せらるるも、累りに辭して就かず。

【起滅】生滅。出現と消滅。〔後漢書、西域伝論〕精靈起滅し、因（果）（応）報相ひ尋ぐ。曉らかなるが若くして昧らし。故に通人も多く惑ふ。

↑起意 着想／起因 原因／起運 発送／起臥 おきふし／起岸 陸揚げ／起龕 禅家の葬／起疑 疑う／起興 発想／起業 創業／起句 詩の首句／起見 ～のために／起原 起源／起工 着工／起更 夜間を五分し、その第一更／起稿 起草する／起獄 告発する／起差 人を派遣すること／起債 借り入れ／起算 算え始め／起死 生きかえる／起謝 謝罪する／起床 起きる／起証 誓約する／起傷 呪詛の法／起請 起証／起色 色めく／起心 発意／起身 発足する／起人 早起き／起誓 誓いを立てる／起草 草稿を作る／起柁 棹さす／起端 発端／起第 家作り／起程 旅立ち／起点 出発点／起棟 棟あげ／起頭 はじめ／起廃 復興する／起発 始め／起筆 書きはじめる／起仆 起伏／起舞 喜ぶ／起服 忌明け／起立 立つ／起論 立論する

↓晏起・縁起・臥起・喚起・驚起・屈起・群起・継起・決起・蹶起・興起・坐起・再起・惹起・蹴起・夙起・振起・晨起・塵起・酔起・蚤起・想起・提起・突起・拝起・晩起・紛起・憤起・奮起・蜂起・鋒起・蠭起・暴起・発起・勃起・夜起・躍起・隆起

常 【飢】10 8771 〔飢〕11 8771 ［饑］21 8275 キ うえる

篆文

形声 声符は几。字はまた饑に作り、幾（幾）声。〔説文〕五下に「飢は餓なり」、また「饑は穀孰らざるを饑と爲す」とあって、飢餓と饑饉とを区別しているが、〔集韻〕には両字を一とし、通用することが多い。

訓義 1うえる、うえ。2ききん。

古訓 〔名義抄〕飢・饑 ツカル・ウヱ・ウウ・イヒニウヱタリ・イヒウヱス

語系 飢kiei、饑kiai、饉gianは声義近く一系の語。〔説文〕に饑を穀熟せず、饉を蔬の成らざる意であるとするが、饉は莫に従って旱魃をいう。

＊語彙は饑字条参照。

【飢疫】飢餓と疫病。〔資治通鑑、漢紀五十七〕（献帝、建安十三年）進みて（曹）操と赤壁に遇ふ。～劉備、周瑜水陸竝び進み、操を追ふ。～時に操の軍、兼ぬるに飢疫を以てし、死する者大半なり。

【飢餓】うえる。〔孟子、告子下〕朝に食はず。夕に食はず。飢餓して門戸を出づること能はず。

【飢渇】うえかわく。〔孟子、尽心上〕飢うる者は食を甘しとし、渇する者は飲を甘しとす。是れ未だ飲食の正を得ざるなり。飢渇之れを害すればなり。

【飢寒】うえこごえる。〔墨子、非攻中〕今、唯毋だ（四季の）一時を廢するも、則ち百姓の飢寒し凍餒して死する者、勝げて數ふべからず。

【飢匱】うえる。食が乏しい。〔後漢書、張奮伝〕比年登らず。人用つて飢匱す。今復た久しく旱し、秋稼未だ立らず。

【飢饉】不作で食糧が欠乏すること。〔史記、貨殖伝〕楚越の地、地廣く人希なり。～或いは火耕して水耨す。～地勢食饒くして、飢饉の患無し。

【飢荒】不作でうえる。穀には飢、果には荒という。〔後漢書、西羌伝〕時に連りに旱蝗ありて飢荒し、驅蹙劫略し、流離分散す。

【飢困】うえくるしむ。〔後漢書、桓栄伝〕（王）莽敗れ、天下亂る。榮、其の經書を抱き、弟子と山谷に逃匿す。常に飢困すと雖も、講論して輟めず。

【飢色】うえかつえたようす。〔孟子、梁恵王上〕庖に肥肉有り、廏に肥馬有り、民に飢色有り、野に餓莩（行きだおれ）有り。此れ獸を率ゐて人を食ましむるなり。

【飢罷】うえつかれる。〔漢書、李広利伝〕當道の小國、各ゝ堅く城守し、肯て給食せず。～郁成に至る比、士は財に數千有り、皆飢罷す。

【飢飽】うえと飽食と。〔列子、力命〕病は飢飽色欲、精慮煩散に由る。天に非ず、鬼に非ず。漸しと雖も攻むべきなり。

【飢乏】うえる。〔後漢書、献帝紀〕委輸至らず、群僚飢乏す。尚書郎以下、自ら出でて稆（自生の稲）を採る。或いは牆壁の閒に飢死し、或いは兵士の殺す所と爲る。

【飢流】うえてさすらう。〔後漢書、来歙伝〕隴西平らぐと雖も、人の飢流する者相ひ望む。歙乃ち倉廩を傾け、諸縣に轉運して、以て之れを賑贍す。是に於て隴右遂に安し。

↑飢火 はげしい飢餓感／飢饑 うえる／飢虚 飢乏／飢窘 飢えてくるしむ／飢劬 飢えてつかれる／飢駆 衣食に奔走する／飢倦 飢えてつかれる／飢歳 凶年／飢穰 豊凶／飢人 飢えたひと／飢餒 うえる／飢腸 空腹／飢凍 飢寒／飢莩 行きだおれ／飢約 飢えと窮乏／飢乱 飢え乱れる／飢羸 飢えてつかれる

↓甘飢・午飢・常飢・人飢・凍飢・抱飢

常 【鬼】10 2621 キ おに

象形 鬼の形。人鬼をいう。〔説文〕九上に「人の歸する所を鬼と爲す。人に從ひ、鬼頭に象る。鬼は陰气賊害す。厶に從ふ」とあり、厶を陰気を示すものとするが、古くは鬼頭のものの蹲踞する形に作り、厶は後に加えたもの。字は畏と形近く、畏忌すべきものを意味した。

訓義 1おに、ひとがみ、遊魂。2鬼神、もののけ、老物の精。

古訓 〔名義抄〕鬼 オニ／餓鬼 ガキ／瘧鬼 エヤミノオニ／邪鬼 アシキモノ／窮鬼 イキスダマ

部首 〔説文〕に魂・魄・魃・醜など、また〔新附〕に魔（魔）・魘など、合わせて十九字を属する。〔玉篇〕に六十九字を属するが、訓義を加えないものがかなり多い。

声系 〔説文〕に鬼声として瑰・嵬（嵬）・餽・槐・瘣・傀・褢・隗・媿・魁など十三字を収める。その声義をとるものには、おおむね魁偉の意がある。

【鬼蜮】きいき（ゐき）・きよく 蜮は短狐。水中より沙を吹き、人にあたれば病むという。〔詩、小雅、何人斯〕鬼爲蜮爲らば 則ち得べからざらんも 靦たる面目有り 人を視るに極まり罔し

【鬼飲】きいん 夜、暗中で飲む。〔画墁録〕蘇舜欽・石延年の輩、鬼飲～鶴飲と名づくるもの有り。鬼飲とは、夜以て燒燭（灯火）せず。

【鬼火】きか（くわ） おにび。きつねび。漢・王逸〔楚辞、九思、哀歳〕冬夜、陶陶として 雨雪冥冥たり 神光熲熲として 鬼火熒熒たり

【鬼禍】きか（くわ） たたり。〔論衡、命禄〕命貴ければ、賤に從ふとも地自ら達し、命賤しければ、富に從ふとも位自ら危し。故に夫れ富貴には神助有るが若く、貧賤には鬼禍有るが若し。

【鬼瞰】きかん 鬼がうかがう。貴顕の家にたたる。〔漢書、揚雄伝〕高明の家は、鬼、其の室を瞰ふ。

【鬼工】きこう 鬼神のなすわざ。唐・岑參〔高適・薛拠と慈恩寺の浮図に登る〕詩 突兀として神州を壓し 崢嶸として鬼工の如し

【鬼哭】きこく 死者の霊が泣く。唐・李華〔古戦場を弔ふ文〕亭長、予に告げて曰く、此れ古戰場なり。嘗て三軍を覆し、往往にして鬼哭す。天陰れば則ち聞ゆと。

【鬼才】きさい 人間わざとは思われないすぐれた才能。〔南部新書、丙〕李白を天才絶と爲し、白居易を人才絶と爲し、李賀を鬼才絶と爲す。

【鬼妻】きさい 亡夫の妻。〔墨子、節葬下〕昔、越の東に輆沐の國なる者有り。～其の大父死するときは、其の大母を負ひて之れを棄つ。曰く、鬼妻は與に居處すべからずと。

【鬼市】きし 夜の暗の中で行われる市場。〔唐書、西域下、払菻伝〕西海に市有り。貿易するに相ひ見ず、直を物の旁らに置く。鬼市と名づく。

【鬼事】きじ 死後の祭事。〔荀子、礼論〕祭なる者は、志意思慕の積なり。忠信愛敬の至りなり。～其の君子に在りては以て人道と爲し、其の百姓に在りては以て鬼事と爲す。

【鬼神】きしん 神霊。また、死者。霊魂。〔礼記、曲礼上〕禱祠祭祀、鬼神に供給（供薦）するに、禮に非ざれば誠ならず、莊ならず。

【鬼道】きどう（だう） 鬼神を用いる邪説妖術。〔後漢書、劉焉伝〕沛の人張魯の母、恣色有り。兼ねて鬼道を挾み、焉の家に往來す。

【鬼伯】きはく 死後の世界の支配者。〔古楽府、蒿里〕鬼伯一に何ぞ相ひ催促する 人命少くも踟躕（たもとおる）することを得ず

【鬼物】きぶつ 妖怪。〔列子、黄帝〕趙襄子、徒十萬を率ゐて中山に狩す。芿（草）を藉き林を燔く。扇赫すること百里。一人有り、石壁中より出で、煙燼に隨ひて上下す。衆之れを鬼物と謂へり。～徐ろに之れを察するに、～人なり。

【鬼兵】きへい 鬼神の使役する兵。〔晋書、王羲之伝〕王氏世張氏の五斗米道に事ふ。～孫恩の會稽を攻むるや、～凝之～請禱す。～曰く、吾れ已に大道に請ひ、鬼兵の相ひ助くるを許せり～と。既に備へを設けず。遂に孫恩の害する所と爲る。

【鬼門】きもん 忌むべき方角。陰陽家の語。〔論衡、訂鬼〕度朔の山有り。上に大桃木有り。～其の枝閒の東北を鬼門と曰ふ。萬鬼の出入する所なり。上に二神人有り。一を神荼と曰ひ、一を鬱壘と曰ふ。萬鬼を閲領することを主る。

【鬼雄】きゆう 鬼神のすぐれたもの。〔楚辞、九歌、国殤〕身既に死して、神にして靈 子の魂魄、鬼雄と爲らん

↑鬼衣 死者の衣／鬼域 辺境／鬼雨 大雨／鬼怪 おばけ／鬼黠 狡獪／鬼眼 人相見／鬼気 ぞっとする／鬼教 仏教／鬼区 鬼域／鬼臉 鬼面／鬼幻 変幻／鬼功 鬼工／鬼魂 死者の霊／鬼子 罵る語／鬼社 悪人の党／鬼手 死人の手／鬼妾 亡夫の妾／鬼信 訃報／鬼籍 過去帳／鬼設 鬼工／鬼胎 死者畸形の胎／鬼中 死霊／鬼誅 神罰／鬼廷 死者の廷／鬼奴 黒人奴隷／鬼灯 鬼火／鬼頭 蟻文をつけた古銭、蟻鼻銭／鬼婆 則天武后／鬼罰 鬼誅／鬼魅 妖怪／鬼票 死者の券／鬼病 恋わずらい／鬼巫 鬼を使う巫／鬼斧 鬼工／鬼面 鬼の面／鬼幽 血気の無い姿／鬼燐 鬼火／鬼録 過去帳／鬼籙 鬼録／鬼話 でたらめ

↓悪鬼・暗鬼・畏鬼・陰鬼・役鬼・疫鬼・冤鬼・餓鬼・怪鬼・奇鬼・瘧鬼・旧鬼・窮鬼・群鬼・虎鬼・紅鬼・債鬼・山鬼・邪鬼・酒鬼・尚鬼・殤鬼・新鬼・人鬼・青鬼・打鬼・痴鬼・逐鬼・百鬼・貧鬼・巫鬼・物鬼・魔鬼・冥鬼・野鬼・幽鬼・厲鬼・霊鬼

【匭】 11 7171 ［簋］ 17 8810 キ はこ

形声 声符は軌。〔説文〕簋字条五上に「匭は古文簋なり。匚軌に従ふ」（段注本）とあり、また匚飢に従う字や、朹の字形をあげている。簋の金文の字形は𣪘に作り、𣪘は烹飪の器。〔書、禹貢〕に「青茅を包匭す」とあるから、匭はくるめて束ねるような方法のものである。

訓義 [1]はこ。[2]くくる、包みこむ。

古訓 〔名義抄〕匭 ヒツモノ 〔篇立〕匭 ヒツモノ

【匭函】きかん 投書函。〔旧唐書、則天皇后紀〕に「（垂拱二年）三月、初めて匭を朝堂に置く。書を進め事を言ふ者有らば、之れを投ずることを聽す」とみえる。唐・元稹〔事を献ずる表〕凡そ今の人、諫鼓・匭函を以て虛器と爲し、拾遺・補闕を謂ひて冗員と爲す。～蓋し郡下因循し、發明する所有る能はざるの罪なり。

↑匭匣 投書箱／匭使 匭函を掌る

↓置匭・土匭・納匭・包匭・法匭

常【基】 11 4410 キ もとい もと

形声 声符は其。〔説文〕十三下に「牆の始なり」とする。牆に限らず、建造物の基礎となるものをいう。其は箕、方形の意があり、土壇をいう。〔詩、小雅、南山有台〕に「邦家の基」、〔詩、周頌、昊天有成命〕に「夙夜、命を基むること宥密なり」とみえる。定礎のとき、犠牲を埋めて地を祓うを奠基という。

訓義 [1]もとい、もと、基礎、土台。[2]はじめる、はじめ。

古訓 〔名義抄〕基 モト・モトヰ・ハジメ・ハジム・ハカリゴト・タツ・アヤマツ

【基宇】きう 気宇。度量。〔三国志、蜀、先主伝評〕先主の弘毅寛厚は、～蓋し高祖の風、英雄の器有り。～機權幹略は、魏武に逮ばず。是こを以て基宇も亦た狹し。

【基階】きかい 基段。南朝宋・謝霊運〔石門の最高頂に登る〕詩

疏峰、高館に抗たり 對嶺、廻溪に臨む 長林、戸穴に羅なり 積石、基階を擁く

【基業】（げふ） 後に継承される事業の基礎。〔後漢書、隗囂伝〕將軍〜動けば功有り、發すれば權に中る。基業已に定まり、大勳方に緝なる。

【基扃】 土台と門。城闕。南朝宋・鮑照〔蕪城の賦〕基扃の固護なるを觀る、將ど萬祀にして一君ならん。三代に出入すること、五百餘載。

【基趾】 基礎。建造物の土台。〔北史、芸術下、蔣少游伝〕少游を遣はし、傳（車）に乘じて洛に詣り、魏・晉の基趾を量準（測量）せしむ。

【基緒】 基業。〔書、太甲上〕先王、諟の天の明命を顧み、以て上下の神祇・社稷・宗廟を承け、〜肆に嗣王、丕いに基緒を承けたり。

【基本】 基礎。根拠。〔晋書、慕容徳載記〕彭城は山川を阻帶とし、楚の舊都なり。地は嶮に人は殷し。攻めて之れに據り、以て基本と爲すべし。

【基命】 王業をはじめるべき天命。〔詩、周頌、昊天有成命〕成王敢て康んぜず 夙夜、命を基むること宥密（寛仁安静）なり

↑基因 原因／基源 根源／基構 基本の組織／基址 基趾／基阯 基趾／基峙 割拠する／基準 準拠する／基礎 土台／基地 根拠地／基置 棋置／基兆 基礎／基調 楽曲の主調／基楨 土牆の柱／基点 出発点／基図 基業／基年 一年／基陛 基階／基歩 初歩

↓遺基・王基・開基・階基・旧基・弘基・洪基・皇基・荒基・鴻基・国基・根基・始基・鎡基・準基・崇基・創基・大基・泰基・頽基・台基・定基・帝基・殿基・堂基・徳基・丕基・豊基・門基

常【埼】11 4412 ［崎］11 2472 ［碕］13 1462

キ
さき みさき

形声 声符は奇。奇は剞劂（曲刀）の形に従う字で、不整形なるものの意がある。水岸の曲折しているところをいう。〔文選、上林の賦〕「堆埼に激す」の〔李善注〕に「埼は曲岸の頭なり」とあり、わが国では岬の意に用いる。岬は〔玉篇〕に「山旁なり」とあり、山側をいう字。埼はまた崎・碕に作る。

訓義 1さき、みさき。2山のかたわら。

古訓 〔新撰字鏡〕碕 石乃出太留佐支（石の出たるさき）〔名義抄〕崎 サカシ・サキ・トマリ・ウツハア（ヤ）シ／崎嶇 カタブク・ヤマノミチ・ホトリ

＊語彙は崎字条参照。

常【寄】11 3062

篆文 

キ
よる たよる

形声 声符は奇。奇に不安定なものの意があり、寄に倚寄し、寄託する意がある。〔説文〕七下に「託するなり」とあり、〔論語、泰伯〕「以て六尺の孤を託すべく、以て百里の命を寄すべし」のように、人に寄託することをいう。寄宿・寄寓のように用い、伝言を寄語という。

訓義 1よる、たよる、よせる、まかす。2たより、たのみ、ちからとする。3たのまれごと、責任。4かりに身を寄せる、かりずまい。5東方の種族の語の訳。たとえば日本語ならば「日本寄語」のようにいう。

古訓 〔名義抄〕寄 ヨル・ヨス・ツク・モテアソブ・ヤドル・アソブ・カ丶ル・タハブル〔字鏡集〕寄 ヨル・ヨス・ツク・アソブ・ヌキツ・シルス・カ丶ル・タハフル・ヤドル・モテアソブ

【寄怨】（ゑん） 他にかこつけて、私怨をもらす。〔宋史、綦崇礼伝〕再び翰林に入りて、凡そ五年、撰る所の詔命數百篇、文簡に、意明らかに、私美せず、寄怨せず、深く代言の體を得たり。

【寄豭】 他人の妻を犯す。有夫姦。〔史記、秦始皇紀〕夫、寄豭を爲すときは、之れを殺すも罪無し。

【寄懐】（くわい） 思いをものに寄せていう。宋・陸游〔出遊して帰鞍上、口占〕詩 懷を寄す、楚水呉山の外 意を得たり、唐詩晉帖の間

【寄款】（くわん） 誠心を寄せる。晉・陸機〔親を思ふ賦〕南雲を指して、以て款（誠心）を寄せ、歸風を望んで、誠を效す。

【寄居】 かりに住む。寓居。魏・曹植〔仙人篇〕楽府 俯して五嶽の閒を觀るに 人生は寄居の如し

【寄寓】 身を寄せる。〔三国志、呉、呉主伝〕是の時、〜深險の地猶ほ未だ盡くは從はず。天下の英豪、布きて州郡に在り。賓旅寄寓の士、安危去就を以て意と爲し、未だ君臣の固有らず。

【寄言】 ことづてる。〔楚辞、九章、思美人〕願はくは言を浮雲に寄せん 豐隆（雲神）に遇ふも、將はず

【寄慠】（がう） 曠放の心を寄せる。晉・陶潛〔帰去来の辞〕南窗に倚りて以て慠を寄せ、膝を容るるの安んじ易きを審らかにす。

【寄謝】 ことづて。礼を伝えるようたのむ。唐・杜甫〔莫相疑行〕詩 寄謝す、悠悠たる世上の兒 好惡を爭はず、相ひ疑ふこと莫かれ

【寄宿】 一時宿をかる。〔戦国策、趙一〕蘇秦曰く、今日臣の來るや、暮れて郭門に後れたり。席を藉るに得る所無し。人の田中に寄宿せり。

【寄書】 手紙を送る。梁・范雲〔張徐州謖に贈る〕詩 懷情徒だ草草 涙下りて空しく霏霏 書を雲閒の鴈に寄す 我が爲に西北に飛べ

【寄情】（じやう） 思いを物に寄せる。〔新論、韜光〕性を山林に託し、情を物外に寄す。人に求むる有るに非ざるなり。

【寄食】 食客となる。いそうろう。〔戦国策、斉四〕齊人に馮諼といふ者有り。貧乏にして自ら存きること能はず。人をして孟嘗君に屬せしめ、門下に寄食せんことを願ふ。

【寄身】 身を任せる。魏・文帝〔典論、論文〕是を以て古の作者は、身を翰墨に寄せ、意を篇籍に見はす。良史の辭を假らず、飛馳の勢ひに託せずして、聲名自ら後に傳ふ。

【寄人】 人にたよる。〔南斉書、張融伝〕丈夫當に詩・書を刪り、禮樂を制すべし。何ぞ因循して、人の籬下に寄するに至らんや。

【寄生】 他にたよって生きる。〔管子、八観〕地を有ちて國に君たりて、而も耕芸に務めざるは、寄生の君なり。

【寄迹】 身を寄せる。晉・陶潛〔子に命く〕詩 迹を風雲に寄せ 茲の慍喜を寘つ

【寄託】 身を寄せる。漢・東方朔〔七諫、謬諫〕列子、身を隱して窮處す、世、以て寄託すべき莫し。

【寄命】 運命を任せる。〔論語、泰伯〕以て六尺の孤を託すべく、以て百里の命を寄すべし。大節に臨んで奪ふべからず。君子人か、君子人なり。

【寄与】 送る。南朝宋・陸凱〔范曄に贈る詩〕花を折りて驛使に逢ふ 寄與す、隴頭の人 江南有る所無からん 聊か一枝の春を贈る

↑寄委 政を任せる／寄意 心をよせる／寄遺 おくる／寄家 寄留／寄客 食客／寄監 仮牢／寄顔 人にあう／寄汲 もらい水／寄戸 寄留／寄公 亡命の君／寄恨 寄怨／寄坐 寄寓／寄詞 寄語／寄質 はじめて仕官するときの進物／寄似 寄示／寄趣 趣をよせる／寄住 寄寓／寄蹤 寄迹／寄信 便り／寄声 伝言／寄跡 寄迹／寄籍 寄留／寄贈 おくる／寄暢 気晴らし／寄匿 身を寄せてかくれる／寄任 委

任する／寄附 人に物を与える／寄物 預ける、よせる／寄養 出養生する／寄留 寄寓する
↓委寄・意寄・遺寄・客寄・羇寄・興寄・吟寄・眷寄・酬寄・書寄・情寄・深寄・親寄・声寄・請寄・跡寄・送寄・託寄・寵寄・投寄・拝寄・辺寄・游寄

【崎】 常 11 2472 キ けわしい みさき

形声 声符は奇。奇に不安定なものの意がある。〔玉篇〕に「崎嶇は山路の平らかならざるなり」とあり、双声の語。わが国では岬の意に用いる。

訓義 ①けわしい、さかみち。②埼と通じ、さき、みさき。

古訓 〔新撰字鏡〕崎嶇 路難きなり。奈也牟(なやむ)、又、宇地波也志(うぢはやし)〔名義抄〕崎 サガシ・サキ・トマリ・ウツハア(ヤ)シ／崎嶇 カタフク・ヤマノミチ・ホトリ／傾崎 カタフク 〔字鏡集〕崎 ヤマヂノサカシキ・ウツハヤシ・ホトリ・ヤマミチ・サキ・サカシ・カタフク・トマリ・サカ

【崎嶇】けわしいさま。晋・陶潜〔帰去来の辞〕既に窈窕として壑を尋ね、亦た崎嶇として丘を經たり。木は欣欣として以て榮に向ひ、泉は涓涓として始めて流る。

【崎傾】けわしく傾く。漢・王褒〔九懐、昭世〕忽ち西囿を反顧し 軫丘の崎傾せるを覩る

↑崎峗 険しい／崎錡 崎峗／崎崖 険しい／崎嶬 高く危ない／崎岑 危峰／崎崟 崎岑／崎嶔 崎岑／崎険 険阻／崎峭 そびえる
↓巋崎・欹崎・嶇崎・崛崎・傾崎・険崎

【㠱】 11 1780 キ あぐら

篆文  甲骨文  金文 

形声 声符は己。己に屈曲するものの意がある。〔説文〕十四下に「長踞するなり」、〔玉篇〕に「長跪するなり」とあって、足を組んで箕踞することをいう。跽・跪と声義が近い。卜文・金文に国名としてみえ、山東に㠱器の遺品が多い。

訓義 ①あぐらをかく、ひざまずく。②国の名。

古訓 〔字鏡集〕㠱 ヒザマヅク

語系 㠱・跽giəは同声。跪giueも同系の語とみてよい。踞kia、箕kiaも声義の近い語である。

【悸】 11 9204 キ おそれる むなさわぎ

篆文 

形声 声符は季。〔説文〕十下に「心動くなり」とあって、むなさわぎすることをいう。同じく季声の字に痵があり、〔説文〕七下に「气定まらざるなり」とみえる。〔玉篇〕には悸・痵を一字とする。動悸することをいう語で、擬声的な語とみてよい。

訓義 ①おそれる、むなさわぎする。②動悸する病。③いかる、わななく。

古訓 〔新撰字鏡〕悸 和奈々久(わななく)、又、豆々志牟(つつしむ)、又、加志古万留(かしこまる)、加志古牟(かしこむ)、又、於曽留(おそる)〔名義抄〕悸 イタム・ウレフ・コヽロツクシテ・コヽロハシリ・ウルヽク〔字鏡集〕悸 ウルヽク・ウレフ・イタム・コヽロウゴク・コヽロハシリ・コヽロツクシテ・ヲノヽク

語系 悸・痵giet は同声。漢代に病悸という語があって、喘息のような状態の症状をいう。

【悸悸】驚きおそれ、胸さわぎする。唐・杜甫〔乾元元年華州、進士を試みる策問、五〕外は則ち悸悸然として、賢を求むること及ばざるが如くす。

【悸兮】だらりと垂れたさま。〔詩、衛風、芄蘭〕容たり遂たり 帶を垂るること悸兮(悸たり)

【悸動】動悸がする。〔風俗通、怪神〕中門外に臥す。夜半後、東壁の正に白く、門を開きて明らかなるが如きを見る。～因りて起ちて自ら往くに～壁皆白きこと故の如し。牀に還りて復た之れを見、心大いに悸動す。

↑悸駭 驚きおそれる／悸悚 恐れて動悸がする／悸慴 おそれる／悸心 恐懼する／悸然 驚く／悸病 心臓病／悸怖 おそれる／悸慄 戦慄する
↓畏悸・縈悸・虚悸・恐悸・兢悸・驚悸・惨悸・慙悸・羞悸・悚悸・戦悸・怛悸・動悸・魄悸・発悸・悲悸・病悸・怖悸・夢悸・憂悸

【掎】 11 5402 キ ひく

篆文 

形声 声符は奇。奇に一方の意がある。〔説文〕十二上に「偏引するなり」とあり、一方をたぐるようにひきよせることをいう。〔漢書、叙伝上〕「昔秦、其の鹿を失ふ。劉季(邦)逐ひて之れを掎く」とは、鹿の一足を捉えて引くことをいう。

訓義 ①ひく、あしをひく。②たぐる、たぐりよせる。③ひきぬく、ひきとる。④ゆがむ。

古訓 〔名義抄〕掎 ヒク・ヨル・シタシトテヒク 〔字鏡集〕掎 ―トテヒク・アシトル・ヒク・シタシ・イタク・シタシトテヒク・アシトテヒク・ツク・ウツ・ヨル

【掎角】角とり、足ひく。前後相応じて攻める。〔左伝、襄十四年〕譬へば鹿を捕ふるに、晉人之れを角とり、諸戎之れを掎き、晉と與に之れを踣すが如し。戎、何を以て免れざる。

【掎挈】とりあげ、指摘する。宋・曾鞏〔欧陽学士(脩)に上る第一書〕長ずるに及んで、執事の文章を得て、口に誦して心に之れを記し、其の根極理要、撥正邪僻、當世を掎挈し、大中を張皇するを觀る。～眞に六經の羽翼、道義の師祖なり。

【掎摭】一つ一つとりあげ拾う。唐・韓愈〔石鼓の歌〕詩孔子、西に行くも、秦に到らず 星宿を掎摭して、羲娥(日月)を遺せり

【掎奪】あげあしをとる。〔後漢書、崔寔伝〕俗人は文に拘せられ古に牽かれ、權制(臨機の制作)に達せず。～故に事を言ふ者、聖徳に合すと雖も、輒ち掎奪せらる。

↑掎匜 ゆがむ／掎契 掎挈／掎汨 乱す／掎止 ひき留める／掎遮 さえぎる／掎掣 制御する／掎抜 抽きとる
↓角掎・後掎・劫掎

【晞】 11 6402 キ あける かわく

篆文 

形声 声符は希。〔説文〕七上に「乾くなり」とするが、〔詩、斉風、東方未明〕に「東方未だ晞けず」とあるのが本義。日光の熹微なる状態をいう語であろう。乾く意は乾・暵と通ずる用法である。

訓義 ①あける、日が明けはじめる。②かわく、日にほす、さらす。

古訓 〔名義抄〕晞 アケヌ・アキラカナリ・サラス・カハク・モル・ホス・カレタリ・テル・アイヒル・ノゾム 〔字鏡集〕晞 ヤス・ネガフ・アキラカ・カハク・サラス・モル・アケヌ・テル・アク・ヒル・ホス・ノゾム

語系 晞xiəi、暵xan、乾kan、旱hanは声義に通ずるところがあり、乾燥の意がある。

【晞土】かわいた土。〔説苑、雑言〕夫れ蚯蚓(みみず)は、内に筋骨の強無く、外に爪牙の利無し。然れども下は黄泉に飲み、上は晞土を墾く。

【晞髪】髪をかわかす。〔楚辞、九歌、少司命〕女と咸池に沐し 女の髪を陽の阿に晞かす

↑晞塊 乾いた土／晞覬 ねらう／晞光 日光浴／晞日 さらす／晞望 希望／晞沐 晞髪／晞陽 日光

浴／晞和 のどか
↓旭晞・晨晞・新晞・夕晞・雪晞・朝晞・髪晞・夜晞・露晞

【欷】 11 4728 キ むせびなく

篆文

形声 声符は希。〔説文〕八下に「歔なり」とあり、歔欷はすすり泣く意の双声の連語。

訓義 ①むせびなく、すすりなく。②かなしむ。

古訓 〔名義抄〕欷歔 スヾシ・カシナ(ナシ)ブ／歔欷 ムセブ・ナキ・ナク・ナゲク・ハナス、リシ・カナシムデ・サクリ 〔字鏡集〕欷 ス、シ・ナゲク・カナシブ・ナクアマリノコヱ

語系 欷 xiəi、歔・嘘 xia、呼・虖・嘑 xa、吁 xiua はみな、つまった声、哭声・嘆声を示す擬声語である。

【欷歔】 むせび泣く。唐・柳宗元〔許京兆孟容に寄する書〕春秋の時饗に當る毎に、孑立捧奠す。顧眄するに、後繼の者無し。悸悸然として欷歔惴惕す。恐らくは此の事、便ち已まん。

↑欷泣 むせび泣く／欷吁 なげく
↓一欷・永欷・歔欷・嗟欷・心欷・悽欷・増欷・長欷・重欷・涕欷

【淇】 11 3418 キ

篆文

形声 声符は其。〔説文〕十一上に「淇水、河内共北山に出で、東して河に入る。或いは曰く、隆慮西山に出づと」(段注本)とみえる。〔詩、衛風〕に〔淇奥〕の篇があり、のち淇園として知られる。

訓義 ①川の名。②地名、淇県。

【淇奥】 淇水のくま。〔詩、衛風、淇奥〕彼の淇奥を瞻るに 綠竹猗猗たり～ 匪(斐)たる有る君子 終に諼するべからず

【淇園】 美竹を以て知られる。〔後漢書、寇恂伝〕光武、是に於て復た北のかた燕・代を征す。恂～淇園の竹を伐り、矢を爲ること百餘萬、馬を養ふこと二千匹、租を收むること四百萬斛。

↓盈淇・渉淇・枕淇

常 【規】 11 5601 キ ぶんまわし はかる きそく

篆文

会意 夫＋見。夫の初形は∞でぶんまわし。それを用いて円をえがくものを矩(矩)という。規矩とは方円をなす器。角・直線をかくものを定規といい、直〔説文〕十下に「法度有るなり。夫に從ひ、見に從ふ」とし、〔段注〕に「丈夫の見る所なり」とするが臆解である。卜文の肅(肅)、金文の畫(画)は∞の形に従い、その雕文に規を用いたことが知られる。肅は繡の従うところ、畫は雕盾の象で、その文様の作成に規を用いた。規矩の意より規則・規模の意となる。

訓義 ①ぶんまわし、規度、まる、まるをかく。②のっとる、のり、はかる、手本、規範。③正しくなおす、いさめる、いましめ。

古訓 〔字鏡集〕規 ノリ・ノトル・ハカル・ハカリゴト・マロナリ・タヾシ・タヾス・ミル・ウツス・モトム・カゾフ・ツ、ム・ネガフ・ウソブク

語系 規 kiue、矩 kiua は双声の連語。規は円、矩は直角をはかるもの。

【規過】 過ちをただす。〔左伝、昭四年〕諸侯楚に如く。～王、椒擧をして後に侍し、以て過ちを規さしむ。事を卒ふるまで規さず。

【規誡】 ただし誡める。〔世説新語、規箴〕郗太尉(鑒)、晩節に談を好む。～(王導を)見る毎に、必ず苦ろに相ひ規誡せんと欲す。王公其の意を知り、毎に引いて它の言を作す。

【規誨】 ただしおしえる。〔左伝、襄十四年〕史は書を爲り、瞽は詩を爲り、工は箴諫を誦し、大夫は規誨し、士は言を傳へ、庶人は謗る。

【規画】 はかりごと。〔三国志、呉、胡綜伝〕昔許子遠、袁(紹)を舍てて曹(操)に就き、規畫計較す。見に應じて納受せられ、遂に袁軍を破りて、以て曹の業を定めたり。

【規格】 法度。〔三国志、魏、夏侯惇等伝評〕(夏侯)玄、規格局度を以て、世其の名を稱す。然れども～榮位斯くの如きも、曾て未だ其の非を匡弼し、良才を援致することを聞かず。

【規諫】 ただし諫める。〔国語、楚語上〕其の荒失遺忘せんことを恐る。故に朝夕規誨箴諫せしむ。

【規規】 おどろき視て、自失するさま。〔荘子、秋水〕是に於て、埳井の鼃(蛙)之れを聞き、適適然として驚き、規規然として自失す。

【規矩】 ぶんまわしと、さしがね。準則。〔孟子、離婁上〕規矩は方員の至りなり。聖人は人倫の至りなり。

【規景】 日影を測り方位を定める。魏・何晏〔景福殿の賦〕天地に譬しうして以て基を開き、列宿に竝んで制を作し、制、細なるとして規景に協はざるは無く、作、微なるとして水臬に違ふこと無し。

【規行】 正しい行歩。品行が方正であること。また、旧法になずむ。〔晋書、張載伝〕今の士、常に循ひ故に習ひ、規行矩歩、階級を積み、閥閲を累ね、碌碌然として以て世資を取る。

【規軸】 規の軸。〔管子、宙合〕多く規軸を備ふとは、軸を成すなり。夫れ軸を成すこと多ければ、其の大に處るや究まらず、其の小に入るや塞がらず。

【規準】 ぶんまわしと水準器。明・宋濂〔無旨禅師授公碑銘〕龍華の阿に、塔有りて筍の如し。石を礎くして文を鐫り、世の規準と爲す。

【規正】 ただす。匡正する。〔南史、孔奐伝〕奐、職に在りて清儉、規正する所多し。

【規制】 きまり。法則。〔宋史、宦者一、李神福伝〕禁闥に在ること五十年、稱して長者と爲す。然れども久しく三班(武官)を掌り、規制無く、遠近敍を失ふ。

【規旋】 規のように正確にめぐる。正しい行い。〔文心雕竜、才略〕孫綽は規旋して以て矩歩す。故に倫に序ありて、狀(具体的な描写)寡くなし。

【規則】 おきて。規範。唐・李群玉〔湘中、成威闍黎に別る〕詩 至れる哉、彼の上人 冰霜、規則凜たり 遊心杳として何れの境ぞ 宴坐、冥默に入る

【規範】 手本。法式。晉・陸雲〔兄平原に答ふ〕詩 今我頑鄙にして 規範遵ふこと靡し 仍世の載德 之れを予が身に荒さみたり

【規避】 法を設けてのがれる。〔北史、斉紀上論〕既にして魏の武帝、權逼を規避するも、曆數既に盡く。適に、關・河の分を速く所以なり。

【規諷】 ただしさとす。〔後漢書、循吏伝序〕建武永平の閒、吏事刻深なり。～故に朱浮數しば諫書を上り、～鍾離意等亦た規諷すること殷勤なり。長者を以て言を爲すも、得ること能はず。

【規模】 ぶんまわしと、かた。構造。手本。気概。〔三国志、魏、胡質伝〕(質)規模大略は父に及ばざるも、精良綜事に至りては之れに過ぐ。

【規謀】 はかりごと。〔後漢書、盧植伝〕車騎將軍皇甫嵩の黃巾を討平するに及んで、盛んに植の行師方略を稱す。嵩皆規謀を資用して、其の功を濟成せり。

【規略】 はかりごと。〔晋書、温嶠伝〕時に陶侃盟主爲りと雖も、處分規略は、一に嶠に出づ。

【規慮】 計画し、思慮する。〔淮南子、人間訓〕凡そ人の事を擧ぐるに、先づ其の知を以て規慮揣度し、而る後敢て以

て謀を定めざるは莫し。

↑規鑒 手本とする／規儀 儀式作法／規魚 ふぐ／規教 おしえ／規鏡 規鑒／規訓 おしえ／規検 法度／規車 ろくろ／規縄 法度／規箴 いましめ／規切 規誡／規度 はかる／規飭 ただす／規定 さだめ／規程 規則／規天 円天／規図 規画／規弼 補佐／規摹 ならう／規方 正す／規倣 まねる／規摩 切磋／規約 規定／規律 おきて／規矱 おきて

↓遺規・円規・恩規・家規・雅規・弘規・行規・宏規・洪規・鴻規・子規・周規・条規・定規・常規・新規・箴規・尽規・正規・成規・清規・中規・通規・党規・内規・半規・風規・法規・明規・友規・履規

【跂】 11 6414 キシ つまだつ

篆文

形声 声符は支（支）。支に伎・岐の声がある。〔説文〕二下に「足、指多きなり」と六指あるの意とするが、企と声義近く、企はつまだつときの側身形、跂はその足指をいう。伎・岐は傾く姿勢、そばだつ形をいう字である。

訓義 ①つまだつ。②あし、あしくび。③むつゆび。④跂跂、くねりながら行くさま。

古訓 〔新撰字鏡〕跂 鹿乃乎止利阿之（加久）曾（鹿のをどりあし（がく）ぞ）〔名義抄〕跂 シリウタク・カノヲドリアリクゾ・ノボル・ス、ム・クハダツ・フム・ソバダツ・ナヅム

語系 跂gie、奇kiai、企khiaは声義に通じ、高くそばだって、不安定な意を含むようである。

【跂跂】きき 虫のゆくさま。〔漢書、東方朔伝〕臣以爲へらく、龍にして〜足有り。跂跂脈脈、善く壁に縁る。是れ守宮に非ずんば、卽ち蜥蜴ならん。

【跂行】きこう（かう） 爬虫類の行くさま。〔漢書、公孫弘伝〕蓋し聞く、上古至治、〜舟車の至る所、人迹の及ぶ所、跂行喙息まで、咸く其の宜しきを得たりと。朕甚だ之れを嘉す。

【跂坐】きざ 腰かけて足を垂らす。〔南斉書、王敬則伝〕敬則、刀を横たへて跂坐し、（王）詢等に問ふ、發丁、幾人を得べきぞ。傳庫に見に幾錢物か有ると。〜（敬則）乃ち兵を起す。

【跂想】きそう（さう） つまだち望む。待望する。〔宋史、韓琦伝〕琦、范仲淹・富弼と、皆海内の人望を以て同時に登用せらる。中外、其の勛業を跂想す。

【跂望】きぼう（ばう） つまだち望んで見る。〔詩、衛風、河広〕誰か宋を遠しと謂ふ 跂てば予れ之れを望む

↑跂踦 あしなえ／跂蹻 草鞋／跂趾 つまだつ／跂訾 俗を見下す／跂踵 跂趾／跂足 跂望

↓蔚跂・基跂・踦跂・県跂・蹇跂・蹲跂・翼跂・離跂

【馗】 11 4801 〔逵〕 12 3430 キ みち

篆文

形声 声符は九。〔説文〕十四下に「九達の道なり。龜背に似たり。故に之れを馗と謂ふ。馗は高なり。九に從ひ、首に從ふ」という。〔爾雅、釈宮〕に「九達之れを逵と謂ふ」とあり、馗は逵の異文とみてよい。坴は陵陸の字であるから、聖域の道。九は声をとるのみの字である。

訓義 ①みち。また逵に作る。②また壝に作る。もりつち。③かくれる。④ほおぼね。⑤鍾馗。

古訓 〔名義抄〕馗 ミチ 〔字鏡集〕馗 ミチ・オホキナリ・チマタ・ワタリ・アキラカニワタルミチナリ

語系 馗giu、軌kiuは声近く、馗とは特定の通路をいうものであろう。字が首に従うことからいえば、断首坑などを設けるいわゆる遮迾の意であるかもしれない。

↓古馗・荒馗・鍾馗・中馗・野馗・霊馗・老馗

常

【亀】 11 〔龜〕 16 2711 キ キン キュウ（キウ） かめ

篆文

古文

甲骨文

象形 亀の全形。〔説文〕十三下に「舊なり」と旧久の意を以て解するのは音義説。古く亀卜に用いた。その形は天円地方、長生の霊物とされたのであろう。殷虚出土の亀版には、その甲橋部分（腹背の連なる所）に貢納・修治者の名と数とをしるしており、各地から献納されたものである。

訓義 ①かめ、亀甲。②ひさしい。③人を罵る陰語。亀は緑頭。唐代楽戸は緑頭巾をつけ、妻女は歌妓として売春させた。それで妻を寝とられた男をいう。④釁と通じ、ひびわれ。

古訓 〔和名抄〕龜 加米（かめ）〔名義抄〕龜 カメ・カヾマル・セナカ 〔篇立〕龜 カメ・ウミカメ・カヘル・カヾマル・ムシ・マカル

部首 〔説文〕のその部に二字、〔玉篇〕にまた二字を加えるが、ともに用例をみない字である。

声系 〔説文〕門部三下に龜声の字があり、音は糾（糾）、「鬮取するなり」という。

語系 龜・久kiuəは同声。また舊（旧）giuə、糾kyu、釁xiuənはそれぞれ声近く、通用することがある。

【亀鶴】きかく かめと鶴。ともに長生のもの。晉・郭璞〔遊仙詩、十四首、三〕借問ふ蜉蝣（かげろう）の輩 寧ぞ龜鶴の年を知らんや

【亀鑑】きかん 亀卜と鏡。吉凶と美醜を示すもの。手本。〔旧唐書、文苑下、劉蕡伝〕且つ倶に大德の中庸に非ず。未だ上聖の龜鑑と爲さず。何ぞ以て陛下の爲に之れを道ふに足らんや。

【亀玉】きぎょく 亀卜と玉。国の宝とするもの。〔礼記、玉藻〕龜玉を執るときは、前（足）を擧げ踵を曳きて、蹜蹜如（歩幅を狭く歩く）たり。

【亀筴】きさく かめと、めどぎ。亀卜と易筮。〔礼記、曲礼上〕龜筴敝るるときは則ち之れを埋め、牲死するときは則ち之れを埋む。

【亀手】きしゅ（きん） 手のひびきれ。〔荘子、逍遥遊〕宋人に善く不龜手の藥を爲る者有り。世と洴澼絖（綿に塗り薬をつけてのばしたもの）を以て事（家業）と爲す。

【亀筮】きぜい 亀卜と易筮。その両者で占う。〔書、洪範〕龜筮共に人に違ふときは、用て靜なれば吉なれども、用て作すときは凶なり。

【亀礎】きそ かめの伏した形の柱礎。〔述異記、上〕呉王の射堂の柱礎、皆伏龜の如し。袁宏の宮賦に、海龜の礎と曰ふは是れなり。

【亀息】きそく 道家の呼吸法。飲食せず、睡るとき気が耳からもれるという。〔抱朴子、対俗〕飲まず食はず、此の如きこと久しくして死せず。〜仙經に、龜の息するに象ると。豈に以有らずや。

【亀蛇】きだ 呪物としてかめと蛇をかいた旗。玄武の二将ともいう。〔周礼、春官、司常〕龜蛇を旐と爲す。

【亀坼】きたく 亀版を灼いて、卜兆としてわれめが出る。〔周礼、春官、占人〕史、墨を占ひ、卜人坼を占ふ。

【亀紐】きちゅう（ちう） かめの形をした印材のつまみ。〔漢旧儀、補遺上〕列侯は黃金印龜紐、文を印と曰ひ、丞相・大將軍は黃金印龜紐、文を章と曰ふ。

【亀趺】きふ かめの形をした石碑の台座。宋・陸游〔寒食の日、九里平水道中〕詩 馬鬣、松陰に、舊隴を封じ 龜趺、道左に、新碑を立つ

【亀鼈】きべつ かめとすっぽん。人を軽んじていう。〔魏書、蠕蠕国伝〕龜鼈の小豎、自ら救ふに暇あらず、何をか能く爲さんや。

↑亀印 亀紐の印／亀屋 亀甲／亀殻 亀の甲羅／亀旗 将軍旗／亀胸 鳩むね／亀鏡 亀鑑／亀形 亀の形／亀虎 亀紐の虎符／亀甲 亀の殻／亀榼

亀形の樽/亀骨 卜甲/亀策 亀筴/亀茲 西域の国名/亀灼 卜亀/亀綬 亀紐の印綬/亀書 亀背にかかれたという洛書/亀牀 亀足の牀/亀兆 卜兆/亀筒 亀甲/亀貝 古代の貨幣/亀板 亀の腹甲/亀版 亀の腹甲/亀符 洛書/亀文 亀背にかかれたという洛書/亀幣 貨幣/亀卜 亀甲で卜う/亀齢 長寿/亀裂 われめ

↓河亀・穹亀・巨亀・玉亀・夔亀・元亀・攻亀・鼇亀・鑽亀・蓍亀・灼亀・守亀・繡亀・神亀・筮亀・占亀・大亀・貞亀・奠亀・佩亀・伏亀・文亀・弁亀・謀亀・命亀・螺亀・霊亀

常【喜】 12 4060 キ シ よろこぶ このむ

篆文  古文  甲骨文  金文 

会意 壴＋口。壴は鼓、口は𠙵、祝禱を収める器の形。神に祈るとき、鼓をうって神を楽しませる意。耒を示す力を加えると嘉となり、嘉穀を求める農耕儀礼をいう。のち喜・嘉は人の心意の上に移していう字となった。〔詩、小雅、甫田〕〔詩、小雅、大田〕に「田畯至りて喜す」という句があり、田畯は田神。その神に供薦するものを、神が受けることを饎といい、その〔鄭箋〕に「喜は讀んで饎と爲す」とみえる。

訓義 ①よろこぶ、たのしむ。もと神が喜楽することをいう。②このむ、めでる。また嬉・憙に作る。③饎と通じ、酒食を神に供し、神が受けることをいう。

古訓 〔名義抄〕喜 ヨシ・ヨロシ・ヨロコブ・ヨロコビ 〔字鏡集〕喜 ヨロコブ・ヨシ・ヨロシ・タノシブ・コノム

声系 〔説文〕に喜声として僖・禧・譆・饎・熹など八字を収める。禧は礼吉、饎は酒食、譆は歎声をいう。

語系 喜・僖・禧・憙xiəは熙（熈）xiəと同声。熙は和楽の意。また欣xiənと通じ、欣喜という。

【喜慰】 喜び慰める。宋・蘇軾〔毛沢民推官に与ふる書〕夷に居ること久し。意はざりき、復た韶濩（古聖王の楽）の餘音を聞かんとは。喜慰の極みなり。

【喜懌】 よろこぶ。明・唐順之〔石湖王傅、辱く拙集を観て、長句二十三韻を贈らる。一首を奉答す〕詩 少年のとき、文苑に捜集を恣にし 異書を得る毎に、心に喜懌せり

【喜悦】 よろこび。唐・寒山〔寒山詩、二八八〕情に順へば喜悦を生じ 意に逆らへば瞋恨多し

【喜歓】 よろこぶ。〔古楽府、善哉行〕今日相ひ樂しむ 皆當に喜歡すべし

【喜客】 賓客を喜び迎える。〔史記、呂不韋伝〕不韋、家僮萬人あり。是の時に當り、魏に信陵君有り、楚に春申君有り、趙に平原君有り、齊に孟嘗君有り。皆士に下り、賓客を喜びて以て相ひ傾く。呂不韋～食客三千人に至る。

【喜極】 この上なく喜ぶ。宋・蘇軾〔朱寿昌郎中～母の在る所を知らず。～蜀中に得たり。詩を以て之れを賀す〕詩 羨む君が老に臨んで相ひ逢ふを得たるを 喜び極まりて言無く、涙雨の如し

【喜懼】 喜びと、おそれ。漢・張衡〔東京の賦〕客既に大道に醉ひ、文義に飽く。徳に勸み戒を畏れ、喜懼交爭ひ、罔然として醒ふが若し。

【喜幸】 喜び幸いとする。宋・欧陽脩〔吉州学記〕是を以て詔下るの日、臣民喜幸し、奔走して事に就く者、後るるを以て羞と爲す。

【喜笑】 楽しんで笑う。〔風俗通、正失〕群臣小大と無く、至りて即便ち從容として言ふ。上（孝文帝）輦を止めて之れを聽き、其の言の可なる者には善と稱し、不可なる者には喜笑するのみ。

【喜色】 うれしそうな顔つき。〔史記、孔子世家〕定公十四年、孔子年五十六、大司寇より相の事を行攝し、喜色有り。

【喜戚】 喜びと憂えごと。〔三国志、呉、呉主伝〕今日諸君、孤と事に從ふ。君臣の義存すと雖も、猶ほ謂ふに骨肉も復た是れに過ぎざらん。榮福喜戚、相ひ與に之れを共にせん。～諸君豈に從容するのみなるを得んや。

【喜怒】 喜びと怒り。〔中庸、一〕喜怒哀樂の未だ發せざる、之れを中と謂ふ。發して皆節に中る、之れを和と謂ふ。中なる者は天下の大本、和なる者は天下の達道なり。中和を致して天地位し、萬物育す。

【喜楽】 喜び楽しむ。〔詩、小雅、菁菁者莪、序〕菁菁者莪は、育材を樂しむなり。君子能く人材を長育せば、則ち天下之れを喜樂す。

↑喜意 喜ぶ/喜雨 雨を喜ぶ/喜慍 喜怒/喜説 喜悦/喜宴 喜寿の宴/喜筵 喜宴/喜賀 お祝い/喜願 ねがい/喜喜 和悦する/喜噱 大いに笑う/喜慶 お祝い/喜剣 剣術を好む/喜賢 好賢/喜誇 ほら吹き/喜語 話好き/喜好 楽しむ/喜嗜 嗜好/喜字 七十七/喜事 慶事/喜捨 浄財を寄附する/喜酒 祝酒/喜寿 喜字の祝い/喜尚 好尚/喜睡 眠り好き/喜瑞 瑞兆/喜声 喜ぶ声/喜兆 吉兆/喜病 つわり/喜舞 喜び舞う/喜兵 兵事を好む/喜味 よい味/喜名 名を求める/喜躍 喜び躍る/喜遊 遊び好き/喜誉 喜んでほめる/喜容 喜色/喜踊 喜躍

↓悦喜・説喜・燕喜・嘉喜・賀喜・歓喜・吉喜・狂喜・驚喜・欣喜・失喜・神喜・随喜・善喜・悲喜・楽喜・和喜

【喟】 12 6602 キ ためいき なげく

篆文 

形声 声符は胃。〔説文〕二上に「大息なり」とし、「或いは貴に從ふ」として嘳の字形を録するが、喟が通用の字。喟は喩母の字であるが、于（訏）、羽（栩）のような音の関係をもつものが多い。

訓義 ①ためいき、ためいきの声。②なげく、なげくさま。

古訓 〔新撰字鏡〕喟 奈介久（なげく）、又、於毛保氏留（おもほてる） 〔名義抄〕喟 オビユ・ナゲク・ホム・ソヒユ／喟然 オモホテル 〔字鏡集〕喟 オホイキ・ホム・ヲビユ・イキ・ナゲク・ソビユ・サケブ・アハレフ・カマヒスシ

語系 喟khiuət、氣（気）khiət は声義近く、喟とは嘅気をいう。概（慨）・嘅khət、愾xiət も同系の語である。

【喟焉】 ためいきをつくさま。〔呂覧、慎勢〕（斉の）簡公、喟焉として太息して曰く、余、（諸御）鞅の言を用ふること能はず、以て此の患に至ると。

【喟爾】 喟焉。〔後漢書、劉陶伝〕臣嘗て詩を誦し、鴻鴈于野の勞、哀勤百堵の事に至り、毎に喟爾として長懷し、中篇にして歎ず。

【喟然】 ためいきをつくさま。〔論語、先進〕夫子喟然として歎じて曰く、吾は（曾）點に與せんと。

↑喟喟 嘆息の声

↓慊喟・嗟喟・深喟・歎喟・長喟・咈喟

【⿱巸女】 12 7740 キイ よろこぶ たのしむ

篆文 

形声 声符は巸。巸は乳房と乳児、⿱巸女はいわば授乳する婦人の全体像であるが、字の構成上、形声とする。〔説文〕十二下に「説樂するなり。女に從ひ、巸聲」とする。

訓義 ①よろこぶ。②授乳する姿より、和楽の意となる。つま。③たのしむ。

古訓 〔字鏡集〕⿱巸女 ヨロコブ・タノシブ・ヨシ

語系 嬰・熙(熈)・喜・熹・嬉・娭xiəは同声。欣xiən、煦xio、旭xiokも声近く、みな和悦を示す語である。

↑嬰嬰(きき) たのしむさま

常【幾】12 〖幾〗12 2245

キ

きざし かすか あやうい いく

篆文  金文 

会意 𢆶+戈。〔説文〕四下に「微なり。殆ふきなり。𢆶に従ひ、戍に従ふ。戍は兵守なり。𢆶(幽)にして兵守する者は危きなり」という。𢆶を幽、幽微の意より危殆の意を導くものであるが、𢆶は絲(糸)の初文。戈に呪飾として著け、これを用いて譏察のことを行ったのであろう。〔周礼、天官、宮正〕「干宮の戒令糾禁を掌り、～其の出入を幾す」、〔周礼、地官、司門〕「管鍵を授けて、～出入する不物の者を幾す」など、みな譏呵・譏察の意に用いる。ことを未発のうちに察するので幾微の意となり、幾近・幾殆の意となる。

訓義 ①きざしをしらべる、きざしをみつけてはらう。②きざし、ことのはじめ、かすか、しずか、ことのあらわれぬもの。③あやうい、あやうい状態に近い、ほとんどその状態となる。④いのる、ねがう、こいねがう、のぞむ。⑤ほとんど、つきる、おわる。⑥いく、いくばく、しばしば。

古訓 〔名義抄〕幾 ホト〳〵・チカシ・シメス・コレ・イヅレ・マツ・ネガフ・ノゾム・アヤフシ・ヤウヤク・スミ・イクバク／庶幾 コヒネガフ／幾何 イクバク・イクソバク／幾多 イクバクバカリ 〔字鏡集〕幾 ヤウヤク・アヤフシ・ネガフ・アキラカス・イクハク・ホ(ト)〳〵シ・ノゾク・シメス・ホトホト・チカシ・イツレ・マツ・ハカリ・コレ

声系 〔説文〕に幾声として璣・譏・⿰豈幾・饑・機(機)・畿など十四字を収める。ほかに血部五上に刉珥(禨衈)を示す字(⿱幾皿)、鬼部九上に鬼俗の意を示す字(⿱幾鬼)があり、幾がそのような呪祝の法と関係のある字であることが知られる。なお〔広韻〕に「⿹气幾は⿰豈幾なり」とあり、みな譏察の呪儀に関する字であろう。

語系 幾kiəi、⿰豈幾giəi、⿹气幾giət、汔xiətは声近く、幾殆・幾近の意がある。幾声の字には、幾の声義を承けるものが多い。

【幾何】(かき) いくばく。どれほど。〔墨子、兼愛下〕人の地上に生くること、幾何も無きこと、之れを譬ふるに、猶ほ駟の馳せて隙を過ぐるがごときなり。

【幾回】(いくかい(くわい)) いくたび。何度。唐・杜甫〔竜門〕詩 往還時に屢改まる 川水、日に悠なるかな 相ひ閲みす、征途の上 生涯、幾回をか盡す

【幾諫】(きかん) それとなく諫める。〔論語、里仁〕父母に事へては幾諫し、志の従はざるを見ては、又敬して違はず、勞して怨みず。

【幾希】(きき) ほとんどない。〔孟子、尽心上〕舜の深山の中に居るや、木石と居り、鹿豕と遊ぶ。其の深山の野人に異なる所以の者、幾ど希なり。

【幾許】(ききょ いくばく) 何ほど。〔文選、古詩十九首、十〕河漢清くして且つ淺し 相ひ去ること復た幾許ぞ

【幾幸】(きこう(かう)) こいねがう。〔漢書、賈誼伝〕今四維猶ほ未だ備はらず。故に姦人幾幸し、衆心疑惑す。

【幾死】(きし) 危うく命をおとそうとする。漢・李陵〔蘇武に答ふる書〕且つ足下、昔、單車の使を以て、萬乘の虜に適く。～時の不遇に遭ひ、～流離辛苦して、幾ど朔北の野に死せんとするに至る。

【幾時】(いくじ) いくばくの時。漢・武帝〔秋風の辞〕詩 簫鼓鳴りて、棹歌を發す 歡樂極まりて、哀情多し 少壯幾時ぞ、老を奈何せん

【幾珥】(きじ) 牲血をちぬり、祓い清める。釁礼をいう。〔周礼、秋官、犬人〕凡そ幾珥沈辜(犠牲を沈埋して山川を祭り、磔して四方を祭る)するに、駹(まだら馬)を用ふるも可なり。

【幾多】(いくた) あまた。唐・李商隠〔柳〕詩 春に動く、何限(無数)の葉 曉に撼く、幾多の枝

【幾重】(いくちょう) いくかさなり。唐・劉長卿〔双峯下に故人李宥を哭す〕詩 憐れむ君が孤壠の雙峯に寄するを 骨を埋む窮泉(地下)、復た幾重

【幾度】(いくたび) 何度も。唐・杜甫〔裴施州に寄す〕詩 幾度か書を寄する、白鹽(夔州の地名、杜甫の居地)の北 苦寒我に贈る、青羔裘

【幾頓】(きとん) 危頽に陥る。〔国語、周語上〕其れ乃ち先王の訓を廢して、王、幾頓すること無からんや。

【幾人】(いくにん) いくたり。唐・王翰〔涼州詞、二首、一〕詩 葡萄の美酒、夜光の杯 飲まんと欲すれば、琵琶馬上に催す 醉うて沙場に臥すも、君笑ふこと莫れ 古來征戰、幾人か回る

【幾般】(きはん) いくたび。唐・戎昱〔早春雪中〕詩 陰雲萬里、晝漫漫たり 愁ひて坐す、關心の事幾般ぞ

【幾微】(きび) かすかなきざし。前兆。〔易、繫辞伝下〕幾は動の微、吉の先づ見はるる者なり。

【幾亡】(きぼう(ばう)) ほとんど死ぬ。漢・班固〔東都の賦〕往者に王莽逆を作し、漢祚中ごろ缺く。～時の亂に于て、生人幾ど亡び、鬼神泯絶す。壑に完柩無く、郛に遺室罔し。

【幾慮】(きりょ) 人の気づかぬふしぎな思慮。冥慮。〔後漢書、馮岑賈伝論〕豈に幾慮に自ら明惑有るか、將た期數之れをして然らしむるか。

↑幾位 幾人／幾音 幾微の言／幾運 機運／幾家 いくつ二三の家／幾会 機会／幾危 予兆／幾及 追いつく／幾権 権謀／幾歳 数年／幾策 機謀／幾事 機密のこと／幾処 幾所／幾初 前兆／幾臣 機密にあずかる臣／幾尽 ほとんどない／幾深 精微のこと／幾先 機先／幾卒 ほとんどない／幾殆 あやうい／幾敗 幾亡／幾番 幾般／幾片 幾ひら／幾遍 何度／幾望 十五夜の前夜／幾密 機密のこと

↓見幾・失幾・庶幾・心幾・神幾・尽幾・先幾・造幾・知幾・沈幾・投幾・年幾・万幾・赴幾・亡幾

【惎】12 4433

キ

そこなう いむ おしえる

篆文 

形声 声符は其。〔説文〕十下に「毒するなり」とあり、〔左伝、定四年〕「王室を惎間す」とはその意。〔左伝、哀二十七年〕「趙襄子是れに由りて知伯を惎む」も同義。忌・諅と声義近く、金文の「畏諅」「畏婁」などにあたる語であろう。〔説文〕三上に「諅は忌なり」とみえる。また〔左伝、宣十二年〕「楚人之れに惎へて扃(車輪のかんぬき)を脱せしむ」とは教える意。いくらかからかう意を含むようである。

訓義 ①そこなう、いむ、いみつつしむ、にくむ。②おしえる。

古訓 〔名義抄〕惎 ヲシフ・コロス・ハカリゴト・ヲシム・ヨセ・キハ

語系 惎(毒なり)・諅(忌なり)・忌(憎悪なり)・誋(誡む)gieは同声。欺(詐欺なり)・諆(欺く)khiaは声義近く、これらの語の間にみな関連がある。

【惎悔】(きかい(くわい)) 悔い改めさせる。晋・陸機〔魏の武帝を弔ふ文〕貞吝を援いて、以て悔いを惎ふ。

【惎間】(きかん) そこない隔てる。〔左伝、定四年〕管・蔡、商を啓きて王室を惎間す。王、是に於てか管叔を殺して、蔡叔を蔡す。

↑惎構 陥れる計謀

↓啓惎・讒惎・人惎

【揆】12 5203

キ

はかる

篆文 **形声** 声符は癸。〔説文〕十二上に「葵なり」とあり、癸・葵(葵)・揆はみな同訓の字。癸は楽器などを立てる台座として用いる柎足の形と考えられ、列置する間隔を定めることから、はかる意となったものであろう。席をもつ形の度が、席間をはかる意となるのと同じ。〔詩、鄘風、定之方中〕に「之れを揆るに日を以てす」とあり、日景を揆って方位を正すことをいう。癸はその柱を立てる台とみてもよい。葵と通用し、〔詩、小雅、采菽〕に「天子之れを葵る」とみえる。

訓義 ①はかる。②はかりかた、みち。③はかりごと。④はかり考える人、つかさ、宰相。

古訓 〔名義抄〕揆 ハカリゴト・ムネ・サイツチ・イサム・ハカル・キヒシ・ノリ・ツバヒラカナリ・オモムク 〔字鏡集〕揆 オモムク・イサム・サイツチ・ハカリゴト・ワタル・オモフク・ワクル・キビシ・ノリ・ムネ・ハカル・ツバヒラカナリ

【揆一】 方法が同じ。〔孟子、離婁下〕(舜と文王と)地の相ひ去ること千有餘里、世の相ひ後るること千有餘歳。志を得て中國に行ふこと、符節を合するが若し。先聖後聖、其の揆、一なり。

【揆叙】 はかり順序づける。漢・趙岐〔孟子題辞〕天地を包羅し、萬類を揆敍す。仁義道德、性命禍福、粲然として載せざる所靡し。

【揆度】 はかり考える。漢・東方朔〔非有先生論〕安危を圖書し、得失を揆度し、上は以て主の體を安んじ、下は以て萬民に便す。

【揆徳】 徳をはかる。〔逸周書、官人解〕飾貌する者は靜ならず、節を假る者は平ならず、私多き者は義ならず、揚言する者は信寡し。此れを之れ揆德と謂ふ。

↑揆画 計画する/揆景 日をはかる/揆宰 宰相/揆策 画策する/揆日 揆景/揆席 宰相/揆測 揆度/揆端 端緒をはかる/揆地 測量/揆程 揆度/揆務 職務を考える/揆理 はかり治める/揆路 宰相

↓一揆・首揆・準揆・測揆・度揆・道揆・百揆・法揆・両揆

常 **【揮】** 12 5705 キ ふるう

篆文 **形声** 声符は軍。軍に暉・翬の声がある。〔説文〕十二上に「奮ふなり」とあり、手をあげて揮うことをいう。指揮はまた指麾といい、軍は車上に旗をなびかせて軍を動かす意で、揮はもと軍事に用いる語であった。のち揮毫・揮觴・揮袂のようにいう。

訓義 ①ふるう、うごかす、指図する。②手をふるう、手をうごかす、字を書く、はらう、そそぐ。③微・徽と通じ、はた、はたじるし。④運と通じ、はこぶ、めぐらす。⑤輝・煇と通じ、かがやく。

古訓 〔名義抄〕揮 フルフ・ノゴフ・タヽク・ムバフ・アカク・トル・ソヽグ・ホドコス・ハラフ・ウゴカス・ツクス 〔字鏡集〕揮 アフグ・ムバフ・フルフ・ホドコス・ツクス・ノゾク・ソヽク・ウゴカス・ハラフ・トル・ナグ・タヽク・ニギル・フルフ・ノゴフ

語系 揮・翬xiuəiは同声。翬は〔説文〕四上に「大いに飛ぶなり」とあり、「揮は奮ふなり」とは奮飛の意であろう。

【揮戈】 戈をふるう。魯陽公が戈で日を麾きまねき、よびもどした故事。晋・左思〔呉都の賦〕魯陽戈を揮ひて高く麾き、曜靈(日)を太淸に迴らす。

【揮霍】 勢いよくはげしく動かす。晋・陸機〔文の賦〕體に萬殊有るも、物に一量無し。紛紜揮霍して、形、狀を爲し難し。

【揮喝】 指揮叱咤する。唐・柳宗元〔廃を起す、答〕今〜豪傑林立し、謀猷川行す。群談智を角べ、列坐英を爭ひ、華を披き輝を發し、雷霆を揮喝す。

【揮汗】 汗をふるう。〔戦国策、斉一〕臨淄の途、車轂擊ち、人肩摩し、衽を連ぬれば帷を成し、袂を擧ぐれば幕を成し、汗を揮へば雨を成す。

【揮翰】 筆をふるって詩文を作る。漢・張衡〔帰田の賦〕翰墨を揮ひて以て藻(文彩)を奮ひ、三皇の軌模を陳ぶ。

【揮毫】 筆をふるう。書・画をかく。唐・杜甫〔飲中八仙歌〕詩 張旭三杯、草聖傳ふ 帽を脱し頂を露はす、王公の前 毫を揮ひて紙に落せば、雲煙の如し

【揮灑】 書・画に筆をふるう。金・元好問〔竜門公の墨竹風烟・夕翠、二首、二〕詩 煙梢露葉、秋山を捲く 揮灑縱横、意自ら閑なり 問ふこと莫かれ筆頭、龍未だ化せざるを 看る看る霖雨、人間に滿つ

【揮手】 手を振って別れる。晋・劉琨〔扶風歌〕詩 手を揮つて、長く相ひ謝す 哽咽して、言ふこと能はず

【揮麈】 晋の清談の士が麈尾を取って談論したことから、談論をいう。宋・蘇軾〔易を治むる僧智周に贈る〕詩 斷弦壁に挂けて、知音喪はれ 麈を揮つて、空山亂石聽く

【揮觴】 杯をあげて、酒を飲む。晋・陶潜〔時運〕詩 人も亦た言へる有り 心に稱へば足り易しと 茲の一觴を揮ひ 陶然として自ら樂しむ

【揮斥】 自在に行動する。〔荘子、田子方〕夫れ至人なる者は、上は靑天を闚ひ、下は黃泉に潛み、八極に揮斥するも、神氣變ぜず。

【揮掃】 はらいのける。また、勢いよく筆をふるう。宋・陸游〔草書の歌〕詩 筆を提りて四顧すれば、天地窄し 忽然揮掃して、自らは知らず

【揮涕】 涙をはらう。魏・王粲〔七哀詩、三首、一〕路に飢ゑたる婦人有り 子を抱いて草間に棄つ 顧みて號泣の聲を聞くも 涕を揮つて獨り還らず 未だ身の死處を知らず 何ぞ能く兩ながら相ひ完うせん

【揮筆】 筆をふるう。唐・李頎〔張旭に贈る〕詩 興來つて素壁に灑ぎ 筆を揮へば流星の如し

【揮袂】 袂をうち払う。意気盛んなさま。魏・阮籍〔詠懐、八十二首、二十一〕詩 袂を揮つて長劍を撫し 仰いで浮雲の征くを觀る 雲間に玄鶴有り 抗志、哀聲を揚ぐ

【揮涙】 涙を流す。〔晋書、殷仲堪伝〕父病むこと積年なり。仲堪、衣は帶を解かず、躬ら醫術を學び、其の精妙を究む。藥を執り涙を揮ひ、遂に一目を眇す。

↑揮羽 羽扇をふるう/揮擢 揮霍/揮拳 こぶしでうつ/揮忽 たちまち/揮犀 揮麈/揮策 むちをふるう/揮散 ばらまく/揮綽 広める/揮鋤 すきで耕す/揮刃 剣をふるう/揮染 揮灑/揮楚 杖刑/揮掉 奮起する/揮棹 舟に棹さす/揮拍 演奏する/揮払 揮拍/揮鞭 揮策/揮揚 発揚する/揮弄 扱い遊ぶ

↓一揮・指揮・手揮・袖揮・電揮・発揮

【敧】 12 4464 キ かたむく

篆文 **形声** 声符は奇。〔説文〕三下に「持ち去るなり」とあり、〔説文通訓定声〕に「持夾」の誤りであろうという。挾みとる意とするが、傾くものを支える意であろう。奇に傾く、支(攴)に支持の意がある。〔説文〕九下にまた攲を録し、「攲嶇なり」とあって、山路の崎嶇たることをいう。声義の近い字である。

訓義 ①かたむく。②傾くものを支える、もつ。③はさみもつ、はさみとる。

古訓 〔名義抄〕敧 ソバタツ・アヅカル/攲 カタブク 〔字鏡集〕敧 ウツハモノ・アツカル・カヽゲタリ・カタブク・ソバダツ/攲 カタブク・ソバダツ・アヤフシ

語系 攲kiai、敧khiai は声近く、ともに傾くものの意があり、それを支えることをいう。

【攲器】傾いた形の器。半ば満たせば正立し、満つれば覆る。〔荀子、宥坐〕孔子、魯の桓公の廟に觀るに、攲器有り。～孔子顧みて弟子に謂ひて曰く、水を注げと。～中にして正しく、滿ちて覆り、虛にして攲く。～曰く、吁惡んぞ滿ちて覆へらざる者有らんやと。

➡攲案 見台／攲架 見台／攲岸 危岸／攲危 危うい／攲傾 傾く／攲欠 交錯する／攲坐 楽に坐る／攲斜 斜め／攲邪 斜め／攲牀 籐椅子／攲側 傾く／攲頽 崩れる／攲倒 倒れる／攲帆 風帆

⬇案攲・虛攲・傾攲・紅攲・斜攲・松攲・枕攲・低攲・棹攲・半攲

【晷】 12 6060 キ かげ ひかり

篆文 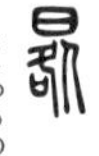

形声 声符は咎。〔説文〕七上に「日の景なり」とあり、景は光の意。〔広雅、釈天〕に「柱景なり」とあるのは、日の運行をその影によって観測したのである。〔漢書、芸文志〕に〔日晷書〕三十四巻を著録している。

訓義 ①かげ、ひかげ、ひざし、ひかり。②日景をはかる柱。③日あし、とき。

古訓 〔名義抄〕晷 ヒカゲ・カゲ・アキラカナリ 〔篇立〕晷 ヒノカゲ・テラス・カゲ・アキラカ・アキラカナリ

【晷緯】日と星。南朝宋・顔延之〔三月三日曲水詩の序〕晷緯は昭應し、山瀆は靈を效す。

【晷景】ひかげ。日月。唐・韓愈〔秋懐、十一首、九〕詩 憂愁、晷景を費やし 日月、跳丸の如し

【晷儀】日影表。日月星辰の運行をはかる。〔漢書、律暦志上〕議して漢曆を造り、乃ち東西を定め、晷儀を立て、漏刻を下す。

【晷刻】とき。時刻。〔西京雑記、四〕成帝の時、交趾・越巂、長鳴雞・伺晨雞を獻ず。卽ち漏を下さしめて之れを驗するに、晷刻差無し。

【晷度】日の移り。時刻。晉・張華〔雑詩〕晷度、天に隨って運り 四時、互ひに相ひ承く

【晷漏】日時計と水時計。〔後漢書、律暦志中〕圖儀晷漏、天と相ひ應じ、復た尙ふべからず。

➡晷運 日の運行／晷影 ひかげ／晷昃 夕方／晷柱 晷度を測定する柱／晷表 晷柱

⬇移晷・淹晷・華晷・窮晷・継晷・光晷・昏晷・順晷・晨晷・進晷・新晷・迅晷・寸晷・正晷・星晷・晴晷・尺晷・遷晷・短晷・長晷・朝晷・天晷・日晷・暮晷・耀晷

常【期】 12 4782 〔期〕 12 4782 キ とき あう

篆文 古文 金文 

形声 声符は其。其（箕）は方形に近く、一定の位置や間隔、区分を示すことがある。〔説文〕七上に「會ふなり」とし、〔段注〕に期を約束、稘を期間の意として区別するが、〔説文〕の「會」を「日月交会」の意とする説もある。〔玉篇〕に稘を稘の意としており、期が一定期間を意味する字であろう。

訓義 ①とき、ひとまわりのとき、ほど。②あう、めぐる、おわる。③ときを定めてあう、ときを定める、約する。④人寿。百年を期という。⑤己・記・忌・其と同じく、句末の助詞に用いる。

古訓 〔新撰字鏡〕期 阿比牟須比波加留（あひむすびはかる）〔名義抄〕期 アツ・アタル・チギル・トキ・アヒ・ムスビハカル・ホド・アフ・ス・ム・ツノル・カナラズ・カギル・コ、ロザス・マサシ・キザス

【期頤】百歳の人。〔礼記、曲礼上〕人、生まれて～百年を期と曰ふ。頤はる。

【期運】世のめぐり合わせ。晉・左思〔魏都の賦〕時世を迥かにして、淵默し、期運に應じて、光赫す。

【期会】時期を約して会う。〔史記、項羽紀〕漢王～陽夏の南に至りて軍を止む。淮陰侯韓信・建成侯彭越と期會して、楚の軍を擊つ。

【期期】どもる声。〔史記、張丞相伝〕（周）昌、人と爲り吃、又盛怒して曰く、臣、口言ふこと能はず。然れども臣期期、其の不可なるを知る。陛下、太子を廢せんと欲すと雖も、臣期期、詔を奉ぜずと。上、欣然として笑ふ。

【期限】定めた時期。〔隷釈、六、漢の郎中の鄭固の碑〕疾の錮なるを以て辭す。未だ期限に滿たず。其の本規に從ひ、乃ち凶愍に遘へり。

【期功】服喪。期は一年、大功九ケ月、小功五ケ月。晉・李密〔情事を陳ぶる表〕門衰へ祚薄く、晩に兒息有り。外に期功強近の親無く、內に應門五尺の僮無し。

【期待】あてにする。明・王禕〔允載章生、括蒼に帰る。詩四十韻を賦して贈別す〕余れを睎ること、猶ほ弟兄のごとく往往にして期待に過ぐ

【期程】日程を立てる。唐・杜甫〔早行〕詩 歌哭倶に曉に在り 行き邁くに期程有り

【期度】きまり。法度。〔漢書、霍光伝〕（霍光の妻、太夫人）顯及び諸女、晝夜長信宮の殿中に出入し、期度亡し。

【期約】約束する。〔後漢書、南匈奴伝〕宜しく～恩信を以て招降し、購賞を宣示し、其の期約を明らかならしむべし。此くの如くんば則ち醜類服すべく、國家無事ならん。

➡期寄 期待する／期冀 希望する／期結 決算期／期月 一ケ月／期尅 時刻／期歳 一年／期死 決死／期日 定めた日／期処 約束の所／期親 期功の親／期数 運命／期節 時節／期朝 一昼夜／期内 期限内／期年 一年／期風 季節風／期服 一年の喪／期望 期待する／期満 満期／期命 運命／期要 約束

⬇一期・雨期・延期・愆期・瓜期・花期・佳期・嫁期・遐期・会期・学期・及期・休期・啓期・後期・告期・婚期・最期・歳期・死期・自期・時期・周期・秋期・週期・夙期・初期・所期・星期・請期・先期・前期・早期・大期・待期・短期・長期・定期・同期・任期・年期・納期・半期・耄期・末期・満期・無期・有期・予期・猟期・老期

常【棄】 12 0090 〔棄〕 11 0090 キ すてる

甲骨文 篆文 古文 金文 籀文 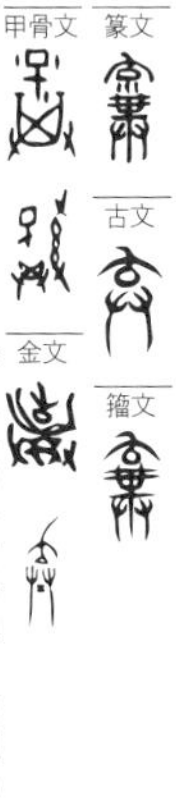

会意 旧字は棄。𠫓＋華＋廾。〔説文〕四下に「捐つるなり。廾に從ふ。華を推して之れを棄つ。𠫓に從ふ。𠫓は逆子なり」とあって、逆子であるからこれを悪んで棄てる意とする。𠫓は子の出生のときの姿で、育（育）、流（流）はその形に従う。生子を棄てることは古俗として行われたことがあり、周の始祖説話として、后稷がはじめ棄てられて棄と名づけられたとされ、他にもその類話が多い。一種の厄よけの方法として、のち厄年の婦人の生んだ子を、一度棄てる形式をとる民俗もある。華はもっこ。卜文の字は其（箕）に従う形に作る。のち流棄の意に用い、金文の〔散氏盤〕に、契約に違反するときの自己詛盟の語として、「之れを傳棄せん」という。のちすべて放棄する意に用いる。

訓義 ①子棄て、生子をすてる。②ものをすてる、さる、のぞく、やめる。③人を遠ざける、うとんずる。④遠方へながす、流棄の刑。

古訓 〔名義抄〕棄 スツ・コホス／弃 スタル・スツ 〔字鏡集〕棄 ス(タ)ル・コロス・ヤム・スツ

【棄捐】(きえん) すておく。〔文選、古詩十九首、一〕君を思へば、人をして老いしむ 歳月、忽ち已に晩る 棄捐して復た道ふこと勿からん 努力して餐飯を加へよ

【棄遠】(きえん)(ゑん) 棄て遠ざける。楚・宋玉〔楚辞、九弁、五〕君棄遠して察せず 忠を願ふと雖も其れ焉ぞ得ん 寂漠にして端を絶たんと欲するも 竊かに敢て初めの厚德を忘れず

【棄毀】(きき) 破棄する。〔南史、沈炯伝〕魏、荊州に剋ち、虜とせらる。～文才を以て留めらるるを恐れ、門を閉して却掃し、交接する所無し。時に文章有るも、隨ひて卽ち棄毀し、流布せしめず。

【棄旧】(ききゅう)(きう) 旧知の人をすてる。漢・蔡邕〔正交論〕富貴には則ち暴かに集まるの客無く、貧賤には則ち舊を棄つるの賓無し。

【棄軀】(きく) 身を棄てる。宋・蘇軾〔喬仝を送り、賀君に寄す、六首、一〕詩 紅顏白髮、妻孥を驚かし 鏡を覽て自ら嫌ひ、軀を棄てんと欲す

【棄言】(きげん) 約束を破る。〔左伝、宣十五年〕申犀、～曰く、無畏(人名)死することを知りて、而も敢て王命を廢せざるに、王は言を棄てたりと。王、答ふること能はず。

【棄觚】(きこ) 書物を投げる。学業を廃する。觚は竹簡。〔西京雑記、三〕傅介子、～好んで書を學ぶ。嘗て觚を棄てて歎じて曰く、大丈夫當に功を絶域に立つべし。何ぞ能く坐して散儒を事とせんやと。

【棄才】(きさい) 役立たぬ才能。〔淮南子、主術訓〕一形有る者は一位に處り、一能有る者は一事に服す。～聖人兼ねて之れを用ふ。故に棄才無し。

【棄市】(きし) 死刑にしてその屍を市にさらす。〔史記、秦始皇紀〕敢て詩書を偶語する者有らば、棄市せん。古を以て今を非る者は、族(滅)せん。

【棄疾】(きしつ) 疾を人に移す。自分の毒悪を人に与える。〔左伝、哀十二年〕呉、方に道無し。國、道無きときは、必ず人に棄疾す。

【棄日】(きじつ) 無為にすごす。〔北史、甄琛伝〕琛、秀才に擧げられ、都に入りて積歳、頗る奕棊(囲碁)を以て日を棄つ。乃ち通夜に至りて止めず。

【棄邪】(きじゃ) 邪悪をすてる。蜀・諸葛亮〔後主の為に魏を伐つ詔〕能く邪を棄て正に從ひ、簞食壺漿(飲食を用意)して、以て王師を迎ふる者有らば、國に常典有り。

【棄智】(きち) 智を棄てる。〔老子、十九〕聖を絶ち智を棄つれば、民の利百倍す。仁を絶ち義を棄つれば、民、孝慈に復る。巧を絶ち利を棄つれば、盜賊有ること无し。

【棄置】(きち) すておく。放任する。魏・曹植〔白馬王彪に贈る、七章、六〕詩 心悲しみて我が神を動かすも 棄置して、復た陳ぶること莫からん

【棄擲】(きてき) なげうつ。投棄する。唐・杜甫〔蘇徯に別る〕詩 故人遊子有り 棄擲せられて天隅に傍ふ

【棄婦】(きふ) 棄てられた女。唐・顧況〔棄婦詞〕詩 古人婦を棄つと雖も 棄婦歸る處有り 今日妾、君を辭す 君を辭して何くに去かんと欲する

【棄忘】(きぼう)(ばう) 忘れ棄てる。〔三国志、蜀、許靖伝〕舊惡を棄忘し、群司を寬和す。～官の爲に人を擇ぶに、苟しくも其の人を得ば、讎と雖も必ず擧ぐ。

↑棄移 死ぬ／棄遺 うちすてる／棄臥 世をすてて高臥する／棄孩 すてご／棄却 うちすてる／棄咎 過ちを改める／棄去 棄却する／棄権 権利を放棄する／棄甲 敗走する／棄忽 忘れる／棄妻 妻をすてる／棄材 役立たぬ才能／棄子 すてご／棄児 すてご／棄失 すてる／棄捨 すてる／棄如 すてる／棄壌 荒れ地／棄身 身を犠牲にする／棄人 棄才／棄井 廃井／棄世 世をすてる／棄生 自殺する／棄斥 しりぞける／棄船 上陸する／棄唾 唾をはく／棄択 択びすてる／棄地 棄壌／棄知 棄智／棄逐 放逐する／棄黜 しりぞける／棄天 天にそむく／棄背 そむく／棄廃 すてる／棄薄 うとんずる／棄筆 書くことをやめる／棄物 廃物／棄養 父母が死ぬ

↓委棄・遺棄・捐棄・遠棄・遐棄・毀棄・却棄・荒棄・耗棄・残棄・自棄・焼棄・尽棄・斥棄・絶棄・疎棄・唾棄・惰棄・大棄・怠棄・餒棄・置棄・黜棄・吐棄・投棄・破棄・播棄・背棄・排棄・廃棄・罷棄・擺棄・擯棄・泯棄・焚棄・屛棄・蔑棄・放棄・拋棄・余棄・流棄・淪棄

常 【棋】 12 4498 ［棊］ 12 4490 キ ギ ごしょうぎ

篆文

形声 声符は其。其は箕の初文で、方形の意がある。〔説文〕六上に「博棊なり」といい、古くは六博といった。列国期の中山王陵墓からその盤が出土し、棊面の文様も残されている。〔左伝、襄二十五年〕「弈する者、棋を擧ぐ」とあり、奕棊という。また樗蒲馬ともいう。のち囲碁をもいい、別に碁の字が作られた。

訓義 ①ご、しょうぎ。②縦横に布置する。

古訓 〔篇立〕棋 ゴバン

【棋院】(きいん)(ゐん) 碁会所。宋・陸游〔西村晩帰〕詩 子(碁石)の響は棊院より聞え 舟橫たはりて釣溪に傍ふ

【棋客】(きかく) 碁うち。唐・韓偓〔社後〕詩 目は棊客に隨つて靜かに 心は睡僧と共に閑なり

【棋響】(ききょう)(きやう) 碁石の音。宋・蘇軾〔子由の緑筠堂に次韻す〕詩 谷鳥、棊響に驚き 山蠭、酒香を識る

【棋局】(ききょく) 碁。碁盤。唐・杜甫〔江村〕詩 老妻、紙に畫して棋局を爲り 稚子、針を敲いて釣鉤を作る 多病、須ふる所、惟だ藥物 微軀、此の外に更に何をか求めん

【棋槊】(きさく) 双六の類。唐・韓愈〔児に示す〕詩 酒食罷りて無爲 棊槊以て相ひ娯しむ

【棋跱】(きじ)(ぢ) 割拠する。〔三国志、魏、梁習伝〕兵家衆を擁し、寇害を作爲し、更ゝ相ひ扇動し、往往にして棊跱す。習、官に到り、誘諭招納す。

【棋置】(きち) 碁石のように点在する。〔史記、貨殖伝〕銅鐵は則ち千里、往往にして山に出でて棊置す。

【棋敵】(きてき) 親しい碁の対手。宋・陸游〔湖上にて道翁に遇ふ。乃ち峽中にて旧と識りし所なり〕詩 百局を掃空して棊敵無く 千鍾を倒盡す是れ酒仙

【棋布】(きふ) 碁石のように布置する。〔関尹子、三極〕道、絲のごとく紛るると雖も、事は則ち棊布す。

【棋卜】(きぼく) 碁の勝敗で吉凶を卜する。〔西京雑記、三〕竹下に圍棊す。勝つ者は終年福有り、負くる者は終年疾病あり。

【棋列】(きれつ) 碁盤の目のように整い並ぶ。〔後漢書、宦者伝序〕府署第館、都鄙に棊列す。

↑棋家 碁うち／棋格 棋品／棋丸 碁石／棋工 碁客／棋士 棋客／棋子 碁石／棋師 棋士／棋峙 棋跱／棋讎 碁敵／棋処 棋布／棋声 棋石を下ろす音／棋聖 囲碁の名人／棋仙 棋の高手／棋戦 碁をうつ／棋品 棋格／棋枰 碁盤／棋癖 碁好き／棋友 棋の対手／棋羅 棋布／棋侶 棋友

↓囲棋・奕棋・琴棋・将棋・象棋・博棋・布棋

【琦】 12 1412 キ たま

形声 声符は奇。奇に奇異の意がある。

訓義 ①たま、すぐれたたま。②大きい、美しい、めずらしい。③

もてあそぶ。

古訓 〔篇立〕琦 タマノナ、リ・タマ

【琦瑋】奇偉のもの。漢・王逸〔天問の序〕屈原放逐せられ、山澤を彷徨す。～楚に先王の廟、及び公卿の祠堂有り。天地山川の神靈を圖畫し、琦瑋僑佹、及び古賢聖怪物の行事を見る。

↑琦魁 奇偉／琦玩 珍玩／琦巧 巧技／琦行 奇行／琦辞 奇異の語／琦珍 珍奇なもの／琦賂 珍宝

↓瑰琦・瓌琦・珍琦・雲琦・琅琦

【琪】 12 1418 キ たま

形声 声符は其。〔爾雅、釈地〕に、「東方の美なる者に、醫無閭の珣玗琪有り」とあり、たまの属。冠飾などに用いた。

訓義 ①たま。

古訓 〔篇立〕琪 タマ〔字鏡集〕琪 タマノルヰ・タマ

【琪花】仙郷の花木。〔徐霞客游記、游天台山日記〕山高く、風冽しく、草上、霜を結ぶこと高さ寸許。四山迴映し、琪花玉樹、玲瓏として彌く望む。

【琪樹】仙郷の木。晉・孫綽〔天台山に遊ぶの賦〕建木、千尋に滅景し、琪樹、璀璨として珠を垂る。

↑琪瑰 美玉／琪琚 美玉／琪殿 玉殿

↓清琪・緑琪

【睎】 12 6402 キ みる

篆文 

形声 声符は希。〔説文〕四上に「望むなり」とあり、望み見ることをいう。また〔方言、二〕に「睎は～眄なり。～東齊・靑・徐の閒には睎と曰ふ」とあって、ながしめをいう。また希と通用する。

訓義 ①みる、のぞみみる。②ながしめ、ながしめでみる。③希と通用し、ねがう、したう。

古訓 〔名義抄〕睎 ミル・フカシ・カハク〔字鏡集〕睎 ミル・フカシ・ノゾム

【睎古】古を慕う。晉・陸機〔魏の武帝を弔ふ文〕既に古を睎うて、以て累を遺く。信に禮を簡にして葬を薄くす。～遺籍を覽て以て慷慨し、茲の文を獻じて悽傷す。

【睎望】眺望する。〔呂覧、不屈〕今の城く者は、或いは大築を城上に操り、或いは負畚して城下に赴き、或いは表掇（手本）を操りて以て善く睎望す。

↓遐睎・瞻睎・遥睎

人【稀】 12 2492 キケ まれ すくない

篆文 

形声 声符は希。〔説文〕七上に「疏なり」とあり、稀疏の意とする。また徐鍇説に、〔説文〕に希の字がなく、爻は稀疏の意、巾は禾の根茎の象で、希を稀の初文とする。希は絺の従うところでその織文。粗く織りなした帛。その意を禾苗に施して稀という。

訓義 ①まれ、禾苗がまばらであること。②すくない、うすい、とぼしい。

古訓 〔新撰字鏡〕稀 宇須志（うすし）、又、万礼良尓（まれらに）〔名義抄〕稀 マレナリ〔字鏡集〕稀 マレナリ・マレラナリ・スクナシ・トモシ・メヅラシ・タフトシ・オロ（ソ）カナリ・エラブ・ウバフ・ネガフ・シロキキビ

語系 稀・希 xiəi は同声。罕 xan もその系列の語。〔爾雅、釈詁〕に「希は罕なり」、〔論語、先進〕「瑟を鼓すること希なり」は稀の意である。

【稀少】少ない。〔後漢書、循吏、王景伝〕瓠子河、決して尙ほ二十餘年、壅塞に卽っかず。今居家稀少にして、田地饒廣なり。

【稀絶】ほとんどない。〔水経注、河水一〕穆天子・竹書及び山海經、皆埋縕歳久しく、編韋稀絶し、書策落次す。以て緝綴し難し。

【稀疏】まばら。〔後漢書、龐参伝〕三輔の山原曠遠にして、民庶稀疏なり。故縣丘城、居るべき者多し。

↑稀豁 ひろくむなしい／稀闊 稀疏／稀罕 まれ／稀希 まれ／稀覯 まれにみる。めずらしい／稀曠 稀豁／稀釈 うすめる／稀世 世にまれな／稀貰 稀少／稀代 稀世／稀年 七十代／稀薄 てうすい／稀微 かすか／稀糜 かゆ／稀密 疏密／稀滅 消失する／稀齢 稀年

↓依稀・古稀・行稀・人稀・髪稀・夢稀・友稀

【其】 12 4480 キ カイ まめがら

篆文 

形声 声符は其。〔説文〕一下に「豆莖なり」とあり、まめがら。また野菜の名、草の名、木の名。綦と通じ、青黒い色をいう。

訓義 ①まめがら。②野菜、蕨に似た菜。③荻に似た草。④火をとる木。⑤綦と通じ、青黒い色。

古訓 〔篇立〕其 マメカラ〔字鏡集〕其 ミ・クキ・ヒルミ

【其燧】其の木からとった火。〔淮南子、時則訓〕孟春の月、～天子靑衣を衣、蒼龍に乘り、～八風の水を服し、其燧の火に爨ぐ。

【其豆】まめがらと豆。魏・曹植〔七歩の詩〕豆を煮るに豆其を然やし 豉を漉こして、以て汁と爲す 其は釜下に在りて然え 豆は釜中に在りて泣く 本是れ同根に生ず 相ひ煎ること、何ぞ太だ急なる

↑其稈 豆がら／其服 其草で作ったえびら

↓豆其

人【葵】 12 4443 【葵】 13 4443 キ あおい

篆文 

形声 声符は癸。〔説文〕一下に「菜なり」とあり、〔詩、豳風、七月〕に「七月、葵と菽とを亨る」とみえ、食用に供した。〔詩、小雅、采菽〕に「樂しき君子 天子之れを葵る」とあって、揆と通用する。

訓義 ①あおい。②揆と通じ、はかる。

古訓 〔和名抄〕葵 阿布比（あふひ）〔名義抄〕蒲葵 アフヒ・ワサビ／山葵 ワサビ／兔葵 イヘニレ／龍葵 コナスビ／地葵 ニハクサ・マキクサ／防葵 ヤマナスビ

【葵花】あおいの花。あおいは日光に葉をかざす習性がある。忠誠・思慕の意の喩えに用いる。宋・司馬光〔洛に居りて初夏に作る〕詩 更に柳絮の風に因つて起る無し 惟だ葵花の日に向つて傾く有り

【葵藿】藿は豆のわか葉。疏菜。また、葵花・葵傾の意に用いる。魏・曹植〔親親を通ずることを求むる表〕葵藿の葉を傾くるが若し。太陽之れが爲に光を廻らさずと雖も、然れども終に之れに向ふ者は誠なり。

【葵傾】あおいの花。葵藿と同じ。〔宋史、楽志十五、鼓吹上〕千官、雲のごとく擁し 群后、葵のごとく傾く

【葵扇】蒲葵（びんろう）の葉の団扇。〔晋書、謝安伝〕安、其の歸資を問ふ。答へて曰く、蒲葵扇五萬有りと。安、乃ち其の中の者を取りて、之れを捉る。京師の士庶、競ひて市ひ、價增すこと數倍なり。

↑葵芋 あおいと、いも／葵菫 あまな／葵菜 冬葵／葵菽 あおいと、まめ／葵菹 あおいの漬物／葵心 君をしたう心／葵笠 蒲葵の笠

↓園葵・藿葵・荊葵・傾葵・山葵・紫葵・終葵・蜀葵・水葵・銭葵・沢葵・天葵・冬葵・梟葵・碧葵・蒲葵・竜葵・緑葵・霊葵

常【貴】 12 5080 キ とうとい たかい

篆文

会意 臼＋貝。貝を両手で捧げる形。貴重なものとして扱う意を示す。〔説文〕六下に「物賤からざるなり」とし、字形を貝に従い、臾声とするが、声が合わない。また「臾は古文蕢なり」とするが、蕢は物を運ぶ草器のもっこで、貝を草器に入れることはない。貝は系で貫いて前後にふりわけて荷ない、一朋という。古く貨幣として通用し、彝器の銘文に、その製作費に十数朋の貝を用いたと記すものがある。のち物のみでなく、人の身分や性行などに関しても用いる。

訓義 ①とうとい、たかい、貴重。②身分が高い、爵位が高く禄秩が多い。③性情がたかくすぐれる。

古訓 〔名義抄〕貴 タフトシ・タフトブ・タカシ・アフ・オソル・アテヤカナリ

声系 〔説文〕に貴声として遺（遺）・殨・饋・穨・憒・潰・聵・匱・繢・隤など十七字を収める。饋・遺は遺贈の意であるが、殨・穨・憒などには憒乱の意がある。宝貝・貝貨の毀損しやすいことからの転義であろう。

【貴一】 一を貴ぶ。一は万物の根源。〔荘子、知北遊〕故に曰く、天下を通ずるは一氣のみと。聖人故に一を貴ぶ。

【貴遠】 古いものを尊ぶ。魏・文帝〔典論、論文〕常人は遠きを貴び近きを賤しみ、聲に向ひ實に背く。又自らを見るに闇く、己を謂ひて賢と爲すことを患ふ。

【貴介】 高い身分。〔左伝、襄二十六年〕夫の子を王子圍と爲す。寡君（主君）の貴介弟なり。

【貴階】 高い位階。唐・白居易〔兵部郎中知制誥～朝散大夫同制〕凡そ品秩の制、九有り。五よりして上、之れを貴階と謂ふ。～此れを之れ貴と爲す所以の者は、蔭、子に及び、命、妻に及ぶ。

【貴客】 大事な客。貴賓。〔史記、司馬相如伝〕臨邛中、富人多し。而して卓王孫、家僮八百人、程鄭も亦た數百人なり。二人乃ち相ひ謂ひて曰く、令し貴客有らば、爲に之れを具召せんと。

【貴赫】 身分高く、威勢がある。〔唐書、楊汝士伝〕楊氏は汝士より後、貴赫、族に冠爲たり。

【貴近】 身分高く、天子に親近なる者。唐・白居易〔元九（稹）に与ふる書〕秦中吟を聞きて、則ち權豪貴近の者、相ひ目して色を變ず。

【貴顕】 身分高く、顕要の地位にあること。〔管子、形勢解〕古者三王五伯は、皆人主の天下を利する者なり。故に身貴顯にして、子孫其の澤を被る。

【貴公】 高い身分の人。南朝宋・謝霊運〔魏の太子の鄴中集の詩に擬す、八首、王粲の序〕家は本と秦川の貴公子孫なり。亂に遭ひて流寓し、自ら傷情多し。

【貴幸】 恩寵を受ける。〔戦国策、楚四〕楚王の君を貴幸するや、兄弟と雖も如かず。

【貴左】 左を貴ぶ。〔老子、三十一〕君子は、居るとき（平無事のとき）は、則ち左を貴び、兵を用ふるときは、則ち右を貴ぶ。

【貴仕】 栄達する。〔左伝、僖二十三年〕夫れ大功有りて貴仕無くんば其の人能く靖んずる者、幾か有る。

【貴種】 高い家柄。〔史記、外戚世家〕女は必ずしも貴種ならざるも、之れが貞好なるを要む。

【貴盛】 尊貴の人。〔世説新語、任誕〕阮宣子（脩）常に歩行するに、百錢を以て杖頭に挂け、酒店に至れば便ち獨り酣暢す。當世の貴盛と雖も、肯て詣らざるなり。

【貴戚】 君主の親戚、外戚の婦人たち。〔礼記、月令〕（仲冬の月）奄尹に命じ、～房室を謹み、必ず重閉し、～淫することを得ざらしむ。貴戚近習有りと雖も、禁ぜざること有る毋からしむ。

【貴賤】 尊卑。〔荘子、天下〕古の喪禮、貴賤儀有り、上下等有り。天子は棺槨七重、諸侯は五重、大夫は三重、士は再重。

【貴族】 高貴の家柄。〔世説新語、賢媛〕絡秀曰く、門戸殄く瘁えたるに、何ぞ一女を惜しむ。若し貴族に連姻せば、將來或いは大益あらんと。

【貴冑】 高貴の家すじの人。〔唐書、王亀伝〕龜～性高簡、博く書傳を知り、貴冑の氣無し。

【貴重】 高貴で勢力がある。〔韓非子、孤憤〕凡そ塗に當る者の人主に於けるや、～官爵貴重にして、朋黨又衆し。而して一國之れが爲に訟む。

【貴寵】 身分高く、親愛される。〔国語、晋語四〕貴寵を尊び、功勞を賞し、耇老に事ふ。

【貴閥】 高貴の家柄。〔唐書、韋嗣立伝〕貴閥の後生、倖を徼むるを以て升り、寒族平流、業を替つるを以て去る。垂拱の閒、仕入彌多く、公行私謁し、選補逾濫る。

【貴妃】 女官。位は相国と並ぶ。〔唐書、百官志二〕内官は貴妃・惠妃・麗妃・華妃、各一人、正一品。皇后を佐け、婦禮を内に論ずることを掌り、統べざる所無し。

【貴望】 高貴名望の家。〔南斉書、蕭恵基伝〕尙書令王儉は朝宗の貴望なり。惠基同じく禮閣に在るも、公事に非ざれば私に覿はず。

【貴門】 高貴の家柄。〔南史、張纘伝〕吏部尙書と爲る。後門寒素一介の者、皆引抜せらる。貴門の爲に意を屈せず、人士翕然として之れを稱す。

【貴里】 尊貴の人の住む地。〔洛陽伽藍記、一、修梵寺〕寺の北に永和里有り。漢の太師董卓の宅なり。～里中の～六宅、皆高門華屋、齋館敞麗なり。～當世名づけて貴里と爲す。

【貴和】 和を重んずる。〔後漢書、来歙伝〕古は列國兵交はるとき、使（軍使）其の閒に在り。兵を重んじ和を貴びて、戰に任ぜざる所以なり。

↑貴位 高位／貴意 ご意向／貴越 まさる／貴下 身分の高い人に対していう／貴価 高価／貴家 お宅／貴翰 お手紙／貴義 義をたっとぶ／貴倨 おごる／貴虚 虚をたっとぶ／貴賢 賢人をたっとぶ／貴倖 貴幸／貴国 お国／貴札 貴翰／貴主 公主／貴酬 お返事／貴尚 たっとぶ／貴臣 高貴の臣／貴信 お手紙／貴誠 誠をたっとぶ／貴宅 お宅／貴賓 貴いお客／貴嬪 女官の名／貴富 富貴／貴茂 立派／貴游 上流の人／貴遊 貴游／貴要 権要の人／貴恙 ご病気／貴覧 ご高覧

↓栄貴・奇貴・居貴・挹貴・倨貴・挟貴・矜貴・権貴・顕貴・孤貴・賈貴・高貴・傲貴・豪貴・親貴・崇貴・清貴・盛貴・尊貴・冑貴・朝貴・寵貴・珍貴・糴貴・騰貴・負貴・富貴・忘貴・暴貴・隆貴・良貴

【逵】 12 3430 キ みち

篆文

会意 坴＋辵。〔説文〕にみえず、字の初形を知りがたい。坴は陸声の字であるから、逵は会意字であろう。陸は神梯の前に幕舎のような祀所を列する形。〔爾雅、釈宮〕に「九達之れを逵と謂ふ」とあり、また〔左伝〕に「逵市」という語があって、人の集まるところである。

訓義 ①みち、九達のみち、大通り。②水中の空洞、魚の居るところ。

古訓 〔名義抄〕逵 ミチ・オホキナリ・チマタ 〔字鏡集〕逵 ミチ・オホキナリ・チマタ・ワタリ・アキラカニワタルミチナリ

【逵市】 城の広場で市の立つ所。〔左伝、荘二十八年〕衆車純門より入り、逵市に及ぶ。

【逵路】 四方八方に通ずる路。大路。〔左伝、宣十二年〕楚子～皇門より入り、逵路に至る。

↓雲逵・九逵・居逵・交逵・神逵・大逵・中逵・通逵・方逵

【愧】 13 9601 ［媿］ 13 4641 キ はじる

篆文 

形声 声符は鬼。媿字を出して〔説文〕十二下に「慙づるなり」とし、重文として愧を録し、「或いは恥の省に従ふ」とする。慙字条十下に「媿づるなり」とあって互訓。媿は金文に隗姓の字とするもので、愧とはもと別の字と思われるが、〔玉篇〕にも愧・媿を同字とし、文献にも通用の字として用いる。

訓義 ①はじる、はじ、はずかしめる。②せめる、とがめる。

古訓 〔名義抄〕愧 ハヅ 〔字鏡〕愧 ハヂ・シタガフ・クユ

【愧畏】はじおそれる。梁・沈約〔王源を奏弾す〕目を明り顔を腆うして、曾ち愧畏する無し。

【愧懼】はじおそれる。〔旧唐書、許圉師伝〕嘗て官吏の贓を犯して事露はるるもの有り。圉師推究せしめず、但だ清白の詩を賜うて以て之れを激す。犯す者愧懼し、遂に節を改めて廉士と爲れり。

【愧怍】はじる。〔聊斎志異、雲翠仙〕我又窮を御ぐこと能はず、郎に憂衷(心配)を分つ。豈に愧怍せざらんや。

【愧色】はじいるようす。〔後漢書、郭太伝〕(林宗、家に卒す)同志の者、乃ち共に石に刻し、碑を立つ。蔡邕、其の文を爲り、既りて涿郡の盧植に謂ひて曰く、吾れ碑銘を爲ること多し。皆慙徳有り。唯だ郭有道には愧色無きのみと。

【愧辱】はじ。〔顔氏家訓、勉学〕何ぞ數年の勤學を惜しみ、長く一生の愧辱を受けんや。

【愧沮】はじて気おくれする。〔唐書、吐蕃伝上〕(貞観)十五年、妻すに宗女文成公主を以てす。～親迎し、道宗を見て婿禮を執ること甚だ恭し。中國の服飾の美を見て、縮縮として媿沮す。

【愧赧】赤面する。〔三国志、魏、陳思王植伝〕竊かに相鼠の篇の、禮無くば遄やかに死するの義に感じ、形影相ひ弔ひ、五情愧赧す。

↑愧荷 感謝する／愧慨 はじ嘆く／愧汗 慙汗／愧咎 自責する／愧怯 はずべき行為／愧悔 はじ服する／愧行 はずべき行為／愧恨 愧怨／愧慙 はじ入る／愧死 慙死／愧恧 はじる／愧謝 はじてわびる／愧羞 はじる／愧悚 愧懼／愧笑 はじ笑い／愧心 はじる心／愧惜 はじる／愧嘆 愧服／愧恥 はじる／愧惕 はじ恐れる／愧靦 愧赧／愧佩 はじて服する／愧服 愧佩／愧艴 はじ怒る／愧忿 愧憤／愧憤 はじいきどおる／愧慄 はじ恐れる

↓懐愧・含愧・顔愧・慙愧・羞愧・赧愧・痛愧・靦愧・内愧・念愧・俯愧・憂愧

【戣】 13 1345 キ ほこ

篆文 

形声 声符は癸。〔説文〕十二下に「周制、侍臣戣を執りて東垂に立つ兵なり」(段注本)とあり、〔書、顧命〕に「一人冕して戣を執り、東垂に立つ」とみえる。三鋒矛をいう。

訓義 ①ほこ、みつかどの矛。

古訓 〔字鏡集〕戣 ホコ

人 【暉】 13 6705 キ ひかり

篆文 

形声 声符は軍。軍に揮・輝の声がある。軍は車上に遊旗を立てて軍をめぐらす意で、めぐるものの意がある。〔説文〕七上に「光なり」とあり、輝と通用する。王融〔三月三日曲水詩の序〕「雲は潤ひ、星は暉る」のように、星光にもいう。

訓義 ①ひかり、ひかる。②輝と通じ、かがやく、てる。③暈と通用することがある。

古訓 〔新撰字鏡、享和本〕暉 弖良須(てらす) 〔名義抄〕暉 テル・ヒカリ・ヒカル・カ、ヤク

語系 暉・輝・煇xiuənは同声。暈hiuənはその転義。

【暉映】かがやきうつる。梁・任昉〔蕭揚州の為に士を薦むる表〕故に以て先達に暉映し、後進に領袖たり。居に塵雜無く、家に賜書有り。辭賦清新にして、屬言玄遠なり。

【暉暉】日がかがやく。梁・簡文帝〔豔歌行、三首、一〕楽府 暉暉として落日隠れ 冉冉(漸々)として(人は)房櫳(室の窓格子)に還る

【暉光】かがやく光。〔古楽府、傷歌行〕昭昭として、素月明らかに 暉光、我が牀を燭らす 憂人、寐ぬること能はず 耿耿として夜何ぞ長き

【暉芒】長く引く光。光芒。〔新論、類感〕風雨方に至らんとして、鳥蟲之れに應ず。太白暉芒あれば、鷄必ず夜鳴く。

【暉麗】光りかがやいて美しい。晋・左思〔蜀都の賦〕符采彪炳、暉麗灼爍たり。

↑暉煜 光り輝く／暉彩 光彩／暉如 輝くさま／暉素 月光／暉夜 蛍火

↓炎暉・華暉・含暉・金暉・啓暉・玄暉・光暉・江暉・高暉・残暉・斜暉・朱暉・収暉・秋暉・春暉・曙暉・晨暉・新暉・瑞暉・西暉・星暉・清暉・盛暉・晴暉・精暉・夕暉・雪暉・素暉・多暉・朝暉・天暉・冬暉・匿暉・徳暉・薄暉・半暉・晩暉・明暉・幽暉・余暉・陽暉・落暉・流暉・霊暉・弄暉・朗暉

常 【毀】 13 7714 キ やぶる そしる

篆文  古文 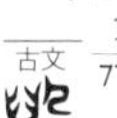 金文 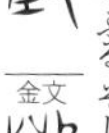

会意 㒸+殳。㒸は〔説文〕古文の字形によると臼と壬の形。すなわち兒(児)が挺して立つ形。これに殳を加えて毆つ意の字である。〔説文〕に字を土部十三下に属し、「缺くなり」と訓して、土器の類を毀損する意とするが、その字形は匘の縫合部のある幼児を毀損する意で、おそらく犧牲の方法を示す字であろう。殷墓の殉葬者のうちに、多数の幼童、未成年者の残骨がある。〔周礼、地官、牧人〕「凡そ外祭毀事には、尨を用ふるも可なり」の〔杜子春注〕に、「毀とは副辜侯禳、殃咎を毀除するの屬を謂ふ」とあって、犧牲を用いる祓禳の儀礼であるが、殷では異族の幼孩のものを用いることがあったのであろう。毀はまさにその字であり、また焚殺することを燬といったものと思われる。

訓義 ①うつ、うちやぶる、ほろぼす。②器物をこぼつ、きずつける、うちかく、そこなう。③災をはらう、人をそしる。④服喪のため、やせる。⑤乳歯がぬける。

古訓 〔名義抄〕毀 ソコナフ・ヤス・ソシル・ヤブル・ヲカス・コボツ・コボル・ホロボス・ハナツ

声系 〔説文〕に毀を土部に属し、毇の省声に従うとするが、その部分は壬(挺)の形。字は会意。燬のほか、手部十二上の字に「傷擊なり」、女部十二下の字に「惡なり」、また隉を毀の省文に従う字とし、阢隉は法度の意。みな毀の形義に関する字であるが、毀がもと祓禳・呪詛の意をもつ字であったことを思わせるものがある。

語系 毀・燬xiuəi、火xuəiは声義近く、毀の最も苛烈な方法には火を用いたのであろう。壞(壊)huəiも同系の語で、器物の毀壊の意に用いる。

【毀屋】つぶれた家。〔後漢書、光武帝紀下〕九月戊辰、地震裂す。～吏人死亡して、或いは壞垣毀屋の下に在り。家羸弱にして收拾する能はざる者に、其れ見(現)錢穀を以て傭を取り、之れを尋求するを爲さしめよ。

【毀壊】こわれる。損なわれる。〔漢書、外戚上、孝武李

夫人伝〕妾、久しく病に寢ね、形貌毀壞せり。以て帝に見ゆべからず。

【毀害】そしり害する。〔韓非子、六反〕布衣、私利に循ひて之れを譽むれば、世主虛聲を聽きて之れに禮す。～故に名賞は私惡當に罪すべきの民に在り、毀害は公善宜しく賞すべきの士に在り。國の富強を索むるも、得べからざるなり。

【毀言】わるくち。〔韓非子、姦劫弑臣〕君臣の相ひ與にするや、父子の親有るに非ざるなり。而して群臣の毀言は、特だ一妾の口のみに非ざるなり。何ぞ夫の賢聖の戮死せらるるを怪しまんや。此れ商君の秦に車裂せらるる所以～の者なり。

【毀削】破毀する。〔後漢書、樊宏伝〕宏の上る所の、便宜及び得失を言ふものは、輒ち手づから自ら書寫し、草本を毀削す。公朝訪逮に、敢て衆對せず。宗族其の化に染み、未だ嘗て法を犯さず。帝甚だ之れを重んず。

【毀死】服喪のため、やせ衰え死ぬ。〔韓非子、内儲説上〕宋の崇門の巷人、喪に服して毀し、甚だ瘠す。上以て親に慈愛なりと爲し、擧げて以て官師と爲す。明年、人の毀死する所以の者、歳に十餘人なり。

【毀歯】乳歯がぬけかわる。〔白虎通、四、嫁娶〕男は八歳にして毀齒し、女は七歳にして毀齒す。

【毀事】牲を用いて災いを除く。〔周礼、地官、牧人〕凡そ外祭毀事には、尨を用ふるも可なり。

【毀疾】喪に服して病む。〔北史、陽固伝〕母の憂ひ（喪）に丁り、號慕毀疾、杖して能く立つ。

【毀傷】傷める。〔孝経、開宗明義章〕身體髮膚、之れを父母に受く。敢て毀傷せざるは、孝の始めなり。身を立て、道を行ひ、名を後世に揚げ、以て父母を顯はすは、孝の終りなり。

【毀辱】おとしめ。〔戦国策、燕二〕夫れ身を免れ功を全うし、以て先王の迹を明らかにするは、臣の上計なり。毀辱の非りに離ひ、先王の名を墮すは、臣の大いに恐るる所なり。

【毀瘠】喪に服して身が衰える。〔礼記、曲礼上〕喪に居るの禮、毀瘠形はれず、視聽衰へず。

【毀俗】風俗をやぶる。〔後漢書、朱穆伝論〕朱穆、比周の義を傷り、偏黨の俗を毀るを見る。志して朋游の私を抑へ、遂に絶交の論を著はす。

【毀短】けなす。〔唐書、后妃上、王皇后伝〕昭儀（武才人）、～俄かに后・（蕭）良娣と寵を爭ひ、更ゝ相ひ毀短す。

【毀詆】悪口をいう。〔旧唐書、裴延齢伝〕延齢之れを恃み謂へらく、必ず宰相を得んと。尤も慢罵を好み、朝臣を毀詆す。班行（同列）之れが爲に側目す。

【毀撤】とりのぞく。晉・潘岳〔悼亡詩、三首、三〕衾裳一たび毀撤せば 千載復た引らねざらん

【毀誹】非難する。〔韓非子、説難〕危害の事を陳べんと欲するときは、則ち其の毀誹を顯らかにし、微かに其の私患に合することを見せ。

【毀謗】そしり。〔論衡、累害〕身完全なる者、之れを潔と謂ひ、毀謗を被る者、之れを辱と謂ふ。

【毀滅】喪に服して衰え死ぬ。斉・王倹〔褚淵の碑文〕父の憂（死）を以て職を去る。喪、哀に過ぎ、幾ど將に毀滅せんとす。

【毀誉】そしりと、よい評判。〔韓非子、孤憤〕治亂の功は近習に制せられ、精潔の行は毀譽に決せらるれば、則ち修智の吏廢して、人主の明塞がる。

【毀裂】破り裂く。〔後漢書、董卓伝論〕董卓～彝倫を蹈藉し、緐服を毀裂す。～崑岡の火、茲れよりして焚く。～嗚呼、人の生くること難し、天地の不仁なること甚だし。

↑毀垣 破れがき／毀悪 そしり悪む／毀瑕 きず／毀顔 心配顔／毀棄 破棄する／毀禁 禁を犯す／毀掘 墓荒らし／毀軍 敵に弱みを示す／毀形 形が崩れる／毀欠 毀損する／毀砕 砕ける／毀瘵 やつれる病／毀讒 そしる／毀疵 そしる／毀梓 絶版／毀訾 そしる／毀齔 毀歯／毀譖 そしる／毀瘁 やつれる／毀折 毀損する／毀絶 毀廃する／毀膳 膳の数をへらす／毀沮 やぶる／毀宗 家が滅ぶ／毀損 そこなう／毀蕩 滅尽する／毀頓 毀瘠／毀破 いたむ／毀廃 やめる／毀薄 そしる／毀病 やつれる／毀泯 滅びる／毀服 降職して責任をとる／毀容 やつれた姿／毀爛 朽ちる

↓盈毀・壞毀・棄毀・咎毀・癯毀・傾毀・減毀・柴毀・猜毀・残毀・讒毀・疵毀・訾毀・笑毀・銷毀・浸毀・譖毀・盛毀・憎毀・頽毀・短毀・詆毀・撤毀・蠹毀・破毀・排毀・敗毀・非毀・誹毀・崩毀・謗毀・論毀

【煇】13 9785 ［輝］15 9725 キ クン コン ウン ひかり あかい

篆文 

形声 声符は軍。軍に揮の声がある。〔説文〕十上に煇を正字とし、「光なり」と訓し、輝はその俗字であるが、のち輝の字形を用いることが多い。

訓義 ①ひかり、ひかる、かがやき。②あかい、つやあるさま。③暈と通じ、ひがさ。

古訓 〔名義抄〕煇・暉・輝 テル・ヒカリ・ヒカル・カ、ヤク・フスフ

語系 煇（輝）・暉 xiuən は同声。暈 hiuən も同系の語。みな日月の気、光輝のあるさまをいう。

＊語彙は輝字条参照。

【煇煇】光りかがやくさま。唐・鄭谷〔黄鶯〕詩 春雲薄薄として日煇煇たり 宮樹煙深く水を隔てて飛ぶ ☒あかいさま。〔神仙伝、八、玉子〕之れを噓くに水上立ちどころに赤光有り、煇煇として起つこと一丈。此の水を以て病を治す。

【煇光】かがやく光。〔漢書、李尋伝〕夫れ日は衆陽の長、煇光の燭らす所、萬里晷を同じうす。人君の表なり。故に日將に旦けんとし、淸風發し、群陰伏す。

【煇胞】煇は皮革で甲を作る者、胞は屠殺者。〔礼記、祭統〕夫れ祭に煇・胞・翟（下級の楽吏）・閽（守門、刑人を用いる）の者に畀ふること有るは、下を惠むの道なり。～至尊を以て既に祭るの末に、至賤を忘れず。

↑煇映 かがやきはえる／煇赫 かがやきひかる／煇煥 かがやく／煇赫／煇煌 かがやききらめく／煇爍 煇煌／煇如 かがやく／煇鼠 鼠をいぶす／煇麗 明らか

【畸】13 6402 キ めずらしい

篆文 

形声 声符は奇。奇に正形でなく不安定なものの意がある。〔説文〕十三下に「殘れる田なり」とあり、等分したのちの、割り残りの田をいう。これを人に移して、尋常でないものを畸人という。

訓義 ①はしたの田、あまり、ひとしくない。②かわりもの、めずらしい。

古訓 〔名義抄〕畸 キ（ノ）コリノタ・アラタ

語系 畸・奇 kiai は同声。奇を〔漢書、李広伝、注〕に「隻にして耦あらざるなり」とするが、奇はもと異形奇異のものをいう。畸人もその意である。

【畸孤】孤立する。宋・蘇軾〔鶴歎〕詩 我が生は寄の如くにして、良に畸孤 三尺の長脛、瘦軀を閣す

【畸愁】孤愁。元・呉萊〔夕、月に乗じて荊門閘を渡る〕詩 畸愁、本と祛ひ難し 美景、聊か此に玩ぶ 荒荒として東原平らかに 浘浘として魯の濟り斷ゆ

【畸人】風がわりの人。変人。〔荘子、大宗師〕子貢曰く、敢て畸人を問ふと。曰く、畸人なる者は、人に畸なれども天に

俤し～と。
➡畸翁　孤独な老夫／畸客　畸人／畸形　奇形／畸行　奇行／畸士　畸人／畸畯　風がわりで非凡な人／畸羨　余分／畸僻　風がわり／畸民　風がわりな人／畸余　余分／畸零　はした
⬇耦畸・無畸

【悸】13 0014 キ むなさわぎ

篆文

形声 声符は季。〔説文〕七下に「气定まらざるなり」とあり、動悸することをいう。〔玉篇〕に「心動くなり」とし、「亦た悸に作る」とあって、悸と同字とする。〔世説新語、紕漏〕に「殷仲堪の父、虚悸を病む。牀下に蟻の動くを聞きて、是れ牛の鬪ふなりと謂ふ」とあり、また〔漢書、田延年伝、注〕に引く韋昭の説に、悸は喘息であるという。

訓義 1むなさわぎ、動悸するやまい。2ぜんそく。

古訓 〔名義抄〕悸 コ、ロハシリ・ウル、ク 〔字鏡集〕悸 コ、ロサハギ

語系 悸・悸gietは同声。漢・王逸の〔楚辞、九思、悼乱〕に「惶悸して氣を失ふ」とあり、惶・悸はともに擬声語。
＊語彙は悸字条参照。

【睢】13 6001 キ スイ みる

篆文

形声 声符は隹。隹に倠の声がある。〔説文〕四上に「目を仰ぐなり」とあり、仰ぎ見ることをいう。また、見はる、にらむ、そしるの意がある。

訓義 1みあげる、あおぎみる。2みはる、にらむ、にくみみる。3そしる、ふるまう、ほしいままにする。4川の名、地名。

古訓 〔名義抄〕睢盱 メミハル・ミハル

語系 睢xiueと毀xiuaiは声近く、譏kiaiも、また声義近く、同系の語。

【睢盱】 喜ぶ。驚き喜ぶ。唐・柳宗元〔嶺南節度饗軍堂記〕公、饗を新堂に命ず。～卉裳罽衣、胡夷蜑蠻、睢盱して列に就く者、千人以上なり。
➡睢維　まばたく／睢睢　仰ぎ見る／睢剌　ほしいままにする／睢陸　監視する
⬇睽睢・恣睢

常【碁】13 4460 キ ギ ゴ ごいご

形声 声符は其。其に方形のものの意がある。棋がその本字で、もと弈棋をいう。のち棊局、すなわち碁の意となり、碁石を用いるので碁の字が作られた。〔戦国策、秦四〕に「累碁」、漢の揚雄の〔法言、問道〕に「圍棊撃劍」の語がみえ、秦・漢のころからすでに行われていた。わが国へは、吉備真備が遣唐使として入唐した際に、もたらしたものと伝えられる。平安期には女流の遊びともされた。

訓義 1ご。2棋と通じ、縦横に布置する。
＊語彙は棋字条参照。

【碕】13 1462 キ さき

形声 声符は奇。奇に屈曲するものの意がある。屈曲している岸。字はまた埼に作る。また、石橋。

訓義 1きし、長く屈曲している岸べ、さき。2いしばし。

古訓 〔新撰字鏡〕碕 石乃出太留佐支(石の出たるさき) 〔名義抄〕碕 ヤマノクマ・マカレルキシ・イシイヅル 〔字鏡集〕碕 キシ・クマ・マガレルキシ

【碕岸】 川岸。唐・白居易〔画竹歌〕詩 野塘水邊、碕岸の側から 森森たる兩叢、十五莖
➡碕角　山鼻／碕礒　乱石／碕嶔　高くけわしい／碕潭　入りこんだ水のほとり／碕嶺　連山／碕湾　入江
⬇曲碕・石碕・蘆碕・彎碕

【祺】13 3428 キ さいわい

篆文　籀文

形声 声符は其。籀文の字形は基に従う。〔説文〕一上に「吉なり」、〔爾雅、釈言〕に「祥なり」とあり、吉祥の意。〔詩、大雅、行葦〕に「壽考維れ祺なり」とみえる。いま手紙の文末に脇付として文祺・祺安のように用いる。

訓義 1さいわい、よろこび。2めでたいしるし。3やすらかなさま。

古訓 〔名義抄〕祺 ヨシ 〔字鏡集〕祺 サイハヒ・ヨシ
➡祺安　脇付の語／祺祥　幸い／祺然　安らか／祺福　幸い
⬇受祺・多祺・台祺・文祺・旅祺

【稘】13 2498 キ むぎわら

篆文

形声 声符は其。其に方形のものの意があり、場所や時間の一くぎりをいう。〔説文〕七上に「其の時に復するなり」とあって、一年の意。また〔書、尭典〕「稘は三百有六旬」の文を引くが、今本は字を朞(期)に作る。稘は農時を以てその一期を示す字であろう。〔玉篇〕に「稘は稈なり」とあって、むぎわらをいう。

訓義 1ひとまわり、一年、一月、一世紀。2むぎわら、わら。3其と通じ、まめがら。
➡稘月　一月／稘歳　一年
⬇一稘・再稘・周稘

【詭】13 0761 キ いつわる

篆文

形声 声符は危(危)。〔説文〕三上に「責むるなり」と訓するが、「變る」「違ふ」とする異文があり、詭変のことをいう。危に佹戻・佹異の意があり、詭・佹は通用の字である。

訓義 1いつわる、あざむく、たぶらかす。2そむく、たがう、もとる。3あやしむ、そしる、こぼつ。4せめる。

古訓 〔名義抄〕詭 アヤマチ・セム・タガフ・イツハル・アザムク・アヤシ・アヤシブ・タブロカス・ソシル

語系 詭・恑kiuaiは同声。諆・欺khiaも声義近く、諆は「欺くなり」と訓する字。一系の語である。

【詭異】 ふしぎ。〔論衡、談天〕鄒衍の書に言ふ。天下に九州有り。～九州の外、更に瀛海有りと。此の言詭異にして、聞く者驚駭す。然れども亦た然否を實だす能はず。
【詭怪】 奇怪。〔後漢書、西域伝論〕神迹詭怪、則ち理は人區に絶し、感驗明顯、則ち事は天外に出づ。
【詭觀】 奇觀。漢・枚乗〔七発〕疾雷百里に聞え、江水逆流し、海水上潮す。山、雲を出内し、日夜止まず。～此れ天下の怪異詭觀なり。
【詭求】 責め求める。〔後漢書、独行、陳重伝〕同署郎有り、息錢を負ふこと數十萬。責主日ごとに至り、詭求して已むこと無し。重、乃ち密かに錢を以て代り還す。
【詭遇】 規則に反して利を求める。〔孟子、滕文公下〕(王良)曰く、吾れ之れが爲に我が馳驅を範しくせば、終日に一も獲ず。之れが爲に詭遇せば、一朝にして十を獲たり。
【詭形】 奇形。魏・阮籍〔大人先生伝〕今汝、音を造すに亂聲を以てし、色を作すに詭形を以てす。外其の貌を易へ、内其の情を隱す。
【詭激】 矯激な行為。〔六韜、竜韜、選将〕詭激にして、而も功效有る者有り。外勇にして、而も内怯なる者有り。
【詭譎】 あやしく信じがたい。奇怪。〔晋書、王坦之伝〕夫の荘生(周)の若き者は、～其の言詭譎、其の義怪誕なり。

【詭言】(きげん) 人を欺く語。〔文心雕竜、封禅〕劇秦(美新、漢の揚雄の文)の文爲たるを觀るに、長卿(司馬相如)を影寫し、詭言遯辭もて、故に神怪を兼ね包る。

【詭詐】(きさ) いつわり。〔貞観政要、論誠信〕朕、常に魏の武帝の詭詐多きを以て、深く其の人と爲りを鄙しむ。此の言、豈に教令と爲すに堪ふべけんや。

【詭辞】(きじ) いつわりの語。〔後漢書、趙岐伝〕賊、脅かして以て帥と爲さんと欲す。岐、詭辭もて免るるを得、展轉して長安に還る。

【詭状】(きじょう(じやう)) 奇異の姿。〔北史、柳彧伝〕毎に正月望夜を以て、充街塞陌、鳴鼓、天に聒しく、燎炬地を照らす。人は獸面を戴き、男は女服を爲し、倡優雜伎、詭狀異形、～此の一時を競ふ。

【詭随】(きずい) 譎詐をほしいままにすることをいう。〔詩、大雅、民労〕詭隨を縱すこと無く 以て無良を謹めよ
【詭説】(きせつ) 詭弁。〔史記、太史公自序〕能く詭說を設けて患を圍城に解き、爵祿を輕んじ肆志を樂しむ。魯仲連・鄒陽列傳を作る。

【詭対】(きたい) 機転で偽り答える。〔宋書、顧琛伝〕太祖宴會す。荒外歸化の人の坐に在る有り。上、琛に問ふ、庫中の仗、猶ほ幾許有るかと。琛詭り答ふ、十萬人の仗有りと。～上既に發問し、失言を追悔す。琛の詭り對ふるに及び、上甚だ喜ぶ。

【詭誕】(きたん) でたらめ。そらごと。〔文心雕竜、正緯〕光武の世に至り、篤く斯の術を信じ、風化の靡く所、學者比肩す。～是を以て、～張衡其の僻謬を發き、荀悅其の詭誕を明らかにす。

【詭道】(きどう(だう)) 人をいつわる手段。〔孫子、計〕兵は詭道なり。故に能くするも之れに不能を示し、用ひらるるも之れに用ひられざるを示す。

【詭変】(きへん) だましごまかす。〔唐書、后妃上、則天武后伝〕才人(武后)權數有り、詭變窮まらず。始め下辭降體して后に事ふ。～一日顧幸せらるるや、蕭(叔妃)の右に在り。寖く后と協はず。

【詭弁】(きべん) 道理をまげた議論で人をまどわす。〔史記、屈原伝〕(張儀)楚に如き、～詭辯を懷王の寵姬鄭袖に設く。懷王竟に鄭袖に聽く。復た釋して張儀を去らしむ。

【詭麗】(きれい) 変わっていて美しい。〔潜夫論、務本〕辭語なる者は、信順を以て本と爲し、詭麗を以て末と爲す。

↑詭憶 あてもの／詭詼 冗談をいって戯れる／詭寄 他人名義で課税を免れること／詭毀 そしる／詭矯 いつわる／詭計 他をあざむく計略／詭詞 詭辞／詭責 そしり責める／詭奪 いつわり奪う／詭特 あやしく異なる／詭秘 内緒にする／詭謬 誤り／詭辟 いつわりたがう／詭謀 詭計／詭妙 ふしぎ／詭名 偽名／詭乱 乱れたがう／詭濫 乱れたがう／詭戻 いつわりそむく／詭惑 惑わす
↓華詭・乖詭・怪詭・恢詭・瑰詭・瓌詭・奇詭・虚詭・計詭・傾詭・激詭・譎詭・幸詭・詐詭・卓詭・浮詭

【跪】 13 6711 キ ひざまずく

篆文 

形声 声符は危(危)。危は高所より跪いて下に臨む形。跪とはそのような姿勢をいう。〔説文〕二下に「拜するなり」とあり、跪拝の意。

訓義 ①ひざをついて坐る、ひざまずく、ひざまずいて拝する。②蟹の足。足の屈曲した形よりいう。

古訓 〔名義抄〕跪 ヒザマツキ 〔字鏡集〕跪 ヒザマツク・ウズクマル・オカス

語系 跪giue、跽giaは声義近く、〔説文〕二下に「跽は長跪なり」とあって、両膝を地につけて、跪く姿勢を持続することをいう。

【跪起】(きき) ひざまずき、また起つ。坐起。〔史記、孫子伝〕復た之れに鼓す。婦人、左右前後跪起し、皆規矩繩墨に中り、敢て聲を出すもの無し。
【跪献】(きけん) 物を献上する。唐・白居易〔貢橘を揀びて情を書す〕詩 疏賤にして、親しく跪獻するに由無し 願はくは、朱實に憑りて丹誠を表せん
【跪坐】(きざ) ひざまずいて坐る。〔管子、弟子職〕食時に至り、先生將に食せんとするときは、弟子饋を饌す。衽を攝へ盥漱し、跪坐して饋る。
↑跪叩 敬礼する／跪香 焼香して礼拝する／跪鎖 拷問用の鎖／跪膝 ひざまずく／跪謝 ひざまずき礼する／跪受 ひざまずき受ける／跪祝 祈る／跪乗 車上より礼する／跪進 進上する／跪薦 跪坐する／跪奏 奏上／跪拝 ひざまずき拝する／跪稟 言上する／跪伏 ひざまずき礼する／跪捧 進上する／跪霊 霊前で拝する
↓起跪・擎跪・祝跪・少跪・双跪・単跪・長跪・拝跪

【隉】 13 7421 キ ダ くずれる おちる

篆文 

会意 自+差。〔説文〕十四下に「城自を敗るを隉と曰ふ」とし、字を差声とするが、差は「許規切」の附音からいえば、隉・隳を一字とするものであろう。自は〔説文〕は堆の意を以て解し、城壁の隳壊したものとするが、自は神の陟降する神梯の象。その聖所の損壊することをいう字であろう。左は左手に呪具の工をもつ形。これを以て神を隠すことを隠(隱)という。いま字が両左に従うのは、損壊の甚だしいことを示すのであろう。〔玉篇〕に「廢するなり、毀つなり、捐つるなり」の三訓を加えている。字はまた陊・嶞・墮(堕)に作るが、それは声義の異なる字であろう。

訓義 ①くずれる、やぶれる、こわれる、こわれおちる。②すたれる、やめる、すてる。③字はまた隳に作る。

古訓 〔名義抄〕隉 スツ

＊語彙は隳字条参照。

【頍】 13 4148 キ ギ

篆文 

形声 声符は支(支)。支に伎・岐の声がある。〔説文〕九上に「頭を擧ぐるなり」とし、「詩に曰く、頍たる有る者は弁」と〔詩、小雅、頍弁〕の句を引く。冠を著けて、ひきしまったさまをいう語である。

訓義 ①かんむりのさま、かんむりをつけたさま。②頭をあげる。③髪飾り、冠をしめる紐。④冠の小さいさま。

↑頍項 冠をしめる紐、はちまき

【頎】 13 7128 キ コン

篆文 

形声 声符は斤。斤に沂・祈(祈)の声がある。〔集韻〕に引く〔説文〕九上に「頭の佳き皃なり」とあり、〔繫伝〕に「讀みて又鬢の若くす」とするが声が異なる。用例はおおむね、丈高く堅強なるものの意。なお〔集韻〕に「至る」と懇至の意、また「一に曰く、惻隱なり」とする訓をあげているが、懇の声義を以て解するもので、頎大とは別の声義である。

訓義 ①頭の形がよい。②背が高く大きい、姿の立派なさま、たけたかし。③懇と通じ、いたむ、いたみなげくさま。④小さい、かたい。

古訓 〔名義抄〕頎 タキタカシ・ヲサム・ワキマフ・ヒト〳〵シ 〔篇立〕頎 ヲサム・ワキマフ・クダル・イコホシ・カタフク

【頎偉】(きい(ゐ)) 丈高く立派。〔宋史、高継勲伝〕儀狀頎偉なり。

太宗、見て之れを異とし、召して其の家世を問ふ。

【頎頎】(きき) 丈高く美しい。〔詩、衛風、碩人〕碩人其れ頎たり〔箋〕言ふこころは、荘姜の儀表、長麗俊好にして、頎頎然たるなり。

【頎然】(きぜん) 長いさま。〔孔子家語、弁楽解〕丘、其の人と爲りを得たるに迨し。近黮として黑く、頎然として長く、曠として望羊の如く、四方を奄有す。文王に非ずんば、其れ孰か能く之れを爲くらん。

【頎大】(きだい) 丈高く大柄。〔唐書、回鶻伝下〕大漢は鞠の北に處り、羊馬饒く、人物頎大なり。故に以て自ら名づく。

【頎長】(きちょう(ちゃう)) 背丈が高い。〔詩、斉風、猗嗟〕猗嗟昌んなり 頎而として長し

↑頎典 堅く強い

【僖】 14 2426 キ たのしむ

篆文 

形声 声符は喜。〔説文〕八上に「樂しむなり」と訓するが、その義にはおおむね嬉を用いる。また〔逸周書、謚法解〕に「過有るを僖と爲す」とあり、美謚としないのは、のちの解釈である。また姓に用いる。

訓義 1たのしむ。2謚号。3姓の名。

古訓 〔名義抄〕僖 タノシ・コノム・ホム 〔字鏡集〕僖 ネガフ・タノシブ・タノム・コノム

↓頌僖

【匱】 14 7171 ［櫃］ 18 4191 キ はこ とぼしい

篆文 

形声 声符は貴。匚は方形の容器の形。貴は貝を両手で捧げる形で、貝貨の類をいう。〔説文〕十二下に「匣なり」、匣字条に「匱なり」とあって互訓。〔荘子、胠篋〕に「篋を胠き、囊を探り、匱を發くの盗」とあり、大きなものを匱、次に匣、小なるものを櫝という。国家の重要な文書の類は、これを石室金匱に蔵した。字はのち櫃に作る。匱乏の意は通用の義。

訓義 1はこ、ひつ、方形のはこ、大きな方形のはこ。2おり、木で組んだ容器。3簣と通じ、あじか。4殨・潰・困と通じ、とぼしい、つきる、まずしい。

古訓 〔名義抄〕匱 トモシ・ツクス・スクナシ・ツヒユ・ツヒニ・ソコナフ 〔字鏡集〕匱 ツヒニ・ツク・ハフ・トモシ・ソコナフ・ツクス・スクナシ・ツヒユ

声系 匱声の字に櫃・鐀があるが、みな匱の繁文。匱を匱乏の意に用いるので、分別の字が作られた。

語系 匱・櫃 giuət は同声、繁簡の字。匱を匱乏の意に用いるのは、殨・潰 huət、困 khuən と声近くして通ずるのであろう。

【匱餓】(きが) 食乏しくてうえる。〔孔子家語、致思〕由(子路)や、暴雨將に至らんとし、水災有るを恐るるを以ての故に、民と溝洫を修めて以て之れに備へんとせるも、民に匱餓する者多し。是こを以て簞食壺漿して之れに與ふ。夫子、賜をして之れを止めしむ。

【匱竭】(きけつ) 乏しく尽きる。宋・蘇舜欽〔己卯冬大寒感有り〕詩 知らず、百萬の師 寒、膚革を刮りて裂く 關中、誅斂に困しむ 農産、半ば匱竭す

【匱乏】(きぼう(ばう)) 衣食の資が乏しい。〔韓非子、外儲説右下〕管仲曰く、臣之れを聞く。上に積財有れば、則ち民臣必ず下に匱乏す。宮中に怨女有れば、則ち老いて妻無き者有りと。

【匱糧】(きりょう(りやう)) 食が乏しい。〔宋書、楽志一〕韓娥といふ者有り。東のかた齊に之き、雍門に至り、糧に匱し。乃ち哥を鬻ぎて食を假る。既にして去る。餘響、梁を繞り、三日絶えず。

↑匱窮 貧窮／匱欠 欠乏／匱涸 尽きる／匱財 財が乏しい／匱止 尽きる／匱少 少ない／匱絶 尽きる／匱餒 うえる／匱櫝 ひつ

↓饑匱・窮匱・金匱・窘匱・空匱・傾匱・罄匱・財匱・疲匱・偪匱・貧匱・乏匱・糧匱

【塈】 14 2110 キ ぬる いこう つきる

篆文 

形声 声符は既(既)。〔説文〕十三下に「仰ぎて涂るなり」という。〔書、梓材〕にみえる「塈茨」は、貝を焚いた蜃灰(石灰に似たもの)で壁を塗り、茅茨を以て屋根を葺く意。〔詩、大雅、仮楽〕に「民の塈ふ攸ところ」とあって、休息の意に用いるのは、呬の声義を仮るものであろう。また〔詩、召南、摽有梅〕「頃筐に塈きたり」は、摡の字義に通用するものとみられる。

訓義 1ぬる、上ぬりしてかざる。2呬と通じ、いこう。3摡と通じ、とる、つきる。

古訓 〔名義抄〕塈 イコフ・ヌル 〔字鏡集〕塈 ハク・イコフ・ヌル

語系 塈 kiət と呬 xiət は声近く、呬は〔説文〕二上に「東夷、息することを謂ひて呬と爲す」とあり、休息の意。塈は食後の意の既の声義を承ける。また槩・摡 kət は声近く、槩は斗かきでならすことで、塗る動作に近く、摡十二上は「滌ふなり」と訓し、やはり塈・槩とその動作が似ている。

↑塈完 補修する／塈茨 土を塗り、屋根を葺く

【徽】 14 2824 キ しるし はた

篆文 

会意 微(微)の省＋巾。〔説文〕七下に「徽識なり。絳き帛を以て背に箸く。巾に從ひ、微の省聲なり」(段注本)という。徽字条十三上に徽を微の省声とするが、微・徽はいずれも微に巾あるいは糸を加えてしるしとしたものである。微は長髪の巫女を敺つ公開処刑的な呪儀で、これによって敵の呪詛や攻撃を無力とし、微くする行為をいう。その巫女に、巾や糸で呪飾を加えた。そのような呪飾を旗印にも用いた。〔説文〕は下文に〔左伝、昭二十一年〕「徽を揚ぐる者は公の徒なり」の文を引く。軍中で背につけ、車に立てるような旗印をいう。今本は徽を徽に作る。徽とは通用の字、徽は邪幅、三角巾の形のものである。

訓義 1しるし、めじるし、めじるしの布。2はた、のぼり。

古訓 〔名義抄〕徽 シルシ

＊語彙は徽字条参照。

↑徽識 しるし

常

【旗】 14 0828 キ はた

篆文 

形声 声符は其。其に方形のものの意がある。〔説文〕七上に「熊旗五游、以て罰星に象る。士卒以て期と爲す」と旗・期の畳韻を以て解する。吹き流しの類と異なって、熊虎などを画く方形の旗。〔呂覧、慎大〕に「鼓旗甲兵に釁す」とあるように、これを奉ずるときには牲血を以て清めた。この軍旗の下に行動するものを旗下・旗営という。

訓義 1はた。2しるし。3清代、満州・蒙古の行政区画。また旗色による軍の部署・管区。

古訓 〔名義抄〕旗 ハタ・アラハス・コハシ 〔字鏡集〕旗 ハタ・ハタモノ・アラハス・アタアシ(アシハタ)・コハシ

語系 旗 giə、旂 giəi は声義近く、ともに軍旗。旂は〔説文〕に「旗に衆鈴有りて、以て衆に令するものなり」とあって交竜を画き、旗は熊虎を画いて鈴無きものをいう。

【旗影】(きえい) はたかげ。旗のすがた。唐・劉禹錫〔歩して武陵東亭を出でて、江に臨み寓望す〕詩 戍搖きて旗影動き 津晩にして櫓聲促す

【旗下】(きか) 将軍の旗下。南朝宋・顔延之〔陽給事の誄〕兵盡き器竭き、旗下に斃る。夫れ貞壯の氣、勇烈の志に非ずんば、豈に能く敵に臨んで義を引き、死を以て節に徇ふ者あ

らんや。

【旗蓋】きがい　はたと、きぬがさ。晋・潘岳〔関中詩〕旗蓋相ひ望み　偏師（一部隊）援を作せり

【旗鼓】きこ　はたと太鼓。軍の指揮に用いる。〔甌北詩話、十二〕（黄山谷の詩）北宋の詩、蘇（軾）・黄（山谷、庭堅）兩家を推す。蓋し才力雄厚、書卷繁富、實に旗鼓相ひ當る。然れども其の閒に、亦た自ら優劣有り。

【旗幟】きし　はたと、はたじるし。〔史記、高祖紀〕乃ち張良の計を用ひ、酈生・陸賈をして往いて秦將に説かしめ、啗はすに利を以てし、～又秦軍と藍田の南に戰ひ、益〻疑兵旗幟を張る。

【旗章】きしよう（しやう）　はたじるしや表識。〔礼記、月令〕（季夏の月）以て郊廟祭祀の服を給し、以て旗章を爲くり、以て貴賤等級の度を別つ。

【旗節】きせつ　使者のもつはたじるし。唐・王昌齢〔変行路難〕詩　前驅、旗節を引き　千里、陣雲市し

【旗亭】きてい　酒楼。唐・李賀〔開愁歌〕詩　旗亭に馬を下りて秋衣を解き　請ひて貰ふ、宜陽一壺の酒

【旗纛】きとう（たう）　はた。纛は羽毛を飾った大旗。〔唐書、藩鎮、張仲武伝〕仲武、其の弟仲至～等をして、鋭兵三萬を率ゐて之れを破らしめ、馬・牛・橐它・旗纛を獲ること、勝げて計ふべからず。

【旗旆】きはい　はた。旆は色帛で作った旗。〔唐書、礼楽志十二〕咸通の閒、諸王多く音聲、倡優雜戲を習ふ。～是の時、藩鎮も稍〻復た破陣樂を舞ふ。然れども舞ふ者畫甲を衣、旗旆を執り、纔かに十人のみ。

【旗旄】きぼう（ばう）　はた。犛牛の尾を飾りにつけた旗。唐・韓愈〔李愿の盤谷に帰るを送る序〕其の外に在るや、則ち旗旄を樹て、弓矢を羅ね、武夫前に呵し、從者途を塞ぐ。

【旗旒】きりゆう（りう）　はたと吹き流し。〔宋書、楽志三〕（赫赫、善哉行）宋旄は日を蔽ひ　旗旒は天を翳ふ

↑旗旝　軍旗／旗杆　はたざお／旗竿　旗杆／旗幹　旗杆／旗艦　指揮艦／旗麾　将軍旗／旗脚　はたあし／旗甲　はたと甲／旗号　はた印／旗稍　はたとほこ／旗志　旗幟／旗織　旗幟／旗手　はたもち／旗仗　はたと武器／旗旌　旗幟／旗旐　亀蛇のはた／旗頭　旗手／旗幢　直幅のはた／旗旛　はた／旗靡　はたを伏せて敗走する／旗風　はたかぜ／旗物　旗章／旗望　酒旗／旗門　木戸の門／旗旟　はた

↓羽旗・雲旗・偃旗・華旗・牙旗・画旗・旂旗・帰旗・揮旗・麾旗・旭旗・錦旗・軍旗・掲旗・軽旗・建旗・虎旗・鼓旗・交旗・皇旗・紅旗・校旗・降旗・高旗・黄旗・国旗・采旗・載旗・指旗・車旗・酒旗・繡旗・神旗・翠旗・青旗・旌旗・赤旗・船旗・戦旗・大旗・弔旗・白旗・八旗・反旗・半旗・叛旗・幡旗・風旗・兵旗・遊旗・雄旗・擁旗・鸞旗・竜旗・旒旗

入【熙】14 7733　【熈】13 7733　キ　たのしむ　ひろい

篆文

形声　声符は𦣞。𦣞は婦人が授乳しているさま。和楽に光明の意を加えて、和平のさまをいう。〔説文〕十上に「燥くなり」とするが、乾燥の意ではなく、〔詩、大雅、文王〕「於緝熙にして敬止す」の緝熙は光明のある形で、和楽の意がある。

訓義　①たのしむ、よろこぶ、やわらぐ。②ひかる、かがやく。③ひろい、ひろまる。④起と通じ、おこる。⑤嬉と通じ、たのしむ。⑥禧と通じ、さいわい。⑦譆と通じ、ああ。

古訓　〔名義抄〕熙　ヨロコブ・サカリニ・オコル・イタル・アソブ・オホキナリ・ヒロシ・ヒロマル／熙々　—トタノシ・ヒロマル　〔字鏡集〕熙　ヒロシ・ナガシ・オホキナリ・ヤハラグ・オコル・イタル・モユ・サカシ・ウルハシ・サカリ・アソブ・ヨロコブ・ヒカリ・ヒロマル・タノシ

語系　熙・嬉・禧・譆・嘻 xiə は同声。それぞれ通用の義がある。煦 xio も同系の語。また起（起）khiə、興 xiəng も声義に通ずるところがあって、〔説文〕三上に「興は起るなり」、〔爾雅、釈詁〕に「熙は興なり」とみえる。

【熙怡】きい　和らぎよろこぶ。漢・蔡邕〔太尉橋公廟碑〕凡そ公の容貌を見、公の聲音を聞かば、熙怡悅懌し、思樂模則せざるもの莫し。

【熙熙】きき　和らぎ楽しむ。〔老子、二十〕衆人は熙熙として太牢を享くるが如く、春、臺に登るが如し。我は獨り泊として、其れ未だ兆あらず。

【熙春】きしゆん　のどかな春。晋・潘岳〔閑居の賦〕是に於て、凜秋に暑退き、熙春に寒往き、微雨新たに晴れ、六合清朗なり。

↑熙育　養育する／熙乂　治まる／熙光　輝く／熙洽　和らぐ／熙載　事を起こす／熙事　幸い／熙笑　和らぎ笑う／熙蒸　むし暑い／熙績　功業／熙然　喜ぶ／熙泰　安らか／熙朝　盛世／熙天　朗天／熙茂　さかん／熙穆　和らぐ／熙雍　和らぐ／熙曜　輝く／熙隆　興隆／熙和　和らぐ

↓栄熙・悦熙・咸熙・光熙・洪熙・事熙・滋熙・緝熙・春熙・純熙・績熙・帝熙・恬熙・雍熙

入【箕】14 8880　キ　み　ちりとり

篆文　古文　籀文　甲骨文　金文

形声　声符は其。其は箕の初文でその象形、箕はその形声字。〔説文〕五上に「簸なり」とあり、穀物の塵などをはらう器。金文の字形には、箕を簸揚する形、また女を加えるものなどがある。家妻を謙称して、箕掃の妻という。

訓義　①み。②ちりとり。③両足を前に伸ばして坐る形。

古訓　〔和名抄〕箕　美（み）〔名義抄〕箕　ミ　〔字鏡集〕箕　ミ・クキ・ヒルミ

部首　〔玉篇〕に部首とし、簸など二字を属する。

【箕潁】きえい　隠逸の人。許由の故事。〔高士伝、上、許由〕堯、天下を許由に讓らんとす。～由、是に於て遁れて中岳、潁水の陽、箕山の下に耕す。

【箕裘】ききゆう（きう）　家業を継ぐ。〔礼記、学記〕良冶の子は必ず、裘（ふいご）を爲くることを學び、良弓の子は必ず箕を爲ることを學ぶ（木を柔らげて作る）。

【箕踞】ききよ　両足を前に伸ばして坐る。〔史記、張耳陳余伝〕趙王朝夕袒ぎ、韝蔽（袖からげ）して、自ら食を上り、禮甚だ卑し。子壻の禮有り。高祖箕踞して詈り、甚だ之れを慢易す。

【箕股】きこ　箕踞。〔三国志、魏、管寧伝注に引く高士伝〕管寧、越海より歸るに及び、常に一木榻に坐す。積むこと五十餘年、未だ嘗て箕股せず。其の榻上の膝を當つる處、皆穿つ。

【箕坐】きざ　箕踞。〔礼記、曲礼上〕立つに跛（片足立ち）すること毋かれ。坐するに箕すること毋れ。

【箕帚】きそう（さう）　ちりとりと、ほうき。妻の謙称。〔史記、高祖紀〕呂公曰く、臣～人を相すること多し。季の相に如くは無し。願はくは季、自愛せよ。臣に息女有り、願はくは季の箕帚の妾と爲さんと。

【箕風】きふう　風。箕星は風を司る。〔書、洪範、孔伝〕箕星は風を好み、畢星は雨を好む。

【箕服】きふく 箕で作ったえびら。〔国語、鄭語〕宣王の時、童謠有り、曰く、檿弧えんこ（山桑の弓）箕服 實これ周國を亡ぼさんと。～夫婦の是の器を鬻ひさぐ者有り。〔宣〕王執らへて之れを戮ころさしむ。

【箕斂】きれん 箕ですくい取るように税をとる。〔史記、張耳陳余伝〕頭會とうかい（人頭税）箕斂し、以て軍費に供す。財匱とぼしく力盡き、民、生に聊やすんぜず。

↑箕踞ききょ 箕踞／箕星きせい 風の星／箕掃きそう 箕帚／箕箒きそう 箕掃／箕疇きちゅう 洪範九疇／箕斗きと 箕と斗。二星の名／箕伯きはく 風神／箕尾きび 箕と尾。二星の名／箕賦きふ 箕斂／箕畚きほん みともっこ

↓騎箕・弓箕・挙箕・乗箕・斗箕・南箕・奉箕・揚箕・柳箕

【綦】 14/4490 ［綥］ 14/2693 キ もえぎ

篆文

形声 声符は其き。〔説文〕十三上に綥を正字とし、「帛の蒼艾さうがいの色なり」という。もえぎ色である。また〔詩、鄭風、出其東門〕「縞衣綥巾」の句を引く。いま「綦巾」に作り、多くその字を用いる。〔書、顧命〕「四人綦弁す」の〔鄭玄注〕に「青黑を綦と曰ふ」とみえる。綥の字の従うところは、弁の形に近い。

訓義 1もえぎ、もえぎ色の帛、青黒の色。2もえぎ・青黒色の帛で作った冠。3繫と通じ、わらぐつのひも。4期・極と通じ、きわめて、きわまる。

古訓 〔名義抄〕綦 クツヲ

声系 〔説文〕に綦声として璂と艸部の字とを収める。璂は弁飾、その字はまた基に従う。

語系 綦・璂・騏 giəは同声。〔説文〕十上に「騏は馬の青驪、文の綦の如きものなり」（段注本）とする。騏は綦の声義をとるものであろう。

【綦巾】ききん よもぎ色の女服。〔詩、鄭風、出其東門〕縞衣綦巾 聊いささか我が員もとと樂しまん

【綦組】きそ よもぎ色の組紐。〔礼記、玉藻〕玄冠に丹組の纓えい（垂れ紐）は、諸侯の齊冠（斎戒のときの冠）なり。玄冠に綦組の纓は、士の齊冠なり。

【綦弁】きべん 青黒色の、武人の皮の冠。〔書、顧命〕二人雀弁して、～畢門の内に立つ。四人綦弁して、戈を執り刃を上にし、兩階の阝巳（てすり）を夾はさむ。

↑綦綺きき あや／綦谿きけい きわめて深い／綦重きじゅう きわめて重要な／綦多きた きわめて多い

↓錦綦・軽綦・結綦・香綦・縞綦・珠綦・素綦・覆綦・文綦

【綺】 人 14/2492 キ あやぎぬ

篆文

形声 声符は奇き。奇に奇邪の意があり、斜めの文様の交錯する、綾織りの綸子りんずの類をいう。〔説文〕十三上に「文繒そうなり」とあり、ひら織りにみられない美しさをもつので綺麗といい、他に及ぼして綺筵・綺楼のようにいう。

訓義 1あやおり、あや、あやぎぬ、綸子りんず。2うつくしい、きらびやか。

古訓 〔新撰字鏡〕綺 阿也（あや）〔和名抄〕綺 一に於利毛能（おりもの）と云ひ、又、加无波太（かむはた）と訓す 〔名義抄〕綺 カムバタ・オリモノ・イロフ・クム・キ 〔字鏡集〕綺 クム・タテ・ウルハシ・オリモノ・カンハタ・カトリ・イロフ・マシフ・ヌキアヤ・メクル・マウ・イヨ／＼

【綺衣】きい あやぎぬの衣。唐・上官儀〔八詠、応制〕詩 羅薦、已に鴛鴦の被を擘さき 綺衣、復また葡萄の帶有り

【綺筵】きえん 美しいむしろ。梁・范靖の婦〔灯を詠ず〕詩 綺筵、日已に暮れ 羅幃ゐに月未だ歸らず

【綺豔】きえん 美しくあでやか。〔旧唐書、房玄齡伝〕重ねて晉書を撰す。～史官は多く是れ文詠の士、～又評論する所、競ひて綺豔を爲し、篤實を求めず。是れに由りて頗すこぶる學者の譏そしる所と爲る。

【綺檻】きかん 美しい手すり。唐・王維〔盧拾遺、韋給事（嗣立）の東山別業を過ぎる二十韻に同ず〕～詩 巖端に綺檻回めぐり 谷口に朱門開く

【綺紈】きがん（ぐわん） あやぎぬと、ねりぎぬ。美しい衣服。若さま。梁・劉峻〔広絶交論〕是ここに於て弱冠の王孫、綺紈の公子有り。道は通人に挂かからず、聲（名）は未だ雲閣（朝廷）に遒うるはしからず。

【綺合】きごう（がふ） あやを集める。美しい文章。晉・陸機〔文の賦〕或いは藻思綺合し、清麗千眠（芊綿せんめん）、炳として縟繡じょくしゅうの若ごとく、悽として繁絃の若し。

【綺縠】きこく あやのあるうすぎぬ。〔漢書、成帝紀〕或いは乃ち奢侈逸豫、務めて第宅を廣くし、園池を治め、多く奴婢を畜やしなひ、綺縠を被服す。

【綺繡】きしゅう（しう） 美しい縫いとり。〔漢書、地理志下〕太公～勸むるに女工の業を以てす。～故に其の俗彌侈びにして、冰紈・綺繡・純麗の物を織作す。

【綺席】きせき 綺筵。梁・沈約〔会圃、東風に臨む〕詩 珠簾を繡戸に鳴らし 芳塵を綺席に散ず 此の時悵として歸ることを思ふ 安いづくんぞ能く久しく行役せん

【綺窗】きそう（さう） 飾り透け窓。晉・左思〔蜀都の賦〕高軒を開きて以て山に臨み、綺窗を列ねて江に瞰みる。

【綺談】きだん 珍しい話。興趣のある話。晉・陸機〔古詩、今日良宴の会に擬す〕高談、一に何ぞ綺なる 蔚うつとして朝霞の爛らんたるが若ごとし

【綺靡】きび 美しくはなやか。〔文心雕竜、弁騒〕騷經・九章は～志を哀かなしましめ、九歌・九辯は綺靡にして以て情を傷ましめ、遠遊・天問は瓌詭にして惠巧、招魂・招隱は耀豔ようえんにして深華なり。

【綺羅】きら あやぎぬと、うすぎぬ。それを着た人。唐・聶夷中〔田家を傷む〕詩 我は願ふ、君王の心 化して光明の燭と作なり 綺羅の筵を照らさず 只だ逃亡の屋を照らさんことを

【綺麗】きれい あやがあって美しい。唐・李白〔古風、五十九首、一〕詩 揚（雄）・（司）馬（相如）、頹波を激し 流れを開き蕩として垠かぎり無し 廢興、萬變すと雖も 憲章亦た已に淪ほろびぬ 建安より來このかた 綺麗、珍とするに足らず

【綺楼】きろう 美しいたかどの。唐・韋応物〔擬古詩、十二首、四〕綺樓、何ぞ氛氳ふんうんたる 朝日、正に杲杲かうかうたり 四壁、清風を含み 丹霞、其の牖まどを射る

↑綺雲きうん 彩雲／綺宴きえん 盛宴／綺霞きか 美しい霞／綺繢きかい うすぎぬ／綺閣きかく 美しい楼閣／綺観きかん 綺楼／綺機きき はた／綺衾ききん あやぎぬの衾／綺纈きけつ 綾絞り／綺戸きこ 飾り戸／綺語きご 美しくかざったことば／綺縞きこう あやぎぬ／綺才きさい 美才／綺歳きさい 年少／綺錯きさく あやぎぬのように美しく交わる／綺思きし 妙思／綺詩きし 情詩／綺襦きじゅ あやの下着／綺習きしゅう はでな風習／綺情きじょう 妙思／綺食きしょく 美食／綺飾きしょく あやの飾り／綺縟きじょく 采飾／綺井きせい 天花板／綺節きせつ 七夕／綺船きせん 画舫／綺疏きそ 綺窓／綺組きそ あやの組紐／綺藻きそう 美しい唐草模様。また、美しい文章／綺帳きちょう あやのとばり／綺年きねん 年少／綺陌きはく 美しい路／綺幕きばく 美しいとばり／綺美きび 綺靡／綺媚きび 美しくあでやか／綺紛きふん 綺錯／綺夢きむ 美しい夢／綺文きもん あや模様／綺紋きもん 綺文／綺綾きりょう あやぎぬ／綺寮きりょう 綺窓／綺櫳きろう 綺窓／綺綰きわん あや模様

↓雲綺・華綺・霞綺・煥綺・紈綺・錦綺・軽綺・結綺・縑綺・紅綺・黄綺・細綺・綵綺・散綺・珠綺・綃綺・緗綺・青綺・清綺・纖綺・組綺・繪綺・談綺・紵綺・雕綺・白綺・文綺・碧綺・明綺・羅綺・

蘭綺・綾綺・緑綺

【禕】 14 3425 キイ(ヰ) ひざかけ

篆文 甲骨文

形声 声符は韋。韋に諱の声がある。〔説文〕八上に「蔽厀なり」とし、また「周禮に曰く、王后の服は褘衣とは、畫袍を謂ふ」とあり、蔽厀(膝)はひざかけ、褘衣は王后の祭服で、翬雉(きじ)の文様を加えたものをいう。

訓義 ①ひざかけ。②褘衣は王后の祭服。③幃と通じ、においぶくろ。④婦人が腰に佩びるてぬぐい。⑤美しい。

古訓 〔名義抄〕褘 チハヤ・ウルハシ 〔字鏡集〕褘 ヨシ・チハヤ・ウルハシ

【褘褕(きよう)(えよう)】 王后の祭服。〔梁書、武帝紀下〕五十の外は便ち房室を斷ち、後宮の職司・貴妃以下、六宮の褘褕三翟の外、皆衣は地を曳かず。

【褘縭(いり)(ゐる)】 においぶくろ。〔爾雅、釈器〕婦人の褘、之れを縭と謂ふ。〔注〕即ち今の香纓なり。

↓佩褘・副褘・晃褘・無褘

【誒】 14 0363 キアイイ ああ

篆文

形声 声符は矣。矣に娭の声がある。〔説文〕三上に「惡むべきの嗣なり」とあり、今の蘇州語にも失意嘆惋のときこの語を発するという。矣は厶(目すき)に矢を加えて祓う意の字で、そのときのかけ声を矣・唉・欸という。

訓義 ①ああ、なげく。②応答の声、はい。③しいて、むりに。④喜・譆と通じ、わらいたのしむ。

古訓 〔篇立〕誒 カタラフ

語系 誒・娭・喜・嘻・譆xiəは同声。喜怒につれて自然に発する語で、感動詞となる。

【誒詒(きたい)】 気抜け。〔荘子、達生〕桓公、澤に田し、管仲御たり。鬼を見る。…公反り、誒詒して病と爲り、數日出でず。

↑誒誒 譆譆/誒笑 強いて笑う

【豨】 14 1422 キ いのこ

篆文

形声 声符は希。〔説文〕九下に「豕走ること豨豨たり」と形容の語とするが、〔淮南子、本経訓〕に「封豨脩蛇」とあり、封豨とは大猪をいう。羿が封豨を桑林の野に擒にしたという神話は、〔淮南子〕のほか〔左伝、定四年〕〔楚辞、天問〕にもみえる。〔方言、八〕に、猪を北燕・朝鮮では豭、関の東西では彘あるいは豕、南楚では豨というとみえる。

訓義 ①いのこ、いのこのあし。②いのこの走るさま。

【豨膏(きこう)(かう)】 猪の脂。〔史記、田敬仲完世家〕豨膏棘軸は、滑を爲す所以なり。

【豨突(きとつ)】 猪突。〔資治通鑑、唐紀六十八〕(僖宗、乾符二年)高駢、劍州に至り、先づ使を遣はし馬を走らせて成都の門を開かしむ。或ひと曰く、蠻寇、成都に逼近す。相公尚ほ遠し。萬一豨突せば、奈何せんと。

【豨勇(きゆう)】 豨突の勇。王莽の組織した軍団の名。〔漢書、食貨志下〕(王)莽、大いに天下の囚徒人奴を募り、名づけて豬突豨勇と曰ふ。

↑豨豨 猪の走るかたち/豨薟 薬草、なもみ/豨苓 薬草、いのくそぐさ

↓豪豨・蒼豨・封豨・猛豨

【跽】 14 6713 キ ひざまずく

篆文

形声 声符は忌。己に屈曲する意がある。〔説文〕二下に「長跪するなり」とあり、跪は跪拝の姿勢。跽は〔玉篇〕に「擎跽、曲拳なり」、また㠱は「長跪するなり」とあって跽と同義。跽とは跪拝の姿勢をつづける意である。

訓義 ①ひざまずく。②かがむ。

古訓 〔名義抄〕跽 ヒザマヅク 〔字鏡集〕跽 ヒザマヅク・イム・テヲカヽム

語系 跽・㠱giəは同声。跽は其のような足の形をするのであろう。朝鮮の古俗に似ている。跪giueは危(危)声に従い、高きより下に俯し臨むような姿勢であろう。

【跽受(きじゅ)】 ひざまずいて受ける。〔唐書、裴諗伝〕帝曰く、歸りて妻子と相ひ慶すべしと。御奩の果を取りて以て賜ふ。諗、衣を擧げて跽受す。帝、宮人を顧み、巾を取りて裹みて之れを賜ふ。

【嘻】 15 6406 キ ああ やわらぐ

形声 声符は喜。喜は壴(鼓)と祝詞を収める器の形(𠙵)とに従い、鼓楽して神を楽しませる意。楽しんで発する声を嘻といい、感動詞に用いる。〔詩、周頌、噫嘻〕「噫嘻成王」のように連用することがある。

訓義 ①ああ。②やわらぐ。③わらう。

古訓 〔字鏡集〕嘻 タノシフコヱ・ナゲク・ヨロコブ

語系 嘻・喜・譆・誒・娭xiəは同声。噫iəもそれに近い感動詞である。

【嘻嘻(きき)】 喜び笑うさま。唐・韓愈〔崔評事墓銘〕朝の言は嘻嘻たり。夕の言は怡怡たり。

【嘻笑(きしよう)(せう)】 作り笑いする。〔漢書、灌夫伝〕夫、酒を行りて(田)蚡に至る。蚡、席に膝して曰く、觴に満たすこと能はずと。夫怒り、因りて嘻笑して曰く、將軍は貴人なり。之れを畢くせと。

↑嘻戲 たのしみ、たわむれる/嘻吁 嘆息する声/嘻嗟 なげく/嘻然 笑うさま

↓噫嘻・含嘻・吁嘻・群嘻・増嘻・嘆嘻・長嘻

常【器】 15 入〔器〕 16 6666 キ うつわ

篆文 金文

会意 旧字は器に作り、㗊+犬。㗊は〔説文〕三上に「衆口なり」とするが、口は𠙵で、祝詞を収める器。犬は犬牲。犬牲を以て清める意である。〔説文〕三上に「器は皿なり。器の口に象る。犬は之れを守る所以なり」とするが、金文の字形によると、犬は磔殺されている形である。犬牲を以て清めた器は、祭器・明器・礼器として用いられる。〔周礼、秋官、大行人〕「器物」の〔鄭玄注〕に「尊彝の屬なり」とあり、器とはもと彝器をいう。彝は鶏血を以て清める意の字である。祭器の意より器具・器材の意となり、人に移して器量・器度をいう。

訓義 ①うつわ、祭器・明器、儀礼の際に用いる器。②器物、車服・兵器・器具の類。③人物の才能・器量。④器として役立つ、用いる。

古訓 〔名義抄〕器 ツキ・ウツハモノ・アヤシフ/嚴器 カラクシケ 〔字鏡集〕器 ウツハモノ・ツキ・サラ・アヤシブ

【器愛(きあい)】 才能を認めて愛する。〔世説新語、簡傲〕謝萬北征し、常に嘯詠を以て自ら高しとし、未だ嘗て衆士を撫慰せず。謝公(安)甚だ萬を器愛すれども、其の必ず敗れんことを審らかにし、乃ち倶に行く。

【器異(きい)】 器量すぐれた者として重んずる。〔後漢書、馬厳伝〕(厳)因りて百家の群言を覽、遂に英賢に交結す。京師の大人、咸之れを器異す。

【器宇(きう)】 心の広さ。度量。唐・杜甫〔虞十五司馬に贈る〕詩

形象、丹青に逼り 家聲、器宇存す

【器械】きかい 武器や礼楽の器具類。〔周礼、天官、司書〕以て民の財、器械の數を知る。

【器懐】きかい(くわい) 人がらと心ばえ。梁・江淹〔王倹を左僕射と為す詔〕器懷明亮にして、風情峻遠なり。業績珪璋、才は經緯を兼ねたり。

【器幹】きかん 才能のはたらき。〔晋書、羅憲伝〕憲、忠烈果毅、才策器幹有り。鼓吹を給すべし。

【器玩】きがん(ぐわん) 愛玩用の道具。宋・欧陽脩〔日本刀の歌〕詩 前朝貢獻して、屢〻往來す 士人往往、詞藻に工みなり 百工五種、之れと居る 今に至るまで、器玩皆精巧なり

【器局】ききょく 才能と度量。器量。唐・王勃〔山亭に友人を思ふ序〕文章は以て天地を經緯すべく、器局は以て江河を蓄洩すべし。

【器遇】きぐう 人物として待遇される。〔北史、達奚寔伝〕寔、少くして修立、幹局有り。～相府從事中郎に累遷す。性嚴重、深く器遇せらる。

【器使】きし 人の長所を役立て使う。〔論語、子路〕君子は、～其の人を使ふに及んでは、之れを器にす。

【器識】きしき 人物と見識。晋・袁宏〔三国名臣序賛〕郎中〔袁渙〕は溫雅にして、器識純素なり。貞にして諒〔我執〕ならず、通にして能く固なり。

【器質】きしつ 器量と素質。〔南史、柳元景伝〕元景少くして弓馬に便ひ、數〻父に隨ひて蠻を伐ち、勇を以て稱せらる。言語寡くなく、器質有り。

【器重】きちょう 人物を認め重んぜられる。〔漢書、馮野王伝〕野王、〔昭儀の兄なるを以ての故に〕三公為らずと雖も、甚だ器重せられ、當世に名有り。

【器服】きふく 調度と衣服。〔詩、衛風、木瓜、序〕木瓜は齊の桓公を美むるなり。衞國、狄人の敗有り、出でて漕に居る。齊の桓公救うて之れを封じ、之れに車馬器服を遺る。

【器物】きぶつ 器具。〔周礼、地官、閭師〕工に任じて以て材事を飭へ、器物を貢せしむ。

【器望】きぼう(ばう) 器量と名望。〔晋書、張軌伝〕軌、少くして明敏、學を好み、器望有り。姿儀典則あり。～宜陽の女几山に隱る。

【器用】きよう 道具。〔塩鉄論、禁耕〕器用便ならざれば、則ち農夫は壄(野)に罷れ、草萊辟かれず。

【器量】きりょう(りやう) 才能と度量。漢・蔡邕〔郭有道の碑文〕夫れ其の器量は弘深、姿度は廣大にして、浩浩焉たり、汪汪焉たり。奥乎として測るべからざるのみ。

➡器観 人品／器鑒 見識／器具 道具／器敬 器重／器甲 武器／器行 才能／器什 什器／器仗 武器／器人 器使／器性 天賦／器素 素質／器度 器量／器任 任用の才／器能 才能／器範 器度／器分 器量／器皿 食器／器抱 抱懐／器貌 顔つき／器謀 器猷／器妙 上手／器猷 才能と謀

⬇異器・偉器・遺器・彝器・鋭器・温器・火器・佳器・嘉器・瓦器・械器・漑器・楽器・奇器・欹器・旧器・汲器・巨器・虚器・凶器・玉器・金器・刑器・剣器・古器・公器・行器・宏器・耕器・貢器・国器・才器・祭器・材器・雑器・祀器・姿器・祠器・瓷器・磁器・漆器・酒器・溲器・什器・戎器・重器・銃器・小器・将器・溺器・食器・神器・蜃器・水器・生器・成器・褻器・宗器・喪器・装器・蔵器・臓器・大器・竹器・茶器・鋳器・珍器・陳器・滌器・鉄器・典器・田器・伝器・土器・陶器・徳器・鈍器・農器・杯器・敗器・秘器・備器・廟器・武器・分器・兵器・宝器・凡器・名器・明器・茗器・銘器・木器・瓴器・用器・容器・庸器・利器・良器・糧器・礼器・霊器・蠡器・奩器・賂器・陋器・穢器

【嬉】 15 4446 キ たのしむ たわむれる 入

形声 声符は喜。喜は鼓楽して神をたのしませる意。〔方言、十〕に「江・沅の閒、戲を謂ひて嬉と爲す。～或いは之れを嬉と謂ふ」とみえる。嬉嬉は笑うときの擬声語。そのように興じて戯れることをいう。

訓義 ①たのしむ。②たわむれる、あそぶ。③うつくしい。

古訓 〔名義抄〕嬉 タノシム・タノシビ・ヨロコブ・アソブ・タハフル・タハフレ・タハル

語系 嬉・喜・僖・憙・禧xiəは同声。喜はもと神を楽しませる意の語であるが、のち神人ともに楽しむ語となった。

【嬉怡】きい たのしみ喜ぶ。〔旧唐書、李義府伝〕義府、貌狀溫恭にして、人と語るに必ず嬉怡微笑す。

【嬉嬉】きき 喜びたのしむさま。唐・杜牧〔韓乂を薦むる啓〕三畝の宅、兩頃の田、蔬を樹ゑ魚を釣り、唯だ名僧を召して侶と爲し、餘力もて易を究め、嬉嬉然として日として自得せざる無きなり。

【嬉戯】ぎき あそび戯れる。〔史記、孔子世家〕孔子兒爲りしとき、嬉戲するに常に俎豆を陳らぬ。

【嬉娯】ごき たのしみ。〔三国志、呉、孫和伝〕夫れ人情猶ほ嬉娯無きこと能はず。嬉娯の好は、亦た飲宴・琴書・射御の閒に在り。何ぞ必ずしも博弈して、然る後に歡と爲さんや。

【嬉遨】きごう(がう) たのしみ遊ぶ。宋・蘇軾〔李公恕の関に赴くを送る〕詩 我頃この符を分ちて東武に在り 萬事を脫略して、惟だ嬉遨す

【嬉笑】きしょう(せう) たのしみ笑う。宋・黄庭堅〔東坡先生真賛、三首、一〕東坡の酒、赤壁の笛、嬉笑怒罵、皆文章を成す。羈を解きて紫微玉堂に歸るも、子瞻(蘇軾)の德、未だ初めに變らざるのみ。

【嬉遊】きゆう(いう) たのしみ遊ぶ。魏・嵆康〔琴の賦〕然れども夫の曠遠なる者に非ざれば、之れと嬉遊すること能はず。夫の淵靜なる者に非ざれば、之れと閑止すること能はず。

➡嬉懈 たのしみ怠る／嬉諧 たのしみ戯れる／嬉謔 戯謔／嬉敖 たのしみ遊ぶ／嬉春 春遊／嬉縦 遊び放題／嬉褻 したしみ戯れる／嬉靡 奢り遊ぶ／嬉楽 遊び楽しむ／嬉弄 戯れる／嬉和 仲よくする

⬇諧嬉・歓嬉・久嬉・群嬉・孤嬉・娯嬉・荒嬉・遨嬉・児嬉・春嬉・遊嬉

【撝】 15 5202 キ イ(ヰ) さしまねく

篆文

形声 声符は爲(為)。爲に僞(偽)・譌の声がある。〔説文〕十二上に「裂くなり」とするが、〔公羊伝、宣十二年〕「自ら旌を手にして、左右して軍を撝く」、〔淮南子、覧冥訓〕「戰酣にして日暮る。戈を援りて之れを撝く」のように用いる。〔晏子、重而異者、二〕に「撝奪」という語があり、これが「離る」「裂く」の訓に近い。

訓義 ①さしまねく。②あげる。③さく、はなす、ちらす。④為と通じ、たすける。

古訓 〔名義抄〕撝 サス・マネク・サシマネク・ヘル・サクル・ヒク・ヲシフ・ヘク

【撝謙】きけん 謙遜する。〔易、謙、六四、象伝〕利ろしからざる无し。謙を撝くとは、則に違はざるなり。

【撝譲】きじょう(じやう) ゆずる。〔南史、謝朓伝〕尚書吏部郎に遷る。朓、上表して三たび讓る。～(沈)約曰く、～近代、小官は讓らず。遂に恆俗を成せり。～謝吏部、今超階を授けらる。讓ること別に意有り。豈に官の大小に關せんや。撝讓の美は、本と人情に出づ～と。

➡撝呵 しりぞける／撝訶 撝呵／撝軍 軍をさしまねく／撝叱 しりぞける／撝損 謙抑する／撝遜 謙遜する／撝奪 奪う／撝卑 謙遜する／撝避 譲る／撝挹 譲る／

↓撝謙
↓指撝

【槻】人 15 4691 キ つき

形声 声符は規。木名、欅の一種。〔和名抄〕に〔唐韻〕を引いて「弓を作るに堪ふる者なり」とあり、弓材に適するとされた。また「とねりこ」をいう。

訓義 1つき。2とねりこ。

古訓 〔新撰字鏡〕櫷 豆支(つき)、又、加太久弥(かたくみ)〔和名抄〕槻 都岐乃岐(つきのき)〔名義抄〕槻 ツキノキ

↓樊槻

【毅】人 15 0724 キ ギ つよい かたし

篆文  金文 

会意 豙+殳。豙は〔説文〕九下に「豕怒りて毛豎つなり。一に曰く、殘艾なり。豕辛に從ふ」とあり、辛に従う意を未詳とする徐鉉説を附記する。卜文の字形に、鳳・竜など霊獣とされるものの頭部に、辛字形の飾りを加えており、豙も霊獣とされるものであろう。それに殳を加えて毆つのは、その呪能を刺激し、鼓舞する呪的行為を意味し、軍事などのときに戦意を鼓舞するためのものであろう。ゆえに果毅・剛毅の意となる。豛・攺・殺(殺)なども、みな呪霊のあるものを毆つ形の字である。〔説文〕三下に「妄りに怒るなり。一に曰く、決すること有るなり」とするが、もと古い呪儀を示す字であった。

訓義 1つよい、たけし。2かたし、ただし、かつ。

古訓 〔篇立〕毅 タケシ・ヲス・マホル・トシ・イトナム 〔字鏡集〕毅 イア(カ)ル・ハタス・ヨロコブ

【毅然】きっぱりして動じない。〔三国志、呉、甘寧伝〕寧、聲を厲まして、鼓吹(軍楽)何を以て作らざるかを問ふ。壯氣毅然たり。(孫)權尤も之れを嘉みす。

↑毅状 剛毅のさま/毅色 厳荘/毅卒 強兵/毅虫 虎豹の類/毅魄 英霊/毅武 勇武/毅猛 勇猛/毅勇 剛勇/毅力 堅強/毅烈 剛毅

↓英毅・果毅・魁毅・驍毅・厳毅・弘毅・剛毅・豪毅・擾毅・清毅・壮毅・忠毅・沈毅・貞毅・方毅・明毅・勇毅・雄毅・優毅・廉毅

【潙】15 3212 キ イ(ヰ)

形声 声符は爲(為)。爲に撝の声がある。字はまた嬀に作る。川の名。河東歴山に発するもの。また湘水支流の水は爲声でよむ。

訓義 1川の名。2山の名、地名。

【潙山】大潙は湖南寧郷、小潙は長沙醴陵にある山。〔読史方輿紀要、湖広・長沙府寧郷県〕大潙山、高さ六十里、周圍百四十里、草木深茂、四面水流深闊なり。故に大潙と曰ふ。香泉及び大小青龍諸泉有り、皆奇勝なり。

↑潙仰 禅宗五家の一、潙山・仰山二僧の法/潙汭 嬀汭、嬀水のほとり

【畿】常 15 2265 キ みやこ

篆文 

形声 声符は幾(幾)。幾は戈に呪飾としての絲(糸)を加えた形。これによって譏察して祓う。畿は農耕の地を修祓する意で、里門を畿といい、その地域を畿といい、都を畿といい、天子の直轄の地を畿内という。

訓義 1みやこ。2天子の直轄の地、畿内。3さかい、かぎり。4田野。

古訓 〔字鏡集〕畿 チカシ・カギル・カドノウチ

語系 畿・幾kiəiは同声。畿は幾の声義を承ける。

【畿甸】王城の四方五百里以内。畿内。〔晋書、慕容皝載記〕君、椒房(后)の親、舅氏の昵を以て樞機を總據し、王命を出內す。兼ねて列將州司の位を擁し、昆弟網羅し、畿甸に顯布す。

【畿内】王城の四方五百里の地。〔独断、上〕京師は天子の畿内千里、日月に象る。日月は躔次千里なり。

【畿服】王畿と九服。天下。また、王畿。晋・江統〔徙戎論〕(戎狄は)我が族類に非ず。其の心必ず異なり。〜其の衰弊に因りて之れを畿服に遷さば、〜隙を候ひ便に乘じて、輒ち橫逆を爲さん。

【畿封】王畿の境界に土封を設ける。近畿。〔周礼、地官、封人〕封人は、王の社壝を設け、畿封を爲り、之れに樹うることを掌る。

↑畿外 王畿の外/畿嶽 天下/畿疆 九畿の境/畿田 畿甸/畿輔 近畿/畿邑 畿内/畿輦 王都

↓王畿・遐畿・九畿・近畿・京畿・侯畿・皇畿・郊畿・国畿・中畿・鎮畿・帝畿・甸畿・麦畿・分畿・方畿・邦畿・封畿・門畿・洛畿

【翬】15 1750 キ きじ とぶ

篆文 

形声 声符は軍。軍に揮・暉の声がある。〔説文〕四上に「大いに飛ぶなり」とし、また雉の名とし、「伊雒よりして南、雉の五采皆備はるを翬と曰ふ」とあり、〔爾雅、釈鳥〕の文による。王后の祭服である褘衣には、雉の文様を画いた。魯の公子翬、字は子羽。名と字と対待をなしている。鄭の公孫揮、字は子羽。揮は翬が本字であろう。

訓義 1きじ。2大いに飛ぶ。その羽音を翬翬という。3褘と通じ、褘衣をいう。

古訓 〔名義抄〕翬 トブ 〔字鏡集〕翬 トビアガル・トシ・キジ・タグヒ・トブ

【翬雉】白地に五色の文様のある雉。〔爾雅、釈鳥〕雉、絶だ力有りて奮ふ。伊洛よりして南、素質にして五采皆備はりて章を成すものを、翬と曰ふ。

【翬翟】雉。〔文心雕竜、風骨〕夫れ翬翟は色を備ふるも、翾翥する(飛ぶ)こと百步のみなるは、肌豐かにして力沈めばなり。

【翬飛】雉の飛ぶ姿。宮殿の華麗な姿にたとえていう。〔詩、小雅、斯干〕跂ちて斯に翼するが如く 矢の斯に棘やかなるが如く 鳥の斯に革(翱)するが如く 翬の斯に飛ぶが如し 君子の躋る攸

↑翬衣 皇后の服/翬翬 羽音/翬撟 飛閣/翬構 高い建物/翬散 飛散する/翬然 飛ぶさま/翬褕 褘衣、皇后の服

↓雲翬・画翬・驚翬・錦翬・高翬・春翬・翔翬・素翬・鳳翬

【觭】15 2422 キ かたむく

篆文 

形声 声符は奇。奇に不安定な、そろわぬものの意がある。〔説文〕四下に「角の一は俛し、一は仰ぐものなり」とあり、左右の角の形がそろわぬ意とする。転じて奇邪の意となる。

訓義 1かたむく。2踦と通じ、かたあし。3奇と通じ、めずらしい。4掎と通じ、とる、ひく。

古訓 〔字鏡集〕觭 ウシノツノ、一ハアガリ一ハサガリタル

【觭夢】あやしい夢。〔周礼、春官、大卜〕三夢の灋(法)を掌る。一に曰く致夢、二に曰く觭夢、三に曰く咸陟。

【觭輪】かたかたの車輪。〔漢書、五行志中之下〕秦の師過ぐるに塗を假らず。〜遂に崤阨に要へて、以て秦の師を敗る。匹馬觭輪も反る者無し。之れを操ふること急なり。

↑觭角 かど/觭偶 奇数と偶数/觭倍 觭偶

【諆】15 0468 キ あざむく

篆文  金文 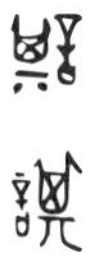

形声 声符は其。〔説文〕三上に「欺くなり」と訓する。朞と字の要素同じく、〔説文〕に「朞は忌むなり」とする。金文の〔師寰𣪘〕に「無諆なる徒馭（御）」、〔許子鐘〕に「萬年無諆」とあり、無限・無期の意に用いる。「欺く」の意は、倛・欺と通ずる訓であろう。

訓義 ①あざむく。②はかる、いむ。③期と通じ、かぎり、かず。

古訓 〔名義抄〕諆 ハカル・ハカリゴト 〔字鏡集〕諆 イツハル・イム・ハカリゴト・ワスル・ハカル・コ、ロザシ

語系 諆・欺・倛・䫏・娸khiəは同声。倛・䫏は方相氏の倛面、鬼やらいに用いる面で、欺詐の意がある。

↓玄諆

【踦】 15 6412 キ イ かたあし

篆文 

形声 声符は奇。奇に片方、また不安定なもの の意がある。〔説文〕二下に「一足なり」とあり、〔新書、諭誡〕「一踦の屨」のように用いる。〔韓非子、亡徴〕「治亂強弱、相ひ踦よる者なり」は相倚よる意。

訓義 ①かたあし、あしなえ、かたかた。②あし、はぎ、すね。③かたよる、よこしま。④奇・畸・崎と通じ、さまかわる、けわしい。⑤倚と通じ、よる、もたれる。

古訓 〔名義抄〕踦 カタシキリ・サカシ／踦跂 ウケハヤシ・タチツマツク 〔字鏡集〕踦 カタアシ・カタシキリ・アシナヘ・サカシ・ホトハシル

【踦閭】 門によりかかって立つ。〔公羊伝、成二年〕二大夫出で、相ひ與に閭に踦よりて語る。日を移し、然る後に相ひ去れり。

↑踦跂 かたあし／踦区 かくす／踦嶇 けわしい路／踦隻 かたあし

↓長踦・趹踦・跛踦・鸞踦

常 【煇】 15 9725 ［輝］ 13 9785 キ コン クン かがやく やく

篆文 

形声 声符は軍。軍に揮の声がある。煇と同字。〔説文〕十上に煇を正字とし、「光なり」と訓する。文献には多く輝を用いる。

訓義 ①かがやき、ひかり。②てる、かがやく、ひかる。

古訓 〔名義抄〕輝・煇・暉 テル・ヒカリ・ヒカル・カ、ヤク・フスフ

語系 輝（煇）・暉xiuən は同声。日光のかがやくこと。暈hiuən はそのかさのある状態をいう。

＊語彙は煇字条参照。

【輝映】 てりはえる。南朝宋・謝霊運〔江中の孤嶼に登る〕詩 雲日、相ひ輝映し 空水、共に澄鮮 靈を表はすも、物賞する莫く 眞を蘊つむも、誰が爲に傳へん

【輝赫】 かがやき。唐・杜甫〔莫相疑行〕詩 憶ふ、三賦を蓬萊宮に獻ぜしを 自ら怪しむ、一日にして聲譽の輝赫たることを

【輝煥】 かがやききらめく。晉・成公綏〔隷書体〕縕縕卓犖、一に何ぞ壯觀なる。繁縟文を成すも、又何ぞ玩ぶべけん。周道の郁郁たるを章らかにし、唐虞の輝煥を表はす。

【輝光】 かがやく光。魏・阮籍〔詠懷、八十二首、十二〕詩 昔日、繁華の子 安陵と龍陽と 夭夭たり、桃李の花 灼灼として輝光有り

【輝燭】 光りてらす。〔淮南子、道応訓〕扶桑謝を受けて、日宇宙を照らす。昭昭の光、四海を輝燭するも、戸を闔ぢ牖を塞げば、則ち由りて入る無し。

↑輝煌 きらめく／輝爍 かがやく／輝然 光りかがやくさま／輝耀 かがやき光る

↓雲輝・映輝・恩輝・霞輝・寒輝・瓊輝・光輝・紅輝・斜輝・珠輝・祥輝・晶輝・寸輝・声輝・青輝・清輝・雪輝・素輝・蔵輝・長輝・兎輝・彤輝・韜輝・徳輝・発輝・芳輝・明輝・余輝・容輝・揚輝・陽輝・流輝・烈輝

【麾】 15 0021 キ さしまねく はた

篆文 

会意 篆文の字形は靡に従い、靡＋手。〔説文〕十二上に「旌旗、指麾する所以なり」とし、靡声とするが、声が合わない。麾下・麾幟のように軍事に用いる語であるが、麾下の麾の本字は、おそらく金文にみえる「左右戲」の戲（戱）。また指麾は指撝。麾は靡くものを執る意の会意字であろう。

訓義 ①さしまねく、さしずする。②はた、さしずはた。

古訓 〔篇立〕麾 サシマネク・ハタ・ナガキケナリ・ナフサ・サ（ナ）ヒカス・チヤ（ナビ）ク・サシマ（ネ）ク 〔字鏡集〕麾 サシマネク・ナビク・ハタナビカス・ヲ、ツ・ナカ、ケ・ハタ

語系 麾・撝xiuai は同声。撝は麾の形声字であろう。戲xiai は古く金文にみえる編隊の名。麾下というときの麾は、戲がその本字であろうと思われる。

【麾鉞】 さしず旗と鉞。将軍の指揮に用いる。〔南史、斉高帝紀〕麾鉞一たび臨めば、凶黨冰のごとく泮く。此れ則ち霸業の基、勤王の始めなり。

【麾下】 将軍直属の部下。〔史記、呉王濞伝〕呉王乃ち其の麾下の壯士數千人と與に、夜亡げ去る。江を度り、丹徒に走り、東越を保つ。

【麾蓋】 さしず旗ときぬがさ。〔三国志、蜀、関羽伝〕羽、（顔）良の麾蓋を望見し、馬に策うつて良を萬衆の中に刺し、其の首を斬りて還る。

【麾幟】 さしず旗と幟り。指揮に用いる。〔唐書、李光弼伝〕其の（郭）子儀に朔方に代るや、營壘・士卒、麾幟、更あらたむる所無し。而して光弼の一たび之れに號令するや、氣色乃ち精明を益すと云ふ。

【麾仗】 指揮用の武器。〔唐書、儀衛志上〕次に鼓吹。次に黃麾仗一、執る者は武弁、朱衣・革帶、二人夾さしはさむ。

↑麾汗 汗が流れる／麾軍 軍を指揮する／麾呼 よぶ／麾召 招集する／麾旌 さしず旗／麾節 麾旄／麾掃 追い払う／麾幢 麾旌／麾葆 旗じるし

↓一麾・下麾・回麾・軍麾・高麾・使麾・指麾・戎麾・招麾・旌麾・節麾・大麾・長麾・矛麾・揚麾・擁麾

【冀】 16 1180 キ ねがう こいねがう

篆文  金文 

象形 鬼の正面形である異に、角形の頭飾のある形。〔説文〕八上に「北方の州なり」と冀州の名とし、また異声とする。頭飾の形を北と解したものであろうが、形も声もともに合わない。頭飾は角飾ある神像で、楽祖と伝えられ、舞踏している形。冀は魁然として坐する形。字を冀求の意に用いるのは、覬・希・欯などの語系に属する仮借の用法であろう。

訓義 ①神像の坐する形、大きい。②覬・希・欯・幾と通じ、ねがう、こいねがう。③古代の九州の一、冀州。今の河北の地にあたる。

古訓 〔名義抄〕冀 ネガフ・コヒネガハクハ・ノゾム・イハンヤ・イヤシ

声系 〔説文〕十上に冀声として驥を収め、「千里の馬なり」という。〔説文通訓定声〕に冀州の地に産する馬であるというが、騏驥騂騮は馬の形状や毛色による名であろう。

語系 冀kiei、覬kiai、希xiai、欯kiat は声近く、希求の意において通用する語である。

【冀闕】宮門外の双闕。ものみやぐらのある宮門。そこに公布の文を列記したという。魏闕。象闕。〔史記、秦紀〕（孝公）十二年、咸陽を作爲し、冀闕を築く。秦徙りて之れに都す。

【冀幸】こいねがう。〔管子、君臣下〕上に淫侵の論無くんば、則ち下に冀幸の心無し。

【冀馬】冀北の駿馬。北周・庾信〔哀江南の賦〕俄にかにして梯衝亂舞し、冀馬雲のごとく屯す。

【冀望】願い望む。〔三国志、呉、陸凱伝〕臣大理に闇く、文、義に及ばず。智慧淺劣、復た冀望する無し。

➡冀願 ねがい／冀求 企求／冀倖 冀幸／冀心 ねがう心／冀図 企図／冀方 冀州

⬇画冀・希冀・僥冀・徼冀・幸冀・窃冀・非冀・不冀

【憙】 16 4033 キ よろこぶ たのしむ

篆文

形声 声符は喜。喜は、鼓楽して祈り、神を楽しませる意。それを人の心意の上に移して憙といい、嬉という。〔説文〕五上に「説ぶなり」とみえる。〔漢書、賈誼伝〕「群臣自ら憙ぶ」、〔穀梁伝、桓六年〕「獵を憙む」、〔越絶書、記呉王占夢〕「遊を憙む」のように用いる。

訓義 ①よろこぶ。②このむ、たのしむ。③譆と通じ、感動詞に用いる。ああ。

古訓 〔名義抄〕憙 コノム・ネガフ・ツクス・ヨロコブ・ヒロシ

語系 憙・喜・僖・嬉・禧・譆 xiə はみな同声。喜の声義を承ける字である。熙（熈）xiə もまた同声で、たのしむ意の字である。

【憙遊】あそびをこのむ。〔越絶書、記呉王占夢〕公孫聖、人と爲り幼にして學を好み、長じて遊を憙む。博聞彊識、方來の事に通ず。大王の夢みる所を占はしむべし。

【憙獵】猟をこのむ。〔穀梁伝、桓六年〕陳侯獵を憙む。蔡に淫獵し、蔡人と禽を争ふ。蔡人、其の是れ陳君なることを知らずして、之れを殺す。

➡憙淫 好色／憙欣 よろこぶ／憙事 好事

【暨】 16 2110 キ ともに およぶ

篆文

形声 声符は既（旣）。〔説文〕七上に「日頗しく見ゆるなり」とあり、〔段注〕に日食の意とするが、字は旦に従い、日出のはじめとみてよい。「ともに」「およぶ」は臮・洎と声が近く、通用の義である。

訓義 ①かすかな日の光。②臮・洎と声が通じ、ともに、およぶ。③塈と通じ、ぬる。

古訓 〔字鏡集〕暨 アツカル・タケシ・アタフ・ヲハリ・イタル・オヨブ・クミス

語系 暨・臮 giət、洎 kiət は声近く、通用する。

【暨暨】果断剛毅のさま。〔礼記、玉藻〕戎（軍事）の容は暨暨たり。言の容は詻詻（謹厳）たり。

常 【機】 16 〔機〕 16 4295 キ ばねじかけ はたらき きざし はた

篆文

形声 声符は幾（幾）。幾は戈に呪飾として絲（糸）をつけた形。これによって幾微を察し、邪悪を譏察する。しかけ・はたらきのある器械を機といい、弩器などをいう。〔説文〕六上に「發を主る、之れを機と謂ふ」とあり、〔玉篇〕に「弩牙なり」とする。のち関鍵に用いるものを機関、戸枢に用いるものを枢機、織物に用いるものを機杼といい、すべて機構的なはたらきのあるものをいう。人事に施して機変・機略・機心、自然の霊妙なはたらきを天機という。

訓義 ①ばね、ばねじかけ、かなめ。②はたらき、はたらきのある構造のもの、からくり、しかけ、とじきみ、くるる、かぎ、はた、わな。③たくみ、いつわり。④幾と通じ、きざし、はじめ、はずみ、ひそか。

古訓 〔新撰字鏡〕機 須波江（すはえ）なり 〔和名抄〕機 楊氏漢語抄に云ふ、高機、多加波太（たかはた）。今案ずるに、機巧の處、和加豆利（わかつり）〔名義抄〕機 ハタモノ・ワカツル・ハタ・タカハタ、機巧の處、弩牙ニ張ル、オコツリ／機 ハタモノ・タカハタ・アヤツリ・カマフ・マツリ事・ワカツル・オコツル 〔字鏡集〕機 タカハタ・ハタモノ・カムハタ・アヤフシ・アヤツル・ワカツケ・ヲコフ（ツ）リ・カナフ・アフ・アヤトル・マツリゴト

【機械】巧妙な構造をもつ器具。からくり。武器。〔韓非子、難二〕權計に明らかに、地形に審らかならば、舟車機械の利、力を用ふること少なくして、功を致すこと大ならん。則ち入るもの多し。

【機栝】弩牙と矢はず。迅速なことにたとえる。〔荘子、斉物論〕其の發すること機栝の若しとは、其の、是非を司るの謂ひなり。

【機陥】おとし穴。転じて、人を陥れる策略。魏・陳琳〔袁紹の為に予州に檄す〕加ふるに其の細政は苛慘にして、科防互ひに設け、～手を擧ぐれば網羅に挂かり、足を動かせば機陷に觸る。

【機関】しかけによってはたらく器具。機械。〔鬼谷子、權〕口なる者は、機關なり。情意を閉ざす所以なり。

【機緘】活動のはじめと終わり。〔荘子、天運〕天は其れ運るか。地は其れ處るか。日月は其れ所を争ふか。～意ふに其れ機緘有りて已むを得ざるか。意いは其れ運轉して自ら止む能はざるか。

【機鑒】機微をよく見分ける。〔唐書、于休烈伝〕休烈、機鑒融敏、文章を善くす。

【機宜】臨機に対処すること。魏・嵆康〔山巨源（濤）に与へて交はりを絶つ書〕吾れは嗣宗（阮籍）の賢なるに如かず。～又人情を識らず、機宜に闇し。

【機警】機敏で明察。〔三国志、魏、武帝紀〕太祖少くして機警。權數有るも、任俠放蕩にして、行業を治めず。故に世人、未だ之れを奇とせず。

【機悟】すばやく悟る。〔南斉書、劉絵伝〕繪は後進の領袖と爲り、機悟多能なり。

【機巧】たくみな装置。しかけ。〔後漢書、張衡伝〕衡、機巧を善くし、尤も思ひを天文・陰陽・歴筭に致す。～遂に乃ち陰陽を研覈し、璇機の正を妙盡し、渾天儀を作る。

【機衡】北斗の第三・五星。北斗。また、璇璣玉衡。渾天儀。転じて政務の枢要、宰相の職をいう。〔晋書、羊祜伝〕夫れ機衡を總べ齊しうし、允に六職を釐むるは、朝政の本なり。

【機梭】梭は杼。横糸を通すもの。唐・白居易〔朱陳村〕詩 機梭、聲札札たり 牛驢、走ること紜紜たり

【機事】機密のこと。南朝宋・范曄〔宦者伝論〕（武）帝數しば後庭に宴し、或いは離館に潜遊す。故に機事を請奏するは、多く宦人を以て之れを主らしむ。

【機軸】弩のばねと、車の心棒。はたらきの中心となるところ。〔世説新語、讒険〕袁悅、口才有り、短長の說を能くす。～大いに親待せられ、幾ど機軸を亂さんとす。俄にかにして誅せらる。

【機舂】水力の碓。唐・韓愈、孟郊〔城南聯句〕詩 機は舂くこと、潺湲の力（郊） 吹は竅ふる飄颻の精（愈）

【機心】たくらむ心。〔荘子、天地〕機械有る者は、必ず機事有り。機事有る者は、必ず機心有り。

【機枢】弩のばねと、戸のくるる。機軸。〔淮南子、泰族訓〕四枝節族、毛蒸し理泄るれば、則ち機樞調利して、百脈九竅、順比せざるは莫し。其の神を居く所の者、其の位を得ればなり。

【機数】きすう はかりごと。〔管子、七法〕習ふこと天下を蓋ふも、而も偏く天下を知らざれば、天下を正すこと能はず。偏く天下を知るも、而も機數に明らかならざれば、天下を正すこと能はず。
【機穽】きせい しかけのある陥穽。機陷。〔後漢書、文苑下、趙壹伝〕(窮鳥の賦)一窮鳥有り、翼を原野に戢む。畢網上に加はり、機穽下に在り。前に蒼隼を見、後に驅る者を見る。
【機先】きせん きざし。〔宋書、恩倖、徐爰伝〕自ら以へらく、體は德厚を含み、識は機先を鑑みると。塗に迷ふこと遂に深く、革悟を知ること罔し。
【機泉】きせん 噴水。宋・楊万里〔寒食雨中~十六絶句を得たり。~、七〕詩 三峯の小石、一方の池 下に機泉有り、面を仰いで飛ぶ 坐して看る、跳珠の復た玉を拋つを 忽然として一たび噴きて簷と齊し
【機旋】きせん 回転する。〔管子、形勢解〕奚仲の車器を爲るや、方圜曲直、皆規矩鉤繩に中る。故に機旋相ひ得て、之れを用ふること牢利、器を成すこと堅固なり。
【機微】きび 微妙なきざし。〔後漢紀、明帝紀下〕(北海王睦)其の名迹を抑絶し、深く機微を識ること、此くの如し。
【機辟】きへき あみわな。〔荘子、逍遥遊〕子獨り狸狌を見ずや。身を卑くして伏し、以て敖ぶ者を候ふ。東西に跳梁し、高下を避けず。機辟に中り、罔罟に死す。
【機変】きへん からくり。また、臨機の処置。〔南史、宋武帝紀〕(永初三年)謝晦は屢しば征伐に從ひ、頗る機變を識る。若し異有らば、必ず此の人ならん。
【機鋒】きほう 鋭い矛先。また、鋭い舌鋒。宋・蘇軾〔王定国~の寄せらるるに次韻す〕詩 樂全老子は今の禪伯 掣電の機鋒、擬することを容さず
【機密】きみつ 重要で秘密の事がら。政治上の要務、要職。漢・張衡〔四愁詩、序〕張衡久しく機密に處るを樂しまず。陽嘉中、出でて河閒の相と爲る。
【機務】きむ 機密の要務。魏・嵇康〔山巨源(濤)に与へて交はりを絶つ書〕心、煩に耐へずして、而も官事に鞅掌し、機務其の心に纏はり、世故其の慮に繁し。七の堪へざるなり。
【機要】きよう(えう) 機密の要務。〔晋書、裴楷伝〕楷を以て中書令と爲し、侍中を加へ、張華・王戎と竝に機要を管せしむ。楷に渴利(渇痢)の疾有り。勢ひに處ることを樂しまず。
【機略】きりゃく はかりごと。〔唐書、張献誠伝〕獻誠功名を喜び、政を爲すこと寬裕。機略有り、方に隨ひて變を制す。而れども簡廉は父(守珪)に逮ばず。

↑機運 時運/機穎 臨機の才/機縁 きっかけ/機化 変化/機会 しおどき/機画 計画/機格 格式/機檻 しかけたおり/機揆 機密の計/機器 機械/機急 緊急/機局 局勢/機遇 機会/機慧 機警/機権 臨機応変/機嫌 人の心持ち/機候 伺う/機詐 狡詐/機士 凡俗の人/機思 巧思/機趣 風趣/機捷 機敏/機神 機微玄妙/機声 はた音/機政 機務/機勢 局勢/機綜 糸かけ/機速 機敏/機断 決断/機知 きてん/機智 きてん/機籌 計謀/機兆 きざし/機弩 石弓/機頭 織りつけ/機動 からくり/機任 機務の任/機能 働き/機秘 秘密/機敏 すばやい/機婦 機女/機秉 権柄/機柄 権柄/機窆 下棺の器/機弁 話し上手/機便 便宜/機謀 機略/機明 英明/機網 しかけ網/機約 要所/機用 心の作用/機理 治める/機棙 ぜんまい仕掛け/機霊 機警/機牢 陰謀
↓逸機・応機・化機・牙機・鑒機・危機・器機・窮機・玉機・遇機・軍機・契機・権機・玄機・弦機・好機・衡機・察機・事機・時機・失機・戎機・上機・乗機・織機・心機・神機・塵機・随機・枢機・正機・清機・先機・戦機・大機・待機・杼機・天機・転機・投機・動機・道機・発機・万機・伏機・兵機・秉機・忘機・無機・有機・立機・臨機・霊機・弄機

【熹】 16 4033 キ あぶる ひかり

篆文

甲骨文

形声 声符は喜。〔説文〕十上に「炙るなり」とあり、〔易林、噬嗑之兌〕に「熹炙」という語がある。陶潜の〔帰去来の辞〕に「晨光の熹微なるを恨む」と微光の意に用いるのは、おそらく熙・暿などと通用の義によるものであろう。

訓義 ①あぶる、むす、熱する。②熙・暿と通じ、ひかり。③憙・僖と通じ、よろこぶ、たのしむ。

古訓 〔名義抄〕熹 ヒカリ・サカリニ 〔字鏡集〕熹 ヤク・アツシ・サカリ・ヒカリ・ヒロシ・ハス

語系 熹 xia と熙(熈)・暿 xiuə は声義近く、光の意で通用する。また喜・憙・僖 xiə は同声。みな喜び楽しむ意がある。

【熹微】きび 朝の薄明り。晋・陶潜〔帰去来の辞〕征夫に問ふに前路を以てし、晨光の熹微なるを恨む。

↑熹娯 たのしむ/熹炙 あぶる/熹炭 強い炭火/熹爛 輝く
↓晨熹

【璣】 16 1215 キ たま

篆文

形声 声符は幾(幾)。幾は戈に呪飾を加えて祓除などに用いる意。玉に呪飾として組を加えたものを璣組という。〔書、禹貢〕の荊州の貢物中に「璣組」の名がみえる。〔書、舜典〕の「璿璣玉衡」は、渾天儀の類とされるが、もとは呪的な飾りをもつ玉器であったのであろう。

訓義 ①たま。②渾天儀のような円形のたま。③北斗の第三星。

古訓 〔字鏡集〕璣 タマ

【璣衡】きこう(かう) 天体の運行をはかる器。璿璣玉衡という。〔世説新語、言語〕趙(至)云ふ、尺表、能く璣衡の度を審らかにし、寸管能く往復の氣を測る。~但だ識の如何を問ふのみと。

【璣旋】きせん 天体の運行をはかる器。魏・李康〔運命論〕天動き星迴るも、辰極猶ほ其の所に居るがごとく、璣旋輪轉するも、衡軸猶ほ其の中を執る。

【璣組】きそ 糸に珠を通したもの。瓔珞の類。〔書、禹貢〕荊州~厥の篚(箱の中の貢物)は玄纁の璣組なり。

↑璣鏡 珠の鏡/璣琲 珠串/璣貝 宝貝
↓運璣・玉璣・瓊璣・珠璣・璿璣・象璣・雕璣・天璣・明璣

入【窺】 16 3051 キ うかがう みる

篆文

形声 声符は規。〔説文〕七下に「小しく視るなり」とあり、のぞき見る意。字はまた闚に作る。「規規」に区区・局促の意があり、そのように窮屈な見かたをいう。何らか企むところのある態度で、窺窬をまた覬覦という。

訓義 ①うかがう、みる、のぞく。②うかがいはかる、たくらむ。③跬と通じ、片足ふみ出す。

古訓 〔名義抄〕窺 ミル・ヒソカ・ウカヾフ・ハカリゴト・ノゾク 〔字鏡集〕窺 ミル・ウカヾフ・ノゾク・ヒソカ・ハカリゴト

語系 窺・闚 khiue は同声。〔文選、登徒子好色の賦、注〕に引く〔字林〕に「窺は頭を傾けて門内を視るなり。又小しく視るなり」とある。

*語彙は闚字条参照。

【窺間】きかん すきをうかがう。ねらう。〔晋書、恵帝紀〕近ごろ刑

威を開明し、式て姦宄を遏むること能はず。逆臣孫秀をして、敢て凶虐を肆にし、王室を窺開し、遂に趙王倫を奉じて、天位を饕據せしむるに至る。

【窺管】管中よりものを見る。晋・陸雲〔陸典に与ふる書、五〕東州の幽昧を光かし、榮勳を朝野に流かんこと、所謂管を窺ひて以て天を瞻、木に緣りて魚を求むるなり。

【窺諫】君の顏色を視ていさめる。〔白虎通、諫諍〕窺諫は禮なり。君の顏色の悅ばざるを視ては、且く卻く。悅べば則ち復た前む。

【窺覬】すきをうかがう。宋・欧陽脩〔蒼蠅を憎むの賦〕乃ち衆力以て攻め鑽り、百端を極めて窺覬す。

【窺見】うかがい見る。〔論語、子張〕諸れを宮牆に譬ふれば、賜(子貢の名)の牆は肩に及ぶのみ。室家の好きを窺ひ見る。夫子(孔子)の牆は數仞、其の門を得て入らずんば、宗廟の美、百官の富かなるを見ず。

【窺伺】うかがいさぐる。唐・柳宗元〔種樹郭槖駝伝〕駝の種うる所の樹を視るに、或いは移徙するも活き、～以て蕃らざること無し。他の植うる者、窺伺して傚慕す(まねする)と雖も、能く如くもの莫きなり。

【窺測】うかがいはかる。推測する。〔宋史、富弼伝〕人主の好惡は、人をして窺測せしむべからず。測るべからしめば、則ち姦人以て傅會するを得ん。

【窺覘】うかがいねらう。〔韓非子、備内〕人臣爲る者、其の君の心を窺覘するや、須臾(しばらく)の休むこと無し。而るに人主怠慠して其の上に處る。此れ世に刼君弑主有る所以なり。

【窺望】広くうかがい見る。漢・王褒〔四子講徳論〕聖主は偏く窺望せずして、視以て明らかに、傾耳を殫くさずして、聽以て聰し。

【窺窬】すきをうかがう。身分に合わぬことを望む。〔晋書、陶侃伝〕八州に都督となり、上流に據り、強兵を握るに及んで、潛かに窺窬の志有り。每に折翼の祥を思ひて、自ら抑へて止む。

【窺牖】窓からのぞき見る。〔老子、四十七〕戶を出でずして天下を知り、牖を窺はずして天道を見る。其の出づること彌〻遠くして、其の知ること彌〻尠なし。

↑窺看 のぞく／窺勘 窺測／窺瞯 うかがう／窺瞰 窺見／窺窺 小さくこせつく／窺究 深く究める／窺釁 窺間／窺隙 窺間／窺察 うかがい観察する／窺視 うかがい看る／窺涉 涉猟／窺窃 窃む／窺窗 のぞきまど／窺探 探る／窺知 うかがい知る／窺鼎 鼎の軽重を問う／窺図 陰謀／窺破 看破する／窺問 尋ねる／窺覦 窺窬／窺欲 ねらう／窺覧 うかがい覧る／窺臨 上からのぞく
↓遐窺・管窺・坐窺・伺窺・恣窺・肆窺・窃窺・府窺・遍窺

【蕢】

16 4480 キ カイ(クヮイ) あじか つちくれ

篆文  古文  古印璽 

形声 声符は貴。〔説文〕一下に「艸器なり」とあり、土を運ぶあじか。背に負うて運ぶ筒形の籠。竹器のものもある。
訓義 1あじか。2出・塊と通じ、つちくれ。3殨と通じ、あれち、あれる。4赤莧、あかひゆ。
古訓 〔新撰字鏡〕蕢 赤莧なり、草器なり、比由(ひゆ)〔名義抄〕蕢 ヒユ〔篇立〕蕢 アカサ・ヒユ
語系 蕢・樻・匱・饋giuətは同声。みな器中にものを入れるものである。殨・潰・繢huətはみな潰乱の状態にあるもの、蕢と声近く通用する。
【蕢桴】土製のばち。〔礼記、礼運〕夫れ禮の初は飲食に始まる。其れ黍を燔き豚を捭き、汙尊して抔飲し(溜り水を掬う)、蕢桴して土鼓するも、猶ほ若くのごとくして以て其の敬を鬼神に致すべし。
↓荷蕢・織蕢

【諱】

16 0465 キ いみな いむ

篆文  金文 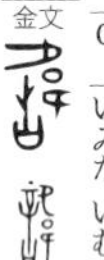

形声 声符は韋。韋に煒・禕の声がある。〔説文〕三上に「誋むなり」、前条に「誋は誡むるなり」とあって、忌詞をいう。古く実名を敬避する俗があって、実名を諱といい、死後にはその字を用いることを避けた。〔礼記、曲礼上〕「門に入りては諱を問ふ」、また〔周礼、春官、小史〕に「若し事有るときは、則ち王の忌諱を詔ぐ」のような規定がある。後世には王の名を避け、唐の太宗の名は世民であるから、〔世本〕を〔系本〕といい、〔四民月令〕を〔四人月令〕といった。

訓義 1いみな、本名。2いむ、さける、きらう、おそれる、かくす。

古訓 〔新撰字鏡〕諱 阿良加不(あらがふ)、又、伊美奈(いみな)〔名義抄〕諱 イミナ・イム・カクル・シコナ・ワスル・ナイフ〔字鏡集〕諱 イミナ・シコナ・ナイフ・イム・サル・カクル・カラカフ・セメ・ハスル
【諱悪】いみ嫌う。先王の名と忌日。〔礼記、王制〕大史は禮を典り、簡記を執り、諱惡を奉る。

【諱忌】いみはばかること。禁忌。〔後漢書、郭鎮伝〕下邳の趙興も亦た諱忌を卹へず。官舍に入る每に、輒ち更めて館宇を繕修し、移穿改築し、故らに妖禁を犯す。

【諱屈】はばかってかくす。〔唐書、魏謩伝〕帝、起居注を索む。～帝曰く、～我既に嘗て之れを觀たりと。謩曰く～陛下一見せば、則ち後來書する所、必ず諱屈有らん。善惡實ならざれば、以て史と爲すべからず且た後代何をか信ぜんやと。

【諱言】はばかって直言しない。〔晏子、雑上十二〕古者明君上に在らば、下に直辭多く、君上、善を好まば、民に諱言無し。

【諱疾】欠点をかくす。〔穀梁伝、成九年〕尊者の爲には恥を諱み、賢者の爲には過ちを諱み、親しき者の爲には疾を諱む。

【諱避】いみ避ける。晋・杜預〔春秋左氏伝の序〕發傳の體に三有り。～三に曰く、婉にして章を成す。義訓に曲從し、以て大順を示す。諸〻の諱避する所は、璧もて許の田を假るの類、是れなり。

【諱名】実名をいうのをいむ。〔孟子、尽心下〕名を諱みて、姓を諱まず。姓は同じうする所なるも、名は獨りする所なればなり。

↑諱隠 いみ隠す／諱窮 困窮を嫌う／諱日 命日
↓隠諱・家諱・忌諱・旧諱・国諱・触諱・深諱・正諱・請諱・尊諱・多諱・大諱・匿諱・内諱・犯諱・不諱・名諱・問諱

【錡】

16 8412 キ のこぎり かま

篆文 

形声 声符は奇。奇は掘鑿の器。〔説文〕十四上に「鉏𨪜なり」とあり、前条に「𨪜は鉏𨪜なり。～鋙、𨪜或いは吾に従ふ」とあり、鋸をいう。また、のみをもいう。奇は剞劂、のみの形に従う字。〔説文〕になお「江淮の閒、釜を謂ひて錡と曰ふ」とあり、なべ・かまの類。足あるものを錡、足なきものを釜という。錡の字形から考えると、鬲のように土中に立てるような器形の称であろう。
訓義 1のこぎり。2のみ、掘鑿の器。3かま、足のあるかま。4ゆみかけ。蘭錡という。5攲と通じ、かたむく。
古訓 〔名義抄〕錡 アシナヘ・チリバム・ウツハヤシ〔字鏡集〕錡 チリバム・ナベ・ウツハヤ(シ)・アシカマ・アシナヘ
語系 鋸の初形は我。我は鋸の象形字。我を一人称代名詞に

用いるに及んで、鋸その他の字が作られた。我ngai、錡ngai、鋸ngiaは声近く、鋸kia、剞kiaiもその系統の語。みな鋸をひくときの擬声語である。

↑錡鬲 三本足のかまと款足(足中空)のかま

↓甗錡・釜錡・蘭錡

【徽】 17 2824 キ しるし よい

篆文 徽

会意 徽(微)の省+糸。微は、道路において長髪の巫女を敺ち、敵の巫女による呪詛を共感呪術的に微なくする行為。その巫女に糸の呪飾を施した形で、徽識の意。〔説文〕十三上に「衺幅(きゃはん)なり。一に曰く、三糾縄なり」とし、字を微の省声とするが、微に糸を加えた会意字とみるべきである。のちすべて徽章の意に用いる。善美の意は媺と通用の訓。〔周礼〕にはその字に媺を用いる。

訓義 [1]しるし、徽章。[2]なわ、三つよりのなわ。[3]つかねる、たばねる、まきつける。[4]媺と通じ、よい、うつくしい。[5]揮と通じ、琴をかなでる、琴の絃を巻きつける軫(転手)、ふるう。[6]褘と通じ、においぶくろ。

古訓 〔名義抄〕徽 ヨクス・ウルホス・ウルハシ・トヾム 〔字鏡集〕徽 ウルハシ・ウルホス・トヾム・ヨシ・ヨクス・コトノヲ

【徽音】よい評判。名声。〔詩、大雅、思斉〕大姒、徽音を嗣ぐ 則ち百斯の男あり☒美しい音楽。魏・王粲〔公讌詩〕管絃徽音を発し 曲度清く且つ悲し☒よい便り。南朝宋・謝霊運〔臨海の嶠に登り、〜従弟の恵連に与ふ〜〕詩 儻し浮丘公(仙人の名)に遇はば 長く子が徽音を絶たん

【徽徽】美しいさま。晋・陸機〔文の賦〕文、徽徽として以て目に溢れ、音、泠泠として耳に盈つ。

【徽顕】美しくはっきりとみえる。晋・左思〔魏都の賦〕乾坤交泰らかにして絪縕たり。嘉祥徽顕して豫め作る。

【徽言】善言。〔書、立政〕嗚呼、予(周公)旦、前人の徽言を已て、咸く孺子王(幼き王、成王)に告げたり。

【徽号】はたじるし。旗章。〔礼記、大伝〕権度量を立て、文章を考へ、正朔を改め、服色を易へ、徽號を殊にし、器械を異にし、衣服を別にするは、此れ其の民と變革するを得る所の者なり。

【徽索】罪人を繫ぐなわ。漢・揚雄〔解嘲〕范雎は魏の亡命なり。脅を折られ、髂を摺がれて、徽索を免れ、肩を翕せ、背を蹈まれ、扶服(匍匐、はらばう)して橐に入る。

【徽幟】はたじるし。晋・左思〔魏都の賦〕中壇に陟り、帝位に即き、正朔を改め、服色を易へ、絶世を繼ぎ、廢職を脩む。徽幟以て變じ、器械以て革む。

【徽調】戯曲の声調の名。もと徽の人が用い、のち北京に入り、今は京調という。〔清稗類鈔、戯劇、徽調戯〕皖・鄂、又〜都に入る者衆し。而して程長庚も亦た技を挾んで都に入る。是に於て始めて徽調有り。

【徽猷】よい謀。嘉謨。〔詩、小雅、角弓〕君子に徽猷有らば 小人與に屬せん

【徽容】立派な姿。美しい容貌。南朝宋・鮑照〔数の詩〕八珍、雕俎に盈ち 綺肴、紛として錯重 九族共に瞻め遅ち 賓友も徽容を仰ぐ

↑徽膠 琴糸を巻く軫/徽冊 典章/徽志 徽幟/徽識 徽幟/徽章 徽号/徽纆 徽索/徽軫 琴の絃を巻く転手/徽績 美績/徽束 束縛する/徽紵 よい麻なわ/徽睇 ながしめ/徽典 典範/徽纏 束縛する/徽範 懿範/徽美 美好/徽文 美文/徽芳 盛徳/徽墨 徽州の墨/徽名 美名/徽命 大命/徽烈 功烈

↓英徽・音徽・急徽・琴徽・継徽・宏徽・高徽・鴻徽・嗣徽・祥徽・慎徽・仁徽・崇徽・声徽・清徽・宣徽・帝徽・発徽・明徽・余徽・瑶徽

【燬】 17 9784 キ カ(クヮ) ひ やく

篆文 燬

形声 声符は毀。毀は幼孩の子を敺つ形で、犧牲の法かと思われる。〔説文〕十上に「火なり」、〔玉篇〕に「烈火なり」とあり、烈もまた猛火を以て屍骨を燬滅することをいう。

訓義 [1]ひ。[2]やく、やきつくす。[3]毀と通用し、やぶる。

古訓 〔新撰字鏡〕燬 佐加利尓毛由留(さかりにもゆる)火なり 〔名義抄〕燬 サカリ 〔篇立〕燬 ヤクヒ・サカリ・ヤブル

語系 燬・毀xiuai、火xuaiは声近く、毀に火を加えることを燬という。燬はまた㷄・𤈦に作り、㷄は燬と立意の近い字。𤈦は〔説文〕に「火なり」とあって燬と同訓。また〔詩、周南、汝墳〕「王室𤈦くが如し」の句を引く。〔毛詩〕に字を燬に作る。

【燬犀】犀角をもやす。〔晋書、温嶠伝〕牛渚磯に至る。水深測るべからず。世に云ふ、其の下に怪物多しと。嶠、遂に犀角を燬きて之れを照らす。

↑燬炎 陽光/燬化 やける/燬火 烈火/燬宅 火宅/燬廃 毀廃/燬焚 やく

↓如燬・焚燬

【瞶】 17 6508 キ カイ(クヮイ) くらい

形声 声符は貴。目がくらく、見えがたいことをいう。貴声の字に潰・繢・憒など、乱れて分明でない意の語があり、また耳の聾するを聵という。瞶もその系統の語である。

訓義 [1]くらい。[2]隻眼。[3]盲目。

古訓 〔名義抄〕瞶 メホロシ・メシヒ

↑瞶瞶 眼昏し/瞶眩 めまい/瞶眊 眼昏し

【磯】 17 【礒】 17 1265 キ いそ かわら

篆文 磯

形声 声符は幾(幾)。〔説文新附〕九下に「大石、水に激するなり」とあって、岩に波のうち寄せるところ。〔万葉集〕には礒の字を用い、〔玉篇〕に「礒は嶔崟崎礒(石巖なり)」という。いわゆる岩場。また磯には「水中の磧なり。礫なり」とあって波打ちのかわら。幾に幾激の意があるのであろう。

訓義 [1]いそ、かわら。[2]水が石に激する、うちあたる、なでる。

古訓 〔篇立〕磯 イソ・カ、ム・セキ/磯 スサキナントナリ・イソナリ・マタ(タマ) 〔字鏡集〕磯 イソ・ナヅ・スル・タマ

↑磯激 激蕩/磯釣 磯釣り/磯頭 磯のほとり

↓倚磯・遠磯・廻磯・崎磯・漁磯・秋磯・石磯・苔磯・断磯・長磯・釣磯・湾磯

【禧】 17 3426 キ よろこび

篆文 禧

形声 声符は喜。喜は鼓楽して神意を楽しませる意。神に福を求め、与えられることをいう。〔説文〕一上に「禮吉なり」とあり、めでたい意。吉礼の挨拶語に用いる。

訓義 [1]よろこび、さいわい、めでたい。[2]諰に通じ、つげる。

古訓 〔名義抄〕禧 サイハヒ・ウク

語系 禧・喜・憙・嬉xiəは同声。喜の声義を承ける字。欣(忻)xianも声義の通ずる字である。

↑禧賀 めでたい/禧慶 よろこび

↓嘉禧・開禧・鴻禧・集禧・神禧・繁禧・福禧

【禨】 17 3225 キ たたり まつり

形声 声符は幾(幾)。幾は戈に絲(糸)の呪飾をつけて、幾察

し祓うことを意味する字。これによって妖祥を知ることを禨という。〔淮南子、氾論訓〕に「鬼神の禨祥に因りて、之れが爲に禁を立つ」とあり、〔列子、説符〕に「楚人は鬼、而して越人は禨(を信ず)」とみえる。妖祥を祓う法に、〔礼記、玉藻〕「稷(の淅ぎ汁)に沐し、粱(の淅ぎ汁)に靧す(顔洗う)。～禨(沐後の酒)を進め、羞(肴)を進む」とあり、沐後に酒を用いた。

訓義 ①たたり、きざし。②まつり、たたり祓いの酒。

古訓 〔字鏡集〕禨 サカユ・ヤスシ

【禨祥】 鬼神の禍福。吉凶の兆。〔淮南子、氾論訓〕天下の怪物は聖人の獨り見る所なり。～是の故に鬼神の禨祥に因りて、之れが爲に禁を立て、形を總べ類を推し、之れが爲に象を變ず。

↑禨衈 血ぬる礼

↓受禨・信禨・禎禨

【簋】 17 8810 〔𣪘〕 11 2774 キ

篆文 古文 甲骨文 金文

形声 声符は皀。皀は皀の省略形。金文の自名の器にはみな𣪘を用いており、簋は𣪘の省文に従っている。〔説文〕五上に「黍稷の方器なり」として古文三字をあげ、別に𣪘字条三下に「揉屈なり」として古文皀をあげ、「居又切」の附音がある。今存する𣪘はみな円器。かつ黍稷の器ではなく、盛食の器である。黍稷の方器は簠という。𣪘に「居又」の音があったことは、斉器の〔洹子孟姜壺〕に「聿に其の𣪘(舅)を喪ふ」とあることからも知られ、〔詩、大雅、江漢〕に「召公の考を作る」の考は、𣪘の借字で、召公の𣪘を作ることをいう。

訓義 ①まつりのうつわ、黍稷の方器。②金文に𣪘に作り、その器は円形で盛食の器。

古訓 〔字鏡集〕簋 ハコ

【簋飧】 簋に盛ったきび。〔礼記、祭統〕下は上の餘りを餕するなり。凡そ餕(食余を頒つ)の道は、～貴賤の等を別ち、施惠の象を興す所以なり。是の故に四簋黍を以てするは、其の廟中に脩くするを見めすなり。廟中は竟内の象なり。

【簋飧】 簋にいれた食物。〔詩、小雅、大東〕饛たる簋飧有り 捄たる棘匕有り

↑簋弐 両簋の食/簋実 簋の中味/簋豆 祭器/簋籩 祭器/簋簠 礼器/簋廉 埴土の酒器

↓彝簋・玉簋・瑚簋・俎簋・罇簋・竹簋・土簋・籩簋・簠簋・鏤簋

【虧】 17 2122 キ かける

篆文

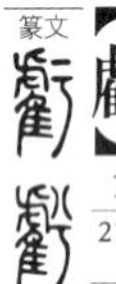

形声 声符は雐。〔説文〕五上に「气損するなり」とし、また兮に従う或る体の字を録する。亏は把手のある大きな曲刀で、刻鑿に用いる。〔詩、魯頌、閟宮〕「虧けず崩れず」、〔書、旅獒〕「山を爲ること九仞なるも、功は一簣(一もっこ)に虧く」のように、毀損欠失の意に用いる。

訓義 ①かける、かく。②こわれる、くずれる、そこなう。

古訓 〔名義抄〕虧 カク・ツク・コトハリ 〔字鏡集〕虧 カク・カケタリ・ヤブル・ツキヌ・ソンス

【虧欠】 欠ける。漢・司馬遷〔任少卿(安)に報ずる書〕僕の若きは、大質(身体)已に虧缺せり。

【虧除】 罪を減免する。〔漢書、何武伝〕擧奏する所の二千石長吏は、必ず先づ露章す。罪に服する者は爲に虧除し、之れを免ずるのみ。服せざる者は、極法もて之れを奏す。

【虧喪】 欠損する。失う。〔後漢書、二十八将伝論〕若し之れを功臣に格つれば、其の傷み已に甚だし。何となれば、直繩(規則通り)なれば則ち恩舊を虧喪し、情に撓めらるれば則ち禁典に違廢すればなり。

【虧損】 欠け損ずる。〔漢書、王商伝〕商、事を視ること五年、官職陵夷して、大惡百姓に著はる。甚だ盛德を虧損し、鼎足を折るの凶有り。

【虧替】 欠け替わる。魏・呉質〔東阿王(曹植)に答ふる書〕曲池に臨んで、觴を行ぐらすに至る。既に威儀虧替すれば、言辭は漏渫す。

【虧敗】 そこなう。〔晋書、王戎伝〕戎、仰いで堯舜の典謨に依らずして、浮華を驅動し、風俗を虧敗す。徒だに益無きのみに非ず、乃ち大損有り。

【虧蔽】 失いかくす。北周・庾信〔終南山義谷の銘〕大冢宰晉國公、命じて石關の谷を鑿ち、南山の材を下さしむ。～以爲へらく、終南・敦物(山名)、日に月に虧蔽す～と。

↑虧汚 失い汚す/虧盈 損益/虧枉 冤屈/虧価 値引き/虧害 損なう/虧空 欠乏/虧減 値切る/虧誤 誤り/虧耗 損耗/虧殺 おかげで/虧失 失う/虧食 日月の食/虧辱 辱め/虧心 喪心/虧制 違制/虧折 損失/虧節 失節/虧全 虧盈/虧膳 減膳/虧尺 かげる/虧賊 害する/虧兌 税未納/虧殆 不安定/虧頽 廃れる/虧奪 奪う/虧短 欠損/虧図 陥れる計/虧靡 損益する/虧紊 乱す/虧法 違法/虧満 虧盈/虧名 不名誉/虧乱 乱れる/虧累 まきぞえ

↓盈虧・悔虧・喫虧・傾虧・頽虧・覆虧・蔽虧・無虧

【覬】 17 2611 キ のぞむ ねがう

篆文

形声 声符は豈。豈に豈求の意がある。〔説文〕八下に「钦幸するなり」とあって、覬覦の意とする。上位をのぞみねらうことをいう。

訓義 ①のぞむ、ねがう、ねらう。②冀・幾・豈・希・钦と声が近く、通用する。

古訓 〔名義抄〕覬 ネガフ・ノゾム・トホル・ミル・ウカヾフ/覬覦 ネガフ

語系 覬・幾(幾)kiəiは同声。豈khiəi、冀kiei、希xiəi、钦kiətも声義近く、希求の義において通用する。

【覬幸】 うかがい望む。〔元史、仁宗紀三〕(延祐六年九月)近侍に夤緣して内庭に出入し、名爵を覬幸す。宜しく之れを斥逐すべし。

【覬望】 うかがい望む。〔潜夫論、実辺〕衣冠も覬望する所無く、農夫も利を貪る所無し。

【覬覦】 非望を抱く。〔左伝、桓二年〕庶人工商、各〻分親有り、皆等衰有り。是を以て民、其の上に服事し、下に覬覦すること無し。

↑覬倖 覬幸

↓陰覬・希覬・窺覬・貪覬・非覬・妄覬

【䫏】 17 4188 〔魌〕 18 2421 キ みにくい

篆文

形声 声符は其。其は箕の初文。方形のものの意がある。䫏とはそのように角張った面貌をいう。〔説文〕九上に「醜なり」とし、「今、逐疫に䫏頭有り」という。追儺のとき、方相氏の用いる面である。倛は雨請いに用いる土偶。娸十二下にも「醜なり」とあり、同訓。字はまた魌に作る。

訓義 ①みにくい。②方相氏の面、そのような面貌をいう。

古訓 〔字鏡集〕䫏 ミニクシ・オニ・オニカシラ

語系 䫏・倛・娸・欺・諆khiəはみな同声。䫏・倛・娸はみな䫏面

に関する字、欺・諆は欺妄、欺はまた娸に作る。
＊語彙は魌字条参照。

【頬醜】(きしゅう(しう)) きわめて醜い。〔淮南子、精神訓〕至尊窮寵を視ること、猶ほ行客のごときなり。毛嬙西施を視ること、猶ほ頬醜のごときなり。

【頬頭】(きとう) 追儺(ついな)(鬼やらい)に用いる鬼面。清・王筠〔説文句読、頬字条〕説文に、頬は醜なり。〜今逐疫に頬頭有り。〜頬頭は卽ち今の假面なり。蘭陵王の銅面具も亦た其の類なり。

【櫃】 18 4191 ［匱］ 14 7171 キ ひつ

篆文

形声 声符は匱(き)。櫃は匱の繁文。古くは匱を用いた。櫃は〔山海経、大荒北経〕に「北極天櫃」という山名がある。

訓義 1ひつ、はこ。2山の名。

古訓 〔和名抄〕櫃 比豆(ひつ)、俗に長櫃・韓櫃・明櫃・折櫃・小櫃等の名有り 〔名義抄〕櫃 ヒツ 〔字鏡集〕櫃 キノハ(コ)・ヒツ・マセ

＊語彙は匱字条参照。

【櫃田】(きでん) 田の四方に土を積み、水害を防ぐ櫃形の田。元・王禎〔櫃田〕詩 江邊に田有り、櫃を以て稱す 四(方)に封圍を起し、皆力成す

↑櫃坊(きぼう) 金銀財宝を保管する店／櫃房(きぼう) 帳場

【簣】 18 8880 キ もっこ

形声 声符は貴(き)。〔論語、子罕〕に「譬へば山を爲(つく)るが如し。未だ成らざること一簣なるも、止むは吾が止むなり」とあり、簣は土籠、もっこをいう。草器を蕢という。

訓義 1もっこ、あじか。

古訓 〔字鏡集〕簣 ツチクレ・カタシ・ツチノコ・ユカノコ

↑簣籠(きろう) もっこ

↓一簣・進簣・積簣・覆簣

【蟣】 18 5215 キ しらみ ひる

篆文

形声 声符は幾(幾)(き)。〔説文〕十三上に「蝨の子(卵)なり。一に曰く、齊にては蛭を謂ひて蟣と曰ふ」という。〔爾雅、釈魚〕に「蛭は蟣なり」とあって、蛭をもいう。〔説文〕二上に「嘰は小食なり」とあり、蟣蝨の為すところをいう語であろう。

訓義 1しらみ、しらみの卵。2ひる。

古訓 〔新撰字鏡〕蟣 志良弥(しらみ)、又、支佐佐(きささ)〔和名抄〕蟣 岐佐々(きささ)、虱の子なり 〔名義抄〕蟣 キサ、／酒蟣 サカキサ、〔篇立〕蟣 クサシ・キサ、

【蟣肝】(きかん) しらみの肝臓。小さいものの喩え。楚・宋玉〔小言の賦〕唐勒、又曰く、蝿の鬚(ひげ)に館し、毫端に宴し、蝨脛を亨て、蟣肝を切り、九族を會して同じく嚌(くら)ひ、猶ほ委餘して殫(つ)くさずと。

【蟣蝨】(きしつ) しらみ。〔韓非子、喩老〕天下無道にして攻擊休(や)まず。相ひ守ること數年にして已(や)まず。甲冑に蟣蝨を生じ、燕雀帷幄に處(を)る。〜故に曰く、戎馬郊に生ずと。

↑蟣子(きし) 虱の卵

↓出蟣・生蟣・素蟣・繆蟣

【隳】 18 7433 ［隓］ 13 7421 キ やぶる くずれる

篆文

会意 隋＋土(土の崩れる形)。墜(墜)の漢隷に、土の部分を隳と同形に作るものがある。字はまた陸に作る。〔説文〕十四下に陸を隳の正字とし、「城自(じやう)ふを敗るを陸と曰ふ」とあり、〔段注〕に墮(墮)をその隷変、隳を俗字とする。文献には〔呂覧、順説〕「人の城郭を隳(やぶ)る」、〔後漢書、祭祀志上〕「宗廟隳壞す」のように、城郭や宗廟など、特殊な建造物や聖所について用いる。自は神の陟降する神梯。陸の従うところの左は神を守り隠すための工をもつ形。その神聖を隱(隠)すところが隳敗することをいう字。のち、すべて曠廃隳惰の意に用いる。

訓義 1やぶる、くずれる。城壁や宗廟など、聖所の敗壊することをいう。2こぼつ、すたれる。3あやうい。

古訓 〔名義抄〕隳 フム・クツガヘル・スツ・ヤブル・シク・コボツ／陸 スツ 〔字鏡集〕隳 クツガヘス・コボツ・フム・アヤフシ・オチル・スタル・ヤブル・ヲコタル・モノウシ・スツ・ヲツ・モシ・マク・トガ

【隳突】(きとつ) つき進む。唐・柳宗元〔捕蛇者の説〕悍吏の吾が郷に來(きた)るや、東西に叫囂(けうがう)し、南北に隳突す。譁然として駭く者、雞狗と雖も寧きことを得ず。

【隳廃】(きはい) すてられる。衰える。漢・趙岐〔孟子題辞〕周衰ふるの末、戰國縱橫。〜先王の大道、陵遲(りようち)隳廢し、異端竝び起る。

↑隳壊(きかい) 壊れる／隳形(きけい) 僧形となる／隳行(きこう) 醜行／隳曠(きこう) 曠廃する／隳脞(きざ) 崩れる／隳摧(きさい) くじける／隳刺(きせき) 乱れる／隳惰(きだ) 怠る／隳頽(きたい) 廃れる／隳頓(きとん) 崩れる／隳敗(きはい) 隳壊する／隳紊(きびん) みだれる／隳敝(きへい) 残破する／隳放(きほう) 免官追放／隳亡(きぼう) 亡びる／隳慢(きまん) 怠る／隳落(きらく) 崩れる／隳裂(きれつ) 破る

常

【騎】 18 7432 キ のる またがる

篆文

形声 声符は奇(き)。奇に単奇(ひとり)の意がある。〔説文〕十上に「馬に跨(また)がるなり」とあって、騎馬をいう。中国では古くは車乗を用い、戦争にも車戦を主とした。騎馬・騎乗のことは、趙の武霊王が胡服騎馬を習ったことにはじまるとされる。周初の金文〔令鼎〕に「先馬走」のような語があり、先駆の意と思われる。ただ騎馬を以て戦うことは、列国期以後のことであろう。

訓義 1のる、うまにのる、またがる。2騎馬、騎馬の兵。

古訓 〔新撰字鏡〕騎 伊佐牟乃利馬(いさむのりうま)〔和名抄〕騎射 楊氏漢語抄に云ふ、馬射、宇馬由美(うまゆみ)。今案ずるに、馬射は卽ち騎射なり 〔篇立〕騎 ノル・ムマノリ・ノリテ・ハタカル・マタガル・ムマツハモノ・タカル・イサム 〔字鏡集〕騎 ハツムマ・ムマ・ハタカル・ノル・ウマノリ・ノリモノ

【騎鯨】(きげい) 鯨に乗って海上に遊ぶ。また、隠居・仙遊。また、死亡することをいう。宋・陸游〔七月一日夜、舍北の水涯に坐して戲れに作る〕詩 僊を斥(しりぞ)くるも豈に復(ま)た塵中を戀ひんや 便(すなは)ち鯨に騎(の)りて玉京に返らんと擬す

【騎士】(きし) 騎兵。〔史記、灌嬰伝〕漢王乃ち軍中の車騎の將爲たるべき者を擇ばんとす。皆故(もと)の秦の騎士、重泉の人、李必、駱甲の騎兵に習へるを推す。今校尉爲るも、騎將と爲すべしと。

【騎射】(きしや) 馬に騎って射る。〔戦国策、趙二〕(武霊王曰く)今、吾(われ)將(まさ)に胡服騎射して、以て百姓を教へんとす〜と。〜王、遂に胡服す。

【騎従】(きじゆう) 馬に騎ってお供する。その人。〔晋書、王導伝〕會(たまたま)三月上巳、帝親しく禊を觀、肩轝に乘り、威儀を具ふ。(王)敦・(王)導、及び諸名將、皆騎して從ふ。

【騎牆】(きしよう(しやう)) 両家の間の牆にまたがる。日和見の態度、あるいは両可(どっちでもよい)という態度をとる。〔経解入門〕若し平日書を看ること多からず、時に臨んで全(すべ)て把握無く、兩可を調停し、自主すること能はず。是れを騎牆の見と爲す。說經家の甚だ取らざる所なり。

【騎乗】(きじよう) 馬や馬車に乗る。〔史記、呉起伝〕起の將爲(た)るや、士卒の最下の者と衣食を同じうし、臥するに席を設けず、行くに騎乘せず。

【騎吹】（きすい） 楽名。馬上の鼓吹。鐃歌の異称。陳・江総〔広州刺史欧陽頠墓誌〕巫山の遠曲・騎吹を日南に諠しくし、芳樹の清音、軍容を海甸に粛す。

【騎置】（ちき） 騎馬による駅伝。伝馬。〔漢書、李陵伝〕受降城に抵りて士を休ましめ、騎置に因りて以聞（上聞）す。

【騎竹】（ちく） 竹馬。唐・杜甫〔清明、二首、一〕詩 繡羽 花を銜みて、他自得す 紅顔竹に騎るは、我縁無し

【騎奴】（きど） 騎馬の人の従卒。〔史記、田叔伝〕主の家、兩人をして騎奴と同席して食はしむ。此の二子、刀を抜き、席を列断して別に坐す。

【騎馬】（きば） 乗馬。〔南史、顔延之伝〕騎馬を好み、里巷に遨游し、知舊に遇へば輒ち鞍に據りて酒を索め、得れば必ず傾け盡し、欣然自得す。

【騎兵】（きへい） 騎馬の兵。〔史記、灌嬰伝〕灌嬰少しと雖も、然れども數力戰す。～郎中騎兵を將ゐて楚騎を滎陽の東に撃ち、大いに之れを破る。

【騎驢】（きろ） 驢馬に騎る。唐・杜甫〔韋左丞丈に奉贈す二十二韻〕詩 驢に騎る、三十載 旅食す、京華の春 朝に富兒の門を扣き 暮に肥馬の塵に隨ふ

➡騎鶴（きかく） 鶴に騎る／騎馭（きぎょ） 御馬／騎駆（きく） 騎走／騎虎（きこ） 止めがたい勢い／騎跨（きこ） 馬上／騎行（きこう） 騎馬でゆく／騎坐（きざ） 馬のり／騎試（きし） 試し騎り／騎将（きしょう） 騎兵の将／騎戦（きせん） 騎兵戦／騎卒（きそつ） 騎兵／騎隊（きたい） 騎兵隊／騎伝（きでん） 騎置／騎服（きふく） 乗馬服／騎縫（きほう） 割印する／騎吏（きり） 騎乗の吏

⬇逸騎・羽騎・雲騎・鋭騎・駅騎・越騎・介騎・鎧騎・麾騎・梟騎・驍騎・空騎・勁騎・軽騎・健騎・胡騎・甲騎・狡騎・候騎・散騎・車騎・射騎・従騎・乗騎・精騎・斥騎・善騎・走騎・単騎・置騎・鉄騎・伝騎・殿騎・独騎・突騎・屯騎・方騎・蕃騎・飛騎・驃騎・兵騎・辺騎・歩騎・旄騎・奔騎・猛騎・野騎・邏騎・竜騎・良騎・猟騎・連騎・勒騎

【騏】 18 7438 キ

篆文

形声 声符は其。其は綦の省文。綦は青黒色。〔説文〕十上に「馬の青驪なり。文、博基の如し」とあるのはおそらく「文、綦の如きものなり」（段注本）の誤りであろう。馬はその毛色や形状によってよぶことが多く、騏・驖はその毛色、驥・駿はその高大の意をとるものである。

訓義 ①くろみどりの馬、くろみどり。②駿馬をいう。③麒に通じ、麒麟。④綦に通じて、青黒色。

古訓 〔字鏡集〕騏 ムマノモン

語系 騏・綦（綥）giə は同声。綦は帛の蒼艾色（よもぎ色）なるもの、騏はその毛色青驪の文、綦のごときものをいう。

【騏驥】（きき） すぐれた馬。駿馬。〔荀子、勧学〕騏驥も一躍にして十歩なること能はず、駑馬も十駕すれば則ち亦た之れに及ぶべし。功舍てざるに在り。

【騏麟】（きりん） 駿馬。聖獣。〔論衡、指瑞〕夫れ鳳皇・騏麟の至るや、猶ほ醴泉の出で、朱草の生ずるがごとし。～醴泉・朱草、何ぞ知りて太平の時に生まれんや。醴泉・朱草は、和氣の生ずる所なり。

➡騏畀（きしゅ） 畀は後左足の白い馬／騏騮（きりゅう） くりげ／騏騄（きりょく） 良馬

⬇驥騏・玉騏・朱騏・駿騏・乗騏・素騏・蒼騏・竜騏

【魌】 18 2421 〔䫏〕 17 4188 キ みにくい

篆文

形声 声符は其。其に方形の意がある。正字は䫏。〔説文〕九上に「醜きなり」とあり、方相氏の倛面をいう。

訓義 ①みにくい。②倛面。

＊語彙は䫏字条参照。

【魌頭】（きとう） 追儺の式に方相氏のかぶる鬼面。䫏頭。〔周礼、夏官、方相氏、注〕熊皮を冒る者は、以て疫癘の鬼を驚かせ敺つなり。今の魌頭の如きなり。

⬇象魌・大魌・蒙魌

【譆】 19 0466 キ ああ たのしい

篆文

形声 声符は喜。喜は鼓楽して神意を楽しませる意。〔説文〕三上に「痛むなり」とあり、〔段注〕に「痛む聲なり」の誤りとする。詠嘆の声で、「ああ」という感動詞。字はまた嘻に作り、嘻笑の声をいう。

訓義 ①ああ、痛嘆の声。②笑いたのしむ声。

古訓 〔篇立〕譆 ヨロコブ・ヲソル 〔字鏡集〕譆 カナシビ・ウレフ・オホセ

語系 譆・喜・僖・嬉 xiə は同声。譆は〔玉篇〕に「懼るる聲なり、敕むるなり、悲恨の聲なり」という。〔原本玉篇零巻〕には、なお「歡和の嘻の字は口部に在り」とあり、譆・嘻を哀歓の別のある字としている。

【譆譆】（きき） 鬼神のさけぶ声。〔左伝、襄三十年〕宋の大廟に叫ぶもの或りて曰く、譆譆出出と。鳥、亳社に鳴くも、譆譆と曰ふが如し。甲午、宋に大災あり。宋の伯姫卒す。

【譏】 19 0265 キ そしる しらべる いさめる

篆文

形声 声符は幾（幾）。幾は戈に呪飾の糸をつけた形で、幾察・幾呵の意があり、幾察の語を譏という。〔説文〕三上に「誹るなり」とあり、〔広雅、釈詁四〕に「諫むなり」、〔広雅、釈言〕に「怨むなり」などの訓がある。

訓義 ①そしる、とがめる、しらべる、せめる。②いさめる、うらむ。

古訓 〔名義抄〕譏 ソシル・ハカル・ハカリゴト・イハク・トガム・キラフ 〔篇立〕譏 ソシル・キラフ・タレソ・タブラス

【譏諫】（きかん） いさめる。いさめ。〔後漢書、文苑上、崔琦伝〕昔管仲、齊に相となり、譏諫の言を聞くを樂しむ。蕭何、漢を佐け、乃ち過を書するの吏を設く。

【譏議】（きぎ） そしり非難する。〔後漢書、馬援伝〕兄の子嚴・敦、竝びに譏議を喜み、輕俠の客に通ず。

【譏嫌】（きげん） そしり嫌われる。〔三国志、蜀、孟光伝〕吾直言を好み、回避する所無し。毎に利病を彈射（攻撃）し、世人の譏嫌する所と爲る。

【譏察】（きさつ） とがめしらべる。〔金史、百官志三〕安撫司は、人民を鎭撫し、邊防軍旅の事を譏察し、重刑を審錄することを掌る。

【譏讒】（きざん） 人をそしりきずつける。宋・蘇軾〔風水洞二首、李節推に和す、二〕詩 世事漸く艱し、吾去らんと欲す 永く二子に随つて、譏讒を脱がる

【譏揣】（きし） 人の長短を論評する。〔後漢書、党錮伝序〕〔周福・房植〕二家の賓客、互ひに相ひ譏揣し、遂に各ゝ朋徒を樹て、漸く尤隙を成す。～黨人の議、此れより始まる。

【譏訾】（きし） そしる。〔世説新語、文学〕左太沖（思）三都の賦を作り、初めて成るや、時人互ひに譏訾有り。～思乃ち皇甫謐に詢求す。謐之れを見て嗟歎し、遂に爲に敍を作る。是に於て先に相ひ非貳せる者も、袵を斂めて讃述せざる莫し。

【譏誚】（きしょう（せう）） せめあてこする。〔宋史、孫全照伝〕中書初め進めて嚴州刺史に擬す。上曰く、全照は深刻、常に人の嚴察を以て己を譏するを慮る。今此の州を授くるは、譏誚に渉るに似たりと。乃ち改む。

【譏切】（きせつ） 痛切に論難する。〔漢書、梅福伝〕福、孤遠なり。又王氏を譏切す。故に終に納れられず。

【譏俗】（きぞく） 俗をそしる。〔論衡、自紀〕（王）充既に俗情を疾み、譏俗の書を作る。～其の文は盛、其の辯は爭、浮華虛僞の

語、澄(澄)定せざる莫し。

【譏評】そしり批判する。〔唐書、劉知幾伝〕志遂げず。乃ち史通内外四十九篇を著はして、今古を譏評す。徐堅之れを讀み、歎じて曰く、史氏爲る者、宜しく此れを坐右に置くべしと。

【譏諷】そしり諷する。唐・韓愈〔石鼎聯句詩の序〕(劉師服・侯喜)皆已に賦すること十餘韻、(軒轅)彌明、之れに應ずること響の如く、皆脫穎して譏諷を含む。

【譏謗】そしる。〔南史、顏延之伝〕横に譏謗を興し、朝士を詆毀す。仰いで過榮を竊み、憤薄の性を增し、私に顧眄を恃み、強梁の心を成す。

↑譏呵 非難する／譏誡 戒める／譏謔 譏誚／譏禁 禁ずる／譏譴 せめる／譏刺 そしる／譏笑 そしり笑う／譏正 ただす／譏短 そしる／譏弾 ただす／譏詆 そしる／譏摘 あばく／譏罵 そしり罵る／譏排 斥ける／譏平 譏評／譏忿 そしりいかる／譏諛 褒貶
↓訶譏・群譏・交譏・讒譏・刺譏・懟譏・嘲譏・排譏・非譏・誹譏・謗譏・妄譏

【闚】 19 7751 キ うかがう みる

篆文

形声 声符は規。「規規」におどろき見る意がある。〔説文〕十二上に「閃なり」とあり、穴(穴)部七下「窺は小しく視るなり」とあるのと、声義が同じ。
訓義 ①うかがう、みる。②みせる、ためす。
古訓 〔新撰字鏡〕闚 宇加々不(うかがふ)、又、乃曾久(のぞく) 〔名義抄〕闚 ミル・ウカヾフ・ヒラク・ノゾク
語系 闚・窺khiueは同声。〔文選、登徒子好色の賦、注〕に引く〔字林〕に「窺は頭を傾けて門内を視るなり」という。豈khiəi、覬kiəiは声義近く、みな闚い望む意がある。
＊語彙は窺字条参照。
【闚覬】うかがいねらう。〔後漢書、袁紹伝上〕豈に敢て重禮を闚覬し、以て彤弓旅矢(赤塗りの弓と黒塗りの矢、諸侯に賜う)の命を希はんや。

【闚釁】すきをうかがう。〔三国志、魏、華歆伝〕是を以て兵を觀して以て其の釁を闚ふ。若し天時未だ至らずんば、周武も師を還せり。乃ち前事の鑒なり。朕れ、敬んで戒むる所を忘れず。

【闚望】うかがいのぞむ。〔三国志、呉、陸遜伝〕方今、英雄棊跱し、豺狼闚望す。敵に克ち亂を寧んずるは、衆に非ざれば濟らず。

【闚覦】うかがいのぞむ。非望を抱く。覬覦。〔後漢書、章帝八王、河間孝王開伝〕云ふ、中大夫趙王と、不軌を謀圖し、神器を闚覦し、大逆の心を懷くと。

↑闚観 盗み見る／闚鑒 闚観／闚伺 窺いみる／闚視 闚観／闚閃 のぞき見る／闚度 窺いはかる／闚盜 窺い盗む／闚問 窺い問う／闚覦 覬覦

【餼】 19 8871 キ おくりもの

篆文

形声 声符は氣(気)。氣は食糧とする米穀の類をいい、餼の初文。〔説文〕七上に「氣は客に饋る芻米なり」とあり、重文として餼を録する。氣の初文は气で雲気の象。氣は芻米。氣を气の意に用いるに及んでまた餼が作られた。〔論語、八佾〕「告朔の餼羊」とは、犠牲として神に供するものをいう。

訓義 ①おくりもの、芻米、なまもの、おそなえ。②おくる、てあて。③既と通じ、あく。

古訓 〔名義抄〕餼 ヤシナフ・ケコ 〔字鏡集〕餼 アサラネシ・オクリモノ
【餼牽】犠牲。神前に繫ぐ。〔左伝、僖三十三年〕吾子、敝邑に淹久にして、唯だ是れ脯資餼牽竭きたり。～鄭の原圃有るは、猶ほ秦の具囿有るがごとし。吾子、其の麋鹿を取り、以て敝邑を閒にせば(負担を軽減せば)、若何。

【餼献】牲肉を献ずる。〔周礼、秋官、掌客〕四方の賓客の牢禮餼獻、飲食の等數と、其の政治とを掌る。

【餼羊】いけにえの羊。〔論語、八佾〕子貢、告朔(月初の祭)の餼羊を去らんと欲す。子曰く、賜(子貢の名)や、女は其の羊を愛しむ。我は其の禮を愛むと。

【餼賚】食物をおくる。〔宋書、隠逸、宗炳伝〕二兄蚤く卒し、孤累甚だ多し。家貧にして、以て相ひ贍す無し。頗る稼穡を營む。高祖數しば餼賚を致す。其の後子弟従つて祿せしも、乃ち悉く復た受けず。

【餼廩】肉類と扶持米。扶持。〔孔子家語、哀公問政〕日に省み、月に考へ、餼廩をば事に稱はしむるは、百工を來す所以なり。

↑餼稍 餼廩／餼牢 いけにえ
↓委餼・帰餼・饋餼・献餼・告餼・稍餼・常餼・生餼・腥餼・致餼・脯餼・飫餼・饔餼・糧餼・廩餼・礼餼・牢餼・禄餼

【餽】 19 8671 キ おくる まつる

篆文

形声 声符は鬼。〔説文〕五下に「吳の人、祭を謂ひて餽と曰ふ」とあり、字を会意にして亦声とする。字はまた饋に作り、同声の字で、饋送の意がある。

訓義 ①まつる、まつり。②おくる、おくりもの。③饑と通じ、うえる、ききん。

古訓 〔名義抄〕餽・饋 ウウ・クル・オクル
語系 餽・饋giuəiは同声。また歸(帰)kiuəi、氣(気)khiət、饑kiəiは声近く、饑乏のところへ贈ることをいい、それぞれ意の通ずるところがある。

【餽遺】食物などをおくる。〔史記、鄭当時伝〕莊(鄭当時)廉にして、又其の產業を治めず、奉賜を仰ぎて以て諸公に給す。然れども其の人に餽遺するや、算器(竹器)の食に過ぎず。

【餽運】食物などを運ぶ。〔唐書、竇静伝〕靜、表して、太原に屯田し、以て餽運を省かんことを請ふ。

【餽歳】お歳暮。晉・周処〔風土記〕蜀の風俗、晩歳に相ひ與に餽問す。之れを餽歳と謂ふ。

【餽餉】おくりもの。〔三国志、呉、劉基伝〕繇の長子基、字は敬輿、年十四、繇の喪に居りて禮を盡し、故吏の餽餉、皆受くる所無し。

【餽饟】糧食をおくる。〔史記、高祖紀〕國家を鎭め、百姓を撫し、餽饟を給し、糧道を絶たざるは、吾れは蕭何に如かず。

↑餽賜 食を給する／餽餌 食事をおくる／餽贐 餞別をおくる／餽餞 餞別をおくる／餽送 進物／餽糧 餽餉／餽労 食をおくりねぎらう
↓餉餽・贈餽

【騤】 19 7233 キ

篆文

形声 声符は癸。〔説文〕十上に「馬行きて威儀あるなり」とあり、馬が堂々と進むさまをいう。また、戣と通用して、戟をいう。
訓義 ①馬が堂々とすすむさま。②たくましいさま。③戟の一種。
古訓 〔名義抄〕騤騤 馬行きて威儀あるなり。サカユ・ツヨシ 〔字鏡集〕騤 ムマノコハクユク・コハシ・キヨシ・ツヨシ・ヒロシ・サカユ
【騤騤】馬がたくましくすすむ。〔詩、小雅、采薇〕彼の四牡に駕すれば 四牡騤騤たり 君子の依る所 小人の腓(厞)る所
↑騤瞿 走るさま

人【麒】19 0428 キ きりん

篆文 

形声 声符は其。〔説文〕十上に「仁獸なり。麇身牛尾にして一角」（小徐本）とあり、前条に「麟は大牝鹿なり」とあるから、麒麟は牝牡の称である。〔春秋、哀十四年〕「西狩して麟を獲たり」、また〔詩、周南、麟之趾〕に麟の名がみえるが、麒麟という語は〔礼記、礼運〕などに至ってみえるもので、古い記載の例はない。飛翼をもつという獣の形態は、西方からもたらされたものであろう。

訓義 ①きりん。②おすのきりん。

古訓 〔字鏡集〕麒　麒麟なり、ケダモノ

【麒麟】聖獣。想像上の動物。聖王の世に現われるという。漢・揚雄〔羽猟の賦〕麒麟、其の囿に臻り、神爵（雀）、其の林に棲む。

↑麒閣　麒麟閣

【嚱】20 6305 キ ああ

形声 声符は戲（戯）。〔玉篇〕に「口の聲なり」とあって、思わず嘆息する声をいう。李白の〔蜀道難〕に「噫吁嚱、危い乎高い哉　蜀道の難は青天に上るよりも難し」の句がある。

訓義 ①ああ。②なげく。

↑嚱嚱　ああ／嚱然　嘆声

↓嗚嚱

【夔】20 8024 ［夔］22 4424 キ もののけ つつしむ

篆文 

金文 

甲骨文 

象形 頭に両角あり、手足を以て舞う神像の形。卜文・金文の字形は、手足を挙げて舞う形に作る。おそらく楽祖と伝えられる夔の形象を示すものであろう。〔説文〕五下に「神魖なり。龍の如くにして一足。夊に従ふ。角・手・人面の有る形に象る」という。魖は鬼部九下に「耗神（貧乏神）なり」とあり、夔とは異なる。夔は〔書、舜典〕に「於予、石を撃ち石を拊てば、百獣率ゐ舞ふ」とみえる楽神である。夔を一足とするのは、卜文・金文の字形に由来するものであろうが、側身形はすべて一足、坐形は夊に従う。

訓義 ①もののけ、一足の怪物。②楽祖の神名。伝承の上では舜の臣とされる。③夔夔はおそれつつしむ、つつしむさま。

【夔夔】おそれつつしむさま。〔書、大禹謨〕祇っみて載めて瞽瞍を見るに、夔夔として齋慄す。瞽も亦た允若たり。

【夔魖】夔は木石の怪、魖は疫病鬼。漢・揚雄〔甘泉の賦〕夔魖を拊ち、獝狂を抶つ。

【夔鼓】夔獣の皮で作った太鼓。隋・虞世基〔講武の賦〕虹旗の正正を曳き、夔鼓の鏜鏜を振ふ。

【夔立】恭しく立つ。〔新書、勧学〕䵞として慈父の若く、雁行して景を避け、夔立して弛く進み、而る後に敢て問ふ。

↑夔楽　雅楽／夔頭　楽長／夔鳳　銅器の文様／夔罔　物の怪／夔文　夔鳳文／夔律　夔の楽

↓一夔・皐夔・山夔・竜夔・伶夔・霊夔

【巇】20 2375 キ けわしい

形声 声符は戲（戯）。けわしく危険であること。楚・宋玉〔楚辞、九弁、八〕に「何ぞ險巇の嫉妒する　被らしむるに不慈の僞名を以てす」とみえる。

訓義 ①けわしい。②すきま、ひま。

古訓 〔新撰字鏡〕巇　加太夫久（かたぶく）、又、太不留（たふる）、又、久豆加戸留（くつがへる）〔字鏡〕巇　ケハシ・サク〔字鏡集〕巇　クツガヘス・ケハシ・サク・サカシ

【巇嶮】険悪。〔涑水記聞、二〕事～王欽若に連及す。～上大いに怒り、以爲へらく、（趙）昌言、操意巇嶮、大臣を誣陷すと。昌言～安州の司馬に貶せられ、是れより省録を得ざること十餘年。

↑巇崎　険しい／巇隙　すき／巇絶　絶嶮

↓険巇・抵巇・投巇・登巇

【歸】20 2212 キ たかい

形声 声符は歸（帰）。〔爾雅、釈山〕に「小にして衆きは歸なり」とあり、歸を亦声に解するが、鬼と同系の語とみてよい。

訓義 ①たかい。②高大のさま、高峻のさま。

古訓 〔新撰字鏡〕歸　与曾毛留（よそもる）〔名義抄〕歸　コヤマ・サカシ・タカシ

語系 歸 khiuai、巍 ngiuai、嵬 nguai、峨 ngai はみな崔嵬嶮峻の意で、一系の語。

【歸然】高く独立するさま。〔荘子、天下〕人皆實を取るも、己れ獨り虛を取る。藏無きなり。故に餘り有り。歸然として餘り有り。

【歸望】すぐれた声望。〔明史、呉山等伝賛〕呉山等、館閣に雍容し、臺省を駿歴す。固より所謂詞苑の鴻儒にして、廟堂の歸望なり。

↑歸焉　歸然／歸崎　険しい／歸巍　高大

【蘄】20 4452 キ もとめる

篆文 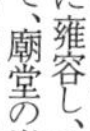

形声 声符は斳。金文に祈求・祈匄の祈を㫷・旂に作ることがあり、㫷は軍礼として祈る意の字であろう。〔説文〕一下に「艸なり」とあり、芹（芹）と同声。〔荘子、斉物論〕に「生を蘄む」、〔荀子、儒効〕に「天下に跨して蘄むること無し」のように、㫷求の意に用いる。

訓義 ①草の名、とうき。②㫷・旂・祈と通じ、もとめる。③靳と通じ、くつばみ。

古訓 〔名義抄〕蘄　クツバミ・モトム

語系 蘄・祈（祈）・旂 giəi は同声。金文に祈求の義に多く㫷の字を用いており、のち蘄の字をその義に用いる。

【蘄生】生を求める。〔荘子、斉物論〕予れ惡くんぞ夫の死者の、其の始めの生を蘄めしを悔いざるを知らんや。

↑蘄年　祈年

【鬐】20 7260 キ たてがみ

篆文 

形声 声符は耆。〔説文新附〕九上に「馬鬣なり」とあり、馬のたてがみをいう。また魚のせびれ。〔方言、十二〕に、毛が次第に落ち、尽きることをいう。

訓義 ①たてがみ。②魚のせびれ。③毛が尽きる。

古訓 〔名義抄〕鬐　タチカミ・ハタヒレ・ウナカミ・カミ・カミソ、ク・カミ、ニクシ〔篇立〕鬐　ウナカミ・ウシロ・ソキケ・タチカミ・ス、シロ・ミニク

↑鬐興　たてがみ立つ／鬐鬣　せびれ

↓軒鬐・鼓鬐・高鬐・唇鬐・繊鬐・長鬐・奮鬐・豊鬐・揚鬐・竜鬐

【饑】21 4255 キ くつばみ

形声 声符は幾（幾）。羈と通用して、くつばみ。また、おもがいをいう。

訓義 ①くつばみ。②おもがい。③きずな。④ただす、とりしまる、しらべる。

古訓 〔名義抄〕騎・饑　オモツラ〔字鏡集〕饑　クツバミ

【饑羈】馬のきずな。手綱をひきしめる。〔楚辞、離騒〕余れ好く脩姱して以て饑羈すと雖も　謇として朝に誶めて夕

に替すてらる

【饋】 21 8578 キ おくる おくりもの

篆文

形声 声符は貴。〔説文〕五下に「餉るなり」とあって、農作の人に食を運ぶことをいう。のち人に遺贈する意となり、〔論語、陽貨〕「孔子に豚を歸る」、〔論語、微子〕「齊人、女樂を歸る」の歸(帰)を、〔古論〕にみな饋に作る。金文の〔段毁〕に「大則を段に遺らしめたまふ」とある遺が、もとの用義の字。大則は大鼎の意と思われる。

訓義 1おくる、おくりもの。2食事、食事をすすめる、食事をおくる。3祭の名。

古訓 〔新撰字鏡〕饋 於久留(おくる)、又、也志奈不(やしなふ)〔名義抄〕饋 ウウ・クル・オクル 〔篇立〕饋 モチヰ・タムトシ・カロイ・イシ・オクル・カレイヒ・ソナフ・タマフ

語系 饋・餽giuəi、歸kiuəi は声近く、饋送の義において通用する。

【饋詒】食物などを贈る。〔左伝、文十六年〕宋饑う。其の粟を竭くして之れを貸す。年七十より以上は饋詒せざる無し。時に羞(膳)に珍異を加ふ。

【饋遺】おくりものをする。〔史記、封禅書〕是の時李少君も亦た、祠竈・穀道・却老の方を以て上に見ゆ。上、之れを尊ぶ。～人、其の能く物を使ひ、及び死せざるを聞き、更に之れに饋遺す。

【饋献】お供え。また進物。〔礼記、坊記〕父母在すときは、饋獻は車馬に及ばざるは、民に敢て專らにせざるを示すなり。

【饋饌】尊者に食事を供する。〔後漢書、章帝八王、清河孝王慶伝〕(慶の母宋)貴人、人事に長ず。長樂宮に供奉し、身づから饋饌を執る。

【饋奠】お供えして祭る。〔礼記、仲尼燕居〕饋奠の禮は、死喪を仁しむ所以なり。

【饋答】礼物のお返し。〔唐書、藩鎮、羅弘信伝〕弘信、饋答有る毎に、(朱)全忠、其の使を引き、北面拜受して之れに兄事す。弘信以て己に厚うすと爲せり。故に心を推す。

【饋養】親につかえる。〔孔子家語、五刑解〕能く仁愛を教ふれば、則ち喪して思慕し、祭祀して解らず。人子饋養するの道なり。

【饋賂】おくりもの。〔左伝、哀十一年〕呉、將に齊を伐たんとす。越子(勾践)、其の衆を率ゐて以て朝す。王より列士に及ぶまで、皆饋賂有り。呉人皆喜ぶ。

↑饋貽 饋詒/饋餼 お供え/饋給 お供え/饋歳 歳暮/饋祀 お供え/饋食 お供え/饋薦 お供え/饋饍 饋饌/饋送 賄賂/饋米 送米/饋糧 兵糧をおくる/饋礼 進物/饋路 糧道

↓一饋・遠饋・佳饋・餼饋・供饋・献饋・遺饋・厚饋・餉饋・親饋・牲饋・設饋・薦饋・饌饋・送饋・飧饋・致饋・陳饋・徹饋・餔饋・奉饋・糧饋

【饎】 21 8476 キ シ さけさかな

篆文

形声 声符は喜。喜は鼓楽して神を喜ばせる意。〔説文〕五下に「酒食なり」とするが、〔詩、小雅、大田〕「田畯至りて喜(饎)す」は田神が供薦を受けること、〔詩、小雅、天保〕「吉蠲饎と爲す 是れを用て孝享す」などの例からいえば、神に酒食を供する意である。〔説文〕の篆文第二字は配に從う。〔儀礼、特牲饋食礼、注〕に、古文としてその字がみえる。金文には「用て匽(宴)し用て喜す」のように、喜の字を用いる。喜が本音である。

訓義 1さけさかな、神饌。2にる、かしぐ、にたき。3きび。黍稷を神饌とした。

古訓 〔名義抄〕饎・饇 酒食なり。上、フケリノム 〔字鏡集〕饎 サケノム

【饎爨】黍稷をたくかまど。〔儀礼、士虞礼〕饎爨東壁に在り、西面す。

↑饎饌 酒食

↓饋饎・吉饎・熟饎・大饎・美饎・餴饎・饔饎

【饑】 21 8275 キ うえる ききん

篆文

形声 声符は幾(幾)。幾に幾少の意がある。〔説文〕五下に「穀孰せざるを饑と爲す」とし、幾声。字はまた飢(飢)に作る。〔詩、小雅、雨無正〕に「降喪饑饉 四國を斬伐す」とあって、饑饉は天の降喪の致すところとされた。

訓義 1うえる。2穀がみのらない、ききん。

古訓 〔新撰字鏡〕饑 伊比尓宇々(いひにうう)〔名義抄〕饑・飢 ツカル・ウヱ・ウウ・イヒニウヱタリ・イヒウヱス

語系 饑kiəi、飢kiei は声義が近い。蟣giəi、汔xiət も声近く、危殆の意において、通ずるところがある。

【饑餓】うえる。〔論衡、調時〕倉卒の世、穀食乏匱し、人民饑餓すれば、自から相ひ啖食す。

【饑渇】うえかわく。〔史記、衛将軍驃騎伝〕張騫、大將軍に從ひ、嘗て大夏に使し、匈奴の中に留すること久しかりしを以て、軍を導く。善き水草の處を知り、軍以て饑渇すること無きを得たり。

【饑寒】うえこごえる。唐・李商隠〔雑纂、相似〕鴉は措大(書生)に似たり。饑寒なれば則ち吟く。

【饑匱】食物に乏しい。〔晋書、張軌伝〕太常摯虞、軌に書を遺り、京師の饑匱なるを告ぐ。軌卽ち參軍杜勳を遣はし、馬五百匹、毯布三萬匹を獻ぜしむ。

【饑饉】凶作のため食糧の欠乏すること。〔詩、大雅、雲漢〕天、喪亂を降し 饑饉薦りに臻る

【饑倦】うえ疲れる。〔後漢書、馮異伝〕異以へらく、士卒饑倦す。且く休むべしと。

【饑荒】うえる。穀物・野菜すべて不作の状態をいう。〔後漢書、安帝紀〕百姓をして饑荒し、更相ひ噉食せしむるに至る。永懷悼歎、淵水に墜つるが若し。咎、朕が躬に在り。

【饑溺】うえと溺れ。人民の困苦をたとえる。元・楊載〔虞彦高の陽明洞に遊ぶに次韻す〕詩 妨げず、山水に吾が樂しみを樂しむを 豈に饑溺の民の憂ひを憂ふるもの有らんや

【饑弊】うえ疲れる。〔晋書、宣帝紀〕是の時大いに宮室を修め、之れに加ふるに軍旅を以てし、百姓饑弊す。帝將に戎に卽かんとす。乃ち諫めて曰く、～外內役有り、勢ひ並び興らず～と。

【饑飽】食糧の多寡の状態。〔国語、越語下〕彼來りて我に從ふも、固く守りて與にする(戦う)こと勿れ。若し將に之れと與にせんとせば～又其の民の饑飽勞逸を觀て、以て之れを參へよ。

【饑癘】うえと疫病。〔唐書、楊炎伝〕至德の後、天下に兵起り、因ぬるに饑癘を以てす。百役並び作り、人戶凋耗し、版圖空虛となる。

【饑労】うえ疲れる。〔国語、呉語〕其の民は饑勞の殃ひに忍びず、三軍は王に乾谿に叛く。

↑饑窮 うえ苦しむ/饑嗛 饑餓/饑歉 饑嗛/饑困 うえ苦しむ/饑歳 凶年/饑色 うえやつれる/饑餒 うえる/饑腸 すき腹/饑凍 饑寒/饑年 凶年/饑戹 うえ苦しむ/饑雷 腹が鳴る/饑乱 うえ

乱れる

↓餓饑・救饑・困饑・歳饑・大饑・凍饑・年饑・兵饑・豊饑・民饑

【鰭】21 2436 キ ひれ

形声 声符は耆。魚の背びれ。〔玉篇〕に鮨と同字とし、魚の名。

訓義 ①ひれ。②魚の名。

古訓 〔名義抄〕鰭 ハタ・ヒレ・トシ・ホドコス

↑鰭脚 おっとせいの類

【齮】23 2472 キ かむ

篆文

形声 声符は奇。奇に一方に偏る意がある。〔説文〕二下に「齧むなり」とあり、片よせて強くかむことをいう。

訓義 ①かむ、かたよせてかむ。②はがみにかむ。

古訓 〔字鏡集〕齮 ハガミ・ハカム

【齮齕】 かみきる。〔史記、田儋伝〕齊曰く、且つ秦復た志を天下に得ば、則ち事を用ふる者の墳墓を齮齕せんと。

↑齮嚼 かむ

【屭】24 7728 ［屓］10 7728 キ さかん

会意 尸＋贔。贔屭は贔屓、力を出して努めることをいう。字はまた奰屭に作る。

訓義 ①さかん、きびしい。②つとめる、力を入れる。

【屭奰】 強くて力がある。唐・韓愈〔月蝕の詩、玉川子の作に効ふ〕森森として萬木、夜僵立し 寒氣屭奰して、頑として風無し

↑屭護 庇護／屭贔 有力

↓屓屭・奰屭・贔屭

【羈】24 6052 ［羇］23 1052 キ おもがい たづな たび

篆文

会意 网＋革＋馬。馬のおもがい、たづなをいう。〔説文〕七下に「馬の絡頭なり」とあるのはおもがい。羈絆はたづな。羈をとって旅するので、羈旅の意となる。羇は奇声を加えた俗字。

訓義 ①おもがい。②たづな、くつばみ、くつわ。③ひく、つなぐ、ひきしめる。④たび。

古訓 〔名義抄〕羈・羇 上、ツナグ・ホダル・ホダス・オモヅラ・オモカキ、下、タビ／羈客 タビ／羇鎖 イモツラフダ 〔字鏡集〕羈 オモツラ・ツナグ・ハナル・マトフ・ホダス・タビ・タビノヤ・ヨリトヾマル・クツバミ／羇 オモツラ・タビ・ヨル・ウチ・マウケ

【羈鞅】 むながい。また、きずな。羈絆。唐・白居易〔読史、五首、二〕詩 山林羈鞅少なし 世路艱阻多し 寄謝す、檀みを伐るの人 愼んで窮處を嗟くこと勿れ

【羈宦】 地方に任官する。〔世説新語、識鑒〕張季鷹(翰)～洛に在り。秋風の起るを見、因りて呉中の菰菜の羹・鱸魚の膾を思うて曰く、人生適意を得るを貴ぶのみ。何ぞ能く數千里に羈宦して、以て名爵を要めんやと。遂に駕を命じて便ち歸る。～時人皆謂ひて、機を見ると爲せり。

【羈客】 旅人。唐・温庭筠〔春日将に東帰せんとす～〕詩 猶ほ喜ぶ、故人の先づ桂を折るを 自ら憐れむ、羈客尚ほ飄蓬(漂泊の人)なることを

【羈窶】 他郷にあって貧苦の生活をする。〔唐書、段文昌伝〕少くして羈窶、向ふ所諧ふこと少なし。將相に居るに及んで、享用すること奢侈なり。

【羈牽】 束縛。〔資治通鑑、唐紀五十八〕(穆宗、長慶元年)姦臣(元稹ら)、臣の或いは成功有らんことを恐れ、曲さに阻礙を加ふ。逗留の日時、進退皆羈牽を受け、意見悉く蔽塞に遭へり。

【羈孤】 ひとり旅。南朝宋・謝荘〔月の賦〕廼ち涼庭自ら淒く、風篁韻を成し、親懿從ふもの莫く、羈孤遞ひに進む。

【羈思】 旅愁。唐・柳宗元〔柳州二月、榕葉落ち尽す、偶題〕詩 宦情羈思、共に悽悽 春半秋の如く、意轉た迷ふ

【羈愁】 旅愁。〔西廂記、第四本第四折〕行色一鞭して、去馬を催し、羈愁萬斛、新詩を引く。

【羈紲】 束縛され、使役される。〔世説新語、傷逝〕竹林の遊にも、亦た其の末に預かれり。嵇生(康)の夭し、阮公(籍)の亡じてより以來、便ち時の羈紲する所と爲る。今日此れを視ること近しと雖も、邈として山河の若し。

【羈束】 つなぎとめる。束縛される。晉・張協〔雑詩、十首、八〕述職して邊城に投じ 戎旅の閒に羈束せらる 車に下りしこと昨日の如きも 望舒(月)四五たび圓かなり

【羈鳥】 籠に飼われている鳥。晉・陶潛〔園田の居に帰る、五首、一〕詩 誤つて座網の中に落ち 一たび去つて、十三年なり 羈鳥、舊林を戀ひ 池魚、故淵を思ふ

【羈絆】 きずな。唐・杜甫〔大雲寺賛公の房、四首、四〕詩 既に未だ羈絆を免れず 時に來りて奔走を憩はしめん

【羈縻】 つながれる。〔史記、封禅書〕天子益ゝ方士の怪迂の語に怠厭す。然れども羈縻せらるること絶えず、其の眞に遇はんことを冀ふ。

【羈旅】 旅。旅人。〔左伝、荘二十二年〕齊侯、敬仲をして卿爲らしむ。辭して曰く、羈旅の臣、幸ひにして若し宥さるることを獲ば、～君の恵なり。獲る所多し。敢て高位を辱くし、以て官の謗りを速かんや。請ふ、死を以て告げん。

↑羈維 つなぐ／羈羽 羈鳥／羈役 徭役／羈角 あげまき／羈丱 あげまき／羈貫 羈角／羈管 拘束する／羈銜 くつわ／羈禁 捕縛入牢／羈禽 羈鳥／羈寓 旅寓／羈繫 つなぐ／羈検 しまり／羈候 拘留する／羈鴻 旅雁／羈恨 旅愁／羈魂 客心／羈鎖 つなぐ／羈事 臣事する／羈囚 捕縛／羈心 客心／羈神 思想を束縛する／羈人 旅人／羈制 控制する／羈棲 旅寓／羈屑 羈窮／羈属 つなぐ／羈致 連行する／羈遅 引き留める／羈畜 畜養／羈縶 つなぐ／羈枕 客枕／羈程 道中／羈途 旅上／羈泊 孤客／羈魄 客心／羈縛 束縛する／羈服 臣事する／羈望 望郷／羈僕 馬丁／羈厄 束縛／羈軛 羈厄／羈絡 おもがい／羈留 繫留する／羈虜 捕虜／羈累 ほだし／羈勒 束縛する

↓遠羈・解羈・角羈・銜羈・係羈・繫羈・牽羈・拘羈・執羈・素羈・脱羈・絆羈・避羈・微羈・不羈・負羈

【驥】26 7138 キ

篆文

形声 声符は冀。冀に高大の意がある。〔説文〕十上に「千里の馬なり。孫陽の相る所の者なり」とあり、孫陽とは伯楽。騏驥は駿馬。高才の人をたとえる。

訓義 ①よい馬、一日に千里を走るという駿足の馬。②人の上に移して、俊傑の人をいう。

古訓 〔篇立〕驥 ノリウマ

【驥足】 駿足。才能にたとえる。〔晋書、王接伝論〕王接、才調秀出、知音を賞せらる。其の夭枉して、未だ驥足を申べざるを惜しむ。嗟夫。

【驥尾】 駿馬の後。先達の人に従うことをたとえる。〔史記、伯夷伝〕伯夷・叔齊、賢なりと雖も、夫子を得て名益ゝ彰はる。顏淵篤學なりと雖も、驥尾に附して、行ひ益ゝ顯はる。

↑驥驁 名馬／驥子 良馬／驥種 よい素質／驥騖 疾走する／驥騄 名馬

↓逸驥・騏驥・駆驥・駑驥・駿驥・乗驥・赤驥・走驥・天驥・駑驥・

奔驥・名驥・良驥・竜驥・駿驥・老驥

ギ

【妓】 7 4444 ギキ うたひめ まいひめ あそびめ

篆文

形声 声符は支(攴)。支に伎・技の声がある。〔説文〕十二下に「婦人の小物なり」とあり、前条の装にも同文の説解がある。〔段注〕に「小物とは、用物の瑣屑なる者を謂ふ」とするが、小技の意であろう。攲字条八上に「頃くなり」とあって傾頭の意。いわゆる「かぶく」もので、よく舞うものをいう。中国の戦国期にはすでに城市が発達し、趙の都邯鄲には秦氏が多くの妓女を擁しており、漢武のときには楽府に入り、民間には妓楼も営まれた。

訓義 ①うたひめ、まいひめ、あそびめ。②美しい女。③婦人のもつ小物。

古訓 〔新撰字鏡〕妓 加保与支女(かほよきをんな)、又、弥毛止比止(みもとひと) 〔名義抄〕妓 カホヨキヲンナ・ミモトヒト 〔篇立〕妓 ヲウナ・ウルハシ

語系 妓・技・伎gieは同声。みな手足がしなやかに、よく歌舞する意がある。

【妓楽】 歌妓の音曲。〔旧五代史、唐、郭崇韜伝〕蜀中の凶豪、晝夜妓樂歡宴し、天を指さし地に畫く。父子此くの如し。其の心を見るべし。

【妓館】 妓楼。〔東京夢華録、二、潘楼東街巷〕下橋、南斜街・北斜街、內に泰山廟有り。兩街に妓館有り。

【妓女】 歌舞する女。〔後漢書、光武十王、済南安王康伝〕錯(康の子)太子爲りし時、康の鼓吹の妓女宋閏を愛し、醫張尊をして之れを招かしめしも得ず。錯怒りて、自ら劍を以て尊を刺殺す。

↑妓院 妓楼/妓家 おきや/妓人 妓女/妓生 朝鮮の妓女/妓籍 芸女籍/妓弟 妓女/妓堂 家敷舞台/妓夫 客引き/妓婦 歌舞女/妓楼 お茶屋

↓愛妓・艶妓・家妓・歌妓・官妓・宮妓・群妓・芸妓・故妓・散妓・女妓・倡妓・娼妓・声妓・賤妓・聴妓・寵妓・美妓・舞妓・妙妓・名妓

常【技】 7 5404 ギキ わざ たくみ

篆文

形声 声符は支(攴)。支に伎・妓の声がある。〔説文〕十二上に「巧なり」とあり、技能をいう。〔漢書、芸文志下〕に「技巧なる者は、手足に習ひ、器械に便し、機關を積み、以て攻守の勝を立つる者なり」とあり、もと手足の巧をいう。

訓義 ①わざ、たくみ、はたらき。②わざある人、工人、わざおぎ。③方術。

古訓 〔名義抄〕技 ヨル 〔字鏡集〕技 ハク・タクム

語系 技・伎・妓gieは同声。みな手足の巧をいう語である。

【技楽】 楽人。わざおぎ。〔新書、春秋〕楚王、鄒君を淫せしめんと欲し、乃ち之れに技樂美女四人を遺る。穆公~淫僻の事無く、驕燕の行無し。

【技芸】 技術。〔荀子、君道〕其の百官の事、技藝の人に於けるや、之れと能を爭はずして、善く其の功を用ふることを致す。

【技巧】 わざ。手わざ。〔商君書、外内〕末事禁ぜざれば、則ち技巧の人に利あり。

【技術】 わざ。〔漢書、芸文志〕方技なる者は、皆生生の具、王官の一守なり。~漢興りてより倉公有り。今其の技術晻昧なり。故に其の書を論じ、以て方技を序して四種と爲す。

【技道】 技芸。方術。〔淮南子、道応訓〕楚の將子發、好んで技道の士を求む。楚に善く偸を爲す者有り。往きて見えて曰く、~臣は楚の市偸なり。願はくは技を以て一卒に齎へよと。

【技能】 うでまえ。〔韓非子、功名〕明君の功を立て名を成す所以の者は四。一に曰く天時、二に曰く人心、三に曰く技能、四に曰く勢位。

【技癢】 才能・技芸をみせたくてもどかしく思う。金・元好問〔論詩、三十首、三十〕詩 樹を撼かす蚍蜉(かげろう)、自ら狂なるを覺ゆ 書生の技癢、論量を愛す

↑技撃 撃刺/技工 技巧/技用 技術/技倆 技能/技和 幕切れ

↓演技・格技・奇技・球技・競技・芸技・献技・工技・好技・国技・雑技・実技・手技・小技・心技・絶技・賤技・善技・他技・長技・特技・薄技・美技・武技・方技・末技・妙技・余技

常【宜】 8 3010 ギ まつる よろし

篆文

古文

甲骨文

金文

会意 宀+且。卜文・金文の字形は、且(俎)の上に多(多肉)をおく形で象形。のち廟屋の形である宀に従う。その形は会意。〔説文〕七下に「安んずる所なり。宀の下、一の上に從ふ。多の省聲なり」とするのは、後の字形によって説くもので、もとは俎肉をいう。肉を以て祀ることをいい、卜辞に「己未、義京(軍門の名)に羌三人を宜し、十牛を卯かんか」とあって、宜とは肉を殺いで俎上に載せ、これを以て祀ることで、その祭儀をいう。のち祖霊に饗し、人を饗する意に用い、金文に「障宜」という。〔詩、大雅、鳧鷖〕「公尸來に燕し來に宜す」とあるのも同じ。〔詩、鄭風、女曰雞鳴〕「子と之れを宜せん」は燕食の意。神が供薦を受けることを「宜し」といい、適可の意となる。

訓義 ①まつる、まつり。②さかな。③よろし、ただしい、やすんずる。④本来あるべき状態、よろしく~すべし、ほとんど。

古訓 〔名義抄〕宜 サカナ・ヨロシ・ヨシ・ヨロシク・マサニ・オク・ムベナフ・ムベナリ・カナヘリ・ノスベシ 〔字鏡集〕宜 サカナ・ムベナフ・ヨロシク・カナヘリ・ベシ・ヤスシ・アタル・ヨロシ・カナフ・スベシ・マサニ・ヨシ・ヲク

声系 〔説文〕三上に宜声として誼を収め、「人の宜しとする所なり」という。神に供えることは宜、人の関係には誼という。

語系 宜・義ngiaiは同声。宜は俎肉を供え、義は羊を我(鋸)で截って供える意。その供薦が神意に適うことから、宜は適宜、義には義正の意がある。神意の「よろし」とするところは、また「ただし」とされるところである。

【宜社】 出陣のとき、社を祭る。〔礼記、王制〕天子將に出でんとするときは、上帝に類(祭名)し、社に宜し、禰(父の廟)に造(祭名)す。

【宜弟】 長子を犧牲とし、次子に家を継がせる。宜は犧牲。〔列子、湯問〕越の東に輒木の國有り。其の長子生まるるときは則ち鮮きて之れを食ふ。之れを宜弟と謂ふ。

【宜適】 ほどよい。適宜。〔呂覧、離俗〕之れを譬ふるに、釣者の、魚に小大有り、餌に宜適有り、羽(釣糸の浮き)に動靜有るが若し。

↑宜可 宜しい/宜家 家内が睦まじい/宜穀 農地/宜春 立春の貼紙/宜称 佳名/宜男 男を生む/宜当 適当/宜年 豊作/宜便 便宜/宜禄 宰相

↓違宜・乖宜・機宜・権宜・事宜・時宜・辞宜・処宜・地宜・適宜・土宜・物宜・便宜

【𠤕】 9 2141 ギ うたがう

篆文  象形 人が杖を立てて、凝然として後ろをふりかえる形。進退の定まらぬ姿勢をいう。〔説文〕匕部八上に「未だ定まらざるなり」と訓し、𠤕は古文矢字で𠤕声の字であるとするが、𠤕はその全体が象形。また子部十四下に「疑は惑ふなり。子止匕に従ひ、矢聲」とするが、同じ字。疑は後に曳く足の形を加えたものにすぎない。〔段注〕に「疑𠤕の字相ひ似たり。學者疑を識りて𠤕を識らず」として、𠤕を「定むるなり」と訓すべしとするが、証のない説である。疑はまた凝然の意に用い、礼経には多く凝然を疑然に作る。疑にその二義があるとすべきである。

訓義 ①うたがう、猶予する。②疑と通じ、じっと立ちどまる、立ちつくす。

＊語彙は疑字条参照。

入 【祇】 9 3224 ギ キ シ くにつかみ

篆文 

形声 声符は氏。〔説文〕一上に「地祇なり。萬物を提出する者なり」と地・祇・提の声義の関係を以て説く。〔周礼、春官、大司楽〕「地示を祭る」と示を用いることもあり、古くは示の声であろう。氏は氏族共餐のとき用いる小刀の形、祇は氏族の神で、産土神を意味する字であろうと思われる。

訓義 ①土地の神、くにつかみ、うぶすながみ。②やすらか。③病む。④大きい。⑤助詞、ただ、まさに。

古訓 〔名義抄〕祇 カミ・マコトニ・マサニ・タマ〳〵・オホイナリ・ハジメ・ヤスシ・タヾ・ウヤマフ・サイハヒ／山祇 ヤマツマ

【祇園】 祇陀太子の林。のち釈迦に献ぜられ、ここで衆僧に法を説いた。唐・白居易〔東武丘寺に題す、六韻〕詩 香刹、看ること遠きに非ず 祇園、入ること始めて深し

【祇林】 祇園。唐・李頎〔璿公の山池に題す〕詩 (慧)遠公、跡を廬山の岑に遯れ 開士(菩薩)、祇樹林に幽居す

↑祇苑 祇園／祇洹 祇園／祇悔 大悔／祇樹 祇園／祇夜 仏典の頌

↓雨祇・嶽祇・山祇・粛祇・神祇・人祇・水祇・僧祇・地祇・明祇

常 【偽】 11 入 〔僞〕 14 2222 ギ キ カ(クワ) いつわる うそ

篆文 

形声 旧字は僞に作り、爲(為)声。爲に嬀・譌の声がある。字はまた吪に作り、〔説文〕二上に「動くなり」とあり、変化する意。譌もまた訛に作り、爲と化(化)と声義が通ずる。のち偽詐の意となり、〔説文〕八上に「僞は詐なり」とする。

訓義 ①いつわる、あざむく、矯める。②うそ、いつわり、にせ。③うごく、かわる、かり。

古訓 〔名義抄〕僞 イツハリ・イツハル・アヤマツ・ウゴカス・ウゴク・ソラゴト・マネク・ハツ・ウカス

【偽意】 いつわりの心。〔新序、節士〕僞意を挾んで以て天下を御し、賊心を懷いて以て君に事ふるは、邪の大なる者なり。

【偽学】 正しくない学問。宋・葉適〔故運副竜図侍郎孟公墓誌銘〕籍田の時に方り、僞學を以て士を斥くること且に盡きんとす。獨り良甫(孟公)に及ばざるも、然れども遂に自ら外補を乞ふ。

【偽詐】 いつわりあざむく。〔史記、淮陰侯伝〕齊は僞詐にして變多し。反覆の國なり。

【偽作】 いつわり作る。〔後漢書、隗囂伝〕王莽、天地を慢侮し、～天命に矯り託し、符書を僞作し、衆庶を欺惑し、上帝を震怒せしむ。

【偽辞】 いつわりのことば。〔潜夫論、明闇〕故に上は僞辭を飾りて以て主の心を障ひ、下は威權を設けて以て士民を固む。

【偽書】 いつわりの文書。〔史記、封禅書〕天子其の手書を識り、其の人に問ふに、果して是れ僞書なり。是に於て文成将軍を誅して、之れを隱す。

【偽飾】 いつわりかざる。〔論衡、超奇〕君山(桓譚)～又新論を作りて世間の事を論じ、然否を辯照す。虛妄の言、僞飾の辭、證定せざる莫し。

【偽善】 善人にみせかける。〔淮南子、主術訓〕儼然玄默にして、吉祥福を受く。是の故に、道を得る者は醜飾を爲さず、僞善を爲さず。

【偽態】 いつわりの態度。〔戦国策、秦一〕科條既に備はり、民に僞態多し。書策稠濁して、百姓足らず。上下相ひ愁ひ、民聊しむ所無し。

【偽託】 いつわり託する。〔後漢紀、桓帝紀下〕(延嘉九年)今(襄)楷、損益を陳べずして析言を務む。律を破り、經義に違背し、神靈に僞託す。

【偽朝】 正統でない朝廷。晉・李密〔情事を陳ぶる表〕臣少くして僞朝に仕へ、職を郎署に歴たり。本より官達を圖りて、名節を矜らず。

【偽定】 一時的に平定する。蜀・諸葛亮〔後の出師の表〕曹操の智計、人に殊絶す。其の兵を用ふるや、孫・呉に髣髴たり。然れども南陽に困しみ、～黎陽に偪られ、幾ど伯山に敗れ、殆ど潼關に死せんとし、然る後一時を僞定せるのみ。

↑偽位 虚位／偽仮 いつわり／偽欺 詐欺／偽経 偽作の経／偽言 うそ／偽行 いつわり行う／偽札 偽手形／偽剳 偽の文書／偽師 賊軍／偽称 詐称／偽情 いつわりの情／偽臣 賊臣／偽酔 酔ったふり／偽撰 偽作／偽増 偽飾／偽聴 いつわり従う／偽勅 いつわりの勅命／偽庭 偽朝／偽塗 邪道／偽党 逆党／偽道 邪道／偽薄 軽薄／偽謬 誤り／偽物 にせもの／偽弁 詭弁／偽朋 利害の友／偽冒 詐称／偽本 偽書／偽命 いつわりの命令／偽戻 欺く／偽廉 廉潔を装う／偽惑 惑わす

↓隠偽・汚偽・猾偽・姦偽・虚偽・矯偽・巧偽・詐偽・作偽・邪偽・情偽・飾偽・真偽・僭偽・大偽・託偽・弁偽・妄偽・妖偽

【劓】 12 2290 〔劓〕 16 2240 ギ ゲツ はなきる

篆文 甲骨文 金文 

会意 卜文の字形は自＋刀。自は鼻の象形。〔説文〕四下に劓を正形とし、「鼻を刖るなり」(段注本)という。古く五刑の一とされた。金文に劓の字形がみえるが、文献には多く劓を用いる。

訓義 ①はなきる。②劓劊、不安のさま。

古訓 〔名義抄〕劓 ハナキル・キル・ハナカク・ハナカケ・ハナサク・ハナハシラヱル・ハナキラル

＊語彙は劓字条参照。

【劓劊】 不安のさま。〔漢、熹平石経残字、易、困、上六〕葛藟に劓劊に困しむ。

常 【欺】 12 4788 ギ あざむく

篆文 

形声 声符は其。其は倛、蒙倛とよばれる仮面。その面貌を以て欺くことをいう。〔説文〕八下に「詐欺なり」、言部三上に「詐は欺なり」とあり、言を以てするを詐という。

訓義 ①あざむく、いつわる、たぶらかす。②あなどる、むさぼる、あやまり。③頎と通じ、みにくい。

古訓 〔名義抄〕欺 アザムク・イツハル・アナヅル・イヤシム・タフロカス・アザケル・ウダカフ

声系 〔説文〕八上に僛を収め、「醉舞の皃なり」という。赤ら顔に酔いしれた、人らしからぬさまをいう。

語系 欺・諆・䫏・倛・娸・魌khiaは同声。其に、角張ったもの、いかついものの意があり、倛面、欺くの意がある。

【欺誑】ぎきょう（ききやう） たぶらかす。〔顔氏家訓、帰心〕俗の謗る者、大抵五有り。其の一は、世界外の事、及び神化無方を以て、迂誕と爲すなり。其の二は、吉凶禍福、或いは未だ報應あらざるを以て、欺誑と爲すなり。

【欺誤】ぎご あざむき誤らせる。〔後漢書、王符伝〕巫の欺誤する所となるを知らず、反つて神に事ふるの晩きを恨む。此れ妖妄の甚だしき者なり。

【欺詐】ぎさ あざむきいつわる。〔戦国策、燕二〕齊の田單、騎劫（燕の将）を欺詐し、卒に燕軍を敗り、復た七十城を收めて、以て齊に復す。

【欺紿】ぎたい あざむく。〔塩鉄論、褒賢〕主父偃、口舌を以て大官を取り、權重を竊み、宗室を欺紿し、諸侯の賂を受く。卒に皆誅せられて死す。

【欺誕】ぎたん あざむく。〔後漢書、南匈奴伝〕今北匈奴、南單于の來附するを見、～遠く牛馬を驅り、漢と合市し、～貢獻する所多し。斯れ皆外に富強を示し、以て相ひ欺誕するなり。

【欺天】ぎてん 天をあざむく。〔論語、子罕〕久しい哉、由（子路）の詐を行ふや。臣無くして臣有りと爲す。吾れ誰をか欺かん。天を欺かんか。

【欺誣】ぎふ だます。〔荀子、性悪〕今、不善の人と處らば、則ち聞く所の者は、欺誣詐僞なり。

【欺侮】ぎぶ あざむきあなどる。宋・陸游〔石首県雨中～戯れに作る短歌〕詩 悲しい哉、秦人は眞に虎狼 六國を欺侮し侯王を囚ふ 亦た知る、興廢は古來有り 但だ恨む、秦の先づ亡ぶるを見ざるを

【欺慢】ぎまん あざむきあなどる。〔申鑒、時事〕事枉げて實なり難き者は、欺慢必ず衆く、奸僞必ず作り、爭訟必ず繁く、刑殺必ず深し。

【欺罔】ぎもう（ぎまう） だます。〔漢書、郊祀志下〕世に僊人有り。不終の藥を服食し、遙興輕擧すとは、～皆姦人衆を惑はし、左道を挾み、詐僞を懷き、以て世主を欺罔す。

【欺弄】ぎろう 愚弄する。〔戦国策、趙四〕秦王乃ち使者を見て曰く、趙豹・平原君、數しば寡人を欺弄す。趙能く此の二人を殺さば、則ち可なり。若し殺すこと能はずんば、～命を邯鄲城下に受けんと。

【欺惑】ぎわく あざむき惑わす。〔韓詩外伝、四〕姦言以て天下を亂し、衆愚を欺惑し、混然として是非治亂の存する所の者を知らざらしむ。則ち是れ范雎・魏牟・田文・莊周・愼到・田駢・墨翟～鄧析・惠施の徒なり。

↑欺圧 威嚇する／欺隠 あざむき隠す／欺訛 たぶらかす／欺猾 悪賢い／欺詭 偽る／欺狂 佯狂／欺傲 あなどりおごる／欺笑 侮り笑う／欺僭 偽る／欺詒 あざむく／欺諂 表面上へつらう／欺魄 土人形／欺謬 だます／欺負 違背／欺蔽 欺隠／欺騙 だます／欺冒 だます／欺昧 ごまかす／欺瞞 だます／欺謾 侮る／欺妄 欺罔／欺讕 誣妄／欺凌 いじめる

↓姦欺・譎欺・詐欺・信欺・誕欺・調欺・詆欺・誣欺

常

【義】

13
8055

ギ
ただしい よい

篆文 金文 甲骨文

会意 羊＋我。我は鋸の象形。羊に鋸を加えて截り、犧牲とする。その牲体に何らの欠陥もなく、神意にかなうことを「義し」という。〔説文〕十二下に「己の威儀なり」とするが、もと牲体の完全であることをいう。羛はその下体が截られて下に垂れている形。金文の〔師旂鼎〕に「義しく～すべし」という語法がみえ、宜と通用する。宜は且（俎）上に肉をおく形。神に供薦し、神意にかなう意で、義と声義が通ずる。

訓義 ①ただしい、よい、神意にかなう。②ただしい道、みち、のり。③法則、道理、つとめ、義務。④宜と通じ、よい、便宜、すぐれる。⑤儀と通じ、威儀。

古訓 〔名義抄〕義 ヨシ・ヨロシ・ノリ・アマル 〔篇立〕義 コトワリ・コハシ・ノリ・アマシ・ヨシ・サイハヒナル・ムベナリ

声系 〔説文〕に義声として議・羲・儀、羲声として犧（犠）など九字を収める。義・羲・犧は犧牲に関する字。議・儀は祭祀儀礼に関する字。犧（犠）は儀装の意であろう。

語系 義・宜ngiaiは同声。互訓の例が多い。義は犧牲、宜は俎肉を供薦して、神意にかなう意である。ゆえに義正・適正の意となる。

【義感】ぎかん 義に感ずる。〔北史、節義、郭世儁伝〕家門雍睦し、七世同居す。犬豕同乳し、烏鵲同巢す。時人以て義感の應と爲す。

【義旗】ぎき 正義の旗。義兵。唐・白居易〔隋堤の柳〕詩 龍舟、未だ彭城の閣に過ぎらざるに 義旗、已に長安の宮に入る

【義旧】ぎきゅう（ぎきう） 古い縁故の人。義故。〔宋書、謝弘微伝〕中外の姻親、道俗義舊、東鄉の歸る者を見て、門に入りて歎息せざる莫し。或いは之れが爲に涕流す。弘微の義に感ずればなり。

【義居】ぎきょ 家族が数代同居すること。義門。〔宋史、孝義、洪文撫伝〕六世義居し、室に異爨無し。～太宗、飛白の一軸に義居の人と曰ひ、以て之れに賜ふ。文學に命じて、江州助教と爲す。

【義挙】ぎきょ 義によって行動する。〔三国志、魏、明悼毛皇后伝〕曹氏自ら好んで賤を立つ。未だ能く義を以て擧ぐる者有らざるなり。

【義俠】ぎきょう（ぎけふ） おとこぎ。〔容斎随筆、八、人物以義為名〕人物、義を以て名と爲す者、其の別最も多し。～至行、人に過ぐるを義と曰ふ。義士・義俠～の類、是れなり。

【義故】ぎこ 恩義のある縁故の人。〔世説新語、徳行〕王戎の父渾、令名有り。官は涼州刺史に至る。渾薨ず。歷る所の九郡の義故、其の德惠を懷ひ、相ひ率ゐて賻を致すこと數百萬、戎悉く受けず。

【義心】ぎしん 義に勇む心。唐・白居易〔青石〕詩 義心は石の若く、屹として轉ぜず 死節は石の如く、確として移らず

【義人】ぎじん 正義の人。〔史記、伯夷伝〕武王～東のかた紂を伐たんとす。伯夷・叔齊、馬を叩へて諫む。～左右之れを兵さんと欲す。太公曰く、此れ義人なりと。扶けて之れを去らしむ。

【義戦】ぎせん 正義のための戦い。〔孟子、尽心下〕春秋に義戰無し。彼、此れより善きは則ち之れ有り。

【義疏】ぎそ 経書の伝注の意をさらに疏通した注釈書。五経正義・十三経注疏の類をいう。〔隋書、儒林伝序〕二劉（焯・炫）の萃を抜き、類を出で、學、南北に通じ、博く今古を極む。～製る所の諸經の義疏、搢紳咸な之れを師宗とす。

【義田】ぎでん 一族中の困窮者を救うための田。義莊。宋・銭公輔〔范文正公義田記〕范文正公、～其の里中に負郭常稔の田千畝を置き、號して義田と曰ひ、以て群族を養濟す。

【義憤】ぎふん 正義のために憤る。南朝宋・范曄〔逸民伝論〕漢室中ごろ微にして、王莽位を簒ふ。士の蘊藉（温厚）なるも、義憤すること甚だし。

【義方】ぎほう（ぎはう） 正しい道。〔左伝、隠三年〕石碏諫めて曰く、臣聞く、子を愛しては、之れに教ふるに義方を以てし、邪に納れしめずと。

【義法】ぎほう（ぎはふ） 正しい法則。〔墨子、非命中〕凡そ言談を出だし、文學に由るの道爲るや、則ち而つて先づ義法を立てざるべからず。

【義勇】 義にして勇。漢・李陵〔蘇武に答ふる書〕陵の先将軍(李広)、功略天地を蓋ひ、義勇三軍に冠たり。徒だ貴臣の意を失ひ、身を絶域の表に到す。此れ功臣義士の戟を負ひて長嘆する所以の者なり。

【義理】 道理。すじみち。〔礼記、礼器〕先王の禮を立つるや、本有り、文有り。忠信は禮の本なり。義理は禮の文なり。

【義類】 善人。また、義によって分類する。晋・杜預〔春秋左氏伝の序〕其の微顯闡幽、裁かに義類を成す者は、皆舊例に據りて義を發す。

【義烈】 義心が強くはげしい。晋・潘岳〔馬汧督の誄〕然らば則ち忠孝義烈の流、非命に慷慨して死する者、綴辭の士、未だ之れを或いは遺すてざるなり。

↑義意 意義/義役 共同の役務/義捐 寄附/義園 無縁墓地/義解 解義/義槩 義心/義気 節義/義訓 訓義/義軍 正義の兵/義髻 かつら/義犬 忠犬/義功 大功/義行 篤義の行/義穀 施米/義作 手伝い/義士 正しい人/義子 養子/義旨 趣意/義志 義節の心/義師 義軍/義嗣 養子/義試 私塾試験/義児 養子/義社 無縁墓の祭/義舎 公会の堂/義趣 旨趣/義衆 義兵/義塾 公衆の塾/義漿 接待の湯/義髄 精髄/義井 共同井戸/義節 節義/義説 注解/義絶 縁切り/義銭 義捐金/義荘 義田/義倉 救荒倉/義贈 賄賂/義胆 義心/義男 養子/義塚 無縁塚/義帝 仮帝/義殿 寺院/義度 法度/義徳 正徳/義夫 義俠の人/義婦 節婦/義風 節義の風/義兵 義軍/義母 養母/義民 義士/義問 よい評判/義旅 義軍/義廩 義倉/義例 体例/義路 正しい道

↓異義・意義・一義・引義・蘊義・演義・奥義・音義・恩義・起義・棄義・疑義・狭義・教義・訓義・経義・結義・古義・語義・公義・広義・弘義・行義・孝義・高義・講義・鴻義・旨義・志義・私義・詩義・字義・事義・時義・辞義・失義・質義・釈義・主義・首義・秀義・衆義・集義・順義・彰義・仗義・情義・信義・深義・新義・仁義・正義・声義・清義・精義・節義・詮義・存義・大義・談義・忠義・通義・定義・転義・同義・道義・徳義・篤義・難義・非義・秘義・不義・扶義・服義・奮義・文義・慕義・法義・謀義・本義・名義・明義・勇義・要義・理義・六義・律義・礼義・論義・和義

常

【疑】

14 / 2748

［𠤕］ 9 / 2141

ギ ギョウ

うたがう

金文　篆文　甲骨文

象形 卜文・金文にみえる字の初形は𠤕に作り、人が後ろを顧みて凝然として立ち、杖を樹てて去就を定めかねている形。心の疑惑しているさまを示す。のちに止、あるいは辵の反文などを加えて疑となった。〔説文〕に字を子部十四下に属し、「惑ふなり。子止匕に従ひ、矢聲」とするが、矢を含む形でなく、またその声でもない。金文に「亞𠤕」、亞𠤕形圖象」とよばれるものがあり、亞(亜)は玄室の儀礼を掌る聖職者、𠤕はその凝然として立つ形。

訓義 ①うたがう、まどう、あやしむ。②似る、うたがわしい。③儗・凝・礙と通じ、とどまる、定まる。

古訓 〔名義抄〕疑 ウタガヒ・ウタガフ・ニタリ・シヅカニ・タ、ク・ネヤ 〔字鏡集〕疑 キラフ・ニタリ・ヲハル・シヅカニ・ウタガフ

声系 〔説文〕に疑声として嶷・癡(痴)・儗・擬・礙・礙・擬など九字を収める。凝は〔説文〕未収。その凝然として立つ意より、疑・礙などの声義が生まれる。

参考 〔説文〕匕部八上に「𠤕は未だ定まらざるなり。匕に従ひ、𠤕聲。𠤕は古文矢字なり」とするが、𠤕は疑の初文。〔段注〕に〔説文〕の文を「定まるなり」の誤りとするが、その字は経籍にみえず、おそらく疑の異文であろう。〔玉篇〕に「𠤕は未だ定まらざるなり。亦た疑に作る。嫌なり。恐らくは擬ならん。又、古文矢なり」とあり、疑と同字とみてよい。金文の字形に、顧みて凝然として立ち、杖に倚る形のものがあり、その杖つく部分が匕となったものであろう。

【疑異】 疑いあやしむ。〔後漢書、竇憲伝〕憲、侍中を以て、内には機密を幹し、出でては誥命を宣ぶ。~内外協附して、疑異を生ずること莫き所以なり。

【疑礙】 疑念をもつ。宋・曽鞏〔王平甫文集の序〕人に遇へば豁然として腹心を推し、毫髮も疑礙することを爲さず。

【疑忌】 疑い避ける。〔三国志、魏、劉表伝〕表、外貌儒雅なりと雖も、心に疑忌多きこと、皆此の類なり。劉備、表に奔る。表、厚く之れを待つ。然れども用ふること能はず。

【疑義】 疑問のところ。問題点。晋・陶潜〔居を移す、二首、一〕詩 隣曲、時時に來り 抗言、在昔を談ず 奇文共に欣賞し 疑義相ひ與に析つ

【疑議】 結論をえがたい議論。〔三国志、蜀、許慈伝〕孟光・來敏等と、舊文を曲掌す。庶事の草創に値ひ、動もすれば疑議多し。

【疑懼】 疑いおそれる。晋・潘岳〔馬汧督の誄〕用って能く薪芻匱しからず、人畜取給す。靑煙傍起し、歴馬長鳴す。凶醜駭き疑懼し、乃ち地を闕りて攻む。

【疑誤】 惑い誤る。〔後漢書、蔡邕伝〕經籍聖を去ること久遠にして、文字謬り多く、俗儒穿鑿し、後學を疑誤するを以て、熹平四年、~乃ち奏して六經文字を正定せんことを求む。靈帝之れを許す。

【疑行】 確信をもたない行為。〔戦国策、趙二〕臣之れを聞く、疑事は功無く、疑行は名無しと。

【疑獄】 罪の当否を定めがたい裁判。職務にかかわる大贈収賄事件。〔礼記、王制〕疑獄は、汜く衆と之れを共にし、衆疑ふときは之れを赦す。

【疑弐】 疑って心がはなれる。〔晋書、殷浩伝〕簡文、浩の盛名有り、朝野推伏するを以ての故に、引いて心膂と爲し、以て(桓)溫に抗せしむ。是に於て、溫と頗や相ひ疑貳す。

【疑似】 まぎらわしい。〔呂覧、疑似〕疑似の迹は察せざるべからず。之れを察すること、必ず其の人に於てす。~澤に入りては牧豎に問ひ、水に入りては漁師に問ふ。奚の故ぞ。其の之れを知ること審らかなればなり。

【疑事】 疑問のあることがら。〔礼記、曲礼上〕疑事は質す母かれ。直(直言、率直)なるも有(固執)すること勿れ。

【疑心】 疑う心。疑念。〔師友雑誌〕嘗て人の鬼怪を説ふ者を聞き、以爲へらく、必ず此の理無からんと。以爲ふに、疑心闇鬼を生ずるならん。最も是れ要切の議論なり。

【疑滞】 凝滞。とどこおる。〔楚辞、九章、渉江〕船容與として進まず 回水に淹まりて疑滯す

【疑憚】 ためらいはばかる。〔後漢書、侯覇伝〕覇到り、即ち豪猾を案誅し、山賊を分捕す。縣中淸靜なり。再遷して執法刺姦と爲り、勢位の者を糾案して、疑憚する所無し。

【疑難】 疑い難ずる。魏・曹植〔楊徳祖に与ふる書〕(丁)敬禮、僕に謂ふ、卿、何の疑難する所ぞ。文の佳惡は吾れ自ら之れを得たり。後世誰か相ひ知りて、吾が文を定むる者あらんやと。

【疑謗】 疑いそしる。〔南史、謝瞻伝〕瞻、之れ(謝晦)を見て曰く、汝は國の大臣爲り。又戎(軍)の重きを總ぶ。萬里遠く出でなば、必ず疑謗を生ぜんと。

【疑問】 疑い。問題点。〔魏書、房景先伝〕(神亀元年)(房

景）先、五經疑問百餘篇を作る。

【疑惑】疑いまどう。〔漢書、孔光伝〕侍中駙馬都尉（傅）遷、～免されて故郡に歸る。復た詔有りて止まる。天下疑惑し、信を取る所無し。聖德を虧損すること、誠に小愆にあらず。

➡疑案 疑獄事件／疑畏 疑怖／疑雲 疑惑心／疑怪 怪しむ／疑懐 疑心／疑間 へだつ／疑諱 疑忌／疑誼 疑義／疑釁 争端／疑懼 疑懼／疑隙 疑間／疑嫌 嫌疑／疑讞 疑案／疑眩 まどう／疑猜 猜疑／疑罪 疑わしい罪／疑錯 疑問とあやまり／疑止 凝止／疑志 疑念／疑詞 疑問の語／疑二 疑弐／疑辞 疑詞／疑疾 疑い深い／疑色 疑心／疑人 擬人／疑戦 奇襲／疑沮 疑いはばむ／疑阻 疑沮／疑殆 危ぶむ／疑紿 欺く／疑団 疑問の塊／疑遅 猶予／疑竇 疑点／疑念 疑い／疑背 二心／疑謬 疑問がある／疑怖 疑い恐れる／疑物 疑似の物／疑抱 疑心／疑昧 不明瞭／疑迷 疑い惑う／疑乱 疑いとまどう／疑立 凝立する／疑留 ためらう／疑慮 疑念

⬇解疑・懐疑・危疑・棄疑・九疑・虚疑・懼疑・群疑・啓疑・稽疑・欠疑・決疑・嫌疑・献疑・讞疑・狐疑・獄疑・猜疑・志疑・咨疑・質疑・釈疑・所疑・証疑・信疑・折疑・然疑・遅疑・定疑・伝疑・難疑・不疑・平疑・無疑・容疑

【豙】 14 0023 ギ つよい

篆文 

象形 豕形の聖獣の形。〔説文〕九下に「豕怒りて毛豎つ。一に曰く、殘艾なり。豕辛に從ふ」と字を会意とする。徐鉉らの附記に「辛に從ふは未詳」とし、会意としながら会意としての説明はない。辛は卜文において鳳・龍（竜）・虎などの聖獣に冠飾として加える形であり、豕も封豕のように神話的な聖獣の話が伝えられていて、豙はその冠飾をつけた形である。〔五経文字〕に豙・毅を同字とするが、毅は戲（戯）・劇が虎・豦形のものを撃つ形と相似た字で、豙を殴つ呪的行為を意味する字であろう。

訓義 ①豕が怒って毛を立てる、たける、あらぶる、つよい。

古訓 〔字鏡集〕豙 シカリケ

声系 〔説文〕に豙声として毅・顡の二字を収める。毅三下は妄怒、顡九上は「癡顡、聰明ならざるなり」（段注本）とあり、頁は儀容。戲・劇のように豙を被り物とすることがあったのであろう。

常

【儀】 15 2825 ギ ようす ただしい のり

篆文  金文 

形声 声符は義。〔説文〕八上に「度なり」と儀度の意とする。金文に「威義」とあり、儀はのち分化した字。義は神に犠牲として供えた羊牲が、完全で神意にかなう意。それで神につかえるときの儀容を儀というのであろう。

訓義 ①ようす、礼容。②ただしい、礼法にかなう。③のり、のっとる、かたどる。④たぐう、ならぶ。⑤賢と通じ、かしこい。

古訓 〔名義抄〕儀 ノリ・トル・ヨソホヒ・カタチ・ヨシ・スガタ・フルマヒ・メヅラシ・ナラブ・カタフク・キタル・ソナフ・オホイナリ・タグヒ

【儀衛】儀式に参列する儀仗・護衛の兵。〔魏書、李元護伝〕若し喪の東陽を過ぐるときは、好く儀衛を設け、哭泣して哀を盡し、觀る者をして容を改めしめざるべからざるなり。

【儀軌】手本。〔三国志、蜀、諸葛亮伝評〕諸葛亮の相國爲るや、百姓を撫し、儀軌を示す。

【儀刑】模範とする。のっとる。〔詩、大雅、文王〕文王に儀刑し 萬邦孚を作さん

【儀象】手本とする。また、渾天儀。〔韓詩外伝、二〕君子の容色は、天下儀象して之れを望む。

【儀状】行儀と容姿。〔史記、儒林伝序〕太常、民の年十八已上にして、儀狀端正なる者を擇び、博士弟子に補す。～一歲皆輒ち試む。

【儀節】礼節。〔左伝、昭元年〕先王の樂は、百事を節する所以なり。故に五節有り。遲速本末、以て相ひ及ぼす。～君子の琴瑟を近づくるは、以て儀節するなり。以て心を慆かすに非ざるなり。

【儀則】手本。法則。〔荘子、天地〕形體、神を保ちて、各と儀則有る、之れを性と謂ふ。

【儀的】標的。目標。〔韓非子、外儲説左上〕常の儀的有るときは、則ち羿・逢蒙（弓の名手）も五寸を以て巧と爲し、常の儀的無きときは、則ち妄りに發して秋毫に中つるを以て拙と爲す。

【儀範】礼法。〔晋書、謝安伝〕情を丘壑に放にす。～既に累りに辟さるるも就かず。～安、衡門に處ると雖も、其の名猶ほ（弟）萬の右に出づ。自然公輔の望有り。家に處りて、常に儀範を以て子弟に訓ふ。

【儀表】手本。法則。〔管子、形勢解〕法度は萬民の儀表なり。禮義は尊卑の儀表なり。

【儀容】礼法にかなった姿、形。〔世説新語、簡傲〕王子敬（献之）兄弟、～嘉賓（郗超）の死するに及んで、皆高屐を著き儀容輕慢なり。坐を命ぜらるるも、皆事有り、坐するに暇あらずと云ひ、既にして去る。

➡儀宇 儀容／儀観 威儀／儀器 天体儀／儀禁 礼儀と法度／儀矩 礼式／儀形 儀刑／儀検 作法／儀采 儀容と風采／儀繖 絹傘／儀止 行儀／儀車 儀仗車／儀章 儀節／儀仗 儀衛／儀式 式典／儀飾 儀礼の飾り／儀制 儀法／儀注 礼式の書／儀図 良図／儀刀 儀式刀／儀品 品節／儀服 式服／儀文 公用文／儀方 蛇除け／儀法 のり／儀貌 儀容／儀門 庁舎門／儀礼 礼式／儀漏 標準水時計

⬇威儀・一儀・羽儀・軌儀・旧儀・行儀・形儀・光儀・皇儀・婚儀・仕儀・辞儀・車儀・祝儀・初儀・昭儀・盛儀・葬儀・大儀・朝儀・廷儀・天儀・典儀・内儀・難儀・二儀・表儀・標儀・風儀・法儀・丰儀・有儀・余儀・容儀・来儀・律儀・流儀・両儀・令儀・礼儀

【嬀】 15 4242 ギ

篆文 

形声 声符は爲（為）。爲に僞（偽）・譌の声がある。〔説文〕十二下に「虞舜、嬀の汭に居る。因りて以て氏と爲す」と川の名とする。〔書、堯典〕に「二女を嬀の汭に釐め降す」とあって、舜は堯の二女を与えられた。陳はその後で嬀姓。戦国期の陳の青銅器に「孟爲（嬀）」「孟嬀」の名がみえる。

訓義 ①川の名。②氏・姓の名。③〔方言、十二〕に「優なり」とあって、わるがしこい。

古訓 〔篇立〕嬀 タノシム

【嬀汭】嬀水のほとり。〔書、堯典〕二女を嬀の汭に釐め降し、虞（舜）に嬪せしむ。

常

【戲】 15 2325 人【戲】 17 2325 ギ たわむれる

篆文  金文 

会意 旧字は戲に作り、䖒＋戈。䖒は〔説文〕五上に「古陶器なり」とするが、その器制も明らかでない。䖒は虎頭のものが豆

形の台座に腰かけている形。それに戈で撃ちかかる軍戲を示す字であろう。金文の〔師虎𣪘〕に「嫡として左右戲の繁荊を官嗣(司)せしむ」とあり、「左右戲」とは軍の偏隊の名であろう。〔左伝〕に「東偏」「西偏」の名があり、〔説文〕十二下に「戲は三軍の偏なり。一に曰く、兵なり」とし、字を虘声とする。「左右戲」の用法が字の初義。麾・旗と通用し、麾下をまた戲下という。戲弄の意は、虎頭のものを撃つ軍戲としての模擬儀礼から、その義に転化したのであろう。敵に開戦を通告するときに、〔左伝、僖二十八年〕「請ふ、君の士と戲れん」のようにいうのが例であった。嶬・巇と通ずる字で、〔玉篇〕に「巇は嶮巇、巓危きなり」とあり、山巓の険しいさまをいう。

訓義 1軍の部隊名、いくさの偏隊、いくさ、たたかう。2たわむれる、あそぶ、からかう。3演戲、演劇。4ああ、感動詞。5嶬・巇と通じ、高くけわしいさま。

古訓 〔名義抄〕戲 タハブル・タハブレ・オヨク・モテアソブ・メス／於戲 ア 〔字鏡集〕戲 ツハモノ・メス・ホトコス・ハタ(タハ)ブル・オヨク・モテアソブ・ヲヒク

【戲詠】たわむれに作った詩歌。晋・王羲之〔戲詠帖〕君の戲詠を得たるも、念を承けて此の年に至るまで、乃ち未だ見ず。

【戲下】将軍の旗下。直属の兵。〔漢書、項籍伝〕是に於て、(項)羽遂に馬に上る。戲下の騎して從ふ者八百餘人。夜直ちに圍を潰し、南に出でて馳す。平明、漢軍乃ち之れを覺る。

【戲謔】たわむれ。わるふざけ。〔詩、衛風、淇奥〕善く戲謔すれども 虐を爲さず

【戲劇】芝居。宋・蘇軾〔小本禅師の法雲に赴くを送る〕詩 山林等しく憂患 軒冕も亦た戲劇のみ 我未だ歸休に卽かざるに 師寧んぞ便ち安逸する

【戲言】たわむれいう。唐・元稹〔悲懐を遣る、三首、二〕詩 昔日、戲れに言ふ、身後の意 今朝、皆眼前に到り來る

【戲語】たわむれの語。宋・蘇軾〔范文正公文集の序〕其の仁義禮樂、忠信孝弟に於ける、～蓋し天性然らざるを得ざる者有り。弄翰戲語、率然として作ると雖も、必ず此に歸す。

【戲笑】たわむれ笑う。〔後漢書、橋玄伝〕時に臨みての戲笑の言なりと雖も、至親の篤好なるに非ずんば、胡ぞ肯て此の辭を爲すことを得んや。

【戲談】冗談をいう。〔詩、小雅、節南山〕憂心惔くが如く 敢て戲談せず

【戲婦】新婚の夜、友人・親戚の者が集まって新婦をからかう習俗。〔抱朴子、疾謬〕俗閒に、戲婦の法有り。稠衆の中、親屬の前に於て、問ふに醜言を以てし、責むるに慢對を以てす。

【戲侮】たわむれ侮る。〔漢書、佞幸、淳于長伝〕書を與へて許后を戲侮し、嫚易言はざる無し。

【戲慢】たわむれ侮る。〔唐書、権懐恩伝〕馭人安畢羅、高宗の寵する所と爲る。帝に見ゆるに戲慢不恭なり。懷恩、事を奏して適ゝ之れを見、退杖四十、帝嗟賞して曰く、良吏なりと。

【戲予】たわむれあそぶ。〔詩、大雅、板〕天の怒りを敬しみ 敢て戲豫せず

【戲弄】たわむれからかう。漢・司馬遷〔任少卿(安)に報ずる書〕文史星曆、卜祝の閒に近し。固より主上の戲弄する所、倡優もて畜ふ所、流俗の輕んずる所なり。

↑戲衣 舞台衣／戲宴 遊宴／戲園 劇場／戲楽 俗楽／戲館 劇場／戲玩 戲弄／戲戲 傾く／戲曲 演劇の脚本／戲戟 旗つき戈／戲娯 たのしむ／戲狎 戲媟／戲耍 からかう／戲作 戲れの作／戲衫 舞台衣／戲書 ざれ書き／戲倡 役者／戲場 劇場／戲縄 綱渡り／戲辱 弄辱／戲媟 なれて侮る／戲怠 怠る／戲台 舞台／戲竹 指揮棒／戲嘲 嘲笑／戲適 楽しむ／戲賭 かけごと／戲啁 冗談／戲蕩 遊蕩／戲頭 立役／戲瀆 汚す／戲馬 曲馬／戲班 俳優一座／戲筆 ざれ書き／戲物 翫弄の物／戲文 脚本類／戲墨 戲筆／戲面 劇の仮面／戲目 外題／戲遊 たわむれ遊ぶ／戲楼 劇場

↓悪戲・異戲・逸戲・淫戲・影戲・奕戲・演戲・燕戲・歌戲・角戲・赫戲・観戲・奇戲・嬉戲・伎戲・鞠戲・謔戲・球戲・局戲・禽戲・群戲・言戲・娯戲・采戲・作戲・詩戲・児戲・車戲・手戲・笑戲・象戲・杖戲・褻戲・怠戲・攤戲・跳戲・調戲・抵戲・賭戲・博戲・秘戲・百戲・蒲戲・嫚戲・遊戲・弄戲

人 【誼】 15 0361 ギ よしみ

篆文

形声 声符は宜。宜は神饌として且(俎)上に肉を多くおく形。神がそれを享け、神意にかなうことを宜という。〔説文〕三上に「人の宜しとする所なり」とするが、義が、犠牲としての羊肉が神意にかなって「義たし」とされるように、宜も神意にかなう意であり、誼・議はいずれもその声義を承ける字である。のち人の友誼を誼という。

訓義 1心にかなう、よい、よしみ。2すじみち、すじみちにかなう。3議と通じ、はかる。

古訓 〔名義抄〕誼 ハカル・ワスル・ヨシ・タバカル・アラカフ 〔字鏡集〕誼 ヨシ・エラブ・ハカル・タバカル・アラカフ・ワスル・コトハル

↑誼疏 義疏

↓応誼・懐誼・奸誼・教誼・古誼・行誼・失誼・守誼・処誼・信誼・絶誼・忠誼・通誼・秉誼・明誼・礼誼

【儗】 16 2728 ギ ガイ なぞらえる くらべる うたがう

篆文

形声 声符は疑。〔説文〕八上に「僭なり」とあって、僭上の意とする。貴人になぞらえる意。また「一に曰く、相ひ疑ふなり」とあり、疑と通用する。疑は猶予してことを決しかね、凝然として立つ形の字。その心意より して字義が展開する。

訓義 1なぞらえる、くらべる。2ならう、まねする。3うたがう、ためらう、躊躇する。4おろか。

古訓 〔名義抄〕儗 カル・ナズラフ 〔字鏡集〕儗 カナラズ・ナラフ・トラフ・オコス・カル

【儗儗】遅疑・凝滞するさま。また、繁茂するさま。〔漢書、食貨志上〕故に其の詩に曰く、或いは芸り或いは芓ふ 黍稷儗儗たりと。

【儗象】想像する姿。〔人物志、効難〕是を以て衆人の察も、盡く備ふること能はず。故に各自、～或いは其の形容を相み、或いは其の動作を候ひ、或いは其の終始を揆り、或いは其の儗象を揆り、或いは其の細微を推す。

↑儗屈 光臨／儗作 慙じる／儗似 模倣

↓自儗・切儗・窃儗・僭儗・儓儗・台儗・比儗

【劓】 16 2240 〔𠜂〕 12 2290 ギ ゲツ はなきる

篆文

甲骨文
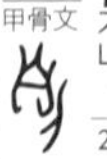
金文
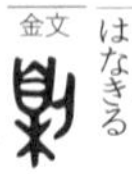

会意 鼻(鼻)＋刀。刀を以て鼻頭を切りおとす刑。〔説文〕四下に𠜂を正字とし、臬声の字とするが、臬は射的の意に用いる字。また古くは朋友の意に用い、金文の〔辛鼎〕に「厥の劓多友」、〔叔夷鎛〕に「而の倗劓と造せ」のようにいう。卜文には自(鼻の初文)に刀を加える形の字があり、それが劓の初文である。

訓義 1はなきる。2きりさく。

古訓 〔新撰字鏡〕劓 波奈加久(はなかく) 〔名義抄〕劓 ハナキル・ハナキラル・ハナハシラエル 〔篇立〕劓 ハナキル・キル・ハ

ナカク・サク・カタチカク・ハナカケ

【劓割】ぎかつ 殺害する。〔書、多方〕亦た惟れ有夏の民も、叨懫し日に欽り、夏邑を劓割す。

【劓刵】ぎじ 鼻と耳とを切る刑。〔書、康誥〕(成)王曰く、～汝封(康王)が人を劓刵するに非ざれば、人を劓刵する或る毋れ。

【劓墨】ぎぼく 鼻切りの刑と入墨の刑。〔梁書、武帝紀中〕世輕世重、時に隨つて法を約す。前に劓墨を以て、用て重辟に代へしも、猶ほ改悔を念ふに、其の路已に壅がる。竝びに省除すべし。

↑劓馘ぎかく 鼻切り／劓刵ぎじ／劓刑ぎけい 鼻切り／劓刖ぎげつ 鼻切りと足切りの刑／劓者ぎしゃ 劓刑の者／劓剝ぎはく 劓割／劓罰ぎばつ 劓罪／劓辟ぎへき 劓刑

↓黥劓

【羲】 16 8025 ギ ぎせい

篆文

会意 羊＋我＋丂(こう)。〔説文〕五上に字を「兮(けい)に從ひ、義(ぎ)聲」とし、兮は語気を示す字であるから、「羲は气なり」と訓するが、羊は犧牲、我は鋸(のこぎり)の象形。犧牲の羊を我で截り、下に下体の足が垂れている形で、犧(犧)の初文。

訓義 ①ぎせい。②〔説文〕に気とする。用例はない。③伏羲。字はまた犧・戲(戲)に作る。

声系 〔説文〕に羲声として犧を収める。犧は羲の繁文。〔玉篇〕にまた曦を収め、日光をいう。

【羲和】ぎか(くわ) 太陽の御者。羲氏と和氏。唐虞の世の暦官。〔楚辭、離騷〕吾れ羲和をして節(太陽の運行)を弭めしめ 崦嵫(えんじ)(日の入る山)を望んで迫ること勿からしむ

【羲娥】ぎが 太陽の御者羲氏と、月中の女神姮娥。日月。唐・韓愈〔石鼓の歌〕詩 孔子、西に行くも秦に到らず 星宿を掎摭(きせき)して、羲娥を遺せり

【羲皇】ぎこう(くわう) 伏羲。太古淳樸の世とされる。晉・陶潛〔子の儼等に与ふる疏〕常に言ふ、五・六月中、北窗の下に臥し、涼風の暫く至るに遇へば、自ら謂へらく、是れ羲皇上の人なりと。

【羲牲】ぎせい いけにえ。犧牲。〔古文苑、秦恵文王、詛楚文〕之れを祠るに、圭玉羲牲を以てす。

↑羲愛ぎあい 鵝／羲馭ぎぎょ 日の御者／羲景ぎけい 陽光／羲爻ぎこう 易爻／羲黄ぎこう 伏羲と黄帝／羲車ぎしゃ 太陽／羲農ぎのう 伏羲神農／羲陽ぎよう 太陽／羲曜ぎよう 太陽／羲輪ぎりん 太陽

↓赫羲・朱羲・伏羲・虙羲・庖羲・霊羲

【螘】 16 5211 ギ あり

篆文

形声 声符は豈(がい)。豈に覬(き)の声がある。〔説文〕十三上に「蚍蜉なり」とあり、〔玉篇〕も同じ。〔玉篇〕にはなお別体として、蟻の他に二体の字をあげている。蚍蜉は羽蟻。

訓義 ①あり。②はねあり。

古訓 〔名義抄〕螘 アリ・サソリ／蟻 アリ

＊語彙は蟻字条参照。

【螘垤】ぎてつ あり塚。蟻垤。〔韓非子、姦劫弑臣〕夫れ世の愚學の人、有術の士に比するや、猶ほ螘垤の大陵に比するがごとし。其の相ひ去ること遠し。

↑螘窠ぎか あり塚／螘城ぎじょう 螘窠／螘冢ぎちょう 螘垤／螘動ぎどう 騒乱

【嶷】 17 2248 ギ ギョク たかい

篆文

形声 声符は疑(ぎ)。疑は人が後ろを顧みて凝然として立つ形。嶷は山の高くそびえるたたずまいをいう。〔説文〕九下に「九嶷山。舜の葬られし所、零陵營道に在り」とする。九嶷は古く九疑とかかれ、〔山海経〕に至って九嶷の字を用いる。〔馬王堆帛書〕に、当時の九嶷信仰のさまを伝えている。

訓義 ①山の名、九嶷。②たかい、山の高いさま。③姿のすぐれたさま。④疑と通じ、小児が智恵づく。

古訓 〔新撰字鏡〕嶷 太加志(たかし)、又、佐加支(さかき)〔名義抄〕嶷 サカシ・タカシ

語系 嶷ngiək、巍ngiuəi、巖ngiuai、峨ngaiはみな声近く、高くけわしい状態の形況の語。巋khiuəiも同系の語とみてよい。

【嶷嶷】ぎょくぎょく 徳の立派なさま。〔大戴礼、五帝徳〕其の色郁郁として、其の徳嶷嶷たり。◻子の智恵づくさま。唐・韓愈〔原性〕其の始めて匍匐(はらばい)するや、則ち岐岐然たり、嶷嶷然たり。

【嶷然】ぎょくぜん 高くぬきんでるさま。〔北史、崔瞻伝〕瞻～潔白にして容止善く、神彩嶷然たり。言妄りに發せず、才學風流、後來の秀爲たり。

↑嶷岌ぎょくきゅう 高いさま／嶷爾ぎょくじ 嶷然／嶷如ぎょくじょ 嶷然／嶷爽ぎょくそう 豪爽／嶷立ぎょくりつ ぬきんでる

↓英嶷・岐嶷・九嶷・岌嶷・嶢嶷・崱嶷・明嶷

常 【擬】 17 5708 ギ はかる なぞらえる

篆文

形声 声符は疑(ぎ)。疑は人が後ろを顧みて凝然として立ち、進退に迷う形。思いはかる意がある。〔説文〕十二上に「度るなり」とあり、かりに定めることを擬定、決断を下すことを擬断という。

訓義 ①はかる、くらべる、なぞらえる。②まねる、にせる、にかよう。③うたがう。④しようとする、むかう。

古訓 〔名義抄〕擬 アテマウケテ・アテハカル・ナズラフ・マネキル・アタル・オモフ・キル・ヌキル・トル・サシ・シヅカニ・ヒトシ・ツヾク・ナラブ・ソナフ〔字鏡集〕擬 ソナフ・シヅカニ・オモフ・ヌキル・ツヾク・アキハカル・アテニウケテ・アタル・アメキル・ワタル・マネキル・ナラブ・ナゾラフ・ハカル・ヤスラフ・セムトス・キル・キシ・ヒトシ・アツ・トル

【擬議】ぎぎ 想定し、前もって論議する。〔易、繫辞伝上〕之れを擬して而る後に言ひ、之れを議して而る後に動き、擬議して以て其の變化を成す。

【擬古】ぎこ 古人の作意作風に模して詩文を作る。〔捫蝨新話、下三〕(文章擬古)擬古の詩は、盡く似するよりも難し。

【擬制】ぎせい なぞらえ定める。〔宋書、武三王、江夏王義恭伝〕盱眙に移り鎮す。館宇を修治し、東城に擬制す。

【擬則】ぎそく なぞらえ則る。〔後漢書、宦者、張讓伝〕宦官、志を得て、憚畏する所無し。竝びに第宅を起し、宮室に擬則す。帝、常に永安の候臺に登る。宦官、其の居處を望見することを恐る。

【擬託】ぎたく なぞらえ寄せる。〔世説新語、文学〕謝(安)～自ら其の意を敍べ、萬餘語を作す。才峯秀逸なり。既に自ら干し難く、意氣擬託を加へ、蕭然として自得す。四坐、厭心せざる莫し。

【擬法】ぎほう(はふ) なぞらえ則る。〔呉越春秋、句践帰国外伝〕是に於て、范蠡乃ち天文を觀、紫宮に擬法し、小城を築作す。

【擬論】ぎろん 争論する。〔三国志、魏、荀惲伝〕初め文帝、平原侯植と竝びに擬論有り。文帝曲げて或に禮事す。或卒するに及び、惲又植と善し。而して夏侯尚と穆まず。文帝深く惲を恨む。

↑擬学ぎがく 模倣する／擬捍ぎかん 防ぐ／擬儀ぎぎ 模式／擬経ぎけい 擬作した経書／擬憲ぎけん のっとりまねする／擬罪ぎざい 定罪／擬作ぎさく 模作する／擬死ぎし 死刑／擬似ぎじ 擬罪／擬質ぎしつ 比擬／擬主ぎしゅ 主君のふり／擬人ぎじん 人になぞらえる／擬正ぎせい

主任官／擬勢 虚勢／擬聖 聖人ぶる／擬製 擬造／擬請 要請する／擬斥 なぞらえる／擬造 なぞらえ作る／擬待 つもり／擬態 まね／擬題 予想試問／擬度 考える／擬断 擬罪／擬肘 虚勢／擬定 考定／擬訂 草稿／擬嫡 嫡子なみ／擬把 割り当て／擬陪 副官／擬罰 擬罪／擬比 なぞらえる／擬辟 死罪／擬律 法の適用／擬流 島流し
↓自擬・準擬・所擬・僭擬・銓擬・度擬・儲擬・儗擬・配擬・比擬・非擬・評擬・模擬・倫擬

常【犠】17 〔犧〕20 2855 ギ いけにえ

篆文  詛楚文 

形声 旧字は犧に作り、羲声。羲は犧牲の羊を我（鋸）で切り、丂は足が垂れている形で、犧の初文。〔説文〕二上に「宗廟の牲なり」とし、また師の賈逵説を引いて「此れ古字に非ず」という。〔説文〕は羲の丂を兮にして気を示すとするが、兮とは関係がない。
訓義 1いけにえ、犧牲。2犧尊。鳥獣の形をとる酒尊を犧尊という。3いつくしみ養う。
古訓 〔和名抄〕犧牲 伊介邇倍（いけにへ）〔名義抄〕犧 イケニヘ
【犧牛】 いけにえに用いる牛。〔礼記、曲礼下〕天子には犧牛を以ひ、諸侯には肥牛を以ふ。
【犧象】 犧尊。鳥獣形の酒器。殷・殷周期のものに精品が多い。（方円の壺形の器）〔礼記、礼器〕君は西に犧象を酌み、夫人は東に罍尊を酌む。
【犧牲】 神にそなえるいけにえ。牛羊豕の類を用いる。〔周礼、地官、牧人〕凡そ祭祀には其の犧牲を共（供）し、以て充人に授けて、之れを繫がしむ。
【犧牷】 牷は牲体の完全なもの。欠点のない犧牲。〔大戴礼、曾子天円〕宗廟には芻豢と曰ひ、山川には犧牷と曰ふ。
【犧羊】 犧牲に用いる純一の色の羊。〔詩、小雅、甫田〕我が齊明（お供え）と 我が犧羊とを以て 以て社し、以て方（祭名）す 我が田既に臧し
↑犧羽 鳥獣文／犧媧 伏犧女媧／犧豭 牡豕の牲／犧杓 瓢／犧人 酒醴の役／犧盛 犧牲と穀物／犧尊 犧象／犧樽 犧尊／犧罇 犧尊／犧賦 犧牲を徴収する／犧幣 お供え物／犧牢 牢牲
↓郊犧・純犧・醇犧・人犧・芻犧・牲犧・騂犧・牷犧・廟犧・伏犧・庖犧・豊犧・麃犧

【礒】18 1865 ギ
形声 声符は義。字は碕・硪と近く、石のごろごろするさまをいう。国語では磯と通用する。
訓義 1石あるさま、石がごろごろとするさま。2国語では磯と通用する。いそ。
古訓 〔名義抄〕礒 イソ・カド 〔字鏡集〕礒 カド・イソ・イハト
↓碕礒

【魏】18 2641 〔巍〕21 2241 ギ たかい

篆文 

形声 字はもと巍に作り、声符は鬼。〔説文〕に魏字を収めず、巍字条九上に「高なり。嵬に従ひ、委聲」とするが、鬼の方が声に近い。漢碑に字を䰩に作り、禾に従う字であった。委は稲魂を被って舞う農耕儀礼において、女が低く舞う形。これに対して䰩は高く舞う形。これを一般化して高大の意となり、魏の字を以て、なおその義に用いたのであろう。
訓義 1たかい、高大のさま。宮門双闕の高大なるところを魏闕という。2能くする。〔方言、十三〕にみえる。3地の名、国の名、姓氏の名。
古訓 〔名義抄〕魏々 ヨソ／\ナリ・ヨソホヒ 〔字鏡集〕巍 イカタシ・イカラシ・タカクオホイナリ・サカシ・スルト（シ）・タカシ・オホイア（ナ）リ
【魏闕】 宮門の双闕。ここに懸けて法令などを広布したという。また、朝廷。晋・左思〔魏都の賦〕髽首（つぶし髪）の豪、鏤耳（みみわ）の傑、其の荒服を服し、衽を魏闕に斂む。
↑魏盈 しかる（燕・朝鮮の方言）／魏観 魏闕／魏魏 高大なさま／魏紅 牡丹の名／魏紫 牡丹の名／魏象 魏闕
↓漢魏・観魏・象魏・趙魏

【蟻】19 5815 ギ ガ あり
形声 声符は義。字はまた螘・蛾に作り、蟻冢を作る技術を蛾術という。〔説文〕に蟻字を収めず、蛾字条十三上に「羅なり」とあり、徐鉉の校記に〔爾雅、釈虫〕の「蛾・羅、蠶蛾なり」の文を引く。蛾術の蛾は蟻の音でよむ。〔大戴礼、夏小正〕に「十二月、玄駒賁る」とあり、玄駒とは蟻をいう。
訓義 1あり。2ありのような黒い色。
古訓 〔名義抄〕蟻 アリ 〔字鏡集〕蟻 キサ、・アリ・ヒヽル
【蟻丘】 ありづか。狭い土地。唐・駱賓王〔晩に江鎮に泊す〕詩 影を振ひて鴻陸を希ひ 名を逃れて蟻丘に謝せん
【蟻穴】 ありの穴。小事にたとえる。〔韓非子、喩老〕千丈の隄（堤）も、螻蟻の穴を以て潰え、百尺の室も、突（煙突）隙の烟を以て焚く。
【蟻行】 ありの歩み。〔埤雅、釈虫（螘字条）〕蟻の行くこと、逶遲として序有り、需かにして速やかならず。故に君子の時を得るや、其の進むに廉なること、此の如し。
【蟻合】 ありのように集まる。〔世説新語、識鑒〕（晋の）諸王驕汰にして輕しく禍難に遘ふ。是こに於て寇盜處處に蟻合す。郡國多く備無きを以て、制服すること能はず。遂に漸く熾盛なり。
【蟻聚】 ありのように集まる。〔三国志、魏、董卓伝注に引く華嶠の漢書〕今、海内安穩なり。故無くして都を移さば、恐らくは百姓驚動し、糜沸（沸きかえる）蟻聚して亂を爲さん。
【蟻術】 蟻が土をふくみ、蟻冢を作る法。学術の功にたとえる。〔礼記、学記〕比年に學に入り、～九年、類を知り通達し、強立して反らず。之れを大成と謂ふ。～此れ大學の道なり。記に曰く、蛾子、時に之れを術ぶと。其れ此の謂ひなるか。
【蟻附】 ありのように集まりつく。〔三国志、呉、孫堅伝〕堅、身づから一面に當り、城に登りて先づ入る。衆乃ち蟻附し、遂に大いに之れを破る。
【蟻磨】 ありと石臼。日月が東行西没するたとえ。〔晋書、天文志上〕日月實は東行して、天之れを牽きて以て西沒するは、之れを蟻の磨石の上を行くに譬ふ。磨は左旋し、蟻は右去す。磨疾くして、蟻遲し。故に磨に隨ひて以て左迴せざるを得ず。
↑蟻甕 酒甕／蟻潰 ばらばら／蟻観 軽視する／蟻宮 あり塚／蟻徑 あり道／蟻結 蟻集／蟻孔 蟻穴／蟻寇 土匪／蟻酒 にごり酒／蟻集 蟻聚／蟻裳 黒い裳／蟻城 あり塚／蟻壌 あり塚／蟻穿 蟻穴／蟻尊 酒樽／蟻冢 あり塚／蟻垤 あり塚／蟻塔 あり塚／蟻動 みだれる／蟻醅 蟻酒／蟻鼻 微細／蟻浮 蟻酒／蟻傅 蟻附／蟻伏 一斉降伏／蟻封 あり塚／蟻民 小民／蟻夢 南柯の夢／蟻擁 大勢／蟻楼 あり塚／蟻螻 ありとけら／蟻醪 蟻酒
↓巨蟻・群蟻・穴蟻・行蟻・樽蟻・虫蟻・浮蟻・楼蟻

【曦】20 6805 ギ キ ひのいろ ひかり

形声 声符は羲ぎ。〔玉篇〕に「日の色なり」とみえ、日光をいう。羲和ぎかは太陽の御者。晋の郭璞の〔遊仙詩〕に「朱羲」、謝恵連の詩〔秋懐〕に「傾羲」という語があり、ともに陽光をいう。曦はその後起の字である。

訓義 ①ひのいろ。②ひかり、日のひかり。

古訓 〔名義抄〕曦 ヒ・ヒカル・カヾヤク 〔字鏡集〕曦 ヒカリ・ヒカル・ヒノヒカリ・ヒノイロ・カヾヤク

【曦軒】ぎけん 太陽の乗る車。太陽。〔水経注、漾水〕山高くして雲に入る。遠く望むに状を増す。嶺は曦軒を紆めぐり、峰は月駕を枉まぐるが若ごとし。

➡曦景ぎえい 日光／曦月ぎげつ 日と月／曦光ぎこう 日の光／曦舒ぎじょ 日と月／曦曜ぎよう 陽光／曦輪ぎりん 太陽

⬇円曦・炎曦・赫曦・寒曦・光曦・朱曦・春曦・曙曦・昇曦・晨曦・新曦・暖曦・朝曦・冬曦・晩曦・奔曦・流曦

常

【議】 20 0865 ギ はかる

篆文 

形声 声符は義ぎ。〔説文〕三上に「語るなり」、また「語は論なり」「論は議かはるなり」とあって三字の訓義に通ずるところがあるが、字の原義はそれぞれ異なり、議は〔国語、鄭語〕に「伯翳はくえい（神名）は能く百物を議して、以て舜を佐たすくる者なり」とあり、議は譏察の意に近い。義は犠牲を神が「義たし」として享ける意。議は「神議かりはりに議る」意で、神意を問いはかる意である。

訓義 ①はかる、神にはかる。②あらそう、あげつらう、おもいめぐらす。③せめる、いさめる。④かんがえ、案件、意見、問題。⑤誼と通じ、はかる。

古訓 〔名義抄〕議 ハカル・タバカル・ソシル・トク・トフ・イカル・ツグ 〔篇立〕議 ハカル・タバカル・ハカリゴト・カタラフ・セム・エラブ・アヒカタラフ・イカル・ソシル 〔字鏡集〕議 ハカル・ハカリゴト・トフ・コトバ・ソシル・ワカル・トク・エラブ・ノリ・タハブル・ツグ

語系 議ngiai、譏kiai、毀xiuai は声近く、義において通じるところがある。

【議詘】ぎくつ 議論にまける。〔金史、孫鐸伝〕上うしゃ、鐸と戸部侍郎張復亨とを召し、交鈔（紙幣）を議せしむ。〜詰難すること久しうして、復亨、議詘す。

【議決】ぎけつ 評議して定める。〔漢書、酷吏、田延年伝〕昌邑王〜淫亂なり。霍将軍（光）憂懼し、公卿と之れを廢せんことを議す。敢て言を發する莫なし。延年劍を按じて群臣を廷叱し、即日議決す。

【議獄】ぎごく 訴えを審議する。罪の軽重をはかる。斉・王融〔永明九年、秀才に策する文、五首、三〕獄を議し死を緩ゆるくするは、大易の深規なり。法を敬じっつみ刑を卹れうふるは、虞書の茂典なり。

【議事】ぎじ 会議でことを相談する。その事がら。〔左伝、昭六年〕昔、先王、事を議して以て制し、刑辟けいへきを爲つくらず。民の爭心有らんことを懼おそるるなり。

【議奏】ぎそう 案件を評議し、その議定のさまを奏上する。〔漢書、宣帝紀〕功德茂盛、盡ことごとく宣ぶること能はず。而るに廟樂未だ稱かなはず。其れ議奏せよ。

【議定】ぎてい 評議して決する。〔隋書、律暦志上〕開皇の初に至り、太常牛弘に詔して、律呂を議定せしむ。是ここに於て博く學者を徵めし、其の法を序論す。又未だ決すること能はず。

【議論】ぎろん 意見を出して論じあう。〔史記、蕭相国世家〕功臣皆曰く、今蕭何は、未だ嘗かつて汗馬の勞有らず。徒ただ文墨を持して、議論するのみにして戰はず。顧反かへつて臣等の上に居るは何ぞやと。

➡議案ぎあん 原案／議錮ぎけん 免除する／議言ぎげん 議論／議罪ぎざい 議罰／議処ぎしょ 官吏の懲戒処分／議叙ぎじょ 官吏の表章／議臣ぎしん 正議の人／議政ぎせい 政務を論議する／議説ぎせつ 議論／議単ぎたん 定款／議罰ぎばつ 罪状を論議する／議諷ぎふう 諫める／議覆ぎふく 再議／議柄ぎへい 論題／議謀ぎぼう 相談する／議和わぎ 講和

⬇異議・逸議・奥議・横議・嘉議・会議・改議・閑議・諫議・譏議・疑議・擬議・共議・協議・空議・軍議・群議・計議・決議・建議・献議・讞議・言議・古議・公議・広議・抗議・高議・講議・合議・国議・再議・策議・雑議・参議・私議・刺議・思議・指議・訾議・肆議・諮議・事議・持議・時議・衆議・聚議・熟議・初議・深議・審議・芻議・世議・声議・政議・清議・切議・折議・専議・僉議・詮議・前議・争議・奏議・俗議・大議・談議・朝議・通議・廷議・定議・提議・党議・討議・讜議・動議・博議・駁議・駮議・発議・非議・鄙議・畢議・評議・廟議・付議・風議・覆議・沸議・物議・平議・秉議・別議・貶議・弁議・訪議・旁議・謀議・謗議・密議・明議・面議・余議・輿議・理議・論議・和議

【巍】 21 2241 ギ ガイ（グワイ） たかい

篆文 

形声 声符は鬼か。〔説文〕九上に「高なり」と訓し、字は嵬に従って、委ぃ声とするが、鬼・魏の声をとる字である。委は農耕儀礼において、稲魂いなだまを被ぶかった女が姿低く舞う形、巍はその姿高く舞うさまかと思われる。ただ山容の崔嵬たるさまをいう語としては、委の原義はすてられているものと考えてよい。

訓義 ①たかい、山の高大なさま。②宮殿などの高大なさま、宮闕。

古訓 〔名義抄〕巍 タカシ・サカシ・オホイナリ 〔字鏡集〕巍 イカタシ・イカラシ・サカシ・タカシ・オホイナリ・タカクオホイナリ・スルト（シ）

語系 巍ngiuai、嵬・隗nguai、巖ngiuai、峨ngai、嶷ngiək、巋khiuai はそれぞれ声義に通ずるところがあり、山などの高大なさまをいう。みな一系の語である。

【巍峨】ぎが 高くそびえるさま。漢・張衡〔西京の賦〕龍首（山の名）を疏なくして以て殿に抗かむふ。狀、巍峨として以て岌業きふげふ（高くけわしいさま）たり。

【巍巍】ぎぎ 高大雄偉のさま。〔論語、泰伯〕大なる哉かな、堯の君爲たるや、巍巍乎ぎぎこたり。唯だ天のみを大なりと爲す。唯だ堯のみ之れに則のっとる。

【巍乎】ぎこ 高大のさま。唐・韓愈〔伯夷頌〕昭乎たる日月も明と爲すに足らず。崒乎しゅっこたる泰山も高しと爲すに足らず。巍乎たる天地も容と爲すに足らざるなり。

【巍然】ぎぜん 高大のさま。〔水経注、河水四〕闕の直北、河を隔てて層阜有り。巍然として獨り秀で、河陽に孤峙す。世に之れを風陵と謂ふ。

➡巍奕ぎえき 高大／巍科ぎか 高科／巍廓ぎかく 高く広い／巍冠ぎかん 高冠／巍奐ぎかん 高く輝く／巍闕ぎけつ 魏闕／巍昂ぎこう 高い／巍峭ぎしょう 高く峻しい／巍聳ぎしょう 高く聳える／巍崇ぎすう 高大／巍麗ぎれい 高く美しい

⬇峩巍・巌巍・危巍・巋巍・崔巍・戴巍

キク

【匊】 8 2792 キク すくう

篆文 

金文 

会意 勹ほう＋米。勹は人の側身形。身をかがめてものを取る姿勢である。〔説文〕九上に「手に在るを匊と曰ふ。勹米に従ふ」という。〔詩、小雅、采緑〕に「終朝に綠（草の名）を采るも一匊に盈たず」とあり、草摘みを以て予祝とする俗を歌う。「一匊に盈たず」とはその予祝のかなわぬ意。〔毛伝〕に「兩手を匊と曰ふ」とあり、両手で承ける意。金文の字形は、身をかがめてものを承ける形である。

訓義 ①すくう。②両手、たなごころ。③分量として二升にあたる。
古訓 〔字鏡集〕匊 テノナカ
声系 〔説文〕に匊声として菊（菊）・趜・鞠、また蘜・鞫など八字を収める。掬・躹は〔説文〕未収の字であるが、匊の声義を承ける字である。
語系 匊・掬・臼 kiuk は同声。〔毛伝〕の「兩手を匊と曰ふ」の両手は臼。その両手で掬いあげることを匊という。
↑匊水 水をすくう
↓一匊・盈匊・手匊

人【掬】 11 5702 キク すくう

形声 声符は匊。匊は掬の初文。両手を以て物を掬うを匊といい、文献には掬の字を用いる。〔左伝、宣十二年〕に、敗走する兵がみな水に入り、舟に手をかけるので、舟中の人がその指を切り落とし、「舟中の指、掬すべきなり」という記述がある。
訓義 ①すくう、むすぶ、くみとる。②両の手、そのたなごころ。③心意をくみとる、うけいれる。④容量、五合。
古訓 〔新撰字鏡〕掬 牟曾夫（むそぶ）〔名義抄〕掬 ムスブ・ニギル・ツヽム・オコク・トヾム・マロカス・ノゾク・ハカル・チル・ユフ・トル〔字鏡集〕掬 ウゴク・マロガス・クム・トル・ノゾク・ニギル・トヾム・スクフ・ツマム・ムスブ・タナゴ、ロ・ツカム・イフ・ハカル・ツヽム
語系 掬・匊・臼 kiuk はみな同声。臼は両手。匊は手中にものある形。掬はその動詞形とみてよい。

【掬水】 水をすくう。唐・于良史〔春山夜月〕詩 水を掬へば月、手に在り 花を弄すれば香、衣に滿つ
【掬泉】 泉の水をくむ。唐・李華〔故左渓大師銘碑〕左渓は深山に僻在す。衣弊れ食絶ゆ。紙を布として衣き、泉を掬みて齋とす。
【掬弄】 水をすくって遊ぶ。宋・陸游〔放言〕詩 擿みては嗅ぐ、砌下の花 掬しては弄す、澗底の泉
↑掬示 昭示する／掬縮 かがまる／掬蹙 掬縮／掬壌 一握の土／掬誠 誠をつくす／掬抛 取捨する
↓一掬・盈掬・手掬・半掬・俯掬・挹掬・弄掬

常【菊】 11 4492 〔菊〕 12 4492 キク きく

篆文 

形声 声符は匊。〔説文〕一下に「大菊、蘧麥なり」とあり、大菊は蘧麦・なでしこ・かわらなでしこ。いまの秋菊の字はもと蘜に作り、〔説文〕に「日精なり。秋を以て華さく」という。いま菊の字を秋菊の意に用いる。
訓義 ①きく。②大菊、なでしこ、かわらなでしこ。
古訓 〔新撰字鏡〕菊 左支奈（さきな）〔和名抄〕菊 本草經に云ふ、菊に白菊・紫菊・黄菊有り。加波良與毛岐（かはらよもぎ）。一に云ふ、可波良於波岐（かはらおはぎ）〔篇立〕菊 カハラヨモギ・カハラオハギ〔字鏡集〕菊 オホキク・カハラヨモギ

【菊院】 菊の咲く垣根。明・何景明〔九月二十五日～麓堂に会す～〕詩 菊院、霜天靜かにして 楓城、海月遲し
【菊花】 菊の花。唐・杜甫〔復た愁ふ、十二首、十〕詩 毎に恨む、陶彭澤（淵明） 錢無くして（九月の）菊花に對せしを
【菊酒】 菊の花や茎葉を加えた酒。唐・権徳輿〔嘉興九日、丹陽の親故に寄す〕詩 草露、荷衣冷やかに 山風、菊酒香しる
【菊秋】 陰暦の九月。菊月。唐・李紳〔重ねて恵山に到る〕詩 倶に是れ、海天黃葉の信 兩たび霜節菊花の秋に逢ふ
【菊蘂】 菊のしべ。唐・白居易〔陵園の妾〕詩 眼に菊蘂を看る、重陽の涙 手に梨花を把る、寒食の心
【菊泉】 河南内郷の酈県にある菊潭。その水芳しく、よく寿を延べるという。北周・庾信〔滕王集序を謝する啓〕南陽の寶雉、幸ひに觀瞻するに足る。酈縣の菊泉、差や能く壽を延ばす。
【菊灯】 重陽（九月九日）前日の夜、灯を点す。〔乾淳歳時記、重九〕禁中の例、八月に于て重九を作す。慶瑞殿に排當して萬菊を分列し、燦然として眼に眩し。且つ菊燈を點すこと、略ぼ元夕の如し。
↑菊衣 菊の衣／菊英 菊の花／菊磵 菊の谷／菊月 九月／菊秀 菊花／菊蕊 菊のしべ／菊節 菊の節句／菊叢 菊の群落／菊酎 菊酒／菊坡 菊の堤／菊圃 菊畑／菊芳 菊の香り／菊籬 菊のまがき／菊醴 菊酒
↓園菊・佳菊・寒菊・旧菊・谿菊・古菊・黄菊・残菊・滋菊・秋菊・衆菊・春菊・疎菊・痩菊・霜菊・叢菊・丹菊・冬菊・芳菊・野菊・乱菊・蘭菊・籬菊

【躹】 15 2722 キク かがむ

形声 声符は匊。匊は身をかがめてものを掬いもつ形。その姿勢を躹、その姿勢で拝することを躹躬という。いま鞠躬と記すことが多い。鞠は仮借の字。
訓義 ①かがむ。②拝するときの姿勢、躹躬。
古訓 〔字鏡集〕躹 トム・トヾム〔篇立〕躹 トヾム
↑躹躬 手を下げ、身をかがめて拝する礼

人【鞠】 17 4752 キク けまり かがむ しらべる

篆文 

形声 声符は匊。〔説文〕三下に「蹋鞠なり」とあり、けまりをいう。躹に借用することが多く、〔書、盤庚中〕「爾惟これ自ら鞠しみ自ら苦しむ」、〔詩、小雅、蓼莪〕「母や我を鞠ふ」、〔詩、小雅、節南山〕「鞠訩」、〔論語、郷党〕「鞠躬如」などはみな躹の字義である。また訊鞠は鞫の字義。
訓義 ①けまり。②躹と通じ、かがむ、きわまる、つつしむ、やしなう、おさない、はらばうの諸義に用いる。③鞫と通じ、しらべる、ただす、せめる、つげる。
古訓 〔新撰字鏡〕鞠・鞫 万利（まり）〔和名抄〕鞠 万利（まり）〔名義抄〕鞠・鞫・鞫 オサナシ・ツヽシム・ミツ・キビシ・タモツ・ヤシナフ・ヲシフ・トフ・トブラフ・マリ・キハム・ツクス・ツグ・カタシ〔字鏡集〕鞠 タモツ・ツ、シム・ミツ・カヾム・タカシ・ヲサナシ・ヲシフ・ヤシナフ・ツクス・マリ・ヲス・ハグクム・ツク・キビシ・キハム・トブラフ・トフ
語系 鞠・躹・鞫・匊・掬・臼 kiuk は同声。抱いて養育する姿勢、苦しんで身をかがめる姿勢、深く身をかがめて拝する姿勢、きびしく罪人を窮治するときの姿勢、俯して両手を用いる姿勢など、みな似ているので、同系の語となる。鞠はそれらの語義と通用するところがある。

【鞠域】 地下室。土穴。〔漢書、外戚上、高祖呂皇后伝〕太后遂に戚夫人の手足を斷ち、眼を去り耳を熏き、瘖藥（声の出ぬ薬）を飲ませ、鞠域の中に居らしむ。名づけて人彘と曰ふ。
【鞠育】 やしない育てる。鞠養。〔詩、小雅、蓼莪〕父や我を生み 母や我を鞠ひ 我を拊（撫）し我を畜ひ 我を長じ我を育す
【鞠躬】 身をかがめてつつしむ。〔儀礼、聘礼〕圭を執りて門に入るに、鞠躬焉として、之れを失はんことを恐るるが如くす。
【鞠獄】 罪人をしらべ罰する。〔漢書、刑法志〕今廷吏を遣はし、郡と鞠獄せしむ。任輕くして祿薄し。其れ爲に廷平を置け。秩六百石、員四人。
【鞠訊】 罪状を吟味する。南朝宋・謝荘〔刑獄を改定する表〕孝宣（漢の宣帝）、是の時に當りてや、深文の吏を倍まし、鞠訊の法を立つ。

【鞠養】養い育てる。〔後漢書、劉般伝〕早く母を失ふ。同産の弟原郷侯平、尚ほ幼し。(父)紆親自ら鞠養し、常に與共に臥起飲食す。

【鞠旅】軍に告げる。〔詩、小雅、采芑〕方叔率ゐ 鉦人鼓を伐つ 師を陳ね旅に鞠ぐ 顯允なる方叔

↑鞠按 取り調べ/鞠歌 けまり歌/鞠劾 鞠問/鞠戯 けまり/鞠窮 鞠躬/鞠凶 凶を告げる/鞠訩 鞠凶/鞠繫 取り調べ/鞠護 保護する/鞠侯 猿の異名/鞠子 幼児/鞠室 打毬室/鞠杖 毬打つ杖/鞠場 鞠室/鞠治 取り調べ/鞠稚 養育する/鞠問 取り調べ

↓育鞠・撃鞠・蹴鞠・訊鞠・撫鞠

【麹】 19 4724 ［𪎭］ 22 8842 キク こうじ

篆文 

形声 声符は匊。〔説文〕七上に正字を𪎭に作り「酒母なり」とし、また異体一字を録する。

訓義 1こうじ。2さけ。3えびら、蚕簿。

古訓 〔和名抄〕麹 加无太知(かむたち)〔名義抄〕麹 カムダチ

参考 〔和名抄〕の「加无太知」は「かびたち」の意で醱酵。「かむち」「かむし」より「こうじ」となった。

【麹豉】味噌。〔潜夫論、徳化〕善者の天民を養ふや、猶ほ良工の麹豉を爲るがごときなり。起居其の時を以てし、寒温其の時を得ば、則ち一蔭の麹豉、美を盡して多量なり。

【麹室】こうじむろ。唐・皮日休〔酒中十詠、酒甕〕詩 移り來りて麹室に近く 倒に處りて糟牀に臨む

【麹車】こうじを運ぶ車。唐・杜甫〔飲中八仙歌〕詩 汝陽(汝陽王李璡)三斗、始めて天に朝す 道に麹車に逢うて、口に涎を流す 恨むらくは封を移して酒泉に向はざることを

【麹粥】こうじの粥。〔晋書、愍帝紀〕京師饑うること甚だし。米斗金二兩なり。人相ひ食はみ、死する者大半なり。太倉に麹數十䴵有り。麹允(人名)屑として粥と爲し、以て帝に供す。是に至りて復た盡く。帝～肉袒銜璧、～出でて降る。

【麹塵】こうじのかび。その淡黄色をいう。唐・白居易〔山石榴、元九(稹)に寄す〕詩 千房萬葉、一時に新たなり 嫩紫殷紅、麹塵鮮やかなり

↑麹衣 麹塵/麹院 酒房/麹王 酒の神/麹課 酒税/麹菌 こうじかび/麹孼 こうじ/麹糵 こうじ/麹神 酒の神/麹生 酒/麹銭 酒税

↓塩麹・官麹・糵麹・紅麹・酒麹・神麹・新麹・清麹・積麹・屑麹・糟麹・造麹・団麹・枕麹・麦麹・犯麹・米麹・緑麹・麇麹・罨麹

【蘜】 20 4442 キク

篆文 

形声 声符は鞠。〔説文〕一下に「日精なり。秋を以て華さく」とあり、菊(𦱊)の初文。字はまた鞠に作り、〔大戴礼、夏小正〕に「九月、榮鞠」とみえる。のち、菊の字を用いる。菊は〔説文〕一下に「大菊、蘧麦なり」とあって、なでしこをいう字であった。

訓義 1きく。字はまた菊に作る。2大菊、なでしこ、かわらなでしこ。

＊語彙は菊字条参照。

【𥷚】 23 8842 ［鞫］ 18 4752 キク しらべる

篆文 

会意 竹+㚔+人+言。〔説文〕十下に「辠人を窮治するなり」と訓し、㚔(幸)と人と言とに従って竹声とするが、字は会意。竹は鞭笞、幸は手械の形。人に手械を加え、これを窮治(きびしく訊問)し、ときに鞭笞を加える。言は神に誓って、虚偽の申立てをしない意。今の宣誓にあたる。鞫・鞠などの字をも用いるが、𥷚が本字である。

訓義 1しらべる、ただす、せめる。2鞠と通じ、きわまる、かがむ。

古訓 〔字鏡集〕𥷚 ヤシナフ・キハマル・ハグ、ム・カヾム・ツクス・マリ・ツク・ヲス

語系 𥷚・鞫・鞠・匊・躹・臼kiukは同声。身をかがめ、屈する姿勢をいう。鞠はまりを革で包んだもの。その字形にひかれて𥷚の俗体鞫が作られた。𥷚には一般に鞫の字を用いる。

＊語彙は鞫字条参照。

【鞫実】事実をよく調べる。〔唐書、李朝隠伝〕朝隠獨り、鞫實を經ざれば、宜しく輕しく法を用ふべからざるを以て、旨に忤ひ、嶺南の醜地に貶せらる。

↑鞫勘 取り調べ/鞫決 鞫断/鞫獄 取り調べ/鞫情 鞫実/鞫審 取り調べ/鞫訊 鞫問/鞫正 調べ正す/鞫断 定罪/鞫問 訊問

↓案鞫・窮鞫・考鞫・参鞫・就鞫・親鞫・訊鞫・推鞫・捕鞫

キツ

常【乞】 3 8071 キツ コツ こう もとめる

甲骨文 
金文 

象形 雲気の流れる形。氣(気)の初文は气、その初形は乞。〔説文〕一上に「气は雲气なり。象形」とあり、乞字を収めない。乞はもと雲気を望んで祈る儀礼を意味し、乞求の意がある。金文に「用って眉壽を乞む」のように、神霊に祈ることをいう。

訓義 1いのる、こう、もとめる、ねがう。2ものをもらう、ものをあたえる。

古訓 〔名義抄〕乞 コフ・アタフ・メグム

声系 〔説文〕に乞声として吃・訖・刉・仡・釳・汔など十八字を収める。迄は〔説文新附〕二下に収めるが、乞の声義を承けるところがある。他はおおむね乙の字義を承け、ものの円滑でない状況をいう。

語系 乞khiət、匃kat、害(害)hat、迄xiət、祈(祈)・旂・旛giəiは声近く、みな求め祈る意があり、おおむね金文にその用義のみえるものである。

【乞恩】めぐみを乞う。〔三国志、魏、明帝紀〕謀反及び人を手殺するに非ずして、～恩を乞ふ者有らば、奏當の文書と俱に上らしめよ。

【乞仮】物を借りる。また、請託する。また、休暇をとる。唐・杜牧〔故の処州李使君を祭る文〕我に家事有り。乞假して南に來り、里第に循出す。

【乞匃】求める。与える。〔陳書、新安王伯固伝〕性、酒を嗜み、積聚を好まず。得る所の祿俸、用度節無し、酣醉してより以後は、乞匃する所多し。

【乞骸】辞職する。骸骨を乞う。〔漢書、趙充国伝〕充國、骸骨を乞ふ。安車駟馬、黃金六十金を賜ひ、罷めて第(邸)に就かしむ。

【乞活】食糧を求めて他の地に移動する。〔晋書、石季竜載記下〕(張)豺と張舉、李農を誅せんことを謀る。～農、懼れて騎百餘を率ゐて廣宗に奔り、乞活數萬家を率ゐて、上白を保つ。

【乞求】乞い求める。〔三国志、蜀、張嶷伝〕郡に在ること十五年、邦域安穆なり。屢ゝ還らんことを乞求す。乃ち徵されて成都に詣る。

【乞巧】七夕の祭。〔荊楚歲時記〕七月七日～是の夕、人家の婦女、綵縷を結び、七孔の鍼を穿ち、～几筵・酒脯・瓜果を庭中に陳ねて、以て巧を乞ふ。

【乞人】乞食の人。〔孟子、告子上〕一簞の食、一豆の羹も、蹴爾(あしげにするさま)として之れを與ふれば、乞

人も屑しとせざるなり。

【乞米】　米を乞う。〔陳書、宗元饒伝〕時に合州刺史陳褒、贓汙狼藉にして、使を遣はして、渚に就きて魚を斂めしめ、又六郡に米を乞はしめ、百姓甚だ之れに苦しむ。元饒、劾奏す。

【乞命】　命乞い。〔洛陽伽藍記、二、景寧寺〕永安年中(劉)胡、猪を殺さんとす。猪忽ち唱へて命を乞ひ、聲、四隣に及ぶ。人謂ふ、胡兄弟相ひ闘ふと。來りて之れを觀るに乃ち猪なり。即ち宅を捨して歸覺寺と爲す。

【乞霊】　他の人のお蔭で救われる。〔左伝、哀二十四年〕晉侯將に齊を伐たんとし、來りて師を乞はしめて曰く、～寡君、福を周公に徼めんと欲す。願はくは靈を臧氏に乞はんと。臧石、師を帥ゐて之れに會し、廩丘を取る。

【乞憐】　他人の憐れみを乞う。唐・韓愈〔科目に応ずる時、人に与ふる書〕首を俛し耳を帖れ、尾を搖かして憐れみを乞ふ若きは、我の志に非ざるなり。～其の死、其の生、固より知るべからざるなり。

↑乞丐　乞匄／乞帰　辞職する／乞鞫　再審を要求する／乞士　僧／乞児　乞食／乞食　こじき／乞者　乞食／乞恕　乞宥／乞身　辞職する／乞相　貧相／乞頭　てら銭／乞貣　借りる／乞貸　乞貣／乞飯　乞食／乞覓　ゆする／乞盟　和を乞う／乞宥　許しを乞う／乞与　与える

↓干乞・寒乞・求乞・行乞・塗乞・貧乞

【仡】　5 2821　［仡］　6 2821　キツ　いさましい

篆文 

形声 声符は乞。〔説文〕八上に气に従う字形に作り、「勇壯なり」とする。〔書、秦誓〕に「仡仡たる勇夫」、また〔詩、大雅、皇矣〕に「崇墉仡仡たり」とあって、仡然として勇健、また高大のさまをいう。乞・兀・吉など、みな圭角のあるさまをいう形況の語に用いる。

訓義 ①いさましい。②たかい、頭をもちあげる。③舟がゆれる。

古訓 〔名義抄〕仡　イサム・ヲゾクレタリ　〔字鏡集〕仡　イサフ・オホキナリ・ウゴク・ヲソクレタリ・イサム

【仡仡】　勇壮なさま。高大なさま。また、舟のうごくさま。唐・柳宗元〔晋問〕巨舟軒昂し、仡仡として迴り環る。水師吏呼び、聲は商(山の)顏に裂く。是に於て鼓譟沓集して之れに從ふ。

【仡然】　高い姿勢。〔世説新語、棲逸〕蘇門山中に、忽ち眞人有り。～(阮)籍、嶺に登りて之れに就き、箕踞して相ひ對す。籍、終古を商略し、～上は黃(帝)・(神)農玄寂の道を陳べ、下は三代盛德の美を考へて、以て之れを問ふ。仡然として應へず。

↑仡勇　勇壮／仡立　直立する／仡栗　迅速なさま

【吃】　6 6801　［吃］　7 6801　キツ　どもる　くらう

篆文 

形声 声符は乞。〔説文〕二上に「言蹇りて難きなり」とあり、ことばが滞ってつづかぬをいう。正字は气に従い、篆文はその字形に作る。乞・气はもと同字であった。笑う声を吃吃といい、形況の語。喫(喫)と声が通じて、その意にも用いる。

訓義 ①どもる。②吃吃、わらうときの声。③喫と通じ、くらう。

古訓 〔新撰字鏡〕吃　已止々毛(ことども)、又、万々奈支(まなき)　〔名義抄〕吃・吃　コト・モリ・マ、ナキ

参考 「ままなき」はどもること。東北や群馬・新潟に、その方言がある。

【吃烟】　たばこをすう。喫煙。〔陔余叢考、三十三、烟草〕予爲りし時、尚ほ烟の何物爲るかを識らざりしも、崇禎の末には、三尺の童子も、吃烟せざるもの莫し。

【吃吃】　笑う声。〔飛燕外伝〕帝、昏夜昭儀を擁して九成帳に居り、笑ふこと吃吃として絶えず。

↑吃驚　びっくり／吃緊　緊急／吃巧　乞巧／吃茶　喫茶／吃水　喫水

↓乾吃・蹇吃・語吃・口吃・酒吃・吶吃・老吃

常　【吉】　6 4060　キツ　キチ　よい　めでたい

篆文 

甲骨文 

金文 

会意 士＋口。士は鉞の刃部を下にした形。口は𠙵、祝詞を収める器。祝禱を収めた器を聖器で守り、その吉善を保つ意である。〔説文〕二上に「善なり」とし、〔繫伝〕にその意を「口に擇言無きなり」、すなわち士人の言はみな吉の意とするが、吉・咸・吾は、みな聖器を以て祝禱の吉善を守る意象の字である。〔詩〕に「吉士」「多吉人」と称するものは、神事につかえる神人をいう。卜辞の「弘吉」「大吉」は卜兆の吉なる意、〔易〕にも吉・凶の語を用いる。

訓義 ①よい、めでたい、しあわせ、さち。②神事に従うことをいう。

古訓 〔名義抄〕吉　ツイタチ・ヨシ

声系 〔説文〕に吉声として詰・佶・頡・黠・袺・壹(壱)・拮・結など十九字を収め、壹声もその系列とするが、壹は吉に従う字でない。吉声のうち、詰・結・袺は吉の声義を承けて固く封ずる意があり、いわゆる亦声の字。また佶・頡などは乞・兀などと同系の語で、抗直不順の意をもつ形況の語である。

【吉凶】　吉と凶。〔易、繫辞伝上〕易に太極有り。是れ兩儀を生ず。兩儀四象を生じ、四象八卦を生ず。八卦吉凶を定め、吉凶大業を生ず。

【吉慶】　めでたいこと。〔魏書、神元平文諸帝子孫、高涼王萇伝〕萇、性剛毅、吉慶の事有りと雖も、未だ嘗て口を開きて笑はず。～高祖曰く、聞く、公、一生笑はずと。～當に朕が爲に笑ふべしと。竟に得ること能はず。

【吉月】　よい月。また、朔日。〔論語、郷党〕吉月には、必ず朝服して朝す。

【吉蠲】　清め祓う。清めた供え物。〔詩、小雅、天保〕吉蠲を饎と爲し　是を用て孝享す

【吉語】　よいことば。よい知らせ。〔漢書、陳湯伝〕上、曰く、奈何、其の解、必すべきか。度るに何れの時にか(兵)解けんと。～對へて曰く、～五日を出でずして、當に吉語の聞ずる有るべしと。居ること四日、軍書到りて、已に解けたるを言ふ。

【吉祭】　卒哭以後の祭は、凶礼より変じて吉礼となる。〔礼記、檀弓下〕是の日や、虞(祭)を以て奠に易かふ。卒哭に成事と曰ふ。是の日や、吉祭を以て喪祭に易ふ。

【吉士】　神につかえる者。〔詩、大雅、巻阿〕藹藹たる王の多吉士　維れ君子の使　天子に媚しとせらる

【吉時】　よいとき。〔後漢書、光武帝紀下〕奏議に曰く、今皇子、天に賴より、能く衣に勝へ趨拜す。～宜しく盛夏の吉時に因りて、號位を定め、以て～古に應じ舊を合し、衆心を厭塞せしむべし～と。制して曰く、可なりと。

【吉日】　ついたち。また、よい日。めでたい日。〔楚辞、九歌、東皇太一〕吉日の辰良　穆んで將に上皇を愉しましめんとす

【吉祥】　めでたいしるし。〔戦国策、秦三〕(蔡沢曰く)澤、千世に流れ、之れを稱して絕ゆること毋く、天地と終始す。豈に道の符にして、聖人の所謂吉祥善事に非ずや。

【吉辰】　よい日。吉日。〔後漢書、明帝紀〕(永平二年)閒ごろ暮春の吉辰、初めて大射を行ふ。令月元日、復た辟雍を踐む。

【吉人】よい人。徳ある人。〔易、繫辞伝下〕吉人の辭は寡なく、躁人の辭は多し。

【吉徴】めでたいしるし。吉兆。〔晋書、劉聰載記〕母を張夫人と曰ふ。初め聰の孕に在るや、張氏日の懷に入るを夢み、寤めて以て告ぐ。元海曰く、此れ吉徴なり。愼んで言ふこと勿かれと。

【吉夢】よい夢。〔詩、小雅、斯干〕吉夢は維れ何ぞ 維れ熊、維れ羆 維れ虺、維れ蛇

【吉問】吉報。〔後漢書、方術上、李南伝〕旦に善風有り。明日中する時、應に吉問有るべし。故に來りて慶を曰ふと。～晡に至りて乃ち驛使有り、詔書を齎らす。

【吉礼】めでたい礼。祭祀。〔周礼、春官、大宗伯〕吉禮を以て、邦國の鬼、神示に事ふ。

↑吉雲　五色の瑞雲／吉宴　賀宴／吉応　よい応報／吉喜　喜び／吉金　良質の銅／吉圭　吉蠲／吉笄　象牙の笄／吉験　吉徴／吉故　吉事／吉康　安らか／吉事　吉礼／吉主　明君／吉祝　福を祈る／吉羊　吉祥／吉象　吉徴／吉壤　良地／吉神　善神／吉讖　よい予言／吉瑞　吉祥／吉席　賀宴の席／吉占　よい占い／吉祚　幸い／吉宅　安宅／吉旦　吉日・一日／吉繇　吉占／吉兆　吉徴／吉徳　善徳／吉拝　九拝の一／吉服　礼服／吉卜　吉占／吉祐　幸運／吉利　幸福／吉隆　隆運／吉良　めでたい／吉禄　福禄

↓安吉・休吉・月吉・蠲吉・元吉・終吉・習吉・衆吉・初吉・小吉・祥吉・善吉・大吉・択吉・致吉・貞吉・寧吉・納吉・不吉・逢吉

【屹】 6　2871　キツ　そばだつ

形声 声符は乞。高くそばだつことを形容する語。屹屼は形況の語。

訓義 [1]そばだつ、けわしい。[2]たかい。

古訓 〔名義抄〕屹　タカク・サカシ　〔字鏡〕屹　タカク・トコシナヘ・サカシ

【屹屹】高くそばだつさま。また、気性のすぐれたことをいう。〔明史、岳正伝〕正、博學にして文章を能くす。高く自ら期許し、氣屹屹として人に下ること能はず。

【屹然】高くそびえ立つさま。漢・王延寿〔魯の霊光殿の賦〕漸臺、池に臨み、層曲九成す。屹然として特り立ち、的爾として形を殊にす。

↑屹蹶　険しい／屹屼　屹屹／屹峙　そびえ立つ／屹崒　そびえ立つ／屹立　そびえ立つ／屹栗　恐れる

↓昂屹

【肸】 6　8022　キツ　わかつ

篆文

会意 月＋八（八）。肉を両分する形。〔説文〕四下に「振肸なり」とし、〔段注本〕に「振肸（しんきつ）」にして「振動布寫」の意とする。〔説文〕に字を八の声とするが、声も合わず、字は分肉の意とみるべきである。〔六書故〕に引く〔唐本説文〕に「脤肸なり」とあり、脤は軍を発するとき、軍社に祭った肉を頒かつことをいう。その肉を肸と称するのであろう。徐灝の〔段注箋〕に肹の古字であろうという。

訓義 [1]わかつ、肉を分かつ。[2]うごく。[3]肹と通じ、ひびき。

声系 〔説文〕に肸声として肹・肸の二字を収め、佾字は〔新附〕八上に収める。肹はいま肹に作り、〔説文〕八上に「動作すること切切たり」とあり、肹とその声義が近い。すべて「脤肸」の義を以て解すべき字のように思われる。

〔人〕【迄】 7　3830　キツ　およぶ　まで

篆文　石鼓文

形声 声符は乞。乞は雲気の象で、气の初文。雲気を望んで祈る古俗があり、卜辞に「乞む」「乞ぶ」の義に用いる例がある。迄は「およぶ」意で「いたる」とよみ、わが国では「まで」とよむ。

訓義 [1]およぶ、いたる。[2]ついに、おわる。[3]まで。

古訓 〔名義抄〕迄　オヨブ・イタル・ヲハル・コトゴトク・ツヒニ

語系 迄・汔 xiət、訖・既（旣）kiət は声義近く、すべて「至りとどまる」意がある。迄・汔・訖は乞の声義を承ける字。既は食が終わり、食に飽く意。

【佶】 8　2426　キツ　いかめしい　ただしい

篆文

形声 声符は吉。吉声の字に乞・兀などと同じく強健の意をもつものがある。〔説文〕八上に「正なり」とし、〔詩、小雅、六月〕「既に佶ひ且つ閑ふ」の句を引く。〔鄭箋〕に「壯健の貌なり」とみえ、馬の勇む意。吉はものを器中に詰めて窮屈な状態、佶はいかがわしくて、なじみがたいようなさまをいう。

訓義 [1]いかめしい、いさましい、すこやかなさま。[2]ただしい。

古訓 〔名義抄〕佶　ツヨシ・タヾス・コヽ・タヾシ　〔字鏡集〕佶　タヾシ・タヾス・マサシ・ツヨシ・コ、

【佶屈】かたくるしい。文章がなめらかでなくよみづらい。唐・韓愈〔進学解〕文章を作爲し、～上は姚姒（唐虞）の渾渾として涯無き、周誥殷盤の佶屈聱牙なる、春秋の謹嚴なる～に規る。

【佶栗】きびしさにひきしまる。唐・陸亀蒙〔襲美の太湖詩に奉和す、二十首、一、初めて太湖に入る〕詩 耳目駭きて鴻濛（天地未分の混沌たるさま）精神、寒くして佶栗

↑佶倔　佶屈／佶烈　壮烈

【肹】 8　7824　キツ　ひろがる

篆文

形声 声符は肸。〔説文〕四下に「肸は振肸なり」とあり、肹三上には「肹蠁、布くなり。十に從ひ、肸聲」（段注本）という。肹蠁は虫の名であるらしく、〔段注〕に「聲を知るの蟲なり。肹蠁なる者は、蓋し知聲の蟲の如く、一時に雲集す」という。「振肸」とは「振播」のことであるらしく、肹とはその脤肉を頒かつ意で、それより播布の意となったものと思われる。肹蠁は別義。司馬相如の〔上林の賦〕に「衆香發越し、肹蠁布寫」、左思の〔呉都の賦〕に「光色炫晃として、芬馥肹蠁す」のように用い、広く弥漫する意の語である。

訓義 [1]ひろがる、しく、しきひろがる。[2]さかんにおこる、ひびきあう。[3]ととのえる、おさめる。[4]肹肹は笑う声。

↑肹肹　笑う声／肹飾　整える

【拮】 9　5406　キツ　ケツ　うごかす　いためる

篆文

形声 声符は吉。吉に佶屈、狭いところで難儀して捗らぬ意がある。〔説文〕十二上に「手口共に作す所有るなり」とし、〔詩、豳風、鴟鴞〕「予が手、拮据す」の句を引く。鳥が巣作りにその手爪をいため傷つける意である。そのように力をこめて動かすことをいう。

訓義 [1]うごかす、はたらく、力をこめてつかう。[2]いためる、きずつける。

古訓 〔名義抄〕拮　ウツ・スル・サク・ヒク・タカシ

↑拮隔　楽器を撃つ／拮据　力をこめてうごかす／拮抗　対抗する

〔人〕【桔】 10　4496　キツ　ケツ　はねつるべ

篆文

形声 声符は吉。吉に佶屈・拮抗の意がある。〔説文〕六上に「桔梗、藥の名なり」とし、「一に曰く、直木なり」とする。字の形義よりいえば、桔槔を原義とす

る字であろう。その支柱の木を桔という。

【訓義】1はねつるべ、はねつるべの木。2まっすぐの木。3ききょう。

【古訓】〔新撰字鏡〕桔梗 加良久波（からくは）、又、酒木、又、阿知万佐（あぢまさ）、又、久須乃木（くすのき）〔新撰字鏡、享和本〕加良久波（からくは）、又云ふ、阿佐加保（あさがほ）〔名義抄〕桔梗桿 カナツナヰ／桔梗 アリノヒフキ／梗 ヤマシム〔篇立〕桔 チカシ、加良久波（からくは）

【桔梗】ききょう。秋の七草の一。〔戦国策、斉三〕今、柴胡・桔梗を沮澤に求むるも、則ち累世一をも得ず。

【桔槹】はねつるべ。〔荘子、天運〕且つ子獨り夫の桔槹なる者を見ずや。之れを引くときは則ち俯し、之れを舍つるときは則ち仰ぐ。

↑桔隔 楽器を撃つ／桔桀 高く峻しい

【訖】 10 0861

篆文

キツ いたる おわる ついに

【形声】声符は乞。乞は卜辞に「いたる、およぶ」の意に用い、訖・迄・汔はその声義を承ける字である。〔説文〕三上に「止まるなり」、〔玉篇〕に「畢るなり」とあって終止する意。〔書、秦誓〕に「民訖ど自若たり」のように、副詞にも用いる。

【訓義】1いたる、およぶ、とどまる。2おわる、おえる。3ついに、すでに、ほとんど。

【古訓】〔名義抄〕訖 ヲハル・ツヒニ・トヾム・イタル・コト〴〵クニ・ツクス・スベヲヘ

【語系】訖・既（旣）kiət、迄・汔xiət は声近く通用の字。みな、ことが終わり、止まる意がある。

【訖今】今にいたる。〔漢書、成帝紀〕（鴻嘉四年詔）數と有司に敕し、務めて寛大を行うて苛暴を禁ぜしむ。今に訖るまで改めず。

【訖息】やむ。〔漢書、谷永伝〕上帝の譴怒を解謝せば、則ち繼嗣蕃滋し、災異訖息せん。

↑訖糴 穀を貯える／訖了 終わる

↓終訖・徧訖

常【喫】12 【喫】12 6703 ［吃］6 6801

篆文

キツ くらう のむ

【形声】声符は契（契）。契に絜の声がある。〔説文新附〕二上に「食らふなり」、〔玉篇〕に「啖らひ喫するなり」という。啖は舌を用いる食べかた、喫は歯を用いて齧む食べかたであるが、杜甫の〔李校書を送る、二十六韻〕「酒に對かふも喫むこと能はず」とある。また喫茶・喫煙のように吸い飲む意にも用いる。

【訓義】1くう、くらう。2のむ、すう。3人からの行為を受ける。4吃と通用する。

【古訓】〔名義抄〕喫 クフ・クラフ・ハム〔篇立〕喫 スフ・アザケル・ハム・クラフ・カム

＊語彙は吃字条参照。

【喫虧】失う。唐・杜牧〔隋苑〕詩 卻つて笑ふ、喫虧す、隋の煬帝 家を破り國を亡ぼして、何人と爲る

【喫緊】緊要。最重要。〔中庸章句、十二〕鳶飛んで天に戾り、魚淵に躍る。程氏曰く、此の一節、子思喫緊に人の爲にする處、活潑潑地なり。讀む者、其れ思ひを致せ。

【喫拳】拳を食らう。殴られる。〔鶴林玉露、丙二、論事任事〕諺に云ふ、喫拳何ぞ打拳の時に似んと。此の言鄙なりと雖も、實に至論と爲す。

【喫茶】茶を飲む。また、女が婚約すること。〔七修類稿、四十六、未だ喫茶を得るを見ず〕茶を種うるに、子（実）を下す。移植すべからず。移植せば則ち復た生ぜざるなり。故に女子の聘を受くる、之れを喫茶と謂ふ。

【喫飯】食事をする。唐・杜甫〔病後、王倚に遇ひて飲贈する歌〕詩 但だ殘年喫飯に飽かしめば 只だ願ふ、無事にして長しへに相ひ見んことを

↑喫煙 煙草をすう／喫虧 損失を受ける／喫驚 驚かされる／喫蹶 倒れる／喫斎 もの忌み／喫酒 飲酒／喫受 我慢する／喫食 食事する／喫水 吃水／喫素 精進料理／喫醋 嫉妬する／喫著 たべる／喫力 骨折る

↓好喫・飽喫・滿喫・漫喫

常【詰】 13 0466

篆文

キツ とう しらべる つめる

【形声】声符は吉。吉は聖器としての鉞頭（士）を、祝詞を収めた器（𠙵）の上において、これを封じ、その呪能を守る意で、詰めこむ意がある。それによって古善を責め求めるので、詰問の意となる。〔説文〕三上に「問ふなり」とあり、致詰の意とする。

【訓義】1とう、しらべる、なじる、せめる、ただす。2いましめる、おさめる。3みたす、つめる、つまる。

【古訓】〔名義抄〕詰 ナジル・イサフ・イサム・セム・トガ・カコツ・トフ・ツグ〔字鏡集〕詰 ツ、シム・トフ・ナジル・ツグ・セム・ヲサム・トガ・カコツ・イサム

【詰究】しらべつくす。〔唐書、戴至德伝〕尚書右僕射に遷る。時に劉仁軌、左（左僕射）と爲り、人の訴ふる所有れば率ね之れを優容す。至德は、乃ち本末を詰究し、理直なる者は密かに奏を爲すも、終に私恩を顯はさず。是れに由り、～仁軌を號して解事僕射と爲す。

【詰屈】まがりくねる。魏・武帝〔苦寒行〕楽府 北のかた太行山に上れば 艱いかな、何ぞ巍巍たる 羊腸として坂詰屈し 車輪之れが爲に摧く

【詰譲】せめなじる。〔三国志、魏、王朗伝〕海に浮んで東冶に至る。～朗乃ち（孫）策に詣る。策、儒雅なるを以て、詰譲するも害せず。

【詰旦】早朝。梁・丘遅〔楽遊苑に侍宴す～応詔〕詩 詰旦、閶闔（宮門）開き 馳道、鳳吹を聞く

【詰朝】明朝。もと詰旦と同じ語。〔左伝、僖二十八年〕二三子に謂へ、爾の車乘を戒め、爾の君事を敬しめ。詰朝、將に相ひ見えんとすと。

【詰難】なじる。〔史記、司馬相如伝〕乃ち書を著はし、籍るに蜀の父老を以て辭と爲し、而して己之れを詰難し、以て天子に風（諷）す。

【詰問】といただす。取り調べる。〔漢書、王嘉伝〕上、嘉生自ら吏に詣ると聞き、大いに怒る。～吏、嘉に詰問す。～嘉、獄に繫がること二十餘日、食はず、血を歐きて死せり。

↑詰窮 詰究／詰曲 屈曲する／詰詘 屈曲する／詰辱 せめただし、辱める／詰晨 詰旦／詰責 なじりせめる／詰対 調べる／詰治 取り締まる

↓訶詰・究詰・窮詰・禁詰・苦詰・譴詰・傲詰・条詰・沮詰・致詰・難詰・反詰・弁詰・面詰・吏詰・論詰

人【橘】 16 4792

篆文

キツ たちばな

【形声】声符は矞。矞に譎・鐍の声がある。〔説文〕六上に「橘果なり。江南に出づ」（段注本）とあり、わが国の蜜柑にあたる。〔楚辞、九章、橘頌〕にその樹徳を頌しているのは、そのような賦誦の文学が、魂振り的な機能をもつものとされたからであろう。〔周礼、考工記、総目〕に「橘、淮を踰えて北するときは枳と爲る」とあり、〔莵玖波集、雑三〕に「難波の葦は伊勢の濱荻」というのと同じ。橘は

わが国では花橘をいう。

訓義 ①みかん。②たちばな。

古訓 〔和名抄〕橘 太知波奈（たちばな）〔名義抄〕橘 タチバナ

【橘花】橘の花。唐・宋之問〔蛮洞を過ぐ〕詩 林暗くして、楓葉交はり 園香りて、橘花覆ふ

【橘子】橘の実。みかん。〔梁書、元帝紀〕太寶元年～左衞將軍王僧辯、橘三十子の蔕と共なるを獲たり。以て獻ず。

【橘樹】橘の木。〔南斉書、虞愿伝〕（祖）賚の中庭の橘樹、冬熟す。子孫競ひ來りて之れを取る。愿、年數歳なり。獨り取らず。賚及び家人、皆之れを異とす。

【橘緑】橘の実の緑色。宋・蘇軾〔劉景文に贈る〕詩 一年の好景、君須らく記すべし 正に是れ、橙黃橘綠の時

【橘林】橘の木の林。梁・沈約〔郊居の賦〕李衡は則ち橘林千樹、石崇は則ち雜果萬株、竝びに豪情の侈る所、儉志の娛しむ所に非ず。

↑橘顆 橘の実／橘紅 橘皮／橘黄 橘の実／橘実 橘の実／橘酒 橘実の酒／橘籍 橘の税／橘奴 橘の樹／橘皮 薬用とする橘の皮／橘餅 橘実の餅

↓嘉橘・甘橘・柑橘・金橘・枸橘・香橘・黄橘・山橘・酸橘・朱橘・種橘・椒橘・丹橘・庭橘・奴橘・橙橘・蘭橘・緑橘

キャク

常

【却】 7 4772 ［卻］ 9 8762 キャク しりぞける かえって

篆文

会意 去＋卩。〔説文〕九上に卻を正字とし「欲を節するなり」と訓し、谷声とする。谷を欲と解して欲を却ける意とするが、字は去と卩とに従う。去はもと大と凵とに従い、神判に敗れた者（大）が、その宣誓に用いた祝詞の器（𠙵）の蓋を破り（凵）、これを水に流した。その字は法、また神判の羊（解廌）の廌を加えた字が灋で、法の初文。その去を拝する形が却で、破却・棄却の意。責問を受けて却くことを却という。

訓義 ①敗訴者を却ける、しりぞける、しりぞく、さる、のぞく、おいはらう。②あとずさる、やむ、ゆずる。③副詞、かえって。

古訓 〔名義抄〕却 スツ・カヘル・カヘス・シリゾク・サル・サラフ・モテイテ・エラブ・ヌク〔篇立〕却 シリゾク・サル・ヲシリヘ・カヘス・カナクル・スツ・エラブ・サク・イトフ・スミヤカニサル・カクス・カヘテ・カヘル

声系 〔説文〕に卻声として腳・御など四字を収めるが、みな却に従う字。去は神判に敗れて流棄される意。それで却声の字には、受屈労倦の意をもつものが多い。

【却回】たち返る。唐・杜甫〔舍弟観、藍田に帰り新婦を迎ふ。両篇を示す、二首、二〕詩 汝去りて妻子を迎ふ 高秋、却回せんことを念ふ 即今、螢已に亂る 好し、鴈と同に來れ

【却棄】すてる。唐・杜甫〔打魚を観る歌〕詩 衆魚は常才なり、盡く却棄す 赤鯉は騰出す、神有るが如し

【却曲】まがる。〔荘子、人間世〕迷陽迷陽（悪草の名）、吾が行を傷ぶる無かれ 吾が行、却曲す、吾が足を傷ること無れ

【却後】その後。宋・蘇軾〔戯れに作る、種松〕詩 白髮何ぞ道ふに足らん 要らず雙瞳をして方ならしめん（仙化する）却後五百年 鶴に騎りて故郷に還らん

【却坐】ひき下がって坐る。唐・白居易〔琵琶行〕詩 我が此の言に感じて、良や久しく立ち 却坐して絃を促むれば、絃轉た急なり

【却背】後ろ向きになる。漢・枚乗〔書を上りて呉王を諫む〕人、性其の影を畏れて、其の迹を惡むもの有り。却背して走るに、迹逾いよ多くして、影逾疾し。

【却歩】あとずさり。〔孔子家語、儒行解〕國に聖人有るも、用ふること能はず。以て治を求めんと欲するは、是れ猶ほ却歩して、前人に及ばんことを求めんと欲するがごとし。得べからざるのみ。

【却立】しりぞいて立つ。〔史記、廉頗藺相如伝〕王、璧を授く。相如因りて璧を持して却立し、柱に倚り、怒髮上りて冠を衝く。

【却老】若返る。〔史記、武帝紀〕是の時にして、李少君も亦た祠竈・穀道・却老方を以て、上に見ゆ。上、之れを尊ぶ。

↑却下 おろす／却帰 帰る／却去 すてる／却月 半月形／却顧 回顧する／却行 後ずさり／却是 かえって 実は／却生 生きかえる／却説 さて／却絶 拒絶／却走 逃走／却足 却歩／却退 しりぞく／却頓 退き躓く／却避 退避／却復 回復／却流 逆流／却粒 穀絶ち

↓遺却・引却・解却・閑却・間却・棄却・減却・困却・殺却・消却・焼却・償却・攘却・心却・走却・退却・脱却・破却・敗却・売却・反却・擯却・返却・変却・拋却・忘却・没却・滅却・冷却

【谷】 7 8060 ［㖦］ 12 6702 ［臄］ 17 7123 キャク

篆文

象形 口の上のくぼみ。いわゆる人中といういみぞの部分を示す。〔説文〕三上に「口上の阿なり。口に従ひ、上は其の理に象る」とみえる。のち臄・㖦などの字を用いる。

訓義 ①人中、口の上、鼻の下のみぞの部分。②わらう。

古訓 〔名義抄〕噱 ワラフ・アヘク〔字鏡集〕谷 コ、・フカシ・タニ・ヤシナフ・キハム・ミヅノシタ、ルタニナリ

部首 〔説文〕三上にその部に西を属し、〔玉篇〕に「一に曰く、竹上の皮なり」とし、「舌の皃なり」とする。西は西席の象、すなわち簟の初文で、その象形字である。

声系 〔説文〕に谷声として卻・綌など四字、卻声として腳・御など四字を収める。卻が退去の意であることから考えると、これらの字は去・却に従う字とみるべきである。

参考 口上阿の谷と、谿谷の谷はともに象形で、字の初形に明確な区別がみられる。卻の従うところはおそらくもと却に作るもので、去は法（灋）によって流棄される人（大）と、蓋を外した盟誓の器（凵）とに従う。退去の義は、去に従って却に作るべきである。また別に容・欲・浴の従うところは、祝詞の器（𠙵）の上に神容の彷彿たるを示す字。口上阿の谷、谿谷の谷とまた異なる。

常

【客】 9 3060 キャク カク まろうど たびびと

篆文

金文

会意 宀＋各。宀は廟屋。各は祝禱の器（𠙵）に対して、神霊が上より降下（夂）する形。廟中に神霊を迎えることを客という。〔説文〕七下に「寄なり」と客寄・旅寓の意とするが、もとは客神をいう字であった。〔詩、周頌、振鷺〕「我が客戻る」、〔詩、周頌、有客〕「客有り、客有り 亦た其の馬を白くす」とは、周廟の祭祀に、客神として殷の祖霊を迎える意。「まろうど」は、わが国においても異族神を意味した。

訓義 ①まろうど、客神、異族神。②客人、上客。③たびびと、かりびと。④身をよせる、かりにすむ。⑤他からきた人。⑥顧客。⑦すぎた年、過去。

古訓 〔名義抄〕客 マラヒト／客人 マラフト〔字鏡集〕客 メヅラシ（ヒト）・マラフト・タビ、ト・ヨル・アキラカ

声系 〔説文〕十下に客声として愙を収め、「敬なり」と訓し、「春秋傳に曰く、陳を以て、三愙に備ふ」と〔左伝、襄二十五年〕の

文を引く。今本は字を恪に作る。窸は恪の本字。天子には先王朝の後を存する義があって、舜の後である陳を三恪の一として、周の廟祭に参加させた。本来は客神として遇したものであろう。窸の字は金文にみえる。

【客意】旅の心。唐・杜甫〔夏日、李公に訪はる〕詩 清風、左右より至る 客意、已に秋かと驚く

【客階】西階。主人は東階より、客は西階より上る。〔礼記、坊記〕客階より升り、弔を賓位に受くるは、民に追孝することを教ふるなり。

【客館】賓客を招くところ。〔漢書、公孫弘伝〕弘～數年にして宰相封侯に至る。是に於て客館を起し、東閤を開いて以て賢人を延き、與に謀議に參ぜしむ。

【客気】みせかけのから元気。〔左伝、定八年〕（魯の）師奔る。陽虎、冉猛を見ざる者の僞まして曰く、猛此に在らば必ず（斉を）敗らんと。猛之れを逐ふ。顧みるに（後に）繼ぐもの無し。僞りて顚ふる。虎曰く、（敵味方とも）盡く客氣なりと。

【客居】旅さき。〔史記、淮陰侯伝〕漢の兵、二千里にして客居す。齊の城、皆之れに反かば、其の勢ひ、食を得る所無からん。戰ふこと無くして降すべきなり。

【客卿】他国から来て、卿相の位にある人。〔史記、范雎伝〕（秦の昭王）乃ち范雎を拜して客卿と爲し、兵事を謀らしむ。

【客戸】移住した人。寄留者。〔唐書、食貨志一〕諸道の括むる所、客戸八十餘萬を得たり。

【客子】旅人。陳・徐陵〔関山月、二首、一〕楽府 關山、三五の月 客子、秦川を憶ふ 思婦、高樓の上 窗に當りて應に未だ眠らざるべし

【客死】他郷で死ぬ。〔史記、屈原伝〕（楚の懐王）屈平を疏んじ、～兵挫け地削られ、其の六郡を亡ひ、身は秦に客死し、天下の笑ひと爲る。

【客思】客意。旅愁。斉・謝朓〔離夜〕詩 翻潮、尙ほ恨みを知る 客思、眇かにして裁し難し 山川、盡すべからず 況んや乃ち故人の杯をや

【客舎】旅宿。旅館。唐・王維〔元二の安西（今の新疆のクチャ）に使するを送る〕詩 渭城の朝雨、輕塵を浥す 客舍青青として、柳色新たなり 君に勸む、更に盡せ一杯の酒 西のかた陽關を出づれば、故人無からん

【客愁】旅愁。唐・戴叔倫〔暮春感懐、二首、一〕詩 杜宇聲聲、客愁を喚ぶ 故園何れの處ぞ、此に樓に登る

【客情】旅人の情。唐・寒山〔寒山詩、十八〕馬を驅せて荒城を度れば 荒城、客情を動かす

【客心】旅人のこころ。斉・謝朓〔暫く下都に使して、夜新林を発す～〕詩 大江、日夜に流れ 客心、悲しみ未だ央きず 徒だ念ふ、關山の近きを 終ひに反路の長きを知る

【客身】異郷の身。唐・杜甫〔春日江村、五首、二〕詩 迢遞（遥かに）三蜀に來り 蹉跎たり、有た六年 客身、故舊に逢ひ 興を發するは林泉よりす

【客塵】旅の苦労。また、仏教で煩悩をいう。宋・范成大〔如夢堂の壁に題す〕詩 片雲、歸夢を載せず 兩鬢、全て客塵に供す

【客船】旅客をのせた舟。唐・張継〔楓橋夜泊〕詩 月落ち烏啼いて、霜天に滿つ 江楓漁火は、愁眠に對す 姑蘇城外、寒山寺 夜半、鐘聲、客船に到る

【客中】旅行中。唐・孟浩然〔早に寒江上に懐有り〕詩 鄉淚、客中に盡き 孤帆、天際に看る

【客枕】旅寝。宋・陸游〔楓橋に宿る〕詩 七年到らず、楓橋寺 客枕依然たり、半夜の鐘

【客程】旅の道のり。宋・晁補之〔呉松道中、二首、二〕詩 曉路、雨蕭蕭 江鄉、葉正に飄へる 天寒くして、雁聲急に 歲晩れて、客程遙かなり

【客奉】客を養う費用。〔史記、孟嘗君伝〕其の食客三千人、邑入以て客に奉ずるに足らず。人をして錢を薛に出さしむ。歲餘入らず。錢を貸したる者、多く其の息を與ふる（払う）こと能はず。客奉將に給せざらんとす。孟嘗君之れを憂ふ。

【客夢】旅寝の夢。唐・王昌齢〔高三の桂林に之くを送る〕詩 君を留めて夜飲みて、瀟湘に對かふ 此れより歸舟、客夢長からん

【客郵】駅亭。宿場。宋・沈遘〔（盧）中甫の新開湖に和す〕詩 十年の人事、都べて夢の如し 猶ほ識る、湖邊の舊客郵

【客游】旅に出る。他郷にゆく。〔戦国策、韓二〕聶政謝して曰く、臣に老母有り、家貧し。客游して以て狗屠を爲す。旦夕に甘脆を得て、以て親を養ふ可し。

【客傭】他郷でやとわれる。〔後漢書、呉祐伝〕時に公沙穆、來りて太學に遊ぶも、資糧無し。乃ち服を變じて客傭し、祐の爲に賃舂す。祐與に語りて大いに驚き、遂に共に交はりを杵臼の閒に定む。

【客裏】旅先。旅行中。唐・牟融〔范啓の東のかた京に還るを送る〕詩 客裏、故人と尊酒して別る 天涯の遊子、弊裘寒し

【客路】旅路。唐・王湾〔北固山の下に次る〕詩 客路、青山の外 行舟、綠水の前

【客廬】客舎。〔後漢書、独行、范冉伝〕黨人の禁錮に遭ひ、遂に鹿車を推し、妻子を載せ、捃拾して自ら資る。或いは客廬に寓息し、或いは樹蔭に依宿す。此くの如きこと十餘年、乃ち草室を結びて居る。

↑客衣 旅衣／客位 客席／客懐 客意／客観 第三者的な立場／客寄 旅／客郷 旅先の地／客遇 客扱い／客月 先月／客語 通訳／客恨 客愁／客歳 去年／客作 雇われ／客桟 やどや／客使 外使／客刺 名刺／客児 預かり子／客主 主客／客戍 駐屯／客秋 昨秋／客処 旅住居／客倡 遊びめ／客商 旅商人／客睡 旅寝／客饌 客の馳走／客窓 旅館／客僧 旅僧／客単 客の名簿／客地 異境／客帳 旅舎／客鳥 渡り鳥／客亭 駅舎／客途 客路／客冬 昨冬／客年 去年／客念 客思／客嚢 旅中の財布／客帆 客舟／客兵 駐屯兵／客聘 礼物／客民 寄留民／客侶 旅友達／客慮 雑念

↓異客・羽客・雲客・延客・園客・遠客・佳客・華客・過客・嘉客・賀客・雅客・海客・外客・閑客・観客・奇客・寄客・喜客・棋客・貴客・羈客・久客・旧客・急客・狂客・俠客・僑客・嬌客・吟客・寓客・軽客・結客・剣客・估客・孤客・故客・賈客・顧客・江客・行客・狎客・高客・豪客・坐客・座客・刺客・詞客・詩客・主客・酒客・宿客・書客・正客・招客・商客・樵客・上客・乗客・常客・食客・塵客・酔客・征客・政客・清客・醒客・接客・説客・仙客・先客・船客・騒客・俗客・尊客・多客・大客・談客・致客・逐客・弔客・珍客・佃客・幕客・賓客・逋客・奉客・墨客・門客・野客・幽客・遊客・傭客・来客・旅客・論客

常

【脚】

11 7722

［腳］ 13 7722

キャク あし

篆文 

形声 声符は却。却に却去の意がある。〔説文〕四下に腳を正字とし、「脛なり」と訓する。脚は屈曲する膝をも含めて、足の全体をいい、すべて上体の部分を支える柱状の部分をいう。

訓義 1 あし、はぎ、すね。2 下体の部分、山のふもと、器物のあし。

古訓 〔名義抄〕脚 アシ・タスク・モト・フモト・カチ・アシトテヒク 〔篇立〕脚 アシ・ハギ

【脚下】あしもと。唐・杜甫〔李鄠県丈人胡馬行〕詩 頭

上の鋭耳は秋竹を批ち 脚下の高蹄は寒玉を削る 始めて知る、神龍は別に種有り 凡馬の空しく多肉なるに比せず

【脚疾】きゃくしつ かっけ。〔宋書、朱脩之伝〕脩之～脚疾を以て獨行に堪へず、特に扶侍を給す。

【脚色】きゃくしょく 出仕するときに提出する履歴書。また、戯劇の俳優の役割。〔桃花扇、凡例〕脚色は、君子小人を分別する所以なり。

【脚踏】きゃくとう（たふ） ふみ台。〔宋史、后妃下、劉貴妃伝〕（賢妃）寵を恃みて驕侈なり。嘗て盛夏に因り、水晶を以て脚踏を飾る。帝之れを見、命じて取りて枕と爲す。

【脚婆】きゃくば 湯たんぽ。宋・黄庭堅〔戯れに煖足缾を詠ず、二首、二〕詩 千金もて脚婆を買ひ 夜夜、天明に睡る

【脚力】きゃくりょく 飛脚。また、歩行力。宋・蘇軾〔玲瓏山に登る〕詩 脚力盡くる時、山更に好し 限り有るを將つて、窮まり無きを趁ふこと莫かれ

↑脚価 飛脚賃／脚踝 くるぶし／脚骭 すね／脚気 かっけ／脚脛 すね／脚棍 刑具の一／脚跟 足ゆび／脚趾 足ゆび／脚渋 足あと／脚銭 運賃／脚底 足の裏／脚掌 足の裏／脚跡 足あと／脚銭 すすぎ湯／脚頭 足もと／脚板 脚の底／脚布 ゆもじ／脚歩 歩む／脚繃 はばき／脚本 劇の台本／脚面 足の甲／脚鐐 足かせ／脚炉 足あぶり／脚腕 足首

↓行脚・韻脚・雨脚・雲脚・曳脚・鴨脚・企脚・橋脚・曲脚・筋脚・健脚・股脚・跨脚・後脚・根脚・三脚・山脚・失脚・垂脚・酔脚・赤脚・折脚・船脚・前脚・双脚・促脚・注脚・長脚・日脚・跛脚・馬脚・飛脚・臏脚・撫脚・風脚・毛脚・立脚・聾脚・老脚

【嚎】 16 6103 キャク わらう

篆文 

形声 声符は豦。〔説文〕二上に「大いに笑ふなり」とし、豦声。嚎は笑うときの擬声語。

訓義 ①わらう、大いにわらう、わらう声。②あご。③舌。

古訓 〔新撰字鏡〕嚎 太加恵（たかゑ）〔新撰字鏡、享和本〕嘔嚎 太可恵（たかゑ）〔名義抄〕嚎 ワラフ・アヘク

↑嚎嚎 笑声／嚎談 談笑

↓一嚎・飲嚎・嘔嚎・歓嚎・叫嚎・甚嚎・大嚎・嘲嚎・謑嚎

【屩】 18 7722 キャク キョウ（ケウ） くつ

篆文 

形声 声符は喬。〔説文〕八下に「屐なり」。次条に「屐は屩なり」とあって互訓。〔釈名、釈衣服〕に「屩は草履なり。屩は蹻なり。出行するときに之れを著く。蹻蹻として輕便なり。因りて以て名と爲す」という。麻などで作った草履の類である。

訓義 ①くつ、いとぐつ、わらぐつ、草履。②くつしき、しきわら。

【屩子】きゃくし わらぐつ。〔後漢書、西南夷、哀牢夷伝注に引く南中志〕猩猩、山谷中に在り。～百數、群を爲す。土人～試みに共に酒を嘗めしむ。～又屩子（数十相連結する者）を取りて、之れを著かしむ。～便ち大酔せば、人出でて之れを收む。

↑屩鼻 はな緒

↓雲屩・菅屩・躡屩・雪屩・草屩・著屩・敗屩・弊屩・芒屩・履屩

ギャク

【屰】 6 8040 ギャク さからう

篆文 

甲骨文 

金文 

象形 人の正面形である大の倒形。向こうより人の来る形。辵（道）を加えて逆（逆）となり、逆は「むかう」とよむ。〔説文〕三上に「順ならざるなり」とし、字は干に従い、「干す」意を字形に含むとするが、大の倒形。秦の〔繹山石〕には、夫の倒形にしている。

訓義 ①さかさま、さからう。逆の初文。②戟と通じ、枝のあるほこ。

声系 〔説文〕に屰声として逆・咢・朔（朔）・斥など七字を収め、咢声・斥声もその声系の字とする。また幸字条十下に字を屰と天とに従い、天にして死するを不幸、夭の屰を幸とするが、幸の字は手械の形。幸を手に施すを執という。屰天に従う字ではない。

語系 屰・逆ngyak、忤・牾・迕ngaは声義近く、みな払逆違背の意がある。また迎（迎）ngyang、遇（遇）ngio、遻ngakは、みな迎える意があって同系の語。

常 【虐】 9 【虐】 9 2121 ギャク しいたげる

篆文 

古文 

詛楚文 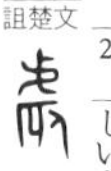

象形 虎が爪をあらわしている形。篆文には人の形を加えており、人が危害にあう意である。〔説文〕五上に「殘なふなり」とあり、残虐の意とする。漢碑には人の形の部分を匕（亡）に作るものがあり、屈屍の象とみてよい。

訓義 ①しいたげる、いためころす。②むごくきびしい、てあらい。③人を苦しめるわざわい。

古訓 〔名義抄〕虐 コロス・サカサマ・オコル・ニクム・ヲカス・アシ・アラシ・シヘタク・オビヤカス

声系 〔説文〕に虐声として謔・瘧の二字を収める。謔は戯謔、わるふざけをして人をなぶること、瘧は疾熱で苦しむ病。虎害の虐を、人の心身に及ぼした語である。

語系 虐・瘧ngiôkは同声。〔急就篇、四、注〕に「瘧は寒熱休作の病なり。其の酷虐なるを言ふなり」とみえる。

【虐威】ぎゃくい（ゐ） 残酷な刑罰で威圧する。〔書、呂刑〕虐威せられたる庶戮は、方く無辜を上に告ぐ。

【虐刑】ぎゃくけい 残虐な刑罰。〔淮南子、泰族訓〕人を愛するときは、則ち虐刑無し。人を知るときは、則ち亂政無し。

【虐殺】ぎゃくさつ 残虐な方法で殺す。〔淮南子、本経訓〕兵革興りて分爭生じ、民の滅抑夭隱せられ、不辜（罪なき者）を虐殺し、無罪を刑誅すること、是に於てか生ず。

【虐疾】ぎゃくしつ はげしい病。〔書、金縢〕史乃ち冊祝して曰く、惟れ爾の元孫某、厲虐の疾に遘ふ。～旦（周公の名）を以て某の身に代へよ。

【虐政】ぎゃくせい 人民を苦しめるむごい政治。〔孟子、公孫丑上〕民の虐政に憔悴すること、未だ此の時より甚だしき者有らざるなり。

【虐謀】ぎゃくぼう わるだくみ。〔漢書、五行志中之下〕晉、舊を惟はずして、虐謀に聽き、怨みを彊國に結ぶ。四たび秦の寇を破り、禍、數世に流るるは、凶惡の效なり。

【虐乱】ぎゃくらん 乱暴する。〔史記、儒林、轅固生伝〕夫れ桀紂虐亂にして、天下の心、皆湯武に歸す。

【虐烈】ぎゃくれつ 残忍。虐暴。〔後漢書、袁紹伝〕古今の書籍の載する所を歴觀するに、貪殘虐烈、無道の臣、（曹）操に於て甚だしと爲す。

↑虐害 そこなう／虐遇 虐待する／虐刻 残刻／虐士 死者／虐使 虐待する／虐暑 猛暑／虐戕 しいたげる／虐人 凶暴者／虐刃 虐殺／虐世 無法な世／虐待 しいたげる／虐魃 ひでり／虐暴 暴虐／虐用 虐使する／虐斂 暴斂

↓悪虐・淫虐・横虐・苛虐・害虐・旱虐・頑虐・凶虐・狂虐・桀虐・五虐・寇虐・搆虐・酷虐・昏虐・詐虐・惨虐・残虐・恣虐・肆虐・自虐・弑虐・戕虐・侵虐・賊虐・大虐・貪虐・毒虐・忍虐・魃虐・暴虐・妖虐・乱虐・凌虐・厲虐

常 **【逆】** 9 3830 〔逆〕 10 3830 ギャク ゲキ むかえる さからう

篆文

甲骨文

金文

形声 声符は屰。屰は向こうから人の来る形。人の正面形である大の倒形。これを道に迎えることを「逆ふ」という。〔説文〕二下に「迎ふるなり」とあり、卬は人の左右相対する形。周初の金文〔令殷〕に「用て王の逆造に饗す」とあり、逆造は出入・送迎のことをいう。屰は倒逆の形であるから、また順逆の意となる。

訓義 ①むかえる、まねく。②あらかじめ、はかる、前もって。③さからう、そむく、もとる、たがう。④さかさま、よこしま、悪逆。

古訓 〔名義抄〕逆 サカシ・サカサニ・ムカフ・タガフ・アラカジメ・シリゾク・サカフ 〔字鏡集〕逆 サカフ・タガフ・カネテ・ワタル・スヘル・モトル・サカサマ・シリゾク・アラカジメ・ムカフ

語系 逆ngyak、迎(迎)ngyang、遇(遇)ngio、迓・御(御)ngeaは声近く、みな人を迎え、遇うことをいう。また忤・迕ngaは人に逆らう意。屰・午・牙は声近く、一系の語をなしている。

【逆境】 不本意な境遇。〔宋史、羅点伝〕夫れ閭閻(村里)の匹夫、閨門(家庭)の逆境に處らば、容さに酒を縦にし、自ら放にする者有るべし。

【逆耳】 耳に聞きづらい。忠言。晉・孫楚〔石仲容(苞)の為に孫皓に与ふる書〕夫れ膏肓を治むる者は、必ず口に苦き薬を進め、狐疑を決する者は、必ず耳に逆らふの言を告ぐ。

【逆折】 逆まき、うずまく。唐・李白〔蜀道難〕詩 上に六龍(太陽)回日の高標(高峰)有り 下に衝波逆折の回川有り

【逆賊】 反逆の賊徒。唐・王維〔大唐故臨汝郡大守~京兆の韋公神道碑銘〕逆賊安祿山、堯に吠ゆるの犬、彼の六騾を驅る。武を憑むの狐、百獸を威すに猶たり。

【逆探】 あらかじめさぐる。〔資治通鑑、漢紀十四〕(武帝、太始三年)臣光曰く、人君為たる者は、動靜舉措、愼まざるべからず。~姦臣逆め上の意を探り、其の少子を奇愛し、以て嗣と為さんと欲するを知り、~卒に巫蠱の禍を成せり。悲しい夫。

【逆覩】 予見する。蜀・諸葛亮〔後の出師の表〕臣、鞠躬盡力、死して後已まん。成敗利鈍に至りては、臣の明の能く逆め覩る所に非ざるなり。

【逆道】 道理にそむく道。〔韓非子、忠孝〕今夫れ賢を上び智に任せて常無きは、逆道なり。而るに天下、常に以て治と為す。

【逆謀】 謀叛の計。漢・朱浮〔幽州の牧と為り、彭寵に与ふる書〕惜しい哉、休令の嘉名を棄てて、梟鴟(悪鳥、賊徒)の逆謀を造す。

【逆流】 水が上方に流れる。漢・枚乗〔七発〕曰く、神に似て非なる者、三あり。~江水逆流し、海水上潮す。~衍溢漂疾、波涌き濤起る。

【逆旅】 旅館。唐・李白〔春夜、桃李園に宴するの序〕夫れ天地は萬物の逆旅にして、光陰は百代の過客なり。而して浮生夢の若し、歡を為すこと幾何ぞ。

【逆鱗】 君主の怒り。〔韓非子、説難〕夫れ龍の蟲為るや、柔狎して騎るべきなり。然れども其の喉下に、逆鱗の徑尺なる有り。若し人之れに嬰るる者有らば、則ち必ず人を殺す。人主にも亦た逆鱗有り。說く者、能く人主の逆鱗に嬰るること無くば、則ち幾し。

↑逆悪 大悪/逆意 反抗する/逆違 逆運/逆奄 悪宦官/逆閹 逆奄/逆億 予測する/逆気 反抗/逆計 謀叛の計/逆撃 迎え撃つ/逆言 逆らう語/逆迕 逆らう/逆行 逆徳の行為/逆子 不孝者/逆死 非命の死/逆事 邪曲の事/逆邪 よこしま/逆順 順逆/逆心 謀叛心/逆臣 謀叛人/逆数 不順/逆斥 斥ける/逆接 迎え撃つ/逆節 反逆する/逆戦 迎え撃つ/逆知 予知/逆徒 謀叛人/逆睹 あらかじめ知る/逆党 叛徒/逆徳 逆道/逆悖 もとる/逆坂 急坂/逆叛 叛逆/逆風 向い風/逆氛 叛乱の兆/逆法 非法/逆暴 暴虐/逆命 命にさからう/逆乱 さからい乱れる/逆虜 叛徒/逆料 予見する/逆倫 尊属傷害/逆沴 禍い

↓悪逆・意逆・違逆・横逆・気逆・凶逆・敬逆・五逆・忤逆・降逆・寇逆・搆逆・詐逆・讒逆・肆逆・弑逆・讐逆・順逆・親逆・僭逆・送逆・大逆・忠逆・誅逆・討逆・拝逆・背逆・悖逆・莫逆・伐逆・反逆・犯逆・風逆・払逆・暴逆・目逆・来逆・乱逆・六逆・凌逆

【瘧】 14 0011 ギャク おこり

篆文

形声 声符は虐(虐)。〔説文〕七下に「熱寒、休みて作る。疒に従ひ、虐に従ふ。虐は亦聲なり」と亦声に解する。時を定めて発熱し、また悪寒をする病で、古くはおこりといい、今のマラリアにあたる。

訓義 ①おこり。

古訓 〔篇立〕瘧 ワラハヤミ・エヤミ

↑瘧患 瘧病禍/瘧寒 おこり/瘧鬼 瘧神/瘧疾 おこり/瘧瘴 悪気/瘧蚊 瘧媒蚊/瘧癘 おこり

↓患瘧・酷瘧・病瘧

【謔】 16 0161 ギャク たわむれる

篆文

形声 声符は虐(虐)。虐は虎爪を以て他を虐害する形。〔説文〕三上に「戲るるなり」とあり、戲謔することをいう。〔詩、衛風、淇奥〕は領主を讃頌する詩。その盛容をほめたのち「善く戲謔すれども 虐を爲したまはず」という。普通には「人なぶり」することは、極めて不都合なことであった。

訓義 ①たわむれる。②謔謔は喜びたのしむ。

古訓 〔新撰字鏡〕謔 太波夫留(たはぶる) 〔名義抄〕謔 タハブレ・タハブル・ワラフ・アザケル・イツハリ

【謔謔】 喜び楽しむさま。〔詩、大雅、板〕天の方に虐するに 然く謔謔たること無かれ

【謔劇】 たわむれる。宋・梅堯臣〔李審言(等)~宝塔院に会飲す〕詩 刁(景純)周(仲章)、事老成す 危坐して言語寡なし 酒半ばにして、時に謔劇す 揣狀(ものまね)模寫に類す

【謔親】 初夜、皆で新婦をからかう俗。〔丹鉛雑録、一、戲婦〕婦を娶るの家、新壻避匿され、群男子競ひて戲謔を作し、以て新婦を弄ぶ。之れを謔親と謂ふ。

【謔浪】 ふざける。唐・李白〔友人に贈る、三首、三〕詩 世を慢んじて、功業を薄んず 胸中の畫、無きに非ず 萬古の賢を謔浪し 以て兒童の劇と爲す

↑謔戲 戲弄する/謔詞 ざれごと/謔笑 おどけ笑う/謔調 からかう

↓訶諱・歌諱・詼諱・諧諱・歓諱・嬉諱・疑諱・戯諱・巧諱・醜諱・笑諱・談諱・嘲諱・調諱・貪諱・侮諱・暴諱

キュウ

【ㄐ】

2 2270

キュウ(キウ) キョウ(ケウ) まつわる

篆文

甲骨文

象形 縄形のものが相まつわる形。〔説文〕三上に「相ひ糾繚するなり。一に曰く、瓜瓠結ㄐして起つなり。象形」とする。糾(糺)の初文とみてよい。相まつわるものに一種の神聖感があり、呪的な意味をもつことがあった。〔詩、周南、樛木〕「南に樛木有り 葛藟之れを纍ふ」は、君子祝頌の詩の発想である。

訓義 1まとう、まつわる。2糾の初文。

古訓 〔字鏡集〕ㄐ ツメヲオコス・カケタリ

声系 〔説文〕にㄐ声として叫(叫)・訆・赳(赳)・收(収)・觓・朻・糾・虯・嘂など十二字を収める。收は糾繚してこれに攴を加えるので、収治の意となる。他はみな糾纏・糾起の意をもつもので、ㄐの声義を承ける。

語系 ㄐ声の字は虯・觓 gyu と朻・糾 kyu の両系に分かれるが、みな糾纏・糾起の意がある。觓は觩 gyu、朻は樛 kyu と声義が近い。九 kiu も蛇形の糾纏する形。ㄐ声・九声・求声・翏声に、声義の通ずるものが多い。

＊語彙は糾字条参照。

↑ㄐ起 糾起

↓結ㄐ

常

【九】

2 4001

キュウ(キウ) ク ここのつ

篆文

金文

甲骨文
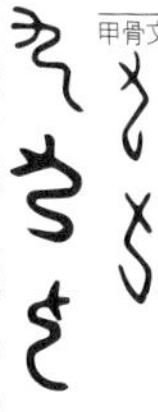

象形 竜蛇の形。竜蛇に虫形と九形とあり、九は岐頭の形でおそらく雌竜。虫と九と組み合わせた形は禹。九州の水土を治めたとされる神である。〔説文〕十四下に「陽の變なり。其の屈曲し、究盡するの形に象る」とする。七は陽の正、九は陽の変。ゆえに〔易〕の陽爻を初九・九二・上九のようにいう。数の九に用いる。

訓義 1竜の形、虯と関係がある。2ここのつ、究極の数。〔周易〕では陽数に用いる。3糾と通じ、あわせる。4久と通じ、老熟のもの。5勼・鳩と通じ、あつまる。

古訓 〔名義抄〕九 コ、ノツ・コ、ノトコロ・キヨシ・アツマル 〔字鏡集〕九 マタ・コ、ノツ・クハシ・アツマル・コ、ノトコロ・チカシ・アマタ・キヨシ

部首 〔説文〕に馗を属し、「九達の道なり。龜背に似たり。故に之れを馗と謂ふ。馗は高なり。九に從ひ、首に從ふ」と会意とする。字形によって解すると、もと竜の意であるらしく、虫・虺と関係のある語であろう。部首としては内部の禽・离・萬(万)・禹などの七字、また旬も卜文の形は九に従う。みな竜を示す形である。

声系 〔説文〕に九声として艽・軌・鳩・虓・旭・宄・究・仇・尻・軌・内など十六字を収めるが、内は会意。竜の屈曲する形を用いるもののほかはみな形声。鳩・虓はその鳴く声、軌は軒の声をいう。

語系 九 kiu、虯・觩 gyu、糾(糺)・樛 kyu は声近く、みな糾纏の意がある。声符としての九・ㄐ・求・翏には、声義の通ずるものが多い。〔詩、周南、関雎〕の「好逑」は、また「好仇」に作る。

【九域】 九州。中国全土。天下。〔晋書、孫恵伝〕今明公、名天下に著はれ、聲九域に振ふ。

【九淵】 深い淵。漢・賈誼〔屈原を弔ふ文〕九淵を襲ぬるの神龍、沕として深く潛んで以て自ら珍とす。蟂獺に偭いて、以て隱れ處る。夫れ豈に蝦と蛭螾(みみずの類)とに從はんや。

【九歌】 禹の九功の歌。〔左伝、文七年〕九功の德、皆歌ふべきなり。之れを九歌と謂ふ。六府三事、之れを九功と謂ふ。☒〔楚辞〕の篇名。東皇太一・雲中君・湘君・湘夫人・大司命・少司命・東君・河伯・山鬼・国殤・礼魂の十一篇。

【九垓】 天地のはて。九陔。九州。天下。晋・郭璞〔遊仙詩、十四首、六〕升降して長煙に隨ひ 飄颻として九垓に戯る

【九逵】 四方に通ずる路。唐・儲光羲〔幸亭を望む〕詩 大廈一木に非ず 沈沈として九逵に臨む 慶雲、飛棟に宿し 嘉樹、靑墀に羅なる

【九畿】 周代、王畿千里の外側に、五百里ずつ順次に定めた九つの地域。九服。〔周礼、夏官、大司馬〕乃ち九畿の籍を以て、邦國の政職を施す。

【九曲】 屈曲が多い。唐・盧綸〔郭判官～を送る〕詩 黃河九曲して流れ 古の邊州に繚繞す

【九皐】 水沢の奥深いところ。〔詩、小雅、鶴鳴〕鶴、九皐に鳴き 聲、天に聞ゆ

【九穀】 黍・稷・秫・稲・麻・大豆・小豆・大麦・小麦の九種。〔周礼、地官、倉人〕粟入の藏を掌る。九穀の物を辨ち、以て邦の用を待つ。

【九死】 九たび死ぬ。そのような困難をいう。〔楚辞、離騷〕亦た余が心の善しとする所 九死すと雖も、其れ猶ほ未だ悔いず

【九州】 古く中国を冀・兗・青・徐・揚・荊・予・梁・雍の九州に分けた。天下。〔周礼、夏官、量人〕國を建るの法を掌り、以て國を分つて九州と爲す。國の城郭を營み、后宮を營む。

【九如】 祝頌の辞。如をつける句九句を含む。〔詩、小雅、天保〕天、爾を保定す 以て興さざる莫し 山の如く 阜の如く 岡の如く陵の如く～南山の壽なるが如く 騫けず崩れず

【九霄】 高い空。唐・杜甫〔春、左省(門下省)に宿す〕詩 星は萬戶に臨んで動き 月は九霄に傍うて多し

【九仞】 仞は八尺。高いことをいう。〔書、旅獒〕山を爲ること九仞なるも、功は一簣(一もっこ)に虧く(もう一息というところで、未完成に終わる)。

【九成】 九曲編成の曲。また、九層の台。〔呂覧、音初〕有娀氏に二佚女有り。之れが九成の臺を爲り、飲食するに必ず鼓を以てす。

【九錫】 臣下の大功あるものに、特に賜う九種の品。車馬・衣服・弓矢・秬鬯などは、西周金文の冊命賜与にもみえる。〔漢書、武帝紀〕(元朔元年冬十一月、詔して曰く)三たび適むむ、之れを有功と謂ふ。乃ち九錫を加ふ。

【九折】 曲がりくねる。唐・李白〔蜀道難〕詩 靑泥(嶺の名)、何ぞ盤盤たる 百歩九折、巖巒を縈る

【九藪】 九沢。藪は狩猟地。楚の雲夢、宋の孟諸のように、九州に九沢があった。〔国語、周語下〕九川を決汨し、九澤を陂鄣(堤防作り)し、九藪を豐殖す。

【九疇】 国を治める九つの原則。五行・五事・八政・五紀・皇極など。〔書、洪範〕天乃ち禹に洪範九疇を錫ふ。彝倫攸つて敍ぶ。

【九重】 神聖の居る所は九重に囲まれているので、天や宮城をいう。〔宋書、恩倖伝論〕夫れ人君は南面し、九重に奥絶す。

【九天】(きゅう(きう)てん) 大空。清・康有為〔～副島種臣、中国の饌を設く～〕詩 富士蒼蒼たり、東海の天 白頭の一老、花に枕して眠る 我來つて岳を望み元氣を餐らふ 但だ見る、飛雲の九天に滿つるを

【九尾】(きゅう(きう)び) 九本の尾。〔呉越春秋、越王無余外伝〕乃ち白狐九尾の、禹に造る有り。禹曰く、白き者は吾の服なり。其の九尾なる者は王の證なり。塗山の歌に曰く、綏綏たる白狐 九尾痝痝たりと。～禹因りて塗山に娶る。

【九品】(きゅう(きう)ひん) 九卿。また、九等の制。官吏の等級の制は魏にはじまる。〔晋書、劉毅伝〕毅以へらく、魏、九品を立つるは、權時(一時的、臨機)の制なり。未だ人を得ることを見ずして、八の損有りと。

【九命】(きゅう(きう)めい) 天子が諸侯に賜う九等の命。〔漢書、王莽伝上〕聖帝明王、賢を招き能を勸む。德盛んなる者は位高く、功大なる者は賞厚し。故に宗臣に九命上公の尊有り、則ち九錫登等の寵有り。

【九流】(きゅうりゅう(きうりう)) 先秦時代の九学派。儒・道・陰陽・法・名・墨・縦横・雑・農の九家。〔漢書、叙伝下〕劉向、籍を司り、九流以て別つ。爰に目錄を著はし、洪烈を略序す。藝文志第十を述ぶ。

【九旒】(きゅうりゅう(きうりう)) 九つの旗あし。また、冠の垂れふさ。ともに公侯王家に用いる。魏・曹植〔七啓〕九旒の冕、燿りを散じ文を垂る。

【九老】(きゅうろう(きうらう)) 尚歯会。唐の白居易が洛中の友人と九老の会を作り、のちその例にならうものが多い。宋・陸游〔庚申元日(時に陸游七十七歳)口号〕詩 洛中の九老、吾が侶に非ず且らく山陰の十老人を作さん

↑九夷 諸夷/九一 九分の一/九烏 太陽/九醞 極上の酒/九嬰 水火の妖/九花 菊/九河 黄河デルタ/九家 九流/九街 九逵/九閡 九垓/九軌 九車線/九旗 九種の旗/九竅 身の穴/九九 掛け算の法/九衢 九逵/九刑 九種の刑/九献 献酬/九原 墓地/九五 天子の位/九合 糾合/九閽 天門/九字 呪語/九寺 唐の官庁/九日 九月九日、登高の日/九春 春の九十日/九暑 夏の九十日/九韶 舜の楽/九壤 九州/九親 親族/九泉 黄泉/九層 九重/九族 九親/九達 九逵/九丹 丹薬/九鼎 王の宝器/九塗 九軌/九土 九州/九冬 冬の九十日/九慝 九悪/九拝 拝礼の法/九伯 方伯/九陌 都大路/九廟 祖廟/九嬪 婦官/九旻 九天/九服 九畿/九弁 禹の楽/九訳 遠い外国/九有 九州/九囿 九州/九幽 九泉/九斿 天子の旗/九游 九斿/九曜 九星/九罭 魚網のさで/九洛 洛書九疇/九黎 南方族/九牢 馳走

↓初九・天九・用九・陽九

常

【久】

3

2780

キュウ(キウ) ク

ひさしい

篆文

象形 屍体を後ろから木で支えている形。〔説文〕五下に「後より之れを灸す。人の兩脛の後に距有るに象るなり」とし、後ろにものを詰める意とする。〔儀礼、士喪礼〕に「木桁もて之れを久す」というように、木桁で支えることもあり、久とはその象であろう。これを櫃中に収めるときには医・柩という。〔匚部十二下に「柩は棺なり」とあり、棺とは屍を縮つんで納める意である。籀文の字形は匶に作る。久・舊(旧)は声義近く、通用する。久は屍を支える形、舊は鳥の足を繫いで係留する意で、ともに久遠の意において通ずる。久を久遠とするのは、顚死者の象である眞(真)を、永遠に実在するものの意に転化するのと、相似た思弁の結果である。

訓義 1ささえる、ものをつめる、ふさぐ、おおう。2ひさしい、ひさしくする、とどまる。3おくれる、まつ。

古訓 〔名義抄〕久 ヒサシ/經久 ヤ、ヒサシ 〔字鏡集〕久 ヒサシ・ナガシ・トホシ

声系 〔説文〕に久声として玖・羑・安・灸・柩・匛など七字を収める。羑・匛はもと久声の字ではない。安はまた疚に作り、「病なり」と訓し、人を喪った憂患をいう。

語系 久kiuə、舊giuəは声近く、久遠の義がある。ゆえに柩をまた匶に作る。韭kiuは永生の菜とされるもので、またその声が近い。

【久愛】(きゅう(きう)あい) 長く愛する。宋・梅尭臣〔元日〕詩 世事、都て聞くに猒くも 讀書、未だ退くるに忍びず 過目、已に忘ると雖も 寧ぞ心に久愛するを捨てん

【久安】(きゅう(きう)あん) いつまでも安泰である。〔漢書、賈誼伝〕久安の勢を建て、長治の業を成す。以て祖廟を承け、以て六親に奉ず。至孝なり。

【久逸】(きゅう(きう)いつ) 久しく楽しむ。漢・班固〔燕然山を封ずる銘の序〕茲れ一たび勞して久しく逸んじ、暫く費やして、永く寧らかなりと謂ふべし。

【久雨】(きゅう(きう)う) なが雨。唐・杜甫〔雨晴〕詩 天水、秋雲薄し 西よりす、萬里の風 今朝、好晴景 久雨、農を妨げず

【久役】(きゅう(きう)えき) 久しく軍役などに従う。〔詩、邶風、雄雉、序〕軍旅數しば起り、大夫久しく役し、男女怨曠す。國人之れを患ひて是の詩を作る。

【久延】(きゅう(きう)えん) 寿命を延ばす。魏・嵆康〔養生論を難ずるに答ふ〕赤斧は練丹を以て頳髮(赤い髪)となり、涓子は朮精を以て久延す。

【久怨】(きゅうえん(きうゑん)) むかしの怨み。〔孔子家語、顔回〕顔回問ふ、朋友の際は如何と。孔子曰く、～久德を忘れず、久怨を思はざるは、仁なる夫かと。

【久遠】(きゅうえん(きうゑん)・くおん(をん)) 永久。〔管子、形勢解〕堯・舜は古の明主なり。天下～久遠なるも忘れざるは、民をして忘れざらしむるの道有ればなり。

【久闊】(きゅうかつ(きうくわつ)) 久しくあわない。ぶさた。〔晋書、楽広伝〕嘗て親客有り。久闊にして復た來らず。廣、其の故を問ふ。答へて曰く、前に坐に在り。賜酒を蒙り、～杯中に蛇有るを見たり～と。

【久客】(きゅう(きう)きゃく) 久しく他郷に居る。宋・陸游〔西楼に宴す〕詩 萬里因循して、久客と成る 一年容易にして、又秋風

【久故】(きゅう(きう)こ) 昔なじみ。故旧。唐・韓愈〔考功崔虞部に上る書〕竊かに惟ふに、執事の愈に於けるや、師友の交り無く、久故の事無し。

【久困】(きゅう(きう)こん) 長い間苦しむ。〔漢書、賈捐之伝〕民衆久しく困しみ、連年流離す。其の城郭を離れて、道路に相ひ枕席す。～嫁妻賣子に至るも、法禁すること能はず。

【久之】(しばらくして) 多時。また、少時。〔史記、老荘申韓伝〕周に居ること久之くして、周の衰ふるを見、廼ち遂に去る。～其の終る所を知る莫し。

【久長】(きゅうちょう(きうちやう)) 久しくつづく。長久。〔荘子、盗跖〕今、丘我に告ぐるに大城衆民を以てするは、是れ我を規すに利を以てし、恆民もて我を蓄はんと欲するなり。安んぞ久長なるべけんや。

【久伝】(きゅう(きう)でん) 長く伝わる。宋・蘇轍〔詩論〕夫れ六經の道は、惟だ其れ人情に近し。是を以て久しく傳へて廢せず。而るに世の迂學、乃ち皆曲げて之れが說を爲す。～其の論、委曲して通ずる莫し。

【久念】(きゅう(きう)ねん) 久しく思う。唐・杜甫〔舍弟の消息を得たり〕

詩 亂後誰か歸ることを得ん 他郷は故郷に勝れり 直だ心の厄苦するが爲に 久しく與に存亡を念ふ

【久廃】 久しくやめている。宋・蘇軾〔蝗を捕へて浮雲嶺に至り、～子由弟を懷ふ有り、二首、二〕詩 久しく山行を廢して、犖确(険路)に疲るるも 尙ほ村醉を能くして、舞ひて淋浪たり

【久遊】 長逗留。唐・李白〔秋浦歌、十七首、二〕詩 去らんと欲するも去るを得ず 薄らく遊ばんとして、久遊と成る 何れの年か、是れ歸日 雨涙、孤舟に下る

【久留】 長く留まる。漢・李陵〔蘇武に与ふ、三首、三〕詩 徘徊す、蹊路の側 悢悢として辭することを得ず 行人、久しく留まり難し 各〻言ふ、長く相ひ思ふと

↑久違 無沙汰／久佚 久逸／久陰 曇り続き／久淹 長逗留／久仮 長く借る／久懷 久しい思い／久旱 ひでり／久久 久しい／久許 暫く／久計 長計／久錮 久しく拘留する／久交 旧交／久拘 久錮／久疾 長患い／久寿 長寿／久習 旧慣／久住 永住／久宿 長逗留／久醸 古酒／久世 久滞／久生 長生き／久世 長く滞る／久知 旧知／久駐 長く駐留する／久徳 旧恩／久病 長患い／久墳 旧墳／久聞 旧聞／久別 永訣／久約 長い貧乏ぐらし／久游 久しく旅する／久要 久約／久例 旧例／久齢 長寿

↓永久・延久・淹久・恒久・曠久・歳久・持久・守久・少久・積久・耐久・遅久・長久・弥久・悠久・良久

常【及】 3 1724 〔及〕 4 1724 〔彶〕 7 2724

キュウ(キフ)
およぶ

篆文 古文 金文 甲骨文

会意 人＋又(又)。又は手。後ろより手を延ばして、前の人に追い及ぶ形。〔説文〕三下に「逮ぶなり」と逮及・逮捕の意とする。古文第三字は逮(逮)を誤入している。彶は西周期の金文にみえ、途上に相及ぶ意である。

訓義 ①およぶ、追いつく、いたる、およぼす、つづく、つぐ。②ともに、あわせて、あずかる。

古訓 〔名義抄〕及 オヨブ・トシク・ツヒニ・イカ、・カヘス・イタル・トモニス・ト、ノフ／追及 オヒシキテ〔篇立〕及 トモニス・シカントス・シク・ツヒニ・ト、ノフ・オヨブ・クダル・カイカヘス

声系 〔説文〕に及声として吸(吸)・彶(彶)・級(級)など十六字を収める。急は及の声義を承け、汲・扱は扱取、跛・級はその相及ぶさま、また吸は噏・呷と同じく形況の語であろう。

【及時】 時機を失わない。晉・陶潛〔雑詩、十二首、一〕盛年、重ねて來らず 一日、再び晨なり難し 時に及んで當に勉勵すべし 歲月は人を待たず

【及門】 門下・弟子となる。〔論語、先進〕我に陳・蔡に從へる者は、皆門に及ばざるなり。

↑及格 法式にあう／及笄 女子十五の年／及辰 及時／及早 早々／及属 つづく／及逮 遠きにおよぶ／及第 合格／及等 合格

↓延及・遠及・可及・企及・言及・積及・沢及・覃及・追及・波及・比及・靡及・普及・連及・論及

常【弓】 3 1720

キュウ
ゆみ

篆文 金文 甲骨文

象形 弓体の形。〔説文〕十二下に「窮むるなり。近きを以て遠きを窮むる者なり」(段注本)と弓・窮の音の通ずることを以て説く。〔釈名、釈兵〕には、「弓は穹なり。之れを張ること穹隆(ドーム形)然たり」と、その形を以て説く。音よりいえば躬・弘などとの関係が考えられる。

訓義 ①ゆみ、ゆみなり、ゆみぞり。②弓の長さより、長さの単位。一弓六尺、また八尺、いま一弓五尺。③かさぼね。

古訓 〔和名抄〕弓 由美(ゆみ)〔名義抄〕弓 ユミ／賭弓 ノリユミ／御弓 オホムタラシ／弓彈 ハジク・シラク・シラフ・ツクス・マロナリ・タゞス・タゞシ・ヒク・コトハル・ツルウチ・シハル・シハシ

部首 〔説文〕に弴・弭以下二十六字を属し、また弜部二字、弦部四字。〔玉篇〕には弓部七十五字、弦をその部に加え、弜部に六字を属する。

語系 弓 kiuəm、躬 kiuəng は声近く、弓なりの形をいう。弘 huəng は強く弓を挽く、宏・閎 hoəng は厷 huəng 声に従い、弓を挽き張ることをいう。また九 kiu、丩 kyu は屈曲することをいう。

【弓影】 弓のかげ。唐・李白〔塞下の曲、六首、五〕詩 邊月、弓影に隨ひ 胡霜、劍花を拂ふ

【弓箕】 家業を嗣ぐ。〔礼記、学記〕良冶の子は必ず裘を爲ることを學び、良弓の子は必ず箕(み、木を曲げて作る)を爲ることを學ぶ。

【弓剣】 弓と剣。〔礼記、曲礼上〕凡そ弓劍・苞苴(魚肉・果物を包む草器)・簞笥(食物・衣服を入れる竹器)を以て人に問る者は、操りて以て命を受くること、使(君命を奉じた使者)の容の如し。

【弓韃】 弓袋。〔後漢書、南匈奴伝〕(班彪上奏)今、單于、和親を修めんと欲し、款誠已に達す。～今、雜繒五百匹、弓韃韣丸一、矢四發を齎して、單于に遣遺す。

【弓矢】 弓と矢。〔詩、大雅、公劉〕弓矢斯に張り 干戈戚揚(鉞)あり 爰に方めて行を啓く

【弓旌】 弓とはた。人を招くときに用いる。漢・邯鄲淳〔後漢鴻臚陳君碑〕初平の元、禁罔蠲除せられ、四府竝びに辭し、弓旌交〻至る。

【弓勢】 弓の力。唐・白居易〔秋思〕詩 夕照は燒くより紅く 晴空、碧は藍に勝る 獸形、雲、一ならず 弓勢、月、初三のごとし

【弓箭】 弓矢。唐・杜甫〔江頭に哀しむ〕詩 輦前の才人、弓箭を帶び 白馬嚼齧す、黃金の勒 身を翻し、天に向つて、仰いで雲を射る 一笑、正に墜す、雙飛翼

【弓蔵】 用が終わって弓をなおしこむ。〔史記、淮陰侯伝〕狡兔死して良狗亨られ、高鳥盡きて良弓藏せられ、敵國破れて謀臣亡ぶ。

【弓足】 纏足。〔陔余叢考、三十一、弓足〕婦女の弓足、何れの時に起るかを知らず。～蘇州城中の女子、足小なるを以て貴しと爲すも、城外の鄕婦、皆赤脚種田し、尙ほ纏裹せず。蓋し各〻其の風土に隨ふ。

【弓弩】 弓と石ゆみ。〔周礼、夏官、司弓矢〕中春、弓弩を獻じ、中秋、矢箙を獻ず。

【弓馬】 騎射。武芸。〔晋書、王済伝〕風姿英爽、氣一時を蓋ふ。弓馬を好み、勇力人に絕す。

【弓力】 弓の力。弓勢。〔南史、孝義上、卜天与伝〕天與、射を善くし、弓力兼倍なり。

【弓彎】 弓なり。〔異夢録〕(春陽曲に曰く)長安の少女、春陽を踏む 何れの處ぞ、春陽斷腸せざらん 舞袖弓彎、渾べて

忘却す　羅衣空しく換ふ、九秋の霜

→弓鞋　纏足の靴／弓安　弱弓／弓衣　弓袋／弓鉞　武器／弓開　弓張り／弓鎧　武器／弓翮　ゆみや／弓竿　弓幹／弓幹　弓矢／弓危　強弓／弓騎　弓馬の術／弓脚　曲脚／弓響　弓弦の音／弓琴　琴の一種／弓形　弓がた／弓勁　強弓／弓檠　ゆだめ／弓戟　武器／弓月　弦月／弓弦　ゆづる／弓弧　弓／弓甲　武装／弓子　弓／弓式　弓の法式／弓室　弓袋／弓射　弓術／弓繳　いぐるみ／弓楯　武器／弓弰　ゆはず／弓梢　ゆはず／弓人　弓工／弓声　弓弦の音／弓鏃　弓矢／弓蛇　弓を蛇と見誤る／弓袋　弓衣／弓張　弓張り／弓調　弓が調う／弓刀　武器／弓頭　ゆはず／弓韜　弓袋／弓韣　弓袋／弓把　弓づか／弓背　弓反り／弓撥　弓反り／弓抜　ゆはず／弓皮　蛇皮／弓服　弓袋／弓歩　弓の長さ／弓矛　武器／弓末　ゆはず／弓鳴　弓弦の音／弓冶　弓箕／弓腰　細腰／弓履　纏足の履／弓隆　溺れを救う水神／弓閭　蒙古の包／弓量　一弓八尺

↓援弓・画弓・角弓・玉弓・勁弓・牽弓・弧弓・胡弓・鼓弓・櫜弓・強弓・飾弓・素弓・桑弓・操弓・大弓・彫弓・琱弓・雕弓・韔弓・睹弓・彤弓・弢弓・韜弓・半弓・繁弓・猛弓・旅弓・良弓・盧弓・彎弓

【仇】　4　2421　キュウ（キウ）　かたき

篆文

形声　声符は九。〔説文〕八上に「讎なり」とあって仇讎の意とする。古くは仇匹、同じなかまの意に用いた。〔詩、周南、関雎〕「君子の好逑」を〔韓詩〕に「好仇」に作り、〔詩、周南、兎罝〕に「公侯の好逑」の句がある。〔詩、大雅、皇矣〕「爾の仇方に詢はかれ」の〔箋〕に「怨耦を仇と曰ふ」とみえる。好逑は嘉耦、仇は怨耦をいう字。仇は宄と関係があり、宄は〔説文〕七下に「姦なり。外なるを盜と爲し、内なるを宄と爲す」という。宄は廟中で呪力のある九（虫）を用いて蠱術をなす意。その蠱術の対象とされるものが仇であろう。

訓義　①かたき、あだ、あいて。②かたきとする、あだする。③逑と通じ、たぐい、つれあい。

古訓　〔名義抄〕仇　タグヒ・トモ・ヤカラ・カタキ・アタ・トモガラ・アシ・ノブ　〔字鏡集〕仇　タグヒ・トモ・ヤカラ・カタキ・タケシ・アタ・トモガラ・アシ・ノブ・タヽル・カロム

語系　仇・逑giuは同声。九・求はともに呪力ある虫・獣の形。のち怨耦に仇、嘉耦に逑を用いる。

【仇敵】あだ、かたき。〔左伝、昭五年〕楚子、其の大夫を朝せしめて曰く、晉は吾が仇敵なり。苟しくも志を得ば、其の他を恤ふること無し。

【仇匹】仲のよいなかま。〔春秋繁露、一、楚荘王〕百物皆合偶有り。～詩（大雅、仮楽）に云ふ、威儀抑抑として　德音秩秩たり　怨まるること無く惡まるること無く　仇匹に率ひ由ると。

【仇邦】敵国。〔池北偶談、二〕（朝鮮の疏）日本は卽ち小邦、先世の深仇にして隔海の外種なり。強弱敵せず。姑らく之れと羈縻すと雖も、既に是れ我の仇邦なり。又我の匹偶に非ず。

→仇家　かたき／仇仇　傲る／仇偶　つれあい／仇隙　仲が悪い／仇嫌　仲が悪い／仇国　敵国／仇恨　仇として恨む／仇視　敵視する／仇疾　仇としてにくむ／仇人　敵手／仇扳　怨訴する／仇剽　仇として嚇す／仇誣　いいがかり／仇方　友好国／仇矛　三叉矛／仇虜　捕虜

↓怨仇・解仇・釈仇・讐仇・世仇・雪仇・同仇・誣仇・復仇・逢仇・報仇・両仇・老仇

【勼】　4　2742　キュウ（キウ）　あつめる

篆文

形声　声符は九。〔説文〕九上に「聚あつむるなり」とし、「讀みて鳩の若くす」とあって鳩集の意。〔説文〕二下に「逑は斂聚するなり」とみえ、九・求の声義に通ずるところがある。

訓義　①あつめる、あつまる。②鳩・逑と通用する。

常【丘】　5　7210　［邱］　8　7712　キュウ（キウ）　おか　はか

篆文

古文

甲骨文

金文

象形　墳丘の象。〔説文〕八上に「土の高きものなり。人の爲くる所に非ざるなり。北に從ひ、一に從ふ。一は地なり。人の居は丘の南に在り。故に北に從ふ。中邦の居は崑崙の東南に在り。一に曰く、四方高く、中央下きを丘と爲す。象形」とあり、会意・象形の二説をあげている。墳墓は多く北郊に営まれるので、北一に従うとの説を生じたのであろう。〔詩、小雅、緜蛮〕は悼亡の詩。「緜蠻たる黃鳥　丘阿に止まる」とは、鳥形霊による死者への追想を導く発想である。

訓義　①はか、はかのあるおか、おか。②邱と通じ、邑、邑のあと、むなしい、廃墟。③巨と通じ、大きい。④あつまる。⑤四井を邑、四邑を丘という。

古訓　〔名義抄〕丘　ヲカ・オホカリ・オホシ・ヰル・タツ・ツカフ　〔字鏡集〕丘　ヲカ・ツカ・ムナシ・アツマル・オホカリ・ツカフ・タツ・ヰル

部首　〔説文〕に虚（虛）など二字を属する。虛は大丘、崐崘の虛をいう。崐崘は万霊の帰するところであった。

語系　丘（邱）khiuə、虛（墟）khiaは声義近く、丘は丘墓、墟は丘虚のある地。去khiaも関係があるかもしれない。

【丘阿】おかの片すみ。〔詩、小雅、緜蛮〕緜蠻（鳥の鳴き声）たる黃鳥　丘阿に止まる

【丘園】丘上の隠居の地。漢・蔡邕〔処士圂叔則碑〕夫れ其の生まるるや、天眞淑性、清理條暢。～不義にして富貴なるは、諸れを浮雲に譬ふ。～耿介を丘園に潔くし、七人の遺風を慕ふ。

【丘壑】おかとたに。また、隠棲の地。〔晉書、謝安伝〕安、情を丘壑に放にすと雖も、然れども游賞する毎に、必ず妓女を以て從ふ。

【丘墟】廃墟。〔後漢書、竇融伝〕兵起りてより以來、轉た相ひ攻撃し、城郭丘墟と爲り、生人溝壑に轉ず。

【丘荒】荒廃の地。〔潜夫論、実辺〕飢餓死亡して、復た大半を失ふ。邊地遂に以て丘荒し、今に至るまで人無し。禍の起る所を原ぬるに、皆吏の過のみ。

【丘索】古代の書。八索九丘。〔左伝、昭十二年〕左史倚相、趨りて過ぎる。王曰く、是れ良史なり。～是れ能く三墳・五典・八索・九丘を讀むと。

【丘山】おかや山。また、多いたとえ。〔史記、張儀伝〕秦の地は天下に半ばす。～虎賁の士百餘萬、車千乘・騎萬匹、積粟丘山の如し。

【丘井】昔の土地の区画。一丘十六井。井は九百畝。〔管子、小匡〕陵陸・丘井・田疇均しければ、則ち民惑はず。

【丘冢】墓。〔論衡、薄葬〕蘇秦、燕の爲に齊國の民をして丘冢を高大にして、多く財物を藏せしむ。～財盡き民

貧しく、國空しく兵弱し。燕軍卒に至り、以て自ら衛る無し。國破れ城亡ぶ。

【丘墳】きゅう(きう)ふん　墳墓。おか。また古書、三墳・九丘。唐・韓愈〔楚の昭王の廟に題す〕詩　丘墳滿目、衣冠盡き　城闕雲に連なり、草樹荒る　猶ほ國人の舊德を懷ふ有り　一閒の茅屋に、昭王を祭る

【丘墓】きゅう(きう)ぼ　はか。魏・阮籍〔詠懷、八十二首、十五〕詩　軒を開きて四野に臨み　高きに登りて、所思を望む　丘墓、山岡を蔽ひ　萬代同に一時

【丘木】きゅう(きう)ぼく　墓地の木。〔礼記、曲礼下〕宮室を爲くるに、丘木を斬らず。

【丘民】きゅう(きう)みん　田野の民。衆民。〔孟子、尽心下〕民を貴しと爲し、社稷之れに次ぎ、君を輕しと爲す。是の故に、丘民に得られて天子と爲る。

【丘里】きゅう(きう)り　いなか。村落。〔荘子、則陽〕丘里なる者は、十姓百名を合はせて、以て風俗を爲すなり。

【丘陵】きゅう(きう)りょう　おか。また、墳墓。唐・聶夷中〔酒を勧む、二首、一〕詩　君と醉鄕に入る　醉鄕、天和を樂しむ　歲歲、松柏茂り　日日、丘陵多し

【丘林】きゅう(きう)りん　山の茂み。また墓。魏・阮瑀〔駕出北郭門行〕楽府　顧みて聞く、丘林の中　嗷嗷として悲啼有るを～親母、我を舍てて歿し　後母、孤兒を憎む

【丘壟】きゅう(きう)ろう　墳墓。〔漢書、王莽伝賛〕遂に天下の城邑を虛と爲さしめ、丘壟發掘せられ、害、生民に偏く、辜朽骨に及ぶ。

↑丘蚓　みみず／丘塋　はか／丘役　賦役／丘岳　山岳／丘牛　大牛／丘隅　丘のすみ／丘窟　岩穴／丘原　丘と原／丘甲　田賦／丘樹　墓樹／丘壤　墳墓／丘隧　墓と墓道／丘嫂　長兄の妻／丘段　田界／丘壇　祭場の壇／丘坻　小山／丘兆　丘壇／丘塚　丘冢／丘亭　空亭／丘垤　丘と蟻塚／丘甸　村邑／丘八　兵の蔑称／丘樊　郷村／丘阜　小山／丘賦　丘甲／丘封　大墓／丘落　村落／丘老　老大人／丘隴　丘壟

↓阿丘・宛丘・圜丘・虛丘・墟丘・古丘・孤丘・故丘・荒丘・郊丘・高丘・崑丘・沙丘・砂丘・山丘・首丘・小丘・椒丘・崇丘・嵩丘・青丘・登丘・頓丘・廃丘・比丘・墳丘・方丘・陵丘

常【旧】5 2600 〔舊〕18 4477 〔鵂〕17 2722

キュウ(キウ)　ク
ひさしい　ふるい

篆文

甲骨文
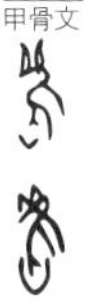
金文

会意　旧字は舊に作り、萑＋臼。臼形のものは、鳥を捕らえるための齧歯のある器。舊は萑がその器に足を取られて、奪去しえない状態を示す。ゆえに留止・旧久の意を生ずる。〔説文〕四上に「雖舊し、舊留なり」とみみずくの意とし、臼声とする。また重文として鵂を録する。〔淮南万畢術〕に「鵂もて鳥を致す」の〔注〕に、「鵋鵂を取り、其の大羽を折り、其の兩足を絆ぎ、以て媒(おとり)と爲し、羅を其の旁に張れば、則ち鳥聚まる」とあり、舊はその法を示す字である。金文に「舊友」「先舊」の語があり、また〔邾公華鐘〕に「元器を其れ舊さしうせよ」のように用いる。久と声義が近い。

訓義　①おとりの鳥をつなぐ、鵋鵂、みみずく、ふくろう。②ひさしい、ふるい。③ふるなじみ、としより。④むかし、もと、ふるいことがら、つね。⑤久・柩と通ずる。

古訓　〔名義抄〕舊　フルシ・ヒサシ・モト・クミス　〔字鏡集〕舊　ヒサシ・フルシ・イニシヘ・モト・クハシ・クミス

語系　舊 giuə、久 kiuə は声義近く、通用する。ゆえにまた柩を匶に作ることがある。

【旧悪】きゅう(きう)あく　昔犯した悪事。〔論語、公冶長〕子曰く、伯夷・叔齊は、舊惡を念はず。怨み是を用つて希なり。

【旧雨】きゅう(きう)う　旧友をたとえる。唐・杜甫〔秋述〕秋、杜子、長安の旅次に臥病す。多雨魚を生じ、靑苔榻(牀)に及ぶ。常時車馬の客、舊雨は來りて、今雨は來らず。

【旧苑】きゅうえん(きうゑん)　古い庭園。唐・李白〔蘇台覧古〕詩　舊苑の荒臺、楊柳新たなり　菱歌清唱、春に勝へず　只だ今惟だ西江の月のみ有り　曾て照らす、吳王宮裏の人

【旧怨】きゅうえん(きうゑん)　むかしの怨み。宿怨。〔左伝、哀六年〕吳、陳を伐つは、復た舊怨を脩むるなり。

【旧貫】きゅうかん(きうくわん)　しきたり。〔論語、先進〕魯の人長府(大きな倉庫)を爲くる。閔子騫曰く、舊貫に仍らば如何。何ぞ必ずしも改め作らんと。

【旧関】きゅうかん(きうくわん)　古い関所。唐・李頻〔供奉喩錬師の天目山に帰るを送る〕詩　溪は來る、靑壁の裏　路は在り、白雲の閒　絕頂、人の住む無し　雙峰、是れ舊關

【旧歓】きゅうかん(きうくわん)　昔の楽しみ。晉・潘岳〔永逝を哀しむ文〕昔は塗を同じうせるも、今は世を異にす。舊歡を憶ひて、新悲を增す。

【旧居】きゅう(きう)きょ　昔の住居。晉・向秀〔思旧の賦〕黃河を濟りて以て舟を汎べ、山陽の舊居を經たり。

【旧墟】きゅう(きう)きょ　都や城のあったあと。廃墟。漢・張衡〔東京の賦〕先帝の舊墟を望み、慨として長思して懷古す。

【旧郷】きゅうきょう(きうきやう)　故郷。〔楚辞、離騒〕陟皇の赫戲たるに陟り　忽ち臨みて夫の舊鄕を睨る

【旧業】きゅうぎょう(きうげふ)　昔からの営み。〔左伝、哀二十年〕今越、吳を圍む。嗣子(趙孟)舊業(呉との盟約)を廢せずして、之れ(越)に敵たらんとするも、晉の能く及ぶ所に非ず。

【旧故】きゅう(きう)こ　昔なじみ。旧知。〔史記、張耳伝〕張耳敗走し、諸侯の歸すべき者無きを念ふ。曰く、漢王我と舊故有り。而れども項羽又彊くして我を立つ。我楚に之かんと欲すと。甘公曰く、漢王～必ず霸たらん～と。

【旧語】きゅう(きう)ご　古い話。宋・劉克荘〔華厳知客寮〕詩　世を涉るに昏昏として舊語を忘れ　山に入りては歷歷として前游を記す

【旧交】きゅうこう(きうかう)　古くからの交遊。〔史記、呉世家〕(季札)鄭に使し、子產を見ること舊交の如し。

【旧好】きゅうこう(きうかう)　古いよしみ。〔左伝、桓十八年〕(魯)公(彭生の)車に薨ず。魯の人、齊に告げて曰く、寡君、君の威を畏れ、～來りて舊好を脩む。禮成りて反らず、咎を歸する所無し。～請ふ、彭生を以て之れを除かんと。齊人、彭生を殺せり。

【旧山】きゅう(きう)ざん　故郷。故山。〔顔氏家訓、終制〕先君先夫人、皆未だ建鄴の舊山に還らず。江陵の東郭に旅葬す。～便ち本朝の淪沒するに値ひ、流離すること此の如し。

【旧詩】きゅう(きう)し　旧作。昔作った詩。前蜀・韋荘〔晏起〕詩　爾來酒に中りて、起きること常に遲し　臥して南山を看て、舊詩を改む

【旧事】きゅう(きう)じ　古い事例。〔後漢書、韋彪伝〕建初七年、車駕西のかた巡狩す。～數召し入れて問ふに三輔の舊事・禮儀・風俗を以てす。彪、因りて建言す。

【旧時】きゅう(きう)じ　昔。〔後漢書、光武十王、東平憲王蒼伝〕帝、衞士を南宮に饗し、因りて皇太后に從ひて掖庭池閣を周行し、乃ち陰太后の舊時の器服を閱し、愴然として容を動かせり。

【旧識】きゅう(きう)しき　旧知。〔貞観政要、任賢〕太宗、一見して便ち舊識の如く、渭北道の行軍記室參軍に署す。

【旧日】きゅう(きう)じつ　以前。昔日。唐・韋応物〔李録事と燕す〕詩　此の日相ひ逢うて、舊日を思ふ　一杯喜びを成し、亦た悲しみ

を成す

【旧章】(きゅうしょう)(きうしやう) 古い制度礼法。〔詩、大雅、仮楽〕愆らず忘れず 舊章に率由す

【旧情】(きゅうじょう)(きうじやう) 昔ながらのさま。宋・徐鉉〔正初、鍾郎中の招かるるに答ふ〕詩 流年倏忽として、陳事(古事)と成る 春物依稀として、舊情有り

【旧親】(きゅうしん)(きうしん) 古なじみ。晋・陸機〔長安有狭邪行〕楽府 余れは本と倦游の客 豪彦に舊親多し

【旧制】(きゅうせい)(きうせい) 古い制度。漢・班固〔両都の賦の序〕西土の耆老、咸く怨思を懐き、上の睠顧を冀ひ、而して盛んに長安の舊制を稱し、雒邑を陋とするの議有り。

【旧迹】(きゅうせき)(きうせき) 遺蹟。旧蹟。〔漢書、溝洫志〕河を北に道びいて二渠を行ぐらし、禹の舊迹を復す。

【旧宅】(きゅうたく)(きうたく) もとの家。旧居。漢・孔安国〔尚書の序〕魯の共王、好んで宮室を治め、孔子の舊宅を壞り、以て其の居を廣むるに至り、壁中に於て先人藏する所の、古文の虞夏商周の書、及び傳・論語・孝經を得たり。

【旧秩】(きゅうちつ)(きうちつ) 前の秩禄。宋・蘇轍〔西掖告詞、楊叔儀少府監守本官致仕〕病に因り告休し、止足の義を敦うす。其の舊秩に因り、歸りて鄕黨に耀かしむ。尚ほ子弟をして矜式する所を知らしめば、可なり。

【旧注】(きゅうちゅう)(きうちゆう) 古注。〔世説新語、文学〕向秀、舊注の外に解義を爲し、奇致を妙析し、大いに玄風を暢ぶ。～郭象なる者、～竊みて以て己が注と爲す。

【旧冢】(きゅうちょう)(きう) 古塚。〔晋書、杜預伝〕自ら洛陽城東、首陽の南に營みて、將來の兆域と爲さんことを表す。得る所の地、中に小山有り、上に舊冢無し。～東に二陵を奉じ、西に宮闕を瞻み、南に伊洛を觀、北に夷叔(伯夷・叔斉)を望み、曠然遠覽、情の安んずる所なり。

【旧典】(きゅうてん)(きうてん) 古い制度、典例。伝来の書。〔後漢書、祭祀志上〕建武元年已前は、文書散亡し、舊典具はらず、經文を明らかにすること能はず。

【旧都】(きゅうと)(きうと) 古い都。〔晋書、石勒伝上〕邯鄲襄國は趙の舊都、山に依り險に憑み、形勝の國なり。此の二邑を擇びて、之れに都すべし。

【旧物】(きゅうぶつ)(きうぶつ) 先人の遺品。唐・白居易〔長恨歌〕詩 唯だ舊物を將って深情を表はさん 鈿合金釵(黄金のかんざし)寄せ將て去らしむ

【旧聞】(きゅうぶん)(きうぶん) 古い伝聞。〔史記、太史公自序〕遷、俯首流涕して曰く、小子不敏、請ふ悉く先人の次する所の舊聞を論じ、敢て闕かざらんと。卒して三歳にして、遷、太史令と爲る。

【旧編】(きゅうへん)(きうへん) 古い事を書いた書物。宋・劉克荘〔灯夕、劉帥に呈す、二首、二〕詩 書生晩に把る憂時の志 歸りて殘灰に書きて、舊編を理む

【旧邦】(きゅうほう)(きうはう) 古国。古くからある国。〔詩、大雅、文王〕周は舊邦なりと雖も 其の命は維れ新たなり

【旧望】(きゅうぼう)(きうばう) 古くから声望がある。〔晋書、荀組伝〕(元)帝、組を以て司徒と爲さんと欲し、以て太常賀循に問ふ。循曰く、組は舊望淸重、忠勤顯著なり～と。是に於て、組を拜して司徒と爲す。

【旧盟】(きゅうめい)(きうめい) 古い盟。旧約。〔公羊伝、成三年〕聘して盟ふと言ふは、舊盟を尋むるなり。

【旧約】(きゅうやく)(きうやく) 前からの誓い。〔後漢書、梁統伝〕丞相王嘉、輕がろしく穿鑿を爲し、先帝の舊約成律を虧除す。數年の閒に百有餘事なり。

【旧友】(きゅうゆう)(きういう) 古い友人。唐・杜甫〔賛上人に別る〕詩 異縣に舊友に逢ふ 初めて欣ぶ胸臆を寫くを

【旧遊】(きゅうゆう)(きういう) 曽遊。また旧交の友。唐・高適〔邯鄲少年行〕詩 茲れを以て感歎して、舊遊を辭す 更に時事に於て求むる所無し

【旧里】(きゅうり)(きうり) 故郷。〔晋書、陸機伝〕年二十にして吳滅ぶ。退きて舊里に居り、門を閉ぢて學に勤む。

【旧林】(きゅうりん)(きうりん) 住みなれた林。晋・陶潜〔園田の居に帰る、五首、一〕詩 誤つて塵網の中に落ち 一たび去つて十三年なり 羈鳥、舊林を戀ひ 池魚、故淵を思ふ

【旧例】(きゅうれい)(きうれい) 古くからの義例。晋・杜預〔春秋左氏伝の序〕其の微顯闡幽、裁かに義類を成す者は、皆舊例に據りて義を發し、行事を指して以て褒貶を正す。

【旧廬】(きゅうろ)(きうろ) もと住んだ家。晋・向秀〔思旧の賦の序〕余逝きて將に西に邁かんとし、其の舊廬を經たり。時に日虞淵に薄り、寒冰凄然たり。

【旧老】(きゅうろう)(きうらう) 旧事をよく知る老人。故老。宿老。〔漢紀、元帝紀下、漢治迹論〕孝宣皇帝、～諫に從ふこと流るるが如く、善に下ること齊肅、舊老に賓禮し、優容寛直なり。其の仁心文德、以て賢主爲るに足る。

【旧労】(きゅうろう)(きうらう) 永く苦労する。〔書、無逸〕其の高宗に在りて、時れ舊しく外に勞し、爰に小人と曁にす。

➡旧痾 持病／旧案 旧事／旧諳 前から諳じる／旧意 昔情／旧因 前からの因縁／旧姻 古い親戚／旧韻 旧作の詩／旧宇 旧屋／旧塋 旧家／旧醳 古酒／旧汚 旧悪／旧屋 古い家／旧憶 古い記憶／旧恩 昔の恩／旧科 旧法／旧家 伝統のある家／旧訛 古い誤り／旧窠 ふるす／旧改 古いものを変える／旧解 昔の解釈／旧客 古い客／旧格 旧式／旧巻 古書／旧款 旧友／旧感 古い感情／旧観 昔の様子／旧銜 旧位／旧軌 旧慣／旧曲 古曲／旧君 旧主／旧勲 以前にたてた手柄／旧京 旧都／旧契 旧友／旧蹊 古径／旧欠 古い滞納／旧功 旧勲／旧刻 古版本／旧国 故郷／旧穀 ひね／旧恨 旧怨／旧痕 古い傷痕／旧罪 古い罪／旧作 古い作品／旧址 旧蹟／旧祀 古い祭礼／旧趾 旧址／旧歯 老人／旧式 故式／旧疾 旧痾／旧主 旧君／旧儒 宿儒／旧習 前からの習慣／旧愁 昔懐かしい愁い／旧讐 宿敵／旧所 旧居／旧書 古書／旧妝 古い装い／旧倡 古い女楽／旧唱 古い歌／旧鈔 古写本／旧瘴 持病／旧蹤 旧遊／旧常 旧態／旧壌 前の領地／旧職 元の職／旧心 旧情／旧臣 昔の臣／旧人 としより／旧政 昔の政治／旧棲 旧居／旧製 前の作品／旧戚 前からの姻戚／旧跡 古い遺迹／旧績 旧功／旧蹟 旧迹／旧籍 古書籍／旧説 以前の説／旧染 旧習／旧俗 以前の風俗／旧族 古い家柄／旧態 以前のようす／旧台 古い台観／旧第 旧邸／旧題 昔の題識／旧地 旧領地／旧知 旧識／旧楮 古紙幣／旧哲 古の哲人／旧涅 古入墨／旧伝 伝来の物／旧図 旧計画／旧冬 昨冬／旧套 旧式／旧徳 前の官位／旧好 旧年 去年／旧醅 古酒／旧班 以前の官位／旧碑 古碑／旧匹 旧友／旧蓽 旧草廬／旧病 持病／旧譜 旧作／旧風 昔の風俗／旧憤 旧怨／旧文 旧籍／旧癖 古い癖／旧圃 古い畑／旧墓 古墓／旧朋 旧友／旧封 旧領／旧夢 前見た夢／旧名 以前の名／旧邑 旧領／旧容 昔のままの姿／旧来 従来／旧落 古い部落／旧律 旧規定／旧流 旧式／旧侶

旧友／旧僚 以前の同僚／旧領 前の領地／旧隷 旧部下／旧暦 太陰暦／旧臘 昨年の暮／旧話 古い話

↓依旧・姻旧・恩旧・改旧・懐旧・感旧・耆旧・勲旧・古旧・故旧・思旧・識旧・守旧・修旧・習旧・遵旧・如旧・仍旧・新旧・親旧・尋旧・世旧・戚旧・先旧・知旧・追旧・篤旧・倍旧・復旧・朋旧・訪旧・友旧・有旧・話旧

【伋】 6 2724 キュウ（キフ） おもう きびしい

篆文 

形声 声符は及（及）。〔説文〕八上に「人名なり」とする。孔子の孫、名は伋、字は子思。〔中庸〕の作者にも擬せられる人である。伋伋・伋然のように、状態詞に用いることが多い。名字対待の例からいえば、「思う」を本義とする字である。

訓義 ①おもう、考える。②きびしい。③いつわる、かわる。④人の名。

古訓 〔名義抄〕伋 カタブク

【伋然】 急速に改まる。〔尚書大伝、二、洛誥〕諸侯の廟中に在る者、伋然として其の志を淵くし、其の情を和やかにす。

↑伋伋 偽るさま

常【休】 6 2429 ［庥］ 9 0029 キュウ（キウ） さいわい やすむ やむ

篆文 金文 甲骨文 

会意 人＋木。木はもと禾形に作る。禾は袖木のある柱。軍門として左右に立てる表木。金文の図象にその両禾軍門の象を示すものがある。その表木の前で、軍功の人を表彰することを休という。金文に、〔匡卣〕「王曰く、休（善）なりと。匡、拜手稽首し、天子の丕いに顯らかなる休（嘉命）に對揚（奉答）す」のように用いる。〔説文〕六上に「息止するなり。人の木に依るに從ふ」とするのは、形義ともに誤る。字はまた庥に作り、その儀礼を廟の中廷で行った。字が禾に従うことについて、郭沫若は軍行中は禾中を避けずに休息する意であるとするが、わざわざ作付けの地を択んで休息することはない。軍門旌表の意よりして、休善・休烈・休寵・休寧の意となる。のち休暇・休息の意に用いる。

訓義 ①さいわい、よい、めでたい、よろこび。②さかん、大きい、うるわしい。③やすらか、つつましい、ゆるす、おちつく。④やすむ、やむ、いこう。⑤ひま、いとま。

古訓 〔名義抄〕休 ヤスム・ヤスシ・ヤム・イコフ・ヨシ・ヰル・ヲコル・ト゛マル・ト、ノフ 〔字鏡集〕休 ヨロコビ・イコフ・ヨシ・サイハヒ・ヲコタル・ヤスシ・ト、ノフ・サダム・ヤム・ト゛マル・ヲサム・ヰル・ヤスム

声系 休はまた庥に作る。薅の異文に茠があり、薅の形声の字であろう。

語系 休（庥）xiu、好xu、畜・嬸xiuk は声近く、休善の意において通ずる。〔孟子、梁恵王下〕に「君を畜むとは、君を好むなり」とみえるが、本来は休善とすることをいう。

【休謁】 官吏が休暇を受けること。〔漢書、楊惲伝〕貨賂流行し、傳へて相ひ效ふ。惲～其の疾病・休謁・洗沐は、皆法令を以て事に從ふ。

【休宴】 宴を賜う。金文〔噩侯鼎〕噩侯馭方、醴を王に内る。～王、宴を休ふ。

【休応】 めでたいしるし。吉兆。〔唐書、五行志二〕池中に龍鳳の形、禾麥の異有り。武后以て休應と爲し、名づけて慶山と曰ふ。

【休下】 官吏が休暇で帰宅する。〔梁書、周捨伝〕居職屢〻從ふと雖も、常に省内に留まり、休下を得ること罕なり。

【休暇】 休日。休仮。唐・王勃〔滕王閣の序〕十旬の休暇、勝友雲の如く、千里の逢迎、高朋座に滿つ。

【休嘉】 めでたい。喜ばしいこと。〔申鑑、俗嫌〕仁者は～正に處り中に居り、形神以て和す。故に咎徵至らずして休嘉之れに集まる。壽の術なり。

【休帰】 帰休。やすむ。〔荘子、徐無鬼〕舜に羶行有りて、百姓之れを悅ぶ。～年齒長じ、聰明衰へたるも、而も休歸することを得ず。

【休休】 安らかで楽しむ。〔詩、唐風、蟋蟀〕樂しみを好むも荒むこと無かれ 良士は休休たり

【休咎】 吉凶。禍福。〔晋書、五行志上〕乾坤の陰陽を奉じ、洪範の休咎に效ふ。

【休慶】 さいわい。喜び。〔晋書、盧志伝〕宜しく赦書を下して、百姓と其の休慶を同にすべし。

【休憩】 休息。南朝宋・謝霊運〔旧園に還りて作り、顔（延之）・范（泰）二中書に見す〕詩 休憩の地に非ずと雖も 聊か永日の閑を取らん 衞生自ら經有り 陰かに息ひて所牽を謝せん

【休歇】 やむ。休止する。漢・蔡琰〔胡笳十八拍、十四〕楽府 夢中に手を執りて 一喜一悲す 覺めて後吾が心を痛ましむ 休歇する時無し

【休光】 てがら。休烈。唐・韓愈〔于襄陽に与ふる書〕士の能く休光を垂れ後世を照らす者は、亦た後進の士の天下の望を負へる者、之れが後を爲す有らざるは莫し。

【休止】 とまる。やすむ。〔淮南子、説山訓〕人、沫雨に鑑みること莫くして、澄水に鑑みるは、其の休止して蕩かざるを以てなり。

【休舎】 休息する。〔史記、高祖紀〕遂に西のかた咸陽に入り、宮に止まりて休舍せんと欲す。樊噲・張良諫む。乃ち秦の重寶財物府庫を封じ、還りて霸上に軍す。～父老と約す、法三章のみ。

【休祥】 さいわい。吉祥。〔国語、周語下〕吾れ之れを聞けり。大誓の故（故事）に曰く、朕が夢朕が卜に協ひ、休祥を襲ぬ。商を戎たば、必ず克たんと。三たび襲へるを以てなり。

【休神】 精神を休ませる。〔淮南子、俶真訓〕其の神を事むる者は、神之れを去り、其の神を休むる者は、神之れに居る。

【休戚】 喜びと憂え。〔晋書、馮跋載記〕跋曰く、猥りに不德を以て、謬つて群賢の推す所と爲る。兄弟と茲の休戚を同にせんと思ふ。

【休息】 やすむ。〔史記、呂后紀論賛〕黎民戰國の苦を離るることを得て、君臣倶に無爲に休息せんと欲す。故に惠帝垂拱し、高后は女主稱制（摂政）、政、房戶を出でずして天下晏然たり。

【休徴】 めでたいしるし。〔漢書、平帝紀賛〕孝平の世、～休徵嘉應、頌聲竝び作る。變異上に見はれ、民、下に怨むに至つて、（王）莽も亦た文ること能はず。

【休徳】 りっぱな徳。漢・司馬相如〔蜀の父老を難ず〕夫れ民を沈溺より拯ひ、至尊の休德を奉じ、衰世の陵夷（衰退）を反し、周氏の絶業を繼ぐは、天子の亟務なり。

【休兵】 兵を休ませる。また、戦争をやめる。唐・杜甫〔月夜舎弟を憶ふ〕詩 弟有り、皆分散す 家の死生を問ふ無し 寄書、長く達せず 況んや乃ち未だ兵を休めざるをや

【休命】 王命。かしこき命。〔左伝、僖二十八年〕王、

享醴し、晉侯に宥を命ず。王～晉侯に策命して侯伯と爲し、～謂ふ。～以て四國を綏んじ、王慝(王の敵対者)を糾逖せよと。晉侯～曰く、重耳敢て再拜稽首し、天子の丕顯なる休命に奉揚(対揚、対える)せんと。

【休明】(きうめい) 立派で明らか。〔左伝、宣三年〕楚子、鼎の大小輕重を問ふ。(王孫滿)對へて曰く、～德の休明ならば、(鼎)小なりと雖も重きなり。

【休沐】(きうもく) 官吏の休暇。漢は五日、唐は十日ごとに一日与えられた。〔漢書、霍光伝〕光、時に休沐もて出づ。(上官)桀、輒ち入りて光に代りて事を決す。桀の父子、既に尊盛なり。～是れに繇りて光と權を爭ふ。

【休誉】(きうよ) すぐれた名誉。〔漢紀、元帝紀上〕長安の令楊興、(史)高に說きて曰く、將軍親戚を以て政を輔け、天下に貴きこと二無し。然れども衆庶議論し、休譽專ら將軍に在らざるは何ぞや。

【休養】(きうやう) 兵力などを休め養う。〔三国志、呉、陸瑁伝〕力を愛しみ費を惜しみ、務めて自ら休養し、以て隣敵の闕を待つは、未だ此の時より正しきは有らず。

【休烈】(きうれつ) 偉業。休光。〔漢書、宣帝紀〕(元康元年三月詔)朕未だ先帝の休烈を章かにし、百姓を協寧すること能はず。～夙夜兢兢として、驕色有ること靡し。

【休老】(きうらう) 老後を養う。〔宋史、張宗誨伝〕昔、賀祕監(知章)、道士の服を以て東のかた會稽に歸る。明皇(玄宗)賜ふに鑑湖を以てし、以て休老の地と爲す。

↑休意 心を休ます／休懿 うるわしい／休逸 楽しむ／休詠 よい詩／休偃 休息する／休仮 休暇／休澣 休沐／休気 瑞気／休棄 不倫によって妻を離縁する／休居 家居／休享 盛饌／休勲 大勲／休倦 倦む／休遣 釈放する／休顕 栄達／休祜 幸い／休行 卓行／休告 官吏の休暇／休妻 休棄／休作 仕事休み／休祉 幸い／休時 休息時／休日 お休み／休書 離縁状／休職 一時退職／休盛 立派／休慼 休戚／休祚 幸い／休足 休息／休惰 怠る／休退 休暇／休題 さて、ところで／休沢 恩恵／休致 致仕／休兆 休徴／休暢 のびやか／休寵 恩恵／休貞 ただしい／休提 休題／休禎 幸い／休典 よい手本／休図 良い謀／休屠 僧侶／休寧 やすらか／休廃 廃れる／休範 休典／休美 うるわしい／休風 美風／休福 幸い／休平 太平／休名 美名／休佑 佑助／休祐 佑助／休裕 ゆたか／休予 楽しむ／休浴 休沐／休隆 さかんな／休糧 穀絶ち／休令 立派な／休和 和平

↓運休・偃休・王休・恩休・嘉休・帰休・恵休・公休・皇休・告休・受休・紹休・垂休・息休・退休・長休・定休・停休・禎休・罷休・丕休・兵休・祐休・連休

常【吸】6 6704 〔吸〕7 6704 〔噏〕15 6802

キュウ(キフ)
すう

篆文 

形声 声符は及(及)。〔説文〕二上に「息を內るるなり」とあり、〔玉篇〕に「引くなり」と訓する。息を引くことを吸、息を吐くことを呼・噓という。呼吸は相対する語。もと擬声的な語であろう。字はまた翕・噏・歙に作る。

訓義 ①すう、息をすう、のむ、すいこむ。②扱と通じ、とる、ひきとる。

古訓 〔名義抄〕吸 スフ・クチスフ・ナク・シフ・イルイキ・ヒク・ウゴク・ツクス

語系 吸(噏)・歙・翕 xiəp、呷 xeap は声義近く、ともに息を吸いこむ音。呷も吸呷、吸いこむことをいう。呼・嘑 xa、噓・歔 xia、吁 xiua は口気を出すときの語。みな擬声的な語であった。

【吸吸】(きふきふ) 動揺する。また、呼吸がはずむ。漢・劉向〔楚辞、九歎、惜賢〕高丘を望んで歎涕し 悲しみ吸吸として長く懷ふ

【吸習】(きふしふ) なれ親しむ。〔三国志、魏、管輅伝注に引く輅別伝〕裴使君曰く、誠に來論の如く、吾れ數〻平叔(何晏)と共に老・莊及び易を說き、常に其の辭の理に妙なるを覺ゆるも、之れを折むること能はず。又時人吸習し、皆之れに歸服し、益〻了せざらしむ。

【吸逮】(きふたい) すいよせられ、集まる。楚・宋玉〔笛の賦〕其の西は則ち涼風遊旋し、吸逮して存す。

【吸風】(きふふう) 風をすう。〔荘子、逍遥遊〕藐姑射の山に、神人有りて居る。～五穀を食はず、風を吸ひ露を飲み、雲氣に乘じ飛龍に御して、四海の外に遊ぶ。

↑吸引 吸いこむ／吸飲 飲む／吸気 気を吸う／吸血 残酷なこと／吸呼 呼吸／吸呷 吸う／吸酸 そしる／吸収 吸いとる／吸聚 吸集／吸吮 吸う／吸鼻 あえぐ／吸民 搾取する／吸竜 サイフォン／吸露 露を吸う

↓歌吸・噓吸・鯨吸・呼吸・叱吸・喘吸・咀吸・吐吸・呑吸・鼻吸

常【扱】6 5704 〔扱〕7 5704

キュウ(キフ) ソウ(サフ) シュウ(シフ)
とる ひく はさむ あつかう

篆文 

形声 声符は及(及)。また插(挿)・拾と通用し、その声がある。〔説文〕十二上に「收むるなり」とあり、手もとに引きよせる意。〔礼記、曲礼上〕に「箕を以て自ら鄉ひて之れを扱る」と、塵を取るときの作法をいう。衣の前裾をあげて帯にはさむことを「扱衽」という。「あつかふ」は国語の訓。古くは悶熱・惋痛・汗流などを「あつかふ」とよんだ例があり、熱さに手を焼くこと。平安期の〔源氏物語〕など以後には、面倒をみる意に用いる。

訓義 ①とる、ひく、おさめる、あげる。②はさむ、さす、つまむ。③あつかう、しごく。

古訓 〔名義抄〕扱 サシハサム・アクタ・ヲサム 〔字鏡集〕扱 タヲサム・ヲカス・サシハサム・アク

【扱衽】(さふじん) 衣の前すそをあげて、帯にはさむ。魏・李康〔運命論〕衽を扱んで鍾山藍田の上に登れば、則ち夜光璵璠の珍觀るべし。

【扱免】(さふめん) 裾をからげ、肩ぬぐ。〔管子、四時〕三政に曰く、扇を禁じ笠を去り、扱免すること毋らしめ、隱漏田廬を除む。

↑扱排 収めとる／扱綸 釣糸を引く

↓一扱・再扱・戸扱・始扱

常【朽】6 4192 〔殑〕6 1122

キュウ(キウ)
くちる

篆文 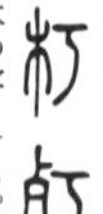

形声 声符は丂。〔説文〕四下に殑を正字とし、「腐るなり」と訓し、朽を別体の字とする。〔列子、湯問〕に「其の肉を殑ちしめて棄て、然る後に其の骨を埋む」というのは、屍体の風化を待って葬る複葬の法をいう。丂は曲刀の形。木に斧斤を加えて、そのあとの腐朽することをいい、それを屍に及ぼして殑という。

訓義 ①くちる、くさる。②いたみやぶれる。③くさい。

古訓 〔名義抄〕朽 クチツタ・クチモノ・クサシ 〔字鏡集〕朽 クツ・タツ・クサシ・クチモノ

語系 歹(朽)xiue、久kiue、舊(旧)giue は声義近く、朽廢・旧久の義において通ずるところがある。

【朽壊】きゅうかい(きうくわい) くさってこわれる。〔晋書、楽志下〕咸和中、成帝乃ち復た太樂の官を置く。～庾翼・桓溫、專ら軍旅を事とし、樂器庫に在りて、遂に朽壊するに至る。

【朽貫】きゅうかん(きうくわん) 銭さしがくさる。銭が余る。〔唐書、崔植伝〕文帝～躬ら儉約を履み、天下の爲に財を守る。～武帝の時に至り、錢朽貫し、穀紅腐す。

【朽骨】きゅうこつ(きうこつ) くさった骨。晋・劉琨〔勧進表〕則ち所謂繁華を枯荑(ひこばえ)に生じ、豐肌を朽骨に育しふ。神人安きを獲、幸甚ならざる無し。

【朽索】きゅうさく(きうさく) くさったなわ。北周・庾信〔哀江南の賦〕潰水に乘るに膠船(にかわの舟)を以てし、奔駒を馭するに朽索を以てす。

【朽折】きゅうせつ(きうせつ) くち折れる。漢・劉歆〔書を移して太常博士を譲む〕尚書初め屋壁より出でしとき、朽折散絶す。今其の書、見に在り。

【朽蠹】きゅうと(きうと) くさって虫がわく。〔晏子、問上十七〕上に朽蠹の藏無く、下に凍餒の民無し。

【朽敗】きゅうはい(きうはい) くさってこわれる。〔後漢書、劉平等伝序〕器物は朽敗せる者を取りて曰く、我が素より服食する所、身口の安んずる所なりと。

【朽腐】きゅうふ(きうふ) くさる。腐朽する。〔漢書、楊王孫伝〕鬼の言爲たる、歸なり。～千載の後、棺槨朽腐して、乃ち土に歸り、其の眞宅に就くことを得ん。

【朽木】きゅうぼく(きうぼく) くさった木。土台がだめなもの。〔論語、公冶長〕宰予、晝寢ぬ。子曰く、朽木は雕るべからず。糞土の牆は杇るべからず。

【朽穢】きゅうわい(きうわい) くちけがれる。唐・韓愈〔仏骨を論ずる表〕今故無くして朽穢の物を取り、親臨して之れを觀る。巫祝先んぜず、桃茢(お祓い)用ひず。群臣其の非を言はず、御史其の失を擧げず。臣實に之れを恥づ。

↑朽闇 老愚/朽馭 馬を御するのに朽ちた索を用いる/朽枿 腐った切株/朽才 腐才/朽残 朽敗/朽質 朽才/朽株 切り株/朽樹 朽木/朽壊 腐土/朽人 老廃の人/朽衰 老廃/朽瘁 衰病/朽駘 鈍才/朽鈍 鈍才/朽薄 衰朽/朽筆 焼き筆/朽弊 朽敗/朽邁 老残/朽滅 朽廃/朽窳 粗悪なもの/朽落 衰朽/朽爛 腐りはてる/朽劣 老愚/朽老 老朽

↓貫朽・形朽・欠朽・懸朽・枯朽・骨朽・衰朽・頽朽・雕朽・駑朽・年朽・敗朽・半朽・疲朽・不朽・腐朽・庸朽・老朽

常 【臼】 6 7777 キュウ(キウ) うす

篆文  その他 

象形 うすの形。〔説文〕七上に「舂くなり。古は地を掘りて臼と爲す。其の後、木石を穿つ。象形」とし、中は米を象るとする。

訓義 ①うす、つきうす。②うすつく。

古訓 〔新撰字鏡〕臼 宇須(うす) 〔和名抄〕臼 宇須(うす) 〔名義抄〕臼 ウス

部首 〔説文〕に舂・臿・舀・臽など五字を属する。臽は陷穽に人の陥る形。〔説文〕に臼を「地を掘りて臼と爲す」とはそのための解であろうが、陥穽と臼とは別物である。なお舊(旧)は萑(みみずくの類)を鑿齒状の器に足を縛りつけて、おとりとする形で、これも臼に従う字ではない。

声系 〔説文〕に臼声として舊・舅などの字を収めている。舊の下部は鑿齒状の器であるが、臼giu、舊giuaの声は近い。舅は金文には𣪘の字を借用しており、のち形声字の舅が作られたのであろう。齒部二下に臼声の字があり、「老人の齒、臼の如きなり」とする。

【臼科】きゅうか(きうくわ) 石鼓の埋められていた穴。また、石うす。きまりきった形。陳腐なもの。宋・黄庭堅〔(晁)无咎に次韻す〕～詩 晁家の公子、屢く經過す 笑つて談ず、世と臼科を殊にするを

【臼杵】きゅうしょ(きうしよ) きねとうす。〔易、繫辞伝下〕木を斷りて杵と爲し、地を掘りて臼と爲し、臼杵の利、萬民以て濟ふ。

【臼竈】きゅうそう(きうさう) うすと、かまど。〔戦国策、趙一〕今城(水に)沒せざる者三板のみ。臼竈に鼃(蛙)を生じ、人馬相ひ食む。城降ること日有り。

【臼頭】きゅうとう(きうとう) さいづち頭。〔列女伝、弁通、斉の鍾離春の伝〕鍾離春は、～宣王の正后なり。其の人と爲りや、極醜無雙にして、臼頭深目、長枝大節なり。

↑臼窠 臼科/臼齒 奥歯/臼塘 舟形臼/臼磨 うす

↓杵臼・舂臼・炊臼・井臼・石臼・穿臼・茶臼・磨臼・木臼・藥臼・窊臼

【岌】 7 2224 キュウ(キフ) たかい あやうい

篆文 

形声 声符は及(及)。〔説文新附〕九下に「山の高き皃なり」とあり、急峻の山をいう。

訓義 ①たかい、たかい山、急峻の山。②たかいさま、あやういさま、急なさま。③高く盛んなさま。

古訓 〔名義抄〕岌 ウゴカス・サカシ・タカシ・ヨル・コトニ 〔字鏡集〕岌 スルト・タカシ・ヨル・ウゴカス・サカシ・コトニ・イハフ・ヤマノタカキ

【岌岌】きゅうきゅう(きふきふ) 高くあやうい。〔孟子、万章上〕咸丘蒙問ひて曰く、～舜、南面して立つ。～瞽瞍(舜の父)も亦た北面して之れに朝す。舜、瞽瞍を見て、其の容蹙たる有り。孔子曰く、斯の時に於けるや、天下殆きかな、岌岌乎たりと。～孟子曰く、否、此れ君子の言に非ず。齊東野人の語なり。

↑岌峨 嶮しい/岌嶷 高峻/岌乎 あやうい/岌然 聳える

↓嵬岌・嶷岌

【彶】 7 2724 キュウ(キフ) いそぐ

篆文 

形声 声符は及(及)。及は、後ろより人を追って、これに及びつく形。その心を急(急)といい、その行動を彶という。〔説文〕二下に「急ぎて行くなり」とあり、彶彶のように形況の語に用いる。金文の〔𦥑鼎〕「𦥑酒と(彶)羊、絲三鋝を以て」のように連及の「と」、また〔不嬰𣪘〕「女彶っめり」のように戒急の意に用いる。

訓義 ①いそぐ。②つつしむ。③及と通じ、と。

古訓 〔名義抄〕彶 トク・フルマフ・フルマヒ・ユク 〔字鏡〕彶 ノリ・フルマヒ・トク・ユク

↑彶彶 あわただしい

常 【求】 7 4313 キュウ(キウ) グ もとめる かわごろも

篆文  古文 

象形 呪霊をもつ獣の形。この獣を用いて、求めるところを祈る。また獣皮の形で、裘の初文。〔説文〕に求字を収めず、裘字条八上に重文として求の字形を出し、「古文、衣を省す」という。金文に求を賾求の意に用い、〔君夫𣪘〕「乃の友を償(賾)求せよ」、〔𦥑鼎〕「乃の人を求へ」のようにいい、また〔鞄鎛〕「用て考命(永命)彌生ならんことを求む」のように用いる。呪霊をもつ獣皮によって祟りを祓い、欲するところを求めたので、その法を術(術)という。術の従う朮は、古くは求と同形である。

訓義 ①もとめる、呪霊によって、欲するところを求める、こう。②毬と通じ、つぐなう。③裘と通じ、かわごろも。裘の初文。

古訓 〔名義抄〕求 モトム・ヲフ・ヲハル 〔字鏡集〕求 モトム・ミル・モチヰル・ヲフ

部首 〔説文〕〔玉篇〕ともに裘を部首とするが、求を部首とすべきである。亦声の字が多い。

声系 〔説文〕に求声として球・逑・救・賕・捄・絿など十二字を収める。求は丩・翏と声義が通じ、まるめ糾纏する意をもつものが多い。裘もまた巻くべきものである。救はその獣を殴って呪霊を刺激し、共感呪術的に祟を祓う呪儀、賕は財物を以て救贖することをいう。

【求仮】求め借る。〔顔氏家訓、治家〕濟陽の江祿、書を讀みて未だ竟らざれば、急速有りと雖も、必ず卷束整齊なるを待ち、然る後に起つことを得たり。故に損敗無く、人其の求假を厭はず。

【求瑕】きずを探し求める。〔北史、崔浩伝〕南鎭の諸將~妄りに賊勢を張り、毛を披いて瑕を求め、心を肆にするを得んことを冀ふ。

【求解】いいわけを頼む。〔史記、孟嘗君伝〕秦の昭王~孟嘗君を囚ふ。~孟嘗君、人をして昭王の幸姫に抵りて、解かんことを求めしむ。幸姫曰く、妾願はくは君の狐白裘を得んと。

【求索】探し求める。〔楚辞、離騒〕吾れ羲和(太陽の御者)をして節を弭め 崦嵫(日の入る山)を望んで迫ること勿からしむ 路曼曼として、其れ脩遠なり 吾將に上下して、求索せんとす

【求疵】きずを探し求める。〔韓非子、大体〕天理に逆らはず、情性を傷ぶらず。毛を吹いて小疵を求めず。垢を洗うて知り難きを察せず。

【求通】栄達を求める。〔荘子、秋水〕子路入りて見ゆ。~孔子曰く、來れ、吾れ女に語げん。我窮を諱むこと久しきも免れず、命なり。通を求むること久しきも得ず、時なり。

【求寧】安寧を求める。〔晋書、李績載記〕彊場の閒、人、危慮を懐く。~嬰兒白首(老幼)と雖も、咸く命を效さんことを思ふ。唯だに國の爲のみに非ず、亦た自ら寧やすきことを求む。

【求備】完全であることを求める。〔書、君陳〕爾、頑かたくなに忿疾すること無かれ。備はらんことを、一夫に求むること無れ。

【求訪】訪ね求める。〔北史、常景伝〕經史を耽好し、文詞を愛翫す。若し新異の書に遇はば、殷勤に求訪し、或いは復た質買し、價の貴賤を問はず、必ず得ることを以て期と爲す。

【求容】受け入れられることを望む。〔三国志、蜀、法正伝〕旦夕に幸を偷み、容を求めて媚を取り、遠圖を慮らず。

➡求愛 愛を求める／求雨 請雨／求援 請援／求縁 求婚する／求歓 挑む／求乞 求める／求救 救援を求める／求教 教えを請う／求偶 求婚する／求愆 反省する／求借 借用する／求售 売りたくおもう／求情 実情を求める／求成 和を求める／求請 請求する／求托 請托する／求逐 追い求める／求福 福を求める／求聘 求婚する／求覓 求める／求名 名を求める／求問 探訪する／求誉 名を求める／求和 和を請う

⬇営求・仮求・改求・外求・希求・祈求・詭求・乞求・講求・購求・欣求・索求・審求・尋求・推求・請求・責求・捜求・躁求・探求・誅求・徴求・追求・博求・敷求・聘求・訪求・旁求・要求・欲求・力求・斂求

人 【汲】 7 3714 キュウ(キフ) くむ とる

篆文

形声 声符は及(及)。〔説文〕十一上に「水を引くなり」(段注本)とし、亦声とする。及は後ろより追い及ぶ意であるが、〔説文〕は吸・急の意をとって亦声とするものであろう。その状を「汲汲」という。

訓義 ①くむ、水を汲む、ひく、ひき入れる、とる。②いそがしい、つとめる、はげむ。③伋と通じ、いつわる。

古訓 〔名義抄〕汲 クム・ス、ク・ミヅクム・スク・スクフ 〔字鏡集〕汲 ス、ク・クム・ミヅクム・スクフ・スク・ミヅヲヒクナリ

【汲引】よびこむ。人を引きあげる。〔漢書、劉向伝〕昔~禹・稷と皋陶と、傳へて相ひ汲引するも、比周と爲さず。~類相ひ致すなり。

【汲汲】努めてやまぬさま。〔漢書、揚雄伝上〕清靜にして亡爲、耆欲少なく、富貴に汲汲たらず、貧賤に戚戚たらず。~家產十金に過ぎず。

【汲古】古書を深くよみとる。唐・韓愈〔秋懐、十一首、五〕詩 愚に歸りて夷塗を識り 古を汲みて脩綆を得たり

【汲綆】井戸のつるべのなわ。汲索。〔隋書、食貨志〕越王侗~等、東都を守る。東都の城内、糧盡き、布帛山積す。乃ち絹を以て汲綆を爲り、布を然やして以て爨く(煮炊き)す。

【汲水】水を汲む。唐・韓愈〔盆池、五首、一〕詩 老翁、眞個に童兒に似たり 水を汲み盆を埋めて、小池を作る

【汲冢】汲郡の古冢より先秦の古書が多く発見され、汲冢書という。〔晋書、武帝紀〕(咸寧五年)汲郡の人不準、魏の襄王の冢を掘り、竹簡小篆の古書十餘萬言を得て、祕府に藏す。

➡汲飲 水を飲む／汲玄 玄遠の理をさぐる／汲索 汲綆／汲取 汲水／汲集 吸集する／汲井 井戸／汲善 善を択ぶ／汲桶 つるべ／汲筒 水筒／汲道 井戸道／汲墳 汲冢／汲揚 顕揚する／汲路 汲道

⬇引汲・遠汲・外汲・漑汲・寄汲・井汲・穿汲

人 【灸】 7 2780 キュウ(キウ) やいと

篆文 古印璽

形声 声符は久。久は人を後ろから支柱で支える形。ここでは声符とみてよい。〔説文〕十上に「灼くなり」とあり、鍼灸の灸。古くから医療、また刑罰に用いた。〔荘子、盗跖〕に「丘は所謂病無くして自ら灸するなり」とあり、〔史記、倉公伝〕に灸法のことが詳しくみえる。〔後漢書、光武帝紀下〕に「敢て奴婢に灸灼するものは、論ずること律の如くせよ」とあって、懲罰として灸灼を加えることを禁じている。

訓義 ①やいと、きゅう。②久と通じ、おしあてる、ささえる、ふさぐ、つける。

古訓 〔名義抄〕灸 ヤク・ヤイトウ 〔字鏡集〕灸 ヤク・タツ・ニルシ・アツシ・サシ・コガス・アブル・アブリモノ・ヤイトウ

【灸眉】眉に灸する。狂疾を治すという。宋・蘇軾〔劉貢父、余が歌詞数首を見、詩を以て戯れらる。聊か其の韻に次す〕詩 刺舌(辛刺の言)、君今猶ほ戒めず 灸眉、吾れも亦た更に何ぞ辭せん

➡灸頞 鼻に灸する／灸刺 鍼灸／灸炷 もぐさ／灸草 もぐさ／灸瘡 灸の疵／灸面 顔に灸／灸療 灸治

⬇刺灸・針灸・注灸・天灸・点灸・当灸・砭灸

人 【玖】 7 1718 キュウ(キウ)

篆文

形声 声符は久。〔説文〕一上に「石の玉に次ぐ黒色の者なり」とあり、黒く光る石。珮

玉に用い、〔詩、王風、丘中有麻〕に「我に佩玖を貽れ」の句がある。

訓義 ①玉に似た黒い石。②数字の九に用いる。

↑玖鏡 黒く光る玉の鏡

↓瓊玖・佩玖

常

【究】 7 3041 キュウ(キウ) ク きわめる はかる

篆文 

形声 声符は九。九は竜形の虫が屈曲している形で、究曲の意がある。〔説文〕七下に「窮なり」、窮字条に「極なり」、また穹字条に「窮なり」とあって、究・窮・穹は声義が近い。〔詩、大雅、皇矣〕「爰に究め爰に度る」の〔毛伝〕に「究は謀なり」とあって、図謀の意にも用いる。宂・廏はその字形からみて、廟中で呪霊をもつ虫を用いて行う呪儀を示す字であり、究もそのようなことから図謀の意をもつのであろう。

訓義 ①きわめる、おしきわめる、屈曲してきわめつくす。②きわまり、はて、おわり。③はかる、おしはかる、はかりきわめる。④いわあな、いわや、たに。

古訓 〔名義抄〕究 キハム・キハマル・フカシ・ツクル・コト〳〵ク・クニ・ムクユ・ハカル 〔字鏡集〕究 キハマル・ツヒ・コト〳〵ク・ハカル・キハム・ツクス・ムクユ・コトニ・フカシ・ハカリゴト

語系 究kiuə、ㄐ kyu、弓・穹khiuəngはみな同系の語で、究曲する意がある。

【究詰】(きゅう(きう)きつ) 問いつめる。元・柳貫〔旦に漁浦を発し、夕に大浪灘上に宿る〕詩 人生造物に倚る 理微にして究詰し難し

【究究】(きゅうきゅう(きうきう)) にくむ。また、やむことがない。漢・劉向〔楚辞、九歎、遠逝〕傾に遭ひ禍に遇ひ、救ふべからず 長吟永欷し、涕究究たり

【究竟】(きゅうきょう(きうきやう)) 畢竟、つまるところ。また、きわめつくす。〔史記、三王世家、褚少孫論〕夫れ賢主の作る所、~博聞彊記の君子者に非ざれば、其の意を究竟すること能はざる所なり。

【究極】(きゅうきょく(きう)) きわめつくす。〔漢書、古今人表〕茲れに因りて以て九等の序を列し、經傳を究極し、繼世相ひ次ぎ、古今の略要を總べ備ふと云ふ。

【究察】(きゅう(きう)さつ) 十分に明らかにする。〔三国志、呉、張温伝〕(臧否の譚、褒貶の議)此れ臣下の當に詳辨すべき所、明朝の當に究察すべき所なり。

【究審】(きゅう(きう)しん) 十分にしらべる。〔隋書、楊汪伝〕其の時、繫囚二百餘人、汪、通宵究審し、詰朝にして奏す。事情を曲盡し、一も遺誤無し。

【究理】(きゅう(きう)り) 道理・法則をきわめる。〔旧唐書、職官志二〕凡そ考課の法に~二十七最有り。~盈虚を推歩し、究理精密なるを曆官の最と爲す。

↑究掩 包囲する/究懐 究暢/究覈 究審/究帰 結局/究擬 吟味する/究研 研究/究思 熟考する/究悉 調べ尽くす/究処 処分する/究心 専心/究尽 究極/究訊 訊問する/究尋 究悉する/究責 詰責する/究宣 宣明する/究達 通暁する/究治 取り調べる/究暢 十分にいう/究懲 究治/究徹 究尽/究途 完成する/究討 討究する/究年 生涯/究物 物を極める/究弁 究治/究訪 訪求する/究明 究め明らかにする/究問 究訊/究覧 見極める/究論 論じ尽くす

↓淹究・学究・窮究・研究・考究・攻究・講究・察究・悉究・詢究・詳究・尋究・推究・遂究・精究・闡究・探究・追究・討究・博究・畢究・弁究・無究・練究・論究

【咎】 8 2860 キュウ(キウ) コウ(カウ) とが そしる

篆文 

甲骨文 

金文 

会意 人+夂+口。夂+口は各。神の降格する意で「各る」とよむ。口は祝詞を収める器の𠙵。神が降格して、人に罰することを求める呪詛を行う意。その呪詛によって降されるものを咎という。〔説文〕八上に「災なり。人に從ひ、各に從ふ。各なる者は相ひ違ふなり」と、各を各異の意とするが、呪詛して人にもたらされる災禍を咎といい、神罰を受けることをも咎という。金文の〔𨛬盨〕に「廼ち余一人の咎を作さん」、〔詩、小雅、伐木〕「我をして咎有らしむること微かれ」のようにいう。金文に㾭という字があり、疒に従うのは、禍殃として病気となる意であろう。

訓義 ①とが、とがめ、わざわい。②つみ、うれえ、にくしみ。③そしる、にくむ。④国語として、あやしみとう、とがめなじる。⑤咎繇は皐陶、舜の賢臣と伝えられる神話的人物。

古訓 〔名義抄〕咎 トガム・トガ・ワザハヒ・アヤマチ

声系 〔説文〕に咎声として俗・綹・櫜・晷など十二字を収める。俗八上に「毀るなり」とあるのは、咎の声義を承けるものであろう。

語系 咎・俗giuは同声。〔玉篇〕に「諮は毀るなり」とあり、俗と声義同じ。或いはその異文であろう。

【咎悔】(きゅうかい(きうくわい)) あやまちと後悔。魏・陳琳〔呉の将校部曲に檄する文〕是こを以て大雅の君子、安きに於て危きを思ひ、以て咎悔に遠ざかる。

【咎譴】(きゅう(きう)けん) つみとが。〔北史、崔光伝〕孝文、毎に群臣に對ひて曰ふ、崔光の高才大量を以てして、若し意外の咎譴無くんば、二十年後當に司空と作るべしと。其の重んぜらるること是の如し。

【咎徴】(きゅうちょう(きう)) 天のとがめのしるし。〔漢書、郊祀志下〕祥瑞未だ著はれず、咎徴仍りに臻る。三郡の奏する所を迹ぬるに、皆變故有り。

【咎戾】(きゅう(きう)れい) とがめ。〔三国志、蜀、郤正伝〕是こを以て賢人君子、深圖遠慮、彼の咎戾を畏れ、超然高擧す。寧ろ尾を塗(泥)中に曳き、濁世の休譽(名声)を穢れとす。

↑咎悪 とがめ/咎殃 災禍/咎過 過ち/咎戒 戒め/咎害 禍害/咎毀 そしり/咎愆 過失/咎罪 つみ/咎謝 謝罪/咎醜 罪人たち/咎祥 吉凶/咎証 とがめ/咎敗 禍敗/咎罰 とがめ/咎魅 たたり/咎誉 毀誉/咎吝 凶事/咎累 連累

↓畏咎・移咎・遺咎・引咎・悔咎・帰咎・休咎・釁咎・譴咎・後咎・災咎・受咎・追咎・天咎・辟咎・憂咎

常

【泣】 8 3011 キュウ(キフ) リュウ(リフ) なく なみだ

篆文 

形声 声符は立。立は來(来)母(l-)の字であるが、來母の字に呂(莒)・里(悝)のように音を転ずるものがあり、泣もその例とみてよい。〔説文〕十一上に「聲無くして涕を出だす者を泣と曰ふ」(段注本)とあり、〔礼記、檀弓上〕に「高子皐の親の喪を執るや、泣血すること三年、未だ嘗て歯を見はさず」とみえる。〔素問〕に血滞のことを泣といい、粒声によむ。

訓義 ①なく。②なみだ。③血滞、しぶる。

古訓 〔名義抄〕泣 ナク・ナク〳〵・ナミダ・ナムタ・サケブ/泣々 シホタル

【泣血】(きゅう(きふ)けつ) 声を出さず、しのび泣く。悲痛をきわめる。〔易、屯、上六〕馬に乗ること班如たり。泣血漣如たり。象に曰く、泣血漣如たり。何ぞ長かるべけんや。

【泣涕】(きゅう(きふ)てい) なみだ。なみだを流す。〔詩、邶風、燕燕〕瞻望

ずるも及ばず 泣涕、雨の如し
【泣涙】なみだ。〔後漢書、南匈奴伝〕境埆の人、屢〻塗炭に嬰かる。父は前に戰ひ、子は後に死す。～老母寡妻、虚祭を設け、泣涙を飲みて、歸魂を沙漠の表に想望す。豈に哀しからずや。
↑泣感 悲しみ泣く／泣諫 泣き諫める／泣辜 罪を哀れんで泣く／泣哭 なげき泣く／泣恨 泣き恨む／泣陳 泣き訴える／泣別 哀別
↓哀泣・飲泣・怨泣・掩泣・悔泣・感泣・歔泣・号泣・哭泣・慙泣・垂泣・涕泣・啼泣・啜泣・慟泣・悲泣・攬泣・恋泣・斂泣

【疚】 8 0018 キュウ(キウ) やむ やましい

形声 声符は久。〔釈名、釈疾病〕に「疚は久なり。久しく體中に在るなり」と久疾の意とするが、疚悔の意があることからいえば、咎と声義の関係があるようである。
訓義 ①やむ、やまい。②やましい、なやむ。③久しい病。④うれえごと、喪。⑤字はまた㝅に作る。
古訓 〔名義抄〕疚 ヤム・ナヤム 〔篇立〕疚 ヤマヒ・ヤム・イタム・ナヤム
↑疚悔 後悔する／疚懐 心配／疚愧 慙愧する／疚慙 後悔する／疚心 悩む／疚負 過失／疚病 悩み
↓哀疚・怨疚・窮疚・昏疚・在疚・慙疚・疾疚・衰疚・多疚・内疚・愈疚・利疚・労疚

人【穹】 8 3020 キュウ そら きわめる

篆文 

形声 声符は弓。弓に彎曲するものの意がある。蒼穹・穹廬のように、ドーム形の天井の高いものをいう。〔詩、大雅、桑柔〕「以て穹蒼を念ふ」、〔詩、豳風、七月〕「穹窒して鼠を熏ぶ」のように用いる。〔説文〕七下に「窮なり」とするが、究極の意には究・窮を用いる。
訓義 ①そら、弓のように彎曲してみえる。②きわめる、きわまる、たかい、ふかい、大きい。③あな、けものあな。
古訓 〔名義抄〕穹 タカシ・フカシ・ヨル・キハム 〔字鏡集〕穹 ソラ・タカシ・フカシ・ヨル・キハム・ヨル・ヨキル
【穹居】匈奴の包。南朝宋・顔延之〔三月三日曲水の詩の序〕穹居の君、内に首つて朔（曆）を稟け、卉服（島夷）の酋、面を回らして吏を受く。是を以て異人慕響し、俊民閒〻出づ。
【穹壌】天地。宋・尹洙〔光化軍致仕李康伯率府に答ふる書〕某、風波に泊し、自ら放逐せらるるを取る。閣下、齒髮未だ衰へず、遺榮高を養ふ。同じく此の世に處るも、其の識慮相ひ去ること、何ぞ穹壌の異のみならんや。
【穹蒼】青空。天。〔古楽府、傷歌行〕物に感じて所思を懷ふ 泣涕忽ち裳を霑す 佇立して高吟を吐き 憤りを舒べて穹蒼に訴へん
【穹窿】天井が高いドーム形の室。梁・何遜〔七召〕複道（閣道）、耿介として雲に連なり、阿閣、穹窿として漢（天漢）を仰ぐ。
【穹廬】匈奴の住む天幕。包。〔楽府詩集、雑歌謡辞四、敕勒歌〕敕勒の川 陰山の下 天は穹廬に似て 四野を籠蓋す 天は蒼蒼たり 野は茫茫たり 風吹き草低れて、牛羊を見る
↑穹蓋 天／穹壑 深い谷／穹官 高官／穹嵌 高峻の山／穹宮 祠堂／穹玄 蒼穹／穹跨 天／穹昊 大空／穹谷 深い谷／穹岫 岩穴／穹崇 高く聳える／穹然 高大なさま／穹窒 室を掃除する／穹帳 穹廬／穹天 大空／穹旻 穹天／穹碧 蒼穹／穹冥 大空／穹隆 穹窿／穹閭 穹廬／穹林 深い林／穹麗 宏麗
↓圜穹・玄穹・昊穹・皇穹・高穹・秋穹・上穹・青穹・清穹・蒼穹・層穹・天穹・旻穹・碧穹・隆穹

【虯】 8 5210 ［虬］ 7 5211 キュウ(キウ) みずち

篆文 

形声 声符は丩。丩は糾（糺）の初文で、ものの糾纏する形。竜に関する字には、蛟・螭・禹・虯など、二虫糾纏の意をとるものが多い。漢の王延寿の〔魯の霊光殿の賦〕に「騰蛇蟉虯して榱を遶る」の句がある。虯はみずち。〔説文〕十三上に「龍の子の角有る者」とするが、〔淮南子、覧冥訓、高誘注〕のように、有角を竜、無角を虯とするものが多い。
訓義 ①みずち。②竜、角のない竜。
古訓 〔名義抄〕虯 オホハチ／大虯 ミヅチ 〔字鏡集〕虯 ワダカマル・タツキ・タツ・ミヅチ
語系 虯・觩 gyu は同声。樛 kyu も声義が近い。丩・求・翏声の字に、かがまり糾纏するという共通義がある。
【虯鬚】巻鬚。宋・陸游〔大雪歌〕詩 虯鬚の豪客、狐白の裘 夜來醉眠す、寶釵樓 五更未だ醒めず、已に馬に上り衝雪、却つて作す、南山の遊
↑虯簷 高い檐／虯曲 曲がる／虯屈 虯曲／虯結 交結する／虯虎 竜虎／虯甲 竜甲／虯須 みずち／虯髯 虯鬚／虯箭 漏壺の針／虯髯 虯鬚／虯螭 みずち／虯蟠 とぐろを巻く／虯盤 盤屈／虯竜 みずち
↓蛟虯・潜虯・騰虯・蟠虯

【邱】 8 7712 ［丘］ 5 7210 キュウ(キウ) おか

篆文 

形声 声符は丘。〔説文〕六下に「地名」とする。丘はもと丘墓・丘壟をいう。のち孔子の名を避けて、圜丘など特定のもの以外には、邱を用いる。
訓義 ①おか、おかの上のむら、そのむらのあと。②丘と通じ、はか、はかのあるおか。
＊語彙は丘字条参照。
【邱墟】廃墟。〔甌北詩話、八〕（元遺山の詩）其の天稟、本と豪健英傑の氣多し。又金源（金国）の亡國に値ひ、宗社邱墟の感を以て、發して慷慨悲歌と爲る。求めずして白ら工なる者有り。

常【急】 9 2733 〔急〕 9 2733 キュウ(キフ) すみやか いそぐ

篆文 

形声 声符は及（及）。〔説文〕十下に「褊なり」とあり、また〔爾雅、釈言〕に「褊は急なり」とあり、互訓の字。及は後ろより人を追う意の字で、その心情を急という。心急ぐものは一褊に執するところがある。急遽・急速の意より、また緊急・急要の意となる。
訓義 ①すみやか、いそぐ、あわただしい。②はげしい、きびしい、あくせくする。③さしせまる、大事な、重要なこと。
古訓 〔名義抄〕急 スミヤカナリ・タチマチ・トシ・ツクス・ハゲシ 〔字鏡集〕急 コト〴〵ク・トシ・ハゲシ・トリヒシク・ツクス・スミヤカ・タチマチ
【急雨】にわか雨。宋・王禹偁〔黄岡竹楼記〕夏は急雨に宜しく、瀑布の聲有り。冬は密雪に宜しく、碎玉の聲有り。
【急急】火急。「急急如律令」はもと公文書用語。のち巫祝の用いる呪語。早々退散せよなどの意。唐・白居易〔竜を祭る文〕若し三日の内に一雨滂沱たらば、是れ龍の靈にして、亦た人の幸なり。禮報いざること無からん。神其れ之れを聽け。急急如律令。
【急疾】はやい。きびしい。〔呂覧、論威〕凡そ兵は急疾

捷先ならんことを欲す。～急疾捷先は、此れ義兵の勝を決する所以なり。

【急杵】うちつづけるきぬたの音。宋・陸游〔露坐〕詩 秋近くして急杵を聞くに堪へず 夜涼しくして、已に復た輕綺を怯る

【急須】酒の燗をする鍋。きびしょ。〔三余贅筆〕呉の人、酒を暖むる器を呼びて急須と爲し、飲食を暖むる器を呼びて僕僧と爲す。急須とは、其の急に應じて用ふるを以てなり。

【急変】にわかの大事。〔漢書、車千秋伝〕會々衞太子、江充の譖敗する所と爲りて久し。千秋、急變を上つり、太子の冤を訟ふ。

↑急暇 休暇／急緩 緩急／急徽 急絃／急騎 早馬／急客 不意の客／急脚 急逓／急遽 至急／急劇 とり急ぎ／急撃 急襲／急賢 重賢／急絃 急調／急鼓 早太鼓／急刻 苛刻／急困 急迫／急窄 せわしい／急使 急ぎの使／急就 速成／急舒 緩急／急觴 一気飲み／急進 驀進／急賑 救急／急水 急流／急切 緊要／急節 急絃／急宣 急勅／急箭 早い矢／急躁 性急／急足 飛脚／急速 速やか／急趣 急促／急卒 にわか／急猝 急卒／急態 狼狽する／急湍 はやせ／急灘 急湍／急逓 早飛脚／急笛 早笛／急転 急変／急伝 早飛脚／急難 危急／急拍 急拍子／急迫 危急／急飄 疾風／急報 速報／急忙 倉卒／急暴 短気／急務 急用／急用 急ぐ仕事／急要 緊要／急瀬 急湍／急乱 あわてる／急瀾 怒濤／急流 はやせ／急涙 嗚咽／急烈 猛烈／急艣 はやろ

↓応急・火急・苛急・管急・緩急・艱急・危急・徽急・救急・驚急・窘急・緊急・勁急・警急・激急・狷急・絃急・厳急・遑急・剛急・告急・刻急・困急・酸急・至急・周急・峻急・浚急・杵急・舒急・峭急・迅急・趨急・声急・性急・切急・早急・躁急・促急・迫急・縛急・煩急・剽急・逼急・不急・赴急・風急・褊急・猛急・要急

【柩】 9 4191 ［匶］ 20 7171 キュウ（キウ） ひつぎ

篆文  籀文 

形声 声符は匛。匛は柩の初文。久は屍体を後ろから支える形。久を棺に収めた形は匛、柩はその繁文である。〔説文〕十二下に「棺なり」とし、重文として籀文匶を録する。久・舊（旧）は声義の通ずる字であるが、舊は鳥を留止する形であるから、柩が本字。〔周礼〕には匶の字を用いる。

訓義 ①ひつぎ。②死者の姓名官位をしるした旗。銘という。

古訓 〔篇立〕柩 ヒツキ

【柩室】ひつぎを安置する室。〔唐書、崔沔伝〕母、亡す。弔を廬前に受く。賓客未だ嘗て柩室に至らず。人に語りて曰く、平生至親に非ざれば、堂に升りて入謁せず。豈に存亡を以て禮を變へんやと。

↑柩衣 棺衣／柩戸 霊柩／柩車 柩の車／柩殯 仮葬／柩轝 柩の輿／柩輅 柩車

↓櫬柩・紀柩・挙柩・虚柩・護柩・告柩・哭柩・載柩・従柩・神柩・遷柩・提柩・拝柩・挽柩・抱柩・望柩・幽柩・霊柩

常

【糾】 9 ［糺］ 8 2290 ［糺］ 7 2291 キュウ（キウ） あざなう ただす

篆文 

形声 声符は丩。丩は縄をより合わせる形で、糾の初文。〔説文〕三上に「繩三合するなり」とみえる。あざなうように合するを糾合、また糾縄を以て人を責め糾すので、糾察・糾弾の意となる。

訓義 ①あざなう、なわなう、よりあわせる。②まつわる、むすぼれる。③ただす、しらべる。④絿と通じ、きびしい。

古訓 〔名義抄〕糺 タヾス・キビシ・ツナ 〔字鏡集〕糾 アサハル・イソグ・タヾス・マサシ・ウヤマフ・ミツクリノナハ・イクル・アラハス・ヲサム・マガウ・ワダカマル・ツナ・キビシ・アサハレリ・ツ、シム・マツフ

語系 糾・繆kyu、九kiu、觩gyu は声義近く、丩・九・求・翏声の字にみな糾纏するものの意がある。

【糾案】とりしらべる。〔後漢書、蔡茂伝〕時に陰氏の賓客、郡界に在り、多く吏禁を犯す。茂、輒ち糾案して、回避する所無し。

【糾劾】罪をただししらべる。〔南史、孔奐伝〕陳文帝位に卽き、徵して御史中丞と爲す。奐、性剛直、糾劾する所多し。朝廷甚だ之れを敬憚す。

【糾糾】ねじて巻いた形。〔詩、魏風、葛屨〕糾糾たる葛屨 以て霜を履むべし

【糾挙】告発糾弾する。〔後漢書、章帝紀〕今吏多く不良、擅に喜怒を行ひ、～無辜を迫脅して自殺せしむるを致すは、～甚だ人の父母爲るの意に非ず。有司其れ議して、之れを糾擧せよ。

【糾合】集めまとめる。〔左伝、僖二十六年〕（斉の）桓公、是を以て諸侯を糾合して、其の不協を謀る。其の闕を彌縫して、其の災を匡救す。

【糾縄】ただし罰する。〔隋書、劉昉伝〕御史梁毗～（昉を）劾奏して曰く、～身酒徒に昵み、家逋藪（集まり場所）と爲る。若し糾縄せずんば、何を以て肅厲せんやと。詔有るも治せず。

【糾正】誤りをただす。〔晋書、石鑒伝〕石鑒～魏に仕へて、～糾正する所多く、朝廷之れを憚り、出だして幷州刺史と爲す。

【糾率】糾合して率いる。〔後漢書、応劭伝〕初平二年、黄巾の三十萬の衆、郡界に入る。劭、文武を糾率し、連りに賊と戰ひ、前後斬首すること數千級、生口老弱萬餘人を獲たり。

【糾弾】糾問弾劾する。〔唐律、鬭訟、誣告反坐〕諸々人を誣告する者、各々反坐す。卽し糾彈の官、私を挾みて事を彈じて實ならざる者も、亦た之くの如し。

【糾剔】悪人をただし退ける。〔宋書、謝晦伝〕臣忝なくも蕃任に居り。～政を爲すに小大、必ず先づ啓聞し、群蠻を糾剔し、境内を清夷せん。

【糾逖】悪人をただし遠ざける。〔左伝、僖二十八年〕王、叔父（晋侯）に謂ふ、敬んで王命に服し、以て四國を綏んじ、王慝を糾逖せよと。

【糾纏】縄のようにからみ合う。〔鶡冠子、世兵〕禍は福の倚る所、福は禍の伏する所、禍と福とは糾纏の如し。渾沌錯紛、其の狀一の若し。

【糾謬】誤りをただす。〔書、冏命〕愆りを繩し謬りを糾し、其の非心を格す。

【糾紛】入り乱れる。また、山が重なり合う。唐・李華〔古戰場を弔ふ文〕浩浩乎として平沙垠り無く、夐かに人を見ず。河水縈帶し、群山糾紛たり。黯として慘悴し、風悲しみ日曛る。

【糾戮】罪をしらべ死刑とする。〔後漢書、郭伋伝〕轉じて漁陽の太守と爲る。～伋、到りて示すに信賞を以てし、渠帥を糾戮し、盜賊銷散す。

↑糾按 糾案／糾夥 徒党／糾会 糾合／糾戒 戒める／糾覈 糾明する／糾禁 おきて／糾結 まとわる／糾検 検挙する／糾告 告発／糾錯

乱れる／糾察　糾正／糾雑　もつれる／糾参　告発／糾散　糾合／糾司　酒宴の司会／糾守　盗賊係／糾衆　まとめる／糾集　糾合する／糾聚　衆人を集める／糾擾　乱す／糾謫　ただし責める／糾治　ただす／糾誅　糾戮／糾黜　ただし退ける／糾擿　告発／糾駁　駁正／糾発　告発／糾罰　罰する／糾謀　共謀する／糾墨　墨縄／糾明　ただす／糾問　調べる／糾約　糾合する／糾理　糾治する／糾繚　めぐらす

↓結糾・裁糾・縄糾・弾糾・纏糾・蟠糾・紛糾・窈糾・繚糾

常

【級】 9 2794 〔級〕 10 2794 キュウ（キフ） しな　きざはし

篆文

形声 声符は及（及）。及に後ろより相及ぶ意がある。〔説文〕十三上に「絲の次第なり」とあり、機織の糸を次第することをいう。転じて段階・階級の意となる。〔礼記、曲礼上〕「級を拾り足を聚む」とは、一段ずつ足をそろえて登ることで、いま神職の作法として残されている。

訓義 ①いとのついで。機織の糸を次第すること。②しな、くらい、等級。③きざはし、階段。④首級、しるし。秦では首一を以て位一級をすすめた。

古訓 〔名義抄〕級　ツイデ・コシ・スミヤカナリ・カサナル・シナ・ツク

【級差】しな。等級。漢・揚雄〔大鴻臚の箴〕人に材能有り、寮に級差有り。能を遷し官を授くるに、各〻宜しき攸有り。

【級頭】首級。〔説苑、奉使〕（呉の）闔閭、（伍子胥を）以て將相と爲す。三年、呉の兵を將ゐて楚に復讐し、戰ひて柏擧に勝ち、級頭百萬。

↑級紀　加級記録／級職　位職／級数　階級の上下の数／級等　等級／級別　等級

↓下級・階級・学級・官級・勲級・計級・功級・高級・爵級・首級・殊級・受級・昇級・拾級・上級・進級・数級・積級・層級・多級・壇級・超級・低級・等級・班級・俘級・名級

【韭】 9 1110 キュウ（キウ） にら

篆文

象形 にらの生えそろった形。〔説文〕七下に「菜の名なり。一たび種ゑて久しき者なり。故に之れを韭と謂ふ。象形」とあり、〔礼記、曲礼下〕にその祭祀名を「豐本」という。〔礼記、王制〕に「庶人は春、韭を薦む」とあり、豚とともに春祭に用いた。

訓義 ①にら。山韭はやまにら。

古訓 〔和名抄〕韭　古美良（こみら）／薤　於保美良（おほみら）〔名義抄〕韭　イタク〔篇立〕韭　クタク〔字鏡集〕韭　イタク・ニラ

部首 〔説文〕に韰・韱など五字をこの部に属する。韰は葉が韭に似た菜、韱は山韭である。

語系 韭kiuは久kiuə、舊（旧）giuəと声近く、韭は一種永生の菜として貴重とされ、神事にも用いられた。

【韭黄】にらの根。宋・王千秋〔点絳脣、春日、四首、四〕詞　何れの處ぞ春來る　試みに煩はさん、君盤中に向つて看よ　韭黄猶ほ短し　玉指もて寒を呵して剪れるを

【韭菹】にらのつけもの。〔儀礼、公食大夫礼〕賓、席に升りて、坐して韭菹を取る。

【韭萍】にらと、うきくさ。宋・蘇軾〔曽仲錫承議の蜜漬の生茘支を食ふに次韻す〕詩　代北の寒齏、韭萍を擣つき　奇苞零落して晨星に似たり

↑韭青　韭黄／韭白　韭の茎／韭卵　韭と卵

↓園韭・葵韭・薑韭・采韭・祭韭・山韭・秋韭・春韭・生韭・赤韭・剪韭・薦韭・葱韭・痩韭・豚韭・蒲韭・野韭・用韭・羊韭

常

【宮】 10 3060 キュウ　グウ　ク　みや

篆文

甲骨文

金文

会意 宀＋呂。宀は廟屋の象、呂は宮室の相並ぶ平面形。〔説文〕七下に「室なり」という。金文の〔伊𣪘〕に「王、周の康宮に在り。旦に王、穆の大室に格り、位に卽っく」とみえるように、宮中に儀礼の室があり、室とはもと神位のある所、すなわち大室をいう。

訓義 ①みや、神聖の居る所、みたまや、宮廟、天子の居る所、宮殿。②いえ、すまい、やしき。③宮にすむ人、君。④学校、仏寺、星宿。⑤五刑の一、去陰、幽閉。⑥五音（宮・商・角・徵・羽）の一。

古訓 〔名義抄〕宮　ミヤ／行宮　カリミヤ〔字鏡集〕宮　ミヤ・ムロ・ナカムロ・ウチ・トナカ

声系 〔説文〕に宮を「躳の省聲」とするが、躳の従うところの呂は脊呂の形で、脊椎の象。宮室の形と異なる。〔説文〕に宮声とするもの二字、いずれも宮と声義の関係がない。

【宮娃】宮女。唐・王維〔岐王に従つて、夜、衛家の山池に宴す、応教〕詩　座客、香貂滿ち　宮娃、綺幔張る　澗花、輕粉の色　山月、燈光少れなり

【宮幄】宮殿のとばり。〔後漢書、南蛮西南夷伝論〕乃ち の藏山隱海の靈物、沈沙棲陸の瑋寶の若き、怪麗を呈表し、宮幄に離被せざる莫し。

【宮衣】宮中より下賜された衣服。唐・杜甫〔許八拾遺の、江寧に帰りて覲省するを送る～〕詩　詔許、中禁を辭し　慈顏、北堂に赴く～内帛擎ぐること偏へに重く　宮衣、著けて更に香し

【宮闈】宮中の奥御殿。后妃の居る所。〔後漢書、皇后上、光烈陰皇后紀〕皇后怨懟を懷執し、數〻教令に違ふ。它子を撫循し、異室を訓長すること能はず。宮闈の内、鷹鸇を見るが若し。

【宮宇】御殿。〔晉書、苻堅載記上〕宮宇・車乘・器物・服御、悉く珠璣・琅玕、奇寶珍怪を以て之れを飾る。

【宮衛】宮殿の守衛。〔漢書、元帝紀〕永く烝庶の饑寒を惟ひ、遠く父母妻子を離れ、非業の作に勞し、不居の宮を衛る。恐らくは陰陽を佐くる所以の道に非ず。其れ甘泉・建章の宮衛を罷め、農に就かしめよ。

【宮掖】宮中。〔後漢書、五行志一〕靈帝、胡服・胡帳・胡牀～胡空侯・胡笛・胡舞を好む。～此れ服妖なり。其の後董卓、多く胡兵を擁し、街衢に塡塞し、宮掖を虜掠し、園陵を發掘す。

【宮苑】宮殿と庭苑。〔北斉書、幼主紀〕乃ち更めて宮苑を增益す。～宮中に鏡殿・寶殿・瑇瑁殿を起し、丹靑の雕刻、妙、當時に極まれり。

【宮垣】宮殿の垣。〔史記、武帝紀〕明堂の圖中一殿有り。四面壁無く、茅を以て蓋ふ。水を通じ、宮垣を圜らし、複道を爲す。上に樓有り。西南より入る。命けて昆侖と曰ふ。

【宮花】宮苑の花。唐・王建〔故行宮〕詩　寥落たり古行宮　宮花寂莫として紅なり ☒進士合格者の上位三名に賜う金花。〔琵琶記、杏園春宴〕宮花斜めに帽簷に插して低たる。

【宮娥】宮女。女官。〔隋遺録、下〕（煬）帝嘗て昭明文選樓に幸す。車駕未だ至らず。先づ宮娥數千人に命じ、樓に昇りて迎侍せしむ。

【宮館】離宮。別館。〔漢書、宣帝紀〕久しく百姓を勞するは、天下を綏んずる所以に非ざるなり。～郡國の宮館は復た修治すること勿かれ。

【宮観】宮殿。離宮。〔史記、始皇紀〕乃ち咸陽の旁二

百里内の宮觀二百七十を、復道甬道もて相ひ連ね、帷帳・鐘鼓・美人を之れに充たしむ。②祠廟。唐以後、道教の寺。〔史記、封禪書〕郡國各〻除道し、宮觀・名山・神祠を繕治す。幸せらるるを望む所以なり。

【宮妓】宮女。〔述異記、上〕呉王夫差、姑蘇の臺を築き、三年にして乃ち成る。周旋詰屈、橫亘五里。～宮妓數千人。

【宮闕】城門。宮城。魏・陳琳〔袁紹の為に予州に檄す〕(曹)操、部曲の精兵七百を持して宮闕を圍守す。外は宿衞に託するも、內は實に拘執す。其の簒逆の萌、斯れに因りて作らんことを懼る。

【宮市】宮苑內の市場。のち宦官が市井の物を掠奪する手段となった。〔順宗実録、二〕貞元末、宦者を以て使と爲し、人物を抑買す。～但だ宮市と稱へば、卽ち斂手付與し、眞僞復た辨ずべからず。～名は宮市と爲すも、實は之れを奪ふ。

【宮詞】宮中の生活を主題とする詩。唐・王建〔宮詞、一百首、七十一〕詩 日高くして、殿裏香煙有り 萬歲の聲は、長く九天を動かす 妃子院中、初めて降誕す 內人爭ひて乞ふ、洗兒錢

【宮樹】宮城の木。唐・元稹〔生春、二十首、四〕詩 宮樹、棲鴉亂れ 城樓、帶雪融く

【宮女】女官。〔管子、君臣下〕國君、妻を異姓に娉するに、姪娣を設爲し、命婦宮女、盡く法制有るは、其の內を治むる所以なり。

【宮牆】家の垣、塀。〔論語、子張〕諸これを宮牆に譬ふれば、～夫子の牆は數仞、其の門を得て入らざれば、宗廟の美、百官の富を見ず。

【宮雉】宮殿のひめがき。斉・謝朓〔暫く下都に使して、夜新林を發し、京邑に至る～〕詩 領を引くして京室を見れば 宮雉、正に相ひ望む

【宮廷】御所。〔史記、秦始皇紀〕始皇以爲へらく、咸陽は人多く、先王の宮廷小なりと。～乃ち朝宮を渭南の上林苑中に營作す。先づ前殿を阿房に作る。東西五百步、南北五十丈。

【宮殿】王宮。唐・杜甫〔江頭に哀しむ〕詩 江頭の宮殿、千門を鎖ざす 細柳新蒲、誰が爲に綠なる 憶ふ、昔霓旌、南苑に下り 苑中の萬物、顏色を生ずるを

【宮陛】宮殿の階段。〔後漢書、董卓伝〕(呂布、董卓を殺し)馳せて赦書を齎して以て宮陛の內外に令す。士卒皆萬歲を稱へ、百姓道に歌舞す。長安中～相ひ慶ぶ者、街肆に塡滿す。

【宮房】奥御殿。〔後漢書、循吏伝序〕(光武)宮房に私愛無く、左右に偏恩無し。

【宮門】宮城の門。唐・元稹〔上陽白髪の人〕詩 宮門一たび閉ざし、復た開かず 上陽の花草、青苔の地

【宮裏】宮中。唐・李白〔蘇台覧古〕詩 只だ今惟だ西江の月のみ有り 曾て照らす、呉王宮裏の人

【宮樓】宮殿。唐・張祜〔玉環琵琶〕詩 宮樓一曲、琵琶の聲 滿眼の雲山、是れ去程

【宮漏】宮中の水時計。唐・白居易〔禁中にて夜、書を作り元九に与ふ〕詩 五聲の宮漏、初めて鳴るの後 一點の窗燈、滅えんと欲するの時

→宮帷 宮殿の幕/宮幃 宮帷/宮院 宮殿/宮營 宮域/宮媛 宮女/宮園 宮苑/宮屋 宮殿/宮架 楽器懸け/宮閣 宮殿/宮割 宮刑/宮監 宮內監/宮鬟 宮女/宮姬 女官/宮戲 人形芝居/宮禁 御所/宮刑 去勢の刑/宮閨 奥御殿/宮髻 宮女/宮県 四面の楽器懸け/宮功 建築造作/宮甲 衛士/宮后 后妃/宮閤 宮中の小門/宮閫 奥御殿/宮罪 宮刑/宮寺 役所/宮事 家事/宮室 すまい/宮車 御所車/宮榭 宮殿/宮署 役所/宮仗 儀仗/宮城 御所/宮寢 宮殿/宮人 女官/宮襜 宮人/宮体 艶めかしい詩体/宮台 役所/宮闥 宮門/宮廚 御台所/宮亭 宮中のちん/宮庭 宮廷/宮妃 女官/宮廟 御廟/宮嬪 女官/宮府 役所/宮閉 女の去陰/宮辟 宮刑/宮坊 東宮/宮樣 御殿風/宮簾 宮中のみす/宮廬 廬舍/宮廊 宮中の廊/宮醪 宮中用の酒/宮彎 婦人靴

↓行宮・営宮・王宮・外宮・学宮・玉宮・金宮・桂宮・瓊宮・月宮・公宮・後宮・郊宮・斎宮・参宮・蚕宮・射宮・守宮・寿宮・春宮・上宮・深宮・神宮・青宮・雪宮・仙宮・遷宮・中宮・儲宮・天宮・東宮・内宮・閟宮・梵宮・迷宮・幽宮・雍宮・離宮・六宮・竜宮・霊宮

【捄】 10 5303 キュウ(キウ) ク つちもる ふさ

篆文

形声 声符は求。〔説文〕十二上に「土を梩中(もっこ)に盛るなり」とし、「一に曰く、捊るなり。詩に曰く、之れを捄ること陾陾たり」(段注本)と〔詩、大雅、緜〕の文を引く。版築のとき、土を盛り入れることをいう。

訓義 ①つちもる、もりいれる。②ながくつづく、かたにいれる。③ふさ、房状になる。④救と通じ、すくう。

古訓 〔篇立〕捄 スクフ

→捄荒 救荒/捄正 正す/捄敗 救う

↓振捄

入 【笈】 10 8824 キュウ(キフ) キョウ(ケフ) おい

形声 声符は及。〔説文〕六上に极の字があり、「驢上の負なり」とあって、同系の語であろう。〔和名抄〕に「學士の書を負ふ所以なり。狀、冠箱の如くにして卑し」という〔風土記〕の文を引く。

訓義 ①おい。②极と通じ、にぐら。

古訓 〔和名抄〕笈 不美波古(ふみはこ) 〔名義抄〕笈 ハコ・オフ・フミハコ 〔字鏡集〕笈 フミハコ・ヲフ・ハコ・フンハコ・フンタ

【笈嚢】おいと、ふくろ。書物や詩文を入れる。唐・張籍〔(韓)退之を祭る〕詩 詩を學んで、衆體を爲し 久しくして乃ち笈嚢に溢る

↓雲笈・盈笈・函笈・玉笈・巾笈・錦笈・経笈・携笈・黄笈・書笈・細笈・塵笈・箱笈・担笈・茶笈・長笈・簦笈・負笈・風笈・梵笈・満笈・薬笈・霊笈

入 【赳】 10 〖赳〗 9 4280 キュウ(キウ)

篆文

形声 声符は丩。丩に丩纏・丩起の意がある。ともに力強さを感じさせる。〔説文〕二上に「輕勁にして才力有るなり」とあり、赳赳のように連語にして用いる。

訓義 ①つよいさま、いさましいさま。②才力、はたらきのあることをいう。

古訓 〔名義抄〕赳 タケシ

語系 赳・糾(糺)・樛 kyu、九 kiu、觩 gyu は同系の語。すべてねじれて、ひきしまる状態のものをいう。それで力強いさまの意となる。

【赳赳】つよいさま。〔詩、周南、兎罝〕赳赳たる武夫は 公侯の干城

→赳桓 赳赳桓桓/赳武 勇武

【躬】10 2722 ［躳］14 2626 キュウ み みずから

篆文 古印璽
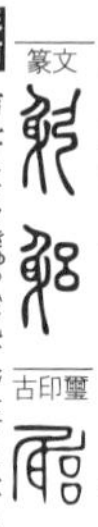

形声 声符は弓。〔説文〕七下に字を呂部に属して躳に作り、「身なり。身に從ひ、呂に從ふ」と会意とし、別に一体として躬をあげる。呂は脊骨・脊椎の象。漢碑に躬に作るものが多く、躳はその譌形であろうと思われる。

訓義 ①み、からだ。②みずから、みずからする、みにつける。③的の上下の幅。

古訓 〔新撰字鏡〕躬 於乃礼(おのれ)〔名義抄〕躬 ミヅカラ・ミ・ナラフ・マク・カヾマル・イタル・オノレ・オノレカ

声系 〔説文〕に躳声として窮のほか三字を録し、みな躳声、また躳の省声とする。〔説文〕に宮を躳の省声とするが、宮は呂に従う字でなく、卜文・金文は呂に従い、宮室の相並ぶ象である。

【躬化】きゅうか(くわ) みずから実践して人を教化する。〔史記、礼書〕孝文、道家の學を好み、以爲へらく、繁禮飾貌は治に益無し。躬化謂何のみと。

【躬倹】きゅうけん 倹約する。〔後漢書、呉良伝〕資質敦固、公方廉恪、躬儉貧に安んじ、白首節を一にす。～宜しく宿衛に備へ、以て聖政を輔くべし。

【躬行】きゅうこう(かう) みずから実践する。〔論語、述而〕君子を躬行するは、則ち吾未だ之れを得る有らず。

【躬耕】きゅうこう(かう) 天子みずから耕す。〔礼記、月令〕(孟春の月)乃ち元辰を擇び、～三公・九卿・諸侯・大夫を帥ゐて、躬ら帝籍を耕す。

【躬親】きゅうしん みずからする。〔漢書、劉向伝〕陛下位に即き、節儉を躬親らす。始め初陵を營むや、其の制約小なり。天下賢明を稱せざる莫し。

【躬率】きゅうそつ みずから率いる。〔漢書、王尊伝〕河水盛溢し、瓠子の金隄に泛浸し、老弱。奔走し、水大いに決して害を爲さんことを恐る。尊、躬ら吏民を率ゐ、白馬を投げ沈めて、水神河伯を祀り、尊、親ら圭璧を執り、巫をして策祝せしめ、身を以て金隄を塡めんと請ふ。因りて隄上に止宿廬居す。

↑躬稼 躬耕/躬御 親御/躬圭 瑞玉の一/躬爨 自ら煮炊する/躬身 躬親/躬桑 皇后の行う親蚕の礼/躬覧 自ら調べる/躬臨 自ら臨む

↓王躬・鞠躬・曲躬・正躬・聖躬・責躬・賤躬・束躬・耽躬・直躬・勅躬・反躬・匪躬・微躬・撫躬・斂躬

常【救】11 4814 キュウ(キウ) ク すくう

篆文 金文 詛楚文

会意 求＋攴。求は呪霊をもつ獣の形。これを殴ってその呪霊を刺激し、他から加えられている呪詛を免れる共感呪術的な方法を示す字。それで救済・救助の意となる。〔説文〕三下に「止むるなり」とし、求声とするが、攴部の字には殴つべき対象に対して攴を加えるものが多い。殺(殺)・改なども、みな同じ立意の字である。

訓義 ①すくう、ふせぐ、たすける、まもる、なおす。②絇と通じ、履の頭の飾り。③字はまた捄に作る。

古訓 〔名義抄〕救 スクフ・スケ・ヤム・ヲサム・ハラフ・ヒラ・タスク

【救援】きゅうえん(きうゑん) すくいたすける。〔三国志、蜀、宗預伝〕(諸葛)亮の卒するに及び、呉～巴丘の守兵萬人を增す。一は以て救援を爲さんと欲し、二は以て分割を事とせんと欲するなり。

【救解】きゅうかい(きうかい) 弁護して罪をすくう。〔宋史、孫思恭伝〕思恭、性、物に忤らはず。～帝も亦た閒ゝ問ふに政を以てす。歐陽脩初め思恭を知らず。脩の政府を出づるや、思恭力を盡して救解す。

【救急】きゅうきゅう(きうきふ) 危急をすくう。漢・劉向〔戦国策の序〕以て國に臨んで教化すべからずと雖も、兵革も亦た急を救ふの勢なり。～奇筴(策)異智を出だし、危を轉じて安と爲す。～亦た喜ぶべく、皆觀るべし。

【救窮】きゅうきゅう(きう) 困窮をすくう。〔説苑、反質〕墨子曰く、珠を得る者は粟を得ず、粟を得る者は珠を得ず。子將はた何をか擇ぶと。禽滑釐曰く、吾は粟を取らんのみ。以て窮を救ふべしと。

【救護】きゅうご(きうご) すくいまもる。〔後漢書、朱浮伝〕姦黨日に增し、連年拒守して、吏士疲勞す。甲冑に蟣蝨を生じ、弓弩弛むることを得ず。上下憔心、救護せられんことを相ひ望む。陛下生活の恩を仰ぎ希ふ。

【救荒】きゅうこう(きうくわう) 飢饉をすくう。〔宋史、趙抃伝〕(上疏)張豐、狂悖にして、呉越大いに饑ゑ、疫死する者過半なり。抃、救荒の術を盡し、療病埋死す。生者以て全し。

【救災】きゅうさい(きうさい) 災厄をすくう。〔左伝、僖十三年〕天災流行するは、國家代々に有り。災を救ひ隣を恤ふるは、道なり。道を行ふものには福有り。

【救済】きゅうさい(きうさい) すくう。〔三国志、呉、呉主伝〕世難を平らげ、黎庶(民衆)を救濟せんことを思ふ。上は神祇に答へ、下は民望を慰めん。～將に與に力を戮はせ、共に海内を定めんとす。

【救日】きゅうじつ(きうじつ) 日食のときの祓えの儀礼。〔穀梁伝、荘二十五年〕天子日を救ふときは、五麾を置き、五兵五鼓を陳らぬ。～其の陽を充たすを言ふなり。

【救助】きゅうじょ(きうじよ) たすける。〔三国志、蜀、費詩伝〕(孟)達、(諸葛)亮の書を得て、數々相ひ交通し、辭、魏に叛かんと欲す。魏、司馬宣王を遣はして之れを征せしめ、即ち達を斬滅す。亮も亦た達の款誠の心無きを以ての故に、救助せず。

【救兵】きゅうへい(きうへい) 援軍。梁・任昉〔曹景宗を奏弾す〕若し郢部(湖北郢州)の救兵をして、微しく聲援を接けしめば、則ち單于の首、久しく北闕に懸かり(梟首となる)しならん。

【救弊】きゅうへい(きうへい) 疲弊・弊害をすくう。〔白虎通、三教〕王者三教を設くるは何ぞ。衰を承けて弊を救ひ、民の正道に反るを欲すればなり。

【救亡】きゅうぼう(きうばう) 滅亡をすくう。〔戦国策、魏三〕秦、楚・趙の兵を挾みて、以て復た攻めば、則ち國、亡ぶることを救はんとするも、得べからざるのみ。

【救薬】きゅうやく(きうやく) 病をなおす。〔詩、大雅、板〕我が言の耄するに匪ず 爾憂ひを用つて謔す 多く熇熇(虐政)を將ふ 救藥すべからず

【救療】きゅうりょう(きうれう) 病気をなおす。〔北史、崔彧伝〕醫術を善くし、～廣く門生に教へ、多く救療せしむ。

↑救悪 ただす/救安 安んずる/救火 消火/救患 難を救う/救禦 守る/救凶 救荒/救月 月食の礼/救止 救いとどめる/救死 救命/救疾 治病/救恤 救いいたわる/救餉 食を送る/救人 命を救う/救世 世を救う/救請 救援を求める/救息 救いとどめる/救存 保全する/救度 救いたすける/救難 難をたすける/救抜 救いだす/救撫 救い安んずる/救敝 弊害を救う/救命 命を救う/救滅 滅亡を救う/救爛 苦難を救う

↓往救・求救・匡救・自救・収救・修救・振救・賑救・治救・備救・扶救・防救・謀救・奔救・療救

人【毬】11 2371 キュウ(キウ) まり たま

篆文

形声 声符は求。求は裘の初文。まるく巻きこむものの意がある。〔説文新附〕八上に

「鞠なり」とあり、毛糸などをまるく巻きかためたもの。〔荊楚歳時記〕の正月に打毬が行われたという記述があり、杖を用いて毬をうつ遊びがあった。

訓義 1まり、たま。2まるくかたいもの、栗のいがなど。

古訓 〔新撰字鏡〕毬 万利(まり) 〔名義抄〕毬 マリ 〔篇立〕毬 マリ・マリウチ

【毬衣】けまりのときの衣服。〔遼史、穆宗紀上〕(応暦三年三月)庚寅、應州に如き鞠を撃つ。丁酉、漢、使を遣はし、毬衣及び馬を進む。

【毬杖】打毬の杖。また、儀仗に用いる。〔宋史、楽志十七〕女弟子隊、凡そ一百五十三人、~十に曰く、打毬樂隊、四色の窄繡羅襦を衣き、銀帶を繫け、~簇花幞頭、毬杖を執る。

↑毬果 松の実／毬子 まり／毬場 打毬場／毬灯 丸形の灯籠／毬馬 裘馬／毬路 毬路錦

↓画毬・戲毬・玉毬・擊毬・香毬・綵毬・繡毬・蹴毬・雪毬・氈毬・争毬・打毬・馳毬・灯毬・蹋毬・撲毬・撥毬・盤毬・拋毬・毛毬

常 【球】 11 1313 〔璆〕 15 1712 キュウ(キウ) たま

篆文

形声 声符は求。求は裘の初文。求にまるくして巻きこむ意がある。〔説文〕一上に「玉なり」(段注本)とし、重文として璆の字形をあげている。〔書、益稷〕に「夔(楽祖とされる神名)曰く、戛として鳴球を撃つ」、また〔楚辞、九歌、東皇太一〕に「長劍の玉珥を撫すれば 璆鏘として琳琅鳴る」とあって、いずれも玉声をいう。求・翏に、もと、まるい、糾纏するものの意があり、璆はまた美玉の名に用いる。

訓義 1たま、美しいたま。2玉声。3鳴球は玉磬。

古訓 〔名義抄〕球琳 上は玉磬、下は玉名なり 〔篇立〕球 タマノオト・タマ・コヱタマ

語系 球・觩(斛)・虬 gyu、璆 kyu、九 kiu は声近く、その声符の字にみな、まるく巻きこむ意がある。

【球玉】たま。〔礼記、玉藻〕笏は、天子は球玉を以てし、諸侯は象を以てし、大夫は魚須(鮫のひげ)を以て竹を文る。士は竹の本(根もと)をし、象とするも可なり。

【球琳】美玉。〔淮南子、墬形訓〕西北方の美なる者に、崑崙の球琳・琅玕有り。

↑球技 玉突き／球球 牛角のさま／球形 球の形／球状 球形／球場 打球場／球灯 丸形の灯籠／球拍 ラケット

↓眼球・気球・血球・蹴球・小球・鏘球・打球・大球・卓球・地球・庭球・天球・投球・排球・鳴球・野球・籠球

【蚯】 11 5211 キュウ(キウ) みみず

形声 声符は丘。蚯蚓はみみず。〔礼記、月令〕「(孟夏の月)螻蟈(蛙)鳴きて蚯蚓出で、王瓜(からす瓜)生ひて苦菜秀づ」とあり、節候の虫とされた。

訓義 1みみず。

古訓 〔名義抄〕蚯蚓 ミ、ズ・ミヰズ

【蚯蚓】みみず。〔説苑、雜言〕夫れ蚯蚓は内に筋骨の強無く、外に爪牙の利無し。然れども下は黄泉に飲み、上は晞土を墾す。~心を用ふること一なればなり。

【逑】 11 3330 キュウ(キウ) もとめる

篆文 詛楚文

形声 声符は求。求は呪霊をもつ獣の形。これを殴つ形は救で、祟りを祓う呪儀である。逑は道路においてその呪儀を行う意。〔説文〕二下に「斂聚するなり」とし、〔書、堯典〕「方く逑めて功を僝はす」の句を引く。今本は逑を鳩に作る。〔詩、周南、関雎〕の「君子の好逑」をまた「好仇」に作る。〔左伝、桓二年〕に「怨耦を仇と曰ふ」とあり、逑とは嘉耦をいう。相救う意があるのであろう。

訓義 1もとめる。求・捄・逑は同系の語。2仇と通じ、対手、たぐい、つれあい。3鳩と通じ、あつめる。

古訓 〔名義抄〕逑 トモガラ・トモ・アタ・アフ・サソフ・カナフ 〔字鏡集〕逑 ヒトシ・タグヒ・キタル・コフル・サソフ・アダ・ツク・モトム・サタラフ・イタル・アフ・カナフ・トモガラ・トモ

語系 逑・仇 giu は同声。〔詩、周南、関雎〕の「好逑」の〔毛伝〕に「逑は匹なり」とあり、〔詩、秦風、無衣〕「子と仇を同にせん」の〔箋〕に「怨耦を仇と曰ふ」とみえる。嘉耦と怨耦との別があるが、また通じて用いる。

参考 逑(述)と字形が近く、朮もまた呪霊をもつ獣の形。軍の行動のとき、その進退をトう法を術といい、その結果、行動を継続することを述という。述は遂(遂)と同字。遂行の意のある字である。逑は呪詛的な方法で、対象に対して効果の及ぶことを求める意がある。

↑逑耦 配偶／逑好 夫婦愛／逑取 もとめる／逑匹 配偶

↓好逑・捜逑・民逑

常 【給】 12 2896 キュウ(キフ) たす たまう すみやか

篆文

形声 声符は合。合に翕・歙の声がある。合を金文に荅の義に用いる例があり、対えて給付する意がある。〔説文〕十三上に「相ひ足すなり」とあり、足らざるところを充足するをいう。〔荀子、非十二子〕に「齊給便利にして、禮義に順はず」とは便速にしてなりふりかまわぬ意。また〔荘子、天地〕「給數にして以て敏なり」とは、すみやかにすることをいう。

訓義 1たす、みたす、たる、そなわる。2たまう、あたえる、てあて。3すみやか、はやい。

古訓 〔名義抄〕給 タマフ・ソナフ・ツク・タル・トキ・ツカマツル・ヒキヰル・ワカツ／供給 タテマツリモノ

語系 合hәp、翕・歙xiәp は声義近く、協xiap もその系統の語。給はもと織機に糸を足し合わせる意であろう。糸を次第することを級(級)kiәp という。糸を合わせ次第することは急(急)kiәp なるを要した。故に給に給数の意がある。

【給仮】休暇を与える。賜暇。〔隋書、礼儀志四〕隋制~州郡學、則ち春秋の仲月を以て釋奠す。~學生は皆乙日に試書し、丙日に給假す。

【給済】物を与えて救う。〔三国志、呉、全琮伝〕是の時、中州の士人、亂を避けて南し、琮に依りて居る者、百を以て數ふ。琮、家を傾けて給濟し、有無を與共にす。遂に名を遠近に顯はす。

【給数】せかせかする。〔荘子、天地〕齧缺の人と爲りや、聰明叡知、給數にして以て敏なり。

【給使】つかえる。人に使われる。〔後漢書、楊秉伝〕臣、國の舊典を按ずるに、宦豎の官は、本省闥に給使し、昏を司り夜を守るに在り。而るに今、猥りに過寵を受け、政を執り權を操る。

【給賜】たまう。〔晋書、魏舒伝〕詔して曰く、舒の惟これ一子、薄命短折す。~散愁養氣、更に滋味品物を增すべき所以を思ふ。仍りて陽燧四望繐牕戸、皁輪車牛一乘を給賜す。庶はくは出入觀望せば、或いは憂ひを散ずるに足らんと。

【給事】給侍。貴人の側につかえる。〔史記、衛将軍驃騎伝〕其の父鄭季、吏と爲りて平陽侯の家に給事し、侯の妾衛媼と通じて靑を生む。

【給捷】きゅうしょう（きふせふ）　きびきびとすばやい。〔後漢書、文苑下、酈炎伝〕酈食其の後なり。炎、文才有り、音律を解す。言論給捷にして、多く其の能理に服す。

【給伝】きゅうでん（きふでん）　駅伝の便をたまう。〔旧唐書、太宗紀下〕（貞観十一年夏四月）河北・淮南に詔して～儒術該通、師範と爲すべく、文辭秀美、才著述に堪ふる～者を擧げ、給傳して洛陽宮に詣らしむ。

【給費】きゅうひ（きふひ）　費用にあてる。〔唐書、姦臣下、柳璨伝〕少くして孤貧、學を好み、晝は薪を採つて費に給し、夜は葉を然やして書を照らす。

【給与】きゅうよ（きふよ）　物資金品を与える。魏・陳琳〔袁紹の為に予州に檄す〕（曹）操又命を矯めて稱制し、使を遣はして兵を發す。恐らくは邊遠の州郡、過り聽いて給與せん。

【給料】きゅうりょう（きふれう）　手当を支給する。〔唐書、食貨志五〕至徳の初め、用物足らざるを以て、内外の官、料錢を給せず。～乾元元年、亦た外官に半料及び職田を給す。

【給廩】きゅうりん（きふりん）　官より穀物を与える。〔三国志、魏、王烈伝注に引く魏略〕寒貧なる者は、～獨り窮巷の小屋に居り、親里無し。人之れに衣食を與ふるも取るを肯へんぜず。郡縣其の鰥窮なるを以て、日に五升を給廩す。食足らず、頗る行乞す。乞ふも多くを取らず。

【給禄】きゅうろく（きふろく）　扶持を与える。〔隋書、煬帝紀上〕若し經術を研精するも、未だ進仕を願はざる者は、其の藝業の深淺、門蔭の高卑に依り、未だ朝に升らずと雖も、竝べて量準給祿すべし。

↑給印　捺印する／給役　役務／給駅　給伝／給暇　給仮／給拠　土地売買の認可証明書／給供　供給／給雇　雇傭／給口　口才／給散　分与する／給施　施す／給資　給費／給侍　給事／給授　授与する／給賞　鑑賞する／給贍　足す／給足　充足する／給対　速応する／給待　接待する／給貸　貸す／給発　支給する／給付　わたす／給扶　扶助する／給復　免税する／給用　足す／給養　あてがう／給斂　免税する

↓営給・家給・官給・饋給・共給・供給・均給・月給・口給・犒給・歳給・支給・資給・賜給・自給・需給・周給・潤給・昇給・捷給・賞給・餉給・饒給・賑給・斉給・贍給・貸給・寵給・日給・佞給・配給・稟給・敏給・分給・弁給・補給・奉給・俸給・優給・養給・量給

【翕】　12　8012　キュウ（キフ）　あつまる　あう

篆文 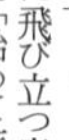

形声　声符は合。合に給の声がある。〔説文〕四上に「起つなり」とあり、鳥がいっせいに飛び立つ意。〔論語、八佾〕に孔子が楽章のことを論ずる語に「始めて作るや、翕如たり」というのは、諸楽がいっせいに吹奏をはじめる意。その音の相和するさまをいう。鳥がいっせいに集まること、またその動作が敏速であることをいう。

訓義　①あつまる、あう、おおい。②いっせいに飛び立つ、おこる、したがう。③闔と通じ、とじる。④噏・吸と通じ、すう、おさめる。

古訓　〔名義抄〕翕　トシ・オコク・アツマル・ヒラク・アフ・オホフ・サカユ・ヒク・アハス〔字鏡集〕翕　ハヰル・クチスル・ヒク・ヲサム・アハス・ヲコク・トシ・オホフ・アサム・アツク・ハツクロフ・ヒロク・サカリ・アフ・ヤク・アツマル・ツバサ

声系　〔説文〕に翕声として歙・潝など三字を収める。歙はまた噏に作り、吸（吸）と声義が近い。潝は水流の疾い音。みな翕の声義を承ける。

語系　翕・歙 xiəp、合 həp は声義が近い。また盍・闔 həp も声近く、みな、あつまる、かたまるの意がある。

【翕赫】きゅうかく（きふかく）　さかんなさま。晉・陸機〔弁亡論、上〕叛くを誅し服するを柔らげて、江外定まるを厎し、法を飾へ師を脩むれば、則ち威德翕赫たり。

【翕翕】きゅうきゅう（きふきふ）　くどくものいう。〔孫子、行軍〕諄諄翕翕として徐ろに人と言ふ者は、衆を失ふ。

【翕響】きゅうきょう（きふきやう）　またたく間。また、音声が美しいこと。魏・嵆康〔琴の賦〕紛綸翕響として衆藝に冠たり。音を識る者希なり、孰れか能く珍とせん。

【翕肩】きゅうけん（きふけん）　肩をすぼめる。漢・揚雄〔解嘲〕范雎は魏の亡命なり。～肩を翕せ背を蹈まれ、扶服（匍匐、はらばう）して橐に入る。

【翕忽】きゅうこつ（きふこつ）　すみやかなさま。唐・柳宗元〔小丘西の小石潭に至る記〕潭中の魚百許頭、皆空遊の依る所無きが若く、日光下澈し、影、石上に布く。怡然として動かず、俶爾として遠く逝く。往來翕忽、游ぶ者と相ひ樂しむに似たり。

【翕習】きゅうしゅう（きふしふ）　さかんなさま。すみやかなさま。また、なれ親しむ。唐・元稹〔陽城駅〕詩　聲香、漸く翕習　冠蓋、雲の浮かぶが若し　少者は公に從つて學び　老者は公に從つて遊ぶ

【翕如】きゅうじょ（きふじよ）　諸楽器の吹奏がいっせいにはじまるさま。〔論語、八佾〕始めて作るや、翕如たり。之れを從つや、純如たり、皦如たり、繹如たり。以て成る。

【翕然】きゅうぜん（きふぜん）　鳥が集まり飛ぶ。多く集まる。また、集まり和合する。〔史記、太史公自序〕七國辜に伏し、天下翕然として、大いに安らかにして殷富なり。孝景本紀、第十一を作る。

【翕張】きゅうちょう（きふちやう）　開閉。〔老子、三十六〕將に之れを翕ぢんと欲せば、必ず固く之れを張る。將に之れを取らんと欲せば、必ず固く之れに與ふ。

【翕翼】きゅうよく（きふよく）　翼をおさめる。漢・王褒〔四子講徳論〕夫れ鴻均の世は、何物か樂しまざらん。飛鳥は翼を翕め、泉魚は奮ひ躍る。

↑翕繹　楽音が調う／翕協　和合する／翕絶　光る／翕合　一致する／翕散　集散する／翕受　一所に集まる／翕聚　集まる／翕純　翕繹／翕心　一小心／翕服　悦服する／翕闢　開閉する／翕斂　収斂する

↓嘘翕・欻翕・呼翕・始翕・趨翕・吐翕・闢翕

常　【嗅】　13　6603　［齅］　24　2623　キュウ（キウ）　かぐ

篆文 

会意　正字は齅に作り、鼻（鼻）＋臭（臭）。嗅はその略字。〔説文〕四上に「鼻を以て臭に就くなり」といい、臭の亦声とし、「讀みて畜牲の畜の若くす」という。その感覚を嗅覚、その器官を嗅官という。〔論語、郷党〕「三嗅して作つ」は、鳥が警戒して飛び立つ意であるが、この嗅は狊の誤りであろう。〔爾雅、釈獣〕に、狊とは鳥が両翼を張る意であるという。

訓義　①かぐ、よくかぐ。②くさい。

古訓　〔新撰字鏡〕齅　佐志加久（さしかぐ）〔名義抄〕齅　カグ・モノカグ〔篇立〕齅　カグ

語系　嗅（齅）thjiuk は臭・殠 thjiu と声義が近い。臭は臭気、殠は腐臭、嗅（齅）は動詞的な語である。

【嗅石】きゅうせき（きうせき）　神話中の獣の名。〔拾遺記、十、瀛洲〕獸有り、嗅石と名づく、其の狀麒麟の如し。～石を嗅げば則ち金玉有るを知る。石を吹けば則ち金沙寶璞を開き、粲然として用ふべし。

【嗅扇】きゅうせん（きうせん）　扇を嗅いでトう。〔斉東野語、十五〕耿聽聲といふ者、兼ねて能く衣物を嗅ぎて、以て吉凶貴賤を知る。～耿、嗅ぎて后の扇に至りて云ふ、此れ聖人なり。然れども陰氣有りと。

↑嗅覚　かぐ機能／嗅聞　かぎわける

↓嘘嗅・歆嗅・吟嗅・三嗅・鬢嗅・触嗅・酔嗅・鼻嗅

【舅】 13 7742 キュウ(キウ) しゅうと

篆文 

形声 声符は臼。〔説文〕十三下に「母の兄弟を舅と爲し、妻の父を外舅と爲す」とあり、〔爾雅、釈親〕の文による。〔詩、秦風、渭陽〕「我、舅氏を送り曰ここに渭陽に至る」、〔左伝、僖九年〕「(宰)孔をして伯舅に胙(祭肉)を賜はしむ」など、異姓の人にも用いる。金文には〔陳肪𣪘〕「我が皇𣪘に追孝す」のように𣪘を用いることがある。

訓義 ①おじ、母の兄弟。②しゅうと、夫の父、妻の父。③妻の兄弟。④異姓の人に親しんでいう。⑤久と通じ、ひさしい。

古訓 〔和名抄〕舅 母方乃乎知(ははかたのをぢ) 〔名義抄〕舅 シウト・ハハカタノヲヂ 〔字鏡集〕舅 イトコ・シウト・ヲヂ

【舅姑】(きゅうこ) しゅうと、しゅうとめ。夫の父母。また妻の父母。〔礼記、郊特牲〕舅姑食を卒へ、婦、餘りを餕す(余り物をたべる)。之れを私むなり。

【舅妻】(きゅうさい) 母の兄弟の妻。〔晋書、后妃上、武元楊皇后伝〕后、舅家に依る。舅妻仁愛にして、親ら后を乳養し、他人をして其の子に乳せしむ。

↑舅公 舅/舅氏 舅/舅母 舅の妻

↓外舅・元舅・姑舅・后舅・叔舅・諸舅・親舅・甥舅・伯舅・老舅

【裘】 13 4373 キュウ(キウ) かわごろも

篆文 古文 甲骨文 金文 

会意 求+衣。篆文の字形は衣中に求を加える。求は獣皮の象。〔説文〕八上に「皮衣なり」とし、求声とするが、求は裘の初文。また「一に曰く、象形。衰と同意なり」という。衰(衰)は衣に麻絰を加えた服喪の衣で、裘とは何の関係もない。

訓義 ①かわごろも、けごろも。

古訓 〔和名抄〕裘 加波岐奴(かはぎぬ) 〔名義抄〕裘 カハコロモ・カハギヌ

【裘葛】(きゅうかつ) 冬着と夏着。明・宋濂〔東陽の馬生を送るの序〕今諸生、太學に學び、縣官日に廩稍の供有り。父母歲ごとに裘葛の遺有り。凍餒の患無し。大廈の下に坐して、詩書を誦す。

【裘褐】(きゅうかつ) 裘と、あらい毛織物。粗末な冬着。〔荘子、天下〕後世の墨者をして、多く裘褐を以て衣と爲し、～日夜休せず、自ら苦しむを以て極と爲さしむ。曰く、此の如くなる能はざれば禹の道に非ざるなり。墨と爲すに足らずと。

【裘紱】(きゅうふつ) 裘と印綬。尊位をいう。晉・陸機〔魏の武帝を弔ふ文〕彼の裘紱も何に於てか有らん、塵謗を後王に貽すのみ。嗟、大戀の存する所、故より哲と雖も忘れず。

【裘冕】(きゅうべん) 大裘と冕冠。天子の盛服。〔周礼、夏官、節服氏〕郊祀には裘冕し、二人戈を執り、尸を送り逆へ、車に從ふ。

↑裘衣 皮衣/裘溲 毛氈/裘裳 裘の裳/裘絺 裘葛/裘馬 皮衣と馬車/裘領 裘の衿

↓安裘・葛裘・褐裘・箕裘・衾裘・軽裘・霓裘・狐裘・虎裘・好裘・羔裘・車裘・毳裘・褻裘・麤裘・皁裘・大裘・袒裘・短裘・貂裘・兎裘・敗裘・白裘・反裘・皮裘・被裘・表裘・文裘・敝裘・弊裘・冕裘・黼裘・尨裘・羊裘・擁裘・良裘・狼裘・鹿裘

人 【鳩】 13 4702 キュウ(キウ) はと あつまる

篆文 金文 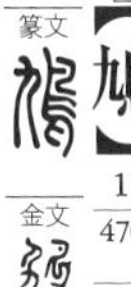

形声 声符は九。〔説文〕四上に「鶻鵃なり」とあり、〔詩、小雅、小宛〕の〔伝〕には「鶻鵰」に作る。〔説文〕の鶻・鵃の各条にみな「鶻鵃なり」とあり、鳩はその総名であろう。勼・逑と通じ、鳩集の意にも用いる。

訓義 ①はと。②勼・逑と通じ、あつまる、あつめる。

古訓 〔新撰字鏡〕鳩 伊戸波止(いへばと) 〔和名抄〕鳩 夜末波止(やまばと) 〔名義抄〕鳩 アツマル・イヘバト・ハト・ヤマバト

語系 鳩(九)kiu、丩・翏(摎)kyu、求giuは声義近く、その声の字に糾合・糾纏の意をもつものが多い。九字条参照。

【鳩閲】(きゅうえつ) あつめ調べる。〔魏書、儒林、孫恵蔚伝〕魏晉の世、尤も典墳を重んず。收亡集逸し、九流咸く備はる。其の史篇を鳩閲し、經論を訪購するを觀るに、紙竹の載する所、略ぼ盡して遺すもの無し。

【鳩呼】(きゅうこ) 鳩がよぶ声。雨を招くという。金・元好問〔趙宜之に寄す〕詩 莘川三月、春事忙し 布穀(ふふどり)耕を勸め、鳩は雨を呼ぶ

【鳩集】(きゅうしゅう) あつめる。〔後漢書、孔融伝〕稍や復た吏民の黃巾の誤る所と爲りし者、男女四萬餘人を鳩集し、更めて城邑を置き、學校を立て、儒術を表顯し、賢良鄭玄～邴原等を薦擧す。

【鳩杖】(きゅうじょう) 玉杖九尺。頭に鳩を飾る。八十・九十歳の人に賜う。〔唐書、玄宗紀〕(開元二年)京師に宴し、老を含元殿庭に侍す。九十以上に几杖を、八十以上に鳩杖を賜ふ。婦人にも亦た之の如くし、其の家に賜ふ。

【鳩拙】(きゅうせつ) 鳩は巣作りが下手であるというので、陋屋の生活にたとえる。元・魏初〔石州慢、高郎中道凝の韻に次す〕詞 歲暮に倦遊し 風雨に棲遲す 一枝の鳩拙

【鳩巣】(きゅうそう) 鳩の巣。粗末な家にたとえる。唐・白居易〔重ねて小女子を傷む〕詩 傷心自ら歎く、鳩巣の拙なるを 長へに春雛を墮して、養ふこと成らず

↑鳩喚 鳩呼/鳩居 借り住居/鳩形 鳩の形から、空腹にたとえる/鳩合 糾合する/鳩首 集まって相談する/鳩酒 毒酒、鴆酒をまた鳩酒という/鳩聚 鳩集/鳩率 糾率する/鳩斂 集め誅求する

↓雨鳩・鶯鳩・群鳩・鶻鳩・鳲鳩・雎鳩・晴鳩・拙鳩・桑鳩・蒼鳩・啼鳩・斑鳩・方鳩・蒙鳩・雄鳩

人 【廐】 14 〔廏〕 14 0021 〔廄〕 14 0024 キュウ(キウ) うまや

篆文 古文 金文 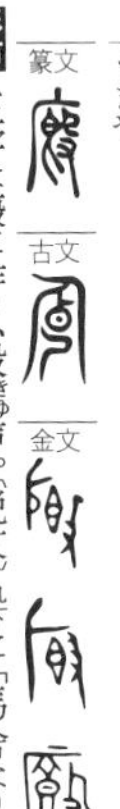

形声 正字は廏に作り、𣪘声。〔説文〕九下に「馬舍なり」とし、「周禮に曰く、馬二百十四匹有るを廏と爲す。廏に僕夫有り」と〔周礼、夏官、校人〕の文によって説く。金文の〔貉子卣〕に「王牢を廐に𣪘む」とあり、〔説文〕陸字条十四下に「山谷に依りて牛馬の圈を爲すなり」というように、陸が養馬のところであった。廏馬の数は〔周礼注〕によると二百十六匹である。廐・廐は俗字である。

訓義 ①うまや。②勼と通じ、あつまる。

古訓 〔和名抄〕廏 无万夜(むまや) 〔字鏡集〕廏 キサヤ・ムマヤ

声系 𣪘の古音は、〔説文〕三下が𣪘声の字に「𨑩は讀みて九の若くす」とし、また簋の重文に朹を録し、女部の𡜌声の字を糾(糾)の声でよむなど、簋に九・丩の音があった。金文の〔洹子孟姜壺〕に「厥の𣪘(舅)を喪ふ」とあって、古くは𣪘を舅の字に用いた。

【廏閑】(きゅうかん) うまや。〔魏書、恩倖、常季賢伝〕季賢、主馬より起る。世宗、初め騎乘を好む。是れに因りて寵を得たり。位、殿中將軍・司藥丞に至るも、仍ほ廏閑を主る。

【廏庫】(きゅう(きう)こ) うまやと武器庫。〔礼記、曲礼下〕君子將に宮室を營まんとするときは、宗廟を先と爲し、廏庫を次と爲し、居室を後と爲す。
【廏置】(きゅう(きう)ち) 駅伝の宿場。〔宋史、外戚上、劉文裕伝〕李飛雄といふ者有り。～性兇險なり。～詐りて使者と爲し、夜廏置に抵り、卒を呼び馬を索む。
【廏馬】(きゅう(きう)ば) うまやの馬。〔戦国策、斉四〕君の廏馬百乘、繡衣を被り、菽粟を食はざる者無し。豈に騏驎・騄耳有らんや。
↑廏苑 養馬場／廏舎 うまや／廏人 馬飼い／廏芻 まぐさ／廏卒 廏人／廏長 廏の長／廏肥 牛馬糞を用いた堆肥／廏牧 うまや／廏養 馬飼い／廏吏 馬飼い／廏令 廏の長
↓内廏・外廏・充廏

【觩】 14 2323 ［觓］ 9 2220 キュウ(キウ)

篆文

形声 声符は求。〔説文〕四下に字を觓に作り、「角の皃なり」とし、「詩に曰く、兕觵其れ觓たり」と〔詩、小雅、桑扈〕の句を引く。また字を觩に作り、〔詩、魯頌、泮水〕に「角弓其れ觩たり」とみえる。丩は紐などの糾纏する形。求は裘の初文で、獣皮を巻きこむような形。ともに、ねじけまがる意があり、声義に通じるところがある。

訓義 ①角のまがったさま。②弓をしぼり、またゆるめ、彎曲し、またたるむかたち。③強くねじてひきしぼるかたち。

古訓 〔名義抄〕觩 マガル・カヒ 〔篇立〕觩 サカヅキ・カヒ・マガル

語系 觩(觓)・捄・虯(虬)gyu、樛(朻)kyu は声義近く、みな曲戻・糾纏の意をもつ語である。

↑觩角 曲がった角／觩觻 器のゆるく曲がるさま

【賕】 14 6383 キュウ(キウ) まいない

篆文

形声 声符は求。〔説文〕六下に「財物を以て法を枉げ、相ひ謝するなり」、また「一に曰く、質を戴するなり」という。「枉法相謝」はいわゆる受賕枉法で収賄の罪。質も請託のために送るものをいう。金文に「贖求」という語があり、贖罪して原状の回復を求めることをいう。

訓義 ①まいない、まいないする。②たのむ、もとめる。③つぐなう。

古訓 〔新撰字鏡〕賕 尓戸(にへ)、又、豆止(つと) 〔名義抄〕賕 ウク・マヘ・ツト 〔篇立〕賕 マヘ・マユ・ナヒット・タカフ・マヒナハシム 〔字鏡集〕賕 アカフ・ウク・ニヘ

【賕謁】(きゅう(きう)えつ) わいろ。〔唐書、諸帝公主、長寧公主伝〕事に任ずることを爭ひ、賕謁紛紜たり。
【賕賂】(きゅう(きう)ろ) わいろ。〔漢書、王莽伝中〕(王)莽の制度煩碎にして、～吏終に祿を得ず。各〻官職に因りて姦を爲し、賕賂を受取し、以て自ら共給す。
↑賕貨 賄賂／賕官 収賄の吏／賕謝 収賄／賕餉 まいない／賕託 贈賄して請託する／賕紋 賄賂
↓行賕・受賕・請賕・争賕

【嘼】 15 6660 キュウ(キウ) キク シュウ(シウ) けもの やしなう

篆文 金文

象形 狩猟用の盾の形。羽飾りのついた楯を台座の上におき、祝禱を収めた器(口)を前において、狩猟の成功を祈る。〔説文〕十四下に「犍なり」と家畜の意とするが、金文の字形は明らかに円い盾の形を主としている。金文にこの字を「執嘼」のように酋・虜酋の意に用いる。軍行のときにも盾祭をするので、その軍獲を嘼といったのであろう。獸(獣)は嘼に猟犬をそえたもので、狩猟の狩の初文。獸の字形によっていえば、嘼は獸の初文である。

訓義 ①けもの。②畜と通じ、やしなう。

部首 〔説文〕〔玉篇〕に獸をこの部に属する。獸は狩猟用の盾と猟犬とに従い、狩の初文。その獲るところは嘼。「犍なり」とは家畜。畜は嘼と声義に通ずるところがある。

【噏】 15 6802 キュウ(キフ) すう

形声 声符は翕。翕に集まる意がある。吸(吸)と声義同じく、吸いよせる、吸いとることをいう。また、風を受けて軽くあがる意に用いる。

訓義 ①すう、すいこむ、すいおさめる。②風をすってあがる、軽く浮く。

古訓 〔名義抄〕噏 スフ・ノム・フ、ム・セ、カム

語系 噏・潝・歙・吸 xiəp はみな同声で、吸いこむ意があり、その義が近い。

↑噏呷 裾が軽くあがるさま／噏忽 たちまち／噏訿 そしる／噏習 軽くあがるさま／噏摂 吸いとる

【樛】 15 4792 キュウ(キウ) リョウ(レウ) まがる

篆文 金文

形声 声符は翏。翏に璆・嫪の声がある。〔説文〕六上に「下句(鉤)するを樛と曰ふ」とあり、〔爾雅、釈水〕の文によるる。〔玉篇〕に朻を樛の重文として引いており、樛・朻は同字異文とみてよい。枝が垂れまがるしだり木をいう。〔詩、周南、樛木〕の〔伝〕に「木、下曲するを樛と曰ふ」とみえ、そのような木は神木とされ、神の憑よりつくところとされた。〔詩、周南、漢広〕の詩にみえる「喬木」も、神が憑りつくという発想のもので、その詩にみえる「游女」とは、女神をいう。

訓義 ①まがる、たれまがる。②うねる、めぐる。③糾と通じ、もつれる、からむ。④求と通じ、求める。⑤わが国では、つきの木、槻の意に用いる。

【樛結】(きゅう(きう)けつ) 糾結。〔漢紀、平帝紀〕(元始三年)秋八月、天雨ふる。草の狀、莎(はますげ)の如く、相ひ樛結して彈丸の如し。
【樛枝】(きゅう(きう)し) 曲枝。宋・王安石〔晨に興きて南山を望む〕詩 草樹顚頂に露し 樛枝空しく復た繁し
↑樛葛 つたかずら／樛曲 しだり曲がる／樛垂 喪礼の帯／樛盤 からみめぐる／樛木 しだり木／樛蘿 樛葛／樛流 曲流
↓相樛・内樛・攀樛

【潝】 15 3812 キュウ(キフ) ながれる

篆文

形声 声符は翕。〔説文〕十一上に「水の流るること疾き聲なり」(段注本)とあり、急流の水声をいうとする。翕に集まる意があり、水勢の合する所の水声をいう字であろう。潝潝はまた衆口相合して、そしるような状態をもいう。

訓義 ①ながれる、急流。②急流の音。③ものの集まるさま。④集まってさやぐ音。

古訓 〔字鏡集〕潝 ミヅノハヤキコヱ

語系 潝はまた急(急)kiəp に従う形の字もあり、咠 tshiəp、習(習)・集 dziəp、疌 dziap と畳韻。これらの字は、みな早く、せわしく動くものを形容するときに用い、一の語系をなしている。

【潝潝】(きゅう(きふ)きゅう(きふ)) 皆でそねみそしる声。〔詩、小雅、小旻〕潝潝訿訿として 亦た孔だ之れ哀し
↑潝訿 そしる声／潝濞 急流の音

【璆】 15 1712 ［球］ 11 1313 キュウ(キウ) たま

篆文

形声 声符は翏。翏に漻・樛の声がある。〔説文〕一上に球を正字とし、「玉聲なり」といい、重文として璆を録する。〔爾雅、釈器〕に「璆琳は玉なり」、〔爾雅、釈地〕に「西北の美なる者」として崑崙虚の璆琳・琅玕をあげている。玉磬の鳴るのを璆然・璆鏘のように形容するが、球にはその用義法がなく、両字の間に慣用を異にするところがある。

訓義 [1]美しい玉、璆琳。[2]玉磬。[3]玉声。

古訓 〔名義抄〕璆 タマ 〔篇立〕璆 タマノナナリ・テハックリ

語系 璆はまた球に作る。求giu、翏liu、九kiu、ㄐkyu は声義に通ずるところがあり、その形声字に糾纏・宛曲の義を含むことが多い。

【璆然】きゅう(きう)ぜん 玉が触れあって鳴る音。〔史記、孔子世家〕靈公夫人に南子といふ者有り。～見んことを願ふ。孔子辭謝するも、已むことを得ずして之れに見ゆ。夫人絺帷の中に在り、～帷中より再拜す。環珮の玉聲、璆然たり。

↑璆磬 玉磬／璆鏘 玉声／璆鉄 玉と鉄／璆珌 刀の玉飾／璆林 璆琳／璆琳 美玉の名

↓素璆・大璆・白璆・蒙璆・琳璆

常 【窮】 15 3022 ［竆］ 19 3026 キュウ きわまる くるしむ

篆文

会意 穴(穴)＋躬。穴中に躬をおく形で、進退に窮する意。〔説文〕七下に「極まるなり」と訓し、竆を正形とする。究・穹と声義近く、「究は窮なり」「穹は窮なり」のように互訓する。極は上下両木の間に人を入れて、これを窮極する意で、罪状を責め糾す意。窮にもその意があり、罪状を糾問することを窮治という。

訓義 [1]きわまる、きわめる、おわる、つきる、ふさがる。[2]くるしむ、こまる。[3]しらべる、しらべつくす。

古訓 〔名義抄〕窮 タヘニアヤシ・セマル・キハム・キハマル・ウカヾフ・ヨル

語系 窮giuəm、極giək は声義近く、窮極・窮治の意に用いる。

【窮案】きゅうあん 罪状をしらべあげる。〔後漢書、橋玄伝〕玄、～陳の相羊昌の罪惡を言ひ、爲に陳の從事を部して、其の姦を窮案せんと乞ふ。(周)景、玄の意を壯とし、署して之れを遣はす。玄、到りて悉く昌の賓客を收む。

【窮陰】きゅういん 冬の末。窮冬。唐・孟浩然〔京に赴く途中、雪に遇ふ〕詩 窮陰、晦朔連なり 積雪、山川に滿つ 落雁、沙渚に迷ひ 饑烏、野田に集る

【窮裔】きゅうえい 辺境の地。唐・韓愈〔柳子厚(宗元)墓誌銘〕又相知の氣力有りて位を得る者の、推挽する無し。故に卒に窮裔に死して、材、世用と爲らず。道、時に行はれず。

【窮遠】きゅうえん(ゑん) 遠い果てまでゆく。南朝宋・顔延之〔車駕京口に幸す～〕詩 宣く遊きて下濟を弘め 遠きを窮めて聖情を凝らす

【窮奇】きゅうき 尭の時、四凶の一。〔左伝、文十八年〕少皞氏に不才子有り、～惡言を崇飾し、～以て盛德を誣ふ。天下の民、之れを窮奇と謂ふ。

【窮期】きゅうき 尽きる時。唐・韓愈〔十二郎を祭る文〕死して知る有らば、其れ幾何か離れん。其の知る無くば、悲しみも幾時ならず、悲しまざる者に窮期無からん。

【窮究】きゅうきゅう(きう) きわめ尽くす。究明する。〔後漢書、班固伝〕長ずるに及んで、遂に載籍を博貫し、九流百家の言、窮究せざる無し。學ぶ所、常師無し。

【窮魚】きゅうぎょ 水が枯れて苦しむ魚。唐・李白〔古風、五十九首、五十九〕詩 衆鳥、榮枯に集り 窮魚、枯池を守る 嗟嗟す、歡を失ふ客 勤ろに問ふも、何の規す所ぞ

【窮竟】きゅうきょう(きやう) きわめ尽くす。〔漢書、尹翁帰伝〕田延年～甚だ其の對へを奇とし、～便ち從へて府に歸る。事を案じ姦を發して、事の情を窮竟す。延年、大いに之れを重んず。

【窮極】きゅうきょく きわまり。はて。魏・曹植〔薤露行〕楽府 天地、窮極無く 陰陽、轉た相ひ因る

【窮屈】きゅうくつ 尽きはてる。〔呂覧、安死〕耕稼采薪の勞を憚り、肯て人事を官めず。而して美衣侈食の樂を祈むるも、智巧窮屈して、以て之れを爲す無し。

【窮蹇】きゅうけん つまずき困窮する。宋・蘇軾〔病中、大雪数日、未だ嘗て起きて觀ず～〕詩 詩人は窮蹇するを例とす 秀句は寒餓より出づ 何れか當に雪霜に暴されて 庶はくは以て(孟)郊・(李)賀を躡まん

【窮交】きゅうこう(かう) 貧しい時の交わり。〔漢書、游俠伝序〕趙の相虞卿、國を棄て君を捐て、以て窮交を魏・齊の厄に周くす。

【窮巷】きゅうこう(かう) 貧しい住居地。陋巷。〔韓詩外伝、五〕彼の大儒は、窮巷陋室に隱居し、置錐の地無しと雖も、王公も與に名を爭ふこと能はず。

【窮荒】きゅうこう(くわう) 凶作で苦しむ。また、荒れはてた遠方の地。唐・杜甫〔雨〕詩 窮荒、益と自ら卑しうす 飄泊、誰にか訴へんと欲する

【窮寇】きゅうこう 窮地に追われた敵兵。〔孫子、九変〕餌兵は食ふ勿れ。歸師は遏むる勿れ。圍師は必ず闕き、窮寇は迫ること勿れ。

【窮愁】きゅうしゅう(しう) 困窮のかなしみ。〔史記、平原君虞卿伝論賛〕虞卿も窮愁するに非ずんば、亦た書を著はして、以て自ら後世に見はれしむること能はざりしならんと云ふ。

【窮辱】きゅうじょく 困窮して恥辱を受ける。〔戦国策、秦三〕夫の窮辱の事、死亡の患の若きは、臣敢て畏れざるなり。臣死して秦治まらば、生くるよりも賢されり。

【窮神】きゅうしん 神秘を知り窮める。〔易、繫辞伝下〕神を窮め化を知るは、德の盛なり。

【窮尽】きゅうじん きわめ尽くす。〔西京雑記、四〕哀帝、董賢の爲に大第を北闕下に起す。～樓閣臺榭、轉た相ひ連注し、山池玩好、雕麗を窮盡す。

【窮鼠】きゅうそ 追いつめられた鼠。〔塩鉄論、詔聖〕死して再びは生きず。窮鼠、狸を齧む。

【窮達】きゅうたつ 困窮と栄達。窮通。〔淮南子、斉俗訓〕趨舍同じきも、誹譽は俗に在り。意行鈞しきも、窮達は時に在り。

【窮鳥】きゅうちょう(てう) 追いつめられた鳥。〔顔氏家訓、省事〕窮鳥懷に入るは、仁人の憫れむ所なり。況んや死士我に歸せば、當に之れを棄つべけんや。

【窮通】きゅうつう 窮達。梁・劉峻〔弁命論の序〕余謂へらく、士の窮通は、命に非ざる無し。

【窮途】きゅうと 晋の阮籍が、行きつく所まで車を走らせて痛哭したという故事。唐・王勃〔滕王閣の序〕孟嘗が高潔なる、空しく報國の情を懷き、阮籍が猖狂なる、豈に窮途の哭に效らはんや。

【窮独】きゅうどく 孤独で困窮する。唐・杜甫〔述懐〕詩 漢運、初めて中興す 生平、耽酒に老ゆ 歡會の處に沈思して 窮獨の叟と作るを恐る

【窮年】きゅうねん 一生涯。一年中。唐・韓愈〔進学解〕多きを貪り、得ることを務め、細大捐てず。膏油を焚きて以て晷(朝)に繼ぎ、恆に兀兀として以て年を窮む。先生の業、勤めたりと謂ふべし。

【窮薄】きゅうはく 不幸。宋・蘇軾〔金山より船を放ちて焦山に至る〕詩 同遊盡く返り、獨り往くことを決む 賦命窮薄にして、江潭を輕んず

【窮髪】きゅうはつ 窮遠不毛の地。〔荘子、逍遥遊〕窮髮の北に冥海なる者有り。天池なり。魚有り。其の廣さ數千里。未だ其の脩さを知る者有らず。

【窮武】みだりに武力を行使する。魏・鍾会〔蜀に檄する文〕武を窮め戰ひを極め、以て一朝の志を快くせんと欲するに非ず。故に略ぼ安危の要を陳べん。其れ敬しんで話言を聽け。

【窮兵】兵力を尽くしはたす。清・王曇〔漢の武帝の茂陵〕詩 和議、終に中國の計に非ず 窮兵、纔かに是れ帝王の才

【窮暮】年のくれ。また、晩年。漢・孔融〔雑詩、二首、二〕生時、父を識らず 死後、我が誰なるかを知らんや 孤魂、窮暮に遊び 飄颻として安くに依る所ぞ

【窮民】たよる所のない人たち。〔孟子、梁恵王下〕(鰥・寡・孤・独)此の四者は、天下の窮民にして、告ぐるところ無き者なり。

【窮約】貧しい。〔荘子、繕性〕物の儻來するは寄なり。寄は其の來ること圉ぐべからず、其の去ること止むべからず。故に軒冕の爲に志を肆にせず、窮約の爲に俗に趨らず。

【窮理】事物の存在の理を窮めて、認識に達する。宋学の方法。〔朱子語類、九〕學者の工夫は、唯だ居敬窮理の二事に在り。此の二事は互ひに相ひ發す。能く理を窮むれば、則ち居敬の工夫日に益〻進み、能く敬に居らば、則ち窮理の工夫日に益〻密なり。

【窮閭】貧しい村里。〔戦国策、中山〕中山の君、傾蓋與車して朝する所の、窮閭隘巷の士なる者、七十家あり。~賢に朝するときは、則ち耕者惰り、戰士懦なり。

【窮老】年老いて貧しい。〔漢書、游俠、楼護伝〕護~涕を流し、其の妻子を責めて曰く、呂公、故舊の窮老を以て身を我に託す。義當に奉ずべき所なりと。遂に呂公を養ひて身を終へしむ。

➡窮已 ゆきついてやむ/窮運 窮薄の運/窮咽 窮して悲泣する/窮怨 困しみ怨む/窮閻 陋巷/窮簷 貧家/窮餓 うえる/窮覈 究明する/窮渴 水がなくてかわく/窮鑑 見きわめる/窮紀 一年/窮鬼 貧乏神/窮晷 尽日/窮貴 高い身分をきわめる/窮匱 窮乏/窮鞫 窮案/窮急 窮迫/窮居 貧窮/窮郷 遠隔の地/窮境 苦境/窮窘 困窮する/窮禽 窮鳥/窮苦 なんぎ/窮徑 奥の小道/窮経 経学をきわめる/窮罄 尽きる/窮竭 窮尽/窮固 固陋/窮孤 孤児/窮袴 股の袴/窮絝 窮袴/窮迕 非運/窮郊 いなか/窮谷 奥深い谷/窮骨 窮人/窮困 困窮する/窮塞 辺塞/窮歳 年末/窮朔 極北/窮策 窮余/窮酸 貧書生/窮山 奥山/窮竄 遠く流される/窮士 窮人/窮子 貧乏神/窮兒 貧児/窮日 一日中/窮守 死守する/窮囚 獄囚/窮秋 晩秋/窮蹴 窮蹙/窮蹙 困窮する/窮処 貧窮な生活/窮心 心をつくす/窮審 窮覈/窮人 貧窮の人/窮生 天寿/窮棲 隠棲/窮夕 徹夜/窮戚 憂える/窮節 窮絶 衰老/窮尽/窮泉 墓/窮賤 貧賤/窮素 清貧/窮促 窮迫する/窮退 隠退/窮泰 窮通/窮餒 うえる/窮地 苦境/窮治 窮案/窮寵 貴顕となる/窮追 追及する/窮冬 季冬/窮登 登り切る/窮迫 困窮する/窮逼 迫る/窮夫 窮人/窮服 屈服する/窮弊 貧苦/窮僻 片田舎/窮捕 追捕/窮北 極北/窮溟 極北の海/窮目 極目/窮厄 困窮する/窮阨 窮厄/窮余 苦しまぎれ/窮覧 覧つくす/窮里 窮巷/窮流 小流/窮隆 盛んなさま/窮林 深林/窮盧 穹廬/窮露 貧窮の人/窮臘 年末

➡隘窮・学窮・寒窮・帰窮・饑窮・詰窮・救窮・御窮・窘窮・研窮・固窮・困窮・歳窮・塹窮・神窮・振窮・送窮・退窮・通窮・途窮・貧窮・不窮・乏窮・無窮・命窮・阨窮・幽窮・吝窮・路窮

【歙】 16 8718 キュウ(キフ) ショウ(セフ) キョウ(ケフ) すう おさめる あう

篆文

形声 声符は翕。翕は鳥が集まって群飛する意。集まり、収まる意がある。〔説文〕八下に「鼻を縮むるなり」とし、気息を引きおさめる意。気の集散のさまについて、その集まるを歙然、専一なるさまを歙歙という。翕の声義を承け、吸(吸)・汲と声義が通ずる。

訓義 [1]いきをすう、息を吸い収める。[2]あつめる、あわせる、おさめる。[3]あう。[4]慄と通じ、おそれる。[5]脅と通じ、そびやかす。

語系 歙・噏(吸)・翕 xiəp は同声。呷 xeap は声義近く、〔説文〕二上に「呷は吸呷なり」とあって、波の呑吐するような状態をいう。漢・司馬相如の〔子虚の賦〕に「翕呷萃蔡」とあり、萃蔡はもののふれあうような音をいう。

【歙歙】心を専一にする。〔老子、四十九〕聖人の天下に在るや、歙歙として天下の爲に其の心を渾くす。

【歙赩】赤々と輝くさま。漢・王延寿〔魯の霊光殿の賦〕丹柱歙赩として、電のごとく烻く。

【歙砉】はげしい音の形容。宋・蘇軾〔上清詞〕詩 飛霆に乘じて、逸景を追ふ 歙砉掃滅して 蹤無し

【歙肩】肩をすぼめへつらう。〔後漢書、張衡伝〕干進苟容、我以て肩を歙むに忍びず。

【歙然】集まり和合する。〔漢書、鮑宣伝〕孫寵・息夫躬の過惡を發覺し、免官し、遣はされて國に就く。衆庶歙然として説喜せざる莫し。

➡歙硯 歙渓の硯/歙集 集まる/歙石 歙硯/歙張 開閉/歙鉢 火炉の一

➡欻歙

【糗】 16 9693 キュウ(キウ) いりごめ

篆文

形声 声符は臭(臭)。〔説文〕七上に「熬りたる米麥なり」とあり、いりごめの類をいう。屑米の他に、豆などを混ぜて熬ることが多い。

訓義 [1]いりごめ、いりごめのかゆ。[2]ほしいい。[3]くだけ、くだく。

古訓 〔名義抄〕糗 ムギイヒ 〔字鏡集〕糗 ムギイヒ・イク

【糗芳】芳しいほしいい。〔楚辞、九章、惜誦〕江離と滋菊とを播く 願はくは春日に以て糗芳と爲さん

➡糗乾 いり乾かす/糗脩 ほしいい、乾肉/糗粻 ほしいいの糧/糗糒 糗糧/糗粮 糗糧/糗糧 軍糧などのほしいい

➡含糗・残糗・飯糗・脯糗・芳糗・粱糗

【髹】 16 7229 〔髤〕 14 7290 キュウ(キウ) うるしぬる

形声 声符は休。字はまた髤に作る。髤はその省体の字。字はまた鬃に作る。赤みがかった黒塗りのうるしをいう。

訓義 [1]うるし、赤味のある黒のうるし。[2]うるしぬる。

古訓 〔字鏡集〕髤 ヌル・ウルシヌル

【髹漆】漆ぬる。〔漢書、外戚下、孝成趙皇后伝〕昭陽舍に居る。其の中庭は彤朱にして、殿上は髹漆なり。

【髹彤】赤い漆をぬる。魏・何晏〔景福殿の賦〕是に於て、髹彤の繡桷(たる木)を列ね、琬琰の文璫を垂る。

【髹鉢】漆ぬりの食器。元・呉師道〔黄晋卿の北山紀游の韻に和す〕詩 傳玩して髹鉢を遺し 興嗟して殯宮に對ふ

↑髤画 うるし絵／髤器 漆器／髤工 漆塗り職人／髤采 漆ぬり／髤飾 漆ぬり／髤牌 塗り看板／髤髪 黒髪／髤筆 はけ／髤盆 漆塗りの盆
↓朱髤・塗髤・鬌髤・文髤・黝髤

【鵂】17 2722 キュウ(キウ) みみずく

篆文 

形声 声符は休。字はもと舊(旧)に作る。〔説文〕四上に「舊は雖舊、舊留なり。鵂、舊或いは鳥に従ひ、休聲」とあり、鴟鵂をいう。舊は萑(みみずくの形)に従い、臼声。舊がその初文。のち字を故旧の意に用い、鵂が作られた。みみずく、鴟鵂。

訓義 ①みみずく。②字はもと舊に作る。

古訓 〔名義抄〕鵂 フクロフ・イヒトヨ／鵂留 イヒトヨ

↑鵂狐 このはずく／鵂鳥 みみずく

【闟】20 7712 キュウ(キフ) トウ(タフ) とじる たたずむ

形声 声符は翕。〔玉篇〕に「戟の名なり」とする。翕に集まる意があり、闟はとざす、安定する意が本義であろう。〔玉篇〕のいう戟は闟戟、車の護衛に用いる枝のある戟である。

訓義 ①とじる。②あつまる、たたずむ、おちつく。③ほこ、闟戟。

古訓 〔字鏡〕闟 ヒトヤ 〔字鏡集〕闟 ホコ

【闟戟】枝のあるほこ。〔史記、商君伝〕君の出づるや、後車十數、從車甲を載せ、多力にして駢脅なる者を驂乘と爲し、矛を持して闟戟を操る者、車に旁うて趨る。

【闟然】佇むさま。〔管子、小問〕桓公、北のかた孤竹を伐たんとし、未だ卑耳の谿に至らざること十里、闟然として止まり、瞠然として視る。～左右に謂ひて曰く、是の前に人を見たるかと。

↑闟闟 とざす／闟茸 愚か

【𩯭】21 7213 〔髹〕16 7229 〔髤〕14 7290 キュウ(キウ) うるし

篆文 

会意 髟+桼。桼は漆の初文。髟は毛髪の象、漆を塗る刷桼。〔説文〕六下に「桼なり」とし髟声とするが声が合わず、字は会意。髹は形声、髤はその省形。漆を用いることは殷代にすでに行われており、彤弓・旅弓などは漆法によるものであったと思われる。春秋期に〔曾伯⿱雨桼簠〕があり、⿱雨桼は漆の潤沢をいう字であろう。孔門の漆雕開は漆雕りを業とした家と思われる。〔周礼〕〔儀礼〕には髤の字を用いる。

訓義 ①うるし、うるしぬる、うるしをかける、赤・黒のうるし。

古訓 〔名義抄〕髤 ウルシヌル

＊語彙は髤字条参照。

【齅】24 2643 キュウ(キウ) かぐ

篆文 

会意 鼻(鼻)+臭(臭)。鼻で臭いをかぐ。〔説文〕四上に「鼻を以て臭に就くなり」とし、臭の亦声とする。嗅は略字。

訓義 ①かぐ。②字はまた嗅に作る。

古訓 〔新撰字鏡〕齅 佐志加久(さしかぐ) 〔名義抄〕齅 カグ・モノカグ

【齅金】金を嗅いでその好悪を知る。〔太平御覧、八一一に引く漢の楊孚の異物志〕狼䀮の民、漢人と交關するに、常に夜市す。鼻を以て金を齅ぎて、其の好惡を知る。

↓嘘齅・歆齅・三齅・鬌齅・触齅・心齅・酔齅・攀齅・鼻齅

【鬮】26 7711 キュウ(キウ) たたかいとる くじ

篆文 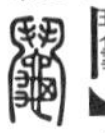

形声 声符は龜(亀)。〔説文〕三下に「鬥ひ取るなり」(段注本)とあり、「讀みて三合繩糾の若くす」とあって、糾(糾)の声でよむ。〔玉篇〕に「手もて取るなり」という。格闘して取ること。のち、くじの意に用いる。

訓義 ①たたかいとる、手格してとる。②くじ。

古訓 〔字鏡集〕鬮 アラソフ

【鬮令】くじで争う遊戲。酒場では酒令。唐・唐彦謙〔南明山に遊ぶ〕詩 鬮令、觴を傳ふることを促し 投壺、更に句を聯らぬ

↑鬮戯 くじ遊び／鬮定 くじで決める
↓戯鬮・草鬮・送鬮・蔵鬮・拈鬮・迷鬮

ギュウ

常 【牛】4 2500 ギュウ(ギウ) うし

篆文 
甲骨文 
金文 
簡書 

象形 牛を正面からみた形。羊も同じ意象の字。〔説文〕二上に「大牲なり」とし、「角頭三、封・尾の形に象る」という。封とは肩甲墳起のところ。あるいは腰骨の形としてもよい。牛は犧牲の首たるもので、神事に供するときには一元大武という。武は足。盟誓のときにその血を用いる。主盟のことを「牛耳を執る」という。その半肉を半(半)、その肉を「胖」という。西周期の〔曶鼎〕は高さ二尺、深さ九寸、銘文四百四字に及ぶ大鼎で、「鬺牛鼎」(牛を鬺る鼎)と称している。

訓義 ①うし。②太牢。③牽牛、ひこぼし。

古訓 〔和名抄〕牛 宇之(うし) 〔名義抄〕牛 ウシ／黄牛 アメウシ・アメマダラ

部首 〔説文〕に牡・特・物・犧(犧)など四十四字、〔新附〕に二字、〔玉篇〕に百四十四字を属する。〔説文〕にまた告(告)部を立て、字を牛口に従う形とするが、その初形は牛に従うものではない。

語系 牛ngiuは〔詩、小雅、黍苗〕に哉tzə、〔詩、周頌、我将〕に右hiuə、〔周頌、糸衣〕に基kiə、鼒tziəと韻しており、古くは之韻の字である。〔史記、律書〕に「牛は冒なり。～牛なる者は、耕して萬物を植種するなり」とあって、牛・冒(冒)の声を近しとするが、それは鳴き声の牟を冒と解したものであろう。

【牛飲】牛が飲むように大酒を飲む。〔韓詩外伝、四〕桀、酒池を爲り、以て舟を運ぶべし。糟丘は以て十里を望むに足る。而して牛飲する者三千人。關龍逢、諫を進む。～桀、囚へて之を殺せり。

【牛角】牛の角。〔淮南子、繆称訓〕寧戚は牛角を撃ちて歌ひ、桓公擧ぐるに大政を以てす。

【牛鬼】牛頭の怪物。唐・杜牧〔李賀集の序〕鯨呿鼇擲、牛鬼蛇神も、其の虛荒誕幻爲るに足らず。蓋し騷の苗裔(遠孫)なり。

【牛驥】足のおそい牛と駿馬。〔史記、鄒陽伝〕今、人主、諂諛の辭に沈み、～不羈の士をして、牛驥と皁(かいば)を同じにせしむ。

【牛後】牛のしり。強い者の部下となる。〔史記、蘇秦伝〕臣聞く、鄙諺に曰く、寧ろ雞口と爲るも、牛後と爲ること無かれと。

【牛耳】牛の耳。血盟のときにその左耳を取るものは盟主。宋・文天祥〔二月六日、海上大戦～〕詩 身、大臣と爲りて、義として當に死すべし 城下の師盟に、牛耳を愧づ

【牛酒】牛肉と酒。〔史記、淮陰侯伝〕趙に鎮して其

の孤を撫せば、百里の内、牛酒日に至り、以て士大夫を饗し、兵を醳はしめん。

【牛助】ぎゅう(ぎう)じょ　諸侯や大夫が任地に赴くとき、官牛に荷物の運搬を手伝わせる。〔周礼、秋官、罪隷〕凡そ國、若しくは家を封ずるに、牛助を牽徬と爲す。

【牛喘】ぎゅう(ぎう)ぜん　牛があえぐ。〔漢書、丙吉伝〕牛喘ぎて舌を吐く。吉～曰く、～未だ大いに熱かるべからず。～此れ時氣、節を失ふなり。～三公は陰陽を調和することを典る。當に憂ふべき職(所)なり。是を以て之れを問ふと。

【牛酥】ぎゅう(ぎう)そ　牛乳で作る食品。バターの類。宋・蘇軾〔雨中牡丹を看る、三首、三〕詩　未だ泥沙に汚さるるに忍びず　牛酥、落蘂を煎る

【牛鐸】ぎゅう(ぎう)たく　牛の鈴。〔碧雞漫志、五〕雨淋鈴は、～世に傳ふ、明皇、上亭に宿し、雨中に牛鐸の聲を聞き、悵然として起つ。～明皇一笑して、遂に此の曲を作ると。

【牛刀】ぎゅう(ぎう)とう　牛切り包丁。牛刀は大用、雞刀は小用。〔論語、陽貨〕子、武城(長官は子游)に之き、弦歌の聲を聞く。夫子莞爾として笑うて曰く、雞を割くに、焉んぞ牛刀を用ひんと。

【牛乳】ぎゅう(ぎう)にゅう　牛の乳汁。〔魏書、閹官、王琚伝〕老を扶けて、平城より從ひて洛邑に遷る。～常に牛乳を飲み、色、處子の如し。太和二十年冬、卒す。時に年九十。

【牛馬】ぎゅう(ぎう)ば　牛馬走は牛馬を掌る僕。謙称。漢・司馬遷〔任少卿(安)に報ずる書〕太史公牛馬走、司馬遷再拜して言ふ。～曩昔に賜書を辱けなくす。～意氣、懃懃懇懇たり。

【牛毛】ぎゅう(ぎう)もう　九牛の一毛。大差の喩え。〔晉書、華譚伝〕譚、對へて曰く、昔許由・巢父、天子の貴きを讓り、市道の小人は、半錢の利を爭ふ。此の相ひ去ること、何ぞ啻だに九牛の毛のみならんやと。

【牛犂】ぎゅう(ぎう)れい　牛耕のすき。〔唐書、徐申伝〕申、公田の廢する者を按じ、人を募りて牛犂を假して墾發し、收むる所の半ばを以て之れに畀ふ。

【牛郎】ぎゅう(ぎう)ろう　牛飼い。〔神仙伝、九、蘇仙公〕先生家貧し。常に自ら牛を牧し、里中の小兒と、日を更へて牛郎と爲る。先生之れを牧せば、牛は則ち徘徊側近し、驅らずして自ら歸る。

↑牛衣　牛の被い／牛医　牛の医。牛医児は軽蔑語／牛屋　牛小屋／牛下　牛糞／牛儈　牛の仲買人／牛革　牛皮／牛鞹　牛革／牛宮　牛小屋／牛拳　牛の鼻木／牛吼　大声／牛牿　牛の檻／牛菜　牛蒡／牛矢　牛の糞／牛屎　牛の矢／牛飼　牛豎／牛車　牛が挽く車／牛炙　てり焼き／牛種　小牛／牛豎　牛飼いの少年／牛溲　牛の尿／牛宿　牛星／牛女　七夕星／牛舌　たん／牛涎　牛のよだれ／牛彘　牛と豚／牛鼎　大鼎／牛蹄　牛のひづめ／牛蹏　牛蹄／牛笛　角笛／牛斗　斗牛の星座／牛頭　牛の頭／牛鬭　牛が争う／牛童　牛豎／牛犢　子牛／牛被　牛衣／牛兵　小作人／牛歩　ゆっくり歩く／牛眠　葬地／牛鳴　牛の鳴き声／牛腰　牛の腰／牛酪　バター／牛欄　牛小屋／牛力　牛の力／牛裂　八つ裂きの刑／牛臠　牛肉の塊／牛蠟　牛の脂蠟

↓火牛・蝸牛・駕牛・解牛・角牛・汗牛・騎牛・犧牛・九牛・金牛・牽牛・郊牛・耕牛・黄牛・犒牛・黒牛・犀牛・車牛・餉牛・乗牛・食牛・水牛・青牛・騂牛・喘牛・蒼牛・啖牛・痴牛・犉牛・鉄牛・天牛・奠牛・斗牛・屠牛・土牛・駑牛・鬭牛・童牛・呑牛・乳牛・馬牛・駁牛・胖牛・飯牛・肥牛・罷牛・牝牛・風牛・服牛・放牛・烹牛・犎牛・庬牛・朴牛・牧牛・奔牛・眠牛・鳴牛・野牛・羊牛・傭牛・犂牛・氂牛・犖牛・黧牛・驪牛

キョ

【凵】　2　2277　［⿱竹去］　11　8873　キョ　はこ　やな

篆文

象形　飯器の形。〔説文〕五上に「凵盧、飯器なり。柳を以て之れを爲る。象形」という。また盧字条五上にも「飯器なり」とする。金文の〔嬰次盧〕に「炒盧」と銘しており、底の浅い長方形の器である。凵はまた⿱竹去に作る。〔玉篇〕に「闟なり。山谷に獸を遮るなり。又、飯器なり」とあり、柳や竹で作ったものであろう。〔方言、十三〕に、趙・魏の郊では飯器を「⿱竹去籚」ということがみえる。凵盧と同じ語である。

訓義　1 はこ、蓋を取り除いた器。2 やな。⿱竹去の初文。3 ⿱竹去盧、飯器。

声系　〔説文〕に凵声として去を録し、去声の字が多い。

参考　〔説文〕に凵を⿱竹去の初文とするが、⿱竹去は去声に従う字。去は大と凵とに従い、大は人、凵は祝詞を収める器(𠙵)の蓋を去った形。灋(法の初文)は神判に用いた解廌(神羊)と、敗訴の人(大)と凵とを合わせて水に流し清める意で、廃の意がある。これによっていえば、凵は去字の従うところで、獄訟のときの詛盟の器の蓋を取り去った形。⿱竹去の初文とするよりは、去・灋によってその初形・初義を考えるべき字である。また凵は函の外形を写したもので、凵とはまた別の字である。

↑凵盧　飯器

【凥】　5　7721　キョ　いる

篆文

会意　尸+几。几は牀几。牀几に腰かける形。閒居するときの姿。〔説文〕几部十四上に「處るなり。尸几に從ふ。尸、几を得て止まるなり」(段注本)とし、「孝經に曰く、仲尼凥すと。凥とは閒居すること此の如きを謂ふなり」という。居は別に尸部八上にその字があり、「蹲るなり」とあって蹲踞の意。凥・居はもと別の字であったとするが、居は形声の字である。

訓義　1 いる、おる。2 字はまた⿸尸立に作る。

語系　凥・居kiaは同声。もと同じ字であった。

常　【去】　5　4073　キョ　さる　すてる

篆文

甲骨文

金文

会意　大+凵。大は人の正面形。凵は、盟誓の器の蓋を外し無効としたもの。獄訟に敗れた人(大)を、その自己盟誓の器(凵)とともに廃棄する意。水に流棄するを法、羊神判に用いた獬廌の廌をも加えたものは灋で、法の初文。みな「祛う」ことを本義とする。廃棄の意より、場所的にそこを離れることをいう。〔説文〕五上に「人相ひ違るなり。大に從ひ、凵聲」とするが、字は灋(法)との関連において解すべきである。

訓義　1 さる、すてる、はらう、のぞく。2 はなれる、たちさる、たちのく。3 ときがすぎる、むかし。

古訓　〔名義抄〕去　サル・イヌル・マカル・ヲサム・ヤル・ミタシネ・スツ・ツカハス・オハシヌ・イマシヌ・サケマク・トホシ・ウス・シヌ・シリゾク・マカス・モテイテ　〔字鏡集〕去　ユク・サル・スツ・スタル・ハシル・ソムク・オサム・シリソク・モチイテ・ツカハス・イマシヌ・イヌル・ウス・シヌ・ノゾク・オハシヌ・ヤル・マカス(ル)

部首　〔説文〕に朅など二字を属する。朅は〔説文〕五上に「去るなり」と訓し、曷声。曷は屍骨の匃に祝詞の曰を加え、その呪霊に訴えて祈る呪儀。喝して禍殃を去ることを朅という。

声系　〔説文〕に去声として胠・祛・阹など八字を収める。祛は〔広雅、釈詁二〕に「去るなり」とする。〔玉篇〕にその字はなく、去の繁文とみてよい字である。

語系 去・祛khiaは同声。朅khiatも声義近く、みな邪悪を去り、祓う意がある。

【去帰】きょき 休暇をえて帰る。〔論衡、骨相〕高祖泗上の亭長爲りしとき、當て去歸して田に之く、～一老公の過りて飲を請ふ有り、～曰く、～君の相、貴きこと言ふべからざるなりと。後高祖、天下を得たること、老公の言の如し。

【去去】きょきょ いでいで、さらば。漢・蘇武〔詩四首、三〕征夫往路を懷ふ 起ちて夜の何其を視る 參・辰皆已に沒しぬ 去りて此れより辭せん

【去国】きょこく 郷国を離れる。唐・盧僎〔南楼の望〕詩 國を去りて三巴遠く 樓に登れば萬里春なり 心を傷ましむ、江上の客是れ故郷の人ならず

【去歳】きょさい 去年。唐・張説〔幽州新歳の作〕詩 去歳荊南、梅、雪に似たり 今年薊北、雪、梅の如し

【去子】きょし 帰る人。南朝宋・謝霊運〔石門の最高頂に登る〕詩 來たる人は新たなる術を忘れ 去る子は故の蹊に惑へり

【去思】きょし 任地を去る人を思慕する。〔漢書、循吏伝序〕漢の世の良吏、是に於て盛んなりと爲す。～王成・黃霸～等、居る所民富み、去る所思はる。生きて榮號有り、死して奉祀せらる。

【去者】きょしゃ 去る人。死者。〔文選、古詩十九首、十四〕去る者は、日に以に疎く 生ける者は、日に以に親し 郭門を出でて直視すれば 但だ丘と墳とを見る

【去取】きょしゅ 取捨。〔公孫竜子、白馬論〕白馬は色に去取有り。黃黑馬は皆色もて去る所以なり。

【去舟】きょしゅう(しう) 去りゆく舟。唐・李群玉〔南荘春晩、二首、二〕詩 草暖かく沙長くして、去舟を望む 微茫たる煙浪、巴丘に向ふ

【去就】きょしゅう(しう) 出処進退。〔漢書、楊惲伝〕夫れ西河は魏の土、文侯の興りし所、段干木・田子方の遺風有り。漂然として皆節槩有り、去就の分を知る。

【去住】きょじゅう(ぢゆう) 去留。唐・杜甫〔江頭に哀しむ〕詩 清渭は東流し劍閣は深し 去住彼此消息無し 人生、情有り、涙臆を沾ほす 江水江花、豈に終に極まらんや

【去斥】きょせき すてしりぞける。〔後漢書、周挙伝〕擧等、竝びに對へて以爲へらく、宜しく官人を愼み、貪汚を去斥し、佞邪を離遠～すべし。

【去程】きょてい 旅ゆく路。唐・張祜〔玉環琵琶〕詩 宮樓一曲、琵琶の聲 滿眼の雲山、是れ去程

【去年】きょねん 昨年。唐・趙嘏〔江楼旧感〕詩 同に來たりて月を玩びし人、何れの處ぞ 風景は依稀として、去年に似たり

【去来】きょらい 行き来する。往来する。また、いざ。来は助詞で、哉に近い。晉・陶潛〔帰去来の辞〕歸りなん去來、田園將に蕪れんとす。胡ぞ歸らざる。

【去留】きょりゅう(りう) 去止。取舍進退。また、自然のなりゆき。晉・陶潛〔帰去来の辞〕已んぬるかな、形を宇内に寓すること復た幾時ぞ。曷ぞ心に委せて去留に任せざる。胡爲れぞ遑遑として、何くに之かんと欲する。

【去穢】きょわい けがれを除く。〔後漢書、楊震伝〕震、上疏して曰く、臣聞く、政は賢を得るを以て本と爲し、理は穢を去るを以て務めと爲すと。

↑去礙 障害を除去する／去格 標準以下／去楽 喪中／去官 退官／去郷 故郷をはなれる／去月 前月／去後 それより以後／去事 往事／去失 亡失する／去日 過日／去邪 邪を去る／去春 昨春／去処 ゆくところ／去職 辞職する／去世 死ぬ／去声 四声の第三声／去勢 去陰／去籍 除籍する／去知 知を棄てる／去智 去知／去任 辞職する／去佞 佞人を退ける／去婦 離縁した女／去離 分離する／去路 行路／去臘 昨冬

↓委去・遠去・化去・呵去・過去・解去・帰去・起去・棄去・吟去・蠲去・好去・苟去・高去・薨去・刪去・死去・辞去・七去・失去・卒去・除去・人去・尋去・逝去・仙去・大去・退去・謫去・脱去・剔去・擲去・撤去・転去・逃去・遁去・排去・飛去・避去・婦去・放去・亡去・来去・老去

常 【巨】5 7171 〔巨〕5 7171 ［榘］14 8190

キョ
さしがね おおきい

篆文

古文

金文
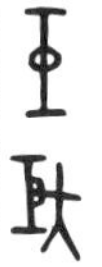

象形 把手のある矩形の定規。〔説文〕五上「規巨(矩)なり」とし、「工に從ひ、手もて之れを持つに象る」と会意に解するが、さしがねの象形。榘は矢の曲直を正す意の会意字。規は夫に従い、夫の初形は∞でぶんまわし、巨は方、規は円を作る。後漢の范式は字は巨卿。巨(矩)によって定式をうるので、巨と式とが対待の語となる。巨大の意は鉅と通用の義。人の上に移して巨魁・巨子といい、数量の上に移して巨万のようにいう。

訓義 ①さしがね。②おおきい、数が多い、すぐれる。③詎と通じ、なんぞ。

古訓 〔名義抄〕巨 フトシ・オホイ(キ)ナリ・オホシ

声系 〔説文〕に巨声として岠・距(距)・拒(拒)・鉅・渠・籧など十七字を収める。巨は雑距の形と似ている。鉅は鋳こみの形。巨・工・金の字形は、鋳こみの形と関係がある。

【巨億】きょおく 非常に多い数。巨万。〔三国志、蜀、先主伝〕(劉璋)法正を遣はし、四千人を將ゐて先主を迎へ、前後賂遺すること巨億を以て計ふ。～先主、諸葛亮・關羽等を留めて荊州に據る。

【巨廈】きょか 大きな家。唐・韓偓〔海山記〕巨廈の崩るるや、一木もて支ふること能はず。洪河已に決せば、匊壤もて救ふこと能はず。

【巨壑】きょがく 大谷。海。魏・曹植〔呉季重(質)に与ふる書〕食らふこと巨壑に塡つるが若く、飲むこと漏巵に灌ぐが若きを願ふ。其の樂しみ固より量り難し。豈に大丈夫の樂しみに非ずや。

【巨猾】きょかつ(くわつ) 大悪人。漢・張衡〔東京の賦〕京邑翼翼たり。四方の視る所。漢初之れに宅らず、故に宗緒中ごろ圮る。巨猾釁を閒ひ、神器を竊弄す。歷載三六(十八年)、(王莽)天位を偸安す。

【巨艦】きょかん 大きな軍艦。〔宋史、曹翰伝〕因りて巨艦百艘を調へ、得る所を載せて以て歸る。

【巨鯨】きょげい 大きな鯨。〔抱朴子、金丹〕雷霆を聞きて布鼓の陋を覺り、巨鯨を見て寸介の細を知る。

【巨口】きょこう 大きな口。宋・蘇軾〔後の赤壁の賦〕今者の薄暮、網を擧げて魚を得たり。巨口細鱗、狀、松江の鱸に似たり。

【巨子】きょし 墨家の指導者。鉅子。〔荘子、天下〕巨子を以て聖人と爲し、皆之れが尸爲らんことを願ひ、其の後生と爲るを得んことを冀ひて、今に至るまで決せず。

【巨室】きょしつ 大きな家。また、譜代の重臣。〔孟子、離婁上〕政を爲すは難からず。罪を巨室に得ざれ。巨室の慕ふ所は、一國之れを慕ふ。

【巨人】きょじん 大きな人。また、すぐれた人。〔史記、周紀〕弃、兒爲りし時、屹として巨人の志の如し。

【巨艘】きょそう(さう) 大船。〔宋史、食貨志下二〕蕃舶巨艘、形山嶽の若し。風に乘り浪に駕し、深く遐陬に入る。中國に販る者は、皆浮靡無用の異物なり。外表に泄らす者は、乃ち國家富貴

の操柄なり。

【巨大】非常に大きなもの。〔淮南子、俶真訓〕夫れ牛蹏の涔(水溜り)には尺の鯉無く、塊阜の山には丈の材無し。然る所以は何ぞや。皆其の營宇狹小にして、巨大を容るること能はざればなり。

【巨擘】おや指。仲間で最もすぐれた人。〔孟子、滕文公下〕孟子曰く、齊國の士に於て、吾れ必ず仲子を以て巨擘と爲さん。然りと雖も、仲子惡くんぞ能く廉ならん。

【巨筆】大きな筆。また、すぐれた文章。宋・欧陽脩〔廬山高、同年の劉中允の南康に帰るに贈る〕詩 丈夫の壯節、君少かくるに似たり 嗟我說かんと欲するも、安くにか巨筆の長杠の如きを得ん

【巨万】莫大な数。〔史記、司馬相如伝〕西南夷の道を通ぜんとし、巴・蜀・廣漢の卒を發し、作する者數萬人。道を治むること二歲、道成らず。士卒多く物故し、費巨萬を以て計ふ。

【巨麗】壯麗。宋・蘇轍〔枢密韓太尉に上まつる書〕京師に至り、天子宮闕の壯と、倉廩府庫・城池苑囿の富且つ大なるを仰ぎ觀て、而る後天下の巨麗を知る。

↑巨家 富豪の家/巨海 大海/巨魁 首領/巨額 多額/巨患 大きな欠点/巨漢 大男/巨艦 巨艦/巨観 壮観/巨眼 すぐれた見識/巨巌 大きな岩/巨魚 大魚/巨勲 大功/巨碣 大きな碑/巨擘 大悪人/巨拳 大きなこぶし/巨硯 大硯/巨賢 大賢/巨公 皇帝/巨構 大建築/巨豪 富豪/巨棍 大悪人/巨査 大きな筏/巨細 大小/巨財 巨富/巨刹 大伽藍/巨指 親指/巨識 博学/巨樹 大木/巨匠 大作家/巨浸 大水/巨製 傑作/巨川 大川/巨駔 富商/巨嫂 兄よめ/巨象 大象/巨多 多数/巨弾 大きな弾/巨帙 大冊/巨痛 激痛/巨蠹 大悪人/巨頭 首領/巨年 高年/巨舶 大船/巨璞 巨大な粗玉/巨庇 おかげ/巨謬 大きな誤り/巨富 大金持ち/巨掊 巨擘/巨礟 巨砲/巨防 大堤/巨溟 大海/巨陽 太陽/巨利 大利/巨鱗 大魚/巨霊 偉霊/巨浪 大波

常【居】 8 7726 ［尻］ 5 7721 キョ コ いる

篆文 金文

会意 正字は尻に作り、尸+几。祖祭のとき、尸となる者が几(机)に腰かけている形。居はその形声字で古声。〔説文〕は両字を区別し、尻十四上に「處るなり」、居八上に「蹲るなり」とする。また尻字条に「仲尼、尻す」と〔古文孝経〕の句を引き、〔釈文〕に引く〔鄭本〕も同じ。今本は居に作る。尻・居が同字として用いられるに及んで、別に形声字の踞が作られた。

訓義 ①いる、こしかけている、動かずにいる、そのまま、いながら。②うずくまる、箕踞している、おごる。③くらす、すまい、つねのすまい、へや、はか。④踞と通じ、たくわえ、つむ。⑤助詞、疑問の助詞。や、か。

古訓 〔名義抄〕居 ヰル・ヲリ・オク・イク・スウ・ヲリトコロ〔字鏡集〕居 ヤスシ・ヰル・スウ・イク・ヲリトコロ・ヲク・トコロ・ヲリ

声系 〔説文〕に居声として踞・琚・倨・裾・鋸など九字を收める。踞は居の後起の字。倨・裾はその姿勢に関する語。琚は瑀と通用する佩玉の名。鋸は象形の我(鋸の象形字)の形声字。居に角張った、なじみがたいものの意があるようである。

語系 居kia、家keaは声義近く、居は廟祭のとき尸が几に凭る形。家は家廟で神霊の在るところ。

【居宇】家。〔後漢書、馬融伝〕善く琴を鼓し、好んで笛を吹き、達生任性、儒者の節に拘せられず。居宇器服、多く侈飾を存す。

【居家】住居。家に居る。宋・蘇轍〔枢密韓太尉に上まつる書〕其の家に居りて與に游ぶ所の者は、其の隣里鄉黨の人に過ぎず。

【居官】役人をつとめる。〔国語、魯語上〕(臧)文仲曰く、~上に在りて下を恤へず、官に居りて惰るは、君に事ふるに非ざるなりと。

【居簡】おおまか。無頓着。〔論語、雍也〕簡に居て簡を行ふは、乃ち大だ簡なること無からんや。

【居居】傲慢でこせこせする。〔詩、唐風、羔裘〕羔裘豹袪 我が人を自ふること居居たり

【居圉】都から辺境まで。人の住む地。〔詩、大雅、召旻〕天篤く喪を降し 我を饑饉に瘨ましめ 民卒く流亡し 我が居圉、卒く荒る

【居業】仕事。〔後漢書、橋玄伝〕卒するに及んで、家に居業無く、喪、殯する所無し。

【居敬】身をつつしむ。〔論語、雍也〕敬に居て簡を行ひ、以て其の民に臨まば、亦た可ならずや。

【居国】封国。封国を治める。〔史記、呉王濞伝〕其の居國、銅鹽の故を以て、百姓賦無し。~歲時に茂材を存問し、閭里に賞賜す。

【居坐】すわる。〔漢書、爰盎伝〕盎素より鼂錯を好まず。錯の居坐する所は、盎輒ち避け、盎の居坐する所は、錯も亦た避く。

【居作】傭われる。〔後漢書、逸民、梁鴻伝〕曾て誤って遺火し、它舍に延及す。鴻、~去失する所を問ひ、悉く豕を以て之れを償ふ。其の主、猶ほ以て少なしと爲す。鴻曰く、它財無し、願はくは身を以て居作せんと。主人之れを許す。

【居止】住居。晋・陶潜〔酒を止む〕詩 居止、城邑に次り 逍遙して自ら閒止す

【居積】買いだめ。〔論衡、知実〕孔子~子貢の居積を善くし、貴賤の期を意り、數其の時を得て、故に貨殖多く、富は陶朱(公、范蠡)に比するを罪す。

【居諸】日月。歲月。〔詩、邶風、柏舟〕「日居月諸 胡ぞ迭ひにして微くる」の句よりとる。唐・韓愈〔符、書を城南に読む〕詩 豈に旦夕に念はざらんや 爾の爲に居諸を惜しめ

【居常】平生。〔漢書、西域下、烏孫国伝〕漢の元封中、江都王建の女細君を遣はして公主と爲し、以て(烏孫に)妻はす。~公主悲愁し、自ら歌を爲作りて曰く、~居常、土(故土)を思うて、心內に傷む 願はくは黃鵠と爲りて、故鄉に歸らん

【居正】正道に従って行う。〔公羊伝、隠三年〕故に君子は、正に居ることを大とす。

【居勢】権勢の地位にいる。〔漢書、景十三王伝賛〕漢興り、孝平に至りて、諸侯王百を以て數ふ。率ね多く驕淫、道を失ふ。何となれば則ち放恣の中に沈溺す。勢に居ること、然らしむるなり。

【居然】安定した、堂々たるさまをいう。〔晋書、庾敳伝〕敳、~長け七尺に滿たざるも、腰帶十圍。雅より遠韵(すぐれた風格)有り。~衆人の中に處りて、居然として獨立す。

【居中】中庸を保つ。〔孔子家語、弁楽解〕夫れ南は生育の鄉、北は殺伐の域なり。故に君子の音は溫柔にして中に居り、以て生育の氣を養ふ。憂愁の感、心に加へず。暴厲の動、體に在らず。

【居貞】正しい道を守る。〔易、頤、六五、象伝〕貞に居るの吉なるは、順にして以て上に從へばなり。

【居廬】喪中に仮小屋(倚廬)でくらす。〔荀子、礼論〕齊衰(喪服)苴杖にて、廬に居り、粥を食ひ、薪を席とし、

塊を枕とす。至痛の飾と為す所以なり。

↑居哀 富貴／居貨 居積／居間 居中／居奇 奇貨をもつ／居句 曲直／居恒 平生／居今 今の世／居産 家産／居子 部屋住み／居士 処士／居軸 中心人物／居室 部屋／居舎 居家／居守 留守／居住 すまい／居宿 やど／居処 身だしなみ／居職 在職／居人 住人／居仁 情深い／居摂 摂政／居先 先頭に立つ／居息 やすむ／居尊 王位／居多 大部分／居宅 住居／居蓄 居積／居停 主人／居第 住宅／居半 半数を占める／居販 物資を蓄積して販売する／居貧 貧乏ぐらし／居民 住民／居憂 喪に服する

↓安居・菴居・移居・逸居・隠居・宴居・燕居・家居・寡居・介居・客居・閑居・間居・鰥居・巌居・起居・寄居・旧居・鳩居・窮居・僑居・空居・寓居・群居・啓居・穴居・故居・広居・皇居・荒居・郊居・雑居・山居・尸居・徙居・住居・蠢居・乗居・常居・深居・人居・整居・仙居・遷居・巣居・謫居・端居・蟄居・定居・帝居・転居・奠居・田居・同居・独居・寧居・比居・貧居・平居・閉居・別居・茅居・卜居・邑居・幽居・里居・離居・楼居・籠居

常【拒】8 5101 〖拒〗8 5101 キョ ふせぐ こばむ

形声 声符は巨(巨)。巨は矩の形。そのような形に木を組んで、交通を遮断する行為を拒といい、防禦する意。ゆえに拒絶の意となる。すべて反抗的な行為をいう。

訓義 ①ふせぐ、こばむ。②あたる、敵対する、たがう、反抗する。③距と通じ、俎足の中央の横木。雞距とその形が近い。④矩と通じ、方形。

古訓 〔名義抄〕拒 フセグ・フサク・コバム・チカシ・モシ・トホシ・アタル・イタル・ハラフ・クビル・スマフ・ミツマタナルマタフリ

【拒違】 たがう。拒否する。〔国語、晋語一〕君は～其の進む者は壅塞し、其の退く者は拒違す。

【拒格】 こばみさからう。〔易林、乾之萃〕任劣り力薄く、孱駑恐怯、蝟(はりねずみ)の鵲を見るが如く、敢て拒格せず。

【拒抗】 反抗。宋・蘇轍〔兄軾の獄に下るが為に上る書〕兄軾の犯す所、若し顯らかに文字有らば、必ず敢て拒抗して承けず、以て重ねて罪を得ざらん。

【拒絶】 こばむ。拒否。〔後漢書、班固伝下〕尤も匈奴に事ふ。綏御の方、～屈中常無く、因る所時に異なりと雖も、然れども未だ拒絶棄放して、與に交接せざる者有らざるなり。

【拒戦】 ふせぎたたかう。〔三国志、蜀、張飛伝〕(厳)顔を生獲す。飛、顔を呵して曰く、大軍至れるに、何を以て降らずして敢て拒戰するやと。

【拒馬】 こまよけ。やらい。騎兵の突入を防ぐ。〔宋史、呉璘伝〕凡そ陣は、拒馬を以て限と為す。

↑拒闉 ふさぐ／拒扞 ふせぐ／拒捍 拒扞／拒諫 諫を拒む／拒後 殿軍／拒止 阻止する／拒守 守る／拒斥 排斥する／拒折 四角い物／拒霜 木蓮／拒塞 ふさぐ／拒敵 敵を防ぐ／拒闘 防戦する／拒否 いなむ／拒閉 拒絶する／拒命 命に抗する

↓違拒・外拒・扞拒・敢拒・逆拒・迎拒・攻拒・辞拒・障拒・折拒・前拒・対拒・反拒・防拒

常【拠】8 〖據〗16 5103 キョ よる しめる

篆文 

形声 旧字は據に作り、豦声。〔説文〕十二上に「杖もて持するなり」とあり、杖に拠る意とする。豦はおそらく鐘鐻のように安定してつながるものをいい、それに依拠する意であろう。また拠有することをいう。「法に拠る」「徳に拠る」のように、抽象的なものにも用いる。

訓義 ①よる、よりどころとする、たよる。②もとづく、くらいする、おる、しめる。③やすんずる、さだめる、おちつく。④あかし、しるし。⑤据と通じ、つかむ。⑥居・踞と通じ、うずくまる。

古訓 〔名義抄〕據 ヨル・ヨリドコロ・サ、グ・オク・ヒク・サダム・タツ 〔字鏡集〕據 オク・ヲサフ・ヨリトコロ・サタス・ヤスシ・タツ・ツク・ヨル・ムス・サ、フ・タモツ・ヒク

語系 據・居・据・踞 kia は同声。その声義において通ずるところがある。

【拠鞍】 馬上にまたがる。〔後漢書、馬援伝〕援、因りて復た行かんことを請ふ。時に年六十二。帝、其の老いたるを愍れみ、未だ之れを許さず。～援、鞍に據りて顧眄し、以て用ふべきを示す。帝笑つて曰く、矍鑠たる哉、是の翁やと。

【拠依】 より所。〔国語、周語下〕民、據依する無く、力むる所を知らず。各〻離心有らん。

【拠険】 要害の地による。晉・陸機〔漢の高祖の功臣の頌〕倉は敖庾に卽き、險は三塗に據らしむ。

【拠実】 事実にもとづく。〔後漢書、左雄伝〕善を言ふも徳に稱はず、功を論ずるも實に據らず。虛誕なる者譽れを得、拘檢なる者毀りに離ふ。

【拠処】 占拠する。唐・韓愈〔鱷魚の文〕鱷魚～據處して、民畜・熊豕・鹿麞を食ひ、以て其の身を肥やし、以て其の子孫を種やす。

【拠城】 城にたてこもる。〔後漢書、王昌伝〕光武乃ち～鉅鹿を圍む。郎(王昌)の太守王饒、城に據ること數十日、連攻するも剋たず。

【拠軾】 車の前の横木によりかかる。〔荘子、盗跖〕孔子再拝し、～目芒然として見ること無し。～軾に據り頭を低れて、氣を出だすこと能はず。

【拠榻】 こしかけにもたれる。〔唐書、李義琛伝〕初め義琰、高麗に使す。其の王、榻に據りて召見す。義琰拜せず。～王、詞屈し、爲に禮を加ふ。

【拠徳】 徳を守る。〔論語、述而〕子曰く、道に志し、徳に據り、仁に依り、藝に游ぶ。

↑拠義 守義による／拠虚 根拠が無い／拠固 拠守する／拠梧 机による／拠恃 恃む／拠守 守る／拠仗 よる／拠窃 不法に占拠する／拠憑 拠依／拠法 適法／拠阨 険阻に根拠する／拠有 占拠する／拠理 理による

↓依拠・倚拠・援拠・割拠・堅拠・考拠・根拠・準拠・証拠・窃拠・占拠・専拠・徴拠・典拠・盤拠・蟠拠・憑拠・保拠・本拠・雄拠・論拠

【岠】8 2111 キョ とめる ふせぐ

篆文 

形声 声符は巨(巨)。巨は把手のある矩の形。接触を防ぐために組んだ木の形に近く、拒ぐ意がある。〔説文〕二上に「止むるなり」とあり、拒止の意。〔説文〕に拒(拒)を収めず、岠がその字義にあたる。また距(距)字条二下に「雞距なり」とあり、距離の意にも用いる。

訓義 ①とめる、ふせぐ。②たがう、もとる。③距と通じ、へだてる。

古訓 〔字鏡集〕岠 タガフ・イタル

＊語彙は拒・距字条参照。

【炬】9 9181 〖苣〗9 4471 キョ コ ひ たいまつ

篆文 

形声 声符は巨(巨)。松明をいう。これを殿庭に立てならべて、「たてあかし」といった。〔説文〕一下に字を苣に作り、「葦を束ねて燒くなり」という。礼書に燎・燭・爝などがみえ、爝を〔説文〕十上に「苣火もて祓ふな

り」とする。あかりのためだけでなく、祭儀のときには火による修祓・聖化の意味があった。

訓義 1ひ、たいまつ、かがり、ともしび。2やく、たく。

古訓 〔新撰字鏡〕炬 太比(たひ)、又、止毛志比(ともしび)〔和名抄〕炬火 俗に云ふ、太天阿加之(たてあかし)〔字鏡集〕炬 ヒカリ・タテアカシ・コガス・トモシビ・トモス

【炬火】(きよか(くわ)) たいまつ。〔後漢書、礼儀志中〕臘に先だつこと一日、大儺す。之れを逐疫と謂ふ。～方相と十二因りて獸とを作りて儛ひ、讙呼して前後を周偏して省みること三過、炬火を持ち、疫を送りて端門を出づ。

↑炬焰 炎／炬眼 眼光／炬燭 たいまつ

↓一炬・火炬・華炬・銀炬・高炬・犀炬・燦炬・紙炬・脂炬・松炬・燋炬・燭炬・青炬・大炬・智炬・置炬・庭炬・繁炬・飛炬・秉炬・法炬・麻炬・明炬・猛炬・燎炬・冷炬・列炬・蠟炬

【胠】 9 7423 キョ わき

篆文 

形声 声符は去。〔説文〕四下に「亦下なり」とあり、亦は腋の初文。脅と声義近く、脅はわきばら。

訓義 1わき、わきのした。2わきばら、わきそなえ。3ひらく、わきをひらく。4呿と通じ、さえぎる。

古訓 〔名義抄〕胠 ヒラク〔字鏡集〕胠 ヒラク・ワキ

【胠篋】(きよきよう(けふ)) 箱をひらく。ぬすむ。〔荘子、胠篋〕將に篋を胠き、嚢を探り、匱を發かんとする盜の爲にして守備を爲さんとすれば、則ち必ず緘縢を攝し、扃鐍(錠前)を固くせん。

↑胠笈 胠篋／胠橐 ふくろをひらく／胠翼 右翼

↓右胠

【倨】 10 2726 キョ おごる

篆文 

形声 声符は居。居は蹲踞の形。居はもと尻に作り、祖祭のとき尸が腰かけている形。倨は〔説文〕八上に「不遜なり」とあり、倨傲の意。尸は神の代位者として尊厳を保つもので、倨傲の意が生まれる。

訓義 1おごる。2あぐらをかく。3あなどる。4矩と通じ、さしがね。5鋸と通じ、のこぎり。

古訓 〔名義抄〕倨 ヲゴル・ホコル・カフル・アタマキ・ホソシ・ノガル・ノコキリ

語系 倨・踞kiaは同声。踞は蹲踞。居はそのような身構えた姿勢をいう。

【倨牙】(きよが) のこぎり歯。〔爾雅、釈畜〕駮、馬の如くにして倨牙、虎豹を食ふ。

【倨気】(きよき) おごるさま。〔唐書、忠義下、呉溆伝〕溆、循循として禮讓有り。倨氣矜色無く、朝廷に重んぜらる。時に以爲へらく、材、位する所に當ると。

【倨句】(きよこう) 矩の長い一辺を倨、直角をなす短い一辺を句という。〔周礼、考工記、磬氏〕磬氏の磬を爲る、倨句一矩有半なり。

【倨傲】(きよごう(がう)) おごりたかぶる。〔史記、孔子世家〕景公説び、將に尼谿の田を以て孔子を封ぜんと欲す。晏嬰進みて曰く、夫れ儒者は、滑稽にして軌法とすべからず、倨傲にして自ら順ひ、以て下と爲るべからず。～細民を先にする所以に非ざるなりと。

【倨牀】(きよしよう(しやう)) 牀几にこしかける。〔史記、酈生伝〕酈生至り、入りて謁す。沛公(劉邦)方に牀に倨し、兩女子をして足を洗はしめて酈生を見る。

【倨色】(きよしよく) おごったようす。明・方孝孺〔贛窩記〕漢の汲長孺～の輩、皆氣を負ひて自ら高うし、昌言倨色、少しも屈仰して、以て當世に合ふことを取らず。

↑倨貴 傲る／倨曲 まがる／倨固 頑固／倨敖 倨傲／倨驁 倨傲／倨忽 怠る／倨視 軽視する／倨肆 わがまま／倨慢 あなどる／倨立 片足立ち

↓簡倨・貴倨・箕倨・驕倨・句倨・傲倨・辞倨・蹲倨

常【挙】 10 【擧】 18 7750 キョ コヨ あげる おこなう

篆文 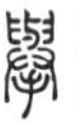

金文 

会意 旧字は擧に作り、與(与)＋手。〔説文〕十二上に「對擧するなり」とあり、揚に「飛擧」、揭(掲)に「高擧」、拼に「上擧」というのに対し、臼(両手)に従う意を以て解し、字を「與聲」とする。〔説文〕に「與聲」とする八字のうち、この字だけが音が異なる。與は四手で与(象牙を組み合わせた形)をもつ形で平挙、擧はそれに手を加えて高く挙げる意。すべて儀礼をはじめ、ことを行うことを挙行という。共同の作業でみなが参与することであるから、みな、ことごとくの意となる。

訓義 1あげる、ささげる、高くあげる。2ことをはじめる、おこなう、すすめる。3用いる、とる、えらぶ、ひく、うごかす。4こぞる、みな、ことごとく。5輿と通じ、こし。

古訓 〔名義抄〕擧 ホコ・トルカ・アグ・コノム・タヾス／擧世 ヨコゾテ〔篇立〕擧 マツリ・トフ・オコス・イヅ・コソル・タカシ・フルハフ・ヲサム・アガル・イフ・モタグ・オコナフ・タ、ス・チカフ・ミナ・カタ／＼・シタシ・ユク・コシ・トル

語系 擧kia、揭kiat、挈khiatは声近く、みな高挙・掲揚の意がある。揭は死者の葬所に掲表する意。挈は提挙。字源はそれぞれ異なるが、語としては一系に属する。

【挙哀】(きよあい) 弔い哀しむ。晋・劉琨〔勧進表〕神器流離し、再び荒逆に辱めらる。～朔垂に擧哀し、上下泣血す。臣琨～頓首頓首、死罪死罪。

【挙家】(きよか) 一家あげて。宋・蘇轍〔兄軾の獄に下るが為に上まつる書〕今は竊かに其の罪を得て逮捕せられ、獄に赴くを聞く。家を擧げて驚號し、憂ひ測られざるに在り。

【挙劾】(きよがい) 名をあげて弾劾する。〔史記、蒙恬伝〕太子立つ。～趙高親近せられ、日夜蒙氏を毀惡し、其の罪過を求めて之れを擧劾す。

【挙楽】(きよがく) 音楽を演奏する。〔礼記、雑記下〕母、服有るときは、聲聞ゆる(ところにて)は樂を擧げず。妻、服有るときは、樂を其の側に擧げず。

【挙挙】(きよきよ) 立ち居ふるまいがよい。唐・韓愈〔陸暢の江南に帰るを送る〕詩 擧擧たり、江南の子 名は詩を能くするを以て聞ゆ

【挙業】(きよぎよう(げふ)) 科挙に応ずるための学問。〔金史、文芸下、元好問伝〕擧業を事とせず。經傳百家に淹貫す。六年にして業成り、大行を下り、太河を渡る。箕山・琴臺等の詩を爲り、～名、京師に震ふ。

【挙賢】(きよけん) 賢者を登用する。〔荘子、庚桑楚〕賢を擧ぐれば則ち民相ひ軋り、知に任ずれば則ち民相ひ盜む。之の數物は以て民を厚うするに足らず。

【挙貢】(きよこう) 挙人と貢士。〔後漢書、章帝記〕毎に前世の擧人貢士を尋ね、或いは畎畝より起し、閥閲(門閥)に繋がれず。

【挙子】(きよし) 科挙の受験者。〔旧唐書、高適伝〕年五十を過ぎ、始めて意を詩什に留め、數年の閒に體格漸く變じ、氣質を以て自ら高うす。～時に右相李林甫、權を擅にし、文雅に薄く、唯だ擧子を以て之れを待つのみ。

【挙止】(きよし) ふるまい。〔後漢書、馮異伝〕今諸將～暴横多し。獨り劉將軍(秀)有り、到る所虜掠せず。其の言語擧止を觀るに、庸人に非ざるなり。

【挙刺】(きよし) 善をあげ、悪を除く。〔宋史、職官志七〕提擧學事～歲ごとに所部を巡り、以て師儒の優劣、生員の勤惰を察し、擧刺の事を專らにす。

【挙実】 実体をあげ示す。〔墨子、小取〕夫れ辯は、將に以て是非の分を明らかにし、～名實の理を察せん～とす。名を以て實を擧げ、辭を以て意を抒べ、說を以て故を出だす。

【挙手】 手をあげる。容易なことをいう。唐・韓愈〔科目に応ずる時、人に与ふる書〕如し力有る者、其の窮を哀れんで之れを運轉せば、蓋し一擧手、一投足の勞のみ。

【挙酒】 酒杯をあげる。酒を飲む。唐・高適〔秋日作る〕詩 酒を擧げて聊か自ら勸む 窮通は爾の身に信かす

【挙觴】 酒を飲む。南朝宋・顔延之〔陶徵士（潛）の誄〕念ふ昔宴私して、觴を擧げて相ひ誨ふ。獨正の者は危く、至方は則ち礙げらる。

【挙身】 からだを起こす。〔史記、梁孝王世家、褚少孫論〕（竇）太后、帝に謂ひて曰く、～安車大駕せば、梁孝王を用ひて寄と爲せと。景帝、席に跪き身を擧げて曰く、諾と。

【挙世】 世をあげて。世の人みな。唐・韓愈〔伯夷頌〕若し擧世之れを非しるも力行して惑はざる者に至りては、則ち千百年にして乃ち一人なるのみ。

【挙措】 動作。たちいふるまい。〔荀子、王制〕王者の人、動を飾るに禮義を以てし、斷を聽くに類を以てす。～擧措變に應じて窮まらず。夫れ是れを之れ有原と謂ふ。

【挙足】 一投足。容易なこと。〔後漢書、馬援伝〕自ら謂へらく、函谷以西、足を擧げて定むべしと。今を以てして觀るに、竟に何如ぞや。

【挙動】 動作。ふるまい。〔韓非子、解老〕血氣治まりて擧動理まれば、則ち禍害少なし。

【挙白】 杯をあげて酒を飲む。〔漢書、叙伝上〕入りて禁中に侍し、宴飲の會を設く。～諸侍中と皆滿を引き白を擧げ、談笑して大いに噱ひ、～長夜の樂を作す。

【挙凡】 要点をあげる。〔淮南子、要略〕要を總べ凡を擧げ、語は純樸を剖判し、大宗を靡散せず。

【挙目】 見る。眺める。漢・李陵〔蘇武に答ふる書〕目を擧げて言笑せんとするも、誰か與に歡を爲すものぞ。胡地玄冰、邊土慘裂して、但だ悲風蕭條の聲を聞くのみ。

↑挙按 調査する／挙囲 握る太さ／挙贏 奢侈／挙火 暮らし／挙監 挙人／挙眼 挙目／挙旗 旗上げ／挙機 挙兵の時／挙軍 全軍／挙郡 郡中／挙言 言上する／挙口 全員／挙行 行う／挙綱 挙要／挙国 全国／挙坐 一坐／挙座 一座／挙祭 祭る／挙催 督促する／挙債 借金／挙察 抜擢する／挙巵 挙杯／挙翅 飛ぶ／挙似 あげ示す／挙事 挙行する／挙主 推薦者／挙首 第一位／挙召 採用する／挙証 立証する／挙踵 つまさきだつ／挙場 試験場／挙人 官人として推薦される／挙燧 のろし／挙生 子を生む／挙選 選挙／挙厝 挙措／挙宗 挙族／挙奏 上奏する／挙族 一族全部／挙体 全体／挙黜 進退／挙朝 全朝／挙頭 頭をあげる／挙櫂 舟をこぐ／挙杯 挙白／挙兵 起兵／挙鞭 鞭うつ／挙烽 のろし／挙滅 全滅する／挙門 一門全部／挙用 登用する／挙要 要目／挙例 例示する

↓案挙・偉挙・一挙・遠挙・応挙・火挙・科挙・快挙・厳挙・義挙・軽挙・検挙・甄挙・貢挙・高挙・豪挙・再挙・時挙・称挙・振挙・進挙・推挙・盛挙・選挙・薦挙・錯挙・壮挙・大挙・待挙・擡挙・超挙・徵挙・提挙・摘挙・擢挙・登挙・独挙・任挙・廃挙・抜挙・美挙・備挙・飄挙・颷挙・烽挙・鳳挙・鵬挙・暴挙・枚挙・妄挙・濫挙・歴挙・列挙

【祛】 10 3423 キョ はらう さる ひらく

形声 声符は去。去は神判に敗れた者（大、人の正面形）と、自己詛盟の器（𠙵）の蓋を取り去った形（凵）とを合わせた字で、これを水に流すことを法という。祓いの方法であるので「祛う」という。〔説文〕にみえず、〔広雅、釈詁二〕に「祛は去るなり」というが、字は祛に作るべきである。祛はそで、たもとの意。去は祛の初文。祛はその形声字である。

訓義 [1]はらう、のぞく、さる、おう。[2]禍を除き、神を迎える、ひらく。

古訓 〔名義抄〕祛 シリゾク・コフ・ヒラク・サル・カ、グ・ハラフ・フサグ・カ、ヤク

語系 祛・去khiaは同声。朅khiatも声近く、曷は屍骨の呪霊に祈って、邪気を禁ずる呪儀。みな祓う意がある。

【祛邪】 邪悪を却ける。〔明史、高攀竜伝〕臣恐る、陛下祛邪の果斷有り。而るに左右反つて借りて以て媢嫉の私を行はんことを。

【祛塵】 ちりをはらう。〔拾遺記、十、崑崙山〕祛塵の風有り。若し衣服塵汚する者も、風至りて之れを吹けば、衣則ち淨きこと浣濯するが如し。

↑祛疑 疑いを除く／祛祛 強健のさま／祛除 はらい除く／祛退 駆除する／祛痰 痰をきる／祛逐 祛退／祛蠹 禍を去る／祛妄 虚妄を除く

↓暫祛・病祛・蔽祛・惑祛

【秬】 10 2191 ［鬯巨］ 20 8171 キョ くろきび

篆文 
金文 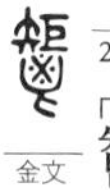

形声 声符は巨（巨）。〔説文〕五下に「黑黍なり。一稃二米、以て釀すものなり」とし、鬯巨を正字、秬を或る体の字とする。黑黍に鬱金草を加えて釀した酒を鬯といい、神事に用いた。金文に「鬯巨鬯」を賜う例が多く、〔書、洛誥〕にも「予ふるに秬鬯二卣を以てす」とみえる。

訓義 [1]くろきび。[2]くろきびの酒、鬯巨鬯。

古訓 〔和名抄〕秬黍 久呂岐比（くろきび）〔字鏡集〕秬 スキ・クロキビ・クワ

【秬鬯】 くろきびに鬱金草を加えて釀した酒。神事に用いた。〔書、文侯之命〕用つて爾に秬鬯一卣・彤弓一・彤矢百・盧（玈、黒）弓一・盧矢百・馬四匹を賚ふ。父往けや。～用つて爾の顯德を成せ。

↑秬酒 きび酒／秬黍 くろきび／秬草 嘉穀

↓玄秬・羔秬・黒秬・細秬・釀秬・重秬

【袪】 10 3423 キョ そで たもと

篆文 

形声 声符は去。〔説文〕八上に「衣袂なり」とあり、そで、たもとをいう。去にはらう、ひらくなどの意がある。

訓義 [1]そで、たもと、そでぐち。[2]ふところ。[3]ひらく、ちらす、かかげる、さる。

古訓 〔名義抄〕袪 ソデ・カ、グ・スソ・カク・シリゾク・ノゾク・コロモノウラ・コロモノマクサガリ

【袪衣】 衣のすそをからげる。〔韓詩外伝、三〕孟嘗君、閔子に學ばんことを請ふ。車をして往きて閔子を迎へしむ。閔子曰く、禮に、來り學ぶこと有るも、往きて教ふることを聞かずと。孟嘗君～明日、衣を袪げて、業を受けんことを請ふ。

↑袪袪 強健のさま／袪袂 袂をからげる

↓衣袪・開袪・挙袪・塵袪・分袪・攬袪

常 【据】 11 5706 キョ すえる

篆文 

形声 声符は居。拮据は双声の連語で、はげしく手先を用いて傷めることをいう。拮

を〔説文〕十二上に「手口、共に作(な)す所有るなり」、据には「戟挶(げききょく)する（かきとる）なり」、挶に「戟持するなり」とあり、戟は戟の初文。枝のある戈で、その戈でものをかき取る意。拮の初義は〔詩、豳風、鴟鴞〕「予が手は拮据す」で、爪先を傷めるような使いかたをいう。居は鋸の声符で、ぎざぎざの状態をいう。「据える」は国語の用法である。

訓義 ①てさきをつかう、てさきをいためる、はたらく。②拠と通じ、よる。③倨と通じ、おごる。④国語で、すえる、すわる。

語系 据kia、戟（戟）・撠kyak、挶kiokは声義が近い。〔説文〕のいう「戟挶」は〔詩、豳風、鴟鴞〕にみえる「拮据」と同じ語で、手爪に力を入れて、ものをかきとるような動作をいう。

【据傲】(きょごう(がう)) おごりたかぶる。〔呂覧、懐寵〕子(し)の上に在るや、無道据傲なるは～天の誅する所なり。

【据慢】(きょまん) おごりあなどる。〔戦国策、斉四〕上位に居りて、未だ其の實を得ず、～据慢驕奢なれば、則ち凶必ず之れに從ふ。

↑据臥(きょが) 安臥

↓掘据・拮据

【莒】 11 4460 キョ いも

篆文  金文 

形声 声符は呂(りょ)。古くは呂(きょ)の形に作る。〔説文〕一下に「齊にては、芋を謂ひて莒と爲す」とあり、いもをいう。また、国名、地名。わが国の古訓に「ハコ」とよむのは、筥と通用の字とみたのであろう。

訓義 ①いも。②国名。少昊の後、山東莒県に国した。また、地名、姓の名。

古訓 〔名義抄〕莒 ハコ 〔字鏡集〕莒 マロナルハコ・ハコ

常【虚】 11 2121 人【虛】 12 2121 キョ はかば むなしい うそ

篆文  金文 

形声 声符は虍(こ)。旧字は虛に作り、その字の下部はもと丘の形。丘は墳丘。古くはそこに聖地を作り、また墓地とされた。〔説文〕八上に「大丘なり」と訓し、「崑崙(こんろん)丘、之れを崑崙の虚と謂ふ」と〔山海経〕の説を引く。崑崙はもとジグラット形式の神殿や聖所を意味する語であったらしく、死後の霊の帰するところとされた。廃墟・墟址の意より、現実に存しないもの、空虚・虚無の意となり、虚偽・虚構の意となる。

訓義 ①みやこのあと、大きなおか、あと。②はかば、やどり、霊のいるところ。③むなしい、うつろ、実体がないもの、こころ、そら。④うそ、いつわり。

古訓 〔名義抄〕虚 ムナシ・イツハリ・キラ〳〵シ・ウイテ・オホソラ・ウツケタリ 〔篇立〕虚 イタヅラ・イツハル・カスカ・シロシ・ムナシ・ウツケタリ・ウツク・ソラソフ・カロシ・カクル・ハカル・トホレリ・アヤシ・ウツホ・アタヒスフ

声系 〔説文〕に虚声として嘘・歔・魖を収める。嘘・歔は嘘唏の声をとる擬声語、魖は虚の声義を承け、〔説文〕九上に「耗鬼なり」（段注本）と訓する字である。

語系 虚・墟khiaは丘khiuaと声義近く、都邑はかつて丘上に営まれ、廃虚はまた墳丘の地となった。

【虚位】(きょい(ゐ)) 実権のない地位。空位。〔南史、恩倖、茹法亮伝〕（呂）文度、外監と爲り、專ら兵權を制して軍を領し、將軍は虚位を守るのみ。

【虚威】(きょい(ゐ)) からいばり。〔漢書、諸葛豊伝〕豐、前(さき)に司隷校尉と爲り、四時に順つて法度を修めず、專ら苛暴を作(な)して、以て虚威を獲たり。

【虚壱】(きょいつ) 先入観がなく、心が純一であること。〔荀子、解蔽〕虚壹にして靜なるを、大清明と謂ふ。

【虚映】(きょえい) 水が清んでものがよく映ること。〔水経注、夷水〕北溪水、經る所皆石山なり。～其の水虚映、俯して遊魚を視るに、空に乘ずるが如し。

【虚栄】(きょえい) 表面だけの栄誉。唐・柳宗元〔石角に遊び小嶺を過ぎて長烏村に至る〕詩 稍(すこ)しく人事と閒となり 益(ます)ます身世の輕きを知る 農と爲るは信(まこと)に樂しむべし 寵に居るは眞に虚榮のみ

【虚檐】(きょえん) 高いのき。陳・江総〔摂官梁小廟〕詩 虚檐、暮雀靜かに 洞戸、光絲に映ず

【虚懐】(きょかい(くわい)) 無心。唐・杜甫〔王二十四侍御契に贈る、四十韻〕詩 眼を洗うて、輕薄を看る 虚懷、屈伸に任す

【虚喝】(きょかつ) 恫喝。〔史記、蘇秦伝〕秦深く入らんと欲すと雖も、則ち狼顧(らうこ)し、韓・魏の其の後を議せんことを恐る。是の故に、恫疑虚喝、驕矜(きょうけう)すれども敢て進まず。

【虚閑】(きょかん) ひまでぼんやりしている。唐・白居易〔睡起晏坐〕詩 淡寂、一性に歸し 虚閑、萬慮を遺る

【虚己】(きょき) 私心をなくする。虚心。漢・蔡邕〔郭有道の碑文〕州郡德を聞き、己を虚しうして禮を備ふるも、之れを能く致す莫(な)し。

【虚偽】(きょぎ) いつわり。〔荘子、盗跖〕子の道は、狂狂汲汲、詐巧虚僞の事なり。以て眞を全うすべきに非ざるなり。奚(なん)ぞ論ずるに足らんや。

【虚襟】(きょきん) 虚心。心にへだてがない。〔梁書、孔休源伝〕尚書令沈約、當朝の貴顯、軒蓋(けんがい)門に盈つ。休源或いは時に後れて來(きた)るも、必ず虚襟引接して、之れを坐右に處(お)き、文義を商略せしむ。

【虚空】(きょくう) 大空。唐・岑参〔高適・薛拠と、慈恩寺の浮図に登る〕詩 塔勢、湧出するが如く 弧高、天空に聳(そび)ゆ 登臨して世界に出で 磴道、虚空に盤(めぐ)る

【虚幻】(きょげん) まぼろし。宋・蘇軾〔金光明経の後に書す〕能く諸(もろもろ)の世間を觀るに、甚だ愛すべしと雖も、虚幻にして實無く、終(つひ)に我が有するに非ざる者は、汝即ち捨離すべし。

【虚言】(きょげん) うそ。いつわり。〔老子、二十二〕古の所謂(いはゆる)曲なれば則ち全しとは、豈に虚言ならんや。

【虚行】(きょこう(かう)) 無意味に行われる。〔管子、重令〕國は虚(むな)しくは重からず、兵は虚しくは勝たず、民は虚しくは用ひられず、令は虚しくは行はれず。

【虚耗】(きょこう(かう)) からになる。疲れはてる。〔漢書、食貨志上〕（董）仲舒死するの後、功費愈(いよいよ)甚だしく、天下虚耗となり、人復(ま)た相ひ食む。

【虚構】(きょこう) 作りごと。〔後漢書、党錮、范滂伝〕王甫、（范滂を）詰(なじ)りて曰く、～共に部黨を造り、自ら相ひ褒擧し、朝廷を評論し、虚構端無し。諸(もろもろ)の謀結する所、竝びに何をか爲さんと欲する。皆情（実事）を以て對へ、隱飾することを得ずと。

【虚国】(きょこく) 統治者のいない国。〔穀梁伝、僖三十三年〕秦、千里の險を越えて、虚國に入る。進んで守ること能はず。退いて其の師徒を敗る。

【虚左】(きょさ) 上席の左をあけて、賢者を待つ。魏・呉質〔東阿王（曹植）に答ふる書〕屢(しばしば)信陵、虚左の德を獲たるも、又侯生（嬴）の述ぶべきの美無し。

【虚坐】(きょざ) 空席。〔三国志、呉、虞翻伝注に引く呉書〕魏の文帝、常に翻の爲に虚坐を設く。

【虚辞】(きょじ) そらごと。うそ。〔戦国策、燕一〕且つ夫(そ)れ燕・秦の、倶(とも)に齊に事(つか)へば、則ち大王の號令、天下皆從はん。是れ王、虚辭を以て秦を附け、而して十城を以て天下を取るなり。

【虚室】(きょしつ) 空室。開け放した室。〔淮南子、俶真訓〕用なるものは必ず之れを用ひざるに假る。是の故に虚室白（光）を生ずるは、吉祥止(とど)まるなり。

【虚実】(きょじつ) 虚と実。〔韓非子、安危〕安危は是非に在りて、強

弱に在らず。存亡は虚實に在りて、衆寡に在らず。故に齊は萬乘なるも、名實稱はず。～故に臣、主を奪ふことを得。

【虚邪】きよじや ひっそりこっそりと。〔詩、邶風、北風〕其れ虚、其れ邪 既に亟やかなり

【虚徐】きよじよ ゆったり。唐・杜牧〔張好好詩〕絳脣漸く輕巧 雲步轉た虚徐

【虚象】きよしよう(しやう) 実在しない現象。〔論衡、薄葬〕夫れ耳目を以て論ずれば、則ち虚象を以て言と爲し、虚象效あるときは、則ち實事を以て非と爲す。

【虚心】きよしん 私心がない。〔韓非子、揚權〕之れを喜ぶときは則ち事多く、之れを惡むときは則ち怨みを生ず。故に喜びを去り、惡しみを去り、心を虚しくして、以て道の舍と爲す。

【虚声】きよせい 虚名。〔後漢書、黄瓊伝〕是の故に俗論皆言ふ、處士は純ら虚聲を盜むと。願はくは先生、～一たび此の言を雪がんのみ。

【虚静】きよせい 無心で平静。〔荘子、天道〕夫れ虚靜恬淡、寂莫無爲なる者は、天地の平にして、道德の至りなり。故に帝王聖人、焉に休ふ。

【虚誕】きよたん うそいつわり。晉・王羲之〔蘭亭集の序〕固より死生を一にするは虚誕爲り、彭(長生者)殤(夭死者)を齊しくするは妄作爲るを知る。

【虚沖】きよちゆう 虚心でおだやか。晉・張華〔壯士篇〕詩 壯士憤激を懷く 安んぞ能く虚沖を守らん 我が大宛の馬に乘り 我が繁弱の弓を撫す

【虚張】きよちよう(ちやう) 誇張する。〔潜夫論、実貢〕高譽を虚張し、彊めて疵瑕を蔽ひ、以て相ひ誑耀す。

【虚澈】きよてつ 清くすみ透る。唐・劉長卿〔氷の賦〕外に貞堅を示し、內に虚澈を含む。深きを受くること無く、以て其の素を保つ。

【虚伝】きよでん うその言い伝え。宋・蘇軾〔巫山〕詩 楚賦も亦た虚傳のみ 神仙安んぞ是れ有らん

【虚度】きよど 無為にすごす。唐・元稹〔酔を羨む〕詩 也た應に自ら春を尋ぬるの日有るべし 虚しく度りて而今正に少年なり

【虚蕩】きよとう(たう) 誇大にいう。ほら。〔晉書、愍帝紀論〕學者は老莊を以て宗と爲して、六經を黜け、談者は虚蕩を以て辨と爲して、名檢を賤しむ。

【虚頓】きよとん 弱る。晉・王羲之〔問慰諸帖、下〕吾れ故に心痛に苦しみ、食するを得ずして日を經、甚だ虚頓と爲る。力及ばんとするも具せず。

【虚白】きよはく 虚室白を生ず。虚室。また貧しい。北周・庾信〔周柱国大将軍拓跋儉神道碑〕一室の中、未だ虚白なるを免れず、日膳の資、三杯なるのみ。

【虚文】きよぶん 空文。役立たぬ文。〔抱朴子、論仙〕神仙集中に召神劾鬼の法有り。又人をして鬼を見せしむるの術有り。俗人之れを聞き、皆虚文と謂ふ。

【虚無】きよむ 無。道家の原理とする道。否定、無規定的なものを道の実体とする。〔史記、太史公自序〕道家は無爲、～其の術、虚無を以て本と爲し、因循を以て用と爲す。

【虚妄】きよもう(まう) でたらめ。〔論衡、対作〕世俗の性、奇怪の語を好み、虚妄の文を說ぶ。

【虚誉】きよよ 虚名。虚声。〔列子、楊朱〕遑遑爾として一時の虚譽を競ひ、死後の餘榮を規り、偊偊爾として耳目の觀聽を愼む。

【虚厲】きよれい 廃墟。厲は祭られぬもの。〔墨子、非命中〕其の國家百姓の政を顧みず。～是の故に國は虚厲と爲り、身は刑僇の中に在り。

【虚霊】きよれい 心。心の霊妙なはたらき。〔朱子全書、道統、楊氏門人〕乃ち其の思慮未だ萌さず、虚靈不昧、自ら以て其の氣象を見る有り。

【虚論】きよろん 無意味な議論。〔顔氏家訓、渉務〕士君子の世に處する、能く物に益有るを貴ぶのみ。徒らに高談虚論し、琴を左にし書を右にして、以て人君の祿位を費さざるなり。

↑虚闇 暗愚／虚意 虚心／虚一 虚壱／虚暈 ひがさ／虚盈 みちかけする／虚景 虚影／虚瑩 美玉／虚園 空園／虚遠 超逸／虚仮 かりそめ／虚華 そらごと／虚臥 寝ころぶ／虚廓 大空／虚簡 虚心／虚気 虚心／虚詭 偽り／虚匱 乏しい／虚器 無用の器／虚旧 古びたもの／虚恭 外面だけ鄭重にする／虚筐 空箱／虚驕 自負／虚欽 虚恭／虚形 宇宙／虚契 偽証文／虚罄 つきる／虚竭 つきる／虚見 浅見／虚捲 虚勢／虚夸 ほら／虚語 うそ／虚口 食後の酒／虚公 公平／虚哄 虚名／虚荒 荒誕／虚曠 空虚／虚谷 空谷／虚困 窮困／虚歳 無為の年／虚士 虚名の人／虚死 犬死に／虚指 暗示／虚字 助詞などの形式語を示す字／虚疾 衰弱病／虚日 閑日／虚弱 弱い／虚舟 から舟／虚処 無為／虚称 虚名／虚飾 みえ／虚清 大空／虚勢 から元気／虚設 仮設／虚説 うそ／虚船 虚舟／虚素 飾らぬ／虚造 捏造／虚托 かこつける／虚託 虚托／虚脱 力抜け／虚淡 淡白／虚談 そらごと／虚中 専心／虚澄 さっぱり／虚恬 恬淡／虚殿 空殿／虚塔 空塔／虚洞 ほらあな／虚堂 空堂／虚貝 うつせ貝／虚泊 寡欲／虚薄 才乏し／虚発 むだ矢／虚費 むだ使い／虚美 外面を飾る／虚謬 大うそ／虚聞 虚伝／虚壁 壁だけ／虚放 奔放／虚報 偽報／虚慢 怠慢／虚名 うわべの名声／虚明 空明、心／虚落 村落／虚礼 形式的な儀礼／虚戻 虚厲／虚劣 劣弱／虚労 無駄骨折り／虚陋 陋劣

↓盈虚・貴虚・空虚・軽虚・謙虚・玄虚・孤虚・荒虚・四虚・実虚・充虚・乗虚・心虚・腎虚・清虚・静虚・潜虚・太虚・中虚・沖虚・恬虚・憑虚・平虚・碧虚・歩虚・抱虚・幽虚・養虚・凌虚

常
【許】 11 0864 キョ コ ゆるす

篆文

金文

形声 声符は午。午に御(御)の声がある。〔説文〕三上に「聽すなり」とあり、聴許する意。〔書、金縢〕は、周公が武王の疾に代わることを祖霊に祈る文で、「爾の、我に許さば、我は其れ璧と珪とを以て、歸りて爾の命を俟たん」とあり、また金文の〔毛公鼎〕に「上下の若否(諾否)を四方に虩許(明らかに)せよ」というのも、神意についていう。金文の字形に、午の下に祝詞の器の形である口を加えるものがあり、午は杵形の呪器。これを以て祈り、神がその祝禱を認めることを許という。邪悪を禦ぐ禦の初文は御、その最も古い字形は卸に作り、午を以て拝する形である。午を以て祈り、神がこれに聴くことを許という。

訓義 1神がきき入れる、ゆるす、みとめる、約する。2したがう、くみする、まかせる。3所・処と通じ、ところ、もと。4所・可・計と通じ、ばかり、ほど。5唐・宋以後、指示代名詞として用いる。これ、この、かれ、かの。6語末の助字。7許許・邪許など、かけ声、擬声語。

古訓 〔名義抄〕許 ユルス・コヅ・コトハル・アラハス・スヽム・モト・トコロ・アタフ・ユヅル・オホキナリ・ハカル・バカリ・アバク・ソシル・ハカラフ

語系 許 xa、計 kiai、可 khai、所(所) shia、處(処) thjia は声に通ずるところがあり、特定の義において通用する。

【許可】ゆるす。〔漢書、翟方進伝〕鹽鐵を增益すること、變更常無し。朕既に不明にして、奏するに隨つて許可す。後の議者以て不便と爲す。
【許嫁】両親同士が結婚を許可する。〔礼記、曲礼上〕女子許嫁すれば、笄して字す。
【許許】木を伐つ音。〔詩、小雅、伐木〕木を伐ること許許たり 酒を釃むこと藇たる有り
【許賽】神に願かけてまつる。〔晋書、芸術、戴洋伝〕(庾)亮曰く、何の方もて我が疾を救ふと。～洋曰く、昔蘇峻の時、公、白石祠中に於て福を祈り、其の牛を許賽し、今に至るまで未だ解かず。故に此の鬼の考する(推つ)所と爲ると。
【許身】身をまかせる。志を立てる。唐・杜甫〔京より奉先県に赴く、詠懐五百字〕詩 杜陵に布衣有り 老大、意轉た拙なり 身を許すこと一に何ぞ愚なる 竊かに稷(后稷)と契(舜の臣)とに比す
【許多】甚だ多い。梁・簡文帝〔擬古〕詩 念ふ、人一たび去つて、許多の時 眼語笑靨、迎へ來たるの情
【許諾】承知する。〔史記、項羽紀〕沛公(劉邦)～曰く、吾れ關に入りてより、～日夜將軍の至るを望む。豈に敢て反せんや。願はくは伯、具さに臣の敢て德に倍かざるを言へと。項伯許諾す。
↑許下 ゆるす／許国 国に身を許す／許字 許嫁／許人 許身／許容 許諾
↓意許・允許・官許・恵許・軽許・公許・裁許・赦許・従許・少許・省許・推許・聴許・勅許・特許・認許・免許・黙許・邪許

【渠】 12 3190 キョ みぞ

篆文 形声 声符は巨(巨)。〔説文〕十一上に「水の居る所なり」と渠・居の畳韻を以て訓する。〔史記、河渠書〕は自然河川と水運・灌漑の渠のことをしるす。遽・詎・鉅などの諸字と通じ、通用の義が多い。

訓義 1みぞ、ほり、ほりわり。2巨・鉅と通じ、大きい、かしら。3倮と通じ、かれ。4挙と通じ、あげる。5詎と通じ、なんぞ、あに。6よろい。

古訓 〔名義抄〕渠 ミゾ・ミナソコ・ヨロシ・ナムヂ
語系 渠・鉅・詎・遽 gia は同声。擧(挙) kia、豈 khiai も声近く、その義に通用することがある。

【渠堰】みぞといぜき。〔唐書、百官志三〕都水監、使者二人～川澤・津梁・渠堰・陂池の政を掌る。

【渠魁】首領。頭目。〔書、胤征〕厥の渠魁を殲くし、脅從するものは治むる(罪する)こと罔かれ。

【渠渠】立派なさま。〔詩、秦風、権輿〕於我や 夏屋(礼食大具)渠渠たりしに 今や食ふと毎も餘り無し 于嗟乎 權輿を承けず
【渠衝】攻城用の兵車。〔荀子、彊国〕人臣爲たる者、己の行の行はれざるを恤へずして、苟くも利を得んとするのみならば、是れ渠衝の穴に入り、利を求むるなり。是れ仁人の羞ぢて爲さざる所なり。

【渠帥】悪党の首領。〔後漢書、鮑昱伝〕建武の初め、太行山中に劇賊有り。～遂に群賊を討撃して、其の渠帥を誅す。～是れに由りて名を知らる。

【渠荅】地に置いて敵の侵入を防ぐ、はまびしの実の形の鉄製器具。〔墨子、雑守〕渠荅の大數は、里二百五十八に渠荅百二十九なり。

↑渠凶 元凶／渠溝 みぞ／渠塹 ほり／渠首 かしら／渠酋 かしら／渠挐 まぐわ／渠水 運河／渠率 かしら／渠疏 まぐわ／渠長 かしら／渠田 水田／渠儂 かれ／渠輩 かれら／渠弥 溝と小堤／渠門 軍門／渠略 かげろう／渠梁 大きな橋
↓暗渠・陰渠・河渠・開渠・壊渠・漑渠・決渠・溝渠・鑿渠・私渠・識渠・浚渠・小渠・笑渠・新渠・水渠・井渠・清渠・石渠・穿渠・船渠・漕渠・長渠・敗渠・廃渠・門渠

【琚】 12 1716 キョ

篆文 形声 声符は居。〔説文〕一上に「佩玉の石なり」(段注本)とあり、「詩に曰く、之れに報ずるに瓊琚を以てす」と、〔詩、衛風、木瓜〕の句を引く。〔伝〕に「佩玉の名なり」という。佩玉は全体として黄(黄)の字形に近く、璜・珩を主体として、多くの玉を飾りとして組み合わせたものである。
訓義 1佩玉の名。2赤い玉、玉に似た石。
古訓 〔字鏡集〕琚 タマノナ
↑琚瑀 佩玉
↓華琚・琪琚・瓊琚・双琚

【詎】 12 0161 キョ なんぞ あに

篆文 形声 声符は巨(巨)。〔説文新附〕三上に「猶ほ豈のごときなり」とあり、豈・巨・渠と声近く通用する。〔荘子、斉物論〕「庸詎んぞ吾が所謂知の、知に非ざるを知らんや」、〔漢書、高帝紀上〕「沛公先づ關中の兵を破らずんば、公巨ぞ能く入らんや」のようにいう。〔経伝釈詞〕に詎・距(距)・鉅・巨・渠・遽を通用の字とする。
訓義 1なんぞ、いかんぞ、なに。2あに。3とまる、いたる。
古訓 〔名義抄〕詎 タレカ・ナンゾ・ナニカ・アニ・イツハル・イタル・トヽム・モシ・ミダリガハシ・イヅレ・アルイハ
【詎幾】いくばく。〔北史、盧玄伝〕創制立事、各〻其の時有り。此れを爲すことを樂しむ者、詎幾の人ぞ。宜しく三思すべし。
↑庸詎 なんぞ

【距】 常 12 6111 〔距〕 12 6111 キョ けづめ さる

篆文 形声 声符は巨(巨)。巨は矩(矩)の初文。雞の脛後にある「けづめ」がその形に似ているので、距という。拒(拒)と通用し、これで敵を拒ぐ。それで彼此相隔てる意となり、距離をおくことをいう。また跳躍のときのように、足首に強く力を加えることをいう。

訓義 1けづめ。2拒と通じ、ふせぐ、こばむ。3へだてる、さる、たがう。4歫と通じ、とめる、たがう、はなす。5詎と通じ、なんぞ。

古訓 〔新撰字鏡〕距 阿古江(あごえ)〔和名抄〕距 阿古江(あごえ)〔名義抄〕距 フミハタカル・フセク・アク・アゴエ・イタル・トフラフ・アタル〔字鏡集〕距 エクル・アゴエ・トフラフ・イタル・アグル・フミハダカル・クタル・フセク・コハフ
【距違】たがう。〔左伝、昭元年〕小國恃みを失ひ、諸侯を懲らさば、～君命を距違し、壅塞して行はれざる所有らんことを是れ懼る。

【距闉】偵察・攻撃のため、城壁に近く土塁を築く。〔孫子、謀攻〕距闉、又三月にして後に已む。

【距捍】ふせぐ。晋・孫楚〔石仲容(苞)の爲に孫皓に与ふる書〕二邦(呉・蜀)合從し、東西に唱和し、互ひに相ひ扇動して、中國を距捍す。自ら謂へらく、三分鼎足の勢ひ、泰山と共に相ひ終始すべしと。

【距諫】諫めをこばむ。〔大戴礼、子張問入官〕諫を距ぐ者は、慮の塞がるる所以なり。

【距国】大国にはさまれた国。〔管子、国畜〕前に千乘の國有り、後ろに萬乘の國有る、之れを距國と謂ふ。壤ち正方にして、四面に敵を受くる、之れを衢國と謂ふ。

【距衝】攻城用の大きな戦車。渠衝。〔韓非子、八説〕干

城・距衝は、堙穴（湮穴、水攻め）・伏橐（伏橐、火攻め）に若しかず。

【距躍】とびこえ、とびあがる。〔左伝、僖二十八年〕公～之れを視しめ、病い（重傷）ならば將に之れを殺さんとす。魏犨胸を束ねて使者を見て曰く、君の靈を以て、寧きこと有らざらんやと。距躍すること三百、曲踊すること三百す。乃ち之れを舍す。

↑距堙　距闉／距関　関を守る／距逆　退ける／距険　険により防ぐ／距絶　拒絶する／距戦　防ぎ戦う／距爪　けづめ／距年　昔／距閉　閉して守る／距離　隔たり

↓横距・牙距・介距・冠距・蹻距・雞距・後距・鉤距・觜距・蹠距・双距・爪距・足距・超距・直距・鉄距・毛距・鷹距・利距

【筥】13　8860　キョ　かご　はこ

篆文 　金文 

形声　声符は呂。金文の字形は膚に従う。ともに古く呂の声があった。〔説文〕五上に「箱（ささら）なり」とあり、前条の箱字条に「陳留にては、飯帚を謂ひて箱と曰ふ。～一に曰く、飯器、五升を容る。一に曰く、宋・魏にては、箸笛（はし筒）を謂ひて箱と爲す」とみえる。字は〔説文〕に呂声とするが、もと呂に従う字である。〔詩、召南、采蘋〕は神饌とする草摘みを歌い「于に以て之れを盛る　維れ筐と筥とに」とあり、筐は四角いかご、筥はまるいかご。呂はもとその象形である。

訓義　①はこ、まるいはこ。穀物や野菜を入れる。②いなたば。四秉（四束）を筥という。

古訓　〔名義抄〕筥　ハコ／麁筥　アラハコ／沓筥　クツバコ

語系　筥・籧 kia は同声。籧は〔説文〕に「牛に飲ましむる筐なり」とし、「方なるを筐と曰ひ、圜なるを籧と曰ふ」とする。筐 khiuang も声義に関連のある語である。

【筥米】かごにいれた米。〔周礼、地官、舍人〕凡そ祭祀には簠簋を共へ、之れに實れ之れを陳らぬ。賓客にも亦た之くの如くす。其の禮に共するは、車米・筥米・芻禾なり。

↓禾筥・筐筥・軽筥・箱筥・斗筥・豆筥・飯筥・負筥

常【裾】13　3726　キョ　すそ　えり　ふところ

篆文 

形声　声符は居。〔説文〕八上に「衣の褏なり」（段注本）とし、褏に「褱なり」という。えり、すそ、そで、おくみなどをいうことがある。字は倨と通用する。

訓義　①ふところ、すそ、えり、そで。②衣裳のすそに出たところ、外にはねたようなところ。衣の大きく、さかんなさま。③倨と通じ、おごる。④拠と通じ、よる。

古訓　〔和名抄〕裾　古呂毛乃須曾（ころものすそ）、一に云ふ、岐沼乃之利（きぬのしり）〔名義抄〕裾　コロモノスソ・キヌノシリ・コロモ・キヌノスソ・コロモノヲ・スソ

【裾裾】盛装のさま。〔荀子、子道〕子路、盛服して孔子に見ゆ。孔子曰く、由よ、是の裾裾たるは何ぞや～と。子路趨りて出で、服を改めて入る。

【裾勢】川などの地勢を利用する。晋・左思〔魏都の賦〕重山の束阨に由り、長川の裾勢に因る。

↑裾驕　おごる／裾拘　曲折／裾香　裾の香

↓衣裾・引裾・雲裾・曳裾・下裾・華裾・霞裾・曲裾・巾裾・軽裾・擎裾・結裾・牽裾・後裾・紅裾・香裾・修裾・簪裾・旋裾・長裾・奮裾・遊裾・羅裾・裂裾・連裾・斂裾

【豦】13　2123　キョ　おおいのこ

篆文 　金文 

象形　虎頭をもつ獣の形。〔爾雅、釈獣〕に「豦は迅頭なり」とあり、〔郭璞注〕に、さるに似て毛多く、好んで頭を奮迅するものであるという。〔説文〕九下に「鬬ひて相ひ丮ち、解けざるなり。豕虍に從ふ。豕虍の鬬ふは解けざるなり」と字を会意に解し、また「司馬相如說」として、「豦は封豕の屬なり。一に曰く、虎の兩足擧ぐるなり」という。〔玉篇〕に「封豦、豕の屬なり」とするが、実態は知られない。〔上林の賦〕に封豕・蛩遽（豦）の名がみえ、両者は別のものである。〔説文〕虍部五上に虡の字があり、重文として鐻を録する。虡は鐘鼓をかける器の、柎足の飾りとされる奇獣の姿を写したもので、虎の距躍奮迅する形に近い。

訓義　①けもののくみあうさま。②おおいのこ。③虎の奮迅するさま。④虡・鐻と通じ、楽器の台の柎足。

古訓　〔字鏡集〕豦　トフ（ラ）

声系　〔説文〕に豦声として噱・遽・據（拠）・劇・醵など八字を収める。噱・遽・據は豦の奮迅する意を承ける。劇は戲（戯）と同じく、軍戯より出ている字であろう。醵は「わりかん」、相醵出する意である。

【鉅】13　8111　キョ　おおきい

篆文 

形声　声符は巨（巨）。〔説文〕十四上に「大剛なり」という。巨大の意があり、尊者をいう語に用いる。

訓義　①おおきい。②かたい、つよい。③たっとい、尊者。④かぎ、鉤形のもの。⑤詎と通じ、なんぞ、いずくんぞ。

古訓　〔名義抄〕鉅　オホイナリ〔字鏡集〕鉅　オホシ・オホイナリ

【鉅億】巨額。〔資治通鑑、唐紀四十〕（代宗、大暦二年）金閣寺を五臺山に造る。銅を鑄、金を塗りて瓦と爲す。費す所、鉅億なり。

【鉅公】大家。唐・李賀〔高軒過〕詩　云ふ是れ東京の才子、文章の鉅公なりと　二十八宿、心胸に羅なり　元精耿耿として、貫きて中に當る

【鉅製】大著述。清・皮錫瑞〔経学歴史、経学復盛時代〕國朝、稽古右文、前代に超軼す。～鴻篇鉅製、寰區に照耀し、學官に頒行し、蒙昧に開示す。

↑鉅偉　偉大／鉅衍　広大／鉅過　大過／鉅鑊　大鼎／鉅魚　大魚／鉅卿　大兄／鉅傑　魁傑／鉅子　墨家の指導者／鉅儒　大儒／鉅人　大徳／鉅纖　巨細／鉅然　巨然／鉅鉄　はがね／鉅典　大法／鉅藩　大藩／鉅費　巨額の費用／鉅万　巨万

↓剛鉅・細鉅

【虡】14　2128　〔簴〕20　8828　〔虞〕17　2128　〔鐻〕21　8113　キョ　かねかけ

篆文 

象形　鼓鐘の類をかける楽器かけの台座に、獣形の装飾を加え、下に柎足のある形。虎形のところは豦、獣形の奮迅する象。下は柎足。近年出土の中山王墓の遺品にその類の器が多く、金銀の象嵌を加えている。〔説文〕五上に虡を正字とし、「鐘鼓の柎なり」とし、異を「其の下足に象る」とするが、異は豦の正面形で、器を翼戴する形、豦はその側面形。金文の〔邵鐘〕に「余が鐘を作爲す。～喬たる其の龍、既に鬯虡を鑄る。大鐘既に懸け、玉鐻（磬）・鼉鼓あり」とみえ、台座に竜飾を加えている。虡はまた虡業といい、〔詩、周頌、有瞽〕に「業を設け虡を設く」とみえる。また筍虡・簨虡などの名もあり、〔周礼、考工記、梓人〕に簨虡の制作法をしるしている。金文の〔匡卣〕に象虡、〔礼記、明堂位〕に竜簨虡の

名がある。飾りには羽鱗の属をも用いた。簴は〔説文〕五上に、篆文虡の省文とする。

訓義 ①かねかけ、かねかけ台のはしら。獣などの立つ形を飾りとする。②その神獣の名。③つくえ。

【虡業】きよぎよう(げふ) かねかけ。その飾り。虡はたてのはしら。業は間にそえる大版。〔詩、大雅、霊台〕虡業維れ樅り(すみ飾り、崇牙)あり 賁鼓(大鼓)維れ鏞(大きな鐘)

↓画虡・楽虡・悍虡・玉虡・金虡・傑虡・建虡・鐘虡・神虡・設虡・仙虡・簨虡・怒虡・銅虡・猛虡・揺虡・瑶虡・竜虡・列虡

【嘘】 15 6101 キョ コ なげく うそぶく うそ

篆文 

形声 声符は虚(虛)。虚は廃墟、すでに実体を失ったもの。ことばにもならぬ気息だけのものを嘘という。〔説文〕二上に「吹くなり」とあり、〔玉篇〕に「吹嘘」とする。出気の急なるは吹、緩なるは嘘、慨嘆するときの息をいう。

訓義 ①なげく、うそぶく、なく。②国語で、うそ、いつわり。

古訓 〔名義抄〕嘘 スフ・ハク・イキス・フク・ウソフク・アヘク・シハフキ・イキシカク

語系 嘘・歔 xia は同声。歔欷はすすり泣き。呼・虖・嘑・歔 xa、吁 xiua はみな呼気をいい、また感動詞に用いる。思わず気息をもらすときの語である。

【嘘気】きよき 気を吐き出す。唐・韓愈〔雑説、四首、一〕龍、氣を嘘けば雲を成す。雲は固より龍よりも靈ならざるなり。然れども龍、是の氣に乘ずるときは、茫洋として玄閒を窮む。

【嘘唏】きよき すすり泣く。太息して泣く。〔史記、留侯世家〕戚夫人、嘘唏流涕す。上起ち去りて、酒を罷む。竟に太子を易へざるは、留侯が本此の四人を招きたるの力なり。

【嘘欷】きよぎ ああ。感動詞。また、嘆息してなげくさま。宋・欧陽脩〔黄夢升墓誌銘〕之れに江陵に遇ふ。夢升、顔色憔悴し、初め識るべからず。久しうして握手嘘欷し、相ひ飲ましむるに酒を以てし、夜酔ひて起ちて舞ひ、歌呼して大いに噱ふ。

【嘘吸】きよきゅう(きふ) 呼吸する。吐納。晋・夏侯湛〔東方朔画賛〕先生、冲和を嘘吸し、故を吐き新を納る。

【嘘噏】こきゅう(きふ) 呼吸する。晋・木華〔海の賦〕其の狀爲るや～百川を嘘噏し、淮漢を洗滌す。

【嘘嘘】きよきよ 雲が湧き出るさま。宋・蘇軾〔孫莘老、墨を寄す、四首、二〕詩 嘘嘘として雲霧出で 奕奕として龍蛇縮がる

【嘘枯】きよこ 息をかけて枯らす。言論の達者なことをいう。〔後漢書、鄭太伝〕孔公緒は清談高論して、嘘枯吹生す。竝びに軍旅の才、執鋭の幹(能力)無し。鋒に臨み敵を決するは、公の儔に非ず。

↑嘘呵きよか 息をはく/嘘嘻ききよ 悲喜/嘘咻きよきゅう 息切れ/嘘翕こきゅう 嘘噏/嘘言きよげん うそ/嘘嘆きよたん 嘆息/嘘沫きよまつ 泡を吹く

↓一嘘・呵嘘・呴嘘・喣嘘・呼嘘・吹嘘・長嘘・抵嘘・竜嘘

【墟】 15 4111 ［虛］ 12 2121 キョ おか あと

篆文  金文 

形声 声符は虚(虛)。虚は廃墟・墳丘の意で墟の初文。〔説文〕に墟を収めず、虚・墟は同字。〔礼記、檀弓下〕に「墟墓の閒には、未だ哀を民に施さざるも、民哀しむ」とみえる。安陽の殷墟を、また殷虚という。

訓義 ①おか、都のあと、廃墟。②墳墓、丘墟。③市の立つところ、いち。

古訓 〔名義抄〕墟 ツチカ(ヤ)マ・サカヒ・トコロ・イヘ・ツカニ・トホル・アフ・ツイヒヂ 〔字鏡集〕墟 アト、コロ・ツイヒチ・トホリアナ・アルキイトコロ・トホル・トコロ・イヘ・ツチヤマ・アナ・ツカヒ・サカヒ・フルヤ・ツクス・ヌル

語系 墟・虛 khia はもと一字、丘・邱 khiuə ももと一字。同系の語で、大丘を虚という。

【墟域】きよいき(ゐき) 都城のあと。晋・郭璞〔流寓の賦〕文公の營む所を思ふに、蓋し成周の墟域なり。

【墟曲】きよきよく いなか。晋・陶潜〔園田の居に帰る、五首、二〕詩 白日、荊扉を掩し 虛室、塵想を絶つ 時に復た墟曲の中 草を披いて共に來往す 相ひ見て雜言無し 但だ道ふ桑麻長ぜりと

【墟巷】きよこう(かう) 荒れはてた街。〔晋書、食貨志〕建安元年、車駕洛陽に至る。～州郡各と強兵を擁し、委輸至らず。尚書郎官、自ら出でて稆を採る。或いは自ら反ること能はずして、墟巷に死す。

【墟墳】きよふん 荒れはてた墓。晋・夏侯湛〔東方朔画賛〕敬しつつんで墟墳を問ひ、原隰に企佇す。

【墟墓】きよぼ 墓。荒れた墓。晋・潘岳〔悼亡詩、三首、三〕墟墓の閒を徘徊し 去らんと欲するも、復た忍びず 徘徊して、去るに忍びず 徙倚して、歩みて踟躕す

【墟莽】きよもう(まう) 荒れたくさむら。宋・欧陽脩〔集古録目序〕皆三代以來の至寶、怪奇偉麗、工妙喜ぶべきの物、～湮淪磨滅し、山崖墟莽の閒に散棄し、未だ嘗て收拾せざる者は、世の好む者少なきに由るなり。

【墟落】きよらく 村里。晋・夏侯湛〔張平子碑〕是に于て乃ち其の墟落を剪り、其の宗人を寵し、其の四時を奉じ、其の粢盛を獻ぜしむ。

【墟里】きより 村落。唐・王維〔輞川間居、裴秀才迪に贈る〕詩 渡頭、落日餘り 墟里、孤煙上る

↑墟市きよし 臨時の市/墟集きよしゅう 墟市/墟聚きよしゅう 村落/墟城きよじょう 城あと/墟蓁きよしん 墟莽/墟井きよせい 村落/墟土きよど 丘陵地

↓烟墟・園墟・郭墟・寒墟・帰墟・丘墟・旧墟・孤墟・故墟・荒墟・郊墟・升墟・村墟・廃墟・幽墟・林墟・霊墟

【踞】 15 6716 キョ こしかける うずくまる

篆文 

形声 声符は居。居の初文は凥。祖祭のとき尸が几(机)に腰かけている形。そのような姿勢で居ることをいう。膝を立てて坐るを蹲踞、両足を前に出して坐るを箕踞という。居は尸が尊厳を保つ姿勢であるので、倨と通用し、倨傲の意となる。

訓義 ①几の上に坐する、こしかける。②うずくまる、足を出してすわる。③倨と通じ、おごる。④鋸と通じ、のこぎり。

古訓 〔名義抄〕踞 シリウタク・シリウケヲリ・シリソク・ウヅクマル・オゴリ・ウズヰ/蹲踞 ウヅクマリヰル

語系 踞・倨 kia は同声。〔説文〕八上に「倨は不遜なり」とみえる。〔史記、酈生伝〕に、高祖が「牀に倨して」酈生を見ることを、〔漢書、酈食其伝〕には「牀に踞して」に作る。

【踞傲】きよごう(がう) おごる。倨傲。〔抱朴子、行品〕貧賤の故舊を損し、人士を輕んじて踞傲するは、驕人なり。

↑踞鞍きよあん 鞍による/踞牙きよが 鋸歯/踞廁きよし 踞牀/踞肆きよし いばる/踞牀きよしょう 腰かける/踞蹲きよそん うずくまる

↓夷踞・箕踞・狗踞・虎踞・傲踞・蹲踞・盤踞・狼踞

【鄦】 15 8732 キョ

篆文  金文 

形声 声符は無。無に憮の声がある。〔説文〕六下に「炎帝太嶽の胤、甫侯の封ぜられし所、潁川に在り。邑に從ひ、無聲。讀みて許の若くす」とあり、文献には許と称する。いわゆる姜姓四国の一。姜姓は嶽神の裔と称し、嶽神の名は伯夷、許の祖神

は許由であった。甫は金文の㪤、文献では〔呂命〕の呂にあたる。
訓義 ①国の名。姜姓四国の一、のちの許。

【駏】 15 7131 キョ

形声 声符は巨(巨)きょ。駏驉きょろは牡の馬と牝の驢の交配によるもので、驢馬ろばに類する。崔豹の〔古今注、中、鳥獣〕に「驘らを牝と為し、馬を牡と為して、駏を生む」とあり、また「驢を牡と為し、馬を牝と為して騾を生む」とみえる。駏は騾の子、騾は驢の子、交配の相手はいずれも馬である。
訓義 ①駏驉。
【駏驉】きょきょ 牡馬と牝驢を交配した獣。駏驉。〔淮南子、道応訓〕北方に獣有り、其の名を蹷けつと曰ふ。～常に蛩蛩きょうきょう・駏驉の爲に、甘草を取りて以て之れに與ふ。蹷に患害有るときは、蛩蛩・駏驉、必ず負ひて走る。

【歔】 16 2728 キョ むせびなく

篆文 
形声 声符は虛(虚)きょ。〔説文〕八下に「欷なげくなり」とし、「一に曰く、气を出だすなり」とあり、次条に「欷は歔なり」と互訓。歔欷ききょは双声の連語。声をあげてすすり泣く意で、形況の擬声語である。
訓義 ①むせびなく。②歎息する、ため息をはく。
古訓 〔名義抄〕歔 イツハル・スフ・ナク・ナゲク・コロス／歔欷 ムセフナキ・ナゲク・ナク・ハナス、リシカナシムデ・サクリ
語系 歔・噓 xia は呼・評・嘑 xa、また吁 xiua と同系の語。欷 xiai もその声が近い。みな感情を含んだ気息を示す語。
【歔欷】ききょ すすり泣く。〔楚辞、離騒〕曾かさねて歔欷して余われ鬱邑うついふす 朕わが時の當らざるを哀しむ
【歔泣】きょきゅう(きょふ) すすり泣く。歔欷。梁・江淹〔無錫県歴山集〕詩 一たび清琴の奏せらるるを聞き 歔泣して方まさに留連す
↑歔吁きょう 嘆息／歔濡きょじゅ 水を失った魚が互いに息をかけて助けあう
↓欷歔・敲歔・長歔

【蕖】 16 4490 キョ はす

形声 声符は渠きょ。はすを「荷渠」といい、のち艸を加えた。〔爾雅、釈草〕に「荷は芙蕖なり」とみえ、のち芙蕖という。
訓義 ①はす、はちす、蓮の花。②いも、おやいも。
古訓 〔名義抄〕芙蕖 ハチス
↑蕖華きょか 蓮の花／蕖藕きょぐう 蓮根
↓荷蕖・玉蕖・紅蕖・新蕖・丹蕖・白蕖・晩蕖・芙蕖・菱蕖

【鋸】 人 16 8716 キョ のこぎり

篆文  金文 
形声 声符は居きょ。〔説文〕十四上に「槍唐さうたうなり」、〔玉篇〕に「解截かいせつなり」とあり、みな当時の語であろう。古くは我といい、我は鋸のこの象形字。これで犠牲の羊の牲体を截る形は義、牲体の下半がその下に垂れる形は羲で犧(犠)の初文、鋸は我に代わる形声の字。戈を鋸ということもあり、金文の〔郾王戈えんおうか〕の銘に「御鋸」と銘している。肉刑を施すことを刀鋸といった。ト文に、人の足に我の形の鋸を加える形のものがあり、刖げつの初文と思われる。
訓義 ①のこぎり、のこぎりでひく。②刑具、刀鋸は肉刑の具。
古訓 〔新撰字鏡〕鋸 乃保支利(のほぎり)〔箋注〕蓋し登截の義ならん 〔和名抄〕鋸 能保木利(のほぎり)〔名義抄〕鋸 ノコギリ・ノホギリ・ワカス・カナシキ／鋸牙 ノホギリバ 〔篇立〕鋸 ノコギリ・ワカス
【鋸牙】きょが のこぎり歯。倨牙。〔逸周書、王会解〕茲白なる者は白馬の若ごとく、鋸牙、虎豹を食ふ。
【鋸鑿】きょさく のこぎりと、のみ。〔晋書、苻生載記〕荒耽淫虐、殺戮さつりく無道、常に弓を彎ひき刃を露あらはして、以て朝臣を見る。錘鉗すいかん(きたえる道具)鋸鑿、左右に備置す。
【鋸屑】きょせつ おがくず。宋・蘇軾〔生日、王郎詩を以て慶せらる〕詩 高論窮まる無きこと、鋸屑の如く 小詩も味有ること、連珠に似たり
↑鋸沙きょさ さめの鼻先の骨／鋸子きょし のこぎり／鋸截きょせつ 挽き切る／鋸断きょだん 挽き切る／鋸末きょまつ おが屑／鋸傭きょよう 木挽き
↓引鋸・削鋸・焼鋸・縄鋸・霜鋸・鉄鋸・刀鋸・木鋸・斧鋸・負鋸

【遽】 17 3130 キョ はやうち あわただしい にわかに なんぞ

篆文  金文 
形声 声符は豦きょ。豦は獣の奮迅する形。〔説文〕二下に「傳なり」とあって伝遽・伝車の意。駅伝をいう。〔周礼、秋官、行夫〕に「邦國傳遽の小事、㜪惡(吉凶)にして禮無き者を掌る」とみえる。伝遽は急速を要するものであるから、遽疾・遽卒の意となる。詎・豈と声近く通用し、また「庸遽ようきょ」「何遽かきょ」のように二字連用することがある。
訓義 ①はやうち、伝遽。②あわただしい、あわてる、きそう。③にわかに、すみやかに。④詎・豈と通じ、なんぞ、あに。
古訓 〔名義抄〕遽 スミヤカニ・タチマチニ・ニハカニ・イソグ・イトナム・ツカフ・オツ・ハヤシ・オソル・ノガル・シタガフ
語系 遽 gia、懼 giua、瞿 kiua は声近く、遽にはまた恐懼の意が含まれている。〔広雅、釈詁二〕に「遽は懼なり」という。
【遽告】きょこく 伝車で急を知らせる。〔左伝、僖三十三年〕秦の師、周の北門を過ぐ。～鄭の商人弦高、將まさに周に市なひせんとす。之れに遇ひ、乘韋(糅皮四枚)を以て先んじ、牛十二もて師を犒ねぎらふ。～且つ遽をして鄭に告げしむ。
【遽止】きょし すぐにやむ。〔漢書、溝洫志〕土を治めて其の川を防ぐは、猶ほ兒啼を止めんとして、其の口を塞ぐがごとし。豈に遽にはかに止まざらんや。然れども其の死すること、立ちて待つべきなり。
【遽叱】きょしつ 性急にしかる。〔史記、甘茂伝〕(甘羅行かんことを請う。文信侯叱して曰く、去れと)甘羅曰く、夫それ項橐かうたくは生まれて七歳にして、孔子の師と爲る。今、臣生まれて茲ここに十二歳なり。君其れ臣を試みよ。何ぞ遽にはかに叱せんやと。
【遽色】きょしょく あわてた顔つきをする。〔後漢書、劉寛伝〕三郡を典歴し、溫仁にして多恕、倉卒に在りと雖も、未だ嘗かつて疾言遽色せず。
【遽然】きょぜん おどろくさま。〔管子、軽重丁〕桓公遽然として起ちて曰く、然らば則ち之れを爲すこと奈何いかんせんと。
↑遽委きょい 駅馬と食糧／遽救きょきゅう 急いで救う／遽遽きょきょ 遽然／遽亟きょきょく 速やか／遽惶きょこう あわておそれる／遽爾きょじ 不意に／遽疾きょしつ 速やか／遽人きょじん 駅卒／遽惕きょてき あわておそれる／遽容きょよう 遽惶のさま
↓駭遽・急遽・惶遽・遑遽・忽遽・乗遽・切遽・促遽・卒遽・伝遽・辺遽・凌遽

【醵】 20 1163 〔醧〕 12 1161 キョ さかもり

篆文 
形声 声符は豦きょ。〔説文〕十四下に「會して酒を飲むなり」とあり、會(会)とは合銭、いわゆる「わりかん」である。〔礼記、礼器〕「周の禮は、其れ猶ほ醵のごときか」の〔鄭注〕に「合錢飲酒を醵と爲す」とみえる。もちよりの酒宴を合醵という。
訓義 ①さかもり、金銭を出しあって酒宴をする。②金銭を出しあう。費用を出しあい、つのる。
古訓 〔字鏡集〕醵 サケ・ウルサケ 〔篇立〕醵 サケノミス
【醵金】きょきん 金銭をつのる。〔清異録、下、器具〕(黒金社)廬山

の白鹿洞に、游士輻湊す。毎冬寒なれば金を醵めて烏薪(炭)を市ひ、冬を禦ぐの備へを為す。黑金社と號す。

【醵銭】銭を出しあう。〔燕翼貽謀録、一〕故事、唱第の後、曲江に醵銭して、聞喜の飲を為す。

↑醵資 資を出しあう/醵出 金品を出しあう

↓合醵・進醵・餔醵

【蘧】 21 4430 キョ かわらなでしこ はす おどろく

篆文

形声 声符は遽。〔説文〕一下に「蘧麦なり」とあり、かわらなでしこをいう。また「芙苢」と音が近く、蓮の意に用いる。〔荘子、大宗師〕「蘧然として覺む」、〔荘子、斉物論〕「俄然として覺むれば、則ち蘧蘧然として周なり」は、いずれも驚遽のさまをいう語で、遽の声義を用いたものである。

訓義 ①かわらなでしこ。②はす。③遽と通じ、にわかに、おどろく。④籧と通じて用いる。

古訓 〔和名抄〕蘧麦 阿无師路(あむしろ)〔名義抄〕蘧麦 ナデシコ

語系 蘧・遽gia は同声。懼giua、瞿kiua は声近く、蘧・遽を同義に用いることがある。

【蘧蘧】高く上るさま。漢・王延寿〔魯の霊光殿の賦〕飛梁(うつばり)偃蹇として、以て虹のごとく指し、揭く蘧蘧として騰がり湊まる。

【蘧篨】はと胸。〔国語、晋語四〕蘧篨は俯すべからず、戚施(背のかがんだ人)は仰がしむべからず。

【蘧然】はっと驚くさま。〔荘子、斉物論〕昔者(昨夕)荘周夢に胡蝶と為る。栩栩然として胡蝶なり。～俄然として覺むれば、則ち蘧蘧然として周なり。知らず、周の夢に胡蝶と為れるか、胡蝶の夢に周と為れるかを。

【蘧廬】はたご。旅館。宋・蘇軾〔李杞寺丞、前篇に和せらる。復た元韻を用ひて之れに答ふ〕詩 人生何者か、蘧廬に非ざらん 故山、鶴は怨み、秋猿は孤ならん

↑蘧除 口上手にへつらうもの/蘧蔬 まこもだけ/蘧麦 なでしこ

【鐻】 21 8113 ［虡］ 14 2128 ［虞］ 17 キョ かねかけ

篆文

形声 声符は豦。〔説文〕五上に虞を正字とし、虡・鐻の二篆を重文として録する。

＊虡字条参照。

訓義 ①かねかけ、かねかけのあし。②金銀器の名。みみわなど。③木製の鐘。④鋸と通じ、のこぎり。

【鐻耳】みみわ。異民族をいう。晉・左思〔魏都の賦〕髽首(つぶし髪)の豪、鐻耳の傑、其の荒服を服し、衽を魏闕に斂む(通親を求める)。

↑鐻鍝 耳飾り/鐻枝 鐻をけずる木

↓金鐻・削鐻・鐘鐻・鑄鐻

【欅】 22 4795 キョ けやき

形声 声符は擧(挙)。〔玉篇〕に「木名」とあり、〔本草綱目、木二、欅〕の〔李時珍注〕に「其の樹高擧、其の木柳の如し。故に名づく。山人訛りて鬼柳と為す。郭璞、爾雅に注して柜柳と作して云ふ、～皮、煮て飲むべきなりと。～欅の材は紅紫、箱案の類を作るに甚だ佳し」という。

訓義 ①けやき。②欅柳は、こぶやなぎ。

【欅柳】こぶやなぎ。宋・陸游〔小雨〕詩 欅柳禁ぜず、朝暮の久しきを 芙蕖猶ほ二三の開く有り

【籧】 23 8830 キョ たかむしろ

篆文

形声 声符は遽。〔説文〕五上に「籧篨、粗き竹席なり」、また〔方言、五〕に「簟、宋・魏の間、之れを笙と謂ひ、或いは之れを籧苗と謂ふ。～其の粗なる者、之れを籧篨と謂ふ」とあり、竹で編んだむしろの類をいう。

訓義 ①たかむしろ。②竹であんだ養蚕の器。

古訓 〔篇立〕籧 アシノムシロ〔字鏡集〕籧 タケノユカ

【籧篨】竹や葦であんだむしろ。たかむしろ、あじろ。また、はとむね、人に媚びおもねるもの、醜悪の人。〔淮南子、脩務訓〕籧篨・戚施(背のかがんだ人)は、粉白黛黑(眉墨)すと雖も、美を為すこと能はざる者は、嫫母・仳倠(ともに醜女の名)なり。

↑籧筐 蚕具/籧笛 たかむしろ

ギョ

【圄】 10 6060 ギョ ゴ まもる ひとや

篆文

形声 声符は吾。吾は祝禱の器を収める器の口の上に、大きな蓋(X)をしてその祝禱を敔る意。圄は吾にまた外囲を加え、一層厳重に守護することをいう。〔説文〕六下に「之れを守るなり」とあり、もと祝禱の儀礼に関する字。囹圄・犴圄のように獄舎に用いるのは、圉と通用の義。幸は手械。圉は手械を加えて獄舎につなぐ意の字である。

訓義 ①まもる。②圉と通じ、ひとや、とらえる。

古訓 〔名義抄〕圄・圉 カブル・コブル・ホトリ・ヒトヤ・サカヒ・コメカフ〔字鏡集〕圄 トラヘ・コフル・アミ・ヒトヤ・ヤフル・サカヒ

語系 圄・敔・圉・御(御)・禦・籞 ngia は同声。〔爾雅、釈言〕に「圉は禁なり」、〔説文〕三下に「敔は禁なり」とあり、みな囹圄をいう。みな禁禦の意のある語である。

【圄空】牢獄がからになる。太平の世。漢・王褒〔聖主、賢臣を得るの頌〕昔周公、吐握(吐哺握髮)の勞を躬らす。故に圄空の隆有り。

↑圄犴 ひとや/圄囹 ひとや

↓冤圄・刑圄・獄圄・狴圄・満圄・幽圄・囹圄

【圉】 11 6040 ギョ ひとや うまかい ふせぐ

篆文 金文 甲骨文

会意 囗+幸。幸は手械の形。これを人の手に加えた形は執。拘執の人をおく所を圉という。〔説文〕十下に「囹圄、罪人を拘する所以なり。㚔(幸)に従ひ、囗に従ふ」とし、また「一に曰く、圉人、馬を掌る者なり」とする。この一曰両義は〔小徐本〕にはみえない。囹圄は辺地に設けることも多く、馬の畜養も、そのような地で行われたのであろう。〔広雅、釈詁一〕に「臣なり」、〔墨子、天志下〕に「僕圉胥靡」とは、臣僕の類をいう。

訓義 ①ひとや、囹圉、とらえる。②辺境、くにざかい。③うまかい、家畜をかう。④けらい、しもべ。⑤御と通じ、ふせぐ。⑥敔と通じ、楽器の名、柷圉。

古訓 〔名義抄〕圄・圉 カブル・コブル・ホトリ・ヒトヤ・サカヒ・コメカフ〔字鏡集〕圉 トホル・カフ・ムマカフ・タル・ツカフ・イマシム・シリソク・コメカフ

語系 圉・圄・敔 ngia は御(御)・禦・籞 ngia と同声。ふせぎまもる意がある。圄は囹圄・禁獄、敔・御・禦は守禦、籞は禁苑の

意に用いる。

【圉圉】のびやかでないさま。〔孟子、万章上〕始めて之れ(魚)を舍てば、圉圉焉たり。少くすれば則ち洋洋焉たり。攸然として逝く。

【圉臣】馬かい。臣下の謙称。〔左伝、哀三年〕夫子に遺言有り。其の圉臣に命じて曰く、南氏男を生まば、則ち以て君と大夫とに告げて、之れを立てよと。今生まれて男なり。敢て告ぐ。

【圉奪】人を閉じこめて物を奪う。〔漢書、貨殖伝序〕簒弑して國を取る者を王公と爲し、圉奪して家を成す者を雄桀と爲す。

【圉牧】牧畜する者。〔金史、田琢伝〕官司の圉牧は、勢家兼幷す。亦た其の數を籍して、之れを農民に授け、其の負算を寬くし、其の傜役を省き、力を南畝に盡さしめば、則ち蓄積歲に增し、家ゝ給し、人ゝ足らん。

【圉隷】罪人と奴隷。梁・宣帝〔時を愍れむ賦〕圉隷を群めて寇を爲し、臧獲(下人)を聚めて師を成す。津渚に窺ひ臨み、江湄に跋扈す。

↑圉禁 ふせぐ/圉師 圉人の長/圉者 牧畜する者/圉人 圉者/圉絆 拘禁する/圉門 王城の南門/圉余 四月
↓豢圉・強圉・禁圉・刑圉・獄圉・守圉・馬圉・狴圉・辺圉・牧圉・僕圉・囹圉・霊圉・隷圉

【敔】 11 1864 ギョ ゴ まもる

篆文 金文
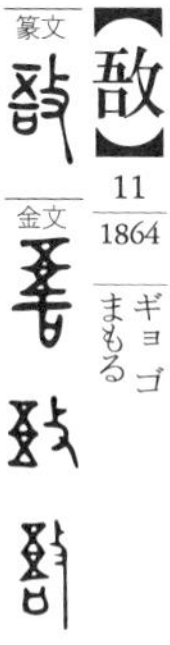

会意 吾+攴。吾は祝禱を収めた器である𠙵の上に、五の形の大きな蓋をおいて、その呪能を守る意。これに攴を加えて、その呪能を刺激することを示す。〔説文〕三下に「禁なり」とし、吾声とするが、吾がその初文。まもることを扞敔といい、金文の〔毛公鼎〕に「王の身を干吾せよ」のようにいう。〔説文〕にまた「一に曰く、樂器、椌楬なり」とあり、柷敔・柷圉とよばれるもので、虎形の器の上に鑿齒状の刻みを入れ、それをささらで撫でて音を出す、素朴な楽器である。神事に用いた。

訓義 ①まもる。②楽器、柷敔。
↓鼓敔・柷敔・用敔・擽敔

常 【魚】 11 2733 ギョ うお さかな

篆文 甲骨文 金文

象形 魚の形。〔説文〕十一下に「水蟲なり。象形。魚尾と燕尾と相ひ似たり」という。金文に魚を図象とするものが多く、王室の祭祀に、魚を供薦する部族があったのであろう。〔春秋、隠五年〕「公、魚を棠に矢らぬ」という儀礼のことがしるされている。〔詩〕にみえる結婚の祝頌詩に、魚を象徴として歌うものが多い。

訓義 ①うお、さかな。水中の動物の称。②うおをとる、すなどる。

古訓 〔和名抄〕魚 宇乎(うを)、俗に云ふ、伊乎(いを) 〔名義抄〕魚 ウヲ・イヲ

部首 〔説文〕に〔新附〕と合わせて百五字、〔玉篇〕に三百二十字を属する。おおむね魚名あるいは魚に関する字である。鰥 十一下にも「魚なり」とするが、「鰥寡」(やもめ)の意にも用いる。鰥寡は夫の廟中で哀哭する未亡人。鰥は男やもめ、女の象徴としての魚に、眔(涙、象形)をそそぐ意の字である。

声系 〔説文〕に魚声として穌(蘇)を収めるが、穌は〔広雅、釈詁一〕に「生なり」とあって蘇生の意。声も異なり、会意の字とみるべきであろう。漁はもと瀥に作る字であり、魚声の字ではない。

語系 魚・漁 **ngia** は同声。漁は動詞。卜文には釣魚の形に作り、また衆魚の形に従う。〔説文〕は瀥に作る。

【魚塩】魚と塩。海産物。〔周礼、夏官、職方氏〕東北を幽州と曰ふ。~其の利は魚鹽。

【魚蝦】魚とえび。宋・蘇軾〔赤壁の賦〕況んや吾と子と、江渚の上りに漁樵し、魚蝦を侶とし麋鹿を友とし、一葉の扁舟に駕し、匏尊を擧げて以て相ひ屬す。~渺たる滄海の一粟のみ。

【魚蟹】魚と、かに。〔顔氏家訓、文章〕古より宏材博學、用事誤る者有り。~何遜の詩に云ふ、躍魚擁劍の如しと。是れ魚蟹を分たざるなり。

【魚貫】魚が縦一列にならぶ形。〔三国志、魏、鄧艾伝〕山高く谷深く、至つて艱險と爲す。~艾、氈(毛氈)を以て自ら裹つみ、推轉して下る。將士は皆木を攀ぢ崖に縁より、魚貫して進む。

【魚雁】魚や雁が手紙を運んだという話があり、手紙。宋・晏幾道〔生查子〕詞 關山、魂夢長し 魚雁、音塵少なし 兩鬢憐れむべきの靑 只だ相思の爲に老ゆ
【魚戲】魚が戯れる。〔漢、相和曲上、江南〕楽府 江南に蓮を採るべし 蓮葉、何ぞ田田たる 魚は戲る、蓮葉の間(魚は女性、蓮の字音に恋をひびかせる)

【魚黿】魚とすっぽん。漢・班固〔賓の戲れに答ふ〕應龍、潢汙に潛めば、魚黿も之れに媟る。

【魚鼓】木魚。宋・陸游〔眉州郡~石仏院に宿す〕詩 徑ちに野寺に投じて、睡り正に美し 魚鼓忽ち報じて、江天明く
【魚炙】焼き魚。〔国語、楚語下〕(昭)王、觀射父に問ひて曰く、祀牲は何れか及ぶと。對へて曰く、~士は魚炙を食ひ、祀るに特牲を以てす。

【魚須】鮫の鬚。大夫の用いる笏を飾る。〔礼記、玉藻〕笏は天子は球玉を以てし、諸侯は象を以てし、大夫は魚須を以てし、竹を文る。

【魚菽】魚とそらまめ。粗末な供物。〔史記、田敬仲完世家〕諸大夫に請ひて曰く、常(成子)の母に魚菽の祭有り。幸ひにして來りて會飲せよと。~將に盟ひて之れ(陽生)を立てんとす。

【魚水】水魚。親密な関係。〔三国志、蜀、諸葛亮伝〕是に於て亮と情好日に密なり。關羽・張飛等悅ばず。先主之れを解いて曰く、孤の孔明有るは、猶ほ魚の水有るがごときなり。願はくは諸君、復た言ふこと勿かれと。

【魚袋】唐代、官吏の身分を証する魚符を入れた袋。宋代は袋だけを用いる。〔宋史、輿服志五〕魚袋、其の制、唐より始まる。蓋し以て符契と爲すなり。其の始は魚符と曰ふ。~宋、之れに因る。

【魚皮】魚の皮。さめ皮。〔北史、室韋伝〕氣候最も寒く、雪深くして馬を沒す。~皆貂を捕ふるを業と爲し、冠は狐貂を以てし、衣は魚皮を以てす。

【魚服】海獣の皮で作ったえびら。矢筒。〔詩、小雅、采芑〕路車、奭たる有り 簟茀魚服
【魚鼈】魚とすっぽん。〔孟子、梁恵王上〕數罟(目の密な網)洿池に入らずんば、魚鼈勝げて食らふべからず。

【魚爛】魚がくさる。国などが内部崩壊する。〔公羊伝、僖十九年〕此れ未だ伐つ者有らざるに、其の梁亡ぶと言ふは何ぞ。自ら亡ぶなり。其の自ら亡ぶるは奈何。魚爛して亡ぶるなり。

【魚麗】魚の群れ進むさま。陣法の一。〔左伝、桓五年〕曼伯右拒と爲り、祭仲足左拒と爲り、原繁・高渠彌中軍を以て公を奉じ、魚麗の陳(陣)を爲し、~繻葛に戰ふ。

↑魚衣 水苔/魚乙 魚頭の骨/魚花 魚苗/魚介

魚や貝／魚膾　魚のなます／魚醢　魚の塩辛／魚竿　釣竿／魚緘　手紙／魚瞰　みつめる／魚簡　手紙／魚眼　魚の眼／魚魚　端正なさま／魚狗　かわせみ／魚契　符信／魚睨　にらむ／魚孼　魚の怪物／魚軒　貴夫人の車／魚戸　漁夫／魚滬　えり／魚甲　さめの皮の甲／魚笱　やな／魚鉤　釣針／魚膏　魚油／魚膠　魚のにかわ／魚鯁　魚骨／魚羹　魚のあつもの／魚笏　魚須の笏／魚叉　やす／魚鮓　魚の酢漬け／魚鏁　魚形の錠／魚子　魚卵／魚市　魚市場／魚糸　てぐす／魚刺　魚のとげ／魚脂　魚油／魚肆　魚市／魚兒　魚苗／魚舎　魚床／魚豎　魚とり／魚臭　腐魚／魚鱐　ほし魚／魚書　魚形の官吏の身分を証する割り符／魚燭　魚油の灯／魚腥　魚の臭気／魚脊　ひれ／魚腊　ひもの／魚船　漁船／魚箋　手紙の用紙／魚鮮　鮮魚／魚租　漁税／魚素　手紙／魚荘　漁夫の家／魚倉　魚床／魚罾　四つ手網／魚藻　魚の遊ぶ藻／魚隊　魚群／魚餒　魚爛／魚池　養魚池／魚虫　魚と虫／魚枕　魚乙／魚灯　魚燭／魚塘　養魚池／魚肉　魚の身／魚佩　魚形の佩玉／魚白　浮き袋／魚箔　やな／魚板　魚形の板／魚尾　魚の尾／魚苗　魚の子／魚符　魚書／魚脬　浮き袋／魚賦　魚税／魚丙　魚の尾／魚米　食品／魚浦　漁場／魚脯　蒲鉾の類／魚盆　魚文の盆／魚梵　木魚／魚網　漁網／魚目　魚の目／魚文　魚の文様／魚鑰　門鑰／魚油　魚の油／魚鷹　みさご／魚籃　びく／魚里　鯉／魚梁　やな／魚鱗　うろこ／魚儷　魚のようにならんだ陣／魚魯　字の誤り、魯魚

↓衣魚・嘉魚・旱魚・乾魚・貫魚・觀魚・奇魚・金魚・鯨魚・献魚・懸魚・枯魚・江魚・香魚・鮫魚・槀魚・雑魚・矢魚・紙魚・炙魚・書魚・松魚・水魚・鯖魚・潜魚・鮮魚・多魚・打魚・大魚・池魚・虫魚・釣魚・蠹魚・凍魚・銅魚・豚魚・人魚・佩魚・白魚・板魚・肥魚・鰒魚・文魚・放魚・烹魚・飽魚・魴魚・木魚・躍魚・游魚・養魚・鯉魚・綸魚・魯魚・鱸魚

常

【御】 12 2722 〖御〗 11 2722

ギョ　ゴ

むかえる　ふせぐ　もちいる　つかえる

篆文

古文

甲骨文

金文

形声 声符は卸(卸)。卸は御の初文。卜辞や金文には多く卸の形を用いる。字はもと午と卩とに従い、午は杵形の呪器。これを拝(卩)して神を降ろし迎え、邪悪を防いだ。ゆえに「むかう」「ふせぐ」が字の初義。卜辞に「茲れを御ひよ」、金文に「事りに御ふ」「厥の辟に御ふ」のようにいう。神聖を迎え、神聖につかえる意であったので、のちにもすべて尊貴の人に関して用いる語となった。〔説文〕二下に「馬を使ふなり。彳に従ひ、卸に従ふ」として古文の馭の字をあげるが、御と馭とは別の字である。〔説文〕はまた卸字条九上に「車を舍てて馬を解くなり。卩・止・午に従ふ」とし、馬より下りる意とするが、初形は午と卩、杵を拝跪する形、すなわち神降ろしの形である。のち卸と御とは別の字となった。

訓義 ①神をおろし、迎える。神がのぞむ、まつる。②神をむかえ、ふせぐ。禦の初文。③もちいる、おさめる、つかう。④つかえる、すすめる、はべる、したがう。⑤神や尊貴の人の行為や事物につけて用いる。あがめていう。⑥馭と通じ、馬に乗る、馬を扱う、扱いならす。⑦ひきいる、いたす。⑧国語で、接頭語。また接尾語のように用いることがある。

古訓 〔名義抄〕御　ヲサム・オホム・ツカサドル・ト、ノフ・ワカツ・ムカフ・サフラフ・トヾマル・アフ・ノル・ス、ム・ハムベリ・アツ・フセグ・ツカフ・タガフ・コタフ・ソフ・アリク・ウナガス・コフ・アガム・ノリ／馭　同じ

声系 〔説文〕に御声として禦・籞など三字を収める。籞は竹矢来をめぐらしたところ。禁苑などをいう。

語系 御・禦・籞ngiaは圄・圉・敔ngiaと同声。守り防ぐ意がある。迓ngea、逆(逆)ngyak、遻ngak、迎(迎)ngyangと声近く、神異なるものを迎える意がある。また吾・悟・晤ngaも声近く、神聖を守り、神聖に接する意がある。みな同系の語である。

【御衣】 天子の衣服。唐・杜甫〔惜別行～端午の御衣を進奏する～を送る〕詩 雲霧を裁縫して、御衣と成す 拝跪題封して、端午を賀す

【御宇】 統治する。天下。唐・白居易〔長恨歌〕詩 漢皇色を重んじて、傾國を思ふ 御宇多年、求むれども得ず

【御苑】 宮中の庭園。清・呉偉業〔揚州、四首、一〕詩 官河の新柳、誰か新たに種うる 御苑の鶯花、豈に舊遊ならんや

【御筵】 天子の宴席。〔梁書、蕭子顕伝〕高祖雅より子顯の才を愛し、又其の容止吐納を嘉みす。毎に御筵に侍坐せしめ、偏く顧訪す。

【御河】 王室用の河道。唐・王之渙〔送別〕詩 楊柳東風の樹 青青御河を夾む 近來、攀折に苦しめらる 應に別離の多き爲なるべし

【御見】 天子の寝所に侍る。〔後漢書、皇后上、和熹鄧皇后紀〕后獨り素を著け、裝服飾り無し。～御見に當る毎に、輒ち辭するに疾を以てす。

【御幸】 行幸。〔漢書、元帝紀〕其れ諸宮館の御幸希なる者は、繕治すること勿らしめよ。

【御溝】 宮城の外に流れる溝。唐・司馬扎〔宮怨〕詩 年年花落ちて、人の見る無し 空しく春泉を逐うて、御溝を出づ

【御坐】 天子のご座所。〔後漢書、逸民、厳光伝〕舊故を論道し、相ひ對すること累日、～因りて共に偃臥す。光、足を以て帝の腹上に加ふ。明日、太史奏す、客星御坐を犯すこと、甚だ急なりと。帝笑つて曰く、朕が故人嚴子陵、共に臥したるのみと。

【御纂】 勅令編纂。〔漢学師承記、一、叙〕凡そ御纂の群經は、皆兼ねて漢宋先儒の說を采り、異同を參考して、務めて至當を求む。

【御史】 古くは天子の秘書官。〔周礼、春官、御史〕邦國都鄙及び萬民の治令を掌り、以て冢宰を贊く。⊠のち官吏の監察を主とする職となる。〔唐語林、八〕御史は不法を彈奏し、内外を肅清することを主る。

【御事】 官事を治める。その人。〔書、大誥〕繇、大いに爾多邦と、爾御事とを誥ぐ。

【御璽】 天子の印。〔史記、秦始皇紀〕長信侯毐、亂を作して覺はる。王の御璽及び太后の璽を矯りて、以て縣卒～を發し、將に蘄年宮を攻めて亂を爲さんと欲す。王之れを知り、～卒を發して毒を攻めしむ。

【御所】 ご座所。宋・黄庭堅〔公択(李常)の揀芽の詠を作れるに奉同す〕詩 想ひ得たり、天香御所に隨ひ 延春の閤道、輕雷を轉ずるを

【御注】 天子自ら加えた注釈。〔旧唐書、玄宗紀下〕(天宝十四載)冬十月壬辰、華清宮に幸す。甲午、御注老子、幷びに義疏を天下に頒つ。

【御殿】 宮殿。〔後漢書、霊帝紀〕(熹平五年)冬十月壬午、御殿の後の槐樹、自ら拔けて倒しまに豎てり。

【御風】風に乗る。〔荘子、逍遥遊〕夫の列子は風に御して行く。冷然として善し。旬有五日にして、而る後に反かる。

【御廩】廟祭のための供物を納めておく倉。〔穀梁伝、桓十四年〕御廩の災は、志るさず。

【御簾】宮殿のすだれ。唐・趙嘏〔長信宮〕詩 自ら恨む、身輕きこと燕の如く 春來たつて、長く御簾を遶つて飛ばざることを

↑御宴 賜宴/御園 御苑/御駕 車駕/御街 宮中の道/御極 即位/御衮 衮衣/御座 御坐/御策 馬鞭/御旨 聖旨/御酒 賜酒/御戎 戎車の御/御仗 儀仗/御人 侍御/御世 治世/御製 天子の作/御膳 御食膳/御杯 天子の杯/御批 決裁/御筆 勅筆/御蹕 車駕/御府 御物蔵/御服 御衣と調度/御物 御用品/御聞 以聞/御袍 衣袍/御名 天子の名/御用 御物/御容 尊影/御窯 官窯/御覧 親覧/御柳 御所の柳/御竜 竜を飼う/御輦 み車

↓駕御・還御・供御・控御・坐御・侍御・射御・戎御・出御・女御・常御・進御・綏御・制御・省御・遷御・鎮御・徒御・渡御・登御・統御・内御・入御・嬪御・傳御・撫御・服御・嬖御・奉御・崩御・防御・僕御・来御・良御・臨御

【駁】 12 7734 ［馭］ 16 7834 ギョ のる おさめる

古文 金文 その他

会意 馬＋又（又）。又は手。金文の字形は馭に作り、馬索を取る形。〔令鼎〕「王の馭」のように用いる。〔説文〕は御字条二下に御（御）の異体として馭を録し、「古文御、又に從ひ、馬に從ふ」とする。御は呪器の午を以て神を「御かえ」、災厄を「禦ふせぐ」儀礼を示す字で、まったく別義。声が同じであるから通用し、〔周礼、天官、大宰〕「群臣を馭し」「萬民を馭す」は譬喩的な用法ともいえる。

訓義 ①馬をつかう、馬をあつかう、のる。②馭する人、乗り物。③御と通じ、おさめる、すべる。

古訓 〔字鏡集〕馭 オドロク・ウナフス・ト、ノフ・ヨロコブ・ツカヒウマ・ヲサム・ノフ・ハス・タネ・タユ

語系 駁（馭）・御ngiaは同声。〔説文〕二下に御を「馬を使ふなり」とするが、駁が馬を使う意の字である。

【馭下】下を治める。〔晋書、姚泓載記〕上の下を化するは、風の草を靡かすが如し。～惟だ嚴法酷刑を欲するは、豈に是れ上を安んじ下を馭するの理ならんや。

【馭者】馬車を扱う人。〔荀子、正論〕王梁・造父は天下の善き馭者なるも、辟（辟足）馬毀輿を以て、遠きを致すこと能はず。

【馭神】神を祀り、祟りを防ぐ。〔周礼、天官、大宰〕八則を以て都鄙を治む。一に曰く祭祀、以て其の神を馭む。二に曰く灋則、以て其の官を馭む。

【馭竹】竹に乗る。唐・駱賓王〔鄭安陽が蜀に入るを餞る〕詩 劍門、千仞起り 石路、五丁開く 海客、槎に乘りて渡り 仙童、竹に馭して回る

【馭民】民を治める。御民。〔周礼、天官、大宰〕八則を以て都鄙を治む。～六に曰く禮俗、以て其の民を馭む。七に曰く刑賞、以て其の威を馭む。

↑馭衆 衆を治める/馭辺 辺境を治める

↓按馭・駕馭・騎馭・朽馭・駆馭・軽馭・控馭・弛馭・失馭・執馭・綏馭・制馭・旋馭・善馭・徒馭・統馭・撫馭・服馭・鞭馭・僕馭・竜馭・臨馭・霊馭

常 【漁】 14 3713 ［㪑］ 19 2724 ［瀏］ 25 3713 ギョ すなどる

篆文 金文 甲骨文

形声 声符は魚。古い字形は釣魚の形に作るが、のちの字形は魚声。〔説文〕十一下に瀏に作り、「魚を捕るなり」という。竹部五上籞字条に重文として㪑を録し、㪑が漁の初文。籞は禁苑。魚は古く祖祭に用い、また霊沼に放ったもので、金文の辟雍儀礼をしるす〔遹段〕や〔井鼎〕には、王が辟雍の大池に漁し、また賜魚の礼をしるすものがある。〔詩、小雅、魚藻〕〔詩、周頌、潛〕は、その礼を歌う詩である。

訓義 ①魚をとる、すなどる、いさる、あさる。②すなどりする人、漁夫。

古訓 〔名義抄〕漁 スナトリ

語系 漁・魚ngiaは同声。〔説文〕が漁の正字とする籞ngiaも同声。籞は聖所に用いる漁撈の方法を示す字であろう。㪑のように、儀礼的な要素を加えた字形があることも注意される。

【漁翁】老漁夫。唐・柳宗元〔漁翁〕詩 漁翁夜、西巖に傍うて宿す 曉に清湘を汲んで、楚竹を燃やす

【漁火】いさり火。唐・張継〔楓橋夜泊〕詩 月落ち烏啼いて、霜天に滿つ 江楓漁火は、愁眠に對す 姑蘇城外、寒山寺 夜半鐘聲、客船に到る

【漁家】漁人の家。唐・劉長卿〔康判官の新安に往くを送る〕詩 猿聲、盧霍に近く 水色、瀟湘に勝る 驛路、殘雨を收め 漁家、夕陽を帶ぶ

【漁歌】漁夫のうた。宋・范仲淹〔岳陽楼記〕或いは長煙一空、皓月千里、浮光金を躍らせ、靜影璧を沈め、漁歌互ひに答ふるが若ときに至りては、此の樂しみ何ぞ極まらん。

【漁者】漁夫。〔戦国策、燕二〕（鷸と蚌と）兩者相ひ舍はなつことを肯がへんぜず。漁者得て幷せて之れを禽とる。

【漁舎】漁夫の家。唐・張喬〔江上に友人の南遊するを送る〕詩 酒を買ひて、漁舍を過ぎり 燈を分ちて、釣舟と與にす

【漁舟】漁する舟。唐・王勃〔滕王閣の序〕漁舟晩に唱へて、響は彭蠡の濱を窮め、雁陣寒に驚いて、聲は衡陽の浦に斷ゆ。

【漁唱】漁歌。唐・鄭谷〔江行〕詩 殷勤に漁唱を聽く 漸漸、呉音に入る

【漁樵】漁夫ときこり。唐・杜荀鶴〔茅山に遊ぶ〕詩 漁樵到らざる處 麋鹿自から群を成す

【漁色】女色をあさる。〔礼記、坊記〕諸侯は下に色を漁せず。故に君子色に遠ざかりて、以て民、紀と爲す。

【漁食】意のままに収奪する。〔後漢書、朱穆伝〕勢ひを恃み寵を怙む輩、百姓を漁食し、天下を窮破し、小人を空竭す。

【漁人】漁夫。晋・陶潜〔桃花源記〕漁人甚だ之れを異しみ、復た前すみて行き、其の林を窮めんと欲す。林は水源に盡き、便ち一山を得たり。

【漁奪】あさり奪う。〔漢書、景帝紀〕（後二年四月）或いは詐僞して吏と爲り、吏は貨賂を以て市を爲し、百姓を漁奪し、萬民を侵牟す。

【漁笛】漁夫の吹くふえ。元・呉鎮〔（王）右丞の春溪捕魚〕詩 前灘晉あり、後灘に網 魚や魚や、何くに往く所ぞ 桃花錦浪、綠楊の村 浦溆忽ち漁笛の響を聞く

【漁夫】りょうし。宋・蘇轍〔黄州快哉亭記〕西のかた武昌の諸山を望めば、岡陵起伏し、草木行列す。烟消え日出づれば、

漁夫樵父の舍、皆指數すべし。此れ其の快哉と爲す所以の者なり。
【漁父】 老漁夫。〔楚辞、漁父〕漁父莞爾として笑ひ、枻を鼓して去る。
↑漁庵 漁家/漁隠 隠士漁夫/漁詠 漁歌/漁塩 海産物/漁謳 漁歌/漁屋 漁家/漁舸 漁舟/漁課 漁業の税/漁竿 釣竿/漁磯 魚とる磯/漁具 漁網/漁戸 漁人/漁罟 漁網/漁刻 侵奪する/漁叉 もり/漁蓑 漁夫の蓑/漁子 漁夫/漁師 漁人/漁墅 水辺の家/漁侵 侵奪する/漁征 水産税/漁船 漁舟/漁筌 ふせご/漁荘 漁村/漁叟 漁翁/漁罾 漁網/漁村 漁夫の村/漁釣 釣り/漁畋 漁猟/漁灯 漁火/漁伯 老漁夫/漁利 利をあさる/漁梁 やな/漁猟 魚鳥をとる/漁郎 漁夫
↓観漁・禁漁・涸漁・耕漁・樵漁・侵漁・筌漁・大漁・田漁・佃漁・陶漁・不漁・捕漁・夜漁

【禦】 16 2790 ギョ まつる ふせぐ

篆文

甲骨文

金文

形声 声符は御（御）。御は禦の初文。〔説文〕一上に「祀るなり」とし、御声とする。卜文・金文に字を卸・御に作り、また禦に作るものもあり、みな同字である。午は杵形。これを拝して神を降し「御え」、災禍を「御ぐ」儀礼を意味する。それで御は多く神事的な儀礼や神聖のことに関して用いる。ゆえにまた神示の意で示を加えるが、字義は守禦・防禦を主とする限定的な用法となった。
訓義 1まつる、神を迎えてまつる。2ふせぐ、まもる、そなえる、こばむ。
古訓 〔名義抄〕禦 フセグ・トヾム 〔字鏡集〕禦 ヤム・トヾム・フサグ・トヾマム・マツリ・イマシム・アタル
語系 禦・御・籞ngiaは同声。敔・圄・圉ngiaも同声。みな防ぎまもる意がある。
【禦火】 火をふせぐ。〔山海経、西山経〕符禺の山～其の鳥、䳋多し。其の狀は翠の如くにして赤喙、以て火を禦ぐべし。
【禦姦】 邪悪の者をふせぐ。〔国語、晋語六〕亂の内に在るを宄と爲し、外に在るを姦と爲す。宄を禦ぐに德を以てし、姦を禦ぐに刑を以てす。
【禦凶】 凶邪の気をふせぐ。〔山海経、北山経〕譙明の山、～獸有り。其の狀、貆の如くにして赤豪、～名づけて孟槐と曰ふ。以て凶を禦ぐべし。
【禦寇】 敵をふせぐ。〔易、蒙、上九〕蒙を撃つ。寇を爲すに利ろしからず、寇を禦ぐに利し。
【禦侮】 外の侮をふせぐ。〔詩、大雅、緜〕予れ曰に奔奏有り 予曰に禦侮有り
↑禦衛 まもる/禦扞 ふせぐ/禦寒 防寒/禦宄 邪をふせぐ/禦蠱 蠱の禍をふせぐ/禦戦 防戦する/禦敵 敵襲をふせぐ/禦備 防備
↓呵禦・外禦・扞禦・救禦・彊禦・固禦・抗禦・控禦・守禦・巡禦・衝禦・制禦・鎮禦・備禦・防禦

キョウ

【廾】 3 4400 〔収〕 4 2774 キョウ ささげる

篆文

会意 左右の手を並べた形。〔説文〕三上に「竦手なり」とあり、拱手の意とする。供の初文。卜辞に「人を収せんか」のように用いる。金文には恭の意に用い、〔伯㦰𣪘〕「德を秉ること収屯（恭純）」のように用いる。収・供・恭はもと一字、のちそれぞれに分化した。
訓義 1ささげる、さしあげる。2供する、提供する。3うやうやしい。
古訓 〔字鏡集〕廾 キル
部首 〔説文〕に奉・丞・奐・弇・弄・戒・兵・具（具）など十六字、〔玉篇〕に二十六字を属し、別に共・異・舁などの部がある。おおむね両手を以て貴重のものを奉ずる形。ただ奐・弇は分娩に関する字で、下部は両手で開く形。また睪は擇（択）の初文で、両手で獣屍を釈く形である。
声系 〔説文〕に収声として素部に一字を録し、臼声。その字は収でなく臼に従う字である。従って収声とすべき形声字はない。
語系 収・共・拱・拲kiongは同声。拲は〔説文〕十二上に「兩手同に械するなり」とあって、今の手錠にあたる。拱は斂手して拝する意である。

常 【凶】 4 2277 キョウ わるい まがごと

篆文

象形 凵は胸郭の形。その中央に文身としての×形を加える。枉死者の屍にこの文身を施すことによって、その霊を鎮め、災厄を祓うことができるとされた。すなわち凶礼を示す字である。身分ある人の胸には朱でえがく絵身を加えて、文（文）という。文は人の正面形の胸に絵身を加えた形で、卜文・金文の字は、文身として∨や心字形を加えるものが多い。婦人のときには乳房をモチーフとするので、爽・奭・爾の×や百はその形である。凶を〔説文〕七上に「惡なり。地穿たれて、其の中に交陷するに象るなり」と人の陷没する意とするが、凶が凶事における胸部の文身を示す形であることは、兇・匈・胸など、その系列の字形から考えても、明らかなことである。
訓義 1わるい、まがごと、わざわい。2不吉のこと、罪あること、けがれあること。3もとる、よこしま。4不順なること、倒逆なること。
古訓 〔名義抄〕凶 アシ・ウレフ・ウレヘ 〔字鏡集〕凶 ウレフ・アシ・トガ
部首 〔説文〕〔玉篇〕ともに、この部に兇の一字を属する。〔玉篇〕に凶を「短折なり、惡なり、咎なり」、また「兇は懼るる聲なり」とするが、凶は凶礼を示す文身、兇はその全身形である。
声系 〔説文〕に凶声として匈・嵏・諊の三字を収める。匈は凶に側身形を加えたもので、胸の部分を示す。兇は全身形でその状態を示す。嵏は兇の下にさらに夊を加えたもので、凶声の字ではない。
語系 凶・兇xiongは同声。ともに凶事・凶懼を意味する。また荒（荒）xuangは凶作・荒穢をいい、凶懼を惶huangという。みな一系の語である。
【凶穢】 わるもの。けがれあるもの。唐・韓愈〔仏骨を論ずる表〕夫れ佛は本と夷狄の人なり。～況んや其の身死して已に久し。枯朽の骨、凶穢の餘、豈に宜しく宮禁に入れしむべけんや。
【凶悪】 非常に悪い。〔漢書、五行志中之下〕秦の穆公、兵を遣はして鄭を襲ふに道を假らず。～晉、舊を惟はずして虐謀に聽き、怨みを彊國に結ぶ。四たび秦の寇を被り、禍數世に流るるは、凶惡の效なり。
【凶猾】 悪くてずるい。〔資治通鑑、唐紀二十六〕（玄宗、先天元年）太平公主は武后の子にして、凶猾なること比

無く、大臣多く之れが用を爲す。

【凶黠】わるがしこい。〔後漢書、南匈奴伝論〕漢の初、冒頓凶黠にして、種衆の強熾なるに遭ふ。高祖、威、四海に加はるも、平城の圍みに窘しめらる。

【凶旱】ひでり。〔礼記、王制〕九年耕して、必ず三年の食あり。三十年の通を以てするときは、凶旱・水溢有りと雖も、民に菜色（悪い顔色）無し。

【凶患】わざわい。〔後漢書、張衡伝〕向きに使し能く前を瞻み後を顧み、鏡を援りて自戒せば、則ち何ぞ凶患に陷ることあらんや。

【凶頑】よこしまでかたくな。晋・陸機〔豪士の賦の序〕名は凶頑の條に編せられ、身は荼毒の痛みに猒く。豈に謬らずや。

【凶宄】よこしま。〔三国志、魏、傅嘏伝〕孫權、關羽を破り、荊州を幷はせしの後、志盈ち欲滿ち、凶宄以て極まれり。～今、權以に死し、～外內齊慮、同舟の懼れ有り。

【凶器】葬具。〔周礼、春官、冢人〕遂に入りて凶器を藏す。◻武器。兇器。〔呂覧、論威〕凡そ兵は天下の凶器なり。勇は天下の凶德なり。

【凶逆】凶悪で理にもとる。〔北斉書、魏蘭根伝〕先に董卓の祠有り。祠に柏樹有り。蘭根、卓の凶逆無道にして應に遺祠の今に至るべからざるを以て、乃ち柏を伐りて、以て槨材と爲せり。

【凶咎】わざわい。〔後漢書、張衡伝〕禮制脩まれば則ち奢僭息み、事、宜に合へば則ち凶咎無し。然る後神望允塞し、災消至らざらん。

【凶寇】わるもの。賊徒。〔宋書、索虜伝〕進みて以て凶寇を厭捍し、其の巢窟を覆すべし。

【凶歳】不作の年。〔孟子、告子上〕富歳には子弟に賴（幸）多く、凶歳には子弟に暴多し。天の才を降すこと、爾く殊なるに非ざるなり。其の心を陷溺する所以の者、然るなり。

【凶人】兇悪なもの。〔後漢書、桓曄伝〕三公竝びに辟すも、皆應ぜず。初平中、天下亂る。地を會稽に避け、遂に海に浮んで交阯に客となる。～凶人の誣する所と爲り、遂に合浦の獄に死す。

【凶徒】わるものたち。唐・杜甫〔秋日、夔府詠懷、鄭監・李賓客に寄す 一百韻〕詩 舊物、森として猶ほ在るも 凶徒、惡未だ悛めず

【凶盗】凶悪なぬすむ人。〔書、泰誓上〕乃ち夷居して、上帝・神祇に事へず、厥の先宗廟を遺てて祀らず。犧牲・粢盛は凶盗に既くさる。

【凶忒】悪事。魏・陳琳〔袁紹の為に予州に檄す〕（曹操）遂に資を承けて跋扈し、肆に凶忒を行ひ、元元（人民）を割剝し、賢を殘ひ善を害す。

【凶德】悪德。不德。〔左伝、文十八年〕帝鴻氏に不才子有り。義を掩ひ賊を隱し、好んで凶德を行ふ。～天下の民、之れを渾敦と謂ふ。

【凶毒】邪悪。また、劇毒。〔淮南子、繆称訓〕物、用ひざる所無きは莫し。天雄・烏喙は藥の凶毒なるも、良醫は以て人を生かす。

【凶問】死亡の知らせ。訃報。〔魏書、崔挺伝〕（挺、卒す）光州の故吏、凶問を聞き、悲感せざる莫し。共に八尺の銅像を城東の廣因寺に鑄る。～其の遺愛、此くの若し。

【凶門】喪家の北門。また、将軍が出陣するときの門。〔淮南子、兵略訓〕將、已に斧鉞を受け、答へて曰く、～願はくは君亦た一言の命を臣に垂るる無かれ。～君若し之れを許さば、臣辭して行かんと。乃ち爪鬋し、明衣（葬衣）を設け、凶門を鑿ちて出づ。

【凶戾】邪悪で道にそむく。〔後漢書、何敞伝〕昔鄭の武姜、叔段を幸し、衞の莊公、州吁を寵す。愛するも教へず、終に凶戾に至れり。

➡凶衣 喪服／凶威 悪者の勢い／凶音 凶報／凶焰 凶威／凶殃 禍殃／凶害 害悪／凶悍 凶悍／凶荒 荒々しい／凶危 危うい／凶軌 叛徒／凶帰 屍となって帰る／凶飢 饑饉／凶虐 悪虐／凶渠 賊魁／凶凶 荒々しい／凶俠 無頼／凶矜 危うい／凶饉 凶荒／凶具 葬具／凶愚 凶悪で愚か／凶桀 凶悍／凶歉 不作／凶験 禍のきざし／凶言 邪説／凶功 災害の復興／凶行 軍の出発／凶狡 凶猾／凶荒 不作／凶獷 凶悍／凶酷 残酷／凶詐 凶悪で偽り／凶災 災厄／凶作 不作／凶札 飢饉と疫病／凶残 凶虐／凶侈 凶悪で傲る／凶恣 わがまま／凶事 不祥／凶日 悪日／凶邪 よこしま／凶手 下手人／凶豎 悪人／凶醜 悪徒／凶穰 豊凶／凶心 邪心／凶身 下手人／凶信 凶報／凶声 不吉な声／凶賊 賊徒／凶短 短命で死ぬ／凶兆 悪いきざし／凶怒 激怒する／凶党 悪党／凶慝 悪事／凶年 不作／凶拝 喪の拝礼／凶悖 凶逆／凶敗 不作／凶犯 犯罪者／凶訃 訃報／凶服 喪服／凶聞 凶報／凶変 事変／凶豊 豊凶／凶謀 悪事を謀る／凶勃 凶怒／凶慢 傲慢／凶夢 悪夢／凶妄 狂妄／凶勇 凶暴／凶妖 妖妄／凶欲 強欲／凶乱 世の乱れ／凶類 凶徒／凶礼 喪礼

⬇奸凶・姦凶・吉凶・救凶・禦凶・群凶・元凶・囂凶・讒凶・大凶・転凶・慼凶・憫凶・豊凶・妖凶

人

【叶】 5 6400 ［協］ 8 4402 キョウ（ケフ） かなう

篆文 古文

形声 正字は協に作り、劦声。叶はその古文。〔説文〕十三下に「協は衆の同に和するなり」とあり、字を会意とし、また、曰十に従う字と、口十に従う叶とを古文として録する。協和を叶和・勰和としるすこともあり、古い用例がある。

訓義 ①かなう、やわらぐ、したがう。②あわせる、ととのう。

古訓 〔名義抄〕叶 古、協の字なり、カナフ・ヤハラグ

語系 叶（協）・勰 xiap は同声。翕・歙 xiəp、合 həp、洽 kheəp はみな声義の近い字である。

＊語彙は協字条参照。

【叶韻】他の韻の字を、同一の韻の字として通用すること。詩経や楚辞に多く、それは正しくは古韻であった。〔楚辞補注〕離騷に、紛として吾既に此の內美有り 又之れを重ぬるに脩能を以てせり。〔補注〕人に絶するの才有る者、之れを能と謂ふ。此に讀んで耐の若くす。叶韻なり。

【叶賛】力をあわせ、たすける。協賛。〔晋書、顧和伝〕昔每に聞く、族叔元公道公、中宗を叶贊し、江表を保全せりと。

【叶和】和合する。協和。〔論衡、斉世〕經には言ふ、萬國を叶和すと。時に亦た丹朱有り。鳳皇來儀すと。時に亦た有苗（の叛）有り。

➡叶意 心にかなう／叶気 和合の気／叶吉 和らぎあう／叶契 心が合う／叶詣 北斗の第二星／叶光 黒帝の神／叶洽 十二支の未／叶心 心にかなう／叶斉 一致する／叶泰 安らぐ／叶比 したしむ／叶謀 共謀する／叶律 気節に合う

【兇】 6 2221 キョウ わるもの わるい おそれる

篆文

会意 凶＋儿。凶は枉死者などの胸に×形の文身を加えて、その邪霊を鎮める意。その下に人をつけ、胸の部分を強調した字で、光・見・望(朢)などと同じような造字法である。凶礼の文身を施したものを兇といい、引伸して兇悪・兇懼の意となる。〔説文〕七上に「擾恐なり。人の凶下に在るに従ふ」とする。〔説文〕は凶を地穿交陥、穴におちこむ象とするが、凶・兇・匈・胸は一系の字で、胸に文身のある象である。

訓義 ①わるもの、わるい。枉死者など、強い呪霊をもつものをいう。②おそれる。

古訓 〔新撰字鏡〕兇 豆比由(つひゆ) 〔名義抄〕兇 オソル 〔字鏡集〕兇 ヲツ・ヲソル・アシ

声系 〔説文〕に兇声の字として㚇を収める。㚇を〔説文〕五下に「足を斂むるなり」とするが、夊はム(目)を頭とする神像、㚇は田神の神像であるから、㚇は凶悪なる神霊の姿であろう。

語系 兇・凶・匈 xiong は同声。凶は胸郭の呪飾、匈は側身形、兇はその全身形。荒(㠩) xuang と声義近く凶荒、惶 huang と声義近く凶惶の意がある。

＊語彙は凶字条参照。

【兇魁】きょうかい(くわい) 元凶。悪党のかしら。唐・白居易〔金陵にて功を立つる将士等に与ふる勅書〕其の兇魁を擒にし、生きながら闕下に致す。

【兇頑】きょうがん(ぐわん) 兇暴で頑固。唐・李白〔予章行〕詩 豈に戰闘して死するを惜しまんや 君が爲に兇頑を掃はん

【兇酗】きょうく 酒に酔い狂う。唐・元稹〔賽神〕詩 楚俗、事を事とせず 巫風、妖神に事ふ～牛を殺して官酒を貰ひ 鼓を椎ちて頑民を集む 喧しきは里閭の隘きに闐ち 兇酗は日夜頻りなり

【兇懼】きょうく おそれる。〔左伝、僖二十八年〕輿人の誦を聴くに曰く、墓に舍ると稱へよと。師(墓に)遷る。曹人兇懼す。

【兇邪】きょうじゃ 悪邪。唐・韓愈〔進学解〕方今、聖賢相ひ逢ひ、治具畢く張る。兇邪を抜去し、俊良を登崇す。～一藝に名ある者、庸ひられざる無し。

【兇慝】きょうとく 邪悪なもの。〔後漢紀、桓帝紀下〕妖言を造りて、之れを禍門に陥る。陛下察せず、加ふるに大戮を以てす。～(李)固等既に歿し、宦黨封を受け、兇慝の心を快くし、豺狼の口を張る。

【兇悖】きょうはい 凶戻。〔明史、宦官一、張忠伝〕(張忠・張雄・張鋭)並びに豹房に侍して事を用ふ。時に三張と號す。性皆兇悖なり。

⬆兇悪/兇威 凶勢/兇焔 凶勢/兇殴 凶暴/兇害 害悪/兇悍 凶悍/兇器 凶器/兇虐 凶虐/兇逆 叛逆/兇兇 おそれ戦くさま/兇驕 おごる/兇孽 禍殃/兇険 悪賢い/兇残 悪虐/兇手 下手人/兇豎 悪党/兇人 悪人/兇賊 凶賊/兇徒 凶徒/兇変 凶変/兇暴 凶暴/兇猛 荒々しい

⬇姦兇・群兇・残兇・殄兇・平兇

常

【共】

6
4480

キョウ
つつしむ そなえる ともに

篆文

古文

甲骨文

金文

会意 収(廾)と同じく左右の手。卜文は収に作り、金文はそれぞれ上に丨形のものをもって奉ずる形で、恭の意に用いる。すなわち共は恭の初文である。〔説文〕三上に「同にするなり。廿・廾に従ふ」とし、〔段注〕に廿を二十人と解して、二十人がみな竦手して拝する形とするが、廿は捧げるものの形、おそらく礼器であろう。礼器を奉じて拱手するので恭の意となる。〔儀礼、郷飲酒礼〕「退きて共す」は拱手。左右の手を共にするので共同の意となり、また供献の意となる。

訓義 ①つつしむ、うやうやしい、拱手。恭の初文。②ともにする、一にする、あわせる。③そなえる、さずける、たす、供えもの。

古訓 〔名義抄〕共 トモニ 〔字鏡集〕共 マウク・トモニ・トモカラ・トモナリ・オナジ・イヤ〳〵シ・ウケタマハル・ソナフ・ミナ・ウスシ・トモ・トモセリ・ナホシ・モロ〳〵・トル

声系 〔説文〕に共声として䢼・供・烘・恭・拱・洪・拱・拲・龔・巷の十字を収める。供・恭・拱は一系の字。拲は手錠。巷の初形は両邑相対する形で、共の形を含む字ではない。

語系 共・収・拱 kiong は同声。卜文では収を供に、金文では共を恭の意に用いる。みな通用の字であった。

【共惟】きょうい(ゐ) うやうやしく思う。〔漢書、王褒伝〕共しみて惟ふに、春秋の法、五始の要は、己を審らかにし、統を正すに在るのみ。

【共懿】きょうい うやうやしくて美しい。〔左伝、文十八年〕高辛氏に才子八人有り。～忠肅にして共懿、宣慈にして惠和。天下の民、之れを八元と謂ふ。

【共億】きょうおく 供給して安んずる。〔左伝、隠十一年〕寡人唯だ是れ一二の父兄にだに共億する能はず。其れ敢て以て許して、自ら功と爲さんや。

【共恪】きょうかく つつしむ。〔左伝、昭十六年〕子産戒めて曰く、苟くも朝に位を有つものは、共恪せざる有ること無かれと。

【共給】きょうきゅう(きふ) 供給する。〔左伝、僖四年〕貢の入らざるは寡君の罪なり。敢て共給せざらんや。昭王の復らざるは、君其れ諸れを水濱に問へ。

【共済】きょうさい ともにたすけあう。清・呉偉業〔閬州行〕詩 汝に親弟兄有り 提携共に濟はんことを思ふ 姊妹、四五人 扶持して衣袂を結ぶ

【共承】きょうしょう 恭奉する。〔史記、張釈之伝〕上大いに怒りて曰く、～吾が宗廟に共承する所以の意に非ざるなりと。釋之、免冠頓首して謝して曰く、法是くの如きにして足るのみ～と。

【共治】きょうち ともに治める。〔尹文子、大道上〕聖人の治に貴ぶ所は、其の獨治を貴ばず、其の能く衆と共に治むることを貴ぶ。

【共張】きょうちょう(ちやう) 接待する。〔漢書、郊祀志下〕后土を祠り、反りて東して少陽に之く。～郡縣、治道共張し、吏民困苦し、百官費に煩はさる。

【共徳】きょうとく 大徳。〔左伝、荘二十四年〕禦孫、諫めて曰く、臣、之れを聞く。倹は徳の共なり。侈は惡の大なりと。先君に共徳有り。而るを君諸れを大惡に納るるは、乃ち不可なること無からんやと。

【共奉】きょうほう そなえる。〔周礼、春官、小宗伯〕六牲を毛えらびし、其の名物を辨じ、之れを五官に頒ち、之れを共奉せしむ。

【共謀】きょうぼう ともにたくらむ。〔漢書、劉向伝〕今佞邪と賢臣と、並びに交戟の内に在り。合黨共謀し、善を違り惡に依り、～危険の言を設け、以て主上を傾移せんと欲す。

【共有】きょうゆう(いう) ともにもつ。晉・陸機〔豪士の賦の序〕夫れ惡欲の大端は、賢愚の共に有つ所なり。遊子は高位に生前に徇ひ、志士は名を身後に垂れんことを思ふ。

【共用】きょうよう 用に供する。国のために死ぬ。また、共同使用。〔左伝、文二年〕死して不義なるは勇に非ざるなり。用に共する、之れを勇と謂ふ。

【共養】きょうよう(やう) 日常の世話をし、養育する。〔漢書、外戚上、孝昭上官皇后伝〕昭帝始めて立ち、年八歳。帝の長姊鄂邑の蓋長公主、禁中に居りて帝を共養す。

【共楽】きょうらく ともに楽しむ。宋・欧陽脩〔豊楽亭記〕夫れ上

の恩徳を宣べ、以て民と共に樂しむは、刺史の事なり。遂に書して以て其の亭に名づく。

【共和】 協議による政治。その体制。〔史記、周紀〕厲王、彘に出奔す。～召公・周公、二相政を行ふ。號して共和と曰ふ。

➡共允 誠恭／共学 同学／共貫 連貫する／共感 同感する／共気 兄弟／共軌 同じ原則／共議 協議する／共勤 恭勤／共倹 恭倹／共財 同財／共事 共同／共持 助け合う／共食 同食／共斟 共飲／共撰 共著／共存 共生／共通 通用する／共逓 交替する／共同 共にする／共乳 乳兄弟／共犯 同犯／共鳴 同調する

➡敬共・虔共・公共・靖共・不共

【劦】 6 4042 キョウ（ケフ） ととのう かなう

篆文

甲骨文

金文

会意 力を三つ合わせた形。〔説文〕十三下に「力を同じくするなり。三力に從ふ」とする。〔説文〕十三下は力を「筋なり」と筋肉の意とするから、劦を筋力を合わせる意とする。卜文・金文の字形によると、力は耒の象形であり、劦は耒を合わせた形で、共同して農耕に従う意である。卜辞に「劦田」という語があり、劦は劦の前に祝詞の器（口）をおき、耒を祓う意であろう。農耕の開始にあたって虫除けの祈禱をし、収めるときにも同様の儀礼があった。

訓義 ①力を合わせて共耕する。②協と通じ、ととのう、かなう。③〔玉篇〕に「急なり」と訓する。

古訓 〔篇立〕劦 カナフ・タチマチ 〔字鏡集〕劦 ツタナシ

部首 〔説文〕に恊・勰・協（叶）の三字を属し、字をみな会意とするが、みな形声にして、劦の声義を承ける字である。

声系 恊・勰・協はみな形声。〔説文〕に劦声として脅をあげるが、この劦は肋骨の形。また荔・珕を劦声とするが、ともに「郎計切」の附音があり、声系の異なる字である。

語系 劦・協（叶）・勰 xiap は同声。翕・歙 xiap、合 hap、盍 hap は声義近くして通用する。劦は共同、合・盍は開合の意をもつ字である。

【匈】 6 2772 キョウ むね おそれる

篆文

象形 側身形の人の胸部に、呪飾としての×形の文身を加えた形。会意として勹＋凶と解してもよいが、包（包）と同じように全体象形の字とする。〔説文〕九上に「膺なり」（段注本）とし凶声とするが、形声の字ではない。凶・兇・匈・胸・恟は一系の字。兇懼のことは最も胸に感ずるものであるから、恟という。

訓義 ①むね。②おそれる、むなさわぎする。

古訓 〔名義抄〕匈 ワクツカフ・ムネ 〔字鏡集〕匈 アシ・ム（ネ）ツカフ・ナヤマス・コエ・エヒス

声系 〔説文〕に匈声として詾・洶の二字を収める。詾の正字は訩。不安のとき胸に衝撃を受けるので、凶声・匈声の字におそれる意がある。

語系 匈（胸）・凶・兇・詾（訩）・洶 xiong は同声。凶事について恐懼・不安の意をもつ。水には洶涌という。虐（虐）ngiôk も関係のある語であろう。

【匈臆】 むねのうち。胸中。漢・蔡琰〔悲憤詩、二首、一〕我が腹より出でし子を念へば 匈臆為に摧敗す

【匈匈】 みだれさわぐ。〔史記、項羽紀〕項王、漢王に謂ひて曰く、天下匈匈たること數歲なる者は、徒だ吾が兩人を以てのみ。願はくは漢王と挑戰して、雌雄を決せん～と。～漢王笑つて謝す。

【匈中】 胸中。〔荀子、王覇〕三邪なる者匈中に在りて、而も又好んで權謀傾覆の人を以て、事を其の外に斷ず。是の若くんば、則ち權輕く名辱められ、社稷（国家）必ず危からん。

➡匈横 蛮横／匈磕 大声／匈虐 兇虐／匈懼 恐懼／匈忍 残忍

入 【匡】 6 7171 ［匩］ 9 7171 ［迋］ 13 3130

キョウ（キャウ） ただす はこ

篆文

金文

形声 正字は匩に作り、㞷声。〔説文〕十二下に「飯器、筥なり」というのは筐の意。竹部五上に「籧、牛に飲ふ筐なり。～方を筐と曰ひ、圜を籧と曰ふ」とある筐を、匡の異文とする。匡に方の意があり、匡正・匡救の意に用いる。㞷は王の上に㞢（止）を加える形。軍などの出行のときにあたって、聖器としての鉞（王はその頭部の形）に止を加え、一種の授霊の儀式をする。それを秘匿のところで行うことを匡という。それで軍行にあたって、〔詩、小雅、六月〕「以て王國を匡せ」のようにいう。金文には迋に従う字があり、〔麦尊〕「明命に遣へん」のように用いる。みな征命を行う意。征伐して王命を布き明らかにすることが、字の初義であった。

訓義 ①ただす、ただし明らかにする。②すくう、たすける。③筐と通じ、はこ。④恇と通じ、おそれる。⑤眶と通じ、まぶち。⑥尫と通じ、あしなえ。

古訓 〔名義抄〕匡 タヾシ・タヾス・マサシ・タクマシ・ヲツ・カシコマル・スヽメリ・マウス・スケ・ヤム 〔字鏡集〕匡 ヤム・タクマシ・マサシ・タヾス・マウス・タヾシ・タスク・スケ・ヲツ・スヽメリ・ハコ・スクフ・カシコマル

声系 匡は㞷声に従い、声符として王の字形をとることが多い。〔説文〕に㞷声として往（往）・枉・狂・汪・匡・旺・誑など十六字を収める。おおむね非常の勢いをもつこと、また測りがたい意をもつ。㞷は鉞頭（王）に止を加えて、異常な呪力が付与されるとする呪儀。その呪力の甚だしい状態を狂という。

語系 匡・筐 khiuang、筥・籧・籧 kia は声が近い。〔説文〕に匡を筐にして、筥・籧の意と解したが、匡は往・枉・狂系統の語。往・迋 hiuang、狂 giuang とその声が近い。往・迋は重要な使命を帯びて出行すること、匡は特に軍行にいう語であった。

【匡悪】 悪行をただす。〔文心雕竜、明詩〕大禹功を成して、九序を惟れ歌ひ、太康德を敗り、五子咸く諷するに及びては、美に順ひ惡を匡すこと、其の來ること久し。

【匡衛】 ただし守る。〔世説新語、言語〕（簡文）帝曰く、～家國の事、遂に此に至る。是れ身、道を以て匡衞し、患を思ひて預防する能はざりしに由る。愧歎の深き、言何ぞ能く喩へんと。

【匡益】 匡正し、補益する。〔金史、黄久約伝〕久約～尋いで章を上りて老を請ふ。之れに詔諭して曰く、卿、忠直敢言、匡益甚だ多し。未だ左右を去らしむべからずと。太常卿に遷り、仍ほ諫職を兼ぬ。

【匡改】 ただし改める。〔漢書、游俠伝序〕列國の公子、～皆王公の勢ひを藉り、競ひて游俠を爲す。～漢興るに至るに及ぶも、禁網疏闊にして、未だ之れを匡改せず。

【匡郭】 木版の版木のわく。〔水東日記、十四、二程遺書〕宋時刻する所の書、其の匡郭中、摺行上下、黑牌を留めず。首には則ち刻工本版の字數、次に書名、次に卷第の數目～を私記す。

【匡諫】 ただし諫める。〔文心雕竜、明詩〕漢初の四言は、韋孟首めて唱へ、匡諫の義は、軌を周人に繼ぐ。

【匡糾】きょうきゅう（きやうきう） ただす。〔風俗通、愆礼〕論者既に匡糾せずして云ふ、過を觀て仁を知ると。

【匡救】きょうきゅう（きやうきう） ただし救う。〔後漢書、和帝紀〕濟河の域、凶饉流亡す。而るに未だ忠言至謀、匡救する所以の策を獲ず。寤寐に永歎す。

【匡佐】きょうさ（きやうさ） すくいたすける。〔晋書、山濤伝〕君、朝政を翼贊し、皇家を保乂す。匡佐の勳、朕が倚頼する所なり。司徒の職、實に邦教を掌る。故に用て敬授して、以て群望に答ふ。

【匡済】きょうさい（きやうさい） ただしすくう。〔論衡、対作〕聖人の經藝を作り傳記を著はすは、薄俗を匡濟して、民を驅りて實誠に之き歸せしめんとなり。

【匡時】きょうじ（きやうじ） 時世をただす。〔後漢書、荀淑伝論〕余～以爲へらく、出處、君子の大致なり。平運なるときは、則ち道を弘めて以て志を求め、陵夷（衰運）なるときは、則ち跡を濡して、以て時を匡す。荀公の急急自ら勵めるは、其れ濡跡なるか。

【匡邪】きょうじゃ（きやうじや） 邪悪をただす。〔文子、道徳〕夫れ道徳は、邪を匡して以て正と爲し、亂を振ひて以て治と爲す。

【匡振】きょうしん（きやうしん） ただし救う。〔後漢書、荀彧伝〕曹公本と義兵を興し、以て漢朝を匡振す。勳庸崇著なりと雖も、猶ほ忠貞の節を秉る。

【匡正】きょうせい（きやうせい） ただす。〔史記、主父偃伝〕五伯は、常に天子を佐けて、利を興し害を除き、暴を誅し邪を禁じ、海内を匡正し、以て天子を尊ぶ。

【匡飭】きょうちょく（きやうちよく） ただし整える。〔漢書、高后紀〕高皇帝、天下を匡飭し、諸の有功の者、皆分地を受けて列侯と爲る。萬民大いに安く、休德を受けざる莫し。

【匡弼】きょうひつ（きやうひつ） ただしたすける。〔後漢書、左雄伝〕實に王臣蹇蹇の節有り。～宜しく擢んでて喉舌の官に在らしむべし。必ず匡弼の益有らん。

【匡輔】きょうほ（きやうほ） ただしたすける。〔後漢書、順帝紀〕灾眚屢しば見はれ、咎徵仍りに臻る。地動の異、京師より發す。～群公卿士、將た何を以て逮ばざるを匡輔し、戒異に奉答せん。

【匡翼】きょうよく（きやうよく） 匡輔。〔三国志、魏、常林伝〕苟し恩德無く、任其の人を失はば、覆亡將に至らんとす。何ぞ朝廷を匡翼し、崇く功名を立つるに暇あらんや。

↑匡郭 まもる／匡廓／匡矯 匡正／匡懼 恐れる／匡護 助ける／匡坐 正坐する／匡贊 助ける／匡助 味方する／匡牀 臥牀する／匡拯 匡済／匡世 世をただす／匡制 抑制する／匡勅 匡飭／匡導 導く／匡難 難を救う／匡寧 安んずる／匡謬 匡正／匡復 恢復する／匡払 匡弼／匡補 匡益／匡翊 匡翼／匡励 はげます

↓一匡・靖匡・弼匡

常 【叫】 6 6400 【叫】 5 6400 キョウ（ケウ） さけぶ

篆文

形声 声符は丩。〔説文〕二上に「嘷ぶなり」という。嘷は虖声。みな擬声語。〔左伝、襄三十年〕「宋の大廟に叫ぶもの或りて曰く、譆譆出出と」というのは、譆と火の声が近く、火の出る予兆とされる話である。譆もまた叫ぶ声をいう。

訓義 1さけぶ、よぶ、よびたてる。2なく、なく声、鳥の声など。

古訓 〔名義抄〕叫 ヨバフ・ナク・サケブ 〔字鏡集〕叫 ナク・ヨバフ・ホユ・サケブ・コヱ

語系 叫 kyu、噭 kyô は声近く、鳥の高い声。哮 xeu、吼 xo、囂 xiô、號（号）hô、嘷 hu も、それぞれ動物などの鳴き声である。

【叫聒】きょうかつ（けうくわつ） さわがしくなく。唐・李白〔江上元六林宗に寄す〕詩 棹を停めて林巒に依るに 驚猿相ひ叫聒す

【叫奐】きょうかん（けうくわん） わめく。〔宋書、武三王、廬陵孝献王義真伝〕後軍、大いに敗る。～義眞左右と相ひ失し、獨り草中に逃る。中兵參軍段宏、單騎追尋し、道に緣りて叫奐す。義眞其の聲を識り、出でて之れに就く。

【叫讙】きょうかん（けうくわん） やかましくさけぶ。歓呼。唐・韓愈〔唐の故河南の令張君墓誌銘〕民鬻桑を識らず。月餘、（歳徴の）免符下る。民、相ひ扶携し、州門を守り、叫讙して賀を爲す。

【叫曲】きょうきょく（けうきょく） 余韻のない歌謡。〔夢渓筆談、楽律一〕善く歌はざる者、聲に抑揚無き、之れを念曲と謂ひ、聲に含韞無き、之れを叫曲と謂ふ。

【叫吟】きょうぎん（けうぎん） 高い声でなく。〔新論、惜時〕寒蟬樹を抱いて長く叫吟し、烈しく悲酸するは～何ぞや。其の時命を哀しむなり。

【叫号】きょうごう（けうがう） 大声で叫ぶ。〔後漢書、酷吏、董宣伝〕（公孫丹父子を収めて、之れを殺す。丹の宗族親黨三十餘人、兵を操り府に詣り、冤を稱して叫號す。宣～乃ち悉く收めて劇（県）の獄に繫ぎ、～盡く之れを殺さしむ。

【叫囂】きょうごう（けうがう） わめきたてる。唐・柳宗元〔捕蛇者の説〕悍吏の吾が鄉に來るや、東西に叫囂し、南北に隳突す。

【叫怒】きょうど（けうど） いかり叫ぶ。唐・杜甫〔百憂集行〕詩 悲しみて見る、生涯、百憂の集るを 門に入れば、舊に依りて、四壁空し 癡兒は知らず、父子の禮 叫怒、飯を索めて、門東に啼く

【叫罵】きょうば（けうば） 大声で叫びののしる。〔宋書、傅弘之伝〕弘之～氣、三軍に冠たり。軍敗れて陷沒す。佛佛、逼まりて降らしめんとす。～時に天寒し。弘之を裸にす。弘之叫罵して殺さる。

↑叫応 呼応する／叫喊 わめく／叫噱 さけぶ／叫叫 大声／叫呼 大呼／叫吼 ほえる／叫采 喝采する／叫数 何度もさけぶ／叫子 呼子笛／叫春 酒うり／叫嘯 うそぶく／叫然 さけぶ／叫噪 さわぐ／叫譟 さわぐ／叫笛 呼子笛／叫呶 どなる／叫破 きっぱりいう／叫売 よびうり

↓哀叫・喚叫・歓叫・喜叫・響叫・驚叫・吟叫・警叫・呼叫・孤叫・嘷叫・号叫・斉叫・清叫・絶叫・大叫・悲叫・抃叫

【弜】 6 1722 キョウ（キャウ） つよい

篆文

甲骨文

金文

会意 二弓に従う。〔説文〕十二下に「彊なり、重なり。二弓に従ふ。～闕」（段注本）とする。闕とは、音を不明とするものであろう。「重なり」を〔段注〕に「緟なり」の意とする。緟は色を重ねて染める意。弜は彊の初文とみてよい。

訓義 1つよい。2つよい弓。3弓のつよいさま。

古訓 〔字鏡集〕弜 コハシ・ツヨシ

【弜頭】きょうとう（きやうとう） 蛮族の名。弜頭虎子は、板楯蛮の別名。〔華陽国志、巴志序〕專ら白虎を射るを以て事と爲す。戶ごとに歳に賨錢を出だす、口ごとに四十。故に世に白虎復夷と號す。一に板楯蠻と曰ふ。今の所謂弜頭虎子なる者なり。

【邛】 6 1712 キョウ おか

篆文

金文

形声 声符は工。〔説文〕六下に「邛成、濟陰縣なり」（段注本）と邛成の地名を以て解する。〔詩、陳風、防有鵲巢〕に「邛に旨苕有り」と歌われていて、邛とはゆるい丘をいう。また、うれえる、つかれる、やむの意があるのは、訌・恐（恐）などと声

義に通ずるところがあるのであろう。

訓義 ①おか。②うれえる、つかれる、やむ。③地名。

古訓 〔名義抄〕邛 ワレ・イタム

【邛邛】きょうきょう　西方の奇獸。鼠前兎後、草を食えば前に倒れるという。〔爾雅、釈地〕西方に比肩獸有り。邛邛岠虛と比しみ、邛邛岠虛の爲に甘草を齧む。卽し難有るときは、邛邛岠虛負ひて走る。其の名、之れを蟨と謂ふ。

↑邛枝　邛杖／邛杖　竹杖／邛節　邛竹

㊇【劫】　7　4472　キョウ(ケフ)　ゴウ(ゴフ)　おびやかす　おしとめる

篆文 

会意 去＋力。〔説文〕十三下に「人、去らんと欲し、力を以て脅止せらるるを劫と曰ふ。或いは曰く、力を以て去らんとするを止むるを劫と曰ふ」という。刀・刃(刄)に従う字もあり、脅迫を加える意であろう。去はもと追放を意味する字。劫を仏教では劫火・劫災のように用いる。

訓義 ①おびやかす、おどす。②おしとめる、おし出す。③かすめる、うばう、おいはぎ。④仏教で、永劫のとき。劫波kalpa(梵語)の略。

古訓 〔名義抄〕劫 カスム・カサナル 〔字鏡集〕劫 タガヒ・ヲカス・カスム・ウバフ・カサナル・ヲ(ウ)カラカス・ヲビヤカス

【劫害】きょう(けふ)がい　おどして殺す。〔魏書、酷吏、李洪之伝〕河内～地險にして人悍、數劫害せらる。長吏禁ずること能はず。洪之郡に至り、嚴に科防を設け、～盜賊止息す。

【劫脅】きょうきょう(けふけふ)　おびやかす。〔資治通鑑、唐紀七十九〕(昭宗、天復三年)未だ能く天子を劫脅すること、嬰兒を制するが如く、廢置手に在り、東西其の意に出で、天子をして之れを畏れしむること、～唐世の如き者有らず。

【劫婚】きょう(けふ)こん　掠奪婚。〔陔余叢考、三十一、劫婚〕村俗に、婚姻議の財諧はざるを以て、衆を糾め女を劫かして婚を成す者有り。之れを搶親と謂ふ。～今俗の劫婚は、皆已に許字(許嫁)を經たる者なり。

【劫殺】きょう(けふ)さつ　おびやかし殺す。〔管子、明法解〕人主の國を治むるや、～其の法令逆にして、賞罰の立つる所の者當らざれば、則ち群臣私を立てて之れを壅塞し、朋黨して之れを劫殺す。

【劫弑】きょう(けふ)し　おびやかし殺す。〔韓非子、外儲説右上〕景公の勢ひを以てして、田常の侵すを禁ぜば、則ち必ず劫弑の患無かりしならん。

【劫制】きょう(けふ)せい　おびやかし支配する。〔唐書、狄仁傑等伝賛〕武后、唐の中ごろ衰へたるに乘じ、殺生の柄を操り、天下を劫制して、神器を攘む。

【劫奪】きょう(けふ)だつ　おどして奪う。〔論衡、恢国〕天下～道德に飽く。～故を以て道路に盜賊の跡無く、深幽迥絶にも劫奪の姦無し。

【劫質】きょう(けふ)ち　人質をとりおどす。〔後漢書、橋玄伝〕凡そ劫質する有らば、皆幷せて之れを殺さん。贖ふに財寶を以てし、姦路を開張するを得ざれ。

【劫盜】きょうとう(けふたう)　強盜。〔南史、趙伯符伝〕(伯符)政を爲すこと苛暴、吏人畏懼すること虎狼と居るが如く、劫盜遠く迸き、敢て境に入る無し。

【劫迫】きょう(けふ)はく　おどす。〔三国志、蜀、先主伝〕曹丕篡弑し、漢室を湮滅し、神器を竊據す。忠良を劫迫し、酷烈無道なり。～咸く劉氏を思ふ。

【劫縛】きょう(けふ)ばく　おどしてしばる。〔後漢書、西域伝〕漢、軍司馬班超を遣はして、兜題を劫縛し、(疏勒王)成の兄の子忠を立てて、疏勒王と爲す。

【劫掠】きょう(けふ)りゃく　略奪する。〔史記、高祖紀〕樊噲、別に兵を將ゐて、代を定む。～代の地の吏民を赦し、陳豨・趙利の爲に劫掠せられし者は、皆之れを赦す。

【劫略】きょう(けふ)りゃく　攻めて制する。〔史記、陳豨伝〕(高祖十年七月)太上皇崩ず。～九月、(陳豨)遂に～反し、自ら立ちて代王と爲り、趙・代を劫略す。

↑劫焰　世の終わりの劫火／劫火　劫焰／劫灰　兵火／劫劫　汲汲／劫剤　劇薬／劫煞　歳の陰気／劫取　奪取する／劫執　おどして縛る／劫初　世の始め／劫人　強盜／劫塵　人の世／劫数　災厄／劫窃　劫盜／劫賊　強盜／劫難　宿世の難／劫剝　強奪する／劫虜　おどしてつかまえる／劫擄　劫虜

↓威劫・永劫・遠劫・億劫・脅劫・駆劫・攻劫・浩劫・恒劫・塵劫・声劫・征劫・争劫・剽劫・兵劫・万劫・滅劫・略劫

【夾】　7　4003　キョウ(ケフ)　はさむ

篆文  甲骨文  金文 

会意 大＋人＋人。人の正面形である大と、その両脇にそれぞれ人を挾む形で、挾(挟)の初文。〔説文〕十下に「持するなり」とし「二人を俠むなり」という。〔書、多方〕「爾曷ぞ夾介して、我が周王を乂め、天の命を享けざる」のように、輔弼の意に用いる。

訓義 ①はさむ、さしはさむ、おびる。②たすける。③はさみ、はめこむ、はさまれたところ。④狭と通じ、せまい。

古訓 〔名義抄〕夾 メグル・チカヅク・ハサム

声系 〔説文〕に夾声として莢・俠・頰・挾・匧・鋏・陜など二十字を収める。おおむね左右相倚る意をもつ字である。

語系 夾keap、頰kyap、挾hyapは声義が近い。また袷keap、胠khiap、脅(脇)xiapとも声近く、みな挾持する意がある。胠は腋下、〔広雅、釈親〕に「脅なり」と訓する。

【夾撃】きょう(けふ)げき　はさみうち。〔晋書、石勒載記上〕三伏を設けて以て之れを待つ。(向)冰、怒りて乃ち軍を出だし、將に戰はんとす。三伏齊しく發し、夾撃して之れを攻め、～長驅して鄴に寇す。

【夾結】きょう(けふ)けつ　夾纈。絹布を折り重ね、両板にはさんで染める法。〔唐語林、賢媛〕工をして板に鏤り、雜花を爲して之れを象せしめ、夾結と爲す。

【夾室】きょう(けふ)しつ　廟の東西堂の後にある室。〔礼記、雑記下〕廟を成せば則ち之れに釁る。～門・夾室には、皆雞を用ふ。門を先にして夾室を後にす。

【夾帯】きょう(けふ)たい　帯にかくしもつ。考試のカンニング用。〔清会典事例、礼部、貢挙〕科場懷挾の弊、例禁甚だ嚴なり。～聞く、～豫め先づ細字を繕寫する人を賃もて倩ひ、文藝を鈔錄して、入場夾帶の具と爲すと。

【夾注】きょうちゅう(けふ)　わり注。唐・杜荀鶴〔戯れに王処士の書斎に題す〕詩　春を欺きては祇だ愛す、和醅の酒　老を諱みては猶ほ看る、夾注の書

【夾輔】きょう(けふ)ほ　補佐する。〔左伝、僖四年〕昔、召康公、我が先君大公に命じて曰く、五侯九伯、女實に之れを征し、以て周室を夾輔せよと。

↑夾介　左右に扶持する／夾弓　弱弓／夾纈　夾結／夾攻　はさみうち／夾巷　小巷／夾棍　両足をはさみつける刑具／夾笮　枝折／夾桚　指責めの刑具／夾子　はし／夾侍　脇に侍る／夾持　もつ／夾膝　もたれる具／夾繞　めぐる／夾食　挟み将棋／夾袋　かくし／夾紵　塑像の法／夾纏　まとう／夾破　夾撃／夾板　文書挟み／夾扶　夾輔／夾棒　夾棍

↓掖夾・経夾・剣夾・西夾・竹夾・東夾・堂夾・扶夾・分夾

【巩】　7　1711　〔鞏〕　10　1750　キョウ　かたい　おそれる

篆文 金文

会意 工＋丮（けき）。工は巫祝のもつ呪器。左・巫の字は工に従う。丮は手で強くもち、また高く掲げる形。呪器を挙げて祈り、神意を求める。故に鞏固の意、恐懼の意となる。金文の〔毛公鼎〕に「肆（ゆゑ）に皇天斁（いと）ふこと亡（な）く、我が有周に臨保し、丕（おほ）いに先王の配命を巩（かた）くせり」、「永く先王に巩（おそ）れあらしめん」のように用いる。鞏・恐（恐）はおそらく巩より分化した字であろう。〔説文〕三下に「裛（だく）なり」とするが、その用義例なく、字義にも合わない。

訓義 1かたい、かたくする。2おそれる、おそれつつしむ。3いだく、かかえる。

古訓 〔字鏡集〕巩 アグ・タスク

声系 〔説文〕に巩声として鞏・恐・銎など五字を収める。銎は斧斤の柄を装着する穿（せ）んで、最も鞏固なるを要するところである。

人 【杏】 7 4060 キョウ（キャウ） あんず

篆文

象形 枝に木の実のある形であろう。〔説文〕六上に「杏果なり。木に從ひ、向（きやう）の省聲」（段注本）とするが、理由のないことである。花は美しく、その核仁は薬効があるとされた。あんずは杏子の唐音、〔下学集〕にみえる。

訓義 1あんず。2銀杏はぎんなん。

古訓 〔字鏡集〕杏 コノミ・スモヽ・カラモヽ・サイハヒ・アフ・ハルカ

声系 〔説文〕に杏声として莕（かう）を収める。莕はまた荇に作り、〔詩、周南、関雎〕に「參差（しんし）たる荇菜（かうさい）」とみえるものである。

【杏園】きようえん（きやうゑん） あんずの園。唐代進士及第者に、杏園で宴を賜うた。〔唐摭言、三〕神龍已來、杏園の宴後、皆慈恩寺塔下に名を題す。同年中、一善書者を推して、之れを紀（しる）さしむ。他時將相有るときは、之れを朱書す。

【杏花】きようか（きやうくわ） あんずの花。唐・李商隠〔日日〕詩 日日に春光、日光を闘はす 山城の斜路、杏花香し 幾時の心緒、渾（すべ）て無事 游絲百尺の長きに及ぶことを得ん

【杏壇】きようだん（きやうだん） 孔子の教壇。その旧址に杏を植えた。曲阜聖廟の前にある。〔荘子、漁父〕孔子、緇帷（しゐ）の林に遊び、杏壇の上に休み坐す。

【杏仁】きようにん（きやうにん） あんずの核の中の肉。薬に用いる。〔斉民要術、四、種梅杏〕種を栽うること、桃李と同じ。～杏子の人（仁）は、以て粥（かゆ）と爲すべし。

【杏葉】きようよう（きやうえふ） あんずの葉。鞍の模様などに施すことが多い。唐・白居易〔出使、途に在り～〕詩 風光見ず、桃花の騎 塵土空しく留む、杏葉の鞍

【杏酪】きようらく（きやうらく） 杏仁のかゆ。〔荊楚歳時記、寒食、注〕陸翽（りくくわい）の鄴中記に曰く、寒食三日、醴酪（れいらく）を作る。又粳米及び麥を煮て酪を爲（つく）り、杏仁を擣（つ）き、煮て粥を作ると。

【杏林】きようりん（きやうりん） 医者の美称。三国の呉の董奉は、医療の礼として重症者に五本、軽症者に一本の杏を植えさせた。〔太平広記、十二に引く神仙伝、董奉〕此（か）の如きこと數年、計十萬餘株を得、鬱然（うつぜん）として林を成す。乃ち山中の百禽群獸をして、其の下に游戲せしむ。

↑杏苑（きようえん） 杏園／杏華（きようか） 杏花／杏月（きようげつ） 二月／杏瞼（きようけん） 白い顔／杏菜（きようさい） あさざ／杏子（きようし） あんずの実／杏樹（きようじゆ） あんず／杏梅（きようばい） 梅の一種

↓金杏・銀杏・渓杏・紅杏・栽杏・山杏・種杏・青杏・赤杏・仙杏・壇杏・冬杏・桃杏・肉杏・梅杏・白杏・縹杏・文杏・野杏・柳杏

常 【狂】 7 4121 キョウ（キャウ） くるう

篆文 古文 甲骨文 侯馬盟書

形声 正字は㞷に従い、㞷（わう）声。㞷は〔説文〕六下に「艸木妄生するなり」とするが、卜文・金文の字形は、鉞頭の形である王の上に、㞢（止（あし））を加えた形。おそらく出行にあたって行われる呪儀で、魂振りの意があり、神の力が与えられるのであろう。秘匿のところでその礼を行うことを匡といい、神意を以て邪悪を匡（ただ）すことを匡正という。その霊力が獣性のもので、誤って作用し、制御しがたいものとなることを狂という。〔説文〕十上に「狾犬（せきけん）なり」と嚙（か）み癖のある犬の名とするが、発狂・狂痴の状態をいう語である。〔書、微子〕「我は其れ狂を發出せん」、〔論語、公冶長〕「吾が黨の小子狂簡、斐然（ひぜん）として章を成す」、〔論語、子路〕「子曰く、中行を得て之れと與（とも）にせざるときは、必ずや狂狷（きやうけん）か」のように、古くから理性と対立する逸脱の精神として理解された。清狂・風狂なども、日常性の否定に連なる一種の詩的狂気を示す語であった。

訓義 1くるう、制御しがたいある力に動かされる状態をいう。2狂気、気がふれる、くるった人。3おろか、まどう。4あわただしい、おごりたかぶる。

古訓 〔名義抄〕狂 クルフ・クマル・イツハル・ヨギル 〔字鏡集〕狂 ヨギル・マドフ・クルフ・タハブル・タフル・モノグルヒ・イツハル

声系 〔説文〕に狂声として誑・俇・逛の三字を収める。誑三上は「欺くなり」、俇八上は「遠行するなり」、逛十下は「誤るなり」とする。みな狂の声義を承ける。㞷声と同系の語である。

語系 狂・俇 giuang、誑 kiuang、獷 kuang は同系の語。獷は犬などが狂い廻ることをいう。国語の「くるう」は、くるくると回転する意である。

【狂逸】きよういつ（きやういつ） 狂って走る。〔南史、臧盾伝〕帝、同泰寺に幸し開講す。四部の大會を設け、衆數萬人。南越獻ずる所の馴象、忽ち衆中に於て狂逸し、衆皆駭（おどろ）き散ず。唯だ盾と散騎侍郎裴之禮とのみ、嶷然（ぎやくぜん）自若たり。帝甚だ嘉（よみ）す。

【狂飲】きよういん（きやういん） むやみに飲んで酔う。宋・蘇舜欽〔韻に依り伯鎮中秋～の作に和す〕詩 放歌狂飲して、曉（あ）くるを知らず 爛熳たる酌客、山岳頽（くづ）る

【狂易】きようえき（きやうえき） 正気を失う。〔後漢書、陳忠伝論〕其の狂易殺人を聽（ゆる）し、父子兄弟相ひ代りて死するを得しむるは、斯（すなは）ち大いに謬（あやま）れり。是れ則ち不善の人多幸にして、善人常に其の禍に代る。

【狂艶】きようえん（きやうえん） なみ外れて美しい。宋・蔡襄〔楊楽道の宅西を過（よぎ）る。桃花盛んに開く〕詩 無限の幽香、風正（まさ）に好し 勝（た）へず、狂艶の日初めて斜めなるに

【狂花】きようか（きやうくわ） 狂い咲き。唐・岑参〔使院中新たに柏樹子を栽（う）ゑ、李十五栖筠に呈す〕詩 脆葉（ぜいえふ）、門柳を欺き 狂花、院梅を笑ふ

【狂歌】きようか（きやうか） 狂ったように歌う。〔後漢書、申屠蟠伝〕昔人の隱は、～其の（時に）遇はざれば、則ち裸身大笑し、被髮（ひはつ）（髪はざんばら）狂歌す。

【狂会】きようかい（きやうくわい） はげしく合奏する。〔楚辞、招魂〕竽瑟（うしつ）狂會して 鳴鼓を搷（う）つ 宮庭震驚（しんきやう）し 激楚（清楚の声）を發す

【狂怪】きようかい（きやうくわい） 狂おしいような奇怪さ。宋・蘇軾〔葉淳老～張秉道と同（とも）に新河を相ひ視る。秉道詩有り、次韻す、二首、二〕詩 髯張（秉道）は乃ち我が結襪（けつべつ）（靴紐を結んで世話してくれた）の生 詩酒淋漓として、狂怪を出だす

【狂懐】きようかい（きやうくわい） もの狂おしいような思い。唐・孟郊〔符郎の詩に天縦有るを喜ぶ〕詩 幸（ねが）はくは當（まさ）に之れを禁止すべし 狂懷を恣（ほしいまま）にせしむること勿（なか）れ

【狂客】(きよう(きやう)かく) 奇行の人。〔唐書、隠逸、賀知章伝〕知章、晩節尤も誕放なり。里巷に遨嬉し、自ら四明狂客、及び祕書外監と號す。

【狂簡】(きよう(きやう)かん) 志のみ高く、まとまりのないこと。〔論語、公冶長〕子、陳に在りて曰く、歸らんか、歸らんか。吾が黨の小子狂簡、斐然として章を成すも、之れを裁する所以を知らず。

【狂気】(きよう(きやう)き) 一般より逸脱した気性。唐・韓愈〔司門盧四兄雲夫院長の望秋の作に酬ゆ〕詩 雲夫は吾が兄、狂氣有り 嗜好は俗と酸鹹を殊にす

【狂挙】(きよう(きやう)きよ) 誤った例。〔墨子、経説下〕愛利は内外を相ひ爲さず。~其の仁は内、義は外なりと爲すは、愛すると利せらるるとを擧ぐるなり。是れ狂擧なり。左目出で、右目入るが若ごとし。

【狂愚】(きよう(きやう)ぐ) おろか。〔三国志、呉、諸葛恪伝〕恪~亡びるに及び、臨淮の臧均、表して恪を収め葬ることを乞ひて曰く、~臣狂愚を以て忌諱するを知らず。敢て破滅の罪を冒して、以て風雨の會(鎮魂の礼)を邀む。

【狂譎】(きよう(きやう)けつ) 狂妄で、いつわる。〔旧五代史、梁、羅紹威伝〕紹威、閒に乘じて太祖(朱全忠)に謂ひて曰く、邠岐太原は、終に狂譎の志有り。各〻唐室を興復するを以て詞と爲す。王宜しく自ら神器を取り、以て人望を絶つべし~と。

【狂狷】(きよう(きやう)けん) 志高く、偏狭である。〔論語、子路〕子曰く、中行を得て之れと與にせざるときは、必ずや狂狷か。狂者は進みて取り、狷者は爲さざる所有り。

【狂顧】(きよう(きやう)こ) あわただしくふりかえる。あわてふためく。唐・杜甫〔台州の鄭十八司戸(虔)を懷ふ有り〕詩 昔は水上の鷗の如く 今は罝中の兎の如し 性命、他人に由る 悲辛、但だ狂顧す

【狂士】(きよう(きやう)し) 狂簡の徒。〔孟子、尽心下〕萬章問うて曰く、~孔子陳に在りて、何ぞ魯の狂士を思ふやと。孟子曰く、~孔子豈に中道を欲せざらんや。必ずしも得べからず。故に其の次を思ふなりと。

【狂疾】(きよう(きやう)しつ) 狂気。〔国語、晋語九〕下邑の役に董安于多(功)なり。趙簡子之れを賞せんとす。辭す。固く之れを賞せんとす。對へて曰く、~今、臣一旦狂疾(武勇のこと)を爲し、必ず女を賞せんと曰ふは、余に與ふるに狂疾の賞を以てするなり。亡ぐるに如かずと。趨りて出づ。

【狂生】(きよう(きやう)せい) 狂人。〔史記、酈生伝〕酈生といふもの有り、年六十餘、長け八尺。人皆之れを狂生と謂ふ。

【狂草】(きよう(きやう)そう(さう)) 草書の一体。その最も自由な運筆のもの。〔五雑組、七〕作字の結構體勢は、原も以て態を取る。~其の神氣生動し、疏密宜しきを得るを要す。~今の狂草を學ぶ者、須からく疎中に細有り、疎中に密有るを識るべし。

【狂態】(きよう(きやう)たい) とりとめもないようす。宋・陸游〔福建、任に到りて謝する表〕念ふに臣、流落すること年有り。尚ほ未だ狂態を除らず。

【狂痴】(きよう(きやう)ち) くるっておろか。〔漢書、韋玄成伝〕今子獨り容貌を壞り、恥辱を蒙り、狂癡と爲る。光曜晻として宣らかならず。微なる哉。

【狂直】(きよう(きやう)ちよく) 世俗と妥協せず自己を貫くこと。〔三国志、呉、諸葛瑾伝〕虞翻狂直なるを以て流徙せられ、惟だ瑾のみ屢〻之れが爲に說く。

【狂酲】(きよう(きやう)てい) 悪酔いする。〔荘子、人間世〕此れ何の木ぞや。此れ必ず異材有らん夫。~其の葉を咶へば、則ち口爛れて傷を爲し、之れを嗅げば、則ち人をして狂酲せしめ、三日にして已まず。

【狂顚】(きよう(きやう)てん) 心がくるう。唐・張籍〔羅道士〕詩 客の語聲を聞きて、貴賤を知る 花に對して歌詠するは、狂顚に似たり

【狂奴】(きよう(きやう)ど) 狂人。〔鶴林玉露、乙四、釣台詩〕子陵(厳武)意氣豪邁、實に人中の龍なり。故に狂奴の稱有り。

【狂童】(きよう(きやう)どう) たわけ。人をからかう語。〔詩、鄭風、褰裳〕子、我を思はずんば 豈に他人無からんや 狂童の狂よ

【狂悖】(きよう(きやう)はい) 狂妄でもとる。〔国語、周語下〕氣佚すれば則ち和せず。是に於てか狂悖の言有り、眩惑の明有り、轉易の名有り、過慝の度有り。

【狂筆】(きよう(きやう)ひつ) 自在な筆。宋・蘇軾〔李景元の画に題す〕詩 聞說らく神仙の郭恕先 醉中の狂筆、勢ひ瀾翻 百年寥落、何人か在る 只だ華亭の李景元のみ有り

【狂夫】(きよう(きやう)ふ) 狂人。〔漢書、鼂錯伝〕錯、上書して兵事を言ふ。~傳に曰く、狂夫の言も、明主擇ぶと。

【狂妄】(きよう(きやう)ぼう(ばう)) 並外れてでたらめ。〔旧唐書、皇甫鎛伝論〕史臣曰く、~(韋)執誼・(王)叔文、時に乘じて多僻、~劉(禹錫)・柳(宗元)諸生、逐臭市利、何ぞ狂妄の甚だしきや。

【狂名】(きよう(きやう)めい) 狂人という評判。清・龔自珍〔漫感〕詩 絕域軍に從ひて、計惘然 東南の幽根、詞箋に滿つ 一簫一劍、平生の意 狂名を負ひ盡す、十五年

【狂藥】(きよう(きやう)やく) 酒。〔晋書、裴楷伝〕孫季舒、嘗て(石)崇と酣燕し、慢傲過度なり。崇之れを表免せんと欲す。楷之れを聞き、崇に謂ひて曰く、足下人に狂藥を飲ましめ、人に正禮を責むるは、亦た乖かずやと。崇、乃ち止む。

【狂瀾】(きよう(きやう)らん) 狂濤。唐・韓愈〔進学解〕百川を障へて之れを東せしめ、狂瀾を既に倒れたるに廻らす。先生の儒に於ける、勞せりと謂ふべし。

【狂惑】(きよう(きやう)わく) 妄昏の心。漢・司馬遷〔任少卿(安)に報ずる書〕故に且く俗に從ひて浮沈し、時と俯仰し、以て其の狂惑を通ぜんとす。

↑狂花 あだ花/狂悍 狂猛/狂喜 大喜び/狂獝 狂譎/狂狂 狂うさま/狂瘈 狂犬/狂撃 狂ったように撃つ/狂蹶 狂いあわてる/狂獧 狂狷/狂言 妄語/狂瞽 盲滅法/狂哭 狂い泣き/狂子 狂人/狂死 狂い死に/狂恣 し放題/狂者 狂人/狂惷 狂愚/狂縦 狂恣/狂攘 乱れる/狂刃 正気でない傷害事件/狂噬 狂ってかみつく/狂説 狂言/狂走 乱れ走る/狂譟 騒ぎたてる/狂躁 騒ぎまわる/狂賊 乱賊/狂蝶 舞う蝶/狂騁 悪計/狂徒 無頼漢/狂怒 怒り狂う/狂鬧 狂ったように争い騒ぐ/狂濤 荒れ狂う波/狂戇 非常識な愚かさ/狂波 狂浪/狂吠 狂い吠え/狂飈 暴風/狂風 暴風/狂僻 ひどくねじけた気性/狂瞀 狂い乱れる/狂暴 狂い荒れる/狂勃 狂ったように走りまわる/狂乱 はげしく乱れる/狂厲 たけり狂う

↓獝狂・吟狂・愚狂・古狂・荒狂・詐狂・詩狂・酒狂・唱狂・酔狂・清狂・疎狂・楚狂・痩狂・譟狂・躁狂・痴狂・穉狂・顚狂・戇狂・頓狂・熱狂・悖狂・発狂・風狂・放狂・妖狂・佯狂・陽狂

常 【亨】 8 0040 キョウ(キャウ) コウ(カウ) まつる うける もてなす

篆文 甲骨文 金文

象形 卜文・金文の字形は、上部は京・高に近い建物、下部はその台基の形。字は亨・享・亯のように釈されるが、金文では享(饗)の意に用いる。〔説文〕五下に「獻ずるなり。高の省に従ふ。曰は孰(熟)、物を進むる形に象る」とし、建物と烹飪と、両義を含めて解するが、下部は台基の形である。金文では先人を祀るに「用て享し用て孝せん」のように享といい、生人に供するときには「用て倗友を饗せん」のように饗という。金文に亯の下にさらに京をそえた𩫖という字があり、再命のこと

を「鑷亯」という。亯は二層の建物で、ゆえに再・続の意となる。そこに先人を祀ることを享といい、その祭祀を享ける ことをまた享という。副詞として〔大盂鼎〕「享よく奔走して天畏を畏れよ」のようにもいう。のち饗(饗)と通じて、饗食の意にも用いる。

訓義 ①まつる、先祖をまつる、また春の祭、天地の祭。②すすめる、そなえる、たてまつる。③うける、あたる、こたえる。④饗と通じ、もてなす、やしなう。

古訓 〔名義抄〕享 ヲハル・トホシ・ウク・カヨフ・オソル・モハラ 〔字鏡集〕享 マツル・タテマツル・ムカフ・カヨフ・トホシ・アタル・ウク・ウフ・ヲハル・ヨシ・ミル・ニル・ヲソル

語系 享・饗 xiang は同声。獻(献)xian もその義に近い。享はもと神に享献する意。のち神人共餐の儀礼より、郷飲酒の礼などをいい、饗と通用する。金文では享孝のようにいい、祭祀用語であった。

＊語彙は饗字条参照。

【享宴】 もてなしの酒もり。饗宴。〔左伝、成十二年〕世の治まるや、諸侯、天子の事に閒なれば則ち相ひ朝す。是に於てか享宴の禮有り。

【享覲】 天子に謁見して贈り物を献上する。〔穀梁伝、昭三十二年〕天子微なれば、諸侯享覲せず。天子の在る者は、惟だ祭と號とのみ。

【享献】 そなえまつる。〔漢書、礼楽志〕畏敬の意見はれ難きときは、則ち之れを享獻辭受、登降跪拜に著はす。和親の說形はれ難きときは、則ち之れを詩歌詠言、鐘石筦弦に發す。

【享国】 国王として位に在る。〔書、無逸〕敢て荒寧せず、殷邦を嘉靖す。～肆に高宗(武丁)の國を享くること、五十有九年なりき。

【享祀】 神をまつる。〔左伝、僖五年〕(虞)公曰く、吾が享祀豐絜なり。神必ず我に據らんと。

【享賜】 享宴し、賜与する。〔国語、周語下〕宴好享賜、其の上を踰えざるは、讓なり。

【享受】 うける。〔後漢書、梁商伝〕吾れ不德を以て多福を享受す。生きては以て朝廷に輔益する無く、死して必ず帑藏(内府の備畜)を耗費(消費)せん。～氣絶ゆるの後、～即時殯斂するに、～皆故衣を以てせよ。

【享食】 饗宴。〔左伝、成十四年〕古の享食を爲すや、以て威儀を觀し、禍福を省みるなり。～今、夫子傲る。禍を取るの道なり。

【享祚】 天子の位を保つ。〔列子、楊朱〕昔者堯舜、僞つて天下を以て許由・善卷に讓らんとし、而も天下を失はず、祚を享くること百年なり。

【享覜】 礼物を献じて朝見すること。〔左伝、昭五年〕朝聘に珪有り、享覜に璋有り。小には述職有り、大には巡功有り。

【享徳】 徳をうけつぐ。〔左伝、昭七年〕今、(公孫段)無祿(不幸)にして早世し、久しく德を享くることを獲ず。其の子(施)敢て有たず。敢て君に以聞せずして、私かに諸れを子に致す。

【享年】 天から受けた寿命。漢・蔡邕〔郭有道(林宗)の碑〕群公之れを休し、遂に司徒掾に辟され、又有道に擧げらるるも、皆疾を以て辭す。～命を稟くること融ならず、享年四十有二。建寧二年正月乙亥を以て卒す。

【享礼】 聘礼ののち、礼物を献上する儀礼。〔白虎通、王者不臣〕庭燎を爲し、九賓を設け、享禮して後に歸る。是れ衆臣に異なるなり。

↑享燕 享宴／享讌 享宴／享祈 供え祈る／享儀 祭儀／享御 在位／享祭 享祀／享祠 祭る／享嗣 継祀／享寿 寿命／享烝 廟祭／享世 在位／享薦 供え祭る／享殿 祭殿／享福 受福／享保 保つ／享右 もてなす／享有 うける／享侑 享右／享祐 神助をうける／享楽 楽しむ／享禄 禄をうける

↓嘉享・鬼享・久享・孝享・時享・烝享・世享・多享・大享・朝享・配享・保享・用享

常

【京】

8

0090

キョウ(キャウ) ケイ

みやこ

篆文

甲骨文

金文

象形 アーチ状の門の形。上に望楼を設ける。これを軍営や都城の入り口に建てた。〔説文〕五下に「人の爲る所の絶だ高き丘なり。高の省に從ふ。丨は高き形に象る」とするが、字は高丘の形でなく、上部も屋根の形である。〔呂覧、禁塞〕に「京丘を爲ること、山陵の若し」とあり、〔高誘注〕に、戦死者の屍を中に塗りこんで「京觀」を築き、これを京丘とよんだのであるという。〔淮南子、覧冥訓〕に「重京を高くす」というのも、二層の京観の意であるらしく、金文に字を重層の形に作るものがある。〔左伝、宣十二年〕に、楚が北方の覇者晋に大捷したとき、臣下の者が「君、盍ぞ武軍に築き、晉の尸を収めて、以て京觀を爲らざる」とすすめた話がみえる。〔杜預注〕に、積尸封土して京門を作るのであるという。卜辞に義京・磬京などの名がみえ、そこでは羌三人・牛十牛を卯いて祀る儀礼が行われている。おそらく軍門であったのであろう。都城をもその門で守ったので京師の意となり、高なり、大なりなどの義が派生した。

訓義 ①アーチ状の門、京観、高丘。②都、京城。③たかい、大きい、さかん。④くら。⑤かず。十兆、また一万兆。⑥恇などと通じ、おそれうれえる。

古訓 〔名義抄〕京 ミヤコ・オホイナリ・ワタル・ウレシ・(ヒ) 〔字鏡集〕京 ミヤコ・オホキナリ・タカシ・ワタル・ウレシ・(ヒ)

部首 〔説文〕に就をこの部に属する。その籀文は重京の形である亯に従う。犬牲は落成のときの修祓に用いるもので、成就の意となる。

声系 〔説文〕に京声として諒・景・倞・黥・涼・輬など十四字を収める。京・景 kyang、鯨・黥 gyang、諒・掠・涼 liang の三系に分かれるが、各・洛、兼(兼)・廉(廉)、監・濫などにも、同じような声の関係がある。

語系 京・麠 kyang は同声。麠とは大麋(大鹿)をいう。鯨 gyang は魚の最大なるものと考えられた。

【京尹】 都の長官。京兆尹。〔世説新語、寵礼〕許玄度(詢)都に停まること一月、劉尹(惔)日として往かざる無し。乃ち歎じて曰く、卿復た少時去らずんば、我輕薄の京尹と成らんと。

【京華】 みやこ。花の都。晋・郭璞〔遊仙詩、十四首、一〕京華は游俠の窟 山林は隱遯の棲 朱門何ぞ榮とするに足らん 未だ蓬萊に託するに若かず

【京官】 都でつとめる官吏。内官。〔北斉書、崔劼伝〕世門の冑は多く京官に處る。而るに劼の二子拱・撝は、並びに外任爲り。～劼曰く、立身以來、一言を以て自ら達するを恥づ。今若し兒を進めば、身(我)と何ぞ異ならんと。卒に求むる所無し。

【京観】 戦場の遺棄屍体を塗りこんだアーチ状の門。〔三国志、魏、三少常、高貴郷公髦紀〕古者、敵に克つときは、其の屍を收めて、以て京觀を爲る。昏逆を懲め、武功を章かにする所以なり。

【京畿】 都の地。その直轄の地。〔三国志、蜀、後主伝注に

引く諸葛亮集〕曩者さきに漢祚かん中ごろ微にして、網は凶慝を漏らす。董卓難を造はじめ、京畿を震蕩す。曹操禍を階はじめ、天衡てんかう(王位)を竊み執る。
【京丘】けいきゅう 敵屍を積んで土を覆った丘。〔呂覧、禁塞〕流矢を犯し、百刃を蹈み、之れに加ふるに凍餓とう饑寒の患を以てす。～故に骸骨を暴さらすこと量數無く、京丘を爲つくること、山陵の若ごとし。
【京京】きょうきょう(きやうきやう) 憂いのやまぬさま。〔詩、小雅、正月〕我が獨なるを念ふ 憂心京京たり
【京国】けいこく 京城。唐・杜審言〔湘江を渡る〕詩 遲日、園林に昔遊を悲しむ 今春、花鳥、邊愁を作なす 獨り憐れむ、京國の人南竄なんざんせられ 湘江の水の北流するに似ざるを
【京師】けいし みやこ。〔公羊伝、桓九年〕京師とは何ぞ、天子の居なり。京とは何ぞ、大なり。師とは何ぞ、衆なり。天子の居は、必ず衆大の辭を以て之れを言ふ。
【京城】けいじょう(じやう) みやこ。唐・張説〔幽州新歳の作〕詩 邊鎭の戍歌、連夜動き 京城の燎火れうくわ、明を徹して開く
【京倉】けいそう(さう) 天子の大倉。米倉。漢・張衡〔東京の賦〕京倉を發ひらき、禁財を散じ、皇寮(百官)に賚たまひ、輿臺よだい(下吏)に逮およぶ。
【京兆】けいちょう(てう) みやこ。また、京兆尹。〔漢書、張敞伝〕敞、京兆と爲る。朝廷、大議有る毎に、古今を引き、便宜を處す。公卿皆服し、天子數しばしば之れに從ふ。
【京都】けいと みやこ。魏・応璩〔従弟の君苗・君冑に与ふる書〕京都に來きたり還り、塊然くわいぜんとして獨り處をる。宅を濱洛に營み、貲廛がうぢんに困くるしむ。
【京輔】けいほ みやこと周辺の地。漢代に京兆・左馮翊さひょうよく・右扶風ふうを三輔といった。斉・王倹〔褚淵の碑文〕丹陽は京輔、遠近の則る攸ところなり。
【京坊】けいぼう(ばう) みやこのまち。宋・欧陽脩〔慧勤の余杭に帰るを送る〕詩 胡爲なんすれぞ棄てて居らざる 身を棲ましめて、京坊に客となる
【京洛】けいらく みやこ。洛陽。晉・陸機〔顧彦先の為に婦に贈る、二首、一〕詩 家を辭して遠く行游す 悠悠三千里 京洛、風塵多し 素衣、化して緇し(黒い色)と爲る
【京輦】けいれん みやこ。輦は輦轂れんこく。御座所のもとの意。晉・潘岳〔懐県に在りて作る、二首、一〕詩 驅役せられて兩邑に宰となり 政績竟ひに施す無し 我、京輦を違さりしより 四載にして斯ここに迄いたる

↑京外けいがい 都の郊外／京圻けいき 京畿／京戲けいぎ 京劇／京劇けいげき 北京の戯曲／京闕けいけつ 宮城／京腔けいこう 京劇／京市けいし 京城／京室けいしつ 王室／京職けいしょく 京官／京秩けいちつ 京官／京朝けいちょう 政府／京調けいちょう 京劇の曲／京堂けいどう 高官／京報けいほう 官報／京本けいほん 都で出版された本／京門けいもん 国都／京庾けいゆ 大倉／京邑けいゆう みやこ／京様けいよう 華美な都風／京吏けいり 京官／京里けいり みやこ／京陵けいりょう 大陵
↓尹京・遠京・咸京・帰京・旧京・玉京・鎬京・西京・周京・上京・神京・帝京・東京・入京・汴京・洛京

常【供】 8 2428 キョウ ク そなえる

篆文 

形声 声符は共きょう。共は両手でものを奉ずる形で、供の初文。〔説文〕八上に「設くるなり」と、「一に曰く、供給するなり」という。金文に共を供・恭の意に用い、恭にはまた龔きょうの字を用いる。共は玉器を奉ずる形、龔は龍(竜)形の呪器を奉ずる形であろう。供も、もと神事に関する供設の意であった。
訓義 1そなえる、もうける。2まつる、すすめる。3つかえる、やしなう。4つつしむ、うやうやしい。5のべる、もうす。
古訓 〔名義抄〕供 マウク・タテマツル・ソナフ・ツカマツル・ノゾム・タマフ 〔字鏡集〕供 マウク・タテマツル・ツカフマツル・ツブサニ・アヘ・ソナフ・ノゾム・タマフ
【供御】きょうぎょ 天子に奉ずる。〔宋書、張永伝〕永～又巧思有り。～紙及び墨は皆自ら營造す。上しやう、永の表啓を得る毎に、輒すなはち執玩咨嗟しして、自ら供御の者の了ひつに及ばざるを歎ず。
【供具】きょうぐ 宴席などの用具。〔史記、平準書〕公卿封禪の事を議す。～馳道に當るの縣は、縣ごとに官儲を治め、供具を設け、望みて以て幸を待つ。
【供職】きょうしょく 職務につかえる。〔三国志、魏、梁習伝〕單于ぜんう恭順し、名王(部族の長)稽顙けいさう(降服)し、部曲の服事供職すること、編戸に同じ。
【供進】きょうしん 献上。唐・白居易〔六年秋、重ねて白蓮に題す〕詩 本もと是れ呉州供進の藕ぐう 今、伊水寄生の蓮と爲る
【供設】きょうせつ 設ける。〔春秋繁露、天地之行〕人臣爲る者、其の法、象を地に取る。故に朝夕進退し、奉職應對するは、貴に事つかふる所以なり。飲食を供設し、疢疾を候視するは、養を致す所以なり。
【供薦】きょうせん 供えすすめる。〔後漢書、皇后上、和熹鄧皇后紀〕凡そ新味を供薦するは、多く其の節に非ず。或いは鬱養うつやうして強孰し、或いは萌芽を穿掘し、味至る所無くして、生長を夭折す。豈に時に順したがひ物を育する所以ならんや。
【供饌】きょうせん お供え。また、ご馳走。〔晋書、王済伝〕帝嘗かつて其の宅に幸す。供饌甚だ豐おほし。悉ことごとく琉璃るりの器中に貯ふ。蒸肫じようじゆん甚だ美なり。帝其の故を問ふ。答へて曰く、人乳を以て之れを蒸すと。帝色甚だ平らかならず。食すること未だ畢をはらずして去る。
【供茶】きょうちゃ 茶を出す。元・王士熙〔竹枝詞、十首、六〕詩 土屋青帘せいれん(酒旗)留まりて酒を買ひ 石泉の老衲らうなふ、喚よんで茶を供す
【供帳】きょうちょう(ちやう) 宴会の幕を張る。晋・張協〔詠史〕詩 朱軒金城を曜かがやかし 供帳長衢に臨めり 達人は止足を知る 遺榮忽ち無きが如し
【供奉】きょうほう 供給し役立てる。また、貴人に仕える。〔南史、后妃上、孝武昭路太后伝〕明帝、～太后の攝養する所と爲る。撫愛甚だ篤あつし。即位するに及ぶも、供奉禮儀、舊日に異ならず。
【供養】きょうよう(やう) 養いそだてる。また父母に孝養をする。晋・李密〔情事を陳のぶる表〕前に太守臣逵き、臣を孝廉に察し、後に刺史臣榮、臣を秀才に擧ぐるも、臣供養主無きを以て、辭して命に赴かず。⊠くよう(やう) 仏をまつり、また死者の霊に回向ゑかうすること。〔法華経、授記品〕供養恭敬し、尊重讃嘆す。

↑供役きょうえき 服役する／供応きょうおう 接待する／供給きょうきゅう あてがう／供献きょうけん 献上する／供貢きょうこう 貢物／供済きょうさい 救う／供祭きょうさい 祭祀／供事きょうじ 働く／供侍きょうじ 供える／供酒きょうしゅ 笑い草／供需きょうじゅ 供給と需要／供出きょうしゅつ 白状する／供述きょうじゅつ 口書き／供承きょうしょう 捧げる／供招きょうしょう 供述する／供状きょうじょう 申立書／供贍きょうせん 救う／供膳きょうぜん 膳を出す／供単きょうたん 口書き／供張きょうちょう 供帳／供吐きょうと 自白する／供頓きょうとん 酒を出す／供認きょうにん 白状する／供報きょうほう 口上書／供明きょうめい 自白する／供礼きょうれい 膳部
↓雅供・饋供・給供・献供・口供・斎供・資供・自供・上供・送供・茶供・提供・侑供

常【協】 8 4402 ［叶］ 5 6400 ［恊］ 9 9402 キョウ(ケフ) あわせる かなう

篆文 

古文 

形声 声符は劦きょう。劦は力(耒すき)三本を併せた形。農耕に協

力すること、共耕をいう。〔説文〕十三下に「衆の同に和するなり」とし、十人協力の意とするが、十に従う古い字形はない。古文の叶は口（口(さい)）に従い、もと祝禱・卜占に関する字。卜占に叶う意であろう。

訓義 [1]あわせる。耒三本を併せて祈り、共耕すること。あう、ともにする。[2]かなう、やわらぐ、したがう。

古訓 〔名義抄〕協 カナフ・ヤハラグ・ヲビヤカス 〔字鏡集〕協 ムサボル・ヒサグ・ヲビヤカス・ヲヒク・カナフ・ナビク・ツタナシ・ヲソル・ヘシ・サス・ヲフ・ヤハラカナリ・セム・ヤハラグ・ウタフ・ヘツラフ

語系 協（叶）・劦 xiap、翕・歙 xiəp、合 həp、洽 kheəp はそれぞれ声義近く、共同し和合する意がある。

【協揆】きょう(けふ)き 閣外の参与者。〔称謂録、内閣大学士〕参知協揆～案ずるに、今の大學士協辦を以て古の參知政事と爲す。故に參知と稱する者有り、協揆と稱する者有り。

【協佐】きょう(けふ)さ 助ける。〔避暑録話、下〕慶曆の初、杜祁公・韓（琦）・富（弼）・范（仲淹）四人朝に在り、爲す所有らんと欲す。文忠（欧陽脩）諫官と爲り、之れを協佐す。

【協心】きょう(けふ)しん 心をあわせる。〔書、畢命〕三后心を協せ、同に道に底らしむ。

【協奏】きょう(けふ)そう 諸楽器を合奏する。〔宋史、楽志三〕律呂協奏する、是れを和聲と謂ふ。

【協暢】きょうちょう(けふちやう) 調和する。〔宋書、謝霊運伝論〕夫れ五色相ひ宣のべ、八音協暢するは、玄黄律呂、各〻物の宜しきに適ふに由る。

【協比】きょう(けふ)ひ 合わせかなう。〔史記、楽書〕以爲へらく、州異なり國殊なり、情習同じからずと。故に博く風俗を采り、聲律を協比し、以て短を補ひ化を移し、政教を流しくを助く。

【協謀】きょう(けふ)ぼう 共同して事をはかる。〔宋書、武帝紀中〕天祿既に終れり。～諒に以て人鬼に協せ謀り、百姓を以て心と爲す者なり。

【協律】きょう(けふ)りつ 音律をととのえる。〔漢書、王褒伝〕神爵・五鳳の閒、天下殷富にして數〻嘉應有り。上頗ぶる歌詩を作り、協律の事を興さんと欲す。

【協和】きょう(けふ)わ 仲よくする。〔書、堯典〕九族既に睦しみ、百姓を平章す。百姓昭明し、萬邦を協和す。黎民於變り時れ雍らぐ。

↑協愛 心を合わせ愛する／協意 合意する／協韻 通韻／協諧 和らぐ／協気 和気／協規 協議する／協議 相談する／協契 契合する／協護 助力する／協功 共働する／協洽 未の歳／協済 救済する／協策 協議する／協賛 助ける／協讃 協賛する／協社 合作社／協助 援助する／協序 秩序立てる／協商 協議／協泰 なごむ／協調 調う／協定 約定／協同 一致する／協扶 助ける／協風 和風／協穆 和らぐ／協約 協定／協戮 協力する

↓允協・音協・嘉協・諧協・紀協・翕協・心協・声協・妥協・刁協・不協・附協・謀協・和協

【怯】8 9403 ［狉］8 4423 キョウ（ケフ） おそれる

篆文
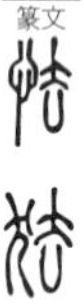

形声 声符は去。〔説文〕十上に狉を正字とし、「畏るること多きなり」、また「杜林説」として字を怯に作るという。文献に狉を用いる例がなく、〔韓非子、説難〕に「怯懦」、〔韓非子、守道〕に「怯弱」の語がある。

訓義 [1]おそれる、おびえる、さける。[2]よわい。

古訓 〔新撰字鏡〕怯 乎知奈之（をぢなし）。ワヅカニ 〔名義抄〕怯 オソル・ハヾカル・ツタナシ・ヤハラカナリ・ヲヂナシ・オロカナリ・ワヅカニ・ヨワシ

【怯弱】きょう(けふ)じゃく 臆病。〔後漢書、西域、東離国伝〕天竺の東南、三千餘里に在り。～男女皆長八尺なるも、怯弱なり。象・駱駝に乘りて、隣國に往來す。寇有るときは、象に乘りて以て戰ふ。

【怯慴】きょうしょう(けふせふ) おじおそれる。〔韓非子、六反〕命を重んじ事を畏るるは、上を尊ぶの民なり。而るに世之れを少（劣るもの）として、怯慴の民と曰ふ。

【怯懦】きょう(けふ)だ おじおそれる。漢・司馬遷〔任少卿（安）に報ずる書〕僕怯懦にして、苟しくも活きんと欲すと雖も、亦た頗ぶる去就の分を識る。

【怯夫】きょう(けふ)ふ 臆病者。〔史記、張儀伝〕夫れ秦の卒の山東の卒に與けるは、猶ほ孟賁（古の勇者）の怯夫に與けるがごとし。

【怯勇】きょう(けふ)ゆう 臆病と勇気。〔呂覧、決勝〕怯勇は常無く、儵忽往來して、其の方を知るもの莫し。

【怯劣】きょう(けふ)れつ 臆病で劣る。〔晋書、劉波伝〕今は百姓の君を恤ふるを以て、之れをして蠶食せしむ。乃ち貪汚の者、之れを清勤と謂ひ、法を愼む者、之れを怯劣と謂ふに至る。何ぞ古道に反すること、一に此に至るや。

↑怯畏 恐れる／怯疑 惑う／怯恇 怯怕／怯懼 小心／怯候 恐れる／怯沮 臆病／怯人 ひるむ／怯懦 胆／怯惜 吝惜／怯惰 怠る／怯懊 怯懦／怯恥 臆病／怯怕 はにかむ／怯薄 恐れる／怯怖 薄弱／怯懼

↓威怯・畏怯・恇怯・孤怯・示怯・弱怯・懾怯・脆怯・孱怯・疎怯・懦怯・退怯・駑怯・魄怯・卑怯・勇怯・庸怯・老怯

【怳】8 9601 キョウ（キャウ） コウ（クヮウ） うっとりする

篆文

形声 声符は兄。兄は祝禱の器を戴く人の形。祝禱してエクスタシーの状態にあることを怳といい、兌・悦（悅）という。〔説文〕十下に「狂の皃なり」とし、況の省声とするが、神霊の下るのを兌（悅）といい、うっとりとした惝怳の状にあることを脱（脫）という。漢の鄭寄、字は況。寄と況とは、名字対待の語。況はおそらく怳の意で、神の寄り憑くことを寄という。怳惚・恍惚は、その状をいう双声の連語である。

訓義 [1]うっとりする、神がかりの状態となる。[2]自失する、気抜けする、くるう。[3]ほのかなさま、くらいさま、しばしのうち。

古訓 〔名義抄〕怳 クルフ・オソル・ホレタリ／怳々 ートホル 〔字鏡〕怳 ホレテ・ホノカニ・クルフ・ヲソル・イハカ（フ）

【怳怳】きょうきょう(きやうきやう) 気ぬけしてぼんやりしているさま。漢・班固〔西都の賦〕魂、怳怳として、以て度を失ひ、迥塗を巡りて、下低す。

【怳兮】こう(くわう)けい ぼんやりとして定かでない。漢・枚乗〔七発〕怳たり兮、忽たり兮、聊たり兮、慄たり兮、混として汩汩たり兮。

【怳悟】こう(くわう)ご 夢心地でさとる。〔唐書、蕭遘伝〕人有りて謂ふが若し。曰く、公恐るる無かれ。予れ公の爲に呵禦せんと。遘怳悟し、俄かに白帝祠に謁す。帝の貌を見るに、向きに睹る所に類す。之れを異しむ。未だ幾くもあらずして～召さる。

【怳惚】こう(くわう)こつ ほのかでぼんやりした状態。〔老子、二十一〕道の物爲たる、惟れ怳惟れ惚。惚たり怳たり、其の中象有り。怳たり惚たり、其の中物有り。窈たり冥たり、其の中精有り。其の精甚だ眞。

【怳然】きょう(きやう)ぜん こう(くわう)ぜん うっとりする。〔後漢書、独行、范式伝〕元伯（張劭）盡くる（死す）に臨み歎じて曰く、～山陽の范巨

卿は、所謂死友なりと。尋いで卒す。式、忽ち夢に～元伯を見る。～呼びて曰く、吾れ某日を以て死せん～と。～式、怳然として覺寤し、悲歎して泣下る。

【怳惑】 心まどうてぼんやりする。〔論衡、芸増〕怳惑の人をして、觀覽采擇し、以て心を開き意を通じ、曉解覺悟するを得しめん。

➡怳悸 あわてる／怳忽 失意のさま／怳惚 失意のさま／怳惝 あきれる／怳愴 失意のさま／怳惘 あきれる／怳悢 残念

⬇恍怳・忽怳・惚怳・惛怳・惝怳・寥怳

常

【況】 8 3611 ［況］ 7 3611 キョウ(キャウ) コウ ありさま いわんや

篆文 

形声 声符は兄。兄は巫祝。その入神の状を怳という。〔説文〕十一上に「寒水なり」とするが、その義の用例がない。状況の意のほか、〔詩、小雅、常棣〕「況に永歎す」、あるいは「況んや」という抑揚語法に用いる。漢の尹翁帰、字は子兄、〔師古注〕に「讀みて況と曰ふ」とする。おそらく貺で「おくる」、帰と対待の義であろう。

訓義 ①ありさま、おもむき。②たとえる、くらべる。③まさに、たまたま。④いわんや、ますます、はなはだ。⑤ここに。⑥寒水。

古訓 〔名義抄〕況 イフ・コ、・マス／＼・ナラブ・タトヘテ 〔字鏡集〕況 キラフ・タマフ・クラブ・タトヒ・マス／＼・ナスラフ・イハンヤ・タマモノ・タクラフ・タトヘテ・サムシ・イフ

【況栄】 栄名を表わす。漢・司馬相如〔封禅文〕意ふに泰山・梁甫、壇場を設けて幸(臨幸)を望む。蓋し號は以て況榮せんとするなり。

【況施】 たまう。〔漢書、武帝紀〕天地の況施するに遭ひ、景象を著見し、屑然(かすかに)として(万歳の声を)聞くこと有るが如し。

【況趣】 趣旨。〔北史、江式伝〕晉の世～任城の呂忱、表して字林六卷を上る。其の況趣を尋ぬるに、許愼の說文に附託して、章句を按偶し、隱かに古籀奇惑の字を別かち、文は正隸を得、篆意に差はず。

➡況古 遠古／況厚 手厚い／況瘁 憔悴／況然 鐘声／況味 境地

⬇概況・活況・官況・近況・景況・現況・孤況・好況・市況・自況・事況・辞況・実況・商況・状況・情況・新況・盛況・徳況・比況・不況・乱況・旅況・老況

【羌】 8 8021 キョウ(キャウ) ああ

篆文 金文 古文 甲骨文

象形 羊頭の人に象る。羌人は西戎の一、牧羊族。古く羊頭神の信仰をもち、岳神を祖とした。岳神伯夷は姜姓諸族の祖とされる。卜文の岳の字は、山上に羊頭をおく形に作る。〔説文〕四上に「西戎、牧羊人なり」とし、字を会意にして羊の亦声とするが、羊頭人の象形。卜文にときに辮髪を加える形のものがあり、チベット系の古族であるように思われる。卜辞に「獲羌」をトする例が多く、軍門である義京・磬京の儀礼に「三十羌を宜さんか」のようにトする例があり、犠牲として用いるために捕獲されている。殷墓に残る数千に及ぶ断首葬は、羌人犠牲のあとであると考えられる。仮借して感動詞に用いる。

訓義 ①西方の族、羌人。②楚人の語で、ああ。③語詞として、すなわち。

古訓 〔名義抄〕羌 ツ、ガ 〔字鏡集〕羌 サト・スナハチ・コトバ・カヘル・ノリ・コハシ・ツ、ガ

声系 〔説文〕に羌声として唴を収める。唴は小児の泣きやまぬ声をいう擬声語。他に姜は羌の省声とみるべき字で、羌人出自の姓を示すものとみられる。姜姓四国(申・呂(甫)・許・斉)は姫姓と通婚の関係にあった。伯夷・許由・皐陶は姜姓の祖神で、夷・由・陶は同音の転訛したもの。伯夷は岳神にして姜姓の祖とされ、岳の初文は山上に羊頭を加えた形である。

【羌管】 羌人の笛。唐・温庭筠〔柳に題す〕詩 羌管一聲、何れの處の曲ぞ 流鶯百囀す、最高の枝

【羌笛】 羌人の笛。唐・王之渙〔涼州詞、二首、一〕詩 黃河遠く上る、白雲の間 一片の孤城、萬仞の山 羌笛何ぞ須ひん、楊柳を怨むことを 春光度らず、玉門關

➡羌夷 羌人／羌塩 戎塩／羌活 うど／羌戸 羌人／羌胡 羌人／羌酋 羌人の長／羌鷲 羌の鷲／羌青 うど／羌桃 くるみ／羌髳 西方族／羌僰 西方族／羌虜 羌人

⬇外羌・巌羌・吃羌・黠羌・山羌・熟羌・西羌・氐羌

人

【俠】 9 2423 キョウ(ケフ) おとこだて

篆文 

形声 声符は夾。〔説文〕八上に「俜なり」、前条に「俜は使なり」とあって俜使をいう。丂部五上に「甹は、～或いは曰く、甹俠なり。三輔(長安附近)にては、財を輕んずる者を謂ひて甹と爲す」とあり、金ばなれのよいことをいう。俠とはそのような男だてである。任俠の風は、列国期の墨家の集団に墨俠の徒があり、儒家の末流にも儒俠があった。都市への人口の流入がさかんになるとともに、いわゆる豪俠の徒を生んだ。

訓義 ①男だて、おとこぎ。②ほしいまま、わかい。③こころよい、かるい。④挟と通じ、さしはさむ、もつ、たもつ。⑤帀と通じ、あまねし、達する。

古訓 〔名義抄〕俠 ハサム・ワキバサム

【俠介】 左右扶助。〔法言、淵騫〕或ひと蕭(何)・曹(参)を問ふ。曰く、蕭や規し、曹や隨ふと。滕(公)・灌(嬰)・樊(噲)・酈(商)には、俠介すと曰ふ。

【俠客】 おとこだて。〔史記、游俠伝序〕布衣の徒、取予然諾を設け、千里義を誦し、死を爲して世を顧みず。此れ亦長ずる所有り。～要は功見はれ言信なるを以てす。俠客の義、又曷ぞ少とすべけんや。古の布衣の俠、得て聞く靡きのみ。～余甚だ之れを恨む。

【俠気】 おとこ気。晉・盧諶〔崔(悦)・温(嶠)に贈る〕詩 朔鄙には俠氣多し 豈に惟れ地の固くする所のみならん

【俠行】 おとこ気のある行為。〔唐書、劉叉伝〕劉叉は亦た一節士なり。少くして放肆、俠行を爲す。酒に因りて人を殺し、亡命す。

【俠骨】 おとこ気の風格。唐・王維〔少年行、四首、二〕詩 孰れか知らん、邊庭に向つて苦しまざるを 縱ひ死すとも、猶ほ俠骨の香しきを聞かん

【俠士】 おとこ気のある人。〔晉書、馮素弗載記〕素弗～旁らに人無きが若く、談飲すること連日。～當世の俠士、之れに歸せざる莫し。

【俠少】 おとこ気のある少年。〔唐書、郭子儀伝〕光祿卿殷仲卿～勁騎を以て官軍に先だち游奕を爲す。～民、虜を紿きて曰く、郭令公來ると。虜懼る。會故將軍王甫、俠少と結び、夜朱雀街に鼓し、呼びて曰く、王師至ると。吐蕃、夜潰ゆ。

【俠拝】 男子の一拝に対し、婦人が二拝して対える。〔儀礼、士昏礼、注〕婦人、丈夫と禮を爲すときは、則ち俠拜す。

【俠烈】 おとこ気のはげしい気性。南朝宋・袁淑〔曹子建の楽府白馬篇に効ふ〕楽府 俠烈良に聞ゆる有り 古來共な然るを知る

➡俠魁 親分／俠豪 豪俠／俠叉 さすまた／俠侍

侍る／俠者　俠士／俠邪　陋巷／俠情　俠気／俠繞　めぐる／俠腸　俠気／俠任　任俠／俠甒　酒器／俠陛　階をはさむ／俠輔　たすける／俠勇　勇俠

↓佳俠・姦俠・気俠・義俠・凶俠・軽俠・剣俠・健俠・好俠・豪俠・儒俠・節俠・大俠・馳俠・任俠・墨俠・勇俠・遊俠

【姜】 9 8040 キョウ(キャウ)

篆文

甲骨文

金文

形声 羌の下部を女にかえ、羌人出自の姓であることを示す。羌の省声。〔説文〕十二下に「神農、姜水に居り、以て姓と爲す」と水名とするが、種族の名によって水名をえたものであろう。神農炎帝を以て姜姓の始祖とすることは〔国語、晋語四〕にみえるが、卜文に岳の字形を山上に羊頭を加えた形に作り、その岳神伯夷が姜姓諸族の始祖である。許由・皐陶は許・皐の地で祀られる伯夷の異名。夷・由・陶は同じ音系の字。姜姓の神話を経典化した〔書、呂刑〕に、伯夷降典のことをしるし、〔尭典〕〔舜典〕〔皐陶謨〕にみな同系の説話がある。姜姓は姫姓の周と通婚しており、殷代には厳しい弾圧を受け、その聖地の岳（嵩嶽）も殷の制圧下にあった。周の武王が殷を伐つとき、伯夷・叔斉がこれをおし止めようとしたのは、そのためである。のち周の王朝となり、申・呂（甫）・許・斉の四国が建てられ、申・呂は周の雄藩であった。

訓義 ①姜姓、また姜水の名。②彊と通じ、つよい。

語系 姜kiang、彊（強）giangは声近く、仮借通用する。〔詩、鄘風、鶉之奔奔〕の「鶉の彊彊たる」を、〔礼記、表記〕に引いて「鶉の姜姜たる」に作る。

【姜嫄】（きやう）げん　帝嚳の妃。后稷を生んだと伝えられる神話中の后妃。〔詩、大雅、生民〕厥の初めて民を生めるは時れ維れ姜嫄

【姜戎】（きやう）じゅう　西方の姜種の族。〔春秋、僖三十三年〕晋人、姜戎と、秦の師を殽に敗る。

↑姜原　姜嫄／姜尚　太公望

↓季姜・姫姜・周姜・庶姜・諸姜・斉姜・大姜・孟姜・邑姜・呂姜

常【峡】 9 人〔峽〕 10 2473 キョウ(ケフ) かい

形声 旧字は峽に作り、夾声。夾は左右に人を挟む形。山のはざまの狭まったところを峡という。字はまた陜に作る。「かい」は「交ひ」、両山相迫って接するところをいう。

訓義 ①かい、山かい、たにあい、はざま。②たに、谷川。③狭と通じ、せまい。

古訓 〔名義抄〕峡　セハシ・ヤマノカヒ・ホラ　〔字鏡集〕峡　ホラ・セハシ・キシ・ヤマノアヒ

【峡雲】（けふ）うん　谷間にかかる雲。宋・晏殊〔遠に寄す〕詩　寶轂香輪（婦人の車）、再びは逢はず　峡雲巫雨（巫山の神女）、杳として蹤無し

【峡影】（けふ）えい　谷あいのかげ。唐・杜甫〔白帝楼〕詩　樓光、日を去ること遠く　峡影、江に入ること深し　臘破れて（春となり）、端綺（春服）を思ひ　春歸りて、一金（春衣の資）を待つ

【峡色】（けふ）しょく　谷あいの色。唐・劉叉〔蜀に入る〕詩　空を望んで、眞宰に問ふ　此の路、誰の爲にか開く　峡色、天を侵して去り　江聲、地に滾ぎりて來る

【峡中】（けふ）ちゅう　山あい。唐・杜甫〔雷〕詩　封内には必ず舞雩（雨乞い）し　峡中にも、撃鼓喧びすし

【峡裏】（けふ）り　谷あい。唐・張籍〔友生を送り、峡中に遊ぶ〕詩　峡裏に猿の叫くを聞く　山頭に月を見るの時

↑峡哀　寂しい谷／峡雨　谷の雨／峡怨　峡哀／峡猿　谷の猿／峡花　谷の花／峡間　谷あい／峡岸　谷の岸／峡禽　谷の鳥／峡渓　峡谷／峡景　峡色／峡険　険しい谷／峡谷　谷／峡樹　谷の木／峡城　谷の城／峡水　谷川／峡束　谷が狭まる／峡坼　谷が開ける／峡漲　谷川が溢れる／峡天　谷まの空／峡内　峡中／峡風　谷風／峡門　谷の入口／峡狖　谷の猿／峡流　谷川／峡旅　谷をゆく／峡路　谷間の道

↓海峡・江峡・三峡・山峡・出峡・地峡・巫峡

【恟】 9 9702 キョウ おそれる

篆文

形声 声符は匈。匈は胸の初文。心痛恐懼のことは、まず胸を圧迫するものであるから、強い動悸をおぼえることを恟という。匈の初文は凶。凶・兇・匈・胸・恟は一系の字。恟は古い字書にみえず、兇の後起の字であろう。

訓義 ①おそれる。②兇と通用する。

古訓 〔字鏡集〕恟　ヲソル

【恟駭】がい　おそれてびくびくする。唐・柳宗元〔海賈を招く文〕恟駭愁苦して、以て其の歸るを忘る。

【恟恟】きょう　おそれおののく。唐・張濛〔鎮国軍節度使李公（元諒）功徳頌序〕賊（朱）泚、敗れんことを憂ひ、躬ら全軍を率ゐ、其の恟恟の徒を駈りて、我が堂堂の衆を拒ぐ。一鼓して北に竄れて死せり。

【恟懼】く　おそれおののく。〔後漢紀、光武帝紀五〕（耿）弇、乃ち斬る所の（首）級を収めて以て歸り、巨野の城中に示す。城中恟懼し、夜、城を空しうして走る。

↑恟然　おそれさわぐ

【拱】 9 5408 キョウ こまねく かかえる

篆文

形声 声符は共。共は左右の手にものをもち奉ずる形。拱は前で両手を組む拱手をいう。〔説文〕十二上に「手を斂むるなり」とあり、拱手して拝する姿勢をいう。手は左外右内、女子はこれと逆にする。凶礼のときには、男女とも逆とする。拱木は一かかえの木。

訓義 ①礼するときの姿勢、こまねく、手をつかねる、うやうやしい。②両手でかかえる、だく、もつ。③とりまく、めぐる。

古訓 〔名義抄〕拱　コマヌク・アキラカナリ・ノゾム・マキル・ウダク・イダク・タムダク・タ、ク・トル　〔字鏡集〕拱　コマヌク・テヲタムタク・タ、ムキ・イダク・ニギル・ノゾム・アキラカ・ヲサム・ノル・ユヅル・タ、ク・ツル・トル

語系 拱・共・拲kiongは同声。みな前や胸もとに両手をあげる姿勢をとる。拲は手械、手錠をいう。

【拱護】ご　とりまいて護る。〔宋史、岳飛伝〕建康を要害の地と爲す。宜しく兵を選びて靜守すべし。仍ほ兵を益して淮を守り、腹心を拱護せん。

【拱手】しゅ　両手を胸にあてて拝する礼。〔礼記、曲礼上〕先生に道に遭へば、趨りて進み、正しく立ちて拱手す。先生之れと言ふときは、則ち對ふ。

【拱辰】しん　衆星が北極星を中心にめぐるように、天下の帰することをいう。〔論語、為政〕政を爲すに德を以てせば、譬へば北辰の其の所に居て、衆星の之れに共（拱）ふが如し。

【拱聴】（ちやう）　恭聴。南朝宋・何承天〔宗居士に答ふる書〕練形澄神の緣、罪福起滅の驗、皆條貫有り。吾れ、讜言（正しいことば）を拱聽し、申旦（夜明けまで）に寢ぬることを忘る。

【拱璧】へき　大璧玉。北周・王褒〔象経の序〕片言も拱璧より崇く、一德も華袞（貴族の服）を踰ゆ。

【拱木】一かかえの木。〔国語、晋語八〕拱木は危きに生ぜず、松柏は埤きに生ぜず。

【拱默】手をこまねき、黙する。〔漢書、鮑宣伝〕句容(逆らわず)曲従を以て賢と爲し、拱默戸禄(無為にして禄を食む)を以て智と爲す。

↑拱衛 衛護する／拱己 垂拱／拱形 弧形／拱押 おしこむ／拱候 まつ／拱樹 拱木／拱繞 めぐる／拱鼠 立って拱手する鼠／拱動 聳動する／拱伏 敬服する／拱抱 一かかえ／拱北 北辰をめぐる／拱嘿 拱默／拱挹 拱揖／拱揖 お辞儀する／拱立 拱手して立つ

↓盈拱・夾拱・高拱・合拱・尋拱・垂拱・趨拱・星拱・静拱・大拱・端拱・張拱・把拱・拝拱・扶拱・北拱・木拱

常【挟】9 〔挾〕10 5403

キョウ(ケフ) ショウ(セフ)
はさむ さしはさむ もつ たのむ ゆきわたる

篆文 

形声 旧字は挾に作り、夾声。夾は両脇に人をかかえる形で、挾の初文。〔説文〕十二上に「俾け持つなり」という。〔書、多方〕の「夾介」は「挾介」の意。書を携えることを挟書、たのみとして傲ることを「勢を挟む」「賢を挟む」のようにいう。普くゆきわたることを「挟洽」といい、そのときはショウの音でよむ。

訓義 [1]はさむ、さしはさむ、わきばさむ、かかえもつ、身にもつ。[2]たのみとする、おごる、心にもつ。[3]はさみもつもの、はし。[4]浹・帀と通じ、ゆきわたる、めぐる。

古訓 〔名義抄〕挾 ハサム・ワキハサム・メグラス・トル・サシハサム 〔字鏡集〕挾 ハサム・サシハサム・イダク・サキハサム・タモツ・メグラス・ソナフ・トル

語系 挾hyapは夾keapの動詞形ともみるべき語。頰kyap、脅(脇)xiap、胠(腋下)khiapは同系の語である。

【挟悪】邪心をもつ。〔新語、術事〕徳を懷く者には應ずるに福を以てし、惡を挾む者には報ずるに凶を以てす。德薄き者は位危く、道を去る者は身亡ぶ。

【挟姦】姦人を仲間とする。〔漢書、孔光伝〕(王)嘉、傾覆巧僞、姦を挾みて以て上を罔し、黨を崇くして以て朝を蔽ひ、善を傷りて以て意を肆にす。~其れ嘉を免じて庶人と爲し、故郡に歸らしめよ。

【挟貴】身分を鼻にかける。〔孟子、尽心上〕貴を挾みて問ひ、賢を挾みて問ひ、長を挾みて問ひ、勳勞有るを挾みて問ひ、故(旧)を挾みて問ふは、皆答へざる所なり。

【挟義】正義を恃む。〔尉繚子、攻権〕凡そ義を挾みて戰ふ者は、我より起すことを貴ぶ。

【挟琴】琴をたずさえる。〔晋書、阮籍伝〕籍又能く青白眼を爲す。~(嵇)喜の弟康、之れを聞き、乃ち酒を齎らし、琴を挾みて造る。

【挟経】書物をもつ。〔国語、呉語〕十旌に一將軍あり、常(旗)を載せ鼓を建て、經(兵書)を挾み枹を秉る。萬人以て方陣を爲す。

【挟洽】あまねくゆきわたる。〔荀子、儒效〕善を盡して挾洽するを之れ、神と謂ふ。

【挟纊】綿入れを着る。慰労に感激するたとえ。〔左伝、宣十二年〕楚子、蕭を伐つ。~師人に寒ゆるもの多し。王、三軍を巡り、拊ちて之れを勉ます。三軍の士、皆纊を挾むが如し。

【挟詐】詐を設ける。〔史記、白起伝〕武安君計りて曰く、~盡く之れを殺すに非ずんば、恐らくは亂を爲さんと。乃ち詐を挾んで盡く之れを阬殺す。~趙の人、大いに震ふ。

【挟筴】竹簡の巻物をかかえもつ。〔荘子、駢拇〕臧と穀と二人、相ひ與に羊を牧し、倶に其の羊を亡ふ。臧に奚をか事とせると問へば、則ち筴を挾みて書を讀みしなりと。

【挟山】山を小脇にかかえる。不可能なたとえ。〔孟子、梁恵王上〕太山を挾んで以て北海を超えんとす。人に語りて曰く、我能はずと。是れ誠に能はざるなり。

【挟持】もつ。心にもつ。宋・蘇軾〔留侯論〕大勇有る者は、卒然として之れに臨むも驚かず。故無くして之れに加ふるも怒らず。此れ其の挾持する所の者甚だ大にして、其の志甚だ遠ければなり。

【挟術】策略を心にいだく。〔三国志、魏、鍾会伝〕或るひと曰く、~會は術を挾みて保し難し。專ら任ずべからずと。

【挟書】書をもつ。秦の始皇の三十四年、医薬卜筮種樹の書以外もつことを禁じた。挟書の律という。〔漢書、恵帝紀〕(四年)三月甲子、皇帝冠し、天下に赦す。法令の吏民を妨ぐる者を省き、挾書の律を除く。

【挟勢】威勢を笠にきる。〔唐書、柳仲郢伝〕劍南東川節度使に擢んでらる。大吏邊章簡、勢ひを挾みて貪を肆にし、前帥制すること能はず。仲郢事に因りて之れを殺す。官下肅然たり。

↑挟介 さしはさむ／挟格 規則通り／挟撃 夾撃／挟賢 賢ぶる／挟功 功を恃む／挟攻 夾攻／挟恨 恨む／挟才 才を恃む／挟策 挟筴／挟子 子連れ／挟侍 夾侍／挟日 十日／挟邪 挟悪／挟旬 十日／挟制 おさえさまたげる／挟箭 矢をさしはさむ／挟蔵 私蔵する／挟帯 もつ／挟知 知らぬふり／挟扶 扶持する／挟輔 輔佐する

【洶】9 3712

キョウ
みずわく

篆文 

形声 声符は匈。匈は胸の初文。むねさわぐように、さわぐさまを恟といい、波だつさまを洶という。〔説文〕十一上に「洶洶、涌くなり」(段注本)とあり、水のわきあがる勢いをいう。

訓義 [1]みずがわく。[2]洶洶は水勢、騒ぎ乱れる、また鼓動のはげしいさま。

古訓 〔名義抄〕洶 トクナガル

【洶洶】騒ぎ乱れる。〔宋史、神宗紀賛〕青苗・保甲~の法既に立ち、天下洶洶として騷動し、慟哭流涕する者、踵を接して至る。

【洶動】大騒ぎする。〔宋史、河渠志七〕運河、州前より北郭に至る、~將に工を興さんとする毎に、市肆洶動し、公私騷然たり。

【洶涌】水勢がわき上がる。唐・李白〔当塗の趙炎少府の粉図山水歌〕詩 驚濤洶涌して、何れの處にか向ふ 孤舟一たび去りて、歸年に迷ふ

↑洶淵 水がわきたつ淵／洶焉 洶洶と騒ぎ乱れるさま／洶赫 盛んなさま／洶急 激しく流れる／洶歘 怒濤／洶擾 騒ぎ乱れる／洶怒 激揚する／洶怖 恐怖／洶茫 広く遠い／洶猛 猛烈／洶湧 洶涌／洶溶 水が涌く

常【狭】9 4523 入〔狹〕10 4423 〔陜〕12 7121

キョウ(ケフ) コウ(カフ)
せまい

形声 旧字は狹に作り、夾声。夾は腋下に人を挾む形で、狹の意がある。〔説文〕にみえず、〔玉篇〕に「今、闊狹と爲す」と

広狭の意とする。字が犬に従うのは、狭いけもの道の意であろう。

訓義 ①せまい、せばまる。②狭少、狭隘、広さの乏しいこと。

古訓 〔新撰字鏡〕狭 加万志々(かましし)〔名義抄〕狭 サジ・セバシ・ワキバサム〔字鏡集〕狭 サシ・サ、ニス・セハシ・ハサム・ワキハサム・シルス・マナブ

語系 狭・陿・陜heapは同声。陜は〔説文〕十四下に「隘(せま)きなり」、〔玉篇〕に「廣からざるなり」という。狭の本音は柙heapと同じく、柙檻(おり)の類をもいう。

【狭阸】きょう(けふ)あい せまくるしい。〔唐書、郭子儀伝〕洛陽は大盜より以來、焚埃略(ほぼ)盡く。～井邑は墟の如く、豺狼群嗥す。～且つ地狭阸、裁かに數百里のみ。險は防ぐに足らず、適だ鬪場と爲れるのみ。

【狭隘】きょう(けふ)あい せまい。〔東観漢記、陰興伝〕期門僕射と爲り、上の出入に從ふ。常に小蓋を操り、疾風暴雨には、左右を屏翳し、泥塗狭隘には、自ら車下に投じ、袴を脱ぎ履を解く。

【狭斜】きょう(けふ)しゃ 斜めの狭い道。遊里。唐・盧照鄰〔長安古意〕詩 長安の大道、狭斜に連なる 青牛白馬、七香車 玉輦縱橫、主第を通ぎり 金鞍絡繹として、侯家に向ふ

【狭邪】きょう(けふ)じゃ 狭斜。いろまち。唐・王昌齢〔烏棲曲〕詩 白馬、朱車を逐ひ 黃昏、狭邪に入る

【狭小】きょうしょう(けふせう) せまくるしい。〔漢書、游俠、楼護伝〕長安中に家す。時に成都侯商～往いて護の家に至る。家狭小にして、官屬、車下に立つ。

【狭浅】きょう(けふ)せん せまく浅い。〔越絶書、内伝陳成恒〕魯の伐ち難きは何ぞや。～其の城は薄くして卑く、池は狭くして淺く、其の君は愚にして不仁、其の大臣は僞にして用無し。～此れ與に戰ふべからず。君、吳を伐つに如かず。

【狭中】きょうちゅう(けふ) 心が狭い。魏・嵇康〔山巨源(濤)に与へて交はりを絶つ書〕吾れは直性狭中にして、堪へざる所多し。偶足下と相ひ知れるのみ。

【狭薄】きょう(けふ)はく 土地がせまくやせている。〔史記、貨殖伝〕卓氏曰く、此の地狭薄なり。吾れ聞く、汶山の下に沃野あり～と。乃ち遠く遷らんことを求む。

【狭路】きょう(けふ)ろ せまい道。魏・阮籍〔詠懐、八十二首、十〕詩 捷徑、狭路に從ふ 僶俛として荒淫に趨く 焉くんぞ、王子喬の 雲に乘じて鄧林に翔けることを見ん

【狭廬】きょう(けふ)ろ せまい家。〔淮南子、説林訓〕陶人は缺盆を用ひ、匠人(大工)は狭廬に處る。爲くる者は用ふることを得ず、用ふる者は肯て爲らず。

【狭陋】きょう(けふ)ろう せまくるしい。〔梁書、諸葛璩伝〕後生就學する者日に至るも、居宅狭陋にして、以て之れを容るる無し。太守張友、爲に講舍を起せり。

↑狭義 広義に対して、厳密な意味で規定する／狭急 心狭く急／狭郷 地がせまい／狭巷 露地のようなせまい家なみ／狭迮 狭くるしい／狭窄 狭迮／狭弱 狭く弱い／狭長 細長い／狭迫 狭くるしい／狭量 度量が小さい／狭劣 つまらぬ

↓阸狭・隘狭・詭狭・狷狭・広狭・猜狭・窄狭・識狭・短狭・地狭・迫狭・偪狭・偏狭・阨狭

【県】 9 2633

篆文 

キョウ(ケウ) さらしくび

象形 首を倒さまに懸けている形。梟首の象。〔説文〕九上に「到首なり。賈侍中(逵)の説に、此れ断首到縣の県の字なり」という。縣の略字として用いる県と、声義異なる。〔漢書、高帝紀上〕「故の塞王欣の頭を～梟す」の〔注〕に「梟は首を木上に縣くるなり」とあり、縣はその首を縄(系)で懸け垂れている形。〔玉篇〕に「野王謂ふ、首を木上竿頭に縣けて、以て大辠(罪)を肆らす。秦の刑なり」とみえる。

訓義 ①さらす、さらし首。②通じて梟に作る。

部首 〔説文〕〔玉篇〕に縣の一字を屬し、〔玉篇〕に「今、俗に懸に作る」という。懸は後起の字である。

語系 県・梟kyôは同声。鳥を木に繫けるのは、鳥追いのためであろう。烏や於の初形も、死鳥やその羽をかけ渡した形で、鳥追いの俗を示す字形である。

【矜】 9 1822

篆文 

キョウ キン カン(クヮン) あわれむ ほこる

形声 声符は今。〔説文〕十四上に「矛の柄なり」とあり、矛を意符とする字である。それが原義であろうが、用例はない。哀矜・矜持のように用いる。矛の柄を矛槿といい、矜にも槿の声がある。また「鰥寡」を「矜寡」に作ることがあり、鰥の義にも用いる。おそらく矛槿が字の原義、他の声義は仮借通用の義であろう。矜を哀矜の意とするのは、〔方言、一〕によると斉・魯の間の語であり、矜式の意は敬、矜急の意は緊、矜寡の意は鰥の仮借であろう。通用義の多い字である。

訓義 ①ほこの柄、矛槿。②あわれむ、あやぶむ、めぐむ。③ほこる、おごる、おごそか、たっとぶ。④敬と通じ、つつしむ、うやまう。⑤緊と通じ、にわか、そばだてる、くるしむ。⑥鰥と通じ、やもお、老いて妻なきもの。

古訓 〔名義抄〕矜 オホキニス・フトシ・メグム・ハタエ・カナシブ・ホシマ、・ホコル・オゴル・アハレフ〔字鏡集〕矜 ハタエ・アハレム・ホシイマ、・ホコル・オホキニス・メグム・エ・コトシ・カナシム・ホコノカラ・ホコノツカ・ヲゴル

【矜哀】きょうあい あわれむ。〔左伝、成十三年〕君若し諸侯を惠顧し、寡人を矜哀して之れに盟を賜はば、則ち寡人の願ひなり。～豈に敢て亂を徼めんや。

【矜育】きょういく(ゐく) あわれみ育てる。晉・李密〔情事を陳ぶる表〕伏して惟ふに、聖朝孝を以て天下を治む。凡そ故老に在りてすら、猶ほ矜育を蒙る。

【矜夸】きょうか(くわ) ほこる。〔漢書、地理志下〕太原・上黨、又晉の公族子孫多し。詐力を以て相ひ傾け、功名を矜夸す。仇に報ずること直(適当)に過ぐ。嫁取(娶)し、死を送ること奢靡なり。

【矜寡】かんか(くわんくわ) 老いて配偶のないもの。〔礼記、礼運〕天下を公と爲す。～故に人、獨り其の親を親とせず、獨り其の子を子とせず。～矜寡・孤獨・廢疾の者をして、皆養ふ所有らしむ。

【矜貴】きょうき たかぶる。えらそうにする。〔晋書、王恭伝〕自ら北府に在り、簡惠を以て政を爲すと雖も、然れども自ら矜貴して、下と殊隔す。

【矜糾】きょうきゅう(きう) さからい争う。〔荀子、議兵〕旁辟曲私の屬、之れが爲に化して公に、矜糾收繚(人の美をかすめ争う)の屬、之れが爲に化して調ふ。夫れ是れを之れ、大化至一と謂ふ。

【矜救】きょうきゅう(きう) あわれみ救う。〔後漢書、蔡邕伝〕邕～黥首刖足、繼ぎて漢史を成さんことを乞ふ。士大夫多く之れを矜救せんとするも、得ること能はず。～邕、遂に獄中に死せり。

【矜競】きょうきょう(きやう) 才能をきそう。〔陳書、文学、陸琰伝〕琰、嗜欲寡なく、矜競すること鮮なく、心を經籍に遊ばせて晏如たり。

【矜驕】きょうきょう(けう) ほこりおごる。唐・李白〔行行且遊猟篇〕詩 胡馬、秋肥えて、白草に宜し 騎し來つて、影を蹋むこと何ぞ矜驕なる

【矜厳】きょうげん つつしみふかく、おごそか。〔後漢書、張湛伝〕張湛～矜嚴にして禮を好み、動止、則有り。幽室に居處し、必ず自ら修整す。妻子に遇ふと雖も、嚴君の若し。

【矜功】きょうこう 功をほこる。〔戦国策、斉四〕德無くして其の福

を望む者は約しみ、功無くして其の祿を受くる者は辱かしめらる。〜故に曰く、功を矜れば立たず、虛願は至らずと。
【矜恃】 自負する。〔三国志、呉、陸遜伝〕諸將軍、或いは是れ孫策の時の舊將、或いは公室貴戚にして、各〻自ら矜恃して、相ひ聽從せず。
【矜尚】 ほこりたかぶる。〔呂覽、節喪〕今、世俗大亂の主、愈〻其の葬を侈にするは、則ち心、死者の爲に慮るに非ざるなり。生者以て相ひ矜尚するなり。
【矜式】 つつしんで模範とする。〔孟子、公孫丑下〕我、中國(国中)にして孟子に室を授け、弟子を養ふに萬鍾を以てし、諸大夫國人をして皆矜式する所有らしめんと欲す。子盍ぞ我が爲に之れを言はざる。
【矜飾】 身を飾ることをほこる。〔塩鉄論、通有〕民淫にして末を好み、侈靡にして本を務めず、田疇修まらず、男女矜飾す。家に斗筲(わずかのたくわえ)無きも、鳴琴室に在り。
【矜慎】 つつしみ深い。〔漢学師承記、二、沈彤〕彤、述作すること矜愼、輕意に筆を下さず。〜以て近日の士大夫、成書に急にして、鹵莽(粗雑で整わない)滅裂(きれぎれ)の譏りを蹈む者に視ぶれば、霄壤(天地)の分有り。
【矜人】 貧窮のあわれむべき人。〔詩、小雅、鴻鴈〕爰に矜人に及び 此の鰥寡(やもめの男・女)を哀れめ
【矜躁】 おごって落ちつきがない。〔南史、鄭紹叔伝〕性頗ぶる矜躁にして、權勢を以て自ら居る。然れども能く心を傾けて物に接し、擧薦する所多し。士も亦た此れを以て之れに歸す。
【矜寵】 寵をほこる。〔五代史、唐臣、安重誨伝〕其の盡忠勞心、時に補益有りと雖も、功を恃み寵を矜り、威福自ら出だす。旁に賢人君子の助け無し。其の獨見の慮、禍釁(災いや争い)の生ずる所なり。
【矜伐】 ほこる。〔隋書、李諤伝〕然らば則ち人臣の道は、力を陳べ時を濟ひ、勤むること大禹に比し、功師望(太公望)の如きと雖も、亦た厚く自ら矜伐して、上君父に要むることを得ず。
【矜露】 自慢して人に示す。〔元史、儒学一、許謙伝〕謙、矜露することを喜ばず。爲る所の詩文も、經義を扶翼し、世教を張維するに非ざれば、則ち未だ嘗て輕〻しく之れを書に筆せざるなり。
↑矜異 異をほこる/矜允 許す/矜侉 ほこる/矜誇 ほこる/矜偽 表面を飾る/矜急 気短い/矜倨 おごる/矜矜 謹む/矜彊 強がる/矜謹 矜矜/矜絜 謹む/矜衒 てらう/矜顧 憐れむ/矜弘 寛大にする/矜察 推察する/矜肆 ほしいままにする/矜示 ほこる/矜持 矜恃/矜慈 いつくしむ/矜奢 ほこりおごる/矜恤 あわれむ/矜恕 あわれみゆるす/矜縦 ほしいままにする/矜色 おごる/矜賑 救う/矜請 めぐむ/矜全 保全する/矜前 見せほこる/矜然 ほこる/矜争 功を争う/矜惻 悼む/矜泰 おごる/矜大 尊大にする/矜歎 なげく/矜誕 でたらめ/矜張 誇張する/矜飭 謹む/矜蕩 気ままにする/矜独 慎独/矜納 ゆるす/矜能 才能をほこる/矜愍 憐れむ/矜憫 矜愍/矜負 自負する/矜誣 欺く/矜愎 もとる/矜奮 励む/矜勉 勉める/矜邁 おごる/矜満 おごる/矜勇 勇をほこる/矜宥 ゆるす/矜厲 おごそかにする/矜憐 あわれむ
↓哀矜・懷矜・驕矜・敬矜・夸矜・誇矜・志矜・自矜・慈矜・仁矜・垂矜・節矜・操矜・伐矜・愍矜・奮矜

常【恐】 10 1733 〔恐〕 10 1733 キョウ おそれる かしこまる

篆文

古文

金文

形声 声符は巩。巩は𠃨具の工を掲げる形で、神を迎え、神を送るときの所作。〔説文〕十下に「懼るるなり」とあり、神に対して恐懼することをいう。巩は金文の〔毛公鼎〕に「烏虖趯るる余小子、家艱に湛れみ、永く先王に巩れあらしめんとす」、また〔師嫠𣪘〕に「巩みて王に告ぐ」のように用い、恐の初文。のちその心情を示す意で恐となった。

訓義 [1]おそれる、かしこまる、はばかる。[2]おどす、おそれさせる。[3]おそらくは、うたがうらくは、たぶん。

古訓 〔名義抄〕恐 オヅ・カシコマル・オドス・オソル 〔字鏡集〕恐 オソル・カシコマル・オドス・スツ・シタシ

語系 恐khiong、凶xiongは声義近く、恐は神に対して恐懼の念を抱くこと、凶は凶悪の事態に対して恐懼する意。

【恐駭】 おそれおどろく。〔新序、義勇〕齊の崔杼の莊公を弑するや、陳不占〜君の難を聞きて將に之れに赴かんとす。〜戰鬭の聲を聞き、恐駭して死せり。人曰ふ、不占は仁者の勇と謂ふべしと。
【恐猲】 おどす。〔戦国策、趙二〕是の故に横(連衡)人、日夜務めて、秦權を以て諸侯を恐猲し、以て地を割かんことを求む。願はくは大王之れを熟計せよ。
【恐悸】 おそれおののく。唐・柳宗元〔乞巧文〕左低右昂、鬭冒衝突す。鬼神も恐悸し、聖智も危慄す。泯焉として直ちに透り、至る所一の如し。
【恐脅】 おどす。〔梁書、賀琛伝〕若し家〻搜檢せば、更〻相ひ恐脅して、以て財帛を求めん。禍萌を長ずるに足るも、治道に益無し。
【恐懼】 おそれつつしむ。〔易、震、象伝〕洊りに雷あるは震なり。君子以て恐懼して脩省す。
【恐惶】 恐懼。〔呉越春秋、句践伐呉外伝〕陣兵未だ濟らざるに、秦兵降る。諸侯怖懼して、皆恐惶す。
【恐愼】 おそれつつしむ。〔晏子、雑上二十六〕燕の游士に泯士午といふ者あり。〜言に文章有り、術に條理有り。〜晏子を睹て、恐愼して言ふこと能はず。晏子、之れに假すに悲色を以てし、之れを開くに禮顏を以てす。
【恐怖】 おそれる。〔三国志、魏、方伎、管輅伝〕(劉)邠曰く、此の郡の官舍に連りに變怪有り。人をして恐怖せしむ〜と。輅曰く、或いは漢末の亂に、兵馬擾攘し、軍屍流血、丘山を汙染せるに因るならん。故に因りて昏夕に多く怪形有るなり〜と。
【恐惑】 おそれまどう。〔史記、晋世家〕十年、秦、梁を滅ぼす。梁伯、土功を好み、城溝を治め、民力罷れ怨む。其の衆數〻相ひ驚きて曰く、秦の寇至ると。民恐惑す。秦竟に之れを滅ぼす。
↑恐畏 おそれる/恐嚇 おどす/恐喝 恐猲/恐愒 恐喝/恐恐 おそれるさま/恐慌 あわてる/恐縮 おそれかしこまる/恐悚 おそれる/恐竦 おそれすくむ/恐色 おそれる色/恐動 おそれ動揺する/恐逼 恐脅/恐諛 おそれへつらう/恐慄 おそれおののく
↓威恐・畏恐・脅恐・驚恐・惶恐・心恐・振恐・深恐・震恐・惴恐・誠恐・大恐・憚恐・悼恐・蕩恐・恫恐・迫恐・憂恐

常【恭】 10 4433 〔龔〕 24 0641 キョウ つつしむ うやうやしい

篆文

金文
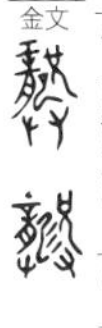

形声 声符は共。共の金文形は玉などの呪器を奉ずる形で、恭敬の意を含む。〔説文〕十下に「肅むなり」という。金文に〔伯㦰𣪘〕「德を秉ること共屯(恭純)」、〔叔向父禹𣪘〕「明德を共む」のように共を用いる。金文に別に龏・𪚺などの字があって、供・恭の意に用いる。〔三体石経〕の古文にその字がある。龍(竜)形の呪器を奉ずる儀礼であるらしく、兄は巫祝。その呪儀は巫祝者の行うところであった。

訓義 ①つつしむ。②うやうやしい、へりくだる。③つかえる、ささげる。④供と通じ、そなえる。

古訓 〔名義抄〕恭 ウヤマフ・ヰヤマフ・ウヤ・ヰヤ・ウヤ〳〵シ・ヰヤ〳〵シ・ツ、シム・カシコマル・マモル・ミテリ・カサヌル／足恭 ネコウヤ 〔字鏡集〕恭 カシコマル・ノリ・ミテリ・ヲドロク・ウヤマフ・ウヤ・ツ、シム・マモル・コト・カサヌ・ウヤ〳〵シ

【恭惟】つつしんで思う。漢・王褒〔聖主、賢臣を得るの頌〕恭みて惟ふに、春秋の法、五始の要は、己を審らかにして、統を正すに在るのみ。

【恭恪】うやまう。〔国語、楚語上〕卿より以下、師長士に至るまで、苟くも朝に在る者は、我を老耄なりと謂ひて我を舍くこと無かれ。必ず朝に恭恪し、朝夕に以て交我を戒めよ。

【恭己】身をつつしむ。〔論語、衛霊公〕無爲にして治まる者は、其れ舜なるか。夫れ何をか爲さんや。己を恭しうして、正しく南面するのみ。

【恭勤】つつしみつとめる。〔北斉書、趙郡王琛伝〕高祖の弟なり。～既に禁衞に居り、恭勤愼密にして、左右に率先す。

【恭謹】つつしみ深い。〔史記、蕭相国世家〕相國年老い、素より恭謹なり。入りて徒跣して謝す。高帝曰く、相國休めよ～と。

【恭敬】つつしみ深い。〔礼記、内則〕異に孺子の室を宮中に爲り、必ず其の寬裕・慈惠・溫良・恭敬にして、愼みて言寡なき者を求めて、子の師爲らしむ。

【恭儉】つつしみ深い。〔論語、学而〕子禽、子貢に問うて曰く、夫子の是の邦に至るや、必ず其の政を聞く。之れを求めたるか、抑いは之れを與へたるかと。子貢曰く、夫子は溫良恭儉讓、以て之れを得たりと。

【恭謙】つつしみ深く、ひかえめ。〔後漢書、皇后上、光武郭皇后紀〕(況)后の弟なるを以て貴重せられ、賓客輻湊す。況、恭謙にして士に下り、頗ぶる聲譽を得たり。

【恭行】つつしんで行う。〔書、牧誓〕今予れ發、惟れ恭んで天の罰を行ふ。今日の事、六歩・七歩に愆ぎずして、乃ち止まり齊へよ。

【恭順】うやうやしく従う。〔三国志、魏、梁習伝〕單于恭順し、名王(部族長)稽顙(降服)し、部曲の服事供職すること、編戶に同じ。

【恭承】うやうやしくうける。漢・賈誼〔屈原を弔ふ文〕恭しく嘉惠を承けて、罪を長沙に俟つ。側かに聞く、屈原自ら汨羅に沈めりと。

【恭人】つつしみ深い人。〔詩、大雅、抑〕溫溫たる恭人維れ德の基なり

【恭敏】つつしみ深くさとい。〔易林、坎之屯〕重耳(晋の文公)恭敏にして、讒に遇ひて出處し、北のかた戎狄に奔る。

【恭默】つつしみ深く、口数が少ない。〔三国志、蜀、劉巴伝〕猜嫌せらるるを懼れ、恭默にして靜を守る。退きて私交無く、公事に非ざれば言はず。

↑恭賀 謹賀／恭喜 敬祝／恭恭 恭しいさま／恭虔 恭敬／恭愿 誠実／恭厚 てあつい／恭士 恭人／恭者 恭人／恭肅 肅敬／恭讓 恭謙／恭職 職に励む／恭愼 つつしみ深い／恭節 恭丁寧で節度がある／恭遜 恭謙／恭卑 恭遜／恭密 愼重／恭約 つつしみ深く質素／恭和 つつしみ深く和やか

↓懿恭・允恭・温恭・協恭・敬恭・虔恭・厳恭・粛恭・斉恭・靖恭・足恭・致恭・篤恭・卑恭・不恭・貌恭・密恭・礼恭

【栱】

10 4498 キョウ くい ますがた

形声 声符は共。〔爾雅、釈宮〕に「杙の大なる者、之れを栱と謂ふ」とみえる。柱の上に設けて、上部をささえる。また、斗栱はますがた、とがた。

訓義 ①くい。②ますがた、ますがたのけた、とがた。

↑栱枅 ますがた／栱斗 ますがた

↓雲栱・枅栱・攢栱・朱栱・承栱・翠栱・層栱・殿栱・斗栱・梁栱

【框】

10 4191 キョウ(キャウ) かまち わく

形声 声符は匡。匡は枠どりしたもの。

訓義 ①かまち、門や窓のわく組み。②棺の入口。③制限、束縛。

常 【胸】

10 7722 ［匈］ 6 2772 ［胷］ 10 2722 キョウ むね

篆文 

形声 声符は匈。匈は胸の初文。〔説文〕九上に匈を正字とし、「膺なり」(段注本)と訓する。凶は死者の胸部に呪飾として×形の文身を加えた形。兇はその人、匈は側身形、胸は胸部をいう字。膺はおそらく擁の雍声をとる字であろう。

訓義 ①むね。②むねのうち、こころ。

古訓 〔名義抄〕胸 ムネ・マヘ・コ、ロ／半胸 ムナカキ

【胸宇】むねのうち。宋・王十朋〔畊畝、十首、八〕詩 黄卷、聖賢に對し 慷慨深く自ら許す 一朝出でて祿を干め得失、胸宇に戰ふ

【胸臆】むね。心の中。〔淮南子、俶真訓〕炎火洪水の天下に彌靡する有りと雖も、神(心)は胸臆の中に虧缺すること無し。

【胸懷】おもい。心の中。〔論衡、別通〕夫の大人の胸懷は一に非ず。才高く知大なり。故に其の道術に於ける、包まざる所無し。

【胸次】むねの中。清・鄭燮〔題画、竹〕忽焉として澹く、忽焉として濃やかなり。其の胸次を究むるに、萬象皆空し。

【胸中】心の中。明・王守仁〔泛海〕詩 險夷(難易)原と胸中に滯らず 何ぞ浮雲の太空を過ぐるに異ならん 夜靜かにして、海濤三萬里 月明に錫を飛ばして、天風を下る

【胸背】むねと背。前後。〔隋書、酷吏、趙仲卿伝〕微しく理ならざる者有れば、仲卿輒ち主掌を召し、其の胸背を撻ちたしめ、或いは衣を解き、荊棘中に倒曳せしむ。時人、之れを猛獸と謂ふ。

【胸腹】むねと腹。魏・曹冏〔六代論〕譬へば猶ほ股肱を芟刈して、獨り胸腹に任せ、舟を江海に浮べて、楫櫂を捐棄するがごとし。觀る者之れが爲に寒心す。

↑胸奧 心の奧／胸廓 むね／胸膈 膈膜／胸肝 肝胆／胸襟 むねの中／胸甲 むねあて／胸察 推察／胸心 内心／胸前 ふところ／胸喘 おそれてあえぐ／胸酥 乳房／胸蔵 むね深く／胸府 心／胸壁 胸骨／胸膺 むね／胸嘼 心でのしる／胸裏 むねの中

↓開胸・陷胸・貫胸・気胸・鳩胸・結胸・充胸・心胸・穿胸・酥胸・蔵胸・堆胸・椎胸・度胸・盪胸・洞胸・肺胸・披胸・拊胸・摩胸・満胸・扼胸・涌胸

常 【脅】

10 4022 キョウ(ケフ) キュウ(キフ) わき おびやかす

篆文

形声 声符は劦。劦は三本の力(耒)を合わせた形で共耕を意味し、協の初文。脅は肉(肉)に従う字で、その劦は肋骨の相並ぶ形に比したもの。一本を肋という。〔説文〕四下に「兩膀なり」と両脇の意とする。字は脇と同じ要素よりなるが、脅は劫と通じて脅迫の意にも用いる。

訓義 ①わき、わきばら、あばら、かたわら。②劫と通じ、おびやかす、せめる、せまる。③翕と通じ、おさめる、ひそめる、すぼめる。

古訓 〔名義抄〕脅 カタハラホネ・ワキ・オビヤカス・オビユ・スベテ・ノベテ 〔字鏡集〕脅 カタハラホネ・カタノホネ・ワキ・ヲユビ・スベテ・ノベテ・ヲビヤカス・ナツキ

声系 〔説文〕八下に脅声として歙を収め、「气を翕すなり」と訓する。胸の機能をいう字である。

語系 脅xiapは夾keap、挾(挟)hyap、頰kyapと同系の語。みな、左右相対し、また、左右より相持するものをいう。

【脅詘】おどして追いかえす。〔漢書、游俠、陳遵伝〕大臣、遵を薦めて、大司馬護軍と爲す。歸德侯劉颯と倶に匈奴に使す。單于、遵を脅詘せんと欲す。遵、利害を陳べ、爲に曲直を言ふ。單于大いに之れを奇とし、遣り還す。

【脅肩】肩をすぼめる。〔孟子、滕文公下〕曾子曰く、肩を脅めて諂ひ笑ふは、夏畦(夏の畑仕事)よりも病ると。

【脅従】おどされて従う。〔三国志、魏、鄭渾伝〕(梁)興等、破散す。竄れて山阻に在り。隨ふ者有りと雖も、率ね脅從するのみ。今、當に廣く降路を開いて、恩信を宣喩すべし。

【脅辱】おどしてはずかしめる。〔唐書、薛戎伝〕之れを它館に囚し、兵を環らして之れを脅辱す。月を累ぬるも、戎、終に屈することを爲さず。淮南の節度使杜佑、之れを聞き、(柳)冕を書責す。會冕も亦た病死し、解くことを得たり。

【脅迫】おどしつける。〔後漢書、申屠蟠伝〕居ること幾くも無くして、(荀)爽等、(董)卓の脅迫する所と爲り、西のかた長安に都し、京師擾亂す。

➡脅衣 はら帯／脅威 おどす／脅嚇 おどす／脅求 強要する／脅劫 おどす／脅恐 おどす／脅閲 恐れる／脅降 おどして降服させる／脅骨 肋骨／脅持 屈する／脅取 おどし取る／脅制 強制する／脅息 息を殺す／脅奪 おどし奪う／脅痛 肋膜炎／脅逼 脅迫する／脅服 強制する／脅略 掠める／脅陵 しのぐ／脅斂 おどし取る／脅肋 あばら

➡威脅・劫脅・挟脅・鼓脅・折脅・前脅・逼脅・駢脅・誘脅・両脅・連脅

常

【脇】 10 7422 ［脅］ 10 4022

キョウ(ケフ)

わき

篆文

形声 声符は劦。〔説文〕四下に脅を正字とし「兩膀なり」という。脇はその異体字。声義すべて脅と同じ。ただ慣用として、脇を脅迫の意に用いることはない。

訓義 ①わき、わきばら、あばら。②かたわら。

古訓 〔篇立〕脇 ワキ・タ(オ)ビヤカス・ナヅキ・カタハラホネ・スベテ・ノヘテ

＊語彙は脅字条参照。

【陜】 10 7423 ［陿］ 12 7121

キョウ(ケフ) コウ(カフ)

やまあい せまい

篆文

形声 声符は夾。〔説文〕十四下に「隘きなり」、〔玉篇〕に「廣からざるなり」とあって、狭小・狭隘の意に用いる。狭(狭)と声義同じ。ただ字形をもっていえば、狭は獣の通る獣みち、陜は神梯の象である𨸏に従っており、人の往来しがたいような、険峻な聖所の状態をいう字である。

訓義 ①やまかい、やまあい、かい。②せまい。

古訓 〔字鏡集〕陜 ヤマサキ・セキ・サミス・セバシ

語系 陜(陿)・狭・峡(峡)heapは同声。みな狭隘の意のある語である。

参考 陜は夾声で、別の字。陜西など、地名に用いる。

【陜阸】狭くけわしい。〔漢書、刑法志〕秦人、其の民を生くさしむること陜阸、其の民を使ふこと酷烈なり。之れを劫かすに勢を以てし、之れを隱むるに阸を以てす。

【陜隘】狭い。〔史記、李斯伝〕李斯乃ち獄中より書を上りて曰く、臣、丞相と爲り、民を治むること三十餘年、秦の地の陜隘なるに逮ぶ。先王の時、秦の地は千里に過ぎず〜と。

➡陜坐 狭い席／陜室 狭い室／陜小 狭く小さい／陜薄 狭い荒地／陜腹 腹をしめる

常

【強】 11 1323 ［强］ 12 1623 ［彊］ 16 1121

キョウ(キャウ) ゴウ(ガウ)

つよい しいて

篆文

籀文

甲骨文

金文

会意 弘+虫。弘は弓弦を外している形。ムはその外れている糸。虫はおそらく天蚕から抽出したもので、他の弓弦よりも強力であることを示す。〔説文〕十三上に「蚚なり」とし、弘声とするが、それは「強蚚」の名によって強を解するもので、弘は意符とみるべきである。金文の字形は彊に作り、疆の意に用い、境界をいう。強弱とは別義の字。強は弓弦の強靭であることを示し、それより強力・強健・勉強の意となる。

訓義 ①つよい、弓弦に力のあること。②力があること、すこやか、さかん、大きい。③かたい、こわばる。④かたくな、もとる、むり、つとめる、しいて。⑤四十歳を強という。⑥あまる、多い。

古訓 〔名義抄〕強 コハシ・コハシウス・ツヨシ・ツトム・ナマジヒ・ハカリ・ス、ム・アマレリ・スツ・ナマジ・アナガチニ・シフ・アツシ・サカヒ・カギリ／勉強 ツトメ・ツトム／木強 キコハシ

声系 〔説文〕に強声として繈・繦・勥を収める。繈は繈緥(むつき)。繦は索、また繦負の意。勥は勉強の字である。

語系 強・彊giang、健(健)gian、勍gyang、剛kang、勁kieng、堅kyenは声近く、みな強健の意がある。

【強飲】つとめて飲む。唐・杜甫〔小寒食、舟中の作〕詩 佳辰強飲すれば、食猶ほ寒し 几に隱りて蕭條、鶡冠(粗服)を戴く

【強韻】むずかしい韻字を用いる。〔梁書、王筠伝〕筠、文を爲りて能く強韻を壓し、公宴ある每に竝び作り、辭必ず妍美なり。(沈)約〜曰く、晩來の名家、唯だ王筠の獨步を見るのみと。

【強横】乱暴。〔後漢書、鮑永伝〕楊州の牧に遷る。時に南土、尙ほ寇暴多し。永、吏人痍傷の後なるを以て、〜強横を誅して、其の餘を鎭撫することを示す。百姓之れに安んず。

【強匄】むりに物を求める。〔左伝、昭六年〕楚の公子弃疾、晉に如き、〜鄭に過ぎる。〜芻牧採樵を禁じ、田に入らず、樹を樵らず、蓺ゑたるを采らず、屋を抽かず、強匄せず。

【強学】学問につとめる。〔礼記、儒行〕儒に席上の珍以て聘を待ち、夙夜強學して以て問ふを待ち、〜力行して以て取らるるを待つ有り。

【強悍】つよくてあらあらしい。宋・蘇洵〔石昌言の北に使するを送る引〕昌言〜乃ち天子の爲に、出でて萬里の外、強悍不屈の虜庭に使す。大旆を建て、從騎數百、送車千

乘。都門を出でて、意氣慨然たり。

【強諫】（きょう（きやう）かん） つよく諫める。〔左伝、僖二年〕宮之奇の人と爲りや、懦にして強諫すること能はず。且つ少きより君(所)に長じたり。君之れに暱し。諫むと雖も將に聽かれざらんとす。

【強顔】（きょう（きやう）がん） あつかましい。漢・司馬遷〔任少卿(安)に報ずる書〕今~圜牆(獄屋)の中に幽せらる。~以に是に至るに及んで、辱められずと言ふ者は、所謂強顔のみ。曷ぞ貴ぶに足らんや。

【強記】（きょう（きやう）き） 記憶力がすぐれる。晋・潘岳〔楊荊州(肇)の誄〕多才豐藝にして、強記洽聞なり。目に毫末をも睇み、心に無垠を筭ふ。

【強起】（きょう（きやう）き） むりに仕官させる。〔晋書、隠逸、郭翻伝〕安西將軍庾翼、帝舅の重きを以て、躬ら往きて翻に造り、之れを強起せんと欲す。

【強禦】（きょう（きやう）ぎょ） 横暴で勢力のある者。〔後漢書、党錮伝序〕李膺・陳蕃・王暢と更ゝ相ひ褒重す。學中の語に曰く、天下の模楷李元禮(膺)、強禦を畏れざる陳仲擧(蕃)~と。~公卿より以下、其の貶議を畏れざる莫し。

【強健】（きょう（きやう）けん） すこやか。元気。宋・陸游〔八十三吟〕詩 自ら安閑を愛して、寂寞を忘れ 天は強健を將て、淸貧に報ゆ

【強行】（きょうこう（きやうかう）） 努力して行う。〔老子、三十三〕人を知る者は智、自ら知る者は明、~足るを知る者は富み、強めて行ふ者は志有り。

【強梗】（きょうこう（きやうかう）） てごわい。乱暴。唐・韓愈〔原道〕之れが政を爲りて、以て其の怠勸を率ゐ、之れが刑を爲りて、以て其の強梗を鋤く。

【強項】（きょうこう（きやうかう）） 頭を下げない。〔後漢書、酷吏、董宣伝〕帝、小黃門をして之れを持し、宣をして叩頭して主に謝せしむ。宣從はず。強ひて之れを頓(首)せしめんとす。宣、兩手もて地に據り、終に俯するを肯へんぜず。~帝笑ひて~因りて勅し、強項令もて出ださしむ。

【強仕】（きょう（きやう）し） 四十歳。はじめて任官する。〔礼記、曲礼上〕四十を強と曰ふ。而して仕ふ。

【強志】（きょう（きやう）し） よく記憶する。〔淮南子、斉俗訓〕博聞強志、口辯辭給は、人智の美なり。而れども人主は以て下に求めず。

【強恣】（きょう（きやう）し） 勢力が強くほしいままに振る舞う。〔晋書、五行志中〕哀帝の隆和元年夏、旱す。是の時桓溫強恣にして、權、朝廷を制す。僭踰(身分をこえたふるまい)の罰なり。

【強者】（きょう（きやう）じゃ） つよい者。〔墨子、天志上〕強者は弱きを刦やかさず。貴者は賤しきに傲らず。詐者は愚を欺かず。

【強弱】（きょうじゃく（きやう）） 強と弱。〔荀子、議兵〕權の一より出づる者は強く、權の二より出づる者は弱し。是れ強弱の常なり。

【強取】（きょう（きやう）しゅ） むりに取る。奪う。〔左伝、襄二十三年〕欒氏は外よりするも、子は位に在り。其の利多し。既にして利權有り、又民の柄を執る。將た何ぞ懼れん。欒氏の得る所は、其れ唯だ魏氏か。而れども(之れを)強取すべきなり。

【強恕】（きょう（きやう）じょ） 努力して思いやりの心をもつ。〔孟子、尽心上〕萬物皆我に備はる。~強恕して行ふ。仁を求むること、焉れより近きは莫し。

【強醉】（きょう（きやう）すい） むりに酔う。宋・蘇軾〔劉孝叔に寄す〕詩 憂へ來つて盞を洗ひ、強ひて醉はんと欲するも 寂寞たる虛齋、空甑(空の徳利)に臥す

【強盛】（きょう（きやう）せい） つよくさかん。魏・曹冏〔六代論〕賈誼曰く、諸侯強盛なれば、亂を長じ姦を起さん。夫れ天下の治安を欲せば、衆く諸侯を建て、其の力を少なくするに若くは莫し。

【強大】（きょう（きやう）だい） つよく大きい。〔老子、七十六〕人の生きるや柔弱なり。其の死するや堅強なり。~強大なるは下に處り、柔弱なるは上に處る。

【強敵】（きょう（きやう）てき） つよい敵。〔戦国策、楚一〕棼冒勃蘇曰く、吾れ堅を被り鋭を執り、強敵に赴きて死せば、此れ猶ほ一卒なるのみ。諸侯に奔らんに若かずと。

【強盗】（ごうとう（がうたう）） 凶器や暴力で財物を奪う者。〔宋史、黄洽伝〕強盜は他盜に異なり。~若し止だ髡役のみならば、三年の後、圈檻(収容するおり)一たび弛まば豨突し四出し、善良の害を受くること、勝げて數ふべけんや。

【強半】（きょう（きやう）はん） 過半。唐・白居易〔冬夜、酒に対し皇甫十に寄す〕詩 十月、長夜に苦しむ 百年、強半の時 新たに一瓶酒を開く 那ぞ相ひ思はざるを得ん

【強偪】（きょうひょく（きやう）） 力でせまる。〔三国志、蜀、王連伝〕先主、事を葭萌(遠方の民)に起し、軍を進めて南に來る。連、城を閉して降らず。先主之れを義とし、強偪せざるなり。

【強弁】（きょう（きやう）べん） したたかな議論。〔北史、儒林上、張彫武伝〕遍く五經に通じ、~弟子遠方より業に就く者百を以て數へ、諸儒其の強辯に服す。

【強暴】（きょうぼう（きやうばう）） つよくてあらあらしい。〔荀子、富国〕國を持するの難易、強暴の國に事ふるは難く、強暴の國をして我に事へしむるは易し。

【強梁】（きょうりょう（きやうりやう）） 強暴で頑固。〔老子、四十二〕強梁なる者は其の死を得ず。吾れ將に以て教父(師)と爲さんとす。

【強力】（きょうりょく（きやう）） つよい力。〔文子、精誠〕萬物以て相ひ連なる有り、精氣以て相ひ薄る有り。故に神明の事は、智巧を以て爲すべからず。強力を以て致すべからず。

↑強引 むりに行う/強援 強い援助/強押 強韻/強幹 すぐれた才能/強頑 頑固/強毅 つよい/強急 性急/強圉 強禦/強劫 掠める/強勁 健勁/強牽 強取/強亢 自負する/強合 強姦/強国 強い国/強策 強い鞭/強市 押し売り/強死 事故死/強識 強志/強辞 強弁する/強手 実力者/強酒 深酒/強寿 長寿/強笑 作り笑い/強臣 権臣/強親 近い親戚/強人 強力者/強靭 ねばりづよい/強制 強引/強勢 強い勢い/強請 ゆする/強僭 上をしのぐ/強宗 豪族/強貪 強欲/強致 むりに招く/強直 剛直/強丁 壮丁/強弩 強い弩/強忍 忍ぶ/強迫 強偪/強飯 強食/強筆 大著/強夫 強人/強負 むつきで負う/強愎 剛愎/強兵 強い兵/強勉 勉強する/強葆 むつき/強覧 博学/強立 屹立する/強陵 力で凌駕する/強戻 兇暴

↓外強・幹強・頑強・驍強・屈強・倔強・健強・牽強・堅強・康強・項強・剛強・豪強・自強・崇強・盛強・精強・宗強・増強・貪強・半強・富強・兵強・勉強・補強・暴強・木強・雄強・抑強・隆強・列強

常【教】 11 4844 〖敎〗 11 4844 キョウ(ケウ) コウ(カウ) おしえる

篆文
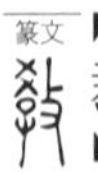
古文

甲骨文
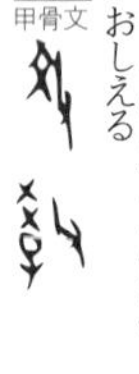
金文

会意 旧字は敎に作り、爻+子+攴。爻は屋上に千木のある建物。そこに子弟が学んだので、斈は學(学)の初文。古代のメンズハウスは神社形式に近い建物であったらしく、そこに貴族の子弟たちを集め、長老たちが伝統や儀礼の教育をした。卜辞に多方(多邦)の小子・小臣(貴族の子弟)を集めて教戒することを卜する例がある。金文の〔大盂鼎〕にも王が「小學に即く」ことをしるしており、他に「學宮」の名のみえるものもあ

る。周代教学の制度は〔周礼、春官、大司楽〕〔礼記、文王世子〕などに記すところが参考となる。〔説文〕三下に「上の施す所は、下の效ふ所なり」と教・效(効)の声韻の関係を以て訓し、字を孝に従うとするが、孝は老の省文に従うもので、爻とは関係がない。𡥈に攴を加え、また臼を加えた字は斆。攴は教権の鞭を示す。

訓義 1おしえる、おしえ。2学校。夏に教(校)、殷に庠、周に序という。3使役の助動詞。しむ、せしむ。

古訓 〔名義抄〕教 ノリ・ヲシフ・セシム・タカシ

部首 〔説文〕に斆をこの部に属し、學をその篆文とするが、〔書、説命下〕に「斆ふることは學ぶことの半ばなり」とあるように、斆・學は授受の関係にある字である。

語系 教keôk、效heô、學・斆heuk、𡥈keô は声義近く、同系の語。卜文に學を𡥈に作る。

【教育】きよういく(けうゐく) おしえそだてる。〔孟子、尽心上〕君子に三楽有り。~天下の英才を得て之れを教育するは、三の樂しみなり。

【教閲】きようえつ(けうえつ) 軍を教練する。〔李衛公問対、上〕諸葛亮、石の縱横を以て布きて八行と爲す。方陣の法は、卽ち此の圖なり。臣嘗て教閲するに、必ず此の陣を先にせり。

【教化】きようか(けうくわ) おしえ感化する。〔詩、大序〕先王是れを以て夫婦を經し、孝敬を成し、人倫を厚うし、教化を美くし、風俗を移す。

【教誡】きようかい(けうかい) おしえいましめる。〔風俗通、怪神〕南陽の來季德、停喪して殯(かりもがり)に在り。忽然祭牀上に坐す。~孫兒婦女に次を以て教誡し、事、條貫(道理、節道)有り。~其の後飮醉し、形壞る。但だ老狗を得たり。

【教誨】きようかい(けうくわい) おしえさとす。〔孟子、告子下〕教ふるにも亦た術多し。予れ之れが教誨を屑しとせざる者は、是れ亦た之れを教誨するのみ。

【教学】きようがく(けうがく) 教育。学校教育。また、おしえることと学ぶこと。〔礼記、学記〕學びて然る後に足らざるを知り、教へて然る後に困しむを知る。~故に曰く、教學相ひ長ずと。

【教義】きようぎ(けうぎ) おしえの趣旨。梁・任昉〔劉整を奏弾す〕人の無情なる、一に何ぞ此に至れる。實に教義の容れざる所、紳冕の共に棄つる所なり。

【教禁】きようきん(けうきん) おしえ禁ずる。唐・韓愈〔柳子厚墓誌銘〕子厚、柳州を得たり。既に至り歎じて曰く、是れ豈に政を爲すに足らざらんやと。其の土俗に因り、爲に教禁を設く。

【教訓】きようくん(けうくん) おしえる。おしえ。〔左伝、襄十三年〕楚子疾む。大夫に告げて曰く、不穀(諸侯の自称)不德にして少くして社稷に主となる。生まれて十年にして先君を喪ひ、未だ師保の教訓を習ふに及ばずして、多福を應受す(位を承ける)。

【教唆】きようさ(けうさ) そそのかし、悪事をさせる。宋・朱熹〔呂伯恭に答ふる書〕士人の法を犯す者、教唆把持すること、其の罪一ならず。

【教士】きようし(けうし) 訓練した兵士。〔史記、越王句践世家〕句踐復た范蠡に問ふ。蠡曰く、可なりと。乃ち習流二千人、教士四萬人、君子六千人、諸御千人を發し呉を伐つ。

【教授】きようじゆ(けうじゆ) おしえる。宋以後官名に用いる。〔史記、仲尼弟子伝〕孔子既に沒す。子夏、西河に居りて教授し、魏の文侯の師と爲る。

【教習】きようしゆう(けうしふ) おしえならわす。〔大戴礼、保傅〕胡越の人、~其の長じて俗を成すに及び、數譯を參ねて相ひ通行する能はず。死する有りと雖も相ひ爲くる能はざる者は、教習然らしむるなり。

【教沢】きようたく(けうたく) 教化のおかげ。〔戦国策、斉六〕丈夫の相ひ與に語るを聞くに、擧な曰く、田單の人を愛するは、嗟、乃ち王の教澤なりと。

【教典】きようてん(けうてん) 邦教の一。〔周礼、天官、大宰〕邦の六典を建つ。~二に曰く、教典。以て邦國を安んじ、以て官府を教へ、以て萬民を擾く。

【教導】きようどう(けうだう) おしえ導く。〔国語、晋語二〕申生、新城に奔る。杜原款將に死せんとす。~申生に告げしめて曰く、款や不才、寡智不敏にして、教導すること能はず。以て死に至らしむ。

【教督】きようとく(けうとく) おしえただす。〔漢書、楊惲伝〕足下其の愚蒙を哀れみ、書を賜うて教督するに、及ばざる所を以てす。殷勤甚だ厚し。

【教坊】きようぼう(けうばう) 唐以後、都に設けた音楽歌舞の教習所。〔唐書、百官志三〕開元二年、又內教坊を蓬萊宮側に置く。~京都に左右教坊を置き、俳優雜劇を掌らしむ。是れより太常に隸せず、中官を以て教坊使と爲す。

【教民】きようみん(けうみん) 民をおしえ導く。〔論語、子路〕子曰く、善人民を教ふること七年ならば、亦た以て戎(兵役)に卽かしむべし。

【教喩】きようゆ(けうゆ) おしえさとす。〔礼記、学記〕君子の教喩するや、道きて牽かず、強めて抑へず、開きて達せず。~善く喩すと謂ふべし。

【教令】きようれい(けうれい) 命令。〔史記、文帝紀〕渭北に軍せしめ、車千乘、騎卒十萬、帝親しく自ら軍を勞ひ、兵を勒して教令を申べ、軍の吏卒に賜ふ。

【教練】きようれん(けうれん) 兵士を訓練する。唐・杜甫〔崔十三評事公輔に贈る〕詩 陰沈たり、鐵鳳の闕 教練す羽林(武官の名)の兒

↑教安 手紙の末尾にそえる語/教意 教旨/教肄 教習/教戒 教誡/教勧 勧める/教諫 諫める/教言 おしえ/教綱 おしえの要綱/教指 教導/教示 おしえ示す/教辞 命令/教順 教化/教馴 ならす/教詔 ふれ/教条 法規/教場 講武所/教擾 教馴/教成 おしえこむ/教卒 教士/教達 教導/教治 教化/教勅 教戒/教道 教導/教徳 教化/教範 教科の典範/教鞭 教職/教法 教義/教本 教科書/教命 令旨/教諭 おしえさとす/教誘 おしえ導く/教養 学問/教勒 おしえ戒める

↓異教・遺教・陰教・往教・家教・外教・宮教・敬教・顕教・厳教・高教・国教・三教・指教・施教・師教・詩教・邪教・釈教・受教・儒教・宗教・殉教・順教・助教・承教・信教・垂教・世教・成教・声教・政教・清教・聖教・設教・説教・宣教・善教・大教・胎教・台教・調教・典教・伝教・道教・徳教・任教・背教・布教・婦教・風教・仏教・文教・奉教・密教・名教・明教・諭教・妖教・来教・立教

【梟】

11 / 2790

キョウ(ケウ)

つよい ふくろう さらしくび

篆文

会意 鳥の省+木。〔説文〕六上に「不孝の鳥なり。日至に梟を捕りて之れを磔くす」という。不孝の鳥とは鴟鴞をさす。〔漢書、郊祀志上〕の〔孟康注〕に「梟は鳥名。母を食らふ」、また〔如淳注〕に「漢、東郡をして梟を送らしむ。五月五日、梟羹を作りて、以て百官に賜ふ。其の惡鳥なるを以ての故に、之れを食らふなり」とあり、古く磔梟のことがあって、のち夏至梟羹の俗となったのであろう。梟は悪鳥で猛禽、ゆえに乱世の雄将を梟将・梟雄という。わが国にも「梟師る」の語がある。県に借用し、さらし首をいう。

訓義 1ふくろう。2つよい、たけだけしい、みだす。3県と通じ、さらす、さらしくび。

古訓 〔和名抄〕梟 布久呂布(ふくろふ)、辨色立成に云ふ、佐計(さけ)〔箋注〕谷川氏曰ふ、佐計は蓋し號叫の義ならん

〔名義抄〕梟　フクロフ・サケ

【梟夷】さらし首。魏・陳琳〔呉の将校部曲に檄する文〕丞相は國威を銜奉し、民の爲に害を除く。元惡大憝、必ず當に梟夷せらるべし。

【梟騎】つよい騎兵。〔漢書、韓安国伝〕誘ひて之れを邊に致し、吾れ梟騎壯士を選び、陰伏して處り、以て之れが備へを爲さば～單于禽とすべし。百全して必ず取らん。

【梟鏡】梟は母を食い、鏡（また獍、破鏡という獣）は父を食う不孝のもの。〔史記、武帝紀〕古者、天子、常に春秋を以て解祠し、黃帝を祀るに、一梟破鏡を用ふ。

【梟県】さらし首にする。〔三国志、魏、高柔伝〕（公孫）晃及び妻子叛逆の類、誠に應に梟縣すべし。遺育あらしむること勿かれ。

【梟羹】ふくろうのあつもの。〔漢官儀〕夏至、百官に梟羹を賜ふ。～夏至微陰始めて起る。～梟其の母を害す。故に此の日を以て之れを殺す。

【梟首】さらし首。〔漢書、武帝紀〕（征和三年）六月、丞相（劉）屈氂、獄に下りて要（腰）斬せられ、妻子梟首せらる。

【梟帥】勇猛な統率者。漢・李陵〔蘇武に答ふる書〕五千の衆を以て十萬の軍に對す。～然れども猶ほ將を斬り旗を搴り、奔るを追ひ北ぐるを逐ひ、跡を滅し塵を掃ひ、其の梟帥を斬る。

【梟名】勇名。〔後漢書、劉焉伝〕劉備、梟名有り。今部曲を以て之れを遇せば、則ち其の心に滿たず。賓客を以て之れを待たば、則ち一國に二主を容れず。此れ自安の道に非ず。

【梟雄】驍勇の將。〔三国志、呉、周瑜伝〕劉備、梟雄の姿を以て、關羽・張飛、熊虎の將有り。

↑梟悪　暴虐／梟音　悪声／梟猾　強くてずるい／梟悍　強悍／梟棋　棋の一種／梟梟　梟／梟獍　梟鏡／梟懸　さらし首／梟呼　大声で叫ぶ／梟狐　陰獣／梟才　奸智の才／梟斬　梟首／梟示　さらす／梟鴟　鴟梟／梟心　凶心／梟磔　梟獄門／梟張　ほしいまま／梟殄　殲滅／梟悖　梟悪／梟薄　残忍／梟風　悪風／梟滅　亡ぼす／梟猛　たけだけしい／梟勇　たけだけしい／梟乱　たけだけしく乱れる／梟令　梟示／梟盧　ばくち／梟牢　空虚

↓獲梟・狐梟・鴟梟・捕梟・用梟

【眶】 11 6101　キョウ（キャウ）　まぶち

形声　声符は匡。匡にふちとりをする意がある。〔玉篇〕に「眼眶なり」とあり、まぶちをいう。字はまた匡に作り、〔史記、淮南王安伝〕に「涕、匡に滿ちて橫流す」とみえる。

訓義　①まぶち、まぶた。②目のくぼみ。③また、匡に作る。

古訓　〔名義抄〕眶　マナカブラ　〔篇立〕眶　マナカブラ・マジログ

↓盈眶・眼眶・高眶・目眶

【竟】 11 0021　キョウ（キャウ）　ケイ　おわる　ついに

篆文

甲骨文

会意　音（音）＋人。〔説文〕三上に「樂曲盡くるを竟と爲す」とし、会意とするが、字形の説明はない。兄が祝禱の器を奉ずる人の形であることからいえば、竟は音を奉ずる人の形である。音は言の下部を曰とする形。言は自己詛盟の辛（入墨の器）と祝禱の器（口）で、神に誓い祈ること。その祝禱の器に神の反応として音を発する形は音。それを奉ずる形が竟で、祝禱の終わることを意味する。その音によって神意を考えることを意（意）といい、臆度すること。〔説文〕が竟を「樂曲盡くる」意とするのは、樂曲の終わることを章（章）ということから推測したものであろうが、章は辛に墨だまりのある形で、文身を加えることを文章（彣彰）という。音・竟と章とは、字形の意味が全く異なる字である。

訓義　①おわる、祝禱のことが終わる。②つきる、きわまる、ゆきわたる。③ついに。④境と通じ、さかい。⑤鏡と通じ、かがみ。

古訓　〔名義抄〕竟　ヲフ・ヲハル・ワタル・ツヒニ

声系　〔説文〕に竟声として鏡（鏡）など三字、〔新附〕に境（境）を収める。鏡は漢鏡の銘などに、竟の字を用いる。古くは鑒といい、水鏡であった。境は疆と声が近い。

語系　竟・境kyangは同声。疆kiang、界keatは声近く、通用する。みな、その限界のあるところをいう語である。

【竟外】境外。国外。〔礼記、喪大記〕（喪主）竟内に在るときは、則ち之れを俟つ。竟外に在るときは、則ち殯葬して可なり。

【竟日】終日。一日中。〔世説新語、雅量〕羊固、臨海に拜せられ、竟日皆美供す。晚れて至る者と雖も、亦た盛饌を獲たり。

【竟夕】終夜。一晚中。唐・白居易〔松声〕詩　竟夕、遂に寐ねず　心體倶に脩然たり

【竟内】境内。国内。〔礼記、祭統〕祭敬するときは、則ち竟内の子孫、敢て敬せざる莫し。

【竟夜】夜すがら。一晚中。唐・杜甫〔昔游〕詩　林昏くして、幽磬罷む　竟夜、石閣に伏す

↑竟案　調べきる／竟場　国境／竟界　境界／竟局　棋の終局／竟歳　終年／竟士　勁卒／竟世　生涯／竟体　全身／竟日　終夜／竟天　満天

↓究竟・窮竟・局竟・屈竟・歳竟・至竟・終竟・尽竟・垂竟・弥竟・畢竟・連竟

【莢】 11 4443　キョウ（ケフ）　さや

篆文

形声　声符は夾。夾は左右に挟む形。〔説文〕一下に「艸の實なり」という。〔広雅、釈草〕に「豆角、之れを莢と謂ふ」とあり、相合して莢をなすものが多い。また蓍をいう。

訓義　①さや、さやのある実。②草の実。③めどぎ。④字はまた筴に作る。

古訓　〔名義抄〕莢　ク、タチ・サダム　〔字鏡集〕莢　サダム・ハナフサ

↑莢果　草の実／莢蒿　くろくさ／莢銭　漢の高祖のときの鋳銭で形が楡莢に似ている／莢物　さやもの、さいかち

↓槐莢・薺莢・皁莢・豆莢・蓂莢・楡莢・乱莢

常【鄉】 11 〔鄕〕 13 2722　キョウ（キャウ）　むかう　さと

篆文

甲骨文

金文

会意　皀＋卯。卯は人の対坐する形。饗宴のときの盛食の器である皀（𣪘・簋）を中にして左右に相対坐する形。すなわち卿（卿）がその初形。卜辞に饗の意に用い、金文に「北鄉」のように「嚮かふ」意や、「卿事寮」「正卿」「卿大夫」のように卿相の意に用い、また「曏きに」の意に用いることがある。すなわち饗（饗）・嚮・卿・曏の初文。〔説文〕六下に「國の離邑、民の封ずる所の鄉なり。嗇夫の別治なり。封圻の內の六鄉は、六卿之れを治む」と鄉里・鄉遂の意とする。両旁を邑の相対う形と解するのである。また別に卿九上を録し「章かなり」と訓し、卯を「事の制なり」とするが、卿は𣪘を挟んで左右対坐する形で、饗の初文。その饗宴に与るものを卿、その卿の領する采地を鄉という。のちその采地の意を含めて、両邑相対す

る形に作るが、それは卜文・金文にみえず、後起の字である。

訓義 ①もと、饗宴のとき対坐する人の形で、むかう、饗宴の意。②卿の采邑を郷という。さと、むら、ふるさと、くに、いなか。③さとの人、とも、なかま。④嚮・響・饗・曏と通用し、それぞれの字義に用いる。

古訓 〔名義抄〕郷 サト 〔字鏡集〕郷 サト・サカヒ・ムカフ

語系 郷・饗・響（響）・曏・鄉・享 xiang は同声。また、卿 khyang はその転音とみられるが、もと饗礼に与かる人をいう。饗・享は、また獻（献）xian と関係のある語である。

【郷飲】（きょういん） 郷飲酒の礼。古義は祭祀饗宴の礼。のち、郷老・郷大夫が司る礼とされ、〔儀礼、郷飲酒礼〕〔周礼、地官、郷大夫〕にはそのような礼を記す。〔史記、儒林伝序〕漢興り、然る後諸儒始めて其の經藝を脩むるを得て、大射・郷飲（酒）の禮を講習す。

【郷往】（きょうおう） 慕う。〔史記、孔子世家論賛〕至る能はずと雖も、然れども心之れに郷往す。余、孔子の書を讀み、其の人と爲りを想見す。

【郷貫】（きょうかん） 原籍。本籍。〔唐書、選挙志上〕今より一に有司に委し、試みる所の雜文・郷貫・三代の名諱を以て、中書門下に送らしむ。

【郷関】（きょうかん） 故郷。唐・崔顥〔黄鶴楼〕詩 日暮郷關、何れの處か是なる 煙波江上、人をして愁へしむ

【郷旧】（きょうきゅう） 故郷のふるなじみ。〔周書、司馬裔伝〕其の義衆を率ゐて入朝す。～頃之くして河内に四千餘家有りて歸附す。裔の郷舊を竝はせて、乃ち～流民を安集せしむ。

【郷挙】（きょうきょ） 地方より官吏として推薦する制。〔隷釈、十二、漢、戚伯著碑〕子孫孝弟篤學、郷擧に應じて上選せられ、位は屬國都尉に至る。

【郷曲】（きょうきょく） 片いなか。〔史記、平準書〕此の時に當り、網（法律）疏にして民富み、役財驕溢す。或いは豪黨の徒を兼併して、以て郷曲に武斷するに至る。

【郷原】（きょうげん） いなかの偽善者。〔孟子、尽心下〕孔子曰く、我が門を過ぎりて我が室に入らざるも、我憾みざる者は、其れ惟だ郷原か。郷原は德の賊なりと。～（孔子）曰く、～閹然として（ことを秘して）世に媚ぶる者は、是れ郷原なりと。

【郷校】（きょうこう） 古代の村の学校。〔左伝、襄三十一年〕鄭人、郷校に游び、以て執政を論ず。然明、子產に謂ひて曰く、郷校を毀たば何如と。子產曰く、何爲れぞ。～是れ吾が師なり。之れを若何ぞ之れを毀たん～と。

【郷貢】（きょうこう） 唐代、州県挙選の者。〔唐書、選挙志上〕唐制、士を取るの科～大要三有り。學館に由る者を生徒と曰ひ、州縣に由る者を郷貢と曰ふ。～其の天子自ら詔する者を制擧と曰ふ。

【郷射】（きょうしゃ） 郷大夫が司る射儀の礼。〔礼記、郷飲酒義〕君子の所謂孝とは～諸れを郷射に合はせ、之れを郷飲酒の禮に教へて、孝弟の行ひ立つ。

【郷親】（きょうしん） 同郷の人。〔晋書、魏舒伝〕身の長八尺二寸、姿望秀偉、酒を飲むこと石餘にして、遲鈍質朴なり。郷親の重んずる所と爲らず。

【郷人】（きょうじん） 村びと。〔左伝、荘十年〕曹劌見えんことを請ふ。其の郷人曰く、肉食の者（高官）之れを謀る。又何ぞ閒せん（口出し）と。劌曰く、肉食の者は鄙し。未だ遠く謀ること能はずと。乃ち入りて見ゆ。

【郷儺】（きょうだ） 村の追儺の祭。宋・陸游〔歳暮〕詩 太息す、兒童の癡の我に過ぎたるを 郷儺陋なりと雖も、亦た爭ひて看る

【郷亭】（きょうてい） 漢の地方行政区画で百戸一里、十里一亭とする。〔論衡、書虚〕郷亭聚里、皆號名有り。聖賢の才も、能く說く莫し。（呉）君高、能く會稽を說くも、方名を辨定する能はざれば、會計の說、未だ從ふべからざるなり。

【郷党】（きょうとう） 村里。周制で五百家を党、五党を郷という。〔孟子、公孫丑下〕朝廷は爵に如くは莫く、郷黨は齒（年齡）に如くは莫し。

【郷壁】（きょうへき） 壁に向かう。嚮壁。人に隠れて偽作することを、郷壁虚造という。〔説文解字、叙〕壁中書なる者は、魯の恭王、孔子の宅を壞ちて、禮記・尚書・春秋・論語・孝經～を得たり。～世人大いに共に非訾し、～故に正文を詭更（作りかえ）し、郷壁虚造、知るべからざるの書とす。

【郷望】（きょうぼう） その地で人望のある人。〔梁書、韋叡伝〕高祖（曹）景宗を敕めて曰く、韋叡は卿が郷望なり。宜しく善く之れを敬ふべしと。景宗、叡を見て禮すること甚だ謹む。高祖之れを聞きて曰く、二將和せば、師必ず濟らんと。

【郷夢】（きょうむ） 故郷の夢。唐・劉滄〔友人の下第して東帰するを送る〕詩 九衢春盡きて、郷夢を生じ 千里塵多くして、客衣に滿つ

【郷邑】（きょうゆう） むらざと。〔周礼、地官、郷師〕旗物を以て郷邑を辨じ、其の政令刑禁を治む。

【郷里】（きょうり） むらざと。〔宋書、隠逸、陶潜伝〕郡、督郵を遣はして至る。縣吏白す、應に束帶して之れを見るべしと。潜嘆じて曰く、我五斗米の爲に、腰を折りて郷里の小人に向ふ能はずと。

【郷隣】（きょうりん） 同じ村。となり近所。〔晋書、隠逸、陶潜伝〕潜少くして高尚を懷き、～穎脫不羈、眞に任せて自得し、郷隣の貴ぶ所と爲る。

【郷涙】（きょうるい） 故郷を懐うて涙を流す。唐・白居易〔江南に北客を送る～〕詩 今日、君に因りて兄弟を訪ふ 數行（幾筋）の郷淚、一封の書

【郷論】（きょうろん） 郷里の評判。〔晋書、衛瓘伝〕宜しく皆末法を蕩除し、一に古制に擬せん。～盡く中正九品の制を除き、善を擧げ才を進め、各〻郷論に由らしめん。

↑郷園 故郷／郷学 郷校／郷官 村役人／郷耆 郷老／郷兄 同郷の先輩／郷元 郷試の首席／郷原 郷原／郷戸 村の家／郷語 方言／郷黌 郷校／郷袞 村の紳士／郷使 もし、仮定の語／郷思 望郷／郷梓 故郷／郷試 科挙の一／郷愁 里恋し／郷聚 村里／郷塾 村の塾／郷書 家書／郷心 思郷／郷信 家書／郷紳 村の紳士／郷進 進み向かう／郷遂 王城外の区／郷井 郷里／郷選 郷試／郷薦 地方の推薦／郷葬 村の共同墓地／郷村 むら／郷耋 郷老／郷土 郷里／郷導 導く／郷農 村農／郷背 向背／郷鄙 いなか／郷風 村の風俗／郷物 村の産物／郷兵 土着兵／郷保 村の規約／郷慕 慕う／郷問 家からの手紙／郷約 郷保／郷友 同郷の友／郷勇 民兵／郷落 いなか／郷吏 村役人／郷閭 村里／郷老 村の長老

↓異郷・憶郷・家郷・懐郷・帰郷・旧郷・窮郷・近郷・故郷・在郷・思郷・辞郷・水郷・酔郷・仙郷・他郷・帝郷・同郷・比郷・慕郷・望郷・夢郷

人
【喬】 12 2022 キョウ（ケウ） たかい おごる

篆文 甲骨文 金文

会意 夭＋高。〔説文〕十下に「高くして曲れるなり。夭に從ひ、高の省に從ふ」とし、〔詩、周南、漢広〕「南に喬木有り」の

句を引く。喬を喬木にして、その上枝の曲がる意と解するものであろう。卜文・金文の字形に、アーチ状の門を示す高の上に、呪飾として表木を立てたものがあり、いわば桙立をした建物である。そこに神を迎え、悪邪の出入を呵止する楼門の象であろう。下に祝詞の器である𠙵をおくことは高と同じ。〔詩、周頌、時邁〕に「喬嶽」の語があり、高くして神聖なものを喬という。〔漢広〕の「喬木」とはいわゆる神の桙杉の類で、神の寄りつくところ、故に下句に「休息ふべからず」という。喬とは神を招き、その霊の依るところで、そのような神威をかりて驕ることを憍という。

訓義 ①たかい、たかくそびえる。②すぐれる。③おごる。④矛の柄の刃に近く、羽飾りをかけるかぎ。

古訓 〔名義抄〕喬 タカシ 〔字鏡集〕喬 ハシ・エダ・タカシ

声系 〔説文〕に喬声として趫・蹻・敿・獢・橋・僑・嬌・驕など十四字を収め、未収の字に憍・嶠・蕎(蕎)などがある。喬の声義を承けるものが多い。他に跨越するなどの意がある。

語系 喬・嶠・翹 giô は同声。驕・獢 kiô、蹻 khiô、高 kô なども声義が近い。高の上にそのような呪飾を立てるのは、敵に対してその神威を示し、驕る行為であったのであろう。

【喬岳】(けうがく) 高い山。特に泰山をいう。〔詩、周頌、時邁〕百神を懷柔し 河、喬嶽に及ぶ

【喬志】(けうし) 志をたかぶらせる。〔礼記、楽記〕文侯曰く、敢て問ふ、溺音は何れ従より出づるやと。子夏對へて曰く、鄭の音は濫を好みて志を淫す。宋の音は女に燕んじて、志を溺らす。～齊の音は敖辟(おごり、かたよる)にして志を喬くすと。

【喬遷】(けうせん) 栄転や転宅を賀していう。〔詩、小雅、伐木〕木を伐ること丁丁たり 鳥鳴くこと嚶嚶たり 幽谷より出でて 喬木に遷る

【喬木】(けうぼく) 高い木。〔詩、周南、漢広〕南に喬木有り 休息ふべからず 漢(水)に游女(女神)有り 求思むべからず

↑喬柯 高い枝／喬竿 長い竿／喬詰 不平／喬怯 卑怯／喬喬 高大なさま／喬桀 俊逸の人／喬才 わる智恵の人／喬樹 喬木／喬松 高い松／喬竦 そびえる／喬粧 扮装／喬人 喬才／喬勢 見せかけ／喬扦 稲城／喬装 扮装／喬麦 そば／喬扮 扮装／喬忿 おごり怒る／喬峯 高峯／喬様 なまめかしい／喬林 高樹の林

↓遷喬・重喬・淩喬

【愜】

12 | 9101 | キョウ(ケフ) こころよい かなう

篆文 

形声 声符は匧。〔説文〕十下に「快なり」(段注本)、〔広雅、釈詁三〕に「可なり」とあり、心にかなうことをいう。

訓義 ①こころよい。②かなう、みちたる、よい。③したがう。④愜愜は、おそれるさま。

古訓 〔名義抄〕愜 マカス・タシカニ・カナフ・タガフ 〔字鏡〕愜 カナフ・ヤスシ 〔字鏡集〕愜 サガス・タガフ・ヨソホヒ・ウレフ・ヤスシ・コ、ロヨシ・タシカニ・ヲソル

【愜意】(けふい) 心にかなう。唐・韓偓〔惆悵〕詩 朗月清風も意に愜ひ難し 詞人絶色、傷離多し

【愜志】(けふし) 心にかなう。〔漢書、文帝紀〕詔して曰く、朕既に不德。上帝神明、未だ歆饗せず。天下の人民、未だ志に愜ふこと有らざるなり。

【愜然】(けふぜん) 満足する。魏・嵇康〔養生論を難ずるに答ふ〕意足る者は、畎畝に耦耕し、褐を被き菽を啜すると雖も、豈に自得せざらんや。足らずとする者は、養ふに天下を以てし、委するに萬物を以てすと雖も、猶ほ未だ愜然たらず。

【愜当】(けふたう) あてはまる。道理にあう。〔顔氏家訓、文章〕今世の文士、～一事愜當に、一句清巧ならば、神、九霄に厲く、志、千載を凌ぎ、自ら吟じ自ら賞し、更に傍人有るを覺えず。

↑愜快 快い／愜懐 満足する／愜愜 恐れる／愜順 満足する／愜情 満足する／愜心 愜志／愜素 快心／愜適 閑適／愜服 心服する／愜望 慕う

↓応愜・内愜

【筇】

12 | 8812 | キョウ つえ

形声 声符は邛。〔広韻〕に「竹の名。杖と爲すべし。張騫、大宛に至りて之れを得たり」とあり、〔老学庵筆記、三〕にも「筇竹杖、蜀中に之れ無し。乃ち徼外蠻峒に出づ」という。堅潤細痩、九節にして直なるものを上品とする。

訓義 ①つえ。②竹の一種。

古訓 〔篇立〕筇 タケノツヱ

【筇枝】(きようし) 竹の杖。宋・陸游〔眉州披風榭に東坡先生の遺像を拜す〕詩 百年の醉魂、吹けども醒めず 飄飄たる風袖、筇枝横たふ

【筇杖】(きようぢやう) 竹の杖。唐・許渾〔王居士〕詩 筇杖、柴關に倚より 都城に賣卜して還る

【筇竹】(きようちく) 竹の名。杖として珍重する。晉・戴凱之〔竹譜〕筇竹は高節實中、狀、人の刻せるが若ごく、杖の極と爲す。

↓倚筇・移筇・一筇・鳩筇・牽筇・孤筇・枯筇・修筇・青筇・仙筇・疏筇・痩筇・短筇・長筇・扶筇

【筐】

12 | 8871 | キョウ(キャウ) かご

形声 声符は匡。匡ははこで、飯器。竹を以て作るものを筐という。

訓義 ①かご、四角のかご。②ねだい。③小さなかんざし。④匡と通用する。

古訓 〔名義抄〕筐 アジカ・カタミ・ハコ

【筐筥】(きやうきよ) 方形の竹かごと円い竹かご。〔詩、召南、采蘋〕于ここに以て之れを盛る 維れ筐と筥とに 于に以て之れを湘にる 維れ錡と釜とに

【筐篋】(きやうけふ) 書類箱。〔漢書、賈誼伝〕俗吏の務むる所は、刀筆筐篋に在りて、大體を知らず。

【筐篚】(きやうひ) 竹かご。礼物などを入れる。〔南史、江革伝〕革の門生故吏、家は多く東に在り。革の應に至るべきを聞き、竝みな賫もたらし持して、緣道に迎候す。革曰く、我通じて餉を受けず、獨り故人の筐篚に當る容べからずと。

↑筐挙 見る所がせまいことのたとえ／筐貢 貢物／筐子 ざる／筐笥 竹箱／筐牀 方形の牀／筐底 筐中／筐櫝 筐笥／筐籃 かご／筐麓 かご／筐籠 竹箱

↓欹筐・盈筐・籧筐・玉筐・執筐・承筐・績筐・飯筐・篚筐・扶筐・敝筐・奉筐・瑶筐

【蛩】

12 | 1713 | キョウ こおろぎ

篆文 

形声 声符は巩。〔説文〕十三上に「蛩蛩、獸なり」と蛩蛩と解し、「一に曰く、秦にては蟬蛻を謂ひて蛩と曰ふ」とあり、せみの脱皮の意とする。飛蛩はいなご、蛬と通用して、こおろぎの意に用いることが多い。

訓義 ①こおろぎ。②蛩蛩、邛邛という獣。③せみのぬけがら。④いなご。⑤げじげじ。⑥おそれる、うれえる。

古訓 〔名義抄〕蛩 コユ・アシトテヒク 〔字鏡集〕蛩 キリ〴〵ス

↑蛩韻 蛩の声／蛩音 蛩の声／蛩機 はたおり／蛩供 恐れる／蛩蛩 邛邛という獣／蛩響 蛩の

声／蛩吟 蟋蟀の声／蛩秋 蟋蟀／蛩唱 蛩の声／蛩声 蛩吟／蛩虫 蟋蟀／蛩鳴 蛩の声

↓暗蛩・寒蛩・吟蛩・残蛩・思蛩・秋蛩・潜蛩・聴蛩・微蛩・鳴蛩・幽蛩・乱蛩

【蛬】 12 4413 キョウ こおろぎ

形声 声符は共。〔爾雅、釈虫〕に「蟋蟀、蛬なり」とし、〔疏〕に「今の促織なり」という。蟋蟀・促織は、その虫の音を写した語であろう。蛩と声近く、通用する。

訓義 1こおろぎ。2また、蛩に作る。

古訓 〔名義抄〕蛬 キリギリス 〔字鏡集〕蛬 キリギリス

＊語彙は蛩字条参照。

【貺】 12 6681 キョウ(キャウ) たまう おくる

篆文  金文 

会意 貝＋兄。〔説文新附〕六下に「賜ふなり」とし、兄声とする。兄は金文に、兄の字形の袖に綏飾をつけた形の字があって、その形が貺の初文。その字を金文の〔保卣〕に「六品を兄る」のように用いる。そのことからいえば、この字は兄声ではなく、その金文の字形に従う字である。神に祈り、神より賜う意。のち尊者より賜うこと、またおくる意となる。

訓義 1たまう、たまもの。2おくる、あたえる。

古訓 〔名義抄〕貺 メグム・オクル・タマモノ・アタフ・タマフ

【貺贈】おくりもの。〔南史、朱脩之伝〕脩之、身を立つること清約、百城の貺贈、一も受くる所無し。唯だ蠻人は宜しく撫納を存すべきを以て、餉有れば皆受くるも、～未だ嘗て已に入れず。

【貺祐】賜わった福。魏・何晏〔景福殿の賦〕神靈の貺祐を摠べ、華夏の至歡を集む。

↑貺賜 たまう／貺命 命を賜う

↓嘉貺・恵貺・受貺・辱貺・贈貺・大貺・天貺・報貺・明貺・来貺・霊貺

【敫】 13 2824 キョウ(ケウ) ヤク ケキ もとめる

篆文 

会意 ⿱白方＋攴。〔説文〕四下に「光景流るるなり」とし、「讀みて龠の若くす」とあり、〔段注〕に「爚・燿の字と音義略ぼ同じ」とするが、字は皦・徼系の諸字の基づくところであり、本音もその声であると思われる。〔説文〕に字を「白に従ひ、放に従ふ」とするが、放は架屍を殴つ形。その架屍に頭の存する形が敫であるから、⿱白方に攴を加える形である。放は架屍を殴つ追放の儀礼。その呪霊を呵して呪詛する行為をいう。ゆえに「徼む」の意となり、そのことは外界に接する所で行われるので、辺徼の意となる。その殴つ音は噭、その白骨の形は竅、その色は皦、みな同声。その勢いは激、そのことを宣布することを檄、それを迎えることを邀という。みな敫によってその声義を得るもので、〔説文〕のいう声義を以てしては、この一系の文字を解することはできない。

訓義 1うつ。2もとめる。3はげしく刺激する。4光景流るる貌。

古訓 〔字鏡集〕敫 ウタフ

声系 〔説文〕に敫声として噭・徼・檄・竅・覈・皦・憿・激など十四字を収める。憿は〔説文〕十下に「幸なり」とあり、僥倖の意。徼と声義が同じ。

語系 敫声の徼・竅・皦 kyô はみな同声。それで敫もその声の字と考えられる。その声は叫(叫)・糾(糾) kyu に近い。

↑敫然 明らか

【⿰⿱白方欠】 13 2728 キョウ(ケウ) さけぶ うたう

篆文 

会意 ⿱白方＋欠。⿱白方は架屍の象。方も架屍の象で、⿱白方はそれに頭顱(されこうべ)を加えた形。これを殴つ形の敫は、辺徼における祭梟(首祭)の儀礼で、そのとき祈り叫ぶ声を⿰⿱白方欠という。〔説文〕八下に「謌ふ所なり」とするが、尋常の詠歌の意ではなく、叫呼して呪詛すること。それで〔説文〕にまた「讀みて噭呼の若くす」(段注本)という。

訓義 1さけぶ、さけびいのる。2いのりうたう。3呼子笛の類。

声系 〔説文〕に「欠に従ひ、噭の省聲」とするが、敫は祭梟の行為を示し、⿰⿱白方欠はその呪詛の声をいう。すべて⿱白方に従って、その声義を承ける字である。

【誆】 13 0161 キョウ(キャウ) いつわり あざむく

形声 声符は匡。匡の従うところは、狂の従うところと同じく、狂惑の意がある。〔玉篇〕に「狂言なり」とみえる。

訓義 1いつわる、あざむく。2誑と通用する。

古訓 〔新撰字鏡〕誆 久知波志留(くちばしる)、又、太波己止(たはこと)、又、久留比天毛乃云(くるひてものいふ) 〔篇立〕誆 クチバシル・クルヒテ・モノイフ／誑 イ(ク)ルヒテ・イノル・モノイフ・クチハシル

語系 誆 giuang、誑 kiuang は声義近く、同系の語。

↑誆詐 いつわる／誆賺 詐取する／誆騙 かたる

【跫】 13 1780 キョウ あしおと

形声 声符は巩。人のあしおと。〔荘子、徐無鬼〕に「人の足音の跫然たるを聞きて喜ぶ」とあり、もと足おとを形容する語であった。

訓義 1あしおと、あしおとのさま。

古訓 〔字鏡集〕跫 フムコヱ

↑跫音 あしおと／跫跫 地をふむ音

【僑】 14 2222 キョウ(ケウ) たび かりずまい

篆文  古印璽 

形声 声符は喬。〔説文〕八上に「高なり」とするが、その義の用例をみない。喬は高(京のようなアーチ状の門)の屋上に呪飾としての表木を施す形。神事に用いる桙立と同じく、神を招いて宿らせるところで、僑とはもとお旅所の意であろう。一時神を迎え遷しておくところである。それよりして僑居・僑寓の意となる。

訓義 1おたび、たび。2かりずまい。3一時身をよせる。

古訓 〔篇立〕僑 ヨル・ヤドル

語系 僑・趫・橋・鐈・翹 giô は同声。高 kô、蹻 khiô も声義近く、みな高挙の意をもつ。もと神を迎える神事に関する語であった。

【僑客】他郷にかりずまいする人。〔三国志、蜀、法正伝〕(正)既に任用せられず。又其の州邑の、倶に僑客たる者の、無行を謗る所と爲り、志意得ず。～常に竊かに歎息す。

【僑寓】かりずまいする。〔中州集、七、郭邦彦〕邦彦、字は平叔。本と鄠縣の人なり。陽翟に僑寓し、遂に籍を占む。～生世不幸にして、頑・嚚・傲の三者の閒に處り、鬱鬱として自ら聊しまず。

【僑人】他郷にかりずまいする人。移住者。〔隋書、食貨志〕(晉の)元帝、江左に寓居す。百姓の自ら拔けて南に奔る者、竝な之れを僑人と謂ふ。

【僑置】南北朝期、失った州郡の名を、しばらく他所に移す。〔晋書、地理志上〕元帝、江を渡る。亦た司州を徐に僑置す。本所に非ざるなり。

【僑流】流民となって移る。南北朝期、北方人が多く南方に移住した。〔宋書、謝晦伝〕義熙八年、僑流の郡縣に土斷す。晦をして揚・豫の民戸を分判せしむるに、平允を以

て稱せらる。

↑僑居 寄寓する/僑蹻 動作/僑軍 客兵/僑戸 僑流/僑士 僑客/僑徙 移住する/僑住 僑居/僑処 僑居/僑装 旅装/僑民 海外の居留者/僑立 僑置/僑廬 仮り住居

↓華僑・軍僑

【兢】 14 4421 キョウ つつしむ おそれる

篆文 

会意 二克に従う。篆文は兄の上に丯を加えた形。〔説文〕八下に「競ふなり。二兄に從ふ。二兄競ふ意なり。丯聲に從ふ。讀みて矜の若くす。一に曰く、兢は敬なり」とし、丯を声とするが、声異なる。兄は巫祝が祝告を奉ずる象。丯はその祝告の器に加えた呪飾であろう。競は誩に従い、言も祝禱の器。競は二人並んで祈る形で競進の意、兢は二人並んで謹んで祈る意であろう。〔詩、小雅、小旻〕「戰戰兢兢」、〔書、皐陶謨〕「兢兢業業」のようにいう。金文の〔毛公方鼎〕に「兢まざること有ること毋からん」とあって恭敬の意に用いており、〔説文〕篆文の字形は、そこから出ているものであろう。

訓義 ①つつしむ、うやうやしくする。②おそれる、わななく。③競と通じ、きそう。

古訓 〔名義抄〕兢 オビユ・アヤフシ・ヨシ・ホコル・イマシム・オソル・カシコマル

語系 兢kiang、競gyangは声義近く、ともに二人並んで禱告する形であるが、兢は兢敬、競は競進の義に分化したものであろう。また恭kiong、恐(恐)khiongは恐懼の意をもつ語系である。

【兢悸】 おそれおののく。〔旧唐書、后妃下、貞懿皇后独孤氏伝〕伏して慮るに、~神志未だ和せず、衆情之れを以て寧んぜず。臣子之れを以て兢悸す。

【兢兢】 おそれつつしむさま。〔詩、小雅、小旻〕戰戰兢兢として 深淵に臨むが如く 薄冰を履むが如し ⊠堅強のさま。〔詩、小雅、無羊〕爾の羊來る 矜矜兢兢として 騫けず崩れず

【兢業】 兢兢業業。おそれつつしむ。〔陳書、宣帝紀〕今便ち肅みて天策を奉じ、欽みて介圭(王公のもつ玉器)を承く。滄溟に據るが若く、踰よ兢業を増す。

【兢懼】 つつしみおそれる。〔旧唐書、文苑上、張蘊古伝〕普天の下を主り、王公の上に處る。~是の故に、兢懼の心日に弛み、邪僻の情轉た放なり。

【兢悚】 おそれる。晉・潘岳〔西征の賦〕心戰懼して以て兢悚し、深きに臨み、薄きを履むが如し。

【兢惕】 おそれ戒める。明・方孝孺〔鄭叔度に与ふる書、三〕或いは内に視、自ら省み、兢惕して安んぜず。身汗すること潔ならざるが如し。

【兢慄】 おそれおののく。〔西京雑記、一〕(昭陽殿)椽桷皆刻して龍蛇を作し、其の閒に縈繞す。鱗甲分明、見る者兢慄せざる莫し。

↑兢畏 畏れる/兢戒 戒める/兢懐 おもう/兢恪 謹む/兢敬 兢恪/兢惶 畏れる/兢慙 はじる/兢慎 小心/兢怖 恐怖する/兢憂 憂える

↓戦兢・惕兢・日兢

【嘂】 14 6666 キョウ(ケウ) さけぶ

篆文 

形声 声符は丩。〔説文〕三上に「高聲なり。一に曰く、大いに呼ぶなり」とし、「春秋公羊傳(昭二十五年)に曰く、魯の昭公、叫然として哭す」の文を引く。叫(叫)の初文。多数の祝告を列し、大声で祈ることをいい、擬声的な語。

訓義 ①高い声。②大声で叫ぶ。③楽器の名、大土笛。

古訓 〔字鏡集〕嘂 オホキニヨブ・コヱタカシ

常 **【境】** 14 4011 〔境〕 14 4011 「竟」 11 0021 キョウ(キャウ) ケイ さかい

篆文 

形声 声符は竟。竟は言を以て神に祈り、その感応として「音なひ」のあらわれる意で、これによって祈りが終わり成就する。ゆえに竟は終竟、場所的に移していえば、領分の終わるところ、すなわち境界の意となる。転じて一定の状態にあることをいう。

訓義 ①さかい、境界のところ、領地、領内。②特定のところ、場所。③特定の状態、またその場合。

古訓 〔名義抄〕境 サカヒ・ヲリ

語系 境kyang、疆kiangは声義近く、また界keatも同系の語。境界のところをいう。

【境宇】 国境。領土。〔唐書、北狄、渤海伝〕従父仁秀立つ。~仁秀頗ぶる能く海北諸部を討伐し、境宇を開大して功有り。~仁秀、死して宣王と諡す。

【境内】 社寺の域内。国内。〔荘子、秋水〕荘子、濮水に釣す。楚王、大夫二人をして往きて先んぜしむ。曰く、願はくは境内を以て累はさんと。荘子、竿を持して顧みず。

↑境域 境内/境場 国境/境界 さかい/境外 区域外/境涯 境遇/境象 状況/境上 境辺/境壌 境域/境地 一定の状態/境土 領土

↓異境・越境・遠境・佳境・外境・環境・危境・逆境・窮境・苦境・幻境・郊境・国境・四境・至境・詩境・殊境・順境・勝境・心境・身境・進境・人境・塵境・聖境・静境・接境・絶境・仙境・俗境・他境・拓境・奪境・定境・入境・蛮境・秘境・悲境・辺境・忘境・魔境・妙境・夢境・幽境・隣境・臨境・霊境・老境

【誑】 14 0161 キョウ(キャウ) あざむく

篆文 

形声 声符は狂。〔説文〕三上に「欺くなり」という。狂は狂枉のことであるから、これを以て人を欺くをいう。

訓義 ①あざむく。②たぶらかす、まどわす。

古訓 〔名義抄〕誑 タブロカス・アザムク・ヲサム・イツハル・アヤマツ・マドフ

【誑語】 たわごと。唐・白居易〔済法師に与ふる書〕如來は是れ眞語實語、誑語せず、異語せざる者なり。

【誑事】 反間。デマ工作。〔孫子、用間〕死閒なる者は、誑事を外に爲して、吾れをして之れを聞知せしめて、敵閒を傳ふるなり。

【誑誕】 ほら。でたらめ。唐・白居易〔海漫漫〕詩 徐福・文成、誑誕多し 上元・太一、虛しく祈禱す

↑誑欺 欺く/誑幻 たぶらかす/誑詐 欺く/誑騙 だます/誑妄 誑誕/誑誘 たぶらかす/誑曜 惑わす/誑燿 惑わす/誑耀 惑わす/誑乱 惑わす/誑惑 惑わす

↓恚誑・欺誑・譎誑・調誑

【誩】 14 0066 キョウ(キャウ) ケイ あらそう

篆文 

会意 二言に従う。〔説文〕三上に「競ひて言ふなり」とするが、言とは立誓して争訟することであるから、善否を争う意。善の初形は羊と誩とに従い、羊は神判の羊、誩は立誓して争う当事者を示す。〔説文〕は競を以

て字を解するが、競は誩と从とに従い、二人並んで祈る形。兢と声義近く、神前に競進して祈ることをいう。

訓義 ①二人並んでいのる。②あらそう。

古訓 〔新撰字鏡〕誩 支曾比云(きそひいふ)、又、支曾比加太利(きそひかたり)〔名義抄〕誩 キホフ・アラソフ・オホフ・イフ・オフ〔字鏡集〕誩 イフ・アラソフ・オホフ・キホフ・キホフコトバ・ヲフ

部首 〔説文〕に善・競・讟を属し、〔玉篇〕になお譶を加える。言は辛と祝禱の器である𠙵に従い、辛は自己詛盟して偽りがあるときは入墨の刑を受ける意。讟は瀆・讀の意を含めて、怨讟の意とする。

声系 誩・競gyangは同声。誩は競の初文ともみられる字。誩を用いた例はみえない。

語系 誩・競gyangは同声。彊giang、健(健)gian、剛kang、堅kyen、緊kienも声近く、誩は強く神に訴え、また争う意がある。

【鋻】 14 1710 キョウ うがつ

篆文 

形声 声符は巩。〔説文〕十四上に「斤斧の穿(柄をつける穴)なり」とあり、斧の柄に斧頭を装着する穴をいう。〔玉篇〕に「鋻鋻は撃つ皃なり」という。

訓義 ①斧のえのあな。②うがつ。③恐と通じ、おそれる。

古訓 〔名義抄〕鋻 ウガツ〔字鏡集〕鋻 ウガツ・ウツ

【僵】 15 2121 キョウ(キャウ) たおれる

篆文 

形声 声符は畺。〔説文〕八上に「僨するなり」(段注本)とあり、斃れて臥することをいう。〔戦国策、秦四〕に「頭顱僵仆し、境に相ひ望む」、〔史記、淮南衡山伝〕に「僵尸千里、血を流すこと頃畝」というように、屍体をいうことが多い。字はまた殭に作る。殭に「こわばる」意があり、硬直の意を含む字である。

訓義 ①たおれる、死ぬ。②こわばる、もろい。

古訓 〔名義抄〕僵 フセリ・フス・タフル・ノキテ・クヅス・ヲカス〔字鏡集〕僵 ヨコタフ・タフル・ノビフス・フセリ・フス・ノキテ・クヅル

【僵臥】きょうが(きやうぐわ) たおれふす。〔新書、淮難〕天子の使者、詔を奉ずるも見ゆることを得ず。僵臥して以て書を發く。～淮南王の罪、已に明らかなり。

【僵踞】きょうきょ(きやう)きょ たおれうずくまる。〔宣和遺事、後集〕帝、土坑中より顧視するに、上皇則ち僵踞して死せり。帝嗚咽して、其の慟に勝へず。

【僵蹶】きょうけつ(きやう)けつ つまずきたおれる。唐・沈亜之〔霍邱県万勝岡新城録〕夫れ馬は羈(きずな)して引くに隨ふ者なり。～羈すること緩なれば、則ち歩す。安んぞ塗陸(道の難易)を擇び、僵蹶を避くること有らんや。

【僵尸】きょうし(きやう)し 遺棄屍体。〔後漢書、耿弇伝〕人定まる時、(張)歩果して引き去る。伏兵起りて縱撃し、追うて鉅昧水の上に至る。八・九十里、僵尸相ひ屬く。

【僵燥】きょうそう(きやうさう) ミイラ状となる。〔三国志、魏、常林伝注〕に引く魏略〕人を殺して以て狥(殉)とし、壙穴の内、錮するに紵絮を以てし、藉くに蜃炭を以てす。千載の僵燥、類を神仙に託す。是に於て大教陵遲(衰微)し、厚葬を競ふ。

【僵磔】きょうたく(きやう)たく はりつけにする。〔後漢書、酷吏、陽球伝〕箠朴交も至り父子悉く杖下に死す。～乃ち(王)甫の屍を夏、城門に僵磔す。

【僵斃】きょうへい(きやう)へい たおれ死ぬ。〔呉越春秋、句践伐呉外伝〕越軍壞敗し、～兵士僵斃、人衆分解し、能く救止するもの莫し。

【僵立】きょうりつ(きやう)りつ 直立する。宋・蘇軾〔玲瓏山に登る〕詩 何れの年よりぞ、僵立する兩蒼龍 瘦脊盤盤として、尚ほ空に倚る

↑僵偃 僵臥／僵梗 枯死する／僵屍 僵尸／僵直 硬直／僵拔 僵木／僵仆 倒れる／僵伏 僵臥／僵覆 倒れ死ぬ／僵踣 僵仆／僵落 倒壊する

↓傾僵・枯僵・顛僵・凍僵・仆僵・冷僵

【勰】 15 4643 キョウ(ケフ) かなう

篆文 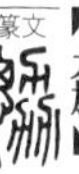

形声 声符は劦。劦は協力の意。〔説文〕劦部十三下に「同思の和なり」とし、字を会意とする。その部に「協は同心の和なり」「協は衆の同に和するなり」と訓する。みな劦の亦声と解すべき字である。〔爾雅、釈詁〕に「勰・燮は、和らぐなり」とみえる。

訓義 ①かなう、心があう。②思う。③和らぐ。④協と通用する。

古訓 〔名義抄〕勰 オモフ・ヤハラカナリ

【嬌】 15 4242 キョウ(ケウ) なまめかしい あでやか

篆文 

形声 声符は喬。喬は高い楼門の上に桙立をして神を迎えることを示す字。高い意があり、またその桙立のようにしなる意がある。〔説文新附〕十二下に「姿よきなり」とあり、〔一切経音義〕に「姣、古文の嬌なり」とあって、字はまた姣に作るという。先秦の文献には多く姣を用い、嬌は六朝以後に多い。姣に皎潔の意があり、嬌の嬌艶の意と、いくらか語感が異なる。

訓義 ①なまめかしい、あでやか、うつくしい、かわいい。②声や色につやのあること。③驕と通じ、たかぶる、おごる。

古訓 〔新撰字鏡〕姣 保志支万尔々々(ほしきまにまに)〔名義抄〕嬌 オゴル・コビ・コフル〔字鏡集〕嬌 コブル・ホシイマヽ・コビタリ・コビ・タヲヤカナリ・ヲゴル・コバム・シナ・イツハル・カタシ・ヲゴリ

語系 嬌kiô、姣・佼keôは声義近く、女子の姿態の美しいことをいう。

【嬌愛】きょうあい(けう)あい 愛らしい。唐・劉希夷〔春女行〕詩 嬌愛、猶ほ未だ終らず 悲涼、此れより始まる

【嬌逸】きょういつ(けう)いつ あかぬけしていて、愛嬌がある。〔玉台新詠、焦仲卿の妻の為に作る〕詩 云ふ、第五郎有り 嬌逸にして未だ婚有らず

【嬌鶯】きょうおう(けうあう) よい声で鳴く鶯。唐・杜甫〔江畔に独り歩して花を尋ぬ、七絶句、六〕詩 留連せる戲蝶は時時に舞ひ 自在の嬌鶯は恰恰として啼く

【嬌歌】きょうか(けう)か なまめかしい歌。唐・李白〔宮中行楽詞、八首、六〕詩 春風、紫殿を開き 天樂、朱樓を下る 艷舞全て巧を知り 嬌歌半ば羞ぢんと欲す

【嬌客】きょうかく(けう)かく 花婿。宋・黄庭堅〔子瞻(蘇軾)の、王子立の、風雨、書屋を敗り、感有り、に和するに次韻す〕詩 婦翁撾つべからず 王郎は嬌客に非ず 十年、從學を爲し 苦淡(苦労)を共にす

【嬌児】きょうじ(けう)じ かわいい幼児。晉・陶潛〔挽歌の詩に擬す、三首、一〕魂氣、散じて何くにか之く 枯形、空木に寄す 嬌兒は父を索めて啼き 良友は我を撫して哭す

【嬌羞】きょうしゅう(けうしう) はにかむ。唐・權徳輿〔玉台体、十二首、二〕詩 嬋娟たる二八、正に嬌羞 日暮相ひ逢ふ、南陌の頭

【嬌小】きょうしょう(けうせう) 愛くるしい。唐・李白〔江夏行〕詩 憶ふ昔嬌小の姿 春心、亦た自ら持す

【嬌笑】きょうしょう(けうせう) あでやかに笑う。陳・後主〔三婦艶詞、十一首、七〕楽府 大婦は愛恆に偏まし 中婦は意常に堅し 小婦、獨り嬌笑す 新たに來たる華燭の前

【嬌情】きょうじょう(きやうじやう) なまめかしいようす。梁・簡文帝〔舞を詠

ず」詩 嬌情、曲の動くに因り 弱歩、風の吹くを逐ふ

【嬌痴】おぼこ。唐・白居易〔秦中吟十首、議婚〕詩 人を見るも手を斂めず 嬌癡、二八の初

【嬌鳥】よい声で鳴く鳥。唐・盧照鄰〔長安古意〕詩 百丈の游絲、爭ひて樹を繞り 一群の嬌鳥、共に花に啼く

↑嬌娃 美女／嬌影 嬌姿／嬌婉 たおやかで美しい／嬌艶 なまめかしい／嬌音 嬌声／嬌蛾 蛾眉／嬌艾 若い女／嬌憨 おぼこ／嬌嬌 美人／嬌響 なまめかしい声／嬌妍 嬌婉／嬌喉 美声／嬌姿 妖艶／嬌奢 あでやかでおごる／嬌柔 嬌脆／嬌淑 しとやか／嬌縦 なまめかしい／嬌娘 美少女／嬌色 美色／嬌飾 あでやかに飾る／嬌声 なまめかしい声／嬌脆 しなやかで美しい／嬌輭 嬌脆／嬌惰 ふしだら／嬌態 なまめかしい／嬌稚 おぼこ／嬌寵 寵愛／嬌囀 鳥の美しい声／嬌童 美少年／嬌軟 美しくしなやか／嬌波 秋波／嬌媚 あだめく／嬌嫚 なまめかしくおごる／嬌容 嬌姿

↓阿嬌・婀嬌・愛嬌・雲嬌・鶯嬌・酣嬌・含嬌・競嬌・凝嬌・作嬌・千嬌・争嬌・多嬌・黛嬌・百嬌・放嬌・夭嬌・弄嬌

【嶠】 15 2272 キョウ(ケウ) たかい

篆文 

形声 声符は喬。喬に高い意がある。〔説文新附〕九下に「山鋭くして高きなり」とあり、山の高峻なるをいう。〔爾雅、釈山〕に「山～鋭くして高きは、嶠なり」とみえる。

訓義 ①たかい、たかくするどい、きりたつ山。②みね、さかみち、やまみち。

古訓 〔新撰字鏡〕嶠 美祢(みね) 〔字鏡〕嶠 ヤマ・ミネナリ 〔字鏡集〕嶠 コミチ・ミネ・ヤマノサキ

↑嶠角 山角／嶠岳 喬岳／嶠嶼 高くそびえる島／嶠翠 高山のみどり／嶠道 山路／嶠嶺 峻嶺／嶠路 山のけわしい道

↓雲嶠・烟嶠・遠嶠・崖嶠・荒嶠・山嶠・峻嶠・峭嶠・層嶠・僻嶠・嶺嶠

【憍】 15 9202 キョウ(ケウ) ほしいまま おごる

形声 声符は喬。喬に驕りほこる意がある。驕と通用する。

訓義 ①ほしいまま、ほこる、おごる。②たかぶる、はやる。③おそれる、あわれむ。④字はまた驕に作る。

古訓 〔名義抄〕憍 オホル・タカシ・ホシマ、〔字鏡〕憍 オゴル・ホコリ 〔字鏡集〕憍 ホコル・ヤスシ・ホシマ（ヽ）・オゴル・タカシ

＊語彙は驕字条参照。

↑憍逸 驕りほしいままにする／憍盈 驕りほこる／憍矜 自大／憍憍 驕恣／憍蹇 驕りたかぶる／憍伉 驕る／憍奢 驕奢／憍泄 侮る／憍暴 驕暴／憍慢 驕りあなどる

【撟】 15 5202 キョウ(ケウ) あげる

篆文 

形声 声符は喬。喬に高くあげる意がある。〔説文〕十二上に「手を擧ぐるなり。～一に曰く、撟は擅にするなり」という。〔爾雅、釈獣〕に「人には撟と曰ふ」とは撟引の法で、〔史記、扁鵲伝、索隠〕に「夭撟して身を引ばすこと、熊顧鳥伸の如きなり」とみえる。

訓義 ①あげる、手をあげる、せのびをする。②まげる、たわめる、かがめる。③矯と通じ、かこつける、いつわる、ことよせる。④ほしいまま。⑤つよい。

古訓 〔字鏡集〕撟 ナホシ・アグ・ヨコハタ(タハ)ル・テヲアグルナリ

【撟君】君を正し、屈服させる。〔荀子、臣道〕能く比知同力、群臣百吏を率ゐて、相ひ與に君に彊ひて君を撟むる～有る、之れを輔と謂ふ。

↑撟引 道家の屈伸の法／撟角 角をためる／撟虔 なおしつつしむ／撟言 こじつけて言う／撟邪 かすめ取る／撟首 頭をあげる／撟抄 かすめ取る／撟捷 軽捷／撟詔 詔旨をいつわりかたる／撟制 撟制／撟舌 舌がもつれる／撟然 強い／撟誣 あらため誣いる／撟払 あらため逆らう／撟命 命令の趣をいつわりかえる

↓担撟・夭撟

【皛】 15 2666 キョウ(ケウ) あきらか

篆文 

会意 三白に従う。〔説文〕七下に「顯らかなり。三白に従ふ。讀みて皎の若くす」とあり、〔文選、李善注〕に引く〔蒼頡篇〕や〔玉篇〕には、「明らかなり」とみえる。

訓義 ①あきらか。②しろくあきらか。

古訓 〔名義抄〕皛 アキラカナリ・アラハス・イチシロシ 〔篇立〕皛 カシラシロシ・アキラカナリ・ツマビラカナリ・イチジルシ・アラハス・アザヤカ

語系 皛hyô、皎kyô、灝hôは声義近く、一系の語。

【皛皛】白々として明るい。晉・陶潛〔辛丑の歳七月、赴仮して江陵に還らんとして、夜、塗口を行く〕詩 昭昭として天宇闊く 皛皛として、川上平らかなり

↑皛光 明光／皛皎 明らか／皛清 清らか／皛飯 白米／皛淼 広々

↓輝皛・虚皛・皦皛・皎皛・顥皛・精皛・霜皛

【篋】 15 8871 キョウ(ケフ) はこ

篆文 

形声 声符は匧。匧ははこ。竹で編んだはこをいう。〔説文〕十二下匧字条に「藏するなり。～篋、匧或いは竹に従ふ」とあり、匧の異文とする。狭長の形のものをいう。

訓義 ①はこ。②長細い形のはこ。

古訓 〔名義抄〕篋 ハコ・フムバコ・ハコニヲサメテ・コロモハコ・アマハコ

【篋笥】文書や衣類などを入れるはこ。梁・任昉〔郡の伝舎を出でて、范僕射を哭す〕詩 已んぬる矣か、平生の事詠歌、篋笥に盈つ

【篋扇】箱に収めた扇。失寵の意。漢・班婕妤〔怨歌行〕楽府 新たに齊の紈素を裂き～裁して合歡の扇と爲す～常に恐る、秋節の至りて 涼風、炎熱を奪ふことを 篋笥の中に棄捐せられ 恩情、中道にして絶えん

↑篋匱 はこ／篋書 密書／篋枕 箱枕／篋櫝 はこ／篋服 箱に収めた服

↓衣篋・開篋・胠篋・筐篋・巾篋・金篋・古篋・鼓篋・行篋・香篋・笥篋・詩篋・書篋・塵篋・石篋・箱篋・蔵篋・束篋・竹篋・嚢篋・発篋・封篋・宝篋・籠篋

入【蕎】 15 4422 〔蕎〕 16 4422 キョウ(ケウ) そば

形声 声符は喬。〔玉篇〕に「蕎麥なり」とあり、そばをいう。また薬草の名に用いる。

訓義 ①そば。②たかとうだい、薬草。

古訓 〔名義抄〕蕎 ソバムギ・クロムギ／蕎麥 ソバムギ・クロムギ

↑蕎巴 そば餅／蕎麦 そば／蕎麺 そば切り

【鋏】 15 8413 キョウ(ケフ) かなばし はさみ かたな

篆文

形声 声符は夾。〔説文〕十四上に「以て冶器を鑄鎔に持すべき者なり」とあり、鋳造のときに用いるかなばさみをいう。長鋏は佩剣。一般にけさみの意に用いる。

訓義 ①かなばし。②はさみ。③かたな、つるぎ、刀身、つか。

古訓 〔新撰字鏡〕鋏 止乃太加美(とのたかみ) 〔篇立〕鋏 ハサミ/鋏 イスリ

語系 鋏・頰・莢kyapは同声。左右相対するものをいう。〔説文〕に鋏について「讀みて漁人莢魚の莢の若くす」とあり、また「一に曰く、挾持の若し」という。挾(挟)hyapも声が近い。

↑鋏箸 やっとこばし、かなばし/鋏刀 はさみ

↓撃鋏・剣鋏・短鋏・弾鋏・長鋏・矛鋏

【蛩】 15 1750 キョウ かたい

篆文

金文

形声 声符は巩。巩は呪具としての工を両手で掲げて祈る形。金文では〔毛公鼎〕「不いに先王の配命を巩せり」「永く先王に巩れあらしめん」のように、蛩固と恐懼の意に用いる。巩はその両義を含む字であった。〔説文〕三下に「韋を以て束ぬるなり」とあり、蛩とは韋皮を以てかたく束ねる意であるとする。

訓義 ①かたい、かたい皮。②つかねる、かたくつかねる。③恐に通じ、おそれる。④烘に通じ、あぶる。

古訓 〔名義抄〕蛩 カタム・カタシ

語系 巩声の諸字のうち、蛩・蛩khiongは同声。蛩固・緊束の意がある。

【蛩蛩】 物事にこだわるさま。漢・劉向〔楚辞、九歎、怨思〕顧へつて屈節して、以て流れに從ひ 心蛩蛩として、夬ならず

【蛩固】 堅固で動かない。宋・呉文英〔宴清都、栄王大人を寿ぐ〕詞 南山の壽石 東周の寶鼎のごとく 千秋、蛩固ならん

↑蛩膜 目の白膜

↓闕蛩・虔蛩

【噭】 16 6804 キョウ(ケウ) さけぶ なく

篆文

形声 声符は敫。敫は架屍・祭梟(首祭)。屍霊を毆って人を呪詛する行為を意味する。そのとき高く声をあげて呵することを噭呼という。凶事のときにもいい、〔公羊伝、昭二十五年〕「噭然として哭す」、〔荘子、至楽〕「我噭噭然として隨ひて之れを哭す」のように用いる。〔説文〕二上に「吼ゆるなり。~一に曰く、噭呼するなり」とするが、もとは呪的な行為のときに叫ぶ声であった。

訓義 ①さけぶ、よぶ。②はげしく声をあげてなく、哭する。③なく、ほえる。④口。〔段注〕に〔説文〕の文を「口なり」と改め、「馬蹄噭千」(蹄と口と合わせて五、すなわち二百匹)の例を引くが、噭はその嘶く声をいう。

古訓 〔新撰字鏡〕噭 佐介不(さけぶ)、又、奈久(なく) 〔篇立〕噭 ヨバフ・サケブ 〔字鏡集〕噭 ホユ・サケブ・ヨバフ

語系 噭・敫kyôは同声。叫(叫)kyu、囂xiô、哮xeu、嘷hu、吼xoは声義が近い。もと擬声的な語である。

【噭応】 大声で答える。〔礼記、曲礼上〕君子に侍坐するとき、若し告ぐる者有るときは~屛きて待つ。側聽すること毋かれ、噭應すること毋れ。

【噭噭】 人の笑う声。また泣く声。鳥や猿が高い声でなく。唐・陳子昂〔晩に楽郷県に次る〕詩 如何ぞ、此の時の恨み 噭噭として夜猿鳴く

【噭然】 大声をあげて泣くさま。〔公羊伝、昭二十五年〕(昭公将に季氏に弑せられんとす)昭公是に於て噭然として哭す。諸大夫も皆哭す。

【噭咷】 泣いて声がかれる。また、噭誂。高い声で歌う。〔漢書、韓延寿伝〕歌ふ者先づ射室に居る。延壽の車を望見し、噭咷楚歌す。

↑噭音 高い音/噭喚 叫ぶ/噭呼 呼ぶ/噭嘑 叫ぶ/噭哮 ほえる/噭嘷 獣の声/噭号 なく/噭哭 なく/噭譟 騒がしくさけぶ/噭誂 噭咷

↓呵噭・号噭・蹄噭・虓噭

【彊】 16 1121 キョウ(キャウ) くにざかい つよい

篆文

金文

形声 声符は畺。〔説文〕十二下に「弓に力有るなり」と強弓の意とする。虫部十三上に強の字があり、「蚚なり」とするが、強は弓弦の形である弘に従う字であるから、強が強弓の本字。彊はもと田界を示す字で、これを強の義に用いるのは仮借。彊の金文の字形に、土(社)や𠂤(神梯の象)を加える字がある。弓は「侯道五十弓」のように距離をはかるのに用いた。今も五尺を以て一弓とする。金文には彊を疆の意に用い、「眉壽無彊」のようにいう。彊・疆はもと一字であった。

訓義 ①くにざかい、さかい、田界。②疆と通じ、かぎり。③強と通じ、つよい、つよい弓、こわばる。④強と通じ、つとめる、しいて。

古訓 〔名義抄〕彊 キハマル 〔字鏡集〕彊 カタシ・サカヒ・ツトム・ナマジヒ・アナガチ・ス、ム・キハマル・コハシ・ツヨシ・カギル・シヒテ

声系 〔説文〕に彊声の字として薑を収める。〔論語、郷党〕に「薑を撤せずして食らふ」とある薑の本字である。疆の本字は畺。〔説文〕に畺の或る体として疆をあげている。

語系 彊・強giang、剛kangは声近く通用するが、彊は田界、強は強弓、剛は堅い鋳型を裂く意で、字源はそれぞれ異なる。鉅gia、健(健)gian、勍gyang、また緊kien、堅kyenも同系の語である。

*語彙は強字条参照。

【彊家】 勢力の強い家。〔左伝、昭五年〕韓賦の七邑は皆成縣(大県)なり。羊舌の四族は皆彊家なり。

【彊毅】 強くきびしい。〔漢書、五行志中之下〕朱博、人と爲り彊毅にして、權謀多し。~恐らくは凶惡亟疾の怒り有らん。

【彊禦】 強暴で人をうけ容れない。〔詩、大雅、烝民〕矜寡を侮らず 彊禦を畏れず

【彊彊】 争いさわぐ。〔詩、鄘風、鶉之奔奔〕鵲の彊彊たる 鶉の奔奔たる 人の良無き 我以て君と爲す

【彊固】 強くかたい。堅固。〔荀子、王覇〕萬乘の國は廣大富厚と謂ふべく、加ふるに治辨彊固の道有り。是くの若くんば則ち怡愉して患難無からん。

【彊伉】 悪強い。ごりおし。〔資治通鑑、漢紀六十〕(献帝、建安二十四年)魏武の暴戾彊伉にして、加ふるに天下に大功有る~も、乃ち身を沒はるに至るまで、敢て漢を廢して自立せず。

【彊国】 強国。〔管子、覇言〕彊國衆きときは、彊を合はせて以て弱を攻め、以て霸を圖る。

【彊很】 気が強くて人にさからう。〔南史、王藻伝〕口に發して言ふ所、恆に科律に同じ。王藻復た彊很なりと雖も、頗ぶる經學あり。戲笑の事に涉りて(獄死し)、遂に冤魂と爲る。

【彊識】 記憶がよい。〔三国志、呉、朱桓伝〕兼ぬるに彊識を以てし、人と一面して數十年忘れず。部曲萬口なるも、妻子も盡く之れを識る。

【彊臣】 権勢の臣。晋・陸機〔五等諸侯論〕卒にかに

彊臣朝を專らにする有れば、則ち天下風靡し、一夫縱衡（縱横）すれば、則ち城池自ら夷ぶる。豈に危ふからずや。

【彊勢】きよう(きやう)せい 権勢。その人。〔後漢書、酷吏伝序〕若し其れ彊勢を揣挫し、公卿を摧勒し、頭腦を碎裂して而も顧みざるは、亦た壯と爲すなり。

【彊壯】きようそう(きやうさう) 若くて元気。〔漢書、蘇武伝〕武、匈奴に止まること凡そ十九歳。始め彊壯を以て出でしが、還るに及んで須（鬚）髮盡ごとく白し。

【彊族】きよう(きやう)ぞく 勢力ある一族。〔三国志、呉、呂範伝〕下邳の陳瑀、自ら呉郡太守と號し、海西に住まり、彊族嚴白虎と交通す。

【彊対】きよう(きやう)たい 強敵。〔三国志、呉、陸遜伝〕劉備は天下の知名、曹操の憚る所なり。今境界に在るは、此れ彊對なり。

【彊奪】きよう(きやう)だつ 強奪する。〔左伝、昭十六年〕今吾子、～當に相ひ輯睦して、共に此の虜を翦るべし。～敝邑に商人より彊奪せよと謂はば、是れ敝邑に、盟誓に背くことを教ふるなり。乃ち不可なること毋からんか。

【彊聴】きようちよう(きやうちやう) 我慢してきき入れる。〔史記、留侯世家〕留侯～乃ち穀を辟け、道引して身を輕くすることを學ぶ。～呂后、留侯を德とし、乃ち彊ひて之れに食らはしむ。～留侯已むことを得ず、彊めて聽して食らふ。

【彊直】きよう(きやう)ちよく 強く正しい。〔晋書、傅玄伝論〕傅玄は彊直の姿を體し、匪躬の操を懷く。

【彊忍】きよう(きやう)にん むりにしのぶ。〔史記、留侯世家〕一老父有り、～顧みて（張）良に謂ひて曰く、孺子、下りて履を取れと。良～其の老いたるが爲に彊忍し、下りて履を取る。～父、足を以て受け、笑ひて去る。

【彊富】きよう(きやう)ふ 富強。〔三国志、呉、駱統伝〕臣聞く、國に君たる者は、以て彊土に據りて彊富を爲し、威福を制して尊貴を爲し、～世胤を永くして豐祚を爲すと。

【彊勇】きよう(きやう)ゆう 強く勇ましい。〔三国志、魏、東夷伝、夫余〕其の人麤大、性彊勇にして謹厚、寇鈔を爲さず。～皆六畜を以て官に名づく。

【彊要】きようよう(きやうえう) むりに求める。〔史記、留侯世家〕呂后乃ち建成侯呂澤をして留侯を劫かしめ、～呂澤彊要して曰く、我が爲に畫計せよと。

【彊旅】きよう(きやう)りよ 強い軍隊。〔三国志、蜀、諸葛亮伝注に引く亮集〕昔、世祖迹を舊基に創めしとき、羸卒數千を奮ひて、（王）莽の彊旅四十餘萬を昆陽の郊に摧く。

【彊力】きよう(きやう)りよく 強力。また、忍耐力が強い。〔史記、李斯伝〕趙君は人と爲り精廉彊力にして、下は人情を知り、上は能く朕に適ふ。

↑彊横 横暴／彊学 勉強／彊猾 悪賢い／彊姦 強姦／彊悍 強悍／彊幹 根本を強くする／彊諫 鉗口／彊諫 強諫／彊顔 厚顔／彊記 強記／彊弓 強弓／彊屈 圧服／彊桀 強健／彊亢 強健／彊伉 強伉／彊行 強行／彊梗 強悍／彊索 てごわい／彊仕 強仕／彊市 押し売り／彊死 横死／彊執 堅忍／彊渋 難解でたどたどしい／彊熟 温室で熟す／彊靭 強くてしなやか／彊正 つとめて正す／彊請 むりに求める／彊宗 豪族／彊大 強大／彊致 連れ出す／彊敵 強敵／彊弩 強弩／彊慝 極悪／彊半 大半／彊勉 つとめはげむ／彊本 根本を強くする／彊梁 兇暴

↓屈彊・堅彊・康彊・剛彊・自彊・勉彊・木彊・力彊

【徼】

篆文

16 2824

キョウ(ケウ) ヨウ(エウ)

もとめる とりで

形声 声符は敫。敫は架屍を毆って、その呪霊によって呪詛を行う祭梟（首祭）の俗を示す字。放と字の立意同じく、放の架屍の上に頭顱（されこうべ）を加えた形である。〔説文〕二下に「循るなり」とし、〔玉篇〕には「要なり、求なり」とする。外界に接する辺徼の地で、外族に対して行う呪儀であるから、また辺徼の意となり、神霊の祐助を請う行為であるから「徼む」といい、また「徼むう」意となる。

訓義 [1]もとめる、邪霊を祓うことを求める、神にいのり求める。[2]むかえる、神霊をむかえる。[3]さかい、とりで、さえぎる。[4]めぐる、みまわる、うかがう。[5]小さく遠いみち。

古訓 〔名義抄〕徼 モトム・ウク・ハゲマス・サイギル・チマタ 〔字鏡集〕徼 シタガフ・カナラズ・モトム・サイギル・ウク・ハゲマス

語系 徼・皦・曒・竅 kyô は同声。徼は道路に当たって祭梟の儀礼をすること、皦はその声、曒は架屍の白さ、竅は肉を脱した骨窩の状。みな敫の声義を承ける。

【徼外】きようがい(けうぐわい) 国外。塞外。〔史記、佞幸、鄧通伝〕免ぜられて家居す。居ること何くも無く、人、鄧通盜みて徼外に鑄錢を出だすと告ぐるもの有り。

【徼訐】きよう(けう)けつ うかがいあばく。漢・蔡邕〔陳太丘（寔）の碑〕其の道爲るや、用ひらるれば行ひ舍てらるれば藏れ、進退度とすべし。徼訐して以て時に干めず、（怒りを）遷貳して以て下に臨まず。～樂天知命、澹然として自ら逸す。

【徼幸】きようこう(けうかう) まぐれを求める。僥倖。〔左伝、哀十六年〕子高曰く、吾れ之れを聞く、險を以て徼幸する者は、其の求め饜くこと無しと。

【徼塞】きよう(けう)さい 外夷との境界のとりで。宋・欧陽脩〔吉州学記〕遂に天下に詔して、皆、學を立て、學官の員を置かしむ。然る後、海隅徼塞、四方萬里の外、皆學有らざる莫し。

【徼遮】きよう(けう)しや よう(えう)しや さえぎる。〔後漢書、西羌、東号子麻奴伝〕群羌懼れ、～多く散叛有り。諸郡各〻兵を發して徼遮し、或いは其の廬落（集落）を覆す。是に於て、～麻奴兄弟～西のかた塞を出づ。

【徼巡】きよう(けう)じゆん 見まわる。〔唐書、百官志四上〕左右街使、六街の徼巡を分察することを掌る。

【徼循】きよう(けう)じゆん 見まわる。〔漢書、東方朔伝〕乃ち右輔都尉をして、長楊より以東を徼循せしむ。

【徼亭】きよう(けう)てい 辺境のとりで。〔戦国策、韓一〕料るに大王の卒、之れを悉くすも三十萬に過ぎず。～爲し徼亭鄣塞を守るものを除かば、見（現）卒二十萬に過ぎざるのみ。

【徼道】きようどう(けうだう) 見まわりの道。漢・班固〔西都の賦〕周廬（宿直室）千列し、徼道綺錯す。輦路經營し、修涂には飛閣あり。

【徼福】きよう(けう)ふく 他国の祖霊の祐助を求める。〔左伝、僖四年〕君惠にして福を敝邑の社稷に徼め、辱く寡君を收めば、寡君の願ひなり。

【徼妙】きようみよう(けうめう) 道の精微なありかた。〔老子、一〕故に常に無欲にして以て其の妙を觀、常に有欲にして以て其の徼を觀る。

【徼名】きよう(けう)めい 名声を求める。〔漢書、揚雄伝上〕雄～耆欲少なく、富貴に汲汲たらず、貧賤に戚戚たらず。廉隅を修めて、以て名を當世に徼めず。

【徼乱】きよう(けう)らん 乱を求める。〔左伝、成十三年〕君若し諸侯を惠顧し、寡人を矜哀し、之れに盟を賜はば、則ち寡人の願ひなり。其れ寧を諸侯に承けて以て退かん。豈に敢て亂を徼めんや。

↑徼栄 栄えることを求める／徼怨 怨みを招く／徼歓 迎合する／徼迎 迎合する／徼冀 願い求める／徼求 求める／徼撃 邀撃する／徼功 功を求める／徼侯 巡察する／徼倖 徼幸／徼伺 うかが

がう／徼取 さらう／徼繞 めぐる／徼射 察知する。むかえて迎合する／徼捕 巡捕する／徼利 利を求める

↓遠徼・外徼・関徼・観徼・疆徼・塞徼・守徼・戎徼・巡徼・鄣徼・亭徼・藩徼・蛮徼・辺徼・游徼・要徼

【敿】 16 2124 キョウ(ケウ) つらねる

篆文

会意 喬＋攴。〔説文〕三下に「繫連するなり」とあり、喬(盾)を連ねて防禦とする意のようである。また字を喬声とするが、攴を加えるのは、喬を対象とする行為を示す字とみられる。〔書、費誓〕に「乃の干を敿ねて、敢て弔(淑)からざること無かれ」とあり、防禦用として周辺にめぐらす大きな盾が喬、それを連ねることを敿という。近時出土の中山王諸器のうちに、山字形の三鋒戟五器があり、これを列戟として門にならべ、聖所の呪禁としたようである。〔詩、鄭風、清人〕に「二矛重喬」とあり、〔鄭箋〕に、喬とは矛の柄の上部に毛羽などの呪飾を懸けるところであるとするが、〔費誓〕の文によって考えると、武器を連ねて威儀を示すことであろう。

訓義 ①盾をつらねる、つなぐ、つぎあわす。②たて。

古訓 〔名義抄〕敿 ヲツク・タテニ 〔字鏡集〕敿 タテヲツク・ウチツラヌ

【橇】 16 4291 キョウ(ケウ) セツ かんじき そり

形声 正字は檋に作り、共声。檋は転じて「キョク」の声によむ。橇は毳声に従う字で、もと茅蕝の蕝にあたる字である。〔玉篇〕に「橇、丘喬の切。史記に曰く、泥に行くに橇に乗ると。～亦た轎に作る」とするが、轎は屩(靴)をいう字。かんじきは、檋に施すべき訓であろう。

訓義 ①かんじき、そり。②字はまた檋・轎に作る。

古訓 〔名義抄〕橇 カイシキ

↑橇行 そりでゆく／橇車 そり

常【橋】 16 4292 キョウ(ケウ) はし

篆文

形声 声符は喬。喬はアーチ状の高楼の上に表木を立てて神を招く意で、架上・高挙の意がある。橋は山の岸や谷にかけ渡したものをいい、また衣桁のように用いるものをもいう。〔儀礼、士昏礼〕に「纁裏は橋に加ふ」とは衣桁の類。〔説文〕六上に「水梁なり」とするが、古くはいわゆる高橋をいう。水橋の意は、字の初義ではない。

訓義 ①はし、たかはし、高所に木をかけわたしたもの。②衣桁の類。横木があって、物をかけるのに用いる台。③はねつるべ、はねつるべの横木。④喬と通じ、たかい、つよい。⑤檋と通じ、山かご、こし。⑥そり。

古訓 〔和名抄〕橋 波之(はし) 〔名義抄〕橋 ハシ・ハシワタス・タカシ・ホシイマ、・ヨコタハル 〔字鏡集〕橋 ハシ・ウツハリ・ハシワタル・タカシ・ヨコタハル・ホシイマ、

語系 橋・僑・趫 kiô は同声。みな高の意がある。

【橋影】 橋のかげ。唐・白居易〔河亭晴望〕詩 晴虹、橋影出で 秋雁、櫓聲來たる

【橋下】 橋の下。〔戦国策、趙一〕豫讓、當に過ぐべき所の橋下に伏す。襄子、橋に至りて馬驚く。襄子曰く、此れ必ず豫讓ならんと。

【橋外】 橋のほとり。唐・杜甫〔章梓州の水亭〕詩 吏人、橋外に少れなり 秋水、席邊に多し

【橋起】 もち上がる。〔荘子、則陽〕欲惡去就、是に於て橋起し、雌雄片合、是に於て庸に有り。安危相ひ易はり、禍福相ひ生じ、緩急相ひ摩し、聚散以て成る。

【橋上】 橋の上。唐・李白〔古風五十九首、十八〕詩 前水復た後水 古今相ひ續ぎて流る 新人、舊人に非ず 年年、橋上に遊ぶ

【橋飾】 矯正する。〔荀子、儒効〕好んで其の聞く所を脩正し、以て其の情性を橋飾す。～是くの如くならば、則ち篤厚の君子と謂ふべし。

【橋直】 はねつるべの横木の柱。〔淮南子、主術訓〕橋直は植立して動かず、俛仰するもの、制を焉に取る。人主は靜漠にして躁がしからず、百官脩むることを得。

【橋畔】 橋のほとり。唐・薛能〔折楊柳、十首、九〕詩 衆木猶ほ寒ゆるに、獨り早く靑し 御溝の橋畔、曲江の亭

【橋旁】 橋のほとり。〔礼記、檀弓下〕桓楹。〔疏〕亭郵の所にして表木を立つ。之れを桓と謂ふ。卽ち今の橋旁の表柱なり。

【橋梁】 はし。魏・武帝〔苦寒行〕楽府 水深くして橋梁絶え 中路、正に徘徊す

↑橋運 もち上がる／橋閣 桟道／橋脚 橋げた／橋言 矯言／橋桁 橋げた／橋柵 桟をわたす／橋市 橋頭の市／橋彴 丸木橋／橋松 高い松／橋泄 傲慢／橋側 橋辺／橋塚 陵墓／橋丁 橋守／橋頭 橋辺／橋辺 橋畔／橋門 橋の門／橋吏 橋守

↓鞍橋・圯橋・横橋・河橋・架橋・画橋・艦橋・危橋・山橋・桟橋・市橋・鵲橋・石橋・船橋・霜橋・長橋・梯橋・鉄橋・道橋・飛橋・浮橋・歩橋・法橋・陸橋

【襁】 16 3323 キョウ(キャウ) おびひも

篆文

形声 声符は強。強は繦と声義近く、襁は背負いの帯をいう。

訓義 ①おびひも、せおいのおびひも、たすき。②おう。③こもりかご。

古訓 〔新撰字鏡〕襁 須支(すき) 〔名義抄〕襁 ヒムツキ・チゴノキヌ／襁褓 ムツキ・タスキ 〔字鏡〕襁 ムツキ・チゴノキヌ・スキ

【襁褓】 襁はおびひも、褓は小児の衣。背に負うほどの幼少の時をいう。〔大戴礼、保傅〕昔者、周の成王幼にして、襁褓の中に在り。召公、太保と爲り、周公、太傅と爲り、太公、太師と爲る。

↑襁属 繫ぐ／襁負 おびひもで背に負う／襁抱 幼少の時／襁保 襁褓／襁緥 襁褓

常【頰】 16 4108 キョウ(ケフ) ほお

篆文 籀文

形声 声符は夾。夾は左右に挟む形。顔面の両旁を頰という。〔説文〕九上に「面旁なり」とみえる。

訓義 ①ほお。②愜と通じ、こころよい。

古訓 〔新撰字鏡〕頰 豆良(つら) 〔和名抄〕頰 都良(つら)、一に云ふ、保々(ほほ) 〔名義抄〕頰 ツラ・ホ、 〔篇立〕頰 ホホハル・ツラ・ホホ・ヒタイ

語系 頰 kyap は夾 keap、挾(挟) hyap、脅 xiap、胠 khiap と声近く、みな左右相対する意がある。楊樹達の〔積微居小学金石論叢〕に夾・脅・去・甫の声に、左右両旁の義をもつものが多いことを指摘しているが、輔 biua、俌 phiua の類は、また別系に属するものである。

【頰車】 あご。〔釈名、釈形体〕頤～或いは輔車と曰ふ。其の骨強く、口を輔持する所以を言ふなり。～或いは頰車と曰ふ。亦た物を載する所以なり。

【頰適】 和顔。〔荘子、漁父〕善否を擇ばずして兩容頰適し、其の欲する所を偸抜す。

【頰輔】 ほお。宋・黄庭堅〔時進叔の二十六韻に次韻

す」詩　大兒は衣冠に勝へ　小兒は頰輔豐かなり
↑頰肌　頰肉／頰嗛　頰のふくみ／頰顴　頰骨／頰舌　弁舌
↓頤頰・角頰・緩頰・顴頰・口頰・紅頰・高頰・粧頰・舌頰・双頰・丹頰・長頰・怒頰・桃頰・吻頰・輔頰・方頰・豊頰・曼頰・妙頰・面頰・両頰・弄頰

【鴞】16　6722　キョウ（ケウ）　ふくろう

篆文 

形声　声符は号。号に枵の声がある。〔説文〕四上に「鴟鴞、寧鳺なり」とあり、ふくろうをいう。また、みそさざい。

訓義　①ふくろう。②みそさざい。

古訓　〔名義抄〕鴞　フクロフ〔字鏡〕鴞　ホト、ギス・フクロフ・カモ〔字鏡集〕鴞　フクロフ・カモ・ワシ

↑鴞鳥　ふくろう／鴞鵩　悪鳥
↓鴟鴞・炙鴞・集鴞・飛鴞

【鄕】17　6072　キョウ（キャウ）　さきに

篆文 

形声　声符は鄉（鄉）。鄉を嚮・鄕の意に用いることがある。〔説文〕七上に「久しからざるなり」、〔玉篇〕に「少時なり」とあり、先般・前日の意。

訓義　①さきに、さきには。②また鄉・向・嚮と通用する。

古訓　〔字鏡集〕鄕　ムカシ・シバラク・ツク・ムマシ

↑鄕者　さきに／鄕来　さきに

【橿】17　4191　キョウ（キャウ）　かし

篆文 

形声　声符は畺。〔説文〕六上に「枋なり」とあり、枋とはまゆみの木。また檀という。みな堅強の木である。

訓義　①かし、赤がし、白がし。②もちの木。③すきのえ。④彊と通用する。

古訓　〔名義抄〕橿　カシ・カシノキ

【橿橿】きょうきょう（きやうきやう）　強盛のさま。〔太玄経、増〕上九～測に曰く、崔嵬不崩、群士橿橿たり。

常【矯】17　8242　キョウ（ケウ）　ためる　いつわる　つよい

篆文 

形声　声符は喬。〔説文〕五下に「箭を揉むる箝なり」とあり、矢がらをただす意とする。箭を正すには寅の字があり、矢の左右に手を加える形で、寅正の意に用いる。矯には曲げる意があり、〔書、呂刑〕に「奪攘矯虔」（上命と偽って奪う）、〔書、仲虺之誥〕「上天を矯誣して以て命を下に布く」、〔左伝、昭二十六年〕「先王を矯誣す」のように、事実を偽り枉げる意に用い、寅正とはまた異なる意がある。喬は高楼の屋上に呪飾としての表木を立てる形。高くして驕る意があり、矯とは、強い力で矯め直すことをいう。〔詩、魯頌、泮水〕に「矯矯たる虎臣　泮（宮）に在りて馘を獻ず」とあり、矯厲武勇の意に用いる。

訓義　①ためる、矢をまっすぐにする、ためき。②いつわる、力を加えて改める、みだる、もとる、さからう。③あげる、たかくする。④つよい、たかぶる。

古訓　〔名義抄〕矯　アザムク・マサシ・カタマシク・タム・カザル・ツク・タヾス・オコル・イツハリ・アグ・アカル・タケシ

語系　矯・驕 kiô は同声。蹻 khiô、高 kô、翹 giô も、みな声義に通ずるところがある。

【矯枉】きょうおう（けうわう）　枉曲を改めなおす。〔漢書、諸侯王表序〕漢興るの初め、～同姓寡少、亡秦孤立の敗に懲戒す。～而れども藩國の大なる者は、州に夸り郡を兼ね、連城數十、宮室百官、制を京師に同じうす。矯枉其の正に過ぎたりと謂ふべし。

【矯介】きょうかい（けうかい）　ことさらに孤高を誇る。〔南史、隠逸上、戴顒伝〕桐廬僻遠にして、以て疾を養ひ難し。乃ち出でて吳下に居る。～矯介を爲さず、衆論此れを以て之れを多とす。

【矯鑒】きょうかん（けうかん）　かんがみてなおす。〔後漢書、順帝紀論〕古の人君～前違を矯鑒し、審らかに情僞を識らざる莫く、外に在るの憂ひを忘るること無し。

【矯挙】きょうきょ（けうきょ）　うそを述べたてる。〔左伝、桓六年〕今民餒ゑて、君、欲を逞にし、祝史矯擧して以て祭る。臣、其の可なるを知らざるなり。

【矯矯】きょうきょう（けうけう）　勇武なさま。志の高いさま。〔漢書、叙伝下〕賈生（誼）矯矯、弱冠にして朝に登る。文（帝）の叡聖なるに遭ひ、屢〻其の疏を抗ぐ。

【矯激】きょうげき（けうげき）　ことさらに異を立てる。〔唐国史補、下〕元和已後、文筆を爲りては則ち奇詭を韓愈に學び、～歌行は則ち流蕩を張籍に學び、詩章は則ち矯激を孟郊に學び、～浅切を白居易に學び、淫靡を元稹に學ぶ。倶に名づけて元和體と爲す。

【矯絜】きょうけつ（けうけつ）　ことさらに清廉ぶる。〔後漢書、荀淑等伝論〕漢は中世より以下、閹豎（宦官）擅恣す。故に俗、遂に遁身矯絜、放言を以て高しと爲す。士の此れを談ぜざる者有れば、則ち芸夫（農民）・牧豎のみとして、之れを叫呼す。

【矯虔】きょうけん（けうけん）　上命と偽って物を奪う。〔書、呂刑〕蚩尤惟れ始めて亂を作し、延いて平民に及ぶまで、寇賊・鴟義（盗窃）・姦宄・奪攘・矯虔せざる罔し。苗民、靈を用ひず。制するに刑を以てし、惟れ五虐の刑と法とを作る。

【矯亢】きょうこう（けうかう）　ことさらに異を立てて高ぶる。宋・秦観〔財用策、上〕晉人王衍なる者、口に錢を言はず。指して以て阿堵物と爲す。臣竊かに之れを笑ふ。以爲へらく、此れ乃ち姦人故に矯亢を爲して、虚名を暗世に盗むなりと。

【矯殺】きょうさつ（けうさつ）　上命と偽って殺す。〔史記、高祖紀〕漢王、項羽を數めて曰く、～項羽約に負き、我を蜀漢に王たらしむ。罪一なり。項羽、卿子冠軍を矯殺して自ら尊くす。罪二なり。

【矯首】きょうしゅ（けうしゅ）　首をあげのばす。晉・陶潜〔帰去来の辞〕策つきて老を扶けて以て流憩（さまよい、休む）し、時に首を矯げて遐く觀る。

【矯情】きょうじょう（けうじやう）　ことさらに人情にそむく態度をとる。また、ことさらに自ら飾る。〔三国志、魏、陳思王植伝〕文帝之れを御するに術を以てし、情を矯めて自ら飾る。～遂に定められて嗣と爲る。

【矯世】きょうせい（けうせい）　世の悪習を正す。〔漢書、楊王孫伝〕古の聖王、人情の其の親に忍びざるに縁り、故に爲に禮を制す。今は則ち之れを越えたり。吾れ是を以て羸（裸）葬し、將に以て世を矯めんとするなり。

【矯正】きょうせい（けうせい）　ただし直す。〔南史、劉穆之伝〕司馬元顯は政令違舛、桓玄は科條繁密なり。穆之、時宜を斟酌し、方に隨ひて矯正し、旬日に盈たずして、風俗頓に改まる。

【矯制】きょうせい（けうせい）　天子の命と偽る。〔史記、呂后紀〕列侯忠臣を劫かし、制を矯めて以て天下に令す。宗廟の危き所以なり。

【矯性】きょうせい（けうせい）　自然の性をむりにおさえる。晉・王康琚〔反招隠詩〕分を推せば天和を得るも　性を矯むれば至理を失ふ

【矯俗】きょうぞく（けうぞく）　風俗を改める。〔梁書、止足、顧憲之伝〕荘周・澹臺は達生の者なり。王孫・士安は矯俗の者なり。吾れ進みて達するに及ばず、退いて矯むる所無し。～入棺の物、一も須ふる所無かれ。

【矯誕】きょうたん（けうたん）　でたらめ。〔文心雕竜、正緯〕河、圖を出だし、洛、書を出だす。聖人之れに則る。～但だ世夐かにして文隱れ、好んで矯誕を生ず。眞存すと雖も、僞も亦た憑る。

【矯誣】きょうふ（けうふ）　いつわる。〔左伝、昭二十年〕其の失を蓋ひ美

を數ふるは、是れ矯誣なり。～是こを以て、鬼神其の國に饗せずして、以て之れに禍す。

【矯厲】情をため、節を高くする。〔晋書、王敦伝〕初め敦、務めて自ら矯厲し、雅もとより清談を尙たっび、口に財色を言はず。

↑矯異　立異／矯易　改変する／矯革　改める／矯矍　踊り上がる／矯偽　いつわる／矯潔／矯健　強健／矯言　詐言／矯抗／矯亢／矯詐　いつわる／矯罪　冤罪／矯士　剛直の人／矯矢　矢を直す／矯思／矯情／矯失／矯正／矯手　挙手／矯揉　ためる／矯輮／矯揉／矯称　詐称／矯詔　天子の命を偽り改める／矯上　命に抗する／矯飾　偽り飾る／矯任　放恣／矯然／矯矯／矯奪　欺き奪う／矯直　直す／矯勅／矯命／矯風／矯俗／矯復　改め復する／矯払　偽りためる／矯弊　矯俗／矯摩　按摩／矯命／矯詔／矯妄　詐妄／矯抑　抑制する／矯翼　羽ばたく／矯戮　矯殺／矯令／矯制／矯励　矯厲

↓違矯・姦矯・奇矯・詭矯・匡矯・驚矯・屈矯・騫矯・抗矯・自矯・清矯・騰矯・誣矯・紛矯・夭矯

【繦】　17　2393　キョウ（キャウ）　ふしいと　むつき

篆文

形声 声符は強。〔説文〕十三上に「觕類なり」（段注本）とあり、ふしの多い粗い糸の意。類は次条に「絲の節なり」とみえる。

訓義 ①ふしいと、ふしの多い粗いいと。②なわ、つな。③ぜにさし、さし。④襁と通用して、むつき、おび、せおいおび。

古訓 〔新撰字鏡〕繦　ゼニツラヌ・ムツキ　〔字鏡集〕繦　タスキ・ツラヌク・ゼニツラヌク・ゼニツラヌ　〔篇立〕繦　須支（すき）

↑繦杖　幼老／繦属　続く／繦負　背負う／繦抱　むつき／繦保　むつき／繦褓　むつき／繦緥　むつき

↓貫繦・積繦・蔵繦・楮繦・鉄繦・銅繦・緡繦・文繦

【薑】　17　4410　［蘁］　20　4421　キョウ（キャウ）　しょうが　はじかみ

篆文

形声 声符は畺。〔説文〕一下に薑に従う字に作り、「溼を禦ぐの菜なり」とあり、〔神農本草〕に風や溼疾に効ありとするもので、しょうが・はじかみの類。古くなると、その辛味は特に強烈を加える。

訓義 ①しょうが、はじかみ。②わさび。

古訓 〔名義抄〕薑　クレノハジカミ・アナハジカミ・ツチハジカミ・ハジカミ・ナルハジカミ／乾薑　ホシハジカミ／紫薑　モエハジカミ／山薑　ワサビ

【薑桂】しょうがと肉桂。調味に用いる。〔礼記、檀弓上〕曾子曰く、喪に疾有れば、肉を食ひ酒を飲むに、必ず草木の滋有りと。以爲おもふに薑桂の謂ひならん。

↑薑液　しょうが汁／薑粉　しょうがの粉

↓芽薑・乾薑・桂薑・山薑・梓薑・椒薑・蜀薑・生薑・蛮薑

【皦】　18　2864　キョウ（ケウ）　しろい　あきらか　きよい

篆文

形声 声符は敫。敫は架屍を殴って、その呪能を激する祭梟（首祭）の俗を示す字。その同じような呪儀を示す放の上に、頭顱（されこうべ）の形である白をそえる。その敫にさらに白をそえて、その白さをいう。〔説文〕七下に「玉石の白なり」とするが、もと髑髏の白をいい、色の抜けるような白さをいう。〔左伝〕の盟誓の辞に「皦日の如き有り」ということが多く、天日に誓っての意である。

訓義 ①しろい、あきらか、きよい。②玉石の白さをいう。③皎と通じ、月光のような白さをいう。

古訓 〔名義抄〕皦　アキラカナリ・アキラケシ・ヒカリ・ツキノヒカリ・ヤハラグ・サヤカナリ・テル・キヨシ・シロシ

語系 皦・皎 kyô は同声。縞 kô、顥・皜 hô、翯・鶴 hôk、皓（皓）・皞 hu も同系の語で、みな皓白の義がある。

【皦皦】白いさま。白く明るいさま。晋・左思〔雑詩〕明月、雲崖に出で　皦皦として素光を流す

【皦察】ことこまかく観察する。〔北史、辛紹先伝〕政を爲すに、甚だしくは皦察せず、其の大綱を擧ぐるのみ。唯だ人に產を爲し、賊を禦ぐの備へを教ふ。

【皦日】光りかがやく太陽。〔詩、王風、大車〕予れを信まことならずと謂はば　皦日の如き有り

【皦如】音色が明らか。〔論語、八佾〕樂は其れ知るべきなり。始めて作おこるや、翕如たり。之れを從はなつや、純如たり、皦如たり、繹如たり、以て成る。

【皦然】白いさま。潔白なさま。〔後漢書、楽恢伝〕諸弟子皆通關（犯人と関係がある）を以て繫せらる。恢獨り皦然として法に汙されず。遂に篤志にして名儒と爲れり。

↑皦繹　音楽の音節が分明であること／皦鏡　明鏡／皦潔　潔白

【竅】　18　3024　キョウ（ケウ）　あな　とおす

篆文

形声 声符は敫。敫は架屍を殴って、その呪能を激する意。すでに肉を失って骨立するものであるから、そのすきまの意となり、竅穴の意となる。〔荘子、応帝王〕「人皆七竅有り」とは、耳・鼻・口などをいう。自然の地勢の空隙のあるところをも、竅という。

訓義 ①あな。②あなをあける、とおす。

古訓 〔名義抄〕竅　アナ・アキラカニ・アラハス・キハム・ムナシ・シルス・ハカリゴト・ヒマ・ツチクラ・ツチムロ

語系 竅・皦・噭・徼 kyô は同声。みな敫の声義を承ける。

【竅隙】穴。すきま。宋・梅尭臣〔淮岸〕詩　秋水、土骨を刷り　峭痩、老石の如し　虚沙、島嶼に歸し　寒浪、竅隙を漱ふ

【竅穴】穴。〔荘子、斉物論〕大木百圍の竅穴、鼻に似たり、口に似たり、耳に似たり、～洼に似たる者あり、汚に似たる者あり。

↑竅奥　秘訣／竅会　機会／竅気　気息／竅訣　秘訣／竅孔　あな／竅合　巧合／竅鑿　洞穴／竅蔵　九竅五臓／竅中　はなみぞ／竅窕　貫通する／竅門　秘訣／竅要　重要なかぎ／竅理　筋道／竅領　治める

↓窾竅・九竅・空竅・穴竅・鑿竅・七竅・衆竅・小竅・心竅・吹竅・清竅・穿竅・万竅・毛竅

【嚮】　19　2722　キョウ（キャウ）　むかう

形声 声符は鄉（鄕）。鄉は礼器の盛食の器である㿝（皀）をはさんで、左右に人の対坐する形で、饗（饗）の初文。ゆえに「鄕むかう」意となる。嚮はその繁文とみてよい。金文の冊命廷礼の文に「中廷に立ちて北鄕す」と、鄕を用いる。

訓義 ①むかう。②向と通じ、まど。③曏と通じ、さきに。④饗と通じ、うける、もてなす。⑤響と通じ、ひびき。

古訓 〔名義抄〕嚮　ムカフ・マド・オモムク　〔字鏡集〕嚮　ムカフ・オモムク・ツク・ヒヾキ・マコト・ヨシ

語系 嚮は〔説文〕未収。金文に鄉を北嚮の嚮の義に用い、その初文とみてよい。鄉・向 xiang は同声。向は神明を迎える窓の形で、神明を迎え、向かう意がある。饗・享も同声で通用する。

【嚮応】すぐに応じる。〔漢書、賈山伝〕一夫大いに謼よび、天下嚮應する者は、陳勝是れなり。

【嚮往】心に慕い崇拝する。宋・曾鞏〔撫州顔魯公祠堂記〕蓋し人の嚮往の足らざる者は、祠に非ざれば則ち以て其の至を致す無きなり。其の烈を聞きては、以て人を感ぜしむるに足る。況んや其の祠を拜して、之れに親炙する者をや。

【嚮道】道案内する。唐・韓愈〔斉皥の下第を送る序〕今の天下に君たる者、亦た勞せずや。有司爲る者、亦た難からずや。人の爲に嚮道する者、亦た勤めずや。

【嚮赴】ゆき従う。〔漢書、叙伝上〕善を見ては及ばざるが如くし、人を用ふること己に由るが如くす。諫に從ふこと流れに隨ふが如く、時に趣くこと嚮赴するが如し。

【嚮風】仰ぎ慕う。漢・司馬相如〔上林の賦〕斯の時に於て、天下大いに說び、風に嚮(郷)ひて聽き、流れに從ひて化す。喟然として道に興り義に遷り、刑錯きて用ひず。

【嚮壁】人のいないところの壁に向かう。郷壁。根拠のない作りごとを、嚮壁虚造という。清・兪樾〔茶香室四鈔、黎氏字学〕按ずるに黎氏既に家に古學を傳ふ。必ず嚮壁虛造の者に非ざらん。

【嚮慕】心を寄せて慕う。宋・司馬光〔王介甫に与ふる書、一〕曏者には介甫(安石)と朝廷の事を議論し、數〻相ひ違戾す。~然れども光に於て、嚮慕の心、未だ始めより變易せざるなり。

↑嚮景 響と影/嚮化 帰化する/嚮晦 日没/嚮使 もし/嚮時 以前/嚮邇 近づく/嚮日 往日/嚮者 さきに/嚮晨 夜明け/嚮然 音/嚮搨 透き写し/嚮導 みちびく/嚮背 向背/嚮附 帰服/嚮服 帰服する/嚮望 慕う/嚮明 夜明け/嚮用 襲用する/嚮来 さきに/嚮令 もし

【彊】 19 1111 ［畺］ 13 1010 キョウ(キャウ) さかい かぎり

篆文 金文

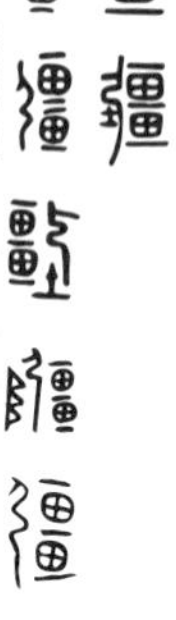

形声 声符は畺。畺は田界の象で、彊の初文。〔説文〕十三下に彊を畺の重文として録し、「畺は界なり」という。金文には彊の字形を用いることが多く、また土(社)や自(神梯の形)を加えることがある。字が弓に従うことについて、呉大澂は、〔儀礼、郷射礼〕「侯道五十弓」の弓は六尺一歩で、その単位で彊界を定めたのであろうという。金文に「眉壽無彊」のように、彊を疆の意に用いる。

訓義 1 さかい、田境、あぜ。2 かぎり、はて、くぎり。3 僵と通じ、たおれる。

古訓 〔名義抄〕彊 サカヒ・アタル・カギリ/畺 サカヒ 〔字鏡集〕彊 アタル・キハマル・サカヒ・カギリ

部首 〔説文〕は畺を畕部に属する。畕は「比田なり」とあって、田が連なること、畺はそれに田界を施した形。

声系 〔説文〕に畺声として橿・僵・繮・彊・疆など八字を収める。おおむね強盛・硬直・巨大の意がある。疆はまた鯨に作る字である。

語系 彊(畺)kiang、境(竟)kyang は声義が近い。金文に畺・彊を彊の意に用いる。また界 keat も田界を示す字である。

【彊域】領土。国境。〔荀子、君道〕狂生なる者は~之れを大用せば、則ち天下も一と爲る。~縱し用ふること能はざるも、其の彊域を去ること無からしめば、則ち國は終身故無らん。

【彊宇】国土。〔潜夫論、救辺〕是の故に鬼方の伐は、武を好むに非ざるなり。~以て民を振ひ德を育て、彊宇を安んずるなり。

【彊場】あぜ。また、国境。〔左伝、定四年〕(楚、秦に)急を告げしめて曰く、夷德(夷人呉)厭くこと無し。若し君に隣せば、彊場の患ならん~と。

【彊外】辺境。境外。唐・韓愈〔元和聖徳詩〕彊外の險は 蜀土に過ぐるは莫し

【彊徼】国境。〔梁書、武帝紀上〕主を廢し常を棄て、自ら宗廟を絶つ。凶を窮め悖を極むること、書契より未だ有らず。~遂に億兆をして心を離れ、彊徼をして弱を侵さしむ。

【彊事】境界争い。〔左伝、桓十七年〕夏、齊の師と奚に戰ふは、彊事なり。是に於て齊人、魯の彊を侵す。彊吏來り告ぐ。

【彊陲】国境。辺境。梁・任昉〔曹景宗を奏弾す〕竊かに尋みるに、獯獫侵軼して、暫らく彊陲を擾す。王師薄伐し、向ふ所風靡す。

【彊土】領土。領地。〔書、梓材〕皇天既に、中國の民と厥の彊土とを先王に付す。

【彊内】領内。〔史記、秦始皇紀〕(之罘刻石)維れ二十九年、皇帝春游び、遠方を覽省す。海隅に逮び、遂に之罘に登る。~聖法初めて興り、彊内を淸理し、外は暴彊を誅す。

【彊畔】あぜ。また、国境。〔国語、周語上〕王則ち大いに徇ふ。~民用て震動せざるは莫く、農に恪恭し、其の彊畔を修む。

【彊理】土地を区画する。〔左伝、成二年〕今吾子、諸侯を彊理し、盡く其の畝を東にせんのみと曰ふは、唯だ吾子の戎車に是れ利し、土宜を顧ること無し。

↑彊易 彊場/彊界 境界/彊圉 辺境/彊畎 田のみぞ/彊郊 郊外/彊塞 辺境/彊臣 地方官/彊垂 彊陲/彊度 はかる/彊封 境界/彊野 郊外/彊妖 妖悪/彊吏 境吏/彊隴 田界

↓安彊・一彊・界彊・開彊・画彊・畿彊・啓彊・畎彊・四彊・殊彊・出彊・侵彊・争彊・徹彊・田彊・土彊・分彊・辟彊・辺彊・保彊・圃彊・封彊・無彊

【繮】 19 2191 キョウ(キャウ) たづな

篆文

形声 声符は畺。〔説文〕十三上に「馬の紲なり」とあり、牛には紖、犬には紲、馬には繮という。

訓義 1 たづな、馬のたづな。2 字はまた韁に作る。

古訓 〔名義抄〕繮 クツワヅラ 〔字鏡集〕繮 ムマノツナ・クツワヅラ

↑繮縄 たづな/繮勒 馬のたづな

↓糸繮・垂繮・脱繮・馬繮・飛繮・遊繮

【蹻】 19 6212 キョウ(ケウ) キャク キョク おごる

篆文

形声 声符は喬。喬に、高いところに登る意がある。〔説文〕二下に「足を擧ぐること小しく高きなり」(段注本)とあり、足をあげること。「足を蹻げて待つべし」とは、しばらくの意。

訓義 1 あしをあげる。2 おごる、あなどる。3 すこやか、いさましい、つよい。4 くつ、ぞうり、わらぐつ、はきもの。5 かんじき。権と通用する。

古訓 〔名義抄〕蹻 オゴル・アグ・ヲトル 〔字鏡〕蹻 ヲトル・アグ・コユ 〔字鏡集〕蹻 アグ・オトル・アシアグ

【蹻蹻】驕り高ぶる。〔詩、大雅、板〕老夫は灌灌(款款)たり 小子は蹻蹻たり

【蹻勇】強くいさましい。〔唐書、文芸中、宋之問伝〕初め之問の父令文、文辭に富み、且つ書に工みに、力有るこ

と人に絶す。世、三絶と稱す～既に之問、文章を以て起り、其の弟之悌、蹻勇を以て聞え、之遜は草隷に精し。世謂ふ、皆父の一絶を得たりと。

↑蹻趹 草履／蹻疾 敏捷／蹻車 そり車／蹻捷 身軽／蹻騰 跳び上がる／蹻容 舞容／蹻履 健歩

↓乗蹻・弊蹻・夭蹻

【轎】 19 5202 キョウ(ケウ) やまかご

形声 声符は喬。〔玉篇〕に「小車なり」とあり、竹で編んだ山籠などをいう。

訓義 ①やまかご。②小さな車、竹編みの車。③ひつぎ車。

古訓 〔字鏡集〕轎 コグルマ

【轎車】 かごを車に乗せた形のもの。〔天工開物、中、車〕其の牛を駕して轎車と爲す者は、獨り中州に盛んなり。兩傍雙輪、中に一軸を穿つ。其の分寸、平らかなること水の如く、～人、安坐すべし。

↑轎衣 轎の覆い／轎槓 かご／轎児 轎夫／轎人 轎夫／轎丁 轎夫／轎夫 轎かき／轎輿 肩輿／轎簾 轎の垂れ

↓山轎・大轎・便轎・輿轎

常【鏡】 19 8011 【鏡】 19 8011 キョウ(キャウ) かがみ てらす あきらか

篆文 

形声 声符は竟。〔説文〕十四上に「景なり」とあり、畳韻の訓。古くは鑑といい、金文には監という。監は皿(盤)に臨んで見る形。古い鏡銘には略体として竟の字を用いる。

訓義 ①かがみ。②かんがみる、てらす、みる。③あきらか。④馬のひたいの旋毛。

古訓 〔和名抄〕鏡 加々美(かがみ) 〔名義抄〕鏡 カヾミ・ミル・アキラム・キヨシ・ウツス・テル・アキラカナリ・カヾミル／鏡臺 カヾミカケ

語系 鏡・景kyangは同声。監・鑑keam、光kuang、曠khuang、煌・晃huangは畳韻の語で、いずれも声義が近い。

【鏡影】 鏡にうつるかげ。〔開元天宝遺事、天宝上、鏡影成相字〕宋璟未だ第せざりし時、日中に因りて鏡を覽る。鏡影忽ち相の字を成す。

【鏡花】 菱花鏡。北周・庾信〔夢に堂内に入る〕詩 日光、釵燄動き 窗影、鏡花搖らぐ

【鏡戒】 いましめ。〔後漢書、寇恂伝〕今、君の將むる所は、皆宗族昆弟なり。無乃ろ當に前人を以て鏡戒と爲すべし。

【鏡監】 かがみ。〔漢書、外戚下、孝成班倢伃伝〕女圖を陳べて以て鏡監とし、女史を顧みて詩を問ふ。

【鏡光】 鏡の光。唐・許渾〔重ねて飛泉観に遊び、～宿竜池に題す〕詩 松葉正に秋にして琴韻響き 菱花初めて曉けて鏡光寒し

【鏡中】 鏡の中。〔抱朴子、登渉〕萬物の老いたる者、其の精悉く能く人の形に假託し、以て人の目を眩惑し、常に人を試む。唯だ鏡中に於ては、其の眞形を易ふること能はざるのみ。

【鏡天】 鏡のように晴れた空。唐・杜牧〔長安秋望〕詩 樓は霜樹の外に倚り 鏡天一毫無し 南山と秋色と 氣勢兩つながら相ひ高し

【鏡屏】 姿見の鏡台。宋・秦観〔趙侯澄碧軒に寄題す〕詩 簾を捲きて、几硯圖畫を成し 檻に倚りて、鬚鬢鏡屏に入る

【鏡面】 鏡のおもて。〔洞天清録、古硯弁〕久しく用ふるときは則ち鋒乏しく、光、鏡面の如くにして、用に堪へず。

【鏡鸞】 失偶。配偶を失う。南朝宋・范泰〔鸞鳥詩の叙〕昔罽賓王、鸞鳥を得て、甚だ之れを愛す。其の鳴くを欲するも、致すこと能はず。夫人曰く、～何ぞ鏡を懸けて以て之れを映さざるやと。～鸞鳥、形を覩て鳴き、一奮して絶ゆ。

【鏡裏】 鏡中。唐・杜甫〔行宮張望～〕詩 鷗鳥、鏡裏に來たり 關山、雲邊に看る

【鏡奩】 鏡を入れる箱。〔後漢書、皇后上、光烈陰皇后紀〕明帝、性孝愛、追慕已む無し。～帝、席前より御牀に伏し、太后の鏡奩中の物を視て、感動悲涕し、脂澤裝具を易へしむ。

↑鏡架 鏡立て／鏡誡 明誡／鏡檻 手すり／鏡鑒 かがみ／鏡見 かんがみる／鏡匣 鏡奩／鏡鏽 鏡の銹／鏡象 鏡の中の姿／鏡照 鏡光／鏡色 清澄／鏡心 鏡の中／鏡水 清澄の水／鏡清 鏡のように澄む／鏡台 姿見／鏡断 破鏡／鏡澈 すきとおる／鏡発 かがやく／鏡餅 鏡形の餅／鏡銘 鏡の銘／鏡輪 月／鏡斂 鏡奩

↓映鏡・瑩鏡・円鏡・掩鏡・遠鏡・海鏡・開鏡・看鏡・鑒鏡・眼鏡・亀鏡・窺鏡・夾鏡・曒鏡・玉鏡・金鏡・月鏡・古鏡・合鏡・細鏡・執鏡・粧鏡・照鏡・浄鏡・心鏡・神鏡・人鏡・水鏡・清鏡・霜鏡・澄鏡・鉄鏡・天鏡・銅鏡・破鏡・氷鏡・俯鏡・芳鏡・宝鏡・法鏡・摩鏡・磨鏡・明鏡・幽鏡・覧鏡・鸞鏡・臨鏡・弄鏡

常【競】 20 0021 キョウ(キャウ) ケイ きそう すすむ

篆文 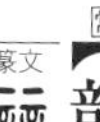 甲骨文  金文 

会意 二竟を並べた形。兄は祝。竟は祝が上に言(祝詞)を捧げる形。もとの形を以ていえば、誩に二兄を加えた形である。〔説文〕三上に「彊語なり」とあり、相争う意とし、また「一に曰く、逐ふなり」と競逐の意とする。字形よりいえば、二人並んで祝禱する形。二人並んで神前に舞うことを巺(巽)といい、僎・選(選)という。神事にそのような形式をとることが多かった。

訓義 ①きそう、ならぶ。②すすむ、おう。③勍と通じ、つよい。亢と通じ、たかい。

古訓 〔名義抄〕競 キホフ・コハシ・クラブ・イドム・キシロフ・アナガチ・キラフ・ツヨシ・アラソフ・コ、ロシラフ・ツトム・イソグ

語系 競・勍gyang、彊(強)giangは声義近く、健(健)gian、剛・亢kang、堅kyen、緊kienも一系の語である。

【競勧】 つとめ勉む。〔墨子、尚賢上〕是の時に當りて、～農と工肆とに在るの人と雖も、競勸して意を尚へざるは莫し。

【競進】 きそい進む。〔楚辞、離騒〕衆皆競ひ進みて、以て貪婪たり 憑つれども、求索に猒かず

【競趨】 先を争って赴く。〔晋書、阮瞻伝〕瞻嘗て群行す。熱を冒し、渇すること甚だし。逆旅に井有り、衆人競ひて之れに趨く。瞻獨り逡巡して、後に在り。

【競前】 きそい進む。〔南斉書、高逸、顧歓伝〕佛言は華にして引き、道言(道家の語)は實にして抑ふ。抑ふるときは則ち明なる者獨り進み、引くときは則ち昧き者競ひ前む。

【競争】 きそいあらそう。〔荘子、斉物論〕左有り右有り、倫有り義有り、分有り辯有り、競有り爭有り。此れを之れ八德と謂ふ。

【競走】 きそい走る。〔荘子、天下〕惜しい乎な、惠施の才、駘蕩にして碍まらず、萬物を逐ひて反らず。是れ響を窮むるに聲を以てし、形、影と競ひて走るなり。悲しい夫な。

【競爽】 ともに盛んであること。〔左伝、昭三年〕姜族(姜斉)弱くして嬀(田斉)將に始めて昌ならんとす。二惠(恵公の子、子雅と子尾)競爽せば、猶ほ可ならん。又一个

を弱くす。姜は其れ殆い哉。

【競逐】 争う。〔後漢書、竇融伝〕今、豪傑競逐して、雌雄未だ決せず。當に各と其の土宇に據り、隴・蜀と合從すべし。

【競渡】 小舟の競争。〔荊楚歳時記〕五月五日～是の日競渡し、雜藥を採る。〔注〕俗に屈原の汨羅に投ずる日、其の死所を傷むが爲なり。故に幷びに舟楫を命じて、以て之れを拯ふ。

【競奔】 先を争って走る。〔三国志、魏、荀攸伝〕遂に輜重を以て賊に餌す。賊、之れに競奔し、陳(陣)亂る。乃ち歩騎を縱ち、撃ちて大いに之れを破り、其の騎將文醜を斬る。

↑競艶 美を競う／競絿 緩急／競嬌 競艶／競趣 競いおもむく／競心 競争心／競噪 競い鳴く／競馳 競走する／競軼 追い越す／競発 先を争う／競歩 早足

↓詭競・矜競・誼競・誇競・豪競・職競・心競・趨競・争競・躁競・貪競・馳競・浮競・奔競・力競

常【響】 20 2760 〔響〕 22 2760 人〔響〕 22 2760

キョウ(キャウ) ひびき おと

篆文 

形声 声符は郷(鄕)。〔説文〕三上に「聲なり」、〔玉篇〕に「應ずる聲なり」とあって、撃に応ずる音、また共鳴音をいう。郷は食器の𣪘(皀)の左右に対坐する形で、饗(饗)の初文。そのように相対して音響を発することをいう。

訓義 1ひびき、ひびく。2おと。3たより、ことづて。4嚮と通じ、おもむく。

古訓 〔名義抄〕響 ヒヾキ 〔篇立〕響 オモフク・ヒヾキ・コヱ 〔字鏡集〕響 オモフク・ヒヾキ・モトム

語系 響・郷・饗・嚮・曏 xiang は同声。郷の声義を承ける。金文には郷を饗・嚮の意に用いている。

【響応】 すぐに応じて行動を起こす。〔史記、淮南王安伝〕高皇、始めて豐・沛に於て一たび倡へ、天下期せずして響應する者、勝げて數ふべからず。

【響起】 ひびきが起こる。漢・班彪〔王命論〕蓋し高祖に在りて、～諫に從ふこと流れに順ふが如く、時に趨くこと響の起るが如し。

【響效】 遠くまでひびきが伝わる。晋・陸機〔漢の高祖の功臣の頌〕大略は淵のごとく回り、元功は響きのごとく效たる。邈かなる哉維の人(袁生)、何ぞ識ることの妙なる。

【響震】 ひびきわたる。また、おどろきさわぐ。〔三国志、蜀、諸葛亮伝〕南安・天水・安定三郡、魏に叛きて亮に應ず。關中響震す。

【響像】 音と影。ほのかに。彷彿とする。晋・陸機〔魏の武帝を弔ふ文〕聖靈の響像せんことを庶ひ、幽神の復た光かんことを想ふ。

【響搨】 透き写し。嚮搨。唐・何延之〔蘭亭始末記〕貧僧に一眞跡～(蘭亭)有り。頗る亦た常に殊なりと。(蕭)翼佯り笑つて曰く、數と亂離を經たるに、眞跡豈に有らんや。必ず是れ響搨僞作ならんのみと。

【響版】 合図のためうちならす板。響板。〔雲林石譜、下、菜葉石〕漢州郡の菜葉玉石は深水に出づ。～深青斑剝透明にして、甚だ堅潤なり。之れを扣くに聲有り。土人～響版～を爲る。

【響附】 ひびきの応ずるように速やかに従う。〔宋史、忠義三、李彦仙伝〕初め金人、陝を得たり。～彦仙～陝州を復し、勝に乘じて河を渡る。～旁らの郡邑、皆響附す。

【響慕】 したう。唐・白居易〔楊虞卿に与ふる書〕凡そ此の者、皆以て積俗を激揚し、士林に表正すべし。斯れ僕が響慕して勤勤たる所以なり。

【響報】 ひびきが声に応ずる。唐・韓愈〔士を薦む詩〕榮華は天秀(自然の花)に肖て 捷疾は響報に逾えたり

【響亮】 さやかな音。〔甌北詩話、八〕(高青邱の詩)惟れ高青邱、才氣超邁、音節響亮、唐人を宗派として、自ら新意を出だす。一たび筆に渉れば、即ち博大昌明の氣象有り。

【響和】 ひびきが声に和する。漢・蔡邕〔郭有道の碑文〕時に纓緌の徒、紳佩の士、形表を望んで影附し、嘉聲を聆いて響和する者、猶ほ百川の巨海に歸き、鱗介の龜龍を宗とするがごとし。

↑響言 遠くひびく／響振 ひびく／響箭 鏑矢／響動 どよめく／響爆 爆竹／響八 どら／響板 響版／響抃 はしゃぐ

↓哀響・暗響・遺響・韻響・影響・音響・笳響・歌響・奇響・棊響・急響・虚響・琴響・空響・渓響・交響・江響・谷響・嗣響・振響・震響・迅響・塵響・声響・悽響・清響・雪響・絶響・泉響・頹響・虫響・椎響・波響・反響・悲響・浮響・梵響・妙響・余響・雷響・流響・亮響・林響・弄響

【韁】 22 4151

キョウ(キャウ) たづな きずな

形声 声符は畺。〔説文〕十三上に「繮は馬の紲なり」とあり、たずな。のち革に従って韁に作る。

訓義 1たづな、きずな。

古訓 〔名義抄〕韁 クツワヅラ・クツワ 〔篇立〕韁 ナハヲ・クツバミ・ツナグ・クツハラ・タヅナ・オモヅラ 〔字鏡集〕韁 クツワヅラ・クツワ・ツナグ・ミツ、キ

↑韁鎖 束縛／韁鏁 韁鎖

人【饗】 22 2273 〔饗〕 22 2773

キョウ(キャウ) さかもり もてなす

篆文 

甲骨文 

金文 

形声 声符は郷(鄕)。郷は盛食の器である𣪘(皀)をはさんで対坐する形で、饗の初文。その宴に与る人を卿(卿)という。金文では卿を饗・嚮の意にも用いる。〔説文〕五下に「鄕人飲酒するなり」とあり、いわゆる郷飲酒の礼と解するが、本来は饗宴をいい、その儀に与るものを卿という。卜辞に郷(饗)、金文に卿醴(饗醴)のことがみえる。神が供薦を享けることを「饗く」といい、神意によって与えられることを「国を饗く」のようにいう。享と通用する字である。

訓義 1さかもり、饗食の礼。2まつる、そなえる、もてなす、すすめる。3うける、くらう。

古訓 〔名義抄〕饗 ミツギモノ・タテマツル・ウク・アフ・アヘス・アルジ／尚饗 コヒネガハクハウケタマヘ

語系 饗・郷・響(嚮)・享 xiang は同声。卿 kiang も、もと同系の語であった。

*語彙は享字条参照。

【饗宴】 もてなし。宴会。〔晋書、明帝紀〕(太寧元年)二月、元帝を建平陵に葬る。～三月戊寅朔、改元、臨軒(平台のまま)して饗宴の禮を停め、縣して樂せず。

【饗国】 国をうける。享国。在位。〔国語、晋語四〕商の國を饗くること三十一王なり。

【饗祀】 先祖の祭。享祀。漢・張衡〔東京の賦〕咸く用つて宗を紀し、主を存し、饗祀輟まず。勳を彝器に銘し、世を歴て彌と光けり。

【饗賜】 もてなし賜う。漢・班固〔西都の賦〕天子～

禽を収め衆を會し、功を論じ胙を賜ひ、～鮮を割きて野食し、烽を擧げ酺を命ず。饗賜畢りて勞逸齊し。大路鳴鑾、容與徘徊す。

【饗食】きょう(きゃう)しょく 大牢を供えて会食する。〔周礼、地官、舂人〕凡そ饗食には、其の食米を共(供)す。

【饗祚】きょう(きゃう)そ 天の幸いをうける。王位に即く。〔三国志、蜀、先主伝〕謹んで元日を擇び、百寮と壇に登り、皇帝の璽綬を受く。～惟れ神祚を漢家に饗け、永く四海を綏んぜん。

【饗報】きょうほう(きゃうはう) 神を祀りその恵みに報いる。〔晋書、礼志上〕昭らかに神祇に告げ、功德に饗報す。是を以て災厲作らず、風雨寒暑時を以てす。

【饗礼】きょう(きゃう)れい 牲肉と酒を以て賓客をもてなす礼。〔礼記、王制〕凡そ老を養ふは、有虞氏は燕禮を以てし、夏后氏は饗禮を以てし、殷人は食禮を以てし、周人は脩めて之れを兼ね用ふ。

【饗労】きょうろう(きゃうらう) 宴してねぎらう。〔魏書、太宗紀〕(泰常)五年、春正月丙戌朔、薛林より東に還り、屋竇城に至り、將士を饗勞す。大いに酺すること二日、禽獸を班ちて以て之れに賜ふ。

↑饗飲 宴会／饗賀 賀宴／饗会 酒宴／饗供 お供え／饗慶 慶を受ける／饗告 祭る／饗祭 祭る／饗射 会射の礼／饗薦 お供え／饗奠 お供え／饗殿 祭殿／饗搨 透き写し／饗福 享福／饗賚 賜宴と賜わりもの

↓宴饗・燕饗・祭饗・祠饗・尊饗・大饗

【驕】 22 7232 キョウ(ケウ) おごる たかぶる

篆文  金文 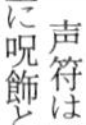

形声 声符は喬。喬は高楼の上に呪飾として表木を立てた形。そこに神を招く。神威を借りて驕る意がある。〔説文〕十上に「馬の高さ六尺なるものを驕と爲す」とし、「一に曰く、野馬なり」とする。字はおおむね驕奢・驕泰の意に用いられ、〔段注〕に「旁義行はれて本義廢す」という。もと野性の悍馬の意であろう。

訓義 ①高く大きい馬、野馬。②おごる、たかぶる、つよい、ほしいまま。③あなどる、ほこる。④矯と通じ、あざむく。

古訓 〔名義抄〕驕 アザムク・アルムマ・オゴル・サハグ・カタマシ

語系 驕・嬌 kiô は同声。高 kô また駒 kio、蹻 khiô、喬・翹 giô なども、同系の語とみられる。

【驕易】きょう(けう)い おごって人をあなどる。〔小学、嘉言〕范魯公質、～詩を作りて之れ(従子、杲)に曉して曰く、～怡怡として親長に奉じ 敢て驕易を生ぜざれ

【驕佚】きょう(けう)いつ おごりなまける。〔潜夫論、忠貴〕貴富太だ盛んなれば、則ち必ず驕佚して過ちを生ず。

【驕逸】きょう(けう)いつ 驕佚。〔国語、周語中〕夫れ三軍の尋つ所、將に蠻夷戎狄の驕逸不虔なる、是に於てか武を致さんとす。

【驕溢】きょう(けう)いつ おごって分に過ぎる。〔淮南子、兵略訓〕呉王夫差(越・斉・晋に捷ち)～其の後驕溢縱欲、諫を拒み諛を喜び、～正喩すべからず。

【驕淫】きょう(けう)いん おごって節度がない。〔史記、秦紀〕其の後世に及びて、日に以て驕淫にして、法度の威を阻み、以て下を責督す。

【驕横】きょうおう(けうわう) 驕恣。〔後漢書、梁冀伝〕帝少くして聰慧なり。冀の驕横なるを知る。～(冀)遂に左右をして鴆を進め、煮餅に加へしむ。帝、即日崩ず。

【驕黠】きょう(けう)かつ 傲慢でわるがしこい。〔漢書、西域上、康居国伝〕烏孫～匈奴、倶に臣と稱す。～而れども康居驕黠にして、訖に使者を拜することを肯へんぜず。

【驕悍】きょう(けう)かん おごりあらあらしい。〔史記、梁孝王世家〕彭離驕悍にして、人君の禮無し。昏暮私かに其の奴、亡命の少年數十人と行剽す。

【驕気】きょう(けう)き おごる心。〔史記、老荘申韓伝〕吾れ之れを聞く、～君子は盛德あるも、容貌愚なるが若しと。子の驕氣と多欲と、態色と淫志とを去れ。是れ皆子の身に益無し。

【驕倨】きょう(けう)きょ おごりたかぶる。〔呂覧、下賢〕道を得るの人は、貴きこと天子と爲るも、驕倨せず。

【驕矜】きょう(けう)きょう 得意になっていばる。〔史記、信陵君伝〕(趙)乃ち平原君と計り、五城を以て公子を封ず。公子之れを聞き、意驕矜して、自ら功とするの色有り。

【驕蹇】きょう(けう)けん おごりたかぶる。〔史記、梁孝王世家、褚少孫論〕梁王は、上に太后の重き有り。驕蹇なること日久し。

【驕傲】きょうごう(けうがう) 傲慢。〔後漢書、崔駰伝〕傳に曰く、生まれながらにして富める者は驕り、生まれながらにして貴き者は傲ると。生まれて富貴にして能く驕傲ならざる者は、未だ之れ有らざるなり。

【驕子】きょう(けう)し わがまま放題の子。〔漢書、汲黯伝〕渾邪數萬の衆を帥ゐて來り、府庫を虚にして賞賜し、良民を發して侍養すること、驕子を奉ずるが若し。～臣竊かに陛下の爲に取らざるなり。

【驕侈】きょう(けう)し ぜいたく。驕奢。〔国語、鄭語〕虢叔は勢を恃み、鄶仲は險を恃む。是れ皆驕侈怠慢の心有りて、之れに加ふるに貪冒を以てす。

【驕恣】きょう(けう)し わがまま放題。〔漢書、張騫伝〕大宛以西は、皆自ら遠きを恃み、驕恣を尙ぶ。

【驕児】きょう(けう)じ 愛くるしい子。唐・李商隠〔驕児の詩〕袞師は我が驕兒 美秀は乃ち匹無し

【驕奢】きょう(けう)しゃ ぜいたく。驕侈。〔戦国策、趙三〕富は粱肉と期せずして粱肉至り、粱肉は驕奢と期せずして驕奢至り、驕奢は死亡と期せずして死亡至る。累世以前、此れに坐する者多し。

【驕主】きょう(けう)しゅ おごれる君主。〔呂覧、適威〕驟戰ふときは、則ち民罷る。驟勝つときは、則ち主驕る。驕主を以て罷民を使ひ、然して國亡びざる者は、天下に少なし。

【驕色】きょう(けう)しょく おごりたかぶった様子。〔史記、斉太公世家〕(桓公)秋、復た諸侯を葵丘に會す。益驕色有り。～諸侯、頗ぶる叛く者有り。

【驕心】きょう(けう)しん おごる心。〔韓非子、解老〕人福有れば則ち富貴至り、富貴至れば則ち衣食美なり。衣食美なれば則ち驕心生じ、驕心生ずれば則ち行ひ邪僻にして動くに理を棄つ。

【驕躁】きょうそう(けうさう) 傲慢で軽薄。〔管子、小匡〕子の鄉に於て、父母に慈孝ならず、鄉里に長弟ならず、驕躁淫暴にして、上の令を用ひざる者有るか、有らば則ち以て告げよ。有りて以て告げざるは、之れを下比と謂ふ。

【驕泰】きょう(けう)たい おごる。〔大学、十〕是の故に君子に大道有り。必ず忠信以て之れを得、驕泰以て之れを失ふ。

【驕宕】きょうとう(けうたう) おごりわがまま。〔後漢書、光武十王伝賛〕光武の十子～沛獻は節を尊び、楚英は流放なり。～濟南は陰謀、琅邪は驕宕なり。

【驕悖】きょう(けう)はい おごって道にもとる。〔論衡、譴告〕康叔・伯禽、子弟の道を失ふ。周公に見ゆるに、拜起驕悖なり。三たび見え、三たび笞たる。

【驕慢】きょう(けう)まん おごりあなどる。〔漢書、五行志上〕(春秋、荘十一年)秋、宋に大水あり。～時に宋の愍公驕慢なり。災を睹て改めず。明年～(宋)萬、公を殺すの應なり。

【驕虜】きょう(けう)りょ 傲慢な異族。唐・厳武〔軍城早秋〕詩 更に飛將を催して驕虜を追はしめよ 沙場の匹馬をして還らしむること莫かれ

【驕吝】傲慢でものおしみする。〔論語、泰伯〕如し周公の才の美有りとも、驕り且つ吝ならしめば、其の餘は觀るに足らざるのみ。

↑驕愛 愛くるしい／驕栄 はで／驕盈／驕頑 おごり頑固／驕忌 おごり憎む／驕貴 驕栄／驕踞／驕倨／驕驕 さかん／驕君 驕主／驕桀 わがまま／驕倦 驕惰／驕夸 驕矜／驕誇 驕夸／驕伉 おごる／驕荒 おごりすさぶ／驕敖 驕傲／驕傲／驕慠／驕豪 いばる／驕驁 荒れ馬／驕肆 驕恣／驕尚 たかぶる／驕臣 おごる臣／驕人 おごる人／驕専 驕恣／驕僭 驕溢／驕汰 驕溢／驕惰 驕佚／驕怠 驕惰／驕態 得意顔／驕大 いばる／驕痴 おごる愚人／驕逞 驕宕／驕妬 嫉妬深い／驕婦 悍婦／驕侮 おごり侮る／驕武 強い／驕愎 剛愎／驕忿 おごり怒る／驕放 驕恣／驕満 驕盈／驕嫚 驕慢／驕猛 たけだけしい／驕冶 なまめかしい／驕揚 驕誇／驕楽 驕佚／驕陵 驕侮／驕吝 おごりおしむ／驕厲 驕伉／驕惑 おごり惑う

↓淫驕・横驕・悍驕・貴驕・矜驕・志驕・専驕・寵驕・富驕

常【驚】22 4832 〔驚〕23 4832 キョウ(キャウ) おどろく

篆文 

形声 声符は敬(敬)。敬は祈る者(おそらく羌人)を殴って儆める意。〔説文〕十上に「馬駭くなり」とする。馬は駭きやすい動物である。国語の「おどろかす」は、古くは注意し、警戒する意であった。

訓義 ①おどろく、おどろかす、いましめる。②おそれる、おびえる、さわぐ。③はやい。

古訓 〔名義抄〕驚 オドロク・ノボル・ハシル・オソル・ハス・イナ、ク・イバユ

語系 驚・敬・儆・警(警)kiengは同声。敬は儆・警の初文。驚も敬の声義を承け、一系の語である。

【驚異】驚きあやしむ。〔神仙伝、七、薊子訓〕凡そ二十三家に各〻一子訓有り。～見る所皆同是、服飾する所の顔貌も異なる無し。唯だ言話する所、主人の意に随ひて、答へは乃ち同じからず。京師大いに驚異す。其の神變此くの如し。

【驚駭】驚く。〔史記、魯仲連伝〕曹子(昧)魯の將と爲り～一劍の任を以て桓公の心を壇坫の上に枝(持)し、～三戰の亡ふ所、一朝にして之れを復す。～諸侯驚駭し、威、呉・越に加はる。

【驚愕】驚きおそれる。〔戦国策、燕三〕荊軻秦王を逐ふ。秦王柱を還りて走る。群臣驚愕す。卒かに不意に起り、盡く其の度を失ふ。

【驚悸】驚恐。〔北史、魏宣武帝紀〕高夫人、～初め夢に日の逐ふ所と爲り、牀下に避く。日、化して龍と爲り、已を繞ぐること數匝す。寤めて驚悸す。遂に娠む有り。

【驚遽】驚きあわてる。〔後漢書、王符伝〕(皇甫)規、素より符の名を聞く。乃ち驚遽して起ち、衣、帶に及ばす、屣履して出でて迎ふ。

【驚恐】驚きおそれる。〔史記、陳渉世家〕夜篝火し、狐鳴して呼びて曰く、大楚興り、陳勝、王とならんと。卒皆夜驚き恐る。

【驚蹶】驚きつまずく。唐・貫休〔戦城南、二首、二〕詩 磧中に陰兵有り 戰馬、時に驚蹶す

【驚呼】驚き叫ぶ。唐・杜甫〔衛八処士に贈る〕詩 少壯幾時ぞ 鬢髮各〻已に蒼し 舊を訪へば、半ば鬼と爲る 驚呼して中腸熱す

【驚惶】驚きあわてる。〔列女伝、弁通、斉の宿瘤女伝〕(閔)王、遣歸し、使者をして、金百鎰を以て、往きて之れを聘迎せしむ。父母驚惶し、洗沐して衣裳を加へんとす。(宿瘤)女～故の如くにして、使者に隨ふ。～宮中の諸夫人、皆口を掩うて笑ふ。

【驚号】驚きさけぶ。宋・蘇轍〔兄軾の獄に下るが為に上る書〕今は竊かに其の罪を得て、逮捕せられて獄に赴くを聞く。家を擧げて驚號し、憂ひ測られざるに在り。

【驚魂】心を驚かす。〔拾遺記、三、周霊王〕越に又美女二人有り。～以て呉に貢す。呉處くに椒華の房を以てし、細珠を貫きて簾幌と爲す。～二人、軒に當り、竝び坐す。～竊かに窺ふ者、動心驚魂せざる莫し。

【驚砂】風に舞いあがる砂。南朝宋・鮑照〔蕪城の賦〕孤蓬自ら振ひ、驚砂坐ろに飛ぶ。

【驚擾】驚きみだれる。〔後漢書、伏湛伝〕更始(劉玄)立ちて以て平原太守と爲る。時に倉卒に兵起り、天下驚擾す。而るに湛、獨り晏然として教授して廢せず。

【驚心】心を動かす。〔詩品、上〕(古詩)陸機の擬する所の十四首、文は溫にして以て麗、意は悲しくして遠し。驚心動魄、一字千金に幾しと謂ふべし。

【驚譟】驚きさわぐ。〔後漢書、五行志二〕京都、夜、火光轉行する有り。民相ひ驚譟す。

【驚俗】世間を驚かす。〔唐書、礼楽志十二〕天竺の伎、能く自ら手足を斷ち、腸胃を刺す。高宗其の俗を驚かすことを惡み、詔して中國に入れしめず。

【驚歎】感嘆する。〔南史、梁元帝紀〕年五六歲。武帝嘗て讀む所の書を問ふ。對へて曰く、能く曲禮(礼記、曲礼)を誦すと。～即ち上篇を誦す。左右驚歎せざる莫し。

【驚天】天をも驚かせる。驚天動地は、天地をゆるがすほどの大きなはたらきをいう。唐・白居易〔李白の墓〕詩 憐れむべし、荒隴窮泉の骨 曾て驚天動地の文有りしを

【驚倒】はなはだ驚かせる。宋・蘇軾〔秦観秀才の贈らるる～に次韻す〕詩 江湖に放浪し、久しく眞を全うす 忽然として一鳴すれば、人をして驚倒せしめん

【驚動】驚きさわぐ。〔後漢書、劉盆子伝〕軍中に常に齊巫有り、鼓舞して城陽景王を祠り以て福助を求む。～巫を笑ふ者有れば、輒ち病む。軍中驚動す。

【驚怖】驚きおそれる。〔荘子、逍遥遊〕吾れ言を接輿に聞くに、大にして當無く、往いて反らず。吾其の言に驚怖す。

【驚奔】驚き逃げる。〔南史、宗愨伝〕林邑王范陽邁～具を以て象に裝被し、前後際無し。愨以爲へらく、外國に師子有りて、百獸を威服すと。乃ち其の形を製し、象と相ひ禦ぐ。象果して驚奔し、衆此れに因りて潰亂す。遂に林邑に剋つ。

【驚惋】驚いて嘆息する。〔宋書、王鎮悪伝〕鎮惡の乘る所は、皆蒙衝小艦なり。船を行る者、悉く艦内に在り。羌、艦の滑を泝りて進むを見るに、艦外に乘りて船を行る人有るを見ず。北土素より舟檝無し。驚惋せざる莫く、咸な謂ひて神と爲す。

↑驚畏 驚きおそれる／驚逸 驚走／驚唬 驚く／驚呀 驚く／驚訝 驚きいぶかる／驚怪 怪しむ／驚覚 悟る／驚愕 驚愕／驚聒 さわぐ／驚汗 冷汗／驚奇 ふしぎがる／驚起 驚き起つ／驚喜 大喜び／驚禽 驚鳥／驚懼 驚怖／驚閨 振太鼓／驚弦 弦の音に驚く／驚悞 惑う／驚悟 覚める／驚嗟 驚嘆／驚座 みな驚く／驚殺 驚かす／驚散 逃げる／驚竄 驚きのがれる／驚耳 聞いて驚く／驚倏 速やか／驚怵 驚怖／驚竦 驚き恐れる／驚翔 驚き飛ぶ／驚震 驚竦／

驚羨 羨望する／驚走 驚き走る／驚詫 驚訝／驚湍 早瀬／驚憚 恐れる／驚跳 跳び上がる／驚潮 はげしい潮／驚惕 驚懼／驚悼 驚き悼む／驚濤 怒濤／驚遁 驚逸／驚波 荒波／驚破 驚かす／驚怕 驚怖／驚飛 驚き飛ぶ／驚飆 はやて／驚鶩 驚走／驚服 驚き感服する／驚沫 飛沫／驚目 目をひく／驚雷 激雷／驚乱 とり乱す／驚瀾 狂瀾／驚流 激流／驚浪 荒波／驚惑 驚き惑う

↓一驚・歓驚・吃驚・禽驚・弦驚・鴻驚・魂驚・嗟驚・心驚・震驚・大驚・蟄驚・奔驚・夢驚・陽驚・雷驚

【龔】 22 0180 ［龏］ 19 0144 ［龏兄］ 24 0641

キョウ
つつしむ

篆文

金文

甲骨文

会意 龍(竜)+共。初形は龏に作り、龍+廾。龏兄は龏にその呪儀を行う祝(兄)をそえたもの。龏は龍形のものを奉持する形。卜文の字形にはなお广・宀に従うものがあり、その礼は祠廟の中で行われた。金文の〔大克鼎〕に「厥の辟龏(恭)王を龏保す」、また〔猶(髪)鐘〕に「不龏兄(不恭)を斁狄す(攘い退ける)」のように用い、のちの恭の字にあたる。恭の初文とみてよい字である。

訓義 [1]つつしむ、うやうやしい。[2]〔広韻〕に「燭蔽なり」とあり、ともしびのおおい。

古訓 〔名義抄〕龔 ツ、シム・ヰヤ／〈シ・ミツキモノ・ツ、ム・ウヤマフ・タテマツル

参考 金文の用例からみて、龔(龏)が恭の初文であることは疑いない。のち多く恭を用いる。ただ〔漢書〕に引く古典の文に、なお多く龔を用いている。

ギョウ

常 【仰】 6 2722

ギョウ(ギャウ) ゴウ(ガウ)
あおぐ おおせ

篆文

形声 声符は卬。卬は二人相対する形であるが、上下の関係を以ていえば、上からは抑、下からは仰となり、左右では迎(迎)となる。仰は〔説文〕八上に「擧ぐるなり。人に從ひ、卬に從ふ」と会意に解するが、その訓も字義に適切でなく、字もその構造法からは形声としてよい。卬の繁文で、仰ぐことをいう。〔詩、小雅、車舝〕に「高山は卬ぐ」と、なお卬の字を用いている。

訓義 [1]あおぐ、したう。[2]おおせ、命令。[3]たのむ、よる、まつ。[4]昂と通じ、たかい。

古訓 〔名義抄〕仰 アフグ・タノム・ノタマフ・オホス・ネムコロ／俯仰 ワレニモアラズ・フシアフグ 〔字鏡集〕仰 アフグ・カタブク・ネンゴロ・ノゾム・オボス・タノム・オホセ・オヨブ

語系 仰 ngiang、卬・昂 ngang は声義が近い。〔説文新附〕七上に「昂は擧がるなり」とあり、〔説文〕は昂の声義を以て仰を解したのであろう。

【仰臥】(ぎようが(ぎやうぐわ)) あおむけに寝る。〔世説新語、排調〕郝隆、七月七日(曝書曝衣の日)日中に出でて仰臥す。人、其の故を問ふ。答へて曰く、我は(腹中の)書を曬さずと。

【仰観】(ぎようかん(ぎやうくわん)) 仰ぎみる。〔易、繫辞伝上〕易は天地と準し。故に能く天地の道を彌綸す。仰いで以て天文を觀、俯して以て地理を察す。

【仰企】(ぎようき(ぎやうき)) したう。清・王先謙〔続古文辞類纂の序〕愚柔なる者は、仰企するも及ばず。賢智なる者は、則ち務めて浩侈を爲し、肯て自ら其の才を抑へず。

【仰給】(ぎようきゆう(ぎやうきふ)) 支給される。〔史記、平準書〕山東水菑を被り、～豪富の人に募りて相ひ貸假するも、尚ほ相ひ救ふこと能はず。乃ち貧民を關以西に徙すこと～七十餘萬口、衣食皆給を縣官に仰ぐこと數歲、產業を假し予ふ。

【仰止】(ぎようし(ぎやうし)) 仰ぐ。止は助詞。斉・王倹〔褚淵(彦回)の碑文〕高山に方りては仰止し、玄石を刊して以て德を表はす。

【仰視】(ぎようし(ぎやうし)) 仰ぎみる。〔史記、蘇秦伝〕蘇秦、從約の長と爲り、～乃ち行きて雒陽を過ぎる。～蘇秦の昆弟妻嫂、目を側てて、敢て仰視せず、俯伏して侍して食を取らしむ。

【仰首】(ぎようしゆ(ぎやうしゆ)) 頭をあげる。漢・司馬遷〔任少卿(安)に報ずる書〕僕～今、虧形を以て掃除の隸と爲り、闒茸(卑賤)の中に在り。乃ち首を仰ぎ眉を伸べ、是非を論列せんと欲す。

【仰歎】(ぎようたん(ぎやうたん)) 天を仰いで嘆息する。漢・王褒〔四子講德論〕二客、仁義に醉ひ、盛德に飽き、終日仰歎し、怡懌して悅服す。

【仰鴆】(ぎようちん(ぎやうちん)) 鴆毒を飲む。〔唐書、楊収伝〕收、自ら書を作りて天子に謝し、～書を以て使者に授け、卽ち鴆を仰いで死す。帝、書を見て惻然たり。

【仰天】(ぎようてん(ぎやうてん)) 天を仰ぐ。はげしく嘆くとき、笑うときの所作。〔戦国策、燕三〕樊(於期)将軍、天を仰いで太息流涕して曰く、～乃ち今敎へを聞くを得たりと。遂に自刎す。太子之れを聞き、馳せ往いて屍に伏して哭す。

【仰慕】(ぎようぼ(ぎやうぼ)) 仰ぎ慕う。魏・文帝〔鍾大理(繇)に与ふる書〕德は君子に非ず、義は詩人なる無しと雖も、高山景行(大道)は、私かに仰慕する所なり。然れども四寶、邈焉として已に遠し。

【仰望】(ぎようぼう(ぎやうばう)) 仰ぎみる。尊敬する。〔孟子、離婁下〕妻～曰く、良人なる者は、仰望して身を終る所のものなり。今此の若しと。～中庭に相ひ泣く。

【仰秣】(ぎようまつ(ぎやうまつ)) 馬が楽しんでまぐさを食う。〔荀子、勧学〕伯牙琴を鼓すれば、六馬仰いで秣ふ。

↑仰閲 仰ぎみる／仰屋 落魄する／仰荷 承る／仰感 感恩／仰窺 窺う／仰泣 悲泣／仰欽 欽慕／仰顧 仰ぎ顧みる／仰亢 高い／仰高 仰慕／仰嗟 仰嘆／仰賛 賛仰する／仰思 仰慕／仰藉 仰ぎ依る／仰手 挙手／仰承 承る／仰食 頼り暮らす／仰属 景仰する／仰羨 羨慕する／仰瞻 仰ぎみる／仰訴 訴える／仰奏 奏上する／仰息 頼る／仰眺 仰ぎみる／仰倒 仰仆／仰登 登る／仰毒 服毒／仰攀 よじる／仰披 拝読する／仰鼻 上を向いた鼻／仰仆 仰向け／仰俯 俯仰／仰眄 仰ぎみる／仰奉 仕える／仰薬 服毒する／仰頼 頼る／仰禄 禄を受ける

↓愛仰・畏仰・嘉仰・渇仰・欽仰・敬仰・景仰・慶仰・虔仰・高仰・祇仰・視仰・夙仰・聳仰・属仰・信仰・瞻仰・戴仰・俯仰・覆仰・眄仰・慕仰・遥仰

人 【尭】 8 人 ［堯］ 12 4021

ギョウ(ゲウ)
たかい

篆文

古文

甲骨文

会意 旧字は堯に作り、垚+兀。〔説文〕十三下に「高なり」と訓し、また「高遠なり」という。山の尭高、また石の多いさまを嶢峭という。古帝王の尭は「陶唐氏」と号し、その名号は土器文化と関係があるらしく、尭はその創始者とされたのであろう。焼(燒)は堯に従う。土器を焼成するとき、竈に多くの土器を列することから、堯の字形が生れたものと思われる。

段々にして積みあげるので尭高の意となった。本来山の尭高をいう字ではない。

【訓義】①焼竈に土器を積みあげた形。高く積む、たかい。②高くてそろわない。③嶢と通じ、嶢峭。

【古訓】〔名義抄〕堯 タカシ・ヨシ 〔字鏡集〕堯 タカシ・アキラカ・ヨシ・サトル・アキラム

【声系】〔説文〕に堯声として蕘・嘵・趬・譊・翹・饒・橈・曉（暁）・僥・嶢・磽・驍・燒・澆・繞など二十七字を収める。その通義を求めると、高く積みあげること、めぐらしたわめること、多く列ねることなどの意があり、それぞれ堯の声義を含むところがある。〔説文〕は部首として垚を立てているが、その系列の字はみな堯に従う。

【語系】堯・垚ngyôは同声。〔説文〕十三下に垚を「土高なり」とするが、土は土器。それを台上に積んで焼成するのである。僥・嶢は堯と同声、磽khěô、澆kyô、燒siô、嬈nyô、曉xyôはその声の分化したもの。曉は焼成するときの竈の火の色から名を得たものであろう。

【尭尭】高いさま。〔墨子、親士〕天地は昭昭たらず 大水は潦潦たらず 大火は燎燎たらず 王徳は堯堯たらず

【尭桀】聖王の尭と、暴君の桀。〔漢書、蕭望之伝〕堯桀の分は、義利に在るのみ。

【尭舜】古代の聖王とされる尭と舜。〔大学、九〕堯舜、天下を帥ゐるに仁を以てし、民之れに從ひ、桀紂、天下を帥ゐるに暴を以てし、民之れに從ふ。

【尭天】尭の徳の偉大さをいう。〔論語、泰伯〕唯だ天のみを大なりと爲す。唯だ堯のみ之れに則る。

↑尭風 尭の徳化

↓嗣尭・紹尭・宗尭・大尭・追尭・陶尭・法尭

【喁】 12 6602 ギョウ グ あぎとう

篆文 

形声 声符は禺。禺に顒の声がある。〔説文〕二上に「魚の口、上に見はるるなり」とあり、魚が水面に口を出してあぎとうことをいう。

【訓義】①あぎとう。②あがめる、あおぐ。③こえ、相応ずる声。④また顒に作る。

【古訓】〔新撰字鏡〕喁 乃三豆（のみづ）、又、須不（すふ）、又、波无（はむ）〔名義抄〕喁 クチサシツドフ・クチバシ・ムカフ・アフグ・オホシ・オホカリ・モロ〳〵・スフ・ハム

【喁喁】魚があぎとう。また、口々にいう。あおぎしたう。〔後漢書、隗囂伝〕昔、更始（将軍）西に都し、四方響應す。天下喁喁として、之れを太平と謂ふ。一旦敗壞し、大王幾ど厝く所無し。

↑喁噞 あぎとう／喁唱 応和／喁望 仰望

↓于喁・噞喁・唱喁

【暁】常 12 囚〔曉〕16 6401 ギョウ（ゲウ） あかつき さとる

篆文 

形声 旧字は曉に作り、堯（尭）声。〔説文〕七上に「明なり」とあり、晨明の義。堯は土器を焼竈に入れて積み重ね焼きあげる意の字で、曉はその赤い火光の意をとる。また冥々より暁けるものであるから、暁知・暁覚の意となる。〔広雅、釈詁二〕「説くなり」とは、人に教え喩す意である。

【訓義】①あかつき、あける、あきらか。②さとる、さとす、さとい。③ぬけだす、ぬぐ、とく。④饒と通じ、おおい。

【古訓】〔新撰字鏡〕曉 安介奴（あけぬ）、又、安志太（あした）〔名義抄〕曉 アカツキ・サトル・サトス・アケヌ・アシタ・トキ・アキラカニ・アキラカナリ・タトヒ・アラハル

【暁雨】明けがたの雨。宋・蘇軾〔新年、五首、一〕詩 曉雨、人日（七日）暗く 春愁、上元（十五日）に連なる

【暁雲】明けがたの雲。唐・宋之問〔登封に扈從する途中の作〕詩 曉雲、幕に連なりて捲き 夜火、星に雜はりて回る

【暁霞】朝もや。唐・李白〔姑孰十詠、姑孰渓〕詩 波は翻す、曉霞の影 岸は疊む、春山の色

【暁解】さとる。〔晋書、文苑、左思伝〕（父）雍、友人に謂ひて曰く、思の曉解する所、我が少時に及ばずと。思、遂に感激して學に勤む。

【暁角】明けがたに聞く角笛。唐・顧況〔角を聴いて帰るを思ふ〕詩 故園の黄葉、青苔に滿つるならん 夢後、城頭に曉角哀し

【暁寒】夜明けの寒気。唐・李白〔秋夜板橋浦に月を泛べ、独酌して、謝朓を懐ふ〕詩 長川、落月に瀉ぎ 洲渚、曉寒凝る 獨り酌む、板橋浦 古人誰か徵すべき

【暁鬟】朝の寝くたれ髪。唐・杜牧〔阿房宮の賦〕明星の熒熒たるは、粧鏡を開くなり。綠雲の擾擾たるは、曉鬟を梳るなり。

【暁気】朝明けの気象。宋・蘇轍〔孔教授武仲済に和す、四詠、檻泉寺〕詩 洶洶たる秋聲、明月の夜 蓬蓬たる曉氣、晴れんと欲する天

【暁起】朝早く起きる。元・元淮〔南園杏花〕詩 昨夜、南園に春雨過ぐ 玉人曉起して、簾を揭げて看る

【暁月】明けがたの月。唐・沈佺期〔夜、七盤嶺に宿す〕詩 曉月、窗に臨みて近く 天河、戶に入つて低し

【暁鼓】夜明けを知らせる太鼓。〔五代史、司天考二〕顯德元年正月庚寅、大星墜つる有り。聲有りて雷の如く、牛馬皆逸ぐ。京城以て曉鼓と爲し、皆鼓を伐ちて、以て之れに應ず。

【暁悟】さとる。〔北史、儒林下、樊深伝〕深、經學通贍、書を解く每に、多く漢魏以來諸家の義を引きて之れを說く。故に後生、其の言を聽く者、曉悟すること能はず。

【暁告】いいきかせる。〔北史、韋珍伝〕淮源に舊祠堂有り。蠻俗恆に人を用ひて之れを祭る。珍乃ち曉告して曰く、～自今、宜しく悉く酒脯を以て代用せよと。群蠻、約に從ふ。

【暁事】事理をさとる。漢・楊脩〔臨淄侯（曹植）に答ふる牋〕今の賦頌は、古詩の流なり。孔公（孔子）を更へざるも、風雅と別無きのみ。脩が家の子雲（揚雄）、老いて事を曉らず。強ひて一書を著はせるも、其の少きときの作を悔ゆ。

【暁習】熟知する。〔後漢書、皇甫規伝〕願はくは、臣に兩營二郡、屯列坐食の兵五千を假せ。其の不意に出でん。～土地山谷は、臣の曉習する所なり。兵勢巧便は、臣已に之れを更へたり。

【暁鐘】夜明けの鐘。唐・岑参〔中書舍人賈至の早く大明宮に朝すに奉和す〕詩 金闕の曉鐘、萬戶を開き 玉階の仙仗、千宮を擁す

【暁色】夜明けの景色。唐・李咸用〔暁望〕詩 露は松上の鶴を驚かし 曉色、扶桑を動かす

【暁霽】明けがたに晴れあがる。唐・鄭谷〔南宮寓直〕詩 曉霽、庭松の色 風は和す、禁漏の聲

【暁雪】明けがたの雪。唐・李白〔冬夜酔ひて竜門に宿し、覚め起きて志を言ふ〕詩 軒を開いて聊か直望すれば 曉雪、河冰壯んなり

【暁然】明らかにさとる。〔荀子、君道〕聖王則ち術以て辨異を明らかにす。～上は王公の朝に在り、下は百姓の家に在り。天下曉然として、皆其の以て異を爲すに非ざるを知るなり。

【暁達】よく知る。通暁する。唐・杜甫〔八哀詩、司空王

公思礼に贈る〕暁達す、兵家の流 聞くに飽きたり、春秋の癖

【暁暢】ぎょうちょう(げうちやう) 知りぬく。蜀・諸葛亮〔出師の表〕将軍向寵は性行淑均にして、軍事に暁暢す。昔日に試用せられ、先帝之れを稱して能ありと曰へり。是を以て、衆議寵を擧げて督と爲す。

【暁天】ぎょう(げう)てん 明けがたの空。唐・陳子昂〔春夜、友人に別る、二首、一〕詩 離堂、琴瑟を思ひ 別路、山川を遶る 明月高樹に隱れ 長河曉天に沒す

【暁発】ぎょう(げう)はつ 朝早く出発する。唐・孟浩然〔湖中旅泊〜〕詩 桂水、百越に通じ 扁舟、曉發を期す

【暁鬢】ぎょう(げう)びん 寝起きの髪。また、白髪交じりの髪。唐・李白〔崔司戸文昆季に贈る〕詩 淸霜、曉鬢に入り 白露、衣巾に生ず

【暁望】ぎょうぼう(げうばう) 明けがたのながめ。唐・張錫〔九月九日慈恩寺の浮図(塔)に登るに奉和す、応制〕詩 九秋、霜景淨く 千門、曉望通ず

【暁夢】ぎょう(げう)む 明けがたの夢。唐・李商隠〔錦瑟〕詩 莊生の曉夢、蝴蝶迷ひ 望帝の春心、杜鵑に託す

【暁喩】ぎょう(げう)ゆ さとす。漢・蔡邕〔陳太丘(寔)の碑文〕時に年已に七十、遂に丘山に隱れ、懸車告老す。〜大將軍何公(進)、司徒袁公(隗)、前後招辟し、人をして曉喩せしむるも、〜皆遂に至らず。

【暁露】ぎょう(げう)ろ 朝露。唐・白居易〔牡丹芳、天子の、農を憂ふるを美むるなり〕詩 曉露輕く盈ちて、紫艷を泛べ 朝陽照り耀きて、紅光を生ず

↑暁鴉 あけ烏／暁靄 朝もや／暁慰 慰める／暁烏 あけ烏／暁烟 朝もや／暁笳 明けがたの葦笛／暁会 さとる／暁晦 明暗／暁勧 さとす／暁教 教える／暁暁 巧弁／暁慧 さとし／暁雞 晨雞／暁寤 暁悟／暁光 朝焼け／暁江 朝の川／暁察 さとる／暁示 さとす／暁字 告白／暁識 さとる／暁日 旭日／暁樹 明けがたの木々／暁粥 朝粥／暁妝 朝化粧／暁餉 朝食／暁燭 明けがたの灯／暁人 聰明な人／暁水 朝の川／暁星 明けがたの星／暁夕 朝夕／暁説 さとす／暁川 朝の川／暁箭 朝の水時計／暁蟬 朝蟬／暁霜 朝霜／暁旦 明けがた／暁知 さとる／暁馳 朝駈け／暁眺 朝の眺め／暁通 通暁／暁庭 朝の庭／暁的 さとる／暁渡 朝の渡／暁得 さとる／暁暾 朝日／暁白 空白む／暁魄 朝の月／暁髪 班白の髪／暁臂 さとす／暁風 朝風／暁晡 朝夕／暁明 さとる／暁暝 暁暗／暁諭 さとす／暁来 明けがた／暁了 さとる／暁領 さとる／暁漏 暁箭／暁惑 さとす

↓諳暁・慰暁・戒暁・晦暁・解暁・該暁・掲暁・告暁・今暁・昏暁・催暁・春暁・初暁・昭暁・邃暁・晴暁・精暁・早暁・達暁・知暁・通暁・天暁・洞暁・破暁・払暁・分暁・明暁

常

【業】

13 3290

ギョウ(ゲフ) ゴウ(ゴフ) いた わざ

篆文 古文 金文

象形 上部は丵齒(ぎざぎざ)の形。下に長い柄があり、これで地を撲って固めた。撲はもと業と廾とに従い、業を両手でもつ形である。〔説文〕三上に「大版なり。鍾鼓を飾縣する所以なり。捷業(楽器かけ)は鋸齒の如し。白を以て之れを畫く。其の鉏鋙相ひ承くるに象るなり」という。〔詩、周頌、有瞽〕に「業を設け虡を設く」、その〔毛伝〕に業を「大板なり。栒を飾りて縣を爲す所以なり」とみえる。版築において土を撲つのに用いるものと、楽器を懸ける栒虡に用いるものと、その形が似ているので、同じ名でよばれているのであろう。事業の意は、版築によって城壁を造営することから出ており、当時としては大事業であったので、〔詩、大雅、常武〕「赫赫業業として 嚴たる天子有り」のように、形況の語に用いる。〔爾雅、釈詁〕に「業は事なり」とあり、版築のことが字の本義である。

訓義 ①いた。版築のとき、土を撲つ板。②鐘鼓を懸ける栒虡の飾り板。上に丵齒を加える。かざり板。③版築のような大土木事業、わざ、こと、しごと、しわざ、つとめ。④王朝の創始のような新しいしごと。基礎。⑤大きい、さかん、動く、活動する状態。⑥書版、字をかく板、学問。⑦隉と通じ、あやうい。⑧已と通じ、すでに。⑨仏教語。前世と因縁の関係を業という。

古訓 〔名義抄〕業 ナリハヒ・ノリ・ツトム・ナル・モトサシ・オソシ・ウゴク・オソル・ミチ・オホイナリ・ハゲム・ナリ／家業 ナリハヒ

部首 〔説文〕三上に丵を部首とし、業・叢・對(対)をその部に属する。丵を「叢生の艸なり」とするのは、叢との字形の関係よりいうものであろうが、丵は丵齒の形。業は版築の土を撲ち固める器。これをもつことを對といい、相対して土を撲つ意であろう。業を両手でもつことを𦦶といい、〔説文〕にまた𦦶を部首とするが、すべて丵の系列に属する字である。

声系 〔説文〕に業声として鄴を収める。鄴は地名。

語系 業ngiapは隉ngyet、已jiəと声に通ずるところがあり、通用する。「業已」を連用して「すでに」とよむ。

【業業】ぎょうぎょう(げふげふ) さかんなさま。〔詩、小雅、采薇〕戎車既に駕し 四牡業業たり ②危ういさま。〔詩、大雅、雲漢〕兢兢業業として 霆の如く雷の如し ③動くさま。〔詩、大雅、常武〕赫赫業業として 嚴たる天子有り

【業次】ぎょう(げふ)じ 職場。唐・韓愈〔仏骨を論ずる表〕惟だ恐るらくは、後時老少奔波し、其の業次を棄て〜必ず斷臂臠身、以て供養を爲す者有らん。

【業儒】ぎょう(げふ)じゅ 儒を業とする。唐・戴叔倫〔南野〕詩 家世素より儒を業とす 子孫、食祿を鄙しむ 雲を披きて、朝出でて耕し 月を帶びて、夜歸りて讀む

【業泰】ぎょう(げふ)たい 事業が順調なこと。〔旧唐書、后妃上、太宗賢妃徐氏伝〕惟だ恐る、之れを知るは難きに非ざるも、之れを行ふは易からざるを。志は業泰に驕り、體は時安に逸す。

【業土】ぎょう(げふ)ど 土木事業。〔晏子、問上十一〕公市は豫かず、宮室は飾らず。業土(未完成の工事)成らざれば、役を止め稅を輕くす。

【業命】ぎょう(げふ)めい 業務の命令。〔国語、魯語下〕諸侯朝に天子の業命を修め、晝に其の國職を考へ、夕に其の典刑を省し、夜は百工を儆めて、慆淫する無からしむ。

↑業因 因縁／業宇 学識と気宇／業縁 因縁／業果 悪い果報／業峩 高いさま／業貫 積悪／業苦 悪業の報い／業戸 地主／業産 生業／業師 老師／業主 業戸／業習 習慣／業障 修法の障り／業塵 悪業／業祚 王業／業魔 悪業／業余 学業の余暇／業履 徳行／業力 行動力／業累 業魔

↓悪業・医業・偉業・肄業・遺業・懿業・因業・永業・営業・王業・家業・稼業・課業・開業・学業・官業・勧業・企業・基業・旧業・居業・虚業・競業・勲業・経業・敬業・建業・兼業・現業・故業・工業・功業・弘業・洪業・興業・鴻業・作業・財業・罪業・三業・産業・纂業・至業・志業・始業・師業・嗣業・詩業・資業・自業・事業・失業・執業・実業・受業・授業・習業・修業・終業・就業・従業・宿業・術業・巡業・筍業・遵業・所業・書業・商業・捷業・障業・職業・身業・進業・垂業・世業・正業・盛業・聖業・設業・絶業・専業・賤業・善業・祖業・争業・創業・喪業・操業・卒業・大業・怠業・定業・帝業・殄業・田業・伝業・統業・同業・徳業・

内業・農業・破業・覇業・敗業・廃業・不業・非業・罷業・畢業・婦業・副業・復業・分業・文業・別業・本業・末業・民業・夜業・余業・力業・立業・林業・烈業

【僥】 14 2421 ギョウ(ゲウ) キョウ(ケウ)

篆文

形声 声符は堯(尭)。〔説文〕八上に「南方に焦僥有り。人の長け三尺、短の極りなり」とする。字は僥倖の意にも用い、〔荘子、在宥〕「幾何ぞ僥倖にして人の國を喪はざらんや」とあり、〔釈文〕に字をまた徼に作るという。徼は祭梟(首祭)の呪儀によって、強いて求める意。僥をその義に用いるのは仮借。堯は土器を焼成するため累々として重ねる意。僥はその累々たるさまを、人の身に移していうものであろう。直立しないものの意をも含む。

訓義 ①焦僥、累々として長け短きさま、その人、南方の異民族の名。②徼と通じ、もとめる、ねがう。

古訓 〔名義抄〕僥 ミジカシ・ヒキナリ／僥倖 サイハヒ 〔篇立〕僥 タマサカナル・ミジカシ・ヒキヒト・ヒキナリ

語系 僥・堯・嶢 ngyô は同声。堯声の字にみな累々と重ねる意がある。徼・敫 kyô は声近く、徼に徼求の意があり、僥をその義に仮借して用いる。

【僥冀】 僥倖をねがう。〔資治通鑑、唐紀四十三〕(徳宗、建中三年)(朱)滔、衆に言ひて曰く、將士の功有る者、吾れ奏して官勳を求めしも、皆遂げず。～誠に且らく目前を保んぜんことを願ふ。敢て復た僥冀すること有らずと。

【僥覬】 僥倖をねらう。宋・范仲淹〔資政晏侍郎に上る書〕天下の君子～以て王道を助成するの日なり。然れども獻言の初、或いは賞する所有り。是に於て浮淺僥覬の輩、爭うて煩言を爲す。

【僥倖】 幸運を求める。〔後漢書、呉漢伝〕蓋し聞く、上智は危きに處りて、以て僥倖せず、～下愚は危きに安んじて、以て自ら亡ぶと。

【僥望】 僥倖を望む。〔潜夫論、述赦〕凡そ民の輕しく盜賊を爲す所以、吏の姦慝を作し易き所以の者は、赦贖數しばにして僥望有るを以てなり。

↑僥会 遇合する／僥求 むさぼり求める／僥取 せしめる／僥倖／僥競 むさぼる／僥覦 ねらう／僥濫 むさぼる／僥躐 抜擢される／僥薄 澆薄／僥冒 むさぼる／僥利 利をむさぼる

↓焦僥・焦僥

【嶢】 15 2471 ギョウ(ゲウ) たかい

篆文

形声 声符は堯(尭)。堯は土器を重ねた形。これを竈で焼成することを燒(焼)という。〔説文〕九下に「焦嶢なり。山の高き皃」とあり、山の険峻であることをいう。石の多いことを磽といい、ごろごろすることを磽确という。

訓義 ①たかい、山が高い、高くけわしい、高く遠い。②あやうい。

古訓 〔新撰字鏡〕嶢 太加志(たかし)、又、佐加志(さがし)、又、美祢(みね) 〔名義抄〕嶢 タカシ・サカシ 〔字鏡集〕嶢 タカシ・スルト・サカク

声系 嶢・堯・僥 ngyô は同声。不ぞろいの状態で高くうち重なるもの、累々たるものをいう。堯声の字にその義がある。

【嶢峭】 荒地。〔洛陽伽藍記、五、聞義里～〕賒彌國に入る。此の國、漸く葱嶺を出づ。土田嶢峭、民多く貧困なり。峻路危道、人馬僅かに通ず。一直一道、～鐵鎖を橋と爲す。

【嶢嶢】 山の高くそびえ立つさま。また、志の高いことをいう。〔白虎通、号〕之れを堯と謂ふは何ぞや。堯は猶ほ嶢嶢のごときなり。至高の貌、清妙高遠、優遊博衍、衆聖の主、百王の長なり。

↑嶢巖 高く嶮しい／嶢崎 きわ立って険しい／嶢嶷 高峻／嶢闕 大門／嶢屼 高嶮／嶢榭 高台／嶢然 特出するさま／嶢崢 けわしく高い

↓嶕嶢・岧嶢

【澆】 15 3411 ギョウ(ゲウ) そそぐ

篆文

形声 声符は堯(尭)。堯にめぐる意がある。〔説文〕十一上に「渼ぐなり」、〔広雅、釈詁二〕に「漬すなり」とあり、また繞り流れることをいう。

訓義 ①そそぐ、ひたす、そそぎひたす。②めぐる、めぐり流れる、波だつ。③うすい。

古訓 〔篇立〕澆 アハタツ・スグル・アラフ・ウスシ・タ、ク・アミル・タル・ウスラグ・アハク 〔字鏡集〕澆 アカシ・アハタス・アハシ・ソ、ク・ヒタス・ウスシ・アハツケナシ・ウスラグ・メグル・アハ(タ)ツ・メクルナシ

【澆花】 花に水をやる。唐・顧況〔閑居して旧を懐ふ詩〕日長くして鼓腹して、吾が廬を愛し 竹を洗ひ花に澆ぎて、興餘り有り

【澆淳】 淳樸をそこなう。淳風をうすくする。〔漢書、循吏、黃霸伝〕(張敞の奏)(丞相黃霸)務めて相ひ增加し、淳を澆うくし樸を散じ、竝びに僞貌を行ひ、名有るも實亡し。

【澆書】 朝酒の異名。宋・陸游〔春晩村居、雑賦絶句〕詩 澆書、滿挹す、蛆を浮ぶるの甕 攤飯(午睡)横さまに眠る、蝶を夢みる牀

【澆俗】 軽薄な風潮。唐・太宗〔契を執りて三辺を静やんず〕詩 澆俗、庶はくは淳に反へさんことを 文を替すて、聊はくは質に就かしめん

【澆薄】 澆俗。〔後漢書、朱穆伝〕常に時の澆薄なるに感じ、敦篤を慕尚し、乃ち崇厚論を作る。

【澆漓】 うすい。人情が軽薄であること。〔旧五代史、周、馮道伝〕道、尤も篇詠に長じ、筆を秉れば則ち成る。典麗の外、義、古道を含み、必ず遠近に傳寫せらる。故に漸く其の高深を畏る。是れに由りて班行(列位の人)肅然、澆漓の態無し。

↑澆訛 澆詭／澆溉 水やり／澆灌 澆溉／澆危 澆季の世／澆季 末世／澆詭 偽りが多い／澆偽 澆詭／澆競 我がち／澆灑 そそぎ洗う／澆弛 末世／澆酒 酒を飲む／澆愁 酒を飲む／澆世 澆季／澆舌 酒を飲む／澆浅 浅薄／澆濯 そそぎ洗う／澆腸 酒を飲む／澆奠 地に酒をそそいで祭る／澆蕩 浮薄／澆波 澆俗／澆潑 注ぐ／澆靡 奢侈／澆浮 軽薄／澆風 澆俗／澆弊 浮薄な習俗／澆暮 衰微／澆末 澆季／澆沃 注ぐ／澆落 落成／澆醨 澆漓／澆淋 注ぐ／澆陋 鄙陋

↓淳澆・除澆・水澆・俗澆・風澆

常 【凝】 16 3718 ギョウ こる さむい きびしい

篆文　金文

形声 声符は疑。疑は人が顧みて凝然として立つ形。〔説文〕十一下に凝を冰の俗字とし、「水堅きなり」。仌(氷)に従ひ、水に従ふ。凝、俗に冰は疑に従ふ」とするが、凝・冰(氷)は声義ともに一字とはしがたい。〔玉篇〕に両字を別の字としており、漢碑にも用い方に分別がある。

訓義 ①こる、とどまる、そのままとどまる。②とどこおる、かたまる、さだまる。③こおる、むすぶ、さむい。④きびしい、はげしい。

古訓 〔名義抄〕凝 コル・ヨル・コ、ル・コラス・ナル・ト、ム・サダム・サダマル 〔字鏡集〕凝 ト、ム・コル・タカシ・コホリ・シヅ

カ・カタシ・コラス・ナスラフ・トヾコホル・コヽル・サダマル

語系 凝ngiəngは疑ngiəの声義を承ける。疑は人が顧みて凝然として立つ形。その動きのない状態を凝という。凝とは水の流動のない状態をいう。

【凝烟】ぎょうえん 深い霧。唐・太宗〔北嶽恒山を祀る文〕疊嶂參差として、凝烟翠を含み、重岡紛糾して、照日紅を分つ。絶壁千尋、孤峯萬仞なり。

【凝遠】ぎょうえん(えん) おくゆかしい。〔陳書、蕭允伝〕允、少くして名を知らる。風神凝遠、通達にして識鑒有り。容止醞藉、動くこと規矩に合ふ。

【凝笳】ぎょうか むせぶようなあし笛の音。唐・温庭筠〔雉場歌〕詩 麥隴桑陰、小山の晩 六虯(太陽)歸去して、凝笳遠し

【凝寒】ぎょうかん きびしい寒さ。魏・劉楨〔従弟に贈る、三首、二〕詩 冰霜、正に慘悽なるも 終歲、常に端正 豈に凝寒に罹はざらんや 松柏、本性有り

【凝血】ぎょうけつ 血のかたまり。元・張憲〔桃花馬〕詩 斑斑たる朱英、晴雪に點じ 滴滴たる眞珠、凝血を汗す

【凝結】ぎょうけつ 凝固。〔淮南子、原道訓〕先んずる者は、則ち後るる者の弓矢の質的なり。～所謂後るる者とは、其の底滞うて、時に合するを貴ぶなり。其の數に周かたいして發せず、凝結して流れざるを謂ふに非ず。其の數に周かならずして

【凝沍】ぎょうご こおりつく。宋・蘇轍〔墨竹の賦〕凄風隙穴に號怒し、飛雪陂池に凝沍す。衆木の無賴なるを悲しむ、百圍と雖も支ふる莫し。

【凝思】ぎょうし 思いをこらす。晉・陸機〔文の賦〕澄心を罄くして以て思ひを凝らし、衆慮を眇かにして言を爲す。天地を形内に籠め、萬物を筆端に挫く。始めは燥吻に躑躅するも、終に濡翰に流離す。

【凝脂】ぎょうし 脂肪。なめらかな皮膚をいう。〔詩、衛風、碩人〕手は柔荑の如く 膚は凝脂の如し

【凝視】ぎょうし 見つめる。唐・白居易〔霓裳羽衣歌〕詩 當時乍ち見て、心目を驚かす 凝視諦聽するも、殊に未だ足らず

【凝愁】ぎょうしゅう(しう) 物思いにしずむ。唐・李咸用〔友人と同に秋日庾楼に登る〕詩 六代の風光、問ふ處無く 九條の煙水、但だ愁ひを凝らしむ

【凝峻】ぎょうしゅん きびしく重々しい。〔晉書、傅玄等伝論〕長虞(傅咸)は風格凝峻、家聲を墜さず。

【凝粧】ぎょうしょう(しやう) よそおいを凝らす。唐・王昌齡〔閨怨〕詩 閨中の少婦、愁ひを知らず 春日粧ひを凝らして、翠樓に上る

【凝矚】ぎょうしょく 見つめる。〔世説新語、棲逸〕蘇門山中、忽ち眞人有り。～阮籍往きて觀、～箕踞して相ひ對す。～彼猶ほ前の如く、凝矚して轉ぜず。

【凝神】ぎょうしん 心をこらす。宋・沈作喆〔寓簡、六〕毎に門を閉ぢ香を焚き、靜かに古人に對し、神を凝らして書を著はす。

【凝邃】ぎょうすい 静かで奥深い。〔洛陽伽藍記、一、景林寺〕禪房一所有り、～禪閣虛靜、隱室凝邃、嘉樹牖を夾み、芳杜堦を匝る。朝市と云ふと雖も、想は巖谷に同じ。靜行の僧、其の内に繩坐す。

【凝然】ぎょうぜん 静かなさま。唐・李咸用〔昇天行〕詩 河邊の牛子、星郎牽き 三清の宮殿、晴煙浮ぶ 玉皇案に據りて、方に凝然たり 仙官仗を立てて、幢幡森したり

【凝滞】ぎょうたい こだわり、とどこおる。〔楚辞、漁父〕聖人は物に凝滞せず、能く世と推移す 世人皆濁らば 何ぞ其の泥を淈して、其の波を揚げざる

【凝湛】ぎょうたん 深く湛えられた水が清く澄む。〔呉船録、上〕癸巳、峩眉縣を發す。～兩溪、合して一と爲り、以て大壑に投ず。淵渟凝湛、散じて溪灘と爲る。灘中悉く是れ五色、及び白質靑章の石子なり。

【凝眺】ぎょうちょう(てう) じっと遠くまで見る。〔聊斎志異、胭脂〕女の意、動くに似たり。秋波之れを縈轉す。少年俯首し、趨りて去る。去ること既に遠し。女猶ほ凝眺す。

【凝睇】ぎょうてい 見つめる。唐・白居易〔長恨歌〕詩 情を含み睇を凝らして、君王に謝す 一別、音容兩つながら渺茫たり

【凝邈】ぎょうばく 奥深い。〔梁書、元帝紀〕日者百司岳牧、宸鑒を祈仰す。～優詔謙沖、窅然として凝邈たり。

【凝閉】ぎょうへい 霜などがおりて地が氷りつく。唐・李華〔古戦場を弔ふ文〕窮陰凝閉し、海隅に凜冽たり。積雪脛を沒し、堅冰鬚に在り。

【凝望】ぎょうぼう(ばう) 遠くを見つめる。元・黄庚〔秋吟、二首〕詩 頭を擧げて凝望す、靑山の外 萬里の江天、一雁飛ぶ

【凝留】ぎょうりゅう(りう) ぐずぐずする。〔後漢書、宦者伝序〕竇武・何進、位崇く戚近きも、～凝留して斷ぜざるを以て殄敗に至れり。斯れ亦た運の極なるか。

↑凝意 玉の汗／凝玩 玩賞／凝竭 凝結／凝堅 凝結／凝固 固まる／凝紅 真っ赤／凝曠 荘大／凝止 止まる／凝澌 氷る／凝集 集まる／凝聚 凝集する／凝重 重々しい／凝縮 固まる／凝妝 凝粧／凝浄 澄む／凝粋 精粋／凝正 厳正／凝寂 静寂／凝積 凝集する／凝絶 滞り止／凝想 凝思／凝霜 霜がつく／凝濁 滞り濁る／凝佇 佇立する／凝澄 心を凝らす／凝定 静止／凝澱 おり／凝凍 凍る／凝瞳 凝視／凝念 凝思／凝白 雪／凝氷 氷／凝膚 凝脂／凝碧 濃緑色／凝眄 凝視／凝眸 凝視／凝密 堅密／凝網 厳しい法令／凝目 凝視／凝厲 厳しくはげしい／凝冽 厳寒

凝思／凝雲 密雲／凝咽 悲泣する／凝汗

↓陰凝・雲凝・煙凝・気凝・漁凝・驕凝・堅凝・光凝・膏凝・魂凝・脂凝・凄凝・清凝・精凝・静凝・霜凝・端凝・稠凝・澄凝・貞凝・天凝・冬凝・凍凝・濃凝・露凝

【鄴】16 3792 ギョウ(ゲフ)

篆文 

形声 声符は業。〔説文〕六下に「魏郡の縣なり」とあり、鄴城は斉の桓公の築いた所。魏がここに都した。

訓義 [1]地名。また、姓。

【鄴架】ぎょうか(げふか) 唐の李泌、鄴県侯に封ぜられ、挿架三万余巻、蔵書の多きを以て知られた。唐・韓愈〔諸葛覚の、随州に往きて書を読むを送る〕詩 鄴侯、家に書多し 架に插さむ、三萬軸

【鄴瓦】ぎょうが(げふぐわ) 銅雀台の瓦で作った硯。堅潤の質を以て知られる。宋・蘇軾〔次韻して、子由(蘇轍)の驪山の澄泥硯を得んと欲するに和す〕詩 擧世、爭うて稱ふ、鄴瓦の堅きを 一枚、百金もて頒つに換へず

【鄴水】ぎょうすい(げふすい) 鄴都を流れる河。唐・王勃〔滕王閣の序〕睢園の綠竹、氣は彭澤(陶潛)の樽を凌ぎ、鄴水の朱華、光は臨川(王羲之)の筆を照らす。

【翹】18 4721 ギョウ(ゲウ) あげる

篆文 

形声 声符は堯(尭)。堯は土器を焼くとき積み重ねる形で、うず高い意がある。〔説文〕四上に「尾の長毛なり」とあり、鳥がその尾毛をあげることをいう。まさに飛ばんとする姿勢であるから翹企といい、翹望・翹思のように用いる。木の高くあがるところから、木の秀つ枝を翹楚、高いさまを翹翹という。

訓義 [1]鳥の尾の長毛、そのはね。[2]長毛をあげる、あがる。[3]羽をあげるようにつまだちのぞむ、ねがう、ほっする。[4]高くてす

ぐれる、才能がある。

古訓〔名義抄〕翹 クハダツ・ノゾム・モヨホス・アグ・アガル・カザル・ウツ・サカシ・ス、ム・タツ・ソバタツ・ツマダツ・ハゲマス・ナビク

語系 翹・喬・嶠 giô は同声。驕・矯 kiô、蹻 khiô、高 kô は同系の語。みな高くあがる意がある。

【翹企】待ち望む。〔後漢書、袁譚伝〕（審配の書）翹企して頸を延き、讎敵を待望す。慈親を虎狼の牙に委し、以て一朝の志を逞しうす。

【翹翹】秀つ枝が伸びるさま。高く抜き出る。〔詩、周南、漢広〕翹翹たる錯薪 言に其の蔞を刈る

【翹結】心が結ぼれる。陳・徐陵〔周処士に答ふる書〕仰ぎて華翰を披き、甚だ翹結を慰む。

【翹思】心にかけて、憂える。魏・曹植〔雑詩、六首、二〕翹思して、遠人を慕ふ 願はくは遺音を託せんと欲す 形影忽ち見えず 翩翩として、我が心を傷ましむ

【翹首】待望する。首をもたげる。唐・劉禹錫〔刑部韓侍郎（愈）に与ふる書〕春雷一震すれば、必ず歆然として翹首し、生と徒を爲さんとす。

【翹秀】抜き出てすぐれた人。〔顔氏家訓、文章〕（屈原～謝玄暉、三十六人）凡そ此の諸人は皆其の翹秀なる者、悉くは記す能はざるも、大較此の如し。

【翹袖】袖をあげる。〔西京雑記、一〕高帝の戚夫人、～善く翹袖折腰の舞を爲す。

【翹楚】よく伸びた秀つ枝。最もすぐれたもの。〔春秋正義の序〕今其の義疏を爲る者、～劉炫は數君の内に於て、實に翹楚と爲す。

【翹足】足をつまだてて待ち望む。まもなく実現する。〔史記、高祖紀〕大臣内に叛き、諸侯外に反く。亡ぶること足を翹げて待つべきなり。

↑翹異 特異/翹跂 翹企/翹挙 高挙/翹懃 翹慕う/翹敬 崇敬する/翹掲 掲げる/翹彦 翹秀/翹材 高才/翹趾 翹企/翹竦 そばだつ/翹瞻 仰ぎ望む/翹然 卓出する/翹想 翹思/翹待 待望する/翹敏 聡慧/翹慕 仰望/翹翼 羽をあげる/翹陸 跳躍する

↓雲翹・婉翹・首翹・秀翹・春翹・垂翹・翠翹・双翹・争翹・連翹

【顒】 18 6148 ギョウ

篆文
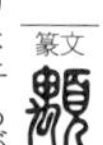

形声 声符は禺。禺に喁の声がある。禺は〔説文〕九上に「母猴の屬なり。頭は鬼に似たり」とするが、その下部は虫の形。顒は頭の大きな蛇形のもの。その首をもたげるさまを顒然という。〔説文〕九上に「大頭なり」とあり、人の威厳あるさまを顒若、また顒顒のようにいう。

訓義 ①大きな頭、大きい。②威厳のあるさま、立派なさま、つつしむさま、おだやかなさま。③あおぐ、うやまう。

古訓〔名義抄〕顒 ノゾム・アフグ・ウヤマフ〔字鏡集〕顒 オホイナルカシラ・ツ、シム・ヨシ・ウヤマフ・ノゾム・アフグ・ウタフ

【顒顒】君子の威厳にみちたさま。〔詩、大雅、巻阿〕顒顒卬卬として 圭の如く、璋の如し

【顒若】威厳にみちたさま。〔易、観〕觀は盥ひて薦めず。孚有りて顒若たり。

【顒然】つつしむさま。晉・劉琨〔勧進表〕況んや茂勳は皇天に格り、淸輝は四海に光き、蒼生顒然として、欣戴せざる莫し。～晉の祀を主る者は、陛下に非ずして誰ぞ。

↑顒敬 敬う/顒昂 敬順/顒望 仰望

【驍】 人 22 7431 ギョウ（ゲウ）

篆文

形声 声符は堯（尭）。堯は土器を焼くとき積み重ねる形で、うず高い意がある。〔説文〕十上に「良馬なり」とあり、人に移して驍勇・驍雄のようにいう。

訓義 ①よいうま。②つよい、いさましい。

古訓〔名義抄〕驍 イサム〔字鏡集〕驍 ヨキムマ・イサム・ヨシ・トシ・ホコル

語系 驍・驕 kyô は同声。高 kô、蹻 khiô、翹 giô は声義近く、みな一系の語である。

【驍鋭】勇ましくて勢いが強い。〔三国志、魏、袁紹伝注に引く英雄記〕（麴）義、久しく涼州に在り、羌の鬬ひに曉習す。兵皆驍鋭なり。～（公孫）瓚の軍、敗績す。

【驍悍】勇ましく気が強い。〔南史、桓康伝〕桓康は北蘭陵承の人なり。勇果驍悍なり。

【驍毅】勇ましく強い。〔唐書、諸夷蕃将、黒歯常之伝〕常之は百濟西部の人なり。長七尺餘、驍毅にして謀略有り。

【驍騎】つよい騎兵。漢・班固〔東都の賦〕輶車（軽装の車）は電のごとく激し、驍騎は雷のごとく鶩す。由基、射を發し、范氏、御を施す。

【驍彊】たけくつよい。〔唐書、回鶻上、回紇伝〕其の人驍彊にして、初め酋長無く、水草を逐ひて轉徙す。騎射を善くし、盜鈔を喜む。

【驍驍】勇みゆくさま。晉・陸雲〔顧彦先に贈る、五章、三〕詩 悠悠たる山川 驍驍たる征遐

【驍健】勇ましく健やか。〔隋書、東夷、流求国伝〕國人、好んで相ひ攻擊す。人皆驍健にして善く走り、難死して創に耐ふ。

【驍将】つよい大将。〔宋書、武帝紀上〕吳甫之に江乘に遇ふ。甫之は（桓）玄の驍將なり。

【驍捷】つよくすばやい。〔隋書、沈光伝〕光、少くして驍捷、戲馬を善くすること天下の最爲り。～京師惡少年の朋附する所と爲る。

【驍武】つよくたけだけしい。〔北史、奚康生伝〕康生少くして驍武、弓十石を彎く。矢は常箭に異なり。當時の服する所と爲る。

【驍猛】つよくたけだけしい。〔三国志、魏、張遼伝〕（呂）布、驍猛なりと雖も、然れども謀無くして猜忌多し。其の黨を制御すること能はず。

【驍勇】つよく勇ましい。〔三国志、呉、丁奉伝〕丁奉～少くして驍勇を以て小將と爲る。

【驍雄】つよく勇ましい。唐・杜甫〔三絶句、三〕詩 殿前の兵馬、驍雄なりと雖も 暴を縦にするは略ぼ羌渾と同じ 聞道らく、人を殺す漢水の上り 婦女多くは官軍の中に在りと

↑驍衛 禁衛/驍果 勇猛果断/驍敢 勇猛果敢/驍気 猛気/驍芸 馬戯/驍桀 強暴/驍傑 すぐれる/驍壮 たけく強い/驍卒 勇卒/驍騰 良馬/驍名 勇名/驍烈 勇烈

↓憑驍

キョク

【旭】 人 6 4601 キョク コウ（カウ） あさひ

篆文

形声 声符は九。〔説文〕七上に「日、旦に出づる皃なり」とあり、日ののぼるさまをいうとする。〔詩、邶風、匏有苦葉〕「旭日、始めて旦く」の〔釈文〕に、その音を「讀みて好の若くす」、また〔爾雅、釈訓〕に「旭旭・蹻蹻は憍なり」とあり、その「旭旭」は〔詩、小雅、巷伯〕「驕人好好たり」というのと同じで、旭にまた好の声のあることが知られる。字はまた旴に作り、夜明けをいう。九声の字

にそれらの音があった。

訓義 1日がのぼるさま、あける、あきらか。2あさひ。

古訓 〔新撰字鏡〕旭 日乃氏留(ひのてる)、又、阿加止支(あかとき)〔名義抄〕旭 アシタ・アサヒ・ノ、シル

語系 旭xiokは煕(熙)・熹xia、煦xioと声義近く、みな日光と、その温暖のことをいう。好xuもその声が近い。

【旭旭】日の出のさま。〔新書、修政語下〕君子の將に其の職に入らんとするや、則ち其の民に於けるや、旭旭然として日の始めて出づるが如し。

【旭日】あさひ。〔詩、邶風、匏有苦葉〕雝雝たる鳴雁 旭日、始めて旦く

【旭霽】雨後に日が出る。唐・韋応物〔呉舎人の早春帰沐~に和す〕詩 陽春、時澤美し 旭霽れて、山暉を望む

↑旭影 朝日かげ/旭暉 旭光/旭輝 旭暉/旭光 朝日の光/旭旦 朝あけ

↓海旭・杲旭・紅旭・朱旭・初旭・晨旭・晴旭・朝旭・陽旭・黎旭・朗旭

常 **【曲】** 6 5560 キョク まがる くわしい

篆文  古文 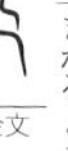 金文 

象形 竹などで編んで作った器の形。〔説文〕十二下に「器の曲りて物を受くる形に象る」とあり、一説として蚕薄(養蚕のす)の意とする。すべて竹籠の類をいい、金文の簠はその形に従う。簠の遺存するものは青銅の器であるが、常用の器は竹器であったのであろう。それで屈曲・委曲の意となり、直方に対して曲折・邪曲の意がある。

訓義 1竹籠の類、養蚕のす。2まげる、まがる。3かたよる、くま。4よこしま。5こまごまとした、くわしい。6歌のふし、歌曲。

古訓 〔名義抄〕曲 ツブサニ・ツマビラカニ・マガル・マガレリ・カ、マル・クマ・ヨコタハル・ユガム・マグ・メグル・クハシ

部首 〔説文〕十二下の匚に「物を受くるの器なり。象形」とし、籒文として曲の字形をあげ、匡・匪・匱・匣などの字を属する。みな竹器の類で、匚と曲とはもと同形の字。曲は匚に編目を加えた形である。

【曲阿】家の角。あずまや造りの軒。晉・陸機〔呉趨行〕楽府 重欒は游極を承け 回軒は曲阿に啓く

【曲引】音曲。魏・嵆康〔琴の賦〕是に於て曲引闌に向ひ、衆音將に歇きんとす。

【曲宴】王宮内苑の小宴。魏・曹植〔丁翼に贈る〕詩 吾れ二三子と 此の城隅に曲宴す 秦箏、西氣を發し 齊瑟、東謳を揚ぐ

【曲蓋】儀杖用の柄のまがったかさ。〔晉書、馬隆伝〕乃ち詔して曰く、隆、偏師寡衆を以て、奮つて難を顧みず、險を冒し能く濟せり。其れ假節して宣威將軍とし、赤幢・曲蓋・鼓吹を加へよと。

【曲学】道を誤った学問。〔戦国策、趙二〕去就の變は、知者も一にすること能はず。遠近の服は、賢聖も同じうすること能はず。窮鄉には異多く、曲學には辨多し。

【曲躬】身を屈して従う。〔潜夫論、本政〕今世の位を得るの徒、女妹の寵に依りて以て士に驕り、亢龍の勢を藉りて以て賢を陵ぎ、志義の士をして、匍匐(はらばい)曲躬して、以て己に事へしめんと欲す。

【曲謹】こまかく気くばりして謹む。〔宋史、李綱伝下〕平居無事、小廉曲謹、過無かるべきに似たるも、忽ち擾攘(争乱)有れば、則ち錯愕して、手足を措く所無し。

【曲芸】医卜などの技術。〔礼記、文王世子〕凡そ郊(郊学)で士を試みる)に語る者は、必ず賢を取り才を斂む。或いは徳を以て進め、或いは事を以て擧げ、或いは言を以て揚ぐ。曲藝は皆之れを誓しまし め、以て又語るを待つ。

【曲言】遠まわしにいう。〔子華子、陽城胥渠問〕直言なる者有り、曲言なる者有り。~曲言なる者は、假るに指(趣旨)を以てして喩ふるなり。

【曲故】巧みにいつわる。〔淮南子、淑真訓〕曲故是非を以て、相ひ尤めず。茫茫沈沈たり。是れを大治と謂ふ。

【曲巧】こまかなわざをする。〔淮南子、原道訓〕所謂人とは、偶𥈞(会う)智故、曲巧僞詐、世人に俯仰して俗と交はる所以の者なり。

【曲肱】ひじ枕。〔論語、述而〕疏食を飯らひ、水を飲み、肱を曲げて之れを枕とす。樂しみ亦た其の中に在り。不義にして富み且つ貴きは、我に於て浮雲の如し。

【曲士】見聞の狭い人。〔荘子、秋水〕井鼃(蛙)は以て海を語るべからざるは、虛(すみか)に拘せらるればなり。~曲士は以て道を語るべからざるは、教へに束せらるればなり。

【曲辞】よこしまなことば。辞をかざる。〔後漢書、袁譚伝〕何ぞ意はん、凶臣郭圖、妄りに蛇足を畫き、曲辭諂媚して、懿親を交亂す。

【曲従】道をまげて人に従う。〔漢書、匡衡伝〕(匡)衡・(甄)譚~時を以て白奏して罰を行はずして、阿諛曲從し、下に附き上を罔みす。大臣輔政の義無し。

【曲尽】つぶさに説き尽くす。晉・陸機〔文の賦〕故に文の賦を作りて、以て先士の盛藻を述べ、因りて作文の利害の由る所を論ず。佗日殆ど其の妙を曲盡すと謂ふべし。~蓋し能く言ふ所の者、此に具すと云ふ。

【曲水】三月三日、流觴の宴をなす小流。曲水台を設けることもあった。晉・王羲之〔蘭亭集の序〕此の地に崇山峻嶺、茂林脩竹有り。又淸流激湍有りて、左右に映帶す。引いて以て流觴の曲水と爲す。

【曲成】つぶさに作りあげる。〔易、繫辞伝上〕天地の化を範圍して過たず、萬物を曲成して遺さず。

【曲折】ことの経過。〔史記、李将軍伝〕(衛)青、上書して、天子に軍の曲折を報ぜんと欲す。~廣曰く、諸校尉罪無し。乃ち我自ら道を失へり。吾れ今自ら簿を上らんと。

【曲説】一方に偏した説。〔淮南子、繆称訓〕一伎に通じ、一辭に察なるは、與に曲說すべきも、未だ與に廣く應ずべからざるなり。

【曲全】身を屈して全きを求める。〔荘子、天下〕人皆福を求むるに、己れ獨り曲なれば全し。

【曲暢】ゆきわたる。〔中庸章句序〕詳略相ひ因り、巨細畢く擧ぐ。而して凡そ諸説の同異得失、亦た以て曲暢旁通して、各々其の趣を極むるを得。

【曲直】正邪。善悪。秦・李斯〔書を秦の始皇に上る〕今、人を取るときは則ち然らず。可否を問はず、曲直を論ぜず、秦に非ざる者は去り、客爲る者は逐ふ。~諸侯を制する所以の術に非ざるなり。

【曲度】しらべ。曲調。魏・文帝〔典論、論文〕諸れを音樂に譬ふるに、曲度均しと雖も、節奏檢を同じうするも、引氣齊しからず、巧拙に素(生まれつき)有るに至りては、父兄に在りと雖も、以て子弟に移すこと能はず。

【曲筆】故意に事実をまげてしるす。〔後漢書、臧洪伝〕昔、晏嬰志を白刃に降さず、南史曲筆して、以て存することを求めず。故に身、圖像に傳へられ、名、後世に垂る。

【曲弁】たくみにいいまげる。〔淮南子、泰族訓〕故に大較(大体)は智を爲し易く、曲辯は慧を爲し難し。

【曲踊】身をくねらせて踊る。〔左伝、僖二十八年〕魏犨胸に傷つく。公、~病い(重傷)ならば、將に之れを殺さん。魏犨胸を束ねて使者を見、~距躍すること三百、曲踊するこ

と三百す。乃ち之れを含す。

【曲礼】細かい礼儀作法。〔礼記、礼器〕經禮三百、曲禮三千、其の致は一なり。

【曲論】正しくない議論。〔文心雕竜、論説〕唯だ君子のみ、能く天下の志に通ず。安んぞ以て曲論すべけんや。

↑曲愛 深く愛する／曲意 迎合する／曲隠 隠晦／曲迂 曲がる／曲宛 婉曲／曲恩 厚恩／曲角 曲がり角／曲几 脇息／曲伎 不正の技／曲鞠 身をまげる／曲袷 曲襟／曲局 まげ／曲襟 まるくび／曲隅 片すみ／曲瓊 まが玉／曲巷 横町／曲衡 公平／曲棧 桟道／曲子 楽曲／曲止 詳述する／曲私 よこしま／曲事 曲従する／曲室 密室／曲赦 特にゆるす／曲邪 邪曲／曲尺 かねざし／曲釈 誤解／曲岫 山そば／曲恕 ゆるす／曲情 私情／曲縄 法を枉げる／曲繞 めぐる／曲刃 曲刀／曲善 みみず／曲蟮 みみず／曲阻 険阻／曲操 曲調／曲知 一知半解／曲調 音曲／曲聴 曲従する／曲撓 たわむ／曲頭 巷のほとり／曲破 舞曲の名／曲牌 曲調の名／曲陌 あぜ道／曲薄 蚕のす／曲庇 かばう／曲眉 蛾眉／曲媚 媚びる／曲屛 折屏風／曲変 曲折／曲浦 入江／曲本 唱本／曲密 秘密／曲目 戯曲の目録／曲裏 すみ／曲慮 熟慮する／曲梁 やな／曲領 まるくび／曲僂 かがむ／曲路 曲がり道／曲隈 股間

↓阿曲・按曲・委曲・異曲・一曲・迂曲・紆曲・縈曲・婉曲・艶曲・枉曲・音曲・河曲・歌曲・海曲・楽曲・姦曲・款曲・巌曲・戯曲・詰曲・九曲・旧曲・郷曲・隅曲・屈曲・巻曲・拳曲・元曲・古曲・故曲・作曲・雑曲・私曲・詞曲・邪曲・序曲・小曲・心曲・水曲・声曲・箏曲・俗曲・致曲・南曲・巴曲・盤曲・秘曲・悲曲・誣曲・部曲・舞曲・物曲・編曲・法曲・北曲・妙曲・名曲・謡曲・攣曲・弄曲・和曲・歪曲・隈曲・湾曲

常 【局】 7 7722 キョク まがる かぎり

篆文 

会意 尺(尸)＋口。尸は身を屈している形で、いわゆる屈肢葬。口(𠙵)は祝禱を収める器。この屍骨の呪霊に対して祝禱する形で、局促してせまる意がある。〔説文〕二上に「促なり」とはかがみ屈する意とするもので、「口の尺下に在るに従ふ。復た之れを局す」とは、口をつぼめとざす意であろう。屈肢の屍による呪儀であるから、迫り促す意があり、また屈肢の象から、かがむ・ちぢまる・分局・局守・局部・局面などの意となる。

訓義 ①屈肢の屍による呪詛、うながす。②かがむ、ちぢまる、こせつく。③まがる、せまい。④こわけ、わかつ、わける。⑤かぎり、しきり、分局、局部。⑥分局した部分の担当、つとめ、つぼ、へや。⑦分局した部分ではたらき、才能。⑧つとめ、はたらきのようす、局面。⑨碁や演芸などの一くぎり。〔説文〕に「一に曰く、博なり。棊を行ふ所以。象形」とするが、その形とはみえない。終始。⑩局局は笑うさま。

古訓 〔名義抄〕局 カギル・ツボネ・マトヰル・タムロ・セハシ〔字鏡集〕局 トビラ・ツボネ・トザシ・サス・ヒトシ・ツカサ・トボソ・カザル・キハムルコト・ヒラク・セハシ・ワヅカ・カギル・トヽコホル・チカシ・トラフ・ワカル・クルヽキ・タムロ

声系 〔説文〕十二上に局声として挶を収め、「戟持するなり」という。〔詩、豳風、鴟鴞〕に「拮据」の語があり、〔毛伝〕に「撠挶するなり」という。跼は〔説文〕未収。〔玉篇〕に「踡跼なり」とする。屈めて力を加えるような状態をいう語である。

語系 局・跼 giok、曲 khiok は声義が近い。句・鉤・笱 ko、拘 kio も同系の語と考えてよい。

【局外】碁などの対局者以外。見物人。おかめ。また、事件の関係外。宋・劉克荘〔象奕一首～〕詩 君看よ、橘中の戯 妙局、外に出でず

【局棋】碁。碁盤。〔幽閑鼓吹〕(唐の)宣宗曰く、比の李遠の詩を聞くに云ふ、長日唯だ銷す 一局棋と。豈に以て郡に臨むべけんや。

【局戯】囲碁などの遊戯。〔急就篇、三〕棊局博戯、相ひ輕んじ易し。

【局局】身を屈めてくすくす笑う。〔荘子、天地〕季徹、局局然として笑うて曰く、夫子の言の若きは、帝王の徳に於て、猶ほ螳蜋(かまきり)の臂を怒らして、以て車軼に當るがごとし。

【局子】碁盤と碁石。〔宋書、何承天伝〕承天素より弈棊を好み、頗る用て事を廢す。太祖賜ふに局子を以てす。承天、表を奉じて陳謝す。

【局蹐】身をかがめておそれひそむ。局天蹐地。〔詩、小雅、正月〕天を蓋し高しと謂ふも 敢て局せずんばあらず 地を蓋し厚しと謂ふも 敢て蹐せずんばあらず

【局束】拘束する。唐・柳宗元〔裴塤に与ふる書〕且つ天下熙熙和悦たるに、獨り呻吟(憂苦)する者四五人。何ぞ其れ優裕たる者博くして、局束する者寡なきや。

【局促】身をかがめ屈する。〔抱朴子、崇教〕盈溢の過、日に増し月に甚だし。～千門萬戸を以て局促と爲し、昆明太液を以て淺陋と爲す。

【局度】心の大きさ。度量。〔三国志、魏、袁紹伝〕紹、外寛雅にして局度有り。憂喜色に形はれざるも、内に忌害多し。

【局量】心の大きさ。器量。〔三国志、蜀、黄権伝〕(魏の)文帝、權の局量有るを察し、試みて之れを驚かさんとし、～馬使奔馳、道に交錯せしむ。官屬侍從、碎魄せざる莫し。而して權は、擧止顔色自若たり。

↑局宇 器量／局幹 器量／局脚 器の曲足／局限 限度／局差 新職／局詐 だます／局識 僻見／局室 小室／局守 つとめ／局縮 かがまる／局所 部分／局署 役所／局丞 局の属官／局図 棊盤／局勢 状況／局節 小節／局操 狭量／局数 局促／局趣 局促／局致 人柄／局陳 順序立つ／局套 旧規定／局迫 さし迫る／局板 書局本／局部 身体の一部／局騙 だまし取る／局方 処方／局面 事態／局僚 役員／局力 才智

↓一局・開局・官局・幹局・危局・棋局・器局・曲局・窘局・結局・限局・史局・時局・終局・書局・政局・戦局・大局・対局・智局・当局・難局・破局・博局・赴局・部局・分局・編局・薬局

【臼】 7 7777 キョク すくう

篆文 

象形 左右の手を合わせた形。〔説文〕三上に「叉手なり」とするが、左右の手でものをもつ意。〔玉篇〕に臼を匊の古文とする。臼は前方にものを抱きかかえる形。匊は掬いとるような形をいう。

訓義 ①みぎひだりの手、両手でものをもつ。②すくう、両手ですくいとる。③挙と通じ、あげる。

古訓 〔名義抄〕臼 トル

部首 〔説文〕に要(要)をこの部に属するが、その篆文にみえる臼の形は腰骨の象。次に晨部、爨部、また前に収・共・異・舁の各部がある。みな両手の形に従う。貴・[illegible]も臼に従い、貝や脤肉を奉ずる形である。

声系 〔説文〕に臼声として學(学)などの字を収める。覺(覚)以下、學の省声とするものが数文ある。収・共も同系の字である。

語系 臼・掬 kiuk は同声。〔説文〕九上に「手に在るを匊と曰

ふ。勹は米に従ふ」という。両手で汲みとるようにすることを掬という。その姿勢を鞠・鞠窮という。臼は両手で抱くような動作。また、廾（収）・共kiongも声義が近く、ともに両手で捧げる形である。

【亟】 8 1010 キョク キ ころす きみ すみやか しばしば

篆文  甲骨文  金文 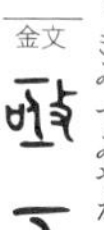

会意 二＋人＋口＋又（又）。二は上下の間の狭い空間。ここに人をおしこめ、前に自己詛盟を示す祝禱の器（口）をおき、後ろから手でおしこむ。人を極所に陥れて罰する方法を示す。これによって殺すことを殛、その場所を極という。罪によって殺すことを原義とし、極所・究極の意よりして君位をいう。また棘に仮借して急棘、すみやかの意となる。〔詩、大雅、文王有声〕「其の欲を亟やかにするに匪ず」の亟を、棘に作るテキストがある。〔説文〕十三下「敏疾なり」はその仮借義。また〔繫伝〕に「天の時を承け、地の利に因り、口もて之れを謀り、手もて之れを執る。時は失ふべからず。疾きなり」と字形を説くが、曲説に近い。亟は殛・極の初文。その殛殺の法を示す。放竄の刑をもまた亟（極）といった。金文の〔毛公鼎〕に「女に命じて一方に亟たらしむ」、〔晋姜鼎〕「乍ち疐まりて亟と爲らん」のような用法がある。亟を君の義に用いることは文献に例をみないが、金文にみえて最も古い用義。〔詩、周頌、思文〕「我が烝民を立（粒）するは 爾の極に匪ざる莫し」の極は、おそらく君の意であろう。

訓義 ①ころす。殛の初文。②窮極、窮極にあるもの、きみ。③棘と通じ、すみやか。④しばしば。その義の音はキ。

古訓 〔新撰字鏡〕亟 志波之（波）（しばしば）〔名義抄〕亟 スミヤカニ・ツヒニ・シバ〳〵〔字鏡集〕亟 スミヤカニ・スミヤカナリ・シバ〳〵・シバシ・カズ・ツヒニ・スケ・トシ・モロ

声系 〔説文〕に亟声として殛・極・愜などを収める。愜は〔説文〕十下に「疾なり」とあり、急疾をいう。殛・極は亟の声義を承け、亟をその初文とみることができる。

語系 亟・殛・愜kiək、極giək は声義近く、同系の語。棘kiək、窮giuəm も窮極・急疾の義において通ずる。

【亟肆】しし しばしばして、疲れさせる。〔左伝、昭三十年〕亟と肆し（不意討ち）して以て之れ（楚）を罷れしめ、～既に罷れて後に三軍を以て之れを繼がば、必ず大いに之れに克たん。

【亟疾】きょくしつ すみやか。〔史記、張釈之伝〕秦、以て刀筆の吏に任ず。吏爭ひて亟疾苛察を以て相ひ高しとなす。然れども其の敝は、徒だ文具はるのみ。

【亟絶】きぜつ しばしば絶える。漢・賈誼〔上疏して政事を陳ぶ〕秦世の亟絶する所以の者は、其の轍迹見るべし。然れども避けず。是れ後車將に覆らんとするなり。夫れ存亡の變、治亂の機、其の要是に在り。

【亟務】きょくむ 急務。漢・司馬相如〔蜀の父老を難ず〕夫れ民を沈溺より拯ひ、至尊の休德を奉じ、～周氏の絶業を繼ぐは、天子の亟務なり。

↑亟淹きょくえん 速やか／亟近きょくきん 親近／亟見きけん しばしば見る／亟行きょくこう 疾行／亟心きょくしん 急ぐ心／亟速きょくそく 急速／亟拜きはい たびたび拝す／亟用きよう しばしば用いる

↓愒亟・遽亟・困亟・精亟

【侷】 9 2722 キョク かがめる せまる

形声 声符は局。局は屈肢葬を示す形で、その姿勢を侷という。〔広韻〕に「侷促、短小なり」とあり、人の侷蹐する意。形勢の迫ることを侷促という。

訓義 ①かがめる、身を低くかがめる、窮屈。②せまる。

声系 〔説文〕十二上に局声として挶を収めるが、侷・跼は未収。局は屈肢の形。局声の字は、その声義を承ける。

語系 侷・局・跼giok、曲khiok は声義近く、また句・鉤・笱ko、拘kio も拘曲の義があり、一系の語である。

↑侷促きょくそく 狭める

【洫】 9 3711 キョク みぞ ほり

篆文 

形声 声符は血。田間の水を通ずるところをいう。〔説文〕十一上に「十里を成と爲す。成の閒、廣さ八尺、深さ八尺、之れを洫と謂ふ」とあり、〔周礼、考工記、匠人〕の文による。字はまた淢に作る。〔詩、大雅、文王有声〕「城を築き伊に淢す」の淢を、〔韓詩〕に洫に作る。〔説文〕に「淢は疾く流るるなり」と形況の語とするが、或いは界域の意があり、洫の本字であろう。

訓義 ①みぞ、ほり、いけ、小川、水門。②ふかい、みだれる。③溢に通じ、あふれる。

↑洫洫きょくきょく 弱りはてる

↓溝洫・濬洫・城洫・封洫・滿洫・墉洫・老洫

【掬】 10 5702 キョク ささえる

篆文 

形声 声符は局。〔説文〕十二上に「𢫦持するなり」とあり、𢫦持は〔詩、豳風、鴟鴞〕にみえる「拮据」と同じく、手足に力をこめて動作する意。句・局は屈肢の象に従う字で屈曲する意があり、通用の例がある。

訓義 ①ささえる、ささえもつ。②畚挶、ふご、もっこ。

語系 挶kiok、𢫦kyak、据kia は声近く、通用することがある。〔説文〕十二上に「据は𢫦挶なり」とあり、「𢫦挶」は〔詩、豳風、鴟鴞〕の「拮据」にあたる語である。

↑挶持きょくじ もつ

↓𢫦挶・畚挶

【勖】 11 6462 ［勗］ 11 6012 キョク ボウ つとめる

篆文 

形声 声符は冒（冐）。古音はその声であったと思われる。力はすき。農事につとめることをいう。〔書、盤庚下〕「懋めて大命を建てよ」「予は其れ懋めて爾を簡相せん」の懋を、〔隷釈〕や〔石経残碑〕にみな勖に作る。〔書、顧命〕にも「冒めて」と冒の字を用いており、冒が勖の初文であった。〔説文〕十三下に「勖は勉なり」とみえる。〔詩、邶風、燕燕〕「以て寡人を勖めたり」を、〔礼記、坊記〕に引いて畜に作り、それは勖の声を示すものであるらしく、勖の字にその両音があったのであろう。

訓義 ①つとめる。②はげむ、はげます。

古訓 〔篇立〕勖 ツトム・ハサマル・イマシム・ハゲム・ハゲマス・ツ、シム

【勖帥】きょくすい つとめひきいる。勖率。〔儀礼、士昏礼〕父、子に醮（酌）するとき、之れに命じて曰く、往きて爾の相を迎へ、我が宗事（祭祀）を承け、勖め帥ゐるに敬を以てし、先妣を之れ嗣がしめよ。若則ち常有れと。

【勖勉】きょくべん はげみつとめる。〔後漢書、列女、曹世叔の妻の伝〕閒このごろ女誡七章を作る。願はくは諸女各々一通を寫せ。庶はくは汝の身に補益裨助有らんことを。去れ、其れ之れを勖勉せよ。

【勖厲】きょくれい つとめはげむ。〔後漢書、列女、董祀の妻の伝〕（悲憤詩、二章、一）命を新人に託し 心を竭くして自ら勖厲す 流離して鄙賤と爲る 常に恐る、復た捐廢せられんことを

↓愧勖・欣勖・訓勖・敬勖・警勖・自勖・深勖・親勖・声勖・誠勖・善勖・勉勖

【棘】 12 5599 キョク いばら すみやか

篆文 

会意 二束を並べた形。朿はとげのある木。〔説文〕七上に「小棘、叢生する者なり」という。古く公卿はその庭に九棘を植えたので、大理卿（司法）のところを棘寺・棘署といった。宮門には矛戟の類を立てて、棘門という。棘疾の意は亟・革の音と通用の義である。

訓義 ①いばら、はり、とげ、とげのある草木の称。②棘を植えこむところ、公卿、公卿の寺署。③棘をめぐらしたところ、獄、獄屋。④枝のあるほこ、戟。⑤棘の形より、やせる、せまい。⑥亟・革と通じ、すみやか、せまる、きびしい。

古訓 〔字鏡集〕棘 ヤツ・タケノナ・ソバ・オソル・トシ・カラタチ・オドロ・スミヤカ・ウバラ

声系 〔説文〕に棘声として僰など二字を収める。僰は西方の異族の名。〔礼記、王制〕には棘に作る。

語系 棘・亟kiəkは同声。革kək、急(急)kiəpも声近く、みな急疾の意がある。

参考 棘と棗はその構成の要素は同じであるが、声義ともに異なる字である。

【棘囲（きょくい(ゐ)）】唐代科挙の試験場に、牆に棘を挿んで内外を厳しく遮断した。その試験場をいう。棘闈。棘院。試院。〔五代史、和凝伝〕是の時進士多く浮薄、喜んで讙譁を爲し、以て主司を動かす。主司、放牓（結果発表）する毎に、則ち之れを圍むに棘を以てし、省門を閉ぢ、人の出入を絶つを以て常と爲す。

【棘矜（きょくきん）】いばらで作った矛の柄。〔漢書、徐楽伝〕陳渉、千乘の尊、尺土の地無し。～然れども窮巷に起り、棘矜を奪ひ、偏袒して大呼し、天下、風に從ふ。此れ其の故何ぞや。

【棘卿（きょくけい）】大理寺の卿。〔唐語林、八〕凡そ九寺を言ひて皆棘卿と曰ふ。周禮三槐九棘、～皆三公九卿の任なり。唐の世、惟だ大理のみ棘卿と言ふを得。他寺は則ち否せず。～大理は則ち棘下にて其の罪を訊鞫す。

【棘矢（きょくし）】いばらの木の矢。呪矢。〔左伝、昭四年〕古者、日、北陸に在りて、冰を藏す。～其の之れを出だすや、桃弧棘矢、以て其の災を除く。

【棘刺（きょくし）】いばらのとげ。後秦・趙整〔棘を詠ず〕詩 外に棘刺多しと雖も 内に實に赤心有り

【棘牆（きょくしょう(しやう)）】牆の上にいばらをおく。〔礼記、祭義〕宮を築くこと仞有三尺、棘牆して之れを外閉す。

【棘心（きょくしん）】いばらの木の心。養育しがたいものにたとえる。〔詩、邶風、凱風〕凱風南よりし 彼の棘心を吹く 棘心夭夭として 母氏劬勞す

【棘針（きょくしん）】いばらの針。〔晋書、文苑、顧愷之伝〕愷之、～圖寫特妙なり。～嘗つて一隣女を悅び、之れに挑むも從はず。乃ち其の形を壁に圖き、棘針を以て其の心を釘す。女遂に心痛を患ひ、～之れに從ふ。遂に密かに針を去るに、愈えたり。

【棘人（きょくじん）】やつれ人。〔詩、檜風、素冠〕庶はくは素冠を見ん 棘人欒欒たり 勞心慱慱たり

【棘匕（きょくひ）】いばらの木で作ったさじ。肉を盛るに用いる。〔詩、小雅、大東〕饛たる（盛りあげた）簋飧（食器の泡飯）有り 捄たる（長くてまがった）棘匕有り 周道は砥の如く 其の直きこと矢の如し

【棘木（きょくぼく）】いばらの木。古代には官庁に植えた。〔礼記、王制〕史、獄成を以て正に告ぐ。～正、獄成を以て大司寇に告ぐ。大司寇之れを棘木の下に聽く。大司寇、獄成を以て王に告ぐ。

【棘門（きょくもん）】戟を並べて門とする。また門に戟を挿す。〔戦国策、楚四〕楚の考烈王崩ず。李園果して先づ入り、死士を置き、棘門の内に止む。春申君後れて入り、棘門に止まる。園の死士、春申君を夾刺し、其の頭を斬り、之れを棘門の外に投ず。

↑棘闈（きょくい） 棘囲／棘院（きょくいん） 棘闈／棘下（きょくか） いばらの木の下／棘枳（きょくき） からたち／棘句（きょくく） 難読の語句／棘子（きょくし） いばら／棘茨（きょくし） いばら／棘寺（きょくじ） 大理寺／棘軸（きょくじく） いばらの車軸／棘実（きょくじつ） 棗の実／棘者（きょくしゃ） 棘人／棘手（きょくしゅ） 難件／棘樹（きょくじゅ） いばらの木／棘署（きょくしょ） 大理寺／棘丞（きょくじょう） 大理丞／棘榛（きょくしん） 荊棘／棘箭（きょくせん） 棘矢／棘楚（きょくそ） いばら／棘棗（きょくそう） 酸棗／棘庭（きょくてい） 公卿官署／棘田（きょくでん） 荒田／棘藩（きょくはん） 棘牆／棘蔓（きょくまん） 荊棘／棘蘿（きょくら） 荊棘／棘籬（きょくり） いばらの生垣／棘林（きょくりん） いばらの林

↓闈棘・槐棘・艱棘・危棘・杞棘・九棘・荊棘・啓棘・険棘・厳棘・茨棘・寺棘・針棘・榛棘・薪棘・垂棘・剪棘・楚棘・草棘・痩棘・叢棘・大棘・長棘・披棘・苞棘・蒙棘・履棘・列棘

常 【極】 12 4191 キョク ゴク いたる きわめて むね

篆文 

形声 声符は亟。亟は二（上下）の間に人を幽閉し、前に呪詛の祝詞を収めた器（口）をおき、後ろからは手を加えて、これを殛死させる意の字。極とはその場所をいう。〔説文〕六上に「棟なり」とあり、棟字条にも「極なり」と互訓するが、棟梁は後起の義。罪人を窮極することから、いたる、きわめての意となる。棘と声が通じ、すみやかの意となる。

訓義 ①いたる、きわまる、窮極する。②極まるところ、中正、根本、中心、天、北極。③たかい、とおい、はて。④むね、むなぎ。⑤悈と通じ、はげしい、きびしい。⑥殛と通じ、ころす。⑦亟と通じ、しばしば。⑧棘と通じ、すみやか。

古訓 〔名義抄〕極 キハム・イタル・カギリ・ツキヌ・スミヤカナリ〔字鏡集〕極 ツクス・タカシ・ツカル・ノボリ・ホク・スミヤカナリ・キハム・キハマル・トホシ・イタル・ムネ・ツキヌ・カギリ

語系 極giək、亟kiəkは声義近く、亟は極の初文。窮giuəm、棘kiəkもそれぞれ通用の義がある。

【極悪（きょくあく／ごくあく）】この上ない悪。最悪。〔論衡、本性〕夫れ中人の性は習ふ所に在り。善に習へば善を爲し、惡に習へば惡を爲す。極善極惡に至りては、復た習ひに在るに非ず。

【極已（きょくい）】行きつく。はて。〔管子、枢言〕諸侯～久しうして極已することを知らざる者は、殆し。

【極意（きょくい）】思う存分にする。〔史記、楽書〕詩書を放棄し、意を聲色に極むるは、祖伊の懼るる所以なり。▷（ごくい） 技芸のことに関する奥義。至極の道。

【極寒（きょくかん）】厳寒。〔北史、薛濬伝〕母の艱（死）に丁るに曁び、～夏陽に歸葬す。時に隆冬極寒、濬、衰絰徒跣、霜雪を冒犯す。京より鄕に及ぶまで五百餘里、足凍り指墮ち、創血流離たり。

【極諫（きょくかん）】きびしく諫める。〔史記、文帝紀〕（二年）賢良方正にして、能く直言極諫する者を擧げ、以て朕の逮ばざるを匡せ。

【極観（きょくかん(くわん)）】最高のながめ。漢・揚雄〔長楊の賦〕今年、長楊に獵す。～千乘を林莽に羅ね、萬騎を山隅に列ぬ。～熊羆を搤り、豪猪を拖く。～此れ天下の窮覽極觀なり。

【極刑（きょくけい）】最も重い刑罰。漢・司馬遷〔任少卿（安）に報ずる書〕僕竊かに不遜、～一家の言を成さんと欲す。草創未だ就らざるに、會此の禍に遭ふ。其の成らざるを惜しみ、已に極刑に就けども慍む色無し。

【極言（きょくげん）】存分にいう。〔呂覧、先識〕國の興るや、天之れに賢人と極言の士とを遺はす。國の亡ぶるや、天之れに亂人と善諛の士とを遺はす。

【極細（きょくさい）】極小。〔晏子、不合経術者、十四〕（景）公曰く、天下に極めて細なる者有るかと。晏子對へて曰く、有り、東海に蟲有り。蟁（蚊）の睫に巣ふ～と。

【極際（きょくさい）】はて。極限。〔古今小説、晏平仲、二桃三士を殺す〕卿の功に據るに、極天際地、比すべき者無し。

【極思】 思いを尽くす。漢・揚雄〔劇秦美新〕敢て肝膽を竭くし、腹心を寫し、劇秦美新一篇を作る。未だ萬分の一を究めずと雖も、亦た臣の極思なり。臣雄、稽首再拜して以聞す。

【極枢】 天極の中心。北斗の第一星。〔隋書、天文志上〕極樞を抱く四星を四輔と曰ふ。北極を輔佐して、度を出だし、政を授くる所以なり。

【極星】 北極星。〔周礼、考工記、匠人〕晝は諸れを日中の景に參へ、夜は之れを極星に考へ、以て朝夕を正す。

【極盛】 最盛。宋・欧陽脩〔吉州学記〕記に曰く、國に學有り、遂に序有り、黨に庠有り、家に塾有り。此れ三代極盛の時、大いに備はるの制なり。

【極則】 法則の極致。〔景徳伝灯録、二十三、智洪弘済大師〕(僧)問ふ、如何か是れ極則の處ぞと。師曰く、懊惱三春の月、九秋の光に及ばずと。

【極談】 憚ることなく談ずる。〔老学庵筆記、一〕毛德昭、名は文。江山の人。苦學して寢食を忘るるに至る。經史多く誦を成し、大罵極談を喜む。～時事を議するに、率ね不遜なり。

【極地】 地の果て。遠い地。北周・庾信〔陕州弘農郡五張寺経蔵の碑〕舍衞の國、祇洹の園、三明、地を極め、八會、源を窮む。

【極致】 最高の趣に達する。漢・何休〔春秋公羊経伝解詁序〕昔者孔子云へる有り。吾が志は春秋に在り、行ひは孝經に在りと。此の二學は、聖人の極致にして、治世の要務なり。

【極陳】 徹底的に述べる。〔漢書、劉向伝〕聖帝明王、常に敗亂を以て自ら戒め、廢興を諱まず。故に臣敢て其の愚を極陳す。唯だ陛下神を留めて察せよ。

【極痛】 至上の哀しみ。〔三国志、呉、呉主伝〕夫れ三年の喪は、天下の達制にして、人情の極痛なり。～故に三年、孝子の門に逮ばず。

【極浦】 遥か遠くの浦回。〔楚辞、九歌、河伯〕日將に暮れんとして、悵として歸ることを忘る 極浦を惟ひて、寤めて懷ふ

【極望】 見える限り遠く望む。漢・蘇武〔李陵に報ずる書〕目を窮めて極望するも、識る所を見ず。耳を側てて遠く聽くも、人の聲を聞かず。

【極目】 見渡す限り。見はるかす。唐・岑参〔山房春事、二首、二〕詩 梁園日暮れて、亂飛の鴉 極目蕭條たり、三兩家 庭樹は知らず、人死し盡せるを 春來、還た發く、舊時の花

【極慮】 思慮を尽くす。漢・東方朔〔非有先生論〕昔、關龍逢、深く桀を諫め、王子比干、紂に直言す。此の二臣は皆極慮盡忠、主澤の下に流れず、萬民の騷動せんことを閔ふ。

【極論】 論じ尽くす。宋・曾鞏〔撫州顔魯公祠堂記〕代宗の時、元載と是非を爭論す。載、壅蔽する所有らんと欲す。公之れを極論し、又輒ち斥けらる。

↑極位 尊位／極異 はなはだ異なる／極飲 痛飲／極栄 至誉／極遠 遠い果て／極貴 極位／極虐 酷虐／極竭 極尽する／極口 言葉の限り／極行 大行／極孝 至孝／極罪 重罪／極視 よく見る／極摯 至極の行い／極疾 大災／極処 至りつく果て／極暑 酷暑／極小 極微／極燭 あまねく照らす／極心 心を尽くす／極深 精最も深い／極尽 極める／極戦 死戦／極選 精選／極走 疾走／極尊 至尊／極端 甚だしく片よる／極誅 極刑／極詆 はげしくそしる／極天 東の天まで／極典 極刑／極点 限界点／極東 東の果て／極熱 極暑／極罰 極刑／極秘 内密／極微 至って小さい／極筆 文章ではげしく述べる／極品 最高品／極貧 至貧／極武 武力を濫用する／極服 盛服／極法 極刑／極北 北の果て／極妙 至妙／極網 極刑／極夜 徹夜／極欲 欲望をもとめつくす／極楽 浄土／極覧 極目／極量 一定量／極力 力限り／極累 この上ない災厄／極陋 この上なくいやしい

↓陰極・歓極・寰極・究極・窮極・区極・結極・倦極・洪極・皇極・高極・三極・至極・紫極・磁極・終極・駿極・所極・消極・宸極・積極・践極・宗極・太極・天極・斗極・登極・道極・南極・八極・罔極・北極・無極・明極・目極・有極・陽極・覧極・両極

【殛】 12 1121 キョク ころす

篆文

形声 声符は亟。亟は人を極所におしこめて、誅責を加える形で、極・殛の初文。〔説文〕四下に「殊すなり」とする。〔書、舜典〕に「鯀を羽山に殛す」とあり、罪人を極遠の地に追放して、誅殺することをいう。

訓義 ①ころす、極遠の地に追放する刑をいう。②極と通じ、窮極の意がある。

古訓 〔篇立〕殛 コロス

語系 殛・亟・慖 kiək は同声。極 giək も声義近く、みな亟の声義を承ける。

【殛死】 放逐されて死ぬ。〔書、洪範〕在昔、鯀、洪水を陻ぎ、其の五行を汩陳す。帝乃ち震怒し、～鯀則ち殛死す。禹乃ち嗣ぎて興る。

↑殛罰 殛刑

↓竄殛・致殛・誅殛・天殛・罰殛・放殛・明殛・流殛

【輂】 13 4450 ［檋］ 17 4495 キョク こし てぐるま

篆文

会意 共＋車。輿が車と四手に従うのと同じ。〔説文〕十四上に「大車。馬に駕する者なり」(段注本)とし、共声とする。字はまた梮に作り、檋に作る。梮は局声。輂はまた「橋轎」ともいう。〔史記、夏紀〕に禹の治水のことを述べ、山行に檋を用いたとし、〔漢書、溝洫志〕には字を梮に作る。

訓義 ①馬にひかせる車。②ておしぐるま、てぐるま。③こし、ふご。

古訓 〔字鏡集〕輂 ノル・ノス

【輂輦】 馬にひかせて物を運ぶ車と、人の輓く車。〔周礼、地官、郷師〕大軍旅・會同には、其の徒役と其の輂輦とを正しく治め、其の命を犯す者を戮す。

↑輂車 輂輦

↓乗輂・畚輂・履輂

【跼】 14 6712 キョク かがむ まがる

形声 声符は局。局は屈肢葬を意味する字。局・句はその呪霊を用いる呪儀。跼はその屈屍の形をとり、屈曲の意。

訓義 ①かがむ、くぐまる。②まがる。③まがりふす。

古訓 〔名義抄〕跼 ク、マル・セク、マル 〔字鏡集〕跼 ヌキアシ・ク、マル・セク、マル・カヾマル・ニギル

語系 跼・局 giok、曲 khiok は声義近く、句・鉤・笱 ko、拘 kio も同系の語。みな屈曲の意がある。

【跼蹙】 足をすくめて進まないさま。宋・賀鋳〔杜仲観に寄せらるるに答ふ〕詩 老歩、騰驤を失し 短轅、跼蹙に甘んず

【跼蹐】 身をかがめておそれひそむ。局蹐。〔後漢書、循吏、秦彭伝〕毎に農月に於て、親ら頃畝を度り、肥墝を分別し、差びて三品と爲す。～是に於て姦吏跼蹐し、詐を容るる所無し。

【跼足】 足をかがめて待つ。〔戦国策、斉五〕今～兵を案めて後に起らば、～則ち天下を亡ぼさんこと、跼足して須

つべきなり。

【跼躅】 行きなやむ。〔史記、淮陰侯伝〕騏驥（駿馬）の跼躅するは、駑馬の安歩するに如かず。

【跼天】 跼天蹐地。天にくぐまり、地にぬきあしする。身をひそめる。〔三国志、呉、歩隲伝〕是こを以て民をして跼天蹐地せしむ。誰たか戰慄せざらん。

【跼歩】 背をかがめて歩く。唐・杜甫〔万丈潭〕詩 跼歩、垠堮（地のはて、がけ）を淩ぎ 身を側てて煙靄より下る

↑跼顧 ふりむく／跼縮 跼蹙／跼促 かがむ／跼跳 はねる／跼頓 つまずく

↓羈跼・拳跼・跧跼・高跼・跳跼・躑跼・踏跼・鳴跼

【盡】 24 5010 キョク いたむ くるしむ

篆文

金文

会意 聿＋皕＋血。〔説文〕五上に「傷痛なり」とし、皕声とするが、声が異なる。また聿・皕に従うことについても、説明がない。聿は津液を出すような針。その針をもつ形。皕は文身の文様。女子は両乳をモチーフとするので、乳房をめぐらす文身が皕の形となる。文身として×を加えるものは爽・爾、皕を加えたものは奭。みな婦人文身の美をいう字。死喪のときに、祓除のため絵身として朱を以て加えるが、生者にも通過儀礼の際などに加えることがあった。血はその際の出血を示す。すなわち盡は入墨の際の傷痛をいう字である。

訓義 1いたむ、くるしむ。入墨の際の傷痛をいう。2心うれえる、かなしむ。

【盡傷】 いたみうれえる。〔書、酒誥〕誕に惟れ厥の縦淫にして、非彝に泆し、用て燕して威儀を喪ふ。民、心を盡傷せざる罔し。

【盡然】 いたむさま。宋・曽鞏〔欧陽舍人（脩）に寄する書〕世の學者、傳記書する所の古人の事を觀る毎に、其の感ずべき所に至りては、則ち往往盡然として、涕の流落するを知らざるなり。

ギョク

常 【玉】 5 1010 ギョク たま

篆文

古文

甲骨文

金文

詛楚文

象形 玉を紐で貫いた形。佩玉の類をいう。〔説文〕一上に「石の美なるもの、五德有る者なり」（段注本）とし、「潤澤にして以て溫なるは仁の方なり」など、仁義智勇絜の五徳を説く。そのことは〔荀子、法行〕〔管子、水地〕にみえる。玉は魂振りとして身に佩びるほか、呪具として用いられたもので、殷の武丁の妃とされる婦好墓からは、多くの精巧な玉器が発見されている。玉の旧字は王。王は完全な玉。玉は〔説文〕一上に「朽玉なり。王に従うて點有り。讀みて畜牧の畜の若くす」（段注本）とあり、瑕のある玉をいう。〔詩、大雅、民労〕「王、女を玉にせんと欲す」の玉は、おそらくその畜の音でよみ、「好みす」の意に解すべきであろう。

訓義 1たま。2たまにする。ほめことば。3畜と通じ、このむ、よみす。

古訓 〔名義抄〕玉 タマ

部首 〔説文〕に球・琳・璧・瑋など百二十五字を属し、〔新附〕に十四字。〔玉篇〕には二百六十七字を属する。玉の文化は漢魏六朝においても、なおいよいよその多彩を加えつつあったことが知られる。

声系 〔説文〕に玉声として頊・珏の他に曲部の字をも加えている。頊は神話にみえる顓頊の名に用いる。

語系 玉ngiok、畜xiuk は声近く、畜好の義において通ずる。

【玉案】 玉製の食盤。また、玉を飾った机。漢・張衡〔四愁詩、四首、四〕美人、我に贈る、錦繡段 何を以てか之れに報いん、青玉案 路遠くして致す莫し、倚りて歎きを増す

【玉衣】 貴顕の人の美しい衣服。また、玉製の喪衣。玉の小薄片を綴って屍体を包んだ。〔列子、周穆王〕日日、玉衣を獻じ、日日、玉食を薦む。

【玉扆】 玉をちりばめた屏風。扆は玉座の後ろに立てた。唐・高宗〔九月九日〕詩 端居して玉扆に臨み 初律、金商（秋の音調）を啓く

【玉纓】 玉で飾った冠の紐。〔左伝、僖二十八年〕初め楚の子玉、自ら瓊弁玉纓を爲り、未だ之れを服せず。戰ひに先だちて夢む。河神己に謂ひて曰く、余に畀へよ～と。致さず。

【玉音】 玉のふれる音。また、貴人の語を尊んでいう。特に天子のおことばをいう。漢・司馬相如〔長門の賦〕願はくは問を賜はりて自ら進み、君の玉音を尙くるを得んことを。

【玉花】 沈丁花。また、鏡。また、雪。宋・蘇舜欽〔小酌〕詩 寒雀喧喧として、竹枝に滿ち 驚風淅瀝（さらさら）として、玉花飛ぶ

【玉華】 美しい玉。晉・郭璞〔山海経図賛、西山経、瑾瑜玉〕鍾山の寶、爰に玉華有り。光采流映、氣、虹霓の如し。

【玉函】 秘書を収める玉の箱。〔拾遺記、三、周霊王〕浮提の國、神通善書二人を獻ず。～老子を佐けて道德經を撰し、十萬言に垂んとす。寫すに玉牒を以てし、編むに金繩を以てし、貯ふるに玉函を以てす。晝夜精勤し、形勞し神倦む。

【玉棺】 玉で作った棺。〔後漢書、方術上、王喬伝〕天、玉棺を堂前に下す。～喬曰く、天帝獨り我を召す耶と。乃ち沐浴服飾して、其の中に寢ぬ。～宿昔にして城東に葬る。土自ら墳を成す。

【玉環】 玉で作った環、佩玉とする。〔韓非子、説林下〕吾れ嘗て音を好む。此の人我に鳴琴を遺れり。吾れ珮を好む。此の人我に玉環を遺れり。是れ我が過ちを振げざる者にして、以て容を我に求むる者なり。

【玉顔】 玉のかんばせ。美しい顔容。唐・王昌齢〔長信秋詞、五首、三〕詩 玉顔及ばず寒鴉の色 猶ほ昭陽の日影を帶びて來たるに

【玉几】 玉でかざった机。〔書、顧命〕太史書を秉り、賓階より隮り、王を御へて册（策）命す。曰く、皇后（成王）玉几に憑り、末命（遺命）を道揚し、～臨みて周邦に君たるを～命ずと。

【玉器】 玉で作った器。〔周礼、春官、典瑞〕大祭祀、大旅、凡そ賓客の事には、其の玉器を共（供）して之れを奉ず。

【玉磬】 玉で作った磬。〔呂覧、古楽〕帝堯立つ。乃ち質（夔）に命じて樂を爲らしむ。～乃ち石を拊ち石を撃ち、以て上帝の玉磬の音に象り、以て百獸を舞はしむることを致す。

【玉玦】 玉の佩玉。一部欠けたところがあり、決の意を示すことがある。〔史記、項羽紀〕范增數項王に目せし、佩ぶる所の玉玦を擧げて、以て之れに示す者三たびす。項王默然として應ぜず。

【玉潔】 玉のように清らか。〔三国志、魏、陳矯伝〕（陳）登曰く、～淵清玉潔にして、禮有り、法有り。吾れは華子魚（歆）を敬す～と。

【玉闕】 宮門。神仙の宮殿。〔水経注、河水一〕崑崙山～山高平地三萬六千里～形、覆盆の如し。～上に金臺玉闕有り。亦た元氣の合する所、天帝の居治する處なり。

【玉壺】 玉製の壺。酒器。〔後漢書、楊賜伝〕賜、病を以て

罷む。～詔して御府の衣一襲、～玉壺革帶、金錯鉤佩を賜ふ。

【玉匣】玉製のはこ。玉衣金鏤。〔後漢書、朱穆伝〕宦者趙忠なるもの有り。父を喪ひて安平に歸葬す。僭して璵璠（美玉）玉匣、偶人を爲くる。穆～遂に墓を發き棺を剖き、尸を陳ねて之れを出だす。

【玉衡】玉で飾った天文観測器。〔書、舜典〕正月上日、終を文祖に受く。璿璣玉衡を在らかにして、以て七政を齊ふ。

【玉砕】玉となって砕ける。〔北斉書、元景安伝〕疏宗～姓を高氏に請はんと欲す。景皓云く、豈に本宗を棄てて他姓を逐ふことを得んや。大丈夫寧ろ玉碎すべきも、瓦全すること能はずと。

【玉釵】玉のかんざし。梁・呉興の妖神〔謝府君覧に贈る〕詩 玉釵、空中より墮つ 金鈿、色行く歇まん

【玉札】玉策。また、他人の手紙の敬称。唐・皮日休〔華陽の潤卿博士を懐ふ、三首、三〕詩 數行の玉札、心を存すること久し 一掬の雲漿、齒を漱ぎて空し

【玉瓚】鬱鬯の酒を盛るもの。柄は圭、勺は黄金、外は青金、中央を朱とし、竜口の形の器。〔詩、大雅、旱麓〕瑟したる彼の玉瓚 黄流中に在り 豈弟の君子 福祿の降る攸

【玉山】美しい容姿にたとえる。唐・李白〔襄陽歌〕詩 清風朗月、一錢の買ふを用ひず 玉山自ら倒る、人の推すに非ず

【玉巵】玉杯。〔韓非子、外儲説右上〕今白玉の巵有るも、當無し。瓦巵有りて當有り。君渇するに、將た何を以て飲まんかと。君曰く、瓦巵を以てせんと。

【玉姿】美しい姿。唐・魚玄機〔人に代りて悼亡す〕詩 曾て天桃を覩て、玉姿を想ふ 風を帶ぶるの楊柳に、蛾眉を認む

【玉璽】天子の印。御璽。〔漢旧儀〕璽は皆玉螭虎紐。文に曰く、皇帝行璽、皇帝之璽、～凡そ六。

【玉質】玉のような材質。天成の美質。晋・劉琨〔勧進表〕誕いに欽明を授けられ、聰哲を服膺し、玉質幼にして彰はれ、金聲夙に振ふ。

【玉酒】玉液を以て醸した酒。〔漢武帝内伝〕帝、葡萄を設く。（西）王母帝に謂ひて曰く、仙家の上藥に、玉酒・瓊瑤酒有りと。

【玉樹】仙木。また高潔な風采の人にたとえる。唐・杜甫〔飲中八仙歌〕詩 （崔）宗之は瀟灑たる美少年 觴を擧げて、白眼靑天を望む 皎として、玉樹の風前に臨むが如し

【玉潤】玉光。人の美質にたとえる。〔晉書、衛玠伝〕玠の妻の父樂廣、海内に重名有り。議者以爲へらく、婦公は冰清、女婿は玉潤なりと。

【玉漿】玉液。〔本草綱目、石二、玉泉〕玉泉なる者は玉の泉液なり。～一名玉液。今仙經三十六水法中、玉を化して玉漿と爲し、稱して玉泉と爲す。之れを服せば、長年不老なり。然れども功は自然の泉液に劣る。

【玉城】玉で飾った城。また、雪の積もった城。唐・盧照鄰〔雨雪曲〕詩 高闕、銀を闕と爲し 長城、玉を城と作す

【玉色】玉の色。また、人の高潔な風采。〔論衡、験符〕金玉の世、故に金玉の應有り。～金と玉とは、瑞の最なり。金聲玉色は人の奇なり。

【玉燭】四季の気候の和すること。〔爾雅、釈天〕四氣和する、之れを玉燭と謂ふ。

【玉心】皎潔な心。唐・李白〔怨情〕詩 花性は飄揚して、自ら持せず 玉心は皎潔にして、終に移らず

【玉振】合奏は鐘声ではじめ、玉磬で収める。〔孟子、万章下〕集大成なる者は、金聲にして之れを玉振するなり。金聲なる者は、條理を始むるなり。之れを玉振すとは、條理を終ふるなり。

【玉成】立派にしあげる。完成する。宋・張載〔西銘〕富貴福澤は、將に吾の生を厚うせんとす。貧賤憂戚は、庸て女を玉とし成さん。

【玉石】玉と石。美と悪。賢と愚。〔書、胤征〕火、崑岡に炎ゆれば、玉石俱に焚く。天吏の逸德は、猛火よりも烈し。

【玉戚】玉で柄を飾った戚。〔礼記、祭統〕夫れ大嘗禘には、淸廟を升歌し、～朱干・玉戚、以て大武を舞ひ、八佾して以て大夏を舞ふ。

【玉節】玉で作った符節。〔周礼、地官、掌節〕邦國を守る者は玉節を用ひ、都鄙を守る者は角節を用ふ。凡そ邦國の使節、山國には虎節を用ひ、土國には人節を用ひ、澤國には龍節を用ふ。

【玉釧】玉のうでわ。〔玉台新詠、十、近代雑詩、一首〕玉釧、色未だ分たず 衫輕くして、腕を露はすに似たり

【玉蟾】月。月中のがま。〔西京雑記、六〕晉の靈公の冢、甚だ瑰壯なり。～棺器復た形兆無きも、屍猶ほ壞せず。孔竅中、皆金玉有り。～唯だ玉蟾蜍一枚、大いさ拳の如く、腹空なり。～光潤新たなるが如し。王、取りて以て書滴と爲す。

【玉体】王や貴人の身。〔後漢書、桓栄伝〕太子、書を報じて曰く、～願はくは君、疾を愼み餐を加へ、重ねて玉體を愛しめと。

【玉墀】玉石をしいた階段上の土間。宮殿。南朝宋・鮑照〔行路難に擬す、十八首、三〕詩 璿閨玉墀、椒閣に上る 文窗繡戶、羅幙垂る

【玉鬯】玉と鬯酒。神を降し祀る具。〔国語、周語上〕神有り、莘に降る。～王、太宰忌父をして、傅氏及び祝史を帥ゐ、犧牲玉鬯を奉じ、往いて獻ぜしむ。

【玉笛】玉の笛。唐・李白〔春夜洛城に笛を聞く〕詩 誰が家の玉笛ぞ、暗に聲を飛ばす 散じて春風に入つて、洛城に滿つ

【玉瑱】玉で作った耳だま。〔淮南子、詮言訓〕夫れ～崑山の玉瑱は、塵垢も汚すこと能はず。

【玉斗】玉の酒杓。〔史記、項羽紀〕我、白璧一雙を持して、項王に獻ぜんと欲し、玉斗一雙、亞父（范増）に與へんと欲す。

【玉兎】月中の白兎。月の異名。晋・傅玄〔天問に擬す〕詩 月中に何か有る 玉兎藥を擣く

【玉堂】立派な御殿。〔韓非子、守道〕人主、玉堂の中に甘服し、瞋目切齒、傾取の患無し。

【玉杯】玉の杯。〔韓非子、説林上〕紂、象箸を爲りて、箕子怖る。以爲へらく、～玉杯象箸ならば、必ず菽藿（豆と豆の葉、粗食）を盛れざらん。則ち必ず旄象豹胎ならば、～則ち必ず錦衣九重、高臺廣室ならん。

【玉帛】玉と、きぬ。神を祭るに用いる。また、王・諸侯間の礼物に用いる。〔論語、陽貨〕子曰く、禮と云ひ禮と云ふも、玉帛を云ふならんや。

【玉房】玉で飾った美しい部屋。〔漢書、礼楽志〕（郊祀歌、十九章、華爗爗）神の出づる 玉房を排し 流雜を周り 蘭堂に拔（茇）る

【玉容】美しい容姿。唐・白居易〔長恨歌〕詩 玉容寂寞、涙闌干 梨花一枝、春、雨を帶ぶ

【玉鸞】車の横木につける鸞形の鈴。天子の車馬。〔楚辞、離騒〕雲霓の晻藹たるを揚げ 玉鸞の啾啾たるを鳴らす

【玉立】堅貞のさま。晋・桓温〔譙元彦を薦むる表〕身は虎吻に寄せ、危きこと朝露に同じきも、能く節を抗げて玉立し、誓つて降辱せず。

【玉輦】美しい手車。唐・盧照鄰〔長安古意〕詩 玉輦縱

横、主第を過ぎり 金鞍絡繹として侯家に向ふ

【玉路】天子の車。〔周礼、春官、巾車〕王の五路。一に曰く玉路。錫(馬面)し樊纓(胸がい)十有再就、大常(旗)を建つ。十有二斿(吹き流し)以て祀る。

【玉露】美しい露。唐・杜甫〔秋興、八首、一〕詩 玉露凋傷す、楓樹林 巫山巫峡、氣蕭森

【玉郎】仙人の官。男子の美称。唐・元稹〔王十一郎の剡中に游ぶを送る〕詩 想ひ得たり、玉郎畫舸に乗り 幾回か明月、雲閒に墜つるを

【玉楼】美しい御殿。また、雪の積もった楼閣。唐・白居易〔長恨歌〕詩 金屋粧ひ成つて、嬌として夜に侍し 玉樓宴罷んで、醉うて春に和す

【玉椀】玉のわん。杯。唐・李白〔客中行〕詩 蘭陵の美酒、鬱金香 玉椀盛り來たる、琥珀の光

↑玉印 玉の印/玉韻 秀吟/玉宇 帝座/玉醞 美酒/玉瑛 水晶/玉影 月光/玉瑩 玉光/玉液 玉の液/玉鉞 玉飾のまさかり/玉延 山の芋/玉淵 深淵/玉豔 風采/玉珂 馬勒の飾り/玉瑕 瑕玉/玉階 みはし/玉薤 美酒/玉鎧 玉甲/玉冠 玉飾の冠/玉琯 玉笛/玉監 帯飾り/玉檻 手すり/玉簡 お手紙/玉鑑 明月/玉亀 亀卜の亀/玉輝 玉の光/玉儀 玉容/玉虯 竜馬/玉宮 御殿/玉躬 玉体/玉虚 仙境/玉筐 玉の箱/玉鏡 玉の鏡/玉禁 皇居/玉錦 錦/玉窟 月中の窟/玉京 帝座/玉莖 男茎/玉契 玉の符/玉扃 玉の戸/玉珪 瑞玉/玉笄 玉の笄/玉閨 閨房/玉髻 美髻/玉剣 剣の玉飾り/玉軒 車の玉飾り/玉硯 玉の硯/玉光 玉のかがやき/玉皇 天帝/玉虹 虹/玉香 玉の香/玉黄 筍/玉觥 玉杯/玉鉤 玉の鉤/玉膏 玉液/玉璜 佩玉/玉笏 玉の笏/玉骨 高潔/玉沙 玉じゃり/玉座 御座/玉摧 賢人の死/玉策 玉札/玉芝 霊芝/玉脂 玉液/玉匙 玉歯/玉笥 玉の箱/玉趾 おみあし/玉歯 白く美しい歯/玉齍 黍稷の器/玉珥 耳飾り/玉爵 玉杯/玉筍 美人/玉書 道書/玉署 役所/玉女 天女/玉除 玉階/玉蜍 玉蟾蜍/玉章 玉簡/玉勝 髪飾り/玉照 鏡/玉霄 天宮/玉簫 玉の簫笛/玉杖 七十の歳に賜う杖/玉食 美食/玉飾 玉飾り/玉津 仙薬/玉真 仙人/玉軫 琴のしめ木/玉簪 玉の簪/玉人 玉造り/玉塵 雪/玉蕈 しめじ/玉蕤 玉の精華/玉瑞 瑞玉/玉蕊 玉の精/玉髄 玉液/玉声 玉の音/玉砌 玉の石畳/玉清 天宮/玉精 玉の精/玉臍 蟹の臍/玉席 美しい席/玉折 玉砕する/玉雪 雪/玉船 酒器/玉饌 ご馳走/玉爪 爪/玉藻 冕の飾り/玉唾 文才/玉敦 血盟の器/玉台 仙宮/玉壇 祭壇/玉虫 灯花/玉楮 無用/玉筯 玉の箸/玉帳 とばり/玉牒 祭天の文/玉枕 玉の枕/玉帝 天帝/玉軑 玉飾の車/玉天 天上界/玉殿 御殿/玉奴 女子/玉度 風度/玉洞 道院/玉童 仙童/玉乳 梨/玉佩 佩玉/玉璞 璞玉/玉撥 首飾り/玉版 玉刻の文/玉盤 玉の盤/玉匕 玉の匙/玉臂 美しい腕/玉鬢 白髪/玉符 玉節/玉膚 玉肌/玉陛 玉階/玉屛 玉の衝立/玉貌 美貌/玉門 宮闕/玉鑰 玉笛/玉巒 崑崙/玉鑾 玉鸞/玉理 玉のあや/玉旒 天子の旗/玉溜 雨だれ/玉輪 月/玉玲 玉の音/玉醴 玉液/玉輅 玉路/玉漏 水時計/玉籙 道書

↓夷玉・燕玉・華玉・嘉玉・懐玉・寒玉・含玉・金玉・荊玉・瓊玉・古玉・攻玉・紅玉・崑玉・紫玉・執玉・珠玉・振玉・水玉・翠玉・瑞玉・青玉・琢玉・沈玉・佩玉・貝玉・白玉・璞玉・飯玉・美玉・碧玉・宝玉・抱玉・埋玉・瑜玉・瑶玉・良玉

キン

常 【巾】 3 4022 キン ひざかけ きれ てふき

篆文

甲骨文

金文

象形 佩巾の形。腰に帯びる巾で、市・佩・帶(帯)の字形のうちに含まれている。儀礼の際に用いる蔽膝(ひざかけ)の類。金文の賜与に、〔𦣻壺〕「赤市幽黄(衡、玉器)」、〔師兌𣪕〕「女に乃の祖の巾(市)～を賜ふ」のように巾を市の意に用いており、巾がもと市(蔽膝)を意味する字であった。市には、のち市・芾・韍の字を用い、巾は布巾・衣巾の字として区別されるようになった。〔説文〕七下に「佩巾なり」とあり、その佩巾を以てものを拭うことを㕞という。〔玉篇〕に「本と以て物を拭ふ。後人之れを頭に著く」とあり、頭巾をいう。もと礼装に用いた蔽膝の類が、時代とともに変化して、のちには布帛をいう字となった。

訓義 ①ひざかけ。②えりかけ。③てふき、ふきん。④ずきん。⑤たび。⑥きれ、ぬの、おりもの。⑦おおう、つつむ。⑧国語で、幅の略字として用いる。はば。

古訓 〔名義抄〕巾 ノゴフ・ノリモノ/手巾 タノゴヒ/巾箱 タノゴヒノハコ、一に云ふ、ウチミダリノハコ/領巾 ヒレ 〔篇立〕巾 ハラコ・ノル・タナコヒ・カ、ホル・カフル・タホフ 〔字鏡集〕巾 タナコヒ・ノコフ・カザル・カウフリ・トラフ・ノリモノ・コシ

部首 〔説文〕に帶・常・席・帖など六十一字、〔新附〕九字を属し、〔玉篇〕に百七十一字を属する。六朝には服飾が多様化して、造字の必要があったのであろう。部中に帚を収めるが、帚は箒を立てた形で、巾に従う字ではない。なお市・帛・㡀はそれぞれ部首の字である。

【巾衣】六朝期、士大夫の服装。〔魏書、劉昞伝〕時に同郡の索敞・陰興、助教と爲り、竝びに文學を以て擧げらる。每に巾衣して入る。

【巾角】処士・隱者の用いるもの。角巾。〔晋書、隠逸、戴逵伝〕是れ猶ほ西施を美として其の顰眉を學び、有道を慕ひて其の巾角を折るがごとし。慕を爲す所以の者、其の美と爲す所以に非ず。

【巾幗】婦人の髪をつつむもの。〔三国志、魏、明帝紀注に引く魏氏春秋〕(諸葛)亮、既に屢遣使交書、又巾幗婦人の飾りを致し、以て宣王(司馬仲達)を怒らしむ。宣王將に出でて戰はんとす。辛毗節に杖より詔を奉じ、～乃ち止む。

【巾褐】褐は賤者の服。処士をいう。〔晋書、孝友、許孜伝〕鷹雉其の梁簷に棲み、鹿と猛獸と其の庭圃を擾し、交頸同遊して相ひ搏噬せず。元康中、郡、孝廉に察するも起たず、巾褐して身を終ふ。

【巾屨】頭巾と、くつ。唐・杜甫〔李尊師の松樹の障子に題する歌〕詩 松下の丈人、巾屨同じ 偶坐すること、是れ商山の翁(四皓)に似たり

【巾幘】頭巾。〔隋書、煬帝紀上〕文官は、弁服して佩玉す。～武官は、平巾幘にして袴褶す。～下胥吏に至るまで、服色皆差有り。

【巾子】頭髪をつつむもの。こじ。〔唐書、車服志〕武后政を擅らにし、多く群臣に巾子繡袍を賜ふ。勒するに回文の銘を以てし、皆法度無し。

【巾笥】きぬばりの小箱。〔荘子、秋水〕吾れ聞く、楚に神龜有り。～王、巾笥して之れを廟堂の上に藏すと。此の龜は、寧ろ其れ死して骨を留めて貴ばれんか。寧ろ其れ生きて、尾を泥中に曳かんか。

【巾櫛】手拭と、くし。〔礼記、曲礼上〕男女雜坐せず。椸枷（衣桁）を同にせず。巾櫛を同にせず。親ら授けず。

【巾車】布巾で覆った車。晋・陶潜〔帰去来の辞〕或いは巾車を命じ、或いは孤舟に棹さす。

【巾帨】手ぬぐい。宋・朱熹〔訓学斎規〕凡そ面を盥ふには、必ず巾帨を以て衣領を遮護し、兩袖を捲束し、濕るる有らしむること勿れ。

【巾箱】布張りの小箱。書籍などを収める手文庫。晋・葛洪〔西京雜記の序〕爾の後、洪の家火に遭ひ、書籍都て盡く。此の兩卷は洪の巾箱中に在り、常に以て自ら隨ふ。故に猶ほ在るを得たり。

【巾帔】頭巾と袖なし。〔北史、李幼廉伝〕晩節頗る貪酒を以て累と爲す。（李翥）貧にして居宅無く、佛寺中に寄止す。嘗て巾帔を著け、終日酒に對し、賓客を招致す。風調詳雅なり。

【巾払】巾と舞人のもつ払子。南朝宋・鮑照〔舞鶴の賦〕是の時に當りて、燕姬色沮み、巴童心恥づ。巾拂兩つながら停まり、丸劍雙つながら止まる。

↑巾裹 頭巾／巾駕 巾車／巾褘 袷あい／巾客 玉繡毬／巾額 ひたいあて／巾冠 元服の冠／巾巻 巾笥の書／巾盥 手ぬぐい／巾環 頭巾と玉飾り／巾笈 巾箱／巾篋 巾箱／巾笏 頭巾と笏／巾衫 頭巾と衣／巾屣 役人の用いるもの／巾袖 頭巾と袖／巾箑 絹扇／巾飾 頭巾の飾り／巾帓 頭巾／巾舞 雑舞／巾服 平服／巾冪 覆いの布／巾韈 布足袋／巾履 布の履／巾涙 涙ふき

↓衣巾・烏巾・角巾・葛巾・冠巾・岸巾・紈巾・綦巾・縑巾・香巾・絳巾・縞巾・紗巾・幘巾・雜巾・手巾・頭巾・茶巾・佩巾・白巾・帛巾・披巾・布巾・舞巾・風巾・服巾・幅巾・濫巾・領巾・綸巾・鹿巾

常

【斤】

4　7222　キン　ておの　きる

篆文

金文

象形 おのの形。〔説文〕十四上に「木を斫るなり」とあり、手斧をいう。武器に用い、斤を両手でふりあげている形は兵。兵とは武器をいう。また重量の単位として用いる。

訓義 1 おの、ておの、ちょうな、まさかり。2 きる、おのでうつ。3 はかりの量、十六両。

古訓 〔名義抄〕斤 ハカリ

部首 〔説文〕に斧（斧）・斫・斲・所（所）・斷（断）・新など十四字、〔玉篇〕に斬以下を加えて三十字を属する。斲は縁に切りこみのある盾の形と斤とに従い、盾に文様を刻むこと、斷は織糸を切る意である。

声系 〔説文〕に斤声として祈（祈）・蘄・近（近）・訢（欣）・旂・頎・忻・沂など二十三字を収める。斤を聖器として用いることがあり、祈・蘄・訢・旂は祝禱の意をもつ字である。

語系 斤kiən、祈・旂giəi、听ngiən、欣・忻・訢xiən のように斤声が分化しているが、祝禱の意をもつものが多い。旂は旗giəと近く、欣・忻は喜xiəと通用の義をもつ字である。

【斤斤】明らかなさま。〔詩、周頌、執競〕彼の成・康より 四方を奄有し 斤斤として其れ明らかなり

【斤斲】きる。宋・欧陽脩〔寿楼〕詩 昨日は丁丁として、斤り且つ斲り 今朝は朱欄、翠幕に横たふ 主人樓を起す、何ぞ太だ高き 富力を誇りて、群豪を壓せんと欲す

↑斤削 斧正／斤鑿 斧とのみ／斤重 重さ／斤正 斧正／斤斗 とんぼ返り／斤斧 斧斤／斤風 妙技。斧正をいう／斤両 重さ／斤量 分量

↓運斤・郢斤・揮斤・樵斤・神斤・操斤・投斤・方斤・鼻斤・百斤・斧斤・奮斤

【听】

7　6202　キン　ギン　わらう

篆文

形声 声符は斤。〔説文〕二上に「笑ふ皃なり」とあり、「听然として笑う」のようにいう。

訓義 1 わらう。2 くちひらく、口を大きくひらく。3 はじる。4 聽（聴）の略字、きく。

古訓 〔名義抄〕听 ヨロコブ・ワラフ 〔字鏡集〕听 ヨロコブ・ワラフ・キク

【听听】いい争う。唐・柳宗元〔梓人伝〕小勞を親らして、衆官を侵し、竊かに六職百役の事を取りて、府廷に听听し、其の大なる者遠き者を遺る。所謂是の道に通ぜざる者なり。

【听然】大いに笑うさま。漢・司馬相如〔上林の賦〕亡是公、听然として笑うて曰く、楚は則ち失せり。而して齊も亦た未だ得たりと爲さず。

常

【均】

7　4712　キン　イン（ヰン）　ひとしい　ならす

篆文

金文

形声 声符は匀。匀は同量のものを鋳こんだ銅塊の形である∷に従う字。それで均等・平均の意がある。金もその形に従い、もと一定量の銅塊を意味する字であった。均は土をならして平衡にすること。〔説文〕十三下に「平徧なるなり」とし、字を会意にして亦声とするが、匀に平均の意があり、土は限定符である。

訓義 1 土を平らかにする、ひとしい、ひとしくする、ならす。2 ととのえる、おさめる。3 わかつ、くばる。4 運均、ろくろ。5 韻と通じ、その音によむ。ひびき。

古訓 〔名義抄〕均 ヒトシ・トヽノホル・ソフ・シタガフ 〔字鏡集〕均 トヽノホル・ソナフ・タヒラカ・アマネシ・シタガフ・ヒトヘ・ヒラ・ヒトシ

語系 均・鈞kiuənは同声。鈞は三十斤。一定量の銅。その形や量の均しいことをいう。

【均輸】物価調節の法。下落のとき買い、騰貴したとき放出して、利を収め、物価を安定させる法。〔史記、平準書〕桑弘羊、大農丞と爲り、～稍稍く均輸を置き、以て貨物を通ず。

【均心】心をひとしうする。〔論衡、奇怪〕天人、道を同じうし、好惡心を均しうす。人、異類を好まざれば、則ち天も亦た與に通ぜず。

【均斉】ひとしい。〔晋書、庾敳伝〕（意の賦）至理は渾一に歸す、榮辱は固より亦た貫を同じうす。存亡既已に均齊なり。正だ死を盡して、復た何をか歎かん。

【均台】夏代の獄名。〔独断、上〕四代、獄の別名、～夏には均臺と曰ひ、周には囹圄と曰ひ、漢に獄と曰ふ。

【均適】調節して適当にする。〔顔氏家訓、養生〕神明を愛養し、氣息を調護し、節を愼みて起臥し、寒暄（寒暖）を均適にす。

【均田】成人に四十畝、婦人に二十畝を分与する制。漢代に限田制の形で一時行われ、のち、北朝で実施された。〔漢書、王嘉伝〕（駙馬都尉董）賢に二千餘頃を賜ふ。均田の制、此れより墮（隳）壞す。奢僭放縱、陰陽を變亂す。

【均等】ひとしい。均一。平等。〔論衡、雷虚〕天の惡む所、小大均等ならざるなり。

【均布】 公平にゆきわたる。〔漢書、董仲舒伝〕祿を受くるの家、祿を食するのみにして、民と業を争はず。然る後、利、均布すべく、民、家ごと足るべし。

【均分】 平等に分かつ。〔史記、礼書〕道を明らかにして之れを均分し、時に使ひて誠に之れを愛せば、則ち下の之れに應ずること、景響（影響）の如くならん。

【均平】 平均する。ひとしうする。〔周礼、地官、賈師〕其の物を辨じて、之れを均平にす。

↑均一 平均／均壱 均一／均匀 そろえる／均役 夫役／均科 同罪／均官 山陵の官／均鑒 手紙の添書き、御中／均曲 雅曲／均慶 同慶／均権 同権／均工 楽人／均行 平均に行う／均衡 平衡／均浹 ゆきわたる／均整 均斉／均攤 均分／均調 調節する／均糴 均輸／均沾 ゆきわたる／均霑 平等に利する／均同 均一／均派 割付け／均賦 均一の賦役を課する／均服 揃いの服／均弁 均平／均徭 ゆきわたる／均徭 明代の徭役の名／均量 裁量する／均輪 輪番／均和 和合

↓功均・鴻均・国均・参均・常均・成均・斉均・大均・調均・天均・土均・同均・賦均・平均・和均

【忻】 7 9202 キン よろこぶ

篆文 

形声 声符は斤。〔説文〕十下に「闓くなり」とあり、心を開発する意。欣と通用し、その義に用いることが多い。

訓義 ①よろこぶ、たのしむ。②こころひらく。③みきわめる。

古訓 〔名義抄〕忻 ネガフ・ヨロコブ・ヨロコビ・ヒラク・ツ、シム・アキラカナリ・ウヤマフ・ミル

【忻忻】 欣欣。こころ喜ぶ。〔淮南子、覧冥訓〕百姓を斬艾し、殫盡することと太半にして、忻忻然として、常に自ら以て治と爲す。

【忻然】 こころ喜ぶ。〔史記、周紀〕姜原、野に出でて、巨人の跡を見、心忻然とし說び、之れを踐まんと欲す。之れを踐みて身動き、孕める者の如し。居ること期にして、子を生む。

↑忻翹 慕う／忻悚 喜憂／忻羨 慕う／忻怖 喜憂／忻抃 喜び舞う／忻慕 慕う／忻頼 頼もしく思う／忻楽 楽しむ

人【芹】 7 4422 〖芹〗 8 4422 キン せり

篆文 

形声 声符は斤。〔説文〕一下に「楚葵なり」とあり、また菦字条に「周禮に菦菹（芹の漬物）有り」とみえ、同じものである。芹は水中の草で、祭事に用いる。人に物を献ずるときには「献芹」という。

訓義 ①せり、みずせり。②字はまた莕・菦に作る。

古訓 〔新撰字鏡〕芹 葵、世利（せり）〔和名抄〕芹 勢利（せり）〔名義抄〕芹 セリ

【芹羹】 せりのあつもの。宋・楊万里〔臨平の蓮蕩を過ぎる、四首、四〕詩 人家、星のごとく散ず、水の中央 十里の芹羹、菰飯香し

【芹藻】 水草。神を祭るのに用いる。〔宋史、楽志十二〕（大觀三年釈奠、六首、二）升降、同安 ～我が尊罍を潔くし 茲に芹藻を陳ぬ 言に升り言に旋へり 式て斯の教へを崇ばん

↑芹意 微意／芹英 美芹／芹敬 寸志／芹献 献芹／芹悃 寸志／芹菜 せり／芹子 せり／芹私 寸志／芹菹 芹の漬物／芹陳 言上／芹泥 燕巣の泥／芹曝 寸志

↓甘芹・旱芹・献芹・香芹・蒿芹・羹芹・采芹・紫芹・茹芹・食芹・水芹・美芹・野芹

常【近】 7 3230 〖近〗 8 3230 キン コン ちかい

篆文  古文 

形声 声符は斤。〔説文〕二下に「附くなり」とあり、附近の意。もと場所的に接近する意。のち側近・卑近、また近時・近年のように関係や時間の意に用いる。〔詩、大雅、崧高〕「往け近王舅」は迉の誤字で、近は助詞。「往けや王舅」の意である。

訓義 ①ちかい、ちかいところ、ちかづく。②てぢか、したしむ、なれる。③ちかごろ、このごろ。

古訓 〔名義抄〕近 チカシ・チカヅク・コノゴロ・サイツゴロ・ツク・マス／迫近 セマリチカヅケリ／近曾 サイツコロ 〔字鏡集〕近 ホノ〳〵・コノコロ・チカヅク・サイツコロ・オヨボス・ツク・マス・チカシ

参考 〔説文〕の録する古文の形は、止（趾）と斤とに従う。斤は斧斤。往（往）の初形は止（趾）と王（鉞頭の形）に従い、出行のときの魂振りの儀礼を示す字。近の古文に従えば、近もそのような出行の儀礼に関する字であろう。金文に近はみえず、遠近の意には邇を用いる。

【近愛】 身近にいて親愛される。〔韓非子、主道〕疏賤も必ず賞せられ、近愛も必ず誅せらるれば、則ち疏賤の者怠らずして、近愛の者も驕らず。

【近懐】 近ごろの感想。唐・白居易〔微之（元稹）に与ふる書〕寄する所の、僕の左降を聞くの詩を睹るに云ふ、～垂死の病中、驚きて起坐す 闇風、面を吹いて寒窗に入ると。～今に至るまで、吟ずる毎に猶ほ惻惻たるのみ。且らく是の事を置きて、略ぼ近懐を敍べん。

【近畿】 都周辺の地。〔宋書、宋室、臨川烈武王道規伝〕道規乃ち將士を會し、之れに告げて曰く、桓謙、今近畿に住り。聞く、諸君に頗ぶる去就の計有りと。～若し去らんと欲する者は、本より相ひ禁ぜずと。

【近況】 近ごろの様子。宋・陸九淵〔高応朝に与ふる書〕前月、併せて兩書を收め、備さに近況を知れり。

【近古】 近い昔。漢・班固〔東都の賦〕勳は在昔を兼ね、事は三五より勤む。豈に特だ～近古の務むる所を治め、一聖の險易を蹈むのみとしか云はんや。

【近攻】 近国を攻める。〔戦国策、秦三〕（范雎曰く）王、遠く交はりて近く攻むるに如かず。～今此れを舍てて遠く攻む。亦た繆らずや。

【近郊】 都市の周辺。唐・李商隠〔茂陵〕詩 漢家の天馬、蒲梢（馬の名）を出だす 苜蓿（うまごやし）榴花（石榴、ざくろ）近郊に遍し

【近思】 身近なことを思索する。〔論語、子張〕子夏曰く、博く學びて篤く志し、切に問ひて近く思ふ。仁、其の中に在り。

【近視】 近眼。〔石林燕語、十〕歐陽文忠（脩）近視にして、常時讀書甚だ艱し。惟だ人をして讀ましめ、之れを聽くのみ。政府に在ること數年、文字を進むる毎に、亦た常人の如し。

【近似】 似ている。近い。宋・葉適〔劉子至に答ふる書〕淵明（陶潜）・蘇州（韋応物）は縱ひ力を極めて倣像すとも、終に近似せず。

【近事】 近ごろのことがら。〔漢書、陳湯伝〕威武勤勞を言へば則ち方叔・吉甫（ともに〔詩〕にみえる周の功臣）より大に、～近事の功は則ち安遠（侯。鄭吉）・長羅（侯。常恵）よりも高し。

【近習】 近侍の臣。〔韓非子、孤憤〕治亂の功は近習に制せられ、精潔の行は毀譽に決せらるれば、則ち修智の吏廢して、人主の明塞がる。

【近臣】 近侍の臣。唐・杜甫〔紫宸殿退朝、口号〕詩 晝漏、聲聞えて、高閣に報ず 天顔喜び有れば、近臣知る

【近親】 近い親族。みより。〔管子、形勢〕天道の極みは、遠

き者自ら親しむ。人事の起るや、近親怨みを造す。

【近世】 近い時代。漢・馬融〔長笛の賦〕近世の雙笛は、羌より起る。羌人、竹を伐りて未だ已るに及ばず。龍、水中に鳴いて、己を見はさず。竹を截りて之れを吹くに、聲相ひ似たり。

↑近姻 近親/近衛 禁衛/近遠 遠近/近郷 近在/近局 近隣/近近 近日/近坰 郊外/近午 昼近く/近功 目先の功/近幸 お気に入り/近歳 近年/近作 最近の作/近支 近親/近侍 近臣/近時 近ごろ/近者 近ごろ/近什 近作/近状 近況/近信 最近の便り/近戚 親戚/近前 接近する/近属 近親/近体 詩の絶句と律詩/近代 近ごろ/近地 附近/近比 近来/近鄙 鄙俗/近辺 近所/近密 親密/近来 近ごろ/近隣 近所

↓意近・遠近・貴近・狎近・最近・在近・至近・昵近・暱近・習近・親近・枢近・戚近・接近・媟近・浅近・側近・篤近・輓近・卑近・鄙近・付近・附近・傅近・嬖近・傍近

【困】 8 6090 キン コン くら こくもつぐら

篆文 

会意 囗+禾。囗はもと円形。禾を収める倉廩をいい、円なるを困、方なるものを廩という。〔説文〕六下に「廩の圜なるもの」とし、「方なるもの、之れを京と謂ふ」とするが、京はアーチ状の門の象で、廩倉の意はその初義ではない。困は、麕と声義通じ、困集の意がある。

訓義 ①くら、こくもつぐら、まるいこくもつぐら。②ぐるぐるまきつける。③輪困、まがりくねる。

古訓 〔名義抄〕困 クラ 〔字鏡集〕困 クラ・ワク

声系 〔説文〕に困声として菌(菌)・麕など六字を収める。麕はまた麇・麏に作る。困に困集の意がある。

語系 困khyuən、麕・群giuənは声義近く、麕集・群居の意において相通ずる。

【困困】 まがりくねるさま。唐・杜牧〔阿房宮の賦〕五歩に一樓、十歩に一閣、~各と地勢を抱いて、鉤心闘角、盤盤焉たり、困困焉たり。蜂房水渦、矗として其の幾千萬落なるを知らず。

【困京】 大きな穀物倉。〔新書、匈奴〕必ず北に高堂邃宇有らしめ、厨處を善くし、困京を大にす。

【困倉】(きんそう) 穀物倉。円を困、方を倉という。〔戦国策、秦一〕内には吾が甲兵頓れ、士民病み、蓄積索き、田疇荒れ、困倉虚し。

↑困窖 穀物倉/困積 貯蔵米/困府 困廩/困庾 穀物倉/困輪 めぐる/困廩 穀物倉/困鹿 穀物倉/困簏 困鹿

↓盈困・空困・穀困・残困・石困・千困・倉困・盤困・米困・輪困・廩困

【昕】 8 6202 キン キ あさ よあけ

篆文 

形声 声符は斤。〔説文〕七上に「旦、明なり。日將に出でんとするなり」とし、「讀みて希の若くす」という。〔礼記、文王世子〕に「天子、學を視るときは、大昕に鼓して徴す」とあり、朝礼を行うときであった。卜辞にはそのときを兮といい、昏と兮とを対文として用いている。

訓義 ①あさ、よあけ、ひので。②あきらか。

古訓 〔新撰字鏡〕昕 於保阿加止支(おほあかとき)、又、阿志太(あした) 〔字鏡集〕昕 ヒイヅ・アヒ(シ)タ・ヨシ・ヨロコブ・ミル

語系 昕xiən、晞xiəiは声義が近い。晞は〔詩、斉風、東方未明〕に「東方未だ晞けず」とあり、旦明よりもなお早いときをいう。

【昕昕】 よあけ。唐・劉禹錫〔僧有りて羅浮の事を言ふ~〕詩 咿喔天雞鳴き 扶桑(東方)、色昕昕たり 赤波、千萬里 湧出す黄金の輪

【昕夕】 朝夕。明・唐肅〔日観の賦〕臣聞く、日なる者は衆陽の宗、大君の象なり。出入、時を以てし、昕夕も爽ふこと靡し。

↑昕謁 参謁/昕宵 早晩/昕庭 天庭

↓霞昕・昏昕・初昕・大昕・未昕

人 【欣】 8 7728 ［訢］ 11 0262 キン ゴン よろこぶ たのしむ

篆文 

形声 声符は斤。〔説文〕八下に「笑ひ喜ぶなり」という。〔史記、万石君伝〕「僮僕、訢訢如たり」の〔晋灼注〕に「訢、許慎曰く、古の欣の字なり」とあり、訢・欣は古今の字。〔説文〕三上の言部には、訢は「喜ぶなり」とみえている。

訓義 ①よろこぶ、わらいよろこぶ。②たのしむ、たのしみいただく。③字は、また訢・忻・惞に作る。

古訓 〔名義抄〕欣・忻 ネガフ・ヨロコブ・ヨロコビ・ヒラク・ツ、シム・アキラカナリ・ウヤマフ・ミル

語系 欣・訢・忻xiənは同声。喜xiəと声義近く、同系の語。

〔楚辞、九歌、東皇太一〕「君欣欣として樂康す」は神の喜ぶさまをいう。喜は鼓して神を喜ばせる意である。

【欣懌】 よろこぶ。明・劉基〔甘露頌の序〕是に於て群臣欣懌せざる莫く、百姓蹈舞し、手を擧げて相ひ慶ばざる莫し。

【欣厭】 好悪。南朝宋・謝霊運〔曇隆法師の誄序〕悲しい夫、欣厭迭ひに來り、終に憂苦に歸す。其の根を杜さざれば、何づくに於て超絶せん。

【欣喜】 よろこぶ。〔国語、周語上〕武王に至りて前の光明を昭らかにし、之れに加ふるに慈和を以てす。神に事へ民を保んじ、欣喜せざる莫し。

【欣仰】(ぎやう) よろこびあおぐ。〔貞観政要、納諫〕陛下、初め東都(洛陽)を平らげしの始め、層樓廣殿、皆撤毀せしめ、天下翕然として、心を同じうして欣仰せり。

【欣欣】 よろこび楽しむ。〔楚辞、九歌、東皇太一〕五音紛として繁會し 君欣欣として樂康す

【欣慶】 よろこぶ。魏・曹植〔禅を受けしを慶び、礼を上る表〕普天率土、承風欣慶して贄を執り、奔走して闕下に奉賀せざる莫し。

【欣幸】(かう) 幸いとし喜ぶ。〔晋書、桓玄伝〕王騰之、帝を奉じて入りて太府に居る。百姓の觀る者、欣幸せざる莫し。~(劉)毅等、(桓)玄の首を傳送し、大桁に梟す。

【欣賞】(しやう) 楽しみ賞玩する。晋・陶潜〔居を移す、二首、一〕詩 隣曲、時時に來り 抗言、在昔を談ず 奇文共に欣賞し 疑義相ひ與に析つ

【欣然】 楽しんで笑う。〔史記、孔子世家〕鄭人~曰く、東門に人有り、其の顙は堯に似、其の項は皐陶に類し、其の肩は子産に類し、~纍纍として喪家の狗の若しと。~孔子欣然として笑うて曰く、形狀は未だしきも、喪家の狗に似たりと謂ふは、然る哉、然る哉と。

【欣戴】 よろこんで奉ずる。〔国語、周語上〕商王帝辛、大いに民に惡し。庶民忍びず、武王を欣戴し、以て戎を商の牧(野)に致す。

【欣慕】 欣仰。〔史記、管晏伝論賛〕假令晏子にして在らば、余之れが爲に鞭を執る(御者となる)と雖も、欣慕する所なり。

【欣躍】 よろこんでおどり上がる。唐・柳宗元〔趙江陵宗儒の、符載を辟すを賀する啓〕清風を瞻望し、天外に在るが若く、感激欣躍の至りに任ふる無し。

↑欣怡 よろこぶ/欣慰 安心する/欣栄 よろこばし

い／欣悦 よろこぶ／欣説 欣悦／欣嘉 好ましい／欣快 うれしい／欣感 感動する／欣歓 よろこぶ／欣願 欣求／欣企 欣仰／欣懼 欣悚／欣求 祈る／欣讃 欣仰／欣悉 拝承／欣悚 よろこびとおそれ／欣笑 歓笑する／欣慼 悲喜／欣羨 健羨／欣待 歓待／欣怛 欣悚／欣歎 欣賞／欣暢 晴れ晴れ／欣舞 欣躍／欣服 悦服／欣奉 欣戴／欣愉 欣悦／欣踊 欣躍／欣頼 よろこび頼る／欣楽 欣悦

↓悦欣・歓欣・懽欣・驩欣・深欣・戚欣・多欣・悲欣・幽欣・遥欣・楽欣

常【金】8 8010 キン コン かね こがね かなもの

象形 銅塊などを鋳こんだ形。金文の字形にみえる **:** は匀の初文で、一定量の小塊の形。全の形がその鋳こみの形である。〔説文〕十四上に「五色の金なり」とあって、金・銀・銅の類の総称とする。またその字形について「西方の行なり。土に生ず。土に従ひ、左右に注するは、金の土中に在るの形に象る」とし、字を今声とする。声は近いが、字形は今に従う形ではない。金文の賜与に「金百寽を賜ふ」のようにいうものは、銅器の素材としての材質で、寽もその円形の鋳金を持つ形である。

訓義 1かね、古くは銅をいう。金属。2こがね、黄金。3ぜに、銭帛。4五行の一。5楽器、武器、刑具。6かたい、ひかる、たっとい。

古訓 〔和名抄〕金 古加禰(こがね)〔名義抄〕金 カネ・コガネ・トノトコロ・ミヤ・オハシマス

部首 〔説文〕に銀・錫・銅など一九六字、〔新附〕に七字を属し、〔玉篇〕には四七二字を属する。金属の使用の多様化にともなって、多くの文字が必要とされたのであろう。

声系 〔説文〕に金声として唫・錦・淦・欽・衜など十四字を収める。唫・淦は吟・衿(襟)と通用する。

【金鞍】きんあん こがねで作った鞍。梁・張率〔相逢行〕楽府 金鞍瑪瑙の勒 聚り觀る路傍の兒

【金印】きんいん 黄金の印。〔後漢書、皇后紀序〕光武の中興する～に及び、六宮の稱號は唯だ皇后・貴人のみ。貴人は金印紫綬、奉は粟數十斛に過ぎず。

【金甌】きんおう 黄金で作ったかめ。〔南史、朱异伝〕侯景の降るに及び～廷議～未だ決せず。(异)嘗て～獨り言ふ、我が國家は猶ほ金甌の若し。一の傷缺も無し。承平此の若し。～若し容受せずんば、恐らくは後來の望みを絶たんと。帝～遂に之れを納る。

【金屋】きんおく(をく) 立派な家。御殿。唐・白居易〔長恨歌〕詩 金屋粧ひ成つて、嬌として夜に侍し 玉樓宴罷んで、酔うて春に和す

【金科】きんか(くわ) 重要な法令。漢・揚雄〔劇秦美新〕懿律(六律)嘉量(斗斛)、金科玉條(法令)、神卦靈兆(易筮亀卜)、古文畢く發す。

【金革】きんかく 金属や皮製の武器。〔中庸、十〕金革を衽とし、死して厭はざるは、北方の強なり。而して強者之れに居る。

【金管】きんかん(くわん) こがねの軸の筆。〔唐詩紀事、七十一、韓定辞〕梁元帝、湘東王爲りし時、好學著書、～筆に三品有り。～忠孝全き者は金管を用て之れを書し、徳行清粋なる者は銀筆を用て之れを書し、文章贍麗なる者は斑竹を以て之れを書す。故に湘東の譽れ、江表に振ふ。▢こがねの笛。唐・李白〔江上吟〕詩 木蘭の枻、沙棠の舟 玉簫金管、兩頭に坐す

【金環】きんかん(くわん) こがねの輪。指輪。腕輪。魏・曹植〔美女篇〕楽府 袖を攘げて素手を見はせば 皓腕に金環を約す

【金丸】きんがん(ぐわん) こがねの弾。〔西京雑記、四〕韓嫣弾を好む。常に金を以て丸と爲す。～京師の兒童、嫣の出でて弾するを聞く毎に、輒ち之れに随ひ、丸の落つる所を望んで輒ち拾ふ。

【金匱】きんき 重要な文書などを収める金びつ。〔史記、太史公自序〕(太史公)卒して三歳にして、遷、太史令と爲り、史記石室、金匱の書を紬む。

【金魚】きんぎょ 赤斑のある観賞魚。宋以後飼養される。また、黄金で作った魚形の袋。唐代三品以上の者が佩びた。魚袋。唐・韓愈〔児に示す〕詩 官の高卑を知らず 玉帶に金魚を懸く

【金玉】きんぎょく えがたい貴重なもの。〔詩、小雅、白駒〕爾の音を金玉にして 遐心有ること毋れ

【金莖】きんけい 承露盤を支える銅柱。漢の武帝が仙薬を作る天露を求めて作った。唐・駱賓王〔帝京篇〕詩 銅羽風に應じて回り 金莖露を承けて起る

【金扃】きんけい こがねのとざし。かんぬき。漢・張衡〔同声歌〕詩 重戸、金扃を結び 高下、鐙光華やかなり

【金閨】きんけい 漢の金馬門の別名。また、婦人の美しい室。梁・江淹〔別れの賦〕金閨の諸彦、蘭臺の群英、賦に凌雲の稱有り、辯に雕龍の聲有り。

【金壺】きんこ 水時計。唐・李白〔烏棲曲〕詩 銀箭金壺、漏水多し 起きて看る、秋月の江波に墜つるを

【金鼓】きんこ 軍中で用いる鐘と鼓。進むに鼓、止まるに鐘を用いる。〔淮南子、本経訓〕兵革羽旄、金鼓斧鉞は、怒りを飾る所以なり。

【金剛】こんごう(がう) 金剛石。〔晋起居注〕武帝十三年、敦煌に人有り、金剛寶を獻ず。金中に生ず。色は紫石英の如し。

【金釵】きんさい こがねのかんざし。唐・白居易〔長恨歌〕詩 唯だ舊物を將て、深情を表はさん 鈿合(らでん細工の小箱)金釵、寄せ將ちて去らしむ

【金盞】きんさん 黄金の杯。唐・白居易〔家醞を詠ず、十韻〕詩 色は玉壺に洞りて、表裏無く 光は金盞に搖いで、精神有り

【金糸】きんし 黄金の糸。〔杜陽雑編、下〕同昌公主～七寶の歩輦に乘る。～其の上に仍ほ絡するに眞珠玳瑁を以てし、又金絲を流蘇と爲す。

【金巵】きんし 黄金の杯。斉・謝朓〔雑詠、坐上見る所の一物、席〕詩 汀洲に杜若を蔽ひ 幽渚に江蘺を奪ふ 君が時に採擷するに遇ひ 玉座に金巵を奉ず

【金枝】きんし 王の一族をいう。〔白氏六帖、三十七〕金枝の貴ぶべきと雖も、玉律は容るし難し。

【金字】きんじ 黄金の字。〔唐書、狄仁傑伝〕俄かに幽州都督に轉ず。紫袍龜帶を賜ふ。后自ら金字十二を袍に製り、以て其の忠を旌はす。

【金朱】きんしゅ 黄金と丹朱の飾り。〔法言、孝至〕食は蟷の如く、衣は華の如し。朱輪駟馬、金朱煌煌たり。已だ泰なること無からんか。

【金章】きんしょう(しやう) 金印。金印紫綬。高官。斉・孔稚珪〔北山移文〕其の金章を紐け、墨綬を綰らく。～英風を海甸に張り、妙譽を浙右に馳す。

【金縄】きんじょう こがね製の縄。玉簡を編む。封禅の儀に玉簡を玉匱に収め、金縄で纏った。唐・韓愈〔石鼓の歌〕詩 金縄鐵索、鎖紐すること壯かんなり 古鼎水に躍つて、龍は梭を騰ぐ

【金色】きんしょく こんじき 仏身の色。〔水経注、穀水〕昔漢の明帝、夢に大人の金色なるを見る。項に白光を佩ぶ。以て群臣に問ふ。或ひと對へて曰く、西方に神有り。名づけて佛と曰ふ。形、陛下の夢みる所の如しと。～使を天竺に發し、經像を寫し致す。

【金人】きんじん 金色の像。〔後漢書、西域、天竺国伝〕明帝、夢に

金人を見る。長大にして頂に光明有り。～或ひと曰く、西方に神有り、名を佛と曰ふ。其の形、長丈六尺にして、黄金色なりと。

【金燧】太陽から火をとるもの。〔礼記、内則〕左に紛（布巾）・帨（手拭）・刀（小刀）・礪（礪石）・小觿（紐解きのくじり）・金燧を佩び、右に箴（縫針）・管（筆）・線（糸）・纊（わた）を佩ぶ。

【金声】鐘の音。金声玉振は楽の始終をなす意。〔漢書、兒寛伝〕唯だ天子、中和の極を建て、兼ねて條貫を總ぶ。金聲にして之れを玉振す。

【金石】鐘磬などの楽器。また、堅固にして、永久にその功を勒すべきもの。〔史記、秦始皇紀〕今皇帝、海内を幷せ一にす。～群臣相ひ與に皇帝の功德を誦し、金石に刻して、以て表經と爲さん。

【金銭】貨幣。〔史記、平準書論賛〕農工商の交易の路通じて、龜貝・金錢・刀布の幣興る。

【金線】金糸。唐・秦韜玉〔貧女〕詩 苦だ恨む年年、金線を壓し 他人の爲に、嫁する衣裳を作るを

【金奏】鐘で楽の節奏を調える。〔周礼、春官、鎛師〕凡そ祭祀には、其の金奏の樂を鼓す。

【金樽】黄金の酒樽。唐・李白〔将進酒〕詩 人生、意を得ては須らく歡を盡すべし 金樽をして、空しく月に對せしむること莫かれ

【金帯】こがねで飾った帯。〔北史、李穆伝〕乃ち使を遣はし、隋の文帝に謁せしめ、幷びに十三環金帶を上る。蓋し天子の服なり。

【金台】黄金の台。〔水経注、河水一〕崑崙山～咸陽を去ること三十六萬里、～上に三角面有り、方廣萬里。～上に金臺玉闕有り。亦た元氣の合する所、天帝の居治する處なり。

【金丹】道家の仙薬。〔抱朴子、金丹〕昔、左元放、天柱山中に於て精思し、神人之れに金丹仙經を授く。漢末の亂に會ひ、合作するに遑あらず。而して地を避けて、江東に來渡す。

【金泥】金粉を膠でといたもの。唐・李賀〔詠懐、二首、二〕詩 梁王と武帝と 之れを棄つること斷梗（根を切られたいばら）の如し 惟だ留む一簡の書 金泥、泰山の頂

【金鉄】金と鉄。〔礼記、月令〕（季春の月）是の月や、工師に命じ、百工に令して、五庫の量、金鐵・皮革・筋・角齒・羽・箭幹・脂膠・丹漆を審らかにし、良からざるもの或る毋からしむ。

【金殿】黄金で飾った御殿。唐・王維〔班婕好、三首、一〕詩 玉窗、螢影度り 金殿、人聲絶ゆ

【金鈿】こがねのかんざし。金釵。唐・白居易〔長恨歌〕詩 但だ心を金鈿の堅きに似せしめば 天上、人間、會ず相ひ見ん

【金斗】熨斗。また、酒を酌む黄金製の杓。〔戦国策、燕一〕乃ち工人をして金斗を作爲せしめ、其の尾を長くし、之れをして以て人を撃つべからしむ。

【金湯】金城湯池。堅固な城。唐・杜甫〔感有り、五首、三〕詩 金湯の固きを取ること莫く 長く宇宙をして新たならしめん

【金縢】金の帯封をした文箱。〔書、金縢〕王と大夫と盡く弁し、以て金縢の書を啓く。乃ち周公自ら以て功（犧牲）と爲り、武王に代るの說を得たり。～王、書を執りて以て泣く。

【金鐃】楽器、どら。軍中で軍楽に用いる。〔周礼、地官、鼓人〕金鐃を以て鼓を止め、金鐸を以て鼓を通ず。

【金波】月光に光る水波。唐・劉禹錫〔浙西李大夫の霜夜月に對す～に和す〕詩 海門雙靑、暮煙歇み 萬頃の金波、明月湧く

【金盤】こがねの盤。立派な盤。唐・杜甫〔野人朱桜を送る〕詩 金盤玉筯、消息無し 此の日新らしきを嘗めて、轉蓬（風に舞い上がる蓬）に任す

【金風】秋風。金は五行説で秋にあたる。唐・戎昱〔湘江に宿す〕詩 金風浦上、黄葉を吹く 一夜紛紛として、客舟に滿つ

【金文】青銅器の銘文。特に殷・周の古代文字の銘をいう。また、金泥で書いた書。詔命。唐・唐彦謙〔李昌時の禁苑に新たに命ぜらるるを賀す〕詩 玉簡金文、上淸（宮名）に直し 禁垣丹地（御所のうち）、嚴扃を閉す

【金碧】黄金と碧玉と。その色。唐・杜甫〔木皮嶺〕詩 潤は聚む、金碧の氣 淸、沙土の痕無し

【金璧】黄金と璧玉。〔韓非子、外儲説左下〕齊魏の君不明にして、～左右に言を聽く。故に二子、金璧を費やして、入仕することを求む。

【金罍】黄金で飾った酒樽。〔詩、周南、巻耳〕我姑く彼の金罍に酌み 維こを以て永く懷はざらん

【金蘭】黄金よりも堅く、蘭のように香る君子の交わり。〔易、繫辞伝上〕二人心を同じうせば、其の利きこと金を斷つ。心を同じうするの言は、其の臭（香）蘭の如し。

【金鑾】翰林学士をいう。金鑾殿は翰林院と相接し、待詔者の控所であった。宋・馬存〔思亭に燕す〕詩 我は憶ふ、金鑾殿上の人 醉うて宮錦を著く、烏角巾（隠者のかぶる黒い頭巾）

【金縷】金糸。死者に金縷玉衣を用いた。〔後漢書、礼儀志下〕黄緜緹繒（十二重にまとう）、金縷玉柙（金縷玉衣）、故事の如し。飯唅珠玉、禮の如し。盤冰、禮の如し。百官、殿下に哭臨す。

【金路】黄金で飾った車。〔晋書、輿服志〕金路に大旂九旒を建て、以て萬國の賓を會す。

【金楼】黄金で飾った楼。梁・武帝〔乾闥婆〕詩 靑城、丹霄に接し 金樓、紫煙を帶ぶ

【金籙】道家の語。天帝の詔書。北周・宇文逌〔道教実花序〕道ふべきは道に非ず、金籙に因りて以て詮言す。上德は德とせず、玉京に寄りて闡說す。

【金椀】黄金の椀。唐・王維〔崔駙馬の山池を過ぎる〕詩 畫樓、吹笛の妓 金椀、酒家の胡

↑金鴉 太陽／金安 平安／金衣 金縷の衣／金痍 金のきず／金鎰 二十四両／金烏 日中の烏／金雲 黄金色の雲／金暈 金色の陽光／金英 茶の名／金楹 金色の柱／金鉞 金のまさかり／金園 美園／金荷 火皿／金霞 彩霞／金娥 月／金介 亀／金海 日の出／金界 仏寺／金角 喇叭／金閣 金で飾った閣／金轄 金で飾った車轄／金冠 黄金の冠／金柑 金橘／金棺 黄金の棺／金漢 天の河／金簡 黄金の札／金鐶 金環／金雁 箏柱／金気 秋気／金記 仙書／金亀 印鈕／金輝 黄金の光／金徽 琴の名／金櫃 金匱／金羈 金のおもがい／金儀 渾天儀／金宮 仙宮／金髹 金塗り／金蕖 蓮華／金篋 金の箱／金鏡 月／金鈞 三十斤／金絇 履の金飾り／金軀 金色の仏像／金窟 金礦／金磬 金の磬／金瓊 金と玉／金鶏 天鶏／金猊 金の香炉／金穴 富豪／金玦 金の佩物／金闕 天宮／金券 封冊／金懸 金鼓の楽／金言 格言／金鉉 鼎の耳／金虎 君子を譏するもの／金庫 金ぐら／金吾 執金吾／金口 玉言／金公 鉛／金光 黄金色／金坑 金山／金郊 西郊／金釭 壁間の横木の金飾り／金黄 黄金色／金觥 金林／金鉤 金の帯留／金膏 仙薬／金衡 時価／金礦 採金の坑／金穀 銭と穀物／金昆 銀／金鎖 金のくさり／金財 財産／金冊 金券／金策 金冊／金錯 金の象嵌／金刹 金色の寺／金傘 きぬがさ／金簪 金の釵／金姿 仏像／金紙 金色の紙／金紫 金印紫綬／

金鴟 屋上の鴟尾／金地 金地の布／金柅 車止め／金璽 金印／金漆 金箔／金雀 金雀のかんざし／金主 財主／金珠 黄金と珠／金書 金泥で書いた文字／金城 堅固な城／金飾 黄金の飾り／金贖 財貨で刑をあがなう／金針 秘法／金箴 金言／金子 金銭／金蕊 菊／金砌 美甃／金鉦 立派な鉦／金節 金の符節／金仙 神仙／金釧 金の腕輪／金選 金罰／金蟾 月／金蟬 冠の名／金素 秋／金組 金甲と組甲／金叟 馬冠／金創 刀傷／金繒 金帛／金竈 煉丹の竈／金粟 銭と穀／金鏃 金のやじり／金尊 金の酒樽／金駝 酒器／金黛 美人／金題 金字の題簽／金沢 金の光沢／金柝 夜警の柝／金橐 財布／金諾 確約／金闥 宮中の小門／金潭 深淵／金断 確定／金壇 仙境／金畜 犬／金貂 武官の冠／金蜩 金蟬／金椎 金槌／金貞 貞堅／金挺 金の延棒／金堤 堅固な堤／金鋌 金挺／金狄 金人／金翟 金狄／金天 秋空／金兎 月／金奴 燭台／金筩 水時計の水壺／金璫 金の耳飾り／金銅 鍍金／金櫝 金匱／金遁 仙道でいう隠身の術／金嚢 財布／金葩 菊など／金杯 黄金の杯／金牌 金の札／金帛 金と絹／金箔 金の薄片／金魄 月／金薄 金箔／金罰 贖罪のための罰金刑／金版 金板／金鈸 金の馬の首飾り／金轡 金のたづな／金蹕 先駆／金苗 金脈／金飈 秋風／金鑣 金のくつわ／金鳧 香炉／金符 貴い文書／金分 罰金／金屏 金屏風／金瓶 金の瓶／金幣 金貨／金餅 団茶／金鼙 軍中の鐘鼓／金編 貴書／金鋪 金の門環の金具／金方 西方／金宝 宝物／金帽 金色の帽／金榜 金牓／金牓 金の扁額／金鳳 金色の鳳／金霧 砂ぼこり／金毛 金色の毛／金目 古代の望遠具／金約 金符／金籥 舌／金鑰 金の錠／金輿 飾った輿／金容 仏像／金葉 金箔／金螺 酒杯／金鑼 太陽／金絡 金の馬のおもがい／金鸞 金色の鸞／金鯉 緋鯉／金鈴 金の鈴／金醴 美酒／金練 金の鎧／金炉 金の香炉／金鑪 金炉／金鏤 金の象嵌／金籠 美しい籠／金籙 天命

↓鬱金・捐金・黄金・元金・贋金・基金・義金・醵金・鈞金・兼金・献金・懸金・現金・五金・攻金・貢金・合金・沙金・砂金・采金・砕金・錯金・残金・資金・賜金・鎰金・謝金・借金・爍金・鑠金・朱金・純金・賞金・銷金・償金・成金・青金・精金・税金・赤金・千金・装金・蔵金・即金・粟金・汰金・代金・丹金・鍛金・断金・鋳金・貯金・賃金・泥金・擲金・鈿金・鍍金・帑金・刀金・淘金・鈍金・南金・白金・箔金・罰金・万金・美金・粉金・募金・冶金・預金・鎏金・蘭金・利金・流金・料金・錬金

【卺】 9 1771 キン まぐわい つつしむ

篆文 

会意 丞+㔾。㔾に従うのが正形である。〔説文〕十四下に「身を謹みて承くる所有るなり。己丞に従ふ」という。字の下部を己にして自己、上を承の意とするものであろう。〔礼記、昏義〕に「合卺して酳ぐ」とあり、瓢を半截にして杯とし、これを酌みかわす意で、わが国の三三九度にあたる。瓢を半截にして重ねるのは象徴的な意味をもつ方法で、抱擁の意があり、卺の字形も色と同じく、上下に人を重ね、合卺を字形的に表現したものである。

訓義 ①合卺、まぐわい。②その儀礼として、瓢(匏)を半截した杯を以て酒を酌みかわす。さかずき。③つつしむ、したがう、うける、のびやか。

古訓 〔字鏡集〕卺 ウヤマフ・ノブ

↑卺席 賀宴

↓酳卺・合卺・用卺・両卺・連卺

人【衿】 9 3822 〔䘳〕 13 3821 〔襟〕 18 3429 キン えり つけひも

篆文 

形声 声符は今。〔説文〕八上に䘳を正字とし、金声。「交衽なり」とあり、えり、おくみのところをいう。〔礼記、内則〕に「纓を衿ぶ」とあり、襟もとで結んだ。衿・䘳・襟は同字異文。今声の字はもと衾を意味し、今には上から蓋う意があり、金・禁には閉じる意がある。

訓義 ①えり、えりもと。②つけひも、おび、こおび。③むすぶ、とじる、おびる。

古訓 〔名義抄〕衿・䘳 ヒキオビ・コロモノクビ・ツヽム 〔字鏡集〕衿 コロモノクビ・ツヾル・ツヽム・ユイソヒ・ヒトヘキヌ

＊語彙は襟字条参照。

【衿纓】 昔、未成年の男女が結んだひも。〔礼記、内則〕婦、舅姑に事ふるに、父母に事ふるが如し。～纓を衿び、屨に綦(飾り紐)す。

【衿曲】 心の中。心曲。梁・陶弘景〔虞仲に答ふる書〕春華來り被ひ、草石も鮮を開く。辭動き情端りて、志、衿曲に交はる。

【衿契】 心を許しあった友。〔世説新語、方正〕顧孟箸(顕)嘗て酒を以て周伯仁(顗)に勸む。伯仁受けず。顧因りて移りて柱に勸め、柱に語りて曰く、詎ぞ便ち棟梁と作りて自ら遇すべけんやと。周、之れ(この語)を得て、欣然として遂に衿契を爲せり。

【衿喉】 えりもと、のどもと。緊要な地のたとえ。〔宋史、陳敏伝〕金兵毎に清河に出づ。～今必ず其の地を守らんと欲せば、宜しく先づ楚州の城池を修むべし。蓋し楚州は南北の衿喉、彼此必争の地爲り。

【衿帯】 衿と帯。山川に囲まれた要害の地。漢・張衡〔西京の賦〕徒だ地沃の野豐かにして、百物殷阜に、巖險周固にして、衿帯して守り易きを以て、之れを得る者は強く、之れに據る者は久し。

【衿褵】 えりと、こおび。婦人の戒めにたとえる。梁・任昉〔斉の竟陵文宣王行状〕文皇帝、德を東朝に養ひ、符を作る者に同じうす。爰に九言を造り、實に百行を該ぬ。衿褵を未萌に導き、炯戒を茲の日に申ぶ。

↑衿甲 帯甲／衿棍 悪い書生／衿士 秀才／衿情 心情／衿佩 学生／衿鞶 帯と小袋／衿服 衣服／衿抱 懐抱／衿要 要害／衿霊 胸襟／衿老 老書生

↓開衿・喉衿・心衿・紳衿・翠衿・青衿

【觔】 9 2422 キン すじ

象形 筋字の略形より変化した形。筋は肉と腱(竹の部分)と力とからなり、全体が象形。力は筋肉の形。また斤と通用する。

訓義 ①すじ。②斤、重量。③觔斗は、もんどり。

古訓 〔名義抄〕觔 スヂ 〔篇立〕觔 スヂ

【觔斗】 もんどり。とんぼがえり。〔唐音癸籤、楽通三、散楽〕(雑戲) 天竺斷手足、刳剔腸胃戲。～羊頭渾脫。～吐火、呑刀、旋槃、觔斗。

↑觔角 筋と角／觔骨 筋骨／觔節 筋節／觔兜 筋斗／觔脈 筋脈／觔力 筋力

【衾】 10 8073 キン ふすま きょうかたびら

篆文 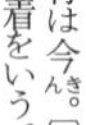

形声 声符は今。〔説文〕八上に「大被なり」とあり、夜着をいう。篆文の字形は今を衣中に加えており、衿（裣・襟）とは字義が異なる。〔儀礼、士喪礼〕に「幠ふに衾を用ふ」とあり、経帷子の類をいう。今は蓋栓の象形。上より蓋して覆い隠す意があり、衣中に今を加えるのは、本来は経帷子の意と思われる。

訓義 ①ふすま、よぎ、上より覆うもの。②きょうかたびら。

古訓 〔和名抄〕衾 布須万（ふすま）〔名義抄〕衾 フスマ・フクロ 〔字鏡〕衾 フクロ・コロモノクビ・フスマ・スミカ・オホフ・ツヾル

語系 衾khiəm、衿giəmは声義近く、衿は〔儀礼、士喪礼〕にみえ、単被の夜着、つけひものあるもの。やはり喪礼に用いた。

【衾影】衾と影。〔新論、慎独〕獨立して影に慚ぢず、獨り寝ねて衾に愧ぢず。

【衾裳】死者の衣服。晋・潘岳〔悼亡詩、三首、三〕爾の祭、詎幾くの時ぞ 朔望、忽ち復た盡く 衾裳一たび毀撤せば 千載復た引らざらん

【衾衽】しとね。南朝宋・王僧達〔顔光禄（延年）を祭る文〕衾衽長へに塵がれ、絲竹は調を罷む。

【衾裯】かけ布団と夜着。〔詩、召南、小星〕嘒たる彼の小星 維れ參と昴と 肅肅として宵征く 衾と裯とを抱く 寔に命猶しからず

【衾枕】ふすまと枕。夜具。唐・李白〔友人と会宿す〕詩 良宵、宜しく淸談すべし 皓月、未だ寝ぬること能はず 醉ひ來つて空山に臥せば 天地卽ち衾枕

【衾簟】衾と、たかむしろ。唐・元稹〔解秋、十首、九〕詩 西風に衾簟冷やかなり 展轉して華茵を布ぶ 來たる者は玉體を承け 去る者は芳塵を流しく

↑衾衣 臥具／衾裳 衣裳／衾幃 臥具／衾材 斂葬の衣／衾褥 寝衣／衾冒 屍衣／衾襚 死者の服／衾幬 衾裯／衾被

↓衣衾・鴛衾・霞衾・客衾・綺衾・旧衾・裘衾・錦衾・軽衾・孤衾・紅衾・紙衾・朱衾・秋衾・繡衾・新衾・清衾・疎衾・単衾・絺衾・稠衾・枕衾・同衾・破衾・薄衾・被衾・布衾・文衾・抱衾・擁衾・羅衾・攬衾・鸞衾・綾衾

【堇】 11 4410 キン ねばつち ねる

篆文 古文 金文 甲骨文

形声 声符は菓。〔説文〕十三下に「黏土なり」とし、黄（黃）の省に従う会意字とするが、字は菓に従う。菓は焚巫の象で、飢饉関係の字は多くその声義を承ける。行き倒れを道殣といい、道殣の者は土中に埋めて、邪霊のはたらかぬように塗りこんだ。

訓義 ①ねばつち、ぬる。②墐と通じ、ねる。③僅と通じ、わずか。④謹と通じ、つつしむ。⑤薬草、烏頭。

声系 〔説文〕に堇声として瑾・謹（謹）・殣・饉・僅・勤（勤）・覲など十四字を加える。おおむね飢饉に関する字であったと考えてよい。

語系 堇・殣・饉・勤・瘽giənは同声。瑾・謹kiənも声が近い。堇は焚巫の象である菓に従い、瑾・謹もその災厄を防ぎ祓う意をもつものであろう。

【堇堇】わずか。少々。〔史記、貨殖伝〕長沙に連錫（金錫連）を出だす。然れども堇堇なり。物の有る所、之れを取るも以て費を更ふに足らず。

【堇泥】粘土。〔資治通鑑、唐紀七十三〕（僖宗、光啓三年）楊行密、廣陵を圍むこと、且に半年ならんとす。～城中食無く、米斗の直錢五十緡。草根木實皆盡き、堇泥を以て餅と爲し、之れを食らふ。餓死する者太半なり。

↑堇塊 堇泥

↓飲堇・苦堇・乾堇・天堇・枌堇・緑堇

【捦】 11 5801 キン とる

篆文

形声 声符は金。〔説文〕十二上に「急に衣裣（襟）を持つなり」、〔広雅、釈詁三〕に「持つなり」、〔一切経音義、十一〕に引く〔三蒼〕に「捦は手に物を捉るなり」とあり、手に堅く執持することをいう。

訓義 ①とる、とりもつ、かたくとる、にぎる。②また、搇・擒に作る。

古訓 〔字鏡集〕捦 ソフ・トリコ・トリヒシグ・トラフ・シルス・トリコス・ウツ・トル・ノブ

語系 捦・搇・擒giəmは同声、通用の字。

【掀】 11 5708 キン かかげる あげる

篆文

形声 声符は欣。〔説文〕十二上に「擧げて出だすなり」とあり、高くさしあげる意。〔左伝、成十六年〕「公を掀きて、以て淖より出だす」のように、引き上げる意にも用いる。激浪の勢いを「天を掀つ」という。

訓義 ①かかげる、あげる、ひきあげる、はねあげる。②掀掀は、たかいさま。

古訓 〔名義抄〕掀 アグ

語系 掀xianは欣xiənの声義を承ける。欣は〔説文〕八下に「笑ひ喜ぶなり」とあり、大笑して口ひげの動くことを掀髯という。

【掀豗】やかましくさわぐ。宋・蘇軾〔蔡冠卿の饒州に知となるを送る〕詩 吾れ蔡子の、人と遊ぶを觀るに 掀豗笑語、不可なること無し

【掀轟】高く上にとどろく。雷声。唐・陸亀蒙、皮日休〔開元寺の楼に雨を看る、聯句〕海上より風雨來たり 掀轟、飛電を雜ふ（亀蒙）

【掀髯】笑って口ひげが動くさま。宋・蘇軾〔劉景文の寄せらるるに次韻す〕詩 細やかに看る、落墨は皆松瘦 想ひ見る、掀髯は正に鶴孤

【掀擢】抜擢。登用する。唐・杜牧〔河陽の李尚書に上まつる書〕聖主、豪俊を掀擢し、古今を考校せしむ。退朝の後、書を觀るに急なり。

【掀天】天をうつ。天に聞こえる。唐・斉己〔琴客に贈る〕詩 此の境、此の身、誰か更に愛せん 天を掀つの羯鼓、長安に滿つ

【掀簸】風であおりあげる。宋・蘇軾〔病中大雪数日～〕詩 飄蕭、窗紙鳴り 簷板を堆壓して墮ちしむ 風飈、凝冽を助け 幃幔、掀簸に困しむ

↑掀案 机をはねのける／掀開 開く／掀炬 挙火／掀掀 高挙／掀掲 掲げる／掀撃 うち上げる／掀然 高く挙げるさま／掀倒 つきとばす／掀騰 たかくあがる／掀動 翻る／掀翻 翻る／掀舞 舞いあがる／掀涌 涌きあがる

↓怒掀・風掀

常 【菌】 11 4460 〔菌〕 12 4460 キン きのこ たけ

篆文

形声 声符は囷。囷に麕集・群集の意がある。小さくて叢生するものをいう。〔説文〕一下に「地蕈なり」とあって、きのこの類をいう。

訓義 ①きのこ、たけ、きくらげ。②細菌、ばいきん。③むすぼれる。④朝菌、むくげ、かげろう。⑤菌桂、肉桂。⑥箘と通じ、たけのこ。

古訓 〔和名抄〕菌 太介（たけ）〔篇立〕菌 タケ・クサヒラ・シトミ

語系 菌・麇（麕）giuənは同声、囷khuənは声義近く、ともに

集まる意があり、一系の語。

【菌閣】美しい高楼。斉・謝朓〔東田に游ぶ〕詩 雲を尋ねて、累榭に陟り 山に随つて、菌閣を望む

【菌桂】巌桂。月桂。〔楚辞、離騒〕菌桂を矯げて以て蕙を紉ぎ 胡縄の纚纚たるを索にす

【菌芝】菌の名。霊芝。〔列子、湯問〕朽壌の上に菌芝なる者有り。朝に生じて晦に死す。

【菌蕈】きのこ。茸の類の総称。〔清異録、蔬〕菌蕈に一種有り。之れを食へば人をして乾笑の疾を得しむ。土人戯れに呼んで、笑矣乎と呼ぶ。

↑菌花 きのこ／菌幹 竹箭／菌香 香り草／菌茸 松茸／菌人 小人／菌柄 菌の茎

↓細菌・殺菌・芝菌・地菌・湿菌・秋菌・松菌・笑菌・蒸菌・石菌・雪菌・仙菌・竹菌・朝菌・土菌・黴菌・病菌・腐菌・保菌・木菌

入 【菫】 11 4410 〔菫〕 12 4410 キン すみれ

篆文

形声 声符は堇。〔説文〕一下に「艸なり。根は薺の如く、葉は細柳の如し。蒸して之れを食らへば甘し」という。〔広雅、釈草〕に「藋なり」とし、〔詩、大雅、緜〕「菫荼飴の如し」の菫は、とりかぶとをいう。

訓義 1すみれ。2そくず。3とりかぶと。4槿と通じ、むくげ。

古訓 〔和名抄〕菫菜 須美禮(すみれ) 〔名義抄〕菫菜 スミレ 〔字鏡集〕菫 クサ・アホヒ

【菫荼】とりかぶとと、にがな。〔詩、大雅、緜〕周原膴膴として 菫荼飴の如し

↑菫喙 毒草／菫荁 すみれ／菫菜 野ぜり

【訢】 11 0262 キン キ よろこぶ たのしむ

篆文

形声 声符は斤。〔説文〕三上に「喜ぶなり」とあり、欣・忻と声義が通ずる。〔史記、万石君伝〕「僮僕、訢訢如たり」の〔晋灼注〕に「許慎曰く、古の欣の字なり」とあり、〔漢書、石奮伝〕の〔顔師古注〕に「此の訢は、讀むこと誾誾」と同じであるという。また〔漢書、王吉伝〕では「訢は古の欣の字なり」とする許慎説を採っている。

訓義 1よろこぶ、たのしむ。2訢訢はやわらぎ敬しむさま。3熹と通じ、蒸す。

古訓 〔名義抄〕訢 ヨロコブ・タノシブ・ウタフ

語系 訢・欣・忻 xian は同声。喜・嬉・熙(熙) xia は声近く、みな和楽喜笑の意があり、一系の語。

＊語彙は欣・忻字条参照。

【訢訢】和らぎつつしむさま。〔史記、万石君伝〕子孫の冠に勝ふる者、側に在り。燕居すと雖も、必ず冠し、申申如たり。僮僕、訢訢如たり。唯だ謹めり。～萬石君の家、孝謹を以て郡國に聞ゆ。

【訢合】和合する。〔礼記、楽記〕天地訢合し、陰陽相ひ得て、萬物を煦嫗覆育す。

【訢然】楽しみ喜ぶさま。〔孟子、尽心上〕舜～竊かに(瞽瞍を)負ひて逃れ、海濱に遵つて處り、終身訢然として樂しみ、天下を忘れん。

【訢戴】よろこんで推戴する。〔史記、周紀〕商王帝辛、大いに民に惡し。庶民忍びずして、武王を訢戴し、以て戎を商の牧(野)に致す。

常 【勤】 12 囚〔勤〕 13 4412 キン ゴン つとめる いそしむ

篆文

金文

形声 声符は堇。堇は飢饉のとき巫を焚いて祈る形。力は耒の象形。農耕のことに勤苦することをいう。〔説文〕十三下に「勞するなり」とあり、勞(労)もまた力に従う。金文に堇を勤の意に用い、〔宗周鐘〕「王肇めて文武の堇めたまへる疆土を遹省す」、また〔単伯鐘〕「大命に勳堇せり」のようにいう。堇は勤の初文とみてよい。もと飢饉を救うために特に奔走勤労する意であろう。

訓義 1つとめる、いそしむ。2つとめ。3うれえる、つかれる。4ねぎらう、ねんごろ、慇懃。

古訓 〔名義抄〕勤 ツトム・ツヽシム・ワヅカニ・ネムゴロ・イタハル 〔字鏡集〕勤 ハゲマス・イタハル・ツトム・ワカツ・ツクス・ツヽシム・ネムゴロ・ワヅカニ

声系 勤声の字に懃があり、〔説文〕未収。〔広雅、釈言〕に「頼なり」とみえる。「慇懃」のように用いる。

語系 勤・堇・殣・饉・廑 gian は同声。謹(謹) kian も同系の語。みな飢饉に関する意のある字である。

【勤王】天子のためにつくす。晋・潘岳〔西征の賦〕百寮の勤王の、咸く力を畢くして、以て死を致すを痛む。

【勤学】学問につとめる。〔顔氏家訓、勉学〕飽食酔酒、忽忽無事、～何ぞ數年の勤學を惜しみ、長く一生の愧辱を受けんや。

【勤勤】つとめはげむ。梁・沈約〔六憶詩、四首、一〕勤勤として、別離を敍し 慊慊として、相思を道ふ 相ひ看ること常に足らず 相ひ見ては乃ち饑ゑを忘る

【勤謹】勤勉でうやうやしい。〔宋史、趙方伝〕時に劉光祖、耆德を以て帥と爲る。方、事ふるに師禮を以てす。～嘗つて光祖に請ひて、勤謹和緩の四字を書せしめ、坐隅に掲げて、以て戒と爲す。

【勤苦】つとめ苦しむ。〔墨子、兼愛下〕今、歲厲疫有り。萬民多く勤苦凍餒し、溝壑の中に轉死する者有ること、既已に衆し。

【勤倹】よくつとめ、つづまやか。南朝宋・顔延之〔陶徴士(潜)の誄〕陳書輟巻し、置酒絃琴す。居は勤倹を備へ、躬は貧病を兼ぬ。

【勤思】心を労する。〔後漢書、明帝紀〕(三年秋八月)壬申晦、日之れを蝕する有り。詔して曰く、朕～夙夜勤思すと雖も、智能逮ばず。～今の動變、儻いは尚ほ救ふべし。有司厥の職を勉思し、以て無德を匡せ。

【勤恤】つとめ憂える。〔宋書、裴松之伝〕出でて永嘉の太守と爲る。百姓を勤恤し、吏民之れに便やんず。

【勤精】精を出す。よくつとめる。〔潜夫論、讃学〕富佚なること彼の若くにして、而も能く勤精すること此の如き者は、材子なり。

【勤惰】つとめると怠ると。〔尉繚子、治本〕古は土に肥磽無く、人に勤惰無し。古人何ぞ得て、今人何ぞ失ふや。～蓋し古は治の行、今は治の止なり。耕、畝を終へざる有り、織、日に機を斷つ有り。

【勤篤】まじめに働く。〔顔氏家訓、雑芸〕君子は博(奕)せず。～王肅・葛洪・陶侃の徒は、目に觀、手に執るをも許さず。此れ竝びに勤篤の志なり。

【勤勉】つとめはげむ。〔国語、楚語上〕恭敬以て之れを臨監し、勤勉以て之れに勸め、孝順以て之れを納れ、忠信以て之れを發き、～教へ備はりて從はざる者は、人に非ざるなり。

【勤約】勤勉でつづまやか。〔後漢書、循吏伝序〕其の手迹を以て方國に賜ふ者も、皆一札十行、細書して文を成す。勤約の風、上下に行はる。

【勤力】つとめる。唐・柳宗元〔薛存義を送る序〕蚤に作きて夜に思ひ、力を勤め心を勞せば、訟する者は平らかに、賦する者は均しく、老弱寧懷し、詐暴弭憯せん。

【勤励】つとめはげむ。〔南史、王韶之伝〕王弘入りて相となる。～韶之、郡に在り。常に弘の縄する所と爲るを慮り、

夙夜勤勵し、政績甚だ美なり。弘も亦た其の私憾を抑ふ。文帝兩つながら之れを嘉とす。

【勤労】 つとめはたらく。〔書、無逸〕厥の父母は稼穡に勤勞せるに、厥の子は乃ち稼穡の艱難を知らず、乃ち～曰く、昔の人は聞知する無しと。

↑勤営 つとめ営む／勤役 行役／勤介 勤直／勤快 努力する／勤恪 つとめつつしむ／勤愨 誠を尽くす／勤勧 すすめる／勤幹 勤勉で才幹があること／勤企 くわだて思う／勤匱 貧苦／勤緊 こせつく／勤劬 苦労する／勤劇 多忙／勤倦 勤惰／勤拳 つとめる／勤虔 勤謹／勤行 つとめ行う／勤懇 心をこめてつとめる／勤察 明察／勤止 つとめる／勤仕 勤務／勤志 心を労する／勤事 事に励む／勤粛 勤慎／勤譲 ひかえる／勤辱 公事に苦労する／勤身 骨折る／勤慎 つとめ慎む／勤瘁 疲れる／勤整 つとめ整える／勤属 精勤／勤佇 勤企／勤直 まじめにつとめる／勤勅 つとめつつしむ／勤納 接待／勤能 勉強する／勤毖 つつしむ／勤敏 つとめいそしむ／勤奮 勤勉／勤略 勤惰／勤厲 勤励／勤練 熟練

↓意勤・逸勤・殷勤・皆勤・外勤・恪勤・学勤・劬勤・勲勤・敬勤・欠勤・倦勤・倹勤・虔勤・功勤・思勤・祇勤・修勤・粛勤・常勤・心勤・辛勤・尽勤・清勤・誠勤・精勤・専勤・忠勤・通勤・転勤・篤勤・内勤・農勤・服勤・奉勤・夜勤・憂勤・力勤・労勤

人

【欽】 12 8718 キン ギン つつしむ

篆文 

金文 

形声 声符は金。〔説文〕に欠部八下に属して「欠(あくび)する皃なり」とするが、〔書、堯典〕に「欽明」の語があり、〔爾雅、釈詁〕に「敬なり」と訓し、敬慎の義を本義とする。金文の〔者減鐘〕に鐘声を「惠惠音音、龢龢金金」と形容しており、音(音)は歆の初文、金は欽の初文である。したがって後に加えられている欠は、神に祈る意か、神がそれを歆ける意を示すものであろう。欽は欽敬・欽明の意となり、歆は歆享・歆饗の意となった。

訓義 [1]つつしむ、うやまう。[2]欽欽は、神を祭るときの鐘の音。[3]敬称として、天子に関することについて、欽定・欽差のようにいう。[4]あくび。[5]吟と通じ、うめく。ギンの音でよむ。

古訓 〔新撰字鏡〕欽 祢加不(ねがふ)、又、保己乃佐支(ほこのさき)〔名義抄〕欽 ウヤマフ・コノム・ネムコロ・ツヽシム・タフトブ・ネガフ・フケル・アガム・ユヅル・ノブ・ツヽマシ・ツヽム・ウレフ

【欽頤】 顎が上にまがった醜い顔。〔後漢書、周燮伝〕燮生まれながらにして欽頤折頞(額がくぼむ)、醜狀人を駭かす。其の母、之れを弃てんと欲す。其の父聽さずして曰く、吾れ聞く、賢聖には多く異貌有り。我が宗を興す者は、乃ち此の兒ならんと。是に於て之れを養ふ。

【欽欽】 鐘の音。また、憂えるさま。〔詩、秦風、晨風〕未だ君子を見ず 憂心欽欽たり

【欽敬】 つつしみうやまう。晉・陸雲〔陸典書に与ふる書、九首、八〕雲再拜。巨卿、臺に在りて、高譽洋溢す。洛邑の內、欽敬せざる無し。

【欽若】 つつしみ順う。〔書、堯典〕乃ち羲和に命じ、欽んで昊天に若ひ、日月星辰を曆象し、敬んで民に時を授けしむ。

【欽恤】 つつしみうれえる。〔書、舜典〕象するに典刑を以てす。～眚災は肆赦し、怙終は賊刑す。欽めや欽めや、惟れ刑を之れ恤へよや。

【欽尚】 尊敬する。〔南史、隠逸下、阮孝緒伝〕居る所、一鹿牀を以て精舍と爲す。～任昉～造らんと欲するも敢てせず、望みて歎じて曰く、其の室は邇しと雖も 其の人は甚だ遠しと。其の名流の欽尚する所と爲ること、此の如し。

【欽承】 つつしんでうける。魏・文帝〔鍾大理(繇)に与ふる書〕嘉貺益ゝ腆し、敢て欽承せざらんや。謹んで賦一篇を奉じ、以て麗質を讃揚す。丕、白す。

【欽羨】 敬慕する。〔世説新語、賞誉〕張天錫、世ゝ涼州に雄たり。～遠方の殊類なりと雖も、亦た邊人の桀なり。皇京の多才なるを聞き、欽羨彌ゝ至る。

【欽慕】 敬慕する。漢・蔡邕〔陳太丘(寔)碑文〕德を載ふこと亦(奕)世、休にして烈光有り。欽慕すること人に在り。舊しく憲章有り。

【欽明】 つつしみ深く、理に通ずる。〔書、堯典〕欽明文思安安たり。允に恭しくして、克く讓る。

【欽翼】 つつしみたすける。晉・陸機〔皇太子、玄圃の宣猷堂に宴す。令有りて詩を賦す〕昊天に欽み翼み 成命に對揚す 九區克く咸ぎ 讌歌して以て詠ず

↑欽愛 敬愛する／欽案 欽件／欽悦 悦服する／欽荷 恩にきる／欽玩 敬愛する／欽貴 敬重する／欽仰 敬仰する／欽崟 けわしいさま／欽慶 欣慶／欽件 御下命の件／欽工 営造／欽差 勅使／欽哉 つつしめや／欽柴 天の祭／欽此 勅諭の結尾の語／欽咨 君にはかる／欽賜 恩賜／欽修 つつしみおさめる／欽順 つつしみ順う／欽遵 遵奉する／欽除 授官／欽賞 御賜／欽心 敬佩／欽身 身がまえる／欽崇 崇敬する／欽戴 奉敬する／欽遅 欽仰する／欽勅 綸言／欽定 勅定／欽念 敬念／欽派 御差遣／欽佩 感服する／欽頒 御下付／欽服 敬服する／欽命 勅命

↓久欽・仰欽・夙欽・所欽・叙欽・丕欽

常

【琴】 12 1120 キン こと

篆文 

古文 

形声 声符は今。篆文の字形は象形。〔説文〕十二下にその形を正形とし、漢碑にもその形がみえるが、のち今声を加えた。〔説文〕に「禁なり」、〔段注〕に「吉凶の忌なり」というのは、琴を魂寄せに用いることがあったからであろう。〔詩、周南、関雎〕に琴瑟の名がみえている。

訓義 [1]こと。[2]楚の語で、冢(塚)をいう。

古訓 〔和名抄〕琴 古度乃乎(ことのを)〔名義抄〕琴 コト・キノコト

【琴意】 琴の音の趣。〔中説、礼楽〕(文中)子、汾亭に遊び、坐して琴を鼓す。舟して釣する者の過ぐる有り。曰く、美なる哉琴意、傷しみて和し、怨みて靜かなり。山澤に在りて、廊廟の志有り。

【琴韻】 琴の音。唐・周朴〔陳庾を哭す〕詩 琴韻、流水に歸し 詩情、白雲に寄す

【琴歌】 琴を弾いて歌う。斉・孔稚珪〔北山移文〕琴歌既に斷えて、酒賦續ぐ無し。常に結課に綢繆し(こだわり)、每に折獄に紛綸たり。

【琴棊】 琴と棊。梁・沈約〔斉の太尉徐公墓誌〕公、風儀を美くし、言笑を善くす。琴棊を愛重し、情賞に流連す。

【琴曲】 琴で弾く曲。北周・庾信〔趙王の伎を看るに和す〕詩 琴曲、流水に隨ひ 簫聲、鳳凰を逐ふ

【琴詩】 琴と詩。文雅の遊。唐・白居易〔殷協律に寄す〕詩 五歲優游、同に日を過し 一朝消散すること、浮雲に似たり 琴詩酒伴、皆我を抛つ 雪月花の時に、最も君を憶ふ

【琴瑟】 琴と瑟。音の相和するをいう。また、夫婦の相親し

むをいう。〔詩、周南、関雎〕窈窕たる淑女は　琴瑟之れを友しむ

【琴酒】琴と酒。文人の楽しみ。〔宋史、隠逸中、宇文之邵伝〕日に交友と、經史琴酒の樂しみを爲す。退居十五年にして終る。

【琴書】弾琴と読書。晋・陶潜〔帰去来の辞〕親戚の情話を悦び、琴書を樂しんで、以て憂ひを消さん。

【琴緒】琴の緒。琴絃。琴。南朝宋・王僧達〔顔光禄（延年）を祭る文〕酒徳に流連し、琴緒に嘯歌す。遊顧して年を移し、契闊して宴處す。

【琴城】冢墓。楚では冢を琴という。〔水経注、汝水〕城の東北に楚の武王の冢有り。民、之れを楚王の琴城と謂ふ。城北祝社里下の土中に銅鼎を得たり。銘して楚の武王と曰ふ。

【琴心】琴の音に心情を寄せる。〔史記、司馬相如伝〕酒酣にして～琴を奏せしむ。～相如辭謝し、爲に鼓すること一再行。是の時～（卓）文君、新たに寡にして音を好む。故に相如、繆って令と相ひ重んじ、琴心を以て之れに挑む。

【琴声】琴の音。唐・劉長卿〔雑詠八首、礼部李侍郎に上る。幽琴〕詩　月色、軒に滿ちて白く　琴聲、夜の闌なるに宜し

【琴尊】琴と酒。文人の詩酒の会などをいう。唐・宋之問〔冬夜、麟閣に寓直す〕詩　東山、白雲の意　茲の夕、琴尊に寄す

【琴調】琴の音調。宋・王禹偁〔黄岡竹楼記〕琴を鼓するに宜しく、琴調和暢す。詩を吟ずるに宜しく、詩韻清絶なり。

【琴堂】県令の室。〔呂覧、察賢〕宓子賤、單父を治め、鳴琴を彈き、身、堂を下らずして單父治まる。

【琴徳】琴の音のもつ徳性。魏・嵆康〔琴の賦〕衆器の中、琴德最も優れたり。故に懷ふ所を綴り敍べ、以て之れが賦を爲る。

↑琴引　琴歌の名／琴音　琴韻／琴弈　琴棊／琴鶴　高士の友／琴几　琴台／琴暉　琴柱／琴徽　琴柱／琴剣　身辺の物／琴硯　文士の友／琴言　琴意／琴阮　琴と阮咸／琴絃　琴の糸／琴壺　琴酒／琴工　楽人／琴甲　琴の爪／琴匣　琴の箱／琴冊　琴譜／琴糸　琴の絃／琴師　琴工／琴室　琴ひく室／琴榭　琴の台／琴署　琴堂／琴牀　琴の台／琴笙　琴と笙／琴觴　琴酒／琴清　琴の音／琴線　琴心／琴箏　琴／琴操　琴曲／琴樽　琴尊／琴台　琴の台／琴弾　弾琴／琴筑　絃楽／琴柱　ことじ／琴道　琴の奏法／琴嚢　琴袋

↓哀琴・愛琴・按琴・引琴・越琴・掩琴・援琴・学琴・弓琴・玉琴・携琴・撃琴・月琴・絃琴・古琴・孤琴・胡琴・鼓琴・匣琴・瑟琴・書琴・蜀琴・清琴・素琴・楚琴・奏琴・台琴・断琴・弾琴・竹琴・張琴・調琴・雕琴・聴琴・提琴・徽琴・南琴・把琴・破琴・飛琴・風琴・伏琴・焚琴・抱琴・鳴琴・木琴・幽琴・洋琴・瑶琴・擁琴・弄琴・和琴

【窘】　12 3060　キン　くるしむ　せまる

篆文 

形声　声符は君。〔説文〕七下に「迫るなり」とするが、〔詩、小雅、正月〕「又陰雨に窘しむ」とある例が古い。君は麏を麕にも作るように困と声義が通じ、群集の意があり、窘は穴中の狭隘にくるしむことをいう。

訓義　1 くるしむ、せまくてきわまる。2 せまる、つまる、おしこむ。3 時間的に緊急のことをいう。あわただしい。4 くるしんでしびれる。

古訓　〔名義抄〕窘　コモル・フサグ・タシナム・セム・シメヨル・キハマヌ・（ル）〔字鏡集〕窘　シム・ヨス・オボツカナシ・コモル・キハマル・イソグ・タシナム・タノシム・フサグ・セム

語系　窘・群・君 giuən は同声。窘は〔説文〕七下に「群居なり」とみえ、君声の字に群・困の意がある。

【窘匱】乏しくて苦しむ。〔宋史、食貨志下四〕鈔鹽を行ひてより、漕計窘匱す。

【窘辱】苦しめ辱める。〔新序、善謀下〕留侯曰く、上の平生憎む所にして群臣の共に知る所、誰か最も甚だしき者ぞと。上曰く、雍齒、我と故有り。數しば我を窘辱す。我之れを殺さんと欲するも、其の功多きが爲の故に忍びずと。留侯曰く、今急に先づ雍齒を封じ、群臣に示せと。

【窘迫】さしせまる。〔晋書、劉琨伝〕嘗て胡騎の圍む所と爲ること數重、城中窘迫して計無し。

【窘歩】歩行に苦しむ。〔楚辞、離騒〕何ぞ桀紂の昌披（放縦）なる　夫れ唯だ捷徑（邪道）、以て窘歩せり

【窘厄】困窮。〔晋書、愍帝紀〕京師饑うること甚だしく、米斗金二兩、人相ひ食み、死する者大半なり。～帝泣きて～曰く、今窘厄此の如し。外に救援なく、社稷に死せん～と。

↑窘雨　苦雨／窘急　窮迫する／窘窮　困窮する／窘局　困迫する／窘罄　窮乏する／窘竭　究尽する／窘惶　おそれる／窘困　困窮する／窘蹙　すくむ／窘色　困り顔／窘然　苦しむ／窘束　ちぢまる／窘促　窘束／窘滞　とどこおる／窘弊　疲れる／窘乏　困窮する／窘路　難路

↓寒窘・艱窘・危窘・窮窘・拘窘・勢窘・逐窘・煩窘・陵窘

常【筋】　12 8822　キン　すじ

篆文 

象形　筋肉が骨に連なるところの腱の部分の象形。竹が腱、月は肉の形、力は力こぶの形である。〔説文〕四下に「肉の力なり」とし、力・肉（肉）・竹の会意で、「竹は物の筋多き者なり」とするが、それは竹でなく、腱の部分の象形である。この筋の部分を撃って柔らかくすることを散という。〔説文〕は次条に腱を録するが、その篆文は肉の部分の一画を省く形で、筋とほとんど同形である。

訓義　1 すじ、筋肉のすじ。2 ちから、筋肉の力。3 腱と通じ、けん。

古訓　〔和名抄〕筋　須知（すぢ）〔名義抄〕筋　スヂ〔篇立〕筋　ホネ・スヂ・ツトム

語系　筋 kiən、腱 kiən は声義近く、一系の語である。

【筋骸】筋肉と骨。〔礼記、礼運〕故に禮義なる者は人の大端なり。信を講じ睦を脩めて、人の肌膚の會、筋骸の束を固くする所以なり。

【筋角】筋と角。〔墨子、雑守〕寇至るときは、先づ牛羊・雞狗・鳧雁を殺し、其の皮革・筋角・脂腦羽を收め、彘（豚）は皆之れを剝ぐ。

【筋革】弓と鎧。〔後漢書、耿恭伝〕車師～匈奴と共に恭を攻む。～數月、食盡きて窮困す。乃ち鎧弩を煮、其の筋革を食ふ。～皆二心無し。

【筋骨】筋肉と骨骼。〔列子、説符〕伯樂對へて曰く、良馬は、形容筋骨もて相すべきなり。

【筋書】文字の一体。瘦枯の風にかく。〔法書要録、一、晋、衛夫人、筆陣の図〕骨を多くし肉を微にする者、之れを筋書と謂ふ。

【筋斗】とんぼがえり。〔教坊記〕筋斗の裴承恩の妹大娘は、歌を善くす。兄、以て竿木の侯氏に配す。又長人趙解愁と私通す。

【筋駑】筋肉が疲れ衰える。魏・嵆康〔山巨源（濤）に与へて交はりを絶つ書〕性復た疏懶にして、筋駑へ、肉緩みたり。頭面は常に一月に十五日洗はず。

【筋力】筋肉の力。体力。宋・陸游〔晩秋農家、八首、五〕詩　我れ年七十に近し　世と長く相ひ忘る　筋力幸ひに勉むべ

し 衰を扶けて耕桑を業とす

↑筋骼 筋骸／筋竿／筋条 弓箭／筋肉質／筋節／筋と関節／筋退 爪／筋肚 力こぶ／筋頭 筋斗／筋脈 筋と血脈／筋膂 筋力

↓引筋・骸筋・脚筋・牛筋・強筋・金筋・豪筋・細筋・斮筋・柔筋・断筋・転筋・駑筋・補筋・労筋・狼筋・鹿筋

【鈞】 12 8712 キン ひとしい

篆文　金文　古文

形声 声符は匀。匀は一定量を鋳こんだ銅塊の形であるに従う。〔説文〕十四上に「三十斤なり」とあり、当時の単位量であった。標準の定量であるから平均・均一の意となる。金文の〔子禾子釜〕に「贖するに金半鈞を台てす」、〔小臣守毀〕「馬兩と金十鈞を賓る」のように、一定量を貨幣として用いた。〔礼記、投壺〕に「均しきときは則ち左右鈞しと曰ふ」とあり、均衡の意。衡は天秤をいう。

訓義 ①一定量の鋳金、三十斤。その半を秤、左右両秤を鈞とする。②ひとしい、ひとしくする。③はかる。④ろくろ、陶鈞。⑤尊敬の意を示す接頭語。

古訓 〔名義抄〕鈞 ヒトシ・ナヤス

語系 鈞・均 kiuən、匀 giuən は同系の語。金文には・匀などの字形を用いる。

【鈞諧】 ひとしくととのう。〔史記、田敬仲完世家〕鈞しく諧ひて以て鳴り、大小相ひ益し、回邪して而も相ひ害せざる者は、四時なり。

【鈞金】 金三十斤。〔周礼、秋官、大司寇〕兩劑（契約書）を以て民の獄を禁ず。鈞金（金三十斤）を入れしめ、三日にして乃ち朝に致し、然る後に之れを聽く。

【鈞衡】 はかる。はかりえらぶ。公平をたもつ。唐・高適〔留めて李右相（林甫）に上る〕詩 傅説、殷道を明らかにし 蕭何、漢の刑を律す 鈞衡、國柄（国政）を持し 柱石、朝經（朝綱）を總ぶ

【鈞枢】 朝政の枢機にあずかる。唐・韓愈〔児に示す〕詩 酒色罷りて無爲 棋槊以て相ひ娯しむ 凡そ此の座中の人 十に九は鈞（均）樞を持る

【鈞敵】 対当。〔漢書、佞幸、董賢伝〕（孔）光～送迎甚だ謹み、敢て賓客鈞敵の禮を以てせず。

【鈞天】 天の中央。天帝の居る所。宋・蘇軾〔潮州韓文公廟碑〕鈞天人無く、帝悲傷す 謳吟下招して、巫陽を遣はす

【鈞等】 均しい。〔論衡、調時〕且つ田と宅とは倶に人の治むる所、功を興し力を用ふること、勞佚鈞等なり。

↑鈞安 平安／鈞意 貴意／鈞誨 大教／鈞鑒 貴覧／鈞眷 ご家族／鈞弦 調弦／鈞座 貴下／鈞裁 ご裁決／鈞旨 思し召し／鈞軸 ろくろ／鈞石 おもり／鈞席 枢要の位／鈞調 調整する／鈞適 鈞敵／鈞陶 ろくろ／鈞命 ご尊命／鈞諭 ご垂示／鈞容 軍楽／鈞覧 高覧／鈞令 鈞命／鈞礼 鈞敵

↓洪鈞・衡鈞・枢鈞・清鈞・千鈞・大鈞・天鈞・陶鈞・方鈞・秉鈞

常【僅】 13 2421 キン わずか わずかに

篆文

形声 声符は堇。堇は飢饉のとき、巫を焚いて祈る莫の形に従う。飢餓的な状態に関連する字に用いる。〔説文〕八上に「材かに能くするなり」と、程度の低い意とするが、〔公羊伝、桓三年〕「僅かに年有るなり」と年穀の僅少をいうのが本義。それより数量・程度・状態などについて用いる。

訓義 ①わずか、わずかに。②かろうじて、やっと、はじめて。③ようやく、ちかい。

古訓 〔字鏡集〕僅 ワヅカ・スクナシ・イサ、カ・ツトム

語系 僅・殣・饉・瘽・廑・勤（勤）gian は同声。謹（謹）kian も同系の語。みな飢饉に際しての意を含む字である。

【僅存】 やっと存続する。〔戦国策、趙二〕夫れ齊兵の破れたる所以、韓・魏の僅かに存する所以の者は何ぞや。是れ則ち楚を伐ち秦を攻め、而る後其の殃ひを受くるなり。

↑僅僅 ようやく／僅少 わずか

【歆】 13 0768 キン うける よろこぶ

篆文

会意 音（音）＋欠。〔説文〕八下に「神、气を食くるなり」とあって、神が神饌を享ける意とする。字が音に従うことからいえば、神が神楽の楽音を聞いて楽しむ意かと思われる。〔説文〕は欽を欠部に属し「欠（あくび）する皃なり」とするが、歆・欽は古く鐘声を形容する字とされた。金文の〔者減鐘〕に鐘声を形容して「恵恵音音、龢龢金金」という。音は歆、金は欽。欠は神がこれを聴く意で、その楽音を喜ぶことをいう。ゆえに歆・欽ともにこれを享け、楽しんで喜ぶ意がある。

訓義 ①うける、神意にかなう。②よろこぶ、たのしむ。③歆歆は、うごく、心に感じる。

古訓 〔名義抄〕歆 ムサボル・メヅラシ・オボレル・マツシ・ヨシ・ウク・ウル

【歆豔】 うらやむ。歆羨。〔唐書、李晟伝〕虜使の至る毎に、必ず（降虜の大酋浪）息曩を坐に召し、大錦袍を衣、金帶して之れを夸異せしむ。虜、皆指目歆豔す。

【歆享】 神意にかなって、神がその供物をうける。〔論衡、明雩〕雲雨の如き者は氣なり。雲雨の氣、何を用つて歆享せん。

【歆饗】 歆享。〔漢書、文帝紀〕元年～正月、有司、蚤く太子を建てんことを請ふ。～詔して曰く、朕既に不德なり。上帝神明、未だ歆饗せず。天下の人民、未だ志に慊ふこと有らざるなり。

【歆羨】 むさぼり羨む。〔詩、大雅、皇矣〕帝、文王に謂ふ 然く畔援する（放縦にする）こと無かれ 然く歆羨すること無れ

↑歆愛 羨慕する／歆快 喜び／歆鑒 御覧／歆馨 馨香の祭／歆止 歆饗／歆嘗 歆饗／歆然 喜び／歆動 もめる

↓鑒歆・居歆・顧歆・時歆・神歆・徳歆・不歆・来歆・霊歆

常【禁】 13 4490 キン いむ とどめる

篆文

会意 林＋示。示は神を祭るときの祭卓の形。林は林叢。そこを神を祀る聖所とする。〔説文〕一上に「吉凶の忌なり」とタブーの意に解し、字を林声とする。もと神の聖域をいい、のち宮城の意となる。禁に聖俗を分かつ意があり、聖を犯すことを禁忌とし、それより吉凶の意となる。また禁獄の意に用いる。〔爾雅、釈詁〕に「林は君なり」とあり、林に神の意があったのであろう。

訓義 ①神を祀るところ、その聖域。②聖域を犯すことを禁ずる、いむ、さける。③とめる、とどめる、さしとめる。④禁止規定、おきて、いましめる。⑤宮城、御所を神域になぞらえていう。⑥鳥獣をかこい養うところ、おり。⑦禁獄。⑧呪詛的方法で災厄をとりのぞく、呪禁、おさえる、つつしむ。

古訓 〔名義抄〕禁 イマシム・トガ・マホル・ミヤコ・フセグ・カタシ・ヤム・イム・マシナフ・スマフ・トヾム・サマタグ・イサム・イサフ・イナフ

声系〔説文〕に禁声として噤を收め、襟は未収。襟はもと裣に作る。〔釈名、釈衣服〕に襟を「襟は～風寒を禁禦する所以なり」とするが、襟は後起の字。また衿に作る。今は蓋栓の形で、覆う意。禁・今の声義に通ずるところがある。

語系禁・今kiəmは同声。今は蓋して覆う意。禁にはまた古くkliamの音があったようである。

【禁遏】(きんあつ)　おしとどめる。唐・韓愈〔仏骨を論ずる表〕若し卽ちに禁遏を加へず、諸寺を更歴せば、必ず臂を斷ち身を臠りて以て供養を爲す者有らん。傷風敗俗、笑ひを四方に傳へん。

【禁闈】(きんい(ゐ))　宮中。〔後漢書、周挙伝〕京輦に出入して欽哉の績有り。禁闈に在りて密靜の風有り。

【禁衛】(きんえい(ゑい))　御所のまもり。〔三国志、魏、高堂隆伝〕王公險を設けて、以て其の國を固うし、都城禁衛、用つて不虞(不慮)を戒む。

【禁苑】(きんえん(ゑん))　宮中の苑。唐・白居易〔残春曲、禁中口号〕詩　禁苑の殘鶯、三四聲　景遲く、風慢るやかなり、暮春の情

【禁奥】(きんおう(あう))　宮中の奥。〔唐書、桓彦範伝〕道路籍籍として皆云ふ、胡僧慧範、浮屠の法に託し、后妃を詭惑し、禁奥に出入し、朝政を瀆撓すと。

【禁火】(きんか(くわ))　寒食。火絶ちの日。〔荊楚歳時記〕冬節(冬至)を去ること一百五日、卽ち疾風甚雨有り。之れを寒食と謂ふ。火を禁ずること三日、餳と大麥の粥を造る。

【禁呵】(きんか)　叱りとどめる。〔三国志、呉、孫策伝注に引く江表伝〕時に琅邪の道士于吉有り。～策、嘗て都城門樓上に諸將賓客を集會す。吉、～門下を趨り度るに、諸將賓客三分の二、樓を下りて之れを迎拜す。掌賓の者禁呵するも、止むること能はず。

【禁学】(きんがく)　学問を禁ずる。その学。〔漢書、儒林伝序〕秦の學を禁ずるに及ぶも、易は筮卜の書爲り、獨り禁ぜず。故に傳受する者絶えざるなり。

【禁姦】(きんかん)　姦悪をとどめる。〔韓非子、備内〕今夫れ水の火に勝つは、亦た明らかなり。～今夫れ治の姦を禁ずるは、又此れよりも明らかなり。

【禁忌】(きんき)　習慣上避けるべきこと。〔漢書、芸文志〕陰陽家者流は～則ち禁忌に牽かれ、小數に泥み、人事を舍てて鬼神に任す。

【禁禦】(きんぎょ)　防ぎ守る。〔左伝、昭六年〕昔、先王～刑辟を爲らず。民の爭心有らんことを懼るるなり。猶ほ禁禦すべからず。是の故に之れを閑ぐに義を以てし、之れを糾すに政を以てし、之れを行ふに禮を以てす。

【禁錮】(きんこ)　幽閉して仕官を許さない。〔後漢書、党錮伝序〕熹平五年、～又州郡に詔し、更に黨人の門生故吏、父子兄弟を考べ、其の在位者は免官禁錮し、爰に五屬に及ぶ。

【禁察】(きんさつ)　しらべて禁ずる。〔後漢書、循吏、劉寵伝〕山民愿朴、～頗ぶる官吏の擾す所と爲る。寵、煩苛を簡除し、非法を禁察し、郡中大いに化す。

【禁止】(きんし)　禁ずる。制止する。〔礼記、月令〕(孟秋の月)是の月や、有司に命じて、法制を脩め、～桎梏(かせ)を具へ、姦を禁止し、邪を愼み罪す。

【禁酒】(きんしゅ)　酒を禁ずる。〔晋書、安帝紀〕(隆安五年)是の歳饑う。酒を禁ず。

【禁呪】(きんじゅ)　呪禁。まじない。〔抱朴子、至理〕呉越に禁呪の法有り。甚だ明驗有り。～之れを知る者、以て大疫の中に入り、病人と同牀するも、己染まざるべし。～此れは是れ氣以て天災を禳ふべし。

【禁祝】(きんしゅう(しう))　まじない。〔抱朴子、祛惑〕或いは符水禁祝の法に長じ、邪を治むるに效有り。而れども、未だ不死の道に曉らかならざるなり。

【禁省】(きんしょう(しやう))　御所。〔後漢書、皇后下、安思閻皇后紀〕太后久しく國政を專らにせんと欲す。(諸臣)更と相ひ阿黨し、互ひに威福を作し、禁省を探刺し、更と唱和を爲す。皆大いに不道なり。

【禁制】(きんせい)　抑止する。〔後漢書、蔡茂伝〕會と洛陽の令董宣、湖陽公主を擧糾す。～茂、宣の剛正なるを喜び、朝廷をして貴戚を禁制せしめんと欲し、乃ち上書す。～光武之れを納る。

【禁絶】(きんぜつ)　ねこそぎ禁止する。宋・欧陽脩〔朋党論〕能く善人の朋と爲るを禁絶したるは、漢の獻帝に如くは莫し。能く清流の朋を誅戮したるは、唐の昭宗の世に如くは莫し。然れども皆其の國を亂亡せり。

【禁闥】(きんたつ)　宮中。闥は宮中の門。〔史記、汲黯伝〕詔して黯を召見す。黯、上の爲に泣いて曰く、～臣、願はくは中郎と爲り、禁闥に出入し、過を補ひ遺を拾はんこと、臣の願ひなりと。

【禁中】(きんちゅう)　宮中。〔史記、李斯伝〕(趙高、説きて曰く)陛下深く禁中に拱せば、～則ち大臣敢て疑事を奏せず、天下聖主と稱せんと。二世其の計を用ひ、乃ち朝廷に坐して大臣を見ず、禁中に居る。

【禁方】(きんほう(はう))　秘密の薬方。〔史記、扁鵲伝〕(長桑君)乃ち扁鵲を呼びて私かに坐し、閒かに與に語りて曰く、我に禁方有り。年老いたり。公に傳與せんと欲す。公、泄らすこと毋かれと。

【禁暴】(きんぼう(ばう))　暴逆を禁ずる。〔戦国策、秦一〕夫れ蜀は西辟の國にして戎狄の倫なり。～其の地を取らば以て國を廣むるに足り、其の財を得ば以て民を富ますに足る。～而して又禁暴正亂の名有り。

【禁門】(きんもん)　御所の門。宮中。晋・潘岳〔西征の賦〕終童(軍)は山東の英妙、賈生(誼)は洛陽の才子なるに曁ぶまで、翠緌を飛ばし、鳴玉を拖らし、以て禁門に出入する者衆し。

【禁裏】(きんり)　宮中。唐・王維〔郭給事に酬ゆ〕詩　禁裏の疎鐘、宮舍晩れ　省中の啼鳥、吏人稀なり

【禁令】(きんれい)　禁止の法令。〔周礼、天官、宰夫〕治朝の灋(法)を掌り、以て王及び三公・六卿・大夫・群吏の位を正し、其の禁令を掌る。

↑禁悪　悪を禁ずる／禁圧　禁止する／禁営　禁衛／禁掖　御所／禁垣　宮垣／禁園　禁苑／禁煙　寒食／禁加　呪禁／禁架　呪禁／禁戒　戒め／禁劾　刑罰／禁革　改め禁ずる／禁権　専売／禁詰　とがめる／禁宮　御所／禁圉　防ぐ／禁籞　禁園の垣／禁近　宮中の秘書／禁軍　近衛軍／禁闈　宮中小門／禁闕　御所／禁軒　車駕／禁憲　禁令／禁厳　厳禁する／禁固　禁錮／禁庫　宮中の庫／禁護　まもる／禁溝　御溝／禁獄　投獄／禁昏　禁婚／禁閫　宮中／禁坐　御座／禁財　宮中の財／禁子　獄卒／禁侍　宮中の侍士／禁邪　邪を禁ずる／禁囚　罪人／禁戎　衛士／禁書　発行禁止／禁城　宮城／禁籍　秘本／禁切　厳禁する／禁阻　はばむ／禁倉　禁庫／禁臧　禁蔵／禁蔵　禁庫／禁足　足どめ／禁塞　ふさぐ／禁卒　獄卒／禁内　宮中／禁断　禁制／禁地　禁制の地／禁黜　罷免する／禁懲　こらす／禁飭　戒める／禁庭　宮中／禁典　禁令／禁殿　御殿／禁塗　宮中の道／禁帑　内帑／禁備　警備／禁物　禁制品／禁兵　近衛兵／禁閉　閉塞する／禁坊　御所／禁密　秘密／禁罔　おきて／禁網　おきて／禁夜　夜行禁止／禁鑰　宮門の鍵／禁欲　制欲／禁慾　禁欲／禁旅　禁軍／禁欄　御膳の肉／禁楼　御所の楼／禁漏　宮漏／禁例　禁令

↓威禁・苛禁・戒禁・解禁・監禁・譏禁・宮禁・去禁・玉禁・刑禁・憲禁・厳禁・錮禁・拘禁・国禁・紫禁・酒禁・呪禁・囚禁・重禁・

粛禁・遵禁・省禁・食禁・設禁・俗禁・大禁・天禁・典禁・党禁・軟禁・発禁・犯禁・符禁・邦禁・法禁・防禁・明禁・門禁・問禁・夜禁・幽禁・猟禁・礼禁

人【禽】 13 8042 キン とらえる とり

篆文  金文 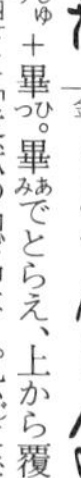

会意 人＋畢。畢でとらえ、上から覆う形で、擒の初文。〔説文〕十四下に「走獸の總名なり。禸に從ひ、象形。今聲なり。禽・离・兕は頭相ひ似たり」という。象形にして今声というのは一貫せず、离・兕とは形も似ていない。周初の金文〔禽𣪘〕は周公の子、伯禽の器で、その字は畢の上を覆う形に作る。〔爾雅、釈鳥〕に「二足にして羽あるもの、之れを禽と謂ふ」とみえ、鳥の意とする。〔礼記、曲礼上〕に「猩猩は能く言へども、禽獸を離れず」のように、禽と獸とを厳しく区別せずに用いることがある。擒は禽の動詞形の字である。

訓義 1とらえる、畢でとらえる、覆ってとる。2とり、鳥と獸。3擒と通じ、とる、とりこにする。

古訓 〔名義抄〕禽 トリ・ケダモノ・トラフ・トリコ

部首 〔説文〕は禽を禸部に属するが、金文の字形では下部は畢の形。また同部に离・萬(万)・禹・禼の諸字を属するが、これらはみな虫の形に従い、禽とは系統の異なる字である。

声系 擒は〔説文〕に収めず、〔広韻〕に至ってみえる。〔説文〕十二上の捦の字にあたる。

語系 禽giəmは今・金kiəmと声が近い。离・金の声をとる字に、通用の例が多い。

【禽戯】 柔軟体操の一。〔後漢書、方術下、華佗伝〕古の仙者、導引の事を爲す。～吾に一術有り、五禽の戲と名づく。一に曰く虎、二に曰く鹿、三に曰く熊、四に曰く猨、五に曰く鳥。

【禽語】 鳥の声。宋・趙師秀〔春晩即事〕詩 春深くして、禽語改まり 溪落ちて、岸沙高し

【禽荒】 狩猟にふける。〔書、五子之歌〕内に色荒を作し、外に禽荒を作す。

【禽獣】 とり、けだもの。〔礼記、曲礼上〕鸚鵡は能く言へども、飛鳥を離れず。猩猩は能く言へども、禽獸を離れず。

【禽縦】 とりこにし、はなつ。〔三国志、蜀、諸葛亮伝注に引く漢晋春秋〕亮笑ひて縱ち、更め戰はしめ、七縱七禽す。亮猶ほ(孟)獲を遣つ。獲止まりて去らず。曰く、公は天威なり。南人復た反かざらんと。

【禽息】 鳥のように生きる。魏・曹植〔自ら試みられんことを求むる表〕生きては事に益無く、死するも數に損無く、虛しく上位を荷ひ、重祿を忝くするも、禽息鳥視、白首に終らば、此れ徒だ圈牢(おりの中)の養物のみ。臣の志す所に非ざるなり。

【禽鳥】 とり。〔左伝、荘二十四年〕男は贄、大なる者は玉帛、小なる者は禽鳥、以て物を章はすなり。

【禽犢】 鳥と子牛。〔荀子、勧学〕君子の學は、以て其の身を美くし、小人の學は、以て禽犢(人への贈りもの、禄位の手段)を爲す。

【禽猟】 鳥獣を狩るように逐う。〔漢書、刑法志〕(秦)白起・王翦、豺狼の徒を任用し、其の爪牙を奮ひ、六國を禽獵し、以て天下を幷す。

【禽鹿】 鳥や獣。〔三国志、魏、東夷伝、倭〕居る所絶島、方四百餘里可り。土地山險、深林多く、道路は禽鹿の徑の如し。

↑禽華 菊／禽獲 とりこ／禽儀 婚儀／禽魚 鳥と魚／禽献 鳥を贈る／禽言 鳥語／禽囚 とりこ／禽羞 鳥肉料理／禽制 擒囚／禽翦 捕殺する／禽畜 禽獣／禽縛 擒囚／禽俘 捕虜／禽滅 擒滅する／禽旅 衆禽／禽虜 とりこ

↓逸禽・家禽・嘉禽・怪禽・獲禽・帰禽・窮禽・驚禽・軽禽・献禽・五禽・沙禽・山禽・鷙禽・時禽・衆禽・従禽・春禽・翔禽・信禽・神禽・水禽・翠禽・瑞禽・雛禽・生禽・雪禽・仙禽・聴禽・珍禽・庭禽・啼禽・囀禽・暮禽・放禽・迷禽・鳴禽・猛禽・野禽・幽禽・游禽・遥禽・来禽・離禽・良禽・霊禽・哢禽・籠禽

【裣】 13 3821 ［襟］ 18 3429 キン えり つけひも

篆文  金文 

形声 声符は金。字はまた襟に作り、禁声。〔説文〕八上に「交衽なり」とあり、衣の前幅・後幅をかき合わせるえりのところ。字はまた衿に作り、つけひもをいう。

訓義 1えり。2つけひも。

古訓 〔名義抄〕衿・裣 ヒキオビ・コロモノクビ・ツヽム

語系 裣kiəmは今・禁kiəmと同声。字はまた今・禁に従うて衿・襟に作る。

＊語彙は衿・襟字条参照。

【靳】 13 4252 キン むながい

篆文 

形声 声符は斤。〔説文〕三下に「膺に當るなり」とあり、馬のむながいをいう。〔玉篇〕に「固なり」とあり、固く惜しむ意がある。

訓義 1むながい。2つよい、かたい。3おしむ、かたくおしむ、やぶさか。4听と通じ、はじる、はずかしめる。

古訓 〔名義抄〕靳 カタシ・コハシ 〔字鏡集〕靳 カタシ・コハシ・ツラヌ・タハブレ 〔篇立〕靳 カタシ・ミツカハ・コハシ・ツラヌ

↑靳靷 むながい／靳固 かたくとざす／靳辱 辱める／靳色 惜しむようす／靳秘 かたくとざす

↓驂靳・嗤靳・吝靳・嘲靳・凌靳

【墐】 14 4411 キン ぬる うずめる

篆文 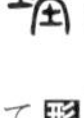

形声 声符は堇。堇は飢饉のとき巫を焚いて祈る莫の形に従う。墐は行き倒れの道殣を埋める意。〔詩、小雅、小弁〕に「行に死人有るときは、尙ほ之れを墐む或り」とみえる。このような枉死者はおそるべき呪霊をもつものとされ、鄭重に埋葬し、墐塗してその霊のさまようことを防いだ。〔説文〕十三下に「塗るなり」(小徐本)とするが、〔小弁〕の〔毛伝〕に「路の冢(塚)なり」、その〔疏〕に「埋藏の名のみ」とするように、塚に塗りこめることが原義である。

訓義 1ぬる、塚にぬりこめる、うずめる。2ねばつち、ねばつちでぬりかためる。3ふさぐ。

古訓 〔名義抄〕墐 ヌル・カヘ・ウヅム

【墐戸】 出入口を泥をぬってふさぐ。〔詩、豳風、七月〕穹窒(掃除)して鼠を熏じ(くすべ出す) 向を塞ぎ戸を墐る

【墐泥】 粘土。粘土でぬりこめる。〔旧五代史、僭偽、劉守光伝〕(劉)仁恭(守光の父)、～館宇を盛飾し、宮掖に僭擬す。～又墐泥を以て錢を作り、部内に行使せしめ、盡く銅錢を大安山嶺に斂め、穴を鑿ちて以て之れを藏す。

【墐塗】 粘土。粘土でぬりこめる。唐・劉禹錫〔武陵観火詩〕山木、行翦伐す 江泥は墐塗に宜し

↑墐竈 ぬり竈／墐土 粘土

↓厚墐・塞墐・封墐

【箘】 14 8860 キン しのだけ

篆文 

形声 声符は囷。〔説文〕五上に「箘簬、竹なり」(段注本)とあり、しのだけをいう。矢がら

とする。

訓義 ①しのだけ。②たけのこ。③双六のさい。

古訓 〔字鏡集〕箘　カサ、ル・ヤソリ・ノキ・ウヱ

↑箘桂　香木／箘簬　しのだけ

常 **【緊】** 14 7790　キン　かたくしめる　かたい　まとう

篆文

形声 声符は臤。臤に堅剛・堅固の意がある。〔説文〕三下に「絲を纏くこと急なり」とし、字を会意とするが、臤の声義を承ける字とみてよい。臤は神の徒隷である臣僕の目を破る形で、極度の緊張の状態にあることを示す字である。

訓義 ①かたくしめる。②かたい、きびしい、つよい。③まとう、よりあわす。④ちぢむ、さしせまる。

古訓 〔名義抄〕緊　スミヤカニ・タチマチ　〔字鏡集〕緊　ホソシ・シ、マル・メグラス・タチマチ・スミヤカナリ・キビシ

語系 緊kien、堅kyenは声義が近い。剛kang、勁kieng、強giangも声義近く、同系の語である。

【緊健】ひきしまって力がある。元・朱徳潤〔張楞寮の楷書、公孫大娘舞劍器行に題す〕詩　大書五寸、徑方丈　字は緊健を貴び、力は捥（腕）より出づ

【緊細】ひきしまってこまやか。梁・陶弘景〔梁の武帝に与へて書を論ずる啓、二〕臣、昔馬澄の處に於て逸少（王羲之）の正書目錄一卷を見たり。澄云ふ、右軍の勸進・洛神賦諸書十餘首、皆今體に作る。惟だ急就章二篇は、古法緊細にして、脫に近しと。

【緊窄】きりつめてひきしまる。〔図画見聞誌、一、曹呉の体法を論ず〕曹（仲達）・呉（道子）の二體は學者の宗とする所。～呉の筆は其の勢圜轉して衣服飄擧し、曹の筆は其の體稠疊して衣服緊窄す。故に後輩之れを稱して、呉帶當風、曹衣出水と曰ふ。

【緊密】密接してすきまがない。〔夢渓筆談、官政一〕延州の故の豐林縣城は、赫連勃勃の築く所、今に至るまで之れを赫連城と謂ふ。緊密なること石の如く、之れを劚れば皆火出づ。

↑緊急　急使／緊紗　うす絹／緊絭　もつれる／緊項　重要事／緊差　急使／緊紗　うす絹／緊梊　堅く括る／緊事　緊要な事／緊縮　引き締まる／緊切　緊要／緊湊　緊密／緊輳　緊湊／緊束　堅く括る／緊促　さし迫る／緊対　対決／緊地　必ず／緊張　緊迫／緊縛　緊束／緊迫　急迫する／緊要　重要／緊纜　纜を結ぶ／緊斂　締まる

↓快緊・喫緊・堅緊・高緊・細緊・遒緊・水緊・声緊・淒緊・道緊・要緊

【槿】 15 4491　キン　むくげ

形声 声符は堇。〔玉篇〕に「木槿なり。朝に生じて夕に隕つ。食らふべし」とあり、むくげをいう。また舜花、蕣ともいう。

訓義 ①むくげ。②矛の柄。

古訓 〔新撰字鏡〕槿　保己（ほこ）、又、保己乃加良（ほこのから）、又、祢夫利（ねぶり）〔名義抄〕槿　アサガホ・シフシ　〔字鏡集〕槿　アサガホ・アツマル・シフシ

【槿花】むくげの花。唐・白居易〔放言五首、五〕詩　松樹千年なるも、終に是れ朽つ　槿花一日、自ら榮を爲す　何ぞ須ひん、世を戀ひて、常に死を憂ふるを　亦た身を嫌ひ漫りに生を厭ふこと莫かれ

↑槿域　朝鮮／槿華　槿花／槿牆　槿の垣／槿籬　槿牆

↓夏槿・紅槿・殘槿・紫槿・朱槿・秋槿・朝槿・晩槿・暮槿・茅槿・木槿・籬槿

【殣】 15 1421　キン　ゆきだおれ　うずめる

篆文

形声 声符は堇。堇は飢饉のとき巫を焚いて祈る𦰩の形に従う。行き倒れの餓死者を道殣という。〔説文〕四下に「道中の死人。人の覆ふ所なり」とあり、〔周礼、秋官、蜡氏〕に「若し道路に死する者有るときは、則ち埋めて楬を置かしむ」という規定があり、その墓表を立てさせた。〔左伝、昭三年〕「道殣相ひ望む」というような状態が、古代には多かったのであろう。

訓義 ①ゆきだおれ、うえじに。②墐と通じ、うずめる、ゆきだおれをうずめる。③覲と通用し、まみえる。

古訓 〔字鏡集〕殣　ツカ・ウヅム

語系 殣gianは堇・墐・饉gianと同声。みな一系の語。

↑殣冀　お目にかかりたい

↓行殣・道殣・殍殣

【瑾】 15 1411　キン　たま

篆文　金文

形声 声符は堇。〔説文〕一上に次条の瑜と合わせて「瑾瑜、美玉なり」と玉名とし、〔逸論語、問玉〕にその名がみえる。金文の〔頌鼎〕や〔善夫山鼎〕に「堇章を反入（返納）す」とあるものは瑾璋で、策命を受けるときの礼器。また〔琱生𣪘〕「堇圭（瑾珪）に則せり」とは、瑾珪に刻銘することをいう。瑾は美玉であり、また礼器であった。〔新撰字鏡〕に「瑾は瑕を匿せる玉なり」とあり、きずのある玉の意とする。〔左伝、宣十五年〕「瑾瑜、瑕を匿す」の文意を誤解したものであろう。

訓義 ①美しいたま、たま。②礼器。③あかいたま。④きずのあるたま。

古訓 〔名義抄〕瑾　タマキズ

【瑾瑜】美しい玉。〔左伝、宣十五年〕瑾瑜、瑕を匿し、國君、垢（辱）を含むは、天の道なり。

↑瑾瑕　美玉／瑾瑶　美玉

↓懐瑾・瓊瑾・赤瑾・美瑾・瑶瑾

【噤】 16 6409　［唫］ 11 6801　キン　つぐむ

篆文

形声 声符は禁。禁に禁止し閉ざす意がある。〔説文〕二上に「口閉すなり」とあり、口をつぐむ、発言しないことをいう。字はまた唫に作る。

訓義 ①つぐむ、口つぐむ、ものいわぬ。②とじる、とざす。③吟と通用し、なげく、うたう。

古訓 〔名義抄〕噤・唫　フ、ム・トヅ・ツキヌ・スム・ツクム・ハクフ　〔字鏡集〕噤・唫　ヨロコブ・クチハシ・ハフク・フ、ム・トヅ・スフ・ツムグ

【噤口】発言しない。宋・蘇洵〔諫論、下〕末世は然らず。其の賞を諫めざるに遷し、其の刑を諫むるに遷す。宜なるかな、臣の噤口捲舌して、亂亡の之れに隨ふことや。

↑噤頤　私語／噤咽　黙す／噤臥　黙臥／噤害　心で悪む／噤吟　うめく／噤唫　閉口／噤戦　口を閉じておののく／噤閉　噤口／噤黙　黙る／噤門　閉門

【擒】 16 5802　［禽］ 13 8042　［捦］ 11 5801　キン　とらえる

篆文

形声 声符は禽。禽は畢で鳥獣を覆う意で、擒の初文。〔説

文〕十二上に字を捦に作り、「急に衣捦を持つなり」とするが、前後の各条に「操は把持するなり」「搏は索持するなり」「據は杖持するなり」の形式をとり、捦は「急持するなり」とあるべく、衣捦の二字は衍字であろう。字はまた禁に従う字に作り、みな声が近い。

訓義 ①とらえる、つよくとる。②とりこにする。

古訓 〔名義抄〕擒 トリ・ミシク・トラフ・トリコス・トリコ 〔字鏡集〕捦・擒 ソフ・トリコ・トリヒシグ・トラフ・シルス・トリコス・ウツ・トル・ノブ

【擒生】きんせい いけどりにする。唐・張仲素〔塞下曲、五首、三〕詩 功名、擒生の數を計ふるを恥づ 直ちに樓蘭を斬りて、國恩に報いん

【擒戮】きんりく とらえ殺す。唐・白居易〔淄青を平らぐるを賀する表〕李師道、禍心を包藏し、逆節を暴露す。罪盈ち惡稔なり、衆叛き親離れ、未だ師徒を勞せず、自ら擒戮を取る。

↑擒獲 捕獲する/擒執 捕縛する/擒捉 捕獲する/擒賊 賊を捕らえる/擒捽 捕らえる/擒拿 擒捽/擒治 捕縛して吟味する/擒盗 賊を捕らえる/擒縛 捕縛する/擒捕 捕縛する

↓梟擒・拘擒・手擒・就擒・生擒・縛擒・俘擒

常 **【錦】** 16 8612 キン にしき

篆文  その他

形声 声符は金。〔説文〕七下に「襄邑の織文なり」とあり、〔書、禹貢〕に揚州の織貝を歳貢としたことがみえる。蜀錦の起源も古く、漢代にはその地で虎文などを織成し、歳貢とした。金文の芊伯の器に、王室に帛(錦の類)を献ずることがみえる。芊伯は漢水流域の族であった。

訓義 ①にしき、あやおり。②うつくしい。

古訓 〔新撰字鏡〕錦 尓志支(にしき) 〔和名抄〕錦 邇之岐 〔名義抄〕錦 ニシキ・カナシキ

語系 錦・金 kiəm は同声。錦は金の声義を承ける。

【錦幄】きんあく 錦の幕。唐・温庭筠〔翠微寺に題す、二十二韻〕詩 嵐は溼ほす、金鋪の外 溪は鳴る、錦幄の傍

【錦衣】きんい 錦の衣。〔礼記、玉藻〕狐の裘には黄衣以て之れを裼す。錦衣狐裘は諸侯の服なり。

【錦雲】きんうん 美しい雲。〔水経注、河水一〕光碧の堂、瓊華の室、紫翠丹房、錦雲燭日、朱霞九光、西王母の治むる所、眞宮仙虛の宗とする所なり。

【錦筵】きんえん 錦でかざったむしろ。美しい席。南朝宋・鮑照〔陳思王の京洛篇に代る〕楽府 坐して視る、青苔の滿つるを 臥して對す、錦筵の空しきを

【錦襖】きんおう(あう) 錦の表衣。〔宋史、礼志十七〕凡そ行幸～車駕出づる毎に、金吾將軍帥士二百人、～郊祀、省方には並びに二百を增し、錦襖を服す。京師を出づるときには、則ち執劍を加ふ。

【錦花】きんか(くわ) 美しい花。唐・温庭筠〔敕勒の歌、塞北〕詩 羌兒、玉管を吹き 胡姬、錦花を踏む

【錦官】きんかん(くわん) 成都の西城の名。蜀錦の産地で、もと織錦の官をおいた。唐・杜甫〔蜀相〕詩 丞相の祠堂、何れの處にか尋ねん 錦官城外、柏森森たり

【錦還】きんかん(くわん) 錦を着て故郷に還る。唐・李白〔張遥の寿陽幕府に之くを送る〕詩 爾を勗む、才略を效し 功成らば、錦を衣て還れ

【錦綺】きんき 錦と、あやおり。〔北史、裴矩伝〕其の年の冬、帝、東都に至る。矩、蠻夷の朝貢する者多きを以て、帝に諷して都下に大戲せしめ、四方の奇伎異藝を徵して、端門街に陳せしむ。錦綺を衣、金翠を珥とする者、十萬を以て數ふ。

【錦衾】きんきん にしきのふすま(夜着)。〔詩、唐風、葛生〕角枕、粲たり 錦衾、爛たり

【錦傘】きんさん 錦を張ったきぬがさ。祭儀に用いる。唐・白居易〔黒潭の竜〕詩 神の來たる、風飄飄たり 紙錢動きて、錦傘搖ぐ

【錦肆】きんし 錦を売る店。文章の美にたとえる。梁・沈約〔太常卿任昉の墓誌銘〕天才俊逸、文雅弘備、心は學府爲り、辭は錦肆に同じ。

【錦瑟】きんしつ 美しい琴。唐・李商隱〔錦瑟〕詩 錦瑟端無くも五十絃 一絃一柱、華年を思ふ

【錦繡】きんしゅう(しう) 錦と刺繡をした絹織物。〔墨子、辞過〕當今の主、其の衣服を爲るや、～民の衣食の財を暴奪して、以て錦繡文采、靡曼の衣を爲り、鑄金以て鉤と爲し、珠玉以て珮と爲す。

【錦城】きんじょう(じやう) 錦官城。成都。宋・陸游〔成都を懐ふ、十韻〕詩 放翁五十、猶ほ豪縱 錦城一たび覺む、繁華の夢

【錦心】きんしん 美しい心。唐・柳宗元〔乞巧文〕駢四儷六(四字六字の対句をならべる)、錦心繡口、宮(音の名)沈み羽(音の名)振ひ、笙簧手に觸る。觀る者舞悅し、誇談雷吼す。

【錦帯】きんたい 錦の単の帯。〔礼記、玉藻〕居士(処士)は錦帶し、弟子は縞帶す。幷びに紐約(結び紐)するに、組を用ひること三寸(幅)、長さ帶に齊しうす。

【錦囊】きんのう(なう) 錦の袋。唐・李商隱〔李賀小伝〕恆に小奚奴を從へ、距驢に騎り、一古破錦囊を背ひ、得る所有るに遇へば、卽ち書して囊中に投ず。～上燈～研墨疊紙、之れを足成す。

【錦被】きんぴ 錦の夜具。〔三国志、呉、蔣欽伝〕(孫)權、嘗て其の堂内に入る。母は疎帳縹被、妻妾は布裙なり。權、其の貴に在りて約を守るに歎じ、卽ち御府に敕して、母の爲に錦被を作らしめ、帷帳を改易す。

【錦屛】きんぺい 錦の屛風。唐・李益〔長干行〕詩 鴛鴦は綠浦の上り 翡翠は錦屛の中

【錦袍】きんぽう(ばう) 錦の上着。陣羽織の類。唐・李白〔旧遊を憶ひ、譙郡の元參軍に寄す〕詩 手に錦袍を持して、我が身を覆ふ 我醉うて橫眠し、其の股を枕とす

【錦鱗】きんりん 美しい魚。南朝宋・鮑照〔芙蓉の賦〕錦鱗に戲れて夕に映じ、繡羽を曜かせて以て晨に過ぐ。

↑錦茵 錦のふすま/錦院 錦取扱所/錦雨 夏の雨/錦縁 錦の縁/錦華 錦花/錦靴 錦の履/錦霞 紅霞/錦絵 錦のあや絹/錦繢 錦絵/錦翰 貴翰/錦紈 錦のねり絹/錦帰 錦還/錦笈 錦のはこ/錦雞 錦どり/錦虹 虹/錦綵 錦絵/錦糸 絹糸/錦綉 錦繡/錦書 御文書/錦障 錦の衝立/錦旋 錦帰/錦牋 錦紙/錦幨 錦のとばり/錦地 貴地/錦綢 ひがき綾/錦帳 錦幨/錦殿 御殿/錦堂 美室/錦帊 錦の書套/錦波 金波/錦旆 錦の旗/錦幕 錦のとばり/錦帛 錦の帛/錦帆 錦の帆/錦幡 錦の旗/錦標 優勝旗/錦服 美しい服/錦幅 錦のきれ/錦文 錦模様/錦幣 礼物/錦冒 屍衣/錦繃 筍/錦幔 錦の幕/錦縷 錦の糸

↓衣錦・鴛錦・艷錦・鴦錦・画錦・奇錦・宮錦・裘錦・金錦・古錦・紅錦・香錦・細錦・紫錦・賜錦・朱錦・春錦・裳錦・蜀錦・縟錦・翠錦・赤錦・素錦・繒錦・藻錦・束錦・奪錦・昼錦・重錦・張錦・佩錦・貝錦・美錦・文錦・碧錦・舗錦・黼錦・袍錦・幔錦・羅錦・爛錦・綾錦・連錦

【懃】 17 4433 キン ねんごろ つとめる

形声 声符は勤(勤)。勤につとめる意がある。心にかけてつとめることをいう。慇懃のように連ねて用いることが多い。

訓義 ①ねんごろ、てあつい、こまやか。②つとめる。

古訓 〔名義抄〕慇懃 ネムゴロナリ 〔字鏡集〕懃 ツトム・イソガシ・ネムゴロ・コ、ロザシ

↑懃恪(きんかく) 勤恪／懃懃(きんきん) ねんごろ／懃懇(きんこん) 懇切／懃児(きんじ) 勤め嫖客／懃順(きんじゅん) 勤勉和順／懃瘁(きんすい) 疲労／懃力(きんりよく) 勤める／懃労(きんろう) 勤労

↓慇懃

常 **【謹】** 17 囚〔謹〕18 0461 キン つつしむ とどめる

篆文  古印璽 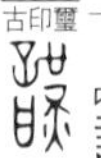

形声 声符は堇。堇は焚巫の象に従う字で、飢饉に関する語は多くその声義に従う。〔説文〕三上に「愼むなり」と謹慎の意とする。行き倒れの道殣を葬り、その呪霊を封ずるために祈ることを謹という。その屍を殣、埋葬することを墐という。愼(慎)もまた顚死者の象である眞(真)を塡め祈る字で、謹慎とは、もと道殣に対する呪儀をいう。

訓義 1つつしむ、いましめる。2とどめる、とめる。3きびしくする。

古訓 〔名義抄〕謹 ツ、シム・イマシム 〔字鏡集〕謹 ツ、シム・イマシム・ウヤマフ

語系 謹kiənは堇・殣・饉・墐giənと同系の語。みな堇の声義を承ける。

【謹畏】(きんい(ゐ)) つつしみおそれる。〔唐書、席予伝〕(席)豫～性、謹畏なり。子弟・屬吏に書を與ふるに、草字を作さず。或ひと曰く、此れ細事なるのみ。何ぞ慮を留めんと。答へて曰く、細をも謹まず、況んや大事をやと。

【謹介】(きんかい) つつしみ深く、潔癖。〔宋史、王顕伝〕太宗の藩に居りしとき、嘗て左右に給事す。性謹介、狎るることを好まず。未だ嘗て市肆を践まず。

【謹敬】(きんけい) つつしみ敬う。〔韓非子、内儲説下〕令尹甚だ傲りて兵を好む。子、必ず謹敬せよ。

【謹愿】(きんげん) つつしみ深く、誠実。〔説苑、雑言〕物に各ゝ短長有り。謹愿敦厚は主に事ふべきも、用兵に施さず。騏驥騄駬は足千里に及ぶも、～鼠を捕ふることは、曾ち小狸にも如かず。

【謹厳】(きんげん) つつしみ深く、おごそか。唐・韓愈〔進学解〕上は～春秋の謹嚴なる、左氏の浮誇なる、易の奇にして法ある～に規り、下は荘騒・太史(遷)の錄する所、(揚)子雲(雄)・(司馬)相如の同工異曲なるに逮ぶ。

【謹厚】(きんこう) つつしみ深く、重厚。〔後漢書、光武帝紀上〕光武の絳衣大冠するを見るに及んで、皆驚きて曰く、謹厚なる者も、亦た復た之れを爲すかと。乃ち稍や自ら安んず。

【謹質】(きんしつ) つつしみ深く、質実。〔後漢書、呉漢伝〕漢、性彊力なり。～朝廷に在るに及んでは、斤斤として謹質、體貌に形はる。

【謹順】(きんじゅん) つつしみ深く、すなお。唐・韓愈〔柳子厚墓誌銘〕子厚を萬年の墓に葬る者は、舅弟盧遵なり。遵は涿の人、性謹順、學問して厭はず。

【謹身】(きんしん) 身をつつしむ。〔孝経、庶人章〕天の道を用ひ、地の利を分ち、身を謹みて用を節し、以て父母を養ふ。此れ庶人の孝なり。

【謹慎】(きんしん) つつしみ深い。蜀・諸葛亮〔出師の表〕先帝、臣の謹愼なるを知る。故に崩ずるに臨み、臣に寄するに大事を以てせり。

【謹勅】(きんちよく) つつしみ深く、いましめる。〔後漢書、馬援伝〕龍伯高は敦厚周愼、口に擇言無し。～願はくは汝が曹、之れに效へ。～伯高に效ひて得ざるも、猶ほ謹敕の士と爲らん。所謂鵠(くぐい)を刻して成らざるも、尙ほ鶩に類する者なり。

【謹篤】(きんとく) つつしみ深く、心が篤い。〔後漢書、楊終伝〕時に太后の兄衛尉馬廖、謹篤にして自ら守り、諸子に訓へず。終、廖と交はり善し。書を以て之れを戒む。

【謹敏】(きんびん) つつしみ深く、心がはたらく。〔後漢書、宦者、鄭衆伝〕人と爲り謹敏にして心幾有り。～豪黨に事へず、～策勳班賞、每に多を辭し少を受く。～中官、權を用ふるは、衆より始まる。

【謹密】(きんみつ) つつしみ深く、手ぬかりがない。〔漢書、史丹伝〕丹～貌は儻蕩(大まか)にして備はらざるが若きも、然れども心は甚だ謹密なり。

【謹良】(きんりよう(りやう)) つつしみ深く、善良。〔史記、呂太后紀〕代王は～最も長にして仁孝寛厚なり。太后の家薄氏は謹良なり。且つ長を立つるは故に順なり。

【謹力】(きんりよく) つつしみ深く、つとめる。〔史記、衛綰伝〕文帝且に崩ぜんとせし時、孝景に屬(囑)して曰く、綰は長者なり。能く之れを遇せよと。文帝崩じ、景帝立つに及んで、歳餘綰を譙呵(責め叱る)せず。綰、日に以て謹力す。

↑謹按(きんあん) 謹考／謹衛(きんえい) 謹守／謹賀(きんが) 恭賀／謹恪(きんかく) 恪謹／謹愨(きんかく) 謹愿／謹記(きんき) つつしみ記す／謹啓(きんけい) 拝啓／謹潔(きんけつ) 廉潔／謹倹(きんけん) 謹約／謹言(きんげん) 敬白／謹行(きんこう) つつしみ行う／謹告(きんこく) 謹言／謹細(きんさい) 謹密／謹察(きんさつ) 拝察／謹酒(きんしゅ) 節酒／謹渋(きんじゅう) 思案すぎ／謹粛(きんしゅく) 謹厳／謹遵(きんじゅん) 謹順／謹書(きんしょ) 敬書／謹信(きんしん) 誠実／謹節(きんせつ) 節度がある／謹宣(きんせん) 宣布する／謹素(きんそ) 謹質／謹奏(きんそう) 奏上／謹直(きんちょく) 謹勅／謹飭(きんちょく) 謹勅／謹塗(きんと) 墐塗／謹度(きんど) 分をつつしむ／謹鈍(きんどん) 愚直／謹佈(きんぷ) 謹告／謹孚(きんぷ) 謹信／謹樸(きんぼく) 謹質／謹約(きんやく) 謹質／謹養(きんよう) 奉養／謹廉(きんれん) 謹潔

↓温謹・恪謹・恭謹・勤謹・敬謹・検謹・謙謹・厳謹・孝謹・克謹・細謹・質謹・周謹・柔謹・循謹・醇謹・小謹・詳謹・信謹・慎謹・審謹・清謹・精謹・専謹・忠謹・沈謹・貞謹・篤謹・敦謹・廉謹

常 **【襟】** 18 3429 〔裣〕13 3821 キン えり

篆文  金文 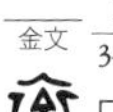

形声 声符は禁。〔説文〕八上に裣を正字とし「交衽なり」という。金文の字は衣中に金を加える形。金は今と同声で、蓋う、閉じる意がある。衣は魂を包むものとされ、交衽のところは霊の出入するところ、そこを閉じるので、禁もまたその意であろう。人の心について、襟懐・襟度のようにいう。襟・裣・衿は同字異文。

訓義 1えり、えりもと、えりもとのかき合わせ。2こころ、おもい。

古訓 〔名義抄〕襟 コロモノクビ・タモト・キヌノクビ 〔字鏡〕襟 コロモ・タモト・コロモノクビ・キヌノクビ・コロモノスソ・モノオモヒ・オモフ

＊語彙は衿字条参照。

【襟韻】(きんいん(ゐん)) 心のおもむき。襟懐風度。唐・杜牧〔池州に孟遅先輩を送る〕詩 千帆、滿風美しく 曉日、鮮血殷し 歴陽の裴太守 襟韻苦だ超越

【襟期】(きんき) 心に思う。襟懐。唐・李白〔秋夜、安府に於て孟贊府兄の都に還るを送る序〕道合しては襟期暗に親しみ、志乖きては肝膽も楚越なり。

【襟喉】(きんこう) えりと、のど。要害をいう。宋・李格非〔洛陽名園記の後に書す〕洛陽は天下の中に處り、～秦・隴の襟喉に當り、趙・魏の走集に面す。

【襟情】(きんじよう(じやう)) 心の思い。〔世説新語、賞誉〕許掾(詢)嘗て簡文(帝)に詣る。爾の夜、風恬しく、月朗かなり。乃ち共に曲室(密室)中の語を作す。襟情の詠は偏に是れ許の長ずる所なるも、辭寄の清婉なること、平日に逾ぐる有り。

【襟素】(きんそ) 心の中。懐抱。〔梁書、文学下、陸雲公伝〕形迹の外、遠近の爲に情を隔てず。襟素の内、豈に風霜を以て節を改

めんや。

【襟帯】きんたい えりと帯。〔後漢書、蔡邕伝〕邕、性篤孝、母常て滞病すること三年、邕、寒暑の節變るに非ざるよりは、未だ嘗て襟帯を解かず。寢寐せざる者と七旬。母卒し、家側に廬し、動靜禮を以てす。

【襟度】きんど 心と度量。宋・楼鑰〔揚州の伯父蔵する所の魏元理の画巻に跋す、桂花〕伯父、揚州に持節擁麾し、幾たびか東南に偏くす。襟度高勝、至る所多く雅士と游ぶ。

【襟抱】きんぽう(はう) 心のうち。唐・杜甫〔厳(武)大夫を奉待す〕詩 身老い時危くして、會面を思ふ 一生の襟抱、誰に向つてか開かん

↑襟宇きんう 襟懐/襟衛きんえい 山河襟帯の地/襟懐きんかい 胸中の思い/襟鬲きんかく こころ/襟義きんぎ 交情/襟裾きんきょ 衣服/襟曲きんきょく 心の底/襟契きんけい 心の友/襟山きんざん 襟衛/襟児きんじ えり/襟袖きんしゅう 襟と袖/襟神きんしん 心/襟背きんぱい 前後/襟腑きんぷ 心のうち/襟袂きんべい 襟袖/襟屛きんぺい 守り/襟要きんよう 要害/襟量きんりょう 器量/襟領きんりょう えり/襟霊きんれい こころ/襟連きんれん 連なる

↓衣襟・一襟・改襟・開襟・解襟・懐襟・寒襟・間襟・旧襟・虚襟・胸襟・曲襟・裙襟・啓襟・軽襟・結襟・孤襟・喉襟・愁襟・繡襟・重襟・粛襟・書襟・舒襟・心襟・宸襟・塵襟・寸襟・正襟・清襟・静襟・素襟・疎襟・双襟・題襟・中襟・佩襟・煩襟・繁襟・披襟・風襟・憂襟・蘭襟・霊襟・斂襟

【覲】 18 4611 キン まみえる あう

篆文  金文 

形声 声符は堇。〔説文〕八下に「諸侯、秋に朝するを覲と曰ふ。王事に勤勞するなり」(段注本)とあって、勤(勤)の声義を以て解する。〔書、舜典〕「乃の日に四岳群牧を覲る」とは引見の義。〔儀礼、覲礼〕に王覲の儀礼がみえる。

訓義 ①まみえる。②みる、あう、引見する。

古訓 〔名義抄〕覲 ミル・マミユ 〔篇立〕覲 ミソナハス・ミル・マミユ・シタシ

【覲饗】きんきょう(きやう) まみえ饗応する。また、神として祭る。唐・韓愈〔魏博節度観察使沂国公先廟碑銘〕覲饗するに時を式て し、爾の祖を爾これ思へ。

【覲見】きんけん おめにかかる。〔晋書、江統伝〕伏して惟ふに殿下天授逸才、聰鑒特達なり。臣謂へらく、猶ほ宜しく時に聖令を發し、德音を宣揚し、保傅に諮詢し、侍臣を訪逮し、賓客を覲見すべし。

【覲礼】きんれい 諸侯朝覲の礼。〔礼記、郊特牲〕覲禮は天子堂より下らずして諸侯を見る。堂より下りて諸侯を見るは、天子の失禮なり。

↑覲接きんせつ お目通り

↓謁覲・王覲・歓覲・享覲・告覲・三覲・肆覲・秋覲・趨覲・朝覲・入覲・陪覲・聘覲・来覲

【麕】 18 0026 ［麇］ 16 0029 キン クン のろ むらがる

篆文  甲骨文 

形声 声符は君。正字は麇に作り、囷の省声。〔説文〕十上に「麞なり」とあり、その異体字。

訓義 ①のろ。②むらがる。③字はまた麇・麢に作る。

＊語彙は麇字条参照。

↑麕至きんし 群がり至る

【麢】 19 0060 キン のろ むらがる

籀文 

形声 声符は囷。正字は麇に作り、〔説文〕十上に「麞なり」とあり、のろをいう。字はまた麕に作る。

訓義 ①のろ。②むらがる、ことごとく。③字はまた麇・麕に作る。

＊語彙は麇字条参照。

↑麢至きんし ことごとく至る/麢集きんしゅう 群がり集まる

【饉】 20 8471 キン ききん

篆文  金文 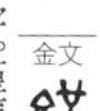

形声 声符は堇。堇は飢饉に際して巫を焚いて祈る形である莫に従う字。堇声の字には飢饉に関するものが多い。〔説文〕五下に「蔬の孰らざるを饉と爲す」とし、饑字条に「穀の孰らざるを饑と爲す」とするが、蔬と穀との区別なく、すべて凶作を饉といい、饉による飢餓の状態を饑という。

訓義 ①ききん。

古訓 〔名義抄〕饉 ウウ・コン 〔字鏡集〕饉 ウウ・ウヱ・コム

語系 饉 gian、饑 kiai、飢(飢) kiei は声義が近い。幾(幾) kiai、汔 xiat と声近く同系の語で、幾殆・希少の意がある。

↓餓饉・飢饉・饑饉・凶饉・行饉・荒饉・疲饉・兵饉

【釁】 25 7722 キン ちぬる すきま きず あやまち

篆文 

会意 冃(卣の倒形)＋臼＋酉(酉)＋人。上部は卣(秬鬯などを入れる酒器)を両手でもち、倒さまにして注ぐ形。下部は人の上にその酒(酉)を灌ぐ形。すなわち鬯酒を人に灌いで清め祓うことで、釁礼をいう。また釁沐・釁浴という。〔周礼、春官、女巫〕に「歳時の祓除釁浴することを掌る」、〔鄭注〕に「香薫草藥を以て沐浴することを謂ふ」とあり、魂振りの儀礼に用いる。斉の管仲が虜囚を解かれるとき「三釁三沐」が行われたのはこの礼である。また礼器や兵器を制作したときに、牲血を以て釁塗する礼があり、同じく釁という。礼器を彝器というのは、鶏血を以て釁塗の礼を行うからで、彝は鶏を羽交い締めにして血を吐かせる形である。これは修祓のためのみでなく、鋳きずを補う意味もあったらしく、それで釁にまた「すき」「きず」「あやまち」の意があり、過釁・釁咎のように用いる。〔説文〕三上に「血祭なり」というのはこの釁塗の礼。字形について「竈を祭るに象るなり。爨の省に従ひ、酉に従ふ。酉は祭る所以なり。分に従ふ。分は亦聲なり」とするが、その形も声も異なり、すべて支離の説である。

訓義 ①酒をそそいで清める、はらう。②ちぬる、牲血を以てはらう、礼器・兵器を新作したときにぬる。③すき、きず、あな、ひびわれ、きざし。④あやまち、つみ。⑤うごく。

古訓 〔名義抄〕釁 ウカヾフ・ツミ・ヒマ・ウゴク・チヌル・ス丶ム 〔字鏡集〕釁 ウカヾフ・ツミ・トガ・ヒマ

【釁悪】きんあく 欠点と悪行。〔文心雕竜、奏啓〕路粋(曹操の臣)の孔融を奏するや、則ち其の釁惡を誣ふ。名儒と險士とは、固より心を殊にす。

【釁隙】きんげき 不和。〔後漢書、袁術伝〕(袁)紹、議して劉虞を立てて帝と爲さんと欲す。(袁)術～長君を立つることを憚り、託するに公義を以てし、肯て同ぜず。此れを積みて釁隙遂に成る。乃ち各〻外に交はり黨援し、以て相ひ圖謀す。術は公孫瓚に結び、紹は劉表に連なる。

【釁鼓】きんこ 牲血を以て軍鼓を清める。〔左伝、僖三十三年〕孟明(視)稽首して曰く、君の惠なる、纍臣を以て鼓に釁らずして、歸りて戮に秦に就かしむ。寡君の以て戮と爲さば、死すとも且ほ朽せざらん。

【釁社】きんしゃ 社にちぬる。〔管子、小問〕桓公、位を踐み、社に釁して塞禱(賽禱、がんほどき)せしむ。

【釁主】きんしゅ 軍行のとき、宗廟の主(神位)や社の主にちぬる。〔周礼、夏官、大司馬〕若し大師(軍事)あるときは、則ち其の

戒令を掌り、大卜に涖み、執事を帥ゐて、涖みて主（神位）及び軍器に釁す。

【釁鐘】鐘にちぬる。〔孟子、梁恵王上〕牛を牽いて堂下を過ぐる者有り。王之れを見て曰く、牛何くにか之くと。對へて曰く、將に以て鐘に釁らんとすと。王曰く、之れを舍け～と。

【釁端】不和のはじめ。〔福恵全書、二十四、迎春〕凡そ龍舟は、止だ賽神酬愿（お参り）するを許し、往來の遊櫂に旁人の擲采し、互ひに相ひ争奪して釁端を起すことを得ず。

【釁鬯】尸に鬱鬯の酒を塗って清める。その鬯酒。〔周礼、春官、鬯人〕大喪の大渳（尸を浴する礼）に斗（盥）を設け、其の釁鬯を共（供）す。

【釁塗】牲血を以て塗る清めの儀礼。〔詩、小雅、斯干序〕斯干は宣王室を考すなりの箋〕宣王是に於て宮廟群寢を築き、既に成りて之れを釁す。〔疏〕其の廟には則ち神將に休せんとす。則ち禮を以て之れを釁塗す。

【釁勇】血気の勇。釁は動く。〔左伝、襄二十六年〕夫れ小人の性は、勇に釁きて禍に嗇る。以て其の性を足すも、～國家の利に非ざるなり。

【釁浴】香草の湯に浴して身を清める。〔周礼、春官、女巫〕歳時の祓除釁浴することを掌る。

【釁穢】けがれ。汚行。〔後漢書、儒林、楊倫伝〕釁穢既に章かに、咸く其の誅に伏す。而れども豺狼の吏、今に至るも絶えざる者は、豈に本擧の主、之れに罪を加へざるに非ずや。

↑釁禍 禍乱／釁逆 叛乱／釁咎 刑罰／釁廏 廏にちぬる／釁孽 禍難／釁愆 誤り／釁故 事故／釁鐘 釁鍾／釁兆 釁端／釁難 かたき／釁蔽 欠陥／釁面 面に毒塗る／釁沐 釁浴／釁累 禍患

↓悪釁・嬰釁・過釁・瑕釁・奸釁・間釁・観釁・窺釁・鬩釁・血釁・結釁・愆釁・元釁・垢釁・国釁・疵釁・衆釁・乗釁・禳釁・成釁・塞釁・多釁・大釁・致釁・肇釁・纓釁・塗釁・動釁・憂釁・余釁・妖釁・涖釁・穢釁

ギン

常 **【吟】** 7 6802 ［唫］ 11 6801 ギン うたう

篆文

形声 声符は今。〔説文〕二上に「呻くなり」とあり、呻吟の意。今は蓋栓の形で、覆い含む意があり、吟は口を狭めて嘆く意をもつ。「シナケル」の訓の合う字である。のち吟詠の意となり、吟懐・吟興のように用いる。字はまた唫・訡に作る。

訓義 1なげく、しなける、かなしむ。2うめく、によぶ、どもる。3うたう、うた。4むし・とり・けものがなく。

古訓 〔名義抄〕吟 ニヨブ・ナゲク・カナシブ・シナケル・サマヨフ・アザワラフ・シノブ

【吟詠】詩歌をうたう。吟咏。魏・嵆康〔琴の賦〕是の故に之れを復して足らざれば、則ち吟詠して以て志を肆べ、之れを吟詠して足らざれば、則ち言を寄せて以て意を廣む。

【吟臥】気楽に臥してうたう。宋・蘇舜欽〔静勝堂夏日、王尉に呈す〕詩 虚堂、吏事稀なり 吟臥、機を忘れんと欲す

【吟哦】うたう。唐・韓愈〔張籍を調ふ〕詩 惟れ此の兩夫子（李・杜） 家居、率ね荒涼たり 帝長へに吟哦せしめんと欲し 故らに起つて且た僵れしむ

【吟懐】詩を作りたいと思う心。詩心。唐・杜荀鶴〔近試、知る所に投ず〕詩 白髮、梳くに隨つて落つ 吟懷、說きて誰にか向はん

【吟客】詩人。唐・鄭谷〔狄右丞に寄献す〕詩 身は酔客と爲りて、吟客を思ふ 官は中丞より、右丞を拜す

【吟笻】詩人の携える杖。吟杖。元・袁士元〔信孚中の竜翔集慶寺に住むを送る〕詩 幽を尋ねて近く復た天童に游び 萬松徑裏、吟笻を支ふ

【吟月】月に嘯く。〔宣和画譜、山水二、董元〕畫を善くし、多く山石水龍を作る。～其の（竜）降陞すること自如、蟄を出で洞を離れ、珠に戲れ月に吟じ、自ら喜怒變態の狀有り、人をして以て遐想すべからしむ。

【吟行】詩歌を口ずさみながら行く。唐・羅鄴〔冬日旅懐〕詩 烏焰（陽光）纔かに沈んで、桂魄（月光）生ず 霜階、褐（僧衣）を擁して、暫く吟行す

【吟骨】詩的な精神。唐・杜荀鶴〔諸家の詩を読む〕詩 直だ應に吟骨をして生死すること無からしめば 祇に我が前身は、是れ阿誰ぞ

【吟魂】詩人の心。その霊。唐・斉己〔賈島の旧居を経〕詩 若し吟魂の在る有らば 應に夜魄（夜気、また、月）に隨ひて迴るべし

【吟殺】うたう。殺は強意の助字。前蜀・韋荘〔左司郎中の春物暗度、感じて章を成すに奉和す〕詩 纔かに喜ぶ、新春の已に暮春となるを 夕陽吟殺す、樓に倚るの人

【吟社】作詩の結社。唐・高駢〔途次～諸友人に呈す〕詩 好し高陽（酒徒たち）と吟社を結ばん 況んや名跡の珠旒（高官）に達する無きをや

【吟誦】詩歌をうたう。また、声をあげて書を読む。〔晋書、儒林、徐苗伝〕苗、少き家貧し。晝は鉏耒（すき）を執り、夜は則ち吟誦す。

【吟嘯】口をすぼめて声高くうたう。悲しみなげく。〔幽明録〕樂安縣の故市、荒亂を經、人民餓死し、枯骸地を塡め、天陰り將に雨ふらんとする毎に、輒ち吟嘯呻歎を聞く。聲、耳に聒し。

【吟酔】詩を吟じ、酒に酔う。宋・梅尭臣〔韻に依り、永叔（欧陽脩）の～雑言に和す〕詩 但だ自ら吟醉して、世と違ふ 此の外萬事、皆知る莫し

【吟声】詩歌をうたう声。唐・白居易〔宣州～郡斎に寄贈す〕詩 謝玄暉（朓）殁して、吟聲寢み 郡閣寥寥として、筆硯閑かなり

【吟想】詩想。晋・孫綽〔天台山に遊ぶの賦〕方めて纓絡（官位）を解き、永く茲の嶺に託す。吟想の至るに任へず、聊か藻を奮つて以て懷ひを散ず。

【吟嘲】詩歌を以て世を嘲る。宋・欧陽脩〔使ひを契丹に奉じ、道中劉原父～に答ふ〕詩 我老いて鞍馬に倦む 安んぞ能く吟嘲を事とせん

【吟髪】なげき吟ずる人の髪。唐・杜荀鶴〔秋晨感有り〕詩 吟髮、長へには黑からず 世交、久情無し

【吟風】風のまにまにうたう。唐・范伝正〔李翰林白墓誌銘〕吟風詠月、席地幕天、但だ其の適する所に適するを貴び、夫の然る所以を知らずして然り。今に至りて尚ほ其の醉を疑ふ。

【吟味】吟詠玩味。明・方孝孺〔畸亭記〕會稽の楊宗哲～少くして能く詩を爲くる。太學に居り、數千人中、獨り吟味を以て自ら娯しむ。

【吟弄】口ずさむ。唐・李賀〔湘妃〕詩 蠻娘の吟弄、寒空に滿ち 九山の靜綠、淚花紅なり

↑吟咏 吟詠／吟繹 口ずさむ／吟謳 吟誦／吟翫 吟味する／吟叫 なき叫ぶ／吟蛩 蟋蟀／吟興 詩興／吟響 吟声／吟吟 笑う声／吟肩 詩人／吟研 吟味／吟口 伝承／吟稿 詩稿／吟債 詩を贈る約束／吟酸 苦吟する／吟士 詩人／吟髭 詩人の髭／吟袖 詩人の袖／吟唱 吟哦／吟頌 吟誦／

吟賞 吟詠し欣賞する／吟杖 吟筇／吟情 詩情／吟場 詩会／吟心 詩心／吟身 詩人／吟呻 呻吟する／吟席 詩席／吟牋 詩箋／吟咀 味わう／吟草 詩草／吟歎 呻吟する／吟断 うたう／吟壇 詩壇／吟虫 鳴く虫／吟鳥 啼鳥／吟唄 仏徳を頌する偈／吟諷 吟哦／吟謡 吟唱／吟力 作詩の根気

↓哀吟・詠吟・謳吟・哦吟・寒吟・閑吟・間吟・緩吟・叫吟・苦吟・空吟・口吟・行吟・高吟・詩吟・愁吟・嘯吟・樵吟・呻吟・新吟・酔吟・清吟・静吟・蟬吟・短吟・長吟・沈吟・独吟・繁吟・悲吟・微吟・風吟・放吟・謾吟・名吟・黙吟・夜吟・野吟・幽吟・謡吟・竜吟・朗吟・和吟

【斦】 8 7222 ギン シツ

篆文

会意 二斤に従う。〔説文〕十四上に「二斤なり」とするが、〔繫伝〕には「闕」として説解を加えていない。質の字はこの形に従うので、朱駿声の〔説文通訓定声〕には質の音でよむべきであるという。ただ〔説文〕は質字条六下において、質を所貝の会意の字としている。質とは質剤、盟誓し契約すること。貝の形はもと鼎。この鼎に刀を以て銘刻を加えて証とすることを則といい、もし方鼎ならば齋に銘刻を加えて劑(剤)という。二斤を以て双方の盟誓・契約を加えることを質という。ただ所にはその用例がなく、字義を定めることはできない。

訓義 ①二ふりのおの。②斤斤は、明らかの意。③椹櫍の櫍。椹、もの切り台。④〔康熙字典〕に砧とする。きぬた、きぬたの台。

【犾】 8 4303 ギン かむ あらそう

篆文

甲骨文

会意 二犬に従う。〔説文〕十上に「兩犬相ひ齧むなり」とするが、両犬に従う字には獄訟に関するものが多い。犬の齧みあうことを狺といい、その鳴く声を狺狺という。嚚と声近く、嚚とは嚚訟の意。

訓義 ①かむ、犬がかみあう。②あらそう、うったえあらそう。

部首 〔説文〕に𤟹・獄の二字を属する。𤟹は司空、獄訟を司るもの。獄は囚獄。犬は獄訟に当たって、犠牲として提供されたものであろう。それは羊神判において、羊が提供されるのと同じ意味であろう。

語系 犾・犴・狺 ngiən は同声。〔玉篇〕に「犴は犬の聲なり」とし、また「狺は犴に同じ」とする。言は獄訟に当たって自己詛盟する意であるから、羊神判を意味する善の初文が、もと誩に従う形であるのと同じである。狋は牛肌切 ngiei と巨員切 ngiən と両音あり、狋 ngiei を〔説文〕十上に「犬の怒る皃なり」とし、「讀むこと又銀の若くす」という。狠 ngoən は〔説文〕に「吠え鬭ふ聲なり」とあり、犾をその意に用いるのは、声の仮借であろう。

【垠】 9 4713 ギン ゴン はて かぎり

篆文

形声 声符は艮。〔説文〕十三下に「地垠なり。一に曰く、岸なり」とし、また圻字をあげて「垠、或いは斤に従ふ」という。地の辺界のところ、それより進みがたいの意。艮の初形は目と人に従い、邪眼に会って人の却く形である。

訓義 ①はて、地のはて。②かぎり、さかい。③がけ、きし。④字はまた圻に作る。

古訓 〔名義抄〕キシ・カギリ・カギル〔篇立〕垠 キシ・カギリ・キハ・ハノキハ

↑垠崖 がけ／垠堮 辺際／垠垠 聳え立つ／垠際 はて

↓海垠・九垠・江垠・坤垠・守垠・重垠・絶垠・天垠・土垠・無垠

【狺】 10 4026 ギン

金文

形声 声符は言。〔説文〕犬部十上に「犴は犬の吠ゆる聲なり」「狋は犬の怒る皃なり。～讀みて又銀の若くす」、犾部十上に「犾は兩犬相ひ齧むなり」とあり、みな声義が近い。擬声的な語である。狺と犴とは同じ語で、犬がかみあう声をいう。

訓義 ①ほえる、かみあう、ほえてかみあう。②あらそう。

語系 狺・犴・犾・狋 ngiən は同声で、一系の語。

【狺狺】 犬の声。楚・宋玉〔楚辞、九弁、四〕豈に鬱陶として君を思はざらんや 君の門、九重を以てす 猛犬狺狺として迎へ吠き 關梁閉ぢて通ぜず

【狺然】 犬の吠えるさま。宋・蘇洵〔幾策、審敵〕骨を地に投ずれば、狺然として争ふ者は、犬の常なり。今は則ち然らず。邊境の上、豈に乘ずべきの釁無からんや。

↑狺犬 吠えたてる犬／狺吠 犬が吠えたてる

【唫】 11 6801 ギン つぐむ うたう

篆文

形声 声符は金。〔説文〕二上に「口、急なるなり」とは、せきこんで口ごもる意。ほとんど用例はない。噤に通じてつぐむ、吟に通じてうたう意に用いる。

訓義 ①つぐむ、口とじる。②うたう。③せきこむ、口ごもる。

古訓 〔名義抄〕唫・噤 トヅ・ツキヌ〔篇立〕唫 フ、ム

↑唫詠 吟詠／唫嘯 吟嘯／唫呻 呻吟

↓噤唫

【崟】 11 2210 ギン みね

篆文

形声 声符は金。〔説文〕九下に「山の岑崟なるなり」、〔広雅、釈詁四〕に「高なり」とあり、高峻の岑をいう。

訓義 ①みね、いただき。②たかい、けわしい。③おおきい。

古訓 〔名義抄〕崟 タカシ〔字鏡集〕崟 タカシ・タケ・ミネ

↑崟巌 高峻／崟崎 高峻／崟岌 高峻／崟嶔 高峻／崟崟 高峻

↓崖崟・巌崟・崎崟・嶔崟・岑崟・騰崟

【釿】 12 8212 ギン キン きる

篆文

形声 声符は斤。〔説文〕十四上に「劑斷するなり」とあり、たち切る意。また手斧をいう。

訓義 ①きる、たちきる。②まさかり、ちょうな、ておの、かんな。③器物のへり。

古訓 〔名義抄〕釿 テヲノ・ウガツ・タク・ホル〔篇立〕釿 ウガツ・ホル

↑釿鋸 手斧と鋸

常【銀】 14 8713 ギン しろがね

篆文

形声 声符は艮。〔説文〕十四上に「白金なり」とあり、銅を赤金という。列国期の中山王陵諸器に、金銀の象嵌を加えた精巧な器が多い。銀は金文にみえず、〔書、禹貢〕に「璆鐵銀鏤」の名がある。

訓義 ①しろがね。②銀貨、銀印。③白くてつやがあるものなどをもいう。④垠と通じ、かぎり。

古訓 〔和名抄〕銀 之路加禰(しろかね)〔名義抄〕銀 シロカネ

【銀鞍】 銀で飾った鞍。陳・顧野王〔陽春歌〕楽府 銀鞍、俠客至り 柘彈、婉童歸る

【銀印】 銀製の印。〔漢書、百官公卿表上〕御史大夫 秦官、位は上卿、銀印青綬なり。

【銀屋】銀の家。大波の形容。唐・李白〔司馬将軍歌〕詩 兵を揚げ戰ひを習はしめて、虎旗を張る 江中の白浪、銀屋の如し
【銀海】古代の王陵中、水銀を灌いで海になぞらえた所。〔史記、秦始皇紀〕水銀を以て百川江河大海と爲し、機もて相ひ灌輸せしむ。上は天文を具し、下は地理を具す。人魚の膏を以て燭と爲す。滅えざる者之れを久しうするを度ればなり。
【銀漢】天の河。銀河。宋・蘇軾〔陽関詞、三首、中秋月〕詩 暮雲收まり盡して、清寒溢る 銀漢聲無くして、玉盤(月)を轉ず
【銀杏】いちょう。公孫樹。玉果。〔本草綱目、果二、銀杏〕白果、鴨脚子。(李)時珍曰く、～宋初始めて入貢し、改めて銀杏と呼ぶ。
【銀朱】水銀を焼いて作った朱。〔本草綱目、石三、銀朱〕(李)時珍曰く、昔人謂ふ、水銀は丹砂に出づと。鎔化して還つて復た朱と爲る者、卽ち此れなり。名も亦た此れに由る。
【銀燭】明るく光るともしび。唐・賈至〔早に大明宮に朝し、両省の僚友に呈す〕詩 銀燭天に朝して、紫陌長し 禁城の春色、曉に蒼蒼たり
【銀箭】水時計の目盛りの矢。水時計。唐・李白〔烏棲曲〕詩 銀箭金壺、漏水多し 起きて看る、秋月の江波に墜つるを 東方漸く高し、樂しみを奈何せん
【銀台】仙人の居る所。また、宮門の名。また、美しいうてな。唐・盧照鄰〔長安古意〕詩 啼花戲蝶、千門の側ら 碧樹銀臺、萬種の色
【銀盃】銀製の杯。〔唐書、柳公権伝〕凡そ公卿、書を以て貺遺すること蓋し鉅萬なり。而して主藏の奴、或いは盜用す。嘗て盃盂一笥を貯へ、縢識(封印)故の如きも、器は皆亡し。奴、妄言して測り叵し。公權笑つて曰く、銀盃羽化せるならんと。
【銀屛】銀で飾った屛風。南唐・李煜〔菩薩蛮、三首、三〕詞 潛かに來りて、珠瑣動き 驚き覺む、銀屛の夢
【銀瓶】水器。唐・白居易〔琵琶行〕詩 銀瓶乍ち破れて水漿迸り 鐵騎突出して刀槍鳴る
↑銀液 水銀/銀円 銀貨/銀鴨 銀の香炉/銀甕 銀のかめ/銀鷗 白鷗/銀花 灯火/銀華 銀の華/銀窠 銀印/銀河 天の河/銀塊 銀の地金/銀艾 銀印緑綬/銀管 銀の筆管/銀環 銀の腕環/銀亀 亀紐の銀印/銀器 銀製の器/銀櫃 金庫/銀宮 仙宮/銀窟 銀坑/銀庫 金庫/銀工 銀細工人/銀行 両替店/銀缸 銀の灯火台/銀釭 灯火/銀潢 銀河/銀篝 銀の熏籠/銀号 銀の両替店/銀毫 筆/銀沙 銀砂/銀鎖 銀のくさり/銀釵 銀のかんざし/銀索 電光/銀蒜 簾の重し/銀子 銀貨/銀糸 銀色の糸/銀紙 銀がみ/銀匙 銀のさじ/銀字 管笛の属/銀筍 つらら/銀書 銀泥書/銀鈔 銀貨/銀縄 銀索/銀色 銀白色/銀信 よい便り/銀青 銀印青綬/銀蟾 月/銀髯 白いひげ/銀樽 酒樽/銀竹 大雨/銀冑 銀製の冑/銀釘 銀の釘/銀泥 銀色の絵具/銀黏 銀米/銀兎 月/銀濤 銀波/銀鐙 銀のあぶみ/銀葩 月/銀牌 銀札/銀盤 銀製の盤/銀母 雲母/銀榜 建物の扁額/銀鑰 銀のかぎ/銀葉 銀の薄片/銀両 金銭/銀糧 租税/銀輪 美しい車/銀鱗 青白く光る魚/銀縷 銀糸/銀礫 星/銀炉 銀の香炉/銀漏 水時計/銀盌 銀の椀/銀湾 天の河
↓金銀・貢銀・黄銀・湿銀・純銀・銷銀・燭銀・水銀・精銀・丹銀・鋳銀・雕銀・賃銀・銅銀・白銀・餅銀・冶銀・洋銀・鎔銀・爛銀・路銀・労銀

【誾】15 7760 ギン やわらぐ つつしむ

篆文

会意 門＋言。〔説文〕三上に「和說して諍ふなり」とし、字を門声とするが音が合わず、もとより会意字である。門は廟門。その廟門に祝詞を収める器(𠙵)をおいて神意をうかがうは問。言は盟誓して祈る意で、神意を待つことを誾という。夜中幽暗のとき、そこに声を発して神意が示されることがあり、その字は闇(闇)。〔玉篇〕に「和敬の皃なり」とあり、謹んで神意を待つことをいう。
訓義 ①やわらぐ、つつしむ。②誾誾は和敬のさまをいう。
古訓 〔名義抄〕誾 ヨロコブ・ヤハラカナリ 〔字鏡集〕誾 サトル・シンヤハラグ・ヤハラカナリ・ウヤマフ・ヨロコブ
語系 誾・犾・狺ngianは同声。〔説文〕に誾に争う意を加えているのは、おそらく犾・狺の通用の義であろう。
【誾誾】和敬のさま。〔論語、先進〕閔子騫、側らに侍す。誾誾如たり。子路、行行如(剛強のさま)たり。冉有・子貢、侃侃如(和楽のさま)たり。

【趛】15 4880 ギン

篆文

形声 声符は金。〔説文〕二上に「頭を低れて疾く行くなり」とあるが、用例をみない。金文の人名に師趛父があり、古くからある字である。
訓義 ①あたまをたれて、はやくあるく。

【憖】16 4333 ギン キン なまじいに かける

篆文

形声 声符は猌。〔説文〕十上に「猌は犬、齗を張りて怒るなり」とし、憖字条十下に「問ふなり。謹み敬ふなり」とし、「一に曰く、說ぶなり。一に曰く、甘し」とみえる。〔段注本〕に〔玉篇〕等によって「肎(肯)なり。謹み敬ふなり。～一に曰く、說ぶなり。一に曰く、且なり」と改めている。〔玉篇〕には「説文に、閒なり。一に曰く、說ぶなり。一に曰く、且なり」とみえるが、これらの訓義の間に統貫するものがない。〔左伝、哀十六年〕の孔子を弔う誄辭に「旻天不淑にして、憖ひに一老を遺さず」とあり、その句は〔詩、小雅、十月之交〕にみえるもので、字の初義を示す例である。〔詩〕の〔疏〕に引く〔説文〕に「憖は肯なり」とみえる。また〔左伝、文十二年〕「兩軍の士、皆未だ憖けざるなり」とは、なお傷害を被らぬ意である。字の構造よりいえば、來(来)は来麦、犬は犬牲、これらを供えて祀り祈ることをいう。〔小爾雅、広言二〕に「願ふなり」、〔広雅、釈詁一〕に「憂ふるなり」とあるのが字義に近く、〔詩〕の〔鄭箋〕に「心に欲せず、自ら彊つとむるの辭なり」とは、国語の「なまじい」に近い意であろう。
訓義 ①なまじいに、つとめて、しいて。②ねがう。③うれえる、いたむ、つつしむ。④かける、きずつく。
古訓 〔名義抄〕憖 コハシ・ナマジヒ・トヽノフ
【憖憖】つつしみ深いさま。唐・柳宗元〔三戒、黔の驢〕黔に驢無し。好事の者有り、船載して以て入る。～之れを山下に放つ。虎之れを見るに、尨然たる大物なり。以て神と爲し、林閒に蔽れて之れを窺ひ、稍出でて之れに近づくも、憖憖然として相ひ知る莫し。
↑憖遺 残す/憖暇 閑暇/憖置 とどめ置く/憖留 とどめ置く

【嚚】18 6666 ギン やかましい おろか

篆文

古文

甲骨文

会意 㗊＋臣。〔説文〕三上に「語聲なり」とし、臣声とするが、声も合わず、㗊は多くの祝告の器(𠙵)を列して祈る意で

あるから、嚚は〔書、堯典〕にいう「嚚訟」の意である。臣はおそらく犠牲、あるいは望気して祈る巫祝の類であろう。古文の字形に、望（望）の初文に器を加えた形のものがある。神の徒隷たる者を臣という。媚飾を施した巫の形である莧を器の中に加えると䨻、儀礼の人である頁を加えると囂、叫声の意を加えると嚚となる。みな、かまびすしい状態で祈ることをいう。

【訓義】①やかましい、かまびすしい。さわがしく祈りたてることをいう。②悪声、声がつまる、ものがいえない。③おろか、まことがない。

【古訓】〔名義抄〕嚚　カタクナシ・カマビスシ・カマ〳〵シ・ヒスカシ〔篇立〕嚚　カマビスシ・ヒスカシ・カタクナシ・トガメリ・サハガシ・オロカナリ

【嚚闇】おろか。〔潜夫論、考績〕群僚の士を擧ぐる者、或いは頑魯を以て茂才に應じ、～嚚闇を以て明經に應じ、残酷を以て寛博に應ず。～名實相ひ副はず、求貢相ひ稱はず。

【嚚瘖】ものがいえない。〔国語、晋語四〕嚚瘖は言はしむべからず、聾聵は聽かしむべからず。

【嚚頑】おろかで頑固。〔書、堯典〕瞽の子なり。父は頑に、母は嚚に、象（舜の弟）は傲る。

【嚚訟】いい争いを好む。〔書、堯典〕帝曰く、疇か咨あ、時に若ひて登庸せんと。放齊曰く、胤子朱、啓明なりと。帝曰く、吁、嚚訟なり、可ならんやと。

↑嚚猾　狡猾／嚚悍　おろかでたけだけしい／嚚凶　凶悪／嚚杌　頑愚／嚚昏　おろか／嚚人　頑愚／嚚童　頑童／嚚母　悪母／嚚昧　愚昧

↓頑嚚

【齗】19 2272　［齦］21 2773　ギン　コン　はぐき　あらそう

篆文

【形声】声符は斤。また艮に従って齦に作る。〔説文〕二下に「齒本の肉なり」（段注本）とあり、はぐきをいう。はぐきをあらわして争うことを齗齗という。

【訓義】①はぐき。②齗齗、はぐきのあらわれるさま、はぐきをあらわして争う。③はぐきをあらわして笑う。④折と通じ、犬がかみあう。

【古訓】〔新撰字鏡〕齗　齒（波）志々（はじし）〔和名抄〕齗　波之々（はじし）〔名義抄〕齗　ハシ・オソハ・アギ・ニカム〔篇立〕齗　ハグキ・ニケカム・アギ・ヲクバ・ハシキ

【齗齗】争うさま。〔史記、魯周公世家論賛〕余れ聞く、孔子稱して曰く、甚だしい矣か、魯道の衰へたること。洙泗（魯の川の名）の閒、齗齗如たりと。

↑齗齶　はぐき／齗骨　歯

↓牙齗・齶齗・嚼齗・重齗

ク

常【区】4 7171　［區］11 7171　ク　オウ　コウ　くぎる　わかつ　かくす

篆文

侯馬盟書

甲骨文

金文

【会意】旧字は區。匸＋品。匸は秘匿のところ。品は多くの祝詞の器（ㅂ）を列する形。ここでひそかに祝禱や呪詛を行うので、嘔・歐（欧）・毆（殴）など、その呪儀に関する字は區に従う。小さな区域をかこって行うので、区域・区分・区別、また区々の意となる。〔説文〕十二下に「踦區、藏匿するなり」とするが、その両義の関連が明らかでなく、字形について「品の匸中に在るに従ふ。品は衆なり」と品を衆口の意とするが、もと呪祝のことに関する字である。

【訓義】①祈りを行う場所、くぎる、かぎる。②かくれた場所、小さな部屋、わかつ。③区域、すまい、その地域。④しな、しなじな。⑤勾と通じ、まがる。

【古訓】〔名義抄〕區　マチ〳〵・イヤシ・カクス・マチ・チマタ・サカヒ・タスク・タグヒ

【声系】〔説文〕に區声として謳・毆・傴・歐・驅（駆）・漚・嫗など十九字を収める。謳・歐はその祝詞を声をあげてよみ、祈る意。毆はその器を毆って呪霊を刺激する意。傴・嫗はそのときの姿勢などを示す字。これらの字はおおむね區の声義を承ける。

【語系】區・嘔・歐khoは同声。嘔は嘔吐・嘔血に用いる字で、その吐くような声を歐・謳という。嫗io、姁xioは畳韻。軀・驅は區と同声。みな、その身をかがめるような姿勢をいう。

【区域】地区のさかい。晋・潘岳〔賈謐の為に作りて陸機に贈る、十一章、一〕詩　結繩闡化し　八象文を成す　芒芒たる九有　區域以て分る

【区宇】くぎりの中。宇内。漢・張衡〔東京の賦〕區宇乂まりて寧く、和を思ひ中を求む。睿哲玄覽、茲の洛宮に都す。

【区夏】中国の全区。〔書、康誥〕用って肇めて我が區夏と我が一・二邦とを造り、以て我が西土を修めたり。惟これ時これ上帝に冒聞し、帝休ぶ。

【区寰】世の中。〔魏書、羊深伝〕區寰の内をして、競うて仁義の風に務めしめ、荒散の餘をして、漸く禮樂の用を知らしめば、豈に美ならずや。

【区区】小さな、つまらないこと。そのことだけを思う。〔文選、古詩十九首、十七〕書を懷袖の中に置く　三歳まで、字滅せず　一心、區區を抱く　君の識察せざるを懼る

【区処】区分して処理する。宋・梅堯臣〔刁秘校～の親を省するを送る〕詩　嫌ふこと莫かれ、簿書の繁きを　百事、區處に由る

【区署】役所を分置する。〔唐書、房琯伝〕天寶五載～、時に玄宗逸志有り。數と巡幸し、温泉を廣くして華清宮を爲り、宮所に環ぐらして百司の區署を置く。

【区中】世の中。南朝宋・謝霊運〔江中の孤嶼に登る〕詩　靈を表はすも物賞する莫く　眞を蘊むも誰か爲に傳へん　崑山の姿を想像するに　緬邈たり、區中の縁

【区内】天下。唐・韓愈〔新たに滕王閣を修むる記〕其の冬、天子大號を進むるを以て、恩を區内に加ふ。

【区品】しなわけ。〔後漢書、西域伝論〕其の境俗性智の優薄、產載物類の區品～の若きは、備さに情形を寫し、審らかに根實を求めざる莫し。

【区分】しきりをつけて分ける。〔晋書、摯虞伝〕又古文章を撰び、類聚區分して三十卷と爲し、名づけて流別集と曰ふ。各と之れが論を爲し辭理愜當にして、世の重んずる所と爲る。

【区別】けじめを作る。〔論語、子張〕君子の道は～諸これを草木の區して以て別あるに譬ふ。～始め有り卒り有る者は、其れ唯だ聖人のみか。

【区萌】草木の屈生するをいう。〔礼記、楽記〕天地訢（欣）合し～然る後に草木茂り、區萌達し、羽翼奮ふ。～則ち樂の道の歸なるのみ。

【区廬】宮中の衛士の詰所。〔漢書、百官公卿表上注に引く漢旧儀〕宮闕の門内を主る衛士は、周垣下に於て區廬を爲る。區廬なる者は、今の仗宿屋の若し。

↑区寓　区宇／区外　区域外／区蓋　区切りしておおう／区画　区分／区劃　区分／区極　天下／区隅　すみ／区穴　すきま／区県　区宇／区士　宮外の衛士／区種　種まく／区陬　片すみ／区段　くぎり／区宙　宇宙／区廛　市区／区甸　疆域／区土　国土／区畔

境界／区服 天下／区物 万物／区瞀 昏昧／区冶 欧冶 剣の名工／区有 大地／区囿 範囲／区落 村落／区里 村里

↓異区・遺区・一区・雲区・栄区・盈区・営区・奥区・寰区・遐区・外区・学区・管区・寰区・窮区・荒区・高区・閩区・山区・市区・肆区・殊区・常区・神区・人区・塵区・水区・数区・仙区・穿区・僧区・村区・大区・地区・中区・定区・方区・蛮区・分区・牧区・沃区・涼区・猟区・霊区

常
【句】 5 2762 クコウ まがる

篆文  甲骨文  金文 

会意 勹＋口。勹は人の句曲している形で、屈屍の象。口は𠙵、祝詞を収める器。局と同じく、屈肢葬を示す字。〔説文〕三上に「曲なり」とし、字を丩声とするが、丩に従う字ではない。屈肢句曲の形より、句兵・句爪の意となり、句読・章句に句曲の点を用いるので、またその意となる。

訓義 ①まがる。字はまた勾に作る、ムは屈曲の象。②まがった鉤。それでとどめる、とらえる。拘の初文。③まがった形の点。それで句読をつける、句読、句読によってくぎられた章句。④呉・越の地の発声の語、句呉・于越のようにいう語。於菟(虎)の於も、その系統の語。

古訓 〔名義抄〕句 カヾマル・ヒク・ハルユミ・コトハ 〔字鏡集〕句 マガル・ヒク・カヾマル・カラ・トヾマル

声系 〔説文〕に句声として拘・笱・鉤・耇・痀・姁・絇など、三十三字を収める。句曲の意をとるものが多い。

語系 句・笱・鉤koは同声。笱は曲竹。魚を捕らえる器。鉤は曲鉤。ものを鉤懸するのに用いる。拘・痀kio、朐gio、局・跼giok、曲khiokもみなかがめる意があり、同系の語である。

【句圜】 屈曲して円く連なる。〔史記、天官書〕杓端に兩星有り。～句圜十五星有り、杓に屬す。賤人の牢と曰ふ。

【句眼】 詩句中の眼目となる字。宋・楊万里〔乞米の韻に次す〕詩 詩腸幸ひに自ら烟火(世俗の生活)無し 句眼何ぞ點塵を著くることを愁へん

【句倨】 まがる。〔説苑、雑言〕夫れ水は、君子の德に比す。～其の流るるや卑下句倨、皆其の理に循ふは、義に以たり。淺き者は流行し、深き者は測られざるは、智に似たり。

【句屨】 くつの頭部に飾りのあるもの。〔荘子、田子方〕儒者の圜冠を冠する者は、天時を知るなり。句屨を履く者は、地形を知るなり。

【句股】 幾何学において、直角三角形の短辺を句、長辺を股という。清・黎庶昌〔続古文辞類纂の序〕本朝、經藝を以て士を試む。科場の定例に、又點句・句股の學有り。

【句呉】 呉。句は発声の語。〔漢書、地理志下〕大伯初めて荊蠻に奔り、荊蠻之れに歸す。號して句呉と曰ふ。

【句読】 文意の終わるところを句、よみつぐところを読という。漢・高誘〔淮南子、叙〕誘の少きときより、故の侍中、同縣の盧君に從つて、其の句讀を受け、大義を誦擧す。

【句萌】 草木の初生の形。曲なるものを句、直なるものを萌という。〔礼記、月令〕(季春の月)是の月や、～句する者畢く出で、萌する者盡く達る。以て內にすべからず。

【句欄】 曲がったてすり。〔沙州記〕吐谷渾、河上に於て橋を作る。句欄甚だ嚴飾、句欄の名、此に始まる。

↑句引 勾引／句押 司る／句枉 曲枉／句格 句法／句管 管理する／句杞 くこ／句義 文義／句弓 弱弓／句曲 まがる／句襟 まる襟／句偈 仏家の偈／句稽 考査／句戟 鉤戟／句結 結託する／句検 考察する／句校 校核／句索 捜索する／句子 句点／句指 屈指／句縄 墨縄／句贅 背のこぶ／句爪 猛禽／句卒 遊撃兵／句断 句絶／句追 追迹する／句度 句読／句当 担当／句投 句読／句兵 句戟／句法 句作の法／句芒 春の神／句脈 句の連なり／句欄 句欄／句履 句屨／句留 拘留する／句領 句襟／句連 いもずる／句廉 曲がり角

↓一句・逸句・佳句・嘉句・歌句・隔句・活句・奇句・起句・倨句・狂句・金句・禁句・吟句・偶句・警句・結句・険句・古句・語句・好句・詞句・詩句・字句・秀句・章句・畳句・新句・成句・清句・隻句・節句・絶句・題句・短句・長句・対句・摘句・転句・難句・俳句・半句・繁句・美句・片句・発句・妙句・名句・文句・落句・律句・両句・累句・類句・例句・麗句・連句・聯句

【吁】 6 6104 クウ ああ うれえる

篆文 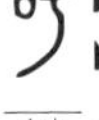 金文 

形声 声符は于。于に訏・盱の声がある。〔説文〕二上に「驚くなり」とあり、驚く声をいう。〔詩、周南、巻耳〕「云何ぞ吁へしき」のように、憂苦の意に用いることがある。

訓義 ①ああ、意外なことにおどろくときの声。②うれえる、なげく。

古訓 〔名義抄〕吁 ヲオ・オドロク・アヒカタラフ・タノシブ・ウレハシキ・ウレフ・オフ・ナゲク

語系 吁xiua、呼・虖・謼xa、嘘・歔xiaは声近く、みな驚き嘆くときの気息を示し、感動詞に用いる。

参考 〔説文〕は亐部五上に吁を重出し、「驚く語なり。口に従ひ、亐に從ふ。亐は亦聲なり」とあり、〔段注〕に、于に大の義があり、口部を誤衍とする。しかし亦声の字は多く声符として扱うべきであり、吁の従う于も、必ずしも于大の義をとるものではない。

【吁嚱】 なげく。ああ。唐・李白〔蜀道難〕詩 噫吁嚱危い乎高い哉 蜀道の難は、靑天に上るよりも難し 蠶叢及び魚鳧(古代の国名) 國を開くこと、何ぞ茫然たる

【吁吁】 のんびりと自得する。また、嘆く。息づく。〔白虎通、号〕古の時、～臥しては詓詓、起ちては吁吁、饑ゑては即ち食を求め、飽きては即ち餘を棄つ。

【吁嗟】 ああ。また、雨乞いのときの声。〔礼記、月令〕(仲夏の月)大いに帝に雩す(雨乞いする)に盛樂を用ふ。〔注〕雩は吁嗟して雨を求むるの祭なり。

【吁然】 驚きなげくさま。〔韓詩外伝、九〕孔子、衞の東門を出でて、姑布子卿を逆へて曰く、～人有り、將に來らんとす。必ず我を相する者ならんと。～子貢吁然たり。

【吁咈】 ああ。驚き、不賛成の意をあらわす。〔書、堯典〕僉な曰く、於、鯀なる哉と。帝曰く、吁、咈れる哉。命に方ひ、族を圮ると。

↑吁慨 慨嘆する／吁駭 驚き嘆く／吁気 ためいき／吁唏 嘆息する／吁吸 呼吸する／吁呼 呼吸する／吁歎 嘆息する／吁茶 息で暖める／吁兪 兪は然り、応答する声

↓一吁・駭吁・感吁・欷吁・嘻吁・驚吁・呼吁・嗟吁・愁吁・歎吁・長吁

【劬】 7 2462 ク つかれる つとめる

篆文 

形声 声符は句。句に句曲の意がある。力は耒の象形。身をかがめて耕作することをいう。〔説文新附〕十三下に「勞なり」、〔広雅、釈詁二〕に「數しばするなり」とあって、農事に苦労することをいう。

訓義 ①つかれる、骨が折れる、つとめる。②わずらわしく手がかかる、しばしばする。

古訓 〔字鏡集〕劬 ツトム・イタハル・イトナム・ヤマヒ・イトマ・ツカル

【劬勤】骨折りつとめる。〔後漢書、袁紹伝〕故に霜雪を冒踐し、劬勤を憚らず、實に一捷の福を庶ひ、以て終身の功を立てんとす。

【劬労】つとめつかれる。〔詩、小雅、鴻鴈〕之の子于に征き 野に劬勞す

【劬録】身をひきしめてはたらく。〔淮南子、泰族訓〕(仁と知と)二つの者立たざれば、察慧捷巧、劬錄疾力なりと雖も、亂を免れざるなり。

↑劬学 勤学/劬劬 苦労する/劬苦 労苦/劬劇 多忙/劬倹 勤倹/劬蹇 困頓/劬心 苦心/劬瘁 疲れる/劬瘠 貧苦/劬愉 懇切/劬力 骨折る/劬禄 劬録

↓慰劬・艱劬・勤劬・思劬・忘劬・力劬・労劬

【呴】 8 6702 ク コウ いきはく

形声 声符は句。〔玉篇〕に「之れを噓吹するなり」とあり、〔老子、二十九〕に「或いは歔き、或いは吹く」とあって、息をかけることをいう。

訓義 ①いきはく、いきをかける、あたためる。②おだやかにいう、やわらぎいう。③しわがれ、こえがかれる。④あわをふく、魚があぎとう。⑤ほえる、なく。

古訓 〔名義抄〕呴 クチサキラ 〔篇立〕呴 ホユ・イビキ・ヨバフ

【呴噓】静かに息する。道家の吐納の法。漢・王褒〔聖主、賢臣を得るの頌〕雍容垂拱して、永永萬年ならん。何ぞ必ずしも偃仰詘信(屈伸)すること彭祖の若く、呴噓呼吸すること、(王子)喬・(赤)松(子)の如く~せんや。

【呴呴】鶏の声。また、おだやかにいう。〔新序、善謀下〕項王(羽)人を見ること恭謹。言語呴呴、人の疾病には、涕泣して食飲を分つ。~此れ所謂婦人の仁のみ。

【呴濡】苦境にあって助けあう。〔荘子、大宗師〕泉涸れたり。魚相ひ與に陸に處り、相ひ呴するに濕を以てし、相ひ濡らすに沫を以てするも、江湖に相ひ忘るるに如かず。

↑呴吁 息する/呴嘷 吠える/呴声 鳴き声/呴藉 わめく/呴沫 呴濡/呴愈 愛育/呴喩 呴愈/呴愉 呴愈/呴諭 呴愈

【狗】 8 4722 ク コウ いぬ

篆文
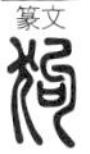
侯馬盟書

形声 声符は句。句に小さく句曲するものの意がある。〔説文〕十上に「孔子曰く、狗は叩なり。气を叩く。吠えて以て守る」というが、〔説文〕にいう孔子説に採るべきものはない。句の声義をとり、犬には狗、馬には駒、熊や虎の子にも狗という。

訓義 ①いぬ、こいぬ。②熊や虎の子。

古訓 〔名義抄〕狗 ヱヌ・イヌ 〔篇立〕狗 イヘノイヌ・イヌ・ヱヌ

語系 狗koは犬の子、駒kioは馬の子、羔kuは羊の子。犢牛(こうし)をまた㹀xoという。みな一系の語である。

【狗監】天子の猟犬飼育係。〔史記、司馬相如伝〕蜀人楊得意、狗監と爲りて上に侍す。上、子虛の賦を讀みて、之れを善しとす。~得意曰く、臣の邑人司馬相如、自ら言ふ、此の賦を爲くれりと。

【狗彘】犬と豚。〔孟子、梁恵王上〕雞豚狗彘の畜、其の時を失ふこと無くんば、七十の者、以て肉を食ふべし。

【狗屠】犬殺し。〔戦国策、韓二〕聶政謝して曰く、臣に老母有り、家貧し。客游して以て狗屠を爲す。旦夕に甘脆を得て、以て親を養ふべし。

【狗盗】こそどろ。〔史記、孟嘗君伝〕(客に)最下の坐に能く狗盜を爲す者有り。曰く、臣能く狐白裘を得んと。乃ち夜、狗と爲り、以て秦宮の臧中に入り、獻ぜし所の狐白裘を取りて至る。

【狗吠】犬の声。晋・陶潜〔園田の居に帰る〕詩 狗は吠ゆ、深巷の中 雞は鳴く、桑樹の顚

↑狗官 貪吏/狗忌 くこ/狗豨 犬豚の子/狗裘 狗の裘/狗魚 山椒魚/狗曲 こまかい礼儀作法/狗犬 犬/狗功 猟犬役/狗苟 貪欲/狗骨 ひいらぎ/狗才 愚才/狗子 犬ころ/狗矢 犬糞/狗児 楽妓/狗蝨 胡麻/狗車 犬ぞり/狗心 心賤し/狗窃 こそ泥/狗癬 皮膚の白いなまず/狗鼠 小人/狗蚤 のみ/狗態 犬のしぐさ/狗中 猟犬係/狗偸 狗盗/狗頭 人を罵る語/狗竇 犬くぐり/狗肉 犬肉/狗馬 おもちゃの犬と馬/狗輩 人を罵る語/狗屁 人を罵る語/狗附 軍の夜警/狗婦 人を罵る語

↓群狗・繫狗・鶏狗・好狗・疾狗・猘狗・走狗・喪狗・蒼狗・磔狗・畜狗・逐狗・天狗・屠狗・盗狗・烹狗・猛狗・野狗・養狗・良狗・老狗・弄狗・獵狗

【盱】 8 6104 クウ みはる たのしむ うれえる

篆文

金文

形声 声符は于。于に吁・訏の声がある。〔説文〕四上に「目を張るなり」とあり、驚いたときの声を吁、目を見張るを盱という。〔詩、小雅、都人士〕「云何ぞ盱はしき」のように用いる。古くは楽しむときに用いたらしく、金文の〔杕氏壺〕に「 以て匽飲し、我が室家を盱しましめん」という。哀歓いずれの感情にも用いたものであろう。

訓義 ①みはる、目を見張る。②大きな目、大きい。③たのしむ、喜ぶ。④うれえる、かなしむ。⑤ウの音で読み、やぶにんじん。

古訓 〔新撰字鏡〕盱 目豆々良加尓須(めつづらかにす) 〔名義抄〕盱 ナガシメ・メヅラカニス/睢盱 メミハル・ミハル 〔字鏡集〕盱 ナ、メニミル・ウラミ、ル・アカコ・ナガク・マジロク

語系 盱・吁・訏xiuaは同声。憮xaは〔爾雅、釈詁〕に「大なり」とみえる。宇・芋(芌)hiuaにも大の義があり、これらは一系をなす語である。

【盱盱】目を見張る。〔荀子、非十二子〕吾語れ、汝に學者の鬼容を語らん。~其の容は簡連(傲慢)~瞿瞿然(見まわす)、盡盡然(見すえる)、盱盱然たり。~是れ學者の鬼なり。

【盱衡】眉をあげて見すえる。〔漢書、王莽伝上〕此の時に當り、公、獨見の明を運らし、亡前の威を奮ひ、盱衡厲色、武怒を振揚す。

【盱視】目を見張って見る。〔新書、時変〕苟しくも家富み財足らば、机に隱りて盱視し、天子と爲らんのみ。

【盱予】上方を望み見る。〔易、予、六三〕盱げて豫しむ。悔あり。遲きときは悔有らん。

↑盱閲 顔をしかめる/盱眙 盱視

↓睢盱

常 【苦】 8 4460 〔苦〕 9 4460 クコ にがな はなはだ くるし

篆文

形声 声符は古。〔説文〕一下に「大苦なり。苓なり」とあり、にがなをいう。甚だにがいものであるから「はなはだ」という副詞に用いる。苦労は古くは「劬勞」といい、ともに力(耒の象形字)に従い、農耕に従う意であった。

訓義 ①にがな、にがみ。②きびしい、はなはだ。③劬と通じ、くるしむ、つかれる、なやむ。④盬・鹽と通じ、やむ、やすらか。⑤音コ。粗悪。

古訓 〔名義抄〕苦 クルシブ・ネムゴロ・ハナハダ・ニガシ・エガム・イト・アシ・キハム・イカシ・スベシ・タシナミツ、・スム・サヤカナリ 〔字鏡集〕苦 シカシ・イト・キハム・イヤシ・タシナミツ・スヘシ・タノシ・ユガム・ハナハダ・クルシブ・ニガナ・クカクロ・ニ

クム・イトフ・ネムゴロ・ニガシ・アシ

語系 苦・枯・殆khaは同声。槁khô、涸hak、渇(渴)khat、竭giatも同系の語。すべて涸渇して甘脆の味を失ったものをいう。ゆえに甘苦相対する語となる。

【苦悪】こあく 粗悪。〔史記、平準書〕郡國多く縣官の鹽鐵を作るを便とせず。鐵器苦惡にして、賈(價)貴し。或いは彊ひて民をして之れを賣買せしむ。

【苦雨】くう なが雨。淫雨。〔礼記、月令〕孟夏に秋令を行ふときは、則ち苦雨數〻來り、五穀滋らず。四鄙、保(堡)に入る。

【苦役】くえき 強制的になされる困難な労働。〔史記、楚世家〕十二年春、楚の靈王、乾谿に樂しみて、去ること能はず。國人苦役す。

【苦学】くがく 苦労して学問する。唐・李商隠〔詠懐、秘閣の旧僚に寄す、二十六韻〕詩 頭を懸げて曾つて苦學し 臂を折りて反つて醫と成る

【苦渇】くかつ 難儀する。〔三国志、魏、王粛伝注に引く魏略〕(董)遇肯て教へずして云ふ、必ず當に先づ讀むこと百徧なるべしと。言ふこころは、讀書百徧にして、義自ら見はるると。從ひて學ぶ者云ふ、日無きに苦渇すと。遇言ふ、當に三餘を以てすべしと。

【苦寒】くかん 厳寒。宋・蘇軾〔辛丑十一月十九日～馬上に詩一篇を賦して之れ(子由、轍)に寄す〕詩 苦寒、爾の衣裘の薄きを念ふ 獨り痩馬に騎りて、殘月を踏むならん

【苦諫】くかん ねんごろに諫める。〔後漢書、皇后下、桓思竇皇后紀〕太后臨朝定策す、～素より忌忍、～遂に田聖を殺し、又盡く諸貴人を誅せんと欲す。中常侍管霸・蘇康、苦諫す。乃ち止む。

【苦吟】くぎん 苦心して詩句を考える。〔琅琊代酔編、苦吟〕孟浩然、眉毫盡く落ち、裴祐、手を袖にして衣袖穿くに至る。～皆苦吟する者なり。

【苦言】くげん 耳に逆らう語。諫言。〔越絶書、外伝計倪〕苦藥は病に利く、苦言は行に利し。

【苦心】くしん 心を苦しめる。苦慮する。晋・陸機〔馮文羆に贈る〕詩 佇立して朔塗を望めば 悠悠として迴かにして且つ深し 分索(離別)は古より悲しむ所 志士、苦心多し

【苦辛】くしん 苦労する。〔文選、古詩十九首、四〕何ぞ高足を策めて 先づ要路の津(仕宦の要職)に據らざる 窮賤を守るを爲すこと無かれ 轗軻(不遇)長く苦辛せん

【苦節】くせつ 逆境の中で節義を守る。〔高僧伝、十三、釈曇翼〕初め出家して廬山寺に止まる。慧遠に依りて學を修め、蔬素苦節、門人に重んぜらる。

【苦戦】くせん 困難ないくさ。悪戦。唐・杜甫〔兵車行〕詩 況んや復た秦兵の苦戰に耐へたるをや 驅らるること犬と雞とに異ならず

【苦闘】くとう 困難な状態の中で戦う。〔隋書、陳稜伝〕渇刺兜に至り、柵を背にして陣す。稜、鋭を盡して之れを撃ち、辰より未に至り、苦鬪して息まず。～稜遂に塹を塡め、攻めて其の柵を破る。

【苦熱】くねつ きびしい熱さ。魏・曹植〔苦熱行〕楽府 行き遊いて日南に到り 交阯の郷を經歷す 苦熱但だ曝露 越夷は水中に藏る

【苦茗】くめい 茗茶。〔鶴林玉露、丙四、山静日長〕余れ、深山の中に家す。毎に春夏の交、蒼蘚堦に盈ち、落花徑に滿つ。門に剝啄(叩く音)無く、～午睡初めて足る。旋つて山泉を汲み、～苦茗を煮て之れを啜する。

【苦窳】くゆ いびつ。〔韓非子、難一〕東夷の陶する者、器苦窳す。舜往きて陶するに、期年にして器牢し。～故に曰く、聖人の德化なるかと。

【苦楽】くらく 苦しみと楽しみ。〔史記、越王句践世家〕臣聞く、句踐、食は味を重ねず、百姓と苦樂を同じうすと。此の人死せざれば、必ず國の患を爲さん。吳の越有るは、腹心の疾なり。

↑苦哀 かなしむ／苦愛 酷愛／苦域 苦界／苦塩 塩／苦憶 苦心／苦懐 苦衷／苦旱 大旱／苦艱 苦しみ／苦杞 くこ／苦器 いびつ／苦境 難儀／苦行 難行／苦勤 骨折る／苦苦 懇切／苦訓 厳訓／苦刑 酷刑／苦形 苦労／苦計 窮余の策／苦眩 目が眩む／苦語 苦言／苦口 忠言／苦功 粗悪品／苦酷 暴虐／苦困 困苦／苦恨 甚だ恨む／苦死 懸命／苦志 志につとめる／苦思 苦考／苦辞 忠言／苦手 痛打／苦主 被害の家族／苦酒 酢／苦愁 憂苦／苦情 不満／苦辱 屈辱／苦身 身を苦しめる／苦箴 苦言／苦船 船酔い／苦楚 苦しみ／苦体 苦身／苦胆 大胆／苦茶 苦茗／苦衷 切なさ／苦痛 苦しみ／苦荼 にがな／苦毒 難儀／苦難 苦しみ／苦肉 窮余／苦悩 なやむ／苦煩 わずらう／苦悲 悲痛／苦病 憂える／苦覓 苦吟／苦慢 おろそか／苦味 にがみ／苦霧 濃霧／苦悶 もだえる／苦厄 災厄／苦慮 苦心／苦良 精粗／苦涙 つらい涙／苦累 難儀／苦労 心身を苦しめる

↓炎苦・厭苦・苛苦・甘苦・患苦・寒苦・艱苦・鹹苦・危苦・窮苦・勤苦・倹苦・堅苦・孤苦・行苦・業苦・刻苦・困苦・酸苦・四苦・死苦・疾苦・愁苦・心苦・辛苦・悽苦・大苦・痛苦・忍苦・八苦・煩苦・悲苦・病苦・貧苦・味苦・憂苦・離苦・良苦・労苦

【枸】 9 4792 ク コウ からたち

篆文 

形声 声符は句。〔説文〕六上に「枸木なり。醬を爲るべし。蜀に出づ」(段注本)、また〔玉篇〕に「其の木以て醬を爲るべし。蜀中に出づ。亦た蒟に作る」とあり、きんまという草の名。枸杞・枸骨、また切株をいう。

訓義 ①からたち。②ひいらぎ。③けんぽなし。④きんま。⑤きりかぶ。⑥まがる、わだかまる。

古訓 〔名義抄〕枸 カラタチ・エダ／枸櫞 カブチ 〔篇立〕枸 ヒノキ 〔字鏡集〕枸 ウシノハナツラ・エダ

↑枸橘 からたち／枸杞 くこ／枸骨 ひいらぎ／枸肆 勾欄／枸那 夾竹桃／枸木 曲木／枸簍 車のかさ骨

↓枳枸

【栩】 10 4792 ク くぬぎ とち

篆文 

形声 声符は羽(羽)。羽に詡の声がある。〔説文〕六上に「柕なり」とし、「其の皁、一に樣と曰ふ」とあり、樣(橡)はまた橡に作る。樣字条にまた「栩の實なり」、杼にも「栩なり」とあって、みな一物である。栩は蝶の舞う形を形容する語である。

訓義 ①くぬぎ、とち。②栩栩は蝶の舞うさま。うっとりと心にかない、よろこぶさま。

古訓 〔名義抄〕栩 トチ・カシノキ

【栩栩】くく よろこびあそぶさま。〔荘子、斉物論〕昔者に荘周夢に胡蝶と爲る。栩栩然として胡蝶なり。自ら喩しみて、志に適へる與と。周なるを知らざるなり。俄然として覺むれば、則ち蘧蘧然として周なり。

↓止栩・苞栩

【眗】 10 6600 ク おどろきみる

篆文  金文 

会意 二目に従う。〔説文〕四上に「左右視するなり。二目に從ふ。

～讀みて拘の若くす」とし、「又、良士瞿瞿の若くす」という。〔玉篇〕に「亦た瞿と同じ」とあり、瞿と同字とみてよい。金文に、䀠を図象的に示しているものがある。
訓義 ①おどろきみる、きょろきょろみる。②おどろく。③瞿・奭と通用する。

人**【矩】** 10 〔矩〕 10 8141 〔榘〕 14 8190
ク さしがね のり

篆文  金文 

形声 声符は巨（巨）。巨は矩の初文で、さしがねの形。〔説文〕五上に巨をその正字とし、「或いは木・矢に從ふ。矢なる者は其の中正なり」とする。その矢の部分は、金文では巨をもつ人の形に作る。規矩と連用し、規は円を作るぶんまわしをいう字であるが、今は定規のように用いる。
訓義 ①さしがね、かねざし、まがりがね、定木。②方形、かどあるもの。③のり、さだめ、きまり、おきて、つね。④幅と広さ。
古訓 〔名義抄〕矩 ノリ・スミ 〔字鏡集〕矩 ノトル・ノリ・マサニ
【矩縄】曲尺と墨縄。法則。〔大戴礼、哀公問五義〕所謂賢人なる者は～行ひ矩縄に中りて本を傷らず、言、天下に法とするに足りて、其の身を害せず。
【矩度】威儀のさだめ。〔宋史、理宗紀一〕帝、性凝重寡言、潔修にして學を好む。朝參して漏（時）を待つに、或いは笑語多きも、帝獨り儼然として、殿庭に出入するに、矩度常有り。見る者容を斂む。
【矩矱】法度。〔楚辞、離騒〕曰く、勉めて陞降して以て上下し 矩矱の同じき所を求めよ
↑矩形 ますがた／矩券 手形／矩坐 矩形に坐る／矩尺 かねざし／矩周 矩形に周る／矩則 法則／矩歩 正しく歩む／矩方 方形／矩墨 矩縄／矩彠 矩矱
↓遺矩・応矩・規矩・儀矩・旧矩・憲矩・高矩・鉤矩・修矩・順矩・縄矩・塵矩・前矩・度矩・半矩・歩矩・方矩・踰矩・由矩・霊矩

【訏】 10 0164
ク いつわる おおきい

篆文 

形声 声符は于。于に吁・盱の声がある。〔説文〕三上に「詭譌なり」とみえ、于に大の意があり、みだりに大言して人を偽ることをいう。金文の〔秋氏壺〕に「多寡訏らず」のように用いる。また〔詩、鄭風、溱洧〕「洵に訏いにして且つ樂し」とあり、広大なさまをいう。〔玉篇〕に「口を張りて鳴くなり」とみえ、大声をいう。
訓義 ①いつわる、大げさにいう。②さけぶ、わめく。③大きい、土地がひろい。④吁と通じ、ああ。
古訓 〔名義抄〕訏 オホイナリ・マコト 〔篇立〕訏 オホイナリ・ノブ・マツリゴト・タヾシ・ワタクシ・ムカフ・イソカル
語系 訏・盱 xiua、幠 xa は声近く、みな張大の意がある。宇・芋（芋）hiua にも大の意があり、同系の語。
【訏訏】寛やかで大きい。〔詩、大雅、韓奕〕川澤訏訏として 魴鱮甫甫（大きい）たり
【訏謨】大きな謀。〔詩、大雅、抑〕訏謨命を定め 遠猶（遠謀）辰に告ぐ 威儀を敬愼し 維れ民の則なり
↓実訏・洵訏

【偊】 11 2222 〔踽〕 16 6212
クウ くぐまる

篆文 

形声 声符は禹。禹に齲の声がある。〔説文〕二下に踽を録し「疏り行く皃なり」とし、〔孟子、尽心下〕「踽踽涼涼たる」はその意の形況の語。〔列子、力命〕に「偊偊として歩く」と偊を用いる。禹は二虫相まつわる形、そのようにかがんだ低い姿勢をいう。
訓義 ①くぐまる、かがむ。②偊偊は、ひとりゆく、つつしむさま。
【偊偊】つつしみ深くする。〔列子、楊朱〕遑遑爾として一時の虚譽を競ひ、死後の餘榮を規り、偊偊爾として耳目の觀聽を愼み、身意の是非を惜しむ。～重囚纍梏と、何を以て異ならんや。
【偊旅】身をかがめる。旅は僂。〔漢書、東方朔伝〕其の迹を遺蛇（委蛇、うねうねする）にし、行歩偊旅す。

常**【惧】** 11 〔懼〕 21 9601
クグ おそれる おどろく

篆文  古文  金文 

形声 正字は懼に作り、瞿声。瞿は鳥が左右視しておどろくさま。その心情を懼という。金文の〔毛公鼎〕に「烏虖、趯るる余小子、家、艱に湛めり」とあり、古くは趯をその義に用いた。〔説文〕二上に「趯は走り顧みる皃なり」とするが、懼の初文である。常用字の惧は俗字。具（具）声である。
訓義 ①おそれる、おじる。②おどろく、あやぶむ、うれえる。③つつしむ。
古訓 〔名義抄〕懼 オソル・ヲノヽク・ヤム・ヲヅ
語系 懼 giua、瞿 kiua は声義近く、遽 gia、矍 kiuak も同系の語。瞿声の字は、鳥占によって、兇懼を警戒することを意味するものとみられる。
【懼意】おそれる心。不安。〔後漢書、馮異伝〕異惶懼す。～詔もて報じて曰く、將軍の國家に於ける、義は君臣爲るも恩は猶ほ父子のごとし。何をか嫌とし何をか疑ひて、懼るる意有らんと。
【懼気】人をおそれさせる氣。〔管子、小称〕明王は懼聲以て耳に感ぜしめ、懼氣以て目に感ぜしむ。此の二者を以て天下を有つ。愼まざるべけんや。
【懼思】つつしみ深く思う。〔左伝、文三年〕秦伯晉を伐つ。～遂に西戎に霸たり。孟明を用ひたればなり。～孟明の臣たるや、其れ解らず、能く懼しみ思ふ。
↑懼焉 おそれる／懼怯 おそれる／懼悚 おそれる／懼色 おそれるようす／懼心 おそれる心／懼慎 謹む／懼然 驚き視る／懼憚 おそれ憚る／懼惕 おそれる／懼怕 おじる／懼怖 おそれる／懼服 畏服する／懼懣 おそれ悶える／懼惑 おそれ惑う
↓畏懼・戒懼・駭懼・危懼・疑懼・恐懼・驚懼・敬懼・嗟懼・猜懼・竦懼・心懼・震懼・懲懼・惕懼・怖懼・憂懼

【絇】 11 2792
ク おりいと くつかざり

篆文 

形声 声符は句。句に巻かれるものの意がある。〔説文〕十三上に「纑縄絇なり」とあり、纑とは布縷、縄はそれをより合わせる意。「讀みて鳩の若くす」とあるから、糾（糾）と声義の通ずる字であろう。これを履飾りに用いる。
訓義 ①おりいと、よりいと。②くつかざり、はなお。③わな、あみ。
古訓 〔名義抄〕絇 マトフ 〔字鏡集〕絇 トホシ・カナシ・オホシ・マダラ・マトフ・マル・マツハル
【絇屨】くつかざりを加えた屨。〔後漢書、明帝紀〕（永平）二年春正月辛未、光武皇帝を明堂に宗祀す。帝及び公卿列侯、始めて冠冕・衣裳・玉佩・絇屨を服して、以て事を行ふ。
↑絇繶 履飾り／絇糸 糸縄／絇履 絇屨
↓金絇・屨絇・緗絇・織絇・青絇・無絇・履絇

【酗】 11 1267
ク よう

形声 声符は凶。飲酒に耽り、酒に狂うことをいう。〔書、微子〕に「酒に沈酗す」とあり、古くから用例がみえる。

訓義 1よう、よいくるう。2ふける、ふかざけ。

古訓 〔名義抄〕酗酒 サカヤモヒ 〔篇立〕酗 ヱフ・サカ〻リ・ノム 〔字鏡集〕酗 サカヤマヒ・サカ〻リ・ヱフ

【酗淫】くいん 沈酒淫楽。〔三国志、呉、周瑜伝〕（周瑜の子）胤、此れ（瑜の功）を恃(たの)み、酗淫自恣、前後告喩するも、曾(かつ)て悛改すること無し。

【酗訟】くしょう 酒のうえの争訟。〔魏書、刑罰志〕太安四年、始めて酒禁を設く。是の時年穀屢(しばしば)登(みの)り、士民多く酒に因りて酗訟を致す。

↑酗飲くいん 深酒／酗酣くかん 深酒／酗虐くぎゃく 狂暴／酗酒くしゅ 酗飲／酗罵くば 酔ってわめく

↓淫酗・凶酗・兇酗・沈酗・陋酗

【煦】 13 6733 ク あたたか めぐむ

篆文 

形声 声符は句く。〔説文〕十上に「烝(む)すなり」、また「一に曰く、赤き皃なり。一に曰く、温潤(をんじゅん)なり」とし、〔玉篇〕には「赤き色なり」という。〔礼記、楽記〕に「萬物を煦嫗(くう)覆育す」とあり、身をかがめ、抱くようにしてあたため育てることをいう。句に句曲の意があり、その姿勢で覆育することをいう。

訓義 1あたためる、あたたか、むす。2あたためそだてる、めぐむ。3あか、あかい色。4かわかす。5呴と通じ、いたむ。

古訓 〔字鏡集〕煦 アカキイロ・ウルホス・アツシ・ムス・アメカ・アキトフ・ヤク

語系 煦xio、旭xiok、煕(熙)・熹xiəは声義近く、一系の語。煕は𦣞(き)に従い、𦣞は𦣝(い)（乳房）で授乳している形。字が火や日に従うのは、その温暖の意をいう。

【煦育】くいく(ゐく) めぐみ育てる。唐・柳宗元〔韋中丞に代りて元和の大赦を賀する表〕太陽既に昇り、煦育資(と)りて始む。霈澤斯(ここ)に降り、膏潤して遺す無し。

【煦嫗】くう あたため育てる。〔礼記、楽記〕天地訢(欣)合(きんがふ)し、陰陽相ひ得、萬物を煦嫗覆育(ふく)す。

【煦煦】くく 和楽するさま。唐・韓愈〔原道〕老子の仁義を小として之れを非毀するは、其の見る者小なればなり。~彼は煦煦を以て仁と爲し、孑孑(けつけつ)を義と爲す。其の之れを小とするは、則ち宜(うべ)なり。

【煦沫】くまつ あわを吹いて助けあう。梁・劉峻〔広絶交論〕魚は泉の涸るるを以て沫に煦(呴)き、鳥は將に死せんとするに因りて鳴哀す。

↑煦嫗くおう 温暖／煦涵くかん 滋育／煦噓くきょ 息で暖める／煦旭くきょく 青天／煦濡くじゅ 温和／煦潤くじゅん 滋潤／煦暖くだん 温暖／煦風くふう 暖風／煦伏くふく 煦覆／煦覆くふく 煦育／煦物くぶつ 養育／煦愉くゆ たのしい／煦養くよう 養育

↓嫗煦・恩煦・温煦・涵煦・紅煦・春煦・照煦・吹煦・晴煦・天煦・晩煦・微煦・風煦・陽煦・和煦

【𤘘】 13 7222 ［齲］ 24 2272 クウ むしば

篆文  甲骨文 

形声 声符は禹う。禹に踽くの声がある。〔説文〕二下に「齒の蠹(むしくひ)なり」とあり、むしばをいう。卜文に齒(歯)に虫を加えた字があり、おそらくむしばの字であろう。

訓義 1むしば。2字はまた齲に作る。

*語彙は齲う字条参照。

【㚖】 13 4003 ク キョク よこめ

篆文 

会意 䀠く＋大。〔説文〕四上に「目邪(なな)めなるなり。䀠に從ひ、大に從ふ。大は人なり」という。䀠は左右視、驚いてきょろきょろ眺める意。䀠と声義同じ。

訓義 1よこめ、おどろきみる、みまわす。2矢の名、指六本の長さのもの。

【詡】 13 0762 ク ほこる やわらぐ

篆文 

形声 声符は羽(羽)う。羽に栩くの声がある。〔説文〕三上に「大言するなり」とあり、誇大にいう意。また、こびなまめくことをいい、やわらぐ意がある。

訓義 1ほこる、誇大にいう。2やわらぐ、なまめかしい、こびる。3ゆきわたる、ゆきとどく、あまねし。

古訓 〔名義抄〕詡 ホコル・ムクユ・オゴル・ヤハラカナリ 〔字鏡集〕詡 アヤマル・オホキナリ・ヤハラカナリ・オゴル・ホコル・ムクユ

【詡詡】くく 大言する。また、へつらい笑う。唐・韓愈〔柳子厚墓誌銘〕今夫(そ)れ平居里巷に相ひ慕悦し、酒食游戲、相ひ徵逐(ちようちく)し、詡詡として強ひて笑語し、以て下ることを相ひ取る。~眞(まこと)に信ずべきが若(ごと)きも、一旦小利害に臨めば、~反眼して相ひ識らざるが若し。

↑詡畜くちく 媚びる

【窶】 14 3040 ［窶］ 16 3040 クル ロウ まずしい やつれる

篆文 

形声 声符は婁ろう。婁に屨くの声がある。〔説文〕七下に「禮無きの居なり」とし、婁声とする。〔釈名、釈姿容〕に「窶數は猶ほ局縮のごとし。皆小なる意なり」とする。數(数)は婦人の巻きあげ髪を敺(う)つ形で、髪が乱れほつれる意。婁は廟中に仕える女が乱れ髪のまま簪飾りを加えない姿であるから、貧苦の意となるのであろう。みすぼらしく、やつれた姿容をいう。簪飾りの盛んな姿は、妻・敏(敏)・繁(繁)・毒のような字形で示される。窶はまた窶に作るが、俗体である。

訓義 1まずしい、やつれる。2みだれる、小さい。3甌窶(おうろう)、小さな岡。

古訓 〔名義抄〕窶 ムナシ・マヅシ・ツタナシ・ヤツ〻〳〵シ 〔字鏡集〕窶 ツ〻セシ・イヤシ・マヅシ・ツタナシ・ヤツ〻〳〵シ・ムナシ・アナ

【窶困】くこん 貧しくて困苦する。〔唐書、劉瞻伝〕瞻(せん)、人と爲り廉約。得る所の俸、餘を以て親舊の窶困なる者を濟(すく)ひ、家に儲を留めず。

【窶小】くしょう(せう) 器量が小さい。〔荀子、尭問〕彼は其れ好んで自ら用ふ。是れ窶小なる所以なり。

【窶人】くじん 貧窮の人。〔漢書、霍光伝〕又諸儒生、窶人の子多く、遠客飢寒、妄說狂言を喜び、忌諱を避けず。大將軍、常に之れを讐(にく)む。

【窶数】くすう 頭上に物を戴くとき台とする環状の草器。〔漢書、東方朔伝〕乃ち樹上の寄生を覆ひ、朔をして之れを射(あ)てしむ。朔曰く、是れ窶數なりと。

【窶貧】くひん 貧しくみすぼらしい。〔詩、邶風、北門〕終(すで)に窶にして且つ貧し 我が艱(なや)みを知る莫(な)し

↑窶艱くかん 窮困／窶国くこく 貧乏国／窶蹙くしゅく 窮迫／窶壻くせい 貧しい夫／窶藪くそう 浅薄／窶乏くぼう 窮困／窶民くみん 窮民／窶陋くろう 狭陋

↓甌窶・寒窶・羈窶・窮窶・孤窶・困窶・凋窶・貧窶

【嶇】 14 2171 ク けわしい

形声 声符は區(区)く。崎嶇は双声の連語。山坂のけわしいさまをいう。

訓義 1崎嶇は、けわしい。2困難、ゆきなやむ。

古訓 〔新撰字鏡〕崎嶇 奈也牟(なやむ)、又、宇地波也志(うぢはやし) 〔名義抄〕嶇 カタブク・タツ／崎嶇 ヤマノミチ・カタフク・ホトリ

↑嶇嶔 けわしい
↓崎嶇・巇嶇・嶔嶇

【箜】 14 8810 クコウ くご

形声 声符は空(空)。箜篌は楽器の名。竪箜篌はハープ型。臥箜篌は瑟に似ている。

訓義 1くご。2かご、籃。

【箜篌】ごく くご。〔隋書、音楽志下〕今の曲項琵琶、竪頭箜篌の徒、並びに西域より出づ。華夏の舊器に非ず。

常【駆】 14 〖驅〗 21 7131 人〔駈〕 15 ク かる かける おう

篆文

古文

形声 旧字は驅に作り、區(区)く声。〔説文〕十上に「馬を驅るなり」(段注本)とあり、馬を走らせる意。古文として録する字は毆。毆撃の意で、驅とは異なるが、驅とは馬に毆撃を加えて走らせる意であろう。中国では古く車馬を用い、騎馬の俗は列国期の趙より起こったといわれる。字はまた駈に作る。駈は俗字である。

訓義 1かる、むちうつ、走らせる、かける。2おう、おいはらう、せまる、したがう。

古訓 〔新撰字鏡〕驅 宇久豆支(うぐつき)馬なり 〔名義抄〕驅 カル・オフ・ユク・ハヤフ・ハヤム・ハシル・ハス・アラハニ・トル・トシ/前駈 オホムサキオヒ・サキハラヒ

【驅遏】あつ 悪を追い、暴をとどめる。唐・陸贄〔縁辺守備の事宜を論ずる状〕薄伐を尚ぶ者は則ち曰く、驅遏して以て侵暴を禁じ、征徭(徭役)を省くべしと。

【驅役】えき 人を追いたてて使う。赴かせる。〔論衡、対作〕案ずるに六略の書、萬三千篇。善を增し惡を消し、横拓を割截し、遊慢を驅役し、善に道き正道に歸せしむるに便なるを期す。

【驅駕】が 馬車をかる。陳・江総〔歳暮宅に還る〕詩 悒然として、泉石を想ひ 駕を驅りて、城𡈽を出づ

【驅脅】くきょう(けふ) 追いたて、おどす。唐・陸贄〔普王荊襄江西道兵馬都元帥の制〕丁壯を驅脅し、骸を原野に暴し、羸老を攘奪して、溝壑に轉死せしむ。忠良命を隕し、義烈冤を銜む。

【驅遣】けん 追い出す。〔玉台新詠、焦仲卿の妻の為に作る〕詩 謂ふ、言わ罪過無く 供養して大恩を卒へんと 仍ほ更に驅遣せらる 何ぞ復た來り還ると言はんや

【驅策】さく 鞭うつ。人を使う。〔三国志、魏、蔣済伝〕當今柱石の士少なしと雖も、行ひ一州に稱せられ、智一官に效あり、忠信命を竭くし、各〻其の職を奉ずるに至りては、並びに驅策すべし。聖明の朝をして、專吏の名有らしめざるなり。

【驅使】し 追いたてて使う。自在に使う。〔甌北詩話、六〕(陸放翁の詩)抑そも其の古體の詩、才氣豪健、議論開闢、書卷を引用し、皆驅使して之れを出だすを知る。徒だ數典(数字の句)を以て能事と爲すに非ず。

【驅除】くじょ(ぢよ) はらいのぞく。〔三国志、呉、呂蒙伝〕子敬(魯粛)の孤(孫権)に答ふる書に云ふ、帝王の起るや、皆驅除する有り。(関)羽は忌むに足らずと。此れ子敬、～外大言を爲すのみ。

【驅儺】だ おにやらい。唐・孟郊〔弦歌行〕詩 驅儺鼓を撃ちて、長笛を吹く 痩鬼、面を染めて、惟だ齒のみ白し

【驅馳】ち 馬を走らせる。奔走する。蜀・諸葛亮〔出師の表〕先帝、臣の卑鄙なるを以てせず、～臣に諮るに當世の事を以てす。是れに由りて感激し、遂に先帝に許すに驅馳を以てせり。

【驅騁】てい 馬を走らせる。〔孟子、尽心下〕般(盤)樂飲酒、驅騁田獵、後車千乘は、我志を得るも爲さざるなり。

【驅羊】くよう(やう) 羊をかる。〔帝王世紀〕(黄)帝夢む。～寤めて歎じて曰く、～夫れ千鈞の弩は異力なる者なり。羊數萬群を驅るは、能く民を牧ひ善を爲す者なり。天下に豈に姓は力、名は牧なる者有る哉と。是に於て二占に依りて之れを求む。

【驅略】りゃく かり出して奪う。〔漢書、鼂錯伝〕漢興りて以來、胡虜數しば邊地に入る。～高后の時、再び隴西に入り、城を攻め邑を屠り、畜產を毆(驅)略す。

↑驅衛 守らせる/驅駭 驚き走る/驅嚇 おどす/驅鬼 鬼やらい/驅瘧 瘧払い/驅劫 おどす/驅口 奴婢/驅衆 兵を徴発する/驅集 かり集める/驅愁 愁を誘う/驅驟 馳驅する/驅蹴 追いつめる/驅蹙 追いつめる/驅擾 追いみだす/驅侵 侵す/驅塵 埃がたつ/驅戦 戦わせる/驅煽 煽動/驅走 驅使/驅卒 率いる/驅奪 追い奪う/驅致 つれ出す/驅逐 逐う/驅丁 僕役/驅馬 走馬/驅迫 追い迫る/驅騖 驅走/驅牧 放牧/驅掠 驅奪

↓安驅・騎驅・競驅・交驅・載驅・疾驅・徐驅・晨驅・迅驅・斉驅・先驅・前驅・馳驅・長驅・朝驅・跳驅・同驅・風驅

【毆】 15 7174 ク かる うつ

古文

金文

形声 声符は區(区)く。區は、多くの祝告の器(𠙵)を秘匿のところにおき、謳歌して祈る意。これに鞭を加えて、強く祈ることをいう。〔説文〕十上驅(駆)字条に「馬を驅るなり」(段注本)とし「毆は古文驅なり。攴に從ふ」とするが、悪邪を攘い除く意からいえば、毆が本字である。字は毆(殴)くと声義通じ、毆って悪邪を毆ることをいう。

訓義 1かる、かりたてる、かりのぞく。2うつ、うってかりたてる。

古訓 〔名義抄〕毆 カタブク・カル・ウツ 〔字鏡〕毆 ウツ

＊語彙は駆字条参照。

常【駒】 15 7732 ク こま

篆文

金文

形声 声符は句く。句に、小なるもの、かがまるものの意がある。〔説文〕十上に「馬の二歳なるを駒と曰ふ」とあり、〔詩、周南、漢広〕の〔伝〕に「五尺以上なるを駒と曰ふ」とみえる。もと子馬をいう。犬の子を狗というのと同じ。

訓義 1こま、こうま。2わかもの、こども。

古訓 〔名義抄〕駒 コマ

語系 駒kio、狗koは同系の語。羊には羔ku、牛には㸑xoという。句に伸びきらぬものの意がある。

【駒隙】げき 日月の速やかなたとえ。〔史記、留侯世家〕人生一世の閒、白駒の隙を過ぐるが如し。

【駒齒】し 乳歯。〔北斉書、楊愔伝〕從父兄黃門侍郎昱、特に相ひ器重す。曾て人に謂ひて曰く、此の兒は駒齒未だ落ちざるも、已に是れ我が家の龍文(名馬の相)なり。更に十歳の後、當に之れを千里の外に求むべし。

【駒馬】ば 馬。〔韓非子、顕学〕水に鵠雁を撃ち、陸に駒馬を斷たば、則ち臧獲(召使い)も鈍利を疑はず。

↑駒陰 日影/駒影 日影/駒駒 ばらばら/駒郤 駒隙/駒跳 跳走/駒犢 子馬と子牛

↓轅駒・繋駒・隙駒・元駒・玄駒・攻駒・春駒・駿駒・乗駒・成駒・草駒・騰駒・白駒・游駒・竜駒・驪駒・驢駒

【鴝】 16 2762 ク はっちょう

篆文 形声 声符は句く。〔説文〕四上に「鴝鵒くよくなり」とあり、〔段注〕に「今の八哥なり」という。わが国では、ははっちょうという。両翼に白の斑点がある。端渓硯の石上に円斑点あり、白赤黄の点あるものを鴝鵒眼という。

訓義 ①鴝鵒、ははっちょう。②鴝鵒、みみずく。③雊と通じ、雉が鳴く。

古訓 〔字鏡〕鴝 ヌエ

【屨】 17 7724 ク くつ はきもの

篆文 形声 声符は婁ろう。婁に窶くの声がある。〔説文〕八下に「履なり」とし、履の省文に婁声を加えた字とする。〔古今注、輿服〕に「履は屨の帶あらざる者なり」とあるから、屨はかけ紐のあるもの、履は草履の類であろう。

訓義 ①くつ、はきもの、ひとえ底のくつ、かわぐつ。②はく、ふむ。③その地をふむ、その地位につく。

古訓 〔名義抄〕屨 クツ・フム 〔字鏡集〕屨 クツ・ハキモノ・タカシ・フム

【屨絇】くく くつの先の飾り。〔礼記、玉藻〕童子は裘せず、帛せず、屨の絇せず、緦服しふく無し。

【屨縷】くる くつの糸飾り。それを作って生活する貧民。〔管子、軽重甲〕北郭の者は、盡ことごとく屨縷の甿たみなり。

↑屨企くき 爪だつ／屨齧くき 破れ靴／屨校くこう 足かせ／屨杖くじょう 老人／屨飾くしょく くつの飾り／屨席くせき くつと席／屨舃くせき くつ／屨頭くとう くつの先

↓衣屨・葛屨・冠屨・糸屨・紃屨・杖屨・織屨・穿屨・践屨・素屨・疏屨・草屨・納屨・皮屨・服屨・苞屨

【瞿】 18 6621 ク みる おどろく

篆文 会意 隹すい＋䀠く。䀠は〔説文〕四上に「左右視するなり」とあるように、目を見張ってみまわす意。瞿はおそらく鳥の状態によってトう鳥占とりうらの俗を示すものであろう。おどろくさまを瞿・瞿瞿といい、人の心情に移して懼という。

訓義 ①みる、みまわす、驚きみる。②おどろく、心のおどろくさま。③瞿瞿は、おどろく、つづまやか、おそれるさま、おどろきふためくさま。

古訓 〔名義抄〕瞿 オヅ・ミル・ツヽシム・ツヾラメ 〔字鏡集〕瞿 ミル・オヅ・ツヽシム・ツヾラメ

声系 〔説文〕に瞿声として趯・衢・懼・臞など九字を収める。趯・衢は行動に関する字、懼・臞はその心情に関する字であり、瞿が古く鳥占を示す字であったことが知られる。

語系 瞿kiua、矍kiuakは同系の語。矍は〔説文〕四上に「一に曰く、視ること遽はかなる皃なり」とあり、瞿の状態をいう語。懼giua、遽giaも声義近く、一系の語とみてよい。

【瞿瞿】くく 驚きふためいて、小心にふるまうさまをいう。また、注意深い。〔詩、斉風、東方未明〕柳を折りて圃に樊かきす 狂夫瞿瞿たり 〔詩、唐風、蟋蟀〕楽しみを好むも荒すさむこと無なかれ 良士は瞿瞿たり

【瞿然】くぜん 驚いて自失するようなさまをいう。〔礼記、檀弓上〕曾子疾に寢いねて病へいなり。～童子、隅坐して燭を執る。童子曰く、華にして睆かんたる（美麗）たるは、大夫の簀さく（牀）かと。～曾子之れを聞き、瞿然として曰く、呼ああと。～擧げ扶けて之れを易かへしむ。

↑瞿視くし みまわす／瞿麦くばく なでしこ

↓心瞿・目瞿

【軀】 18 2121 ク からだ み

篆文 形声 声符は區（区）く。區に部分の意があり、分節的な構造のものをいう。〔説文〕八上に「體なり」とあり、四肢を合わせて肢体、その体軀を軀という。

訓義 ①からだ、み。②仏像・塑像などを数える助数詞。

古訓 〔名義抄〕軀 ミ・ハシラ・ウクツク 〔篇立〕軀 スガタ・ミ・ハシラ

【軀骸】くがい からだ。宋・蘇舜欽〔韓三子華の家に還るを送る〕詩 奈何いかんぞ此の軀骸 未だ世俗に混ずることを免れず

【軀幹】くかん からだ。唐・杜甫〔章十六評事（宙）～を送る〕詩 子、軀幹小なりと雖も 老氣九州に横たふ 身を艱難の際に挺し 張目寇讎を視る

【軀体】くたい からだ。軀幹。〔後漢書、陳亀伝〕臣、文武の才無くして、鷹揚（将軍）の任を忝かたじけなくす。上は聖明に慙はぢ、下は素餐を懼おそる。軀體を沒すと雖も、云ここに補ふ所無し。

↑軀殻くかく からだ／軀貌くぼう 姿、形／軀命くめい 身命／軀老くろう からだ

↓愛軀・安軀・捐軀・偃軀・骸軀・頑軀・形軀・軽軀・柔軀・衰軀・悴軀・清軀・惜軀・全軀・痩軀・体軀・長軀・投軀・鄙軀・微軀・病軀・分軀・忘軀・老軀・陋軀・矮軀

【戵】 22 6325 ク ほこ

形声 声符は瞿く。古代の兵器で、矛の類。三鋒矛。字はまた瞿に作り、〔書、顧命〕に「一人冕して瞿を執り、西垂に立つ」とみえる。また、唐・張説〔大唐封禅頌〕に「干戚かんせき鈒殳さいしゅ、鉤戟戵戣くき、周あまねく四門の外に位（立）つ」とあり、儀礼の際に用いる。

訓義 ①ほこ、三鋒矛。②字はまた瞿に作る。

↓戣戵・鏤戵

【臞】 22 7621 ク やせる 〔癯〕 23 0011

篆文 形声 声符は瞿く。瞿に恐懼の意があり、恐懼・不安によって身の痩せること。〔説文〕四下に「肉少なきなり」とあり、病によって痩せることを癯という。

訓義 ①やせる、肉がやせる。②ほそい、小さい、こまかい。③へる。

古訓 〔名義抄〕臞 ヤセタリ 〔字鏡集〕臞 ヤセタリ・スクナシ／癯 スクナキシ、・ヤセタリ

語系 臞・懼giuaは同声。恐懼することによって痩せる。恐懼をまた矍kiuakという。一系の語。

【臞儒】くじゅ やせた儒者。宋・蘇軾〔雪後、便すなはち同僚と春を尋ねんと欲す～〕詩 酒を載せて詩將を邀むかふ 臞儒是れ仙ならず

【臞然】くぜん 清痩。宋・葉適〔羅袁州文集の序〕其の案に據るや、生面凜然、政は以て其の民を蘇息せしむるに足る。退食するや、寒質臞然、文は以て其の身を黼藻ほさうするに足る。

↑臞脙くきゅう やせる／臞耗くこう へる／臞者くしゃ やせた人／臞小くしょう やせ細る／臞埼くせき 荒地／臞瘠くせき やせる

↓哀臞・鶴臞・形臞・儒臞・清臞・竹臞・肥臞・病臞・貌臞・老臞

【衢】 24 2122 ク ちまた つじ

篆文 形声 声符は瞿く。瞿は鳥が左右視して驚く意。戵くは矛刃の四出するもので、瞿に左右旁出の意がある。〔説文〕二下に「四達、之れを衢と謂ふ」とあり、〔爾雅、釈宮〕の文による。〔左伝、襄十一年〕「諸これを五父の衢に詛す」、また〔昭二年〕「諸これを周氏の衢に尸さらす」とあり、衢はその地の氏族の名でよばれ、呪詛や処刑を行う場所であった。わが国の辻にあたる語である。

訓義 ①ちまた、つじ、よつつじ。②みち、わかれみち。③旁出するもの、木のえだ。

古訓 〔名義抄〕衢 チマタ

語系 衢・躣・趯・懼giuaは同声。衢が処刑や呪詛などを行う場所とされたのは、やはり瞿kiuaと声義の関係があろう。

【衢柯】かく 四方にはり出た木の枝。〔酉陽雑俎、寺塔記上、聖柱聯句の序〕上座璘公院に、穗柏一株有り。衢柯偃覆し、下に十餘人を坐せしむ。

【衢巷】くこう(かう) ちまた。〔晋書、張方伝〕(長沙王)乂、帝を奉じて方を城内に討つ。～方之れを止むるも得ず。衆遂に大いに敗れ、殺傷せらるるもの衢巷に滿つ。方、退きて、十三里橋に壁す。

【衢国】くこく 四方敵にかこまれた国。〔管子、国蓄〕壤(領土)正方にして、四面敵を受くる、之れを衢國と謂ふ。百乘を以て衢處する、之れを託食の君と謂ふ。

【衢尊】くそん 酒樽をちまたにおいて、自由に飲ませる。〔淮南子、繆称訓〕聖人の道は、猶ほ中衢にして尊を致すがごとき邪か。過ぐる者斟酌し、多少同じからざるも、各〻其の宜しき所を得。

【衢涂】くと 岐路。楊朱が岐路を悲しんだ故事。〔荀子、王覇〕嗚呼、人に君たる者、亦た以て若き言を察すべし。～此れ亦た榮辱安危存亡の衢のみ。此れ其の哀しむべき爲ること、衢涂よりも甚だし。嗚呼、哀しい哉。

【衢道】くどう(だう) わかれ道。〔荀子、勧学〕衢道を行く者は至らず、兩君に事ふる者は容れられず。

【衢路】くろ わかれ道。〔後漢書、馮衍伝下〕楊朱は衢路に號き、墨子は白絲に泣く。

↑衢宇 街道筋／衢歌 民歌／衢逵 まちの辻／衢鼓 街鼓／衢塞 関市／衢市 街市／衢肆 街の店／衢室 堯の明堂／衢術 道路／衢処 丁字路／衢地 四通の地／衢塗 衢涂／衢灯 街灯／衢陌 街道／衢民 市民／衢謡 民謡／衢閭 村里

↓雲衢・遠衢・外衢・街衢・九衢・広衢・巷衢・郊衢・高衢・康衢・詩衢・脩衢・春衢・星衢・中衢・長衢・通衢・庭衢・天衢・道衢・分衢・望衢・臨衢

グ

常【具】8 〔具〕8 7780 グ そなえる つぶさに

篆文 甲骨文 金文

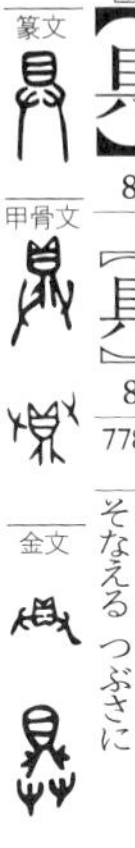

会意 貝＋廾。廾は両手。貝はもと鼎の形に作り、両手で鼎を奉ずる象。〔説文〕三上に「共(供)置するなり。廾に從ひ、貝の省に從ふ。古は貝を以て貨と爲す」というが、〔詩、小雅、無羊〕に「爾の牲則ち具はる」というように、犠牲などの具備する意。儀礼のときの彝器・鼎実(鼎の中実)の備わることを具といった。その数などに定めがあり、その備わることを備具という。

訓義 ①そなわる、そなえる、たる、そろう。②つぶさに、みな、ともに。③そなえるもの、うつわ。④そのうつわのはたらき、機能、資質。⑤器具を数える語。

古訓 〔名義抄〕具 ソナフ・ミナ・トモニ・ツブサニ・ミル・アウグ・ツマビラカニ 〔字鏡集〕具 ソナハル・トモガラ・ツブサニ・トモニオク・ワキマフ・ミナ・オク・ソナフ・ナラブ・ミル・トモニ・ツバビラカ

声系 〔説文〕に具声として俱など四字を収める。俱は具の声義を承ける字である。

語系 具gio、俱kioは声義が近い。〔説文〕八上に「俱は皆なり」(段注本)とあり、器の備具するを具、人の備わるを俱という。

【具官】ぐかん(くわん) 役人の数をそろえる。〔史記、孔子世家〕(孔子曰く)、古者諸侯疆を出づるとき、必ず官を具して以て從ふ。請ふ、左右の司馬を具へんと。

【具眼】ぐがん 眼識がある。見識が高い。宋・陸游〔冬夜書巻に対して感有り〕詩 萬卷多しと雖も、當に具眼すべし 一言惟だ恕す 膺に銘ずべし

【具言】ぐげん 詳しくいう。〔水経注、汾水〕秦晉苦役連年、～死する者算無し。鄧訓を拜して謁者と爲し、水功を監護せしむ。訓、隱括(ためなおす)して其の立て難きを知り、肅宗に具言す。肅宗～全て數千人を活かせり。

【具獄】ぐごく 判決の文案ができる。〔漢書、于定国伝〕姑、自經して死す。～吏驗治し、孝婦自ら誣服(虚偽の服罪)す。具獄上府す。～于公之れを爭ふも得る能はず。乃ち其の具獄を抱き、府上に哭し、因りて辭疾して去る。太守竟に孝婦を論殺す。郡中枯旱すること三年。

【具載】ぐさい 詳しく記す。〔北史、魏収伝〕國史は事重し、公家の父子、霸王の功業、皆須らく具載すべし。收に非ざれば不可なり。

【具臣】ぐしん 員数に備わるだけの臣。〔論語、先進〕今由(子路)と求(冉有)とは、具臣と謂ふべし。

【具然】ぐぜん 自己満足。〔荀子、宥坐〕今の學は曾ち未だ肬贅(いぼ)にも如かざるに、則ち具然として人の師爲らんと欲す。

【具陳】ぐちん つぶさに述べる。〔文選、古詩十九首、四〕今日、良宴の會 歡樂具さに陳べ難し

【具備】ぐび 備わる。用意できる。〔書、呂刑〕兩造(当事者の申し立て)具備すれば、師(法官)五辭を聽き、五辭簡孚なれば、五刑に正す。

【具文】ぐぶん 形式を整えただけの文。〔漢書、宣帝紀〕計簿を上るも、文を具ふるのみ、務めて欺謾を爲し、以て其の課を避く。

【具礼】ぐれい 礼を備える。〔史記、淮陰侯伝〕王必ず之れを拜せんと欲せば、良日を擇びて齋戒し、壇場を設け、禮を具へて、乃めて可なるのみ。

【具論】ぐろん 十分に論ずる。宋・秦観〔傅欽之の草堂に寄題す〕詩 出處は士の重んずる所 其の微は具さに論じ難し

↑具案 実行案／具引 引用条文／具慶 皆慶ぶ／具結 保証／具現 現わす／具考 取り調べ／具罪 罪状書／具悉 委細承知／具脩 祭具の用意／具叙 詳述する／具象 具体／具上 上申／具申 上申／具設 設備／具船 舟支度／具饌 供饌する／具膳 具饌／具疏 奏文／具奏 具疏／具草 草稿／具装 馬具装／具足 具備、甲冑／具存 すべて備わる／具体 完備する、具象／具帯 大帯／具題 題本／具飭 整備／具呈 出願／具白 詳述する／具発 詳細に告発する／具美 完備する／具稟 申請／具服 完全に服罪する／具覆 回答／具物 万物／具聞 詳しく申し上げる／具保 保証／具法 総則／具報 報告／具満 具備／具明 朝まで／具理 酒壺／具律 総則／具領 受領する／具列 列挙する

↓雨具・家具・雅具・戒具・完具・寒具・玩具・器具・機具・儀具・漁具・供具・刑具・敬具・工具・香具・耕具・坐具・祭具・車具・酒具・什具・乗具・寝具・船具・戦具・饌具・粗具・喪具・葬具・装具・大具・茶具・釣具・道具・農具・馬具・拝具・美具・備具・表具・不具・武具・仏具・文具・防具・民具・夜具・遊具・用具・要具・猟具・礼具・弄具・牢具

【禺】9 6042 グ ギョウ おながざる

篆文 金文

象形 おそらく頭部の大きな虫の形であろう。〔説文〕九上に「母猴の屬なり。頭は鬼に似たり。甶に從ひ内に從ふ」とする。〔説文〕は爲(為)字三下に「母猴なり」、夒五下にもまた「母猴なり」とするが、爲は象を使役する形、夒は神像の形。禺を母猴の象とするのは、〔山海経、南山経〕の〔郭璞注〕に「獼猴

に似て大、赤目長尾、今も江南の山中に多く有り」としており、その解はひろく行われていたのであろうが、字形に即していえば、蛇形のものが相交わる形であったと考えられる。禺貐は東海の海神、禺彊は北海の海神とされるもので、おそらく竜頭の神であろう。字形の近い禹も、二竜の交わる形である。

訓義 1おながざる。2寓と通じ、よせる。3隅と通じ、すみ、はて、区域。4鰅と通じ、魚の名。

古訓 〔字鏡集〕禺 サルマロ・ハ、サル

声系 〔説文〕に禺声として遇(遇)・寓・偶・顒・愚・隅など、十六字を収める。大頭の貌を示す顒が、禺の初義を存するものであろう。そのような神怪の居るところが嵎、その祀るところを寓といい、神怪のものに遭遇することを遇という。相偶する意は、禺の二虫相交わる意を承けるものであろう。

語系 禺・遇・寓・隅・嵎ngioは同声。禺はおそらく大頭の顒然たる神異のものの形で、山の隅隈に住み、その神気にまれに遭遇することもあった。遇は晤nga、迓・訝ngea、遌ngakに近く、みな神異のものに遇って驚く意である。

【禺彊】ぐきょう（きやう） 北海の神。〔山海経、海外北経〕北方は禺彊、人面鳥身、兩青蛇を珥とし、兩青蛇を踐む。

【禺谷】ぐこく 日の入るところ。〔山海経、大荒北経〕大荒の中に山有り、名を成都載天と曰ふ。人有り、兩黄蛇を珥とし、兩黄蛇を把る。名を夸父と曰ふ。～夸父力を量らず、日景を追はんと欲し、之れに禺谷に逮ぶ。

【禺筴】ぐさく 塩を使用する人数を示す立札。〔管子、海王〕禺筴の商、日に二百萬。〔注〕鹽を食する者の口數に對して筴を立て、以て稅する所の鹽を計る。一日計二百萬、合はせて二百鍾と爲す。

↑禺淵ぐえん 禺谷/禺強ぐきょう 禺彊/禺彊ぐきょう 禺彊/禺禺ぐぐ 魚牛/禺京ぐけい 禺彊/禺号ぐごう 東海の神/禺車ぐしゃ 木偶車/禺貐ぐちゅ 禺号/禺中ぐちゅう 昼近く/禺馬ぐば 木偶馬

↓海禺・三禺・番禺・封禺

入

【俱】

10
2728

篆文

金文

グク
ともにする みな

形声 声符は具(具)ぐ。具は鼎を両手で奉ずる形で、供薦するものが備具する意。〔説文〕八上に「皆なり」(段注本)とあり、祭事に奉仕する人員の備わることをいう。

訓義 1ともにする、とも、ともなう、そろう。2みな、すべて、あまねし。3そなわる。4ひとしい、同じ。

古訓 〔字鏡集〕俱 トモニ・ミナ・トモナリ・トモ・トモガラ

語系 俱kio、具gioは同系の語。〔詩、小雅、楚茨〕に「神具に醉へり」とあって、神人ともに共餐の楽を尽くすをいう。〔左伝、襄二年〕「福を降すこと孔だ偕し」も、神事についていう語である。

【俱収】ぐしゅう（しう） すべて収める。唐・韓愈〔進学解〕玉札丹砂、赤箭青芝(芝の類)、牛溲馬勃(牛馬の便)、敗鼓の皮、俱に収め竝びに畜へ、用を待ちて遺す無き者は、醫師の良なり。

【俱存】ぐそん 揃っている。〔孟子、尽心上〕君子に三樂有り。～父母俱に存し、兄弟故無きは、一の樂しみなり。

【俱備】ぐび 完備する。〔長安客話、晾鷹台〕西北に岡有りて隆起す。古洞深邃なり。昔人曾て燭を以て入る。行くこと里許、瓷甕(かめ)に油を貯ふるを見る。一鐙熒然、什物俱く備はる。

↑俱一ぐいつ 一名/俱往ぐおう 連れ立つ/俱雑ぐざつ めぐる/俱舎ぐしゃ 仏教語、包蔵/俱唱ぐしょう 斉唱/俱全ぐぜん 完備/俱発ぐはつ 同時に起こす/俱攞ぐら 納骨塔

↓耦俱・難俱・不俱・与俱

常

【愚】

13
6033

篆文

金文

グ
おろか

形声 声符は禺ぐ。禺は〔説文〕九上に「母猴の屬なり」とあり、また愚字十下には「戇かなるなり。心に從ひ、禺に從ふ。禺は猴の屬、獸の愚かなる者なり」とする。禺は顒然として頭の大きなものの形であるが、字の構造は禹に近く、禹は二竜相交わる形。禺もおそらくその形で、竜蛇の類であるらしく、禺貐は東海の海神、禺彊は北海の海神の名。顒然として動作のゆるやかな状態は機略に乏しく、愚鈍の意に用いる。

訓義 1おろか、かたくな。2おろかもの、おろかな心、ばか。3ばかにする。4愚直。5自分の謙称。

古訓 〔名義抄〕愚 オロカニ・オロカナリ 〔字鏡集〕愚 オロカナリ・オロソカナリ・カタクナシ

参考 愚ngioと同じ要素をもつ字に惆ngioがあり、娛(娛)・虞(虞)ngiuaも声が近い。惆は〔説文〕十下に「懽ぶなり」とあり、愚とは別の字で、娛・虞に近い語である。

【愚闇】ぐあん おろか。暗愚。〔荀子、成相〕請ふ相(杵をうつかけあいの歌)を成さん 世の殃ひは 愚闇愚闇、賢良を墮る 人主に賢無きは 瞽の相け無きが如し 何ぞ倀倀(行き迷うさま)たる

【愚意】ぐい 愚見。謙遜していう。〔戦国策、燕三〕寡人不佞(不才、謙称)、君の意を奉順する能はず。～君肯て聽かず。故に使者をして愚意を陳べしむ。君試みに之れを論ぜよ。

【愚騃】ぐがい おろか。〔魏書、昭成子孫、常山王昭伝〕高祖将に齊郡王簡の爲に哀を擧げんとす。而して昭乃ち宮懸(楽県)を作す。高祖大いに怒り、詔して曰く、阿倪(昭の幼名)愚騃、誰か引いて郎(殿中郎)と爲せると。

【愚愨】ぐかく おろかですなお。〔後漢書、東夷、濊伝〕耆舊自ら謂ふ、句驪と同種、言語法俗、大抵相ひ類す。其の人、性愚愨にして嗜欲少なく、請匄(もの乞い)せず。

【愚款】ぐかん（くわん） 馬鹿正直。〔荀子、修身〕治氣養心の術～愚款端愨(謹直)ならば、則ち之れに合するに禮樂を以てし、之れを通ずるに思索を以てす。

【愚管】ぐかん（くわん） 愚見。管見。〔三国志、呉、華覈伝〕臣、月令を省みるに、季夏の月、以て土功を興すべからず、～大事を擧ぐるときは必ず大殃有り。～臣愚管を以て、竊かに未だ安んぜざる所あり。

【愚計】ぐけい 自分の謀。〔韓非子、存韓〕臣(李)斯見ゆるを得ずんば、請ふ歸り報ぜん。秦・韓の交、必ず絶えん。～臣斯、願はくは一見することを得て、進みて愚計を道ひ、退きて葅戮(塩漬け)に就かん。

【愚見】ぐけん おろかな意見。〔宋書、鄭鮮之伝〕伏して思ふに、聖略深遠、臣の愚管、其の意を措く所無し。然れども臣の愚見、竊かに懷ふ所有り。

【愚瞽】ぐこ 暗愚。〔隋書、房彦謙伝〕孝謙～書を以て之れを諭して曰く、～忝けなく眷遇を蒙り、輒ち微誠を寫す。野人愚瞽、忌諱を知らずと。(薛道)衡、書を得て歎息するも、敢て奏聞せず。

【愚策】ぐさく 愚計。謙遜していう。〔漢書、宣元六王、淮陽憲王欽伝〕(張)博、幸ひにして肺腑(近親の間柄)を得、數しば愚策を進む。未だ省察せられず。北のかた燕・趙に游び～幽隱の士を求めんと欲す。

【愚者】ぐしゃ 愚人。〔中庸、四〕子曰く、道の行はれざるや、我之れを知れり。知者は之れに過ぎ、愚者は及ばざるなり。

【愚心】ぐしん おろかな心。〔韓非子、説林上〕今、人其の愚心を以て、聖人の智を師とするを知らず。亦た過またずや。

【愚人】ぐじん おろかな者。〔老子、二十〕我は獨り遺れたるが

若し。我は愚人の心なる哉。

【愚誠】 誠心。謙称。晉・李密〔情事を陳ぶる表〕願はくは陛下、愚誠を矜愍し、臣の微志を聽せ。庶はくは劉(母)、僥倖にして餘年を保ち卒へんことを。～臣、犬馬怖懼の情に勝へず。

【愚忠】 ひとすじに忠誠をつくす。謙称。〔漢書、張湯伝〕匈奴和親を求む。～博士狄山曰く、和親便なりと。～上、湯に問ふ。湯曰く、此れ愚儒、知る無しと。狄山曰く、臣固より愚忠なるも、御史大夫湯の若きは、乃ち詐忠なり～と。

【愚直】 ばか正直。〔北斉書、循吏、孟業伝〕崔暹、業に問うて曰く、君往きて定州に在り。何の政績有つて、劉西兗(仁之)をして此くの如く欽歎せしむると。答へて曰く、稟性愚直、唯だ自ら修むるを知るのみ。他の長無きなりと。

【愚戇】 おろか。愚鈍。〔管子、水地〕燕の水は萃下にして弱、沈滯にして雜なり。故に其の民は愚戇にして貞を好み、輕疾にして死に易し。

【愚鈍】 おろかでにぶい。唐・元結〔忝官引〕詩 天下昔無事なり 僻居して愚鈍を養ふ 山野は性の安んずる所 熙然として自ら全順なり

【愚薄】 おろかで才に乏しい。〔後漢書、杜詩伝〕聖王の政は、必ず人心に因る。今猥りに愚薄を用ひ、功臣の望を塞ぐは、誠に其の宜に非ず。

【愚鄙】 おろかでいやしい。謙称。〔貞観政要、論慎終〕臣誠に愚鄙にして、事機に達せず、略ぼ見る所十條を擧げ、輒ち以て聖聽に上聞す。

【愚夫】 おろかな男。〔墨子、兼愛下〕天下、愚夫愚婦と無く、兼(愛)を非とするの人と雖も、必ず之れ(妻子)を兼の有(友)に寄託するを是とせん。

【愚昧】 暗愚。晉・郭璞〔蚍蜉の賦〕伊れ斯の蟲の愚昧なるも、乃ち先識にして悊なるに似たり。

【愚民】 無知の民。〔墨子、非儒下〕孔某(丘)、盛容脩飾して、以て世を蠱はし、弦歌鼓舞して以て徒を聚め、～邪術を繁飾して、以て世君を營はし、盛んに聲樂を爲して、以て愚民を淫す。

【愚蒙】 おろかで道理にくらい。〔漢書、楊惲伝〕足下其の愚蒙を哀れみ、書を賜ひて教督するに、及ばざる所を以てす。殷勤甚だ厚し。

【愚弄】 人を愚としてあなどる。唐・陳鴻〔長恨歌伝〕天寶の末、兄(楊)國忠、丞相の位を盗み、國柄を愚弄す。安祿山の兵を引いて闕に嚮ふに及び、楊氏を討つを以て詞と爲す。

【愚陋】 おろかでつまらない。〔荘子、盗跖〕夫れ規すに利を以てすべくして、諫むるに言を以てすべき者は、皆愚陋なる恆民の謂ひのみ。

【愚惑】 おろかでまどう。〔史記、日者伝〕今夫の卜者の惑ひを導き愚に教ふるに、夫れ愚惑の人、豈に能く一言を以てして之れを知らんや。言は多きを厭はず。

↑愚案 愚考／愚暗 愚闇／愚迂 迂遠／愚下 無知／愚悍 荒々しい／愚頑 愚固／愚慧 愚と智／愚狷 一本気／愚険 邪悪／愚固 おろかで頑固／愚考 愚見／愚鯁 愚狷／愚悃 愚誠／愚士 愚かな人／愚志 愚意／愚質 性愚／愚主 暗君／愚懦 もの恐れ／愚衆 愚民／愚冗 無用／愚臣 臣の自称／愚生 迂生／愚拙 拙劣／愚説 愚考／愚浅 浅薄／愚賤 愚鄙／愚叟 老人の自称／愚僧 僧の自称／愚息 豚児／愚俗 凡俗／愚存 愚考／愚惰 怠け者／愚滞 ぐず／愚短 凡庸／愚誕 でたらめ／愚知 愚と智／愚痴 おろか／愚衷 誠心／愚佻 軽薄／愚駑 おろか／愚惷 おろか／愚禿 僧の自称／愚頓 愚鈍／愚衲 僧の自称／愚謬 誤る／愚婦 愚かな婦／愚誣 愚妄／愚物 ばかもの／愚蔽 愚昧／愚暴 荒々しい／愚瞢 暗愚／愚朴 質朴／愚樸 愚朴／愚笨 愚拙／愚冥 愚昧／愚矇 愚蒙／愚野 愚鄙／愚庸 庸劣／愚濫 愚誕／愚慮 愚考／愚劣 おろか／愚魯 おろか／愚老 老人の自称／愚論 つまらぬ論

↓暗愚・迂愚・下愚・頑愚・帰愚・賢愚・昏愚・守愚・衆愚・純愚・上愚・真愚・尽愚・大愚・痴愚・惷愚・樸愚・凡愚・迷愚・庸愚

常 【虞】 13 〔虞〕 13 2123

グ はかる おそれる たのしむ

篆文

金文

形声 声符は呉(呉)。呉は祝禱の器(口)を捧げて舞い祈る形。神を楽しませ、神意をやわらげることをいう。〔説文〕五上に「騶虞なり。白虎黑文、尾は身より長し。仁獸なり。自ら死せるの肉を食す」とあり、〔詩、召南、騶虞〕にその徳を歌うが、想像上の聖獣である。〔周礼、地官〕に山虞・沢虞の職があり、山沢の狩猟を掌る。〔国語、晋語四〕に「(周の文王)其の位に即くに及び、八虞に詢る」とあって、軍事を諮問するをいう。字が虎頭の形に従うのは、劇・戯(戲)が軍戯から出た字であるように、虞も軍礼や狩猟と関係があるのであろう。その予備儀礼として、神を楽しませる祝禱の儀礼が行われた。

訓義 [1]はかる、おもんぱかる、神意にはかる。[2]おそれる、神威をおそれる、はばかる、おどろく。[3]たのしむ、やすんずる、神意をやわらげる。[4]欺に通じ、あざむく。悞に通じ、さからう。誤に通じ、あやまる。[5]埋葬後の魂まつり。[6]騶虞、仁獣。

古訓 〔名義抄〕虞 タスク・ハヾカル・モハラ・カマビスシ・ハカリゴト・ハカル・ツブサカ・タノシビ・ソナフ 〔字鏡集〕虞 ハカリゴト・イマシム・タノシブ・モハラ・ツブサニ・カマビスシ・アヤマル・シル・アシ・ノゾム・ハヾカル・タスク・ハカル・ヤスシ・ソナフ

声系 〔説文〕に虞声として嘆を収める。虞は呉声。呉声の字と声義の通ずるものが多い。

語系 虞・娛(娯) ngiua は同声。呉は巫女が祝告を捧げて舞う形。これによって神を娯しませる。軍礼・狩猟のとき、その祈りをなすことを虞という。

【虞淵】 日の入るところ。〔淮南子、天文訓〕日は虞淵の汜に入り、蒙谷の浦に曙く。

【虞兮】 項羽が虞美人との離別を悲しんだ歌。楚・項羽〔垓下の歌〕詩 力、山を抜き、氣は世を蓋ふ 時利あらず、騅逝かず 騅(馬の名)逝かず 奈何にすべき 虞や(虞兮) 虞や若を奈何せん

【虞主】 埋葬の後に行われる虞祭に設ける神主(位牌)。〔公羊伝、文二年〕丁丑、僖公の主を作る。僖公の主を作るとは何ぞ。僖公の爲に主を作るなり。主には曷をか用ふる。虞主には桑を用ふ。

【虞人】 山沢・苑囿を司る役人。〔礼記、王制〕獺(かわうそ)、魚を祭らば、然る後に虞人澤梁に入る。豺、獸を祭りて、然る後に田獵す。

【虞殯】 送葬歌。〔左伝、哀十一年〕公、呉子を會して齊を伐つ。～將に戰はんとす。公孫夏、其の徒に命じて、虞殯を歌はしむ。～東郭書曰く、三戰して必ず死せん。此に三たびなりと。

↑虞意 楽しむ／虞夏 舜禹／虞歓 喜ぶ／虞姫 虞美人／虞懼 恐れる／虞侯 虞人／虞衡 山沢の官／虞祭 埋葬後の祭／虞師 虞人／虞舜 有虞氏舜／虞庠 学校／虞心 慮る／虞旌 虞人の旗／虞泉 虞淵／虞唐 尭舜／虞祔 合祀する／虞門 宮庭／虞楽 楽しむ／虞刺 へちま／虞吏 虎／虞旅 異族軍

↓嘉虞・外虞・艱虞・工虞・攻虞・山虞・獣虞・招虞・騶虞・唐虞・内虞・不虞・無虞・野虞・有虞・游虞・憂虞

【颶】 17 7721 グ つむじかぜ

形声 声符は具（具）。〔康熙字典、戌下〕颶字条に「按ずるに韻箋に引く楊慎說に、颶を颶に作る。音は貝。～柳宗元の詩に、颶母偏に驚かす估客の船と。～颶風の作、多く初秋に在り。南越志にも亦た云ふ、颶母は卽ち孟婆なりと。～北人、南人の候を知らず、誤つて貝を以て具と爲すのみ」とみえる。別に颶字を録し、〔正字通〕を引いて「颶字の譌り」としている。

訓義 ①つむじかぜ。②台風。

【颶風】（ぐふう） 台風。〔太平御覽、九に引く南越志〕熙安の閒、颶風多し。～一に懼風と曰ふ。怖懼するを言ふなり。常に六七月を以て興る。未だ至らざる時、三日雞犬之れが爲に鳴かず。

【颶母】（ぐぼ） 台風の前兆としてあらわれる虹。〔嶺表録異、上〕南海秋夏の閒、或いは雲物慘然たり。則ち其の暈、虹の如く、長さ六七尺、比候（待つ程に）則ち颶風必ず發す。故に呼んで颶母と爲す。

↑颶気 台風

【麌】 18 0023 グ くじか のろ

形声 声符は吳（呉）。〔爾雅、釈獣〕に「麔は牡麌なり」とあり、牡のくじか・のろをいう。また牡鹿をいう。麌麌はむらがるさま。

訓義 ①牡のくじか・のろ。②牡のしか。③麌麌は、むらがるさま。

古訓 〔字鏡集〕麌 メカ

クウ

常 【空】 8 3010 〔空〕 8 3010 クウ コウ あな むなしい そら

篆文

形声 声符は工。工には虹・杠のようにゆるく彎曲する形のものを示すことがあり、穴（穴）のその形状のものを空という。〔説文〕七下に「竅なり」、前条の竅字条に「空なり」とあって、空竅互訓。竅とは肉の落ちた骨骼のように、すき間のある穴。空はのち天空の意に用いる。

訓義 ①あな、空洞、うつろなもの。②むなしい、とぼしい、つきる。③そら、なかぞら。④虚無、虚心。⑤孔に通じ、あな。

古訓 〔名義抄〕空 ムナシ・ウツボ・キハム・オホキナリ・ソラ・クハタツ・オホソラ・アナ・ウツケタリ

声系 〔説文〕に空声として控（控）・椌・涳の三字を収める。椌は柷敔。控は古く「控つ」意に用い、また涳は水の直流する意。控・涳は擬声的な語である。

語系 空・孔khongは同声。腔（腔）kheong、銎khiongは声義近く、ともに空・孔の意がある。竅khuan、釭keong、好xuにも空・孔の意があり、もとみな一系に属する語である。

【空院】（くういん（ゐん）） ひとけのない寺。唐・張祜〔杭州孤山寺に題す〕詩 斷橋、荒蘚澀しく 空院、落花深し

【空宇】（くうう） 人のいない室。晉・左思〔詠史、八首、四〕詩 寥寥たる空宇の中 講ずる所玄虛に在り

【空駅】（くうえき） 寂しい宿場。宋・劉子翬〔早行〕詩 行人、馬上に去り 殘燈、空驛を照らす

【空園】（くうえん（ゑん）） 荒れて寂しい庭。宋・陸游〔古別離〕詩 空園、露は溼ふ、荊棘の枝 荒蹊、月は照らす、狐狸の迹

【空屋】（くうおく（をく）） 人の住まぬ家。唐・元稹〔空屋に題す〕詩 朝に空屋の裏より 馬に騎りて空臺に入る 盡日閒事を推し 還た空屋に歸り來る

【空階】（くうかい） 寂しいきざはしのあたり。宋・蘇軾〔八月十七日復た望海楼に登る～、五首、四〕詩 天台の桂子、誰が爲にか香しき 聽くに倦む、空階、夜涼を點ずるを

【空豁】（くうかつ（くわつ）） ひろびろとしている。〔徐霞客游記、粤西游日記、四〕其の東は平疇齊望、天嵐空豁、萬山阨塞の中に、乃ち此の浩蕩の區有り。

【空間】（くうかん） すきま。〔管子、軽重甲〕桓公、北郭の民の貧なるを憂へ、管子を召して問ふ。～管子對へて曰く、～千鍾の家は、唐園（菜園）を爲ることを得ず、市を去ること三百步の者は、葵菜を樹うることを得ざらしむ。此くの若くんば、則ち空閒以て相ひ給資する有り。

【空匱】（くうき） 財が乏しい。〔新語、至徳〕（魯は）上、用に困しみ、下、食に飢う。～倉廩空匱にして、外人之れを知る。是に於て宋・陳・衞の伐つ所と爲る。

【空虚】（くうきょ） 内実がない。〔戦国策、魏一〕（張儀、説きて曰く）楚、富大の名有りと雖も、其の實空虛なり。其の卒衆多しと雖も、多言にして輕走、北げ易くして、敢て堅戰せず。魏の兵、南面して伐たば、楚に勝つこと必せり。

【空空】（くうくう（こうこう）） 虛心のさま。〔論語、子罕〕吾れ知ること有らんや。知ること無きなり。鄙夫有り。我に問ふ、空空如たり。我、其の兩端を叩きて焉れを竭くせり。

【空穴】（くうけつ） 巖穴。〔淮南子、原道訓〕吾れ獨り～道と同に出づ。是の故に、以て自ら之れを得る有るや、喬木の下、空穴の中も、以て情に適するに足る。

【空拳】（くうけん） 徒手。頼るべき手段がないこと。〔塩鉄論、険固〕戍卒陳勝、將帥の任、師旅の衆無く、空拳を奮ひて、百萬の師を破る。

【空言】（くうげん） 実行力のない議論。〔史記、太史公自序〕子曰く、我之れを空言に載せんと欲するも、之れを行事に見すことの、深切著明なるに如かざるなり。

【空語】（くうご） 根拠ない言説。〔漢書、溝洫志〕王莽の時、但だ空語を崇びて、施行する者無し。

【空谷】（くうこく） 人けのない静かな谷。〔詩、小雅、白駒〕皎皎たる白駒 彼の空谷に在り 生芻一束 其の人、玉の如し

【空斎】（くうさい） あき部屋。唐・韋応物〔寒食、京師の諸弟に寄す〕詩 雨中、火を禁じて、空齋冷やかに 江上の流鶯、獨り坐して聽く

【空山】（くうざん） 人けのない静かな山。唐・王維〔輞川集、鹿柴〕詩 空山、人を見ず 但だ人語の響くを聞く 返景、深林に入り 復た青苔の上を照らす

【空牀】（くうしょう（しやう）） 人のいない臥牀。〔文選、古詩十九首、二〕蕩子、行いて歸らず 空牀、獨り守り難し

【空城】（くうじょう（じやう）） 荒城。〔漢書、武五子、燕剌王旦伝〕王自ら歌うて曰く、空城に歸るも 狗吠えず 雞鳴かず 橫術（道）何ぞ廣廣たる 固より國中の人無きを知ると。華容夫人起ちて舞ひ～坐する者皆泣く。

【空翠】（くうすい） 緑にはえる。南朝宋・謝霊運〔白岸亭を過ぎる〕詩 近澗、密石涓しく 遠山、疎水に映ず 空翠、強ひて名づけ難し 漁釣、曲を爲し易し

【空青】（くうせい） 青空。唐・杜甫〔西閣を離れず、二首、二〕詩 江雲、素練を飄へし 石壁、空靑を斷つ 滄海、先づ日を迎へ 銀河、倒しまに星を列ぬ

【空前】（くうぜん） これまでにない。清・兪樾〔古書疑義挙例、四〕（助語に不字を用ふる例）古人、不字を用って語詞と作す者有り。～王氏引之、經傳釋詞を作りて、始めて一一之れを辨正す。眞に空前絕後の學なり。

【空疎】（くうそ） 無内容。〔宋書、武三王、廬陵孝献王義真伝〕（謝）靈運は空疎、（顏）延之は陰薄なり。魏の文帝云ふ、能く名節を以て自ら立つ者は鮮なしと。但だ性情の得る所、未だ言を悟賞に忘るる能はず。故に之れと遊ぶのみ。

【空想】（くうそう（さう）） つれづれに思う。幻想。唐・包佶〔祀雨師楽章、送神〕詩 跪拜して壇に臨みて、空想を結ぶ 年年節に應じて、

油雲を候まつ

【空宅】くうたく　あきや。〔晋書、王徽之伝〕嘗て空宅中に寄居す。便ち竹を種ゑしむ。或ひと其の故を問ふ。徽之但だ嘯詠するのみにして、竹を指さして曰く、何ぞ一日も此の君無かるべけんやと。

【空中】くうちゅう　中空。唐・張若虚〔春江花月夜〕詩　江天一色、纖塵無し　皎皎たり、空中の孤月輪

【空庭】くうてい　寂しい庭。唐・皇甫冉〔山中五詠、山館〕詩　山館、長く寂寂たり　閒雲、朝夕來る　空庭復た何か有る　落日、靑苔を照らす

【空洞】くうどう　ほらあな。〔世説新語、排調〕王丞相（導）、周伯仁（顗）の～腹を指さして曰く、卿の此の中、何の有る所ぞと。荅へて曰く、此の中、空洞にして物無し。然れども卿が輩數百人を容ると。

【空迫】くうはく　貧窮。〔顔氏家訓、終制〕先夫人棄背（死する）の時、世の荒饉に屬し、家塗空迫す。兄弟幼弱、棺器率薄にして、藏内に塼無し。

【空腹】くうふく　すきばら。〔本草綱目、穀四、酒〕博物志に云ふ。～三人霧を冒して晨に行く。一人は酒を飲み、一人は飽食し、一人は空腹なり。空腹なる者は死し、飽食の者は病み、酒を飲みし者は健なり。

【空文】くうぶん　記述されるだけの文章。漢・司馬遷〔任少卿（安）に報ずる書〕左丘に目無く、孫子は足を斷たるるが如き、終に用ふべからず。退いて書策を論じ、以て其の憤思を舒べ、空文に垂れて以て自ら見はす。

【空碧】くうへき　碧空。空の青。清・鄭燮〔題画、嶠壁の蘭〕峭壁、一千尺　蘭花、空碧に在り　下に采樵の人有り　手を伸ばすも折ること得ず

【空壁】くうへき　城中をからにする。〔史記、淮陰侯伝〕韓信～誡めて曰く、趙、我が走るを見ば、必ず壁を空にして我を逐はん。若疾く趙壁に入りて趙の幟（のぼり）を拔き、漢の赤幟を立てよと。

【空房】くうぼう（ぼう）　人のいない室。唐・李白〔烏夜啼〕詩　梭を停めて、悵然として遠人を憶ふ　獨り空房に宿して、涙雨の如し

【空明】くうめい　水中の月の光。宋・蘇軾〔赤壁の賦〕桂の棹、蘭の槳、空明を撃つて流光に泝る。渺渺たる予が懷ひ、美人を天の一方に望む。

【空濛】くうもう　小雨で空がうす暗い。宋・蘇軾〔湖上に飲み、初め晴れて後雨ふる、二首、二〕詩　水光瀲灩として、晴れ方に好し　山色空濛として、雨も亦た奇なり

【空裏】くうり　そら。唐・張若虚〔春江花月夜〕詩　江流宛轉として、芳甸を遶り　月は花林を照らして、皆霰に似たり　空裏の流霜飛ぶを覺えず　汀上の白沙看れども見えず

【空林】くうりん　寂しい林。唐・孟浩然〔大禹寺の義公禅房に題す〕詩　義公禪寂を習ひ　宇を結んで空林に依る

【空廬】くうろ　寂しいいおり。晉・向秀〔思旧の賦〕曠野の蕭條たるを瞻み、余が駕を城隅に息はしむ。二子（呂安・嵇康）の遺跡を踐み、窮巷の空廬を歷たり。

↑空鞍　あき鞍／空帷　無人／空意　無心／空営　無人の軍営／空影　面影／空遠　はるか／空臆　無心／空過　無為／空外　天外／空劾　無実の告発／空格　あき字／空廓　曠闊／空闊　空豁／空函　あき箱／空閑　ひま／空館　あき家／空欵　洞穴／空気　大気／空器　から／空磯　人なき磯／空騎　あき馬／空偽　うそ／空宮　空殿／空居　無為／空窾　孔穴／空曲　山隈／空棘　荒地／空囷　あき倉／空吟　徒吟／空区　鏡の凹所／空閨　空房／空隙　すきま／空闃　空寂／空欠　かける／空竭　から／空弦　鳴弦／空原　曠野／空侯　くご／空荒　荒涼／空耗　すりへる／空構　虚構／空藁　わら／空劫　末劫／空濠　から堀／空囂　から騒ぎ／空坐　徒坐／空際　天外／空札　無字の札／空紙　白紙／空室　空房／空社　荒れた社／空舎　あき家／空榭　あき家／空寂　寂しい／空手　すで／空処　すきま／空牆　あき家／空食　穀つぶし／空心　うつろ／空身　裸身／空水　空と水／空磧　広い河原／空積　すきま／空設　無駄／空説　無益の説／空絶　断絶／空船　から舟／空然　虚無／空倉　あき倉／空巣　あき巣／空箱　から箱／空霜　飛霜／空造　手ぶら／空足　中空の鼎の足／空村　無人村／空樽　あき樽／空橐　あき袋／空奪　蛇の皮／空潭　静淵／空談　むだ話／空地　あき地／空帳　空室の帳／空腸　無心／空亭　空宅／空肚　空腹／空侗　無智／空桶　あき樽／空頭　上あき／空同　混然／空道　孔道／空嚢　から財布／空馬　あき鞍／空白　あき／空幕　空帷／空漠　ひろびろ／空飯　白飯／空被　独り寝／空乏　乏しくむなしい／空木　うつろ木／空名　虚名／空冥　大空／空面　化粧なし／空誉　虚誉／空杳　はるか／空寥　大空／空囹　牢に人無し／空霊　霊活／空劣　劣る／空隴　墓／空論　空談

↓一空・雲空・遠空・架空・滑空・寒空・嵌空・窘空・虚空・航空・高空・鑿空・司空・上空・乗空・心空・真空・晴空・蒼空・滞空・中空・長空・澄空・低空・天空・騰空・半空・飛空・浮空・碧空・望空・本空・凌空・領空・屢空

グウ

常　【偶】　11　2622　グウ　グ　ひとかた　でく　ならぶ

篆文

形声　声符は禺。禺は顒然たる姿の神像を示す字。そのような形の人かたを偶といい、偶像という。〔説文〕八上に「桐人なり」とあり、桐木人ともいう。〔史記、孟嘗君伝〕に木偶人・土偶人の語があり、土偶をも用いた。また俑という。副葬に用いる偶人は多く相排次するので、相人偶する意となる。

訓義　①ひとかた、でく、木偶、土偶、副葬に用いる。②ならぶ、そろう。③二つずつならべる、偶数。④あう、かなう、ゆきわたる。⑤遇と通じ、たまたま、たまさか。

古訓　〔和名抄〕偶人　俗に比度加太（ひとかた）と云ふ　〔名義抄〕偶　タマサカ・タマ〳〵・タグヒ・トモ・トモカラ・アフ・ヒトコロフ・ヒトコロヘリ　〔字鏡集〕偶　ヨリ・ヒト、コロ・タマ〳〵・ワツカ・ヒトシ・トモガラ・オノヅカラ・アフ・タグヒ・フタリ・ナラブ

語系　偶・耦 ngo は同声。耦は〔玉篇〕に「二耜なり」とあり、耜を並べて耕す意。二人を一偶とする。遇（遇）ngio はその動詞的な用法で、相遇うことをいう。

【偶景】ぐうえい　影とならぶ。独居。晉・陶潜〔時運詩の序〕時運は暮春に游ぶなり。春服既に成り、景物斯に和す。景（影）と偶にして獨り游び、欣慨（喜びとなげき）心に交はる。

【偶語】ぐうご　ひそかに話しあう。〔史記、高祖紀〕父老、秦の苛法に苦しむこと久し。誹謗する者は族（族滅）せられ、偶語する者は棄市せらる。

【偶合】ぐうごう（がふ）　相合う。〔史記、范雎蔡沢伝論賛〕士にも亦た偶合有り。賢者多く此の二子の如く、盡くは意を得ず。豈に道ふに勝ふべけんや。然れども二子困戹せずんば、惡くんぞ能く激せんや。

【偶坐】ぐうざ　対坐する。唐・賀知章〔袁氏の別業に題す〕詩　主人、相ひ識らず　偶坐、林泉の爲なり

【偶爾】ぐうじ　たまたま。偶然。〔宋書、鄭鮮之伝〕殿下（高祖）、

彭城に在りしとき、劫盗諸縣を破る。事、偶爾に非ず。皆是れ無賴凶慝なり。

【偶処】並んで居る。〔春秋繁露、求雨〕壬癸の日を以て大黑龍一を爲る。長さ六丈、～老者六人、皆齋すること三日、黑衣を衣て舞ふ。～庚子の日を以て、吏民夫婦をして、皆偶處せしむ。

【偶人】ひとかた。〔元典章、礼部三、禁約厚喪〕凡そ喪葬有るとき、其の棺槨を大にし、衣衾を厚うし、其の宅兆を廣くし、珍寶・偶人・馬車の器物を備存する～は、惟だに甚だしく古制を失ふのみに非ず、法に於て未だ應あらざるに似たり。

【偶然】たまたま。ゆくりなく。〔後漢書、儒林、劉昆伝〕詔して昆に問うて曰く、前きに江陵に在りしとき反風、火を滅す。後に弘農に守たりしとき虎、北のかた河を度る。何の德政を行ひて、是の事を致せると。昆對へて曰く、偶ま然るのみと。

【偶適】偶然に適合する。〔論衡、幸偶〕酒の成るや、甘苦、味を異にし、飯の熟にゆるや、剛柔、和を異にするは、庖廚酒人に、意の異なる有るに非ざるなり。手指の調、偶ま適する有るなり。

↑偶詠 偶作／偶会 出遇う／偶戯 傀儡戯／偶遇 出遇う／偶耕 耦耕／偶婚 対偶婚／偶作 偶然の作／偶視 見合わす／偶数 二で割り切れる数／偶成 偶作／偶像 神像／偶俗 迎合／偶属 対句を組み合わせる／偶対 対偶／偶題 偶作／偶年 偶数の年／偶配 配偶／偶匹 配偶／偶筆 随筆／偶物 あまねくゆきわたる／偶儷 対偶

↓佳偶・寡偶・諧偶・奇偶・仇偶・好偶・合偶・坐偶・人偶・成偶・隻偶・相偶・対偶・土偶・配偶・伴偶・非偶・匹偶・不偶・凡偶・木偶・良偶・連偶

人【寓】12 3042 ［庽］12 0022 グウ グ やどる かりずまい

篆文 古印璽

形声 声符は禺。禺は顒然たる姿をしたもので、のち木偶・土偶の類をいう。これを廟屋（宀）のうちにおく意で、神の一時寓寄することをいう。〔説文〕七下に「寄なり」とあり、本来は神事に用いる字であった。〔礼記、曲礼下〕に「大夫は祭器を大夫に寓す」とあり、大夫たるものが国を去るときの礼をいう。それより他に寓寄する意となり、寓意・寓言のように用いる。

訓義 ①神霊が一時やどる。②やど、やどる、よせる。③かりに住む、一時のかりずまい。④すみか、寄寓。⑤愚と通じ、おろか。

古訓 〔名義抄〕寓 ヨル・ヤドル・トヾマル・アル・ツク・ノコス・ヨス・タマノ\～・ソバム／寓生 ヤドリキ・ホヤ

【寓意】他によせて思いを示す。宋・蘇軾〔王君宝絵堂記〕君子は以て意を物に寓すべきも、以て意を物に留むべからず。意を物に寓せば、微物と雖も以て樂しみを爲すに足り、～意を物に留むれば、微物と雖も以て病ひを爲すに足る。

【寓客】他郷に寄居する人。〔清史稿、食貨志二〕其の客店に各〻一簿を立てしめ、寓客の姓名行李を書せしめ、以て稽察に便す。

【寓居】旅のかりずまい。〔晋書、孫恵伝〕恵、口訥なり。學を好み、才識有り。州辟めすも就かず、蕭・沛の閒に寓居す。

【寓形】身を寄せる。晋・陶潜〔帰去来の辞〕已んぬる矣乎、形を宇内に寓すること、復た幾時ぞ。曷ぞ心に委ねせて、去留に任かせざる。

【寓言】たとえ話。〔史記、老荘申韓伝〕其の學闚はざる所無し。然れども其の要は老子の言に本歸す。故に其の著書十餘萬言、大抵率ね寓言なり。

【寓宿】かりに住む。また、やどる。〔後漢書、郭太伝〕茅容～年四十餘、野に耕す。～（郭）林宗行きて之れを見、其の異を奇とし、遂に與共に言ひ、因りて請ひて寓宿す。

【寓食】寄寓する。宋・曾鞏〔福州にて執政に上たてまつる書〕誠に鞏年六十、老母は年八十有八を以てして、老母は京師に寓食し、鞏は閩越に守たり。仲弟は南越に守たり。二越は天下の遠處なり。

【寓人】木偶。土偶。副葬に用いる。宋・陸游〔放翁家訓〕近世葬を出だすに、或いは香亭・魂亭・寓人・寓馬の類を作る、一切當に屏去すべし。

【寓銭】紙冥銭。墓に収める。古くは真銭を用い、のち紙銭を用いる。〔唐書、王璵伝〕漢以來、葬喪に皆瘞錢有り。後世の里俗稍く紙寓錢を以て鬼事を爲す。是ここに至りて、璵乃ち之れを用ふ。

【寓息】立ち寄って休む。〔後漢書、独行、范冉伝〕黨人の禁錮に遭ひ、～或いは客廬に寓息し、或いは樹蔭に依宿す。此くの如きこと十餘年。

【寓直】とまり番。宿直。晋・潘岳〔秋興の賦の序〕晉の十有四年、余れ春秋三十有二にして、始めて二毛を見る。太尉掾兼虎賁中郎將を以て、散騎の省に寓直す。

【寓目】注目する。〔左伝、僖二十八年〕（楚の）子玉、鬬勃をして戰を請はしめて曰く、請ふ、君の士と戲れん。君、軾に馮りて之れを觀よ。得臣（子玉）與に寓目せんと。

↑寓屋 家／寓懐 寄懐／寓寄 寄寓／寓興 寄興／寓憩 いこう／寓献 寄献／寓公 亡命の君／寓士 寄寓の人／寓止 止宿する／寓氏 蚕神／寓思 寄懐／寓視 寓目／寓試 都で受験する／寓辞 託辞／寓舎 やど／寓錫 僧の仮居／寓処 やど／寓所 やど／寓書 寄書／寓賞 観賞する／寓職 臨時職／寓世 生きる／寓生 宿り木／寓籍 客居／寓属 猿の類／寓邸 府第／寓馬 明器の馬／寓物 仮託の物／寓望 物見台／寓命 運命／寓話 たとえ話

↓遠寓・仮寓・遐寓・寄寓・羈寓・客寓・久寓・僑寓・暫寓・所寓・託寓・直寓・同寓・浮寓・木寓・遊寓・流寓・留寓・旅寓・露寓

【嵎】12 2672 ［堣］12 4612 グウ グ くま

篆文

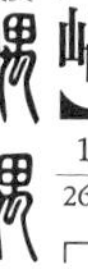

形声 声符は禺。禺に隅限の意があり、山隅を嵎という。〔説文〕九下に「封嵎の山は呉・楚の閒に在り。汪芒の國なり」と山名に解し、〔国語、魯語下〕「（防風氏は）汪芒氏の君なり。封嵎の山を守る者なり」という。嵎夷・嵎谷は日の出入するところ、神話的な雰囲気をもつ字。字はまた堣に作る。

訓義 ①山のくま。②封嵎の山。③高くけわしい山のさま。④隅と通じ、すみ。

語系 嵎・隅ngioは同声。ともに僻隅の意をもつ字。地の僻隅は神異の住むところ、四晦の地である。

【嵎夷】日の出る所。〔書、堯典〕乃ち羲和に命じ～日月星辰を歴象せしむ。～分ちて羲仲に命じ、嵎夷に宅をらしむ。暘谷と曰ふ。寅しんで出づる日を賓き、東作を平秩せしむ。

↑嵎峡 嵎夷／嵎角 山のくま／嵎峗 険しい／嵎嵎 曲折する

↓海嵎・荒嵎・高嵎・山嵎・東嵎・封嵎

常【遇】12 3630 ［遇］13 3630 グウ グ あう

篆文 金文 侯馬盟書 古印璽

形声 声符は禺。禺は顒然たる姿のもので、もと神異のも

のをいう。そのような神異のものに遭遇することを遇という。〔説文〕二下に「逢ふなり」とあり、逢とは夆、峯の秀つ枝に神の降る形に従う字で、これも神異のものに遭逢する意である。遇・逢いずれも、偶然の意を含む。

訓義 ①あう、神異のものにあう、偶然にあう。②まみえる、むかいあう、あたる。③もてなす、あつかう、礼をつくす。④たまたま、ゆくりなく、思わずも。

古訓 〔名義抄〕遇　アフ・タマ〳〵・タマサカニ・メグル・ワヅカニ・カヘリミル・オモブク・マイル　〔字鏡集〕遇　オモブク・ワカツ・マイル・メグル・カヘリミル・タマ〳〵・ワヅカニ・ミル・タマサカニ・アフ・ミチニテアヒアフナリ

語系 遇ngioは晤・迕nga、遻・愕ngakと同じ系統の語で、相見て驚くような状態をいう。迓・訝・御(御)ngeaも、神異のものを驚きむかえる意である。

【遇合】(ぐうごう)(がふ)　たまたま賢君にあう。〔史記、佞幸伝序〕諺に曰く、田に力むるは年に逢ふに如かず。善仕は遇合に如かずと。固より虚言無し。

【遇時】(ぐうじ)　よい時にあう。〔呂覧、慎人〕百里奚の未だ時に遇はざるや、虢より亡げ、晉に虜とせられ、秦に飯牛し、傳鬻するに五羊の皮を以てす。

【遇赦】(ぐうしゃ)　恩赦にあう。〔後漢書、馬援伝〕囚に重罪のもの有り。援、哀れみて之れを縦つ。遂に北地に亡命す。赦に遇ふ。因りて留まりて牧畜す。賓客、歸附する者多し。遂に役屬するもの數百家なり。

【遇否】(ぐうひ)　時勢の適否。〔列子、力命〕農は時に赴き、商は利に趣き、工は術を追ひ、仕は勢ひを逐ふは勢ひ然らしむるなり。然れども農に水旱有り、商に得失有り、工に成敗有り、仕に遇否有るは、命然らしむるなり。

【遇目】(ぐうもく)　目にふれる。漢・蔡邕〔袁満来墓碑〕百家衆氏、遇目して能く識り、事再擧せず、一を問うて三に及ぶ。始めを具へて終りを知り、情性周備なり。

↑遇機　機会にあう／遇険　危険にあう／遇譴　譴責される／遇巷　道で出会う／遇疾　病む／遇勢　勢いに乗る／遇遭　出会う／遇待　待遇／遇難　遭難する／遇厄　厄にあう／遇礼　会遇の礼

↓愛遇・運遇・栄遇・恩遇・会遇・感遇・奇遇・詭遇・客遇・境遇・敬遇・顧遇・厚遇・際遇・時遇・殊遇・処遇・接遇・善遇・相遇・遭遇・待遇・知遇・値遇・寵遇・不遇・逢遇・優遇・隆遇・礼遇・冷遇

常

【隅】

12　7622　グウ グ　くま すみ かど

篆文 　金文 　古印璽 

形声 声符は禺。〔説文〕十四下に「陬なり」とあり、前条の陬に「阪隅なり」とあり、山隅の意とする。およそ僻隅のところは神霊の住むところで、字もまた神梯を示す阜に従う。禺は顒然たる木偶の意があり、神異のものを示すとみられる。

訓義 ①くま、すみ、かど、地勢のいりくんだすみのところ。②きし、かたわら、でばな。③直角三角形の斜辺、弦。④嵎と通じ、山嵎。

古訓 〔字鏡集〕隅　タマル・クマ・スミ・スム・スミヤカ・カド

語系 隅・嵎ngioは同声。嵎は嵎夷・嵎谷のように日の出入する神話的な地名に用いられる。地の僻隅のところを、聖所とする考えかたがあった。隅も城隅などには、辟邪のものをおいて守った。

【隅曲】(ぐうきょく)　すみ。一隅に偏する。〔淮南子、斉俗訓〕至是の是は非無く、至非の非は是無し。此れ眞の是非なり。若し夫れ此れに是にして彼に非に、此れに非にして彼に是なる者は、此れを之れ一是一非と謂ふなり。此の一是非は隅曲なり。夫の一是非は宇宙なり。

【隅隙】(ぐうげき)　片すみのすきま。〔晉書、劉頌伝〕法を害するは尤を犯すに在り。而るに謹みて微過を捜す。何ぞ兕豹(猛獣の類)を公路に放ち、鼠盗を隅隙に禁ずるに異ならんや。

【隅谷】(ぐうこく)　日の入る所。虞淵。〔列子、湯問〕夸父、力を量らずして日影を逐はんと欲し、之れを隅谷の際に逐ふ。渴して飲を得んと欲し、赴きて河渭に飲むに、河渭足らず。

【隅反】(ぐうはん)　一隅をあげて、他の三隅も同じであることを理解する。〔論語、述而〕一隅を擧げて、三隅を以て反せざれば、則ち復たびせざるなり。

【隅隈】(ぐうわい)　地勢のすみと、くま。〔楚辞、天問〕九天の際、安くにか放り安くにか屬く　隅隈多く有り、誰か其の數を知らん

↑隅阿　すみ／隅奥　室の隅／隅隩　くま／隅官　辺地の官／隅見　一面的なみかた／隅差　隅が斜めのところ／隅坐　隅に坐る／隅訾　隅差／隅燭　室隅の燭／隅陬　すみ／隅積　積習／隅中　正午／隅鎮　辺鎮／隅辟　辺境／隅目　猛獣の目／隅落　建物の辺角／隅楼　すみやぐら

↓一隅・陰隅・奥隅・海隅・丘隅・曲隅・高隅・座隅・在隅・山隅・四隅・室隅・城隅・端隅・庭隅・天隅・道隅・僻隅・辺隅・幽隅・廉隅・路隅

【耦】

15　5692　グウ　ならびたがやす たぐい

篆文 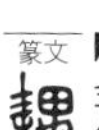

形声 声符は禺。禺は木偶。並べて相偶する意がある。〔説文〕四下に「耒の廣さ五寸を伐と爲し、二伐を耦と爲す」とあって、耦とは二耜を並べることをいう。〔論語、微子〕「長沮・桀溺、耦して耕す」とみえる。〔詩、周頌、噫嘻〕に「十千維れ耦す」とあって、古くから行われた耕作法である。

訓義 ①ならびたがやす、すきを二並びにして耕す、二人が並んで耕す。②たぐい、ともがら、あいて。③偶と通じ、偶数。

古訓 〔名義抄〕耦　トモガラ・タグヒ　〔字鏡集〕耦　フタナガラ・トモガラ・トモ・タグヒ

語系 耦・偶ngoは同声。二人偶して耕すを耦という。〔国語、呉語〕にもみえ、多く江南で行われた。

【耦意】(ぐうい)　なれあう。〔漢書、杜欽伝〕之れを言へば則ち心に拂り指に逆ひ、言はざれば則ち漸く日に長じ、禍を爲すこと細ならず。然れども小臣敢て道を廢して從ふことを求め、忠に違ひて耦意せず。

【耦語】(ぐうご)　ひそかに話しあう。偶語。〔漢書、高帝紀上〕父老、秦の苛法に苦しむこと久し。誹謗する者は族(族滅)せられ、耦語する者は棄市せらる。

【耦耕】(ぐうこう)(かう)　二人並んで耕す。〔礼記、月令〕(季冬の月)農に命じて耦耕の事を計らしめ、耒耜(すき)を脩め、田器を具へしむ。

【耦立】(ぐうりつ)　二人が並んで立つ。〔荀子、大略〕禹、耕す者の耦立するを見ては式(軾、車上の礼)し、十室の邑を過ぐるときは、必ず下る。

↑耦居　二人暮らし／耦俱　耦居／耦国　対等の国／耦沙　水辺の砂地／耦人　ひとかた／耦数　丁の数／耦世　迎合／耦犂　二頭の牛で耕す／耦麗　耦儷／耦儷　並ぶ

↓一耦・嘉耦・牛耦・御耦・耕耦・合耦・作耦・人耦・千耦・対耦・敵耦・不耦・万耦

【藕】

19　4492　グウ　はす はすのね

形声 声符は耦。〔爾雅、釈草〕に「荷は、芙蕖なり。〜其の

根は藕なり」とみえる。字はまた偶に従う。
訓義 ①はす。②はすのね。
古訓 〔和名抄〕藕 波知須乃禰(はちすのね)〔名義抄〕藕 ハチスノネ・ハチス・キハチス
【藕花】蓮の花。唐・孟郊〔李翺習之を送る〕詩 新秋、藕花を折る 應對、呉語嬌かし
【藕芽】蓮の芽。婦人の指にたとえる。明・丁鶴年〔竹枝詞二首、二〕詩 水上に蓮を摘む、青的的 泥中に藕を采る、白纖纖 卻つて笑ふ、同根なるも味を同じうせず 蓮心は清苦にして、藕芽は甜し
【藕糸】蓮の糸。細い連なり。民国・郭沫若〔帰国雑吟之二〕詩 又筆を投じて、纓を請ふ(軍役に従う)の時に當る 婦に別れ雛を抛つて、藕絲を絶つ 國を去りて十年、涙血を餘し 舟に登りて三宿し、旌旗を見る
↑藕茎 蓮の茎/藕根 蓮根/藕実 蓮の実/藕心 蓮同心/藕節 蓮根の節/藕腸 蓮根の穴/藕蕩 蓮池/藕覆 女袴
↓華藕・蕖藕・玉藕・採藕・秋藕・折藕・素藕・碧藕・蓮藕

クツ

常 【屈】 8 7727 クツ かがむ まがる したがう

篆文

金文

象形 尸は獣の上体の形。出の部分は、尾毛を屈している形。金文および篆文の形は、ともに尾の形に従う。〔説文〕八下に「尾無きなり。尾に從ひ、出聲」とするが、声も合わず、出は屈尾の形である。尾を屈することは屈服の意思表示であるので、屈服・屈従の意となる。

訓義 ①かがむ、まがる、尾をまげる。②つきる、しりぞく。③したがう、すたれる。④詘と通じ、きわまる。⑤僪と通じ、くるう。

古訓 〔名義抄〕屈 カヾム・カヾマル・ヲサム・マゲテ・クジク・ウヤマフ・イタス・ツキヌ〔字鏡集〕屈 タシム・マガル・クジク・イタム・カヾマル・ツカヒシテ・ツキヌ・ツタナシ・カヾム・クダク・イタス・ウヤマフ・ヲサム・マゲテ
声系 〔説文〕に屈声として崛・淈・掘・堀など七字を収める。みな屈曲して、その力を用いる意をもつ。

語系 屈・詘 khiuət は同声。詘は〔説文〕三上に「詰詘なり」とあり、屈曲の意。剧 kiuət、劂 hiuat も掘鑿の意があり、声義の近い字である。

【屈意】心を屈する。漢・董仲舒〔士不遇の賦〕意を屈して人に従ふは、吾が徒に非ず。身を正し時を俟ちて、將に木(棺)に就かんとす。

【屈己】心を屈する。〔孔叢子、抗志〕己を屈して以て富貴ならんよりは、志を抗げて以て貧賤なるに若かず。己を屈するときは則ち人に制せられ、志を抗ぐるときは則ち道に愧ぢず。

【屈奇】奇異。〔淮南子、詮言訓〕聖人には屈奇の服無く、瑰異の行無し。

【屈起】にわかに興起する。漢・揚雄〔劇秦美新〕獨り秦、西戎の邠荒、岐雍の疆に屈起す。襄文宣靈の僭迹に因り、基を孝公に立て、惠文に茂んに、昭莊に奮ふ。

【屈強】頑強で人に屈しない。倔強。〔漢書、匈奴伝〕楊信、人と爲り剛直屈強、素より貴臣に非ず。單于親しまず。

【屈曲】曲折。まがりくねる。〔三国志、呉、諸葛瑾伝〕其の小惠を務め崇ぶ所以は、必ず其の父新たに死し、自ら度るに衰微なるを以て、困苦の民、一朝崩沮せんことを恐る。故に彊めて屈曲して、以て民心を求め、以て自ら安住せんと欲するのみ。

【屈笮】困難。〔三国志、魏、和洽伝〕昔、蕭(何)曹(参)、高祖と竝びに微賤より起り、功を致し勳を立つ。高祖屈笮に在る毎に、二相恭順、臣道益〻彰らかなり。祚の後世に及ぶ所以なり。

【屈指】指折り数える。後蜀・孟昶〔玉楼春、夜起きて暑を摩河池上に避くる作〕詞 屈指西風、幾時にか來たる 只だ恐る流年、暗中に換るを
【屈膝】服従。降服する。〔晋書、文帝紀〕勍呉の雋臣を收め、亡命の逋虜を係ぐ。交臂(手を前に組む)屈膝、命を下吏に委ぬ。

【屈従】屈服。〔後漢書、文苑下、張升伝〕其の意相ひ合ふ者は、則ち傾身交結し、窮賤を問はず。如し其の志好に乖く者は、王公大人と雖も、終に屈従せず。

【屈辱】恥辱を受ける。〔史記、滑稽伝〕淳于髡は~長七尺に滿たず。滑稽多辯なり。數〻諸侯に使し、未だ嘗て屈辱せられず。

【屈伸】身をかがめ、またのばす。〔礼記、楽記〕鐘鼓管磬羽籥干戚は、樂の器なり。屈伸俯仰、綴兆(舞の列)舒疾は、樂の文なり。

【屈身】身をまげる。〔史記、楽毅伝〕燕國小にして辟遠、力制すること能はず。是に於て身を屈して士に下り、先づ郭隗に禮し、以て賢者を招く。

【屈折】折りまげる。〔荘子、駢拇〕屈折の禮樂、呴兪(顔色を和らげる)の仁義、以て天下の心を慰(尉)ふる者は、此れ其の常然を失ふ。

【屈節】節操を枉げ屈する。〔漢書、蘇武伝〕節を屈し命を辱かしむ。生くと雖も、何の面目かありて、以て漢に歸らんと。佩刀を引いて自ら刺す。

【屈尊】尊位をもって人に従う。〔旧唐書、劉洎伝〕(郊迎四方、歯学三譲)斯れ皆主祀の尊を屈し、下交の義を申ぶ。故に芻言咸く薦められ、睿問旁通す。

【屈体】身をかがめる。〔塩鉄論、褒賢〕萬乘の主、體を屈し、辭を卑くし、幣して交はりを請はざる莫し。此れ所謂天下の名士なり。

【屈致】むりにこさせる。〔三国志、蜀、諸葛亮伝〕(徐)庶曰く、此の人、就きて見るべきも、屈致すべからざるなり。將軍、宜しく駕を枉げて、之れを顧みるべしと。

【屈撓】力に屈してたわむ。〔後漢書、独行、周嘉伝〕使者乃ち燕(嘉の父)を收めて獄に繫ぐ。屢〻掠楚(鞭うち)せらるるも、辭屈撓する無し。~遂に食はずして死せり。

【屈服】屈して従う。〔酒譜、酔聖〕李白每に大醉して文を爲くるも、未だ嘗て差誤あらず。醒むる者と語るに、屈服せざる無し。人、目して醉聖と爲す。

【屈厄】困難に苦しむ。〔新語、本行〕夫子、陳・蔡の厄に、豆飯菜羹、以て餒を接ぐるに足らず。二三子(弟子たち)布弊縕袍(わたいれ)、以て寒を避くるに足らず。倥偬(あわただしい)屈厄、自ら處ること甚だし。

【屈抑】抑圧して屈する。明・方孝孺〔贛窩記〕漢の汲長孺、呉の張子布の輩、皆氣を負ひ自ら高くし、昌言倨色、少しも屈抑して以て當世に合ふを取らず。

↑屈鬱 鬱屈する/屈枉 己を枉げて屈する/屈下 服従する/屈駕 枉駕/屈懈 怠る/屈蠖 尺とり/屈匱 窮乏/屈彊 屈強/屈橋 壮健/屈詘 屈する/屈紒 曲げ結び/屈竭 尽きる/屈錯 相交わる/屈志 屈節/屈柔 柔らぐ/屈戌 蝶番/屈心 屈意/屈申 屈伸/屈尽 尽きる/屈然 空しい/屈滞 とどこおる/屈遰 身をかくす/屈盤 盤屈する/屈蟠 わだかまる/屈伏 屈服/屈乏 尽きる/屈慮 心を尽くす/屈繚 まとう/屈力 尽力する
↓鬱屈・枉屈・蠖屈・羈屈・佶屈・詰屈・久屈・窮屈・強屈・謙屈・

嗟屈・受屈・柔屈・身屈・侵屈・親屈・勢屈・退屈・歎屈・致屈・智屈・通屈・撓屈・盤屈・蟠屈・卑屈・不屈・偏屈・理屈・隆屈・論屈

常【堀】11 4717 クツ コツ あな ほり

篆文 

形声 声符は屈。屈は獣尾を屈する形。獣穴を掘り、尾を屈して穴に匿れる意。〔説文〕十三下に「突なり」とあり、〔段注〕に穴中より犬の突出する意とする。突(宊)の初義はおそらく竈突、地を掘りこんで竈としたものであろう。〔説文〕はまた〔詩、曹風、蜉蝣〕「蜉蝣堀閲」の句を引く。いま掘閲に作る。地中から脱皮してあらわれるをいう。

訓義 ①あな、けもののあな、虫の穴。②ほり。国語では、水を貯えた城池などをいう。

古訓 〔名義抄〕堀 ホル・アバク 〔字鏡集〕堀 ホル・ホリタツ・アバク・ツク

【堀穴】ほらあな。〔墨子、節用中〕古は、人の始めて生まる る、未だ宮室有らざるの時、陵丘の堀穴に因りて處る。

【堀室】地下室。〔左伝、昭二十七年〕(呉の公子)光、甲(士)を堀室に伏して、王を享す。~光、足疾と僞りて堀室に入る。~遂に王を弑す。

↑堀閲 掘閲/堀堁 風塵/堀虚 ほら穴/堀強 崛起する/堀礨 小丘

↓崇堀

【崛】11 2777 クツ そばだつ

篆文 

形声 声符は屈。〔説文〕九下に「山短くして高きなり」とあり、短高とは急に峙つことをいう。また堀に通じて用いる。

訓義 ①そばだつ、ぬきんでる、山がそびえる、急峻のさま。②堀に通じ、あな、いわや。

古訓 〔字鏡〕崛 オコル・ヤマノカホ・コトニ 〔字鏡集〕崛 ヤマノミシカクタカキカタチ

【崛起】聳える。〔旧唐書、李密伝〕故に瓊室崇構、商辛(殷の紂王)之れを以て滅亡し、阿房(宮)崛起して、(秦の)二世是を以て傾覆す。

↑崛鬱 鬱起/崛崎 嶮峻/崛詭 奇異/崛強 剛強/崛穴 穴/崛興 崛起/崛出 崛起/崛然 そびえる/崛立 屹立する

↓鬱崛・鬼崛・魁崛・奇崛・隆崛

常【掘】11 5707 クツ ほる うがつ

篆文 

形声 声符は屈。屈は獣尾を屈する形。その匿れ棲むところを窟といい、土を掘り崩して窟とすることを掘という。〔説文〕十二上に「搰つなり」、〔広雅、釈詁三〕に「穿つなり」とみえる。穿とは、獣牙を以て掘ることをいう。

訓義 ①ほる、うがつ。②くぼむ、へこむ、あな。③崛と通じ、ぬきんでる。④屈と通じ、つきる。

古訓 〔名義抄〕掘 ホル・ウガツ・クジル・ヒロフ・トル・ニギル

語系 掘giuət、闕giuət は声義近く、搰huət は〔説文〕十二上に「掘るなり」とあって、互訓の字である。

【掘閲】虫が羽化して地中から出ることをいう。〔詩、曹風、蜉蝣〕蜉蝣掘閲 麻衣、雪の如し(この詩は悼亡。葬られた人の清楚な装いと、その復生の願いを含めた表現とみてよい)

【掘強】屈強。〔後漢書、王劉張李彭盧伝論〕數子の若き者は、豈に國の遠圖有らんや。時の擾攘たるに因りて、苟くも恣縦するのみ。然れども猶ほ宗室に附假するを以て、能く歳月の閒に掘強す。

【掘穴】掘った穴。〔淮南子、主術訓〕民に掘穴狹廬、身を託する所以の者無きは、明主樂しまざるなり。

【掘室】地下室を掘る。窟室。〔淮南子、説山訓〕塘(堤)を壞りて以て龜を取り、屋を發きて狸(猫)を求め、室を掘りて鼠を求め、脣を割きて齲を治むるは、桀・(盗)跖の徒なり。君子は與せざるなり。

【掘蔵】埋蔵の物を掘り出す。望外の利。〔淮南子、人間訓〕夫れ再實の木は、根必ず傷み、藏を掘くの家には、必ず殃ひ有るは、以て大いに利して、反つて害と爲るを言ふなり。

【掘筆】禿筆。〔南斉書、王僧虔伝〕僧虔、弱冠にして弘厚、隷書を善くす。~孝武、書名を擅にせんと欲す。僧虔敢て顯跡せず。大明の世、常に掘筆を用ひて書す。此れを以て容れらる。

↑掘坎 穴掘り/掘起 崛起/掘彊 掘強/掘窟 穴掘り/掘闕 地を掘る/掘窖 穴倉/掘鑿 うがつ/掘井 井戸掘り/掘地 掘坎/掘冢 掘墓/掘発 掘りあばく/掘墓 墓を盗掘する/掘門 掘っ立て門

↓開掘・攻掘・採掘・鑿掘・試掘・穿掘・盗掘・発掘・埋掘・乱掘・濫掘

【欻】12 9788 ［欻］16 9788 クツ たちまち にわかに

篆文 

会意 炎＋欠。〔説文〕八下に「吹き起す所有るなり」とし、炎声とするが、「讀みて忽の若くす」とある声と合わない。字はまた欻に作る。火を吹き、風を送って、火勢のたちまち起こることをいう。

訓義 ①火を吹き起こす、火勢がにわかに起こる。②たちまち、にわかに。③うごく、あがる。

古訓 〔字鏡集〕欻 ニハカ・イク・タチマチ 〔篇立〕欻 タチマチ・タケシ

語系 欻xiuət、忽xuət は声義近く、〔説文〕は欻を忽の音でよむ。〔一切経音義〕に引く〔倉頡〕に、欻を「卒かに起るなり」とし、多く副詞に用いる。

【欻歙】すみやかなさま。梁・江淹〔江上の山の賦〕俗、事を逐うて變化し、心、物に應じて廻旋す。既に欻歙にして、其れ未だ悟らず。亦た緯繣(心に違う)して已に遷る。

【欻忽】たちまち。〔東観余論、上、張長史の書を論ず〕始めて張旭書する所の千字文を觀るに、猶ほ風鳶を縦つ者の空に翔戾し、風に隨つて上下し、而も綸の常に手に在るがごとく、撃劍の者の交光飛刃、欻忽として神の若く、而も器、身を離れざるがごとし。

【欻然】たちまち。唐・杜甫〔高都護の驄馬行〕詩 安西都護の胡靑驄(胡地に産する青白雑毛の馬) 聲價欻然として、來つて東に向ふ

↑欻霍 迅速/欻吸 急速/欻欻 動くさま/欻疾 急速/欻臻 たちまち至る

↓駕欻・翕欻・歘欻

【詘】12 0267 ［誳］15 0767 クツ チュツ トツ つまる かがむ まがる

篆文 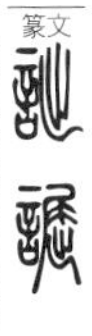

形声 声符は出。字はまた誳に作り、屈声。詘はあるいは誳の省形であろう。〔説文〕三上に「詰詘なり」とあり、詰詘とは語の滞る意。〔玉篇〕には「枉曲するなり」とあって、詘伸・詘折のように、屈と同義に用いる。

訓義 ①語がつまる、言いつまる。②なじる、しりぞく、かがませる。③かがむ、まがる、きわまる。④屈と通じ、屈する、したがう。⑤訥と通じ、どもる。

古訓〔新撰字鏡〕詘 久自久（くじく）〔名義抄〕詘 キハム・カ（ゞ）マル・シリゾク・クジク・クダク・トル/誳 クダク
語系 詘・屈khiuat は同声。詘はまた誳に作り、辞の屈して塞がるをいう。出は黜の意であろう。

【詘指】指折り数える。〔漢書、陳湯伝〕詘指して其の日を計へて曰く、五日を出でずして、當に吉語の聞する有るべしと。居ること四日にして、軍書到る。

【詘膝】膝を屈する。屈服する。〔史記、司馬相如伝〕北のかた匈奴を征す。單于怖れ駭き、臂を交へて事を受け、膝を詘して和を請ふ。

【詘体】身を屈して拝する。〔漢書、張湯伝〕始め長史朱買臣、素より湯を怨む。～王朝～邊通～故皆湯の右に居る。已にして官を失ひ、長史を守り、體を湯に詘す。湯數丞相の事を行ひ、～常に之れを陵折す。故に三長史、謀を合す。

【詘約】身をかがめくるしむ。〔荀子、堯問〕上に賢主無く、下暴秦に遇ふ。禮義行はれず、教化成らず。仁者詘約し、天下冥冥たり。

↑詘言 訥言/詘坐 しりぞけ罪する/詘殺 枉殺する/詘勝 屈伸/詘辱 屈辱/詘申 屈伸/詘伸 屈伸/詘身 身をかがめる/詘信 あるいは屈し、あるいは伸ばす/詘身 身をかがめる/詘信 屈伸/詘折 屈折/詘節 屈節/詘然 絶えるさま/詘道 道を枉げる/詘服 屈服する/詘要 腰をまげて、屈する/詘容 屈辱をうける

↓禍詘・詰詘・敬詘・受詘・身詘・拙詘・致詘・道詘・靡詘

常
【窟】 13 3027 クツ あな いわや

形声 声符は屈。屈は獣尾を屈する形。その棲む所を窟という。古くは窟を窟室に用い、また墓室に用いることもあった。遊仙窟とは、遊里をいう。

訓義 ①あな、いわあな、獣のすむ穴。②あなぐら、すみか。③人の集まるところ、ねじろ。④掘・堀と通じ、土を掘り出したところ。

古訓〔名義抄〕窟 イハヤ・アナ・ムロ・スミカ・ホラ・ホル・イハムロ・アバク・ツチムロ〔字鏡集〕窟 ホル・アナ・ホラ・イハムロ・イハ・イハヤ・スミカ・ヤド・ムロ

【窟穴】ほら穴。〔漢書、趙広漢伝〕尤も善く鉤距（さぐり）を為し、～郡中の盜賊、閭里の輕俠、其の根株窟穴の在る所、及び吏の銖兩を受取請求するの姦、皆之れを知る。

【窟室】むろ。地下室。〔左伝、襄三十年〕鄭の伯有、酒を耆む。窟室を爲りて夜酒を飲み、鐘を撃たしめ、朝（するもの）至るも未だ已めず。

【窟宅】ほら穴を住所とする。晉・孫綽〔天台山に遊ぶの賦の序〕天台山なる者は、～皆玄聖の遊化する所、靈仙の窟宅する所なり。

【窟伏】いわやにこもる。漢・東方朔〔七諫、哀命〕玄舍の幽門に處り、巖石に穴して窟伏す。水蛟を從へて徒と爲し、神龍と與に休息せん。

↑窟眼 心眼/窟巌 巌窟/窟居 窟宅/窟窟 仡仡とつとめる/窟窖 窟穴/窟藪 隠れ場所/窟蔵 仡根じろ/窟竇 岩穴/窟礧 でく/窟窿 洞穴/窟塁 洞穴/窟弄 洞穴/窟籠 洞穴

↓営窟・岩窟・巌窟・鬼窟・丘窟・俠窟・掘窟・聚窟・深窟・石窟・穿窟・禅窟・巣窟・地窟・土窟・洞窟・乳窟・魔窟・理窟・竜窟・隆窟

クメ

【粂】 9 くめ

国字 久米の合字。麻呂を麿とするのと同じ。〔万葉〕など、古代に久米の姓は多いが、古くは粂に作る例はない。

訓義 ①姓、くめ。

クラウ

人
【喰】 12 くらう

会意 口＋食（食）。遼の僧行均の〔竜龕手鑑〕に「喰、音は餐、又音孫」とし、飧の音がある。〔新撰字鏡〕に「喰 飲食を受くるなり、波牟（はむ）」とあり、わが国ではよく用いられた字である。

訓義 ①くう、くらう。②飲食をうける。

クン

常
【君】 7 1760 クン きみ

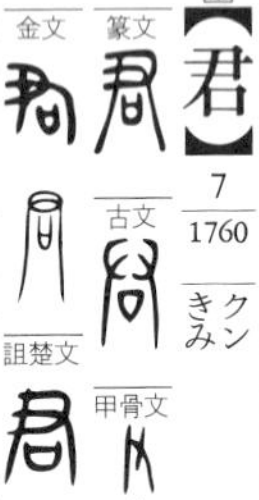

会意 尹＋口。尹は神杖をもつ聖職者、口（𠙵）は祝詞を収める器。巫祝の長をいう字であった。〔説文〕二上に「尊なり」と訓し「尹に従ひ、號を發す。故に口に従ふ」とするが、口は祝禱を示す。周の創業をたすけた召公は金文に「皇天尹大保」とよばれ、〔書〕では「君奭」とあって、尹・君・保はみな聖職者としての称号であった。王侯の夫人を古く「君氏」というのも、かつて女巫が君長であったなごりであろう。〔左伝、襄十四年〕に「夫れ君は神の主なり」とあり、君はもと神巫の称であった。のち祭政の権を兼ねて君王の意となり、古い氏族時代には、その地域の統治者を里君といった。

訓義 ①きみ、君王、統治者。②おさ、かしら。身分ある人の敬称。③尊属者の敬称。④対称。敬愛の意を含めていう。⑤神霊その他、畏敬すべきものに用いる。

古訓〔名義抄〕君 キミ・タフトシ

声系〔説文〕に君声として郡・群・宭・窘・帬など九字を収める。君声の字に捃束の意があるらしく、多くのものが一体としてある状態をいうようである。

語系 君・宭・群・麇 giuən は同声。宭は群居の意。麇（麏）は麇集の意で、攈・捃は同字。みな同系の語であろう。

【君王】天子。〔詩、小雅、斯干〕其の泣くこと喤喤たり 朱芾（朱の膝掛け）斯れ皇たり（輝かし） 室家の君王なり

【君家】あなたの家。唐・白居易〔春晩詠懐、皇甫郎之に贈る〕詩 賴ひに憂ひを銷し、悶を治する藥有り 君家の醲酎と、我が狂歌

【君義】君は義を守る。〔左伝、隠三年〕君は義に、臣は行ひ、父は慈に、子は孝に、兄は愛し、弟は敬ふは、所謂六順なり。

【君侯】列侯丞相。また、貴人に対していう。唐・李白〔韓荊州に与ふる書〕所以に龍盤鳳逸の士、皆君侯に名を収め、價を定められんと欲す。

【君子】もと貴族の男子をいう。のち才徳ある人をいう。〔論語、述而〕聖人は吾れ得て之れを見ざるも、君子者を見るを得ば、斯ち可なり。

【君臣】君と臣。主従。〔礼記、楽記〕天は尊く地は卑し。君臣定まる。卑高已に陳ね、貴賤位す。

【君側】君主の側近。〔晋書、謝鯤伝〕劉隗は姦邪なり。將に社稷を危くせんとす。吾れ君側の惡を除き、主を匡し時を濟はんと欲す。何如。

【君長】君主。長上。〔礼記、表記〕君子敬するときは、則ち祭器を用ふ。是を以て日月を廢せず、龜筮に違はず、以て其の君長に敬事す。

【君道】 君主の道。〔漢書、成帝紀〕天衆民を生じ、相ひ治むる能はず。之れが爲に君を立て以て之れを統理す。君道得るときは、則ち草木昆蟲、咸く其の所を得。人君不德ならば、譎く天地に見はれ、災異屢く發し、以て不治を告ぐ。

【君德】 君子の德。〔易、乾、文言伝〕見龍、田に在り。大人を見るに利ろしとは、君德あるなり。

【君父】 君たる父。また君と父とをいう。〔国語、晋語一〕君に事ふるに敬を以てし、父に事ふるに孝を以てす。~孝敬忠貞は、君父の安んずる所なり。

【君命】 君主の命。〔孫子、九変〕塗も由らざる所有り。~城も攻めざる所有り。地も爭はざる所有り。君命も受けざる所有り。

【君臨】 君として臨む。〔左伝、襄十三年〕赫赫たる楚國にして、之れに君臨し、蠻夷を撫有す。南海を奄征し、以て諸夏を屬す。

↑君位 王位/君恩 君の恩/君器 君位/君舅 夫の父/君既 君の賜与/君訓 君のおしえ/君姑 夫の母/君公 諸侯/君国 君主の治める国/君氏 諸侯の妻/君賜 君からのたまもの/君事 君の所用/君舎 御所/君主 元首/君寿 君の寿/君相 君と宰相/君心 君のみ心/君人 君/君朝 朝廷/君婦 王后/君母 父の正妻/君民 君と民/君門 宮門

↓暗君・家君・寡君・我君・貴君・恵君・賢君・元君・厳君・国君・妻君・細君・四君・此君・使君・思君・師君・嗣君・事君・主君・諸君・少君・湘君・神君・真君・人君・仁君・聖君・先君・尊君・大君・忠君・儲君・家君・二君・夫君・父君・邦君・亡君・暴君・名君・明君・遊君・幼君・庸君・良君・老君・郎君

常

【訓】 10 0260 クン おしえる みちびく よむ

篆文

形声 声符は川。〔説文〕三上に「説教するなり」とする。〔詩、周頌、烈文〕「四方其れ之れに訓ふ」、また〔書、洪範〕「是れ訓ふ」のように、古く順の義に用いる。同じく川声の字で、通用したのであろう。〔周礼、地官〕に「土訓」「誦訓」などの職があり、〔土訓〕は「地事を詔げ」、〔誦訓〕は「辟忌を詔げる」ことを掌る。いずれも地霊を安んずるための呪儀を掌るもので、そのとき誦する呪的な語が「訓」とよばれるものであろう。のち教訓・訓詁の意となる。

訓義 1神霊に告げ誦することば、いましめる、いましめ。2したがう。3おしえる、みちびく。4よむ、よみとく、わけ。

古訓 〔字鏡集〕訓 ミチビク・ス、ム・サトル・ヲシフ・シタシ・イマシム・シタガフ・シタフ

語系 訓 xiuən、順 djiuən、馴 ziuən はみな川 thjyuən 声で声義近く、〔土訓〕〔誦訓〕の掌るところは、おそらくわが国の序詞や枕詞のように、地霊などをなだめる呪語であったのであろう。

【訓化】 教化。〔晋書、礼志上〕古の聖王、帝藉を躬耕し、以て郊廟の粢盛に供し、且つ以て天下を訓化す。近世以來、耕藉は數歩の中に止まり、~曾ち供祀訓農の實無し。

【訓革】 おしえ改める。晋・袁宏〔三国名臣序贊〕(君臣の)體分冥固にして道契墜ちざるに至つては、風美の扇ぐ所、訓革千載、其の揆一なり。

【訓義】 訓釈。唐・韓愈〔兵部李侍郎に上る書〕遂に經傳史記、百家の説を究窮することを得、訓義に沈潛し、句讀に反復し、事業に礱磨(みがきあげ)し、文章に奮發す。

【訓詁】 字義の古今を解く。〔漢書、揚雄伝上〕雄、少くして學を好む。章句を爲めず、訓詁通ずるのみ。博覽にして見ざる所無し。

【訓告】 おしえ告げる。〔後漢書、循吏、劉矩伝〕民に争訟有るときは、矩常に之れを前に引き、提耳訓告す。~訟者之れに感じ、~各く罷め去る。

【訓辞】 教導する語。〔左伝、僖七年〕君若し之れを綏んずるに德を以てし、之れに加ふるに訓辭を以てし、諸侯を帥ゐて以て鄭を討たば、鄭將に覆亡するに暇あらざらんとす。豈に敢て懼れざらんや。

【訓章】 おしえ明らかにする。〔三国志、蜀、諸葛亮伝〕臣弱才を以て、~親しく旄鉞を秉り、以て三軍を厲ますも、明法を訓章すること能はず。

【訓説】 文意を解説する。宋・孫奭〔孟子正義の序〕陸善經より已降、其の訓説する所、小しく異同有りと雖も、共に趙氏(岐)を宗とす。

【訓典】 古聖賢の教えの書。〔書、畢命〕善を彰はし惡を癉くし、之れが風聲を樹てよ。訓典に率はざるは、厥の井疆を殊にし、克く畏慕せしめよ。

【訓導】 おしえ導く。〔国語、楚語上〕衞の武公~箴儆して曰く、~一、二の言を聞かば、必ず誦志して之れを納れ、以て我を訓導せよと。

【訓蒙】 児童を教えさとす。〔寓圃雜記、八〕表兄滕文用は、錫山の舊族なり。家業久しく墜つ。人の爲に訓蒙して、以て口を糊す(生活する)。

【訓誘】 教導。〔顔氏家訓、勉学〕冠婚に至るに及び、體性稍く定まる。此れに因りて、天機倍く訓誘を須つ。志尚有る者は、遂に能く磨礪し、以て素業に就く。履立無き者は、茲れより墮慢し、便ち凡人と爲る。

【訓練】 兵を教練する。唐・杜甫〔章十侍御に奉寄す〕詩 指麾し能事、天地を迴らし 訓練強兵、鬼神を動かす

↑訓戒 訓誡/訓解 解釈/訓誡 戒める/訓誨 教える/訓御 教導/訓教 教える/訓故 訓詁/訓示 教え示す/訓釈 解釈/訓授 教える/訓習 教練/訓術 陰陽官/訓奨 教え励ます/訓卒 教練/訓飭 戒める/訓迪 教導/訓点 漢文の訓読につける返り点と送り仮名/訓伝 経書の注/訓範 典範/訓命 訓令/訓喩 さとす/訓諭 訓喩/訓旅 訓練/訓令 上級官府の命令

↓貽訓・遺訓・彝訓・懿訓・音訓・家訓・格訓・義訓・儀訓・教訓・恵訓・厳訓・古訓・故訓・詁訓・弘訓・恒訓・校訓・高訓・時訓・乗訓・常訓・正訓・成訓・聖訓・請訓・祖訓・通訓・帝訓・庭訓・典訓・土訓・道訓・導訓・内訓・難訓・納訓・反訓・敷訓・明訓・和訓

【焄】 11 1733 クン ふすべる かんばしい

形声 声符は君。〔玉篇〕に「火、上出するなり。亦た熏に作る」とする。薰(薫)は火で薫染する方法を示す象形の字であり、君がその形声の字であろう。〔礼記、祭義〕に「君蒿悽愴」という語があり、神を祀ってその神気のあらわれる荘厳のさまをいう。〔孔子家語、五儀解〕に、葷の字を借用している。

訓義 1ふすべる、いぶす。2かんばしい、においがよい。3葷と通じ、辛味や臭気のある菜。

古訓 〔字鏡集〕焄 カヲルナリ

【焄蒿】 香気のただようさま。〔礼記、祭義〕衆生は必ず死す。死すれば必ず土に歸る。~其の氣は上に發揚して、昭明焄蒿悽愴たるは、此れ百物の精なり。神の著はるるなり。

↑焄菜 香菜/焄羶 臭気ある食品

↓食焄・悽焄

【裙】 12 3726 ［裠］ 13 1773 ［帬］ 10 1722 クン もすそ

篆文 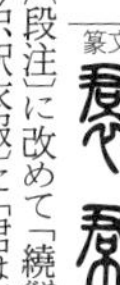

形声 声符は君。正字は帬に作り、〔説文〕七下に「下裳なり」とする。〔段注〕に改めて「繞れる領なり」とし、衿の意とするが、〔釈名、釈衣服〕に「裙は下裳なり」とあって、もすそをいう。

訓義 ①も、もすそ、はかま。婦人の腰から下につける下裳。②へり、ふち、えり。③中裙、はだぎ。

古訓 〔名義抄〕裙 モ・キモノ・コロモノスソ 〔字鏡集〕裠 モノコシ・モ・コロモノスソ・ユタカニ・オビヤカス・キモノ

【裙屐】くんげき 華美な装い。だて者。〔魏書、邢巒伝〕蕭淵藻は是れ裙屐の少年、未だ治務に洽からず。

【裙釵】くんさい 婦人のつけるもすそと、かんざし。〔紅楼夢、二〕我が堂堂たる鬚眉も、誠に彼の裙釵に若かず。

【裙帯】くんたい もすそと帯。〔晋書、列女、段豊の妻慕容氏伝〕豊、人の譖する所と爲り、殺さる。慕容氏～密かに其の裙帯に書して云ふ、死後當に我を段氏の墓側に埋むべし～と。～自縊して死せり。

【裙帔】くんぴ 衣裳と肩かけ。〔水経注、肥水〕山上に淮南王劉安の廟有り。～廟中に安及び八士の像を圖く。皆牀帳に坐し、平生の如し。被服纖麗、咸く羽扇裙帔、巾壺枕物、一に常居の如し。

↑裙幄 裳の幕／裙簡 すそ／裙褘 裳と膝かけ／裙衫 はだぎ／裙襦 はだぎ／裙拖 裳の帯／裙布 粗末な衣裳／裙帽 垂れのある帽

↓葛裙・曲裙・軽裙・紅裙・縞裙・青裙・短裙・長裙・布裙・羅裙・練裙

【葷】 13 4450

クン からな なまぐさ

篆文 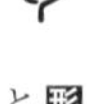

形声 声符は軍。〔説文〕一下に「臭菜なり」とあり、韮・葱の類をいう。〔玉篇〕に「葷菜は凶邪を辟くる所以なり」とあって、古くは王侯の膳に必ず加えた。ただ、もの忌みなどで致斎のときには、これを用いない定めであった。禅院などで葷酒の山門に入るのを禁ずるのは致斎のためである。字はまた薫・君と通用する。

訓義 ①からみ、また、くさみのある菜。にら・ねぎの類。②なまぐさ、肉類。牛・羊・豚を大葷、鶏・魚・卵を小葷という。③薫・君と通じ、ふすべてよいにおいがすることをいう。

古訓 〔名義抄〕葷 クサナ 〔字鏡集〕葷 ナマグサシ・オホネ・クサナキ(キナ)

語系 葷・薫(薫)・君xiuən は同声。薫は熏に従い、熏は嚢の中のものを火でくすべる形。葷・君はその形声の字。

【葷菜】くんさい からみ、くさみのある野菜。〔管子、立政〕君の務むる所の者、五。～四に曰く、六畜家に育せず、瓜瓠葷菜、百果備具せざるは、國の貧しきなり。

【葷酒】くんしゅ 葷菜と酒。〔荘子、人間世〕顔回曰く、回の家貧し。唯だ酒を飲まず、葷を茹はざる者數月なり。此の若くんば、則ち以て齋と爲すべきかと。(仲尼)曰く、是れ祭祀の齋にして、心の齋に非ざるなりと。

【葷辛】くんしん 葷菜。唐・姚合〔新茶を乞ふ〕詩 嫩綠微黃、碧澗の春 採る時聞道らく、葷辛を斷つと

【葷羶】くんせん 葷菜と腥肉。唐・韋応物〔紫閣東林居士～詩を献じて啓に代ふ〕詩 道場の齋戒、今初めて服す 人事葷羶、已に非なるを覺ゆ

↑葷粥 匈奴／葷允 匈奴／葷血 葷羶／葷腥 葷羶／葷素 葷と精進／葷臊 なまぐさ／葷肉 葷羶

↓去葷・五葷・酒葷・茹葷・膳葷・不葷

【熏】 14 2033 〔燻〕 18 9283 〔纁〕 20 2293

クン ふすべる やく かおり

篆文 

金文 

会意 東＋火。東は東(橐)の中にもののある形。火でくゆらして燻蒸し、煤すなどのたまる形。〔説文〕一下に「火煙、上に出づるなり」とし、「屮に従ひ、黑に従ふ。屮黑は熏黑なり」とするが、〔段注本〕に「屮黑は熏の象なり」とし、後人補足の文とする。屮は橐の上部を括った形である。字はまた纁に作り、〔周礼、冬官、鍾氏〕に「三入を纁と爲す」という。燻は熏の繁文。糸を染めることを纁という。鍾氏の鍾の初文はおそらく金文にみえる䵻で、糸束を染汁の鍋(田)に入れて染める方法を示す字。熏は火で熏染する方法を示す字である。

訓義 ①ふすべる、やく、くゆらす、煙や熱でむす。②香などをしみこませる、感化を与える。③曛と通じ、日ぐれ。④醺と通じ、よう。⑤纁は熏染によって色づけする。うすあか。⑥釁と通じ、香を身に塗る。

古訓 〔篇立〕熏 カホル・マホル・フスブ・ヒノサカリナル／燻 コガル・ヤク・オキ 〔字鏡集〕燻 フスブ・カホル・イツルナリ・アツシ・ケブリノボルナリ・ニホフ・ヒノサカリナリ・サカリナリ・コガル・ヲキ・ヤク

声系 〔説文〕に熏声として薫(薫)・纁・勳(勲)・醺など五字を録する。勳の初文は爵を賜う象形の字。他は熏の声義を承け、その熏香、また色の義をとる字である。

＊語彙は薫字条参照。

【熏子】くんし 宦官。熏とは去勢の法をいう。〔後漢書、宦者伝序〕明賢を搆害し、專ら黨類を樹つ。其の更に相ひ援引し、權彊に希附する者有り。皆腐身(去勢の法)熏子、以て自ら衒達(売りこんで出世を求める)す。

【熏胥】くんしょ 熏染する。他に連及する。また、腐刑(去勢)とする説がある。〔後漢書、蔡邕伝〕榮顯未だ副はざるに、從つて顚踣す。下は熏胥の辜を獲、高きは家を滅ぼすの誅を受く。

【熏鼠】くんそ 鼠をくすべ殺す。〔詩、豳風、七月〕穹窒(掃除)して鼠を熏し 向を塞ぎ戸を墐ぬる

【熏祓】くんふつ 香気で祓う。宋・范成大〔呉船録、上〕民皆艾蒿(わらの類)を門に束ね、之れを燃して煙を發す。意へらく、穢氣を熏祓して、以て候迎の禮を爲すと。

【熏浴】くんよく 香を以てくすべ、湯あみする。虜囚を解くときなどの復生の儀礼。釁浴。〔国語、斉語〕是に於て(魯の)荘公、(管仲を)束縛して以て齊使に予へしむ。～至る比之れを三釁三浴し、桓公親しく之れを郊に逆ふ。〔注〕香を以て身に塗るを釁と曰ふ。亦た或いは薫と爲す。

【熏籠】くんろう 熏炉にかぶせる籠。衣服に香を移す。宋・陸游〔雁を聞く〕詩 梅花を過ごし盡して、酒を把ること稀なり 熏籠、香冷やかにして、春衣に換ふ

↑熏鬻 匈奴／熏火 香火／熏熏 和合のさま／熏香 焚香／熏篝 熏籠／熏黒 くゆらす／熏漬 しみこむ／熏耳 灼耳の刑／熏炙 あぶる／熏灼 熏炙／熏修 修行／熏習 習染／熏焼 熏炙／熏裳 纁裳／熏烝 熏蒸／熏蒸 ふすべむす／熏心 思いをこがす／熏製 燻製／熏夕 曛夕／熏染 感化する／熏竹 ふすべ竹／熏天 気勢が強い／熏陶 薫染／熏逼 くゆらす／熏腐 去勢する／熏風 東南の風／熏焚 香をたく／熏沐 熏浴／熏薬 麻薬／熏炉 香炉／熏労 勲労

↓火熏・光熏・香熏・焼熏・声熏・揚熏

【皸】 14 3454

クン キン ひび あかぎれ

篆文 

形声 声符は軍。〔説文新附〕三下に「足坼くるなり」とあり、あかぎれの類をいう。軍は

龜(亀)と声近くして通用し、亀裂の意がある。あかぎれどめの薬を「不亀手の薬」という。

訓義 1ひび、あかぎれ。2亀と通じ、ひびわれのあるもの。

古訓 〔新撰字鏡〕皸 比弥(ひみ)、又、佐介太利(さけたり)〔和名抄〕皸 阿加々利(あかがり)〔名義抄〕皸 アカヾリ〔字鏡集〕皸 ヒヾ・アカガリ

語系 皸kiuən、龜kiuəはその声が近く、皸は龜の声にかえて、軍を声符とする。

【皸裂】 ひびわれ。元・宋元〔戦城南〕詩 凍指もて絃を控けば、指斷折す 寒膚、鐵に著きて、膚皸裂す 軍中七日、火食せず 降人を手殺して、熱血を呑む

↑皸手 あかぎれ/皸皴 われめ/皸坼 皸裂/皸瘃 あかぎれと霜やけ

↓手皸

常【勲】15 2433 入〔勳〕16 2432 〔勛〕12 6482

クン
いさお いさおし

篆文  古文  金文 

形声 旧字は勳に作り、熏声。古文の字は勛に作り、員(円鼎)に従う。金文の字は円鼎に従っており、声符をもたず、会意字である。〔説文〕十三下に「能く王功を成すなり」とあって、王事に勲功のあることをいう。力は耒の象形字であるから、その勲功は農事に関するものであろう。〔書、堯典〕の「放勳」を〔白虎通、爵篇〕に「放勛」に作り、漢碑にも勳・勛の両字が用いられている。しかし金文の〔毛公鼎〕「大命に勳勤せり」の勳は、爵を以て酒を賜う形にしるされていて、それが字の初形であろう。

訓義 1いさお、いさおし、功労。2薫と通じ、薫染して相及ぶことをいう。あいともに。3閽と通じ、門番。

古訓 〔篇立〕勳 シルシ〔字鏡集〕勳 タキモノ・ホトホト・イクサ・ホトシ・コハシ・ツヨシ・アヤフム

語系 勳・薰(薫)xiuən、閽xuənは声近く、通用することがある。

【勲蔭】 父祖の功業により、子孫が官爵を賜うこと。梁・任昉〔褚諮議蓁の為に兄に代りて封を襲ぐを譲る表〕仰ぎて詔旨を稱するに、臣の兄賁の請ふ所を許し、臣を以て南康郡公を襲封せしむ。臣は門籍勳蔭もて、光いに土宇を錫ふ。

【勲家】 勲臣の家。〔唐書、蕭瑀伝〕初め瑀の關内の田宅、悉く勳家に賜ふ。是に至りて還た之れを給す。瑀、盡く以て宗族に分ち、獨り廟室を留めて奉祠す。

【勲官】 軍功による官称。唐代には上柱国より騎都尉・武騎尉など十二等あり、明代に文勲・武勲の二系に分かった。〔旧唐書、職官志一〕勳官は、周・齊交戰の際に出づ。本以て戰士に酬ゆ。其の後漸く朝流に及ぶ。階爵の外、更に節級を爲す。～隋の文帝、更に之れを増損す。

【勲貴】 勲功のある貴紳の家。〔顔氏家訓、雑芸〕(琴瑟は古来の名士、多く愛好する所)唯だ稱譽有らしむべからず。勳貴に役せられ、之れを下坐に處き、以て殘盃冷炙の辱を取らん。

【勲業】 功業。唐・李頎〔張兵曹に贈別す〕詩 漢家の蕭相國(何) 功は五諸侯を蓋ふ 勳業は河山のごとく重く丹青、錫(賜)命優なり

【勲爵】 勲功に対して与える爵位。唐・韓愈、李正封〔晩秋郾城夜会聯句〕徒然だ恩義に感ずるのみ 誰れか復た勳爵を論ぜん(韓愈)

【勲績】 功績。魏・曹植〔楊徳祖(修)に与ふる書〕豈に徒だ翰墨を以て勳績と爲し、辭賦をもて君子と爲さんや。

【勲伐】 功績のある家柄。〔抱朴子、逸民〕凡そ所謂志人なる者は、必ずしも祿位に在らず、必ずしも勛(勳)伐を須ひざるなり。

【勲烈】 功業。功烈。〔三国志、魏、三少帝、陳留王奐紀〕昔聖帝明王、亂を靜やんじ世を濟ひ、大を保ち功を定むるに、文武塗を殊にするも、勳烈は歸を同じうす。

【勲労】 功労。〔礼記、明堂位〕七年、政を成王に致す。成王、周公を以て天下に勳勞有りと爲す。是こを以て周公を曲阜に封ず。地、方七百里、革車千乘なり。

↑勲育 匈奴/勲衛 侍衛/勲階 勲等/勲格 勲階/勲旧 譜代の家/勲級 勲等/勲勤 勲功/勲功 功績/勲書 勲記/勲緒 勲業/勲将 副将/勲臣 功臣/勲戚 勲親/勲跡 功績/勲徳 功徳/勲閥 勲伐/勲府 親衛の官/勲附 勲親/勲望 功績と名望/勲名 功名/勲門 勲閥/勲要 重臣/勲庸 勲功/勲力 いさお

↓位勲・偉勲・英勲・栄勲・華勲・嘉勲・奇勲・旧勲・休勲・巨勲・軍勲・元勲・功勲・光勲・洪勲・策勲・司勲・殊勲・樹勲・叙勲・賞勲・垂勲・成勲・盛勲・積勲・戦勲・前勲・大勲・忠勲・著勲・武勲・放勲・名勲・銘勲・禄勲

常【薫】16 4433 〔薰〕18 4433 入〔薰〕17 4433 〔燻〕18 9283

クン
かおり くゆらす

篆文 

形声 旧字は薰に作り、熏声。熏は東(橐)の中のものを火で燻らせる形。〔説文〕一下に「香艸なり」とあり、香気の高い草をいう。〔左伝、僖四年〕「一薰一蕕、十年にして尚ほ猶ほ臭有り」のように、香臭の強いものである。それに薫染することから、薫化・薫陶のように、徳化の意に用いる。また熏・燻と通じて用いる。

訓義 1香草、かおりぐさ。2かおり、におう。3熏と通じ、くゆらす、くすぶる。

古訓 〔名義抄〕熏 カホル・サカリナリ・フスブ・タキモノ〔字鏡集〕薰 タキモノス・フスブ・カホル・ニホフ・クユル・カウバシ・ヒノサクナル・ヒケ・シケ・タ丶・ヒク・ユル・シム・タ丶ス

＊語彙は熏字条参照。

【薫育】 匈奴の古名。獫狁。〔史記、周紀〕古公亶父復た后稷・公劉の業を修め、徳を積み義を行ひ、國人皆之れを戴く。薰育・戎狄之れを攻む。～遂に豳を去り、漆・沮を渡り、梁山を踰えて、岐下に止まる。

【薫火】 正月七日、庭で煎餅を焼く。〔荊楚歳時記、人日、注〕北人、此の日、煎餅を食す。庭中に於て之れを作る。薰火と云ふ。

【薫炙】 香をくゆらす。〔韓詩外伝、六〕上下心を一にし、三軍力を同にす。名聲は以て之れを薰炙するに足り、威強は以て之れを一齊するに足る。

【薫染】 移り香がしみる。金・元好問〔瓶中の雑花を賦す、七首、二〕詩 一樹百枝、千萬結 更に應に薰染して春工を費やすなるべし

【薫陶】 薫化陶冶。教育する。〔宋史、道学一、程頤伝〕今夫れ人民の善く其の子弟を教ふる者は、亦た必ず名徳の士を延き、之れと處らしめ、以て薰陶して性を成す。

【薫風】 初夏の東南の風。唐・白居易〔首夏南池独酌〕詩 薰風南より至り 我が池上の林を吹く

【薫蕕】 香草と悪臭の草。〔孔子家語、致思〕(顔)回聞く、薰蕕は器を同じうして藏せず、堯桀は國を共にして治せず。其の類異なるを以てなり。

↑薫粥 匈奴/薫鬻 匈奴/薫烟 香煙/薫戒 斎戒/薫赫 威勢が強い/薫嚇 おどす/薫薫 和悦/薫篝 薫籠/薫鑿 いぶり出し/薫子 宦官/薫灼 熏灼/薫修 熏修/薫胥 相及ぶ/薫蒸 熏

蒸／薫心　苦心する／薫辛　葷辛／薫隧　複道／薫燧　焚香／薫然　温和／薫草　香草／薫天　天を焼く勢い／薫鼻　匂う／薫服　妓女／薫沐　熏浴／薫炉　香炉／薫鑪　香炉／薫籠　熏籠／薫陸　香木の名

↓衣薫・嘉薫・含薫・好薫・香薫・紫薫・麝薫・臭薫・染薫・草薫・南薫・濃薫・風薫・芳薫・蕕薫・余薫・蘭薫

【麇】 16 0029　［麕］ 19 0060　クン キン　のろ　あつまる

篆文 　籀文 

形声 声符は禾。禾は囷の省略形で、字は困声。籀文の字形は囷に従う。また麏・捃に作り、君声をとることがある。〔説文〕十上に「麞なり」とあり、のろをいう。のろには群集する習性があるので、麇至・麇集のように用いる。またその意には攈・捃の字を用いることが多い。

訓義 ①のろ。②攈・群と通じ、あつまる、むらがる。

古訓 〔名義抄〕麕・麇　クジカ　〔字鏡集〕麕　クジカ・トラフ

声系 〔説文〕に麇声として攈を収める。字はまた麕に従うことがあり、捃に作ることもある。麇集の意を動詞化した字とみてよい。

語系 麇（麕）・群・宭 giuən は同声。宭は群居。麇に麇集の習性があり、囷・君の声にもその意がある。

【麇至】群れるようにくる。〔左伝、昭五年〕晉の君（楚）に事ふるを、臣曰く、可なりと。諸侯を求むれば麇至し、昏（婚）を求むれば女を薦め、君親から之れを送り、上卿と上大夫、之れを致す。

↑麇集　あつまる

↓介麇・白麇

【獯】 17 4223　クン

形声 声符は熏。獯鬻は匈奴の古称。また獫狁・獯粥など、表記のしかたが多い。

訓義 ①くんいく。

【獯粥】北方族の名。〔後漢書、南匈奴伝〕昔獫狁・獯粥の中國に敵すること、其の由來する所尙し。

↑獯猲　北方族／獯虜　獯鬻など

【曛】 18 6203　クン　たそがれ　くれる

形声 声符は熏。熏は東（橐の象形）の中のものを、火を以て燻蒸する形。その方法で糸を染めるを纁といい、赤黄色をいう。その色は黄昏の日の光。ゆえに曛昏という。古い字書にみえず、六朝のころから用いられる。

訓義 ①たそがれ、入り日の光、たそがれの色。②くれる、ひぐれ。③纁と通じ、赤黄色。

古訓 〔新撰字鏡〕曛　由不戸（ゆふへ）　〔字鏡集〕曛　ヒグレ・ユフベ・ヒクル・クル

語系 曛・熏 xiuən、昏 xuən は声義近く、曛黒のときはすなわち昏である。黑（黒）xək もまた同系の語であろう。

【曛黄】ゆうぐれ。〔南史、朱异伝〕异、博く多藝を解し、圍碁は上品、～宅を東陂に起し、美麗を窮む。晩日に來下し、其の中に酣飲して曛黄に迫る毎に～城門（門番）を捉へて、管籥（鍵）を停留せしむ。

【曛黒】ゆうやみ。唐・杜甫〔彭衙行〕詩　客を延くに已に曛黒なり　燈を張りて重門を啓く

【曛日】夕日。南朝宋・謝霊運〔従弟恵連に酬ゆ、五章、二〕詩　夕に曉月の流るるを慮り　朝に曛日の馳するを忌む

【曛霧】黄色をおびた霧。南朝宋・鮑照〔冬日〕詩　曛霧、窮天を蔽ひ　夕陰、寒地晦らし

↑曛晦　暗い／曛酣　大酔／曛暁　早晩／曛旭　朝夕／曛夕　ゆうべ／曛暖　暖かい／曛暮　夕ぐれ／曛昧　暗い

↓炎曛・景曛・斜曛・西曛・夕曛・朝曛・日曛・微曛・暮曛・余曛・涼曛

【燻】 18 9283　クン　ふすべる　くゆらす

形声 声符は熏。燻は熏の形声字。熏は火煙の上出する形。

訓義 ①ふすべる、くゆらす。②火気のさかんなさま。③煙で息がつまる。

古訓 〔名義抄〕燻　カホル・サカリナリ・フスブ・タキモノ・ヤク・オキ　〔篇立〕燻　フスブ　〔字鏡集〕燻　フスブ・カホル・イヅルナリ・アツシ・ケブリノボルナリ・ニホフ・ヒノサカリナリ・サカリナリ

＊語彙は熏字条参照。

【燻耳】耳焼きの刑。〔唐書、刑法志〕推劾の吏、深刻を以て功と爲し、鑿空して能を爭ひ、相ひ衿るに虐を以てし、泥耳囊頭、摺脅籤爪、縣髮燻耳～支（肢）體を刻害し、獄中に糜爛す。

↑燻衣　熏衣／燻赫　火が強い／燻穴　穴をいぶす／燻香　かおり／燻死　窒息して死ぬ／燻灼　灼く／燻製　燻焼の肉／燻籠　いぶし籠

【攈】 19 5009　［捃］ 10 5706　クン　あつめる　ひろう

篆文 　甲骨文 　金文 

形声 声符は麇。麇（のろ）に群集する習性があり、動詞化して攈という。〔説文〕十二上に「拾ふなり」、捃に「掇るなり」という。また麕に従って攟に作り、君声の捃に作ることがある。ものを拾い集める意。〔急就篇、三〕に「穫を捃ひ把を秉る」とは落穂拾いをいう。

訓義 ①とりあつめる、あつめる。②ひろう、ひろいとる。

古訓 〔名義抄〕捃　ヒロフ・トル・サグル　〔字鏡集〕捃　ヒロフ・アナグル・トル・サグル

語系 攈（捃）・麇（麕）・群・宭 giuən は同声。麇に群集の習性があり、宭は群居、囷はものを捆束するをいう。

＊攈は字画多く、捃を用いることが多い。いま捃字によって語彙をあげる。

【捃華】精要をとる。唐・李延寿〔南北史を上まつる表〕其の冗長を除き、其の菁華を捃ふ。

【捃菜】菜を摘みとる。〔説苑、至公〕楚の文王、鄧を伐つ。王子革・王子靈をして共に菜を捃らしむ。二子出でて採り、老丈人の畚を載するを見て、乞ふ。與へず。搏ちて之れを奪ふ。王～二子を拘せしむ。

【捃拾】さがし集める。梁・沈約〔楽書を修定するの疏〕按ずるに漢初典章滅絶す。諸儒捃拾し、溝渠牆壁の閒に、片簡遺文を捋り、禮事と相ひ關する者は、即ち編次して以て禮記と爲す。

【捃摭】ひろいとる。さがす。〔漢書、刑法志〕四夷未だ附かず、兵革未だ息まず。三章の法、以て姦を禦ぐに足らず。是に於て相國蕭何、秦法を捃摭し、其の時に宜しき者を取り、律九章を作る。

↑捃獲　俘獲／捃采　採集する／捃採　捃采／捃載　拾いのせる／捃収　収集する／捃集　収集する／捃摘　採集する／捃誣　誣告して陥れる

【纁】 20 2293　［⿰衤熏］ 19 3223　クン　うすあか

篆文 　金文 

形声 声符は熏。熏は東（橐の象形）の中のものを熏蒸し、着色する意。〔説文〕十三上に「淺き絳なり」とあって、赤黄

色をいう。色を重ねて染めることを緟といい、〔説文〕十三上に「緟は增益するなり」とする。緟は染汁につける方法であるが、纁は熏染による方法である。しかし纁を染汁の法にも用いて、三入を纁という。五入を緅、七入を緇という。緇は黒に近い色である。

【訓義】①うすあか、うすあかの帛。②三入を纁という。

【語系】纁 xiuən、昏 xuən は声近く、たそがれどきのようなうすあかの色を纁という。燻したような色である。

【纁玄】くんげん うすあかと黒。天地の色で、祭服に用いる。〔周礼、天官、染人〕絲帛を染むることを掌る。凡そ染むるに、春は暴練し、夏は纁玄す。

【纁黄】くんこう（くわう） たそがれ。黄昏、曛黄。〔楚辞、九章、思美人〕嶓冢（西方の山名）の西隈を指さし 纁黄を與って期と爲す

【纁裳】くんしょう（しやう） うすあか色のもすそ。〔儀礼、士冠礼〕服を房中の西墉下に陳べ、領を東にし、北を上とす。爵（雀頭色）弁服は、纁裳・純衣（絹の玄衣）・緇帶（黒色の帯）・韎韐（ひざかけ）なり。

↑纁夏 夏／纁屨 うすあか色のくつ／纁朱 黒みのかかった朱／纁襦 纁の短衣／纁紐 纁の紐／纁帛 纁の布／纁披 纁の棺縄／纁裏 纁の裏

↓夏纁・玄纁・純纁

【醺】 21 1263 クン よう

篆文

【形声】声符は熏。熏は東（橐の象形）の中のものを熏蒸する形で、その方法でうす赤の色料がえられる。〔説文〕十四下に「醉ふなり」とあり、〔詩、大雅、鳧鷖〕「公尸來に燕するこ醺醺たり」の句を引く。いま詩に「熏熏」に作る。〔段注〕に「酒氣の熏蒸するを謂ふ」とあり、酔って顔にあらわれる意。〔正字通〕に「微醉なり」とする。

【訓義】①よう、ほろよい。②におう、酒くさい。③熏と通じ、熏染するをいう。そまる。

【古訓】〔名義抄〕醺 サカクサシ〔字鏡集〕醺 ヱフ・ヨフ・ヨロコブ・サカクサシ

↑醺酣 酔う／醺醺 酔うさま／醺然 酔うさま／醺臉 酔顔

↓一醺・酒醺・初醺・小醺・半醺・微醺・余醺

グン

【軍】 常 9 3750 〔軍〕 9 2752 グン いくさ

篆文 金文

【象形】車上に旗を立て、なびかせている形。兵車を以て全軍に指麾することをいう。〔説文〕十四上に「圜く圍むなり。四千人を軍と爲す。車に從ひ、包の省に從ふ。車は兵車なり」という。包（包）に従って包囲の意を示すとするが、勹は金文の字形によると旗のなびく形。旌旗を以て指麾する意。〔礼記、曲礼上〕に「前に士師有るときは、則ち虎皮を載ぐ」のように、情況に応じて指示する徽号の旗をあげた。指麾を取ることをまた揮といい、軍を動詞化した語である。指麾に従って軍を移動することを運という。

【訓義】①いくさ、いくさする。②たむろする、陣どる。

【古訓】〔名義抄〕軍 イクサ・モロ／＼〔篇立〕軍 イクサ・イクサダチシテ・モロ／＼・マホル

【声系】〔説文〕に軍声として葷・運（運）・翬・暈・煇・渾・揮など二十二字を収める。そのうち軍の声義をとるものは、一団となって運旋する意をもち、翬・煇などは飛揚の意をとるようである。

【軍蔭】ぐんいん 父祖の武功により、特別の処遇を受けること。文臣には恩蔭という。〔南斉書、虞玩之伝〕或いは寇難の頻りに起るに縁りて、軍蔭は多くなり易し。民庶は利に従ひ、坊（吏）に投ずる者寡し。

【軍営】ぐんえい 陣営。唐・盧綸〔衛司法～を送る〕詩 曉山、野渡に臨み 落日、軍營を照らす

【軍衛】ぐんえい（ゑい） 軍営。また、警備。〔左伝、宣十二年〕楚の悪（意）無くば、備を除きて盟ふも、何ぞ好に損せん。若し惡を以て來るも、備へ有らば敗れず。且つ諸侯相ひ見ると雖も、軍衞徹せざるは警なり。

【軍役】ぐんえき いくさ。〔戦国策、斉一〕齊は地、方二千里、帶甲數十萬～卽し軍役有るも、未だ嘗て太山に倍き、清河を絶り、渤海に涉らざるなり。

【軍楽】ぐんがく 軍中の楽。〔遼史、楽志〕鼓吹樂、一に短簫鐃歌樂と曰ふ。漢より之れ有り。之れを軍樂と謂ふ。～橫吹も亦た軍樂なり。

【軍器】ぐんき 軍用の器具。〔周礼、夏官、大司馬〕若し大師あるときは、則ち其の戒令を掌り、大卜に涖み、執事を帥ゐて、涖みて主（神位）及び軍器に釁す。

【軍機】ぐんき 軍事上の機密。〔宋書、顔竣伝〕世祖尋陽を發し、便ち疾有り。領錄事～以下、竝びに相ひ見るに堪へず。唯だ竣のみ臥内に出入し、軍機を斷決す。

【軍伍】ぐんご 軍の隊列。〔三国志、呉、呉主伝注に引く呉歴〕（曹）公（操）、舟船器仗、軍伍の整肅なるを見て、喟然として歎じて曰く、子を生まば當に孫仲謀（権）の如くなるべし。劉景升（表）の兒子は、豚犬の若きのみと。

【軍功】ぐんこう てがら。武功。〔史記、商君伝〕軍功有る者は、各〻率を以て上爵を受け、私鬭を爲す者は、各〻輕重を以て刑せらる。大小力を僇せ、耕織を本業とす。

【軍候】ぐんこう 軍の斥候。〔漢書、李陵伝〕會〻陵の軍候管敢、校尉の辱むる所と爲り、亡げて匈奴に降り、具さに言へらく、陵の軍に後救無く、射矢且に盡きんとす、～當に精騎をして之れを射せしめば、卽ち破らんと。

【軍国】ぐんこく 軍と国。軍事と国政。晉・干宝〔晉紀総論〕昔、高祖宣皇帝、雄才碩量を以て、運に應じて仕ふ。～軍國を籌畫し、嘉謀屢〻中る。遂に輿軫（天下）を服し、三世に驅馳す。

【軍志】ぐんし 軍事をしるした書。〔左伝、宣十二年〕軍志に曰く、人に先だてば人の心を奪ふ有りと。

【軍事】ぐんじ いくさの事。蜀・諸葛亮〔出師の表〕將軍向寵は、性行淑均にして、軍事に曉暢す。

【軍実】ぐんじつ 軍事用品。また、戦利品・捕虜。〔左伝、隠五年〕三年にして治兵（演習）し、入りて振旅（帰還の礼）し、歸りて飲至（廟に報告）し、以て軍實を數ふ。

【軍社】ぐんしゃ 軍中に設けて祀る社。〔周礼、春官、小宗伯〕若し大師（王が出征する戦）あるときは、則ち有司（大祝など神祇官）を帥ゐて軍社を立て、（社）主の車を奉ず。

【軍書】ぐんしょ 軍事に関する書。また、軍中の文書。〔漢書、息夫躬伝〕邊竟雷動し、四野風起り～軍書交馳して輻湊し、羽檄重迹して押至せば、小夫愞臣の徒、憒眊して爲す所を知らず。

【軍賞】ぐんしょう（しやう） 戦功に対する賞。〔南史、王沖伝〕侯景の亂に～幷せて女伎十人を獻じ、以て軍賞を助く。侯景平らぎ、丹陽の尹を授けらる。

【軍人】ぐんじん 軍士。〔韓非子、外儲説左上〕軍人に疽を病む者有り。呉起跪いて自ら其の膿を吮ふ。傷者の母立ちどころに泣きて～曰く、呉起、其の父の創を吮ひて、父死せり。今是の子も又將に死せんとす。吾、是を以て泣くと。

【軍政】ぐんせい 軍事と政務。〔左伝、宣十二年〕軍行には～前茅

(先鋒)は無を慮り(斥候し)、中は權、後は勁、百官物に象りて動き、軍政戒めずして備はる。能く典を用ふればなり。

【軍中】陣中。〔漢書、周勃伝〕上自ら軍を勞せんとす。～軍門都尉曰く、軍中には將軍の令を聞くも、天子の詔を聞かずと。～入ることを得ず。

【軍門】軍營の禾形の左右の門。〔左伝、哀十年〕(魯)公、呉子(夫差)・邾子・郯子を會して、齊の南鄙を伐つ。～齊人、悼公を弑す。師に赴き(告ぐ)。呉子、三日軍門の外に哭(礼)す。

【軍容】軍の儀容。〔司馬法、天子義〕古は國容は軍に入らず、軍容は國に入らず。故に德義相ひ踰えず。

【軍旅】軍。部隊。〔礼記、楽記〕夫れ樂は、先王の喜びを飾はす所以なり。軍旅・鈇鉞は、先王の怒りを飾はす所以なり。故に先王の喜怒は、皆其の儕を得。

【軍令】軍の命令。また、軍の法令。〔国語、斉語〕內政を作して軍令を寄す。～里に司有り、～鄉に良人有り。以て軍令を爲す。～五鄉一帥、故に萬人を一軍と爲し、五鄉の帥之れを帥ゐる。

【軍礼】軍事の儀礼。〔史記、絳侯周勃世家〕將軍亞夫(周勃)、兵を持して揖して曰く、介冑の士は拜せず。請ふ、軍禮を以て見えんと。天子～容を改め車に式(軾)す。～文帝曰く、嗟乎、此れ眞の將軍なり～と。

➡軍衣 軍服/軍宴 軍中の宴/軍家 軍職/軍譁 軍中の争議/軍牙 将軍旗/軍官 武官/軍監 監軍/軍艦 兵船/軍紀 軍律/軍記 軍の記号。また戦記/軍旗 軍の旗/軍麾 指揮旗/軍儀 軍の儀容/軍議 軍評定/軍禁 軍の禁令/軍勲 軍功/軍刑 軍法の刑罰/軍警 警報/軍檄 軍の檄文/軍健 兵卒/軍権 軍事上の権限/軍憲 軍法/軍戸 軍籍の戸口/軍鼓 軍太鼓/軍行 行軍/軍校 将校/軍興 軍の徴用/軍佐 副将/軍倅 副将/軍財 軍用の財/軍罪 軍刑/軍士 兵士/軍司 監軍/軍市 軍中の市/軍師 軍司/軍資 軍需物資/軍須 軍需/軍需 軍資/軍戎 軍隊/軍所 兵営/軍将 一軍の将/軍餉 軍の糧食/軍帖 軍の告文/軍場 戦場/軍食 兵糧/軍職 軍官/軍神 武神/軍讖 軍の予言/軍陣 陣営/軍帥 指揮官/軍率 軍帥/軍正 軍律の官/軍声 軍楽/軍制 軍の制度/軍勢 兵力/軍籍 軍人の籍/軍船 兵船/軍戦 いくさ/軍銭 軍用銭/軍争 戦争/軍属 軍人の家族/軍卒 兵卒/軍隊 軍の編成/軍台 軍事用の駅/軍団 兵団/軍籌 戦略/軍儲 兵糧/軍鎮 鎮台/軍丁 軍の壮丁/軍田 屯田/軍帑 軍費/軍慝 軍中の陰姦/軍牘 軍事文書/軍馬 戦馬/軍婆 従軍女/軍幕 軍用の幕/軍閥 軍の派閥/軍備 兵備/軍票 軍用券/軍武 武事/軍府 武器倉/軍符 軍の割符/軍賦 兵賦/軍副 副将/軍分 軍の給与/軍壁 とりで/軍簿 軍の帳簿/軍防 防備/軍謀 戦略/軍法 軍律/軍鋒 先鋒/軍民 軍と民/軍務 軍事の務め/軍命 軍令/軍約 軍規/軍用 軍事用/軍吏 軍中の文官/軍略 軍の作戦/軍虜 捕虜/軍塁 とりで

➡一軍・営軍・援軍・海軍・官軍・冠軍・還軍・義軍・禁軍・空軍・懸軍・孤軍・護軍・行軍・皇軍・国軍・左軍・佐軍・在軍・三軍・参軍・散軍・支軍・舟軍・終軍・衆軍・従軍・粛軍・将軍・進軍・水軍・制軍・整軍・全軍・前軍・賊軍・大軍・治軍・中軍・敵軍・典軍・殿軍・入軍・馬軍・敗軍・反軍・武軍・撫軍・分軍・夜軍・友軍・右軍・遊軍・六軍・陸軍・両軍・臨軍

常 **【郡】** 10 1762 グン こおり

篆文

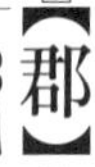

形声 声符は君。君はもと巫祝長、のち里君とよばれるような、村落の統治者であった。〔説文〕六下に「周の制、天子は地、方千里、分ちて百縣と爲し、縣ごとに四郡有り」とみえ、〔左伝、哀二年〕「上大夫は縣を受け、下大夫は郡を受く」とあって、県大郡小の制であった。起原的にいえば、古い氏族制時代に女巫や里君の治めていたものが、のちの領土国家の中で郡として存置されたものであろう。斉器の〔叔夷鎛〕に「縣三百」、〔𦅫鎛〕に「邑二百又九十又九邑」を賜うことがみえ、県・邑はもと同じ程度の規模であった。県とは直轄地、邑は采邑であろう。郡・邑・県はいずれも古い氏族国家のなごりで、その支配形態によって、それぞれの名でよばれたものと思われる。金文に郡の名はみえず、〔左伝〕に至ってその名がみえる。いわゆる郡県の制は、秦に至って定まった。秦は天下を三十六郡に分かち、その下に県をおいた。

訓義 ①こおり、ぐん。②郡の役所、つかさ。

古訓 〔名義抄〕郡 クニ・コホリ 〔篇立〕郡 クニ・コホリ・サカヒ・ムラガリ・ムラガル

語系 郡・群・宭giuan、垠ngian、近(近)gian は声義に関係のある語と考えられ、郡には、一定区域内に人の密集する意があるようである。

【郡公】爵号。晋にはじまり、一小国王のごとく、開国郡公と称した。明初まで行われた。〔晋書、王沈伝〕帝の禪を受くるに及び、佐命の勳を以て～博陵郡公に封ぜらる。固く讓りて受けず、乃ち爵を進めて縣公と爲す。邑千八百戶なり。

【郡侯】爵号。晋にはじまり、元以後廃して、知府を郡侯と称した。唐・王貞白〔句〕詩 改貫永く留む鄉黨の額 減租重ねて感ず、郡侯の恩

【郡国】漢代に始まる行政制度。諸王侯を分封して郡国という。〔後漢書、郡国志一〕漢書地理志に、天下郡縣の本末及び山川奇異、風俗の由る所を記すこと至れり。今但だ中興以來の郡縣の改異及び春秋・三史、會同征伐の地名を錄し、以て郡國志と爲す。

【郡斎】郡守の居る役所。唐・白居易〔唐州崔使君の侍親赴任するを送る〕詩 唯だ慮る郡齋、賓友少なきを 數盃の春酒、誰れと共にか傾けん

【郡守】郡の長官。太守。〔史記、酷吏、寧成伝〕產を致すこと數千金、任俠を爲し、吏の長短を持し、出づるに數十騎を從ふ。其の民を使ふこと、威、郡守よりも重し。

【郡邸】都にある諸郡の邸。〔漢書、百官公卿表上〕典樂～初め郡國の邸を置き、少府に屬す。中ごろ中尉に屬し、後大鴻臚に屬す。

【郡望】郡中の名望の族。〔丹鉛総録、郡姓〕盧高の族望は江南に起る。今の百氏郡望は元魏の胡虜の事に起ると言ふは、何ぞ據ると爲すに足らんや。

➡郡尉 郡の武官/郡王 爵号/郡下 郡庁所在地/郡君 婦人の封号/郡県 郡と県/郡佐 郡丞/郡倅 郡の副官/郡宰 知府/郡主 太子の女/郡庠 府学/郡将 郡守/郡丞 郡守の輔佐/郡城 府の首城/郡姓 郡の名家/郡属 属史/郡中 郡内/郡庁 郡役所/郡長 郡の長/郡内 一郡の中/郡馬 駙馬/郡伯 爵号/郡符 郡の印璽/郡牧 知府

➡一郡・遠郡・海郡・外郡・挙郡・近郡・建郡・兼郡・古郡・国郡・受郡・州郡・巡郡・小郡・属郡・大郡・治郡・中郡・典郡・入郡・僻郡・辺郡

常 **【群】** 13 1865 ［羣］ 13 1750 グン むらがる むれ

篆文 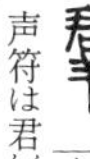 金文 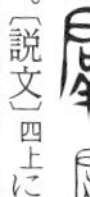

形声 声符は君。〔説文〕四上に「輩なり」、〔玉篇〕に「朋なり」と訓するが、もと獣の群集する意である。〔詩、小雅、無羊〕は牧場開きを祝う詩で、「三百維れ群す」とその多産を予祝する。羊や鹿の類には群集する習性があるので、羊には群といい、鹿には麇という。これを人に移して群衆という。金文の〔陳侯午敦〕に「群諸侯」の語がみえている。

訓義 1むらがる、むれ。2とも、たぐい、しな、みうち。3あつまる、あわせる、ととのう。

古訓 〔名義抄〕群 トモガラ・ムラガル・アツマル・タムロ・アツメタリ・モロ〳〵

語系 群・宭・麇giuənは同声。宭は群居、麇に麇集の意がある。麇はまた麕に作り、困khyuən声の字にまたその意がある。

【群飲】集まって飲酒する。〔書、酒誥〕厥の、誥げて群飲せんと曰ふもの或らば、汝佚すること勿く、盡く執へ拘して、以て周に歸れ。

【群英】多くのすぐれた人たち。梁・江淹〔別れの賦〕淵雲の墨妙、嚴樂の筆精、金閨の諸彥、蘭臺の群英、賦に凌雲の稱有り、辯に雕龍の聲有りと雖も、誰か能く暫離の狀を摹し、永訣の情を寫す者あらんや。

【群鷗】むれ遊ぶかもめ。唐・杜甫〔客至る〕詩 舍南舍北皆春水 但だ見る群鷗の日日に來るを

【群下】弟子たち。下臣たち。〔三国志、蜀、諸葛亮伝〕（建安）二十六年、群下、先主に尊號を稱することを勸む。先主未だ許さず。

【群起】蜂起する。〔後漢書、光武帝紀下〕（十七年）秋七月、妖巫李廣等、群起して皖城に據る。虎賁中郎將馬援、驃騎將軍段志を遣はして、之れを討たしむ。九月、皖城を破り、李廣等を斬る。

【群疑】多くの疑問。蜀・諸葛亮〔後の出師の表〕劉繇・王朗、各〻州郡に據り、安を論じ計を言ひ、動もすれば聖人を引き、群疑腹に滿ち、衆難胸に塞がる。～此れ臣の未だ解せざるの二なり。

【群居】大勢の人が住む。また、同座する。〔礼記、曲礼上〕群居五人なるときは、則ち長者必ず席を異にす。

【群兇】多くの兇悪なもの。〔三国志、魏、文帝紀〕咨爾魏王～漢道陵遲（衰微）し、世其の序を失ふ。～群兇肆逆にして、宇內顚覆す。

【群経】多くの経書。五経・十三経の類。〔南史、儒林、沈峻伝〕博く五經に通じ、尤も三禮に長ず。～陸倕～峻を薦めて曰く、凡そ聖賢講ずる所の書、必ず周官を以て義を立つ。則ち周官の一書は、實に群經の源本爲り。此の學傳へず、多く年世を歷たり。～沈峻のみ特り此の書に精し。

【群賢】多くの賢人たち。賓客。晉・王羲之〔蘭亭集の序〕永和元年～暮春の初、會稽山陰の蘭亭に會す。禊事を修するなり。群賢畢く至り、少長咸な集る。

【群山】山々。唐・李華〔古戦場を弔ふ文〕浩浩乎として平沙垠り無く、夐かに人を見ず。河水縈帶し、群山糾紛たり。

【群豕】多くの豚。〔後漢書、朱浮伝〕往時、遼東に豕有り。子を生みて白頭なり。異として之れを獻ず。行きて河東に至り、群豕を見るに皆白し。慙を懷きて還る。若し子の功を朝廷に論ぜば、則ち遼東の豕爲り。

【群祀】多くの祭祀。その神々。〔左伝、襄十一年〕茲の命に閒ふ或らば、司愼司盟、名山名川、群神群祀、先王先公～明神之れを殛し、其の民を失はしめ、～其の國家を踣さん。

【群衆】大勢の人たち。〔後漢書、申屠剛伝〕西州兵を發し、人人憂ひを懷き、騷動惶懼し、敢て正言するもの莫し。群衆疑惑し、人、顧望を懷く。

【群聚】大勢あつまる。唐・韓愈〔師の説〕士大夫の族、曰く師、曰く弟子と云ふ者をば、則ち群聚して之れを笑ふ。

【群醜】多くの兇賊たち。〔晋書、陶侃伝〕侃、偏旅（一部隊）を以て獨り大寇に當り、征くとして克たざる無く、群醜破滅す。

【群書】多くの書。〔漢書、司馬遷伝賛〕然れども劉向・揚雄より博く群書を極め、皆遷に良史の材有りと稱す。～其の文は直、其の事は核、虛美せず、隱惡せず、故に之れを實錄と謂ふ。

【群小】つまらぬ者たち。〔詩、邶風、柏舟〕憂心悄悄として 群小に慍まる

【群臣】多くの臣。〔書、説命上〕群臣咸な王を諫めて曰く、嗚呼、之れを知るを明哲と曰ふ。

【群神】神々。〔史記、孔子世家〕仲尼曰く、禹、群神を會稽山に致す。防風氏後れて至る。禹殺して之れを戮す。其の節（骨）、車を專らにす。此れを大と爲すと。

【群生】生物。多くの人民。〔荘子、繕性〕古の人混芒の中に在り。～是の時に當りてや、陰陽和靜し、鬼神擾れず、四時節を得、萬物傷れず、群生夭せず。

【群盗】盗人の群れ。〔漢書、爰盎伝〕其の父は楚の人なり。故と群盜爲り。

【群動】すべての営み、動き。晉・陶潜〔飲酒、二十首、七〕詩 日入りて、群動息み 歸鳥、林に趨きて鳴く 東軒の下に嘯傲し 聊か復た此の生を得たり

【群輩】多くのものたち。〔後漢書、申屠剛伝〕今衰亂の後を承け～百姓困乏し、疾疫命を夭す。盜賊群輩、且に萬を以て數へんとす。

【群望】多くの山川の祭祀。漢・張衡〔東京の賦〕華を冠し翟（雉の羽）を秉り、列びて八佾を舞ふ。元祀（大祭）を惟れ稱げ、群望咸く秩す。

【群牧】諸侯。地方長官。〔書、舜典〕乃ち日に四岳群牧を覲て、瑞（玉）を群后に班かす。

【群雄】多くの英傑たち。〔後漢書、樊準伝〕光武皇帝、命を受けて中興するに及び、群雄崩擾し、旌旗野に亂る。東西誅戰し、啓處（家でくつろぐ）するに遑あらず。

【群羊】羊の群れ。〔淮南子、要略〕（兵略）誠に其の意を明らかにせば、～清靜以て常と爲し、實を避け虛に就き、群羊を驅るが若し。此れ兵を言ふ所以の者なり。

【群黎】万民。衆庶。〔詩、小雅、天保〕群黎百姓 徧く爾の德を爲す

↑群鴉 むれ鳥／群陰 陰気が深い／群烏 群鴉／群猿 猿の群れ／群燕 むれ燕／群枉 悪人ばら／群毆 袋叩き／群喙 かまびすしい／群鶴 鶴の群れ／群姦 群凶／群季 弟たち／群嬉 群喜／群戲 百戲／群蟻 蟻の群れ／群議 衆議／群逆 賊たち／群梟 群兇／群愚 衆愚／群形 衆物／群卿 高官たち／群雞 雞群／群羯 異族たち／群孽 群凶／群犬 衆犬／群元 庶民／群言 衆人の言／群彥 群賢／群呼 呼び騷ぐ／群狐 狐の群れ／群胡 異族たち／群伍 隊列／群公 群卿／群后 諸侯／群好 友人たち／群行 集まり行く／群狗 群犬／群狡 群凶／群豪 群雄／群国 群邦／群才 群彥／群司 役人たち／群兒 子供ら／群蝨 多くのしらみ／群邪 悪人ども／群豎 子供ら／群集 群れる／群処 群居する／群翔 群飛する／群嘯 うそぶきあう／群擾 集まり騷ぐ／群繞 多くまとう／群帥 諸将／群萃 集まる／群雛 雛たち／群姓 衆姓／群青 白青／群

星 衆星／群籍 群書／群仙 神仙たち／群憸 群奸／群僧 衆僧／群譟 さわぐ／群族 なかま／群孫 群孫たち／群畜 獣たち／群典 群籍／群徒 徒党／群党 徒党／群偸 群盗／群闘 乱闘／群童 子供ら／群慝 群凶／群馬 馬の群れ／群葩 群芳／群蛮 諸蛮／群飛 群がり飛ぶ／群婢 下女たち／群匹 群辟 群賢／群廟 諸廟／群賓 衆賓／群品 万物／群辟 諸侯／群別 分類／群篇 群籍／群編 群篇／群氓 人民／群萌 群氓／群謀 衆謀／群謗 非難が多い／群方 諸々の方法／群芳 群花／群邦 諸国／群朋 友人たち／群峰 山々／群僕 衆僕／群魔 悪鬼ども／群民 衆民／群鳴 鳴き騒ぐ／群盲 愚人／群目 衆目／群門 多くの家／群友 多くの友だち／群有 万物／群落 村落／群巒 山々／群吏 役人ども／群立 群がり立つ／群流 多くの河川／群侶 仲間／群旅 多くの人／群虜 異族たち／群僚 百官／群寮 群僚／群類 万物／群霊 多くの霊／群嶺 群峰／群癘 多くの疫癘／群鹿 鹿の群れ／群穢 悪人ばら

↓異群・逸群・冠群・空群・出群・成群・絶群・大群・超群・追群・同群・特群・馬群・敗群・抜群・匹群・不群・別群・牧群・離群・凌群・連群

ケ

人

【袈】 11 4673 ケカ けさ

形声 声符は加。袈裟は〔和名類聚抄〕に「天竺の語なり」というように、梵語 kāṣāya の音訳語。また孫愐の〔広韻〕を引いて「傳法の衣、卽ち沙門の服なり」という。いまの〔広韻〕にみえない語である。

訓義 ①けさ。②〔集韻〕に「毛衣、之れを袈裟と謂ふ」とみえる。

古訓 〔和名抄〕袈裟 加沙二音、俗に介佐（けさ）と云ふ 〔名義抄〕袈裟 俗に云ふ、ケサ 〔字鏡集〕袈 コロモ

【袈裟】けさ 僧の法衣。清・黄遵憲〔石川鴻斎英、僧と偕に来り、て張副使に謁す。余此れを賦して以て嘲を解く〕詩 先生昨者、策を杖きて至る 兩三の老衲、共に聯袂す 寛衣博袖、將た同じきこと毋からんや 只だ袈裟と念珠を少くのみ

ケイ

【冂】 2 7722 **［冋］** 5 7722 **［坰］** 8 4712 ケイ さかい

篆文 古文 金文

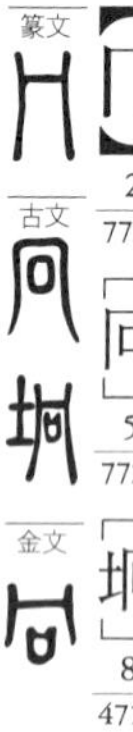

象形 境界の象。〔説文〕五下に「邑外之れを郊と謂ふ。郊外之れを野と謂ふ。野外之れを林と謂ふ。林外之れを冂と謂ふ。遠界に象るなり」とし、重文として古文冋をあげ、「口に從ふ。國邑に象る」とし、また坰の字形を加えている。冂は境界を設ける形で、必ずしも地の遠近に関しない。辺疆の城塞などに冂形の防塁を築くことが多く、のち遠界の意となったのであろう。金文に冂を絅衣の絅の意に用い、また冋黄のように褐色の玉名に用いる。

訓義 ①さかい、境界。②邑・郊・野・林の外の地域、辺境、遠界の地。③むなしい。④絅に通じ、絅衣。

古訓 〔字鏡集〕冋 ムナシ

部首 〔説文〕〔玉篇〕に市・冘・央・隺の四字を属する。市は朿（刺木）に従って上に表識をつけ、市の行われる場所を表示する字。冘以下の字は冂ではなく冖形に従い、冘は枕の初形。央は殃の初文で、首枷を加えた形、隺は鳥の飛ぶことを抑止し摧取する形。いずれも冂の声義とは関係がない。ただ同声に従うものには、冂の声義を承けるものがある。

声系 〔説文〕に冋声として迥・高（廎）・駉・扃・絅など九字を収める。高は〔説文〕五下に「小堂なり」とあり、斎名などに用いられるが、高・京などとともに城門の象に従う字である。絅のほかはみな冋の声義を承ける字。絅は金文に冂を用いる。

【彐】 3 1710 ケイ

篆文

象形 豚の頭の形。〔説文〕九下に「豕の頭、其の鋭くして上見するに象るなり。～讀みて罽の若くす」とあり、〔玉篇〕に「彙の類なり」という。彙ははりねずみ。

訓義 ①ぶたのあたま。②はりねずみのあたま、はりねずみ。

部首 〔説文〕に彘・彖・彖など四字を属する。彐は獣頭の形であるが、これを単独に用いる例はない。彖は祟の初文。殺（殺）・弑はその形に従う。

【兮】 4 8020 **［兮］** 4 8020 ケイ や

篆文 甲骨文 金文

象形 鳴子板の形。〔説文〕五上に「語の稽まる所なり」とあり、兮・稽の畳韻を以て訓する。また字形について「丂に從ひ、八は气の越亏するに象る」とあって、气の余声を写したものとするようである。兮の卜文・金文の字形は、板の上に遊舌を結んで、振って鳴らす鳴子板形式のもので、音曲の終始の合図などにも用いたものであろう。〔老子、四〕の「淵兮として萬物の宗に似たり」を〔河上公本〕に「淵乎」に作る。乎は板上に遊舌が三つある形、兮は遊舌が二枚で、兮・乎はまた声義の近い字である。

訓義 ①語末にそえ、語勢を示す。よびかけのほか、や・か・よのように、詠嘆・疑問・強意・決定・命令の意を含むことがある。②句中にあって、上の語を主語、あるいは領格として示すことがある。③乎と通じ、状態を形容する語を作る。

部首 〔説文〕に粤・羲・乎の三字を属する。粤はまた㥌に作り、恂の繁文。羲は義に丂を加えた形。義は犧牲の羊に我（鋸の象形）を加えて、牲体を割く形で、丂はその下肢の垂れる形。この二字は兮と関係がない。乎は遊舌三、兮は遊舌二の鳴子板で、ともに象形の字である。

↑兮呀 悲しそうな発音をすること

↓晏兮・淵兮・薈兮・渙兮・簡兮・悅兮・儼兮・忽兮・瑳兮・玼兮・綽兮・沕兮・猶兮・楽兮・爛兮・憭兮

常

【兄】 5 6021 ケイ キョウ（キャウ） あに

篆文 甲骨文 金文

会意 口＋人。〔説文〕八下に「長なり」と長兄の意とし、〔段注〕に「口の言は盡くること無し。故に儿口を以て滋長の意と爲す」と滋益・滋長の意を以て解する。口は𠙵、祝詞を収める器。そのことを掌る人を兄という。字の構造は、見や望の初形が目に従い、聞の初形が耳に従い、光の初形が火に従い、それぞれの下に人を加えるのと同じ造字法である。長兄は家の神事を掌るもの、すなわち祝となるべきものであった。卜文・金文の字形に、袖に飾りをつけて舞い祈る意を示すもの、また跪く形のものがあって、兄は神事に従うものであったことが知られる。

訓義 ①あに、長兄。②すぐれたもの、大きいもの、まさる。③親しい同輩者に対する敬称。④怳と通じ、ますます、いよいよ。

古訓 〔和名抄〕兄 古乃加美（このかみ）、日本紀私記に云ふ、

伊呂爾(いろね)〔名義抄〕兄 アニ・コノカミ・エダ・シゲシ 〔字鏡集〕兄 コノカミ・イロネ・シゲシ・カツ・アニ

部首 〔説文〕に兢をこの部に属して「競なり」とし、「一に曰く、兢、敬なり」という。兢を丰(かい)声とするが、その字は兢の繁文とみてよく、いずれも二祝並んで祝禱するとき、頭に呪飾を加えている形。競は誩(きょう)に従ってその略形、言とは祝禱の詞をいう。〔説文〕に「彊語なり」とするが、二人並んで、競うように祈る意である。

声系 〔説文〕に兄声として怳・況の二字を収め、〔新附〕の字に貺がある。卜文・金文の兄に袖飾りのある字は、貺の意に用いられており、祝(いの)ることのうちに貺(おく)る意があるのであろう。怳・況(況)は、巫祝が祝禱しているときの恍惚の状をいう語。神意にかなって恍惚の状となることを兌(えつ)(悦)といい、また脱という。脱とはエクスタシーの状態をいう。

【兄愛】(けいあい) 兄として弟をいつくしむ。〔左伝、隠三年〕君は義に、臣は行ひ、父は慈に、子は孝に、兄は愛し、弟は敬ふは、所謂(いはゆる)六順なり。

【兄事】(けいじ) 兄としてつかえる。〔礼記、曲礼上〕年長ずること以て倍なれば、則ち之れに父事し、十年以て長ずるときは、則ち之れに兄事す。

【兄嫂】(けいそう(さう)) 兄と兄よめ。唐・韓愈〔十二郎を祭る文〕吾(われ)少(わか)くして孤なり。長ずるに及んで、所怙(こしょ)(親)に省(せい)せられず、惟だ兄嫂に是れ依る。

【兄弟】(けいてい) 兄と弟。〔詩、小雅、常棣〕凡そ今の人、兄弟に如(し)くは莫(な)し

↑兄兄(けいけい) 父/兄公(けいこう) 夫の兄/兄子(けいし) 兄の子/兄伀(けいしょう) 夫の兄/兄章(けいしょう) 夫の兄/兄壻(けいせい) 姉むこ/兄長(けいちょう) 兄/兄伯(けいはく) 夫の兄

↓阿兄・家兄・寡兄・雅兄・外兄・学兄・貴兄・義兄・愚兄・敬兄・賢兄・吾兄・次兄・事兄・慈兄・実兄・舎兄・従兄・諸兄・仁兄・尊兄・大兄・仲兄・長兄・弟兄・伯兄・父兄・令兄・老兄

【叶】 5 6300 ケイ うらなう

篆文 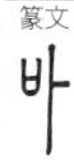 金文 

会意 口＋卜。口は𠙵(さい)、祝告ののりと。〔説文〕三下に「卜して以て疑はしきを問ふなり。口卜に従ふ。讀むこと稽と同じ」とし、「書に云ふ、叶疑(けいぎ)」と〔書、洪範〕の語を引く。卜することを告げて、貞卜を行う。また稽と声義が通じる。

訓義 ①うらなう。②かんがえる。③字はまた乩に作る。

古訓 〔名義抄〕叶 イタシ・トフ・ウタヘ 〔字鏡集〕叶 ウタヘ・イタシ・ウツ・トフ

【禾】 5 2090 ケイ とどまる

篆文 

象形 曲頭の木の形。〔説文〕六下に「木の曲頭、止まりて上ること能はざるなり」と稽止の意とするが、その木はいわゆる両禾(りょうか)軍門、神聖を迎えるために立てる華表の原形を示す表木の形である。これに犠牲の犬を繫ぐことを秋(けい)といい、そこに祝禱して神霊を迎えることを稽という。稽に詣(いた)る意と稽首・稽留の意がある。軍門で旌表を行うことを曆(曆)といい、厤(れき)はもと両禾に従う形であった。禾は柱頭に横木を挿した形。のち華表というのは、禾の古音から転じたものであろうと思われる。

訓義 ①両禾軍門の表木。②とどまる。

部首 〔説文〕に木名とする二字を属するが、用例をみない字である。次条に稽があり、旨(し)声とするが、旨は詣(けい)の省文。秋に稽留、詣に参詣・稽首の意がある。休・秋・厤・曆・歷(歴)などは、もと禾に従う字であった。

参考 禾は禾麦の字。休の初形は禾に従い、軍門である禾の前で旌表するので、休光・休栄・休寵を原義とする字である。厤はその事歴を旌表する意。休・厤はいま字形が異なるが、もと禾に従う字であった。

【乩】 6 2261 ケイ うらなう

会意 占＋乚(さつ)。字はもと叶に作り、祝告して卜問する意。〔説文〕三下に「叶は卜して以て疑はしきを問ふなり。～讀むこと稽と同じ」とあり、その叶の異文。古くは𠮷に作り、のち稽に作る。

訓義 ①うらなう。②かんがえる。

古訓 〔字鏡集〕乩 イタヾク・カタブク・ハルカニ・トヾム・ヲガム・イタル

【乩筆】(けいひつ) 卜用の錐(きり)。それで盤上の砂に書いた文字。〔山西通志、寺觀〕太原府純陽宮～明の萬曆に建つ。凡そ起造規畫、皆仙乩もて布置す。～對額は皆乩筆もて題し、碑記は乃ち李太白の乩筆なり。

↑乩訓(けいくん) 乩筆によるお告げ/乩語(けいご) 乩訓/乩仙(けいせん) 神託の神/乩壇(けいだん) 神降ろしの台/乩盤(けいばん) こっくりさんの沙盤

↓扶乩

常【刑】 6 1240 ［刑］ 8 1240 ［荆］ 6 5200 ケイ つみ

篆文 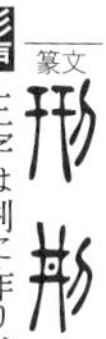 金文 

形声 正字は荆に作り、井(けい)声。井は刑の初文。〔説文〕に刑と荆とを別の字とし、刑字条四下に「剄なり」、また荆字条五下に「辠(つみ)を罰するなり。刀井に従ふ。易に曰く、井なる者は法なり」(段注本)とするが、井・荆は刑罰の刑、幵(井)(けい)は簪笄(しんけい)の象であるから、もと刑罰に関する字ではない。井に両義があり、刑罰の意に用いるときは首枷(くびかせ)の象。〔説文〕のいう「剄なり」「辠を罰するなり」は、首枷を加え、刀を加えて罰する意である。他の一義は型の初文。井は鋳型の外枠を堅く締める形。鋳込みが終わったのち、刀を加えてそれを外すので刑となり、その土笵を型という。土笵は剛くて外しがたいことがあり、これを剛という。金文に明刑を「明井」、帥型を「帥井」としるし、井を刑・型の両義に用いる。井・荆が本来の形象であり、刑・型はのちの形声字である。

訓義 ①首かせを加え、首切る。ころす、くびきる。②つみする、罰する、そこなう。③刑の法、のり、のっとる。④ただす、おさめる。⑤型と通じ、かた、かたにおさめる、あらわれる。⑥鉶と通じ、なべ。

古訓 〔名義抄〕刑 ノリ・サク・コロス・ツミ・ホドコス・ノトル・ノリトス 〔字鏡集〕刑 コロス・ヲサム・ノリ・ウツ・サク・ホドコス・ツミ・ノトル・アラハス

声系 〔説文〕に刑声として荆・型・鉶を収める。荆はもと荊楚(けいそ)(いばら)の字で、足に井を加える形にしるした。型は初文は井、範型の形に従う字である。井に従うものにその両系がある。

【刑械】(けいかい) 受刑者に用いる枷(かせ)。〔漢紀、恵帝紀〕六百石已上、罪有りて當(まさ)に刑械すべき者は、皆之れを縛することを容(ゆる)す。民年七十已上、十歳已下、罪有りて當に刑すべき者は之れを免(ゆる)す。

【刑轘】(けいかん(くわん)) 車裂きの刑。晉・潘岳〔西征の賦〕國滅亡して、以て後を斷ち、身刑轘せられて、以て前(さき)を啓(ひら)く。

【刑器】(けいき) 刑罰の器。〔左伝、昭六年〕火(大火、星)見(あら)はるれば、鄭に其れ火(災)あらんか。火(大火)未だ出でざるに、(鄭は)火を作(おこ)して以て刑器(刑鼎、刑書を銘す)を鑄て、爭辟(刑法)を藏す(銘す)。火如(も)し之れ(大火)に象らば、火(災)あらずして何をか爲さん。

【刑劫】(けいきょう(けふ)) 刑罰の権をほしいままにすること。〔韓非子、三守〕凡そ劫に三有り。明劫有り、事劫有り、刑劫有り。～守司囹圄(れいぎょ)(牢獄)、禁制刑罰に至るまで、人臣之れを擅(ほしいまま)にす。此れを刑劫と謂ふ。

【刑禁】けいきん 刑罰禁令。〔周礼、地官、郷師〕旗物を以て郷邑を辨じ、其の政令刑禁を治む。

【刑罪】けいざい 刑罰。〔管子、中匡〕(管仲曰く)請ふ、刑罰を薄くして以て甲兵を厚くせんと。是に於て死罪殺さず、刑罪罰せず、甲兵を以て贖はしむ。

【刑残】けいざん 刑罰で身を傷つける。〔墨子、非儒下〕佛肸中牟を以て叛き、桼雕(開)刑残せらる。

【刑書】けいしょ 刑法の条文規定。〔左伝、昭六年〕三月、鄭人、刑書を鑄る。(晉の)叔向~曰く~民、辟(条文)有るを知らば、則ち上を忌れざらん。竝に争心有り。以て書に徵して、徼幸して以て之れを成し、爲むべからざらん~と。

【刑象】けいしょう(しやう) 刑法の規定を城門にかけて布告する。〔周礼、秋官、大司寇〕正月の吉、始めて刑を邦國都鄙に和(宣)布す。乃ち刑象の灋(法)を象魏(雉門の両観)に縣け、萬民をして刑象を觀しめ、日を挾みて之れを斂む。

【刑賞】けいしょう(しやう) 刑罰と恩賞。〔北史、杜弼伝〕天下の大務は、刑賞の二端に過ぐるは莫し。一人を賞して天下の人を喜ばしめ、一人を罰して天下の人を服さしむ。二事、衷を得て、自然、美を盡せり。

【刑辱】けいじょく 刑罰を以て侮辱する。〔漢書、五行志中之下〕時に楚王戊、暴逆無道にして、申公を刑辱し、呉王と反せんことを謀る。

【刑臣】けいしん 宮刑を受けた臣。宦官。〔漢書、五行志上〕元帝永光五年夏及び秋、大水あり。~通儒以爲へらく~刑臣石顯、事を用ふればなりと。

【刑人】けいじん 人を刑する。また、受刑の者。〔戦国策、趙一〕豫讓曰く、~吾れは其れ知氏(知伯)の讐を報ぜんと。乃ち姓名を變へて刑人と爲り、宮に入りて廁を塗り、以て(趙)襄子を刺さんと欲す。

【刑政】けいせい 刑の適用と運営。〔国語、周語下〕令を出だすこと信ならず、刑政放紛す。動くこと時に順はず、民に據依する無く、力むる所を知らず。

【刑錯】けいそ よく治まって、刑を適用することがない。〔史記、周紀〕成康の際、天下安寧にして、刑錯きて四十年餘用ひず。

【刑鼎】けいてい 刑法を銘刻した鼎。〔左伝、昭二十九年〕晉國に一鼓鐵を賦して以て刑鼎を鑄、范宣子爲る所の刑書を著はす。仲尼曰く、晉は其れ亡びんか。~民、鼎に在り。何を以て貴を尊ばん。

【刑徒】けいと 囚人。受刑者。〔史記、孫子伝〕齊の使者、梁に如く。孫臏、刑徒を以て陰かに見え、齊使に説く。齊使以て奇と爲し、竊かに載せて與に齊に之く。齊の將田忌、善しとして之れを客待す。

【刑徳】けいとく 刑罰と恩賞。〔韓非子、二柄〕二柄とは刑德なり。何をか刑德と謂ふ。曰く、殺戮を之れ刑と謂ひ、慶賞を之れ德と謂ふ。

【刑馬】けいば 盟誓のとき、馬を犠牲とする。〔戦国策、斉三〕齊衞の先君、馬を刑し羊を壓し、盟うて曰く、齊衞後世まで、相ひ攻伐すること無からん。相ひ攻伐する者有らば、其の命をして此の如くならしめんと。

【刑罰】けいばつ 罪。罪する。〔史記、呂后紀論賛〕惠帝垂拱し、高后、女主稱制す。政、房戶を出でずして、天下晏然たり。刑罰用ふること罕に、罪人是れ希なり。

【刑辟】けいへき 罪。罪する。〔左伝、昭六年〕昔、先王、事を議して以て制し、刑辟を爲らず。民の爭心有らんことを懼るればなり。

【刑法】けいほう(はふ) 刑罰の規定。刑典。〔大戴礼、盛徳〕刑法は、德法を行はざる者を威す所以なり。

【刑名】けいめい 法の総則。また、言説と実功との一致を求める臣下統御の術。刑名法術の学、のち、黄老の学をも摂取した。〔史記、老荘申韓伝〕黄老に本づき、刑名を主とす。

【刑余】けいよ 受刑者。受刑で傷害を受けた人。〔史記、孫子伝〕齊の威王、孫臏を將にせんと欲す。臏、辭謝して曰く、刑餘の人は不可なりと。

【刑戮】けいりく 刑死。〔論語、公冶長〕子、南容を謂ふ、邦に道有らば廢せられず、邦に道無きも刑戮を免ると。其の兄の子を以て之れに妻はす。

【刑隷】けいれい 刑余の奴隷。また、宦官。〔後漢書、劉陶伝〕(上疏)陛下既に烈考の軌を增明すること能はず、而して高祖の勤を忽にし、~群醜刑隷をして、小民を芟刈し、諸夏を彫敝(凋弊)せしめ、虐、遠近に流る。

➡刑案 刑訴/刑于 手本/刑科 おきて/刑家 受刑の家/刑禍 災禍/刑官 裁判官/刑期 受刑期間/刑夾 足挟み/刑均 連坐/刑具 刑器/刑黥 黥の刑/刑憲 刑法/刑譴 罪とがめ/刑讞 刑事判決/刑獄 さばき/刑殺 死刑/刑死 死刑/刑事 犯罪事件/刑者 刑人/刑灼 火焙り/刑恤 緩刑/刑胥 刑吏/刑章 刑法/刑杖 刑棒/刑場 処刑場/刑職 司法官/刑訊 劾問/刑制 罰則/刑厝 刑罰を用いない世/刑措 刑厝/刑曹 司法官/刑讁 しおき/刑撻 笞ち刑/刑断 断罪する/刑誅 刑殺/刑黜 追放する/刑懲 懲罰/刑天 無首の神/刑典 刑法/刑殄 滅ぼす/刑部 司法部/刑柄 処罰権/刑鞭 鞭笞/刑民 受刑者/刑網 法網/刑厄 災難/刑僇 刑戮/刑律 刑法/刑例 量刑の例

⬇威刑・淫刑・恩刑・火刑・過刑・寛刑・簡刑・義刑・儀刑・求刑・宮刑・教刑・行刑・極刑・禁刑・謹刑・軽刑・減刑・厳刑・五刑・絞刑・酷刑・獄刑・死刑・私刑・実刑・受刑・重刑・銃刑・峻刑・処刑・象刑・詳刑・賞刑・贖刑・深刑・慎刑・制刑・大刑・体刑・磔刑・致刑・笞刑・竹刑・停刑・天刑・典刑・徒刑・徳刑・肉刑・薄刑・繁刑・腐刑・焚刑・墨刑・流刑・呂刑・両刑・量刑

入

【圭】 6 4010 ［珪］ 10 1411 ケイ たま

篆文

古文

金文

象形 圭玉の形。〔説文〕十三下に「瑞玉なり」とし、その形制について「上圜下方。公は桓圭を執り九寸、侯は信圭を執り、伯は躬圭を執り、皆七寸~以て諸侯を封ず」とみえ、諸侯を封ずるときの瑞玉をいう。金文に「祼圭」を賜うことが多くみえ、酒器の卣とともに賜与されているから、祼圭は鬯酒(くろきびの香り酒)を用いるときの玉器であろう。〔毛公鼎〕に「秬鬯一卣・祼圭瓚寶~を賜ふ」とあり、〔師詢𣪘〕に「秬鬯一卣・圭瓚~を賜ふ」とあり、鬯酒を用いるときの礼器である。

訓義 [1]たま。諸侯を封ずるときの瑞玉。[2]祼圭。祼鬯のとき、鬯酒を酌む玉器。[3]玉器として、圭潔・圭角の意を含む。[4]容量、また重量の単位。十圭一合・十粟一圭の定めであった。

古訓 〔名義抄〕圭 ハシハ・カサヌ・ハカリ 〔字鏡集〕圭 イサギヨシ・タマ・カサヌ・ハカリ

声系 〔説文〕に圭声として街・卦・窐・佳・厓・奎・恚・閨・挂・畦など二十三字を収める。圭の声義をとるものは、圭玉の形によるものが多く、卦は画地識爻の土版の形。このうち哇・恚の声をとるものは、また別の一系をなすものであろう。

語系 圭・珪・閨 kyue は同声。圭は上圜下方の土室、閨は上圜下方、特立の戸をいう。

【圭角】けいかく 圭玉の角。とがり。宋・朱熹〔孟子序説〕才かに英氣有れば、便ち圭角有り。

【圭瓚】けいさん 祭祀のとき用いる酒器。秬(くろきび)で香りをつけた鬯酒を酌むのに用いる。〔礼記、王制〕諸侯は~圭瓚を賜はりて然る後に鬯を爲くる。未だ圭瓚を賜はらざるときは、則ち鬯を天子に資る。

【圭首】 碑の上部、圭形のところ。〔隷続、碑図上〕淳于長の碑、圭首の上に暈二重有り。

【圭璋】 儀礼のとき用いる玉。天子より届けられるもので、金文に返璋の礼をしるすものがある。また、人品のすぐれたものをたとえていう。〔詩、大雅、巻阿〕顒顒卬卬 圭の如く璋の如し

【圭田】 卿・大夫・士に祭祀の料として賜う田。圭は潔。〔孟子、滕文公上〕卿以下必ず圭田有り。圭田は五十畝、餘夫は二十五畝なり。

【圭璧】 祭祀のとき執る玉。また、神に捧げる。〔詩、大雅、雲漢〕圭璧既に卒っく 寧ぞ我に聴く莫き

↑圭影 日時計/圭玉 圭頭の玉/圭臬 圭影/圭硯 圭形の硯/圭撮 少量/圭璽 圭の璽印/圭勺 圭玉勺/圭尺 日時計/圭爵 諸侯/圭裳 役人/圭瑞 諸侯の玉/圭組 高位/圭頭 額髪/圭竇 くぐり戸/圭蓽 柴門/圭表 日時計/圭幣 圭と幣物/圭門 くぐり/圭窬 圭竇

↓琬圭・玄圭・穀圭・執圭・青圭・大圭・土圭・刀圭・日圭・白圭・璧圭・宝圭・命圭

【囧】 7 7722 ［冏］ 7 6022 ケイ まど あきらか

篆文

甲骨文

金文

象形 窗の形。〔説文〕七上に「窗牖、麗廔闓明なるなり」とあって、格子窓から光がさしこむような状態をいう。窗は地下室の窓の形。古く黄土層地帯では、中央を方形に掘りさげ、その四面に横穴式の屋室を作り、中央に面するところから光をとった。月明を朙というのは、その窓から月光を受ける意である。神を迎えるところであるから、神明という。〔詩、召南、采蘋〕「于に以て之れを奠く 宗室の牖下に」とあって、その窓の下で神を祀った。

訓義 ①まど。②まどのあかり、あきらか、あかるい。

部首 〔説文〕に⿱囧皿の一字を属する。⿱囧皿は盟（盟）の初文。前部に明（朙）があり、囧・朙・⿱囧皿は合わせて一部としてよい字である。

声系 〔説文〕に囧声として莔の一字を収める。囧の声については〔説文〕に「賈侍中（逵）の説に、讀みて明と同じうす」とあり、もしその説によるとすれば、囧・朙・⿱囧皿は同じ声系の字となる。

【冏冏】 光りかがやくさま。〔魏書、術芸、張淵伝〕観象の賦〕北のかた機衡（北斗）を鑒み、南のかた太微を觀る。三台（六星）皦皦として以て雙び列し、皇座（太微星中にあり）冏冏として以て暉を垂る。

【冏然】 明らかなさま。晉・郭璞〔井の賦〕乃ち回澄して以て靜かに映じ、狀、冏然として鏡のごとく灼く。之れを挹むも損せず、之れを停むるも溢れず。

↑冏焉 冏然/冏光 輝く光/冏寺 大僕寺/冏徹 明るくとおる/冏牧 大僕寺卿/冏明 明らか

↓牕冏

【启】 7 3026 ケイ ひらく

篆文

会意 戶（戸）＋口（𠙵）。戶は神棚の扉。口は𠙵、中に収められている祝詞の器。〔説文〕二上に「開くなり。戶に從ひ、口に從ふ」とあり、他家の戸を開いて訪れる意とする。启に手を加える形は啓（啓）、神の啓示するところを見る意。〔書、金縢〕に「籥（かぎ）を啓きて書を見る」とは、周公の神への誓詞を啓き見る意である。はじめて啓くことを肇（肇）という。聿もまた書の意。神への祝禱をしるしたものである。

訓義 ①ひらく。啓の初文。②申す。

古訓 〔名義抄〕启 ヒラク 〔字鏡集〕启 マウス・ヒラク

声系 〔説文〕に启声として啓を収める。卜文・金文にその字形がみえている。

語系 启・啓khyeiは同声。開khei、闓khaiは声義が近い。開・闓は廟門を開いて神意を承ける意の字である。

↑启明 明星

【坙】 7 1010 ケイ たていと

篆文

古文

金文

象形 織機のたて糸をかけた形。經（経）の初文。〔説文〕十一下に字を水部に屬して「水脈なり」とし、また古文の字形を録して壬声の字とするが、形義ともに誤る。下部の工の部分は糸を巻きつけた横木の形。的杠といわれるものである。金文に坙を經の意に用い、〔大盂鼎〕に「德坙を敬雝す」とあるのは「德經」の意。すべて垂直にして上下の緊張を保つものを坙という。

訓義 ①たていと。②〔説文〕に水脈とする。地下水の意。③〔広韻〕に直波とする。垂直の波の意。

声系 〔説文〕に坙声として莖（茎）・徑（径）・脛・剄・頸・勁・輕（軽）など二十二字を収める。おおむね垂直、下にあって上を支えるもの、また直線的な関係を示す。すべて坙の声義を承ける。

常 【形】 7 1242 ［形］ 9 1242 ［形］ 7 5202 ケイ ギョウ（ギャウ） かたち あらわす

篆文

会意 开（幵）＋彡。开の初形は井。鋳型の外枠を締めた形。その土笵を型という。彡は色彩や光沢のあることを示す符号。形とは完成された型の美をいう。〔説文〕九上に「象なり」（段注本）とあり、形象の意とする。内にあるものが、外に形としてあらわれることをいう。

訓義 ①かたち、美しいかたち、すがた、なり。②あらわれる、あと、ようす、いきおい。③からだ全体、形作る。④のり、のっとる。

古訓 〔名義抄〕形 カタチ・アラハス／人形 ヒトカタチ・カタシロ 〔字鏡集〕形 カタチ・タクラフ・カタドル・イロフ・カク・アラハス・タカヒ

参考 形・型hyengはもと井に作り、井は鋳型の外枠の形。いまともに开（幵）に従う形に作るが、幵（开）kyanは笄の形で、声義とも異なる字である。

【形影】 形と影。〔列子、説符〕列子顧みて影を觀るに、形枉まるときは則ち影曲り、形直きときは則ち影正し。然らば則ち枉直は形に隨ひて影に在らず、屈伸は物に任じて我に在らず。

【形役】 肉体のために精神を労する。晉・陶潛〔帰去来の辞〕既に自ら心を以て形の役と爲す。何ぞ惆悵として獨り悲しまん。

【形塩】 虎の形におしかためた塩。祭祀に用いる。〔左伝、僖三十年〕王、周公閲をして來聘せしむ。饗して昌歜（菖蒲のお漬し）、白黑（煎米と煎黍）形鹽有り。辭して曰く、～吾何を以てか之れに堪へんと。

【形解】 魂が脱去する。尸解。〔史記、封禅書〕宋毋忌・正伯僑～方僊の道を爲め、形解銷化、鬼神の事に依る。～怪迂阿諛、苟合（いい加減に人にあわせる）の徒、此れより興る。

【形骸】 肉体。〔荘子、徳充府〕（兀者申徒嘉曰く）今、子と我と、形骸の内に遊ぶ。而るに子、我を形骸の外に求むるは、亦た過たずや。

【形似】 外面が似ている。〔甌北詩話、八〕（高青邱の詩）李青蓮（白）の詩は、從來未だ能く之れを學ぶ者有らず。

惟だ靑邱之れと相ひ上下す。惟だに形似たるのみならず、且つ神も似たり。

【形質】(けいしつ) からだ。唐・劉禹錫〔柳員外(宗元)を祭る文〕意ふに君の死する所は形質のみ。魂氣何くにか託して、余が哀詞を聽くならん。

【形勝】(けいしょう) 地勢がすぐれる。宋・楊万里〔楊子江を過る〕詩 千古の英雄、鴻去るの外 六朝の形勝、雪晴るるの日
【形象】(けいしょう(しゃう)) かたち。すがた。〔呂覽、順説〕善く說く者は巧士の若し。~其の來るに因りて與に來り、其の往くに因りて與に往く。形象を設けず、生を與にし長を與にし、~以て歸する所に之く。

【形上】(けいじょう(じゃう)) 形を超えたもの。形而上。〔易、繫辞伝上〕形よりして上なる者、之れを道と謂ふ。形よりして下なる者、之れを器と謂ふ。

【形状】(けいじょう(じゃう)) すがた。かたち。〔荀子、非相〕梁に唐擧といふもの有り。人の形狀顏色を相て、其の吉凶妖祥を知る。世俗之れを稱す。古の人に有る無きなり。學者道はざるなり。

【形色】(けいしょく) すがた。容色。元・崔璆〔咄咄〕詩 咄咄復た咄咄 小兒老翁と成る 幺微各〻形色あり 追逐するは元化工(自然の力)なり
【形神】(けいしん) 肉体と精神。〔史記、太史公自序〕凡そ人の生くる所の者は神なり。託する所の者は形なり。神大いに用ふれば則ち竭き、形大いに勞るるときは則ち敝れ、形神離るるときは則ち死す。

【形声】(けいせい) 文字の構成法の一。〔説文解字叙〕形聲とは、事(限定符)を以て名と爲し、譬(声)を以て相ひ成す。江河、是れなり(水は限定符、工・可はその声)。

【形勢】(けいせい) 形と勢い。〔唐会要、三五、書法〕(太宗)嘗て朝臣に謂ひて曰く~我今、古人の書を臨するに、殊に其の形勢を學ばず、惟だ其の骨力を求むるに在り。骨力を得るに及んで、形勢自ら生ずるのみ。

【形迹】(けいせき) あとかた。行動。晉・陶潛〔始めて鎮軍参軍と作りて、曲阿を経るとき作る〕詩 眞想初めより襟(心)に在り 誰か謂はん形迹に拘せられんとは
【形相】(けいそう(さう)) 人相。容貌。〔荀子、非相〕形を相るは、心を論ずるに如かず。~形相ひ惡しと雖も心術善ならば、君子爲るを害する無きなり。

【形体】(けいたい) 形状。また、からだ。〔淮南子、精神訓〕夫れ精神なる者は、天に受くる所なり。而して形體なる者は、地に稟くる所なり。

【形態】(けいたい) かたち。形状。〔歴代名画記、九、唐朝上〕馮紹正~尤も鷹鶻鷄雉を善くし、其の形態を盡す。觜眼脚爪、毛彩倶に妙なり。

【形単】(けいたん) ただ一人。唐・韓愈〔十二郎を祭る文〕先人の後を承くる者は、孫に在りては惟だ汝、子に在りては惟だ吾れのみ。兩世一身、形單に、影隻なり。

【形貌】(けいぼう(ばう)) すがた。かたち。〔墨子、大取〕諸〻居運を以て命くる者は、鄕里齊荊の若き者、皆是れなり。諸〻形貌を以て命くる者は、山丘室廟の若き者、皆是れなり。

【形名】(けいめい) 刑名。また、実体と名称。〔列子、仲尼〕髮、千鈞を引くは、勢ひ至等なればなり。白馬、馬に非ずとは、形名離るればなり。

【形容】(けいよう) すがた。容貌。宋・王禹偁〔賃宅〕詩 老病形容、日日に衰ふ 十年賃宅して、京師に住む
【形埒】(けいらつ) 分界。〔淮南子、原道訓〕四支(肢)動かず、聰明損せずして、八紘九野(天地間)の形埒を知る者は何ぞや。道要の柄を執り、無窮の地に游べばなり。

➡形穢 みにくい/形音 姿と声/形化 死ぬ/形家 地相見/形格 逆形/形学 幾何学/形幹 からだ/形顔 容貌/形気 形と気/形器 物体/形儀 容儀/形倨 倨傲/形軀 からだ/形検 形貌厳正/形語 手話/形候 情況/形残 首無しの神/形式 かた/形釈 形解/形寿 寿命/形数 易の卦の数/形生 身命/形成 成り立つ/形制 作り方/形性 性質/形製 形制/形跡 形迹/形素 性霊/形存 存命/形能 形態/形兆 きざし/形天 首のない神の名。形残/形廃 無我の状態となって、形体を忘れる/形魄 からだ/形表 容貌/形物 有形/形兵 兵力を敵に示す。示威/形便 地形が利便であること/形摹 手本/形用 体用/形要 険要/形累 身体のわずらい。拘牽されること/形羸 からだが疲れる

➡委形・異形・印形・隠形・円形・外形・奇形・畸形・詭形・儀形・弓形・球形・虚形・魚形・矩形・寓形・原形・現形・古形・固形・語形・残形・詩形・字形・写形・殊形・受形・修形・初形・象形・身形・神形・真形・人形・図形・成形・全形・相形・僧形・造形・体形・地形・定形・梯形・童形・美形・変形・方形・忘形・貌形・妙形・無形・有形・養形・裸形・流形・竜形・菱形・輪形・鱗形・累形・錬形

常
【系】 7 2090 ケイ いとすじ

甲骨文 篆文 籀文 金文

象形 飾り糸を垂れている形。〔説文〕十二下に「繫くるなり」とあり、重文二を録する。その籀文の字形は卜文・金文にみえるもので、呪飾として用いる組紐の形とみられる。いわゆる組繫。顯(顕)の字形は、珠(日の形)にその組繫を加えて拝する形で、それによって祖霊が顕現することをいう。また𢇍も神に祝禱する言の両旁に、組繫を施している形である。
訓義 ①呪飾として加える糸飾り、かざりひも。②いとすじ、いとすじのはじめ。③かける、つなぐ、たれる。④血すじ、家すじ、系図。
古訓 〔名義抄〕系 ツク・ツラヌ 〔篇立〕系 ツラヌル・ツラヌ・イト・ヨル
部首 〔説文〕に孫・緜・繇の三字を属し、〔玉篇〕に纛を加える。なお縣(県)もこの部に入るべき字であろう。孫を〔説文〕十二下に「系は續なり」と解するが、孫は祖を祀るときその尸たるものに施す呪飾である。また繇十二下に「隨從なり」とするのは、由声と通用の義によるもので、䍃は祭肉と祝禱の器、その器に呪飾を加えた形である。
声系 〔説文〕に系声として係を収め、奚をその省声として奚声十二字を収める。奚は編髪の象に従うものであるから、組繫を示す系とは別系の字である。また緜を系声とするが、字はまた紘に作り、系声の字とは定めがたい。
語系 系・係hye、繫kyeは声義近く、係繫・㨜束の意がある。人に系を加える係は繫縛の意、尸たるものに系を加えるのは、尸主としての孫である。
【系家】(けいか) 世家。封禄を世襲する家柄。唐の太宗の諱世民を避けて、系家という。〔史記、呉太白世家、索隠〕系家なる者は、諸侯の本系を記すなり。其の下子孫に及ぶまで、常に國を有つを言ふ。

➡系継 系繫/系繫 つながる/系口 言う/系図 系譜/系族 血族/系続 繫続/系孫 遠孫/系伝 来歴/系統 系列/系譜 血統の図/系壁 帯の珠/系列 一系に属する/系録 譜牒

➡一系・家系・故系・根系・山系・女系・水系・世系・正系・姓系・先系・大系・体系・男系・直系・帝系・統系・同系・父系・譜系・

母系・傍系・本系

【邢】 7 1742 ケイ

篆文

形声 声符は开（幵）。〔説文〕六下に「周公の子の封ぜられし所なり。地は河内の懐に近し」とあり、〔左伝、僖二十四年〕「凡・蔣・邢・茅・胙・祭は、周公の胤なり」とみえる。のち族名となる。

訓義 ①国の名。②地の名。③族名。④形と通用することがある。

【邢景】 形景。姿。〔隷釈、八、漢、金郷長侯成碑〕是に於て儒林の衆儁、惟だ邢景を想ひ、乃ち銘石を樹立し、以て淑美を揚ぐ。

【刲】 8 4210 ケイ さす ころす

篆文

形声 声符は圭。〔説文〕四下に「刺すなり」とあり、〔広雅、釈詁三〕に「屠るなり」という。〔易、帰妹、上六〕に「士、羊を刲くに血无し」とあって、屠殺用の刃物で獣を割くことをいう。

訓義 ①さす。②さく、えぐる。③ころす、はふる。④せめとる。

↑刲割 屠殺する／刲刳 腹をさく／刲宰 料理する／刲刺 刺す／刲剔 解剖

↓屠刲

【坰】 8 4712 〔冂〕 2 7722 〔冋〕 5 7722 ケイ

古文

形声 声符は冋。もと冂に作り、冂は外界を画して防壁とする形。土墉をめぐらすので坰という。〔説文〕五下に冂の重文として冋・坰を録する。〔詩、魯頌、駉〕「駉駉たる牡馬 坰の野に在り」の〔伝〕に「遠野なり」、〔爾雅、釈地〕に「野外之れを林と謂ふ。林外之れを坰と謂ふ」とあり、遠郊の牧草地をいう。

訓義 ①都から遠くはなれた地。②牧畜などを行う地。

古訓 〔篇立〕坰 トホキ・サカヒ・ヒラキ 〔字鏡集〕坰 サカヒ・トホキサカヒ

語系 坰（冂・冋）kyuengは声義近く、坰に迥の意がある。坰は辺塞広漠の地に設けられる牧畜のところをいう。

【坰牧】 遠郊の牧畜を行うところ。魏・陳琳〔曹洪の為に世子（曹丕、魏の文帝）に与ふる書〕夫れ騄驥（名馬の名）耳を坰牧に垂れ、鴻雀翼を汙池に戢む。之れに褻るる者は、固より以て園囿の凡鳥、外廐の下乗（凡馬）と爲すなり。

【坰野】 遠郊。〔詩、魯頌、駉、序〕僖公能く伯禽の法に遵ひ、倹以て用を足し、寛以て民を愛し、農を務め穀を重んじ、坰野に牧す。魯人之れを尊ぶ。

↑坰外 遠郊／坰林 遠郊

↓烟坰・遠坰・巌坰・近坰・郊坰・大坰・野坰

常 **【径】** 8 〔徑〕 10 2121 〔逕〕 11 3130 ケイ こみち

篆文

形声 旧字は徑に作り、巠声。巠は織機にたて糸をかけた形で、經（経）の初文。たて糸をいう。そのように直線的に上下の関係にあるものを巠といい、また道路の近道を徑（径）という。字はまた逕を用いることもある。

訓義 ①みち、こみち、ちかみち、あぜみち。②獣みち。③すぐ、ただちに、すみやか、たやすい。④わたる、すぎる、おもむく。⑤さしわたし、直径。⑥頸と通じ、くびすじ。

古訓 〔和名抄〕徑 多々知（ただち）〔名義抄〕徑 ワタリ・ツラヌ・ミチ・タヾチ・アト・トホル／逕 ミチ・アヘテ・ワタル・スグ・ハルカナリ・タヾ・タヾチニ・カヘル

語系 徑・經・剄kyengはみな同声。頸・勁kieng、脛hyeng、莖（茎）heng、陘hyengも声義近く、すべて巠声の字には、直線的に相連なる関係を示すという基本義がある。

【径衢】 こみちと岐れみち。煩雑に苦しむのにたとえる。〔淮南子、詮言訓〕又況んや君數しば法を易へ、國數しば君を易へ、人其の位を以て其の好憎を通ず。下の徑衢、勝げて理むべからず。

【径行】 情の赴くままに行う。〔礼記、檀弓下〕禮に、情を微ぐ者有り。故を以て物を興す（形式を以て情を助ける）者有り。情を直くして徑ちに行ふこと有る者は、戎狄の道なり。

【径窄】 みちがせまい。唐・寒山〔寒山詩、九〕昨夜、葛を攀ぢて上り 半路、風煙に困しむ 徑窄くして、衣進み難く 苔粘りて、履前まず

【径情】 情にまかせて行う。直情径行。〔鶡冠子、著希〕夫れ義は欲を節して治め、禮は情に反して辨ずる者なり。故に君子は徑情して行はず。

【径寸】 直径一寸。地・玉・心などにいう。梁・沈約〔謝文学の離夜に餞す〕詩 我が徑寸の心を以て 君に千里の外に従はしめん

【径庭】 こみちと庭と。大いにへだたるもの。清・銭謙益〔永豊程翁七十寿序〕此れに繇りて之れを觀るに、太公の其の子に教ふるは、萬石君に視らべて、豈に徑庭有らざらんや。

【径塗】 こみち。梁・簡文帝〔長安有狭斜行〕楽府 長安に徑塗有り 塗徑、輿を通ぜず

↑径易 手軽な／径為 自分でする／径急 早速／径狭 狭い道／径詣 直行／径便 簡便／径畛 あぜ道／径術 あぜ道／径省 簡略／径節 竹／径絶 わたる／径然 すぐに／径草 道草／径苔 苔道／径廷 妄行／径庭 まっ直ぐ／径挺 径庭／径度 わたる／径竇 門径／径畔 道のべ／径復 往復／径便 簡便／径傍 路傍／径迷 ゆき迷う／径約 狭い／径要 要領／径歴 経過／径路 こみち／径露 あらわ

↓囲径・寒径・狭径・曲径・蹊径・古径・口径・荒径・三径・山径・斜径・邪径・小径・捷径・樵径・津径・水径・清径・石径・阻径・側径・苔径・長径・直径・道径・半径・微径・万径・門径・夜径・野径・幽径・蘿径・列径

【洞】 8 3712 ケイ とおい はるか

篆文

形声 声符は冋。冋に迥遠（はるか）の意があり、地には坰、水には洞という。〔説文〕十一上に「滄たきなり」、〔広雅、釈詁四〕に「寒きなり」と訓する。〔詩、大雅、洞酌〕に「洞く彼の行潦（小流）に挹み 彼に挹みて茲に注ぐ」とあって、遠く聖水を汲むことを歌う。寒冷の意は、清冷の水から導かれたものであろう。

訓義 ①とおい。②水が深く広い。③水が冷たい、さむい。

語系 洞・迥hyuengは冂・坰kyuengと声義近く、みな迥遠の意がある。

【洞洞】 水が深くて澄むさま。〔北史、芸術上、顔悪頭伝〕惡頭～之れを筮して曰く、登高して下に臨めば水洞洞たり。唯だ人聲を聞くも、形を見ずと。婦人曰く、妊身して已に七月なり。向さきに井上に水を汲み、忽ちにして胎聲を聞く。故に卜したりと。惡頭曰く、吉なり。十月三十日に、一男子有らんと。

【洞酌】 遠く酌む。〔詩、大雅〕にその詩がある。〔左伝、隠三年〕風（詩、召南）に采蘩・采蘋有り。（大）雅に行葦・洞酌有り。忠信を明らかにするなり。

↓截洞

常 **【茎】** 8 〔莖〕 11 4410 ケイ くき もと はしら

篆文

形声 旧字は莖に作り、巠声。巠は織機のたて糸を張った形。上下を支える緊張した関係のものをいい、支柱・径直の意がある。人体では頸・脛、草

では莖をいう。〔説文〕一下に「枝柱なり」とあり、徑直の部分。〔段注〕にその文を〔字林〕によって誤るものとし、〔玉篇〕の引くところによって「艸木の幹(幹)なり」と改めている。
訓義 ①くき、みき。②上を支えるもの、もと、はしら。③細く長いもの、さお、つか。④細く長いものを数える助数詞。
古訓 〔和名抄〕莖 久岐(くき) 〔名義抄〕莖 クキ/莖立 ククタチ
語系 莖heng、脛hyeng、頸kieng、剄kyengは声近く、みな巠kyengの声義を承ける一系の語。
↑莖囲 柄の太さ/莖柯 莖と枝/莖幹 莖と幹/莖刃 つかと刀身/莖擢 特出する/莖頭 莖の上/莖立 莖が立つ
↓陰莖・花莖・球莖・金莖・根莖・枝莖・短莖・長莖・包莖・連莖

常 **【係】** 9 2229 ケイ かける つなぐ かかり
篆文
会意 人+系。系は呪飾として加える飾り紐の類。父を祀るにはその孫にあたるものを尸に用い、孫が尸になる。生人に用いるときは係縛の意となる。〔左伝、襄十八年〕「獻子、朱絲を以て玉二瑴を係けて禱る」のように、呪飾に用いるのが本義であった。〔説文〕八上に「絜束するなり」とあるのも、その意である。のち繫縛・拘囚の意に用い、係累・係虜のようにいう。
訓義 ①呪飾として糸や紐をかける、つなぐ、つける。②むすぶ、くくる、しばる。③国語で「かかり」とよみ、事務の担当者をいう。
古訓 〔名義抄〕係 カク・カヽル・ツカヌ・ムスブ・ツラヌ・ツラヌク・ツナグ・ツキ・ツク 〔字鏡集〕係 ツラヌク・ツク・アツ・カヽル・ムスブ・タクラフ・シタガフ・ツカヌ・ツラヌ・ツキ・ツナグ・カク
語系 係・系hye、繫kyeは同系の語。係は呪飾、繫は(囊の形)の中のものを、囊を懸け垂らして撃つ形で、懸繫を主とする語である。それを強く結びつけることを結kyet、絜kyatという。
【係獲】 俘獲。とらえる。とらわれる。〔塩鉄論、本議〕先帝、邊人の久しく患苦し、虜の係獲する所と爲るを哀れむ。故に障塞を修め、烽燧(のろし)を飭へ、屯戍して以て之れが邊に備ふ。
【係羈】 つなぎとめる。〔荘子、馬蹄〕至德の世~禽獸は群を成し、草木は長ずることを遂ぐ。是の故に禽獸は係羈して遊ぶべく、鳥鵲の巢は攀援して闚ふべし。
【係仰】 慕い仰ぐ。〔三国志、魏、陳思王植伝注に引く典略〕侍せざること數日ならば、年載に彌るが若し。豈に獨り愛顧することの隆んにして、係仰の情をして深からしむるか。
【係心】 心をよせる。たのみとする。〔漢書、成帝紀〕天祐を蒙らず。今に至るまで未だ繼嗣有らず。天下、心を係くる所無し。
【係蹄】 わな。魏・陳琳〔呉の将校部曲に檄する文〕夫れ係蹄足に在れば、則ち猛虎は其の蹯を絶ち、蝮蛇手に在れば、則ち壯士は其の節を斷つ。
【係虜】 捕虜。〔韓非子、姦劫弑臣〕其の國を治むるや、~邊境をして侵されず、君臣をして相ひ親しみ、父子をして相ひ保ち、死亡係虜の患無からしむ。此れ亦た功の至厚なる者なり。
【係累】 つなぎとめ、わずらわす。〔孟子、梁恵王下〕若し其の父兄を殺し、其の子弟を係累し、其の宗廟を毀ち、其の重器を遷さば、之れを如何ぞ其れ可ならんや。
↑係意 注意/係引 拘引する/係絏 つなぐ/係頸 投降/係瑣 鎖でつなぐ/係嗣 後嗣/係踵 継起する/係紲 つなぐ/係屬 帰属/係念 気がかり/係縛 縛る/係縻 つなぐ/係臂 ひじにかける/係望 望みをかける/係履 履をはく/係縲 係累/係纍 係累/係恋 慕う
↓委係・関係・連係

【剄】 9 1210 ケイ くびきる
篆文
形声 声符は巠。巠は頸の省文とみてよく、これに刀を加えて断首の意とする。〔説文〕四下に「刑するなり」とあり、前条の刑に「剄するなり」とあって互訓。刑の初文は荆。首枷と刀とに従う。自ら剄することを刎という。
訓義 ①くびきる、くびはねる。②勁と通じ、つよい。
古訓 〔名義抄〕剄 クビル 〔字鏡集〕剄 クビキル・クビル・コハシ・ツヨシ
語系 剄kyeng、頸kiengは動詞、名詞の関係にあるものであろう。勁kiengはその力の強いことをいう。亢kang、項heongも頸の部分に関する語である。
【剄殺】 首をはねて殺す。〔史記、淮南王安伝〕淮南王安、自ら剄殺す。王后荼・太子遷・諸と謀反に與する所の者、皆族(族滅)せらる。
【剄死】 首をはねて死ぬ。〔史記、伍子胥伝〕吾が眼を抉りて呉の東門の上に縣けよ。以て越寇の入りて呉を滅すを觀んと。乃ち自ら剄して死す。呉王之れを聞きて大いに怒り、乃ち子胥の尸(しかばね)を取り、~之れを江中に浮ぶ。
↑剄馬 馬首をはねる/剄抜 剄殺
↓自剄

人 **【勁】** 9 1412 ケイ つよい かたい
篆文 古印璽
形声 声符は巠。巠は織機のたて糸を張りかけた形。上下の力の緊張した関係にあるものを示す。この字では巠は頸の省文とみてよく、力は筋力の意。頸部は人体においても最も力の強健なところである。〔説文〕十三下に「彊なり」とあり、強勁の意。〔墨子、節葬下〕「手足勁強ならず」のように用いる。また勁簫・勁風のように、他のものに及ぼしていう。
訓義 ①つよい、すこやか。②かたい、こわい。
古訓 〔名義抄〕勁 ハケシ・コハシ・ツヨシ・アナガチニ・ワジ・シネシ 〔字鏡集〕勁 コハシ・ツヨシ・イタル・タチマチ・ハゲシキ
語系 勁kiengは頸の力あること、頸切るを剄kyengという。剛kang、堅kyen、緊kienは声義近く、また強(彊)giang、勍gyang、健(健)gianも同系の語。みな強健の意がある。
【勁鋭】 強く鋭い。〔新論、大質〕干將(名剣の名)を用ひずして、奚にを以てか其の鋭きを知らん。烏號(名弓の名)を引かずして、奚を以てか其の勁きを知らん。勁鋭の質、較然(明らかに)見易し。
【勁悍】 強くたけし。魏・文帝〔鍾繇に与ふる書〕荀閎は勁悍、鋭師を往來す。眞に君侯の勍敵、左右の深憂なり。
【勁気】 はげしい気象。唐・王勃〔九成宮頌〕勁氣を叢楹に凜たらしめ、淒風を洞穴に起す。
【勁強】 つよい。〔論衡、説日〕人物の世に在るや、氣力勁強にして、乃ち能く乘凌す。
【勁健】 つよい。力強い。宋・厳羽〔出継叔臨安の呉景僊に答ふる書〕坡(蘇東坡)谷(黄山谷)諸公の詩は、米元章の字の如し。筆力勁健なりと雖も、終に子路、夫子(孔子)に事ふる時の氣象有り。
【勁士】 気節のある人。〔荀子、儒效〕法を行ふこと至堅、私欲を以て聞く所を亂さず。是の如くんば則ち勁士と謂ふべし。
【勁質】 本性が強い。〔池北偶談、十七、徂徠集〕宋石介守道、徂徠集二十巻。~其の文倔強勁質、唐人の風有り。較や柳(開)・穆(修)二家に勝るも、終に未だ草味の氣を脱せず。

【勁松】(けいしょう) 厳冬の霜雪にたえる松。貞節にたとえる。晋・潘岳〔西征の賦〕勁松は歳寒に彰はれ、貞臣は國の危きに見はる。

【勁迅】(けいじん) 強く速い。〔唐書、李栖筠伝〕書を喜み、通暁する所多し。文章を爲るに、勁迅にして體要有り。

【勁勢】(けいせい) 強い勢い。元・范梈〔小孤行〕詩 小孤、石有り、虎の蹲るが如く 西望、屹として長江の門を作す 洪濤萬古、纆墨に就く 勁勢有りと雖も、敢て奔らず

【勁節】(けいせつ) 他に屈しない節操。梁・范雲〔寒松を詠ず〕詩 凌風、勁節を知り 負雪、貞心を見はす

【勁直】(けいちょく) 強く正しい。〔後漢書、馮衍伝下〕〔顕志の賦の辞〕行ひ勁直にして以て尤めに離ふ。羌、前人の有ちし所なり。

【勁抜】(けいばつ) 強くて衆にこえる。宋・梅尭臣〔刁太傅の新墅十題に和す。綿檜〕詩 松身柏葉、能く相ひ似たり 勁抜何に縁りて自ら持せざる

【勁風】(けいふう) 強い風。晋・陶潜〔飲酒、二十首、四〕詩 勁風に榮木無し 此の蔭、獨り衰へず 身を託するに已に所を得たり 千載、相ひ違はざらん

【勁兵】(けいへい) 鋭い武器。また、強い兵。〔史記、灌夫伝〕今上以爲へらく、淮陽は天下の交、勁兵の處なりと。故に(灌)夫を徙うして淮陽の太守と爲す。

【勁妙】(けいみょう(めう)) 強くすぐれる。〔唐書、裴漼伝〕崇義、讓めて趣やかに斷ぜしむ。～乃ち吏に連紙進筆を命じ、省決を爲す。一日にして畢る。既にして與奪理に當り、筆詞勁妙なり。

【勁虜】(けいりょ) 強い異族。匈奴をさすことが多い。晋・陸機〔飲馬長城窟行〕楽府 往きて陰山の候に問ふ 勁虜は燕然(山の名)に在り

【勁厲】(けいれい) 強くはげしい。〔三国志、魏、明帝紀注に引く世語〕(秦)朗の子秀、勁厲にして能く直言す。晉の武帝の博士と爲る。

↑勁陰 厳寒/勁果 果断/勁角 強い角/勁翮 強い翼/勁捍 勁悍/勁騎 強い騎兵/勁弓 強弓/勁彊 勁強/勁寇 強い外敵/勁策 強いむち/勁矢 強い矢/勁疾 勁捷/勁酒 強い酒/勁秋 寒冷の秋/勁駿 駿逸/勁捷 す早い/勁正 勁直/勁切 きびしい/勁箭 強い矢/勁卒 強兵/勁挺 勁抜/勁敵 強敵/勁弩 強い石弓/勁武 勇/勁暴 強く荒い/勁猛 強く猛々しい/勁利 鋭/勁旅 強兵/勁力 強力/勁烈 勁厲/勁廉 廉潔

↓温勁・寒勁・簡勁・気勁・奇勁・強勁・彊勁・険勁・堅勁・厳勁・古勁・高勁・剛勁・豪勁・質勁・遒勁・清勁・精勁・貞勁・奮勁・雄勁

常 【型】 9 1210 ケイ いがた かた

篆文  金文 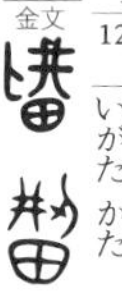

形声 声符は刑。刑の初文は㓝。井はのち幵となるが、刑においては井は首枷、型においては井は鋳型の外枠、すなわち笵型の意。型は火を加えて堅くなった鋳型を、刀で解く意である。〔説文〕十三下に「器を鑄るの法なり」とし、刑声とするが、刑は刑罰の刑ではなく、鋳型を刀で解く意である。

訓義 ①いがた、かた。②手本、形式。

↑型式 形式/型範 手本/型坊 典範

↓奇型・儀型・原型・成型・造型・体型・鋳型・定型・典型・文型・母型・模型・類型

人 【奎】 9 4010 ケイ またぐら

篆文  金文 

形声 声符は圭。〔説文〕十下に「兩髀の閒なり」とあり、またぐらをいう。〔段注〕に奎を胯と双声であるとするが、圭はもと佩玉の形であるから、本義はその玉飾の意であろうと思われる。星の名に奎星があり、文運を掌る。それで奎章・奎運のように用いる。

訓義 ①また、またぐら。②足を開いた形、足を開いて歩むさま。③奎星。文運を掌る。

古訓 〔名義抄〕奎 アラハル 〔字鏡集〕奎 ヨチ・アラハル

語系 奎khyue、胯・跨・誇khoaは声近く、奎を胯間の意に用いるのはその通用の義であろう。圭は上円下方、下に開く形であるので、その声義を用いたものであろう。圭を玉飾とすれば、佩が佩巾の形であるように、圭を執る形とみることもできよう。

【奎画】(けいかく(くわく)) 天子の御筆・墨迹。元・李冶〔敬斎古今黈拾遺、二〕世、祕監を以て奎府と爲し、御書を奎畫と爲す。奎宿、文章を主るを謂ふなり。

【奎光】(けいこう(くわう)) 文運の名誉。明・高明〔琵琶記、蔡宅祝寿〕奎光已に透る、三千丈 風力行く看る、九萬程

【奎章】(けいしょう(しやう)) 宸翰。また、すぐれた書や文章。〔程史、一、王義豊の詩〕山南に萬杉寺有り。本と仁皇の建つる所。奎章有り。(張)紫微、二章を大書す。

【奎藻】(けいそう(さう)) 帝王の文筆・書画。〔池北偶談、十二、世祖御筆〕上、武功を以て天下を定む。萬幾の餘、翰墨に游藝し、時に奎藻を以て部院大臣に頒賜す。～眞に天縱なり。

【奎蹄】(けいてい) 胯間と蹄。〔荘子、徐無鬼〕濡需たる者は、豕蝨是れなり。～奎蹄曲隈、乳閒股脚、自ら以て安室利處と爲す。

↑奎運 文運/奎閣 書楼/奎踽 足を開く/奎札 詔書/奎宿 白虎の首星/奎蹏 奎蹄/奎分 奎宿の分野/奎文 学問

↓聚奎・壁奎

常 【契】 9 【契】 9 5743 ケイ ケツ セツ きざむ わりふ

篆文 

会意 旧字は契に作り、㓞+大。㓞は刀で丯の形のきざみを加える意。大は人の正面して立つ形。おそらくもと人の額などに契刻を加えて、家内奴隷としての身分を示したものであろう。契刻を加えられた人自身が、契約の対象者であった。同じく家内奴隷を意味する童・妾は、額に辛(針)で入墨することを示す字である。入墨には絵身・黥涅・刻画などの方法があり、契は刻画の方法によるものをいう。一般の契約は木に鍥歯を加えるような方法で行われた。〔列子、説符〕に、人の遺契をえて、その鍥歯を数え、これを喜ぶ男の話がある。

訓義 ①約束のしるしとして、きざむ。きざんだしるし。②きる、かく。③わりふ、てがた、ちぎる。④契契は苦しむさま。⑤契は古代王朝の商(殷)の祖。字はまた偰・卨に作る。

古訓 〔名義抄〕契 カナフ・チギリ・タツ・マドカナリ 〔字鏡集〕契 タユ・キザム・カナフ・チギル・オホキニ・チギルナリ

声系 〔説文〕に契声として楔・鍥など八字を収める。楔・偰のような声をもつものがある。

語系 契・栔・鍥・楔の古音はkhyatで同声。丯keat、㓞kheat、刻(刻)khəkは声近く、みな契刻を加える意。栔・鍥などはその契刻を加える対象によって限定符を取る字である。

【契会】(けいかい(くわい)) ちぎる。あう。一致する。〔太平広記、四〇二に引く集異記、李勉〕傍らに胡雛有り、質貌逝きし者に肖たり。勉乃ち詢訪するに、果して逝く者の敍ぶる所と契會す。

【契闊】ともに苦労する。久闊の意に用いる。魏・武帝〔短歌行、二首、一〕楽府 陌を越え阡を度り、枉げて用て相ひ存す 契闊談讌し、心に舊恩を念ふ

【契契】憂え苦しむさま。〔詩、小雅、大東〕契契として寤めて歎く 我が憚人(苦労の人)を哀しむ

【契舟】舟にきざむ。〔呂覧、察今〕楚人に江を渉る者有り。其の劍、舟中より水に墜つ。遽かに其の舟に契む。～舟止まる。其の契みし所の者より、水に入りて之れを求む。～亦た惑はずや。

【契臂】臂を破って血を取り、すすって盟う。〔淮南子、斉俗訓〕胡人は骨を彈き、越人は臂を契み、中國は血を歃する。由る所(方法)は各ゝ異なれども、其の信(成約)に於けるは一なり。

↑契愛 友好／契意 合意／契印 割印／契押 書き判／契家 親族／契勘 考査／契亀 亀卜／契機 機会とする／契誼 交情／契挈 契約書／契兄 義兄／契券 わりふ／契交 友好／契厚 親友／契合 符合／契紙 契約書／契字 契約書／契書 証券／契照 わりふ／契状 契約書／契心 意気投合／契税 登録税／契銭 登録税／契箭 矢文／契帯 連れ立つ／契断 二つに切る／契弟 義弟／契票 証文／契符 わりふ／契文 甲骨文／契母 義母／契慕 愛慕／契本 権利証書／契密 親密／契約 約束／契友 親友／契領 首切り

↓一契・印契・殷契・雅契・諧契・勘契・期契・偽契・旧契・衿契・券契・賢契・交契・合契・左契・宿契・書契・心契・深契・清契・盛契・託契・鉄契・同契・道契・符契・文契・密契・妙契・盟契・黙契・約契・幽契・蘭契・霊契

【扃】 9 3022 ケイ とびら かんのき

篆文 

形声 声符は冋。〔説文〕十二上に「外より閉づるの關なり」とあり、かんのきをいう。門内を楗、門外を扃といい、〔礼記、曲礼上〕「戸に入るときは扃を奉ず」とあって、静かにこれをもちあげて外す。大鼎をはこぶとき、両立耳の間に通す木をも扃という。

訓義 ①とびらのかんのき、かんのきのあるとびら、とびら。②とざす、とざし。③鼎の両耳にさしわたす横木、車上の横木。④炯と通じ、明らか。

古訓 〔和名抄〕扃 度佐之(とざし) 〔名義抄〕扃 トザシ・トボソ 〔字鏡集〕扃 トザシ・トノミ・ヒ、(トビ)ラ・トヅ・トボソ・クル、キ・トアシ・ヒラク

【扃扃】明らかなさま。炯炯。〔左伝、襄五年〕詩(逸詩)に曰く、周道挺挺として 我が心扃扃たりと。講事令せずして、集人來り定まる。

【扃鍵】戸じまり。鍵。〔唐書、后妃上、和思趙皇后伝〕武后喜ばず、乃ち妃を内侍省に幽す。～妃既に囚へられ、扃鍵牢謹、日に飼料を給す。

【扃鎖】錠前。〔酉陽雑俎、十二、語資〕寧王常て鄠縣の界に獵し、林を捜せるに、忽ち草中に一櫃を見たり。扃鎖甚だ固し。王命じて發きて之れを視るに、乃ち一少女なり。～噸を含みて上訴し、冶態横生す。王驚きて之れを悦ぶ。

【扃鼏】鼎を提げる横木と覆い。〔儀礼、士冠礼〕若し殺すときは則ち特豚もてす。合はせ升するを(俎に)載す。肺を離きて鼎に實す。扃鼏を設く。

↑扃関 かんのき／扃鐍 かぎ／扃禁 禁中／扃絹 戸締まり／扃禁 戸締まり／扃扉 戸締まり／扃閉 戸締まり／扃鑰 戸締まり

↓雲扃・閑扃・関扃・巌扃・基扃・玉扃・金扃・禁扃・厳扃・鎖扃・山扃・晨扃・深扃・藻扃・蓬扃・霧扃・蘭扃

【挂】 9 5401 ［掛］ 11 5300 ケイ カ(クワ) かける

篆文 

形声 声符は圭。〔説文〕十二上に「畫るなり」とするが、〔六書故〕に引く〔唐本〕に「縣くるなり」、また〔玉篇〕も同訓で、ものを懸け、また架けわたすことをいう。「畫る」はおそらく卦の意で、土版に卦爻をしるす意であろう。

訓義 ①かける、つるす、かけわたす。②かぎる、かぎりわかつ、わける。③とまる、かかる、さえぎる、さまたげる。④卦と通じ、易の卦爻。

古訓 〔名義抄〕挂 カク・カ、グ・トル／掛 カ、ル
＊語彙は掛字条参照。

【挂懐】心にかける。気にする。〔三国志演義、六十二〕(劉備)龐統に請うて謝罪して曰く、昨日は酒に酔ひ、言語觸忤せり。幸ひに挂懐すること勿かれと。

【挂冠】官を去る。〔後漢書、逸民、逢萌伝〕時に王莽其の子宇を殺す。萌、友人に謂ひて曰く、三綱絶えたり。去らずんば、禍將に人に及ばんとすと。卽ち冠を解きて東都の城門に挂けて歸る。

【挂名】名を掲げる。〔湘山野録、下〕(石曼卿)巨筆を濡らして以て題して云ふ、石延年曼卿、空門の詩友老(秘)演と此に登ると。生、拜叩して曰く、塵賤の人、幸ひにして陪侍するを獲たり。乞ふ、一名を挂けて、以て賤迹を光かさんと。

↑挂衣 みの／挂意 気にする／挂印 離任する／挂閡 妨げ／挂眼 留意する／挂剣 剣をかける／挂戸 戸にかかる／挂口 言及する／挂甲 被甲／挂号 掛号／挂扢 すれる／挂歯 歯牙にかける／挂錫 行脚して投宿する／挂綬 挂冠／挂心 懸念する／挂席 帆かけ／挂舌 閉口する／挂単 挂錫／挂搭 挂単／挂榻 懸榻／挂念 挂懐／挂帆 帆かけ／挂瓢 瓢簞をかける／挂服 離任する／挂冕 挂冠／挂慮 挂念／挂恋 慕う／挂漏 脱漏する

↓遺挂・冠挂・羈挂・懸挂・倒挂・榜挂

【炯】 9 9782 ケイ ひかり

篆文 

形声 声符は冋。〔説文〕十上に「光なり」とあり、炯炯たる明光をいう。また耿と通用する。

訓義 ①ひかり、明るいひかり。②あきらか、つまびらか。③耿・鯁と通じ、かたい。

古訓 〔名義抄〕炯 ヒカル・カ、ヤク・ウルハシ 〔字鏡集〕炯 ウルハシ・カ、ヤク・アキラカナリ・ヒカリ・ヒカル・テル

語系 炯 hyueng、耿 keng、鯁 keang は声近く、通用することがある。

【炯炯】光りかがやく。また、心がさえて眠られない。漢・厳忌〔哀時命〕夜、炯炯として寐ねられず、隱憂を懷きて茲に歷たり。

【炯然】明らか。明・唐順之〔大営駅に題す〕蓋し侯の心、尚ほ炯然として宇宙の間に在りて、未だ死せざるなり。固より石の勒すると勒せざるとに係らず。

↑炯介 節を守る心／炯戒 明戒／炯誡 炯戒／炯鑑 明らかな鑑／炯眼 見抜く／炯晃 明光／炯燭 明燭／炯心 明るい心／炯迹 明迹／炯燿 栄光／炯朗 明らか

↓光炯・霄炯

常 【計】 9 0460 ケイ かぞえる はかる

篆文 

会意 言＋十。〔説文〕三上に「會なり。筭なり」とあり、年間の総括計算、要会の意とする。〔周礼、天官、大宰〕に「歳終には～其の會を受けしむ」とあ

る会の意で、〔周礼、天官、小宰〕には「要會」という。また〔周礼、春官、占人〕に「歳終には則ち其の占の中否を計ふ」とあって、そのことは叶といった。計・叶はもと同じ語で、のちに分化した字であろう。計は言に従い、もと祝禱に関する語であったと思われる。

訓義 ①かぞえる、総数をかぞえる、しめあわせる、しめ、合計。②会計。③はかる、かんがえる、しらべる。④はかりごと、くわだて、計画。⑤国語で、ばかり。

古訓 〔名義抄〕計 ハカル・カゾフ・ハカリゴト・カムガフ・ウソフク・ハカリミル・ワタラフ・カズ

語系 計 kiei は叶・稽 kyei と声が近い。稽は秖(犬牲を用いた軍門。禾は軍門の象)に旨(詣、神を招き、至る意)を加えた字で、神意を稽えることをいう。これによっていえば、計は祝禱、叶は貞卜、稽も神を降して神意を問う字で、すべて神意にはかることをいう語である。その方法に従って、字が分化したものと考えてよい。

【計会】(けいかい(くわい)) 会計。〔淮南子、人間訓〕西門豹、鄴を治む。廩に積粟無く、府に儲錢無く、庫に甲兵無く、官に計會無し。人數其の過ちを文侯に言ふ。～豹曰く、～臣請ふ、城に升りて之れに鼓せん。甲兵粟米立ちどころに具ふべきなりと。

【計画】(けいかく(くわく)) はかりごと。〔史記、季布欒布伝論賛〕夫れ婢妾賤人、感慨して自殺する者は、能く勇なるに非ざるなり。其の計畫、之れを復する無ければのみ。

【計議】(けいぎ) 相談する。謀計。〔後漢書、盧芳伝〕更始敗る。三水(県名)の豪傑共に計議し、芳は劉氏の子孫にして、宜しく宗廟を承くべきを以て、乃ち共に芳を立てて上將軍と爲す。

【計功】(けいこう) 功の大小を考える。〔淮南子、人間訓〕忠臣の君に事ふるや、功を計りて賞を受け、苟くも得ることを爲さず。力を量りて官を受け、爵祿を貪らず。

【計考】(けいこう(かう)) はかり考えて推薦する。〔三国志、魏、文帝紀〕詔して曰く、今の計考は、古の貢士なり、十室の邑に、必ず忠信なるもの有らん。～老幼に拘すること勿く、～到らば皆試用せよ。

【計校】(けいこう(かう)) はかりくらべる。〔三国志、呉、孫堅伝〕堅、～(袁)術を見る。地に畫して計校して曰く、出身して顧みざる所以は、上は國家の爲に賊を討ち、下は將軍家門の私讐を慰めんとするなり。

【計較】(けいこう(かう)) はかりくらべる。計校。〔三国志、呉、胡綜伝〕昔許子遠、袁(紹)を舍てて曹(操)に就き、規畫計較す。見に應じて納受せられ、遂に袁軍を破り、以て曹の業を定めたり。

【計最】(けいさい) 治績概要の報告。〔漢書、厳助伝〕會稽太守と爲り、數年聞問せず。書を賜ふ。～助恐れ、上書して謝稱す。～臣助、當に誅に伏すべし。陛下誅を加ふるに忍びず。願はくは三年の計最を奉ぜんと。詔して許され、因りて侍中に留めらる。

【計策】(けいさく) 策略。〔史記、范雎蔡沢伝論賛〕范雎・蔡澤は世の所謂一切の辯士なり。然れども諸侯に游說し、白首に至るまで遇ふ所無き者は、計策の拙なるに非ず。說を爲す所、力少なければなり。

【計算】(けいさん) 勘定する。得失を考える。〔韓非子、六反〕父母の子に於けるや、男を產めば則ち相ひ賀し、女を產めば則ち之れを殺す。～故に父母の子に於けるや、猶ほ計算の心を用ひて以て相ひ待つなり。而るを況んや父子の澤(恩沢)無きものをや。

【計数】(けいすう) 計謀。〔三国志、呉、張温伝〕諸葛亮、計數を達見す。必ず神慮屈申の宜を知らん。加ふるに朝廷天覆の惠を受く。亮の心を推すに、必ず疑貳すること無からん。

【計略】(けいりやく) はかりごと。〔三国志、呉、丁奉伝〕丁奉、吏書を能くせずと雖も、計略人に過ぎ、能く大事を斷ず。

【計慮】(けいりよ) 計略。〔漢書、梅福伝〕淮南王安、閒に緣りて起る。計慮成らずして謀議泄るる所以の者は、衆賢本朝に聚まるを以て、故に其の大臣の勢(上を)陵ぎて、敢て和從せざればなり。

➡計掾 会計係／計課 調べる／計開 目録／計官 会計係／計献 計簿を奉呈する／計狡 不正／計筴 計策／計参 大計を上奏する／計事 謀事／計書 報告書／計臣 謀臣／計籍 会計簿／計曹 計掾／計度 はかる／計帳 戸籍簿／計図 計謀／計畝 反別測量／計謀 計略／計網 周到な謀／計料 はかる

⬇一計・遠計・億計・家計・会計・活計・奸計・完計・姦計・奇計・詭計・逆計・虚計・愚計・合計・細計・歳計・財計・三計・時計・邪計・主計・集計・熟計・術計・小計・心計・身計・深計・推計・生計・成計・設計・早計・総計・大計・智計・通計・統計・日計・秘計・百計・繆計・謀計・密計・妙計・余計・立計・良計・累計

【迥】 9 3730 ケイ とおい はるか

篆文

形声 声符は冋。冋は外境との間に障壁をめぐらす意で、迥遠の義がある。坰と声義近く、坰はその障壁をいう。また程度の甚だしく異なる意の副詞に用いる。

訓義 ①とおい、遠方。②はるかに隔たる、はるかに異なる。

古訓 〔名義抄〕迥 トホシ・ムナシ・アラハナリ・チカシ・ハルカナリ・メグル・トコロカヘル・イタル 〔字鏡集〕迥 イタル・ムナシ・トホシ・カヘル・トコロ・スベテ・フカシ・ヲカシ・ウサギノミチ・ハルカナリ・アラハナリ・ヒロシ・メグル

語系 迥・泂 hyueng、冂・坰 kyueng は声義が近い。冂は郊外の地、その境界を坰という。みな迥遠の意がある。

【迥迥】(けいけい) はるかなさま。唐・張説〔趙侍御と同に帰舟を望む〕詩 山亭迥迥として、長川に面し 江樹重重として、遠煙を極む

【迥然】(けいぜん) はるかなさま。すぐれたさま。〔北斉書、孝昭帝紀〕(帝)身の長け八尺、腰帶十圍、儀望風表、迥然として獨り秀づ。

【迥抜】(けいばつ) 高く抜き出る。唐・杜確〔岑嘉州(参)詩集の序〕其の得る所有るや、多く佳境に入る。迥拔孤秀、常情より出づ。一篇絕筆する每に、則ち人人傳寫す。

➡迥異 はるかに異なる／迥遠 はるかに遠い／迥遐 はるか／迥隔 遠隔／迥空 遠い空／迥深 遠く深い／迥眺 遠望／迥途 遠道／迥邈 はるか／迥望 遠望／迥野 遠野／迥遼 遼遠

⬇意迥・雲迥・遐迥・険迥・荒迥・深迥・地迥・幽迥・遼迥・林迥・路迥

【倞】 10 2029 ケイ キョウ(キャウ) リョウ(リャウ) つよい きそう

篆文

形声 声符は京。〔説文〕八上に「彊きなり」とあり、〔詩、大雅、桑柔〕「心を秉ること競ふこと無し」の競を、〔唐石経〕に「倞ふこと無し」に作る。文献には殆んど用例がない。京は敵の屍体を塗りこんだ凱旋門で、強い呪力を備えるものとされた。そのような強い力が、人に与えられている意であろう。

訓義 ①つよい、とおい。②競と通じ、きそう。③亮・諒と通じ、あきらか、もとめる。

古訓 〔名義抄〕倞 アナガチ・オフ・フス・タフル 〔篇立〕倞 アナカチ・ヲフ・タフル・フス・キホフ

語系 倞・勍・競 gyang、強(彊) giang、剛 kang、堅 kyen は声義近く、それぞれ字源を異にするが、語としては一系に属するものであろう。

⬇無倞

【勍】 10 0492 ケイ つよい

篆文 

形声 声符は京。京は敵の遺棄屍体を塗りこんだ凱旋門で、強い呪霊を含むものとされた。〔左伝、僖二十二年〕「勍敵の人」は勁敵の意。〔説文〕十三下に「彊なり」とあって、倞と同訓の字である。

訓義 ①つよい。②字はまた倞に作る。

古訓 〔篇立〕勍 ツヨシ・タケシ・コハシ・タカシ 〔字鏡集〕勍 タケシ・コハシ・カギル・ツヨシ・アナガチニ

語系 勍・倞・競 gyang、強（彊）giang は同系の語。剛 kang、勁 kieng、堅 kyen も声義近く、みな一系の語であろう。

【勍寇】 強敵。南朝宋・顔延之〔陽給事の誄〕堅守すること四旬、上下力屈し、陷を勍寇に受け、士師奔擾し、軍を棄てて爭ひ免がる。

【勍敵】 強敵。〔左伝、僖二十二年〕（宋）公曰く、～古の軍を爲すや、隘きに阻むを以ひず～と。子魚曰く、君未だ戰ひを知らず。勍敵の人、隘にして列を成さざるは、天我を贊くるなり。

↑勍悍 勁悍／勍勍 たけきさま／勍盜 強寇

【奚】 10 2043 ケイ めしつかい なんぞ

篆文 

甲骨文 

金文 

象形 卜文の字形は、頭上に髮を結いあげた女子の形。金文にもその図象化した字がある。結髮の形は羌族のそれに近く、辮髮を示すものと思われる。羌族は卜辞に捕獲の対象としてみえ、また大量に犧牲とされた。殷墓にみえる数千の断首葬も羌族と考えられ、家内奴隷としても多く使役されたのであろう。〔周礼、天官、序官、酒人〕に「奚三百人」、また同じく〔漿人〕に「奚百有五十人」など、多数の奚が用いられており、奚の名が残されている。〔説文〕十下に「大腹なり。大に從ひ、䜌の省聲なり。䜌は籀文、系の字なり」とするが、奚を大腹の義に用いた例はない。卜辞や〔周礼〕によって、羌系女奴の名が残されていることを知りうるのである。

訓義 ①めしつかい、女のめしつかい、女奴、もと羌系の族の俘獲されたものであろう。②大きな腹、ふくれた腹。③何・胡・曷・盍と通じ、「なに」「なんぞ」「いずくんぞ」のような疑問詞・疑問副詞に用いる。

古訓 〔名義抄〕奚 ナゾ・イヅクゾ／奚爲 イカガ 〔字鏡集〕奚 オホハラ・ナンゾ・イカンゾ・イヅクンゾ

声系 〔説文〕に奚声として徯・雞・谿など十二字を収める。雞はその鳴き声を写した擬声語。徯・谿は徑（径）の声義と関係があろう。

語系 奚・嫨 hyei は同声。卜文の奚を嫨に作る字もあり、奚はもと女奴をいう字であった。また奚を疑問副詞に用いるのは何 hai、胡 ha、曷 hat、盍 hap と音の通仮によるもので、このうち何・曷は神に祝禱してその成就を責める意があり、本来、疑問副詞的な意味をもつ語である。

【奚疑】 何をか疑わん。晉・陶潜〔帰去来の辞〕聊か化に乘じて盡くるに歸せん。夫の天命を樂しんで、復た奚をか疑はん。

【奚若】 いかん。〔礼記、檀弓下〕歲旱す。（魯の）穆公、縣子を召して問うて曰く、天久しく雨ふらず。吾れ、尫（背の曲がった人）を（犧牲として）暴さんと欲す。而ち奚若と。

【奚奴】 しもべ。〔周礼、天官、序官、酒人〕奚三百人。〔注〕古は從坐（連坐）の男女は縣官に沒入して奴と爲す。其の才知少なきは以て奚と爲す。今の侍史官婢なり。或いは曰く、奚は宦女なりと。

【奚囊】 お伴にもたせる袋。行吟中にえた詩句を投入する。唐・李商隠〔李賀小伝〕每旦日、出でて諸公と遊ぶ。～恆に小奚奴を從へ、距驢に騎り、一古破錦囊を背ひ、得る所有るに遇へば、即ち書して囊中に投ず。

↑奚官 馬官／奚距 なんぞ／奚奚 大腹／奚吾 恥辱／奚翅 なんぞただに／奚啻 なんぞただに／奚似 いかん／奚兒 胡人／奚如 いかん／奚鼠 はつかねずみ／奚童 僕童／奚毒 附子／奚婢 下婢／奚落 ののしる／奚隷 奴婢／奚蠡 ひさご

↓駅奚・跛奚・嬖奚

常

【恵】 10 囚〔惠〕 12 5033 ケイ エ（ヱ） めぐむ いつくしむ

篆文 

古文 

金文 

形声 旧字は惠に作り、叀声。〔説文〕四下に「仁なり」と訓し、字を会意とする。金文に叀を恵の意に用い、のち心を加えて惠となった。叀は上部を括った橐の形で、これを恵の意に用いるのは仮借。恵は金文に「明德を惠む」「明祀を惠む」のように用い、それより仁恵の意に転じた。

訓義 ①つつしむ、したがう。②めぐむ、いつくしむ。③美しい、かざる、よい。④発語の助辞、これ。⑤慧と通じ、さとい。⑥みつめ矛。

古訓 〔名義抄〕惠 メグム・アタフ・ウツクシブ・シタガフ・ヤミ・タクム・アハレブ・アイス・オモフ・タノシム 〔字鏡集〕惠 ウツクシブ・サトシ・サダム・サグル・キミ・サトル・トシ・サヤカナリ・タノシム・サカシ・アハレブ・アイス・オモフ・アタフ

声系 〔説文〕に惠声として繐・轋など四字を収める。繐・轋の二字は声が異なり、惠声とすることに疑問がある。穗（穂）の初文は𥝢（采）、〔説文〕にその重文として穗を録する。金文の字形に叀の上部に三つの括り口を作るものがあり、惠は麦の穗の形を叀にみたてた字であろう。轋五下に「橐の紐なり」とあるのも、その括り口の紐であろう。〔書、顧命〕「二人雀弁し、惠を執る」の〔伝〕に「惠は三隅矛なり」とあるのは、その三棱矛の形による命名であろう。

【恵愛】 めぐみいつくしむ。〔韓非子、姦劫弑臣〕世の學者～皆仁義惠愛を曰ふのみ。～百姓を哀憐し、誅罰に忍びざる者、此れ世の所謂惠愛なり。

【恵音】 おだやかな音。また、友人からのたより。晉・陸機〔馮文羆に贈る〕詩 夫子、遠猷（遠大な謀）茂し 款誠、惠音を寄す

【恵貺】 たまわる。魏・呉質〔東阿王（曹植）に答ふる書〕信到りて惠貺する所を奉ず。函を發き紙を伸ぶるに、是れ何ぞ文采の巨麗にして、慰喩することの綢繆（細やか）なるや。

【恵顧】 顧念してめぐむ。〔左伝、成十三年〕君若し諸侯を惠顧し、寡人を矜哀して、之れに盟を賜はば、則ち寡人の願ひなり。

【恵恤】 めぐみあわれむ。〔左伝、成二年〕詩に曰く、濟濟たる多士 文王以て寧すしと。夫れ文王すら猶ほ衆を用ふ。況んや吾が儕をや。～其の民を惠恤して、善く之れを用ふるに如くは莫し。

【恵政】 恩情のある政治。〔後漢書、龐参伝〕參を拜して漢陽の太守と爲す。～參、職に在りて、果して能く強を抑へ弱を助け、惠政を以て民を得たり。

【恵風】 おだやかな風。晉・王羲之〔蘭亭集の序〕是の日や天朗かに氣淸く、惠風和暢す。

【恵養】 いつくしみ養う。唐・杜甫〔高都護の驄馬行〕詩 功成り恵養せられて致す所に随ふ 飄飄として遠く流沙より來る

↑恵渥 厚い恵み／恵育 愛育する／恵雨 慈雨／恵益 民に恵む／恵下 恵む／恵函 お手紙／恵寛 寛やか／恵鑒 手紙の用語／恵気 和気／恵義 恩義／恵教 恵み教える／恵君 仁君／恵訓 慈訓／恵言 お上手／恵口 巧言／恵巧 智巧／恵思 恵愛／恵施 恩恵／恵賜 恵貺／恵示 お示し／恵慈 慈しみ／恵赦 ゆるす／恵術 恵恤の法／恵順 順う／恵潤 恵む／恵書 お手紙／恵纕 佩帯／恵心 情ある心／恵人 仁愛の人／恵綏 安撫する／恵声 恵名／恵然 従うさま／恵沢 めぐみ／恵中 聡明／恵弔 弔う／恵念 恵心／恵愍 憐れむ／恵撫 慈しむ／恵問 名声／恵与 与える／恵賚 恩賜／恵利 恩恵／恵臨 光臨／恵和 おだやか

↓愛恵・恩恵・温恵・嘉恵・寛恵・敬恵・互恵・孝恵・厚恵・慈恵・柔恵・小恵・仁恵・知恵・智恵・寵恵・天恵・徳恵・特恵・敏恵

【挈】 10 5790 ケイ きざむ

篆文 

形声 声符は㓞。㓞は割符として線刻を加える意。木に加えたものを栔といい、人頭に加えたものを契（契）という。楔・鍥の類も、契刻を施してこれを合わせて作る。

訓義 ①きざむ、ほる。②かく、かける、きる。③栔栔はうれえるさま。

語系 栔・契・楔・鍥khyatは同声。みな㓞kheat、刻（刻）khəkを施したものをいう。丯keatはその齧齒をいう。

人【桂】 10 4491 ケイ かつら

篆文 

形声 声符は圭。〔説文〕六上に「江南の木、百藥の長なり」とあり、〔本草綱目〕に桂心や菌桂の名がみえる。江南の文学である〔楚辞〕に、桂を歌うものが多い。

訓義 ①かつら、香木。②国語では、かつら（落葉喬木）、くす（楠）。

古訓 〔和名抄〕桂 女加都良（めかづら）〔名義抄〕桂 カツラ・メカヅラ

【桂玉】 桂・玉は高貴のものにたとえる。〔戦国策、楚三〕（蘇秦）對へて曰く、楚國の食は玉よりも貴く、薪は桂よりも貴し。謁者は鬼よりも見難く、王は帝よりも見難し～と。

【桂酒】 桂香を加えた酒。〔楚辞、九歌、東皇太一〕蕙肴を蘭藉（蘭の藉物）に蒸め 桂酒と椒漿（香木の椒を漬した物）とを奠く

【桂樹】 桂の木。〔漢書、五行志中之上〕成帝の時の謌謡に又曰く、邪徑、良田を敗り 讒口、善人を亂す 桂樹、華實らず 黄爵（黄雀）其の顚に巣ふ

【桂秋】 桂の咲く秋。唐・陸亀蒙〔漢宮詞〕詩 一身、三十六宮の夜 露滴玉盤、桂秋靑し

【桂椒】 桂・椒はともに香木。〔韓非子、外儲説左上〕楚人に其の珠を鄭に賣る者有り。木蘭の櫃を爲り、薫するに桂椒を以てす。～鄭人其の櫝を買ひて、其の珠を還せり。此れ善く櫝を賣ると謂ふべきも、未だ善く珠を鬻ぐと謂ふべからず。

【桂櫂】 桂の木の舟ざお。〔楚辞、九歌、湘君〕桂の櫂 蘭の枻 冰を積雪に斲る 薜茘を水中に采り 芙蓉を木末に搴る

【桂林】 桂の林。〔晋書、郤詵伝〕（詵）、雍州の刺史に累遷す。武帝、東堂に於て會送す。詵に問うて曰く、卿、自ら以て何如と爲すと。詵對へて曰く、臣、賢良對策に擧げられ、天下第一と爲るも、猶ほ桂林の一枝、崑山の片玉のごとしと。帝、笑ふ。

↑桂枻 桂のかい／桂苑 桂の苑／桂園 桂の園／桂花 木犀／桂科 科挙考試／桂華 桂花／桂海 南海／桂冠 桂の冠／桂宮 月宮／桂蕢 肉桂と蕢／桂窟 月／桂馨 桂香／桂月 月／桂子 桂の実／桂芝 霊芝／桂枝 桂の枝／桂車 桂の車／桂楫 桂のかい／桂醑 桂酒／桂女 月中の女／桂漿 桂酒／桂橈 桂のかい／桂心 肉桂／桂寝 墓室／桂荏 紫蘇／桂石 仙薬／桂席 盛宴／桂戚 貴戚／桂籍 進士名簿／桂折 高才早世／桂叢 月宮／桂尊 桂の樽／桂庭 役所／桂殿 美殿／桂兎 月／桂棟 桂の棟／桂棹 桂櫂／桂堂 桂木の堂／桂魄 月／桂皮 桂の皮／桂粉 鉛白／桂圃 桂苑／桂輪 月

↓金桂・銀桂・月桂・折桂・蟾桂・肉桂・芳桂・蘭桂

【涇】 10 3111 ケイ みぞ

篆文 

金文 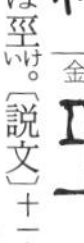

形声 声符は巠。〔説文〕十一上に「涇水、安定涇陽幵頭山より出で、東南して渭に入る。雝州の川なり」（段注本）とあり、水名。巠に直通の意があり、溝をいい、また徑と通用する。

訓義 ①みぞ。②通じる、流れる。③川の名。

古訓 〔名義抄〕涇 ニゴル・キニシカ、ル・ウラム・キヨシ・スム・ワタル〔字鏡集〕涇 カ、ル・ニゴル・サムシ・スヾシ・スム・ワタル・クム・キヨシ・ウラム

【涇渭】 涇水と渭水。涇は清、渭は濁。〔詩、邶風、谷風〕涇は渭を以て濁る 湜湜たる其の沚あり

【荊】 10 4440 〔荆〕 10 4240 ケイ いばら むち

篆文 

古文 

金文 

形声 声符は刑。〔説文〕一下に「楚木なり」、林部六上の楚字条に「叢木、一名、荊なり」とあって、楚・荊を互訓する。荊棘をいう。金文に「楚荊」を連称するが、その荊の字形は、人の手足に械を加えた形にしるされており、それに井声を加える。荊棘の荊との同異は確かめがたい。楚の地の古称であった。

訓義 ①いばら、うばら、荊棘。②むち、しもと、かせ。③刑と通じ、刑治を加える、罪する。④妻を謙して荊妻という。

古訓 〔和名抄〕荊 漢語抄に云ふ、奈万衣乃岐（なまえのき）〔名義抄〕荊 ウバラ〔篇立〕荊 ナマエノキ・オドロ・ウバラ・サルトリ・ヨモギ・カリヤス

【荊棘】 いばら。〔左伝、襄十四年〕我に南鄙の田を賜ふ。狐狸の居る所、豺狼の嘷く所。我が諸戎、其の荊棘を除翦し、其の狐狸豺狼を驅る。

【荊釵】 いばらをかんざしとする。荊妻。〔列女伝〕孟光、肥醜にして黑し。力、石臼を擧ぐ。德行甚だ高し。對（結婚の相手）を擇びて嫁せず。年三十、父母其の故を問ふ。曰く、節操梁鴻の如き者を欲すと。鴻、遂に之れを娶る。常に荊釵布裙なり（質素なるをいう）。

【荊室】 あばらや。魏・曹植〔疫気を説く〕建安二十二年、癘氣流行す。～或いは以爲へらく、疫は鬼神の作す所なりと。夫れ此れに罹かる者は、悉く被褐茹藿の子、荊室蓬戸の人（貧人）のみ。

【荊榛】 雑木林。唐・韋応物〔登楼～〕詩 數家の砧杵、秋山の下 一郡の荊榛、寒雨の中

【荊楚】 荊州。のち、楚。今の湖北・湖南。〔詩、商頌、殷武〕撻たる彼の殷武 奮つて荊楚を伐つ

【荊璞】 荊山の璞玉。美質あるにたとえる。晋・潘岳〔籍田の賦〕夜光の荊璞を剖くに似たり、茂松の山巓に依るが若し。

【荊蛮】 南方異族の地。江南の楚の地をいう。〔国語、晋語八〕昔成王、諸侯に岐陽に盟ふ。楚は荊蠻爲たり。茅蕝（儀式用のかやの席）を置き、望表を設け、鮮卑と燎（庭燎、にわび）を守らしむ。故に盟に與からず。

【荊扉】 柴の戸。貧しい家。唐・岑参〔西掖省即事〕詩 官、拙にして自ら悲しむ、頭白み盡したるを 如かず巖下に荊扉に偃するに

↑荊夷 荊蛮／荊艾 雑草／荊関 柴門／荊杞 荊とくこ／荊玉 和氏璧／荊呉 江南／荊妻 妻の謙称／荊柴 茅屋／荊桃 桜桃／荊布 荊妻／荊璧 荊玉／荊門 柴門

↓黄荊・柴荊・小荊・榛荊・楚荊・叢荊・苔荊・繁荊・負荊・蓬荊・蔓荊

【陘】 10 7121 ケイ さか たに

篆文

古印璽

形声 声符は巠。〔説文〕十四下に「山の絶れたる坎なり」とあり、〔広雅、釈丘〕に「阪なり」という。𠂤は神梯の象で、神の陟降するところであるから、陘にもその意があるとみられ、竈神を祀るとき、その神主をおくところを竈陘という。山上の聖所になぞらえた語であろう。

訓義 1山みちのきれめ、たに。2さか。3かまどのわきのおきだい。

古訓 〔名義抄〕陘 ホトリ 〔字鏡集〕陘 カギル・ホトリ

↑陘峴 谷と嶺／陘阻 険しいところ

↓竈陘

常【啓】 11 3860 〔啓〕 11 3860 〔啟〕 11 3360 ケイ ひらく

篆文

甲骨文

金文

会意 启+攴。启は神戸棚の中に祝詞の器（𠙵）を収めている形。金文の字形は又（又）に従い、手でその扉を啓く形で、神意の啓示するところを見る意である。〔説文〕三下に攴に従う字とし、「教ふるなり」とし、〔論語、述而〕「憤せずんば啓せず」の句を引くが、本来は神の啓示をいう語であり、〔書、金縢〕に「籥を啓きて書を見る」というのが原義である。ゆえに神に申すことをも啓という。のちすべて啓開の意となり、啓発・啓蒙のように用いる。金文の字形は又・攴に更えて戈に従う形があり、聖器を以てこれを守る意。肇（肈）を金文に肇に作る。

訓義 1ひらく、神戸棚をひらく、あける。2はじめる、おこす。3神に申す、尊貴の人にいう。4みちびく、先駆する、ひろげる、土地をひらく、おしえる、啓発する。5箕・㫷・跽・跪と通じ、安居する、ひざまずく。

古訓 〔名義抄〕啓 マウス・ヒラク・カムガフ・ヒザマヅク 〔字鏡集〕啓 カムガフ・オコス・キザス・ヒク・ツク・ヒザマヅク・マウス・ヒラク

語系 啓・启 khyei、開 khei、闓 khai は同系の語。開は廟門を開く。闓は〔方言、六〕に「戸を開く、～楚にては之れを闓と謂ふ」とあり、また闓明は啓明というのに同じ。みな一系の語である。また肇（肈）は啓の省文に従い、肇始の意がある。啓居は箕 kia、㫷・跽 gia、跪 giue と通じ、箕居の姿勢をいう。

【啓居】 安居。箕坐して居る。〔詩、小雅、采薇〕室靡く家靡きは 玁狁の故なり 啓居するに遑あらざるは 玁狁の故なり

【啓業】 創業。梁・沈約〔梁の武帝～諸州郡に与ふる勅〕靜民寧亂は實に符運の總集に由る。故に能く業を啓き統を垂れ、區夏に光宅す。

【啓行】 出発する。また、先駆する。〔詩、小雅、六月〕元戎十乘 以て先づ行を啓く

【啓歯】 笑う。〔荘子、徐無鬼〕事を奉じて大いに功有る者、數を爲すべからず。而るに吾が君、未だ嘗て齒を啓かず。今先生何を以て吾が君に說き、吾が君をして悅ばしむること此の若きや。

【啓事】 上に対していう。〔晋書、山濤伝〕濤の奏して甄拔する所の人物、各〻題目を爲す。時に山公の啓事と稱す。

【啓奏】 天子には奏、皇后には啓という。〔敦煌変文集、降魔変文〕須達、情を陳べて啓奏す。臣、玉階に仕ふること年月久し。頃（傾）肝露膽（心をすべてあらわす）、毎に兢兢として、曾て分寸も虛謬（うそ偽り）を行はず。

【啓体】 臨終のとき、手足をひらいて、無傷の身を返すこと。〔宋書、謝瞻伝〕終りに臨み、（弟）晦に書を遺りて曰く、吾れ啓體幸全、骨を山足に歸することを得ば、亦た何ぞ多く恨む所あらん。

【啓蟄】 二十四節気の一。地虫が冬眠よりさめる。〔左伝、桓五年〕凡そ祀は、啓蟄にして郊（祭）し、～閉蟄にして烝（祭）す。

【啓迪】 教え導く。〔書、太甲上〕旁く俊彥を求めて、後人を啓迪せしめよ。

【啓土】 土地を拓き拡大する。〔国語、晋語四〕文の業を繼ぎ、武の功を定め、土を啓き彊を安んずること、此に於てか在り。君其れ之れを努めよ。

【啓発】 導いて悟らせる。〔論語、述而〕憤せずんば啓せず、悱せずんば發せず。

【啓蒙】 蒙をひらく。悟らせる。〔風俗通、六国〕輒ち挫衂する毎に、亦た以て蔽を祛き蒙を啓くに足る。

【啓籥】 鍵を開く。〔書、金縢〕今我命に元龜に卽く。～乃ち三龜を卜せしに、一に吉を習ぬ。籥を啓きて書を見るに、乃ち幷びに是れ吉なり。

【啓沃】 心を開いて王に告げる。〔書、説命上〕乃の心を啓きて、朕が心に沃げ。

↑啓化 開化／啓緘 開封する／啓顔 開顔／啓龕 開帳／啓惎 教える／啓乞 請求する／啓求 求める／啓胠 軍の両翼／啓彊 領土を拡張する／啓禁 解禁／啓釁 開戦／啓扃 門を開く／啓戸 戸を開く／啓悟 悟る／啓口 言う／啓遘 あう／啓告 告げる／啓佐 助ける／啓罪 罪を招く／啓劄 手紙／啓示 示す／啓者 拝啓／啓首 稽首／啓処 啓居／啓上 啓奏／啓夕 納棺前／啓塞 開閉／啓態 なまめく／啓拆 ひらく／啓寵 寵愛しはじめる／啓程 出発する／啓途 出発する／啓導 導く／啓白 啓上／啓撥 ひらく／啓稟 申し上げる／啓封 開封する／啓袱 ふくさ解く／啓閉 開封／啓報 申請／啓明 明星／啓佑 助ける／啓祐 啓佑／啓誘 啓導／啓牖 窓をあける／啓用 起用する／啓翼 助ける／啓鑾 出駕／啓露 暴露する

↓開啓・還啓・行啓・謹啓・光啓・時啓・粛啓・上啓・陳啓・追啓・天啓・拝啓・副啓・復啓・佑啓

常【掲】 11 人〔揭〕 12 5602 ケイ ケツ ケチ かかげる あげる

篆文

形声 旧字は揭に作り、曷声。〔説文〕十二上に「高く擧ぐるなり」という。曷は曰と匃とに従い、匃は屍骨、曰は𠙵、祝禱の器。呪霊の強い屍骨を用

いて祈ることをいい、喝（喝）・遏・謁（謁）・楬などはみなその呪儀に関する字である。〔周礼、秋官、蜡氏〕に「若し道路に死する者有るときは、則ち埋めて楬を置かしむ」とあり、曷とはそのような道殣（行き倒れ）を用いる呪儀で、楬がその表識である。楬より高挙の義となるが、もとは高礼の意。

訓義 ①かかげる、掲示する、道殣のあることを示す、はりだす、あげる。②高くあげる、傾く、そばだつ、つまづく。③になう、からげる、とる、もつ。④掲掲は、はやい、ひらめく、長い。

古訓 〔名義抄〕掲 イチジルシ・イタル・タカシ・イコフ・イロフ・タツ・ワタル・オフ・アラハル・アラハニ・ムサボル・トル／掲焉 イチジルシ 〔字鏡集〕掲 タカシ・アラハニ・アグ・ワタル・イタル・ツクス・カフ・イチジルシ・カ、グ・タツ・トル・スツ・ムサボル・イロフ・イコフ

語系 掲kiat、擧（挙）kiaは声義が近い。また曷声の字は、その呪儀に関する一系の語をなしている。

【掲焉】高くあがるさま。漢・張衡〔西京の賦〕豫章（木の名）の珍館、掲焉として中に峙ち、牽牛其の左に立ち、織女其の右に處る。□国語。明らか。

【掲掲】高い。長い。また、勇ましい。〔詩、衛風、碩人〕葭菼（草）掲掲たり 庶姜（つけ人）孼孼たり

【掲示】発表して公示する。〔宋史、食貨志上五〕（役法上）又州縣をして丁產～を錄せしめ、實ならざる者を掲示し、民自ら言ふを得しむ。

【掲帖】張り出しの文書。また、附属文書。明・戚継光〔練兵実紀、雑集三〕凡そ大事の上司に申報する有るときは、文書の外に于て、仍ほ附するに掲帖を以てし、備さに其の事の始末情節、利害の縁由を言ふ。

【掲簾】簾を掲げる。唐・韓偓〔復た偶見三絶、三〕詩 半身、竹に映じて輕やかに語を聞き 一手、簾を掲げて微かに頭を轉ず

↑掲衣 裾からげ／掲河 衣をかかげて河をわたる／掲開 取る／掲竿 立て竿／掲旗 旗掲揚／掲去 とり除く／掲挙 列挙する／掲筐 盗作／掲驕 おごる／掲暁 成績発表／掲孼 高い／掲告 告発／掲参 問責／掲借 借金／掲渉 掲河／掲章 公示／掲貼 掲帖／掲水 水渡り／掲跣 裾をからげる／掲単 契約書／掲挑 あばく／掲調 高い調子／掲天 掲調／掲白 死顔を写した画／掲撥 あばく／掲榜 掲暁／掲鳴 鶏鳴／掲厲 励ます

↓高掲・照掲・上掲・前掲・表掲・標掲・負掲・別掲

常【渓】11 3213 〔溪〕13 3213 〔谿〕17 2846 〔磎〕15 1263 ケイ たに

篆文 

形声 旧字は溪、その正字は谿に作り、奚声。字はまた磎に作る。〔説文〕十一下に「谿は山瀆の通ずる所无き者なり」というのは、舟行しがたい谿谷の意。谿壑というとき、谿は小さな流れの集まるところ、壑は空谷で大壑をいう。〔左伝、隠三年〕「澗谿沼沚の毛」とは、祭祀に供する渓谷などの水草をいう。

訓義 ①たに、山間の流れ。②空谷、うつろなところ。

古訓 〔新撰字鏡〕谿 太尓佐波（たにさは）、太尓（たに）〔和名抄〕谿 太邇（たに）〔名義抄〕谿 タニ・サハ

参考 字はまた溪・嵠・徯・磎に作り、みな奚声。奚は編髪の形で、そのように多少屈折しながら長くつづくものの意がある。

【渓雨】谷間の雨。唐・杜牧〔東横山瀬に宿す〕詩 谿雨、灘聲急に 巖風、樹勢斜めなり

【渓雲】谷の雲。唐・許渾〔咸陽城東楼〕詩 谿雲初めて起り、日、閣に沈み 山雨來らんと欲して、風、樓に滿つ

【渓壑】大きな谷。〔国語、晋語八〕叔魚生る。其の母之れを視て曰く、是れ虎目にして豕喙、鳶肩にして牛腹、谿壑も盈たすべきも、是れ饜かしむべからざるなり。

【渓澗】谷川。唐・元結〔漫に賈沔州に酬ゆ〕詩 家中、孤弱の子あり 長子も未だ冠するに及ばず 且らく兒童の主と爲り 藥を種ゑて、谿澗に老いん

【渓月】谷間の月。唐・張喬〔睦州張参軍を送る〕詩 遠水林影を分ち 層峯鳥行を起す 扁舟此の中より去る 溪月餘光有り

【渓谷】山谷。楚・宋玉〔風の賦〕夫れ風は地に生じ、靑蘋の末に起り、谿谷に浸淫す。

【渓山】谷と山。清・呉偉業〔口占〕詩 溪山を買はんと欲するも、錢を用ひず 倦來枕を高うして、白雲に眠る 吾が生此の外、他の願ひ無し 谷に飲み丘に棲むこと、二十年

【渓声】谷川の音。宋・蘇軾〔東林総長老に贈る〕詩 溪聲、便ち是れ廣長舌 山色、豈に淸淨身に非ざらん 夜來、四萬八千偈 他日如何か、人に擧似せん

【渓泉】谷水。唐・盧綸〔山店〕詩 登登山路、行時に盡きん 決決溪泉、到る處に聞ゆ

【渓頭】谷のほとり。唐・李端〔客の東帰を送る〕詩 行人相ひ見て、便ち東西す 日暮溪頭馬に飲ひて別る

【渓辺】谷のほとり。唐・杜牧〔遠きに寄す〕詩 寄せんと欲す、相思千里の月 谿邊殘照、雨霏霏たり

【渓流】谷川の流れ。唐・孫逖〔竜湍を尋ぬ〕仙穴に遺跡を尋ぬ 輕舟、水鄉を愛す 溪流、一曲して盡き 山路、九峯長し

↑渓翁 谷の老翁／渓客 蓮／渓径 谷の小道／渓口 谷の入口／渓光 谷間の光／渓狗 河鹿／渓刻 薄情／渓子 渓蛮／渓彴 丸木橋／渓水 谷水／渓藻 渓毛／渓村 谷間の村／渓苔 谷の苔／渓亭 谷のほとりの亭／渓洞 渓穴／渓毒 射工虫／渓畔 渓頭／渓毛 谷の藻／渓友 渓山の友／渓瀬 谷の瀬／渓嵐 谷の山気／渓路 谷道／渓湾 谷のくま

↓雲渓・煙渓・花渓・回渓・澗渓・山渓・深渓・翠渓・清渓・石渓・雪渓・碧渓・緑渓・霊渓

【畦】11 6401 ケイ うね あぜ しきり

篆文 

形声 声符は圭。圭は占卜を行うとき、その卦爻をしるす土版の形。うねで土地を区画する形が似ているので、畦というのであろう。〔説文〕十三下に「田五十畝を畦と曰ふ」とするが、畦は広さの単位としてよりも、うねの意に用いることが多い。〔孟子、滕文公上〕に「圭田五十畝」とあるものは、祭祀の料田であるが、圭形の田であるという。

訓義 ①うね、あぜ、しきり。②田の広さの単位。③はたけ。④圭と通じ、祭田。

古訓 〔名義抄〕畦 ウネ・クロ 〔篇立〕畦 ナハテ・アゼ

【畦堰】水田の用水を堰き止める所。〔魏書、楊椿伝〕州に宗子稻田有り。屯兵八百戶。年に常に夫三千、草三百車を發せしめ、畦堰を修補す。

【畦径】あぜ道。常法の意に用いる。〔唐書、文芸下、李賀伝〕辭、奇詭を尙び、得る所皆驚邁、翰墨の畦徑を絶去し、當時能く效ふ者無し。

【畦畛】田地のさかい。常法・手本の意に用いる。〔宣和画譜、道釈四、孫知微〕道釋を畫くを喜び、用筆放逸、前人の筆墨の畦畛を蹈襲せず。

【畦蔬】野菜。宋・蘇軾〔南堂、五首、四〕詩 山家爲に割く千房の蜜 稚子新たに畦う五畝の蔬

↑畦苑 田園／畦塩 塩池の塩／畦逕 畦径／畦畎

田の溝／畦時 白帝の祭壇／畦町 うね／畦丁 作男／畦陌 あぜ道／畦夫 農夫／畦畝 うね／畦封 畦畛／畦壟 うね／畦畹 山いも

↓一畦・園畦・花畦・夏畦・灌畦・荒畦・菜畦・春畦・小畦・桑畦・霜畦・短畦・町畦・稲畦・圃畦・方畦・野畦・緑畦

【絅】 11 2792 ケイ ひとえもの

篆文  金文 

形声 声符は冋。〔説文〕十三上に「急に引くなり」とあり、〔段注〕にその義を字の本義とし、〔中庸、三十三〕「錦を衣て絅を尚ふ」の絅は、褧がその本字であるという。金文の賜与に「冂衣」「冋衣」としるすものがあり、冂・冋が絅の初文であることが知られる。冂・冋はのち迥遠の字とされ、区別して絅の字が作られた。〔詩、衛風、碩人〕「錦を衣て褧衣す」は上にかつぐ麻のひとえもので、褧は後起の形声字であろう。

訓義 ①ひとえもの、うすぎぬ、衣の上にかつぐもの。字はまた褧に作る。②急に引く、ひきしめる、きびしい。③たすき。

古訓 〔名義抄〕絅 タスキ・タチマチ 〔字鏡集〕絅 ヒトヘナリ・タスキ・イソギヒク・タチマチ

【絅裳】けいしやう うすぎぬの裳。〔列女伝、母儀、斉の女傅母の伝〕傅母、其の婦道の正しからざるを見て、之れを喩して云ふ。～儀貌の壯麗は自ら修整せざるべからず。錦を衣て絅裳し、飾ること輿馬に在るは、是れ貴徳ならざるなりと。

常【経】 11 〔經〕 13 2191 ケイ キョウ(キャウ) たていと いとなむ ふる すぎる

篆文  金文 

形声 旧字は經に作り、巠声。巠は織機のたて糸を張りかけた形で、たて糸。經の初文。金文の「德經」「經維」の字を巠に作るものがある。〔説文〕十三上に「織るなり」とするが、横糸の緯と合わせてはじめて織成することができるので、合わせて経緯という。〔太平御覧、八二六に引く説文〕に「織の從絲なり」に作る。交織の基本をなすものであるから、経紀・経綸・経営の意に用い、経書の意となり、経緯より経過・経験の意となる。

訓義 ①たていと、たて。②もと、つね、のり、ただしい、ことわり。③いとなむ、おさめる、はかる。④かける、くびる。⑤おりすすめる、ふる、すぎる、時がたつ、書きしるす。⑥もととなる文書、経典、仏典のお経。

古訓 〔名義抄〕經 ツネニ・ノリ・ツクル・クビル・ハカル・サカヒ・フ・ヘテ・ノトル・ワタル・ヲサム・タテ・ツラヌ・クル・ツ、ム・フム・フル・ヒラ・シゲシ／經營 ートメグル・ートイトナム 〔字鏡集〕䋁・經 マジフ・ツクル・クビル・ヲサム・ト、ノフ・ヘタリ・イトナム・ノブ・ツネ・タテ・フル・ソナフ・タテヌキ

語系 經 kyeng、綱 kang は声義近く、經は織物の基本、綱はあみの基本をなし、ともに綱常の意がある。紀 kiə は糸や網を巻きとるもので、関連のある語である。

【経緯】けいゐ すじみち。常法。いとなみ。〔左伝、昭二十五年〕禮は上下の紀、天地の經緯なり。民の生くる所以なり。是を以て先王之れを尚ぶ。

【経営】けいえい 事業をいとなむ。設計、施工する意。〔詩、大雅、霊台〕靈臺を經始し 之れを經し之れを營す 庶民之れを攻め 日ならずして之れを成す

【経過】けいくわ 通りすぎる。また、なりゆき。〔楽府詩集、清商曲辞三、呉声歌曲三、華山畿、二十五首、二十二〕松上の蘿 願はくは君、行雲の如く 時時經過せられんことを

【経界】けいかい 土地の境界。〔孟子、滕文公上〕夫れ仁政は必ず經界より始まる。經界正しからざれば、井地均しからず、穀祿平らかならず。是の故に暴君汚吏は、必ず其の經界を慢にす。

【経学】けいがく 経書の学。〔漢書、宣帝紀〕蓋し災異なる者は、天地の戒なり。～朕甚だ懼る。丞相・御史、其れ列侯・中二千石と經學の士の以て變に應ずること有らんものに博く問ひて、朕の逮ばざるを輔けよ。

【経紀】けいき すじみち。おさめる。世話する。唐・韓愈〔柳子厚墓誌銘〕舅弟盧遵～子厚の斥けられしより、從ひて家す。其の死するに逮ぶも去らず。既に往きて子厚を葬り、又將に其の家を經紀せんとす。始終有る者に庶幾し。

【経芸】けいげい 儒教の経書による学芸。〔史記、儒林伝序〕夫れ齊・魯の閒の文學に於ける、古より以來、其の天性なり。故に漢興り、然る後諸儒始めて其の經藝（蓺）を脩むるを得て、大射・鄉飲の禮を講習す。

【経国】けいこく 国を経営して治める。魏・文帝〔典論、論文〕蓋し文章は經國の大業、不朽の盛事なり。年壽は時有りて盡き、榮樂は其の身に止まる。二者は必至の常期あり、未だ文章の窮まり無きに若かず。

【経済】けいざい 国を治め、世を済う。経国済民。〔晋書、殷浩伝〕簡文之れに答へて曰く、～足下沈識淹長、思綜通練。起ちて之れを明らかにせば、以て經濟するに足る。

【経始】けいし 経営をはじめる。営造をはじめる。〔水経注、河水五〕邊に數十石畦あり。～巖側に石窟數口あり、隱跡存す。而れども誰の經始する所なるかを知らざるなり。

【経宿】けいしゆく 一夜過ぎる。あくる日。〔晋書、石崇伝〕初め崇の家の稻米飯、地に在り。經宿、皆化して螺と爲る。時人以て族滅の應と爲す。

【経術】けいじゆつ 儒教による統治の法。〔漢書、循吏伝序〕〔董仲舒・公孫弘・兒寬〕三人、皆儒者にして世務に通じ、文法に明習し、經術を以て吏事を潤飾す。

【経書】けいしよ 儒教の経書。〔後漢書、杜林伝〕光武、林已に三輔に還ると聞き、乃ち～問ふに經書故舊及び西州の事を以てす。～車馬衣被を賜ふ。

【経承】けいしよう うけつぐ。唐・韓愈〔柳子厚墓誌銘〕衡湘以南～皆士厚を以て師と爲す。其の子厚の口講指畫を經承し、文詞を爲る者、悉く法度の觀るべき有り。

【経渉】けいしよう(せふ) 通りわたる。〔列子、黄帝〕趙襄子、徒十萬を率ゐて中山に狩す。芿を藉き林を燔き、扇赫すること百里。一人石壁中より出づる有り。煙燼に隨ひて上下す。衆、鬼物と謂もへり。火過ぎ、徐行して出づ。經涉する所無き者の若し。～徐ろに之れを察するに、形色七竅あり、人なり。

【経世】けいせい 世を治める。〔荘子、斉物論〕六合の外、聖人存して論ぜず。六合の内、聖人論じて議せず。春秋の世を經せると、先王の志とは、聖人議して辯ぜず。

【経制】けいせい 治国の制度。〔漢書、賈誼伝〕夫の經制の定まらざるが若きは、是れ猶ほ江河を度るに維楫亡きがごとし。中流にして風波に遇はば、船必ず覆らん。長太息を爲すべき者、此れなり。

【経籍】けいせき 経書。儒教の典籍。漢・孔安国〔尚書の序〕詔を承けて、五十九篇の爲に傳を作る。是に於て、遂に研精覃思し、博く經籍を考え、群言を採摭し、以て訓傳を立つ。

【経天】けいてん 経天緯地。天地を治める。〔国語、周語下〕天六（六気）地五（五行）は數の常なり。之れを經するに天を以てし、之れを緯するに地を以てす。經緯して爽はざるは、文の象なり。

【経典】けいてん 儒教の経書。〔漢書、孫宝伝〕寶曰く、周公は上聖なり、召公は大賢なり。尚猶ほ相ひ說ばざること有り、經典に著はるるも、兩つながら相ひ損せず。

【経伝】けいでん 経と伝。経書とその伝述の書。〔史記、太史公自

序〕夫れ儒者は六蓺（藝）を以て法と爲す。六蓺經傳、千萬を以て數ふ。累世、其の學に通ずること能はず、當年、其の禮を究むること能はず。

【経費】 経常の費。〔史記、平準書〕山川園池、市井租稅の入、天子より以て封君に至るまでの湯沐の邑は、皆各〻私の奉養を爲し、天下の經費を領せず。

【経脈】 からだの脈管。〔素問、調経論〕夫れ十二經脈なる者は、皆絡三百六十五節あり。節に病有るときは、必ず經脈に被かうる。經脈の病、皆虛實有り。

【経絡】 からだの脈管。〔説苑、弁物〕（扁鵲）曰く、吾れ聞く、～俞柎の醫を爲すや、腦髓を搦り肓莫を束ね、九竅を炊灼して經絡を定め、死人復へりて生人と爲ると。

【経理】 常法。常法によって治める。〔荀子、正名〕心は道の工宰なり。道は治の經理なり。

【経略】 経営し治める。〔晉書、劉頌伝〕魏の武帝、經略の才を以て、煩を撥め亂を理め、兼ねて文教を肅のふ。

【経綸】 天下を営み治める。〔中庸、三十二〕唯だ天下の至誠にして、能く天下の大經を經綸し、天下の大本を立て、天地の化育を知ると爲す。

【経歴】 経過する。〔三国志、魏、東夷伝〕漢氏に及びて張騫を遣はして西域に使せしめ、河源を窮め、諸國を經歷し、遂に都護を置きて以て之れを總領す。然る後、西域の事具に存す。故に史官詳らかに載することを得たり。

↑経幄 経筵/経案 本机/経幃 経筵/経意 経書の意/経縕 自経/経院 講書の処/経苑 博学/経筵 天子親講/経遠 大略/経画 企画/経巻 聖典/経管 管理/経期 月経時/経義 経の文義/経誼 経義/経久 久しい/経業 常業/経訓 経の訓詁/経穴 血脈/経見 多見/経験 体験/経行 常行/経構 構える/経坐 正坐/経算 思わく/経史 経書と史書/経旨 経意/経死 縊死/経師 経学の師/経笥 博学の人/経事 常事/経時 久しい/経実 役立つ/経手 あつかう/経収 受領済/経句 旬余/経商 行商/経常 つね/経心 留意する/経正 常道/経説 経書の説/経度 はかる/経地 境界作り/経治 支配/経兆 卜兆/経通 不変/経程 飲器/経徳 常徳/経入 経常収入/経年 年を経る/経部 詩書などの経書/経方 薬剤の方/経邦 経国/経目 目撃する/経由 経過する/経落 経絡/経履 遊歴/経律 常律/経臨 臨む/経礼 大礼/経論 経書の論

↓緯経・看経・偽経・九経・挟経・群経・月経・研経・五経・講経・自経・持経・写経・守経・受経・授経・初経・小経・誦経・常経・神経・正経・政経・石経・説経・善経・大経・治経・聴経・読経・東経・念経・納経・不経・仏経・明経・六経・礼経

【脛】 11 7121 ケイ すね はぎ

篆文

形声 声符は巠。巠は織機のたて糸を張る形で、上下の緊張した力の関係を示す。〔説文〕四下に「胻なり」、前条に「脚は脛なり」、次条に「胻は脛耑なり」とあって、脚のすねの部分。〔釈名、釈形体〕に「脛は莖なり。直にして長し。物の莖に似たり」という。頸も巠声の字で、首の亢直の部分をいう。

訓義 ①すね、はぎ。②硜に通じ、脛脛は直情をいう。

古訓 〔名義抄〕脛 ハギ・アシ・ヒザ・ヨボロ

語系 脛hyeng、胻heangは声義が近い。また莖（茎）heng、項heong、頸kieng、亢kangも体の茎状のところをいい、同系の語とみてよい。

【脛脛】 直情。思うまま。〔漢書、楊惲伝〕左馮翊の韓延壽、罪有りて獄に下る。～郎中丘常、惲に謂ひて曰く、聞く君侯、韓國馮翊を訟ふと。當に活くることを得べきかと。惲曰く、事何ぞ容易ならん。脛脛たる者も、未だ必ずしも全からざるなり～と。

↑脛衣 袴/脛股 脛と股/脛骨 すね骨/脛如 剛直/脛然 脛如/脛毛 一毫

↓鶴脛・貫脛・高脛・寸脛・赤脛・双脛・痩脛・長脛

常 【蛍】 11 〔螢〕 16 9913 ケイ ほたる

形声 旧字は螢に作り、𤇾声。𤇾に熒・滎の声がある。𤇾はト文・金文に𤇾に作り、たいまつを交叉した形、光をめぐらすことをいう。熒火のとびかうさまを、それにたとえたのであろう。

訓義 ①ほたる。②熒と通じ、光る。

古訓 〔新撰字鏡〕螢 保太留（ほたる）〔和名抄〕螢 保太流（ほたる）〔名義抄〕螢 ホタル

語系 螢・熒hyueng、瑩hiuengは声義が近く、火のかがやくを熒といい、美玉のかがやくを瑩という。同系の語である。

【蛍影】 蛍の光。唐・李咸用〔漁家に宿す〕詩 促杼（機織る）の聲繁くして、螢影多し 江邊の秋興、獨り過ごし難し

【蛍火】 蛍の光。〔晉書、車胤伝〕家貧にして常には油を得ず。夏月には則ち練囊に數十の螢火を盛れて以て書を照らし、夜を以て日に繼ぐ。

【蛍燭】 蛍の火。微光。魏・曹植〔自ら試みられんことを求むる表〕冀はくは塵露の微を以て山海を補益し、螢燭の末光もて輝やきを日月に增さんことを。

【蛍雪】 苦学すること。蛍火は晉の車胤の故事、映雪は孫康の故事。螢窓雪案。宋・辛棄疾〔菩薩蛮、曹君の荘所に之くを送る〕詞 人間、歲月、堂堂と去る 君に勸む快く上れ、靑雲の路 聖處、一燈傳ふ 工夫、螢雪の邊り

【蛍窓】 苦学して書を読む室。書斎。宋・王安石〔勧学文〕螢窓（窗）雪案の閒、宜しく勤ろに古昔聖賢の書を看るべし。

↑蛍案 苦学/蛍爝 蛍燭/蛍照 蛍の火/蛍色 蛍の光/蛍嚢 蛍のふくろ/蛍明 蛍の光/蛍燿 蛍の光

↓寒蛍・群蛍・孤蛍・集蛍・聚蛍・初蛍・新蛍・草蛍・丹蛍・飛蛍・撲蛍・野蛍・乱蛍・流蛍・露蛍

【袿】 11 3421 ケイ うちかけ

形声 声符は圭。圭は掛の意であろう。〔方言、四〕に裾とし、〔広雅、釈器〕に袖の意とするが、〔釈名、釈衣服〕に婦人の上衣とし、主としてうちかけの意に用いる。〔広雅、釈器〕にまた「長襦なり」とする解があり、したぎをいう。わが国では重ねの下にきるうちぎ・こうちぎの類をいう。

訓義 ①うちかけ。②したぎ。③そで、すそ、たもと。

古訓 〔名義抄〕袿・褂 ウチギ 〔字鏡集〕袿 ウハギ・ウチギ・ソデ・コロモノソデ

【袿熏】 衣に香を焚きこめる。唐・韓愈、孟郊〔城南、聯句〕袿熏、霏霏として在り（郊） 綦跡、微微として呈す（愈）

【袿裳】 婦人の衣服。上衣と裳。〔後漢書、皇后上、和熹鄧皇后紀〕讌會有る毎に、諸姫貴人、競ひて自ら修整し、簪珥光采あり、袿裳鮮明なり。而して后獨り素を著け、裝服に飾り無し。

↑袿衣 婦人服/袿徽 上衣/袿袍 絹裏の袍

↓羽袿・雲袿・華袿・霞袿・軽袿・修袿・繡袿・文袿・芳袿・羅袿

【逕】 11 3130 ケイ みち こみち

形声 声符は巠。巠は織機のたて糸を張る形。垂直・直線的なものをいう。〔玉篇〕に「路逕きなり。近きなり」とみえる。

訓義 ①みち、こみち。②ちかい。③まっすぐ、ただちに。④いたる。

古訓 〔名義抄〕逕 ミチ・アヘテ・ワタル・スソ・ハルカナリ・タヾ・タヾチニ・カヘル 〔字鏡集〕逕 カヘル・ミチ・スグ・チカシ・ヘテ・マサ・ワタル・ハルカナリ・タヾ・フ・アキラカニ・ミチヲユク

【逕庭】かけへだたり。大差。〔荘子、逍遥遊〕吾れ其の言に驚怖す。猶ほ河漢(天の川)の極て无きがごときなり。大いに逕庭有り、人情に近からず。

↑逕会 機会／逕行 径行／逕渉 経過／逕情 直情／逕進 直進／逕隧 地下道／逕渡 渡る／逕復 往復／逕流 溢流／逕路 径路

常【頃】 11 2178 ケイ キョウ(キャウ) かたむく しばらく ころ

篆文 

会意 匕＋頁。匕は右向きの人の形。上より降下する神霊をあらわす。頁は儀容を整えた人の形。その神霊を拝する意。祝詞を奏して人を迎えることを召といい、頃に祝詞(口)を加えた形は頴、神霊の頴(詣)ることをいう。その拝する姿勢を頃・頴(稽)という。金文に稽首を頴首という。頃は拝して姿勢を傾ける意で、傾の初文。神があらわれるのはしばしの間であるから少頃・頃刻といい、時を示す語となる。〔説文〕八上に「頭正しからざるなり」とするが、神を拝する姿勢である。その姿勢を傾という。

訓義 ①かたむく、神を迎えて拝する姿勢。②しばらく、しばしの間、やがて。③このごろ、ころ。④傾と通じ、身をかたむける。⑤田のひろさ、百畝を頃という。

古訓 〔名義抄〕頃 アヒダ・コノゴロ／頃嘗 サイツゴロ／斯頃・何頃・少頃・俄頃・頃來・頃者 シバラク 〔篇立〕頃 アヒダ・シキリ・コノコロ・コロホヒ

声系 〔説文〕に頃声として穎・傾・熲・潁など五字を収める。傾は傾仄、穎も穂がよく実り、傾く意をとるものであろう。

語系 頃・傾khiuengは同声。傾は〔説文〕八上に「仄くなり」、仄九下には「側傾なり」とあり、仄はまた矢に従う形に作る。矢は頭を傾けて舞う形である。頃は頴(稽)首の象。全身を傾けるときは傾という。

【頃筐】一方が低いかご。草摘み用。〔詩、周南、巻耳〕巻耳を采り采るも 頃筐に盈たず 嗟我、人を懐うて 彼の周行に寘く

【頃歳】近年。近頃。宋・黄庭堅〔劉仲更の墨蹟に題す〕頃歳、恩を蒙りて秘書省に入る。秘書省の官は皆天下の選なるも、仲更の學術深密なる如き者を求むるに、蓋し鮮なし。

【頃者】このごろ。〔後漢書、光武帝紀下〕(建武六年十二月詔)頃者師旅未だ解けず。用度足らず。故に什一の税を行ふ。

↑頃間 このごろ／頃久 早晩／頃匡 傾筐／頃頃 頃刻／頃月 頃時／頃刻 頃之／頃之 しばらくして／頃時 このほど／頃日 このごろ／頃常 つねに／頃心 心を尽くす／頃然 頃之／頃息 しばし／頃動 傾き動く／頃年 近年／頃歩 一あし／頃畝 百畝／頃来 近来

↓過頃・俄頃・居頃・少頃・食頃・数頃・半頃・百頃

人【卿】 12 7772 〔卿〕 12 7772 ケイ キョウ(キャウ)

篆文 甲骨文 金文 

会意 皀の省形＋卯。皀は祭祀や饗宴に用いる盛食の器。卯は二人対坐する形。皀をはさんで二人対坐し、饗食する形であるから饗宴の意となり、またその礼にあずかる身分のものを卿という。金文は卿の一字を饗宴・北嚮の嚮・公卿の三義に用いる。饗(饗)・嚮は卿より分化した字。故郷の郷(鄕)もと卿と同形の字。おそらく郷党の代表が政治に参加し、饗宴にも与ったのであろう。のち卿・郷の二字に分化するのは、慣用によるものであろう。

訓義 ①まえつきみ、執政の大臣。②高位者の尊称、爵位ある人の称。軍の諸将・大夫、また人の尊称。夫妻相呼ぶときにも用いる。③慶と通じ、めでたい。

古訓 〔名義抄〕卿 キミ・ナムヂ・トコロ 〔字鏡集〕卿 キミ・ナムヂ・トコロ・アキラカ

語系 鄉・饗・響(響)・曏xiangは卿khiangと声極めて近く、鄉声の字も相対う意を含んでいる。卿・鄉はもと同字であったと考えられる。

【卿雲】慶雲。彩雲。〔尚書大伝、二〕時に卿雲聚り、俊乂集る。百工相ひ和して卿雲を歌ふ。帝仍りて之れに倡へて曰く、卿雲爛たり 糺として縵縵たり 日月光華あり 旦復た旦と。

【卿卿】妻が夫をよぶ。〔世説新語、惑溺〕王安豐の婦、常に安豐を卿といふ。安豐曰く、～禮に於て不敬爲たり。後復た爾いふこと勿かれと。婦曰く、卿を親しみ卿を愛す。是を以て卿を卿とす。我、卿を卿といはずんば、誰か當に卿を卿とすべきと。遂に恒に之れを聽せり。

【卿士】卿大夫。また、王の執政。〔詩、小雅、十月之交〕皇父は卿士 番は維れ司徒

【卿子】高貴の尊称。〔史記、項羽紀〕諸別將、皆宋義に屬す。號して卿子冠軍と爲す。

【卿相】執政。〔孟子、公孫丑上〕夫子、齊の卿相に加はり、道を行ふを得ば、此れに由りて霸王たらしむと雖も異しまず。此の如くんば、則ち心を動かすや否や。

↑卿靄 卿雲／卿尹 宰相／卿家 貴家／卿公 調停者／卿充 公卿／卿佐 執政の補佐／卿宰 宰相／卿曹 御身たち／卿寺 九卿の府／卿等 諸君／卿輩 君たち／卿僚 百官／卿礼 公卿の礼／卿老 家老

↓下卿・客卿・九卿・群卿・月卿・公卿・国卿・三卿・諸卿・上卿・世卿・正卿・清卿・大卿・六卿・列卿

【嵆】 12 2377 〔嵇〕 12 2397 ケイ

篆文 

形声 声符は𥝌。𥝌声の字に他に稽があり、稽は神霊の降下を求めて祈り拝する字で稽首、また神の稽留する意。稽首は金文に頴首としるし、旨は神の詣ること。それを迎えて稽首するを頴という。𥝌は華表の原型である木(のち禾、華表)に犬牲を加えた字である。嵆康はもと奚氏。会稽に居り、のち譙に移り、会稽の稽をとって嵆と称したという。そのときの造字であろう。〔説文〕九下の〔新附〕の字、「山名なり」という。

訓義 ①やまの名。②姓。

古訓 〔字鏡〕嵆 アカフ

【嵆琴】琴の名。嵆康の創製という。〔事物紀原、楽舞声歌部、嵆琴〕嵆琴は絃鼗の遺象爲ること明らかなり。～或いは曰く、嵆琴は嵆康の製る所、故に嵆琴と名づくと。傳誦に出づと雖も、理或いは然らん。

【惸】 12 9704 〔惸〕 13 9702 ケイ ひとりみ うれえる

甲骨文 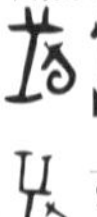

会意 恂＋子。〔玉篇〕に「獨なり」とあり、〔詩、小雅、正月〕に「哿い矣富める人 哀し此の惸獨」の句がある。その詩にまた

「憂心惸惸」の句があり、心に憂いおそれるさまをいう語である。惸に作るものは、兮が声符。字はまた煢・嬛に作る。

訓義 ①ひとりみ、孤独。②うれえる。

古訓 〔字鏡〕惸 ヒトリ・ヒト・ミナシゴ・ヤマメ 〔字鏡集〕惸 ヒトリ・ヒトリウド・ヒトヘナリ

語系 惸giueng、煢hiuengは声義が近い。また嬛xiuanは睘giuangの声に従う字で、また通ずる語。煢は孤火を掲げる意であるらしく、それで惸と通用するのであろう。

【惸鰥】男やもめ。唐・柳宗元〔韶州裴曹長使君～に酬ゆる二十韻〕詩 存亡均しく寂寞 零落(落ちぶれる)して惸鰥に閒はる

【惸惸】憂えるさま。孤独の感。〔詩、小雅、正月〕憂心惸惸として 我が無祿(不幸)を念ふ

【惸独】ひとり者。身よりのない人。唐・劉商〔従甥を弔ふ〕詩 日晩れて、河邊に惸獨を訪ふ 衰柳寒蕪、茅屋を遶ぐる

↑惸寡 やもめ／惸孤 孤独／惸弱 孤弱／惸嫠 やもめ

常【敬】12 4864 〖敬〗13 4864

ケイ キョウ(キャウ)
つつしむ うやまう いましめる

篆文 甲骨文 金文

会意 苟＋攴。卜文の苟の字形は、羊頭の人の前に祝禱の器(𠙵)をおく形。羌人を犠牲として祈る意であろう。敬はそれに攴を加えて、これを責め儆める意を示す。敬は儆の初文。警(警)もその意に従う。〔説文〕九上に「肅むなり」、また肅(肅)字条三下に「事を持すること振敬なるなり」とするが、敬はもと神事祝禱に関する字である。それで神につかえるときの心意を敬といい、金文に「夙夜を敬しむ」とは先祖を祀る意、また〔詩、大雅、雲漢〕「明神を敬恭す」、〔詩、大雅、板〕「天の怒りを敬む」のように、神明に対して用いる。

訓義 ①つつしむ、神事をつつしむ。②うやまう、うやうやしい、神事につかえる。③いましめる。儆・警の初文。

古訓 〔新撰字鏡〕敬 ツ、シム・カシコマル 〔名義抄〕敬 ウヤマフ・ツ、シム・オガム・ツトム・ハヂ・タカシ・ウヤ 〔字鏡集〕敬 ツトム・ウヤ・ウヤマフ・ツ、シム・タフトシ・ナラフ・タカシ・ヲガム・ハヂ

声系 〔説文〕に敬声として警・儆・驚(驚)など五字を収める。警・儆は〔説文〕にともに「戒むるなり」とあって、敬の派生字。驚は馬の駭走することをいい、そのことを神異として怪しむ意がある。

語系 敬・警・儆・驚kiengは同声。みな敬の声義を承ける。敬はもと神を驚かせ戒める呪儀をいう。のち神につかえ、神意をおそれることをいう。

【敬意】尊敬する心。〔漢書、礼楽志〕蓋し其の敬意を嘉して、其の財賄に及ばず。其の歡心を美として、其の聲音に流されず(心移さず)。

【敬遠】敬して遠ざける。狎れ親しまぬこと。〔論語、雍也〕樊遲知を問ふ。子曰く、民の義を務め、鬼神を敬して之れを遠ざく。知と謂ふべし。

【敬戒】つつしみ戒める。〔左伝、襄二十二年〕鄭の公孫黑肱、疾有り。邑を公に歸して～曰く、～敬共して、君と二三子とに事へよ。生は敬戒するに在り、富に在らざるなりと。

【敬忌】つつしみ戒める。忌は諅、誡める。〔書、康誥〕惟れ文王の敬忌して、乃ち民を裕きて曰く、我惟れ及(急)しむる有りと。則ち予れ一人、以て懌ばん。

【敬享】つつしみ祀る。〔礼記、祭義〕君子生きるときは則ち敬養し、死するときは則ち敬享す。終身辱めざらんことを思ふなり。

【敬恭】うやまい恭しむ。〔詩、大雅、雲漢〕年を祈ること孔だ夙く 方社(を祀ること)莫からず 昊天上帝 則ち我を虞からず 明神を敬恭す 宜しく悔怒すること無かるべし

【敬業】学業をうやまう。〔礼記、学記〕比年(毎年)に學に入り、年を中てて考校し、一年に經(の句読)を離ち、志を辨ずるを視る。三年に業を敬し、群を樂しむを視る。五年に博く習ひ、師を親しむを視る。

【敬謹】うやまい謹む。漢・董仲舒〔郊事対〕陛下祭ること躬親らし、齋戒沐浴、以て宗廟を承く。甚だ敬謹なり。奈何ぞ鳬(かも)を以て鶩(あひる)に當てんや。鶩を鳬に當つる、名實相ひ應せず。

【敬懼】うやまいおそれる。〔墨子、尚賢上〕堯、舜を服澤の陽に擧ぐ。～是の時に當り、厚祿尊位に在るの臣と雖も、敬懼して(善に)施らざるは莫く、農と工肆に在るの人と雖も、競勸して意を尚へざる莫し。

【敬虔】つつましい。唐・皮日休〔魯望～過つて褒美有り、～因りて一千言を成す。～〕詩 巻を開きて讀むこと數行 之れが爲に敬虔を加ふ

【敬厚】敬重する。〔漢書、張禹伝〕曲陽侯根、～禹の寵を害とし、數之れを毀惡す。天子愈禹を敬厚す。禹病む毎に、輒ち起居を以て聞(以聞、奏上)す。車駕自ら之れを臨問す。

【敬事】事をつつしむ。〔論語、学而〕子曰く、千乘の國を道むるに、事を敬して信あり、用を節して人を愛し、民を使ふに時を以てす。

【敬執】畏友。執は執友。〔管子、枢言〕先王の書は、心の敬執なり。而れども衆人は知らざるなり。

【敬終】結末を大事にする。〔礼記、表記〕子曰く、君に事ふるに始めを愼み、終りを敬む。

【敬譲】敬み譲る。〔漢書、元帝紀〕詔して曰く、蓋し聞く、明王の國を治むるや、好惡を明らかにして去就を定め、敬讓を崇びて民興行す。故に法設けて民犯さず、令施して民從ふ。

【敬信】誠実。〔韓非子、飾邪〕治の數に明らかならば、則ち國小なりと雖も富み、賞罰敬信ならば、民寡なしと雖も強し。

【敬慎】うやまいつつしむ。〔漢書、丙吉伝〕子の顯～嘗て高廟に祠るに從ひ、～乃ち出でて齋衣を取らしむ。丞相吉大いに怒り、其の夫人に謂ひて曰く、宗廟は至重、顯、敬愼ならず。吾が爵を亡ぼす者は必ず顯ならんと。夫人爲に言ひ、然る後已む。

【敬聴】つつしんで聴く。〔詩、小雅、巷伯〕寺人孟子此の詩を作爲す 凡百の君子 敬んで之れを聽け

【敬天】天を畏れ敬する。〔詩、大雅、板〕天の怒りを敬み敢て戲豫(楽しむ)すること無かれ

【敬避】諱(本名)など、使用を避けるべき文字。〔経解入門、科場解経程式〕古書～引かざること能はざるときは、則ち～一格を空け、竝びに敬避の二字を寫す。

【敬服】感服する。〔三国志、蜀、秦宓伝〕(張)溫復た問うて曰く、天に頭有るかと。～宓曰く、西方に在り。詩に曰く、乃ち眷みて西顧す～と。溫曰く、天に耳有るかと。宓曰く、～詩に云ふ、鶴九皐に鳴き 聲天に聞ゆと。～答問響くが如く、聲に應じて出づ。是に於て溫、大いに敬服せり。

【敬文】礼容のあるさま。〔荀子、勧学〕禮の敬文や、樂の中和や、詩書の博や、春秋の微や、天地の閒に在る者畢くせり。

【敬礼】うやまって礼する。〔呂覧、懐寵〕其の賢良を選ん

で之れを尊顯し、其の孤寡を求めて之れを振恤し、其の長老を見て之れを敬禮す。

【敬老】老人をうやまう。〔孟子、告子下〕葵丘の會〜の三命に曰く、老を敬し幼を慈しみ、賓旅(賓客羈旅の人)を忘るること無からんと。

↑敬愛 敬慕/敬畏 畏敬/敬異 畏敬/敬謁 拝謁/敬荷 荷恩/敬恪 つつしむ/敬鬼 尊鬼/敬義 敬と義/敬共 敬恭/敬遇 敬待/敬止 つつしむ/敬謝 辞退/敬従 従う/敬順 敬従/敬尚 尚ぶ/敬承 拝承/敬称 尊称/敬上 長をうやまう/敬心 うやまう心/敬神 神をうやまう/敬進 進上/敬人 人をうやまう/敬斉 つつしむ/敬羨 仰慕/敬祖 祖をうやまう/敬尊 尊敬/敬待 礼遇/敬諾 承諾/敬憚 敬畏/敬忠 忠敬/敬弔 弔礼/敬長 敬上/敬重 尊重/敬寵 敬愛/敬典 貴い典籍/敬田 供養田/敬独 慎独/敬佩 佩服/敬復 拝復/敬慕 仰慕/敬奉 奉戴/敬命 天命をたっとぶ/敬友 畏友/敬養 奉養/敬覧 拝見/敬労 うやまいねぎらう

↓哀敬・愛敬・威敬・畏敬・加敬・起敬・恭敬・欽敬・謹敬・虔敬・謙敬・厳敬・孝敬・至敬・祗敬・失敬・粛敬・尚敬・崇敬・斉敬・荘敬・尊敬・致敬・忠敬・篤敬・拝敬・表敬・不敬・友敬・隆敬・和敬

常【景】12 6090 ケイ エイ ひかり かげ あきらか

篆文 

形声 声符は京。〔説文〕七上に「光なり」とし、京声とする。〔周礼、地官、大司徒〕に「日景を正して、以て地の中を求む」と日景測量のことをいい、地上千里にして日景に一寸の差があるという。京がもし京門を意味するとすれば、それを日景観測に用いることも考えられる。卜辞に磬京・義京の名があり、京はアーチ状の軍門、その配置のしかたによって観測の方法も可能であろうが、詳しいことは知られない。卜辞に「五百四旬七日」という日数の表示があり、それは一年半の日数五四七・八七五日に相当する。当時日景による日数測定の法があったのであろう。〔周礼〕にみえる日圭の法は、方位や距離の測定に用いたものであろう。

訓義 1ひかり、ひざし、日光。2光によって作られる明暗、かげ、影。3光に照らし出される、あきらか、けしき、ようす、おもむき、光を仰ぐ。4京と通じ、大きい。5勍と通じ、つよい。6慶と通じ、めでたい。

古訓 〔名義抄〕景 オホキナリ・カゲ・ヒカリ・ヒノエ・テラス・ネガフ・ウツス・オモハカル・オモハカリ/景行 コ、ロバセ 〔字鏡集〕景 オモハカリ・カゲ・ヒカリ・ウツス・オホキナリ・カタチ・テラス・アキラカ・ネガフ・ヒノエ

声系 〔説文〕に景声として憬の一字を収め、璟・影などは未収。影は〔玉篇〕に至って「形影なり」とみえる。憬は〔説文〕十下に「覺寤するなり」という。〔詩、魯頌、泮水〕「憬たる彼の淮夷」の〔伝〕に「遠行の貌なり」とみえるが、その字は〔韓詩〕に獷に作り、その字の義であろう。

語系 景・鏡(鏡)kyangは同声。影yang、光kuang、鑑keam、また熲・晃huang、熒hyuengもその系列の語で、みな光の反射や光彩に関する語である。京kyang、勍gyang、慶khiuangも通用の義がある。

【景雲】めでたい雲。慶雲。〔礼記、礼運、疏に引く孝経援神契〕徳、山陵に至るときは、則ち景雲出で、徳、深泉に至るときは、則ち黃龍見はる。

【景気】季節のようす。ありさま。唐・韓愈〔独り釣る、四首、三〕詩 獨り往く南塘の上 秋晨、景氣醒む

【景響】光と影、音と響のように、関係が密接で、反響が速やかであること。〔荀子、富国〕三德なる者、上に誠あれば、則ち下之れに應ずること景響の如し。明達すること無からんと欲すと雖も得んや。

【景仰】慕い仰ぐ。〔後漢書、劉愷伝〕今愷、前脩(前賢)を景仰し、伯夷の節有り。宜しく矜宥を蒙り、其の先功を全うすべし。

【景光】光陰。漢・蘇武〔詩、四首、四〕願はくは君、令德を崇くし 時に隨ひて景光を愛しめ

【景行】大道。〔詩、小雅、車舝〕高山は仰ぎ 景行は行く 四牡騑騑として 六轡琴の如し

【景従】影が形に従うようにつき従う。漢・賈誼〔過秦論、上〕天下雲のごとく集り、響のごとく應じ、糧を贏して景(影)のごとく從ふ。

【景象】情景。唐・鄭谷〔中年〕詩 漠漠たる秦雲、澹澹たる天 新年の景象、中年に入る

【景色】けしき。風景。唐・張説〔遥かに蔡起居の偃松篇に同ず〕詩 名は天庭に接して、景色長く 氣は宮闕に連なりて、氛氳(気象)を借る

【景致】風景。唐・白居易〔周皓大夫の新亭子に題す、二十二韻〕詩 東道、常に主と爲る 南亭、別に賓を待つ 規模、何れの日にか創まる 景致、一時に新たなり

【景福】大福。〔儀礼、士冠礼〕始めて(冠を)加ふるとき、祝して曰く、令月吉日、始めて元服を加ふ、爾の幼志を棄て、爾の成德に順へ。壽考にして惟れ祺ひにし、爾の景福を介いにせよと。

【景物】風景。風物。唐・杜審言〔望春亭侍遊、応詔〕詩 萬壽、禎祥を獻じ 三春、景物滋し

【景命】大命。天の命。〔詩、大雅、既酔〕其の胤は維れ何ぞ 天、爾に祿を被らしむ 君子萬年 景命、僕たること(多く)有り

【景明】風光が明るい。宋・范仲淹〔岳陽楼記〕春和し景明らかに、波瀾驚かず、上下天光、一碧萬頃なり。沙鷗翔集し、錦鱗游泳し、〜漁歌互ひに答ふるが如きに至りては、此の樂しみ何ぞ極まらん。

↑景印 影印/景運 時運/景炎 日/景観 景色/景輝 ひかり/景況 情況/景業 大業/景功 大功/景候 時候/景刻 漏刻/景昏 くらい/景山 墳/景止 慕う/景趣 風趣/景宿 列星/景勝 美景/景状 有様/景瑞 吉兆/景数 天運/景星 瑞星/景夕 夕べ/景迹 業迹/景祚 景福/景昃 夕べ/景地 景勝の地/景柱 日測の柱/景徴 吉兆/景倒 倒景/景表 景柱/景附 従う/景風 和風/景慕 慕う/景邁 くれる/景滅 消える/景曜 ひかり/景燿 ひかり

↓雲景・煙景・遠景・佳景・遐景・外景・近景・孤景・後景・光景・好景・三景・詩景・実景・借景・淑景・春景・叙景・小景・勝景・情景・場景・晨景・夕景・雪景・絶景・全景・前景・点景・添景・倒景・日景・背景・八景・晩景・美景・風景・返景・暮景・夜景・流景・良景・麗景・和景

【啓】12 3860 ケイ ひらく はれる

篆文 

甲骨文 

会意 攸+曰。攸は神戸棚を啓く形。啓(啓)・啓は声義の同じ字で、口は𠙵、祝禱を収める器。曰は器中に祝禱のある形。〔説文〕七上に「雨ふりて晝姓るるなり」として、字を日部に属する。卜文に攸の上部に日を加えている形があり、それが

〔説文〕のいう啓晴の字であろう。启・啓の字とは、立意の異なる字と思われる。姓は〔説文〕夕部七上に「雨ふりて夜除れ、星見はるるなり」とあり、「晝姓」の字と対をなす字である。

訓義 ①啓と立意の同じ字で、ひらく。②姓と相対する字で、はれる、ひるはれる。

古訓 〔字鏡集〕啓 ハル

語系 启・啓・啓khyeiは同声。啓晴の義は、啓開の意より導かれたもので、卜文には啓・啓と区別して日を攴上にしるしている。

【棨】 12 3890 ケイ わりふ はたぼこ たてやり

篆文

形声 声符は攴。〔説文〕六上に「傳信なり」とあり、割符をいう。宮門出入のときに、戟に加えて許可証としたので、合わせて棨戟という。幢につけることもあって、幢棨という。

訓義 ①わりふ、てがた。②はたぼこ。③たてやり、けやり。④えだ。

【棨戟】（けいげき） 繒衣や油漆で包んだ儀仗用の戟。〔漢書、韓延寿伝〕功曹、車を引く。皆四馬を駕し、棨戟を載す。五騎を伍と爲し、左右の部を分つ。

↑棨戸（けいこ） 棨戟の門／棨信（けいしん） 割符／棨伝（けいでん） 旅券

↓銀棨・旌棨・幢棨

【痙】 12 0011 ケイ ひきつる

篆文

形声 声符は巠。巠は織機のたて糸を張る形。直線的にひきつけるような状態の痛みをいう。〔説文〕七下に「彊急なり」とあり、痙攣するることをいう。

訓義 ①ひきつける、筋をひきつける、ひきつる。

古訓 〔字鏡集〕痙 コワキヤマヒ

↑痙病（けいびょう） 痙攣／痙風（けいふう） 痙攣／痙攣（けいれん） ひきつけ

【笄】 12 8844 〔笄〕 10 8844 ケイ こうがい

篆文

形声 声符は幵。こうがいの形。〔説文〕十四上に幵を「平なり」とし、二干對構し、上の平なるに象るなり」とし、干をならべた形とするが、笄の初文にして、笄の形である。〔説文〕五上に「笄は簪(かんざし)なり」とあり、簪の初形は兂、横刺しの笄である。笄は俗字。

訓義 ①こうがい。②こうがいをする礼、女子の許嫁の礼。

古訓 〔名義抄〕笄 カンザシ・カンザシス／笄子 サイシ

語系 笄kyei、髻・結kyet、また髻・紒keatは同系の語。みな結髪してそれを結びとめる意がある。冠を用いるときは、冠をも合わせて留め、冠笄という。

【笄丱】（けいかん） 青少年。笄は成年、丱はみずら髪。〔中論、上、脩本〕君子の徳を脩むるは、笄丱に始まり、鮐背（老廃の年）に終る。

【笄冠】（けいかん） 男女成人の礼。〔通典、九十一、礼五十一〕形智夙成、早く冠娶に堪ふるときは、亦た之れを二十に限らず。笄冠に成人の容有り、婚嫁に成人の事有り。

【笄字】（けいじ） 女子が成人して婚約する。〔儀礼、士昏礼〕女子許嫁し、笄して之れに醴（あまざけを酌む礼）し、字を稱す。

【笄総】（けいそう） 髪を結び、笄を加える。〔礼記、内則〕子、父母に事ふるや、雞初めて鳴き、咸な盥漱し、櫛縰し、笄總し、髦（たれがみ）を拂ひ～左右に用（日常の用品）を佩ぶ。

【笄年】（けいねん） 十五歳。〔礼記、内則〕女子～十有五年にして笄し、二十にして嫁す。～聘せらるる者は則ち妻と爲り、奔る者は則ち妾と爲る。

↑笄歳（けいさい） 十五歳／笄珥（けいじ） 珥は耳玉／笄女（けいじょ） 笄礼の女／笄齔（けいしん） 童子、乳歯の更る頃／笄導（けいどう） 冠の笄／笄礼（けいれい） 女子成年の礼

↓加笄・冠笄・玉笄・纚笄・首笄・簂笄・竹笄

常 【軽】 12 〔輕〕 14 5101 ケイ キョウ（キャウ） かるい はやい いやしい

篆文

形声 旧字は輕に作り、巠声。〔説文〕十四上に「輕車なり」とあり、〔後漢書、輿服志上〕に「古の戰車なり」とあって、軽鋭の車をいう。軍需品の輸送に用いるものは輜重。のち軽重・軽快・軽浅の意となった。

訓義 ①軽車、戦車。②軽装の車、かるい。③はやい。④軽便、てがる、やさしい、容易。⑤少ない、いやしい、ひくい。⑥かるがるしい、かろんずる、あなどる。

古訓 〔名義抄〕輕 カロシ・カルシ・カロ／〜シ・カル／〜シ・アナヅル・ワ、シ・イヤシウス・イルガセ

【軽易】（けいい） 軽んじあなどる。〔史記、蘇秦伝〕此れ一人の身にして、富貴なれば親戚も之れを畏懼し、貧賤なれば則ち之れを輕易す。況んや衆人をや。

【軽雨】（けいう） すこしばかりの雨。唐・劉禹錫〔松滋渡より峡中を望む〕詩 渡頭の輕雨、寒梅に灑ぎ 雲際溶溶として、雪水來る

【軽猾】（けいかつ） 軽薄でわるがしこい。〔北史、韋祐伝〕少くして遊俠を好み、質直にして言少なく、與に交遊する所は、皆輕猾の亡命なり。

【軽黠】（けいかつ） 軽薄でわるがしこい。〔後漢書、劉玄伝論〕漢起り、輕黠烏合の衆を驅り、天下の萬分の一にも當らずして、～受職の命を爭ふ。唯だに漢人の餘思なるのみに非ず、固より亦た幾運（めぐりあわせ）の會なり。

【軽騎】（けいき） 軽装の騎兵。〔史記、劉敬伝〕匈奴～長安を去ること近き者は七百里、輕騎一日一夜にして、以て秦中に至るべし。

【軽裘】（けいきゅう） 軽い皮ごろも。〔論語、公冶長〕子曰く、盍ぞ各〻爾の志を言はざると。子路曰く、願はくは車馬衣輕裘、朋友と共にし、之れを敝るとも憾むこと無からんと。

【軽挙】（けいきょ） 空に高くあがる。登仙する。〔楚辞、遠遊〕時俗の迫阨するを悲しむ 願はくは輕擧して遠遊せん

【軽趫】（けいきょう） 身軽くてす早い。唐・李白〔行行且遊猟篇〕詩 邊城の兒 生年一字の書を讀まず 但だ遊獵を將て輕趫を誇る

【軽軀】（けいく） 軽やかな身。魏・曹植〔洛神の賦〕神光離合し、乍ち陰り乍ち陽る。輕軀を竦てて、以て鶴立す。

【軽健】（けいけん） 身軽く健康。〔酉陽雜俎、続八、支動〕鄲縣の侯生なる者、漚麻池の側らに於て鱓魚を得たり。大いさ尺圍ばかり。烹て之れを食らふ。髮白きも復た黑く、齒落ちしも更に生え、此れより輕健なり。

【軽狡】（けいこう） 敏捷でわるがしこい。〔後漢書、楊終伝〕黄門郎年幼く、血氣方に盛んなり。～輕狡無行の客を要結し、縱にして誨ふる莫し。

【軽肆】（けいし） 軽はずみでほしいまま。魏・嵆康〔山巨源（濤）に与へて交はりを絶つ書〕剛腸にして惡を疾み、輕肆にして直言し、事に遇へば便ち發す。

【軽疾】（けいしつ） 軽蔑してにくむ。また、性急。〔後漢書、文苑下、禰衡伝〕（孔）融、既に衡の才を愛し、數〻曹操に稱述す。操、之れを見んと欲す。衡、素より相ひ輕疾し、自ら狂病と稱し、肯て往かず。數〻恣言有り。操、忿りを懷きしも、其の才名あるを以て、之れを殺すを欲せず。

【軽車】（けいしゃ） 軽鋭の戦車。〔左伝、哀二十七年〕晉の師より（荀）寅に告ぐる者有り。將に輕車千乘を爲りて、以て齊の師の門を厭（圧）せんとす。則ち（斉の師を）盡くす（全滅す）べきなりと。

【軽舟】（けいしゅう） 軽快な舟。唐・李白〔早に白帝城を発す〕詩 朝に辭す、白帝彩雲の閒 千里の江陵、一日にして還る 兩岸の猿聲、啼きて盡きざるに 輕舟已に過ぐ、萬重の山

【軽塵】けいじん（ぢん） ちりほこり。唐・王維〔元二の安西に使するを送る〕詩 渭城の朝雨、輕塵を浥す 客舍青青として、柳色新たなり 君に勸む更に盡くせ一杯の酒 西のかた陽關を出づれば故人無からん

【軽世】けいせい 世を軽んじる。〔史記、魯仲連伝〕（斉、之れを爵せんと欲す）魯連、海上（海辺）に逃隱して曰く、吾れ富貴にして人に詘せんよりは、寧ろ貧賤にして世を輕んじ、志を肆にせんと。

【軽賤】けいせん 身分が軽く賤しい。〔韓非子、孤憤〕輕賤を以て貴重と爭ふ。其の數、勝たざるなり。

【軽率】けいそつ かるがるしい。〔世説新語、任誕注に引く文章志〕（謝）尚、性輕率、細行に拘はらず。

【軽煖】けいだん 軽くて暖かな衣服。〔孟子、梁恵王上〕肥甘口に足らざるが爲か。輕煖體に足らざるか。抑いは采色目に視るに足らざる爲か。

【軽佻】けいちょう（てう） 軽はずみ。軽薄。〔尉繚子、治本〕民相ひ輕佻せば、則ち欲心興り、爭奪の患起らん。～民一たび禁を犯し、拘するに刑を以て治む。烏んぞ以て人の上と爲さんや。

【軽重】けいちょう けいじゅう（ぢゅう） 高下をはかる。尊卑。めかた。金銭。物価。〔史記、平準書論賛〕齊の桓公、管仲の謀を用ひ、輕重の權（臨機の運用）を通じ、山海の業を徼め、以て諸侯を朝せしめ、區區たる齊を用つて、霸名を顯成す。

【軽薄】けいはく 軽はずみ。〔漢書、厳助伝〕且つ越人愚戇輕薄にして、約に負き反覆す。其の天子の法度を用ひざること、一日の積に非ざるなり。

【軽微】けいび わずか。〔漢書、食貨志上〕夫れ珠玉金銀は、飢ゑて食ふべからず、寒えて衣るべからず。然れども衆之れを貴ぶ者は、上之れを用ふるを以ての故なり。其の物爲たる輕微にして臧め易く、把握に在り。

【軽風】けいふう そよ風。宋・王安石〔夜直〕詩 金爐香盡きて、漏聲殘り 翦翦たる輕風、陣陣として寒し

【軽兵】けいへい 軽装の兵。〔史記、孫子伝〕今、梁趙相ひ攻めなば、輕兵鋭卒、必ず外に竭き、老弱内に罷れん。君～疾やかに大梁に走くに若かず。

【軽蔑】けいべつ 軽んずる。宋・蘇轍〔歴代論一、三宗〕人君～己を矜りて自ら聖とし、臣下を輕蔑せば、國を失ふに至らん。宜なり、古の賢君、必ず學に志し、性命の本に達し、道德の貴きを知ること。

【軽妙】けいみょう（めう） 軽快ですぐれる。元・趙孟頫〔海子上即事〕詩 遊騎等閒に、來りて馬を洗ひ 舞靴輕妙にして、飛鳧よりも迅し

【軽羅】けいら うすぎぬ。唐・劉希夷〔公子行〕詩 願はくは輕羅と作つて、細腰に著かん 願はくは明鏡と爲つて、嬌面を分たん

【軽雷】けいらい 軽い雷鳴。唐・高適〔竇侍御霊雲南亭の宴に陪す～〕詩 新秋遠樹に歸し 殘雨輕雷を擁す

【軽慮】けいりょ 短慮。〔史記、趙世家〕夫れ小人欲有り。輕慮淺謀、徒だ其の利を見て、其の害を顧みず。

↑軽埃 軽塵／軽靄 うすもや／軽安 手軽／軽陰 うす曇り／軽雲 うす雲／軽盈 たおやか／軽鋭 軽装の精兵／軽煙 うす煙／軽舸 軽舟／軽霞 うす霞／軽快 軽捷／軽寒 微寒／軽簡 そまつ／軽艦 快速の艦／軽紈 ねり絹／軽詭 詭いつる／軽綺 あやぎぬ／軽機 身軽／軽羈 微罪／軽虚 中虚／軽狂 わがまま／軽俠 男だて／軽彊 軽勁／軽衾 軽い衾／軽刑 微罪／軽勁 身軽で強い／軽軽 軽忽／軽繫 軽刑／軽鷁 小舟／軽軒 軽車／軽儇 身軽／軽減 ゆるめる／軽巧 敏捷／軽傲 おごる／軽忽 粗忽／軽罪 微罪／軽策 軽杖／軽使 急使／軽恣 軽肆／軽駛 はやい／軽颸 涼風／軽紗 うすぎぬ／軽繳 いぐるみ／軽弱 卑弱／軽雋 秀れる／軽少 些細／軽妝 軽装／軽捷 す早い／軽辱 侮る／軽心 軽忽／軽袗 夏衣／軽進 妄進／軽迅 速い／軽捶 軽策／軽生 卑賤の者／軽省 軽減／軽齎 軽装／軽脆 脆弱／軽装 身軽／軽躁 そわそわ／軽俗 軽薄／軽卒 軽率／軽惰 侮り怠る／軽体 細身／軽諾 安請け合い／軽脱 軽忽／軽煖 軽煖／軽窕 軽佻／軽艇 軽舟／軽典 寛大な法／軽恬 恬淡／軽舠 早舟／軽蕩 みだら／軽波 さざ波／軽帆 軽舟／軽肥 軽裘肥馬／軽鄙 卑賤／軽靡 微細／軽僄 す早い／軽剽 軽僄／軽飈 そよ風／軽浮 浮薄／軽侮 軽蔑／軽鶩 快走／軽便 簡便／軽浼 浮気者／軽歩 早く歩む／軽慢 侮る／軽民 浮浪者／軽霧 うす霧／軽約 減免／軽輿 手輿／軽容 うすもの／軽翼 軽い羽／軽瀾 さざ波／軽利 軽便／軽略 粗略／軽呂 匈奴の剣／軽輬 軽車／軽漣 さざ波／軽輦 手車／軽露 露点々／軽攏 爪弾き

↓衣軽・烟軽・減軽・好軽・身軽・僄軽・剽軽・貌軽

【高】12 0022 ［廎］14 0028 ケイ いえ

篆文

形声 声符は冋。〔説文〕五下に「小堂なり」とあり、高の省文に従う。重文に廎を録しており、斎号などに用いる。冂は垣牆、高は京と同じくアーチ状の軍門。書楼・小堂の意である。楊樹達はその書斎を耐林廎と称し、その書名に冠して用いた。

訓義 1 いえ。

常【傾】13 2128 ケイ かたむく あやうい

篆文

形声 声符は頃。頃は神霊の降下するのを迎えて、これに稽首する形。稽は金文に䭫に作り、旨は䭫の初文。その旨は甘旨の字とは別。稽首の姿勢を傾という。〔説文〕八上に「仄くなり」と傾仄の意とし、傾危・危急の意となる。〔詩、大雅、蕩〕「大命既に傾く」とは、国勢の危急に陥ることをいう。

訓義 1 身を傾ける。神に稽首する姿勢。2 ひくめる、ふす、なめ、したがう。3 かたぶく、あやうい。4 一方が高く、一方がさがる。あがる、そばだつ。5 きそう、やぶれる、おとろえる、ほろびる、つきる。

古訓 〔名義抄〕傾 カタブク・ウゴク・オツ・ヲシフ・コゾル・マジハル 〔字鏡集〕傾 ウゴカス・オツ・ウゴク・ウヤマフ・コゾル・ユルス・カマチ・ヲシフ・マジハル・カタブク

語系 頃・傾khiuengは同声。頃は傾の初文。匕は右向きの人の形で、上より神霊の降下する象。頁は礼容を整えてそれを拝する形。祝詞を奏して神霊を迎えることを詣・䭫といい、金文に稽首を䭫首に作る。稽・䭫（〔説文〕は䭫に作る）kieiは同声、拝する形。その相並んで霊の降下することを皆・傾・階keiという。みな関連のある語である。

【傾倚】けいい かたむきもたれる。〔後漢書、楊震伝〕臣伏して惟ふに、陛下邊境未だ寧からざるを以て、躬ら自ら非薄なりとし、宮殿の垣屋傾倚し、枝柱のみなるも、興造する所無し。

【傾意】けいい 心をかたむけ尽くす。〔三国志、呉、陳表伝〕表、父の敵場に死するを以て、用ひられて將と爲らんことを求め、兵五百人を領す。表、戰士の力を得んと欲し、意を傾けて接待し、士皆愛附す。

【傾蓋】けいがい 路上で相逢い、車蓋を接近して話す。一見して親しむ。〔史記、鄒陽伝〕諺に曰く、白頭も新たなるが如く、傾蓋も故（旧の人）の如しと。何となれば則ち、知ると知らざるとなり。

【傾危】 危うい。危険。〔史記、張儀伝論賛〕太史公曰く、～夫れ張儀の行事は、蘇秦よりも甚だし。～之れを要するに、此の兩人は眞に傾危の士なる哉。

【傾葵】 日の光に向かって葉をかたむける葵。傾慕する。魏・曹植〔親親を通ずることを求むる表〕葵藿の葉を傾くるが若し。太陽之れが爲に光を廻らさずと雖も、然れども終に之れに向ふ者は、誠なればなり。

【傾壺】 酒を飲む。晉・陶潛〔貧士を詠ず、七首、二〕詩 壺を傾くるも餘瀝(酒のしずく)絶え 竈を闚へども煙を見ず 詩書、座外を塞ぎ 日昃くるるも研むるに遑あらず

【傾国】 国を危うくする。絶世の美女。唐・李白〔清平調、三首、三〕詩 名花傾國兩ながら相ひ歡ぶ 長へに君王の笑を帶びて看ることを得たり

【傾瀉】 かたむけ注ぐ。宋・蘇轍〔寒食、二首、一〕詩 寒食、今年、汝南に客となる 餘樽傾け瀉ぎて、亦た醺酣す(酔いしれる)

【傾城】 城を危うくする。絶世の美女。〔詩、大雅、瞻卬〕哲夫、城を成し 哲婦、城を傾く

【傾心】 心を尽くす。〔後漢書、皇后上、章徳竇皇后紀〕后、性敏給、心を傾けて承接し、稱譽日に聞ゆ。明年、遂に立ちて皇后と爲る。

【傾身】 恭謙の態度をいう。〔旧唐書、竇建徳伝〕毎に身を傾けて物に接し、士卒と均しく勤苦を執る。是れに由りて能く人の死力を致せり。

【傾仄】 かたむく。不正。〔漢書、王嘉伝〕國人傾仄して正しからず、民用て僭差して壹ならず。此れ君法度に由らず、上下序を失ふの敗なり。

【傾奪】 争い奪う。〔史記、春申君伝〕是の時齊に孟嘗君有り、趙に平原君有り、魏に信陵君有り。方に爭ひて士に下り、賓客を招致し、以て相ひ傾奪し、國を輔けて權を持す。

【傾注】 勢いよく注ぐ。心を尽くす。欽慕する。〔世説新語、賞誉注に引く王澄別伝〕是を以て名聞益と盛んにして、天下知ると知らざると、傾注せざるもの莫し。

【傾聴】 聞きいる。宋・文天祥〔辛竜泉行状に跋す〕予、語るに山川風俗の故を以てす。君離坐傾聽し、之れを謹識するが若し。

【傾倒】 心を寄せる。〔世説新語、賞誉〕孫興公(綽)、庾公(亮)の參軍と爲り、共に白石山に遊ぶ。衞君長(永)、坐に在り。孫曰く、此の子、神情都て山水に關せざるも、能く文を作ると。庾公曰く、衞の風韻は卿諸人に及ばずと雖も、傾倒の處も亦た近からずと。孫、遂に此の言に沐浴す。

【傾動】 名声を慕う。〔甌北詩話、五〕(蘇東坡の詩)東坡(蘇軾)の才名、一世に震爆す。故に至る所傾動す。士大夫、即ち謫籍(流罪)中に在るも、猶ほ皆慕ひて之れと交はりて、敢て相輕せず。

【傾覆】 かたむけ覆す。滅ぼす。〔左伝、定九年〕鮑文子諫めて曰く、～夫れ陽虎は季氏に寵有り。～君(斉君)、季氏より富み、魯國より大なり。茲れ陽虎の傾覆せんと欲する所なり～と。

【傾没】 かたむき沈む。〔三国志、呉、吾粲伝〕天の大風に値ひ、～或いは覆没沈溺す。其の大船の尚ほ存する者、水中の生人、皆攀縁して號呼す。他の吏士、船の傾没せんことを恐れ、皆戈矛を以て、撞擊して受けず。

【傾盆】 大雨の形容。宋・蘇軾〔介亭に楊傑次公に餞す〕詩 前朝(夜明け前)に上らんと欲して、已に屐に蠟(手入れ)せるに 黑雲白雨、盆を傾くるが如し

➡傾殞 死ぬ／傾雲 垂れ雲／傾偃 倒れふす／傾下 恭しい／傾家 破産／傾回 動乱／傾駭 おどろく／傾陥 陥れる／傾崎 けわしい／傾欹 傾く／傾棄 死ぬ／傾毀 崩れる／傾虧 欠ける／傾羲 落日／傾僵 倒れる／傾襟 傾心／傾竭 尽きる／傾月 落月／傾険 危い／傾巧 ねじけ／傾向 進む方向／傾刻 しばらく／傾魂 傾心／傾志 喪志／傾貲 投資／傾資 投資／傾耳 傾聴する／傾膝 膝を崩す／傾写 傾いてそそぐ／傾斜 傾く／傾邪 よこしま／傾首 考える／傾酒 酒杯を傾ける／傾銷 とける／傾觴 酒杯を傾ける／傾昃 傾く／傾尽 尽きる／傾逝 死ぬ／傾絶 死ぬ／傾羨 慕う／傾想 回想する／傾陁 破れる／傾堕 破れる／傾頽 崩れる／傾脱 脱落する／傾談 話しこむ／傾墜 傾き墜ちる／傾跌 倒れる／傾顛 顚倒する／傾吐 言い尽くす／傾頭 考慮する／傾頓 横倒し／傾嚢 使い果たす／傾佩 欽佩／傾杯 飲酒する／傾排 排除する／傾敗 崩壊する／傾圮 破れる／傾詖 ねじけ／傾仆 倒れる／傾風 傾慕する／傾慕 慕う／傾望 慕い望む／傾踣 倒れる／傾翻 くつがえす／傾目 注目する／傾誘 誘う／傾容 へつらう／傾揺 ゆする／傾陽 落日／傾落 落ちる／傾乱 みだす／傾慄 恐れる／傾淪 淪没する／傾惑 迷惑する

➡倚傾・右傾・雲傾・欹傾・葵傾・玉傾・巧傾・左傾・斜傾・酒傾・心傾・神傾・側傾・半傾・靡傾

【徯】 13 2223 ［蹊］ 17 6213 ケイ まつ こみち

篆文

形声 声符は奚。〔説文〕二下、〔爾雅、釈詁〕に「待つなり」とあり、また徑(径)に通じて、〔一切経音義、七〕に「邪道を徯と曰ふ」とみえる。

訓義 ①まつ。②こみち。

古訓 〔名義抄〕徯 マツ

➡徯径 こみち／徯隧 こみち

常 【携】 13 5002 ［攜］ 21 5202 ケイ たずさえる ひきつれる

篆文

形声 正字は攜に作り、巂声。巂は巂周、杜鵑(ほととぎす)の異名とされる。巂の字形からいえば、台座に鳥を据えている形。そのようにして鳥を携え、鳥占をしたのであろう。ゆえに提携の意となる。〔説文〕十二上に「提なり」とみえる。〔左伝、僖七年〕「攜れたるを招くに禮を以てす」のように攜を弐の意に用いるのは𢤦の仮借義。

訓義 ①たずさえる、さげる。②ひきつれる、つらなる。③𢤦と通じ、はなれる。

古訓 〔新撰字鏡〕携・攜 兒比支井天由久(こひきゐてゆく) 〔名義抄〕攜・携 ヒサク・タヅサフ・タヅサハル・ウダク・ハナル・ヒク 〔字鏡集〕携・攜 タモツ・ハナツ・タヅサハル・ハナル・タヅサフ・ヒサク・ウダフ(ク)・ヒク

語系 携(攜)・𢤦 hyue は同声。觿 xiue も声が近い。𢤦は〔説文〕十下に「二心有るなり」、觿四下は「佩角の鋭耑、以て結を解くべきもの」で、ともに離析の意がある。携弐の意はその通用義である。もと乖 koai、癸 kiuei、佊 giuei の系統の語であろう。

【携隙】 すき間。仲たがい。〔三国志、魏、任城威王彰、陳思王植伝等評〕陳思、文才富豔、以て自ら後葉に通ずるに足る。然れども克く讓り、遠く防ぐこと能はず。終に攜隙を致せり。

【携弐】 そむく。〔左伝、襄四年〕諸侯新たに服し、陳新たに來り和す。將に我に觀んとす。我德あれば則ち睦じく、否らざれば則ち攜貳せん。

【携持】 たずさえる。伴う。〔後漢書、逸民伝序〕漢室中ごろ微にして、王莽位を簒ふ。士の蘊藉なるも義憤すること甚だし。是の時、裂冠毀冕、相ひ攜持して之れを去る者、

蓋し數ふるに勝ふべからず。
【携手】手をとる。漢・李陵〔蘇武に与ふ、三首、三〕詩 手を攜へて河梁に上る 遊子、暮に何くにか之く
【携幼】(えう) 幼児をつれる。晉・陶潛〔帰去来の辞〕幼を攜へて室に入れば、酒有りて罇に盈てり。
↑携翫 玩ぶ/携撃 捧げる/携屐 登山/携眷 家族づれ/携行 ともなう/携取 携帯/携将 ともなう/携心 離心/携接 手をとる/携沮 離散する/携爽 たがう/携帯 身にもつ/携提 提携する/携背 離叛する/携薄 疏遠となる/携抜 扶持する/携畔 離叛する/携扶 たすける/携負 たずさえ負う/携抱 抱持する/携離 離叛する
↓提携・必携・扶携・連携

【煢】13 9941 〔煢〕11 9941 ケイ ひとり うれえる

篆文 

形声 声符は熒の省文。〔説文〕十一下に「回ること疾きなり」とし、「營の省聲」とするが、熒の声をとる。熒の初形は金文に𤇾に作り、庭燎(にわび)の形。陣営の周囲に𤇾をめぐらしたので縈る意がある。〔説文〕は疾飛の形である卂に従って回疾の意とするが、その用例がない。〔左伝、哀十六年〕「煢煢として余疚へに在り」は「嬛嬛」、〔詩、小雅、正月〕「哀し此の惸獨」を〔孟子、梁恵王下〕に引いて「煢獨」に作る。嬛・惸が孤独の憂愁をいう字。煢はおそらく孤火を掲げる意象の字であろう。
訓義 1ひとり。2煢煢はさえかえるような心情をいう。うれえる、さびしい。嬛・惸と通じる。3疾い、めぐり飛ぶ。
古訓 〔名義抄〕煢 ヒトリ・ヒトリアルヤモメ・ヤモメ 〔字鏡集〕煢 ヤモメ・タグヒ・ヒカリ
語系 煢hiuengは惸giueng、敻xiuengと声近く、みな孤独の意がある。嬛xiuan、瞏xiuatも声義が近い。
【煢煢】孤独でさびしい。〔左伝、哀十六年〕孔丘卒す。公、之れに誄す。曰く、旻天弔(淑)にして、~余れ一人を屛けて以て位に在らしめず。煢煢として余疚へに在り。嗚呼哀しい哉、尼父(孔子)よ~と。
【煢独】孤独。〔書、洪範〕煢獨を虐ぐること無くして、高明を畏れよ。
↑煢懐 寂しい/煢居 寡居/煢孑 孤独/煢困 孤苦/煢子 孤児/煢弱 孤弱/煢然 孤独のさま/煢迷 ひとり迷う/煢釐 やもめ

【硎】13 1260 ケイ コウ(カウ) といし あな
形声 声符は刑(刑)。刑に刑罰と範型の両系の義があり、硎は範型の意に従って、一定の形にみがきあげることをいう。〔荘子、養生主〕「刀刃新たに硎より發するが若し」とはみがきたての意。
訓義 1といし。2穴、坑。
古訓 〔名義抄〕硎 トメ・アナホル
↑硎岸 石の崖/硎穽 坑井/硎刀 とぎ
↓加硎・深硎・霜硎・発硎・剖硎

常【継】13 〔繼〕20 2291 〔㡭〕14 2271 ケイ つぐ つなぐ つづく

篆文  金文 

形声 旧字は繼に作り、㡭声。〔説文〕十三上に𢇛を絶(絶)の古文とし、繼に「續ぐなり。糸・㡭に從ふ」と会意とする。また「一に曰く、反𢇛を繼と爲す」という。漢碑に𢇛を絶の字に用いている例があり、㡭はその反文、繼はその形声字である。㡭に斤(斧の形)を加えると斷(断)となり、断絶の意である。

訓義 1つぐ、糸をつぐ、つなぐ、つづく。2前を承けて、のちにつらなる、かさねる、かける。3世をつぐ、あとつぎ、よつぎ。

古訓 〔名義抄〕繼 ツグ・ツラヌ 〔篇立〕繼 ツグ・カケタリ・ア(カ)ク・ツカフ・ツラヌク・ツク
【継軌】前代の業を承ける。晉・劉琨〔勧進表〕世祖武皇帝、遂に區夏を造め、三葉(三代)光を重ね、四聖、軌を繼ぐ。惠澤有虞(舜)に侔しく、年を卜すること周氏に過ぎたり。

【継晷】夜を以て日に継ぐ。唐・韓愈〔進学解〕多きを貪り得ることを務め、細大捐てず。膏油を焚きて以て晷(夜明け)に繼ぎ、恒に兀兀として以て、年を窮む。

【継好】(かう) 友好を継ぐ。〔左伝、隠七年〕凡そ諸侯同盟すれば、是に於て名を稱す。~終りを告げ嗣を稱して、以て好を繼ぎ民を息ふ。

【継志】志を継ぐ。〔中庸、十九〕夫れ孝は、善く人の志を繼ぎ、善く人の事を述ぶる者なり。

【継嗣】あとつぎ。〔淮南子、人間訓〕周室衰へ、禮義廢す。孔子、三代の道を以て、世に教導す。其の後、繼嗣今に至るまで絶えざる者は、隱行(世に隠れた善行)有ればなり。

【継室】後妻。〔晋書、礼志中〕前妻を元妃と爲し、後婦を繼室と爲す。

【継踵】あとにつづく。〔史記、天官書〕近世の十二諸侯、七國相王、從衡(合縦連衡)を言ふ者、踵を繼ぐ。

【継絶】絶えた国の後を継ぐ。〔論語、尭曰〕滅國を興し、絶世を繼ぎ、逸民を擧げ、天下の民、心を歸す。

【継続】ひきつづく。宋・曾鞏〔撫州顔魯公祠堂記〕小人繼續して政に任じ、天下日に弊に入る。大盜繼ぎて起り、天子輒ち出でて之れを避く。唐の在朝の臣、多く畏怯觀望するのみ。

【継体】世つぎ。〔史記、外戚世家〕古より命を受けし帝王、及び繼體守文の君、獨り内德茂んなるのみに非ざるなり。蓋し亦た外戚の助有り。

【継統】血すじを承ける。〔漢書、昭帝紀賛〕昔周成(周の成王)、孺子を以て統を繼ぎ、管蔡(管叔・蔡叔)四國、流言の變有り。

【継武】歩行法の一。前後の足あとを相接して歩く。武は歩。〔礼記、玉藻〕君、尸と行くときは武を接し、大夫は武を繼ぎ、士は武を中つ。

↑継位 王位を継承する/継起 次々/継業 業を継ぐ/継継 次々/継弦 後妻/継興 継起する/継纘 つぐ/継子 まま子/継祀 祀を継ぐ/継弐 継嗣/継日 連日/継受 継承する/継襲 つぐ/継述 継承する/継緒 業を継ぐ/継序 継緒/継承 承け継ぐ/継紹 つぐ/継蹤 あとを継ぐ/継親 まま親/継塵 あとを継ぐ/継世 代々/継迹 あとを継ぐ/継天 天意をつぐ/継配 後妻/継絆 束縛する/継美 美をつぐ/継母 まま母/継養 孝養する/継路 陸続
↓後継・襲継・承継・紹継・世継・相継・中継

【罫】13 6013 ケイ カイ ケ すじ
形声 声符は卦。卦はトうときに用いる土版。それに卦爻をしるした。土版に線を加えるを罫という。版本の本文周辺に加える太線を烏糸、上欄を烏糸欄という。〔集韻〕に「礙ぐ」の訓があるのは罣の訓。〔玉篇〕に「礙ぐなり」と訓する字で、通用の義である。
訓義 1すじ、区画する縦横の線。2とどこおる、さまたげる。3棋盤上の方格。
古訓 〔新撰字鏡〕罫 網礙なり、網止なり。倭、介伊の反 〔字

鏡集〕罫 サハル・トヾコホル・サヘ・サフ

【罫中】 棋盤上の方格。〔桓子新論、言体〕更始帝の将相、防衞すること能はず、罫中の死棋をして、皆生かしむ。

↑罫紙 けい紙／罫版 版木／罫布 方形分布

↓外罫・方罫

常【詣】 13 0166 ケイ いたる まいる

篆文

形声 声符は旨。旨は頴(稽)の初文。祝禱する祝詞を収めた器の形である曰に対して、神霊が上方から降下することを詣るという。その霊を、儀容を整えて迎えることを頴といい、その姿勢を金文に頴首という。のち稽首の字を用いる。〔説文〕三上に「候(節候)至るなり」とするが用例なく、〔玉篇〕に「往くなり。到るなり。至るなり」という。もと霊の詣り、それを迎える意の字で、聖所に至ることを参詣といい、宮城に参内することを「闕に詣る」という。学芸の蘊蓄を極めることを造詣という。

訓義 ①いたる、神霊が降下する。②まいる、神霊を迎え拝する。③すすむ、学芸の蘊奥にいたる。

古訓 〔名義抄〕詣 マウヅ・マイル・イタル・オモフク・トヾコホル 〔字鏡集〕詣 イタル・マイル・ユク・マウヅ・マウス・オモムク・トヾコホル

声系 旨に脂声と詣声とがあり、脂声の旨は饗食に関し、詣声の旨は神事に関し、両者は声義異なり、別系の字である。

【詣闕】 宮城にいたる。〔漢書、朱買臣伝〕上計の吏に随ひて、卒と爲り、～闕に詣りて上書す。書久しく報ぜられず。公車に待詔し、糧用乏し。

【詣門】 門に至る。人を訪う。〔後漢書、鄭均伝〕均、好義篤實、～州郡の辟召に應ぜず。郡將さに必ず之れを致さしめんと欲し、縣令をして譎りて將に門に詣らしめんとす。既に至るも、卒に屈すること能はず。

↑詣謁 謁見する／詣奏 奏上する

↓行詣・参詣・識詣・深詣・造詣・徵詣・来詣

【嘒】 14 6507 ケイ かすかな ちいさな

篆文

形声 声符は彗。彗は彗星。いわゆるほうき星の象。また慧(慧)・嘒の声がある。星のまばたくさまをいう。〔説文〕二上に「小聲なり」とあり、〔詩、小雅、小弁〕「鳴蜩(蟬)嘒嘒たり」は蟬の声の擬声語。〔詩、召南、小星〕「嘒たる彼の小星」、〔詩、大雅、雲漢〕「嘒たる其の星有り」のように、星の光をいうことが多い。彗はその衆星の光の象形で、かすかなものをいう。

訓義 ①かすかな、ちいさな光。②かすかな、小さな声。

古訓 〔新撰字鏡〕嘒 世比乃己恵(せびのこゑ) 〔字鏡集〕嘒 ヤハラカナリ・ナク・ケサヤカナリ

語系 嘒・旻xiuat は同声。旻はちらりと目を動かす意。嬛xiuan、煢hiuengも、煢独・微小の意をもつ語である。

【嘒嘒】 蟬の声。また、声の和するさま。〔詩、小雅、采菽〕其の旂は、淠淠たり 鸞聲、嘒嘒たり

【嘒唳】 蟬の声。〔古今注、下、問答釈義〕齊の王后忿りて死す。尸變じて蟬と爲り、庭樹に登り、嘒唳として鳴く。王悔恨す。故に世、蟬を名づけて齊女と曰ふ。

↓初嘒・蟬嘒

【夐】 14 2724 ［敻］ 15 2740 ケイ とおい はるか

篆文

会意 もと敻に作り、奐の上部＋旻。〔説文〕四上に「營求するなり」と訓し、「旻に從ひ、人の穴上に在るに從ふ」とする。旻字条に「目を擧げて人を使ふ」意とし、從って敻は、穴上に在る人を、目を挙げて捜求すること、すなわち「営求」の意となるとするが、字の形義を説きがたい。〔広雅、釈訓〕に「敻敻は視るなり」とあり、字はまた王延寿の〔魯の霊光殿の賦〕に「矎矎」に作り、古くその声があった。〔説文〕に奐三上と嵒三下とをいずれも敻の省声とするが、声は合わない。奐・嵒はともに胯下の象に従う字。奐は免(娩の初文)が側身形であるのに対して、その正面形。羊水とともに、子が脱出することを渙然という。嵒の瓦の形はふぐり。敻の目の部分もふぐり。敻はそのふぐりを攴つ形で、うたれて眴目喪精、目のくらむことを矎という。ゆえに意識の遠くなることから、敻絶・敻遠の義を生ずる。眴は矎の形声字、敻がその眴目の由る所を示す字である。

訓義 ①意識が遠くなる、はるか。②遠い、長い。③矎・眴と通じ、めがくらむ。④もとめる。

古訓 〔名義抄〕敻 ハルカニ・トホシ

声系 〔説文〕に敻声として瓊・鰒など五字を収め、また奐・嵒の二字を敻の省声とする。

語系 敻xiueng、眩hyuen、䀏kiuan、旻xiuat は声義通じ、みな目のくるめく状態をいう。

【夐絶】 かけ隔たる。遥かに異なる。南朝宋・顔延之〔赭白馬の賦〕輩に別れ群を超え、絢練敻絶す。

【夐然】 はるかなさま。唐・王維〔秘書晁監(阿倍仲麻呂)の日本国に還るを送る詩の序〕夐然として鳥逝き、鯨魚浪を噴けば、則ち萬里倒回す。

↑夐異 はるかに異なる／夐迂 遠大／夐遠 遠い／夐古 おどろき見るさま／夐古 遠い昔／夐阻 遠隔／夐長 はるか／夐反 遠く帰る／夐別 はるかに異なる／夐明 明らか／夐遼 遼遠

↓幽夐・悠夐・寥夐

【滎】 14 9923 ケイ エイ

篆文

形声 声符は熒の省文。〔説文〕十一上に「絶小水なり」とあり、前条の濘に「滎濘なり」とみえ、滎濘も小さき水をいう。河南の滎沢は古く熒沢に作り、漢碑にも熒の字を用いる。〔段注〕に「唐碑、宋槧も尚ほ多く誤らず。近今には、乃ち皆滎に作る」という。

訓義 ①小さな水、ちょろちょろ水。②沢の名、川の名。③字はもと熒に作る。

語系 滎・熒・螢(蛍)・瑩hyueng は同声。かぼそく光るもの、かぼそく流れるものをいう。また瑩は玉色・瑩明の意がある。

↑滎灌 小流／滎沢 小沢／滎洞 わき水／滎瀆 運河の名／滎濘 小池／滎波 二水の名

【熒】 14 9980 ケイ エイ ひかり あきらか まどう

篆文 古印璽

形声 声符は𤇾。𤇾はもと熒に作り、庭燎(かがり火)の火を組んだ形。その火光を熒という。〔説文〕十下に「屋下の鐙燭の光なり。焱冂に從ふ」(段注本)とするが、初文の熒は庭燎の象形。これを周囲にめぐらすことを營(営)といい、陣営を意味する。熒惑は火星の異名。〔説文〕四上に「瞢は瞢惑なり」(段注本)とあり、瞢とは炬火(たいまつ)の光で目がくらむことをいう。

訓義 ①ひかり、ひかる、ともしび。②あきらか、きらめく、まばたく。③瞢と通じ、くらむ、めくらむ、まどう。④蛍と通じ、ほたる。⑤営と通じ、いとなむ。

古訓 〔名義抄〕熒 ヒカリ・メクルベク 〔字鏡集〕熒 アキラカ・ヒカリ・メクルメク

語系 熒・螢(蛍)・榮hyueng、瑩hiueng は声義近く、みな庭燎の光を示す熒の声義を承け、明るくかがやくものの意がある。

【熒熒】 小火。微光。晋・潘岳〔悼亡の賦〕空室に入りて、

靈座を望めば、~燈、熒熒として故の如く、帷、飄飄として存するが若し。

【熒光】かすかな光。〔後漢書、霊帝紀〕(中平六年八月戊辰)袁術、東西宮を焼き、諸宦者を攻む。~辛未~帝、陳留王協と、夜歩して、熒光を逐うて行くこと數里、民家の露車を得て、共に之れに乘り、~宮に還る。

【熒燭】燭火の微光。〔漢書、叙伝上〕(答賓戯)賓の言の若きは、斯れ所謂勢利の華を見て道徳の實に闇く、突奧の熒燭を守りて、未だ天庭を卬ぎて白日を覩ざるなり。

【熒侮】まどわし侮る。〔孔子家語、相魯〕俳優・侏儒、前に戯る。孔子趨り進み、歷階して上りて~曰く、匹夫にして諸侯を熒侮する者は、罪應に誅すべし~と。~齊侯懼れて慙づる色有り。

【熒惑】火星。火神。また、人心をまどわす。〔戦国策、趙二〕凡そ大王の、信じて以て從を爲す所の者は、蘇秦の計を恃めばなり。諸侯を熒惑し、是を以て非と爲し、非を以て是と爲す。

↑熒郁 さかん/熒火 蛍/熒眩 眩惑する/熒煌 輝き/熒魂 神魂/熒芝 夜光の草/熒爝 微光/熒台 火山/熒曄 かがやく/熒乱 迷わす/熒燎 微光

↓光熒・煌熒・昌熒・燭熒・青熒・星熒・清熒・聽熒・列熒

【暌】

14 6203 ケイ キ そむく

篆文

金文

形声 声符は癸。癸は物を立てる台座の柎足の形。×形に組んだ足の形に、相そむくものの意がある。〔説文〕四上に「目相ひ聽かざるなり」とあり、相視ざる意。〔玉篇〕に「乖くなり。目に精少なし」とみえる。その耳部睽字条に「耳相ひ聽かざるなり」とあり、いま〔説文〕には睽字の条を脱している。

訓義 ①そむく、目をそらす。②はなれる、異なる、そむく。③目がみえない。④目をみひらく。癸に四方に張る意がある。

古訓 〔名義抄〕睽 コトニ・ソムク

【睽違】誤りたがう。〔漢書叙例〕前代の未だ周からざるを悵み、將來の惑多きを愍れむ。幽仄を顧召し、芻蕘(草かりと木こり)を竭くさしむ。睽違を匡正し、鬱滯を激揚す。

【睽睽】目を見張る。注目する。唐・韓愈〔鄆州谿堂詩の序〕公、死亡の後、掇拾の餘を承け、剝膚椎髓、公私地を掃うて赤立し、新舊相ひ保持せず、萬目睽睽たり。公、此の時に於て、能く安んじて以て之れを治む。其の功、大爲たり。

【睽孤】孤立する。〔漢書、諸侯王表〕然れども諸侯原本は大を以てし、末流は濫にして以て溢を致す。小なる者は淫荒越法、大なる者は睽孤橫逆、以て身を害し國を喪ふ。

【睽合】離合。梁・陸倕〔新刻漏の銘〕圭撮(少量)を謬らず、黍累に乖く無くんば、又以て運算の睽合を校り、分天の邪正を辨ずべし。

【睽索】分散する。宋・蘇舜欽〔関永言の彭門に赴くを送る〕詩 君子誤つて知られ 交契、勘符の若し 一旦又睽索せば 千里、闊疎と成る

【睽離】離散する。〔世説新語、文学〕頃世故睽離せしより、心事論蘊す。明公、晨光を積晦に啓き、百流を澄すに一源を以てしたまふ。

↑睽異 分岐する/睽乖 睨みあう/睽隔 分離する/睽闊 久闊/睽間 久違/睽睢 目を見張る/睽疑 疑う/睽携 離叛する/睽闕 そむく/睽罛 高峻/睽忤 逆らう/睽仰 仰望する/睽辞 離別する/睽別 分離する/睽目 反目する

↓乖睽・極睽・孤睽・先睽・阻睽

【禊】

14 3723 ケイ みそぎ はらう

形声 声符は契(㓞)。〔玉篇〕に「史記に云ふ、漢の武帝、霸上に禊すと。徐廣曰く、三月上巳、水に臨んで祓除す。之れを禊と謂ふなりと」と、〔史記、外戚世家〕の文と、その注とを引く。〔論語、先進〕「莫春には、春服既に成る。~沂(川の名)に浴し、舞雩に風し、詠じて歸らん」とあるのが、その古俗である。六朝期には曲水の禊飲が行われた。

訓義 ①みそぎ。②はらい、はらう。

古訓 〔新撰字鏡〕禊 上巳の祭なり。~言ふ所の(美)乃(波)良戸(みのはらへ)〔名義抄〕禊 キヨム・ハラヘ・ミソギ・ミソハラフ

【禊飲】三月上巳の日、みそぎして飲宴する。斉・王融〔三月三日曲水詩の序〕禊飲の日、茲に在り。風舞の情、咸な蕩く。

【禊祠】みそぎして祀る。〔後漢書、礼儀志上〕是の月上巳、官民皆東流の水上に絜す。〔注〕之れを禊祠と謂ふ。流れを引き觴(杯)を行ぐらし、遂に曲水を成す。

【禊事】みそぎ。晉・王羲之〔蘭亭集の序〕暮春の初、會稽山陰の蘭亭に會す。禊事を修むるなり。群賢畢く至り、少長咸な集る。

【禊帖】王羲之の蘭亭帖。〔翰墨志、六十九〕禊帖の若きに至りては、則ち之れを測ること益〻深く、之れに擬すること益〻嚴、姿態橫生し、其の源に造る莫し。

【禊堂】みそぎをする堂。〔晉書、礼志下〕陸機云ふ、天泉池の南石溝に御溝の水を引き、池西に石を積みて禊堂と爲すと。本、水に杯を流して飲酒す。亦た曲水と言はず。

↑禊宴 みそぎの宴/禊館 禊堂/禊月 三月/禊祭 春秋のはらい/禊除 みそぎ/禊節 上巳/禊川 みそぎ/禊遊 みそぎ/禊流 禊川

↓秋禊・修禊・春禊・祓禊

【綮】

14 3890 ケイ むすびめ

篆文

形声 声符は攴。攴は神戸棚を啓(启)く形。その戸の部分に糸の呪飾を結びつける意。護衛用の戟に、その呪飾を結びつけたものを綮戟という。〔説文〕十三上に「致(緻)き繒なり。一に曰く、徽識の信なり」(段注本)というのは、そのときに用いる布をいう。肯綮とは、肋骨の結び合うところで、急所の意に用いる。

訓義 ①むすびめ。聖飾として布などを結ぶ。②はたじるし。しるしの布を結びつける。③きめのこまかい布。

古訓 〔字鏡集〕綮 ヲウム・ツヽル

参考 綮はまた綮に作る。啓を啓、肇(肈)を肈に作るのと同じ。みな神戸棚の扉を開閉する呪儀を示すもので、綮も啓・肇と同系の字であることが知られる。

↑綮肯 肯綮/綮要 要領

↓肯綮

【閨】

14 7710 ケイ ねや

篆文

形声 声符は圭。〔説文〕十二上に「特立の戶。上圜下方、圭に似たる有り」とあって、アーチ形のくぐり戸のような門戸をいう。もと里中に設ける小門であった。〔爾雅、釈宮〕に「宮中の門、之れを闈と曰ひ、其の小なる者、之れを閨と曰ふ」とあり、後宮に設けることが多い。のち閨房の意となる。〔漢書、張敞伝〕に「閨房の內、夫婦の私」という語があり、婦人の文才あるものを閨秀という。

訓義 ①独立の小さな門。②宮中の小門。③里中の門。④奥部屋の門、婦人の室、閨房、ねや。⑤婦人、女。

古訓 〔字鏡〕閨 チヒサキカド・ネヤ
語系 閨・圭・珪 kyue は同声。戸の形が圭に似た小門を閨という。〔左伝、襄十年〕「篳門閨竇」の篳門は柴門、閨竇は壁穴を圭形にくりあけた土室をいう。

【閨闈】 婦人の室。〔三国志、魏、中山恭王袞伝〕嗟爾小子、愼みて乃の身を脩め、聖朝を奉ずるに忠貞を以てし、太妃に事ふるに孝敬を以てし、閨闈の内は令を太妃に奉じ、閫閾の外は教へを沛王に受けよ。

【閨怨】 妻の失意の寂しさ。その詩。唐・則天武后〔織錦廻文記〕錦字迴文、盛んに傳寫せらる。是れ近代閨怨の宗旨、屬文の士、咸く龜鏡(手本)とす。

【閨閤】 閨房。内室。また、宮中の小門。近侍の仕えるところ。漢・司馬遷〔任少卿(安)に報ずる書〕身直だ閨閤の臣と爲る。寧ぞ自ら引き、深く岩穴に藏るることを得んや。

【閨閫】 内室。〔白虎通、嫁娶〕婦の夫に事ふるに四禮有り。～閨閫の内、衽席の上は、朋友の道なり。

【閨秀】 才学ある婦人。〔世説新語、賢媛〕王夫人は神情散朗、故より林下の風氣有り。顧家の婦は淸心玉映、自ら是れ閨房の秀なり。

【閨中】 ねや。唐・王昌齡〔閨怨〕詩 閨中の少婦、曾て愁へず 春日妝ひを凝らして、翠樓に上る

【閨竇】 土壁にくぐり戸をあけた室。微賤の人。〔左伝、襄十年〕王叔、伯輿と訟ふ。～士匄之れを聽く。王叔の宰曰く、篳門閨竇の人にして、皆其の上を陵がば、其れ上爲り難しと。

【閨房】 ねや。内室。〔後漢書、仲長統伝〕神を閨房に安んじ、老氏の玄虛を思ふ。

【閨門】 内室の門。〔荀子、仲尼〕齊桓～内行は則ち姑姉妹の嫁せざる者七人。閨門の内、般樂奢汰、齊の分を以て之れに奉ずるも足らず。

【閨裏】 ねやのうち。唐・無名氏〔伊川歌、五首、三〕詩 聞道らく、黃花の戍 頻年兵を解かずと 憐れむべし閨裏の月 偏に漢家の營を照らす

↑閨愛 婦人／閨帷 ねやの帳／閨豔 美女／閨閣 ねや／閨女 閨中の女／閨心 慕情／閨帥 女官／閨声 女色／閨闥 閨房／閨庭 家庭／閨内 奥向き／閨範 婦徳／閨蓽 貧賤の家／閨閾 家庭／閨流 婦人

↓宮閨・玉閨・金閨・空閨・孤閨・紅閨・香閨・朱閨・深閨・幽閨・蘭閨・令閨

【儆】 15 2824 ケイ いましめる

篆文 

形声 声符は敬(敬)。敬は茍と攴とに従い、茍は羌人と祝禱の器(𠙵)。これを毆って神意を責め儆めることを敬という。のち敬が神意を恭敬する意となって、儆戒の義の儆が作られた。〔説文〕八上に「戒むるなり」とするが、戒は兵器を以て守る意。儆は神意を動かして守る意である。〔書、大禹謨〕に「吁戒めよや。無虞(未然のとき)に儆戒せよ」のように、同義に用いる。

訓義 [1]いましめる、神意をおそれいましめる。[2]敬・憼・警と同声。義において通ずるところがある。

古訓 〔名義抄〕儆 ツ、シム・イマシム・イヤシム

語系 儆・敬・警(警)・憼・驚(驚) kieng は同声。驚は馬の驚く意、神異のことに駭くことをいう。

【儆戒】 いましめる。〔墨子、天志上〕夫れ天は、林谷幽閒にも人無しと爲すべからず。明らかに必ず之れを見る。然れども天下の士君子の天に於けるや、忽然として、以て相ひ儆戒するを知らず。

【儆懼】 いましめおそれる。〔国語、晋語二〕以て其の祭祀を主り、且つ其の國家及び其の民人を鎭撫せば、四隣諸侯の之れを聞くと雖も、其れ誰か君の威を儆懼し、君の德を欣喜せざらんや。

【儆省】 反省する。明・李贄〔焦弱侯に復する書〕丁公の此の擧、亦た大いに人意を快にし、大いに生平を快にし、大いに朝廷に功有り。此れより大いに儆省する有り、大いに震懼する有り。

【儆備】 いましめ備える。〔後漢書、南蛮伝〕武陵蠻六千餘人、江陵に寇す。荊州刺史劉度、謁者馬睦、南郡大守李肅、皆奔走す。～胡爽馬首を扣へて諫めて曰く、蠻夷、郡の儆備無きを見て、故に敢て閒に乘じて進む。～柰何ぞ符守の重きを委てて、逋逃の人と爲るやと。

↑儆畏 いましめ畏れる／儆急 危急／儆儆 不安のさま／儆戢 儆省／儆切 愼重／儆息 慰め励ます／儆動 驚かす／儆導 いましめ導く／儆蹕 警蹕／儆報 警報／儆励 励ます

↓恩儆・交儆・申儆・勅儆

【劌】 15 2220 ケイ そこなう するどい

篆文 

会意 歲(歲)＋刀。〔説文〕四下に「利傷なり」とあり、鋭利な刀による傷の意とし、字を歲声とする。〔説文〕に収める歲声の字には濊・翽・薉・噦などの声がある。歲の卜文・金文はもと大きな戉(鉞)の形に従い、刀の上下に肉の形を加えており、宰割の意がある。そのことを劌というのであろう。〔文子〕に劌・割(割)・伐を韻とする例があり、劌に古く入声の音があったようである。

訓義 [1]そこなう、鋭利な刃物で傷つける。[2]さく、きる、わる。[3]するどい、するどい器。[4]会と通じ、あう。

古訓 〔新撰字鏡〕劌 太知奴弥(たちぬみ) 〔名義抄〕劌 サク 〔字鏡集〕劌 イタム・ヤブル

【劌目】 目をおどろかす。人の意表に出る。唐・韓愈〔貞曜先生墓誌銘〕其の詩を爲るに及びては、目を劌かし心を鉥かし、刃迎縷解、鉤章棘句～神施鬼設、閒ま層出するを見る。

↑劌鉥 雕琢／劌心 劌目怵心。劌心剞肺・劌心剞腹・劌心鉥腎ともいう／劌剔 えぐり取る

人【慧】 15 5533 〔慧〕 15 5533 ケイ エ(ヱ) さとい かしこい

篆文 

形声 旧字は慧に作り、彗声。彗に彗星のような星光、ほのかに光るものの意がある。〔説文〕十下に「儇なり」、また儇字条八上に「慧なり」とあって互訓。〔論語、衛霊公〕「好んで小慧を行ふ」は、みせかけのこざかしい行為をいう。恵と通用し、〔漢書、武五子、昌邑哀王髆伝〕「淸狂にして不惠なり」は不慧の意。

訓義 [1]さとい、かしこい、あきらか。[2]ちえ。[3]こざかしい、わるがしこい。

古訓 〔名義抄〕慧 サトリ・サトル・サカシ・サヤカナリ・メグム・サクル・トシ・サトシ 〔字鏡集〕慧 トシ・アタフ・タクム・サトル・オモフ・ウツクシ・サクル・キミ・タノシブ

語系 慧・惠(恵) hyuat は同声。儇 xiuan も声近くして、義の通ずるところがある。

【慧解】 さとい。利口。〔晋書、芸術、鳩摩羅什伝〕龜茲王、～乃ち逼りて以て妻とす。既にして羅什、胎に在り。其の母、慧解常に倍す。年七歳に及び、母遂に與倶に出家す。

【慧士】 才智ある人。〔説苑、政理〕慧士は與に物を辨ずべく、智士は與に無方を辨ずべく、聖人は與に神明を辨ずべし。

【慧心】 聡敏な心。魏・嵆康〔声に哀楽無きの論〕器は妙瞽(すぐれた楽人)を假らずして良く、籥(ふえ)は慧心に因

らずして調ふ。

↑慧穎　さとい／慧叡　さとい／慧黠　狡猾／慧眼　眼識／慧給　口才／慧居　寺住み／慧見　識見／慧悟　さとい／慧巧　聡明／慧者　慧人／慧秀　聡明／慧俊　俊英／慧人　聡敏の人／慧施　施し／慧性　さとい／慧蔵　聡明の質／慧聖　賢聖／慧然　明らか／慧聡　さとい／慧蔵　仏典／慧智　聡慧／慧典　仏書／慧弁　識見／慧明　聡明／慧門　仏門／慧利　伶俐／慧了　さとい／慧憭　さとい／慧麗　聡明秀麗

↓穎慧・黠慧・儇慧・巧慧・秀慧・俊慧・小慧・静慧・早慧・聡慧・智慧・徳慧・敏慧・妙慧・明慧

常 **【慶】** 15 0024 ケイ　よろこび　たまもの　さいわい

篆文 

金文 

会意　鹿＋心。鹿は解廌、神判のときに用いる神羊。その神判に勝訴をえた解廌の胸に、心字形の文飾を施し、吉慶のしるしとする。〔説文〕十下に「行きて人を賀するなり」とし、字の上部を吉礼のときに人に贈る鹿皮の形、下部を夊にして行く意とするが、字は廌の側身形に従う。心は吉礼の文身に用い、文の卜文・金文には心を加えたものが多い。慶は勝訴。敗訴者はその解廌と、人（大）と、自己詛盟の器の蓋を去ったもの（凵）とを合わせて水に流す。その字は灋で、法の初文。古くは廃の意に用いた。慶は神判による勝訴、ゆえに吉慶の意となり、神の恩寵・恵福を意味する。

訓義　1神判による勝訴、よろこび、いわう。2たまもの、さいわい。3めでたい、よい、ほめる。4羌と通じ、ああ。

古訓　〔名義抄〕慶　ヨシ・ヨシ〳〵・ア、・ニギハヒ・ヨロコブ　〔字鏡〕慶　オホキナリ・オホシ・ヨロコブ

語系　慶khyang、羌khiangは声近く、感動詞として通用する。

【慶雲】　瑞雲。〔漢書、天文志〕煙の若くにして煙に非ず、雲の若くにして雲に非ず。郁郁紛紛、蕭索輪囷たる、是れを慶雲と謂ふ。

【慶賀】　祝う。〔淮南子、本経訓〕古の人、氣を天地と同じくし、～優游す。此の時に當りて、慶賀の利、刑罰の威無く、～萬民相ひ侵欺し暴虐する莫きこと、猶ほ混冥の中に在るがごとし。

【慶会】（くわい）　めでたい集まり。〔春渚紀聞、一、種柑二事〕章中公の父銀靑公兪、年七十、賓親を集めて慶會を爲す。柑を餉る者有り。味甘くして實極めて瑰大なり。

【慶幸】（かう）　めでたい。宋・曾鞏〔韓相公を賀する啓〕入りて典册に膺たり、首として鈞衡を秉る。凡そ生靈に在りて、孰れか慶幸ならざらん。

【慶賞】（しやう）　恩賞。〔晏子、問上二十四〕兵を好みて民を忘れ、罪誅に肅しくして、慶賞に慢り、人の哀を樂しみて、人の難を利とす。～此れ亡國の行なり。

【慶弔】（てう）　吉凶。〔後漢書、王充伝〕以爲へらく、俗儒文を守るも、多く其の眞を失ふと。乃ち門を閉し思ひを潛め、慶弔の禮を絶ち、戸牖牆壁に各〻刀筆を置き、論衡八十五篇・二十餘萬言を著はす。物類の同異を釋き、時俗の嫌疑を正す。

【慶霊】　神霊の喜び。南朝宋・謝霊運〔帰塗の賦〕百世の慶靈を承け、千載の優渥に遇ふ。康衢（広い道）の踐み難きに匪ず、諒に跬歩（ひと足）の局り易きなり。

↑慶渥　恩沢／慶育　安産／慶蘊　多幸／慶裔　ご子孫／慶悦　喜び／慶謁　お祝言上／慶衍　多幸／慶煙　瑞雲／慶殃　禍福／慶快　喜び／慶喜　喜び／慶恵　恵み／慶言　慶弔／慶功　戦勝祝賀／慶削　貴翰／慶士　善士／慶祉　福沢／慶賜　賞賜／慶事　おめでた／慶寿　誕生祝／慶祝　お祝い／慶恤　慶弔／慶祥　吉兆／慶霄　慶雲／慶觴　祝杯／慶色　喜色／慶瑞　慶祥／慶節　祝日／慶羨　よろこび慕う／慶善　めでたい／慶祚　幸い／慶沢　恩恵／慶旦　慶誕／慶誕　誕生日／慶典　祝典／慶牘　賀状／慶拝　祝賀／慶福　慶幸／慶抃　よろこび舞う／慶命　吉運／慶門　貴家／慶問　お祝い／慶宥　恩赦／慶余　余慶／慶誉　名誉／慶頼　王の徳／慶礼　吉礼

↓栄慶・殃慶・恩慶・嘉慶・賀慶・吉慶・休慶・御慶・欣慶・幸慶・国慶・祝慶・祥慶・積慶・大慶・天慶・同慶・表慶・福慶・余慶・落慶・礼慶

常 **【憬】** 15 9609 ケイ　とおい　さとる

篆文 

形声　声符は景。〔説文〕十下に「覺悟するなり」（段注本）とあり、心に悟る意とするが、その用例はない。〔説文〕に引く〔詩、魯頌、泮水〕の「憬たる彼の淮夷」は、〔毛伝〕に「遠行の貌なり」とあって遥遠の意。あこがれる意の憧憬は、中国の文献にみえず、憧愚のように愚かの意に用いる。憧憬はおそらく惝怳の意であろう。惝怳はもと自失の状をいう語であった。

訓義　1とおい、はるか、広やかなさま。2さとる。

古訓　〔名義抄〕憬　サトル

↑憬憬　はるかなさま／憬悟　さとる／憬集　遠く集まる／憬然　さとるさま／憬俗　辺地の俗／憬途　遠道

↓憧憬

【熲】 15 2188 ケイ　ひかり

篆文 

形声　声符は頃。〔説文〕十上に「火光なり」とあり、輝くような光をいう。漢・王逸の〔楚辞、九思、哀歳〕に「神光熲熲として、鬼火熒熒たり」とあり、神光をいう。字はまた耿に作る。

訓義　1ひかり。2かがやく。3耿と通じ、あきらか。

語系　熲kieng、耿kyengは声義近く、通用することがある。

常 **【稽】** 15 2396 ［𥡴］ 15 2866 ［䭫］ 15 2168 ケイ　いたる　とどまる　かんがえる

篆文 

金文 

会意　禾＋尤＋旨（䭫の省文）。〔説文〕六下に「留止するなり」と訓し、稽留の意とする。また字を禾・尤に従うとするが、その形義を説くところがない。禾形は軍門の表木、いわゆる両禾軍門の象で、陣営の前に、上部に横木をつけた木を立てた。古く「和表」「桓表」といい、のちの華表の原型をなすものである。聖所を守る榜示の木であるから、犬牲を加えた。尤は死したる犬の形。旨は詣・䭫の初文。旨は祝禱して神霊の降下する形。神の詣るをいう。それを迎え拝するのは䭫。参詣の詣の初文。金文には稽首の字を䭫首に作る。のち稽首・稽顙のように稽を用いる。神を迎えて神意にはかるので稽考の意となり、また稽古のように用いる。

訓義　1いたる、神がいたる。2神を迎えとどめる、とどまる。3神を迎え拝する、稽首。4神意を考える、かんがえる。叶と通用し、くらべる、うらなう、とう。5棨と通用し、はたはこ。

古訓　〔字鏡集〕稽　ヲガム・オコタル・トゞム・イタル・トゞコホル・カタムク・カムガフ・トゞマル・オソナハル・カス・アフ／䭫　カ

タブク・ハルカニ・ヲカス・ムカフ・イタヾク・シタガヒ・トヾマル・イタル・カムカフ

【稽疑】疑わしいことを卜して、考え定める。〔書、洪範〕七、疑はしきを稽がふ。擇びて卜筮の人を建立し、乃ち卜筮を命ず。～三人占ふときは、則ち二人の言に從ふ。

【稽詣】そのままとどまる。漢・王褒〔洞簫の賦〕儃游流離し、躊躇稽詣し、亦た耽しむに足る。

【稽古】古道を考える。〔書、堯典〕曰若に古の帝堯を稽かんがふ。□学術を研習する。〔後漢書、桓栄伝〕榮、大いに諸生を會し、其の車馬印綬を陳らねて曰く、今日蒙かうる所は、稽古の力なり。

【稽式】法則。楷式。〔老子、六十五〕智を以て國を治むるは、國の賊なり。智を以て國を治めざるは、國の福なり。此の兩者を知るは、亦た稽式なり。常に稽式を知る、是れを玄德と謂ふ。

【稽首】敬礼。頭を地につけて拝する礼。〔書、舜典〕帝曰く、～咨あ禹よ。汝水土を平らげたり。惟れ時れ懋つとめよやと。禹、拜稽首し、稷・契と皐陶とに讓る。帝曰く、兪しかり。汝往けやと。

【稽顙】額を地につけて礼する。〔礼記、檀弓下〕（喪礼に）拜して稽顙するは、哀戚の至隱（至痛）なり。稽顙は隱の甚だしきなり。

【稽天】天にいたる。〔荘子、逍遥遊〕之の人や、物之れを傷そこなふ莫し。大浸（洪水）天に稽るも溺れず、大旱金石流れ、土山焦ぐるも熱せず。

【稽留】とどまる。〔史記、滑稽、淳于髡伝〕乃ち州閭の會の若き、男女雜坐し、行酒稽留し、六博・投壺、相ひ引いて曹（偶）を爲す。～髡こ、竊かに此れを樂しむ。

➡稽延 躊躇する／稽淹 滞留する／稽覈 精査する／稽緩 遅延する／稽極 屈曲する／稽験 考験する／稽固 停留する／稽故 延滞する／稽考 考える／稽仰 景仰する／稽査 調べる／稽察 検察する／稽参 考える／稽浸 水浸し／稽尋 調べる／稽滞 留滞する／稽度 考え計る／稽遅 とどまる／稽沈 沈滞する／稽定 考え定める／稽停 とどこおる／稽程 考え計る／稽同 考え合わす／稽任 成績を考える／稽拝 叩拝する／稽伏 拝伏する／稽服 拝伏／稽謀 考え謀る／稽壅 壅ぐ／稽覧 査閲する／稽論 考論する

⬅簡稽・久稽・考稽・滑稽・不稽・無稽・留稽

【𩒨】15 2168 ［䭫］15 2866 ケイ ぬかずく いたる

篆文 

会意 旨＋頁。〔説文〕九上の字形は䭫に作り、旨＋首。金文は𩒨に作り、𩒨首のように用いる。〔説文〕に「下首なり」と訓し、旨声とする。旨は祝禱の器を示す曰に従い、その上に霊の下降する意で、召（招）・各（格）と同じ意象の字。頁は礼容を整えた人で、その霊を拝する意。故に䭫よりも𩒨が字義に合う。𩒨は稽の初文。稽は形声の字である。〔玉篇〕に「周禮（春官）大祝、九拝を辨ず。一に曰く、䭫首。（鄭）玄曰く、首、地に至ると。今、稽に作る」とみえる。九拝の二に頓首があり、〔注〕に「頭、地を叩くなり」、また五に吉拝があり、拝して稽顙するをいう。

訓義 1ぬかずく、神霊にぬかずく、神をむかえて拝する、稽首。2いたる、まいる、参詣する。

＊稽字条参照。

【駉】15 7732 ケイ まきば

篆文 

形声 声符は冋。冋は地に境界を施す形。ここでは牧場の意。〔詩、魯頌、駉〕に「駉駉たる牡馬 坰の野に在り」とあり、駉駉とは馬の壮盛なるを形容する語である。陸徳明の〔経典釈文〕に「駫駫たる牡馬」に作り、駉駉は駫駫と同義の語である。

訓義 1まきば。2駫と通じ、馬のたくましいさま。

【嬛】16 4643 ケイ ケン カン（クヮン） うれえる ひとり

篆文 

形声 篆文の字形によれば、声符は睘。〔説文〕十二下に「材緊なり」とするが、その義の用例はない。また〔左伝、哀十六年〕「嬛嬛として疚ひに在り」の文を引く。今本は字を煢に作る。その字はまた惸に作る。嬛はまた鰥寡の鰥に用いることがあり、その声義がある。

訓義 1うれえる。2ひとり。3嬛嬛は煢煢・惸惸と通じ、さびしい。また、たおやか、すばやいさま。4かたい、しまりあるさま。

古訓 〔字鏡集〕嬛 ミカルシ・ツク・ウルハシ

語系 嬛・儇・翾 xiuan は同声。狷・獧・懁 kyuan も声義近く、狷は褊急、獧は疾跳、懁は急、儇は疾慧の人をいう。嬛にはそれらの義を含む。

➡嬛孤 みなしご／嬛独 ひとり身／嬛佞 軽佻／嬛綿 しなやか

⬅便嬛

常【憩】16 2633 ［甛］15 2433 ［愒］12 9602 ケイ ケツ いこう

篆文 

形声 正字は愒に作り、曷声。憩・甛はおそらくその俗体で、字の構造的な意味を確かめがたい。〔説文〕十下に「愒は息ふなり」とあり、〔爾雅、釈詁〕に「憩は息ふなり」とあり、声義の同じ字である。〔説文〕の徐鉉の附記に、憩を愒の俗字とする。〔詩、召南、甘棠〕「召伯の憩ひし所」の〔釈文〕に、字を愒に作る本があるという。〔詩、大雅、仮楽〕に塈を憩う意に用いている。

訓義 1いこう、やすむ。2愒・塈と通じて用いる。

古訓 〔新撰字鏡〕憩 伊己不（いこふ）〔字鏡〕甛 イコフ 〔字鏡集〕憩 イコフ・クラオロス・イロス・ヤスム・イキック

語系 憩（愒・甛）khiat は同字。歇 xiat、塈 xiat も声義が近い。〔詩、召南、甘棠〕に憩、〔詩、大雅、民労〕に愒、〔詩、大雅、仮楽〕に塈を用いる。憩・愒は同字。歇は〔説文〕八下に「息ふなり」とあって同訓。みな一系の語である。

【憩止】やすむ。休憩。〔晋書、劉寔伝〕寔少かきとき貧窶、杖策徒行す。憩止する所ある毎に、主人を累はさず。薪水の事、皆自ら營給す。

【憩息】いこう。〔史通、暗惑〕行李（使者）程（日程）有り、嚴に供具を備へ、憩息所有り。

【憩泊】とまる。〔水経注、贛水〕西に鸞岡有り。洪崖先生の鸞に乘じて憩泊せし所なり。

➡憩偃 偃息する／憩讌 休息して飲宴する／憩館 別荘／憩休 休憩する／憩歇 やすむ／憩榭 休憩の亭／憩睡 熟睡する／憩石 腰かけ石／憩流 潮どめ

⬅佳憩・休憩・小憩・静憩・遊憩・流憩

【磬】16 4760 ［殸］11 4724 ケイ うちいし

篆文 

古文 

籀文 

甲骨文 

形声 声符は殸。声は磬の象形でその初文。これを鼓つ形は殸、その石は磬。〔説文〕九下に「樂石なり」とし、「殸は虡に縣くるの形に象る。殳は之れを撃つなり」といい、重文として硜声の字を録する。〔詩、商頌、那〕に「既に和し且つ平なるは、我が磬聲に依る」とあって、磬は神人相和する楽に用いる。

訓義 1うちいし、けい。2けいをうつ音。3磬の形のように腰を折る、磬折。4磬のように懸ける、くびる。5罄・窒と通じ、つきる。6磬控は馬を扱う。

古訓 〔和名抄〕磬 宇知奈良之(うちならし)〔名義抄〕磬 ツキヌ・コトゴトク・シツカニ・ウチナ(ラ)シ 〔篇立〕磬 ウチナラシ・マウス・ウチイシ・ツクス・ツク

声系 磬はまた殸に作り、殸がその初文。〔説文〕に殸声として聲・罄・馨・聲(声)など六字を収める。もと磬声の高くすんだ音をとるものであろう。

語系 磬・罄khyengは同声。罄は〔説文〕五下に「器中、空なり」と訓し、字は缶に従う。缶器、また楽器に用いた。窒khyengは同声。〔説文〕七下に「空なり」と訓し、罄空の意は窒と通用の義であろう。

【磬控】 馬を走らせるを磬、とめるを控という。〔詩、鄭風、大叔于田〕抑、磬控し 抑、縱送す

【磬折】 立礼の法。磬のように身をかがめる。〔礼記、曲礼下〕立つときは則ち磬折して佩を垂る。

↑磬欬 せきばらい。尊長の人にあうことを謦咳に接すという/磬筦 磬と笛/磬管 磬と笛/磬虡 磬かけ/磬簴 磬かけ/磬県 縊死/磬錯 磬の砥石/磬師 磬をうつ楽官/磬鐘 磬と鐘/磬色 玉磬の光/磬石 磬用の石

↓玉磬・撃磬・県磬・石磬・飯磬・風磬・編磬・梵磬・幽磬

【蕙】 16 4433 ケイ かおりぐさ

形声 声符は惠(恵)。香草。〔楚辞〕に歌うことが多い。〔本草綱目、草三、薫草〕に「(李)時珍曰く、古者、香草を焼きて以て神を降す。故に薰と曰ひ、蕙と曰ふ。~或いは云ふ、古人祓除するに此の草を以て之れを薰すと。~謹んで按ずるに、~湘水の源、多く此の香を生ず。今人呼んで廣零陵香と爲す者は、乃ち眞の薰草なりと」とあり、祭祀のときに用いた。

訓義 1かおりぐさ。2香草、蘭の類。3美しいもの、人の美質にたとえる。

古訓 〔名義抄〕蕙 フヂハカマ

【蕙肴】(かう) 香草にひたした肉。〔楚辞、九歌、東皇太一〕蕙肴を蘭藉に蒸め 桂酒と椒漿(飯汁に香木をひたしたもの)とを奠く

【蕙茝】 かおりぐさと、よろいぐさ。〔楚辞、離騒〕申椒と菌桂とを雜ふ 豈に維だ夫の蕙茝を紉ぐるのみならんや

【蕙帯】 香草の帯。〔楚辞、九歌、少司命〕荷の衣 蕙の帯 儵而として來り、忽而として逝く 夕に帝郊に宿る 君、誰をか雲の際に須まつ

【蕙帳】(ちやう) 香草のとばり。隠者の居るところ。斉・孔稚珪〔北山移文〕蕙帳空しくして夜鵠怨み、山人去つて曉猨驚く。

【蕙風】 かぐわしい風。宋・周邦彦〔看花回、二首、二〕詞 蕙風、始めて散じて輕暖なり 霽景、微しく澄潔なり

【蕙楼】 美しい楼。唐・高適〔秋胡行〕詩 蕙樓獨り臥して、頻りに春を度り 彩閣に君を辭して、幾たびか暑徂ゆく

↑蕙畹 香草の園/蕙気 香気/蕙香 草の香り/蕙茝 蕙止/蕙質 美質/蕙纕 香草の佩/蕙芬 香気/蕙圃 蕙畹/蕙畝 蕙圃/蕙房 香る室/蕙蘭 香蘭/蕙露 香露

↓香蕙・蘅蕙・采蕙・秋蕙・春蕙・茹蕙・霜蕙・佩蕙・風蕙・沐蕙・蘿蕙・蘭蕙・緑蕙

【褧】 16 1973 〔絅〕 11 2792 ケイ ひとえ

篆文 

形声 声符は耿。〔説文〕八上に「檾なり」とし、〔詩、衛風、碩人〕「錦を衣て褧衣す」の句を引く。〔中庸、三十三〕にその詩句を引いて、褧を絅に作る。金文に冂衣・同衣としるしており、それが初文であろう。錦衣の上に、うちかける麻のひとえものをいう。

訓義 1ひとえ、麻のひとえ、ちりめんのひとえ。2字はまた絅に作る。

古訓 〔字鏡集〕褧 ヒトヘキヌ

【褧衣】 麻のひとえの衣。〔詩、衛風、碩人〕碩人其れ頎い なり 錦を衣て褧衣す

【褧裳】(しやう) 麻のひとえの裳。〔詩、鄭風、丰〕錦を衣て褧衣し 錦を裳にして褧裳す

【鉶】 16 8210 ケイ かなえ

篆文 

形声 声符は刑(刑)。〔説文〕十四上に「器なり」とあるもその器制をいわず、〔玉篇〕に「羹の器なり」という。〔周礼、天官、亨人〕に「祭祀には大羹鉶羹を共(供)す。賓客にも亦た之の如くす」とあり、〔鄭司農注〕に、大羹には五味を加えず、鉶羹には塩菜を加えるとあり、宴飲のときに用いた。〔儀礼〕に、鉶や豆を用いることが、多くしるされている。

訓義 1あつものをいれる鼎。両耳三足、蓋のある大鼎。2あつもの、菜羹。

古訓 〔字鏡集〕鉶 アツモノ、ウツワ・センヘイノハシ

参考 字はまた銒に作る。銒は酒器。

【鉶羹】(かう) 五味を和するあつもの。〔周礼、天官、亨人、疏〕牛には藿を用ひ、羊には苦を用ひ、豕には薇を用ひ、調ふるに五味を以てし、之れを鉶器に盛る。即ち之れを鉶羹と謂ふ。

【鉶俎】 お供え。俎は魚肉を載せるまないた。〔唐書、韋縚伝〕祭は敬を主とす。~物を備ふと曰ふと雖も、猶ほ節制の存する有り。鉶俎籩豆、簠簋尊罍は周人の時饌なり。其の用、燕享賓客に通ず。~唐家の清廟時享、禮饌備進は、周の法なり。

↑鉶器 羹用の鼎/鉶鼎 あつものを供える器

↓祭鉶・設鉶・羊鉶

【頸】 16 1118 ケイ くび

篆文 

形声 声符は巠。巠は織機のたて糸を張り立てた形。上下の径直の関係にあるものをいう。人体では頸や脛の状態がそれに近い。〔説文〕九上に「頭莖なり」とみえる。

訓義 1くび、くびすじ、のどくび。2もののくびすじにあたるところ、中央、上下を支えるところ。

古訓 〔和名抄〕頸 久比(くび)〔字鏡集〕頸 クビ・ヲク

語系 頸kieng、剄kyengは名詞・動詞の関係にある語であろう。脛hyeng、莖(茎)hengも声義が近い。頸はまた亢kang、項heongと声義近く、一系をなす語であろう。

【頸血】 くびの血。〔史記、廉頗藺相如伝〕秦王、缻を撃つことを肯へぜず。相如曰く、五歩の内、相如請ふ、頸血を以て大王に濺ぐことを得んと。

↑頸囲 首筋/頸枷 首かせ/頸鎧 しころ/頸筋 くびの筋肉/頸項 うなじ/頸脰 うなじ/頸尾 首尾/頸毛 くびの毛/頸領 えりくび/頸盭 ねじ向け/頸瀝 るいれき/頸聯 律詩の後聯

↓延頸・回頸・鶴頸・懸頸・交頸・縮頸・短頸・長頸・刎頸

【髻】 16 7260 ケイ たぶさ まげ

篆文 

形声 声符は吉。吉は聖器の鉞頭(士)で祝詞の呪能を守る意で、詰・結の意がある。〔説文新附〕九上に「髮を總ぶるなり」とあり、結髪を髻、結髪して簪飾を加えることを髻華という。

訓義 ①たぶさ、まげ、わげ。②国語の「みづら」にあてて用いる。③結・紒と通じて用いる。

古訓 〔新撰字鏡〕髻　伊太々支（いただき）〔和名抄〕髻　毛斗々利（もとどり）〔篇立〕髻　モトヾリ・カミ

語系 髻・結kyet、紒（䯺）keatは声義近く、笄kyeiも関係のある語。䯺は〔説文〕に「簪にて結ぶなり」とみえる。

↑髻鴉　黒髪／髻雲　黒髪／髻荷　蓮の華の形の髪／髻角　男の子のまげ／髻鬟　まげ／髻根　もとどり／髻釵　かんざし／髻子　もとどり／髻簪　かんざし／髻梳　くしけずる

↓雲髻・仮髻・花髻・峩髻・丸髻・義髻・玉髻・小髻・簪髻・翠髻・両髻

【擎】 17 4850　ケイ　ささげる　あげる

形声 声符は敬（敬）。〔荘子、人間世〕に「擎跽曲拳するは、人臣の禮なり」とあり、手をあげ跪いて身をまげ、拝伏するさまをいう。〔広雅、釈詁一〕に「擧ぐるなり」とあり、ささげるように高くあげるもちかたをいう。

訓義 ①ささげる、かかげる、あげる。②もつ。③たかい、そばだつ。

古訓 〔名義抄〕擎　サヽグ・カキアグ・タム

【擎跽】ものをささげ、跪き拝する。宋・蘇軾〔司馬温公神道碑〕京師に至りて士大夫の言を聞くに、公の初めて入朝せしとき、民其の馬を擁し、行くを得ざるに至る。衞士の公を見て擎跽流涕する者、勝げて數ふべからず。公、懼れて洛に歸ると。

【擎剣】剣をささげる。唐・李賀〔秦光禄の北征を送る〕詩　今朝、劍を擎げて去る　何れの日にか蛟を刺して迴らん

【擎天】天を支える。〔宋史、外戚上、劉永年伝〕生まれて四歲、～兩宮に出入するを許さる。仁宗、小山詩を賦せしむ。一柱天を擎ぐの語有り。

↑擎架　支える／擎起　捧げる／擎拳　掌握する／擎拳　捧げる／擎受　受ける／擎托　支える／擎灯　掲げる灯／擎露　承露

↓孤擎・提擎

【檠】 17 4890　ケイ　ゆだめ　ともしび

篆文 

形声 声符は敬（敬）。〔説文〕六上に「榜なり」とあり、弓の曲直を正す木をいう。〔淮南子、脩務訓〕に「弓は檠を待ちて、而る後能く調ふ」とみえる。また燭台、手近に用いるものを短檠という。

訓義 ①ゆだめ、ゆだめの木、ためる。②ともしびたて、ともしび、燭台。③たかつき。

古訓 〔和名抄〕檠　由美多女（ゆみため）〔字鏡集〕檠　カタチ・ユダメ・タメ

↑檠架　扶持する／檠括　匡正する／檠枻　ゆだめ／檠灯　燭台の灯／檠榜　ゆだめ／檠木　杉

↓寒檠・金檠・小檠・短檠・灯檠

【罄】 17 4777　ケイ　つきる　むなしい

篆文 

形声 声符は殸。殸は磬の初文。〔説文〕五下に「器中、空しきなり」とあり、〔左伝、僖二十六年〕「室、縣磬の如く、野に青草無し」と磬を空尽の意に用いる。〔詩、小雅、蓼莪〕に「缾の罄くるは　維れ罍の恥なり」とあるのも、磬と同じく、ともに窒と声義の通ずる用法であろう。

訓義 ①つきる、むなしい、器の中がむなしい、うつろ。②ことごとく、みな。

古訓 〔名義抄〕罄　ツクル

語系 罄・窒khyengは同声。〔説文〕七下に「窒は空なり」と訓し、〔詩、小雅、蓼莪〕の句を引いて「瓶の窒くる」に作る。

【罄竭】すっかりなくなる。〔晉書、呂纂載記〕比年（連年）多事にして、公私罄竭す。根を深くし本を固くせずんば、恐らくは患を將來に爲さん。

【罄尽】すっかりなくなる。〔晉書、王衍伝〕父、北平に卒す。送故甚だ厚し。～數年の閒に家資罄盡し、出でて洛城西の田園に就きて居る。

【罄然】厳整。また空無。〔旧唐書、辛替否伝〕是に於て人怨み神怒り、親忿り衆離れ、水旱調せず、疾疫屢起る。遠近論を殊にし、公私罄然たり。

↑罄宇　全世界／罄匱　乏しい／罄窮　窮乏／罄空　尽空／罄懸　空虚／罄困　極貧／罄浄　空っぽ／罄心　尽心／罄身　献身／罄折　磬折／罄絶　尽きる／罄地　所有地／罄嚢　はたく／罄瓶　空の瓶／罄輸　全部送る／罄露　露見

↓歓罄・虚罄・窘罄・空罄・県罄・心罄・凋罄・貧罄・輸罄

【罽】 17 6022　ケイ　うおあみ　けおり

篆文 

形声 声符は劂。〔説文〕七下に「魚网なり。网に従ひ、劂聲、劂は籒文鋭なり」、〔広雅、釈器〕に「氍は罽なり」とあり、毛布をいう。また綱と通用する。

訓義 ①うおあみ。②綱と通用し、けおり。

【罽幘】毛織の帽。〔三国志、呉、孫堅伝〕堅、數十騎と圍みを潰やして出づ。堅、常に赤罽幘を著く。乃ち幘を脫して、親近の將祖茂をして之れを著けしむ。（董）卓の騎、爭ひて茂を逐ふ。

↑罽衣　毛織の衣／罽毯　毛氈

【薊】 17 4432　ケイ　カイ　あざみ

篆文 

形声 声符は魝。魝は〔説文〕四下に「楚の人、魚を治むることを謂ふ。刀に從ひ、魚に從ふ。讀みて鍥の若くす」とみえる。薊はあざみ。〔説文〕一下に「芺なり」とあり、大薊・小薊の二種がある。

訓義 ①あざみ。②芥と通用する。③地名。

古訓 〔和名抄〕薊　阿佐美（あざみ）／大薊　夜万阿佐美（やまあざみ）〔名義抄〕薊　アザミ／大薊　ヤマアザミ

【蹊】 17 6213 ［徯］ 13 2223　ケイ　こみち

篆文 

形声 声符は奚。〔説文〕二下に正字を徯に作り、「待つなり」と訓し、重文として蹊を録する。〔釈名、釈道〕に「步の用ふる所の道を蹊と曰ふ」とあり、山中・谿谷の小道をいう。蹊径のように連用することがある。

訓義 ①こみち、ちかみち。②わたる、よこぎる。③徯は、まつ。

古訓 〔新撰字鏡〕蹊　阿留久（あるく）〔字鏡〕蹊　アリク・ワタル・ミチ・カノミチ・アトノコミチ・ミツ

【蹊径】こみち。また、門径。いとぐち。〔荀子、勧学〕將に先王を原ね、仁義に本づかんとせば、則ち禮は正に其の經緯蹊徑なり。

【蹊隧】こみち。〔荘子、馬蹄〕故に至德の世、～是の時に當りてや、山に蹊隧無く、澤に舟梁無し。萬物羣生し、其の郷に連屬す。

↑蹊蹺　手違い／蹊逕　こみち／蹊田　田の道／蹊道　こみち／蹊路　こみち

↓寒蹊・空蹊・故蹊・山蹊・成蹊・鼠蹊・微蹊・幽蹊・鹿蹊

【鍥】 17 8713　ケイ　ケツ　かま

篆文 

形声 声符は契（契）。〔説文〕十四上に「鎌なり」とあり、〔方言、五〕に「刈鉤、關よりして西、～或いは之れを鎌と謂ひ、或いは之れを鍥と謂ふ」とみ

える。契は契刻の意で、小さな鋸歯のあるものをいう。契と通じ、契刻の意にも用いる。
訓義 ①かま、かりかま。②きざむ。③絶つ、切る。
古訓 〔名義抄〕鍥 カマ 〔字鏡集〕鍥 カブル・キザム・カマ
【鍥薄】削る。銭貨を削る。〔後漢書、劉陶伝〕(上議)陛下聖徳、～天下の艱難を傷み、鑄錢齊貨、以て其の敝を救はんと欲す。～願はくは陛下、鍥薄の禁を寛うし、冶鑄の議を後にせよ。
➡鍥臂 血盟

【鮭】 17 2431 ケイ ふぐ さけ

形声 声符は圭。〔山海経、北山経〕に「敦薨の山、～敦薨の水焉より出づ。～其の中に赤鮭多し」とあり、ふぐの類であるという。河豚はその字のように淡水魚である。魚部の字はわが国と用義の異なるものが多く、わが国ではさけをいう。
訓義 ①ふぐ、鯸鮐。②魚菜の総称、さかな。③国語で、さけ。
古訓 〔新撰字鏡〕鮭 佐介(さけ) 〔名義抄〕鮭 サケ・ホシイヲ・カセ・サバ
➡鮭肝 ふぐの肝/鮭魚 ふぐ/鮭菜 惣菜
⬇魚鮭・食鮭

【瓊】 18 1714 ケイ セン たま

篆文 

形声 声符は夐。夐に赤の意を含むことがあり、藑は花の赤いひるがお。〔説文〕一上に「赤玉なり」という。字はまた𤩊・瓗、あるいは旋の省形に従う形がある。徐鉉の附記に璿と同字であるというのは、その旋の音の義である。玉色の美しいものであるから、修飾の語に用いることが多い。
訓義 ①たま、あかいたま、丹。②美しい玉色、美しい。
古訓 〔名義抄〕瓊 タマ・キ 〔篇立〕瓊 カザリ 〔字鏡集〕瓊 アカキタマ・タマ
【瓊英】玉英。玉に似た石。〔詩、斉風、著〕充耳、黄を以てし 之れに尚ふるに瓊英を以てす
【瓊筵】美しい宴席。唐・李白〔春夜桃李園に宴するの序〕瓊筵を開きて以て花に坐し、羽觴を飛ばして月に酔ふ。
【瓊音】立派な詩文。唐・孟郊〔包祭酒に上る〕詩 瓊音獨り聽く時 塵韻固より同じからず 春雲、紙上に生じ 秋濤、胸中に起る
【瓊花】美しい花。あじさいに似た植物。〔洛陽名園記、李氏仁豊園〕又遠方の奇卉、紫蘭・茉利・瓊花・山茶の儔の如き、號して難植と爲す。獨り之れを洛陽に植うるときは、輒ち其の土産と異なること無し。
【瓊華】瓊玉に似た美しい石。〔詩、斉風、著〕充耳、素(白い糸)を以てし 之れに尚ふるに瓊華を以てす
【瓊枝】美しい枝。〔楚辞、離騒〕溘として吾れ此の春宮に遊び 瓊枝を折りて、以て佩に繼ぐ
【瓊姿】玉のような美しい姿。明・高啓〔梅花、九首、一〕詩 瓊姿只だ合に瑤臺に在るべし 誰か江南に向つて、處處に栽う
【瓊思】純真の想念。清・龔自珍〔鉄君の恵書に玉想瓊思の語有り。一詩を衍成して之れに答ふ〕詩 須ひず、文字もて言語を傳ふるを 玉想瓊思、一生を過ごさん
【瓊樹】玉のなる樹。〔漢書、司馬相如伝下〕瓊華。〔注〕瓊樹は崑崙の西、流沙の濱に生ず。大いさ三百圍、高さ萬仞。華は蘂なり。之れを食らへば長生す。
【瓊漿】玉の汁。美酒。〔楚辞、招魂〕華酌既に陳らぬ 瓊漿有り
【瓊佩】美しい佩玉。〔楚辞、離騒〕何ぞ瓊佩の偃蹇たる 衆、薆然として之れを蔽ふ
【瓊弁】美玉で飾った弁冠。〔左伝、僖二十八年〕初め楚の子玉、自ら瓊弁玉纓を爲り、未だ之れを服せず。戰に先だち、夢に河神己に謂ひて曰く、余に畀へよ。余、女に孟諸の麋を賜はんと。致さず。
【瓊林】雪を戴いた林。唐・劉禹錫〔楽天(白居易)の洛下雪中宴集に和す～〕詩 遙かに想ふ、兔園今日の會 瓊林滿眼、旂竿に映ずるを
【瓊楼】美しい建物。月宮殿。宋・蘇軾〔水調歌頭、丙辰中秋〕詞 我、風に乘じて歸去せんと欲す 又恐る、瓊樓玉宇高き處寒に勝へざるを
➡瓊宇 玉殿/瓊瑩 美しい石/瓊簷 美軒/瓊柯 雪の枝/瓊懷 佳懷/瓊館 美しい館/瓊肌 美しい肌/瓊煇 玉の光/瓊璣 美玉/瓊玖 佩玉/瓊宮 玉の御殿/瓊笈 秘笈/瓊琚 佩玉/瓊鏡 明鏡/瓊玉 美玉/瓊鉤 三日月/瓊采 玉光/瓊札 道書/瓊子 さいころ/瓊糸 雪/瓊巵 玉杯/瓊脂 美食/瓊兒 梅/瓊室 玉飾の室/瓊実 桃/瓊舟 玉盤/瓊羞 ご馳走/瓊什 玉作/瓊簫 玉簫/瓊觴 玉杯/瓊旻 瓊子/瓊簪 玉の簪/瓊蕤 玉の花/瓊蘂 瓊樹/瓊蘇 酒の名/瓊霜 紺碧の霜/瓊台 玉台/瓊殿 玉の御殿/瓊葩 麗花/瓊杯 玉の杯/瓊盤 玉盤/瓊糜 白米の粥/瓊靡 玉屑/瓊糜 玉屑/瓊敷 美文/瓊文 美文/瓊璧 たま/瓊片 玉片/瓊芳 瓊花/瓊茅 占卜の茅/瓊木 瓊樹/瓊腴 酒の一種/瓊瑤 佩玉/瓊鑾 玉の鈴/瓊籬 玉垣/瓊粒 米
⬇瑰瓊・曲瓊・玉瓊・金瓊・紅瓊・丹瓊・佩瓊・碧瓊・瑤瓊

【螇】 18 5513 ケイ せみ

篆文 

形声 声符は惠(恵)。〔説文新附〕十三上に「螇蛄、蟬なり」とみえる。
訓義 ①せみ、つくつくぼうし。②けら。
古訓 〔新撰字鏡〕螇蛄 介良(けら) 〔篇立〕螇 介良(けら) 〔字鏡集〕螇 ヨナムシ・ケラ
【螇蛄】つくつくぼうし。〔荘子、逍遥遊〕朝菌は晦朔(一月の始終)を知らず、螇蛄は春秋を知らず。此れ小年(短い生涯)なればなり。

【謦】 18 4760 ケイ しわぶき

篆文 

形声 声符は殸。〔説文〕三上に「欬くなり」とあり、せきばらいすることをいう。〔列子、黄帝〕に「謦咳疾言す」とあり、せわしくせきこんでいう意。もと擬声語であろう。のち貴人の言説をいう。
訓義 ①しわぶき、せきばらい。②さざめきいう。
古訓 〔字鏡集〕謦 マウス・ヒ(ヽ)ラク・シパラク(フキ)
【謦欬】しわぶき。〔荘子、徐無鬼〕久しい矣か、眞人の言を以て、吾が君の側に謦欬する莫きこと。
➡謦咳 謦欬

【醯】 18 1061 ケイ す すざけ

篆文 

会意 粥の或る体である鬻の省略形＋酉(酒の省略形)。粥と酒とをまぜて、酸を作る。〔説文〕五上に「酸なり。醯を作るに、鬻を以てし酒を以てす。鬻酒に從ひ、竝に省す。皿に從ふ。皿は器なり」という。〔礼記、内則〕に「和するに醯を用ふ」とあり、調味に用いる。塩味のものを醯といい、合わせて醯醢という。
訓義 ①す、すざけ。②すに漬けたもの。
古訓 〔字鏡集〕醯 スシ

【醯醢】けいかい すざけと、しおから。〔左伝、昭二十年〕和は羹の如し。水火醯醢鹽梅、以て魚肉を烹にる。之れを燀たくに薪を以てし、宰夫之れを和し、之れを齊ととのふるに味を以てし、其の及ばざるを濟まし、以て其の過ぎたるを洩へらす。
【醯酸】けいさん すざけ。醯が酸すっぱい。〔荀子、勧学〕樹、蔭を成して衆鳥息いこひ、醯酸くして蜹ぜい聚る。
↑醯漿けいしょう しおから／醯醬けいしょう すと味噌
↓塩醯・作醯・実醯・授醯・食醯・貯醯・缶醯

【巂】 18 2222 ケイ つばめ

篆文 

会意 字の上部は冠飾のある鳥の形、下部の冏いけは台座の形。〔説文〕四上に「巂周、燕なり」（段注本）とし、字形について、「隹すいに從ひ、屮てつは其の冠に象るなり。冏聲」という。冏は矞（商）・矞いつの下部と同じく台座の形。巂は冠飾のある鳥を台座に載せて伴い、鳥占とりうらに用いるのであろう。攜は提携の携の正字。往来進退を定めるとき、この鳥を攜えて鳥占を行う意と思われる。
訓義 ①巂周、つばめ。また、ほととぎす。子巂、ほととぎす。②規と通じ、車輪の一回転するをいう。めぐる。
声系 〔説文〕に巂声として㩗・攜（携）・觿など十二字を収める。㩗は二心のあること、觿は結んだ紐を解く佩角くじりで、ともに分離の意がある。巂の声義のうちに、そのような意を含んでいるのであろう。
【巂周】けいしゅう（しゅう） つばめ。また、ほととぎす。〔禽経注〕爾雅に曰く、巂周、甌越おうえつの閒に、怨鳥と曰ふ。夜啼きて旦に達し、血、草木を漬ひたす。凡そ鳴くに皆北嚮するなり。

人【繫】 19 5790 ケイ かける つなぐ

篆文 

形声 声符は毄けい。毄は叀けい（上部を括った橐ふくろの形。上下を括った形は東）を撃つ形。その橐を懸け垂れることを繫という。〔説文〕十三上に「繫繻けいれいなり。一に曰く、惡絮なり」とあり、次条に「繻は繫繻なり。一に曰く、維つなぐなり」とあり、紐でつなぐことをいう。繫縛・繫累のように用いる。
訓義 ①かける、かけ下げる、橐ふくろのものを下げる。②つなぐ、むすぶ、くくる、つける。③しばる、とらえる、かかる。④ひも、つな。⑤くずわた。⑥系と通じ、つながり、かかわり、つづきの関係。
古訓 〔名義抄〕繫 カク・カ、ル・ツナグ・トラフ・アガル・トル・ユフ
語系 繫kye、系・係hyeは声義近く、〔説文〕に「系は繫なり」「係は絜束けっそくなり」とあって、みな繫縛することをいう。また呪飾をつけることをいい、〔儀礼、士喪礼〕「組繫を著く」とはその意。孫は尸かたしろに系を著ける形である。
【繫獄】けいごく 獄に入れられる。〔漢書、韋玄成伝〕初め玄成の兄弘、太常丞と爲り、～諸陵邑を典つかさどる。煩劇にして罪過多し。～竟ひっに宗廟の事に坐して獄に繫がる。
【繫趾】けいし 足かせを加える。〔後漢書、朱穆伝〕太學の書生～數千人、闕に詣いたり上書して穆王訟へて曰く、～臣願はくは黥首げいしゅ繫趾、朱穆に代りて校作せんと。
【繫辞】けいじ 易の卦爻に加える語。また、その語に繫属して吉凶を解説する語。〔易、繫辞伝上〕聖人、卦を設け象を觀、辭を繫けて吉凶を明らかにす。☒論理学で、命題の主辞と賓辞との間にあって、否定・肯定を示す語。
【繫囚】けいしゅう（しう） 囚人。漢・張衡〔四愁詩の序〕衡、下車して威嚴を治め、～諸豪俠がうけふ遊客、悉ことごとく惶懼くわうくして、逃れて境を出で、郡中大いに治まり、爭訟息やみ、獄に繫囚無し。
【繫心】けいしん 心をつなぐ。〔史記、屈原伝〕屈平～放流せらるると雖も、楚國を睠顧けんこし、心を懷王に繫つなぎ、～君の一たび悟り、俗の一たび改まらんことを冀幸ねがふ。
【繫世】けいせい 世系。家系。〔周礼、春官、小史〕邦國の志（記録）を掌る。繫世を奠さだめ、昭穆せうぼく（王の世次、左右二廟に配祀した）を辨ず。
【繫属】けいぞく つなぎつける。〔易、繫辞伝上、疏〕故に吉凶の文辭を卦爻くわかうの下に繫屬して、此の卦爻の吉凶を顯明にするなり。
【繫匏】けいほう（はう） 棚にぶら下がっているふくべ。無用・無為。〔論語、陽貨〕吾われ豈に匏瓜ならんや。焉いづくんぞ能く繫かかりて食らはれざらんや。
【繫虜】けいりょ 捕虜。〔晋書、江統伝〕羌戎は狡猾、～今異類瓦解し、同種土崩す。老幼は繫虜となり、丁壯は降散す。禽離獸迸、相ひ一なること能はず。
【繫累】けいるい 足手まとい。わずらわされる。魏・阮籍〔詠懐、八十二首、二十八〕詩 俛仰して天地運めぐり 再び四海の流るるを撫す 累を名利の場に繫ぎ 駑駿どしゅん（賢愚）一輈いっちう（ながえ）を同もとにす
↑繫意けいい 留意する／繫援けいえん 援ける／繫懐けいかい 慕う／繫劾けいがい 取り調べ／繫勘けいかん 取り調べ／繫銜けいがん 位階／繫羈けいき しばる／繫舷けいげん 舟をつなぐ／繫考けいこう 拷問する／繫鎖けいさ つなぐ／繫舟けいしゅう 舟をつなぐ／繫象けいしょう 現象を示す／繫船けいせん 繫舟／繫爪けいそう 爪弾く／繫束けいそく しばる／繫託けいたく 身を任せる／繫治けいち 取り調べ／繫笞けいち 鞭うつ／繫縶けいちゅう つなぎしばる／繫牒けいちょう 系譜／繫艇けいてい 繫舟／繫馬けいば 馬をつなぐ／繫泊けいはく 舟をつないでとまる／繫縛けいばく つなぐ／繫臂けいひ 臂にかける／繫縻けいび つなぐ／繫表けいひょう 言外／繫風けいふう 根拠なし／繫由けいゆう かかる／繫腰けいよう 腰帯／繫絡けいらく つなぎまとう／繫纜けいらん 繫泊／繫留けいりゅう 拘留する／繫縲けいるい 拘留する／繫戾けいれい つなぎとめる／繫恋けいれん しきりに慕う／繫攣けいれん こだわる
↓嬰繫・械繫・解繫・劾繫・羈繫・軽繫・検繫・懸繫・拘繫・坐繫・罪繫・収繫・囚繫・縄繫・心繫・組繫・絆繫・捕繫・匏繫・幽繫・乱繫・留繫・連繫

常【警】 19 4860 〔警〕 20 4860 ケイ キョウ（キャウ） いましめる

篆文 

形声 声符は敬（敬）けい。敬は祝禱して神に祈るもの（苟けい）を攴うって、これを儆いましめる意。金文に「儆戒」という語があり、祈って儆めることを警という。〔説文〕三上に「戒むるなり」とあり、敬の亦声とする。
訓義 ①いましめる、神にいのりいましめる。②さとす、とがめる、しらせる、神意によってしらせる。③おそれる、つつしむ、そなえる、めざめる。④驚と通じ、おどろく。
古訓 〔名義抄〕警 ス、ム・メヅラシ・ナイガシロ・ツ、シム・カタシ・オゴカス・イマシム・オドロカス／儆警 ツ、シム・イマシム・イヤシム
語系 警・敬・儆（憼）・驚（驚）kiengは同声。苟は羌人を犠牲として神に祈る呪儀。これらの字は、もと神意に関して用いるものであった。
【警衛】けいえい（ゑい） 警戒しまもる。〔後漢書、独行、譙玄伝〕帝～數しばしば微行を爲す。～玄、上書して諫めて曰く、～夫それ警衛脩めずんば、則ち患は非常に生ぜん。～願はくは陛下、～金玉の身を愛をしめ。
【警戒】けいかい いましめる。〔礼記、楽記〕樂は心の動なり。聲は樂の象なり。文采節奏は聲の飾りなり。君子は其の本を動かして、其の象を樂しみ、然る後に其の飾りを治む。是の故に先づ鼓して以て警戒し、三歩して以て方を見しめす。
【警角】けいかく 軍中で用いる角笛。〔初学記、十二、御史中丞に引く晋中興書〕晉の大司馬桓溫、中堂に屯たむろし、夜、警角を吹く。御史中丞司馬恬てん、大いに不敬なりと奏劾す。
【警急】けいきゅう（きふ） 急変を警戒する。〔史記、黥布伝〕夏、漢、梁王彭越を誅して之れを醢かい（塩漬け）にし、其の醢を盛りて、徧

く諸侯に賜ふ。～淮南王方に獵し、醢を見て因りて大いに恐れ、陰かに～旁郡を候司して警急す。

【警句】秀抜な句。唐・司空図〔李生に与へて詩を論ずる書〕賈閬仙(島)、誠に警句有り。然れども其の全篇を視るに、意志殊に餒う。

【警懼】いましめ恐れる。〔漢書、董仲舒伝〕國家將に失道の敗有らんとするときは、天乃ち先づ災害を出だして、以て之れを譴告し、自ら省することを知らずんば、又怪異を出だして之れを警懼せしむ。

【警慧】敏慧。さとい。〔南史、王融伝〕融字は元長、少くして神明警慧、～博渉にして文才有り。

【警策】馬に一鞭あてる。また、詩文中のかなめとなる語句。晉・陸機〔文の賦〕片言を立てて以て要に居く。乃ち一篇の警策なり。

【警捷】奇警敏捷。明・王守仁〔教条、竜場の諸生に示す、勤学〕凡そ學の勤めざるは、必ず其の志の尙ほ未だ篤からざればなり。吾れに從ひて遊ぶ者は、聰慧警捷を以て高しと爲さずして、謹確謙抑を以て上と爲す。

【警備】万一に備える。〔漢書、匈奴伝上〕單于、犂汗王をして邊を窺はしむ。～時に漢、先づ降者を得て、其の計を聞く。天子邊に詔して警備せしむ。

【警蹕】天子の出入のとき、人を制止すること。〔史記、淮南厲王長伝〕(厲王)益と驕恣にして漢の法を用ひず。出入するごとに警蹕を稱し、制を稱し、自ら法令を爲り、天子に擬す。

↑警穎　敏い／警覚　悟る／警黠　敏慧／警警　不安／警固　固く守る／警鼓　非常の太鼓／警悟　敏い／警語　奇警な語／警護　警衛／警告　注意／警察　治安担当／警事　警報／警守　警衛／警巡　見廻り／警鐘　非常の鐘／警世　世をいましめる／警省　悟る／警醒　さます／警柝　拍子木／警勅　戒め／警飭　警勅／警枕　円木枕／警惕　おそれる／警笛　非常の笛／警発　いましめる／警抜　ずばぬける／警弁　巧弁／警夜　夜廻り／警邏　見廻り／警励　はげむ

↓奇警・機警・軍警・儆警・告警・自警・巡警・清警・聡警・天警・備警・敏警・辺警・烽警・夜警

常　【鶏】19　人〔鷄〕21　2742　［雞］18　2041

ケイ
にわとり

篆文

籀文

甲骨文

形声　声符は奚。正字は雞に作り、鷄はその籀文。常用漢字は、その籀文によって鶏を用いる。卜文の字形は鳥に従い、卜文において鳥形を用いるものはおおむね聖鳥とされるものであった。その形は高冠脩尾、鳳(風神)に近い形にしるされている。〔説文〕四上に「時を知る畜なり」とあり、〔周礼、春官、雞人〕はその職を掌る。殷・周の祭器を彝器といい、銘末に「寶隮彝を作る」というのが例であるが、彝は鶏を羽交いじめにして血を取る形。その牲血を以て器を清めた。奚はその鳴く声。わが国では「かけ」という。

訓義　[1]にわとり、かけ。[2]鳥牲の一。

古訓　〔名義抄〕鶏　ニハトリ・ハイタカ・ウツ・キヾシ

【鶏冠】鶏のとさか。〔本草綱目、禽二、鶏〕附方、鶏冠血、三年の雄鷄なる者良し。

【鶏距】鶏のけづめ。〔左伝、昭二十五年〕季・郈の雞闘ふ。季氏、其の雞に介す(金芒をつける)。郈氏、之れが金距を爲る。平子怒る。

【鶏狗】鶏犬。〔荘子、胠篋〕昔者齊國、隣邑相ひ望み、雞狗の音相ひ聞え、罔罟(あみ)の布く所、耒耨(すきとくわ)の刺す所、方二千餘里。四竟(境)の内を闔す。

【鶏群】鶏の群れ。〔晋書、忠義、嵆紹伝〕紹始めて洛に入る。或ひと王戎に謂ひて曰く、昨の稠人中に於て始めて嵆紹を見るに、昂昂然として野鶴の鷄群に在るが如しと。

【鶏犬】鶏と犬。〔老子、八十〕小國寡民、～隣國相ひ望み、雞犬の聲相ひ聞ゆ。民、老死するに至るまで、相ひ往來せず。

【鶏口】弱小なるも首領がよい。牛後に対する。〔戦国策、韓一〕臣聞く、鄙語に曰く、寧ろ雞口と爲るも、牛後と爲ること無かれと。今、大王、西面して、臂を交へて秦に臣事せば、何を以てか牛後に異ならんや。

【鶏子】鶏卵。〔後漢書、五行志三〕桓帝の延熹四年五月己卯、京都に雹を雨らす。大いさ雞子の如し。是の時、桓帝誅殺すること過差なり。

【鶏黍】鶏肉と黍飯。人をもてなす。〔論語、微子〕子路從ひて後る。丈人の、杖を以て蓧を荷ふに遇ふ。～子路を止めて宿せしめ、雞を殺し、黍を爲りて之れを食はしむ。

【鶏晨】鶏が朝を告げる。〔書、牧誓〕古人、言へること有り。曰く、牝雞は晨すること無し。牝雞の晨するは、惟れ家の索くる(滅びる)なりと。

【鶏豚】鶏と豚。〔孟子、梁恵王上〕雞豚狗彘の畜、其の時を失ふこと無くんば、七十の者、以て肉を食ふべし。

【鶏卜】鶏骨を灼いて卜する。〔史記、武帝紀〕乃ち越巫をして越の祝祠を立てしめ、～亦た天神上帝百鬼を祠り、雞を以て卜す。上、之れを信ず。越祠雞卜、始めて用ふ。

【鶏鳴】朝の鶏の声。よあけ。〔史記、孟嘗君伝〕夜半、函谷關に至る。～關の法、雞鳴きて客を出だす。～客の下坐に居る者に、能く雞鳴を爲すもの有り。雞齊く鳴く。遂に傳(旅券)を發して出でしむ。

【鶏肋】鶏のあばら骨。肉少なきも捨てがたい。〔三国志、魏、武帝紀注に引く九州春秋〕夫れ雞肋は、之れを棄つれば、惜しむべきが如きも、之れを食らふも得る所無し。

↑鶏夷　酒樽の名／鶏彝　酒器の名／鶏羽　鶏の羽／鶏窠　鶏小屋／鶏駭　文采のある犀、また、神馬／鶏姦　男色／鶏眼　うおのめ／鶏叫　鶏鳴／鶏翹　鶏の尾／鶏骨　痩せ細る／鶏幘　とさか／鶏矢　鶏の糞／鶏斯　もとどり／鶏雌　牝鶏／鶏塒　鶏のねぐら／鶏日　元旦／鶏珠　鬼蓮の実／鶏唱　鶏の声／鶏心　なつめ／鶏雛　ひよこ／鶏声　鶏鳴／鶏棲　鶏のねぐら／鶏跖　鶏の足うら／鶏舌　香の名／鶏窓　書斎の窓／鶏足　山ぐみ／鶏腿　鶏のもも肉／鶏旦　元日／鶏壇　会所／鶏定　けづめ／鶏啼　鶏鳴／鶏頭　鶏冠花／鶏肉　かしわ／鶏皮　老人のはだ／鶏膚　鶏皮／鶏坊　養鶏場／鶏鶩　鶏とあひる／鶏毛　筆／鶏盲　とりめ／鶏雍　鶏珠／鶏卵　鶏の卵／鶏林　古代朝鮮の名／鶏翎　鶏の羽／鶏籠　とり籠

↓家鶏・冠鶏・玉鶏・錦鶏・軍鶏・群鶏・晨鶏・水鶏・雛鶏・闘鶏・牝鶏・野鶏・養鶏・矮鶏

人　【馨】20　4760

ケイ　キョウ(キャウ)
かおる

篆文

形声　声符は殸。〔説文〕七上に「香の遠く聞ゆるなり」(段注本)という。〔書、君陳〕に「黍稷しきに非ず、明德惟れ馨し」、また〔書、酒誥〕に「惟れ徳の馨香の祀りて天に登聞するのみに弗らず」のように、徳にたとえていうことが多い。香の字形はもと黍(きび)に従っており、香はもと黍酒の香をいう字であった。

訓義　[1]かおる、かおり、酒や花のかおり。[2]こうばしい、うまいにおい。[3]徳聞、ほまれ。[4]語末につける助字。晉代の語。

古訓　〔字鏡集〕馨　カ・カノトホクカ、ユル・カウバシ・アマシ・カ

ナラズ

語系 馨xyeng、香・薌xiangは声義が近い。薌は〔説文新附〕一下に「穀气なり」、また〔礼記、曲礼下〕「黍には薌合と曰ひ、粱には薌萁と曰ふ」とあり、黍稷の香りをいう。馨はその芳烈のものをいう。

【馨逸】けいいつ 香気がすぐれる。〔水経注、河水四〕民に姓劉、名は墮といふ者有り。～河流を採挹し、芳酎を醞成す。～蘭薫麝越、自から馨逸を成す。

【馨香】けいこう(かう) 芳香。〔書、呂刑〕虐威せられたる庶戮、方く無辜(無実)を上に告ぐ。上帝民を監みるに、馨香の徳の登る有る罔く、刑の登聞する、惟れ腥きのみ。

↑馨気 香気/馨徳 芳徳/馨芬 香気/馨聞 令聞/馨烈 強い香気

↓遺馨・懐馨・潔馨・清馨・徳馨・寧馨・芬馨・芳馨・明馨・余馨・蘭馨・流馨

【巂】 21 9202 ケイ そむく はなれる

篆文 

形声 声符は巂。〔説文〕十下に「二心有るなり」とあり、離叛することをいう。巂は冠飾のある鳥を台座におく形。攜(携)はそれを携行して鳥占をする意。おそらくこれによって吉凶順逆をトすることがあって、巂弐の意となったのであろう。

訓義 1そむく、二心をもつ。2はなれる。

古訓 〔字鏡集〕巂 カハル・コトナリ

【巂弐】けいじ 二心。そむきたがう。〔国語、楚語上〕古者、民神離れず、民の精爽にして巂貳せざる者、又能く齊肅衷正にして、～是くの如くんば、則ち明神之れに降る。

【罽】 23 2692 ケイ けおり

篆文 

形声 声符は罽。〔説文〕十三上に「西胡の毳布なり」とあり、西域の毛織物。毛氈の類である。

訓義 1けおり、もうせん。

古訓 〔名義抄〕罽 毛布

↓錦罽・山罽

【鼷】 23 7271 ケイ はつかねずみ

篆文 

形声 声符は奚。〔説文〕十上に「小鼠なり」とあり、鼷鼠をいう。〔玉篇〕に「小鼠なり、螫毒あり。人及び鳥獣を食らふも、皆痛まず。今の甘口鼠なり」という。

訓義 1はつかねずみ。

古訓 〔名義抄〕鼷 アマクチネズミ

【鼷鼠】けいそ はつかねずみ。〔荘子、応帝王〕鼷鼠深く神丘の下に穴し、以て熏鑿の患を避く。

↓社鼷

【觿】 25 2222 ケイ くじり つのぎり

篆文 

形声 声符は巂。〔説文〕四下に「佩角なり。銳耑にして、以て結を解くべし」とあり、くじりをいう。腰におびる角器で、先端は錐のように鋭く、紐を解くのに用いる。〔詩、衛風、芄蘭〕に「童子、觿を佩ぶ」とあり、〔礼記、内則〕にも小觿を帯びることがみえる。

訓義 1くじり、つのぎり。2解釈、とく。

【觿年】けいねん 成人に近い年。唐・王勃〔広州宝荘厳寺舎利塔碑〕鳳閣に觿年、已に彌天(天にひびく)響きを振ふ。

↑觿解 紛乱を解く/觿歳 觿年/觿辰 觿年

↓觜觿・小觿・大觿・佩觿

ゲイ

常【芸】 7 4473 〔藝〕 19 4473 人〔藝〕 18 4473 〔埶〕 15 4411 ゲイ うえる

篆文 

金文 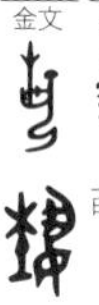

甲骨文 

会意 旧字は藝に作り、埶声。芸は藝の常用字体であるが、別に耕耘除草をいう芸という字がある。正字は埶に作り、〔説文〕三下に「種うるなり」と訓し、坴と丮とに従うとする。土塊をもち、種芸する形と解するものであろう。卜文の字形は苗木を奉ずる形であり、金文にはこれを土に植える形に作る。土は社(社)の初文ともみられ、特定の目的で植樹を行う意であろう。すなわち神事的、政治的な意味をもつ行為である。〔毛公鼎〕には「小大の楚賦(賦貢)を埶む」という。〔経典釈文〕に、唐人は種藝の字に埶、六芸の字には藝を用いるというが、二字とも〔説文〕にみえず、〔説文〕の埶も金文に埶に作る字であろう。金文では埶を遠邇の邇の字として用いる。

訓義 1うえる、草木をうえる。2わざ、才能、六芸。3のり、さだめ、きわまり。4まと、射的。

古訓 〔新撰字鏡〕藝 宇々(うう)〔名義抄〕藝 ウウ・マト・ナル・ナレタリ・ヨシ・オキテ・シヅカナリ・ナズラフ・ツネニ・ヲサム・ナリハヒ・ユタカナリ・ワザ・ウク・ケ

声系 〔説文〕に埶声として䞇・褺・熱・爇・藝・勢、また〔新附〕の勢など合わせて十一字を収めるが、声義の通じがたいものが多く、執声の字と混乱しているようである。執は幸(手械)を手に加えている形。植樹を示す埶と、また声義が異なる。

【芸苑】げいえん(ゑん) 文芸の世界。芸林。清・黄宗羲〔曹実庵先生詩序〕(先生)漢魏六朝詩紀を輯め、天下に衣被す。江山寂寞、天未だ其の藝苑の功に酬いず。學者疑ふ。

【芸極】げいきょく きまり。芸は準的、極は限度。〔左伝、文六年〕古の王者、～之れが律度を爲り、之れが藝極を陳ね、之れが表儀を引き、之れが法制を予へ、～之れを導くに禮則を以てす。

【芸術】げいじゅつ 技芸と学問。芸は書数射御、術は医方卜筮。〔後漢書、伏湛伝〕子、無忌～博學多識なり。～永和元年、無忌と謙郎黃景とに詔して、中書の五經・諸子百家・藝術を校定せしむ。

【芸植】げいしょく うえつけ。耕植。〔北史、鉄勒伝〕居るに恆所無く、水草に隨ひて流移す。～西邊に近き者、頗ぶる藝植を爲す。牛多くして馬少なし。

【芸壇】げいだん 文壇。〔野獲編、兵部、武臣好文〕本朝武弁にして文を能くする者、郭定襄・湯允績の屬の如き、皆詩を以て名あり。然れども聊か以て自ら娯しむに過ぎざるのみ。敢て藝壇に旄鉞を建つる(指導者となる)に非ざるなり。

【芸人】げいにん 道芸にすぐれた人。巫祝などをいう。〔書、立政〕民の長伯を立つ。～百司庶府(内官)大都小伯(地方官)藝人表臣(外臣)あり。

【芸能】げいのう 技芸と学術。〔後漢書、方術伝序〕中世張衡、陰陽の宗爲たり、郎顗は咎徵最も密なり。餘も亦た班班たる名家なり。其の徒に亦た雅才偉德有るも、未だ必ずしも藝能を體極せず。

【芸文】げいぶん 学芸。文学。〔漢書、淮南王安伝〕淮南王安、人と爲り書を好む。～時に武帝方に藝文を好む。安が屬は諸父を以て諸父と爲す。～甚だ之れを尊重す。

【芸林】げいりん 蔵書の所。学術・文芸の中心となる所。〔魏書、儒林、常爽伝〕頃ろ暇日なるに因り、意を藝林に屬し、略ぼ聞く所を撰し、其の本を討論す。名づけて六經略注と曰ひ、以て門徒に訓ふ。

➡芸園 芸苑／芸学 六芸の学／芸妓 舞妓／芸技 技芸／芸業 技能／芸士 才芸の人／芸事 技芸／芸準 射的／芸祖 文徳ある祖／芸美 芸能／芸府 芸林

⬇一芸・園芸・演芸・学芸・伎芸・技芸・曲芸・工芸・巧芸・耕芸・才芸・雑芸・至芸・手芸・殊芸・種芸・樹芸・術芸・多芸・道芸・農芸・博芸・武芸・文芸・民芸・無芸・遊芸・六芸

常 **【迎】** 7 3730 〔迎〕 8 3730 ゲイ むかえる

篆文 

形声 声符は卬。卬は二人相対する形。上下の関係でいえば仰・抑。彼方より来るものを迎えるのは逆(逆)。逆・迎は双声の語である。

訓義 1むかえる、でむかえ、むかえまつ、まちうける。2逆と通じ、はかる、おしはかる。3あう。

古訓 〔名義抄〕迎 ムカフ・サカサマ 〔字鏡集〕迎 サカフ・ムカフ・サカラフ・アフ

語系 迎ngyang、逆ngyakは声義が近い。遇(遇)ngio、迕・啎nga、迓・御(御)ngea、遻ngakはみな遇う意で同系、また遘ko、逅hoにもその意がある。

【迎阿】 迎えへつらう。〔唐書、杜淹伝〕嘗て郅懐道の用ふべきを白す。～淹曰く、懐道、隋の時に及んで吏部主事に位す。煬帝の江都に幸するに方り、群臣迎阿するも、獨り懷道のみ執りて可かずと。

【迎意】 人の意を迎える。〔唐書、后妃上、楊貴妃伝〕太眞幸を得。歌舞を善くし、邃く音律を曉る。且つ智算警穎、意を迎へて輒ち悟る。帝大いに悅ぶ。

【迎客】 客を迎える。〔礼記、曲礼上〕凡そ客と入る者は、門每に客に讓る。客、寢門に至れば、則ち主人入りて席を爲さんことを請ひ、然る後出でて客を迎ふ。客固辭す。主人、客を肅して入る。

【迎鼓】 夫余の祭天の礼。〔後漢書、東夷、夫余伝〕臘月を以て天を祭る。大いに會すること連日、飲食歌舞す。名づけて迎鼓と曰ふ。

【迎歳】 新年を迎える。〔淮南子、時則訓〕立春の日、天子親ら三公九卿大夫を率ゐ、以て歲を東郊に迎へ、祠位を修め除ひ、幣もて鬼神に禱る。犧牲には牡を用ふ。

【迎春】 春を迎える。〔礼記、月令〕立春の日、天子親ら三公九卿諸侯大夫を帥ゐて、以て春を東郊に迎へ、還反りて公卿諸侯大夫を朝に賞し、～慶を行ひ惠を施し、下兆民に及ぶ。

【迎神】 神を迎える。〔漢書、礼楽志〕高祖の時、叔孫通、秦の樂人に因りて、宗廟の樂を制す。大祝、神を廟門に迎へ、嘉至を奏す。猶ほ古の降神の樂のごときなり。

【迎刃】 刃の赴くまま。〔晋書、杜預伝〕今兵威已に振ひ、譬へば破竹の如し。數節の後、皆刃を迎へて解け、復た手を著くる處無きなり。

【迎風】 迎風待月は、男女の密会をいう。唐・元稹〔鶯鶯伝〕月を西廂の下に待つ 風を迎へて、戸半ば開き 牆を拂つて、花影動く 疑ふらくは是れ、玉人の來たるかと

➡迎謁 出迎え／迎迓 迎える／迎会 神迎え／迎気 季節を迎える／迎撃 迎え撃つ／迎虎 虎神を祀る／迎候 出迎え／迎賽 迎え祭る／迎取 引きとる／迎将 奉迎する／迎晨 夜明け／迎親 新郎が妻を出迎える／迎精 魂を迎える／迎接 接待する／迎戦 迎撃する／迎送 送迎する／迎睇 目迎する／迎頭 出合いがしら／迎導 案内する／迎年 迎歳／迎拝 迎え拝する／迎梅 三月の雨／迎賓 客を迎える／迎聘 招聘する／迎門 出迎え／迎揖 迎拝／迎陽 立春／迎養 孝養する／迎立 迎え立てる／迎流 さかのぼる／迎労 ねぎらう

⬇歓迎・郊迎・候迎・招迎・将迎・親迎・送迎・拝迎・賓迎・奉迎・逢迎・来迎

【羿】 9 1744 〔羿〕 12 1744 〔𢏚〕 9 1120 ゲイ とぶ

篆文 

形声 正字は羿に作り、幵声。〔説文〕四上に「羽の風に羿ふなり」とあり、〔段注〕に扶揺(飄風)に搏つ意とする。〔説文〕に「一に曰く、射師なり」とあり、神話中にみえる弓の名手の名。夏の衰えたとき、一時夏王朝に代わったが、やがて滅ぼされた。有窮の后羿のことは、〔左伝、襄四年〕〔楚辞、天問〕〔山海経、海内西経〕〔淮南子、俶真訓〕などにみえる。〔説文〕十二下𢏚字条に「帝嚳の䠶官なり。夏の少康、之れを滅ぼす」とし、また「論語に曰く、𢏚善く䠶る」の文を引き、有窮の后の字を𢏚とする。十日説話に、十日並び出でたとき、羿がその九日を射落して、地上の灼熱を救ったという。

訓義 1とぶ、羽で風をうってたかく舞いあがる、風に乗って飛ぶ。2有窮の后、弓の名手であった。

古訓 〔名義抄〕羿 ハチ・アハレブ・カナシブ 〔字鏡集〕羿 アハレブ・カナシブ・ハチ・ハ

【羿彀】 弓の名手羿が射る的形。狭い危険なところ。宋・蘇轍〔子瞻(軾)の張懋子に贈るに次韻す〕詩 天遊、本も自ら眞の樂しみ有り 羿彀誰れか知らん、定かならず賢ならざるを

【倪】 10 2721 ゲイ おごる みる ひめがき

篆文 

形声 声符は兒。〔説文〕八上に「俾なり」とするが、俾益の意に用いる例なく、埤の意を以て解したものであろう。堕倪は傲る、庬倪は老弱、端倪はもののはじめをいう。兒は虹蜺の蜺の初文。虹の両端に首があり、兒はその首の形。虹蜺は左睨右睨する双頭の竜の形で、その身は長大にして、端倪を知りがたい。またその勢いは偃蹇として傲るに近い。城上の埤は城壁の両端をため、よく睥睨する意を以て睥睨といい、また略して埤・陴という。

訓義 1おごる、睥睨して人に傲る。2ながしめ、よこめ、にらむ、みる。3城上のひめがき。城壁の両端を占める。4両端のきわ、かぎり。5婗に通じ、幼い、かよわい。

古訓 〔名義抄〕倪 ヲノヅカラ・ナクス 〔字鏡集〕倪 ナクス・カキ・ヲノヅカラ

声系 〔説文〕に兒声として鬩・睨・霓・蜺など十六字を収め、みな倪の声で、児童の兒(児)の声義をとるものがない。児童の兒は頭骨の縫合がまだ堅まらない状態を示し、虹蜺・雲霓の象である兒とはまったく異なる字である。

➡倪倪 幼弱／倪伉 不安／倪際 分際／倪歯 親知らず／倪露 露見

⬇堕倪・端倪・天倪・俾倪・庬倪

【猊】 11 4721 〔麑〕 19 0021 ゲイ しし

篆文 

形声 声符は兒。〔説文〕十上に正字を麑に作り、「狻麑、獸なり」という。いわゆる獅子。獅子座は王者の座、中国の竜座というのと同じ。のち仏教で高僧の坐するところを獅子座、その説教するを獅子吼といい、その座を猊座、書翰の脇付けに猊座下、猊下のようにいう。

訓義 1狻麑、しし。2猊座、高僧の坐する所。3倪と通用する。

➡猊下 高僧の敬称／猊猊 幼弱／猊座 高僧の座／猊際 分際／猊子 子供／猊歯 老後の歯代わり

⬇雲猊・狻猊・青猊・怒猊

【睨】 13 6701 ゲイ みる にらむ

篆文

形声 声符は兒。〔説文〕四上に「邪めに視るなり」とあって、横からにらむように見ることをいう。兒は虹蜺の頭の形。卜文に虹を双頭にしるしている。〔楚辞、離騒〕に「忽ち臨みて夫の舊郷を睨る」とみえる。城上の埤を睥睨というのも、城壁の両端に位置しているからであろう。

訓義 1みる、にらむ、ななめにみる。2かたむく、うかがう。3あきらか。

古訓 〔名義抄〕睨 ニラム・ミル・メシヒ

↑睨観 にらむようにみる／睨眴 まじろく／睨視 睨観／睨日 夕日／睨笑 こび笑う／睨然 高視／睨望 伺う

↓右睨・邪睨・睇睨・睥睨・眄睨

【輗】 15 5701 ［棿］ 12 4791 ゲイ くさび

篆文

形声 声符は兒。兒は虹の形。工形にかけわたすものをいう。〔説文〕十四上に「大車の轅耑に衡を持する者なり」とあり、小車には軏という。字はまた棿に作る。

訓義 1車のくさび。車の轅の端とくびきとを結びつけるくさび。

古訓 〔新撰字鏡〕輗 奈加江乃波志乃久佐比（ながえのはしのくさび）〔名義抄〕輗 クビキ・クサビ・ナガエ・ナガエノハシノクサビ

【輗軏】 轅端のくさび。〔論語、為政〕子曰く、人にして信無くんば、其の可なるを知らざるなり。大車輗無く、小車軏無くんば、其れ何を以て之れを行らんや。

【霓】 16 1021 ［蜺］ 14 5711 ゲイ にじ

篆文

形声 声符は兒。〔説文〕十一下に「屈虹なり。青赤或いは白色、陰の气なり」とあって、虹をいう。虹に雌雄の別があり、色の鮮やかなものは雄、色の暗いものは雌霓。虹の首尾に竜形の頭があり、兒はその象形。卜文の虹にその形がみえる。卜辞に「昃に亦た出蜺ありて北より し、河に飲めり」とあって、虹があらわれるのは河水を飲みに下るとされた。仙人の衣裳を霓裳羽衣という。

訓義 1にじ、雌のにじ。2倪と通じ、きわ、かぎり。

古訓 〔名義抄〕霓 キヨシ・ウルフ〔字鏡集〕霓 フルフ・ニジ・キヨシ・メニジ・イカツチ

【霓衣】 仙人の衣。唐・李白〔夢遊天姥吟、留別〕詩 霓を衣と爲し、風を馬と爲す 雲の君、紛紛として來り下る

【霓裳】 虹を裳にたとえる。唐の玄宗がもと波羅門の曲をえて、潤色して霓裳羽衣の曲を作ったという。唐・白居易〔長恨歌〕詩 緩歌慢舞、絲竹を凝らし 盡日、君王、看れども足らず 漁陽の鼙鼓（軍鼓）、地を動かして來り 驚破す、霓裳羽衣の曲

【霓旌】 儀杖用の五色の羽毛を飾った旗。唐・杜甫〔江頭に哀しむ〕詩 憶ふ、昔霓旌、南苑に下り 苑中の萬物、顏色を生ずるを

↓陰霓・雲霓・紅霓・絳霓・彩霓・雌霓・長霓

【鯢】 19 2731 ゲイ めくじら さんしょううお

篆文

形声 声符は兒。〔説文〕十一下に「刺魚なり」とあって、山椒魚の意。〔左伝、宣十二年〕に、悪逆の巨魁を鯨鯢にたとえる語があり、雌鯨をいう。

訓義 1めくじら。2山椒魚。3鯢鮒、こざかな。4齯と通じ、老人の歯。

古訓 〔和名抄〕鯢 久知良（くぢら）〔名義抄〕鯢 クヂラ・イカ・メクヂラ

語系 鯢・蜺・麑ngyeは同声。蜺は虹蜺で長大な竜形のものと考えられた。麑は狻麑が本義。鯢も鯨鯢の義を本義とすべきであろう。

【鯢魚】 山椒魚。〔水経注、伊水〕廣志に曰く、鯢魚は聲小兒の如く、四足有り、形體の如く、以て牛を治すべし。伊水に出づ。司馬遷、之れを人魚と謂ふ。〜曰く、始皇帝の葬るや、人魚の膏を以て燭と爲せりと。

【鯢歯】 老人の歯。老人。漢・張衡〔南都の賦〕是に於てか鯢齒眉壽、鮐背の叟、皤皤然として黃髮を被る者、喟然として相ひ與に歌ふ。

↑鯢鰌 小魚／鯢鮐 鯢歯鮐背、老人／鯢鮒 小魚

↓鯨鯢・脩鯢

常【鯨】 19 2039 ［鱷］ 24 2131 ゲイ くじら

篆文

形声 声符は京。〔説文〕十一下に「海の大魚なり」とし、正篆として鱷の字をあげている。〔左伝、宣十二年〕に「其の鯨鯢を取りて之れを封じ、以て大戮と爲す」とあり、悪逆の巨魁にたとえる。鯢は雌鯨。〔淮南子、覧冥訓〕の〔許慎注〕に「鯨は魚の王なり」とあり、〔説文〕と文が異なる。

訓義 1くじら、おくじら。2擎と通じ、あげる。

古訓 〔名義抄〕鯨・鱷 クヂラ・クシラ・トモ・アク・ヲクヂラ・マス

語系 鯨（鱷）gyang、京・麖（麠）kyangは声近く、京・畺は大にして力あるものをいう。

【鯨飲】 くじらのように大飲する。唐・杜甫〔飲中八仙歌〕詩 左相（李適之）日興に萬錢を費やす 飲むこと長鯨の百川を吸ふが如し 杯を銜み聖（清酒）を樂しみて、賢（濁酒）を避くと稱す

↑鯨音 梵鐘の音／鯨牙 弩の牙／鯨海 大海／鯨鱷 くじらとわに／鯨猾 巨悪／鯨吸 鯨飲／鯨魚 くじら／鯨鯢 くじらの雌雄／鯨吼 くじらの音／鯨鬚 くじらのひげ／鯨鐘 釣鐘／鯨濤 巨濤／鯨呑 鯨飲／鯨波 巨濤／鯨面 黥の面／鯨鬣 くじらのひげ

↓海鯨・騎鯨・巨鯨・群鯨・蛟鯨・脩鯨・大鯨・長鯨・白鯨・捕鯨

【麑】 19 0021 ［麛］ 20 0024 ゲイ ベイ しし かのこ

篆文 甲骨文

形声 声符は兒。〔説文〕十上に「狻麑、獸なり」とあり、狻麑とは獅子をいう。〔爾雅、釈獣〕に、虎豹を食う猛獣とする。麑裘は鹿の子の裘の意で、その字はまた麛に作り、声義ともに異なる。

訓義 1狻麑、しし。字はまた猊に作る。2字はまた麛に作り、かのこ。

古訓 〔名義抄〕麑 カゴ〔字鏡集〕麑 シカノコ・カコ

語系 麑ngye、麛myeは声近く、麑をまた麛の声義に用いることがある。兒を兒子と解し、麑を鹿の子の意に解するのは、字の本義ではない。

【麑裘】 白い子鹿の皮の皮衣。〔論語、郷党〕緇衣（黒の服）には羔裘、素衣には麑裘、黃衣には狐裘、褻裘は右袂を長短にす。

【麑鹿】 鹿の子。古くは贄（礼物）に用いた。〔白虎通、文質〕卿大夫の贄は、古は麑鹿を以てす。今は羔鴈を以てす。

↑麑衣 麑の裘／麑夭 幼い鹿の子

↓狻麑

【黥】 20 6039 ゲイ いれずみ

篆文 

形声 声符は京。〔説文〕十上に「墨刑の面に在るなり」と黥面の意とする。文身は通過儀礼として行われることが多く、入墨は処刑の意味で加えた。辠(罪)・童(童)・妾など辛に従うものは、辛(針)で入墨を加える意である。

訓義 ①いれずみ。②字はまた剠に作る。

古訓 〔篇立〕黥 クロシ

語系 黥gyang、黔gyəm は声義が近い。〔説文〕に「黔は黎なり」とあり、黎もまた黒色をいう。

【黥首】 額に入墨する刑。〔後漢書、蔡邕伝〕(董)卓の誅せらるるに及び、邕、司徒王允の坐に在り。殊に意はず、之れを言ひて歎ず。～允、勃然として之れを叱し～即ち収めて廷尉に付して罪を治せしむ。邕、辭を陳べて謝し、黥首刖足して、漢史を繼ぎて成さんことを乞ふ。

【黥面】 顔に入墨する。〔後漢書、東夷、倭伝〕男子は皆黥面文身、其の文の左右大小を以て、尊卑の差を別つ。～女人は被髪屈紒(まげ結び)、～竝びに丹朱を以て身に坋ぬる。

↑黥劓 黥は入墨、劓は鼻を切る/黥罪 墨刑/黥徒 入墨した者/黥文 いれずみ/黥辟 墨刑

↓印黥・刑黥・墨黥

【囈】 22 6403 ゲイ わらう うわごと

形声 声符は藝(芸)。〔玉篇〕に「笑囈するなり。亦た睡りて語るなり」とあり、ねごと、うわごとをいう。その擬声語であろう。

訓義 ①わらう。②ねごと、うわごと。

古訓 〔新撰字鏡〕囈 祢己止(ねごと)〔名義抄〕囈 ネゴト 〔字鏡集〕囈 ネゴト・ワラフ・ヲキツ

【囈語】 ねごと。うわごと。〔拾遺記、八、呉〕(呂蒙)常て孫策の座上に在りて酣醉し、忽ち臥す。夢中に於て周易一部を誦し、俄かにして驚起す。～衆坐皆云ふ、呂蒙囈語して、周易に通ずと。

↑囈言 囈語/囈譫 たわごと

↓涳囈

【鱷】 24 2131 〔鯨〕 19 2039 ゲイ くじら

篆文 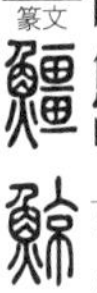

形声 声符は畺。また鯨は京声。〔説文〕十一下に「海の大魚なり」とし、「春秋傳に曰く、其の鱷鯢を取る」と〔左伝、宣十二年〕の文を引く。雄を鱷、雌を鯢とする説がある。のち多く鯨の字を用いる。

訓義 ①くじら。②字はまた鯨に作る。

古訓 〔名義抄〕鯨・鱷 クヂラ・クシラ・トモ・アク・ヲクチラ・マス 〔字鏡集〕鱷 トモ・クジラ・ヲクジラ・アグ

【鱷鯢】 大魚。巨魁。〔漢書、翟義伝〕(王莽)詔を下して曰く、蓋し聞く、古者不敬を伐ち、其の鱷鯢を取りて武軍を築き、封じて以て大戮と爲す。是に於てか京觀有り、以て淫慝を懲らす～と。

ケキ

【丮】 4 1751 ケキ とる もつ

篆文  甲骨文  金文 

象形 手にものを持つ形。〔説文〕三下に「持つなり」と訓し、「手の丮據する所有るに象るなり」とする。拳握の意とするものであろうが、卜文の字形では高く掲げ持つ形である。たとえば揚の金文形は丮に作り、玉を奉じて魂振りする形、祝(祝)にも丮に従って神位を拝する形に作るものがある。「丮據」は拮据と同じく、爪を立てるように指先に力を入れて、手先を使うことをいう。

訓義 ①とる、持つ。②拮と通じ、指先に力を入れてつかむ。

部首 〔説文〕に埶・孰・巩など七字を属し、〔玉篇〕には九字を属する。埶は卜文に丮に作り、植樹の形。孰は亯飪の形。巩は呪具の工を持って拝する形で、恐(恐)・鞏はその形に従う。みな執持する意がある。なお丮の左右相対する形は門で、鬥(鬭)の初文。手格して争う形である。

【砉】 9 5060 ケキ カク(クワク)

会意 丯+石。石を裂くときに、丯形の亀裂を加え、そこを熱し、急に冷却するなどして割る。その破れる音を砉然という。〔荘子、養生主〕に、庖丁が文惠君のために牛を解く妙技を説くところがあり、「膝の踦る所、砉然嚮然、刀を奏ること騞然」と音をたてながらさばかれてゆくさまを描写している。砉・騞はみな擬声語。騞は砉と声義同じく、〔列子、湯問〕に「騞然として過ぐ」とあり、奔馳のさまをいう語である。

訓義 ①われるおと、さかれるおと。②はげしくするどいおと。

【砉然】 ものの解け裂ける音。〔唐語林、補遺一〕皇上、友愛天深、痛毒兼ね至る。砉然として一叫し、聲涙倶に咽び、哀しみ木石を動かす。

↑砉劃 砉然/砉欻 裂ける音/砉爾 砉然

↓欻砉

【𡭴】 10 9090 ケキ ゲキ ひかる すき

篆文 

象形 玉の光が上下に放射するさまを示す。〔説文〕七下に「際見の白なり」とし、「白に從ふ。上下に小かに見ゆ」と白を要素とする字と解するが、日は玉の形。その上下は玉光の放射する形で、皇の上部と同じ意象の字である。「際見の白」とは、壁の隙間の光の意。隙字条十四下に「壁際の孔なり」とする。𨸏は神の陟降する神梯、その降下するところに玉をおいて清める意で、陽はその玉光が下に放射する形。𡭴はその陽光の放射のさまを示す。幽暗のところに玉をおくので、隙光の意となる。

訓義 ①玉光、上下に光の放射するさま。②光がもれる、すきま、壁のすきま。③隙と同じ。隙の初文。

声系 〔説文〕に𡭴声として虩・隙など三字を収める。虩は、金文の字形によると、おそらく虎皮を剝ぐ形。隙は、神梯の前に玉をおき、その光の洩れる意。その光の下放するものは陽、魂振りの儀礼を示す字である。

語系 𡭴・隙khyak、閒(間)kean は声義の関連のある字で、合わせて間隙という。場所・時間のほか、状態についても用いる。神の降下する所であるから神人の際であり、またその区別のあることをいう。

【虩】 18 9191 ケキ ゲキ キャク おそれる

篆文  金文 

形声 声符は𡭴。〔説文〕五上に「易に、虎尾を履む、虩虩たりと。恐懼なり」とあり、おそれるさま。また「一に曰く、蠅虎なり」とあって、蠅とりぐも。虎のおどろくさまともいう。

訓義 ①おそれる、おそれるさま。②はえとりぐも。③虎のおどろくさま。

古訓 〔字鏡集〕虩 ヲソレヲノヽク

【虩然】 威厳のあるさま。〔聖武記、序〕故に昔帝王、蒙業久安の世に處り、渙汗(詔書を発する)大號の日に當らば、必ず虩然として、軍令を以て天下の人心を飭ふ。

↑虩虩 おそれるさま

【鵙】18 6782 ［鶪］20 6742 ケキ もず

形声 正字は鶪に作り、狊声。もず。〔詩、豳風、七月〕に「七月、鳴鵙あり」とあり、〔唐石経〕にその字を鶪に作る。
訓義 ①もず。またの名を伯労、その他異名が多い。

【鶪】20 6742 ケキ もず

篆文 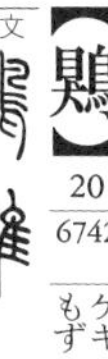

形声 声符は狊。〔説文〕四上に「伯勞なり」とあり、もずをいう。
訓義 ①もず。②字はまた鵙に作る。〔大戴礼、夏小正〕に「五月、鶪則ち鳴く」とみえる。
古訓 〔名義抄〕鶪 モズ

ゲキ

【屐】10 7724 ゲキ ケキ はきもの

篆文 

形声 声符は攴（攴）し。攴に伎・技の声がある。履の省形に声符を加えた字。〔説文〕八下に「屩なり」、その前条に「屩は屐なり」とあって互訓。〔急就篇、注〕に「木を以て之れを爲くり、兩齒を施す。泥を踐む所以なり」とあって、高下駄をいう。〔荘子、天下〕に、墨者が跂蹻（屐屩）を用いたことがみえる。中国古代の履屐の類は、神事用・儀礼用として、わが国に遺存するものがある。
訓義 ①はきもの、木製のげたの類。
古訓 〔新撰字鏡〕屐 阿志加太（あしかた）、又、木久豆（きぐつ）〔和名抄〕屐 阿志太（あしだ）〔名義抄〕屐 アシダ・シリキレ・ワラクツ・ワラウツ/屐屣 クツ、ケノアシダ〔篇立〕屐 シル（リ）キス（レ）・アシダ・ワラノクツ
語系 屐giek、屩kiôkは声義が近い。〔玉篇〕に「屩は草履なり」とあり、屐は木屩をいう。

【屐屩】あしだと、わらぐつ。〔荘子、天下〕禹は大聖なり。而るに形、天下に勞すること此の如し。後世の墨者をして、多く裘褐を以て衣と爲し、屐屩を以て服と爲し、日夜休はず、自ら苦しむを以て極と爲さしむ。
【屐歯】下駄の歯。〔晋書、王述伝〕嘗て雞子（卵）を食らひ、筯を以て之れを刺すも得ず。～便ち牀を下りて屐歯を以て之れを踏むも、又得ず。瞋ること甚だし。掇りて口中に内れ、齧破して之れを吐く。
↑屐響 下駄の音/屐系 鼻緒/屐痕 歯のあと/屐声 屐の音/屐底 履物の底/屐履 履物
↓軽屐・躡屐・草屐・木屐・遊屐・履屐

【郤】10 8762 ゲキ ケキ すき ひま

篆文 

形声 声符は谷。〔説文〕六下に「晉の大夫叔虎の邑なり」とあり、のち郤氏を称した。隙と通用し、すき・ひまの意に用いる。隙は、聖地に玉をおき、その玉光のもれる意。郤はすきま。〔荘子、養生主〕「大郤を批つ」のように用いる。
訓義 ①すき、すきま、ひま。②地の名、国の名、族名。
参考 「卻く」の卻とは別。「卻く」はもと厺（去）と卩とに従い、去は神判における敗訴を意味し、敗訴して却く意である。
【郤地】両国間に設けられた、緩衝的な空白地。隙地。〔礼記、曲礼下〕諸侯、～郤地に相ひ見ゆるを、會と曰ふ。
↑郤穴 穴

人【戟】12 4345 ［戟］14 4845 ゲキ キャク ほこ さす

篆文  金文 

会意 正字は戟に作り、倝＋戈。倝は旗竿に偃游（吹き流し）をつけた形。柄の先端に横刃を双出する形が倝と同形であるので、倝に従う。〔説文〕十二下に「枝有るの兵なり」という。古くはまた棘ともいい、〔左伝、隠十一年〕「棘を抜いて以て之れを逐ふ」とあり、〔礼記、明堂位〕に「越の棘・大弓」の名がある。
訓義 ①ほこ、先端に横刃の双出するほこ。②ほこのようにまがる、ほこのように刺す。③たて。
古訓 〔和名抄〕戟 保古（ほこ）〔名義抄〕戟 ミツマタナルホコ・ホコ・ホコノサキ・ハヤク
語系 戟kyak、据kia、撠kiokは声義近く、撠はかたく持つこと。指先に力を加えることを拮据という。

【戟鉤】戟の横刃でかける。〔左伝、襄二十三年〕（范鞅）欒樂に遇ふ。～樂、之れを射る。中らず。又注ぐ。則ち槐本（えんじゅの木の根）に乘じて（車）覆る。或るもの戟を以て之れを鉤し、肘を斷ちて死せり。
【戟支】戟の横刃。〔三国志、魏、張邈伝〕布曰ふ、諸君、布の、戟の小支を射て、一發にして中つる者を觀ば、諸君當に解き去るべし。中らずんば留まりて決闘すべしと。布、弓を擧げて戟を射、正に小支に中つ。諸將皆驚きて言ふ、將軍は天威なりと。
【戟門】戟を立てた門。両禾軍門のなごりであろう。唐・白居易〔重到城七絶句、裴五〕詩 怪しむこと莫れ、相ひ逢うて笑語無きを 今に感じ舊を思ふ、戟門の前
↑戟衣 ほこの袋/戟衛 侍従/戟援 ほこの刃/戟架 ほこかけ/戟牙 ほこの刃/戟榦 ほこの柄/戟給 すまた/戟稍 ほこ/戟槊 ほこ/戟手 ひじを張る/戟扈 儀衛/戟戸 陣営/戟胡 ほこのくび/戟叉 さすまた/戟盾 ほこと盾/戟髦 儀仗/戟髯 ほこ形の髯/戟肘 ひじを張る/戟舞 槍舞/戟吻 口が辛い/戟鋒 ほこ先/戟鋩 ほこ先/戟吏 ほこもち
↓戈戟・弓戟・剣戟・句戟・交戟・刺戟・持戟・杖戟・奪戟・刀戟・倒戟・兵戟・陛戟・矛戟・列戟

【綌】13 2896 ゲキ あらぬの

篆文 

形声 声符は谷。谷に郤の声がある。篆文・或る体の字は谷に従うが、通用の字形は谷の形に従う。〔説文〕十三上に「粗葛なり」とあり、粗い葛の布をいう。〔詩、周南、葛覃〕「葛の覃びて 中谷に施る 維れ葉莫莫たり 是に刈り是に濩て 絺と爲し綌と爲し 之れを服して斁ふ無し」とは、祭事に用いる服を自ら作ることをいう。祭事には絺綌を用いる。絺は〔説文〕十三上に「細葛なり」とみえる。喪事には主人より麻などを賜う例であった。
訓義 ①粗い葛の布。②字はまた帢に作る。
【綌衰】粗い葛布の喪服。〔礼記、檀弓上〕縣子曰く、綌の衰、繐（細かい布）の裳は、古に非ざるなり。
【綌錫】綌錫。粗い葛布と細かい麻布。〔儀礼、燕礼〕冪（おおい）には綌、若しくは錫を用ふ。
↑綌絺 絺綌/綌冪 あらい葛布のおおい
↓衣綌・下綌・暑綌・袗綌・絺綌

常【隙】13 7929 ［隙］14 7929 ゲキ ケキ ひま すき

篆文 

会意 𨸏＋㡿。𨸏は神の陟降する神梯。㡿は玉光が上下に放射する形。神の降下するところに玉をおいて、神霊の示現することを示す。〔説文〕十四下に「壁際の孔なり」とするのは、㡿七下を「際見の白なり」とする義と対応するものであるが、隙はもと壁孔をいうような字ではない。際が神霊を祭る神人の境を示す字であるように、隙も神霊の示現するところ、神人の間をいう。その玉光が他に及ぶことから、間隙の意となる。

訓義 ①玉光のもれる意。ひま、すき。②間隙、あいだ、すきま、われめ、きず。③欠落したところ、不和、あらそい、なかたがい。④他と接するさかい、つづく。⑤𡭴・郤と通じる。

古訓 〔名義抄〕隙 ヒマ・ムクユ・タマノキズ・スクナシ 〔字鏡集〕隙 タマノキズ・スクナシ・アヒダ・アタヲロカナリ・シヅカ・ツラヌ・ウガツ・ムクユ・ヒマ

語系 隙・𡭴 khyak、閒（間）kean は声義近く、閒は〔説文〕十二上に「隙なり」（段注本）という。金文の字形は門と肉（肉）とに従い、廟門に肉を供えて祭る儀礼をいう。隙はその字形においては際と、また字の声義においては閒と、連なるところのある字である。

【隙罅】すきあな。罅隙。宋・蘇軾〔白水山仏迹巌〕詩 神工、自ら爐鞲し 融液、相ひ綴補す 今に至りて隙罅を餘す 流出す、千斛の乳

【隙駒】月日が早く過ぎること。〔荘子、知北遊〕人の天地の閒に生くるは、白駒の郤（隙）を過ぐるが若く、忽然たるのみ。

【隙駟】駟馬が隙をすぎる。隙駒。〔礼記、三年問〕則ち三年の喪は、二十五月にして畢る。駟（四頭立ての馬）の隙を過ぐるが若し。

【隙地】国境のあき地。〔左伝、哀十二年〕宋・鄭の閒に隙地有り。～子産、宋人と成（条約）を爲して曰く、是れを有すること勿からんと。

➡隙宇 空家／隙屋 空屋／隙壊 崩れ／隙間 すきま／隙欠 すきま／隙穴 すきあな／隙孔 すきあな／隙積 積荷の隙／隙蠹 災害／隙末 喧嘩わかれ

➡怨隙・過隙・罅隙・間隙・竅隙・釁隙・駒隙・空隙・隅隙・穴隙・決隙・寸隙・纖隙・争隙・内隙・農隙・辺隙・余隙

【毄】 14 5764 ゲキ ケキ ケイ うつ あたる

篆文

会意 軎＋殳。〔説文〕三下に「相ひ擊ちて中るなり。車の相ひ擊つが如し」とし、軎（車轂、こしき）の相当たる意とするが、その字は轚。毄は毄に作るべく、叀に従い、叀は橐の上部を括った形。その橐を繫けて擊つので、繫・擊（擊）はみな毄に従う。車轂とは関係のない字である。

訓義 ①うつ、橐に入れたものを繫けて擊つ、うちはらう。②繫と通じ、つなぐ。③瞖と通じ、なやむ、くるしむ。

古訓 〔名義抄〕毄 クルマノコシキ・トヅ 〔字鏡集〕毄 モタヒ・ツチクレ・カワラ・タマ／〈

声系 〔説文〕に毄声として擊・繫・轚など十三字を収める。毄は、橐に穀類などを入れて繫けて擊ち、もみ取りなどをする形。轚は車轂の相擊つ音の擬声語で、擊・繫とは字の立意が異なる。

語系 毄・擊・轚 kyek は同声。繫 kye も声近く、系・係 hye の義がある。〔玉篇〕に毄を係の初文とするが、系・係は儀礼のとき人に用いる呪飾。毄は繫・擊の初文。轚は形声字である。

➡毄畜 家畜を養う／毄兵 戈戟など、擊つ兵器／毄力 労賃

【覡】 14 1611 ゲキ ケキ かんなぎ

篆文

会意 巫＋見。〔説文〕五上に「能く齋肅して神明に事ふるものなり。男に在りては覡と曰ひ、女に在りては巫と曰ふ」とあり、〔国語、楚語下〕の文による。字が見に従うことについて、〔国語、韋昭注〕に「巫覡は鬼を見る者なり」とあり、〔繫伝〕に「能く神を見るなり」とするが、見には祈り拝する意がある。〔荀子、王制〕に「傴巫跛擊」という跛擊は跛覡。巫覡には廃疾の人が多い。すべて異常の人には、神明の徳に通ずるものがあると考えられた。

訓義 ①かんなぎ、みこ、男のみこ。②字はまた擊に作る。

古訓 〔名義抄〕覡 カムナギ 〔字鏡集〕覡 カムナギ・ヲトコカウナギ・ヲムナカウナギ

➡巫覡

常 【劇】 15 2220 ゲキ はげしい

篆文

会意 豦＋刀。〔説文新附〕四下に「尤甚なり」とあり、劇甚の意。字は戲（戲）と字形が近く、劇は虎頭に扮したものを伐つ意、戲は虎頭に扮して牀に踞するものに戈を加えて伐つ意。ともに軍戲の類で、軍行や狩猟のときに、予祝的な意味で行われるものであろう。その動作の劇しいことから劇甚の意となる。のちの戲劇は、そのような古儀から起こったものであろう。

訓義 ①軍戲として行われる行為から、はげしい、はやい、つよい意となる。②はなはだしい、いそがしい、おおい。③劇的な所作、演劇。④戲と通じ、たわむれる。

古訓 〔篇立〕劇 ハナツ・タハブル・アツシ・ノカラシ・イトナム・キハム・イソガシ・ハゲシ・ハナハダシ・ハゲム・ソヨメク・タノシ〔字鏡集〕劇 タハブル・スミヤカ・イタム・イサム・カスカナリ・ウチハヤシ・アツシ・イタシ・イソガシ・ハナハダシ

【劇易】軽重。難易。〔漢書、陳湯伝〕廷尉（趙）增壽、議して以爲へらく、不道に正法無し。犯す所の劇易を以て罪を爲す～と。

【劇飲】痛飲。宋・陸游〔長歌行〕詩 哀絲豪竹、劇飲を助く 鉅野の黃河の傾くを受くるが如し

【劇職】劇務。〔北史、裴寬伝〕寬の弟漢、～聰敏好學。～少くして宿疾有り。恆に虛羸を帶ぶ。劇職煩官は、其の好に非ざるなり。

【劇賊】大盜。匪賊。〔宋史、岳飛伝〕安撫李回、飛に檄して劇賊馬友・郝通・劉忠～を捕へしむ。

【劇談】流暢に話す。〔漢書、揚雄伝上〕雄、～博覽にして、見ざる所無し。人と爲り簡易佚蕩、口吃にして劇談すること能はず、默して深湛の思ひを好む。淸靜亡爲、耆欲少なし。

【劇地】形勢の要地。〔三国志、呉、呂拠伝〕據、～安軍中郎將に遷る。數しば山賊を討ち、諸深惡の劇地、擊つ所皆破る。

【劇難】はげしく論難する。〔南史、袁憲伝〕時に生徒の對策に、多く賄賂を行ふ。～憲の試するに及び、爭うて劇難（難題）を起す。憲、問ひに隨ひて抗答し、剖析（事理を分析）すること流るるが如し。

【劇務】はげしい仕事。〔北斉書、婁昭伝〕昭、酒を好む。晚に偏風を得、愈ると雖も猶ほ劇務に處すること能はず。～昭、其の大綱を擧ぐるのみ。

【劇論】はげしく論争する。宋・范仲淹〔張昇を擧げて自ら代らしむる状〕張昇は筮仕以來、淸介自立、精思劇論、天下を憂ふるの心有り。

➡劇悪 大悪／劇韻 作詩のむずかしい韻字／劇雨 豪雨／劇役 劇務／劇園 演劇界／劇化 激化／劇寒 酷寒／劇棋 棋に夢中となる／劇曲 戲曲／劇語 激語／劇寇 劇賊／劇剤 劇薬／劇司 劇務／劇疵 重大な過失／劇詞 こわいろ／劇事 劇務／劇疾 急病／劇暑 猛暑／劇場 芝居小屋／劇人 俳優／劇甚 甚だしい／劇戦 激戦／劇壇 演劇界／劇敵 強敵／劇動 激動／劇毒 猛毒／劇読 早読み／劇任 劇職／劇煩 煩劇／劇繁 多忙／劇変 激変する／劇旁 三方路／劇問 急問／劇薬 毒性の薬／劇烈 激烈／劇路 要路

➡演劇・歌劇・楽劇・活劇・観劇・喜劇・戲劇・諠劇・旧劇・急劇・京劇・剣劇・国劇・雑劇・惨劇・史劇・詩劇・笑劇・新劇・寸劇・繁劇・悲劇・紛劇・忙劇・黙劇・要劇

常【撃】15 ［人］〔擊〕17 5750 ゲキ うつ たたかう

篆文

形声 旧字は擊に作り、毄声。毄は叀（上を括った橐）を撃つ形で、擊の初文。穀類などを橐に入れて撃ち、脱穀する意。係けるときは繫という。〔説文〕三下に毄を車轂を撃つ形とし、擊十二上には「攴つなり」とする。車轂を撃つには別に轚十四上の字がある。いま常用の字を撃とするが、車に関係のある字ではない。

訓義 ①うつ、橐の中のものをうつ、繫けてうつ、たたく。②攻める、襲う、討つ、戦う。③鉄刃、やいば。④繫と通じ、つながる。⑤覡と通じ、かんなぎ、男巫。

古訓 〔新撰字鏡〕擊 阿夫利物（あぶりもの）〔名義抄〕擊 ウツ・タ丶ク・ヲサム・トル・ツカム・ウゴカス

語系 擊・毄・轚 kyek は同声。また繫 kye、系・係 hye は同系の語。繫は係ける、擊は撃つ声を主とする字である。

【撃衣】 衣をうつ。〔史記、予譲伝〕願はくは君の衣を請ひて之れを撃たん。以て報讎の意を致さば、則ち死すと雖も恨みず。敢て望む所に非ざるなり。

【撃轅】 車の轅をうって拍子をとる。漢・崔駰〔四巡頌を上まつる表〕唐虞の世、樵夫牧豎、轅を撃ちて韶（聖人の楽）に中るは、和に感ずればなり。臣、手足の音聲を動かすを知らず。

【撃甌】 水甌十余を並べ、水の多少によって音階を出す。〔飛燕外伝〕后、歸風送遠の曲を歌舞す。帝、文犀簪を以て、玉甌を撃つ。

【撃甕】 甕をうつ。〔史記、李斯伝〕夫れ甕を撃ち缶を叩ち、彈箏して髀を搏ち、歌呼すること嗚嗚として耳目に快き者は、眞に秦聲なり。

【撃剣】 剣術。〔史記、司馬相如伝〕少き時讀書を好み、擊劍を學ぶ。故に其の親、之れに名づけて犬子と曰ふ。～藺相如の人と爲りを慕ひ、名を相如と更む。

【撃鼓】 鼓をうつ。〔塩鉄論、散不足〕古者には～蓋し出門の祭無し。今富者は名嶽に祈り、山川に望し、椎牛擊鼓、戲倡舞像す。

【撃刺】 刺し殺す。〔独異志、中〕蒼梧王、酷だ暴にして殺すことを好む。嘗て自ら刀槊を持ち、行に人を見ては卽ち擊刺して之れを死す。若し一日人を殺さざれば、則ち慘として樂しまず。

【撃杖】 杖でうつ。また、日食の儀礼。〔白虎通、災変〕角尾（星宿の名）交はるときは、日月食す。之れを救ふ者は、謂へらく、夫人は鏡を擊ち、孺人は杖を擊ち、庶人の妻は楔搔すと。

【撃壌】 足で地をうつ。拍子をとる。〔帝王世紀、一〕五老人有り、壤を道に擊つ。觀る者歎じて曰く、大なる哉、堯の德やと。老人曰く、日出でて作し、日入りて息ふ。井を鑿ちて飮み、田を耕して食らふ。帝の力、何ぞ我に有らんやと。

【撃石】 磬をうつ。〔書、益稷〕夔曰く、於予石を擊ち石を拊てば、百獸率ゐ舞ふと。

【撃節】 拍子をとる。〔晋書、謝尚伝〕尙、～便ち衣幘を著けて舞ふ。（王）導、坐者をして掌を撫し、節を擊たしむ。尙、俯仰して中に在り、傍らに人無きが若し。其の率詣なること、此くの如し。

【撃柝】 拍子木をうつ。よまわり。〔荀子、栄辱〕或いは天下を祿とするも、自ら以て多しと爲さず。或いは監門御旅（門番・関守）、抱關擊柝なるも、自ら以て寡なしと爲さず。

【撃竹】 打竹板。竹の両片を手中で鳴らす。〔文献通考、楽十二〕擊竹の制、～蓋し竹の兩片、緊厚なる者を取り、治めて之れを爲くる。其の長さ數寸、手中相ひ擊ちて節を爲し、歌指と相ひ和す。

【撃筑】 筑をうつ。筑は琴に似た器。〔戦国策、燕三〕遂に發す。～皆衣冠を白くして、以て之れを送る。易水の上に至り、既に祖（送別）して道を取る。高漸離筑を擊ち、荊軻和して歌ふ。～士皆淚を垂れて涕泣す。

【撃破】 うち破る。〔史記、韓王信伝〕楚、滎陽を敗るに及んで、信、楚に降る。已にして亡ぐるを得て、漢に復歸す。漢復た立てて以て韓王と爲す。竟に從つて項籍を擊破し、天下定まる。

【撃缻】 ほとぎをうって歌う。〔史記、廉頗藺相如伝〕是に於て、相如前みて缻を進め、因りて跪きて秦王に請ふ。秦王肯へて缻を擊たず。相如曰く、五步の內、相如請ふ、頸血を以て大王に濺ぐことを得んと。

↑撃軽 車が多くてふれあう／撃毀 うちこわす／撃掬 打毬／撃却 しりぞける／撃琴 琴を弾きならす／撃磬 磬をうつ／撃決 即決／撃穀 よぶこどり／撃轂 やかましい／撃砕 うちくじく／撃摧 うち滅ぼす／撃殺 うち殺す／撃手 拍手／撃賞 激賞する／撃攘 うちはらう／撃征 隼／撃切 撃摩する／撃穿 うがつ／撃鮮 屠殺する／撃賊 賊をうつ／撃打 うつ／撃汰 棹さす／撃退 うちはらう／撃断 武断／撃笞 笞うつ／撃柱 乱暴／撃刁 夜警／撃棹 漕ぐ／撃櫂 漕ぐ／撃撞 つく／撃排 退ける／撃剝 虐政／撃博 博奕／撃搏 うつ／撃発 触発／撃披 打開する／撃缶 撃缻／撃拊 軽くうつ／撃払 うち払う／撃掊 たおす／撃梆 拍子うつ／撃撲 なぐる／撃摩 すれあう／撃蒙 教える／撃目 目撃する／撃戻 もとる

↓掩撃・敺撃・横撃・轄撃・急撃・夾撃・挟撃・迎撃・剣撃・攻撃・射撃・遮撃・襲撃・銃撃・出撃・衝撃・進撃・水撃・狙撃・打撃・直撃・追撃・痛撃・電撃・討撃・突撃・排撃・迫撃・搏撃・駁撃・爆撃・反撃・奮撃・砲撃・掊撃・猛撃・目撃・遊撃・要撃・邀撃・雷撃

常【激】16 3814 ゲキ はげしい

篆文

形声 声符は敫。敫に檄の声がある。〔説文〕十一上に「水礙られて、衺めに疾く波だつなり」とあって、水流が阻まれて、勢いよく流れることをいう。敫は白骨化した屍をうつ呪儀。その呪霊を刺激して他に呪詛を加えることをいう。刺激によって激烈となる意。水勢のさかんなことをいう。

訓義 ①刺激する、刺激によって勢いをます。②はげしい、はげしく流れる。③いせき、水をささえる、ささえてはげしくする。④皦と通じ、あきらか、きよい、すむ。⑤儌と通じ、もとめる。

古訓 〔名義抄〕激 サイキル・ソ丶グ・ウツ・キヨシ・イル・トホル・タヾヨフ・ス丶グ・ハゲム・モトム・アラハム・シキル・ソシル・ツク・オモムク〔字鏡集〕激 ツ丶ム・トキナミ・ツク・シキル・ソシル・イサ丶カ・ソ丶グ・アラハス・タヾヨフ・オモムク・サイキル・イル・ハゲム・ミナギル・ウゴカス・トホル・モトム・ウツ・チラス

【激越】 声調がはげしい。漢・班固〔西都の賦〕櫂女謳ひ、鼓吹震ふ。聲激越にして、謍として天に厲る。鳥は群翔し、魚は淵を窺ふ。

【激詭】 奇矯に振る舞う。〔後漢書、独行、范冉伝〕冉、好んで時に違ひ、俗を絶ち、激詭の行ひを爲す。常に梁伯鸞・閔仲叔の人と爲りを慕ふ。

【激昂】 心たかぶる。唐・李白〔韓荊州に与ふる書〕今天下、君侯を以て文章の司命、人物の權衡（はかり）と爲す。～而るに君侯、何ぞ階前盈尺の地を惜しみ、白をして眉を揚げ氣を吐き、靑雲に激昂せしめざるや。

【激情】(げきじょう)(じやう) 激揚する心。晋・趙至〔嵇茂斉に与ふる書〕洒ち影を中原に顧み、憤氣雲のごとく踊り、物を哀しみ世を悼み、激情風のごとく烈し。

【激切】(げきせつ) 言論がきびしく、切当である。〔漢書、賈山伝〕其の言多く激切、善く事意を指す。然れども終に罰を加へず。諫争の路を廣むる所以なり。

【激楚】(げきそ) 清く澄んだ歌声。〔楚辞、招魂〕竽瑟狂會して鳴鼓を搷つ 宮庭震驚し 激楚を發す

【激発】(げきはつ) 発憤する。宋・蘇轍〔枢密韓太尉に上る書〕百氏の書、讀まざる所無しと雖も、然れども皆古人の陳迹にして、以て其の志氣を激發するに足らず。恐らくは遂に汩沒せん。

【激揚】(げきよう)(やう) 感動し発憤する。〔後漢書、臧洪伝〕壇場を設けて將に盟はんとす。～洪乃ち衣を攝りて壇に升り、血を操りて盟ふ。～洪、辭氣慷慨にして、其の言を聞く者、激揚せざる無し。

【激励】(げきれい) 励ます。〔史記、范雎伝〕今、武安君既に死し、鄭安平等畔く。内に良將無く、外に敵國多し。吾是を以て憂ふと。以て應侯(范雎)を激勵せんと欲す。

↑激勧 奨励する/激感 感激/激激 勢いがはげしい/激訐 摘発する/激卬 激昂/激作 振作/激刺 詰責/激辞 激語/激賞 賞賛/激進 急進/激震 大震/激甚 甚だしい/激水 激流/激声 大声/激戦 激闘/激壮 激昂雄壮/激増 急増する/激湍 早瀬/激徴 高い調子/激怒 激憤/激波 激浪/激迫 急迫する/激薄 急迫/激忿 激怒/激憤 はげしく憤る/激変 急変する/激勉 激励する/激涌 水勢が激しい/激瀬 早瀬/激流 急流/激冷 酷寒/激厲 激励/激烈 烈しい/激浪 狂濤/激論 劇論

↓過激・感激・詭激・急激・矯激・刺激・衝激・触激・迅激・電激・蕩激・忿激・憤激・奮激・奔激

【檄】 17 4894 ゲキ ふれぶみ

篆文 

形声 声符は敫。敫に激の声がある。敫は屍骨を殴つ形。その呪霊を刺激して呪詛を加える呪儀をいう。その意を文章に託したものは檄。〔説文〕六上に「尺二の書なり」(段注本)と木簡の意とする。罪状をしたふれぶみで、罪状告発の方法であった。

訓義 ①ふれぶみ、使者にもたせて宣布する。さとしぶみ、軍書、その文体。②てがみ、かきつけ。

古訓 〔名義抄〕檄 ホタクヒ

【檄羽】(げきう) 急使のもたらす廻状。檄上に羽をさしはさむ。唐・劉長卿〔摂官を罷む～〕詩 草は翻營に映じて綠に 花は檄羽に臨んで飛ぶ

【檄手】(げきしゆ) 檄文の名手。魏の陳琳をいう。のち文章の妙絶にいう。宋・蘇軾〔興竜節侍宴前一日、微雪あり。～清虚堂に小飲す～〕詩 頭風は、已に檄手を倩うて愈えたり 背癢は、恰かも仙爪の爬(麻姑の手)を得たり

↑檄移 檄書/檄書 ふれぶみ/檄召 檄文で招徴する/檄致 檄召/檄筆 檄手/檄文 檄書

↓移檄・羽檄・軍檄・書檄・章檄・宣檄・賤檄・草檄・馳檄・長檄・伝檄・飛檄・文檄・奉檄

【闃】 18 7721 ゲキ ケキ せめぐ

篆文 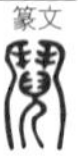

形声 声符は兒。〔説文〕三下に「恆に訟ふるなり。～鬥に從ひ、兒に從ふ。兒は善く訟ふる者なり」とし、兒を児童、字を会意と解するが、兒は虹霓の象。両頭にあって相睥睨するもの。ゆえに相闘う意となる。〔詩、小雅、常棣〕に「兄弟牆に鬩ぐも 外其の務りを禦ぐ」の句がある。

訓義 ①せめぐ、あらそう。②うらむ、おそれる。③闃と通じ、しずか。

古訓 〔字鏡集〕闃 カイハサム・アラソフ・セメグ・ヲメク

↑闃訟 口論する/闃牆 兄弟喧嘩

↓讒闃・訟闃・闘闃・忿闃・離闃

【鶂】 21 8712 [鵙] 19 7722 [鷁] 21 1722 ゲキ さぎ

篆文 

形声 正字は鶂に作り、兒声。〔説文〕四上に「鶂は鶂鳥なり」(段注本)とあり、雁に似た水鳥であるという。また〔左伝、僖十六年〕「六鶂退き飛び、宋都を過ぐる」という異変記事を引く。今本に字を鷁に作る。〔荘子、天運〕に「夫れ白鶂の相ひ視るや、眸子運かずして風化す(身ごもる)」とみえるが、どういう鳥であるのか明らかでない。〔淮南子、本経訓〕に「龍舟鷁首」、〔漢書、司馬相如伝上〕に「文鷁を浮ぶ」とあり、船首の呪飾に用いる。

訓義 ①水鳥の名。さぎの類。②船の首に呪飾としてそえる鳥。

古訓 〔新撰字鏡〕鷁 佐支(さぎ) 〔名義抄〕鶂 アヲサギ 〔字鏡〕鷁 シギ・サギ・ミホ/鵙 サギ 〔字鏡集〕鷁 ミヅトリ・ヨクトブ・カサヽギ・ヲシ・ニホ・シギ

【鷁舸】(げきか) 鷁首の舟。北周・庾信〔霊法師の昆明池に遊ぶに和す、二首、二〕詩 秋光、晩天に麗しく 鷁舸、中川に泛ぶ 密菱、浴鳥を障へて 高荷、釣船を沒す

【鷁首】(げきしゆ) 鷁首の舟。〔淮南子、本経訓〕汙池の深きを鑿り、昣崖の遠きを肆にし、～龍舟鷁首、浮吹して以て娯しむ。此れ水に遁るるなり。

【鷁舟】(げきしゆう)(しう) 鷁首の舟。〔梁書、劉遵伝〕良辰美景、清風月夜、鷁舟乍ち動き、朱鷺徐ろに鳴く。～酒闌に耳熱し、志を言ひて詩を賦す。

ケツ

【孑】 3 1740 ケツ ゲツ ぼうふら

篆文 

象形 ぼうふらの形。〔説文〕十四下に「右の臂無きなり」とし、〔段注〕に「之れを引申して、凡そ特立するを孑と爲す」とする。その反文孑には「左の臂無きなり」といい、両字を対待の語とするが、字はぼうふらの象形。〔広雅、釈虫〕に「孑孑は蜎(ぼうふら)なり」とするのがよく、蜎の従う肙もまたその象形の字である。〔方言、二〕に「餘なり」、〔玉篇〕に「遺なり」とあり、〔詩、大雅、雲漢〕に「孑遺」の語がみえるが、その義は孼、「ひこばえ」の意で、その仮借義。〔説文〕は字を了部十四下に属し、了を「子に從ひて臂無し」、孑をその左右臂のない形とする。了は「了戾」、すなわち「繚戾」にして、身をねじる形。ぼうふらが水中を上下するときの形が、孑孑である。

訓義 ①ぼうふら。②みじかい、小さい、ひとり。③孼と通じ、あまり、のこる、おくれる。④戟と通じ、ほこ。⑤傑と通じ、すぐれる、すこやか。

古訓 〔名義抄〕孑 ヒトリ・スヽロニ 〔字鏡集〕孑 ヒトリ・ミジカシ・アマル・スヽロ・ヒトヘ・チヽ・ノコル

語系 孑 kiat、傑(桀) giat、孼 ngiat は声近く、孑を傑・孼の義に借用することがある。

【孑遺】(げつい)(ゐ) わずかに残るもの。〔詩、大雅、雲漢〕兢兢業業(恐れるさま)業業(危ういさま)として 霆の如く雷の如し 周餘の黎民 孑遺有ること靡し 昊天上帝 則ち我に遺さず

【孑孑】孤独のさま。小さなさま。唐・韓愈〔原道〕彼は煦煦を以て仁と爲し、孑孑を義と爲す。其の之れを小とするは、則ち宜なり。

【孑立】孤立する。晉・李密〔情事を陳ぶる表〕外に期功強近の親無く、内に應門五尺の僮無し。煢煢として孑立し、形影相ひ弔ふ。

→孑義 小義／孑孑 ぼうふら／孑然 孤独／孑余 あまり

↓句孑・単孑

常【欠】4 2780 〔缺〕10 8573 ケツ キ かける かく

篆文 

形声 正字は缺に作り、夬声。夬は玦(切れめのある佩玉)をもつ形。缶は瓦器。その器の欠けることをいう。〔説文〕五下に「器破るるなり」とあり、すべてものの欠失・欠落し、不充足の状態にあることをいう。いま欠を缺の常用字とするが、欠は欠伸(あくび)。その象形の字で、あくびを本義とする字である。

訓義 ①かける、かく、うちかく、やぶれる。②不足する、たらぬ、不十分。③きず、すきま、欠点。④欠任、空位、空職。

古訓 〔名義抄〕缺 カク・ホル／欠 タラズ・ナシ・クボム・ヲカス・スクナシ・オトル・サトル・アクビ・アクビス 〔字鏡集〕缺 カク・カケタリ・ワル・ヤブル

語系 缺・闕 khiuat、決 kiuat は声義が近い。夬は玦をもつ形。玦は玉環の一部に切れめのある玉。これでものを切り断つ。ゆえに欠断・欠失の意がある。欠の正字缺は夬に従う。厥 hiuat は剞劂、ものを剞り断つ刃器。闕は城門。城壁の一部を欠くところをいう。

【欠遺】失われたもの。〔後漢書、徐防伝〕漢、亂秦を承け、經典廢絶す。本文は略ぼ存するも、或いは章句無し。缺遺を收拾し、明經を建立せん。

【欠画】欠筆。天子の諱は筆画を略する。〔困学紀聞、二十、雑識上〕成都の石經は孟蜀の刻する所。唐の高祖太宗の諱に於て、皆缺畫す。

【欠陥】不十分。不備。〔宋史、李沆伝〕身厚祿を食み、時に横賜有り。囊裝(袋の中の物)を計るに、亦た以て第(邸)を治むべし。但だ念ふに、内典(仏典)に此の世界を以て缺陷と爲す。安んぞ圓滿なること意の如く、自ら稱足(満足)するを得ん。

【欠疑】疑問を疑問として残す。〔少室山房筆叢、丹鉛新録三、井公六博〕凡そ書を讀みて未だ解せざるは、儘ま缺疑するを妨げず。惟だ臆説するは、最も事を害す。

【欠甃】かけたたみ瓦。〔荘子、秋水〕子獨り夫の埳井の鼃(蛙)を聞かずや。～吾れ～井幹の上に跳梁し、入りて缺甃の崖に休ふ。

【欠然】不満足。もの足らぬ。〔荘子、逍遥遊〕吾れ、自ら視るに缺然たり。請ふ、天下を致さん。

【欠落】かける。〔拾遺記、一、軒轅皇帝〕帝、神金を以て器を鑄る。皆銘題あり。昇遐(上天)の後に及んで、群臣其の銘を觀るに、皆上古の字、磨滅して缺落するもの多し。

→欠位 空位／欠軼 欠けてなくなる／欠壊 こわれる／欠額 不足額／欠虧 欠ける／欠欠 不満足／欠齧 欠ける／欠月 片われ月／欠限 欠陥／欠口 兎脣／欠項 冠の布／欠歯 かけば／欠如 欠ける／欠少 不十分／欠傷 傷つく／欠脣 いぐち／欠折 挫折する／欠絶 廃欠／欠喪 欠失／欠短 欠乏／欠典 廃典／欠点 短所／欠廃 廃棄する／欠微 少し欠ける／欠筆 欠画／欠文 文が欠落する／欠乏 不足／欠盆 骨臼／欠本 はほん／欠籬 破れ垣／欠略 不完全／欠漏 ぬけめ

↓瑕欠・罅欠・間欠・毀欠・虧欠・齧欠・残欠・守欠・出欠・長欠・破欠・微欠・補欠・無欠

常【穴】5 3080 〔穴〕5 3080 ケツ あな

篆文 

象形 土室の入口の形。〔説文〕七下に「土室なり」とし、字を八(八)声とするが、八は土室の入口の象形。〔墨子、辞過〕に「古の民、未だ宮室を爲ることを知らざりし時、陵阜に就きて居り、穴して下きに處る」とみえる。穴居土室は、黄土地帯では今も行われている住居の形式である。内(内)・入も、その入口を示す象形字である。

訓義 ①あな、つちむろ、穴室。②土中のあな、うがつ、くぼみ、ほら。

古訓 〔名義抄〕穴 アナ・カケタリ・アタ・カタマシ・チル・アナホル・ツチムロ・ウカル・カクル・ヲリ・ニク・アナニスム・ウガツ

部首 〔説文〕に窯・竈・突(突)・穿・竅・空(空)・窺・窘など五十字、〔玉篇〕に百十字を属する。土室は住居のほか、埋葬・倉庫・竈窯に用いられたので、その関係の字が多い。

声系 〔説文〕に穴声として泬・鴥・貁など五字を収める。鴥・貁など穴声と異なるものは、おそらく会意。鴥はまた鷸に作る。貁はいたちの類。

【穴居】土穴に住む。竪穴、横穴、穴処。〔易、繋辞伝下〕上古は穴居して野處す。後世の聖人、之れに易ふるに宮室を以てす。

【穴隙】すきま。穴。〔孟子、滕文公下〕父母の命、媒妁の言を待たず、穴隙を鑽りて相ひ窺ひ、牆を踰えて相ひ從はば、則ち父母國人、皆之れを賤しまん。～其の道に由らざるを惡む。

【穴室】穴を室とする。〔後漢書、逸民、矯慎伝〕矯慎は～扶風茂陵の人なり。少くして黄老を好み、山谷に隱遯し、穴に因りて室を爲し、松(赤松子)・喬(王子喬)導引の術を仰慕す。

【穴処】穴居。南朝宋・謝霊運〔山居の賦〕古、巣居穴處するを巖棲と曰ふ。棟宇して山に居るを山居と曰ふ。

→穴骼 さいころ／穴竅 穴／穴掘 穴掘り／穴窟 洞穴／穴見 見識狭し／穴口 入口／穴竄 穴に隠れる／穴師 採掘業者／穴出 旁出／穴人 穴師／穴穽 陥穽／穴託 洞中に身を寄せる／穴地 穴土／穴土 地道作り／穴洞 空洞／穴道 墓穴／穴鼻 兎／穴倮 はだかで穴居する

↓崖穴・巌穴・蟻穴・灸穴・竅穴・空穴・窟穴・経穴・虎穴・獣穴・石穴・丹穴・同穴・洞穴・風穴・墓穴

常【血】6 2710 ケツ ち ちぬる

篆文 

甲骨文 

会意 皿の中に血のある形。〔説文〕五上に「祭に薦むる所の牲血なり」とあり、祭祀に牲血を用いた。卜辞に血室の名がみえる。誓約のときにも牲血を用い、「牛耳を執る」とは盟誓を司会することである。

訓義 ①ち、ちぬる。②泣血は、声を立てずに泣く。③恤に通じ、うれえる、かなしむ。

古訓 〔和名抄〕血脈 野王按ずるに、血は肉中の赤汁なり。知(ち)。脈は肉中の血理なり。知乃美知(ちのみち) 〔名義抄〕血 チ

部首 〔説文〕に𧖴・衄・卹・衋など十四字を属し、〔玉篇〕になお衈など数字を加える。𧖴は津液の津の初文。衄は鼻を殴って鼻血をとる意。卹は牲血を拝する形、衋は両乳に皕形の入墨を加えるときの傷痛をいう。

声系 〔説文〕に血声として侐・洫・恤など四字を収める。侐八上は「靜かなり」、恤十下は「憂ふるなり」と訓する字。血

の声義と関するところのある字であろう。

【血気】 元気。〔論語、季氏〕君子に三戒有り。少き時は血氣未だ定まらず。之れを戒むること色に在り。其の壯なるに及びては血氣方に剛し。之れを戒むること鬭に在り。其の老に及びては血氣既に衰ふ。之れを戒むること得んとするに在り。

【血祭】 犠牲の血を供えて祭る。〔周礼、春官、大宗伯〕血祭を以て、社稷・五祀・五嶽を祭る。

【血社】 鼻血で祭器を清める。〔公羊伝、僖十九年〕（夏六月）己酉、邾婁の人、鄫子を執へて之れを用ふ。～其の之れを社に用ふること奈何。蓋し其の鼻を叩きて、以て社に血ぬるなり。

【血食】 血牲を供えて宗廟を祭る。〔史記、封禅書〕周興りて邰に邑す。后稷の祠を立て、今に至るまで血食す。

【血戦】 死を決して戦う。〔旧五代史、晋、少帝紀三〕（開運二年）杜威、諸將を召して議して曰く、戎首自ら來たる。實に勍敵爲たり。若し血戰せずんば、吾が輩何を以て免るることを求めんやと。

【血属】 肉親。〔資治通鑑、唐紀六十三〕（武宗、会昌四年）昔、王承宗、命に逆らふと雖も、猶ほ弟承恭をして表を奉じ、～祈哀せしむ。～今劉稹、尙書に詣りて面縛せず、又血屬を遣はして祈哀せず。

【血盟】 血をすすって誓う。〔後漢書、宦者、単超伝〕遂に其の議を定め、帝、超の臂を齧みて、血を出だして盟ひを爲す。是に於て詔して（梁）冀及び宗親黨與を收め、悉く之れを誅す。

【血流】 血が川のように流れる。〔書、武成〕受（紂）其の旅（軍）を率ゐること林の若く、牧野に會す。我が師に敵すること有る罔し。前徒、戈を倒にし、後ろを攻め以て北ぐ。血流れて杵（楯）を漂はす。

【血涙】 血の涙。悲痛を極める。〔韓非子、和氏〕和、乃ち其の璞を抱きて、楚山の下に哭すること、三日三夜、涙盡きて、之れに繼ぐに血を以てす。

↑血案 殺人事件／血胤 血統／血陰 血塊／血雨 血の雨／血運 血巡り／血暈 産後失血／血液 血／血縁 肉親／血花 鮮血／血汗 血と汗／血忌 血牲を忌む／血虧 貧血／血仇 肉親の仇／血虚 貧血／血系 血統／血口 凶相／血行 血のめぐり／血膏 苦労する／血痕 血の汚れ／血懇 懇誠／血祀 犠牲を供えてまつる／血指 不慣れ／血嗣 血統／血珠 柘榴／血酒 血盟の酒／血書 血でかいた文字／血漿 血の成分／血場 戦場／血色 顔色／血心 赤心／血刃 血がたな／血髄 血と骨髄／血性 多血性／血牲 犠牲で清める／血腥 血なまぐさい／血誠 丹心／血税 苛税／血箭 血を吹く／血族 肉親／血潮 血流／血点 血痕／血怒 激怒する／血統 血すじ／血肉 からだ／血脈 血管／血毛 獣の血肉／血勇 血気の勇／血余 頭髪／血痢 赤痢／血膂 苦労する／血縷 糸状の血／血路 一条の逃げ路

↓溢血・鬱血・悪血・嘔血・壊血・喀血・汗血・肝血・吸血・泣血・給血・虚血・供血・凝血・頸血・献血・膏血・混血・採血・止血・瀉血・充血・出血・純血・心血・生血・腥血・赤血・鮮血・濺血・羶血・造血・多血・啼血・鉄血・吐血・熱血・貧血・碧血・無血・輸血・流血・涙血・冷血

【抉】 7 5503 ケツ エツ えぐる ほる

篆文 

形声 声符は夬。夬はもと叏に作り、玉玦のような刃器をもつ形。篆文はその形に従う。〔説文〕十二上に「挑ぐるなり」とあり、ほりとるようにすること。〔史記、伍子胥伝〕に「吾が眼を抉つて呉の東門の上に縣けよ」とみえる。

訓義 ①えぐる、ほる、ほりとる、うがつ。②あばく、とり出す。③ゆがけ。右手の巨指につける。

古訓 〔篇立〕抉 クジル・ウガツ・ヌク・タバヌ・タスク・ナゲウツ・ヤブル

語系 抉の本音は「於説の反」juat であるが、別に決・玦 kiuat の音もあり、缺（欠）・闕 khiuat と声義が近い。決は〔説文〕七下に「穿つなり」とあり、抉の本音と同じ。

【抉拾】 ゆがけと、ゆごて。拾は韋皮で左臂につける。〔詩、小雅、車攻〕決（抉）拾、既に佽ひ 弓矢既に調ふ 射夫既に同まり 我を助けて柴を擧ぐ

【抉摘】 さぐり出す。唐・陸亀蒙〔甫里先生伝〕好んで古聖人の書を讀み、六籍を探り、大義を識り、就中樂・春秋は、微旨を抉摘す。

↑抉奥 秘奥をひらく／抉開 こじあけ／抉眼 目をえぐる／抉示 掲示する／抉耳 清聴する／抉択 選択する／抉剔 えぐり出す／抉発 発掘する／抉微 抉奥／抉面 面皮をはぐ／抉目 目をえぐる

↓鉤抉・捜抉・探抉・剔抉・摘抉・排抉

常【決】 7 3513 ［决］ 6 3513 ケツ きる きめる

篆文 

形声 声符は夬。夬はもと叏に作り、玉玦などを用いてものを切断する意。〔説文〕十一上に「流れを行るなり」とあり、壅閉された水を、一部を切って流すことをいう。〔書、益稷〕に「予れ九川を決して四海に距らしむ」とみえる。ものを切断すること、また、重要な決断を下し、意を決する意に用いる。

訓義 ①水を切り流す、きる、きりたつ、わかれる。②きめる、決断する、決意する、決定。③必ず、決して。

古訓 〔名義抄〕決 サグル・ヤブル・サダム・タツ 〔字鏡〕決 アキラム・ヤブル・ネガフ・カナラズ・サグル・ナラフ・アマネシ・クジル・サダム・キヨム 〔字鏡集〕決 カナラズ・ヒラク・オツ・サグル・ウガツ・ウカブ・ヤブル・サダム・アマネシ

語系 決・玦 kiuat、缺（欠）・闕 khiuat は声義が近い。契（契）khyat、刻（刻）khak なども同系に属する語である。

【決意】 心を決する。〔後漢書、申屠剛伝〕將軍素より忠孝を以て顯聞す。是を以て士大夫千里を遠しとせず、德義を慕ひ樂しむ。今苟しくも意を決して幸を徼めんと欲す。此れ何如ぞや。

【決眼】 眼をえぐる。〔史記、刺客、聶政伝〕聶政大いに呼び、擊殺する所の者數十人。因りて自ら面を皮はぎ眼を決り、自ら屠として腸を出だし、遂に以て死せり。

【決起】 急に勢いよく立ち上がる。〔荘子、逍遥遊〕蜩（せみ）と鷽鳩（小鳩）と、之れを笑つて曰く、我れ決起して飛び、楡枋（にれ、まゆみ）を搶くも、時に則ち至らずして、地に控つるのみ。

【決疑】 疑問のことを決定する。〔左伝、桓十一年〕卜は以て疑を決す。疑はずんば何ぞ卜せん。

【決議】 議定。元・虞集〔上都留守賀公墓誌〕有材良佐、行列に布在するも、其の事に臨み議を決することを求むるの際、必ず其の一言を得て、而る後に定む。

【決去】 訣別。〔漢書、蘇武伝〕（李）陵、其の至誠なるを見て、喟然として歎じて曰く、嗟乎、義士なり～と。～因りて泣下りて衿を霑し、武と決去す。

【決獄】 訴訟を裁く。〔史記、燕召公世家〕召公、鄕邑を巡行す。棠樹有り。其の下に決獄政事す。侯伯より庶人に至るまで、各く其の所を得、職を失ふ者無し。召公卒し、民人～

甘棠の詩を作る。

【決策】　謀を決する。〔韓非子、孤憤〕智者、策を愚人に決せられ、賢士、行を不肖に程らる。則ち賢智の士羞ぢて、人主の論悖る。

【決死】　必死。死を覚悟する。〔史記、項羽紀〕項王自ら度るに、脱することを得ざらん。其の騎に謂ひて曰く、～今日固より死を決せり～と。

【決眥】　目を見開く。怒るさま。魏・曹植〔鼙舞歌、孟冬篇〕楽府　慶忌・孟賁（古の勇者）　谷を蹈み巒を超え　張目決眥　髮怒りて冠を穿つ

【決事】　事案を定める。〔漢書、刑法志〕秦の始皇に至りて～遂に先王の法を毀り、禮誼の官を滅ぼし、～晝は獄を斷め、夜は書を理め、自ら程りて事を決す。

【決勝】　勝利を定める。〔史記、留侯世家〕（張）良、未だ嘗て戰闘の功有らず。高帝曰く、籌策を帷帳の中に運らし、勝を千里の外に決するは、子房の功なりと。自ら齊の三萬戸を擇ばしむ。

【決戦】　戦って勝敗を決する。〔史記、項羽紀〕今日固より死を決せり。願はくは諸君の爲に決戰し、必ず三たび之れに勝たん。

【決然】　きっぱりと心を定める。宋・蘇轍〔枢密韓太尉に上る書〕故に決然として（百代の書を）舍て去り、天下の奇聞壯觀を求め、以て天地の廣大なるを知らんとす。

【決断】　心を定める。〔史記、淮陰侯伝〕人を相するの術、～貴賤は骨法に在り。憂喜は容色に在り。成敗は決斷に在り。此れを以て之れを參ふるに、萬に一を失はず。

【決定】　定める。〔史記、殷紀〕帝武丁～殷を復興せんことを思ふも、未だ其の佐を得ず。三年言はず、政事は冢宰に決定し、以て國風を觀る。

【決闘】　勝負をきめる。〔魏書、侯莫陳悦伝〕隴に入りて悦を征す。～黒獺（宇文泰）至る。遙かに悦を望見し、明日を待ちて決鬭せんと欲す。

【決裂】　ひき裂く。〔史記、蔡沢伝〕（商君）阡陌（田のあぜ道）を決裂し、以て生民の業を靜んじ、其の俗を一にし、民に耕農利士を勸む。

↑決囲　包囲を突破する／決佚　決溢／決溢　水が決潰し、溢れる／決洩　決泄／決堰　せきを切る／決河　決潰する／決潰　堤防が決潰する／決壊　決潰／決灌　水を注ぐ／決訖　判決を執行する／決局　結局／決隙　すきま／決決　流れる／決竭　枯れる／決讞　判決／決口　決潰場所／決罪　断罪／決策　施策を定める／決撤　不首尾／決市　公開処刑／決志　決意／決訟　結審判決／決杖　杖刑／決心　決意／決水　水を落とす／決遂　抉拾／決制　専断／決泄　水が漏れる／決絶　絶縁する／決疏　水を通す／決曹　裁判官／決塞　開き通す／決滞　去留／決択　定める／決撻　むちうつ／決著　結末／決剔　削る／決瀆　水を通す／決敗　切り破る／決罰　定罪／決鼻　兎／決腹　割腹する／決壅　切り開く／決癰　腫物を取る／決理　治める／決流　堤を切る／決溜　水が横流する／決論　論断する

↓一決・引決・可決・果決・解決・潰決・壊決・既決・議決・採決・裁決・齒決・自決・終決・処決・審決・先決・専決・即決・速決・対決・判決・否決・表決・票決・評決・未決・勇決・論決

【杰】　8　4033　ケツ

会意　木＋火。〔玉篇〕に「梁の四公子の名なり」とあり、其の一に魏杰の名がある。俗に傑（傑）の俗体とする。

訓義　1人名。2傑の俗体。

【玦】　8　1513　ケツ　たま　ゆがけ

篆文

形声　声符は夬。夬に決の声がある。〔説文〕一上に「玉佩なり」とあり、環の一部が切れている玉、それで決断・決絶の意を含むとされているが、もと鉄代わりに佩びたものであろう。〔詩、衛風、芄蘭〕に「童子、觿（くじり。結びを解くもの）を佩ぶ」「童子、韘（ゆがけ）を佩ぶ」ことがみえ、玦も同様の用具であった。また、抉と通じ、ゆがけ。

訓義　1たま、佩玉。2ゆがけ。

↑玦環　たま／玦佩　佩玉

↓環玦・挙玦・玉玦・金玦・佩玦・宝玦

入【頁】　9　1080　ケツ　かお

篆文

象形　側身形。祭事のとき、頭上に呪飾をつけた人の側身形。たとえば喪礼のとき衰絰などを加えた形。儀礼を行うときの礼容を示す。〔説文〕九上に「頭なり。𩠐に従ひ、儿（人）に従ふ」とし、「古文䭫首此くの如し」という。〔説文〕九上に「頁は頭なり」「𩠐は頭なり」「首は～古文𩠐なり」と三字を同訓の字とする。金文に「䭫首」を「頁首」に作ることがある。旨は詣の初文。祝禱に対して神霊の降下して詣る意。それを拝するを䭫といい、稽首の稽の初文。頁に従う字は、おおむね祭祀や儀礼のことに関するものとみてよい。

訓義　1あたま、こうべ、儀礼のときの礼容。2うなじ、くびすじ。3書物の葉、ページ。

古訓　〔字鏡集〕頁　カシラ・マサシ

部首　〔説文〕に顔（顏）・頌（頌）・顧（顧）・順・顯（顯）・顛など九十三字、〔玉篇〕には百十八字を収める。頣は二人が神前に並んで拝舞する形で、舞台上にあるものを巽（巺）といい、舞うさまを選選（選選）という。

語系　頁hyetは儀容のいかめしいさまをいう。その姿は頡hyet、また佶giet、傑（傑）giatなども同系の語であろう。

【挈】　10　5750　ケツ　ケイ　さげる　とる

篆文

形声　声符は㓞。〔説文〕十二上に「縣持するなり」とあり、携える意。〔公羊伝、襄二十七年〕「其の妻子を挈ふ」のように、提携の意に用いる。

訓義　1さげる、たずさえる。2とる、もつ、ととのえる。3契と通じ、きざむ、きる、かく。4契と通じ、しるし。

古訓　〔名義抄〕挈　ヒサク・ヒサグ

語系　挈khiatは揭（揭）kiat、擧（挙）kiaと声義近く、同系の語である。契刻の義とは別系。ただ通用の義がある。

【挈挈】　せわしい。唐・柳宗元〔韋中立の師道を論ずるに答ふる書〕長安に居り、炊きて熟するに暇あらず、又挈挈として東す。是くの如きこと數しばなり。

【挈缾】　小瓶。少量のものにたとえる。〔左伝、昭七年〕人言へること有り、曰く、挈缾の知有りと雖も、守りて器を假らずとは禮なりと。

【挈令】　板に刻した条文。〔漢書、張湯伝〕讞疑を奏し、～上の是とする所、受けて之れを讞法・廷尉の挈令に著はし、主の明を揚ぐ。

↑挈引　導く／挈亀　契卜／挈壺　提壺／挈皐　はねつるべ／挈弐　虹／挈持　扶持する／挈然　知るさま／挈帯　携帯／挈儔　仲間／挈提　提携する／挈扶　提携し扶助する／挈畚　畚もっこ運び／挈攬　とる／挈領　えりくびをとる

↓一挈・割挈・提挈・扶挈・分挈

【桀】 10 2590 ケツ はりつけ

篆文  古印璽 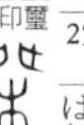

会意 舛+木。舛は両足の開く形。もとの字形は、おそらく木上の左右に人を磔にする形であろう。〔説文〕五下に「磔なり。舛の木上に在るに従ふ」とするが、両足だけを磔することはない。人と枝とが交わって、舛の字形と誤ったものである。大儺(鬼やらい)のとき、城門に犬牲を披いて張ることが行われ、それを疈辜磔牲といった。

訓義 1はりつけ、はりつけにする。2とぐら、鶏のとまり木。3傑に通じ、すぐれる。4朅に通じ、いさましい、すこやか。5黠に通じ、あらい。6夏王朝の最後の王。朅・黠の意を以て号すという。

古訓 〔名義抄〕桀 カシコシ・ウルフ・キル 〔字鏡集〕桀 キル・モル

声系 〔説文〕に桀声として傑(傑)の一字を収める。桀を傑の意に用いることがあり、〔詩、衛風、伯兮〕「邦の桀なり」の〔伝〕に「桀は傑なり」とみえる。

語系 桀・傑・偈 giat は同声。偈は〔広雅、釈詁二〕に「健なり」とあり、たけき貌をいう。

【桀悪】 わるづよい。〔晋書、江統伝〕幷州の胡は、本と實に匈奴、桀惡の寇なり。

【桀黠】 わるがしこい。〔旧唐書、羅芸伝〕藝、性桀黠、剛愎不仁、攻戰に勇に、射を善くす。

【桀桀】 雑草が生い茂る。〔詩、斉風、甫田〕甫田に田くること無かれ 維れ莠(はぐさ) 桀桀たり

【桀健】 すぐれて強い。〔後漢書、酷吏伝序〕漢は戰國の餘烈を承け、豪猾の民多し。其の幷兼の者は、則ち邦邑に陵横し、桀健の者は、則ち閭里に雄張す。

【桀驁】 悍馬。兇暴の徒。〔漢書、匈奴伝賛〕匈奴の人民、毎に來りて漢に降る。單于も亦た輒ち漢使を拘留して、以て相ひ報復す。其の桀驁、尙ほ斯くの如し。安くんぞ肯へて愛子を以て質と爲さんや。

【桀虜】 兇悪の徒。魏・陳琳〔袁紹の為に予州に檄す〕身、三公の位に處り、桀虜の態を行ふ。

↑桀異 すぐれる/桀悍 強悍/桀逆 横逆/桀募 強暴/桀傲 強暴/桀豪 首魁/桀士 傑士/桀出 傑出/桀俊 俊傑/桀石 石を担う/桀賊 強暴な賊/桀誖 狂妄/桀歩 蟹/桀慢 兇傲/桀雄 雄傑/桀立 聳え立つ

↓夏桀・姦桀・兇桀・俊桀・暴桀・雄桀

【威】 10 5320 ケツ ベツ ほろびる

篆文 

会意 戌+火。〔説文〕十上に「火は戌に死す。陽氣戌に至りて盡く」とあり、また戌字条十四下に「滅なり。九月、陽气微にして、萬物畢く成り、陽下りて地に入るなり」というのと対応する。〔淮南子、天文訓〕の陰陽説によって説くもので、字形字義にはあたらない。威は戉(鉞)に火を加えてこれを聖化する意。〔説文〕は下文に〔詩、小雅、正月〕「赫赫たる宗周 褒姒之れを威ぼす」の句を引く。威に作る本があったのであろう。威に水を加えて、はじめて滅ぼす意となる。

訓義 1火できよめる。2滅と通じ、ほろびる。

声系 〔説文〕に威声として滅・搣の二字を収める。滅は滅尽、搣は搣捽、みな威の声義を承ける字であるが、声が転化している。

語系 滅・搣 miat と威 xiuat とすこしく音が異なる。古く明(明)の字に毎(晦)、無(鄦)のような声があり、威より滅・搣への転化が考えられる。

【訐】 10 0164 ケツ あばく

篆文 

会意 言+干。干に干す意がある。〔説文〕三上に「面のあたり罪を相ひ斥き、相ひ告訐するなり」とあって、人を面斥することをいう。〔論語、陽貨〕に「訐きて以て直と爲す者を惡む」とあり、人の陰私をあばくことをいう。

訓義 1あばく、人のかくしごとをあばきたてる。2そしる。

古訓 〔名義抄〕訐 アバク

参考 訐は虚誕、誇大の意。

↑訐陰 あばく/訐告 告発/訐私 訐陰/訐訟 告発/訐発 あばく/訐揚 あばく

↓譏訐・徼訐・驕訐・絞訐・指訐・詆訐・非訐・弁訐

【偈】 11 2622 ケツ ゲ つよい はやい

形声 声符は曷。曷は屍骨の象である匃に祝詞(曰)を加えて、その呪霊を呵して祈る意。〔広雅、釈詁二〕に「健なり」と訓する。〔詩、檜風、匪風〕に「匪の風は發たり 匪の車は偈たり」とあって、車の疾駆する意に用いるが、もと勇健を意味する字である。

訓義 1つよい、たけし、すこやか。2はやい。3憩と通じ、いこう。4仏教語で聖歌の詩句、げ。

古訓 〔名義抄〕偈 ワザゴト・イコフ・トナフ・イタル・トシ

語系 偈・桀 giat は同声。桀は〔詩、衛風、碩人〕に「庶士桀たる有り」とあり、勇健の意。健(健) gian、強 giang、勍 gyang、剛 kang、堅 kyen なども、合わせて一系をなす語とみられる。

【偈偈】 つとめる。〔荘子、天道〕夫子も亦た德に放りて行き、道に循ひて趨かば、已に至らん。又何ぞ偈偈乎として仁義を掲げ、鼓を撃ちて亡子を求むるが若くせん。意、夫子、人の性を亂る。

↑偈句 仏教の偈の語/偈語 偈句/偈頌 仏の功徳をたたえる歌/偈文 偈頌

↓句偈・真偈・説偈・半偈・仏偈

【袺】 11 3426 ケツ つまどる

篆文 

形声 声符は吉。吉は祝詞の器の上に士(鉞の刃)をおいて守る意で、とじこめる意がある。〔説文〕八上に「衽を執る、之れを袺と謂ふ」とあり、草摘みなどのとき、衣のつまを帯にはさみとることをいう。また襭ともいう。

訓義 1つまどる。2襭と通ずる。

語系 袺 kyet、襭 hyet は声義の通ずる字。襭は〔説文〕八上に「衣衽を以て物を扱る、之れを襭と謂ふ」とあり、ともに衣のすそを帯にはさむことをいう。

↑袺襭 つまどる

人 【訣】 11 0563 ケツ わかれる

篆文 

形声 声符は夬。夬はものを切断する意。訣は別辞、死することを永訣という。道家では方術のことを訣といい、秘訣・要訣という。〔説文新附〕三上に「別なり」とし、また「一に曰く、法なり」とみえる。

訓義 1わかれる、たえる。2死別する。3方術、みち、秘訣、奥儀。

古訓 〔名義抄〕訣 ワカル

↑訣詞 別辞/訣別 別離/訣要 秘法/訣厲 声が透る

↓引訣・永訣・口訣・辞訣・真訣・生訣・仙訣・丹訣・秘訣・妙訣・要訣・臨訣

【厥】 12 7128 ［氒］ 6 7240 ケツ ほる その

篆文 金文 甲骨文

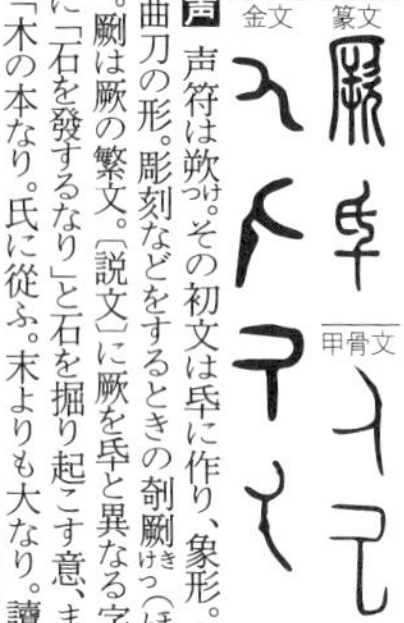

形声 声符は欮。その初文は氒に作り、象形。大きな把手のある曲刀の形。彫刻などをするときの剞劂(ほりもの刀)をいう。劂は厥の繁文。〔説文〕に厥を氒と異なる字とし、厥字条九下に「石を發するなり」と石を掘り起こす意、また氒字条十二下に「木の本なり。氏に従ふ。末よりも大なり。讀みて厥の若くす」といい、木根の橛の意とする。卜文・金文の字形は氒。金文に「氒の事」「氒の德」のようにいう。文献には厥の字を用いる。剞劂の象である氒には、のち厥に刀を加えて劂の字を用いる。

訓義 ①彫刻刀でほる、彫りつける。②其と通じ、その。指示代名詞。また、領格の「の」。③蹶と通じ、ゆり動かす、梃子で動かす。④歇・堨と通じ、つくす、やむ。

古訓 〔名義抄〕厥 ソレ・ハジメ 〔字鏡集〕厥・氒 イシヲコス・ミジカシ・スナハチ・ソレ・ハジメ・ソノ

声系 氒・厥はもと同字異文であるが、声符としては氒と厥と二系に分かれる。氒を祝詞の器(𠙵)の上に加える形は昏(活の音、舌の形となる)で、〔説文〕に刮・話・括など二十一字を収める。また厥は〔説文〕に闕・蹶など十三字を収める。氒・昏系統の字は刮りとる、厥系統の字は梃子で力を加える意を示す字が多い。

語系 厥 hiuat、堨 khiat、歇 xiat、碣 kiat にはみな尽きる意があり、その声義に通ずるところがある。桀 giat も磔裂の意があり、厥と声義の関係があるものと思われる。

【厥角】 稽首する。〔漢書、諸侯王表序〕王莽～詐謀既に成り、～傳を天下に馳せ、符命を班ち行ふ。漢の諸侯王、厥角稽首し、～以て容媚を求む。豈に哀しからずや。

【厥初】 そのはじめ。最初。〔詩、大雅、生民〕厥の初め、民を生めるは 時れ維れ姜嫄なり

↑厥逆 のぼせ/厥尾 短尾/厥明 夜あけ/厥冷 冷え性

↓抵厥・突厥

【獦】

12 4622

ケツ いぬ

篆文

形声 声符は曷。〔説文〕十上に「獦は獦獢、短喙の犬なり」(段注本)とあって、口の短い犬。獦獢は双声の語。次条に「獢は獦獢なり」とみえる。〔爾雅、釈畜〕に「短喙獦獢」とみえるものである。また喝(喝)に通用する。

訓義 ①犬、口の短い犬。②喝と通じ、おどす。

古訓 〔名義抄〕獦 オソル 〔篇立〕獦 タチナキ・ウタガフ・ヲソル・イス(ヌ)

常

【結】

12 2496

ケツ むすぶ

篆文

形声 声符は吉。吉は士(鉞頭の形)で祝詞の器をおおい守る意で、その呪能を中に封じこめる意がある。結ぶということも、そのような呪的な意味をもつ行為であった。〔説文〕十三上に「締むるなり」と締結の意とする。古代の歌謡に、紐を結ぶことが象徴的な意味を含めて歌われることが多く、後世にも祝い紐の俗がある。すべて交結する意に用いる。

訓義 ①むすぶ、しめる、つかねる。②つらねる、まじえる、つなぐ。③約する、固める。④系と通じ、かける。⑤髻と通じ、もとどり。

古訓 〔名義抄〕結 ムスブ・ムスボレ・ユフ・ツナグ・カナラズ・ウレフ・カマフ・ツカフ・ツラヌ・トヅ・ソフ・マツフ・カタシ 〔字鏡集〕結 ツナグ・ナリ・ユフ・カク・ツラヌ・アグ・トヅ・ムスボホル・メグラス・カナラズ・ムスブ・マジハル・カタシ・ウレフ・マガフ・ツカフ・ソフ・マツフ・マク・カタナス

語系 結・髻 kyet は同声。紒 keat、笄 kyei も声近く、紒は〔儀礼、士冠礼〕に「將に冠せんとする者、采衣して紒す」とあり、〔鄭注〕に「古文、紒を結に爲る」とみえる。笄は髻をとめる簪笄。また系 hye は孫の字形から知られるように、髪につける呪飾である。繫 kye も同声。これらは一系の語とみてよい。

【結阿】 あずまやを建てる。漢・王延寿〔魯の霊光殿の賦〕爾乃ち棟を懸け阿を結び、天窗(高窓)綺疎(あや模様の飾り)あり。

【結宇】 室を築く。晋・張協〔雑詩、十首、九〕宇を結ぶ窮岡の曲 耦耕す幽藪の陰

【結纓】 冠のひもを結ぶ。死ぬ意に用いる。〔左伝、哀十五年〕戈を以て之れを撃つ。纓を断つ。子路曰く、君子死するに、冠は免がずと。纓を結びて死せり。

【結驩】 修好。〔左伝、昭四年〕楚子～椒擧をして晉に如き諸侯を求めしむ。～曰く～歲の易からざるを以て、寡君、驩を二三君に結ばんことを願ひ、擧をして閒(ご都合の時)を請はしむ～と。

【結客】 外客と交わりを結ぶ。多く豪俠の徒を仲間とするをいう。〔後漢書、劉玄伝〕弟、人の殺す所と爲る。聖公(玄)、結客して之れに報ぜんと欲す。客、法を犯す。聖公、吏を平林に避く。

【結句】 詩文の末句。〔芸苑卮言、一〕七言律は中二聯は難からざるも、難は發端及び結句に在るのみ。發端は、盛唐の人佳ならざる無し。結も頗ぶる之れ有り。

【結言】 約束する。〔後漢書、独行、范式伝〕(張劭の)母曰く、二年の別、千里結言す。爾何ぞ相ひ信ずるの審らかなるやと。對へて曰く、巨卿(范式)は信士なり。必ず乖違せざらんと。～其の日に至り、巨卿果して至る。

【結構】 ものの構造。構成のしかた。漢・王延寿〔魯の霊光殿の賦〕是に於て其の棟宇を詳察し、其の結構を觀る。～三閒四表、八維九隅あり。

【結婚】 夫婦となる。〔文選、古詩十九首、八〕千里遠く婚を結ぶ 悠悠として山陂を隔つ

【結綵】 祝祭の日。門前・堂上に紅色の絹を垂らし、花型の装飾をつける。〔宋史、礼志十六〕(三元観灯)上元前後の各一日、城中に燈を張り、大内正門に綵を結び、山樓の影燈を爲り、露臺を起し、教坊に百戲を陳らぬ。

【結駟】 駟馬を連ねる。〔戦国策、楚一〕是に於て楚王、雲夢に游ぶ。結駟千乘、旌旗日を蔽ふ。

【結社】 同志の者が集まって、団体を作る。明・史謹〔重ねて清涼寺に遊ぶ〕詩 遠公(恵遠)偏に愛す、詩苦を能くするを 陶令(潜)、元より結社の心無し

【結縄】 縄を結んで約とする。無文字の時代。〔易、繫辞伝下〕上古は結繩して治む。後世の聖人、之れに易ふるに書契(文字)を以てす。

【結帨】 女子が嫁するとき、母が佩巾を結ぶ。〔儀礼、士昏礼〕母衿を施し、帨を結びて曰く、之れを勉め之れを敬し、夙夜宮事に違ふこと無かれと。

【結舌】 口をとざす。〔漢書、李尋伝〕王章、事を言ふに坐して誅滅せらるるに及び、智者は舌を結び、邪僞竝び興る。外戚命を顓らにし、君臣隔塞す。～此れ行事の敗、誠に畏れて悲しむべし。

【結束】 たばねる。拘束する。〔文選、古詩十九首、十二〕蕩滌して情志を放にせん 何爲れぞ自ら結束する

【結体】 文字書法のくみたてかた。〔唐書、柳公権伝〕書法結體勁媚にして、自ら一家を成す。

【結託】 相結ぶ。〔北史、高隆之伝〕身の長八尺、美鬚髯

あり、深沈にして志氣有り。～神武と深く相ひ結託す。後、従ひて兵を山東に起す。

【結髪】髪を結う。元服。成婚。漢・蘇武〔詩、四首、三〕結髪して夫妻と爲る 恩愛兩つながら疑はず 歡娯今夕に在り 嬿婉、良時に及ばん

【結廬】廬を作る。室を作る。晋・陶潜〔飲酒、二十首、五〕詩 廬を結んで人境に在り 而も車馬の喧しき無し 君に問ふ、何ぞ能く爾かると 心遠ければ地自から偏なり

→結案 判決／結菴 結廬／結葦 みの虫／結引 ひきづなを車に結びつける／結因 原因／結陰 曇る／結慍 腹をたてる／結営 軍営作り／結怨 怨みをもつ／結冤 結怨／結縁 仏縁／結屋 結宇／結恩 恩を施す／結果 結局／結跏 趺坐／結界 戒の境域／結款 親しくする／結歡 結驩／結軌 交際／結義 義兄弟／結局 ついに／結夏 安居／結口 もの言わぬ／結交 交際／結好 修好／結喉 のど仏／結誥 ふふどり／結合 結ばれる／結根 固い根／結算 決算／結子 結実／結実 実る／結綬 任官／結収 まとめる／結秀 結実／結習 煩悩／結集 集まる／結愁 憂える／結聚 結集／結晶 凝集体／結信 信じる／結軫 結愁／結審 審理終結／結親 縁組み／結陣 陣立て／結穂 穂が実る／結正 判定／結成 同盟を結ぶ／結制 一夏安居の行／結誓 誓う／結撰 撰述する／結湊 集まる／結総 総勘定／結胎 受胎／結断 裁決／結紐 誓う／結帳 清算する／結締 締結する／結軼 車轍が交わる／結轍 結軼／結凍 氷る／結闘 乱闘／結童 童髪／結僮 結童／結肉 いぼ／結念 思いつめる／結納 納幣／結巴 口が吃る／結拝 義兄弟／結伴 仲間／結煩 煩わしい／結尾 結末／結氷 氷る／結附 徒党を組む／結風 旋風／結文 文末／結袂 連袂／結韈 履紐を結ぶ／結片 雪／結朋 仲間／結末 結果／結脈 死ぬ／結夢 夢みる／結盟 同盟を結ぶ／結網 網を張る／結約 約する／結友 盟友／結絡 連なる／結攬 壟断する／結褵 結帨／結縭 結帨／結侶 伴侶となる／結縷 芝草／結類 仲間／結軨 くさび／結連 結託する／結聯 結連／結論 結着の論／結和 仲直り

↓鬱結・蘊結・縈結・恩結・完結・帰結・起結・凝結・交結・収結・集結・善結・増結・妥結・団結・直結・締結・転結・凍結・秘結・氷結・憂結・要結・連結・論結

【絜】 12 5790 ケツ ケイ あさたば きよめる あきらか

篆文 

形声 声符は㓞。㓞に挈・契（契）の声がある。〔説文〕十三上に「麻一耑（束）なり」とあり、その麻はおそらく修禊（お祓い）に用いるものであろう。わが国の白香の類にあたる。〔左伝、桓六年〕に「絜粢豐盛なり」とあり、神饌として供える意。絜は潔、禊に用いるものの意であろう。〔大学、十〕の「絜矩の道」は「挈り思いやる」意で、挈字の義である。

訓義 1 一たばのあさ、あさたば。2 くくる。3 潔と通じ、きよめる、しろい、きよい、いさぎよい、あきらか。4 挈と通じ、はかる、さげる、ひとり。5 窫と通じ、しずか。

古訓 〔名義抄〕絜 イサギヨシ 〔字鏡集〕絜 ツカヌ・ムスブ・アサヌノ・キヨシ

声系 〔説文新附〕十一上に絜声として潔（潔）を収め、「瀞らかなり」とあり、〔説文〕宀部七下に窫は「靜かなり」とあるのと近い。漢碑に㛃の字があり、潔の意に用いる。絜を以て修潔する意をとる字であろう。

【絜矩】己の心を尺度として、他をはかる。〔大学、十〕是こを以て、君子に絜矩の道有るなり。上に惡む所は、以て下に使ふこと毋かれ。下に惡む所は、以て上に事ふること毋れ。～此れを之れ、絜矩の道と謂ふ。

【絜行】行いを潔くする。〔史記、伯夷伝〕伯夷・叔齊の若きは善人と謂ふべき者なるか、非なるか。仁を積み行ひを絜くし、此くの如くにして餓死せり。

【絜浄】清らか。〔後漢書、東夷、高句驪伝〕其の俗、淫なり。皆絜浄自ら憙ぶ。暮夜輒ち男女群聚して倡樂を爲し、鬼神・社稷・零星を祠ることを好む。

【絜清】潔清。〔後漢書、劉愷伝〕侍中賈逵、因りて上書して曰く、～竊かに～愷を見るに、素行孝友にして、謙遜絜清、～身を遠迹に潛む。

【絜静】潔静。〔礼記、経解〕絜靜精微にして賊はざるは、則ち易に深き者なり。

【絜廉】清廉潔白。〔荘子、徐無鬼〕（鮑叔牙は）可ならず。其の人と爲り絜廉の善士なり。其の己に若かざる者に於ては、之れに比しまず。又一たび人の過ちを聞きては、終身忘れず。

→絜楹 なめらかで、つやがある／絜駕 車に乗る／絜己 自己を修潔にする／絜蠲 清らかなもの／絜矢 火矢／絜粢 神饌／絜情 潔白な心／絜身 清らかな身／絜斉 整斉／絜牲 清潔な牲／絜誠 清誠／絜鮮 新鮮／絜知 測り知る／絜白 潔白／絜領 首を差し出す／絜令 法令

常 【傑】 13 2529 〔傑〕 12 2529 ケツ すぐれる

篆文 

形声 声符は桀。桀は人を木上に架して磔殺する形。〔説文〕八上に「傲るなり」とあり、倨傲の意とする。傲は長髪の人を殴つ共感呪術を示す字。桀も傲も、いずれも祭梟（首祭）の俗を背景とする字である。傑・傲の人は、その呪能もすぐれたものとされたのであろう。

訓義 1 すぐれる、ぬきんでる、特立する、その人。2 大きい、高く上に出る。

古訓 〔新撰字鏡〕傑 須久礼天佐加志（すぐれてさかし）〔名義抄〕傑 スグル・サカシ・ヒジリ・ヌク・ワザ・カシコシ・ソナル・イチジルシ

語系 傑・桀・偈 giat は同声。偈は〔広雅、釈詁二〕に「健なり」とあり、三字みな強健の意。強 giang、健（健）gian も声義の関係があろう。

【傑魁】傑物。清・邵懿辰〔陳芸叔に贈るの序〕乾隆中に方り、俗學横流す。其の聰明傑魁の士は、相ひ劘して考證纖末の務めを爲す。名は經を治むとするも、日を經て以て蔽晦なり。

【傑黠】凶悪狡詐。〔北史、韓褒伝〕（褒）乃ち悉く傑黠の少年、素より郷里の患を爲す者を召し、置きて主帥と爲し、其の地界を分ち、盜の發して獲ざる者有れば、故を以て縱論せしむ。

【傑観】高大な建物。宋・陳師道〔寇十一の晩に白門に登るに和す〕詩 重門、傑觀、屹として相ひ望む 表裏の山河、自から一方

【傑作】傑出した作品。宋・陸游〔張時可通判の詩編を贈らるるに謝す〕詩 流傳して君に至り、愈と卓犖 我に投ずるの千篇は、皆傑作

【傑出】特にすぐれる。唐・司空図〔王駕に与へて詩を評するの書〕國初、主上文雅を好み、風流特に盛んなり。沈（佺期）・宋（之問）始めて興るの後、江寧に傑出す。宏肆は李（白）・杜（甫）に於て極まれり。

【傑然】特出。〔後漢書、第五種伝〕伏して故もの兗州刺

史第五種を見るに、傑然として自ら建ち、郷曲に在りて苞苴(賄賂)の嫌ひ無く、朝堂に歩して捏言の闕無し。天性、悪を疾み、公方にして曲ならず。

【傑特】 傑出。宋・秦観〔国論〕始皇の英偉、傑特なるは、又武帝の比すべきに非ざるなり。

【傑立】 すぐれ立つ。唐・薛収〔驃騎将軍王懐文碑銘〕故に俶儻不羈の才、英奇傑立の士、遑遑として志業を重んじ、落落として功名を建つ。

↑傑異 傑出する/傑偉 偉大/傑屋 大きな家/傑閣 高閣/傑猾 ずる賢い/傑起 抜き立つ/傑句 佳句/傑語 俊語/傑驁 凶暴/傑士 傑出した人/傑思 すぐれた構想/傑姿 英姿/傑秀 勝れる/傑俊 俊傑/傑儁 俊傑/傑臣 傑出した臣/傑性 豪気/傑大 勝れる/傑物 人傑/傑邁 勝れる

↓英傑・快傑・魁傑・瓌傑・豪傑・三傑・時傑・殊傑・秀傑・俊傑・儁傑・女傑・人傑・雄傑

【楬】 13 4692 ケツ カツ たてふだ くい

篆文

形声 声符は曷。匃は屍骨の象である匃に対して、祝詞(曰)を加えて祈り、その呪霊を呵して呪詛を行う意。〔周礼、秋官、蜡氏〕に「若し道路に死する者有るときは、則ち埋めて楬を置かしむ」という規定があって、行き倒れの道殣のために墓表を立てる。これはその怨霊を鎮めるためであろう。〔説文〕六上に「楬桀なり」とは、その立札の意。桀は人を磔にする意であるが、また鶏のとまり木の意があり、表木である楬とその形が似ている。楬はまた櫫・著ともいい、楬著は名札をいう。古くは楬にその罪状などをしるした。のち棺を墓中におろすとき、紐を通して用いる石柱を碣といい、その伝記行状をしるして、碑碣という。

訓義 ①たてふだ、表識・掲示のために立てる。もと墓標。②くい。③楽器。柷敔の類。④白木の豆。

古訓 〔字鏡集〕楬 ツカ

【楬著】 表識をたてる。立札。〔漢書、酷吏、尹賞伝〕寺門の桓東に瘞め、楬して其の姓名を著はす。百日の後、乃ち死者の家をして、各〻自ら發して其の尸(屍)を取らしむ。

【楬豆】 白木のたかつき。祭器。〔礼記、明堂位〕俎は～夏后氏は楬豆を以てし、殷は玉豆、周は獻豆(鳳の羽を刻した豆)なり。

↑楬溝 行き倒れの塚木/楬櫫 楬著/楬木 標記の木/楬明 明示

↓控楬

【歇】 13 6778 ケツ カツ アツ やむ つきる

篆文

形声 声符は曷。曷は屍霊を呵して責め、呪詛などを行う意。その声を喝といい、これによって災厄をとどめることを遏止という。欠は声を発する形であるから、その行為をいう。〔説文〕八下に「息むなり。一に曰く、气、越泄するなり」とするが、呪霊を呵して遏止することをいう字である。

訓義 ①やむ、おしとめる、やめる。②つきる、ない、むなしい。③やすむ、いこう。④息がもれる。

古訓 〔名義抄〕歇 ツキヌ・カレヌ・ヤミヌ・ヤム・イコフ・ヤスム・トヾム・トヾマル・ヤスシ・コト〳〵ク・イフ・クフ

語系 歇xiat は憩(憇・愒)khiat と声義が近い。災厄を遏止することを本義とする。また竭giat、渇(渴)khat も同系、竭尽の意がある。

【歇後】 成語の下半を略して用いる。「友于」は兄弟、「三尺」は剣、「一坏」は土の意。〔容斎詩話、二〕杜(甫)・韓(愈)二公詩を作るに、或いは歇後語を用ふ。悽其、呂葛を望む、山鳥山花我が友于、～爾が為に居諸(日月)を惜しむの類、是れなり。

【歇坐】 宴中の小憩。宋・倪思〔経鉏堂雑誌、筵宴三感〕今夫れ筵宴に、酒十行を以て率と為し、酒先三行にして少憩す。俗に之れを歇坐と謂ふ。

↑歇家 旅館/歇驕 猟犬/歇業 休業/歇寓 旅館/歇欻 幽遠/歇憩 休息する/歇午 昼食の休憩/歇口 沈黙する/歇工 休業/歇止 休止/歇指 俗楽の調/歇手 一休み/歇宿 宿る/歇身 一休み/歇絶 絶える/歇前 壁のない家/歇息 休息する/歇店 休憩所/歇馬 馬どめ/歇泊 宿泊する/歇拍 曲調の名/歇微 衰える/歇伏 夏休み/歇乏 休息/歇滅 滅びる/歇夜 旅宿/歇落 衰える/歇力 一服する/歇和 声をあわせる

↓間歇・休歇・憩歇・耗歇・消歇・衰歇

【劂】 14 7220 ケツ こがたな

篆文

形声 声符は厥。厥の初文は氒。把手のある曲刀の形。彫刻などに用いる剞劂(ほりものの刀)の意。氒・厥・劂は次第に字画を加えたもので、古今の字。劂は〔説文〕にみえず、〔広雅、釈器〕に「劂は刀なり」とする。彫刻刀の類をいう。

訓義 ①小刀、彫刻用の曲刀。②剞劂、曲鑿。のみの類をいう。

古訓 〔名義抄〕劂 ケヅル 〔篇立〕劂 キザム

語系 劂・厥・氒 hiuat はもと同字同声。𠜾 kiuat は声近く、〔説文〕四下に「𠜾は剞𠜾なり」とあり、剞劂と同じく曲鑿の器をいう。同系の語である。

↓剞劂・剟劂・剖劂

【朅】 14 4672 ケツ さる

篆文

形声 声符は曷。曷は屍霊を呵して呪詛する意。またこれによって災厄を遏止することをいう。去は穢れたものを祛い去る意。〔説文〕五上に「去るなり」とあり、朅去は双声の訓。強く祛い退けることをいう。

訓義 ①さる、とりはらう。②桀と通じ、たけだけしい、いさましい。③曷と通じ、いつか、なんぞ。④聿・遹と通じ、ここに。

古訓 〔字鏡集〕朅 イナサル

語系 朅khiat、去・祛khia は声義近く、ともに祓う意がある。去は神判に敗れたものを廃棄し祓う意。桀・偈giat と通じ、強健の意がある。聿・遹jiuat と通じて、発語の辞に用いる。

【朅至】 いつか至る。〔呂覧、貴因〕(殷の使)膠鬲曰く、西伯将に何くに之かんとすと。～武王曰く、～将に殷に之かんとするなりと。膠鬲曰く、朅か至ると。武王曰く、将に甲子を以て殷の郊に至らんとすと。

【朅来】 来る。また、去る。また、何ぞ来らざる。また、発語。ここに。唐・陳子昂〔感遇詩、三十八首、三十一〕朅來に豪遊の子 勢利は禍の門なり

↑朅帰 帰る/朅休 いこう/朅朅 勇武のさま

【碣】 14 1662 ケツ カツ いしぶみ たちいし

篆文 古文

形声 声符は曷。曷は屍霊を呵して責め、呪詛などを行う意。行き倒れを葬るとき楬を立て、その霊を鎮めた。〔説文〕九下に碣を「特立するの石なり」とし、「東海に碣石山有り」という。自然石と解するが、もと碑碣の意。墓表として立てるものをいう。棺を墓坑に下ろすとき、紐を繋けるのに用いた石柱に、名姓をしるし、のち伝記・行状をしるした。記念碑的なものを碣という。

訓義 ①いしぶみ、碑碣。②たちいし、大きな高い石。③岩山の特立するさま。④掲・挙と通じ、あげる、高くあげる。

古訓 〔字鏡集〕碣 クダク 〔篇立〕碣 ヲトメイシ

語系 碣・掲（揭）kiatと楬giat、また擧（挙）kiaは声義近く、揭挙・掲示の意がある。

↓古碣・石碣・碑碣・標碣・墓碣・銘碣・立碣

【竭】 14 0612 ケツ つきる ほろびる

篆文 

形声 声符は曷。〔説文〕十下に「負擧なり」とするがその意が明らかでなく、背負う意、竭尽の意とする説がある。立は位で儀礼の場所、曷は遏・揭・歇の意を含む字であるから、一定の場所で十分に禁遏の呪儀を行う意であろう。ゆえに竭尽の意となる。〔礼記、礼運〕に「五行の動くや、迭ひして相ひ竭すなり」とは、その場所を侵して滅ぼすことをいう。多く竭尽の意に用いる。

訓義 ①つきる、ほろびる、やぶれる。②きわまる、ことごとく。③渇と通じ、かれる。

古訓 〔名義抄〕竭 ツキヌ・ツクス・カハク・ワタル・イタヾク・スツ・ヤブル・コトヾヽク

【竭歓】 歓びを尽くす。〔漢書、礼楽志〕（安世房中歌、十七章、十二）烏呼孝なる哉 戎國を案撫す 蠻夷、歡を竭し 象（訳）し來つて福を致す

【竭蹶】 顚倒する。〔荀子、儒効〕近き者は歌謳して之れを樂しみ、遠き者は竭蹶して之れに趨く。四海の内、一家の若し。

【竭尽】 すべて用い尽くす。〔漢書、鮑宣伝〕侍中駙馬都尉董賢、～但だ令色諛言を以て自ら進め、賞賜度亡く、府藏を竭盡す。

【竭誠】 まごころを尽くす。〔史記、鄒陽伝〕乃ち獄中より上書して曰く、～今臣、忠を盡し誠を竭し、議を畢くして知られんことを願ふ。

【竭力】 力を尽くす。〔論語、学而〕父母に事へては能く其の力を竭し、君に事へては能く其の身を致す。

↑竭極 尽くし極める／竭涸 かれる／竭産 無財となる／竭至 ことごとく来る／竭精 心を尽くす／竭沢 涸沢／竭智 智をしぼる／竭能 力限り／竭憊 疲れはてる／竭費 使い果たす／竭命 命限り／竭慮 智力を尽くす／竭論 論じ尽くす

↓匱竭・窮竭・虚竭・空竭・屈竭・傾竭・罄竭・枯竭・耗竭・困竭・神竭・水竭・衰竭・池竭・疲竭・貧竭・力竭・糧竭

【駃】 14 7533 ケツ けってい はしる

篆文 

形声 声符は夬。夬に決の声がある。〔説文〕十上に「駃騠、馬父驘子なり」とあり、らばの一種。〔玉篇〕に「駃騠、馬なり。生まれて七日にして、其の母を超ゆ」という。〔広雅、釈宮〕に「犇るなり」とあり、馬の疾走する意。駃騠は北方の良馬をいう。

訓義 ①けってい。②はしる、疾く走る。

古訓 〔名義抄〕駃 トシ

【駃騠】 馬父驘子。北方の良馬。秦・李斯〔上書して逐客を諫む〕必ず秦國の生ずる所にして然る後に可なりとせば、則ち是れ～鄭・衞の女は後宮に充たず、駿良・駃騠は外廏に實たざらん。

↑駃雨 快雨／駃馬 良馬／駃流 急流

【憰】 15 9702 ケツ いつわる

篆文 

形声 声符は矞。矞に譎の声がある。矞は矛を台座におき、威を示す意。その心に憰詐の意がある。その言を譎という。

訓義 ①いつわる。②譎と通用する。

古訓 〔字鏡集〕憰 イツハル

【憰怪】 奇怪きわまる。〔荘子、斉物論〕物として然らざる無く、物として可ならざる無し。故に是れが爲に莛（草の茎）と楹（家の円柱）と、厲（醜人）と西施（美女）とを擧ぐ。恢恑憰怪なるも、道通じて一と爲る。其の分るるや成り、其の成るや毀る。

【撅】 15 5108 ケツ ケイ かく あつめる

篆文 

形声 声符は厥。厥は掘鑿などに用いる曲刃の器。〔説文〕十二上に「手を以て杷く所有るなり」（段注本）とあり、杷は麦などをかき集めるもの。そのような爪の形をまた厥という。〔広雅、釈詁二〕に「搔くなり」とみえる。

訓義 ①かく、かきあつめる。②かゆいところをかく、爪でかく。③なげる、うつ。④ほる、うがつ。⑤掲と通用し、かかげる。

古訓 〔名義抄〕撅 カク 〔字鏡集〕撅 カク・エル

【撅豎】 無器用な男。〔魏書、崔浩伝〕屈丐（夏の赫連勃勃の字）は～撅豎の小人、大なる經略無し。正だ殘暴なるべきも、終に人の滅ぼす所と爲らんのみ。

【潏】 15 3712 ケツ わく

篆文 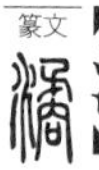

形声 声符は矞。矞に譎の声がある。〔説文〕十一上に「涌き出づるなり。～一に曰く、潏は水名なり。京兆杜陵に在り」とみえる。

訓義 ①みずわく、水の涌き出る音。②流れの疾いさま。③川の名。④水をせきとめるもの、洲。

↑潏潏 水のわく音／潏湟 急流の音

↓蕩潏・浡潏・渤潏・湧潏

常 【潔】 15 〔潔〕 15 3719 ケツ きよらか いさぎよい

篆文 

形声 声符は絜。絜は麻たばを結んで神事に用いるもので、絜清の意があり、潔の初文とみてよい。水によって修禊することを潔という。〔説文新附〕十一上に「瀞らかなり」、〔広雅、釈器〕に「白なり」とあって、潔白の意。神事にはすべて清潔であることが要求された。

訓義 ①きよめる、はらいきよめる、きよらか、きよい。②いさぎよい、しろい。

古訓 〔名義抄〕潔 イサギヨシ 〔字鏡集〕潔 キラ〳〵シ・キヨシ・イサギヨシ・ウヤマフ・ウルハシ・ヒカル

語系 絜khyat、潔kyet、また禊hyatは声義近く、みな同系の語である。

【潔愨】 清くまごころがある。〔韓非子、外儲説左下〕少室周なる者は、古の貞廉潔愨なる者なり。趙襄主の力士と爲り、中牟の徐子と角力して若かざるなり。入りて之れを襄主に言ひ、以て自ら（徐子と）代らんとす。

【潔己】 身を潔くする。〔論語、述而〕人、己を潔くして以て進まば、其の潔きに與するなり。其の往（過去）を保（拘泥）せざるなり。

【潔斎】 ものいみ。〔説苑、脩文〕聖主、將に祭らんとするや、必ず潔齋精思し、親の在すが若くし、～親の容貌を想ふ。～此れ孝子の誠なり。

【潔身】 身を清くする。〔孟子、万章上〕聖人の行ひは同じからざるなり。或いは遠、或いは近なるも、～其の身を潔くするに歸するのみ。

【潔白】 清い。〔呂覧、離俗〕布衣人臣の行、潔白淸廉にして繩に中り、愈〻窮して愈〻榮ゆ。死すと雖も、天下愈〻之れを高しとす。

【潔癖】きれい好き。〔宋史、文苑六、米芾伝〕潔を好みて癖を成し、人と巾器を同じうせざるに至る。爲す所譎異、時に傳笑すべき者有り。

↑潔盥 手を洗う／潔矩 清潔な行為／潔馨 香しい／潔潔 清らかなさま／潔行 行いをいさぎよくする／潔士 清廉の人／潔祀 清め祭る／潔疾 潔癖／潔觴 清らかな馳走／潔慎 清らかでつつしむ／潔水 清水／潔性 潔白な性質／潔誠 誠心／潔静 清浄／潔晳 清らか／潔素 飾らぬ／潔衷 清い心／潔貞 清く正しい／潔徹 清らか／潔婦 貞女／潔腹 すき腹／潔病 潔癖／潔望 清廉の名声／潔誉 潔望／潔流 清流／潔朗 清く朗らか

↓禋潔・瑩潔・介潔・簡潔・矯潔・玉潔・涓潔・厳潔・高潔・皎潔・斉潔・修潔・純潔・清潔・静潔・整潔・鮮潔・貞潔・不潔・芳潔・明潔・廉潔

【獗】 15 / 4128 ケツ たける

形声 声符は厥。厥の初文は氒。把手のある大きな曲刀の形で、彫刻に用いる剞劂をいう。厥声の字には、力を加えて強く刻りこむような、荒くたけだけしい状態をいう語が多い。猖獗とは、獣などのあれ狂うさまをいう。

訓義 1たける、くるう、あれくるう。2わるづよい。

↑獗豎 悪たれ

↓猖獗

人【蕨】 15 / 4428 〔蕨〕 16 / 4428 ケツ わらび

篆文 

形声 声符は厥。〔説文〕一下に「鼈なり」とあり、〔爾雅、釈草〕に艸に従う字に作る。鼈はすっぽん。蕨はその足に似るので名づける。厥も木を刻りとるもので、その巻く形が蕨に似ているので、厥声をとる。

訓義 1わらび。2迷蕨はぜんまい、蕨攈はひし。

古訓 〔新撰字鏡〕蕨 和良比（わらび）〔名義抄〕蕨 ワラビ

【蕨芽】わらびの芽。金・元好問〔鄧州の幕府より暫く秋林に帰る〕詩 升斗の微官、飢ゑを療さず 中林の春雨、蕨芽肥ゆ

【蕨拳】わらびの芽。元・方回〔舟、青渓を行りて道中歙に入る、三首、三〕詩 蕨拳動かんと欲して、茗は芽を抽き 節は清明に近くして、路は家に近し

【蕨薇】わらびと、ぜんまい。元・楊載〔薛玄卿の竜虎山に帰るを送る〕詩 金門、詔下りて、羽人帰る 山中に向つて、蕨薇を採らんと欲す

↑蕨菜 わらび／蕨手 早蕨／蕨筍 わらびと、たけのこ／蕨攈 ひし

↓采蕨・山蕨・紫蕨・春蕨・薇蕨・野蕨・藜蕨

【頡】 15 / 4168 ケツ キツ

篆文 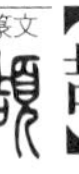

形声 声符は吉。吉に、詰める、結ぶ意があり、力のこもった状態をいう。〔説文〕九上に「直項なり」とあり、うなじをのばし、頸をたてた形をいう。金文に「余、頡岡（剛）して君に事ふ」という語があり、〔淮南子、脩務訓〕に「嚴志頡頏の行有る者」というのに当たる。容易に人に頭を屈しない、志操のあることをいう。

訓義 1うなじをのばす、くびをすえる、直立するかたち。2とび上がる、高くする、高く上がる。3強く大きい、いかつい。4へらす、きしる。

古訓 〔名義抄〕頡 ノボル・トビノボル／頡頏 ヒトカヘリ・ヒトクダリ・トビクダル 〔字鏡集〕頡 トビノボル・トビアガル・ノボル・アカツキ

声系 〔説文〕に頡声として襭を収める。字はまた擷に作り、衣の裾を帯にとめる、つまどることをいう。

【頡滑】錯乱する。〔荘子、胠篋〕知詐漸毒、頡滑堅白、解垢同異の變多ければ、則ち俗は辯に惑ふ。故に天下毎毎として大いに亂る。

【頡頏】一上一下する。匹敵する。〔晋書、文苑伝序〕（晋に及んで）文雅斯に盛んなり。張載、銘山（剣閣山の銘）の美を擅にし、陸機、焚研の奇（弟雲が兄の文才に嘆じ、自分の筆硯を焚きたいといった）を挺す。潘（岳）・夏（侯湛）輝を連ね、名輩に頡頏し、竝びに繁縟を綜採す。

↑頡啎 逆らう／頡亢 頡頏／頡皐 はねつるべ／頡史 倉頡

↓軒頡・倉頡・蒼頡

【鴂】 15 / 5702 ケツ ゲキ みそさざい

篆文 

形声 声符は夬。夬に決の声がある。〔説文〕四上に「寧鴂なり」とあり、みそさざいをいう。〔荘子、逍遥遊〕に鷦鷯というものである。また、もずをいう。その字は鴃に作る。鴂舌のときは、ゲキの音でよむ。

訓義 1みそさざい。2もず。

【鴂舌】もずのさわがしい鳴き声。〔孟子、滕文公上〕今や、南蠻鴂舌の人（南方の、神農の言をなす者、許行をさす）、先王の道を非る。子（宋の陳相）、子の師に倍きて之れに學ぶ。～子、是れを之れ學ぶは、亦た善く變ぜずと爲す。

【橛】 16 / 4198 ケツ くい とじきみ

篆文 

形声 声符は厥。厥の初文は氒。把手のある曲刀の形。彫刻などに用いる剞劂（ほりものの刀）をいう。厥声の字には、それで刻りこみ、こじあけるように力を加える意のものが多い。〔説文〕六上に「弋なり」とあり、形が鋭く整わないものをいう。切株を橛株という。また門橛の意に用いる。

訓義 1くい、太く短い木。2門のとじきみ、門の中じきりの木。3切株、切株のように立つ。4馬のくつわ、くつばみ。5かぎ、ものをかまして閉じる。6撅と通じ、うつ、たたく。

古訓 〔和名抄〕橛 俗に云ふ、巾子形。扇（扉）を止むる所以なり 〔名義抄〕橛 ホソシ・コシカタ・トジキミ・クビキ・クヒ 〔字鏡集〕橛 ホダシ・クビキ・コヒ（シ）カタ・トジキミ・クヒ

【橛機】門の中。内室。〔説苑、政理〕近きを修め内を理め、橛機の禮を政し、妃匹の際を壹にす。

【橛橛】毅然としたようす。〔素書、求人之志章〕橛橛梗梗は、功を立つる所以なり。孜孜（つとめるさま）淑淑は、終りを保つ所以なり。

【橛飾】馬のくつわの飾り。〔荘子、馬蹄〕前に橛飾の患有り、後に鞭筴の威有り。而して馬の死する者、已に過半なり。

【橛筆】禿筆。〔尚書故実〕王僧虔は右軍（王羲之）の孫なり。齊の高帝、嘗て問うて曰く、卿の書と我が書と、孰れか優れると。對へて曰く、臣の書は人臣第一、陛下の書は帝王第一なりと。帝悅ばず。後嘗て橛筆を以て書す。帝の忌む所と爲るを恐るる故なり。

↑橛眼 くいの穴／橛銜 くつわ／橛頭 小さな木の船／橛鑣 くつわ／橛杙 くい

↓銜橛・門橛

【擷】 18 / 5108 〔襭〕 20 / 3128 ケツ つむ はさむ

篆文 

形声 声符は頡。頡は拮・袺の意をとるものであろう。〔説文〕八上に襭を正字とし、擷を重文とする。衣衽を主としていえば襭、衣のつまをとる行為を主としていえば擷である。

訓義 ①つむ、つみとる。②はさむ、つまどる。

語系 擷(襭)hyetは拮・袺・結kyetと声義近く、指先に強く力を加える行為をいう。

↑擷花 花をつむ／擷華 花をつむ／擷采 つみ取る／擷萃 採集する／擷摘 つみ取る／擷芳 香草をつむ／擷芼 つみとる

↓採擷・探擷

【闕】 18 7748 ケツ かける

篆文 

形声 声符は欮。〔説文〕十二上に「門觀なり」とあり、宮門脇にアーチ状の上に望楼を設け、古くは象魏といった。法令の発布のときには、ここに掲示した。缺(欠)と通用する。

訓義 ①門觀。②墓道の石闕。③缺と通用し、かく、のぞく、さる、あやまち、欠員。

古訓 〔名義抄〕闕 カク・カケタリ・アヤマツ・ヲハル・ノゾク・ホル・スクナシ 〔字鏡〕闕 スクナシ・アヅカル・ウシナフ・カク・トホル・カケタリ

＊語彙は欠(缺)字条参照。

【闕下】宮闕のもと。〔史記、鄒陽伝〕(獄中、梁の孝王に上書す)則ち士は、堀穴巖藪の中に伏死せんのみ。安くんぞ肯て忠信を盡して、闕下に趨く者有らんや。

【闕疑】疑問のあるものは保留する。〔論語、為政〕子曰く、多く聞きて疑はしきを闕き、愼んで其の餘を言へば、則ち尤寡なし。

【闕字】尊貴の名の上は、一字あけて書く。〔清国行政法汎論、成文法の公布〕京報～一頁七行、毎行十四字、敬稱には乃ち闕字す。故に此の數内に在らず。

【闕如】はぶく。ひかえる。蓋闕。〔論語、子路〕子曰く、野なる哉、由(子路)や。君子、其の知らざる所に於ては、蓋し闕如たり。

【闕文】遺逸の文。晉・陸機〔文の賦〕百世の闕文を收め、千載の遺韻を採る。

↑闕遺 遺漏／闕員 欠員／闕洩 洩れる／闕景 日食／闕掖 宮廷／闕焉 不足のさま／闕画 避諱の字は省画する／闕巻 欠巻／闕誤 失誤／闕失 誤り／闕政 失政／闕然 闕焉／闕廷 宮中／闕庭 宮中／闕狄 闕翟／闕翟 王后の服／闕党 孔子の旧里／闕筆 闕画／闕乏 とぼしい／闕里 孔子の旧里／闕略 不十分／闕漏 ておち

↓雲闕・王闕・觀闕・冀闕・魏闕・旧闕・宮闕・巨闕・玉闕・金闕・禁闕・玄闕・高闕・衮闕・朱闕・城闕・神闕・石闕・双闕・頽闕・朝闕・帝闕・伏闕・墓闕・鳳闕・亡闕・北闕・門闕・遊闕・琳闕・恋闕・楼闕・漏闕

【蠍】 19 5718 ケツ さそり

形声 声符は歇。さそり。長尾のものを蠆といい、短尾のものを蠍という。

訓義 ①さそり。②字はまた蝎に作る。

古訓 〔名義抄〕蠍・蝎 クツナハ・オホハチ・テラムシ 〔字鏡集〕蠍 オホハチ・クハノナカノムシ

↑蠍梢 さそりのはり、蠆尾／蠍脣 酒器の名／蠍譖 内部の譖り／蠍螫 蠍尾／蠍蠹 損害

↓桑蠍・蛇蠍・方蠍・猛蠍・木蠍・弄蠍

【譎】 19 0762 ケツ キツ いつわる あざむく

篆文 

形声 声符は矞。〔説文〕三上に「權詐なり。益・梁には、天下を謬欺するを曰ひて譎と曰ふ」とみえる。〔方言、三〕に「涼州西南の閒には膠と曰ひ、關より東西には或いは譎と曰ひ、或いは膠と曰ふ。詐は通語なり」とする。矞は矛を台座の上に樹てる形。これを立てて巡察を試みることを遹・遹正という。仰々しく飾って威を示すので、權詐・謬欺の意を生じたのであろう。

訓義 ①いつわる、あざむく。②かわる、ことなる。③そむく、たがう。④遠まわしにさとす。⑤決と通じ、わかつ、きめる。

古訓 〔名義抄〕譎 イツハル・アヤシ・アザムク・ウル

【譎怪】奇怪なもの。〔後漢書、西域、大秦国伝〕又云ふ～道に猛虎・師子多く、行旅を遮害す～と。～諸國生ずる所の奇異玉石諸物、譎怪にして多く不經なり。故に記さずと云ふ。

【譎諫】遠まわしに諫める。〔詩、大序〕上は以て下を風化し、下は以て上を風刺す。文を主として譎諫す。之れを言ふ者罪無く、之れを聞く者、以て戒むるに足る。故に風と曰ふ。

【譎詭】人を欺き驚かす。〔論衡、書虚〕夫れ世閒の傳書、諸子の語、多く立奇造異、驚目の論を作し、以て世俗の人を駭かせ、譎詭の書を爲り、以て殊異の名を著はさんと欲す。

【譎詐】偽り欺く。〔韓非子、説疑〕彼又譎詐の士をして、外には假りて諸侯の寵使と爲らしめ、之れに假すに輿馬を以てし、之れを信ぜしむるに瑞節を以てし、之れに資るに幣帛を以てし、諸侯をして其の主に淫説せしむ。

↑譎獪 悪賢い／譎奇 譎怪／譎起 意外な起こりかた／譎偽 いつわる／譎欺 あざむく／譎誑 たぶらかす／譎計 偽計／譎権 権謀／譎功 いつわりの功／譎術 詐術／譎誕 欺誕／譎変 偽変／譎罔 あざむく／譎謀 偽謀／譎略 欺謀

↓怪譎・壞譎・奇譎・詭譎・機譎・狂譎・權譎・狡譎・詐譎・辭譎・邪譎・誕譎・智譎・背譎・弁譎

【蹶】 19 6118 ケツ ケイ たおれる つまずく

篆文 

形声 声符は厥。厥の初文は氒で、把手のある曲刀の象。彫刻などに用いる剞劂(ほりもの刀)の形。これでものを掘鑿するので、きびしく不安定な状態をいう。〔説文〕二下に「僵るるなり」とあり、強く蹶いて倒れる意。またその状態から、はね起きることを蹶起、そのさまを蹶然という。〔詩、唐風、蟋蟀〕「良士蹶蹶たり」とは、きびきびした動作を形容する語である。

訓義 ①つまずく、つまずきたおれる、かたむく。②くつがえる、やぶれる、くじく。③おどろく、すみやか、ふみだす。④うごく、うごかす、こじうごかす。

古訓 〔名義抄〕蹷 タフル・クジク・フム・ウヅク・ホトハシル／蹶 ヲドル・アシヲル・ヨシ・ヤブル・ナヘグ・ツマヅク・オゴリ・アシナヘ・ヌク

【蹶蹶】動作の敏捷なさま。〔詩、唐風、蟋蟀〕樂しみを好むも荒むこと無く 良士蹶蹶たり

【蹶然】驚いて立ち上がる。〔礼記、孔子閒居〕子夏、蹶然として起ち、牆を負うて立ちて曰く、弟子敢て承けざらんやと。

↑蹶痿 しびれ足／蹶角 稽首する／蹶起 奮起する／蹶穴 穴掘り／蹶失 つまずく／蹶躄 わだかまる／蹶走 早足／蹶躓 つまずく／蹶跳 跳ねる／蹶蹏 暴れ蹴る／蹶跌 つまずき倒れる／蹶倒 つまずき倒れる／蹶動 振動する／蹶抜 掘り出す

↓一蹶・狂蹶・僵蹶・驚蹶・撃蹶・誤蹶・困蹶・猖蹶・顚蹶・跛蹶・方蹶

【纈】 21 2198 ケツ しぼりぞめ あやぎぬ

形声 声符は頡。〔玉篇〕に「綵纈なり」とあり、しばり染めをいう。蠟を用いるものは蠟纈。しぼり染めの法は、六朝の

ころから行われたらしく、晋のころ纈子髻という髻の結び方が流行した。

訓義 1しぼり、しぼりぞめ、ゆはた。2あやぎぬ。3眼がかすむ、眼花。

古訓 〔新撰字鏡〕纈　由波太(ゆはた)〔字鏡集〕纈　ツヾル・ユハタ・イロドル

↑纈暈　紅暈/纈花　彩花/纈眼　酔眼/纈纈　やわらぐ/纈草　かのこそう/纈帛　染め絹/纈文　纈紋/纈紋　かのこしぼり

↓眼纈・夾纈・紅纈・纐纈・砕纈・細纈・紫纈・繡纈・酔纈・羅纈・蠟纈

【齧】 21 5777 〔嚙〕 24 6707 ケツ かむ

篆文 

形声 声符は㓞。㓞は刀で線刻を加える意。歯形がその形に似ているので、嚙む意とする。〔説文〕二下に「噬むなり」とあり、嚙みついて争うことを齧噬という。

訓義 1かむ、かみつく、くいこむ、くいやぶる。2くう、くらう、かみくだく。

古訓 〔名義抄〕齧　クフ・カム・クラフ〔字鏡集〕齧　ハガミ・クフ・カム・クラフ

語系 齧ngyat、齕hatは声義近く、齕は〔説文〕に「齧むなり」とあり、歯を立てて食い切る意。一系の語とみてよい。

【齧噬】かむ。〔論衡、商(適)虫〕凡そ天地の閒、~同心等欲、彊大は細弱を食らひ、知慧は頓愚を反す。他物小大、連りに相ひ齧噬するも、之れを災ひと謂はず。

【齧雪】雪を食う。〔漢書、蘇武伝〕武を幽(閉)して大窖(あなぐら)中に置く。絶えて飲食せず。天、雪雨ふる。武、臥して雪を齧み、旃毛と幷はせて之れを咽む。數日死せず。匈奴以て神と爲し、乃ち武を北海上、無人の處に徙す。

【齧臂】堅く誓う。〔史記、呉起伝〕衛の郭門を出づ。其の母と訣かる。臂を齧みて盟ひて曰く、起、卿相爲らずんば、復た衛に入らずと。

↑齧壊　侵蝕し破壊する/齧岸　水が岸をかむ/齧膝　良馬/齧食　食う/齧蝕　侵蝕/齧折　かみくだく/齧断　かみ切る/齧肥　美食

↓齕齧・嚼齧・噬齧・咀齧・鼠齧・蹄齧・剝齧

【鱖】 23 2138 ケツ ケイ たなご

篆文 

形声 声符は厥。〔説文〕十一下に「鱖魚なり」(段注本)とあり、厥声。〔玉篇〕に「魚、大口細鱗、班彩あり」とみえ、巨口細鱗、色は微黄、黒斑がある。せびれに鋭い刺があり、人を刺すという。

訓義 1うおの名。2鱖鯞はたなご。3わが国では、あさじや、さけをいう。

古訓 〔和名抄〕鱖　阿散知(あさぢ)〔名義抄〕鱖　アサヂ

【鱖魚】巨口細鱗の魚。唐・張志和〔漁父の歌、五首、一〕詩　西塞山前、白鷺飛ぶ　桃花流水、鱖魚肥ゆ

【鱖鯞】たなご。〔爾雅、釈魚、鱖鯞注〕小魚、鮒子に似て黑し。俗に呼んで魚婢と爲し、江東には呼んで妾魚と爲す。

↑鱖豚　鱖魚

ゲツ

常 【月】 4 7722 〔月〕 4 7722 ゲツ ガツ(グヮツ) つき

篆文 金文 甲骨文

象形 月の形に象る。〔説文〕七上に「闕くるなり。太陰の精なり。象形」という。〔釈名、釈天〕に「日は實なり」「月は闕なり」とあり、当時行われた音義説である。卜文の字形は時期によって異なり、月と夕とが互易することがあるが、要するに三日月の形である。

訓義 1つき。2月の盈虚する期間。一ケ月。3年月、としつき、時間。4月経。

古訓 〔名義抄〕月　ツキ・ヨル・カクル

部首 〔説文〕に朔(朔)・霸(覇)・期(期)など七字、〔新附〕として朦朧二字を属し、〔玉篇〕に朧など九字を加える。また〔説文〕は有の部を次に加え、有(有)の字形に含まれる月を日月の月の意とするが、有は肉をもつ形で侑の初文。牲肉を薦める意の字である。

語系 月ngiuat、闕giuatは古くは声の近い語であった。また日njiet、實(実)djietも、かつては声の近い語であった。

【月暈】月のかさ。北周・庾信〔報を奉じて洛州に寄す〕詩　星芒一丈の燄　月暈七重の輪　黎陽、水稍く涤く　官渡、柳應に春なるべし

【月影】月かげ。月光。宋・文天祥〔暁起〕詩　鐘聲、枕に到って曙け　月影、簾に入りて秋なり

【月下】月光の下。梁・武帝〔七夕〕詩　白露、月下に團かに　秋風、枝上に鮮らかなり

【月華】月光。唐・張若虚〔春江花月夜〕詩　此の時相ひ望めども相ひ聞かず　願はくは月華を逐うて、流れて君を照らさん

【月宮】月中の宮殿。唐・劉禹錫〔妓を懐ふ、三首、三〕詩　靑鳥去る時、雲路斷え　姮娥(月中の女、月)歸る處、月宮深し

【月御】月の御者。〔広雅、釈天〕日の御、之れを羲和と謂ひ、月の御、之れを望舒と謂ふ。

【月桂】月中の桂樹。〔酉陽雑俎、一、天咫〕舊言ふ、月中に桂有り。蟾蜍(ひきがえる)有り。故異書に言ふ、月桂は高さ五百丈なりと。

【月卿】高貴の官。〔書、洪範〕卿士は惟れ月なり。師尹は惟れ日なり。

【月光】月の光。唐・李白〔静夜思〕詩　牀前、月光を看る　疑ふらくは是れ地上の霜かと　頭を擧げて山月を望み　頭を低れて故鄕を思ふ

【月出】月の出。〔詩、陳風、月出〕月出でて皎たり　佼人僚(あでやか)たり　舒として窈糾(しとやか)たり　勞心悄たり

【月色】月の光。唐・雍陶〔嘉陵駅に宿す〕詩　今宵作し難し、刀州の夢　月色江聲、共に一樓

【月食】月蝕。〔礼記、昏義〕婦順脩まらず、陰事得ざるときは、適(讁)天に見はれ、月之れが爲に食す。~月、食するときは、則ち后、素服して、六宮の職を脩め、天下の陰事を蕩ふ。

【月旦】朔日。また、人物批評。〔後漢書、許劭伝〕初め劭、(許)靖と倶に高名有り。好んで共に鄕薫の人物を覈論す。每月輒ち其の品題を更む。故に汝南の俗に、月旦評有り。

【月波】月の光波。唐・李群玉〔湘西寺霽夜〕詩　月波、蕩として水の如し　氣爽やかにして、星朗(明)滅す

【月明】月が明るい。魏・武帝〔短歌行、二首、一〕楽府　月明らかに星稀に　烏鵲南に飛ぶ　樹を繞ること三匝　何れの枝か依るべけん

【月輪】月。円月。唐・王昌齢〔春宮曲〕詩　昨夜風は開く露井の桃　未央前殿、月輪高し

↑月域　西のはて/月陰　月かげ/月宇　月光/月盈　満月/月円　満月/月宴　月見の宴/月牙　三日月/

月芽 新月/月娥 月中の仙女/月晦 つごもり/月客 経水/月額 朔日の雨/月檻 観月楼/月晷 月光/月輝 月光/月諱 月忌み/月吉 ついたち/月脚 月光/月給 月俸/月窟 月の国/月計 一ケ月の会計/月経 経水/月結 月末統計/月闋 月宮/月圏 月のかさ/月弦 弦月/月午 夜半の月/月痕 月影/月彩 月光/月朔 ついたち/月参 月参り/月子 月/月姉 嫦娥/月祀 月祭/月次 月の位置/月児 月/月事 月経/月日 日月/月榭 月見台/月樹 月桂樹/月初 初月/月書 姻縁簿/月城 城の出丸/月蝕 月食/月信 月経/月水 月信/月正 正月/月成 月要/月清 月明/月精 姮娥/月夕 月夜/月扇 円いうちわ/月前 月光の下/月窗 洞穴/月朶 菊/月台 月見台/月池 月が照る池/月朝 月初め/月汀 月が照る汀/月天 月天子/月点 つけ黒子/月纏 月の軌道/月殿 御殿/月兎 月/月頭 月初め/月白 月が皓い/月魄 月/月尾 月末/月眉 三日月眉/月表 月毎の記事表/月評 月旦/月斧 鉞/月餅 中秋の餅/月浦 月汀/月望 満月/月貌 美貌/月奉 月俸/月俸 月給/月峰 月が照る峰/月面 美人の顔/月夜 明月の夜/月余 一ケ月余/月要 月の会計/月落 落月/月裏 月光の中/月亮 月/月林 月下の林/月廩 月俸/月令 時令/月霊 月/月齢 新月の日数/月露 月夜の露/月老 月暗淡/月楼 月見の楼/月籠 朗月

↓雲月・越月・閲月・掩月・花月・佳月・嘉月・海月・隔月・看月・寒月・観月・玩月・季月・期月・吉月・客月・去月・極月・吟月・傾月・弦月・孤月・江月・皎月・今月・歳月・朔月・山月・残月・時月・日月・斜月・秋月・旬月・閏月・初月・暑月・小月・正月・上月・心月・晨月・新月・水月・夕月・先月・前月・素月・霜月・大月・吐月・年月・半月・眉月・風月・望月・毎月・満月・密月・無月・名月・明月・孟月・来月・落月・臨月・累月・例月・連月・弄月・朗月・朧月

【刖】 6 7220 ［跀］ 11 6712 ゲツ あしきる

篆文 

形声 声符は月(月)。〔説文〕四下に「絶るなり」とあり、〔慧琳音義、二〕になお「手足を截るなり」と補足している。卜文に、脚に我(鋸)を加えている字形があり、刖の初文であろう。〔説文〕足部二下に「跀は足を断つなり」とあり、重文として趴を録する。みな同字異文とみてよい。

訓義 ①きる、あしきる、あしきりの刑。②あしきりの刑を受けた人。③ゆがむ、いびつ。④字はまた兀・趴・跀に作る。

古訓 〔名義抄〕刖 アシキル・アシタツ/跀・趴 キル・タツ・アシキル 〔字鏡集〕刖 アシヲレ・タツ・アシキル・キル

声系 〔説文〕に月声として跀・刖・抈など五字を収める。跀・刖は日月の月とはおそらく声義の関係がなく、趴がその正字であろう。月はその声をかるものと思われる。

語系 刖(跀・趴) ngiuat、兀 nguat は声義近く、兀は兀者(刖の受刑者)の象形字である。また介 keat を偏刖の意に用いることがある。

【刖趾】 足指を切る。〔三国志、魏、明帝紀注に引く魏略〕趾を刖りて屨に適はしめ、肌に刻せんとして骨を傷つく。

【刖者】 足切りの受刑者。〔周礼、秋官、掌戮〕墨者は門を守らしめ、劓者は關を守らしめ、宮者は内(大奥)を守らしめ、刖者は囿を守らしめ、髡者は積(倉廩)を守らしむ。

【刖足】 足切る。古代の肉刑の一。〔抱朴子、用刑〕昔、周は肉刑を用ふ。足を刖り、鼻を劓る。盟津の令に、後れて至る者は斬らんと。

↑刖跪 足切りの刑/刖脚 刖刑/刖罪 刖刑/刖人 刖者

↓桀刖・残刖・自刖・足刖・断刖

【抈】 7 5702 ゲツ うごく

篆文 

形声 声符は月(月)。〔説文〕十二上に「折るなり」とあり、〔国語、晋語八〕「其の本爲たるや固し。故に抈かすべからざるなり」とは、梃子でこじ動かす意。字は抏がその本字であるらしく、抏字条に「動くなり」とみえる。跀を趴に作るのと同じ。

訓義 ①うごく、うごかす。②おる、おれる。

語系 抈・刖(跀・趴) ngiuat、兀・抏 nguat は声義に通ずるところがある。兀はその形状、状態の象形字、月はものをこじ動かすときの声をいい、ともに無理に力を加えて動かす意がある。

【𡴀】 8 2277 ［峊］ 9 2277 ゲツ わざわい あやうい

篆文 

象形 自肉を繫けている形。自は脤肉の象形。軍の出行のとき、軍社に供えた祭肉。師はその祭肉を奉じて出発した。〔説文〕十四上に「危高なり」とし、自を阜と解し、屮を声とするが、声義ともに合わない。自肉を両手に奉ずる形は𦥑で遣(遣)の初文。軍を派遣するときに、この脤肉を分与するのである。この自肉にみだりに曲刀を加えることは災厄を招く意とされ、その災厄を孼という。𡴀はこの孼の初形と考えられる。〔字鏡集〕の訓は、上部を山の形と誤ったものである。

訓義 ①わざわい。②あやうい。

古訓 〔字鏡集〕𡴀 ヤマノタカキカタチ

声系 〔説文〕に𡴀声として辥・孼など八字を収める。辥は〔説文〕十四下に「辠なり」とし、孼も罪辥を本義とするものであろう。みな𡴀に従い、これに辛を加える形で、そのことが罪辥・災厄とされたのであろう。

【臬】 10 2690 ［槷］ 18 7790 ゲツ ゲイ つみ まと

篆文 

甲骨文 

会意 自+木。自は鼻の象形。卜文にこの字があり、古い刑罰の法を示すものであろう。〔書、康誥〕に「汝、時の臬司を陳べよ」「汝、時の臬事を陳べよ」とは罪法の意。〔広雅、釈詁一〕に「灋(法)なり」とみえる。木上に自(鼻)をおくのは、祭梟(首祭)に近い方法である。〔説文〕六上に「射の準的なり」と的の意にするのは、おそらく槷と通用の義と思われる。

訓義 ①つみ。②のり。③まと。④日かげ柱。⑤門橛。⑥かぎり。

古訓 〔名義抄〕臬 イル 〔字鏡集〕臬 イル・マト・マサシ

【臬兀】 不安。危ういさま。唐・杜甫〔大暦三年春、白帝城より船を放って~漂泊す~〕詩 生涯、臬兀に臨み 死地、斯須(瞬時)に脱す

【臬事】 法規。刑法。〔書、康誥〕汝、時の臬事を陳べ、罰は殷彝(殷の法)に蔽めよ。

↑臬憲 上役/臬庫 贓財収納所/臬司 按察の官/臬使 按察使/臬台 按察使/臬府 臬台/臬法 法の規定

↓司臬・置臬・望臬

【跀】 11 6712 ゲツ ゴツ あしきる

篆文 

形声 声符は月(月)。〔説文〕二下に「足を断つなり」とあり、足斬りの刑をいう。

訓義 ①あしきる、あしきりの刑。②あしきりの刑を受けた人。

3ゆがむ、いびつ。4字はまた兀・跀・刖に作る。
古訓 〔名義抄〕跀・刖 キル・タツ・アシキル 〔字鏡〕跀 アシヲレ
＊語彙は刖字条参照。
↑跀危 跀跪、跀の受刑者

【隉】 12 7721 ゲツ わざわい
篆文
会意 自＋㚔（毀）。〔説文〕十四下に「危きなり」とし、字を毀の省声に従うものとする。〔書、秦誓〕に「邦の杌隉は、曰ここに一人に由る」とあり、杌隉とは不安災厄をいう。〔説文〕になお「凶なり」、「～法度なり」、「～不安なり」など、賈侍中（逵）・班固らの説を引く。毀は臼（幼児の頭の形）に従い、これを殴つ意で、犠牲として用いる方法であるらしい。殷墓には未成年者を殉葬する例が多い。自は神の陟降する神梯の象。そのような聖所に犠牲をおいて、凶邪を祓うことをいう字であろう。杌もまた阢に作り、〔説文〕に引く〔秦誓〕には字を阢に作る。兀は兀者（刖の受刑者）。阢隉は畳韻の連語である。
訓義 1わざわい。2あやうい、わるい。3臬と通じ、のり。
古訓 〔字鏡集〕隉 アヤフム
参考 字はまた隍・隉・梍・倪に作り、みな犠牲の法に関する字と思われる。隉の従う㚔は、梍・倪の声をとるものであろう。
↓阢隉・杌隉

【槷】 15 4490 ゲツ セツ ひかげばしら くさび
篆文
形声 声符は埶。埶は木を植えたてる形。槷は日影計測のために立てる日景柱。〔説文〕六上に「臬は射の準的なり」とするが、臬は罪刑の意であるらしく、柱を樹てて日景を測り、また標的をおいて射の準的とするのには、槷の方がふさわしい。闑と通じ、門の中じきり、また楔と通じ、くさびの意。
訓義 1ひかげばしら、はしら。2闑と通じ、門の中じきり。3隉と通じ、危うい。4楔と通じ、くさび。
古訓 〔名義抄〕槷 クサビ
↑槷刖 危ういさま／槷𡰅 危ういさま

【孼】 18 2040 ゲツ わざわい つみ ひこばえ
篆文
形声 声符は辥。辥は㠯に従う字。〔説文〕十四下に「庶子なり」とあり、孼子の意とする。糱ひこばえになぞらえた字とするものである。〔呂覧、遇合〕に「反りて民を孼ひす」とあって、孼に災厄の意があり、また妖孼の意にも用いる。〔説文〕虫部十三上に蠥があり、「衣服歌謠艸木の怪、之れを祥と謂ふ。禽獣蟲蝗の怪、之れを蠥と謂ふ」とあって、人の妖孼を孼というのであろう。字はあるいは子に従って、その声であるかもしれない。これを治めることを乂といい、乂治の義である。
訓義 1わざわい、あやしきもの、不吉。2つみ、悪逆。3わきばら。4糱と通じ、ひこばえ。
古訓 〔字鏡集〕孼 ウレフ・ヒコバユ・ワザハヒ・コ、ロ・モヤシ
【孼孼】 多くて盛んなさま。また、丈高きさま。〔詩、衛風、碩人〕庶姜（姜氏のつけびと）孼孼たり 庶士（供奉の人）朅たる（勇まし）有り
【孼子】 庶子。〔孟子、尽心上〕人の徳慧術知有る者は、恒に疢疾に存す。獨り孤臣孼子、其の心を操ること危ふく、其の患を慮ること深し。故に達す。
【孼臣】 奸邪の臣。〔南斉書、蕭穎冑伝〕梅蟲兒～嗣主を營惑し、其の妖虐を恣にす。宮女千餘、裸服宣婬し、孼臣數十、袒裼（肌ぬぎ）して相ひ逐ふ。
【孼嬖】 寵妾。〔漢書、劉向伝〕向以爲らく、王教は内より外に及び、近き者より始む。故に詩・書の載する所の賢妃貞婦、國を興し家を顯はし、法則とすべきもの、及び孼嬖亂亡の者を採取し、～序次して列女傳を爲る。
【孼類】 悪人ども。〔三国志、呉、呉主伝〕孤の軍を興してより五十年、役賦する所、凡そ百皆民に出づ。天下未だ定まらず、孼類猶ほ存す。士民の勤苦、誠に貫知する所なり。然れども百姓を勞するは、事已むを得ざるのみ。
↑孼裔 後代／孼衍 罪過／孼冤 冤家／孼芽 芽生え／孼海 罪深い世／孼根 禍根／孼種 禍根／孼豎 悪人／孼出 庶出／孼庶 庶子／孼妾 賤妾／孼塵 塵の世／孼星 妖星／孼寵 気に入りの佞臣／孼嫡 嫡庶／孼党 姦党／孼毒 悪毒／孼報 悪の報い
↓遺孼・支孼・妖孼

【闑】 18 7790 ゲツ
篆文
形声 声符は臬。〔説文〕十二上に「門梱なり」とあり、〔爾雅、釈宮〕に「橛、之れを闑と謂ふ」とあって、門の扉を中央でとめる木をいう。いわゆる門限である。臬と橛とはその声が近く、語義も類していて、門橛を闑という。
訓義 1門の中央のたて木。左右の扉がここでとまる。2門中に二闑を立てて、二闑の間を中門とすることがある。両旁の木を棖という。3字はまた臬・槷に作る。
古訓 〔字鏡集〕闑 トジキミ
↑闑内 門限の中
↓棖闑・門闑

【蘖】 19 2090 ［櫱］ 21 4490 ［巘］ 24 4393 ゲツ ひこばえ
篆文 古文
形声 声符は孼の省文辥。一たび切り倒した木から、また芽生えるものをいう。草木に関する字であるから、上部を艸とし、蘖の字形となり、また別に形声字として巘が作られた。〔説文〕六上にその巘を正字とし「伐木の餘なり」と訓し、獻（献）声とする。また〔書、盤庚上〕「顚木の由巘有るが若し」の文を引く。今本は櫱に作り、〔説文〕唐写本木部の字も櫱に作る。〔広雅、釈詁三〕に「皐なり」、〔広雅、釈言〕に「萌ひなり」と訓するものは、孼字の義と混じたものである。
訓義 1ひこばえ。切株から芽生える。2きる、枝をはらいつくす。3孼と通じ、わざわい、つみ。
古訓 〔名義抄〕櫱 キハタ・ヒコハユ 〔篇立〕櫱 キハタ・ヒコハエ・ハヒマユミ
【櫱牙】 ひこばえ。唐・韓愈〔淮西を平らぐる碑〕玄宗に至りて、報を受け功を収め、熾んにして豐を極む。物衆く地大にして、其の間に櫱牙す。
↓牙櫱・萌櫱・妖櫱

【糱】 21 2090 ゲツ もやし こうじ
篆文
形声 声符は孼の省文辥。〔説文〕七上に「牙米なり」とあり、麦や豆の芽の出たもの、もやし。糱の類想によって、辥に従う。麴糱はこうじ。これで酒を作る。
訓義 1もやし。2こうじ。3芽が出る。
古訓 〔和名抄〕糱 與禰乃毛夜之（よねのもやし） 〔名義抄〕糱 モヤシ・モヤシヨネノ（ヨネノモヤシ）
↑糱麴 こうじ／糱酒 甘酒

ケン

【欠】 4　2780　ケン　ケツ　あくび　かける

篆文

甲骨文

象形　人が口を開いて立つ形。口気を発し、ことばをいい、歌い叫ぶときの形で、そのような行為を示す字に用いる。〔説文〕八下に「口を張りて气悟るなり。气、儿(人)上より出づるの形に象る」(段注本)とするが、口を開いて欠伸する意で、あくびをいう。粤俗には今も欠㰦という語があって、それはあくび・くさめをいう。欠は常用字では缺の字に用いる。

訓義　1あくび、くさめ。2かける、少ない。3かり、滞納。

古訓　〔名義抄〕欠　タラズ・ナシ・クボム・ヲカス・スクナシ・オトル・アクビス／欠伸　アクビノビス

部首　〔説文〕に吹・歟・歇・欲・歌・歎など六十四字を属し、〔玉篇〕には百四十七字を属する。みな口気や飲食に関する字である。

声系　〔説文〕に欠声として坎など二字を収める。坎は陥の意。坎はまた坎坎という擬声語に用い、鼓の音や伐木の音をいう。

【欠字】　不足の字。〔老学庵筆記、一〕晏尚書景初、一士大夫の墓誌を作り、以て朱希眞に示す。希眞曰く、甚だ妙なり。但だ四字を欠くに似たるのみと。～文集十卷有りの字の下を指さす。曰く、此の處、～當に世に行はれずの四字を増すべしと。景初遂に家に藏すの三字を増す。實に希眞の意を用ふるなり。

【欠伸】　あくびと、せのび。〔礼記、曲礼上〕君子に侍坐するとき、君子欠伸し、杖屨を撰り、日の蚤莫(早暮)を視るときは、侍坐する者、出でんと請ふ。

【欠籍】　税の未納を記録する帳簿。宋・蘇軾〔積欠六事～を論ずる状〕今揚州に知と爲り、親しく兩浙・京西・淮南三路の民を見るに、皆積欠(滞納税の累積)の壓する所と爲り、日に窮蹙に就き、死亡するもの過半なり。欠籍除かず、以て兩税を虧欠するに至る。

↑欠安　ご病気／欠掛　心にかける／欠額　未納／欠㰦　あくび／欠缺　かける／欠債　負債／欠事　遺憾とすること／欠須　呼吸／欠少　不足する／欠申　欠伸／欠身　礼する／欠折　不足する／欠銭　借金／欠爽　心やすまらぬ／欠単　借用証／欠通　不通の事／欠点　欠点／欠負　税未納／欠乏　とぼしい／欠抑　恭順

↓噫欠・違欠・遺欠・積欠

常　【犬】 4　4303　ケン　いぬ

篆文

甲骨文

金文

象形　犬の形。〔説文〕十上に「狗の縣蹏有る者なり。象形」とし、「孔子曰く、犬の字を視るに、畫狗の如きなり」という孔子説を引く。〔説文〕に引く「孔子説」には、俗説が多い。県蹏とは肉中に隠れる爪。卜文の犬の字形は、犠牲として殺された形にみえるものがあり、犬牲を示すものとみられる。金文の〔員鼎〕に「犬を執らしむ」とは猟犬を扱う意。中山王墓には、金銀製の首輪をはめた二犬が埋められていた。

訓義　1いぬ。2つまらぬものにたとえる。その意の修飾語に用いる。

古訓　〔和名抄〕狗　恵奴(ゑぬ)、又、犬と同じ　〔名義抄〕犬　イヌ・ホシイマ、〔字鏡集〕犬　イヌ・イヤシ・ホシイマ、

部首　〔説文〕に狗・尨・犮・戾(戻)・狂・類(類)など八十二字、〔新附〕に四字を属し、次の狀部に三字がある。〔玉篇〕の犬部は二百九十三字。古くは犬を犠牲として用いることが多く、犮は修祓の祓の初文、類は犬牲をもって天を祭る祭儀である。

声系　〔説文〕に犬声として雉の一字を収める。雉は鳥名であるが、その声の因るところを知りがたい。

【犬牙】　犬の牙。上下くいちがって、相錯綜する意に用いる。〔史記、文帝紀〕高帝、封じて子弟を王とし、地、犬牙相ひ制せしむ。此れ所謂盤石の宗なり。天下其の彊に服す。

【犬子】　犬の子。子どもの愛称に用いる。〔史記、司馬相如伝〕少時好んで書を讀み、撃劍を學ぶ。故に其の親、之れに名づけて犬子と曰ふ。

【犬書】　犬が手紙を運ぶ。〔晋書、陸機伝〕機に駿犬有り。名は黄耳。～既にして京師に羈寓す。～乃ち書を爲りて竹筩を以て之れを盛れ、其の頸に繫く。犬、路を尋ねて南走し、遂に其の家に至れり。

【犬馬】　犬と馬。家畜。君主に対する臣の謙称。〔史記、三王世家〕大司馬臣(霍)去病、昧死再拜し、皇帝陛下に上疏す。～臣竊かに犬馬の心に勝へず、昧死して、陛下の有司に詔し、盛夏の吉時に因りて、皇子の位を定めんことを願ふ。

【犬吠】　犬が吠える。〔漢書、匈奴伝賛〕孝宣の世に至り、～(単于)漢庭に賓す。是の時邊城晏閉、牛馬野に布く。三世犬吠の警無く、黎庶干戈の役亡し。

【犬羊】(やう)　犬と羊。裘としては下なるもの。〔礼記、玉藻〕犬羊の裘には裼(表衣)せず。文飾せざるときは裼せず。裘の裼するは美を見すなり。

↑犬夷　犬戎／犬鶏　犬と鶏／犬家　犬と豚／犬人　犬牲を司る役／犬声　犬の声／犬豬　犬と豚／犬彘　犬と豚／犬服　犬皮の器／犬鋪　犬小屋

↓愛犬・一犬・義犬・狂犬・群犬・鶏犬・守犬・駿犬・蜀犬・駄犬・田犬・闘犬・豚犬・吠犬・番犬・名犬・猛犬・野犬・用犬・鷹犬・猟犬

常　【件】 6　2520　ケン　わかつ　くだり

篆文

会意　人＋牛。六朝末、唐宋以後に用いる。〔説文〕人部八上の部末に「分なり。人に従ひ、牛に従ふ。牛は大物なり。故に分つべし」とみえるが、〔段注〕にこれを後添の文とし、「按ずるに半下に云ふ、物中分するなり。八牛に従ふと。件は乃ち半の誤體なり」として、その条を删っている。半の誤体としても、件の声義を得ることはできない。〔説文〕の文はそのまま〔玉篇〕にも引かれており、そのような説解があったものと思われる。〔北史、郎基伝〕「遂に條件して臺省に申す」とあり、案件として扱う意である。

訓義　1わかつ、物ごとにわかつ、区別する。2くだり、すじ、わかちかぞえる。3国語のくだんは、くだりの音便化した語。また、はらう、すつの訓がある。

古訓　〔新撰字鏡〕件　波良不(はらふ)、又、加支須豆(かきすつ)、又、於志須豆(おしすつ)、又、尓支波々志(にぎははし)　〔名義抄〕件　クダムノ・ワカツ・ヒトシ・キラフ・クチ・ハラフ・カキスツ・スクナシ・ユヅル　〔字鏡集〕件　ワカツ・キラフ・ヒトシ・ヲシフ・ノチ・クダンノ・カドハシラ・クツログ

【件件】　一つ一つ。どれもこれも。〔冷斎夜話、満城風雨近重要〕黄州の潘大臨、詩に工みにして佳句多し。～臨川の謝無逸、書を以て、新作有るや否やを問ふ。潘の答書に曰く、秋來景物、件件是れ佳句なりと。

↑件挙　列挙／件数　事物の数／件頭　大小／件物　物件／件別　分別／件目　物件細目

↓案件・一件・具件・後件・雑件・事件・条件・人件・前件・難件・物件・与件・用件・要件

【吅】 6　6600　ケン　カン(クヮン)　やかましい

篆文

会意 二口に従う。口は𠙵（さい）、祝詞を収める器。これを並べて祈ることをいう。〔説文〕二上に「驚き嘑（よ）ぶなり」と、口を口耳の口と解するが、品・㗊（しゅう）およびその形に従う字は、すべて祝告の器を列して祝禱することをいう。

訓義 ①やかましい、かまびすしい、やかましく祈る。②さわぐ、よびたてる。喧・諠・讙と通じる。

古訓 〔名義抄〕吅 カマビスシ・ヨバフ／諠 カマビスシ・ワスル・サハガシ・ミル 〔字鏡集〕吅 オドロキヨブ・カマビスシ・タマシヒ・ヨバフ

部首 〔説文〕に嚴（厳）・單（単）など五字を属し、次の哭部に哭・喪の二字を属する。〔玉篇〕に吅・哭を合わせて、吅部十六字とする。嚴は敢（灌鬯（かんちょう）の礼）のときに祝詞を列し、荘重に祈る意。單の吅は盾の上に二本の羽飾りを立てたもので、吅に従う字ではない。哭・喪は死喪の礼に祝詞と犬牲を用いる字。器（器）も犬牲をもって器を清める意で、明器をいう。これらの関係字に、口耳の口に従うものはない。

声系 〔説文〕に雚を吅声の字とする。雚（かん）声の字は十八字。雚は、金文に大きな冠毛の鳥を図象的にしるすものがあり、吅はその目の形ともみえ、吅に従う字としがたい。雚はその鳥を鳥占（とりうら）に用いたものと思われ、ゆえに觀（観）・歡（歓）の字はその形に従う。

↓囂吅

【幵】 6 1144 ケン たいらか

篆文

象形 簪（かんざし）二本のならぶ形。〔説文〕十四上に「二干對構し、上の平なるに象るなり」、〔段注〕本）とあり、〔段注〕に「干は卽ち竿の省なり」とするが、簪笄（しんけい）の象と見るべきである。齊七上もまた「禾麥（くわばく）穗を吐き、上平らかなるなり」とするが、簪笄の立ち並ぶさまで、祭事に婦人の簪飾（しんしょく）を加える形。祭事を齋（斎）といい、祭事に従う婦人を齋（い）せ・齎（い）せという。その高低あるを參（参）といい、上部は簪笄の參差（しんし）たる形。〔説文〕の「幵は平なり」とは「斉平」の義と同じく、簪笄の状をいう。

訓義 ①たいらか。②笄の初文、こうがい。③岍と通用する。

声系 〔説文〕に幵声として羿・刑（刑）・笄・形（形）・研（研）・妍など二十三字を録する。形と研の二声に属するものが多い。刑・形はもと井（けい）に従い、刑は手枷（てかせ）の形、形は範型の形である。笄は幵の繁文。簪が竹に従うのと同じ。開を幵声とするが、開は収（きょう）（廾）に従い、両手で門戸を開く形である。

↑幵零（けんれい） 野鳧

【辛】 6 0020 ケン つみ

篆文

甲骨文

象形 把手のある大きな曲刀の形。〔説文〕三上に「辠（つみ）なり」と訓し、字形は上と干とに従い、上を干（おか）すを以て辠の意となるとするが、卜文の字は辛に作り、上は把手、下は曲刀の刃部である。これをもって肉を切り、肉刑を加えるので辟（へき）・辥（せつ）の初形は、もと辛に従う字であった。

訓義 ①刑を加えるときの曲刀。②肉刑を加える、つみ。

部首 〔説文〕に童（童）・妾をこの部に属し、〔玉篇〕も同じ。童・妾は額（ひたい）に辛（はり）で入墨する意の字で、辛に従う字である。

声系 〔説文〕に辛声として言を録し、言（げん）声の字をその系列字とする。言は辛と口とに従い、口は𠙵（さい）、盟誓を収める器。その上に辛（はり）をおいて、もし盟誓にたがうときは入墨の刑を受ける意の自己詛盟を示す。従って言もまた辛に従い、辛に従う字ではない。

↑辛詰（けんきょう） 罪過

常

【見】 7 6021 ケン ゲン みる あらわれる

篆文

甲骨文

金文

象形 目を主とした人の形。卜文に耳を主とした人の形があり、それは聞の初文。見・聞は視聴の器官を主とする字であるが、見・聞の対象は、霊的なものに向けられていた。見は〔説文〕八下に「視るなり」とあり、視（視）るとは神（示）を見ることである。新しい父母の位牌を拝することを親という。〔詩〕には、「瞻（み）る」（見めぐらす）、〔万葉集〕には「見る」「見れども飽かぬ」という定型的な表現があって、その対象と霊的な関係をもつことを意味する。

訓義 ①みる、みえる。②あらわれる、あらわす。③まみえる、あう。④みとめる、しる、かんがえる。⑤現と通じ、いま、現在。⑥受身をあらわす。る、らる。

古訓 〔名義抄〕見 ミル・ミユ・マミユ・シメス・イマ・ヱラム・ワレ・イチジルシ・セラル・アラハス・アラハル・サトル 〔篇立〕見 セラル・サブラフ・イチジルシ・サトル・アラハル・ウツ、ナリ・シメス・メヅラシ・シムルナリ・マタシ・マミユ・ミル

部首 〔説文〕に視・觀（観）・覽（覧）・親など四十四字、次の覞部に三字を属する。〔玉篇〕には見部九十七字。見部の字のうち金文にみえるものには、儀礼に関する字が多い。

声系 〔説文〕に見声として俔・硯など十字を収める。硯はまた研（研）に作り、研の方がその声義にあう。

語系 見・現 hyan は顯（顕）xian と声義が近い。〔説文〕九上に顯を「頭の明飾なり」とするが、〔爾雅、釈詁〕に「見（あら）はる」とするのがよく、霊が現われる意。日の形は玉。それに呪飾をつけ、憑代（よりしろ）として霊を招き、その現われた霊を拝するのを顯という。現はその呪飾を省いた形。見・現・顯は一系の語である。

【見解】（けんかい） もののみかた。〔文史通義、五、古文十弊〕惟（おも）ふに時文結習し、深く腸腑を錮（とざ）す。進んで一切の古書古文を窺ふに、皆此れ時文の見解なり。

【見幾】（けんき） 前兆を見て、事前に察知する。〔易、繫辞伝下〕君子、幾を見て作（た）つ。日を終ふるを俟（ま）たず。

【見義】（けんぎ） 義として行為すべきことを知る。〔論語、為政〕義を見て爲さざるは、勇無きなり。

【見事】（けんじ） 朝見する。金文〔匽侯旨鼎（えんこうしてい）〕匽侯旨、初めて宗周に見事す。王、旨に貝二十朋を賞す。

【見説】（けんせつ） 見るならく。人のいうには。唐・李白〔友人の蜀に入るを送る〕詩 見説（みるな）らく蠶叢（さんそう）（蜀の古名）の路 崎嶇（きく）として行き易からず

【見素】（けんそ） 飾らぬままの心を示す。〔老子、十九〕素を見（しめ）し樸を抱き、私少なく欲寡（すく）なし。

【見竜】（けんりょう） 竜が地上に出る。才徳ある人が姿をみせる。〔易、乾、九二〕見龍、田に在り、大人を見るに利（よ）し。

↑見哀（けんあい） 哀を示す／見員（げんいん） 現員／見役（げんえき） 現役／見駕（けんが） 目通り／見学（けんがく） 実地に赴いてみる／見額（げんがく） 現在高／見危（けんき） 危に臨む／見棄（けんき） 棄てらる／見機（けんき） 見幾／見教（けんきょう） 教えられる／見金（げんきん） 現金／見恵（けんけい） 戴く／見功（けんこう） 効験／見行（げんこう） 現行／見効（けんこう） 効験／見刻（けんこく） 昼間／見今（げんこん） 現今／見在（げんざい） 現在／見歯（けんし） 笑う／見示（けんじ） 示す／見識（けんしき） 識見／見羞（けんしゅう） 恥じる／見小（けんしょう） 識小／見証（けんしょう） 証拠／見象（げんしょう） 現象／見銭（げんせん） 現金／見短（けんたん） 短見／見地（けんち） 見かた／見知（けんち） 見て知る／見任（げんにん） 現任／見背（けんぱい） 離別／見聞（けんぶん） みきき／見兵（げんぺい） 現兵力／見面（けんめん） 面会／見容（けんよう） あう／見糧（げんりょう） 現在糧／見臨（けんりん） ご来臨

↓異見・意見・一見・引見・隠見・謁見・延見・遠見・横見・憶見・臆見・我見・外見・概見・罕見・管見・眼見・窺見・今見・愚見・後見・高見・再見・細見・裁見・散見・私見・賜見・時見・識見・実見・邪見・習見・巡見・初見・所見・書見・親見・政見・省見・接見・先見・浅見・素見・相見・創見・想見・総見・俗見・他見・卓見・達見・短見・知見・兆見・朝見・定見・洞見・拝見・博見・発見・披見・卑見・鄙見・必見・謬見・表見・廟見・聞見・瞥見・僻見・偏見・望見・未見・妙見・予見・利見・了見・露見

常【券】 8 9022 〔劵〕 8 9022 ケン カン(クヮン) わりふ

篆文 

会意 𠔉+刀。𠔉は釆+廾。釆は獣掌。拳(拳)・巻(巻)はその形に従う字。〔説文〕四下に「契なり」とあり、契(契)は刻画してことを約する意。書契には一般に木や竹を用いて簡という。券は巻くものの意に従い、刀で両截して契約の証としたもので、その一半を券という。

訓義 ①わりふ。契約の証としてその一半をもつ。券別の書。②証書、きって、きっぷ。③わかつ、わかち明らかにする。

古訓 〔名義抄〕券 チギル 〔字鏡〕券 チギル・サキフミ・ツノル・ハツ・カナフ

声系 券は𠔉(弮)声。〔説文〕に𠔉声として劵・眷・巻・拳など十三字を録する。釆は獣掌。拳・巻は𠔉の声義を受ける字である。

参考 劵は𠔉と力とに従い、〔説文〕十三下に「勞なり」と訓し、労倦の倦の初文。劵とは異なる字である。

【券契】 わりふ。〔戦国策、斉四〕齊人に馮諼といふ者有り。～人をして孟嘗君に屬せしめ、門下に寄食せんことを願ふ。～是に於て、車を約し裝を治め、券契を載せて行く。

【券書】 証文。借用証。〔史記、孟嘗君伝〕孟嘗君、馮驩券書を燒くと聞き、怒りて使をして驩を召さしむ。驩至る。～曰く、～辥の民をして君に親しみ、君の善聲を彰はれしむるなり～と。

【券台】 墓前の祭台。〔朱子語類、九十七〕今人、墓地の前を呼んで明堂と爲す。嘗て伊川集中に書して券臺と爲すを見る。～後唐人の文字中を見るに言ふ、某朝、詔して改めて券臺と爲すと。

↑券挙 証券/券剤 証書/券状 証文/券帖 手形/券約 契約/券要 契約

↓印券・駅券・押券・金券・契券・估券・沽券・左券・債券・質券・株券・書券・証券・誓券・折券・地券・発券・符券・郵券・旅券

常【肩】 8 7222 〔肩〕 8 3022 〔肩〕 9 3022 ケン かた

篆文 

象形 肩の形に象る。肩胛骨が腕に連なる骨臼部分の形と、肉(肉)とに従う。〔説文〕四下に「髆なり。肉に從ひ、象形」とし、戸(戸)に従う形を俗字とする。篆文の臼の形が骨臼。肩はよく負荷にたえるところであるから、肩任の意がある。

訓義 ①かた。②肩におう、たえる。③まかせる。④豣と通じ、三歳の獣。

古訓 〔和名抄〕肩 加太(かた) 〔名義抄〕肩 カタ 〔字鏡集〕肩 ソムク・ハム・マトフ・ニナフ・カタ

声系 〔説文〕に肩声として覞部に䁥、頁部に顅を収める。䁥八下はまた䀎に作り「很視なり」、また顅は頭鬢少髮、髟部の鬜と同義。肩声と閒(間)声との間に、声義の関係があるようである。

語系 〔詩、斉風、還〕「竝び驅けて兩肩に從ふ」の肩kyanは䝈。〔伝〕に「獸三歳なるを肩と曰ふ」とあり、字はまた猏に作り、豣に作る。顅khean、豣kyanも声義の近い字である。

【肩牆】 低い垣根。〔論語、子張〕諸れを宮牆に譬ふるに、賜(子貢の名)の牆は肩に及べり。室家の好を闚ひ見る。夫子の牆は數仞。其の門を得て入らざれば、宗廟の美、百官の富なるを見ず。

【肩随】 肩を並べ少し後に従う。歩行のときの礼。〔礼記、曲礼上〕五年以て長ずれば、則ち之れに肩隨す。

【肩排】 肩でおしあう。梁・何遜〔軽薄篇に擬す〕楽府 轂撃、晨に已に喧し 肩排、暝れて息まず

【肩摩】 肩がふれあう。〔戦国策、斉一〕臨淄の途、車轂撃し、人肩摩す。

【肩輿】 二人でかつぐ輿。〔世説新語、簡傲〕王子猷(徽之)嘗て行きて吳中を過り、一士大夫の家に、極めて好竹有るを見る。～王、肩輿して徑ちに竹下に造り、諷嘯すること良や久しうす。

↑肩荷 になう/肩強 しんぼう強い/肩肩 痩長/肩尻 からだ/肩甲 肩の骨/肩胛 肩甲/肩承 負担する/肩挑 担当する/肩息 吐息/肩帯 上肢帯/肩担 負担する/肩に負う/肩任 引き受ける/肩背 肩と背/肩迫 親密にする/肩販 担い売り/肩比 人が多い/肩蔽 かばう/肩舁 肩輿/肩轝 肩輿/肩輦 てぐるま

↓駕肩・強肩・随肩・双肩・袒肩・堯肩・比肩・並肩・駢肩・両肩・露肩

【臤】 8 7774 ケン かしこい

篆文  金文 

会意 臣+又(又)。臣は目の形。目に又(手)を加えて、その眼睛を破る意で、それを神の徒隷としてつかえさせた。〔説文〕三下に「堅なり」と訓し、臣声の字とするが、字は会意にして、賢の初文。〔説文〕にも「古文以て賢の字と爲す」とあり、漢碑に臤を賢の字義に用いる例がある。両眼の明を失うものは瞽。瞽は巫史としてつかえ、ときに神瞽として神明のことに通ずるものがあった。賢はもと、よく神につかえるものを意味した。

訓義 ①かしこい。

部首 〔説文〕に緊・堅・豎の三字を属し、〔玉篇〕も同じ。緊・堅の意は、眼睛を破るときの緊迫の意を承けるものであろう。その人を豎という。民という字も、もと眼睛を破る形である。

声系 〔説文〕に臤声として腎・賢・賢など九字を収める。腎は大目。腎は〔広雅、釈親〕に「堅なり」とみえる。賢はもと貝貨をいう字であろうが、金文にその字がみえ、〔詩〕〔書〕にも聖賢の意に用いられている。

↓優臤

【咺】 9 6101 ケン

篆文 

形声 声符は亘。〔説文〕二上に「朝鮮にて、兒泣きて止まらざるを謂ひて咺と曰ふ」とみえ、〔方言、一〕にも燕の外鄙、朝鮮洌水の間の語とするが、字は〔詩、衛風、淇奥〕に「赫たり咺たり」とあって、その領主の儀容をほめる語に用いる。〔韓詩〕に字を宣に作る。おそらく愃の字義で寛緩、また威儀のあるさまをいう語であろう。

訓義 ①こどものなきごえ。②ゆるやかでおちつくさま、ゆたかで威儀のあるさま。③つつしみおそれる。

語系 咺・喧・諠xiuanは同声で喧嘩の意。また桓huanも声が通じ、桓桓は威儀あるさまをいう。

↑咺唏 悲泣

【姸】 9 4144 〔妍〕 7 4144 ケン うつくしい

篆文 

形声 声符は幵(开)。幵に研(研)の声がある。〔説文〕十二下に「技あるなり」と技巧の

ある者の意とし、また「事を省錄せず」「侵し難きなり」「惠なり」「安なり」の四訓を加えている。〔説文〕としてはいくらか異例の説解というべく、字義も一般に美好の意に用いる。研の字義と通ずるところがある。

訓義 ①うつくしい、みめよし、かおよし。②さかし、たくみ。③閒と通じ、なれる、やすらか。④嫺と通じ、みやびやか。

語系 妍・研 ngian は同声。閒(間) kean、嫺 hean も声近く、閑雅の意がある。

【妍影】けんえい 美しいすがた。その映像。〔顔氏家訓、名実〕今、身を修めずして令名を世に求むる者は、猶ほ貌甚だ惡しくして妍影を鏡に責むるがごとし。

【妍艶】けんえん なまめかしく美しい。唐・方干〔惜花〕詩 憐れむべし妍艶、正に時に當れるに 剛かに狂風に、一夜に吹かる

【妍華】けんか(くわ) 華やか。唐・劉希夷〔江南曲、八首、七〕詩 自ら惜しむ妍華、三五歳 已に歎ず、關山の千萬重なるを

【妍蚩】けんし 美醜。晉・陸機〔文の賦〕妍蚩を混じて體を成し、良質を累ねて瑕を爲す。

【妍醜】けんしゅう(しう) 美醜。〔貞観政要、論誠信〕能く古の哲王を以て、己の行事を鑒みれば、則ち貌の妍醜、宛然として目に在り、事の善惡、自ら心に得るなり。

【妍妝】けんしょう(しやう) 美しい妝い。南朝宋・鮑照〔北風涼行に代る〕楽府 北風涼し 雨雪(雪雨ふること)雱たり 京洛の女兒、妍妝多し

【妍笑】けんしょう(せう) あでやかに笑う。〔千字文〕毛(嬙)(西)施(共に古の美人)淑姿、工みに顰ししかめて妍やかに笑ふ

【妍捷】けんしょう(せふ) 美しく早い。〔唐書、裴行倹伝〕行倹、草隷に工みなり。~毎に曰く、褚遂良は、精筆佳墨に非ざれば、未だ嘗て輒ち書せず。筆墨を擇ばずして妍捷なる者は、余れと虞世南のみと。

【妍倩】けんせん 美しくあざやか。明・何景明〔織女の賦〕予嘗て謝朓・王勃の七夕の賦を觀るに、皆組詞繪句、務めて妍倩を極むるも、~比諷の義に於て或いは缺く。

【妍暖】けんだん 風景がよく、暖かい。宋・蘇軾〔曹子方の竜山真覚院瑞香花に次韻す〕詩 置酒は妍暖なるを要す 花を養ふには須らく晏陰なるべし

【妍靡】けんび 妍美。〔南史、王筠伝〕筠又嘗て詩を爲りて(沈)約に呈す。約即ち報書歎詠す。~筠又能く強韻を用ふ。公の宴毎に竝び作り、辭必ず妍靡なり。

【妍妙】けんみょう(めう) 美妙。唐・孫過庭〔書譜、上〕筆に任せて體を爲し、墨を聚めて形を成す。心、擬效の方に昏く、手、揮運の理に迷はば、其の妍妙を求むるも、亦た謬らずや。

【妍冶】けんや 美しくなまめかしい。〔詩品、中、晉司空張華〕其の體華艷なるも、興託奇ならず。巧みに文字を用ひ、務めて妍冶を爲す。名、曩代(さきごろ)に高しと雖も、疏亮の士、猶ほ~風雲の氣少なきを恨む。

【妍容】けんよう 美しい姿。南朝宋・鮑照〔歳暮の悲〕詩 皦潔、霜雁を冒し 飄揚として風鶴を出づ 天寒くして顏苦多し 妍容、丹壑(落日の処)を逐ふ

【妍麗】けんれい うるわしい。魏・曹植〔車渠椀の賦〕公輸(古の名工)に命じて制匠せしめ、妍麗の殊形を窮む。

↑妍鬱 美盛/妍雅 優雅/妍黠 狡智/妍潔 清美/妍巧 精巧/妍好 美好/妍姿 あで姿/妍媸 妍蚩/妍辞 優美な語/妍手 名手/妍秀 秀麗/妍柔 しなやか/妍淑 しとやか/妍倡 花形/妍唱 艶曲/妍状 妍容/妍声 美声/妍静 妍淑/妍沢 つややか/妍嫚 妍暖/妍談 佳話/妍美 美しい/妍媚 妍冶/妍嫵 秀美/妍歩 美人の歩み/妍芳 麗花/妍茂 美盛/妍和 あでやか

↓華妍・嬌妍・娟妍・春妍・詳妍・清妍・精妍・嬋妍・纖妍・鮮妍・孅妍・便妍・芳妍・幽妍・妖妍

【帣】 9 9022 ケン ふくろ

篆文

形声 声符は𢍏。𢍏は釆(獣掌)を捲く形。巾を捲いて袋としたものを帣という。〔説文〕七下に「囊なり。今鹽官、三斛を一帣と爲す」とあり、底のある囊をいう。また絭と通用する。

訓義 ①ふくろ、底のあるふくろ、包みこんだふくろ。②絭と通じ、たすき。

古訓 〔字鏡集〕帣 フクロ

↑帣韝 たすきとゆごて、たすきがけ

常 【建】 9 1540 〔建〕 9 1540 ケン コン たてる

篆文

金文

会意 聿+廴。〔説文〕二下に「朝律を立つるなり」とする。すなわち聿を筆、廴を廷(廷)の省文として、律令を制定する意と解するが、建とは設営のことをいう字である。聿は墨縄、廴は金文の字形に辵に作り、行路を定める意。廷の金文の字形は乚に従い、区画の内を示す形。辵に従う形ならば建都、乚に従う形ならば宮廷の設営である。設営にはまず方位を定め、区画を施した。〔書、洛誥〕に、国都を建てるにあたって、まず相宅・卜宅を行うことがみえ、〔逸周書、作雒解〕〔周礼、考工記、匠人〕に、都邑を設営するときの法がしるされている。朝律を建て、教法を建てるというのは、その拡大用法である。

訓義 ①たてる、直立する、基準とする。②樹立する、設営する。③国作りする、封建。④規定する、規定を宣布する。朝律を定め、教法を建てる。⑤建議する、建白。⑥楗・鍵と通じ、かぎ、かんのき、くさび。

古訓 〔名義抄〕建 タツ・オヨブ・サル・イタル・ヨロコブ・コホス・クツガヘル 〔字鏡集〕建 イキ・ユク・サス・カフ・イタル・タツ・ウウ・オヨブ・コボス・ヨロコブ・ワカチシク・タチマチ

声系 〔説文〕に建声として鞬・楗・健(健)・鍵(鍵)の四字を収め、なお他に揵・犍・腱などがある。おおむね建立・強健の意をもつ字である。

【建寅】けんいん 北斗星の斗柄が、初昏に寅の方位をさす。陰暦正月。〔淮南子、天文訓〕天一の元始は、正月に寅を建し、日月倶に營室の五度に入る。

【建牙】けんが 牙旗を建てる。出動のときの軍礼。〔晉書、姚興載記下〕興、疾篤し。~姚弼潛かに亂を爲さんことを謀る。~(姚懿)是に於て盡く囚徒を赦し、布帛數萬匹を散じて、以て其の將士に賜ひ、牙を建て衆に誓ひ、將に長安に赴かんとす。

【建義】けんぎ 義軍を興す。〔晉書、諸葛長民伝〕劉裕の義を建つるに及び、之れと謀を定め、揚武將軍と爲り、裕に從つて桓玄を討つ。

【建議】けんぎ 意見を上申する。〔漢書、賈捐之伝〕諸縣更叛し、連年定まらず。上、有司と、大いに軍を發することを議す。捐之建議して以爲へらく、當に擊つべからずと。

【建業】けんぎょう(げふ) 事業の本を樹立する。魏・曹植〔王仲宣(粲)の誄〕猗歟侍中、遠祖彌芳し。(畢)公高業を建て、武(王)を佐けて商を伐てり。

【建元】けんげん 年号を定める。〔淮南子、天文訓〕天維の建元は、常に寅を以て始めて起り、右に徙る。

【建言】けんげん 意見を上申する。〔漢書、郊祀志下〕(貢)禹建言す。漢家の宗廟祭祀、多く古禮に應ぜずと。上、其の言を是とす。後~元帝疾に寢ね、夢に神靈、諸廟祠を罷むることを譴む。上、遂に復す。

【建国】けんこく 国家を創る。〔周礼、天官、序官〕惟れ王、國を建て、方を辨ち位を正し、國を體ち野を經し、官を設け職を分

ち、以て民極と爲す。

【建策】 謀を定める。漢・班固〔西都の賦〕奉春（婁敬）策を建て、留侯（張良）演成す。天人合應し、以て皇明を發す。

【建設】 作り設ける。〔漢書、叙伝下〕賈生、矯矯として、弱冠にして朝に登る。文の叡聖なるに遭ひ、屢〻其の疏を抗ぐ。～藩屛を建設し、以て守圉を強うす。呉・楚の合從（南北の連合）は、誼の慮に賴る。

【建置】 作り設ける。魏・曹冏〔六代論〕夫れ樹は猶ほ親戚のごとく、土は猶ほ士民のごとし。建置久しからずんば、則ち下を輕んじ上を慢る。

【建白】 意見を上申する。建言。〔漢書、佞幸、石顯伝〕（蕭）望之、尙書の事を領し、顯の專權邪辟を知る。建白して以爲へらく、尙書は百官の本、國家の樞機、宜しく通明公正を以て之れに處すべし。～宦者を用ふるは、古制に非ざるなり～と。

【建立】 設ける。〔書、洪範〕擇びて卜筮の人を建立し、乃ち卜筮を命ず。🈩 仏教語。堂塔・伽藍を建てる。〔法華経、方便品〕佛形像を建立す。

➡建烟 福州の煙草／建基 創業／建旗 旗建て／建麾 建牙／建極 建基／建勲 功を立てる／建軍 軍を創設する／建功 功を立てる／建侯 封建／建首 部首を立てる／建樹 樹立する／建常 建旗／建旌 建旗／建節 使節を立てる／建築 建造する／建茶 福建の茶／建儲 立太子／建定 制定する／建都 立都／建徳 立徳／建碑 立碑／建旄 建旗／建法 法を創制する／建本 建基／建旟 冬の演習／建窯 徳化窯／建暦 暦を制定する

⬇開建・匡建・再建・石建・創建・肇建・封建

【甽】 9/6303 〔く〕 1/2030 〔甽〕 8/6200 ケン みぞ

篆文

古文

会意 古文は甽に作り、田＋川。〔説文〕十一下に正字としてくをあげ、古文として甽、篆文として畎を録し、「水小しく流るるなり」とする。また次の部に「巜は水流澮澮たるなり」とあり、みな田間の小流をいう字である。

訓義 1みぞ、こみぞ、田間の用水路。2そそぐ、水が流れ通ずる。3山間の水の流れるところ、谷、谷川。4田のうね。

古訓 〔和名抄〕畎 太三會（たみぞ）〔名義抄〕畎・甽 タミゾ 〔篇立〕甽 タミゾ／畎 ツ、ミ・ウネ・タミゾ

【畎澮】 田の用水路。〔書、益稷〕予、九川を決して四海に距らしめ、畎澮を濬くして川に距らしめ、稷と播きて庶〻の艱食・鮮食を奏めん。

【畎瀆】 田畑のみぞ。〔後漢書、文苑上、杜篤伝〕夫れ雝（雍）州は～沃野千里、原隰彌望す。～畎瀆潤淤にして、水泉灌漑す。

【畎畝】 田のみぞと、うね。田間。民間。〔荀子、成相〕堯は德有り、心力を勞し、～舜を畎（甽）畝に擧げて、之れに天下を任じ、身休息す。

➡畎夷 犬夷／畎疆 田のあぜ／畎谷 河川／畎遂 田に注ぐ／畎瀆／畎陌 あぜ道／畎畮 畎畝／畎流 田に注ぐ／畎壟 田の壟溝

⬇畿畎・疆畎・溝畎・壟畎

常【県】 9 囚〔縣〕 16/6299 ケン かける くに

篆文

金文

会意 旧字は縣に作り、県＋系。県は首を倒にして懸けた形。系はその紐。縣は懸首の意。〔説文〕九上に「繋くるなり」とあり、すべて懸繫する意に用いる。金文の斉器〔叔夷鎛〕の銘に「其の縣三百」とあるのは、〔綸鎛〕に「侯氏之れに邑二百又九十又九邑～を易（賜）ふ」とあるものと、ほぼ匹敵するものと考えられ、古く県は邑を単位とするものであったかと思われる。郡県の郡は、古く氏族国家の首長であった里君の所領地であり、また県は国の直接の支配地であった。ゆえに県・邑は賜与の対象とされた。

訓義 1かける、首を懸繫する、倒懸する。2つりさげる、つなぐ、つらねる、おもり。3懸けて示す、掲げて示す。4くくる、くびる。5かけはなれる、へだたる、懸隔がある。6王畿の外の聚落、農耕地、直接の支配地、公有地。7のち郡県の県、行政の単位。8懸と通じ、懸隔。

古訓 〔名義抄〕縣 アガタ・コホリ 〔字鏡集〕縣 カク・ハルカナリ・コホリ・アガタ

【県遠】 かけはなれる。〔後漢書、孔融伝〕萬乘は至重、天王は至尊、身は聖躬爲り、國は神器爲り。陛級縣遠にして、祿位限絕す。

【県解】 懸繫を解く。解脱。〔荘子、養生主〕適〻來るは夫子の時なり。適〻去るは夫子の順なり。時に安んじ、順に處らば、哀樂も入ること能はず。古者、是れを帝の縣解と謂ふ。

【県隔】 へだたる。間隔。〔史記、高祖紀〕秦は形勝の國、河山の險を帶び、縣隔千里、持戟百萬、秦、百に二（二十万）を得たり。

【県軍】 遠くで作戦する。〔三国志、魏、陳泰伝〕縣軍遠く僑（旅）し、糧穀繼がず。是れ我速やかに進みて賊を破るの時なり。

【県磬】 楽器の磬石を繫ける。室中に物のない状態にたとえる。〔国語、魯語上〕齊侯、使者を見て曰く、魯國は恐るるかと。對へて曰く、小人は恐るるも、君子は則ち否らずと。公曰く、室、懸磬の如く、野に靑草無し。何を恃みて恐れざらんと。

【県首】 首を懸ける。梟首。〔後漢書、李恂伝〕北匈奴數〻西域の車師～以西の使命を斷ち、通ずるを得ざらしむ。恂、購賞を設けて遂に虜師を斬り、首を軍門に縣く。是れより道路夷淸にして威恩竝び行はる。

【県象】 法令を城門に懸けて宣布する。また、天象。〔周礼、地官、大司徒〕正月の吉～乃ち教象の灋（法）を象魏に縣け、萬民をして教象を觀しむ。

【県旌】 旗を掲げて作戦する。〔三国志、魏、高堂隆伝〕方隅寧きに匪ず、征夫遠く戍る。海外に事有り、旌を萬里に縣く。六軍騷動し、水陸轉運す。百姓業を舍て、日に千金を費す。

【県絶】 かけはなれる。〔漢書、外戚上、孝宣霍皇后伝〕皇后、轝駕侍從甚だ盛んにして、官屬に賞賜すること、千萬を以て計ふ。許后の時と縣絶す。

【県疣】 こぶや、いぼ。無用のもの。〔荘子、大宗師〕彼方且に～天地の一氣に遊ぶ。彼は生を以て附贅縣疣と爲し、死を以て疢（できもの）を決し、癰（はれもの）を潰すと爲す。

【県流】 懸流。〔水経注、汾水〕波を揭げて北注し、縣流奔壑すること十一許丈。靑崖、黛を點ずるが若く、素湍委練の如く、之れを望むに極めて奇觀と爲す。

➡県尉 県警／県異 はなはだ異なる／県尹 県長／県下 吊り下げる／県家 官家／県衙 県庁／県官 朝廷／県跂 企望する／県久 久しい／県抉 立てこもる／県空 宙吊り／県君 婦人の封号／県罄 県磬／県愆 放慢／県壺 水時計／県公 爵号／県侯 爵号／県衡 はかる／県獄 県の獄舎／県宰 県

の長官/県師 県軍/県車 辞職/県殊 県絶/県書 県法/県賞 懸賞/県鐘 鐘をかける/県城 県庁所在地/県水 滝/県泉 滝/県治 県庁/県庭 県廷/県著 つける/県廷 県庁/県庭 県廷/県蹏 隠し爪/県伝 駅伝/県薄 簾の家/県瀑 滝/県鄙 県と鄙/県封 棺を墓穴に下すなわ/県乏 欠乏/県法 法を発布する/県熢 熢火/県命 命がけ/県門 内城のしかけのある門/県邑 県城/県令 県宰/県聯 柱聯

↓废県・郡県・州県・治県・倒県・府県・辺県

常

【研】 9 1164 〔研〕 11 1164 ケン みがく とぐ

篆文
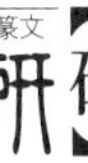

形声 旧字は研に作り、幵声。幵(幵)に訮の声がある。幵は笄の初文で、平直の意がある。研磨することから、精研・研鑽の意となる。また硯の意に用いる。

訓義 ①みがく、とぐ、すりとぐ。②つまびらかにする、きわめる、くわしい、いたる。③たいらか。④硯と通じ、すずり、すずりいし。

古訓 〔新撰字鏡〕研 止支弥加久(とぎみがく) 〔名義抄〕研 ミガク・スル・クダク・トグ・ウツ・アキラカニ・サダム・ウルハシ・ケヅル・キシル 〔篇立〕研 キシル・ウツ・ウルハシ・ミガク・テウツ・トグ・アキラカニ・サダム・トギミガク・クダク

語系 研・硯ngianは同声。研は墨を研ぐべきもので、古くは硯に研を用いた。

【研瓦】 鳳池硯。中央が瓦のように凹形をなす。〔画史〕晉・唐は皆鳳池研、中心は瓦凹の如し。故に研瓦と曰ふ。~一たび筆を援れば、凹勢に因りて鋒已に圓なり。本朝(宋)始めて研心平なること砥の如し。一たび筆を援れば則ち褊(底が平らか)、故に字も亦た褊なり。

【研核】 しらべ考える。〔三国志、呉、張温伝〕若し神を潜め思ひを留め、纖粗研核せば、情何ぞ嫌として宣びざらん。事何ぞ昧きとして昭らかならざらんや。

【研覈】 しらべ明らかにする。〔後漢書、張衡伝〕衡、機巧を善くし、尤も思ひを天文・陰陽・歴筭に致す。~遂に乃ち陰陽を研覈し、璇機(天文を観測する器)の正を妙盡して渾天儀を作る。靈憲・筭罔論を著はし、言甚だ詳明なり。

【研幾】 幾微を明らかにする。〔易、繫辞伝上〕夫れ易は、聖人の、深きを極め幾を研く所以なり。唯だ深し。故に能く天下の志を通ず。唯だ幾なり。故に能く天下の務を成す。

【研求】 道理を考え求める。〔世説新語、賞誉注に引く名士伝〕(阮)瞻~夷任にして嗜欲少なし。名行を修めず、懷に自得す。書を讀むも甚だしくは研求せざるも、其の要を識る。

【研究】 しらべつくす。〔世説新語、文学〕殷仲堪、玄論を精覈す。人は謂ふ、研究せざる莫しと。

【研考】 しらべ考える。〔後漢書、蘇竟伝〕君(劉龔)陰中に處り、~土に賢士多し。若し須臾の閒を以て異同を研考し、之れを圖書(図讖の書)に揆り、之れを人事に測らば、則ち得失利害、目に陳ぶべし。

【研鑽】 深く研究する。晉・郭璞〔爾雅の序〕璞、檮昧(愚か)を揆らず、少くして習ふ。研鑽に沈むこと、二九載(十八年)を極む。

【研思】 精思。〔文心雕竜、事類〕夫れ山木は良匠の度る所と爲り、經書は文士の擇ぶ所と爲る。~研思の士、匠石(良工)に慚づること無かれ。

【研審】 くわしく検討する。〔北斉書、魏収伝〕帝、魏史の未だ行はれざるを以て、收に詔して更に研審を加へしむ。收、詔を奉じ、頗ぶる改正する有り。~一本を鄴下に付し、人の之れを寫すに任ます。

【研尋】 研究する。〔世説新語、文学〕諸葛宏、年少くして肯へて學問せず。~王(衍)歎じて曰く、卿、天才卓出、若し復た小しく研尋を加へば、一も愧づる所無からんと。宏、後荘老を看、~便ち相ひ抗衡(拮抗)するに足る。

【研精】 くわしくしらべる。〔後漢書、盧植伝〕少くして鄭玄と俱に馬融に事へ、能く古今の學に通じ、研精を好み、章句を守らず。

【研席】 学問する席。〔晉書、劉弘伝〕少くして洛陽に家す。武帝と同に永安里に居り、又同年にして研席を共にす。

【研討】 研究し、しらべる。宋・蘇軾〔周安孺に茶を寄す〕詩 茲に研討を事とし 至味五六を識る 爾れより江湖に入り 僧を尋ね幽獨を訪ふ

【研屏】 硯の前に立てる小さな衝立。〔洞天清録〕古へ研屏無し。~(蘇)東坡・(黄)山谷より、始めて研屏を作る。既に銘を研(底)に勒し、又屏に刻し、以て表して之れを出だす。山谷に烏石研銘屏有り。

【研北】 硯北。書状の脇付けに使う。読書・著述の場所。宋・晁補之〔事に感ず〕詩 干戈 牆東の客と作ると雖も 疾病猶ほ存す、研北の身

【研摩】 とぎみがく。宋・欧陽脩〔徂徠集を読む〕詩 官學すること三十年 六經、老いて研摩す

【研錬】 磨き錬りあげる。〔甌北詩話、五〕(蘇東坡の詩)錬句を以て工と爲さざるも、然れども亦た研錬の極、人其の錬を覺らざる者有り。

↑研搉 検討する/研学 学問する/研勘 調べる/研鞠 取り調べ/研窮 研究する/研検 調べる/研巧 精巧/研校 調べる/研講 研究する/研鑿 研究する/研山 硯台/研室 硯箱/研習 学習する/研訊 取り調べ/研疎 精粗/研滴 水差し/研田 文筆生活/研美 妍美/研服 粉末にして服用する/研癖 愛硯癖/研墨 墨をする/研磨 みがく/研末 粉末にする/研味 吟味する/研幽 幽隠をさぐる/研覧 調べる/研練 練磨する/研弄 筆をもてあそぶ/研和 妍和

↓窮研・攻研・熟研・鑽研・精研・潜研・墨研・摩研・磨研・薬研

【祆】 9 3123 ケン テン

篆文

会意 示+天。〔玉篇〕に「胡神なり」とあり、〔説文新附〕一上に「胡神なり」とし、天声とするが、祆教の意にのみ用いる。祆教はゾロアスター教。いわゆる拝火教で、火神を崇拝する。六朝の頃中国に伝えられ、西北部に盛行し、唐・宋にはイラン人の往来する者が多く、長安・洛陽より汴京や鎮江にも及んだ。〔通典、職官二十二〕に「薩寶府祆正」の官がある。中国人の間には、あまり行われなかったようである。

訓義 ①胡神、ゾロアスター教の神。②天、関中の語という。③神、胡人の語という。

【祆主】 祆教の幻術者。〔朝野僉載、三〕其の祆主、一横刀を取る。利きこと霜雪に同じ。~刀を以て腹に刺し、刃背に出づ。仍りて亂攪して腸肚流血す。食頃くありて、水を噴きて之れを呪するに、平復すること故の如し。

【祆道】 ゾロアスター教。〔梁書、蔡撙伝〕天監九年、宣城郡の吏吳承伯、祆道を挾みて衆を聚め、宣城を攻む。~山を踰えて吳興に寇し、過ぐる所皆殘破す。衆二萬有り。

【祆廟】 祆教の廟。〔墨荘漫録、四〕東京城北に祆廟有り。祆神は本西域に出づ。蓋し胡神なり。大秦の穆護と同に中國に入る。俗、火神を以て之れを祠る。京師の人、其の威靈を畏れ、甚だ之れを重んず。

↑祆教 拝火教／祆祠 祆廟／祆神 祆教の神／祆正 祆教の官
↓火祆

人
【倦】 10 2921 ケン うむ おこたる

篆文

形声 声符は卷（巻）。卷は獣皮などを巻きこむ形。人が疲労して、身を屈して休息する形に似ている。〔説文〕八上に「罷るるなり」とあり、疲れてものに倦むことをいう。

訓義 ①つかれる、うむ、おこたる、うずくまる。②やすむ。

古訓 〔名義抄〕倦 ヲコタル・ウミヌ・ウム・モノウシ・タユム・ツカル・イタム

語系 倦giuanは勤（勤）gianと声近く、勤苦によって労倦するので、二語は表裏の関係にある。

【倦客】旅につかれた人。宋・陸游〔双頭蓮〕詞 悲歡の夢の裏 倦客も 又是れ關河千里なるを奈いかせん

【倦極】つかれ果てる。〔史記、屈原伝〕夫れ天は人の始めなり。父母は人の本なり。人窮すれば則ち本に反る。故に勞苦倦極せば、未だ嘗て天を呼ばずんばあらず。疾痛慘怛せば、未だ嘗て父母を呼ばずんばあらざるなり。

【倦憩】つかれて息う。元・楊載〔暮春、西湖の北山に遊ぶ〕詩 倦憩の客は、猶ほ勤ろに寺を訪ね 幽棲の吾れは、城に歸るを厭はんと欲す

【倦怠】つかれてなまける。〔礼記、礼器〕季氏の祭は闇に逮びて祭る。日足らざれば之れに繼ぐに燭を以てす。強力の容、肅敬の心有りと雖も、皆倦怠す。～其の不敬爲ること、大なり。

【倦鳥】飛ぶにうんで羽を休める鳥。宋・蘇軾〔宿・泗の間に行きて徐州の張天驥を見る～〕詩 孤松早く偃ふするも、原と病に非ず 倦鳥還ると雖も、豈に是れ休するならんや

【倦筆】心進まずに筆を執る。宋・陸游〔秋雨初めて霽る、試筆〕詩 墨は紅絲（詩箋）に入って點漆（墨色）濃やかに 閑かに倦筆を將て、秋容を寫す

【倦游】仕官や遊学にうむ。晉・陸機〔長安有狭邪行〕楽府 余は本と倦游の客 豪彦舊親多し

【倦労】うみつかれる。〔司馬法、厳位〕凡そ戰ふに、其の微靜を撃ちて其の強靜を避け、其の倦勞を撃ちて其の閑窕を避くる～は、古よりの政なり。

↑倦厭 うむ／倦眼 眼のつかれ／倦勤 勤めにうむ／倦苦 つらい／倦色 つかれ気味／倦世 厭世／倦惰 怠る／倦敗 やけになる／倦憊 つかれる／倦煩 煩わしい／倦弊 倦敗／倦悶 倦苦／倦容 倦色／倦慵 ものうい／倦懶 怠る／倦略 なげやり／倦旅 旅つかれ

↓懈倦・饑倦・衰倦・息倦・怠倦・疲倦・罷倦・筆倦・労倦

常
【倹】 10 人 〔儉〕 15 2828 ケン つづまやか

篆文

形声 旧字は儉に作り、僉声。僉に檢（検）・劍（剣）の声がある。春秋期の呉越の剣には「僉」と銘する。〔説文〕八上に「約なり」とあり、倹約をいう。僉は二人並んで舞い祈る形で、恭倹の意がある。〔礼記、楽記〕に「恭儉にして禮を好む」とみえる。

訓義 ①つづまやか、つつしむ、ひきしめる、ひかえる。②すくない、とぼしい、そまつな。③險・憸と通じ、けわしい、あやうい、わるい。

古訓 〔字鏡集〕倹 ナホシ・タヾス・イマシム・カナフ・セハシ・ヲル・ツヾマヤカナリ・ヲナシ・ツヾマル・ホコル・チヒサシ・ミサヲ・セメツ、シム・チキル・スクナシ・ツヽム・ハゲシ

【倹易】簡素。唐・韓雲卿〔崔太師家廟碑銘〕爰に寢廟を立つるも、儉易を忘れず。卑くきも狹陋ならず。廣きも制を踰えず。

【倹苦】貧困。〔宋書、隠逸、劉凝之伝〕妻も亦た能く榮華を慕はず、凝之と共に儉苦に安んず。

【倹歳】凶年。凶作の年。唐・劉禹錫〔蘇州賑賜を謝する表〕聖慈、人を憂へ、幽遠を照燭す。特に賑卹有りて、其の災荒を救ふ。蒼生、再造の恩を荷ひ、儉歳、有年（豊作）の慶を同じうす。

【倹嗇】けち。吝嗇。〔史記、貨殖伝〕鄒・魯～俗、儒を好み、禮に備ふ。故に其の民齪齪、頗ぶる桑麻の業有るも、林澤の饒きこと無し。地小に人衆く、儉嗇にして、罪を畏れ邪に遠ざかる。

【倹省】倹約。唐・杜甫〔惜別行、劉僕射判官を送る〕詩 襄陽の幕府は天下に異なり 主將儉省にして、艱虞を憂ふ

【倹静】つづまやかで恬静。明・李東陽〔澹軒記〕君、其の身を以て其の家に教ふ。故に其の子績し～身を持すること儉靜にして、家法有り。其の、澹の義に得る者を多しと爲す。

【倹素】質素。〔陳書、虞茘伝〕終身蔬食し布衣、音樂を聽かず。任遇隆重なりと雖も、居止儉素にして、淡然として營む無し。文帝深く之れを器とし、常に引きて左右に在り、朝夕顧訪す。

【倹葬】倹素な埋葬。副葬の乏しいこと。〔雑肋編、上〕世に云ふ、張耆侍中、晏殊丞相、墓皆盜まる。張は得る所甚だ厚きを以て、故に其の尸を傷らず。晏は徒勞なりしを以て、遂に其の頭顱を破りて去ると。此れ乃ち儉葬の害なり。

【倹徳】倹素の徳。〔書、太甲上〕乃の儉德を愼しみ、惟れ永圖を懷へ。

【倹朴】倹素。唐・白居易〔策林、十一、黄老の術〕夫れ人情をして儉朴に、時俗をして淸和ならしめんと欲せば、黄老の道を體するより先なるは莫し。其の道は、尙寛・簡務に在り。

【倹約】節約。質素。〔荀子、非十二子〕天下を一にし、國家の權稱を建つることを知らず、功用を上び、儉約を大びて差等を僈る。～以て愚衆を欺惑するに足る。是れ墨翟・宋鈃なり。

【倹吝】吝嗇。〔世説新語、倹嗇〕王戎、儉吝なり。其の從子の婚するや、一單衣を與ふるも、後更に之れを責む。

↑倹餓 貧しくうえる／倹恪 つつしむ／倹簡 質素／倹居 倹素／倹勤 勤倹／倹言 寡言／倹尅 けちで無情／倹奢 倹侈／倹節 吝嗇／倹年 不作／倹薄 倹約でみすぼらしい／倹腹 空腹／倹用 節約／倹陋 つづまやかで賤しい

↓簡倹・饑倹・躬倹・恭倹・勤倹・慈倹・質倹・奢倹・清倹・節倹・卑倹・約倹・廉倹

常
【兼】 10 8033 〔兼〕 10 8033 ケン かねる あわせる

篆文

金文

会意 秝＋又（又）。秝は両禾。〔説文〕七上に「幷はすなり」という。一禾を秉るを秉といい、二禾を秉るを兼という。ゆえに兼併・兼任・兼修の意となる。

訓義 ①あわせもつ、かねる、あわせる。②かさねつむ、一緒にする、ならべる、そえる。

古訓 〔篇立〕兼 トモ・トル・カヌ

声系 〔説文〕に兼声として謙（謙）・歉・廉（廉）・嫌（嫌）・鎌（鎌）・簾など二十八字を収める。中に廉れと同声のものが十一字あり、それは語頭音klのkが脱落したものであろう。同様のことは監声・各声などの字にも認められる。

【兼愛】人を平等に愛する。〔墨子、兼愛上〕若し天下をして兼ねて相ひ愛し、人を愛すること、其の身を愛する若くならしめば、猶ほ不孝なる者有らんや。

【兼業】本業の他に事業を営む。〔漢書、貨殖伝〕其の餘の郡國の富民、業を兼ね利を顓らにして、貨賂を以て自ら行ひ、重きを鄉里に取る者、勝げて數ふべからず。

【兼済】広く民を済う。〔風俗通、十反〕孟軻も亦た以爲へらく、達しては則ち兼ねて天下を濟ひ、窮しては則ち獨り其の身を善くすと。

【兼資】文武の才を兼ね資る。〔漢書、朱雲伝〕平陵の朱雲、文武を兼ね資り、忠正にして智略有り。～御史大夫に試守せしむべし。

【兼修】かね修める。〔顔氏家訓、帰心〕汝が曹、～但だ當に戒行を兼ね修め、心を留めて誦讀し、以て來世の津梁(つて)と爲すべし。

【兼存】合わせもつ。唐・杜甫〔秋峡〕詩 衣裳、素髮を垂れ 門巷、丹楓落つ 常に怪しむ商山の老(四皓) 兼ねて翊(翼)贊の功を存するを

【兼備】ともに備える。〔宋史、章衡伝〕遼に使す。燕射に連發して的を破る。遼以爲へらく、文武兼備なりと。之れを待つこと他の使に異なりと。

【兼幷】併合。併呑。〔墨子、天志下〕今天下の諸侯、將に猶ほ皆侵凌・攻伐・兼幷せんとす。

↑兼衣 重ね衣／兼域 地域にまたがる／兼贏 倍の利／兼該 兼備／兼轄 兼治／兼官 兼職／兼管 兼轄／兼銜 兼任／兼金 良質の金／兼跨 またがる／兼行 昼夜兼行／兼洽 広博／兼差 兼任／兼采 兼採／兼施 あわせ施す／兼日 数日／兼舎 兼行／兼弱 弱を攻め取る／兼充 あわせ掌る／兼旬 二旬／兼燭 あわせ照らす／兼職 兼任／兼辰 二日／兼人 人を凌ぐ／兼夕 連夜／兼摂 兼職／兼全 兼備／兼綜 あわせすべる／兼総 あわせすべる／兼治 兼任／兼聴 広く聞く／兼通 兼学／兼程 二日分行く／兼塗 兼程／兼統 兼総／兼道 兼程／兼呑 併呑する／兼年 二年／兼倍 二倍／兼品 兼味／兼副 ひかえ／兼覆 広く覆う／兼弁 兼治／兼歩 兼行／兼味 ご馳走／兼務 かけもち／兼用 併用／兼覧 あわせみる／兼理 兼任／兼列 並べる／兼路 兼行

↓守兼・摂兼・通兼・幷兼

常 【剣】 10 人〔劍〕 15 8280 ケン つるぎ

形声 旧字は劍に作り、僉声。僉に檢(検)・驗(験)の声がある。春秋期の呉越の剣銘に「僉」とあって、劍の字に用いる。〔説文〕四下に「人の帶ぶる所の兵なり」とあり、腰に帯びたものである。六朝のころ、剣履上殿を許されることは殊遇とされた。

訓義 ①つるぎ、両刃のあるかたな。②あいくち、短剣。③きる、さす。④剣術、剣法。

古訓 〔和名抄〕劍鞘 太知不久路(たちふくろ)〔名義抄〕劔 タチ・ワキハサム 〔篇立〕劍 ヤイバ・ツルキ 〔字鏡集〕劔 コカネ・ツルキ・ワキハサミ・タチ

【剣客】剣士。〔後漢書、馬廖伝〕夫れ政を改め風を移すは、必ず其の本有り。傳に曰く、呉王劍客を好みて、百姓に創瘢多く、楚王細腰を好みて、宮中に餓死多し。

【剣俠】俠気のある剣士。〔萍洲可談〕古、劍俠を傳ふること甚だ著はる。近世寂として聞かず。

【剣鋏】刀のつか。〔戦国策、斉四〕馮諼、～柱に倚り、其の劍鋏を彈じ歌うて曰く、長鋏歸來らんか、食ふに魚無しと。

【剣戟】剣とほこ。〔国語、斉語〕齊國甲兵寡なし。之れを爲すこと若何せんと。～管子對へて曰く、～小罪には讁むるに金分を以てす。～美金以て劍戟を鑄、～甲兵大いに足れり。

【剣璽】剣と玉璽。唐・李白〔夜郎に流され、半道恩を承けて放還せられ～懐を書す。～〕詩 一朝、寶位を讓られ 劍璽、無窮に傳ふ

【剣首】剣の柄頭。〔礼記、少儀〕君子に侍坐するとき、君子欠伸(あくび)し、笏を運らし、劍首を澤び、屨を還らし、日の蚤莫(早暮)を問ふときは、退かんと請ふと雖いへも可なり。

【剣樹】剣を逆に立て列ね、その上をわたらせる刑。〔宋史、世家伝四、南漢、劉鋹〕性、昏懦、～日に宮人・波斯の女等と游戲す。～宮中の婦人、～外事を領す。～燒煮剝剔、刀山劍樹の刑を作り、或いは罪人をして虎と鬭ひ、象に抵らしむ。

【剣術】剣技。晉・陶潛〔荊軻を詠ず〕詩 惜しい哉か、劍術疎にして 奇功、遂に成らず

【剣佩】帯剣とその玉。剣珮。唐・杜甫〔短歌行、王郎司直に贈る〕詩 且らく劍佩を脫して、徘徊するを休めよ 西のかた諸侯を得て錦水に棹ささば 何れの門に向つてか、珠履を跋まんと欲する

【剣舞】剣をもって舞う。〔史記、項羽紀〕壽すること畢り、(項荘)曰く、君王、沛公(劉邦)と飲するに、軍中以て樂を爲す無し。請ふ、劍を以て舞はんと。～項荘、劍を拔きて起ちて舞ふ。

【剣鋒】剣先。〔新論、思順〕司馬蒯聵は、天下の劍を攻むる者なり。劍の鋒を提りて、劍の觚(把手)を掉はしめば、必ず其の指を刎ねて、以て腐木をも陷ること能はざらん。而るを況んや金甲をや。

【剣鋩】剣先。唐・柳宗元〔浩初上人と同に山を看る～〕詩 海畔の尖山、劍鋩に似たり 秋來つて、處處に愁腸を割く

【剣文】刃のにおい。刃文。〔晋書、張華伝〕詳しく劍文を觀るに、乃ち干將(古名剣の名)なり。莫邪(古名剣の名)も何ぞ復た至らざらん。

【剣履】帯剣し履をはく。そのまま宮殿に参入を許されることは、臣下として無上の栄誉とされた。〔史記、蕭相国世家〕乃ち蕭何をして、劍履を帶びて殿に上り、朝に入りて趨らざるを賜はしむ。

↑剣衣 さや／剣影 剣光／剣鉞 儀仗／剣花 剣の火花／剣函 剣匣／剣環 刀環／剣気 剣の殺気／剣伎 剣術／剣夾 剣鋏／剣血 剣の血／剣工 刀匠／剣光 刀刃の光／剣匣 剣の箱／剣豪 名剣士／剣槊 剣戟／剣士 剣客／剣盾 剣とたて／剣楯 剣とたて／剣匠 刀工／剣削 剣のさや／剣刃 刀刃／剣帯 大刀の緒／剣鐔 つばもと／剣頭 剣鋩／剣韜 剣の袋／剣把 つか／剣珮 剣佩／剣撥 剣と大たて／剣杪 剣鋩／剣跗 剣の柄／剣鳴 剣が鳴る／剣冶 刀鍛冶／剣臘 両刃／剣論 剣術の論

↓解剣・懐剣・丸剣・倚剣・撃剣・孤剣・試剣・賜剣・手剣・銃剣・書剣・仗剣・神剣・真剣・舌剣・帯剣・短剣・弾剣・著剣・長剣・刀剣・佩剣・抜剣・負剣・撫剣・宝剣・木剣・名剣・利剣

【𠳋】 10 5077 ケン つかわす つちくれ

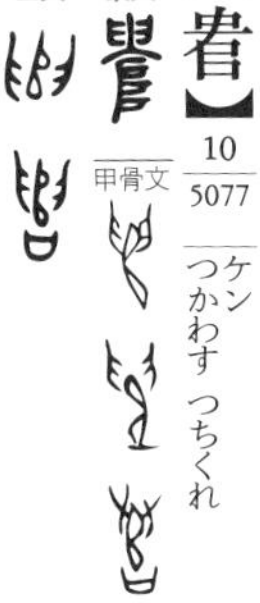

会意 収(両手)+自。〔説文〕十四下に字を自(皀)に従う形に作り、「𠳋商、小塊なり」と土塊の意とし、字を「自に従ひ、臾に従ふ」とする。卜文・金文に自を両手でもつ形に作り、自は軍の出行のとき、軍社に祀る祭肉の形。軍を派遣するとき、その祭肉を奉じて出行するので、𠳋は遣(遣)の初文。金文に𠳋を譴責の譴の意に用いることがあり、軍を派遣するのは、その譴責の意をも含むのであろう。「𠳋商」も用例のない語である。〔説文〕の解はその本づくところが知られず、〔段注〕に臾に従い、臾を蕢にして「一蕢の土を謂ふ」とするが、字は自を要素とする字である。

訓義 ①つかわす、軍使を出す、軍を派遣する。②𠳋商は小さな土くれ。

声系 〔説文〕に𠳋声として遣、また遣声として譴を収める。𠳋は遣の初文。また金文に𠳋を譴の意に用いる例があって、この三字はその声義に一貫したものがある。

➡𠳋商 小塊

【埍】 10 4612 ケン つちべや ひとや

篆文

形声 声符は肙。肙に涓・狷の声がある。〔説文〕十三下に「徒隷の居る所なり」とし、「一に曰く、女の牢なり。一に曰く、亭部なり」という。亭部は地方の獄。みな土室の類であろう。〔詩、小雅、小宛〕「犴に宜しく獄に宜し」の〔韓詩章句〕に「鄕亭の繫を犴と曰ひ、朝廷を獄と曰ふ」とあり、犴は埍と声義の通ずる語である。

訓義 ①つちべや、ひとや。②しもべたちの室。

語系 肙はぼうふらの形。涓 kiuan は小流、埍 kiuan も小さな土穴のような室をいう。養畜の牢閑を圈(圏) khiuan という。また同系の語である。

【娟】 10 4642 ケン エン(ヱン) あでやか

篆文

形声 声符は肙。肙に涓・絹の声がある。〔説文新附〕十二下に「嬋娟なり」とあり、女のあでやかな姿をいう。肙はぼうふらの形で、まがりくねる形をいうことが多い。

訓義 ①あでやか、女のしなやかなさま。②まがる、まがりくねる。③まゆ、まゆがき。④こびる、こびるさま。

古訓 〔名義抄〕嬋娟 タヲヤカナリ・ユビヨシ・ソヒヤカナリ 〔字鏡集〕娟 タヲヤカナリ・ホソシ

【娟娟】(えんえん) 美しいさま。清らかなさま。宋・蘇軾〔王定国蔵する所の烟江畳嶂の図に書す〕詩 君見ずや、武昌樊口、幽絶の處 東坡先生留まること五年 春風、江を搖がして、天漠漠たり 暮雲雨を巻いて、山娟娟たり

【娟秀】 あでやかですぐれる。〔聊斎志異、魯公の女〕時に邑令魯公は、三韓の人なり。女有り、獵を好む。生、適〻之れに野に遇ひ、其の風姿娟秀なるを見る。錦貂の裘を着し、小驪駒に跨り、翩然として畫の如し。

【娟麗】 秀麗。〔苕渓漁隠叢話後集、麗人雑記〕坡(蘇東坡)、定風波を作る。序に云ふ。王定國の歌兒を柔奴と曰ふ。姓は宇文氏、眉目娟麗にして、應待を善くすと。

➡娟潔 清好/娟妍 美しい/娟巧 美好/娟好 秀美/娟娟 みめよし/娟妙 秀美/娟容 美容

⬇嬋娟・便娟・幽娟・麗娟・聯娟

常 【拳】 10 9050 【拳】 10 9050 ケン カン(クヮン) こぶし にぎる うつ

篆文

形声 声符は𢍏。篆文の字形は釆と廾とに従い、釆は獣掌。撲つときに掌を握りこむことを拳という。その形は巻曲。そのように身をまげて謹むさまを拳拳という。

訓義 ①こぶし、にぎる、にぎりこぶし、ちから。②うつ、たたく、拳法。③拳拳は奉持するさま、つとめるさま。④眷と通じ、うれえいつくしむさま。⑤巻と通じ、まがる、かがむ。

古訓 〔和名抄〕拳 古布志(こぶし) 〔字鏡集〕拳 タナゴコロ・ツカム・コブシ・ウツ・ニギル・ノゴフ・カヾマル

語系 拳 giuan、巻(卷)・捲 kiuan は声義近く、巻握の意がある。棬・圈(圏) khiuan もその系列の語で、巻曲の意がある。

【拳曲】 かがまる。巻曲。〔荘子、人間世〕仰いで其の細枝を視れば、則ち拳曲して以て棟梁と爲すべからず。俯して其の大根を視れば、則ち軸解して以て棺槨と爲すべからず。

【拳跼】 かがまって不自由なさま。唐・李白〔王十二の寒夜独酌、懐ふこと有りに答ふ〕詩 驊騮は拳跼して食らふこと能はず 蹇驢は志を得て、春風に鳴く

【拳拳】 大事に奉持して失わぬさま。〔中庸、八〕子曰く、(顔)回の人と爲りや、中庸を擇び、一善を得ては、則ち拳拳服膺して、之れを失はずと。

【拳大】 拳ほどの大きさ。〔神仙伝、五、壺公〕曰く、我に少酒有り。相ひ就きて之れを飲まんと。～酒器拳許りの大いさの如く、之れを飲みて、暮に至るも竭きず。

【拳法】 拳を振るう闘技。〔紀効新書、十四、拳経提要〕拳法は大戰の技に預かる無きに似たるも、然れども手足を活動し、肢體を慣勤す。此れを初學入藝の門と爲すなり。

【拳勇】 力強く勇ましい。拳は力。〔国語、斉語〕子の鄕に於て、拳勇股肱の力の衆に秀出する者有らん。有らば則ち以て告げよ。

【拳攣】 恋いしたう。唐・柳宗元〔閔生の賦〕仰いでは危きを矜れみ俯しては慄れ、日夜の拳攣を弭む。

➡拳握 一握り/拳毆 拳でうつ/拳奇 権謀機略/拳跪 跪く/拳技 拳法/拳擊 拳毆/拳固 拳骨/拳菜 わらび/拳摯 誠意/拳術 拳法/拳石 石ころ/拳足 膝をまげる/拳打 拳でうつ/拳党 義和団/拳頭 こぶし/拳髮 曲毛/拳匪 義和団/拳棒 棒を使う武技/拳毛 まき毛/拳猛 勇猛/拳僂 佝僂/拳腕 腕力

⬇握拳・揮拳・曲拳・空拳・蕨拳・振拳・鉄拳

【涓】 10 3612 ケン エン しずく きよい

篆文

形声 声符は肙。肙に狷・絹の声がある。肙は〔説文〕四下に「小蟲なり」とあり、ぼうふらの類をいう。涓は〔説文〕十一上に「小流なり」とあり、涓涓とは水が細く流れるさま。涓埃・涓塵のように用いる。涓人は宮中の掃除人。宦官が多くこれに任じた。

訓義 ①小さい流れ、しずくがおちる、しずく。②きよらか、きよい。③わずか。④埍と通じ、あな。⑤捐と通じ、のぞく。

古訓 〔字鏡集〕涓 アハヒ・アヒダ・スメリ・ユミヅ・ツモリ(ミヅ)・エラブ・タマリミヅ

【涓埃】 一滴の水とわずかな塵。わずかなものにたとえる。唐・杜甫〔野望〕詩 惟だ遲暮を將って多病に供す 未だ涓埃も聖朝に答ふる有らず

【涓澮】 小さな流れ。斉・謝眺〔高松の賦〕夫れ江海の大を爲すは、實に涓澮の歸する所なり。衡・恆(高山の名)の峻極を瞻るに、壤を塵微に讓らず。

【涓涓】 水がちょろちょろと流れる。晉・陶潛〔帰去来の辞〕木は欣欣として以て榮に向ひ、泉は涓涓として始めて流る。

【涓人】 宮中の掃除人。宦官が多く、内侍をかねた。〔資治通鑑、周紀三〕(赧王、三年)古の人君、千金を以て、涓人をして千里の馬を求めしむる者有り。馬已に死し、其の首を五百金に買ひて返る。君大いに怒る。

【涓然】泣くさま。泫然。〔列子、周穆王〕燕の人、燕に生まれ、楚に長じ、老に及んで本國に還る。晉國を過ぎり、～舍を指さして曰く、此れ若が先人の廬なりと。乃ち涓然として泣く。
【涓流】小さな流れ。〔後漢書、酷吏、周紆伝〕涓流寡なしと雖も、浸して江河を成し、爝火微なりと雖も、卒に能く野を燎やく。
↑涓壒 涓埃／涓焉 涓涓／涓吉 日をトする／涓潔 清浄／涓毫 微小／涓日 涓吉／涓勺 少量の水／涓壌 涓埃／涓辰 涓吉／涓塵 微小／涓沮 細流／涓滴 しずく／涓微 わずか／涓溜 したたり／涓露 微小
↓細涓・清涓・中涓・微涓

【狷】10 4622 ケン きみじか かたくな

篆文

形声 声符は肙。肙に涓・絹の声がある。〔説文新附〕十上に「褊急なり」とあり、気が短いことをいう。〔国語、晋語二〕に「小心狷介」、〔論語、子路〕に「狂狷」の語がある。

訓義 1きみじか。2かたくな。3疑いためらう。4猥と通じ、すばやい。

古訓 〔字鏡集〕狷 ツクナシ・スミヤカ・カタクナシ・ホトバシル
語系 狷・猥・懁kyuanは同声。猥は疾跳、懁は性急であることをいう。嬛・儇・翾xiuanにも軽疾の意があって声義近く、みな一系の語である。

【狷隘】気が短く、心がせまい。〔南史、劉湛伝〕義恭（宋の武帝の子）は性甚だ狷隘、年又漸く大にして、政事を専らにせんと欲し、毎に湛の裁する所と爲る。主佐の閒、嫌隙遂に搆ふ。

【狷介】自ら守ること厳しく、妥協しない。〔晋書、向秀伝〕文帝問うて曰く、聞く、箕山の志有りと。何を以て此に在ると。秀曰く、以爲ふに巢・許（隠士の名）は狷介の士なるも、未だ堯の心に達せず。豈に多く慕ふに足らんやと。帝甚だ悦ぶ。

【狷狭】器量が狭い。〔晋書、卞壼伝〕壼、天性狷狹、志俗に和すること能はず。退くに情事（家の事情）を以てし、志を家門に畢へんと欲す。

【狷潔】自ら清くする。〔唐書、常衮伝〕天寶の末、進士の第に及ぶも、性狷潔、妄りに交游せず。

【狷者】固く自ら守り、人に許さぬ者。〔論語、子路〕子曰く、中行を得て之れと與にせずんば、必ずや狂狷か。狂者は進みて取り、狷者は爲さざる所有り。

【狷忿】心せまく怒りやすい。〔旧唐書、王遂伝〕遂、性狷忿にして、大體を存せず。

【狷戻】心せまく、もとる。〔南史、宋前廃帝記〕帝、蠭目（蜂の目）鳥喙（鳥のくちばし）、長頸鋭下、幼よりして狷急なり。～上、之れを詰讓して曰く、～聞く、汝比ごろ素業都べて懈り、狷戻日に甚だしと。何を以て頑固なること乃ち爾かると。

↑狷急 気が短い／狷狂 狂放／狷激 偏激／狷固 かたくな／狷行 狷介の行／狷傲 おごる／狷察 苛察／狷志 狷介の心／狷直 耿直／狷独 狷潔／狷迫 狷急／狷憤 怒りやすい／狷暴 暴戻／狷悖 狷戻／狷厲 気が短くはげしい
↓狂狷・愚狷・庸狷

【虔】10 2124 ケン つつしむ

篆文

金文

会意 虍+文（文）。虍は虎。虎文をいう字。〔説文〕五上に「虎の行く皃なり」とし、文声とするが、声義ともに合わない。金文に「夙夜を虔む」「虔みて墜さず」の語が習見し、字をまた虔・虩に作る。〔秦公鐘〕に「朕が祀を虔敬し、～夙夕を虩しまん」、また〔叔夷鎛〕に「厥の死（司）事を虔卹せよ」という。古く虎皮を用いる儀礼があったのであろう。文はおそらく文身の文。神判において勝訴をえた解廌に文身の心字形を加えて慶とするように、虎皮に文を加えて神意につかえ、神意にかなう意を示したものと思われる。
訓義 1つつしむ、心ただしいさま。2ただしい、かたい。3彧と通じ、ころす。4儇と通じ、かしこい、さとい。5譞と通じ、あなどる。
古訓 〔名義抄〕虔 ツ、シム・ウヤマフ・シフ・サトル・マコト・カタシ 〔字鏡集〕虔 ツヨクトル・トラノユクカタチ・カタシ・メグム・マコト・サトル・トマル・コロス・ウヤマフ・ツ、シム・スクナシ・アヤマル
声系 〔説文〕に虔声として走部の字など二字を収めるが、特に古意を存するものはない。
語系 虔gian、犍kianは声近く、犍は獣牲を清めるための割勢をいう。蠲kiuen、愒keat、羯kiat、割（割）katもみなその意があり、虔はその方法を異にするとしても、やはり聖化・修祓に関する字であろう。ゆえに虔卹をその本義とする字である。
【虔恪】つつしむ。漢・蔡邕〔朱公叔鼎銘〕詔して曰く、制詔す、尚書朱穆、節を立て忠亮、世々爾の行を篤くす。機任を虔恪し、死を守りて道を善くす。不幸にして卒す。朝廷閔れむ。
【虔恭】つつしみ、うやうやしい。〔後漢書、朱穆伝〕穆、節を立て忠清、機密を虔恭し、死を守りて道を善くす。宜しく旌寵を蒙るべし。
【虔修】つつしみ、おさめる。晉・陸機〔弁亡論、上〕大皇（孫権）既に歿し、幼主朝に莅む。姦回虐を肆にし、景皇（孫休）聿に興る。遺憲を虔修し、政に大闕無きは、守文の良主なり。
【虔劉】ころす。〔左伝、成十三年〕吾が狄の難有るを利とし、我が河縣に入り～我が農功を芟夷し、我が邊垂（陲）（辺境）を虔劉す。
↑虔祈 つつしみ祈る／虔鞏 堅固にする／虔勤 いそしむ／虔謹 虔祇／虔敬 敬虔／虔潔 清らか／虔告 謹告／虔懇 ねんごろ／虔祇 恭敬／虔粛 つつしむ／虔竦 敬畏／虔心 誠意／虔誠 まごころ／虔切 ねんごろ／虔婆 やりて／虔奉 つかえる
↓恪虔・恭虔・矯虔・敬虔・粛虔

【赶】10 4180 ケン カン おう はしる

篆文

形声 声符は干。〔説文〕二上に「尾を擧げて走るなり」とあり、馬が尾をあげて疾走するような状態をいう。字はまた趕に作る。
訓義 1はしる、はやくはしる、尾をあげてはしる。2おう、おいかける。
古訓 〔字鏡集〕赶 ハシル
↑赶快 速やか／赶開 追う／赶殺 殺す／赶散 ばらまく／赶趁 投機

常【軒】10 5104 ケン くるま のき てすり あがる

篆文

形声 声符は干。〔説文〕十四上に「曲輈の藩車なり」とあり、輈が上に曲がり、車箱の両旁に覆いをつけた車の名であるとする。車箱の三面を覆うものであるから、また建物の三面あるものを、欄干などをも含めて軒という。軒輊は高低・優劣の意に用いる。
訓義 1くるま、両旁に覆いのある車。2家ののき、てすり、窓、

廊下。③かわや。④高い、立つ、あがる、飛ぶ、あおぐ。

古訓 〔名義抄〕軒 アガル・ノキ・ウテナ・マド・トフ・ハタ 〔字鏡集〕軒 ノキ・マド・クルマノホトリ・ハタ・ハシ・ウテナ・アガル・ナガヘ・クビキ

語系 軒xian、秆xan、騫khianは声義が近い。秆は断岸の高処、騫は高くあがり飛ぶ意のある字。みな一系の語である。

【軒蓋】車の覆い。車。〔南史、孫瑒伝〕財有り、之れを親友に散ず。居家頗ぶる侈しに失す。家庭穿築し、林泉の致を極め、歌鍾舞女、當世儔たぐひ罕まれなり。賓客門に塡みち、軒蓋絶えず。

【軒豁】ほがらか。開朗。宋・蘇舜欽〔石曼卿詩集の序〕曼卿、資性軒豁、事に遇へば輒すなはち詠ず。前後爲つくる所、勝あげて計かぞふべからず。其の逸亡して存する者、才わづかに四百余篇。

【軒檻】殿前の手すり。魏・王粲〔登楼の賦〕軒檻に憑よりて以て遙かに臨み、北風に向つて襟を開く。

【軒渠】笑うさま。〔後漢書、方術下、薊子訓伝〕兒、父母を識り、軒渠笑悦し、往きて之れに就かんと欲す。母覺えず攬とり取るに、乃ち實の兒なり。大いに喜慶すと雖も、心に猶ほ疑ふ有り。乃ち竊ひそかに發ひらきて死兒を視るに、但だ衣被を見るのみ。

【軒昂】高揚。意気があがる。唐・韓愈〔盧郎中雲夫～詩両章を寄示す。～之れに和す〕詩 開緘忽ち覩みる、歸るを送るの作 字は紙上に向つて皆軒昂たり

【軒車】貴人の車。〔荘子、譲王〕原憲、魯に居り、環堵の室、茨ふくに生草を以てし、蓬戸完からず。～子貢、大馬に乗り、～軒車、巷に容いらず。往きて原憲を見る。

【軒裳】大夫の身分の人。唐・杜甫〔壮遊〕詩 天子食を廢して召し 群公、軒裳を會す 身を脱して愛をしむ所無し 痛飲、行藏かうざうに信まかす

【軒輊】車の前のあがりさがり。高低。比較優劣の意に用いる。唐・韓愈〔劉生詩〕生名は師命ず、其の姓は劉 少より軒輊、常の儔たぐひに非ず 家を棄つること遺わするるが如く、來たつて遠遊す 東のかた梁・宋と、揚州とに暨およぶ

【軒冕】大夫の身分の人。〔荘子、繕性〕古の所謂いはゆる志を得る者とは、軒冕の謂いひに非ざるなり。

【軒廊】軒下のわたどの。唐・白居易〔東院〕詩 松下の軒廊、竹下の房 暖簷だんえんの晴日、繩牀じやう(縄を張った腰かけ)に満つ

→軒異 卓異／軒偉 偉大／軒楹 軒の柱／軒掖 宮掖／軒越 軒昂／軒轅 黄帝／軒下 のきの下／軒駕 車道／軒羲 軒轅と伏羲／軒岸 高大／軒恢 高大／軒渠 遊幸／軒軼 威厳のあるさま／軒挙 高く挙がる／軒掲 軒昂／軒県 諸侯の楽／軒軒 舞うさま／軒懸 軒県／軒騫 飛びあがる／軒戸 家／軒曠 ひろびろとする／軒峙 高く峙そばだつ／軒朱 朱軒／軒秀 高秀／軒峻 高大／軒序 軒とひさし／軒敞 高敞／軒乗 車駕／軒城 諸侯の城／軒然 軒昂たるさま／軒爽 高くさわやか／軒窓 のきばの窓／軒庭 庭院／軒騰 飛びあがる／軒堂 高堂／軒特 軒秀／軒眉 眉をあげる／軒廡 ひさし／軒屏 軒と墻／軒闢 軒豁／軒房 室／軒霤 雨だれ／軒輅 車／軒露 あらわれる／軒朗 高くのびやか／軒籙 図書

→一軒・雲軒・華軒・義軒・魚軒・玉軒・高軒・黄軒・鴻軒・山軒・朱軒・戎軒・小軒・乗軒・竹軒・飛軒・風軒・文軒・茅軒・輶軒

常 【健】11 2524 〔健〕11 2524 ケン すこやか たけし つよい

篆文 

形声 声符は建(建)けん。〔説文〕八上に「伉なり」とあり、伉とは伉行して世俗にたがう意。字は強健の意に用いる。〔易、乾、象伝〕「天行は健なり。君子以て自強して息やまず」とは、君子の徳のありかたをいう。

訓義 ①すこやか、たけし、つよい。②十分に、したたかに、非常に。③おごる、むさぼる。

古訓 〔名義抄〕健 コハシ・スクヨカナリ・ツヨシ・タケシ

語系 健gian、強(彊)giangは声義の近い語。また剛kang、勁kieng、堅kyenも同系の語で、剛健・健勁のように連語として用いる。

【健彊】強健。宋・蘇軾〔張(先、子野)・刁(約、景純)二老に贈る〕詩 兩邦の山水、未だ淒涼ならず 二老の風流、總すべて健彊 共に成す一百七十歲(張、八十六歳。刁、八十一歳) 各と飲むこと、三萬六千觴

【健在】達者。宋・黄庭堅〔鷓鴣天、坐中に眉山隱客史応之有り～〕詞 身健在なり、且つ餐さんを加へよ 舞裙ぶくん歌板、清歡を盡さん

【健児】壮健の若者。明・劉基〔夏の夜、台州城中にて作る〕詩 健兒鬪ひて死し、鳥自ら食らふ 何人か幕下に奇功を矜ほこる

【健捷】元気ですばやい。〔金史、烏延蒲盧渾伝〕薊州に至り、海陵に獵所しよに見まみゆ。明日從獵して一狐を獲たり。海陵曰く、卿けい、年老いたるも、尚ほ能く馳逐して獸を撃つ。健捷此かくの如しと。賜ふに御服を以てす。

【健羨】貪欲。また、うらやましく思うこと。宋・欧陽脩〔工懿敏公仲儀に与ふ〕(嘉祐四年)酒は絶えて喫し得ず。仲儀の、日に飲むこと十數杯なるを聞き、既に健羨す。

【健爽】雄健でさわやか。〔唐書、文芸下、李華伝〕華、文辭緜麗めんれいなるも、宏傑の氣少なし。(蕭)穎士は健爽自ら肆ほしいままにす。時に、穎士に及ばずと謂ふも、華は自ら之れに過ぐるかと疑ふ。因りて、古戰場を弔ふの文を著はす。極思研摧けんかく、～穎士～工と稱す。

【健啖】大食。〔十七史商榷、南史九、二万人食米の数〕此れに據りて計算するに、人每に一日米三升三合有零を食す。今人健啖と雖も、此の數を食らふこと能はず。

【健闘】よく戦う。〔後漢書、馮異伝〕異に敕して曰く、～今の征伐は、～要は之れを平定安集するに在るのみ。諸將は健鬪せざるに非ざるも、然れども虜掠りよりやくを好む。卿けい、本もと能く吏士を御す。～郡縣の苦しむ所と爲ること無かれと。

【健否】安否。宋・黄庭堅〔(徐)仲車の婁行父に因りて寄せらるるの詩に次韻す〕詩 荒に投じて萬里より歸る 公を煩はして健否を問ふ

【健筆】雄健な文筆。唐・杜甫〔戯れに六絶を為つくる、一〕詩 庾信の文章、老いて更に成る 凌雲の健筆、意縱橫 今人嗤點してん(指さして笑う)す、流傳するの賦 覺えず前賢の後生を畏れしを

【健婦】健気な女。〔古楽府、隴西行〕健婦の門戸を持するは 亦た一丈夫に勝れり

【健歩】健脚。また、飛脚。〔三国志、魏、鄧艾伝〕毌丘儉、亂を作なす。健歩を遣はして書を齎もたらしめ、大衆を疑惑せしめんと欲す。

【健忘】もの忘れ。唐・白居易〔偶作、朗之に寄す〕詩 雀羅誰たれか問訊せん 鶴氅かくしやう(鶴の羽の衣、隠者)罷やめて追隨す～老來健忘多し 唯だ相思を忘れず

→健黠 悪賢い／健脚 健歩／健俠 俠客／健決 堅い決心／健剣 利剣／健仰 健羨／健康 丈夫／健剛 剛健／健毫 健筆／健士 丈夫な人／健疾 元気で速い／健者 丈夫な人／健将 勇将／健訟 訴訟好き／健勝 達者／健人 健康な人／健舌 雄弁／健戦 勇戦する／健全 健やか／健壮 壮健／健足 健歩／健卒 精兵／健存 無事／健談 話好

き／健馬　よく走る馬／健飯　健啖／健武　剛武／健夫　丈夫な人／健兵　強兵／健名　令名／健翼　猛禽／健吏　熟練の吏／健朗　達者
↓穏健・雅健・魁健・官健・頑健・強健・彊健・驍健・勁健・康健・剛健・豪健・至健・遒健・俊健・清健・壮健・勇健・雄健・老健

常

【堅】

11 7710　ケン　かたい

篆文 

形声 声符は臤。〔説文〕三下に「土剛きなり」（段注本）とあり、堅い土をいう。剛は鋳型の笵を割く意。岡は鋳型に火を加えた形。高熱を加えるので、その型を割くのに刃器を用いた。堅もそのような堅い土で、堅固の意。それより堅強・堅甲・堅城・堅忍のように用いる。

訓義 ①かたい土、かたい。②つよい、しっかりした。③まさる、心に定める。

古訓 〔名義抄〕堅　カタシ　〔字鏡集〕堅　カタシ・コハシ

声系 堅を声とするものに鏗があり、「鏗鏘」は鐘声をいう。〔礼記、楽記〕に「鐘聲は鏗なり」とみえるが、古い字書にその字を収めていない。〔説文〕十二上摼字条に「頭を擣つなり」とし、「讀みて（論語、先進）鏗爾として琴を舍きて作つの若くす」とあり、摼がその字のようである。

語系 堅kyen、緊kien、掔khenはみな臤声の字。臤は臣（目）に又（手）を加えて眼睛を破り、神の臣隷とする意の字。その緊張の状態より、堅緊の意を生ずる。

【堅営】 陣営を堅くし守る。〔史記、淮陰侯伝〕願はくは足下、臣に奇兵三萬人を假せ。閒道より其の緇重を絶たん。足下、溝を深くし壘を高くし、營を堅くして、與に戰ふこと勿かれ。

【堅確】 堅く確かにする。唐・呂巌〔桐柏山黄先生の庵門に題す〕詩　既に眞を修む　須らく堅確なるべし　能く乾坤（天地）を轉じて、海岳を泛ばしめん

【堅頑】 頑固で動かぬ。唐・白居易〔微之（元稹）重ねて州居を誇り、～懐を寄す〕詩　誰か知らん、太守心相ひ似たるを　抵滞、堅頑、兩つながら餘り有り

【堅強】 堅くて柔軟性がない。〔老子、七十六〕堅強なる者は死の徒なり。柔弱なる者は生の徒なり。是を以て兵強ければ則ち勝たず。

【堅緊】 ひきしまる。〔書断〕唐の歐陽通は詢の子なり。書を善くす。父より痩怯なり。～紙は必ず堅緊にして薄く、白滑なる者を須ひて乃ち之れに書す。蓋し自ら其の書を重んずるなり。

【堅勁】 力強い。〔甌北詩話、十〕（査初白の詩）其の詩、初めは盛唐を學び、格律堅勁、動搖すべからず。中年以後、其の博奥を恃み、盡く格律を棄て、自ら一家を成さんと欲す。

【堅固】 しっかりしている。〔管子、内業〕定心、中に在るときは、耳目聰明、四枝（肢）堅固なり。

【堅甲】 堅固な甲冑。〔孟子、梁恵王上〕王如し仁政を民に施さば～梃を制して、以て秦・楚の堅甲利兵（利刃）を撻たしむべし。

【堅剛】 堅く強い。〔後漢書、西羌伝序〕（羌）性堅剛勇猛、西方金行の氣を得たり。

【堅守】 堅く守る。〔史記、韓王信伝〕寇の馬邑を攻むるに及び、僕堅守する能はず。城を以て之れに降る。此れ二の罪なり。～今僕陛下に三罪有り。

【堅緻】 緊密。宋・楼鑰〔奉化県学記〕首として大成殿を創る。～一木一瓦、皆苟しくも設けず。必ず堅緻宏敞ならんことを欲し、久遠の計を爲す。

【堅貞】 堅く貞潔を守る。〔後漢書、王龔伝〕公束脩厲節、～但だ堅貞の操を以て、俗に違ひ衆を失ひ、橫に讒佞の構毀する所と爲る。

【堅忍】 忍耐強い。宋・蘇軾〔晁錯論〕古の大事を立つる者は、唯だに超世の才有るのみならず、亦た必ず堅忍不抜の志有り。

【堅白】 堅白石には堅石・白石の二実体があるという詭弁的な論理学。〔荘子、徳充符〕今、子（恵子）は子の神を外にし、子の精を勞して、樹に倚りて吟じ、槁梧（机）に據りて瞑す。天、子の形を選ぶへたるに、子は堅白を以て鳴る。

【堅利】 武器が堅く鋭い。〔孟子、公孫丑下〕城高からざるに非ざるなり。池深からざるに非ざるなり。兵革堅利ならざるに非ざるなり。米粟多からざるに非ざるなり。委てて之れを去る。是れ地の利は人の和に如かざればなり。

【堅牢】 堅固。〔潜夫論、務本〕物は任用を以て要と爲し、堅牢を以て資と爲す。

↑堅囲　堅く囲む／堅鋭　堅利／堅介　堅貞／堅革　堅甲／堅确　堅確／堅額　厚顔／堅毅　強毅／堅久　長もち／堅抉　籠城／堅強　堅彊／堅凝　堅固／堅苦　刻苦／堅決　堅確／堅厚　堅く厚い／堅硬　丈夫／堅坐　正坐／堅砦　堅固な塞／堅材　丈夫な材／堅持　堅守／堅実　確実／堅柔　硬軟／堅竣　堅く高い／堅勝　健勝／堅城　堅固な城／堅心　堅い決意／堅刃　強い刃／堅陣　堅陣／堅正　正しい／堅請　無理頼み／堅脆　硬軟／堅戦　勇敢に戦う／堅塞　堅くふさぐ／堅対　強い意見／堅耐　忍耐／堅卓　堅貞／堅致　堅緻／堅敵　強敵／堅縛　緊くしばる／堅氷　堅い氷／堅附　心服する／堅壁　堅城／堅甓　煉瓦／堅牡　健壮な男／堅密　堅緻／堅約　堅く誓う／堅良　堅車良馬／堅壘　堅城／堅厲　鋭利

↓完堅・強堅・攻堅・剛堅・実堅・中堅・貞堅・被堅・冒堅・牢堅

【惓】

11 9901　ケン　もだえる　うむ　ねんごろ

形声 声符は巻（卷）。巻は巻曲。身をかがめる状態をいう。〔玉篇〕に「悶ゆるなり」とあり、倦が身の労倦をいうのに対して、惓は心の鬱屈することをいう。また懇誠の意がある。

訓義 ①もだえる。②うむ、つかれる。③つつしむ、ねんごろ。④はげしい。

古訓 〔名義抄〕惓　タユム・ナヤマス・カヾマル・イトナム・イタハル・モノウ、ス・ウム

語系 惓・巻・拳（拳）giuanは同声。惓惓は拳拳と同じくつつしみ勤める意があり、声義が近い。また、款khuan、懇khənも声義近く、字義の因るところは異なるが、もと一系をなす語である。

【惓惓】 ねんごろに。まごころを尽くす。〔漢書、劉向伝〕念ふに忠臣、畎（畎）畝に在りと雖も、猶ほ君を忘れざるは惓惓の義なり。況んや重ぬるに骨肉の親を以てし、又加ふるに舊恩の未だ報ぜざるを以てするをや。

↑惓懇　懇切／惓切　懇切／惓念　顧念

人

【捲】

11 5901　ケン　まく　おさめる

篆文 

形声 声符は巻（卷）。巻に巻曲の意があり、手を加えて動詞とする。〔説文〕十二上に「气の勢なり」とあり、気負って勇気のあるさまをいう。

訓義 ①まく、まきおさめる、おさめる。②拳と通じ、こぶし、気負う。

古訓 〔名義抄〕捲　カヾマル・ニギル　〔字鏡集〕捲　カヾマル・サミス・ニギル・コブシ・サスエ

語系 捲・巻kiuan、拳（拳）・鬈giuan、棬・圈（圈）khiuanは声義近く、みな巻曲して勢いをなす意があり、一系の語である。

【捲握】握りこぶし。一つかみ。〔後漢書、張堪伝〕前さきに公孫述の破れし時、珍寶山積す。捲握の物も、十世を富ましむるに足る。而して堪、職を去るの日、折轅の車に乗り、布被の嚢あるのみ。

【捲捲】勤苦するさま。〔淮南子、人間訓〕聖人を貴ぶ所以の者は、其の能く龍のごとく變ずるを以てなり。今捲捲然として一節を守り、一行を推す。毀砕滅沈を以てすと雖も、猶ほ且つ易へざる者は、此れ小好に察らかにして、大道に塞がるなり。

【捲地】地をまく。強風などをいう。宋・蘇軾〔銭安道席上〜〕詩 烏府(御史台)の先生、鐵を肝と作す　霜風地を捲くも、寒を知らず

【捲髪】ちぢれ髪。〔北史、王世充伝〕王世充〜本も西域の胡人なり。〜捲髪豺聲、沈猜にして詭詐多し。頗する書傳を窺ひ、尤も兵法を好む。

↑捲烟　巻烟草／捲荷　巻荷／捲結　巻きつけ結ぶ／捲甲　甲冑をぬぐ／捲紗　巻紗／捲手　握りこぶし／捲収　巻き収める／捲舒　巻舒／捲裳　裳をかかげる／捲席　むしろを捲く／捲舌　あきれる／捲素　漆器の胎骨／捲土　砂塵をまき起こす／捲堂　全堂／捲伴　人妻を強奪する／捲蓬　転蓬／捲勇　剛勇／捲擄　掠奪する／捲簾　すだれを捲く

↓席捲

人

【牽】　11 0050　ケン　ひく

篆文

甲骨文

会意　牛＋玄。玄は索の形。牛を牽く縻をつけた形。〔説文〕二上に「引きて前すむるなり」と牽・前(前)の畳韻を以て訓し、また「牛を引くの縻に象るなり。玄聲」とするが、玄は縻の形であって、声符ではない。卜文の字形は、牛の角を手で引きまわしている形に作る。

訓義　①ひく、牛をひく、牛の角をひきまわす、ひきづな。②ひきとどめる、ひきすすめる、ひきよせる。③つながれる、とらわれる。④つらなる、つづく。⑤牽牲、いけにえ。

古訓　〔名義抄〕牽　ヒク　〔字鏡集〕牽　ツラヌ・ヒク・ヒキス、ム・スミヤカ・ツラナル・トシ

語系　〔説文〕は牽を玄声とするが、玄 hyuen の声に従う十二字のうち、十字はその声。牽 khien はその声によるものではない。牽はむしろ搴・摙・褰 khian の語系に属するものとみるべきであろう。

【牽引】引き合う。〔漢書、鮑宣伝〕竊ひそかに孝成皇帝の時を見るに、外親權を持し、人人私する所を牽引し、以て朝廷を充塞し、賢人の路を妨ぐ。

【牽曳】引きすえる。〔後漢書、申屠剛伝〕時に内外の群官、多く帝自ら選擧す。加ふるに法理嚴察、職事過苦を以てす。尚書近臣も、乃ち捶撲して前に牽曳せらるるに至る。群臣敢て正言するもの莫し。剛、毎に輒ち極諫す。

【牽強】むりやり。こじつけ。〔能改斎漫録、十、議論、文は自然を貴ぶ〕文の對偶を尊ぶ所以の者は、自然に出づるが爲なり。牽強に假るに非ざるなり。

【牽合】ひき合わせ、つらねる。〔唐書、文芸下、李賀伝〕李賀、〜毎旦日出づれば弱馬に騎り、小奚奴を従へ、古錦嚢を背はせ、得る所に遇へば、書して嚢中に投ず。未だ始めより先づ題を立てて、然る後に詩を爲らず、它人の程課(割り当て分)を牽合する者の如し。

【牽絲】花嫁を門に迎えた新郎が、紅緑連理の錦の一端をそれぞれ持って家に入ること。〔通俗編、儀節、牽絲〕戊辰雑鈔に、女初めて門に至り、婿之れを迎ふ。相たくる者、授くるに紅綠連理の錦を以てす。各〻一頭を持し、然る後に入る。之れを通心錦と謂ふ。

【牽糸】妻をえらぶ。〔開元天宝遺事、開元、牽紅糸娶婦〕郭元振、少時風姿美にして才藝有り。宰相張嘉正、納れて元振を壻と爲さんと欲す。〜張曰く、〜吾わが女をして各〻一絲を持たしめ、幔前に子をして取りて便ち之れを牽かしめ、得る者を壻と爲さんと欲すと。

【牽制】制約する。宋・文天祥〔平原を過ぎるの作〕詩 唐家の再造は李・郭の力なり　若し牽制を論ずれば、公(顔真卿)の威靈なり

【牽纏】まといつく。唐・白居易〔放言、五首、二〕詩 世途の倚伏、都べて定め無し　塵網牽纏し、卒に未だ休まず

↑牽縈　まとう／牽課　勉強する／牽及　牽連する／牽牛　彦星／牽去　引きずる／牽彊　牽強／牽吟　詩興／牽繫　繫がる／牽顧　心にかかる／牽拘　拘泥する／牽紅　牽絲／牽鉤　綱引き／牽鑽　廻転してほる／牽車　水車／牽惹　招きよせる／牽愁　愁いを誘う／牽従　従える／牽渉　関連累／牽情　心にかかる／牽縄　ひき縄／牽心　関心／牽世　俗にこだわる／牽牲　牲をひく／牽掣　牽制する／牽拙　庸拙／牽船　曳き船／牽染　牽連する／牽束　拘束する／牽俗　拘俗／牽帥　引き連れ／牽率　牽帥／牽断　ひき切る／牽肘　掣肘する／牽挺　織機踏板／牽頭　仲だち／牽念　気になる／牽馬　馬をひく／牽迫　迫る／牽挽　ひく／牽絆　手足まとい／牽附　附会する／牽復　ひきもどす／牽忙　多忙／牽誘　誘惑する／牽纜　ともづなをひく／牽離　真綿の布／牽留　ひきとめる／牽累　まきぞえ／牽連　関連する／牽聯　牽連／牽攣　かかわる／牽綰　ほだす

↓引牽・纏牽・羈牽・拘牽・執牽・挽牽・逼牽・網牽・連牽

【眴】　11 6702　［旬］　7 2762　ケン　シュン　またたく　くらむ

篆文

金文

形声　声符は旬じゅん。〔説文〕四上に旬を正字とし、「目搖ごくなり」と訓し、勻きん声の字とする。旬に絢けんの声があり、また瞬(瞬)を古文旬とする説もあって、瞬の声義もある字である。眴はまた眩と同声。眩乱の義がある。

訓義　①またたく。字はまた瞚に作る。②くらむ。字はまた瞬・恂に作る。③目くばせする。④おどろく。

古訓　〔名義抄〕眴・瞬　マジロク・メマジロク・メクハス・カ、ヤク〔字鏡集〕眴　マタ、ク・メクハス・マジロク・カヾヤク

語系　眴(旬)・眩・炫 hyuen は同声。眩は眩乱。炫にかがやく意がある。絢 xyuen は絢爛、まばゆく粲爛たるものをいう。瞚 sjiuen は〔説文〕に「目を開闔して數〻搖かすなり」とあり、瞬もその同声。まばたくことをいう。

【眴眴】目のくらむさま。〔素問、刺瘧〕腎瘧なる者は、人をして洒洒然(ぞっとする)〜目をして眴眴然、手足をして寒からしむ。

【眴転】目がくらむ。漢・班固〔西都の賦〕井幹(楼の名)を攀づること未だ半ばならざるに、目眴轉して意迷ふ。

↑眴渙　あざやか／眴兮　視るさま／眴視　凝視／眴目　またたく／眴栗　恐れおののく

↓顚眴・微眴・瞑眴

【眷】　11 9060　［睠］　13 6901　ケン　かえりみる　おもう　めぐむ

篆文

形声 声符は巻（巻）の省文。巻に巻曲の意がある。身をまげて顧みることを眷という。〔説文〕四上に「顧みるなり」とあり、〔詩、大雅、皇矣〕「乃ち眷として西に顧みる」の句を引く。眷然という副詞の用法である。〔書、太甲中〕「皇天、有商を眷佑す」、〔書、大禹謨〕「皇天眷命す」などの古い用例では、天意の恩寵をいう例が多い。愛顧する意を以て、肉親を眷属という。字はまた睠に作る。

訓義 ①かえりみる、おもう。②めぐむ、なさけをかける。③みうち、なかま、妾。

古訓 〔名義抄〕眷 コヒシカヘリミル・シタシ／睠 カヘリミル 〔字鏡集〕睠 カヘリミル・シタシ・ミル

語系 眷（睠）・巻・捲kiuanは同声。巻に巻曲の意があり、そのような姿勢で、心にかけて顧視することを眷という。

【眷焉】顧みるさま。〔荀子、宥坐〕詩に曰く、周道砥の如く 其の直きこと矢の如し 君子の履む所 小人の視る所 眷焉として之れを顧み 潸焉として涕を出だすと。豈に哀しからずや。

【眷遇】厚くもてなす。〔唐書、李晟伝〕既にして薨ず。～帝、晟を思ひ、乃ち鹽靈座を致す。其の眷遇終始、與に比する者無し。

【眷眷】心に常に思う。魏・王粲〔登楼の賦〕情眷眷として歸ることを懷ふ。孰んぞ憂思の任ふべけん。

【眷言】顧みる。眷焉。〔梁書、武帝紀上〕（永元三年）吾れ身皇宗に籍し、曲さに先顧を荷ふ。任を邊疆に受け、轂（車）を萬里に推す。瞻烏（世の乱れ）を眷言し、心を痛ますこと目に在り。

【眷顧】愛し顧念する。〔漢書、揚雄伝下〕是に於て、上帝高祖を眷顧し、高祖命を奉ず。

【眷接】厚遇。〔晋書、文苑、顧愷之伝〕愷之、諧謔を好み、人多く之れを愛狎す。後、殷仲堪の參軍と爲り、亦た深く眷接せらる。

【眷然】顧み思うさま。晋・陶潜〔帰去来の辞の序〕彭澤は家を去ること百里。公田の利、以て酒を爲るに足る。故に便ち之れを求む。少日に及んで（間もなく）眷然として歸らんかの情有り。

【眷属】一族の者。〔梁書、侯景伝〕若し能く～來朝せば、～進みては其の祿位を保つことを得、退きては則ち功名を喪はず。君門の眷屬も以て恙無かるべく、寵妻愛子も、亦た送りて相ひ還らしめん。仍りて通家と爲り、卒に親好を成さん。

【眷命】眷顧して命ずる。〔書、大禹謨〕皇天眷命し、四海を奄有せしめ、天下の君と爲す。

【眷恋】思い慕う。晋・束皙〔補亡詩、六首、一、南陔〕彼の南陔に循ひ 言に其の蘭を采る 庭闈（親の居る所）に眷戀し 心安んずるに遑あらず

↑眷愛 心にかけて愛する／眷委 附托する／眷異 殊遇／眷姻 夫婦／眷懐 心にかけておもう／眷寄 目をかける／眷求 求める／眷口 眷属／眷好 婚姻／眷幸 寵愛する／眷私 愛顧する／眷聚 家族／眷仗 頼る／眷矚 眷寄／眷親 親戚／眷想 顧み思う／眷族 眷属／眷待 款待する／眷知 知遇／眷佇 顧み思う／眷重 器重する／眷寵 寵愛する／眷任 信任する／眷盼 眷顧／眷眄 眷顧／眷慕 眷恋／眷望 眷顧／眷佑 助ける／眷留 慰留する／眷憐 心にかけておもう

↓恩眷・荷眷・歓眷・慈眷・殊眷・親眷・垂眷・佇眷・寵眷・天眷・門眷・優眷

常【険】11 人〔險〕16 7828 ケン けわしい あやうい

篆文

形声 旧字は險に作り、僉声。僉は列国期の呉越の剣銘に「劍」の意に用いており、檢（検）・劍（剣）の声がある。〔説文〕十四下に「阻難なり」とあり、険阻の意。字はまた嶮に作る。〔易、坎、象伝〕に「天險」「地險」の語があるが、字が阜に従うことからいえば、神の陟降する聖域の地勢をいう字であろう。送葬のとき、柩に先導するのを「険道神」という。

訓義 ①けわしい、たかくけわしい、要害。②あやうい、かたむく。③よこしま、いつわり、わるい、くるしい。④倹と通じ、つづまやか。⑤ほとんど。詞曲に用いる。

古訓 〔名義抄〕険 ケハシ・アヤフシ・マガレリ・サカリ・サガシ・タカシ・アシ・ハゲシ・カミスハリ 〔字鏡集〕険 ハゲシ・サカシ・スハリ・ニクシ・ヒガム・ヤブル・アシ・カタシ・ケハシ・タカシ・アヤフシ・マレナリ・カミ・サガリ

【険隘】けわしく狭い。〔楚辞、離騒〕惟ふに夫の黨人の偸樂なる 路、幽昧にして以て險隘なり

【険悪】地勢がけわしく、痩せた地。〔史記、張儀伝〕（張儀）韓王に説きて曰く、韓は地、險惡山居。五穀の生ずる所、菽（豆）に非ずんば麥なり。

【険易】地勢の難易。〔史記、甘茂伝〕甘茂は非常の士なり。～殽塞より鬼谷に至るに及ぶまで、其の地形の險易は、皆明らかに之れを知る。

【険韻】詩を作るとき、押韻することのむずかしい字。〔金史、文芸下、王庭筠伝〕七歳にして詩を學び、十一歳全題を賦す。～暮年、詩律深嚴。七言長篇は、尤も險韻に工みなり。

【険遠】けわしく遠い。〔宋史、道学一、周敦頤伝〕部を行りて勞苦を憚らず。瘴癘（悪い風土病）險遠と雖も、亦た緩視徐按す。

【険怪】世のさまと異なる。ふしぎな。〔泊宅編、六〕米黻、字は元章、文を爲りて時に險怪を出だす。書は特に奇逸なり。～世、米顚を以て之れに名づく。

【険巇】けわしく危うい。梁・劉峻〔広絶交論〕嗚呼、世路の險巇、一に此に至るか。太行・孟門（ともに山名）、豈に嶄絶なりと云はんや。

【険譎】陰険。〔唐書、李逢吉伝〕逢吉、性忌刻。險譎多端なり。位を得るに及んで、務めて好惡を償ふ。～憲宗、知りて之れを惡む。

【険固】けわしく難攻。〔史記、六国年表序〕秦の兵を量るに、三晉の彊きに如かず。然れども卒に天下を幷せるは、必ずしも險固の便、形勢の利に非ざるなり。蓋し若いは天の助くる所ならん。

【険塞】要害。〔三国志、蜀、諸葛亮伝〕益州は險塞にして、沃野千里、天府の土なり。

【険窄】けわしく困難。宋・梅堯臣〔胡公疎～盧氏石の詩を示す。之れに和す〕詩 雄才の落筆、天河に瀉ぐ 綴韻孤清にして仍ほ險窄なり 入りて虎穴を探る、誰か難しと爲す 辭、造化に通じて方めて能く敵せん

【険阻】けわしい路。〔孫子、軍争〕山林險阻、沮澤の形を知らざる者は、軍を行ること能はず。

【険躁】落ちつきがない。蜀・諸葛亮〔子を誡む〕慆慢なれば、則ち精を勵ますこと能はず。險躁なれば、則ち性を治むること能はず。

【険難】けわしい路。〔楚辞、九歌、山鬼〕余れ幽篁（深い藪）に處りて、終に天を見ず 路、險難にして、獨り後れて來たる

【険詖】ねじけた心。〔漢書、劉向伝〕祥應の福を考へ、災異の禍を省して、以て當世の變を揆り、佞邪の黨を放ち遠ざけ、險詖の聚を壞散す。

【險阨】地勢がけわしい。〔三国志、呉、朱桓伝〕今戰はば必ず敗れ、敗れば必ず走らん。走るは當に夾石・挂車に由るべし。此の兩道は皆險阨、～則ち彼の衆、盡ずべし。

【險要】(えう) けわしく要害の地。〔三国志、魏、徐晃伝〕此の閣道は、漢中の險要、咽喉なり。劉備、外内を斷絶して以て、漢中を取らんと欲す。將軍一擧して、克ょく賊の計を奪ふ。善の善なる者なり。

↑險夷 險易／險衣 奇服／險畏 危険／險謁 婦人によって請託する／險汙 悪邪／險害 害する／險猾 狡猾／險艱 険難／險危 けわしく危うい／險戲 險巇／險狭 險窄／險釁 困難で不幸なこと／險径 險路／險傾 危うい／險險 けわしい／險語 使いにくい語／險詐 險譎／險桟 危ういかけはし／險渋 行きなやむ／險峻 けわしい／險処 危険な処／險峭 邪心／險粧 奇服／險情 邪心／險心 邪心／險世 乱世／險絶 最もけわしい／險地 險処／險屯 行きなやむ／險妬 嫉妬深い／險塗 險路／險魄 悪霊／險薄 非運／險陂 險詖／險膚 浅はか／險辟 邪悪／險阨 險阨／險諛 佞邪／險壘 要害／險路 けわしい路

↓隘險・夷險・易險・陰險・遠險・豁險・姦險・患險・艱險・危險・奇險・凶險・猜險・恃險・邪險・守險・重險・峻險・深險・絶險・阻險・走險・探險・地險・屯險・挺險・天險・難險・佞險・偏險・保險・冒險・幽險・陵險・歴險

【馬】 11 7142 ケン

篆文 

会意 馬＋二。〔説文〕十上に「馬一歲なり」とし、「馬に從ひ、一は其の足を絆ぐ。讀みて弦の若くす」という。一に曰く、環の若くす」という。〔字林〕に駭、〔爾雅、釈畜〕に玄駒というものと同じ。駒にはその通淫を防ぐため「執駒」の礼が行われたことは〔周礼、夏官、校人〕などにみえ、金文の〔盠駒尊〕にもそのことがみえている。馬はそのことを字形に示すものであろう。

訓義 ①一歲の馬、駒。②字はまた駭に作る。

人【喧】 12 6301 〔吅〕 6 6600 ケン カン(クヮン) やかましい

篆文 

形声 声符は宣。宣に諠の声がある。〔説文〕二上に吅を録し、亘を宣の省声とする。喧・諠は声義同じく、大声で喧嘩することを、また諠譁という。

訓義 ①やかましい、かまびすしい。②桓と通じ、威儀のあるさま。③吅と通じ、おどろきさけぶ。

古訓 〔名義抄〕喧 カマビスシ・ヨバフ 〔篇立〕喧 サヘヅル・ナク・カマビスシ・サワキ・ヨバフ

語系 喧(諠)xiuan、讙xuan は声義近く、譁xoa も同系の語。〔説文〕吅字条二上に「驚き嘑ぶなり」とし、「讀みて讙の若くす」とあり、吅は二口(ㅂ、祝詞の器)を並べる形。喧しく祈ることをいう。

【喧豗】(くわい) さけび争う。唐・李白〔蜀道難〕詩 連峰、天を去ること尺に盈たず 枯松倒まに挂りて、絶壁に倚る 飛湍瀑流、喧豗を争ふ 崖を砯ち石を轉じて、萬壑雷す

【喧聒】(くわつ) かまびすしい。晋・郭璞〔江の賦〕陽鳥爰に翔り、于に玄月を以てす。千類萬聲、自ら相ひ喧聒す。

【喧喧】やかましい。唐・白居易〔買花〕詩 帝城、春暮れんと欲し 喧喧として、車馬度る 共に道ふ、牡丹の時 相ひ隨ひて花を買ひ去ると

【喧雑】騒々しい。〔旧唐書、高祖紀〕近代以來、多く寺舍を立つ。閑曠の境を求めず、唯だ喧雑の方に趣く。～埃塵室に滿ち、羶腥道に盈つ。

【喧啾】(しう) かまびすしい。宋・文天祥〔揚州に至る詩の序〕忽ち人聲の喧啾甚だしきを聞く。壁より之れを窺ふに、乃ち北騎數千、東よりして西す。

【喧静】さわぐと、おちつくと。唐・杜甫〔甘林〕詩 試みに問ふ、藜藿を甘しとするを 未だ肯て輕肥を羨まず 喧靜、科を同じうせず 出處、各〻天機あり

【喧繁】やかましく、わずらわしい。〔旧唐書、礼儀志三〕玄宗、初め靈山は靜を好むを以て、喧繁なるを欲せず。宰臣及び侍講學士と對議し、山下封祀の儀を用ふ。

↑喧嘩 やかましく騒ぎたてる／喧譁 喧嘩／喧叫 やかましく叫ぶ／喧響 どよめき／喧妍 美しい／喧呼 やかましく叫ぶ／喧囂 騒ぎたてる／喧轟 大声で騒ぐ／喧訟 争って騒ぎたてる／喧擾 騒ぎみだれる／喧塵 俗世／喧声 やかましい声／喧然 やかましい／喧訴 喧訟／喧争 騒ぎ争う／喧噪 騒がしい／喧騒 喧擾／喧譟 喧噪／喧鳥 鳥の声がやかましい／喧闐 どよめき／喧伝 盛伝／喧呶 喧噪／喧騰 騒ぎたつ／喧鬧 喧擾／喧熱 熱狂／喧沸 騒ぎたつ／喧紛 喧擾

↓赫喧・囂喧・塵喧・鳥喧・紛喧

常【圈】 12 6071 人〔圈〕 11 6071 ケン かこい

篆文 

形声 声符は卷(巻)。卷は巻曲、まるくかがめる形。〔説文〕六下に「畜を養ふの閑なり」とあり、木柵などをめぐらしたところをいう。その範囲を圏内、外を圏外という。杯は杯圏、句読として小点を施すことを圏点という。

訓義 ①かこい、ませ、おり。②さかい、しきりをする。③まるめる、まげもの。④ころばす、うつす。⑤圏点。

古訓 〔新撰字鏡〕圏 世支(せき) 〔名義抄〕圏 コハシ・ハナツラ・ヲリ・ハナツラヌク・コメカフ 〔篇立〕圏 コハシ・ヌク・ハナツラ・ツナツラ 〔字鏡集〕圏 カヾマル・ニギル・サミス・サスエ・コブシ

語系 圏khiuan は卷・捲kiuan と声義近く、拳(拳)・鬈giuan も同系の語。すべてまるく捲きこむ意がある。

【圏檻】おり。〔淮南子、主術訓〕故に夫の虎豹犀象を養ふ者は、之れが圏檻を爲り、其の嗜欲に供し、其の饑飽を適はしめ、其の怒恚を違さる。

【圏豚】すり足。〔礼記、玉藻〕圏豚して行くときは足を擧げず、齊流るるが如し。席上にも亦た然す。端行するときは～矢の如し。

【圏閉】拘禁する。〔晋書、劉頌伝〕光武紹ぎて起り、子弟を封樹すと雖も、成國の制を建てず、祚も亦た延びず。魏氏之れを承け、親戚を圈閉し、子弟を幽囚す。是こを以て神器速やかに傾き、天命移りて陛下に在り。

↑圏囲 範囲／圏円 まる／圏外 範囲の外／圏曲 まがる／圏禁 拘束する／圏溷 かわや／圏子 範囲／圏軸 円心／圏守 囲み守る／圏出 印をつける／圏心 円の中心／圏声 四声の点／圏癬 ぜにがさ／圏束 括る／圏族 眷属／圏中 おりの中／圏点 旁点／圏転 めぐる／圏套 範囲／圏内 範囲の内／圏発 四声の点／圏面 円形／圏留 拘留／圏牢 おり／圏櫳 籠絡する／圏籠 籠絡する／圏和 和睦

↓気圏・水圏・大圏

【揵】 12 5504 ケン あげる になう

形声 声符は建(建)。建は奠基。堅く樹てる意がある。

訓義 ①あげる、になう。②たてる、境界をしきる。③かんの木、

せき、せきとめる。④かたい。

古訓〔名義抄〕揵 トボソ・トザシ・サカリナリ・タツ・クルシブ〔字鏡集〕揵 アク・サカリ・タツ・クルシブ・トザシ・ニギル・トボソ・カタシ・モツ・トル

【揵然】尾端のあがるさま。〔詩、小雅、都人士〕巻髮は蠆の如し〔箋〕蠆は螫す蟲なり。尾末揵然、婦人の髮の末、曲上して巻然たるに似たり。

↓外揵・内揵・尾揵

【棬】 12 4991 ケン まげもの

形声 声符は巻（卷）。巻はものを捲く形。〔玉篇〕に「屈木盂なり」とあり、木を曲げて器としたもの、まげものをいう。捲と通用する。

訓義 ①まげもの、まげものの器。②捲と通用し、まげる、力を入れてまげる。③牛の鼻木。

古訓〔名義抄〕棬 サスエ・サス〔字鏡集〕棬 サユ・サスエ

↑棬棬 努力する／棬枢 曲木の戸枢、貧家

↓栝棬・柳棬

常【検】 12 入【檢】 17 4898 ケン しるしする しらべる

篆文

形声 旧字は檢に作り、僉声。僉に儉（倹）・劍（剣）の声がある。〔説文〕六上に「書署なり」とみえ、書画に表題を加える意とする。もと封検することをいい、それより検式・規範の意となり、その規範によって、事案をしらべることを検察・検討といい、自制することを検束・検括という。

訓義 ①しるしする、しるしして封ずる、文箱などをくくる。②のり、てほん、かた。③しらべる、かんがえる、はかる。④ただしい、しまりがある。

古訓〔篇立〕検 カンガフ・ヲサフ・ミル・ツヽシム・ヲサム

【検按】調査する。〔北史、宋世良伝〕河北に詣りて括戸し、大いに浮惰を獲たり。～河内の太守田怙、贓貨百萬。世良之れを検按し、未だ竟へざるに、赦に遇うて還る。

【検閲】検察する。〔洛陽伽藍記、二、崇真寺〕比丘惠凝、死して七日を経て還た活く。云ふ、閻羅王検閲し、錯召を以て放免せらると。

【検覈】実否をしらべる。〔後漢書、劉隆伝〕是の時、天下の墾田多く實を以てせず。～（建武）十五年、州郡に詔下し、其の事を検覈せしむ。

【検括】身をひきしめる。漢・蔡邕〔貞節先生陳留の范史雲の碑〕閉門静居、～其の面を見るもの莫し。晩節に禁寛みたるも、屢空（極貧）に困しむ。性、検括多く、産業を治めず。

【検驗】しらべて検証する。〔晋書、束晳伝〕時に人、嵩高山下に竹簡一枚を得る有り。上兩行は科斗書なり。傳へて以て相ひ示すも、知る者有る莫し。～晳曰く、此れ漢の明帝顯節陵中の策文なりと。檢驗するに、果して然り。

【検校】事実をとりしらべる。〔晋書、陸雲伝〕（陸）機の敗るるや、并せて雲を收む。～（江統等）上疏して曰く、～刑誅は事大なり。言ふ、機に反逆の徴有り。宜しく王粹・牽秀をして其の事を檢校せしむべし。～今此の擧措、實に太だ重しと爲す。

【検視】あらため視る。〔後漢書、杜根伝〕根～直諫す。太后大いに怒り、根等を收執し、盛るに縑囊を以てせしめ、殿上に於て之れを撲殺す。～既にして載せて城外に出だす。～人をして檢視せしむ。根、遂に詐りて死すること三日、目中に蛆を生ず。

【検制】さしとめる。〔三国志、蜀、呂乂伝〕丞相諸葛亮、連年軍を出だし、諸郡を調發す。多く相ひ救はず。乂、兵五千人を募取して、亮に詣る。慰喩檢制し、逃竄する者無し。

【検束】ひきしめる。唐・姚合〔武功県中の作、三十首、七〕詩 鬢髮寒くして唯だ短く 衣衫痩せて漸く長し 自ら嫌ふ、檢束することの多く 舊來の狂に似ざることを

【検討】しらべる。唐・白居易〔元九（稹）に与ふる書〕僕數月來、囊袟（ふくろ）の中を檢討し、新舊の詩を得たり。各〻類を以て分ち、分ちて卷目を爲す。

↑検遏 調べて禁じる／検印 検査済の印／検会 考査／検戒 調べ戒める／検革 あらためただす／検格 あらためただす／検刮 軍が掠奪する／検勘 調べる／検究 調べ尽くす／検挙 告発／検局 拘束／検禁 さしとめ／検勾 取り調べ／検考 取り調べる／検押 取り締まり／検柙 検押／検査 調べる／検曬 虫干し／検索 捜索／検察 調べる／検尸 検屍／検死 検屍／検屍 屍体の検査／検事 検察官／検讐 校訂／検出 みつける／検署 封印／検証 証拠調べ／検式 法式／検身 検挙／検慎 自制する／検審 検覈／検尋 たずね調べる／検正 検格／検責 査問／検摂 かねる／検節 自制する／検測 はかる／検治 取り締まる／検直 簡直／検勅 調べ戒める／検飭 検勅／検定 検査し審定する／検抵 償う／検摘 摘発する／検点 点検／検踏 踏査する／検同 同封／検督 あらためただす／検縛 しばる／検比 あらため較べる／検覆 調べる／検法 標準／検訪 尋問する／検問 査問／検約 節約

↓印検・格検・勘検・規検・考検・拘検・再検・細検・参検・実検・受検・巡検・書検・訊検・送検・捜検・探検・追検・点検・剖検・名検・臨検・礼検

【䀠】 12 6226 ケン まぶち

篆文

象形 両目の眼囲、目のふちを示す。〔説文〕四上に「目圍なり」とあり、また「古文、以て醜の字と爲す」というが、声義が異なる。〔繫伝〕に字を〓に作るが、その字とも定めがたい。この形に従う〓は拳勇の意。その字から考えると、䀠は眼囲に入墨した形、〓はその人をいう字とみるべきであろう。

訓義 ①まぶち、めのふち。②目のふちの入墨、まぶちのくまどり。

声系〔説文〕に䀠声として〓、また〓声の字として嬛など四字を収める。〓は拳勇、また嬛は〔説文〕十二下に「好なり」とあって、女子の好容をいう。

語系 䀠kiuan、圈（圏）khiuan は声近く、䀠はおそらく目圏に呪飾を施す意であろう。眷kiuan はその流睇のさま。また嬛iuan、妍ngian などもその系列の語であろう。

↓眼䀠

入【硯】 12 1661 ケン すずり

篆文

形声 声符は見。〔説文〕九下に「石の滑らかなるものなり」とあり、のち硯墨の硯の字に用いる。もと研磨の研（研）を用いたが、のち分用するようになった。

訓義 ①なめらかな石。②すずり、すずり石、うるおいのある石。③研と通じ、研を用いることがある。

古訓〔和名抄〕硯 須美須利（すみすり）〔篇立〕硯 スヾリ・スミスル・トギミガク

語系 硯・研ngian は同声。〔釈名、釈書契〕に「硯は研なり。墨を研りて和濡ならしむるなり」とあり、声義同じ。脇付に用いる硯北を、また研北とすることがある。

【硯水】硯の水。唐・李白〔漢陽より酒に病みて帰り、王明府に寄す〕詩 去歳左遷せらる、夜郎の道 琉璃の硯水、長く

枯槁す

【硯席】学習するところ。〔北史、魏諸宗室、陳留王虔伝〕周文、之れ（元暉）に禮す。命じて諸子と遊處せしめ、每に硯席を同じうす。情契甚だ厚し。

【硯蟾】硯の水さし。宋・陸游〔睡らず〕詩 水冷やかにして、硯蟾初めて薄凍あり 火殘りて、香鴨（香炉）尙ほ微煙あり

【硯池】硯の凹処。水を入れるところ。硯海。唐・杜荀鶴〔弟姪の書堂に題す〕詩 窗竹、影は搖ぐ書案の上 野泉、聲は入る、硯池の中

【硯田】文筆でくらしをたてる。宋・蘇軾〔孔毅父の、久旱已みて甚雨すに次韻す、三首、二〕詩 我が生に田無し、破硯に食なはる 爾來硯枯れて、磨き出ださず

↑硯凹 硯池／硯瓦 瓦硯／硯海 硯池／硯蓋 硯の蓋／硯格 硯台の木／硯兄 雅兄／硯耕 硯田／硯山 硯台／硯室 硯箱／硯城 硯／硯槽 硯池／硯台 硯／硯滴 水さし／硯氷 硯水が凍る／硯北 研北

↓瓦硯・寒硯・几硯・玉硯・朱硯・端硯・鉄硯・陶硯・筆硯

【䅌】 12 2692 ケン むぎわら

篆文

形声 声符は肙。肙に絹・涓の声がある。〔説文〕七上に「麥莖なり」とあり、麦のくき、むぎわらをいう。

訓義 1むぎのくき。2むぎわら、わら。

古訓 〔新撰字鏡〕䅌 牟支和良（むぎわら）〔名義抄〕䅌 ムギガラ・ムギカヒ

語系 䅌 kiuan、絹 kyuan は声近く、〔説文〕絹字条十三上に「繪の麥䅌の色の如きものなり」（段注本）とみえる。

人【絢】 12 2792 ケン ジュン あや うつくしい

篆文

形声 声符は旬。旬に眴の声がある。〔説文〕十三上に字の解義を加えず、「詩に云ふ、素以て絢と爲す」という逸詩の句を引く。〔儀礼、聘礼〕「絢組」の〔注〕に「采、文を成すを絢と曰ふ」とあり、目をおどろかすような文彩の美をいう。

訓義 1あや、あやあるさま。2うつくしい。3紃と通じ、うちひも、まるうちひも。

古訓 〔名義抄〕絢 マダラカニ・アヤ・カイマダラ・トホシ〔篇立〕絢 ヲ、シ・マツハル・カナシ・マル・マダラカナリ・トホシ

語系 絢 xyuen、旬・眩・炫 hyuen は声近く、絢の声義のうちに炫耀・瞑眩の意を含むところがある。

【絢爛】きらびやか。〔竹坡詩話、二〕東坡（蘇軾）嘗て書有り、其の姪に與へて云ふ、大凡文を爲るに、當に氣象崢嶸、采色絢爛たらしむべし。漸く老い漸く熟して、乃ち平澹に造ると。

↑絢煥 輝くほど美しい／絢言 麗しいことば／絢采 文采／絢質 美質／絢飾 飾りたてる／絢美 華美／絢服 美服／絢文 あや／絢耀 絢煥／絢練 迅速

↓英絢・華絢・光絢・彩絢・素絢・藻絢・雕絢・明絢

【絭】 12 9090 ケン キョク たすき しばる

篆文 その他

形声 声符は卷（巻）の省文。巻に巻曲の意があり、つかねて巻きつけることをいう。〔説文〕十三上に「臂を攘くる繩なり」（段注本）とあり、襷をいう。襷は国字である。

訓義 1たすき。2しばる、しぼる、つかねる、からげる、まがる。3眷と通じ、みる。4眷と通じ、いしゆみ、つる。

古訓 〔字鏡集〕絭 ヒヂオヒナハ

語系 絭・卷・捲 kiuan は同声。紐で巻きあげることを絭という。絭にまた kiok の声があり、曲 khiok、局・跼 giok と声義が近い。みな巻曲の意がある。

↑絭縛 しばる

↓緊絭

人【萱】 12 4410 〖萱〗 13 4410 〔藼〕 20 4433 〔蕿〕 17 4484 ケン カン（クヮン） わすれぐさ かや

篆文

形声 声符は宣。宣に喧の声がある。〔説文〕一下に藼を正字とし、憲（憲）の声。「人をして憂ひを忘れしむるの艸なり」とあり、また諼草ともいう。婦人の居室の庭に植えるので、母を萱堂という。また屋根を葺くのに用いる。

訓義 1わすれぐさ、かんぞう。2国語。かや・ちがや・すすき・すげなど、屋根を葺く草をいう。

古訓 〔名義抄〕萱 カヤ〔篇立〕萱 カヤ・ワスレグサ

語系 萱（藼）・諼 xiuan は同声。諼はまた蕿に作り、わすれ草をいう。

【萱草】わすれ草。諼草。〔詩、衛風、伯兮〕焉くにか諼草を得て 言に之れを背（裏庭）に樹ゑん〔経典釈文〕諼、本又萱に作る。

【萱堂】母の居室。母。主婦。〔詩、衛風、伯兮〕の詩によっていう。〔荊釵記、二〕不幸にして椿庭（父）隕喪（死）し、深く萱堂の訓誨に賴りて人と成れり。

↑萱闈 御母堂／萱室 萱堂／萱親 母／萱蘇 わすれ草／萱椿 父母

↓紫萱・樹萱・芳萱

【鈐】 12 8812 ケン すき くさび

篆文

形声 声符は今。〔説文〕十四上に「鈐鏞、大なる犂なり。一に曰く、枱に類す」（段注本）とあり、〔段注〕に「耒枱と犂との別は、一は人を以てし、一は牛を以てす」とあって、鈐はからすきをいう。〔玉篇〕に「車轄なり」とあって、くさび。また鍵の類。押圧の意より、印璽をもいう。

訓義 1すき、からすき。2くさび。3じょう、かぎ、関鍵。4おさえる、しずめる。5しるし、印、印をおす。6祭器、茶器、茶を煮る具。

古訓 〔名義抄〕鈐 カナハシ・ハシ・カナシキ・フサグ・ツキメ・クツワ・カブラエリ・ス、〔字鏡集〕鈐 カブラエリ・ハシ・カナハシ・クルマノクサビ・カナシキ

【鈐決】兵法書。玉鈐篇と玄女六韜要決。〔後漢書、方術伝序〕河洛（河図洛書）の文、龜龍の圖、～緯候の部、鈐決の符に至りては、皆冥賾を探抽し、人區に參驗する所以なり。

【鈐鍵】かぎ。関鍵。要訣。晋・郭璞〔爾雅注の序〕夫れ爾雅なる者は、～誠に九流の津涉、六藝の鈐鍵、學覽する者の潭奧、翰を摛ぬる者の華苑なり。

【鈐束】厳重処罰。〔明律、兵律、軍政、縱軍擄掠〕若し～擄掠する者あらば、首従を分たず皆斬す。本管の頭目、鈐束嚴ならざるときは、各〻杖八十。

↑鈐印 割印／鈐括 くさびする／鈐記 木の印判／鈐鎖 かぎ、錠／鈐章 捺印／鈐韜 兵書／鈐縫 継ぎ目／鈐謀 計謀

↓魚鈐・玉鈐・鉤鈐・枢鈐・智鈐・茶鈐・韜鈐

【嗛】 13 6803 ケン カン キョウ（ケフ） ふくむ あきたらぬ

篆文

形声 声符は兼（兼）。〔爾雅、釈獣〕に「寓鼠には嗛と曰ふ」とあり、獣が頰に食を含

み貯えること。〔説文〕二上に「口に銜ふくむ所有るなり」という。内に含む意より、あきたらぬ心情をいう。その字は歉、また謙(謙)・嫌(嫌)と通用する。

訓義 ①ふくむ、口にふくむ、心にふくむ。②歉と通じ、あきたらぬ、心にみちたらぬ。③謙と通じ、へりくだる。④嫌と通じ、いとう。⑤慊と通じ、こころよい。

【嗛嗛】微小のさま。心みたぬさま。また、謙遜する。〔漢書、芸文志〕(道家者流)清虚以て自ら守り、卑弱以て自ら持す。此れ君人南面の術なり。堯の克く讓る、易の嗛嗛に合す。

【嗛然】意にみたぬさま。また、自得するさま。〔荀子、非十二子〕其の衣冠を正し、其の顔色を齊へ、嗛然として終日言はざるは、是れ子夏氏の賤儒なり。

↑嗛志 満足する/嗛讓 謙讓/嗛斉 調味/嗛閃 小心/嗛退 謙退/嗛約 謙遜

↓寡嗛・饑嗛・彀嗛・充嗛

常【嫌】13 4843 〔嫌〕13 4843

ケン ゲン
きらう あきたらぬ うたがう

篆文

形声 声符は兼(兼)。〔説文〕十二下に「心に平ならざるなり」とあり、不満足とする意。慊・歉なども同義の字で、他に対する不信の念をいう。

訓義 ①きらう、あきたらぬ、こころよくない。②うたがう、まぎらわしい、ちかい。

古訓 〔新撰字鏡〕嫌 支良不(きらふ)、又、宇波奈利(うはなり)、又、宇太加布(うたがふ)〔名義抄〕嫌 ウラム・ネガフ/慊 ウタガフ・キラフ・ソネム・ネガフ〔字鏡集〕嫌 ソネム・モトム・ニクム・キラフ・トガム・ウラム・イサフ・ウタガフ・ネタフ(ム)

語系 嫌・慊hyamは同声。ともに嫌疑の意があり、嫌疑とは不明確にして定めがたいことをいう。

【嫌忌】いみきらう。〔後漢書、孔融伝〕曹操既に嫌忌を積む。~遂に丞相軍謀祭酒路粹をして、狀を枉げて融を奏せしめ、~獄に下して弃(棄)市す。~妻子皆誅せらる。

【嫌疑】まぎらわしいこと。〔礼記、曲礼上〕夫れ禮は、親疏を定め、嫌疑を決し、同異を別ち、是非を明らかにする所以なり。

【嫌隙】仲たがい。〔世説新語、仇隙(隙)〕王右軍(羲之)素もとより藍田(王述)を輕んず。藍田晩節、論譽轉た重く、右軍尤も平ならず。~是に於て彼此嫌隙大いに搆ふ。

【嫌弐】疑惑をもつ。〔三国志、呉、諸葛瑾伝〕姦讒竝び起り、更かはる相ひ陷懟し、轉た嫌貳を成す。一たび爾しかりてより已往、群下利を争ふ。

【嫌名】諱と似た発音の語を避ける。〔礼記、曲礼上〕卒哭しては乃ち諱む。禮、嫌名を諱まず。二名(二字の名)は偏諱せず。

↑嫌畏 忌み畏れる/嫌厭 いとう/嫌怨 うらむ/嫌悪 にくむ/嫌惎 うらむ/嫌釁 仲たがい/嫌牾 逆らう/嫌恨 うらむ/嫌猜 疑う/嫌似 嫌弐/嫌責 責める/嫌憚 憚る/嫌妬 そねむ/嫌怒 怒る/嫌難 はばむ/嫌微 疑惑/嫌忿 腹を立てる/嫌慢 あなどる/嫌吝 うらむ/嫌惑 疑惑

↓畏嫌・怨嫌・懐嫌・機嫌・譏嫌・疑嫌・猜嫌・私嫌・疎嫌・憎嫌・辟嫌

【愆】13 2133 〔諐〕15 2660

ケン
あやまち たがう

篆文 籀文 金文 侯馬盟書

形声 声符は衍。衍は喩母の字。喩母の字に爰(緩)・爲(譌)・韋(諱)のように牙音に転ずるものがある。〔説文〕十下に「過なり」と過失の意とし、衍声とする。また寒・諐の二文を録するが、寒十下は「實なり」と訓し、もと別義の字である。諐は〔詩、大雅、抑〕「儀に愆たず」を〔礼記、緇衣〕に引いて諐に作る。

訓義 ①あやまち、あやまつ、つみ。②たがう、うしなう。③やまい。

古訓 〔名義抄〕愆 スグス・スグ・トガ・アヤマツ・アヤマチ・アツカル・アツマル〔字鏡集〕愆 ホコ・ツミ・ワザハヒ・アツム・アヤマチ・ウス・トガ・タガフ・カタマシ・カクシテ・ニクム・カタム・モル・アラシ・ミジカシ・スグ・アヅカル・トガ

【愆殃】あやまち。魏・曹植〔九愁の賦〕謂おもひて内に思ひ自ら策はかり、乃昔(曩昔)の愆殃を算かぞふ。忠言を以て黜しりぞけらる。信まことに時王に負そむくこと毋なし。

【愆義】義理を誤る。〔左伝、定十年〕夷、華を亂さず。~兵、好に偪せまらず。神に於て不祥と爲し、德に於て愆義と爲し、人に於て禮を失ふと爲す。

【愆謬】あやまり。〔唐書、閻立徳伝〕(曽孫)用之、初め彭州參軍と爲る。嘗かつて錄事を攝し、一日に愆謬不法數十事を糾だす。太守以て材と爲せり。

【愆尤】とがめ。唐・李白〔古風、五十九首、十八〕詩 功成りて身退かざるは 古より愆尤多し

↑愆痾 不祥/愆位 職位を失う/愆違 過ちたがう/愆佚 過失/愆家 家道を失う/愆過 過失/愆悔 後悔する/愆期 期を失う/愆咎 とがめ/愆釁 仲違い/愆候 不順/愆罪 罪過/愆時 不順/愆失 過失/愆序 不順/愆晴 久雨/愆然 過ちをさとる/愆怠 怠りあやまる/愆滞 あやまり滞る/愆忒 過失/愆犯 罪を犯す/愆紊 錯乱する/愆負 過失/愆伏 不順/愆忘 遺失/愆面 永く会わぬ/愆陽 不順/愆令 苛令/愆戾 過失/愆和 不順

↓引愆・蓋愆・繩愆

【慊】13 9803

ケン キョウ(ケフ)
あきたる

篆文

形声 声符は兼(兼)。〔説文〕十下に「疑ふなり」とあり、心に疑って惑う状態をいうとする。〔孟子、公孫丑上〕「行ひ心に慊あきたらざること有れば、則ち餒う」とあり、その用法からいえば、あき足る、満足する意である。また「丹慊」のような語義からいえば、誠心をいう。嫌疑は慊疑、慊がその正字であるが、のち嫌(嫌)を用いる。また歉・嗛と通用する。歉は〔説文〕八下に「歉食滿たざるなり」、また嗛二上は「口に銜ふくむ所有るなり」とあり、鼠などが頰に食を貯える意。また食い尽くすことをもいう。これらのことから、また「あきたらず」の意となる。厭足の意と相反するが、それは歉・嗛の通用義とみるべきである。

訓義 ①あきたる、よしとする、こころよしとする。②よい、まごころ。③歉・嗛と通じ、あきたらぬ、たらぬ、満足しない。④嫌と通じ、うらむ、うたがう。⑤溓・謙と通じ、まずしい、つつましい。

古訓 〔名義抄〕慊 ウタガフ・キラフ・ソネム・ネガフ〔字鏡集〕慊 ネガフ・ウラム・ソネム・カナフ・アキタリ・ウキタル・ウタガフ

語系 慊・嫌hyamは同声。慊は満足する、嫌は満足しないという相反義をもつ。嗛・歉khyam、謙(謙)khyapは声近く、それぞれ通用することがある。

【慊懼】あきたらず、恐れ思う。〔論衡、感類〕賢聖は類に感じ、慊懼して自ら思ふ。災變惡徵は、何爲なんすれぞ至れるやと。

【慊慊】心のみちたりぬさま。魏・文帝〔燕歌行〕楽府 慊慊として歸ることを思うて、故郷を戀ふ 何爲なんすれぞ淹留えんりゅうして、佗方たほうに寄する

↑慊意 満足する/慊鬱 不満とする/慊焉 満足する/慊款 誠意/慊苦 遺憾に思う/慊如 不満とす

る／慊心　満足する／慊誠　誠心／慊然　快い／慊足　満足する／慊吝　惜しむ

↓丹慊・内慊

【暄】13 6301　ケン　あたたか

形声　声符は宣。宣に喧・煊の声がある。〔玉篇〕に「春晩なり」とあり、温暖の意。

訓義　①あたたか、日があたたかい。②晩春、晩春の暖かさ。

古訓　〔名義抄〕暄　アタ、カ・アタ、ケシ〔字鏡集〕暄　アツシ・アタ、カ・ハルノクレ

【暄妍】暖かで、ながめが美しい。宋・林逋〔山園小梅、二首、一〕詩　衆芳搖落して、獨り暄妍たり　風情を占め盡して、小園に向ふ

↑暄燠　暖か／暄寒　寒温／暄気　暖気／暄煦　暖か／暄新　新春／暄霽　晴朗／暄暖　暖か／暄熱　暑熱／暄風　春風／暄涼　寒温／暄和　のどか

↓移暄・花暄・寒暄・気暄・春暄・墻暄・晴暄・長暄・朝暄・冬暄・微暄・負暄・風暄・余暄・流暄・涼暄

【楗】13 4594　ケン　かんのき

篆文 

形声　声符は建（建）。建に建てるものの意があり、門関をとざす木をいう。横に加えるものは關（関）、豎にしてとざすものを楗、金具を用いるものを鍵（鍵）という。水の決潰を防ぐ木柵の意に用いることもあり、〔史記、河渠書〕に「淇園の竹を下して、以て楗と爲す」とみえる。

訓義　①かんのき、かぎ。②せき。③蹇と通じ、あしなえ。

古訓　〔名義抄〕楗　トボソ・トザシ

語系　楗・鍵gianは同声。關koan、管kuanもまた関鍵の意に用い、その牡を鍵といい、その牝を管という。〔礼記、檀弓下〕「管庫の士」とは鍵番。鍵を扱うことを管理という。

↑楗戸　とざす／楗石　護岸石／楗閉　鍵かけ

↓関楗・木楗

【犍】13 2554　［犗］12 2220　ケン　きんきりうし

篆文 

形声　声符は建（建）。〔説文新附〕二上に「犗牛なり」とあり、去勢した牛をいう。字はまた犗に作る。

訓義　①去勢した牛、きんきりうし。②人の去勢にもいう、閹割。③獸の名。〔玉篇〕に「獸、豹に似たり。人首一目」とみえる。また、牛に似た獣という。字は多く仏教の翻訳語に用いる。

古訓　〔名義抄〕犗　キル〔字鏡集〕犍　ウサギムマ／犗　キル

語系　犍（犗）kianは犗keat、割（割）kat、羯kiatと声に通ずるところがあり、みな去勢。羯は羊を割勢することをいう。犗kianは犍と声義近く、蜀（獣の牡器）に盆（縊糸）を加えて去勢する法をいう。

↑犍牛　去勢した牛

↓九犍

常【献】13 4323　〔獻〕20 2323　ケン　コン　ギ　たてまつる　ささげる

篆文 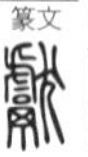

甲骨文 

金文 

会意　旧字は獻に作り、鬳＋犬。〔説文〕十上に「宗廟には、犬は羹獻と名づく。犬の肥えたる者は、以て之れを獻ず」という。〔礼記、曲礼下〕に、神饌とするときの薦献の名を定めて、「犬には羹獻と曰ふ」とあり、犬を供薦することもあった。しかし獻は甗の形に従っており、甗はこしきであるから、犬牲を供する器とはしがたい。器（器）・猷・就・軷などに従う犬はみな修祓のために用いるもので、その血を以て釁礼を行うものであるから、供薦するためのものではない。獻も甗に犬牲をもって釁する意。彝器の彝が、鶏血をもって釁する意であるのと同じ。およそ祭器として用いるものは、みな獻という。

訓義　①牲犬で清めた献器、神にそなえささげるものを入れる。たてまつる、ささげる、すすめる。②君上に奉ずることをいう。進献・献言・献酬のように用いる。③賢と通じ、かしこい。④犧と通じ、犧尊。⑤儀と通じ、威儀。⑥桸と通じ、杓。

古訓　〔名義抄〕獻　タテマツル・ス、ム・サカユ・アフ／獻納　タテマツリイル〔字鏡集〕獻　タテマツル・カシコマル・ス、ム・アフ・マウス・サカユ・アクビナリ

声系　〔説文〕に鬳声として獻・甗、また獻声として讞・巘など五字を収める。讞は桓圭、巘はまた櫱に作り、それぞれ桓・櫱の字が用いられている。

語系　獻xian、享・饗（饗）xiangは声近く、みな神に享献し、饗食することをいう語である。

【献可】進言する。〔左伝、昭二十年〕君の可と謂ふ所にして否なる有り。臣、其の否を獻じて以て其の可を成す。君の否と謂ふ所にして可なる有り。臣、其の可を獻じて、以て其の否を去る。

【献馘】戦場で敵をたおし、その左耳を献じて戦功の証とする。〔詩、魯頌、泮水〕矯矯たる虎臣　泮に在りて馘を獻ず

【献疑】疑問を提出する。〔列子、湯問〕北山の愚公なる者、～（山を移さんとし）室を聚めて謀る。～雜な然りとして相ひ許す。其の妻疑ひを獻じて曰く、君の力を以て、曾ち魁父の丘をも損すること能はず。太行・王屋（山の名）を如何せん。

【献儀】民の儀表たる賢者。〔漢書、翟義伝〕（王）莽～大誥を作りて曰く、～、天、威を降して我に寶龜を遺れり。～宗室の儁四百人、民の獻儀九萬夫有り。予敬しんで以て此の謀を終へん。

【献享】ご馳走を献じてもてなす。〔漢書、高帝紀上〕父老と約す、法三章のみ。～秦の民大いに喜び、爭うて牛羊酒食を持ちて軍士に獻享す。

【献芹】人にものを贈るときの謙辞。魏・嵆康〔山巨源（濤）に与へて交はりを絶つ書〕野人に、炙背を快しとし、芹子を美とする者有り。之れを至尊に獻ぜんと欲す。區區の意有りと雖も、亦た已だ疏なり。

【献囚】俘虜を廟に献ずる。〔詩、魯頌、泮水〕矯矯たる虎臣　泮に在りて馘を獻ず　淑問すること皐陶の如く　泮に在りて囚を獻ず

【献酬】杯をやりとりする。はじめて賓客に酌むを献という。晋・陶潜〔斜川に遊ぶ〕詩　壺を提げて賓侶に接し　滿を引いて更ごも獻酬す

【献捷】戦勝を報告する。軍獲を祖廟に献ずる。〔穀梁伝、僖二十一年〕楚人、宜申をして來りて捷を獻ぜしむ。捷とは軍得なり。

【献臣】賢臣。賢の初文は臤。もと征服を受けて宮廟に仕える者をいう。〔書、酒誥〕汝、殷の獻臣たる侯・甸・男・衞、矧た太史友・內史友と、越び獻臣たる百宗工～に誥げ毖めて、～剛く酒を制たしめよ。

【献替】可を献じ否を替てて、君を補佐する。〔国語、晋語九〕夫れ君に事ふる者は、過を諫めて善を賞し、可を薦めて否を替て、能を獻じて賢を進め、材を擇びて之れを薦む。

【献納】物を献上する。〔漢書、夏侯勝伝〕有司遂に請ひ、孝武帝廟を尊んで世宗廟と爲し、～天下世世獻納し、以て盛德を明らかにす。

【献俘】 俘虜を廟に献ずる。〔左伝、僖二十八年〕秋七月丙申、振旅し(軍を整え)、凱(楽)して以て晉に入り、俘を献じ馘を授け、飲至(廟に報告の酒宴)大賞す。
【献夢】 夢の吉凶を卜し、吉夢を王に献ずる。〔周礼、春官、占夢〕吉夢を王に獻ず。王、拜して之れを受く。
↑献遺 贈る/献飲 献酒/献歌 歌を献ずる/献饋 贈り物をする/献技 演技する/献議 意見を上奏する/献御 献上/献供 奉る/献饗 献享/献金 財を献ずる/献勤 媚びる/献計 献策/献芸 芸をご覧にいれる/献見 献上し拝謁する/献言 進言/献功 報功/献好 親善/献祭 供養する/献歳 歳首/献策 献謀/献酢 献酬/献爵 杯をさす/献酒 献杯/献寿 お祝いをいう/献醻 献酬/献春 孟春/献笑 お笑い草/献觴 献杯/献上 進献/献状 報告/献身 身を捧げる/献斟 献酒/献新 新嘗/献瑞 献祥/献善 進言する/献尊 酒尊/献呈 進上/献盃 杯をささげる/献否 献替/献媚 へつらう/献物 貢物/献奉 奉献/献謀 はかりごとをたてまつる/献民 献臣/献諛 上にへつらう/献侑 お供え/献礼 供え物
↓一献・嘉献・跪献・饋献・享献・芹献・貢献・贄献・酌献・進献・薦献・文献・奉献・民献・礼献

【筧】 13 8821 ケン かけひ
形声 声符は見。唐の白居易の〔銭塘湖石記〕に「銭塘湖、一名上湖。周迴三十里、北に石函有り、南に筧有り。凡そ放水漑田するに、一寸を減ずる毎に、十五餘頃に漑ぐべし」とみえる。
訓義 1ひ、かけひ。
古訓 〔字鏡集〕筧 ヒ
【筧水】 かけひの水。宋・陸游〔退居〕詩 渓煙漠漠たり、奕棋の軒 筧水潺潺たり、種藥の園

常【絹】 13 2692 ケン きぬ
篆文

簡書

形声 声符は肙。肙に涓・埍の声がある。〔説文〕十三上に「繒の麥稩の色の如きものなり」(段注本)とあり、稩は麦茎。その浅黄の光沢あるものに類するので黄絹という。卜文に蠶(蚕)の字形がみえ、蚕示のように蚕神を祀ることも行われていた。王后親蚕の儀礼なども、かなり古い時代から行われていたようである。
訓義 1きぬ、きぎぬ。2羂と通じ、わな、わなをかける。
古訓 〔新撰字鏡〕絹 加止利(かとり) 〔和名抄〕絹 岐沼(きぬ) 〔名義抄〕絹 カトリ・キヌ・カク
【絹素】 白いきぬ。〔歴代名画記、一、論画六法〕今の畫人、筆墨は塵埃を混へ、丹青は其の泥滓(沈んだかす)に和し、徒だ絹素を汙がすのみ。豈に繪畫と曰はんや。
↑絹光 絹のつや/絹絁 絹織り/絹地 きぬ地/絹帖 絹地の帖/絹扇 絹の団扇/絹租 絹税/絹紬 つむぎ/絹帛 絹の織物/絹布 絹帛/絹本 絹地の書画/絹綿 絹と綿
↓純絹・書絹・正絹・生絹・素絹・阜絹・薄絹

【腱】 13 7524 ケン
篆文

形声 声符は建(建)。〔説文〕に字を筋部四下に属して笏に作り、「筋の本なり。筋の省に從ひ、夗の省聲」(段注本)とするが、夗声に従う字ではない。笏はおそらく筋頭の意、腱はその形声の字であろう。筋肉が骨に連なる最も強健な部分をいう。筋の竹の部分が、腱の部分の象形である。
訓義 1すじのつけね、すじのもと、筋肉が骨に連なるところ。2すじのつけねの肉。
古訓 〔字鏡集〕腱 スヂノハギ・スヂノモト
語系 腱kian、筋kianは声義近く、腱は筋の一部で、その筋頭の部分。同系の語である。
↓肌腱

常【遣】 13 3530 〖遣〗 14 3530 ケン つかわす やる
篆文

甲骨文

金文

形声 声符は𠳋。𠳋は𠂤(脤肉)を両手で奉ずる形。軍行のとき、軍社や廟に祭った脤肉を奉じて行動したが、𠂤はその祭肉である脤肉の象形で、師旅の師の初文。これを携行し、その所在に榜示する字は餗で駐屯地、これを建物の中におくときは官。軍を分遣するときは、その脤肉を頒かってこれを奉じた。ゆえに分遣の意となり、遣贈の意となる。
訓義 1つかわす、軍をつかわす、派遣する。2おくる、たまもの、おくりもの、あたえる。3やる、はなつ、すてる。4使役。〜せしむ。
古訓 〔名義抄〕遣 ヤル・マダス・ツカハス・シム・セシム・サル・オクル・ハナル・ユルス・ホシマヽ・オヨブ 〔字鏡集〕遣 ホシイマヽ・タマフ・ツカハス・セシム・ユルス・シテ・ヤル・サル・タクル・ハナル・オクル・マダス
声系 〔説文〕三上に遣声として譴を収め、「謫問なり」とあり、譴責の意。軍を派遣して討伐することと関連する語であろう。
【遣帰】 帰す。〔玉台新詠、焦仲卿の妻の為に作る〕詩 妾駆使せらるるに堪へず 徒らに留まるも、施す所無し 便ち公姥に白まし 時に及んで相ひ遣歸せらるべし
【遣車】 葬送のとき犠牲をおく車。〔周礼、春官、巾車〕大喪には遣車を飾る。〔疏〕遣車とは、將に葬らんとして遣送するの車、壙(墓室)に入る者を謂ふ。
【遣戍】 辺地に人を派遣してまもらせる。〔史記、秦始皇紀〕三十三年、諸々の嘗て逋亡したる人、贅壻・賈人を發し、陸梁(嶺南)の地を略取せしめ、桂林・象郡・南海と爲し、適(謫)を以て遣り戍らしむ。
【遣悶】 うさ晴らし。唐・李徳裕〔方士論〕嘗て便殿に於て、言、方士に及ぶ。皆譎詐不誕、信ずべからざるなりと。上曰く、吾れ之れを知れり。宮中事無し。此れを以て悶を遣るるのみと。
↑遣懐 心をやる/遣還 おくり帰す/遣興 興をやる/遣刑 流刑/遣行 行かせる/遣差 派遣する/遣使 差遣/遣辞 言葉使い/遣蝨 蝨をはらう/遣人 間者/遣送 つかわす/遣質 人質を出す/遣牒 通達する/遣奠 出棺の儀/遣派 派遣する/遣発 差遣する/遣犯 流刑/遣憤 うさ晴らし
↓差遣・自遣・謝遣・消遣・縦遣・先遣・調遣・派遣・分遣

【慳】 14 9701 ケン カン おしむ
形声 声符は堅。古い字書にみえず、唐・宋以後、多く仏典にみえる。邪慳・慳貪・慳吝のように用いる。
訓義 1おしむ、やぶさか。2かたくな、しぶる、かたいじ。
古訓 〔名義抄〕慳 ヲシム・ムサボル・ヤブサカル 〔字鏡〕慳 ヲシム・ヤウサシ・ムサボル・タシム・モル・ヤブサカル・ネガフ・カタカチ 〔字鏡集〕慳 ヤウサカル・ヲシム・ヤウサシ・ムサボル・タシム・ネガフ・カフ・サカル
↑慳慳 心が狭い/慳嗇 やぶさか/慳銭 びた銭/慳

貪欲が深い／慳嚢 貯金箱／慳濫 悪貨／慳吝 けち／慳悋 かたくなで、もの惜しみする

↓邪慳・渋慳・天慳・偏慳・老慳

【搴】 14 3050 ケン とる ぬく

篆文

形声 正字は攓に作り、寒（寒）声。〔説文〕十二上に「拔き取るなり」とあり、〔楚辞、離騒〕「朝に阰の木蘭を搴る」のように、草木を手折るときに用いる。〔呉子、料敵〕「旗を搴る」は車上から抜き取るをいう。

訓義 ①ぬく、とる、ぬきとる、草木などをぬきとる。②まきとる、上からもちあげてとる、かかげる。③攐と通じ、からげとる。

古訓 〔字鏡集〕搴 ヌク・トル・アグ・ツム・ヌキ・フサグ

語系 搴（攓）・褰・騫 khian は同声。褰は褰衣褰裳、衣をからげる意。騫は飛びあがるさまをいう。また、牽 khien は横にひく意で、同系の語であろう。

【搴旗】敵の旗を取る。〔呉子、料敵〕一軍の中、必ず虎賁の士有り。力は鼎を扛ぐるを輕しとし、足は戎馬より輕く、旗を搴り將を取ること、必ず能くする者有らん。此の若きの等、選びて之れを別ち、愛して之れを貴ぶ。

【搴芳】花を摘む。唐・白居易〔竜潭寺より少林寺に至る、題して同遊の者に贈る〕詩 山屐田衣、六七賢 芳を搴り、翠を蹋んで、潺湲（水声）を弄ぶ

↑搴帷 帷をかかげる／搴擷 抜きとる／搴采 采取する／搴手 旗手／搴取 摘みとる／搴裳 裾をからげる／搴攬 とる

↓旗搴・手搴・朝搴・抜搴

【歉】 14 8738 ケン すくない あきたりない

篆文

形声 声符は兼（兼）。〔説文〕八下に「歉食滿たざるなり」とあり、食のあきたらぬことをいう。〔広雅、釈天〕に「一穀升らざるを歉と曰ふ」とあり、不作の意。〔玉篇〕に「恨みて出ださざるなり」と恨む意とするのは、〔説文〕十二下「嗛は心に平ならざるなり」と近い語である。

訓義 ①すくない、あきたりない。②不作。③貧しい。④うらむ、うとましい。

古訓 〔篇立〕歉 ヲ、カシ 〔字鏡集〕歉 ツイバム

↑歉疑 疑惑／歉歉 不満／歉荒 饑饉／歉歳 凶作の年／歉収 不作／歉忱 不満／歉然 不満／歉仄 遺憾／歉迫 窮迫する／歉薄 不作／歉敝 不作で困憊する／歉弊 歉敝

↓饑歉・豊歉

【甄】 14 1111 ケン セン みわける あきらか

篆文

形声 声符は垔。垔に鄄の声がある。〔説文〕十二下に「匋なり」とあり、陶を焼くことをいう。上に出る煙によって、その焼成度をみるので、甄別の意となり、塼瓦を掌る人を甄官、陶工を甄者という。人を識別し挙用することを甄擢、表彰することを甄表という。

訓義 ①みわける、わかつ。②あきらか。③すえもの、やきもの、陶工、瓦作り。④焼いて作る、かえる、つくりかえる。

古訓 〔名義抄〕甄 アラハス・アカル・アカス・アキラカニ・ヲサム・エラブ・ウク・ワヅカニ

【甄異】非常を識別する。〔後漢書、郅惲伝〕長沙に孝子古初有り。父の喪に遭ひ、未だ葬らず。隣人火を失す。初、柩上に匍匐（はらばい）し、身を以て火を扞ぐ。火之れが爲に滅す。惲之れを甄異とし、以て首擧と爲す。

【甄藻】人材をみわける。〔後漢書、郭太伝賛〕林宗（郭太）寶を懷き、識深くして藻を甄つ。

【甄抜】人物を見わけて抜擢する。〔南史、何点伝〕點雅より人倫の鑒有り。甄抜する所多し。呉興の丘遲を幼童より知り、濟陽の江淹を寒素に稱す。悉く其の言の如し。

【甄品】甄別品評。〔唐書、権徳輿伝〕禮部貢擧に知となり、眞に侍郎を拜す。凡そ三歳、甄品詳諦にして、得る所の士、相ひ繼ぎて公卿宰相と爲る。

↑甄官 塼瓦の官／甄顕 登用する／甄工 陶工／甄采 挙用する／甄察 明察／甄識 識別する／甄収 査収する／甄称 表彰／甄奨 表彰／甄叙 順序立てる／甄叙 選任する／甄綜 綜合して判断する／甄進 挙用／甄汰 選抜する／甄汰 淘汰する／甄択 選択する／甄擢 摘える び採る／甄擢 甄抜する／甄土 土こね／甄陶 造化のはたらき／甄表 旌表する／甄別 鑑別する／甄明 識別／甄沐 表彰する／甄冶 しあげ／甄録 選びしるす／甄論 論定する

↓陶甄・明甄

【蒹】 14 4433 ケン おぎ

篆文

形声 声符は兼（兼）。〔説文〕一下に「雚の未だ秀でざる者なり」とあり、おぎのまだ穂の出ないものを蒹という。

訓義 ①おぎ。

古訓 〔字鏡集〕蒹 アシ・ワサビ

【蒹葭】おぎと、あし。水草。〔詩、秦風、蒹葭〕蒹葭蒼蒼として 白露、霜と爲る 所謂伊の人（水の女神） 水の一方に在り

↓葭蒹・蒼蒹

【儇】 15 2623 ケン さとい

篆文

形声 声符は睘。〔説文〕八上に「慧なり」、慧字条十下に「儇なり」とあって互訓。敏捷・巧慧の意がある。〔詩、斉風、還〕に「我に揖して我を儇なりと謂ふ」の〔伝〕に「利なり」とあり、〔韓詩外伝〕に字を嬛に作り、「好き貌なり」とする。

訓義 ①さとい。②すばやい、すばしこい。③みめよい。

語系 儇・翾・嬛 xiuan は同声。嬛 giuan も声義が近い。翾は小飛、嬛は軽利、嬛はよい姿をいう。また狷・獧 kyuan とも通ずるところがあり、狷は褊急、獧は疾跳、みな急疾の意がある。急疾にして小慧あるものを儇という。〔荀子、非相〕「郷曲の儇子」の〔注〕に「輕薄巧慧の子なり」とみえる。嬛はそのような女子をいう。

【儇巧】さとくて、敏捷。〔五雑組、八、人部四〕今京師に小唱有り。專ら搢紳の酒席に供す。蓋し官伎既に禁ぜられ、之れを用ひざるを得ざるのみ。其の初めは皆浙の寧紹の人なり。近日は則ち半ば臨清に屬す。故に南北小唱の分有り。～娟麗儇巧に至りては、則ち西北は東南の敵に非ざるなり。

【儇浅】こざかしく浅薄。宋・蘇軾〔劉沔都曹に答ふる書〕李陵・蘇武は長安に送別す。而して詩に江漢の語有り。陵の武に與ふる書に及びては、詞句儇淺、正に齊・梁間の小兒の擬作する所、決ず西漢の文に非ず。而るに（蕭）統悟らず。

【儇薄】かしこくて軽薄。〔文史通義、言公中〕人の言ふ所を竊み、以て己の有と爲す者は、名を好むこと甚だしと爲す。～齊邱の化書を譚峭に竊み、郭象の莊注を向秀に竊むは、君子以て儇薄無行と謂ふ。

【儇媚】ことば巧みにへつらう。〔楚辞、九章、惜誦〕儇媚を忘れて、以て衆に背く 明君の其れ之れを知らんことを待つ

【儇目】巾で目を覆う。〔荀子、礼論〕始めて卒するや、～掩面儇目を設け、鬠して冠笄せず。

↑僨悪 わる賢い/僨兮 軽捷/僨慧 わる賢い/僨虔 あざむく/僨僨 鳥の声/僨狡 わる賢い/僨才 巧智/僨子 小才子/僨佻 僨巧/僨浮 軽薄/僨利 こざかしく、すばやい

↓巧僨・便僨

【揅】 15 1150 ケン みがく

篆文

形声 声符は研（研）。〔説文〕十二上に「摩するなり」（段注本）、〔広雅、釈詁三〕に「磨するなり」とあり、研磨することをいう。

訓義 1みがく、とぐ。2する、こする。3研と通用する。

古訓 〔字鏡集〕揅 ミガキスル・クダク・スル・ウツ・ミガク・サダム

【揅経】 経学を修める。清・阮元〔揅経室集自序〕室を揅經と名づくる者は、余れ幼學、經を以て近しと爲す。余の經を說くや、古訓を推明し、事を實にし、是なるを求むるのみ、敢て異を立つるに非ざるなり。

常 【権】 15 〔權〕 22 4491 ケン ゴン はかり おもり はかる

篆文

形声 旧字は權に作り、雚声。〔説文〕六上に「黄華木なり」と木の名とする。字は権量、また権要の意に用いる。おもりを権といい、物の軽重によって権をとりかえるので、権変の意となる。権によって軽重を定めるので標準・準的の意となり、それより権威・権貴・権勢の意となる。みな権衡の意の引伸義である。

訓義 1はかり、はかりのおもり、ふんどう。2はかる、加減する。3かりに、あわせる、臨機に、一時的に、はかりごと。4軽重にあわせる、はたらき、いきおい、権威。5木の名。6顴と通じ、ほおぼね。7鬈と通じ、うつくしい。

古訓 〔和名抄〕権 波加利乃於毛之（はかりのおもし）。楊氏漢語抄に云ふ、權衡、加良波可利（からはかり）〔字鏡集〕權 オホキナリ・シバラク・カリソメ・ハカリゴト・ヤスシ・ハジム・ヨロシ・フサグ・ヒラ・カリ・カラ・ツカム・タクム・ハカリノオモシ・カリニ・ツラ・ヤウヤク・ツクル・アサク・イヤシ・カ、ル

語系 權（権）・縣（県）giuan、搴 khian は声近く、いずれも鈞りあげる、とりあげる意をもつ語である。

【権威】 権力と威勢。〔後漢書、宦者伝序〕和帝、祚に卽くも幼弱なり。竇憲兄弟、專ら權威を總べ、內外の臣僚、親接するに由し莫し。

【権家】 権勢の家柄。〔南史、袁昂伝〕時に尙書令王晏の弟詡、廣州爲たり。多く賕貨を納る。昂、事に依りて劾奏するに、權家を憚らず。當時號して正直と爲す。

【権貴】 権勢ある顕貴の人。唐・李白〔夢に天姥に遊ぶ吟、留別〕詩 安んぞ能く眉を摧き腰を折りて、權貴に事へ 我をして心顏を開くを得ざらしむ

【権宜】 便宜の。臨機の処置。〔後漢書、王允伝〕際會に在るに及ぶも、每に溫潤の色に乏し。正に杖より重を持し、權宜の計に循はず。是こを以て群下甚だしくは之れに附かず。

【権勁】 軍略と勁兵。〔左伝、宣十二年〕軍行には、～前茅は（先鋒）は（敵の）無きを慮り、中は權り、後は勁くす。

【権倖】 君寵を得て権勢のある者。〔後漢書、陳球伝〕（李咸）累りに州郡を經へ、廉幹を以て名を知らる。朝に在りて淸忠、權倖も之れを憚る。

【権衡】 はかり。權はおもり、衡はさお。〔戦国策、秦三〕夫れ商君は、孝公の爲に權衡を平らかにし、度量を正し、輕重を調へ、阡陌を決裂し、民に耕戰を教ふ。是こを以て兵動きて地廣く、兵休して國富む。故に秦は天下に敵無し。

【権数】 臨機の謀。〔塩鉄論、非鞅〕商鞅は權數を以て秦國を危くし、蒙恬は千里を得るを以て、秦の社稷を亡ぼせり。此の二子は、利を知りて害を知らず。進むを知りて、退くを知らず。

【権勢】 権力と威勢。〔後漢書、馬廖伝〕廖、性、質誠畏愼、權勢聲名を愛せず、心を盡して忠を納れ、毀譽を屑しとせず。

【権戚】 権力ある外戚。〔後漢書、鄭玄伝〕靈帝の末、黨禁解く。大將軍何進、聞きて之れを辟す。州郡、進の權戚なるを以て、敢て意に違はず、遂に玄を迫脅し、已むを得ず之れに詣る。～玄、朝服を受けず。～一宿して逃去す。時に年六十。

【権奪】 父母の喪期の終わるを待たず、復職を命ずること。〔晋書、礼志中〕太康七年、大鴻臚鄭默、母の喪既に葬るも、～起たず。是こに於て始めて大臣終喪三年を得ることを制す。然れども元康中、陳準・傅咸の徒、猶ほ權奪を以て禮を終ふることを得ず。玆れより已往、以て成比と爲る。

【権知】 かりにその職を司る。〔国老談苑、一〕太祖嘗て趙普に語りて曰く、唐室の禍源は諸侯の制し難きに在り。何の術を以て之れを革めんと。普曰く、列郡、京官を以て權知し、三年に一たび替ふるときは、則ち虞れ無からんと。

【権柄】 権力。支配権。漢・蔡琰〔悲憤詩、二首、一〕漢季、權柄を失ひ 董卓、天常を亂す

【権変】 臨機応変。〔大唐新語、二〕始め則天（武后）權變多智を以て、高宗將に群疑を廢して之れを立てんとす。志を得るに及んで、威福竝びに作り、高宗の擧動も必ず掣肘せらる。

【権謀】 臨機の謀。〔荀子、王覇〕故に國を用ふる者、義立ちて王たり、信立ちて霸たり、權謀立ちて亡ぶ。三者は明主の謹み擇ぶ所なり。

【権門】 権勢の家。〔東観漢記、陽球伝〕乃ち（常侍、王）甫の尸（屍）を磔くし、署して賊臣王甫と曰ふ。是こに於て權門惶怖股慄し、雀目鼠歩せざる莫し。

【権輿】 萌生え。もののはじめ。〔詩、秦風、権輿〕於我や夏屋（礼食大具）渠渠たりしに 今や食ふと每も餘り無し 于嗟乎 權輿を承けず

【権要】 権貴枢要の地位。〔後漢書、皇后下、安思閻皇后紀〕是こに於て（弟）景は衞尉と爲り、耀は城門校尉、晏は執金吾となる。兄弟權要、威福自由なり。

【権利】 権勢と貨財。〔荀子、勧学〕是の故に權利も傾くること能はず、群衆も移すこと能はず。

【権力】 他人を制する地位上の力。〔漢書、游俠、万章伝〕（万章）中書令石顯と相ひ善し。亦た顯の權力を得たり。門の車、常に轂を接す。

↑権位 権勢の地位/権栄 権貴/権詭 詭計/権議 権謀/権強 権勢/権化 化身/権計 謀/権譎 詐計/権県 はかる/権言 風説/権限 権能/権現 化身/権幸 お気に入りの権力者/権悻 権倖/権豪 権勢ある人/権骨 顴骨/権詐 ぺてん/権策 策謀/権時 一時/権首 首謀/権収 仮受け/権術 詭計/権称 はかり/権臣 権勢の臣/権正 正と変/権政 権力政治/権摂 代理/権準 頬骨が高い/権胥 仮埋葬/権族 豪族/権代 かりの代理/権智 詐謀/権寵 権倖/権通 変通/権典 暫定法/権度 はかり/権道 臨機の方法/権任 仮任命/権佞 権力をもつ佞人/権能 権力職能/権秉 権柄/権閉 仮埋葬/権嬖 権倖/権便 便宜/権勇 勇猛/権略 機略/権量 はかり

↓威権・越権・官権・棄権・機権・強権・教権・公権・国権・債権・三権・私権・失権・執権・実権・主権・集権・女権・商権・職権・神権・親権・人権・政権・専権・擅権・全権・争権・大権・朝権・

同権・特権・覇権・版権・物権・分権・兵権・民権・有権・利権

常 【賢】 15 7780 ケン かしこい まさる

篆文

金文

形声 声符は臤。臤は賢の初文。〔説文〕六下に「多才なり」とみえる。〔書、金縢〕に「予が仁は考(文王)の若く、能く多材多藝にして、能く鬼神に事ふ」とあり、多才多芸は神に事える者の条件であった。臤は手(又)で眼睛を破る意。そのような瞽者が神に事えるもの(臣)とされ、その多才なるものは神瞽とよばれ、賢者とされた。臤は〔説文〕三下に「古文以て賢の字と爲す」とあり、漢碑や〔魏石経〕にもなお臤の字を用いている。もと聖職者をいい、のち聖賢をいう。聖(聖)もまた、神の声を聞きうるものをいう。

訓義 ①かしこい、神につかえるもの。②まさる、よい、すぐれる、たっとぶ。③ゆたか、とむ、おおい、多財。④つかれる。⑤堅と通じ、かたい、大きい。⑥酒の隠語。魏の武帝が禁酒令を出したので、人は白酒を賢といった。

古訓 〔名義抄〕賢 カシコシ・サカシ・マサレリ・イタハル・カト・ヨシ・タカシ・ヒジリ・ミル・マサル・タヾス・ヒロシ・カタシ 〔字鏡集〕賢 タヾス・タカシ・ヒジリ・ミル・ヒロシ・イタハシ・マサレリ・サカシ・マス・マサル・カシコシ・マサ・タヽ・ヨシ・カタシ・オホシ

【賢君】けんくん 賢主。〔戦国策、秦二〕陳軫、秦王に謂ひて曰く、義渠君は蠻夷の賢君なり。王、之れに賂ひして、以て其の心を撫するに如かずと。秦王曰く、善しと。因りて文繡千匹、好女百人を以て、義渠君に遺れり。

【賢抗】けんこう(かう) 賢くて、ものに屈しない。〔韓非子、問弁〕其の、行を觀るや、離群を以て賢と爲し、上を犯すを以て抗と爲す。人主は~賢抗の行を尊ぶ。

【賢豪】けんごう(がう) 賢く気象のすぐれた者。〔史記、游俠伝序〕布衣の徒、取予然諾を設け、千里義を誦し、死を爲すも世を顧みず。~故に士、窮窘して命を委ぬるを得。此れ豈に人の所謂賢豪の閒なる者に非ずや。~俠客の義、又曷ぞ少くべけんや。

【賢士】けんし 賢人。〔荘子、刻意〕野語に之れ有り。曰く、衆人は利を重んじ、廉士は名を重んず。賢士は志を尙び、聖人は精を貴ぶと。

【賢子】けんし 他人の子をいう敬称。魏・武帝〔太尉楊文先(彪)に与ふる書〕(曹)操白す、足下と海内の大義を同じうし、~賢子を以て輔けらる。~而るに足下の賢子、豪父の勢ひを恃み、毎に吾と懷ひを同じうせず。

【賢者】けんじゃ 賢人。〔論語、子張〕子貢曰く、文武の道、未だ地に墜ちず、人に在り。賢者は其の大なる者を識り、不賢者は其の小なる者を識る。

【賢臣】けんしん 賢良の臣。蜀・諸葛亮〔出師の表〕賢臣に親しみ、小人を遠ざくるは、此れ先漢の興隆せし所以なり。小人に親しみ、賢臣を遠ざくるは、此れ後漢の傾頽せし所以なり。

【賢聖】けんせい 聖賢。〔孟子、公孫丑上〕湯より武丁に至るまで、賢聖の君六七作る。天下殷に歸すること久し。久しければ則ち變じ難きなり。

【賢達】けんたつ 賢くて道理に通ずる人。〔後漢書、黄憲伝〕太守王龔、郡に在りて禮もて賢達を進め、降致する所多し。卒に憲を屈せしむること能はず。

【賢智】けんち 賢く智のある人。〔六韜、文韜、上賢〕太公曰く、夫れ六賊なる者、~三に曰く、臣に朋黨を結びて賢智を蔽ひ、主の明を鄣ぎる者有り。

【賢哲】けんてつ 賢く思慮深い人。漢・揚雄〔劇秦美新〕帝者勤むと雖も、惡んぞ以て已むべけんや。宜しく賢哲に命じて、帝典一篇を作り、舊三と一襲と爲し、以て來人(将来)に示すべし。

【賢能】けんのう 賢く能力のある人。南朝宋・范曄〔後漢二十八将伝論〕茲れより以降、孝武に訖るまで、宰輔五世、公侯に非ざる莫し。遂に縉紳をして道塞がり、賢能をして蔽壅せしむ。

【賢輔】けんぽ 賢相。〔後漢書、梁商伝論〕順帝の世、梁商は稱して賢輔と爲す。豈に其の地亢滿(極盛)に居り、而も能く愿謹を以て自ら終ふる者なるを以てなるか。

【賢明】けんめい 事理に通ずる人。漢・王褒〔聖主、賢臣を得るの頌〕故に世、必ず聖智の君有りて、而る後賢明の臣有り。虎嘯きて谷風洌く、龍興りて雲氣を致す。

【賢良】けんりょう すぐれた臣。漢代に選挙の科目であった。漢・武帝〔賢良の詔〕賢良は古今王事の體に明らかなり。策を受けて察問し、咸な書を以て對へ、之れを篇に著はせ。朕、親しく覽ん。

【賢労】けんろう(らう) 人より多く苦労する。〔孟子、万章上〕此れ王事に非ざる莫し。我獨り賢勞す。

↑賢英 傑物/賢媛 賢女/賢可 賢能/賢歌 歌妓/賢閣 他人の妻/賢関 賢路/賢義 かしこく正しい/賢愚 賢と愚/賢兄 貴兄/賢契 貴君/賢慧 賢智の人/賢彦 俊彦/賢姱 賢好/賢巧 巧者/賢行 かしこい行い/賢佐 良佐/賢才 才智の人/賢妻 良妻/賢哉 賢なるかな/賢宰 賢相/賢材 賢才/賢察 ご推察/賢師 良師/賢資 賢質/賢主 賢君/賢酒 濁酒/賢淑 貞淑な人/賢俊 俊賢/賢儁 賢俊/賢肖 賢愚/賢相 良相/賢将 良将/賢勝 賢俊/賢人 賢者/賢台 賢兄/賢知 賢智/賢長 賢能/賢弟 仁弟/賢東 弟子/賢徳 明賢の徳/賢妃 賢明な妃/賢否 賢愚/賢父 御尊父/賢婦 賢夫人/賢母 御母堂/賢友 かしこい友/賢勇 智勇/賢雄 智勇の人/賢吏 良吏/賢慮 御思慮/賢令 良い長官/賢路 賢者の進路/賢郎 御令息

↓遺賢・英賢・往賢・群賢・古賢・高賢・至賢・七賢・俊賢・諸賢・尚賢・上賢・仁賢・聖賢・先賢・前賢・大賢・知賢・忠賢・能賢・名賢・明賢・優賢

【踡】 15 6911 ケン かがむ

形声 声符は卷(巻)。卷はまきこむ意。かがむ、身をかがめることをいう。

訓義 ①かがむ、かがみこむ。②せぐくまる。

古訓 〔名義抄〕踡 セクヾマル・スム/踡跼 セクヾマル 〔字鏡〕踡 フム 〔字鏡集〕踡 スム・フム・セクヾマル

【踡跼】けんきょく 足がかがまり、進まない。〔淮南子、精神訓〕疵瘕(腹痛)を病む者、心を捧へ腹を抑へ、膝上に叩頭し、踡跼して諦き、通夕寐ねず。

↑踡焉 かがまる/踡局 踡跼/踡屈 踡跼/踡伏 かがまり伏す

↓連踡

【嶮】 16 2878 ケン けわしい

形声 声符は僉。僉に劍(剣)・檢(検)の声がある。〔説文〕自部十四下に「險は阻難なり」とし、〔集韻〕は〔説文〕を引き「或いは山に從ふ」として、嶮をその異文とする。山部と自部とに相渉る字が多いが、自は神の陟降する神梯の象で、その部の字は聖域に関するものが多い。

訓義 ①けわしい、高くけわしい。②険と通用する。

古訓 〔名義抄〕嶮 サガシ 〔字鏡〕嶮 ツクス・ケハシ・サガシ・ハ

ゲマス・イツハリ
＊語彙は険字条参照。

【嶮巇】たかくけわしい。唐・秦韜玉〔釣翁〕詩 世上、窮まること無し、嶮巇の事 算ふに應に釣船に入り來たること難かるべし

↑嶮阨 けわしい／嶮難 危険／嶮陂 急坂／嶮薄 徳が薄い／嶮路 危うい路
嶮險／嶮隘 狭く危うい／嶮悪 危うい／嶮岨

常【憲】16 【憲】16 3033 ケン のり

篆文

金文

形声 声符は害。害は金文にみえ、憲の初文。目の上に刻画に近い入墨を加えた形で、もと刑罰を示す字であった。〔説文〕十下に憲を「敏なり」と敏疾の意とするが、その用義例をみない。〔詩、小雅、六月〕「萬邦、憲と爲す」、〔周礼、地官、小司徒〕「群吏をして禁令に憲らしむ」、〔周礼、秋官、布憲〕「邦の刑禁を憲はすことを掌る」のように用いる。

訓義 1のり、のっとる、おきて、さだめ。2あらわす、おしえる。3さとい。4まこと。〔玉篇〕に「誠なり」とする。5軒と通じ、たかい。

古訓 〔名義抄〕憲 ノリ 〔字鏡集〕憲 マコト・ウヤマフ・コトハル・ノリ・ノトル

【憲憲】顕々。また、歓楽するさま。〔詩、大雅、板〕天の方に難めるに 然く憲憲する無かれ

【憲章】曲章制度、また、則り明らかにする。〔中庸、三十〕仲尼、堯舜を祖述し、文武を憲章す。上は天時に律り、下は水土に襲る。

【憲法】国家の規定。〔国語、晋語九〕善を賞し姦を罰するは、國の憲法なり。

【憲令】国の法令。〔後漢書、陳寵伝〕漢興りて以來三百二年、憲令稍く增し、科條限り無し。～宜しく三公をして、～大辟は二百、而して耐罪・贖罪は二千八百、幷せて三千と爲し、悉く其の餘令を删除せしむべし。

↑憲威 法の権威／憲紀 法規／憲規 法規／憲禁 禁令を発布する／憲矩 法則／憲檄 命令書／憲言 格言／憲行 上官の命／憲綱 法紀／憲告 法令を告示する／憲坐 処分／憲司 御史／憲式 おきて／憲書 暦／憲臣 御史の属／憲制 法制／憲政 立憲政治／憲籍 法典／憲台 御史台／憲断 裁き／憲天 最上官／憲典 憲法／憲度 法度／憲牘 法律文書／憲罰 処罰の表示／憲範 典範／憲票 命令書／憲部 刑部／憲府 御史台／憲辟 規定／憲命 国法の命／憲網 法網／憲律 おきて

↓違憲・家憲・改憲・官憲・古憲・護憲・合憲・国憲・常憲・大憲・朝憲・布憲・邦憲・立憲

【撿】16 5808 ケン レン こまねく

篆文

形声 声符は僉。僉に劍(剣)・檢(検)の声がある。〔説文〕十二上に「拱くなり」とあり、拱手の意。また撿束・撿挙・巡撿のように用いる。檢と通用の字。

訓義 1こまねく、拱手。2とりしまる、しらべる。3くくる、あげる。4みまわる、さぐる、えらぶ。

古訓 〔名義抄〕撿 カムガフ・タヾス・ヲサム・オナジ・ミル・アナグル・カギル・オホス・オホセゴト

↑撿閲 検閲する／撿覈 調べる／撿括 法度／撿勘 吟味する／撿局 約束／撿察 検察／撿書 校正／撿束 束縛／撿勅 戒める／撿点 点検する

【㬎】16 6099 ケン あきらか

篆文

会意 日＋絲(糸)。日は玉の形。絲はその玉に加えた呪飾。これによって魂寄せを行う。わが国で白香の類を用いるのと同じ。その前に、礼容を整えてこれを拝する人の形(頁)を加えると、顯(顕)となる。魂寄せによって、霊が顕ち顕われることを顯という。〔説文〕七上に「衆くして微杪(妙)なるものなり。日中に絲を視るに從ふ。古文以て顯の字と爲す」というが、日中に糸を視ると解しては、字義をえがたい。〔魏石経〕に㬎を顯の義に用いる例がみえるが、頁を加えてはじめて顕現の意があらわれる。現は顯の呪飾を加えない字である。

訓義 1あきらか、あらわれる、霊があらわれる。2〔説文〕に「或いは曰く、衆口の皃なり。讀みて唫唫の若くす」とあり、やかましい。3〔説文〕にまた「或いは以て繭と爲す。繭なる者は、絮の中に往往小繭有るなり」とあり、糸をつむいだあとのくず、ふしいと。4頭につける光る飾り。

古訓 〔字鏡集〕㬎 タエタリ

参考 金文に「䫫命」「䫫孝」という語があり、「顯命」「顯孝」の意と思われ、字中の日はやはり玉。尹は巫祝。また魂寄せの法を示す字であろう。

【獧】16 4623 ケン とぶ はねおどる

篆文

形声 声符は睘。睘に嬛の声がある。〔説文〕十上に「疾く跳ぶなり」、また〔玉篇〕に「跳ぶなり」とあって、獣の跳躍して走ることをいう。また狷と通じ、狷介の意がある。

訓義 1とぶ、とびはねる、はねおどる、とびはしる、すばやい。2狷と通じ、心がせまい、狷介。

古訓 〔字鏡集〕獧 イソグ・スミヤカ

↑獧黠 わるがしこい／獧急 せっかち／獧給 敏捷／獧慧 伶悧／獧巧 狡獪／獧者 狷介者／獧捷 敏捷／獧佻 軽佻／獧薄 軽薄／獧浮 軽薄／獧利 伶悧

↓狂獧

【獫】16 4828 ケン レン

篆文

形声 声符は僉。僉に檢(検)・斂の声がある。〔説文〕十上に「長喙の犬なり」とあり、また「一に曰く、黑犬の黃頭なるもの」という。獫狁は北方の種族。

訓義 1口の長い犬、黒く黄頭の犬。2獫狁は北方の種族の名、また玁狁という。

古訓 〔字鏡集〕獫 イヌ・イヌノナガボエ

【獫狁】北方の種族の名、匈奴の古名。〔漢書、韋玄成伝〕周室既に衰へ、四夷竝び侵す。獫狁最も彊し。今に於て、匈奴是れなり。

【縑】16 2893 ケン かとり きぎぬ

篆文

形声 声符は兼(兼)。〔説文〕十三上に「絲を幷せたる繒なり」とあり、二本の糸で織ったかとりぎぬをいう。〔釈名、釈采帛〕に「縑は兼なり。其の絲細緻にして、數は布絹より兼せたり。染むるに五色を兼ね、細にして且つ緻に、水を漏らさざるなり」とみえる。

訓義 1かとり、かとりぎぬ。2きぎぬ。3きぬ。

古訓 〔名義抄〕縑 カトリ

【縑緗】浅黄の薄絹。書物。黄巻。唐・顔真卿〔辛子を送るの序〕惜しい乎、縑緗に困しみて繕寫することを獲ず。遂に精義をして沈鬱し、闇然として未だ彰らかならざらしむ。

【縑素】 白いかとりぎぬ。書画に用いる。〔歴代名画記、一、論画六法〕唯だ呉道玄の(筆)迹を觀るに、六法俱に全く、萬象必ず盡す。～所以に氣韻の雄壯なる、幾ど縑素に容れず、筆迹の磊落なる、遂に意を壁墻に恣にす。
【縑帛】 縑素。〔後漢書、宦者、蔡倫伝〕古より書契は多く編するに竹簡を以てす。其の縑帛を用ふる者、之れを謂ひて紙と爲す。～倫乃ち造意し、樹膚・麻頭、及び敝布・魚網を用ひ、以て紙と爲す。
【縑布】 かとりぎぬ。〔三国志、魏、東夷伝、韓〕(弁辰十二国)土地肥美、五穀及び稻を種うるに宜ろし、蠶桑に曉らかに、縑布を作る。
➡縑衣 かとりの衣／縑簡 書冊／縑紈 縑素／縑綺 あや／縑巾 絹頭巾／縑縩 あやぎぬ／縑繒 かとり／縑楮 紙／縑蒲 書冊／縑墨 紙墨／縑綾 あや／縑練 ねりぎぬ
⬇一縑・懷縑・紈縑・軽縑・呉縑・黄縑・纊縑・縩縑・細縑・織縑・新縑・生縑・青縑・尺縑・素縑・霜縑・束縑・長縑・匹縑・綾縑

【褰】 16 3073 ケン かかげる はかま

篆文 

形声 声符は搴の省文。〔説文〕八上に「絝なり」とあり、裾をからげるような形をいう。〔詩、鄭風、褰裳〕に「裳を褰げて溱(川の名)を渉る」とあり、巻きあげるように掲げることをいう。
訓義 ①かかげる、かきあげる。②たたむ、ひだをつける。③はかま。
古訓 〔名義抄〕褰 カヽグ・アガル・ハカマ・カギル
語系 褰・搴 khian は同声。搴は草木などを抜きとる意。巻(卷)kiuan も声義近く、巻きあげることを捲kiuanという。
【褰裳】 裳の裾をからげる。〔礼記、曲礼上〕暑くとも裳を褰ぐること毋かれ。
➡褰衣 裾を巻く／褰帷 幕を張る／褰開 かかげてひらく／褰挙 高く挙げる／褰縐 ちぢむ
⬇高褰

【諠】 16 0361 [諼] 16 0264 ケン わすれる やかましい

篆文 

形声 声符は宣。宣に喧の声がある。〔説文〕三上に諼を正字とし、「詐るなり」と訓し、爰声。爰に緩(緩)の声がある。〔爾雅、釈訓〕に「忘るるなり」、〔広雅、釈詁二〕に「欺くなり」とするが、〔詩、衛風、伯兮〕に「諼草」の名があり、「忘る」という訓が古いのであろう。諠は諠譁・諠囂の意に用いることが多い。
訓義 ①わすれる、いつわる、あざむく。②やかましい、かまびすしい、さわぐ。
古訓 〔新撰字鏡〕諠 サワカシ 〔篇立〕諠 カマビスシ・カマ〳〵シ・カタラフ／諼 イム・ワスル・イツハル 〔字鏡集〕諠 ワスル・カマビスシ・サハガシ・ヨバフ／諼 ワスル・イム・ヘツラフ・イツハル・ユルス
語系 諠(喧)xiuan、讙 xuan は声義近く、やかましい意。譁 xoa も同系の語で、諠譁と連用する。
【諠譁】 やかましく騒ぎたてる。〔史記、鼂錯伝〕錯の更むる所の令三十章、諸侯皆諠譁して鼂錯を疾む。～(後)、呉楚七國果して反す。
【諠赫】 明らか。〔後漢書、酷吏伝論〕漢世の所謂酷能なる者、蓋し聞く有り。皆敢捍精敏を以て、巧みに文理に附し、風行霜烈、威譽諠赫たり。夫の斷斷として道を守るの吏と、何ぞ工否の殊となるや。
【諠詬】 大声でののしる。〔五代史、雑、李愚伝〕(劉)昫、性褊急、而して愚は素より剛介、動もすれば輒ち違戾す。昫は馮道と姻家なり。～兩人遂に相ひ諠詬し、乃ち俱に罷めらる。
【諠囂】 大声でさわぐ。〔魏書、韓顕宗伝〕諸宿衞の内直する者、～今其の蒱博の具を給し、以て褻狎の容を成す。矜爭の心を長じ、諠囂の慢を恣にす。～此の如きの類、一に宜しく禁止すべし。
【諠擾】 さわがしい。〔晋書、文苑、羅含伝〕廨舍の諠擾なるを以て、城西の池の小洲上に茅屋を立て、木を伐りて材と爲し、葦を織りて席と爲して居る。布衣蔬食、晏如たり。
【諠呶】 大声でさわぐ。梁・劉峻〔東陽金華山棲志〕歳始年季、農隙(農閑期)時に閒あり。～田家野老、壺を提げて其れ至り、～酒酣にして耳熱し、屢しば舞ひて諠呶す。箱庾(こめぐら)を盛論し、穀稼(収穫)を高談す。
【諠乱】 さわぎみだれる。〔北史、李士謙伝〕李氏、宗黨豪盛なり。春秋の二社毎に、必ず高會極宴し、沈醉諠亂せざる無し。
➡諠駭 おどろき騒ぐ／諠聒 やかましい／諠己 忘我／諠競 争い騒ぐ／諠言 やかましい／諠呼 やかましく叫ぶ／諠草 忘れ草／諠伝 喧伝する／諠擁 集まり騒ぐ／諠弄 からかう

【黔】 16 6832 ケン キン くろい あさぐろ

篆文 

形声 声符は今。〔説文〕十上に「黎なり」とし、「秦は民を謂ひて黔首と爲す。黑色なるを謂ふなり。周は之れを黎民と謂ふ」と補足している。〔泰山刻石〕に「黎庶」、〔史記、李斯伝〕に「面目黎黑」とあり、黎に黎黒の意がある。〔史記、秦始皇紀〕に「二十六年、～更めて民に名づけて黔首と曰ふ」とみえ、前からあった語を、このとき以来公称としたのであろう。
訓義 ①くろい、顔色がくろい、あさぐろ。②くろくなる、すすける、くろむ。
古訓 〔名義抄〕黔 クロシ 〔字鏡集〕黔 キクロ・クロシ・クロカナリ
語系 黔 gyəm、黥 gyang は声義近く、黥は入墨をいう。黔首とは、ほとんど蔑称に近い語であろう。
【黔首】 人民。漢・賈誼〔過秦論、上〕是に於て先王の道を廢し、百家の言を燔き、以て黔首を愚にす。名城を隳り、豪俊を殺す。
【黔突】 黒ずんだ煙突。永く一所に滞在する意。〔淮南子、脩務訓〕布衣徒歩の人を以て之れを觀れば、～孔子に黔突無く、墨子に煖席無し。
【黔黎】 人民。庶民。晋・潘岳〔河陽県の作、二首、二〕詩 黔黎、竟ひに何ぞ常あらん 政の成るは、民の和に在り
【黔驢】 黔州の驢。唐・柳宗元〔三戒、黔の驢〕黔に驢無し。好事の者、～之れを山下に放つ。虎之れを見るに、尨然たる大物なり。以て神と爲し、林閒に蔽くれて之れを窺ふ。～他日、～稍く近づき益ます狎れ、蕩倚(身を寄せてうごかす)衝冒す(つきあたる)。驢、怒りに勝へず、之れを蹄ける。虎～曰く、技止だ此れのみと。因りて～其の喉を斷ち、其の肉を盡す。
➡黔嬴 造化の神／黔愚 人民／黔細 人民／黔庶 黔首／黔竈 黔突／黔雷 黔嬴／黔落 村落

【壎】 17 4213 [塤] 13 4618 ケン クン つちぶえ

篆文 

形声 声符は熏。〔説文〕十三下に「樂器なり。土を以て之れを爲る。六孔」とあり、つちぶえをいう。字はまた塤に作る。
訓義 ①つちぶえ。②はち、わん。
【壎篪】 土笛と竹笛。篪は籥に似た音を出す。両者相和す

ることをいう。〔詩、小雅、何人斯〕伯氏は壎を吹き 仲氏は篪を吹く 爾と貫ふが如きも 諒に我を知らず

↓頌壎

【謇】 17 3060 ケン どもる

形声 声符は搴の省文。搴に搴曲し、渋滞する意がある。〔玉篇〕に「難むなり、吃るなり」と訓する。〔楚辞、離騒〕に「謇として吾れ、夫の前脩（古の神巫）に法る」「謇として朝に誶めて夕に替てらる」とあり、耿介にして俗と異なるさまをいう。

訓義 ①どもる、いいよどむ、いいなやむ。②直言するさま、かたくはげしいさま。

古訓 〔名義抄〕謇 コトヾモリ 〔字鏡集〕謇 カタシ・タヾシ・コトヾモリ

【謇諤】直言する。〔後漢書、陳忠伝〕臣聞く、仁君は山藪の大を廣くし、切直の謀を納る。忠臣は謇諤の節を盡し、逆耳の害を畏れずと。

【謇謇】直言する。〔楚辞、離騒〕余れ固より謇謇の患爲るを知るも 忍んで舍くこと能はざるなり

【謇直】直言する。〔後漢書、胡広伝〕謇直の風無しと雖も、屢と補闕の益有り。

↑謇愕 謇諤/謇諫 直諫/謇吃 どもる/謇喫 どもる/謇正 謇直/謇然 謇謇/謇烈 正しく烈しい

↓諤謇・剛謇・忠謇

常【謙】 17 〔謙〕 17 0863 ケン キョウ（ケフ） タン つつしむ ゆずる

篆文 

形声 声符は兼（兼）。〔説文〕三上に「敬むなり」、〔玉篇〕に「遜讓なり」という。〔易、謙、彖伝〕に謙と盈とを対称しており、倹廉の意をもつ字である。

訓義 ①つつしむ、うやまう。②ゆずる、ひかえる、へらす。③慊と通じ、あきたる、こころよい。④詀と通じ、だまされる。

古訓 〔名義抄〕謙 ヘル・ユヅル・ウヤマフ・ウタガフ・キラフ 〔字鏡集〕謙 ヘリクダル・ヘス・ヘル・ユヅル・カルシ・ウヤマフ・ウタガフ・キラフ

語系 謙・慊・嗛・愜khyapは苦牒の反で同声。謙・慊・嗛は自ら足れりとする意の字。愜は自ら快しとする意の字。声義近く、一系の語である。

【謙虚】心を虚しうしてゆずる。〔後漢書、李固伝〕今、宋阿母、大功勤謹の徳有りと雖も、～土を裂き國を開くに至りては、實に舊典に乖く。聞く、阿母、體性謙虚なりと。必ず遜讓すること有らん。

【謙恭】謙遜してつつましい。〔三国志、呉、闞沢伝〕性、謙恭篤愼、官府の小吏も、呼召對問するに、皆抗禮（対等の礼）を爲す。

【謙謹】謙恭。〔南史、文学、岑之敬伝〕之敬、始め經業を以て進み、文史に博渉す。雅より詞筆有り、醇儒と爲らず。性謙謹、未だ嘗て才學を以て物に矜らず。後進を接引すること恂恂如たり。

【謙謙】謙遜するさま。〔漢書、谷永伝〕宜しく深く職を辭すべし。自ら淺薄にして、以て城門の守りを固くするに足らざるを陳べ、太伯の讓りを收め、謙謙の路を保ち、門を闔し枕を高くするを、知者の首と爲す。

【謙辞】ひかえめにいう。〔後漢書、隗囂伝〕囂が、東することを欲せず。連りに使を遣はして、深く謙辭を持し、功徳無きを言ひ、四方の平定するを須ちて、閭里に退伏せんとす。

【謙順】ひかえめにして順う。〔晉書、楊駿伝〕孫楚～説きて曰く、公、外戚を以て伊・霍の重き（輔相）に居り、大權を握り、弱主を輔く。當に仰ぎて古人の至公至誠、謙順の道を思ふべし。

【謙讓】ひかえて人にゆずる。〔史記、淮陰侯伝論賛〕太史公曰く、～假し韓信をして道を學びて謙讓し、己の功を伐らず、其の能を矜らざらしめば、則ち庶幾き哉。

【謙退】ひかえめで人にゆずる。〔史記、楽書〕君子は謙退を以て禮と爲し、損減を以て樂と爲す。

【謙默】ひかえめで、言葉少ない。明・王守仁〔教条、竜場の諸生に示す、勤学〕苟し謙默自ら持し、能く自ら處ること無く、篤志力行、勤學好問ならば、～其の人の資稟、甚だ魯鈍なりと雖も、儕輩の中、之れを稱慕せざる者有らんや。

【謙約】謙抑。〔後漢書、馬援伝〕龍伯高は敦厚周愼、口に擇言無く、謙約節儉、廉公にして威有り。吾れ之れを愛し之れを重んず。願はくは汝が曹、之れに效へ。

【謙抑】自己を抑制する。明・王守仁〔教条、竜場の諸生に示す、勤学〕吾れに從つて遊ぶ者は、聰警敏捷を以て高しと爲さず、勤確謙抑を以て上と爲す。

【謙廉】ひかえめで廉潔。唐・元稹〔故金紫光禄大夫～厳公行状〕公の始めて用ひられしより、儒素謙廉、早歳より推され、大官と爲るに及んで、益と自ら勞勤す。

↑謙恪 謙謹/謙愨 謙愼/謙己 謙遜/謙屈 へりくだる/謙敬 謙愼/謙倹 謙約/謙愿 謙愨/謙厚 謹厚/謙克 謙抑/謙詞 ひかえめにいう/謙柔 謙順/謙粛 謙謹/謙恕 思いやり/謙称 謙辞/謙愼 つつしみ深い/謙素 謙約/謙巽 謙遜/謙損 謙退/謙遜 へりくだりひかえめ/謙沖 謙虚/謙飭 謙謹/謙徳 謙讓の徳/謙挹 謙讓

↓恭謙・卑謙・和謙

【蹇】 17 3080 ケン あしなえ くるしむ

篆文 

形声 声符は搴の省文。搴に搴曲の意がある。〔説文〕二下に「跛なり。足に從ひ、寒の省聲なり」とするが、搴の篆文は寒（寒）に従っており、蹇は搴の声義をとるものとみてよい。〔楚辞、九章、哀郢〕に「思ひ蹇産として釋けず」とあり、すべて蹇難のことをいう。

訓義 ①あしなえ、あしがかがむ。②なやむ、くるしむ。③とまる、とどこおる。④まがる、あがる、みだれる、かたくな。⑤愚かな人、駑馬。⑥発語、感動詞、ああ、楚辞に用いる。⑦褰と通じ、つまどる、裾をからげる。

古訓 〔和名抄〕蹇 阿之奈閇（あしなへ）と訓む。此の閒には、那閇久（なへく）と云ふ 〔名義抄〕蹇 アシナヘ・ナヘグ・ツマヅク・トヾコホル・オコル/偃蹇 ―トタカシ 〔字鏡集〕蹇 ナヘグ・カヘリマウシ・トヾコホル・ツマヅク・アシナヘ・アガル・オコル・クジク/偃蹇 ―トシテ（タ）カフシテ

【蹇蹇】苦節を尽くす。〔易、蹇、六二〕王臣蹇蹇、躬の故に匪ず。

【蹇産】心が結ぼれるさま。〔楚辞、九章、哀郢〕心絓結して解けず 思ひ蹇産として釋けず

【蹇脩】上古、伏羲の臣で媒酌に巧みであったという。〔楚辞、離騒〕佩纕を解きて、以て言を結び 吾れ蹇脩をして以て理（仲だち）を爲さしむ

【蹇歩】歩きなやむ。梁・沈約〔五兵尚書を讓せむる表〕駑足蹇歩、終に躓を鹽車に取る。

【蹇劣】才能少なし。唐・韋応物〔幽居〕詩 自ら當に蹇劣に安んずべし 誰か世榮を薄んずと謂はんや

↑蹇運 厄運/蹇衛 弱い驢馬/蹇偃 高低俯仰/蹇諤 謇諤/蹇謌 直言する/蹇吃 どもる/蹇喫 どもる/蹇吃/蹇脚 あしなえ/蹇伉 伉直の人/蹇困 苦しむ/蹇散 不才/蹇士 忠直の人/蹇辞 直言/蹇渋 滞る/蹇裳 褰裳/蹇驤 飛びあがる/蹇人

あしなえ／蹇拙 蹇劣／蹇滞 不幸／蹇躓 つまずく／蹇頓 つまずき行きなやむ／蹇難 蹇頓／蹇馬 行きなやむ馬／蹇跛 蹇脚／蹇剝 不幸／蹇薄 おろか／蹇服 蹇馬／蹇分 不運／蹇厄 行きなやみ苦しむ／蹇連 蹇頓

↓偃蹇・寒蹇・艱蹇・窮蹇・驕蹇・遅蹇・忠蹇・屯蹇・駑蹇・跛蹇・疲蹇・歩蹇・連蹇

常【鍵】17 8514 〔鍵〕17 8514 ケン かぎ くさび

篆文

形声 声符は建（建）。〔説文〕十四上に「鉉なり」とあり、鼎扃、すなわち鼎の両耳に木を通してもちあげる木をいう。また「一に曰く、車舝なり」（段注本）とあって、車輪の軸端を止めるくさびの意とする。錠前の意は楗の仮借であるが、のちその意に用いる字となった。

訓義 ①かぎ、錠前。②鼎の耳づる、鼎扃。③くさび、車舝。④国語で、ピアノの鍵盤。

古訓 〔名義抄〕鍵 クル、キ・ツルキ・カスカヒ・カギ・トザシ 〔篇立〕鍵 トジ・クル、キ・キカキ・クサビ・ヒサシ・カスカヒ・ツルキ・ヒロフ・キサス

語系 鍵・楗gianは同声。關（関）koan、管kuanは声義近く、みな関鍵の類をいう。牡を鍵、牝を管という。

【鍵閉】戸じまりの金具。〔礼記、月令〕（孟冬の月）門閭を戒め、鍵閉を脩め、管籥を愼む。

【鍵鑰】錠前。〔方言、五〕戸の鑰は、關より東、陳・楚の閒、之れを鍵と謂ふ。關より西、之れを鑰と謂ふ。

↑鍵関 関鍵／鍵戸 戸締まり／鍵盤 ピアノのキー

↓開鍵・管鍵・関鍵・機鍵・扃鍵・鉤鍵・封鍵

【瞼】18 6808 ケン まぶた

篆文

形声 声符は僉。僉に檢（検）・驗（験）の声がある。〔説文新附〕四上に「目の上下の瞼なり」とあり、まぶたをいう。

訓義 ①まぶた。

古訓 〔新撰字鏡〕瞼 万奈不太（まなぶた）〔和名抄〕瞼 末奈布太（まなぶた）〔名義抄〕瞼 マナブタ・マナコ 〔篇立〕瞼 マナコ・マナジリ・エム・マナブタ

↓眼瞼

常【繭】18 4422 〔繭〕19 4422 ケン まゆ

篆文 古文

会意 桑の葉の形＋糸＋虫。桑の葉に蚕が繭を作る意。〔説文〕十三上に「蠶衣なり」とし、黹の省に従うとするが、その形ではない。卜文に桑の葉の上に蚕の形を加えたものがある。養蚕のことは古くから行われ、卜辞に蚕示（蚕の神）を祀ることがみえる。〔礼記、祭義〕に、王后世婦が神衣・祭衣を作る儀礼に奉仕することがしるされている。いわゆる公桑蚕室、親蚕の儀礼である。わが国では蚕神オシラ信仰が行われた。

訓義 ①まゆ、かいこのまゆ。②くずわた、いとを紡いだ残りのわた、わたいれ。③繭と通じ、足うらのたこ、まめ。

古訓 〔和名抄〕繭 万由（まゆ）〔名義抄〕繭 マユ 〔篇立〕繭 マユ・カヒコ

【繭館】養蚕の室。〔漢書、元后伝〕（太后）春、繭館に幸す。皇后列侯夫人を率ゐて桑つみ、霸水に遵ひて祓除す。

【繭足】足のまめ。宋・蘇軾〔梁先、舒煥と舟を泛べ、臨醸の字を得たり、二首、一〕詩 汴泗、交流の處 清潭、百丈深し 故人、千里を輕しとし 繭足、來りて相ひ尋ぬ

【繭卜】上元の夜、粉で作った繭玉の中に吉語を記して入れ、運勢をトする。〔開元天宝遺事、天宝下、探官〕都中、正月十五日に至る毎に、麪繭を造り、官位帖子を以て官位の高下をトす。或いは筵宴を賭けて、以て戲笑と爲す。

【繭栗】小牛の生え初めの角。〔礼記、王制〕天地を祭るの牛は、角の繭栗。宗廟の牛は、角握。賓客の牛は、角尺なり。

↑繭繭 細い声／繭蚕 まゆ／繭糸 絹糸／繭紙 蚕繭紙／繭書 帛書／繭税 養蚕税／繭紬 柞蚕の絹／繭眉 蛾眉／繭布 山蚕の布／繭縷 きぬいと

↓玉繭・蚕繭・糸繭・生繭・桑繭・野繭

【羂】18 6092 〔罥〕12 6022 ケン わな あみ

形声 声符は絹。漢の張衡の〔西京の賦〕に「罝羅の羂結する所」とあり、細かいあみやわなにかかることをいう。

訓義 ①わな、あみ。②くくる、かかる、まとう、めぐる。

古訓 〔篇立〕羂 ナハカクス・カク

↑羂挂 糸をかける／羂結 かけて結ぶ／羂索 ぶらんこ

【鞬】18 4554 ケン ゆみぶくろ

篆文

形声 声符は建（建）。〔説文〕三下に「弓矢を戢むる所以なり」とあり、弓袋、また矢筒。〔広雅、釈器〕に「弓の藏なり」という。

訓義 ①ゆみぶくろ。②矢づつ。③字はまた建を用いる。

古訓 〔篇立〕鞬 フクロ・ヤナグヒ 〔字鏡集〕鞬 ユフクロ・ヤフクロ

【鞬櫜】弓袋と矢ぐい。唐・元稹〔才識兼茂、体用を明らかにするの策に対ふ〕昔我が皇祖武皇帝、亂政を撥去し、我が太宗文皇帝、干戈を鞬櫜にし、之れに被らしむるに仁風を以てし、之れを潤ほすに膏露を以てす。

↑鞬子 まり／鞬韔 弓袋／鞬弭 弓矢／鞬服 矢ぐい／鞬腰 腰に束ねる飾り

↓弓鞬・錦鞬・櫜鞬・垂鞬・帯鞬・馬鞬・佩鞬・腰鞬

常【顕】18 人〔顯〕23 6138 ケン あきらか あらわれる

篆文 金文

会意 旧字は顯に作り、㬎＋頁。㬎は〔説文〕七上に「日中に絲を視るに從ふ。古文以て顯の字と爲す」とあって、顯の初文とする。㬎は日（玉の形）に呪飾を加えた形。神霊をよぶときの神降しに用いるもので、わが国の白香などに類する。〔説文〕九上に顯を「頭の明飾なり」とするが、㬎は頭飾でなく、頁はこれを拝して神霊の顕現を祈る意。〔大盂鼎〕「丕いに顯らかなる文王」のように、神明の徳をたたえる語に用いる。金文にまた䫫の字があり、これも神降しに玉を拝する形で、〔大克鼎〕に「天子明哲にして神に䫫孝す」とあり、これは神につかえる意に用いる。また現も玉を拝し、それに対して神霊の現われることをいう字である。

訓義 ①あきらか、神霊があらわれる、神がみずからをあらわすことをいう。②あらわに、明白に、著しい。③形としてあらわれる、表面に出る、そと、おもて。④さかえる、世に知られる。⑤頭の飾り。

古訓 〔名義抄〕顯 アラハス・アラハナリ・アキラカナリ 〔字鏡集〕顯 ホガラカナリ・アキラカナリ・アラハル・ミル・サカリ・ヒカリ・ツク

語系 顯xian、現・見hyanは声義近く、みな神霊など、神聖なものを見て、これを見あらわすこと、神霊などが顕ちあらわれることをいう。

【顕允】徳明らかに心が信であること。〔詩、小雅、湛露〕顯允なる君子 令德ならざる莫し

【顕栄】富貴となる。〔史記、商君伝〕功有る者は顯榮、功

無き者は富むと雖も、芬華する（華やかにする）所無し。

【顯赫】けんかく 権勢のさかんなこと。〔後漢書、鄧騭伝〕冬、騭を徵して師を班へさしむ。～軍、河南に到る。大鴻臚をして親迎せしむ。～大いに群臣を會し、束帛乘馬を賜ふ。寵靈顯赫、都鄙を光震す。

【顯学】けんがく 世に知られた学問。〔韓非子、顯学〕世の顯學は儒・墨なり。～孔・墨の後、儒は分れて八と爲り、墨は離れて三と爲る。～孔子・墨子倶に堯・舜を道ひて、而も、取舍同じからず。皆自ら眞の堯・舜なりと謂ふ。

【顯貴】けんき 貴顯。〔史記、儒林、轅固生伝〕諸齊人の詩を以て顯貴なる者は、皆固の弟子なり。

【顯休】けんきゆう（けんきう） 立派な。休は美。〔書、多方〕天惟これ時これ民の主を求め、乃ち大いに顯休の命を成湯に降し、有夏を刑殄せんす。

【顯考】けんこう（けんかう） 「丕おおいに顯らかなる考（父）」の意。金文〔大豊毀〕不（丕）顯なる考文王、上帝に事喜（饎）す。〔書、康誥〕惟これ乃なんの丕顯なる考文王、克よく德を明らかにし罰を愼み、敢て鰥寡を侮らず。～以て我が西土を修めたり。

【顯士】けんし 著名な人物。〔韓詩外伝、八〕子路は卞べんの野人なり。子貢は衞の賈人なり。皆孔子に學問し、遂に天下の顯士と爲れり。

【顯章】けんしょう（けんしやう） あらわす。〔後漢書、祭遵伝〕博士范升上疏して～曰く、～宜しく遵の薨ずるに因りて衆功を論敍し、諡法を詳案し、禮を以て之れを成し、國家篤古の制を顯章して、後嗣の法と爲すべしと。

【顯德】けんとく 明德。〔書、文侯之命〕父ほ、往けや。遠きを柔らげ邇ちかきを能やすんじ、小民を惠康して荒寧すること無く、爾なんの都を簡恤かんじゅつし、用て爾の顯德を成せ。

【顯聞】けんぶん 明らかに知られる。〔史記、楽毅伝〕樂氏の族に～樂臣公有り。～善く黄帝・老子の言を修め、齊に顯聞し、賢師と稱せらる。

【顯名】けんめい 名声。〔中庸、十八〕武王、大王・王季・文王の緒を纘つぎ、壹ひとたび衣（殷）に戎かちて天下を有たもち、身、天下の顯名を失はず。

【顯默】けんもく 発言と沈默。語默。晉・陶潛〔飮酒、二十首、十八〕詩 仁者其の心を用ふ 何ぞ嘗かつて顯默を失はん

【顯要】けんよう（けんえう） 枢要の地位。〔晉書、諸葛恢伝〕時に王氏（導）將軍と爲り、恢兄弟及び顏含、竝びに顯要に居る。劉超、忠謹を以て書命を掌る。

【顯揚】けんよう（けんやう） 表彰する。〔礼記、祭統〕先祖を顯揚するは、孝を崇たっとぶ所以なり。

↑顯位 高位／顯異 めだつ／顯懿 うるわし／顯晦 明暗／顯豁 明らか／顯官 高官／顯軌 高官の経歴／顯器 立派な人物／顯義 義をあらわす／顯見 世にあらわれる／顯験 明験／顯言 明言／顯現 あらわれる／顯功 著功／顯効 顯功／顯仕 高官／顯志 明志／顯示 明示する／顯者 高顯の人／顯爵 栄爵／顯称 明言／顯敞 高爽／顯彰 あきらかにする／顯賞 厚賞／顯親 貴親／顯人 明顯の人／顯盛 あきらかで盛ん／顯迹 顯軌／顯善 善をあらわす／顯尊 尊栄／顯達 高位／顯智 智をあらわす／顯秩 高位／顯著 著明／顯詆 公然とそしる／顯得 明白／顯白 明白／顯抜 抜擢／顯美 貴顯／顯微 顯と微／顯否 窮達／顯表 表わす／顯没 隠顯／顯密 枢密／顯命 天の明命／顯明 明らか／顯猷 善計／顯誉 高い誉れ／顯戮 示し殺す／顯列 高位／顯烈 顯功／顯露 外にあらわれる／顯弄 自慢／顯禄 高禄

↓隠顯・栄顯・華顯・晦顯・赫顯・貴顯・徽顯・高顯・彰顯・清顯・尊顯・天顯・德顯・丕顯・微顯・表顯・褒顯・明顯・露顯

常 【験】 18 囚〔驗〕 23 7838 ケン ゲン ためす しるし

篆文 

形声 旧字は驗に作り、僉せん声。僉に檢（検）・儉（倹）けんの声がある。〔説文〕十上に「馬の名なり」とするが、〔玉篇〕に「徵なり、證なり」とあり、その義に用いる。〔説文〕にも讖しん・籤せんの各字条に「驗なり」と訓し、予言に対する徵験の意としている。〔段注〕に「檢證」の字を譣けんとするが、経籍にはみな驗を用いる。僉は二人並んで神前に拝舞し祈る形。驗はあるいはわが国の競べ馬のように、馬を用いて神意を驗することがあったのかもしれない。

訓義 ①ためす、こころみる、しらべる。②しるし、きざし、あかし。③ききめ、効果、経験。④馬の名。

古訓 〔名義抄〕驗 シルシ・ミルニ・カムガフ 〔篇立〕驗 アキラカニ・アカス・セム・コ、ロミ・シルシ・ウツ、ニ・ウツラニ 〔字鏡集〕驗 カムガフ・ウツツ・シルシ・アキラカニ・ミルニ・セム

【験左】けんさ 証拠。左は左券。〔唐書、后妃下、睿真沈太后伝〕天寶の亂に、～遂に后の所在を失ふ。～中官高力士の女～年狀差やや后に似たり。～是ここに於て迎へて上陽宮に還る。～是に於て（帝）自ら太后に謂ふ者こと數しばしばなり。驗左を索むるに及んで、皆辭窮す。帝の世を終ふるまで聞ゆる無し。

【験問】けんもん しらべ尋ねる。〔史記、孟嘗君伝〕人或いは孟嘗君を齊の湣びん王に毀そしりて曰く、孟嘗君將まさに亂を爲さんとすと。～湣王乃ち驚きて蹤跡しょうせき驗問す。孟嘗君、果して反謀無し。乃ち復また孟嘗君を召す。

↑験劾 吟味する／験覈 しらべ明らかにする／験看 面接してしらべる／験関 税関／験査 検査／験屍 死体を検視する／験視 実地調査／験試 試験する／験実 事実調査／験収 査収／験証 証拠調べ／験真 事実をしらべる／験訊 審問する／験治 取り調べ／験白 明白となる／験覆 しらべる／験方 薬方／験夢 夢の応験／験明 明白となる

↓按験・案験・応験・該験・経験・検験・考験・効験・左験・査験・参験・試験・実験・受験・修験・証験・神験・占験・体験・徴験・符験・明験・霊験

【鬈】 18 7271 ケン うつくしい

篆文 

形声 声符は卷（巻）けん。卷に巻曲の意がある。〔礼記、雑記下〕に「燕（燕居、日常）するときは、則ち鬈首す」とあり、平生は髪を巻きあげるだけで、簪笄しんけいを用いることはなかった。〔詩、斉風、盧令〕は狩りする人をほめる歌で、「其の人、美にして且つ鬈かみうるはし」という。巻きあげたまのたばね髪が、かえってふさわしく美しいのであろう。

訓義 ①うつくしい、髪がうつくしい、たばねた髪がふさわしい。②ふりわけがみ、ふりわけがみを結ぶ、小児の髪。

古訓 〔名義抄〕鬈 カミノヨキナリ・ムシ 〔篇立〕鬈 カツラ・ヒンヅラ・ミヤヲ

語系 鬈・拳（拳）・蜷 giuan は同声。卷・捲 kiuan、また圈（圏）khiuan も同系の語。みな巻きこむ意がある。

【鬈首】けんしゅ まきあげ。ふりわけ。〔礼記、雑記下〕女、未だ許嫁せずと雖も、年二十にして笄けいして之れを禮す。婦人、其の禮を執る。燕（燕居、日常）するときは、則ち鬈首す。

【鬈貂】けんちょう（てう） ふりわけに貂尾をかざる。〔管子、立政〕百工商賈、長き鬈貂を服することを得ず。

↑鬈髮 鬈首

↓長鬈

【鵑】 18 6722 ケン ほととぎす

形声 声符は肙。肙に涓・絹の声がある。杜鵑はほととぎす。〔華陽国志、蜀志〕に「杜宇、帝と稱す。～其の相、開明なり。～帝遂に委ぬるに政を以てし、～西山に升りて隱る。時適ま二月、子鵑鳥、鳴く。故に蜀人、子鵑鳥の鳴くを悲しむなり」とみえる。

訓義 ①ほととぎす。②さつき、やまつつじ。

古訓 〔名義抄〕鵑 クマタカ 〔字鏡集〕鵑 ヨブコドリ・クマタカ

↑鵑花 つつじ

↓杜鵑

常 **【懸】** 20 6233 ケン かける

形声 声符は縣（県）。縣は県（首の倒形）を懸け垂れた形で、懸の初文。逆吊りすることを倒懸という。庾信〔詠懐に擬す、二十七首、十〕「遙かに塞北の雲を看て 懸るかに關山の雪を想ふ」は懸絶、はるかの意である。

訓義 ①かける、首をかける、かかる、ぶらさがる。②とおい、へだたる。③とおくからおもう、むなしくおもう、むなしい。

古訓 〔新撰字鏡〕懸 曾良尓（そらに） 〔名義抄〕懸 カヽル・ハルカナリ・トホシ・クダル・タル・カク 〔字鏡集〕懸 クダル・タル・ハルカナリ・トホシ・ホソシ・サグ・カク・カヽル・ハカル・イラフ

【懸河】 滝。激流。また、滔々たる弁舌にたとえる。〔隋書、裴蘊伝〕蘊亦た機辯、論ずる所の法理、言懸河の若し。或いは重、或いは輕、皆其の口に由よる。剖析明敏、時人致詰すること能はず。

【懸軍】 遠く孤立して戦う。〔宋書、王鎮悪伝〕鎮惡、懸軍遠く入り、轉輸充たず。賊と相ひ持すること久しく、將士食に乏し。～百姓競ひて義粟を送り、軍食復た振ふ。

【懸磬】 窮乏して何もない。懸罄。〔国語、魯語上〕室、懸磬の如く、野に青草無し。何を恃みて恐れざる。

【懸弧】 男子出生のとき、門左に桑弓を懸ける。清・鄭燮〔賀新郎、顧万峯の山東の常使君の幕に之くを送る、二首、一〕詞 帽を擲つて悲歌起る 歎ず、當年、父母我を生み 弧を懸けて矢を射たるを

【懸壺】 薬売り。〔後漢書、方術下、費長房伝〕曾て市掾と爲る。市中に老翁の藥を賣るもの有り、一壺を肆頭に懸け、市罷むに及んで、輒ち跳びて壺中に入る～長房異しみて、因りて往きて再拜し、酒脯を奉ず。

【懸車】 退職。退休。〔全唐詩話、八〕李百藥～藻思沈鬱、尤も五言に工みなり。～懸車告老するに及び、怡然として自得す。地を穿ち山を築き、詩酒を以て自適し、平生の意を盡す。

【懸賞】 賞をかける。〔塩鉄論、除狭〕賞を懸けて以て功を待ち、爵を序して以て賢を俟つ。

【懸針】 書法。垂直に下す筆づかいの法。〔墨池編、一、唐、唐玄度、論十体書〕懸針、後漢章帝の建初中、祕書郎曹喜の造る所。喜、篆隷に工みにして、名を著はす。尤も垂露の法を善くす。

【懸旌】 風になびく旗。心の動揺にたとえる。〔戦国策、楚一〕秦は虎狼の國なり。～寡人臥しては席に安んぜず、食は味を甘しとせず。心搖搖として懸旌の如く、而して終薄する所無し。

【懸榻】 榻をかける。特別に客を遇すること。〔後漢書、徐穉伝〕時に陳蕃、太守爲り。～蕃、郡に在るときは賓客に接せず。唯だ穉の來るときは特に一榻を設け、去るときは則ち之れを懸く。

【懸命】 命をかける。〔後漢書、陳亀伝〕今西州は邊鄙～男は耕稼の利寡なく、女は機杼の饒に乏し。塞を守りて候望し、命を鋒鏑に懸く。

【懸腕】 運筆の法。腕をのばし、筆を垂直に立てて書く。唐・韓方明〔授筆要説〕夫れ筆を把るに五種有り。～第四、握管。捻拳して管を掌中に握り、懸腕して肘を以て力を助けて之れを書す。或いは云ふ、諸葛誕より起ると。～後、王僧虔、此の法を用ふ。

↑懸案 未決の件／懸異 はなはだ異なる／懸景 太陽／懸遠 極遠／懸火 提灯／懸解 生死を超える／懸崖 高い崖／懸隔 遠く隔たる／懸渇 渇望／懸記 予言／懸碕 断岸／懸旗 懸旌／懸疑 疑いをもつ／懸擬 推測する／懸虚 橋かけ／懸魚 魚符／懸梟 獄門／懸橋 つり橋／懸仰 景仰する／懸金 懸賞／懸罄 懸磬／懸繫 かける／懸欠 遅滞し不足する／懸懸 懸念／懸瓠 かけひさご／懸鼓 かけ太鼓／懸光 空の光／懸鉤 欠けた月／懸曠 空位／懸思 推測する／懸師 懸軍／懸示 垂示／懸識 予知する／懸守 孤守する／懸首 さらし首にする／懸殊 懸異／懸書 懸象／懸象 法令を城門にかけ示す／懸鐘 つり鐘／懸心 懸念／懸水 たき／懸垂 垂れる／懸絶 懸異／懸泉 たき／懸銭 質に入れる／懸然 隔たる／懸淙 たき／懸帯 武器を携行する／懸餒 久しく飢える／懸胆 臥薪嘗胆／懸湍 たき／懸断 臆断する／懸知 予知する／懸遅 心待ち／懸肘 運筆の法／懸注 流れ下る／懸吊 ぶら下がる／懸調 税を滞納する／懸沈 山川の祭／懸縋 縄で下りる／懸梯 はしご／懸灯 提灯／懸磴 石橋／懸騰 涌きたつ／懸念 気がかり／懸旆 懸旌／懸瀑 たき／懸邈 はるかに遠い／懸氷 つららら／懸空 埋葬する／懸圃 仙居／懸法 懸書／懸封 埋葬する／懸望 遠望／懸門 上下する門／懸疣 いぼ／懸輿 引退／懸慾 欲ぼけ／懸瀬 たき／懸流 たき／懸料 憶測する／懸簾 すだれ／懸論 空論

↓下懸・危懸・軒懸・天懸・倒懸

【諼】 20 4464 〔藼〕 20 4433 〔萱〕 13 4410 ケン わすれぐさ

篆文

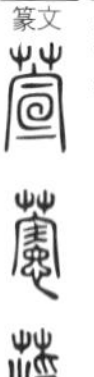

形声 声符は爰。本字は藼。また萱（萲）・蕿に作り、〔説文〕一下に「藼は人をして憂ひを忘れしむる艸なり」とし、萱・蕿二体の字を録する。諼はその一体の字。わが国の荻生徂徠は江戸日本橋茅場町に居り、茅の意をとって学舎を諼園社と称し、その学派を諼園学派という。

訓義 ①わすれぐさ、かんぞう。②諼と通じ、わすれる。

【騫】 20 3032 ケン あがる かける あやまる

篆文

形声 声符は寋の省文。寋に寋曲の意があり、馬の疾走する状態を騫という。また騫損の意があり、孔門の閔損、字は子騫。損・騫は名字対待の義である。〔詩、小雅、天保〕に「騫けず崩れず」の句がある。〔説文〕十上に「馬の腹、縶するなり」とあり、〔段注〕に「肚腹低陷」の病であるとするが、本義は騫が飛ぶ意であるように、馬の疾走する意であろう。騫騰して誤つことが多くて、騫損の意を生ずるのであろう。

訓義 ①あがる、とぶ、かろがろしい。②そこなう、かける。③愆と通じ、とが、あやまち、あやまる。④搴と通じ、とる、ぬきとる。

古訓 〔名義抄〕騫 メグル・オソル・トブ・オドロク・ハフル・アガル 〔字鏡集〕騫 オドロク・ナガシ・カク・ユク・ツマヅク・メグラス・トブ・ユク・アガル・メグル・オソル・オドロク・ハフル

語系 騫・搴・鶱・攓khian は同声。高くとぶ、たくしあげる意がある。軒 xian もその系統の語であろう。また愆khian は騫と同声。罪過の義に通用する。

【騫挙】 勢いよく飛動する。筆勢をいう。〔法書要録、八、妙品〕梁の蕭子雲、刱めて小篆・飛白を造る。意趣飄然、點畫の際、騫擧有るが若く、研妙至極なり。

【騫騰】 飛び上がる。唐・杜甫〔崔十三評事公輔に贈る〕詩 飄颻たり、西極の馬 渥洼の池より來る～騫騰、坐ながらにして致すべし 九萬(里の遠きも)斯に起る

【騫崩】 かけ崩れる。〔詩、小雅、天保〕南山の壽の如く 騫けず崩れず

↑騫衣 衣を褰る／騫汚 損辱をうける／騫諤 謇諤の論／騫義 義を欠く／騫騫 飛ぶ／騫脩 仲人／騫損 そこなう／騫短 不足する／騫腹 馬の肚腹低陥の病／騫忘 うっかり忘れる

↓孤騫・鵬騫

【譴】 21 0563 ケン せめる とが つみ

篆文 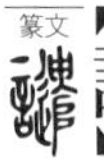

形声 声符は遣(遣)。遣は軍を派遣して、その罪を責める意。〔説文〕三上に「謫問するなり」とあって、罪科を問責する意とする。金文の〔大保段〕に「大保克く敬みて譴亡し」、また〔遹段〕に「遹、御へて遣亡し」のように、遣・遣をともに譴の意に用いている。みな繁簡の字とみてよい。訓の「ユズル」は「譲責」の「譲」の誤訓である。

訓義 ①せめる、とがめる。②とが、つみ、わざわい。

古訓 〔名義抄〕譴 セム・ヒツム・イカル・ツム・ユヅル・イサフ・ミル 〔篇立〕譴 トガ・イツハル・イカル・ヲハサル・セム・ソシル・ツム・ユヅル 〔字鏡集〕譴 ヒツム・イサフ・ツム・ミル・セム・トガ・ヲハサル・イカル・ユヅル

語系 譴kian、愆khian は声義が近い。愆はまた諐に作り、呪祝の意のある字であろう。いずれも他を罪あるものとして、これを責め咎める意である。

【譴何】 とがめ問う。〔漢書、賈誼伝〕故に其の大譴・大何(問責のこと)の域に在る者、譴何を聞くときは則ち白冠氂纓(喪服)、盤水に劍を加へ、請室(請罪の室)に造りて辠を請ふのみ。上、執縛係引して行かざるなり。

【譴咎】 とがめ。つみ。〔北史、高允伝〕魏初、法嚴なり。朝士多く杖罰せらる。允、五帝に歴事し、三省に出入すること五十餘年、初めより譴咎無し。

【譴考】 とがめしらべる。〔後漢書、虞詡伝〕詡、刺擧を好み、回容する所無し。數此れを以て權戚に忤らふ。遂に九たび譴考せられ、三たび刑罰に遭ふ。而れども剛正の性、終に老いるまで屈せず。～朝廷其の忠を思ひ、復た之れを徵す。

【譴告】 罪あることを知らせる。〔論衡、異虚〕災異を説くの家は以爲へらく、天に災異有る者は、王者に譴告する所以なりとは、信なり。～改めずんば災ひ草木に見はれ、改めずんば災五穀に見はれ、改めずんば災身に至る。

【譴責】 過失を責めとがめる。〔後漢書、蔡邕伝〕時に妖異數見はれ、人相ひ驚擾す。(詔して邕を召す。対へて曰く)臣伏して諸異を思ふに、皆亡國の怪なり。天、大漢に於て、殷勤已まず。故に屢祆變を出だして、以て譴責に當つ。

【譴黜】 とがめて退ける。〔晋書、陳寿伝〕宦人黄皓、專ら威權を弄し、大臣皆意を曲げて之れに附く。壽獨り之れが爲に屈せず。是れに由りて屢譴黜せらる。

【譴怒】 とがめ怒る。〔詩、小雅、小明〕豈に歸るを懷はざらんや 此の譴怒を畏る

↑譴呵 譴何／譴訶 譴何／譴訝 責め疑う／譴毀 譴責／譴譲 責める／譴辱 辱める／譴謫 責めて罰する／譴奪 譴黜／譴笞 むちうつ／譴逐 追放する／譴罰 責めて罰する／譴問 責め問う

↓呵譴・訶譴・禍譴・咎譴・厳譴・災譴・罪譴・深譴・朝譴・徵譴・天譴

【鰹】 22 2731 ケン うなぎ かつお

形声 声符は堅。〔爾雅、釈魚〕に「大鮦なり」とあって、うなぎの類。わが国ではかつおの意に用いる。

訓義 ①うなぎ、おおうなぎ。②国語、かつお。

古訓 〔新撰字鏡〕鰹 伊加(いか) 〔和名抄〕鰹魚 漢語抄に云ふ、加豆乎(かつを)、式文に堅魚の二字を用ふ 〔名義抄〕鰹 カツヲ 〔字鏡〕鰹 カツヲ、伊加(いか)、魚の名なり 〔字鏡集〕鰹 カツヲ・ハラカ・オホカツヲ

【玁】 23 4624 ［獫］ 16 4828 ケン くろいぬ

形声 声符は嚴(厳)。字はまた獫に作る。〔詩、小雅、采薇〕に「室靡く家靡きは 玁狁の故なり」と歌うように、この北方の異族はしばしば陝北の地より周に入寇した。字はまた獫狁・薫粥・獯鬻などに作り、みな音訳の字である。獫は〔説文〕十上に「長喙の犬なり」、また「一に曰く、黑犬の黄頭なるもの」とあり、犬をいう。

訓義 ①玁狁。匈奴の古名。②口の長い犬、頭の黄色な黒犬。

古訓 〔名義抄〕獫狁 ヒタフル 〔字鏡集〕獫 イヌ・イヌノナガホエ

【玁狁】 北方の種族の名。〔詩、小雅、六月〕玁狁孔だ熾んなり 我、是こを用て急なり 王、于に出で征き 以て王國を匡す

【蠲】 23 8612 ケン ケイ きよめる

篆文 

会意 益(益)＋蜀。〔説文〕十三上に「馬蠲なり」とあり、げじげじという虫の名とし、益声の字とするが、字の構造よりいえば、去勢を意味する字である。蜀は獨(独)の従うところで、牡器のある獸。虫の部分が牡器の象。益は縊の初文で、糸で強く縊くる意。牡器を縊って去勢する意で、それは神事に用いる牲獣を潔清する方法であった。〔詩、小雅、天保〕に「吉蠲を饎と爲す」とはその意。すべて清め祓うことをいう。斀も蜀を毆つ形で斀去、去勢の法をいう字である。

訓義 ①きよめる、去勢して牲獣を清める。②きよらか、いさぎよい、あきらか。③はらう、のぞく、いえる。④げじげじ、やすで。

古訓 〔名義抄〕蠲 ノゾク・キザム・ハラヘ・マノカル・マヌカル・イサギヨシ・イサギヨウス・ユルス・アキラカナリ・イユ

【蠲去】 除去する。〔後漢書、儒林上、尹敏伝〕帝、敏の博く經記に通ずるを以て、圖讖を校せしめ、崔發の、王莽の爲に著錄次比する所を蠲去せしむ。

【蠲潔】 清める。〔墨子、尚同中〕天下の萬民を率ゐて、齋戒沐浴し、潔めて酒醴・粢盛を爲り、以て天鬼を祭祀す。其の鬼神に事ふるや、酒醴・粢盛、敢て蠲潔せずんばあらず。

【蠲除】 とりのぞく。〔史記、李斯伝〕私學乃ち相ひ與に法教の制を非とす。～臣請ふ、諸々の文學詩書、百家の語を有つ者は、蠲除して之れを去らん。～去らざる所の者は、醫藥・卜筮・種樹の書なり。

【蠲符】 親の喪などで賦税を免除する通告書。〔五代史、雜、何沢伝〕民、兵に苦しみ、往往親の疾に因り、以て股を割き、或いは既に喪して乳を割き墓に廬し、以て州縣の賦役を規免す。戸部歲ごとに蠲符を給すること、勝げて數ふべから

ず。州縣に課して紙を出さしめ、號して蠲紙と爲す。

↑蠲痾 病をなおす／蠲苛 苛政を除く／蠲豁 免除する／蠲棄 遺棄する／蠲吉 斎戒／蠲絜 蠲潔／蠲減 減免／蠲降 蠲減／蠲削 蠲減／蠲紙 蠲符／蠲赦 免除する／蠲邪 邪を去る／蠲卹 救いたすける／蠲賑 税を免除する／蠲正 糾正する／蠲省 省く／蠲税 免税／蠲租 蠲税／蠲息 やめる／蠲損 減らす／蠲体 清める／蠲滌 きよめ洗う／蠲蕩 そそぎあらう／蠲賦 賦役を免除する／蠲放 釈放する／蠲免 蠲除／蠲徭 賦役を免除する／蠲略 免除する

↓吉蠲

【韅】 23 4653 ケン たづな

篆文 

形声 声符は㬎。〔説文〕三下に「掖（腋）に著くる韜なり」とあり、馬の鬣と前足を結ぶ革紐をいう。〔釈名、釈車〕に「韅は經なり。横さまに其の腹下を經ぐらすなり」とあり、その腹帯の意。〔左伝、僖二十八年〕「韅靷鞅靽」の〔注〕に「背に在るを韅と曰ひ、胷（胸）に在るを靷と曰ひ、腹に在るを鞅と曰ひ、後ろに在るを靽と曰ふ」とあって、その在る所によって名が異なる。

訓義 1たづな。2おもがい。3むながい、はらおび。

↓鞁韅

【鹼】 24 2868 ケン しおけ あく

篆文 

形声 声符は僉。僉に檢（検）・儉（倹）の声がある。〔説文〕十二上に「鹵なり」とあり、塩分をいう。また灰汁をいう。その灰汁を固形にしたものが石鹼である。

訓義 1しおけ、しおみず。2あく。3石鹼。

古訓 〔名義抄〕鹼 エグシ 〔字鏡集〕鹼 ニガシ

↓石鹼

【顴】 27 4128 ケン ほおぼね

形声 声符は雚。頰骨をいう。〔北斉書、神武紀上〕に「長頭高顴」とあり、その異相をいう。

訓義 1ほおぼね。2字はまた権に作る。

古訓 〔名義抄〕顴 ツラホネ

【顴骨】ほおぼね。〔唐詩紀事、七十七に引く僧可止、楚川長老に贈る〕詩 痩顔、顴骨見はれ 滿面、雪毫（白いひげ）垂る

↓頰顴・高顴・承顴・双顴・面顴・両顴

ゲン

【广】 3 0020 ゲン

篆文 

象形 崖によって屋根がけした家。巖窟の家。〔説文〕九下に「厂に因りて屋を爲すなり。～讀みて儼然の儼の若くす」（段注本）とあり、また厂九下については「山石の厓巖、人の居るべきところなり。象形」とあって、いわゆる「いわや」、その屋根がかりしたものを广という。古くは聖屋にその地勢を用いることが多く、巖窟そのものが聖所であったかもしれない。金文の广に従う字に、そのような建物が多い。

訓義 1がけふちのいえ。2いえ、たかいいえ。3むなぎ。

古訓 〔名義抄〕广 オホフ 〔篇立〕广 ヤネイ 〔字鏡集〕广 ヤ・オホフ

部首 〔説文〕に府・廱・庠以下四十九字、また〔新附〕に六字、〔玉篇〕に廙・庭（庭）以下百六十七字を属する。廱は周の鎬京辟廱、また廙は離宮別館の称で、ともに金文にみえる。

語系 广・巖（厳）ngiam は同声。巖（巌）ngeam も声近く、巖窟のあるところが、荘厳の所とされたのであろう。

参考 广は中国においては廣（広）の簡体字として用いられる。わが国では摩・麽・魔・磨などの略字として用いることがある。

常【元】 4 1021 ゲン ガン（グヮン） かしら もと はじめ

篆文 甲骨文 金文 

象形 人の首の部分をまるく大きな形で示し、その下に人の側身形を加える。首の意。元首という。〔説文〕一上に「始なり」と元始の意とする。戦場で命を全うして無事に帰還し、廟に報告することを完といい、結髪して廟に報ずるを冠といい、虜囚を廟に献じてこれを殴つことを寇という。元に正・嫡・長・大の意があり、みな頭首の意から出ている。自然界にも適用して、元気・太元のようにいう。

訓義 1かしら、くび。2はじめ、もと、第一。3おさ、首長、首領。4正しい、大きい、よい。5元子、長男、あとつぎ。6天、天元、天地、天地の元気。

古訓 〔名義抄〕元 モト・ハジメ・キハム・オホキナリ 〔字鏡集〕元 ハジメ・モト・カウベ

声系 〔説文〕に元声として玩・翫・刓・完・冠など十六字、また完声の字七字を収める。まるく大きなものの意をもつ字が多い。玩・翫は魂振りとして手に持つ玉器で、わが国のおしゃぶりのようなものである。〔説文〕に元を兀声とし、髡をまた元に従う字とするが、兀は首のないもの、髡は剃髪の象である。

語系 元・原（厵）ngiuan は同声。ともに本原の意に用いる。元は首、原は泉源であるが、本原をいう語として共通する。

【元悪】大悪人。元兇。〔書、康誥〕元惡は大いに憝まる。矧んや惟れ不孝不友なるをや。

【元愷】賢人と才子。〔左伝、文十八年〕昔高陽氏に才子八人有り。～天下の民、之れを八愷と謂ふ。高辛氏に才子八人有り。～天下の民、之れを八元と謂ふ。

【元気】天地の本原の気。〔春秋繁露、王道〕王なる者は人の始めなり。王正しければ則ち元氣和順にして、風雨時あり。景星見はれ、黄龍下る。

【元凶】大悪人。元兇。〔宋書、二凶伝〕元凶劭（劉劭）、字は休遠、文帝の長子なり。

【元勲】建国の功臣。魏・武帝〔荀彧を封じて万歳亭侯と為すことを請ふ表〕研精極鋭、以て庶事を撫す。天下の定まるは彧の功なり。宜しく高爵を享け、以て元勳を彰はすべし。

【元元】人民。〔戦国策、秦一〕今天下を幷はせ萬乘を凌ぎ、敵國を詘け海内を制し、元元を子とし諸侯を臣とせんと欲せば、兵に非ざれば不可なり。～王固より行ふ能はざるなり。

【元功】大功。首功。〔三国志、魏、三少帝、斉王芳紀〕夫れ顯爵は元功を褒むる所以、重賞は烈士を寵する所以なり。

【元后】天子。また、皇后。〔書、大禹謨〕天の歷數、汝の躬に在り。汝終に元后に陟れ。

【元亨】大いに通る。〔易、大有、象伝〕其の德、剛健にして文明、天に應じて時に行はる。是を以て元いに亨る。

【元始】はじめ。〔隋書、律暦志中〕四象既に陳ね、八卦列を成す。此れ乃ち造文の元始、創暦の厥初（初め）なる者か。

【元日】一月一日。〔書、舜典〕月の正（正月）、元日、舜、文祖に格り、四岳に詢り、四門を闢き、～四聰を達す。十有二牧に咨ふ。

【元首】君。主君。また、年の初め。〔漢書、丙吉伝賛〕經（書、益稷）に謂ふ、君を元首と爲し、臣を股肱と爲すと。其

の一體、相ひ待ちて成るを明らかにするなり。

【元宵】(げんしょう)(せう) 上元（旧正月十五日）の夜。飾灯籠をして祝う。唐・韓偓〔元夜即席〕詩 元宵の清景、元正に亞ぐ 絲雨霏霏として晩に向つて傾く

【元辰】(げんしん) 元日。また、よい日。〔礼記、月令〕（孟春の月）天子、乃ち元日を以て穀を上帝に祈る。乃ち元辰を擇びて、天子親ら耒耜（すき）を載せ、之れを參・保介と御との閒に措き、～躬ら帝藉を耕す。

【元帥】(げんすい) 総大将。〔左伝、僖二十七年〕冬、楚子、諸侯と宋を圍む。～（晉）是に於てか、被廬に蒐し、三軍を作り、元帥を謀る（選任する）。

【元服】(げんぷく) 男子の成年の式。〔儀礼、士冠礼〕始めて（冠を）加ふ。祝して曰く、令月吉日、始めて元服を加ふ。爾の幼志を棄て、爾の成德に順へ。壽考にして惟れ祺ひし、爾の景福を介めよ。

【元老】(げんろう)(らう) 国の長老。〔詩、小雅、采芑〕蠢爾たる蠻荊 大邦に讐を爲す 方叔元老 克く其の猶を壯んにす 方叔率ゐる 執訊獲醜（捕虜）あり

➡元衣 玄衣／元一 天／元化 造化／元亀 大亀／元吉 大吉／元穹 空／元曲 元の戯曲／元君 道教の女君／元兄 長兄／元慶 大慶／元侯 諸侯の長／元紅 水揚げ／元穀 嘉穀／元昆 長兄／元宰 宰相／元朔 元日／元巳 上巳／元祀 第一年／元七 正月七日／元酒 玄酒／元戎 重兵車／元春 元日／元初 はじめ／元女 長女／元臣 重臣／元神 大神／元正 元旦／元聖 大聖／元夕 元宵／元旦 正月一日／元儲 太子／元朝 元旦／元嫡 本妻／元徳 大徳／元配 本妻／元妃 本妻／元輔 重臣／元謀 張本人／元本 根本／元由 原因／元来 本来

➡一元・億元・下元・改元・還元・紀元・起元・群元・建元・乾元・玄元・根元・混元・始元・次元・上元・多元・単元・中元・天元・復元・本元・黎元

常【幻】 4 2772 ゲン まどわす まぼろし

篆文  金文 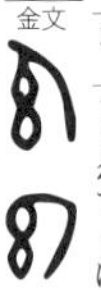

象形 予の倒文。〔説文〕四下に「相ひ詐いりて惑はすなり。反予に從ふ」とし、〔書、無逸〕「民、胥ひ譸張して幻を爲すこと或る無し」の文を引く。相幻惑することをいう。金文の字形は糸の上端にほつれの見える形。もし予の倒文とすれば、予は杼の形。その倒文は、経緯が乱れ紛乱する意となる。それより幻惑・変幻、また幻化・幻術の意となったのであろう。〔漢書、張騫伝〕に幻人を眩人に作る。幻・眩の間に、声義の関係があろう。

訓義 1みだれる、まどわす、たぶらかす。2かわる、真幻のほどが知られない、まぼろし。3眩と通じ、まどう、てじな。

古訓 〔名義抄〕幻 マボロシ 〔字鏡集〕幻 マボロシ・マホル

語系 幻 huan、眩・旬（眴）・炫 hyuen、衒 kiuan はみな声義が近い。絢 xyuen も声義近く、紛乱し、炫燿して、ものが乱れ明らかでないことをいう。一系の語である。

【幻影】(げんえい) まぼろしとしてみえるもの。宋・蘇軾〔登州海市〕詩 心に知る、見る所皆幻影なるを 敢て耳目を以て、神工を煩はさんや

【幻化】(げんか)(くわ) まぼろしのように変化する。〔列子、周穆王〕數を窮め變に達し、形に因りて移易する者、之れを化と謂ひ、之れを幻と謂ふ。～固より窮め難く、終へ難し。～幻化の生死に異ならざるを知りて、始めて與に幻を學ぶべし。

【幻境】(げんきょう)(きやう) 夢幻。浮世。唐・李嶠〔宣州大雲寺碑〕悠悠たる百代、蠢爾たる四流、埃塵を夢幻の境に蒙り、視聽を神明の域に隔つ。

【幻術】(げんじゅつ) 奇術。妖術。〔西京雑記、三〕余が知る所に鞠道龍といふもの有り。善く幻術を爲す。～立に雲霧を興し、坐ながらにして山河を爲す。

【幻人】(げんじん) 幻術者。〔後漢書、西南夷、哀牢伝〕永寧元年～復た使者を遣はし、闕に詣りて朝賀し、樂及び幻人を獻ず。能く變化して火を吐き、自ら支（肢）解し、牛馬の頭を易ふ。又跳丸を善くし、數乃ち千に至る。自ら言ふ、我は海西（泰西）の人なりと。

【幻滅】(げんめつ) まぼろしと消える。唐・鄭頲〔臨刑詩〕幻生し還た幻滅す 大幻身に過ぐる莫し 心を安んずるは自ら處有り 人に求むるも人有る無し

➡幻蘊 幻影／幻怪 怪しい／幻覚 虚幻の感覚／幻偽 虚仮／幻戯 奇術／幻形 まぼろしのすがた／幻工 幻術／幻忽 ほのかに／幻師 魔法使い／幻視 まぼろしをみる／幻象 幻影／幻身 人の身／幻世 無常の世／幻設 虚設／幻想 まぼろしの想像／幻灯 影絵／幻魄 亡魂／幻泡 はかない／幻沫 夢うたかた／幻夢 夢幻／幻杳 ほのかなまぼろし／幻窅 幻杳／幻惑 眩惑

➡虚幻・如幻・誕幻・浮幻・変幻・泡幻・夢幻・妖幻

常【玄】 5 0073 ゲン くろ ふかい しずか

篆文  古文  金文 

象形 糸たばを拗じた形。黒く染めた糸をいう。〔説文〕四下に「幽遠なり」とし、「黑にして赤色有る者を玄と爲す。幽に象り、入は之れを覆ふなり」と幺と入に従う字とするが、入とする部分は糸たばの上部を結んだ形。上を結んだ糸たばを染汁にひたして黒く染める。その結んだ部分は色に染まずに残るので、素という。〔周礼、考工記、鍾氏〕に染色の法をしるし、三入を纁、五入を緅、七入を緇という。玄は緇に近く、その色相は幽深であるので、幽玄といい、幽遠の意に用いる。

訓義 1くろ、あかぐろ。2ふかい色、ふかい。3しずか、かすか、奥深い。4深くかくれたもの、ふしぎ、玄妙、道、道の究極。5五行に配して北、北方。6炫・眩と通じ、かがやく、くらむ。

古訓 〔名義抄〕玄 クロシ・ハルカニ・ハルカナリ・アキラカニ／玄牝 ハナクケ 〔篇立〕玄 ムカシ・ハルカニ・ハルカナリ・クロシ・カクル・ハルカ・キハム・タユミス 〔字鏡集〕玄 トホシ・ハルカニ・ハルカナリ・アキラカニ・クロシ

部首 〔説文〕に玆、〔玉篇〕に旅・妙の二字を属する。玆は玄を並べた形で黒の意。妙は妙の初文。

声系 〔説文〕に牽・眩・炫など六字を収める。牽は牛鼻に縄を通して牽く形で、会意の字。玄声に従う字ではない。

語系 玄・眩・炫・旬（眴）・恂 hyuen は同声。炫燿の意で通ずる。牽 khien は玄と同声ではない。

【玄衣】(げんい) 玄色の衣。〔礼記、王制〕周人は冕（冠）して祭り、玄衣（朝服）して老を養ふ。

【玄遠】(げんえん)(ゑん) 奥深い。〔晋書、阮籍伝〕籍、禮教に拘せられずと雖も、言を發すること玄遠にして、口に人物を臧否（善悪、批評）せず。

【玄学】(げんがく) 六朝期の老荘の学をいう。〔北史、羊烈伝〕少くして通敏、～成人の風有り。讀書を好み、能く名理を言ひ、玄學を以て名を知らる。

【玄関】(げんかん)(くわん) 家宅の門。また、仏教で入道の門。唐・白居易〔竹閣に宿す〕詩 別に道を修むることを勞する無し 卽ち此れは是れ玄關

【玄鑑】げんかん 明鏡。ものを明察する心。〔淮南子、脩務訓〕誠に清明の士、玄鑑を心に執り、物を照らすこと明白にして、古今の爲に意を易へず、書を攄べて明らかに指し、以て之れを示すことを得ば、棺を闔づと雖も亦た恨みざらん。

【玄虚】げんきょ 奥深い道。老荘の説。〔韓非子、解老〕聖人其の玄虛を觀、其の周行を用ひ、強ひて之れに字けて道と曰ふ。然れども論ずべし。

【玄纁】げんくん 黒赤い色。その帛。これを幣帛として用いた。〔抱朴子、逸民〕昔(漢の)安帝、玄纁玉帛を以て周彦祖を聘し、～順帝、玄纁玉帛を以て楊仲宣を聘し、就きて侍中に拜するも到らず。

【玄玄】げんげん 深遠なさま。漢・蔡邕〔翟先生碑〕玄玄焉として之れを測るも則ち源無く、汪汪焉として之れに酌むも則ち竭きず。生民の英なる者と謂ふべきのみ。國は元傅を失ひ、學は表式を失ふ。

【玄黄】げんこう(くわう) 天は黒、地は黄。天地の色。また、ものの衰え、枯れる色をいう。〔詩、周南、巻耳〕彼の高岡に陟れば 我が馬玄黄

【玄酒】げんしゅ 水。祭祀用語。〔礼記、礼運〕故に玄酒室に在り。〔疏〕玄酒とは水を謂ふなり。

【玄象】げんしょう(しやう) 天象。〔晋書、庾冰伝〕范汪、冰に謂ひて曰く、頃の天文度を錯る。足下宜しく消禦の道を盡すべしと。冰曰く、玄象豈に吾が測る所ならんや。正に當に人事を勤め盡すべきのみと。

【玄聖】げんせい 老子をさす。〔荘子、天道〕夫れ虛靜・恬淡・寂漠・無爲は萬物の本なり。～此れを以て上に處るは帝王天子の德なり。此れを以て下に處るは玄聖素王の道なり。〔疏〕所謂玄聖素王は～即ち老君・尼父(孔子)なり。

【玄静】げんせい もの静か。〔晋書、夏侯湛伝〕(抵疑)今天子茂德を以て天下に臨み、八方六合を以て四境と爲し、海內虞れ無く、萬國玄靜なり。

【玄孫】げんそん 曾孫の子。やしゃご。〔左伝、僖二十八年〕要言して曰く、～此の盟に渝ること有らば、明神之れを殛し、其の師を隊し、克く國に祚ひすること無く、而の玄孫に及ぶまで、老幼有ること無からしめんと。

【玄端】げんたん 黒の祭服。袖下が方直で裳と接するもの。〔穀梁伝、僖三十一年〕有司、玄端奉送して南郊に至る。免牛(免牲の牛)も亦た然す。

【玄談】げんだん 老荘の説を談論する。唐・李白〔李十二に贈る〕詩 清論、既に掌を抵ち 玄談、又絶倒す 分明なり、楚漢の事 歴歴たり、王覇の道

【玄鳥】げんちょう(てう) つばめ。〔史記、殷紀〕殷契の母を簡狄と曰ふ。～三人行きて浴し、玄鳥の其の卵を墜すを見る。簡狄、取りて之れを呑む。因りて孕みて契を生めり。

【玄徳】げんとく 天地の玄妙なはたらき。〔老子、十〕生みて有せず、爲して恃まず、長じて宰らざる、之れを玄德と謂ふ。

【玄邈】げんばく 高尚清遠の風。晋・桓温〔譙元彦(秀)を薦むる表〕太卜既に虧け、則ち高尚の標顯はれ、道喪はれ時昏くして、則ち忠貞の義彰らかなり。故に洗耳投淵、以て玄邈の風を振ふ有り。

【玄牝】げんぴん 万物の根元。生成の源。〔老子、六〕谷神死せず、是れを玄牝と謂ふ。玄牝の門、是れを天地の根と謂ふ。緜緜として存するが若く、之れを用ふるも勤(観)みず。

【玄武】げんぶ 北方の神。亀蛇合体の形をとる。〔礼記、曲礼上〕行くに朱鳥を前にし、玄武を後にす。

【玄風】げんぷう 玄談の風。〔世説新語、文学〕初め莊子を注する者數十家、能く其の旨要を究むるもの莫し。向秀、舊注の外に解義を爲し、奇致を妙析し、大いに玄風を暢ぶ。

【玄妙】げんみょう(めう) 幽深にして微妙。〔淮南子、覧冥訓〕夫れ物類の相ひ應ずる、玄妙深微、知も論ずること能はず、辨も解くこと能はず。

【玄黙】げんもく もの静か。〔漢書、刑法志〕孝文の即位するに及び、躬ら玄默を脩め、農桑を勸め趣し、租賦を減省す。～風流篤厚、禁罔疏闊なり。

【玄覧】げんらん 幽深の世界を察する。晋・陸機〔文の賦〕中區に佇ちて以て玄覽し、情志を典墳(三墳五典)に頤ふ。

➡玄闈 道の門/玄乙 つばめ/玄陰 冬/玄蔭 木蔭/玄運 天の運行/玄雲 黒雲/玄英 冬/玄鉞 鉄斧/玄淵 奥深い/玄猨 黒い手長猿/玄猿 玄猨/玄化 神変/玄華 髪の神/玄鶴 老鶴/玄間 大空/玄感 感応/玄気 根源の気/玄暉 太陽/玄諆 深謀/玄機 深遠の理/玄穹 大空/玄駒 小馬/玄訓 深い教え/玄圭 黒い圭玉/玄珪 玄圭/玄闕 北闕/玄月 旧九月/玄元 太初/玄幻 虚幻/玄言 道家言/玄蚖 とかげ/玄螈 とかげ/玄古 大昔/玄悟 深く悟る/玄語 玄言/玄功 神功/玄香 墨/玄綱 天の秩序/玄笏 墨/玄根 道の根元/玄混 混沌の世/玄袞 天子の服/玄妻 美女/玄朔 北方/玄賾 奥深い/玄旨 奥深い理/玄芝 霊草/玄滋 黒い水/玄識 玄通の識/玄室 墓室/玄寂 もの静か/玄勝 仙界/玄霄 黒雲/玄氅 黒い毛衣/玄壌 墓地/玄色 赤黒の色/玄真 道家の道/玄針 乞巧の針/玄人 道術者/玄靖 玄静/玄精 人の元気/玄素 黒白/玄尊 玄酒/玄宅 黄泉/玄沢 帝徳/玄達 聡明/玄澹 清高/玄壇 道観/玄致 妙趣/玄酎 濃い酒/玄通 奥深い理を識る/玄的 つけ黒子/玄兎 月/玄度 月/玄冬 冬/玄同 同一化/玄道 幽玄の道/玄漠 玄寂/玄髪 少年/玄微 深遠/玄圃 仙人の居/玄謨 深い謀/玄謀 深い謀/玄冥 冬の神/玄嘿 玄默/玄門 道家の教え/玄夜 暗夜/玄窔 奥深い/玄耀 深くかがやく/玄理 奥深い理/玄慮 深慮/玄林 深林/玄霊 神霊/玄醴 黒黍の酒/玄廬 墓/玄論 老荘の論

➡淵玄・九玄・鉤玄・深玄・清玄・太玄・談玄・妙玄・幽玄

【沅】 7 3111 ゲン

篆文

形声 声符は元。〔説文〕十一上に水名とし、沅州の西蛮界に発し、洞庭湖に注ぐ。湘水と合わせて、沅湘という。

訓義 ①川の名。

【沅芷】げんし 沅水のほとりの香草。〔楚辞、九歌、湘夫人〕沅に芷(香草の名)有り、澧(水名)には蘭有り 公子を思へども、未だ敢て言はず

【沅湘】げんしょう(しやう) 沅水と湘水。ともに洞庭湖に入る。〔楚辞、離騒〕前聖に依りて以て節中せん 喟き心に憑ちて、茲に歴たり 沅湘を濟りて、以て南に征き 重華(舜)に就きて、詞を陳べん

常 【言】 7 0060 ゲン いう ことば

篆文

甲骨文

金文

会意 辛+口。辛は入墨に用いる針の形。口は祝詞を収める器の𠙵。盟誓のとき、もし違約するときは入墨の刑を受けるという自己詛盟の意をもって、その盟誓の器の上に辛をそえる。〔周礼、秋官、司盟〕に「獄訟有る者は、則ち之れをして盟詛せしむ」とみえるものが、それである。

〔説文〕三上に「直言を言と曰ひ、論難を語と曰ふ」とし、また字を辛声に従うとするが、卜文・金文の字は辛に従う。かつ言語は、本来論議することではなく、〔詩、大雅、公劉〕は都作りのことを歌うもので、「時に言言し 時に語語す」というのは、その地霊をほめはやして所清めをする「ことだま」的な行為をいう。言語は本来呪的な性格をもつものであり、言を神に供えて、その応答のあることを音(音)という。神の「音なひ」を待つ行為が、言であった。

訓義 1いう、神にちかうことばをいう、神にちかう、もうす。2ことば、はなす、つげる。3おしえ、いいつけ。4われ、〔詩〕に用いる。5ここに、〔詩〕に用いる。6訢・誾に通じ、やわらぐ、つつしむ。

古訓 〔名義抄〕言 ワレ・コヽニ・イフ・コト・コトバ・トク・イフコヽロ・モノイフ・マウス・トフ・ノリ・ノブ・コヽロミル・ヨシ・タカシ・アヒダ・シム・トキ 〔字鏡集〕言 マウス・コヽニ・トク・トキ・トフ・ワレ・コトバ・コヽロミル・シム・イフコヽロハ・タカシ・スコシ・イフ・モノイフ・ノブ・イハヾ・コト・ヨシ・ノリ・アヒダ・カタラフ

部首 〔説文〕に謁(謁)・諾(諾)など二百四十五字、重文三十三字、〔新附〕に八字を属し、〔玉篇〕にはすべて三百八十二字を属する。卜文・金文にみえる字形は、おおむねその呪的方法を字形中に含んでおり、たとえば訶は歌の初文で、祝禱して呵するときの声、譱(善)は羊と両言に従って羊神判、讐は讎に従って鳥占による審判を示す字であろう。

声系 〔説文〕に言声として唁など二字を収める。唁は亡国や死喪などの不幸を弔うことをいう。

語系 言・唁・諺 ngian は同声。諺は「ことわざ」とよまれるように、本来は呪的な力能をもつ語。言・唁・諺はみなその性格に通ずるところがある。語 ngia は同系の語。言語と相対していうときは、言は攻撃的、語は防禦的な性格をもつ語である。

【言外】ことばの表現をこえる。元・貢奎〔王士容の二十韻に次す〕詩 興を發しては、言外に超え 愁ひを銷せんとして、酒邊に向ふ

【言言】高大のさま。また、和悦のさま。また、唱えごと。〔詩、大雅、公劉〕京師の野 時に處處し 時に廬旅し 時に言言し 時に語語す

【言語】ことば。〔礼記、王制〕五方の民、言語通ぜず。嗜欲同じからず。～東方を寄と曰ひ、南方を象と曰ひ、西方を狄鞮と曰ひ、北方を譯と曰ふ。

【言行】ことばと行動。〔易、繫辞伝上〕言行は君子の樞機、樞機の發するは榮辱の主なり。

【言志】志をいう。〔書、舜典〕詩は志を言ひ、歌は言を永うす。聲は永に依り、律は聲を和す。

【言辞】ことば。〔韓非子、姦劫弑臣〕人主、誠に聖人の術を明らかにせば、～名實に循ひて是非を定め、參驗に因りて言辭を審らかにす。

【言笑】楽しく語り笑う。〔三国志、蜀、関羽伝〕時に羽、適に諸將に請ひ、飲食相ひ對す。臂の血流離し、盤器に盈つ。而して炙(あぶり肉)を割き酒を引き、言笑すること自若たり。

【言誓】誓う。〔後漢書、呂布伝〕布、其の己を圖るを疑ひ、～潛かに自ら遁れ出づ。夜中兵起るも、布已に亡げたり。～太守張邈、使を遣はして之れを迎ふ。～別れに臨み、臂を把りて言誓す。

【言責】意見をのべる責任のある者。〔孟子、公孫丑下〕官守有る者は、其の職を得ざれば則ち去り、言責有る者は、其の言を得ざれば則ち去る。

【言筌】手段。方法。〔荘子、外物〕筌なる者は魚(を取る)に在る所以なり。魚を得て筌を忘る。蹄なる者は兔に在る所以なり。兔を得て蹄を忘る。言なる者は意(を明らかにする)に在る所以なり。意を得て言を忘る。

【言詮】ことばで説き明かす。〔陳書、傅縡伝〕(明道論)言は心の使ひ爲り。心は言詮を受く。根塵を和合し、風氣を鼓動す。故に語を成すなり。

【言談】話をする。〔礼記、儒行〕禮節なる者は仁の貌なり。言談なる者は仁の文なり。

【言貌】ことばと容貌。〔国語、晋語五〕夫れ貌は情の華なり。言は貌の機なり。

【言黙】語ると黙すると。〔荘子、則陽〕道・物の極は、言默以て載するに足らず。言に非ず默に非ずして、議極まる所有らん。

【言論】議論。〔後漢書、符融伝〕後太學に遊び、少府李膺に師事す。膺、風性高簡、融を見る毎に、輒ち它の賓客を絶ち、其の言論を聽く。

↑言下 言うやいなや／言懐 言思／言甘 甘言／言官 諫官／言戯 戯言／言議 議論／言及 その問題にふれる／言原 無罪放免／言晤 面談する／言詞 ことば／言肆 口まかせ／言次 ことばのついで／言上 申し上げる／言鯖 話柄／言説 議論／言宣 はっきり言う／言泉 語の泉／言質 口約束／言鳥 おうむ／言動 言行／言道 言う／言訥 訥弁／言明 明言する／言路 進言の路／言話 話す

↓違言・遺言・一言・怨言・佳言・訛言・過言・嘉言・寡言・雅言・概言・格言・確言・甘言・換言・諫言・願言・危言・奇言・寄言・棄言・徽言・偽言・戯言・虚言・嘘言・狂言・矯言・曲言・極言・金言・謹言・苦言・空言・寓言・結言・建言・献言・諺言・五言・語言・公言・巧言・広言・抗言・高言・鯁言・雑言・讒言・卮言・矢言・至言・辞言・邇言・七言・失言・疾言・祝言・重言・緒言・助言・序言・笑言・証言・詳言・上言・食言・嘱言・真言・進言・慎言・箴言・人言・寸言・正言・誓言・贅言・切言・千言・宣言・前言・善言・造言・俗言・他言・多言・大言・体言・対言・代言・題言・択言・託言・誕言・断言・忠言・直言・通言・痛言・提言・適言・伝言・讜言・毒言・二言・佞言・納言・罵言・発言・鄙言・美言・微言・評言・不言・附言・浮言・婦言・誣言・侮言・文言・別言・片言・便言・方言・放言・暴言・謗言・万言・漫言・無言・名言・明言・妄言・約言・喩言・予言・用言・妖言・要言・揚言・謡言・俚言・立言・略言・流言・綸言・縷言・例言・話言

【阮】 7 7121 ゲン

篆文

形声 声符は元。〔説文〕十四下に「代郡五阮關なり」とあり、〔玉篇〕に山名とする。

訓義 1もと地名、国名。2のち姓氏の名となった。

【阮咸】楽器。月琴の類。〔資暇録、下〕(阮咸)其の形は月に象どり、其の聲は琴に合ふ。目づけて月琴と爲す。～注、今阮氏の琵琶、正に手指を以てするに、反つて古琵琶の名を得ず。都べて本義を失ふなり。

常 【弦】 8 1023 ［絃］ 11 2093 ゲン ケン つる ゆづる

篆文

形声 声符は玄。〔説文〕十二下に「弓弦なり」とし、玄を弦を繫けるところの象形とするが、形声の字である。

訓義 1つる、ゆづる。2つるをはる、つるをならす。3つよい、きびしい、はやい、はげしい。4つるがた、三日月。5楽器のいと、絃楽器。絃と通じる。

古訓 〔和名抄〕弦 由美都流(ゆみつる) 〔名義抄〕弦 ユミツル・ハル・ツル・ツルハク・ユミハリ

声系 〔説文〕に弦声として㤢など二字を収める。㤢十下は「急なり」と訓する字で、弦の緊張する状態を、心意の上に移した

字である。

語系 弦hyen、炫・眩hyuen は声近く、弦は音を以て、炫・眩は光を以ていう。楊樹達の〔積微居小学述林〕に、玄声の字に急疾の義が多いことを指摘しており、また眩惑の意がある。

＊語彙は絃字条参照。

【弦韋】弦は弦急、韋は柔韋。緩急にたとえる。〔韓非子、観行〕西門豹の性、急なり。故に韋を佩びて、以て己を緩うす。董安于の心、緩なり。故に弦を帶びて、以て自ら急にす。

【弦音】ゆづるの音。〔戦国策、楚四〕鴈、東方より來たる。更羸、虛發を以て之れを下す。～曰く、～故瘡未だ息えず、驚心未だ去らず。弦音の烈しきを聞きて高飛す。故瘡裂けて隕ちしなりと。

【弦歌】絃楽を奏し、歌を歌う。〔荘子、秋水〕孔子匡に遊ぶ。匡人之れを圍むこと數帀、而れども弦歌して惙めず。

【弦誦】楽を習い詩を誦する。〔晋書、儒林伝序〕脣儒勸學、亟しば綸言に降ると雖も、東序西膠（学問の所）、未だ弦誦を聞かず。

【弦直】弓弦のように正直でたゆまない。〔後漢書、五行志一〕順帝の末、京都の童謠に曰く、直なること弦の如きは、道邊に死し、曲がまること鉤の如きは、反つて侯に封ぜらると。

↑弦影 弦月／弦晦 弦月とつごもり／弦外 言外／弦楽 絃楽器／弦管 楽器／弦輝 月光／弦機 機発／弦徽 琴の糸と琴柱／弦驚 弦音におどろく／弦月 半月／弦喧 弦声／弦朔 月初め／弦索 弦楽／弦矢 弓矢／弦者 楽士／弦甚 脈搏が早い／弦吹 糸竹の楽器／弦声 琴瑟の音／弦絶 断弦／弦奏 絃楽器を奏する／弦多 脈搏がはげしい／弦断 弦が切れる、心友をうしなう／弦鼗 三弦の鼓／弦桐 琴／弦浮 脈搏がはげしい／弦望 弦月ともちづき／弦木 弓／弦脈 脈搏がはげしい

↓韋弦・下弦・扞弦・管弦・弓弦・虚弦・空弦・控弦・鉤弦・三弦・初弦・上弦・絶弦・続弦・断弦・佩弦・繁弦・鳴弦・夜弦・余弦

【泫】 8 3013 ゲン ながれる

篆文 

形声 声符は玄。〔説文〕十一上に「潜流するなり」とあり、〔段注〕に「潛字の誤り」とする。水の潜流することをいう。また水が深く広く流れることをいう。

訓義 1ながれる、潜流する。2したたる、露がひかる。3水が深く広く流れる。4まざりあう。

古訓 〔名義抄〕泫 ソヽグ・シク・ヌラス・イタム・ウルフ・ナムダグム 〔字鏡集〕泫 シタヽル・ソヽグ・ヒロシ・ヌラス・イタム・ウルフ・ナンダグム

【泫然】はらはらと落涙する。〔礼記、檀弓上〕門人後る。雨甚だし。～曰く、防の墓（孔子の父母を合葬した墓）崩る。孔子應へず。三たびす。孔子泫然として涕を流して曰く、吾れ之れを聞く、古は墓を脩めずと。

↑泫沄 水が湧く／泫泣 はげしく泣く／泫泫 涙が流れるさま／泫歎 泣き嘆く／泫流 涙が流れる／泫露 したたる露

↓映泫・凄泫・潜泫・双泫・悲泫・流泫・瞼泫・露泫

【彦】 人 9 0022 〔彥〕 9 0022 ゲン ひこ

篆文  金文 

会意 旧字は彥に作り、文（文）＋厂＋彡。文は文身の象、厂は額、彡は文彩を示す。額に美しい文身を加えることが、一定の年齢に達した男子の通過儀礼として行われ、その人を彥という。わが国の「ひこ」にあたる。〔説文〕九上に「美士、彣（文）有り、人の言ふ所なり」（段注本）とあり、彥・言の畳韻をもって説くが、言とは関係のない字である。

訓義 1ひこ、成年に達した男子。通過儀礼として、額に朱などの文身を加えた人。2才徳のすぐれた人。

古訓 〔新撰字鏡〕彥 比々古（ひひこ） 〔名義抄〕彥 サトル・ヒコ・サカシ

声系 〔説文〕に彥声として諺・顏（顔）・產（産）の三字を収める。諺はことわざ、すなわち呪的言語をいう。顏は成年の加入式に文身を加えた男子の顔。またそのような呪飾を加えた顔面をいう。産は彥声ではないが、出生のとき、額に呪飾として×などを加える生子儀礼。みな呪的な性格をもつ字である。

【彥士】すぐれた人。〔三国志、魏、徐胡二王伝評〕評に曰く、～（徐邈・胡質・王昶・王基は）皆統方の任を掌り、稱を著績に垂る。國の良臣にして、時の彥士なりと謂ふべし。

【彥聖】国のすぐれた人。〔書、秦誓〕人の彥聖なるは、其の心之れを好みし、啻だに其の口より出だすが如くするのみならず、是こに能く之れを容れ、以て我が子孫黎民を保たば、亦た職ここに利有らん哉。

【彥哲】英賢。〔法書要録、一、後漢趙一の非草書〕余が郡の士に梁孔達・姜孟穎なる者有り。皆當世の彥哲なり。～是こに於て後學の徒、競ひて二賢を慕ふ。

↓英彥・才彥・秀彥・俊彥・諸彥・文彥・邦彥・髦彥

【炫】 9 9083 ゲン ひかる

篆文 

形声 声符は玄。〔説文〕十上に「燿燿たり」とあり、光りかがやくことをいう。

訓義 1ひかる、かがやく。2てらす、火の光。3あきらか、あかるい。4とかす。5眩と通じ、目がくらむ、まぶしい。6衒と通じ、てらう、ほこる。

古訓 〔名義抄〕炫 ヒカリ・カヾヤク

【炫燿】光り輝く。〔史記、田単伝〕城中～千餘牛を得たり。絳繒の衣を爲り、～五彩の龍文を以てし、兵刃を其の角に束ね、脂を灌ぎて葦を（其の）尾に束ね、其の端を燒く。～牛尾熱し、怒りて燕軍に奔る。燕軍、夜大いに驚く。牛尾の炬火、光明炫燿たり。～觸るる所盡く死傷す。

【炫惑】惑う。混乱させる。〔北史、江式伝〕俗學鄙習、復た虛造を加へ、巧談辯士、意を以て疑ひを爲し、時に炫惑し、以て釐改し難し。

↑炫異 奇異なものでまどわす／炫赫 輝く／炫学 衒学／炫金 金をとかす／炫炫 輝く／炫煌 輝く／炫視 目がくらむ／炫辞 美辞でまどわす／炫然 輝く／炫転 目がくらむ／炫博 博い知識でまどわす／炫目 目がくらむ／炫麗 華麗さで目がくらむ／炫露 てらう

↓熉炫・矜炫・神炫・電炫

【限】 常 9 7723 ゲン かぎり かぎる

篆文  金文 

会意 𠂤＋目＋匕。𠂤は神の陟降する神梯。目はその聖所を守る呪眼。匕はその呪眼におそれて却く人の形。神聖の場所に入りがたい意を示し、ゆえに限界の意となる。〔説文〕八上に艮の字があり、「很るなり。匕目に従ふ。匕目は猶ほ目相ひ匕するがごとく、相ひ下らざるなり」とし、限字条十四下に「阻ふるなり。一に曰く、門榍（しきみ）なり」と閾の意とする。字を艮声とするが、金文の〔𦣞鼎〕に人名としてその字がみえ、会意とみるべきである。

訓義 1かぎる、はばむ、聖域をかぎる、かぎり。2へだてる、聖俗をへだてる、さかい、しきり。3限界、はて、きわみ。4とめる、とじきみ。5さだめ、きりをさだめる。

古訓 〔名義抄〕限 カギル・カギリ・ヒトシ・クニ・キハム・キハ・サハル／無限 ソコバク

語系 限hean、閾khuən は声近く、閾hiuək もその系統の語。閾・閾は門閾、闕khiuat も声が近い。また、垠ngiən は厓岸。岸ngan、巖(巌)・嵒(岩)ngeam は系列語であるが、限もそのような場所を聖地としたもので、その語系とも関係があろう。

【限界】その彊域。境界。〔漢書、郊祀志下〕凡そ六樂。～三光は高くして親しくするを得べからず。海は廣大にして限界無し。故に其の樂同じ。

【限局】範囲をかぎる。〔後漢書、仲長統伝論〕局を限りて以て遠きを疑はず。玄を拘して以て素を妨げずんば、則ち化樞各〻其の極を管し、理略〻得て言ふべきか。

【限制】制限。〔宋史、李光伝〕議論の臣、各〻顧避を懷く。～長江千里、限制を爲さず。惴惴焉として、日に桴に乘じ、海に浮ぶの計を爲す。

【限絶】限り隔てる。〔後漢書、孔融伝〕陛級縣遠にして、祿位限絶す。猶ほ天の階すべからず、日月の踰ゆべからざるがごとし。

【限度】極限。限り。〔史記、平準書〕宗室有土公卿大夫以下、奢侈を爭ひ、室廬輿服、上に僭すること限度無し。物盛んにして衰ふるは、固より其の變なり。

↑限域 地域の限定／限役 緊急の役務／限礙 妨げ／限隔 しきり／限期 期限付き／限級 限度／限極 限度／限禁 制限し禁止する／限止 規定の準則／限資 官吏となる条件の一定財産／限次 期限／限定 制限する／限田 田土制限／限末 納期／限満 満期／限列 制限し列挙する

↓下限・界限・涯限・期限・局限・極限・權限・刻限・際限・時限・酒限・上限・制限・程限・日限・年限・分限・北限・無限・門限・有限

常 【原】 10 7129 ［源］ 13 3119 ［厵］ 29 7123

ゲン
みなもと はら

篆文

金文

象形 〔説文〕十一下に厵に作り、「水泉、本なり」とあり、广(がん)(巌)下に三泉の流れ出る形。水のわき出る水源をいう。それより原始・原委の意となる。平原の原はもと邍に作り、狩猟を行うときの予祝儀礼を示し、水源の原とは別の字である。原を原野の意に用いるに及んで、のち源の字を用いる。

訓義 [1]みなもと、巌の間から水の垂れ流れるところ。[2]もと、はじめ、根本、根原。[3]もとづく、たずねる。[4]はら、原野。もと邍に作る。のはら、耕作地。[5]愿と通じ、つつしむ、すなお。[6]ゆるす、のぞく、ふたたび。

古訓 〔和名抄〕原 波良(はら) 〔字鏡〕原 トコロ・ハカル・タヅネミレバ・ハラ・ユルス・オモムミレバ・モシ・タヅヌ・マヌカル・ムツヌ・アラハル・ハジメ・ハジマル・ユルキ

声系 〔説文〕に原声として願・愿など八字を収めるが、泉源の意の声義をとるものはない。

語系 原・元・願・愿ngiuan は同声。原・元は原始・始元の意があり、同系の語と思われる。願は〔説文〕九上に「大頭なり」(小徐本)とあって、元に近い意がある。また愿も同声で、原をその義に通じて用いる。

【原遣】罪をゆるし釈放する。〔晉書、武帝紀〕(泰始十年)六月癸巳、聽訟觀に臨みて囚徒を錄し、原遣する所多し。

【原始】始めをたずねる。また、最初・最古。未開の時代。〔易、繫辞伝下〕易の書爲るや、始めを原ね終りを要め、以て質(卦体)と爲すなり。～其の初めは知り難く、其の上は知り易きは、本末なればなり。

【原隰】原野と湿地。地の高平のところを原(邍)といい、低湿のところを隰という。〔周礼、地官、大司徒〕天下の土地の圖を以て、周く九州の地域、廣輪の數を知り、其の山林・川澤・丘陵・墳衍・原隰の名物を辨ず。

【原上】野原の上。〔古文真宝、前集、虞美人草〕詩 芳心寂寞として、寒枝に寄す 舊曲聞き來つて、眉を斂むるに似たり 香魂、夜劍光を逐うて飛び 青血化して原上の艸と爲る

【原泉】源泉。〔孟子、離婁下〕徐子曰く、仲尼亟〻水を稱して曰く、水なる哉水なる哉と。何をか水に取るやと。孟子曰く、原泉混混として晝夜を舍かず。科に盈ちて而る後に進み、四海に放る。本有る者は是の如し。是れを之れ取るのみ。～故に聲聞情に過ぐるは、君子之れを恥づと。

【原田】高原の田地。唐・張九齢〔聖製燭竜斎祭に奉和す〕詩 蔚たる朝雲 沛然たる時雨 我が原田に雨ふる 亦た既に年り有り

【原頭】野のほとり。宋・陸游〔岳池の農家〕詩 春深くして、農家、耕未だ足らず 原頭叱叱す、兩黃犢(黃牛)

【原本】根源。また、最初の書写。刊本。〔顔氏家訓、勉学〕郡國山川、官位姓族、衣服飲食、器皿制度、皆根尋して、其の原本を得んと欲す。

【原免】赦免。〔北斉書、文宣帝紀〕(天保元年六月)己亥、皇太子初めて東宮に入るを以て、畿內及び幷州の死罪已下を赦し、餘州は死降、徒流已下、一に皆原免す。

【原野】曠野。〔楚辞、九歌、国殤〕天時墜ちて、威靈怒る 嚴(戦士)、殺し盡されて、原野に棄てらる

↑原案 最初の案／原委 本末／原意 本意／原因 事のもと／原価 もとね／原活 死罪赦免／原銜 もとの官位／原窮 たずね察する／原契 原契約／原巻 原簿／原降 罪を軽減する／原稿 下書きの文／原告 提訴者／原差 もとの職／原罪 赦免／原察 調べる／原赦 赦免／原書 原本／原恕 ゆるす／原除 赦免／原省 免除する／原情 事情調べ／原心 原情／原審 第一審／原人 まじめな人／原籍 本貫／原雪 潔白／原洗 原雪／原則 根本の法則／原貸 見逃す／原度 調べる／原点 基点／原蕩 赦免／原動 起動／原任 旧職／原配 本妻／原品 もとの官位／原文 転写に用いたもとの文／原簿 元帳／原放 放免／原夢 夢占い／原謀 張本人／原埜 原野／原由 もと／原宥 赦免／原来 元来／原理 理論の本／原陸 田畑／原流 源流／原料 材料

↓淵原・起原・丘原・郷原・權原・語原・荒原・高原・曠原・根原・始原・湿原・雪原・川原・草原・中原・氷原・復原・平原・逢原・野原・燎原

【嗐】 10 6006 ［嗲］ 12 6002

ゲン
とむらう

篆文

形声 声符は言。〔説文〕二上に「生を弔ふなり」とあり、人の不幸を弔問することをいう。〔詩、鄘風、載馳〕に「歸りて衞侯を嗐はん」とあり、その国都を狄人のために失ったことを弔慰する意である。言は呪的な言語であるから、嗐には魂振り的な意をも含むものであろう。〔玉篇〕に重文として嗲をあげており、諺と関係のある字と思われる。諺はことわざ、もと呪的な語をいう。

訓義 [1]とむらう、なぐさめる。[2]字はまた嗲に作り、諺と関係があろう。

古訓 〔名義抄〕嗐 トク・トブラフ・タトフ・タトヒ 〔字鏡集〕嗐

トフラフ・トフ・ネグ・ヨル・コトワザ・タトフ・タトヒ

語系 唁・諺・言ngianは同声。みな、ことばの呪的な機能の意を含む。語・御(御)・禦・圉・敔ngiaも関連のある語で、攻撃的な言に対して、防禦的な意をもつ語である。

【唁労】とむらい、ねぎらう。〔宋史、蘇頌伝〕光祿大夫に遷る。母の喪(死)に遭ふ。帝、中貴人を遣はして唁勞せしめ、白金千兩を賜ふ。

↑唁慰 弔問する/唁函 悔み状/唁奠 焼香する/唁電 弔電

↓往唁・帰唁・弔唁・門唁・来唁

【眩】 10 6003 ゲン くらむ

篆文

形声 声符は玄。〔説文〕四上に「目に常主無きなり」とあり、目がくるめいて視点の定まらぬことをいう。〔孟子、滕文公上〕「若し藥瞑眩せずんば、厥の疾瘳えず」とは、めまいする意。〔方言、三〕に瞑眩を東斉の語とする。字はまた冥眴・瞑幻に作る。

訓義 ①くらむ、めまいする、めぐるめく。②まばゆい、かがやく、みだれる。③くらい、くらくらする。④眴・衒・幻と通じて用いる。

古訓 〔新撰字鏡〕眩 目女久留(めめぐる)、又、目加々也久(めかがやく)〔和名抄〕眩 女久流米久夜万比(めくるめくやまひ)〔名義抄〕眩 メクル・メ、クル・カ、ヤク・クルヘク・マドフ・クラシ・ミダル・カ、ル・モコヨフ・メクルヘクヤマヒ・マクレ〔字鏡集〕眩 メクルメク・メ、クル・コトトフ・メクル・カヾヤク・クラシ・マクシ・カ、ル・メグラス・ヤマヒ・ミダル・クルヘク・モコヨフ

語系 眩・炫・衒・旬(眴)・幻hyuenは同声。また絢xyuenも声義近く、みな炫燿・眩乱の意があり、一系の語である。

【眩然】目がくらむ。〔史記、扁鵲伝〕中庶子、扁鵲の言を聞き、目眩然として瞋かず、舌撟然として下らず。乃ち扁鵲の言を以て、入りて虢君に報ず。虢君之れを聞きて、大いに驚く。

【眩瞀】目がかすむ。〔国語、呉語〕明日、軍に徇へて曰く、眩瞀の疾有る者は、以て告げよと。王、親しく之れに命じて曰く、我に大事有り。子に眩瞀の疾有り。其れ若を歸さん。後の若し事有らば、吾、子と之れを圖らんと。

【眩曜】目がくらむ。〔楚辞、離騒〕世幽昧にして以て眩曜す 孰れか云ふ、余の善惡を察すと

【眩燿】まぶしく輝く。〔水経注、浪水〕越志に曰く、縣に鵕鸃多し。鵕鸃は山雞なり。毛色鮮明、五色眩燿、利距あり、善く鬭ふ。世、家雞を以て之れと鬭はしめば、則ち擒るべきなりと。

【眩惑】くるめきまどう。〔国語、周語下〕精ならざれば則ち氣佚す。氣佚すれば則ち和せず。是に於てか、狂悖の言有り、眩惑の明有り、轉易の名有り、過慝の度有り。出令不信、刑政放紛たり。

↑眩運 眩暈/眩暈 めまい/眩花 目くらみ/眩眩 視るさま/眩視 くらめき視る/眩人 幻人/眩転 眩暈/眩泯 目くらみ/眩滑 眩泯/眩怖 立ちくらみ/眩目 眩暈/眩乱 目くらみ

↓昏眩・震眩・顚眩・瞑眩・目眩・燿眩

【蚖】 10 5111 [蝝] 16 5119 ゲン いもり

篆文

形声 声符は元。〔説文〕十三上に「榮蚖、它醫なり」。注(咮)を以て鳴く者なり」(段注本)という。〔説文通訓定声〕に「今蘇俗に之れを四脚蛇と謂ふ者、是れなり。形は壁虎(やもり)に似て大なり」という。字はまた蝝に作る。

訓義 ①いもり、栄蚖、栄蝝。②まむし。③杬と通じ、木の名。

古訓 〔名義抄〕蚖 カラスヘミ・カラスクチナハ・ムカデ〔字鏡集〕蚖 カラスヘビ・ムカデ・トカゲ・カラスクチナハ

【蚖蛇】毒蛇。晋・郭璞〔山海経図賛、中山経、若華烏酸草〕瘧を療やすの草、厥の實、瓜の如し。烏酸の葉、三たび黄華を成さば、以て毒と爲すべし。蚖蛇を畏れず。

↑蚖青 にわつつ/蚖蝮 まむし

↓栄蚖

常 【現】 11 1611 ゲン ケン あらわれる あらわす

形声 声符は見。〔抱朴子、至理〕に「或いは形現はれて往來す」とみえる。仏典に用いることが多い。見を顕露の意に用いるときの俗体の字である。王はおそらく玉。玉によって霊を招き顕わす意で、その玉に呪飾の糸をつけて拝する形は㬎(顕)。ただ現は後起の字で、六朝以後にみえる。

訓義 ①あらわれる、あらわす、あきらか。②見と通じ、見在は現在。③現実、この世。④峴と通じ、けわしい山。

古訓 〔名義抄〕現 アラハス・アラハル・ウツ、ナリ・ミル・ウツクシブ・イチシルシ

語系 現・見hyanは同声。顯xianは声義近く、日(玉の形)に呪飾の絲(糸)をつけて拝し、神霊が顕ち顕われる意。見も神霊を見る意の字。現は顕と見との中間的な字である。

【現境】うつつの境界。梁・武帝〔神明を立て、仏義を成す記〕故に生滅遷變は往因に酬ゐ、善惡交謝は現境に生じ、而して心を其の本と爲し、未だ曾て異ならざるを知る。

【現在】いま。いま存在する。〔仏国記〕八王舍利を分つの處、諸處に皆塔を起し、僧伽藍有り。今悉く現在す。其の城中、人民亦た稀曠、止だ衆僧民戸のみ有り。

【現前】目前にある。〔景徳伝灯録、二十三〕福州の東禪契訥禪師、上堂して曰く、未だ曾て暫くも失はず、全體現前すと。

↑現況 現在の状況/現金 ありがね/現形 出現する/現景 現況/現行 現在施行されていること/現示 示現/現事 現実/現実 現前の事実/現出 現わす/現象 ありさま/現成 現状/現状 現況/現職 現在の職/現身 うつし身/現世 今の世/現銭 現金/現然 明らか/現存 今ある/現代 今の世/現任 現職/現発 現金買い/現報 果報/現露 暴露

↓応現・化現・具現・権現・顕現・再現・示現・実現・出現・体現・発現・表現・夢現

人 【絃】 11 2093 [弦] 8 1023 ゲン なわ いと

形声 声符は玄。〔広雅、釈器〕に「索なり」という。強く糸を張った状態のものをいい、弓には弦という。通用の字である。

訓義 ①なわ。②いと、強くはったいと。③絃楽器。

古訓 〔名義抄〕絃 コトヲ・ユミヅル〔字鏡集〕絃 マツハル・ヲホシ・コトヒク・ナガシ・ヲトシ・ヲツク・ユミヅル・カイマトフ・コトノヲ・マダラカナリ・ツル

＊語彙は弦字条参照。

【絃歌】弦歌。〔韓詩外伝、一〕原憲、魯に居る。環堵の室、茨くに蒿萊を以てし、蓬戸甕牖(甕を窓にする)、～上漏下濕、匡坐して絃歌す。

【絃管】絃楽器と管楽器。〔呉越春秋、句践伐呉外伝〕威、諸侯に加はり、霸王の功を受く。功は圖畫に象がくべく、德は金石に刻すべく、聲は絃管に託すべく、名は竹帛に留むべし。

【絃徽】琴の糸と琴柱。〔晋書、隠逸、陶潜伝〕性、音を解せず。素琴一張を畜ふるも、絃徽具はらず。朋酒の會毎に、則ち撫して之れに和す。曰く、但だ琴中の趣を識る

のみ。

【絃索】　絃楽器。〔野獲編、詞曲、弦索入曲〕予幼時、猶ほ老樂工二三人を見る。其の歌章も也た倶に絃索を善くす。今絶響せり。

【絃誦】　詩・書を学習することをいう。宋・蘇軾〔潘推官の母李氏挽詞〕詩　杯盤は陶家（潜）の客と作るに慣れたり　絃誦は嘗て孟母の隣（三遷の教）となるを叨りにす

➡絃外　含蓄が深く尽きせぬ／絃子　三絃／絃矢　弓矢／絃詞　弾詞／絃心　琴の音に託した心／絃軫　琴柱／絃吹　管絃／絃桐　琴

⬇哀絃・按絃・夏絃・雅絃・寒絃・緩絃・危絃・揮絃・宮絃・凝絃・琴絃・五絃・高絃・細絃・糸絃・瑟絃・朱絃・小絃・絶絃・素絃・箏絃・大絃・弾絃・調絃・繁絃・風絃・変絃・無絃・鳴絃・夜絃・幽絃・離絃

常【舷】　11 2043　ゲン　ふなばた

形声　声符は玄。晋の郭璞の〔江の賦〕に「採菱（曲名）を詠じて以て舷を叩く」とあり、これが最も古い用語例である。舟の両側をいう。

訓義　1ふなばた、ふなべり。

古訓　〔名義抄〕舷　タナ・フナバタ　〔字鏡集〕舷　フナバタ・タナ・ツナヅラ

➡舷窓　船窓／舷側　船べり／舷頭　船べり

⬇軽舷・繋舷・刻舷・船舷・鳴舷・両舷

【衒】　11 2173　［衙］　13 2160　ゲン　てらう　うる

篆文

会意　正字は衙に作り、行＋言。〔説文〕二下に「行き且つ賣るなり」とあり、重文として衒を録する。〔楚辞、天問〕に「妖夫曳衒す　何をか市に號べる」とあって、憑きものがあって狂うような状態をいう。巫女がエクスタシーの状態に陥ることで、また衒媚ともいう。媚は媚蠱、呪物を用いて祈る巫女。道路で行う呪儀には術（術）・御（御）などがある。術は祟をなす獣（朮の形）を用い、御は呪器としての午（杵）を用いる。衙・衒もそれぞれその呪儀の方法を示す字である。〔説文〕のいう衒売はまた衒鬻ともいい、自ら売りこむ意。衒の本義は、術・御などの字形と関連して考えるべきである。

訓義　1てらう、みせびらかす、ごまかす。2うる、うりこむ。

古訓　〔名義抄〕衒　テラフ・ウル・ヘツラフ・ウツム・アザムク・エラブ・カヾヤカス・キラス・ナラフ・キラフ／衙　ウル　〔字鏡〕衒　カヾヤカス・アキナフ・ウル・アザムク・ナヒヒ・テル・セム・ヘツラフ・テラフ・ウツム・キラフ・フテラフ・エラブ・キラス・カウカス・ナラフ／衒　ウル・テラフ・トガ・アザムク・ヘツラフ

語系　衒（衙）・眩・炫・旬（眴）・幻 hyuen は同声で、みな幻乱の意があり、衒はそのような呪的行為をいう。

【衒異】　異才をほこる。〔新論、韜光〕夫れ奇を含み美を佩び、異を衒ひ才を露はす者、未だ此れを以て性を傷り、命を毀たざる者有らざるなり。

【衒鬻】　自分をてらい、売りこむ。〔漢書、東方朔伝〕四方の士、多く上書して得失を言ひ、自ら衒鬻する者、千を以て數ふ。

【衒士】　才能をてらい、ほこる者。〔越絶書、越絶外伝記范伯〕衒女は貞ならず、衒士は信ならず。～諸侯を歴て售る所無きは、道聽の徒のみ。

【衒売】　物をてらい、売る。〔後漢書、龐参伝〕羌寇轉た盛んにして兵費日に廣し。且つ連年登らず、穀石萬餘なり。～参～曰く、～今復た百姓を募發し、穀帛を調取す。什物を衒賣して以て吏の求めに應ず。外は羌虜に傷られ、内は徴賦に困しむ。

【衒耀】　自己の才学をほこる。〔晋書、甘卓伝〕（桂陽の谷）倹～少くして志行有り。寒苦自立、博く經史に渉る。～唯だ家に在りて研精し、得る所實に深しと雖も、未だ名譽有らず。又衒耀して達を取ることを恥づ。

➡衒外　てらう／衒学　学者ぶる／衒気　てらい／衒言　自慢／衒巧　技自慢する／衒夸　てらう／衒沽　衒鬻／衒巧　技言／衒女　美人ぶる／衒達　てらう／衒妻　よたか／衒辞　衒け／衒能　衒巧／衒美　衒才／衒婦　よたか／衒服　盛装して誇る／衒燿　衒耀／衒露　てらう／衒惑　眩惑する

⬇曳衒・矜衒・估衒・誇衒・賈衒・自衒・媒衒・浮衒・遊衒

【喭】　12 6002　［唁］　10 6006　ゲン　ガン　とむらう

篆文

形声　声符は彥（彦）。〔説文〕唁字条二上に「生を弔ふなり」とあり、〔集韻〕に〔説文〕を引き、「或いは～喭に作る」と補足する。〔論語、先進〕「由（子路）や喭なり」とは粗雑なふるまいをいう。

訓義　1とむらう。唁と同じ。2侃と通じ、つよい。3ほほえむさま。

古訓　〔名義抄〕喭　コトワザ・コトハル・サヽメク

【喭喭】　強直のさま。〔易林、家人之坤〕喭喭諤諤、虎豹相ひ齚む。懼畏悚息するも、終に難惡すること無し。

⬇畔喭

常【減】　12 3315　ゲン　カン　へる　はぶく

篆文

金文
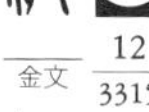

形声　声符は咸。〔説文〕十一上に「損なり」とあって、減損・減少の意とする。咸は、戉（鉞）を祝詞を収める器（㔾）に加えて緘封し、その呪能を守る意。これに水を加えるのは、その呪能を減損する行為とされたのであろう。祝詞を収めた器に上から水を加えるのは沓で、盟誓に離叛する者をいう。また血盟の器に水を加え罵るのは盗（盜）で、踏覆の意。金文の〔者減鐘〕の減の字に、下部に皿をそえる形のものがあり、減も沓・盗と同じような呪的行為をいう字と考えられる。

訓義　1へる、へらす、効果を少なくする、おとる。2そこなう、なくする、下げる。3はぶく、軽くする、数をへらす。

古訓　〔名義抄〕減　ヲトス・ヲトル　〔字鏡集〕減　ヲトル

【減降】　刑罰などを軽減する。〔北史、斉武成帝紀〕（河清三年冬十二月）帝、武牢に至り、滑臺を經、黎陽に次る。經る所、罪人を減降す。

【減耗】　減少する。〔三国志、魏、張繡伝〕官渡の役に、繡し、力戰して功有り。～袁譚を南皮に破りてより、復た邑凡そ二千戸を増す。是の時天下の戸口減耗し、十に裁かに一在り。諸將の封、未だ千戸に滿つる者有らず。而して繡特り多し。

【減少】　減る。〔後漢書、章帝紀〕建初元年春正月～丙寅、詔して曰く、比年、牛に疾疫多く、墾田減少し、穀價頗ぶる貴く、人以て流亡す。

【減省】　減らし省く。〔史記、秦始皇紀〕盜多し。皆戍漕轉作の事苦しく、賦税大なるを以てなり。請ふ、且らく阿房宮の作者を止め、四邊の戍轉を減省せん。

【減竈】　かまどの数を減らして虚弱を示し、敵を欺く。〔史記、孫子伝〕齊軍をして魏地に入らしめ、十萬竈を爲り、明日五萬竈を爲り、又明日三萬竈を爲らしむ。龐涓行くこと三日、大いに喜びて曰く、我固より齊軍の怯なるを知れり～と。

【減退】　減る。抑制する。〔南史、王規伝〕規、常に門宗貴

盛なるを以て、恆に減退せんことを思ふ。～遂に鍾山の宋熙寺に於て、室を築きて居す。

↑減員　人数を削減する／減価　値下げ／減毀　減損／減却　減らす／減去　引き去る／減刑　刑を軽減する／減軽　軽減／減竭　尽きる／減剋　削減／減殺　減らす／減罪　減刑／減削　削減／減算　減税／減縮　縮少する／減章　減刑の規定／減贖　贖刑／減衰　衰える／減数　引算／減税　税を軽減する／減折　減らす／減膳　自粛して食膳を減らす／減租　減税／減飧　減食／減損　減らす／減汰　減らす／減黜　減俸し、降職する／減撤　減らす／減等　降格する／減薄　減る／減半　半減する／減筆　字の筆画を省略する／減平　平価切り下げ／減法　引算／減俸　減給／減免　軽減し免除する／減約　節約／減廩　減給／減禄　減俸

↓加減・割減・急減・軽減・激減・蠲減・耗減・削減・漸減・縮減・省減・衰減・節減・増減・低減・逓減・頓減・半減・累減

常　**【源】**　13　3119　［原］　10　7129　ゲン　みなもと

篆文
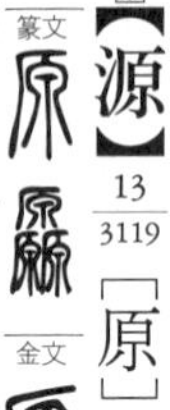
金文

形声　声符は原。原の古文の字形は厵に作り、厂(崖)から泉が垂水として流れ出る形で、水源を示し、源の初文。それで原泉・原始・原由の意がある。のち原が遼野の遼の意に転用されるに及んで、形声字の源が作られた。遼は狩猟の地をいう。漢碑には原野の原と水源の源とを、区別して用いている。

訓義　①みなもと、水源。②原が源のもとの字。ゆえに原を源と同じく原由の意に用いる。

古訓　〔名義抄〕源　ミナモト・モト・アツシ・タヅヌ

【源委】　源と末流。本末。原委。〔礼記、学記〕三王の川を祭るや、皆河を先にし海を後にす。或いは源なり。或いは委なり。此れを之れ本を務むと謂ふ。

【源源】　源泉があって水の絶えぬさま。宋・陸游〔方伯謨の遠菴に寄題す〕詩　方侯、胸中に經濟を負む　議論源源として、根柢有り　借ひ老山林を用ひざらしむるも　尙ほ書を著はして萬世に垂れんと欲す

【源本】　本源。根本。〔南史、儒林、沈峻伝〕凡そ聖賢講ずる所の書、必ず周官を以て義を立つ。則ち周官の一書は、實に群經の源本爲り。

【源流】　本原。〔荀子、富国〕故に禹に十年の水あり、湯に七年の旱あり。而して天下に菜色(飢色)無き者は、～是れ它の故無し。本末源流を知るの謂なり。故に田野荒るるも倉廩實ち、百姓虛しきも府庫滿つ。

↑源淵　淵源／源泉　みなもと／源頭　泉源／源由　由来／源瀾　淵源

↓淵源・起源・語源・光源・根源・財源・策源・資源・字源・震源・水源・仙源・泉源・溯源・遡源・塞源・桃源・発源・病源・本源

【愿】　14　7133　ゲン　つつしむ

篆文

金文

形声　声符は原。〔説文〕十下に「謹むなり」とあり、〔左伝、襄三十一年〕「愿なり。吾れ之れを愛す」とあって、謹直の意。洗練されない田舎者の頑固さを郷愿といい、〔論語、陽貨〕に「郷愿は德の賊なり」と、孔子もこれを甚だしく悪くんだ。〔国語、楚語上〕「吾れに妾有りて、愿なり」とみえる。

訓義　①つつしむ、つつしみ深い。②すなお、きまじめ。

古訓　〔名義抄〕愿　ヤスシ　〔字鏡集〕愿　ツ、シム・ウヤマフ・ムカフ・ヨシ・ヤスシ

【愿愨】　つつしみ深くすなお。〔荀子、正論〕上、端誠ならば、則ち下、愿愨なり。

【愿款】　まごころ。〔後漢書、江革伝〕盜賊竝び起る。革、母を負ひて難を逃る。～數しば賊に遇ふ。～革輒ち涕泣して、哀を求め、老母有るを言ふ。辭氣愿款、人を感動せしむるに足る者有り。

【愿謹】　つつしみ深い。〔史記、佞幸、鄧通伝〕通亦た愿謹にして外交を好まず。洗沐(休暇)を賜ふと雖も、出づることを欲せず。是に於て文帝、通に賞賜すること巨萬、十を以て數ふ。

【愿朴】　淳樸。〔後漢書、循吏、劉寵伝〕山民愿朴、乃ち白首にして市井に入らざる者有り。頗ぶる官吏の擾す所と爲る。寵、煩苛を簡除し、非法を禁察す。郡中大いに化す。

↑愿意　承知する／愿婉　すなお／愿共　恭しい／愿潔　誠実廉潔／愿心　願い／愿恭　つつしみ深い／愿端　正しい／愿慎　つつしみ深い／愿民　素朴な民

↓恭愿・謹愿・謙愿・郷愿・貌愿

【喭】　16　6808　ゲン　あぎとう

篆文

形声　声符は彥。彥に儉(倹)・險(険)の声がある。〔説文新附〕二上に「喭喁、魚の口、上に見るるなり」とあり、〔集韻〕に引く〔字林〕に「魚の口、水に出づる皃なり」という。〔淮南子、主術訓〕に「水濁るときは、則ち魚喭ふ」とあって、酸素を補うために水上に浮かぶのである。

訓義　①あぎとう、魚が水面に出て息する。②たけく、はげしい。

古訓　〔名義抄〕喭　ハゲシ・クチサシ・ツトフ・イツクシ

↑喭喁　あぎとう

入　**【諺】**　16　0062　ゲン　ことわざ

篆文

形声　声符は彥(彦)。〔説文〕三上に「傳言なり」とあり、傳(伝)・諺は畳韻の訓。〔国語、越語下、注〕に「諺は俗の善語なり」とあり、わが国の「ことわざ」にあたる。〔常陸国風土記〕に「國俗の諺」として「筑波岳に黒雲挂かり、衣袖漬の國と云ふ」のような序詞・枕詞的な語を諺としているが、それはもと地霊によびかけるときの呪詞であった。〔周礼、地官、土訓〕〔周礼、地官、誦訓〕は、そのような呪詞を掌るものであったと思われるが、その「伝言」の類は残されていない。ただ〔詩〕の興とよばれる発想のうちに、その類のものがあると考えられる。

訓義　①ことわざ、地霊などにはたらきかける呪的な言語。②さとことば、格言的な意味をもつ俚俗の語。③唁と通じ、とむらう。

古訓　〔名義抄〕諺　コトワザ・アタコト・コトツタフ・イブカル・ワザ　〔字鏡集〕諺　コトツトフ・ワザ・コトワザ・アタコト・イブカル・カヌ

語系　諺・唁・言ngianは同声。語ngiaも声近く、これらはもとみな呪的な性格をもつ語をいう。諺はその成語化したものとみてよい。

【諺言】　ことわざ。俚俗の語。〔戦国策、韓一〕或ひと(韓)公仲に謂ひて曰く、聽く者とは國(の衆)に聽く。必ずしも實を聽くに非ざるなり。故に先王は、諺言を市に聽く。願はくは、公の臣が言を聽かんことを。

↑諺語　ことわざ／諺文　朝鮮の国字

↓逸諺・古諺・世諺・俗諺・鄙諺・野諺・里諺・俚諺

【鬳】　16　2122　ゲン　ケン　こしき

篆文　甲骨文　金文

形声 声符は虔の省声の虍。〔説文〕三下に「鬲の屬なり」とあり、甗の初文。金文の甗の銘には、鬳の字を用いている。
訓義 1こしき。上下二層で、下から蒸しあげる。2字はまた甗に作る。

常【厳】17 入〔嚴〕20 6624 〔厰〕14 7124

ゲン つつしむ おごそか きびしい

篆文  古文  金文 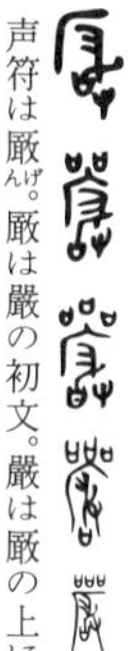

形声 声符は厰。厰は嚴の初文。嚴は厰の上に祝禱の器(𠙵)を並べた形。金文には三口(𠙵)を列する形がある。厰は〔説文〕厂部九下に「崟なり」と巉巌の意とし、また嚴 二上に「教命急なるなり」とするが、厰・嚴の字義に関するところがない。厰は嚴の初文で、金文に敢・厰・嚴を同義に用いる。「敢て」というのは「粛みて」というのと同じ。敢は鬯酒(におい酒)を酌む形で灌鬯の儀礼を示す。厂は崖下の聖所を示す形であるが、金文の字形は廟屋に従う。廟中で灌鬯の儀礼を厳修する意。金文の〔猶鐘〕に「先王其れ嚴として帝の左右に在り」とみえ、多く神事に関して用いる。
訓義 1つつしむ、おごそか、神事を厳修することをいう。2きびしい、おそれる、いかめしい。3たっとい、つよい。4さしせまる、いそがしい、はげしい。
古訓 〔名義抄〕嚴 カザル・ヨソフ・イツクシ・ハゲシ・トヽノフ・キビシ・ウヤマフ・タフトシ・スミヤカナリ
【厳威】 威光がある。〔礼記、祭義〕禮を致して以て躬を治むるときは、則ち莊敬なり。莊敬なるときは、則ち嚴威あり。
【厳家】 厳格な家風の家。〔韓非子、顕学〕夫れ嚴家には悍虜(勝手な下僕)無く、慈母には敗子有り。吾れ此れを以て、威勢の以て暴を禁ずべく、徳厚の以て亂を止むるに足らざるを知るなり。
【厳恪】 厳かでつつしみ深い。唐・柳宗元〔伯祖妣趙郡李夫人墓誌銘〕夫れ人の良族に生まるるや、嶷然として殊異なり。～高朗にして其の柔を傷ぶらず、嚴恪にして其の和を害せず。
【厳毅】 厳かでつよい。〔漢書、王嘉伝〕嘉、人と爲り剛直嚴毅、威重有り。上甚だ之れを敬す。
【嚴君】 威厳ある王、また、父。〔後漢書、張湛伝〕矜嚴にして禮を好み、動止則有り。幽室に居處するも、必ず自ら修整し、妻子に遇ふと雖も、嚴君の若し。鄕黨に在るに及んでは、詳言正色す。
【厳飾】 立派に飾る。〔水経注、淄水〕廣固城の北三里に堯山祠有り。～廟は山の左麓に在り。廟像東面し、華宇修整、帝圖嚴飾、軒冕(盛装)の容、穆然たり。
【厳断】 厳禁。〔南史、斉武帝紀〕自今公私皆出家して道を爲め、及び塔寺を起立し、宅を以て精舍と爲すことを得ず。竝びに之れを嚴斷す。
【厳法】 厳しい法。〔史記、平津侯主父伝〕上、齊・晉の亡ぶる所以の者を觀るに、公室卑削にして、六卿盛大なればなり。下、秦の滅ぶる所以の者を觀るに、嚴法刻深、欲大にして窮まり無ければなり。
【厳厲】 厳しくはげしい。〔後漢書、応奉伝〕薦められて司隸校尉と爲る。姦違を糾擧し、豪戚を避けず、嚴厲を以て名と爲す。
【厳麗】 荘厳で美しい。〔後漢書、方術下、費長房伝〕市中に老翁の藥を賣る有り。一壺を肆頭に懸け、市罷むに及べば輒ち跳びて壺中に入る。～長房、旦日復た翁に詣る。翁乃ち與に倶に壺中に入る。唯だ玉堂嚴麗、旨酒甘肴、其の中に盈衍するを見る。
↑厳畏 厳威／厳科 きびしい規定／厳苛 残酷／厳駕 立派に駕をよそおう／厳介 頑固／厳戒 きびしく戒める／厳誡 厳戒／厳格 厳恪／厳確 厳謹／厳覈 明察／厳寒 酷寒／厳顔 厳容／厳器 化粧箱／厳客 正賓／厳究 厳重に訊問する／厳急 きびしい／厳恭 うやうやしい／厳龔 厳恭／厳凝 寒冷／厳棘 牢獄／厳禁 厳重にさしとめる／厳具 化粧の道具／厳訓 きびしい教え／厳刑 厳罰／厳敬 恭敬／厳勁 剛勁／厳警 厳重に警戒する／厳潔 きびしく、廉潔／厳献 うやうやしく献上する／厳譴 重い罪／厳厳 おごそかに／厳乎 厳然／厳姑 しゅうとめ／厳刻 厳酷／厳酷 残酷／厳査 厳重に調査する／厳削 残忍／厳察 厳査／厳旨 聖旨／厳師 先生／厳事 尊びつかえる／厳侍 厳父／厳執 頑固／厳守 謹守／厳重 きびしい／厳粛 うやうやしくつつしむ／厳峻 きびしい／厳処 厳罰／厳妝 盛装／厳色 威厳のある顔／厳審 厳査／厳親 父母／厳邃 幽深／厳正 厳格／厳静 もの静か／厳整 おごそかに整う／厳切 峻厳／厳設 装飾／厳然 威厳のあるさま／厳荘 おごそか／厳装 盛装／厳霜 寒霜／厳尊 尊厳／厳憚 おそれはばかる／厳重 尊重する／厳懲 厳罰／厳飭 厳誡する／厳提 厳究する／厳程 困難な日程／厳敵 強敵／厳冬 寒さのきびしい冬／厳罰 重罰／厳備 十分な戦備／厳氷 厚氷／厳父 父／厳風 烈風／厳慕 敬慕／厳貌 厳容／厳密 周密／厳命 きびしい命令／厳明 厳格公明／厳猛 勇猛／厳容 厳荘の容／厳翼 恭慎／厳栗 厳慄／厳慄 怖れる／厳令 厳命／厳冷 無表情／厳烈 烈しい
↓威厳・家厳・戒厳・寛厳・簡厳・禁厳・謹厳・師厳・峻厳・深厳・森厳・清厳・精厳・荘厳・装厳・尊厳・端厳・法厳・令厳・冷厳

【黿】17 1071

ゲン あおうみがめ

篆文 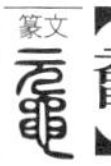

形声 声符は元。〔説文〕十三下に「大鼈なり」とあり、わが国でいう「正覚坊」である。〔礼記、月令〕に「龜を登め、黿を取らしむ」とあって、神饌に供した。〔竹書紀年〕に周の穆王が九師を起こして越を伐ち、九江に至ったとき、黿鼉を架して梁(橋)とし、これを渡って軍を進めたという記述がある。
訓義 1あおうみがめ、正覚坊。2蚖と通じ、いもり。
古訓 〔和名抄〕黿鼉 元陁二音、於保加米(おほかめ)〔篇立〕黿 カメ・カハカメ・オホカメ
【黿鼉】 あおうみがめと、わに。〔国語、晋語九〕趙簡子歎じて曰く、雀、海に入りて蛤と爲り、雉、淮に入りて蜃と爲る。黿鼉魚鼈、化する能はざる莫し。唯だ人のみ能はず。哀しい夫と。
↑黿羹 黿のあつもの／黿鼎 黿を煮る鼎
↓海黿・魚黿・天黿・白黿

【邍】20 3730 〔原〕10 7129

ゲン はら

篆文 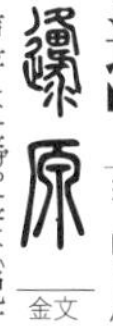 金文 

形声 声符は[备+彔]。[备+彔]は〔説文〕にみえず、邍字条二下に「高平の野なり。人の登る所なり」とし、字形を「辵・备・彔に従ふ。闕」として説解を加えていない。备は夊と田とに分かつべく、田は畢、彔は牲獣。狩猟に当たって畢に犠牲をそえて祈り、夊は上より神霊の降る意。すなわち邍は狩猟の成功を祈る儀

礼で、それは狩場である原野で行われた。「高平の野」とはその狩場をいう。〔周礼、夏官〕に「邍師」の職があり、その地を管理する。のち原をその字に用いるが、原はもと厵に作り、水源をいう字である。

訓義 ①高平の地、狩場。②はら、のはら。

古訓 〔字鏡集〕邍 ハラ

【邍師】げんし 四方の狩猟地などを掌る。〔周礼、夏官、邍師〕四方の地名を掌り、其の丘陵・墳衍・邍隰げんしふの名、物の以て封邑すべき者を辨ず。

↑邍隰げんしゅう 平原と隰地

【甗】 21 2121 ゲン こしき

篆文 甲骨文 金文

形声 声符は鬳げん。鬳は甗の初文。金文の甗の銘に鬳の字を用いる。〔説文〕十二下に「甑そうなり」とあり、蒸し器をいう。上下に分かれ、下部は鬲れき、その上部に穿せん(穴)があり、上部の黍稷しょしょくを盛いれた器に蒸気を送る。上下を一体とする器もある。金文の器銘には獻(献)に作るものが多く、甗は後起の字である。

訓義 ①こしき。②字はまた鬳・獻に作る。

古訓 〔字鏡集〕甗 コシキ・ソコナキコシキ

【甗錡】げんき こしきと、かま。形の高低屈曲するさまをいう。漢・司馬相如〔上林の賦〕巖陁がんち甗錡のごとく、摧委さいい崛崎くっきす。

【儼】 22 2624 ゲン おごそか つつしむ

篆文 金文

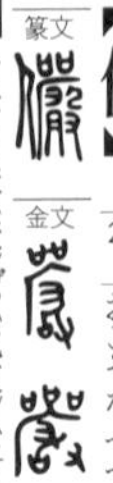

形声 声符は嚴(厳)げん。〔説文〕八上に「頭を昂たかくするなり」とあり、儼荘の儀容をなすことをいう。また「一に曰く、好き皃なり」とする。嚴は鬯酌ちょうしゃくの象である敢に従い、敢しっむ意。吅けんは、祝詞の器を並べ、神を迎える。その儀容を儼という。〔礼記、曲礼上〕「儼として思ふが若ごとくせよ」とは、祭るときの心意をいう。敢・厰げん・嚴・儼は一系の字である。

訓義 ①おごそか、つつしむ、つつしむさま、よいさま。②頭をあげる。

古訓 〔名義抄〕儼 オロソカナリ・オロソカニ・シヅカナリ・イツクシ・ヨキカホ・ウヤマフ・アフク・ホノメク・ウルハシ・カシコマル

【儼恪】げんかく おごそかにつつしむ。〔礼記、祭義〕孝子は玉を執るが如く、盈みてるを奉ささぐるが如くす。～嚴威儼恪は、親に事つかふる所以に非ざるなり。成人の道なり。

【儼乎】げんこ 厳然。唐・韓愈〔李翊に答ふる書〕處をるに忘るるが若ごとく、行くに遺わするるが若し。儼乎として其れ思ふが若く、茫乎として其れ迷ふが若し。

【儼然】げんぜん おごそかにけだかい。〔水経注、沔水〕(劉表墓)太康中、人の發あばく所と爲り、夫妻を見表す。其の尸し、儼然、顏色異ならず、猶ほ平生の如し。墓中の香氣、遠く三四里中に聞ぶんし、月を經へて歇やまず。今墳冢及び祠堂、猶ほ高顯整頓す。

↑儼兮げんけい 荘重/儼若げんじゃく 儼然/儼束げんそく ひきしまる/儼存げんぞん 儼然としてある

【讞】 27 0363 ゲン さばく しらべる

形声 声符は獻(献)けん。獻は犬牲を以て祭器の鬳げんを清める意で、讞とはそのような修祓を必要とする行為をいう。獄訟のことを決し、獄成ってそのことを奏する意。〔礼記、文王世子〕に「獄成るときは、有司、公に讞ず」とみえる。

訓義 ①さばく、罪状を明らかにする。②しらべる、嫌疑のことを明らかにする。③もうす、裁判の結果を報告する。④喭と通用する。

古訓 〔字鏡集〕讞 ハカル

【讞疑】げんぎ 疑案。〔後漢書、百官志三〕凡そ天下の諸讞疑の事、掌つかさどるに法律を以てし、其の是非を當(判定)せしむ。

↑讞議げんぎ 公平の論/讞讞げんげん 公平なさま/讞語げんご 判決文/讞獄げんごく 審理/讞書げんしょ 判決文/讞訊げんじん 裁判/讞正げんせい 厳正に裁く

↓諫讞・疑讞・議讞・鞫讞・決讞・詳讞・上讞・静讞・請讞・奏讞・断讞・覆讞・平讞・妄讞

コ

常【己】 3 1771 コキ おのれ つちのと

篆文 古文 甲骨文 金文

象形 己形の矩く(定規)の形に似た器。角度を定める定規や糸の巻取りに用いるもので、紀の初文。〔詩、小雅、節南山〕「式もって夷ひらぎ式に已やむ」のように用いる。自己の意に用いるのは仮借で、本義ではない。十干では戊己は五行の土、己はつちのとにあたる。〔説文〕十四下に「中宮なり。萬物の辟藏へきぞうして詘つくする形に象るなり。己は戊を承く。人の腹に象る」とするが、形義ともに無稽の説である。

訓義 ①おさめる。②おのれ、みずから、わたくし、ひとり。③語詞、助辞に用いる。④十干の一。つちのと。

古訓 〔名義抄〕己 オノレ・ツチノト 〔字鏡集〕己 ツチノト・オノレ・ヒトリ・ヤガテ

部首 〔説文〕に巹・曩の二字を属し、〔玉篇〕も同じ。〔説文〕は屈身の義を以て二字を会意とするが、金文に曩の初文に己を用いており、両字とも形声の字である。

声系 〔説文〕に己声として記・改・忌・紀・配など十二字を収める。改は攺に作るべく、巳(蛇の形)を攺うつ毅攺かいの呪儀。配を〔段注〕に妃の省声とするが、酒器の前に人の坐する形。紀は己の繁文。

【己身】こしん 自分。〔顔氏家訓、兄弟〕二親既に沒し、兄弟相ひ顧みる。～先人の遺體を愛し、己身の分氣を惜しむ。兄弟に非ずんば、何ぞ念おもはんや。

↑己見こけん 個人的見解/己私こし 私慾/己生こせい 実子/己知こち 知己/己任こにん 自己の責任

↓一己・貴己・虚己・矜己・恭己・潔己・克己・自己・修己・知己・利己

【夃】 4 1722 コ うる ふくよか

篆文

象形 人が坐して、膝の肉がゆたかにあらわれている形。沐浴のため盤中に坐する形は盈えい、盈満の意となる。〔説文〕五下に乃だいと夂ちとの会意とし、「益至るなり」とし、「秦、市買して得ること多きを以て夃と爲す」とし、すなわち利得の意とする。利得の意は、おそらく嬴えいと通ずる義であろう。〔玉篇〕に〔論語、子罕〕「善賈こを求めて諸これを夃うらんか」の文を引くが、今本は沽に作る。〔説文〕にまた〔詩、周南、巻耳〕「我夃しばらく彼の金罍きんらいに酌まん」の句を引くが、これも今本は姑に作る。その義に用いるのはおそらく仮借。字形を以ていえば盈満の象、音を以ていえば沽・姑に仮借する字であろう。

訓義 ①沽と通じ、うる。②姑と通じ、しばらく。③ゆたか、ふくよか。④贏と通じ、あまる、利得する。

古訓 〔字鏡集〕夃 シバラク・ウル・トシ・オホシ

語系 夃・沽・姑kaは同声。通仮して、夃を「うる」「しばらく」の意に用いる。夃の本音はおそらく盈jieng、贏・嬴jiengは同声、みなゆたかの意がある。

↑夃老(ころう) 淫売婦

常 **【戸】** 4 7227 **〔戶〕** 4 3027 コ と いえ

篆文 古文 甲骨文

象形 一扇の戸。両扉あるものは門。〔説文〕十二上に「護なり。半門を戶と曰ふ」とみえる。啓(啓)・肇(肇)(ちょう)などに含まれている戶は神戸棚の戸。門戸は内外を分かつ神聖なところで、卜辞に三戸・三門を祀る儀礼がある。

訓義 ①と、とびら。②かど、かどぐち。③いえ、いえの人。④特定の職業の人。

古訓 〔和名抄〕戸 度(と)、倍(へ) 〔名義抄〕戸 ヤム・ツカサドル・ヘ・ホノカナリ 〔字鏡集〕戶 ト・ヤム・トヾム・トビラ

部首 〔説文〕に扉(扉)・扇(扇)・房(房)など九字、〔玉篇〕に二十字を属する。本来は啓・肇などもこの部に属すべきもので、その戶は神戸棚を示す字である。

声系 〔説文〕に戶声として雇(雇)(こ)・扈(こ)・所(所)など五字を収める。雇は神戸棚の前で鳥占(とりうら)をする字。所は斤(きん)(ておの)で聖所を守る意で、所はその聖所をいう。廟所・祀所のように用いるのが原義である。

【戸外】(こがい)(ぐわい) 戸の外。〔礼記、曲礼上〕戶外に二屨(く)有るときは、言聞ゆるときは則ち入り、言聞えざるときは則ち入らず。

【戸枢】(こすう) 開き戸のくるる。〔三国志、魏、方技、呉普伝〕人體、勞動を得んと欲せば、但だ當(まさ)に極めしむべからざるのみ。動搖するときは則ち穀氣消するを得、血脈流通し、病生ずることを得ず。譬(たと)へば猶ほ戶樞の朽ちざるがごときは、是れなり。

【戸籍】(こせき) 戸数、人口を記入した帳簿。〔史記、秦始皇紀〕献公、立ちて七年、初めて行(めぐ)りて市を爲(つく)る。十年、戶籍を作り、相ひ伍せしむ。

【戸説】(こせつ) 家ごとに説く。〔韓非子、難勢〕慶賞の勸、刑罰の威無く、勢ひを釋(お)き法を委(す)てなば、堯舜をして戶ごとに說き、人ごとに之れを辯ぜしむとも、三家をも治むること能はざらん。

【戸庭】(こてい) 門戸と庭。家門のうち。晉・陶潜〔園田の居に帰る、五首、一〕詩 戶庭、塵雜無く 虛室、餘閒有り 久しく樊籠(はんろう)(鳥かご)の裡(うち)に在りしも 復(ま)た自然に返ることを得たり

【戸牖】(こゆう)(いう) 戸や窓。入口。〔老子、十二〕戶牖を鑿(うが)ちて以て室と爲す。其の有ること無きに當りて、室の用あり。

↑戸尉(こい) 門神/戸閾(こいき) しきみ/戸逸(こいつ) 安居/戸衛(こえい) 門番/戸下(こか) 貧乏百姓/戸貫(こかん) 戸籍/戸間(こかん) 戸のすき/戸檻(こかん) 門関/戸穴(こけつ) 洞穴/戸限(こげん) しきみ/戸戸(ここ) 家々/戸口(ここう) 人口/戸窄(こさく) 人口が少ない/戸冊(こさつ) 戸籍簿/戸撒(こさつ) 苗族の土司/戸耳(こじ) 門戸の鐶/戸者(こしゃ) 門番/戸主(こしゅ) 家長/戸衆(こしゅう) 人口が多い/戸神(こしん) 戸の神/戸人(こじん) 戸主/戸数(こすう) 家かず/戸絶(こぜつ) 一家断絶/戸扇(こせん) 門扉/戸大(こだい) 上戸/戸長(こちょう) 村長/戸帳(こちょう) 戸籍簿/戸調(こちょう) 物納/戸丁(こてい) 丁口/戸奴(こど) 家僕/戸等(ことう) 貧富の級/戸頭(ことう) 戸主/戸版(こはん) 戸籍/戸部(こぶ) 財務/戸弁(こべん) 戸説/戸門(こもん) 門口/戸鑰(こやく) とざし/戸律(こりつ) 戸部の律/戸霊(これい) 門神

↓移戸・塩戸・丐戸・蟹戸・外戸・客戸・岩戸・魚戸・漁戸・郷戸・下戸・柴戸・酒戸・商戸・上戸・井戸・桑戸・竈戸・大戸・庭戸・佃戸・貧戸・別戸・編戸・封戸・蓬戸・民戸・門戸・邑戸・牖戸

人 **【乎】** 5 2040 コ よぶ や か

篆文 金文 甲骨文

象形 板上に遊舌(ゆうぜつ)をつけた鳴子板の形。これを振って鳴らす。もと神事に用いたものであろう。呼の初文。〔説文〕五上に「語の餘なり」というのは、兮(けい)と同義の字とみるもので、兮もまた鳴子板の形である。〔説文〕に「聲の上りて越揚(えつやう)するの形に象る」とするが、卜文・金文に呼招・使役の意に用いる。卜文・金文の字は、板上に小板の列する形に作る。これを感動詞に用いるのは、もと神霊をよび、祈るときの発声であったからであろう。

訓義 ①よぶ、使役。②感動詞、ああ、あ。③助詞、や、か。④于・於と通じ、助詞、を、に、より。⑤上に形容語をとり、形況の副詞を作る。

古訓 〔名義抄〕乎 ヤ 〔字鏡集〕乎 カ・ヤ・カヤ・ウタガフコトバ・アマリ・キハマリ・コトワリ

声系 〔説文〕に乎声として呼・評・虖など四字を収め、また虖(こ)声の字七字がある。おおむね呼召・号乎の意がある。

語系 乎haは呼・評・虖・嘑・謼xa、嘘・歔xia、吁xiuaと声義近く、みな一系の語である。

【乎哉】(こさい) 感嘆、かな。〔論語、憲問〕賜(し)(子貢)や賢なる乎哉(かな)。◇疑問、か。〔孟子、梁恵王上〕寡人の若(ごと)き者は、以て民を保つべき乎哉(か)。◇反語、や。〔左伝、襄二十五年〕將(は)た可ならん乎哉(や)、殆ど必ず不可ならん。◇希望、や。唐・韓愈〔董邵南を送るの序〕董生、勉めよ乎哉(や)。

【乎而】(こじ) 終助詞。〔詩、斉風、著〕我を庭に俟(ま)つ乎而 充耳、靑を以てす乎而

↑乎号(ここう) よぶ/乎爾(こじ) 終助詞/乎来(こらい) 終助詞

↓噫乎・鬱乎・淵乎・於乎・確乎・翯乎・儼乎・嗟乎・純乎・醇乎・断乎・彪乎・炳乎・凜乎・牢乎

常 **【古】** 5 4060 コ いにしえ ふるい

篆文 金文 古文 甲骨文

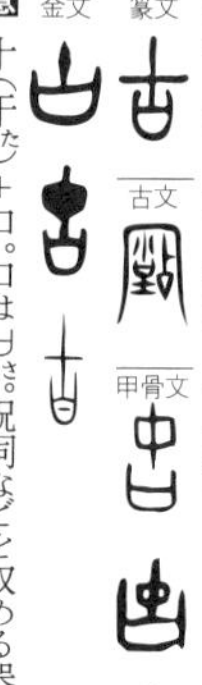

会意 十(干(たて))+口。口は𠙵(さい)。祝詞などを収める器の形。その器を、聖器としての干で固く守護し、久しくその祈りを機能させようとした。それで先例旧慣の意となり、久古の意となる。〔説文〕三上に字を十口の会意とし、「故なり。〜前言を識る者なり」という。〔繫伝〕には多くの人による伝承の意に解するが、古事をいう。古に攴を加えて、その呪能を害することを故といい、事故・災厄を意味する。卜辞に「王の舌を疾(や)めるは、隹(こ)れ古(と)(故(ゆゑ))有るか」と古を故の意に用い、また金文に「古(故)に」のようにいう例がある。故の形義を以ていえば、古が固閉された祝告・盟誓の意であることは疑いがない。〔説文〕に録する古文の字形は、廟中におけるその儀礼を示すものであろうと思われる。

訓義 ①ふるくからのもの、典故とすべきもの、いにしえ、むかし。②ふるい、はじめ、もと、久しい。

古訓 〔名義抄〕古 イニシヘ・ヨ、〔字鏡集〕古 イニシヘ・ヒサシ

部首 〔説文〕〔玉篇〕に嘏(か)をこの部に属する。〔詩、魯頌、閟宮〕の「純嘏(じゅんか)」を、金文に「屯叚」に作り、また「叚休」などの語がある。叚は「瑕玉」の意であるから、古を加えることによって、嘏(さいわい)の義が完成されるわけである。

【古意】(こい) 古めかしいさま。懐古の情。唐・杜甫〔兗州の城楼に登る〕詩 孤嶂、秦碑在り 荒城、魯殿餘(のこ)る 從來古意多し 臨眺(りんてう)して獨り躊躇(ちゅうちょ)す

【古雅】(こが) さびて趣がある。〔鶴林玉露、甲五、韓柳欧蘇〕韓(愈)・柳(宗元)は、猶ほ奇字重字を用ふ。歐(陽脩)・蘇(軾)

は、唯だ平常輕虛の字を用ふ。而れども妙麗古雅、自ら及ぶべからず。

【古稀】七十歳。唐・杜甫〔曲江、二首、二〕詩 朝より回りて、日日春衣を典(質入れ)す 毎日江頭に酔を盡して歸る 酒債は尋常行處に有り 人生七十、古來稀なり

【古誼】古義。また、古賢人の風儀。〔宋史、文天祥伝〕年二十、進士に擧げられ、集英殿に對策す。～其の言萬餘、藁を爲さず、一揮にして成る。帝親拔して第一と爲す。考官王應麟奏して曰く、是の卷、古誼龜鑑の若く、忠肝鐵石の如し。臣敢へて人を得る賀を爲さんと。

【古勁】古風で力強い。〔夢渓筆談、楽律一〕吳の僧智和に一琴有り。～制度音韻、皆妙に臻る。腹に李陽冰の篆て數十字有り。其の略に云ふ。～紋、銀屑の如く、其の堅きこと石の如し～と。篆文甚だ古勁なり。

【古賢】古の賢者。魏・曹植〔躬を責め、詔に応ずるの詩を上る表〕罪を以て生を棄てんとすれば、則ち古賢の夕べに改めよとの勸めに違ふ。垢を忍び苟くも(生を)全うせんとすれば、則ち詩人胡顔(厚顔)の譏りを犯す。

【古言】古人の語。〔墨子、非儒下〕儒者は曰く、君子には必ず古服古言あり、然る後仁なりと。

【古語】古言。宋・蘇軾〔病中、夜、朱博士の詩を読む〕詩 君の詩は秋露の如し 我が空中の花(病眼、眼花)を淨くす 古語妙奇多し 識るべきも誇るべからず

【古香】古風の趣。宋・陸游〔小室〕詩 窗几、幽致を窮め 圖書、古香を發す

【古今】昔と今。また、昔から今に至るまで。〔史記、儒林、公孫弘伝〕臣謹んで詔書律令の下る者を案ずるに、天人の分際を明らかにし、古今の義に通じ、文章爾雅、訓辭深厚、恩施甚だ美なり。

【古辞】楽府中の古い作品。作者未詳のものが多い。古楽府。〔晋書、楽志下〕凡そ樂章の古辭、今存する者は、竝びに漢世街陌の謠謳なり。

【古処】しばらく休む。古は⿸虍古。姑と同じく、息う意。〔詩、邶風、日月〕日や月や 下土を照臨す 乃ち之くの如き人 逝に古處せず

【古書】古い書物。〔抱朴子、鈞世〕古書は質樸なりと雖も、俗儒は之れを天より墮ちたりと謂ひ、今文は金玉なりと雖も、常人は之れを瓦礫に同じうす。

【古色】古びた趣。唐・杜甫〔殿中楊監、張旭の草書図を示さる〕詩 悲風、微綃に生じ 萬里、古色起る 鏘鏘として鳴玉動き 落落として群松直し

【古人】昔の人。唐・李白〔酒を把りて月に問ふ〕詩 古人今人、流水の若し 共に明月を看る、皆此くの如し

【古体】古風の文体。〔梁書、蕭藻伝〕藻、性謙退、～善く文辭を屬り、尤も古體を好む。公讌に非ざるよりは、未だ嘗て妄りに爲る所有らず。

【古淡】古風で淡白な作風。唐・韓愈〔酔うて張秘書に贈る〕詩 張籍、古淡を學ぶ 軒鶴(高く飛ぶ鶴)、雞群を避く

【古籀】古文と籀文。〔魏書、術芸、江式伝〕晉の世、～呂忱、表して字林六卷を上る。其の況趣を尋ぬるに、許愼の說文に附託し、～隱かに古籀奇惑の字を別ち、文、正隷を得、篆意を差へざるなり。

【古典】昔の制度。また、経書などの典籍。〔後漢書、樊準伝〕(孝明皇帝)庶政萬機、心に簡ばざる無く、情を古典に垂れ、意を經藝に游ばしむ。

【古風】古ぶり。また、古詩の風調。金・元好問〔論詩、三十首、二十七〕詩 百年纔かに覺ゆ、古風の回るを 元祐(北宋)の諸人、次第に來る 金陵を學ぶを諱むは、猶ほ說有るも 竟に何を將てか歐(陽脩)・梅(堯臣)を廢する

【古物】古い品物。〔文中子、上、周公〕邳公、古物を好む。鍾鼎什物、珪璽錢貝、必ず具ふ。子、之れを聞きて曰く、古の古を好む者は道を聚む。今の古を好む者は財を聚むと。

【古文】六国期に行われた文字。また、古代の文。その様式の文。〔史記、十二諸侯年表序〕是に於て十二諸侯、共和より孔子に訖るまでを譜し、～學を成し古文を治むる者の爲に要删す。

【古貌】老人の古雅な風貌。唐・李白〔舍人弟台卿の江南に之くに贈別す〕詩 覺め罷はつて明鏡を攬れば 鬢毛颯として已に霜ろし 良圖、蔓草に委し 古貌、枯桑と成る

【古隷】秦・漢の隷体の字。〔顔氏家訓、書証〕開皇二年五月、長安の民、秦時の鐵稱權を掘り得たり。旁に銅塗鐫銘二所有り。其の一所は～凡そ四十字。其の一所は～見に五十七字有り。了了(はっきり)分明なり。其の書は兼ねて古隷と爲す。

➡古佚 散佚した古書／古逸 古佚の書／古印 古い印／古韻 周漢の韻／古塋 古墓／古駅 昔の宿場／古苑 古い園／古園 古苑／古遠 遠い昔／古往 昔／古奥 古い時代の深奥な趣／古屋 古い家／古音 古代の音／古瓦 古い瓦／古画 昔の画／古怪 古くて奇異／古格 古式／古楽 古代の楽／古歓 旧好／古懽 旧好／古鑑 古鏡／古玩 骨董／古巌 古めかしい岩／古記 旧記／古器 古い器物／古義 本来の古い意味／古丘 古い塚／古旧 古い／古邱 古丘／古興 昔をしのばせる感興／古鏡 昔の鏡／古曲 旧曲／古玉 古代の玉／古訓 古人の教え／古経 古代の経典／古碣 古い石碑／古憲 古い典則／古諺 昔のことわざ／古国 旧国／古史 古代史／古始 太古／古詩 古体の詩／古字 古代の字／古寺 古い寺／古事 旧事／古時 昔／古式 古い形式／古質 昔風で質朴／古者 昔／古酒 火入れをした後の貯蔵酒／古戍 古いとりで／古樹 老樹／古初 太古／古松 老松／古称 昔の名／古制 昔の制度／古昔 昔／古迹 昔のあと／古蹟 古迹／古刹 古寺／古拙 古朴／古先 先祖／古阡 古道／古銭 古貨／古甎 古い敷瓦／古俗 古い風俗／古代 昔の世／古注 経書に対する漢唐の注／古冢 古い塚／古調 古い調子／古伝 古い伝承／古都 古い都／古渡 古びた渡し場／古董 骨董／古藤 藤の古木／古道 旧道／古農 年老いた農夫／古梅 梅の古木／古碑 旧碑／古筆 古い書画／古仏 古い仏像／古墳 古墓／古法 古い法度／古木 老樹／古朴 古めかしく朴質／古穆 古めかしく奥深い／古味 古い趣／古銘 古代の銘／古来 昔から／古流 古式／古陵 古い陵／古林 古い林／古塁 古いとりで／古暦 旧暦／古烈 古の烈士／古路 旧道

⬇按古・援古・遠古・往古・懐古・学古・簡古・翫古・奇古・擬古・汲古・今古・近古・稽古・好古・考古・高古・曠古・最古・師古・終古・循古・尚古・上古・振古・遂古・邃古・千古・先古・前古・蒼古・尊古・太古・中古・通古・道古・篤古・万古・復古・変古・放古・訪古・覧古

【夸】 6 4020 コ カ(クヮ) おごる

篆文

金文

会意 大＋亐う。金文の図象に、大と丂に従う形のものがある。〔説文〕十下に「奢るなり」と訓し、于う声とするが、金文の

刳は弓幹を正すためのあて木を弓に加えた形で、張大の意がある。〔呂覧、下賢〕に「富は天下を有つも、騁夸せず」とあり、驕誇の意。夸は胯の初文。跨越して誇る意がある。

訓義 ①おごる、ほこる、たかぶる。②はる、はりひろげる、はびこる。③姱と通じ、しなやか、よわい、うつくしい。

古訓 〔名義抄〕夸 ヤハラカナリ・オゴル・ホコル・ノボル・イカル〔字鏡集〕夸 ホコル・オゴル・ヤハラカナリ・ユル、カナリ・タル・ノボル・イカル・マガル

声系 〔説文〕に夸声として跨・誇・胯・刳・絝など十字を収める。跨越して誇る、また胯のように刳りのある形などをいう。

語系 夸・誇khoaは同声。誇は大言して誇ることをいう。

【夸矜】 誇張してほこる。晋・陶潛〔晋の故西征大将軍長史孟府君の伝〕行ひ苟くも合はんとせず、言に夸矜無く、未だ嘗て喜慍の容有らず。

【夸衒】 ほこりてらう。〔梁書、武帝紀上〕風流遂に往き、馳騖して俗を成し、媒孽して夸衒して、利、錐刀を盡す。遂に官人の門をして、肩摩轂擊(人や車で雑沓する)せしむ。

【夸詐】 ほらを吹く。〔漢書、韓信伝〕齊は夸詐して變多し。反覆の國なり。

【夸恣】 奢って気まま。〔晋書、五行志中〕武帝の初め、～王愷～の儔、盛んに聲色を致し、珍を窮め麗を極む。元康中に至りて、夸恣俗を成し、轉た相ひ高尚す。石崇の侈は、遂に～人主に儷ぶ。

【夸者】 権勢をほこる者。〔史記、伯夷伝〕賈子(誼、鵩鳥の賦に)曰く、貪夫は財に徇ひ、烈士は名に徇ふ。夸者は權に死し、衆庶は生を馮むと。

【夸誕】 大げさで、でたらめ。明・方孝孺〔殷浩〕言語を以て自ら表異する者は、類ね夸誕の士多し。殷浩の若き者は、夸誕の尤なり。

【夸毗】 人にへつらう。〔後漢書、崔駰伝〕夫れ君子は、仕ふるを欲せざるに非ざるなり。夸毗して以て擧げられんことを求むるを恥づるなり。

【夸誉】 虚名。魏・阮籍〔詠懐、八十二首、八〕詩 豈に夸譽の名の爲に 憔悴して心を悲しましめんや 寧ろ燕雀と翔り 黃鵠に隨つて飛ばざらん

↑夸言 大言／夸姣 美しい／夸人 ほらふき／夸節 よい節操／夸汰 おごる／夸詑 夸誕／夸大 誇大／夸張 誇張／夸浮 浮誇／夸誣 でたらめ／夸慢 いばる／夸容 美しい／夸耀 ほこる／夸麗 美しい／夸論 誇大な論

↓矜夸・驕夸・姸夸・恣夸

【虍】 6 2121 コ

篆文

象形 虎頭の形。〔説文〕五上に「虎文なり。象形」とするが、用例はない。虎身を加えると虎となる。

訓義 ①とらのあたま。②虎皮のもよう。

古訓 〔字鏡集〕虍 トラノモン

部首 〔説文〕に虞(虞)・虔・虘・虐(虐)など八字、〔玉篇〕にその異文などを加えて属する。戲(戲)・劇などが虎頭の象に従うことからいえば、虞や虔も虎頭を用いる儀礼を示す字であろう。虐は虎爪を加えた字である。

声系 〔説文〕に膚・盧(盧)・慮・虜(虜)など六字を収める。慮・虜などは別の声系に属するもので、おそらく盧を声とする字であろう。

【估】 7 2426 コ うる

古印璽

形声 声符は古。〔説文〕にみえず、〔玉篇〕に「價なり」とする。〔論語、子罕〕「善賈を求めて諸れを沽らんか」のように、沽を用いることがある。

訓義 ①うる、あきなう。②あたい、ねぶみする。③商人。④市税。

古訓 〔新撰字鏡〕估 阿支奈不(あきなふ)〔名義抄〕估 アタヒ・ヒト・ウル・アキナフ・アキナヒ〔字鏡集〕估 ヒト・アキヒト・ウル・アキナフ・アタヒ・アキナヒ

語系 估・沽・酤・賈・雇(雇)kaは同声。酤は酒を買う、賈は市で売買する意。雇は傭賃をいう。

【估客】 商人。唐・杜甫〔灩澦〕詩 舟人漁子、歌ひて首を回らす 估客胡商、涙、襟に滿つ

【估衒】 技能をてらい売る。〔隋書、音楽志下〕龜茲なる者、～凡そ三部。開皇中、～皆弦管に妙絶し、新聲奇變、～其の音技を持し、公王の閒に估衒す。時を擧げて爭つて相ひ慕尚す。

↑估衣 古着／估価 見積もり／估較 総括／估計 見積もり／估券 権利書／估冊 見積書／估税 商品税／估単 見積書／估値 見積もり／估売 うる

↓加估・旧估・高估・市估・時估・商估・租估・茶估

【刳】 8 4220 コ えぐる

篆文

形声 声符は夸。夸は胯間の形。〔説文〕四下に「判つなり」とし、刳りとって中を空虚にすることをいう。〔玉篇〕に「物の腸を空にするなり」とあり、

訓義 ①えぐる、くりとる。②さく、わける、きりひらく。③ころす、ほふる。④夸と通じ、大きい。

古訓 〔名義抄〕刳 ワル・エル・サク・ホル・ヤブル・クボム〔字鏡集〕刳 クボム・ヤブル・ワル・キル・サク・ホフル・エル

【刳割】 切り裂く。〔資治通鑑、唐紀七十三〕(僖宗、光啓三年)(閏)十一月、～庚戌～、是の日、(呂)用之を腰斬す。怨家、刳割して立ちどころに盡く。幷せて其の族黨を誅す。

【刳斮】 切り開いて殺す。〔資治通鑑、宋紀十五〕(明帝、泰始七年)初め上、諸王爲りしとき、寛和にして令譽有り。～晩年に及び、更に猜忌忍虐、～犯す有れば、必ず罪戮を加ふ。～左右意に忤ひ、往往刳斮せらる者有り。

【刳胎】 身もちのものの腹を割く。〔白虎通、礼楽〕殷紂、惡を爲すこと日久しく、其の惡最も甚だし。渉るものを斮り、胎むものを刳り、天下を殘賊す。

【刳腸】 腸を割く。〔荘子、外物〕仲尼(孔子)曰く、神龜は～知、能く七十二鑽して遺筴無きも、腸を刳かるるの患を避くること能はず。是くの如くんば、則ち知、困しむ所有り。

【刳剔】 腹をたちわる。〔書、泰誓上〕今商王受(紂)～忠良を焚炙し、孕婦を刳剔す。皇天震怒し、我が文考(文王)に命じ、肅んで天威を將はしむ。大勳未だ集らず。

【刳腹】 腹を割く。〔史記、春申君伝〕夫れ韓・魏～は、本國殘はれ、社稷壞たれ、宗廟毀たれ、腹を刳き腸を絶ち、頸を折り頤を摺き、首身分離し、骸骨を草澤に暴すもの、～境に相ひ望む。

【刳木】 木をくりぬく。〔易、繫辞伝下〕木を刳りて舟と爲し、木を剡りて楫と爲す。

↑刳肝 肝をえぐる／刳形 身をけずる／刳鑿 うがつ／刳心 私心を除く／刳磔 ひらき裂く／刳破 割く／刳剝 はぎとる／刳羊 羊を割く／刳臠 切身

↓刲刳・新刳・剖刳

【呱】 8 6203 コ

篆文

形声 声符は瓜(瓜)。〔説文〕二上に「小兒の嗁く聲なり」とあり、〔詩、大雅、生民〕「后稷、呱たり」の句を引く。「呱呱」と連言することが多く、擬声の

語である。**訓義** 1子のなくこえ、生まれたときのなきごえ。2蛙の声。3うつ音。

古訓 〔名義抄〕呱 ナク 〔字鏡集〕呱 チゴノナク・ナク

【呱呱】(ここ) 産ぶ声。〔書、益稷〕啓(禹の子の名)呱呱として泣くも、予れ子とせず。惟れ荒いに土功を度り、五服を弼成して、五千に至れ。

↑呱啼(こてい) 嬰児の泣き声

↓嗅呱・聆呱

常 **【呼】** 8 6204 コ よぶ

篆文 
甲骨文 
金文 

形声 声符は乎。乎は呼の初文。乎は板上に遊舌を結びつけた鳴子板の形。もと神を呼ぶときに用いた。〔説文〕二上に「息を外くなり」とし、〔段注〕にこの字を呼招の意に用いるのは誤りであるとするが、乎の繁文とみてよい。乎を助詞・介詞に用い、字が分化したのである。

訓義 1よぶ、さけぶ、となえる。2感動詞、ああ。3はく、息をはく。4罅と通じ、さける、すきま、きず。

古訓 〔篇立〕呼 ア・アハレナリ・ヨバフ・アヤシ・メス 〔字鏡集〕呼 メス・ヨバフ

語系 呼・評・虖・嘑・謼xaは同声。みな乎haより分化した字である。嘘・歔xia、吁xiuaも同系の語。強く息を吐くような声をいう。

【呼応】(こおう) たがいによびあう。〔揚州画舫録、橋東録〕座を隔てて目語する者有り。舟を隔てて相ひ呼應する者有り。

【呼吸】(こきゅう(きふ)) いき。いきする。また、そのわずかな時間。〔晋書、郗鑒伝〕今此の弱力を以て、彼の強寇に敵す。勝負を一朝に決し、成敗を呼吸に定む。

【呼翕】(こきゅう(きふ)) 呼吸。南朝宋・周朗〔羊希に報ずる書〕慕を捐てて憂ひを遺れ、毀を夷ぶり譽を銷し、呼翕して以て其の氣を補ひ、繕嚼して以て其の生を輔く。

【呼声】(こせい) さけび声。〔史記、項羽紀〕楚の戰士、一以て十に當らざる無し。楚兵の呼聲、天を動かす。

【呼抃】(こべん) 叫び手をうつ。喜ぶ。唐・柳宗元〔興州江運記〕是に於て壅土を決去し、江濤を疏導す。萬夫呼抃し、志の如くならざる莫し。雷のごとく騰り、雲のごとく奔り、百里も一瞬なり。既に會し既に遠く、澹として安流することを爲す。

↑呼飲(こいん) 招いて飲む／呼冤(こえん) 無実の訴え／呼喊(こかん) さけぶ／呼気(こき) 息する／呼翕(こきゅう) 呼吸／呼叫(こきょう) さけぶ／呼洶(こきょう) 浪が高い／呼嘘(こきょ) 呼吸／呼控(ここう) 願い出る／呼嗟(こさ) 嘆声／呼見(こけん) 招見する／呼叱(こしつ) 怒るさま／呼召(こしょう) 呼びよせる／呼爾(こじ) 呼吁／呼嘯(こしょう) うそぶく／呼嵩(こすう) 万歳／呼倩(こせん) やとう／呼噪(こそう) さわぐ／呼天(こてん) 天に訴える／呼舞(こぶ) 舞いさけぶ／呼門(こもん) 大声で訪う／呼籲(こゆ) 訴えよぶ／呼弄(ころう) だます

↓烏呼・嗚呼・喚呼・歓呼・讙呼・叫呼・驚呼・喧呼・号呼・指呼・疾呼・召呼・倡呼・称呼・嘯呼・吹呼・酔呼・嵩呼・大呼・長呼・点呼・伝呼・遥呼・累呼・連呼

常 **【固】** 8 6060 コ かたい もとより

篆文 

会意 囗(い)+古。古は祝禱を収めた器(𠙵(さい))の上に、聖器としての干(たて)をおき、その呪能を固く守る意で、久古の意がある。その古に外囲を加えて、堅固・固定の意となる。その程度をこえることを頑固という。〔説文〕六下に「四塞なり」と四境を固守する意とするが、本来は祝禱に関する字である。

訓義 1かたい、かたくまもる。2やすんずる、やすらか、ひさしい。3もとより、もともと、もっぱら。4まことに、つねに。5かたくな。6錮と通じ、とどめる、おしこめる、すたれる。

古訓 〔篇立〕固 アナガチ・ツネ・マコトニ・マタシ・カタシ・コトフレ 〔字鏡集〕固 アナガチ・カタシ・ウチミ・イヤシ・アタル・カタム・ツネ・マコト

声系 〔説文〕に固声として箇・涸・痼・錮など六字を収める。箇は竹枝、痼は固疾、錮は鋳塞。おおむね固の声義を承ける。

語系 固・痼・錮kaは同声。古ka系統の語も、声義の関係がある。

【固窮】(こきゅう) 天命に安んじて、道を守り、困窮にたえる。〔論語、衛霊公〕子曰く、君子固より窮す。小人は窮すれば斯ち濫る。

【固結】(こけつ) かたく結ぶ。〔礼記、檀弓下〕苟しくも禮義忠信誠愨の心無くして、以て之れに涖まば、之れを固結すと雖も、民其れ解けざらんや。

【固塞】(こさい) 堅固なとりで。〔荀子、彊国〕其の固塞は険に、形勢は便に、山林川谷は美しく、天材の利多し。是れ形勝(の地)なり。

【固辞】(こじ) かさねて断る。〔戦国策、燕二〕王〜復た蘇子(代)を使せしめんとす。蘇子固辭す。王聽かず。

【固疾】(こしつ) 久しくなおらぬ病。宿痾。〔後漢書、光武帝紀下〕(中元元年六月)是の夏、京師に醴泉湧きて出づ。之れを飲む者、固疾皆愈ゆ。惟だ眇と蹇者(足なえ)とは瘳えず。

【固執】(こしつ・こしゅう(しふ)) 堅持する。自分の意見を固持する。〔後漢書、韓棱伝〕侍中竇憲、人をして齊殤王の子、都郷侯暢を、上東門に刺殺せしむ。〜棱、上疏して以て賊は京師に在りと爲す。〜竇太后怒りて、以て棱を切責す。棱、其の議を固執す。事發かるるに及んで、果して言ふ所の如し。

【固然】(こぜん) 本来のまま。〔荘子、養生主〕庖丁、刀を釋きて對へて曰く、〜臣、神を以て遇ひ、目を以て視ず。官知止まりて、神欲行はる。天理に依り、大郤を批ち、大窾に導き、其の固然に因る。技、肯綮に經ることも、之れ未だ嘗てせず。而るを況んや大軱(堅い骨)をや。

【固有】(こゆう(いう)) 本来あるもの。〔孟子、告子上〕仁義禮智は、外より我を鑠くに非ざるなり。我固より之れを有するなり。思はざるのみ。

【固陋】(ころう) わからずや。頑冥。漢・司馬遷〔任少卿(安)に報ずる書〕之れを要するに、死するの日にして、然る後に是非乃ち定まらん。書は意を悉くすこと能はざるも、略ぼ固陋を陳ぶ。謹んで再拜す。

↑固意(こい) 決心／固陰(こいん) 極寒／固嘔(こおう) こびる／固諫(こかん) 強諫／固宜(こぎ) 道理／固拒(こきょ) 固守する／固距(こきょ) 固守する／固護(ここ) 固守する／固哉(こさい) 頑固なこと／固志(こし) 決意／固持(こじ) 固守する／固謝(こしゃ) 固辞する／固請(こせい) 強く請う／固柢(こてい) 根柢を確かにする／固蔕(こてい) 強本／固備(こび) 堅く備える／固蔽(こへい) 頑固で愚か／固要(こよう) 固く求める／固壅(こよう) 固く守る／固壘(こるい) 堅塁

↓恪固・権固・幹固・頑固・義固・久固・窮固・愚固・稽固・倹固・険固・堅固・厳固・厚固・鯁固・守固・純固・醇固・深固・審固・専固・貞固・柢固・楨固・塡固・篤固・寧固・鄙固・毋固・閉固・偏固・保固・堡固・本固・密固・牢固

【姑】 8 4446 コ しゅうとめ しばらく

篆文 
金文 

形声 声符は古。〔説文〕十二下に「夫の母なり」とあり、しゅうとめ。親族称呼としては、おばをもいう。卜辞に、先王の妣が新婦に祟りすることを卜する例があり、婦姑の間には、氏族霊を異にするものとして、宗教上の問題があるとされたようである。金文に、姑のために婦人が祭器を作ることをしるしたものがある。
訓義 ①しゅうとめ、夫の母。②おば、父の姉妹。③おんな、現代語でむすめ。④及と通じ、しばらく。
古訓 〔和名抄〕姑 之宇斗女(しうとめ)〔名義抄〕姑 ヲバ・シバラク・シウトメ・マタ
【姑姑】ここ おば。父の姉妹。〔東坡志林、三、女妾〕温成皇后の乳母賈氏、宮中之れを賈婆婆と謂ふ。賈昌朝、之れに連結す。之れを姑姑と謂ふ。臺諫、其の姦を發く。近侍～曰ふ、虛實相ひ半ばすと。
【姑子】こし 未婚の女子。〔楽府詩集、清商曲辞二、歓好曲三首、一〕淑女總角(あげまき)の時 喚びて小姑子と作す 容豔、初春の花 人見て誰か愛せざらん
【姑嫜】こしょう(しやう) 姑と、しゅうと。魏・陳琳〔飲馬長城窟行〕楽府 書を作りて内舍に與ふ 便ち嫁して留住すること莫れ 善く新姑嫜に事へ 時時、我が故の夫子を念へ
【姑息】こそく かりそめ。〔礼記、檀弓上〕曾子曰く、～君子の人を愛するや徳を以てし、細人の人を愛するや姑息を以てす。吾何をか求めん。吾正を得て斃れなば、斯ち已まんと。～席に反り、未だ安んぜずして沒す。
↑姑公 姑舅/姑姉 うば/姑且 しばらく/姑章 姑嫜/姑娘 妾/姑壻 おばの婿/姑洗 旧三月/姑夫 姑姑の夫/姑媽 伯母/姑射 仙人の山
↓外姑・舅姑・慈姑・小姑・大姑

【岵】 8 2476 コ かれやま しげやま
篆文 
形声 声符は古。〔説文〕九下に「山に草木有るなり」とあり、木の茂った山をいう。〔爾雅、釋山〕に「草兀木多きは岵なり」とみえる。〔詩、魏風、陟岵〕「彼の岵に陟る」の〔伝〕に「山に草木无きを岵と曰ふ」とあり、〔段注〕はこれによって〔説文〕を誤りとし、後人が誤り改めたものであろうという。古声には姑・枯・涸など枯渇の意があり、繁茂の意に連なるものがない。〔陟岵〕は、行役の者が故郷を望み、父母を思う詩である。草木の潤いのないはげ山は、悲傷の意の興的発想となる。
訓義 ①かれやま、はげやま。②しげやま、はやま。
古訓 〔字鏡集〕岵 ケナシヤマ
↓陟岵

【怙】 8 9406 コ たのむ
篆文 
形声 声符は古。〔説文〕十下に「恃むなり」とあり、父母を怙恃という。依怙に対して贔屓という。
訓義 ①たのむ、たよる。②父の異称。
古訓 〔名義抄〕怙 タノム・タノシ・ヒレフス・シヅカナリ・ツク・タヨリ・アナフカナリ〔字鏡〕怙 シヅカ・タヨリ・アキラカ・タノム・ツク・クシロ・ヲシム
【怙恃】こじ たのみとする。また、父母。〔詩、小雅、蓼莪〕父無くんば、何をか怙まん 母無くんば、何をか恃まん
【怙勢】こせい 勢力をかさにきる。〔唐書、柳子華伝〕宰相元載に別墅有り、奴を以て主務とす。自ら郎将と稱し、勢を怙みて縱暴す。租賦未だ嘗て官に入らず。子華～宿罪を劾發し、之れを杖殺す。
【怙寵】こちょう 寵愛をたのみとする。〔唐書、狄仁傑伝〕左司郎中王本立、寵を怙みて自ら肆にす。仁傑其の惡を劾奏す。～是れより朝廷肅然たり。
【怙乱】こらん 乱につけこむ。晉・陸機〔弁亡論、上〕兵は義を以て合ひ、同盟して力を戮すと雖も、然れども皆禍心を苞藏し、兵を阻み亂を怙む。
↑怙依 たのむ/怙過 無反省/怙険 険をたのむ/怙権 専権/怙才 才をたのむ/怙終 無反省/怙冒 たのむ
↓依怙・思怙・恃怙・所怙

【沽】 8 3416 コ うる かう
篆文  金文 
形声 声符は古。〔説文〕十一上に水名とするが、〔論語、子罕〕「善賈を求めて諸れを沽らんか」、〔論語、郷党〕「沽酒市脯は食はず」のように、売買・市販の意に用いる。酒には酤酒のように酤を用いることがある。
訓義 ①うる。②かう。③おろそか、そまつ、あらい。
古訓 〔名義抄〕沽 ウル・ウルフ・ヲサム・オコナフ・キヨシ・アラフ・カフ
語系 沽・酤・賈・估 ka は同声。價(価)kea も声近く、みな売買のことをいう語である。
【沽酒】こしゅ 酒を売る。唐・白居易〔舟中晩起〕詩 泊る處、或いは沽酒の店に依り 宿る時、多く釣魚の船に伴ふ
【沽販】こはん 売買。〔魏書、景穆帝紀〕飲酒雜戲、本を棄てて沽販する者を禁ず。墾田大いに增闢することを爲せり。
【沽名】こめい 名をうる。名声を求める。唐・李白〔鳴皐歌、岑徵君を送る〕詩 吾誠に二子の名を沽り節を矯げ、以て世に耀かせしを學ぶこと能はず 固より將に天地を棄てて、身を遺れんとす
↑沽飲 酒を買う/沽価 代価/沽喫 買い食い/沽矯 奇矯をうりものにする/沽激 沽矯/沽券 估券/沽售 うる/沽直 正直ぶる/沽売 うる/沽保 酒保/沽誉 名を売る/沽濫 投売り/沽略 疎略にする
↓勧沽・求沽・衒沽・市沽・屠沽・坊沽・密沽

【狐】 8 4223 コ きつね
篆文  金文 
形声 声符は瓜(瓜)か。〔説文〕十上に「祅(妖)獸なり。鬼の之れに乘る所なり。三德有り。其の色は中和、前を小にして後を大にし、死するときは則ち丘首す。之れを三德と謂ふ」(段注本)とあり、瓜声とする。丘首とは、死するとき故丘に頭を向ける意。狡獪な獣とされるが、狐もその鳴き声をとるものであろう。国語のキツネの語源は擬声語とされる。
訓義 ①きつね。②短狐。
古訓 〔和名抄〕狐 岐豆禰(きつね)〔名義抄〕狐 キツネ・クツネ〔字鏡集〕狐 キツネ・カル・カレ・ウクロモチ
【狐腋】こえき 狐の腋の下。その毛皮。〔史記、商君伝〕千羊の皮は一狐の腋に如かず。千人の諾諾は一士の諤諤に如かず。武王は諤諤以て昌え、殷紂は墨墨(默默)以て亡びたり。～則ち僕請ふ、終日正言せん。
【狐貉】こかく 狐と、むじな。その毛皮。〔論語、子罕〕敝れたる縕袍を衣て、狐貉を衣たる者と立ちて恥ぢざる者は、其れ由(子路)なるか。
【狐疑】こぎ 疑い深く心が定まらぬ。〔楚辞、離騷〕心、猶豫して狐疑す 自ら適かんと欲するも、不可なり
【狐裘】こきゅう(きう) 狐の腋の下の皮で作った白い裘。〔詩、秦風、終南〕君子至る 錦衣狐裘
【狐死】こし 狐は故丘を首にして死ぬという。故郷を思う意に用いる。〔礼記、檀弓上〕禮は其の本を忘れず。古の人言へる有

り。曰く、狐死するとき、正しく首を丘にする（故丘に向ける）は仁なりと。

【狐鼠】こそ　狐と鼠。ともに狡獪な小動物。小盗にたとえる。明・方孝孺〔戇窩記〕狐鼠の盗、其の進退を瞯ひ、以て恭肆（順逆）を爲す。

【狐聴】こちよう（ちやう）　狐が水の音をたしかめてから水を渉る。用心する。〔顔氏家訓、書証〕狐の獸爲たる、又猜疑多し。故に河冰りて流水の聲無きを聽きて、然る後に敢て渡る。今俗に狐疑・虎卜と云ふは、則ち其の義なり。

【狐白】こはく　白い狐裘。〔礼記、玉藻〕君、狐白裘を衣るときは、錦衣以て之れを裼（表衣）す。

【狐媚】こび　狐のようにまどわす。〔晋書、石勒載記下〕大丈夫事を行ふに、當に礌礌落落、日月の皎然たるが如くすべし。終に曹孟徳（操）・司馬仲達（懿）の、他の孤兒寡婦を欺くが如く、狐媚して以て天下を取ること能はず。

【狐魅】こみ　狐のばけもの。また、狐神。〔朝野僉載、五〕周に婆羅門僧恵範有り。姦嬌狐魅、邪を挾み蠱を作し、左道にて權を弄す。則天（武后）以て聖僧と爲し、賞賚すること甚だ重し。

【狐鳴】こめい　狐の鳴き声。〔史記、陳渉世家〕閒かに吳廣をして次る所の旁の叢祠の中に之かしめ、夜、篝火し、狐鳴して呼びて曰く、大楚興らん、陳勝、王たらんと。卒皆夜驚き恐る。

【狐狸】こり　狐と狸。〔詩、豳風、七月〕一の日、于に貉とり彼の狐狸を取り　公子の裘を爲らん

↑狐怪　狐妖／狐狢　狐貉／狐鬼　狐魅／狐窟　狐の穴／狐言　でまかせ／狐刺　ゆがんだ弓／狐臭　わきが／狐神　お狐さま／狐仙　狐魅／狐禅　野狐禅／狐撓　うろつく／狐氷　狐聴／狐帽　狐皮の帽／狐妖　狐魅／狐狼　狡獪な獣／狐惑　まどわす

↓衣狐・化狐・貉狐・疑狐・城狐・赤狐・蒼狐・白狐・封狐・野狐・雄狐・妖狐・養狐・狸狐・老狐

常【股】8　7724　コ　また

篆文 

形声　声符は殳。殳の省声に従う。〔説文〕四下に「髀なり」とあり、胯間をいう。また〔説文〕に字を殳声とするが、殳にその声なく、殳の省声とみるべきである。殳は羊を去勢すること。股間の陰を殳（つえぼこ）で切り除くので、その部分を股という。手足とたのむことを股肱といい、また分岐するものの意に用いる。

訓義　①また、もも。②すね、はぎ。③わかれる、えだ。④直角三角形の直角部の長辺。⑤編成するものの各条。⑥部分、係、委員、株。

古訓　〔新撰字鏡〕股　宇都毛々（うつもも）〔和名抄〕股　辨色立成に云ふ、圜髀、毛々（もも）〔名義抄〕股　モ、・ウチモ、〔字鏡集〕股　モ、・エダ・ウハモ、・ウチモ、

【股肱】ここう　ももと、ひじ。手足。輔佐。〔左伝、昭九年〕君の卿佐、是れを股肱と謂ふ。股肱或いは虧く、何の痛みか之れに如かん。

【股掌】こしよう（しやう）　ももと手のひら。自由に扱う。〔国語、呉語〕大夫種は勇にして謀を善くし、將に吳國を股掌の上に還玩（思うままに扱う）して、以て其の志を得んとす。

【股戦】こせん　足がふるえ、おののく。〔後漢書、光武帝紀上〕時に長人巨無霸有り、～諸猛獸、虎豹犀象の屬を驅りて、以て威武を助く。～會ま大雷風あり、屋瓦皆飛び、～滍川盛溢す。虎豹皆股戰し、士卒爭ひ赴き、溺死する者、萬を以て數ふ。水爲に流れず。

↑股子　株式／股主　株主／股商　株式会社／股息　配当／股匪　匪賊／股分　株式／股份　股分／股弁　股戦／股本　資本／股栗　股戦／股慄　股戦

↓花股・脚股・句股・叙股・四股・掌股・八股

常【虎】8　2121　コ　とら

象形　〔説文〕五上に「山獸の君なり」とあり、「虎足は人の足に象る」とするが、その部分は脚・尾の形である。楚では於兎といい、青銅器にみえる饕餮の文様は、その展開文であるらしく、語としても関係があるかと思われる。

訓義　①とら。②たけだけしい、勇猛なもの。

古訓　〔和名抄〕虎　止良（とら）〔名義抄〕虎　トラ

部首　〔説文〕に虍・虤・虢など十四字、〔玉篇〕に虪・虦（号）など十余字を加える。〔玉篇〕に虪は「烏虪、即ち虎なり」とあって、烏・於は古く南方で語頭に加える音である。

声系　〔説文〕に虎声として琥・唬など三字を収める。琥は兵符に用いる瑞玉、唬は虎の声をいう。

語系　虎 **xa**、唬 **xya** はその声が近い。これによっていえば、虎はその声によって名をえたものであろう。

【虎威】こい（ゐ）　虎の威光。〔戦国策、楚一〕虎、百獸を求めて之れを食らふ。狐を得たり。狐曰く、～天帝我をして百獸に長たらしむ。～子、我を以て不信と爲さば、～子、我が後に随へ～と。～獸之れを見て皆走る。虎、獸の己を畏れて走るを知らず、狐を畏ると以爲へり。

【虎踞】こきよ　虎がうずくまる。〔史通、書志〕京邑翼翼、四方是れ則る。千門萬戸、兆庶其の威神を仰ぐ。虎踞龍蟠、帝王其の尊極を表はす。

【虎渓】こけい　廬山の渓名。〔廬山記、二〕流泉、寺を匝り、下りて虎溪に入る。～陶元亮（潜）、栗里山南に居る。陸修靜も亦た有道の士なり。（慧）遠師、嘗て此の二人を送り、～覺えず之れを過ぎり、因りて相ひ與に大いに笑ふ。今、世に傳ふる三笑の圖は、蓋し此に起りしならん。

【虎穴】こけつ　危地。〔後漢書、班超伝〕官屬皆曰く、今危亡の地に在り、死生司馬に從ふと。超曰く、虎穴に入らざれば虎子を得ず。當今の計、獨り夜に因り火を以て虜を攻めなば、必ず～殄盡（全滅）すべきなり～と。

【虎口】ここう　きわめて危険なところ。〔史記、酈生伝〕足下、糾合の衆を起し、散亂の兵を收め、萬人に滿たず、以て徑ちに強秦に入らんと欲す。此れ所謂虎口を探る者なり。

【虎子】こし　便器。〔西京雑記、四〕漢朝、玉を以て虎子を爲り、以て便器と爲す。侍中をして之れを執らしめ、行幸にも以て從ふ。

【虎視】こし　虎が鋭くねらい見つめる。〔易、頤、六四〕虎視眈眈たん、其の欲逐逐たるも、咎无し。

【虎兕】こじ　虎と野牛。〔論語、季氏〕虎兕柙より出で、龜玉櫝中に毀るるは、是れ誰の過ちぞや。

【虎鬚】こしゆ　虎のひげ。虎の鬚をとるのは、極めて危険な行為。〔三国志、呉、朱桓伝注に引く呉録〕桓、觴（杯）を奉じて曰く、臣遠く去るに當り、願はくは一たび陛下の鬚を捋らん。復た恨む所無からんと。～桓、進前して鬚を捋りて曰く、臣今日、眞に虎鬚を捋ると謂ふべしと。（孫）權、大いに笑ふ。

【虎嘯】こしよう（せう）　虎がうそぶく。〔淮南子、天文訓〕虎嘯いて谷風至り、龍擧がりて景雲屬す。麒麟鬪ひて日月食し、鯨魚死して彗星出づ。

【虎臣】こしん　左右の護衛。また、勇猛の臣。〔詩、魯頌、泮水〕矯矯たる虎臣　泮（宮、魯の廟の名）に在りて馘を獻ず

【虎貔】こひ　勇猛の軍。〔書、牧誓〕勖めよや夫子、尚はくは桓桓たれ。虎の如く貔の如く、熊の如く羆の如くせよ。

【虎文】虎皮の模様。唐・李白〔天馬歌〕詩 天馬來りて、月支の窟より出づ 背は虎文爲り、龍翼の骨

【虎変】虎文の美をいう。〔易、革、九五〕大人は虎變す。未だ占はずして孚有り。象(伝)に曰く、大人虎變すとは、其の文、炳たるなり。

【虎榜】進士及第者の掲示板。〔唐書、文芸下、欧陽詹伝〕進士に擧げられ、韓愈・李觀~と第を聯ぬ。皆天下の選なり。時に龍虎榜と稱す。閩の人の進士に第するは、詹より始まる。

【虎狼】虎と狼。残酷な獣。〔史記、秦始皇紀〕秦王、人と爲り蜂準(高い鼻)長目、鷙鳥の膺、豺の聲、恩少なくして虎狼の心あり。

➡虎闈 国子監/虎牙 虎の牙/虎喙 虎の口/虎館 学校/虎檻 虎のおり/虎眼 虎視/虎騎 猛騎/虎戯 五禽戯の一/虎舅 猫/虎径 虎の通る道/虎圏 虎檻/虎侯 虎皮の的/虎鵠 虎侯/虎士 虎賁/虎酒 犬/虎須 虎鬚/虎女 女傑/虎勢 虎威/虎節 虎形の符/虎髯 虎ひげ/虎蹲 虎踞/虎啗 虎がくらう/虎中 盛算の器/虎鈕 鋳印の虎形のつまみ/虎倀 虎に宿った人の霊/虎韔 虎皮の弓袋/虎枕 虎子/虎拜 拝閲/虎魄 琥珀/虎斑 虎文/虎尾 虎の尾をふむような危険なこと/虎符 虎節/虎炳 虎文/虎卜 卜法の一/虎奔 虎賁/虎賁 勇士/虎目 虎視/虎紋 虎文/虎落 竹矢来/虎旅 軍旅

➡画虎・臥虎・餓虎・騎虎・饑虎・窮虎・兕虎・餒虎・乳虎・白虎・暴虎・猛虎・竜虎・両虎・狼虎

常【孤】 9/1243 〔孤〕 8/1243 コ みなしご

篆文

形声 声符は瓜(瓜)。〔説文〕十四下に「父無きなり」とあり、孤児をいう。また尊貴の人の自称に用い、すべて孤独で寂しい状態のものに冠して用いる。

訓義 ①みなしご、親を失った子。②ひとりもの、ひとり、ひとつ。③王侯などの自称、謙称。④いやしい、おろか。

古訓 〔名義抄〕孤 ミナシゴ・ソムク・ヒトリワレ・ウカレテ/孤負 ソムク 〔字鏡集〕孤 ミナシゴ・ヒトリ・ソムク・コトニ・ワレ・ウカレテ

語系 孤kua、寡koaは声近く、孤児・寡婦をいう。寡は廟中で憂いに沈む婦人の象。男には鰥という。

【孤雲】はなれ雲。清高の人。晉・陶潛〔貧士を詠ず、七首、一〕詩 萬族各〻託する有り 孤雲、獨り依る無し 曖曖として空中に滅す 何れの時にか餘暉を見はさん

【孤寡】みなしごとやもめ。〔左伝、哀元年〕國に在りては、天に菑癘有るときは、親ら孤寡を巡りて其の乏困に共ふ。⊠王侯の謙称。〔戦国策、斉六〕請ふ、地を裂き封を定め、富は陶(魏冉)・衞(商君)に比し、世世孤寡と稱し、齊と久しく存せん。此れ亦た一計なり。

【孤介】世俗と交わらない。孤立狷介。〔梁書、文学下、臧嚴伝〕孤貧勤學、行止、書卷手に離れず。~性孤介にして、人閒に未だ嘗て造請せず。

【孤寒】身よりがなく貧しい。〔晉書、陳頵伝〕頵、孤寒を以て數〻奏議有り。朝士多く之れを惡む。出だして譙郡太守に除せらる。

【孤危】孤立して危うい。宋・蘇轍〔兄軾の獄に下るが為に上る書〕臣、孤危迫切に勝へず、告訴する所無し。誠を陛下に歸す。惟だ其の狂妄を寛し、特に乞ふ所を許されんことを。

【孤苦】ひとりで貧苦にくらす。唐・韓愈〔十二郎を祭る文〕既に又汝と食に江南に就く。零丁孤苦するも、未だ嘗て一日も相ひ離れざるなり。

【孤剣】一ふりの剣。一介の武士。唐・陳子昂〔東征、朝臣の相ひ送るに答ふ〕詩 孤劍將た何くにか託せん 長謠せん、塞上の風

【孤行】ひとり自ら信じる道をゆく。孤往。漢・張衡〔思玄の賦〕何ぞ孤行の煢煢たる、孑として群せずして、介り立てり。

【孤高】ひとり群を抜いて高い。唐・李白〔行路難、三首、三〕詩 光を含み世に混じて、名無きを貴ぶ 何ぞ用ひん、孤高、雲月に比するを

【孤鴻】一羽のおおとり。魏・阮籍〔詠懐、八十二首、一〕詩 孤鴻、外野に號き 翔鳥、北林に鳴く 徘徊して、將た何をか見る 憂思、獨り心を傷ましむ

【孤魂】弔う人もない魂。晉・潘岳〔悼亡詩、三首、三〕孤魂獨り煢煢たり 安んぞ靈あると無きとを知らんや

【孤児】みなし子。〔史記、趙世家〕諸將許さず。遂に杵臼と孤兒とを殺す。諸將以爲へらく、趙氏の孤兒、良に已に死せりと。皆喜ぶ。然れども趙氏の眞孤は、乃ち反つて在り。程嬰卒に與に倶に山中に匿る。

【孤舟】一そうの舟。唐・杜甫〔岳陽楼に登る〕詩 親朋、一字無く 老病、孤舟有り 戎馬、關山の北 軒に憑つて涕泗流る

【孤秀】群をぬいてすぐれる。〔水経注、江水二〕江の南岸に山の孤秀なる有り。江中より仰望すれば、壁立して峻絶なり。

【孤愁】ひとりもの思いに沈む。宋・陸游〔九月二十五日、雞鳴前に起き、旦くるを待つ〕詩 斷夢妨げず、枕上に尋ぬるを 孤愁還た天涯に客たるに似たり

【孤松】一本きりの松。晉・陶潛〔帰去来の辞〕景、翳翳として、以て將に入らんとす。孤松を撫して盤桓(徘徊)す。

【孤城】孤立無援の城。唐・王維〔韋評事を送る〕詩 遙かに知る、漢使蕭關の外 愁へて見る、孤城落日の邊

【孤臣】身よりのない人。〔孟子、尽心上〕獨り孤臣孽子(庶子)、其の心を操ること危く、其の患を慮ること深し。故に達す。

【孤身】身よりのないひとりみ。唐・韓愈〔南内に朝賀し、帰つて同官に呈す〕詩 余れは惟れ戇(愚)書生 孤身、齎す所無し

【孤征】ひとり旅ゆく。唐・陳子昂〔晩に楽郷県に次る〕詩 故郷、杳として際り無し 日暮、且つ孤り征く 川原、舊國に迷ひ 道路、邊城に入る

【孤絶】孤高。唐・孫魴〔甘露寺〕詩 寒暄、皆景有り 孤絶、畫にも形はし難し

【孤僧】孤独な僧。宋・陸游〔自詠〕詩 鈍なることは、窗閒の十月の蠅に似て 淡きことは、世外の一孤僧の如し

【孤村】寂しい村。唐・杜甫〔意を遣る、二首、二〕詩 一逕、野花落ち 孤村、春水生ず

【孤単】みなしご。〔南斉書、孝義、韓霊敏伝〕倪翼の母丁氏、少くして夫を喪ふ。性、仁愛なり。~同里の陳穰、父母死し、孤單にして親戚無し。丁氏之れを收養す。

【孤灯】さびしい灯の光。唐・白居易〔長恨歌〕詩 夕殿螢飛んで、思ひ悄然たり 孤燈挑げ盡して、未だ眠りを成さず

【孤特】孤独。〔管子、形勢解〕亂主は、内其の百姓を失ひ、外隣國に信ぜられず、~外内皆失ひ、孤特にして黨無し。故に國弱くして主辱めらる。

【孤独】みなしごと、子のない老人。〔礼記、礼運〕大道の行はるるや、天下を公と爲す。~故に人、獨り其の親を親とせず、獨り其の子を子とせず、~矜寡孤獨廢疾の者をして、

皆養ふ所有らしむ。

【孤帆】一そうの帆かけ舟。唐・李白〔黄鶴楼に孟浩然の広陵に之くを送る〕詩 孤帆遠影、碧空に盡く 唯だ見る、長江の天際に流るるを

【孤標】ぬきんでる。傑出。〔旧唐書、杜審権伝〕塵外に孤標し、雲閒に獨歩す。華貫を踐歷すること、二十年に餘り、名流を鑒裁すること、凡て幾百輩なり。

【孤負】期待にそむく。明・方孝孺〔鄭叔度に与ふる書、八首、七〕但だ學術荒陋にして建明する所無く、期待に孤負して、以て知人の哲を損せんことを媿づ。僕の成る無きは、亦た朋友の辱なり。

【孤辟】孤立してひがむ。清・斉白石〔夏日高臥〕詩 門を閉して睡むるに、眞の滋味有り 孤辟、衰年、更に妙なる哉

【孤峯】一つだけ聳え立つ山。唐・張説〔梁六を洞庭山より送りて作る〕詩 巴陵一望す、洞庭の秋 日に見る、孤峯の水上に浮ぶを

【孤蓬】風で遠くまで飛ぶよもぎ。唐・李白〔友人を送る〕詩 此の地、一たび別れを爲し 孤蓬、萬里に征く

【孤鶩】一羽のあひる。唐・王勃〔滕王閣の序〕落霞、孤鶩と齊しく飛び、秋水、長天と共に一色。

【孤立】ひとりぼっち。漢・司馬遷〔任少卿（安）に報ずる書〕今、僕不幸にして、早く父母を失ひ、兄弟の親無く、獨身孤立す。

【孤陋】見聞少なく、学識が浅い。〔礼記、学記〕獨學にして友無くんば、則ち孤陋にして寡聞なり。

↑孤遺 みなし児／孤景 孤影／孤詠 孤吟／孤懐 孤心／孤客 一人旅／孤鶴 一羽の鶴／孤館 一軒家／孤雁 一羽の雁／孤羈 孤客／孤窮 孤貧／孤衾 独り寝／孤禽 一羽の離れ鳥／孤吟 独吟／孤寠 身寄りがなく貧しい／孤軍 孤立した軍／孤閨 寡婦／孤月 片月／孤孽 身寄りのない孤独の人／孤坐 独坐／孤杉 一本杉／孤山 孤峯／孤子 孤児／孤嗣 遺された孤児／孤峙 ひとりそばだつ／孤樹 一本の木／孤囚 独房の囚人／孤嶼 離れ島／孤掌 片方の掌／孤竦 独秀／孤嶂 孤峯／孤聳 孤竦／孤燭 孤灯／孤心 孤独な心／孤寝 独り寝／孤斟 独酌／孤生 孤独の身／孤棲 独居／孤忠 ただ一人忠を尽くす／孤鳥 孤禽／孤蝶 一羽の蝶／孤艇 孤舟／孤島 離れ島／孤飛 一羽で飛ぶ／孤微 孤貧／孤飄 身寄りがなく、零落する／孤藐 弱少／孤貧 孤独で貧しい／孤僻 ひとりもので、ひがむ／孤窆 無縁墓／孤遊 一人寂しく遊ぶ／孤羸 孤弱／孤唳 一羽の鶴が鳴く／孤老 孤独の老人

↓哀孤・孩孤・羇孤・久孤・窮孤・恤孤・託孤・貞孤・灯孤・独孤・帆孤・幼孤

常 **【弧】** 9 1223 〔弧〕 8 1223 コ ゆみ ゆみなり

篆文

形声 声符は瓜（瓜）。〔説文〕十二下に「木弓なり」、また「一に曰く、往體寡なく、來體多きを弧と曰ふ」とあり、弦を外したとき往屈少なく、加えたときよく弧をなすものをいう。瓜にゆるくまがるものの意がある。

訓義 ①ゆみ。②ゆみなり、ゆみなりの形のもの。③まがる、もとる。

古訓 〔名義抄〕弧 ハジメ 〔篇立〕弧 ユミヒク 〔字鏡集〕弧 ハジメ・ユミ

【弧弦】弓につるを張る。〔塩鉄論、和親〕丁壯は弦を弧にして出でて鬭ひ、老者は超越して葆（堡）に入る。之れを言へば以て流涕寒心するに足るも、則ち仁者は忍びざるなり。

【弧張】鳥獣をとる弓と網。〔周礼、秋官、冥氏〕弧張を設け、阱擭を爲りて、以て猛獸を攻め、靈鼓を以て之れを敺ることを掌る。

↑弧騎 騎射／弧弓 木弓／弧矢 弓矢／弧室 弓袋／弧辰 男子の生まれた日、門に弓をかける／弧旌 弓形の旗／弧灯 アーク灯／弧剌 弓のゆがみ

↓威弧・円弧・檿弧・括弧・懸弧・桑弧・短弧・彫弧・桃弧・木弧

常 **【故】** 9 4864 コ ことさら もと ゆえ

篆文 金文

会意 古＋攴。古は祝禱を収める器（⊔）の上に、聖器としての干を加え、その呪能を永く守る意。ゆえに古久の意がある。それに攴を加えるのは、その呪能をことさらに害しようとするものであるから、字は故意・事故を原義とする。そのことが原因をなすので事由の意となる。金文の〔大盂鼎〕に「古に天、翼臨して子しむ」とあり、古を故の意に用いる。また〔小盂鼎〕に「厥の故を𨒌ふ」とは事由の意。〔周礼、天官、宮正〕「國に故有り」とは、事故・禍殃のあることをいう。

訓義 ①ことさら、故意。②ことがら、こと、事故、できごと。③わざわい、たくらみ。④もと、しきたり、ならわし。⑤ゆえ、理由、道理。⑥すぎたこと、死ぬ。

古訓 〔名義抄〕故 ユヱ・カルガユヱニ・ソヘニ・フルシ・ナホシ・コトサラニ・イニシヘ・カヘル・マコトニ・ムネ・カレ・トモ・サラニ・モト・タヘタリ・ワザハヒ・コト／故是以 カレコチ（レ）／故々 ネタマシガホ・ネタイカナ

語系 古・故kaは同声。故は故意に古（蓋をした⊔）を殴ち、その呪能を破る意。故は古の声義を承ける字である。

【故意】旧情。唐・杜甫〔衛八処士に贈る〕詩 主は稱ふ、會面難しと 一擧、十觴を累ぬ 十觴亦た醉はず 子の故意の長きに感ず ②わざと。〔紅楼夢、三十七回〕故意に前に往きて趕ふ。

【故宇】もとの家。〔楚辞、離騒〕何れの所にか獨り芳草無からん 爾何ぞ故宇をのみ懷はんや

【故園】旧苑。また、故郷。唐・韋応物〔雁を聞く〕詩 故園、眇として何れの處ぞ 歸思、方に悠なる哉 淮南、秋雨の夜 高齋に雁の來たるを聞く

【故客】もとの食客。〔史記、藺相如廉頗伝〕（廉頗の）勢ひを失へる時、故客盡く去れり。復た用ひられて將と爲る～に及び、客又復た至る。廉頗曰く、客退けと。客曰く、～夫れ天下、市道を以て交はる。君、勢ひ有れば、我則ち君に從ふ。～此れ固より其の理なり。何の怨むことか有らんやと。

【故旧】古なじみ。古い友人。〔論語、微子〕周公、魯公に謂ひて曰く、～故舊、大故無ければ、則ち棄てず～と。

【故郷】ふるさと。〔楚辞、九章、哀郢〕故郷を去りて遠きに就き 江夏に遵ひて以て流亡す

【故訓】古人の遺訓。〔詩、大雅、烝民〕古訓に是れ式り 威儀を是れ力む 〔鄭玄箋〕故訓とは先王の遺典なり。

【故交】旧交。旧友。唐・杜荀鶴〔山中喜んで故交と宿話す〕詩 山中、深夜に坐す 海内、故交稀なり

【故行】もとの歩きかた。〔荘子、秋水〕且つ子、獨り夫の壽陵の餘子の、行を邯鄲に學びしを聞かざるか。未だ國能を得ざるに、又其の故行を失ふ。直だ匍匐（腹ばい）して歸りしのみ。

【故国】祖国。〔史記、淮南王安伝〕臣聞く、微子、故國を過ぎりて悲しむ。是に於て麥秀の歌を作れりと。是れ紂の王子比干を用ひざりしを痛むなり。

【故山】故郷。宋・劉子翬〔二劉の題壁を観る〕詩 故山は終に他山の好きに勝れり 新交は舊好の樂しきに如かず

【故事】古事。また、先例。〔漢書、劉向伝〕是の時、宣帝は

武帝の故事に循ひ、名儒俊材を招選して左右に置く。更生、通達して能く文辭を屬るを以て、王褒・張子僑等と竝びに進對す。

【故実】（こじつ）　古事の範例とすべきもの。〔国語、周語上〕事を賦し刑を行ふに、必ず遺訓に問ひ、故實に咨る。問ふ所を干さず、咨る所を犯さず。

【故人】（こじん）　旧友。旧知。〔史記、項羽紀〕顧みて漢の騎司馬呂馬童を見て曰く、若は我が故人に非ずやと。馬童、之れに面く。

【故態】（こたい）　いつもの状態。旧態。〔後漢書、逸民、厳光伝〕光、答へず、乃ち投札して之れに與へ、口授す。～（侯）霸、書を得て之れを封奏す。帝（光武）笑つて曰く、狂奴の故態なりと。車駕即日其の館に幸す。光、臥して起きず。

【故轍】（こてつ）　ゆきなれた道。生きかた。晉・陶潛〔貧士を詠ず、七首、二〕詩　力を量りて故轍を守らば　豈に寒ゑと飢ゑとあらざらんや　知音苟も存せずんば　已ぬる矣、何の悲しむ所ぞ

【故都】（こと）　古い都。旧都。〔楚辭、離騒〕已ぬる哉　國に人無し　我を知るもの莫し　又何ぞ故都をのみ懷はんや

【故土】（こど）　故郷。唐・柳宗元〔鈷鉧潭記〕孰か予をして夷に居るを樂しみて、故土を忘れしむる者ぞ。茲の潭に非ずや。

【故夫】（こふ）　もとの夫。〔玉台新詠、古詩八首、一〕長跪して故夫に問ふ　新人復た何如と　新人好しと言ふと雖も　未だ故人の姝なるに若かず

【故物】（こぶつ）　ふるい品物。昔の物。唐・杜甫〔水檻〕詩　人生、故物に感ず　慷慨、餘悲有り

【故法】（こほう（はふ））　旧法。〔韓非子、定法〕其の憲令を一にせざれば、則ち姦多し。故に利、故法前令に在れば、則ち之れに道より、利、新法後令に在れば、則ち之れに道る。利、故新相ひ反するに在れば、前後相ひ悖る。

【故里】（こり）　故郷。唐・杜牧〔禅智寺に題す〕詩　故里溪頭松柏雙ぶ　來る時、盡日松窗に倚る　杜陵の隋園、已に絕國　秋曉南游して、更に江を渡る

【故老】（ころう（らう））　博識の老人。〔漢書、芸文志〕（小学）古制、書は必ず文（字）を同じうす。知らざれば則ち闕き、諸れを故老に問ふ。衰世に至り、是非正す無し。

↑故為　故意／故駅　古い宿場／故苑　故園／故掾　もと下役／故縁　縁故／故家　旧家／故格　旧格式／故勘　拷問／故関　古い関所／故懽　旧好／故記　旧記／故鬼　古い死霊／故基　故址／故器　古道具／故丘　故郷／故去　死亡／故墟　廃墟／故業　先例／故曲　旧曲／故君　先君／故刑　服役者／故畦　刈田／故蹊　旧蹊／故券　古証文／故語　典故の語／故誤　故意犯／故公　先君／故妻　前妻／故塞　古いとりで／故歳　旧年／故殺　故意に殺す／故址　故墟／故紙　ほご／故式　旧式／故識　旧友／故失　故意に誤る／故主　旧主／故習　旧習／故処　旧居／故書　古書／故絮　古わた／故縦　故意に宥す／故蹤　形迹／故城　古い城／故常　常例／故心　宿心／故臣　旧臣／故棲　旧宅／故迹　旧迹／故跡　故迹／故蹟　故迹／故然　それ故／故疏　旧縁の人／故俗　旧俗／故族　旧家／故端　事故／故地　旧領／故池　古池／故知　旧知／故智　先人の智／故儔　旧友／故寵　昔の愛人／故庭　旧庭／故程　旧知の道／故典　古典／故途　故路／故套　古いしきたり／故道　旧道／故櫝　古びつ／故入　故意に罪にする／故年　旧年／故廃　久しく廃絶する／故買　贓品を買い入れる／故犯　故意犯／故廟　古廟／故府　古い蔵／故弊　久弊／故窆　古墓／故歩　故行／故友　旧友／故遊　旧友／故籬　古いまがき／故侶　旧友／故林　旧棲の林／故塁　古いとりで／故路　故道／故廬　旧居／故壟　古家

↓意故・縁故・温故・雅故・解故・懐故・義故・久故・旧故・訓故・刑故・稽故・国故・今故・細故・事故・習故・掌故・深故・親故・世故・先故・素故・他故・多故・大故・知故・典故・反故・物故・変故・明故

常　**【枯】**　9　4496　コ　かれる

篆文

古印璽

形声　声符は古。古に古・旧の意がある。〔説文〕六上に「槀（槁）るるなり」とあり、枯槁をいう。この高は枯骨の象に従う字で、生気を失ったものをいう。

訓義　①かれる。②かわく、生気を失う。③殆と通じ、死ぬ、屍をさらす。

古訓　〔新撰字鏡〕枯　加良木（からき）〔名義抄〕枯　カル・カラキ・カハク

語系　枯・殆khaは同声。殆は枯骨をいう。槁khôも声義近く、涸hak、渴（渇）khat、竭giatも同系の語である。

【枯栄】（こえい）　栄枯。盛衰。唐・李賀〔野の歌〕詩　男兒屈窮するも、心窮せず　枯榮等しからず、天公に嗔る

【枯朽】（こきゅう（きう））　かれ朽ちる。〔漢書、異姓諸侯王表序〕今、漢獨り孤秦の弊を收む。金石を鐫る者は、功を爲し難く、枯朽を摧く者は、力を爲し易し。其の勢ひ然るなり。

【枯魚】（こぎょ）　枯死した魚。〔楽府詩集、雑曲歌辞十四、枯魚、河を過りて泣く〕枯魚、河を過りて泣く　何れの時か、悔ゆとも復た及ばん　書を作りて魴鱮に與ふ　相ひ教へて、出入を愼めよ

【枯竭】（こけつ）　かれてなくなる。枯渇。〔水経注、済水一〕濟水、王莽の世に當りて、川瀆枯竭す。其の後、水流通津渠を逕へ、～脈水昔と同じからず。

【枯槁】（ここう（かう））　かれる。また、やせ衰える。〔楚辞、漁父〕屈原既に放たれて　江潭に游び　行く澤畔に吟ず　顏色憔悴し　形容枯槁せり

【枯骨】（ここつ）　しかばね。〔列子、楊朱〕伏羲已來三十餘萬歲、賢愚好醜、成敗是否、消滅せざる無し。但だ遲速の閒のみ。一時の毀譽を矜り、以て其の神形を焦苦し、死後數百年中の餘名を要むるも、豈に枯骨を潤すに足らんや。

【枯樹】（こじゅ）　かれ木。〔晋書、王羲之伝論〕（献之）其の字勢を觀るに疏痩なること隆冬の枯樹の如く、其の筆蹤を覽るに、拘束なること嚴家の餓隷の若し。

【枯松】（こしょう）　かれ松。唐・李白〔蜀道難〕詩　連峰、天を去ること尺に盈たず　枯松倒に挂かりて、絕壁に倚る

【枯寂】（こせき）　もの寂しい。金・元好問〔鹿泉新居、二十四韻〕詩　生平の懷抱、山に向つて盡き　老氣崔嵬、助け有るが如し　巖居は枯寂、朝市は喧　喧寂兩つの閒に、差や趣有り

【枯桑】（こそう（さう））　葉のかれた桑の木。〔古楽府、飲馬長城窟行〕他鄉各と縣を異にす　展轉として相ひ見ず　枯桑、天風を知り　海水、天寒を知る

【枯淡】（こたん）　かれて素朴さがある。〔苕渓漁隠叢話前集三、五柳先生下〕予れ、古今の詩人を觀るに、惟だ韋蘇州（応物）のみ、其の淸閑を得たり。尙ほ其の枯淡を得ず。柳州（柳宗元）獨り之れを得たり。但だ其の少や遒きを恨むのみ。

【枯塚】（こちょう）　荒れた墓。宋・陸游〔初夏雑興、六首、六〕詩　百年、等しく是れ一枯塚　四海、應に兩放翁無かるべし

【枯腸】（こちょう（ちやう））　うえ腹。また、文才に乏しいこと。宋・朱熹〔再び韻を用ひて翠壁に題す〕詩　珍重す、詩翁相ひ惱むこと莫かれ　枯腸攪斷して、鬢絲華ろし

【枯暴】こばく さらしかわかす。〔大戴礼、勧学〕木の直にして繩（墨繩）に中るも、輮めて輪と爲さば、其の曲規（ぶんまわし）に中り、枯暴するも復た挺（直）せざる者は、輮むること、之れをして然らしむるなり。

【枯木】こぼく かれた木。漢・司馬相如〔書を上りて猟を諫む〕今陛下、阻険を陵ぎ、猛獸を射ることを好む。卒然として軼材の獸に遇はば、〜人は巧を施すに暇あらず。〜力、用ふることを得ず、枯木朽株も、盡く難を爲さん。

【枯葉】こよう かれ葉。唐・温庭筠〔遐水謡〕詩 狼煙堡上、霜漫漫たり 枯葉、風に號んで、天地乾く

【枯楊】こよう かれた柳。〔易、大過、九五〕枯楊、華を生ず。老婦、其の士夫を得たり（老女が若い男を得る）。象に曰く、〜老婦士夫とは、亦た醜づべきなり。

【枯林】こりん 冬の林。〔楽府詩集、清商曲辞一、子夜四時歌七十五首、冬歌十七首、三〕寒鳥、高樹に依り 枯林、悲風鳴く

↑枯萎 しぼむ／枯荷 かれた蓮／枯骸／枯骨／枯旱 ひでり／枯乾 枯死／枯幹 かれ木／枯毀 やつれる／枯渠 から堀／枯吟 苦吟する／枯形 病体／枯硬 たちがれ／枯毫 禿筆／枯槎 かれ枝／枯坐 黙坐／枯柴 かれ柴／枯索 枯硬／枯尸 屍／枯死 かれる／枯齒 枯尸／枯首 どくろ／枯株 切り株／枯笑 苦笑／枯条 かれ枝／枯心 冷淡／枯水 涸れた水／枯磧 砂はら／枯蟬 うつ蟬／枯痩 やせ細る／枯燥 乾燥する／枯沢 涸沢／枯磔 磔刑／枯擇 落葉／枯籜 かれ落ちる竹の皮／枯竹 竹簡／枯凋 しぼむ／枯荻 かれたおぎ／枯廃 朽廃／枯魄 残骸／枯筆 禿筆／枯萍 かれ浮草／枯腐 腐朽／枯風 木枯らし／枯吻 口下手／枯蓬 かれ蓬／枯落 凋落／枯爛 朽廃する／枯籬 朽ちた垣／枯柳 かれた柳／枯竜 老松／枯鱗 枯魚／枯顱 禿げあたま／枯髏 骸骨

↓栄枯・乾枯・魚枯・苦枯・涸枯・傷枯・草枯・蒼枯・霜枯・偏枯

【殆】 9 1426 コ かれる

篆文 

形声 声符は古。古に久・旧の意があり、生気を失ったものをいう。〔説文〕四下に「枯るるなり」とあり、〔説文〕六上に「枯は槀（槁）るるなり」とみえる。槁字の従う高は、枯骨の象。草木に枯槁といい、人には殆という。

訓義 1かれる。2しぬ、ころす。

古訓 〔名義抄〕殆 アキナフ・カケタリ 〔字鏡集〕殆 カケタリ・ソコナフ・カヽルナリ・アキナフ

語系 殆・枯khaは同声。槁khôも声義が近い。涸hak、渇（渴）khar、竭giatも同系。みな涸渇竭尽の意がある。

人 【胡】 9 4762 コウ ゴ たれにく えびす なんぞ

篆文 

形声 声符は古。〔説文〕四下に「牛の顫垂なり」とあり、牛のあごの下の垂れ肉をいう。戈の柄を装着する部分のふくらみをも胡という。北方族を胡というのは、頷の下に瘤を病む風土病があるからだとする説がある。胡にまた大の義がある。「胡んぞ」は疑問詞系の仮借義。胡考・胡福は嘏の仮借義である。

訓義 1あごのたれ肉。2すべて垂れ下がり、ふくれたもの。ほこのえだ、装着部の刃。3大きい。4嘏と通じ、とおい、ながい、はるか、としより。5えびす。もと北方族、のち西方族をも含めていう。6何・害・盍などと通じ、疑問詞。なんぞ。7胡説は、でたらめ。

古訓 〔新撰字鏡〕胡 太加不（たがふ）〔和名抄〕胡 之太久比（したくび）〔名義抄〕胡 シタクビ・アザケル・イノチ・ナンゾ・イヅクンゾ／胡然 イカンゾ／胡爲 ナスレゾ 〔字鏡集〕胡 アザケル・イノチ・イカデカ・ナンゾ・シタクビ・イヅクンゾ・ネタム・クツコリ・ミダリ

声系 〔説文〕に胡声として瑚・湖・餬など四字を収める。湖は胡肉のような形で水の停滞するところをいう。

語系 胡・湖・餬haは同声。また何hai、曷・害（害）har、盍hapと声近く、これらはみな疑問詞として仮借して用いる。

【胡笳】こか あしぶえ。また、その曲。唐・岑参〔胡笳の歌、顔真卿の使して河隴に赴くを送る〕詩 君聞かずや、胡笳の聲最も悲しきを 紫髯緑眼の胡人吹く 之れを吹きて一曲猶ほ未だ了らざるに 愁殺す、樓蘭征戍の兒

【胡狢】こかく えびす。胡羯。〔晏子、諫下二二〕今夫れ胡狢戎狄の狗を蓄ふや、多き者は十有餘、寡なき者も五六。然れども相ひ害傷せず。今雞豚を束ねて妄りに之れに投ぜば、其の折骨決皮、立ろに見るべし。

【胡羯】こかつ 北方の異族。羯は匈奴の一種。唐・杜甫〔彭衙行〕詩 誰か肯て艱難の際 豁達、心肝を露はさん 別來、歳月周る 胡羯、仍ほ患を構ふ

【胡騎】こき 北方族の騎兵。〔史記、灌嬰伝〕詔を受け、別に樓煩以北の六縣を降し、代の左相を斬り、胡騎を武泉の北に破る。

【胡耇】ここう 九十歳の老人。元老。〔左伝、僖二十二年〕且つ今の勍き者は、皆吾が敵なり。胡耇に及ぶと雖も、獲えば則ち之れを取らん。二毛（白髪まじり）に何か有らんや。

【胡牀】こしょう 背にもたれのある折畳み式の椅子。交牀・繩牀ともいう。〔後漢書、五行志一〕靈帝、胡服・胡帳・胡牀・胡坐・胡飯・胡空侯・胡笛・胡舞を好む。京都の貴戚、皆競ひて之れを爲す。

【胡塵】こじん 北方族の兵馬でおこる砂ぼこり。その屈辱。唐・杜甫〔北征〕詩 況んや我は胡塵に墮ち 歸るに及んで盡く華髮となる

【胡蝶】こちょう 蝶。〔荘子、斉物論〕昔者荘周、夢に胡蝶と爲る。栩栩然として胡蝶なり。自ら喩しみて志に適へる與か。周なるを知らざるなり。

【胡奴】こど 胡人の賤称。〔晋書、呂纂載記〕初め纂、嘗て鳩摩羅什と棊し、羅什の子を殺せり。曰く、胡奴の頭を斫ると。羅什曰く、胡奴の頭を斫らずんば、胡奴、人の頭を斫らんと。（呂）超、小字は胡奴。竟ひに以て纂を殺せり。

【胡馬】こば 北方の胡の馬。〔文選、古詩十九首、一〕胡馬、北風に依り 越鳥、南枝に巣くらふ

【胡貉】こばく 北方の異民族。貉は東北の族。〔史記、李斯伝〕地、廣からざるに非ざるも、北のかた胡貉を逐ひ、南のかた百越を定め、以て秦の彊きを見めす。罪二なり。

【胡舞】こぶ 胡人の舞踏。〔後漢書、五行志一〕靈帝、胡服〜胡笛・胡舞を好む。京都の貴戚、皆競ひて之れを爲す。此れ服妖なり。〜董卓、多く胡兵を擁し、〜宮掖を虜掠し、園陵を發掘す。

【胡服】こふく 胡人の服。〔戦国策、趙二〕（武霊）王遂に胡服し、騎を率ゐて胡に入り、遺遺の門を出で、九限の固を踰え、五俓の險を絶り、榆中に至り、地を辟くこと千里。

【胡粉】ごふん おしろい。〔後漢書、李固伝〕大行（前王の死）殯に在り、路人涕を掩ふに、固獨り胡粉もて貌を飾り、搔頭弄姿、槃旋偃仰し、從容冶歩して、曾ち惨怛傷悴の心無し。

【胡虜】こりょ 北方の異民族。匈奴。〔史記、李将軍伝〕匈奴の左賢王、四萬騎を將ゐて廣を圍む。〜廣乃ち其の子敢をして、往きて馳せしむ。敢獨り數十騎と馳せ、直ちに胡騎を貫きて其の左右に出で、還りて廣に告げて曰く、胡虜は與し易きのみと。軍士乃ち安んず。

【胡盧】ころ 笑う。擬声語。〔孔叢子、抗志〕衞君乃ち胡盧して

大いに笑ひて曰く、寡人農を好まず。農夫の子、之れを用ふる所無しと。

【胡老】(らう) 老人。〔後漢書、蔡邕伝〕(華顚)胡老、乃ち衡(かう)が心を練りて、太清に浸(ひた)らしめん 穢濁(わいだく)を滌(のぞ)きて、正靈を存せん～と。

➡胡為 なんすれぞ／胡越 北方の胡と南方の越と／胡苑 胡地／胡葭 胡笳／胡角 胡の角笛／胡侃 戯れ／胡雁 北雁／胡顔 厚顔／胡姫 西域の女／胡鬼 仏／胡跪 跪拝／胡簋 お供えの器／胡教 仏教／胡琴 蛇皮の琴／胡元 元人／胡言 でたらめ／胡呼 驚く声／胡胡 風声／胡語 胡人の語／胡行 乱行／胡寇 北方胡人の来寇／胡坐 あぐら／胡猜 推測する／胡散 疑わしい／胡子 鬚男／胡市 互市／胡児 胡人の子／胡鬚 胡子／胡寿 長寿／胡臭 わきが／胡哨 口笛／胡椒 調味料／胡縄 香草／胡人 胡地の人／胡説 胡言／胡旋 胡人の旋舞／胡然 どうして／胡髯 胡人の顎ひげ／胡蘇 急流／胡僧 胡人の僧／胡賊 胡虜／胡孫 さる／胡談 でたらめ／胡地 胡人の地／胡梯 やぐらのはしご／胡狄 西方北方の異民族／胡塗 ごまかす／胡桃 くるみ／胡同 横町／胡撞 ぶつかる／胡突 糊塗する／胡寧 なんぞ／胡白 でたらめの話／胡貊 胡貉／胡巫 胡人の巫／胡風 北風／胡福 大福／胡兵 胡人の兵／胡餅 焼餅／胡麻 ごま／胡蘆 ひさご／胡麓 胡簶／胡簶 やなぐい／胡乱 でたらめ

➡函胡・含胡・強胡・賈胡・五胡・商胡・垂胡・酔胡・東胡・肥胡・盧胡

常 **【個】** 10 2620 コカ ひとつ

形声 声符は固。〔玉篇〕に「偏なり」とあり、相偶することのない単一のものをいう。箇・个と同じ。真個(ほんとうに)・這個(この)のような語は、唐以後にみえる。

訓義 1ひとつ、かたかた、ひとり。2下接語として、真個(まことの)・好個(ほんとうの)のように用い、修飾語をつくる。3指示詞、この。

➡個我 自我／個個 各個／個条 条目／個人 私人／個数 箇数／個性 個我の性／個中 この中／個別 単独／個裏 この中

➡各個・好個・這個・真個・別個

常 **【庫】** 10 0025 コク くら

篆文 

会意 广+車。兵車を蔵する所。〔説文〕九下に「兵車の藏なり」という。〔釈名、釈車〕に「車は、古者(いにしへ)、聲、居の如し。行くに人の居る所以なるを言ふなり」とし、また「今曰ふ車の聲は舍に近し。車は舍なり。行く者の處(を)る所、居舍の若(ごと)きなり」(畢沅校)と居・舍(舎)の義を以て解する。居・庫の声も近かったとするものであろう。〔礼記、楽記〕に「車甲は衅(ぬ)りて之れを府庫に藏す」とあり、収納のときには修祓を行った。兵庫は神庫であった。

訓義 1兵車のくら。2文書のくら、物を納めるくら、倉庫。

古訓 〔和名抄〕庫 漢語抄に云ふ、豆八毛能久良(つはものくら)〔名義抄〕庫 クラ・ツハモノクラ／神庫 ホクラ〔篇立〕庫 ツヒモノ、クラ

【庫財】(ざい) 庫中の財。〔唐書、竇易直伝〕長慶二年、李介(かい)、汴(べん)州を以て叛く。易直、庫財を出だして軍を賞せんと欲す。或るひと謂ふ、給與名無し。必ず且つ患を生ぜんと。乃ち止む。

【庫貲】(し) 庫中の財。〔唐書、王世充伝〕世充、帝に啓す。江淮の良家の女、後廷に備へんことを願ふも、繇(よ)りて進む無しと。帝喜び、端麗なる者を閲(えら)ばしめ、庫貲を以て聘(へい)と爲す。費、校(はか)るべからず。～有司、敢て聞(ぶん)せず。

【庫銭】(せん) 庫中の銭。〔南史、何胤伝〕敕有りて白衣尚書の祿を給す。胤、固辭す。又敕して山陰の庫銭、月ごとに五萬を給せしむ。又受けず。

【庫蔵】(ざう) 庫中の物。〔列子、楊朱〕衞の端木叔は子貢の世(後世)なり。其の先貲(先世の財)を藉(か)り、家に萬金を累(かさ)ぬ。～行年六十、氣幹將(まさ)に衰へんとす。其の家事を棄て、都(すべ)て其の庫藏を散じ、一年の中に盡く。

【庫帛】(はく) 庫中の帛。〔唐書、太宗諸子、曹王皐伝〕皐、性勤儉、能く人の疾苦を知る。～物を以て人に遺るに、必ず自ら衡量を視、庫帛は皆印署し、以て吏の謾(なほざ)りを杜(とざ)す。

【庫兵】(へい) 倉庫中の兵器。〔史記、酷吏、楊僕伝〕盜賊滋(しげ)く起り、～大群は數千人に至る。擅(ほしいまま)に自ら號し、城邑を攻め、庫兵を取り、死罪を釋(ゆる)し、郡の太守・都尉を縛辱(ばくじよく)し、二千石を殺す。

➡庫役 倉庫番／庫屋 くら／庫官 くら役人／庫給 くらから直接渡す／庫廏 倉庫と、くりや／庫金 くらの金／庫銀 くらの銀／庫谷 材木伐採の官／庫司 くら役人／庫使 庫司／庫積 くらの収蔵／庫存 くらのたくわえ／庫貯 庫存／庫儲 庫存／庫丁 庫役／庫祭 官帑／庫府 くら／庫部 武器係／庫物 庫貲／庫門 宮城の五門の一／庫鑰 くらの鍵／庫庾 糧食／庫吏 くら役人／庫裡 寺の廚／庫楼 武庫の楼

➡開庫・金庫・公庫・甲庫・国庫・在庫・四庫・車庫・出庫・書庫・倉庫・廚庫・祭庫・内庫・入庫・府庫・武庫・文庫・兵庫・宝庫・封庫

【祜】 10 3426 コ さいわい

篆文  金文 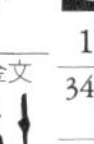 

形声 声符は古。後漢の安帝の名であるため、〔説文〕一上に「上(うしや)の諱(いみな)なり」として説解を加えていないが、〔爾雅、釈詁〕に「福なり」とあり、〔詩、小雅、信南山〕に「天の祜を受く」の句がある。

訓義 1さいわい、天のさいわい。2さいわいが厚い。

古訓 〔名義抄〕祜 サイハヒ〔字鏡集〕祜 サイハヒ・タスク

【祜休】(きう) さいわい。休もさいわい。〔漢書、礼楽志二〕(郊祀歌十九章、練時日 一)九重開きて 靈之れ斿(あそ)ぶ 恵恩を垂れて 祜休を鴻(おほ)いにす

➡多祜・天祜・薄祜・福祜・豊祜

【罟】 10 6060 コ あみ

篆文  石鼓文  その他 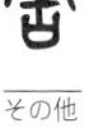

形声 声符は古。網をいう。〔説文〕七下に「网(あみ)なり」とみえる。〔淮南子、説山訓〕に「魚を好む者は先づ罟と罛(あみ)とを具ふ」とあり、魚網の類をいう。罪にふれることを罪罟という。法網というのと同じ。

訓義 1あみ、うおあみ。2あみとる、あみする。3おきて、のり、法網。

古訓 〔名義抄〕罟 アミ・トリアミ・ウサギトルサデ〔字鏡集〕罟 イヲアミ・トリアミ・サテアミ・アミ・ウサギトルサデ

語系 罟ka、罛kuaは声義近く、罛は〔爾雅、釈器〕に「魚罟、之れを罛と謂ふ」とあり、大きな魚網をいう。罟は〔孟子、梁恵王上〕に「數罟(そくこ)」とあり、網の目の細かいものをいう。

【罟擭】(くわく) あみと、わな。〔中庸、七〕人皆予(われ)は知ると曰ふも、驅りて諸(これ)を罟擭陥阱(かんせい)の中に納るるも、之れを辟(さ)くる

るを知る莫きなり。
【罟客】漁師。宋・梅尭臣〔汴之水三章、淮南提刑李舎人を送る、三〕詩 罟客、自ら魚を求む 清江、相ひ避くること莫かれ
↑罟獲 網うつ／罟罽 魚網／罟師 漁夫／罟罘 あみ／罟罔 あみ／罟網 あみ／罟目 網の目／罟弋 網といぐるみ
↓魚罟・罪罟・収罟・獣罟・設罟・数罟・陳罟・微罟・罔罟・網罟・羅罟・離罟

【羖】 10 8754 コ くろひつじ

篆文 

会意 羊＋殳。〔説文〕四上に「夏羊の牡を羖と曰ふ」とあり、夏羊とは黒羊をいう。字は羊に殳（つえぼこ）を加える形で、特に牡羊をいう。次条に「羯は羖羊の犗（去勢）せられしものなり」（段注本）とみえる。動物の牡には古・叚の声、割勢に害（害）・曷の声をとるものが多い。字はまた𦍩に作る。

訓義 ①くろひつじ、くろい牡羊。

古訓 〔篇立〕羖 ヒツジ・ツミ

語系 羖（𦍩）・牯kaは同声。また豭・麚keaも声近く、みなそれぞれの牡獣をいう。去勢をいう字には鐲kyuen、犗keat、羯kiat、割（割）kat、虔gian、犍kianなどがあり、語系として関連がある。

↑羖公 鬚面／羖羊 里の牡羊
↓童羖

【胯】 10 7422 コ また またがる

篆文 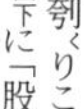

形声 声符は夸。夸は刳りこんだ形で、跨越の意がある。〔説文〕四下に「股なり」とあり、股を開いて跨越することをいう。

訓義 ①また、またぐら。②こえる。③跨と通じ、またがる。

古訓 〔新撰字鏡〕胯 人乃毛々（人のもも）〔和名抄〕胯 万太（また）〔篇立〕胯 マタ・モ、〔字鏡集〕胯 コシ・マタ・ハラホネ

語系 胯・跨khoaと袴khaとは声義が近い。両髀の間を奎khyueといい、その開張することを胯という。

【胯下】またの間。〔史記、淮陰侯伝〕淮陰の屠中の少年、～之れを衆辱して曰く、（韓）信、能く死せば、我を刺せ。死すること能はずんば、我が胯下より出でよと。是に於て信之れを孰視し、俛して胯下より出でて蒲伏（はらばい）す。一市の人、皆信を笑ひて以て怯と為す。
↑胯間 またぐら／胯股 また
↓細胯・帯胯・肘胯

【扈】 11 3021 コ したがう

篆文  古文 

形声 声符は戶（戸）。〔説文〕六下に夏の同姓にして扈に封ぜられた有扈氏のこととするが、扈従の意のある字である。〔公羊伝、宣十二年〕に「扈養」の語があり、養馬の意。雇（雇）が神前で鳥占を行うことを示す字であることからいえば、扈も扈養・服従に関する何らかの儀礼を示す字であろうと思われる。古文の字形は屺に作り、山を拝する形に作る。扈・屺の字形の示す形義は、なお明らかでないところがある。

訓義 ①したがう、まもる、とどめる。②こうむる、おびる。③ひろい、大きい。④ゆるい、はびこる。⑤雇と通じ、やとう。

古訓 〔名義抄〕扈 セシム・カフリ・トリコ・ヒラク・コ、〔字鏡集〕扈 アヒシタガフ・トヾム・キル・ヨル・トリコ・アタ・ハタカル・カフル・アクガル・タヨリ・モル・ヒラク・セシム・コ、

【扈駕】天子の出幸に従う。〔唐大詔令六十四、韓建に賜ふ鉄券文〕力を畢くして駕に扈ひ、我が出居を衞れ。克く行朝に奉じ、更に遺事無からしめよ。
【扈扈】ひろやかなさま。〔礼記、檀弓上〕南宮縚の妻の姑の喪に、夫子之れに髽を誨へて曰く、爾、従従爾たること毋れ、扈扈爾たること毋れ～と。⊠鮮明のさま。漢・司馬相如〔上林の賦〕煌煌扈扈として、鉅野に照曜す。
【扈従】お供する。供奉。唐・李白〔東武吟〕詩 乘輿、翠蓋を擁す 扈従す、金城の東
【扈養】馬養いと、料理人。身分の低い者。〔公羊伝、宣十二年〕諸大夫の死する者數人、廝役扈養の死する者數百人。
↑扈衛 扈従／扈業 やな漁／扈行 随行する／扈侍 扈従／扈膳 陪食する／扈帯 帯びる／扈蹕 扈駕／扈冶 広大な／扈隷 しもべ／扈輦 扈駕／扈魯 葫蘆、ふくべ／扈楼 大楼
↓甘扈・修扈・桑扈・陪扈・跋扈・狼扈

【涸】 11 3610 コ カク かれる

篆文  古印璽 

形声 声符は固。固は生気を失って状態の固定したものをいう。〔説文〕十一上に「渴くるなり」とし、「讀みて狐貈の貈の若くす」とするが、その音を用いる例はない。水が涸れる意。涸沢の神を慶忌といい、たけ四寸、黄衣黄冠、小馬を駆って千里の外に疾駆し往復するという。

訓義 ①かれる、からす、かわく。②ふさぐ。③きびしい。

古訓 〔名義抄〕涸 カハク・カル・ツク・ツキヌ・コトゞク・サムシ・ハシ 〔字鏡集〕涸 サムシ・コトゞク・ツクス・ツク・カレヌ・カワク・カラス・カル・ミヅノツクルナリ・ミヅノカハクナリ・ハシ・ウラ・ホス・ツキヌ

語系 涸hakは渴（渴）khat、竭giatと声義近く、枯・殆khaもその系統の語である。

【涸漁】水をほして魚をとる。〔呂覧、応同〕獸を刳きて胎を食らはば、則ち麒麟來らず。澤を乾かして涸漁すれば、則ち龜龍住まず。
【涸沢】水のかれた沢。〔管子、水地〕涸澤數百歲、谷の徙らず、水の絶えざる者は、慶忌（涸沢の神）を生ず。
【涸轍】わだちの水たまりの乾いたところ。魚の住みがたいところで、困窮の状にたとえる。唐・王勃〔滕王閣の序〕貪泉に酌んで爽を覺え、涸轍に處りて以て猶ほ歡ぶ。
【涸流】水のかれた流れ。晉・陸機〔文の賦〕其の六情底滯し、志往き神留まるに及んでは、兀として枯木の若く、豁として涸流の若く、營魂（不安定な心）を攬りて以て賾（隠れたもの）を探り、精爽（心）を頓めて自ら求む。
↑涸陰 きびしい寒さ／涸河 涸流／涸渇 かれる／涸旱 ひでり／涸魚 枯魚／涸竭 水がかれる／涸冱 氷る／涸渚 水がれの渚／涸沼 涸沢／涸水 涸河／涸塞 ふさぐ／涸滞 水がかれて塞がる／涸池 かれ池／涸凍 氷る／涸鮒 涸轍の鮒／涸落 水位が低下する／涸鱗 涸魚
↓陰涸・乾涸・匱涸・窮涸・凝涸・竭涸・枯涸・冱涸・潤涸

【瓠】 11 4223 コ ひさご

篆文 

形声 声符は夸。夸に深く刳り、中が空虚となる意がある。〔説文〕七下に「匏なり」とあり、瓢簞をいう。〔荘子、逍遥遊〕に「之れを剖きて以て瓢と爲さば、則ち瓠落として容るる所無し」とある瓠落は、わが国

のカラリにあたる擬声語。瓠を壺盧、天空を廓落というのも、みな同系の語である。

訓義 [1]ひさご、ふくべ、ひょうたん。[2]壺と通じ、つぼ、かめ。

古訓 〔名義抄〕瓠 ヒサゴ／苦瓠 ニガヒサゴ 〔篇立〕瓠 ナリヒサゴ・ヒサゴ

語系 瓠・壺haは同声。中空の意がある。また瓜（瓜）koa、科・窠khuai、果・鍋kuai、窩uaiなどもその語系とみてよい。

【瓠壺】ひさごがたの壺。〔雲麓漫鈔、二〕周に又瓠壺有り。形、長け一尺二寸六分、～口徑一寸。

【瓠犀】ひさごの種。美人の歯にたとえる。〔詩、衛風、碩人〕領は蝤蠐の如く 歯は瓠犀の如し

【瓠瓢】ひさご。〔宋史、蛮夷三、黎洞伝〕陶土もて釜を爲り、器には瓠瓢を用ふ。人と石汁を飲み、又椒酒有り。

↑瓠瓜 ふくべ／瓠果 南瓜の類／瓠形 ひさご形／瓠羹 瓠のあつもの／瓠子 瓠の種／瓠杓 ひしゃく／瓠棲 瓠犀／瓠尊 ひさご形の酒樽／瓠蓄 干瓢／瓠肥 肥える／瓠脯 干瓢／瓠落 からり／瓠蠡 瓠樽／瓠蘆 ふくべ

↓瓜瓠・甘瓠・巨瓠・苦瓠・懸瓠・康瓠・大瓠・盤瓠・肥瓠

【虖】 11 2124 コ ほえる

篆文  金文 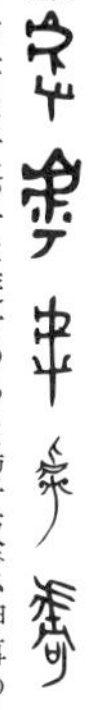

形声 声符は乎。乎は遊舌のある鳴子板で、神事のときこれを鳴らして神をよんだ。虖は虎頭の形に従い、神事の際の意を示したものであろう。金文に「烏虖」のように感動詞に用いる。〔説文〕五上に「哮虖するなり」と咆哮の意とするが、虎頭に従う字には虔・戲（戲）・劇など、神事に関していう字が多い。

訓義 [1]よぶ、乎の繁文。[2]感動詞、ああ。[3]ほえる。[4]助詞、か、や。強意・疑問に用いる。

古訓 〔字鏡集〕虖 サケブ

語系 虖・嘑・謼・呼・評xaは同声。嘘・歔xia、吁xiua、乎haも同系の語。神を迎えるときの詠嘆の語声を写したものと思われる。

↓烏虖・嗚虖・哮虖

人 【袴】 11 3422 ［絝］ 12 2492 コ はかま

篆文 

形声 声符は夸。夸は胯下のきれ上がっているところ。〔説文〕十三上に「絝は脛衣なり」とあり、ももひきやはかまの類をいう。〔漢書、景十三王、広川恵王越伝〕に「短衣大絝長劍」とあり、それが当時のだて姿であった。袴は袴褶、騎乗のときに用いるはかまをいう。のち多く袴の字を用いる。褲は俗字。

訓義 [1]ももひき、はかま。[2]字はまた褲に作る。騎乗のはかま。

古訓 〔和名抄〕袴 八賀万（はかま）〔字鏡集〕袴 ハカマ・ホタス／袴 ハカマ・ミジカキコロモ

語系 絝（袴）khaと跨・胯khoaとは声義が近い。騎giaiもその語系に関連のある語であろう。

【袴褶】馬のりばかま。〔南史、斉高帝紀〕〔建元三年秋九月辛未〕蠕蠕國王、使を遣はし、倶に魏を攻めんと欲し、師子皮の袴褶を獻ず。

↑袴下 はかま下／袴韠 軍装用の皮ばかま／袴紈 紈袴／袴屨 はかまと、くつ／袴襦 はかまと、はだぎ／袴帯 はかまの帯／袴筒 筒袴／袴襠 はだばかま／袴韈 はかまと、たび

↓衣袴・下袴・巾袴・錦袴・褌袴・襦袴・大袴・短袴・破袴・皮袴・弊袴・袍袴

【壺】 12 4010 コ つぼ

篆文  甲骨文  金文 

象形 壺の器と蓋の全形に象る。〔説文〕十下に「昆吾、圜器なり。象形。大に従ふ。其の蓋に象るなり」とあり、缶部五下に「匋は瓦器なり。～古者、昆吾匋を作る」とその起原説話をしるすように、昆吾はその職能的祖神の名である。〔国語、鄭語、注〕に「昆吾は祝融の孫、陸終の第一子なり」とあって、火神祝融の後とされる。〔爾雅、釈器〕に壺の古名を康瓠としるしており、壺の原型は瓠に象る。壺は酒器。その器中の酒の氤氳の気を壹（壱）といい、その字は壺形に従う。

訓義 [1]つぼ、さかつぼ、また、水器。[2]水時計。[3]瓦鼓。[4]瓠と通じ、ふくべ。

古訓 〔和名抄〕壺 都保（つぼ）〔名義抄〕壺 ツボ／投壺 ナゲウチ

部首 〔説文〕に壼をこの部に属する。壼は壸の異文。次に壹部があり、懿を録する。壹は壺中に氤氳の気があり、酒の醸されることをいう。

語系 壺・瓠haは同声。壺の器形は瓠から出ている。また瓜（瓜）koa、科・窠khuai、果・鍋kuai、窩uaiは、すべて中空、あるいは窪みのあるものをいい、同系の語である。

【壺飲】壺の飲物。〔左伝、昭十三年〕晉人、季孫意如を執へ、～狄人をして之れを守らしむ。司鐸射、錦を懷にし、壺飲と冰とを奉じ、以て蒲伏（匍匐、はらばい）す。守る者之れを禦ぐ。乃ち之れに錦を與へて入る。

【壺甕】酒を入れるかめ。〔韓非子、外儲説右上〕宋人に酒を酤る者有り。～或るひと孺子をして錢を懷にし、壺甕を挈り、往きて酤はしむ。狗迓へて之れを齕む。此れ酒の酸くなりて售れざる所以なり。

【壺鑑】水器。水や氷を入れる。〔呂覧、慎勢〕功名、盤盂（水器）に著はれ、銘篆（銘文として加える篆字）、壺鑑に著はる。其の勢ひは尊を厭はず、其の實は多きを厭はず。

【壺餐】壺中の飯。水かけ飯。湯飯。〔韓非子、外儲説左下〕晉の文公、出亡す。箕鄭、壺餐を挈りて從ふ。迷ひて道を失ひ、公と相ひ失す。飢ゑて道に泣き、寢餓するも敢て食はず。

【壺漿】壺の飲物。〔孟子、梁恵王下〕今、燕は其の民を虐しぐ。王往いて之れを征せば、民以爲へらく、將に己を水火の中より拯はんとすと。簞食壺漿して、以て王の師を迎へん。

【壺觴】酒壺と杯。晉・陶潜〔帰去来の辞〕幼を攜へて室に入れば、酒有りて罇に盈てり。壺觴を引きて以て自ら酌み、庭柯を眄みて以て顔を怡ばす。

【壺涿】官名。水虫を除く。〔周礼、秋官、壺涿氏〕水蟲を除くことを掌る。炮土の鼓（瓦鼓）を以て之れを敺ち、焚石を以て之れに投ず。

【壺中】壺の中。壺中の別天地を「壺中の天」という。〔後漢書、方術下、費長房伝〕長房、旦日に復た翁に詣る。翁乃ち與倶に壺中に入る。唯だ見る、玉堂嚴麗にして、旨酒甘肴、其の中に盈衍す。共に飲み畢りて出づ。

↑壺甖 壺甕／壺柑 蜜柑の一種／壺濫 壺鑑、水器／壺頸 つぼのくび／壺榼 酒樽／壺矢 投壺の矢／壺日 壺中の日／壺杓 水ひ杓／壺爵 壺觴／壺酒 つぼの酒／壺餕 壺餐／壺人 漏刻係／壺箭 水時計の矢／壺飡 壺餐／壺尊 酒器／壺天 壺中の別天地／壺缶 酒器／壺蜂 きばち／壺房 水時計の室／壺罍 酒樽／壺盧 ふくべ／壺郎 漏刻係

↓花壺・圜壺・玉壺・金壺・銀壺・挈壺・瓠壺・酒壺・清壺・尊壺・唾壺・断壺・茶壺・投壺・銅壺・氷壺・瓢壺・覆壺・方壺・蓬壺・茗壺・漏壺

常【湖】 12 3712 コ みずうみ

篆文 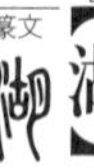 金文 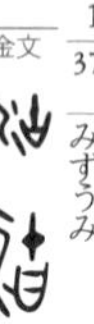

形声 声符は胡。胡は牛の頷の下の垂れ肉、ペリカンのあご袋のように、大きくふくらんだ余分のものをいう。〔説文〕十一上に「大陂なり」とあり、水の停蓄する大きな池。江南には江湖が多く、江湖とは世間をいう。

訓義 1みずうみ。

古訓 〔和名抄〕湖 美豆宇美（みづうみ）〔名義抄〕湖 ウミ・ナミ〔字鏡集〕湖 ミヅウミ・オホウミ・アサシホ・ナミ・コミ

語系 胡・湖haは同声。牛の頷の下の胡のように、流れから外にはみ出て停蓄している水を湖という。

【湖雲】 湖上の雲。唐・常建〔西山〕詩 亭亭として碧流暗く 日入りて孤霞繼ぐ 渚日、陰映遠く 湖雲、尚ほ明霽

【湖海】 湖と海。広大壯闊なるもの。清・査慎行〔銭田間に贈る〕詩 氣は湖海を呑みて、豪猶ほ昔のごとし 老は滄桑を閲みして、骨已に仙なり

【湖月】 湖上の月。唐・杜甫〔書堂飲し既り、夜復た李尚書を邀へて馬を下り、月下に絶句を賦す〕詩 湖月、林風、相ひ與に淸し 殘樽、馬を下りて、復た同に傾く

【湖上】 湖のほとり。また、湖の上。唐・盧綸〔吉中孚校書の、楚州の旧山に帰るを送る〕詩 檝を泣べて湖上に遊び 檣を連ねて月中に泊す

【湖色】 湖水の色。唐・元稹〔重ねて州宅旦暮の景色を夸る～〕詩 人聲、曉に動いて、千門闢き 湖色、宵に涵して、萬象虚し

【湖心】 湖の中心。唐・劉禹錫〔洞庭秋月行〕詩 洞庭の秋月、湖心に生ず 層波萬頃、鎔金の如し 孤輪徐ろに轉じて、光定まらず 遊氣濛濛として、寒鏡を隔つ

【湖水】 湖。唐・張説〔梁六を洞庭山より送りて作る〕詩 巴陵一望、洞庭の秋 日に見る、孤峯の水上に浮かぶを 聞道らく、神仙接すべからずと 心は湖水に隨つて、共に悠悠

【湖畔】 湖のほとり。唐・李群玉〔長沙春望～〕詩 湖畔の春山、煙黯黯たり 雲中の遠樹、墨離離たり

【湖辺】 湖のほとり。唐・鄭谷〔鷓鴣〕詩 雨昏くして、青草湖邊を過ぎり 花落ちて、黄陵廟裏に啼く 遊子乍ち聞きて、征袖溼ひ 佳人纔かに唱して、翠眉低し

↑湖陰 湖南／湖煙 湖上のもや／湖魚 湖の魚／湖曲 湖のほとり／湖光 湖面の光／湖山 湖と山／湖沼 湖と沼／湖沢 湖沼／湖亭 湖辺の亭／湖田 湖辺の田／湖浜 湖畔／湖翻 湖の大波／湖勇 水兵／湖菱 湖の菱／湖楼 湖畔の楼

↓塩湖・鹹湖・五湖・江湖・山湖・沼湖・大湖

人【琥】 12 1111 コ たま

篆文 

形声 声符は虎。〔説文〕一上に「兵を發するの瑞玉なり。虎文を爲す」とあり、兵を徴するときの符節に用いるものとする。〔周礼、春官、大宗伯〕に「玉を以て六器を作り、以て天地四方に禮す。～白琥を以て西方に禮す」とあり、西方白虎の象を用いる虎形の玉であるという。また、琥珀をいう。

訓義 1たま、兵を徴するときの虎文のある玉。2西方を祀るときの虎形を加えた玉。3こはく。

古訓 〔和名抄〕琥珀 兼名苑に云ふ、琥珀、俗音久波久（くはく）〔字鏡集〕琥 キナルタマ

【琥珀】 玉の名。樹脂が久しく土中にあって化するという。黄色で透明なものを上質とする。こはく。〔博物志、四、薬物〕神仙傳に云ふ。松柏の脂、地に入りて千年にして、化して茯苓と爲る。茯苓化して琥珀と爲る。琥珀は一名江珠。今泰山に、茯苓を出だすも、琥珀無し。益州の永昌に、琥珀を出だすも茯苓無し。

↑琥璜 玉の名。諸侯の贈献するもの

↓双琥・白琥

【菰】 12 4443 ［苽］ 9 4423 コ まこも

篆文 

形声 声符は孤（孤）。〔広雅、釈草〕に「蔣なり。其の米（実）、之れを彫胡と謂ふ」という。字は古く苽に作り、〔説文〕一下に「苽は雕苽なり。一名蔣」というものも同じ。その実は食用とする。

訓義 1まこも、かつみぐさ。2わが国では、こも、むしろの意に用いる。

古訓 〔名義抄〕菰 コモ／菰首 コモブクロ・コモブク／菰根 コモノネ

【菰菜】 まこもの実。茭白。〔晋書、文苑、張翰伝〕翰、秋風の起るを見るに因りて、乃ち呉中の菰菜・蓴羹・鱸魚の膾を思ふ。～遂に駕を命じて歸る。

【菰手】 まこものわかい実。〔本草綱目、草八、菰〕蘇頌曰く、菰の根は、江湖陂澤中に皆之れ有り。～春末、白茅の筍の如きを生ず。卽ち菰菜なり。又之れを茭白と謂ふ。生熟皆啖らふべし。甜美なり。其の中心、小兒の臂の如き者は、菰手と名づく。

【菰蘆】 まこもと、あし。隠者退隠の所をいう。清・銭謙益〔前韻に畳して何三季穆に答ふ、四首、三〕詩 湖海の憂危、惟だ汝獨りのみ 菰蘆の豪傑、更に誰か如しかん

↑菰岸 まこもの茂る岸／菰根 まこもの根、薬用とする／菰首 菰の芽／菰筍 菰の首／菰草 まこも／菰飯 まこもの飯／菰蒲 まこもと蒲／菰粱 雕苽

↓蒹菰・思菰・慈菰・秋菰・春菰・蓴菰・新菰・青菰・蒲菰・芳菰

【觚】 12 2223 コ さかずき

篆文 

形声 声符は瓜（瓜）。〔説文〕四下に「鄉飮酒の爵なり。一に曰く、觴三升を受くる者、之れを觚と謂ふ」とあり、上が朝顔の花のように開いた細長い酒器。殷末周初の青銅器に、制作のすぐれたものが多い。器の下体は方形、四稜のあるものが多く、觚稜という。

訓義 1さかずき、儀礼用のさかずき。下体に四稜を付するものが多い。2かど、稜角。3つか、にぎり。

古訓 〔新撰字鏡〕觚 角乃佐可豆支（つののさかづき）、又、比佐久（ひさく）〔名義抄〕觚 ゲタナルヲ・サカヅキ・ツノ・キノマタ・ヒサク／觚稜 トソバ・ソバニシテ／觚觻 ソバ／〱ニシ〔字鏡集〕觚 ケタナルヲ・フンタ・サカヅキ・ヒサゴ・ツノ

語系 觚kua、瓜koaは声近く、觚の初形は瓜より出たものであろう。觚・瓢の類は、古くから酒器・水器に用いた。

【觚牘】 觚は古く文字をしるすのに用いた木札の形。木簡。書物。唐・柳宗元〔唐故給事中～文通先生墓表〕孔子、春秋を作りて千五百年、～觚牘を秉り、思慮を焦がし、以て論註疏説を作る者、百千人なり。後の學者、老を窮め氣を盡すも、～得て本づく莫し。

【觚稜】 觚の下体四方に飾りとしてつける稜。のち殿堂の屋根四隅の高角の形をいう。唐・杜牧〔杜秋娘詩〕觚稜、斗極（北極五星、北斗七星）を拂ふ 回首して尚ほ遲遲たり

↑觚編 書物／觚稜／觚盧 ふくべ

↓圜觚・危觚・奇觚・素觚・操觚・奠觚・破觚

【詁】12 0466 コ よみ よむ

篆文 古印璽

形声 声符は古こ。〔説文〕三上に「故言を訓よむなり」とあり、〔詩、毛伝〕は正しくは〔詩毛氏詁訓伝〕という。訓詁をまた解詁といい、訓故・解故・故訓のように故を用いることがある。

訓義 1よみ、よむ。2故と通用し、故訓の意に用いる。

古訓 〔篇立〕詁 カタル・ヲシフ・イフ

語系 詁・故・古kaは同声。〔詩、大序、疏〕に「詁とは古なり。古今言を異にす。之れを通じて、人をして知らしむるなり」とあり、みな一系の語である。

【詁訓】こくん 字句の解釈。〔後漢書、桓譚伝〕音律を好むに因り、善く琴を鼓す。博學多通、偏あまねく五經を習ふ。皆大義を詁訓するのみにして、章句を爲をさめず。

↓引詁・解詁・義詁・訓詁・字詁・伝詁

【辜】12 4040 コ つみ ころす

篆文 古文 金文 詛楚文

形声 声符は古こ。辛は刑罰として入墨するときの針器。辜とは入墨を加える刑をいう。〔説文〕十四下に「辠つみなり」とあり、辠は自（鼻）に入墨することを示す字で、罪の初文。古文の字形は〔詛楚文そそ〕にみえ、〔説文〕四下に殆とする字形に近く、犠牲として殺す意であろう。〔周礼、夏官、小子〕に「沈辜して侯禳す」、また〔周礼、春官、大宗伯〕に「疈辜ひょくこ」というときの辜は、犠牲として磔殺する意であるから、入墨の辜とは異なり、古文の殆にあたる字かと思われる。

訓義 1つみ、入墨のつみ。2ころす、犠牲としてころす、はりつけ。3固と通じ、さえる、とめる。

古訓 〔名義抄〕辜 ツミ 〔字鏡集〕辜 ソムク・ツミ・ナシ

【辜権】こかく 市場の利益を独占する。〔漢書、翟方進伝〕是の時昌陵を起し、陵邑を營作す。貴戚近臣、子弟賓客、辜権して姦利を爲す者多し。

【辜讎】こしゅう（しう） 罪せられ、仇とされる。魏・陳琳〔呉の将校部曲に檄する文〕乃ち神靈の逋罪、下民の同もとに讎とする所。辜讎の人、之れを兇賊と謂ふ。

【辜磔】こたく はりつけ。〔韓非子、内儲説上〕荊南の地、麗水の中に金を生ず。人多く竊ひそかに金を采る。金を采るの禁、得らるれば輒すなはち市に辜磔せらる。甚だ衆おほきときは、〔屍〕其の水を壅離す。

【辜負】こふ そむく。相手の意に反する。唐・張謂〔湖上対酒行〕詩 風光此かくの若ごとくなるに、人酔はざれば 參差しんしとして東園の花に辜負せん

【辜戮】こりく 罪し殺す。〔後漢書、王符伝〕善人君子、侵怨せられて能く闕庭けってい（御所）に至りて自ら明らかにする者、萬に數人も無し。～其の輕薄姦軌かんき、既に罪法に陥りては、怨毒の家、其の辜戮せられて、以て畜憤を解かんことを冀こいねがふも、反つて一槩いちがいに悉ことごとく赦釋を蒙る。

↑辜月こげつ 旧十一月／辜功ここう 罪状／辜較ここう 大略／辜罪こざい 罪／辜人こじん 重罪人／辜毒こどく 罪にかかる

↓罪辜・重辜・深辜・沈辜・不辜・伏辜・逢辜・無辜・論辜

【酤】12 1466 コ ひとよざけ

篆文

形声 声符は古こ。〔説文〕十四下に「一宿の酒なり」とあり、一夜で醸す酒をいう。〔詩、商頌、烈祖〕に「既に清酤を載す」とあり、祭祀に用いた。〔説文〕にまた「一に曰く、酒を買ふなり」とし、〔論語、郷党〕に「沽酒市脯は食らはず」とあり、また〔史記、高祖紀〕に「毎つねに酤かうて留飲す」のように、酒を買う意にも用いる。沽の意をも含む字であろう。

訓義 1ひとよざけ、一宿の酒。2かう、酒をかう。3沽うる。酒をうる。

古訓 〔名義抄〕酤 ウル・カフ・ヤブル・オギノル 〔字鏡集〕酤 サケ・カフ・ウル・ヲギノル・ヤブル

語系 酤・沽・估・賈kaは同声で一系の語。酤は特に酒に関していう。

【酤酒】こしゅ 酒をうる。〔史記、司馬相如伝〕相如、與ともに臨邛に之ゆき、盡ことごとく其の車騎を賣りて、一酒舍を買ひ、酒を酤うる。而して（卓）文君をして鑪に當らしむ。

↑酤鬻こいく 酒の売買／酤家こか 酒屋／酤権こかく 酒の専売／酤戸ここ 酒造家／酤肆こし 酒屋／酤醸こじょう 酒造り／酤房こぼう 酒屋

↓権酤・旧酤・禁酤・香酤・市酤・私酤・除酤・酌酤・酒酤・清酤・仙酤・芳酤

常【雇】12 7221 〔雇〕12 3021 コ やとう

篆文 籀文 甲骨文

形声 声符は戸（戸）こ。〔説文〕四上に「九雇、農桑の候鳥なり」とし、九雇の名を列している。その説話は、〔左伝、昭十七年〕に少皞しょうこう氏鳥官の由来をしるしたものにみえ、鳥トーテムを思わせるものであるが、候鳥こうちょう（季節を知る鳥）に用いることからいえば、鳥占とりうらに関する伝承であろう。戸は神戸棚、その前で鳥占を行う意であろう。神示としてその鳥占を受けることを顧（顧）という。顧はもと雇を拝する形。神の顧寵を拝する意である。

訓義 1ふなしうずら、桑扈、窃脂せっし、鳩の一種。2鳥占の一。雇は候鳥とされるが、神意を問う鳥ともされたのであろう。その神意を拝するを顧といい、神の顧寵をいう。3扈と通じ、したがう。4賈と通じ、やとう、価をはらう、のち雇用の意に用いる。

古訓 〔名義抄〕雇 ヤトフ・タヨリ 〔字鏡集〕雇 タヨリ・ユトリ・ヤトフ

声系 〔説文〕に雇声として顧を録する。頁けつは神事に従うときの礼容。鳥占を受けることは、神の顧念を得ることであった。

語系 雇・顧・僱kaは同声。僱は後出の字。神意をかることを顧という。のち人力をかることを僱という。

【雇山】こざん 女子の服役者。山の柴を贖罪として納める。〔後漢書、光武帝紀上〕女徒雇山は家に歸らしむ。〔注〕令甲に女子犯徒（徒刑者）は家に歸らしめ、毎月～人を雇ひ、山に木を伐らしむ。名づけて雇山と曰ふ。

【雇租】こそ やとう。〔資治通鑑、漢紀六〕（文帝前五年）法、天下をして公に雇租を得、銅・錫を鑄て錢を爲つくらしむ。敢て雜まじふるに鉛・鐵を以てし、他巧を爲す者は、其の罪は黥げい（入墨の刑）とす。

↑雇役こえき やとって使う／雇寄こき 委託して送る／雇借こしゃく かりうけてやとう／雇値こち やといの賃金／雇兵こへい 傭兵／雇聘こへい 手厚く招いてやとう／雇募こぼ 募集してやとう／雇用こよう やとう／雇傭こよう やとう

↓解雇・常雇

【楛】13 4496 コ あらい

篆文

形声 声符は苦（苦）く。〔説文〕六上に「楛木なり」（段注本）とあり、矢がらなどに用いる。

訓義 1木の名。2あらい、わるい、そまつ、ゆがむ。3矢がらに用いる。楛矢。

古訓 〔名義抄〕楛 ヤマエノキ

【楛矢】こし 楛を幹とする矢。〔国語、魯語下〕仲尼（孔子）陳に

在り。隼有り、陳侯の庭に集まりて死せり。楛矢之れを貫く。石砮あり、其の長さ尺有咫なり。～仲尼曰く、隼の來ること遠し。此れ肅愼氏の矢なり。
➡楛羽 矢／楛耕 粗耕／楛楚 垣の木／楛桃 矢を作る木／楛木 矢を作る木／楛窳 粗悪なもの
⬇環楛・功楛・榛楛・良楛

入【瑚】 13 1712 コ ゴ さんご
篆文
形声 声符は胡。〔説文〕一上に「珊瑚なり」とあり、珊瑚虫の骨骼によって形成される枝状のもの。赤・白・碧・黒などの色がある。また、瑚璉。黍稷を盛る礼器。
訓義 ①さんご。②瑚璉。
古訓 〔名義抄〕珊瑚 サムゴ 〔字鏡集〕瑚 ヨキタマ
➡瑚簋 礼器／瑚璉 黍稷の器
⬇珊瑚

【痼】 13 0016 ［㾐］ 10 0016 コ ながわずらい
篆文
形声 声符は固。字はまた㾐に作り、〔説文〕七下にその字を出して「久病なり」という。字はいま痼を用いる。また小児の口に瘡を生ずることをいう。古・固にはいずれも久・旧の意がある。
訓義 ①ながわずらい。②小児の口中のかさ。
古訓 〔名義抄〕㾐・痼 イタム・ヤマヒ 〔字鏡集〕㾐 ヒサシキヤマヒ／痼 ヒサシキヤマヒ
【痼疾】こしつ 長患い。〔東観漢記、光武帝紀〕（中元元年）是の時、醴泉京師に出づ。郡國の醴泉を飲む者、痼疾も皆愈ゆ。獨だ眇蹇（すがめと足なえ）の者のみ瘥えず。
➡痼病 痼疾／痼癖 頑固な癖
⬇解痼・根痼・重痼・深痼・癖痼・憂痼

【葫】 13 4462 コ にんにく
形声 声符は胡。〔玉篇〕に「大蒜なり」とあり、にんにく。また葫瓜。
訓義 ①にんにく。②葫瓜、ふくべ、ゆうがお。
古訓 〔名義抄〕葫 オホヒル 〔篇立〕葫 ナマキ・コニシ・ナマリ
【葫蘆】ころ からから笑う。また、ふくべ。〔東軒筆録、一〕陶穀、文翰一時の冠爲り。然れども其の人と爲り傾險狠媚、～太祖喜ばず。～曰く、頗ぶる聞く、翰林の草制、皆前人の舊本を檢し、詞語を改換すと。此れ乃ち俗に所謂様に依りて葫蘆を畫くのみと。
➡葫瓜 ゆうがお／葫蒜 にんにく
⬇土葫・風葫

常【誇】 13 0462 コ カ（クヮ） ほこる
篆文
形声 声符は夸。夸に跨越・誇張の意がある。〔説文〕三上に「譀るなり」とするが、〔文選、長楊の賦、注〕に引く〔説文〕に「誕なり」とあり、誇誕の言をいう。前条に「譀は誕なり」とあって、同義の字である。
訓義 ①ほこる、誇張する。②大まか、あらい、太い。③うたう。
古訓 〔新撰字鏡〕誇 伊比保己留（いひほこる）、又云ふ、太介留（たける） 〔名義抄〕誇 ホコル・アフ・ホドコス・オゴル・トコフ・モト
語系 誇・夸 khoa は同声。夸も騁夸・夸矜のように誇る意に用いることがある。
【誇競】こきょう ほこり競う。〔後漢書、梁冀伝〕冀乃ち大いに第舍を起す。而して（妻、孫）壽も亦た街に對ひて宅を爲り、土木を殫くし極め、互ひに相ひ誇競す。
【誇詡】こく ほこりてらう。〔唐書、后妃上、楊貴妃伝〕（宗兄）銛、上柱國を以て門に戟を列し、（楊）錡・國忠、諸姨五家と第舍聯亙し、憲を宮禁に擬す。～務めて瓌侈を以て相ひ誇（夸）詡す。
【誇衒】こげん ほこりてらう。〔文中子、事君〕誇衒を爲さず、愚なるが若く、鄙なるに似たり。今人は以て恥と爲すも、我は則ち恥ぢざるなり。
【誇尚】こしょう ほこり高ぶる。〔晋書、王羲之伝論〕制して曰く、～末代、朴を去り華に歸き、牋を舒べ翰に點じて、爭ひて相ひ誇尚し、其の工拙を競ふ。～古今を詳察するに、研精篆素、善を盡し美を盡すは、其れ惟だ王逸少（羲之）のみなるか。～心に慕ひ手に追ふは、此の人のみ。
【誇誕】こたん でたらめ。〔論衡、案書〕案ずるに大才の人、率ね侈縱多くして、實是の驗無く、華虛誇誕にして、審察の實無し。
【誇張】こちょう 誇大にいう。〔文心雕竜、通変〕夫れ聲貌を誇張するは、則ち漢初に已に極まる。茲れより厥の後、循環して相ひ因る。
【誇燿】こよう みせびらかす。宋・蘇洵〔石昌言の北使するを送る引〕往年彭任、富公に從ひて使し、還りて我が爲に言ひて曰く、既に境を出で、驛亭に宿す。介馬數萬、騎馳して過ぐるを聞く。劍槊相ひ摩し、終夜聲有り。～凡そ虜の中國に誇燿する所以の者、此の類多し。
【誇麗】これい 華美。梁・武帝〔移して京邑に移檄る〕梓宮、殯（かりもがり）に在るも、靦として哀しむ色無く、懽娛遊宴、平常に過ぐる有り。奇服異衣、更に誇麗を極む。
➡誇官 任官の廻礼／誇譀 誇誕／誇矜 ほこりてらう／誇言 自慢話／誇厳 勿体ぶる／誇口 ほら／誇示 誇耀／誇奨 ほめそやす／誇吒 ほこる／誇詫 誇吒／誇大 大げさ／誇伐 ほこる／誇布 粗布
⬇喜誇・矜誇・驕誇・自誇・誕誇・浮誇

【賈】 13 1080 コ カ あきなう うる かう
篆文
会意 襾＋貝。襾は物を覆う形。貝は財貨。財貨を蔵するを賈といい、財貨を网するを買という。〔説文〕六下に「賈市なり」とし、襾声とするが、買と同じ構造法の字である。
訓義 ①あきなう、うる、かう。②あきない、あきんど。③うりもの。④姓。カの音でよむ。
古訓 〔名義抄〕賈 アタヒ・ウル・ヤブル 〔字鏡集〕賈 カフ・アタヒ・アタヒアリ・アツム・ウル・ヤブル
声系 〔説文〕に賈声として檟の一字を録する。價（価）は〔説文新附〕八上に録するが、〔戦国策〕などにもすでにみえる字である。
語系 賈・沽・估・酤 ka は同声。雇（雇）ka も漢代の用法では、賞・酬などの意のある語であった。價 kea は賈を限定的にいう語であろう。
【賈客】こきゃく こかく 商人。〔南史、斉高帝諸子下、臨川献王映伝〕計を獻ずる者有り。江陵に於て貨を買ひ、都に至りて還換せば、微しく增す所有るを得べしと。映笑つて曰く、我は是れ賈客なるか。乃ち復た利を求めんやと。
【賈胡】ここ 西域の商人。〔資治通鑑、唐紀八〕（太宗、貞観元年）吾れ聞く、西域の賈胡、美珠を得ば、身を剖きて以て之れを藏すと。諸れ有りやと。侍臣曰く、之れ有りと。
【賈人】こじん 商人。〔戦国策、秦五〕管仲は其れ鄙人（邑名）の賈人なり。南陽の弊幽にして、魯の免囚なり。桓公之れを用ひて伯（覇）たり。
【賈勇】こゆう 他人の勇をかう。〔左伝、成二年〕齊の高固～曰く、勇を欲する者は、余が餘勇を賈へと。
➡賈怨 怨まれる／賈禍 禍を招く／賈儈 仲介業／賈害 賈禍／賈貴 高価／賈衒 店売と行商／賈市 市

場/賈資 資金/賈肆 商店/賈豎 商人の賤称/賈船 商船/賈道 商人道/賈買 かう/賈舶 商船/賈販 販売する/賈貿 あきなう/賈利 売買の利

↓行賈・市賈・商賈・善賈・富賈・物賈・良賈

人【跨】13 6412 コ カ(クヮ) またぐ こえる

篆文 

形声 声符は夸。夸に胯越の意がある。〔説文〕二下に「渡るなり」とするが、跨馬・跨有のように用いる。胯を開く行為をいう。

訓義 ①またぐ、またがる。②こえる、わたる。③胯と通じ、また。

古訓 〔新撰字鏡〕跨 万太乃佐々比(またのささひ)〔名義抄〕跨 マタガル・ハダカル・アフク・コユ・アフドコフ・フム・アト・カロシ〔字鏡集〕跨 アフトコフ・カロシ・ハダカル・アフク・コユ・フム・アト・コト・マタガル・ワタル

語系 跨・胯khoaは同声。騎giaiも声義が近い。両髀の間を奎khyueといい、開khei、啓(啓)khyeiなどもこの系列に属する語と思われる。

【跨軼】 こえすぐれる。宋・陸游〔放翁題跋、蘭亭楽毅論並びに趙岐王帖に跋す〕某恭しく聞く、太宗皇帝、天縦聖學、百王に跨軼す。萬機の餘、尤も神(心)を翰墨に留めたまふと。

【跨下】 またの間。股下。韓信が悪少年の跨下をくぐったことを、跨下の辱という。〔晋書、劉喬伝〕至人の道は、用ひらるれば行ひ、舍てらるれば藏る。跨下の辱め、猶ほ宜しく俯して就くべし。

【跨制】 両域にわたって支配する。晋・陸機〔弁亡論、上〕謀に遺筭無く、擧ひ策を失はず。故に遂に山川に割據し、荊・呉を跨制し、天下と衡(軽重、支配権)を争う。

【跨有】 跨制。〔三国志、蜀、諸葛亮伝〕若し荊・益を跨有して、其の巖阻を保ち、西のかた諸戎を和し、南のかた夷越を撫し、外は好を孫權に結び、內は政理を脩めば、~則ち霸業成るべく、漢室興すべし。

↑跨越 またがりこえる/跨海 海にまたがる/跨鶴 鶴に乗る/跨拠 跨有する/跨虹 橋/跨時 またがりとどまる/跨者 大またに歩く人/跨竈 良馬。竈は馬の前足の蹄間の空所。後足が前足の前に着地するので、駿馬の意とする/跨俗 超俗/跨騰 またがり上る/跨年 越年/跨馬 馬にのる/跨別 分岐する/跨鳳 女婿/跨略 ふみにじる/跨陵 ふみこえしのぐ

↓遠跨・穏跨・駕跨・兼跨・虹跨・酔跨・盗跨・飛跨・陵跨

【鉆】13 8416 コ ひのし

形声 声符は古。〔玉篇〕に「鉆鏻なり」とあり、ひのし。また独鉆をいう。

訓義 ①ひのし。②独鉆、仏家のもつ護身用の器。③コバルト。④祭器の名。

古訓 〔名義抄〕獨鉆 トクコ/三鈷 サムコ/五鈷 ゴコ〔字鏡集〕鈷 トシ・ウツハモノ

↑鈷鉧 ひのし/鈷鏻 ひのし

常【鼓】13 4414 〔鼔〕13 4114 〔鼓〕14 4214 コ つづみ うつ

篆文 

籀文 

甲骨文 

金文 

会意 壴(鼓の象形)+支。鼓をうつ形。〔説文〕三下に「鼓を撃つなり」とし、また別に鼔五上を録して「郭なり。春分の音なり」という。〔周礼、地官、鼓人〕の六鼓の字はその形に作る。〔説文〕は鼓を動詞、鼔を名詞と解したのであろうが、両者は同字異構とみてよい。

訓義 ①つづみ、たいこ。②うつ、つづみうつ。③たたく、うごく、ふるえる。④量器、また衡量の名。

古訓 〔和名抄〕鼓 都々美(つつみ)〔名義抄〕鼓 ツヾミ・ウツ・タカク・タツ〔字鏡集〕鼓 タ、ク・サク・ウゴカス・ウツ・タツ・タカフ・ツ、ミ・ヲゴク

部首 〔説文〕に鼔を部首として鼛・鼙など九字、〔玉篇〕に二十字を属する。みな鼓の属である。

声系 〔説文〕に鼓声として瞽の一字を録する。〔釈名、釈疾病〕に「瞽は~目の平合すること鼓皮の如きなり」とするが、瞽とはなお目睛のあるものをいう。瞽は楽官の意であろう。

語系 鼓・鼔kaは同声。字はいずれも鼓をうつ形とみるべく、同字異構。瞽kaも同声。古・固kaも同声の語で、中に深くこもる意をもつようである。

【鼓栧】 船をこぐ。かいで舟べりをたたく。〔楚辞、漁父〕漁父、莞爾として笑ひ 栧を鼓して去る

【鼓音】 つづみの音。〔左伝、成二年〕郤克矢に傷つく。流血屨に及ぶも、未だ鼓音を絶たず。~左に轡を幷せ、右に枹を援りて鼓つ。

【鼓下】 将軍の営。その旗鼓の下で人を処刑した。〔左伝、襄十八年〕皆袷甲(帯甲)にして面縛せられ、中軍の鼓下に坐す。

【鼓歌】 つづみをうち、歌う。〔荘子、在宥〕甚だしい哉、天下の惑へること。~乃ち齊戒して以て之れを言ひ、跪坐して以て之れを進め、鼓歌して以て之れを儛はしむ。吾れ是れを若何せんや。

【鼓角】 太鼓と角笛。軍中で号令を伝達するのに用いた。唐・岑参〔封大夫の播仙を破りて献ずる凱歌、六首、四〕詩 日落ちて、轅門(軍門)に鼓角鳴る 千群面縛(捕虜の姿)して、蕃城を出づ

【鼓楽】 楽器をならす。〔孟子、梁恵王下〕今王此に鼓樂せんに、百姓王の鐘鼓の聲、管籥の音を聞き、擧な欣欣然として喜色有り。而して相ひ告げて曰く、吾が王、疾病無きに庶幾からんか~と。

【鼓篋】 つづみで始業を知らせ、書篋をひらく。学校で勉強する。〔礼記、学記〕學に入りて鼓篋するは、其の業に孫はしむるなり。

【鼓琴】 琴を鳴らす。〔後漢書、馬融伝〕善く琴を鼓し、好んで笛を吹き、達生任性、儒者の節に拘せられず。居宇器服、多く侈飾を存す。~前には生徒に授け、後には女樂を列ぬ。

【鼓行】 太鼓をうちならして進軍する。〔史記、淮陰侯伝〕平旦、信、大將の旗鼓を建て、鼓行して井陘口を出づ。趙、(城)壁を開きて之れを撃つ。~是に於て信・張耳、詳りて鼓旗を弃つ。

【鼓作】 つづみをうって気を振るう。〔左伝、荘十年〕夫れ戰は勇氣なり。一鼓して氣を作し、再びして衰へ、三たびして竭く。彼は竭き、我は盈つ。故に之れに克てり。

【鼓瑟】 瑟をならす。〔詩、小雅、鹿鳴〕我に嘉賓有り 瑟を鼓ち笙を吹く

【鼓掌】 掌をうつ。明・陳文燭〔峨山に遊ぶの記〕黑水寺に至り、八音池を訪ふ。盛夏毎に水有り。人、掌を鼓てば、則ち群蛙鳴く。其の起止、倶に先づ一蛙あり。金聲玉振の如し。

【鼓鐘】 鐘をうつ。〔詩、小雅、鼓鍾〕鍾(鐘)を鼓つこと將將たり 淮水、湯湯たり

【鼓吹】 軍楽。もと北方族の楽。短簫鐃歌ともいう。また、つづみと笛。よく知らせる。激励する。鼓舞する。〔後漢書、

安帝紀〕太僕に詔し、少府に、黄門鼓吹を減らして、以て羽林士を補はしむ。

【鼓刀】庖丁を使う。〔戦国策、韓二〕聶政曰く、嗟乎、政は乃ち市井の人、刀を鼓して以て屠る。而して嚴仲子（遂）は乃ち諸侯の卿相なり。千里を遠しとせず。車騎を枉げて臣に交はる。

【鼓動】振るい動かす。〔後漢書、党錮伝論〕李膺、汙險の中に振拔し、義を蘊み風を生じ、以て流俗を鼓動す。

【鼓舞】つづみをうち舞う。〔墨子、非儒下〕孔某（孔子）、盛容脩（修）飾して、以て世を蠱はし、弦歌鼓舞して、以て徒を聚む。

【鼓腹】腹鼓をうつ。〔荘子、馬蹄〕夫れ赫胥氏の時、民、居りて爲す所を知らず。行くに之く所を知らず、哺を含みて熙しみ、腹を鼓して遊ぶ。民の能は此に以はる。

【鼓鼙】軍楽の攻め太鼓。唐・劉長卿〔李判官の潤州の行営に之くを送る〕詩 萬里家を辭して鼓鼙を事とす 金陵の驛路、楚雲の西

【鼓盆】妻を失う。〔荘子、至楽〕荘子の妻死す。惠子之れを弔ふ。荘子則ち方に箕踞（あぐら）し、盆を鼓ちて歌ふ。惠子曰く、～盆を鼓ちて歌ふは、亦た甚だしからずやと。

【鼓浪】波をうつ。〔古今注、中、魚虫〕鯨魚は海魚なり。大なる者長さ千里、小なる者も數十丈、一生に萬子を生む。～浪を鼓てば雷を成し、沫を噴けば雨と成る。～其の雌を鯢と曰ふ。

【鼓楼】つづみをうって時を知らせる楼。〔事物紀原、州郡方域〕北史に、李崇兗州の牧と爲る。州に盜多し。崇乃ち村ごとに一樓を置き、樓ごとに一鼓、以て盜賊を警むと。唐の張說、始めて京城の内に設く。

↑鼓栧 かいをこぐ／鼓腋 わき腹をおさえて笑う／鼓翰 羽ばたく／鼓頷 寒さにあごを震わせる／鼓旗 旗鼓／鼓響 鼓声／鼓厳 警戒のつづみ／鼓興 鼓舞する／鼓簧 笙を吹く／鼓辞 つづみをうって講談する／鼓楫 鼓栧／鼓牀 太鼓台／鼓唱 首唱する／鼓鉦 つづみと、どら／鼓進 鼓行／鼓震 つづみの音／鼓声 つづみの音／鼓舌 饒舌／鼓扇 あおりたてる／鼓譟 さわぐ／鼓造 梟／鼓柝 拍子木／鼓橐 ふいごをうごかす／鼓鐸 つづみと鈴／鼓湍 急湍／鼓弾 かなでる／鼓鑄 鋳造のふいごをうごかす／鼓脹 腹がふくれる／鼓槌 ばち／鼓点 時報／鼓怒 急湍のはげしい音／鼓棹 舟をこぐ／鼓櫂 舟をこぐ／鼓鼗 ふりつづみ／鼓纛 つづみと旗／鼓橈 はげしく舟をこぐ／鼓鎛 つづみと鐘／鼓板 拍子の板／鼓缶 ほとぎを撃つ／鼓桴 ばちをうつ／鼓吻 鼓舌／鼓鞞 鼓鼙／鼓鞭 むちをうつ／鼓籥 つづみと笛／鼓勇 勇奮する／鼓翼 羽ばたく／鼓厲 励ます／鼓惑 惑わす

↓運鼓・楹鼓・笳鼓・歌鼓・雅鼓・街鼓・羯鼓・諫鼓・旗鼓・騎鼓・夔鼓・金鼓・釁鼓・軍鼓・警鼓・撃鼓・更鼓・社鼓・小鼓・鉦鼓・簫鼓・鐘鼓・晨鼓・清鼓・戦鼓・奏鼓・譟鼓・大鼓・太鼓・打鼓・提鼓・天鼓・銅鼓・腹鼓・鼙鼓・烽鼓・腰鼓・雷鼓・楼鼓・漏鼓

【嘑】 14 6104 コ さけぶ

篆文 

形声 声符は虖。〔説文〕二上に「號ぶなり」（段注本）とあり、大声でよぶことをいう。

訓義 ①さけぶ、よぶ。②なく、わめく。③あらあらしくいう。

古訓 〔名義抄〕嘑 ヨバフ・ヨブ 〔字鏡集〕嘑 トホキコヱ

【嘑爾】みさげて、どなる。〔孟子、告子上〕一簞の食、一豆の羹、之れを得れば則ち生き、得ざれば則ち死す。嘑爾として（ふみつけるように）之れを與へば、道を行くの人も受けず。蹴爾として之れを與へば、乞人も屑しとせざるなり。

↑嘑吸 一呼吸、一息／嘑哭 大声で泣く

【滬】 14 3311 コ えり

形声 声符は扈。唐の陸亀蒙〔漁具の詩の序〕に「網罟の流、～竹を海の澨に列するを滬と曰ふ」とあり、えりをいう。呉の方言で、漁者の家を滬とよぶというから、この地方の語であろう。いま上海をいう。

訓義 ①えり。②漁家。③上海。④川の名。

↑滬城 上海

↓魚滬

【滸】 14 3814 ［汻］ 7 3814 コ ほとり

篆文 

形声 正字は汻に作り午声。〔説文〕十一上に「水厓なり」とあり、水涯をいう。〔詩、大雅、緜〕「西水の滸に率ふ」、〔詩、大雅、江漢〕「江漢の滸」のように、経籍には滸の字を用いている。許と所（所）とはもと声が近く、所とは聖所をいう。滸はもと水辺の聖地をいう語であろう。

訓義 ①ほとり、みぎわ、岸べ。②分流。③許と通じ、滸滸は許許、木を伐る音をいう。

古訓 〔名義抄〕滸 ホトリ 〔字鏡集〕滸 ホト・アタリ・ホトリ・コホリ・ミヅノキシ

↑滸滸 木を伐る音

↓烏滸・河滸・水滸・潜滸・芳滸

【滹】 14 3114 コ ほとり

形声 声符は虖。滸と通用し、水のほとりをいう。滹沱河は、源は山西の東戯山に発し、東流して渤海に入る。

訓義 ①水のほとり。②滹沱河。

【滹沱】滹沱河。〔後漢書、馮異伝〕（光武）關中を定む。～賜ふに珍寶・衣服・錢帛を以てす。詔して曰く、倉卒のとき、蕪蔞亭の豆粥、滹沱河の麥飯、厚意久しく報ぜざりきと。

【箍】 14 8851 ［笟］ 11 8823 コ たが

会意 竹＋手＋匝。竹をめぐらしてくる。たが。字はまた笟に作る。笟は瓜（瓜）声。

訓義 ①たが、たがをかける。②めぐらす、まとう。

↑箍桶 たがをかけたおけ／箍斂 たがをかけてしめる

【箶】 15 8862 コ やなぐい

形声 声符は胡。胡は、袋状に中の広いものをいう。箶簏は矢壺、やなぐい。

訓義 ①やなぐい、やつぼ。

古訓 〔字鏡集〕箶 フルヒ・ヤナグヒ

↑箶簏 やなぐい

↓箭箶

人【糊】 15 9792 ［黏］ 17 2416 コ かゆ のり

形声 声符は胡。胡にゆるみ、ふくらむものの意がある。米などをやわらかく炊いたもの。粗末な食事にもいう。孔子の祖の正考父の鼎の銘と伝えるものに「是に饘（かゆ）し是に鬻し、以て余が口を糊す」という語があり、辛うじて生活することを糊口という。

訓義 ①のり、かゆ、ねばる。②かゆをする、貧しくくらす。③ねやす、こねる。

古訓 〔篇立〕糊 ネヤス 〔字鏡集〕糊 ネヤス・モラス・カユ・ヒサグ・アサリハミ・ウヱル

【糊口】 貧しくくらす。〔左伝、昭七年〕其の（正考父の）鼎銘に曰く、～是に饘し是に鬻し、以て余が口を糊すと。其の共やしきこと是くの如し。
【糊塗】 ごまかす。〔宋史、呂端伝〕太宗、端を相にせんと欲す。或いは曰く、端、人と爲り糊塗すと。太宗曰く、端は小事は糊塗するも、大事は糊塗せずと。意を決して之れを相とす。
【糊名】 科挙のとき、氏名の上に糊ではりつけて名をかくす。〔隋唐嘉話、下〕武后、吏部の人を選ぶこと不實多きを以て、乃ち試日に自ら其の名を糊せしめ、暗考して以て等第を定めしむ。判の名を糊することは、此れより始まるなり。
↑糊眼 盲目／糊紙 のりばり／糊牆 壁張り／糊斗 のり入れ／糊突 糊塗する／糊裱 のり張り／糊縫 めばり／糊弄 糊塗する／糊話 でたらめ
↓含糊・漫糊・模糊

常【錮】 16 8610 コ ふさぐ

篆文 

形声 声符は固こ。〔説文〕十四上に「鑄塞するなり」とあって、鋳かけて補修することをいう。のち禁錮の意に用い、また痼こと通用して痼疾をいう。
訓義 1ふさぐ、いかける。2つなぐ、とじこめる。3はばむ、さえぎる。4痼と通じ、痼疾。5固と通じ、かたい。
古訓 〔名義抄〕錮 カタシ・カタム・カタメタリ 〔篇立〕錮 カタメタリ・トヾム・カタシ・フサグ・ニカタム 〔字鏡集〕錮 イル・フサグ・トヾム
語系 錮・固・痼 ka は同声。みな古・固の声義を承け、固着する意で、一系をなす語である。
【錮疾】 持病。〔漢書、賈誼伝〕今を失して治せずんば、必ず錮疾を爲さん。後に扁鵲有りと雖も、爲さむ能はざるのみ。
【錮送】 身に枷せして護送する。〔資治通鑑、唐紀七〕（高祖、武徳九年）魏徵、山東を宣慰し～磁州に至る。州縣の、前の太子千牛李志安・齊王護軍李思行を錮送して、京師に詣るに遇ふ。～遂に皆解きて之れを縱はなつ。
↑錮禁 禁錮／錮見 成見／錮職 専権／錮身 身に枷をつける／錮寢 寵幸を専らにする／錮閉 固くとじこめる／錮弊 治めがたい悪弊／錮陋 改めようのない頑陋さ
↓規錮・禁錮・党錮・廃錮

【鹽】 18 7810 コ あらしお

篆文 

古印璽 

形声 声符は古こ。鹽（塩）えんの省文に従うもので、あらしおをいう。〔説文〕十二上に「河東の鹽池なり」とあり、周回百十六里、天塩の産地である。〔詩〕に「王事靡盬びこ」の句が数見し、旧注に「王事盬もろきこと靡なし」と王事の厳酷をいう語とされたが、盬は盬この仮借。〔玉篇〕に「盬は息やむなり」とあって、「王事盬やむこと靡し」の意である。〔左伝、僖二十八年〕「晉侯、夢に楚子そしと搏うつ。楚子、己を伏せて、其の脳を盬すふ」とあり、脳漿を啑すうことをいう。徐灝の〔説文段注箋〕に、塩地の斥裂するように、脳を裂く意であろうという。〔説文通訓定声〕に「今の蘇（州）の俗に、吸飲するを盬と曰ふ。是れ其の遺語なり」とするが、その本訓の字は明らかでない。
訓義 1あらしお、あらしおを産する地、塩地。2あらい、粗悪。3しばらく、にわか。4盬と通じ、やむ、やすむ。5すう、すいとる。
古訓 〔名義抄〕盬 モロシ・ムルシ・スフ 〔字鏡集〕盬 モロシ・モロイコト・ヨハシ・スフ・シホ
↑盬悪 粗悪／盬塩 しお
↓塩盬・近盬・靡盬・伏盬

【瞽】 18 4460 コ めしい

篆文 

形声 声符は鼓こ。瞽が鼓に従うことについて、〔釈名、釈疾病〕に「瞽は鼓なり。瞑瞑然として、目の平合すること、鼓皮の如し」とするが、楽官に瞽者が多かったからではないかと思う。視力のないものは盲という。〔説文〕四上に「目に但だ眹ちんのみ有り」とあり、目睛あるも視力のない意とする。〔国語〕に「瞽史」「瞽師」、また「瞽史の記」などの名がみえ、瞽は古代礼楽の伝承に重要な地位を占めた。殷代の学を瞽宗という。
訓義 1めしい、盲目。2楽人、楽官。
古訓 〔名義抄〕瞽 メシヒタリ・メシヒ 〔篇立〕瞽 メクラ・メシヒ・メシヒタリ
語系 瞽・鼓（皷）ka は同声。瞽者の目を鼓皮の如しとするのは、いわゆる音義説で、字が鼓に従うのは、瞽を楽官として位置づけたものとみられる。
【瞽言】 道理を知らずにいう。妄言。漢・班超〔帰るを請ふの疏〕臣、老病衰困、冒死瞽言す。謹んで先づ子勇を遣はして、獻物に隨つて塞に入らしむ。
【瞽史】 楽大師と太史。〔国語、周語上〕庶人傳語し、近臣は規を盡し、親戚補察し、瞽史教誨し、耆艾がい（師傅）之れを修め、而る後、王斟酌しんしやくす。
【瞽者】 盲目の人。〔荘子、逍遥遊〕瞽者は以て文章の觀に與あづかる無く、聾者は以て鐘鼓の聲に與る無し。
【瞽宗】 殷代の学校の名。〔周礼、春官、大司楽〕凡そ有道の者、有徳の者は教へしむ。死するときは則ち以て樂祖と爲し、瞽宗に祭る。
【瞽瞍】 舜の父と伝える。舜は瞬で明。明暗の交替の意であろう。〔孟子、離婁上〕舜、親に事つかふるの道を盡し、而して瞽瞍豫よろこびを底いたす。
↑瞽議 妄議／瞽見 愚見／瞽工 盲目の楽人／瞽師 瞽の楽人／瞽人 盲人／瞽説 愚論／瞽叟 瞽瞍／瞽談 妄説／瞽夫 盲人／瞽矇 盲人の楽官／瞽惑 惑う
↓狂瞽・愚瞽・神瞽・盲瞽・矇瞽・聾瞽

【餬】 18 8772 コ かゆ

篆文 

形声 声符は胡こ。〔説文〕五下に「寄食するなり」とあり、かゆをいう。〔玉篇〕も同じ。〔爾雅、釈言〕に「饘せんなり」とあり、〔左伝、隠十一年〕「其の口を四方に餬せしむ」は貧しく暮らす意。
訓義 1かゆ、かゆをすする。2いそうろう、人に寄食する。3貧しくくらす。4糊と通用する。
古訓 〔新撰字鏡〕餬 加由（かゆ）、又、阿佐利波牟（あさりはむ）〔新撰字鏡、享和本〕餬 毛良比波无（もらひはむ）〔名義抄〕餬 カユ・モラフ・ネヤス・ヒサク 〔字鏡集〕餬 ネヤス・モラス・カユ・ヒサク・アサリハミ・ウヱル
【餬口】 生活する。やっとくらす。〔宣和書譜、五〕（女仙、呉彩鸞）進士文蕭、～生を爲すに拙なり。彩鸞爲に小楷を以て唐韻一部を書し、五千錢に市うりて、餬口の計を爲す。然れども一日の閒を出でずして、能く十數萬字を了す。～遂に各と一虎に乘りて仙去す。
↑餬紙 紙貼り／餬饘 かゆ／餬帛 帛貼り

常【顧】 21 7128 〔顧〕 21 3128 コ かえりみる おもう

篆文 

金文 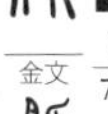

会意 雇（雇）こ＋頁けつ。雇は神戸棚の前で鳥占うらをして、神意を問う意。頁は神事の際の礼容。神の顧寵を拜する意である。〔書、太甲上〕「先王、諟この天の明命を顧みる」、〔詩、大雅、雲漢〕「大命止むに近し 瞻みる靡なく顧みる靡し」のように、神

意の顧念をうることが字の原義であった。〔説文〕九上に「還めぐり視るなり」とあり、後顧の意とするのは、のちの転義である。

訓義 1かえりみる、めぐむ、いつくしむ、おもう。2ふりかえる、みまわす、みつめる。3よくみる、観察する、忘れない。4かえる、たずねる、こたえる、むくいる。5かえって。6おもうに、それゆえ。

古訓 〔名義抄〕顧 カヘリミル・オモフ・アタル・ヲゴク・オモミル

語系 顧・雇 ka は同声。顧は鳥占を示す雇の声義を承ける。僱 ka は雇の後起の字。みな他にものを託する意がある。

【顧景】こえい 自分の姿を顧みる。自負の気を含む。〔後漢書、南匈奴伝〕(王)昭君、豐容靚飾にして、光、漢宮に明らかなり。景を顧みて裴回し、左右を竦動す。帝見て大いに驚き、意に之れを留めんと欲するも、信を失ふを難り、遂に匈奴に與ふ。

【顧懐】こかい 顧みおもう。魏・文帝〔燕歌行、二首、二〕楽府 飛鶬晨に鳴く、聲憐れむべし 留連顧懐して、存する能はず

【顧忌】こき はばかる。〔後漢書、楊震伝〕(樊)豐・(謝)惲等、震の連りに切諫するも従はれざるを見て、顧忌する所無く、遂に詐りて詔書を作り、司農の銭穀を調發し、～各ゝ家舍・園池・廬觀を起し、役費數無し。

【顧視】こし ふりかえり見る。漢・武帝〔秋風の辞の序〕上、河東に行幸し、后土を祠る。帝京を顧視して欣然たり。中流に群臣と飲燕す。上、歡ぶこと甚だし。乃ち自ら秋風の辭を作る。

【顧瞻】こせん 顧視。〔詩、檜風、匪風〕匪の風、發たり 匪の車、偈たり 周道を顧瞻し 中心怛む

【顧託】こたく 後事を託する。〔唐書、韓瑗伝〕(褚)遂良、先帝の顧託を受け、德を一にして二ふ無し。～厚誇醜言に遭ひ、陛下の明を損し、志士の鋭を折く。

【顧念】こねん 心にかける。〔漢書、外戚上、孝武李夫人伝〕夫人曰く、～上の攣攣として我を顧念する所以の者は、乃ち平生の容貌を以てなり。今我が毀壞して顏色故に非ざるを見ば、必ず畏惡して我を吐棄せん。

【顧反】こはん かえって。〔史記、蕭相国世家〕功臣皆曰く、～今、蕭何は未だ嘗て汗馬の勞有らず。徒だ文墨を持して議論するのみ。戰はずして、顧反て臣等の上に居るは、何ぞやと。

【顧眄】こべん あたりを見まわす。自ら誇る意がある。〔後漢書、馬援伝〕援、自ら請ふ。～帝、之れを試みしむ。援、鞍に據りて顧眄し、以て用ふべきを示す。帝笑つて曰く、矍鑠たる哉、是の翁やと。

【顧望】こぼう 見まわして形勢をうかがう。〔漢書、王嘉伝〕天子、(廷尉梁)相等の、皆上體の平ならず、外内顧望し、兩心を操持するを見るを以て、～制詔して相等を免じ、皆庶人と爲す。

【顧問】こもん 顧み問う。相談する。〔後漢書、李固伝〕將作大匠に遷る。上疏して事を陳べて曰く、～一日朝會に、諸侍中を見るに、竝びに皆年少にして、一宿儒大人の顧問すべき者無し。誠に歎息すべし。宜しく(楊)厚等を徵還し、以て群望に副ふべしと。

【顧慮】こりょ 心にかける。懸念する。宋・曽鞏〔撫州顔魯公祠堂記〕終始、死生禍福を以て、秋毫の顧慮を爲さず。道に篤き者に非ざれば、此の如くなること能はず。此れ以て公の大を觀るに足るなり。

↑顧哀こあい 心にかけて哀れむ／顧愛こあい 心にかけて愛する／顧影こえい 顧景／顧看こかん かえりみる／顧遇こぐう 厚遇する／顧指こし ふりかえり指さす／顧卹こじゅつ 顧恤／顧恤こじゅつ 心にかけて憐れむ／顧笑こしょう ふりかえり笑う／顧綏こすい 安んずる／顧省こせい 省みる／顧惜こせき 惜しむ／顧藉こせき 顧惜／顧嘆こたん 心にかけて嘆く／顧憚こたん はばかる／顧重こちょう 重んずる／顧眺こちょう 顧視／顧兎こと 月／顧盼こはん 顧眄／顧復こふく 愛育する／顧歩こほ かえりみ歩く／顧憂こゆう 心にかけて憂える／顧養こよう 孝養する／顧覧こらん 顧視／顧恋これん 心にかけて慕う

↓愛顧・一顧・枉顧・恩顧・回顧・懐顧・観顧・疑顧・狂顧・眷顧・後顧・左顧・三顧・私顧・指顧・内顧・反顧・返顧・憂顧・遥顧

【蠱】 23 5010 コ まじない まどわす こびる

篆文

甲骨文

会意 蠱(虫)ちゅう＋皿。〔説文〕十三下に「腹中の蟲なり」とするが、蠱は人を惑わす呪儀であるから、〔段注〕に「腹、蠱に中たるなり」とよむべしという。卜辞に「貞とふ。王の咼(禍)あるは、隹これ蠱ならざるか」とあり、巫女がその呪儀を行っていた。後世の媚蠱びこ左道といわれるものがそれである。漢代には巫蠱の変とよばれるような事件が頻発している。蠱法は、五月五日に、百虫を一器の中に入れて相食らわしめ、最後に残ったものにその呪能があるとされた。また人畜の類を埋めて呪詛する法があり、埋蠱まいこという。蠱霊には、自由に風行するものもあると考えられ、風蠱という。一般の虫類にも禍をなすものがあり、〔周礼、秋官、庶氏〕に「毒蠱を除くことを掌る」とみえる。

訓義 1まじない、まじないに用いる虫、まじもの、まじわざ。2まどわす、まどう、みだす。3こびる、うるわしい。4わざわい、むしばむ、毒気。5腹の病。

古訓 〔名義抄〕蠱 マドフ・ウタガフ・ミダル・タブロカス・マジワサ・ノロフ・ヤブル〔字鏡集〕蠱 ツカフ・オモフ・マジナフ・タブロカス・トク・ヤブル・マサシ・マジワザ・コト・ミダル・マドフ・ミサヲ

【蠱気】こき 巫蠱の気。〔漢書、江充伝〕是の時、上(武帝)春秋高く、左右皆蠱を爲し、祝詛するかを疑ふ。～充～因りて宮中に蠱氣有るを言ひ、～遂に蠱を太子の宮に掘りて、桐木人を得たり。

【蠱菑】こさい 蠱の災い。〔史記、封禅書〕鄜畤を作るの後七十八年、秦の德公既に立ち、～三百牢を鄜畤に用ふ。伏祠を作り、狗を邑の四門に磔し、以て蠱菑を禦ぐ。

【蠱殺】こさつ 蠱によってのろい殺す。〔漢書、衡山王賜伝〕后乘舒死す。徐來を立てて后と爲し、厥姫も倶に幸せらる。兩人相ひ妒む。厥姫乃ち徐來を太子に惡りて曰く、徐來、婢をして太子の母を蠱殺せしむと。太子、心に徐來を怨む。

【蠱毒】こどく 毒殺する。〔左伝、昭元年〕趙孟曰く、何をか蠱と謂ふと。〔疏〕毒藥を以て人に藥し、人をして自ら知らざらしむる者、今の律に、之れを蠱毒と謂ふ。

【蠱媚】こび なまめかしく美しい。漢・張衡〔思玄の賦〕太華の玉女を載せ、洛浦の宓妃を召す。咸な姣麗にして蠱媚、增ねて嫮眼にして娥眉。

【蠱惑】こわく たぶらかす。唐・白居易〔古塚の狐〕詩 何ぞ況んや、褒(姒)・妲(己)の色 善く蠱惑し 能く人の家を喪はせ、人の國を覆すをや

↑蠱晦こかい 惑乱する／蠱壊こかい 壊敗する／蠱偽こぎ 惑わす／蠱獄こごく 巫蠱の獄／蠱疾こしつ 惑乱の疾／蠱祝こしゅう まじむしののろい／蠱術こじゅつ 巫蠱の法／蠱女こじょ 巫蠱／蠱虫こちゅう まじむし／蠱溺こでき 惑乱する／蠱蠹こと 蠱術で敗る／蠱蕩ことう 惑乱する／蠱道こどう 蠱術／蠱佞こねい 奸佞／蠱敝こへい 惑わしやぶる／蠱冶こや あやしく美しい／蠱誘こゆう 惑わす

↓暗蠱・狂蠱・成蠱・蔵蠱・蛇蠱・毒蠱・巫蠱・埋蠱・妖蠱

ゴ

常 【互】 4 1010 〔𥫍〕 10 8810 ゴ たがいに たがう

篆文

象形 縄なわ巻きの器の形。〔説文〕五上に正字を𥫍に作り、「以て縄を収

むべきなり。竹に従ひ、象形」とし、「中は人の手の推握する所に象るなり」という。交互に巻き進めるので交互の意となり、相互の意となり、また差互の意となる。
訓義 ①なわまき。②たがいにまく、たがいにする、かたみに、かわるがわる、たがい、たがいに。③たがう、ちがう。
古訓 〔名義抄〕互 タガヒニ・タガフ／差互 カタチガヒ 〔篇立〕互 ハヅカシムル・タガヒ・タガヘテ 〔字鏡集〕互 イロフ・タガヒ・タガフ
声系 〔説文〕に互声として笠（互）・枑など三字を収める。みな交互の意をとる字である。
語系 互ha、五・午nga、牙ngea、逆（逆）ngyakは声義近く、みな交互・差互の意があり、同じ語系とみてよい。
【互訓】 二つの文字が、相互にその訓となること。〔爾雅、釈宮〕「宮之れを室と謂ふ。室之れを宮と謂ふ」というような関係の訓。〔詩、毛氏伝疏の叙〕竊かに以もふに、毛詩には多く古文を記し、倍ます前典よりも詳し。或いは引伸、或いは假借、或いは互訓、或いは通釋。
【互市】 交易。〔後漢書、烏桓伝〕是に於て、始めて復た（烏桓）校尉を上谷甯城に置き、營府を開き、幷せて鮮卑を領せしめ、～歳時に互市す。
【互物】 はまぐりのように甲殻二枚の合するもの。〔周礼、地官、掌蜃〕互物蜃物を斂め、以て闉壙（墓穴をふさぐ）の蜃を共（供）することを掌る。祭祀には蜃器の蜃を共し、白盛の蜃を共す。
【互文】 双関法（対句を組み合わせる文章技巧）の文で、互いに一部を節略する。〔中庸、二十八〕子曰く、吾れ夏の禮を說くに、杞は（存するも）徵するに足らざるなり。吾殷の禮を學ぶに、宋は存する有るも（徵するに足らざるなり）。〔疏〕此に宋は存する有りと云はば、則ち杞も亦た存するなり。互文にして義を見あらはす。
⬆互易 相互に交換する／互結 相互に証明し合う／互言 互文／互交 相互に交わる／互錯 交錯する／互助 助けあう／互証 互結／互譲 相譲る／互折 曲折／互瞻 相みる／互代 交替する／互保 相互に保証する／互用 交替に使用する
⬇回互・乖互・詭互・疑互・交互・錯互・参互・舛互・相互・遆互・紛互・綿互・連互

常 【五】 4 1010 ゴ いつつ

仮借 斜めに交錯する木を以て作られた器物の蓋ふたの形。数字の五に用いる。〔説文〕十四下に「五行なり。二に從ふ。陰陽、天地の閒に在りて交午するなり」と陰陽の相交わる形とし、古文×をあげて、上下の線を略した形とする。卜文に×を用いることが多く、もと算木をその形において数を示したものであろう。卜文では一より四までは横画を重ね、五に至って交画とする。×の形を以ていえば一・二と同じく指事となるが、古くから五の形もあるので、器蓋の象とし、数に用いるのを仮借とする。文字の要素としては×は吾・交（交）・學（学）などの中にも含まれるが、これらの字は、数としての五の義をとるものではない。
訓義 ①いつつ、数の五。②五たびする、五倍とする。③伍と通じ、なかま、一組。
古訓 〔名義抄〕五 イツツ・トモ／五者 イツ、ヲバ 〔字鏡集〕五 イツツ・トモガラ・トモ・ナガシ・ヨシ
声系 〔説文〕に五声として吾、また吾声の字十五字を収める。斜めに伍を〔説文〕八上に会意とするが、〔段注〕に亦声とする。斜めに交錯する木を以て敔まもるという本来の形義は、吾・敔のうちに残されている。
語系 五・伍ngaは同声。〔管子、小匡〕に「五人を伍と爲す」とあって、人の集体名に用いる。午・忤・啎ngaも同声。午は杵きねの形に組んだ木で、これも防禦に用い、禦（御）の初形は午の形に従い、午を拝する形の字である。
【五噫】 五句の句末ごとに噫の字をおき、時世に限り無い悲しみを寄せた歌。〔後漢書、逸民、梁鴻伝〕京師を過ぎりて、五噫の歌を作りて曰く、彼の北芒（邙）に陟のぼりて、噫あ 帝京を顧覽すれば、噫 宮室崔嵬たり、噫 人の劬勞（苦労）すること、噫 遼遼として未だ央きず、噫
【五運】 五行の運行。木・火・土・金・水は、木は火を、火は土を生ずるという相生、また土・木・金・火・水は、水は火に、火は金に勝つという相勝の関係がある。〔史記、三皇紀〕女媧氏も亦た風姓、蛇身人首、～五運を承けず。
【五雲】 青・白・赤・黒・黄の五色雲。その変化で吉凶を考える。〔周礼、春官、保章氏〕五雲の物を以て、吉凶・水旱降り、豐荒の祲象を辨ず。
【五音】 宮・商・角・徵・羽の五種の音色。五声。〔老子、十二〕五色は人の目を盲ならしめ、五音は人の耳を聾ならしめ、五味は人の口を爽たがはしむ。

【五岳】 天下の五鎮とされる名山。諸説があり、〔爾雅、釈山〕には華・嶽・岱（泰）・恒・衡とする。〔礼記、王制〕天子は天下の名山大川を祭る。五嶽は三公に視なぞらへ、四瀆しとくは諸侯に視ふ。
【五紀】 歳時を正す五つのもの。〔書、洪範〕協あはせて五紀を用ふ。～一に曰く歳、二に曰く月、三に曰く日、四に曰く星辰、五に曰く歷數。
【五禽】 道家で虎・鹿・熊・猨・鳥の禽戯に模する健康法を、五禽戯という。〔後漢書、方術下、華佗伝〕古の仙者、導引の事を爲す。～以て老い難きを求む。～吾れに一術有り、五禽の戲と名づく。～（呉）普之れを施行し、年九十餘、耳目聰明にして、齒牙完堅なり。
【五刑】 五種の刑罰の法。〔書、呂刑〕墨罰（入墨）の屬千、劓罰（鼻切り）の屬千、剕罰（足切り）の屬五百、宮罰（去勢）の屬三百、大辟（死罪）の罰、其の屬二百。五刑の屬、三千なり。
【五経】 儒家の経典とする五種の経書。易・書・詩・礼（周礼・儀礼・礼記）・春秋（左氏・穀梁・公羊の三伝）。〔漢書、武帝紀〕（建元）五年、春、～五經博士を置く。
【五胡】 漢・晋のころ、北方から中国に侵入した五種の異民族。匈奴・羯・鮮卑・氐・羌の五種、十六の国が興亡した。〔晋書、元帝紀論〕晉氏虞はからず、中より外に流れ、五胡鼎を扛あげ（国を立てる）、七廟隳尊す（亡ぶ）。滔天（悪徳）方まさに駕し、則ち民其の舊德の者を懷おもふ。
【五更】 夜を五分した五番め。戊夜。甲夜（初更、午後八時）より二時間ずつ乙夜（二更）・丙夜（三更）より五更（四時）に至る。〔漢官典職儀式選用〕衞士、甲乙徼かむへて相ひ傳ふ。甲夜畢をはりて、乙夜に傳へ、相ひ持して五更を盡す。
【五侯】 五等の爵位。公・侯・伯・子・男。〔左伝、僖四年〕昔、召康公、我が先君大公に命じて曰く、五侯九伯、女なんぢ實に之れを征し、以て周室を夾輔せよと。
【五穀】 五種の穀物。麻・黍・稷・麦・豆、また黍・稷・菽・麦・稲など、諸説がある。〔論語、微子〕丈人（老人）曰く、四體勤めず、五穀分たず。孰たれをか夫子と爲すと。其の杖を植たてて芸くさぎる。
【五祀】 五つの祭。神話的な諸神や宗廟五祀の他に、生活神の五祀がある。〔礼記、祭法〕諸侯、國の爲に五祀を立つ。曰く司命、曰く中霤（雨だれ受け）、曰く國門、曰く國行、曰く公厲（古の諸侯の後無きもの）。

【五時】秦の五祠。鄜時・密時・上時・下時・畦時の五つ。〔史記、封禅書〕秦の始皇天下を幷するに至るに及んで、~(諸祠)唯だ雍の四時のみ、上帝を尊と爲す。~(漢)高祖、~黒帝の祠を立て、命づけて北時と曰ふ。~文帝、始めて雍の五時祠を郊見す。衣は皆赤を上にす。

【五車】五台の車。〔荘子、天下〕惠施多方にして、其の書五車なるも、其の道舛駁(雑然として矛盾がある)にして、其の言中らず。

【五常】人の常に行うべき五つの道。〔漢書、董仲舒伝〕夫れ仁誼禮知信は五常の道、王者の當に脩飭すべき所なり。五者脩飭す。故に天の祐を受け、鬼神の靈を享く。

【五声】宮・商・角・徵・羽の五つの音階。五音。〔周礼、春官、大師〕六律・六同を掌り、以て陰陽の聲を合す。~皆之れを文るに五聲、宮商角徵羽を以てし、皆之れを播くに八音、金石土革絲木匏竹を以てす。

【五帝】太古の五人の帝王。少昊・顓頊・帝嚳・尭・舜。他に諸説がある。〔周礼、春官、外史〕四方の志を掌り、三皇五帝の書を掌る。

【五斗】県令の俸給。薄禄。〔晋書、隠逸、陶潜伝〕郡、督郵を遣はし、縣に至る。吏白す、應に束帶して之れを見るべしと。潛、歎じて曰く、吾れ五斗米の爲に腰を折ること能はず~と。

【五徳】温・良・恭・倹・譲の五つの徳。他に五行の徳を配するものなどがある。〔論語、学而〕夫子(孔子)は溫良恭儉讓、以て之れを得たり。

【五覇】春秋期の五人の覇者。斉の桓公・晋の文公・楚の荘公・秦の穆公・宋の襄公。後の二者に代えて呉王夫差・越王句践を加える説がある。〔孟子、告子下〕五霸は三王の罪人なり。

【五美】五つの美点。宋・黄庭堅〔冬青閣集の序〕宋景濂言ふ。詩は五美を兼ねるに非ずんば不可なり。一に曰く天才、二に曰く稽古、三に曰く師友、四に曰く吟詠の勤、五に曰く江山の助と。予れ謂おもふに、景濂尙ほ一悟字を少くと。

【五風】五日に一度吹く風。〔論衡、是応〕儒者、太平の瑞應を論ず。~風、條を鳴らさず、雨、塊を破らず。五日に一風、十日に一雨。其の盛茂なる者は、黃龍・麒麟・鳳皇を致す。

【五畝】古代の井田法で、私田百畝と五畝の宅地を給された。〔孟子、梁恵王上〕五畝の宅、之れに樹うるに桑を以てせば、五十の者、以て帛を衣るべし。

【五陵】長安にある漢の五陵。長陵(高祖)・安陵(恵帝)・陽陵(景帝)・茂陵(武帝)・平陵(昭帝)。唐・李白〔少年行、二首、二〕詩 五陵の年少、金市の東 銀鞍白馬、春風を度る

【五倫】人の間での五つの道。五教。〔孟子、滕文公上〕聖人有た之れを憂へ、契をして司徒と爲し、教ふるに人倫を以てせしむ。父子親有り、君臣義有り、夫婦別有り、長幼序有り、朋友信有り。

【五礼】吉(祭祀)・凶(喪葬)・賓(賓客)・軍(軍旅)・嘉(冠婚)の五つの儀式。〔周礼、春官、小宗伯〕五禮の禁令と、其の用等(牲器尊卑の差)を掌る。

➡五官 五官能。耳・目・鼻・口・形(心)/五季 五代。後梁・後唐・後晋・後漢・後周/五旗 五色の旗/五虐 五刑。劓・刵・宮・黥・殺戮/五教 五倫/五行 木・火・土・金・水。五運/五玉 五色の玉。蒼玉・赤玉・黄玉・白玉・玄玉。五瑞/五言 五字句を以て構成する詩。古詩、絶句、律詩、排律などの諸体がある/五弦 五本の弦の楽器/五湖 太湖附近の湖沼の総称。また洞庭とその附近とする説がある/五袴 五着の袴。富裕なたとえ/五五 二十五月の喪期/五采 青・黄・赤・白・黒の五色/五彩 五采/五歳 五年/五載 五年/五綵 五采の帛/五縗 三年・期年・九月・五月・三月の喪/五罪 五刑/五山 五岳/五始 春秋の記載法についての公羊説。元年・春・王・正月・即位/五指 五本の指/五事 五つの大事なことがら。貌・言・視・聴・思/五臭 五つのにおい。羶・香・腥・焦・朽/五章 五等の衣服/五情 五つの感情。喜・怒・哀・楽・怨/五色 青・黄・赤・白・黒の五色/五瑞 天子が諸侯に頒つ瑞玉/五成 舞が五度終わる/五性 人の性情。喜・怒・欲・懼・憂/五斉 五種の酒/五俎 お供え。豕・魚・腊・羊肉・羊腸胃の五種/五宗 上は高・曽・祖・父・己、下は己・子・孫・曽・玄/五蔵 五つの内臓。脾臓・肺臓・肝臓・腎臓・心臓/五族 漢・満・蒙・回・西蔵の五つの種族/五地 五つの地勢・景観。山林・川沢・丘陵・墳衍・原隰/五雉 高さ五丈/五虫 五つの生物の種類。羽・毛・甲・鱗・裸/五徴 自然の徴験としてのしるし。雨・暘・燠・寒・風/五鎮 五岳/五土 五地/五等 爵の等級。五侯/五遁 仙人の変形術。金・木・水・火・土の五遁/五伯 五覇/五廟 太祖の廟と、二昭二穆/五服 王畿の外の五つの区域。甸服・侯服・綏服・要服・荒服/五辟 五刑/五卜 卜兆の形。雨・霽・蒙・駅・克/五味 五種の味。鹹・苦・酸・辛・甘/五民 民の五つの業種。士・農・工・商・賈の五つの民/五門 五つの宮城の門。路・応・雉・庫・皐/五夜 五更/五欲 耳・目・鼻・口・心の欲/五輅 五種の車。玉・金・象・革・木/五和 五行の相和するとき。土用

⬇格五・九五・三五・参五・尺五・什五・数五・第五・鼎五・陽五

常
【午】
4
8040
ゴ
さからう

象形 杵の形の器。これを呪器として、さからい守るので、御(御)・禦の初形はその形に従い、午を拝する意の字である。〔説文〕十四下に「啎ふなり。五月には陰气、陽に啎屰して、地を冒して出づるなり」(段注本)と、陰陽・五行を以て字形を説く。卜文・金文の字形は杵、ときに糸束をねじらせた幺の形にみえるものもあり、これを呪器として拝した。卜辞に禦祀の禦をその形に作るものが多い。わが国で白香を用いるようなものであろう。

訓義 ①きねの形の呪具、これで祈り、ふせぎまもる。さからう。②そむく、たがう。③十二支の一、うま。

古訓 〔名義抄〕午 ムマトキ 〔字鏡集〕午 ワカツ・ムマトキ・ムマ・マジフ

部首 〔説文〕十四下に啎の一字を属し、「逆らふなり」という。午・吾はともにまもる意の字で、抵抗し守る意がある。

声系 〔説文〕に午声として許・杵・御など四字、また御声三字を収める。許・御はともに午(杵)を呪器として用いる儀礼を示し、許は聴許、御は禦祀をいう。いずれも呪祝に関する字である。

語系 午・迕・忤・啎・晤・悟 nga は同声。屰・逆(逆) ngyak もその系統の語で、抵抗的な姿勢で対者を迎える意。また迓・訝 ngea、迎(迎) ngyang、遇(遇) ngio も、神異のものなどをあやしみ迎える意がある。みな一系の語である。

【午陰】日中の木蔭。〔六一詩話〕龍圖學士趙師民、醇儒碩學を以て、名、當代に重し。~文章の外に於て、詩思尤も精。麥天晨氣潤ひ 槐夏午陰清しの如き、前世の名流も、皆未だ至らざる所なり。

【午影】ひるの日ざし。宋・王安石〔独臥、二首、二〕詩 茅簷の午影、轉た悠悠 門閉ぢて、靑苔、水亂流す

【午餐】ひるめし。唐・白居易〔夏日閑放〕詩 朝景、枕簟清し 涼に乘じて、一たび覺睡す 午餐、何の有る所ぞ 魚肉、一兩味
【午時】ひるどき。唐・劉禹錫〔秋日客を送りて潛水駅に至る〕詩 楓林、社日の鼓 茅屋、午時の雞
【午夢】ひるねの夢。宋・朱熹〔圭父の将軍巖に游ぶの韻に次す、二首、一〕詩 倦來、石を拂うて、拳を支へて睡る 萬壑の吟風、午夢闌なり
【午漏】ひるどき。〔唐書、李徳裕伝〕徳裕の位に在るや、遽書警奏と雖も、皆從容裁決し、率ね午漏下に第に還り、休沐すること輒ち令の如く、沛然として無事の時の若し。
↑午下 午後/午割 十字形に切る/午逆 逆らう/午供 午斎/午貫 十字形に切る/午憩 昼休み/午月 五月/午午 雑踏する/午頃 ひるどき/午后 午後/午後 昼から夕/午刻 まひる/午歳 うま年/午市 ひる市/午日 端午の日/午酒 食前の酒/午暑 午熱/午餉 午餐/午食 昼飯/午寝 午睡/午睡 ひるね/午正 ま南/午節 端午/午饌 午餐/午前 ひる前/午達 あげまき/午潮 昼の潮/午枕 午眠/午天 正午/午熱 昼の暑さ/午飯 午餐/午風 昼の風/午眠 ひるね/午門 宮城の正門/午夜 夜中の十二時
↓移午・下午・過午・近午・交午・子午・正午・上午・舛午・穿午・端午・停午・日午・亭午・旁午・傍午・夜午

人
【伍】 6 2121 ゴ まじわる くみ なかま

篆文

形声 声符は五。〔説文〕八上に「相ひ參伍するなり」とあり、仲間に加わる意。〔管子、立政〕に「五家を伍と爲す」とあり、五家を一組とする行政的な単位があった。軍中では隊伍という。
訓義 ①まじわる、仲間となる。②くみ、なかま、たぐい。③軍隊の単位。〔司馬法〕では百二十五乘。乘は車乘。
古訓 〔名義抄〕伍 イツ、・ナラブ・ツク・ツラナル・トモ・トモガラ・マジフ 〔字鏡集〕伍 トモガラ・ツラ・ツラナル・ツラヌ・マイル・ユク・イツ、・マフ・トモ・シジカシ・ナラブ
語系 伍・五 nga は同声。五は数として、伍は五人一組の名として用いる。
【伍候】五人一組として、たがいに探らせる。〔左伝、昭二十三年〕其の民人を親しみ、其の伍候を明らかにし、其の隣國を信にし、其の官守を愼み、～其の守備を完うして、以て不虞(万一のばあい)を待たば、又何をか畏れん。
【伍參】紛れこんでうかがう。〔荀子、議兵〕敵を窺ひ變を觀るに、潛みて以て深くすることを欲し、伍して以て參はらんことを欲す。
↑伍乘 車乗一組/伍籍 戸籍/伍壮 組の若者/伍人 伍家/伍伯 伍長/伍符 伍中の人としての符信/伍列 隊列/伍老 五家の長
↓軍伍・士伍・什伍・陣伍・曹伍・卒伍・隊伍・兵伍・落伍・列伍

【沍】 6 3111 ［冴］ 6 3114 ゴ こおる さえる

形声 声符は互。〔玉篇〕に「寒ゆるなり」とみえ、寒さのため冰り、ものが凝り固まることをいう。〔荘子、斉物論〕に、至人の徳を称して「河漢沍るも寒えしむること能はず」という。わが国では寒さのさえることをいい、冴(冴)の字を用いるが、字形を誤ったものであろう。互に連互する意があり、広く結氷してゆく状態をいう。
訓義 ①こおる、さむくてこおりつく、ふさぐ。②こごえる、さむい。③かたい、ふさぐ、とじる。④さえる。
古訓 〔名義抄〕沍・冴 トヅ・フセグ・コホリ・サユ・ミテリ・コル・サムシ
【沍陰】寒気が結ぼれる。〔子華子、下、執中〕玄武(冬)沍陰するも、其の寒ゆるを爲す所以を盡す能はず、必ず之れに隨ふに敷榮の氣を以てして、春と爲る。孰れか之れを爲す者ぞ。天なり。
【沍寒】寒さにとじこめられる。〔左伝、昭四年〕古者日、北陸に在り、冰を藏し、西陸朝覿にして之れを出だす。其の冰を藏するや、深山窮谷、固陰沍寒す。是に於てか之れを取る。
↑沍涸 氷る/沍泉 氷った泉/沍沢 氷った沢/沍閉 とざす
↓陰沍・寒沍・渙沍・凝沍・涸沍・水沍・雪沍・冬沍

人
【冴】 7 ［冴］ 6 3114 ゴ さえる

形声 声符は牙。正字は沍に作り、互声。冴はその俗体で、牙は互より誤った形。
訓義 ①さえ、さえる。
＊沍字条参照。

常
【呉】 7 ［呉］ 7 2643 ゴ たのしむ くれ

篆文

古文

金文

会意 夨+口。口は祝禱を収めた器(𠙵)の形。夨は人が手をあげて舞う形。片手に祝禱の器をささげて、神前で舞うのは、神を娯しませる意で、呉は娯(娯)・悞の初文とみてよい。〔説文〕十下に「姓なり。亦た郡なり」とし、また「一に曰く、呉は大言するなり」とするが、字は祝禱を掲げて舞う形である。〔詩、邶風、簡兮〕に「碩人(殷の子孫である舞人)俁俁として公庭に萬舞す」とあり、俁俁はその舞う姿を形容する。夨は身を傾けて舞う形。両手をあげ、身を傾けて舞う形は笑。また神を楽しませる所作をいう。そのあでやかな姿を夭・妖という。呉・笑・妖はみな神前に舞う姿を写す字である。
訓義 ①たのしむ、神をたのしませる。②やかましい、やかましくさわぎ舞う。③国の名、地の名、くれ。④俁と通じ、おおどかに舞うさま。
古訓 〔篇立〕呉 カタシ・カマビスシ 〔字鏡集〕呉 アヤマル・カマビスシ
声系 〔説文〕に呉声として誤(誤)・虞(虞)・俁・娯(娯)・嘆の五字を収める。虞は虎頭を被って舞う獅子舞のようなものであろう。みな呉の声義を承ける字である。
語系 呉 nga、俁・娯・虞・嘆 ngiua、偶 ngio は声義が近い。偶は〔説文〕十下に「懽ぶなり」とみえる。懽・讙・驩 xuan も同系。また乎 ha、呼・虖・謼 xa、歔 xia と同じ語系で、神をよび、神を楽しませ、訴えることをいう。
【呉越】春秋期、長江下流に南北相対立した国。〔孫子、九地〕夫れ呉人と越人と相ひ惡むも、其の舟を同じうして濟り、風に遇ふに當りては、其の相ひ救ふこと、左右の手の如し。
【呉下】蘇州のあたり。〔三国志、呉、呂蒙伝注に引く江表伝〕初め孫權、蒙～に謂ひて曰く、～宜しく學問して以て自ら開益すべしと。～後、魯肅～蒙に過ぎりて言議し、～曰く、～今者に至りて、學識英博、復た呉下の阿蒙(呂蒙を親しんでいう語)に非ずと。
【呉会】呉県と会稽郡。〔後漢書、蔡邕伝〕内寵、之れを惡む。邕、卒に免れざることを慮り、乃ち江海に亡命し、跡を呉會に遠ざく。～積むこと十二年、呉に在り。
【呉敖】たのしみ、おごる。〔詩、周頌、糸衣〕兕觥(兕牛の角の杯)其れ觩(ゆるくまがる形)たり 旨酒思に柔たり

吴のしむにあらず敖ぶにあらず　胡考（寿考）之れ休いなり

【吳趨】吳の風土の歌。晉・陸機〔吳趨行〕楽府　楚妃、且らく歎くこと勿かれ　齊娥（斉の歌姫）、且く謳ふこと莫かれ　四坐竝びに淸聽して　我が吳趨を歌ふを聽け

【吳楚】長江の中下流の南がわ。唐・杜甫〔岳陽楼に登る〕詩　吳楚、東南に坼け　乾坤（天地）、日夜浮ぶ

【吳綾】吳地のあやぎぬ。〔唐書、韋堅伝〕帝爲に樓に升り、群臣に詔して臨觀せしむ。堅～舟每に某郡と署し、產する所を以て、其の上に暴陳（野積み）す。～會稽には則ち羅・吳綾・絳紗あり。

↑吳詠　吳歌／吳苑　吳王の苑／吳音　吳地の音声／吳歌　吳地の歌／吳娥　吳の美人／吳干　吳の名剣、干将／吳姫　吳の女／吳宮　吳王の宮／吳公　むかで／吳羹　吳のあつもの／吳淞　吳江／吳西　江西／吳装　吳道子風の画／吳中　吳の都／吳門　蘇州／吳歈　吳歌／吳落　瓠落／吳醴　吳の一夜酒

【吾】

人　7　1060

ゴ　ギョ　まもる　われ

篆文

詛楚文

金文

石鼓文

会意　五＋口。五は木を交叉して器を蓋ふするもの。口は𠙵、祝禱を収めた器の形。その器に固く蓋して、祝禱の呪能を守るもので、敔る意。金文には五を二重にした形のものがある。〔説文〕二上に「我自ら稱ふなり」と一人称代名詞とする。〔毛公鼎〕に「王身を干吾せよ」とあって、干吾は攼敔の初文。吾を一人称に用いるのは仮借。金文の〔也𣪘〕に「吾が考ち」という語が両見し、所有格の用法である。主格・目的格には我を用いることが多い。

訓義　①ふせぐ、まもる。②仮借して代名詞に用いる、われ、わが。③吾子は親しんだよびかた。

古訓　〔名義抄〕吾　ワレ・キミ・オノレ

声系　〔説文〕に吾声として衙・語・敔・圄・悟・牾など十五字を収める。おおむね吾の声義をとる。語は言が攻撃的であるのに対して、防禦的な言語。敔は守る。圉も圉禁、守ることをいう。

語系　吾ngaは、敔・圄・圉ngiaは声義が近い。また我ngai、卬ngangは、一人称代名詞に用いる。卬は〔詩〕〔書〕にみえるが、金文にはみえない。

【吾伊】読書の声。伊吾。宋・黄庭堅〔～竹間対窓、夜（孫）元忠の誦書の声調悲壮なり。戲れに竹枝歌三章を作りて之れに和す、二〕詩　南窗に書を讀む、聲吾伊たり　北窓に月を見て、竹枝を歌ふ

【吾家】わが家。〔漢書、西域下、烏孫国伝〕公主其の國に至る。～昆莫（烏孫の王号）年老い、語言通ぜず。公主悲愁し、自ら歌を爲作りて曰く、吾が家、我を天の一方に嫁せしめ　遠く異國に託す、烏孫王～願はくは黃鵠と爲りて故鄕に歸らんと

【吾兄】自分の兄。また、友人を尊んでいう。唐・韓愈〔司門盧四兄雲夫院長の秋を望むの作に酬ゆ〕詩　雲夫吾が兄、狂氣有り　嗜好俗と酸鹹を殊にす　日來我を省して肯へて去らず　詩を論じ賦を說いて、相ひ諵諵す

【吾子】友を敬愛してよぶ語。〔孟子、公孫丑上〕或るひと曾西に問うて曰く、吾子と子路と孰れか賢されると。曾西蹴然として曰く、吾が先子（父、曽参）の畏れし所なりと。

【吾人】わが人民たち。また、我、我ら。〔後漢書、文苑上、崔琦伝〕琦、白鵠の賦を作りて、以て風（諷）を爲す。梁冀～琦を呼んで問うて曰く、百官外內、各と有司存す。天下云云たる（乱れる）も、豈に獨り吾人の尤ならんや。君何ぞ激刺することの過はだしきやと。

【吾儕】われら。わがともがら。宋・蘇軾〔李公択に与ふる書、十七首、十一〕吾が儕、老い且つ窮すと雖も、道理心肝を貫き、忠義骨髓を塡む。直だ須らく死生の際に談笑すべし。

【吾曹】われら。わがともがら。宋・蘇軾〔平山堂にて王居卿祠部が韻に次す〕詩　酒は人面の如く、天然に白く　山は吾が曹に向つて、分外に靑し

【吾徒】同志。なかま。〔論語、先進〕季氏は周公よりも富めり。而して求（冉有）や、之れが爲に聚斂して、之れに附益す。子曰く、吾が徒に非ざるなり。小子、鼓を鳴らして之れを攻むるも可なりと。

【吾党】なかま。〔論語、公冶長〕子、陳に在りて曰く、歸らんか歸らんか、吾が黨の小子狂簡、斐然として章を成すも、之れを裁する所以を知らず。

【吾道】自分の進む道。信ずる道。〔史記、孔子世家〕詩に云ふ、兕に匪ず、虎に匪ず　彼の曠野に率ふと。吾が道非なるか。吾れ何爲れぞ此に於てする。

【吾輩】われわれ。われ。〔資治通鑑、唐紀六十七〕（懿宗、咸通九年）況んや城中の將士は、皆吾が輩の父兄子弟なり。吾が輩一たび外に唱へば、彼必ず內に響應せん～と。衆皆呼躍して善しと稱す。

【吾廬】わが家。晉・陶潜〔山海経を読む、十三首、一〕詩　衆鳥託する有るを欣ぶ　吾れも亦た吾が廬を愛す

↑吾吾　なじまず、身じろぎするさま／吾師　先生／吾兒　わが児／吾屬　なかま／吾儔　なかま／吾等　われわれ／吾儂　わたし／吾与　なかま／吾僚　なかま

↓伊吾・寄吾・帰吾・金吾・支吾・忘吾

【忤】

7　9804

［牾］

11　2156

ゴ　さからう

篆文

古印璽

形声　声符は午。〔説文〕十四下に字を牾に作り、「逆らふなり」とする。午も吾も、ともに「御ぐ」と「敔る」意のある字で、午は杵の形の呪器、吾は祝禱の呪能を守るため、その器（𠙵）を堅く蓋する意象の字である。邪悪なものに拮抗し、抵抗するところから、逆らう意となる。

訓義　①さからう、もとる。②みだれる。

古訓　〔名義抄〕忤・牾　サカフ・タカフ・シヘタク・ソムク　〔字鏡集〕忤　シヘタク・サカサマ・アヤマチ・サカフ・アヒフル、ナリ・タガフ・オカス・ソムク・サカフ

語系　忤（牾）・迕・吾nga、敔・圉・圄ngiaは声義近く、邪悪なるものに抵抗して、自ら守る意があり、一系の語である。

【忤意】意にたがう。〔後漢書、竇憲伝〕憲既に匈奴を平げ、威名大いに盛んなり。～班固・傅毅の徒、皆幕府を置き、以て文章を典る。～尚書僕射郅壽・樂恢、竝びに意に忤ふを以て、相ひ繼ぎて自殺す。是れに由り朝臣震懾し、風を望んで旨を承く。

【忤逆】そむく。さからう。〔淮南子、斉俗訓〕是の故に、其の國に入る者は、其の俗に從ひ、其の家に入る者は、其の諱を避く。禁を犯さずして入り、忤逆せずして進む。

【忤視】正視する。〔戦国策、燕三〕乃ち爲に荊軻を裝遣す。燕國に、勇士秦武陽有り。年十三にして人を殺す。人敢て與に忤視せず。乃ち秦武陽をして副爲らしむ。

【忤色】さからうようす。〔晋書、阮瞻伝〕瞻～善く琴を彈ず。～貴賤長幼を問はず、皆爲に之れを彈ず。神氣沖和。～內兄潘岳、每に琴を鼓せしめ、日を終へ夜に達するも、忤ふ色無し。

【忤物】人と争う。唐・李翺〔皇甫湜に答ふる書〕言、益す

る所無く、衆も亦た未だ信ぜず。祇だ以て謗りを招き物に忤らふに足るのみ。道に於て明らかにする無し。故に言はざるなり。

【忤累】ごるい 人の意にそむきわずらう。唐・白居易〔適意、二首、二〕詩 客と作ること誠に已に難く 臣為ること尤も易からず 況んや予れ方にして且つ介 擧動、忤累多し

↑忤違 違反する／忤怨 さからい怨む／忤恨 忤恐／忤耳 耳にさからう／忤時 世俗にさからう／忤情 心にさからう／忤触 さからい犯す／忤慢 疎かにする

↓違忤・乖忤・忌忤・矜忤・軽忤・很忤・猜忤・錯忤・色忤・舛忤・相忤・憎忤・犯忤・逢忤

【迕】 8 3830 ゴ さからう たがう おかす

古印璽 

形声 声符は午。午は杵の形の呪器。これで邪悪を防ぎ、自ら守る意。そのような態度で、他に接することをいう。〔玉篇〕に「遇ふなり」、〔漢書、景十三王、広川恵王越伝〕の〔顔師古注〕に「逆らふなり」、〔漢書、食貨志上〕の〔顔師古注〕に「違ふなり」などの訓があり、〔小爾雅〕に「犯すなり」という。

訓義 1さからう、たがう。2であう。3おかす、そむく。

古訓 〔名義抄〕迕 タガフ・ムカフ・オロカ・ヲカス・ヲハル 〔篇立〕迕 アフ・サカフ・ヲカス・ムカフ・タガフ

語系 迕・忤(啎)ngaは同声。逆(逆)ngyak、御(御)ngiaも同系の語で、さからい守る意がある。

【迕視】ごし さからい見る。〔三国志、呉、三嗣主、孫晧伝〕晧、群臣を宴會する毎に、咸く沈醉せしめざる無し。黄門郎十人を置き、特り酒を與へず。侍立すること終日、司過の吏と爲す。宴罷むの後、各〻其の闕失を奏せしむ。迕視の咎、謬言の愆、擧げざること有る罔し。

↑迕意 心にさからう／迕辱 はずかしめる／迕道 さからい言う／迕犯 道にさからいそむく／迕目 迕視

↓乖迕・錯迕・相迕

常 【後】 9 2224 ゴ コウ うしろ のち あと おくれる

篆文 

古文 

甲骨文 

金文 

会意 彳+幺+夂。〔説文〕二下に「遲きなり」と訓し、〔段注〕に幺は幼少、小足のゆえに歩行におくれる意とする。金文の字形は幺の下に夂をつけ、また各の字形を加えるものがある。各は祝詞を奏して神霊が降格する意であるから、この字も進退に関する呪儀を示すものであろう。幺は御(御)の古い字形にも含まれるもので、御の初文には幺を拝する形に作るものがある。後は、あるいは敵の後退を祈る呪儀を示す字であろう。

訓義 1うしろ、うしろに下る、しりぞく、しりえ。2のち、まつ、あと。3あとにする、おくれる、おくれ。4すえ、しも。

古訓 〔名義抄〕後 ノチ・ウシロ・シリヘ・ヲクレタリ・ヲコタル・ヲソシ・ヲクラス／以後 ノチ 〔字鏡集〕後 シリヘ・カクレ・ノチ・オクル・オソシ・オコタル・オクレタリ・ナシ・ウシロ・オイテ・オクラス

語系 後・后hoは同声。后は母后の意であるが、后の象形字である毓(婦人の分娩の象)を、卜辞では毓祖乙(后祖乙、後の祖乙)のように前後の後(后)の意に用いる。古くから后(毓)を前後の後に用いたものと思われる。

【後院】こういん(こうゐん) 正殿の後ろの官衙。また、後庭。唐・李白〔東渓公の幽居に題す〕詩 好鳥春を迎へて、後院に歌ひ 飛花酒を送りて、前簷に舞ふ

【後援】こうえん(こうゑん) 援軍。後に救援する。〔三国志、呉、周瑜伝注に引く江表伝〕卿、～便ち前に在りて發せよ。孤(孫権)、當に續ぎて人衆を發し、多く資糧を載せて、卿の後援を爲すべし。

【後悔】こうかい(こうくわい) 後でくやむ。〔左伝、哀六年〕既に謀を成せるに、盍ぞ其の未だ作らざるに及びて、諸れに先んぜざる。作りて後に悔ゆとも、亦た及ぶこと無きなり。

【後覚】こうかく 後進。後に道を知る人。〔孟子、万章下〕天の斯の民を生ずるや、先知をして後知を覺らしめ、先覺をして後覺を覺らしむ。

【後獲】こうかく(こうくわく) 義を先にし、己の利益をあと廻しにする。〔論語、雍也〕仁者は、難きを先にし、獲ることを後にす。仁と謂ふべし。

【後学】こうがく 後進の学者。〔漢書、董仲舒伝賛〕劉向稱ふ、～仲舒、漢の、秦の滅學の後を承け、六經の離析するに遭ひ、帷を下して發憤し、心を大業に潛め、後學の者をして統壹する所有らしめ、群儒の首と爲る。

【後患】こうかん(こうくわん) 後日の災い。〔魏書、序紀、文帝〕晉の征北将軍衞瓘、帝の人と爲りの雄異なるを以て、後患を爲さんことを恐れ、乃ち密かに晉帝に啓し、留めて遣はさざらんことを請ふ。晉帝信を失ふことを難り、許さず。

【後宮】こうきゅう 奥御殿。内宮。唐・白居易〔長恨歌〕詩 後宮の佳麗、三千人 三千の寵愛、一身に在り

【後勁】こうけい 後部にある精兵。〔左伝、宣十二年〕軍行には、右は轅(戦車)、左は蓐(草蓐)を追ひ、前茅(斥候)は(敵の)無を慮り、中(軍)は權り、後(軍)は勁。百官、物に象りて動き、軍政戒めずして備はる。

【後賢】こうけん 後の賢者。晉・杜預〔春秋左氏伝の序〕疑錯有るときは、則ち備論して之れを闕き、以て後賢を俟つ。

【後顧】こうこ 後ろを顧みる。背後の心配。〔魏書、李沖伝〕沖～遂に病を發して荒悖、言語錯亂し、～旬有餘日にして卒す。～高祖曰く、～我をして境を出づるも、後顧の憂ひ無からしむ。一朝忽ち此の患有り。朕れ甚だ愴慨を懷くと。

【後死】こうし 後世の人。〔論語、子罕〕文王既に沒したるも、文茲に在らずや。天の將に斯文を喪さんとするや、後死者は斯文に與ることを得ざらん。天の未だ斯文を喪さざるや、匡人其れ予れを如何せん。

【後嗣】こうし あとつぎ。〔書、伊訓〕敷く哲人を求めて、爾の後嗣を輔けしめ、官刑を制して、有位を儆む。

【後事】こうじ 将来、身後のこと。〔三国志、魏、明帝紀〕帝、～其(太尉宣王)の手を執りて謂ひて曰く、吾れ、疾甚だし。後事を以て君に屬す。君其れ、(曹)爽と少子を輔けよ。吾、君を見ることを得て、恨む所無しと。宣王、頓首流涕す。

【後者】こうしゃ あとからの人。〔文子、上徳〕聖人は、虚無因循、常に後れて先んぜず。譬へば薪燎を積むに、後者の上に處るが若し。

【後身】こうしん 来世。〔魏書、島夷劉子業伝〕子業、性尤も凶悖、～使を遣はし、其の新安王子鸞を殺さしむ。死に臨んで歎じて曰く、惟だ願はくは後身復た天王の家に生まれざらんと。

【後進】こうしん 後学。後輩。〔後漢書、孔融伝〕性寛容にして忌少なく、士を好み、喜んで後進を誘益す。閑職に退くに及び、賓客日〻其の門に盈つ。

【後人】こうじん 後世の人。子孫。〔孟子、滕文公下〕周公、武王を相け、紂を誅し奄を伐つ。～書に曰く、丕いに顯らかなる哉、文王の謨、丕いに承くる哉、武王の烈、我が後人を佑啓し、咸く正を以てして缺くる無しと。

【後塵】こうじん(こうぢん) 先行の車馬の塵。人の後に従うこと。晉・張協〔七命〕下に封すべきの民有り。上に大なる哉の君有り。余れ

不敏なりと雖も、請ふ、後塵を尋がんと。
【後世】こうせい 後の時代。〔易、繫辞伝下〕上古は穴居して野處す。後世の聖人、之れに易ふるに宮室を以てし、～以て風雨を待つ。
【後生】こうせい 年少。後進。〔論語、子罕〕子曰く、後生畏るべし。焉んぞ、來者（後世の人）の今に如かざるを知らんや。
【後声】こうせい 後につづく声。唐・白居易〔竹枝詞、四首、四〕詩 江畔、誰人か竹枝（歌）を唱ふ 前聲斷咽して、後聲遲し
【後素】こうそ 素は胡粉。絵をしあげる。〔論語、八佾〕子夏問うて曰く、～素、以て絢と爲すとは、何の謂ひぞやと。子曰く、繪事は素を後にすと。
【後凋】こうちょう（てう） 他におくれてしぼむ。君子の晩節あるのにたとえる。〔論語、子罕〕歳寒くして、然る後、松柏の後凋なるを知るなり。
【後天】こうてん 天の時に従う。先天に対する語。経験的に得るものをいう。〔易、乾、文言伝〕天に先んじて時違はず。天に後れて天時を奉ず。
【後図】こうと 将来の計。〔左伝、桓六年〕漢（水）東の國、隨を大なりと爲す。隨張らば、必ず小國を棄てん。小國離るれば、楚の利なり。～請ふ～以て後圖と爲さん。
【後難】こうなん 後日の災い。後患。〔晋書、杜預伝〕自頃朝廷、事、大小と無く異意鋒起す。人心同じからずと雖も、亦た恩を恃みて、後難を慮らざるに由る。故に輕しく相ひ同異するなり。
【後年】こうねん 明年。明後年。〔晋書、杜預伝〕若し當に後年を須つべくんば、天時人事は常の如くなるを得ず、臣、其の更に難からんことを恐る。
【後輩】こうはい 後進。唐・韓愈〔劉正夫に答ふる書〕凡そ進士に擧げらるる者、先進の門に於て、何れの所か往かざらん。先進の後輩に於ける、苟くも其の至るを見ば、寧んぞ以て其の意に答へざるべけんや。～擧城の士大夫、皆然らざる莫し。
【後房】こうぼう（ばう） おくむき。後宮。〔史記、武安侯田蚡伝〕宅を治むること、諸第（邸）に甲たり。～前堂には鍾鼓を羅ね、曲旃を立つ。後房の婦女は百を以て數ふ。諸侯の金玉狗馬玩好を奉ずること、勝げて數ふべからず。
【後夜】ごや 後半夜。未明まで。宋・梅尭臣〔韻に依りて、劉六の准潮に和す〕詩 舞鷗、下上に隨ひ 寒日、共に浮傾す 後夜、人の寐ぬる無し 遙かに浦に入るの聲を聽く
【後憂】こうゆう（いう） 後日の憂。〔三国志、魏、衛覬伝〕人民、荊州に流入する者、十萬餘家。～諸將各と競ひて招懷して、以て部曲と爲す。～兵家遂に彊し。一旦變動有らば、必ず後憂有らん。
【後来】こうらい この後。後に来る人。唐・柳宗元〔南澗中にして題す〕詩 索寞、竟に何事ぞ 徘徊、祇だ自ら知る 誰か後來の者と爲りて 當に此の心と期すべき
【後楽】こうらく 後に楽しむ。人より後に楽しむ。宋・范仲淹〔岳陽楼記〕其れ必ず天下の憂へに先だちて憂へ、天下の樂しみに後れて樂しむと曰はん。

➡後幄 後方の帷帳／後案 最終の案／後易 後半が容易／後闈 奥むき／後胤 子孫／後陰 肛門／後裔 子孫／後苑 後庭／後園 後苑／後縁 ゆかり／後屋 奥座敷／後架 便所／後禍 後患／後駕 お供／後害 後患／後監 のちの戒め／後艱 後難／後起 のちに起こる／後郤 退く／後脚 後足／後距 後ろのけづめ／後竅 肛門／後軍 後続の軍／後景 背景／後継 後嗣／後月 翌月／後元 のちの元年／後言 蔭口／後彦 後進の俊秀／後扈 扈従する／後昆 子孫／後災 後患／後妻 のちぞい／後歳 後年／後子 後嗣／後此 以後／後志 のちの記録／後次 次／後時 後世／後式 のちの手本／後日 他日／後車 副車／後主 嗣君／後溲 大便／後従 扈従する／後熟 おくて／後餕 貴人の食事のお下り／後序 巻末の序／後省 奥むき／後乗 従騎／後陣 殿軍／後聖 後世の聖人／後醒 前後／後覚 後先／後撰 のちの撰著／後前 前後／後続 あとつぎ／後村 後方の村／後退 退く／後代 後世／後沢 余沢／後知 後覚の人／後帝 かわやの神／後庭 後宮／後睇 ながしめする／後霆 雷の余声／後敵 後方の敵／後哲 後代の哲人／後途 余年／後堂 奥座敷／後得 後獲／後背 背面／後範 のちの規範／後碑 碑陰／後備 後方の備え／後婦 後妻／後部 後方／後福 のちの福／後兵 後備／後圃 裏の畑／後母 継母／後民 後世の民／後面 背面／後門 裏門／後慮 のちの気がかり／後聯 律詩の第五・六の対句。また頸聯ともいう／後禄 のちの福

⬇以後・雨後・戒後・議後・牛後・居後・嚮後・顧後・午後・向後・今後・最後・在後・死後・事後・爾後・酒後・従後・銃後・食後・身後・人後・酔後・生後・醒後・雪後・絶後・先後・戦後・前後・託後・直後・殿後・読後・背後・跋後・病後・別後・没後・滅後・予後・用後・落後・慮後・老後・臘後

常【娯】10 〔娛〕10 4643 ゴ たのしむ

篆文 

形声 声符は呉（呉）ご。呉は巫女が祝禱の器（ㅂさい）をささげて舞い、神を娯しませる形で、娯の初文。〔説文〕十二下に「樂しむなり」とするが、もと神を楽しませる意であった。のち〔楚辞、九歌、東君〕「羌聲色の人を娯しましむる」のように用いる。

訓義 ①たのしむ、たのしませる、神をたのしませる。②やすらぐ、たわむれる。

古訓 〔名義抄〕娯 タノシブ・ヨロコブ・モテアソブ 〔篇立〕娯 ヨロコブ・ホコル・タハレタリ・タノシム・モテアソブ・ウツクシ・タノシビ

語系 娯・虞（虞）ngiuaは同声。虞は虎頭をつけて舞う意の字で、また安・楽の意がある。憮ngioも〔説文〕十下に「懽ぶなり」と訓する字である。

【娯志】ごし 心をたのしませる。〔南斉書、何昌寓伝〕竊かに尋ぬるに、故建平王、～道心惟れ沖く、睿性天峻、情を風雲に散じ、塵務を以て衿に嬰けず、明發懷古、惟だ琴書を以て志を娯しましむ。
【娯心】ごしん 心をたのしませる。魏・文帝〔朝歌の令呉質に与ふる書〕彈碁閒ま設け、終ふるに六博を以てす。高談心を娯しませ、哀箏耳に順ふ。
【娯神】ごしん 心を悦ばす。晋・潘岳〔西征の賦〕王母の非命を隱み、聲樂を縱にして、以て神を娯しましむ。
【娯遊】ごゆう（いう） たのしみあそぶ。漢・司馬相如〔上林の賦〕此の若き者數百千處、娯遊往來す。宮宿館舍、庖廚徙らず、後宮移らず、百官備具す。
【娯憂】ごゆう（いう） たのしんで憂いをやわらげる。〔楚辞、九章、思美人〕吾將に志を蕩かして愉樂せんとす 江夏に遵ひて、以て憂ひを娯しましめん
【娯楽】ごらく あそびたのしむ。〔史記、廉頗藺相如伝〕趙王竊かに秦王の善く秦聲を爲すを聞く。請ふ、盆缻を秦王に奉じて、以て相ひ娯樂せん。
【娯老】ごろう（らう） 老年をたのしむ。清・鄭燮〔范県署中、舍弟墨に寄す、第二書〕半堤の衰柳、斷橋流水、破屋叢花、心竊かに之れを樂しむ。～吾が弟、當に此の地に留心し、狂兄娯老の資と爲すべし。知らず、能く願ひを遂ぐべきや否や。

➡娯哀 たのしみと憂い／娯意 たのしむ心／娯慰 たのし

みなぐさめる／娯佚　たのしみあそぶ／娯逸　娯佚／娯懌　喜ぶ／娯悦　喜ぶ／娯玩　玩びたのしむ／娯嬉　たのしむ／娯戯　戯れる／娯謔　たのしみ戯れる／娯娯　たのしむ／娯恣　思うままにたのしむ／娯酒　酒をたのしみ飲む／娯情　たのしむ心／娯精　心をたのしませる／娯談　歓談する／娯適　満足する／娯悲　娯憂／娯放　気ままにたのしむ

↓宴娯・嘉娯・酣娯・歓娯・嬉娯・戯娯・欣娯・康娯・自娯・酒娯・神娯・清娯・相娯・調娯・独娯・媮娯・遊娯

【悞】 10 9603 ゴ あやまる

形声 声符は呉（呉）ご。呉は祝告の器である口さいをささげて舞う形で、エクスタシーの状態に入る意。正常を脱することがあるので、誤る意となる。

訓義 ①あやまる。②あざむく、いつわる。③うたがう、まどう、てまどう。

古訓 〔名義抄〕悞 アヤマル・カナフ 〔字鏡〕悞 アヤマツ・アヤマリ

＊語彙は誤字条参照。

【悞飲】ごいん 誤飲。〔周書、寇儁伝〕悪木の陰は、暫しばらくも息いこふべからず。盜泉の水は、悞り飲むを容ゆるさず。得罪失行は、吾が取らざる所なり。

↑悞羈　誤縛／悞殺　誤殺／悞事　手違い／悞失　過失傷害

常 【悟】 10 9106 ゴ さとる

篆文  古文  金文 

形声 声符は吾ご。〔説文〕十下に「覺るなり」と訓し、覚悟とは、もとさとることをいう。古文は五を重ねた形に従うが、金文の吾にその形がある。〔書、顧命〕に「今、天、疾を降し、殆あやし。興たたず、悟めず」とあり、悟とは迷妄を排し、心の精爽を守る意がある。

訓義 ①さとる、さとす、めざめる。②さとし、明敏。③晤と通じ、あう。④忤と通じ、さからう。

古訓 〔名義抄〕悟 サトル・シル

語系 悟・寤 nga は同声。忤・迕・晤 nga も同声。逆（逆）ngyak も声が近い。悟にはものに逆らい抵抗してそのことを覚知するという意がある。

【悟悦】ごえつ さとり悦ぶ。唐・柳宗元〔晨に超師院に詣いたりて禅経を読む〕詩 日出でて霧露餘あまり 青松、膏沐の如し 澹然として、言説を離れ 悟悦して、心自おのづから足る

【悟言】ごげん うちとけて語る。晤言。南朝宋・謝恵連〔湖に泛び、帰りて楼中を出で、月を翫ぶ〕詩 悟言罷やむことを知らず 夕よりして清朝に至る

↑悟歌　むかいあって歌う、晤歌／悟悔　あやまちを悔いさとる／悟覚　さとる／悟境　さとって迷いを脱した心境／悟空　空をさとる／悟捷　慧捷／悟心　悟性／悟性　知性／悟禅　禅理をさとる／悟宗　悟道／悟対　集会／悟達　さとる／悟徹　さとりきる／悟道　さとる／悟入　さとる／悟敏　明敏／悟物　認識する／悟門　仏道／悟理　さとる

↓一悟・英悟・穎悟・改悟・悔悟・開悟・解悟・覚悟・豁悟・感悟・機悟・驚悟・欣悟・啓悟・慧悟・悦悟・高悟・識悟・夙悟・省悟・心悟・神悟・深悟・清悟・静悟・醒悟・洗悟・聡悟・大悟・超悟・通悟・抵悟・頓悟・晩悟・敏悟・諷悟・妙悟・明悟・了悟・領悟・朗悟

【晤】 11 6106 ゴ あきらか あう

篆文 

形声 声符は吾ご。吾に悟・寤の意がある。〔説文〕七上に「明らかなり」とあり、〔詩、邶風、柏舟〕「晤さめて辟うむねつこと摽うたる有り」の句を引く。今本は晤を寤に作る。〔詩、陳風、東門之池〕に晤歌・晤言・晤語の語があり、面晤する意である。

訓義 ①あきらか、さとす、さとる。②あう、人とあう、あい向かう。③うちとける、ほがらか。④寤と通じ、さめる。

古訓 〔名義抄〕晤 ホガラカ・サトル・アフ 〔字鏡集〕晤 サトル・アサボラケ・アケボノ・アキラカナリ・アフ

語系 晤・迕 nga は同声。迕は〔玉篇〕に「遇ふなり」と訓する。遇（遇）ngio、御（御）ngia、迓 ngea、迎（迎）ngyang、遻 ngak など、みな迎える意があり、一系の語である。

【晤歌】ごか むかいあって歌う。〔詩、陳風、東門之池〕彼の美なる淑姫しゅくき 與ともに晤歌すべし

↑晤会　あう／晤見　あう／晤言　語る／晤語　会って語る／晤対　あう／晤嘆　嘆息／晤談　面談／晤明　明らか／晤面　面会

↓英晤・寡晤・款晤・言晤・秀晤・笑晤・申晤・神晤・清晤・対晤・面晤

人 【梧】 11 4196 ゴ あおぎり ささえばしら

篆文 

形声 声符は吾ご。〔説文〕六上に「梧桐木なり」とし、「一に曰く、櫬しんなり」（段注本）という。櫬とするのは〔爾雅、釈木〕による訓で、櫬とは棺をいう。また〔釈名、釈宮室〕に「梧は悟なり。梁上に在り、両頭相ひ觸悟しょくごするなり」とあって、斜めの支え柱をいう。これらの字義から考えると、吾に守敔の意を含むところがあると思われる。

訓義 ①あおぎり、きり。②はしら、ささえばしら。③迕と通じ、であう。④敔と通じ、楽器の柷敔しゅくぎょ。⑤俣と通じ、大きい。

古訓 〔和名抄〕梧桐 岐利（きり） 〔名義抄〕梧桐 キリ

【梧桐】ごどう あおぎり。唐・白居易〔長恨歌〕詩 春風桃李、花開く夜 秋雨梧桐、葉落つる時

【梧葉】ごよう（えふ） あおぎりの葉。唐・韋応物〔秋夜南宮、灃上の弟及び諸生に寄す〕詩 況いはんや茲この風雨の夜 蕭條せうでうたり、梧葉の秋 空宇、涼の至るを感じ 頽顏、歳の周めぐるに驚く

↑梧陰　桐の蔭／梧下　梧陰／梧檟　桐とひさぎ／梧岸　雄偉／梧子　桐の実／梧受　むかえて受ける／梧楸　桐とひさぎ／梧竹　あおぎりと、たけ／梧右　机下（書状の脇つけに用いる）

↓魁梧・槁梧・支梧・枝梧・翠梧・井梧・青梧・蒼梧・竹梧・長梧・抵梧・庭梧・碧梧・夕梧

【寤】 14 3026 ゴ さめる さとる

篆文  籀文 

形声 声符は吾ご。吾に悟・晤の意がある。〔説文〕七下に「寐覺びかくして信（言）有るを寤と曰ふ。」㝱の省に従ひ、「吾聲」とする。㝱は夢（夢）の別体。寝（寝）・寐と同構に従う字で、牀に臥する意である。〔説文〕はまた「一に曰く、晝見て夜㝱ゆめみるなり」とし、〔周礼、春官、占夢〕の「六夢」のうちの「寤夢」にあてて解する。夢を脱することを寤というとするものであろう。

訓義 ①さめる、めざめる、ゆめよりさめる。②さとる、悟と通じ、心にさとる。③忤と通じ、さからう、さかさま。

古訓 〔名義抄〕寤 サトル・サム

語系 寤・悟 nga は同声。忤・迕・晤 nga も同声。迷妄にさからい、それよりさめるという意がある。

【寤歌】ごか さめて歌う。〔詩、衛風、考槃〕獨り寐いね寤めて歌ふ 永く矢ちかつて過わすれず

【寤懐】ごかい（ごくわい） さめておもう。〔楚辞、九歌、河伯〕日將まさに暮れ

んとして、悵として歸るを忘る 極浦を惟うて、寤めて懷ふ
【寤言】さめていう。〔詩、衛風、考槃〕獨り寐ね、寤めて言ふ 永く矢つて諼れず
【寤生】さか子。〔左伝、隠元年〕鄭の武公、申に娶る。武姜と曰ふ。莊公～を生む。莊公寤生して、姜氏を驚かす。故に名づけて寤生と曰ひ、遂に之れを惡む。
【寤嘆】さめてなげく。〔詩、曹風、下泉〕愾として我寤めて嘆く 彼の周京を念ふ
【寤寐】ねてもさめても。〔詩、周南、関雎〕窈窕たる淑女は 寤寐に之れを求む
↑寤覚 さめる／寤語 晤言／寤合 なるほどとさとる／寤思 さめて思う／寤然 さとる／寤想 眠りもやらずおもう
↓改寤・開寤・覚寤・夙寤・醒寤・発寤・寐寤・燎寤

常【語】14 0166 ゴ ギョ かたる ことば

篆文 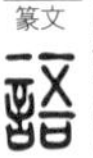 金文 

形声 声符は吾。吾に敔・禦の意がある。言語と連称し、言は立誓による攻撃的な言語、語は防禦的な言語。〔説文〕三上に「論なり」とあり、是非を論ずる意とし、また〔礼記、雑記下〕に「言ひて語らず」とは、人と論説しない意である。〔詩、大雅、公劉〕は都城の経営を歌う詩であるが、その地を定めて旅寝をし、「時に于て言言し 時に于て語語す」という句がある。これは〔周礼、地官、土訓〕や〔地官、誦訓〕などの伝える呪誦を以て、地を祓うことにあたるものであろう。このような呪誦は、わが国の「風俗の諺」に類するもので、地霊によびかけるものであった。言語はもと呪的な応対の語であったが、のち一般の語をいう。

訓義 ①かたる、呪語をのべて霊をしずめる、ことば。②ことわざ、おしえ。③はなし、ものがたり。④ときさとす、つげる、いう。⑤かたる、かたらう。⑥国語、仲間とする。

古訓 〔名義抄〕語 コト・コトバ・カタラフ・カタル・モノガタリ・モノイフ・ウワサ・サヅク・イフ・トフ・カタラク・アフ・サヘヅル 〔字鏡集〕語 サヘタツリ・カタル・モノユフ・モノガタリ・イ、カタラフ・トク・サヅク・コトワザ・カタラフ・コトバ・トフ・イフ・ネゴト・コト
語系 語ngia、言ngianは双声で相対する語。唁・諺ngianは言と同声。唁は生を弔うこと、諺はいわゆる「風俗の諺」で、わが国では地霊にはたらきかけるときの呪的言語をいう。序詞・枕詞などはその諺に起源する語である。

【語意】ことばの意味。いうこころ。宋・朱熹〔欧陽文忠公帖に跋す〕歐陽文忠公（脩）の、蔡忠惠公（襄）に與ふる手帖なり。前輩交情の篤厚にして語意の眞實なること、此に於て見るべし。

【語言】ことば。〔大戴礼、五帝徳〕孔子曰く、～吾れ語言を以て人を取らんと欲せしも、予（宰我）に於てか之れを改む。

【語次】話のついで。〔史記、黥布伝〕布の幸する所の姬疾み、醫に就かんことを請ふ。醫家、中大夫賁赫と對門す。～姬、王に侍し、從容として語次に、赫の長者なることを譽む。王怒り、～其の與に亂るるを疑ふ。

【語病】ことばの用法上の誤り。〔六一詩話〕詩人好句を貪り求めて、理通ぜざるもの有り。亦た語病なり。

【語黙】語ると沈黙と。宋・范成大〔緘口翁（酒尊の名）〕詩 君子、中道を取る 常に語默の閒に在り 多言、固より自ら費やす 語らざること、良に獨り難し
【語録】日常の語を集録した書。宋・陸游〔兼山先生易説に跋す、一〕郭立之、程先生に從ひて遊ぶこと最も久し。程先生病革かなるも、猶ほ立之と問答の語有り。語錄に著はす。

↑語彙 単語／語訛 なまり／語格 語法／語気 語勢／語戯 ことば遊び／語句 語と句／語原 語源／語源 ことばの原意／語辞 ことば／語釈 ことばの解釈／語笑 かたり笑う／語讖 予言／語声 話声／語勢 語調／語泄 話がもれる／語調 ことばの調子／語弊 語病／語問 たずね問う／語楽 かたり楽しむ
↓異語・隠語・韻語・宴語・縁語・訛語・歌語・雅語・解語・諧語・閑語・漢語・歓語・奇語・季語・寄語・綺語・客語・謔語・虚語・空語・偶語・耦語・敬語・警語・囈語・激語・結語・言語・原語・諺語・古語・口語・巧語・好語・巷語・硬語・豪語・国語・雑語・賛語・死語・私語・詞語・詩語・識語・失語・主語・熟語・述語・術語・笑語・剰語・常語・畳語・新語・人語・成語・勢語・贅語・隻語・禅語・祖語・壮語・痩語・造語・俗語・大語・単語・談語・逐語・鳥語・聴語・勅語・対語・通語・伝語・土語・怒語・倒語・套語・独語・軟語・喃語・難語・俳語・廃語・発語・跋語・反語・蕃語・卑語・飛語・秘語・蜚語・鄙語・謬語・評語・文語・平語・補語・母語・邦語・法語・梵語・漫語・密語・妙語・面語・妄語・黙語・訳語・用語・落語・俚語・略語・類語・連語・和語

常【誤】14 〔誤〕14 0663 ゴ あやまる

篆文  その他 

形声 声符は呉（吳）。呉は祝禱の器（口）をささげて舞い祈り、エクスタシーの状態となることをいう。その言は正常でないことが多かった。〔説文〕三上に「謬りなり」とあり、謬とは繆れて論理が乱れることをいう。〔荀子、正論〕に「是れ特だ姦人の亂説に誤ひて、以て愚者を欺くなり」と、言説に惑わされる意とする。
訓義 ①あやまり、あやまる。②人をあやまらせる、まどわす。
古訓 〔名義抄〕誤 アヤマツ・アヤマリ・アヤマル・アザムク・ヤム 〔篇立〕誤 アヤマツ・ヤム・マウク・イツハル・タハヤスシ
語系 誤・呉ngaは同声。娯（娛）・虞（虞）ngiuaも声が近く、みな呉の声義を承ける語である。
【誤謬】まちがい。〔三国志、呉、韋曜伝〕（孫）晧、更に其の書の垢せるを怪しみ、故らに又以て曜に詰る。曜對へて曰く、囚、此の書を撰り、實に表して上らんと欲せしも、誤謬有らんことを懼れ、數數省讀し、覺えず點汚せり～と。
【誤惑】まどう。宋・司馬光〔科場を起請するの劄子〕此れを以て輕がろしく成法を改め、復た弊俗に從うて、後生を誤惑すべからず。
↑誤殺 あやまり殺す／誤事 失敗／誤失 過失／誤写 写し違い／誤售 誤選／誤書 書き違い／誤拿 あやまり捕らえる／誤脱 脱落／誤認 見違い／誤筆 書きあやまり／誤乱 あやまり乱れる
↓訛誤・過誤・乖誤・刊誤・欺誤・疑誤・驚誤・闕誤・故誤・錯誤・正誤・舛誤・脱誤・徴誤・謬誤・弁誤・迷誤

人【醐】16 1762 ゴ コ ちちしる

篆文 

形声 声符は胡。〔説文新附〕十四下に「醍醐、酪の精なる者なり」とあり、同じく醍字条に「清酒なり」とみえる。牛乳の精醇なるものをいう。仏教でその正法を醍醐味という。醍は本来は一宿造りの薄味の酒をいう字である。
訓義 ①醍醐、ちちしる、よい酒。
↓清醐・醍醐

常【護】20 0464 〔護〕21 0464 ゴ まもる

篆文 

形声 声符は蒦。蒦に鑊・ごの声がある。〔説文〕三上に「救視するなり」とあり、〔漢書、李広伝、注〕に「之れを監視するを謂ふ」とあって、注意深く保護

する意に用いる。蒦は萑を手にする形で、護はその鳥占を背景とする字のようである。

訓義 1まもる、かばう、すくう。2みまもる。

古訓 〔名義抄〕護 マホル・マモル・モル・タスク・チハフ・マウス

【護衛】つきそいまもる。漢・班固〔奕旨〕器用常有り。～之れに續ぎて復びせず、變化日に新たなり。或いは虛設豫置し、以て自ら護衛す。蓋し庖犧の罔罟の制に象る。

【護持】守り保つ。〔唐書、劉禹錫伝〕禹錫、才を恃みて廢せらる。～素より詩を善くし、晩節に尤も精し。白居易と酬復頗る多し。居易～嘗て推して詩豪と爲す。又言ふ、其の詩の在る處、應に神物の護持有るべしと。

【護喪】葬儀を世話する。〔通俗編、儀節、護喪〕漢書霍光傳に、光薨ず。大中大夫任宣、侍御史五人と、節を持して喪事を護ると。此れ護喪は、大臣特旨を奉ずるに非ざれば得ざるなり。

【護法】仏法をまもる。唐・賈島〔僧を送る〕詩 王侯、皆護法 何れの寺ぞ、講鐘鳴る

↑護呵 邪悪をしりぞけまもる／護解 護送する／護柎 杜頭／護局 かばう／護士 看護夫／護児 犬／護失 いいわけ／護日 日蝕のときの救日の儀礼／護照 旅券／護身 身の安全をまもる呪符／護送 守り送る／護葬 護喪／護霜 霜よけ／護脱 援けて逃走させる／護蹕 車駕のまもり／護符 お守り／護封 密封する／護兵 護衛兵／護謨 ゴムの音訳語／護佑 まもる／護養 保護養育する

↓愛護・衛護・掩護・援護・加護・呵護・介護・回護・戒護・看護・監護・救護・拱護・教護・警護・固護・守護・神護・摂護・調護・鎮護・都護・督護・庇護・扶護・蔽護・弁護・保護・防護・冥護・養護・擁護・療護

【鼯】 20 7176 ゴ むささび

形声 声符は吾。〔爾雅、釈鳥〕に「鼯鼠、夷由」とあり、〔注〕に「飛び且つ乳す。亦た之れを飛生と謂ふ。聲、人の呼ぶが如し。火烟を食らふ。能く高きより下きに赴くも、下きより高きに上ること能はず」とみえる。

訓義 1むささび、ももんが。

古訓 〔名義抄〕鼯鼠 モミ・ムサ、ビ 〔字鏡集〕鼯 ムサ、ビ・モミ・カハホリ

【鼯鼠】むささび。漢・蔡邕〔高陽侯の印綬符策を譲る表〕臣、是を以て、宵に寢ね晨に興き、～心煩はしく慮亂れ、喘呼し息吸す。且つ鷦鷯(みそさざい)林に巣くふも、一枝に過ぎず。鼯鼠河に飲むも、腹を滿たすに過ぎず。小人の情、足るを求むるのみ。

↑鼯裘 鼯皮の裘／鼯嘯 むささびのなく声／鼯臘 十二月。十二月は子にあたる

↓寒鼯・饑鼯・山鼯・飛鼯・狖鼯・鼬鼯

【齬】 22 2176 ゴ くいちがう

篆文

形声 声符は吾。吾は互・牙と声近く、出入があって不揃いであることをいう。〔説文〕二下に「齒相ひ値はざるなり」とあり、予期にたがうことを齟齬という。山勢の突兀たるを嵯峨というのと、同系の語である。

訓義 1くいちがう、歯がくいちがう。2齟齬、ふぞろい。

古訓 〔名義抄〕齬 ハキカヘル・カム・クフ・キカフ／齟齬 ナヤマシ 〔字鏡集〕齬 カム・キカヘル・キカム・キカフ・ハキカヘリ

↓喦齬・齟齬

コウ

【丂】 2 1020 コウ(カウ) こがたな

篆文 甲骨文 金文

象形 曲刀の形。夸の下部と同じ。ものを刳りとる曲刀で、巧・攷などはその形に従う。〔説文〕五上に「气、舒びて出でんと欲し、勹上、一に礙げらるるなり」とその字形を説き、また「丂は古文以て亏の字と爲す。又以て巧の字と爲す」とする。亏もまた曲刀の形である。いずれも〔説文〕のいう「气」とは関係のない字である。金文に「皇考」を「皇丂」に作るのは、仮借の用法である。

訓義 1こがたな、刀にそりのある曲刀。2金文に考に仮借して用いる。3巧と通用する。

部首 〔説文〕に粤・寧(寧)など三字を属し、〔玉篇〕も同じである。粤・寧の従うところは曲刀の丂ではなく、ものをおく高い台の形。丂の声義とは関係がない。

声系 〔説文〕に丂声として、攷・巧・考の三字を収める。金文に丂を皇考・寿考の考に用い、同声。攷・巧は曲刀の丂を用いて細工する意で、丂の声義を承ける亦声の字である。

語系 丂・考・攷khuは同声。丂は刻鏤に用いる曲刀であるが、強く敲って用いるものであるから、叩・敂・扣khoと声近く、敲khô、毃khôkも同系の語とみてよい。

常 【口】 3 6000 コウ ク くち

篆文

象形 口の形。〔説文〕二上に「人の言食する所以なり。象形」という。ただ卜文・金文にみえる口を含む字形のうち、口耳の口と解すべきものはほとんどなく、おおむね祝禱・盟誓を収める器の形である𠙵に従う。すなわち祝告に関する字とみてよい。文字は祝告の最もさかんに行われた時期に成立し、その儀礼の必要によって成立したものである。

訓義 1くち、いりくち。2くちずから、ものいう、ことば。3のみくい。4人を数える。人口、戸口。5刀などを数える助数詞。

古訓 〔名義抄〕口 クチ／口子 クチバセ 〔字鏡集〕口 クチ・ホトリ・コガネスリ・ハジメ

部首 〔説文〕に名・吾・君・命・召・唯・和・哉・台・启・咸・呈(呈)・右・周(周)・各・哀・咼・局など百八十字、重文二十一、また〔新附〕十字を属し、〔玉篇〕には後出の字を合わせて五百十三字を属する。〔説文〕のうち、右にあげた諸字はみな祝禱の儀礼に関する字。口耳の口の意をもつ字は、おおむね卜文・金文より後に作られた字である。もとより〔書、盤庚上〕「乃が口を度ぢよ」、〔詩、小雅、正月〕「好言、口よりす」、〔詩、小雅、十月之交〕「讒口囂囂たり」のような例もあるが、卜文・金文の字形中に要素として含まれている口形のものは、祝詞を収める器の形である𠙵と解すべきである。

声系 〔説文〕に口声として訌・扣・釦の三字を収めるが、おおむね後出の字である。

【口案】口述調書。〔開元天宝遺事、天宝下、口案〕張九齡、刑獄の司を累歴し、察せざる所無し。～胥吏輩、未だ敢て訊劾せず、先づ則を九齡に取り、囚、前面に於て曲直を分ち、案卷を口撰す。囚、輕重すること無し。咸く其の罪を樂しむ。時人之れを張公口案と謂ふ。

【口禍】口の禍。清・鄭燮〔淮安の舟中、舍弟墨に寄す〕年老いて、身孤なり。當に口禍を愼むべし。人を愛するは是れ好處、人を罵るは是れ不好處。東坡(蘇軾)も此れを以て病を受く、況んや板橋(燮)をや。

【口諧】しゃべくり上手。〔漢書、東方朔伝〕上、朔の口諧辭給なるを以て、好んで之れに作問す。嘗て朔に問うて曰

く、先生、朕を何如なる主と視るかと。朔對へて曰く、～五帝の上に陳なり、三王の右に在り～と。

【口角】こうかく　くちわき。唐・李商隠〔韓碑〕詩　公の斯文、後に示さずんば　曷ぞ三五（三皇五帝）と相ひ攀追せん　願はくは書すること萬本、誦すること萬過せん　口角に沫を流し、右手に胝せん

【口給】こうきゅう（きふ）　口達者。〔論語、公冶長〕人を禦ぐに口給を以てせば、屢〻人に憎まる。

【口吟】こうぎん　ぶつぶつと独り言をいう。また、口ずさむ。唐・白居易〔呉七が寄せらるるに酬ゆ〕詩　口吟して耳に自ら聽く　暑に當りて忽ち翛然たり　寒玉水に漱ぐに似　商風の絃を聞くが如し

【口語】こうご　人言。讒言。宋・蘇軾〔王滁州（詔）の寄せらるるに次韻す〕詩　君看よ、永叔（欧陽脩）と元之（王禹偁）と　坎軻（不遇に苦しむ）一生、口語に遭ふ

【口講】こうこう（かう）　口で講説する。唐・韓愈〔柳子厚墓誌銘〕衡湘以南の進士と爲る者、皆子厚を以て師と爲し、其の子厚の口講指畫を經承して文詞を爲くる者は、悉く法度の觀るべき有り。

【口号】こうごう（がう）　題を定めず、即興的に歌う。〔澠水燕談録、高逸〕翰林の呂學士、～二公（欧陽脩・趙槩）を宴す。文忠公（脩）親しく口號を作る。金馬玉堂の三學士　清風名月、兩閒の人の句有り。天下之れを傳ふ。

【口耳】こうじ　口と耳。〔荀子、勧学〕小人の學ぶや、耳より入りて口より出づ。口耳の閒は、則ち四寸のみ。曷ぞ七尺の軀を美くするに足らんや。

【口実】こうじつ　語りぐさ。かこつけごと。〔書、仲虺之誥〕成湯、桀を南巣に放つ。惟れ慙德有り。曰く、予れ來世、台れを以て口實と爲さんことを恐ると。

【口授】こうじゅ　口ずから教える。〔三国志、魏、賈逵伝〕兒童爲りしより、戲弄するに、常に部伍を設く。祖父習、之れを異しみて曰く、汝大ならば必ず將率と爲らんと。兵法數萬言を口授す。

【口誦】こうしょう　口にとなえる。〔魏書、李彪伝〕（高）悅の兄閭、博學高才、家に典籍富おし。彪、遂に悅の家に於て、手抄口誦し、寢食に暇あらず。

【口数】こうすう　人口。人数。〔管子、度地〕家人を案じ、地を比べ、什伍の口數を定め、男女大小を別つ。其の用を爲さざる者は、輒ち之れを免ず。

【口舌】こうぜつ　口先。弁舌。〔史記、劉敬伝〕上怒り、劉敬を罵りて曰く、齊虜（斉の男）、口舌を以て官を得、今廼ち妄言して、吾が軍を沮むと。敬を廣武に械繫す。遂に往く。平城に至り、匈奴、果して奇兵を出して、高帝を白登に圍む。

【口宣】こうせん　口で天子の命を伝える。〔晋書、楊駿伝〕上の疾、遂に篤し。后乃ち帝に奏し、駿を以て政を輔けしむ。～便ち中書監華廙を召し、何劭をして帝旨を口宣せしめ、遺詔を作らしむ。

【口銭】こうせん　人頭税。〔漢旧儀〕民生れて七歳より、以て十四歳に至るまで、口錢を出だすこと人ごとに二十三、以て天子に供す。其の三歳の者には、武帝口錢を加へ、以て車騎馬を補ふ。

【口爽】こうそう（さう）　味の感覚を失う。〔老子、十二〕五色は人の目を盲ならしめ、五音は人の耳を聾ならしめ、五味は人の口を爽がはしむ。

【口燥】こうそう（さう）　口がかわく。心あせる。〔古楽府、善哉行〕來日は大いに難く　口燥き脣乾かん　今日相ひ樂しむ　皆當に喜歡すべし

【口沢】こうたく　長く用いた茶碗のよごれなど。書物などには手沢という。〔礼記、玉藻〕母沒して、杯圈（飲物の品）飲むこと能はざるは、口澤の氣、存して爾り。

【口談】こうだん　弁論。議論する。〔晋書、殷浩伝〕叔父融と倶に老・易を好む。融、浩と口談すれば、則ち辭屈し、篇に著はせば、則ち融、浩に勝る。浩是れに由りて、風流談論する者の宗とする所と爲る。

【口勅】こうちょく　誥命を自らのべる。〔南斉書、垣崇祖伝〕上復た荀伯玉を遣はし、口敕するに邊事を以てす。旨を受けて夜發し、東宮に辭するを得ず。

【口訥】こうとつ　口べた。訥弁。〔晋書、孫恵伝〕惠、口訥なるも、好學にして才識有り。州、辟すも就かず。瀟・沛の閒に寓居す。

【口腹】こうふく　飲食。〔荀子、栄辱〕人にして師無く法無くんば、則ち其の心も、正に其の口腹のままならん。～唯だ菽藿糟糠を之れ睹ることを爲さば、則ち以て至足此に在りと爲さん。

【口分】くぶん　人ごとに等分する。〔公羊伝、宣十五年、何休注〕聖人、井田の法を制して、之れを口分し、一夫一婦、田百畝を受けて、以て父母妻子を養ふ。五口を一家と爲す。公田十畝、即ち所謂什の一にして稅するなり。

【口弁】こうべん　弁舌の才。〔史記、陸賈伝〕陸賈は楚の人なり。客を以て高祖に從ひ、天下を定む。名づけて口辯有るの士と爲し、左右に居り、常に諸侯に使す。

↑口詠　口に詠吟する／口鋭　口才がある／口過　失言／口哦　口吟／口技　声まね／口義　述義／口戲　口技／口教　命じる／口頰　くちもと／口訣　秘伝／口才　弁才／口算　人頭税／口讒　悪口をいう／口脂　唇に脂を塗る／口觜　口さき／口試　口頭試問／口事　讒言／口辞　ことば／口柔　口上手／口述　口でいう／口唱　歌う／口詔　詔を口で伝える／口箴　口の戒め／口籍　戸籍／口頭　ことば／口白　告訴／口費　むだ口／口碑　口承／口票　旅券／口稟　仰せ／口敏　口達者／口賦　人数割税／口吻　口先／口辺　口角／口譽　うわべほめ／口利　口敏／口糧　食分／口累　家族／口令　暗号／口斂　人頭税／口論　いい争う

↓悪口・異口・一口・悦口・掩口・火口・河口・家口・海口・開口・箝口・緘口・金口・禁口・吟口・渓口・経口・鶏口・欠口・戸口・虎口・糊口・餬口・港口・讒口・肆口・餌口・藉口・赤口・衆口・銃口・傷口・縄口・信口・人口・寸口・舌口・艙口・注口・猪口・張口・杜口・渡口・洞口・訥口・佞口・百口・閉口・弁口・黙口・養口・利口・湾口

常【工】3 1010　コウク　たくみ

篆文　古文　甲骨文　金文

象形　工具の形。〔説文〕五上に「巧飾なり」とし、「人の規榘有るに象るなり。巫と同意なり」とする。巫のもつところは、左・尋（尋）・隱（隠）の字形に含まれる工と同じく、神事に用いる呪具。工具の工は、金文に鍛冶の台の形にみえるものがあり、巫祝の用いるものとは異なるものであろう。金文の〔明公設〕に「魯侯に田工又り」とは、祝禱の功あるをいい、また〔詩、小雅、楚茨〕「工祝告ぐることを致す」、〔詩、周頌、臣工〕「嗟嗟臣工　爾の公（宮）に在るを敬め」とある工祝は巫祝、臣工は神事につかえるものであった。〔書、酒誥〕に「宗工」「百宗工」の名があり、これも神事を主とするものであろうが、のち百工・百官の意となった。西周後期の〔伊設〕に「康宮の王の臣妾・百工を官嗣（司）せよ」とあるのは、宮廟に隷属する職能的品部をさすものであろう。

訓義 1巫祝、楽人、神につかえる者。2たくみ、工作者、作る。3つかさ、役人。4てがら、業績、功と通用する。

古訓 〔和名抄〕工 太久美(たくみ)〔名義抄〕工 タクミ・ツカサ〔字鏡集〕工 タクミ・タクミツカサ

部首 〔説文〕に式・巧・巨(巨)をこの部に属し、前部には左、後部には㠭・巫を連ねる。巨は定規で工作の器。工の中間に把握のところを加えた形。巫祝の用いる工にはそのような把手を加えることがなく、巫祝の工と工作の工とは、もと別事異物である。ただその形が似ているので、のち通用するに至ったのであろう。

声系 〔説文〕に工声として巩・攻・空(空)・江・紅・功など二十字を収める。巩・攻・功は工具の意をとるもので、空・江は虹のようにゆるく彎曲する形をとるものである。巫祝・工具の工とは、また別系である。

語系 工・功・攻 kong は同声。虹 hong、空 khong は中空で彎曲する形のもの。金文の工にも、下の画を彎曲した形に作るものがある。

【工役】こうえき 土木工事。〔三国志、魏、衛覬伝〕覬、上疏して曰く、～工役輟まず、侈靡日に崇く、帑藏日に竭く。～好に益あらずして、功夫を糜費す。誠に皆聖慮の宜しく裁制すべき所なりと。

【工芸】こうげい 工作の技術。〔唐書、閻立徳伝〕父の毗、隋の殿内少監と爲る。本と工藝を以て進む。故に立徳と弟立本と、皆機巧にして思ひ有り。

【工巧】こうこう(かう) 工作にすぐれる。巧工。〔漢書、食貨志上〕武帝の末年、～大農に工巧奴と從事とを置く。田器を爲作らしむ。

【工作】こうさく 土木建築など。〔夢渓筆談、官政一〕呉中、大いに饑う。～范文正～曰く、饑歳には工價至賤、以て大いに土木の役を興すべしと。是に於て諸寺の工作、鼎興す。～食を公私に仰ぐ者、日に無慮數萬人、荒政の施、此れより大爲るは莫し。～民の流徙せざるは、皆文正の惠なり。

【工肆】こうし 工人と商人。〔墨子、尚賢上〕農と工肆とに在るの人と雖も、能有らば則ち之れを擧げ、高く之れに爵を予へ、重く之れに祿を予へ、之れに任ずるに事を以てせよ。

【工商】こうしょう(しやう) 工人と商人。〔国語、周語上〕大夫士は、日に位著(役所)を恪みて、以て其の官を儆め、庶人工商は、各其の業を守りて、以て其の上に共するも、猶ほ其の墜失する有らんことを恐る。

【工人】こうじん 大工。工匠。〔荀子、儒效〕規矩を設け、繩墨(すみなわ)を陳ね、備用を便にするは、君子は工人に如かず。

【工緻】こうち 精巧綿密。〔洛陽名園記〕(劉氏園)劉給事の園。涼堂の高卑、制度適愜にして、人の意に可なり。～西南に臺一區有り。尤も工緻なり。

【工程】こうてい 工事のはかどりぐあい。〔唐書、魏知古伝〕會金仙・玉眞觀を造る。盛夏と雖も、工程嚴促なり。知古諫めて曰く、～無益を作して、有益を害せず～と。

【工夫】くふう 工作上の思案をする。〔晉書、范甯伝〕江州刺史王凝之、上言して曰く、～宗廟の設け、各品秩有り。而るに甯自ら家廟を置き、～之れを太廟に準へ、皆人の力を資り、又人の居宅を奪ひ、工夫萬計す。～願はくは、臣の表を出だして太常に下し、之れを禮典に議せしめよと。

【工力】こうりき・こうりょく 工事に必要な人夫。〔魏書、逸士、馮亮伝〕亮、既に雅より山水を愛し、又兼ねて巧思なり。巖林に結架し、甚だ栖游の適を得たり。～世宗其の工力を給し、～崧高の形勝の處を周視せしめ、遂に閑居の佛寺を造る。林泉既に奇、營製又美にして、山居の妙を曲盡す。

↑工価 工賃／工歌 巧歌／工学 工科の学／工気 人為的／工綺 巧麗／工技 わざ／工賈 工と商／工瞽 楽人／工細 緻密／工師 棟梁／工詩 詩にたくみ／工事 建造製作／工祝 巫祝／工竣 竣工する／工女 女工／工匠 大工／工賑 賑救のための工事／工成 落成／工拙 巧拙／工絶 技巧抜群／工銭 工賃／工遅 巧遅／工丁 労働者／工頭 大工頭／工費 工事費／工筆 巧筆／工部 営造の官／工蜂 働き蜂／工麗 巧麗

↓衣工・医工・化工・加工・歌工・画工・楽工・完工・勧工・起工・鬼工・伎工・技工・玉工・金工・献工・細工・施工・紙工・梓工・漆工・手工・舟工・衆工・竣工・書工・諸工・女工・商工・職工・臣工・神工・鍼工・人工・石工・大工・鍛工・着工・彫工・天工・典工・土工・刀工・陶工・同工・農工・罷工・百工・仏工・妙工・名工・木工・冶工・傭工・良工・伶工

【亢】 4 0021 〔頏〕 13 0128 コウ(カウ) くび

篆文

象形 人の咽喉の、胡脈とよばれる動脈部分を含む形。〔説文〕十下に「人の頸なり」とし、「大の省に從ひ、頸脈の形に象る」という。絞首することを「亢を絶つ」「亢を搤る」、また首をあげて抗することを抵抗、優劣を争うことを頡頏のようにいう。首を抗直にする形が亢である。

訓義 1くび、のど。2くびをあげる、仰ぐ、たかぶる、たかい。3あたる、ふせぐ、つよい。4きわまる、ほどをすぎる。

古訓 〔名義抄〕亢 タクラブ・アグ・タカシ・キハマル・アタル・カハク・フセグ〔字鏡集〕亢 アグ・キハム・ハジメ・フセグ・タクラブ・タカシ・キハマル・カハク・アタル・オホキナリ・オホキニ・チカ・ヒトノクビ・タカシ・チル・タクラブ・ヲカ

部首 〔説文〕に㼨を属し、「直項、莽㼨の皃」とし、「亢に從ひ、夋に從ふ。夋は倨なり。亢は亦聲」という。夋は厶を頭とする神像で、やはり頸をあげた形であろう。〔玉篇〕には別に三字を属するが、みな用例がない。

声系 〔説文〕に亢声として迒・伉・炕・抗など十五字を収める。頏は亢の重文。亢声の字には、抗直にして相敵する意をもつものが多い。

語系 亢 kang、頸 kieng は声義が近い。剄 kyeng、項 heong も頸部に関する字である。

＊語彙は抗字条参照。

【亢扞】こう(かう)かん 防ぐ。〔漢書、翟義伝〕王莽居攝す。義、心に之れを惡む。～曰く、～方今宗室衰弱し、外に彊蕃無し。天下首を傾けて服從し、能く國難を亢扞するもの莫し。～義當に國の爲に賊を討ち、以て社稷(国家)を安んずべし。

【亢直】こう(かう)ちょく 気が強くて人に屈しない。〔三国志、魏、杜恕伝〕恕、上疏して極諫す。～恕、朝に在ること八年、其の論議亢直、皆此の類なり。

【亢眉】こう(かう)び 眉をあげる。意気のさかんなさま。〔法言、重黎〕或ひと淳于越を問ふ。曰く、佞曲なりと。請ひ問ふ。曰く、始皇方に虎挒にし梟磔(さらし首、はりつけ)す。～越、與に亢眉し、終に撓辭(弱音)無し。佞と謂ふべし。

【亢竜】こう(かう)りゅう・こう(かう)りょう 高くのぼりつめた竜。位を極める。〔易、乾、文言伝〕上九に曰く、亢龍、悔い有りとは、何の謂ひぞや。子曰く、貴くして位无く、高くして民无く、賢人下位に在るも輔くる无し。是を以て、動きて悔い有るなり。

【亢礼】こう(かう)れい 対等の礼。〔史記、魏其侯竇嬰伝〕孝景の時、大事を朝議する毎に、條侯・魏其侯のみ。諸列侯、敢て與に亢禮するもの莫し。

↑亢旱 大旱／亢顔 抗顔／亢拒 はばむ／亢見 現われる／亢言 高談／亢亢 剛直／亢昂 激昂／亢衡 対抗する／亢傲 おごる／亢身 身を守る／亢進 あえて進む／亢世 世におごる／亢節 高尚の節／亢壮

過盛／亢爽 高爽／亢燥 高燥／亢鼻 高くそりかえった鼻／亢奮 興奮する／亢満 高貴／亢揚 昂揚／亢厲 昂揚

常 **【公】** 4 8073 〔公〕 4 8073 コウ きみ おおやけ

篆文 甲骨文 金文

象形 儀礼の行われる宮廟の廷前のところの、平面形。廷前の左右に障壁があり、その中で儀礼が行われた。〔説文〕二上に「平分なり」とし、公平に分かつこと、また「韓非曰く」として「ムに背くを公と爲す」(〔韓非子、五蠹〕「私に背く、之れを公と謂ふ」)の語を引く。ム(私)と八(八)とに従い、八を左右に背く形と解するものであるが、卜文・金文にムに従う形のものはなく、方形の宮廟の前に、左右の障壁の線を加える。その廷前を公といい、その廟に祀る人を公という。そこで神徳をたたえる讚歌を頌(頌)といい、族内の争訟を裁くを訟(訟)という。〔詩、召南、小星〕「夙夜公に在り」とは、公宮にあって、その祭事に従うことをいう。領主として祀られるものが公であり、その家の私属を私という。その関係を社会化して公私といい、公は公義・公正の義となる。

訓義 ①公宮、きみ、祀られる人。②天子・諸侯・公卿・長老の称、尊称。③おおやけ、公的なもの。④公平、正しい。⑤つかさ、つとめ。⑥工・功と通じ、しごと、てがら。

古訓 〔名義抄〕公 キミ・オホヤケ・ツカウマツル・アラハス・コト・トモ／兄公 コジウト／雷公 イカヅチ 〔字鏡集〕公 ツギ・サト・タビ・アラハス・トホル・マサシ・オホヤケ・ツカウマツル・タヒラカ・ヰルキミ・トモガラ・オホキミ・キミ・ヰル・コト・トモ・タヾ

声系 〔説文〕に公声として訟・翁(翁)・松(松)・頌・瓮など七字を収めるが、公声のままのものはない。訟・頌は公宮における行事・儀礼を示すもので会意。翁は長老の字義をとるものであろう。

語系 公kong、翁ongは声義に通ずるところがあり、翁は鳥の頸毛。〔方言、六〕に周・秦・晋・隴の地では、老を尊んで翁とよんだという。工・功・貢kongは公と同声。金文に百工を康宮に属するものとしており、工・功・貢はもと公事に関することとされたものであろう。

【公案】 役所の案件記録。また、禅家で悟脱の機縁とする問題。〔碧巌録、十、九八本則〕劈腹剜心は、人皆喚んで兩重公案と爲す。

【公家】 王室。政府。〔三国志、魏、毛玠伝〕今、天下分崩し、~饑饉流亡す。公家に經歳の儲無く、百姓に安固の志無し。以て持久し難し。

【公害】 世の害。清・黄宗羲〔明夷待訪録、原君〕天下公利有るも、之れを興すこと或る莫く、公害有るも、之れを除くこと或る無し。

【公患】 一般に共通する弊害。〔荀子、富国〕夫れ有餘不足は、天下の公患に非ざるなり。~天下の公患は、亂れて之れを傷こなふなり。

【公館】 他国の使臣の宿所。〔礼記、喪大記〕復(魂よばい)するとき、~其の賓(外国使臣)爲るときは則ち、公館に復す。私館(卿大夫の家)には復せず。

【公器】 天下共用のもの。名誉・爵禄の類。また、国家的人物。〔旧唐書、張九齢伝〕官爵なる者は、天下の公器なり。德望を先と爲し、勞舊焉れに次ぐ。若し衣裳を顚倒せば、則ち譏謗起らん。

【公義】 公正な道義。〔荀子、君道〕材を抜き能を官せば、治理せざること莫し。則ち公道達して、私門塞がり、公義明らかにして、私事息まん。

【公議】 公正の立場の議論。〔漢紀、武帝紀二〕韓安國以爲へらく、~聖人は天下を以て度と爲す者なり。私怒を以て天下の公議を傷らず。

【公宮】 宮殿。また、祖廟。〔礼記、昏義〕古者、婦人嫁に先だつこと三月、祖廟未だ毀たざるときは、公宮に教ふ。祖廟既に毀つときは、宗室に教ふ。

【公共】 皆とともにする。〔史記、張釈之伝〕法なる者は、天子の天下と公共にする所なり。今、法此の如し。而るに更に之れを重くせば、是れ法、民に信あらざるなり。

【公卿】 三公・九卿。高官。〔論語、子罕〕出でては則ち公卿に事へ、入りては則ち父兄に事ふ。

【公言】 あからさまにいう。〔魏書、劉昶伝〕高祖曰く、國家本來一事の慨くべきこと有り。慨くべき者は何ぞ。恆に得失を公言すること無きなり。今卿等、各々其の心を盡せ。~能く擧ぐれば則ち賞を受け、言はずんば則ち罪有らんと。

【公行】 公然と行われる。〔資治通鑑、晋紀二十九〕(孝武帝、太元十四年)琅邪王道子~浮屠(仏)を崇尚し、奢を窮め費を極む。~左右近習、爭うて權柄を弄し、交通請託して、賄賂公行す。官賞濫雜にして、刑獄謬亂す。

【公侯】 諸侯。公・侯・伯・子・男は五等の爵。〔詩、周南、兎罝〕赳赳たる武夫は 公侯の好仇

【公子】 諸侯や貴族の子。〔詩、豳風、七月〕一の日于に貉し 彼の狐狸を取り 公子の裘を爲らん

【公私】 おおやけと私。〔韓非子、五蠹〕古者、蒼頡の書を作るや、自ら環む者、之れを私と謂ふ。私に背く、之れを公と謂ふ。公私の相ひ背くは、乃ち蒼頡も固より以に之れを知れり。

【公事】 公務。〔三国志、蜀、劉巴伝〕又自ら歸附して素に非ざるを以て、猜嫌せられんことを懼れ、恭默守靜、退いて私交無く、公事に非ざれば言はず。~凡そ諸文誥策命は、皆巴の作る所なり。

【公社】 国主が神を祀る社。〔墨子、号令〕望氣の者の舍は必ず太守に近くし、巫の舍は必ず公社に近くし、必ず敬んで之れを神とす。巫祝史と望氣の者とは、必ず善言を以て民に告げ、請を以て上に、守に報ず。守獨り其の請を知るのみ。

【公主】 天子のむすめ。〔史記、匈奴伝〕漢又西のかた月氏・大夏に通じ、又公主を以て烏孫王に妻はせて、以て匈奴西方の援國を分つ。

【公選】 広く選ぶ。〔漢書、董仲舒伝〕故に廣く四方の豪儁を延き、郡國諸侯をして、賢良修絜博習の士を公選せしめ、大道の要、至論の極を聞かんと欲す。~子大夫、其れ精心致思せよ。

【公然】 おおっぴら。あけすけ。〔雞肋篇、中〕兩浙の婦人、皆服飾口腹を事とし、營生を爲すを恥づ。故に小民の家、其の費を供すること能はざる者、皆其の私通を縱るす。之れを貼夫と謂ひ、公然出入して、以て怪と爲さず。

【公庭】 宗廟の前庭。〔詩、邶風、簡兮〕碩人(大柄の人)俁俁として 公庭に萬舞す

【公田】 井田法による中央の一区画。〔穀梁伝、宣十五年〕井田は九百畝、公田一に居る。私田の稼善からざるときは、則ち吏を非め、公田の稼善からざるときは、則ち民を非む。~古者、公田を居と爲す。

【公憤】 衆人のいきどおるところ。〔宋史、儒林六、陳亮伝〕二聖北狩(徽宗・欽宗が金にとらえられたこと)の痛しみは、蓋し國家の大恥にして、天下の公憤なり。

【公平】 公正で平等。〔管子、明法解〕是の故に尺寸の度は、富貴衆強と雖も、爲に益長せず、貧賤卑辱と雖も、爲に損

短せず、公平にして偏する所無し。故に姦詐の人も、誤つ能はざるなり。

【公輔】天子の三公・補相。〔漢書、孔光伝〕光、凡そ御史大夫・丞相と爲ること各〻再、壹たび大司徒・太傅・太師と爲り、三世を歷て、公輔の位に居ること前後十七年なり。～時に門下の大生を會し、講問疑難す。

【公明】公平で潔白。宋・蘇轍〔尚書右丞に除せらるるを謝する表、二首、二〕坦然公明、故に賢否の實を私せず。穆然淵默、故に坐ながらにして情僞の眞を照らす。

【公用】國用。公共の費用。〔漢紀、哀帝紀下〕陛下、天下の公用を以て、其の私門に給し、國の威器を擧げて、其の家の備へに供す。民力弄臣に分たれ、武兵其の嬖妾を護るは、四方を正す所以に非ざるなり。

【公理】公正の道理。〔管子、形勢解〕天道を行ひ、公理に出づれば、則ち遠き者も自ら親しみ、天道を廢し、私爲を行はば、則ち子母も相ひ怨まん。

【公厲】祀者のない諸公の霊。〔礼記、祭法〕諸侯、國の爲に五祀を立つ。曰く司命、曰く中霤、曰く國門、曰く國行、曰く公厲。

↑公移 公文書／公嫗 祈禱の戸／公益 世の益／公暇 公休／公牙 公衙／公衙 役所／公会 衆人の会／公廨 役所／公幹 公務／公鑒 御中／公給 官給／公許 官許／公金 官金／公潔 無私／公權 朝権／公憲 国法／公姑 夫の父母／公庫 官庫／公公 老人／公座 公の席／公財 公の財／公罪 公事上の罪／公司 会社／公示 公布／公室 公家／公誠 誠実／公孫 公子の子／公台 三公／公断 公正な審理／公鑄 造幣所／公庁 役所／公調 みつぎ／公直 公平／公廷 法廷／公第 官邸／公程 公務出張／公塗 公正の道／公帑 官金／公牘 公文／公任 総がかり／公婆 夫の父母／公評 世間の評／公布 公示／公賦 租税／公文 公用文書／公法 国法／公俸 官俸／公庾 官庫／公廩 官の米倉／公論 世論

↓王公・郭公・貴公・愚公・君公・三公・至公・主公・諸公・相公・上公・仁公・狙公・尊公・大公・太公・乃公・天公・土公・辟公・奉公・雷公・老公

常

【勾】 4 2772 コウ ク まがる

会意 勹＋ム。もと句と同字。慣用によって区別される。勹もムもいずれも屈曲するものの形で、おそらくもと屈肢葬の形であろう。形のまがったものの意に用い、勾玉・勾引・勾欄のように用いる。

訓義 1まがる、まげる、ひきつける。2かぎする、かぎがたにしるする、のぞく。3かぎ、かける。4とらえる、ひく。5句・拘と通用する。

古訓 〔名義抄〕勾 アマネシ／句 カヾマル・ヒク・ハルユミ・コトハ 〔字鏡集〕勾 ヒク・アマネシ・ハルユミ・コトハ・カヽマル・カムカフ／句 マガル・ヒク・カヾマル・カラ・トヾマル

参考 勾・句・局はみな屈肢の象に従い、句・局はそれに祝禱の器の口をそえた形。匃は屍骨、曷は匃に祝禱の器を加えて呪祝する意で、その声を喝(喝)という。

【勾引】結託する。〔魏書、獠伝〕(元)法僧、任に在りて貪残、獠遂に反叛し、蕭衍の軍を勾引して晉壽を圍逼す。朝廷之れを憂ふ。▽引き寄せる。唐・杜甫〔風雨に舟前の落花を看、戲れに新句を爲る〕詩 影、碧水に遭ひて、潜かに勾引せらる 風、紅花を妬みて、却つて倒さまに吹く

【勾検】とり調べる。〔隋書、循吏、辛公義〕(開皇)七年、諸馬牧を勾檢せしむ。獲る所十餘萬匹なり。高祖喜びて曰く、唯だ我が公義のみ、國に奉じて心を盡くすと。

【勾当】担当する。唐・韓愈〔潮州に鄉校を置くを請ふ牒〕趙德秀才、沈雅專靜、頗ぶる經に通じ、文章有り。～請ふ、～衙推官と爲し、專ら州學を勾當し、以て生徒を督せしめん。

【勾欄】てすり。また、娯楽街。〔東京夢華録、二、東角楼街巷〕街南桑家瓦子、～其の中、大小の勾欄五十餘座あり。内～蓮花棚・牡丹棚～夜叉棚・象棚最も大にして、數千人を容るべし。

【勾留】拘留。唐・白居易〔春江〕詩 鶯聲に誘引せられて、花下に來り 草色に勾留せられて、水邊に坐す

↑勾窩 わな／勾喙 曲がったくちばし／勾串 結託する／勾喚 召喚／勾稽 取り調べ／勾決 処分／勾結 結託する／勾思 構想／勾肆 勾欄／勾取 犯人を引き取る／勾集 召集する／勾除 取り除く／勾銷 抹殺する／勾摂 担当／勾捉 逮捕する／勾率 ひきつれる／勾追 逮捕する／勾通 ぐるとなる／勾点 消し改める／勾搭 私通／勾頭 拘引状／勾撥 琴の音を調える／勾兵 曲刃／勾芒 木神／勾萌 発芽する／勾抹 塗りつぶす／勾問 勾引して訊問する／勾連 なれあい

↓管勾・曲勾・垂勾・内勾

常

【孔】 4 1241 コウ あな

篆文

金文

象形 子の後頭部に竅のある形。〔説文〕十二上に「通るなり」と訓し、「乙に從ひ、子に從ふ。乙(燕)は子を請ふの候鳥なり。乙至りて子を得。之れを嘉美するなり」とするが、金文の字形は乙に従う形とはみえず、子の後頭部に、小曲点を加えた形である。金文の〔虢季子白盤〕に「王孔だ子白に義(儀)を加ふ」「孔だ覼かにして光又(有)り」など、孔甚の意に用いる。出生児の後頭部に、生子儀礼として剃刀を加えるなどのことがあって、それは嘉礼とされたのであろう。〔説文〕にまた「古人、名は嘉、字は子孔」と名字対待の例をしるしている。嘉礼の意よりして、大なり、甚なりなどの義を生じたのであろう。

訓義 1あな。2とおる。3はなはだ、おおきい。

古訓 〔和名抄〕孔竅 竝びに阿奈(あな) 〔名義抄〕孔 アナ・ハナハダ・オホイナリ・イタル・アヒダ・ネムコロニ 〔字鏡集〕孔 アナ・ハナハダ・コハミ・アト・イタル・アヒダ・ネムコロニ・オホキナリ・ハナハダシ

声系 〔玉篇〕に孔声の字として吼を収め、「牛鳴くなり」という。字はまた吽に作る。吼はその擬声語であろう。

語系 孔・空(空)khong は同声。好 xu も声義の関係があり、好とは璧好、環のように璧の中孔あることをいう。孔はそのような形に髪を剃るのかもしれない。銎 khiong、腔(腔)kheong、窾 khuan は、ものを通すような孔穴をいう。

【孔嘉】はなはだよし。〔詩、小雅、賓之初筵〕酒を飲むは孔だ嘉し 維れ其の令儀あればなり

【孔懐】はなはだ思う。〔詩、小雅、常棣〕死喪の威れにも 兄弟孔だ懷ふ

【孔竅】あな。人の耳鼻眼口をもいう。〔淮南子、精神訓〕夫れ孔竅なる者は、精神の戸牖にして、氣志なる者は、五藏の使候なり。

【孔席】孔子の席。漢・班固〔賓の戲れに答ふ〕是こを以て、聖哲の治むるや、棲棲遑遑たり。孔席暖まらず、墨突(墨子のくらす家の竈突)黔まず。

【孔徳】虚無の徳。〔老子、二十一〕孔德の容、惟だ道に是

れ從ふ。道の物爲たる、惟これ怳、惟れ惚。惚たり怳たり、其の中に象有り。怳たり惚たり、其の中に物有り。

【孔壁】 孔子旧宅の壁。〔漢書、景十三王、魯恭王余伝〕恭王、初め好んで宮室を治め、孔子の舊宅を壞ち、以て其の宮を廣めんとす。鐘磬琴瑟の聲を聞き、遂に敢て復た壞たず。其の壁中に於て、古文經傳を得たり。

【孔林】 孔子の墓所。孔里。〔読史方輿紀要、山東、曲阜、闕里〕孔林は城北二里に在り。史記に、孔子は魯の城北、泗水の上に葬る。弟子及び魯の人、冢に從ひて家する者、百有餘室。因りて孔里と曰ふと。今孔林と曰ふ。林の廣さ十餘里なり。

↑孔罅 すきま/孔隙 すきま/孔穴 あな/孔壺 水時計/孔静 安らか/孔碩 大きい/孔方 銭

↓眼孔・気孔・蟻孔・竅孔・隙孔・穴孔・鑿孔・鑽孔・穿孔・銭孔・洞孔・瞳孔・鼻孔

【爻】 4 4040 コウ(カウ) まじわる

象形 木を交叉した形。千木形式の屋根をもつ建物の形。〔説文〕三下に「交はるなり」と訓し、「易の六爻の頭の交はるに象るなり」という。金文の図象に、二爻あるいは三爻を重ねる形のものがあり、易の卦爻と関係があるかもしれない。卜文に學(学)の初文とする字と近く、學・校(校)・教(教)はその系列の字である。

訓義 [1]まじわる、交叉する。[2]千木形式の建物。[3]効と通じ、ならう。

部首 〔説文〕に棥をこの部に属し、次の㸚部に爾・爽を属する。〔玉篇〕には爻部に希を加える。棥は樊籬でその爻は籠目、希は布上に加えて織目をあらわす。また爾・爽の従うところは文身の文様で、ともに美麗の意がある。形は同じであっても、その意象はみな異なる。

声系 〔説文〕に爻声として希・駁・較・季の四字を収める。肴は肉と骨。爻は骨の象。較は車輢の形。季は千木形式の建物で、卜文にはその字を學に用い、その初文。〔説文〕十四下に「放なり」とするのは、効倣の意とするものであろう。教はその学にある子に攴を加えて教導する意である。

語系 爻・肴・殽 heô は同声。肴は骨と肉。殽はそれを殴って骨肉相雑わる意。交(交)・季・校 keô、教・較 keôk は、みな声義に関係がある。

【爻辞】 易は六十四卦、各卦に六爻があり、各爻にその辞がある。〔易、乾、初九〕潛龍なり。用ふること勿かれ。〔文言伝〕子曰く、龍德にして隱れたる者なり。〔疏〕此れ第二節、初九の爻辭を釋するなり。

【爻象】 易の爻と、爻の相交わる関係。〔易、繫辞伝下〕爻なる者は、此れに效ふ者なり。象なる者は、此れに像る者なり。爻象内に動き、吉凶外に見はる。

↑爻卦 爻と卦/爻乱 乱れる

↓陰爻・演爻・卦爻・玩爻・布爻・変爻・陽爻・六爻・立爻

常 【功】 5 1412 コウ ク いさお

形声 声符は工。工は工作の具。力は耒の象形。もと農功をいう字である。〔説文〕十三下に「勞を以て國を定むるなり」とする。成功・戎功・有功を、金文に成工・戎工・又工としるし、ときに攻の字を用いる。功は後起の字である。

訓義 [1]ことがなる、できあがる、いさお。[2]しごと、つとめ。[3]たくみ、よい。

古訓 〔名義抄〕功 タ、ク・ツグノフ・ハラフ・ツカマツル・イタハル・シリゾク 〔篇立〕功 シリゾク・ハラフ・カサヌ・タクミ・イタツキ・ナル・アツシ・ツカマツル・スグル・ツグノフ・サイハヒ・イタハル・チカシ・ネムコロ

語系 功・工・攻 kong は同声。攻は攻治、その功を致すことをいう。

【功過】 功罪。道教で、功過の数によって応報があるとされ、その点数をしるした功過表を、功過格という。〔太平広記、五十九に引く女仙伝、西河少女〕人家に入り、卽ち其の家の先世已來の善惡功過を知ること、目擊するが如き有り。

【功課】 成績。〔漢書、薛宣伝〕宣、考績功課、簡は兩府(丞相府、御史府)に在り。敢て過稱して、以て欺誣の罪を奸さず。

【功業】 いさお。晉・劉琨〔重ねて盧諶に贈る〕詩 功業、未だ建つるに及ばざるに 夕陽、忽ち西に流れんとす 時なる哉、我と與にせず 去ること、雲の浮ぶが若し

【功最】 首功。〔陳書、周鉄虎伝〕侯景の亂に~(梁の河東王蕭)譽、拒ぎ戰ひて大捷す。(世子)方等死し、鐵虎功最なり。譽の委遇、甚だ重し。

【功績】 てがら。〔荀子、王覇〕名聲は日月の若く、功績は天地の如く、天下の人之れに應ずること景(影)響の如し。是れ又人情の同じく欲する所なり。而して王者兼ねて是れを有する者なり。

【功徳】 功業仁徳。〔礼記、王制〕天子五年に一たび巡守す。~民に功德有る者には、地を加へ、律(爵)を進む。

【功能】 はたらき。〔漢書、宣帝紀〕上、始めて政事を親らす。~五日に一たび事を聽く。丞相より以下、各職を奉じて事を奏し、以て其の言を傅奏し、功能を考試す。

【功伐】 てがら。〔史記、項羽紀論賛〕自ら功伐を矜り、其の私智を奮ひて、古を師とせず。謂へらく、霸王の業、力征を以て天下を經營せんと欲す。五年にして卒かに其の國を亡ひ、身は東城に死せり。

【功夫】 造詣。思慮。〔法書要録、一、南斉王僧虔の論書〕宋の文帝の書、自ら謂へらく、王子敬(献之)に減ぜずと。時の議者云ふ、天然は羊欣に勝されるも、功夫は欣に及ばずと。

【功布】 葬礼の先頭に立てる白練の布の旗。〔儀礼、既夕礼〕商祝免袒し、功布を執りて入る。

【功名】 功誉。唐・李白〔江上吟〕詩 功名富貴、若し長へに在らば 漢水亦た應に西北に流るべし

【功誉】 功績と声誉。〔晋書、楽広伝〕廣、所在に政を爲すも、當時の功譽無し。然れども職を去る毎に、遺愛人の思ふ所と爲る。~天下の風流を言ふ者、王(衍)・樂(広)を謂ひて稱首と爲す。

【功利】 眼前の功名、利益。〔荘子、天地〕功利機功は、必ず夫の人の心に忘からん。~天下の非譽は、益損するところ無し。是れを全德の人と謂はん哉。我、之れを風波の民と謂はん。

【功力】 てがら。〔史記、留侯世家論賛〕高祖、困に離ふ者數しばあり。而して留侯常に功力有り。豈に天に非ずと謂ふべけんや。

【功烈】 大功。〔国語、魯語上〕凡そ禘・郊・祖・宗・報、此の五者は國の典祀なり。之れに加ふるに社稷山川の神を以てす。皆民に功烈有る者なり。

【功労】 てがら。貢献。〔管子、明法解〕亂主は臣の功勞を察せず。衆に譽めらるる者は、則ち之れを賞す。其の罪過を審らかにせず。

↑功位 勲位/功役 土木の役/功化 感化/功冠 首功/功幹 才幹/功級 功位/功勤 労勤/功苦 労苦/功勲 てがら/功沽 精粗/功効 ききめ/

功構 普請／功載 勲記／功罪 功過／功作 土木事業／功事 成績／功実 実績／功首 功最／功緒 功業／功賞 論功／功臣 功ある臣／功致 綿密な仕事／功程 工程／功牌 賞牌／功閥 功伐／功費 工費／功碑 論功の碑／功令 学事に関する法令／功禄 恩賞の禄

↓偉功・奇功・宮功・挟功・勤功・勲功・軍功・建功・献功・元功・歳功・珠功・樹功・戎功・竣功・女功・頌功・成功・戦功・奏功・大功・天功・土功・年功・農功・覇功・婦功・膚功・武功・辺功・報功・有功・論功

【叩】 5 6702 コウ たたく

会意 口＋卩。口は台の形。卩は人の伏する形で、叩頭の意であろう。周の武王が殷の紂王を伐つとき、伯夷・叔斉が「馬を叩へて」諫めた話が〔史記、伯夷伝〕にみえる。伯夷は周と通婚関係にあった姜姓諸族の祖神である。

訓義 1あたまをうつ、ぬかずく、たたく。2とう、たずねる。3控と通じ、ひかえる。

古訓 〔名義抄〕叩 オコス・ウツ・シタシ・タヽク 〔字鏡集〕叩 オコス・シタシ・イタシ・タヽク・ヒカフ・ヨヅ・ウツ

語系 叩・扣・敂kho は同声。敲khô、攷khu は声近く、みな撃つ意がある。控（控）khong も声の近い語である。

【叩轅】車のながえをたたく。歌の調子をとる。〔説苑、尊賢〕甯戚は、故に車を将く人なり。轅を叩きて、行く行く康の衢に歌ふ。桓公、任ずるに國を以てす。

【叩関】関門をたたく。唐・李白〔梁甫吟〕詩 閶闔の九門、通るべからず 額を以て關を叩き、閽者（門番）怒る

【叩舷】ふなばたをたたいて拍子をとる。唐・韓愈〔湘中〕詩 蘋藻、盤に滿ちて、奠く處無し 空しく聞く、漁父の舷を叩いて歌ふを

【叩心】胸をたたいて嘆く。〔史記、淮南王安伝〕民皆領を引いて望み、耳を傾けて聽き、悲號して天を仰ぎ、心を叩いて上を怨む。故に陳勝大呼して、天下響應す。

【叩喪】弔い拝する。〔後漢書、独行、范式伝〕巨卿（范式）既に至り、叩喪して言ひて曰く、行けや、元伯（張劭）。死生、路を異にす。永く此れより辭せんと。會葬する者千人、咸ごとく爲に涕を揮ふ。

【叩頭】降服の礼。〔史記、呉王濞伝〕王肉袒（はだぬぎ）し、漢軍の壁に叩頭し、謁げて曰く、臣卬、法を奉ずること謹まず、百姓を驚駭す。～敢て菹醢の罪を請ふと。～遂に自殺す。太后・太子も皆死す。

【叩門】門をたたく。人を訪う。晋・陶潜〔食を乞ふ〕詩 饑ゑ來つて我を驅り去るも 竟に何くに之くかを知らず 行き行きて、此の里に至る 門を叩くに、言辭拙なり

↑叩謁 拝謁する／叩角 轅をたたく／叩撃 うつ／叩見 目通り／叩叩 ねんごろ／叩閽 直訴する／叩辞 告別／叩謝 拝謝／叩首 叩頭／叩請 懇願する／叩顙 ぬかずく／叩鍛 鍛錬する／叩馬 馬をひかえる／叩別 告別／叩廬 門をたたく／叩勒 控制する

【尻】 常 5 7721 コウ（カウ） しり そこ

篆文 

形声 声符は九。九に宄・旭（旧音）の声がある。〔説文〕八上に「脽（屍・臀）なり」、また次条に「屍とは髀なり」「肩は尻なり」とあり、臀はしり肉、髀はまた肉、尻・肩はしりをいう。

訓義 1しり、いしき、けつ。2肛門。3そこ。

古訓 〔名義抄〕尻 シリ・ヰサラヒ・スフ 〔字鏡集〕尻 タシナム・スフ・ヰサラヒ・シリ

語系 尻kheu は孔khong、口kho と声近く、すべて小孔あり、ものの出入するところをいう。窖keu も声義の近い語である。

【尻輪】尻を輪輿と思う。〔荘子、大宗師〕浸假（次第に変わる）して、予の尻を化して、以て輪（車輪）と爲し、神を以て馬と爲し、予因りて以て之れに乘るも、豈に更に駕せんや。

↑尻駕 尻輪／尻坐 蹲坐／尻輿 尻輪

【巧】 常 5 1112 コウ（カウ） たくみ

篆文 

形声 声符は工。工は工具。丂は曲刀の形。〔説文〕五上に「技なり」と技巧の意とし、工を亦声とする。工作についていう字であるが、巧言・巧笑など、人の言動に及ぼしていう。

訓義 1たくみ、たくみなわざ、上手。2こしらえ、つくり、いつわり、うわべ。3うるわしい、さとい、すばやい、たくみに。

古訓 〔名義抄〕巧 タクミニス・タクミ・イツハル・ミサヲ 〔字鏡集〕巧 イツハル・タクミ・コノム・ミサヲ・タクム

語系 巧・丂・攷khu は同声。丂は刻鑿に用いる曲刀で、彫刻などに用いる。工kong と声義が近く、字の構造からいえば功・攻と同構の字である。

【巧医】良医。〔論衡、別通〕醫能く一病を治むる、之れを巧と謂ひ、能く百病を治むる、之れを良と謂ふ。～扁鵲の衆方なるも、巧の一伎と孰若れぞ。

【巧黠】わるがしこい。〔後漢書、宋均伝〕均、性寛和、文法（厳罰主義）を喜ばず。～貪汚放縱と雖も、猶ほ害する所無きも、苛察の人に至りては、身或いは廉法なるも、巧黠刻削にして、毒百姓に加はる。災害流亡の由りて作る所なり。

【巧偽】たくみに詐る。〔荘子、盗跖〕盜跖聞きて大いに怒り、～髮上りて冠を指して曰く、此れは夫の、魯國の巧僞の人、孔丘なるか非なるか。

【巧慧】たくみでさとい。〔漢書、儒林、孟喜伝〕蜀の人趙賓、～易を爲め、易の文を飾る。～賓、持論巧慧にして、易家も難ずること能はず。

【巧芸】技芸。〔晋書、戴逵伝〕少くして博學、～能く琴を鼓し、書畫に工みに、其の餘の巧藝、畢く綜べざる靡し。

【巧言】表面を飾ったことば。〔論語、学而〕巧言令色（表面だけよい顔をする）、鮮なし仁。

【巧詐】たくらんで欺く。〔韓非子、解老〕民俗淫侈ならば、則ち衣食の業絶ゆ。衣食の業絶えなば、則ち民巧詐を飾ること無きを得ず。

【巧思】たくみな思案。〔南史、張永伝〕永、書史を渉獵し、能く文章を爲り、隸書を善くし、～又巧思有り。～紙墨皆自ら營造す。上、永の表啓を得る毎に、輒ち執玩咨嗟す。

【巧匠】上手な作り手。宋・陸游〔硯湖〕詩 群山、一湖を環り 湖水、綠溶漾たり～自然、天工に出づ 豈に復た巧匠を煩はさんや

【巧笑】愛らしく笑う。〔論語、八佾〕子夏問うて曰く、巧笑倩たり 美目盼たり 素、以て絢と爲すとは、何の謂ぞやと。子曰く、繪事は素を後にすと。

【巧心】たくらみの心。〔漢書、宣帝紀〕法を用ふるに、或いは巧心を持し、律を析き、端を貳にし、深淺平ならず、增辭飾非、以て其の罪を成す。～四方の黎民、將た何をか仰がんや。

【巧拙】上手下手。魏・文帝〔典論、論文〕曲度均しと雖も、節奏檢を同じうするも、氣を引くこと齊しからず、巧拙素（生まれつき）有るに至りては、父兄に在りと雖も、以て子弟に移すこと能はず。

【巧説】こう(かう)せつ ことばたくみにいう。〔史記、貨殖伝〕南楚は好辭巧說なるも、信少なし。

【巧遅】こう(かう)ち たくみであるが、おそい。晉・張協〔雑詩、十首、七〕樽俎の閒に折衝す 勝を制するは兩楹に在り 巧遲は稱するに足らず 拙速は乃ち名を垂る

【巧偸】こう(かう)とう たくみにぬすみとる。〔清波雑誌、五〕老米(芾)酷はだ書畫を好む。嘗て人より古畫を借り、自ら臨搨し、搨し竟れば、併せて眞贗本と之れを歸し、其れをして自ら擇ばしむるも、辨ずること莫きなり。巧偸豪奪す。故に得る所多しと爲す。

【巧発】こう(かう)はつ うまくいいあてる。〔史記、封禅書〕少君、資より方(術)を好む。善く巧發奇中を爲す。～一宮盡く駭き、以爲へらく、少君は神にして、數百歳の人なりと。

【巧妙】こうみょう(かうめう) すぐれて上手。〔華清湯池記〕安祿山、范陽に於て白玉石を以て魚龍鳧雁を爲る。～雕鐫巧妙にして、殆ど人工に非ず。

【巧麗】こう(かう)れい たくみで美しい。〔文心雕竜、詮賦〕情は物を以て興る。故に義必ず明雅なり。物は情を以て覩る。故に詞必ず巧麗なり。麗詞雅義、符采相ひ勝る。

【巧歴】こう(かう)れき 数術・暦法にすぐれた人。〔荘子、斉物論〕一と言とを二と爲す。二と一とを三と爲す。此れより以往は、巧歷も得る能はず。而るを況んや其の凡なるをや。

➡巧意 巧思/巧奕 勝負強い/巧猾 ずるがしこい/巧技 たくみなわざ/巧譎 巧詐/巧計 妙計/巧慣 敏捷/巧故 たくらみ/巧語 巧言/巧工 上手/巧策 巧計/巧辞 巧言/巧者 上手/巧手 上手/巧従 諂う/巧捷 身がる/巧臣 とり入る/巧進 うまく出世する/巧人 上手/巧舌 巧言/巧態 媚態/巧琢 玉の細工/巧智 智慧者/巧緻 巧密/巧佞 巧従/巧抜 抜群のうまさ/巧媚 巧佞/巧敏 すばやくたち廻る/巧文 巧辞/巧便 利用する/巧密 こまやか/巧冶 良冶/巧諛 巧従/巧吏 奸吏

➡意巧・奇巧・機巧・伎巧・技巧・乞巧・妍巧・献巧・工巧・詐巧・才巧・讒巧・邪巧・手巧・精巧・繊巧・善巧・多巧・智巧・天巧・諂巧・佞巧・繁巧・弁巧・便巧・妙巧・目巧・利巧・麗巧・老巧・弄巧

常【広】5 囚〔廣〕15 0028 コウ(クヮウ) ひろい

篆文

金文

形声 旧字は廣に作り、黃(黄)声。黄に横の意がある。〔説文〕九下に「殿の大屋なり」とあり、四壁のない建物をいう。引伸して広大の意となり、金文に広伐・広成・広啓・広嗣などの語がある。連語の修飾語に用いることが多い。

訓義 1 堂の大屋根、広大な殿堂建築。2 ひろい、大きい。3 ひろめる、ひろまる。4 よこ、さしわたし。

古訓 〔名義抄〕廣 ヒロシ・ヒロム・ホドコス 〔字鏡集〕廣 ヒロシ・ヒロム・オホキナリ・ホドコス

声系 〔説文〕に廣声として曠・纊・壙など七字を収める。纊はあるいは絖に作る。黃・光は声義に関係がある。

語系 廣kuang、曠khuangは声義近く、広大の意。荒(荒)xuang、寛(寬)khuan、闊khuatも声義の近い語である。

【広運】こう(くわう)うん ひろくゆきわたる。〔書、大禹謨〕帝德廣運、乃ち聖、乃ち神。乃ち武、乃ち文。

【広衍】こう(くわう)えん ひろまる。〔晋書、裴頠伝〕虛無の言、日に以て廣衍、衆家扇起し、各〻其の說を列ぬ。上は造化に及び、下は萬事に被り、無を貴ばざるは莫く、存する所僉な同じ。

【広淵】こうえん(くわうゑん) 広大で深い。〔左伝、文十八年〕昔高陽氏に才子八人有り。～齊聖廣淵、明允篤誠、天下の民、之れを八愷と謂ふ。

【広遠】こうえん(くわうゑん) ひろくはるか。〔国語、晋語八〕夫れ樂は以て山川の風を開き、以て德を廣遠に耀かす。德を風して以て之れを廣め、山川を風して以て之れを遠からしむ。

【広夏】こう(くわう)か 広大な家。広廈。〔漢書、王吉伝〕廣夏の下、細旃(敷物)の上、明師前に居り、勸誦後に在り。上は唐虞の際を論じ、下は殷周の盛に及ぶ。仁聖の風を考し、治國の道を習ふ。

【広寒】こう(くわう)かん 月宮殿。〔竜城録、上、明皇夢遊広寒宮〕頃くありて一大宮府を見る。榜して廣寒清虛の府と曰ふ。其の守門、兵衛甚だ嚴。白刃粲然、之れを望むに凝雪の如し。

【広居】こう(くわう)きょ ひろい位置。徳をいう。〔孟子、滕文公下〕天下の廣居に居り、天下の正位に立ち、天下の大道を行ふ。～此れを之れ大丈夫と謂ふ。

【広狭】こうきょう(くわうけふ) ひろさ。ひろさと狭さ。〔孫子、計〕地なる者は、遠近・險易・廣狹・死生なり。

【広肆】こう(くわう)し とりとめもなく大きい。〔韓非子、説難〕事を慮ること廣肆ならば、則ち草野(いやしい)にして倨侮なりと曰ふ。此れ說くことの難き、知らざるべからざるなり。

【広饒】こうじょう(くわうぜう) ひろくゆたかな地。〔史記、平準書〕商賈～多く貨を積み、利を逐ひ、～郡國頗ぶる菑害を被る。貧民の產業無き者は、募りて廣饒の地に徙さん。

【広崇】こう(くわう)すう ひろく高い。立派。〔史記、屈原伝〕道德の廣崇、治亂の條貫を明らかにし、畢見せざる靡し。其の文は約、其の辭は微、其の志は絜(潔)、其の行は廉なり。

【広摭】こう(くわう)せき ひろく拾いあつめる。〔漢学師承記、五、江永〕廣摭博討、吉凶軍賓嘉、五禮の次に從ひ、名づけて禮經綱目と曰ふ。

【広大】こう(くわう)だい ひろく大きい。〔大戴礼、曽子疾病〕君子、其の聞く所を尊べば、則ち高明なり。其の聞く所を行はば、則ち廣大なり。高明廣大は他に在らず、之れに志を加ふるに在るのみ。

【広土】こう(くわう)ど ひろい土地。〔漢書、夏侯勝伝〕武帝、四夷を攘ひ、廣土斥境の功有りと雖も、然れども多く士衆を殺し、民の財力を竭くし、奢泰度亡く、天下虛耗となる。

【広莫】こう(くわう)ばく ひろびろと大きい。〔荘子、逍遥遊〕今、子に大樹有り。其の用無きを患ふ。何ぞ之れを無何有の鄕、廣莫の野に樹ゑて、彷徨乎として其の側に爲す無く、逍遙乎として其の下に寢臥せざるや。

【広野】こう(くわう)や ひろい野。〔史記、天官書〕海旁の蜃氣は樓臺に象り、廣野の氣は宮闕を成すこと然り。雲氣各〻其の山川人民の聚積する所に象る。

【広誉】こう(くわう)よ 名声。〔孟子、告子上〕令聞廣譽、身に施す。人の文繡を願はざる所以なり。

【広麗】こう(くわう)れい ひろく美しい。〔史記、秦始皇紀〕維れ二十九年、皇帝春游して、遠方を覽省す。海隅に逮び、遂に之罘に登り、朝陽に昭臨するに、觀望廣麗なり。

➡広愛 ひろく愛する/広易 平曠/広宇 大屋/広益 ひろく益する/広苑 ひろい庭/広宴 盛宴/広讌 広宴/広屋 ひろい家/広廈 大きな家/広開 ひろく開く/広欬 大きな咳払い/広額 ひろい額/広義 ひろく規定した場合の意味/広裾 裾がひろい/広吁 広大/広衢 ひろい路/広言 大言/広乎 ひろいさま/広広 ひろい/広坐 衆人の坐/広済 弘済/広侈 おごる/広施 ひろく施す/広修 縦横/広従 東西/広宵 墓穴/広飾 盛飾/広潟 ひろい干潟/広舌 長広舌/広顙 高いひたい/広

廷てい ひろい宮廷/広途こうと 大道/広徳こうとく 大徳/広陌こうはく 広小路/広博こうはく 博学/広漠こうばく ひろびろとした/広被こうひ ゆきわたる/広廡こうぶ 大廈/広文こうぶん 文徳/広袤こうぼう 大きな面積/広漫こうまん 水が遠くひろがる/広覧こうらん 博覧/広遼こうりょう ひろくはるか/広輪こうりん 大きな面積/広路こうろ ひろい路

↓意広・益広・淹広・開広・額広・弘広・自広・饒広・心広・舌広・地広・土広・徳広・幅広

人【弘】 5 1223 コウ ク ひろい おおきい

篆文 甲骨文 金文

象形 弓の握りのところに紐状のものをつけており、矢摺籐やずりどうのように巻き強めたものであろう。〔説文〕十二下に「弓聲なり」とし、字をム声とするが、声が合わず、ムのようにみえる部分は弓の中把である。卜片に卜兆に対する繇辞ようじとして「弘おおいに吉なり」と附刻している例が多く、金文の〔毛公鼎〕に「皇天弘おおいに厥その徳に猒あく」とあり、古くから弘大の意に用いる。人の心意の上に移して、弘毅・弘達のように用いる。

訓義 ①弓幹を巻き強める、ひきしぼる、ひろい、ひろめる。②おおきい、おおいに。③はなはだ。④弓の声、弓なり。

古訓 〔名義抄〕弘 ヒロシ・オホイナリ 〔篇立〕弘 ヒロム・オホイナリ

声系 〔説文〕に弘声として鞃・宖・泓・強の四字を収める。鞃は車軾の中把、強は弘に虫を加えた形であるが、虫はテグスの類を示すかと思われる。蠹虫とちゅうの意ならば、強の意を導きがたい。宖・泓は弘大の意をとる。

語系 弘hueng は泓・宏・閎hoeng と声義近く、みな弘大の意がある。厷kuang は肱の初文で、弓ひくときの張った肱を示す。それで弘・厷の声義に通ずるところがある。

【弘遠】こうえん(ゑん) 宏大。〔漢書、高帝紀下〕天下既に定まる。〜丹書鐵契、金匱きん石室、之れを宗廟に藏す。日、給するに暇あらずと雖も、規模弘遠なり。

【弘雅】こうが 高雅。〔後漢書、周栄伝〕臣伏して惟おもふに、古者いにしへ帝王、號令する所有り、言は必ず弘雅、辭は必ず溫麗、後世に垂れ、典經に列す。

【弘簡】こうかん ひろやかでおおどか。〔世説新語、文学注〕に引く道安法師伝〕竺法汰なる者は、體器弘簡、道情冥到めいとうなり。法師、友とし善し。

【弘毅】こうき 心ひろく、志が堅固である。〔論語、泰伯〕曾子曰く、士は以て弘毅ならざるべからず。任重くして道遠し。仁以て己が任と爲す。亦た重からずや。死して後已やむ。亦た遠からずや。

【弘済】こうさい ひろく救う。〔後漢書、郎顗伝〕十室の邑、必ず忠信有り。率土の人、豈に貞賢無からんや。未だ朝廷の賞拔する所有るを聞かず。善を求め務を贊け、弘く元元を濟すくふ所以に非ざるなり。

【弘深】こうしん ひろく深い。深厚。〔文心雕竜、定勢〕箴銘碑誄ひるいは、則ち體制、弘深に於てす。

【弘大】こうだい ひろく大きい。〔韓非子、揚権〕夫それ道なる者は弘大にして形無きも、德なる者は覈理かくりして普あまねく至る。群生に至りては、斟酌して之れを用ひ、萬物皆盛なり、而も其の寧きに與あずからず。

【弘道】こうどう(だう) 道をひろめる。〔論語、衛霊公〕子曰く、人能く道を弘む。道、人を弘むるに非ず。〔集註〕人外に道無く、道外に人無し。然れども人心には覺さとること有るも、道體は爲す無し。

【弘博】こうはく ひろく大きい。〔抱朴子、勖学〕夫れ童謠すら猶ほ聖人の耳目を助く。豈に況はんや墳索ふんさく(三墳八索、古代の典籍)の弘博なるをや。

【弘謨】こうぼ 立派な謀。〔晋書、文六王、斉王攸伝〕罪相ひ及ばず、惡其の身に止まるは、此れ先哲の弘謨にして、百王の達制なり。〜蕤ずい・寔しょくは獻王の子、明德の胤なり。宜しく特宥を蒙り、以て穆親ぼくしんの典を全うすべし。

【弘裕】こうゆう ゆるやか。寛弘。〔北斉書、劉禕伝〕禕、性弘裕、威重ちょう有り、容止觀るべし。昵友じつゆう密友、朝夕遊處すと雖も、敬を加へざる莫なし。

【弘麗】こうれい すぐれて華麗。〔漢書、揚雄伝上〕是の時に先んじ、蜀に司馬相如有り。賦を作ること甚だ弘麗溫雅なり。雄、心に之れを壯とし、賦を作る毎に、常に之れに擬して以て式と爲す。

【弘烈】こうれつ 大業。王業などをさす。〔後漢書、章帝紀〕朕、不德を以て、祖宗の弘烈を受く。

↑弘懿こうい 立派/弘益こうえき 益をひろめる/弘規こうき 大計/弘義こうぎ 節義/弘業こうぎょう 大業/弘侈こうし おごる/弘肆こうし ほしいまま/弘綽こうしゃく ゆったり/弘潤こうじゅん 情け深い/弘敞こうしょう 広大/弘盛こうせい 大きくさかん/弘静こうせい 安らか/弘績こうせき 大功/弘宣こうせん ひろめる/弘暢こうちょう ひろめる/弘通こうつう 通達/弘度こうど 大度/弘徳こうとく 大徳/弘覆こうふ ゆきわたる/弘文こうぶん 弘学/弘壁こうへき 大璧/弘弁こうべん 博弁/弘務こうむ 重任/弘茂こうも さかん/弘宥こうゆう ゆるやか/弘朗こうろう 朗らか

↓恢弘・寛弘・含弘・広弘・深弘・精弘・宣弘・徳弘・豊弘

常【甲】 5 6050 コウ(カフ) よろい かぶと きのえ

篆文 古文 甲骨文 金文 詛楚文

象形 卜文・金文に十字形に作るものがあり、もと亀甲の坼さけている形に象るものであろう。〔説文〕十四下に「東方の孟はじめなり。昜(陽)气きやう萌動す。木の孚甲ふかふ(若芽)を戴くの象に従ふ」と、五行説を以て解するが、小篆の字形によって説くもので、字の初形に合わない。また一説として「甲は人頭に象る」、また古文の字形について「十に始まり、千に見あらはれ、木に成るの象」とするが、卜文・金文の字形よりいえば、亀版の中央を走る千里路と、これに交叉する横の縫線ほうせんをとるもので、まれに田字形に作るものがあるのは、亀版の全形を加えたものであろう。すなわちその甲羅の形。それより、甲冑・甲衣の意となる。十干においてその首にあり、五行では甲乙は木、甲はすなわち「木の兄え」という。乙は獣骨の象。十干は対待五組で構成され、甲乙は亀甲・獣骨を組んだものとみられる。

訓義 ①かめの甲、こうら。②よろい、かぶと、武装、よろい武者。③から、草木のさや、ころも。④あたま、されこうべ。⑤五行の首、きのえ。⑥はじめ、もと。

古訓 〔和名抄〕甲 與路比(よろひ) 〔字鏡集〕甲 キノエ・ツメノコフ・ツメ・マサル・カサナル・ヨロヒ・ナレタリ・ナラヘリ・スグレタリ・ユクオト

声系 〔説文〕に甲声として柙・狎・閘・匣など六字を収める。柙・匣は、亀甲がものを蔵する意をとる字である。

語系 甲keap、介keat は声義近く、甲冑の類をいい、また介虫の類をいう。柙・匣heap は甲の声義をとり、篋khyap、函ham も声義に通ずるところがあって、一系をなす語である。

【甲乙】こうおつ(かふ) 十干の第一・第二。順序。序列。〔後漢書、徐防伝〕孔聖(孔子)既に遠く、微旨將まさに絶えんとす。故に博士十有四家を立て、甲乙の科を設け、以て學者を勉勸す。

【甲科】こうか(かふくわ) 漢代の試験科目。〔漢書、儒林伝序〕平帝の時、王莽政を秉とる。〜歳ごとに甲科四十人を課して郎中と爲し、乙科二十人を太子舍人と爲し、丙科四十人を文學掌故に補すと云ふ。

【甲騎】こうき(かふき) 介冑をつけた騎兵。〔史記、匈奴伝〕士の力能く弓を彎くものは、盡く甲騎と爲す。

【甲札】(こう(かふ)さつ) よろいのさね。甲葉。〔戦国策、燕一〕(蘇代曰く)今臣聞く。王、居處安んぜず、食飲甘しとせず、齊に報ずることを思念し、身自ら甲札を削り、～妻は自ら甲絣(鎧の緒)を組む。

【甲士】(こう(かふ)し) 甲冑の士。〔左伝、閔二年〕(衛)戴公を立てて、以て曹に廬せしむ。～齊侯、公子無虧をして、車三百乘、甲士三千人を帥ゐ、以て曹を戍らしむ。

【甲子】(かっし こう(かふ)し) 十干・十二支を配して六十とするその第一日。殷周には日をしるし、後には年をしるす。〔書、武成〕甲子昧爽(夜あけ)、受(紂)、其の旅(軍)を率ゐること林の若く、牧野に會す。

【甲車】(こう(かふ)しゃ) 戦車。〔左伝、宣二年〕(鄭・宋戦い)宋師敗績す。華元を囚へ、樂呂、及び甲車四百六十乘・俘二百五十人・馘百人を獲たり。

【甲楯】(こう(かふ)じゅん) よろいとたて。〔左伝、哀元年〕呉王夫差、越を夫椒に敗る。～遂に越に入る。越子、甲楯五千を以て會稽を保つ。

【甲裳】(こうしょう(かふしやう)) よろいの草ずり。〔周書、耿豪伝〕豪、少くして𧈪獷、武藝有り。好んで氣を以て人を凌ぐ。～沙苑の戰に、豪、殺傷すること甚だ多し。血、甲裳を染めて盡く赤し。

【甲仗】(こうじょう(かふぢやう)) よろいと兵器。〔周書、武帝紀下〕齊主、其の麾下數十騎と走り、幷州に還る。齊の衆大いに潰ゆ。軍資甲仗、數百里の閒に、委棄(うち棄てる)山積す。

【甲姓】(こう(かふ)せい) 四姓の一、唐代氏姓の等差。〔唐書、儒学中、柳沖伝〕郡姓～凡そ三世、三公有る者を膏粱と曰ひ、令・僕有る者を華腴と曰ひ、尙書・領・護よりして上なる者を甲姓と爲し、九卿若しくは方伯なる者を乙姓と爲す。～(丙・丁)凡そ入るを得る者、之れを四姓と謂ふ。

【甲第】(こう(かふ)だい) 立派な邸宅。〔史記、武帝紀〕列侯の甲第・僮千人・乘輿・斥車馬・帷帳・器物を賜ひ、以て其の家を充たす。

【甲冑】(かっちゅう(かつちう)) よろいかぶと。〔韓非子、喩老〕天下道無くして攻擊休まず。相ひ守ること數年にして已まず。甲冑に蟣蝨を生じ、燕雀帷幄に處りて、而も兵歸られず。

【甲兵】(こう(かふ)へい) 甲士。また、戦争。〔孟子、梁恵王上〕抑ゝ王、甲兵を興し、士臣を危くし、怨みを諸侯に構へ、然る後、心に快きか。王曰く、否。

【甲榜】(こうぼう(かふばう)) 進士。及第者は甲の掲示板に出る。また甲第ともいう。〔陔余叢攷、二十九、甲榜乙榜〕今世、進士を謂ひて甲榜と爲す。其の曾て殿試を經て、名を一二三甲に列するを以てなり。

【甲夜】(こう(かふ)や) 夜八時。初更。〔東観漢記、明帝紀〕(永平三年)甲夜、衆書を讀み、乙更(午後十時)盡きて乃ち寐ね、五鼓に先だちて起く。率ね常に此の如し。

↑甲衣 よろい袋／甲貨 上物／甲械 武器／甲鎧 よろい／甲革 よろいの皮／甲殼 から／甲干 よろいと盾／甲館 太子の宮／甲観 甲館／甲妓 名妓／甲魚 すっぽん／甲金 黄金／甲庫 官庫／甲舍 大邸宅／甲首 甲士／甲匠 具足師／甲帖 田土の売買契約書／甲族 貴族／甲坼 草木の発芽すること／甲頭 百戸の長／甲馬 兵乱／甲部 経部／甲縫 よろいの縫目／甲門 豪家／甲葉 甲札／甲贏 つぶ／甲令 第一の法

↓鞍甲・衣甲・偃甲・戈甲・花甲・科甲・華甲・芽甲・介甲・解甲・魁甲・蟹甲・鎧甲・擐甲・亀甲・旗甲・機甲・弓甲・巻甲・堅甲・犀甲・兕甲・首甲・戎甲・屧甲・精甲・全甲・組甲・装甲・帯甲・橐甲・短甲・鉄甲・遁甲・披甲・伏甲・兵甲・弊甲・鼈甲・保甲・里甲・鱗甲・練甲

入 **【亙】** 6 1010 コウ カン(クヮン) セン わたる

篆文 

象形 建物の周辺にめぐらした垣の形。〔説文〕十三下に「求めて回るなり。二に從ひ、回に從ふ。回は古文の回なり。亘の回る形に象る。上下は物を求むる所なり」(段注本)とするが、垣牆の平面形とみてよい。木部の栖字条六上の古文に亙があり、両岸の間に舟のある象。「わたる」と訓するのはその字である。亘には垣・桓・宣の音があり、「亙る」とはもと別の字である。

訓義 ①わたる、つらなる。②めぐる、あまねし、きわまる、おわる。

古訓 〔名義抄〕亘 ヲハル・ワタル・キハム・ノブ 〔字鏡集〕亘・栖古・亙正 キハム・ノブ・アマネシ・ワタル・ヲハル

声系 〔説文〕に亘声として桓・宣・絚・垣など十二字を収める。亙と亘とを分別して考えるべく、恆(恒)・栖・緪などは亙声、わたる、連なる意がある。

↑亙隔 阻隔する／亙久 長久／亙古 遠い古より／亙絶 遠くへだたる／亙帯 めぐる／亙代 古来より／亙地 あまねく／亙天 天に連なる／亙年 歴年／亙歴 経過／亙連 連なる

↓遠亙・横亙・跨亙・宏亙・弥亙・綿亙・連亙・聯亙

常 **【交】** 6 0040 **〔交〕** 6 0040 コウ(カウ) まじわる かわす

篆文 

甲骨文 

金文 

象形 人が足を組んでいる形。〔説文〕十下に「交脛なり」という。転じて交錯の意となり、交通・交友・交互のような相互の関係の意に用いる。

訓義 ①まじわる、交錯する。②たがいに、こもごも、かわるがわる、入りみだれる。③とりかわす、とりかえる。④人とまじわる、とも。

古訓 〔名義抄〕交 マジハル・マジハリ・ニハカニ・ニハカ・ツルブ・コモゴモ・アハヒ・ハザマ・ヨシビ・カハルガハル・イカデ 〔字鏡集〕交 イロフ・ハサム・コモゴモ・ヨシビ・トモ・アフ・ミチ・サラニ・カハルガハル・マジハリ・マジハル・イタク・イカデ・ツルブ・ニハカニ

部首 〔説文〕に絞(絞)など二字を属する。絞は縊、交結する意の字である。

声系 〔説文〕に交声として效(効)・校(校)・皎・佼・狡・姣・駮など二十二字を収める。效は矢の曲直を正す意で矢に従い、校は千木形式の屋舎を示す字で交に従う。いずれも交とは別の形である。駮もまた駁に作る。佼・姣などは人の姿態をいい、交は姿のよい形とされたのであろう。

語系 交・佼・姣・烄・絞 keô は同声。佼・姣はすらりとした姿をいう。嬌 kiô も声義が近い。烄は交木を燎く祭儀。虯・觩・捄 gyu、樛 kyu も巻曲した形の意をもち、声義に通ずるところがある。

【交易】(こう(かう)えき) 貿易、互市。〔易、繫辞伝下〕日中に市を爲し、天下の民を致し、天下の貨を聚め、交易して退き、各ゝ其の所を得しむ。

【交和】(こうか(かうくわ)) 両軍対峙。和は禾。軍門には両禾を樹てた。〔戦国策、斉一〕秦、道を韓・魏に假りて以て齊を攻む。齊の威王、～之れに應ぜしむ。秦と交和して舍し、使者數ゝ相ひ往來す。

【交蓋】(こう(かう)がい) 車蓋を傾ける。相往来する。宋・黄庭堅〔裴仲謀同年に次韻す〕詩 交蓋す、春風汝水の邊 客牀相ひ對して、僧氈に臥す

【交感】(こう(かう)かん) 感じあう。宋・蘇轍〔南郊賀表〕神人交感し、德澤旁周なり(あまねし)。

【交歓】仲よくする。うちとける。結婚する。唐・李公佐〔南柯太守伝〕一女子を見る。云ひて金枝公主と號す。年十四五可り。儼として神仙の若し。交歡の禮、頗ぶる亦た明顯なり。

【交頸】雌雄相親しむ。〔荘子、馬蹄〕夫れ馬は、陸居しては則ち草を食ひ水を飲み、喜びては則ち頸を交へて相ひ靡(磨)し、怒れば則ち分れ背きて相ひ踶す。馬の知は此に已っく。

【交結】交際し親しくする。〔漢紀、成帝紀三〕(王)莽、遂に將相卿大夫と交結し、名士を救贍し、賓客を賑ひ、家に餘財無し。

【交午】交午柱、華表。〔古今注、下、問答釈義〕堯の設くる誹謗の木(投書箱をつけた木)は、～今の華表木なり。横木を以て柱頭に交へ、狀花の如く、形桔槹に似たり。大路交衢には悉く施す。或いは之れを表木と謂ふ。～今、西京に之れを交午と謂ふなり。

【交際】人とのまじわり。〔潜夫論、交際〕人は惟れ舊く、器は惟れ新し。昆弟は世〻に疎、朋友は世〻親しむ。此れ交際の理、人の情なり。

【交錯】入りまじる。〔詩、小雅、楚茨〕獻醻(盃の交換)交錯し 禮儀卒く度あり
【交情】友情。〔史記、汲鄭伝論賛〕一死一生、乃ち交情を知り、一貧一富、乃ち交態を知る。

【交接】まじわる。〔漢書、劉向伝〕向、人と爲り簡易にして威儀無し。廉靖にして道を樂しみ、世俗と交接せず。積思を經術に専らにす。

【交争】互いに争う。〔史記、張儀伝〕凡そ天下の彊國は、秦に非ずんば楚、楚に非ずんば秦なり。兩國交〻爭はば、其の勢ひ兩立せず。

【交窗】木を組んだ窓。唐・盧照鄰〔長安古意〕詩 複道(上下二階の渡り廊下)の交窗、合歡を作し 雙闕の連甍、鳳翼を垂る
【交質】人質を取り交わす。〔左伝、隠三年〕周・鄭交〻質す。王子狐、鄭に質と爲り、鄭の公子忽、周に質と爲る。

【交通】往来する。〔史記、灌夫伝〕(灌)夫、文学を喜まず。任俠を好み、然諾を已す。諸〻の與に交通する所、豪傑大猾に非ざる無し。

【交友】友としてまじわる。〔後漢書、仲長統伝〕仲長統、～年二十餘、靑・徐・并・冀の閒に游學す。與に交友する者、多く之れを異とす。

【交游】まじわる。交友。〔管子、権修〕其の交游を觀ば、則ち其の賢不肖察すべきなり。

↑交椅 椅子／交印 事務の引き継ぎ／交陰 木の陰／交援 援け合う／交加 入り交じる／交会 出会う／交匯 交わり巡る／交画 交わる線／交格 戦う／交換 とりかえ／交款 交歓／交驩 交歓／交誼 友情／交脚 足を組む／交窮 貧乏神／交挙 飲み交わす／交拱 一抱え／交衢 四辻／交契 よしみ／交撃 撃ち合う／交献 交挙／交股 交脚／交口 口ぐち／交媾 交合／交婚 交替婚／交叉 十文字／交酢 交挙／交雑 まじる／交市 互市／交私 密約／交耳 耳語／交識 つきあう／交爵 交觴／交手 拱手／交輸 燕尾の裾／交収 受け取る／交酬 贈答する／交牀 しょうぎ／交照 親交／交睫 眠る／交觴 献酬／交譲 相譲る／交織 まぜ織り／交親 親交／交刃 戦う／交衽 おくみ／交訊 音信／交綏 両軍が撤退する／交噬 かみ合う／交戦 戦う／交訴 訴えあう／交兌 払う／交拏 格闘／交唾 唾を吐きあう／交待 交際／交替 交代／交態 交わり方／交謫 責めあう／交単 送り状／交締 結びあう／交刀 鋏／交党 徒党／交頭 ささやく／交闘 戦う／交道 交際の道／交拝 相拝する／交配 人工受精／交縛 しばる／交番 代わり番／交盤 引き継ぎ／交尾 つるむ／交臂 相逢う／交付 渡す／交紛 もつれる／交兵 戦う／交朋 友人／交鋒 戦う／交貿 貿易／交盟 盟う／交遊 交游／交絡 まつわる／交乱 乱れる／交流 交わる／交領 えり／交縷 もつれる／交礼 礼を交わす
↓遠交・外交・旧交・結交・国交・死交・私交・手交・修交・情交・深交・親交・性交・清交・絶交・淡交・断交・締交・肉交・納交・面交・蘭交・礼交

【伉】 6 2021 コウ(カウ) たぐい あたる

篆文

形声 声符は亢。亢はうなじ。直立するもの、剛強なるもの、相対するものなどを示す意がある。伉は伉行・伉儷のように、相対するものをいう。

訓義 ①たぐい、相当たるもの、相敵するもの。②つよい、たかい、すこやか。③おごる。

古訓 〔名義抄〕伉 ヒトシ・ナラブ・カタキ・タクラブ・アタ・アグ・カシコシ・タフ／伉儷 モノノコノミスルナリ 〔篇立〕伉 ヲウ・カタシ・タクラブ・アタ・カタキ・アク

語系 伉・抗khangは同声。ともに伉直にして人に抗する意がある。亢kangの声義を承ける字である。扞・捍hanも抵抗の意があり、同系の語。

【伉健】強健なもの。〔漢書、宣帝紀〕秋、大いに發して關東の輕車鋭卒を興調し、郡國の吏三百石の伉健にして騎射に習ふ者を選び、皆軍に從はしむ。～凡そ五將軍、～咸く匈奴を撃つ。

【伉行】世俗に従わぬ高ぶった行為。〔文子、下徳〕世に放り物を賤しみ、流俗に從はざるは、士の伉行なり。而して治世には以て化民と爲さず。

【伉直】剛直で妥協しない。〔史記、仲尼弟子伝〕子路、性鄙しく、勇力を好み志、伉直なり。雄雞を冠し、豭豚(の皮の剣)を佩び、孔子を陵暴す。～後、儒服して質を委す(入門する)。

【伉礼】対等の礼。〔荘子、漁父〕萬乘の主、千乘の君、夫子を見るに、未だ嘗て庭を分つて伉禮せずんばあらず。夫子猶ほ据敖の容有り。

【伉厲】つよくて厳しい。〔史記、汲黯伝〕黯、時に(張)湯と論議す。湯は辯にして常に文深小苛に在り。黯、伉厲守高、屈すること能はず。

【伉儷】妻。夫婦。晉・左思〔詠史、八首、七〕詩 (朱)買臣、采樵(柴刈り)に困しみ 伉儷、宅に安んぜず
↑伉俠 任俠／伉衡 対抗する／伉合 並びあう／伉壮 強壮／伉特 剛直／伉配 伉儷
↓簡伉・驕伉

常 【光】 6 9021 コウ(クヮウ) ひかり ひかる

篆文 古文 甲骨文 金文

会意 火＋儿(人)。人の頭上に火光をしるし、火を掌る人を示す。見・望(朢)・先・聖(聖)・萈、また聞の初文など、すべてその機能を上に掲げるもので、同じ形式の造字法である。殷の金文に光の下部を女の形に作るものがある。〔説文〕十上に「明なり」とあり、光明の意とする。金文の〔令彝〕に「用つて父丁

（父の廟号）を光かしむ」、〔毛公鼎〕「文武の耿光」、〔晋姜鼎〕「敏しみて厥の光剌に揚へん」のように、光栄・光烈の意に用いている。

訓義 ①ひかり、ひかる。②かがやき、つや、はえ。③ほまれ、いさお、めぐみ、かざり。④ひろい、大きい、遠い。⑤文物の美、光景の美。

古訓 〔名義抄〕光 ヒカリ・ミテリ・テル・オホキナリ・ミツ・サカエ・ウルハシ・ヒカル・ツヤ、カナリ・ホシマムナ

声系 〔説文〕に光声として晃・洸など五字を収める。〔説文〕十三下にまた黄（黄）を古文光に従うとするが、黄は佩玉の形で、光とは別系の字である。

語系 光kuang、晃・煌huangは声義近く、晃・煌は光の状態をいう。景・鏡（鏡）kyang、影yang、曠khuangも、みなこの系列に属し、光景・光耀に関する語である。

【光陰】 年月。唐・李白〔春夜、桃李園に宴するの序〕夫れ天地は萬物の逆旅（宿）にして、光陰は百代の過客なり。

【光栄】 ほまれ。〔塩鉄論、散不足〕哀戚の心無しと雖も、厚葬重幣の者は、則ち稱して以て孝と爲し、顯名世に立ち、光榮俗に著はる。

【光炎】 ひかりと、ほのお。光焔。〔韓詩外伝、一〕日月高からざれば、則ち照らす所遠からず、水火積まざれば、則ち光炎博からず。

【光焰】 ひかりと、ほのお。光炎。唐・韓愈〔張籍を調ふ〕詩 李（白）・杜（甫）、文章在り 光焰、萬丈長し

【光華】 美しい輝き。〔尚書大伝、一、虞夏伝〕時に俊乂百工相ひ和して卿雲（めでたい雲）を歌ふ。帝乃ち之れに倡へて曰く、卿雲爛たり 糺として縵縵たり 日月光華あり 旦復た旦と。

【光輝】 かがやき。〔孟子、尽心下〕充實するを之れ美と謂ひ、充實して光輝有るを之れ大と謂ひ、大にして之れを化するを之れ聖と謂ふ。

【光儀】 美しい容儀。〔遊仙窟〕敢て心素を陳ぶ。幸ひに願はくは照知せよ。若し其の光儀を見ることを得ば、豈に敢て其の萬一を論ぜんや。

【光景】 日のひかり。時。唐・李白〔相逢行〕詩 光景、人を待たず 須臾にして髮、絲を成す

【光顕】 明らかに顕われる。〔論衡、吉験〕創業龍興は、微賤由よりし、顚沛より起ること、高祖・光武の若き者は、曷ぞ嘗て天人神怪、光顯の驗無からんや。

【光彩】 美しい色どり。魏・文帝〔芙蓉池の作〕詩 丹霞、明月を挾み 華星、雲間に出づ 上天、光彩を垂る 五色一に何ぞ鮮やかなる

【光照】 てらしかがやく。〔国語、鄭語〕天明地德を淳燿敦大にして、四海を光照するを以て、故に之れに命けて祝融と曰ふ。

【光寵】 名誉、恩寵。漢・司馬遷〔任少卿（安）に報ずる書〕僕～之れを下にしては（一身上のことに関していえば）、積日累勞、尊官厚祿を取り、以て宗族交遊の光寵を爲すこと能はず。

【光被】 ひろく及ぶ。〔書、尭典〕允に恭しくして克く讓る。四表に光被し、上下に格る。

【光風】 雨後のさわやかな風。宋・黄庭堅〔濂渓詩の序〕春陵の周茂叔、人品甚だ高く、胸中の灑落なること、光風霽月の如し。

【光明】 ひかり。光りかがやく。〔後漢書、南匈奴伝〕昭君の豐容靚飾、漢宮に光明す。顧景裴回するに、左右を竦動す。帝見て大いに驚く。

【光臨】 お出でになる。魏・曹植〔七啓〕遐路を遠しとせず、幸に光臨せらる。將に敬んで耳を滌ひ、以て玉音を聽かんとす。

【光烈】 大業。〔潜夫論、讃学〕凡そ勳績を顯はし、光烈を揚げんと欲する者は、學より良きは莫し。

↑光瑩 ひかり／光遠 遠く照らす／光艶 つややか／光燗 光炎／光化 徳化／光赫 輝く／光鑒 手本／光晷 ひかり／光暉 光輝／光煇 光輝／光熙 ひかり／光勲 大功／光啓 ひらく／光慶 慶事／光絢 つややか／光顧 光臨／光晃 あきらか／光耿 明るく輝く／光采 光彩／光済 すくう／光賛 賛ける／光燦 輝く／光讃 光賛／光施 広く施す／光示 明示／光潤 つや／光昭 光照／光色 つや／光飾 飾り／光燭 てらす／光翠 緑のひかり／光鮮 鮮やか／光闡 かがやき、あきらかとなる／光大 盛大／光宅 治める／光沢 つや／光統 治める／光波 眼光／光髪 赤毛／光賁 来臨／光美 うるわしい／光表 光被／光敷 光施／光覆 おおう／光復 回復／光輔 たすける／光芒 ひかり／光鋩 光芒／光有 保存／光佑 佑ける／光裕 大いにする／光猷 立派な謀／光誉 ほまれ／光亮 あきらか

↓威光・雲光・暈光・栄光・円光・炎光・霞光・回光・開光・寒光・感光・観光・含光・眼光・巌光・熙光・輝光・脚光・逆光・休光・炬光・虚光・鏡光・暁光・旭光・極光・蛍光・景光・熒光・月光・剣光・顕光・孤光・弧光・後光・紅光・高光・国光・金光・採光・三光・散光・射光・遮光・赤光・寂光・珠光・春光・曙光・昭光・消光・晶光・燭光・晨光・新光・水光・垂光・翠光・瑞光・清光・晴光・精光・雪光・川光・閃光・争光・大光・池光・昼光・寵光・電光・灯光・投光・東光・韜光・日光・年光・発光・微光・白光・風光・分光・葆光・明光・夜光・幽光・牖光・余光・妖光・容光・揚光・陽光・流光・燐光・霊光・烈光・露光・和光

常 【后】 6 7226 コウ ゴ きみ きさき のち

篆文 金文 甲骨文

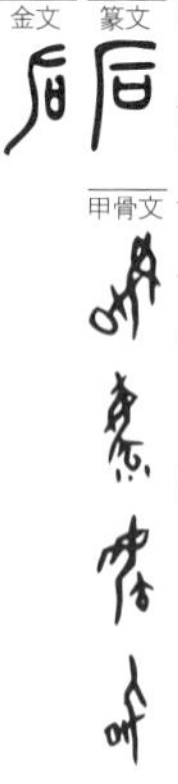

会意 人＋口。口は㔾、祝詞を収める器。字の立意は君と似たところがある。〔説文〕九上に「繼體の君なり」とし、「人の形に象る。令を施して以て四方に告ぐ。故に之れを厂る。一に從ふ。口もて號を發する者は君后なり」と說くが、字は一と厂とに分かつべきものではない。神話的な古帝王に、夏后・后羿のように后とよぶものが多い。卜文の后の字は毓の形に作り、母后の分娩の形に作る。卜文に后祖乙・后祖丁を毓祖乙・毓祖丁に作る。后は後の意。早くからその訓があったのであろう。

訓義 ①きみ、おそらく女君。②きさき、王の妃。③のち。

古訓 〔名義抄〕后 キミ・ノチ 〔字鏡集〕后 キサス（キ）・ヒメ・ノチ・キミ

部首 〔説文〕に垢をこの部に属する。后はおそらく毓の簡略形から出たものであろうが、すでに原形との関係をたどりがたい。君と立意の近い字であるから、君と同じく口部に属すべき字である。

声系 〔説文〕に后声として詬・垢・姤など六字を収め、おおむね詬辱の意をもつ。后はもと生子の象で、人の後部の意をもつ字であるからであろう。

語系 后・垢hoは同声。竅・噭kyôも声義が近い。后・垢、竅・噭はあたかも相対する関係にある。口kho、孔khong、尻kheu、竄khiuat、窖keuなども同系の語であろう。

【后王】 王。君主。〔礼記、内則〕后王、冢宰（宰相）に

命じ、徳を衆兆の民に降す。

【后稷】周の祖神。稷は五穀。のち、その農官。〔書、舜典〕棄(后稷の名)、黎民飢ゑに阻めり。汝后稷となり、時の百穀を播け。

【后土】地の神。〔左伝、僖十五年〕君、后土を履み、皇天を戴く。皇天后土、實に君の言を聞く。

↑后祇 地の神／后職 皇后の位／后族 外戚／后帝 天の神／后党 外戚の一族／后妃 きさき／后辟 君主

↓王后・群后・元后・皇后・高后・三后・主后・先后・太后・天后・母后・明后・立后・霊后

常【向】6 2722

コウ(カウ) キョウ(キャウ) ショウ(シャウ)

まど むかう

篆文 甲骨文 金文

会意 冂(窓の形)＋口。口は𠙵、祝詞を収める器の形。窓は神明を迎えるところ。そこに神を迎えて祀った。〔説文〕七下に「北に出づる牖なり。宀に從ひ、口に從ふ」とし、〔段注〕に口を窓枠の形とするが、窓枠は囧の形にしるす。古く地下形式の住居は、中央に空庭を設けて光を取り、そこから横穴式に四方に房を設けた。その窓明かりを神明にみたて、月光の入るところを朙(明)として祀った。〔儀礼、士虞礼記〕「祝、從ひて牖鄕を啓く」とは、その窓を開くことをいう。嚮はその向に鄕(鄕)かう意。姓に用いるときは、ショウの音でよむ。

訓義 1まど、神明を迎えるまどの形、きたまど。2むかう、すすむ、むきあう、したう。3嚮・鄉と通じ、さきに。

古訓 〔名義抄〕向 ムカフ・サキ・ナンノ＼トス・イマシ・イタル・カミ・マサニ・ユクヘ／向來 イマシ・タヾイマ 〔字鏡集〕向 オモムク・ユクスヱ・マホル・イマシ・アツ・ムカフ・サキ・ムネ・イタル・マド・カミ・サキツカタ・サキニ

語系 向・享・饗(饗)xiangは同声。獻(献)xianも声義に通ずるところがあり、向はもと神明を迎える窓に享献を行うこと、その享献の場であった。

【向学】学問に志す。宋・曾鞏〔襄州、到任を謝する表〕伏して念ふに、臣素より向學の心堅し。幸ひに好文の主に遇ひ、名を儒館に備ふること、十有三年なり。

【向後】今後。唐・皮日休〔魯望の春を惜しみて寄せらるるに奉詶す〕詩 以前愁ひを被りて、將に去らんとすと雖も 向後、須らく酒を領し來らしむべし

【向使】仮定。かりに～であったなら。〔後漢書、張衡伝〕向使し能く前を瞻み後ろを顧み、鏡を援りて自戒せば、則ち何ぞ凶患に陥ることあらんや。

【向者】さきに。〔列子、黄帝〕(楊朱)膝行して前みて曰く、向者に夫子(老子)天を仰ぎて歎じて曰く、始め汝を以て教ふべしと爲せしも、今は教ふべからずと。～今や夫子閒なり。請ふ、其の過ちを問はんと。

【向背】賛成と不賛成。順逆の動向。〔魏書、楊侃伝〕今且く軍を此こに停めて以て歩卒を待ち、兼ねて民情の向背を觀ん。然る後行ふべし。

【向物】さきのもの。〔晋書、郭璞伝〕一物の猴に似たるものを得て持ち歸る。此の物、死馬を見て便ち其の鼻を噓吸す。頃之くして馬起ち、奮迅して嘶き鳴く。～復た向きの物を見ず。

【向壁】壁に向かう。後ろを向く。〔漢紀、武帝紀五〕(李)夫人、病むこと甚だし。～上、固く之れを見んと欲す。夫人遂に轉りて壁に向ひ、歔欷して復た言はず。是こに於て上悦ばずして起つ。

【向来】これまで。従来。宋・楊万里〔晩に常州を過ぐ〕詩 人民城郭、依然として是なり 只だ向來鬢鬚の非なる(白くなる)有り

↑向隅 仲間外れ／向上 上達する／向風 したう／向慕 したう／向陽 日に向かう／向例 前例

↓意向・一向・回向・下向・外向・帰向・傾向・参向・志向・指向・趣向・出向・趨向・性向・対向・転向・動向・内向・背向・偏向・方向・影向

【夅】6 2750 〔降〕9 7725

コウ(カウ) くだる

篆文

会意 夂＋㐄。上から左右の足が下る形。神が神梯を上下することを陟降という。神梯を下る形が降(降)。〔説文〕五下に「服するなり」と降服の意とするが、もと降下・降臨をいう字で降の初文。神が高杉などに降るを夅といい、その山を峯という。夂は夅の省略形である。

訓義 1くだる、神霊が降下する。2降と通じ、下る、伏する。

古訓 〔字鏡集〕夅 クダル・シタガフ

声系 〔説文〕に夅声として洚・降など五字を収める。洚水は洪水。洚水は天譴のしるしとされた。

常【好】6 4744

コウ(カウ) うつくしい よい このむ

篆文 金文 甲骨文

会意 女＋子。〔説文〕十二下に「美なり」、〔方言、二〕に「關よりして西、秦・晉の閒、凡そ美色なるもの、或いは之れを好と謂ふ」とみえる。金文に「好賓」「好朋友」の語があり、また〔芈伯𣪘〕に「用て朋友と百諸婚媾に好せん」とあって、親好の意に用いる。のち美好・好悪の意となる。また璧玉の中央の孔をいう。

訓義 1うつくしい、よい。2したしい、したしむ、むつまじい。3このむ、よろこぶ。4璧の孔。5はなはだ。

古訓 〔名義抄〕好 ヨシ・コトムナシ・カホヨシ・ヨシヒ・ヨミス・ハタハタ・ヲウナ・ウルハシ・コノム 〔字鏡集〕好 コノム・カホヨシ・ウルハシ・コトンナシ・アイス・アソブ・スグレタリ・ヲウナ・ヨミス・ハナハダ・ヨシミ・ヨシ

語系 好xuは孔・空(空)khong、跫khiong、また窾khuanと通じて、穴の意がある。また、同様に款khuan、懇khanとも通ずるところがあって、懇親の意があるのであろう。

【好意】善意。親切。宋・蘇軾〔張嘉州を送る〕詩 歸來還た受く、一大錢 好意違ふ莫し、黄髮の叟(老人)

【好陰】好ましい陰。唐・白居易〔晩涼偶詠〕詩 新葉、好陰多し 初筠、佳色有り

【好雨】ほどよい雨。唐・杜甫〔春夜雨を喜ぶ〕詩 好雨、時節を知る 春に當りて乃ち發生す

【好詠】よい詩。明・高啓〔梅花、九首、一〕詩 何郎(何晏)の去りてより、好詠無し 東風愁寂、幾回か開く

【好悪】好ききらい。嗜向。〔礼記、王制〕市に命じて賈を納れしめ、以て民の好惡する所を觀る。

【好音】美しい声。唐・杜甫〔蜀相〕詩 階に映ずる碧草、自ら春色 葉を隔つる黄鸝、空しく好音

【好歌】よい歌。〔詩、小雅、何人斯〕靦たる面目有り 人を視るに極まり罔し 此の好歌を作りて 以て反側(無節操)を極む

【好懐】親しさ。楽しさ。晋・陶潛〔飲酒、二十首、九〕詩 清晨に門を叩くを聞く 裳を倒にして(急いで)、往

きて自ら開く 問ふ、子を誰とか爲す 田父、好懷有り

【好艾】こうがい 嬖臣。お気に入り。男色をもいう。〔国語、晋語二〕國君、艾を好むときは、大夫殆し。

【好客】こう(かう)かく 好ましい客。元・虞集〔呂教授の臨川に還るを送る〕詩 黄金、臺を作りて好客を留む 好客留まらずして、秋月白し

【好学】こう(かう)がく 学問を好む。〔論語、雍也〕顔回といふ者有り。學を好めり。怒りを遷さず、過ちを貳びせず。不幸、短命にして死せり。今や則ち亡し。

【好漢】こう(かう)かん よい男。快男子。〔大唐新語、六、挙賢〕長安中、則天(武后)狄仁傑に問うて曰く、朕、一好漢の使を要む。有るかと。仁傑對へて曰く、～則ち今の宰臣李嶠・蘇味道、亦た之れが使爲たるに足る～と。～則天悦びて曰く、此れ朕が心なりと。

【好翫】こうがん 好んで弄ぶ。好玩。〔三国志、呉、韋曜伝〕今世の人、多くは經術を務めず、好んで博奕を翫ぶ。事を廢し業を棄て、寢と食とを忘る。

【好句】こう(かう)く よい詩句。宋・陸游〔落魄〕詩 好句尚ほ來る、枕に欹る處 壯心時に在り、倚樓の中

【好景】こう(かう)けい よい風景。宋・蘇軾〔劉景文に贈る〕詩 荷盡きて已に雨を擎ぐるの蓋無し 菊殘して猶ほ霜に傲るの枝有り 一年の好景、君須らく記すべし 正に是れ、橙黄橘綠の時

【好言】こう(かう)げん 善言。〔詩、小雅、正月〕好言口よりす 莠言(人を惑わす言)も口よりす

【好古】こう(かう)こ 古のことを好む。〔論語、述而〕我は生まれながらにして之れを知る者に非ず。古を好みて、敏以て之れを求むる者なり。

【好語】こう(かう)ご よいことば。宋・蘇軾〔宜興に帰り、竹西寺に留題す、三首、三〕詩 山寺歸り來たつて、好語を聞く 野花啼鳥も、亦た欣然たり

【好在】こう(かう)ざい 健在。お元気で。〔朝野僉載、六〕天后の朝、地官郎中周子恭、忽然として暴かに亡す。大帝の殿上に坐するを見る。～帝曰く、我許子儒を喚べるに、何爲れぞ錯りて子恭を將れ來たると。～子恭蘇へり、家中に問うて曰く、許侍郎は好在なりや否やと。時に子儒～已に病み、其の夜卒す。

【好字】こう(かう)じ 嘉字。〔蛍雪叢説、一〕江南の人、機巧を習尚す。故に其の小名、多くは是れ好字なり。自高の心を見るに足る。江北の人、大體眞に任ず。故に其の小名、多く佳字に非ず。自貶の意を見るに足る。

【好事】こう(かう)じ よいこと。〔北夢瑣言、六〕晉の相和凝、少年の時好んで曲子詞を爲る。～契丹夷門に入り、號して曲子相公と爲す。所謂好事門を出でず、惡事千里に行くなり。

【好日】こう(かう)じつ 吉日。〔旧唐書、李忠臣伝〕監軍大將固く請うて曰く、軍行須らく吉日を擇ぶべしと。忠臣、臂を攘ひ衆に奮ひて曰く、焉んぞ父母寇難に遇へるに、好日を待ち揀び、方めて患を救ふ有らんやと。即日進發す。

【好爵】こう(かう)しゃく 立派な官爵。斉・孔稚珪〔北山移文〕容を江皐に假ると雖も、乃ち情を好爵に纓く。

【好手】こう(かう)しゅ 妙手。上手。唐・杜甫〔奉先の劉少府の新たに画ける山水障の歌〕詩 畫師亦た無數なるも 好手遇ふべからず 此れに對して、心神融く 知る、君が毫素(画事)を重んずることを

【好春】こう(かう)しゅん よい春。宋・楊万里〔除夜、石塔寺に宿す〕詩 幸ひに爆竹の寒夢を驚かす無し 羨むことを休めよ、椒花の好春を頌するを

【好処】こう(かう)しょ 佳処。見どころ。唐・韓愈〔早春、水部張十八員外に呈す、二首、一〕詩 最も是れ、一年春好き處 絶勝なり、花柳、皇都に滿つ

【好尚】こう(かう)しょう(しやう) すき好み。ねがい。〔顔氏家訓、序致〕吾が家の風教、素より整密と爲す。～兩兄に從ふ每に～嚴君に朝するが若し。賜ふに優言を以てし、好尚する所を問ひ、短を勵まし、長を引き、懇篤ならざる莫し。

【好色】こう(かう)しょく 美色を好む。〔論語、子罕〕吾未だ德を好むこと、色を好むが如き者を見ざるなり。

【好竹】こう(かう)ちく 美しい竹。〔晋書、王徽之伝〕時に呉中の一士大夫の家に好竹有り。之れを觀んと欲し、便ち坐輿を出で、竹下に造り、諷嘯良や久し。主人洒掃して坐せんと請ふ。徽之顧みず。

【好風】こう(かう)ふう 快い風。晋・陶潜〔山海経を読む、十三首、一〕詩 微雨、東より來たり 好風之れと倶にす 周王の傳(穆天子伝)を汎覽し 山海(経)の圖を流觀す

【好物】こう(かう)ぶつ よいもの。唐・白居易〔簡簡吟〕詩 大都好物は堅牢ならず 彩雲は散じ易く、琉璃は脆し

【好文】こう(かう)ぶん 学問ずき。唐・岑参〔感旧の賦〕幸ひにして時主の好文に逢ひ、滄浪の垂釣を學ばず。

【好弁】こう(かう)べん 議論ずき。〔孟子、滕文公下〕公都子曰く、外人皆夫子の辯を好むと稱ふ。敢て問ふ、何ぞやと。孟子曰く、予れ豈に辯を好まんや。予、已むことを得ざればなり。

【好弄】こう(かう)ろう 遊び戯れることを好む。〔宋史、文苑五、黄伯思伝〕幼より警敏、弄を好まず。日に書を誦すること千餘言。～古文奇字を好む。

↑好愛 好む／好佚 なまけずき／好飲 酒すき／好雲 形のよい雲／好園 好庭／好花 佳花／好貨 良質の貨／好会 よい集まり／好官 栄職／好看 美観／好感 好印象／好奇 ものずき／好機 よい機会／好誼 親切／好喫 たしなむ／好仇 よい相手／好逑 好仇／好虚 うそずき／好業 よい仕事／好潔 潔癖／好月 良月／好賢 賢を好む／好謙 謙遜家／好個 適当な／好合 仲よし／好才 妙才／好彩 好運／好山 よい山／好士 好人物／好施 ほどこしずき／好嗜 嗜好／好詩 よい詩／好賜 よい賜物／好似 そっくり／好児 よい児／好辞 好言／好秋 よい秋／好羞 ご馳走／好醜 美醜／好住 健在／好女 美女／好将 良将／好食 美食／好心 好意／好人 善人／好生 情け深い／好声 美声／好説 論客／好戦 戦争ずき／好善 よい／好相 よい人相／好僧 善憎／好憎 愛憎／好鳥 佳禽／好適 似合う／好道 道を好む／好比 親しむ／好美 美しい／好匹 好仇／好婦 良婦人／好武 武を好む／好慕 慕う／好朋 良友／好妙 絶妙／好夢 吉夢／好名 名を好む／好茗 茗茶／好問 問いずき／好用 よい贈り物／好礼 礼を好む／好廉 潔白ずき

↓愛好・温好・嘉好・雅好・恰好・格好・玩好・旧好・妍好・娟好・交好・姣好・嗜好・肆好・時好・修好・醜好・少好・情好・親好・精好・静好・絶好・鮮好・相好・通好・適好・同好・美好・妙好・友好・容好・良好・隣好・麗好

【巟】 6 0021 コウ(クヮウ) むなしい

篆文

金文
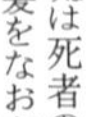

象形 亡(亡)は死者の残骨の象。その頭髪をなお存する形で、荒(荒)の初文とみるべき字。巟の草間に遺棄される字が荒である。〔説文〕十一下に「水廣きなり。川に從ひ、亡聲」とするが、下部は県の従うところと同じく頭髪の象で、川の流れではない。流(流)の従うところは㐬で倒子の象。流は子の生ま

れる形。あるいは屍の流れる形。巟は空虚荒廃のことをいう。

訓義 ①屍、残骨。②むなしい、すさむ。③ひろい、さびしい。

古訓 〔字鏡集〕巟 オヨブ・イタル

声系 〔説文〕に巟声として荒・謊など七字を収める。謊は〔説文〕三上に「夢に言ふなり」とあり、たわ言をいう。妄荒の意を承ける。

語系 巟・荒 xuang は同声。凶 xiong は声義が近い。薉(穢) iuat、廣(広) kuang、曠 khuang は荒穢・広漠の意があり、みな一系の語である。

↓包巟

【扛】 6 5101 コウ(カウ) あげる

篆文

形声 声符は工。〔説文〕十二上に「横關對擧するなり」とあり、鼎の立耳などに横木を通してもち上げる意とする。工は虹のように、左右の両辺にわたるものをいう。〔史記、項羽紀〕に「籍、長け八尺餘、力能く鼎を扛ぐ」とは、人の対挙するものを、一人であげる意である。

訓義 ①あげる、両手でもちあげる、さしあげる。②かつぐ、になう。

古訓 〔新撰字鏡〕扛 力久良戸(ちからくらべ)〔名義抄〕扛 アグ〔字鏡集〕扛 アガル・カナヘアグ・アゲック・アグ・トル

↑扛荷 になう/扛挙 もち上げる/扛醵 自前で飲む/扛轎 かごかき/扛喪 挙哀/扛鼎 多力/扛夫 かごかき

↓牽扛・手扛

【扣】 6 5600 コウ ひかえる

篆文

形声 声符は口。馬の口をとってひかえる意。〔説文〕十二上に「馬を牽くなり」とあり、馬の轡をとる意とする。

訓義 ①ひかえる、馬の口をとる、馬をひかえる。②さしひく、しりぞける。③たたく、うつ。

古訓 〔篇立〕扣 カナヒテ・ウツ・タ、ク・ヲサ・ヒキテ〔字鏡集〕扣 オサフ・タモツ・サ、グ・タ、ク・マコト・ヒカフ・ヒロフ・ウツ

語系 扣・叩・敂 kho は同声。敲 kheô、攷 khu も声義が近い。

【扣額】ぬかずく。〔元史、孝友二、王士弘伝〕父搏、疾有り。士弘、家貲を傾けて醫を求む。醫を見て卽ち拜し、遍く諸神に禱り、扣額して瘡を成す。

【扣関】関門を叩いて通ることを求める。〔後漢書、西域伝序〕西域内附すること日久しく、區區東望して、關を扣たく者數しばなり。

【扣絃】琴などを爪弾く。〔楽府雑録、琵琶〕貞元中、王芬・曹保有り。(保の孫)曹綱、運撥を善くし、風雨の若し。而れども扣絃を事とせず。

【扣舷】ふなばたをたたく。歌の調子を取る。宋・蘇軾〔赤壁の賦〕是に於て酒を飲みて樂しむこと甚だし。舷を扣きて之れを歌ふ。

【扣門】門を叩く。人を訪う。〔淮南子、斉俗訓〕門を扣きて水を求むれば、與へざる者莫し。饒足する所なればなり。

↑扣扃 叩門/扣減 減らす/扣住 ひきとめる/扣除 差し引く/扣取 差し引く/扣戸 叩門/扣算 差し引く/扣鐘 鐘を打つ/扣請 扣問/扣折 割引き/扣刀 剣に手をかける/扣頭 扣額/扣馬 馬を控える/扣発 啓発する/扣跋 排撃する/扣扉 扣扃/扣棒 給料差し引き/扣問 質問する/扣留 ひかえとどめる

↓額扣・待扣・節扣

【攷】 6 1824 コウ(カウ) たたく かんがえる

篆文

形声 声符は丂。〔広雅、釈詁三〕に「敂くなり」とあり、叩と声義が近い。また考と通用する。

訓義 ①たたく、うつ。②かんがえる。

＊語彙は考字条参照。

↑攷異 異文を校訂する/攷核 調べる/攷覈 しらべ考える/攷究 考究/攷捄 考証/攷撃 攻める/攷験 験証する/攷攷 急迫する/攷校 考訂する/攷試 考査/攷釈 考釈/攷証 考証/攷正 校正/攷訂 校訂/攷駁 駁正する/攷文 校訂/攷問 審問する

常【江】 6 3111 コウ(カウ) かわ

篆文 金文

形声 声符は工。工に左右にわたり、ゆるやかにまがるものの意がある。〔説文〕十一上に水名とし、長江をいう。秦の〔鄂君啓節〕は水陸の交通路を示した虎符であるが、長江を江、他を澮江・湘・沅・澧のようによんでいる。揚子江は岷江を合わせた下流の名で、揚州揚子附近の名をとり、唐以後に行われるようになった。

訓義 ①かわ。②揚子江、大江、長江。

古訓 〔和名抄〕江 衣(え)〔名義抄〕江 エ

声系 〔説文〕に江声として鴻を収める。江は雁行の姿に擬したものであるかもしれない。

【江鷗】江に棲むかもめ。〔宋書、五行志三〕(宋)文帝元嘉二年春、江鷗鳥數百有り、太極殿前の小階内に集る。明年、徐羨之等を誅す。

【江介】江のほとり。魏・曹植〔雑詩、六首、五〕江介、悲風多し 淮泗、急流を馳す

【江海】江湖と海。世間。〔荘子、譲王〕中山の公子牟～曰く、身、江海の上に在るも、心、魏闕(宮廷)の下に居るは奈何と。

【江魚】河の魚。〔楚辞、漁父〕寧ろ湘流に赴いて江魚の腹中に葬らるるも 安くんぞ能く皓皓の白きを以て世俗の塵埃を蒙らんや

【江月】江上の月。唐・張謂〔裴侍御の上都に帰るを送る〕詩 江月、人影に隨ひ 山花、馬蹄を趁ふ

【江湖】江と湖。宮廷に対して世間。〔南史、隠逸上、序伝〕夫の陶潛の徒の若きは、～或いは迹を江湖の上に遁れ、或いは名を巖石の下に藏す。斯れ並みな向時(昔)隱淪の徒なるか。

【江皋】水沢の地。〔楚辞、九歌、湘夫人〕朝に余が馬を江皋に馳せ 夕べに西澨(水涯)に濟る

【江山】山河。宋・蘇軾〔後の赤壁の賦〕江流聲有り、斷岸千尺。山高く月小に、水落ちて石出づ。曾ち日月の幾許ぞ、而ち江山復た識るべからず。

【江樹】河畔の木。斉・謝朓〔宣城郡に之かんとして、新林浦を出でて板橋に向ふ〕詩 天際に歸舟を識り 雲中に江樹を辨つ

【江渚】川のほとり。唐・王勃〔滕王閣〕詩 滕王の高閣、江渚に臨めり 佩玉鳴鸞、歌舞罷む

【江上】江のほとり。唐・崔顥〔黄鶴楼〕詩 日暮郷關、何れの處か是なる 煙波江上、人をして愁へしむ

【江城】江畔にある城市。唐・李白〔史郎中欽と黄鶴楼上に笛を吹くを聴く〕詩 黄鶴樓中、玉笛を吹く 江城五月、落梅花

【江心】江の中流。唐・白居易〔琵琶行〕詩 東舟西舫、悄として言無し 唯だ見る、江心秋月の白きを

【江水】こう(かう)すい 長江の流れ。唐・杜甫〔江頭に哀しむ〕詩 人生、情有り、涙、臆(胸)を沾す 江水江花、豈に終に極まらんや
【江声】こう(かう)せい 江流の音。唐・元稹〔夜深に行く〕詩 夜深くして、猶ほ自ら江を繞りて行く 地を震はして、江聲、鼓聲に似たり
【江勢】こう(かう)せい 江水の流れる勢い。唐・劉禹錫〔招隠寺に題す〕詩 地形、渚に臨みて斷え 江勢、山に觸れて回る
【江村】こう(かう)そん 江畔の村。斉・謝朓〔高斎に事を視る〕詩 暖暖として、江村見はれ 離離(連なるさま)として、海樹出づ
【江潭】こう(かう)たん 江水の深い淵。〔楚辞、漁父〕屈原既に放たれて 江潭に游び 行くゆく澤畔に吟ず 顏色憔悴し 形容枯槁せり
【江亭】こう(かう)てい 江畔の亭。唐・王勃〔秋江送別、二首、二〕詩 早に是れ他郷、早秋に値ふ 江亭の明月、江を帶びて流る
【江天】こう(かう)てん 長江と空と。唐・張若虚〔春江花月夜〕詩 江天一色、纖塵無し 皎皎たり、空中の孤月輪
【江頭】こう(かう)とう 川のほとり。唐・白居易〔琵琶行〕詩 潯陽江頭、夜客を送る 楓葉荻花、秋索索たり
【江風】こう(かう)ふう 川風。唐・杜甫〔花卿に贈る〕詩 錦城(錦官城。蜀の成都)の絲管、日に紛紛 半ばは江風に入り、半ばは雲に入る
【江楓】こう(かう)ふう 川べりのかえで。唐・張継〔楓橋夜泊〕詩 月落ち烏啼いて、霜天に滿つ 江楓漁火は、愁眠に對す 姑蘇城外、寒山寺 夜半、鐘聲、客船に到る
【江流】こうりゅう(かうりう) 江水の流れ。〔漢書、揚雄伝上〕乃ち書を作り、往往離騷の文を摭ひて之れを反し、岷山より諸れを江流に投じて、以て屈原を弔ひ、名づけて反離騷と曰ふ。
【江楼】こう(かう)ろう 江畔の楼。宋・陸游〔江楼夜望〕詩 江樓百尺高寒に倚る 上のかた危梯を盡せば、宇宙寛し

↑江靄 川もや／江陰 江の南岸／江雨 川面の雨／江煙 江のもや／江河 長江と黄河／江干 川べり／江漢 長江と漢水／江郷 水郷／江曲 河曲／江滸 江のほとり／江口 川口／江左 江の東側の地／江汜 川岸／江湫 湿地／江胥 波の神／江津 渡し場／江神 河の神／江船 川舟／江草 川辺の草／江湍 早瀬／江竹 汀竹／江中 川中／江潮 江口の潮／江汀 みぎわ／江隄 どて／江東 江左／江濤 川波／江畔 江のほとり／江表 江東／江浜 江の岸べ／江辺 江畔／江霧 川ぎり／江面 江の水面／江右 江の西側の地／江蘺 香草の名／江林 川べの林／江路 水路／江隈 河曲／江湾 江の曲流の所

↓雲江・遠江・横江・下江・河江・家江・廻江・隔江・寒江・漢江・九江・汲江・峡江・暁江・曲江・空江・決江・済江・鑿江・秋江・青江・清江・霽江・泝江・楚江・遡江・滄江・蒼江・霜江・大江・長江・澄江・枕江・通江・澱江・渡江・濤江・浮江・楓江・暮江・夜江・凌江・臨江

常 **【考】** 6 4420 コウ(カウ) ちち かんがえる

篆文 金文

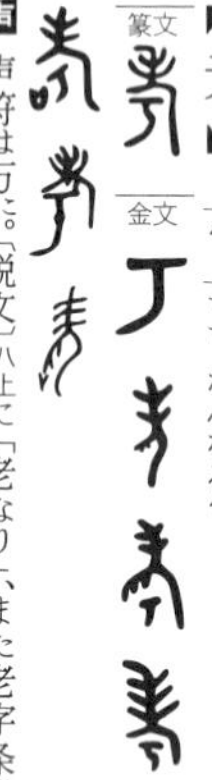

形声 声符は丂。〔説文〕八上に「老なり」、また老字条八上に「考なり」とあって互訓。〔礼記、曲礼下〕に「生には父と曰ひ、母と曰ひ、~死には考と曰ひ、妣と曰ふ」とあり、父母を祀るときは考妣という。金文に文考・皇考のようにいい、字はときに丂に作る。考案・考験の字はもと校(校)の字義。古音は㚖・毀と近く、〔詩、大雅、江漢〕「召公の考を作る」は「召公の毀を作る」の意で、その義は仮借。また〔周礼、考工記〕は「攷工記」の意である。

訓義 [1]ちち、亡父をいう。[2]校・覈と通じ、かんがえる、おもう、くらべる、はかる。[3]攷・摧と通じ、たたく、うつ、なる、なす。[4]老の意があり、おいる、ながいき、おわる。[5]徦と通じ、いたる、きたす。[6]攷・巧と通じ、いさお、たくみ。[7]毁と通じ、簋。

古訓 〔字鏡集〕考 チ、・タカシ・ツカサ・コトハル・イノチ・イタル・カムカフ・ナス・ヲガム・タ、

語系 考・攷khuは同声。攻kong、校heô、徦kea、覈keôkはそれぞれ声近く、通用することがある。

【考案】こう(かう)あん しらべる。〔後漢書、党錮、李膺伝〕膺、獨り風裁を持し、聲名を以て自ら高しとす。~黨事に遭ふに及び、當に膺等を考實すべしとす。~太尉陳蕃之れを卻けて曰く、今考案する所は皆海内の人譽、憂國忠公の臣なり~と。

【考核】こう(かう)かく しらべる。〔後漢紀、桓紀下〕臣、命を銜み斤を操り、其の兇醜を翦り、輒ち贓罪を考核せるに、事皆伏せり。上、安盛廷尉に命じて治罪せしむ。

【考鞫】こう(かう)きく 罪状をしらべる。〔晋書、良吏、曹攄伝〕縣に寡婦有り、養姑甚だ謹む。姑~勸めて改め適がしむるも、婦、節を守りて移らず。姑之れを愍れみ、密かに自殺す。親黨、婦、姑を殺せりと告ぐ。官、爲に考鞫す。~攄、其の寃有ることを知り、更に辨究を加へ、具さに情實(実情)を得たり。

【考究】こうきゅう(かうきう) 研究する。〔魏書、高允伝〕後の歲餘、(崔)浩、允に謂ひて曰く、先に論ずる所の者、本も心に注らず。更に考究するに及んで、果して君の語の如し~と。~衆乃ち歎服せり。

【考拠】こう(かう)きょ 考証。清代の考証学を考拠の学という。〔経解入門、五〕考據とは、歷代の名物・象數・典章・制度を考へ、實にして據有る者なり。

【考験】こう(かう)けん しらべる。〔淮南子、要略〕道應とは、~禍福利害の反を察し、老莊の術に考驗して、以て得失の勢ひに合する者なり。

【考古】こう(かう)こ 古代の遺物・遺址の研究。〔廿二史劄記、二十四、宋初考古の学〕考古の學は、南宋に至りて最も精博なり。然れども宋初制誥の臣、已に博雅多し。鄭樵・李燾・王應麟・馬貴與等の如き、是れなり。

【考工】こう(かう)こう 百工の官。〔漢書、百官公卿表上〕少府、秦官。~屬官に~考工室・左弋~有り。~武帝の太初元年、更めて考工室を名づけて考工と爲し、左弋を佽飛(弋射の官)と爲す。

【考功】こう(かう)こう 官吏の勤務成績を考える。〔後漢書、韋義伝〕數しば順帝に上書し、宜しく古典に依り、考功黜陟(進退)し、名儒を徵集し、大いに其の制を定むべきを陳ぶ。

【考校】こうこう(かうかう) 考試。また、対校。〔論衡、佚文〕東海の張霸~左氏の訓詁を以て、(尚書)百二篇を造作し、具成して奏上す。成帝、祕尚書を出だし、以て之れを考校せしむるに、一字の相ひ應ずる者無し。成帝、霸を吏に下す。

【考試】こう(かう)し 能力をしらべる。〔後漢書、呉良伝〕顯宗~曰く、~夫れ賢を薦め國を助くるは、宰相の職なり。蕭何、韓信を擧ぐるに、壇を設けて拜し、復た考試せず。今、良を以て議郎と爲さんと。

【考実】こう(かう)じつ 実否をしらべる。〔後漢書、章帝八王、清河孝王慶伝〕遂に貴人姉(姉)妹を出だして丙舍に置き、小黃門蔡倫をして之れを考實せしむ。皆諷旨を承けて、其の事を傳致す。乃ち載せて暴室に送る。二貴人、同時に藥を飲みて自殺す。

【考証】こう(かう)しょう 考拠。古典研究の実証的方法。〔輶軒語、語学〕考證校勘の學、乃ち宋祁・曾鞏・沈括・洪邁・鄭樵・王楙・

王應麟、其の端を開く。實に亦た宋學なり。

【考信】こう(かう)しん 実証を求める。〔史記、伯夷伝〕夫れ學は載籍極めて博きも、猶ほ信を六藝(六経)に考ふ。詩書缺けたりと雖も、然れども虞・夏の文、知るべきなり。

【考績】こう(かう)せき 官吏の成績をしらべる。〔書、舜典〕三載にして、績を考へ、三考して幽明を黜陟(進退)す。庶績咸く熙まる。

【考黜】こう(かう)ちゅつ 成績をしらべて進退する。〔後漢書、左雄伝〕賢を用ふるの道は、必ず考黜に存す。

【考槃】こう(かう)ばん 楽しみをなす。〔詩、衛風、考槃〕槃しみを考して澗に在り 碩人之れ寛かなり

【考妣】こう(かう)ひ 父母。〔書、舜典〕二十有八載、帝(尭)乃ち殂落す。百姓、考妣を喪ふが如し。三載、四海(天下)のうち、八音を遏密す。

【考掠】こう(かう)りやく 糾問する。〔後漢書、郎顗伝〕立春より以來、累りに旬朔を經たるも、未だ仁徳の施布する所有るを見ず。但だ罪罰考掠の聲を聞くのみ。夫れ天の人に應ずる、景響よりも疾し。

【考論】こう(かう)ろん 考え論ずる。漢・孔安国〔尚書の序〕科斗の書、廢して已に久し。時人能く知る者無し。聞く所の伏生の書を以て、文義を考論し、其の知るべき者を定めて隷古と爲して定め、更に竹簡を以て之れを寫す。

↑考異 異同を校訂する/考引 引証する/考繹 考察する/考閲 検閲/考課 成績を考える/考効 責任を糾弾する/考格 考試の規定/考覈 しらべる/考官 試験官/考観 考察/考鑒 かんがみる/考竟 拷問する/考鏡 究明する/考極 拷問する/考検 考験/考語 考科表/考査 調査/考索 探究/考殺 考死/考察 しらべる/考死 拷問死/考終 天寿を以て終える/考鐘 鐘をうつ/考状 成績表/考訊 考尋/考尋 しらべる/考正 正す/考成 考功/考責 しらべる/考績 考功/考選 品定め/考素 素性しらべ/考奏 任期/考第 合格の順位/考治 拷問する/考定 考え定める/考訂 校訂/考得 考えつく/考判 考定する/考廟 父の廟/考覆 しらべる/考卜 うらなう/考問 拷問する/考庸 考査して登庸する/考落 落成する/考覧 みる/考慮 考える

↓一考・勘考・愚考・勲考・研考・検考・皇考・再考・三考・参考・思考・寿考・熟考・上考・推考・先考・銓考・選考・祖考・乃考・長考・追考・寧考・年考・備考・覆考・黙考・烈考・論考

常【行】 6 2122 コウ(カウ) ギョウ(ギャウ) アン ゆく おこなう みち

篆文 甲骨文 金文

象形 十字路の形。交叉する道をいう。〔説文〕二下に「人の歩趨なり」とあり、字を彳、亍の合文とするものであるが、卜文・金文の字形は十字路の形に作る。金文に先行・行道のように用いる。呪力は道路で行うことによって、他の地に機能すると考えられ、術(術)・衒など呪術に関する字に、行に従うものが多い。

訓義 1みち。2ゆく、やる、ゆくゆく。3おこなう、なす、もちいる。4たび、みちのり。5めぐる、ならぶ、つら、れつ。6まさに、まず、はじめる、なんなんとす。7軍行の列、みせのならび、ところ、あたり。8うたの一章をうたう、歌行。

古訓 〔名義抄〕行 ユク・ヤル・イデマシ・アリク・アルク・サル・ニグ・イネ・サケツ・ミユキ・ミチ・フム・メグル・ツラヌ・オコナフ・ワザ・シワザ・オキツ・ナム／＼トス・ツトム・タビ・アヤマル・ハナツ・ツタフ・マタ・ナガル・ナガリタル・ナケク・ヒク・サイキル・コレ・カタチ・モチイル・テダテ・ウツクシフスルコト・マツリゴト・コ、ロテタツ 〔字鏡集〕行 サケク・サヒキル・アリク・イデマシ・マタ・ミル・ユク・ミユキ・ナゲク・ヒク・アユム・ミチ・ツ、ム・ハナツ・クダル・メグル・シワザ・タマ／＼・ヤル・イタル・トヾム・ニグ・モチヒル・ウゴク・イネ・ヲツ・オコナフ・ツラヌ・ツタフ・オキツ・テダツ・マツリゴト・カタチ・ツトム・ナム／＼トス・タビ・ナガル・フム・ワザ・スルコト・アヤマル・サル

部首 〔説文〕に術・衒(衒)など十一字、〔玉篇〕に二十字を属する。術は呪霊のある獣の形である朮に従い、また衒(衒)の言・玄は呪儀として祝詞や呪飾を用いることを示す。辵部の述(述)・遂(遂)も術と声義が近い。辵部・彳部に、そのような道路の呪儀を示す字が多い。

声系 〔説文〕に行声として珩・衡など四字を収める。

語系 行・衡・珩heangは同声。衡の魚形の部分は服牛の形で、角の後ろに牛体を加え、衡木の意とする。珩は佩玉の両系に垂れる形をいう。

【行衣】こう(かう)い 旅の衣。唐・韓翃〔孫革の及第して江南に帰るを送る〕詩 荷香、去棹に隨ひ 梅雨、行衣に點ず

【行雨】こう(かう)う ひとしきりの雨。楚・宋玉〔高唐の賦〕昔者、宋の襄王、宋玉と雲夢の臺に遊び、高唐の觀を望む。〜夢に一婦人を見る。曰く、妾は巫山の女なり〜と。〜去るとき辭して曰く、妾は巫山の陽、高丘の阻に在り。旦には朝雲と爲り、暮には行雨と爲り、朝朝暮暮、陽臺の下にありと。

【行雲】こう(かう)うん 流れる雲。宋・蘇軾〔謝民師推官に与ふる書〕(文を作るは)大略行雲流水の如し。初め定質無し。但だ常に當に行くべき所に行き、常に止まらざるべからざる所に止まる。文理自然、姿態横生す。

【行客】こう(かう)かく／こう(かう)きやく 旅人。唐・劉長卿〔李判官の潤州の行営に之くを送る〕詩 江春、肯へて行客を留めず 草色青青として、馬蹄を送る

【行誼】こう(かう)ぎ 正しい行い。よい品行。〔漢書、董仲舒伝〕今世(教訓の官を)廢して脩めず、以て民を化する亡し。民、故を以て行誼を棄てて財利に死す。是を以て法を犯して罪多し。

【行休】こうきゅう(かうきう) 死にぎわに近づく。晉・陶潛〔帰去来の辞〕萬物の時を得たるを善し、吾が生の行く休するを感ず。

【行宮】あんぐう 行在所。仮御所。唐・王建〔故行宮〕詩 寥落たり、古行宮 宮花寂寞として紅なり 白頭の宮女在り 閒坐して玄宗を説く

【行軍】こう(かう)ぐん 軍を進める。〔孫子、九地〕山林險阻沮澤の形を知らざる者は、軍を行ること能はず。

【行検】こう(かう)けん 行いをひきしめる。品行。〔三国志、魏、曹仁伝〕仁、少時行検を脩めず。長じて將と爲るに及び、嚴整にして法令を奉ず。常に科を左右に置き、案じて以て事に從ふ。

【行止】こう(かう)し 進退。動静。〔孟子、梁恵王下〕行くは之れを使むる或り、止まるは之れを尼むる或り。行止は人の能くする所に非ざるなり。

【行事】こう(かう)じ 事実。〔史記、太史公自序〕子曰く、我之れを空言に載せんと欲するも、之れを行事に見すの深切著明なるに如かざるなり。

【行主】こう(かう)しゅ 戦に載せてゆく木主。〔孔叢子、問軍礼〕凡そ行主・皮圭・幣帛は、皆舍毎に奠く。

【行酒】こう(かう)しゅ 酒杯をめぐらす。〔史記、灌夫伝〕灌夫悦ばず。起ちて酒を行らして武安に至る。武安、膝席して曰く、觴に滿たすこと能はずと。

【行商】ぎょうしょう(ぎやうしやう) 行商人。宋・陸游〔四時田園雑興、晩春十二絶、三〕詩 雞飛んで籬を過ぎ、犬は竇に吠ゆ 知んぬ、行商の來つて茶を賣るを

【行人】こう(かう)じん 賓客を接待する官。〔論語、憲問〕命(政府の

公文書）を爲つくるに、裨諶之れを草創し、世叔之れを討論し、行人子羽（鄭の公孫揮）之れを脩飾し、東里の子産之れを潤色す。

【行成】こう(かう)せい　和を講じる。講和。〔左伝、哀元年〕越子、甲楯五千を以て會稽を保ち、大夫種をして、呉の大宰嚭に因りて、以て成を行はしむ。

【行政】ぎょう(ぎやう)せい　政治を行う。〔史記、周紀〕召公・周公、二相政を行ふ。號して共和と曰ふ。

【行跡】こう(かう)せき　行為・生活の迹。〔水経注、泗水〕初平四年、曹操、徐州を攻めて之れを破り、～其の男女十萬を屠る。泗水之れが爲に流れず。是れより數縣、人、行跡無し。亦た暴と爲す。

【行蔵】こうぞう(かうざう)　出処進退。世に処する道。〔論語、述而〕子（孔子）、顔淵に謂ひて曰く、之れを用ふれば則ち行ひ、之れを舍つれば則ち藏るるは、唯だ我と爾と是れ有る夫か。

【行第】こう(かう)だい　輩行。李十二（白）、韓十八（愈）の類。〔老学庵筆記、五〕今、呉の人の子弟、稍や長ずれば便ち人の其の小名を呼ぶを欲せず。尊者と雖も、亦た其の行第を以て之れを呼ぶ。

【行都】こう(かう)と　南宋で汴京の他に臨時に設けた都。杭州。〔宋史、黄裳伝〕中興の規模は守成と同じからず。出でて攻め、入りて守る。當に利便の勢ひに據るべし。行都を定めざるべからず。

【行縢】こう(かう)とう　きゃはん。〔三国志、呉、呂蒙伝〕蒙～兵の爲に絳衣行縢を作る。簡（検閲）する日に及んで、陳列すること赫然たり。兵人練習す。

【行道】こうどう(かうだう)　道路。また道を行う。宋・陸游〔秋雨中の作〕詩　行道、敢て希ふ千載の上　會心、聊か付す、一編の中
【行年】こう(かう)ねん　ぎょう(ぎやう)ねん　年齢。〔荘子、寓言〕荘子、恵子に謂ひて曰く、孔子行年六十にして六十たび化す。始めの時是とする所、卒に之れを非とす。未だ今の所謂是の、五十九非に非ざるを知らざるなりと。

【行輩】こう(かう)はい　年輩。唐・韓翃〔崔秀才の上元に赴き、兼ねて叔父を省するを送る〕詩　詩家の行輩、君の如き少なし　極目苦心、謝朓を懷ふ
【行枚】こう(かう)ばい　行軍のとき、声を立てぬように口に含む板。行軍。〔詩、豳風、東山〕彼の裳衣を制し　行枚を士とすること勿からしむ
【行媒】こう(かう)ばい　仲人。〔礼記、曲礼上〕男女、行媒有るに非ざれば、名を相ひ知らず。

【行販】こう(かう)はん　行商。〔晋書、石勒載記上〕年十四、邑人に隨ひて洛陽に行販し、上東門に倚嘯す。王衍見て之れを異しみ、顧みて左右に謂ひて曰く、向者の胡雛、吾れ其の聲視を觀るに奇志有り、恐らくは天下の患を爲さんと。

【行邁】こう(かう)まい　行きずり。旅人。他国者。〔詩、小雅、小旻〕發言庭に盈つるも　誰か敢て其の咎を執らん　匪の行邁に謀るが如し　是を用て道に得ず
【行游】こうゆう(かういう)　旅に出あるく。〔史記、刺客、聶政伝〕嚴仲子、人を辟け、因りて聶政の爲に言ひて曰く、臣、仇有りて諸侯に行游すること衆し。然れども齊に至りて、竊かに足下の義甚だ高きを聞けり。

【行李】こう(かう)り　旅に携える荷物。古くは外国の使人を扱う官。〔左伝、僖三十年〕若し鄭を舍てて以て東道の主と爲らば、行李の往來に、其の乏困に供せしめば、君も亦た害ある所無からん。

【行路】こう(かう)ろ　道路。また、道路の人。唐・張謂〔長安主人の壁に題す〕詩　縱令然諾して、暫く相ひ許すとも　終に是れ、悠悠行路の心

↑行囲　狩場の囲い／行為　しわざ／行移　移牒／行意　旅情／行営　陣営／行役　徭役／行遠　遠く行く／行押　花押／行瘟　疫病神／行家　専門家／行貨　贈賄／行歌　ゆくゆく歌う／行介　副使／行匄　乞食する／行槩　米かき／行学　遊学／行款　書式／行還　往復／行簡　手軽／行期　出発の日／行棋　囲碁をうつ／行器　旅行具／行義　正しい道／行乞　乞食／行脚　僧が遊行する／行賕　贈賄／行業　わざ／行吟　歩きながら歌う／行駆　駆ける／行具　旅具／行芸　徳行技芸／行潔　潔白の行い／行健　足達者／行険　冒険／行遣　追放する／行権　権道／行戸　商家／行賈　行商人／行鼓　鹵簿の鼓／行伍　隊伍／行坐　行往坐臥／行在　仮御所／行察　巡察／行桟　かけはし／行子　旅人／行尸　生きた屍／行肆　店舗／行疾　はやく行く／行実　事実／行者　行人／行爵　杯をめぐらす／行樹　並木／行舟　舟をやる／行酬　返杯／行住　ふだん／行述　行状／行処　随処／行所　行在／行女　次女／行勝　脚絆／行障　衝立／行賞　褒賞する／行觴　杯をめぐらす／行状　品行／行色　旅立ち／行食　遊食／行神　道祖神／行進　進行／行斟　酌をしてまわる／行鍼　鍼治療／行刃　切傷／行尽　行きつくす／行陣　布陣／行塵　遠行／行清　かわや／行迹　行状／行銭　雑役夫／行前　進む／行善　善行／行装　旅装／行僧　行脚僧／行隊　隊伍／行態　嬌態／行台　官署／行中　中道／行廚　わりご／行朝　行在／行程　道のり／行綴　舞の列／行店　はたご／行纏　すねあて／行殿　行在／行塗　道／行当　家業／行唐　ぶらぶら／行幐　行縢／行頭　番頭／行灯　手燭／行動　行為／行童　稚子／行貪　乞食／行徳　徳行／行遯　隠逸／行内　禁中／行能　品行と才能／行嚢　旅行袋／行馬　馬柵／行鉢　托鉢／行伴　道づれ／行盤　結納／行痺　中風／行筆　運筆／行剽　追い剝ぎ／行文　文の表現／行聘　結納／行歩　歩み／行舗　店舗／行暮　暮年／行迷　行き暮れる／行夜　夜廻り／行遊　遊行／行余　余力／行用　使用／行来　往来／行吏　使者／行理　使者／行履　往来／行侶　道連れ／行旅　旅行／行猟　狩する／行糧　軍糧／行令　命ずる／行列　並ぶ／行炉　携帯炉／行賂　贈賄／行露　路上の露／行老　組頭／行廊　廻廊／行楼　城の櫓／行漏　水時計／行潦　にわか水／行論　議論

↓悪行・安行・按行・移行・一行・印行・淫行・陰行・隠行・運行・雲行・遠行・汙行・往行・横行・過行・改行・偕行・蟹行・学行・刊行・貫行・寒行・敢行・慣行・緩行・雁行・願行・奇行・紀行・器行・疑行・蟻行・逆行・旧行・急行・躬行・挙行・虚行・凶行・俠行・強行・暁行・極行・勤行・吟行・銀行・苦行・径行・携行・血行・決行・兼行・言行・現行・孤行・鼓行・五行・公行・孝行・航行・興行・歳行・山行・至行・志行・私行・施行・執行・膝行・実行・舟行・修行・醜行・獣行・巡行・循行・順行・馴行・遵行・所行・諸行・徐行・神行・進行・水行・遂行・随行・趨行・性行・盛行・拙行・摂行・先行・専行・潜行・前行・善行・素行・遡行・壮行・走行・操行・即行・続行・他行・蛇行・大行・退行・代行・単行・断行・知行・直行・通行・天行・同行・徳行・篤行・独行・難行・爬行・跛行・輩行・発行・犯行・板行・版行・頒行・蛮行・輓行・非行・飛行・詖行・尾行・微行・百行・品行・平行・並行・併行・偏行・勉行・歩行・輔行・奉行・暴行・密行・夜行・遊行・予行・洋行・乱行・履行・力行・陸行・流行・旅行・励行・厲行・連行

人

【亨】 7 0020

篆文 亯

コウ（カウ） キョウ（キャウ） ホウ（ハウ） とおる まつる

象形 烹飪する器の形。亯はそれに火を加える形。亨・烹・享・亯は同系の字で、慣用によって字義が分化した。〔説文〕に亨を収めず、亯が亨・享の字にあたる。〔易、乾〕の「元亨利貞」は「元いに亨り、貞しきに利し」とよむ。〔左伝、昭四年〕に「以て神人を亨す」とは祭饗の意。亨煮のときは烹の音でよむ。

訓義 ①とおる、心が伝わる、めでたい。②まつる、まつり。③享と通じ、すすめる、たてまつる。④烹と通じ、にる。

古訓 〔名義抄〕亨 ヲハル・トホル・ウク・カヨフ・オソル・モハラ 〔字鏡集〕亨 マツル・タテマツル・ムカフ・カヨフ・トホシ・アタル・ウク・ウフ・ヲハル・ヨシ・ミル・ニル・ヲソル

語系 亨・亯（享）・饗（饗）xiang は同声。亨はその声で亯・饗と通用する。

【亨嘉】よい機運に会う。宋・欧陽脩〔参知政事を謝する表〕早に亨嘉の會に遘ひ、驟く奨抜の私を蒙り、言語侍従の流を叨りにす。

【亨通】とおる。通達する。宋・張載〔経学理窟、学大原下〕蓋し人、險阻艱難を經歷し、然る後其の心亨通す。

↑亨運 よい運勢／亨醢 死刑／亨魚 烹魚／亨衢 大道／亨爨 煮炊き／亨孰 よく煮る／亨煮 煮る／亨人 料理人／亨飪 煮炊き／亨泰 通達する／亨途 平坦な道

↓嘉亨・咸亨・吉亨・遇亨・元亨・光亨・時亨・終亨・心亨・大亨・配亨

【佝】 7 2722

篆文

コウ ク おろか くぐせ

形声 声符は句。〔説文〕八上に「佝瞀なり」（段注本）とあって、愚かなことをいう。また佝僂の意とし、拘と通じて拘止の意とする。

訓義 ①おろか。②かがむ、短く醜い、くぐせ。③よわい。④拘と通じ、とどめる、おさえる。

古訓 〔篇立〕佝 ク、ム・イソグ・ナシ・モトム 〔字鏡集〕佝 イソグ・モトム・トシ

【佝僂】かがまる。くぐせ。〔閱微草堂筆記、如是我聞四〕一婦人あり、白髮項に垂れ、佝僂にして杖を攜ふ。七八十以上の人に似たり。

↑佝瞀 愚か

↓傴佝・僂佝

【匣】 7 7171

篆文

コウ（カフ） はこ

形声 声符は甲。〔説文〕十二下に「匱なり」とあり、貴重品を収める小箱をいう。〔淮南子、精神訓〕に「夏后氏の璜を有つ者は、匣匱して之れを藏す。寶の至りなればなり」とみえる。

訓義 ①はこ、こばこ、手ばこ、くしげ。②柙と通じ、けもののおり。

古訓 〔名義抄〕匣 ハコ 〔篇立〕匣 ハナヒツ

語系 匣・柙 heap は匧・篋 khyap と声義が近い。また緘 keam、函 ham も同系の語である。

【匣匱】はこ。〔塩鉄論、禁耕〕民人は垣墻を以て藏閉と爲し、天子は四海を以て匣匱と爲す。

【匣剣】はこに蔵めた剣。前蜀・韋荘〔冬日長安～〕詩 未だ知らず、匣劍何れの時に躍るかを 但だ恐る、鉛刀再び銛するからざるを

【匣中】はこの中。唐・李益〔夜発す、軍中〕詩 邊馬、櫪上（うまやのかいばおけ）に驚き 雄劍、匣中に鳴る

【匣裏】はこの中。匣中。〔拾遺記、一、顓頊〕曳影の劍有り。～若し四方に兵有るときは、此の劍則ち飛起し、其の方を指して則ち剋伐す。未だ用ひざるの時は、常に匣裏に於て、龍虎の吟ずるが如し。

↑匣印 官印／匣子 手ばこ／匣児 はこ／匣櫝 はこ／匣炮 爆竹／匣竜 匣中の剣

↓鏡匣・玉匣・硯匣・妝匣・箱匣・宝匣

【吼】 7 6201 ［吽］ 7 6500

コウ ク ほえる

形声 声符は孔。〔玉篇〕に「牛鳴くなり」とあり、擬声語であろう。字はまた吽に作る。仏教で教理を説くことを法吼といい、導師が獅子座にあって説くを獅子吼という。

訓義 ①ほえる、牛がほえる、わめく。②大声でいかる、大きな音をたてる。

古訓 〔名義抄〕吼 ホユ 〔字鏡集〕吼 ウシノナク・イビキ・クツチ・ホユ・キク・ヨバフ

語系 吼 xo、哮・虓 xeu はたけりほえる意。嘷 hu、號（号）hô、嗷 kyô も声義近く、いずれも擬声語であろう。

【吼号】大声でさけぶ。〔後漢書、鄧訓伝〕戎俗、父母死するときは悲泣するを恥ぢ、皆騎馬歌呼す。訓の卒するを聞くに至り、吼號せざる莫し。

【吼怒】怒りほえる。唐・李白〔遠別離〕詩 皇穹竊かに怒る、余の忠誠を照らさざるを 雷、憑憑として吼怒せんと欲す

【吼沫】飛沫が音たてて飛ぶ。唐・岑参〔終南の雲際精舎に法澄上人を尋ね、遇はずして帰る～〕詩 水深くして山口を斷ち 吼沫相ひ喧豗す

↑吼噉 さけぶ／吼叫 さけぶ／吼疾 うなり病／吼嘯 大声でうそぶく／吼声 さけぶ声／吼擲 ほえる／吼罵 大声で罵る／吼噴 噴出する／吼雷 雷鳴

↓吟吼・鯨吼・号吼・唱吼・声吼・風吼・噴吼・法吼・鳴吼・雷吼

常

【坑】 7 4011 ［阬］ 7 7021

篆文

コウ（カウ） あな

形声 声符は亢。亢に直下するものの意があり、坑とは竪穴をいう。字はまた阬に作る。阬は神梯の前に坑を設ける意。そこには犠牲を埋めたのであろう。阬殷墟には多くの埋牲のあとがある。〔説文〕十四下に「阬は閬なり」（段注本）とあって、門の高大なさまとするが、〔詩、大雅、緜〕「迺ち皐門を立つ 皐門伉たる有り」の句によるもので、亢高の義をとり、阬の本義とはしがたい。

訓義 ①あな、たてあな、聖所の埋牲のところ、あなうめにする。②たに、みぞ、いけ。③亢と通じ、たかい、大きい、大きいおか。④抗と通じ、こばむ。

古訓 〔新撰字鏡〕坑 三曾（みぞ） 〔名義抄〕坑 アナ・タニ・ウヅム・アナホル／阬 タニ 〔字鏡集〕坑 ミゾ・アナ・アナホル・タニ・ウヅム・シバラク／阬 タニ・ムナシ・タカシ

語系 阬（坑）kheang、埂 keang は声義近く、埂は〔説文〕十三下に「秦、阬を謂ひて埂と爲す」とみえる。また坎 kham、陷（陥）heam、谷 kok、壑 xak も同系の語であろう。亢は頏の直下する形で、亢 kang 声の字にその意がある。

【阬埳】あな。〔後漢書、蔡邕伝〕臣、年四十有六、孤特一身～死して餘榮有り。～（叔父衛尉）質、聞するに及ばず（事件と無関係）、而して衰老白首、横さまに引逮せらる。臣に随つて摧沒し、幷びに阬埳に入る。誠に冤え、誠に痛まし。

【阬儒】儒者を坑殺する。〔史記、秦始皇紀〕始皇～乃ち大いに怒り、～御史をして悉く諸生を案問せしむ。諸生傳へて相ひ告引し、乃ち自ら除かれんとす。禁を犯す者四百六十餘人、皆之れを咸陽に阬にす。

【坑戮】埋め殺す。阬殺。漢・趙岐〔孟子題辞〕亡秦に

至るに逮んで、經術を焚滅し、儒生を坑戮し、孟子の徒黨盡きたり。其の書號して諸子と爲す。故に篇籍、泯絶せざるを得たり。

↑阬谾（こうがく） 谷／阬坎（こうかん） あな／阬岸（こうがん） 谷や岸／阬衡（こうこう） 枝が交わる／阬塹（こうざん） ほり／阬廁（こうし） かわや／阬阱（こうせい） おとしあな／阬穽（こうせい） おとしあな／阬沢（こうたく） 谷と沢／阬中（こうちゅう） あなの中／阬埋（こうまい） 埋める／阬路（こうろ） 坑道

↓金阬・銀阬・鉱阬・斜阬・炭阬・銅阬・入阬・廃阬

常

【孝】 7 4440 コウ（カウ） キョウ（キャウ） おやおもい

篆文  金文 

会意 老の省文＋子。〔説文〕八上に「善く父母に事ふる者なり。老の省に從ひ、子に從ふ。子、老を承くるなり」という。〔礼記、祭統〕に「孝なる者は畜くなり。道に順ひて倫に逆らはず。是れを之れ畜ふと謂ふ」とその声義を説く。金文に「用て享し用て孝す」のように祀ることをいい、自ら称して孝孫という。〔詩、小雅、六月〕に「張仲の孝友なるあり」とみえ、老人に承順するという一般的な徳性をもいう。

訓義 ①おやおもい、こうこう。②父母をまつる、よく先祖につかえる。③父母の喪に服する。④年輩者によくつかえる。

古訓 〔名義抄〕孝 ノリ・イキ・ノブ・ツカマツル・マサル・カシコマル・ウヤマフ・タカシ・ネキ 〔字鏡集〕孝 タカシ・ネヤ・マサル・イキノフ・ツカマツル・ウヤマフ・カシコマル・ノリ・ヲシフ

声系 〔説文〕二上に孝声として哮を収める。哮は「家の驚く聲なり」とあり、吼を牛声とするのと同じく擬声語である。

【孝仮（こう（かう）か）】 父母の喪によって軍行・賦役が免ぜられること。孝暇。〔旧唐書、食貨志上〕天寶元年正月一日赦文、～其の侍丁は孝假、差科を免ず。

【孝感（こう（かう）かん）】 孝徳の感応。〔晋書、王祥伝〕母常て生魚を欲す。時に天寒く冰凍す。祥、衣を解き將に冰を剖きて之れを求めんとす。冰忽ち自ら解け、雙鯉躍り出で、之れを持して歸る。～鄉里驚歎し、以て孝感の致す所と爲せり。

【孝敬（こう（かう）けい）】 父母に孝、尊長を敬う。〔左伝、文十八年〕孝敬忠信を吉德と爲し、盜賊藏姦を凶德と爲す。

【孝行（こうこう（かうかう））】 父母によくつかえる。〔後漢書、独行、劉茂伝〕（茂）少くして孤、獨り母の居に侍す。家貧しく、筋力を以て致養し、孝行鄉里に著はる。

【孝子（こう（かう）し）】 孝行な子。また、父母の祭祀のときの子の自称。〔礼記、雑記上〕祭には孝子孝孫と稱し、喪には哀子哀孫と稱す。

【孝慈（こう（かう）じ）】 親につかえ、子を慈む。〔老子、十九〕仁を絶ち義を棄つれば、民孝慈に復る。

【孝順（こう（かう）じゅん）】 父母によくつかえ順う。〔後漢紀、安帝紀上〕人の道を觀るに、幼なれば則ち其の孝順にして好學なるを觀、長じては則ち其の慈愛にして能く教ふるを觀る。

【孝悌（こう（かう）てい）】 父母に孝、兄長に悌。〔世説新語、文学〕夏侯湛、周詩（南陔・白華等六篇）を作りて成り、潘安仁（岳）に示す。安仁曰く、此れ徒だ溫雅なるのみに非ず、乃ち別に孝悌の性を見ると。潘、此れに因りて遂に家風の詩を作る。

【孝道（こうどう（かうだう））】 孝行の道。〔史記、仲尼弟子伝〕曾參～孔子より少きこと四十六歲。孔子以て能く孝道に通ずと爲す。故に之れに業を授く。

【孝友（こうゆう（かういう））】 父母に孝、兄弟に友。〔詩、小雅、六月〕諸友に飮御し 炰鼈（すっぽんの包みやき）膾鯉（鯉のなます）あり 侯れ誰か在る 張仲の孝友なるあり

↑孝愛（こうあい） 孝養／孝衣（こうい） 喪服／孝烏（こうう） 慈烏／孝家（こうか） 居喪の家／孝愷（こうがい） 孝悌／孝義（こうぎ） 孝行節義／孝享（こうきょう） 孝祀／孝恭（こうきょう） 孝順／孝謹（こうきん） 孝恭／孝裙（こうくん） 喪服／孝妻（こうさい） 未亡人／孝祀（こうし） 祖先を祭る／孝情（こうじょう） 孝心／孝心（こうしん） 孝行の心／孝性（こうせい） 孝情／孝節（こうせつ） 孝義／孝弟（こうてい） 孝悌／孝童（こうどう） 孝子／孝夫（こうふ） 妻を失った夫／孝服（こうふく） 父母の喪／孝慕（こうぼ） 追慕／孝門（こうもん） 孝行一家／孝戻（こうれい） 孝と不孝／孝烈（こうれつ） 孝節／孝廉（こうれん） 科挙の名

↓謹孝・至孝・慈孝・純孝・順孝・仁孝・大孝・達孝・忠孝・追孝・篤孝・不孝

【𡥈】 7 4040 コウ（カウ） キョウ（ケウ） ならう まなぶ

篆文 

会意 爻＋子。爻は千木形式の建物の形。そこに一定年齢の若者を集めて教育する古代のメンズハウス。〔説文〕十四下に「放ふなり」とするが、學（学）の初文とみてよく、卜文にその字がみえる。教（教）・效（効）・學はみなその形を含む字である。

訓義 ①ならう、まなぶ。②学の初文。

声系 〔説文〕三下に教を𡥈と攴との会意とする。攴つことは困難であるから、亦声とみてよい字である。

語系 𡥈 keô、教 keôk、效 heô、學 heuk は声義近く、一系の語。效には矢に攴を加える形のものがあり、それは矢の曲直をただすもので、別系の字である。

人

【宏】 7 3043 コウ（クヮウ） ひろい

篆文 

形声 声符は厷。厷は弓を引くときなどの、肱を張った形。ゆえに弘大の意がある。〔説文〕七下に「屋深きなり」（段注本）とあり、深広の建物をいう。家屋の広大の意から、宏謨・宏文・宏致のように、ことがらや心意についてもいう。

訓義 ①ひろい、大きい、奥深い。②ゆたかである、立派である、ひろくゆきわたる。③弘・洪などと通じて用いる。

古訓 〔名義抄〕宏 ヒロシ・オホイナリ・オホキナリ

語系 宏・閎・泓 hoəng は同声。弘 huəng、洪・鴻 hong も声義近く、みな一系の語とみてよい。

【宏逸（こう（くわう）いつ）】 大きくすぐれる。〔宣和画譜、道釈一、張僧繇〕世謂ふ、僧繇の畫は骨氣奇偉、規模宏逸にして、六法精備す。當に顧（愷之）・陸（探微）と竝び馳せて先を爭ふべし。僧繇、釋氏を畫くこと多しと爲す。

【宏遠（こうえん（くわうゑん））】 遠大で立派。〔北斉書、文宣帝紀〕帝～志識沈敏、～軍國の幾策に至りては、獨り懷抱に決す。規模宏遠、人君の大略有り。

【宏傑（こう（くわう）けつ）】 すぐれた偉大さ。〔旧唐書、文苑下、李華伝〕華善く文を屬る。～華、文體溫麗にして、宏傑の氣少なし。

【宏才（こう（くわう）さい）】 大才。〔顔氏家訓、文章〕（席毗）～劉逖を嘲りて云ふ、君が輩の辭藻は、譬へば榮華の若し。須臾の翫にして、宏才に非ざるなりと。

【宏儒（こう（くわう）じゅ）】 大儒。〔後漢書、左雄等伝論〕（陳蕃・李膺・郭有道等）其の餘の宏儒遠智、高心絜行、風流を激揚する者、勝げて言ふべからず。

【宏深（こう（くわう）しん）】 宏大深遠。〔三国志、魏、傅嘏伝〕蓋し聞く、帝制宏深、聖道奧遠なり。苟しくも其の才に非ざれば、則ち道、虛しく行はれず。神にして之れを明らかにするは、其の人に存すと。

【宏贍（こう（くわう）せん）】 才能がひろく豊か。〔世説新語、文学〕殷仲文、天才宏贍なり。而れども書を讀むこと甚だしくは廣博ならず。

【宏達（こう（くわう）たつ）】 宏大で事理に通ずる。唐・李白〔大鵬の賦の序〕此の賦、已に世に傳へ、往往人閒に之れを見る。其の少作にして、未だ宏達の旨を窮めざるを悔い、中年にして之れを棄つ。

【宏図（こう（くわう）と）】 遠大な謀。漢・張衡〔南都の賦〕夫れ南陽は～漢の舊都なり。～純德の宏圖に非ずんば、孰か能く揆り

て旃に處らん。

【宏邈】広大。器宇をいう。晋・袁宏〔三国名臣序贊〕堂堂たる孔明、基宇宏邈なり。器は生民に同しくして、獨り先覺を稟けたり。

【宏弁】すぐれた弁論。宋・蘇轍〔枢密韓太尉(琦)に上る書〕翰林歐陽公(脩)を見て、其の議論の宏辯なるを聽き、其の容貌の秀偉なるを觀る。

【宏放】小事にこだわらない。〔晋書、阮籍伝〕籍、容貌瓌傑にして、志氣宏放なり。傲然として獨得し、性に任せて不羈にして、喜怒色に形はさず。

【宏麗】堂々として美しい。弘麗。〔顔氏家訓、文章〕古より筆を執りて文を爲る者、何ぞ言ふに勝ふべけんや。然れども宏麗精華に至りては、數十篇に過ぎざるのみ。

➡宏偉 雄偉/宏域 ひろい世間/宏廓 広大な/宏豁 ひろびろとした/宏軌 法則/宏規 大計/宏器 大器/宏議 正大の論/宏鉅 広大/宏業 大業/宏高 高大/宏構 大規模/宏綱 大綱/宏材 宏才/宏侈 ゆたかな表現/宏峻 高大/宏浚 宏深/宏敞 広平/宏碩 大学者/宏爽 広朗/宏大 広大/宏度 大度/宏博 博大/宏溥 宏博/宏抜 ひろくてすぐれる/宏富 ひろくゆたか/宏覆 ひろくおおう/宏文 立派な文/宏茂 広富/宏謨 立派な謀/宏謀 宏謨/宏覧 博覧/宏略 宏謨/宏亮 光大/宏量 大度/宏烈 功業/宏朗 大きく朗らか

➡泓宏・恢宏・寛宏・気宏・鏗宏

【忼】 7 9001 コウ(カウ) なげく

篆文 

形声 声符は亢。亢は頏の象形。亢直の意がある。〔説文〕十下に「慨するなり」とあり、心に不平を抱いて慨くこと。次条に「慨は忼慨するなり。壯士志を得ざるなり」とみえる。反抗・抵抗の意を含む。

訓義 1なげく、いきどおる。2心たかぶる、あなどる。3慷と通用する。

古訓 〔名義抄〕忼 マコト・ソムク 〔字鏡〕忼 ツネム・ソム(ク)・マコト・ナム

語系 忼・抗・慷 khang は同声。扞 han も声近く、相抗する心意よりして慷慨の気を生ずるのである。

＊語彙は慷字条参照。

【忼愾】心に不満として憤りを発する。〔三国志、魏、蔣済伝〕卿、兼ねて文武を資り、志節忼愾、常に江湖に超越し、吳會を呑むの志有り。

【忼慨】激して嘆く。〔漢書、高帝紀下〕上乃ち起ちて舞ひ、忼慨傷懷し、泣數行下る。沛の父兄に謂ひて曰く、~吾關中に都すと雖も、萬歲の後、吾が魂魄猶ほ沛を思樂せん~と。

➡忼槩 忼慨/忼慷 忼慨/忼辞 忼慨の言/忼爽 きっぱりとする

常 【抗】 7 5001 ［杭］ 8 4091 コウ(カウ) ふせぐ あたる

篆文 

形声 声符は亢。亢は頏の象形。亢直にして相下らぬ意がある。〔説文〕十二上に「扞ぐなり」とあり、屈せずして争うことを抵抗という。〔説文〕に或る体として杭の字形を加えるが、声義に異なるところのある字である。

訓義 1ふせぐ、こばむ、ささえる。2あたる、あげる。3亢と通じ、たかい。4航と通じ、わたる、かける。

古訓 〔名義抄〕抗 タクラブ・アゲタリ・アグ・ワタル・クラブ 〔字鏡集〕抗 ウツ・クラブ・アタフ・キハム・コトニ・タガヘタリ・ヒトリ・アグ・ナク・ワタル・サイキル・コバムナリ・ハラフ・アフ・ムカフ・タクラブ・カムガヘタリ・アツ・アタル・トル

語系 抗・忼 khang は同声。杭 hang、扞 han は声義が近い。忼は相抗する心意、抗はその行動をいう。

【抗音】声をはりあげる。〔三国志、呉、孫峻伝注に引く呉書〕初め(留)贊、將と爲り、敵に臨むに必ず先づ被髮して天に叫び、因りて音を抗げて歌ひ、左右之れに應ず。畢りて乃ち進み戰ふ。戰、克たざるは無し。

【抗顔】たかぶった顔。人に屈しない態度。唐・柳宗元〔韋中立の師道を論ずるに答ふる書〕今の世、師有るを聞かず。有れば輒ち之れを譁笑し、以て狂人と爲す。獨り韓愈奮ひて流俗を顧みず、~師の説を作りて、因りて抗顏して師と爲る。

【抗議】反対意見。〔後漢書、盧植伝〕(董卓)大いに百官を朝堂に會し、議、廢立せんと欲す。群僚敢て言ふもの無し。植、獨り抗議して同ぜず。

【抗衡】対抗する。〔三国志、魏、衛臻伝〕帝(武帝)廣陵に幸す。~曹休、表して降賊の辭を得たり。~臻曰く、(孫)權長江を恃み、未だ敢て抗衡せず。此れ必ず畏怖の僞辭のみならんと。

【抗志】志を高くする。〔後漢書、仲長統伝〕(作詩二篇、二)志を山栖に抗げ 心を海左に游ばしめ 元氣を舟と爲し 微風を柂と爲し 太清に敖翔し 意を縱にして容冶(遊予)せん

【抗声】声をはりあげていう。〔北史、李幼廉伝〕幼廉、少くして寡欲~祖孝徵、政を執る。~孝徵、不平の言有り。或ひと以て幼廉に告ぐ。幼廉聲を抗げて曰く、李幼廉、結髮して宦に從ひ、誓って意を曲げて人に求めず~と。

【抗節】節を高くして守る。魏・文帝〔鍾大理(繇)に与ふる書〕是を以て垂棘(玉名。晋、之れを以て虞號に道を借る)晉より出でて、虞虢雙ながら禽せられ、和璧(和氏の璧)秦に入りて、(藺)相如節を抗ぐ。

【抗直】節を守る。屈せず剛直なこと。〔史記、魯仲連鄒陽伝論賛〕鄒陽、辭不遜なりと雖も、然れども其の比物連類、悲しむに足る者有り。亦た抗直橈まずと謂ふべし。

【抗礼】対等の礼。〔史記、貨殖伝〕子貢、結駟連騎、束帛の幣、以て諸侯に聘享す。至る所の國君、庭を分ちて、之れと抗禮せざるもの無し。夫れ孔子をして、名天下に布揚せしめし者は、子貢、之れに先後したればなり。

【抗厲】烈しく反抗する。〔後漢書、竇融伝〕今關東の盜賊已に定まる。大兵今當に悉く西すべし。將軍(隗囂)其れ威武を抗厲し、以て期會に應ぜよ。

【抗論】正道によって反論する。〔後漢書、陳蕃伝論〕桓・靈の世、陳蕃の徒の若き、咸な能く風聲を樹立し、惛俗に抗論す。~功終へずと雖も、然れども其の信義は以て民心を攜持するに足る。

➡抗違 違命/抗越 志を高くして従わない/抗開 こじあける/抗頑 抗直/抗起 高く起こす/抗逆 反抗する/抗拒 抵抗する/抗禦 防ぐ/抗矯 志を高くして俗に従わない/抗偶 対抗する/抗剄 首を切る/抗言 対談/抗行 高行/抗高 高行/抗策 馬にむちうつ/抗辞 抗言/抗質 きかぬ気/抗手 挙手/抗首 昂首/抗章 上書/抗情 抗志/抗心 高尚な心/抗席 葬席/抗戦 抵抗し戦う/抗然 昂然/抗疏 上表/抗争 抵抗し争う/抗足 投足/抗隊 上下/抗奪 反論し奪う/抗抵 抵抗する/抗敵 敵対する/抗眉 屈しない気象/抗表 上疏して争う/抗吩 議論する/抗憤 激昂する/抗弁 抗論する/抗邁 傑出する/抗命 命に違う/抗揚

抗越
↓拮抗・拒抗・矯抗・高抗・清抗・相抗・対抗・抵抗・答抗・反抗・暴抗・抑抗

常 **【攻】** 7 1814 コウ おさめる せめる

篆文 金文

会意 工＋攴。工は工具。攴は打つこと。工を用いて器を作ることをいう。〔周礼、考工記〕に、攻木・攻皮・攻金の職があり、みなその材質に加工することをいう。攻・工は通用の字。考は仮借。金文に軍事を戎攻、また戎工という。工はまた左・尋（尋）・隱（隠）の字中に含まれて、呪具の意がある。その呪具を用いて、攻撃する意がある。学術をおさめることを攻学・攻究という。

訓義 [1]おさめる、器物をつくる、なおす。[2]みがく、する、かたい、たくみ。[3]せめる、おかす、たたかう。

古訓 〔名義抄〕攻 セム・ウツ・キル・タカシ・カタシ・オク・マジハル・ツクロフ・ミガク・ヲサム・ツクル

語系 攻・工・功kongは同声。工具を以て加工することを攻といい、その治めて成るものを功という。毃kheôk・敲kheô（たたく）、跫khiong（かたくする）、孔khong（あなあける）なども、関連のある語であろう。

【攻禜】 蠹物（まじもの）を除くための祈り。〔周礼、秋官、翦氏〕蠹物を除くことを掌る。攻禜を以て之れを攻め、莽草を以て之れを熏らす。

【攻玉】 玉を磨く。〔詩、小雅、鶴鳴〕它山の石 以て玉を攻むべし

【攻撃】 攻め撃つ。〔韓非子、喩老〕天下道有りて、急患無し。～天下無道にして、攻撃休まず。

【攻守】 攻防。漢・賈誼〔過秦論、上〕一夫（陳渉）難を作して七廟隳れ、身、人の手に死して天下の笑ひと爲る者は何ぞや。仁義施さずして攻守の勢ひ異なればなり。

【攻説】 毒蠱を去るための呪的な祈り。〔周礼、秋官、庶氏〕毒蠱を除くことを掌る。攻説を以て之れを禬き、嘉草もて之れを攻む。

【攻戦】 攻城野戦。〔荀子、議兵〕凡そ兵を用ひて攻戰するの本は、民を壹にするに在り。

【攻特】 牡馬を去勢する。〔周礼、夏官、校人〕夏、先牧（牧養の神）を祭り、馬を頒ち、特（牡馬）を攻む。

【攻伐】 攻撃する。〔韓非子、亡徵〕守戰の備へ無くして輕かろしく攻伐する者は、亡ぶべきなり。

【攻剽】 おどして物を奪う。〔史記、酷吏、義縱伝〕嘗て張次公と、倶に攻剽して群盜と爲る。

【攻砭】 患部に石針をうつ。〔宋史、趙鼎伝〕今日の事、人の患羸の如し。當に靜かにして以て之れを養ふべし。若し復た攻砭を加へば、必ず元氣を傷らん。

↑攻囲 包囲する／攻完 堅固／攻陥 陥れる／攻患 治療する／攻挙 占拠する／攻虚 虚を伐つ／攻金 冶金／攻苦 苦難をおかす／攻駒 攻特／攻具 攻城の具／攻訐 あばく／攻研 勉学／攻堅 堅を伐つ／攻錯 磨く／攻社 社に祈る／攻習 読書／攻書 読書／攻鈔 掠める／攻城 城攻め／攻勢 積極的に攻める／攻続 攻めつぐ／攻奪 攻略／攻緻 堅密／攻逐 逐う／攻詆 そしる／攻屠 攻め取る／攻討 攻めて討つ／攻盗 盗む／攻駁 反駁する／攻発 探り出す／攻抜 陥れる／攻皮 皮加工／攻備 攻守／攻逼 攻めてせまる／攻病 治療／攻木 木に加工する／攻没 陥落する／攻略 攻取／攻療 治療／攻牢 堅牢

↓火攻・夾攻・強攻・群攻・研攻・交攻・車攻・守攻・衆攻・進攻・水攻・正攻・先攻・専攻・速攻・蠹攻・内攻・難攻・反攻・面攻・猛攻・来攻・陸攻

常 **【更】** 7 1050 〖更〗 7 1050 ［叓］ 9 1040 コウ（カウ） かえる あらためる さらに ふける

篆文 甲骨文 金文

会意 もと叓に作り、丙（丙）＋攴。丙は武器などの台座の形で、商（商）・矞などはその形に従う。攴は打つこと。金文に丙を重ね、その下から攴を加える形があり、更改・変更のための呪的な方法と思われる。〔説文〕三下に「改なり」とあり、改はもと攺に作り、巳（蛇）を殴つ呪詛の行為。これによって事態の変改を求める。變（変）は神に祝禱する意の言の両旁に呪飾を加え、これを殴って事態の変更を求める意。更・改・變はみな相似た方法で事態の変改を求める呪的方法を示す字である。みな禍殃を祓うことをいう。国語で「さらに」は、「あらためて」「あたらしく」の意がある。

訓義 [1]かえる、あらためる。[2]かわる、あらたまる。[3]さらに、つぐ、あいつぐ、ふたたび。[4]こもごも、いれかわる。[5]へる、ときをへる、ふける。

古訓 〔名義抄〕更 タガヒニ・サラニ・カサヌ・カサナル・ニハカナリ・カタヘ・アヤマル・カヘル・マタ・アラタム・アタラシ・カフ・カハル・カハル／＼・チナミ・フル・タガヒ・アカツキ・フ・ツグノフ

声系 〔説文〕に更声として哽・骾・梗（梗）・鯁など十字を収める。哽咽・骨骾・梗塞の義の字が多く、おそらく更の声義を承けるところがあろう。それならば更は、その呪的方法によって梗塞し、事態を変更する意をもつものと思われる。

語系 更・梗・骾keangは同声。抗khang、衡heang、強giang、剛kang、勁kiengも声義に通ずるところがある。

【更衣】 着かえる。その室。また、便所。〔論衡、四諱〕夫れ更衣の室は、臭しと謂ふべし。

【更改】 改める。〔漢書、韓延寿伝〕潁川、豪彊多くして治め難し。～民に怨讐多し。延壽之れを更改し、教ふるに禮讓を以てせんと欲す。

【更休】 かわるがわる休む。宋・蘇軾〔稼の説〕其の田美にして多ければ、則ち以て更休して、地力全きを得べし。

【更鼓】 夜の時刻を知らせる鼓声。宋・蘇軾〔夜、舒尭文を過ぎり、戲れに作る〕詩 先生骨淸くして、眠り臥すること少なし 長夜默坐して、更鼓を數ふ

【更生】 再生する。〔史記、主父偃伝〕元元黎民（人民）、戰國より免れ、明天子に逢ふを得て、人人自ら以爲へらく、更め生きたりと。

【更籌】 夜の時刻のかずとり。宋・辛棄疾〔水調歌頭、馬叔度の月波楼に游ぶに和す〕詞 西樓に著意し吟賞す 何ぞ必ずしも更籌を問はん

【更張】 改めて張りなおす。宋・范成大〔古風二首、湯丞相に上る、二〕詩 知音、之れを顧みて笑ふ 解絃、爲に更張す

↑更易 かえる／更嫁 嫁ぎなおす／更革 改革／更換 交換／更議 再評議／更居 居を移す／更元 改元／更互 交替／更行 再嫁／更索 改め探す／更始 更新する／更次 輪番／更事 経験／更酌 酌み交わす／更嘗 経験／更鐘 夜の時鐘／更深 深夜／更新 更改／更人 夜警／更正 改正／更制 制度を改める／更践 職に改め任ずる／更箭 夜の漏刻／更選 改め選ぶ／更籤 更箭／更爽 変更／更続 継続／更代 交替／更替 交代／更端 別の話

にする／更遅 躊躇する／更直 交代して宿直する／更定／更訂 改定／更訂 訂正／更逓 順送り／更迭 入れ替え／更犯 重犯／更番 交番／更服 着かえる／更覆 反覆する／更変 変更／更名 改名／更夜 深夜／更闌 夜更け／更履 経歴／更歴 くりかえしめぐる／更老 三更五老／更漏 水時計

↓改更・革更・寒更・厳更・五更・歳更・三更・初更・曙更・深更・践更・半更・変更・夜更

【杠】 7 4191 コウ(カウ) よこぎ はたざお

篆文  金文 

形声 声符は工。工に、左右にわたってゆるくそりのあるものの意がある。虹がその形。〔説文〕六上に「牀前の横木なり」とあり、すべて横にわたした木をいう。〔孟子、離婁下〕「歳の十一月、徒杠成る」とは、うち橋を渡す意である。〔爾雅、釈天〕に「素錦もて杠を綢む」とあり、長さ三仞の旗竿をいう。

訓義 ①よこ木、牀前のよこ木。②はたざお。③うちばし、こばし。

古訓 〔新撰字鏡〕杠 支利久比(きりくひ) 〔名義抄〕杠 ヒラキ 〔篇立〕杠 ハシ・イシハシ・サヲ・ハタノエ・キリクヒ

【杠梁】(かうりやう) はし。唐・柳宗元〔興州江運記〕杠梁以て成り、人は危きを履まず。

↑杠架 屍牀／杠蓋 車蓋／杠杆 てこ／杠轂 物の中心／杠首 竿頭／杠房 葬具屋／杠鈴 重量挙げの鉄具

↓雲杠・金杠・空杠・脩杠・石杠・綢杠・長杠・徒杠・韜杠

【汞】 7 1023 コウ みずがね

形声 声符は工。〔本草綱目、石三、水銀〕に「(李)時珍曰く、其の狀、水の如く、銀に似たり。故に水銀と名づく」とあり、また澒ともいう。汞は丹竈家の用いる名である。明礬塩を和して白粉とする。

訓義 ①みずがね、水銀。②また澒という。

古訓 〔名義抄〕汞 ミヅガネ

↑汞砂 朱砂／汞粉 白粉

↓化汞・火汞・金汞・銀汞・朱汞・丹汞・泥汞・霊汞・煉汞

【沆】 7 3011 コウ(カウ) ひろい

篆文 

形声 声符は亢。〔説文〕十一上に「莽沆、大水なり」とあり、水沢などの果てしなくひろいさまをいう。停蓄する水、また水の流れるさまをもいう。

訓義 ①ひろい、果てしなくひろい。②さわ、たまり水。③水の流れるさま。

古訓 〔名義抄〕沆 アマネシ

【沆瀣】(かうがい) 夜間の水気。露。仙人の飲物。〔楚辞、遠遊〕六氣を餐らひ、沆瀣を飲み 正陽(日中の気)に漱ぎて、朝霞を含む

【沆瀁】(かうやう) 水の流れ漂うさま。梁・江淹〔雑体詩、三十首、阮歩兵(籍)〕飄颻として年を終ふべし 沆瀁として是非に安んぜん

↑沆漑 水が流れるさま／沆沆 水の広大なさま／沆沢 大沢／沆茫 広大なさま／粉莽 広大なさま

↓塵沆・朝沆・漭沆

【肓】 7 0022 コウ(クヮウ) むなもと

篆文 

形声 声符は亡(亡)。亡はおそらく巟の省文。〔説文〕四下に「心の下、鬲の上なり」(段注本)とあり、横隔膜の上あたりをいう。内臓の最も深いところであるから、その部分は治療の及びがたいところで、不治の病を「膏肓の疾」という。膏は骨肉の間にある脂である。

訓義 ①むなもと、心臓の下あたり。

【肓膏】(くわうかう) 心臓の下と、横隔膜の上。治療の及びがたいところ。〔左伝、成十年〕公(晋侯)、疾病なり。医を秦に求む。～公夢む。疾、二豎子と爲りて曰く、彼は良醫なり。我を傷つけんことを懼る。焉くにか之れを逃れんと。其の一曰く、肓の上、膏の下に居らば、我を若何せんと。醫至る。曰く、疾爲むべからざるなり。肓の上、膏の下に在り～と。公曰く、良醫なりと。

【肛】 7 7121 コウ(カウ) はれる

形声 声符は工。〔玉篇〕に「腫るるなり」とするが、肛門の意に用いる。その形は轂の中に車釭を入れた形に似ており、肛はその声をとったとする説がある。腹の腫れることを胮肛という。

訓義 ①はれる。②しりのあな。

古訓 〔篇立〕肛 ハラカタクハル

↑肛管 直腸／肛門 肛穴

↓脱肛・胮肛

【佼】 8 2024 コウ(カウ) まじわる みめよい

篆文 

形声 声符は交(交)。〔説文〕八上に「交はるなり」とあり、〔広雅、釈言〕も同じ。〔管子、明法解〕に「私佼」の語がみえる。字は姣・狡・詨などと通用する。

訓義 ①まじわる。②姣と通用し、みめよい。③狡と通用し、ずるい。④詨と通用し、ほこる。⑤攪と通用し、みだす。

古訓 〔名義抄〕佼 アカス 〔字鏡集〕佼 アカス・クラブ・アカス 〔篇立〕佼 クラブ・コム・マカス・アガム 〔字鏡集〕佼 アカス・クラブ・マジハル

【佼黠】(かうかつ) ずるがしこい。わるがしこい。〔論衡、講瑞〕且つ人に佞猾にして聚る者有り。鳥にも亦た佼黠にして群に従ふ者有り。

【佼好】(かうかう) みめよし。美しい。〔論衡、骨相〕陳平、貧にして飲食足らざるも、貌體佼好なり。衆人之れを怪しみて曰く、平、何を食ひて肥ゆると。

【佼佼】(かうかう) すぐれる。傑出する。〔後漢書、劉盆子伝〕徐宣等叩頭して曰く、～今日降ることを得て、猶ほ虎口を去りて慈母に歸するがごとし。誠歡誠喜、恨む所無きなりと。帝曰く、卿は所謂鐵中の錚錚、傭中の佼佼たる者なりと。

【佼人】(かうじん) 美しい人。〔詩、陳風、月出〕月出でて皎たり 佼人僚(あでやか)たり 舒として(おもむろに)窈糾(しとやか)たり 勞心、悄たり

【佼反】(かうはん) 偽り叛く。〔管子、七臣七主〕侵臣は小察を事として以て法令を折き、佼反を好みて私請を行ふ。

↑佼易 美しく親しみやすい／佼佹 わるがしこい／佼健 美好／佼大 大がらで美しい／佼儷 美好

↓私佼・上佼・壮佼・肥佼

常 【効】 8 0442 〔效〕 10 0844 コウ(カウ) いたす ならう ききめ

篆文・甲骨文・金文 

会意 字の初形は矢＋攴。攴は打つこと。矢の曲直を正す意の字である。〔説文〕三下に「象(像)るなり」とし、交(交)声とするが、もと交に従う字でない。両手で矢の曲直を正すを寅といい、撃って正すを效という。それで法則に従い効う意となり、〔毛公鼎〕に「乃の友正(友官)を善效せよ」のように用いる。またその倣効の結果を効果という。

訓義 ①いたす、正しきをいたす、あきらかにする。②ならう、かたどる、のっとる。③あらわす、しるし、ききめ、てがら、効果。④

校と通じ、しらべる。

古訓 〔名義抄〕効 ナラフ・マナブ・シルス・シルシ・アラハス・コノム・キル・コト／＼ク・イタル・イタス・ツトム・ホシイマヽ・カムガフ・スヽム・マヌガル・ホタル・キラフ 〔字鏡集〕効 ホシイマヽ・キラフ・スヽム・カムカフ・ホダス・マナブ・シルス・ムカフ・ナラフ・マヌガル・イタス・コノム・ツトム・ユルス・ナラス・イタル・ハゲマス・アラハス・キル・コト／＼ク

語系 效・傚・校（校）heô は同声。傚は效の形声で後起の字であるが、〔詩、小雅、鹿鳴〕「君子是れ則り是れ傚ふ」のように、古くからその字を用いる。孝keô、教（教）keôk、學（学）heuk なども声義近く、一系の語である。

【効款】よしみをいたす。降服・帰順する。〔唐書、藩鎮、朱滔伝〕始め安史（の乱）の後、山東、外は臣順すと雖も、實は傲肆不廷なり。（朱）泚に至りて、首めて款を效す。帝之れを嘉みす。

【効義】正義を行う。〔北斉書、高乾伝〕乾、其の徒に謂ひて曰く、吾れ聞く、高晉州（後の神武）は雄略蓋世、其の志人の下に居らず。～正に是れ英雄義を效すの會なり。

【効験】ききめ。〔南斉書、高逸、顧歓伝〕黄老の道を事とし、陰陽の書を解し、數術を爲めて效驗多し。

【効功】成績をあげる。〔韓非子、用人〕治國の臣、功を國に效して以て位を履み、能を官に見はして以て職を受け、力を權衡に盡して以て事に任ず。

【効死】死をいたす。命がけ。〔孟子、梁恵王下〕已む無くんば、則ち一有り。斯の池を鑿ち、斯の城を築き、民と與に之れを守り、死を效して民去らずんば、則ち是れ爲すべきなり。

【効誠】まごころをつくす。〔淮南子、主術訓〕湯～身を以て桑林の際に禱り、四海の雲湊まり、千里の雨至る。質を抱き誠を效さば、天地をも感動せしめ、神、方外に諭る。

【効節】符信を返し、自ら任を解く。〔左伝、文八年〕司城蕩意諸、來り奔る。節を府人に效して出づ。公、其の官を以て之れを逆ふ。

【効徴】しるし。〔南史、宋武帝紀〕上天、象を垂れ、四靈徵を效すに至りては、圖讖の文既に明らかに、人神の望已に改まる。百工朝に歌ひ、庶人野に頌す。

【効矉】美人の愁顔をまねする。〔荘子、天運〕西施、心を病みて其の里に矉す。其の里の醜人、見て之れを美とし、歸りて亦た心を捧へて、其の里に矉す。其の里の富人之れを見て、堅く門を閉して出でず、貧人之れを見て、妻子を挈へて、之れを去りて走る。彼は矉を美とするを知るも、矉の美なる所以を知らず。

【効用】はたらき。役立つ。唐・独孤及〔陽翟張主簿の任に之くを送る〕詩 少年當に用を效すべし 遠道、豈に艱を辭せんや

【効霊】霊験がある。梁・劉峻〔弁命論〕必ず物を御へて以て靈を效し、亦た人に憑りて象を成す。

↑効益 効果／効応 しるし／効駕 車を試みる／効獲 獲物をとる／効愚 愚忠をつくす／効勲 勲功／効牽 犠牲を献じる／効試 試験／効実 誠をつくす／効首 首を献じる／効順 恭順をいたす／効祥 瑞祥があらわれる／効情 誠をつくす／効績 功績／効智 智をつくす／効忠 忠をつくす／効答 答える／効能 効験／効矉／効放 ならう／効法 法に則る／効報 報答する／効命 命をいたす／効尤 人のとがめにならう／効郵 とがめをいたす／効力 効験／効労 てがら

↓威効・偉効・奇効・顕効・験効・功効・後効・時効・失効・実効・殊効・神効・成効・善効・奏効・即効・速効・治効・徴効・答効・特効・発効・仿効・放効・法効・倣効・報効・無効・明効・薬効・有効・良効・労効

【臭】 8 2643 コウ（カウ） セキ タク しろ つや

篆文 

象形 風雨にさらされた獣屍の形。〔説文〕十下に「大白澤なり。大に從ひ、白に從ふ。古文以て澤の字と爲す」とするが、臯の字形と似ており、白は頭部、下はその肢体の象。睾もその形で、獣屍の斁解（ほぐれる）の象。臭・臯はその白骨化した色をいう字である。

訓義 ①しろ、しろい、脱色して白くなる。②つや、つややか。

古訓 〔字鏡集〕臭 フカシ

語系 臭・臯・皋 kô は同声。皓（皓）・皥 hu、皎・皦 kyô、翯・鶴 hôk も声義近く、みな皓白の義をもつ字である。

常 【岡】 8 7722 コウ（カウ） おか

篆文 

会意 网（鋳型の形）＋火。〔説文〕九下に字を山に従う形と解し、「山脊なり」（段注本）とする。〔爾雅、釈山〕にも「山の脊は岡なり」、〔広雅、釈丘〕に「阪なり」とするが、その字は崗に作るべく、岡は鋳型を示す网に、火を加えてこれを焼成する意。その鋳型を力で裂くことを剛という。剛は鋳型を裂き外す意象の字で、裂くのに刀を用いた。その色は赤く、赤牛を犅という。岡は赤土色の丘で、その色は焼土に近い。

訓義 ①焼土、焼けた赤土色の丘。②おか、草木のない丘。③さか、みね、小山、山脊。

古訓 〔名義抄〕岡 ヲカ 〔字鏡集〕岡 ヲカ・ツカ・ミネ

声系 〔説文〕に岡声として犅・剛・綱の三字を収める。犅は赤色牛、剛・綱は堅剛の意をとるものであろう。

語系 岡・犅・剛・綱 kang は同声。堅 kyen、緊 kien、強 giang、勁 kieng は、それぞれ堅剛の意をもつ語である。

【岡脊】山の脊。宋・朱熹〔雲谷記〕南して岡脊に循ひ、下りて横徑を得。徑南は卽ち谷口小山なり。其の上小平、～命づけて雲社と曰ふ。

【岡阜】小高い岡。〔南斉書、氐伝〕仇池は四方壁立し、～盤道七里可り。上に岡阜泉源有り。

【岡陵】おか。宋・蘇轍〔黄州快哉亭記〕蓋し亭の見る所、南北百里、東西一舍。～西のかた武昌の諸山を望めば、岡陵起伏し、草木行列す。

【岡嶺】岡と峰。宋・蘇軾〔放鶴亭記〕彭城の山、岡嶺四合し、隱然として大環の如し。～山人に二鶴有り。甚だ馴れて善く飛ぶ。

↑岡巌 岡と巌／岡曲 岡のくま／岡原 山上の平地／岡岵 岡と茂み／岡舎 岡の家／岡岑 小山／岡陀 岡のくま／岡桐 桐油を作る桐／岡坡 山すそ／岡阪 岡の坂／岡巒 小山／岡隴 おか／岡麓 岡のふもと

↓陰岡・煙岡・華岡・霞岡・廻岡・高岡・崐岡・修岡・翠岡・崇岡・青岡・晴岡・双岡・南岡・茅岡・巒岡・陵岡・林岡・連岡

常 【岬】 8 2675 コウ（カフ） みさき

形声 声符は甲。〔玉篇〕に「山の旁らなり」とあり、両山の間をいう。わが国では両水の間、特に海中などに突出しているような地勢をいう。

訓義 ①山あい、山のはざま。②細く連なるところ。③わが国では、みさき。

古訓 〔和名抄〕岬 日本紀私記に云ふ、三佐木（みさき）〔名義抄〕岬 ミサヽキ・マサシ・カタハラ・ミサキ

↑岬角 みさき／岬嵑 連なる／岬岫 巌穴

↓山岬

常【幸】 8 4040 コウ(カウ) さいわい

篆文  甲骨文  金文 

象形 手械の形。これを手に加えることを執という。〔説文〕十下に「吉にして凶を免るるなり」とし、字を屰と夭とに従い、夭死を免れる意とするが、卜文・金文の字形は手械の象形。これを加えるのは報復刑の意があり、手械に服する人の形を報という。幸の義はおそらく倖、僥倖にして免れる意であろう。のち幸福の意となり、それをねがう意となり、行幸・侍幸・幸愛の意となるが、みな倖字の意であろう。〔説文〕にまた幸部十下があり、「人を驚かす所以なり。大に従ひ、羊に従ふ。一に曰く、大聲なり」とし、「一に曰く、讀みて瓠の若くす。一に曰く、俗語、盜の止まざるを以て幸と爲す」とあり、睪・執・圉・盩・報・籟の諸字がその部に属する。睪は獸屍の斁解する形、他はみな手械に従う字である。幸福の義は倖。〔独断、上〕に「幸は宜幸なり。世俗、幸を謂ひて僥倖と爲す。車駕の至る所、臣民其の德澤を被り、以て僥倖となす。故に幸と曰ふなり」とみえる。

訓義 ①倖と通じ、さいわい。②こいねがう。③めぐむ、したしむ。④みゆき、いでまし。

古訓 〔名義抄〕幸 サイハヒ・タカシ・ノゾム 〔字鏡集〕幸 ヨシ・タカシ・コノム・ヨロコビ・アフ・サイハヒ・ネガフ

部首 天屰の字は天部に従う。幸部には睪・執・圉・盩・報・籟の六字を属するが、執以下の字は手械の象に従う。

声系 〔説文〕に幸声として婞・緈を収め、倖・悻を収めない。婞は很る、緈にも婞直の意があり、悻悻は怒るさま。天屰の字と声系が異なるようである。

【幸愛】(こうあい) 親しみ愛する。〔水経注、温水〕江東舊事に云ふ、范文、本揚州の人。少くして掠せられて奴と爲り、～林邑の賈人に隨ひ、海を渡りて遠く去る。王に沒入せられ、大いに幸愛を被る。十餘年を經て王死す。文、王の二子を害し、侯將を詐殺し、自立して王と爲る。

【幸姫】(こうき) 愛妾。〔史記、孟嘗君伝〕秦の昭王、乃ち止めて孟嘗君を囚ふ。～孟嘗君、人をして昭王の幸姫に抵りて解かんことを求めしむ。幸姫曰く、妾願はくは君の狐白裘を得んと。

【幸教】(こうきょう) お教えを乞う。〔戦国策、秦三〕秦王左右を屛け～跪いて請うて曰く、先生何を以て幸ひに寡人に教ふるやと。范雎曰く、唯唯と。

【幸偶】(こうぐう) 幸運。〔論衡、命義〕人に、命有り、祿有り、遭遇有り、幸偶有り。～遭遇すること幸偶ならば、遂に以て全きを成す。

【幸楽】(こうがく) ねがう。〔戦国策、斉四〕故に曰く、功を矜れば立たず、虛願は至らずと。此れ皆其の名を幸樂して、其の實德無き者なり。

【幸心】(こうしん) 万一の僥倖をねがう心。〔管子、君臣下〕君子、道に食すれば、～則ち倫等踰えず。偏卒(戦車と小部隊)有るの大夫と雖も、敢て幸心有らずんば、則ち上に危きこと無し。

【幸甚】(こうじん) 幸いである。また、手紙の結語。漢・李陵〔蘇武に答ふる書〕子卿足下、勤めて令德を宣べ、名を清時に策し、榮問休暢す。幸甚幸甚。

【幸生】(こうせい) 生をねがう。〔呉子、治兵〕凡そ兵戰の場は屍を止むる地なり。死を必すれば則ち生き、生を幸へば則ち死す。

【幸民】(こうみん) 僥倖をねがう民。〔左伝、宣十六年〕善人上に在るときは、則ち國に幸民無し。諺に曰く、民の多幸は、國の不幸なりと。是れ善人無きの謂なり。

【幸免】(こうめん) 幸いにして免れる。〔論語、雍也〕子曰く、人の生や直。之れ罔くして生くるは、幸ひにして免るるのみ～と。

【幸臨】(こうりん) 光臨。〔列女伝、賢明、楚の老萊の妻の伝〕(楚)王曰く、寡人愚陋、獨り宗廟を守る。願はくは先生之れに幸臨せよと。

➡幸運 好運／幸宴 行幸の宴／幸会 幸いに会う／幸覬 高望み／幸御 みゆき／幸愜 迎合する／幸近 親しみ愛する／幸好 幸いに／幸察 ご諒察下さい／幸私 ひいき／幸昵 親しむ／幸酒 酒好き／幸処 行幸先／幸賞 僥倖の賞／幸辱 かたじけなし／幸臣 寵臣／幸人 幸運な人／幸多 多幸／幸得 幸いに／幸佞 幸佞／幸便 幸いついで／幸福 幸い／幸蒙 幸辱／幸有 本来有るに／幸媚 気に入りのへつらいびと／幸佞

⬇愛幸・栄幸・恩幸・駕幸・還幸・喜幸・貴幸・冀幸・覬幸・御幸・行幸・僥幸・徼幸・近幸・欣幸・慶幸・巧幸・至幸・私幸・射幸・巡幸・神幸・進幸・親幸・潜幸・遷幸・尊幸・多幸・佞幸・薄幸・不幸・嬖幸・遊幸・臨幸

人【庚】 8 0023 コウ(カウ) きねつく かのえ

篆文  甲骨文  金文 

会意 午+収。両手で午(杵)をもち舂く形。〔説文〕十四下に「西方に位す。秋時、萬物庚庚として、實る有るに象るなり。庚は己を承く。人の臍に象る」とするのは、当時の五行説によるものであるが、字の形義をえがたい。脱穀・精白して生ずるものは、庚に粉末の形を加えた康で、糠・穅の初文。ゆえに庚は脱穀することをいう字とみられる。金文の図象に、台座の上に庚形の楽器を樹てた形のものがあり、あるいは康楽の意であろう。

訓義 ①きねつく、うすつく。②つぐ、くりかえす、さらに、かわる。③賡に通じ、つぐ、つぐなう。④迒と通じ、みち、とおる、すぎる。⑤とし。⑥十干の一。かのえ。

古訓 〔名義抄〕庚 コハシ・アラシ・トル・イタヅラ／長庚 ユフヅヽ 〔字鏡集〕庚 サラニ・カノエ・トル・コハシ・イタヅラ・アラシ・クラシロ

声系 〔説文〕に庚声として唐(唐)・糠(康)、および唐声・康声の字を収める。唐は庚下に祝禱の器(口)をおく形。脱穀は神聖な作業で、その場所を中唐という。

【庚庚】(こうこう) 横たわるさま。また、実るさま。〔説文、十四下〕庚は西方に位す。秋時、萬物庚庚として、實る有るに象るなり。

【庚伏】(こうふく) 夏の三伏の時。庚の日より始まる。宋・韓琦〔初伏柳渓〕詩 人閒の酷暑、庚伏に病む 世外の清風、洞天(道家の世界)有り

➡庚兄 同じ年齢の兄輩の人／庚穴 生前に作る墓／庚甲 とし／庚日 庚の日／庚帖 婚約の釣り書／庚辛 西方／庚信 月経／庚泥 硬土／庚伯 庚兄／庚郵 宿継ぎ

⬇後庚・商庚・先庚・倉庚・長庚・同庚・年庚・納庚・由庚

常【拘】 8 5702 コウ ク とらえる かかわる かがむ

篆文  詛楚文 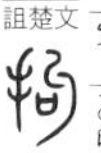

形声 声符は句。句に句曲の意があり、拘引することをいう。〔説文〕三上に「止むるなり」とし、会意とするが、形声の字。拘係によって自由を失うので、一偏に拘して変通しえないことを拘泥という。

訓義 ①とらえる、とめる、おさえる。②かぎにかける、かかわる、へだてる。③かがむ、まがる、つる、かぎる。

古訓〔名義抄〕拘 カヽフ・カヽマル・テナヘ〔字鏡集〕拘 カヾマル・カヽフ・オサフ・シルス・ミトリ・ニナフ・テナヘ・トル・ウツ・ヒク・トヾム・カヽハル

語系 拘kioは句・鉤koと声義が近い。曲khiok、局・跼giokもみな句曲の意があり、一系の語。

【拘介】潔白を守る。〔晋書、王沈伝〕今教命をして下に班ち、示すに賞勸を以てせしむるも、將ほ拘介の士の、或いは賞を憚りて言はず、貪賕の人の、將に利を慕ひて妄擧せんことを恐る。

【拘礙】妨げ。唐・白居易〔弟を祭る文〕音容、潛沒すること已に久しく、乃ち夢寐に相ひ見ること、全く稀なるに至る。豈に幽冥道殊にして、拘礙する有ること莫からんや。

【拘忌】気にする。頓着する。〔漢紀、恵帝紀〕(六年)故に秦、其の海内の勢ひを擅にするを得、拘忌する所無し。肆行奢淫、天下に暴虐す。

【拘虚】虚は墟。居所。見聞が限定される。〔荘子、秋水〕井鼃(蛙)は以て海を語るべからざるは、虚(墟)に拘せらるればなり。

【拘繫】拘囚する。〔三国志、呉、韋曜伝〕曜、愚惑不達にして、陛下大舜の美を敷宣すること能はず。史官に拘繫せられ、聖趣をして敍のべざらしむ。

【拘牽】束縛される。〔漢書、元帝紀〕百姓仍りに凶阨に遭ひ、以て相ひ振ふ無し。加ふるに苛吏に煩擾し、微文に拘牽せらるるを以てす。

【拘囚】とらわれる。唐・韓愈〔帰工部の僧約を送るに和す〕詩 早に知る、皆是れ自ら拘囚するなることを 學ばず、因循して白頭に到るを

【拘執】とらえられる。〔史記、李斯伝〕趙高、李斯を案治す。李斯、拘執束縛せられ、囹圄(牢獄)の中に居り、天を仰ぎて歎じて曰く、嗟乎悲しい夫、不道の君、何ぞ計を爲すべけんや～と。

【拘束】しばられる。〔晋書、王羲之伝論〕(王)獻之、父(羲之)の風有りと雖も、殊に新巧に非ず。其の字勢を觀るに、疏瘦なること隆冬の枯樹の如く、其の筆蹤を覽るに、拘束せらるること嚴家の餓隷(かつれた下僕)の若し。

【拘俗】世俗の情にこだわる。〔唐書、柳渾伝〕渾～免ぜられて後數日、置酒～出游し、～曠然として黜免の意無し。時に李勉・盧翰(等)～歎じて曰く、吾等柳宜城(渾)に視らぶるに、眞に拘俗の人なる哉と。

【拘泥】固執する。なずむ。宋・朱熹〔陸子静(象山)に答ふ、六〕若し實に見得せば、卽ち説有説無、或いは先或いは後なるも、都べて妨礙無し。今必ず此くの如く拘泥せば、強ひて分別を生ぜん。

【拘逼】拘束して強く迫る。魏・陳琳〔袁紹の為に予州に檄す〕天下に布告し、咸ごとく聖朝(天子)に(曹操の)拘逼の難有るを知らしめん。

【拘留】とらえて引き留める。〔漢書、匈奴伝賛〕匈奴の人民、每に來りて漢に降る。單于も亦た輒ち漢使を拘留し、以て相ひ報復す。

【拘攣】こだわる。〔後漢書、曹褒伝〕(褒)、上疏して曰く、～宜しく文制を定め、著して漢禮を成すべし～と。～帝、群僚の拘攣し、與に始を圖り難きを知る。朝廷の禮憲、宜しく時に刊立すべし。

【拘録】ひきしめる。〔荀子、君道〕材人、愿愨拘錄、計數纖嗇にして敢て遺喪すること無きは、是れ官人使吏の材なり。

↑拘引 捕らえる/拘閡 拘礙/拘榷 専売/拘学 頑固/拘管 管理する/拘究 拘訊/拘狭 器量が小さい/拘脅 おどす/拘局 捕縛する/拘禁 監禁する/拘緊 束縛/拘擒 捕らえる/拘謹 偏屈/拘係 拘繫/拘絜 隠居して自ら清くする/拘拳 屈する/拘検 引き締める/拘拘 拘泥する/拘刷 一斉に取り締まる/拘殺 捕殺/拘止 拘留/拘守 墨守/拘儒 腐儒/拘収 捕らえる/拘審 拘訊/拘訊 捕縛して訊問する/拘世 拘俗/拘制 控制/拘斉 一斉に拘引する/拘責 拘究/拘紲 拘禁/拘送 護送する/拘愞 小心/拘致 拘引/拘置 拘留/拘縶 つなぐ/拘定 限定する/拘提 拘引/拘纏 まとう/拘儜 拘束する/拘絆 しばる/拘縻 拘束する/拘文 文になずむ/拘蔽 拘泥/拘哺 授乳する/拘木 曲木/拘民 拘囚の民/拘問 拘訊/拘厄 拘束の厄/拘欄 手すり/拘略 掠める/拘領 まる衿/拘纍 捕らえる/拘礼 拘俗/拘囹 獄に入れる/拘恋 慕う

↓解拘・久拘・虚拘・拳拘・牽拘・坐拘・指拘・自拘・執拘・囚拘・縶拘・絆拘・被拘・免拘・力拘・攣拘

人【昂】8 6072
コウ(カウ)　あがる　たかい　たかぶる

篆文

形声 声符は卬。卬は仰の初文で、上を仰ぐ意。〔説文新附〕七上に「擧がるなり」とあり、日の上る意とするが、昂然・激昂のように、心気の高ぶりをいうことが多い。意気のさかんなことを軒昂という。

訓義 1あがる、たかい。2たかぶる、意気があがる。

古訓〔名義抄〕昂 ノゾム・アフグ・アガル・サカユ/低昂 タリアガル

参考 日の形にしるすものには、日月の日、祝禱の曰、また玉の象形を日に作ることがある。字は〔説文新附〕後添の字で、そのいずれとも定めがたいが、心意に属する語とすれば、魂振りの玉と解しうるようである。

【昂昂】志行のすぐれて高いさま。〔晋書、忠義、嵆紹伝〕昨ふ稠人の中に於て始めて嵆紹を見たるに、昂昂然として野鶴の鷄群に在るが如し。

【昂然】首をあげて傲るさま。唐・韓愈、孟郊〔闘雞聯句〕大雞昂然として來り 小雞竦みて待つ(愈)

【昂藏】意気のさかんなさま。〔北史、高昂伝〕昂、字は敖曹。～幼時便ち壯氣有り。長ずるに及んで俶儻、膽力人に過ぐ。～其の昂藏敖曹なるを以ての故に、名を以て之れに字とす。

↑昂気 志気/昂貴 高価/昂屹 そびえる/昂激 激昂する/昂首 頭を高くあげる/昂霄 空の上に高く出る/昂聳 そびえる/昂爽 高くさわやか/昂黛 曲眉/昂低 高低/昂騰 騰貴/昂鼻 獅子鼻/昂奮 気力が高まる/昂揚 高くあがる

↓巍昂・激昂・軒昂・低昂・踊昂

人【昊】8 6043［昦］9 6022［皞］15 2664
コウ(カウ)　そら

篆文

金文

石鼓文

形声 正字は昦に作り、夰声。〔説文〕十下に「春を昦天と爲す。元气昦昦たるなり」とし、また「日夰に從ふ。夰は亦聲なり」という。〔爾雅、釈天〕に夏の天、また〔淮南子、天文訓〕に西方を顥天とするが、四季方位に拘わらず、天の大号とみてよい。昊に明・白の意がある。昦はおそらく皐の異文で、獸屍の暴露する象。その皐白を皞という。〔礼記、月令〕「其の帝は大皞」の〔釈文〕に、字をまた昊に作る。〔詩、周頌〕に〔昊天有成命〕

の一篇があり、皇天の意に用いる。字はまた顥・皓(皓)に作る。
訓義 ①そら、明らかなそら、すみとおるそら。②大きい、さかん。③皇と通じ、昊天は皇天。
古訓 〔名義抄〕昊 ヒロシ・ハル・ハレ・オホイナリ・ハルカナリ
語系 昊(皋)・昦・杲kôは同声。昦は〔説文〕十下に「大白澤なり」とあって、おそらく昊と同字。杲六上は「明なり」とあって、日の明らかなる意。介にkôとhuの二音があり、皞huも同じ語であろう。みな皋白の意をもつ字である。

【昊穹】そら。上天。漢・司馬相如〔封禅文〕伊れ上古の初肇、昊穹の民を生みしより、列辟を歴選して、以て秦に迄る。
【昊蒼】青空。魏・曹植〔五遊詠〕楽府 曜靈(日)未だ景を移さざるに 倏忽として昊蒼に造る 閶闔(天門)丹扉を啓き 雙闕朱光曜ふ
【昊天】そら。大空。〔書、堯典〕乃ち羲和に命じ、欽んで昊天に若ひ、日月星辰を歴象し、敬んで人(民)に時を授けしむ。
↑昊空 天宮/昊昊 気の盛んなさま

【杭】 8 4091 コウ(カウ) わたる ふね くい 囚

形声 声符は亢。亢は頏のように亢直の状態にあるものをいう。その形の舟を航、その船で水を渡ることを杭という。〔詩、衛風、河広〕「一葦(あし舟)之れを杭る」はその意。〔広雅、釈詁二〕に「渡るなり」とみえる。わが国では杙の意に用いる。弋がその象形の字である。
訓義 ①わたる、わたし舟でわたる。②ふね、わたし舟。③国語で、くい。
古訓 〔名義抄〕杭 タクラブ・アグ・ヨル・コバム・ムカフ・キハマル 〔字鏡集〕杭 ヘダツ・ヨシ・アタ(グ)・カタ・オホフ・キハマル・コバム・ヨル・ムカフ・ナラフ・タクラブ・スクフ・スクヨカ
語系 杭・航hangは同声。航は方版、あるいは両小船を並べて渡る意で、いわゆる方舟をいう。

【杭絶】わたる。絶は横ぎりわたる。〔史記、司馬相如伝〕浮渚を杭絶して、流沙に渉る。
↑杭絹 杭州の絹/杭紗 杭州の布/杭筏 いかだ

【杲】 8 6090 コウ(カウ) あきらか たかい

篆文 

会意 日＋木。〔説文〕六上に「明なり。日の木上に在るに従ふ」とあり、次条に「杳は冥なり。日の木下に在るに従ふ」とあるのに対する。また東字条に「日の木中に在るに従ふ」とするが、東は橐の象形字で、日と木に従う字ではない。〔詩、衛風、伯兮〕に「杲杲として出づる日あり」、また〔楚辞、遠遊〕に「陽杲杲として其れ未だ光あらず」など、日のかがやきや昇るさまをいう。
訓義 ①あきらか、日がかがやく。②たかい、日がたかい。
古訓 〔名義抄〕杲 アキラカナリ・シロシ・タカヒ 〔字鏡集〕杲 シロシ・アキラケシ・ヒノイヅル・ヒロシ・タカシ
語系 杲・昊(昦)kôは同声。みな高し、明らかの意がある。ただ昊(昦)は皋と同じく、獣屍の暴露して白く暴されたものをいう。

【杲杲】日の光の明らかなさま。〔文心雕竜、物色〕杲杲を出日の容と爲し、瀌瀌(雪の盛んに降るさま)を雪を雨らすの狀に擬す。
↑杲乎 高いさま
↓日杲・東杲

【炕】 8 9081 コウ(カウ) かわかす あぶる

篆文 

形声 声符は亢。亢は坑、地中に坑を設け、室を暖めるもの。〔説文〕十上に「乾かすなり」、〔玉篇〕に「乾くこと極まるなり」とみえる。
訓義 ①かわかす、あぶる、かわかしきる。②オンドル、床下の坑で室を暖める。③たえる、炕絶。④抗と通じ、あがる。
古訓 〔字鏡集〕炕 カレタリ・ヤク
↑炕旱 ひでり/炕几 炕卓/炕牀 オンドル/炕卓 炬燵台/炕榻 炕牀/炕暴 横暴/炕陽 涸れる
↓臥炕・驕炕・熏炕・長炕

【狎】 8 4625 コウ(カフ) なれる あなどる

篆文 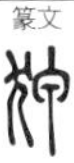

形声 声符は甲。〔説文〕十上に「犬は習らすべきなり」と、犬の飼養しやすいことをいう字とする。〔詩、衛風、芄蘭〕「能ち我に甲れず」のように、甲のままで用いることがある。狎るの意に用いる弄・玩・翫・習(習)はみな呪器に関する字であるが、「狎る」が甲に従う理由は明らかでない。
訓義 ①なれる、したしむ、近づく。②あなどる、かろんずる。③たわむれる、もてあそぶ。④更と通じ、かわるがわる。
古訓 〔新撰字鏡〕狎 奈豆久(なつく)〔名義抄〕狎 ナル・ナレタリ・カハル/〜・アナヅル・チカヅク・ナツク・ヤスシ 〔字鏡集〕狎 ナツク・チカシ・ナラフ・ナレタリ・アナヅル・カハル/〜・カハル・ヤスシ・ナル・ニナフ・チカヅク
語系 狎・柙・匣heapは同声。篋khyapも声の近い字であるから、狎はあるいは柙と声義の関係があるかもしれない。それならば飼い慣れる意である。

【狎飲】無礼講で飲む。〔夢遊録、劉道済〕又彭城の劉生有り。夢に一倡樓に入り、諸輩と狎飲す。爾後(そののち)、但だ夢みれば、便ち彼處に及び、自ら夢に非ざるかを疑ふ。〜亦た心邪の致す所なり。

【狎客】親しく遊ぶ友。〔陳書、江総伝〕後主の世、總、權宰に當るも政務を持せず。但だ日に後主と後庭に遊宴す。共にする陳暄・孔範〜等十餘人、當時之れを狎客と謂ふ。

【狎昵】なれ親しむ。唐・沈既済〔任氏伝〕日に之れと遊び、甚だ歡び、毎に相ひ狎昵し、至らざる所無し。唯だ亂に及ばざるのみ。

【狎邪】なれ親しんで心の邪悪な者。宋・胡銓〔戊午、高宗に上る封事〕謹んで按ずるに、王倫は本と一狎邪の小人、市井の無頼のみ。

【狎徒】たいこ持ち。〔列女伝、孽嬖、夏桀末喜伝〕倡優・侏儒・狎徒の能く奇偉の戲を爲す者を收め、之れを旁らに聚め、爛漫の樂を造し、日夜末喜及び宮女と飲酒し、休む時有る無し。

【狎侮】なれ軽んじる。〔書、泰誓下〕今商王受(紂)、五常を狎侮し、荒怠して敬まず。自ら天に絶ち、怨みを民に結べり。

↑狎愛 なじむ/狎玩 なれもてあそぶ/狎翫 狎玩/狎妓 馴染みの妓/狎近 狎昵/狎語 ざれ言/狎恰 おしあう/狎坐 くつろいで坐る/狎至 相つぐ/狎視 蔑視/狎従 狎比/狎獣 ならされた獣/狎処 なれあそぶ/狎書 走り書き/狎褻 みだりがわしい/狎息 なれあそぶ/狎俗 俗向き/狎敵 敵を侮る/狎比 なれ親しむ/狎密 深い仲/狎遊 なれ遊ぶ/狎猟 相つぐ/狎躐 狎猟/狎弄 なれ弄ぶ
↓愛狎・鷗狎・恩狎・串狎・款狎・慣狎・歓狎・戯狎・驕狎・近狎・欣狎・好狎・傲狎・昵狎・親狎・接狎・褻狎・寵狎・慢狎・遊狎

【肯】 8 2122 ［肎］ 6 3722 コウ あえて うべなう 常

篆文 
古文 
金文 

象形 正字は肎に作り、上部は骨。骨に肉が密着している形。〔説文〕四下に「骨閒の肉、肎肎として箸くなり」とし、また「一に曰く、骨に肉無きなり」という。肯の字形は金文の楚王酓肯の諸器にみえ、止の部分は腱肉、いわゆる肯綮にあたるところを示す。〔書、大誥〕に「考室を作らんとして既に法を厎し、厥の子乃ち肯て堂つくらず、矧んや肯て構せんや」のように、古くから「肯て」の用法があり、それより肯可・肯定の意となった。

訓義 1骨のついた肉、腱の部分。2肉が緊密に著く意より、しいて、あながち、あえて。3うべなう、ゆるす、きく、したがう。

古訓 〔名義抄〕肯 アヘテ・アフ・ウケガヘ・ムベナフ・タヘナリ・キク・カヌ／不肯 ガヘス・イナブ・ウケガヘニセズ 〔字鏡集〕肯 ホネノアヒダノシ、・アヘ・キク・アヒ・タヘタリ・ユヱナク・カヘン・アフ・ウチカヘス・アヘテ・ヘシ

【肯綮】 骨肉結合の所。〔荘子、養生主〕始め臣の牛を解きし時、見る所牛に非ざる者無し。三年の後、未だ嘗て全牛を見ざるなり。方今の時、臣、神を以て遇ひ、目を以て視ず。官知止まりて、神欲行はる。～技、肯綮を經ることも之れ未だ嘗てせず。而るを況んや大軱(堅い骨)をや。

【肯顧】 ふりかえる。気にする。〔晋書、阮脩伝〕性簡任、人事を修めず。～常に歩行するに、百錢を以て杖頭に挂け、酒店に至れば、便ち獨り酣暢す。當世の富貴と雖も、肯顧せず。

↑肯依 承知する／肯為 承諾する／肯允 肯依／肯可 ゆるす／肯確 確認する／肯許 承諾する／肯首 首肯する／肯心 甘心する／肯諾 承諾する／肯定 承認する／肯認 承認する／肯保 うけあう

↓綮肯・首肯

【肱】 8 7423 ［厷］ 4 4003 コウ かいな ひじ

篆文
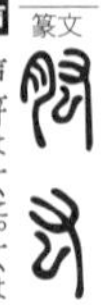
古文

形声 声符は厷。厷は右の腕をまげて弓などを引く形。〔説文〕三下に「厷は臂の上なり」という。〔易〕を伝えたという馯臂、字は子弓は臂と弓と名字対待。肱(厷)はその弓を引く腕をいう。〔論語、述而〕「肱を曲げて之れを枕とす」とは、世離れた気楽な生活をする意。

訓義 1かいな、うで。2国語では、ひじ。

古訓 〔新撰字鏡〕肱 可比奈(かひな) 〔名義抄〕肱 カヒテ・(ナ)・ヒヂ・モ、

声系 厷は肱の初文。〔説文〕に厷声として雄・宏・閎・紘など、六字を収める。雄は右に従う字。他はみな張大の意をとる。

語系 肱(厷)kuang、宏・閎hoang、弘huangは声近く、みな宏大の意があり、一系の語である。廣(広)kuang、匡khiuangも同系の語とみてよい。

↑肱禁 両腕を縛る／肱支 手足／肱比 両腕／肱髀 股肱／肱膂 腕と脊骨、腹心

↓横肱・奇肱・麾肱・曲肱・玉肱・股肱・脩肱・折肱・長肱・枕肱・翼肱・良肱・連肱

人 【肴】 8 4022 ［殽］ 12 4724 コウ(カウ) さかな

篆文

象形 上の爻は骨の部分。骨つきの肉。あるいは骨まじりの肉をいう。〔説文〕四下に「啖くらふなり」とするが、他書に引いて「雜肉なり」とするのがよい。〔儀礼、特牲饋食礼、注〕に「骨に肉有るを肴と曰ふ」とみえる。字はまた殽に作る。肴を敺って殽雜し、柔らかくすることをいう。

訓義 1さかな、骨つきの肉、鳥獣魚肉にわたっていう。2漬けもの、酢漬けの菜などをいう。3国語では、酒にそえるつまみのもの。また、馳走のもの。

古訓 〔和名抄〕肴 佐加奈(さかな)、一に云ふ、布久之毛乃(ふくしもの)、本朝令に見えたり 〔名義抄〕肴 サカナ・クダモノ・フクシモノ

声系 〔説文〕に肴声として殽など二字を収める。殽は肴に攴を加える形で、餚とともに肴の繁文ともみられる字である。

語系 肴(殽)heôは同声。〔詩、魏風、園有桃〕に「園に桃有り其の實を之れ殽とす」とあって、肴と同義に用いる。

【肴核】 ごちそう。肴は魚鳥などの肉。核は果物。宋・蘇軾〔赤壁の賦〕肴核既に盡きて杯盤狼藉たり。相ひ與に舟中に枕藉して、東方の既に白むを知らず。

【肴臑】 ごちそう。臑は前肩の柔らかい肉。〔淮南子、泰族訓〕周公、肴臑前に收めず、鐘鼓懸に解かずして、四夷服す。

【肴羞】 酒肴。馳走。〔楚辞、招魂〕肴羞未だ通ぜざるに 女樂羅なる

【肴饌】 酒殽を設ける。〔南史、劉穆之伝〕少時家貧にして誕節(ひま)なるも、酒食を嗜み、拘檢を修めず。好んで妻の兄の家に往き食を乞ひ、辱めらるること多し。～妻復た髮を截りて肴饌を市ひ、其の兄弟の爲に以て穆之に餉る。

【肴蔌】 さかなと蔬菜。〔荊楚歳時記〕歳暮、家家肴蔌を具へ、宿歳(去りゆく年)の位(干支などを記した木片)に詣り、以て新年を迎ふ。

↑肴醳 肴と酒／肴覈 骨つき肉／肴胾 肉など／肴炙 さかな／肴酒 酒とさかな／肴脩 肉とほじし／肴粿 いろいろのさかな／肴将 塩／肴烝 肉片／肴膳 肴饌／肴俎 馳走／肴蔬 肴蔌／肴味 馳走／肴乱 みだれる／肴糧 食物／肴醴 酒肉

↓異肴・佳肴・嘉肴・甘肴・蕙肴・菜肴・雑肴・山肴・残肴・旨肴・酒肴・熟肴・上肴・精肴・薦肴・粗肴・珍肴・盤肴・美肴・豊肴・羊肴

常 【侯】 9 2723 ［矦］ 9 2723 コウ まと うかがう

篆文

古文

甲骨文

金文

会意 人＋厂＋矢。初形は医に作り、屋下に矢を放って祓うこと、すなわち侯禳の儀礼を示す字である。〔説文〕五下に「矦は春饗に射る所の矦なり。人に從ひ、厂に從ふ。布を張りて、矢の其の下に在るに象る」(段注本)とし、天子以下の射儀に及んでいる。卜辞にすでに「周医」の名がみえ、周初の〔大盂鼎〕に殷の滅亡の因を論じて、「我聞くに、殷の(厥の)命を墜したるは、隹れ殷の邊侯甸と、殷の正百辟(氏族首長)と、率ゐて酒に肆ひたればなり。故に師を喪ひたるなり」とみえ、「邊侯甸」とは外服の諸侯をいう。侯とは、外服にあって、王朝のために外敵を侯禳することを職とするものであろう。のち公侯伯子男五等の爵制が行われ、その爵号となった。

訓義 1まと、射のまと。2矢を放ってはらう、邪気をはらう。3うかがう、邪気をうかがう、敵の動静をうかがう。4外服にあって、外敵の様子をうかがい、はらう。5外服にある諸侯、きみ。6五等の爵の一。7助詞、すなわち、ことに、これ。また、兮に通じ、終助詞。

古訓 〔名義抄〕侯 キミ・コレ・シタガフ・イル 〔字鏡集〕侯 コトハ・キミ・ヨシ・ナンゾ・シタガフ・スナハチ・イル・コレ

声系 侯の初文は医。のち矦に作る。〔説文〕に侯声として喉・餱・候など九字を収める。候は候望、侯と関連する行為を示し、

候望して侯禳を行うのである。喉・餱は、呑みこむときの擬声語とみられる。

【侯王】 諸大名。〔漢書、陳勝伝〕徒屬に召令して曰く、～且つ壯士死せずんば則ち已む。死せば則ち大名を擧げんのみ。侯王將相、寧ぞ種有らんやと。

【侯鵠】 弓の的。十尺四方の皮を侯、中の四尺四方のところを鵠、正鵠という。〔周礼、天官、司裘〕王、大射するときは、則ち虎侯・熊侯・豹侯を共へ、其の鵠を設く。

【侯禳】 善祥を迎え、邪気を祓う祭。〔周礼、春官、小祝〕小祭祀を掌る。侯禳禱祠の祝號を將事し、以て福祥を祈り、豐年を順にし、時雨を逆へ、風旱を寧んじ、烖兵を彌へ、辠疾を遠ざく。

【侯甸】 古くは外服の諸侯を侯・甸・男という。のち王畿外五百里を甸、その外五百里を侯という。〔書、伊訓〕伊尹、先王を祠り、嗣王を奉じて祗んで厥の祖に見ゆ。侯甸の群后、咸く在り。

【侯服】 五服の一。甸・侯・綏・要・荒を五服という。〔周礼、夏官、職方氏〕乃ち九服の邦國を辨ず。方千里を王畿と曰ふ。其の外方五百里を侯服と曰ふ。

↑侯意 さぐる／侯衛 外服の名／侯亀 亀卜でうらなう／侯国 侯爵の国／侯氏 諸侯／侯社 諸侯の社／侯爵 侯の爵／侯鯖 珍味／侯頭 小袖／侯道 的の距離／侯波 大波／侯伯 諸侯／侯牧 方伯／侯門 貴人の家

↓王侯・干侯・坎侯・豻侯・君侯・群侯・建侯・懸侯・元侯・五侯・公侯・射侯・諸侯・大侯・張侯・徹侯・甸侯・藩侯・布侯・方侯・封侯・陽侯・列侯

常 **【厚】** 9／7124 ［垕］ 9／7221 コウ あつい

会意 厂＋𣆪。𣆪は〔説文〕五下に「厚なり。反亯に從ふ」とあり、鬯酒を奉ずる象。厚とは厂（廟）中に厚く亯饌することをいう。〔説文〕に「厚は山の陵の厚きなり」とし、山陵をいう語とするが、𣆪の声義に関するところがない。〔詩、小雅、正月〕「地をば蓋し厚しと謂ふ」、〔易、坤、象伝〕「坤は厚く物を載す」など、地の深厚をいう例は多いが、金文に「厚誥」「厚命」などの語があり、もと神徳をいう語であり、〔井編鐘〕に「余れに厚く多福を降すこと無疆なり」のようにいう例がある。

訓義 ①手厚くする、おもんずる、ていねいにする。②あつい、ふかい、大きい、りっぱ。③加える、つけ加える、ます、多くする。④深く厚いもの、地。

古訓 〔名義抄〕厚 アッシ・ムツマジ・モトヅク 〔字鏡集〕厚 ツク・モト・オモシ・モハラ・カサナル・ムツマジ・トホシ・アッシ・アタル

参考 〔説文〕に古文として垕の字を録する。〔説文〕が厚を山陵の意とするのは、この古文の形と関係があると思われるが、金文の字形によって考えると、古文は譌形であると思われる。

【厚意】 親切。〔捜神記、五〕翁の厚意、葦（あし舟）を出だして相ひ渡らしむ。深く慚感する有り。當に以て相ひ謝する者有るべし。

【厚恩】 深い恩。〔漢書、金安上伝〕（甄邯、金欽を）劾奏して曰く、欽、幸ひに經術に通ずるを以て、超擢せられて帷幄（本陣の枢議）に侍す。重ねて厚恩を蒙り、爵號を封襲す。～進退異言、頗ぶる衆心を惑はす。

【厚饋】 手厚い贈り物。晉・陶潜〔貧士を詠ず、七首、四〕詩 好爵にも吾れ榮まはれず 厚饋にも吾れ酬いず

【厚貺】 心のこもった贈り物。唐・杜甫〔太子張舍人、織成の褥段を遺らる〕詩 昔は聞く、黃金多ければ 坐ろに見る、悔吝生ずるを 奈何ぞ田舍の翁 此の厚貺の情を受けん

【厚遇】 手厚くもてなす。〔史記、高祖紀〕漢王の關を出でて陝に至り、關外の父老を撫して還るや、張耳來見す。漢王厚く之れを遇す。

【厚交】 親しく交わる。〔史記、淮陰侯伝〕今足下、自ら漢王と厚交を爲すと以ひ、之れが爲に力を盡し兵を用ふと雖も、終に之れが禽とする所と爲らん。

【厚施】 十分に施す。〔左伝、昭二十六年〕陳氏大德無しと雖も、而も民に施すこと有り。～公、厚く斂め、陳氏厚く施す。民之れに歸せん。

【厚積】 たくわえ。〔銀雀山漢墓竹簡、孫臏兵法、篡卒〕孫子曰く、德行なる者は、兵の厚積なり。信なる者は、兵の明賞なりと。

【厚酬】 十分に礼する。〔左伝、昭二十一年〕公之れに酒を飲ましめ、厚く之れに酬い、賜は從者に及ぶ。司馬も亦た之くの如くす。

【厚卹】 手厚くめぐむ。〔唐書、李綱伝〕初め齊王憲の女むすめ、嫠居（寡居）す。綱厚く之れを卹れむ。卒するに及んで、女被髮號哭し、其の親を喪ふが如く然り。

【厚賞】 あつく賞する。〔史記、絳侯周勃世家〕人或るひと勃に說きて曰く、君既に諸呂を誅し、代王を立て、威、天下に震ふ。而して君厚賞を受け、尊位に處り、以て寵せらる。久しうせば卽ち禍、身に及ばんと。

【厚生】 民生をゆたかにする。〔書、大禹謨〕水・火・金・木・土・穀惟れ修まり、正德・利用・厚生惟れ和すれば、九功惟れ敍し、九敍惟れ歌ふ。

【厚性】 人情豊か。〔後漢書、卓茂伝論〕夫れ厚性寬中は仁に近く、犯さるるも校（抗）せざるは恕に隣し。～怨悔曷ぞ其れ至らんや。

【厚葬】 手厚く葬る。〔墨子、節葬下〕厚葬久喪して、實に以て貧を富まし寡を衆くし、危を定め亂を治むべからざるか。則ち此れ仁に非ず、義に非ず、孝子の事に非ざるなり。

【厚重】 重厚。〔漢紀、高帝紀四〕周勃は厚重にして文少なし。然れども劉氏を安んずる者は、必ず勃ならん。太尉と爲すべし。

【厚德】 恵み厚い德。〔国語、晉語六〕吾れ之れを聞く、唯だ厚德ある者は、能く多福を受く。德無くして服する者衆きも、必ず自ら傷れんと。

【厚薄】 多少。善悪。〔論衡、幸偶〕天の稟施（施与）に左右有るに非ざるなり。人物の性を受くるに厚薄有るなり。倶に道德を行ふも、禍福均しからず。竝びに仁義を爲すも、利害同じからず。

【厚幣】 贈り物を十分にする。〔史記、老荘申韓伝〕楚の威王、莊周の賢なるを聞き、使をして幣を厚くして之れを迎へしめ、許すに相と爲すを以てす。

【厚望】 大きな期待。〔漢書、王褒伝〕今臣、西蜀に辟在し、窮巷の中に生まれ、蓬茨の下に長ず。～以て厚望を塞ぎ、明指に應ずるに足らず。

【厚貌】 実直な容貌。〔荘子、列禦寇〕孔子曰く、凡そ人心は山川よりも險しく、天を知るよりも難し。～人は厚貌深情なり。故に貌愿（謹直）なるも、益（驕溢）なるもの有り。

【厚礼】 手厚い礼遇。宋・范曄〔後漢書二十八将伝論〕故に高秩厚禮、元功に允答し、峻文深憲、吏職を責成す。

【厚斂】 重税。〔史記、晋世家〕十四年、靈公壯にして侈なり。厚斂以て牆に彫る。

【厚禄】 高禄。〔墨子、尚賢上〕文王、閎夭・泰顚を罝罔(囚獄)の中より擧げ、之れに政を授けて、西土服す。故に是の時に當りて、厚祿尊位に在るの臣と雖も、敬懼して施れざる莫し。

↑厚愛 深く愛する／厚衣 厚着／厚遺 厚くおくる／厚衛 固守する／厚害 大害／厚顔 無恥／厚誼 高誼／厚給 厚給／厚給 十分に賜う／厚饗 十分にもてなす／厚恵 厚給／厚結 厚交／厚睠 愛顧／厚権 大権／厚瞼 無恥／厚載 大地／厚罪 大罪／厚士 温厚な人／厚賜 厚貺／厚餌 好餌／厚実 大利／厚樹 高樹／厚取 搾取する／厚酒 美酒／厚収 好収入／厚終 手厚く葬る／厚羞 ご馳走／厚償 十分に償う／厚贖 厚くつぐなう／厚脣 厚い脣／厚誠 誠実／厚静 おだやか／厚錫 厚賜／厚善 友好／厚繒 つむぎ／厚待 厚遇／厚大 厚く大きい／厚沢 厚恩／厚啗 大食／厚値 高価／厚恥 大恥／厚秩 厚禄／厚土 厚い土／厚荅 厚償／厚毒 強毒／厚罰 重罰／厚費 多額の費用／厚冰 厚い氷／厚誣 すっかりだます／厚賦 重税／厚撫 慰撫する／厚福 多福／厚報 厚荅／厚豊 多い／厚朴 純朴／厚樸 厚朴／厚味 美食／厚命 好運／厚問 礼問／厚夜 夜更け／厚養 手厚く養う／厚頼 信任する／厚楽 楽しみ／厚利 大利／厚賂 多くのまいない／厚壟 大きい塚／厚賄 厚賂

↓愛厚・渥厚・恩厚・温厚・雅厚・寛厚・顔厚・謹厚・敬厚・慶厚・結厚・潔厚・謙厚・高厚・坤厚・渾厚・至厚・質厚・実厚・重厚・純厚・醇厚・情厚・信厚・深厚・親厚・仁厚・崇厚・誠厚・積厚・地厚・忠厚・長厚・沈厚・答厚・徳厚・篤厚・敦厚・濃厚・肥厚・富厚・報厚・豊厚・朴厚・樸厚・和厚

【咬】

9｜6004｜コウ(カウ) オウ(アウ)｜かむ

形声 声符は交(交)。〔玉篇〕に「鳥の聲なり」とあり、〔詩、秦風、黃鳥〕「交交たる黃鳥」とはその擬声語である。のち嚙み食う意に用いる。

訓義 ①とりのこえ。②かなしげなこえ、みだらなこえ。③かむ。

古訓 〔字鏡集〕咬 カム・サヘヅル・クラフ・トリノコヱ・クフ・チク

【咬哇】 鄙俗な音。唐・柳宗元〔荅問〕黃鐘元閒の淸廟に登るや、天地に鏗き神祇を動かす。而して嗚嗚を咬哇は、里耳に入らず。

【咬咬】 鳥の声。漢・禰衡〔鸚鵡の賦〕采采たる麗容、咬咬たる好音あり。族を羽毛に同じうすと雖も、固より殊智にして心を異にす。

【咬菜】 菜食。清貧の生活。〔東萊呂紫微師友雜志〕汪信民嘗て言ふ。人、常に菜根を咬み得ば、則ち百事做すべしと。胡安國康侯之れを聞き、節を擊ちて歎賞す。

【咬嚼】 かみこなす。玩味する。〔竹坡詩話〕明上人といふ者有り。詩を作るに甚だ艱しむ。捷法を東坡(蘇軾)に求む。東坡兩頌を作りて以て之れに與ふ。其の一に云ふ。字字奇險を覓め 節節枝葉を累ぬ 咬嚼すること三十年なるも 轉た更に交涉無し

【咬春】 立春に大根を食う。〔燕京歲時記、打春〕打春は卽ち立春なり。是の日、富家は多く春餅を食ふ。婦女等は多く蘿蔔(大根)を買ひて、之れを食らふを、咬春と曰ふ。

↑咬牙 歯がみ／咬蓋 沸騰する／咬群 リンチ／咬指 爪をかむ／咬嘴 多弁／咬字 戯曲／咬秋 立秋／咬噬 咬みくだく／咬舌 舌がもつれる／咬穿 食い切る／咬断 咬穿／咬定 咬みしめる／咬吐 発音／咬破 咬穿

↓啞咬・擺咬・哇咬

【呴】

9｜6206｜コウ｜ののしる はじ

篆文

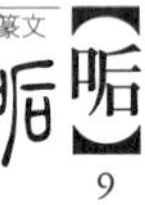

形声 声符は后。〔說文〕九上に「厚く怒る聲なり」(段注本)なり。后口に從ふ。后は亦聲なり。后に詬の義があるとするものであろうが、怒る声ならばその擬声語とすべきであろう。

訓義 ①いかる声、ののしる。②はく、はきけ。③詬と通じ、はじ、はずかしめる。

古訓 〔名義抄〕呴 イビキ・ヨバフ・ホユ・ナク 〔字鏡集〕呴 イカルコヱ・ハク

語系 呴・吼 xo は同声。ともに大声を発することをいい、その声をいう。

＊語彙は詬字条参照。

↑呴気 怒気

↓発呴

【哄】

9｜6408｜コウ

形声 声符は共。〔隋書、百官志下〕太常寺の管下鼓吹署に「哄師二人」とあり、楽官である。

訓義 ①大声、相和する声、多くの声。②たぶらかす。

↑哄局 だます／哄士 哄導／哄笑 大笑／哄然 大笑／哄伝 喧伝／哄堂 一座の人が皆笑う、烘堂／哄導 僕従／哄犯 だます／哄騙 だます／哄誘 だます／哄弄 馬鹿にする

【垢】

9｜4216｜コウ ク｜あか

篆文

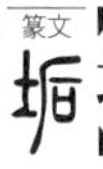

形声 声符は后。〔說文〕十三下に「濁るなり」とあり、汚垢の意に用いる。后声の姤に悪む、詬に辱める意がある。

訓義 ①あか、よごれ、けがれ。②ちり。③はじ。

古訓 〔名義抄〕垢 アカ・アカツク・チリ・クモル・ハヂ

【垢穢】 あか。よごれ。〔隋書、芸術、楊伯醜伝〕高祖(楊伯醜を)召して與に語る。竟に答ふる所無し。～是に於て被髮陽狂し、市里に遊行す。形體垢穢、未だ嘗て櫛沐せず。

【垢汙】 けがれ。〔後漢書、西南夷、哀牢伝〕梧桐木華有り。績ぎて以て布と爲す。幅廣五尺、絜白にして垢汙を受けず。

【垢玩】 腐敗堕落することをいう。〔唐書、宦者下、田令孜伝〕令孜、帝の憚るに足らざるを知り、則ち官爵を販鬻し、除拜するに旨を待たず。～百度崩弛し、内外垢玩す。

【垢辱】 はずかしめ。明・方孝孺〔南斎記〕其の垢辱交ごも至り、以て其の身を危うするに方り、先生南齋の樂の如きを欲するも、豈に得べけんや。

【垢濁】 けがれ。〔漢紀、平帝紀〕臣聞く、叛逆の國旣に以て誅討せらる。則ち其の宮を瀦り、以て汙池と爲して垢濁を納れ、名づけて凶墟と曰ふ。

【垢弊】 よごれ破れたもの。〔抱朴子、自叙〕冠履垢弊にして、衣或いは襤褸なるも、或いは恥とせず。～世に隨つて變せず。言は則ち率實、嘲戲を杜絶す。其の人を得ざれば、終日默然たり。

【垢面】 垢のついた顔。〔漢書、王莽伝上〕世父大將軍鳳病む。莽、疾に侍し、親しく藥を嘗め、亂首垢面、衣帶を解かざること連月なり。

↑垢衣 汚れた衣／垢翫 弄ぶ／垢故 古ぼけ／垢滓 よごれ／垢膩 汗あぶら／垢臭 よごれた悪臭／垢塵 けがれ／垢染 汚染する／垢泥 あか／垢蠹 よごれて腐敗する／垢瘢 垢と傷痕／垢秕 かす／垢氛 俗気／垢病 欠陥／垢離 水ごり／垢黧 垢汚れ

→汚垢・解垢・刮垢・汗垢・含垢・去垢・国垢・痕垢・淄垢・受垢・宿垢・塵垢・洗垢・纖垢・澡垢・蔵垢・泥垢・忍垢・浮垢・紛垢・敝垢・磨垢・無垢・面垢・蒙垢・離垢

【姮】 9 4141 コウ

形声 声符は亘。姮娥は月の異名。西王母の不死の薬を窃んで月に奔った話が、〔淮南子、覧冥訓〕にみえる。のち漢の文帝の名（恒）を避けて、常娥という。

訓義 ①女のあざな、姮娥、のち常娥。字を嫦に作ることがある。②月の異名。

【姮娥】こうが 月中の女。〔淮南子、覧冥訓〕羿、不死の藥を西王母に請ふ。姮娥、竊みて、以て月に奔る。悵然として喪ふ有り、以て之れを續ぐ無きが若し。

人 【巷】 9 4471 ［衖］ 12 2180 コウ（カウ） ちまた

篆文

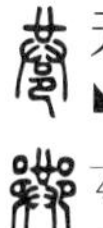

形声 正字の字形は䢽に従い、共声。字はまた行に従う。〔説文〕六下に「衖は里中の道なり」という。〔礼記、檀弓上〕に「曾子、客と門側に立つ。其の徒趨りて出づ。～將に出でて巷に哭せんとす」とあり、邑門の外の、儀礼を行うところを巷という。金文の〔倗生𣪘〕に「立みて𥁕ひ、塱を成す」とあって、その字が巷の初文であるらしく、境界の榜示をなす意と思われる。のち里巷をいい、〔詩、鄭風、叔于田〕に「巷に居人無し」、〔伝〕に「巷は里の塗なり」とみえる。

訓義 ①ちまた、みち、里中のみち、門外。②宮中のみち。③ろじ、小さな曲がったみち。④むら、さと、郷。

古訓 〔和名抄〕巷 知末太（ちまた）〔名義抄〕巷 チマタ・サト

声系 港（港）は〔説文新附〕十一上にみえ、「水派なり」という。〔水経注、穀水〕の条に引く晋の恵帝の〔石梁を造る文〕に「石巷水門を改治す」とあり、古くは巷をそのまま用いた。

【巷歌】こう（かう）か 街で歌う。〔礼記、曲礼上〕里に殯（かりもがり）有るときは、巷に歌はず。

【巷議】こう（かう）ぎ 巷で集まって論ずる。〔史記、秦始皇紀〕私學して相ひ與に法教を非るの人、令下るを聞けば、則ち各と其の學を以て之れを議し、入りては則ち心に非とし、出でては則ち巷に議す。

【巷語】こう（かう）ご 下世話。巷談。〔漢書、芸文志〕小說家者流は、蓋し稗官（民間の話を蒐集する官）に出づ。街談巷語、道聽塗說者の造る所なり。

【巷哭】こう（かう）こく 町の人がみな喪に服する。〔説苑、貴徳〕鄭の子產死す。鄭の人、丈夫は玦珮（腰の佩玉）を舍て、婦人は珠珥（耳飾り）を舍て、夫婦は巷に哭し、三月竽瑟（管絃の楽器）の聲を聞かず。

【巷市】こう（かう）し 大喪。市場を閉じ、日用品は巷で売る。〔礼記、檀弓下〕天子崩ずるときは、巷市すること七日。諸侯薨ずるときは～三日。

【巷説】こう（かう）せつ 下世話。魏・曹植〔楊徳祖に与ふる書〕夫れ街談巷說にも、必ず采るべき有り。轅を擊つの歌にも、風雅に應ずる有り。匹夫の思ひ、未だ輕しく棄て易からざるなり。

【巷陌】こう（かう）はく ちまた。みち。〔神仙伝、五、薊子訓〕（子訓の）屍、五香の芳氣を作し、巷陌に達す。

→巷飲 街で飲む／巷詠 街で歌う／巷屋 街の家／巷間 世間／巷泣 路上で哭く／巷曲 ろじ／巷衢 まち／巷遇 街で遇う／巷言 下世話／巷口 街の入口／巷祭 街の祭／巷次 街中／巷首 巷口／巷術 みち／巷処 市井でくらす／巷職 宦官／巷戦 市街戦／巷族 豪族／巷談 巷説／巷塗 みち／巷党 街の組合／巷道 ちまた／巷伯 宦官の長／巷僻 街中のさびしいところ／巷吏 村役人／巷柳 柳並木の道／巷路 みち／巷醪 買い酒／巷論 市井の議論

→委巷・溢巷・盈巷・家巷・街巷・窮巷・墟巷・狭巷・曲巷・衢巷・後巷・高巷・斜巷・州巷・小巷・闠巷・深巷・水巷・絶巷・阡巷・村巷・達巷・塡巷・都巷・塗巷・党巷・廃巷・卑巷・貧巷・蓬巷・坊巷・満巷・門巷・幽巷・里巷・柳巷・隣巷・陋巷

常 【恒】 9 9101 人 ［恆］ 9 9101 コウ つね

篆文 古文 甲骨文 金文

形声 声符は亘。亘は上下二線の間に弦月の形を加えたもので、〔詩、小雅、天保〕に「月の恆るが如し」とあるのがその原義。〔説文〕十三下に「常なり」とあり、恒久・恒常をいう。篆文の字は二線の間に舟形に作るが、卜文は月（月）に従う。古文の字形も月に従う形である。

訓義 ①つね、もとより、ひさしい。②やすらか、すなお。③ゆみはりづき。④亙と通じ、わたる、あまねし、おわる。

古訓 〔名義抄〕恒 ツネニ・ユミハリ・ツラヌ・ヒサシ・アマネシ〔字鏡集〕恆 アケハル・ユミハル・ツラヌ・アマネシ・ツネニ・ヒサシ・トコシナヘ・ツネ

【恒雨】こうう 長雨。〔書、洪範〕八、庶徵、曰く雨。～咎徵は、曰く狂なれば、恆雨若ふ。

【恒格】こうかく 一定の法式。〔陳書、高祖紀下〕虞の官、夏の禮、豈に科を同じうすと曰はんや。殷の朴、周の文、固より恆格無し。朕れ玆の寶歷に膺り、是の天工に代る。

【恒幹】こうかん 身体。〔楚辞、招魂〕魂よ歸り來れ 君の恆幹を去りて 何爲れぞ四方にゆく

【恒訓】こうくん 不変の教え。〔晋書、夏侯湛伝〕政に常道有り、法に恆訓有り。因循して禮樂自ら定まり、揖讓して天下大いに順ふ。

【恒言】こうげん 平常の言葉。〔礼記、曲礼上〕夫れ人の子爲る者は、～遊ぶ所必ず常有り。習ふ所必ず業有り。恆言に老と稱せず。

【恒産】こうさん 一定のしごと。財産。〔孟子、梁恵王上〕恆產無くして恆心有る者は、惟だ士のみ能くすることを爲す。民の若きは、則ち恆產無ければ、因りて恆心無し。

【恒常】こうじょう（じやう） 平素。つね。〔国語、越語下〕先人世に就き（没し）、不穀（王の自称。越王句践）位に即く。吾れ年既に少くして、未だ恆常有らず。出でては則ち禽荒し、入りては則ち酒荒す。

【恒徳】こうとく 変わらぬ徳。〔易、恒、九三〕其の德を恆にせず。或いは之れに羞を承む。貞なれども吝なり。象に曰く、其の德を恆にせざれば、容るる所无きなり。

【恒蔽】こうへい ありがちな弊害。梁・江淹〔雑体詩、三十首、序〕又遠を貴び近を賤しむは、人の常情なり。耳を重んじ目を輕んずるは、俗の恆蔽なり。

→恒医 常の医／恒燠 暑さ続き／恒価 常の価／恒娥 月、姮娥／恒慨 広大／恒寒 寒さ続き／恒簡 簡略／恒軌 不変の法／恒久 永遠／恒居 常居／恒教 常の教／恒勁 堅忍／恒月 弦月／恒憲 常法／恒固 不変／恒誥 不変の命／恒士 凡庸の人／恒姿 常の姿／恒資 天資／恒事 常行の事／恒時 平生／恒式 定式／恒準 常法／恒象 一定の様子／恒情 人情／恒食 常食／恒心 平常心／恒人 常人／恒数 定数／恒制 不変の法／恒性 不変の性／恒節 常操／恒足 恒に足る／恒則 恒常則／恒俗 正常の俗／恒談 日常の談／恒典 恒規／恒忍 堅忍／恒品 常の物／恒舞 巫風／恒風

一定の風／恒物　万物／恒分　一定の分／恒文　天象／恒民　常民／恒庸　通常／恒陽　ひでり／恒暘　ひでり／恒耀　常の光／恒論　定論

↓安恒・如恒・貞恒・有恒・用恒

入

【恰】 9 9806 コウ（カフ） あたかも

篆文

形声 声符は合。〔説文新附〕十下に「心を用ふるなり」とあり、懇切の意。唐詩などに至ってはじめてみえ、適当というほどの意に用いる。

訓義 ①ねんごろ。②あたかも、丁度、適当。

古訓 〔名義抄〕恰　アタカモ・ネムゴロ　〔字鏡〕恰　アタカモ・カナラズ・カナフ

【恰恰】　おだやか。宋・陳造〔春寒、四首、三〕詩　清明の寒食、旬を經て是なり　笑つて問ふ、風寒更に幾餘なるを　小杏、惜香、春恰恰たり　新楊、弄影、午疎疎たり

【恰似】　さも似ている。南唐・李煜〔虞美人〕詞　君に問ふ、都て許多の愁ひ有ると　恰も似たり、一江の春水、東に向つて流るるに

【恰如】　恰似。唐・韓愈〔盆池、五首、一〕詩　一夜、青蛙鳴いて曉に到る　恰も方口に魚を釣りし時の如し

↑恰好　丁度よい／恰当　丁度ぴったり

【挍】 9 5004 コウ（カウ） はかる

形声 声符は交（交）。〔広雅、釈詁一〕に「度るなり」とあり、はかりくらべる意。校（校）と通用する。

訓義 ①はかる、くらべる。②むくいる。③校と通用する。

古訓 〔名義抄〕挍　カムガフ・タクラブ・ツク・ムクユ・マジフ・キホフ・カゾフ・ヤ、ムスレバ・ナラフ・ヤ、・トシ・スミヤカニ

参考 漢碑に多く校を挍に作る。他に木部の字を手に従う形に作る例が多く、同字異構とみてよい。

【柙】 9 4695 コウ（カフ） おり　とらえる

篆文　古文

形声 声符は甲。甲に匣の意がある。〔説文〕六上に「檻なり。虎兕を臧るる所以なり」（段注本）とあり、檻をいう。〔論語、季氏〕に「虎兕、柙より出で、龜玉、櫝中に毀る」の語があり、〔説文〕はその文による。刑具として用いるはさみ板を、柙板という。

訓義 ①おり、おりに入れる、とらえる。②はこ、はこに入れる、納める。③くくる、はさみ板。④木の名。

古訓 〔新撰字鏡〕柙　檻なり、於波志万（おばしま）〔字鏡集〕柙　カシハ・ツチ

語系 柙heap、檻・艦heamは同系の語。檻は牢。四周を板で囲んだ車を檻車といい、舟に方版を用いて矢石を防ぐものを艦という。

【柙匱】　はこ。〔論衡、別通〕富人の宅、一丈の地を以て内と爲し、内中に有る所、柙匱の贏ます所は、縑布（絹織物）絲帛なり。

↑柙檻　おりに入れる／柙蔵　はこに入れる／柙中　おりの中

↓検柙

【洚】 9 3715 コウ（カウ） おちみず　おおみず

篆文　甲骨文

形声 声符は夅。夅は神霊の降下する象。神梯を上下することを陟降という。〔書、大禹謨〕「洚水（洪水）、予れを儆む」とあり、洚水は天譴として降るものであった。〔説文〕十一上に「水、道に遵はざるなり。一に曰く、下るなり」とあり、前条に「洪は洚水なり」とあって、また洪水ともいう。

訓義 ①おちみず、おおみず、おおみずが降る。②くだる、降る。

古訓 〔字鏡集〕洚　タマリミヅ

語系 洚・降（降）hoəmは同声。洪・鴻hongも声近く、洚水はまた洪水・鴻水に作ることがある。

↑洚水　洪水／洚洞　大水のさま

↓江洚・遭洚

常

【洪】 9 3418 コウ おおみず　おおきい　おおいに

篆文

形声 声符は共。〔説文〕十一上に「洚水なり」とあり、〔書、堯典〕に洪水、〔書、大禹謨〕〔孟子、告子下〕に洚水に作る。〔書、康誥〕に「乃ち洪大いに治まれることを誥っぐ」と副詞に用いる例がある。洪水はまた鴻水に作る。

訓義 ①大水、洪水。降・鴻と通じる。②大きい、早い、はやせ。③おおいに。

古訓 〔名義抄〕洪　オホイナリ・オホキナリ　〔字鏡集〕洪　オホミヅ・オホイナリ・ヒロシ

語系 洪・鴻hong、洚・降（降）hoəmは声義近く、洪水はまた鴻水・洚水に作る。

【洪恩】　大恩。漢・王褒〔四子講徳論〕濟濟乎たる多士は、文王の寧んずる所以なり。乃ち美政の施す所、洪恩の潤す所の若ときは究陳すべからず。

【洪基】　洪業の基礎。〔後漢書、文苑下、辺譲伝〕高陽の絕軌を繼ぎ、成莊の洪基を崇くす。

【洪業】　帝王の業。〔漢書、武帝紀〕何をか行ひて、以て先帝の洪業休德を章らかにし、上は堯舜に參はり、下は三王（夏殷周）に配すべき。

【洪鈞】　造化。天。晉・張華〔何劭に答ふ、三首、二〕詩　洪鈞、萬類を陶し　大塊（地）、群生を稟く　明闇信に姿を異にし　靜躁亦た形を殊にす

【洪荒】　まだ秩序のない広大な世界。〔千字文〕天地玄黃（天は玄、地は黃）、宇宙洪荒。日月盈昃し、辰宿列張す。

【洪水】　大水。〔書、堯典〕湯湯たる洪水方く割ひ、蕩蕩として山を懷ね陵に襄る。

【洪濤】　巨濤。大波。唐・白居易〔曰口に風に阻まるること十日〕詩　洪濤白浪、江津を塞ふ　處處に邅迴すれども、事事沌まる

【洪波】　大波。楚・宋玉〔高唐の賦〕水澹澹として盤紆し（めぐり）、洪波淫淫として溶滴す。

【洪範】　大法。〔書、洪範〕我聞く、在昔、鯀洪水を陻ぎ、其の五行を汨陳す（乱す）。帝乃ち震怒し、洪範九疇を畀へず、彝倫攸って斁る。

【洪烈】　大業。〔三国志、蜀、諸葛亮伝〕方今天下騷擾し、元惡未だ梟せず。君、大任を受け、國の重きを幹す。而るに久しく自ら挹損するは、洪烈を光揚する所以に非ず。今君を丞相に復す。君其れ辭すること勿れ。

↑洪胤　高貴の子孫／洪飲　豪飲／洪鬱　蒸す／洪運　幸運／洪裔　遠孫／洪益　大益／洪液　大汗／洪淵　広く深い／洪化　徳化／洪雅　博雅／洪潰　決潰する／洪厓　大きな崖／洪涯　広い岸／洪赫　ひろく輝く／洪闊　ひろびろとする／洪軌　大法／洪毅　ひろ弘毅／洪輝　ひろく輝く／洪居　広居／洪恵　洪恩／洪元　天地未分／洪原　大野／洪湖　雲夢湖／洪才　大才／洪災　大災／洪殺　増減／洪細　大小／洪志　大志／洪姿　雄姿／洪施　大いに施す／洪嗣　大位をつぐ／洪赦　大赦／洪儒　大儒／洪渚　ひろい水ぎわ／洪緒　洪基／洪腫　はれ上がる／洪鐘　大鐘／洪津　広い渡し／洪酔　大酔する／洪声　名声／

洪川 大川／洪纖 巨細／洪祚 国運隆盛／洪澡 大作／洪族 大族／洪大 鴻大／洪沢 洪恩／洪知 大知／洪胄 高貴の世継ぎ／洪暢 のびやか／洪図 大謀／洪統 洪胄／洪蕩 水の広々としたさま／洪洞 ひろく連なる／洪徳 大徳／洪寧 安寧／洪伐 大功／洪庇 おかげ／洪費 巨費／洪筆 大手筆／洪飇 大風／洪夫 船を曳く人夫／洪覆 大恵／洪紛 洪荒／洪模 大法／洪奔 急流／洪名 名声／洪溟 大海／洪莽 洪奔／洪猷 洪図／洪溶 広く深い水／洪瀾 巨濤／洪流 大河／洪亮 大声／洪梁 美酒／洪量 大度／洪漣 大波／洪炉 大きな炉／洪朗 大声／洪論 高論

↓恩洪・恢洪・鈞洪・纖洪・厖洪・奔洪

人 **【洸】** 9 3911 コウ(クヮウ)

篆文

形声 声符は光。〔説文〕十一上に「水涌きて光るなり」とあり、水のゆれ光るさまをいう。〔荘子〕の端倪しがたい文を、〔史記、老荘申韓伝〕に「其の言、洸洋自恣」と評している。人の激しい怒りを形容することもある。

訓義 ①水のゆれ光るさま、自在にゆたかに流れるさま。②もののゆたかなさま、広大なさま、ほのかなさま。③人の怒るさま。

古訓 〔名義抄〕洸 ヒロシ・タケシ 〔字鏡集〕洸 タケシ・ヒロシ・ミヅノカタチ

【洸洸】怒るさま。勇ましいさま。〔詩、大雅、江漢〕江漢、湯湯たり 武夫、洸洸たり

【洸洋】博大で、とりとめもないこと。〔史記、老荘申韓伝〕其の言、洸洋自恣、以て己に適ふ。故に王公大人よりして、之れを器とすること能はず。

↑洸潰 恍恍／洸忽 うっとり／洸蕩 水が豊かなさま／洸漾 洸瀁／洸瀁 水が豊かなさま／洸朗 水波が揺動すること

【洽】 9 3816 コウ(カフ) うるおう あまねし

篆文 古印璽

形声 声符は合。〔説文〕十一上に「霑ふなり」とあり、洽く水がゆきわたる意。〔詩、大雅、江漢〕「此の四國に洽くす」とは、広く徳の及ぶことをいう。

訓義 ①うるおう、うるおす、ゆきわたる。②あまねし、かなう、やわらぐ。

古訓 〔名義抄〕洽 アマネシ・ウルフ・カナフ・サカリ・コト〳〵ク・ミツ・オヨボス・サカユ・ヤハラカナリ・アハス

語系 洽 kheap、合 hap は声義が近い。また翕・歙 xiəp、協 xiap、盍・闔 hap も声義に通ずるところがあり、一系の語である。

【洽化】あまねく徳化を及ぼす。唐・牛希済〔文章論〕今朝廷、堯・舜洽化の文を思はば、屈(原)・宋(玉)・徐(陵)・庾(信)の學を退け、通經の儒を以て燮理(治政)の任に居くに若くは莫し。

【洽浹】ゆきわたる。〔漢書、谷永伝〕永、經書に於て、汎く疏達を爲すも、杜欽・杜鄴と略ぼ等し。洽浹なること、劉向・父子及び揚雄の如くなること能はず。

【洽博】博学。博洽。〔晋書、文苑、左思伝〕張載～劉逵、竝びに經學洽博、才章美茂を以て、咸く皆悦玩し、之れ(三都の賦)が訓詁を爲る。～是れよりの後、盛んに時に重んぜらる。

【洽聞】博学。〔漢書、武帝紀〕(元朔五年詔)其れ禮官をして學を勸め、講議洽聞、遺を擧げ禮を興し、以て天下の先爲らしめよ。

↑洽汗 汗かく／洽驩 皆喜ぶ／洽衿 泣く／洽洽 和らぐ／洽濡 洽浹／洽孰 詳知する／洽旬 十日間／洽潤 洽濡／洽然 均一のさま／洽暢 ゆきわたる／洽当 適当／洽同 洽然／洽比 親しむ／洽普 洽暢／洽平 治まる／洽覧 博覧／洽和 和らぐ

↓愛洽・渥洽・允洽・宴洽・淵洽・恩洽・化洽・該洽・汗洽・款洽・驩洽・喜洽・協洽・欣洽・恵洽・光洽・時洽・周洽・淳洽・潤洽・浹洽・信洽・仁洽・宣洽・沢洽・暢洽・寵洽・沾洽・徳洽・敦洽・博洽・普洽・敷洽・密洽・累洽・和洽

【狡】 9 4024 コウ(カウ) わるがしこい ずるい

篆文

形声 声符は交(交)。交声の字に敏捷・狡猾の意をもつものが多い。〔説文〕十上に「少狗なり。～匈奴の地に狡犬有り。巨口にして黑身なり」とあり、〔急就篇、三、注〕には赤身とする。狡兎は敏捷な兎。人の性情の上に移して狡獪・狡譎のようにいう。

訓義 ①はやい、すばやい。②わるがしこい、ずるい。③そねむ、そこなう。④もとる、くるう。⑤佼と通じ、みめよい、うつくしい。⑥こいぬ。

古訓 〔名義抄〕狡 モトル／僄狡 ―ト、シ 〔字鏡集〕狡 コイヌ・トシ・ケモノ・モトル

【狡悪】わるがしこい。〔潜夫論、交際〕苟しくも能く富貴ならば、狡惡を積むと雖も、爭うて之れを稱譽し、終に非とせられず。

【狡獪】わるがしこい。また、遊戲。〔魏書、蕭昭業伝〕昭業微服して出で、里市に遊走し、～群小と共に鄙褻、擲塗賭跳、放鷹走狗、諸雜狡獪を作し、日日に輒ち往く。

【狡客】わるがしこい男。〔山海経、東山経〕獸有り、其の狀馬の如くにして羊目、四角牛尾、其の音獆狗の如し。其の名を峳峳と曰ふ。見はるるときは、則ち其の國に狡客多し。

【狡猾】わるがしこい。奸智多詐。〔左伝、昭二十六年〕若し我が一二の兄弟甥舅、天法に奨順し、狡猾を助くること無く、以て先王の命に従ひ、天罰を速くこと毋くんば、～則ち願ふ所なり。

【狡獝】わるがしこい。〔宋史、温益伝〕益、仕宦して～著に至るも、片善の紀すべきもの無し。其の狡獝傅合に至りては、蓋し天稟然るなり。

【狡詐】ずるくて嘘つき。〔唐書、叛臣上、李懐光伝〕王師勝つときは則ち功を分ち、敗るるときは則ち變を圖る。狡詐多端なり。信ずべからず。

【狡捷】ずるくてすばしこい。〔旧五代史、晋、王庭胤伝〕性勇剽狡捷、鷹瞬隼視、喑嗚睚眦、則ち劍を挺して顧みず。

【狡兎】すばやい兎。〔韓非子、内儲説下〕太宰嚭、大夫種に書を遺りて曰く、狡兔盡くるときは則ち良犬烹られ、敵國滅ぶときは則ち謀臣亡ぶ～と。

【狡童】美少年。〔銀雀山漢墓竹簡、孫臏兵法、将徳〕之れを愛すること狡童の若く、之れを敬すること嚴師の若く、之れを用ふること土蓋(芥)の若し。

【狡佞】ずるくて利口。〔五代史、雑伝一、王処直伝〕處直、終に(養子)都の殺す所と爲る。都、人と爲り狡佞にして、謀多し。～(都)自ら留後と爲る。

↑狡焉 ずるい／狡害 狡悪／狡黠 狡猾／狡奸 狡悪／狡悍 狡猾凶悍／狡騎 疾い騎／狡桀 狡悪／狡譎 狡詐／狡険 陰険／狡狐 ずるい狐／狡口 口達者／狡好 美しい／狡寇 悪賢い敵／狡算 狡計／狡獣 す早い獣／狡情 狡い心／狡心 狡い心／狡沢 美しい／狡智 小賢しい／狡敵 狡寇／狡蠹

狡害/狡僮/狡童/狡慝 悪賢い/狡婦 はしため/狡愎 狡戻/狡憤 狂い怒る/狡弁 狡口/狡乱 狡戻/狡吏 黠吏/狡虜 狡寇/狡戾 狡悪/狡弄 急調の曲/狡惑 狡詐

↓姦狡・頑狡・鉅狡・凶狡・狂狡・彊狡・群狡・軽狡・譎狡・険狡・巧狡・荒狡・肆狡・驫狡・壮狡・童狡・僮狡・慓狡・剽狡・雄狡・老狡

常 【皇】 9 2610 コウ(クヮウ) オウ(ワウ) きみ かがやく

篆文 金文

象形 王の上部に玉飾を加えている形。王は鉞頭の象。刃部を下にして玉座におき、王位の象徴とする。その柄を装着する銎首の部分に玉を象嵌して加え、その光が上に放射する形であるから、煌輝の意となる。〔説文〕一上に「大なり」と訓し、字形を自王に従うものとし、自は鼻首、はじめの意で、はじめて王たるもの、三皇の意とするが、上部は玉の光輝を示す形である。神霊をいうときの美称に用い、〔楚辞、離騒〕に「皇(神霊)、剡剡として其れ霊を揚ぐ」とは、神霊のかがやくことをいう。金文の〔宗周鐘〕に「皇上帝百神、余れ小子を保つ」とあり、皇天のほか、皇祖・皇考・皇文考・皇祖皇妣のように祖考の上に加えていう。また聖職者に対して、召公奭を「皇天尹大保」のようにいい、辟君にも皇辟君のようにいうことがある。〔競卣〕に「競(人名)を皇かさんとして官に各る」のように動詞に、また〔詩、小雅、楚茨〕に「先祖是れ皇いなり」のように形容詞に用いる。

訓義 ①王位の象徴たる玉飾の鉞、きみ、王、天子、神、神霊。②その関係の語に修飾語として加える。③かがやく、ひかる、美しい、はなやか。④大きい、かざる。⑤匡と通じ、ただす。⑥遑・徨と通じ、いとま、あわただしい。⑦惶と通じ、あわて、おそれる。⑧況と通じ、いわんや。

古訓 〔名義抄〕皇 タヾス・オホイナリ・オホキナリ・キミ・タヾシ/皇天 スベラキ/皇矣 オホイナルカナ

声系 〔説文〕に皇声として喤・煌・惶など十字を収める。煌は皇の声義を承ける。喤は小児の声で擬声語。惶・遑は形況の語である。

語系 皇・偟・徨huangは同声。徊huai、桓huanも声近く、方皇(彷徨)・盤桓などの畳韻の語は、その系列の語である。

【皇基】 王業の基。〔三国志、呉、胡綜伝〕黄(帝)(神)農、代を創めて、皇基を拓定す。

【皇穹】 天。晋・潘岳〔寡婦の賦〕重に曰く、皇穹を仰いで歎息し、私かに自ら憐れむも、何ぞ極まりあらん。微身の孤弱なるを省み、稚子の未だ識らざるを顧ふ。

【皇極】 治世の要道。洪範九疇の一。〔書、洪範〕五、皇極。皇其の有極を建て、時の五福を斂め、用て敷く厥の庶民に錫ふ。

【皇家】 王家。唐・沈佺期〔安楽公主の新宅に侍宴す、応制〕詩 皇家の貴主、神仙を好む 別業初めて開く、雲漢の邊

【皇后】 天子。また、王妃。〔書、顧命〕太史~冊(策)命す。曰く、皇后(成王)、玉几に憑り、末命を道揚す。汝に訓を嗣ぎ、臨みて周邦に君とし、大卞(大法)に率循し、天下を燮和し、用て文・武の光訓に答揚せんことを命ずと。

【皇考】 亡父の敬称。〔楚辞、離騒〕帝高陽の苗裔(遠孫) 朕が皇考を伯庸と曰ふ

【皇皇】 かがやかしく、美しいさま。〔楚辞、九歌、雲中君〕靈、皇皇として既に降る 猋として遠く雲中に擧がる

【皇綱】 治世の法則。〔後漢書、臧洪伝〕漢室不幸にして、皇綱統を失ふ。賊臣董卓、釁(隙)に乗じて害を縦にし、禍ひ至尊に加はり、毒を百姓に流す。

【皇尸】 かたしろ。〔礼記、祭統〕其の群臣を率ゐて、以て皇尸を樂しましむ。是の故に、天子の祭るや、天下と之れを樂しむ。

【皇祚】 天子の位。陳・徐陵〔陳の武帝の即位の詔〕迹を百王に繼ぎ、萬宇に君臨す。~寶業初めて建ち、皇祚維れ新たなり。

【皇帝】 王。在天の神。〔書、呂刑〕皇帝、庶戮の不辜(無実)なるを哀矜し、虐に報ずるに威を以てす。

【皇天】 天。主宰神。〔楚辞、九章、哀郢〕皇天の命を純にせざる 何ぞ百姓の震愆する

【皇妣】 亡母の敬称。〔礼記、曲礼下〕王父を祭るに皇祖考と曰ひ、~父には皇考と曰ひ、母には皇妣と曰ひ、夫には皇辟と曰ふ。

【皇舞】 舞の名。旱りを救う舞。〔周礼、地官、舞師〕皇舞を教ふ。帥ゐて旱暵の事を舞ふことを掌る。

【皇猷】 王の謀。治世の法。〔隋書、牛弘伝〕今皇猷遐く闡らかに、化は海外に覃べり。方に大禮を建て、之れを無窮に垂れん。

【皇輿】 天子の輿。王位、また治国にたとえる。〔楚辞、離騒〕豈に余が身の殃ひを憚らんや 皇輿の敗績せんことを恐る

【皇霊】 上帝。また、帝王の霊。〔南史、宋武帝紀〕僉な曰く、皇靈、鑒を上に降し、晉朝誠を下に款す。天命以て久しく淹しうすべからず。宸極以て暫くも曠しうすべからずと。

↑皇威 みいつ/皇維 皇綱/皇闈 王宮の門/皇彝 王法/皇胤 王の子孫/皇運 王運/皇裔 皇胤/皇王 天子/皇媼 王の父母/皇恩 君恩/皇化 王化/皇駕 み車/皇駭 おどろく/皇器 神器/皇畿 王畿/皇機 万機/皇祇 地の神/皇儀 王の儀容/皇急 惶急/皇宮 御所/皇舅 亡舅/皇居 御所/皇遽 にわかに/皇恐 恐惶/皇業 王業/皇懼 恐懼/皇衢 大道/皇京 都/皇軒 天子の車/皇乾 皇天/皇姑 亡姑/皇祜 大幸/皇号 尊号/皇佐 大臣/皇子 王子/皇嗣 よつぎ/皇慈 王の慈恵/皇室 王室/皇質 美質/皇寿 天子の寿/皇州 帝都/皇上 天子/皇城 宮城/皇情 皇慈/皇神 天神/皇親 王族/皇仁 皇慈/皇枢 御所/皇政 王政/皇清 清朝/皇聖 天子/皇宗 王の祖宗/皇族 王族/皇孫 王孫/皇代 今の御代/皇沢 皇恩/皇闥 宮門/皇冑 皇太子/皇儲 皇太子/皇張 張大/皇鳥 鳳凰/皇朝 当代/皇廷 宮廷/皇弟 王の弟/皇邸 御座の屏風/皇図 河図/皇都 国都/皇度 王の度量/皇統 王統/皇堂 陵墓の室/皇道 王道/皇徳 王の恩徳/皇波 大波/皇伯 王の伯父/皇駁 黄白の馬と赤白の馬/皇妃 王妃/皇風 皇威/皇墳 三皇の墳書/皇辟 亡夫/皇眄 みそなわす/皇謨 天子の謨/皇命 王命/皇明 王の明徳/皇繇 皇猷/皇陵 王陵/皇僚 王の百官/皇綸 王業/皇路 君道

↓遙皇・王皇・媧皇・娥皇・漢皇・戯皇・教皇・玉皇・勤皇・軒皇・元皇・后皇・三皇・紫皇・女皇・上皇・神皇・人皇・聖皇・先皇・前皇・倉皇・尊皇・大皇・太皇・儲皇・張皇・天皇・東皇・武皇・方皇・法皇・鳳皇・列皇

【秔】9 2091 ［粳］12 2194 コウ（カウ） うるち

篆文 

形声 声符は亢。〔説文〕七上に「稻の屬なり」とし、粳を一体としてあげる。うるちをいう。

訓義 1うるち、うるしね。2字はまた稉・粳に作る。

古訓 〔新撰字鏡〕秔 志良介米（しらげよね）、又、米志良久（よねしらぐ）、又、奴加（ぬか）〔名義抄〕秔 ウルシネ・ハル

↑秔禾 うるち／秔稲 うるち／秔米 秔禾

↓香秔・黄秔・山秔・種秔・新秔・炊秔・早秔・霜秔・稲秔

常 【紅】9 2191 コウ グ くれない あか べに

篆文  簡書 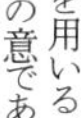

形声 声符は工。〔説文〕十三上に「帛の赤白色なるものなり」とあり、桃紅色に近いものであろう。先秦の文献にほとんどみえず、古くは絳を用いる。絳はいわゆる大赤、濃紅色。「くれない」は「呉藍」の意である。

訓義 1くれない、あか。2べに、顔料。3工と通じ、女工、女仕事。

古訓 〔和名抄〕紅藍 辨色立成に云ふ、紅藍、久禮乃阿井（くれのあゐ）〔名義抄〕紅 クレナヰ

語系 紅hong、絳koamは声近く、紺kamもこの系統の語であろう。みなその色相に関係がある。馬の「皇駁」とは、黄白の馬と赤白の馬とをいう。その皇huangもまた、色相としてこの系統の色をいう語であろう。

【紅雨】赤い雨。花に雨。清・袁枚〔春日雜詩、十二首、一〕千枝の紅雨、萬重の煙 畫き出す詩人得意の天 山上の春雲、我が懶なるが如く 日高くして猶ほ宿す、翠微の巓

【紅雲】くれないの雲。唐・王勃〔七夕の賦〕響は紅雲の歌面を曳いて近く、香は白雪の舞腰に隨つて來る。

【紅鉛】べにと白粉。化粧の料。唐・張祜〔李家拓枝〕詩 紅鉛臉を拂ふ、細腰の人 金繡羅衫、軟らかく身に著く

【紅霞】べに色の霞。夕焼けの色。唐・權徳輿〔李中丞慈恩寺清上人院牡丹花歌に和す〕詩 曲水亭の西、杏園の北 濃芳深院、紅霞の色

【紅顔】少年。血色のよい若者。唐・劉希夷〔白頭を悲しむ翁に代る〕詩 言を寄す、全盛紅顏の子 應に憐れむなるべし、半死白頭の翁

【紅裙】あかい裳すそ。緋の袴。〔開元天宝遺事、天宝下、裙幄〕長安の士女、春野に遊び、歩して名花に遇へば、則ち席を設け草を藉き、紅裙を以て遞ひに相ひ插掛し、以て宴幄と爲す。其の奢逸此くの如し。

【紅閨】赤く塗った婦人の室。唐・王諲〔後庭怨〕詩 君見ずや、紅閨の少女、端正の時 夭夭たる桃李、仙容姿

【紅纈】べにしぼり。唐・薛濤〔海棠渓〕詩 人世思はず、靈卉の異なるを 競ひて紅纈を將て、輕沙を染む

【紅臉】ほんのりと赤い顔。唐・司空曙〔妓を觀る〕詩 翠蛾紅臉、情に勝へず 管絶えて弦餘、一聲を發す

【紅紫】くれないと紫。ともに間色。また、色とりどり。〔晋書、慕容徳載記〕齊・魯固より君子多し。昔全盛の時に當りては、～指麾すれば則ち紅紫章を成し、俛仰すれば則ち丘陵に韵を生ず。今日に至りては荒草積墳、氣消え煙滅す。

【紅湿】雨に濡れた赤い花。唐・杜甫〔春夜雨を喜ぶ〕詩 野徑、雲俱に黒く 江船、火獨り明らかなり 曉に看る、紅濕の處 花は重し、錦官城（蜀の成都の異名）

【紅女】工女。はた織り女。〔漢書、酈食其伝〕楚・漢久しく相持して決せず、～農夫は耒を釋て、紅女は機を下る。天下の心、未だ定まる所有らざるなり。

【紅粧】化粧する婦人。〔古文真宝、前集、虞美人草〕詩 英雄本と學ぶ萬人の敵 何ぞ用ひん、屑屑として紅粧を悲しむを

【紅燭】紅い灯。〔開元天宝遺事、天宝下、千炬燭囲〕楊國忠の子弟、上元の夜に至る毎に、各〻千炬の紅燭有りて、左右を圍ましむ。

【紅塵】都大路の雑鬧。陳・徐陵〔洛陽の道、二首、一〕楽府 綠柳、三春暗く 紅塵、百戲多し

【紅牋】詩箋。名刺・招待状などにも用いる。紅箋。〔開元天宝遺事、天宝上、風流藪沢〕長安に平康坊有り、妓女居る所の地なり。～兼ねて每年新進士、紅牋の名紙を以て其の中に遊謁す。

【紅線】赤い糸。唐・白居易〔紅線毯〕詩 染めて紅線と爲すに、藍よりも紅し 織りて披香殿上の毯と作す

【紅茶】醱酵した茶の葉。唐・司空図〔紅茶花〕詩 景物、詩人見ては卽ち誇る 豈に憐れまんや、高韻紅茶を說くを

【紅潮】顔があからむ。昂奮した時をいう。明・王世貞〔辰玉、試に応じ都に留まる～〕詩 鹿鳴（宴飲歌）歌甫めて罷み 紅潮臉に登る色

【紅灯】赤い灯。唐・王建〔宮詞、一百首、二十七〕詩 紅燈睡裏、春雲を喚び 雲上三更、直宿分る 金砌雨來つて、行歩滑らかに 兩人擡げ起す、隱花裙

【紅粉】紅と白粉。唐・杜審言〔戲れに趙使君の美人に贈る〕詩 紅粉青娥、楚雲に映ず 桃花馬上、石榴の裙 羅敷（昔の美人の名）獨り東方に向つて去る 謾りに他家を學んで使君と作らん

【紅涙】美人の涙。〔拾遺記、七、魏〕文帝愛する所の美人、姓は薛、名は靈芸、～父母に別るると聞き、歔欷すること累日。～路に就くの時に至り、玉唾壺を以て涙を承く。壺則ち紅色となる。～京師に至るに及び、壺中の涙凝りて血の如し。

【紅楼】朱塗りの楼。富家の女の住居、妓楼。前蜀・韋荘〔長安の春〕詩 長安の春色、本と主無し 古來盡く屬す、紅樓の女

↑紅夷 オランダ人／紅衣 紅の衣／紅印 朱印／紅暈 紅の隈取／紅英 紅花／紅焔 紅炎／紅於 楓／紅襖 紅の袍／紅花 赤い花／紅華 紅花／紅蝦 伊勢えび／紅牙 檀の拍板／紅蟹 赤い蟹／紅眼 赤い目／紅肌 肉はだ／紅旗 赤旗／紅朽 変色した米／紅頰 赤い頰／紅鏡 太陽／紅旭 朝日／紅玉 ルビー／紅巾 元末の流賊の名／紅錦 赤地の錦／紅藕 紅蓮／紅蜺 赤い虹／紅霓 紅蜺／紅絹 もみ／紅光 紅の光／紅缸 灯盞／紅黄 赤黄／紅沙 紅砂の雨／紅采 赤い花／紅彩 紅采／紅幘 赤い頭巾／紅棧 朱色の棧／紅蚕 老蚕／紅子 南天の実／紅糸 赤糸／紅脂 化粧／紅示 赤紙の通達／紅児 唐の官妓／紅日 太陽／紅珠 赤い果実／紅酒 葡萄酒／紅綬 赤い紐／紅袖 女の袖／紅皺 棗／紅繡 紅の刺繡／紅絨 赤い毛織物／紅春 べにの名／紅潤 紅にうるおう／紅薯 赤いも／紅椒 唐辛子／紅裳 緋の袴／紅牆 赤壁／紅色 べに色／紅心 べにの名／紅脣 朱脣／紅翠 赤と翠／紅蘂 赤い花のしべ／紅雪 紅花をたとえる／紅染 朱染／紅船 画舫／紅磚 赤煉瓦／紅鮮 変色した米／紅髯 紅毛／紅酥 臙脂／紅妝 紅粧／紅粟 変色した米／紅黛 紅と眉墨／紅単 証明書／紅男 紅顔／紅虫 みじんこ／紅帳 赤い帳／紅頂 丹頂／紅呈 不法告訴／紅定 婚約書／紅亭 料亭／紅土 赤土／紅豆 豌豆類／紅桃 赤い桃花／紅銅 純銅／紅幢 赤旗／紅暾 朝日／紅緞 もみ

絹／紅葩 赤い花／紅旆 赤旗／紅梅 赤い梅／紅白 赤と白／紅帛 紅巾／紅髪 赤毛／紅筆 朱筆／紅氷 血涙／紅縹 紅はなだ／紅腐 腐る／紅文 紅模様／紅米 変色した米／紅壁 赤壁／紅片 赤い花片／紅墨 朱墨／紅本 裁定書／紅末 朱びき／紅毛 あか毛／紅薬 芍薬／紅腴 赤く豊か／紅友 酒／紅螺 赤いたにし／紅羅 赤いうす絹／紅藍 紫色／紅欄 朱の欄干／紅爛 ただれ／紅鸞 朱鸞／紅痢 赤痢／紅鯉 ひごい／紅榴 ざくろ／紅菱 赤いひし／紅蓼 赤たで／紅鬣 赤毛／紅緑 紅と緑／紅蓮 赤い蓮／紅瀲 花の波／紅炉 火炉／紅緑 合格の掲示

↓暗紅・暈紅・鉛紅・嫣紅・花紅・霞紅・含紅・擬紅・残紅・羞紅・愁紅・女紅・猩紅・真紅・深紅・翠紅・浅紅・閃紅・鮮紅・退紅・褪紅・丹紅・朝紅・踏紅・縹紅・羅紅・菱紅・冷紅・老紅

【耇】 9 4462 コウ としより

篆文

金文

形声 声符は句。句に句曲の意がある。〔説文〕八上に「老人の面、凍黎(黒ずんだ色)にして、垢の若し」とするが、字は句の声義を承ける。金文に「用て眉壽、黃耇吉康ならんことを匄る」という語を多く用いる。黃は黃髮。耇徳とは老人の徳ある者をいう。

訓義 1としより、老人の背をかがめた形をいう。2老いる、ながいきする。

古訓 〔字鏡集〕耇 イノチナガシ

語系 耇・句・笱ko は同声。ゆるくかがんだ形のものをいう。姁xio も同系、老嫗をいう。胡ha はふくらみのあるもの、瓜kua はそりのあるざる。角keok、戟kyak は鋭角のもの。みな一系をなす語である。

【耇造】 老いて徳に至る。〔書、君奭〕今予小子旦(周公)に在りて、大川を游るが若し。～耇の徳を造せるもの降らず。我は則ち鳴く鳥(瑞鳥の出現)をも聞かず。矧んや曰に其れ能く格る有らんや。

【耇老】 老成の人。〔国語、晋語八〕(叔向曰く)吾聞く、國家大事有るときは、必ず典刑に順つて耇老に訪諮し、而る後に之れを行ふと。

↑耇鮐 皮膚の黒ずんだ老人／耇長 老成者／耇耋 老人／耇徳 徳ある老人

↓遐耇・耆耇・胡耇・黃耇・寿耇

【舡】 9 2141 コウ ふね

形声 声符は工。〔玉篇〕に「船なり」とあり、こぐ舟をいう。

訓義 1ふね。2船の俗字として用いることがある。

古訓 〔字鏡集〕舡 フネ

【舡楫】 舟と、かじ。〔商君書、弱民〕今、當世の事を用ふる者、～法に背きて治む。此れ任(荷)重くして道遠きに馬牛無く、大川を濟るに舡楫無きなり。

【舡人】 舟人。〔帝王世紀〕昭王～德衰ふ。南征して漢(水)を濟るに及び、舡人之れを惡み、乃ち船に膠して王に進む。王、船に御して中流に至り、膠液解け、王と祭公と俱に水に沒して崩ず。

↑舡軒 舟形の家

↓差舡・焼舡

【苟】 9 4462 コウ かりそめ いやしくも まことに

篆文

形声 声符は句。〔説文〕一下に「艸なり」とあり、〔急就篇、一〕に貞夫という草の名であるとする。しかし字の用義法からみて、単に草の名とは思われず、あるいは敬(敬)字の従うところの苟の異文であろうかと思われる。敬は呪祝のことに従っている羌人を敺って敬める意で、その敬められるような状態にあることをいう字であろう。ゆえに苟且、その他の意となる。

訓義 1かりそめ、いやしくも、苟且・草率の状態をいう。2まことに。3副詞として、もし、ただ、あるいは、ねがわくはなどの意に用いる。音を以て仮借するというよりも、おおむね字義の展開によるものであろう。

古訓 〔名義抄〕苟 シバノ〳〵・イヤシクモ・マコト・シバラクモ・モシ・イヤシ・スナハチ

【苟安】 一時の無事を求める。一時のがれ。〔後漢書、西羌伝論〕和熹、女君を以て親政し、威、外接せず。朝議兵力の損することを憚り、情、苟安に存す。～遂に西河四郡の人を徙し、關右の縣に雜寓せしむ。

【苟簡】 かりそめ。一時的な間に合わせ。〔漢書、董仲舒伝〕秦、其の後を繼ぎ、獨り改むること能はず。～其の心、盡く先聖の道を滅ぼし、顓ら自ら苟簡を恣にするの治を爲さんと欲す。

【苟言】 いい加減な議論。〔後漢書、郎顗伝〕蓋し善く古を言ふ者は今に合し、善く天を言ふ者は人に合す。願はくは百僚に訪問せよ。臣の言に違ふ者有らば、臣當に苟言の罪を受くべし。

【苟合】 迎合。宋・欧陽脩〔滝岡阡表〕太夫人、恭儉仁愛にして禮有り。～曰く、吾が兒、世に苟合する能はず。儉薄にして患難に居る所以なりと。

【苟且】 かりそめ。なおざり。〔漢書、王嘉伝〕其の二千石長吏も亦た官に安んじ、職を樂しみ、然る後上下相ひ望み、苟且の意有ること莫し。

【苟生】 生をぬすむ。要領よく生きる。〔荘子、達生〕自らの爲に謀りては、則ち苟くも生きて、軒冕(高軒・冕服。貴人)の尊有らんとす。

【苟全】 ただ身を完うする。蜀・諸葛亮〔出師の表〕臣本布衣、躬ら南陽に耕し、苟くも性命を亂世に全うせんとし、聞達を諸侯に求めず。先帝臣の卑鄙なるを以てせず、猥りに自ら枉屈し、臣を草廬の中に三顧す。

【苟偸】 一時の安逸をむさぼる。〔宋史、儒林七、魏了翁伝〕國家の紀綱立たざれば、國是定まらず。風俗苟偸にして、邊備廢弛す。財用凋耗し、人才衰弱せり。

【苟得】 ごまかしても手に入れる。〔礼記、曲礼上〕財に臨みては、苟くも得んとすること毋れ。

【苟免】 なんとか免れようとする。〔礼記、曲礼上〕難に臨みては、苟くも免れんとすること毋れ。

【苟容】 ただ人の気に入るようにつとめる。〔荀子、臣道〕偸合苟容、以て祿を持し、交はりを養ふのみなるものは、之れを國の賊と謂ふ。

↑苟焉 無意味／苟活 苟生／苟虚 でたらめ／苟倹 けち／苟語 苟言／苟聚 烏合の集まり／苟従 なおざりにしたがう／苟随 苟従／苟惜 苟倹／苟賤 卑賤／苟然 苟従／苟存 苟生／苟媮 苟偸／苟同 苟合／苟美 まあ宜しい／苟弁 へりくつ／苟妄 でたらめ／苟欲 貪慾／苟利 苟得／苟禄 禄盗人

↓不苟・無苟・妄苟

常 【荒】 9 〖荒〗 10 4421 コウ(クヮウ) あれる すさむ

篆文

金文

形声 声符は巟。巟は死者の象。残骨を示す亡(亡)に、なお毛髪が残っている形。そのような屍体の棄てられている曠野

を荒という。〔説文〕一下に「蕪るるなり」とするが、ただの荒野をいうのでなく、荒凶・荒歳の意を含む。それで辺裔の地、すべて生色なく無秩序の状態にあることをいう。また荒大・荒唐の意がある。

訓義 1あれの、あれち、死体の遺棄されるようなところ。2あれる、すさむ、すさまじい、みだれる。3ききん、みのらぬ。4やぶれる、そこなう、ほろびる。5おおう、ひろくおおう、とおい、大きい、遠いはて。6むなしい、うそ、から。7おろか、ほける、老いぼれる。

古訓 〔名義抄〕荒　アル・ムナシ・オホフ・タモツ・スサブ・マトフ・アラシ・スツ・オホキナリ

声系 〔説文〕に荒声として𠧧を収める。𠧧七上は「虛にして食無きなり」とあって、凶荒の意をとる字である。

語系 荒・𠧧 xuang は同声。凶 xiong も声が近く、凶荒をいう。薉(穢) iuat は𠧧系の語。また、廣(広) kuang、曠 khuang は荒と同系の語である。

【荒淫】こう(くわう)いん　酒色に溺れる。〔文心雕竜、弁騒〕士女雜り坐し、亂れて分たず、指して以て樂しみを爲し、酒を娛しみて廢せず。沈湎すること日夜、擧げて以て懽びを爲すは、荒淫の意なり。

【荒裔】こう(くわう)えい　僻遠の地。辺裔。〔後漢書、文苑上、杜篤伝〕意ふに以爲へらく、無用の虜を獲るは、有益の民を安んずるに如かず。荒裔の地を略するは、五穀を殖すの淵を保つに如かず。

【荒煙】こう(くわう)えん　人けなくうらさびしい。唐・陳子昂〔晩に楽郷県に次る〕詩　野戍、荒煙断え　深山、古木平らかなり

【荒遠】こうえん(くわうゑん)　遠くさびしい。〔宋史、蔡挺伝〕大庾嶺下より、南して廣驛に至る。路荒遠にして、室廬稀疎なり。往來芘る所無し。

【荒遐】こう(くわう)か　荒遠。〔北史、突厥伝〕但だ皇王の舊迹は、北のかた幽都に止まる。荒遐の表(外)は、文軌の棄つる所。其の地を得とも、居るべからず。

【荒虚】こう(くわう)きょ　荒れさびれる。〔三国志、呉、駱統伝〕徵賦調數、由來紀を積む。加ふるに殃疫死喪の災を以てす。郡縣荒虛となり、田疇蕪曠なり。

【荒径】こう(くわう)けい　荒れた小みち。南朝宋・鮑照〔秋夜、二首、二〕詩　荒徑に野鼠馳せ　空庭に山雀聚まる

【荒郊】こうこう(くわうかう)　さびしい郊外。唐・李紳〔新楼詩、二十首、晏安寺〕寺深くして、松徑、塵事無し　地は荒郊に接して、夕陽を帶ぶ

【荒忽】こう(くわう)こつ　うっとりとする。かすか。〔楚辞、九歌、湘夫人〕荒忽として遠く望み　流水の潺湲たるを觀る

【荒失】こう(くわう)しつ　忘れ廃する。〔書、盤庚中〕明らかに朕が言を聽け。朕が命を荒失すること無かれ。

【荒城】こうじょう(くわうじやう)　荒れはてた城。唐・皇甫冉〔李録事の饒州に赴くを送る〕詩　積水長天、遠客に隨ひ　荒城極浦、寒雲足る

【荒村】こう(くわう)そん　荒れはてた村。元・倪瓚〔六月五日、偶成〕詩　荒村、盡日車馬無し　時に殘雲の鶴を伴うて歸る有り

【荒怠】こう(くわう)たい　怠りはてる。〔書、泰誓下〕今商王受(紂)、五常を狎侮し、荒怠して敬まず、自ら天に絶ち、怨みを民に結べり。

【荒耽】こう(くわう)たん　節度なくふける。〔大戴礼、少間〕桀、先王の明德に率はず、乃ち酒に荒耽し、樂に淫泆して、德昏く、政亂る。

【荒誕】こう(くわう)たん　誇大。でたらめ。宋・欧陽脩〔菱渓大石〕詩　盧仝・韓愈(唐の詩人。険怪の詩を作る)世に在らず　百怪を彈壓するに雄文無し　奇を爭ひ異を鬭はせ、各〻勝を取る　遂に荒誕に至り、根原無きに至る

【荒塗】こう(くわう)と　荒れはてた道。晋・左思〔招隠詩、二首、一〕策を杖ついて隱士を招く　荒塗古今に横たふ　巖穴に結構無く　丘中に鳴琴有り

【荒唐】こうとう(くわうたう)　とりとめもない。荒誕。宋・蘇軾〔初めて黄州に至る〕詩　自ら笑ふ、平生、口の爲に忙しきを　老來の事業、轉た荒唐

【荒寧】こう(くわう)ねい　事を怠り安佚にする。〔書、無逸〕民を治むるに祇つつみ懼れ、敢て荒寧せず。

【荒廃】こう(くわう)はい　荒れはてる。〔隋書、李崇伝〕遂に砂城を保つ。突厥之れを圍む。城本と荒廢し、守禦すべからず。曉夕力戰するも、又食らふ所無し。

【荒蕪】こう(くわう)ぶ　荒れて草が茂る。晋・夏侯湛〔東方朔画賛〕祠宇を周旋するに、庭序荒蕪せり。榱棟傾き落ち、草萊除かれず。肅肅たる先生、豈に焉くんぞ是れに居らん。

【荒亡】こうぼう(くわうばう)　楽しみすさむ。〔孟子、梁恵王下〕流連荒亡、諸侯の憂ひと爲る。～獸に從ひて厭く無き、之れを荒と謂ふ。酒を樂しみて厭く無き、之れを亡と謂ふ。

【荒萊】こう(くわう)らい　草原。〔三国志、魏、王昶伝〕昶～洛陽の典農と爲る。時に都畿、樹木林を成す。昶荒萊を斫り開き、百姓に勤勸し、墾田特に多し。

【荒涼】こうりょう(くわうりやう)　荒れはてもの寂しい。斉・孔稚珪〔北山移文〕澗戸摧絶して、與に歸るもの無し。石逕荒涼として、徒らに延佇す(たたずむ)。

【荒穢】こう(くわう)わい　草が茂りあれる。〔説苑、脩文〕天子には巡狩と曰ふ。～其の境に入りて、土地荒穢し、老を遺て賢を失し、掊克(悪徳の人)位に在るときは、則ち讓(責)有りて、其の地を削る。

【荒惑】こう(くわう)わく　すさみ狂う。唐・柳宗元〔韓愈に与へて史官を論ずる書〕又凡そ鬼神の事、眇茫荒惑、准(準)とすべき無し。

↑荒域　辺裔／荒飲　淫酒／荒駅　廃駅／荒垣　崩れた垣／荒埏　墓道／荒宴　荒飲／荒園　廃園／荒簷　崩れたのき／荒火　野火／荒壊　荒れ崩れる／荒外　極遠の地／荒旱　旱魃／荒間　荒れ地／荒飢　ききん／荒棄　荒れ棄てる／荒毀　荒れ壊れる／荒居　荒れた家／荒墟　荒虚／荒凶　不作／荒業　廃業／荒極　荒裔／荒饉　不作／荒畦　荒れ畑／荒蹊　荒径／荒闕　荒れ地に残る碑／荒倹　凶作／荒歉　凶作／荒幻　虚妄／荒原　荒野／荒古　遠古／荒洪　はてしなく広い／荒梗　塞がる／荒歳　凶年／荒散　荒れ乱れる／荒残　荒れ壊れる／荒侈　おごる／荒肆　すさむ／荒酒　淫酒／荒戍　辺塞／荒樹　寒樹／荒墅　荒屋／荒鐘　こわれた鐘／荒壌　荒土／荒擾　荒れ乱れる／荒榛　荒蕪／荒塵　荒廃した土地／荒悴　やつれる／荒酔　泥酔／荒陲　辺裔／荒陬　荒遠／荒政　救荒の策／荒瘠　やせ土／荒絶　絶遠／荒浅　大雑把／荒燹　焼き払う／荒蘚　苔むす／荒阻　遠方／荒疎　おろそか／荒楚　荒蕪／荒惰　怠る／荒台　荒れた台榭／荒宅　廃屋／荒湛　淫酒／荒地　荒土／荒池　荒れた池／荒疇　荒れた畦／荒堞　荒れた垣／荒塚　荒墳／荒沈　荒耽／荒墜　廃絶／荒庭　荒れ庭／荒替　廃する／荒天　しけ／荒腆　淫酒／荒田　荒地／荒土　荒地／荒塘　荒れた堤／荒忒　たがう／荒慝　無法／荒頓　荒廃／荒年　凶作／荒悖　老いぼれ／荒敗　すさむ／荒白　旱土／荒漠　荒涼／荒繆　でたらめ／荒謬　荒繆／荒風　荒嵐／荒服　化外の地／荒墳　古塚／荒弊　荒廃／荒辺　辺地／荒圃　荒れ畑／荒放　荒肆／荒飽　禄盗人／荒妄　荒誕／荒忙　あわただしい／荒芒　太古／荒耄　老いぼれ／荒昧　おろか／荒末　末世／荒民

ききんの民／荒迷（こうめい） すさむ／荒湎（こうめん） 沈溺する／荒野（こうや） あらの／荒厄（こうやく） 災厄／荒落（こうらく） 荒村／荒乱（こうらん） 乱れる／荒籬（こうり） 荒れた垣／荒流（こうりゅう） 遠地／荒寥（こうりょう） 荒涼／荒林（こうりん） 荒れた林／荒礼（こうれい） 救荒の礼／荒沴（こうれい） ききん／荒鹵（こうろ） 不毛の地／荒路（こうろ） 荒れ道／荒陋（こうろう） 荒穢／荒薉（こうわい） 荒穢

↓淫荒・炎荒・遠荒・遐荒・開荒・寒荒・救荒・窮荒・虚荒・凶荒・空荒・古荒・洪荒・鴻荒・忽荒・貇荒・歳荒・四荒・酒荒・城荒・榛荒・酔荒・大荒・太荒・怠荒・庭荒・天荒・年荒・八荒・蛮荒・備荒・蕪荒・辺荒・豊荒・迷荒・野荒・幽荒・流荒・路荒

常 **【虹】** 9 5111 コウ にじ

篆文  籀文 

形声 声符は工（こう）。工は左右にわたってそりのあるもので、虹の胴体と考えられている部分はその形。その頭は蜺（げい）の字の従う兒の形で、左右両頭のものとされた。〔説文〕十三上に「螮蝀（ていとう）なり。狀、虫（き）に似たり」（段注本）とあり、虹は竜形の獣とされた。ゆえにその字はみな虫に従う。その雄は虹、雌は蜺（霓）という。籀文が申に従うのは電光の象で、この字にふさわしくなく、字形に疑問がある。

訓義 1にじ、虹の雄。2虹采を加えた旗。3矼に通じ、はし。4釭に通じ、油皿。5訌に通じ、みだれる、あらそう、せめる。

古訓 〔和名抄〕虹 爾之（にじ）〔名義抄〕虹 ニジ 〔字鏡集〕虹 ヲニジ・ニジ

【虹飲】（こういん） にじが水を飲みにあらわれる。卜辞に、蜺が河に水飲みにあらわれたことを記す文がある。〔漢書、武五子、燕刺王旦伝〕是の時天雨ふり、虹下りて宮中に屬し、井水を飲む。井水竭っく。～天火、城門を燒く。～后姫以下、皆恐る。王驚き病み、人をして葭水・台水を祠らしむ。

【虹橋】（こうきょう（けう）） そり橋。唐・陸広微〔呉地記〕呉・長二縣、古坊六十、虹橋三百有餘、地廣く人繁く、民多く殷富なり。古蹤靈跡、實に後事に異なり。

【虹蜺】（こうげい） にじ。〔列子、天瑞〕虹蜺や、雲霧や、風雨や、四時や、此れ積氣の天に成る者なり。

【虹旌】（こうせい） にじをかいた旗。漢・王褒〔九懐、陶壅〕八龍の連蜷（れんけん）たるに駕し、虹旌の威夷（ゐい）たる（はためきなびく）を建つ。

【虹洞】（こうどう） 相連なるさま。漢・馬融〔広成頌〕天地虹洞として、固（もと）より端涯（たんがい）無し。

【虹梁】（こうりょう（りやう）） うつばり。また、曲橋。宋・姜夔〔白石道人歌曲、四、惜紅衣〕詞 虹梁水陌 魚浪、香を吹く 紅衣半（なか）ば狼藉（らうぜき）なり

↑虹舸（こうか） 画舫／虹旗（こうき） 虹旌／虹霓（こうげい） 虹蜺／虹光（こうこう） 光彩／虹采（こうさい） 采旗／虹棧（こうさん） 高いかけはし／虹女（こうじょ） 虹／虹裳（こうしょう） 美しい裳／虹泉（こうせん） たき／虹旃（こうせん） 虹旌／虹帯（こうたい） 虹の帯／虹吐（こうと） さかんに吐く／虹沴（こうれい） 悪気／虹楼（こうろう） 高い楼

↓飲虹・雲虹・宛虹・架虹・画虹・臥虹・玉虹・錦虹・軽虹・跨虹・絳虹・彩虹・残虹・春虹・晴虹・大虹・長虹・騰虹・白虹・晩虹・飛虹・雰虹・文虹・雄虹・老虹

【訇】 9 2762 コウ（クヮウ） ケン

篆文 

会意 勹（ほう）＋言。〔説文〕三上に「駭（おど）き言ふ聲なり」とし、「言に從ひ、匀の省聲なり。漢中の西城に訇鄉有り。又讀みて玄の若（ごと）くす」という。匀（いん）（きん）声・玄（げん）声いずれも訇の声と遠く、字は会意に解すべきであろう。言は祝禱し、あるいは盟誓することをいう。ただ字を九（きゅう）声とするならば、九に尻・虓（こう）の声があり、その形声字と解することができる。

訓義 1おどろく声、おどろきいう声。2音のはげしくひびくこと、鐘鼓の音や激流などにいう。

古訓 〔篇立〕訇 ノ、シル・コタフ

参考 金文にこれと似た字形があり、詢の初形かとする説がある。また〔者汈鐘（しゃとうしょう）〕に「不義有ること勿（な）く、之れを不啇（不適）（ひてき）に訊（はか）れ」とあり、咨り問う意に用いる。訇はこれらの字と関係があるかもしれない。

↑訇隠（こういん） 大音／訇磤（こういん） 大音／訇訇（こうこう） 大音／訇哮（こうこう） 大音／訇然（こうぜん） 大音

常 **【郊】** 9 0742 コウ（カウ） まちはずれ まつり

篆文 

形声 声符は交（交）（こう）。〔説文〕六下に「國を距（さ）ること百里を郊と爲す」とあり、〔国語、周語中〕に「國に郊牧有り」というように都邑周辺の附属地である。郊は他邑と接する境界のところ。古く天を祀る郊の祭祀があり、また郊禖（こうばい）では子求めの祭が行われた。〔詩、商頌、玄鳥〕にはその俗のことが歌われている。〔周礼、春官、肆師〕に「祝と畺（彊）（きやう）及び郊に侯禳（こうじやう）す」とあるように、そこでは外の邪気を祓う侯禳の儀礼をする。異族と相接するところであった。交にその意があるものと思われる。

訓義 1まちはずれ、都の郊外。国城の城外五十里を近郊、百里を遠郊とする。2国境、異族と接し交わるところをいう。3まつり、境界で行う祭。また天地の祭、冬至に天を南郊に祭り、夏至に地を北郊に祭る。また上帝を郊に祭る、即位のとき天を祭り、即位郊天という。4田舎、のら。

古訓 〔字鏡集〕郊 サト・イタル・ツク・マジフ・アラハス

【郊禋】（こう（かう）いん） 天を祭る。〔宋書、礼志三〕明帝の太初元年、～是の時、二漢郊禋の制具（つぶ）さに存す。魏の損益する所知るべきなり。

【郊外】（こうがい（かうぐわい）） 町はずれ。唐・王維〔孫二を送る〕詩 郊外に誰（たれ）か相ひ送る 夫（か）の君、道術に親しむ 書生、鄒魯（すうろ）の客 才子、洛陽の人

【郊畿】（こう（かう）き） 都の外。晋・潘岳〔金谷集作詩〕親友各〻言（ここ）に邁（ゆ）く 中心悵として違ふ有り 何を以てか離思を敍（の）べん 手を携へて郊畿に游ぶ

【郊墟】（こう（かう）きょ） 郊外の丘陵地。唐・韓愈〔符（愈の子）、書を城南に読む〕詩 時、秋にして積雨霽（は）れ 新涼、郊墟に入る

【郊迎】（こう（かう）げい） 町はずれに出迎える。〔漢書、司馬相如伝下〕蜀に至る。太守以下郊迎し、縣令、弩矢（どし）を負ひて先驅す。蜀の人、以て寵と爲す。

【郊祭】（こう（かう）さい） 夏至と冬至の日に天地を祭る。〔礼記、郊特牲〕郊の祭は、長日の至（冬至）を迎ふるなり。大いに天に報いて、日を主とするなり。

【郊祀】（こう（かう）し） 天子が天地諸社を祀る。〔左伝、襄七年〕夫（そ）れ后稷を郊祀するは、以て農事を祈るなり。

【郊社】（こう（かう）しゃ） 天地を社に祭る。〔礼記、礼運〕禮、郊に行はれて百神職を受け、禮、社に行はれて百貨極むべし。禮、祖廟に行はれて孝慈服す。

【郊遂】（こう（かう）すい） 都外を郊、郊外を遂という。〔礼記、王制〕教へに帥（したが）はざる者を簡（えら）び、～初禮の如くす。變ぜざれば之れを郊に移すこと、初禮の如くす。變ぜざれば之れを遂に移すこと、初禮の如くす。變ぜざれば之れを遠方に屏（しりぞ）く。

【郊壇】（こう（かう）だん） 天子郊天の壇。唐・高適〔盧明府を過（よぎ）り贈る有り〕詩 明日復（ま）た行春 逶迤（いゐ）として（うちつづき）郊壇を出づ

【郊禖】（こう（かう）ばい） 結婚・子求めの神。簡狄（かんてき）が燕の卵を呑んで契（せつ）を生んだという卵生説話があり、仲春二月に祀る。〔詩、大雅、生民、伝〕古者（いにしへ）、必ず郊禖を立つ。玄鳥至るの日、大牢を以て郊禖に祀る。天子親しく往き、后妃、九嬪を率ゐて御す。

【郊廟】（こうびょう（かうべう）） 天地と祖先の祭祀。〔礼記、月令〕（季夏の

月）婦官に命じて采を染めしむ。～以て郊廟祭祀の服に給し、以て旗章を爲る。

【郊望】こうぼう（かうばう） 天を祭り、日月星辰山川を望祭する。〔淮南子、人間訓〕聖王～郊望禘嘗（祭名）するは、福を鬼神に求むるに非ざるなり。山は其の高きを致して雲起り、水は其の深きを致して蛟龍生じ、君子は其の道を致して福祿歸す。

【郊牧】こうぼく（かう） 郊外。牧養の地。〔国語、周語中〕國（都）に郊牧有り、彊（国境）に寓望有り。

【郊燎】こうりょう（かうれう） 郊天の祭。火祭。〔晋書、慕容垂載記〕垂、都を中山に定む。群僚、尊號に卽かんことを勸む。典儀を具し、郊燎の禮を修めよと。垂、之れに從ふ。

【郊労】こうろう（かうらう） 郊外に使者を迎えねぎらう。〔周礼、秋官、小行人〕凡そ諸侯、入りて王する（入朝）ときは、則ち逆へて畿に勞し、及び郊勞す。

↑郊尉 地方官／郊闉 城門／郊場 郊外／郊駅 都外の駅／郊園 城外の園／郊迓 郊迎／郊郭 都の外郭／郊関 城外の関／郊寰 郊郭／郊圻 郊外／郊岐 郊外の路／郊犧 郊祭の犧牲／郊丘 郊時／郊牛 郊犧／郊居 郊外の居／郊境 郊外の境／郊衢 郊岐／郊坰 郊外／郊血 郊祭の犧牲／郊見 天子郊天の礼／郊原 郊野／郊柴 郊燎／郊使 郊労／郊祠 郊祭／郊次 郊に宿る／郊時 祭天の所／郊舍 郊次／郊射 郊の射礼／郊赦 郊祀して大赦する／郊戍 郊の守備／郊墅 郊外の農舎／郊餞 郊外に見送る／郊桑 親蚕の礼／郊弔 野べの送り／郊兆 郊外の廟／郊亭 郊外の亭／郊禘 郊祭／郊天 天を祀る／郊甸 郊外／郊内 近郊／郊陌 郊衢／郊鄙 郊外のいなか／郊郛 郊外／郊保 出城／郊野 郊外／郊邑 郊外の村／郊遊 郊外の遊び／郊里 村里／郊壘 郊外のとりで／郊礼 郊祭

↓禋郊・遠郊・寒郊・畿郊・窮郊・饗郊・近郊・荒郊・在郊・四郊・春郊・親郊・西郊・青郊・蒼郊・大郊・地郊・帝郊・禘郊・天郊・東郊・南郊・農郊・辺郊・暮郊・北郊・卜郊・楽郊

常 【香】 9 2060 コウ（カウ） キョウ（キャウ） か かおり におい かんばしい

篆文 

会意 正字は黍に從い、黍＋曰。〔説文〕七上に「芳なり」とあり、黍と甘との会意字とする。甘はもと甘美の字でなく、嵌入の形であるから、甘美の意を以て会意に用いることはない。字の初形がなくて確かめがたいが、黍をすすめて祈る意で、曰は祝詞の象であろう。黍は芳香のあるものとされ、〔左伝、僖五年〕「黍稷しょく馨かんしきに非ず。明德惟これ馨し」「明德以て馨香けいかうを薦む」とは、黍稷の馨香を以て神に薦めるもので、甘美の意ではない。〔詩、周頌、載芟さん〕に「飶ひつたる其の香有り」というように、廟祭に供えるものは、馨香を以て第一とした。

訓義 ①か、かおり、におい、よいにおい。②かんばしい、美しい。③たきもの、こう。

古訓 〔名義抄〕香 カウバシ・カ 〔篇立〕香 カウバシ・カグ・カ

部首 〔説文〕に馨、〔新附〕に馥を収める。〔玉篇〕にはすべて十六字、飶をも香に従う字に作る。

語系 香・薌xiang、馨xyengは声義が近い。薌は〔説文新附〕一下に「穀気なり」とあり、黍稷の香気などをいう。馨は香の遠く聞こえるもの、みな一系の語である。

【香靄】こうあい（かう） 香煙。唐・沈宇〔閨人に代る〕詩 楊柳青青、鳥亂吟す 春風香靄、洞房深し

【香雨】こうう（かう） かぐわしい雨。唐・李賀〔河南府試十二月楽詞、四月〕詩 依微たる香雨、青氛氳（香気がみちる） 膩葉蟠花、曲門を照らす

【香雲】こううん（かう） 花がすみ。唐・李白〔山僧を尋ねて遇はずして作る〕詩 香雲、山に偏あまねくして起り 花雨、天より來きたる

【香纓】こうえい（かう） かおりぶくろ。〔海録砕事、衣冠服用、釵珥〕香纓は五彩を以て之れを爲る。婦の舅姑に參ずるとき、先づ香纓を持して之れに咨はかる。

【香煙】こうえん（かう） よいにおいの煙。唐・王勃〔江南弄〕詩 紫露香煙、渺べうとして託し難し 清風明月、遙かに相ひ思ふ

【香豔】こうえん（かう） かおりよく、つややか。唐・許渾〔杜補闕の初春～に酬ゆ〕詩 柳は圓波を滴したらして、細浪を生じ 梅は香豔を含んで、輕風を吐く

【香閣】こうかく（かう） 寺。また、婦人の室。唐・則天皇后〔駕に從ひて少林寺に幸す〕詩 金輪、金地に轉じ 香閣、香衣を曳ひく

【香骨】こうこつ（かう） 美人の骨。唐・李賀〔官街鼓〕詩 漢城の黃柳、新簾に映え 柏陵の飛燕、香骨を埋む

【香魂】こうこん（かう） 美人の霊。〔古文真宝、前集、虞美人草〕詩 香魂、夜劍光を逐うて飛び 靑血化して、原上の草と爲る 芳心寂寞せきばく、寒枝に寄す 舊曲聞き來きたつて、眉を斂をさむるに似たり

【香塵】こうじん（かうぢん） 落花。芳塵。唐・李白〔感興、八首、二〕詩 香塵、羅襪べつ（履物）に動き 綠水、衣を霑うるほさず 陳王（曹植）徒なむしく賦（洛神の賦）を作る 神女、豈に同ともに歸らんや

【香雪】こうせつ（かう） 白い花。花にたとえる。唐・韓偓〔呉子華侍郎～に和す〕詩 正に憐れむ、香雪の千片を披くことを 忽ち訝あやしむ、殘霞の一叢を覆ふを

【香篆】こうてん（かう） 香炉の煙。篆は屈曲の多い字体。宋・蘇軾〔上元の夜～感有り〕詩 燈花結び盡して、吾われ猶ほ夢む 香篆消ゆる時、汝歸らんと欲す

【香灯】こうとう（かう） 祭の灯明。また、閨中の灯。前蜀・韋荘〔菩薩蛮〕詞 紅樓別るるの夜、惆悵ちうちやうするに堪へたり 香燈半ば卷く、流蘇（飾）の帳

【香嚢】こうのう（かうなう） 香ぶくろ。〔晋書、謝玄伝〕玄、少わかきとき好んで紫羅の香嚢を佩ぶ。（謝）安之れを患うれひ、其の意を傷やぶらんと欲す。因りて戲れて賭かけて取り、卽ち之れを焚やく。此ここに於て遂に止めたり。

【香夢】こうむ（かう） 美しい花などの夢。唐・武元衡〔春興〕詩 春風、一夜香夢を吹く 夢に春風を逐うて、洛城に到る

【香鑪】こうろ（かう） 香をたく器。香炉。〔西京雑記、一〕長安の巧工丁緩といふ者、～臥褥香鑪を作る。～而して鑪體常に平らかにして、之れを被褥に置くべし、故に以て名と爲す。又九層の博山香鑪を作る。鏤ほりて奇禽怪獸を爲くり～皆自然に運動す。

【香籠】こうろう（かう） いぶしかご。唐・韋応物〔何水部に効ならふ、二首、二〕詩 玉宇、淸露を含み 香籠、輕煙を散ず

↑香案 香炉の台／香幃 香入りの衿／香烟 香煙／香火 焚香／香霞 香霧／香駕 香木の車／香界 仏寺／香串 巻線香／香願 祈願／香几 香案／香気 かおり／香蟻 酒／香橘 くねんぼ／香魚 あゆ／香芹 せり／香銀 香奠／香具 焚香の具／香薫 かおり／香花 仏前／香華 香花／香閨 閨房／香猊 獅子形の香炉／香篝 香籠／香剤 墨／香糸 髪／香輜 婦人の車／香餌 よいえさ／香膩 美人の肌／香車 婦人の車／香酒 芳酒／香樹 芳樹／香臭 におい／香牀 香木の牀／香蕈 椎茸／香水 香料／香刹 寺院／香銭 香奠／香祖 蘭／香鼠 麝香鼠／香草 芳草／香葱 ねぎ／香粽 ちまき／香箱 香盒／香象 菩薩／香糯 酒／香袋 香嚢／香台 仏殿／香沢 かおりと、つや／香廚 寺の台所／香鳥 鶯／香鼎 香炉／香泥 花泥／香甜 うまい／香奠 死者へのお供え／香鈿 額ひたい飾り／香橙

だいだい/香頭 堂守り/香柏 唐檜/香盤 香の盤/香皮 紙の一種/香被 よい夜具/香美 芳香/香飄 かおりが漂う/香埠 仏寺/香風 匂う風/香馥 かおり/香物 かおりのある物/香粉 化粧粉/香壁 墨/香癖 香片/香片 茉莉茶/香芳 かおりがよい/香苞 花の蕾/香木 香の木/香墨 かおりがよい墨/香味 芳香の味/香霧 香煙/香茗 かおりのよい茶/香油 芳香の油/香欒 ざぼん/香貍 麝香猫/香奩 化粧箱/香匳 香ばこ/香輦 婦人の車/香露 かおりのある露

↓暗香・闇香・衣香・異香・遺香・遠香・花香・荷香・寒香・奇香・嗅香・凝香・玉香・藕香・薫香・桂香・軽香・馨香・残香・膩香・麝香・酒香・焼香・浄香・新香・沈香・燼香・清香・線香・断香・暖香・茶香・丁香・泥香・篆香・伝香・偸香・乳香・拈香・佩香・梅香・披香・微香・飶香・浮香・風香・芬香・粉香・焚香・聞香・芳香・墨香・梵香・抹香・妙香・名香・茗香・銘香・木香・夜香・幽香・余香・蘭香・流香・霊香・蓮香・炉香

人 **【倖】** 10 2424 コウ(カウ) さいわい

篆文 

形声 声符は幸。〔独断、上〕に「世俗、幸を謂ひて僥倖と爲す。車駕の至る所、臣民其の徳澤を被りて、以て僥倖となす。故に幸と曰ふなり」という。幸は手械の形で、それを手に施すを執という。幸いにして免れることを倖偸という。

訓義 1さいわい、思わぬさいわい、まぐれ、しあわせ。2へつらう、したしむ。

古訓 〔名義抄〕倖・僥倖 サイハヒ 〔字鏡集〕倖 コノム・アフ・ネガフ・サイハヒ・ヨロコビ・ヨシ・ユク

語系 幸・倖hyengは同声。幸の限定義として、倖の字が作られたのであろう。

【倖曲】へつらって不正をする。〔後漢書、明帝紀論〕明帝刑理を善くし、法令分明なり。日晏くまで朝に坐し、幽枉は必ず達す。内外倖曲の私無く、上に在りて矜大の色無し。

【倖臣】お気に入りの臣。寵臣。〔後漢書、蓋勲伝〕靈帝召見して問ふ、天下何を苦しみて反亂すること此の如くなると。勳曰く、倖臣の子弟之れを擾せばなりと。時に宦者～蹇碩、坐に在り。～碩、懼る。～此れを以て勳を恨めり。

【倖濫】僥倖によってみだりに官職を得る。〔宋史、范仲淹伝〕仲淹、天下を以て己の任と爲し、倖濫を裁削して、官吏を考覈す。

↑倖恩 僥倖の恩/倖家 宦官/倖心 佞心/倖進 僥倖で進む/倖脱 僥倖で免れる/倖致 僥倖による/倖馳 背馳する/倖偸 倖進/倖佞 おもねる/倖嬖 お気に入り/倖免 幸いに免れる/倖禄 幸い

↓恩倖・僥倖・射倖・佞倖・薄倖・嬖倖

常 **【候】** 10 2723 コウ うかがう まつ とき

篆文 

形声 声符は矦。矦は候の初文。矦の初形は医に作り、矢を放って儀礼の場を祓うことを意味した。すなわち侯禳の意で、辺境を祓禳するものを侯という。侯が五等の爵号となるに及んで、新たに動詞として候が作られた。〔説文〕八上に「伺望するなり」とあって、候望の意。ときをまつ意より、時候・気候の意となる。

訓義 1うかがう、うかがいみる、のぞみみる、さぐる、ものみ。2まつ、むかえる、みまもる。3きざし、ようす、しるし、みる。4あらわれる、とき、おり、時候、気候。

古訓 〔名義抄〕候 マツ・ウ(カ)ガフ・サブラフ・トキ・ムカフ・モトム・イタル・タヅヌ・(サ)モラフ

【候鴈】季節を定めて去来する雁。〔淮南子、時則訓〕仲秋の月、～涼風至り、候鴈來る。

【候騎】ものみの騎兵。唐・王維〔使して塞上に至る〕詩 大漠、孤煙直く 長河、落日圓かなり 蕭關に候騎に逢ふ 都護は燕然(山の名)に在り

【候伺】伺う。偵察する。〔史記、黥布伝〕陰かに人をして聚兵を部し、旁郡を候伺して警急せしむ。

【候人】古く道路を治め、送迎を掌る。また、斥候。〔左伝、宣十二年〕寡君、群臣をして諸れを鄭に問はしむ。豈に敢て候人を辱なくせんや。

【候風】風の方向をしらべる。〔後漢書、順帝紀〕(陽嘉元年)秋七月、史官(太史令張衡)始めて候風地動銅儀を作る。

【候門】門に待ち迎える。晉・陶潛〔帰去来の辞〕乃ち衡宇を瞻て、載ち欣び載ち奔る。僮僕歡び迎へ、稚子門に候つ。三徑、荒に就くも、松菊、猶ほ存せり。

【候問】伺候する。〔漢書、蒯通伝〕趙の武信君、通の不肖なるを知らず、人をして其の死生を候問せしむ。通、且に武信君に見えて、之れに說かんとす。

↑候意 心を探る/候駅 見張り駅/候謁 謁見/候奄 斥候の長/候火 のろし/候賀 祝賀をいう/候駕 奉迎/候函 手紙/候官 候人/候館 物見の館/候雁 候鴈/候気 望気/候儀 渾天儀/候徼 斥候/候迎 出迎え/候札 時候見舞/候視 監察する/候覗 伺う/候時 時を伺う/候者 物見/候謝 候札/候証 徴候/候鐘 時計/候診 診察する/候審 取り調べ待ち/候訊 候審/候正 候奄/候星 星占い/候接 侍る/候占 トう/候選 任用待ち/候送 見送る/候卒 番兵/候対 待つ/候台 烽火台/候虫 季節の虫/候鳥 渡り鳥/候潮 潮時/候聴 伺いきく/候病 見舞う/候補 候選/候脈 脈をみる/候夢 夢占い/候夜 夜廻り/候邏 巡邏する/候吏 斥候/候楼 物見櫓

↓謁候・花候・干候・監候・気候・季候・軍候・迎候・歳候・参候・伺候・指候・祇候・視候・時候・症候・斥候・占候・先候・狙候・測候・存候・兆候・徴候・諜候・偵候・天候・風候・物候・問候

【倥】 10 2321 コウ せわしい

篆文 

形声 声符は空(空)。〔玉篇〕に「倥偬、窮困なり」とあり、漢の劉向の〔楚辞、九歎〕に「愁へて山陸に倥偬す」とあって、ゆきなやむ意に用いる。連語として用いる字である。

訓義 1倥偬、いそがしい、せわしい。2くるしい、くるしむ。3倥侗、おろか。

古訓 〔名義抄〕倥偬 キハム・キハマレリ

【倥偬】くるしむ。また、せわしい。〔後漢書、卓茂伝論〕建武の初、雄豪方に擾る。～斯れ固より倥偬にして、暇給するの日あらず。

【倥侗】おろか。無知のさま。〔法言、学行〕天、生民を降せるとき、倥侗顓蒙(愚か)なり。情性を恣にして、聰明開かず。諸れに理を訓へ、學行を譔ぶ。

↑倥急 せわしい/倥蒙 無知

【冓】 10 5544 コウ くむ くみあわす

篆文 

甲骨文  

金文 

象形 上下の組紐をつなぎ合わせる形。〔説文〕四下に木を組む形とし、「材を交積するなり。對交の形に象る」とするが、ト

文の字形は紐を結ぶ形である。媾は金文に婚媾の字に用い、媾はその紐を結ぶ象徴的な儀礼の方法を示す字であろう。〔詩、豳風、東山〕に「之の子于に歸ぐ～親や其の縭を結ぶ」とあり、縭の従うところの离は両虫の交結する形。縭はそのような状態の飾り紐をいう。

訓義 ①くむ、くみあわす、結ぶ。②媾・遘と通じ、あう。

部首 〔説文〕に再・爯の二字を属し、〔玉篇〕も同じ。再は冓を半折する形、爯はそれを繫けて「稱る」形で、稱の初文。稱は穀量を称る意によって禾に従う字である。

声系 〔説文〕に冓声として遘・講(講)・篝・構(構)・購(購)・溝(溝)・媾・斠など九字を収める。みな冓の声義をとり、両者相遘う意を含む字である。

語系 冓・遘・篝・構・購・媾 ko は同声。冓・篝の声が同じであるから、郭沫若は冓を篝の形とし、また〔説文〕に構と同声であるから交積材の説があるが、卜文の字形は紐を冓結する形で、婚媾を象徴する。それが字の原義である。

【哮】

10 6404　コウ(カウ)　ほえる

篆文

形声 声符は孝。〔説文〕二上に「豕の驚く聲なり」とあり、その擬声語。哮って咆哮する声をいい、家に限ることではない。

訓義 ①獣がほえる、たける、わめく、さけぶ。②大きな声を出す、怒る。③喉でごろごろいう。

古訓 〔名義抄〕哮 タケル・サケブ・ホユ 〔字鏡集〕哮 ホユル・タケル・トラノコヱ・ホユ・オドロクコヱ・サケブ・サ(ヰ)ノシシノコヱ

【哮虎】(こうこ(かうこ)) 怒りほえる虎。〔越絶書、外伝記地伝〕(句践)～入りて臣虜と為る。)呉王、之れを許す。(伍)子胥大いに怒り、目は夜光の若く、聲は哮虎の若し。～呉聽かず、遂に之れを浙江に許すと。是れなり。

【哮吼】(こうこう(かうこう)) たけりほえる。〔博物志、三、異獣〕後魏の武帝、冒頓(単于)を伐つ。白狼山を經て師(獅)子に逢ふ。人をして之れに格せしむるに、殺傷すること甚だ衆し。王乃ち自ら～之れを撃つ。師子哮吼奮起す。左右咸な驚く。

【哮噬】(こうぜい(かうぜい)) たけりかみつく。〔唐書、顔真卿伝賛〕(安)祿山の反するに當り、哮噬前無し。魯公(真卿)獨り烏合を以て其の鋒に嬰る。

【哮咆】(こうほう(かうはう)) ほえる。〔輟耕録、二十二、虎禍〕大徳間、荊南の境内に九人山行する有り。雨に値ひ、路傍の舊土洞中に避く。忽ち一虎有り、來りて洞口に踞し、哮咆怒視し、目光人を射る。

↑哮悍 たける／哮闞 ほえ狂う／哮呼 ほえる／哮呷 大声／哮哮 哮咆／哮喘 喘息／哮咷 大声で泣く

↓嗷哮・跳哮・怒哮・咆哮

【哽】

10 6104　コウ(カウ)　むせぶ　ふさがる

篆文

形声 声符は更(更)。更に梗塞の意がある。〔説文〕二上に「語、舌の介たぐる所と為るなり」とあり、哽咽して声の出がたいことをいう。〔荘子、外物〕に「壅がらるるときは則ち哽がる」と梗塞の義に用いる。〔後漢書、明帝紀〕に「祝哽、前に在り、祝噎、後に在り」とあり、老人は哽咽しやすいので、むせび止めの祝を従えた。

訓義 ①むせぶ、息がつまる、のどにつかえる、ふさがる。②声がつかえる、どもる。

古訓 〔和名抄〕哽咽 无須(むす) 〔名義抄〕哽噎 ムセブ・ムス 〔字鏡集〕哽 ムセブ・カナシブ・ワキマフ・ムス・ムカツク

語系 哽・梗(梗)・鯁(鯁)keang は同声。みな梗塞の意がある。更はもと叓に作り、丙形の器を下から撃つ形の字で、更改・変更を原義とする字である。梗塞したものを打開する意があるのであろう。

【哽咽】(こうえつ(かうえつ)) 咽につかえる。また、むせぶ。むせび泣く。〔玉台新詠、焦仲卿の妻の為に作る〕詩 言を擧げて新婦に謂ふ 哽咽して語ること能はず 我自ら卿(そなた)を驅らず 逼迫するは、阿母有り

【哽結】(こうけつ(かうけつ)) 泣きむせぶ。〔三国志、呉、孫登伝〕生きて國に益無し。死して陛下に重慼(大きな憂え)を貽さん。此を以て哽結を爲すのみ。

【哽哽】(こうこう(かうかう)) 声気がとぎれる。〔宋史、方技下、銭乙伝〕士、欬(ぜんそく)を病み、面青くして光り、氣哽哽たり。

【哽塞】(こうそく(かうそく)) 悲しんで胸がふさがる。〔北史、景穆十二王下、任城王順伝〕省に上るに及び、～榻の甚だ故るきを見て、都令史徐仵起に問ふ。仵起曰く、此の榻は曾て先王(雲)の坐を經たりと。順即ち哽塞し、～遂に之れを換へしむ。

↑哽噎 哽咽する／哽饐 哽咽する／哽吃 どもる／哽恨 泣き恨む／哽恧 恥じて泣く

↓哀哽・嗚哽・感哽・摧哽・慙哽・祝哽・増哽・悲哽・壅哽

【韐】

10 5826　［韐］15 4856　コウ(カフ)　ひざかけ

篆文

形声 声符は合。〔説文〕七下に「士には市無くして韐有り。制、榼の如し。四角を缺き、爵弁服、其の色は韎、賤しきものは、裳と同じくすることを得ず」とし、異体として韐をあげる。市は礼装用のひざかけの形、韋はその材質。

訓義 ①ひざかけ。②字はまた韐に作る。

【晃】

入 10 6021　入［晄］10　コウ(クヮウ)　あきらか　ひかる

篆文

会意 日＋光。〔説文〕七上に「明らかなり」とあり、日光をいう。その光耀あるさまを晃という。

訓義 ①あきらか、ひかる。②煌と通じ、かがやく。

古訓 〔名義抄〕晃 テル・ホガラカナリ・ヒカル 〔字鏡集〕晃 テル・ヒカル・ホガラカナリ・アキラカナリ・ヒカリ

語系 晃・煌 huang は同声。曠・爌 khuang、景・鏡(鏡)kyang、影 yang も声近く、みな一系の語。

【晃晃】(こうこう(くわうくわう)) 明らかなさま。〔抱朴子、袪惑〕天上に到るに及んで、先づ紫府を過ぐ。金牀玉几、晃晃昱昱として、眞に貴き處なり。

【晃蕩】(こうとう(くわうたう)) 光がゆれる。また、明るくひろいさま。〔楽府詩集、清商曲辞一、子夜四時歌、冬歌十七首、十三〕何れの處にか同心を結ばん 西陵、柏樹の下 晃蕩として四壁無し 嚴霜、我を凍殺せん

【晃耀】(こうよう(くわうえう)) ひかりかがやく。魏・曹植〔鼙舞歌、霊芝篇〕楽府 靈芝、天地に生ず 朱草、洛濱に被る 榮華相ひ晃耀す 光釆曄として神の若し

↑晃昱 かがやく／晃煜 晃昱／晃光 明光／晃山 日光山／晃射 照射／晃然 明らか／晃著 顕著／晃動 ゆらめく／晃悠 晃蕩／晃曜 晃耀／晃朗 明らか

↓烱晃・月晃・炫晃・眩晃・光晃・皓晃・朱晃・晶晃・燭晃・洞晃

【校】

常 10 4094　［校］10 4094　コウ(カウ)　キョウ(ケウ)　かせ　まなびや　ならう　はかる

篆文

形声 声符は交(交)。交に交錯の意がある。〔説文〕六上に「木囚なり」とあり、囚人に加える械などの校具をいう。〔易、噬嗑、初九〕「校を履みて趾を滅す」、〔上九〕「校を何ひて耳を滅す」とみえる。他に校猟(かり)・比校・学校などの意もあり、字の本義について諸

説がある。比校は挍・較・搉。猛獣を追いこむ虎城をまた校といったらしく、校猟とはその意。また校倉は木を交積して作る。すなわち字は械具・校猟・校倉などの用義をその本義とするものであろう。学校の交は、學(学)の含む爻と関係があるようである。

訓義 ①かせ、罪人の手・足・首に加える。②おり、おりに追いこむのを校猟という。③斈・教・学と通じ、まなぶ、まなびや、ならう、おしえる。④挍・較と通じ、くらべる、はかる、かぞえる。⑤交と通じ、交わる、報いる。⑥絞と通じ、ひきしまる。

古訓 〔新撰字鏡〕校 久比留(くびる)〔名義抄〕校 シタチ〔字鏡集〕校 ムクユ・カムガフ・ヤ、モスレバ・クラブ・シタチ・マジフ・ナラフ・キラフ・マジハル・マカラフ・アナヅル

語系 校 heôにまた較(較)keôkの声があり、角keokと同じく、比較し、争う意がある。また效(効)heôは同声。斈keô、教(教)keôkと声近く通用する。械具・校猟の他は、それらの字と通用の義である。

【校閲】こう(かう)えつ 検閲する。〔魏書、太宗紀〕(神瑞元年冬)使者に詔して諸州を巡行し、守宰の資財を校閲せしめ、自家の齎す所に非ざれば、悉く簿して贓(収賄品)と爲す。

【校覈】こう(かう)かく はかり考える。〔顔氏家訓、慕賢〕世人多蔽、耳を貴び目を賤しむ。～如し賢哲有るも、毎に相ひ狎侮して、禮敬を加へず。他鄉異縣、微しく風聲を藉れば、延頸企踵、飢渇よりも甚だし。其の長短を校り、其の精麤を覈ぶるに、或いは彼、此に如く能はず。

【校勘】こう(かう)かん 対校する。宋・欧陽脩〔春秋繁露の後に書す〕予、館中に在りて群書を校勘するに、見に八十餘篇有り。然れども錯亂重複多し。

【校計】こう(かう)けい はかり考える。〔後漢書、郎顗伝〕願はくは陛下、繕修の費を校計し、永く百姓の勞を念ひ、將作の官を罷め、彫文の飾を減じ、庖廚の饌を損し、宴私の樂を退けんことを。

【校讐】こうしゅう(かうしう) 対校。漢・劉向〔管子の序〕校讐する所の中(中書)管子の書、三百八十九篇なり。

【校書】こう(かう)しょ 書物を校勘する。唐以後は妓女の雅称。〔漢書、劉向伝〕上、方に詩書に精し。古文を觀、向に詔し、中(中書)五經祕書を校せしむ。

【校定】こう(かう)てい 対校し正誤を定める。〔後漢書、伏湛伝〕子、無忌嗣ぎ、亦た家學を傳ふ。～永和元年、無忌と議郎黄景とに詔して、中書五經・諸子百家・藝術を校定せしむ。

【校理】こう(かう)り 校正し、整理する。〔漢書、劉歆伝〕春秋左氏丘明の修むる所に及びては、皆古文舊書～祕府に臧し、伏して未だ發せず。孝成皇帝、學殘文缺け、稍や其の眞を離るることを閔れみ、乃ち祕臧を陳ね發し、舊文を校理せしむ。

【校猟】こうりょう(かうれふ) ませがきを作り、追いこむ猟。〔漢書、成帝紀〕(元延二年)冬、長楊宮に行幸し、胡客を從へて大いに校獵す。

【校練】こう(かう)れん 深く考える。〔後漢紀、章帝紀上〕(桓虞)稍しばらくして南陽太守に遷る。賢を表し惡を黜け、名實を校練し、豪吏も其の姦を容るる所無し。百姓之れを悅び、建武以來の太守、名稱虞に及ぶ者無し。

↑校改 改正する／校核 校覈／校学 学校／校官 学舎／校貫 経費を点検する／校機 ばね／校騎 指揮の騎／校競 競争／校繫 取調べ／校語 校訂の語／校誤 校訂／校考 校核／校寇 加械／校合 よみ合わせ／校刻 版刻校訂／校作 労役／校算 数える／校師 教師／校試 考試／校次 順序立て／校舎 学舎／校修 修正する／校習 習う／校序 学校／校飾 飾る／校軫 きしむ／校人 馬役人／校正 校合／校戦 力比べ／校対 校正／校隊 隊伍／校度 考える／校治 しらべる／校飭 整理／校訂 校定／校綴 校修／校抜 選抜する／校判 裁決／校比 くらべる／校武 力比べ／校文 文を直す／校別 弁別する／校本 校定本／校埒 演武場／校覧 目を通す／校量 はかる／校力 力比べ

↓案校・課校・学校・刊校・勘校・休校・郷校・軍校・計校・研校・検校・考校・釁校・再校・讐校・初校・庠校・将校・詳校・銓校・全校・綜校・対校・典校・廃校・藩校・比校・弁校・放校

【栲】 10 4492 ［栲］ 9 4791 コウ(カウ) ぬるで こうぞ

篆文

形声 声符は考。〔説文〕六上に栲に作り「山樗なり」とし、「讀みて糗の若くす」(段注本)という。〔爾雅、釈木、注〕に「樗に似て色小しく白く、山中に生ず。～亦た漆樹に類す」とあって、相似た木で、一類として扱われる。

訓義 ①ぬるで、ふしのき。②わが国で、その皮の繊維から、白栲をとる。たく、たえ、こうぞの木、かじ。③拷と通用する。

【栲栳】こうろう(かうらう) 竹や柳で編んだ籠。唐・盧延讓〔樊川寒食、二首、二〕詩 五陵の年少、事に麤なり 栲栳もて金を量りて、斷春(一時の春)を買ふ

↑栲訊 拷問／栲折 拷折／栲楚 しもと打つ／栲掠 拷問

↓刺栲

常 【桁】 10 4192 コウ(カウ) けた ころもかけ

形声 声符は行。行にならぶものの意がある。〔玉篇〕に「屋の桁なり」とあり、梁上の桁。また衣桁やかせの意に用いる。わが国では、けた、なげしをいう。

訓義 ①けた、柱にわたした横木。②ころもかけ。③械・梏と通じ、かせ。④航と通じ、方舟、舟をならべて渡す橋。⑤国語で算盤の位取り、けた。

古訓 〔新撰字鏡〕桁 介太(けた)、又、豆奈(つな)〔名義抄〕桁 ケタ・ナゲシ〔字鏡集〕桁 ナゲシ・ケタ・シトミ

語系 桁・珩・衡heangは同声。みな横にわたす形のものをいう。横(横)hoang、璜huangとも声近く、一系の語である。

【桁楊】こうよう(かうやう) かせ。長大なかせ。〔荘子、在宥〕今の世、殊死する者相ひ枕し、桁楊する者相ひ推し、刑戮せられし者相ひ望む。

↑桁衣 衣桁の衣／桁架 屋根／桁梧 桁と柱／桁上 衣桁の上／桁条 けた／桁渡 渡橋

↓衣桁・朱桁・井桁・竹桁・椽桁・藤桁

人 【浩】 10 3416 ［浩］ 10 3416 コウ(カウ) ひろい

篆文

古印璽

形声 声符は告(告)。告に誥・皓(皓)の声がある。〔説文〕十一上に「澆なり」と訓するが、〔書、堯典〕に「浩浩として天に滔る」というように、水勢の浩蕩としてさかんなさまをいう。それよりして広大の意となる。

訓義 ①水のゆたかなさま、水のひろびろとしたさま。②ゆたか、ひろい、おおい、大きい。

古訓 〔名義抄〕浩 オホイナリ・サカリ・アク・ハルカナリ・ユタカナリ〔字鏡集〕浩 サカリ・ユタカナリ・ハルカナリ・オホミヅ・オホイナリ・ヒロシ・ミヅノサカリナル・アク

【浩歌】こう(かう)か 大声で歌う。〔楚辞、九歌、少司命〕美人を望めども未だ來らず 風に臨んで怳(失意のさま)として浩歌す

【浩汗】こう(かう)かん 水の広大なさま。晋・潘岳〔永逝を哀しむ文〕山を望むに寥廓たり。水に臨むに浩汗たり。天日を視るに蒼茫たり。邑里を面るに蕭散たり。

【浩瀚】（こうかん（かうくわん））　書物などの量の多いこと。〔文心雕竜、事類〕夫れ經典は沈深、載籍は浩瀚なり。實に群言の奥區にして、才思の神皋なり。

【浩気】（こうき（かうき））　浩然。正大の気象。〔明史、楊継盛伝〕西市に棄てらる。年四十。刑に臨みて詩を賦して曰く、浩氣太虛に還る　丹心千古を照らさん　生平未だ恩に報いず　留めて忠魂の補と作さん

【浩浩】（こうこう（かうかう））　水のゆたかなさま。また、広大のさま。宋・蘇軾〔赤壁の賦〕浩浩乎として虛に馮り風に御して、其の止まる所を知らざるが如し。

【浩唱】（こうしょう（かうしやう））　大声で歌う。梁・沈約〔郊居の賦〕悦として風に臨みて以て浩唱し、瓊茅（霊草、トいに用いる草）を折りて延佇す。

【浩然】（こうぜん（かうぜん））　広大のさま。正気を浩然の気という。〔孟子、公孫丑上〕我善く吾が浩然の氣を養ふ。～其の氣爲るや、至大至剛、直を以て養うて害すること無くんば、則ち天地の閒に塞がる。

【浩歎】（こうたん（かうたん））　大いに嘆く。長嘆。唐・鄭谷〔慈恩寺偶題〕詩　往事悠悠として、浩歎を添ふ　勞生擾擾として、竟に何をか能くせん

【浩蕩】（こうとう（かうたう））　広く遠い。宋・欧陽脩〔日本刀の歌〕詩　先王の大典、夷貊に藏す　蒼波浩蕩として、津を通ずる無し　人をして感激して、坐ながらにして流涕せしむ　鏽澁の短刀、何ぞ云ふに足らん

【浩繁】（こうはん（かうはん））　人口が多い。〔旧唐書、文苑中、斉澣伝〕出でて汴州刺史と爲る。～江・淮より河・洛に達し、舟車輻輳し、人庶浩繁なり。前後の牧守、多く職に稱はず。唯だ倪若水と澣とのみ、皆清嚴、治を爲すを以て、民吏之れを歌ふ。

【浩洋】（こうよう（かうやう））　水がひろくはびこるさま。〔淮南子、覧冥訓〕往古の時、四極廢き、九州裂け、～火は爁炎として滅えず、水は浩洋として息まず。

↑浩飲　痛飲する／浩艶　あでやか／浩恩　大恩／浩旰　かがやく／浩倨　尊大／浩広　広大／浩劫　永遠／浩曠　広大／浩酒　清酒／浩笑　大笑する／浩商　豪商／浩攘　むだ／浩翠　水の緑／浩態　ゆったり／浩大　広大／浩洞　からりと広い／浩波　大波／浩博　博大／浩費　巨費／浩淼　浩洋／浩渺　広く遥か／浩茫　浩淼／浩漫　広大／浩瀁　浩洋／浩爛　広く輝く

↓奥浩・剛浩・深浩・滂浩

【烄】　10　9084　コウ（カウ）　ひまつり

篆文 　甲骨文 

形声　声符は交（交）。〔説文〕十上に「木を交へて然くなり」とし、〔玉篇〕に「以て天に燎柴するなり」と燎祀の意とする。卜文に、交脛の人に火を加える形の字があり、「貞ふ。烄するときは従き雨又るか」のように、請雨儀礼をいう。殷には旱のとき巫を焚く俗があり、この字はあるいは焚巫の俗を示すものであろう。飢饉を示す𦰩も、また焚巫の象を示す字である。

訓義　①ひまつり、天の祭。②いる、煎りつける。

古訓　〔新撰字鏡〕烄　也久（やく）、又、牟須（むす）又、火太久（ひたく）〔篇立〕烄　モク（ユ）・ムス・タク・ヤク

語系　烄・交・絞（絞）keôは同声。樛kyu、虬・觩gyuは声近く、みな糾纏の意がある。烄・𦰩はともに焚巫の象で、烄は足を交え、𦰩は手を交える形に従う。

【烘】　10　9488　コウ　キョウ　かがりび

篆文 

形声　声符は共。〔説文〕十上に「尞（燎）なり」、〔爾雅、釈言〕に「燎なり」とあって、燎火をいう。

訓義　①かがり、かがりび。②たく、やく、てらす。③かわかす。

古訓　〔名義抄〕烘　タク・アブル・モユ　〔字鏡集〕烘　ニハビ・モユ・トモシビ・タク・アブル

【烘染】（こうせん）　ぼかし出す。陰陽濃淡で描き出す画法。〔池北偶談、談芸三〕（御画牛）恭しく世祖皇帝の畫ける渡水牛を觀るに、～指上の螺紋印を用つて之れを成す。意態生動、筆墨烘染の到る能はざる所なり。

【烘堂】（こうどう（だう））　満座大笑する。〔唐国史補、下〕御史の故事に、～凡そ上堂にては言笑を絶つ。忍ぶべからざるもの有り、雜端（侍御史）大笑するときは、則ち合座皆笑ふ。之れを烘堂と謂ふ。烘堂は罰せず。

↑烘暈　白抜き／烘影　火影／烘火　焚火／烘烘　火が盛んにもえる／烘柿　さらし柿／烘霽　烈日／烘箱　乾器／烘托　白抜き／烘的　忽然として／烘焙　あぶる／烘明　通明／烘簾　のれん／烘炉　暖炉／烘籠　伏せ籠

【珩】　10　1112　コウ（カウ）　おびだま　たま

篆文 

形声　声符は行。〔説文〕一上に「佩上の玉なり」とあり、佩玉の最も上にある横長の玉。その両端より、左右対称の形で両系の玉を綴る。ゆえに行に従う。金文に「朱黄」「同黄」のように、黄（黄）という。佩玉の全形はその黄の形に似ている。字はまた衡を用いる。

訓義　①おびだま、佩玉、たま。②冠のひも、冠をとめるひも。

語系　珩・衡・桁heangは同声。珩はまた璜huangともいう。ともに横（横）hoangの声義を含み、一系の語である。

↑珩衡　雑佩／珩組　佩玉の紐／珩佩　雑佩／珩黻　佩玉と蔽膝、貴顕の服飾

↓璜珩・采珩・葱珩

【盇】　10　4010　コウ（カフ）　おおう　あう　なんぞ

篆文 

象形　器の上に蓋をする形。〔説文〕五上に「覆ふなり」と訓し、「血に従ひ、大の聲なり」（段注本）とするが声が合わず、器蓋全体の象形である。〔段注〕に「覆ふものは必ず下より大なり」と説くが、臆説にすぎない。去の上部は蓋の鈕（つまみ）の形。「なんぞ」は盇を何不の二音によみ、反語とするもので、下に動詞の語を伴う。

訓義　①おおう、ふたする、ふた。②あう、上下相合う。③なんぞ、なんぞ～せざる。④蓋と通じ用いる。

古訓　〔名義抄〕盇　ナゾ・イカゾ・アラズ・ナンゾ・イトコソ・イカデ・アフ　〔字鏡集〕盇　ナンゾ・イトコソ・イカデ・アラズ・アフ・イカンゾ（～）ザル・イツクシブ・イナヤ・ホロブ

声系　〔説文〕に盇声として榼・嗑・豔・饁・磕・闔など八字を収める。榼は酒器、嗑は多言、磕は石の相磨する音をいう。盇の声義をとるものと、擬声音をとるものとの二系がある。

語系　盇・闔hapは同声。合hapは声の近い語である。また何hai、曷・害（害）hat、胡haはみな疑問詞に用いる。このうち曷は曰（祝詞）と匃（屍骨の象）とに従い、呵責してその祈るところの実現を求める意で、「何ぞ～」と呵責する意があって、この系統の語の本字。他はおおむね仮借通用の字とみてよい。

【盇簪】（こうしん（かふしん））　朋友が集まること。簪は簪笄。唐・杜甫〔杜位の宅に守歳す〕詩　盇簪、櫪馬（馬にまぐさかう）喧びすし　列炬（かがり）林鴉を散ず

【盇稚】（こうち（かふち））　氐人の自称。〔三国志、魏、烏丸鮮卑東夷伝評に引く魏略、西戎伝〕氐人は～其の種、一に非ず。槃瓠

の後と稱す。～其の自ら相ひ號して盍稚と曰ふ。
↑盍不　何不

人【紘】10 2493［紭］11 2293　コウ(クヮウ)　ひも　つな　ひろい

篆文

形声　声符は厷。字はまた紭に作り、弘声。厷はひじを引く形、弘は弓を引く形。〔説文〕十三上に「冠を卷く維なり」（段注本）とあり、一端を左の笄、一方をあごからめぐらして右の笄に結び、その余りを垂れる。その余りを纓という。弘・宏の義に用いて、八紘のようにいう。

訓義　①ひも、かんむりのひも、かけひも。②つな、おおづな。③ひろい、大きい。

古訓　〔名義抄〕紘　ツナヲ・ヒモユフ・ヒモサス／紭　ヲ・ツナ　〔字鏡集〕紘　アミ・ヒモサス・ヒモユフ・ヲ・ツナヲ・ツナ

語系　紘（紭）・厷・肱kuang、弘huengは声近く、強く引き結ぶような状態のものをいう。

【紘紞】こう(くわう)たん　冠の紐と、両旁の瑱をかける紐。〔孔子家語、入官〕紘紞充耳（瑱）は、聰（耳敏くきく）を掩ふ所以なり。
↑紘綱　網の索／紘覆　覆う／紘目　網目
↓朱紘・地紘・長紘・帝紘・八紘・網紘・連紘

【羔】10 8033　コウ(カウ)　こひつじ

篆文

象形　生まれおちた小羊が、ようやく立つ形。〔説文〕四上に「羊の子なり。羊に從ひ、照の省聲」とするが、下部は足の跂立するさまであろう。字の下部は馬や鷹の足の形を四点にしるすのと同じで、火の形ではない。

訓義　①こひつじ。②羊の一種。

古訓　〔名義抄〕羔　ヒツジ　〔字鏡集〕羔　ヒツジノコ・ヒツジ

語系　羔ku、狗ko、駒kio、㺃xoはみな声近く、獣子をいう。「犬ころ」のころにあたるような愛称なのであろう。偏によって、その属するものを区別する。

【羔鴈】こう(かう)がん　小羊と雁。卿大夫が贄（礼物）として用いた。〔礼記、曲礼上〕禽を執る者は、首を左にす。羔鴈を飾る者は、繢（雲を描いた布）を以てし、珠玉を受くる者は、掬（両手）を以てす。

【羔裘】こうきゅう(かうきう)　黒羊の皮衣。大夫の礼服。〔韓非子、外儲説左下〕冬は羔裘し、夏は葛衣するも、面に飢食有るものは、則ち良大夫なり。

【羔豚】こう(かう)とん　小羊と豚。祭祀の牲肉として用いる。〔周礼、天官、庖人〕凡そ禽獻を用ふるに、春は羔豚を行ひ、膏香を膳にす。
↑羔子　羊の子／羔袖　羔皮の袖／羔兎　小羊と兎／羔犢　小羊と小牛／羔幣　小羊の贈り物／羔羊　小羊と羊
↓雁羔・献羔・胹羔・臑羔・烝羔・豚羔・包羔・享羔

常【耕】10 5590〔畊〕10 5590　コウ(カウ)　たがやす

篆文

形声　声符は井。井は刑の初文。〔説文〕四下に「犂すなり」とあり、〔玉篇〕に畊を正字とする。〔広雅、釈詁四〕に「齊なり」というのは、耕keng、齊（斉）dzyeiの音の対転関係をとるものであろうが、声義の関係はない。

訓義　①たがやす、田をうちかえす、土をならす。②農事につとめる、田作りする。③すき。

古訓　〔新撰字鏡〕耕　加戸須（かへす）〔字鏡〕耕　ツクル・スク・タスク・タカヘス・ヒラク

【耕耘】こう(かう)うん　たがやし草ぎる。農作。〔荀子、子道〕夙に興き夜に寐ね、耕耘樹藝し、手足胼胝（たこができる）して、以て其の親を養ふ。

【耕稼】こう(かう)か　たがやしうえる。農作。〔孟子、公孫丑上〕大舜は～善は人と同じうし、己を舍てて人に從ふ。～耕稼陶漁より以て帝と爲るに至るまで、人に取るに非ざる者無し。

【耕漁】こう(かう)ぎょ　耕作と漁撈。〔韓非子、難一〕耕漁と陶とは、舜の官に非ざるなり。而れども舜往きて之れを爲す者は、敗を救ふ所以なり。

【耕芸】こう(かう)げい　耕稼。農作。〔晋書、隠逸、朱沖伝〕少くして至行有り。閑靜にして欲寡なし。學を好めども貧し。常に耕藝を以て事と爲す。

【耕墾】こう(かう)こん　たがやし開く。〔斉民要術、四、種李〕李樹桃樹の下は、竝びに草穢を鋤去するを欲す。而して耕墾を用ひざれ。

【耕作】こう(かう)さく　農作する。〔史記、越王句践世家〕越王句踐國に反り、～身自ら耕作し、夫人自ら織る。

【耕鉏】こう(かう)じょ　たがやし鋤く。唐・儲光羲〔田家雜興、八首、七〕詩　日旰けて耕鉏に懶く　高きに登りて川陸を望む

【耕食】こう(かう)しょく　たがやして食う。〔荘子、馬蹄〕彼の民に常性有り。織りて衣き、耕して食らふ。是れを德を同じうすと謂ふ。

【耕織】こう(かう)しょく　たがやし織る。〔後漢書、逸民、梁鴻伝〕（鴻、妻と）乃ち共に霸陵山中に入り、耕織を以て業と爲し、詩書を詠じ、彈琴以て自ら娛しむ。

【耕藉】こう(かう)せき　天子親耕の田。〔礼記、月令〕（孟春の月）天子親から耒耜（すき）を載せ、～三公・九卿・諸侯・大夫を帥ゐ、躬から帝藉を耕す。天子三推し、三公五推し、卿・諸侯は九推す。

【耕桑】こうそう(かうさう)　耕作と養蚕。〔韓詩外伝、一〕昔者周道の盛んなりし時、召伯朝に在り。～其の後、位に在る者驕奢にして元元（人民）を恤へず、稅賦繁數にして百姓困乏し、耕桑時を失ふ。

【耕耨】こう(かう)どう　たがやし草ぎる。〔周礼、天官、甸師〕其の屬を帥ゐて王藉を耕耨し、時を以て之れを入れ、以て齍盛に共（供）することを掌る。

【耕農】こう(かう)のう　農作。〔管子、五輔〕善く政を爲す者は、～倉廩實ちて囹圄（牢獄）空し。～其の庶人は耕農を好みて飲食を惡む。是に於て財用足りて、飲食薪菜饒かなり。

【耕牧】こう(かう)ぼく　田をたがやし、家畜を飼う。宋・陸游〔隣閭、事を喜ぶ〕詩　十月東吳、草未だ枯れず　村村耕牧して圖を成すべし
↑耕芸　耕耘／耕械　耕耘機／耕穫　たがやし穫る／耕学　たがやし学ぶ／耕器　耕作の具／耕畜　耕牧／耕牛　たがやす牛／耕戸　農夫／耕蚕　農蚕／耕事　農事／耕畬　新田／耕種　耕稼／耕収　耕穫／耕助　耕藉／耕植　耕稼／耕穡　耕作する／耕人　農夫／耕戦　たがやし戦う／耕叟　老農／耕地　耕作地／耕釣　たがやし釣る／耕田　たがやす／耕奴　農奴／耕童　耕奴／耕犢　たがやす小牛／耕屯　屯田／耕発　開墾する／耕夫　農夫／耕父　老農／耕氓　流民の農／耕甿　耕氓／耕紡　耕作と養蚕／耕傭　傭耕／耕耒　すき／耕猟　耕作と狩り／耕力　たがやす／耕犂　すき／耕労　力耕する
↓隠耕・耘耕・王耕・火耕・学耕・帰耕・旧耕・躬耕・牛耕・耦耕・墾耕・自耕・畬耕・春耕・初耕・書耕・鋤耕・心耕・身耕・深耕・親耕・水耕・晴耕・舌耕・浅耕・象耕・退耕・男耕・中耕・嶧耕・東耕・屯耕・農耕・馬耕・反耕・晩耕・筆耕・翻耕・傭耕・楽耕・力耕

常【耗】10 5291〔秏〕10 5291［秏］9 2291　コウ(カウ)　ボウ(バウ)　モウ　へる　みだれる

形声 声符は耕(耕)の省文。また毛声によむことがある。〔詩、大雅、雲漢〕「下土を耗斁す」とあり、損敗を加えることをいう。耗土とは疎薄の地。〔淮南子、時則訓〕「冬令を行ふときは耗す」の〔高誘注〕に「耗とは零落するなり」とあり、草木などの衰敗するをいう。字はまた秏に作る。また眊と通じ、眊乱の意にも用いる。

訓義 ①へる、へらす、つきる、なくする。②ついやす、やぶる、そこなう。③わるい、地味がやせる、うすい。④眊と通じ、くらい、みだれる。

古訓 〔名義抄〕耗 タカヘス・トカ 〔字鏡集〕耗 ヲヂナシ・ソコナハル・ツイユ・ノゴフ・ヤブル・ホロブ・キヌ・ウツカス・ツク・オドロク・ソコナフ・ヘナル・カヘル・ニクム・ムナシ

【耗竭】こう(かう)けつ 減ってなくなる。〔水経注、涑水〕畦水耗竭し、土自ら鹽を成す。卽ち所謂鹹鹺なり。而して味苦し。號して鹽田と曰ふ。

【耗減】こう(かう)げん 減損する。〔三国志、魏、杜畿伝〕是の時天下の郡縣皆殘破す。河東最も先に定まり、耗減少なし。畿、之れを治め、～民と爲に無し。

【耗散】こう(かう)さん 消散する。〔唐書、兵志〕高宗・武后の時よりして、天下久しく兵を用ひず、府兵の法寖く壞る。番役更代、多く時を以てせず、衞士稍稍く亡匿す。是に至りて益〻耗散し、宿衞給すること能はず。～一切士を募りて宿衞せしむ。

【耗尽】こう(かう)じん 尽きはてる。〔漢書、魏豹等伝賛〕周室既に壞れ、～諸侯耗盡す。而れども炎黃唐虞の苗裔、尙猶ほ頗しく存する者有り。秦、六國を滅ぼし、上古の遺烈、地を埽うて盡く。

【耗損】こう(かう)そん 使いへらす。〔南史、明山賓伝〕初め山賓～部する所の平陸縣稔らず。倉米を啓き出して以て百姓を振ふ。～山賓を以て耗損すと爲し、有司追責し、其の宅を籍して官に入れしむ。

【耗斁】こう(かう)と 損敗する。唐・李華〔古戦場を弔ふ文〕秦漢より還、四夷に多事なり。中州耗斁すること、世として之れ無きは無し。

【耗廃】こう(かう)はい 衰頽する。〔史記、平準書〕諸〻の武功爵、官首(第五)を買ふ者、吏に試補するに先づ除(任官)せしむ。～吏道雜にして多端なれば、則ち官職耗廢す。

【耗磨】こう(かう)ま 旧暦正月十六日。〔丹鉛総録、三〕之れを耗磨日と謂ふは、此の日必ず酒を飲み、官司庫を開かざるのみ。

【耗乱】こう(かう)らん そこない乱れる。〔漢書、景帝紀〕官職を事とせず、耗亂する者は、丞相以聞(上聞)して、其の罪を請ふ。

➡耗溢 損益/耗鬼 貧乏神/耗匱 乏しい/耗虚 虚耗となる/耗涸 涸れる/耗荒 ぼんやりする/耗痕 痕迹がない/耗財 財を減らす/耗子 鼠/耗失 耗損/耗少 減少する/耗擾 みだれる/耗神 貧乏神/耗精 心を労する/耗折 減少する/耗羨 附加税/耗虫 鼠/耗蠹 虫食い/耗土 やせ地/耗登 増減/耗蕩 減らしつくす/耗頓 疲弊する/耗費 浪費/耗糜 浪費/耗病 疲弊する/耗眊 老耄/耗問 消息/耗力 力を費やす

⬇音耗・減耗・省耗・消耗・銷耗・衰耗・息耗・損耗・摩耗・磨耗・抑耗

【耿】 10 1918

コウ(カウ) ケイ
あきらか きよらか

篆文

金文

会意 耳＋火。耳は聖・聡の意。火は聖火。これを以て清める意であろう。〔説文〕十二上に「耳、頰に箸くなり」とするが、その義の用例をみない。金文の〔毛公鼎〕に「文武の耿光」とあり、〔書、立政〕に「不いに上帝の耿命を纘む」「以て文王の耿光を覲す」とみえる。火部十上に「熲は火光なり」とあり、〔玉篇〕に「熲は或いは耿に作る」という。熲は頃(霊の降るのを迎え拝する形)に火を加える形で、耿もそのような意を含む字と思われる。〔楚辞、離騒〕に「耿として吾れ既に此の中正を得たり」とあって、神聖を迎えるような心情をいう。

訓義 ①あきらか、きよらか、清明の心。②てる、ひかる。③耿耿は、うれえるさま。

古訓 〔名義抄〕耿 イタム・イタミ・タル・スコシ・ヒノヒカリ

語系 耿kyeng、炯kyueng、熲kieng は声近く、〔説文〕十上に炯は「光なり」、熲は「火光なり」とあり、一系の語である。

【耿介】こう(かう)かい 光明正大なること。〔楚辞、離騒〕彼の堯舜の耿介なる 既に道に遵つて路を得たり

【耿光】こう(かう)こう(くわう) 盛徳のかがやき。〔書、立政〕以て文王の耿光を覲し、以て武王の大烈を揚ぐ。

【耿耿】こう(かう)こう(かう) 目がさえて寝られない。〔詩、邶風、柏舟〕耿耿として寐ねられず 隱憂有るが如し

【耿然】こう(かう)ぜん 心がはっきりする。唐・高適〔秦中、李九の越に赴くを送る〕詩 越に適くは以有りと雖も 關を出でては終に耿然たり 愁霖向ふべからず 長路或いは前み難し

➡耿懐 心がさえる/耿暉 耿光/耿絜 清らか/耿灼 耿著 不安/耿正 剛正/耿節 貞節/耿愴 悲愴/耿明 明白/耿直 正直/耿特 特立/耿命 明命/耿悒 うれえ悶える/耿燿 かがやく/耿亮 耿介/耿烈 耿節

⬇気耿・光耿・清耿・雄耿

【胱】 10 7921

コウ(クヮウ)
ぼうこう

形声 声符は光。光に広・張の意がある。膀胱はもと旁光に作り、〔淮南子、説林訓〕に「旁光は俎に升らず」という。〔高誘注〕に「旁光は胞なり」とあり、膜状の嚢である。

訓義 ①ぼうこう、膀胱、小便ぶくろ。②わきばら。

古訓 〔名義抄〕胱 ユハリツボ・尿フクロ

⬇膀胱

常【航】 10 2041 ［杭］ 8 0021

コウ(カウ)
ふね わたる

篆文

形声 声符は亢。亢は頏の形。その形状の舟をいう。〔説文〕八下に杭を正字とし、「方舟なり」という。方舟は舫舟。杭は古くは浮梁、すなわち船橋の意。字も杭を用いた。もと水を渡る意。今は航空のようにいう。

訓義 ①ふね、いかだ。両舟をならべた、もやいぶね。②わたる、舟でわたる。

古訓 〔名義抄〕航 フナハシ 〔字鏡集〕航 シヅム・フナワタシ・ワタル・フネ・フナハシ

語系 杭・航・杭hang は同声。横(橫)hoang も声近く、水部十一上に潢hoang を録し、「一に曰く、船を以て渡るなり」という。

【航海】こう(かう)かい 海を渡る。〔宋史、張蔵英伝〕周の廣順三年、内外の親屬幷びに所部の兵千餘人及び煮鹽戶の長幼七千餘口、牛馬萬計、舟數百艘を率ゐて、海を航して周に歸す。

【航船】こう(かう)せん 客や物を輸送する船。〔唐国史補、下〕大歴貞元の閒、兪大娘の航船、最も大なる有り。～操駕の工數百、南は江西に至り、北は淮南に至る。歲に一往來す。其の利甚だ溥し。

➡航運 舟運/航橋 舟と橋/航行 舟行/航人 舟人/航程 船の道のり/航天 人工衛星/航路 水路

⬇運航・曳航・往航・回航・帰航・寄航・休航・急航・欠航・舟航・周航・就航・出航・巡航・進航・潜航・溯航・直航・通航・渡航・独航・難航・密航・夜航・来航

【茭】 10 4440

コウ(カウ)
まぐさ まこも

篆文

形声 声符は交（交）。〔説文〕一下に「乾芻なり」、また「一に曰く、牛蘄艸なり」とあって、うまぜり。また菰の異称。

訓義 1まぐさ。2うまぜり。3まこも。4筊と通じ、さお。5交と通じ、交わる。

古訓 〔篇立〕茭 コモ・コモノコ

↑茭鶏 ごいさぎ／茭藁 まぐさ／茭芻 まぐさ／茭草 まこも／茭粽 ちまき／茭牧 牧草

↓葦茭・刈茭・取茭・芻茭・積茭・蓄茭・長茭・菱茭

【荇】10 4422 ［莕］11 4460

コウ（カウ） キョウ（キャウ） あさざ

篆文

形声 声符は行。字はまた莕に作り、杏声。〔説文〕一下に「莕は萎餘なり」とあり、あさざ、はなじゅんさいをいう。〔詩、周南、関雎〕に「荇菜」というものである。

訓義 1あさざ、はなじゅんさい。

古訓 〔篇立〕荇 アサヽ・アサツキ・セリ 〔字鏡集〕荇 セリ・アサヽ・ニガナ

【荇菜】 あさざ。〔詩、周南、関雎〕参差たる荇菜は 左右に之れを流る

【虓】10 4101

コウ（カウ） キョウ（ケウ） うそぶく いかる

篆文

形声 声符は九。〔説文〕五上に「虎鳴くなり」とし、また「一に曰く、師子なり」という。〔詩、大雅、常武〕に「闞として虓虎の如し」とあって、九はその擬声語であるらしい。

訓義 1虎がほえ、うそぶく。2いかる、虎がいかる。3獅子。

古訓 〔字鏡集〕虓 トラノコヱ・シバラク・イカル

語系 虓 xeu、叫（呌）kyu は声義近く、いずれも擬声語である。呴・吼 xo もその系統の語とみてよい。

【虓闞】 怒り叫ぶ。漢・班固〔賓の戯れしに答ふ〕曩者王塗蕪穢となり、周其の馭を失ふ。侯伯軌を方べ、戦國横に騖す。是に於て七雄虓闞し、諸夏を分裂し、龍のごとく戦ひ、虎のごとく争ひ、游説の徒～並び起る。

【虓虎】 怒りたける虎。〔詩、大雅、常武〕厥の虎臣を進む 闞として虓虎の如し

↑虓豁 勇猛／虓険 険悪／虓呼 たけり叫ぶ／虓吼 虓呼／虓士 武夫／虓将 猛将／虓然 勇猛／虓怒 たけり怒る／虓武 たける／虓暴 強暴／虓勇 勇猛／虓雄 勇猛

↓闞虓・呼虓・虎虓・怒虓・雄虓

【訌】10 0161

コウ あらそう せめる

篆文

形声 声符は工。〔説文〕三上に「讃えるなり」とあり、内部より崩壊することをいう。〔詩、大雅、召旻〕「蟊賊（悪人たち）内に訌む」の〔鄭箋〕に「争訟して相ひ陥入するの言なり」とみえる。工に攻の意を含むのであろう。

訓義 1あらそう、せめる。2ついえる、みだれる、もめる。

古訓 〔字鏡集〕訌 ミダル・ヤブル・カコト・アラソフ

【訌阻】 不服としてさわぐ。宋・李劉〔聶官教（子述）を賀する啓〕方に楮幣（紙幣）新舊の交承に當り、頗る中外人情の訌阻するを覺ゆ。

↓実訌・戢訌・内訌・兵訌

常【貢】10 1080

コウ みつぐ みつぎもの

篆文

形声 声符は工。〔説文〕六下に「功を獻ずるなり」とあって、功すなわち生産品を献ずることをいう。金文の〔兮甲盤〕に「淮夷は舊我が貟畮の人なり」とあり、淮夷はその布帛や農産物を貢納する義務を負っていたのであろう。百工はもと神殿経済に奉仕するものであった。〔周礼、天官、大宰〕に祀・嬪・器・幣などの九貢を規定するが、それらは本来はみな貢物であった。

訓義 1みつぐ、みつぎもの、ささげる、たてまつる。2上に通ずる、すすめる。3贛と通じ、たまう、たまもの。4訌と通じ、ついえる、やぶれる、まどう。

古訓 〔名義抄〕貢 タテマツル・ツグ・ミツギモノ 〔字鏡集〕貢 アク（タ）フ・タマフ・ツクル・オコル・アグ・トホル・タテマツル・マウス・ミツギモノ・ス・ム

語系 貢・贛 kong は同声。贛は賜与。孔門の端木賜、字は子貢。貢の本字は贛に作るべく、その名字は対待の語である。

【貢献】 貢約する。〔国語、呉語〕呉王親ら之れに對へて曰く、天子命有り。周室卑約にして、貢獻入ること莫し。上帝鬼神、以て告ぐるべからず。姬姓の振ふ無しと。徒（歩）遽（車）來りて孤に告ぐること、日夜相ひ繼ぐ。

【貢職】 みつぎ。〔礼記、月令〕（季秋の月）諸侯を合し、百縣に制し、來歳の爲に、朔日と、諸侯の民に税する所の輕重の法、貢職の數とを受く。

【貢賦】 みつぎものと賦税。〔国語、魯語下〕季武子、三軍を作らんとす。叔孫穆子曰く、不可なり。～今我は小侯なり。大國の閒に處り、貢賦を繕めて以て從者に共（供）するも、猶ほ討たるる有らんことを懼る。～以て大國を怒らしめば、乃ち不可なるを無からんかと。

【貢奉】 奉献。〔後漢書、班超伝〕今西域の諸國、日の入る所より、向化せざる莫く、大小欣欣として、貢奉すること絶えず。

↑貢闈 貢院／貢院 貢士の試験所／貢煙 良墨／貢款 貢誠／貢挙 貢士／貢御 御用品奉納／貢金 貢税／貢計 献上簿／貢元 貢士／貢士 地方から薦挙を受けた人、会試の及第者／貢賜 貢物／貢主 試験官／貢上 献上／貢新 新米の貢納／貢生 貢士／貢税 貢賦／貢籍 貢士の名簿／貢選 貢士／貢茶 貢上の茶／貢酎 祭祀料／貢道 進貢物の輸送路／貢納 進貢／貢馬 献上の馬／貢篚 幣帛の貢／貢媚 媚びる／貢物 貢献の物／貢法 田税／貢墨 良墨／貢諛 へつらう／貢禄 貢賦と禄

↓海貢・外貢・供貢・郷貢・歳貢・職貢・進貢・租貢・草貢・朝貢・徴貢・調貢・土貢・入貢・年貢・納貢・篚貢・賓貢・賦貢・聘貢・方貢・包貢・邦貢・奉貢・輸貢

【郟】10 4702

コウ（カフ） キョウ（ケフ）

篆文

形声 声符は夾。〔説文〕六下に「潁川縣なり」とあり、河南汝州の郟県、また郟鄏の郟は、河南洛陽の西。

訓義 1地名。

【郟鄏】きょう（けふ）じょく こう（かふ）じょく 地名。洛陽の西。〔左伝、宣三年〕成王、鼎を郟鄏に定め、世を卜するに三十、年を卜すること七百、天の命ずる所なり。今、周徳衰ふと雖も、天命未だ改まらず。鼎の輕重、未だ問ふべからざるなり。

常【降】10 ［降］9 7725

コウ（カウ） くだる ふる

篆文

甲骨文

金文

会意 自＋夅。自は神の陟降する神梯の象。〔説文〕十四下に「下るなり」とするが、神の降下することをいう。〔書、多士〕「惟れ帝、降格す」とみえる。卜辞に「帝は田を降さざるか」「帝は大莫(暵)を降さざるか」「疾を降すこと勿きか」のように、これらはすべて上帝の意思によって下民に降されるものとされた。降雨も同じ。また「祖丁を降さんか」のように、祖霊の降下することを卜する例がある。神聖の命を以て与えられるものをすべて降といい、降命という。春秋期以後、降服の意にも用いる。

訓義 ①くだる、天よりくだる、上よりくだる、くだす、神意によってくだる。②おちる、ふる、たれる。③しりぞける、ひきさげる、へりくだる、地位をさげる。④洚と通じ、大水、洪水。

古訓 〔新撰字鏡〕降 志奈々尓(しなしなに) 〔名義抄〕降 クダス・クダル・オル・シリゾク・シタガフ・コノカタ・タスク・オク・フル・フス・タガフ・ノゾク・オトス／以降 コノカタ

語系 降・洚hoamは同声。上帝の意によって、天譴として下される大水を洚水という。洪hongと声が近い。

【降意】 心を傾ける。〔後漢書、賈逵伝〕粛宗立ち、意を儒術に降し、特に古文尚書・左氏傳を好む。建初元年、逵に詔し、入りて北宮の白虎観・南宮の雲臺に講ぜしむ。

【降格】 天より降臨する。〔書、呂刑〕皇帝、庶戮の不辜なるを哀矜し～乃ち重黎に命じて、地天の通を絶ち、降格すること有る罔からしむ。

【降監】 天より監る。〔書、微子〕今殷民、乃ち神祇の犧牷牲用を攘竊す。～降りて殷民を監るに、～敵讎を斂召して怠まず。

【降志】 心を抑える。〔論語、微子〕其の志を降さず、其の身を辱めざるは、伯夷・叔齊なるか。

【降辱】 心を降し辱める。〔論語、微子〕柳下恵・少連を謂ふ、志を降し身を辱めたり～と。

【降神】 神をよび下ろす。〔漢書、礼楽志〕叔孫通、秦の樂人に因りて宗廟の樂を制す。大祝、神を廟門に迎へ、嘉至を奏す。猶ほ古の降神の樂のごとし。

【降誕】 貴子が生まれる。唐・王建〔宮詞、一百首、七十一〕詩 日高くして殿裏に香煙有り 萬歳の聲は長く九天を動かす 妃子院中、初めて降誕す 内人、爭うて乞ふ、洗兒錢

【降黜】 滅ぼししりぞける。〔書、泰誓中〕天乃ち成湯に佑命し、夏の命を降黜せしむ。

【降典】 典礼を降し教える。〔書、呂刑〕乃ち三后に命じ、功を民に恤ましむ。伯夷に典を降し、民を折むるに刑を惟ひしむ。

【降虜】 降服した敵。〔漢書、公孫弘卜式兒寛伝賛〕衛青は奴僕より奮ひ、(金)日磾は降虜より出でたり。斯れ亦た曩時(昔)の版築(傅説)飯牛(甯戚)の朋のみ。漢の人を得たる、茲に於て盛んなりと爲す。

↑降雨 雨降り／降下 下る／降禍 禍をくだす／降暇 降福／降階 降級／降革 降免／降鑒 降監／降旗 白旗／降咎 降禍／降饗 臨饗／降形 遺体／降眷 恵む／降婚 降嫁／降災 降禍／降散 降服し散亡する／降首 降服／降授 授ける／降集 ふり集まる／降聚 降集／降従 服従する／降書 降服文書／降恕 心を柔らげてゆるす／降昇 上下／降将 降服の将／降祥 降福／降情 虚心／降心 抑制する／降人 降服者／降綏 安心／降瑞 降祥／降生 権現／降聖 聖王降誕／降雪 雪ふる／降仙 仙人が下降する／降祚 福をくだす／降損 省く／降奪 降位奪職／降著 降参／降衷 善をくだす／降調 左遷／降陟 升降／降投 投降する／降登 升降／降等 降段／降搨 下搨／降遁 降散する／降年 享年／降拝 下拝する／降旛 降旗／降筆 招神の文／降表 降服の書／降附 降服する／降符 降瑞／降伏 降参／降服 降伏する／降福 福をくだす／降物 素服／降兵 降卒／降俸 減俸／降北 降服敗北／降麻 将相の任免書／降民 降服の民／降免 罪を減免する／降踊 喪礼の際の哭踊／降竜 下り竜／降臨 降格／降礼 省礼／降霊 降神

↓以降・下降・滑降・勧降・帰降・乞降・屈降・減降・獄降・左降・詐降・自降・出降・升降・招降・昇降・乗降・心降・神降・親降・瑞降・崇降・霜降・謫降・誕降・陟降・沈降・帝降・逓降・天降・投降・登降・等降・騰降・篤降・巫降・伏降・服降・貶降・揖降・来降・霊降

常 【高】 10 0022

コウ(カウ) たかい すぐれる

篆文 甲骨文 金文

会意 京の省文＋口。京は戦場の遺棄屍体を塗りこんで作った凱旋門。そこで呪祝が行われた。口は𠙵、そのような祝詞を収める器の形。〔説文〕五下に「崇きなり」と訓し、崇大・崇高の意とするが、本来は名詞で台観の象。高明の神を招くところである。卜文の図象に、高の上に呪飾の標木をそえた形のものが多く、それは神の憑依するところとされた。それで高は神明のことに関して用いるのが原義であった。金文の〔秦公𣪘〕に「高弘にして慶又り」とは祖徳をほめる語である。高祖・高祖妣などもその意。のち高大・高貴・高雅の意に用いる。

訓義 ①たかい、大きい、立派。②地位が高い、とうとい。③うやまう、たっとぶ。④すぐれる、高雅。⑤上になる、年たける、声調が上がる、値が高い。

古訓 〔名義抄〕高 タカシ・タカサ・カミ・カミフト・タカブ・タケタリ・タケヌ・メヅラシ・オゴソカニ 〔字鏡集〕高 フト・トホシ・アガム・タツトシ・カミ・ムカフ・タケヌ・メヅラシ・ムネ・ナガシ・タカシ・タケタリ・タガフ・ウヤマフ・タフトシ・オゴソカニ

部首 〔説文〕に高・𩫖(廎)・亭・亳の三字、〔玉篇〕には他に五字を加える。高は小堂、多く斎号などに用いる。

声系 〔説文〕に高声として蒿・敲・毃・膏・塙・翯など十六字を収める。高形のものに京・郭など建物の系統に属するものと、蒿・毃・敲・膏など屍骨の形象に属するものと二系があり、屍骨の系統に属するものは胸骨より上の骨の形である。ゆえに薨(墓地)はその形に従う。塙は堅確の意で高を築作する意であろうが、翯に白の意があるのは、皜と同じくなお屍骨の白の意を存するものであろう。

語系 高kôは驕・嶠kiô、喬giôと声義近く高の声義を承ける。喬は高の上に呪飾を樹てて、神明の降臨を求める意。みだりに神明にこと寄せるのは、驕慢の行為とされたのであろう。

【高逸】 気象が高くすぐれる。〔宣和画譜、人物一、人物叙論〕夫の殷仲堪の眸子、裴楷の頰毛の若きは、精神、阿堵(その)中に取る有り。高逸、之れを丘壑の間に置くべき者にして、又議論の能く及ぶ所に非ず。

【高雲】 高い雲。魏・応璩〔徒弟君苗君冑に与ふる書〕弋(いぐるみ)して高雲の鳥を下し、餌して深淵の魚を出だす。～何ぞ其れ樂しきや。

【高遠】 高尚で遠大。〔晋書、隠逸、索襲伝〕宅は畝に彌らざるも、志、九州を忽にし、形は塵俗に居るも、心を天外に棲ましむ。黔婁の高遠、荘生の不願と雖も、以て過ぐる蔑きなり。

【高華】 すぐれて立派。地位・家柄についていう。〔晋書、王恭伝〕少くして美譽有り。～自ら才地の高華なるを負み、恒に宰輔の望有り。

【高歌】こう(かう)か　高らかに歌う。唐・杜甫〔短歌行、王郎司直に贈る〕詩　仲宣樓頭、春色深し　青眼高歌して吾子を望む　眼中の人、吾れ老いたり

【高牙】こう(かう)が　高く掲げた将軍旗。宋・欧陽脩〔相州昼錦堂記〕然らば則ち高牙大纛（将軍旗）も、公の榮と爲すに足らず、桓圭袞冕（高官の礼装）も、公の貴と爲すに足らず。

【高臥】こうが(かうぐわ)　志を高尚にし、世を避けてくらす。〔晋書、隠逸、陶潜伝〕嘗て言ふ。夏月虛閑なり。北窗の下に高臥し、清風颯として至る。自ら謂へらく、羲皇（太古の王）上の人なりと。

【高雅】こう(かう)が　高尚で都雅。〔後漢書、劉愷伝〕愷、性篤古、處士を貴び、徵擧有る毎に、必ず巖穴（の士）を先にす。論議引正、辭氣高雅なり。

【高会】こうかい(かうくわい)　盛宴を張る。〔史記、項羽紀〕漢王～東して楚を伐つ。～漢、皆已に彭城に入る。其の貨寶美人を收め、日に置酒高會す。

【高閣】こう(かう)かく　高殿。また、高い棚。〔晋書、庾翼伝〕杜乂・殷浩、並びに才名世に冠たり。而れども翼、之れを重んぜず。毎に人に語りて曰く、此の輩宜しく之れを高閣に束ぬべし。天下太平なるを俟ちて、然る後其の任を議せんのみと。

【高冠】こうかん(かうくわん)　高く立派な冠。〔後漢書、宦者伝序〕夫の高冠長劍、朱を紆らし金を懷く者の若き、宮闈に布滿す。～皆萌黎（人民）を剝割し、競ひて奢欲を恣にし、明賢を搆害し、專ら黨類を樹つ。

【高簡】こう(かう)かん　高尚で大どか。〔晋書、郭奕伝〕郭奕～少くして重名有り。山濤、其の高簡にして雅量有るを稱す。

【高奇】こう(かう)き　高尚で特異。〔宋史、王安石伝〕安石議論高奇、能く辨博を以て其の說を濟す。

【高軌】こう(かう)き　立派な道。先蹤。晋・孫綽〔喩道論〕是に於て後進篤志の士、弘訓を被服し、高軌を齊しくせんことを思ふ。

【高義】こう(かう)ぎ　徳行。〔戦国策、斉二〕夫れ趙を救ふは高義なり。秦兵を却くるは顯名なり。～此れを爲すを務めずして、～國の計を爲す者は過てり。

【高誼】こう(かう)ぎ　徳行。高義。〔漢書、董仲舒伝〕子大夫、先聖の業を明らかにし、俗化の變、終始の序を習ひ、高誼を講聞すること日久し。

【高挙】こう(かう)きょ　高く飛ぶ。俗外にのがれる。また、出世する。〔文選、古詩十九首、七〕昔、我が同門の友　高擧して六翮を振ふ　攜手の好を念はず　我を棄つること遺跡の如し

【高吟】こう(かう)ぎん　声高く吟ずる。〔古楽府、傷歌行〕物に感じて所思を懷ふ　泣涕忽ち裳を霑す　佇立して高吟を吐く　憤を舒べて穹蒼に訴へん

【高勁】こう(かう)けい　高く力強い。〔宣和画譜、墨竹、劉夢松〕蓋し竹は本と直を以て上と爲す。脩篁（長い竹）高勁、架雪凌霜、始めて取る有り。

【高潔】こう(かう)けつ　気高く清らか。人にも風景にもいう。宋・欧陽脩〔酔翁亭記〕風霜高潔、水落ちて石出づる者は、山閒の四時なり。

【高顴】こう(かう)けん　頬骨が高い。〔北斉書、神武紀上〕深沈にして大度有り。～目に精光有り。長頭高顴、齒白きこと玉の如し。少くして人傑の表有り。

【高言】こう(かう)げん　大言壮語。また、立派な言。〔荘子、天地〕高言は衆人の心に止まらず、至言の出でざるは、俗言勝りたればなり。

【高古】こう(かう)こ　高尚で古雅。〔捫蝨新話、下三〕歐陽公の詩、猶ほ國初唐人の風氣有り。公能く國朝の文格を變ずるも、詩格を變ずること能はず。荊公（王安石）・蘇（軾）・黃（魯直）の輩出でて、然る後に詩格遂に高古を極めたり。

【高行】こうこう(かうかう)　立派な行い。〔三国志、魏、荀彧伝注に引く張璠の漢紀〕（祖父、荀）淑博學にして高行有り。李固・李膺と志を同じうし、友とし善し。

【高岡】こうこう(かうかう)　高い岡。〔詩、周南、巻耳〕彼の高岡に陟れば　我が馬玄黃（疲れて毛色衰える）

【高高】こうこう(かうかう)　高々と。魏・曹植〔雑詩、六首、二〕高高として、上極まり無し　天路安んぞ窮むべけん　此の遊客の子　軀を捐てて遠く戎に從ふに類たり

【高座】こう(かう)ざ　高い坐具。牀・倚子の類。唐・李白〔峨眉山月歌、蜀の僧晏の中京に入るを送る〕詩　黃金の師子（獅子座）、高座に乘じ　白玉の麈尾、重玄を談ず

【高才】こう(かう)さい　俊才。〔後漢書、章帝紀〕五經剖判し、聖を去ること彌〻遠し。～其れ群儒をして高才生を選ばしめ、左氏・穀梁春秋・古文尚書・毛詩を受け學び、以て微學を扶け異義を廣めよ。

【高斎】こう(かう)さい　立派な書斎。また、郡の官邸。唐・韋応物〔雁を聞く〕詩　淮南、秋雨の夜　高齋に雁の來るを聞く

【高士】こう(かう)し　高尚な人。民間の君子。〔後漢書、徐穉伝〕（郭）林宗に母の憂（死）有るに及び、穉、往きて之れを弔ひ、生芻一束を廬前に置きて去る。衆怪しみ、其の故を知らず。林宗曰く、此れ必ず南州の高士徐孺子ならん～と。

【高視】こう(かう)し　高所を見る。見識を高くする。〔隋書、盧思道伝〕梁冀、誅に就き、五侯の貴將に起らんとす。向きの求官買職、晚謁晨趨のもの、～俄かにして掌を抵ち眉を揚げ、高視闊步す。

【高手】こう(かう)しゅ　名手。上手。〔詩品、上、晋の黄門郎張協〕文體華淨にして病累少なし。～風流調達にして、實に曠代の高手なり。

【高趣】こう(かう)しゅ　高尚なようす。〔南史、隠逸上、陶潜伝〕陶潛～少くして高趣有り。宅邊に五柳樹有り。故に嘗て五柳先生傳を著はす。～蓋し以て自ら況ふ。時人之れを實錄と謂ふ。

【高寿】こう(かう)じゅ　高齢。〔宋史、富弼文彦博伝論〕公忠直亮、事に臨みて果斷なるに至りては、皆大臣の風有り。又皆高壽を承平の秋に享けたり。

【高秋】こうしゅう(かうしう)　晴れわたる秋。唐・杜審言〔康五庭芝の月を望みて懷ふ有りに和す〕詩　明月、高秋迥かなり　愁人、獨り夜看る

【高尚】こうしょう(かうしやう)　高潔な志をもつ。〔易、蠱、上九〕王侯に事へず、其の事を高尚にす。

【高敞】こうしょう(かうしやう)　高くみはらしがよい。〔後漢書、馮衍伝下〕新豐の東、鴻門の上～地勢高敞、四通廣大なるを以て、～遂に塋（墓所）を定む。

【高蹤】こう(かう)しょう　立派な行い。その行迹。〔宋書、謝霊運伝論〕夫の平子（張衡）の艷發の若き、文、情を以て變ず。絕唱高蹤、久しく嗣響無し。

【高人】こう(かう)じん　高士。唐・杜甫〔解悶、十二首、八〕詩　高人王右丞（維）を見ず　藍田の邱壑、漫りに寒藤　最も傳ふ、秀句、寰區に滿つるを　未だ絕たず、風流、相國（弟、縉）の能くするを

【高世】こう(かう)せい　名声。超俗の名。〔論衡、別通〕賢聖と業を通ぜずして、高世の名有らんことを望むも、難い哉。

【高節】こう(かう)せつ　高い節操。〔史記、田儋伝論賛〕田横の高節なる、賓客義を慕ひて横に從つて死す。豈に至賢に非ずや。余、因りて焉に列す。

【高爽】こうそう(かうさう)　高潔でさわやか。〔晋書、張華伝〕初め陸機兄弟、志氣高爽なり。自ら吳の名家なるを以てして、初めて洛に入る。～華を見て、一面して舊の如し。

【高燥】こうそう(かうさう)　土地が高くかわく。〔南史、夷貊下、高昌国伝〕其の地高燥、土を築きて城と爲し、木を架して屋と爲し、

士もて其の上を覆ふ。

【高足】こう(かう)そく　駿馬。また、高弟。〔世説新語、文学〕鄭玄、馬融の門下に在りて三年、相ひ見ゆることを得ず。高足の弟子、傳授するのみ。

【高大】こう(かう)だい　高く大きい。立派。〔易、升、象伝〕君子以て徳に順ひ、小を積みて以て高大なり。

【高台】こう(かう)だい　高いうてな。魏・曹植〔雑詩、六首、一〕高臺、悲風多し　朝日、北林を照らす　之の子萬里に在り　江湖迥かにして且つ深し

【高第】こう(かう)だい　優等の合格者。〔漢書、鼂錯伝〕對策する者百餘人、唯だ錯のみを高第と爲す。

【高達】こう(かう)たつ　志を高尚にし、事理に達する。〔魏書、高允伝〕往者、士多く度を失す。散誕を肆にして、以て不羈と爲し、長酣(深酒)を縱にして、以て高達と爲し、調酒の頌、以て相ひ眩曜す。

【高談】こう(かう)だん　高尚な話。唐・李白〔春夜、桃李園に宴するの序〕幽賞未だ已まず、高談轉た淸し。瓊筵を開いて以て花に坐し、羽觴(盃)を飛ばして月に醉ふ。

【高致】こう(かう)ち　高人の趣。〔晋書、嵇康伝〕東平の呂安、康の高致に服し、一たび相ひ思ふ毎に輒ち千里駕を命ず。康、友として之れを善くす。

【高鳥】こうちょう(かうてう)　空高く飛ぶ鳥。〔史記、淮陰侯伝〕(韓)信を縛し、後車に載せしむ。信曰く、果して人の言の若し。狡兔死して良狗亨られ、高鳥盡きて良弓藏せられ、敵國破れて謀臣亡ぶと。天下已に定まる。我固より當に亨らるべしと。

【高枕】こう(かう)ちん　安んじて眠る。安心する。〔戦国策、斉四〕狡兔に三窟有り。僅かに其の死を免るるを得るのみ。今、君一窟有るも、未だ枕を高くして臥するを得ざるなり。

【高低】こう(かう)てい　高く低く。唐・杜牧〔宣州開元寺に寄題す〕詩　松寺曾て一鶴と同に棲む　夜深くして臺殿、月高低す

【高弟】こう(かう)てい　すぐれた弟子。〔史記、礼書〕子夏の、門人の高弟なるよりして、猶ほ出でては紛華の盛麗なるを見て說び、入りては夫子の道を聞きて樂しむと云ふ。

【高亭】こう(かう)てい　高いうてな。宋・李格非〔洛陽名園記の後に書す〕其の池塘竹樹は、兵車蹂踐して、廢して兵墟と爲り、高亭大榭は、煙火焚燎して、化して灰燼と爲る。

【高蹈】こうとう(かうたう)　俗外に高尚にくらす。また、一段と高める。唐・韓愈〔士を薦む〕詩　國朝、文章盛んなり　子昂(陳)始めて高蹈す

【高年】こう(かう)ねん　長寿。老人。〔漢書、武帝紀〕(建元元年四月詔)古の教へを立つるや、鄉里には齒(年齢)を以てし、朝廷には爵(位)を以てす。～然らば則ち鄉里に於ては耆艾(老人)を先にし、高年を奉ずるは、古の道なり。

【高禖】こう(かう)ばい　子求めの神。郊禖。〔礼記、月令〕(仲春の月)是の月や、玄鳥至る。至るの日、大牢を以て高禖を祠る。天子親ら往き、后妃、九嬪を帥ゐて御する。乃ち天子御する所(その子を孕む者)を禮し、帶びしむるに弓韣(弓袋)を以てし、授くるに弓矢を以てす。高禖の前に于てす。

【高邈】こう(かう)ばく　高く遠い。魏・曹植〔呉季重(質)に与ふる書〕天路高邈にして、良に久しく緣る無し。懷戀反側すること、如何せん、如何せん。

【高卑】こう(かう)ひ　高下。高低。〔礼記、月令〕(孟冬の月)是の月や、～喪紀を飭へ、衣裳を辨へ、棺槨の薄厚、塋(墓)丘壟の大小高卑・厚薄の度、貴賤の等級を審らかにす。

【高標】こうひょう(かうへう)　人品が高い。〔旧唐書、外戚、武攸緒伝〕聖曆中、官を棄てて嵩山に隱れ、琴書藥餌を以て務めと爲す。中宗位に卽き、～書を降して曰く、～王、高標峻尙、雅より孤貞を操る。～希はくは降志に從ひ、閶闔(宮中)に延貯せよ。

【高風】こう(かう)ふう　すぐれた風格。晉・夏侯湛〔東方朔画賛〕先生の縣邑を覩みて、先生の高風を想ふ。

【高文】こう(かう)ぶん　堂々としたすぐれた文。〔西京雑記、三〕揚子雲(雄)曰く、軍旅の際、戎馬の閒、飛書馳檄には枚皐を用ひん。廊廟の下、朝廷の中、高文典册には(司馬)相如を用ひん。

【高放】こうほう(かうはう)　志高く自在に生きる。〔唐書、隠逸、陸亀蒙伝〕龜蒙少くして高放、六經大義に通じ、尤も春秋に明らかなり。～論撰する所多し。

【高望】こうぼう(かうばう)　名望。〔北史、祖珽伝〕委任の重きこと、群臣比莫し。和士開の事を執りしより以來、政體隳壞す。珽、高望を推崇し、官人職に稱ひ、內外美を稱す。

【高邁】こう(かう)まい　高尚ですぐれる。〔晋書、王献之伝〕少くして盛名有り、高邁不羈なり。閑居すること終日なりと雖も、容止怠らず。

【高妙】こうみょう(かうめう)　高くすぐれる。魏・文帝〔典論、論文〕孔融は體氣高妙にして、人に過ぐる者有り。然れども論を持すること能はず。理、詞に勝たず。

【高明】こう(かう)めい　神の臨む場所。楼観。〔礼記、月令〕(仲夏の月)是の月や、火を南方に用ふること毋かれ。以て高明に居るべく、以て遠く眺望すべく、以て山陵に升るべく、以て臺榭に處るべし。

【高門】こう(かう)もん　高大な門。尊貴の家。〔史記、淳于髡伝〕淳于髡の如きより以下、皆命じて列大夫と曰ひ、爲に第を康莊の衢に開く。高門大屋、之れを尊寵す。

【高亮】こうりょう(かうりやう)　高くてまことがある。晉・羊祜〔開府を譲る表〕光祿大夫李喜、節を秉ること高亮、身を正して朝に在り。

【高朗】こうろう(かうらう)　高く明らか。〔詩、大雅、既酔〕昭明にして融たる有り　高朗にして終りを令くす

【高楼】こう(かう)ろう　たかどの。高閣。唐・杜甫〔楼に登る〕詩　花は高樓に近くして、客心を傷ましむ　萬方多難にして、此に登臨す

【高論】こう(かう)ろん　立派な論。〔史記、張釈之伝〕釋之既に朝し畢り、因りて前みて便宜の事を言ふ。文帝曰く、之れを卑くせよ。甚だしく高論すること毋かれ。今、施行すべからしめよと。

→高圧　抑圧する／高案　高い机／高位　高い位／高異　優異／高韻　高致／高詠　高吟／高円　大空／高衍　高敞／高宴　盛宴／高簷　高軒／高焰　高炎／高屋　高い家／高価　貴価／高河　銀河／高架　高い柵／高柯　高い枝／高科　高第／高廈　高い家／高駕　立派な車／高誨　高教／高懐　高尚な心／高崖　高い崖／高塏　高地／高概　特操／高蓋　大車／高格　高い人格／高岳　高山／高額　多額／高閑　清閑／高岸　高い岸／高眼　眼のある硯／高嵒　高岩／高巖　高い巖／高気　気高さ／高寄　高尚／高棊　碁の上手／高貴　貴顕／高麾　お招き／高徽　急調／高議　高論／高脚　長い足／高丘　高い丘／高穹　大空／高居　高い居所／高虚　名誉職／高拱　無為／高教　お教え／高興　興趣／高襟　高尚な心／高垠　最高頂／高矩　高軌／高訓　高教／高勲　大勲／高下　高低／高髻　高まげ／高芸　芸達者／高睨　高視／高屐　高下駄／高戟　長い鉾／高絜　高潔／高傑　人傑／高闕　高殿／高蹶　じだんだをふむ／高狷　狷介／高軒　大車／高褰　掲げる／高賢　高達／高顕　顕貴／高玄　奥深い／高原　高はら／高絃　よい楽器／高戸　富民／高庫　高倉／高悟　明悟／高梧　高い梧桐の木／高厚　立派／高絙　綱渡り／高構　高い作り／高谷　深谷／高坐　高座／高彩　立派な風采／高材　高才／高作　貴作／高策

良謀／高幘 高頭巾／高桟 高い桟／高算 高策／高山 高い山／高旨 立派な心／高志 大志／高枝 高い枝／高訾 多財／高貲 多財／高峙 高く峙つ／高跱 高峙／高識 高い見識／高車 大車／高奢 豪奢／高榭 高亭／高謝 脱俗／高爵 高い爵位／高樹 高木／高秀 高逸／高岫 山頂／高峻 高険／高処 高所／高升 進級／高松 喬松／高陞 進級／高舂 夕刻／高勝 勝れる／高竦 高峙／高照 高く照らす／高縦 自在／高嘯 高く嘯く／高聳 高竦／高燭 高灯／高岑 高峰／高深 高く深い／高紳 縉紳／高祲 邪気／高寝 祖廟／高邃 高く深い／高声 大声／高逝 俗世を去る／高棲 俗外／高製 貴作／高静 もの静か／高整 正しい／高準 高い鼻筋／高説 貴説／高絶 懸絶する／高仙 仙人／高遷 昇任／高選 抜擢される／高壮 壮盛／高層 高く重なる／高操 高節／高族 貴族／高率 洒脱／高懟 深く怨む／高沢 恩恵／高闥 高い門／高脱 脱俗／高譚 高談／高壇 祭壇／高地 高い地／高値 たかね／高秩 高禄／高中 上位合格／高著 めだつ／高超 超逸／高暢 のびやか／高漲 みなぎる／高調 高い調べ／高躅 高行／高底 纏足に用いる高底鞋／高徹 すっきり／高天 高空／高田 肥田／高殿 高どの／高斗 北斗／高徒 高足／高棟 高い棟／高等 上等／高塘 高い堤／高濤 高波／高騰 物価が騰貴する／高堂 お屋敷／高徳 高い徳／高任 高職／高能 高才／高波 大波／高抜 挺抜／高幡 高はた／高範 良規／高庇 恩恵／高批 ご高評／高扉 高窓／高痺 高卑／高碑 高い石碑／高蜚 高く飛ぶ／高美 立派／高鼻 隆準／高品 上等／高賓 貴賓／高旻 高空／高阜 高岡／高符 好運／高廡 高簷／高平 高く平らか／高陛 高い階／高篇 高作／高眄 高視／高歩 超俗／高謨 高猷／高抱 高懐／高朋 良友／高峰 高い山／高防 高い堤／高榜 高札／高謀 良謀／高木 高樹／高慢 自慢／高味 高趣／高密 奥密／高眠 高臥／高名 盛名／高莽 高茂／高腴 肥沃／高諭 高教／高游 逍遥する／高遊 高游／高猷 良謀／高墉 高い垣／高羅 鳥網／高瀬 たかせ／高覧 貴覧／高欄 勾欄／高利 高い利子／高陸 高岡／高梁 高倉／高壘 高い塁／高麗 高く美麗／高壟 高岡／たかきび／高陵 高丘／高林 高い林／高廩 高禄／高禄 厚禄／高話 高説

↓韻高・格高・岸高・希高・義高・窮高・居高・矜高・勲高・髻高・孤高・亢高・功高・座高・最高・至高・耆高・自高・辞高・秋高・升高・推高・崇高・嵇高・嵩高・声高・星高・清高・尊高・談高・致高・貞高・天高・登高・堂高・特高・能高・攀高・卑高・標高・品高・峰高・妙高・名高・門高・養高・隆高・凌高・禄高

【婞】 11 4444 コウ(カウ) ケイ もとる したしむ

篆文

形声 声符は幸。〔説文〕十二下に「很るなり」と訓し、〔楚辞、離騒〕「鯀(禹の父)婞直にして以て身を亡ぼす」の句を引く。悻も同義の字であるが、〔説文〕に収めていない。婞にまた嬖婞の意があり、あるいはその方が本義であろう。

訓義 ①もとる。②したしむ。

【婞直】 剛直で人の意にもとる。〔楚辞、離騒〕女嬃(女巫の師)の嬋媛なる 申申として其れ予れを詈る 曰く、鯀、婞直にして以て身を亡ぼし 終然として羽の野に夭しぬと

↑婞訐 剛愎／婞婞 怒るさま、悻悻／婞佷 もとる／婞亮 剛直

↓狠婞

【寇】 11 3021 ［寇］ 10 3021 コウ あだする かたき

篆文 金文 侯馬盟書

会意 完＋攴。完は廟中に人のある形。元は結髪している人。元服を冠という。冠は虜囚を廟に献じ、これに攴を加える形。〔説文〕三下に「暴なり」とあり、寇乱の意とするものであろうが、廟中で虜囚を敺ち、敵に呪祝を加える意の字であろう。春秋期に、楚では司寇を司敗といったが、敗は灋(法)の意で、寇にも法と同じく糾察の意があったようである。金文の〔曶鼎〕に農作物を「寇る」ことを訴える記述があり、そのような行為を寇という。外よりするものであるから外寇といい、外寇に対する呪祝を寇といった。字はまた俗に寇に作る。

訓義 ①あだ、あだする、かたき。②とる、かすめとる、そこなう。

古訓 〔名義抄〕寇 カタキ・アタ・ヌスビト・アラシ・エビス・カタキ 〔篇立〕寇 ムラヌスビト・アダ・ミダル・アタル・アタム・イクサ・オビヤカス

【寇害】 賊の害を被る。〔後漢書、質帝紀〕(本初元年)九江・廣陵の二郡、數寇害に離ふ。殘夷最も甚だし。生くる者は其の資業を失ひ、死する者は尸を原野に委つ。

【寇虐】 あだし損なう。〔晋書、景帝紀〕内に寇虐を摧き、外に姦宄を靜んず。日昃くるまで憂勤し、夙夜に劬勞す。德聲上下に光き、勳烈四方に施す。

【寇讐】 あだ。かたき。〔孟子、離婁下〕君の臣を視ること土芥の如くならば、則ち臣の君を視ること寇讐の如くならん。

【寇戎】 外敵からの攻擊。〔礼記、月令〕(仲春の月)仲春に秋令を行ふときは、則ち其の國大水あり、寒氣揔べて至り、寇戎來征す。

【寇鈔】 侵入して掠奪する。寇掠。〔後漢書、東夷、夫餘伝〕其の人、麤大彊勇なるも謹厚、寇鈔を爲さず。弓矢刀矛を以て兵と爲す。

【寇攘】 劫掠する。〔書、費誓〕敢て寇攘すること無かれ。垣牆を踰え、馬牛を竊み、臣妾を誘はば、汝則ち常刑有らん。

【寇窃】 あだし盗む。隋・牛弘〔上表して献書の路を開くことを請ふ〕永嘉の後、寇竊競ひ興り、～憲章禮樂、寂滅して聞ゆる無し。

【寇賊】 人民を劫掠する。〔書、舜典〕帝曰く、皐陶よ、蠻夷夏を猾し、寇賊姦宄あり。

【寇盗】 盗賊。〔左伝、襄三十一年〕敝邑(我が国)政刑の脩まらざるを以て、寇盜充斥す。～是を以て、～其の牆垣を厚うし、以て客使を憂ふる無からしむるに、今、吾子之れ(客館)を壞つ。

【寇兵】 寇賊と武器。秦・李斯〔上書して逐客を諫む〕今乃ち黔首(人民)を棄てて以て敵國に資し、賓客を卻けて以て諸侯を業けしむ。～此れ所謂寇に兵を藉し、盜に糧を齎す者なり。

【寇乱】 外寇と内乱。〔左伝、文七年〕兵、内に作るを亂と爲し、外に於てするを寇と爲す。

【寇掠】 侵入し、掠奪する。〔後漢書、馮緄伝〕武陵の蠻夷悉く反し、江陵の閒を寇掠す。荊州刺史劉度、南郡太守李肅、竝びに荊南に奔走し、皆沒す。是に於て～(緄に)之れを討たしむ。

↑寇姦 悪賊／寇患 外賊の害／寇逆 叛逆／寇仇

匪/寇劫 劫かす/寇昏 乱暴者/寇残 寇害/寇抄 残戦 賊と戦う/寇阻 侵入を阻む/寇敵 あだ/寇偸 寇掠する/寇擾 侵入しみだす/寇心 賊心/寇逆/寇剽 寇掠する/寇報 寇讐/寇暴 寇虐/寇盗/寇難 寇賊の難/寇入 進寇する/寇叛 寇没 攻陥/寇略 寇掠する/寇虜 寇をなす虜 あだ/寇讐 来襲の報/寇劇 大盗/寇孽

↓遠寇・外寇・扞寇・禦寇・凶寇・狂寇・彊寇・劾寇・劇寇・元寇・司寇・攘寇・侵寇・掃寇・大寇・致寇・懲寇・内寇・入寇・破寇・蛮寇・匪寇・避寇・伏寇・平寇・兵寇・辺寇・余寇・来寇・倭寇

【峭】 11 2472 コウ(カウ)

形声 声符は肴。河南より陝西に入る地にある山。函谷関と合わせて峭函といい、要害の地とされる。

訓義 ①山の名、峭山。②字はまた殽に作る。

【峭函】 峭山と函谷関。漢・張衡〔西京の賦〕左に峭函の重なれる險、桃林の塞有り。

常 【康】 11 0023 〔穅〕 16 2093 コウ(カウ) やすらか

篆文 甲骨文 金文

会意 庚+米。庚は午(杵)を両手でもつ形。康は脱穀精白の意で、穅・糠は康に従う。〔説文〕七上に「穅は穀の皮なり」とし、その条に重文として康を録し、「穅、或いは省して作る」(段注本)とするが、康によって穅・糠がえられるのである。金文に「康右(佑)」「康靜」などの語があり、また〔毛公鼎〕に「四國を康んじ能む」とあって、安康の意に用いる。金文に字をまた康に作り、もと廟中の儀礼を示すようである。廟中で行われる農耕儀礼によって、康佑がえられるとするのが、字の原義であろう。〔詩、唐風、蟋蟀〕に「已だ大いに康しむこと無かれ」とあって、康楽の意にも用いる。

訓義 ①やすらか、やすんずる、神に精米をささげ神意を安んずる意であろう。②やわらぐ、たのしむ、したしむ、ふける。③広と通じ、さかん、ひろい、大きい。④穅と通じ、もみがら、むなしい、みのりがない。⑤五達の道。

古訓 〔名義抄〕康 ヤスシ・ヤムス・コハシ・ヨシ・シヅカナリ・タフトブ・ムナシ・タノシビ・ミチ・タシナム

声系 〔説文〕に康を穅の省文とし、康など三字を康声の字とする。康は〔説文〕七下に「屋、康㝗たるなり」(段注本)、次条に「㝗は康㝗なり」とあり、康㝗とは空虚のさまをいう語のようである。康はおそらく金文の康と同字であろうが、それならば康の異文とみてよい。康㝗は畳韻の形況の語。声系よりいえば庚keang、康khangは声近く、ともに穀の精白に関する字である。また廣(広)kuangは声近く、通用することがある。

【康歌】 康哉の歌。太平を謳歌する歌。〔書、益稷〕皐陶~乃ち賡ぎて歌を載りて曰く、元首明らかなる哉 股肱良き哉 庶事康き哉と。

【康乂】 やすんじ治まる。〔書、康誥〕赤子を保んずるが若く、惟れ民は其れ康乂せん。

【康彊】 強健。〔書、洪範〕汝則ち從ひ、龜從ひ、筮從ひ、卿士從ひ、庶民從ふ。是れを之れ大同と謂ふ。身其れ康彊にして、子孫其れ吉に逢はん。

【康衢】 四通八達の大通り。〔爾雅、釈宮〕四達、之れを衢と謂ひ、五達、之れを康と謂ふ。

【康瓠】 瓦の破れ壺。粗悪な器。漢・賈誼〔屈原を弔ふ文〕吁嗟默默たり、生の故無きこと。周鼎を斡棄して、康瓠を寶とす。

【康娯】 あそび楽しむ。〔楚辞、離騒〕厥の美を保ちて以て驕傲し 日に康娯して以て淫遊す

【康済】 やすんじたすける。〔書、蔡仲之命〕乃の績を懋め、乃の四隣に睦み、以て王室を蕃り、以て兄弟を和し、小民を康濟せよ。

【康寧】 やすらか。〔書、多士〕我一人、德を奉ずること康寧ならざるに非ず。時れは惟れ天の命なり。違ふこと無かれ。

【康楽】 たのしみ遊ぶ。〔説苑、権謀〕中山の俗、晝を以て夜と爲し、夜を以て日に繼ぐ。~淫昏康樂し、歌謳好悲、其の主、惡むことを知らず。此れ亡國の風なり。~居ること二年、中山果して亡ぶ。

↑康逵 大道/康国 安国/康哉 康歌/康時 太平/康日 太平の日/康爵 大爵/康順 安順/康勝 健康/康盛 強壮/康靖 安寧/康荘 康衢/康泰 太平/康適 安適/康塗 大道/康年 豊年/康阜 安富/康復 健康恢復/康平 太平/康愈 平癒/康裕 健康

↓安康・悦康・艾康・凱康・歓康・吉康・恵康・健康・寿康・小康・靖康・太康・治康・寧康・富康・平康・民康・楽康

【悻】 11 9404 コウ(カウ) ケイ もとる

形声 声符は幸。悻悻は怒りのあらわれるさま。③字はまた婞に作り、悻に作る。

訓義 ①もとる。②いかる、うらむ。③字はまた婞に作り、㹀に作る。

古訓 〔字鏡集〕悻 ウラム

【悻悻】 うらみ怒るさま。〔孟子、公孫丑下〕其の君を諫めて受けられざれば、則ち怒り、悻悻然として其の面に見はる。

【悻直】 剛直。宋・蘇轍〔青詞、高安四首、二〕重ねて兄(蘇)軾の、平生悻直にして、仇怨前に滿つるを以て、海濱に流竄し、日に瘴癘を虞る。~相ひ望むこと萬里にして、患相ひ救はず。

↑悻切 剛直/悻動 怒り易い

【悾】 11 9301 コウ まこと

篆文

形声 声符は空(空)。〔論語、泰伯〕に「悾悾にして信ならざる」者を「狂にして直ならず、侗(おろか)にして愿(謹直)ならざる」者とあわせて、どうにも話にならぬ部類のものとしている。まことらしくみえて、実のない者の意である。

訓義 ①まこと。②つつしむ、つつましい。③心にみたぬさま。

古訓 〔字鏡集〕悾 マコト・シフ・ハツ・ツ、シム

【悾款】 まこと。〔晋書、傅咸伝〕意を得て言を忘る、言未だ盡し易からず。苟も明公、以て其の悾款を察する有らば、言豈に多に在らんや。

【悾悾】 愚直のさま。〔論語、泰伯〕狂にして直ならざる、侗(おろか)にして愿(謹直)ならざる、悾悾にして信ならざるは、吾れは之れを知らず。

↑悾惚 忙しくて心にみたぬさま

↓信悾

常 【控】 11 5301 〔控〕 11 5301 コウ ひく ひかえる

篆文

形声 声符は空(空)。〔説文〕十二上に「引くなり」とあり、弓を引くこと、また矢の落ちることをいう。馬を控く意にも用い、〔詩、鄘風、載馳〕「大邦に控げん」とは赴告する意であろう。〔荘子、外物〕「其の頤を控つ」とは、死者の口中の珠を盗むために、顎をうち外すその音をいう擬声語である。

訓義 ①ひく、弓をひく。②ひかえる、馬をひかえる。③おさえる、牽制する。④おもむく、赴き訴える、つげる。⑤うつ、うちたたく、その音。

古訓 〔字鏡集〕控 ヒロシ・モチヰル・ハナツ・フレハフ・オコル・

ヒラク・ノゴフ・ニギル・ヲツ・カタム・ヒク・ナクル・フル・ウツ・カラム

語系 控khongは扣・叩・敂khoと声近く、また攴khu、敲kheô、毃kheôkも同系の語であろう。みな、うつ意をもつ語である。

【控弦】 弓をひく。〔続資治通鑑、宋紀〕(孝宗、淳熙三年)初め湯彦邦(邦彦)敢て大言を爲す。～金に至る。金人拒みて納れず。既にして旬餘、乃ち命じて引見す。夾道皆控弦露刃の士なり。邦彦大いに怖れ、一詞を措く能はずして出づ。

【控制】 抑止する。宋・蘇洵〔衡論、上、重遠〕(河朔陝右)其の地、東南夷・氐・蠻を控制し、最も要害と爲す。土の產する所、又極めて富なり。

【控総】 紛繁多忙。倥傯。〔梁書、賀琛伝〕郡は州の控總に堪へず、縣は郡の裒削に堪へず。更相ひ呼擾して、其の政術を治むるを得る莫し。

【控扼】 抑制する。宋・司馬光〔張巡評〕攻城抜邑の衆き、斬首捕虜の多きは、功に非ざるなり。天下の咽喉を控扼し、天下の大半を蔽全し、其の國家をして、已に傾けるに定め、既に亡びたるに存せしむる、斯ち之れを功と謂ふべし。

↑控圧 抑える／控遏 控制する／控案 告訴／控引 引く／控鶴 乘鶴／控款 懇誠／控御 駕御する／控馭 駕御する／控禦 控御／控拳 拳でうつ／控告 上訴／控止 とめる／控持 控制する／控守 守る／控除 除く／控掣 控制する／控汐 引き汐／控摂 控制する／控訴 控告／控愬 訴える／控帯 帯のようにめぐらす／控揣 愛重する／控摶 惜しむ／控地 地にうつ／控馬 馭馬／控搏 抑えてうつ／控轡 控馭／控阨 控扼／控連 連絡する／控勒 控制する

↓帰控・牽控・弦控・困控・搏控

常【梗】 11/4194 〔梗〕 11/4194 コウ(カウ) やまにれ あらい

篆文 

形声 声符は更(更)。更に梗塞の意がある。〔説文〕六上に「山枌楡なり」とあり、山にれの意とする。棘のように刺のある木で、梗礙するところから名をえたものであろう。不揃いのままでその大体をはかることを梗概という。

訓義 ①やまにれ。②とげのある木、とげ。③かたい、つよい、あらい、たけだけしい。④ふさぐ、ふさがる。⑤でく、木偶、ものの柄。

古訓 〔名義抄〕梗 トヾマル・ムネ・ヤマシム／梗概 オホムネ 〔字鏡集〕梗 コハシ・クルシ・ヤマヒ・タケシ・ヤム・トヾム・トシ・ソル・カタシ

語系 梗・骾(鯁)・哽keangは同声。梗は刺のある木、鯁は魚骨の咽喉にさわるもの、哽はむせぶ。みな梗塞して障害をなすことをいい、一系の語。

【梗概】 あらまし。〔貞観政要、論礼楽〕雅樂の容は、止だ其の梗概を陳ぶることを得るのみ。若し委曲之れを寫さば、則ち其の狀識り易し。

【梗礙】 ふさぐ。とめる。〔宋書、沈慶之伝〕時に蠻寇大いに甚だしく、水陸梗礙す。世祖、大隄を停めて進むことを得ざらしむ。軍を分ち、慶之を遣はして掩討し、大いに之れを破る。

【梗塞】 ふさぐ。宋・葉適〔兵部尚書蔡公墓誌銘〕韓侂冑、死す。餘黨尚ほ正路を梗塞す。公一たび掃絶し、竄免尤も衆し。職に稱ふと號す。

↑梗咽 むせぶ／梗議 強硬意見／梗逆 ふさぐ／梗拒 拒絶する／梗寇 強寇／梗梗 正直／梗渋 梗塞する／梗絶 断絶する／梗阻 ふさぐ／梗奪 阻断する／梗直 剛直／梗命 抗命／梗壅 ふさぐ／梗亮 磊落

↓花梗・悍梗・桔梗・強梗・荒梗・剛梗・骨梗・招梗・生梗・土梗・桃梗・蕪梗・木梗

【淆】 11/3412 コウ(カウ) みだす にごる

形声 声符は肴。肴は骨と肉のまじわるもの。これをうち砕いて煮込んだものは殽で殽雑の意がある。ものを水に入れてかきまぜることを淆雑という。

訓義 ①みだす、みだれる。②にごる、にごす。

古訓 〔名義抄〕淆 ニゴリミズ・アハス・ニゴル

語系 爻・肴・殽・淆heôは同声。𡥈keô、教(教)keôkは声が近いが、その字は交木の象に従うもので、肴系統のものといくらか分別がある。

【淆雑】 入りまじる。〔三国志、呉、張温伝〕(曁)豔、性狷厲、好んで清議を爲す。時の郎署の混濁淆雑にして、多く其の人に非ざるを見、臧否(善悪)區別し、賢愚貫を異にせんと欲す。

【淆乱】 みだれる。〔法言、吾子〕萬物紛錯するときは、則ち諸れを天に懸け、衆言淆亂するときは、則ち諸れを聖に折む。

↑淆訛 乱れ誤る／淆混 にごる／淆溷 にごる／淆舛 まじる／淆蕩 動乱／淆紊 まじる／淆惑 惑う

↓混淆・溷淆・叢淆・紛淆

【皎】 11/2064 コウ(カウ) キョウ(ケウ) あきらか しろい

篆文 

形声 声符は交(交)。〔説文〕七下に「月の白きなり」という。〔詩、陳風、月出〕に「月出でて皎たり」とみえる。〔玉篇〕に「皎は亦た皦なり」とするが、皦は日光についていい、〔詩、王風、大車〕「皦日の如き有り」とは、誓約のときの常語である。皎はまた皓(皓)に作る。

訓義 ①あきらか、月の光。また日の光にもいう。②しろい、きよらか。③皦と通じ、色の抜けたような白さをいう。

古訓 〔名義抄〕皎 アキラカナリ・アキラケシ・ヒカリ・ツキノヒカリ・ヤハラグ・サヤカナリ・テル・キヨシ

語系 皎・皦kyôは畳韻。皓(皓)・皞hu、皜・顥hô、翯hôkなども声義近く、みな清白の意をもつ語。

【皎潔】 清らか。唐・顧況〔悲歌、六首、三〕詩 新たに繫ぐ青絲百尺の縄 心は君家轆轤の上に在り 我が心皎潔なるも、君知らず 轆轤一轉し、一たび惆悵す

【皎日】 かがやく日。晋・陸機〔日出東南隅行〕楽府 淑貌皎日に耀き 惠心清く且つ閑なり

【皎然】 明らかなさま。また色の白いさま。〔世説新語、容止〕何平叔(晏)姿儀美しく、面至りて白し。魏の明帝、其の粉を傅くるかを疑ふ。正夏の月、熱湯餅(餅)を與ふ。既に噉らひ大汗出づ。朱衣を以て自ら拭へるに、色轉た皎然たり。

↑皎皛 明らか／皎鏡 明鏡／皎月 明月／皎皎 潔白／皎察 明察／皎如 明らか／皎晶 明潔／皎爽 清爽／皎澄 清澈／皎澈 澄み透る／皎厲 清高

↓皛皎・月皎・珠皎・晶皎・精皎・素皎・霜皎・皤皎

人【皋】 11/2640 〔皐〕 10/2640 コウ(カウ) しろい さわ たかい ああ

篆文 

象形 皋を人名用漢字として用いるが、字形としては皐に作るのがよい。皐は風雨にさらされている獣屍の形。〔説文〕十下に「气、皐白なるものの進むなり」(段注本)とし、字を白と夲とに従う会意字とするが、白は頭部、下は肢体の形。〔詩、小雅、鶴鳴〕「鶴、九皐に鳴く」の〔毛伝〕に「澤なり」、また〔楚辞、離騒〕「余が馬を蘭皐に歩ます」の〔王逸注〕に「澤曲を皐と曰ふ」とみえる。〔説文〕のいう

「皋白の气」とは皋沢の気をいうのであろうが、字の正義でなく、皋白とは獣屍が暴露して白くさらされることをいう。また〔儀礼、士喪礼〕に、死後の復の儀礼をしるし、屋上に升って「皋、某復れ」と三たびよぶ礼をしるす。その叫ぶ声を示す擬声語である。臭字条十下に「大白澤なり。～古文以て澤の字と爲す」とするが、これもおそらく皋の異文で、獣屍の象。風雨にさらされた獣屍には白の意があり、霸（覇）の初文である䨣は、獣屍が雨風に暴露して、革が脱色したことを示す意の字である。

訓義 ①しろい、色が抜ける。②さわ、白光りするさわ、たちこめる。③水ぎわ、きし、水田。④高と通じ、たかい、すすむ。⑤ああ、擬声語で神霊などをよぶ声。号と通じ、よぶ。⑥皋月は五月。⑦咎と通じ、とがめ、つみ。

古訓 〔名義抄〕皋 サハ

声系 皋・臭kôは同声。皓（皓）・皞hu、皎・皦kyô、翯・鶴hôkはいずれも声義に通ずるところがあり、白くあざやかなものをいう。一系の語とみてよい。

【皋皋】頑固で生意気。〔詩、大雅、召旻〕皋皋訿訿（嬾惰）として 曾ち其の玷を知らず

【皋壤】川や沼地。〔荘子、知北遊〕山林や、皋壤や。我をして欣欣然として樂しましむるかな。樂しみ未だ畢らざるに、哀しみ又之れに繼ぐ。

【皋比】虎の皮。また、教師の席。教師をいう。〔六部成語訂正、吏部、皋比、注解〕皋比は虎皮なり。～古の人師、學を講ずるに皆虎皮を以て坐と爲す。會たま借りて以て學校學師の職を稱す。

【皋牢】とりこめる。籠絡する。漢・馬融〔広成頌〕阬澤に彌綸し、陵山を皋牢す。

↑皋禽 鶴／皋鼓 鼛鼓／皋湿 水沢／皋如 高いさま／皋叢 沼地／皋沢 沼地／皋皮 皋比／皋毘 皋比／皋圃 池沼園圃／皋揺 沢の神／皋蘭 沢の蘭／皋陸 沼と陸地／皋蘆 南蛮茶

↓寒皋・九皋・江皋・隰皋・神皋・沢皋・東皋・鳴皋・蘭皋

【盒】 11 8010 コウ（カフ） ゴウ（ガフ） さら はち

形声 声符は合。合はもと蓋物を意味した。その器を盒という。蓋につまみのあるものを盍という。盒と同声。

訓義 ①さら。②はち、ふたもの。③あう、すぼむ。

【盒子】菓子・果物を入れるはこ。明・沈周〔盒子会の辞〕（板橋雑記下、附録）南京の舊院に、色藝倶に優れたる者有り。或いは二十・三十姓、～上節毎に、春槃巧具、殽核を以て相ひ賽す。盒子會と名づく。凡そ奇品を得るを勝と爲す。

↑盒児 重箱／盒仗 わりご／盒銭 返しの心づけ／盒奩 菓子皿

【祫】 11 3826 コウ（カフ）

篆文

形声 声符は合。〔説文〕一上に「大いに先祖、親疏遠近を合祭するなり。示合に從ふ。周禮に曰く、三歳に一たび祫す」とあり、大祫をいう。

訓義 ①祖先を合わせ祭る。三年に一度行う大祭。②天子の行う大祭。

古訓 〔名義抄〕祫 マツル 〔字鏡〕祫 マツル・コキ

↑祫祭 合祀／祫祀 祫祭／祫禘 王者の行う大祭

【袷】 11 3826 コウ（カフ） あわせ

篆文

形声 声符は合。〔説文〕八上に「衣の褁無きものなり」とあり、いわゆる複衣。また、えりをいう。

訓義 ①あわせ。②えり、交領。③ぬいめ。④ひかえ、副。

古訓 〔名義抄〕袷 アハセノキヌ・アハセノハカマ 〔字鏡〕袷 アハセノハカマ・キヌノクビ・アハセノキヌ

↑袷衣 あわせ／袷褶 王の袍衣／袷輅 副車

↓新袷

【釦】 11 8610 コウ ぼたん

篆文

形声 声符は口。〔説文〕十四上に「金もて器口を飾る。金口に從ふ。口は亦声なり」（段注本）という。叩いて被らせるものであるから、叩の声義を取るものかもしれない。ボタンは古く衣紐といった。

訓義 ①金・銀などで器物の口縁などを飾る。また玉飾をもいう。②たたく、わめく、さわぐ。③ボタン。

古訓 〔名義抄〕釦 カネ・マガネ・カ丶フ・コガネ・ヌリ・ヤトフ 〔篇立〕釦 カラクチカネ・コガネヌリ・ヌリモノ・コガネノカザリ

【釦器】金・銀で口縁を飾った器具。〔後漢書、皇后上、和熹鄧皇后紀〕陵廟に供するに非ざるよりは、稻粱米、導擇することを得ず。朝夕一肉飯のみ。～其の蜀・漢の釦器、九帶の佩刀、竝びに復た調せず。

【釦砌】玉をちりばめた軒下の石畳。漢・班固〔西都の賦〕是に於て玄墀（黒漆などを塗りこんだ階下の庭）釦砌、玉階形庭あり。～珊瑚碧樹、阿を周りて生ず。

↑釦鈕 ボタン

↓諱釦・燭釦・紐釦

【釭】 11 8111 コウ（カウ） かりも あぶらざら

篆文

形声 声符は工。〔説文〕十四上に「車轂中の鐵なり」、〔釈名、釈車〕に「釭は空なり。其の中、空なるなり」とあり、磨滅を防ぐために車轂中に挿入する鉄、かりも。また灯の油皿をいう。

訓義 ①かりも。②あぶらざら、灯火。③横にわたす木、よこざん。④やじり。

古訓 〔新撰字鏡〕釭 毛地（もぢ） 〔名義抄〕釭 カモ・クルマノカ（リ）モ・マロフ・コブ・コガネヌリ・トモシビ

↓寒釭・虚釭・暁釭・金釭・銀釭・残釭・車釭・珠釭・夜釭・幽釭・蘭釭

常【黄】 11 4480 人【黃】 12 4480 コウ（クヮウ） オウ（ワウ） き

篆文 古文 甲骨文 金文 簡書 その他

象形 卜文の字形は火矢の形かと思われ、金文の字形は佩玉の形にみえる。いずれも黄の声義を含みうる字である。〔説文〕十三下に「地の色なり」とし、字は田と光とに從うもので、光の声をとるというが、卜文・金文の字形は光を含む形ではない。金文に長寿を「黄耇」といい、黄は黄髪の意。〔詩、周南、卷耳〕「我が馬玄黄たり」、また〔詩、小雅、何草不黄〕「何の草か黄ばまざる」「何の草か玄まざる」の玄黄は、ともに衰老の色である。黄を土色、中央の色とするのは五行説によるもので、その説の起こった斉の田斉（田・陳）氏の器に、黄帝を高祖とする文がある。

訓義 ①き、きいろ。②きばむ、色が衰える。③火のいろ、黄金、黄玉。④老人。また、幼児。⑤黄帝、中央。

古訓 〔名義抄〕黄木 キハダ／黄 キナリ・キバメリ・アメ・カイナ・アカザ・モミヅ・イリアヒ／黄連 カクマグサ 〔字鏡集〕黄 キ

ナリ・キバミス・カイナ

部首 〔説文〕にその部に黄色に関する五字を属し、〔玉篇〕には別に十五字を加えるが、ほとんど用例のない字である。

声系 〔説文〕に黄声として璜・黋・簧・横(橫)・廣(広)・礦など十字を収める。璜・横は横にわたる形のもの、廣はその建物、礦は銅鉄の樸石でその色、黋はおそらく角爵の色、簧は竹管を横にならべた形をとるものであろう。

語系 黄・璜huangは同声。また衡・珩・桁heang、横hoang、廣kuangも声義近く、みなその色、また横にわたる形のものをいう。

【黄埃】こう(くわう)あい 黄色の土ぼこり。唐・白居易〔長恨歌〕詩 黄埃散漫、風蕭索 雲棧縈紆して、劍閣に登る 峨嵋山下、人行少なり 旌旗光無く、日色薄し

【黄雲】こう(くわう)うん 塵を含んで黄色にみえる雲。唐・高適〔董大に別る、二首、一〕詩 十里の黄雲、白日曛くる 北風、雁を吹いて、雪紛紛たり

【黄鉞】こうえつ(くわうゑつ) 黄金の鉞。王の専征に用いる。〔書、牧誓〕王、朝に商の郊牧野に至り、乃ち誓ふ。王、左に黄鉞を杖つき、右に白旄(旄牛の尾を飾った旗)を秉り、以て麾きて曰く、逖かなり、西土の人よ。～予は其れ誓はんと。

【黄屋】こうおく(くわうをく) 黄繒の車蓋をつけた天子の車。〔史記、項羽紀〕是に於て漢王、夜女子を滎陽の東門に出だし、被甲二千人。楚の兵四面より之れを撃つ。紀信、黄屋車に乗り、左纛(旗)を傅けて曰く、～漢王降ると。楚の軍、皆萬歳と呼ぶ。

【黄冠】こうかん(くわうくわん) 草で作った冠。もと野人の用いるところ。のち道士も用いた。宋・蘇軾〔放鶴亭記〕鶴よ歸り來れ 東山の陰 其の下に人有り 黄冠草履 葛衣して琴を鼓す

【黄巻】こうかん(くわうくわん) 書物。蠹を防ぐため黄紙を用いた。〔世説新語、賞誉注に引く褚氏家伝〕(褚陶)弱(幼少)にして～清淡閑默、墳典を以て自ら娯しむ。親しむ所に語りて曰く、聖賢は備さに黄巻中に在り、此れを舍てて何をか求めんと。

【黄銀】こう(くわう)ぎん 黄色の銀。〔泊宅編、六〕唐の太宗、黄銀帯を以て房玄齢に賜ふ。時に杜如晦已に死す。又之れに賜はんと欲す。乃ち曰く、鬼神は黄銀を畏ると。易ふるに金帯を以てす。

【黄犬】こう(くわう)けん 黄色の毛の犬。〔史記、李斯伝〕斯～執へらる。顧みて其の中子に謂ひて曰く、吾、若と復た黄犬を牽いて、倶に上蔡の東門を出で、狡兎を逐はんと欲するも、豈に得べけんやと。

【黄耇】こうこう(くわう) 老人。〔儀礼、士冠礼〕三たび加へて曰く、～兄弟具に在り、以て厥の徳を成せ。黄耇なるまで無疆、天の慶を受けよと。

【黄鵠】こう(くわう)こく 黄色を帯びた白鳥。〔漢書、昭帝紀〕始元元年春二月、黄鵠、建章宮太液池中に下る。公卿、壽を上る。諸侯王・列侯・宗室に金錢を賜ふこと、各〻差有り。

【黄昏】こう(くわう)こん 夕ぐれ。宋・林逋〔山園小梅、二首、一〕詩 疏影横斜して、水清淺 暗香浮動して、月黄昏

【黄沙】こう(くわう)さ 黄色の沙。明・帰有光〔初めて白河を発す、二首、二〕詩 胡風地を刮りて、黄沙を起す 三月長安、花を見ず

【黄紙】こう(くわう)し 黄色い紙。詔書に用いる。唐・皎然〔従軍行、五首、五〕詩 黄紙、君王の詔 靑泥、校尉の書

【黄綬】こう(くわう)じゅ 黄色の印の紐。〔漢書、百官公卿表上〕吏の秩、～比すること六百石以上は皆銅印黒綬、～比すること二百石以上には皆銅印黄綬。

【黄裳】こうしょう(くわうしやう) 黄色の裳。〔詩、邶風、緑衣〕綠や衣や 綠衣黄裳 心の憂ふる 曷か維れ其れ亡まん

【黄鍾】こうしょう(くわうしよう)おう(わう)しょう 音律十二律の一、声調の大なるもの。〔周礼、春官、大司楽〕乃ち黄鍾を奏し、大呂を歌ひ、雲門を舞ひ、以て天神を祀る。

【黄塵】こうじん(くわうぢん) 黄色の土けむり、戦塵。また、世俗の紛乱のことをもいう。唐・衛万〔呉宮怨〕詩 句踐城中、舊春に非ず 姑蘇臺下、黄塵起る

【黄泉】こう(くわう)せん 地下の泉。また、冥土。〔文選、古詩十九首、十三〕下に陳死の人有り 杳杳として長暮(死後の世界)に即く 潜かに黄泉の下に寐ね 千載、永く寤めず

【黄土】こう(くわう)ど 黄色い土。〔太平御覧、七十八に引く(漢・応劭の)風俗通〕俗に説ふ、天地開闢し、未だ人民有らず。女媧、黄土を摶めて人を作る。劇務にして、力、供するに暇あらず。乃ち絙を泥中に引き、擧げて以て人と爲す。故に富貴なる者は黄土の人なり。貧賤凡庸なる者は絙の人なり。

【黄犢】こう(くわう)とく 黄色の小牛。唐・杜甫〔百憂集行〕詩 憶ふ年十五、心尚ほ孩なり 健なること黄犢の如く、走りて復た來る

【黄梅】こう(くわう)ばい 梅の実の熟する。また、そのころ。唐・徐夤〔岳州に端午の日、人～を送る〕詩 北風、雨を吹いて黄梅落ち 西日、湖を過ぎりて靑草深し

【黄白】こう(くわう)はく 金と銀。貨幣。〔史記、平準書論賛〕虞夏の幣、金を三品と爲す。或いは黄、或いは白、或いは赤。或いは錢、或いは布、或いは刀、或いは龜貝。秦に至るに及び、一國の幣を中ちて二等と爲す。

【黄髪】こう(くわう)はつ 老人。〔史記、秦紀〕繆公～殽中の尸を封じ、爲に喪を發し、之れを哭すること三日、～誓ひて曰く、嗟士卒、聽きて譁しくすること無かれ。余は誓ひて汝に告げん。古の人、黄髪の番番(皤皤)たるに謀る。則ち過つ所無し。

【黄落】こう(くわう)らく 黄ばみ落ちる。漢・武帝〔秋風の辞〕詩 秋風起って、白雲飛ぶ 草木黄ばみ落ちて、鴈南に歸る 蘭に秀でたる有り、菊に芳しき有り 佳人を懷うて、忘るる能はず

【黄老】こうろう(くわうらう) 黄帝と老子。〔史記、武帝紀〕上、儒術に鄕ひ、賢良を招く。～巡狩・封禪・改曆・服色の事を草せしめ、未だ就らず。會〻竇太后、黄老の言を治め、儒術を好まず。～諸〻の興爲する所の者、皆廢す。

➡黄案 尚書の文案／黄衣 臘祭の衣／黄闈 禁門／黄彝 酒器／黄暈 ひがさ／黄鴛 うぐいす／黄汙 濁り水／黄媼 老婆／黄鶯 うぐいす／黄鸎 うぐいす／黄花 菊／黄華 菊／黄牙 黄金／黄蓋 黄屋／黄閣 宰相の庁門／黄鶴 仙人が乗るという鶴／黄褐 黄褐色／黄甘 柑橘／黄柑 こうじ蜜柑／黄旗 王旗／黄麾 乗輿の飾り／黄菊 きぎく／黄橘 黄蜜柑／黄牛 あめ牛／黄壚 冥土／黄棘 いばら／黄極 黄道極／黄玉 黄の佩玉／黄巾 黄巾賊／黄金 金／黄狗 黄犬／黄鶏 かしわ／黄肩 弩／黄軒 黄帝軒轅氏／黄絹 黄色の絹／黄姑 牽牛星／黄口 雛／黄光 黄色の光／黄寇 黄巾の賊／黄砂 黄沙／黄冊 人口簿／黄参 人参／黄衫 だて男／黄耳 猟犬／黄漆 うるし／黄爵 黄雀／黄朱 黄味の朱／黄酒 糯粟酒／黄熟 よく熟する／黄潤 精布／黄黍 もちきび／黄松 赤松／黄腫 黄疸／黄蒸 麹の一種／黄心 木蘭／黄岑 土山／黄蕈 しめじ／黄瑞 瑞祥／黄枢 門下省／黄星 黄色の星の瑞祥／黄磧 沙漠／黄籍 戸籍／黄雪 黄色の雪／黄素 黄絹／黄鼠 てん／黄琮 黄の瑞玉／黄痩 やつれる／黄驄 薄赤毛／黄糯 もちあわ／黄大 蟹／黄濁 にごる／黄闥 宮門／黄丹 黄の丹薬／黄疸 おうだん／黄癉 黄疸／黄竹 黄色の竹／黄鳥 朝鮮うぐいす／黄貂 黄色のてん／黄腸 柏心

の槨／黄勅　詔書／黄庭　土地／黄泥　どろ／黄鉄　銅／黄奴　黄犬／黄唐　黄帝と尭／黄湯　黄酒／黄橙　黄の橙／黄頭　船頭／黄童　幼童／黄銅　真鍮／黄徳　土徳／黄嫩　新芽／黄寧　脾臓／黄熱　熱病／黄能　黄熊／黄農　黄帝神農氏／黄波　麦の穂／黄馬　栗毛の馬／黄醅　濁り酒／黄檗　きはだ／黄蘗　黄檗／黄胖　土偶／黄斑　虎／黄播　黄の旗／黄扉　宰相／黄眉　老人／黄蕪　霜枯れ／黄風　黄塵の風／黄吻　少年／黄米　餅米／黄封　官酒／黄鳳　鸞鳥／黄榜　勅文／黄麻　詔書／黄霧　黄色のきり／黄明　清明の翌日／黄面　老人／黄毛　虎／黄目　黄彝／黄門　宮門／黄冶　煉金／黄羊　野生の羊／黄葉　枯葉色／黄楊　つげ／黄羅　黄の薄絹／黄藍　べに花／黄鯉　黄色の鯉／黄鸝　黄鳥／黄流　酒／黄粱　黄粱米／黄緑　黄と緑／黄暦　こよみ／黄盧　地下／黄壚　地下／黄驢　黄色の驢／黄蠟　蜜蠟／黄籙　道家の書

↓鴉黄・萎黄・芸黄・炎黄・鉛黄・押黄・鴨黄・鵝黄・蟹黄・額黄・麹黄・牛黄・銀黄・曛黄・纁黄・玄黄・狐黄・五黄・昏黄・雌黄・朱黄・帖黄・乗黄・青黄・赤黄・浅黄・草黄・蒼黄・大黄・地黄・貼黄・馬黄・麦黄・麻黄・卵黄・流黄・硫黄・黧黄

【傚】 12 2824　コウ（カウ）　ならう

形声 声符は效（効）。效に放効（ならう）の意があり、〔玉篇〕に「學傚するなり」とみえる。學（学）も「ならう」「まねぶ」の意をもつ字である。傚は效の繁文とみてよい。

訓義 1ならう、まねぶ、まなぶ。2かたどる、おしえる。3効と声義同じ。

古訓 〔名義抄〕傚 ナラフ・マナブ

【傚象】ならう。〔書訣墨藪〕鍾繇、其の子に教へて曰く、書を學ぶには須らく意を精にすべし。吾れ學ぶこと三十年、坐しては則ち地に畫し、臥しては則ち被に畫し、萬類を見るよりは、皆之れに傚象す。乃ち妙に臻らんと。

【傚慕】まねする。唐・柳宗元〔種樹郭橐駝伝〕駝の種うる所の樹を視るに、或いは移徙するも活き、且つ碩茂蚤實にして、以て蕃らざること無し。他の植うる者窺伺傚慕すと雖も、能く如くもの莫きなり。

【傚法】手本とする。明・李東陽〔外姑宋夫人墓誌銘〕翁、義を重んじ博く愛し、人の孤を卹れみ、人の急を拯ふ。～里黨の諸子、皆傚法する所有り。

↑傚古　古にならう／傚倣　傚法／傚尤　不善にならう

↓慕傚・放傚・法傚・模傚

【喉】 常 12 6703　コウ　のど

篆文

形声 声符は侯。〔説文〕二上に「咽なり」とあり、咽喉とつづけて用いる。喉は、咽喉を用いるとき、そのゴクリとなるような声を写した擬声語であろう。「咽喉を扼す」とは、その最も切要なところを制することをいう。

訓義 1のど、のどもと。2要所。

古訓 〔名義抄〕喉 ノムト

【喉襟】要領。要所。〔考古編、詩論十三〕班固、齊・魯・韓三家を總べ、之れを折衷して曰く、申公の訓、燕・韓の傳、或いは春秋雜説に取る。咸く其の本義に非ずと。然らば則ち古序なる者は、其れ詩の喉襟なるか。

【喉舌】のどと、した。発令するもの。宰相。〔詩、大雅、烝民〕王、仲山甫に命ず　是の百辟に式らしめよ　戎の祖考を纘ぎ　王の躬を是れ保て　王命を出納し　王の喉舌となれ　政を外に賦せよ　四方爰に發かん

【喉吻】のどと口もと。唐・盧仝〔筆を走らせて孟諫議の新茶を寄せられしを謝す〕詩　一椀、喉吻潤ひ　兩椀、孤悶を破る　三椀、枯腸を捜るに　唯だ文字五千巻のみ有り　四椀、輕汗を發し～五椀、肌骨清し　六椀、仙靈に通ず　七椀は喫し得ざるなり

↑喉呃　のどもと、要所／喉咽　のど／喉炎　喉頭炎／喉音　口蓋の音／喉喙　口さき／喉衿　喉襟／喉結　のど仏／喉吭　のど／喉骨　のど骨／喉脣　喉舌／喉喘　あえぐ／喉囀　好歌／喉頭　咽頭／喉痹　喉頭炎／喉風　のどの病／喉閉　喉瘡／喉門　のんど／喉嚨　のどぶえ

↓咽喉・鶯喉・歌喉・乾喉・狂喉・嬌喉・衿喉・襟喉・空喉・結喉・香喉・酒喉・心喉・絶喉・穿喉・断喉・囀喉・奮喉・扼喉

【喤】 12 6601　コウ（クヮウ）　かまびすしい

篆文

形声 声符は皇。〔説文〕二上に「小兒の聲なり」とあり、うぶ声のような幼児の声をいう。〔詩、小雅、斯干〕は新室を祝う詩で、「乃ち男子を生む～其の泣くこと喤喤たり」とは、男の子の産声の擬声語である。古音は hoang-hoang である。

訓義 1うぶ声、幼児のなく声。2やかましい、かまびすしい、先払いの声。

古訓 〔字鏡集〕喤 ナク・ヤム・カム

【喤喤】うぶ声。幼児のなく声。やかましい。また、音がそろう。〔詩、周頌、執競〕鍾鼓喤喤たり　磬筦將將たり　福を降すこと穰穰たり

↑喤聒　やかましい／喤呷　大声

【堠】 12 4713　コウ　ものみ

形声 声符は侯。侯に候望の意がある。また里程を示す塚。韓愈の〔路傍堠〕の詩に「堆堆たり路傍の堠　一雙復た一隻」の句がある。

訓義 1ものみ。2一里塚。

【堠槐】土堠に加えて、槐樹を植える。〔北史、韋孝寬伝〕路側に一里ごとに一土堠を置く。雨を經て頽毀す。～孝寬の（雍）州に臨みしより、乃ち部内に勒し、當堠の處に槐樹を樹ゑて之れに代らしむ。～行旅、又庇蔭することを得。

↑堠煙　烽火／堠火　烽火／堠館　館駅／堠鼓　物見の鼓／堠子　土堠／堠台　物見／堠程　旅程／堠碑　里程標／堠楼　哨楼

↓火堠・孤堠・新堠・斥堠・石堠・隻堠・双堠・亭堠・土堠・破堠・標堠・兵堠・封堠・烽堠・野堠・里堠

【徨】 12 2621　［偟］ 11 2621　コウ（クヮウ）　さまよう

形声 声符は皇。〔説文〕にみえず、〔玉篇〕に「彷徨なり」とあり、多くその連語として用いる。惶・遑など声義の関係がある。

訓義 1さまよう。2ゆく、ゆききする。

古訓 〔名義抄〕徬徨 ユク・ヨロホフ／彷徨 タ、ズム 〔篇立〕徨 タチヤスラフ・トホル・タチマチ・タチモトホル 〔字鏡集〕徨 イトム・タチモトル・フム・イトマ・スム

語系 徨（偟）・遑 huang は同声。彷徨 bang-huang、徘徊 buai-huai、盤桓 buan-huan と同系の語。語感や用義の上に、いくらか緩急の差がある。

↓彷徨

【惶】 12 9601　コウ（クヮウ）　おそれる　にわか

篆文

形声 声符は皇。〔説文〕十下に「恐るるなり」とあり、恐惶の意。徨・遑の字の含む心的な

状態を惶という。あわてふためく意がある。

【訓義】①おそれる。②にわか、あわてる、まどう。

【古訓】〔名義抄〕惶 オソル・ヲノヽク・カシコマル・ワナヽク・アハツ・アザムク

【語系】惶・徨（偟）・遑huangは同声。慌（慌）xuangは声義近く、一系の語とみてよい。

【惶駭】こう（くわう）がい　おそれおどろく。〔唐書、裴行倹伝〕反閒を縦ち、伏念に説く。～後數日、煙塵天に漲りて南す。斥候惶駭す。行倹曰く、此れ伏念～來降するなりと。

【惶悸】こう（くわう）き　おそれおののく。漢・王逸〔楚辞、九思、悼乱〕惶悸して氣を失ひ　踊躍して距跳す

【惶急】こう（くわう）きゅう（きふ）　おそれあわてる。〔戦国策、燕三〕秦王驚き、自ら引きて起つ。袖を絶つ。劍を抜くに劍長し。其の室を摻る。時に惶急にして、劍堅し。故に立ちどころに抜くべからず。荊軻、秦王を逐ふ。

【惶遽】こう（くわう）きょ　おそれあわてる。〔三国志、呉、魯粛伝〕（粛）南郡に至る比、（劉）表の子琮、已に曹公（操）に降る。（劉）備、惶遽して奔走す。

【惶恐】こう（くわう）きょう　おそれいる。〔史記、万石君伝〕諸子孫咸な孝なり。然れども建最も甚だし。～建、郎中令と爲り、書して事を奏す。事下る。建之れを讀んで曰く、誤つて馬字を書するに、尾と當に五なるべきに、今乃ち四、足らざること一なり。上、譴めて死せんと。甚だ惶恐す。

【惶懼】こう（くわう）く　おそれる。〔漢書、張敞伝〕（敞）闕下より亡命す。數月、～天子～敞を召す。敞、身重劾を被り、使者至るに及びて、妻子家室、皆泣きて惶懼す。而るに敞獨り笑うて曰く、～今、使者來る。此れ天子我を用ひんと欲するなりと。

【惶惶】こう（くわう）こう（くわう）　あわただしい。おちつかぬ。宋・欧陽脩〔旧本韓文の後に記す〕孔孟、一時に惶惶して、千萬世に師法たり。韓氏の文、沒して見はれざる者二百年、而る後大いに今に施す。

【惶擾】こう（くわう）じょう（ぜう）　おそれさわぐ。〔史記、秦始皇紀〕咸陽の令閻樂、～直ちに吏を將ゐて入る。～二世怒り、左右を召す。左右皆惶擾して鬭はず。～二世自殺す。

【惶怖】こう（くわう）ふ　おそれる。〔越絶書、十、外伝呉王記占夢〕太宰嚭・王孫駱、惶怖して冠幘を解き、肉袒して謝す。呉王、（公孫）聖の言の不祥なるを忿り、乃ち其の身をして、自ら其の殃を受けしむ。

【惶惑】こう（くわう）わく　おそれまどう。〔漢書、王嘉伝〕（駙馬都尉董）賢の家に、賓婚及び見親有るときは、諸官竝び共し、～使者護視し、市物を發取し、百賈震動す。道路讙譁し、群臣惶惑す。

➡惶畏　あわて畏れる／惶汗　冷汗／惶愧　はじ入る／惶驚　惶駭／惶窘　おそれ苦しむ／惶顧　気にする／惶悚　不安／惶然　恐れるさま／惶沮　おそれ沮喪する／惶怛　おそれ悲しむ／惶惕　あわて恐れる／惶迫　惶窘

⬇駭惶・恐惶・兢惶・驚惶・窘惶・慙惶・震惶・悽惶・戦惶・蒼惶・悲惶・憂惶

常【慌】12 9401　〔慌〕13 9401　コウ（クヮウ）　あわてる

【形声】声符は荒（荒）。〔広雅、釈言〕に「寥らきなり」とあって、ぼんやりとしたさまをいう。それで慌忽の意に用いる。

【訓義】①くらい、ほのか、かすか。②うっとり、恍惚。③あわてる、あわてふためく、おそれる。

【古訓】〔名義抄〕慌 ネタム・ハゲム・ウシ・タフロカス・マトフ〔字鏡集〕慌 オモヒナリ・ウシ・マトフ・タフロカス・タチマチ

【語系】慌xuang、惶・徨（偟）・遑huangは声義が近い。慌忽はまた恍忽といい、荒xuang、皇huang、恍kuangの声に従う字の間に、通用の例がある。

【慌惚】こう（くわう）こつ　うっとりする。ぼける。〔後漢書、皇后上、明徳馬皇后紀〕伏波將軍援の小女なり。少くして父母を喪ふ。兄客卿、敏惠なるも早く夭せり。母藺夫人、悲傷して疾を發し、慌惚たり。

➡慌急　あわてる／慌遽　急遽／慌耗　うろたえてぼんやりする／慌慌　大忙し／慌忽　慌惚／慌錯　うろたえ／慌悚　恐慌／慌疎　うろたえてぼんやりする／慌促　緊迫する／慌張　あわてふためく／慌怕　あわて恐れる／慌迫　急迫する／慌忙　あわてる／慌罔　うろたえ、ぼんやりする／慌惘　慌罔／慌乱　惑乱する

⬇恐慌・忽慌・惚慌・惝慌

【殽】12 4724　コウ（カウ）　まじる　みだれる

篆文

【会意】肴＋殳。肴は骨つきの肉、これをうち砕く意。〔説文〕三下「相ひ雜錯するなり」とし、肴声とするが、肴をうって、肴核相ひ雜わることをいう。肴を〔音義〕類に引く〔説文〕に「雜肉なり」とするものがあり、肴に殽雑の義がすでに含まれている。

【訓義】①骨肉がまじる、いりまじる、みだれる。②肴と通じ、骨つきの肉、さかな、酒のさかな、もりつけ。

【古訓】〔名義抄〕殽 ミダル〔字鏡集〕殽 ミダル・サカナ

【語系】殽・肴heôは同声。〔詩、魏風、園有桃〕に「園に桃有り　其の實を之れ殽とす」とあって、殽・肴は通用の字である。

【殽核】こう（かう）かく　さかな。もりもの。〔詩、小雅、賓之初筵〕賓の初めて筵する　左右秩秩たり　籩豆（供薦の器）楚たる有り　殽核を維れ旅ぬ

【殽雑】こう（かう）ざつ　まぜる。まぜ合わせる。〔漢書、食貨志下〕然れども鑄錢の情、殽雜巧を爲すに非ずんば、則ち贏（余利）を得べからず。而して之れを殽ふること甚だ微なるも、利爲る甚だ厚し。

【殽烝】こう（かう）じょう　骨つきの切肉の料理。〔左伝、宣十六年〕冬、晉侯、士會をして王室を平ぜしむ。定王之れを享す。原襄公、禮を相く。殽烝す。武子（士会）私かに其の故を問ふ。王之れを聞き、武子を召して曰く、季氏（士会）よ、而聞かざるか。王享に體薦有り、宴に折俎有り～と。

【殽乱】こう（かう）らん　まじわり乱れる。〔荘子、斉物論〕我よりして之れを觀るに、仁義の端、是非の塗、樊然として殽亂す。吾れ惡くんぞ其の辯を知らん。

➡殽混　まじりあう／殽胾　さかなと切肉／殽臑　肩肉／殽胥　殽烝／殽舛　乱れ誤る／殽然　ごたまぜ／殽膳　酒肴／殽餗　佳肴／殽旅　多くのさかな／殽列　まじえならべる

⬇嘉殽・混殽・菜殽・残殽・酒殽・肉殽

常【港】12　〔港〕12 3411　コウ（カウ）　みなと

篆文

【形声】声符は巷。巷は里中の道。〔説文新附〕十一上に「水派なり」とあり、水の分流する意とする。巷道の意を水路に移したもの。港湾をいう。

【訓義】①みなと、舟の泊まるところ、河口。②分流の水、溝。③水路、航路。④水の通ずるさま。

【古訓】〔名義抄〕港 チマタ・タマ〳〵〔篇立〕港 チマタ・サカマキ

➡港澳　舟泊まり／港魚　養魚／港口　港の入口／港洞　相通じる／港瀆　舟を通す堀わり／港門　港口／港養　港で養殖する／港湾　みなと

⬇河港・海港・開港・外港・帰港・寄港・漁港・空港・軍港・出港・商港・水港・断港・築港・入港・母港・要港・良港・臨港

【湟】12 3611　コウ（クヮウ）　ほり

篆文

形声 声符は皐。〔説文〕十一上に水名とし、「湟水、金城臨羌塞外に出で、東して河に入る」（段注本）という。湟中は漢代羌人の地、湟中城は月氏の居城で、その地を小湟中という。城湟は城池、ほりをいう。〔方言、十三〕に「休るるなり」という。

訓義 ①ほり、城のほり。②くぼち。③おぼれる。④川の名。

↑湟潦 水溜まり

【猴】 12 4723 〔猴〕 12 4723 コウ さる

篆文

形声 声符は侯。〔説文〕十上に「猴は夒なり」、また夒字条五下に「貪獸なり。一に曰く、母猴なり」という。さるをまた猨猱といい、夒は猱と声の近い字である。夒は儀容を整えた人（頁）が舞う形であるから、獣とは関係のない字であるが、おそらく猱と声近く、通用されることがあったのであろう。

訓義 ①さる。②母猴。

古訓 〔字鏡集〕猴 メザル

【猴猿】(こうえん)(ゑん) さる。〔水経注、沔水上〕漢水、又東して猴經灘を逕ふ。山に猴猿多く、好んで危に乘じて綴飲す。故に灘、斯の名を受く。

【猴王】(こうおう)(わう) ボス猿。〔宋史、外国五、闍婆国伝〕山に猴多し。人を畏れず。呼ぶに霄霄の聲を以てせば、卽ち出づ。或いは投ずるに果實を以てせば、則ち其の大猴二、先づ至る。土人之れを猴王・猴夫人と謂ふ。食し畢りて群猴其の餘を食らふ。

【猴戲】(こうぎ) 猿の技。〔礼記、楽記〕子女を獶雜す。〔注〕獶は獼猴なり。舞ふ者、獼猴戲の如くなるを言ふ。男女の尊卑を亂す。

【猴盜】(こうとう)(たう) 猿を使って盗む。〔輟耕録、二十三、猴盜〕（優人杜）生、別後、淸州に至り、吳同知の處に留まる。忽ち報ず、客に一猴を携へて城に入る者有りと。吳、生に語りて云ふ、此の人は乃ち江湖の巨盜なり。～夜に至りて猴をして內に入り偸竊せしむと。

↑猴冠 沐猴冠／猴葵 ふのり／猴橘 唐橘／猴急 とり急ぎ／猴子 さる／猴兒 さる／猴棗 猿柿／猴孫 さる／猴頭 小僧／猴年 申の年／猴藥 南天／猴栗 ささ栗

↓猨猴・猿猴・戲猴・群猴・獼猴・狙猴・獼猴・烹猴・沐猴

人 【皓】 12 2466 〔皓〕 12 2466 コウ（カウ） しろい

形声 声符は告（告）。告に浩（浩）・誥の声がある。〔爾雅、釈詁〕に「光なり」とあり、皎と声義が近い。

訓義 ①しろい、しろく光る。②光る、明らか、きよい。③浩と通じ、ひろい。

古訓 〔名義抄〕皓 シロシ・アキラカ・カヾヤク 〔字鏡集〕皓 シロシ・アキラカ・カヾヤク

語系 皓・皞 hu は同声。皎・皦 kyô は声義が近い。また翯 hôk、皜 hô、縞 kô などにもみな皓白の義があり、一系の語とみてよい。皐は獣屍の暴らされている形、高・敫は人の白骨化したものを示す字である。

【皓月】(こうげつ)(かう) 白く光る月。梁・元帝〔江中の月影を望む〕詩 澄江、皓月を涵し 水影、天に浮ぶが若し

【皓皓】(こうこう)(かうかう) あきらか。潔白。〔楚辞、漁父〕寧ろ湘流に赴いて江魚の腹中に葬らるるも、安んぞ能く皓皓の白きを以て、世俗の塵埃を蒙らんや

【皓齒】(こうし)(かう) 白く美しい歯。唐・杜甫〔江頭に哀しむ〕詩 明眸皓齒、今何にか在る 血汚れて、遊魂歸ることを得ず 淸渭は東流し、劍閣は深し 去住彼此、消息無し

【皓首】(こうしゅ)(かう) 白髪の頭。老年。漢・李陵〔蘇武に与ふ、三首、三〕詩 安んぞ知らん、日月の 弦望、自ら時有るに非ざるを 努力して明德を崇くせよ 皓首以て期と爲さん

【皓雪】(こうせつ)(かう) まっ白の雪。晉・陸機〔七徵〕神宰奇稔、嘉禾の穗あり。滋を含み馨を發し、素穎玉鋭。灼として皓雪の玄雲に頹るるが若く、皎として明珠の緇匱（黒色のはこ）に積むが若し。

【皓然】(こうぜん)(かう) 白いさま。〔後漢書、呉良伝〕顯宗（上疏を）以て公卿に示して曰く、前に事を以て良を見たるに、鬚髮皓然として、衣冠甚だ偉なり。夫れ賢を薦め國を助くるは、宰相の職なり。～今、良を以て議郎と爲さんと。

【皓白】(こうはく)(かう) まっ白。〔漢書、張良伝〕上（武帝）～猶ほ之れ（太子）を易へんと欲す。宴するに及んで置酒す。太子侍し、四人の者太子に從ふ。年皆八十有餘、須眉皓白にして、衣冠甚だ偉なり。上～曰く、～羽翼已に成る、動かし難し～と。

【皓髮】(こうはつ)(かう) 白髪。〔後漢書、循吏、劉寵伝〕郡中大いに化す。徵されて將作大匠と爲る。山陰縣に五六の老叟有り。尨眉皓髮、若邪山谷の閒より出で、人ごとに百錢を齎らして以て寵を送る。

【皓夜】(こうや)(かう) 月夜。唐・李群玉〔湘西寺霽夜〕詩 月波蕩として水の如く 氣爽やかに星朗滅す 皓夜千樹寒く 崢嶸たり（嶮しいさま）萬巖の雪

↑皓衣 白衣／皓羽 白い羽／皓翁 雷神／皓鶴 白鶴／皓鍔 剣光／皓潔 清らか／皓晃 白い光／皓膠 結氷／皓顥 光亮／皓紗 白紗／皓彩 月光／皓霰 あられ／皓侈 明るくゆたか／皓翅 白い羽／皓爾 白いさま／皓質 白い体質／皓日 白日／皓手 白い手／皓毳 美しい毳／皓髯 白髯／皓素 まっ白／皓蒼 天空／皓足 白い足／皓帶 玉帯／皓天 昊天／皓蕩 浩蕩／皓魄 月／皓壁 白壁／皓渼 水流のさかんなさま／皓曜 白く輝く／皓麗 清麗／皓露 白露

↓綺皓・月皓・縞皓・四皓・首皓・昭皓・清皓・霜皓・太皓・老皓

【硜】 12 1161 コウ（カウ） キョウ（キャウ）

形声 声符は巠。〔史記、楽書〕に「石聲は硜硜以て別を立つ」とあり、その堅くしまった音をいう。擬声的な語とみてよい。きりつめた、いやしい感じのものとされた。字はまた磬の古文とされるが、磬の初文は声、あるいは殸であった。

訓義 ①石をうつ音。②硜硜は余裕のない、いやしいさま。

【硜硜】(こうこう)(かうかう) 堅い石をうつ音。余裕のないさまにたとえる。〔論語、憲問〕子、磬（石の楽器）を衞に擊つ。蕢（もっこ）を荷ひて孔氏の門を過ぐる者有り。曰く、心有る哉、磬を擊つやと。既にして曰く、鄙なる哉、硜硜乎たり。己を知る莫くば、斯ち已まんのみと。

常 【硬】 12 1164 〔硬〕 12 1164 コウ（カウ） かたい

形声 声符は更（更）。更に梗塞するものの意がある。〔玉篇〕に「堅硬なり」とあり、石質をいう。

訓義 ①かたい。②つよい。③さまたげる、さわる。

古訓 〔名義抄〕硬 フトシ・アラシ・コハシ 〔字鏡集〕硬 カタマシ・コハシ・アラシ・クダク・ヒサク・カタシ・フトシ

語系 硬・梗（梗）・骾（鯁）keang は同声。梗・骾に梗塞するものの意があり、石の硬堅なるものを硬という。磬 khyeng もその系統の語。焼成して堅固なものを剛 kang という。

【硬漢】(こうかん)(かう) 剛直な人。硬骨漢。宋・張鎡〔～陳希夷の画像に題す〕詩 世閒の大事は硬漢了の 物に重んずる所有り、輕んずる所有り 後來の一曲愈〻尙ぶべし 人に隨つて卿相と作るに暇あらず

【硬黃】(こうこう)(かうくわう) 黃臘を塗った透明紙。模写に用いる。宋・蘇

軾〔秦観秀才の贈らるる～に次韻す〕詩 新詩說き盡す、萬物の情 硬黄の小字、黄庭(経)を臨(書)す

【硬骨】こう(かう)こつ 硬い骨。〔全唐詩話、五、皮日休〕日休、龜の詩を賦して歸氏子を嘲りて曰く、硬骨の殘形、幾秋なるかを知らんや 屍骸終に是れ風流ならず 頑皮死後、鑽るこ と須らく遍あまねかるべし 都て平生、頭を出さざる爲なり。

↑硬雨 雹／硬弓 強弓／硬勁 強い／硬語 壮語／硬拷 拷問する／硬坐 冤罪／硬渋 難解の文／硬正 剛直／硬性 硬質／硬直 剛直／硬挺 挺直／硬度 かたさ／硬軟 硬直と柔軟／硬筆 鉛筆やペン／硬逼 圧迫する／硬幣 硬貨／硬訳 直訳／硬鱗 かたい鱗／硬劣 頑固でおろか／硬朗 健壮

↓強硬・堅硬・古硬・骨硬・生硬・老硬

【粳】12 2194 ［秔］9 2091 コウ(カウ) うるち

篆文

形声 声符は更(更)こう。正字は秔に依り、亢こう声。〔説文〕七上に「秔は稻の屬なり」とし、一体として粳を録する。

訓義 ①うるち。

古訓 〔名義抄〕秔・粳 ウルシネ・ハル 〔字鏡集〕粳・秔 ハル・イネ・ウルシネ

↑粳稲 うるちのいね／粳粱 粗食

【窖】12 3060 コウ(カウ) ソウ(サウ) あなぐら

篆文

形声 声符は告(告)こく。告に浩(浩)・誥こうの声がある。〔説文〕七下に「地の藏なり」とあり、窖藏の意。穀類などを貯藏する土坑。円形のものを竇とう、方形のものを窖という。告は梏のように木を井形に組んで枷とする意があり、井形の土坑を窖という。

訓義 ①あなぐら、四角いあなぐら。②あな、ふかいあな。③おさめる、穴におさめる。④竈と通じ、かまど。

古訓 〔名義抄〕窖 ツチクラ 〔篇立〕窖 ツチムロ・カクス・ツチアナ

語系 窖kuk、谷kok、壑xakは同系の語。窖は人為、谷・壑は自然の地勢のもの。また坑・阬kheang、埳kham、陷(陥)heamもその語系に近い。

【窖菜】こう(かう)さい 冬季、穴倉に貯藏する白菜。〔陔余叢考、三十三、窖菜唐花〕蔬菜花卉、人力を以て培護し、時に非ずして預め出ださしむべき者なり。～唐の易州の司馬陳元璹、民をして地室に火を蓄へ、蔬を種ゑて之れを進む。太宗其の諂を惡み、官を免ず。此れ今の所謂窖菜なり。

【窖中】こう(かう)ちゅう あなぐらの中。土室。〔漢書、蘇武伝〕單于愈と益と之れを降さんと欲し、乃ち武を幽して大窖中に置き、絶えて飲食せしめず。天、雪雨ふる。武、臥して雪を齧み、旃毛と幷せて之れを咽む。數日死せず。匈奴以て神と爲し、乃ち武を北海上、人無きの處に徙す。

↑窖貨 窖藏の物／窖穴 地穴／窖藏 穴倉／窖氷 氷室／窖密 深くかくす／窖廩 窖藏の穀

↓盈窖・禾窖・困窖・掘窖・詩窖・石窖・雪窖・倉窖・大窖・竇窖・発窖・風窖

【絖】12 2991 ［纊］21 2098 コウ(クヮウ) わた

篆文

形声 声符は光こう。〔説文〕十三上に纊を本字とし、廣(広)声、絖をその或る体とする。つやのある布であるので、光に従うものであろう。わが国では「ぬめ」、書画などに用いる光沢のある絹をいう。〔荘子、逍遥遊〕に「洴澼絖」という荒れどめの膏薬の話があり、薬を絖にのばしたものであろう。

訓義 ①わた。②わが国では、ぬめ。

古訓 〔名義抄〕纊・絖 ワタ

常 【絞】12 ［絞］12 2094 コウ(カウ) くびる しめる

篆文

形声 声符は交(交)こう。交は人が足を組む形。〔説文〕十下に「縊くるなり」とあり、縊(縊)の初形は糸を縊くる形。そのようにして絞首することをいう。

訓義 ①くびる、首をしめる、絞殺する。②しばる、紐をめぐらす、きびしくひきしめる。③せめる、そしる、いじめる。④紋と通じ、もえぎ色。⑤国語で、しぼり、しぼる、搾取する。

古訓 〔名義抄〕絞 ヨル・クル・クビル・シボル・マトフ・カザル／絞縊 クビリ・クビル 〔字鏡集〕絞 クル・ホル・ヨル・イト・カザル・クビル・メグル・イトクル・シボル・モコヨフ・マトフ

語系 絞・交・烄keôは同声。糾kyu、糾・觩gyuも声義近く、みな強く力をこめて拗戻することをいう。

【絞縊】こう(かう)い 首をくくる。〔左伝、哀二年〕若し其れ罪有らば、絞縊して以て戮せられん。桐棺三寸、屬辟(二重の棺)を設けず、素車樸馬(車馬を飾らず)、兆(葬域)に入る無きは、下卿の罰なり。

【絞紟】こう(かう)きん 葬具。絞は大小斂の衣を結ぶもえぎ色の布、紟は単被。〔礼記、王制〕唯だ絞・紟・衾・冒(死者の面衣)は、死して后に制くる。

【絞直】こう(かう)ちょく きびしい。急直。〔後漢書、杜根伝〕根、性方實にして絞直を好む。～上書して直諫す。太后大いに怒り、～殿上に於て之れを撲殺す。～根、蘇へることを得、～遂に詐りて死すること三日。目中に蛆を生ず。因りて逃竄することを得たり。

↑絞衣 萌黄の衣／絞架 絞首台／絞急 急切／絞衾 死者の衾／絞頸 絞殺する／絞訐 あばく／絞纈 しぼり染／絞交 結交／絞絞 めぐる／絞罪 絞首刑／絞索 よりなわ／絞殺 しめ殺す／絞斬 絞殺と斬殺、死刑／絞死 絞殺する／絞刺 絞訐／絞車 巻き轆轤／絞首 絞頸／絞切 あばく／絞帯 喪の縄帯／絞盤 ろくろ／絞紛 紛糾する／絞戮 絞殺する／絞斂 眉毛抜き／絞勒 絞殺する

↓糾絞・勾絞・手絞・縄絞・揄絞

【絳】12 2795 コウ(カウ) あか

篆文

形声 声符は夅こう。〔説文〕十三上に「大赤なり」とあり、濃い赤をいう。また纁くんといい、〔広雅、釈器〕に「纁之れを絳と謂ふ」とみえる。紅は紅紫、絳は大紅、そのうすいものは朱紅、みな糸を染める名である。また纁字条参照。

訓義 ①あか、ふかいあか。②ぬう、ぬいあわせる。

古訓 〔名義抄〕絳 アカイロ・アカシ・カソフ・アケ・ナホシ・ヌフ・ヌヒモノ 〔字鏡集〕絳 ヌフ・アカイロ・ヌヒモノ・カソフ・アケ

語系 絳koam、紅hongは声義近く、紺kəmもまたその系統の語である。紺は深青にして赤光を発するもので、赤色を含んでいる。みな一系の語。

【絳衣】こう(かう)い 深紅の衣服。〔後漢書、光武帝紀上〕初め諸家の子弟恐懼し、皆亡逃して自ら匿る。～光武の絳衣大冠するを見るに及んで、皆驚きて曰く、謹厚なる者も、亦た復た之れを爲すかと。

【絳袴】こう(かう)こ 緋の袴。〔唐書、礼楽志十一〕高宗卽位す。景雲見はれ、河水淸し。張文收、古誼を采りて、景雲河淸歌を爲る。～四部に分つ。～三破陣舞～破陣樂、舞四人、綾袍絳袴。

【絳紗】こう(かう)さ 赤い薄絹。〔晋書、后妃上、胡貴嬪伝〕泰始九

年、帝多く良家の子女を簡び、以て内職に充つ。自ら其の美なる者を擇び、絳紗を以て臂に繋く。芳、既に選に入る。殿より下りて號泣す。

【絳幘】こう(かう)さく 赤い布で髪を包む。宿衛士。唐・王維〔賈舎人の早に大明宮に朝するの作に和す〕詩 絳幘の雞人、曉籌を送り 尚衣(御衣裳係)方に進む、翠雲の裘

【絳綃】こうしょう(かうせう) 赤いうすぎぬ。〔後漢書、独行、向栩伝〕性、卓詭不倫、恆に老子を讀み、狀、學道の如し。又、狂生に似て被髮を好み、絳綃頭を著く。

【絳繒】こうそう(かう) 赤いかとり絹。〔史記、田単伝〕田單乃ち城中を收めて、千餘牛を得たり。絳繒の衣を爲くり、畫くに五彩の龍文を以てし、兵刃を其の角に束ね、脂を灌ぎ、葦を尾に束ねて其の端を燒き、城に數十穴を鑿ち、夜、牛を縱つ。

【絳帳】こうちょう(かうちやう) 赤いとばり。〔後漢書、馬融伝〕善く琴を鼓し、好んで笛を吹き、達生任性、儒者の節に拘せられず。居宇器服、多く侈飾を存す。常に高堂に坐し、絳紗帳を施し、前に生徒に授け、後に女樂を列す。弟子、次を以て相ひ傳ふ。

↑絳帷 赤いとばり/絳雲 赤い雲/絳英 赤い花/絳豔 赤く美しい/絳花 赤い花/絳霞 紅霞/絳河 銀河/絳萼 赤い花/絳汗 血の汗/絳気 赤いもや/絳旂 赤旗/絳宮 赤い宮殿/絳巾 赤頭巾/絳裙 芸妓/絳霓 赤い虹/絳闕 赤い宮門/絳虹 絳霓/絳縞 赤の縞/絳衫 赤い衣/絳紫 濃紫色/絳幟 赤いのぼり/絳珠 赤玉/絳裳 紅裙/絳霄 赤い空/絳色 赤色/絳唇 赤い唇/絳脣 絳唇/絳騶 栗毛の馬/絳雪 丹薬/絳節 赤い符節/絳扇 赤い扇/絳襜 絳帷/絳台 朱の燭台/絳幬 絳帳/絳葩 赤い花/絳帛 赤い帛/絳袙 赤鉢巻/絳幡 絳幟/絳帔 赤い夜着/絳府 仙宮/絳跗 紅萼/絳服 赤い服/絳氛 虹の類/絳袍 赤い上衣/絳房 赤い花/絳帽 赤帽/絳本 石刻書帖/絳羅 絳綃/絳蠟 赤い蠟/絳籠 紅灯籠

↓衣絳・紫絳・青絳・染絳・浅絳・緹絳・紛絳

入【腔】12 7321 【腔】12 7321 コウ(カウ) うつろ

篆文 形声 声符は空(空)くう。〔説文新附〕四下に「内空なるものなり」とあり、くらげのように特定の臓腑をもたないものを腔腸類という。心の限りを尽くすことを満腔という。

訓義 1うつろ、から、中空。2羫と通じ、羊のからだ、羊の肉、そのわきばら、ほじし。3曲調。

古訓 〔字鏡集〕腔 ヒタルシ、ムラ

語系 腔kheong、空・孔khongは声義が近い。また、釭keong、竅khuanも声義の関係がある。細長い空洞状のものをいい、一系の語と思われる。

↑腔窠 方法/腔口 調子/腔子 からだ/腔腸 くらげの類/腔調 曲調/腔拍 節奏

↓胸腔・枯腔・口腔・体腔・鼻腔・腹腔・満腔・羊腔

【蛟】12 5014 コウ(カウ) みずち

篆文 形声 声符は交(交)こう。〔説文〕十三上に「龍の屬なり。角無きを蛟と曰ふ」(段注本)とあり、みずちをいう。〔楚辞、九歌、湘夫人〕に「蛟、何爲れぞ水裔にある」とみえ、魚類の王とされる。交に交結の意があり、西周後期の青銅器である〔頌壺〕の文様に、華麗な蛟竜文が加えられている。

訓義 1水中の竜、みずち、角のない竜、母竜。2鮫と通じ、さめ、大魚。

古訓 〔新撰字鏡〕蛟 美止知(みとち)〔和名抄〕蛟 美都知(みづち)、日本紀私記に大虬の二字を用ふ〔名義抄〕蛟 ミヅチ〔篇立〕蛟 ミヅチ・ノヅチ

語系 蛟・交・絞(絞)keôは同声。虯・觓gyu、樛kyuも声義近く、みな糾纏の意をもつ字。蛟・虯はそのような形態のものとして考えられていたのであろう。

【蛟革】こうかく(かう) さめ革。〔韓詩外伝、四〕楚の人、蛟革犀兕を以て甲を爲くる。堅きこと金石の如し。

【蛟蛇】こうだ(かう) 大蛇。みずち。宋・蘇軾〔鳳翔八観、石鼓の歌〕詩 舊聞く、石鼓、今之れを見る 文字鬱律として蛟蛇走る

【蛟篆】こうてん(かう) 古く鐘鼎にしるされた屈曲の多い篆文。〔博古図、二十二〕昔張懷瓘、翰林に在りし時、古鐘の、夏禹の績を紀しするを見たり。皆紫金にして、鈿するに蛟篆を以てす。

【蛟竜】こうりょう(かう) 竜。みずち。〔管子、形勢解〕人主、民を得るを待ちて、而る後其の威を成す。故に曰く、蛟龍水を得て、神立つべきなりと。

↑蛟鱷 蛟と鰐/蛟虯 みずち/蛟宮 竜宮/蛟窟 竜宮/蛟室 竜宮/蛟水 洪水/蛟鼉 亀の類/蛟螭 みずち/蛟電 電光

↓魚蛟・水蛟・潜蛟・蟄蛟・騰蛟・竜蛟

【蛤】12 5816 コウ(カフ) はまぐり

篆文 形声 声符は合ごう。〔説文〕十三上に「蜃の屬なり。三有り。皆海に生ず。千歳にして化して蛤と爲る。秦には之れを牡厲と謂ふ。又云ふ、百歳の燕の化する所なり。魁蛤、一名復累、老服翼の化する所なり」という奇怪な伝承をしるしている。服翼は蝙蝠。三種の蛤とは、千歳雀・百歳燕・老服翼である。燕雀化生のことをいう文献は甚だ多いが、清の王筠の〔説文釈例〕に、老雀化蛤の実見談のことを記している。

訓義 1はまぐり、大はまぐり。2かじか、蛤魚という。3大がま、山蛤という。

古訓 〔名義抄〕海蛤 ウムキノカヒ/文蛤 イタヤガヒ〔字鏡集〕蛤 ハマグリ

【蛤灰】こうかい(かふくわい) 蛤の殻を焼いた灰。石灰と同じように用いる。〔周礼、地官、掌蜃〕白盛の蜃を共(供)す。〔疏〕蜃蛤は泥水の中に在り。東萊の人、叉取して以て灰と爲す。故に蛤灰を以て叉灰と爲すと云ふ。

【蛤蜊】こうり(かふ) はまぐりとあさり。しおふき。唐・皮日休〔酒病偶作〕詩 何事ぞ晩來還た飲まんと欲する 牆を隔てて聞く、蛤蜊を賣るの聲

↑蛤蚧 とかげ類/蛤解 蛤蚧/蛤蟹 蛤と蟹/蛤殻 蛤の殻/蛤蚶 蛤/蛤魚 かえる/蛤蜆 蛤としじみ/蛤固 ひねくれ/蛤骨 蛤の殻/蛤子 蛤/蛤蜃 蚌の類/蛤蜥 やもり/蛤柱 蛤の柱/蛤丁 蛤柱/蛤覇 がま/蛤粉 ごふん/蛤房 蛤殻/蛤梨 蛤蜊/蛤厲 かき/蛤蠣 かき

↓花蛤・蝦蛤・海蛤・蚶蛤・山蛤・蜃蛤・文蛤・牡蛤・蚌蛤

【閎】12 7743 コウ(クヮウ) ひろい

篆文 形声 声符は厷こう。厷は肱をまげた形。〔説文〕十二上に「巷門なり」、〔爾雅、釈宮〕に「衖門、之れを閎と謂ふ」とあり、宮中の門をいう。また〔爾雅、釈宮〕に「扉を止むる所以、之れを閎と謂ふ」とあり、字形からいえばそのような肱木のある門をいうのであろう。それより、大きい、広い、また虚しい意となる。

訓義 1門、大きな門。2大きい。3ひろい、ひろげる。4宏と通用する。

古訓 〔名義抄〕閎 ウチホラ・マトキル〔字鏡〕閎 モトキ・マコ

ト・ウチホラ・モトヰル・ナル・タル 〔字鏡集〕閎 タル・ウチホウ・(ラ)・マトイル

【閎衍】こう(くわう)えん 文辞が博大であること。〔漢書、芸文志〕(詩賦)其の後宋玉・唐勒、漢興りて枚乘・司馬相如より下揚子雲(雄)に及び、競ひて侈麗閎衍の詞を爲り、其の風諭の義を沒ふ。

【閎遠】こうえん(くわうゑん) ひろく大きい。漢・趙岐〔孟子題辞〕儒家には惟だ孟子有るのみ。閎遠微妙にして、縕奧見難し。宜しく條理の科に在るべし。〜乃ち己が聞く所を述べ、證するに經傳を以てす。

【閎達】こう(くわう)たつ ひろくて理に達する。〔漢書、東方朔伝〕上〜朔に問ふ、方今、公孫丞相(弘)・兒大夫(寛)・董仲舒〜司馬相如〜司馬遷の倫、皆辯智閎達、文辭に溢る。先生自ら視て何れに比するやと。朔對へて曰く、〜臣朔不肖と雖も、尚ほ此の數子者を兼ねたりと。

↑閎意 心意広大/閎廓 博大/閎言 博大の論/閎侈 博大/閎然 博大/閎誕 でたらめ/閎博 宏博/閎富 ひろくゆたか/閎弁 博弁/閎覧 博覧/閎流 洪流

↓魁閎・閈閎・深閎・顚閎・登閎・馮閎・門閎

【隍】 12 7621 コウ(クヮウ) からほり

篆文

形声 声符は皇。〔説文〕十四下に「城池なり。水有るを池と曰ひ、水無きを隍と曰ふ」とあり、からほりをいう。城隍神の祀りは六朝に起こり、唐・宋に盛行した。

訓義 [1]からほり、城のからほり。[2]たに。[3]うつろ、むなしい。

古訓 〔名義抄〕隍 ミゾ・アラミゾ・アナ・ホリキ 〔字鏡集〕隍 アラミゾ・ミゾ・イケ・ホトリ・アケ(ナ)

【隍塹】こう(くわう)ざん ほり。〔水経注、陰溝水〕谷水又東のかた苦縣の故城中を逕ふ。水泛きときは則ち隍塹を四周し、耗るときは則ち孤津獨り逝く。

↓濠隍・城隍・深隍・側隍・池隍・陴隍・幽隍・淪隍

常

【項】 12 1118 コウ(カウ) うなじ

篆文

形声 声符は工。工は上下の間を支える支柱のある形。〔説文〕九上に「頭の後ろなり」とあって、うなじをいう。頸は頸脈のある部分。その頸の後ろ。容易に人に屈せず、権力に抗して譲らぬものを強項という。

訓義 [1]うなじ、くびすじ、くび。[2]頭の後ろ、冠の後ろ。[3]大きい。[4]分類の項目、ことがら。

古訓 〔新撰字鏡〕項 宇奈自(うなじ) 〔和名抄〕項 宇奈之(うなじ) 〔名義抄〕項 ウナジ・アヒダ・ニハカ・タチマチ

語系 項 heong、頸 kieng は声義が近い。肢体の支えとなるところは、首には項頸、また肮 kang といい、足には脛 hyeng、胻 heang という。みな一系の語である。

【項縮】こう(かう)しゅく 首をちぢめる。羞じる。元・張養浩〔劉仲憲に贈る〕詩 我其の語を聞きて、汗すること雨の如し 始めには頤(おとがい)を解き(笑う)しも、終りには項縮す

【項背】こう(かう)はい うなじと背。前後相顧みる。連続して絶えぬ。〔宋史、忠義一、傅察伝〕圭上仁聖にして、大國と好を講ず。信使往來し、項背相ひ望む。未だ失德有らず。

【項領】こうりょう(かうりやう) 大きなうなじ。〔抱朴子、清鑒〕物にも亦た故も遠くして知り易く、近くして料り難き有り。譬へば猶ほ眼は能く天衢を察するも、項領の閒を周くすること能はざるがごとし。

↑項頤 項とあご/項圏 首飾り/項鎖 首のくさり/項枕 枕

↓按項・移項・款項・強項・事項・秀項・縮項・初項・条項・前項・短項・背項・別項・要項

【嗃】 13 6002 コウ(カウ) カク

篆文

形声 声符は高。〔説文新附〕二上に「嗃嗃は嚴酷の皃なり」、〔玉篇〕に〔易、家人、九三〕「家人嗃嗃たり」を引いて、「嚴大の聲なり」という。〔釈文〕には〔馬融注〕を引いて「悅樂自得する貌なり」とあり、喜ぶ意にもいう。

訓義 [1]きびしいさま。[2]きびしく大きな声。[3]いかる、せめる。[4]よろこぶ、たのしむ。

古訓 〔字鏡集〕嗃 オホイビキ・ナク

【嗃嗃】こうこう(かうかう) きびしくものいう。清・方苞〔大理卿高公墓碣〕二親皆篤老、當に更に歡洽すべきに、居常漠然、事に遇へば仍ほ嗃嗃たり。公之れを用て、富貴なりと雖も恆に蹙蹙(おそれ謹むさま)たり。

【嘷】 13 6604 [嗥] 15 6604 コウ(カウ) なく さけぶ

篆文

形声 声符は皋。〔説文〕二上に「咆ゆるなり」とし、咆哮することをいう。死者の復礼のとき、屋上に上って「皋、某、復れ」というう。嘷はそのときのような声をいう。わが国の神主が神域の外に神をよぶときにも、そのような声を発する。また「譚長説」として、犬に従う字を録する。獣の遠鳴きする意を示す字であろう。

訓義 [1]なく、ほえる。[2]さけぶ、よぶ。

古訓 〔名義抄〕嘷 ホユ・イガム・ナク・ヨバフ

語系 嘷 hu、號(号) hô は声義が近い。哮・虓 xeu は動物のたけりなく声。囂 xiô、吼 xo も大声を発する意で、同系の語である。

【嘷叫】こうきょう(かうけう) さけぶ。〔北史、吐谷渾伝〕吐谷渾死す。子六十人有り。長子吐延、〜昂城の羌酋姜聰の刺す所と爲る。〜(子の)葉延少くして勇果、年十歲、草を縛して人と爲し、號して姜聰と曰ふ。每日輒ち之れを射る。射て中れば則ち嘷叫泣涕す。

【嘷呼】こう(かう)こ さけぶ。〔野獲編、禁衛、鎮撫司刑具〕鎮撫の司獄〜其の室は卑く地に入り、其の牆は厚さ數仞、即ち壁を隔てて嘷呼するも、悄として聲を聞かず。

【嘷啼】こう(かう)てい さけび泣く。〔新書、耳痺〕大夫種、心を拊ちて嘷啼し、泣を沫して信なることを言ひ、白馬を割きて犧(犧牲)と爲し、九天を指して證と爲す。

↑嘷音 鳴く声/嘷喚 叫喚する/嘷豺 姦悪/嘷嘶 いななく/嘷嘯 叫ぶ/嘷咷 なく/嘷吠 ほえる/嘷鳴 大声

↓猿嘷・鶴嘷・驚嘷・群嘷・獣嘷・晨嘷・清嘷・吠嘷・風嘷

【媾】 13 4544 コウ あう したしむ

篆文 金文

形声 声符は冓。冓は同形の飾り紐をつなぐ形。〔説文〕十二下に「重婚なり」とするのは、冓を再に従う字と解したものであろうが、冓は飾り紐を結び合わせる象徴的な方法で、婚儀を示す。その飾り紐にはまた縭というものがあって、离も上下に虫が結び合う形である。〔詩、豳風、東山〕に「親や其の縭を結ぶ」とあって、婚儀の象徴的な方法であった。金文に婚媾をまた「婚遘」としるしており、冓にその義がある。

訓義 [1]あう、男女相あう、縁組する、結婚、みうち。[2]したしむ、つるむ、いつくしむ。[3]仲直りする、重婚。

古訓 〔新撰字鏡〕媾 志比止女(しひとめ) 〔名義抄〕媾 トツギ・カサネテトツギス・ムスボル・シヒト 〔字鏡集〕媾 ヨメ・ムスボル・カサネテ・トツギス・カサネテトツギス

語系 媾・冓・遘 ko は同声。冓は縭を結ぶ象徴的な儀礼の方

法である。

↑媾解　和解する／媾合　男女の交わり／媾婚　結婚／媾接　交接／媾兵　交兵／媾和　講和

↓姻媾・歓媾・交媾・婚媾・親媾

人【幌】13 4621 コウ(クヮウ) ほろ

形声 声符は晃。〔玉篇〕に「帷幔なり」とあり、車上のほろ。日光を覆うために用いる。国語の「ほろ」は、戦場で背にかける大きな布。流れ矢を防ぎ、また標識とするものであった。

訓義 ①とばり。②ほろ。

古訓 〔新撰字鏡〕幌　止波利（とばり）〔和名抄〕幌　止波利（とばり）〔篇立〕幌　アカシ・ホノカナリ・トバリ〔字鏡集〕幌　アキラカ・ノゴフ・アカシ・トバリ

↑幌帷　とばり／幌竿　看板かけ／幌子　旗看板／幌漾　洸漾

↓巻幌・羅幌・簾幌・露幌

【轂】13 4724 コウ はるやごろ

篆文 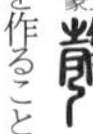

形声 声符は㱿。㱿は空㱿。〔説文〕十二下に「弩を張るなり」とあり、その満を引く弧の空間を作ることを轂という。その矢ごろをはかることをもいう。

訓義 ①はる、ゆみをはる、ひきしぼる。②やごろ、ねらい、いる。③まと、まとの中心。④ゆはず。

古訓 〔名義抄〕轂　ハル

【轂騎】騎射の兵。〔史記、馮唐伝〕李牧、趙の將と爲りて邊に居る。軍市の租、皆自ら用つて士に饗す。～選車千三百乘、轂騎萬三千、百金の士十萬を遣る。是こを以て北のかた單于を逐ひ、東胡を破り、澹林を滅ぼす。

【轂中】矢ごろのうち。まと。〔荘子、徳充符〕羿(弓の名手)の轂中に遊ばば、中央は中る地なり。然れども中らざる者は、命なり。

【轂率】弓のしぼり具合。標準。〔孟子、尽心上〕羿(弓の名手)は拙射の爲に其の轂率を變へず。

↑轂弓　弓を引く／轂者　射る人／轂張　拡張／轂弩　弩を張る／轂当　事情

↓機轂・弓轂・羿轂・縣轂

【搆】13 5504 コウ かまえる

形声 声符は冓。構(構)の異文。南宋の高宗は諱は構。南宋の人、構を避けて搆を作り、書写にその字を用いる。搆擩と は、事を解しないことをいう。

訓義 ①かまえる、つくる、おこす。構の異文。②搆擩、事を解しない。

古訓 〔篇立〕搆　ヒラク・シボル・カマフ・ワヅラフ・アフ・カ、リ・シホユ・ホル

＊語彙は構字条参照。

【溘】13 3411 コウ(カフ) すみやか にわかに

篆文 

形声 声符は盍。〔説文新附〕十一上に「奄忽なり」とあり、副詞に用いる。〔楚辞、離騒〕に「寧ろ溘やかに死して以て流亡すとも 余れ此の態を爲すに忍びざるなり」とあり、溘死・溘逝のようにいう。

訓義 ①すみやか、にわかに、たちまち。②水の流れるさま、にわかに至るさま。

古訓 〔名義抄〕溘　タチマチ・ニハカ・イタル〔字鏡集〕溘　ヨル・オホフ・ニハカ・イタル・タチマチ・ミツ

【溘死】(かふし) 速やかに死ぬ。〔楚辞、離騒〕忳と鬱邑して余れ侘傺(失望)す 吾れ獨り此の時に窮困す 寧ろ溘やかに死して以て流亡すとも 余れ此の態を爲すに忍びざるなり

↑溘焉　急なさま／溘溘　流れる水の音／溘至　たちまち至る／溘謝　急に死ぬ／溘逝　溘死／溘然　溘焉／溘帀　一面に／溘匝　みちる

常【溝】13〔溝〕13 3514 コウ みぞ

篆文 

形声 声符は冓。〔説文〕十一上に「水瀆なり。廣さ四尺、深さ四尺」とあり、〔周礼、考工記、匠人〕に井田の周囲をめぐる水路であるという。その深広二仞のものを澮という。冓に二者相遘通する意があり、灌漑用の水路をいう。谷を自然の溝とみなして、溝壑という。

訓義 ①みぞ、たのみぞ。②たにがわ。③ほり、ほりわり。④みぞをほる、へだてる。

古訓 〔和名抄〕溝　美曾（みぞ）〔名義抄〕溝　ミゾ・フカシ／汙溝　アサミゾ

【溝壑】たにま。〔孟子、梁恵王下〕凶年饑歳には、君の民、老弱は溝壑に轉じ、壯者は散じて四方に之く者、幾千人ぞ。而るに君の倉廩實ち、府庫充ちたり。有司以て告ぐるもの莫し。

【溝渠】みぞ。漢・揚雄〔解嘲〕塗に當る者は青雲に入り、路を失ふ者は溝渠に委てらる。旦に權を握りては則ち卿相と爲り、夕べに勢ひを失ひては則ち匹夫と爲る。

【溝洫】田間のみぞ。〔周礼、考工記、匠人〕井間、廣さ四尺、深さ四尺、之れを溝と謂ふ。方十里を成と爲す。成間、廣さ八尺、深さ八尺、之れを洫と謂ふ。

【溝塹】ほり。城のほり。〔元史、順帝紀八〕(至正十九年五月)山東・河東・河南・關中等の處、蝗飛んで天を蔽ひ、人馬行くこと能はず。落つる所の溝塹盡ごとく平らかなり。民、大いに饑う。

【溝水】みぞの水。漢・卓文君〔白頭吟〕楽府　今日、斗酒の會　明旦、溝水の頭　御溝の上に蹀躞するも　溝水、東西に流る

【溝池】みぞと池。〔後漢書、仲長統伝〕居をして良田廣宅有り、山を背にし流れに臨み、溝池環帀し、竹木周布し、場圃前に築き、果園後に樹ゑしめん。

【溝中】みぞ。遺屍をすてた。宋・文天祥〔正気の歌〕詩　一朝、霧露を濛り　溝中の瘠(行き倒れ)と作るを分とす　此くの如きこと再寒暑　百沴(あらゆる悪気)自ら辟易す

【溝瀆】みぞ。〔論語、憲問〕豈に匹夫匹婦の諒(義理立て)を爲すや、自ら溝瀆に經れて、之れを知るもの莫きが若くならんや。

【溝封】みぞを掘り、土を盛って境界とすること。〔周礼、地官、大司徒〕其の邦國都鄙の數を辨じ、其の畿疆を制して、之れを溝封す。

【溝瞀】無知。〔荀子、儒効〕甚だ愚陋溝瞀なるに、而も人の己を以て知と爲さんことを冀ふは、是れ衆人なり。

↑溝堰　堤／溝下　溝中／溝澮　田間の溝／溝郭　溝囲い／溝澗　谷川／溝減　溝洫／溝畎　溝洫／溝阬　みぞ／溝樹　溝畔の木／溝塍　溝と畝／溝植　溝樹／溝瘠　溝中の瘠／溝涂　溝と路／溝塘　溝の堤／溝陌　みち／溝防　溝塘／溝壘　溝と塁

↓瓦溝・海溝・澮溝・宮溝・御溝・夾溝・古溝・坑溝・鴻溝・小溝・城溝・深溝・清溝・漕溝・側溝・地溝・治溝・長溝・通溝・泥溝・塡溝・陂溝・汾溝・封溝

【滈】13 3012 コウ(カウ) カク ながあめ

篆文 

形声 声符は高。〔説文〕十一上に「久雨なり」とあり、水のさまをいう語。

訓義 ①ながあめ。②水のわくさま。③水の激するさま。④川の名。⑤地名。鎬と通用する。

↑滈汗 水が長く流れるさま／滈滈 水が白く光る／滈瀑 水わきたつ

人 【滉】 13 3611 コウ(クヮウ)

形声 声符は晃。水がふかくひろく、ゆたかなさま。

訓義 ①ふかくひろい、水がゆたかなさま。②字はまた洸・潢に作る。

古訓 〔篇立〕滉 タフトキ・ミナギル 〔字鏡集〕滉 タフトシ・タヘフ・ミナギル・ナミ・ウカブ・ワク

【滉滉】 浮動するさま。金・元好問〔王右丞(維)の雪霽捕魚の図〕詩 江雲滉滉として、陰晴半ばなり 沙雪離離として、江岸に點ず

【滉漾】 ひかりゆらぐ。〔夢渓筆談、異事〕牆柱の下に、光りて燿然たる有り。就きて之れを視るに、水に似て動く。急に油紙扇を以て之れを挹むに、其の物、扇中に在りて滉漾たり。正に水銀の如くにして、光豔爛然たり。

【滉瀁】 水が深く広い。清・黄遵憲〔箱根に游ぶ〕詩 擧國、名川無し 一湖、何ぞ滉瀁たる

↑滉舟 小舟／滉然 ひかりが揺動する／滉漭 広い／滉朗 明るい

人 【煌】 13 9681 コウ(クヮウ) かがやく

篆文

形声 声符は皇。皇は玉鉞の輝きをいう字で、煌の初文。〔説文〕十上に「煌煌、煇くなり」(段注本)、〔玉篇〕に「光明なり」とあり、きらめくような輝きをいう。

訓義 ①かがやく、かがやき、火のひかり、火のすがた。②さかん、立派。③あきらか。

古訓 〔名義抄〕煌 ヒカル・ヒ・イタム・アキラカニ／煌々 ―トサカンナリ 〔篇立〕煌 ヒカリ・アキラカ・テル

語系 煌・皇・晃huangは同声。光kuang、景・鏡(鏡)kyangも声義近く、みな一系の語である。

【煌火】 かがやく火。漢・張衡〔東京の賦〕桃弧棘矢、發する所臬無し。飛礫雨のごとく散じ、剛癉も必ず斃る。煌火馳せて星のごとく流れ、赤疫を四裔に逐ふ。

【煌煌】 星がきらきら光る。また、光のさかんなさま。唐・杜甫〔北征〕詩 煌煌たり、太宗の業 樹立すること、甚だ宏達なり

↑煌熒 光り輝く／煌星 輝く星／煌燿 太陽

↓煒煌

【粳】 13 9194 ［秔］ 9 2091 コウ(カウ) うるち

篆文

形声 声符は更(更)。字はまた秔に作り、亢声。〔説文〕七上に秔を正字とし、「稻の屬なり」とし、字はまた稉に作るという。粳は俗体の字であるが、のち多くこの字を用いる。

訓義 ①うるち。②わが国では糠と同じく、ぬか、あらぬかの意に用いる。

古訓 〔名義抄〕粳 ハル／粳・秔 アラヌカ・ウルシネ 〔字鏡集〕粳・秔 シラケヨネ・ウルシネ

【粳粱】 うるちの粱。〔梁書、沈約伝〕子旋～母の憂(死)を以て官を去り、蔬食辟穀(穀絶ち)す。服(喪)除くも、猶ほ粳粱を絶つ。

↑粳稲 うるち／粳米 うるち米／粳糧 米穀

【綆】 13 2194 コウ(カウ) つるべなわ

篆文

形声 声符は更(更)。〔説文〕十三上に「井に汲む綆なり」とあり、つるべなわをいう。〔方言、五〕に、関東では綆、また絡、関西では繘綆とよんだという。方言の多い語であった。

訓義 ①つるべなわ。②榜と通じ、車輪がかたよることをいう。

古訓 〔名義抄〕綆 タクル 〔篇立〕綆 ツルベ・ツルベノヲ・ウシノハナツラ・ヒネリ・ヌヒ・ウルハシ・カナシヒ 〔字鏡集〕綆 ツルベノヲ・ツルベナハ・タクル・カフリノヲ・ウシノナハ(ハナ)ツラ

【綆紲】 繫留する索。〔三国志、呉、吾粲伝〕黄武元年、～舟師を以ゐて魏の將曹休を洞口に拒ぐ。天の大いに風ふくに値ひ、諸船の綆紲斷絶し、漂沒して岸に著き、魏軍の獲る所と爲る。

【綆短】 短いつるべ縄。唐・顔真卿〔干禄字書序〕綆短く汲むこと深し。誠に未だ涯涘に達せず。岐路惑ふこと多し、庶はくは適從(ゆき従う道)に歸する有らんことを。

【綆缶】 つるべ縄とほとぎ。〔左伝、襄九年〕春、宋に災あり。樂喜、司城と爲り、以て政を爲す。伯氏をして司里たらしむ。火の未だ至らざる所は小屋を撤し、大屋を塗り、畚挶(かごの類)を陳ね、綆缶を具へ、～水潦を畜へ、土塗を積み、～盤庚(宋の遠祖)を西門の外に祀らしむ。

↑綆繘 つるべ縄／綆縋 綆繘／綆縻 綆繘

↓繘綆・汲綆・細綆・糸綆・修綆・船綆・素綆・短綆

【觥】 13 2921 ［觵］ 19 2428 コウ(クヮウ) さかずき

篆文

形声 声符は光。字はまた觵に作り、黄(黄)声。〔説文〕四下に觵を正字とし、「兕牛の角、以て飲むべき者なり」とし、「其の狀觵觵、故に之れを觵と謂ふ」とあり、その形状の勁健の意をとるとする。〔詩、周南、巻耳〕に「我姑らく彼の兕觥に酌まん」とあり、兕牛の角爵であると考えられている。いま鳥獣尊の形の青銅器を兕觥とよんでいるが、その類のものには自名の器がなく、鳥獣尊がいわゆる兕觥であるのかどうか、確かめようがない。

訓義 ①つののさかずき、兕牛の角の爵。②觥觥は剛直のさま。

古訓 〔新撰字鏡〕觥 佐可豆支(さかづき) 〔名義抄〕觥 サカヅキ／觵 サカツキナリ

語系 光kuang、黃huangは声義近く、〔詩、周南、巻耳〕に黃と觥kuangとを韻している。

【觥觥】 剛直のさま。〔後漢書、方術上、郭憲伝〕時に匈奴數しば塞を犯す。帝之れを患ふ。～(憲)諫争して合はず。～帝、兩郎をして、扶けて殿を下らしむ。憲、亦た拜せず。帝曰く、常て聞く、關東觥觥たり郭子横と。竟に虛ならずと。

【觥撻】 礼を失したものに対する罰。觥は罰杯。撻は撻伐の刑。〔周礼、地官、閭胥〕凡そ事、其の比、觵撻して罰するの事を掌る。

【觥籌】 罰杯の数とり。〔清異録、四、酒漿〕荊南の節判單天粹、宜城の人なり。性、酒を耽む。日と親朋を延き、強ふるに巨盃を以てす。～時に戲語に曰く、單家の酒筵は、乃ち觥籌獄なりと。

【觥飯】 大盃。盛饌をいう。〔国語、越語下〕王、范蠡を召して焉れに問うて曰く、諺に之れ有り。曰く、觥飯は壺飧(手近な料理)に及ばずと。～子將に奈何せんとすと。范蠡對へて曰く、～臣聞く、時に從ふ者は、猶ほ火を救ひ、亡人(逃亡者)を追ふがごときなり～と。

【觥録】 酒令を司る。〔酔郷日月、觥録の事〕觥錄の事は、宜しく剛毅木訥の士をして之れを爲さしむべし。犯す者有るときは輒ち其の旂を前に投じて曰く、某、觥を犯せりと。犯す者～拱して曰く、罪を知れりと。～飲み訖はり、旂觥を以

て觥主に歸す。

↑觥盂 杯／觥使 酒つぎ役／觥船 大杯／觥羊 大きな羊

↓羽觥・揮觥・巨觥・挙觥・玉觥・金觥・兕觥・酌觥・酒觥・受觥・称觥・洗觥・置觥・停觥・盃觥・飛觥・奉觥・満觥・揚觥

【詬】 13 0266 コウ はじ ののしる

篆文 

形声 声符は后。后に垢辱の意があり、〔説文〕三上に「謑詬、恥なり」とあって同訓の字。人を詬罵することをいう。前条の謑に「謑詬、恥なり」(段注本)という。〔左伝、定八年〕に「公、晉の詬を以て之れに語る」、〔礼記、儒行〕に「今、衆人の儒に命くるや、常妄なし。儒を以て相ひ詬病す」とあり、名詞・動詞に用いる。

訓義 ①はじ、はずかしめる。②ののしる、いかる。③たくみにいう。

古訓 〔名義抄〕詬 アサムク・ハヂシム・ノル・ハヅ 〔字鏡集〕詬 ハヅ・ハヂ・ソシル・ハヂシム・ツ、ヤク・ツ、メク・アサムク・ノル・イカル

【詬醜】こうしゅう(しう) 恥辱。屈辱者。〔戦国策、秦五〕(太公望・管仲・百里奚・中山の盗)此の四士は、皆詬醜有りて、大いに天下に誹らる。明主之れを用ふるは、其の與に功を立つべきを知ればなり。

【詬恥】こうち はじ。〔左伝、哀二年〕簡子誓うて曰く、范氏中行氏は、天明に反易し、百姓を斬艾す。～二三子、天明に順ひ、君命に從ひ、德義を經て、詬恥を除くこと、此の行に在るなり。

【詬怒】こうど ののしり怒る。〔顔氏家訓、養生〕侯景の亂に、王公將相、多く戮辱せられ、妃主姬妾、略ぼ全き者無し。唯だ～鄱陽王の世子謝夫人、屋に登りて詬怒し、射られて斃る。～何ぞ賢智操行の此の若く難くして、婢妾引決の此の若く易きや。悲しい夫。

【詬罵】こうば ののしる。〔魏書、酷吏、高遵伝〕山東に假歸する毎に、～從百餘を將ゐ、～民家に逼り絲縑を求め、意に滿たざれば則ち詬罵して去らず。

↑詬譏 そしる／詬語 ののしる語／詬訾 そしる／詬叱 ののしりしかる／詬疾 ねたむ／詬笑 ののしり笑う／詬辱 ののしりはずかしめる／詬讟 詬辱／詬侮 ののしり侮る／詬病 悪口をいう／詬厲 ののしりそしる

↓威詬・恚詬・訶詬・含詬・棄詬・謑詬・諠詬・攘詬・責詬・大詬・笞詬・忍詬・排詬・冒詬・尤詬・罹詬

【跲】 13 6816 コウ(カフ) つまずく

篆文 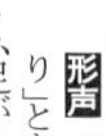

形声 声符は合。〔説文〕二下に「躓くなり」とあり、足がもつれるようになることをいう。

訓義 ①つまずく、足がもつれる。②かわるがわる、たがいに。

古訓 〔名義抄〕跲 ツマヅク 〔字鏡集〕跲 ツマヅク・タフル

↑跲疐 つまずく／跲躓 つまずく

【遑】 13 3630 コウ(クヮウ) いとま いそがしい

篆文 

形声 声符は皇。皇に徨・惶の意がある。〔説文新附〕二下に「急なり」と遑遽の意とする。〔書、無逸〕に「食するに遑あらず」のように、古くは間暇の意に用いた。〔詩、商頌、殷武〕「敢て怠遑せず」

訓義 ①いとま、ひま。②いそがしい、あわただしい。③字はまた徨に作る。

古訓 〔名義抄〕遑々 ヤク・イトマ・イム・ヤム・ユク・タクマシ／何遑 イヅチカイヌル

語系 遑・皇・徨huangは同声。遑はもと彷徨bang-huangに近い語で、間暇の意であったが、のち急遽・恐惶の意となる。遑はその形況の語である。

【遑急】こうきゅう(くわうきふ) あわてふためく。〔後漢書、馬厳伝〕時に京師、賊東方より來ると訛言す。百姓奔走し、轉た相ひ驚動す。諸郡遑急し、各〻狀を以て聞す。嚴、其の虛妄を察し、獨り備へを爲さず。～後卒に言の如し。

【遑遽】こうきょ(くわう) あわただしい。〔列子、楊朱〕孔子、帝王の道を明らかにし、時君の聘に應ずるも、樹を宋に伐られ、迹を衞に削られ、商周に窮し、陳・蔡に圍まれ、～陽虎に辱められ、戚戚然として以て死に至る。此れ天民の遑遽なる者なり。

【遑遑】こうこう(くわうくわう) いそがしく、うろうろする。〔塩鉄論、散不足〕孔子の栖栖たるは、固を疾めばなり。墨子の遑遑たるは、世を閔れればなり。

【遑寧】こうねい(くわう) ひまでやすんずる。唐・白居易〔雨を賀す〕詩 憂勤して遑寧せず 夙夜、心忡忡たり

【遑惑】こうわく(くわう) あわてまどう。〔晉書、褚翜伝〕梁郡既に内難有り。而して徐州の賊張平等、之れを掩襲せんと欲す。郡人遑惑し、將に郡を以て平に歸せんとす。

↑遑安 安らか／遑暇 いとま／遑息 いこう／遑留 ゆっくりする

↓急遑・怠遑

【鉤】 13 8712 コウ かぎ はり

篆文 

形声 声符は句。句に句曲の意がある。〔説文〕三上に「曲鉤なり」(段注本)とし、句の亦声とする。手かぎ、釣針など、鉤曲の形をもつ器をいい、またその器を使う意に用いる。

訓義 ①かぎ、かけどめ。②はり、つりばり、かま。③かける、ひく、とめる、さぐる、ひきだす。④かがむ、まげる、めぐる。⑤うごく、うごかす。

古訓 〔名義抄〕鉤 カギカクコ・カヾマル・カヾフ・マガル・スミカキ・サグル・クサリ・ツリカゴ／鉤匙 トノカギ・カラカギ 〔字鏡集〕鉤 ツル・マガル・カナフ・カギ・サグル・カヾフ・ツリハリ・マネク・カヾマル・カク・スミカキ・ヒク

語系 鉤・句ko、拘kioはその声義が近い。また曲khiok、局giokも同系の語。みな句曲の意がある。

【鉤援】こうえん(ゑん) かけはしご。〔詩、大雅、皇矣〕帝、文王に謂ふ～爾の鉤援と 爾の臨衝(攻城用の戦車)とを以て 以て崇の墉を伐てと

【鉤距】こうきょ さぐりを入れる。〔漢書、趙広漢伝〕廣漢、人と爲り彊力、天性吏職に精し。～尤も善く鉤距を爲し、以て事情を得たり。

【鉤玄】こうげん 奥ぶかい道理をたぐり出す。唐・韓愈〔進学解〕事を記すには必ず其の要を提し、言を纂むるには必ず其の玄を鉤す。

【鉤校】こうこう(かう) さがし出してしらべる。〔漢書、陳咸伝〕少府に寶物多し。屬官咸、皆鉤校し、其の姦臧を發し、財物を沒入し辜榷(独占)す。官屬及び諸中宮黄門～官吏、擧奏按論せんとするも、咸を畏れて皆氣を失ふ。

【鉤索】こうさく ひき出し求める。宋・張耒〔范枢密に代りて司馬温公を祭る文〕九流百家、金匱石室、沈隱を鉤索し、其の失得を裁さだむ。

【鉤餌】こうじ 釣針のえさ。魏・曹植〔自試を求むる表〕高鳥(蜀をたとえる)未だ輕繳(いぐるみ)に挂からず、淵魚(呉)未だ鉤餌に懸からざる者は、恐らくは鉤射の術、或いは未だ盡さざればなり。

【鉤繩】こうじょう 曲尺と墨縄。曲直を正すもの。〔荘子、駢拇〕且つ夫れ鉤繩規矩を待ちて正す者は、是れ其の性を削るなり。

【鉤心】こうしん 中心が鉤状にそびえる屋根。楼閣などの建物。

唐・杜牧〔阿房宮の賦〕廊腰縵く迴り、簷牙（のき先）高く啄む。各々地勢を抱いて、鉤心鬭角。盤盤焉たり、囷囷焉たり。

【鉤爪】（さうそう）鋭い爪。晉・左思〔呉都の賦〕烏菟の族、犀兕の黨有り。鉤爪鋸牙、自ら鋒穎を成す。

【鉤梯】かぎ梯子。〔韓非子、外儲説左上〕秦の昭王、工をして鉤梯を施さしめ、華山に上る。松柏の心を以て博（博棊）を爲る。～之れに勒して曰く、昭王嘗て天神と此に博すと。

【鉤党】（たう）党を結ぶ。〔後漢書、霊帝紀〕冬十月～李膺（等）～下獄して死する者百餘人。～州郡に制詔して大いに鉤黨を擧ぐ。是に於て、天下の豪桀及び儒學行義の者、一切結んで黨人と爲る。

【鉤連】相連なる。唐・李白〔蜀道難〕詩 地崩れ、山摧けて、壯士死し 然る後、天梯石棧相ひ鉤連す

【鉤勒】画法。双鉤法（かごがき）で形をとる。〔図絵宝鑑、五〕（元朝、張遜）善く竹を畫く。鉤勒法を作し、當世に妙絶なり。

↑鉤雲 鉤形雲／鉤掛 ひっかけ／鉤格 かぎ／鉤竿 儀仗の槍／鉤逆 馬銜／鉤拒 舟戦用の鉤／鉤曲 曲がる／鉤棘 難読の詩文／鉤金 帯金／鉤戟 鉤形の戈／鉤抉 あばく／鉤月 三日月／鉤鉗 鉤距／鉤鍵 かぎ／鉤弦 弓を引く／鉤股 句股、九章算法の一／鉤止 抑留する／鉤取 鉤致／鉤状 釣針状／鉤飾 轡の飾り／鉤箴 釣針／鉤摭 ひき出す／鉤折 折り曲げる／鉤染 後に着色する／鉤帯 続く／鉤袒 肩肌／鉤致 引き寄せる／鉤銍 鎌／鉤沈 鉤玄／鉤刀 鎌の類／鉤登 釣り上げる／鉤藤 蔓草の一／鉤佩 帯止め／鉤剥 あばく／鉤緡 釣具／鉤訪 調べ廻る／鉤芒 釣道具／鉤摸 双鉤／鉤膺 馬首の飾り／鉤落 帯の飾り／鉤欄 句欄／鉤鎌 かま／鉤簾 みす

↓衒鉤・魚鉤・玉鉤・金鉤・銀鉤・懸鉤・香鉤・射鉤・垂鉤・帯鉤・釣鉤・芒鉤・幔鉤

常【鉱】13 〔鑛〕23 8018 〔礦〕17 1468

コウ（クヮウ）
あらがね

篆文

古文

形声 声符は廣（広）。〔説文〕九下に字を礦に作り「銅鐵の樸石なり」、すなわち原鉱石の意とする。〔周礼、地官、卝人〕は金玉錫石の地を守り、その地に厲禁（呪禁）を施して、その原鉱を守ることを掌る。黃（黄）は樸石の色をいうもので、それが字の原義であろう。卝を字の初文とする説もあり、鉱石の象形字かと思われる。

訓義 ①あらがね、原鉱石。②字はまた卝に作る。

古訓 〔名義抄〕鑛 アラカネ／鐄 カナマリ／礦・礦 アラト・アラカネ・アラシ・コハシ 〔字鏡集〕礦・礦 アラカネ・アカ、ネ・アラシ・アカシ・アラト・コハシ

【鉱璞】（くわう）金玉の原料。〔顔氏家訓、勉学〕夫れ命の窮達は、猶ほ金玉木石のごときなり。脩むるに學藝を以てするは、猶ほ磨瑩雕刻のごときなり。金玉の磨瑩は自ら其の鑛璞より美しく、木石の段塊は、自ら其の雕刻より醜し。

↑鉱界 鉱区／鉱区 採鉱区／鉱山 採鉱の山／鉱床 鉱脈の層／鉱井 竪坑／鉱夫 坑夫／鉱脈 脈状の鉱床

↓金鉱・原鉱・砕鉱・採鉱・精鉱・選鉱・粗鉱・炭鉱・探鉱・鉄鉱・銅鉱・廃鉱・貧鉱・富鉱・燐鉱

【閘】13 7750

コウ（カフ） オウ（アフ）
すいもん ひのくち

篆文

形声 声符は甲。甲は匣・柙・押の従うところで、匣・柙は、はこ。閉塞する意がある。〔説文〕十二上に「門を開閉するなり」とあり、門を開閉するときの音と解しているようである。閘門とは水を蓄えて水量を調節するための水門をいう。

訓義 ①すいもん、ひのくち。②水門をとじる。③門のきしむ音、閘の音でよむ。いまブレーキの意に用いる。

古訓 〔字鏡集〕閘 タテアク

【閘官】（かふくわん）水門を管理する役人。宋・楊万里〔奔牛閘を過ぎる〕詩 春雨未だ多からず、河未だ漲らず 閘官水を惜しむこと、金樣の如し

↑閘河 河の水門／閘頭 水門／閘夫 閘官／閘門 水門

【頏】13 0128

コウ（カウ）
のど とびおりる

形声 声符は亢。亢は頸もとの形で、のどの意。頏はその繁文。「頡頏」というときは、飛び上がり、飛びおりる意に用いる。〔詩、邶風、燕燕〕に「燕燕于に飛ぶ 頡頏」とみえる。

訓義 ①のど。②とびおりる。

古訓 〔字鏡集〕頏 トビクダル・ノムト

↓頡頏

【嘐】14 6702

コウ（カウ） ロウ（ラウ）
ほらふく

篆文

形声 声符は翏。翏に膠・蟉の声がある。〔説文〕二上に「誇り語るなり」とあり、大言することをいう。

訓義 ①ほらふく、大言する。②大げさ、多言。③おどろく、あえぐ。

古訓 〔篇立〕嘐 イツハル・ホタキテ・アサムク

【嘐嘐】（かうかう）いたずらに志のみ大きく、大げさにものいう。〔孟子、尽心下〕何を以てか之れを狂と謂ふや。曰く、其の志嘐嘐然として曰く、古の人、古の人と。其の行ひを夷考するに、焉これを掩はざる（言行が一致しない）者なり。

↑嘐戛 鳥の声／嘐啁 多言のさま

↓哮嘐・嘴嘐

【彄】14 1121

コウ
ゆはず

篆文

形声 声符は區（区）。〔説文〕十二下に「弓弩の耑（端）弦の居る所なり」とあり、弦をかける所をいう。また韝と通じ、ゆがけをいう。

訓義 ①ゆはず。②ゆがけ。③字はまた彀に作る。

古訓 〔名義抄〕彄 ユガケ 〔字鏡集〕彄 ハズ・コユガケ

↑彄環 指輪／彄沓 はめる

↓援彄

【慷】14 9003 〔忼〕7 9001

コウ（カウ）
なげく いきどおる

篆文

形声 声符は康。〔説文〕十下に字を忼に作り、亢声。「忼慨するなり」（段注本）と訓し、次条の慨に「忼慨するなり。壯士、志を得ざるなり」という。亢に抵抗の意があり、亢の声義を承ける字である。康は古くは康楽を意味する字であった。

訓義 ①なげく、いきどおる。②心がたかぶる、激情的になる。

古訓 〔名義抄〕慷慨 ネタム 〔字鏡集〕慷 マコト・ハゲム・ソムク・ネタム・ソネム

【慷慨】（かう）憤りなげく。〔三国志、魏、臧洪伝〕董卓、帝を殺す。～洪乃ち壇に升り、槃（盤）を操り血を歃りて盟ひて曰く、～洪の辭氣慷慨、涕泣横下す。其の言を聞く者、卒伍廝養（人夫）と雖も、激揚せざる莫し。

↑慷愷 慷愾／慷愾 慷慨／慷喟 慷慨／慷爽 爽

快/慊惋 憤怨する
↓慨慊・大慊

【摳】 14 5101 コウ ク オウ かける ひっかける

篆文

形声 声符は區(区)。〔説文〕十二上に「繑の紐なり」とあり、繑字条十三上に「絝の紐なり」という。紐をかけまわして結ぶ意。

訓義 ①かける、ひっかける、紐をひっかけて結ぶ。②つまどる、からげる、裾をとる。③さぐる、あげる、なげる。④敺と通じ、うつ。

古訓 〔名義抄〕摳 ヲサム・カイツクロフ・ウツ・マチ・アグ・アガル・カキアグ・トボソ・ヤキヲサム・タヽム・シタヽム

【摳衣】 衣の裾をかかげる。〔礼記、曲礼上〕将に堂に上らんとするときは~屨を践むこと毋れ。席を踏ゆること毋れ。衣を摳げて隅に趨る。

↑摳謁 謁見する/摳迎 迎接する/摳傷 掻き傷/摳裳 摳衣/摳趨 参上する/摳揄 わせ
↓鉤摳

【敲】 14 0124 コウ(カウ) うつ たたく

篆文

会意 高+攴。高は枯槁した屍骨の象。攴は打つこと。これに攴を加え、その呪霊によって呪詛を行うことをいう。〔説文〕三下に「横さまに擿つなり」と訓し、高声とするが、高はその撃つ対象を示すとともに、亦声である。放・敫・敫・微(微)などは、みな呪的な目的で架屍や巫女に攴を加える形で、そのような呪儀の方法があった。

訓義 ①うつ、たたく、よこざまにたたく、屍骨をうつ呪法をいう。②たたく音、中空のものをうつ音。③たたくむち、しもと。

古訓 〔名義抄〕敲 ウツ

語系 敲khôは叩・扣kho、攷(考)khuと声義に通ずるところがある。㲉kheôkも声義近く、みな一系の字。

【敲門】 門をたたく。唐・賈島〔李凝の幽居に題す〕詩 鳥は宿す池邊の樹 僧は敲く月下の門

↑敲戛 うち叩く/敲撼 動かす/敲碁 碁をうつ/敲金 高音/敲吟 推敲する/敲撃 うつ/敲砕 砕く/敲殺 撲殺する/敲矢 嚆矢/敲詩 詩謎/敲推 推敲する/敲石 燧石/敲折 たたき折る/敲打 うつ/敲訂 推敲する/敲枰 敲棊/敲棊/敲榜 むち/敲朴 むち/敲拉 うち砕く
↓歌敲・寒敲・棋敲・鼓敲・推敲・静敲

【暠】 14 6022 コウ(カウ) あきらか

形声 声符は高。高は枯槁した白骨の象。皜と声義が同じである。漢の司馬相如〔大人の賦〕に「吾れ乃ち今日西王母を覩るに、暠然として白首戴勝して穴處す」とみえ、その蓬髪をいう。

訓義 ①あきらか、あきらかにしろい。②しろい、白々としている。

古訓 〔字鏡集〕暠 シロシ・アキラカ

語系 暠kô、皓(晧)・皞huは声義が近い。また縞kô、皎・皦kyô、皜・顥hôも同系の語で、みな白色をいう。

↑暠皓 潔白/暠暠 白いさま/暠然 暠暠
↓雪暠・髪暠

【榼】 14 4491 コウ(カフ) さかだる

篆文

形声 声符は盍。盍は蓋もの。〔説文〕六上に「酒器なり」とあり、さかだる。また水桶。剣衣などをもいう。

訓義 ①さかだる。②みずおけ。③剣のさや。④蔓草、もだま。

↑榼榼 大声/榼藤 もだま
↓画榼・玉榼・金榼・挈榼・香榼・酒榼・春榼・樽榼・刀榼・敗榼・瓶榼・芳榼・野榼

【槁】 14 4092 〔槀〕 14 0090 コウ(カウ) かれる かわく

篆文

形声 声符は高。高は白骨化した屍骨の象形。木の枯槁したものを槁という。〔説文〕六上に槀を正字とし、「木枯るるなり」という。〔荘子、知北遊〕「形は槀骸の若ごとし」とあり、槁は枯骨の意を木に移して用いた字。今は槁が通用の字体である。

訓義 ①かれる、かわく、かわかす。②矢がら。③犒と通じ、ねぎらう。④敲と通じ、たたく。⑤藁と通じ、わら。このときは槀の字体を用いる。

古訓 〔名義抄〕槁 クチキ・ノブ・ホシ・ナホシ・カル・クヒゼ〔篇立〕槁 タカラカ・タヒラカ・カヅラ・カタマシ・サホ・ナヲシ・カハク・カレタリ・カル、ナリ〔字鏡集〕槁 カレキ・クチキ・カレクソ・(サ)・カル・ナホシ・ホシ・タ(ク)ヒゼ・カツラ・ノブ

語系 槁(槀)khô、高kôは声近く、その高は枯骨の象。枯・殆khaはその系統の語。渇(渴)khat、竭giat、歇xiatはみな曷hatに従う字。曷も高と同じく、枯骨の象である匃に、祝詞の曰を加えた形。高の口も、同じく祝詞の器の形(曰)である。

【槁街】 漢代、諸夷の来朝者の家敷町。公開処刑もここで行った。〔漢書、陳湯伝〕郅支單于、惨毒民に行はれ、大惡天に通ず。~宜しく頭を槁街蠻夷の邸間に縣け、以て萬里に示すべし。

【槁骨】 枯骨。〔墨子、耕柱〕今の人を舍てて先王を譽むるは、是れ槁骨を譽むるなり。

【槁葬】 仮に埋葬する。〔後漢書、馬援伝〕卒する後に及んで、上書して之れを譖する者有り。~帝益怒る。援の妻孥~敢て喪を以て舊塋(家の墳墓の地)に還らず、裁かに城西數畝の地を買ひて槁葬するのみ。~上書して冤を訴へ、~然る後葬るを得たり。

【槁木】 枯木。〔荘子、斉物論〕顔成子游~曰く、何ぞや。形は固より槁木の如くならしむべく、心は固より死灰の如くならしむべきか。

↑槁荷 枯れ蓮/槁骸 枯骨/槁簡 廃棄の書/槁魚 乾魚/槁枯 枯れる/槁梧 琴/槁項 痩せ首/槁杌 愚拙/槁坐 枯坐/槁死 枯死/槁枝 枯枝/槁壌 乾いた土/槁人 弓矢の役/槁悴 やつれる/槁瘠 枯れ痩せる/槁草 草稿/槁砧 断首刑/槁梅 梅干/槁薄 薄弱/槁暴 枯れる/槁殯 葬るを待つ/槁伏 隠居する/槁本 香草/槁面 老顔/槁落 枯れる
↓枯槁・黄槁・摧槁・焦槁・衰槁・凋槁

常 【構】 14 4594 〔構〕 14 〔搆〕 13 5504 コウ かまえる しくむ つくる

篆文

形声 声符は冓。冓は組紐を結び合わせる形で、象徴的な方法で婚儀を示す。組み合わせる意。〔説文〕六上に「蓋ふなり」とあって、屋を架構することをいう。木を組み合わせること、それよりすべてものを構成することをいう。搆は構の異文。

訓義 ①かまえる、くむ、くみあわせる。②しくむ、つくる、つくりあげる、なる。③はかる、ことをおこす、しかける。④遘と通じ、あう。

古訓 〔名義抄〕構 カマフ〔字鏡集〕構 カマフ・オホフ・トヾム・アフ

語系 構・冓・遘・媾・篝koは同声。桷keokも同系の語で、たるき。屋架を構成する木である。

【構怨】 怨みを結ぶ。仲たがい。〔孟子、梁恵王上〕抑王、甲兵を興し、士臣を危くし、怨みを諸侯に構へ、然る後、

心に快きか。

【構会】集めて双方の意見をきく。〔漢書、韓延寿伝〕趙廣漢、太守と爲る。其の俗、朋黨の多きを患ふ。故に吏民を構會し、相ひ告訐せしむ。～潁川、是れに由りて以て俗を爲し、民に怨讐多し。

【構陥】しくんで陥れる。〔後漢書、順帝紀〕王聖等、後禍有らんことを懼れ、遂に(樊)豐・(江)京と共に太子を構陷す。太子坐して廢せられ、濟陰王と爲る。

【構釁】仲たがいとなる。〔北史、楊昱伝〕太后、狀を問ふ。昱具さに元氏(叉)構釁の端を對ふ。言至りて哀切なり。太后乃ち昱の縛を解く。

【構思】作品の構想を練る。〔晋書、文苑、左思伝〕(左思)復た三都を賦せんと欲し、～遂に構思十年、門庭藩溷に皆筆紙を著け、一句を得るに遇へば、即便ち之れを疏す。

【構造】しくみ。作りあげる。〔後漢書、徐璆伝〕張忠、璆を怨み、諸閹官(宦官)と、構造すること端無し。璆、遂に罪を以て徵せらる。

【構難】禍難を作り出す。〔戦国策、趙三〕夫れ秦・趙、難を構へ、天下皆說ぶは何ぞや。曰く、我將に強に因りて弱に乘ぜんとすればなり。

↑構火 篝火／構駕 構築する／構害 構陥する／構毀 そしる／構逆 謀叛／構求 謀る／構隙 仲違いとなる／構抉 誣告する／構結 結託する／構殺 誣殺する／構山 人工の山／構死 構殺する／構刺 構害する／構賞 賞をかける／構情 交接／構譖 誣告する／構成 組み立て／構精 陰陽が合う／構扇 煽動する／構築 築く／構邸 邸宅を作る／構綴 綴合する／構図 図る。また、全体の配置・構成を考える／構屯 集合する／構文 文の組織／構兵 戦いを起こす／構木 木を組む／構乱 乱を起こす／構立 建造する

↓遺構・雲構・仮構・架構・禍構・改構・開構・解構・危構・奇構・基構・機構・巨構・虚構・結構・巧構・交構・宏構・高構・讒構・修構・重構・宿構・成構・素構・粗構・造構・築構・締構・堂構・不構・誣構・門構・余構・墉構

【槓】14 4198 ［杠］7 4191 コウ(カウ) てこ

形声 声符は貢。正字は杠に作り、工声。杠は牀前の横木。槓桿のときには槓を用いる。

訓義 ①てこ。②かつぐ。③いま、旗竿・カバンなどの意に用いる。

↑槓杆 てこ／槓桿 てこ／槓房 葬具屋

【橰】14 4694 ［槹］15 4694 コウ(カウ) つるべ

篆文

形声 声符は皐。桔橰ははね釣瓶で、水を汲む器。それ以外の用法はない。桔橰はその車の音を形容する擬声語であろう。

訓義 ①はねつるべ。②水ぐるま。

古訓 〔名義抄〕桔梗橰 カナヅナヰ 〔字鏡集〕橰 ミヅグルマ

【熇】14 9082 コウ(カウ) コク カク あつい やく

篆文

形声 声符は高。高は屍骨の象。〔説文〕十上に「火熱きなり」とあり、字は屍骨を焼く意であろう。〔詩、大雅、板〕に「多く熇熇を將ふ 救藥すべからず」とあって、惨毒の行いをいう。コク・カクのような入声音は、その焼き裂ける音であろう。

訓義 ①あつい、やく、やける。②やきさける、火のさかんなさま、火のさかんにやく音。③さかんなさま、はげしいさま、きびしいさま。④かわく、かわかす。

古訓 〔篇立〕熇 ヤク 〔字鏡集〕熇 サカリナリ・ヤク・ユク

【熇暑】酷暑。晋・左思〔魏都の賦〕窮岫 雲を泄らし、日月恆に翳ける。宅土熇暑にして、封疆に障癘あり。

【熇蒸】むし暑い。唐・柳宗元〔先太夫人河東県太君歸祔誌〕窮徼(極遠の地)に竄せられ、人に疾殃多く、炎暑熇蒸なり。其の下卑濕、養ふ所以に非ざるなり。～遂に大罰に遘ふ。天なるか、神なるか。

↑熇熇 火勢が盛ん／熇赫 炎熱／熇歊 火気が上る／熇竭 涸れる／熇然 やき熱する／熇燥 乾燥／熇焚 やく／熇厲 炎熱

↓炎熇・熏熇・煩熇

【犒】14 2052 コウ(カウ) ねぎらう

形声 声符は高。高に軍門の象と、また屍骨の象との二系があり、犒の従うところはおそらく軍門の象、すなわち京に近いアーチ状の軍門であろう。〔左伝、僖二十六年〕「師を犒はしむ」、〔周礼、地官、牛人〕「軍事には其の犒牛を共(供)す」とあり、軍に食牛を供する意。用例はいずれも軍事に関している。〔広雅、釈詁 一〕に「勞ふなり」とみえ、もと軍を迎えて労うことをいう字であろう。

訓義 ①ねぎらう、労をねぎらう。②牛酒を供する、飲食物を供する、馳走する。

古訓 〔字鏡集〕犒 ネギラフ・ユク

【犒給】軍をねぎらって賞賜する。〔宋史、孝宗紀三〕緡錢三十萬を出だし、四川久戍の將士に犒給す。

【犒師】軍士をねぎらう。〔左伝、僖三十三年〕(秦の師)滑に及ぶ。鄭の商人弦高、將に周に市らんとす。之れに遇ふ。乘韋(四枚の皮)を以て先んじ、牛十二もて師を犒ふ。～孟明曰く、鄭に備へ有り、冀ふべからざるなり～と。

【犒賜】兵をねぎらい、賞を与える。〔三国志、魏、三少帝、高貴郷公髦紀〕兵、未だ武を極めざるに、醜虜摧破す。～今使者を遣はして將士に犒賜し、大會臨饗せしむ。

【犒労】いたわりねぎらう。〔三国志、魏、明帝紀〕(青竜二年秋七月)帝親しく龍舟に御して東征す。～八月、～六軍を饗し、使者を遣はして節を持し、合肥・壽春の諸軍を犒勞せしむ。

↑犒饋 兵を労って食を饋る／犒牛 牛をねぎらい饋る／犒享 慰労する／犒勤 勤めをねぎらう／犒功 犒労／犒賞 犒賜／犒錫 犒賜／犒設 犒享する／犒賚 犒賜

↓飲犒・宴犒・往犒・求犒・給犒・酬犒・頒犒

【睾】14 2640 コウ(カウ) さわ たかい きんたま

形声 声符は幸。古い字形がなくて初形を確かめがたいが、その声義よりしていえば、皋(皐)・昊(さわ・たかい)の字と混同されているところがある。睾・皋・昊の字はすべてもと獣屍の象。睾の字形は特にその陰囊・陰丸の部分が強調されたもので、字は牡器を本義とするが、いま通訓の義をも加えておく。

訓義 ①さわ。〔詩、小雅、鶴鳴〕「鶴、九皐に鳴く」の皐と同じ。②たかい、広大。昊天の昊の義。③きんたま。字の本義。象形。

古訓 〔名義抄〕睾 タカシ

↑睾丸 きんたま／睾睾 広大なさま／睾如 睾然／睾然 高いさま／睾牢 包括する

常 【綱】14 2792 コウ(カウ) つな

篆文
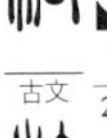

古文

形声 声符は岡。岡は鋳造のときの鋳型。高熱によって堅強となるものであるから、その声義をとる。〔説文〕十三上に「网の紘なり」(段注本)という。〔書、盤庚上〕に「網の、綱に在

りて、條有りて紊れざるが若し」、〔詩、大雅、巻阿〕「四方、綱と爲す」のように、秩序の基本の意に用いる。

訓義 ①つな、大づな、あみ、あみづな、もと。②すべる、つなぐ、まとめる。③分類の綱目。

古訓 〔名義抄〕綱 ツナ 〔字鏡集〕綱 オホツナ

語系 綱kang、經(経)kyeng、紀kiəは声義近く、おそらく同系の語であろう。綱は網(網)に対し、經は緯(緯)に対し、その基本の意味がある。紀は糸まき、小綱。また紀綱の意がある。

【綱維】(かうゐ) 大綱。国の法度。〔三国志、呉、魯粛伝〕益州の牧劉璋、綱維頽弛す。周瑜・甘寧、竝びに(孫)權に勸めて、蜀を取らしむ。

【綱紀】(かうき) 大綱と小綱。国の法度。〔漢書、礼楽志〕夫れ君臣を立て、上下を等しうし、綱紀をして序有り、六親をして和睦せしむるは、此れ天の爲す所に非ず、人の設くる所なり。

【綱常】(かうじやう) 三綱五常。人の守るべき道。〔斉東野語、十四、巴陵本末〕古今に、亡ぶべからざるの理有り。理とは何ぞ。綱常是れなり。

【綱目】(かう(かう)もく) 大綱と細目。大小の規定。〔中論、下、民数〕是こを以て先王、六卿六遂の法を制す。其の民を維持して、之れが綱目を爲す所以なり。

【綱要】(かうえう) 大綱要領。〔文心雕竜、諸子〕洽聞の士、宜しく綱要を撮り、華を覽て實を食らひ、邪を棄てて正を採り、參差を極睇すべし。~亦た學家の壯觀なり。

【綱領】(かうりやう) 綱要。〔三国志、魏、陳矯伝〕子、(陳)本嗣ぐ。郡守九卿に歷位す。在る所綱領を操り、大體を擧げ、能く羣下をして自ら盡さしむ。統御の才有り、小事を親らせず。

➡綱貫 条理/綱憲 法規/綱佐 主副の官/綱条 規定/綱絶 綱紀が廃絶する/綱柄 根本/綱網 治世の法/綱理 統治

⬇握綱・維綱・王綱・紀綱・挙綱・元綱・厳綱・紘綱・国綱・三綱・条綱・人綱・政綱・摂綱・僧綱・総綱・操綱・大綱・地綱・朝綱・帝綱・提綱・天綱・道綱・民綱・要綱

人 【膏】 14 0022 コウ(カウ) あぶら

篆文 甲骨文 その他

形声 声符は高。高は人体上部、胸郭より上の骨組みの形。〔説文〕四下に「肥ゆるなり」とし、〔段注〕に「脂なり」の誤りであろうという。「病、肓膏に在り」とは肓の上、膏の下、臟腑の深部に在るとの意で、膏は横隔膜のあたりをいう。

訓義 ①あぶら、あぶらの厚いところ。②こえる、こえた肉、あぶら肉。③むなもと、内臟のあぶらの部分。④あぶらぐすり、ねりぐすり、化粧あぶら、べに。⑤なめらか、うるおい、うまい。

古訓 〔名義抄〕膏 アブラ・アブラック・コエタリ・ウルフ・ホス

【膏雨】(かうう) うるおいの雨。滋雨。〔左伝、襄十九年〕小國の大國を仰ぐや、百穀の膏雨を仰ぐが如し。若し常に之れを膏さば、其れ天下輯睦せん。

【膏液】(かうえき) あぶら。膏血。漢・司馬相如〔巴蜀に喩す檄〕是こを以て賢人君子、肝脳中原に塗れ、膏液野草を潤すも、辭せざるなり。

【膏火】(かうくわ) 灯火。宋・蘇軾〔蜀僧去塵を送る〕詩 十年、易を讀んで、膏火を費やす 盡日、詩を吟じて、肺肝を愁へしむ

【膏血】(かうけつ) 心血をそそいでえたもの。財。宋・胡銓〔高宗に上たてまつる封事〕民の膏血を竭くして恤へず、國の大讐を忘れて報いず、垢を含み恥を忍び、天下を擧げて之れに臣へて甘心す。

【膏肓】(かうくわう) 横隔膜の上と心臓の下。医薬の達しがたいところ。〔左伝、成十年〕公(晋侯)夢む。疾、二豎子と爲りて曰く、彼は良醫なり。~焉づくにか之れを逃れんと。其の一曰く、肓の上、膏の下に居らば、我を若何せんと。醫至る。曰く、疾爲むべからざるなり。肓の上、膏の下に在り~と。公曰く、良醫なりと。

【膏壌】(かうじやう) 肥沃の地。膏腴。〔史記、斉太公世家論賛〕吾れ齊に適きしに、泰山より琅邪に屬なり、北のかた海に被るまで膏壤二千里、其の民闊達にして匿知(虚詐)多きは、其の天性なり。

【膏燭】(かうしよく) 灯火。〔淮南子、繆称訓〕呉鐸は聲を以て自ら毀り、膏燭は明を以て自ら鑠く。~故に子路は勇を以て死し、萇弘は智を以て困しむ。

【膏沢】(かうたく) 恩恵。また、滋雨。〔抱朴子、博喩〕甘雨膏澤は、嘉生の繁榮する所以なり。而れども枯木之れを得るときは、以て速やかに朽つ。

【膏柱】(かうちゆう) 油を塗った銅柱。〔文選、石闕銘注に引く六韜〕紂、~銅柱を爲り、膏を以て之れに塗り、~罪有る者をして焉れに緣り、滑跌して火中に墮ちしむ。紂と妲己と、笑ひて以て樂と爲す。名づけて炮烙の刑と曰ふ。

【膏沐】(かうもく) 膏はべに、沐は洗髪。身だしなみ。〔詩、衛風、伯兮〕伯の東してより 首は飛蓬(よもぎ草)の如し 豈に膏沐無からんや 誰をか適として容を爲さん

【膏油】(かうゆ) 油。〔三国志、呉、周瑜伝〕赤壁に遇ふ。~(瑜)乃ち蒙衝闘艦數十艘を取り、實たすに薪草を以てし、膏油もて其の中に灌ぐ。~時に風盛猛にして、悉く岸上の營落を延燒す。~煙炎張天、人馬燒け、溺死する者甚だ衆し。

【膏腴】(かうゆ) 肥沃の地。〔史記、李斯伝〕惠王、張儀の計を用ひ、~東のかた成皐の險に據り、膏腴の壤を割き、遂に六國の從(合従)を散じ、之れをして西面して秦に事へしめ、功、施して今に到る。

【膏粱】(かうりやう) 肥肉と美穀。美食。〔孟子、告子上〕詩に云ふ、既に醉ふに酒を以てし 既に飽くに德を以てすと。仁義に飽くを言ふなり。人の膏粱の味を願はざる所以なり。

➡膏映 灯光/膏恩 恩沢/膏蟹 食用蟹/膏汗 脂あせ/膏環 環形の揚げもの/膏薌 牛の脂身/膏凝 凝脂/膏潤 潤い/膏身 献身/膏津 脂ぎる/膏腥 鶏豚の脂/膏鮮 魚肉/膏羶 羊の脂/膏臊 犬の脂/膏茶 磚茶/膏田 肥田/膏土 肥沃/膏鐙 鐙盞/膏肉 脂肉/膏肥 肥満/膏膜 胸下の膜/膏味 美味/膏明 膏火/膏面 顔の化粧/膏霂 恩沢/膏薬 ねり薬/膏沃 肥沃/膏良 肥沃/膏霖 滋雨/膏露 甘露/膏臘 あぶら/膏和 肥沃

⬇肌膏・豨膏・魚膏・玉膏・金膏・瓊膏・鶏膏・香膏・硬膏・豕膏・脂膏・腥膏・石膏・雉膏・土膏・灯膏・軟膏・油膏・腴膏

【蒿】 14 4422 コウ(カウ) はかば よもぎ

篆文 甲骨文 金文

形声 声符は高。〔説文〕一下に「菣なり」とあり、かわらよもぎの類とする。字は卜文・金文にみえ、艸間に京のような門のある形をしるす。京・高はもと戦場の遺棄屍体などを塗りこんで作った建造物。蒿は蒿里(墓地)の意で、墓域にそのような門のある意であろう。蒿里にはのち、桓表のように横木を加えた標木を立てた。

訓義 ①はかば、はかばの門。蒿里は墓地。②よもぎ、かわらよもぎ、くさよもぎ。③香気などの立ちのぼることをいう。君蒿。④耗と通じ、きえる、つかれる。

古訓 〔名義抄〕蒿 ヨモギ・カ(ハ)ラヨモギ・オハギ・ナツナ 〔字鏡集〕蒿 ヨモギ・ヒキヨモギ・ヲハギ・カハラヨモギ

【蒿艾】よもぎ。蓬艾。唐・韓愈〔南山有高樹行、李宗閔に贈る〕詩 汝、蒿艾の閒に落つ 幾時か復た能く飛ばん 哀哀たり、故山の友 中夜、汝を思ひ悲しむ

【蒿宮】周の明堂の名。〔大戴礼、明堂〕周の時、德澤洽和にして、蒿茂りて大なり。以て宮柱と爲し、蒿宮と名づく。此れ天子の路寢なり。

【蒿徑】荒れた道。宋・范成大〔元夜、群従を憶ふ〕詩 愁裏仍ほ蒿徑 閒中更に蓽門(荊門) 靑燈聊か自ら照らす 濁酒誰が爲に溫めん

【蒿矢】よもぎの茎で作った矢。邪気を祓う。〔後漢書、儒林上、劉昆伝〕王莽の世、弟子に教授す。恆に五百餘人。春秋每に饗射す。常に典儀を備列し、素木瓠葉を以て俎豆と爲し、桑孤蒿矢、以て菟首を射る。

【蒿萊】あれくさ。〔韓詩外伝、一〕原憲、魯に居る。環堵(方丈)の室、茨くに蒿萊を以てし、蓬戶甕牖(甕の窓)、～匡坐して絃歌す。

【蒿里】墓地。また、送葬曲。〔古今注、中、音楽〕薤露・蒿里は竝びに喪歌なり。田橫の門人に出づ。橫自殺し、門人之れを傷みて、之れが悲歌を爲る。李延年乃ち分ちて二曲と爲す。～薤露は王公貴人を送り、蒿里は士大夫庶人を送る。柩を挽く者をして之れを歌はしむ。

【蒿廬】草廬。〔史記、滑稽伝、褚少孫論〕朔等の如きは、所謂世を朝廷の閒に避くる者なり。古への人は、乃ち世を深山の中に避く。～地に據りて歌うて曰く、俗に陸沈し、世を金馬門に避く 宮殿の中、以て世を避け身を全うすべし 何ぞ必ずしも深山の中、蒿廬の下のみならんや

➡蒿薤 墓地／蒿菊 春菊／蒿丘 墳墓／蒿棘 雑草／蒿君 君蒿／蒿菜 春菊／蒿室 蒿宮／蒿牀 草屋／蒿蕭 寂しい／蒿蒸 薫蒸する／蒿箭 蒿矢／蒿薦 こも／蒿草 よもぎ／蒿柱 蒿宮／蒿豬 豪豬／蒿惱 なやむ／蒿蓬 雑草／蒿莽 草莽／蒿目 憂え見る／蒿黎 蒿とあかざ／蒿露 挽歌／蒿葽 白蒿

⬇莪蒿・艾蒿・寒蒿・君蒿・古蒿・香蒿・黄蒿・蕭蒿・深蒿・疎蒿・荻蒿・皤蒿・白蒿・蓬蒿・茅蒿・麻蒿・野蒿・蘿蒿・藜蒿・蔞蒿

【誥】 14 0466 コウ(カウ) つげる

形声 声符は告(告)。告に浩(浩)・晧(晧)の声がある。告は神に告げて祈る意。〔説文〕三上に「告ぐるなり」とあり、誥とは上より下に告げることをいう。〔書、酒誥〕「文王、小子・有正・有事に誥教す」、〔書、召誥〕「庶殷と乃の御事とに誥告す」など、みな誥命の意である。

訓義 1つげる、下につげる、命ずる、教える、そのことば、その文。2王命、その文体。3教え治める。

古訓 〔名義抄〕誥 ツグ・カムカフ・ツ、シム・ツカフ・アラハス 〔字鏡集〕誥 モトム・ヒソム・ツグ・シハム・ツカフ・カラカフ・カコツ・ツ、シム・アラハス

語系 誥・告kukは同声。告は祝詞を木の枝につけて神前に捧げる形で、神に告げ祈る意。それに対して神意が示されることを誥という。その神告を以て下に伝えるので、転じて詔誥教命の類をいう。

【誥戒】告げ戒める。漢・蔡邕〔高陽侯の印綬符策を讓る表〕中ごろ符策誥戒の詔を讀むに、臣の才量の能く祗奉する所に非ず。歷日彌久、震懼益ゝ甚だし。

【誥誓】尚書の六誓七誥など、政治的な文章。〔穀梁伝、隱八年〕諸侯の參盟は是に始まる。故に謹みて之れに日いふなり。誥誓は五帝に及ばず、盟詛は三王に及ばず、質子を交ふるは二伯に及ばず。

【誥命】天子が命ずる辞。〔後漢書、竇憲伝〕和帝卽位し、太后臨朝す。憲、侍中を以て、內にては機密を幹し、出でては誥命を宣ぶ。

➡誥誡 誥戒／誥教 告げ教える／誥告 制誥／誥勅 授封の命／誥毖 誥戒

⬇雅誥・訓誥・申誥・真誥・親誥・制誥・誓誥・大誥・典誥・論誥

【遘】 14 3530 コウ あう

形声 声符は冓。冓は飾り紐を結び合わせて婚儀の象徴とするもので、金文に婚儀のことを「婚遘」という。〔説文〕二下に「遇ふなり」、また遇(遇)字条に「逢ふなり」と遭遇の意に解するが、遇・逢は神異のものにであうこと、遘は相約して結ばれる意である。のち字をまた媾に作る。

訓義 1あう、相約してあう。2ゆきあう、まみえる、であう。3覯と通じ、みる。

古訓 〔名義抄〕遘 アフ・カマフ・ソムク・カゾフ 〔字鏡集〕遘 アフ・カナフ・アヘリ・ソムク・カマフ・カゾフ

語系 遘・冓・媾・覯koは同声。逅hoも声義が近い。遇ngio、晤nga、迎(迎)ngyangもその系列に近い語である。

【遘禍】禍いにあう。魏・武帝〔少府孔融に与ふる書〕鼂錯國を念ひて、禍ひに袁盎に遘ひ、屈平楚を悼みて、譖を(子)椒・(子)蘭に受く。

【遘疾】病気になる。〔南史、張稷伝〕(母の劉)疾に遘ふ。時に稷年十一。侍養して衣、帶を解かず。劇しき每に則ち累夜寢ねず。終るに及んで毀瘠人に過ぐ。杖つきて而る後に起つ。

【遘愍】憂えにあう。〔詩(魯詩)、邶風、柏舟〕憂心悄悄 群小に慍まる 愍ひに遘ふこと既に多く 侮りを受くること少なからず

➡遘逆 そむく／遘遇 であう／遘迕 逆らう／遘時 時にあう／遘屯 難儀にあう／遘難 遘屯／遘紛 乱れる

⬇嬰遘・靡遘・頻遘

【酵】 常 14 1464 コウ(カウ) こうじ

形声 声符は孝。〔玉篇〕に「酒酵なり」とあり、酒母をいう。醱酵し、釀熟して泡立つことをまた酵という。

訓義 1さけのもと、こうじ。2さけがわく、醱酵する。3さけのかす。

古訓 〔名義抄〕酵 シラカス 〔字鏡集〕酵 カムタチ・シラカス・サケ

【酵粥】醱酵したかゆ。〔金史、食貨志四〕酵粥を以て酒を爲る者は、杖(刑)八十。

⬇酒酵・糟酵・発酵・醱酵・餅酵・余酵

【閤】 人 14 7760 コウ(カフ) くぐりど ねや

形声 声符は合。大門の旁のくぐり戸をいう。〔説文〕十二上に「門旁の戶なり」とみえる。むかし三公に東南西の三閤があり、相呼んで閤老といい、書を呈するときの脇付けには閤下といった。また尊称に用いる。

訓義 1くぐりど、宮中の小門。2三公の居る所、役所。3婦人のねや。4閣と通じ、建物をいう。5合と通じ、すべて、みな。

古訓 〔名義抄〕閤 オク・アキト 〔字鏡集〕閤 ワキト・オク・ヒ

ロシ・アキト

↑閤営 役所／閤下 閣下／閤閤 蛙の声／閤署 役所／閤正 人妻／閤中 人妻／閤殿 殿閣／閤内 殿内／閤門 一家／閤閭 舟のへさき／閤漏 雨樋

↓花閤・画閤・宮閤・銀閤・詣閤・闈閤・迎閤・後閤・黄閤・紫閤・朱閤・省閤・椒閤・深閤・邃閤・西閤・禅閤・太閤・丹閤・中閤・重閤・東閤・内閤・飛閤・秘閤・府閤・閉閤・房閤・幽閤

【鞃】 14 4253 コウ

篆文 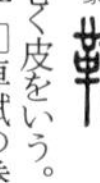

形声 声符は弘。〔説文〕三下に「車軾の中把なり」（段注本）とあり、軾の手をあてる部分に巻く皮をいう。

訓義 ①車軾の巻皮。②字はまた鞃に作る。

古訓 〔字鏡集〕鞃 クルマノトジキミ

↓鞹鞃

【墝】 15 4411 コウ（カウ） やせち

形声 声符は堯（尭）。墝埆は石の多いやせ地。

訓義 ①やせち、石の多いやせ地。②字はまた磽に作る。

古訓 〔字鏡集〕墝 ヤセタルチ・ソネ

【墝埆】こう（かう）かく 石の多いやせ地。〔論衡、率性〕夫れ肥沃墝埆は、土地の本性なり。肥にして沃なる者は性美なり、～墝にして埆なる者は性悪なり。

↑墝瘠 やせ地／墝垤 小高い地

↓蒿墝・瘠墝・地墝・肥墝

【潢】 15 3418 コウ（クヮウ） いけ

篆文 

形声 声符は黄（黃）。〔説文〕十一上に「積水の池なり」とあり、溜り水が池となるものをいう。

訓義 ①いけ、たまり水。②洸と通じ、水がわき光る。③滉と通じ、水が深く広い。④紙を染める、装潢。

古訓 〔名義抄〕潢 セ・タ、フ・イサギヨシ 〔字鏡集〕潢 イサギヨシ・タマリミヅ・イケ・セ・タ、フ

【潢汙】こうお（くわうを） たまり水。〔左伝、隠三年〕苟しくも明信有らば、澗谿沼沚の毛（草）、蘋蘩薀藻の菜、筐筥錡釜の器、潢汙行潦の水、鬼神に薦むべく、王公に羞むべし。

【潢潦】こうろう（くわうらう） たまり水。唐・韓愈〔符（愈の子）、書を城南に読む〕詩 潢潦、根源無し 朝に満つるも、夕に已に除さる

↑潢潢 水の深く広いさま／潢然 水勢／潢池 溜池／潢治 表装／潢洋 潢潢／潢漾 潢洋

↓銀潢・江潢・星潢・絶潢・染潢・装潢・池潢・天潢・陂潢・流潢

【皞】 15 2664 コウ（カウ） しろい あきらか

形声 声符は皋。皋は動物の屍が風雨に暴露して色がぬけ、白く漂白されたような状態をいう。〔広雅、釈訓〕に「皞は白なり」とあり、その白さを強調する字である。昊と通用するが、昊は皋の省略形とみてよい字。また皓（皓）と通用する。

訓義 ①しろい。②あきらか。③光のすき透るさま。天の色をいう。字はまた顥に作る。

【皞皞】こうこう（かうかう） 広やかで明るいさま。〔孟子、尽心上〕覇者の民は驩虞如（よろこびたのしむ）たり。王者の民は、皞皞如たり。～民、日に善に遷りて、而も之れを為せしむる者を知らず。

↑皞天 昊天

常 **【稿】** 15 2092 ［稾］ 15 0090 コウ（カウ） わら したがき

篆文 

形声 声符は高。高は屍骨の象。白く滑らかなものの意がある。〔説文〕七上に稾を正形とし、「稈なり」とあり、前条の稈に「禾莖なり」という。麦稈などの枯槁して光沢のあるものを稾という。走り書きのものを稿・草稿というのは、下書きに粗悪な紙を用いるからであろう。いま常用字に稿を用いるが、「わら、やがら」の意には、稾の字を用いるのがよい。

訓義 ①わら、禾の茎、麦稈。②やがら。③したがき、原稿。④槁と通じ、ねぎらう。

古訓 〔名義抄〕稾 ワラ

【稾砧】こう（かう）ちん わらをうつ台。砧は碪夫をいい、夫の意の隠語。〔玉台新詠、十、古絶句四首、一〕詩 稾砧（夫）今何くにか在る 山上復た山有り（出づ） 何か當に大刀頭（鐶、還る）なるべき 破鏡（円月の半、月半ば）飛んで天に上る

↑稿案 草案／稾稭 わら席／稾街 漢代諸夷来朝者の屋敷町／稾蓋 わらの覆い／稾茭 わら／稿史 史稿／稿紙 したがき／稾車 田車／稾舎 茅屋／稿書 行草交え書き／稾人 わら人形／稾税 わら税／稾薦 敷物／稿草 草稿／稾葬 仮の埋葬／稾椹 稾砧／稿定 定稿／稿本 草稿本／稾秣 まぐさ

↓遺稿・歌稿・画稿・改稿・起稿・寄稿・玉稿・原稿・茭稾・詩稿・手稿・詔稿・属稿・薪稾・芻稾・席稾・拙稿・箭稾・奏稿・草稿・続稿・脱稿・断稿・底稿・投稿・秘稿・服稾・焚稾・留稿・類稿

【篁】 15 8810 コウ（クヮウ） たかむら たけやぶ

篆文 

形声 声符は皇。〔説文〕五上に「竹田なり」とあり、藪をいう。六朝以後、その風韻を愛する人が多く、「竹林の七賢」「竹渓の六逸」など、そのような高士の話が伝えられている。

訓義 ①たかむら、たけやぶ。②竹。③笛。

古訓 〔和名抄〕篁 太加无良（たかむら）、俗に云ふ、多可波良（たかはら） 〔名義抄〕篁 タカムラ・タカハラ

↑篁逕 藪中の道／篁筍 たけのこ／篁篠 篁竹と篠竹／篁陣 竹林／篁竹 藪の竹／篁路 篁逕

↓筠篁・烟篁・瓊篁・糸篁・脩篁・春篁・松篁・笙篁・新篁・翠篁・成篁・疎篁・痩篁・叢篁・池篁・晩篁・風篁・碧篁・野篁・幽篁・緑篁・林篁・老篁

【絚】 15 2191 ［緪］ 12 2191 コウ なわ おおなわ

篆文 

形声 声符は恆（恒）。亙にかけわたす意がある。〔説文〕十三上に「大索なり」とあり、また「一に曰く、急なり」という。〔玉篇〕に「疾あるなり」、〔方言、六〕に「竟るなり。秦・晉にては或いは絚と曰ふ」とみえる。

訓義 ①なわ、おおなわ。②はる、はりわたす。③きびしい、はやい。④おわる。⑤字はまた緪に作る。

古訓 〔名義抄〕絚 ツナ・クム・ノフヲヘタリ・ホチハル／緪 ワタル・ユミハリ

【絚人】こうじん 縄の泥から生まれた人。〔太平御覧、七十八に引く（漢・応劭の）風俗通〕俗に説ふ、天地開闢し、未だ人民有らず。女媧、黄土を摶めて人を作る。劇務にして力、供するに暇あらず。乃ち絚を泥中に引き、擧げて以て人と為す。故に富貴なる者は黄土の人なり。貧賤凡庸なる者は絚の人なり。

↑絚戯 綱渡り／絚橋 縄橋／絚索 つな／絚瑟 弦を張った瑟／絚升 元気

【膠】 15 7722 コウ（カウ） にかわ

篆文 

形声 声符は翏。翏に嘐・樛の声がある。〔説文〕四下に「昵（のり）なり。之れを作るに皮を以てす」とあり、皮角などを用いる。〔詩、小雅、隰桑〕に「徳音孔だ膠し」とあり、堅固の意に用いる。

訓義 ①にかわ、にかわする。②つく、ねばる、かたい。③まじわる、

みだれる、いりくむ。[4]謬と通じ、いつわる、あやまる。[5]糾と通じ、ただす。

古訓〔和名抄〕膠　邇賀波（にかは）〔名義抄〕膠　ニカハ・マジハル・カタシ・オナジ・ネヤカル・メグル・ツクス・ツクヤニ〔篇立〕膠　キノヤニナリ・カタシ・マジハル・ツクス・ニカハ・メグル・ツク

語系　膠keu、樛（朻）kyu、觩（觓）gyu の音関係を以ていえば、翏・丩・求の声義に通ずるところがあって、ものの糾纏する状をいう語である。膠に粘着・膠着する意がある。

【膠竿】こう(かう)かん　さし竿。もち竿。とりもちで小鳥の類をとる。〔譚子化書、五〕膠竿を執りて黄雀を捕ふれば、黄雀從つて之れに噪ぐ。盤飧を捧じて烏鳥を享すれば、烏鳥從つて之れに告ぐ。

【膠結】こう(かう)けつ　かたく結ぶ。〔続高僧伝、五、釈法護伝〕齊の竟陵王、玄釋を總校し、其の虛實を定む。～護を以て標領と爲し、膠結を解釋せしむ。

【膠固】こう(かう)こ　鞏固。堅固。〔後漢書、鄭太伝〕明公將帥、皆中表腹心、～忠誠任ずべく、智謀恃むべし。膠固の衆を以て、解合の勢ひに當る。猶ほ烈風を以て、彼の枯葉を掃ふがごとし。

【膠漆】こう(かう)しつ　にかわと、うるし。塗り固め、結合する。〔荘子、駢拇〕夫れ鉤繩規矩（外から規制する）を待ちて正す者は、是れ其の性を削るなり。繩約膠漆（無理に結びつける）を待ちて固むる者は、是れ其の德を侵すなり。

【膠柱】こう(かう)ちゅう　琴柱を膠で固定する。拘泥して変通を知らぬ意。〔史記、趙奢伝〕藺相如曰く、王（趙の孝成王）、名を以て（趙）括を使ふは、柱に膠して瑟を鼓するが若きのみ。括は徒だ能く其の父（奢）の書傳を讀むのみ。變に合ふことを知らざるなりと。

【膠目】こう(かう)もく　目をにかわで塞ぐ。目隠し。死者の礼。〔呂覧、贊能〕桓公～人をして魯に告げしめて曰く、管夷吾は寡人の讐なり。願はくは之れを得て、親ら手を加へんと。魯君許諾し、乃ち吏をして其の拳を鞹み、其の目に膠し、之れを盛るるに鴟夷（死刑者を水に投げこむときの皮袋）を以てし、之れを車中に置く。

↑膠牙　歯が立たぬ／膠葛　入り乱れる／膠譎　偽る／膠言　虚言／膠口　閉口／膠膠　鶏の声／膠執　固守する／膠瑟　膠柱／膠舟　膠船／膠序　膠庠／膠庠　周代の学／膠相　無能な大臣／膠譲　固辞する／膠青　鬢つけ／膠船　にかわづけの舟／膠続　後妻／膠致　密封する／膠緻　精密／膠著　固定する／膠泥　粘土／膠粘　ねばる／膠黏　稠密／膠皮　ゴム／膠附　親密／膠密　ねばりつく／膠戾　もとる／膠盭　膠戾

↓魚膠・黄膠・施膠・脂膠・漆膠・樹膠・舟膠・春膠・松膠・折膠・桃膠・穪膠・流膠

【蝗】 15 5611　コウ(クヮウ)　ばったいなご

篆文

形声　声符は皇。〔説文〕十三上に「蝗なり」といなごとするが、その種の中のばったをいう。大群をなして農作物を荒らし、飛ぶときは天日を蔽い、過ぐれば青草を見ずという惨状を呈することがある。蝗はその飛ぶ声をとるものであろう。

訓義　[1]ばった。[2]いなご。[3]ばったの害。

古訓〔和名抄〕蝗　於保爾无之（おほねむし）〔名義抄〕蝗　オホネムシ・タツヒ〔篇立〕蝗　オ、ネムシ・ムシ

【蝗螽】こう(くわう)しゅう　いなごの類。〔後漢書、桓帝紀〕永興元年～秋七月、郡國三十二蝗あり。河水溢る。～（二年二月）癸卯、京師地震ふ。～（九月）詔して曰く、朝政中を失ひ、雲漢旱を作し、川靈水を涌かしめ、蝗螽孳蔓し、我が百穀を殘なふ。

【蝗虫】こう(くわう)ちゅう　いなご。〔三国志、魏、武帝紀〕（興平元年）太祖～自ら力めて軍を勞ひ～（呂）布と相ひ守ること百餘日。蝗蟲起りて、百姓大いに餓う。布の糧食も亦た盡き、各ゝ引き去る。

【蝗螟】こう(くわう)めい　いなごと、ずいむし。〔後漢書、劉陶伝〕（上議）竊かに見るに、比年已來、良苗は蝗螟の口に盡され、杼柚（織物）は公私の求めに空し。

↑蝗旱　蝗と旱害／蝗災　蝗害

↓旱蝗・駆蝗・螽蝗・除蝗・多蝗・大蝗・飛蝗・捕蝗・螟蝗・流蝗

【賡】 15 0028　コウ(カウ)　つぐ　つぐなう

古文

会意　庚＋貝。〔説文〕は續（続）字条十三上に「連なるなり」とし、また賡字を録し、「古文續、庚貝に從ふ」と賡を續の古文とするが、賡は庚声で用いられる字である。庚は呪具としての午（杵）を奉ずる形。それに貝を加えて祈る意で、つけ足す意がある。また〔管子、国蓄〕に「愚者は本を賡はざるの事有り」とあって、償の意とする。

訓義　[1]つぐ、あとをつぐ。[2]つぐなう。

【賡歌】こう(かう)か　他に続いて歌う。賡載歌。〔書、益稷〕帝庸て歌を作す。～乃ち賡ぎて歌を載りて曰く、元首明らかなる哉　股肱良き哉　庶事康き哉と。

【賡和】こう(かう)わ　他人の詩に和して作る。〔唐書、皇妃上、韋皇后伝〕上官昭容は名は婉兒。～數ゝ宴を賜ひ詩を賦し、君臣賡和す。婉兒、常に帝及び后に代る。

↑賡韻　和韻／賡酬　唱酬／賡唱　唱酬／賡本　本を償う／賡揚　つぐ

↓載賡・酬賡・酔賡

【靠】 15 2411　コウ(カウ)　たがう　たのむ

篆文

形声　声符は告（告）。告に浩（浩）・誥の声がある。〔説文〕十一下に「相ひ違ふなり」とみえるが、ほとんど古い用例のない語。おおむね俗語として用いる。

訓義　[1]たがう、そむく。[2]たのむ、よる。

古訓〔篇立〕靠　トク〔字鏡集〕靠　タガフ・コト

↑靠枕　枕／靠天　天任せ／靠背　もたれる／靠幇　助け合う／靠頼　依頼する

【鞈】 15 4856　コウ(カフ)　かさねがわ

篆文
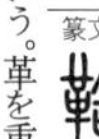

形声　声符は合。〔説文〕三下に「防汗なり」とするが、〔段注〕に「防捍」の誤りであろうという。革を重ねて、矢を防ぐ防具。〔竜龕手鑑〕には「兵器なり」という。

訓義　[1]かさねがわ。[2]矢を防ぐ防具、兵器。[3]かたいさま。[4]小児の履。

古訓〔字鏡集〕鞈　フクロ

↑鞈革　重ね皮／鞈匝　めぐらす

【餃】 15 8074　コウ(カウ)　あめ

形声　声符は交（交）。あめ。また、屑米を飴にまぜたもち。餃子はぎょうざ。

訓義　[1]あめ。[2]ぎょうざ。[3]肉饅頭。

古訓〔名義抄〕餃　イヒツヒ・アメ〔字鏡〕餃　イヒツヒ・アメ・アマシ

↑餃餌　肉饅頭

【璜】 16 1418　コウ(クヮウ)　たま

篆文

形声　声符は黃（黄）。黃は佩玉の象形。璜はその形声の字。〔説文〕一上に「半璧なり」とし、黃声とする。半璧をくみ合わせ、佩として帯びると、黃の形

となる。

訓義 1たま、佩玉のたま。2玉に似た美しい石。

古訓 〔篇立〕璜　タマ

↑璜珩（こうこう） 佩玉／璜璜（こうこう） 輝く／璜符（こうふ） 璜玉の符

↓玉璜・玄璜・珩璜・衡璜・双璜・明璜・両璜

【穅】16 2093　コウ(カウ)　ぬか　むなしい

篆文 

形声 声符は康（こう）。康は杵（きね）をあげて脱穀・精白する形で、穅の初文。穅は〔説文〕七上に「穀の皮なり」とし、重文として康を録する。脱穀によって生じた秕穅をいう字である。字はまた糠に作る。

訓義 1ぬか、あらぬか、かす。2むなしい。

古訓 〔名義抄〕穅　ヌカ・アラ　〔字鏡集〕穅　アラ・カス・ヌカ

【穅秕（こう(かう)ひ）】ぬかと、しいな。粗食。また、ものをいやしんでいう。〔北夢瑣言、六〕(李磎行状)唐代韓愈・柳宗元、洎（およ）び李翶・李觀・皇甫湜（こうほしょく）數君子の文、荀(子)・孟(子)を陵轢（りょうれき）し、顔(延之)・謝(霊運)を穅秕とす。

↑穅籺（こうけつ） あらぬか／穅糟（こうそう） 糠と酒粕／穅豆（こうとう） 粗食

↓糟穅・豆穅・稲穅・籭穅・麦穅・秕穅・粒穅

【篙】16 8822　コウ(カウ)　さお　ふなざお

篆文 

形声 声符は高（こう）。〔説文新附〕五上に「船を進むる所以なり」とあり、さおをいう。

訓義 1さお、舟ざお。2さおさす。

古訓 〔篇立〕篙　フナサヲ・チサヲ・サヲ　〔字鏡集〕篙　サヲ・アシカ・フネノサヲ・フナサヲ

【篙眼（こう(かう)がん）】棹を立てる岩のくぼみ。宋・蘇軾〔百歩洪、二首、一〕詩　君看よ、岸邊蒼石の上　古來篙眼、蜂窠（ほうか）(蜂の巣)の如し

↑篙工（こうこう） 船頭／篙子（こうし） 船ざお／篙師（こうし） 船頭／篙手（こうしゅ） 船頭／篙梢（こうしょう） 篙工／篙槳（こうしょう） さお／篙人（こうじん） 船頭／篙艣（こうろ） さおと艣

↓一篙・横篙・回篙・挙篙・軽篙・刺篙・担篙・短篙・竹篙・長篙・擲篙・半篙・老篙

【篝】16 8844　コウ　かご　ふせご　かがり

篆文 

形声 声符は冓（こう）。冓は飾り紐を合わせ結ぶ形。またそのような形に組みあげるものをいう。〔説文〕五上に「客（ふせご）なり。衣を熏すべし」とあり、熏籠の類をいう。また竹の負い籠・篝火の籠などをもいう。

訓義 1かご、ふせご。2かがり。3竹を編んだ器。

古訓 〔和名抄〕篝　加々利(かがり)／篝火　師の説に云ふ、比乎加々利邇須(ひをかがりにす)　〔名義抄〕篝　カヾリ　〔篇立〕篝　カヾリ・カヾリヒ

語系 篝・冓・構(搆)koは同声。また桷keokは同系の語で、たるき。みな上に構架する意をもつ字。

【篝火（こうか(くわ)）】かがり火。宋・欧陽脩〔集古録自序〕金鑛の山に于ける、鑿（き）くこと深くして穴遠し。篝火餱糧して、而る後に進む。其の崖崩れ窟塞がるときは、則ち遂に其の中に葬る者、率（おほ）むね常に數十百人。

【篝灯（こうとう）】籠で灯火を覆う。〔宋史、陳彭年伝〕彭年、幼にして學を好む。母惟だ一子のみ。之れを愛し、其の夜に書を讀むことを禁ず。彭年、密室に篝燈して、母をして知らしめず。

↑篝光（こうこう） 篝火／篝筌（こうせん） 魚をとる竹器／篝笭（こうれい） かご／篝鑪（こうろ） 篝火の鑪

↓衣篝・一篝・寒篝・香篝・宿篝・灯篝・擁篝

【糕】16 9893　コウ(カウ)　こなもち

形声 声符は羔（こう）。〔東京夢華録、八、重陽〕に「前一二日、各〻粉麪蒸餻を以て遺送す。上に剪綵の小旗を插す。～又粉を以て獅子蠻王の狀を作り、糕上に置く。之れを獅蠻（しばん）と謂ふ」とみえる。

訓義 1こなもち。2もち菓子。

↑糕点（こうてん） 菓子／糕餅（こうべい） 餅菓子／糕坊（こうぼう） 餅屋

人【縞】16 2092　コウ(カウ)　しろぎぬ　しま

篆文 　簡書 

形声 声符は高（こう）。高は枯槁した骨。白く色のぬけたものをいう。〔説文〕十三上に「鮮卮（せんし）なり」(段注本)とあり、うすい白絹の意。〔広雅、釈器〕に「練なり」とみえる。わが国では、しまの意に用いる。

訓義 1きぬ、しろぎぬ、ちぢみぎぬ、ちりめん。2うすぎぬ、ねりぎぬ、きぎぬ。3しろい、白色のきぬ。4国語で、しま、たてじま、よこじま。

古訓 〔名義抄〕縞　ネル・シロシ・カトリ　〔字鏡集〕縞　カトリ・シロシ・ネル・ナハ・シロキイロ

語系 縞kô、皜・顥hôは声義近く、翯・皠hôkもその系統の語。皓(晧)・皡hu、皎・皦kyôもみな皓白のものをいう。

【縞衣（こう(かう)い）】白絹の衣。〔詩、鄭風、出其東門〕其の東門を出づれば　女有り、雲の如し　則ち雲の如しと雖も　我が思ひの存するに匪（あら）ず　縞衣綦巾（ききん）(萌葱（もえぎ）の領布（ひれ）)　聊（いささ）かはくは我が員（もと）と樂しましめん

【縞巾（こう(かう)きん）】白絹の頭巾。〔晋書、李寿載記〕安車束帛を以て龔壯を聘し、太師と爲す。壯、固辭し、特だ縞巾素帶、師友の位に居ることを聽（ゆる）す。

【縞素（こう(かう)そ）】白絹。また、喪服。〔戦国策、魏四〕信陵君、縮高の死せるを聞き、素服縞素して舍を辟（さ）け、使者をして安陵君に謝せしむ。

【縞帯（こう(かう)たい）】白絹の帯。〔左伝、襄二十九年〕(呉の季札)鄭に聘し、子產を見る。舊（もと）より相ひ識るが如し。之れに縞帶を與ふ。子產、紵衣を獻ず。

【縞紵（こう(かう)ちょ）】白絹と麻の衣服。また、前条の呉の季札と鄭の子産の贈答のことから、友人間の贈答をいう。〔戦国策、斉四〕後宮の十妃、皆縞紵を衣（き）、粱肉を食らふも、豈に毛嬙（もうしょう）・西施有らんや。～君の士を好むこと、未だし。

【縞袂（こう(かう)べい）】白衣の袂。明・高啓〔梅花、九首、二〕詩　縞袂相ひ逢ふ、半ばは是れ仙　平生、水竹深緣有り

↑縞羽（こうう） 白羽／縞冠（こうかん） 白絹の冠／縞旂（こうき） 白絹の旗／縞衾（こうきん） 白絹の衾／縞裙（こうくん） 白絹の裳／縞皓（こうこう） 潔白／縞仙（こうせん） 白梅／縞武（こうぶ） 白い帽縁／縞服（こうふく） 喪服／縞練（こうれん） 白絹

↓阿縞・曳縞・綺縞・呉縞・純縞・織縞・纖縞・素縞・紵縞・魯縞

常【興】16 7780　コウ　キョウ　おこる　おこなう　おもむき

篆文 　甲骨文 　金文 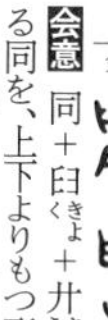

会意 同＋臼（きょく）＋廾（きょう）。同は酒器。臼と廾は四手。酒器である同を、上下よりもつ形。儀礼のとき、地に酒をそそいで、地霊を慰撫することが行われた。〔礼記、楽記〕に「上下（しょうか）の神を降興す」とあり、上帝には降(降)、地霊には興という。〔周礼、地官、舞師〕に「小祭祀には則ち興舞せず」とあり、小祭祀のときにはその礼を略した。地霊に酒を灌いで祀るとき、おそらく呪詞が唱えられたと思われるが、その語はのち〔詩〕の発想法として一の定型をなし、これを興（きょう）という。わが国の序詞・枕詞の成立と相似た関係のものである。酒を人にそそぐことを釁（きん）といい、新しい建造の物や器物の制作の際にも用いる。〔礼記、

文王世子」に「器を興するに幣を用ふ」とある興は、釁の略体とみてよい。〔説文〕三上に「起すなり」とし、字を舁(かつぐ)に従い同に従うもので、共同してものを起こす意とするが、地霊をよび興すのが字の原義である。それよりして、すべてものが発動し、興起する意に用いる。興趣の意は、発想としての興の引伸義であろう。

訓義 [1]おこす、地霊をよびおこす、酒をそそいで地霊をよびおこす。[2]おきる、おきあがる。[3]おこる、はじまる、さかんになる、うごく、あらわれる。[4]おこなう、用いる。[5]たのしむ、おもむき、おもしろい。[6]詩の発想法。主題に入るための、序詞的な表現。もとは地霊にはたらきかける呪詞的な語で〔詩〕の国風に多く遺存する。[7]釁と通じ、はらう、きよめる。

古訓 〔名義抄〕興 オコル・オコス・タトヒ・タフトブ・サカユ・タトフ・オホカタ・タカシ・タクラブ 〔字鏡集〕興 サカリ・オコル・ハジメ・ヨシ・タツ・コト・シルス・ムサボル・タトヒ・ウマル・ウゴカス・ツカサドル・クシノオモ・オコス・タトフ・タフトブ・サカユ・オホカリ・タカシ・タクラブ

声系 〔説文〕十二下に興声として嬹一字を収める。嬹は「說ぶなり」と訓し、おそらく女巫が興舞することをいう字であろう。〔文選〕の李善の〔注〕などに「興は說なり」とみえる訓は、この字であると〔段注〕にいう。また釁を〔説文〕に爨部三上に属し、釁はその省文に従って、竈を祭るに象る字とするが、字は興に従い、灌鬯の儀を示すもので、その声義に関係がある。

【興雨】 雨を起こす。降らせる。〔詩、小雅、大田〕渰として萋萋たる有り 雨を興すこと祁祁たり 我が公の田に雨ふりて 遂に我が私に及べ

【興化】 教化をおこす。〔後漢書、蔡茂伝〕臣聞く、興化致教は、必ず善を進むるに由る。

【興会】 興が心に発する。〔宋書、謝霊運伝論〕靈運の興會標擧、(顔)延年の體裁明密は、竝びに軌を前秀に方べ、範を後昆に垂る。

【興懐】 感慨を催す。晋・王羲之〔蘭亭集の序〕向の欣びし所は、俛仰の間、已に陳迹と爲る。猶ほ之れを以て懷ひを興さざる能はず。

【興感】 感興を催す。〔北史、劉璠伝〕嘗て疾に臥して家に居り、雪に對ひて興感す。乃ち雪の賦を作りて、以て志を遂ぐ。

【興起】 感動して振い起つ。〔孟子、尽心下〕百世の上に奮ひ、百世の下、聞く者興起せざる莫し。聖人に非ずして、能く是の若くならんや。

【興業】 事を振興する。〔史記、太史公自序〕孔氏文を述べ、弟子業を興し、咸な師傅と爲り、仁を崇び義を厲く。仲尼弟子列傳第七を作る。

【興行】 盛んにする。盛行する。宋・欧陽脩〔吉州学記〕禮讓興行し、風俗純美なるに至りて、然る後、學の成ると爲す。

【興国】 国をおこす。〔左伝、昭四年〕冀の北土は馬の生ずる所なれども、興國無し。險と馬とを恃むことの、以て固しと爲すべからざること、古よりして以に然り。

【興作】 おこる。〔中論、下、暦数〕帝王の興作するは、未だ天時を奉贊して以て人事を經せざる者有らざるなり。故に孔子春秋を制し、人事を書して因るに天時を以てす。以て二物相ひ須ちて成るを明らかにするなり。

【興師】 軍を起こす。〔詩、秦風、無衣〕王、于に師を興す 我が戈矛を脩め 子と仇を同にせん

【興事】 事をはじめる。〔書、益稷〕皐陶拜手稽首し、颺言して曰く、念へや、率ゐ作りて事を興し、乃の憲を愼みて、欽しめや。

【興趣】 感興。〔滄浪詩話、詩弁〕詩の法に五有り。曰く體製、曰く格力、曰く氣象、曰く興趣、曰く音節。～盛唐の諸人は、惟だ興趣に在り。羚羊挂角(痕迹のないたとえ)、迹の求むべき無し。故に其の妙處は、透徹玲瓏、湊泊すべからず。

【興尽】 感興が尽きる。〔晋書、王徽之伝〕嘗て山陰に居り、夜雪初めて霽れ、月色清朗、四望皓然たり。～忽ち戴逵を憶ふ。逵、時に剡に在り。便ち夜小船に乘じて之れに詣り、經宿にして方めて至り、門に造り前まずして反る。人、其の故を問ふ。徽之曰く、本と興に乘じて行く。興盡きて反る。何ぞ必ずしも安道(戴逵)を見んやと。

【興衰】 盛衰。興敗。〔後漢書、皇后上、光武郭皇后紀論〕物の興衰、情の起伏、理固より然る有り。而れども崇替去來の甚だしき者は、必ずや唯だ寵惑か。

【興託】 感興のよせかた。発想法。〔詩品、中、晋の司空張華〕其の體華豔なるも、興託奇ならず。巧みに文字を用ひ、務めて妍冶を爲す。

【興致】 興趣。情趣。〔滄浪詩話、詩弁〕近代の諸公、乃ち奇特解會を作すも、遂に文字を以て詩を爲り、才學を以て詩を爲り、議論を以て詩を爲る。～且つ其の作多く使事を務め、興致を問はず。用事必ず來歷有り、押韻必ず出處有り。

【興廃】 盛衰。隆替。〔漢書、匡衡伝〕婚姻の禮正しくして、然る後品物遂げて天命全し。～此れ綱紀の首、王教の端なり。上世より已來、三代の興廢、未だ此れに由らざる者有らざるなり。

【興舞】 神をよびおこし、舞う。興は土主に酒を灌ぐ意。〔周礼、地官、舞師〕帥ゐて山川の祭祀を舞ふ。～凡そ小祭祀には則ち興舞せず。

【興文】 文運をおこす。漢・王褒〔四子講徳論〕今南郡に白虎を獲たり。亦た武を偃め文を興すの應なり。之れを獲たる者は張武なり。

【興兵】 兵を起こす。〔戦国策、東周〕秦、師を興して周に臨み、九鼎を求む。周君之れを患へ、顔率に告ぐ。～顔率、齊に至り、齊王に謂ひて曰く、夫れ秦の無道を爲すや、兵を興して周に臨み、九鼎を求めんと欲す。周の君臣、内に自ら畫計す。秦に與へんよりは、之れを大國(斉)に歸するに若かずと。

【興亡】 盛衰。興敗。〔書、太甲下〕德なれば惟れ治まり、否德なれば亂る。治と道を同じうせば興らざる罔く、亂と事を同じうせば亡びざる罔し。終始厥の與を愼むは、惟れ明明の后なり。

【興味】 興趣。おもむき。唐・李中〔九江の旧居を思ふ、三首、二〕詩 門前の煙水、瀟湘に似たり 放曠優游すれば、興味長し

【興滅】 滅亡の国を復興する。〔論語、尭曰〕滅國を興し、絶世を繼ぎ、逸民を擧ぐれば、天下の民、心を歸す。

【興隆】 盛んとなる。蜀・諸葛亮〔出師の表〕賢臣に親しみ、小人を遠ざけしは、此れ先漢の興隆せし所以なり。

➡興雲 涌く雲／興役 役事をおこす／興悦 悦ぶ／興家 家をおこす／興壊 興廃／興革 改革／興学 学をおこす／興酣 興甚だし／興玩 楽しむ／興寄 寄興／興義 義に立つ／興居 起居／興挙 あげ行う／興啓 はじめる／興慶 吉兆／興芸 芸をおこす／興建 創立／興功 建功／興讃 称讃する／興思 構想／興首 はじめ／興戎 戦を起こす／興鋤 助け合い／興昌 盛んにする／興譲 譲におこる／興寝 起居／興仁 仁によって道徳的な確信をもつ／興積 集積する／興羨 羨む情／興繕 造作／興替 隆替／興治 盛んに治める／興築 おこし作る／興長 発達する／興騰 勃興する／興動 はじめる／興道 道をおこす／興敗 興亡／興発 倉をひらく／

興富（こうふ） 富を作る／興奮（こうふん） 奮起する／興輔（こうほ） 盛んにし、たすける／興慕（こうぼ） 景仰する／興邦（こうほう） 興国／興謗（こうぼう） 謗りを起こす／興勃（こうぼつ） 勃興する／興名（こうめい） 名を挙げる／興門（こうもん） 家を繁昌させる／興妖（こうよう） 妖乱のことをはじめる／興利（こうり） 利をおこす／興立（こうりつ） 創建する／興慮（こうりょ） 考える

↓一興・逸興・雲興・佳興・感興・義興・吟興・降興・高興・座興・再興・作興・詩興・酒興・秋興・夙興・春興・振興・新興・酔興・清興・盛興・即興・中興・迭興・日興・廃興・比興・悲興・不興・風興・復興・勃興・遊興・余興・隆興

常【衡】16 2122 コウ（カウ） くびき よこ はかり

篆文  古文  金文 

会意 行＋角＋大。行は道。角は牛角。大は牛身。つのぎをつけた牛を正面よりみた形。〔説文〕四下に「牛の觸るる横の大木なり」と楅衡（ふくこう）の意とし、「角大に從ひ、行聲」（段注本）の字とするが、〔説文〕行部二下の行を左右に分書するものに行声の例がなく、行は限定符とみるべく、中央が象形字である。すなわち牛が道路をゆくとき、危険を防ぐため楅衡を用いる意。金文の車服賜与形式の冊命（さくめい）の文に「遣衡（かうさく）」を賜う例が多く、輈（ながえ）の前端の横木と軛（くびき）など、車服一式に及ぶ例が多い。角に横にわたすものであるから横の意に用い、合縦連衡のようにいう。

訓義 ①牛のつのぎ。②くびき、牛馬の首にかける曲木。衡軛というように、衡の一部をなす。③よこ、よこにわたすもの、屋上のよこぎ、冠をとめるこうがい、建物のすり、かぶき門。④はかり、はかりざお。権（おもり）を用いて左右の均衡をとり、重さをはかる。はかる、ひとしい、たいらか。⑤珩と通じ、佩玉。佩玉の首に衡をおき、左右の系に玉を連ねて垂らす。金文に「幽黄」という例が多く、幽黄は文献にいう幽衡にあたる。⑥中心点に位置するもの、鐘の柄の上部、鐘をかけるところ、渾天儀の心棒のところ。

古訓 〔新撰字鏡〕衡 久比木（くびき）〔名義抄〕衡 ヒラナリ・ハカリ・ハカリノオモシ・ヨコタフ・タヒラカニ・イタヅフ・ヨコサマ・イビキ 〔字鏡〕衡 ヨコサニ・イタヅラ・ハカラフ・ハサム・ワヅカ・ヨコタフ・クビキ・イエ・カウガフ・ヨロシ・ヒトン・カク・ヒラナリ・マツク・タヒラカナリ・ハカリ・ハカリノオモシ

語系 衡・珩・桁heang、横（橫）hoang、璜huangは声近く、みな横長のもの、横さまのものをいう。黄（黃）は佩玉の象形ともみられる字で、その上部の横にわたる玉を衡という。

【衡宇】（こうう） かぶき門などの粗末な家。晋・陶潜〔帰去来の辞〕乃ち衡宇を瞻（み）、載（すなは）ち欣び載ち奔る。

【衡行】（こうこう） 横に歩く。横行。悪業をはたらく。〔孟子、梁恵王下〕一人、天下に衡行せば、武王之れを恥づ。此れ武王の勇なり。而して武王も亦た一たび怒りて、天下の民を安んぜり。

【衡称】（こうしょう） はかる。均衡する。〔新書、道術〕明主なる者は、南面して正しくし、清虚にして靜かなり。令名自ら宣（あき）らかに、命物自ら定まる。鑑（かがみ）の應ずるが如く、衡（はかり）の稱（かな）ふが如し。～此れ虛の物に接するなり。

【衡茅】（こうぼう） かぶき門と草舎。晋・陶潜〔辛丑の歳七月～夜、塗口に行く〕詩 眞を衡茅の下（もと）に養ひ 庶（こひねが）はくは善を以て自ら名づけられんことを

【衡門】（こうもん） かぶき門の粗末な家。〔詩、陳風、衡門〕衡門の下 以て棲遲（せいち）（楽しく遊ぶ）すべし

↑衡蓋（こうがい） 車上の傘／衡嶽（こうがく） 南山／衡鑑（こうかん） はかりと鏡／衡軌（こうき） くびき／衡虚（こうきょ） 無私／衡均（こうきん） 公平／衡撃（こうげき） 横ざまに撃つ／衡決（こうけつ） 横切る／衡権（こうけん） はかり／衡言（こうげん） 正平の言／衡抗（こうこう） 相対し争う／衡巷（こうこう） まちなか／衡才（こうさい） 人材を選衡する／衡宰（こうさい） 宰相／衡視（こうし） 真正面に視る／衡軸（こうじく） 枢要／衡縦（こうしょう） 縦横／衡任（こうじん） 両軛の間／衡石（こうせき） はかり／衡総（こうそう） 頭飾り／衡直（こうちょく） 縦横／衡度（こうど） はかりと物指し／衡文（こうぶん） 評文／衡平（こうへい） 平均をたもつ／衡縫（こうほう） 横縫い／衡木（こうぼく） 横木／衡命（こうめい） 命にさからう／衡軛（こうやく） 車の横木／衡里（こうり） まちなか／衡量（こうりょう） 計量／衡廬（こうろ） 衡門茅屋／衡鹿（こうろく） 山林の官

↓玉衡・均衡・権衡・持衡・称衡・銓衡・争衡・楅衡・平衡・幽衡・連衡

常【鋼】16 8712 コウ（カウ） はがね

形声 声符は岡（こう）。岡は鋳物の鋳型。剛はその鋳型を刀で解き、器をとり出す意。鋼は剛鉄をいう。〔玉篇〕に「鍊鐵なり」とあり、鍊冶を加えた鉄をいう。

訓義 ①はがね、ねりがね。②かたい。

古訓 〔名義抄〕鋼 カヾミ 〔篇立〕鋼 コハシ 〔字鏡集〕鋼 カヾミ・クロカネ・ネリカネ

語系 鋼・岡・綱kangは同声。堅kyen、緊kien、また強giang、勁kiengも声義に通ずるところがあり、一系の語である。

【鋼甲】（こうこう） 鋼鉄製のよろい。〔宋史、兵志十一〕至道二年二月詔す。先に光明細鋼甲を造り、以て士卒に給せし者、初め襯裏（しんり）（裏地の巾）無し。宜しく紬（つむぎ）を以て之れを裹（つつ）み、擐（ぬ）ぐ者をして肌體（きたい）を磨傷せざらしむべし。

↑鋼勁（こうけい） かたくつよい／鋼鉄（こうてつ） はがね／鋼利（こうり） かたく鋭い

↓剤鋼・純鋼・精鋼・製鋼・団鋼・鋳鋼・鉄鋼・錬鋼

【閧】16 7780 コウ たたかう

篆文 

形声 声符は共（きょう）。共に洪（こう）の声がある。〔説文〕三下に「鬥（たたか）ふなり」（段注本）とみえ、ときの声をあげてたたかう意。

訓義 ①たたかう。②ときのこえ、ときの声をあげてたたかう。③さわぐ、せめぐ。

古訓 〔字鏡集〕閧 アラソフ・タヽカフ・カム

↑閧声（こうせい） ときの声／閧然（こうぜん） さけぶ声の盛んなさま／閧堂（こうどう） 皆で大笑いする

↓喧閧・市閧・笑閧・屯閧

【嗃】17 6402 コウ（カウ） さけぶ なる

形声 声符は高（こう）。嗃にたかくさけび、さわぐ意がある。嗃矢はなりかぶら。戦をはじめるとき、まずかぶら矢を発して合図とするので、ことをはじめることを嗃矢という。また、ことのはじまりをいう。

訓義 ①さけぶ。②なる、さわぐ。

【嗃矢】（こう（かう）し） かぶらや。なりかぶら。戦のはじめ。また、ものの起こり。〔荘子、在宥〕下に（夏）桀（けつ）・（盗）跖（せき）有り、上に曾（参）・史（鰌）有り。而して儒墨畢（ことごと）く起る。～焉（いづ）くんぞ曾・史の、桀・跖の嗃矢（先蹤）爲（た）らざるを知らんや。

【嶸】17 2979 コウ（クヮウ） エイ けわしい

篆文 

形声 声符は榮（栄）（えい）。榮に熒（けい）の声がある。〔説文〕九下に「崝嶸（さうくわう）なり」、前条に「崝は嶸なり」とあり、「崝嶸」は「崢嶸（さうくわう）」、嵯峨（さが）というのと同じ。

訓義 ①けわしい、山が高くさがしい。

古訓 〔名義抄〕嶸 サカシ・タカシ／崢嶸 ―トタカシ・サガシ・タカシ・ハルカ 〔字鏡集〕嶸 クロム・タカシ・サカシ

↓崢嶸

【糠】17 9093 ［穅］16 2093 コウ（カウ） ぬか

篆文 

形声 声符は康（こう）。康は杵（きね）をもって脱穀精白する意の字。下部の小点は粉末の象である

から、康は糠の初文とみてよい。〔説文〕七上に穅を録し、その重文として康をあげている。のちその糟糠の字に穅・糠を用いる。

訓義 1ぬか、もみぬか、穀のうす皮。2ごく小さなもの、つまらぬものにたとえる。

古訓 〔和名抄〕糠 沼賀(ぬか)、阿良奴加(あらぬか) 〔篇立〕糠 カス・ヌカ・カヒ

＊語彙は穅字条参照。

【糠覈】極めて疎悪な食事。覈の本字は籺。麦糠のくず。〔漢書、陳平伝〕平、人と爲り長大にして美色なり。人或いは平に謂ふ、貧なるに何を食らひて肥ゆること是の若くなると。其の嫂、平の、家の生産を親らせざるを疾みて曰く、亦た糠覈を食らはんのみ～と。

【糠市】貧民窟。〔雲仙雑記、八、糠市〕洛陽の振徳坊は皆貧民なり。例もて糟糠の薄きを享す。賀知章目けて糠市と爲す。

【糠粃】ぬかと、しいな。糠粃。〔後漢書、安帝紀〕月令に、仲秋衰老を養ひ、几杖を授け、糜粥を行ふと。方今、案比の時、郡縣多く奉行せず。糜粥有りと雖も、糠粃相ひ半ばす。～甚だ詔書養老の意に違ふ。

【糠糜】ぬかの粥。唐・韓愈〔窮を送る文〕肥甘に飫きては、彼の糠糜を慕ふ。天下に子を知るは、誰か予に過ぎん。斥逐に遭ふと雖も、子を疎んずるに忍びず。

↑糠糗 粗食／糠籺 糠覈／糠糟 糟糠／糠灯 麻がらの灯

↓糟糠・粃糠

【嬦】17 4444 〔莜〕10 4429 コウ(カウ) くさぎる

篆文  籀文 

会意 艸+女+辱。辱は辰(蜃)を持つ形。古くは蜃器を草を刈るのに用いた。〔説文〕一下に「田艸を拔くなり。蓐に従ひ、好の省聲」(段注本)とするが、その籀文の字形によって説くものであろう。また、或る体として莜の字を録し、休声。〔説苑、政理〕に「田畝荒穢にして休らず」とある休は、莜字の義。古く休と声の近い字であったのであろう。

訓義 1くさぎる。

古訓 〔新撰字鏡〕嬦 支波良不(きはらふ) 〔名義抄〕嬦 ハラフ

↑嬦耘 草ぎる／嬦具 かま／嬦鋤 すき／嬦草 除草する／嬦田 田の草をとる／嬦刀 かま

↓耘嬦・鎒嬦

【薧】17 4421 コウ(カウ) はかば かわく

篆文 

形声 声符は蒿の省形。蒿は草間に高のある形で、高は枯屍。その字にさらに死を加えたもので、墓地の意。〔説文〕四下に「死人の里なり」とする。死は屍骨を拝する形。薧は蒿里の蒿の繁文とみてよい字である。乾肉としたものを鱻薧・兎薧といい、枯槁の意がある。〔広雅、釈詁二〕に「殦は乾なり」とあり、その意の字である。

訓義 1はかば。2かわく、かれる。

古訓 〔名義抄〕薧 オホケタリ・ホレタリ

【薧魚】魚の乾物。〔本草綱目、鱗四、鮑魚〕釋名、薧魚は蕭折魚、乾魚なり。(李)時珍曰く、鮑は即ち今の乾魚なり。魚の包むべき者、故に字は包に従ふ。禮記(周礼、天官、獻人)に之れを薧と謂ふ。

↓死薧

【薨】17 4421 コウ コウ(クヮウ) しぬ みまかる

篆文 

会意 夢の省文+死。〔説文〕四下に「公侯の卒するなり」とし、瞢の省声とするが、声が異なる。夢魔によって死することをいう字であろう。〔礼記、曲礼下〕に「天子の死を崩と曰ひ、諸侯には薨と曰ふ」とあり、高貴の人には夢魔の危険が多かったのであろう。薨の声は、昏睡のときの状をいう。

訓義 1しぬ、みまかる、諸侯・貴族など、身分あるものの死をいう。2形容語、崩れる音、多いさま、早いさま、虫の飛ぶさま。

古訓 〔名義抄〕薨 シヌ

【薨隕】死ぬ。〔三国志、魏、張既伝〕故の涼洲刺史張既、能く民を容れ衆を畜ひ、群羌をして土に歸せしむ。國の良臣と謂ふべし。不幸にして薨隕す。朕甚だ之れを愍れむ。

【薨薨】多いさま。早いさま。また、音の轟くさま。〔漢紀、哀帝紀上〕(建平元年春正月)丁未、白氣有り、天に著く。廣き處は一疋の布の如く、長さ十餘丈。西南に行き、薨薨として雷の如し。一刻にして止む。

【薨落】死ぬ。梁・任昉〔斉の竟陵文宣王行状〕天憖ひに遺さず、奄(忽)として薨落せらる。哀慕抽割し、厥の心を震動せしむ。

↑薨奄 逝去／薨謝 逝去／薨逝 逝去／薨殂 逝去／薨背 逝去

人【藁】17 4490 〔藳〕18 4490 コウ(カウ) わら

形声 声符は稾。稾の俗字。

訓義 1わら。2かれる。3稾と同じ。草稿。

古訓 〔篇立〕藁 ワラ

＊語彙は槁字条参照。

【覯】17 5641 コウ あう みる

篆文 

形声 声符は冓。冓は飾り紐を結び合わせる形で、結婚を示す象徴的な方法であった。〔説文〕八下に「遇たま見るなり」とするが、遇合の意ではなく、媾・遘とも声義の通ずる字である。〔詩、召南、草虫〕に「亦た既に見 亦た既に覯ひ 我が心則ち降る」とみえる。

訓義 1あう、あいみる。2結婚する、成就する。3遘・逅と通じ、あう。

古訓 〔名義抄〕覯 ミル・アフ・ナル 〔字鏡集〕覯 ナル・ミル・アフ・アヒミル

語系 覯・冓・遘・媾 ko は同声。金文に婚媾を「昏遘」とすることが多い。みな冓の声義を承ける。

【覯閔】悲しいめにあう。〔詩、邶風、柏舟〕閔ひに覯ふこと既に多く 侮りを受くること少なからず 靜かに言に之れを思ひ 寤めて辟つこと、摽たる有り

↑覯見 あう

↓希覯・奇覯・稀覯・朝覯

常【講】17 〔講〕17 0564 コウ(カウ) コウ とく はかる おしえる

篆文 

形声 声符は冓。冓は結合を象徴する組紐の形。〔説文〕三上に「和解するなり」という。その意には、古くは媾を用いることが多く、講和のために通婚することがあったのであろう。講は内部構造を解明することをいい、事理を通じ、事案を考えることをいう。ゆえに論講の意となる。

訓義 1とく、説きあかす、きわめる、しらべる。2はかる、考える。3おしえる、ならう、よむ、つげる。4斠と通じ、平らかにする。5媾と通じ、和解する。

古訓 〔名義抄〕講 カムガフ・カナフ・カマフ・トク・ナラフ・マツル・エラブ 〔字鏡集〕講 カンガフ・ハカリゴト・サトル・カマフ・ニナフ・ロンズ・カナフ・マホル・エラブ・トク・ナラフ

【講閲】武事を講じ、軍を検閲する。斉・謝朓〔伏武

昌の、孫権の故城に登るに和す〕詩 釣臺、講閲に臨み 樊山、廣讌を開く

【講筵】こう(かう)えん 講義の座。講席。〔陳書、文学、張正見伝〕簡文雅もとより學業を尙ぶ。毎に自ら座に昇りて經を說く。正見、嘗て講筵に預かり、疑義を決せんことを請はる。吐納和順、進退詳雅、四座咸く屬目す。

【講解】こう(かう)かい 和解。また、講義解釈。唐・韓愈〔石鼓の歌〕詩 諸れを太廟に薦めて郜鼎(春秋の郜の大鼎)に比ぶれば 光價豈に止だ百倍に過ぐるのみならんや 聖恩若し許して太學に留めなば 諸生講解して、切磋することを得ん

【講学】こう(かう)がく 学習する。〔左伝、昭七年〕九月、公、楚より至る(帰国する)。孟僖子(楚に在りて)禮を相くること能はざりしを病ひ、乃ち之れを講學す。苟くも禮を能くする者あらば、之れに從ふ。

【講義】こう(かう)ぎ 解釈。解釈した書。宋・邢昺〔孝経注疏の序〕今特だ元疏を翦裁し、諸書を旁引し、分義錯經、歸趣を會合し、一に講說に依り、次第解釋す。之れを號づけて講義と爲すなり。

【講究】こうきゅう(かうきう) 研究する。〔朱子語類、一一八〕問ふ、讀書宜しく何を以て法と爲すべきと。曰く、須らく少しく看よ。凡そ讀書須らく子細に講究すべし。放過すべからず。

【講経】こう(かう)けい 経書の義を講説する。〔唐書、儒学上、孔穎達伝〕帝、太學に幸して釋菜を觀る。穎達に命じて經を講ぜしめ、畢りて釋奠頌を上らしむ。詔有りて褒美す。

【講肄】こう(かう)し 講習する。〔詩、小雅、甫田〕攸て介し攸て止し 我が髦士を烝む〔箋〕閒暇なるときは、則ち廬舍及び止息する所の處に於て、道藝を以て相ひ講肄し、以て其の俊士爲るの行を進む。

【講授】こう(かう)じゅ 講義。授業。〔漢書、夏侯勝伝〕勝、講授する毎に、常に諸生に謂ひて曰く、士は經術に明らかならざるを病へよ。經術苟くも明らかならば、其の靑紫(官位)を取ること、俛して地の芥を拾ふが如きのみ～と。

【講習】こうしゅう(かうしふ) 学習。〔論衡、問孔〕世の儒學の者、好んで師を信じて古を是とし、以爲へらく、賢聖の言ふ所は皆非無しと。專精講習し、難問する(疑い問う)ことを知らず。

【講誦】こう(かう)しょう 講読。〔史記、儒林、董仲舒伝〕董仲舒～春秋を治むるを以て、孝景の時博士と爲り、帷を下して講誦す。弟子傳ふるに久次(古い者順)を以てし、業を相ひ受く。或いは其の面を見る莫し。

【講読】こう(かう)どく 文義を調べながら読む。〔後漢書、竇章伝〕永初中、三輔、羌寇に遭ひ、章、難を東國に避け、外黃に家す。貧に居り、蓬戸蔬食、躬ら勤めて孝養す。然れども講讀すること輟めず。

【講武】こう(かう)ぶ 武を習う。〔礼記、月令〕(孟冬の月)天子、乃ち將帥に命じて武を講じ、射御を習ひ、力を角らべしむ。

【講明】こう(かう)めい 事理を考え明らかにする。宋・朱熹〔白鹿洞書院掲示〕熹、竊かに古昔聖賢の、人を教へ學を爲さしむ所以の意を觀るに、之れをして義理を講明し、以て其の身を修め、然る後推して以て人に及ぼさしむるに非ざる莫し。

【講論】こう(かう)ろん 講明し論ずる。〔後漢書、光武帝紀下〕毎旦朝を視、日仄きて乃ち罷む。數公卿・郎・將を引き、經理を講論し、夜分にして乃ち寐ぬ。

↑講帷 講席／講繹 文意を考え調べる／講演 講述する／講貫 習う／講議 講論／講求 講究する／講業 講学／講芸 講学／講隙 講義の余／講古 古学／講座 講席／講索 講求する／講史 講談／講師 講ずる人／講試 試みる／講事 事を習う／講舎 学習所／講釈 講説／講処 仲裁する／講唱 唱読／講頌 講誦／講席 講義の座／講説 講義／講銭 口銭／講壇 講説の壇／講堂 講舎／講道 道を学ぶ／講徳 徳を学ぶ／講罷 講義しおわる／講評 解説批評／講弁 講論／講余 講義の余暇／講旅 軍の操練／講礼 礼を学ぶ／講和 和睦する／講話 お話

↓開講・休講・研講・口講・侍講・受講・詳講・進講・親講・代講・談講・長講・聴講・披講・補講・夜講・輸講・輪講・論講

常【購】17 〔購〕17 6584 コウ あがなう かう

篆文 

形声 声符は冓。〔説文〕六下に「財を以て求むる所有るなり」と購求の意とするが、「購う」「償う」という訓のある字で、財物を以て和を求め、ことを済ます意のある字であろう。懸賞をかけるような意にも用いる。

訓義 ①あがなう、賞をかけて求める。②つぐなう、かいとる、かう。③講と通じ、やわらぐ、和睦する。

古訓 〔名義抄〕購 カフ・アカフ・ツノル 〔字鏡集〕購 マヒナヒ・カフ・ツノル・カギル・アカフ

【購求】こうきゅう(きう) 金を出して求める。〔三国志、魏、武帝紀〕(鮑)信、力戰して鬭死す。僅かにして之れ(黄巾の賊)を破る。信の喪(屍)を購求するも得ず。衆乃ち～祭りて哭す。～冬、降卒三十餘萬、男女百餘萬口を受く。

【購書】こうしょ 本を買う。宋・蘇軾〔劉道原の南康に帰観するを送る〕詩 靑衫、白髮、自ら歎ぜず 富貴天に在り、那ぞ忙するを得ん 十年、戶を閉ざして幽獨を樂しみ 百金、書を購ひて散亡を收む

【購得】こうとく 買いとる。〔独異志、中〕王右軍の～蘭亭記の序は～太宗、御史蕭翼をして密かに之れを購得し、爵賞の外、別に億萬を費やす。太宗崩ずるに臨み、～遂に梓宮(棺)に從ひて陵に入れり。

↑購価 買入れ価格／購款 代価／購県 懸賞をつけて求める／購告 懸賞／購索 購求する／購賞 懸賞をつけて求める／購畜 買い置き／購買 買う／購弁 仕入れる／購捕 懸賞づきで犯人を捜索する／購募 懸賞募集／購問 購索

↓急購・懸購・訪購

【骾】17 7124 コウ(カウ)

篆文 

形声 声符は更(更)。更に硬(硬)の意がある。〔説文〕四下に「食らへる骨、咽中に留まるなり」とあり、のどに骨がささる意。骨ばることをいう。

訓義 ①ほねがささる、のどにほねがたつ。②ほねっぽい、かどばる。

古訓 〔篇立〕骾 ノキ・ムセブ

【骾訐】こう(かう)けつ 人の悪をあばきたてる。〔唐書、牛僧孺伝〕工みに文を屬り、進士に第す。元和の初、賢良方正對策を以て、李宗閔・皇甫湜と倶に第一となる。失政を條指し、其の言、骾訐にして、宰相をも避けず。宰相怒り、～(考官)皆謫去せらる。

↑骾朴 剛直で飾らぬ

↓剛骾・骨骾

【鮫】17 2034 コウ(カウ) さめ

篆文 

形声 声符は交(交)。〔説文〕十一下に「海魚なり。皮は刀を飾るべし」という。〔荀子、議兵〕に「楚人は鮫革犀兕、以て甲と爲す」とあり、武具の良材とされた。

訓義 ①さめ。②蛟と通じ、みずち、竜。

古訓 〔和名抄〕鮫 佐米(さめ) 〔名義抄〕鮫 サメ

【鮫室】こう(かう)しつ 鮫人の室。鮫人は海中の人魚かという。また、

潜水を業とする漁人をたとえていう。〔述異記、下〕南海中に鮫人の室有り。水居すること魚の如く、機織を廢せず。其の眼、能く泣くときは則ち珠を出だす。

【鮫珠】こう(かう)しゅ　真珠。〔本草綱目、介二、真珠〕陸佃云はく、~龍珠は頷(あご)に在り、蛇珠は口に在り、魚珠は眼に在り、鮫珠は皮に在り、鼈珠は足に在り、蛛珠は腹に在り。皆蚌珠に及ばざるなり。

↑鮫革　さめ皮／鮫鰐　さめとわに／鮫函　さめ皮の鎧／鮫魚　さめ／鮫綃　人魚の衣／鮫鞘　さめ皮のさや／鮫人　人魚／鮫涙　竜眼

↓河鮫・魚鮫・群鮫・大鮫

入【鴻】17 3712　コウ　はくちょう　ひしくい　おおきい

篆文 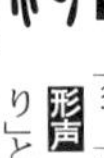

形声　声符は江。〔説文〕四上に「鴻鵠なり」とあり、白鳥をいう。〔詩、小雅、鴻鴈〕「鴻鴈于に飛ぶ」の〔毛伝〕に、大を鴻、小を鴈とする。おそらくその鳴き声による命名であろう。大きな鳥で、高空を飛ぶものであるから、鴻大・鴻蒙のように用いる。

訓義　①白鳥、鶴に似て大きく光沢純白の鳥である。②ひしくい、大雁。③大きい、さかん、奥深い。④洪と通じ、大水。

古訓　〔名義抄〕鴻　カリ・オホイナリ・オホキナリ・サホカリ　〔字鏡集〕鴻　オホイナリ・カリ・ク、ヒ・ヒロシ

【鴻恩】こうおん　大恩。〔呉越春秋、句践入臣外伝〕范蠡~曰く、今罪を獲て君臣倶に降る。大王の鴻恩を蒙り、君臣相ひ保つことを得、~入りては掃除に備はり、出でては趨走に給することを得んと願ふは、臣の願ひなりと。~越王地に伏して流涕す。

【鴻鶴】こうかく　鵠。白鳥。〔拾遺記、三、周霊王〕黄髮の老叟五人有り。或いは鴻鶴に乘り、或いは羽毛を衣るのみ。~手に青筇の杖を握り、(老)耼と共に天地の數を談ず。~五老は卽ち五方の精なり。

【鴻鴈】こうがん　おおとりと雁。〔詩、小雅、鴻鴈〕鴻鴈于に飛ぶ　肅肅たる其の羽　之の子于に征き　野に劬勞(苦労)す

【鴻儀】こうぎ　風采の立派なことをいう。〔易、漸、上九〕鴻、陸(逵)に漸む。其の羽、用つて儀と爲すべし。吉なり。

【鴻業】こうぎょう(げふ)　大業。帝王の業。〔漢書、朱博伝〕高皇帝、聖德を以て命を受け、鴻業を建立す。

【鴻荒】こうこう(くわう)　太古。〔法言、問道〕鴻荒の世、聖人之れを惡む。是を以て法は伏犧に始まりて、堯に成る。伏に匪ず堯に匪ずんば、~聖人取らず。

【鴻鵠】こうこく　おおとりや、くぐい。大鳥。〔史記、陳渉世家〕陳渉~人と傭耕す。~曰く、苟も富貴ならば相ひ忘るること無からんと。庸者~曰く、若庸耕を爲す。何ぞ富貴ならんやと。陳渉太息して曰く、嗟乎、燕雀安んぞ鴻鵠の志を知らんやと。

【鴻殺】こうさい　強弱。〔周礼、考工記、矢人〕之れを撓めて、以て其の鴻殺の稱ふを眡る。

【鴻儒】こうじゅ　大儒。〔論衡、超奇〕夫の能く一經を說く者を儒生と爲し、古今を博覽する者を通人と爲し、傳書を采掇し、以て上書奏記する者を文人と爲し、能く精思して文を著はし、篇章を連結する者を鴻儒と爲す。~鴻儒は文人を超ゆ。

【鴻緒】こうしょ　王者の大業。〔後漢書、順帝紀〕陛下踐祚して鴻緒を奉遵し、郊廟の主と爲り、祖宗無窮の烈を承續す。上は天心に當り、下は民望を猒かしめん。~請ふ、禮儀を條案し、分別具奏せん。

【鴻漸】こうぜん　おおとりが次第に高く進む。〔漢書、公孫弘卜式兒寬伝賛〕公孫弘・卜式・兒寬、皆鴻漸の翼を以て、燕爵(雀)に困しめられ、迹を羊豕の閒に遠ざけらる。其の時に遇ふに非ずんば、焉くんぞ能く此の位を致さんや。

【鴻爪】こうそう(さう)　雪上のおおとりの爪あと。再帰の印にするという。宋・蘇軾〔子由(轍)の澠池懷旧に和す〕詩　人生到る處、知んぬ何にか似たる　應に飛鴻の雪泥を踏むに似たるべし　泥上偶然に指爪を留む　鴻飛びなば那ぞ復た東西を計らん

【鴻筆】こうひつ　大筆。すぐれた文章。〔論衡、須頌〕古の帝王、鴻德を建つる者、鴻筆の臣の襃頌紀載を須ちて、鴻德乃ち彰らかに、萬世まで乃ち聞ゆ。

【鴻宝】こうほう(はう)　大宝。道家の秘書。〔漢書、劉向伝〕淮南に枕中鴻寶苑祕書有り。書に神僊鬼物を使ひて金を爲らしむるの術~を言ふ。~更生(向)の父德、~淮南の獄を治して、其の書を得たり。更生~之れを獻じ、黄金の成るべきを言ふ。

【鴻毛】こうもう(まう)　おおとりの毛。軽いものにたとえる。漢・司馬遷〔任少卿(安)に報ずる書〕人固より一死有り。或いは太山よりも重く、或いは鴻毛よりも輕し。用の趨く所、異なればなり。

【鴻濛】こうもう　自然の元気。鴻蒙。また、東方、日の出る所。〔淮南子、俶真訓〕天地を提挈して、萬物を委し、鴻濛を以て景柱と爲し、昣崖(はて)無きの際に浮揚す。

【鴻鸞】こうらん　おおとりと鸞。賢人にたとえる。漢・揚雄〔劇秦美新〕井田を經め、人役を免じ、~振鷺(賢人)の聲、庭に充ち、鴻鸞の黨、階に漸むが若きは、~郁郁乎として煥たる哉。

【鴻烈】こうれつ　偉大な功業。〔後漢書、馮衍伝下〕毎に祖考の、盛德を前に著はし、鴻烈を後に垂るるを念ふ。時の禍に遭ひ、墳墓蕪穢となり、春秋蒸嘗、昭穆列無し。年衰へ歲暮れ、成功無きを悼む。

【鴻臚】こうろ　外国の使臣を司る官。〔漢書、百官公卿表上〕典客、秦の官、諸もろ義に歸する蠻夷を掌る。丞有り。景帝中六年、名を大行令と更む。武帝太初元年、名を大鴻臚と更む。屬官に行人・譯官・別火の三令丞、及び郡邸長丞有り。

↑鴻逸　世を逃れる／鴻化　王化／鴻基　洪基／鴻規　大計／鴻徽　大善／鴻禧　大福／鴻釐　鴻禧／鴻庥　ご高庇／鴻教　大教／鴻均　太平／鴻慶　大慶／鴻軒　高く飛ぶ／鴻号　大号／鴻志　人志／鴻私　鴻恩を受ける／鴻慈　大恵／鴻術　すぐれた術／鴻序　鴻漸／鴻鐘　洪鐘／鴻水　洪水／鴻生　大先生／鴻声　おおとりの声／鴻節　大節／鴻大　巨大／鴻沢　大恩／鴻卓　すぐれる／鴻図　大きな謀／鴻洞　混沌／鴻徳　大徳／鴻博　博学／鴻範　洪範／鴻飛　高く飛ぶ／鴻眇　高遠／鴻文　大文章／鴻篇　大作／鴻朴　太古樸質／鴻名　大名／鴻溟　大海／鴻蒙　鴻濛／鴻猷　鴻図／鴻溶　広大／鴻翼　大翼／鴻陸　大陸／鴻麗　壯麗／鴻瓏　玉の音

↓遠鴻・寒鴻・帰鴻・羈鴻・驚鴻・孤鴻・高鴻・初鴻・翔鴻・乗鴻・霜鴻・大鴻・汀鴻・白鴻・飛鴻・悲鴻・賓鴻・別鴻・溟鴻・濛鴻・遊鴻・来鴻・乱鴻

【鴿】17 8762　コウ(カフ)　いえばと

篆文 

形声　声符は合。〔説文〕四上に「鳩の屬なり」とあり、いえばと。羽毛の色や目の大小など、各種あり、伝書鳩にも使う。伝書鳩に用いる鳩を鵓鴿という。

訓義　①いえばと。②やまばと。

古訓　〔新撰字鏡〕鴿　也万波止(やまはと)〔名義抄〕鴿　イヘバト・ヤマバト〔字鏡〕鴿　イヘハト・ヤマハト・ハト・ニハクナフリ

【鴿書】こう(かふ)しょ　伝書鳩の書。〔開元天宝遺事、開元、伝書鴿〕張九齡、少年の時、家に群鴿を養ふ。親知に書信を與ふる毎に、往往只だ書を以て鴿の足下に繫け、教ふる所の處に依

り、飛往して之れを投ず。九齢之れに目づけて飛奴と爲す。
↑鴿舎 鳩小屋／鴿翎 鳩の羽
↓家鴿・鳩鴿・蒼鴿・鵓鴿・野鴿

【壙】 18 4018 コウ(クヮウ) つかあな むなしい

篆文

形声 声符は廣(広)。〔説文〕十三下に「塹穴なり」とあり、墓壙をいう。曠と通用し、空曠の意がある。

訓義 ①つかあな、墓壙、つか。②のはら、原野。③曠と通じ、むなしい、むなしくする。

古訓 〔篇立〕壙 ツカ 〔字鏡集〕壙 ムナシ・ツカ・アナ

【壙埌】 広いあらの。〔荘子、応帝王〕夫の莽眇の鳥に乗りて以て六極の外に出で、无何有の郷に遊び、以て壙埌の野に處らん。

↑壙遠 曠遠／壙虚 荒地／壙穴 墓穴／壙壙 空しい／壙志 墓誌／壙中 墓穴の中／壙兆 墓域／壙野 あらの／壙僚 無位無官／壙壟 はか
↓開壙・新壙・成壙・穿壙・断壙・家壙・塚壙・入壙・発壙・方壙

【獷】 18 4028 コウ(クヮウ) あらあらしい わるい

篆文

形声 声符は廣(広)。〔説文〕十上に「犬獷獷として附くべからざるなり」とあり、なつきにくい犬をいう。〔漢書、叙伝下〕に「獷獷たる亡秦」の語がある。

訓義 ①あらい、あらあらしい、たける。②わるい、獷獷は粗暴でわるいさま。③猛犬。④憬と通じ、さとるさま。

古訓 〔名義抄〕獷 コハシ・タ(ク)ルフ・イヌ 〔字鏡集〕獷 コハシ・イヌ・イサム・オロソカナリ・タフル・タフシ(レ)

【獷俗】 あらあらしい蛮風。〔後漢書、祭肜伝論〕臨みて偏海に守となり、政、獷俗を移す。～乃ち鼓を邊亭に臥せ、烽を減らし障を幽ぐこと、將ど三十年ならんとするに至る。古の所謂必ず世にして而る後に仁なりとは、豈に然らずや。

↑獷悪 兇悪／獷犴 荒々しい／獷悍 獷犴／獷健 強悍／獷獷 粗暴でわるいさま／獷驁 横暴／獷盛 強盛／獷賊 兇賊／獷直 粗野で飾らない／獷敵 兇奸な敵／獷戾 悍悪／獷厲 獷戾／獷烈 凶暴／獷魯 粗野で愚鈍
↓頑獷・凶獷・強獷・荒獷・狙獷・粗獷・貪獷

【簧】 18 8880 コウ(クヮウ) ふえ

篆文

形声 声符は黄(黃)。〔説文〕五上に「笙中の簧なり」とあり、笙の笛の舌。ふえそのものをもいう。黄はおそらくその声を写したものであろう。

訓義 ①ふえのした。②ふえ。③かんざしのかざり、歩揺。

古訓 〔名義抄〕簧 シタ・シヤウノコト・タカハカリ 〔篇立〕簧 タカハラ・フエ 〔字鏡集〕簧 コト・フエ・シタ・タカハカリ

【簧鼓】 笛の舌を鼓動させるように、たくみに人をあざむく。〔荘子、駢拇〕仁に枝なる者は、德を擢き性を搴りて、以て名聲を收め、天下をして簧鼓して以て不及の法を奉ぜしむ。

↑簧口 讒言／簧譖 讒言／簧舌 巧言／簧誘 だます／簧惑 簧鼓
↓鼓簧・糸簧・執簧・如簧・笙簧・吹簧・竹簧・調簧・幽簧

【翶】 18 2742 コウ(カウ) かける とぶ

篆文

形声 声符は皐(皋)。字はまた翺に作る。〔説文〕四上に「翶翔なり」とあり、彷徨・彷徉の意。〔釈名、釈言語〕に「翶敖なり。敖游するを言ふなり」とあって、ゆるくかけめぐることをいう。軍の示威的行動をも翶翔といい、〔詩、斉風、載駆〕「魯道、蕩たる有り 齊子、翶翔す」「齊子、遊敖す」とはその意である。

訓義 ①かける、ゆるくとぶ、とびまわる、さまよう。②とぶ、はばたきしてとぶ。

古訓 〔名義抄〕翶 カケル・トブ 〔字鏡集〕翶 ツバサ・トブ・カケル・スグル・ヒ、ル

【翶翔】 さまよう。高く飛びめぐる。〔楚辞、離騒〕鳳皇、翼として其れ旂を承け 高く翶翔すること翼翼たり

↑翶翶 飛ぶ／翶翥 飛ぶ／翶游 飛び遊ぶ
↓翔翶

【鎬】 18 8012 コウ(カウ) なべ

篆文

形声 声符は高。高は京と同じく、屍骨を塗りこんだ京観のような建物で、おそらく聖所の前に呪禁として建てたものと思われる。西周の神都は古くは莾京とよばれるもので、莾の字形に含まれる方も架屍の象。起原的には髑髏棚のようなものであろう。莾京の辟雍(神廟)はのち鎬京に遷されたらしく、〔詩、大雅、霊台〕〔大雅、文王有声〕には、鎬京辟雍のことが歌われている。〔説文〕十四上に「溫器なり」とするのは、後の用義であろう。

訓義 ①地名、西周の都、鎬京。字はまた鄗に作る。②なべ、土釜。③国語で、剣のしのぎ。

↑鎬鎬 光りかがやくさま
↓豊鎬

【闔】 18 7710 コウ(カフ) とじる おさめる すべて

篆文

形声 声符は盍。盍は器に蓋をして閉じること。〔説文〕十二上に「門の扉なり」(段注本)とする。闔廬は家、闔邑・闔国は邑・国の全体をいう。〔淮南子、墜形訓〕に、西極に閶闔の門があり、太陽の入りかくれる門であるという。

訓義 ①とびら、門のとびら。②とじる、扉をとじる、とざす。③おさめる、すべる、あわす、すべて。④盍と通じ、なんぞ～せざる。何不の訓。

古訓 〔新撰字鏡〕闔 門乃止比良(かどのとびら) 〔名義抄〕闔 トビラ・トヅ／開闔 ヒラキ、ル 〔字鏡集〕闔 トヅ・アハス・トビラ・タケシ・フサグ・コゾル・オホフ・カドヒラク

語系 闔・盍 hap、合・盒 hep は声義が近い。また洽 khep、翕・歙 xiep、協 xiap も声義に通ずるところがあり、すべてを合わせることをいう。

【闔棺】 棺を蓋う。死ぬことをいう。〔鶡冠子、学問〕龐子、鶡冠子に問うて曰く、聖人の學問服師(事)に、亦た終始有るか。抑いは其の拾誦記辭は、棺を闔うて止むかと。

【闔戸】 戸を閉ざす。〔宋史、趙普伝〕太祖常に勸むるに讀書を以てす。晩年、手に卷を釋てず。私第に歸る每に戸を闔ぢ、篋を啓きて書を取り、之れを讀みて日を竟へ、次日に及ぶ。

【闔廬】 家。門のある廬舍。〔左伝、襄十七年〕子罕～曰く、吾が儕小人なるも、皆闔廬有りて、以て燥濕寒暑を辟く。今、君一臺を爲りて速やかに成らず。何を以てか役と爲さんと。

↑闔駅 駅中／闔家 一家中／闔郷 全村／闔境 地区の全体／闔郡 全郡／闔県 全県／闔口 閉口／闔国 全国／闔室 家中／闔社 村中／闔集 村中／闔扇 開閉する戸／闔船 舟中／闔村 村中／闔鎮 村中／闔堂 満堂／闔導 開閉する／闔櫝 箱のふたを閉じる／闔班 村中／闔闢 開閉する／闔門 閉門
↓開闔・外闔・閶闔・城闔・翕闔・双闔・重闔・洞闔・排闔・披闔・

扉闔・闢闔・門闔・幽闔・閭闔

【餱】 18 8773 コウ ほしいい

篆文 

形声 声符は侯。〔説文〕五下に「乾食なり」とあり、ほしいいをいう。携帯食とする。

訓義 ①ほしいい、かれいい。②食糧。

古訓 〔字鏡集〕餱 クラフ・カレイヒ

【餱糧】かれいい。かて。〔詩、大雅、公劉〕廼ち餱糧を裹む 槖に囊に 輯めて用つて光いにせんことを思ふ

↓乾餱・囊餱・糧餱

【鯁】 18 2134 コウ(カウ)

篆文 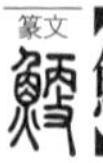

形声 声符は更(更)。更に硬(硬)の意がある。〔説文〕十一下に「魚の骨なり」とあり、その硬い骨。

訓義 ①うおのほね。②ほねがささる、のどにほねがささる。③硬と通じ、かたい、ただしい。④梗と通じ、あらい、たけだけしい。

古訓 〔名義抄〕鯁 ノギ・イラ、・イヲノ、ギ・アラシ・ムセブ・ムス〔字鏡〕鯁 ナヤム・イヲホネ・ノギ・ムセブ・クルシ・アラシ〔字鏡集〕鯁 ノギ・サマタグ・イラス・クルシ・ムセブ・イヲノホネサフ・アラシ・カクス・ナヤム

【鯁噎】むせび泣く。〔晋書、庾亮伝〕(蘇)峻、平らぐ。帝、溫嶠の舟に幸す。亮、進見することを得て、稽顙鯁噎す。

【鯁直】剛直。〔後漢書、黄琬伝〕(刁韙)朝に在りて鯁直の節有り。出でて魯・東海二郡の相と爲る。性抗厲、明略有り。所在、神と稱す。

【鯁恋】むせび泣き、恋い慕う。〔魏書、恩倖、王叡伝〕(上疏)今病む所、遂に篤し。慮ふに必ず起たざらん。闕庭(王宮)を延首し、鯁戀すること終日なり。

↑鯁慰 慰める／鯁諤 直言する／鯁毅 剛毅／鯁言 正論する／鯁固 剛直／鯁骨 剛直／鯁正 正論を守る／鯁切 誠直／鯁悵 むせびなき、嘆く／鯁涕 むせびなく／鯁亮 鯁切／鯁烈 鯁正／鯁論 正論する

↓強鯁・剛鯁・骨鯁・峭鯁・清鯁・誠鯁・端鯁・忠鯁

【曠】 19 6008 コウ(クヮウ) あきらか むなしい ひさしい とおい

篆文 

形声 声符は廣(広)。廣に広大・広朗の意がある。〔説文〕七上に「明なり」とあり、遠く見はるかすことのできる状態をいう。人の心意に移して曠放といい、また空曠の意となり、曠日・曠官のようにいう。

訓義 ①あきらか、遠くみはるかす。②ひろい、むなしい、うとい。③ひさしい、とおい、はるばるとしている。

古訓 〔名義抄〕曠 ハルカ・ムナシ・ヒサシ・トホシ・ヒロシ・ヒカリ・オロソカナリ・クラシ・アキラカナリ

語系 曠khuangは光kuang、また晃・煌huang、景・鏡(鏡)kyangと声近く、明らかの意がある。廣kuang、荒(荒)xuang、闊khuatとも声近く、広遠の意がある。

【曠宇】曠野。また、大きな度量。〔三国志、呉、虞陸張駱陸吾朱伝評〕虞翻は古の狂直なり。固より末世に免れ難し。然れども(孫)權容るること能はず。曠宇に非ざるなり。

【曠遠】遥かに遠い。〔史記、封禅書〕古より受命の帝王、曷ぞ嘗て封禪せざらん。～衰ふるに及んで息む。厥の曠遠なる者は千有餘載、近き者も數百載。故に其の儀、闕然として堙滅し、其の詳、得て記聞すべからずと云ふ。

【曠官】官職を怠る。唐・韓愈〔争臣論〕王臣の位に在りて、事へざるを高しとするの心あらば、則ち冒進の患ひ生じ、曠官の刺り興る。

【曠奇】すぐれて大きい。宋・欧陽脩〔懐を書し事に感じて、梅聖兪(尭臣)に寄す〕詩 次公、才曠奇 王霸、筆端に馳す 聖兪、吟哦を善くし 共に嘲りて閬仙(世外の人)と爲す

【曠古】空前。〔北斉書、趙彦深伝〕文翰多く其の手に出づ。稱して敏給と爲す。神武～毎に司徒孫騰に謂ひて曰く、彦深は小心恭愼、曠古絶倫なりと。

【曠士】曠達の人。南朝宋・鮑照〔代放歌行〕楽府 小人は自ら齷齪(あくせくと苦しむ)す 安んぞ曠士の懷ひを知らんや

【曠失】忘れる。失敗。宋・王安石〔皇后冊文〕以て嗣服に至るまで、祗みて内事を承け、齋明夙夜、曠失すること有る罔し。宜しく位號を崇くし、宮庭に表正すべし。

【曠日】無為に過ごす。〔戦国策、燕三〕太子丹曰く、太傅(鞠武)の計は曠日彌久、心惛然として、恐らくは須つこと能はざらん。

【曠職】職務を空しうする。〔漢書、元后伝〕(王鳳)上疏して骸骨を乞ふ。～曰く、～臣久しく病むこと連年、數しば出でて外に在り、曠職素餐、此れ臣の三の當に退くべき(理由)なり。

【曠世】一世に曠絶する。〔後漢書、蔡邕伝〕伯喈は曠世の逸才にして、多く漢事を識る。當に後史を續成して、一代の大典を爲すべし。

【曠絶】絶えて久しい。〔史記、武帝紀〕寶鼎を得しより、上、公卿諸生と封禪を議す。封禪用ふること希にして、曠絶して其の儀禮を知るもの莫し。～盡く諸儒を罷めて用ひず。

【曠代】曠世。民国・郭沫若〔魯迅先生に賛挽す〕詩 平生の功業、尤も拉化(ラテン化) 曠代の文章、阿Qを數ふ

【曠達】心が広く、こだわらない。〔晋書、文苑、張翰伝〕翰、心に任せて自適し、當世に求めず。或ひと～曰く、～獨り身後の名を爲さざるかと。答へて曰く、我をして身後の名有らしむるは、即時一杯の酒に如かずと。時人其の曠達を貴ぶ。

【曠適】心広く自適する。〔宋史、張斉賢伝〕洛に歸り、裴度の午橋莊を得たり。池榭松竹の盛有り。日に親舊と其の閒に觴詠し、意甚だ曠適なり。七年夏薨ず、年七十二。

【曠蕩】心が広く放縦に振る舞うこと。宋・黄庭堅〔呉彦の番陽に帰るを送る〕詩 人生、意を得ることを要す 壯士、曠蕩多し

【曠年】多年にわたる。〔公羊伝、閔二年〕莊公死し、子般弑せられ、閔公弑せらる。比りに三君死して、曠年君無し。

【曠廃】うちすてる。〔漢書、孔光伝〕陰陽錯謬して歲比りに登らず。～、百姓饑饉、父子分散し、道路に流離するもの十萬を以て數ふ。而るに百官群職曠廢し、姦軌放縱し、盜賊竝び起る。

【曠夫】妻のない男。〔孟子、梁恵王下〕昔者大王、色を好み厥の妃を愛せり。～是の時に當りてや、内に怨女無く、外に曠夫無かりき。王如し色を好むも、百姓と之れを同にせば、王たるに於て何か有らん。

【曠放】心が広くこだわらない。〔晋書、向秀伝〕余、嵇康・呂安と居止接近す。其の人竝びに不羈の才有り。嵇の意は遠くして疏、呂の心は曠にして放なり。其の後、竝びに事を以て法せらる。

【曠望】遥かにながめる。〔唐書、文芸上、王勃伝〕勃～嘗て葛憤山に登りて曠望し、慨然として諸葛亮の功を思ひ、詩を賦して情を見はす。

【曠邁】度量ひろくすぐれる。〔唐書、馬周伝〕少くして孤、家窶狹なり。學を嗜む。～資曠邁、郷人、細謹無

きを以て、之れを薄んず。

【曠野】（くわう）や　あらの。〔史記、孔子世家〕詩に云ふ、兕に匪ず虎に匪ず　彼の曠野に率ふと。吾が道非なるか。吾れ何爲すれぞ此に於てする。

【曠朗】（くわうらう）　広々として空しいさま。晋・潘岳〔寡婦の賦〕虚坐（人のいない席）を粛清に奉じ、空宇を曠朗に愬ふ。

➡曠夷　広平／曠怡　はれやか／曠逸　超脱／曠衍　広やか／曠焉　広やか／曠奥　奥深い／曠恩　広恩／曠海　大海／曠懐　曠達／曠廓　空しく広い／曠額　減額／曠闊　広大／曠貴　高官無為／曠久　曠日弥久／曠居　独居／曠空　空しい／曠迥　はるか／曠闕　かける／曠原　曠野／曠功　曠職／曠曠　広いさま／曠載　曠歳／曠弛　ゆるむ／曠事　むだ／曠如　曠焉／曠敞　広やか／曠迹　大仕事／曠積　無用の貯／曠贍　遠見／曠然　曠焉／曠惰　曠職／曠大　広大／曠代　絶代／曠沢　大沢／曠淡　淡白／曠澹　曠淡／曠眺　遠くながめる／曠墜　失墜する／曠典　稀な大典／曠塗　広い道／曠度　大度量／曠任　曠職／曠敗　失敗／曠漠　広漠／曠邈　広漠／曠謐　広く静か／曠渺　広やか／曠蕪　あれる／曠茫　広やか／曠無　絶無／曠莽　はてし無くひろい／曠瀁　広いさま／曠亮　空闊／曠林　深林／曠礼　大礼

⬇夷曠・怨曠・捐曠・淵曠・遠曠・遐曠・開曠・官曠・間曠・稀曠・久曠・虚曠・空曠・宏曠・浩曠・高曠・昭曠・深曠・崇曠・清曠・絶曠・疏曠・超曠・恬曠・蕩曠・廃曠・貧曠・蕪曠・平曠・放曠・野曠・悠曠・遼曠

【櫜】　19　5090　コウ（カウ）　ふくろ　つつむ

篆文

形声　声符は咎。上下を括った橐の形は東。東は橐の初文。橐は石（拓）声の字。咎声を加えたものが櫜である。〔説文〕六下に「車上の大櫜なり」とあって、弓袋をいう。〔詩、周頌、時邁〕「載ち弓矢を櫜にす」とあり、その弓袋を車上に懸けた。〔書、皐陶謨〕の「皐陶」をまた「咎繇」に作り、咎に古く皐の声があった。

訓義　①ふくろ、大ぶくろ、弓ぶくろ。②つつむ、おさめる。

古訓　〔篇立〕櫜　フクロ

【櫜鞬】（かう）けん　弓袋と矢袋。〔左伝、僖二十三年〕若し命を獲ざれば、其の左に鞭弭を執り、右には櫜鞬を屬け、以て君と周旋（馳駆）せん。

➡櫜弓　休戦する／櫜甲　蔵甲／櫜韔　鎧袋と弓袋／櫜兜　弓袋と兜／櫜韜　弓剣の袋／櫜服　櫜鞬

⬇建櫜・垂櫜・大櫜

【羹】　19　8043　［鬻］　26　1722　［鬻］　22　1722　コウ（カウ）　あつもの

篆文

会意　羔＋美。初文は鬻に作り、鬲＋羊。鬲を以て羊を烹る象。羹はその篆文で、その形も羹の左右に弜を加えて、煮て湯気のあがる意を示している。〔説文〕三下に正字を鬻に作り「五味の盉（和）する鬻（羹）なり」という。また省文二、小篆の一字を加えており、羹は小篆の字である。

訓義　①あつもの。②肉汁。

古訓　〔和名抄〕羹　楚辭注に云ふ、菜有るを羹と曰ふ、阿豆毛乃（あつもの）〔名義抄〕羹　アツモノ〔字鏡集〕羹　アツモノ・コナカキ・コナカへ

【羹臛】（かう）かく　肉と菜のあつもの。宋・陸游〔歳暮〕詩　羹臛芳鮮、新たに雁を弋し　衣襦輕暖、自ら絲を繅ぐ

【羹藿】（かうくわく）　豆の葉のあつもの。粗食。〔淮南子、説林訓〕屠者は藿を羹にし、車を爲る者は歩行す。陶者は缺盆を用ひ、匠人（大工）は狹廬に處る。爲る者は用ふるを得ず。用ふる者は肯へて爲らず。

【羹献】（かう）けん　犠牲の犬。〔礼記、曲礼下〕凡そ宗廟を祭るの禮、～犬には羹獻と曰ふ。

➡羹魁　杓子／羹鰴　あつものと、なます／羹元　素汁／羹胾　あつものと細肉／羹粥　あつものと粥／羹飪　あつもの／羹饘　あつものと粥／羹湯　あつもの／羹飯　あつものと飯／羹沸　動乱／羹本　鶏／羹藜　羹藿／羹椀　汁の椀

⬇蛙羹・臛羹・藿羹・梟羹・糲羹・黿羹・菜羹・胾羹・蓴羹・餉羹・大羹・斗羹・豆羹・肉羹・飯羹・沸羹・脯羹・羊羹・酪羹・藜羹・和羹

【鏗】　19　8711　コウ（カウ）　うつ

形声　声符は堅。堅に摼の声があり、〔説文〕十二上に「摼は～讀みて鏗爾として琴を舍きて作つ（論語、先進）の若くす」とみえる。〔礼記、楽記〕に「鐘聲は鏗なり」とあり、金玉や琴瑟の音の、高くすんだ調子のものをいう。擬声語である。金文には鐘声を形容して「數々䋸々」また「闌々」のようにいう。鐘の大小によって、その音が異なるのである。

訓義　①かねのおと、金玉のおと、石のおと、琴瑟のおと。②金石をうつ、たたく、つく。

古訓　〔新撰字鏡〕鏗　加奈不（かなふ）〔名義抄〕鏗　マタシ・ナル・ユラメク・タ、ス・ツク・カタシ〔篇立〕鏗　カウラ・タカシ・カタシ・ユラメク〔字鏡集〕鏗　カタシ・タ、ス・ナラス・マタク・ユラメク・ツク・ツヨシ・マタシ

【鏗鏗】（かうかう）　金石の声。また、言語の明確をたとえる。〔後漢書、儒林上、楊政伝〕楊政～少くして學を好み、～善く經書を説く。京師、之れが語を爲りて曰く、經を説きて鏗鏗たり、楊子行と。

【鏗爾】（かう）じ　琴をうちやめる音。〔論語、先進〕（曽）點、爾は何如と。瑟を鼓すること希なり。鏗爾として瑟を舍きて作ち、對へて曰く、三子者の撰に異なりと。子曰く、何ぞ傷まんと。

【鏗鏘】（かうさう）　金玉の高く澄んだ音。〔風俗通、声音〕漢興りて、制氏世と大樂を掌る。頗ぶる能く其の鏗鏘を紀するも、其の義を説く能はず。武帝始めて郊祀・巡省・告封を定む。樂官增飾する所多し。然れども雅正に非ず。

➡鏗訇　鏗鏗／鏗鍧　鏗鏗／鏗鐘　鐘をうつ／鏗然　鏗爾／鏗錚　金石の音／鏗鎗　鏗錚／鏗鏜　鏗鏗／鏗瞑　ひっそり／鏗零　玉の音／鏗鍠　氷の音

⬇敲鏗・轟鏗・鏘鏗

【韝】　19　4554　コウ　ゆごて

篆文

形声　声符は冓。〔説文〕五下に「臂衣なり」（段注本）とあり、弓を射るときのゆごてをいう。〔玉篇〕に「結なり、臂沓なり」とは、ひじあての意であろう。

訓義　①ゆごて。②ひじあて。

古訓　〔名義抄〕韝　タマキ・コテ・タカタヌキ・ムスフ／鷹韝　タカタヌキ〔字鏡〕韝　タマキ・タカタヌキ・コテ・ユカケ・ムスブ〔字鏡集〕韝　タマキ・ムスブ・タカキヌキ・ヒチクツ・コテ

【韝蔽】（かう）へい　ゆごて。前だれ。賤しい人。〔史記、張耳陳余伝〕高祖、平城より趙に過る。趙王、朝夕祖ぎ韝蔽して、自ら食を上り、禮甚だ卑し。

➡韝下　ゆごて

⬇韋韝・鷹韝・下韝・巾韝・金韝・脊韝・牽韝・射韝・臂韝

【餻】19 8873 コウ(カウ) こなもち

篆文

形声 声符は羔。〔説文新附〕五下に「餌の属なり」とあり、〔方言、十三〕に「餌、之れを餻と謂ふ」、〔広雅、釈器〕に「餻は餌なり」とあって通訓。こなもちをいう。字はまた糕に作る。

訓義 ①こなもち。

古訓 〔和名抄〕餻 考聲切韵に云ふ、餻は米屑を烝して之れを爲くる。久佐毛知比(くさもちひ)〔名義抄〕餻 クサモチヒ〔字鏡集〕餻 モチヒ・クフ・クサモチヒ

↑餻乾 餅菓子/餻点 菓子

↓花餻・鷰餻・艾餻・菊餻・喫餻・金餻・糸餻・繍餻・黍餻・棗餻・麦餻

【礦】20 1068 ［磺］17 1468 ［卝］4 1122 コウ(クヮウ) あらがね

篆文 古文

形声 正字は磺に作り、黄(黄)声。〔説文〕九下に「銅鐵の樸石なり」とあり、また「讀みて穬の若くす。卝、古文礦。周禮に卝人有り」という。卝はおそらくその礦石の象形字であろう。

訓義 ①あらがね。②つよい。③礦は硫礦の字に用いる。硫黄。

古訓 〔和名抄〕礦 阿良度(あらと)〔名義抄〕礦 アラト・アラカネ・アラシ・コハシ〔字鏡集〕礦 アラカネ・アカ、ネ・アラシ・アカシ・アラト・コハシ

語系 〔説文〕に礦を穬の声とする。礦・穬 kuang は同声。穬は芒粟をいう。獷 kuang も同声で猛犬をいう。この声に粗・荒の意があるようである。

↑礦灰 石灰/礦界 鉱区/礦業 採礦業/礦穴 礦坑/礦工 坑夫/礦坑 坑道/礦砂 鉱石/礦師 鉱山技師/礦水 鉱泉/礦井 坑道/礦石 原石/礦直 粗野でかざらない/礦夫 坑夫

↓岩礦

【纊】21 2098 コウ(クヮウ) わた

篆文

形声 声符は廣(広)。〔説文〕十三上に「絮なり」とあり、わたをいう。〔礼記、玉藻〕に「纊を繭と爲す」とあるから、まわたのことで、また繭をいうことがある。

訓義 ①わた、まわた、新わた、細いわた。②わたいれ。③まゆ。④絖と通用する。

古訓 〔名義抄〕纊・絖 ワタ

【纊紘】〔晏子、重而異者九〕冕の前に旒有るは、見る所多きを惡むなり。纊紘充耳は、聞く所多きを惡むなり。

↑纊衣 綿入れ/纊絮 わた/纊繒 わたと布/纊息 わたで、気息の有無をたしかめる。属纊/纊服 綿入れ/纊綿 わた

↓挟纊・縑纊・耳纊・絮纊・属纊・織纊・繊纊・繒纊・白纊・綿纊・旒纊

【顥】21 6198 コウ(カウ) しろい おおきい

篆文

会意 景＋頁。景は日景。頁は儀容を整えた姿。もと日景に対する儀礼を示す字であろう。〔説文〕九上に「白き皃なり」とあり、空の白く光るさまをいう。老齢白首の人を顥首というのは、その転義。

訓義 ①しろい、空が明るく白い、空明りするさまをいう。②広く大きな気象、光が広くゆきわたるさま、そのような大気、大きい。③皓・皜・皞・翯などと通じ、しろい。

古訓 〔字鏡集〕顥 オホキ(ナ)リ・シロシ

声系 〔説文〕に顥声として灝を収める。灝を〔説文〕十一上に「豆の汁なり」とその煮汁の意とするが、本義は顥の声義を承けて、澄明にして広大なさまをいう。

語系 顥・皜 hô は同声。皓(皓)・皞 hu、翯 hôk、皎・皦 kyô も同系の語で、みな白々としたさまをいう。

【顥気】空の薄明の気。唐・柳宗元〔桂州の裴中丞(行立)の作れる訾家洲亭記〕海霞島霧、來りて游物を助く。～書は其の美を極め、又益すに夜を以てす。列星下布し、顥氣迴合(めぐり流れて、あう)す。邃然として萬變し、安期・羨門(仙人)と物外に接するが若し。

【顥天】西天。また、漢の台名。漢・司馬相如〔上林の賦〕是に於てか遊戲懈怠し、酒を顥天の臺に置き、樂を膠葛(広遠)の寓に張る。

↑顥穹 大空/顥顥 光るさま/顥蒼 蒼天

↓元顥・霄顥・西顥・蒼顥・雄顥

【齩】21 2074 ［咬］9 6004 コウ(カウ) ゴウ(ガウ) かむ

篆文

形声 声符は交(交)。〔説文〕二下に「骨を齧むなり」とあり、〔漢書、食貨志上〕に、飢饉のとき「罷夫羸老(老衰の人)、子を易へて其の骨を齩む」という記述がある。

訓義 ①かむ、かみくだく。②骨をかむ、骨をかみくだく。③字はまた咬に作る。

古訓 〔名義抄〕齩 カム・クフ・カブル〔篇立〕齩 クフ〔字鏡集〕齩 クヒナ(ヤ)ブル・ハガミ・ツ、シブ・カブル・クフ・ツム・カム

↑齩齧 かじる/齩骨 骨をかむ/齩穿 かみ破る

↓齕齩・狗齩

【灝】24 3118 コウ(カウ) しろい あきらか

篆文

形声 声符は顥。顥は天の清白の気をいい、灝はその繁文とみてよい字である。〔説文〕十一上に「豆の汁なり」とするのは、字の初義とはしがたい。顥の声義を承け、澄明にして極まりのないさまをいう。

訓義 ①しろい、あきらか。②ひろい、大きい。③天の澄明の気、顥と同じ。④豆の汁。

古訓 〔字鏡集〕灝 タ丶ヨフ・シル・ニマメノシル

語系 灝・顥・皜 hô は同声。皓(皓)・皞 hu、皎・皦 kyô も声義近く、みな皓白の意をもつ語である。

【灝気】天地の間にみなぎる気。唐・柳宗元〔始めて西山を得て宴游する記〕悠悠乎として灝氣と倶にして、其の涯を得ること莫く、洋洋乎として造物者と遊びて、其の窮まる所を知らず。

【灝灝】遠大でみちわたる。〔法言、問神〕虞夏の書は渾渾爾たり。商の書は灝灝爾たり。周の書は噩噩爾(議論がきびしいさま)たり。

↑灝噩 博大なさま/灝汗 灝漾/灝瀚 浩瀚/灝博 淵博/灝茫 蒼茫/灝漫 広大なさま/灝漾 水勢が広くさかんなさま/灝瀁 広闊/灝露 白露

【黌】25 7780 コウ(クヮウ) まなびや

形声 声符は黄(黄)。上部は學(学)の従うところで、その省文。〔後漢書、儒林伝序〕「乃ち更めて黌宇を脩む」の注に〔説文〕「黌は學なり」の文を引く。字をまた横(横)に作ることもあるが、黄の声によんだものであろう。

訓義 ①まなびや、学舎、学校。②字はまた横に作る。

【黌宇】学舎。〔後漢書、儒林伝序〕安帝政を覽るよ

り、藝文を薄んず。～學舍積敝し、鞠まりて園蔬と爲る。～順帝～乃ち更めて黌宇を脩め、凡そ造構する所二百四十房、千八百五十室。～是れより遊學增盛にして、三萬餘生に至る。然れども～儒者の風蓋し衰ふ。

【黌校】 学校。〔宋書、文帝紀〕（元嘉十九年詔）十二月丙申、詔して曰く、～闕里（孔廟の地）往に寇亂を經へ、黌校殘毀す。幷びに魯郡に下して學舍を修復せしめ、生徒を採召せしめよ。

↑黌学 学校／黌宮 学校／黌室 黌宇／黌舍 学舍／黌序 学校／黌堂 学堂
↓開黌・修黌・序黌・藩黌

ゴウ

【卬】 4 7772 ゴウ（ガウ） ギョウ（ギャウ） あおぐ われ

篆文

甲骨文

会意 二人相対する形。路上に相迎えることを迎（迎）、上下の関係にあるときは、上なるものは抑、下なるものは仰となる。卬は仰の初文。〔説文〕八上に「望むなり。庶及する所有らんと欲するなり」とし、匕と卩とに従うとするが、仰望の意を示す字ではない。また「詩に曰く、高山は卬ぐ」と〔詩、小雅、車舝〕の句を引く。〔広雅、釈詁四〕に「嚮ふなり」、〔玉篇〕に「向ふなり」と訓するのは転義。また昂と通用する。一人称の我の意に用いるのは仮借。

訓義 ①あおぐ、あおぎみる、仰の初文。②上を望む、上に向かう。③むかえる、まつ。④昂と通じ、たかい、たかぶる。⑤我・吾と通じ、一人称「われ」に用いる。

古訓 〔篇立〕卬 タシカ（カシ）・アガル・イタハル 〔字鏡集〕卬 ノゾム・クツ

声系 〔説文〕に卬声として迎・仰など六字を収める。昂は〔説文新附〕七上に「擧るなり」とあり、〔楚辞、卜居〕に「寧ろ昂昂として千里の駒の若くならんか」とみえる。

語系 卬・昂ngang、仰ngiangは声近く、昂・仰は卬の声義を承ける字。また吾nga、我ngaiと声近く、一人称として通用するが、卬はほとんど〔詩〕〔書〕にのみ用いられる。

【卬望】 仰ぎ望む。慕う。〔漢書、郊祀志上〕黃帝～鼎を荊山の下に鑄る。鼎既に成り、～龍乃ち上去す。～百姓、黃帝の既に天に上るを卬望し、乃ち其の弓と龍髯とを抱きて號く。故に後世、因りて其の處を名づけて鼎湖と曰ひ、其の弓を烏號と曰ふ。

↑卬角 高下駄／卬貴 物価騰貴／卬卬 盛大／卬思 仰ぎ慕う／卬視 仰ぎ視る／卬首 昂首／卬食 食を貰う／卬然 昂然／卬燥 高燥／卬天 仰天／卬鼻 蓮切り鼻
↓低卬

常 【号】 5 6020 〔號〕 13 6121 ゴウ（ガウ） コウ（カウ） さけぶ なく

篆文

形声 旧字は號に作り、号声。号は〔説文〕五上に「痛む聲なり」とあって、悲しみ叫ぶ声とする。号は呵と字形近く、ともに祝告を収めた器の形である口（𠙵）に対して、柯枝を加えている形。呵は呵叱してその祝禱の成ることを求め、号は号呼して哀訴する意である。号はもと號とは別の字。いま號の略字として用いる。〔説文〕五上に號を「嘑ぶなり」（段注本）と訓するが、その字形よりみて、虎の嘯きを本義とする字であろう。のちおよそ鳥獣の大声で号呼することをいう。

訓義 ①さけぶ、大声でさけぶ。②なげく、痛みなく、うそぶく。③つげる、しらせる、となえる、いいふらす、命ずる。④な、なづける、よびな、となえのな、おくりな。⑤しるし、うわさ。

古訓 〔名義抄〕号 ナ・ナヅク・ワレ／號 ヨバフ・サケブ 〔字鏡集〕号 メス・ナヅク・ナヲシ／號 サケブ・ナク・ヲラブ・ヨバフ

声系 〔説文〕に号声として鴞・枵・號など五字を収める。枵は大木の幹の空虚のさま。号に大の意があり、また空虚なひびきを示す擬声的な用義法がある。

語系 号・號hôは同声。嘑hu、叫（訆）kyu、敫・噭kyô、唬・哮xeu、吼xo、囂xiôなど、みな声義に通ずるところがある。

【号泣】 泣き叫ぶ。泣き訴える。〔孟子、万章上〕萬章問うて曰く、舜、田に往き、旻天に號泣すと。何爲れぞ其れ號泣するやと。孟子曰く、怨慕すればなりと。

【号叫】 叫ぶ。〔梁書、孝行、滕曇恭伝〕宣城の宛陵に女子有り。母と牀を同じうして寢ぬ。母、猛虎の搏つ所と爲る。女、號叫して虎を拏ち、虎毛盡く落つ。行くこと十數里、虎乃ち之れを棄つ。女、母を抱きて還る。猶ほ氣有り。

【号呼】 大声で叫ぶ。〔三国志、魏、張遼伝〕遼、麾下數十人を將ゐて出づることを得たり。餘衆號呼して曰く、將軍我を棄つるかと。遼、復た還りて圍みを突き、餘衆を拔き出だす。（孫）權の人馬、皆披靡す（勢いにおそれて避ける）。

【号哭】 号泣する。〔史記、循吏、子産伝〕（子産）鄭を治むること二十六年にして死す。丁壯は號哭し、老人は兒啼す。曰く、子產我を去てて死するか。民將た安くにか歸せんと。

【号召】 よび寄せる。〔漢書、陳勝伝〕乃ち入りて陳に據る。數日、三老豪桀を號召し、會して事を計る。皆曰く、將軍～復た楚の社稷を立てよ～と。勝乃ち立ちて王と爲り、張楚と號す。

【号天】 天に向かってよぶ。〔荘子、則陽〕柏矩～齊に至り、辜人（罪人、磔刑者）を見る。推して之れを強し、朝服を解きて之れを幕ひ、天に號して之れを哭して曰く、子よ子よ。天下に大菑有りて、子獨り先に之れに離れり～と。

【号咷】 泣き叫ぶ。〔易、同人、九五〕同人、先には號き咷ぶも、後には笑ふ。大師もて克ちて相ひ遇ふ。

【号頭】 音頭取り。〔旧唐書、外戚、薛懷義伝〕垂拱四年、乾元殿を拆りて、其の地に於て明堂を造る。懷義～凡そ數萬人を役す。一大木を曳かしむるに、千人ごとに號頭を置く。

【号呶】 どなりたおす。〔詩、小雅、賓之初筵〕賓、既に醉へり 載ち號び載ち呶し

【号踴】 身をおどらせてなく。〔後漢書、魯恭伝〕父～武陵太守と爲り、官に卒す。時に恭年十二。～晝夜號踴し、聲を絕たず。郡中の賻贈、受くる所無し。～歸りて喪に服し、禮、成人に過ぐ。

【号令】 大声で命ずる。〔宋史、岳飛伝〕賊黨黃佐曰く、岳節使、號令すること山の如し。若し之れと敵せば、萬に生くる理無し。往きて降るに如かず。節使誠信、必ず善く我を遇せんと。

↑号衣 軍服／号位 名号／号嗌 叫ぶ／号火 のろし／号戒 号呼し警戒する／号旗 信号旗／号噭 叫ぶ／号件 案件／号鼓 合図の太鼓／号謼 号呼／号諡 おくり名／号字 あざな／号辞 言辞／号啾 号泣する／号称 名儀／号照 証明書／号嘯 うそぶく／号鍾 琴の名／号数 登録番号／号訴 泣訴／号喪 哭き女／号単 証明書／号牒 密令／号笛 らっぱ／号躑 号踴／号怒 怒号／号筒 らっぱ／号慟 慟哭／号馬 記帳の数字／号碼 番号／号板 船艙の板／号慕 泣き慕う／号簿 登記簿／号房 受験室／号名 名号

↓哀号・暗号・印号・院号・永号・怨号・王号・仮号・嘉号・雅号・改号・官号・寒号・紀号・記号・徽号・叫号・狂号・驚号・啓号・元号・呼号・口号・吼号・更号・国号・山号・師号・諡号・寺号・綽号・爵号・祝号・初号・称号・唱号・商号・信号・晨号・正号・僭号・贈号・尊号・大号・題号・長号・勅号・追号・帝号・怒号・等号・年号・俳号・発号・番号・標号・負号・符号・文号・別号・法号・名号・鳴号・夜号・籲号・立号・略号

常

【合】

6
8060

ゴウ(ガフ) コウ(カフ) ガツ
あう

篆文

甲骨文

金文

象形 祝禱を収める器である口(𠙵)の上に、深く蓋をしている形。〔説文〕五下に「口を合はせるなり」とし、上を亼にして集、衆口を集める意とするが、そのような造字の法はない。盟誓などの書をその器中に収めて、合意の成ることをいう字で、金文の〔琱生𣪘〕に「來りて事を合す」とは祭事の協議が成立すること、そのような会合に参加することを「迨う」という。郷射のことを金文に「卿射」というのもその意である。卿は合を中にして二人対坐する形。卿(卿)は食膳を挟んで二人対坐する形で饗(饗)の初文。合議のため会するときは卿がその字義にあう。合意のことをまた答といい、金文に「厥の德に合(答)揚す」のように用い、〔左伝、宣二年〕にも「既に合へて來り奔る」のような例がある。

訓義 ①あう、文書を収めた器にふたをする、器蓋があう。②合議の書を収める、合議する、合議が成立する。③両者の意見が合う、一致する、みなが参加する、あつまりそろう。④相応ずる、答える、かなう。⑤相対する、匹敵する、たたかう。⑥応・答と同義に用い、「まさに～すべし」という語法に用いる。⑦器の名、はこ。⑧量の名、升の十分の一。

古訓 〔名義抄〕合 アハセテ・カナフ・ベシ・コゾル・ハカル・アツマル・ヤハラカナリ・アフ 〔字鏡集〕合 ベシ・アフ・アツム・ハカル・カナフ・ヤハラカナリ・アハセテ・アツマル・オナジ・コゾル・ヤラフ

声系 〔説文〕に合声として祫・迨・翕・洽・拾・給など二十六字を収める。合・答の声義を承けるものが多い。

語系 合həp、祫heəp は声近く、祫は合祀をいう。洽kheəp は洽くすること、協xiap、翕・歙xiəp は合集することをいう。

【合囲】 四方から囲む。戦いや狩りにいう。〔礼記、王制〕天子は合圍せず。諸侯は群を掩はず。

【合意】 心を合わせる。〔国語、魯語下〕詩は意を合する所以なり。歌は詩を詠ずる所以なり。今詩以て室を合し(結婚する)、歌以て之れを詠ず。法に度へり。

【合一】 すべて一となる。〔正蒙、神化〕推行して漸(次第)有るを化と爲す。合一して測られざるを神と爲す。

【合格】 一定の規格にあう。試験に及第する。〔宋史、選挙志一〕春、考試し、合格及第せる者は、名を列して尚書省に放榜(掲示)す。

【合楽】 歌唱と楽器を合わせ奏する。〔儀礼、郷飲酒礼〕乃ち周南の關雎・葛覃・卷耳、召南の鵲巢・采蘩・采蘋を合樂す。

【合歓】 和合。〔礼記、楽記〕酒食は歡を合する所以なり。樂は德に象る所以なり。禮は淫を綴むる所以なり。

【合議】 相談する。〔呉越春秋、王僚使公子光伝〕(公子)光、王僚を謀殺せんと欲するも、未だ與に合議する所有らず。陰かに賢を求む。

【合卺】 一瓠を両分した杯で飲む。〔礼記、昏義〕先づ門外に俟つ。婦至るときは、壻、婦を揖して以て入り、牢(牲)を共にして食らひ、卺を合はせて酳む。體を合はせ、尊卑を同じうし、以て之れを親しむ所以なり。

【合衆】 衆人を結合する。〔周礼、春官、大宗伯〕軍禮を以て邦國を同じうす。大師の禮は衆を用ふるなり。～大封の禮は衆を合するなり。

【合従】 従(縦、南北)の国々を同盟する。戦国時代、韓・魏・趙・燕・楚・斉の六国が同盟して、西方の秦に対抗した。この六国が秦に和して東西の和平が成るを連衡(横)という。〔戦国策、秦三〕天下の士、合從して趙に相ひ聚り、秦を攻めんと欲す。

【合掌】 仏に礼拝する礼。〔南史、循吏、虞愿伝〕(南斉の明)帝、疾に寢ぬ。愿、常に醫藥に侍す。～大漸(危篤)の日、正坐して道人を呼び、合掌して便ち絶ゆ。

【合信】 応験がある。〔後漢書、光武帝紀上〕光武先づ長安に在り。～關中より赤伏符を奉ず。～群臣～奏して曰く、受命の符、人應を大なりと爲す。萬里信を合し、議せずして情を同じうす。～宜しく天神に答へ、以て群望に塞(祭)すべしと。

【合勢】 軍を合わせる。〔後漢書、光武帝紀上〕光武乃ち敢死の者三千人と、城西の水上より其の中堅を衝っく。～城中亦た鼓譟して出で、中外勢ひを合はせ、震呼、天地を動かす。(王)莽の兵、大いに潰え、走る者相ひ騰踐す。

【合戦】 戦う。〔韓詩外伝、七〕呉、師を興して楚を攻む。人有り、常に應行(前行)を爲し、五たび合戰して五たび陣を陥れ、敵を却け、遂に大軍の首を取りて之れを獻ず。

【合葬】 合わせ葬る。〔大唐新語、識量〕神龍の初、將に則天(武后)を乾陵に合祔せんとす。給事中嚴善思、上疏して諫めて曰く、漢時の諸陵、皇后多く合葬せず。魏・晉以來、始めて合葬有り。～願はくは漢朝の故事に依らんと。疏、奏するも納れられず。有識の士、咸く之れを是とす。

【合族】 一族を統合する。〔孔子家語、曲礼子貢問〕同姓を宗と爲し、合族の義有り。故に之れに繫くるに姓を以てして別たず。之れを綴ぬるに食を以てして殊にせず、百世と雖も婚姻通ずるを得ざるは、周道然るなり。

【合道】 道にかなう。〔史記、曹相国世家論賛〕(曹)參、漢の相國と爲り清靜、極まりて言、道に合ふ。～參與に無爲に休息す。故に天下俱に其の美を稱す。

【合徳】 徳を同じうする。〔易、乾、文言伝〕夫れ大人なる者は、天地と其の德を合はせ、日月と其の明を合はせ、四時と其の序を合はせ、鬼神と其の吉凶を合はす。

【合莫】 死者の心にかなう。〔礼記、礼運〕其の祝號を作り、玄酒以て祭り、～君、夫人と交ゞ獻じ、以て魂魄を嘉す。是れを合莫と謂ふ。

【合符】 一致する。〔孟子、離婁下〕舜は～東夷の人なり。文王は～西夷の人なり。地の相ひ去ること千有餘里、世の相ひ後るること千有餘歲。志を得て中國に行ふは符節を合するが若し。

【合璧】 美しい玉をならべる。〔漢書、律暦志上〕日月は合璧の如く、五星は連珠の如し。

【合抱】 一かかえ。〔老子、六十四〕合抱の木も毫末より生じ、九層の臺も累土より起る。

【合理】 道理にあう。〔北史、斛律光伝〕罕に朝士と交はり言ふも、肯へて政事に預からず。會議する毎に、常に獨り後に言ふ。言へば輒ち理に合ふ。

↑合穎 一茎二穂／合応 応ずる／合家 全家／合夥 共同／合会 会合／合諧 まじる／合該 当然／合蓋 ふた／合驩 和合する／合眼 瞑目／合器 ふたのあるうつわ／合宜 適切な／合袪 開閉する／合醵 割り勘／合拱 一抱え／合郷 全村／合鏡 復縁する／合響 交響／合凝 固まる／合金

青銅など／合矩　正規／合偶　一対／合契　割符／合計　総計／合撃　皆で撃つ／合鈐　割印／合献　乾杯／合権　応変／合古　古式／合股　合資／合口　口すぼめ／合交　交わる／合婚　結婚／合祭　合祀／合作　共作／合錯　まじわる／合子　ふた物／合巾　交易／合志　同志／合祀　合わせ祀る／合祠　合祀／合詞　一口／合社　村中／合情　和合する／合親　一族が親しむ／合簪　同僚／合襯　合適／合刃　斬り合う／合爪　合掌／合奏　合わせ奏する／合譟　さわぐ／合体　一体となる／合致　一致する／合著　共著／合祧　合祀／合通　交通／合当　まさに～すべし／合沓　集合する／合遝　合沓／合榻　同じ榻にすわる／合同　合一／合独　再婚／合配　配偶／合媒　仲人／合変　応変／合窆　合葬する／合弁　共同経営／合法　適法／合匏　合卺／合享　煮こむ／合縫　縫合する／合謀　相談する／合門　全家／合約　約束／合邑　全村／合要　印証／合翼　比翼／合里　全村／合離　離合／合流　共に流れる／合類　同類／合礼　適礼／合攏　包囲する／合和　和合する

↓暗合・烏合・化合・会合・廻合・諧合・勘合・綺合・九合・糾合・翕合・鳩合・匡合・協合・校合・競合・訢合・遇合・契合・迎合・結合・牽合・交合・伉合・好合・苟合・媾合・混合・習合・衆合・集合・聚合・緝合・照合・数合・整合・接合・綜合・総合・調合・適合・鈿合・投合・統合・粘合・配合・廃合・晩合・匹合・符合・傅合・膚合・復合・複合・吻合・胳合・分合・併合・抃合・縫合・冥合・野合・癒合・融合・離合・六合・連合・和合

常　**【拷】**　9　5402　ゴウ（ガウ）　コウ（カウ）　うつ

形声　声符は考。〔玉篇〕に「打つなり」とあり、罪人を拷ってとりしらべることをいう。糾問するときに打杖・拶指（指をはさんでいためる）など、種々の方法があり、その責め道具を拷具という。

訓義　①うつ、たたく。②かすめる。

古訓　〔篇立〕拷　ツク・サヽク・カムガフ・ウツ・ナヽフ

語系　拷・丂・考・攷 khu は同声。扣・叩 kho また敂 kheô、毃 kheôk も声義近く、みなたたく意のある語である。

【拷鞫】　拷問する。〔唐律、断獄、拷囚三度に過ぐることを得ず、疏〕拷囚は訊ふ毎に相ひ去ること二十日、若し拷未だ畢らざるときは、更に佗の司に移し、仍ほ拷鞫を須ふるときは、即ち前訊を通計して、以て三度に充つ。

【拷囚】　囚人を拷問する。〔唐律、断獄、拷囚三度に過ぐることを得ず〕諸ゝ拷囚三度に過ぐることを得ず。數、總べて二百に過ぐることを得ず。杖罪以下は、犯す所の數に過ぐることを得ず。拷滿つるも承けざるときは、保を取りて之れを放つ。若し拷三度に過ぎ、及び杖外に他の法を以て拷掠するものは、杖一百。

↑拷供　拷鞫／拷較　拷問する／拷殺　拷問によって死ぬ／拷訊　拷問する／拷打　拷問する／拷治　拷鞫／拷認　強制されて自白する／拷問　身体をいためつけてとりしらべる／拷掠　拷問する

常　**【剛】**　10　7220　ゴウ（ガウ）　かたい　つよい

会意　岡＋刀。岡は鋳型に火を加える形。鋳造の後にその鋳型を裂き、器物をとり出す。高温に熱するので外型が焼成されて堅剛となるので、刀を用いて裂く。〔説文〕四下に「彊し。ひて断つなり」とし、岡声とするが、会意の字。岡の亦声である。人の性情の上に移して剛毅・剛健という。

訓義　①かたい、かたい鋳型を断ちきる。②つよい、意思がかたい、気がつよい、さかん。③まさに、あたかも、わずかに、ようやく。

古訓　〔名義抄〕剛　コハシ・アナガチ　〔字鏡集〕剛　アナガチ・コハシ・カタシ

語系　剛 kang は強（彊）giang と声近く、また堅 kyen、健（健）gian もその系列の語。みな堅強の意がある。

【剛鋭】　強く鋭い。宋・蘇軾〔留侯論〕夫の老人なる者以爲へらく、子房（張良）は才餘り有るも、其の度量の足らざるを憂ふ。故に深く其の少年剛鋭の氣を折き、之れをして小忿を忍びて大謀に就かしむ。

【剛介】　剛直。〔資治通鑑、晋紀三十一〕（安帝、隆安元年）（秦主）興、政事に勤め、善言を延納す。～給事黄門侍郎古成詵等、文章を以て機密に參ず。詵、剛介雅正、風教を以て己の任と爲す。

【剛毅】　剛直。〔論語、子路〕子曰く、剛毅木訥（朴訥）は、仁に近し。

【剛彊】　つよく盛ん。〔漢書、地理志下〕河内は本と殷の舊都なり。～康叔の風既に歇み、而して紂の化猶ほ存す。故に俗剛彊にして、豪桀侵奪多く、恩禮薄く、生分（財分割）を好む。

【剛健】　強くすこやか。〔易、乾、文言伝〕大なるかな乾や。剛健中正、純粋にして精なり。六爻發揮して、旁く情を通ず。時に六龍に乗じて以て天を御す。雲行雨施して、天下平らかなり。

【剛鯁】　てごわい。〔晋書、謝邈伝〕邈、性剛鯁、屈撓する所無し。頗ぶる理識有り。

【剛克】　剛を以てことを成す。〔書、洪範〕六に三德。一に曰く正直、二に曰く剛克、三に曰く柔克。

【剛柔】　陰陽。硬軟。〔易、繫辞伝上〕剛柔相ひ摩し、八卦相ひ盪かし、之れを鼓するに雷霆を以てし、之れを潤すに風雨を以てし、日月運行して、一寒一暑あり。

【剛正】　剛直。〔後漢書、蔡茂伝〕會ゝ洛陽の令董宣、湖陽公主を擧糾す。帝始め怒り、～既にして之れを赦す。茂、宣の剛正を喜び、朝廷をして貴戚を禁制せしめんと欲し、乃ち上書す。

【剛腸】　剛胆。気が強い。魏・嵆康〔山巨源（濤）に与へて交はりを絶つ書〕剛腸にして惡を疾み、輕肆にして直言し、事に遇へば便ち發す。此れ甚だ不可なることの二なり。

【剛武】　剛勇。〔漢書、地理志下〕（衛）周末に子路・夏育有り。民人之れを慕ふ。故に其の俗剛武にして、氣力を上ぶ。

【剛愎】　頑固。〔左伝、宣十二年〕其の佐先穀、剛愎不仁にして未だ肯て命を用ひず。其の三師の者、專行すること獲ず。～晉の師必ず敗れん。

【剛卯】　漢代の官吏が邪気を避けるために佩びた呪飾。四字押韻の文を刻する。〔漢書、王莽伝中〕夫れ劉（漢の姓）の字爲たる、卯・金・刀なり。正月剛卯、金刀の利（銘の語）皆行ふを得ず。

【剛猛】　勇猛。宋・蘇轍〔三国論〕昔、高祖～果鋭剛猛の氣有るも用ひず、以て深く項籍（羽）猖狂の勢ひを折く。

【剛勇】　剛武。〔三国演義、五十四〕主公に一妹有り、～剛勇を極む。侍婢數百、居常刀を帯ぶ。房中、軍器擺列し、遍滿す。男子と雖も及ばず。

【剛戾】　強情で人情にもとる。〔史記、秦始皇紀〕始皇、人と爲り天性剛戾にして自ら用ふ。諸侯より起りて天下を幷せ、意ふこと得て、欲すること從ふ。以爲へらく、古より己に及ぶもの莫しと。專ら獄吏に任じ、獄吏親幸を得たり。

↑剛穎　強くすぐれる／剛果　心が強く果決／剛悍　気が荒い／剛簡　おおまか／剛気　気が強い／剛獝　剛狂／剛急　気象がはげしい／剛強　剛彊／剛勁　つよい／剛決　剛果／剛絜　潔い／剛狷　狷介／剛堅　堅固／剛謇　直言する／剛蹇　剛謇／剛厳　きびしい／剛耿　壮大な／剛梗　強梗／剛硬　てごわい／剛獷　粗暴／剛傲　強く傲る／剛慠　剛傲／剛豪　剛猛／剛很　剛愎／剛狠　剛愎／剛材　剛毅の人／剛斉　強い薬剤／剛鷙　剛悍／剛質　健実／剛日　奇数の日／剛実　剛質／剛峭　きびしい／剛情　強情／剛辰　剛日／剛折　直言する／剛壮　強壮／剛躁　気が短い／剛鏃　強い鏃／剛胆　大胆／剛癉　疫病／剛断　剛果／剛地　まさに／剛直　剛正／剛徳　剛健／剛忍　無慈悲／剛剽　す早い／剛敏　す早い／剛夫　勇士／剛復　剛愎／剛忿　気が短い／剛褊　気が短い／剛卞　いら立つ／剛弁　口達者／剛木　堅木／剛邁　豪邁／剛力　金剛力／剛略　気が強くて疏略／剛亮　気が強い／剛棱　角が立つ／剛鬣　犠牲の豕／剛厲　暴虐／剛烈　強烈／剛鹵　塩分の多い地

↓鋭剛・外剛・乾剛・気剛・堅剛・厳剛・金剛・至剛・柔剛・重剛・太剛・体剛・貞剛・内剛・方剛・錬剛

【敖】

11 5824　ゴウ(ガウ)　あそぶ　おごる

篆文 金文

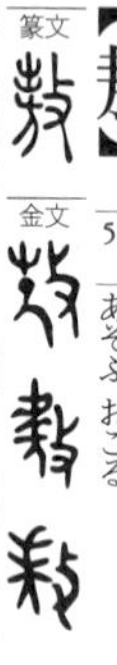

会意 土(長髪)＋方＋攴。方は架屍の象。上に長髪があるのは老人の象。敖は長髪の人の屍を架してこれを殴ち、その呪霊を以て呪詛を加える呪儀をいう。放・敖・敫、また微(微)・徼(徼)なども、みなそのような呪儀を示す字。〔説文〕四下に「出游するなり」とするが、遊(遊)・遨はもと神霊の出遊することをいう語であった。また〔説文〕に字を出と放とに従う会意とするが、その出の形は、もと長髪の形を誤り解したものである。

訓義 ①あそぶ、神霊が出遊する、神霊をうごかす。②おごる、神霊をうっていましめる、神霊をほしいままにする。③たわむれる、遊遨とはもと神の出遊することをいう。④嗷・謷・囂と通じ、かしましい。架屍をうつときの声をいう。

古訓 〔名義抄〕敖 アソブ・オゴル・アタル・タハブレ 〔字鏡集〕敖 アタル・サ、グ・アソブ・オゴル・ウツ・タハブレ

声系 〔説文〕に敖声として嗷・謷・傲・嫯など十一字を録する。おおむね敖の声義を承け、その呪儀に関する字である。

語系 敖・遨・傲・慠・奡 ngô は同声。奡は〔説文〕十下に「嫚るなり」とあり、敖系の倨傲の意と同じ。また翺 ngu はその声が近く、「游敖」「翺翔」は〔詩、斉風、載駆〕にみえ、もと神威をかりて示威的行動をとることをいう。

【敖戯】ごう(がう)ぎ　遊び戯れる。〔漢書、霍光伝〕(昌邑王)昌邑の從官騶宰官奴二百餘人を引き內れ、常に與に禁闥の內に居りて敖戯す。

【敖敖】ごうごう(がうがう)　やかましい。にぎやか。〔詩、衛風、碩人〕碩人(おおどかなお方)敖敖たり　農郊に說る

【敖然】ごう(がう)ぜん　焼きつくように乱れるさま。敖は熬。〔楽府詩集、清商曲辞六、来羅〕白頭、死するに忍びず　心愁へて皆敖然たり　遊戯す、泰始の世　一日、千年に當る

【敖慢】ごう(がう)まん　おごりあなどる。〔礼記、哀公問〕孔子曰く、今の君子は、實(貨財)を好みて厭くこと無く、淫德(放蕩の行)ありて倦まず、荒怠敖慢して、固く民に是れ(財力)を盡さしむ。～今の君子は、禮を爲すこと莫きなりと。

【敖民】ごう(がう)みん　遊民。〔漢書、食貨志上〕聖王能を量りて事を授け、四民力を陳べて職を受く。故に朝に廢官亡く、邑に敖民亡く、地に曠土亡し。

↑敖頑　傲り頑くな／敖客　ひやかし／敖倨　おごる／敖倪　横目でみる／敖庫　食糧庫／敖炙　やけど／敖翔　飛びめぐる／敖食　敖倉の食／敖惰　怠る／敖蕩　気まま／敖蔑　侮る／敖暴　手荒い／敖游　敖遊／敖遊　気ままに遊ぶ／敖廩　敖庫／敖弄　愚弄する

↓逸敖・嬉敖・倨敖・踞敖・謹敖・喧敖・笑敖・怠敖・大敖・桀敖・游敖・遊敖

【毫】

11 0071　ゴウ(ガウ)　ふで　わずか

形声 声符は高の省文。〔説文〕にこの字を収めず、古くはおそらく豪と同字であったのであろう。〔孟子、梁恵王上〕に「明は以て秋毫の末を察するに足る」とあり、秋に生え代わった獣の毛である秋毫を以て、ものの極めて微細なるものにたとえる。獣毛で筆を作るので筆毫といい、筆を用いることを揮毫という。字が高声をとるのは、おそらく高、また皜白の意を含むのであろう。字はまた豪に作る。

訓義 ①ながいけ、ほそいけ、さおげ。②ほそい、こまかい、わずか。③ふで、ふでのほ。④豪と通じ、獣毛。

古訓 〔名義抄〕毫 フムデ・サヲゲ 〔字鏡集〕毫 サヲゲ・ナガキケ・フムケ・コハクマガレルナ(ケ)

語系 毫・豪 hu は同声。高 kô、皜 hô との声義の関係が考えられる。

【毫纖】ごう(がう)せん　細小のもの。晉・皇甫謐〔三都の賦の序〕大なる者は、天地の表(外)に罩ち、細なる者は、毫纖の內に入る。充車聯駟(四頭の馬車を連ねる)と雖も、以て載するに足らず。廣夏接榱(たるきを連ねる)も、以て居く容べからず。

【毫端】ごう(がう)たん　筆の先。毛の先。微細なところ。唐・韓愈〔雑詩〕獨り無言子を攜へ　共に崑崙の顚に升る　長風襟裾を飄し　遂に起ちて高圓に飛ぶ　下のかた禹の九州を視れば　一塵、毫端に集る

【毫髪】ごう(がう)はつ　一毛。けすじ。微小。〔論衡、斉世〕方今聖朝、光武を承け、孝明を襲ぎ、浸豐溢美の化有り、細小毫髪の虧けたる無し。

【毫芒】ごうぼう(がうばう)　毛と、のぎ。微小のもの。〔韓非子、喩老〕宋人に、其の君の爲に、象(牙)を以て楮葉を爲る者有り。三年にして成る。豐殺(肥瘦)莖柯、毫芒繁澤、之れを楮葉の中に亂るも、別つべからざるなり。

【毫墨】ごう(がう)ぼく　筆墨。〔続画品録、序〕丹精の妙、未だ盡く言ふべからず。皆古に法り、今に變ずるなり。萬象を胸懷に立て、千祀に毫墨を傳ふ。

【毫末】ごう(がう)まつ　毛の先。微小のもの。〔老子、六十四〕合抱(一かかえ)の木も毫末より生じ、九層の臺も累土より起る。

【毫釐】ごう(がう)り　きわめてわずか。〔晋書、虞預伝〕邪黨互ひに瞻み、異同蜂至す。一日差跌せば、衆鼓交ゝ鳴らん。毫釐の失、差ふに千里を以てせん。

↑毫穎　筆端／毫芥　細微なもの／毫管　筆／毫翰　筆と紙／毫揮　筆を揮う／毫光　光線／毫忽　細微なもの／毫犀　光彩／毫糸　微少／毫紙　筆と紙／毫錐　尖筆／毫銛　筆端／毫素　筆と素絹／毫楮　筆と紙／毫彘　毫猪／毫忒　微差／毫眉　老人の眉／毫分　毫末／毫鋩　筆端／毫毛　細い毛、わずか／毫余　微細／毫厘　毫釐／毫氂　きわめてわずか

↓一毫・援毫・割毫・簡毫・含毫・揮毫・吟毫・勁毫・涓毫・健毫・彩毫・散毫・糸毫・詩毫・寿毫・秋毫・修毫・柔毫・寸毫・析毫・

牋毫・鼠毫・霜毫・長毫・舐毫・兎毫・禿毫・白毫・微毫・筆毫・分毫・剖毫・鋒毫・雄毫・揺毫・斂毫・狼毫

【奡】 12 1022 ゴウ(ガウ) あなどる つよい

篆文  その他 

象形 百は大きな頭。下部はその手足を垂れている形。〔説文〕十下に「嫚るなり」とあり、傲と声義が近い。敖は長髪の架屍を殴って、敵に傲る呪儀を示す字である。奡が声義において敖に近いとすれば、奡もそのような呪儀と関係のある字であろう。その手足を垂れる形は、死屍を祭梟(首祭)とするものであろうかと思われる。

訓義 ①あなどる、おごる、つよい、多力。

語系 奡・敖・傲・遨 ngô は同声。〔説文〕に「奡は讀みて傲の若くす」とあり、これらはみな声義の近い語である。

【奡兀】 孤傲にして親しまない。清・黄宗羲〔空林禅師の詩の序〕(空林)、時風を通折し、唯だ二三の寂子と空山に奡兀す。

常 【傲】 13 2824 ゴウ(ガウ) おごる

篆文 

形声 声符は敖。敖は長髪の人を架してこれを殴つ形。おそらく巫祝などを殴ち、共感呪術として敵にその呪力を及ぼそうとする呪儀であろう。ゆえに倨傲の意がある。〔説文〕八上に「倨るなり」とあり、その呪霊を以て威圧を試みることをいう。

訓義 ①おごる、ほこる、かろんずる、あなどる、いやしむ。②しのぐ、みだりがましい。③謷と通じ、やかましい。

古訓 〔新撰字鏡〕傲 阿奈止留(あなどる)、又、志乃久(しのぐ)、又、伊也志牟(いやしむ)〔名義抄〕傲 ホコル・ナラフ・カタドル・ヲゴル・サハカシ・シタガフ・ヨル〔篇立〕傲 ヲゴル・アナドル・アツシ・ミム・ヨル・マナヒル・ナラフ・カタドル・サハガシ・シタガフ

語系 傲・敖・遨・奡 ngô は同声。敖・奡はともに呪霊によって他に威圧を加える呪儀を示し、声義同じ。敖声の字はおおむねその声義を承ける。

【傲逸】 おごり、ほしいままにする。〔三国志、魏、荀彧伝注に引く平原禰衡伝〕(禰衡)才を恃みて傲逸、臧否(批判)すること過差(はげしい)、己に如かざる者を見ては、與に語らず。人皆是れを以て之れを憎む。

【傲岸】 おごりたかぶる。唐・李白〔王十二の寒夜独酌、懐ふこと有りに答ふ〕詩 一生傲岸にして、諧はざるに苦しむ 恩疏に媒勞し、志多く乖く

【傲虐】 おごり、乱暴する。〔書、益稷〕丹朱・傲(尭の子)、惟だ慢遊を是れ好み、傲虐を是れ作し、晝夜と罔く額額(争論)たり。

【傲倪】 尊大に振る舞う。魏・嵆康〔卜疑〕寧ろ凶佞を斥逐し、正を守りて傾かず、否臧を明らかにせんか。將た傲倪滑稽、智を挾んで佯迷し、智囊(世渡り上手の智恵者)を爲さんか。

【傲兀】 たかぶる。傲岸。〔抱朴子、疾謬〕傲兀無檢の者を以て大度と爲し、惜護節操の者を以て澁少と爲す。~結黨合群、遊ぶに類を擇ばず。~妄行の在る所、遠しと雖も必ず至る。

【傲骨】 人に屈しない骨。〔鼠璞、上〕(傲骨)唐人言ふ、李白の、身を屈すること能はざるは、腰間に傲骨有るを以てなりと。

【傲很】 人におごり、もとる。〔左伝、文十八年〕顓頊氏に不才子有り、教訓す可からず。話言を知らず、~明徳に傲很し、以て天常を亂る。天下の民、之れを檮杌と謂ふ。

【傲世】 世におごりたかぶる。〔三国志、魏、崔琰伝〕琰の此の書、世に傲り怨謗すと白す者有り。太祖怒り、~琰を罰して徒隸と爲す。人をして之れを視しむるに、辭色撓まず。~遂に琰に死を賜ふ。

【傲誕】 たかぶって放誕にする。〔晋書、謝万伝〕(謝安)萬に謂ひて曰く、汝は元帥爲り。諸將宜しく數接對し、以て其の心を悦ばしむべし。豈に傲誕斯くの若くにして、能く事を濟すもの有らんやと。

【傲慢】 おごり侮る。〔南史、顔延之伝〕遇賓客門に盈つるに、竣(長子)方に臥して起きず。延之怒りて曰く、恭敬撙節は福の基なり。驕很傲慢は禍ひの始めなり。~傲りは長ずべからず。其れ能く久しからんやと。

↑傲易 侮る/傲悍 気が荒い/傲頑 たかぶって固陋/傲気 高慢/傲倨 おごりたかぶる/傲睨 傲倪/傲佷 傲很/傲狠 傲很/傲散 気まま/傲囋 たかぶってしゃべる/傲侈 たかぶりおごる/傲視 侮り扱う/傲爾 たかぶる/傲縦 わがまま/傲上 いばる/傲然 傲爾/傲霜 霜を凌ぐ/傲態 傲視/傲達 わがまま/傲蕩 放蕩する/傲悖 傲很/傲婦 勝達者な女/傲侮 おごり侮る/傲愎 傲慢/傲邁 勝気/傲謾 傲慢/傲覧 思うままに遊覧する/傲吏 悍吏/傲戻 傲很/傲弄 戯弄

↓偃傲・簡傲・奇傲・寄傲・欺傲・倨傲・据傲・驕傲・兀傲・骨傲・侈傲・奢傲・笑傲・嘯傲・縦傲・疎傲・惰傲・怠傲・長傲・放傲・暴傲

【號】 13 6121 [号] 5 6020 ゴウ(ガウ) さけぶ な しるし

篆文 

形声 声符は号。〔説文〕五上に「嘑ぶなり」(段注本)、嘑字条二上に「號ぶなり」とあって互訓。〔詩、魏風、碩鼠〕「誰か之れ永號せん」、〔詩、小雅、賓之初筵〕「載ち號び載ち呶し」のように、大声でさけぶことをいう。〔周礼、春官、大祝〕「六號を辨ず」とは、神示(神の名)牲幣のよび方を定める意で、牛には「一元大武」(武はあし)、鶏を「翰音」(声高く鳴く)という類である。いま号を號の常用字として用いるが、号はもと祝詞(口、𠙵)に対して祈るときの声をいう。〔説文〕に号・虎に従う会意字とするが、号声の字。〔段注〕に号の亦声とするが、虖・哮などと同じく、その声をとる字である。

訓義 ①なく、大声でなく、虎がうそぶく。②さけぶ、大声でさけぶ。③なげく、なきかなしむ。④よぶ、よびよせる、なづける、となえる、つげる、いいふらす、命令。⑤な、よびな。⑥うわさ、評判。⑦しるし、あいず。

古訓 〔字鏡集〕號 サケブ・ナク・ヲラブ・ヨバフ

語系 號 hô、嗥 hu、また哮・唬 xeu、吼 xo は声近く、みな鳥・獣のなくことをいう。また囂 xiô や叫(𠮟)kyu、敫・嗷 kyô は人が祈るときに発するやかましい声をいう。

＊語彙は号字条参照。

【嗷】 14 6804 ゴウ(ガウ) かまびすしい

篆文 

形声 声符は敖。敖は長髪の人を架して殴ち、その呪霊によって他に威圧を加える呪儀。故に傲る意となる。嗷はその呪儀のときに発する大きな声をいう。〔説文〕二上に「衆口もて愁ふるなり」とするが、それは〔詩、小雅、鴻鴈〕「哀鳴すること嗷嗷たり」によるもので、〔説文〕にその詩句を引く。本来は衆口を以て哀訴する声をいう。

訓義 ①かまびすしい、大声で祈り訴える、うれえ訴える、かなしみなげく。

古訓 〔新撰字鏡〕嗷 佐和久(さわく)、又、止々呂久(とどろく)〔字鏡集〕嗷 ナク・ホユ・ウレフ・ソシル・ウソブク

語系 嗷・敖・傲・謷・奡ngôは同声。敖・奡はともに祭梟（首祭）の方法で、他に威圧を与える呪儀である。また囂xiôも声近く、囂は多くの祝告を列ねて愁訴することをいう。

【嗷嗷】ごうごう（がうがう） 悲しみなく。唐・杜甫〔韋諷～を送る〕詩 國步猶ほ艱難 兵革未だ衰へ息まず 萬方哀しむこと嗷嗷たり 十載、軍食を供す

【嗷然】ごう（がう）ぜん 泣き悲しむ。〔東観漢記、殤帝紀〕天命早く崩じ、國祚中絶して、社稷（国家）主無し。天下嗷然たり。

↑嗷嚎 ごうごう はげしくなく／嗷嘈 ごうそう やかましい／嗷騷 ごうそう なき騒ぐ

【傲】 14 9804 ゴウ（ガウ） おごる

形声 声符は敖。敖は長髪の人を架して殴ち、その呪霊によって他に威圧を加える呪儀。〔広雅、釈言〕に「倨るなり」とあり、〔説文〕の傲字条八上と同訓。傲と声義が同じ。

訓義 1おごる。2嗷と通じ、うれえる。

古訓 〔名義抄〕傲 オゴル・タカシ・モテアソブ・カタドル・サハガシ・ヨル 〔字鏡集〕傲 カタトル・ホコル・アナヒ（ド）ル・ナラフ・シタガフ・タカシ・ムナヒル・モテアソブ・アナヅル・オゴル・サハガシ・ヨル

語系 傲・敖・傲・奡ngôは同声。敖・奡は呪霊によって他に威圧を加える呪儀を示す字で同義。

【傲虐】ごう（がう）ぎやく おごって虐げる。〔説苑、反質〕丹朱、傲虐にして慢淫を好み、理化を脩めず。～今陛下（始皇）の淫は、丹朱に萬（倍）し、昆吾・桀・紂（悪王）に千（倍）す。

【傲佷】ごう（がう）こん おごりねじける。〔後漢書、章帝八王、河間孝王開伝〕開～薨じ、子惠王政嗣っぐ。政、傲佷にして法憲を奉ぜず。～（沈）景、國に到り、王に謁す。王、正服せずして、殿上に箕踞す。侍郎贊拜するも、景、峙ちて禮を爲さず。

【傲誕】ごう（がう）たん おごりほしいままにする。〔晋書、王恬伝〕性傲誕、禮法に拘らず。謝萬嘗て恬に造る。既に坐し、少頃くして恬便ち內に入り、～久之くして乃ち沐頭散髮して出で、胡牀に據り、庭中に髮を曬す。神氣傲邁にして、竟に賓主の禮無し。萬、悵然として歸る。

↑傲亢 ごうこう たかぶる／傲忽 ごうこつ 傲慢／傲狠 ごうこん 傲佷／傲如 ごうじょ 傲然／傲世 ごうせい 世におごる／傲然 ごうぜん おごりたかぶるさま／傲達 ごうたつ 傲誕／傲物 ごうぶつ 傲慢な者／傲邁 ごうまい 傲慢／傲慢 ごうまん おごりたかぶる／傲民 ごうみん 高くおごれる者／傲猛 ごうもう 驕暴／傲弄 ごうろう 傲慢

常【豪】 14 0023 ゴウ（ガウ） やまあらし つよい

篆文 籀文

形声 声符は高の省文。下部は家、あるいは象に従う。〔説文〕九下に「家の鬣、筆管の如き者なり。南郡に出づ」とあり、やまあらしをいう。〔山海経、西山経〕に「鹿臺の山、～其の獸に～白豪多し」とあり、獸毛のあらく剛いものである。高声に従うのは、高大・皜白などの意をとるものであるかもしれない。のち人に移して豪俊をいう。

訓義 1やまあらし、ながく秀でた毛、ほそげ。2すぐれた人、有力な人。3つよい、立派、男だて、さかん。4おごる、ほこる、あなどる、一味をひきいる。5毫と通じ、毫毛。

古訓 〔篇立〕豪 ア、（テ）ナリ・タムトシ・タケシ・サトリ・ケユタカナリ・ナヲシ・スグレタリ 〔字鏡集〕豪 トシ・タフトシ・サトル・モハラナリ・ヰノシ、ノケ

【豪逸】ごう（がう）いつ 豪放ですぐれる。〔図絵宝鑑、三〕王元通は滄州の人。山水に工みなり。～人と爲り豪逸、畫き竟はる每に、奇奇を大呼すること數聲。乃ち得意の筆なり。

【豪飲】ごう（がう）いん 思いきり飲む。痛飲。宋・陸游〔病後暑雨、懷ひを書す〕詩 酒を止めて亡聊（無聊）還た自ら笑ふ 少年のとき豪飲すること、長鯨に似たりしを

【豪英】ごう（がう）えい 豪俊の人たち。〔淮南子、氾論訓〕天下の雄儁豪英、野澤に暴露（屍をさらす）し、前は矢石（鏃）を蒙り、後は谿壑に墮ち、百死を出でて一生に紿り、以て天下の權を爭ふ。

【豪家】ごう（がう）か 豪富の家。〔史記、呂不韋伝〕（秦の王子）子楚、秦の爲に趙に質子と爲る。～趙、子楚の妻子を殺さんと欲す。子楚の夫人は趙の豪家の女なり。匿るることを得て、故を以て母子竟に活くることを得たり。

【豪華】ごう（がう）か 豪奢。〔宋史、文天祥伝〕天祥、性豪華、平生自ら奉ずること甚だ厚く、聲伎前に滿つ。是に至りて痛く自ら貶損し、盡く家貲を以て軍費と爲す。

【豪猾】ごう（がう）かつ 勢いあり、狡猾の者。〔後漢書、酷吏伝序〕漢、戰國の餘烈を承け、豪猾の民多し。其の并兼する者は、則ち邦邑に陵橫し、桀健なる者は、則ち閭里（村ざと）に雄張す。

【豪気】ごう（がう）き 豪壮の気。宋・朱熹〔酔うて祝融峯を下るの作〕詩 濁酒三杯、豪氣發し 朗吟飛び下る、祝融峯

【豪毅】ごう（がう）き 気性がすぐれ、つよい。唐・李賀〔少年を嘲ふ〕詩 長金積玉、豪毅を誇る 每に揖す、閒人の意氣多きに

【豪客】ごう（がう）かく 富豪。また、俠客。宋・陸游〔大雪歌〕詩 虬鬚の豪客、狐白の裘（皮衣） 夜來醉眠す、寶釵の樓

【豪俠】ごう（がう）きょう 気性がすぐれ、俠気がある。〔後漢書、袁紹伝論〕袁紹、初め豪俠を以て衆を得、遂に雄霸の圖を懷く。天下の勝兵、旗を擧ぐる者、假りて以て名と爲さざる莫し。～盛んなる哉乎、其の資る所や。

【豪彊】ごう（がう）きょう 気性がすぐれ、つよい。〔漢書、翟方進伝〕上、方進を徙して京兆の尹と爲す。豪彊を搏擊し、京師之れを畏る。

【豪勁】ごう（がう）けい 気性がすぐれ、つよい。宋・黄庭堅〔右軍の文の賦の後に書す〕李翹叟、褚遂良の、右軍（王羲之）の書せる文の賦を臨せるを出だす。豪勁清潤、眞に天下の奇書なり。

【豪傑】ごう（がう）けつ 衆にすぐれた人。〔孟子、尽心上〕文王を待ちて而る後に興る者は、凡民なり。夫の豪傑の士の若きは、文王無しと雖も、猶ほ興る。

【豪侈】ごう（がう）し 豪奢。〔洛陽伽藍記、三、高陽王寺〕高陽王寺は高陽王雍の宅なり。～雍、丞相と爲る。～貴は人臣を極め、富は山海を兼ぬ。居止第宅、帝宮に匹す。白壁丹楹、窈窕として連亘す。～漢晉より以來、諸王の豪侈、未だ之れ有らざるなり。

【豪俊】ごう（がう）しゅん 気性才智のすぐれた人。漢・賈誼〔過秦論、上〕是に於て先王の道を廢し、百家の言を燔き、以て黔首（人民）を愚にす。～豪俊を殺し、天下の兵を收めて之れを咸陽に聚め、～以て金人十二を爲り、以て天下の民を弱くす。

【豪奪】ごう（がう）だつ 無理に力で奪う。〔管子、国蓄〕萬室の都をして必ず萬鍾の藏有らしめ、～千室の都をして必ず千鍾の藏有らしむ。～春は以て耕に奉じ、夏は以て芸に奉じ、耒耜・械器、～畢く君に取り贍らしむ。故に大賈・蓄家も吾が民を豪奪することを得ず。

【豪眉】ごう（がう）び 長い眉毛。〔後漢書、文苑下、趙壹伝〕趙壹～體貌魁梧。身の長け九尺、美須（鬚）豪眉、之れを望むに甚だ偉なり。

【豪富】ごう（がう）ふ 大金持ち。富豪。〔史記、秦始皇紀〕天下の豪富を咸陽に徙すこと十二萬戶。諸廟及び章臺・上林は皆渭南に在り。～雍門より以東、涇・渭に至るまで、殿屋・複道・周閣相ひ屬なる。

【豪放】ごうほう（がうはう） 気性が大きく、ほしいまま。〔唐書、文芸中、

李邕伝〕邕、資豪放、細行を治むること能はず。所在にて賄謝しやし、畋游自ら肆にす。

【豪邁】ごう(がう)まい 気性がすぐれる。唐・元稹〔故工部員外郎杜君(甫)墓係銘序〕詞氣豪邁にして風調清深、對律を屬ること切にして、凡近を脱棄す。

【豪末】ごう(がう)まつ 毛のさき。極めて微小のものにたとえる。〔荘子、秋水〕物の數を號けて之れを萬と謂ふ。人は一に處る。此れ其の萬物に比ぶるや、豪末の馬體に在るに似ずや。

【豪毛】ごうもう(がうまう) 細い毛。わずか。〔史記、項羽紀〕今、沛公先づ秦を破りて咸陽に入り、豪毛も敢て近づくる所有らず。宮室を封閉し、軍を霸上に還し、以て大王の來るを待つ。

【豪門】ごう(がう)もん 権勢の家。豪族。〔旧唐書、王播伝〕所部に臨むに及んで、政理修明にして、勢ひを恃む豪門にも、未だ嘗て法を貸るやかにせず。

【豪友】ごうゆう(がういう) すぐれた友。〔開元天宝遺事、開元、豪友〕長安の富民王元寶・楊崇義・郭萬金等は、國中の巨豪なり。各〻四方の多士を延納し、供送を競ふを以て、朝の名寮(名士)も往往門下より出づ。科場の文士の數家に集まる毎に、時人之れを目づけて豪友と爲す。

【豪右】ごうゆう(がういう) 豪族。〔後漢書、明帝紀〕(永平十三年詔)濱渠の下田は貧人に賦與し、豪右をして其の利を固くするを得しむること無かれ。

【豪雄】ごう(がう)ゆう 豪傑。宋・程頤〔秋日偶成〕詩 富貴に淫せず貧賤も樂し 男兒此に到れば是れ豪雄

【豪吏】ごう(がう)り 有力な役人。〔史記、項羽紀〕(項)梁乃ち故も知る所の豪吏を召し、諭さずに大事を起すを爲す所を以てす。遂に呉中の兵を擧ぐ。

【豪釐】ごう(がう)り 微細。ほんの少し。〔礼記、経解〕易に曰く、君子は始めを愼む。差ふこと若し豪釐なるも、繆るに千里を以てすとは、此れの謂ひなり。

【豪麗】ごう(がう)れい 壯麗。〔鶴林玉露、甲四、陸放翁〕陸務觀(游)~嘗て范石湖(成大)に從ひて、辟されて蜀に入る。故に其の詩、劍南集と號し、豪麗の語多し。

↑豪悪 大悪/豪雨 大雨/豪鋭 強く鋭い/豪横 わがまま/豪歌 勢いよい歌/豪芥 微細/豪懐 勇猛な心/豪黠 悪賢い/豪姦 大悪/豪貴 貴盛/豪挙 男伊達/豪競 大いに競う/豪句 壮句/豪桀 豪傑/豪健 豪勁/豪彦 俊傑/豪誇 大威張り/豪賈 豪商/豪語 壮語/豪棍 わる者/豪士 豪傑/豪矢 嚆矢/豪恣 わがまま/豪弱 強弱/豪俊 豪傑/豪商 大商人/豪縦 わがまま/豪植 根強い/豪臣 権臣/豪人 勢力家/豪帥 旗頭/豪制 強圧/豪姓 豪族/豪盛 強盛/豪勢 強い勢い/豪戚 豪族/豪擅 わがまま/豪贍 富裕/豪麤 粗豪/豪壮 さかん/豪宗 豪族/豪爽 豪快/豪族 大族/豪賊 強賊/豪汰 豪奢/豪憨 豪大 旗がしら/豪胆 大胆/豪誕 わがまま/豪竹 竹楽器/豪豬 やまあらし/豪蠹 豪憨/豪宕 豪放/豪党 有力な党派/豪蕩 豪放/豪馬 ひげ馬/豪武 勇武/豪分 わずか/豪篇 雄篇/豪芒 豪芥/豪暴 強暴/豪民 有力者/豪勇 勇猛/豪遊 大遊び/豪力 強力

↓英豪・介豪・貴豪・巨豪・俠豪・矜豪・強豪・郷豪・驕豪・群豪・剣豪・権豪・賢豪・古豪・誇豪・才豪・詞豪・詩豪・時豪・奢豪・酒豪・酋豪・遒豪・宿豪・俊豪・儁豪・人豪・麤豪・大豪・土豪・白豪・富豪・武豪・文豪・暴豪・民豪・名豪・邑豪・雄豪

【熬】 15 5833 ゴウ(ガウ) いる

篆文  金文 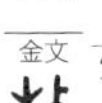

形声 声符は敖。〔説文〕十上に「乾かし煎るなり」とあり、火でいりつけることをいう。

訓義 1いる、やく。2いりもの、いりつけ。3こがす。4心意の上に移して、うれえる、たえしのぶ。

古訓 〔名義抄〕熬 イル・ヤイタナ・イリタナ・アブリモノ 〔篇立〕熬 イルタナ・イル・アブ(リ)タナ・ヤキタナ・ニボシ 〔字鏡集〕熬 ヤク・ヤキタナ・アブリタナ・イリタナ・アブリモノ・イル

↑熬気 いらだち/熬苦 困苦/熬刑 拷問/熬熬 愁苦の声/熬審 拷問/熬煎 いる/熬波 塩やき/熬夜 徹夜/熬爛 煮つめる

↓焦熬・煎熬・炮熬・烹熬

【獒】 15 5843 ゴウ(ガウ) いぬ

篆文 

形声 声符は敖。〔説文〕十上に「犬の、人の心の如くにして使ふべき者なり」とあり、猟犬などをいう。敖に嗷・傲の意があり、その意をとるものであろう。〔段注本〕に「人の心を知りて」とするが、〔二徐本〕〔玉篇〕にはみな「如」に作る。

訓義 1いぬ。2たけ四尺のいぬ。3猛犬。

古訓 〔字鏡集〕獒 イヌ

↓狂獒・嗾獒・吠獒

【遨】 15 3830 ゴウ(ガウ) あそぶ

形声 声符は敖。敖は長髪の人を犠牲として、架して殴ち、その威霊によって他に威圧を加える呪儀。その呪霊の出遊することを遨という。遊(遊)は神の出遊することを意味する字で、遨遊とはもと神霊の出遊することをいう字であった。のち、他を軽侮するような行動をいう。

訓義 1いであそぶ、霊が出遊する。2たわむれる、おごる。

古訓 〔名義抄〕遨 アソブ・タハブル 〔字鏡集〕遨 ウツ・アソブ・タハブル・サヽク・オコル

語系 遨・敖・傲 ngô は同声。翱 ngu と声近く、遊遨・翱翔は、もと神異のものが出遊するさまをいう語であった。のち、他を軽侮する行動や、気晴らしする意などに用いる。

【遨戯】ごう(がう)ぎ 遊戯する。〔後漢書、安帝紀注に引く漢官典職〕九賓樂を作る。舍利の獸、西方より來り、庭に戲れ、前殿に入る。水を激して化して比目魚と成り、水を嗽いて霧を作し、化して黃龍と成る。長さ八丈、~庭に遨戯し、日光に炫燿す。

【遨頭】ごう(がう)とう 見物桟敷。春、蜀の太守が物見に出るをいう。〔老学庵筆記、八〕四月十九日、成都、之れを浣花と謂ふ。遨頭、杜子美の草堂滄浪亭に宴す。城を傾けて皆出で、錦繡道を夾む。開歳より、宴遊是に至りて止む。

【遨遊】ごうゆう(がういう) 自在にあそぶ。宋・蘇軾〔赤壁の賦〕飛仙を挾んで以て遨遊し、明月を抱いて長へに終へんこと、驟かに得べからざることを知りて、遺響を悲風に託す。

↑遨怡 遊び楽しむ/遨嬉 遨怡/遨牀 遨頭

【壕】 人 17 4013 ゴウ(ガウ) ほり

形声 声符は豪。〔玉篇〕に「城の壕なり」とあり、城外に掘りめぐらした堀をいう。

訓義 1ほり、城のほり。2字はまた濠に作る。

↑壕溝 ほり/壕側 城池のほとり

↓空壕・塹壕・城壕

【濠】 17 3013 ゴウ(ガウ) ほり

形声 声符は豪。〔玉篇〕に「水名なり」とあり、安徽の水名。また壕に作り、城下の堀をいう。

訓義 1ほり。2川の名。

古訓 〔篇立〕濠　ミゾノミヅ

【濠隍】城のほり。城隍。〔金史、承暉伝〕雨潦、稼を害す。承暉、潦水を決引して、之れを濠隍に納る。

【濠上】濠梁のほとり。〔荘子、秋水〕荘子、惠子と濠梁の上に遊ぶ。荘子曰く、儵魚出でて游ぶこと從容たり。是れ魚の樂しむなりと。惠子曰く、子は魚に非ず。安んぞ魚の樂しむを知らんやと。荘子曰く、子は我に非ず。安んぞ我の、魚の樂しむを知らざるを知らんや。〜我之れを濠上に知れりと。

↑濠溝　ほりわり／濠塹　濠隍／濠壁　濠と城壁

↓塹濠・空濠・坑濠・溝濠・塹濠・渉濠・城濠・穿濠・游濠・柳濠

【嗸】

篆文

17 5840　ゴウ（ガウ）

形声 声符は敖。敖に倨傲の意がある。〔説文新附〕十二上に「聽かざるなり」、〔玉篇〕に「人の語を入れざるなり」とあり、人の言に耳をかさないことをいう。字はまた聱・謷と通用する。

訓義 1ききいれない、人のいうことをきかない。2囂・謷と通じ、やかましい。

古訓 〔新撰字鏡〕嗸　弥々志戸（みみしへ）〔字鏡集〕嗸　ミ、シヒ・キカズ

語系 嗸ngiôと磽・墝khéôとは声義が近い。磽は〔説文〕九下に「磐石なり」、〔玉篇〕に「堅硬なり」とあり、墝は墝堅、抜くべからざるものをいう。嗸はかたくなに人の言を拒否するもので、その声義に通ずるところがある。

【嗸牙】文が難解であること。唐・韓愈〔進学解〕文章を作爲し、〜上は〜周誥・殷盤の佶屈嗸牙なる、春秋の謹嚴なる、左氏の浮誇なる、易の奇にして法ある〜に規る。

【嗸叟】人の語を聴きいれない頑固な老人。〔唐書、元結伝〕既に樊（地名）上に客となり、漫りに遂に顯はる。樊の左右は皆漁者なり。少長相ひ戲れ、更めて嗸叟と曰ふ。

↑嗸叱　雑多な声／嗸屈　読みづらい詩文／嗸嗸　やかましい／嗸取　はやしたてる

【嚙】

篆文

18 6107　ゴウ（ガウ）ケツ　かむ

会意 口＋齒（歯）。正字は齩に作り、交（交）声。上下の歯を交えて嚙むことをいう。〔説文〕二下に「齩は骨を齧むなり」また「齧は噬むなり」とあり、みな歯牙を立てて咬み食うことをいう。

訓義 1かむ、かじる、骨をかむ。2かみつく。3齧と通用し、その音を用いる。

古訓 〔新撰字鏡〕喫・嚙　久良不（くらふ）、又、波牟（はむ）〔名義抄〕嚙・齧　クフ・カム・クラフ

【嚙指】指をかむ。はげしい悲しみのときの所作。〔捜神記、十一〕曾子、仲尼（孔子）に從ひて楚に在りて心動く。辭し歸りて母を問ふ。母曰く、爾を思ひて指を嚙めりと。孔子曰く、曾參の孝、精、萬里に感ずと。

【嚙臂】臂をかみ、その血で誓う。〔唐書、忠義下、符令奇伝〕璘、父（符令奇）と臂を嚙みて別れ、乃ち衆を以ゐて（馬）燧に降る。〜既にして父の害せらるるを聞き、號絶泣血す。

↑嚙咬　はげしくかむ／嚙合　かみ合う／嚙嚼　かむ／嚙食　食う／嚙啖　かんで食う

【謷】

篆文

18 5860　ゴウ（ガウ）　おろか　おごる

形声 声符は敖。敖に倨傲の意がある。〔説文〕三上に「人の言を省みざるなり」（段注本）とあり、嗸と声義が近い。人の語を聴かず、妄語することをいう。

訓義 1ききいれない。ききいれないで、いいたてる。2大声でいう、大声でそしる、やかましい。3おろか、おろかな人。4おごる、たわむれる、大げさ。5嗷と通じ、かなしみなげく。

古訓 〔篇立〕謷　コトオホシ・コトバ

語系 謷・敖・傲・奡ngôは同声。敖に傲慢の意があり、また奡は〔説文〕十下に「嫚るなり」とみえる。大声でののしるような意をもつ語である。

【謷悍】おごってあらあらしい。〔唐書、藩鎮、李載義伝〕回鶻の使者、歳ごとに入朝するも、過ぐる所暴慢なり。吏、敢て何禁せず、但だ兵を嚴にして自ら守るのみ。虜、益と謷悍なり。

【謷謷】人の語を聴かない。また、口をそろえてうれえなげく。〔漢書、食貨志上〕（王莽、王田の令を下す）令を犯せば、法、死に至る。制度又定まらず、吏緣りて姦を爲し、天下謷謷然として、刑に陷る者衆し。

↑謷乎　高大なさま／謷醜　そしる／謷然　傲然

↓呰謷・暴謷

【囂】

篆文

金文

21 6666　ゴウ（ガウ）　かまびすしい

会意 㗊＋頁。㗊は祝禱の器である𠙵を多く列する形。頁は儀礼のときの礼容を示す。その祈りの声のかまびすしいことをいう。〔説文〕三上に「聲なり。气、頭上より出づ」とあり、頁を首、㗊を口気と解する。およそ㗊に従う器（器）・嚚・噐などの字は、みな多くの祝告を列して祈ることに関する字で、口気を示すものではない。

訓義 1かまびすしい、やかましい。2多くのこえ、多くの者のうれえるこえ。3ものさびしい、しずか、むなしい。4囂囂は無欲のさま。また謷謷と通じ、他人の言を聴かぬさま。

古訓 〔名義抄〕囂　カマビスシ・ワヅラハシ・マジハル・サワク・コヱタカシ・ヒスカシ

語系 囂xiô、嗷kyôまた叫（叫）・噐kyuは声近く、みな祝禱の儀礼に関する字。哮・唬xeu、吼xo、嘑hu、號（号）hôも声が近いが、これらは鳥獣の声をいう。

【囂譁】かまびすしい。宋・陸游〔徐淵子の環碧亭に題す〜〕詩　茶山丈人、囂譁を厭ふ　幅巾して每に訪ふ、博士の家

【囂喧】かまびすしい。囂譁。唐・李白〔周剛と清渓の玉鏡潭に宴別す〕詩　此の中に佳境を得たり　以て囂喧を絶つべし　清夜、方に歸來し　酣歌、平原に出でん

【囂囂】多言のさま。衆人の憂えるさま。無関心、また、無欲のさま。〔孟子、万章上〕湯、人をして幣を以て之れ（伊尹）を聘せしむ。囂囂然として曰く、我何ぞ湯の聘幣を以てすることを爲さんや。我豈に畎畝の中に處り、是れに由りて堯舜の道を樂しむに若しかんやと。

【囂然】間適のさま。得意のさま。さわぎ立てるさま。飢餓のさま。また、憂えさわぐさま。〔漢書、王莽伝賛〕滔天虐民、凶を窮め惡を極む。毒、諸夏に流れ、亂、蠻貊に延ぶ。〜是こを以て四海の内、囂然として其の生を樂しむの心を喪ふ。

↑囂埃　俗世間／囂怨　怨みさわぐ／囂音　騒音／囂慼　世争い／囂外　俗外／囂虚　詭弁／囂競　出世争い／囂諠　さわがしい／囂呼　叫ぶ／囂号　叫ぶ／囂雑　さわがしい／囂訟　さわぎ訴える／囂塵　囂俗／囂世　塵世／囂声　叫ぶ声／囂譟　さわぐ／囂俗　俗世間／囂闐　雑踏／囂呶　どなる／囂黷　煩わしい／囂讟　皆で怨む／囂煩　煩わしい／囂繁　にぎやか／囂浮　軽薄／囂氛　さわがしい／囂紛　囂乱／囂

謗 皆で怨む／囂務 煩務／囂妄 さわぎみだれる／囂乱 さわぎたてる
↓譁囂・讙囂・叫囂・軍囂・群囂・喧囂・諠囂・衆囂・塵囂・煩囂・浮囂・氛囂・紛囂

【轟】 人 21 5055 ゴウ(ガウ) とどろく

篆文

会意 三車を合わせた形。衆車の音の轟々たるをいう。〔説文〕十四上に「群車の聲なり」とあり、その一斉に走る音をいう。その擬声語である。中国の古代には、戦いは車戦を主とした。のち程度の甚だしいことを、轟笑・轟飲・轟酔のようにいう。

訓義 ①とどろく、衆車の走る音、車のひびき。②大きな音がする、なりひびく、もののこわれる音、崩れる音、はぜる音。

古訓 〔名義抄〕轟 トゞメク・サハガシ・トゞロク 〔字鏡集〕轟 サハガシ・コホメク・ノヽシル・トゞメク・トゞロク

【轟飲】 痛飲する。宋・范成大〔天平寺〕詩 舊遊彷彿として、三年を記す 轟飲詩を題して、月、山に滿つ

【轟豗】 かまびすしい。唐・韓愈〔元和聖徳詩〕衆樂驚き作こり 轟豗融冶す

【轟轟】 とどろきわたる。北魏・温子昇〔寒陵山寺碑〕壯士懍りんとして以て先を爭ひ、義夫憤りて競起す。兵は刃を斯の場に接し、車は轂を此の地に錯ふ。轟轟隱隱として、轉石の高崖より墜つるが若く、硠硠磕磕として、激水の深谷に投ずるが若し。

【轟酔】 思いきり酔う。金・元好問〔南冠行〕詩 安くんぞ酒船三萬斛を得て 君と轟醉せん、太湖の秋

↑轟隠 車の音／轟渇 やかましい／轟哄 とどろく／轟炸 炸裂／轟笑 大笑する／轟然 とどろくさま／轟打 砲撃／轟沈 爆沈／轟霆 雷霆／轟天 天にとどろく／轟伝 盛伝／轟発 爆発／轟雷 雷がとどろく／轟烈 大音響

↓掀轟・喧轟・鏗轟・霆轟・砰轟・雷轟

【驁】 21 5832 ゴウ(ガウ) おごる

篆文

形声 声符は敖。敖に傲る意がある。〔説文〕十上に「駿馬なり。壬申の日を以て死す。馬に乘るに之れを忌む」とあり、千里の駿馬であるという。柔順でない馬である。

訓義 ①あれうま、駿馬。②おごる、あなどる。③おおきい。

古訓 〔名義抄〕驁 おごり、あなどる。トキハ(ム)マ

【驁忽】 〔漢書、宣元六王、劉東平思王宇伝〕特に璽書を以て王太后に賜ひて曰く、～今東平王、繈褓(むつき)の中より出でて、南面の位に託る。加ふるに年齒方に剛かんに、涉學日寡く、臣下を驁忽す。～骨肉の恩、豈に忽せにすべけんや。

【驁放】 わがまま。〔唐書、文芸中、李白伝〕白、自ら親近の容るる所と爲らざるを知り、益〻驁放にして自ら脩めず。(賀)知章・李適之・汝陽王璡・崔宗之・蘇晉・張旭・焦遂と酒八仙人と爲る。山に還らんことを懇求す。帝金を賜ひて放るし還らしむ。

↑驁蹇 傲慢／驁狠 ねじけ／驁倪 おごる／驁愎 傲愎

↓肆驁

【鼇】 24 5871 ゴウ(ガウ) すっぽん

篆文

形声 声符は敖。〔説文新附〕十三下に「海の大鼈なり」とみえる。〔列子、湯問〕に、渤海の東、大壑中の神仙の居を、十五の鼇の背に載せるという話がみえる。

訓義 ①すっぽん、大すっぽん。②大海亀、背に五仙山を負うという。

古訓 〔新撰字鏡〕鼇 久地良(くぢら) 〔名義抄〕鼇 ウミガメ 〔字鏡集〕鼇 ウミガメ・オホガメ

【鼇山】 神仙の居る海中の山。〔列子、湯問〕渤海の東に、～大壑有り。～其の中に五山有り。～常に潮波に隨つて上下往還す。～帝～乃ち禺彊(神の名)に命じ、巨鼇十五をして、首を擧げて之れを戴かしめ、迭ひに三番と爲し、六萬歳に一たび交らしむ。五山始めて峙ちて動かず。

【鼇足】 地の四極。〔淮南子、覧冥訓〕往古の時、四國廢し九州裂く。～是に於て女媧、五色の石を錬りて以て蒼天を補ひ、鼇足を斷ちて以て四極を立つ。

↑鼇掖 翰林院／鼇魚 すっぽん／鼇禁 翰林院／鼇頭 状元／鼇背 地の四極の上／鼇抃 拝舞する

↓海鼇・巨鼇・鯨鼇・神鼇・石鼇・霊鼇

コク

【克】 常 7 4021 〔剋〕 9 4221 〔尅〕 10 4421 コク よくする かつ

金文

篆文

古文

甲骨文

象形 木を彫り刻む刻鑿の器の形。上部は把手、下は曲刀の象。〔説文〕七上に「肩ぐなり。屋下の刻木の形に象る」とあり、支柱の意とする。しかし金文の字形では、下部が曲刀をなしており、また〔説文〕古文の第二字は明らかに刻彔の形、すなわち錐もみの器である。刻鑿・掘鑿に用いる。〔詩、大雅、雲漢〕「后稷克くせず」の〔鄭箋〕に「克は當に刻に作るべし。刻は識すなり」とあり、克はその克識を施すための器である。ものを刻することから、克能・克勝の意となり、また克己のように用いる。

訓義 ①ほる、きざむ、しるす、その器。②よくする、なす。③かつ、たえる、うちかつ、かちとる。④かつぐ。

古訓 〔名義抄〕克 ヨシ・カツ・マタシ 〔篇立〕克 タヽカヒ・マクル・ヨモカツ・マヨフ・ヨシ・ヨク・マコト・ヒロシ・スグル 〔字鏡集〕克 タスク・マコト・タヽカフ・ニブシ・エタリ・スグル・マタシ・タフ・カツ・ヨシ

部首 〔説文〕〔玉篇〕に重文の字のみを録する。

声系 剋は克声。克は刻鑿の器。その下部は曲刀の形。古文は錐もみの形に作る。剋は克にさらに刀を加えたもの、尅はその俗字である。

語系 克・刻(刻)khək は同声。また㓞 kheat、栔・契(契)・鍥 khyat は声義近く、契刻のように連用する。みな刻鑿をいう。堪・戡 khəm も声近く、堪は「勝つ、任う」と訓する字で、克と同義。その字は堪任、すなわちものをうちたたく台。戡も「克つ、勝つ」と訓し、堪をもって戈をうちきたえる意の字である。克が刻鑿の器であるように、堪・戡は工冶の器で、そこに共通の義が求められる。

【克諧】 よくかなう。〔書、舜典〕詩は志を言ひ、歌は言を永うす。聲は永に依り、律は聲を和す。八音克く諧ひ、倫を相ひ奪ふこと無くんば、神人以て和せん。

【克己】 おのれにかつ。私欲を抑える。〔論語、顔淵〕己に克ち禮に復るを仁と爲す。

【克譲】 よく人に譲る。〔書、尭典〕欽明にして、文思安安、允に恭しくして克く讓る。四表に光被し、上下

に格る。

【克責】(こくせき) 自責。〔後漢書、鍾離意伝〕陛下、天時の小旱を以て元元(人民)を憂念し、降りて正殿を避け、躬自ら克責す。而るに比日(連日)密雲あるも、遂に大潤無し。豈に政の未だ天心に應ずる者得ざる有るか。

【克復】(こくふく) 克己復礼。また、克服。また、回復。蜀・諸葛亮〔後主の為に魏を伐つ詔〕元戎を董督し、龔んで天伐を行ひ、患を除き亂を寧んじ、舊都を克復すること、此の行に在るなり。

【克明】(こくめい) 十分に明らかにする。〔書、尭典〕克ょく俊徳を明らかにし、以て九族を親しむ。

↑克厭(こくえん) 満足する／克果(こくか) 成功する／克家(こくか) 家を治める／克堪(こくかん) たえる／克期(こくき) 日限／克勤(こくきん) 勤める／克苦(こくく) 刻苦する／克倹(こくけん) 倹約／克孝(こくこう) 孝行／克済(こくさい) 成就する／克糸(こくし) さし糸／克似(こくじ) よく似る／克日(こくじつ) 克期／克肖(こくしょう) よく似る／克昌(こくしょう) 盛んとなる／克捷(こくしょう) うち勝つ／克紹(こくしょう) 承継／克勝(こくしょう) うち勝つ／克尽(こくじん) つくす／克綏(こくすい) 安撫する／克成(こくせい) 完成する／克翦(こくせん) 平定する／克壮(こくそう) 壮大となる／克治(こくち) 治める／克己／克定(こくてい) 治める／克殄(こくてん) 殲滅する／克剝(こくはく) 残酷／克伐(こくばつ) うち勝つ／克敏(こくびん) 敏捷／克伏(こくふく) 克服する／克服(こくふく) 制する／克平(こくへい) 平定する／克暴(こくぼう) あばれ放題／克乱(こくらん) 平定する

↓温克・忌克・謙克・柔克・相克・超克・独克・不克・掊克

常【告】7 2460〔告〕7 2460 コク　コウ(カウ)　いのる　つげる

篆文

甲骨文

金文

象形 旧字は告に作り、木の小枝に、祝禱を収める器の𠙵(さい)を著けた形。分析していえば、木の省形と口(𠙵)とに従う字である。〔説文〕二上に「牛、人に觸る。角に横木を箸っく。人に告ぐる所以なり」とし、字を牛と口の会意とするが、俗説である。卜文・金文の字形は、牛とは関係がない。卜辞に「貞とふ。疾又あるに、羌甲(祖王の名)に告らんか」のように、祈る意に用いる。告はその祈りかたを示す字。祝告の器である口をもつ形は史(史)、史は内祭として祖廟を祀るのが原義。その字形は申し文をつけた小枝をもつのにひとしい。外祭のときには、その枝に吹き流しなどをつけるので使(使)・事(もと同形)の字となる。使は祭の使者で外祭、その祭を事・大事という。告・史・使・事はその字形において系列をなす字である。

訓義 ①いのる、神につげいのる、うったえる、こう。②つげる、のる、神がつげ示す、しめす、さとす、おしえる。③いう、いいふらす、はなす、かたる。

古訓 〔名義抄〕告 ツグ・カタラフ・ツタフ・マウス・ノタマフ・ヲシフ・ウク・ヤスム・イトマ

部首 〔説文〕二上に嚳をこの部に属し、「急告することの甚だしきなり」と訓し、〔玉篇〕も同じ。ただその義に用いた例をみない。嚳は帝嚳、神話的な古代帝王の名号である。

声系 〔説文〕に造(造)・誥・梏・窖・浩(浩)・晧など十六字を収める。造は古くは舟(盤)と告との会意字で、神に祈る意。梏・窖は桎梏のように、かせを加えて挟搾する意、浩・晧は浩大・日出など、他の字と通用する字である。

語系 告・誥kuk は同声。誥を〔爾雅、釈詁〕〔説文〕三上に「告ぐるなり」と訓するが、告は神に告げ訴えること、誥はそれに対して神意として告げられることをいう。すなわち告・誥は対待の字。のち王の発する詔勅教令の語を誥という。

【告劾】(こくがい) 官吏の非を上告弾劾する。〔漢書、杜周伝〕周の廷尉と爲るに至りて、詔獄亦た益ゝ多く、～一歳に千餘章に至る。～獄に會するや、吏因りて責むること章の告劾するが如し。服せざれば、以て掠笞して之れを定む。

【告帰】(こくき) 休暇をえて帰郷する。〔史記、高祖紀〕高祖、亭長爲りし時、常つ(嘗)て告歸して田に之く。～一老父有り、～曰く、～君の相、貴きこと言ふべからずと。

【告休】(こくきゅう) 辞職する。退休。梁・陶弘景〔陸敬游に十賚(賜物)を授くる文〕爾上を奉じて～備さに勞苦を嘗めたり。～手足胼胝(たこ)未だ告休することを得ず。櫛風沐雨、焉に於て尤も切なり。今故に爾に蒼頭(召使)一人を賚ふ。

【告語】(こくご) 告げる。話す。〔高斎漫録〕元祐の初、(司馬)温公、相に拜せられ、更めて熙(寧)・(元)豐の政事を易ふ。荊公(王安石)鍾山に在り。親舊、其の意を傷らんことを恐れ、敢て告語せず。

【告朔】(こくさく) 暦を頒つときの礼。〔論語、八佾〕子貢、告朔の餼羊(犠牲として供える羊)を去らんと欲す。子曰く、賜(子貢の名)や、女は其の羊を愛しむ。我は其の禮を愛むと。

【告示】(こくじ) 掲示して知らせる。〔北史、叔孫俊伝〕詔を奉じて外に宣する毎に、必ず告示すること慇懃(親切)なり。是を以て上下嘉歎す。

【告捷】(こくしょう) 戦勝報告。〔旧唐書、李勣伝〕太宗に従って竇建徳を平らぐ。～振旅(軍を収める)して還り、功を論じ賞を行ふに、太宗を上将と爲し、勣を下将と爲し、太宗と倶に金甲を服し、戎輅(戦車)に乗り、捷を太廟に告ぐ。

【告身】(こくしん) 唐代の辞令書。それより前、北朝では告身、南朝では除身といった。〔北斉書、傅伏伝〕上大將軍、武郷郡開國公を授く。即ち告身を給す。

【告訴】(こくそ) 事情を訴えて請願する。晋・李密〔情事を陳ぶる表〕臣、詔を奉じて奔馳せんと欲せば、則ち(祖母)劉の病日に篤し。苟し私情に順はんと欲せば、則ち告訴するも許されず。

【告退】(こくたい) 辞職を願う。〔抱朴子、良規〕功成りて處らず、骸を乞うて告退す。忠能を高選して、進めて以て自ら代らしむ。亦た綽ゝとして餘裕有らざらんや。

【告白】(こくはく) 明らかにして告げる。〔晋書、儒林、徐邈伝〕(足下)小吏を縦ちて、耳目と爲すべからざるなり。豈に善人君子にして、其の事に非ざるを干して、多く告白する所の者有らんや。君子の心、誰をか毀り誰をか譽めん。

【告緡】(こくびん) 漢代、一緡一貫(千銭)に二分の所得税を課す緡銭令があり、その脱税を告発した者に、税金の半額を与えた。〔史記、酷吏、張湯伝〕漢大いに兵を興し、～縣官空虛となる。是に於て～告緡の令を出だし、豪彊并兼の家を鉏く。

【告別】(こくべつ) 別れをいう。〔後漢書、郅惲伝〕鄭敬素より惲と厚し。～敬曰く、～吾れ年耄いたり。安くんぞ子に從ふことを得ん～と。惲～告別して去る。

【告諭】(こくゆ) 告げさとす。〔史記、高祖紀〕乃ち人をして、秦の吏と縣の鄉邑を行り、之れに告諭せしむ。秦人大いに喜び、爭うて牛羊酒食を持して、軍士に獻饗す。沛公、又讓りて受けず。

【告老】(こくろう) 老年のゆえに辞職する。〔後漢書、胡広伝〕告老致仕す。尋いで特進を以て太常に徵拜せられ、太尉に遷る。日食を以て免ぜらる。

↑告哀(こくあい) 訴える／告引(こくいん) あばきあう／告仮(こくか) 告休／告暇(こくか) 告休／告戒(こくかい) 戒告／告誡(こくかい) 告げ戒める／告姦(こくかん) 告発する／告訐(こくかん) あばく／告餼(こくき) 告朔の犠牲の羊／告急(こくきゅう) 危急の報／告凶(こくきょう) 凶報／告教(こくきょう) 告げ教える／告近(こくきん) 任地を希望する／告警(こくけい) 警告する／告月(こくげつ) 告朔／告譴(こくけん) 責める／告言(こくげん) 訴える／告坐(こくざ) 告発されて連坐する／告賽(こくさい) 祭る／告罪(こくざい) 判決／告詞(こくし) 祝詞／告辞(こくじ) 告げる／告実(こくじつ) 告白する／告謝(こくしゃ) 辞職する／告首(こくしゅ) 告発する／告竣(こくしゅん) 完成する／告状(こくじょう) 実状を報告する／告成(こくせい) 完成を報告する／告請(こくせい) 請う／告殂(こくそ) 死を知らせ

る/告愬　訴える/告遡　告愬/告喪　訃告/告存　安否を問う/告知　通知する/告勅　勅命/告天　祭天/告投　提出する/告導　すすめる/告匿　告発する/告寧　凶事のため告帰する/告発　あばく/告病　病気のため休暇をとる/告廟　告祭/告俘　廟に俘を献じる/告文　祭文/告変　変事を予告する/告報　告知/告密　密告する/告命　政令/告養　晩年の休養を願う/告理　理由書/告猟　告発する/告燎　祭天/告類　祭天/告令　政令

↓移告・謁告・戒告・勧告・祈告・休告・急告・遽告・教告・饗告・暁告・謹告・訓告・啓告・警告・虔告・譴告・原告・公告・広告・抗告・控告・斎告・催告・賜告・辞告・社告・詔告・上告・情告・申告・親告・誓告・宣告・致告・忠告・諜告・通告・廷告・伝告・播告・被告・布告・赴告・普告・誣告・変告・徧告・弁告・奉告・報告・奔告・密告・無告・諭告・予告・礼告・論告

常

【谷】

7　8060　コク　たに　きわまる

篆文 　甲骨文 　金文 

象形 谷の入口の形。〔説文〕十一下に「泉出でて川に通ずるを谷と爲す。水半ば見えて口より出づるに從ふ」とするが、金文の字形は、左右から山がせまり、谷口が低く狭まった形で∨形をなすことを示す。口の部分は、字の初文では∨形に作る。卜文には凵形に作り、谷口を聖所として祀る意である。

訓義 ①たに、山峡のくぼみ。②みぞ、みち、細いみち。③極と通じ、きわまる。④穀と通じ、よい、やしなう、そだてる。⑤卻と通じ、しりぞく、さる。

古訓 〔名義抄〕谷　タニ・フカシ・キハム・ヤシナフ・コ、

部首 〔説文〕に谿・㕡など七字、〔玉篇〕に谺・叡などを加えて、二十八字を属する。

声系 〔説文〕に俗・裕・欲・浴など七字を谷声として収めるが、これらはみな谿谷の谷と声義ともに異なる。容は神廟に祈って、彷彿としてその容のあらわれる意。裕・欲・浴はみなその祭儀にかかわる字で、口は祝告、その上は彷彿の気を示す字であり、声系もまた谿谷の谷と異なる。

語系 谷 kok は壑 xak と声義近く、また、坑 kheang、坎 kham、陷(陥) heam も同系の語で、みな地の坎陥するところをいう。極 giək と声近く「きわまる」と訓し、穀(穀) kok と同声にして「やしなう」と訓する。

参考 谷と形の近いものに、別に容・欲の従うところ、また噱の意の谷(口上の阿、人中)に従うものと、合わせて三形あり、みな異なるものである。

【谷飲】谷水を酌んで飲む。〔淮南子、人間訓〕單豹世に倍き俗を離れ、巖に居り谷に飲み、絲麻を衣ず、五穀を食らはず、行年七十にして猶ほ童子の顏色あり。卒にかにして餓虎に遇ふ。殺して之れを食らふ。

【谷汲】谷水を酌む。〔漢書、地理志下〕(虢・会の地)土陿くして險、山居して谷に汲む。男女亟聚會す。故に其の俗淫なり。

【谷谷】鳩の鳴く声。金・周昂〔春日即事〕詩　酒を尋ね把らんと欲するも、渾べて處無し　春は在り、鳴鳩谷谷の中

【谷神】万物を養う神。〔老子、六〕谷神死せず、是れを玄牝と謂ふ。玄牝の門、是れを天地の根と謂ふ。緜緜として存するが若く、之れを用ふるも勤きず。

【谷風】東風。晋・陶潛〔劉柴桑に和す〕詩　茅茨(茅ぶきの家)已に治に就き　新疇復た應に畬す(焼畑にする)べし　谷風轉た凄薄なるも　春醪(春酒)飢ゑと劬れとを解く

【谷量】谷一杯を単位としてはかる。量の多いこと。〔史記、貨殖伝〕烏氏の倮、畜牧し、～斥賣し、奇繒の物を求めて、閒かに戎王に獻遺す。戎王、其の償を什倍にして、之れに畜(家畜)を與ふ。畜、谷を用つて馬牛を量るに至る。

↑谷雨　谷の雨/谷雲　谷の雲/谷王　海/谷閣　桟道/谷間　たにま/谷気　山谷の気/谷響　こだま/谷口　谷の入口/谷処　谷に住む/谷水　渓水/谷泉　谷の泉/谷底　谷ぞこ/谷道　谷の道/谷畔　谷のほとり/谷辺　谷畔

↓飲谷・雲谷・淵谷・回谷・開谷・崖谷・壑谷・寒谷・澗谷・岸谷・巖谷・帰谷・穹谷・窮谷・虚谷・峡谷・空谷・渓谷・谿谷・阬谷・荒谷・高谷・山谷・出谷・峻谷・浚谷・深谷・邃谷・泉谷・遷谷・大谷・中谷・通谷・洞谷・万谷・盤谷・幽谷

常

【刻】

8　0220　〔刻〕　8　0220　コク　きざむ　きびしい　とき

篆文 

形声 声符は亥(亥)。亥は骸(骸)・核(核)の従うところで、刻とは深く刻鑿することをいう。〔説文〕四下に「鏤るなり」とあり、〔爾雅、釈器〕に金属には鏤る、木には刻というと、両者を区別する。字形によっていえば、亥はもと獣の形であるから、獣を刻剝する意の字である。獣屍を分裂する意より、苛酷・厳急などの意を生ずる。また器に刻して時を計るので、時刻の意となる。

訓義 ①きざむ、獣屍を切り解く、深くほる、はぐ、はぎとる。②きびしい、ひどい、むごい、残刻、残は屍肉を削る意。③はなはだしい、けわしい、つくす。④きざむ、しるす、深くしるす、心におぼえる。⑤ときをきざむ、とき。

古訓 〔名義抄〕刻　キザム・キル・ヤム・トキ・ツメキル・ヱル　〔字鏡集〕刻　カル・ケス・サク・キザス・オコタル・サキ・キザム・キル・ツメキル

語系 刻 khək、㓞 kheat は声義近く、刻は深く鑿る、㓞は線刻の意に用いる。契(契)・栔・鍥 khyat は㓞系の字。缺(欠) khiuat、決 kiuat、割(割) kat、劂 kiuat、刮 kuat などは、その方法が、刻に近いものである。

【刻意】心をくだく。苦心。〔後漢書、党錮伝序〕夫れ意を刻するときは、則ち行ひ肆ならず、物に牽かるるときは、則ち其の志流る。

【刻印】印を作る。〔史記、留侯世家〕(酈)食其曰く、～陛下誠に能く復た六國の後世を立て、畢く已に印を受けよ～と。～漢王曰く、善し。趣やかに印を刻し、先生因りて行りて之れを佩びしめよと。

【刻画】きざむ。苦心して作る。宋・蘇軾〔欧陽少師(脩)、畜ふる所の石屏を賦せしむ〕詩　(上に万歳不老の孤松有り)崖崩れ澗絶え、望むべきも到るべからず　孤烟落日、相ひ溟濛たり　刻畫始めて信ず、天に工有るを

【刻肌】肌を傷つけ自ら責める。魏・曹植〔躬を責むる詩を上まつる表〕臣、舋(罪)を抱きて藩(封国)に歸りしより、肌に刻み骨に刻み、罪戻を追思し、晝分にして食し、夜分にして寢ぬ。

【刻急】厳刻。〔漢書、酷吏、厳延年伝〕延年、人と爲り短小精悍、～尤も巧みに獄文を作る。～河南號して屠伯と曰ふ。～(張敞)延年の用刑刻急なるを聞き、乃ち書を以て之れを諭す。

【刻苦】苦心。唐・韓愈〔柳子厚墓誌銘〕閒に居りて益と自ら刻苦し、記覽に務め、詞章を爲る。汎濫停蓄、深博にして涯涘無きを爲す。

【刻鵠】おおとりを刻る。〔後漢書、馬援伝〕龍伯高は敦厚周愼、口に擇言無し。～伯高に效ひて得ざるも、猶ほ謹敕の士と爲らん。所謂鵠を刻して成らざるも、尚ほ鶩に

に類する者なり。

【刻削】 けずる。彫刻する。〔韓非子、説林下〕刻削の道、鼻は大なるに如くは莫く、目は小なるに如くは莫し。

【刻舟】 変通を知らぬ喩え。〔呂覧、察今〕楚人に江を渉る者有り。其の劍、舟中より水に墜つ。遽かに其の舟に契む（旧校に、契、一に刻に作る）。～舟止まる。其の契みし所の者より、水に入りて之れを求むるも、舟已に行けり。

【刻肖】 きわめて似ている。清・鄭燮〔城隍廟碑記〕金元の院本、古を演じて今に勸む。情神刻肖、人をして激昂慷慨、歡喜悲號せしむ。其の世に功有ること少なからず。

【刻峭】 深刻。〔墨荘漫録、十〕唐人の能く奇語を造る者は、劉夢得の作れる連州廳壁記に若くは無し。～蓋し前人の未だ道はざる者。～其の他刻峭清麗なる者、概擧すべからず。

【刻燭】 蠟燭に刻みを入れて時間を験する。〔南史、王僧孺伝〕竟陵王子良、嘗て夜、學士を集め、燭に刻して詩を爲らしむ。四韻なる者は則ち刻すること一寸。此れを以て率と爲す。

【刻暴】 残酷で乱暴。〔史記、孫子呉起伝論贊〕呉起、武侯に說くに、形勢は德に如かざるを以てす。然れども之れを楚に行ひ、刻暴恩少なきを以て其の軀を亡ふ。悲しい夫。

【刻本】 版本。〔書林清話、書に刻板有るの始め〕書に刻本有るは、世皆以て五代の馮道に始まると爲す。

【刻銘】 金石に刻する。〔漢書、郊祀志下〕美陽に鼎を得たり。～張敞～鼎の銘勒を按じて～曰く、～竊かに傳記を以て之れを言ふに、此の鼎は殆ど周の大臣に襃賜する所以、大臣の子孫、其の先功を刻銘し、之れを宮廟に臧せるなり。

【刻励】 刻苦精励。〔唐書、陸贄伝〕今亂を生じ序を失ふの事、追ふべからず、其の治に資し邦を興すの業、刻勵して謹んで之れを脩むるに在り。

【刻轢】 苛法を以てしいたげる。〔史記、酷吏伝序〕高后の時、酷吏に獨り侯封有り。宗室を刻轢し、功臣を侵辱す。呂氏已に敗れ、遂に侯封の家を夷ぼす。

【刻露】 すっかりあらわれる。宋・欧陽脩〔豊楽亭記〕幽芳を掇り、喬木に蔭ふ。風霜冰雪、刻露清秀、四時の景、愛すべからざる無し。

【刻勒】 銘刻。〔史記、封禅書〕二世元年、東のかた碣石に巡り、～南して泰山を歷へ、會稽に至る。皆之れを禮祠し、而して始皇立つる所の石書の旁らに刻勒して、以て始皇の功德を章はす。其の秋諸侯秦に畔き、三年にして二世弑死す。

↑刻剡 きざみしるす／刻下 いま／刻怪 怪しむ／刻絵 きざみえがく／刻害 害する／刻桷 たるきの飾り／刻覈 苛刻／刻己 自責／刻期 日を定める／刻虐 虐げる／刻屈 えぐる／刻勲 勲功をしるす／刻限 定刻／刻舷 刻舟／刻工 彫刻工／刻骨 心にきざむ／刻砕 苛細／刻鑿 ほる／刻糸 さし糸／刻識 刻記／刻字 字をほる／刻日 期限を定める／刻峻 厳しい／刻書 出版／刻誦 精読／刻飾 雕飾／刻心 心にきざむ／刻深 惨刻／刻石 石にきざむ／刻責 責める／刻切 厳しい／刻即 すぐに／刻賊 害する／刻損 節約／刻斲 きざむ／刻治 治める／刻誅 誅殺する／刻著 きざむ／刻彫 彫刻／刻剔 けずる／刻涅 入墨／刻瑑 彫玉／刻毒 酷悪／刻念 心にきざみこむ／刻剝 虐げる／刻薄 冷酷／刻板 刊行／刻版 刻板／刻臂 誓う／刻珉 銘刻／刻符 符信の字／刻文 金石文／刻敝 破る／刻璧 琱玉／刻法 苛法／刻木 木にきざむ／刻爛 朽ちて崩れる／刻吏 酷吏／刻厲 刻励／刻廉 厳格／刻斂 苛斂／刻漏 水時計／刻鏤 彫りつける／刻蠟 刻燭

↓一刻・印刻・陰刻・苛刻・家刻・俄刻・刊刻・奸刻・忌刻・急刻・頃刻・倹刻・厳刻・午刻・後刻・惨刻・劖刻・残刻・鑱刻・刺刻・時刻・重刻・峻刻・初刻・上刻・深刻・寸刻・清刻・石刻・先刻・撰刻・纖刻・鐫刻・即刻・題刻・琢刻・遅刻・中刻・昼刻・彫刻・雕刻・定刻・篆刻・半刻・板刻・碑刻・符刻・復刻・複刻・覆刻・補刻・翻刻・銘刻・模刻・摹刻・木刻・陽刻・例刻・漏刻・鏤刻

常

【国】 8 6010

人〔國〕 11 6015

〔囶〕 9 6022

コク
くに みやこ

篆文 金文

会意 旧字は國に作り、囗＋或。或は囗と戈とに従い、囗は都邑の城郭。戈を以てこれを守るので、或は國の初文。國は或にさらに外郭を加えた形である。もと国都をいう。〔説文〕六下に「邦なり」、邑部六下に「邦は國なり」とあって互訓。邦（邦）は社稷に封樹のある邑で、邦建による国都をいう。〔周礼、天官、大宰、注〕に「大なるを邦と曰ふ」とし、〔玉篇〕に「小なるを邦と曰ふ」とするが、分別を加えるとすれば、國は軍事的、邦は宗教的な性格をもつ字である。金文に、古くは或を用い、また国家のことは邦家というのが例であった。圀は唐の則天武后が制定した新字の一。或は域で、限定を加える意があるので、八方を以てこれに代えたのである。

訓義 ①くにのみやこ、国都。②くに、邦家。

古訓 〔名義抄〕國 クニ・トカ 〔字鏡集〕國 トカ・トキ・クニ

声系 〔説文〕六上に國声として槶を収め、「匡當なり」（段注本）とあって、筐の当をいう。摑は〔玉篇〕に「耳を掌つなり」とあり、その声をいう語であろう。国語では「つかむ」とよむ。

語系 國kuək、域（或）hiuək は声義近く、もと或が國を示す字であった。

【国家】 くに。〔鶴林玉露、甲三、二罪人〕國家一統の業、其の合して遂に裂くる者は、王安石の罪なり。其の裂けて復た合はせざる者は、秦檜の罪なり。

【国華】 国の栄光。〔国語、魯語上〕季文子～に帛を衣るの妾無く、粟を食らふの馬無し。仲孫它諫む。～文子曰く、～吾れ德榮を以て國華と爲すを聞くも、妾と馬とを以てするを聞かずと。

【国軌】 民生安定の国策。〔管子、山国軌〕未だ形はれざるに布き、其の已に成るに據り、令に乘じて進退し、民に求むる無き、之れを國軌と謂ふ。

【国器】 国家的人物。〔史記、晋世家〕楚の將子玉怒りて曰く、～重耳の言は不孫なり。請ふ之れを殺さんと。成王曰く、晉の公子（重耳）は賢にして、外に困しむこと久し。從者は皆國器なり。此れ天の置く所なり。庸ぞ殺すべけんや～と。

【国権】 国の権力。〔漢書、五行志中之下〕（魯の）襄公の時、天下諸侯の大夫、皆國權を執り、君、制すること能はず。～善惡明らかならず、誅罰行はれず。

【国士】 一国中のすぐれた人物。〔漢書、李陵伝〕群臣皆陵を罪せんとす。上以て太史令司馬遷に問ふ。遷盛んに言ふ、陵～常に奮ひて身を顧みず、以て國家の急に殉ぜんとす。～國士の風有り～と。上、遷を以て誣罔とし、～遷を腐刑に下す。

【国子】 公卿大夫の子弟。〔周礼、地官、師氏〕三德を以て國子に教ふ。

【国社】 一国のための社。〔史記、三王世家〕所謂此の土を受くとは、諸侯王始めて封ぜらるる者、必ず土を天子の社に受け、歸りて之れを立てて、以て國社と爲し、歲時を以て之れを祠る。

【国手】国政にすぐれた人。また一国で技能のすぐれた人。詩・書・医・棋すべての分野にいう。〔唐詩紀事、六十五、裴説〕棊に云ふ、十九條の平路 言ふ、平なるも又嶮巇なりと 人心は算する處無し 國手も輸する（敗北する）時有り

【国初】国のはじめ。唐・杜甫〔韋諷録事の宅に曹将軍の画ける馬の図を観る歌〕詩 國初已來、鞍馬を畫く 神妙獨り數ふ、江都王（唐の霍王元軌の子）

【国書】外交の文書。〔隋書、東夷、倭国伝〕大業三年、其の王多利思比孤、使を遣はして朝貢す。～其の國書に曰く、日出づる處の天子、書を日沒する處の天子に致す。恙無きや、云云と。帝之れを覽て悅ばず。

【国殤】戦死者の弔魂歌。〔楚辞、九歌、国殤〕身既に死して、以て神にして靈 子の魂魄、鬼雄と爲る

【国色】国中一の美女。〔公羊伝、僖十年〕驪姬は國色なり。獻公之れを愛すること甚だし。其の子を立てんと欲す。是に於て世子申生を殺せり。～（其の傅）荀息、之れに死せり。

【国人】国中の人。〔左伝、成十三年〕六月丁卯、夜、鄭の公子班、訾（地名）より、大宮に入らんことを求むるも能はず。～反りて市に軍す。己巳、子駟、國人を帥ゐて大宮に盟ひ、遂に從ひて盡く之れを焚き、子如（子班）～を殺す。

【国是】国の大計・方針。〔後漢書、桓譚伝〕君は士に驕り、～士は君に驕る。～人君或いは國を失ふに至るも悟らず、士或いは飢寒に至るも進まず。君臣合はざれば、則ち國是從りて定むる無し。

【国政】国の政治。〔三国演義、三〕今日宴飲の處、國政を談ずべからず。

【国勢】国の形勢。〔宋史、胡銓伝〕醜虜は變詐百出す。～此の膝一たび屈せば復た伸ぶべからず。國勢陵夷（衰微）せば復た振ふべからず。痛哭流涕、長太息を爲すべし。

【国祚】国運。また、王位。〔後漢書、李固伝〕（梁）冀、帝の聰慧なるを忌み、～遂に左右をして鴆を進めしむ。～固、～冀に書を與へて曰く、天下不幸にして、仍りに大憂に遭ふ。～頻年の閒、國祚三たび絕ゆ。～竊かに獨り懷ふこと有り。

【国俗】土地の風俗。〔孟子、告子下〕昔者王豹、淇に處りて河西善く謳ひ、緜駒高唐に處りて齊右善く歌ひ、華周・杞梁の妻善く其の夫を哭して、國俗を變ず。

【国賊】国に害をなすもの。〔荀子、臣道〕君の榮辱を卹へず、國の臧否（善悪）を卹へず、偸合苟容（いい加減にする）して以て祿を持し交を養ふのみなるもの、之れを國の賊と謂ふ。

【国体】国の体制。国がら。〔漢書、成帝紀〕儒林の官は四海の淵原なり。宜しく皆古今に明らかに、溫故知新、國體に通達すべし。故に之れを博士と謂ふ。

【国恥】国が受ける恥。〔後漢書、劉虞伝〕今天下崩亂し、主上蒙塵す。吾れ重恩を被り、未だ國恥を清め雪ぐこと能はず。諸君各〻州郡に據り、宜しく共に力を勠はせ、心を王室に盡すべし。

【国都】みやこ。〔管子、乗馬〕凡そ國都を立つるに、大山の下に於てするに非ざれば、必ず廣川の上に於てす。～天材に因り、地利に就く。故に城郭は必ずしも規矩（定規）に中らず、道路は必ずしも準繩（水盛りと墨なわ）に中らず。

【国難】国の困難。魏・曹植〔白馬篇〕楽府 軀を捐てて國難に赴かん 死を視ること、忽として歸するが如し

【国風】各国の民謡。〔詩〕に十五国風がある。また、国の風俗。〔史記、殷紀〕帝武丁、位に卽き、殷を復興せんことを思ふも、未だ其の佐を得ず。～政事は冢宰に決定す。以て國風を觀る。

【国秉】国の権力をもつ。〔史記、絳侯周勃世家〕許負之れ（周亜夫）を相して曰く、君、後三歲にして侯となり、侯たること八歲にして將相と爲り、國秉を持し貴重ならん。人臣に於て兩つと無し～と。

【国歩】国運。時運。〔詩、大雅、桑柔〕國步資くるもの蔑し 天、我を將けず

【国本】国の基礎。〔唐大詔令、二十八、遂王を冊して皇太子と為す文〕儲嗣（皇太子）を建立し、國本を崇嚴にす。

【国民】人民。〔左伝、昭十三年〕楚國を有つ者は其れ弃疾か。陳・蔡に君となり、～私欲違はず、民に怨心無し。先づ神之れに命じ、國民之れを信ず。～誰か能く之れを害せん。

【国論】国の大計に関する論。〔漢書、薛宣伝〕谷永上疏して曰く、～（宣）、經術文雅、以て王體を謀り、國論を斷むるに足る。～唯だ陛下、留神考察せよと。

↑国哀 国喪/国医 上医/国委 国の蓄積/国威 国の威光/国維 国基/国彝 国法/国胤 皇胤/国益 国の利益/国艶 牡丹/国禍 国難/国歌 国の制定歌/国娥 国色/国界 国境/国貉 さなぎ/国学 国の古学/国姦 大悪人/国患 国家の憂えごと/国幹 国の本/国艱 国難/国危 国難/国忌 国の喪/国紀 国の紀綱/国記 国史/国基 国の基本/国規 国軌/国棋 碁の名人/国機 盛衰の兆/国諱 公諱/国伎 伝統の伎/国技 国伎/国儀 公式の儀礼/国議 国政審議/国境 国界/国均 国政/国禁 国の禁令/国君 国王/国勲 大勲/国軍 国の軍/国計 国策/国卿 正卿/国慶 国の慶事/国憲 国法/国故 訓詁/国庫 国の財政/国工 名工/国功 国勲/国交 外交/国光 国の文化/国行 道祖神/国綱 国家秩序の基本/国衡 山林の官/国号 国名/国獄 国の大罪/国宰 宰相/国財 国の財政/国策 国の政策/国史 自国の歴史/国志 国記/国祀 国の祭祀/国嗣 国の世嗣/国字 自国の文字/国事 国の政治/国璽 玉璽/国讐 国の仇/国庠 大学/国相 宰相/国乗 国史/国城 国都/国常 国の常典/国情 国の内情/国職 国事/国臣 役人/国瑞 国の吉兆/国正 国税/国成 治平/国制 国定/国姓 国君の姓/国婿 王の婿/国甥 国婿/国税 国の税/国籍 国民としての籍/国遷 遷都/国喪 国葬/国冑 世子/国柱 国の柱石/国儲 太子/国朝 本朝/国琛 国の賢人/国鎮 国の重鎮/国楨 国の柱/国典 国の制度/国蠹 国賊/国土 国の領土/国帑 国費/国度 国の用度/国棟 太子/国内 国中/国能 国技/国費 国の費用/国賓 他国の来賓/国富 国の財/国賦 賦税/国兵 国軍/国柄 国の政権/国病 国の大患/国聘 国として招聘する/国幣 通貨/国別 国わけ/国輔 大臣/国母 皇后/国謨 国策/国宝 国の宝/国法 国の法律/国防 軍備/国脈 国運/国務 政務/国名 国号/国命 国の政令/国門 都の城門/国猷 国の謀/国憂 国患/国用 国の用度/国容 国の儀節/国乱 内乱/国吏 官吏/国利 国益/国律 国法/国良 国の人材/国力 国勢/国廩 国庫/国令 国の政令/国礼 国家の儀礼/国老 国の元老

↓愛国・安国・異国・一国・援国・遠国・王国・下国・家国・回国・海国・開国・外国・幹国・監国・観国・危国・帰国・貴国・棄国・畿国・旧国・救国・去国・居国・拠国・挙国・虚国・距国・享国・

強国・郷国・近国・君国・軍国・郡国・京国・啓国・経国・傾国・建国・古国・孤国・護国・公国・行国・皇国・興国・闔国・鎖国・西国・采国・済国・在国・山国・詩国・自国・弱国・主国・戎国・出国・殉国・小国・生国・相国・上国・乗国・神国・綏国・靖国・絶国・戦国・全国・祖国・宗国・属国・存国・他国・大国・暖国・治国・中国・忠国・肇国・鎮国・通国・帝国・敵国・天国・当国・東国・島国・内国・南国・入国・任国・覇国・廃国・売国・万国・蛮国・蕃国・貧国・富国・分国・弊国・辟国・母国・方国・邦国・奉国・報国・亡国・旁国・北国・本国・雄国・憂国・与国・楽国・立国・領国・隣国・列国・和国

【剋】 9 4221 ［尅］ 10 4421 コク きざむ かつ

形声 声符は克。克は刻木の器。上部は把手、下部は曲刀の形。克の古文は穴をあけるときの刻鑿の器の形に作る。克が剋の初文。克を克能・克己のように用いるようになり、刀を加えた剋が作られた。克と通用することが多い。尅はその俗字である。

訓義 ①きざむ、きざみつける、けずる、ほる。②克と通じ、よくする、かつ、うちかつ、たえる。

古訓 〔名義抄〕剋 ハタス・ツトム・カツ・ヨク・セム・カナフ・キザム・キザス・カナラズ・ネムコロ・スクル・タシカニ・チカシ・クヒシバル 〔字鏡集〕剋 ネムコロ・タシカニ・クワダツ・トク・ツトム・ハタス・ヲリ・トキ・ヨクス・タチマチ・タヽカフ・スグル・カナラズ・セム・キザム・カナフ・チカシ・(クヒ)シバル・ヨク・カツ・ヨシ・チギル・スグレ(タリ)・キザス・マコト・クヒ

語系 剋・克・刻(刻) khək は同声。克・剋は克彔により、刻は刻鑿によるが、いずれもほりこむことにおいて同じ。もと同系の語である。

参考 〔説文〕に剋の字がなく、力部十三下に勀を録し、大徐本に「尤も極まるなり」、小徐本に「尤も劇しきなり」とするが、〔段注〕に、ともに「尤も勮むるなり」の誤りとする。前条に「勮は務むるなり」とあって同義。字の配列に、同義の字を列することが多い。克はもと刻鑿の器の象形字であるから、剋・勀の字形は、剋を正字とすべく、勀はその譌形であろう。

【剋意】こくい 心をこめる。〔全唐詩話、六、僧霊一〕齊・梁より以來、道人の文を爲る者多きも、其の流に入る有るものは少なし。一公は乃ち能く剋意精妙、士大夫と更唱遞和す。其れ偉ならずや。

【剋害】こくがい ころす。唐・沈亜之〔九江の鄭使君に上まつる書〕裔(自之)は讒に死し、陳(子昂)は枉に死せり。皆武三思の一時の情に嫉怒し、力を致して剋害せるに由る。～皆不命に死す。嗟乎嗟呼。

【剋画】こくかく(くわく) 目盛り。また、刻画。〔新語、資質〕夫れ～豫章は天下の名木なり。～膏澤無くして光潤生じ、剋畫せずして文章成る。

【剋核】こくかく せまられて気が荒くなる。〔荘子、人間世〕獣死するとき音を擇ばず、氣息茀然たり。是こに於て並びに心厲を生ず。剋核太だ至れば、則ち必ず不肖の心、之れに應ずる有り、而も其の然るを知らざるなり。

【剋獲】こくかく(くわく) 俘獲。戦利品。〔晋書、祖逖伝〕逖、人を愛し、士に下る。～諸塢主(土豪)感戴し、胡中に異謀有るときは、輒ち密かに以て聞す。前後剋獲あるは、亦た此れに由るなり。

【剋期】こくき 期日を約する。〔後漢書、鍾離意伝〕詔せられて徒を部送して河内に詣る。時に冬寒く、徒病みて行くこと能はず。～意、遂に道に於て徒の桎梏(かせ)を解き、過ぎんと欲する所を恣にし、與に期を剋して倶に至る。違ふ或る者無し。

【剋日】こくじつ 日を定める。〔晋書、羊祜伝〕前後降る者絶えず。乃ち徳信を増修し、～慨然呑幷の心有り。毎に吳人と兵を交ふるに、日を剋めて方に戰ひ、掩襲の計を爲さず。

【剋定】こくてい 平定する。〔晋書、羊祜伝〕祜卒して二歳にして吳平らぐ。群臣壽を上る。帝、爵を執り流涕して曰く、此れ羊太傅の功なりと。因りて剋定の功を以て、祜の廟に策告せしめ、仍りて蕭何の故事に依り、其の夫人を封ず。

【剋薄】こくはく 情容赦がない。魏・曹冏〔六代論〕胡亥(秦の二世)少くして剋薄の教へに習ひ、長じて凶父(始皇帝)の業に遵ひ、制を改め法を易へて、兄弟を寵任すること能はず。

【剋復】こくふく 武力で回復する。〔晋書、王導伝〕(晋室南遷す)周顗、中坐にして歎じて曰く、風景殊ならざるも、目を擧ぐれば江河の異有りと。皆相ひ視て流涕す。惟だ導のみ愀然として色を變じて曰く、當に共に力を王室に勠せ、神州を剋復すべし～と。

【剋滅】こくめつ ほろぼす。漢・王褒〔四子講徳論〕句踐に(大夫)種・(范)蠡、泄庸有り、彊吳を剋滅し、會稽の恥を雪ぎたり。

【剋励】こくれい 自ら励む。〔顔氏家訓、音辞〕古人云ふ、膏粱(富人の性)は整し難しと。其の驕奢自ら足ると爲し、剋勵すること能はざるを以てなり。吾れ王侯外戚を見るに、語多く正しからず。～外に良師友無きの故のみ。

↑剋扞こくかん 防ぐ/剋陥こくかん 城を取る/剋己こくき 克己/剋躬こくきゅう 自ら責める/剋苦こくく 刻苦/剋減こくげん 削りとる/剋扣こくこう うわまえ/剋殺こくさつ 扼殺/剋勝こくしょう 勝つ/剋食こくしょく 消化する/剋心こくしん 刻心/剋制こくせい 抑制する/剋石こくせき 刻石/剋責こくせき 責める/剋殲こくせん 全滅する/剋択こくたく 日をえらぶ/剋黜こくちゅつ 却ける/剋殄こくてん 剋殲/剋蕩こくとう すっかり消滅する/剋剝こくはく 剋薄/剋伐こくばつ 伐つ/剋臂こくひ かたく誓う/剋服こくふく 征服する/剋勉こくべん 剋励/剋俸こくほう 減俸

↓忌剋・倹剋・厳剋

【哭】 10 6643 コク なく

篆文 

会意 吅＋犬。口は𠙵、祝禱を収める器の形。犬は犬牲。㗊と犬とに従うものは器(器)で明器。喪葬に用いる。哭は葬に臨んで哭泣することをいう。〔説文〕二上に「哀しむ聲なり。吅に從ひ、獄の省聲なり」とするが、一犬を以て獄の省とすることはできない。また〔段注〕に、家が豕に従うように、哭声も犬に従うとするが、犬は清めに用いる犠牲である。家も卜文は犬に従い、犬牲を以て清めて奠基とする建物で、卜辞に「上甲の家」というように、もと祀廟をいう語であった。哭の声は、おそらくその哭泣の声をとるものであろう。

訓義 ①なく、葬にのぞんでなく、なげく。②うたう、泣くように葬歌をうたう。

古訓 〔名義抄〕哭 ナク 〔篇立〕哭 ヲラブ・サケブ・アハレブ・ナク・ヨバフ・カナシブ・ツキ

部首 〔説文〕に喪をこの部に属し、〔玉篇〕には哭・喪をともに吅部に属する。喪は哭と亡(亡)との会意字である。

【哭泣】こくきゅう(きふ) なく。哭はもと弔うときの礼。〔泊宅編、二〕韓退之に悲多し。詩三百六十、哭泣を言ふ者三十首なり。白樂天に樂多し。詩二千八百、飲酒を言ふ者九百首なり。

【哭声】こくせい なくこえ。唐・杜甫〔兵車行〕詩 耶(爺)孃妻子、走りて相ひ送る 塵埃に見えず、咸陽橋 衣を牽き足を頓き道を攔りて哭す 哭聲は直ちに上りて、雲霄を干す

【哭別】こくべつ 泣く泣く別れる。〔漢学師承記、八、黄宗羲〕船中に坐して講學す。～章皇帝下詔し、～前明の遺孽(を求む)。～宗羲～母氏の罪に罹るを恐れ、情を監國に陳べ、～波濤の中に哭別す。

【哭踊】 泣き踊る。弔葬の礼の一。〔漢書、礼楽志〕哀に哭踊の節有り、樂に歌舞の容有り。

【哭臨】 多くの者が泣き声を発して別れる。〔史記、文帝紀〕民の男女を發して宮殿に哭臨すること毋からしむ。宮殿中の臨に當る者は、皆旦夕を以て各ゝ十五たび聲を擧げしめ、禮畢れば罷めしむ。〜霸陵の山川は其の故に因り、改むる所有ること毋れ。

↑哭柩 柩に哭する／哭号 さけぶ／哭喪 哭泣する／哭嘆 哭して痛む／哭弔 哭し弔う／哭痛 痛哭／哭奠 哭して祭る／哭悲 哭泣する／哭詈 泣き罵る

↓往哭・歌哭・鬼哭・泣哭・狂哭・巷哭・号哭・心哭・絶哭・善哭・大哭・対哭・嘆哭・長哭・朝哭・痛哭・啼哭・慟哭・悲哭・憤哭・暮哭・奔哭・臨哭

【斛】 11 2420 コク ます はかる

篆文 

形声 声符は角。〔説文〕十四上に「十斗なり」とあり、また石ともいう。南宋末に五斗を斛、十斗を石といった。

訓義 1ますめ、十斗。2ます。3はかる。

古訓 〔篇立〕斛 ナヲ

↑斛舟 小舟／斛觫 震える／斛斗 ます／斛面 ますめ

↓升斛・斗斛

【梏】 11 4496 コク かせ

篆文 

形声 声符は告（吿）。〔説文〕六上に「手械なり。天に告ぐる所以なり」（段注本）と告の義をとるものと解するが、告は各と声近く、その通用義である。〔説文〕は桎についても「足械なり。地に質す所以なり」（段注本）と質の声義を以て解しており、当時の音義説によるものであろう。木を組んだものを格・校（挍）・梏・械・桊といい、これらは一の語系をなしている。

訓義 1かせ、てかせ、かせする、かせをはめる。2とらえる、しばる。3攪と通じ、みだす。

古訓 〔名義抄〕梏 テカシ・アシガシ・ナホシ

語系 梏kuk は格・挌・械keak、校keôk、桊kiong、極giak と声近く、これらはみな木を組んで、ものを阻止する意のある字で、一系の語である。

【梏桊】 手かせ。桊は両手を束ねてかせを加える。〔周礼、秋官、掌囚〕凡そ囚者は、上罪は梏桊して桎し、中罪は桎梏し、下罪は梏す。

【梏亡（ぼう）】 みだれ失う。梏は攪。〔孟子、告子上〕其の日夜の息する所、平旦の氣、其の好惡人と相ひ近き者、幾ど希なり。則ち其の旦晝の爲す所、之れを梏亡するもの有り。之れを梏すること反覆せば、則ち其の夜氣、以て存するに足らず。

↑梏械 手かせ／梏拱 梏桊／梏桎 桎梏／梏掠 拷問

↓羈梏・弓梏・鉗梏・桎梏・重梏・杖梏・脱梏・明梏・輪梏

【牿】 11 2456 コク つのぎ おり

篆文 

形声 声符は告（吿）。告は梏。木を組んでものを制するときに用いる。〔説文〕二上に「牛馬の牢なり」とするが、角木をいう。〔易、大畜、六四〕「童牛の牿」とは楅、角木の意である。梏はかせ。牿が告に従うのは、その義をとる。

訓義 1つのぎ、角端につけて、ものを害することを防ぐ。2おり、おりに入れる。3梏と通じ、かせ。

古訓 〔字鏡集〕牿 カタシ・ヲロ

語系 牿・梏kuk は同声。人の手に施すものを梏といい、獣畜を制するのに用いるものを牿という。

↑牿委 衰える／牿服 制禁／牿亡 梏亡

↓傷牿

常【黒】 11 囚【黑】 12 6033 コク くろ くろい

篆文 

金文 

会意 旧字は黑に作り、東+火。〔説文〕十上に「火、熏する所の色なり。炎の上りて、囪に出づるに從ふ。囪は古の窻の字なり」とするが、その形ではない。東は東（橐、ふくろ）の中にもののある形。下に火を加えて熏蒸し、黑の色をとることを示し、黒色をいう。それより暗黒の意となる。幽は𪐴と声義近く、丝（いと）と火とに従い、糸をふすべて黒く染める意の字で、また幽暗の義に用いる。

訓義 1くろ、くろい、くろむ。2くらい、くらむ。3夜、やみ。4わるい、おろか。

古訓 〔名義抄〕黒 クロシ・クラシ・スミヌル

部首 〔説文〕に黜・𪐴・黔・黨（党）・黥など三十六字、〔玉篇〕に黛（黛）などを加えて八十七字を属する。黨は尙（尚）と黒に従い、食事をともにする族人をいう。

声系 〔説文〕に黑声として默（黙）・纆・墨（墨）など四字を収める。默は諒闇のとき犬牲を用いる意、墨は煙墨。黑は墨を作るため煤をとるもので、糸を染めるときは幽・緟という。

語系 黑xək、墨mək は畳韻。默・纆・墨mək の音によって考えると、黑も古くはその声であったのであろう。

【黒衣】 黒い服。戦国時代、趙の侍衛の臣。〔戦国策、趙四〕左師公曰く、老臣の賤息舒祺、最も少くして不肖なり。而して臣衰へ、竊かに之れを愛憐す。願はくは黑衣の數に補し、以て王宮を衞ることを得ん。

【黒雲】 黒い雲。暗雲。唐・常建〔張公子行〕詩 百尺の旌竿、黑雲に沈み 邊笳落日、聞くに堪へず

【黒煙】 黒い煙。梁・庾肩吾〔遠く放火を看る〕詩 風前、細塵起り 月裏、黑煙生ず 燄を發して喬木を看 光を侵して遠城を識る

【黒子】 ほくろ。〔史記、高祖紀〕高祖、人と爲り隆準（隆鼻）にして龍顔、須髯（ひげ）美しく、左股に七十二の黑子有り。

【黒漆】 黒のうるし。〔三国志、魏、皇妃、武宣卞皇后伝注に引く魏書〕后、性約儉、華麗を尙ばず。文繡珠玉無し。器は皆黑漆。

【黒頭】 黒い髪。壮年。唐・李白〔悲歌行〕詩 還りて須らく黑頭、方伯を取るべし 謾りに白首にして儒生と爲ること莫かれ

【黒白】 是非善悪。〔史記、秦始皇紀〕今皇帝天下を幷有し、黑白を別ちて一尊を定む。私かに學びて相ひ與に法教を非るの人、令下るを聞けば、則ち各ゝ其の學を以て之れを議す。〜之れを禁ずること便なり。

【黒髪】 黒い髪。〔神仙伝、五、泰山老父〕漢の武帝、東のかた巡狩し、老翁の道傍に鉏くを見る。〜曰く、臣年八十五の時、衰老死に垂なんとす。〜有道者に遇へるに、臣に絶穀を教ふ。〜臣之れを行ひ、老を轉じて少と爲り、黑髮更め生じ、齒落復た出づ。〜臣今一百八十歳なりと。

【黒風】 暴風。宋・蘇軾〔有美堂の暴雨〕詩 天外の黑風、海を吹きて立ち 浙東の飛雨、江を過ぎりて來る

【黒夜】 暗夜。唐・白居易〔悟真寺に遊ぶ詩、一百三十韻〕六楹に玉鏡を排し 四座に金鈿を敷く 黑夜自ら光明 燈燭の然ゆるを待たず

【黒竜】 黒い竜。〔淮南子、覧冥訓〕女媧、五色の石を

錬りて以て蒼天を補ひ、鼇足を断ちて以て四極を立て、黒龍を殺して以て冀州(中国)を濟ひ、蘆灰を積んで以て淫水を止む。

↑黒暗 暗黒/黒雨 豪雨/黒翳 目の翳り/黒纓 黒の冠紐/黒塩 黒い塩/黒角 硯石/黒汗 黒い汗/黒肌 黒い肌/黒牛 くろ牛/黒秬 くろきび/黒狗 くろ犬/黒圏 黒点/黒光 黒い光/黒獄 牢/黒菜 海藻/黒索 罪人の縄/黒殺 凶神/黒市 朝市/黒疵 黒子/黒歯 おはぐろ/黒首 人民/黒綬 黒い紐/黒黍 くろきび/黒章 黒模様/黒壌 黒い土/黒色 黒い色/黒埴 黒壌/黒心 邪心/黒神 北方の神/黒眚 水の災い/黒錫 鉛/黒瘡 あばた/黒痩 衰弱/黒濁 黒く濁る/黒丹 黒い丹/黒檀 烏文木/黒地 焦土/黒豸 御史冠/黒貂 黒いてん/黒帝 北方の神/黒羝 黒い牡羊/黒点 黒い点/黒甜 昼寝/黒土 くろ土/黒奴 黒人/黒道 月の回路/黒犢 黒牛/黒波 荒波/黒煤 くろ穂/黒黴 かび/黒魄 黒琥珀/黒斑 黒い斑文/黒眉 かき眉/黒鬢 黒い鬢毛/黒墳 黒壌/黒米 玄米/黒眸 黒い目/黒霧 暗い霧/黒面 顔が黒い/黒門 黒色の門/黒油 黒い油/黒鯉 ま鯉/黒醴 うなぎ/黒路 夜道/黒浪 荒波/黒潦 濁り水

↓暗黒・黯黒・陰黒・雲黒・汗黒・眼黒・嚏黒・月黒・昏黒・惨黒・歯黒・漆黒・首黒・醜黒・純黒・深黒・黲黒・塵黒・青黒・騂黒・浅黒・黟黒・蒼黒・痩黒・黛黒・短黒・泥黒・天黒・黴黒・白黒・肥黒・墨黒・面黒・窈黒・黎黒・黧黒

【穀】 14 4794 コク こうぞ かじ

篆文 

形声 声符は㱿。㱿は外皮。〔説文〕六上に「楮なり」とあり、悪木とされるものであるが、その樹皮を以て紙を作る。潔白にして光沢があり、良質の紙とされる。楮皮紙、また穀皮紙という。

訓義 ①こうぞ、かじ。

古訓 〔新撰字鏡〕穀 加地乃木(かぢのき)〔和名抄〕穀 加知(かぢ)〔名義抄〕穀 カヂ〔字鏡集〕穀 カヂノキ・カヂ

【穀樹】 こうぞの木。〔韓詩外伝、三〕有殷の時、穀、湯の廷に生ず。三日にして大いさ拱(一抱え)なり。湯、伊尹に問うて曰く、何物ぞと。對へて曰く、穀樹なり。~今天子の庭に生ず。殆ど不吉なりと。~賑窮すること七日にして、穀亡ぶ。

【穀皮】 こうぞの樹皮。紙を作る。〔毛詩草木鳥獣虫魚疏、上〕今江南の人、其の皮を績ぎて以て布と爲し、又擣きて以て紙と爲す。之れを穀皮紙と謂ふ。長さ數丈、潔白にして光輝あり。

【穀木】 こうぞの樹。〔墨子、節葬下〕昔者、堯~道に死し、蛩山の陰に葬る。衣衾三領、穀木の棺、葛以て之れを緘す。

↑穀子 こうぞの実/穀実 穀子/穀桑 こうぞ/穀布 こうぞの布

常 【穀】 14 4794 旧〔穀〕 15 4794 コク こくもつ やしなう

篆文 

古印璽 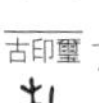

形声 旧字は穀に作り、声符は㱿。〔説文〕七上に「續なり。百穀の總名なり」とあり、穀・續(続)の畳韻を以て字義を解する。粟字条七上に「孔子曰く、粟の言爲たる、續なり」とあるのと同じく、当時の音義説である。㱿は草木の実の殻で、殳に従うのは脱穀の象。穀とは穀実、実の充実しているものを穀という。〔詩、小雅、甫田〕「以て我が士女を穀ふ」、また〔詩、王風、大車〕「穀きては則ち室を異にするも 死しては則ち穴を同じうせん」のように、生息の意に用いる。

訓義 ①こくもつ、百穀すべてをいう、食物。②やしなう、いきる。③よい、よくする、さいわい。④禄、ふち。⑤臧穀、年少の召使。⑥告と通じ、つげる。⑦国語ではもみ、精白しない穀粒。

古訓 〔和名抄〕穀 日本紀私記に云ふ、伊豆々乃太奈都毛乃(いつつのたなつもの)〔名義抄〕穀 ヤシナフ・イク・オツ・イケルトキ・ヨシ・モミ・イネ・ヤシナフ・ナマシ・タナモミ・ルトキ・モミ/五穀 イツヽノタナツモノ〔字鏡集〕穀 オフ・イケルトキ・ヨシ・モミ・イネ・ヤシナフ・ナマシ・タナモミ

【穀雨】 二十四節気の一。清明の次。〔逸周書、時訓解〕春分の日、玄鳥至る。~穀雨の日、桐始めて華さく。~清明の日、萍始めて生ず。

【穀価】 穀物のねだん。〔後漢書、光武帝紀下〕往歲水旱・蝗蟲災を爲し、穀價騰躍し、人用て困乏す。~其れ郡國の穀有る者に命じ、高年・鰥寡・孤獨及び~貧にして自ら存する能はざる者に給稟すること、律の如くならしめよ。

【穀稼】 穀物。収穫。〔後漢書、循吏、孟嘗伝〕寡婦有り。至孝にして姑を養ふ。~夫の女弟~婦を誣ひ~婦竟に冤死す。是れより郡中連旱二年、禱請するも獲る所無し。~即ち~婦の墓を祭りしに、天應ありて雨を澍し、穀稼以て登れり。

【穀実】 穀物。〔後漢書、張禹伝〕傍らに良田多きも、堙廢して修むる莫し。禹、爲に水門を開き、通引灌漑し、遂に孰田數百頃を成す。~親しく自ら勉勞し、遂に大いに穀實を收む。隣郡の貧者、之れに歸するもの千餘戸。

【穀食】 穀物を常食とする。〔淮南子、原道訓〕九疑(湖南省の山)の南は、陸事寡くして水事衆し。~鴈門(山西省の山)の北は、狄、穀食せず、~人は弓を弛めず、馬は勒を解かず。

【穀僊】 穀食により仙となる。〔漢書、郊祀志下〕(王)莽、簒位の二年、神僊の事を興す。方士蘇樂の言を以て八風臺を宮中に起こす。~五粱禾を殿中に種う、~先づ鶴髓・毒冒・犀玉二十餘物を鬻にて種を漬け、粟斛を計りて一金を成す。言ふ、此れ黄帝穀僊の術なりと。

【穀旦】 良辰。よあけ。〔詩、陳風、東門之枌〕穀旦に于差す(雨乞いなどの祈りの声)す 南方の原に 其の麻を績がず 市に婆娑す(踊る)

【穀帛】 穀物と織物。〔三国志、魏、高堂隆伝〕夫れ祿賜穀帛は、人主の吏民を惠養して之れが司命を爲す所以の者なり。若し今廢すること有らば、是れ其の命を奪ふなり。

【穀板】 七夕の飾り物。箱庭風に作る。〔東京夢華録、八、七夕〕小板を以て、上に土を傅け、~小茅屋・花木を置き、田舍家・小人物を作る。皆村落の態なり。之れを穀板と謂ふ。

【穀禄】 扶持米。〔孟子、滕文公上〕夫れ仁政は必ず經界より始む。經界正しからざれば井地鈞しからず、穀祿平らかならず。

↑穀育 養育する/穀蛾 米の害虫/穀害 穀物の害/穀気 穀の養分/穀玉 美玉/穀狗 米穀の虫/穀圭 米形の文様を加えた璧/穀犬 がま/穀嗛 凶作/穀公 郭公/穀穀 鳩などの鳥の声/穀策 穀価対策/穀士 善士/穀日 良日/穀種 穀物のたね/穀熟 穀が熟する/穀神 谷神/穀人 農夫/穀成 穀が熟する/穀積 穀の貯蔵/穀籍 田賦/穀善 よい/穀租 年貢/穀粟 穀類/穀賊 穀の害虫/穀地 農地/穀糶 うりよね/穀糴 かいよね/穀田 田畑/穀土 農土/穀道 肛門/穀把 さらい/穀伯 大食漢/穀風 東風/穀幣 穀と貨幣/穀米 米食/穀璧 穀形の文様を加えた璧/穀飽 飽食する/穀物 五穀/穀廩 穀倉

↓禾穀・嘉穀・祈穀・九穀・旧穀・五穀・歳穀・雑穀・市穀・種穀・

熟穀・出穀・春穀・食穀・新穀・成穀・積穀・銭穀・倉穀・蔵穀・脱穀・貯穀・儲穀・田穀・登穀・稲穀・年穀・糜穀・百穀・不穀・布穀・糧穀・廩穀・斂穀

常 **【酷】** 14 1466 篆文 その他 **【酷】** 14 1466 コク きびしい はなはだ

形声 旧字は酷に作り、声符は告(告)こく。〔説文〕十四下に「酒味厚きなり」とあり、酒味の濃厚であることをいう。のち転じて酷烈の意となり、副詞として酷似・酷愛のように用いる。

訓義 ①つよいさけ、つよい、からい、こい。②きびしい、はげしい、むごい、いたましい。③ひどい、はなはだ。

古訓 〔新撰字鏡〕酷 加良志(からし) 〔名義抄〕酷 アツシ・ハナハダ・カラシ・タチマチ・アラノ〳〵シ・イタシ・シヽカラシ/酷烈 カトル 〔字鏡集〕酷 アカラシ・アラシ・アツシ・アハテタリ・カラシ・シカシナガラ・アラノ〳〵シ・タチマチ・ハナハダ

【酷愛】 はなはだ愛する。元・張養浩〔翠陰亭独坐、莫倹徳経歴に寄す〕詩 年來酷だ愛す、香山老(白居易) 都て悠悠を把つて酔吟に付す

【酷悪】 厳しく邪悪。〔漢書、宣帝紀〕(黄竜元年春正月)今吏或いは姦邪を禁ぜざるを以て寛大と為し、有罪を縦すを以て不苛と為し、或いは酷悪を以て賢と為す。皆其の中を失せり。

【酷虐】 残酷。〔晋書、后妃上、恵賈皇后伝〕妃、性酷虐。嘗て手づから數人を殺せり。或いは戟を以て孕める妾を擲ち、子、刃に隨ひて地に墮つ。帝之れを聞きて大いに怒る。

【酷刑】 残虐な刑。〔孔叢子、対魏王〕酷刑を行ひて、以て遠近を懼れしむ。國内の民將に叛かんとし、四方の士至らず。此れ乃ち亡國の道なり。

【酷似】 よく似ている。〔晋書、何無忌伝〕何無忌は、劉牢之の甥なり。酷だ其の舅に似たり。

【酷暴】 酷虐。〔漢書、谷永伝〕天に違ひ徳を害し、上と爲りて怨みを下に取るは、殘賊の吏より甚だしきは莫し。誠に殘賊酷暴の吏を放退して～用ふること勿くば、～苛暴の政を患へざらん。

【酷吏】 苛酷な役人。〔史記、酷吏伝序〕高后の時、酷吏に獨り侯封有り。宗室を刻轢して、功臣を侵辱す。

【酷烈】 残酷ではげしい。〔史記、酷吏伝論賛〕郅都より杜周にいたる十人なる者、此れ皆酷烈を以て聲を爲す。～慘酷なりと雖も、斯ち其の位に稱ふ。

↑酷苛 残酷/酷害 残害/酷官 酷吏/酷寒 厳寒/酷狠 凶悪/酷惨 酷虐/酷日 酷暑の日/酷暑 大暑/酷肖 酷似する/酷政 暴政/酷待 虐待する/酷痛 激痛/酷屠 残殺する/酷忍 残忍/酷熱 極熱/酷薄 非情/酷罰 重罰/酷法 苛法/酷没 惨死/酷濫 濫用する/酷懶 ものうい/酷類 酷似する/酷令 厳令/酷厲 酷烈

↓怨酷・冤酷・枉酷・苛酷・過酷・厳酷・惨酷・残酷・峻酷・深酷・貪酷・忍酷・暴酷・冷酷・烈酷

【槲】 15 4490 コク かしわ

形声 声符は斛こく。木の名。かしわ。葉は柞蚕を飼い、治淋の薬とし、柏餅を包む。皮は染料、木材は堅くて枕木や建築に用いる。

訓義 ①かしわ。②わが国では槲・柏の字をあてる。

古訓 〔本草和名〕槲 加之波岐(かしはぎ)、一名、久奴岐(くぬぎ) 〔和名抄〕槲 可之波(かしは) 〔名義抄〕槲 カシハ 〔字鏡集〕槲 クヌギ・アラチノキ・カシハ・カシハギ

↑槲樕 かしわの木

【縠】 16 4794 コク ちぢみぎぬ 篆文

形声 声符は㱿こく。㱿は中空のあるものをいう。〔説文〕十三上に「細縛なり」とあり、縐紗の属、ちぢみぎぬをいう。〔広雅、釈器〕に「絹なり」とみえる。

訓義 ①ちぢみぎぬ。②きぬ。

古訓 〔新撰字鏡〕縠 己女乃支奴(こめのきぬ)

【縠紋】 ちぢみ模様。宋・范成大〔揷秧〕詩 種密移疎、緑毬平らかなり 行間清淺、縠紋生ず

↑縠屐 きぬのはきもの/縠衫 縠のひとえ/縠皺 細かい皺/縠縐 ちりめん/縠帛 絹織物

↓紈縠・綺縠・錦縠・沙縠・紗縠・縐縠・生縠・雪縠・薄縠・碧縠・霧縠・文縠・羅縠・綾縠

【轂】 17 4754 コク こしき 篆文

形声 声符は㱿こく。㱿は脱穀したのちの穀皮で、中の空虚なものをいう。〔説文〕十四上に「輻の湊る所なり」とあり、〔老子、十一〕に「三十輻、一轂を共にす」という。中空の軸の外に輻が集まる。

訓義 ①こしき。②くるま、くるまをおす。③あつめてしめくくる。

古訓 〔和名抄〕轂 楊氏漢語抄に云ふ、車の古之岐(こしき)、俗に云ふ、筒なり 〔字鏡〕轂 コシキ・クルマノコシキ・クルマノトコ・コク 〔字鏡集〕轂 クルマノコシキ・トウ

【轂下】 輦轂(み車)のもと。都。〔漢書、王尊伝〕會南山の群盗傰宗等數百人、吏民の害を爲す。～或ひと大將軍(王)鳳に說ふ、賊數百人、轂下に在り。軍を發して之れを撃ちて得ること能はざれば、以て四夷に視し難し～と。

【轂撃】 車のこしきをうち合わせる。〔晏子、雑下二〕齊の人甚だ轂撃を好む。相ひ犯して以て樂しみと爲す。之れを禁ずれども止まず。

【轂転】 こしきのように廻る。〔淮南子、原道訓〕雷のごとく聲り雨のごとく降りて、竝びに無窮に應じ、鬼のごとく出で電のごとく入り、～轂のごとく轉じ周りて復た帀り、～還た樸に反る。

↑轂轂 珠玉の散る音/轂軛 こしきとくびき/轂轆 車輪などの転ずる音

↓運轂・華轂・画轂・夾轂・軽轂・撃轂・交轂・香轂・柴轂・車轂・推轂・斉轂・折轂・接轂・輳轂・丹轂・馳轂・暢轂・転轂・飛轂・扶轂・輸轂・遊轂・輪轂・麗轂・連轂・輦轂

【鵠】 18 2762 コク コウ(カウ) くぐい こうのとり 篆文

形声 声符は告(告)こく。〔説文〕四上に「黄鵠なり」(段注本)とあり、告はその鳴く声をとる。賈誼の〔惜誓〕に「黄鵠の一擧して山川の紆曲を知り、再擧して天地の圜方を睹る」という。鴻鵠の千里なるものはその色純白、胎産であるとするなど、霊異の鳥として扱われた。弓的を正鵠というのは、告声に木枠の意があるので、方形の的の意に用いる。

訓義 ①くぐい、こうのとり、はくちょう。②しろい、しろくする。③弓の的、方形の的、的の図星。④格と通じ、ただしい。⑤鶴と通じ、つる。⑥浩と通じ、大きい、ひろい。

古訓 〔名義抄〕鵠 コフ・マト・ツル・クヾヒ 〔字鏡集〕鵠 マト・クヾヒ・キナルツル・ツル・コフ

【鵠企】 待ち望む。〔晋書、張祚伝〕蒼生の鵠企西望する所以、四海の心を大涼に注ぐ所以、皇天贊を垂れ、士庶死を效すは、正に先公～の節に任じて貳はざるを以ての故なり。

【鵠志】 高遠の志。宋・仇遠〔書して士瞻上人に与ふ〕詩 衆雀豈に能く鵠の志を知らんや 一雞何ぞ牛刀を用ふるに足らん

【鵠立】 首をあげて待つ。鵠企。〔後漢書、袁譚伝〕(劉表の譚に与ふる書)願はくは百痾を捐弃し、舊義を追攝し、復た母子昆弟爲ること初めの如くせん。今士馬を整勒し、瞻望鵠立す。

➡鵠観 鵠望/鵠挙 高く飛びあがる/鵠形 飢え細る/鵠乎 浩大なさま/鵠鵠 鵠のなく声/鵠塞 雁門関/鵠酸 雁の酢炊き/鵠侍 立侍する/鵠膝 鶴膝/鵠書 鵠頭の書/鵠逝 遠く飛び去る/鵠鳥 くぐい/鵠的 弓の的/鵠頭 書体の一/鵠髪 白髪/鵠盼 鵠望/鵠板 詔書/鵠袍 白絹入れ/鵠望 鵠企/鵠面 飢えやせた形/鵠鑰 禁門の錠

➡哀鵠・一鵠・海鵠・戯鵠・驚鵠・群鵠・江鵠・侯鵠・黄鵠・鴻鵠・刻鵠・峙鵠・射鵠・翔鵠・晨鵠・水鵠・正鵠・設鵠・痩鵠・丹鵠・白鵠・梟鵠・鳴鵠・夜鵠・鸞鵠・立鵠

【嚳】 20 7760 ［俈］ 9 2426 コク

篆文

形声 声符は學(学)の省文。〔説文〕二上に「急告することの甚だしきなり」と刻急の意とするが、その用例はない。〔段注〕に〔玄応音義〕の説を引いて、酷(酷)と声義が近いという。古帝王の名で堯の父であるとされ、〔礼記、祭法〕に殷では禘祀されたという。字はまた俈に作り、漢の武梁祠堂画像にもその字を用いる。王国維の〔古史新証〕に、舜と同格の神とする推論がある。

訓義 ①いそいでつげる。②古帝王の名、俈ともいう、高辛氏。堯の父、また契(殷の祖神)の父ともいう。

古訓 〔名義抄〕俈 サカユ・ヤスシ・マク・タノシ・アヤマチ 〔字鏡集〕嚳 イソギツグルナリ

➡嚳然 極度のさま/嚳勅 教誡する

【鷇】 21 4734 コク ひな ふふどり

篆文

形声 声符は㱿。〔説文〕四上に「鳥の子、生まれて哺する者なり」とあり、〔爾雅、釈鳥〕に「生まれて哺するものは鷇、生まれて啄むものは雛なり」という。また〔方言、八〕に「北燕・朝鮮・洌水の閒、~爵(雀)の子及び雛雛、皆之れを鷇と謂ふ」とあって、鷇・雛を区別しないところもある。

訓義 ①ひな。②かえろうとするひな。③ふふどり。

古訓 〔名義抄〕爵鷇 スヾミノカヒコ

【鷇食】 鳥のひなのように、母のはぐくみをうける。〔荘子、天地〕夫れ聖人も、鶉のごとくに居り鷇のごとくに食す。鳥のごとく行ひて彰(徳)無し。

➡鷇飲 鷇食/鷇音 ひなの声/鷇卵 ひながかえる

➡鶚鷇・麑鷇・雛鷇・脱鷇・哺鷇・卵鷇・羸鷇

ゴク

【獄】 常 14 4323 ゴク ひとや うったえる

篆文 金文

会意 言+㹜。言は神に詛盟すること。二犬はその犠牲として当事者の双方から提出されるもので、これによって審判が開始される。善が羊と誩とに従い、盟誓して羊牲を立て、羊神判を行うのと似ている。〔説文〕十上に「确なり」と牢屋の意とし、「二犬は守る所以なり」とするが、そのような立意の字ではない。金文に「從獄」という語があり、獄訟に連なることをいう。獄舎のことは、古く夏台・羑里・圜土・土室・囹圄などといった。

訓義 ①ひとや、犴獄、牢。②うったえる、うったえ、さばく。③つみ、つみする。

古訓 〔和名抄〕獄 比度夜(ひとや) 〔名義抄〕獄 ヒトヤ・ウタヘ 〔字鏡集〕獄 ウツタフ・ウタヘ・ヒトヤ

声系 〔説文〕に獄声として鸑・嶽を収め、また哭を獄の省声に従う字とする。哭は吅と犬との会意字である。

【獄犴】 獄舎。獄訟。〔荀子、宥坐〕三軍大敗するも斬るべからず。獄犴治まらざるも刑すべからず。罪、民に在らざるが故なり。

【獄讞】 裁判の評議。〔韓詩外伝、三〕三軍大敗するも誅すべからざるなり。獄讞治まらざるも刑すべからざるなり。上、之れが教へを陳べて先づ之れに服せば、則ち百姓風に従ふ。邪行從はず、然る後之れを俟つに刑を以てす。

【獄訟】 裁判。訴訟。〔韓非子、解老〕獄訟繁くして倉廩虚し。而して淫侈を以て俗と爲すこと有らば、則ち國の傷るること、利劍を以て之れを刺すが若し。故に曰く、利劍を帶ぶと。

【獄成】 審理が確定する。〔礼記、文王世子〕獄成るや、有司公に讞す。其の死罪のときは、則ち其の罪、大辟(死刑)に在りと曰ふ。

【獄吏】 獄官。〔史記、絳侯周勃世家〕(文帝)使をして節を持し、絳侯を赦し、爵邑を復せしむ。絳侯既に出でて曰く、吾嘗て百萬の軍に將たり。然れども安んぞ獄吏の貴きを知らんやと。

➡獄案 取調書/獄垣 牢の垣/獄掾 獄吏/獄貨 獄中の賄賂/獄官 裁判官/獄豻 獄犴/獄気 獄の冤気/獄疑 疑獄/獄局 裁判所/獄具 刑具/獄空 囚人が無い/獄刑 量刑/獄戸 牢獄/獄圄 牢獄/獄史 獄官/獄司 典獄/獄市 裁判/獄詞 判決文/獄持 拷問/獄舎 牢獄/獄囚 囚人/獄所 獄舎/獄胥 獄吏/獄情 事件の情状/獄訴 刑事事件/獄卒 看守/獄中 獄内/獄牒 判決文/獄丁 看守/獄繁 訴訟が多い/獄文 判決書/獄牢 牢獄

➡冤獄・下獄・監獄・疑獄・議獄・鞫獄・旧獄・禁獄・具獄・刑獄・繫獄・決獄・坐獄・察獄・惨獄・司獄・市獄・地獄・囚獄・出獄・訟獄・成獄・制獄・折獄・大獄・脱獄・探獄・断獄・治獄・聴獄・天獄・典獄・投獄・讞獄・入獄・破獄・覆獄・平獄・謗獄・留獄・煉獄・牢獄

コツ

【兀】 3 1021 コツ ゴツ はげる たかい

篆文

象形 頭の髪をそりおとした形。元は結髪の形。元の髪を切った形は兀で、髡首という。〔説文〕八下に「高くして上平らかなり」と地勢をいう字とするが、下部は人の形である。髡首の刑を受けたものを兀者という。唐・杜牧の〔阿房宮の賦〕「蜀山兀として阿房出づ」は、比喩の用法である。

訓義 ①かみを切る、剃髪、頭がはげる。②たかい、たかく平らか。③石山などの高くそびえるさま、ひとり寂しいさま、動かぬさま、知覚のないさま。④刖と通じ、あしきる。

古訓 〔名義抄〕兀 シヅカニ 〔篇立〕兀 シヅカナリ

声系 〔説文〕に兀声として扤・虺など三字を収める。扤は兀然として動かないものを、梃子でこじ動かす意。ものをそのような角度にすることを兀という。ゆえに危高の意がある。虺は禹のように二虫を組み合わせたもので、虫の繁文とすべく、兀高の兀に従う字ではない。

語系 兀nguat、刖ngiuatは声近く、頭髪には兀、足切りには刖という。また介keatも声義に通ずるところがあり、一介とは不安定な状態をいう。みな一系の語である。

【兀臲】 ぐらぐらうごく。不安定なさまをいう。唐・韓愈〔劉師服に贈る〕詩 羨む、君が歯牙の牢くして且つ潔きを 大肉硬餅も、刀もて截るが如し 我れ今呀豁(歯抜け)として、落つる者多し 存する所十餘なるも、皆兀臲たり

【兀傲】 世におごりたかぶる。晉・陶潜〔飲酒、二十首、十三〕詩 醒と酔と、還た相ひ笑ひ 發言各々領せず 規規(あくせく)たるは、一に何ぞ愚なる 兀傲なるは、差や穎まれるが若し

【兀兀】 ひとり困苦して勉めるさま。唐・韓愈〔進学解〕膏油を焚きて、以て晷(夜明け)に繼ぎ、恆に兀兀として以て年を窮む。

【兀坐】 ひとり端然として坐る。唐・戴叔倫〔暉上人独坐亭〕詩 蕭條たり、心境の外 兀坐、獨り參禪す

【兀爾】 ひとりしずかに坐る。宋・蘇軾〔呉子野を祭る文〕嗚呼子野、道、世と違ひ、寂默自ら求め、門を闔ぢ幃を垂れ、兀爾として坐忘す。

【兀然】 知覚のはたらかないさま。晉・劉伶〔酒徳頌〕思ふこと無く慮ること無く、其の樂しみ陶陶たり。兀然として醉ひ、豁爾として醒む。

【兀底】 この。あるものをさしていう。〔嬾真子、三〕古今の語、大都(おおむね)相ひ同じ。但だ其の字各々別あるのみ。古の所謂阿堵とは、乃ち今の所謂兀底なり。

↑兀刑 あしきりの刑／兀臬 兀臲／兀子 四脚の腰掛け／兀日 凶日／兀者 あしきりの刑を受けた人／兀首 はげ頭／兀鷲 はげ鷹／兀的 ほんとう／兀突 突出する／兀立 突っ立つ

↓臬兀・傲兀・骨兀・崒兀・陶兀・蕩兀・突兀・揺兀

【圣】 5 7710 コツ クツ たがやす

篆文 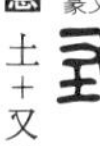 甲骨文 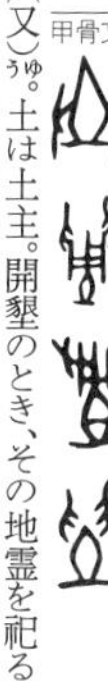

会意 土＋又(又)。土は土主。開墾のとき、その地霊を祀ることが行われたらしく、卜辞に「圣田」をトする例が多い。その字は土主の左右に手を加える形に作る。〔説文〕十三下に「汝潁の閒(河南中央部)、力を地に致すを謂ひて圣と曰ふ」とみえ、その音を窟とする。卜辞以後の用例をみない字である。いま中国では、聖(聖)の簡体字として用いる。

訓義 ①たがやす。②つとめる。

声系 〔説文〕に圣声として怪など二字を収める。〔山海経〕に怪獣・怪魚や神怪のことを多く記しているが、怪はもと土怪を意味した語であろう。

【扢】 6 5801 コツ キツ こする ぬぐう

形声 声符は乞。〔淮南子、脩務訓〕に、「其の扢するに玄錫を以てし、摩くに白旃を以てするに及びては、鬢眉微豪、得て察るべし」とあり、力を加えてこすることをいう。

訓義 ①こする、ぬぐう。②奮いたつ、よろこぶ。

古訓 〔名義抄〕扢 スル・トル・アリ 〔篇立〕扢 トル・アク

【扢然】 喜び立って舞う。〔荘子、譲王〕孔子曰く、～天寒既に至り、霜雪既に降る。吾れ是こを以て松柏の茂んなるを知るなり。陳・蔡の隘(厄)は、丘に於て其れ幸ひなりしかと。孔子削然として琴を反して弦歌し、子路扢然として干を執りて舞ふ。

【扢揚】 発揚する。清・王夫之〔薑斎詩話、下〕唐初比偶、卽ち陳子昂・張子壽、大雅を扢揚する有り。

【抇】 7 5600 コツ ひらく ほる

会意 手＋曰。曰は祝禱を収める器。これを啓くことを抇という。曶・𦥑は形義ともに通ずる字で、古くは曶を用いたらしく、金文に人名としてその字がみえる。〔荀子、尭問〕「深く之れを抇りて甘泉を得たり」、〔列子、説符〕「俄かにして其の谷を抇る」、〔呂覧、安死〕「是れ抇かれざるの墓無きなり」など、みな掘鑿し、抇開する意に用いる。

訓義 ①ひらく、力を入れてひらく、むりにあける。②ほる、うがつ、あばく、さく。③汩・滑と通じ、みだす、うごかす。

古訓 〔字鏡集〕抇 ウガツ

↑抇乱 みだす

【汩】 7 3610 コツ イツ みだれる ながれる

篆文 

形声 声符は曰。曰はおそらく曶の省文で、その声をとるものであろう。〔説文〕十一上に「水を治むるなり」とあり、また川部十一下にも同形の字に「水流るるなり」という。水を抇開して、その溜滞するものを流す意であろう。抇開するときの音はコツ、汩流するときの音はイツ。その両音を区別なく用いることが多い。

訓義 ①みだれる、水をひらきながす、みだれながれる。②とおる、水がながれる、はやくながれる。③水が治まる、きよい、しずむ。

古訓 〔名義抄〕汩 ミダル 〔字鏡集〕汩 タチマチ・ウラヨリイヅルミヅ・ニゴル・ミヅノナガル丶・ミヅチキヨシ・ウゴカス・トキナガレ・ヲサム・フチ・ヤブル・ミダル

語系 汩hiuət kuət、潏jiuət kiuət は声近く、潏は〔説文〕十一上に「涌出するなり」とみえる。またその水勢を形容する語に用いる。

【汩汩】 水の流れるさま。〔淮南子、原道訓〕夫れ道は～原より流れ泉浡くがごとく、沖しけれども徐ろに盈ち、混混汩汩として、濁れども徐ろに清む。

【汩陳】 秩序を乱す。〔書、洪範〕在昔鯀洪水を陻ぎ、其の五行を汩陳す。帝乃ち震怒し、洪範九疇を畀へず、彝倫攸て斁る。

【汩没】 沈み没する。唐・杜甫〔陳二補闕(兼)に贈る〕詩 世儒多く汩沒し 夫子獨り聲名あり

【汩乱】 乱す。〔旧唐書、文苑下、劉蕡伝〕羈紲の藩臣、宰輔を干凌し、王度を隳裂し、朝經を汩亂す。

【汩流】 急流。〔列子、湯問〕詹何、獨繭の絲を以て綸と爲し、芒鍼を鉤と爲し、荊篠を竿と爲し、粒を剖きて餌と爲す。盈車の魚を百仞の淵、汩流の中に引くに、綸絶えず、鉤伸びず、竿撓まず。

↑汩暗 くらい／汩湮 滅ぶ／汩越 明るい／汩活 流れる／汩起 急に起こる／汩潏 早く流れる水の音／汩汲 早く流れる水の音／汩淈 流れる／汩振 淪落する／汩徂 疾行／汩喪 ほろびる／汩沈 汩没／汩溺 沈迷する／汩董 骨董／汩湧 水涌く／汩減 疾いさま／汩和 乱す／汩惑 惑乱する

↓決汩・滑汩・瑟汩・漸汩・蕩汩・払汩・減汩

入 【忽】 8 2733 コツ たちまち ゆるがせ かすか

篆文  金文 

形声 声符は勿。勿に曶・笏の声がある。〔説文〕十下に「忘るるなり」とあり、〔漢書、揚雄伝賛〕に「時に人皆之れを曶にす」のように、字を曶とし、曶略の意に用いる。曶は祝禱の器である曰をみだりに啓く意の字で、忽略の意は、その曶開の意と関連がある。「たちまち」と訓する倏・渹・乍・奄は、みな状態をいう形況の語で、忽もその意が原義。その状を恍惚という。

訓義 ①たちまち、うっとり、形容しがたい状態をいう。②うっかり、ゆるがせ、ゆるがせにする、わすれる。③あなどる、かろんずる、たやすい。④ほのか、かすか、小さなもの、つきる、ほろびる。

古訓〔名義抄〕忽　タチマチ・トシ・イルガセ・ワスル・ホロブ・ナイカシ(ロ)・オコタル・アラシ・ハルカニ・ニハカ・イカル・カロシ・カシク／忽諸　イルガセ〔字鏡集〕忽　ハルカ・アラシ・ニハカ・イルカシニス・ウレフ・スミヤカナリ・ナイカシロ・ワスル・カロシ

声系〔説文〕に忽声として颮を収める。颮は疾風。

語系忽・曶 xuət は同声。また颮 xiuət は忽の声義をとる語である。

【忽焉】たちまち。〔史記、伯夷伝〕暴を以て暴に易へて其の非なるを知らず　神農・虞(舜)・夏(禹)　忽焉として沒しぬ　我れ安くにか適歸せん

【忽怳】形もなく、形状しがたいさま。〔淮南子、原道訓〕夫れ太上の道は～忽たり怳たり、象を爲すべからず。怳たり忽たり、用ふれども屈きず。幽たり冥たり、無形に應ず。遂たり洞たり、虛しくは動かず。

【忽荒】空漠たる世界。〔淮南子、人間訓〕鴻鵠～忽荒の上に翺翔し、虹蜺の閒に倘佯(逍遥)す。

【忽忽】さだかでないさま。また、速やかなさま。〔楚辞、離騷〕少く此の靈瑣(神域)に留まらんと欲するも　日忽忽として其れ將に暮れんとす

【忽諸】滅びる。断絶する。〔左伝、文五年〕臧文仲、六と蓼との滅びたるを聞きて曰く、皐陶・庭堅(共に祖神の名)祀られずして忽諸たり。

【忽然】たちまち。たちまちの中。〔荘子、知北遊〕人の天地の閒に生くるや、白駒の郤(隙、壁のすき間)を過ぐるが若し。忽然たるのみ。

【忽微】きわめて微細なこと。〔五代史、伶官伝序〕夫れ禍患は常に忽微に積り、智勇は多く溺るる所に困しむ。豈に獨り伶人のみならんや。

【忽漫】たちまち。偶然。唐・杜甫〔路六侍御の入朝を送る〕詩　更に後會を爲すは、知んぬ何れの地なる　忽漫に相ひ逢ふは、是れ別筵

【忽略】ないがしろにする。〔世説新語、文学〕袁宏始めて東征の賦を作る。都て陶公(侃)を道はず。胡奴(侃の子、陶範)之れを狹室の中に誘ひ、臨むに白刃を以てして曰く、先公の勳業是くの如きに、君、東征の賦を作り、云何ぞ相ひ忽略すると。宏、窘蹙して計無し。

↑忽易　ないがしろにする／忽遺　忘れる／忽遽　にわかに／忽区　恍惚の境／忽慌　ぼんやり／忽慠　おろそか／忽視　軽視する／忽而　忽ち／忽似　あわてる／忽爾　あわてる／忽若　あわてる／忽如　忽然／忽怠　ごまかす／忽易／忽地　不意に／忽的　かけ声／忽突　ごまかす／忽薄　軽視する／忽杪　きわめてわずか／忽忘　なおざり／忽漭　ひろびろとする

↓軋忽・闇忽・佚忽・奄忽・簡忽・岸忽・翕忽・倨忽・軽忽・恍忽・荒忽・糸忽・倏忽・儵忽・絶忽・閃忽・粗忽・疎忽・惰忽・怠忽・治忽・超忽・恬忽・突忽・飄忽・秒忽・平忽・瞥忽・暴忽・悠忽・陵忽

【曶】 8 2760 ［㫚］ 8 2060 コツ ひらく

篆文  籀文  金文 

会意　勿＋曰。勿は爪と同じく手。曰は祝禱や盟誓を収める器。その上から手を加えて、その蓋をこじあける形。祝詞の蓋を上げてみる形は曰。そこに神聖の語を収めているので、それをよみ上げることを「曰く」という。〔説文〕五上に曶の上部を気の上る形とし、「气を出だすの詞なり。曰に從ひ、气の出づる形に象る」とする。〔説文〕は曰についても「口气の出づるに象るなり」と解するが、曰は口の形でなく、曶の上部も気の象ではない。曶はまた㫚に作る。みだりに祝告の器を開くのは神聖を犯すこととなるので、また曶乱の意がある。

訓義　[1]ひらく、こじあける。[2]みだれる。

古訓〔字鏡集〕曶　イキヲイダスコトバ

語系　曶 xuət と扣 kuət、汩 hiuət は声近く、また曶・扣は字の構成要素も同じで、扣に扣開・扣乱の意がある。汩も手を以て水を乱し濁らす意。その声義に通ずるところがある。

↑曶霍　迅速のさま／曶曶　忽忽

【笏】 10 8822 コツ しゃく

篆文 

形声　声符は勿。勿に曶・忽の声がある。〔説文新附〕五上に「公及び士の搢む所なり」とあり、朝儀のとき帯にさす笏をいう。いわゆる手板。わが国では「しゃく」という。笏が骨と同音であることを避け、手板の長さが尺であるので、笏を尺とよんだ。

訓義　[1]しゃく。[2]字はまた曶に作る。

古訓〔字鏡集〕笏　シヤク・タカハカリ

語系　笏・曶 xuət は同声。曶は祝禱や盟誓などの器を曶開する意。笏は束帯の間に強く挿むもの、笏には曶の声義を含んでいるのであろう。

【笏撃】笏で人を撃つ。〔唐書、段秀実伝〕語、僭位に至る。(秀実)勃然として起ち、(源)休の腕を執り、其の象笏を奪ひ、奮ひて前み、(朱)泚の面に唾し、～遂に之れを撃つ。泚、臂を擧げて笏を捍ぐも、顙に中り、流血面を巇す。～遂に害に遇ふ。

【笏囊】笏を収める袋。〔旧唐書、張九齢伝〕故事(慣例上)、皆笏を帯に搢み、而る後馬に乘る。九齡、體羸し。常に人をして之れを持せしめ、因りて笏囊を設く。笏囊の設けらるるは九齡より始まるなり。

↑笏帯　笏頭帯／笏袋　笏囊／笏帛　笏囊／笏板　手板

↓魚笏・玉笏・古笏・書笏・紳笏・簪笏・象笏・文笏

常 【骨】 10 7722 コツ ほね からだ

篆文  簡書 

象形　上部は骨。胸骨より上の形。下部は肉。なお残骨を存する形。〔説文〕四下に「肉の覈(あな)なり」とあり、〔太平御覧、三七五〕に引く〔説文〕に「體の質なり。肉の核なり」とみえる。その直硬の質よりして、気骨・骨力のように用いる。

訓義　[1]ほね、肉つきのほね。[2]ほねぐみ、むくろ、からだ。[3]かたい、するどい。[4]人がら、なり、ふり、おもむき。

古訓〔和名抄〕骨　保祢(ほね)〔名義抄〕骨　ホネ〔字鏡集〕骨　ホネ・ウヤマフ

部首〔説文〕に髑・髏以下二十四字を属し、〔玉篇〕に八十五字を属する。〔玉篇〕には軀・穌などの異体字とみられるものが多く含まれている。

声系〔説文〕に骨声として滑・猾など八字を収める。滑は滑利・滑沢、猾は掘る意の字。骨の声義と関係がある。

【骨格】風格。また、文の気格。唐・元稹〔唐の故工部員外郎杜君(甫)墓係銘の序〕齊・梁に效ひては則ち魏・晉に逮ばず、樂府に工みなれば則ち力五言に屈す。律、切なれば則ち骨格存せず、閑暇なれば則ち纖穠備ふる莫し。

【骨気】風骨。また詩文や書の筆勢のあること。〔詩品、上、魏の陳思王植〕其の源は國風に出づ。骨氣奇高、詞采華茂。情は雅怨を兼ね、體は文質を被る。今古に粲溢し、卓爾として不群なり。

【骨鯁】剛直。〔文心雕竜、弁騷〕楚辭なる者は～乃ち雅頌の博徒にして、詞賦の英傑なり。其の骨鯁の樹つる所、肌膚の附く所を觀るに、鎔を經意に取ると雖も、亦た自ら偉

辭を鑄る。

【骨柔】(こつじゅう（じう）) 筋骨薄弱。〔顔氏家訓、渉務〕梁の世の士大夫、～郊郭の內、馬に乘る者無し。～侯景の亂に及んで、膚脆く骨柔らかにして、行步に堪へず。體羸く氣弱くして、寒暑に耐へず。倉猝に坐死する者、往往にして然り。

【骨酔】(こつすい) 沈酔。泥酔。宋・蘇軾〔老饕の賦〕一缸の雪乳を倒け、百梔の瓊艘を列ね、各と眼は秋水よりも灧やかに、咸く骨は春醪よりも酔へり。

【骨髄】(こつずい) 骨の髄。〔韓非子、喩老〕扁鵲曰く、疾の腠理に在るは、湯熨の及ぶ所なり。肌膚に在るは、鍼石の及ぶ所なり。腸胃に在るは、火齊（湯薬）の及ぶ所なり。骨髄に在るは司命の屬する所、奈何ともする無きなり。今、骨髄に在り。臣、是を以て請ふ無きなりと。

【骨相】(こつそう（さう）) 骨格の相。宋・陸游〔幽居、五首、五〕詩 放翁、山陰に家す 其の貧、一世を蓋ふ 骨相は虎頭（顧愷之の小字）に異なり 祠祿は眞に鷄肋（鶏の肋肉。微禄）

【骨董】(こっとう) 古道具。古書画の類をいう。匫董とも記し、匫は古器。汨董とも記し、汨はまぜこぜ。魚肉のまぜご飯を骨董飯という。清・鄭燮〔金農に与ふる書〕骨董の一道、眞有れば必ず僞有り。之れを文章に譬ふるに、定めて贋作多からん。眞鑑を操る者に非ざれば、辨ずること能はざるなり。

【骨肉】(こつにく) 骨と肉。肉親。〔呂覧、精通〕父母の子に於ける、子の父母に於ける、一體にして兩分、同氣にして異息、草莽の華實有るが若く、樹木の根心有るが若し。～此れを之れ骨肉の親と謂ふ。

【骨法】(こつぽう（ぱふ）) 骨格。また、書画の筆力をいう。〔唐会要、三十五、書法〕太宗嘗て朝臣に謂ひて曰く、～我今古人の書を臨するに、殊に其の形勢を學ばず、惟だ其の骨法を求むるに在り。

【骨立】(こつりつ) 骨ばかりになる。〔晋書、阮籍伝〕籍、～性至孝。母終る。～酒を飲むこと二斗、聲を擧げ一號し、吐血すること數升。～又吐血すること數升、毀瘠骨立、殆ど性を滅するに至る。

【骨力】(こつりょく) 書画の筆力。〔晋書、王献之伝〕羲之の草隷は、江左中朝、及ぶ者有る莫し。獻之の骨力は、遠く父に及ばず。而れども頗る媚趣有り。

↑骨解 骨折り/骨骼 骨格/骨幹 骨組み/骨空 骨孔/骨笄 骨製の笄/骨血 骨肉/骨梗 骨鯁/骨骾 骨鯁/骨砕 粉骨/骨在 あつもの/骨子 要点/骨殖 遺骨/骨節 関節/骨像 骨相/骨鏃 骨のやじり/骨朶 儀仗の棒/骨体 骨格/骨直 骨鯁/骨牌 カルタ/骨鼻 高い鼻/骨筆 写経の筆/骨路 いかけ

↓委骨・遺骨・英骨・瘞骨・怨骨・花骨・解骨・骸骨・顎骨・寒骨・換骨・気骨・肌骨・奇骨・帰骨・朽骨・俠骨・胸骨・玉骨・金骨・筋骨・勁骨・脛骨・頸骨・拳骨・顴骨・枯骨・香骨・硬骨・槁骨・骾骨・鯁骨・傲骨・刻骨・鎖骨・座骨・挫骨・山骨・尸骨・死骨・灼骨・弱骨・酒骨・収骨・秀骨・駿骨・人骨・酔骨・清骨・整骨・析骨・折骨・接骨・仙骨・戦骨・痩骨・霜骨・顙骨・象骨・俗骨・恥骨・痴骨・椎骨・鉄骨・徹骨・天骨・透骨・頭骨・軟骨・納骨・買骨・白骨・暴骨・曝骨・反骨・叛骨・万骨・蛮骨・腓骨・尾骨・微骨・鼻骨・氷骨・病骨・腐骨・膚骨・武骨・無骨・風骨・仏骨・粉骨・焚骨・分骨・騈骨・没骨・凡骨・埋骨・銘骨・毛骨・木骨・留骨・竜骨・鏤骨・露骨・顱骨・老骨・肋骨・腕骨

【惚】

人 11 9703 コツ ほのか ほれる

形声 声符は忽。忽は恍惚の状態にあるさまをいう。〔老子、二十一〕に「惟れ恍、惟れ惚」とあり、道の微妙にして容易に知覚しがたい意。恍惚とは形況の語である。

訓義 ①ほのか、かすか、うっとりするさま。②国語で、ほれるとよむ。

古訓 〔字鏡集〕惚 ミダル・ウレフ・オモフ

【惚焉】(こつえん) ぼんやりする。自失する。〔礼記、問喪〕求めて之れを得る所無し。～故に哭泣辟踊(足ふみして哀しみを示すしぐさ)し、哀を盡して止む。心、悵焉、愴焉、惚焉、愾焉たり。

【惚怳】(こつこう（くわう）) 自失する。晋・潘岳〔寡婦の賦〕意惚怳として以て遷越し、神一夕にして九たび升る。

【惚恍】(こつこう（くわう）) 惚怳。〔老子、十四〕繩繩として名づくべからず。無物に復歸す。是れを無狀の狀、無物の象と謂ふ。是れを惚恍と謂ふ。

【惚惚】(こつこつ) ぼんやりする。〔六韜、竜韜、選将〕夫れ士に、外貌と中情と相ひ應ぜざる者十五あり。～謀を好みて決せざる者有り。果敢なる如くにして能はざる者有り。悾悾として信ならざる者有り。怳怳惚惚として反つて忠實なる者有り。

↓怳惚・恍惚・慌惚・茫惚

【淈】

篆文 

11 3717 コツ にごる みだれる

形声 声符は屈。屈に堀の声がある。泥を掘り起こして水の濁ることをいう。〔説文〕十一上に「濁るなり。～一に曰く、滒泥なり。一に曰く、水出づる皃なり」とみえる。また水の流れる音をいう。

訓義 ①にごる、にごす。②みだれる、みだす。③泥。④水の流れる音。⑤屈と通じ、つきる。⑥汨と通じ、水声。また、治める。

古訓 〔名義抄〕淈 ミダル・ヲサム

↑淈淈 水勢のはげしいさま/淈尽 尽きる/淈濁 濁る/淈泥 濁る/淈乱 乱れる

↓汨淈・滑淈

【榾】

14 4792 コツ ほた

形声 声符は骨。〔玉篇〕に「枸榾なり」とあり、ひいらぎ。また切株の意に用いる。

訓義 ①ひいらぎ。②ほた。

古訓 〔名義抄〕榾 アレタリ

【榾榾】(こつこつ) つとめる。唐・杜甫〔塩井〕詩 井に汲むこと、歳に榾榾 車を出だすこと、日に連連

↑榾柮 ほた、きりかぶ

【齕】

篆文 

18 2871 コツ ケツ かむ

形声 声符は乞。乞はその嚙む音をいう。〔説文〕二下に「齧むなり」、齧字条に「噬むなり」という。〔礼記、曲礼上〕に「天子の爲に瓜を削くには之れを副き(四つ析きし横断、八つ切り)し、巾ふに絺(葛布)を以てす。～庶人は之れを齕む」とみえる。

訓義 ①かむ、かぶりつく。②かみきる。

古訓 〔名義抄〕齕 ハガミ・ハクヒ 〔字鏡集〕齕 ハガミ・クフ・ハクヒ

↑齕齧 かむ/齕肱 かまきり/齕咋 かむ/齕噬 かみつく/齕啖 かみ食らう/齕呑 呑み込む

↓飲齕・縦齕・啄齕

【鶻】

篆文 

21 7722 コツ はやぶさ

形声 声符は骨。〔説文〕四上に「鶻鵃なり」とあって、かむりどりをいう。通称はやぶさ。狩猟に用い、狩場を鶻場という。鶻鳩はいかるが。

訓義 ①はやぶさ。②いかるが、あさなきどり、かむりどり。

古訓 〔新撰字鏡〕鶻 波也不佐（はやぶさ）〔字鏡〕鶻 イハタカ・ハヤフサ・ハシタカ 〔和名抄〕鶻 波夜布佐（はやふさ）〔字鏡集〕鶻 イヘバト・ハヤブサ・マダラハト

【鶻突】ぼんやり。不明のさま。唐・孟郊〔辺城吟〕詩 烽を燒く、碧雲の外 馬を牧す、青坡の嶺 何れの處ぞ、鶻突の夢 歸思、仰眠に寄せん

【鶻崙】未分の状態。鶻淪。宋・楊万里〔李子立知県の問月台に題す〕詩 謫仙(李白)を喚び起して同に醉吟し 一面は月に問ひて、一面は斟まん 初頭混沌として、鶻崙の様なり 阿誰(何者ぞ)鑿開して、一を兩と爲す

↑鶻鳩 いかるが／鶻隼 はやぶさ／鶻嘲 はやぶさ／鶻鵃 はやぶさ／鶻淪 鶻崙

↓回鶻

ゴツ

【扤】 6 5101 ゴツ うごく

篆文 

形声 声符は兀。兀は頭髪を切りおとした形。杌は木の枝を切りおとした短木で、梃子に用いる。扤はそれを用いて、こじるように物を動かすことをいう。〔説文〕十二上に「動くなり」とあり、動かすという他動詞の用法が原義。〔詩、小雅、正月〕「天の我を扤かす」のように用いる。ものを根柢からゆり動かすことをいう。

訓義 ①うごかす、うごく、ゆりうごかす。②おちつかない。

古訓 〔名義抄〕扤 ウゴク・ウゴカス

語系 扤・兀 nguət は同声。刖 ngiuat は声近く、みな偏高にして不安定な状態をいう。

↓摧扤・動扤・突扤

【阢】 6 7121 ゴツ けわしい

篆文 

形声 声符は兀。兀は突兀とした形。〔説文〕十四下に「石山の土を戴くものなり」という。阜に従う字は、もと聖域についていう語。磐座のようなところをいう語である。

訓義 ①けわしい、たかい、岩山。②岩山の土をいただくもの。③たかいさま。

古訓 〔字鏡集〕阢 イシノヤマ

【杌】 7 4191 ゴツ ゲツ まるた

形声 声符は兀。兀は頭髪を切りおとした形。杌は木の枝を払った形で、まるたの類をいう。それを梃子にしてものを動かすを扤という。〔玉篇〕に「樹の枝無きものなり」とあり、杌隉とはものの不安定な状態をいう。〔書、秦誓〕に「邦の杌隉は、曰ここに一人に由る」の語がある。

訓義 ①きりかぶ、枝のない木、短く太い木、まるた。②こしかけ。③不安定なさまをいう。

古訓 〔名義抄〕杌 クヒセ・ウタキ・ウゴカス 〔字鏡集〕杌 ウタキ・ウゴカス・キノエダナキ・クヒセ・アク・タユ

【杌隉】不安定なさま。危い。清・顧炎武〔王官谷〕詩 唐は昭宗の時に至りて 干戈(戦い)天闕に滿つ 賢人憤を發すと雖も 計の杌隉を匡す無し

【杌子】腰かけ。〔類説、三十四に引く摭遺、安禄山〕唐明皇(玄宗)安祿山を召すに、矮金裹脚の杌子を用って坐を賜ふ。

↑杌梲 杌隉／杌隉 杌隉／杌杌 愚かなさま／杌牀 腰かけ

↓隉杌・檮杌

コム

常

【込】 5 〔込〕 6 こむ

国字 つめこむ。場所いっぱいになる。用事が一度に重なりあう。手数や費用を多く必要とする、などの意に用いる。

訓義 ①こむ、混雑する、多い。

古訓 〔名義抄〕込 コモル・セム

コン

【丨】 1 2000 コン シ とおる

篆文 

指事 上下の通貫する関係をあらわす。〔説文〕一上に「上下通ずるなり」とし、「引いて上行するは、讀みて囟の若くし、引いて下行するは、讀みて退(徂)の若くす」という。上行の字は草の初生の象で「わずか」の意に用い、象形。下行の字は関係の表示であるから指事。一字にして二形二義のあるものである。

訓義 ①とおる、すすむ。②しりぞく、わずか。

部首 〔説文〕に中・㫃の二字を属し、〔玉篇〕に个・串の二字を加える。中・㫃はともに旗竿の象。また个は屋下に分界を加えたもの。串は貫の初文で、もと貝を編貫する形であった。草木初生の象としては、屮・艸の中に含まれる形がそれであるが、その字はいずれも象形である。

常

【今】 4 8020 コン キン いま もし

篆文 

甲骨文 

金文 

仮借 もと象形の字で、壺などの蓋栓の形。酒壺に蓋栓を施した形を畬という。飲(飮)の初形は畬に従い、歓に作り、飲酒をいう。今は蓋栓の形であるが、その意に用いることはなく、のちもっぱら時の今昔の意に用いる。すなわち仮借の用法である。昔も腊肉の象であるが、のち仮借して今昔の意にのみ用い、初義には別に腊の字を作ってそれにあてた。〔説文〕五下に「是の時なり。亼に従ひ、フに従ふ。フは古文及なり」と字を会意とするが、字は蓋栓の形にすぎず、畬・歓によって字の初義を考えることができる。今声の字に、上より蓋して閉塞する意をもつものが多い。

訓義 ①いま、ただちに、きょう。②近と通じ、この、これ、ここに。③もし、かりに問題を設定するときにいう。

古訓 〔名義抄〕今 イマニ・コレ・ヒトリ・アラタム・マタ・ケフ／方今 イマニ・イマ、デニ・マサニイマ 〔字鏡集〕今 イマ・ヒトリ・コヨヒ・マタ・コレ・ケフ・コノトキ・アラタム・コノコト

声系 〔説文〕に今声として含・吟・念・侌・金・禽など二十五字を収め、なお含声・念声・侌声・金声・禽声などの字がその声系に入る。今声の字はおおむね蓋栓を加え、閉塞する意がある。右のうち金は鋳金の象形で、今とは関係のない字である。

語系 今 kiəm、近(近) giən は声近く、近は場所的に至近の意。今は時間的に至近のときをいう。ともに代名詞「この」という指示の用法がある。

【今古】古今。唐・韓愈〔柳子厚墓誌銘〕儁傑廉悍、議論今古に證據し、經史百子に出入し、踔厲風發、率ね常に其の座人を屈す。名聲大いに振ひ、一時皆慕ひて之れと交はる。

【今時】いま。いまの時期。〔孟子、公孫丑上〕齊人言へること有り、曰く、智慧有りと雖も、勢ひに乘ずるに如かず。鎡基(農具)有りと雖も、時を待つに如かずと。今の時は、則ち然し易きなり。

【今茲】今年。〔詩、小雅、正月〕心の憂ふる 之れを結ぶ或るが如し 今茲の正(月) 胡ぞ然く厲しき

【今日】きょう。本日。〔孟子、公孫丑上〕宋人に、其の苗の長ぜざるを閔へて、之れを揠く者有り。芒芒然として歸り、其の人(家人)に謂ひて曰く、今日病れたり。予苗を助

けて長ぜしむと。
【今秋】こんしゅう（しう） ことしの秋。唐・白居易〔早秋曲江感懐〕詩 去歳、此に秋を悲しむ 今秋、復た此に來る
【今春】こんしゅん ことしの春。唐・杜甫〔絶句、二首、二〕詩 今春看す又過ぐ 何れの日ぞ、是れ歸年
【今生】こんじょう（じやう） この世。宋・文天祥〔児女の消息を得たり〕詩 癡兒問ふこと莫かれ、今生の計 還た種ゑん、來生未了の縁
【今人】こんじん いまの人。現世の人。唐・劉希夷〔白頭を悲しむ翁に代る〕詩 古人復た無し、洛城の東 今人還た對す、落花の風 年年歳歳、花相ひ似たり 歳歳年年、人同じからず
【今是】きんぜ いまの生きかたがよい。晉・陶潛〔帰去来の辞〕寔に途に迷ふも、其れ未だ遠からず。今の是にして、昨の非なるを覺れり。
【今世】きんせい／こんせい 今の世。現代。唐・韓愈〔田横の墓を祭る文〕事、百世を曠しうして、相ひ感ずる者有り。余は自ら其の何の心なるを知らず。今世の稀とする（尚ぶ）所に非ず。孰爲れぞ、余をして歔欷（すすり泣き）して禁ずべからざらしむ。
【今夕】こんせき こよい。〔詩、唐風、綢繆〕今夕何の夕ぞ 此の良人を見る 子兮子兮 此の良人を如何せん
【今昔】こんせき／こんじゃく 今夕。また、古今。昔より今まで。宋・欧陽脩〔相州昼錦堂記〕仕宦して將相に至り、富貴にして故鄕に歸る。此れ人情の榮とする所にして、今昔の同じうする所なり。
【今代】きんだい 今の世。宋・李覯〔袁州州学記〕今代聖神に遭ひ、爾袁、賢君を得たり。爾をして庠序（学校）に由り、古人の迹を踐ましむ。
【今朝】こんちょう（てう） けさ。〔詩、小雅、白駒〕皎皎たる白駒 我が場の苗を食らふ 之れを縶ぎ之れを維ぎ 以て今朝を永うせん 所謂伊の人（白馬に乗って参向する客神） 焉に逍遙す
【今年】こんねん ことし。今茲。今歳。唐・劉希夷〔白頭を悲しむ翁に代る〕詩 今年花落ちて、顏色改まり 明年花開いて、復た誰か在る 已に見る、松柏の摧かれて薪と爲るを 更に聞く、桑田の變じて海と成るを
【今来】こんらい いままで。晉・潘岳〔西征の賦〕古往今來、邈かにして悠なるかな。寥廓惚恍たり、一氣を化して三才を甄かにす。此の三才とは、天地人の道なり。
↑今韻／今雨／今音 今の友／今音 今韻／今夏 この夏／今回 今度／今学 北碑漢篆／今暁 けさ／今曲 新曲／今月 この月／今故 今古／今後 この後／今歳 今年／今士 今の人／今次 このたび／今事 当世の事／今者 この頃／今宵 こよい／今上 今天子／今早 けさ／今草 連綿の草体／今体 近体／今旦 けさ／今天 今日／今冬 この冬／今晩 今夜／今番 このたび／今般 このたび／今文 今の字体／今夜 こよい／今様 今の様式／今隷 楷書
↓現今・古今・昨今・而今・自今・爾今・如今・即今・通今・当今・方今・目今・来今

【艮】 6 7773 ［𥃩］ 7 6071 コン ゴン もとる なやむ

篆文 

会意 目＋人。目は呪的な目的で聖所などに掲げられている邪眼。その下に、後ろ向きに退く人の形がかかれており、進入者がその邪眼におそれて卻く意をあらわす。ゆえに很戾の意となる。〔説文〕八上に「很るなり」とあり、很もその形に従う。限の従う𨸏は、神梯の象である。神域にこれを施して、出入を禁ずることを限という。

訓義 ①もとる、邪眼によって遮られる、とまる、さからう。②かぎる、かたくとめる。③なやむ、くるしむ。④易の六十四卦の一。方位に配して、うしとら。時刻に配して午前二時～四時。

古訓 〔字鏡集〕艮 カタシ・アラソフ・ウシトラ・シヌ・ヤマ・トヾム

部首 〔説文〕に字を匕部に属し、匕目の会意とし、部首を建てないが、〔康熙字典〕に艮部を建て、良・艱などを属する。良は風を送って選穀をする風箱の形、また艱は形声の字で、ともに艮を部首とする字ではない。

声系 〔説文〕に艮声として很・跟・眼・根・痕・恨・垠・艱・限など十七字を収める。眼は邪眼、これによって進むことを抑止され、止まり、心に任せぬ状態を示す。艮声の字に、その声義をとるものが多い。退（退）の従うところは撤饌の象で、同じ形であるが、艮とは声義ともに異なる字である。

語系 艮kən は恨hən、狠ngən と声義近く、狠は犬の相争う意。限hean、岸ngan は人の進入を許さない峭絶のところをいう。閫khuən は門閾、また人を遮るところである。

【艮頭】こんとう おだやかな人。〔通俗編、品目、艮頭〕（輟耕録に）杭人好んで隱語を爲す。粗蠢なる人を杭子と曰ひ、朴實なる人を艮頭と曰ふが如し。按ずるに今又其の辭を增して艮古頭と曰ふ。
↑艮維 東北方／艮音 管音／艮磑 かたい／艮隅 東北隅

常 【困】 7 6090 ［朱］ 8 2190 コン くるしむ こまる

篆文  古文  甲骨文 

象形 枠に木をはめて、出入を止める門限の形。閫の初文。〔説文〕六下に「故廬なり」というのは〔管子、地図〕にいう「困殖の地」すなわち開墾地の廬舎の意とするものであるが、字の本義としがたい。〔荀子、大略〕「井里の厥」は〔晏子、雑上二十三〕の「井里の困」にあたり、門橛を閫という。〔説文〕古文の字は朱に作り、進入を防ぐ木の意であろう。のち門限の字に閫を用い、困急・困難の意に困を用いる。

訓義 ①とめ木、門の出入を禁ずるもので閫の初文。のちその義に閫を用いる。②木のわく、進退にくるしむ、こまる、きわまる、あやうい。③とぼしい、まずしい、つかれる、みだれる。④田中の廬。⑤易卦の一。

古訓 〔名義抄〕困 ハナハダシ・キハム・クルシム・クルシブ・タシナム・クルシ・ネムコロ・ミダル・ツカル 〔字鏡集〕困 ハナハダシ・キハマル・キハム・タシナム・ミダル・ツカル・クルシブ・クラ・ネンゴロ・タハシ（シナ）ム・クルシ・ウム

声系 〔説文〕に困声として梱・悃など三字を収める。梱は〔説文〕六上に「門橛なり」とあって閫の初文。閫は〔玉篇〕に「門限なり」とあって門閾の意である。

語系 困・悃khuən は同声。匱giuət は空乏の意の字。困を困乏・困窮の意に用いるのは、匱と同系の語として用いるものであろう。

【困学】こんがく 行きづまってはじめて学ぶ。〔論語、季氏〕孔子曰く、生まれながらにして之れを知る者は上なり。學びて之れを知る者は次なり。困しみて之れを學ぶは、又其の次なり。困しみて學ばざる、民、斯れを下と爲す。
【困急】こんきゅう（きふ） 困難で危い。宋・蘇轍〔兄軾の獄に下るが為に上る書〕臣聞く、困急して天を呼び、疾痛して父母を呼ぶは、人の至情なりと。
【困窮】こんきゅう 生活に苦しむ。〔論語、尭曰〕堯曰く、咨爾舜、天の歴數、爾の躬に在り。允に其の中を執れ。四海困窮せば、天祿永く終へん。
【困苦】こんく こまりはてる。〔荘子、逍遥遊〕彷徨乎として其の側に無爲にし、逍遙乎として其の下に寢臥す。（大樹）は斤斧に夭せられず、物、害する者无し。用ふべき所无き、安くんぞ困苦する所ならんや。

【困辱】苦しめ辱められる。〔戦国策、秦三〕大夫種越王に事へ、主、困辱に離ふも、忠を悉くして解らず。主、亡絶すと雖も、能を盡して離れず。

【困殆】困難し危い。〔後漢書、李固伝〕(順帝)既に困殆より抜け、龍興して位に卽く。天下喁喁として風政を属望す。積敝の後、中興を致し易し。

【困知】苦しみ学んで知る。〔中庸、二十〕或いは生まれながらにして之れを知り、或いは學びて之れを知り、或いは困しみて之れを知る。其の之れを知るに及んでは、一なり。

【困頓】窮迫する。また、疲れはてる。前蜀・花蕊夫人〔宮詞、百六十六首、六十二〕詩 歸來困頓して、紅帳に眠る 一枕の西風、夢裏に寒し

【困敗】苦しみ敗れる。〔三国志、魏、荀彧伝〕高祖、關中を保ち、光武、河内に據る。～進みては以て敵に勝つに足り、退きては以て守を堅くするに足る。故に困敗有りと雖も、終に大業を濟せり。

【困弊】苦しみつかれる。〔旧唐書、李密伝〕密、又(翟)讓に說きて曰く、今兵衆既に多く、糧出づる所無し。若し曠日持久せば、則ち人馬困弊し、大敵一たび臨まば死亡すること日無からん。

【困乏】窮困する。〔漢書、元帝紀〕(初元元年、夏四月、詔して)曰く、關東、今年穀登らず。民多く困乏す。其れ郡國の災害を被ること甚だしき者には、租賦を出だすこと毋からしめよ。

【困蒙】愚かゆえに苦しむ。〔易、蒙、六四〕蒙に困しむ。吝なり。象に曰く、蒙に困しむの吝とは、獨り實に遠ざかればなり。

【困戹】困難。〔後漢書、伏隆伝〕(張)步に使せしむ。～步、遂に隆を執ふ。～上書して曰く、臣隆、使を奉ずること無狀、執を凶逆に受く。困戹に在りと雖も、命を授けて顧みず。～陛下～永く萬國を亨け、天と無極ならんことを。

↑困畏 苦しみおそれる／困慰 無気力／困汙 貧苦／困坷 なやむ／困臥 疲れてねる／困悔 悔いる／困匱 とぼしい／困却 こまりきる／困窘 困窮する／困窶 貧苦／困劇 困憊／困竭 困匱／困蹶 不幸に苦しむ／困倦 困憊／困蹇 困頓／困殺 困却する／困蹙 困窮／困傷 傷つく／困悴 疲れる／困酔 大酔／困睡 疲れて眠る／困折 挫ける／困絶 苦しみぬく／困賤 貧苦／困阻 さまたげられる／困息 困臥／困滞 窮民／困餒 飢える／困躓 失敗／困懟 うらむ／困闘 戦いぬく／困橈 乱す／困篤 危篤／困毒 なやむ／困屯 なやむ／困敦 子の歳／困難 難儀／困廃 困敗／困憊 疲れはてる／困迫 困急／困薄 苦しみ弱る／困否 不幸／困偪 困憊／困逼 困憊／困貧 貧困／困兵 苦戦／困敝 困弊／困勉 刻苦／困踣 たおれる／困眠 困睡／困厄 困戹／困阸 困戹／困約 不如意／困隘 困戹／困抑 苦しんで心ふさぐ／困立 立ちどおし／困吝 難儀する／困累 難儀する／困劣 衰える

↓艱困・飢困・匱困・久困・救困・窮困・窘困・苦困・窶困・遇困・孤困・昏困・疾困・酒困・受困・愁困・重困・春困・消困・乗困・常困・心困・振困・衰困・多困・知困・屯困・難困・疲困・病困・貧困・兵困・弊困・乏困・民困・厄困・戹困・阸困・老困

【坤】 8 4510 コン つち

篆文 

会意 土＋申。〔説文〕十三下に「地なり。易の卦なり」とし、「土の位は申に在るなり」と方位説を以て説く。字は易の卦名としてみえるが、その声義の由るところは明らかでない。字形のままに解すれば、申は電光の象。乾坤は天地、陰陽激発の象に由るかと思われるが、易の用字法には、ときに文字学の範囲をこえるものがあり、独自の伝統をもつものがあるようである。

訓義 1易の卦名、地、つち。乾に対し、陰・女・臣・下など、対待の意をあらわす。2したがう、やさしい、陰柔。3ひつじさる(西南)。

古訓 〔名義抄〕坤 ヒツジサル・シタガフ・ヤハラカナリ

参考 坤の異体古文として巛の字形があげられるが、おそらく易卦の☷を字体化したものであろう。似た形のものに川、また災の初文がある。

【坤育】万民を育てる。皇后の慈愛をいう。〔後漢書、陳球伝〕今長樂太后、尊號身に在り。親しく嘗て稱制(政務を攬る)し、天下を坤育す。

【坤元】大地の徳。〔易、坤、彖伝〕至れる哉坤元、萬物資りて生ず。乃ち順ひて天を承く。

【坤載】大地。万物を載せ育てる。〔易、坤、彖伝〕坤は厚くして物を載せ、德は无疆に合し、含弘光大にして、品物咸く亨る。

↑坤維 地維／坤角 女優／坤儀 大地／坤極 皇后の位／坤垠 地の果て／坤隅 西南隅／坤倪 坤垠／坤后 大地／坤軸 地軸／坤図 地図／坤則 婦人の道／坤典 大地の法／坤道 婦人の道／坤母 母／坤輿 大地／坤伶 女優／坤霊 地の神

↓乾坤・転坤

常 【昆】 8 6071 コン むし

篆文  金文 

象形 昆虫の形。比の部分は足。〔夏小正〕に「昆小蟲」の語があり、小虫をいう。〔説文〕七上に「同じきなり」と訓するのは、混同の意であろう。〔詩、王風、葛藟〕に「他人を昆と謂ふ」とあるのは翼の意。また〔書、仲虺之誥〕「裕を後昆に垂る」の後昆は後裔の意であるが、これも通用の義であろう。

訓義 1むし、昆虫。2おなじ、ともに、まじる。3ゆたか、さかん。4のち、子孫。5翼と通じ、兄。

古訓 〔新撰字鏡〕昆 波良加良(はらがら)〔名義抄〕昆 コノカミ・ナラビニ・コトゞク・オナシ・トシ・ホノカニ・ナヲシ・タフトシ・ノチ・ハフ・オソシ〔字鏡集〕昆・翼 オナシ・カナシ・アニオト、・ナラビニ・オトフト・ナヲシ・コノカミ・ホノカニ・タフトシ・コトゞク・トシ・ノチ・オト、

声系 〔説文〕に昆声として混・掍など六字を収める。混十一上は「豐かに流るるなり」、掍十二上は「同なり」とあり、いずれも昆同の意をとる。

語系 昆・掍 kuən は混・渾・溷 huən と声義近く、いずれも混同・渾然・溷濁の意があり、同系の語。

【昆裔】子孫。後裔。〔国語、晋語二〕天、禍を晉國に降し、讒言繁く興り、延いて寡君の紹續昆裔に及び、隱悼して播越し、託して草莽に在り。

【昆弟】兄弟。〔戦国策、斉一〕今、秦・楚、子を嫁し婦を取(娶)り、昆弟の國と爲る。

↑昆夷 西戎の国／昆干 汗漫／昆卉 衆草／昆季 兄弟／昆曲 崑曲／昆玉 人の兄弟／昆吾 円器／昆後 子孫／昆仍 子孫／昆孫 遠い子孫／昆池 昆明池／昆仲 昆玉／昆虫 節足のある虫の類／昆蹏 馬名／昆媚 弟妹／昆布 こぶ／昆友 兄弟／昆侖 山名

↓賢昆・後昆・次昆・諸昆・仍昆・弟昆

人 【昏】 8 7260 コン くれ よる くらい

篆文

甲骨文

金文

会意 氏＋日。氏は肉を切る小刀の形。氏族共餐の時、これを用いて肉を切り頒つので、のち氏族の意に用いる。日の形の部分はおそらく肉塊の象。卜辞に「日より昏に至るまで雨ふらざるか」のように、昏旦の字に用いる。〔説文〕七上に「日冥きなり。日と氏の省とに従ふ。氏なる者は下なり。一に曰く、民の聲なり」とするが、字は氏や民に従う形ではない。婚姻の婚は、金文の字形は酒爵の形に従っており、その儀礼をいう。昏を婚儀の意に用いるのは、昏が氏族結合の儀礼であることと、その儀礼が昏夕のときに行われることによるのであろう。昏はまた婚の初文で、古くは昏の字を用いるのが例であった。

訓義 ①くれ、くれがた、ひぐれ、よる。古くは重要な儀礼・祭祀は、昏より行われた。②こんれい、めとる、つまどる。③婚姻の関係にある人、姻戚。④くらい、おろか、まよう、みだれる。⑤たおれる、しぬ。⑥閽と通じ、門番。

古訓 〔名義抄〕昏 クラシ・ヒクル・ユフベ・コハシ・ツトム・ウツ・ヤミ・クル

声系 〔説文〕に昏声として惛・閽・婚など十一字を収める。おおむね昏の声義を承ける字である。

語系 昏・婚・惛・閽 xuən は同声。昏冥の意より、事理の惛乱することをもいう。

【昏闇】(こんあん) みだれた世。〔後漢書、独行、范冉伝〕命に臨んで遺令し、其の子に勅めて曰く、吾昏闇の世に生まれ、淫侈の俗に値ふ。生きて世を匡し時を濟ふことを得ず。死して何ぞ自ら世に同じうするに忍びん。

【昏晦】(こんかい（くわい）) くらい。〔風俗通、窮通、序〕易に稱ふ。象を懸くること著明なるは、日月より大なるは莫しと。然れども時に昏晦なること有り。

【昏棄】(こんき) みだれ廃する。〔書、牧誓〕今商王受（紂）、惟れ婦言を是れ用ひ、厥の肆祀を昏棄して答へず。厥の遺れる王父母弟を昏棄して迪ひず。

【昏逆】(こんぎやく) 暗逆。〔三国志、魏、三少帝、高貴郷公髦紀〕古者敵に克つときは、其の屍を収めて以て京觀（アーチ状の門）を爲る。昏逆を懲め、武功を章らかにする所以なり。

【昏遘】(こんこう) 姻戚の人たち。金文〔克盨〕用て旅盨を作る。隹れ用て師尹・倗友・昏遘に獻ず。克其れ用て朝夕し、皇祖考に享せん。

【昏昏】(こんこん) くらくて、知をはたらかさない状態。〔老子、二十〕俗人は昭昭たるも、我獨り昏昏たり。俗人は察察たるも、我獨り悶悶たり。

【昏晨】(こんしん) 朝夕。また、父母への礼。〔後漢書、劉平等伝序〕薛包、母を喪ふ。～父、後妻を娶るに及び、包を憎む。～乃ち里門に廬し、昏晨廢せず。

【昏睡】(こんすい) 眠りこむ。〔梁書、文学下、劉竣伝〕竣、學を好む。～自ら讀書を課し、常に麻炬を燎き、夕より旦に達す。時に或いは昏睡し、其の髮を爇く。既に覺むれば復た讀み、終夜寐ねず。

【昏椓】(こんたく) 道理にくらく、みだれる。〔詩、大雅、召旻〕天、罪罟を降し 蟊賊内に訌ふ 昏椓して共むこと靡く 潰潰として回遹す（よこしま、道に外れる）

【昏旦】(こんたん) 朝夕。南朝宋・謝霊運〔石壁精舎より湖中を還るの作〕詩 昏旦に氣候變じ 山水、清暉を含む

【昏墊】(こんてん) おぼれ苦しむ。〔書、益稷〕禹曰く、洪水天に滔り、浩浩として山を懷ね陵に襄り、下民昏墊す。～予れ九川を決して四海に距らしめ、甽澮を濬くして川に距らしめん。

【昏倒】(こんとう（たう）) 目くらみする。唐・陸亀蒙〔白蛇に告ぐる文〕人老いて毛髮皓白となり、耗眊昏倒し、子孫の名字を記すこと能はず。形朽ち神潰え、以て此に至る。物老いて～白くして後に靈有り。

【昏憊】(こんぱい) 疲れはてる。〔列子、周穆王〕周の尹氏、大いに產を治む。～晝は則ち呻呼して事に卽き、夜は則ち昏憊して熟寐す。精神荒散し、昔昔（毎夕）夢に國君と爲り、～其の樂しみ比無し。

【昏迷】(こんめい) 心が不明で迷う。〔書、大禹謨〕蠢茲たる有苗（苗族）、昏迷にして不恭、侮慢にして自ら賢とし、道に反し徳を敗る。

【昏耄】(こんもう（まう）) 老いぼれ。〔三国志、呉、甘寧伝〕呉に歸す。～寧、計を陳べて曰く、～宜しく先づ黃祖を取るべし。祖、今年老い、昏耄已だ甚だし。財穀竝びに乏しく、左右欺弄して貨利に務む。～至尊今往かば、其の破れんこと必せり。

【昏蒙】(こんもう) 暗愚。唐・韓愈〔独孤申叔哀辞〕衆萬の生、誰か天に非ざらんや。明昭昏蒙、誰か然らしむるや。行さるに何爲れぞ怒り、居るに何の故に憐れむや。

【昏夜】(こんや) 夜分。〔三国志、魏、王朗伝〕時に（文）帝頗る出でて游獵し、或いは昏夜にして宮に還る。朗、上疏して曰く、～近日、車駕出でて捕虎に臨み、日昃れて行き、昏に及んで反る。警蹕の常法に違ひ、萬乘の至愼に非ざるなりと。

【昏乱】(こんらん) 乱れる。〔老子、十八〕大道廢れて仁義有り。慧智出でて大僞有り。六親和せずして孝慈有り。國家昏亂して忠臣有り。

【昏惑】(こんわく) 暗愚。〔唐書、韋巨源伝〕巨源、帝の昏惑なるを見て、～趙延禧等と祥妖を推處し、陰かに韋氏（后）を導きて武后の故事を行はしむ。

↑昏鴉 夕烏／昏壒 悪人／昏暗 昏闇／昏姻 結婚／昏暈 目くらみ／昏曀 暗い／昏援 政略結婚／昏花 眼がかすむ／昏嫁 縁組／昏臥 夜寝る／昏聵 暗愚／昏坎 昏花／昏季 末世／昏虐 昏暴／昏狂 狂う／昏暁 朝夕／昏昕 朝夕／昏君 愚主／昏眩 目くらみ／昏鼓 夕刻の鼓／昏狡 悪賢い／昏黃 夕ぐれ／昏黑 まっ暗／昏困 困憊／昏作 勤労する／昏撒 昏眩／昏恣 気まま／昏祠 夜の祭／昏時 夜／昏日 夕／昏主 暗君／昏娶 縁組／昏夙 早晩／昏曙 朝夕／昏鈔 古紙幣／昏鐘 晩鐘／昏上 暗君／昏情 暗愚／昏昃 夕ぐれ／昏人 愚人／昏酔 泥酔／昏正 夕方／昏夕 夕方／昏絶 昏倒する／昏然 愚か／昏俗 悪い風習／昏惰 ぐず／昏怠 昏惰／昏濁 にごる／昏誕 荒誕／昏虫 蚊／昏昼 夜昼／昏朝 朝晩／昏沈 まっ暗／昏第 結婚式場／昏天 まっ暗な空／昏頭 愚昧／昏瞳 眼がかすむ／昏徳 不徳／昏漠 暗い／昏晩 夜晩く／昏煩 頭がふらつく／昏微 かすか／昏謬 心が乱れる／昏蔽 愚か／昏忘 物忘れ／昏罔 愚昧／昏眊 昏瞳／昏茫 ぼんやり／昏瞀 無知／昏暴 暴れ者／昏瞢 暗愚／昏墨 名を盗む／昏邁 老耄／昏霾 世の乱れ／昏夢 夢うつつ／昏霧 暗いきり／昏明 明暗／昏冥 暗い／昏目 目がくらむ／昏悶 気を失う／昏黝 暗い／昏夭 若死に／昏庸 愚か／昏礼 婚礼／昏老 老耄

↓雨昏・雲昏・烟昏・海昏・眼昏・江昏・黃昏・合昏・酒昏・初昏・神昏・晨昏・酔昏・日昏・昼昏・朝昏・定昏・童昏・霧昏・冥昏・眊昏・耄昏・蒙昏・幽昏・夭昏・柳昏・林昏・老昏

【很】 9 2723 コン もとる

篆文

形声 声符は艮。艮は呪眼によって拒まれ、進みえないで却く意。順当に進みえないこ

とから、很戻・很愎の意となる。〔説文〕二下に「聽従せざるなり」、また「一に曰く、行くこと難むなり」とあり、一曰の義が本義である。〔国語、呉語〕「天に很りて齊を伐つ」、〔礼記、曲礼上〕「很ひには勝たんことを求むること毋れ」のように用いる。

訓義 ①もとる、さえぎられる、心のままにならぬ、たがう。②せめぐ、あらそう、したがわない。③行きなやむ、うらむ。④はなはだ。

古訓 〔名義抄〕很 シタガフ・モドル 〔字鏡集〕很 タガフ・ノル・アラソフ・モトル・シタガフ・ヒスカシ・モトム・セメグ・アハセ

【很忤】もとりさからう。唐・柳宗元〔許京兆孟容に寄する書〕凡そ事の壅隔するは、貴近に很忤し、狂疏繆戻にして、不測の辜を蹈めばなり。群言沸騰し、鬼神交怒る。

【很愎】ねじけ人。〔晋書、甘卓伝〕卓、意氣騒擾、擧動常を失ふ。～轉た更に很愎にして、諫を聞きては輒ち怒る。～周慮等、～乃ち襲ひて卓を寝に害し、首を王敦に傳ふ。

【很戻】道理にもとる。〔史記、張儀伝〕夫れ趙王の很戻にして親無きは、大王の明見する所なり。且つ趙王を以て親しむべしと爲すか。

↑很悪 凶悪／很毆 全力で毆つ／很剛 暴戻／很傲 もとりおごる／很刻 悪虐／很恣 わがまま／很鷙 陰険／很触 不法／很心 残忍／很人 ねじけびと／很力 全力

↓強很・驕很・剛很・傲很・猜很・疾很・心很・疎很・抵很・闘很・戻很

常【恨】 9 9703 コン うらむ

篆文 

形声 声符は艮。艮は邪眼の呪禁によって、進みえないで却く形。欲する所をえないで、不本意とすることをいう。〔荀子、成相〕「戒むることを知らずんば、後必ず恨み有らん」とは後悔の意。〔説文〕十下に「怨むなり」とみえる。

訓義 ①うらむ、不本意とする、いかる、にくむ、かなしむ。②くいる、おしむ。③很と通じ、もとる。

古訓 〔名義抄〕恨 ウラム・クユ・イキドホル 〔字鏡〕恨 ウラム・ウラムラク・イカル・イキドホル・クユルナリ

語系 恨・很hənは同声。憾həm、悔(悔)xuəも声義近く、詪kənも同系の語。詪は〔説文〕三上に「很戻なり」(段注本)とあり、很戻によって憾・悔のことを生ずるのである。

【恨恚】うらみいかる。〔論衡、書虚〕夫れ呉王の、(伍)子胥を殺し、之れを江に投ずと言ふは實なり。其の恨恚して、水を驅りて濤と爲すと言ふ者は虚なり。

【恨恨】うらみつづける。晋・陸機〔平原内史を謝する表〕肝血の誠、終に一聞だにもせず。難に臨んで慷慨し、恨恨せざる能はざる所以の者は、唯だ此れのみ。

【恨死】後悔のあまり死ぬ。唐・柳宗元〔段太尉逸事状〕尹少榮は剛直の士なり。入りて(焦令)諶を見て大いに罵る。～諶、暴抗なりと雖も、然れども言を聞きて則ち大いに愧ぢ、～曰く、吾れ終に以て段公を見るべからずと。一夕自ら恨死す。

【恨人】多情多恨の人。梁・江淹〔恨みの賦〕試みに平原を望めば、蔓草骨に縈ひ、拱木魂を斂む。～僕は本恨人なり。心驚きて已まず。

【恨然】心にうらみとするさま。〔戦国策、趙一〕襄子恨然として曰く、何ぞや。吾れ聞く、主を輔くる者は名顯はれ、功大なる者は身尊く、國に任ずる者は權重く、信忠己に在れば衆服すと。

【恨憤】不本意に思い憤る。〔唐書、段秀実伝〕朱泚反す。秀實の、兵を失ひて必ず恨憤せるならん、且つ素より人望有るを以て、騎をして往きて迎へしむ。秀實、子弟と訣れて入る。泚喜ぶ。

【恨望】心にうらみ思う。〔資治通鑑、晋紀二十〕(穆帝、永和五年)中書令孟準(等)～(石)遵に勸めて、稍〻(石)閔の兵權を奪はしむ。閔、益〻恨望す。

↑恨怨 恨望／恨悔 怨み悔む／恨鬼 怨鬼／恨苦 恨み苦しむ／恨箇 恨むらくは／恨殺 恨む／恨詞 恨辞／恨事 遺憾の事／恨唱 怨み唱う／恨色 恨む心／恨心 恨み／恨咤 恨み嘆く／恨怒 恨み憤る／恨毒 強く恨む／恨悒 悶々とする／恨悷 恨み悲しむ／恨惑 なやみ恨む／恨惋 嘆く

↓哀恨・暗恨・意恨・恚恨・遺恨・飲恨・怨恨・冤恨・懊恨・改恨・悔恨・懐恨・慨恨・感恨・銜恨・緘恨・含恨・忌恨・愧恨・客恨・逆恨・仇恨・旧恨・結恨・牽恨・忤恨・後恨・猜恨・残恨・慙恨・秋恨・羞恨・愁恨・宿恨・春恨・銷恨・常恨・心恨・深恨・新恨・清恨・争恨・愴恨・多恨・嘆恨・長恨・悵恨・追恨・痛恨・毒恨・独恨・破恨・万恨・悲恨・微恨・忿恨・別恨・幽恨・憂恨・遥恨・離恨・留恨・累恨・恋恨・惋恨

【狠】 9 4723 コン ガン(グヮン) もとる かむ

篆文 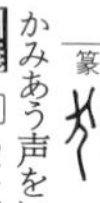

形声 声符は艮。艮に很戻の意がある。〔説文〕十上に「犬の鬭ふ聲なり」とあり、犬のかみあう声をいうとするが、很と同義の字であろう。

訓義 ①もとる、あらそう。②かむ、かみあう、その声。③はなはだ。

古訓 〔字鏡集〕狠 イヌノイサカフ

【狠剛】暴戻。〔韓子、亡徴〕狠剛にして和せず、諫に愎りて勝つことを好み、社稷(国家)を顧みずして輕〻しく自ら信ずるを爲す者は、亡ぶべきなり。

【狠心】道にそむく心。宋・司馬光〔新法の病民傷国の者を去らんことを乞ふの疏〕之れと同じうする者は援引して青雲に登らしめ、之れと異なる者は擯斥して溝壑(水や谷)に沈む。專ら其の狠心を遂げんと欲して、國家の大體を顧みず。

↑狠虐 残虐／狠強 狠剛／狠忤 もとり逆らう／狠悻 もとる／狠恣 勝手気まま／狠鷙 凶猛／狠仗 激しく戦う／狠絶 悪性／狠怒 腹立ち／狠突 凶悪／狠命 力のかぎり争う／狠辣 悪辣／狠戻 もとる

【圂】 10 6023 コン カン(クヮン) ぶたごや かわや

篆文  甲骨文 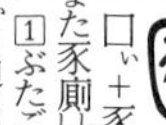

会意 囗+豕。豚小屋をいう。〔説文〕六下に「廁なり」とあり、また家廁・家牢ともいう。

訓義 ①ぶたごや。②かわや。③溷と通じ、にごる、わずらわす。④豢と通じ、家畜。

古訓 〔字鏡集〕圂 ヰノシ、ノヤナリ・ヰヤ・ニゴル・ハツカハヤ・ミダル

声系 〔説文〕に圂声として梱・橐・慁・溷・掍の五字を収める。おおむね圂の声義を承ける。

語系 圂・溷・混・渾huənは同声。圂は豕を飼うところであり、また同時に廁の用をなすところであった。これらはすべて溷濁して、区別することのない状態をいう。

【圂腴】豚・犬の腸胃など。〔礼記、少儀〕君子は圂腴を食らはず。

【悃】 10 9600 コン まこと まごころ

篆文 

形声 声符は困。困に閉塞してうちに包みこむ意がある。〔説文〕十下に「悃愊なり」(段注本、字を悃に作る)、〔玉篇〕に「志、純一なるなり」とあり、

素朴にして誠意を尽くすことをいう。悃愊は漢代によく用いられた語で、悃款・悃誠というのと同じ。懇・款と声義の近い字である。

訓義 ①まこと、まごころ。

古訓 〔名義抄〕悃　コ、ロサシ・イタム・マコト・モハラ・イタル〔字鏡〕悃　ネムコロ・イタム・ワヅラハシ

語系 悃khuən、懇khən、款khuan、惓giuan はみな声義近く、款誠の意のある語。〔段注〕に悃を悃に作り、困声の誤りとするが、必ずしも困khyuən声とするを要しない字である。

【悃款】誠実。〔楚辞、卜居〕吾れ寧ろ悃悃款款として朴にして以て忠ならんか　將た往を送り來を勞ひ（世俗のままに）斯ち窮まること無からんか

【悃誠】まごころ。漢・王褒〔聖主、賢臣を得るの頌〕昔賢者の未だ遭遇せざるや、事を圖り策を揆るも、則ち君其の謀を用ひず、悃誠を陳見すれども、則ち上其の信を然りとせず。

【悃愊】まごころ。〔論衡、明雩〕禮の心は悃愊、樂の意は歡忻なり。悃愊は玉帛を以て心を效し、歡忻は鐘鼓（楽器）を以て意を驗す。

↑悃願　懇願／悃曲　まごころ／悃愚　悃誠／悃懇　親切／悃質　質朴／悃忱　悃誠／悃接　仲よし／悃惻　懇切／悃衷　衷心／悃望　懇望する

↓愚悃・誠悃

【掴】10 5600　コン　うつ　たたく

形声 声符は困。困に木のわくにはめる意がある。〔玉篇〕に「取るなり、齊等にするなり、織るなり、抒ぶるなり、纂組するなり」と五義を列する。〔孟子、滕文公上〕に「屨を掴ち席を織る」とあり、屨を編むときのさまをいう。

訓義 ①うつ、たたく。②ととのえる、そろえる。③おる、くむ、くくる。④とる、のべる。⑤梱と通用する。

古訓 〔字鏡集〕掴　オサフ・オル・ヒトシ・トル

【掴屨】わらぐつを、たたきしめて作る。〔孟子、滕文公上〕其の徒數十人、皆褐を衣き、屨を掴ち、席を織りて、以て食することを爲す。

【掴縛】しばりあげる。〔徐霞客游記、滇游日記八〕人聲の絶壁の下に在るを聞く。乃ち樵者、枯枝を此に拾ひ、掴縛して將に返らんとす。

↑掴致　招く／掴逼　近づく

↓自掴

常

【根】10 4793　コン　ね

篆文

形声 声符は艮。艮は邪眼の呪禁に会って進みがたく、一所に渋滞して巻曲する意がある。〔説文〕六上に「木の株なり」とするが、根柢の堅く交結するところをいう。すべてのものの根本にあって、その生育をつかさどり、存在の根拠となるものである。

訓義 ①ね、草木の根。②ねざす、もとづく、よりどころとなる。③もののもと、きざし、はじめ、おこり。④ねもと、木のかぶのところ。

古訓 〔名義抄〕根　カギリ・ハジメ〔字鏡集〕根　ネ・モト・キノネ・クヒゼ・ハジメ・カギリ

語系 根・跟kən は同声。跟は足のかかと。地に著くところ。基kiə もおそらく同系の語で、〔説文〕十三下に「牆の始めなり」とするが、基壇の意。ものの根柢をなすところをいう。

【根核】草木の根。根荄。〔論衡、正説〕苟くも一師の學に名あれば、趨きて師と爲りて教授し、時に及んでは蚤く仕へ、汲汲として競進し、留精用心、根核を考實するに暇あらず。故に虛説傳へて絶えず、實事沒して見はれざるなり。

【根幹】根本。基本。〔韓非子、揚權〕虛靜無爲は道の情なり。參伍比物は事の形なり。之れを參するに比物を以てし、之れを伍するに合虛を以てす。根幹革まらずんば、則ち動泄失はず。

【根基】基本。土台。〔三国志、魏、鄧艾伝〕（諸葛）恪、新たに國政を秉り、內に其の主を無みし、上下を撫恤して、以て根基を立つることを念はず。外事を競ひ、其の民を虐用す。

【根拠】より所。〔道園学古録、十五、牟伯成墓碑〕人と交はるに、樂易眞實、矜厲を以て容を爲さず、談笑傾倒す。援引根據、涯涘（はて）を見ず。

【根茎】木の根と枝の幹。〔本草経序例〕藥に陰陽配合有り。子母兄弟、根莖花實なり。

【根源】事物のもと。唐・韓愈〔符（愈の子）、書を城南に讀む〕詩　潢潦（にわか水）根源無し　朝に滿つるも、夕に已に除さる

【根株】ねもと。根城。〔漢書、趙広漢伝〕郡中の盜賊、閭里の輕俠、其の根株窟穴の在る所、及び吏の銖兩を受取請求するの姦、皆之れを知る。

【根蔕】ねもと。よりどころ。晉・陶潛〔雑詩、十二首、一〕人生、根蔕無し　飄として陌上の塵の如し　分散して風を逐うて轉ず　此れ已に常の身に非ず

【根柢】根本。基本。〔後漢書、王充等伝論〕百家の政を言ふ者は尙ぶるし。大略、根柢を寧固にし、時敝を革易するに歸す。

【根本】大本。基本。〔顔氏家訓、勉学〕夫れ文字なる者は、墳籍（古典）の根本なり。世の學徒、多くは字を曉らず。五經を讀む者、徐邈（晋の人。五経音訓を作る）を是として、許愼（後漢の人。説文解字を著わす）を非とす。～書音（反切など）は是れ其の枝葉にして、小學（文字学）は乃ち其の宗系なるを知らず。

↑根引　牽連／根因　理由／根芽　もと／根荄　根核／根核　根核／根涯　勤苦／根格　引き動かす／根括　根究／根勘　根究／根気　こん／根機　根性／根脚　ねもと／根究　調べぬく／根系　本系／根蘖　ひこばえ／根元　根源／根痼　持病／根査　根究／根索　追跡する／根刷　根究／根子　長子／根詞　基本語／根実　実情／根種　本源／根熟　円熟／根証　証拠／根性　生まれつき／根随　追跡する／根絶　根絶やし／根素　根源／根拿　手がかり／根地　根拠地／根治　根絶やし／根追　根究／根底　根柢／根頭　筋斗／根茇　草の根／根萌　根芽／根由　由来

↓意根・雲根・禍根・塊根・頑根・巌根・気根・帰根・基根・機根・旧根・球根・藕根・係根・結根・古根・固根・枯根・五根・語根・菜根・山根・歯根・樹根・宿根・性根・上根・心根・身根・深根・塵根・精根・舌根・善根・草根・大根・男根・同根・徳根・鈍根・発根・撥根・抜根・万根・盤根・病根・本根・無根・毛根・幽根・養根・利根・蓮根・老根・六根

【衮】10 0073　［袞］11 0073　コン

篆文

金文

会意 衣＋公（公）。金文に谷に従う形があり、谷がその初形。谷は容。廟中に神容の彷彿としてあらわれる象である。衮はおそらくその神霊を祀るときの衣裳であろう。それで天子・上公の礼服の意となった。〔説文〕八上に「天子、先王を享するに、巻龍もて下幅に繡ひし、一龍は蟠阿（わだかまり）上鄕（向）す。衣に從ひ、公聲」とするが、公が谷の略形であるとすれば、その声ではない。金文の賜与に、玄衮衣と併せて秬鬯や礼器の類を賜うことが多く、重臣たちにはその礼服を用いること

が許されていたのである。

訓義 ①みかどのふく、竜のぬいとりの文様のある天子の礼服。上公・三公なども用いる。②その服を用いる位の人。

古訓 〔名義抄〕袞 ソヨノ（メ）ク 〔字鏡集〕袞 コロモノナガキカタチ・ソヨメク・コキヌ・ソヒメク

声系 袞声の字に滾があり、杜甫の詩にみえるが、字書には〔集韻〕に至ってみえる。水声をいう擬声語である。

語系 袞kuənは巻（卷）giuan、綣khuan、緷hiuən、渾huənと声近く、ときに通用することがある。

【袞衣】 袞竜の衣。〔詩、豳風、九罭〕九罭の魚 鱒魴 我之の子を覯るに 袞衣繡裳す

【袞袞】 滾滾。また、懇篤に説きつくすさま。〔晋書、王戎伝〕（王）濟曰く、張華は善く史漢を說き、裴頠は前言往行を論じ、袞袞聽くべし。王戎の子房・季札の閒を談ずる、超然玄著なりと。

【袞職】 天子の職。〔詩、大雅、烝民〕袞職闕くること有れば 維れ仲山甫之れを補ふ

【袞冕】 袞服と冕冠。天子や大官の服するところ。〔後漢書、儒林上、孔僖伝〕崔篆嘗て（孔）子建に仕を勸む。對へて曰く、吾れに布衣の心有り、子に袞冕の志有り。各〻好む所に從ふ。亦た善からずや～と。

↑袞華 袞衣／袞闕 天子の過ち／袞司 三公／袞章 袞衣／袞黼 袞衣・繡裳／袞然 多い／袞服 袞衣／袞命 三公の位／袞竜 袞衣

↓華袞・御袞・玄袞・司袞・繡袞・常袞・台袞・服袞・補袞・竜袞

常

【婚】

11 4246 コン よめいり とつぐ

篆文 籀文 金文

形声 声符は昏。昏は昏夕（ゆうべ）。その時刻より婚儀が行われた。金文の字は象形。爵をもって酒を酌む形で、その儀礼のしかたを示す。籀文の字形はそれに近い。〔説文〕十二下に「婦の家なり。禮、婦を娶るに昏時を以てす。婦人は陰なり。故に婚と曰ふ」とし、昏の亦声とする。金文の勳（勲）の字形は婚の字形と近く、同じく爵を奉ずる形に作る。おそらくその儀礼に似るところがあったのであろう。婚儀には三飯三酳の礼が行われ、三酳はいわゆる三三九度にあたる。

訓義 ①よめいり、とつぐ、かしずく、えんぐみ。②さと、さとのいえ、さとのおや。

古訓 〔新撰字鏡〕婚 婦人の父。志比止（しひと）〔和名抄〕婚姻 今俗に阿比也計（あひやけ）と呼ぶ〔名義抄〕婚 トツギ・トツク・ツルゴト・メマク・クナク・シウト・マク・コヒト

語系 婚・昏xuənは同声。〔儀礼〕に昏を婚の意に用いる。金文に婚・勳をともに爵酒をとる形に作り、語としても関係があるかもしれない。勳xiuənも声の近い語である。

【婚婭】 姻戚。妻の姉妹の夫を婭という。〔唐書、儒学中、柳沖伝〕山東の人は質なり。故に婚婭を尙ぶ。其の信、與くすべきなり。～其の弊に及んでは、則ち～外族を先にし本宗を後にす。

【婚姻】 結婚。〔漢書、宣帝紀〕（五鳳二年秋八月詔）夫れ婚姻の禮は、人倫の大なる者なり。酒食の會は、禮樂を行ふ所以なり。今郡國二千石、或いは擅に苛禁を爲し、民の嫁娶を禁じ、酒食を具して相ひ賀召するを得ざらしめむ。

【婚嫁】 結婚。唐・杜荀鶴〔田翁家に題す〕詩 田翁眞に快活 婚嫁、村を離れず

【婚啓】 婚約書。〔輟耕録、九、婚啓〕至元の閒、平原郡公趙氏與芮、～其の子、全竹齋少保の女を娶る。婚啓内の一聯に云ふ。光を休かす薊北、苟くも公位の居に安んじ首を回らす江南、惟れ母家の念を重んずと。

【婚媾】 結婚。〔易、屯、六二〕屯如たり、邅如たり、馬に乘ること班如たり。寇せんとするに匪ず、婚媾せんとするなり。

【婚娶】 結婚。〔後漢書、周挙伝〕四節の宜に順ひ、陰陽の和に適し、男女の婚娶をして、其の時に過ぎざらしむ。～此れ先聖乾を承け物を養ふの始めなり。

【婚閥】 有力な家と縁組みする。また、その家。〔旧唐書、王鍔伝〕鍔、太原王翃に附して從子と爲り、婚閥を以て自ら炫てふ。翃の子弟、多く鍔に附して以て名宦を致せり。

↑婚姻 婚姻／婚家 とつぎ先／婚会 結婚式／婚期 結婚の日／婚儀 結婚式／婚室 結婚／婚書 婚約書／婚親 姻戚／婚戚 姻戚／婚銭 結婚の費用／婚族 姻戚／婚属 妻の身内／婚対 夫婦／婚田 結婚用の田／婚配 婚対／婚娉 よめとり／婚幣 結納／婚約 結婚の約束／婚友 婚家の友

↓宴婚・冠婚・既婚・求婚・許婚・金婚・銀婚・結婚・交婚・降婚・合婚・再婚・雑婚・重婚・初婚・新婚・世婚・成婚・早婚・大婚・通婚・破婚・売婚・晩婚・未婚・冥婚・約婚・幽婚・乱婚・離婚・両婚

【崑】

11 2271 コン

篆文

形声 声符は昆。〔説文新附〕九下に「崑崙、山名なり」とあり、〔淮南子、墬形訓〕に「中に增（層）城の九重なる有り。其の高さ萬一千里百一十四步二尺六寸」という。日の入るところであり、また霊魂の帰するところであるとされた。「層城九重」というのは、西方のジグラットとの関係が考えられる。

訓義 ①山の名、崑崙山。字はまた昆侖に作る。

【崑丘】 崑崙山。唐・李白〔鳳笙篇〕詩 仙人十五、笙を吹くことを愛す 學び得たり、崑丘、彩鳳の鳴くを

【崑曲】 戯曲の名、崑山腔、また、崑腔という。明の嘉靖以来蘇州に起こり、清の雅部に入って盛行を極めた。〔聊斎志異、張貢士〕忽ち見る、心頭に小人の出づる有り。長け僅かに半尺、道冠儒服、俳優の狀を作し、崑山曲を唱ふ。音調清徹なり。

【崑岡】 崑崙山。〔書、胤征〕火、崑岡に炎ゆれば、玉石俱に焚く。天吏の逸德は、猛火よりも烈し。

【崑崙】 山名。新疆・チベットの間にある。高さ七七一九メートル。〔楚辞、離騒〕邅りて吾れ夫の崑崙に道す 路、脩遠にして以て周流す

↑崑雲 崑崙山の雲／崑墟 崑崙墟／崑玉 崑崙山の玉／崑腔 崑曲／崑岑 崑崙山／崑竹 崑崙竹／崑璞 崑玉／崑圃 仙人の居

【惛】

11 9206 コン おろか くらい みだれる

篆文

形声 声符は昏。昏に昏冥の意がある。〔説文〕十下に「憭らかならざるなり」とあり、〔広雅、釈詁三〕に「癡かなり」という。暗愚・惛乱の意に用いる。

訓義 ①おろか、くらい。②みだれる、まよう。③かすか、ぼける。

古訓 〔字鏡〕惛 ホレタリ・ホシタリ・ミダル・クラシ・ワスル・イキドホル 〔字鏡集〕惛 オロカナリ・ネフル・ワスル・クラシ・イキドホル・マドフ・ミダル・ホレタリ

語系 惛・昏xuənは同声。昏は日暮・昏冥のときをいう。その不分明の意を心意に移して惛という。

【惛憒】 心がくらくみだれる。〔風俗通、十反〕司徒九江の朱倀、年老を以て司隸と爲る。～倀、年且に九十ならんとす。以て惛憒するに足る。義、當に自ら引いて、以て賢路を避くべし。

【惛愚】 心がくらくおろか。〔管子、四称〕桓公、管子に問うて曰く、寡人幼弱惛愚にして、諸侯四隣の義に通ぜず。仲父當に盡く我に昔者の有道の君を語ぐべからざるか。吾れ亦た焉れに鑒みんと。
【惛然】 くらくみだれる。〔戦国策、燕三〕太子丹曰く、大傅（鞫武）の計は曠日彌久、心惛然として、恐らくは須つこと能はざらん。
【惛俗】 みだれた風俗。〔後漢書、陳蕃伝論〕桓靈の世、陳蕃の徒の若き、咸な能く風聲を樹立し、惛俗に抗論す。～功終へずと雖も、然れども其の信義は、以て民心を攜持するに足る。
【惛眊】（ぼう） ぼける。唐・上官儀〔太僕卿劉弘基の為に致仕を請ふ表〕但だ犬馬の齒、甲子已に多く、風雨の夕、惛眊日に甚だし。年致事に非ざるも、力、官に當らず。簿領沈迷し、端緒紕繆す。
【惛耄】（ぼう） ぼける。〔宋書、范泰伝〕實に心を盡し誠を竭くし、少しく萬分に報ぜんと欲するも、惛耄已に及び、百疾互ひに生ず。
【惛懵】 ぼんやりする。〔南史、謝荘伝〕眼患、五月來便ち復た夜坐することを得ず。恆に帷を閉ぢて風を避く。晝夜惛懵す。
↑惛怳 惛懵／惛眩 くらむ／惛惛 乱れる／惛痴 愚か／惛塾 昏迷／惛怓 さわぐ／惛憊 疲れはてる／惛謬 昏迷／惛忘 ぼける／惛瞀 ぼける／惛懣 愚か／惛迷 心がくらくて迷う／惛憂 憂悶する／惛乱 乱れる
↓気惛・鈍惛・迷惛

常【混】 11 3611 コン まじる

篆文 

形声 声符は昆。昆は昆虫。群集して混雑する意がある。〔説文〕十一上に「豐かに流るるなり」と混流の意とするのは、混混・滾滾・渾渾という擬声語の用法である。もと混同・混一・混雑・混沌などの意がある。

訓義 ①まじる、多くのものがまじる。②おなじ、おなじとなる、あわせる、あつまる。③溷と通じ、にごる、まじり流れる。

古訓 〔名義抄〕混 ヒタ、ケテ・オナジウシテ・ムラガル・モル・ニゴル 〔字鏡集〕混 アハス・ミヅ・ニゴル・ヒタ、ク・ヒタス・オナジ・モル・ヒタ、ケテ・ムラガル・オホイナリ・オナジウシテ

語系 混・渾・溷 huən は同声。昆 kuən も声が近い。混・溷は混雑した、分別のない状態をいい、渾は渾然・渾一の状をいう。

【混一】 一まとめにする。〔戦国策、楚一〕張儀、秦の爲に從（合従）を破り連横（衡）せんとして、楚王に說きて曰く、～夫れ一の詐僞反覆の蘇秦を以て、天下を經營し、諸侯を混一せんと欲す。其の成るべからざるや、亦た明らかなり。
【混元】 天地のはじめ。また、天地。魏・阮籍〔詠懐、八十二首、四十〕詩 混元、兩儀（陰陽）を生じ 四象、衡璣（璿璣玉衡、天文を正す器。天地）を運らす 曒日炎精を布き、素月、景暉を垂る
【混淆】（かう） 入りまじる。〔抱朴子、尚博〕磋切の至言を以て駭拙と爲し、虛華の小辯を以て姸巧と爲す。眞僞顚倒し、玉石混淆す。
【混混】 水がわき出て、流れるさま。〔孟子、離婁下〕原泉混混として、晝夜を舍かず。科に盈ちて而る後に進み、四海に放る。本有る者は是くの如し。
【混成】 入りまじって成る。〔老子、二十五〕物有りて混成し、天地に先だちて生ず。寂たり、寥たり。獨立して改らず、周行して殆からず。
【混然】 入りまじる。渾然。宋・葉適〔両淮を安集し申省する状〕千里の州、百里の邑、混然一區、烟火相ひ望み、扞蔽（防ぎ守る）有ること無し。
【混濁】 にごる。〔史記、屈原伝〕屈原曰く、世を擧げて混濁し、我獨り淸し。衆人皆醉ひ、我獨り醒めたり 是を以て放たれたりと。
【混同】 合一する。〔後漢書、皇后紀下論〕明帝始めて光烈の稱を建て、其の後竝びに德を以て配と爲し、賢愚優劣、混同して貫を一にするに至る。
【混沌】 未分のさま。〔滄浪詩話、詩評〕漢魏の古詩は、氣象混沌として、句を以て摘み難し。
【混芒】（ぼう） 未分のさま。〔荘子、繕性〕古の人、混芒の中に在り。一世と與にして澹漠を得たり。是の時に當りてや、陰陽和靜し、鬼神擾さず。～人知有りと雖も、之れを用ふる所无かりき。
【混冥】 くらく深遠なところ。〔荘子、天地〕命を致し情を盡し、天地樂しみて萬事銷亡し、萬物情に復す。此れを之れ混冥と謂ふ。
【混蒙】 混沌として蒙昧。理に暗い。宋・欧陽脩〔張秀才に与ふる第二の書〕誕者（いい加減のことをいう者）の之れを言ふに及びては、乃ち混蒙虛無を以て道と爲し、洪荒廣略を以て古と爲す。其の道法り難く、其の言行ひ難し。
【混流】（りう） 合一して流れる。漢・司馬相如〔上林の賦〕汩乎として混流し、阿に順つて下り、隘陿の口に赴く。
↑混壹 混一／混過 だます／混含 不明確／混厚 力があり重厚／混攪 まぜる／混号 あだ名／混合 まぜる／混錯 混淆／混雑 こみ合う／混糅 入りまじる／混擾 混糅／混身 渾身／混斉 混一／混迹 まぎれて逃げる／混戦 乱戦／混俗 世俗にまじわる／混通 混合／混堂 浴場／混鬧 さわぐ／混入 入りまじる／混幷 混入する／混茫 混芒／混滂 大ほら／混漫 雑乱／混迷 混乱／混融 融合する／混輿 天地／混瀁 水の広大なさま／混乱 入り乱れる／混淪 渾沌／混和 融合する
↓元混・大混

常【痕】 11 0013 コン あと きずあと

篆文 

形声 声符は艮。艮は、邪眼の呪禁に会って立ち止まり、却く意。そのあしあとを跟迹という。〔説文〕七下に「胝瘢なり」とあり、傷あとをいう。蔡琰の〔胡笳十八拍、十七〕に「刀痕箭瘢」の句がある。文身の方法として皮肉を傷つけることがあり、それを瘢痕という。

訓義 ①あと、きずあと。②あとかた、痕迹。

古訓 〔和名抄〕痕 加佐度古呂（かさどころ）、一訓、岐波（きは） 〔名義抄〕痕 アト・キズ・カクル・アザ・カサドコロ・キハ／浪痕 キハ／渡痕 キハ 〔字鏡集〕痕 アト・キズ・カサ・キハ・カト・カクル・アザ・イタム・カサドコロ

↑痕印 痕迹／痕影 痕迹／痕瘕 古傷／痕釁 傷迹／痕垢 けがれ／痕迹 あとかた／痕蹟 痕迹／痕撻 痕迹／痕廃 連累して罷免する／痕累 連累
↓瑕痕・旧痕・血痕・月痕・残痕・酒痕・焼痕・傷痕・条痕・蘚痕・爪痕・瘡痕・苔痕・弾痕・潮痕・涕痕・蹄痕・刀痕・痘痕・瘢痕・墨痕・涙痕

常【紺】 11 2497 コン カン こん

篆文 

形声 声符は甘。〔説文〕十三上に「帛の深青にして赤色を揚ぐるものなり」とあり、「揚ぐ」とは〔淮南子、脩務訓〕「黑質を抑へて赤文を揚ぐ」というのと同じく、その色が表面にあらわれることをいう。また紅青と

もいう。〔三国志、魏、東夷伝、倭〕に、卑弥呼に紺青五十匹を与えたという記述がある。

訓義 ①こん、こんいろ、深青に赤を含んだいろ。

古訓 〔名義抄〕紺　フタヘ・ミドリ　〔字鏡集〕紺　フタヘ・コム・ミドリ・アヲシ

語系 紺 kəm は絳 koəm と声近く、また紅 hong もこの系統の語であろう。絳は大赤、紅は赤白色、紺は深青にして表面に赤光を発するもので、その色相に通ずるところがある。

【紺宇】仏寺。唐・王勃〔益州徳陽県善寂寺碑〕朱軒夕に朗らかに、明月の宮に遊ぶに似たり。紺宇晨に融らぎ、流霞の闕に對ふが若し。

【紺地】紺色の織物。〔三国志、魏、東夷伝、倭〕特に汝に紺地句文錦三匹、～白絹五十匹、金八兩、五尺の刀の二口、銅鏡百枚、眞珠・鉛丹各〻五十斤を賜ふ。

【紺珠】記憶をよびもどすふしぎな珠。〔開元天宝遺事、開元、記事珠〕張説、宰相と爲る。人有り、説に一珠を恵す。紺色にして光有り、名づけて記事の珠と曰ふ。或いは闕忘の事有るときは、則ち手を以て持して此の珠を弄せば便ち覺り、心神開悟し、事巨細と無く、渙然として明曉す。

【紺碧】濃く深い青色。宋・范成大〔初めて石湖に帰る〕詩　曉霧朝暾(朝日)、紺碧烘らかなり　横塘の西岸、越城の東

↑紺幄　紺の引幕／紺園　仏寺／紺蓋　紺の車蓋／紺寒　深い紺／紺玉　紺珠／紺緅　紺色の祭服／紺青　空の青色／紺繒　紺の絹／紺殿　仏寺／紺瞳　青黒の眼／紺髪　仏の髪／紺縹　紺色とはなだ色／紺坊　仏寺

↓玄紺・紫紺・濃紺

【幃】 12／4725　〔褌〕 14／3725　コン　まわし

篆文

形声 声符は軍。軍に渾・諢の声があり、また、めぐらす意がある。〔説文〕七下に「幒なり」、また幒字条に「幃なり」と互訓する。〔段注〕に「今の套褲は、古の絝なり。今の滿襠褲は、古の褌なり」とあり、袴はさるまた、幃はふんどしである。

訓義 ①まわし、ふんどし。②さるまた。

古訓 〔名義抄〕褌・幃　シタノハカマ・チヒサキモノ・スマシモノ・シタモ

＊語彙は褌字条参照。

【棍】 12／4691　コン　たば　ぼう

形声 声符は昆。昆に集まり固まる意がある。

訓義 ①たば、たばねる、つかねる。②棒、杖。③わるもの、無頼の徒。

古訓 〔篇立〕棍　ノケ(キ)スケ・コシリ・ムラガル・ヲコツル　〔字鏡集〕棍　ヲコル・ムラガル・アカキ・ス、ケ・ヲコタル

↑棍虎　悪徒／棍状　悪徒／棍成　混成する／棍徒　悪徒／棍蠹　悪徒／棍批　乱打する／棍棒　木の棒

【渾】 12／3715　コン　すべて

篆文

形声 声符は軍。〔説文〕十一上に「混りて流るる聲なり」とあり、また「一に曰く、洿下の皃なり」とあって、溷濁の意とする。〔老子、十五〕「渾として其れ濁れるが若し」によるものであろうが、諸本に渾を混に作るものがあり、渾は渾然・渾成・渾一を本義とするものであろう。

訓義 ①水のゆたかなさま、ゆたかに流れる音。②あつまり流れる。③すべて、大きい。④さかん、完全である、全し、一となる。⑤みちる、ひとしい、区別がない。

古訓 〔名義抄〕渾　ニゴル・ニゴリ・ヒタ、リ・オツ・ワク・ユタカニ・ケガス・マタシ・ムラガル・ヒタス・ウルホス・アマル・ミヅ・ホドコス　〔字鏡集〕渾　ムラガル・ヒタス・ミダル・アマル・ユタカニ・マタシ・ケガス・ユク・ミヅノワクコヱ・ニゴリミヅ・ヒタ、ク・ウルホス・オツ・ミヅ・ワク・ホドコス

語系 渾・混・溷 huən は同声。混・溷は昆・圂の意をとるもので、渾は水の音をいう擬声語であろう。

【渾一】一となる。統一する。漢・史岑〔出師の頌〕昔、孟津に在りて、維れ師尚父(呂尚)素旄一たび麾き、區宇(天下)を渾一にす。

【渾円】まんまる。〔元史、暦志一〕天體は渾圓にして、二極南北の中に當る。

【渾元】天地の気。漢・班固〔幽通の賦〕渾元物を運らし、流れて處らず。

【渾厚】力があり重厚。〔唐書、李翺伝〕翺始め昌黎の韓愈に従ひて文章を爲り、辭渾厚を致し、當時に推さる。故に有司亦た謚して文と曰ふ。

【渾渾】重厚。〔法言、問神〕虞夏の書は渾渾爾たり。商の書は灝灝爾たり。周の書は噩噩爾たり。周より下る者(秦)は、其の書譙乎(酷烈)たり。

【渾身】満身。全身。唐・杜荀鶴〔蚕婦〕詩　粉色全て無く、飢色加ふ　豈に知らんや、人の世に榮華有るを　年年我に蠶の辛苦を道ふ　底事ぞ、渾身に苧麻を着る

【渾然】完全にまとまる。唐・韓愈〔襄陽于相公に上る書〕閣下、超卓の奇材を負ひ、雄剛の俊德を蓄ふ。渾然天成、畔岸(際限)有ること無し。

【渾脱】酷似する。また、舞曲の名。また、羊皮の舟。唐・李白〔草書歌行〕詩　古來萬事、天生を貴ぶ　何ぞ必ずしも公孫大娘の渾脱舞を要めん

【渾天】天地は卵黄・卵白のように、天が地を包摂するとする説。〔三国志、呉、陸績伝〕軍事有りと雖も、著述廢せず。渾天の圖を作る。

【渾沌】全体が未分の状態。〔淮南子、詮言訓〕天地に洞同し(一体化し)、渾沌として樸爲たり。未だ造らずして物を成す。之れを太一と謂ふ。

【渾敦】愚昧。〔左伝、文十八年〕昔、帝鴻氏に不才子有り。～頑嚚にして不友、是れと與に比周す(親しむ)。天下の民、之れを渾敦と謂ふ。

↑渾奥　深奥／渾化　一体化／渾家　妻子／渾涵　深沈／渾儀　渾天儀／渾金　あらがね／渾言　概言する／渾古　渾厚／渾箇　このような／渾浩　水の勢い／渾淆　混淆する／渾剛　強大な／渾雑　混雑する／渾舎　妻／渾純　純朴／渾如　酷似する／渾心　心を濁す／渾人　愚人／渾枢　大門／渾成　天成／渾斉　斉一／渾青　濃紺／渾全　渾一／渾大　博大な／渾濁　混濁する／渾鉄　あらがね／渾博　博大な／渾碧　青一色／渾茫　広大な／渾穆　深厚／渾名　あだな／渾冥　幽深／渾蒙　不鮮明／渾融　融合する／渾乱　混乱する／渾淪　渾沌／渾侖　円いもの／渾和　融和する

↓蓋渾・気渾・昏渾・全渾・奔渾・雄渾

【焜】 12／9681　コン　かがやく

篆文

形声 声符は昆。〔説文〕十上に「煌かがやくなり」とあり、火の輝くことをいう。

訓義 ①かがやく。②ひかる、ひかりかがやく。③あかるい、あきらか。④きばむ、きばみ枯れる。

古訓 〔名義抄〕焜　ヒカル　〔篇立〕焜　ヒノヒカリ　〔字鏡集〕焜　ヒノヒカリ・ヒカリ

【焜燿】かがやかす。〔左伝、昭三年〕齊侯、晏嬰をして、

(少姜を)晉に繼室せしめんことを請はしめて曰く、～不腆の先君の適(嫡女)、以て内官(内室)に備へ、寡人の望みを焜燿せしに、則ち又無祿(不幸)にして、早世して命を隕したり。

↑焜昱　まばゆい／焜奕　顕著な／焜晃　輝く／焜黃　衰える／焜煌　輝く／焜爛　輝く

【菎】12 4471　コン　かおりぐさ

篆文

形声 声符は昆。正字は⿱罒昆に従い、⿱罒昆声。〔説文〕一下に「艸なり」とし、〔玉篇〕に「香草なり」という。わが国では菎蒻の字に用いる。

訓義 ①くさ、かおりぐさ、香草。②やぶくろ。③わが国で、菎蒻をいう。

古訓 〔新撰字鏡〕菎　須々弥奈(すすみな)

【䖵】12 5513　コン　むし

篆文
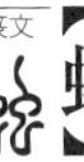
甲骨文

金文

会意 虫＋虫。〔説文〕は虫十三上に蝮とし、蟲十三下に足ある虫の意とし、䖵十三下に「蟲の總名なり」とし、「讀みて昆の若くす」とし、昆虫の意とする。昆虫は節足類であるが、虫系統の字はすべて爬虫類あるいは環形動物の類であるから、昆・䖵はその類を異にするものであろう。卜辞に䖵を祀る儀礼が多くみえ、農作の神とされたようである。わが国の「やと(谷)の神」のようなものであろう。

訓義 ①むし、虫の総名。

部首 〔説文〕に蠶(蚕)・蝨・蟊・蠭・蠹・蠢など二十四字をその部に属する。重文十三字。虫に従うものが多い。〔玉篇〕には重文を合わせて四十一字を録する。

語系 䖵・昆・⿱罒昆 kuən は同声。虫においては䖵、昆虫においては昆、人においては⿱罒昆というのであろう。⿱罒昆は兄、もと兄弟たるものをいう。群 giuən も同系の語であろう。

【壼】13 4010　コン　コ　ひろい　みち

篆文

象形 壺の形に近いが、壺はその器蓋の象。壼の篆文の字形は橐の形に従うものであるらしく、大きな橐(ふくろ)の形に近い。〔爾雅、釈宮〕に「宮中の衖(みち)、之れを壼と謂ふなり」、〔説文〕囗部六下に「宮中の道なり」とあって、のちその義に用いるが、字の本義ではないように思われる。篆文の字形からいえば、橐の底の大きいもの、またそのようにものを包みこむ意をもつ字であろう。囗はその橐の部分に当たる。

訓義 ①ひろい、ひろくする。②梱・閫と通じ、門のしきみ、とざすもの。③宮闈の意に用い、宮中のみち。

古訓 〔名義抄〕壼　ヒロシ　〔字鏡〕壼　ツクス

語系 壼・閫 khuən は同声。〔詩、大雅、既酔〕に「其の類は維れ何ぞ　室家の壼なり」とあり、〔説文〕はその詩句を引くが、「宮中の道」では詩意に合わず、〔毛伝〕に「廣なり」、〔鄭箋〕に「壼の言たる、梱なり」という。閫にして閫閾の意とするようである。閾 hiuək、限 heən も同系の語で、ある区域を限る意をもつものであろう。

【壼闈】宮中。婦人の居る所。梁・沈約〔内職を立つる詔〕刑於(寡妻に刑す)の垂訓、周文の徳を表はす所以なり。壼闈序を失ふ、漢氏の邦を喪ひし所以なり。

【壼奥】宮中の奥深い所。また、ものの蘊奥。〔漢書、叙伝上〕近者陸子(賈)～董生(仲舒)～劉向～揚雄～、皆時君の門闈に及び、先聖の壼奥を究む。

【壼則】婦人の行為の定め。〔旧唐書、后妃下、粛宗章敬皇后伝〕史を顧みて箴を求め、道は壼則に先んず。撝謙して禮に率ふ、教へは中闈備はる。

【壼範】婦人の徳の模範。〔西山題跋、二、周氏輪苗記〕蓋し孝悌の至り、神明に通じ、然る後愧づること亡しと為す。兄弟既に翕ひ、和樂し且つ湛しむと。亦た壼範の常と曰ふも過に非ざるなり。

↑壼閣　闈房／壼訓　婦訓／壼術　宮中の道／壼政　大奥の政

↓宮壼・中壼

【溷】13 3610　コン　にごる　みだれる

篆文

形声 声符は圂。圂は獣のかわやをいう。〔説文〕十一上に「亂るるなり」、また「一に曰く、水の濁る皃なり」とするが、溷濁が初義。

訓義 ①にごる、けがれる。②みだれる、まじる。③はずかしめる。④かわや。

古訓 〔名義抄〕溷　セヽナキ・カハヤ・ニゴル・シルス・ミダル・ツヽム・キヨシ・ワヅラフ・ワヅラハシ・トヾム

【溷濁】にごる。みだれる。〔楚辞、離騒〕世、溷濁して分たず　好んで美を蔽うて嫉妬す

↑溷汚　汚れる／溷器　便器／溷軒　かわや／溷肴　まじる／溷淆　まじる／溷溷　乱れる／溷錯　錯雑する／溷廁　かわや／溷処　雑居する／溷辱　辱める／溷圊　かわや／溷褻　汚穢／溷俗　世俗／溷入　混入する／溷屛　かわや／溷乱　乱れる／溷穢　けがれ／溷惑　迷惑する

↓廁溷・圊溷・濁溷・猪溷・藩溷・糞溷・穢溷

【跟】13 6713　コン　かかと　したがう　つける

篆文
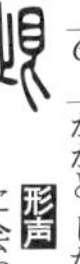

形声 声符は艮。艮は邪眼の呪禁に会って進みえず、卻く意。〔説文〕二下に「足の踵なり」とあり、踵字条に「追ふなり。～一に曰く、往來の皃なり」とみえる。踵に従って、あとをつける意に用いる。

訓義 ①かかと、くびす。②したがう、つける、つきしたがう。

古訓 〔新撰字鏡〕跟　久比々須(くびひす)　〔名義抄〕跟　クビス・キビス　〔字鏡〕跟　クビス・ツブコシ・キビス・ハシル

語系 跟・根 kən は同声。〔釈名、釈形体〕に「足の後ろを跟と曰ふ。～木の根に象るなり」とするが、字形よりいえば跟止の義が先である。艮声の字はおおむね跟止の意をもつ。

【跟随】従う。有力者の陰に隠れる。〔明律、四、戸律、戸役〕(隠蔽差役)凡そ豪民、子孫弟姪をして、官員に跟随し、差役を隱蔽せしむる者は、家長は杖一百。

↑跟役　従者／跟挂　綱渡り／跟脛　踵と、はぎ／跟腱　踵の腱／跟従　従者／跟胥　伴の者／跟踵　くびす／跟人　従者／跟尋　後ろをつける／跟前　足下／跟踪　追迹する／跟追　尾行する／跟斗　もんどりうつ／跟頭　跟斗／跟班　従者

↓帰跟・脚跟・断跟

【髠】13 7221　コン　かる

篆文

形声 声符は兀。兀は頭髪を切りおとした形。〔説文〕九上に「髮を鬄るなり」とあり、刑罪として行う。さらに首械を加えることを髠鉗という。兀は兀者の側面形。その正面形は而。雨乞いに従うものは需、そのような巫祝者がのち儒となった。

訓義 ①かみをきる、かる、そる。②かみきりの刑を受けた者。③木の枝を切りはらう。

古訓 〔名義抄〕髠　キル　〔篇立〕髠　カミキル・カフロ　〔字鏡集〕

髡 カフル・カミキル・キル

【髡褐】道士。また、僧。唐・劉蛻〔江南に郷飲酒礼を論ずる書〕唯だ王公大人、髡褐に慚づること無からんか。髡褐尚ほ能く自ら其の法を大にし、王公大人、反つて其の道を信ずるか。

【髡刖】髡刑と足切り。〔新書、階級〕帝子は廉恥禮節、以て君子を治む。故に死を賜ふこと有るも、僇辱することは無し。是こを以て、係縛・榜笞・髡刖・黥劓（入墨と鼻切り）の罪は、士大夫に及ばず。

【髡鉗】髡首にし、首に械を加える。〔史記、季布伝〕高祖、布を千金にて購求す。～（周氏に匿る。周氏）迺ち季布を髡鉗し、褐衣（粗服）を衣せ、廣柳車（喪車）の中に置き、～魯の朱家の所に之き、之れを賣る。

【髡首】髪切りの刑。〔楚辞、九章、渉江〕接輿は髡首とせられ、桑扈は贏（裸）行す　忠必ずしも用ひられず、賢必ずしも以ひられず

【髡剔】髪をそる。囚人の姿。〔後漢書、儒林上、欧陽歙伝〕歙、郡に在りて教授すること數百人、事を視ること九歳、徴されて大司徒と爲る。～坐して下獄す。諸生闕を守り、歙の爲に求哀する者千餘人、自ら髡剔する者有るに至る。

【髡頭】髪をそる。〔後漢書、東夷、三韓伝〕馬韓の西、海島上に州胡國有り。其の人短小、髡頭にして韋衣を衣る。上有るも下無し。好んで牛豕を養ふ。船に乗りて往來し、韓中に貨市す。

↑髡劓　髪切りと鼻切り／髡梱　丸太／髡者　髡首／髡樹　枝うち／髡豎　僧／髡人　僧／髡截　髪をそる／髡髢　髪とひげをそる

↓黥髡・鉗髡

【慁】 14 6033 コン うれえる

篆文

形声　声符は圂。〔説文〕十下に「慁れふるなり」とあり「一に曰く、擾るるなり」という、〔広雅、釈詁三〕にも「亂るるなり」の訓がある。

訓義　①うれえる。②みだれる、みだす。③けがす、はずかしめる。④溷と通用する。

古訓　〔名義抄〕慁　ミダル　〔字鏡集〕慁　ミダル・ウレフ・ネムコロナリ

【慁慁】ぼんやりして、明らかでない。唐・元結〔自述三篇、述命〕聖賢なる者は兢兢然として、猶ほ命性を傷り、愚惑なる者は慁慁然として、遂に家國を忘る。

↓久慁・不慁

【梱】 14 4690 コン まるき

篆文

形声　声符は圂。〔説文〕六上に「梡木未だ析かざるなり」とあり、まるき。

訓義　①まるき。②まるきのまま、薪とするもの。③梱・棍と通用する。

【梱頭】魯鈍。〔説文〕（頑は）梱頭なり。〔段玉裁注〕木部に曰く、梱は梡木未だ析かざるなり。梡は梱木薪なり。凡そ物渾淪未だ破らざる者、皆梱と曰ふことを得。凡そ物の頭渾全なる者、皆梱頭と曰ふ。梱頑は雙聲、析く者は鋭、梱なる者は鈍、故に以て愚魯の偁と爲す。

【滾】 14 3013 ［滚］ 13 3013 コン

形声　声符は袞。滾滾は水の流れるさま。

訓義　①みずのながれるさま。②混・渾と通用する。

語系　滾kuən、混・渾huən は声義近く、みな一系の語である。

＊語彙は混・渾字条参照。

【滾滾】水が絶えずに流れるさま。唐・杜甫〔登高〕詩　無邊の落木、蕭蕭として下り　不盡の長江、滾滾として流る

↑滾運　転運／滾円　まん丸／滾毬　ゆたんぽ／滾催　税を督促する／滾雑　混雑／滾算　複利／滾水　熱湯／滾濁　濁る／滾転　転がる／滾灯　地上におき、足で動かす紙灯／滾湯　沸騰する／滾沸　泉水が涌き出る／滾木　まる木／滾乱　混乱する

【蒟】 14 4412 コンク きんま こんにゃく

篆文

形声　声符は蒟。〔説文〕一下に「果なり」とあり、扶留藤という木。実は桑の実に似ているという。字はまた枸に作る。蒟蒻はこんにゃく。

訓義　①きんま。②こんにゃく。

古訓　〔和名抄〕蒟蒻　古邇夜久（こにやく）

↑蒟蒻　こんにゃく／蒟醬　きんま

【褌】 14 3725 コン したばかま したおび

篆文

形声　声符は軍。軍に渾・諢の声があり、また、めぐる、めぐらす意がある。字はまた幝に作る。〔説文〕七下に「幝は幒なり」とあり、褌をその重文として録する。次条に「幒は幝なり」とあって互訓。軍はめぐらすもの、恩は包むものの意がある。〔晋書、阮籍伝〕に「獨り群蝨の褌中に匿れ、自ら以て吉宅と爲すなり」とみえる。縫いぐるみを褌脱といい、それを被って舞う舞を褌脱舞という。

訓義　①したばかま、したおび、ふんどし。②わが国では、したもも、したももひき、さるまた。

古訓　〔新撰字鏡〕褌　志太乃波加万（したのはかま）〔和名抄〕褌　須万之毛乃（すましもの）、一に云ふ、知比佐岐毛能（ちひさきもの）〔名義抄〕褌　シタノハカマ・チヒサキモノ・スマシモノ・シタモ　〔字鏡集〕褌　シタノハカマ・キヌ・タウサキ・スヾシノモノ・シタモ・チヒサキモノ・スマシモノ

【褌衣】したばかまと衣。〔世説新語、任誕〕劉伶嘗に酒を縦にし、放達なり。或いは衣を脱ぎ、裸形にて屋中に在り。人見て之れを譏る。伶曰く、我は天地を以て棟宇と爲し、屋室を褌衣と爲す。諸君何爲れぞ我が褌（幝）中に入ると。

【褌袴】したばかま。〔北史、斛律光伝〕光、又嘗て人に謂ひて曰く、今、軍人皆褌袴無し。後宮の內參に、一たびに數萬匹を賜ひ、府藏稍や空し。此れは是れ何の理ぞと。

【褌襠】したばかま。〔晋書、阮籍伝〕（大人先生伝）獨り群蝨の褌中に處るを見ずや。～行くに敢て縫際を離れず、動くに敢て褌襠を出でず。自ら以て繩墨を得たりと爲すなり。～君子の域內に處る、何ぞ夫の蝨の褌中に處るに異ならんや。

↑褌虱　褌中の虱／褌褶　したばかまの縫いめ／褌帯　したばかまの紐／褌中　したばかまの中／褌冒　したばかまと帽巾

↓緊褌・袴褌・紅褌・襦褌・脱褌・復褌・敝褌・露褌

常 【魂】 14 1671 コン たましい たま

篆文

会意　云＋鬼。云は雲の初文で、雲気の象。人の魂は雲気となって浮遊すると考えられた。〔説文〕九上に「陽气なり」とあるのは、次条の魄字条に「陰神なり」とあるのに対するもので、白とは生色のない頭顱（されこうべ）の形。〔荘子、馬蹄〕に神（神）・魂・云・根を韻しており、云・魂は畳韻の語であった。

訓義　①たましい、たま。②こころ。

古訓　〔和名抄〕魂神　多末之比（たましひ）〔名義抄〕魂魄　ウケ上、ヲタマシヒ・タマシヒ、下、メタマシヒ・タマシヒ／稲魂　ウケノミタマ、俗に云ふ、ウカノミタマ／幸魂　サチミタマ、俗に云ふ、

サキタマ〔字鏡集〕魂 タマシヒ・ハコブ

語系 魂khuən、云hiuən は声が近く、云は雲の初文。魂は雲気のようなものと考えられていたのであろう。渾 huən はまろきもの、運(運)hiuən は動くものをいう。これらも関連のある語であろう。

【魂衣】 霊座の死者にかける衣。鬼衣。〔漢書、王莽伝下〕(太子)臨に藥を賜ふ。臨肯へて飲まず、自ら刺死す。侍中票騎將軍同說侯林をして、魂衣・璽韍を賜はしむ。

【魂気】 魂。〔礼記、郊特牲〕凡そ祭は諸これを此ここに愼む。魂氣は天に歸し、形魄は地に歸す。故に祭は諸れを陰陽に求むるの義なり。

【魂神】 霊魂。〔後漢書、襄楷伝〕頃この數十歲以來~輒すなはち疾病に託して、多く牢獄に死せしむ。~死する者多くは其の罪に非ず。魂神冤結し、歸訴する所無し。淫厲疾疫、此れよりして起る。

【魂帛】 白絹で作った人形。葬送のときに用いる。〔吾学録、喪礼門、品官喪〕魂帛の制、~白絹を用ひ、摺りて長條と爲し、交互に穿貫す。~下、其の餘を垂らして兩足と爲し、人の形に肖にせしむ。~左に死者の生年月日時を書し、右に卒年月日時を書す。其の長短、定制無し。

【魂魄】 心霊。〔左伝、昭二十五年〕吾れ之れを聞く、樂を哀しみ哀を樂しむは、皆喪心なりと。心の精爽、是れを魂魄と謂ふ。魂魄之れを去らば、何を以てか能く久しからん。

【魂迷】 迷う。うっとりする。〔顔氏家訓、慕賢〕吾れ亂世に生まれ、戎馬(の間)に長ず。流離播越し、聞見已はなだ多し。値ぁふ所の名賢、未だ嘗かつて心醉魂迷して、之れを向慕せずんばあらず。

【魂輿】 死者の衣服を乗せる車。晋・陸機〔挽歌、三首、二〕詩 哀鳴して殯宮を興し 迴遲して野外に悲しむ 魂輿、寂せきとして響き無し 但だ見る、冠と帶と

↑魂骸 たましいと屍/魂幹 心と体/魂魂 多いさま/魂車 魂輿/魂銷 心が消え入る/魂情 心/魂精 たましい/魂爽 精神/魂胆 心/魂帕 幽霊の面衣/魂夢 夢/魂楼 墳墓

↓慰魂・遺魂・英魂・営魂・怨魂・冤魂・花魂・還魂・帰魂・羈魂・客魂・驚魂・吟魂・傾魂・熒魂・顕魂・孤魂・香魂・遨魂・残魂・慙魂・士魂・詩魂・招魂・消魂・商魂・傷魂・銷魂・蜀魂・心魂・神魂・人魂・清魂・精魂・爽魂・断魂・忠魂・鎮魂・鬪魂・飛魂・氷魂・別魂・片魂・返魂・芳魂・亡魂・埋魂・夢魂・迷魂・夜魂・幽魂・游魂・遊魂・雄魂・余魂・離魂・旅魂・霊魂

【閫】 15 7760 〔梱〕 11 4690 コン しきみ

篆文 

形声 声府は困こん。困は木組みをしてものを遮蔽・蔽塞することをいう。〔説文〕六上に字を梱に作り、「門橛けつなり」という。門橛の字は閫に作るべく、〔史記〕にその用例が多い。

訓義 [1]もんのしきみ、門ぐい、門の中央にあって両扉をとめる木。[2]宮中の小門。[3]壼こんと通じ、宮中。

古訓 〔名義抄〕閫 シキミ・トシキミ・トノシキミ/梱 ヒロシ〔字鏡集〕閫 トノシキミ・シキイ・シキミ・トシキミ・カドノカギリ/梱 ヒロシ

語系 閫(梱)・壼khuən は同声。限hean は声義近く、閾hiuək もまたその系統の語であろう。みな一定のところを閉塞する意がある。

【閫奥】 奥深いところ。また、学問の奥義。〔三国志、魏、管寧伝〕伏して太中大夫管寧を見るに、~心を黄老に娛たのしましめ、志を六藝に游ばせ、堂に升のぼり室に入り、其の閫奥を究めたり。

【閫外】 戸外。城外。境域の外。〔史記、馮唐伝〕臣聞く、上古王者の將を遣はすや、跪きて轂こしきを推して曰く、閫よりして內なる者は、寡人之れを制せん。閫よりして外なる者は、將軍之れを制せよと。軍功爵賞は皆外に決し、歸りて之れを奏すと。此れ虛言に非ざるなり。

【閫閾】 門のしきみ。〔三国志、魏、中山恭王袞伝〕嗟ぁ爾なんぢ小子、~聖朝に奉ずるに忠貞を以てし、太妃に事つかふるに孝敬を以てし、閨闈けいゐの內は令を太妃に奉じ、閫閾の外は教を沛王に受けよ。

↑閫闈 宮中、壼闈/閫域 境界/閫宇 四方/閫寄 閫外の臣/閫業 婦業/閫闑 門橛/閫術 国宮中の道/閫職 將軍の職/閫則 婦道/閫內 国內/閫範 婦德

↓閨閫・出閫・椒閫・天閫・門閫

常 【墾】 16 2710 コン たがやす ひらく

篆文 

形声 声符は豤こん。豤の正字は貇。貇は〔説文〕九下に「豕しの齧かむなり」(段注本)、〔玉篇〕に「豕、地を齧むなり」とあり、猪がその牙で作物を掘りかえすことをいう。そのような状態に土を反転することを墾という。〔説文新附〕十三下に墾を収め、「耕すなり」とし、〔広雅、釈地〕にも同訓がみえる。

訓義 [1]たがやす、田の土をかえす。[2]田畑をひらく、開墾する。[3]十分に手入れをする、おさめる、ならす。[4]やぶる、いためる。

古訓 〔新撰字鏡〕墾 古奈田(こなた)〔篇立〕墾 カヘス・タカヘル・ヲサム・ハレリ・アル・オコス・ハル・ハルカニ〔字鏡集〕墾 オホフ・カマフ・カヘル・ヒタ、ク・オサム・ハリヒラク・オコス・カヘス・ホル

声系 墾・懇はともに〔説文新附〕に収め、豤(貇)声に従う。豤の声義を承ける字である。

語系 墾・懇khən は同声。艱kean、饉gien とも声義の関係があるかもしれない。

【墾芸】 開墾し、穀樹を植える。〔唐書、李元諒伝〕美田を闢ひらくこと數十里、士に勸めて懇藝せしめ、歲に粟菽數十萬斛を入れ、什具畢ことごとく給す。

【墾鑿】 開墾する。唐・銭起〔村人の山田を牧するを観る〕詩 貧民、井稅に乏し 墝土、皆墾鑿す 禾黍、寒雲に入る 茫茫たり、半山の郭

【墾殖】 土地を開き耕殖する。〔三国志、呉、華覈伝〕誠に宜しく建立の役を住とどめ、備豫の計を先にし、墾殖の業を勉め、饑乏の救を爲すべし。

【墾草】 草地を開墾する。〔戦国策、秦三〕大夫種しょう越王の爲に草を墾ひらき邑を剏はじめ、地を辟ひらき穀を殖うゑ、四方の士を率ゐて上下の力を專らにし、以て勁呉を禽とりこにして霸功を成す。

【墾田】 田をひらく。〔後漢書、光武帝紀下〕墾田の頃畝及び戶口年紀を檢覈せしめ、又二千石長吏の阿枉不平なる者を考實せしむ。

【墾辟】 耕地をひらく。漢・司馬相如〔上林の賦〕地、方千里に過ぎずして、囿いは九百に居る。是れ草木墾辟することを得ず、人、食する所無きなり。

↑墾化 耕地の改良/墾荒 荒地を開拓する/墾耕 開墾/墾種 墾殖/墾除 耕地をひらく/墾壌 開墾/墾植 墾殖/墾耨 耕地を開き草切る/墾発 墾辟/墾闢 墾辟/墾民 入植者

↓開墾・耕墾・鉏墾・償墾・新墾・備墾・闢墾・翻墾

【諢】 16 0765 コン おどけ たわむれ

形声 声符は軍ぐん。軍に渾・褌こんの声がある。唐宋以後に至って用いられる字で、戯弄の言をいう。諢衣は戯言淫詞をかいた服。

唐の穆宗はこの服を用いて宮女と戯れたという。

訓義 ①おどけ、じょうだん、たわむれ。②おどけ者。

【諢衣】(こんい) 戯言をかいた衣服。〔雲仙雑記、七、諢衣〕穆宗、玄綃白書、素紗墨書を以て衣服を爲り、幸を承くる宮人に賜ふ。皆淫鄙の詞なり。時に諢衣と號す。廣明中に至り、猶ほ存する者あり。

【諢語】(こんご) 諧謔の語。〔明道雑誌〕錢穆內相、本も文翰風流を以て著稱せらる。~余嘗つて其の剖決を見るに、甚だ閑暇なり。雜ふるに談笑諢語を以てす。~一日、一大滯獄を決するに因りて、內外之れを稱す。

【諢話】(こんわ) ふざけ話。〔西塘集、耆旧続聞、三〕(東)坡都下に至り、宋氏に就きて本を借りて看る。宋氏の諸子、肯て出でず。謂おもへらく、東坡滑稽、萬一數語を摘みて諢話を作さば、天下傳へて口實(話の種)と爲さんと。

↑諢官 楽工/諢詞 俗話体/諢名 あだな

↓優諢

【閽】 16 7760 コン

篆文 

形声 声符は昏。昏は昏夕(ゆうべ)の意。〔説文〕十二上に「常に昏を以て門を閉づるの隷なり」とあり、昏の亦声とする。〔段注〕に「王宮は門毎に四人」とあり、〔周礼、天官、序官、閽人、注〕に「閽人は昏晨を司り、以て啓閉する者なり。刑人墨者をして門を守らしむ」とあり、受刑者を用いたので隷という。また閽寺といい、寺人は奄人・宦官(宮刑を受けたもの)を以てこれにあてた。天子は五門、雉門より内は奄、庫門より外には墨刑の者を用いた。

訓義 ①もんばん、宮門を守る。②宮門。③宮門を守るもの、宦官、寺人、奄人。

古訓 〔和名抄〕閽人 三加止毛利(みかどもり)〔名義抄〕閽 カドモリ/閽人 ミカドモリ〔字鏡集〕閽 ノキ・ミカドモリ

【閽寺】(こんじ) 内廷につかえる宦官。宮刑を受けた者を用いた。〔礼記、内則〕宮を深くし、門を固め、閽寺之れを守る。男は入らず、女は出でず。

【閽人】(こんじん) 宮門を守る者。〔周礼、天官、閽人〕王宮の中門の禁を守ることを掌る。喪服凶器、宮に入れしめず。~時を以て啓閉す。

↑閽犬 門犬/閽侍 閽寺/閽者 閽人/閽闥 宮中の小門/閽庖 部屋食/閽吏 門番

↓衛閽・紫閽・守閽・丹閽・帝閽・天閽・当閽・内閽

常 【懇】 17 2733 コン ねんごろ

篆文 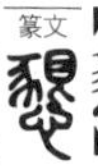

形声 声符は豤。豤はもと豤に作り、猪が牙で作物を深く掘りかえすことをいう。それで土を深く反転することを墾といい、また深く人の心に達することを懇という。〔説文新附〕十下に「悃なり」とあって、悃誠の意とする。

訓義 ①ねんごろ、てあつい、ゆきとどく。②まこと、まごころ、つとめる。③もとめる、ねんごろにもとめる。

古訓 〔名義抄〕懇 マコト・ネムコロ・ネモコロ・カナシフ・ハルカニ・アカラシ

語系 懇khən、悃khuən は声義近く、款khuan、惓giuan もこの系統の語。みな悃誠の意がある。

【懇款】(こんかん(くわん)) まこと。悃誠。唐・韓愈〔裴相公(度)の為に官を譲る表〕天、聖主を生む、必ず賢臣有り。得て之れに授けば、乃ち理を致すべし。乞ふ、授くる所を迴めぐらして、以て群情に叶かなへしめよ。懇款の至りに任たふる無し。

【懇悃】(こんこん) 懇誠。懇款。唐・韓愈〔仏骨を論ずる表〕凡そ殃咎有るときは、宜しく臣の身に加ふべし。上天鑒臨するも、臣に怨悔あらず。感激懇悃の至りに任たふる無し。謹んで表を奉じて以聞す。

【懇至】(こんし) ゆきとどく。〔後漢書、儒林上、楊政伝〕政、共に言論する毎に、常に切磋懇至、屈撓することを爲さず。

【懇謝】(こんしゃ) 鄭重に礼をいう。〔旧唐書、李勣伝〕勣、時に暴疾(急病)に遇ふ。驗方に云ふ、鬚の灰、以て之れを療やすべしと。太宗乃ち自ら鬚を翦り、其の和藥と爲す。勣、頓首して血を見る。泣きて以て懇謝す。

【懇切】(こんせつ) ねんごろ。丁寧。〔晉書、山濤伝〕詔して曰く、~其れ濤を以て吏部尚書と爲さんと。濤、辭するに喪病を以てす。章表懇切なり。

【懇惻】(こんそく) 心からのまこと。〔後漢書、黄瓊伝〕瓊、疾に辭し讓るの封(封事、上表文)六七たび上る。言旨懇惻なり。乃ち之れを許す。

【懇到】(こんとう(たう)) まごころをつくす。〔後漢書、独行、諒輔伝〕今、郡の太守、改服して己を責め、民の爲に福を祈り、精誠懇到なるも、未だ感徹有らず。輔、今敢へて自ら祈請せん~と。是ここに於て薪柴を積み、茭茅を聚めて、以て白ら環めぐらし、火を其の傍らに搆へ、將まさに自ら焚やかんとす。

↑懇意 親切/懇愨 誠心/懇諫 衷心諫める/懇願 懇望する/懇乞 懇願する/懇求 頼みこむ/懇血 まごころ/懇懇 丁寧/懇志 誠意/懇摯 懇誠/懇書 お手紙/懇親 ねんごろに親しむ/懇誠 誠心/懇請 懇願する/懇待 款待/懇托 懇請する/懇談 十分話す/懇直 誠意/懇禱 お祈り/懇篤 懇到/懇迫 懇切にする/懇望 切望する/懇命 仰せ/懇諭 ねんごろにさとす/懇恋 思い慕う/懇話 うちとけて話す

↓遺懇・勤懇・懃懇・悃懇・辞懇・昵懇・誠懇・精懇・忠懇・別懇

【罤】 17 6022 [昦] 11 6022 [昆] 8 6071 コン あに

篆文 

会意 罒と+弟。〔説文〕五下に「周の人、兄を謂ひて罤と曰ふ」とあり、罒・弟の会意字とするが、その字形を説くところがない。〔爾雅、釈親〕に「父の昦弟」「父の従父昦弟」のように昦を用い、〔詩、王風、葛藟〕に「他人を昆あにと謂ふ」と昆の字を用いる。罒は涙の象形。老いて妻なきを鰥かんといい、亡妻に罒(涙)する意の字であるらしく、罤の従う罒も、またその意であろう。

訓義 ①あに。②おとうと。

古訓 〔名義抄〕罤・昆 コノカミ・ナラビニ・コト〳〵ク・オナジ・トシ・ホノカニ・ナヲシ・タフトシ・ノチ・ハフ・ヲソシ〔篇立〕罤 ヲト・ヲト、

↑罤弟 兄弟

【鯀】 18 2039 [鮌] 16 2033 コン

篆文  金文 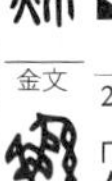

形声 声符は系。字はまた鮌に作り、玄声。いずれも、声符としてなお疑問があるが、〔説文〕十一下に「魚なり」とし、系声とする。〔玉篇〕に「大魚なり」とするのは、〔荘子、逍遥遊〕の文によ る。神話的な祖神の名で、禹の父とされる。禹も魚婦、あるいは偏枯へんことよばれ、魚の形とされることもあり、治水神の伝承をもつ。鯀が治水に失敗したあと、禹が水土を平定した。禹は二虫を組み合わせた字で、竜形の神である。

訓義 ①うお、大きな魚。②治水神、夏王朝の始祖とされる禹の父。治水に失敗して殛死した。

古訓 〔字鏡集〕鮌 オホイヲ

【鯤】 19 2631 コン はらご

形声 声符は昆。〔爾雅、釈魚〕に「鯤は魚の子なり」とあり、魚卵の意とする。卵にまた「コン」の音があり、魚卵の意で、鯤はその形声の字である。昆には昆集の意がある。〔荘子、逍遥遊〕に北溟の大魚の名とし、大鵬に化して水撃三千里、遠く南溟に赴くという逍遥遊の話をしるしている。

訓義 1はらご。2大魚の名。3国語で、ぎぎ。

古訓 〔名義抄〕鯤 イロコ・ウヲノコ 〔字鏡集〕鯤 イロコ・オホイヲ・イホノコ

【鯤化(こんか)】 鯤が大鵬となる。栄達するのにたとえる。唐・独孤及〔虞秀才の第に擢でられて長沙に帰るを送る〕詩 海運めぐること、鯤の化するに同じ 風帆、鳥の飛ぶが若ごとし

【鯤鵬(こんほう)】 大魚の鯤が大鵬に化することから、至大の活動にたとえる。唐・杜甫〔岳陽城下に泊す〕詩 圖南と、未だ料はかるべからず 變化、鯤鵬有り

↑鯤鮞 魚卵

↓翔鯤・長鯤・鵬鯤

【鶤】 19 6772 コン とうまる

形声 声符は昆。〔爾雅、釈畜〕「雞三尺なるを鶤と爲す」の〔釈文〕に「鶤、音は昆、字は或いは鵾に作る」とあり、字はまた鵾に作る。

訓義 1とうまる、唐丸、大きな鶏。2字はまた鶤・昆に作る。

古訓 〔名義抄〕鵾 ツバクラメ 〔字鏡〕鵾 オホイナリ・ニハトリ・ニニタリ・一トハトリニテオ、クナリ・ヤマトリ

【鵾雞(こんけい)】 大きな鶏。鶴に似て黄白色、長頸赤啄。楚・宋玉〔楚辞、九弁、一〕燕、翩翩として其れ辭し歸り 蟬、寂寞として聲無し 鴈、廱廱として南に遊き 鵾雞、啁哳として悲鳴す

↑鵾絃 哀絃／鵾鴻 鵾雞と鴻鶴

↓鴻鵾・双鵾・庭鵾・鵬鵾・離鵾

【齦】 21 2773 コン ギン かむ

篆文 

形声 声符は艮。〔説文〕二下に「齧むなり」とあり、齧み砕きながら食うことをいう。

訓義 1かむ、かみくだく。2貪りくう。3かむ音、かみ合わす音。4齗と通じ、はぐき。5はぐきをあらわして、笑う。

古訓 〔名義抄〕齦 ハジシ 〔字鏡集〕齗・齦 ニカム・ハクキ・ハヲカム・オクバ・ハジシ・アキ

↑齦齶 はぐき／齦割 かみ裂く／齦齦 笑うさま

サ

入

【叉】 3 7740 〔叉〕 3 7740 サ シャ はさむ さすまた わかれる

篆文 

象形 指の間に爪のあらわれている形。〔説文〕三下に「手指相ひ錯はるなり」とするが、叉は一爪、叉は二爪のあらわれている形。指爪を以て叉取することを原義とし、のち交叉・分岐する状態をいう。

訓義 1はさむ、指爪をもって、つまむようにはさむ、はさみとる。2指爪ではさむ形、さすまた、また。3さすまたの形をした器具、先端が分かれる形、わかれる。4搔く、かきとる。5釵と通じ、かんざし。

古訓 〔和名抄〕叉 比之(ひし) 〔字鏡集〕叉 オサム・アザフ・カ、ル・オサマル・コリコリテ・ホコ・ヒシ・ヤシナフ

声系 〔説文〕に叉声として杈を録し、また〔新附〕に釵を加えている。ともに叉の後起の字。また〔玉篇〕に「衩は衣衩なり」とあり、衣の脇の開いた部分をいう。

語系 叉・杈・釵・衩 tsheai は同声。杈は木の二また枝。釵は〔玉篇〕に「婦人の歧(岐)笄なり」とみえる。

【叉牙(さが)】 そろわない。不整合のあるさま。唐・柳宗元〔文子を弁ず〕其の指意、皆老子に本づく。～其の意緒文辭、叉牙として相ひ抵りて合はず。

【叉手(さしゅ)】 前に手を交わす。〔三国志、魏、鄧艾伝〕段灼、上疏して～曰く、～艾、命を受けて～束馬縣車、自ら死地に投じ、～劉禪の君臣をして面縛し、叉手して膝を屈せしむ。艾、功名以に成る。當に之れを竹帛に書し、祚を萬世に傳ふべし。

↑叉灰 蛤の灰／叉竿 またざお／叉魚 魚さし／叉交 交叉する／叉簇 やす／叉嘴 口出し／叉袋 布袋／叉腿 股を開く／叉髦 鬣の飾り／叉欄 やらい

↓丫叉・音叉・画叉・竿叉・魚叉・戟叉・交叉・三叉・攙叉・支叉・手叉・殳叉・長叉・挺叉・鉄叉・矛叉・夜叉

【乍】 5 8021 サ サク つくる たちまち

篆文 

象形 小枝を撓めて、垣などを作る形。作の初文。〔説文〕十二下に「止むるなり。一に曰く、亡なり。亡に從ひ、一に從ふ」とするが、亡(亾)は人の屍骨の象で、乍とは関係がない。〔釈名、釈宮室〕に「乍は迮なり。竹を編みて相ひ連ね、迫迮するなり」とあるのが、字の原義に近い。卜辞に「邑を乍る」「庸(城)を乍る」のように用い、大規模な工作事業をいう。金文には「乍(迮)」「乍(胙)」「乍(祚)」「乍(殅)」のように用いる。副詞として、たちまち、あるいはの意に用いる。

訓義 1つくる、作と同じ、おこる。2たちまち、にわかに、あるいは、はじめて。3国語で、ながら。

古訓 〔名義抄〕乍 マタ・タチマチニ・シバラク・タヾニ・オノヅカラ・アルイハ・ナガラ 〔字鏡集〕乍 マタ・ミル・タ、シ・オコル・ナガラ・タ、ス・ヨロシ・オノヅカラ・シバラク・アルイハ・トヾマル・タチマチ

声系 〔説文〕に乍声として迮・詐・胙・笮・昨・作・酢など十四字を収める。金文では乍の字を作・迮・殅などに用いる。

語系 乍・徂(退)・殂 dza は同声。ゆえに金文に乍をそれらの字義に用いる。作 tzak、柞 dzak もその声が近い。また夕 zyak、昔 syak も声の通ずるところがあり、徂往の意に用いる。「たちまち」は迫窄の意によるものであろう。

【乍雨(さう)】 あるいは雨となる。宋・欧陽脩〔浣渓沙、九首、五〕詞 乍るいは雨ふり乍いは晴れ、花自ら落つ 閑かに悶え、晝偏に長し

【乍可(さか)】 あるいは。むしろ～としても。唐・高適〔封丘県〕詩 乍可るいは草澤中に狂歌すとも 寧んぞ風塵の下に吏と作るに堪へんや

【乍寒(さかん)】 急に寒くなる。明・王世貞〔西宮怨詩〕點點たる蓮花、漏(水時計)未だ央きず 乍ち寒きこと水の如くにして、羅裳を浸す

↑乍往 忽ち往く／乍会 初見／乍見 忽ち見る／乍設 急設／乍然 突然／乍地 突然／乍能 むしろ

常

【左】 5 4001 〔ナ〕 2 4000 サ ひだり たすける

篆文 

金文 

会意 ナ+工。ナは左の初文、手の象形。工は巫祝のもつ呪具。右は口、すなわち祝禱を収める器をもつ形。左右は神を尋ね、その祐助を求めるときの行動を示す。ゆえに尋(尋)は左右を重ねた形。左右は援助を意味する語となる。〔説文〕五上に「手相ひ左助するなり」とし、会意とするが、左と右との字形の関係について説くところがない。

訓義 1ひだり、左に呪具の工をもつ、ひだりの方、ひだりする、

ひだりの手。②たすける、左に呪具をもち助けを求める。のち佐を用いる。③右に対して下、右尊左卑の観念からさげる、くだる、おとる、うとんずる、しりぞける、いやしい。④もとる、たがう、あやしい、よこしま。

古訓 〔名義抄〕左 ヒダリ・ホトリ・タスク／左右 トニカクニ・タスケ・タスク 〔篇立〕左 タスク・ヒダリ・イヤメツラ・ホトリ・ヒウカシ・トサマ・コカタ 〔字鏡集〕ナ・左 ニシ・ヒダリノテ・ホトリ・タスク・トサケ(マ)・ヒダリ

部首 〔説文〕に差をこの部に属し、〔玉篇〕も同じ。金文の差は禾に左あるいは右を加える形で、黍稷を神に薦める意。それで「差すむ」とよむ。

声系 〔説文〕に左声として隓を収め、隋系の字はその省形に従う。隋は聖所に肉を盛りあげるようにして供える意。左に従うのは差める意とみてよい。

語系 ナ・左・佐 tzai は同声。贊(賛) tzan はその声近く、やはり賛ける意がある。古くは佐助の意に用いた。

【左掖】 宮城正門左の小門。唐代門下省の別名。唐・杜甫〔宣政殿より退朝し、晩に左掖より出づ〕詩 天門、日は射る、黄金の榜 春殿、晴れて曛ず、赤羽の旗

【左个】 堂の左側にある偏室。〔儀礼、郷射礼〕左个の西北三歩に、東面して薦俎を設く。

【左契】 割符の左券。〔老子、七十九〕大怨を和すれば必ず餘怨有り。安くんぞ以て善と為すべけんや。是こを以て聖人は左契を執りて人を責めず。

【左言】 外夷の語。また、史官。左史は言をしるす。斉・謝朓〔斉の敬皇后哀策文〕旋ち左言に詔し、光いに聖善を敷かしむ。

【左顧】 左をみる。あたりをみる。唐・李白〔筆を走らせて独孤駙馬に贈る〕詩 銀鞍紫鞚(馬勒)雲日を照らす 左顧右眄して、光輝を生ず

【左降】 官をおとす。〔晋書、応詹伝〕今宜しく左降の舊制を峻しくし、二千石の官を免ぜられしものは、三年にして乃ち敍用するを得べからしめん。長史は六年、戸口は折半す。

【左驂】 三、四頭立ての馬車の左のそえ馬。〔左伝、僖三十三年〕公、陽處父をして之れを追はしむ。諸れに河に及ぶ。則ち舟中に在り。左驂を釋き、公の命を以て孟明に贈る。孟明稽首して曰く、～三年、將に君の賜を拜せんとすと。

【左史】 天子の左右にある史官。〔礼記、玉藻〕天子～玄端して居る。動くときは則ち左史之れを書し、言ふときは則ち右史之れを書す。〔漢書、芸文志〕古の王者～左史は言を記し、右史は事を記す。事は春秋為たり、言は尙書爲り。

【左耳】 左の耳。獲数。〔周礼、夏官、大司馬〕大獸は之れを公にし、小禽は之れを私す。獲する者、左耳を取る。

【左書】 左手書き。また、隷書。〔北夢瑣言、十六〕梁の開平中、～壺關縣庶穰鄉の人、樹を伐り倒すに因りて、分れて兩片と爲る。內に六字有り、皆左書の如し。曰く、天十四載石進と。乃ち其の狀を圖して以て獻ず。

【左証】 証拠。証拠を挙げて立証する。〔唐書、劉子玄伝〕嘗て孝經鄭氏學の、康成注に非ざるを議し、十二條を擧げて其の謬りを左證す。當に古文を以て正と爲すべしと。

【左衽】 衣の左前。中国は右衽。左衽は尸衣。〔礼記、喪服大記〕小斂大斂(斂葬)には、祭服は倒にせず、皆衽を左にし、絞(ひも)を結びて紐せず。斂する者、既に斂するときは、必ず哭す。

【左遷】 位をおとす。左降。〔史記、韓王信伝〕沛公立ちて漢王と爲る。韓信從ひて漢中に入る。廼ち漢王に說きて曰く、項王、王の諸將は近地にして、而して王のみ獨り遠く此に居る。此れ左遷なり。

【左袒】 左の片はだを脱ぐ。また、同意する。〔史記、文帝紀〕夫れ呂太后の嚴を以て、諸呂を立てて三王と爲し、擅權專制す。然れども太尉、一節(王の僞節)を以て北軍に入り、一呼して士皆左袒し、劉氏を爲け諸呂に叛き、卒に以て之れを滅ぼす。

【左提】 左に手をつなぐ。左提右挈(携)は助け合う。〔史記、張耳陳余伝〕夫れ一の趙を以てすら、尙ほ燕を易る。況んや兩賢王(左賢王と右賢王)、左提右挈し、王を殺すの罪を責めんとす。燕を滅ぼすこと易し。

【左程】 左右法度に合う。左程右準。唐・柳宗元〔表弟呂讓の將に仕進せんとするを送る序〕呂氏の子、賢人の上賚を得、增すに儒書を嗜み、文辭多きを以てす。今古に上下し、左程右準、以て直道を爲す。

【左道】 邪道。妖術。〔漢書、郊祀志下〕成帝の末年、頗ぶる鬼神を好む。～上書して祭祀方術を言ふ者多し。～皆姦人、衆を惑はし、左道を挾み、詐僞を懷き、以て世主を欺罔す。

【左臂】 左のひじ。唐・杜甫〔戲れに友に贈る、二首、二〕詩 元年建巳の月 官に王司直有り 馬驚きて左臂を折る 骨折れて面、墨の如し～君に勸む歎恨することを休めよ 未だ必ずしも福と爲らずんばあらず

【左眄】 左方をみる。晋・左思〔詠史、八首、一〕詩 左眄して江・湘を澄ましめ 右盼して羌・胡を定めん 功成るも爵を受けず 長揖して田廬に歸らん

【左榜】 左の掲示板。元代、挙試の合格者を左右二榜に分かち、漢人は左榜にしるした。〔元史、選挙志一〕中書省、選に中たる擧人を以て、分ちて二榜と爲し、省門の左右に揭ぐ。～色目人を一甲(右榜)と作し、漢人・南人を一甲(左榜)と作す。

【左右】 右と左。近傍。同列。近臣。また、佐助する。〔国語、晋語四〕此の三人の者(狐偃・趙衰・賈佗)は、實に之れを左右す。公子(重耳)居るときは則ち之れに下り、動くときは則ち諮る。

【左翼】 鳥の左の翼。また、三軍の左の軍。〔新書、連語〕紂、將に武王と戰はんとす。紂、其の卒を陳ね、左翼右翼、之れに鼓するも進まず。皆其の刃を還し、顧へりて以て紂に鄉ふ。

↑左腋 左わき／左介 ひらめ／左廻 左回り／左階 左の階段／左翮 左の羽茎／左学 殷の小学／左宦 地方官／左揆 左相／左拒 左軍／左袪 衣の左袂／左魚 左符／左御 太僕／左駆 左の駆者／左脅 左わき／左近 近所／左愚 おろか／左軍 左翼軍／左計 失策／左脛 左はぎ／左傾 左に傾く／左倪 左端／左挈 左提／左甄 左軍／左賢 匈奴王／左験 証拠／左股 左もも／左語 左言／左江 江左／左行 右むき／左閤 左くぐり戸／左闔 左扉／左坐 左の席／左錯 誤り／左使 左道／左字 右行書き／左車 左の頰骨／左手 ゆんで／左塾 門の西の堂／左序 東廂／左除 退ける／左相 宰相／左神 道教神／左衽 左衽／左精 左眼／左扇 左扉／左旋 左回り／左賤 賤しい／左還 左旋／左襜 左袒／左側 左がわ／左尊 左を尊ぶ／左帯 左転／左旋 左の大旗／左纛 左はし／左黜 左遷／左衽／左隊 左軍／左端 左の半肉／左盤 左捲き／左騑 左のそえうま／左髀 左もも／左符 左券／左駙 車の左のそえ木／左文 左書き／左辺 左方／左輔 輔弼の臣／左旁 左側／左媵 妾／左隣 近隣／左肋 左あばら

↓海左・関左・貴左・虚左・空左・験左・江左・曠左・車左・尚左・章左・証左・譲左・席左・誕左・道左・符左・門左・閭左・嶺左

【扠】 6 5400 サ はさみとる やす

形声 声符は叉(叉)さ。叉は指ではさみとる形。魚をとるやす。

訓義 ①はさみとる。②やす。③字はまた杈に作る。

古訓 〔名義抄〕扠 カカヘシ・ヒシ

↑扠手 交手／扠腰 腰に手をあてる

↓魚扠

入 【些】 7 2110 サ いささか

篆文 

形声 声符は此し。此は雌しの初文、細小なるものの意を含む。呰しと通じて詠嘆の語気を示し、〔楚辞、招魂〕「魂よ歸り來たつて 故居に反かへれ些」のように用いる。唐・宋以後、些細・些事のように用いる。

訓義 ①いささか、すこし、わずか。②語詞、終助詞。

【些些】ささ 少しばかり。唐・白居易〔衰病〕詩 老いては辭す、遊冶花を尋ぬるの伴 病みては別る、荒狂の舊酒徒 更に恐る、五年三歳の後 些些たる談笑も、亦た應まさに無かるべきを

↑些子 いささか／些児 些子／些事 些細な事／些少 少し／些須 少しばかり／些微 わずか／些末 軽微

↓減些

常 【佐】 7 2421 サ たすける

甲骨文 金文 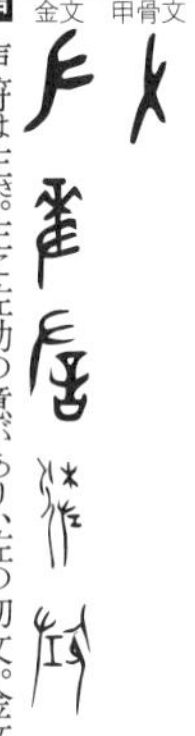

形声 声符は左さ。左に佐助の意があり、佐の初文。金文に左を佐の義に用いる。〔左伝、昭七年〕「叔父しゅくほ陟恪ちょくかくして我が先王の左右に在り。以て上帝に佐事せよ」のように、もと神事についていう語であった。

訓義 ①たすける、たすけ。②そえる、下役、副。③うかがう。

古訓 〔名義抄〕佐 タスク・スケ／佐客 アフス

語系 佐・ナ・左tzaiは同声。贊(贊)tzanも声義近く、贊は呪祝に関する字。左・佐の字形に含む工は、巫祝が祈るときの呪具である。

【佐候】さこう うかがう。〔史記、武帝紀〕海に入りて蓬萊を求むる者言ふ、蓬萊は遠からざるも、至る能はざる者は、殆ど其の氣を見ざればなりと。上しゃう乃ち望氣を佐候せしむと云ふ。

【佐事】さじ たすけつかえる。〔左伝、昭七年〕衛の襄公卒しゅっす。〜王、簡公をして衛に如ゆき弔せしめ、且つ襄公に追命して曰く、叔父しゅくほ陟恪ちょくかくして我が先王の左右に在り、以て上帝に佐事せよ〜と。

【佐酒】さしゅ 酒をすすめる。漢・枚乘〔七発〕列坐、酒を縱ほしいままにし、樂しみを蕩ほしいままにして心を娯たのしましむ。景春、酒を佐すすめ、杜連、音を理をさむ。

【佐書】さしょ 隷書。筆録用の字体。〔晋書、衛恒伝〕秦既に篆てんを用ふ。奏事繁多にして、篆字成り難し。即ち隷人れいじんをして書を佐けしめ、隷字と曰ふ。

【佐助】さじょ たすける。補う。〔塩鉄論、本議〕用度足らず。故に鹽鐵を興し、酒榷を設け、均輸を置き、貨を蕃まし財を長じ、以て邊費を佐助せんとす。

【佐食】さしょく 食をすすめる。〔国語、晋語九〕獻子、將まさに食せんとして、誰たか庭に於てすると問ふ。曰く、閻明・叔褒在りと。之れを召して食を佐けしむ。食を已をはるに比およぶまでに、三歎す。

【佐治】さち 政治を補佐する。〔史記、管蔡世家〕是ここに於て周公、康叔を擧げて周の司寇と爲し、冄季ぜんきを周の司空と爲し、以て成王の治を佐けしむ。

【佐幕】さばく 幕営の補佐。唐・李頻〔春日鄜ふ州、裴居言に贈る〕詩 身を將もつて幕に佐たりと雖も 出入、閒居に似たり 草色長く相ひ待ち 山情信まことに疏そならず

【佐命】さめい 天命を受けた天子の王業をたすける。漢・李陵〔蘇武に答ふる書〕其の餘の命を佐け功を立つるの士、賈誼かぎ・(周)亞父あほの徒は、皆命世の才を信のばし、將相の具を抱けるも、小人の讒ざんを受け、竝びに禍敗の辱めを受く。

【佐吏】さり 下級の役人。属官。〔晋書、王濬伝〕徐邈に女有り才淑、夫を擇びて未だ嫁せず。邈乃ち大いに佐吏を會し、女をして内より之れを觀しむ。女、濬を指して母に告ぐ。邈、遂に之れに妻めあはす。

【佐理】さり 政務をたすけ治める。〔三国志、呉、歩隲伝〕夫それ賢人君子は、大化を興隆し、時務を佐理する所以の者なり。

↑佐給 佐助する／佐享 配して祀る／佐券 左券／佐史 刺史属官／佐弍 補佐／佐疾 治療／佐車 副車／佐餕 食を進める／佐相 輔佐／佐証 立証する／佐乗 副乗／佐臣 補佐の臣／佐闘 助け人／佐輔 補佐／佐佑 補助／佐輿 副車／佐料 調味料／佐僚 属官／佐隷 隷書

↓医佐・王佐・幹佐・協佐・卿佐・賢佐・参佐・首佐・従佐・書佐・将佐・曹佐・属佐・台佐・判佐・藩佐・弼佐・副佐・兵佐・補佐・翼佐・吏佐・良佐・僚佐・寮佐

【杈】 7 4490 サ シャ また やす

篆文 

形声 声符は叉(叉)さ。〔説文〕六上に「杈枝なり」(段注本)とあり、木の枝のまたとなったところをいう。魚を刺すやす。また、さすまた。

訓義 ①えだ、また、またとなっているえだ。②魚を刺しとるやす。③さすまた、兵器。④さらえ、稲をはさみとる農具。⑤あじか、くまで、草をかき集める器。⑥こまよせ。

古訓 〔新撰字鏡〕杈 左良比(さらひ) 〔和名抄〕杈椏 末太不利(またふり) 〔篇立〕杈 マタフリ・サラヒ

↑杈椏 またふり／杈枒 長短ふぞろい／杈子 こまよせ／杈刺 やす／杈枝 木のまた／杈把 熊手

↓枒杈・漁杈

常 【沙】 7 3912 サ シャ すな

篆文 

金文 

形声 声符は少しょう。少に紗さの声がある。少は小さな砂模様の形。砂浜の砂を沙、その粗なるものを砂という。〔説文〕十一上に「水の散らせる石なり」とあり、汀の砂をいう。

訓義 ①すな、まさご。②なぎさのすな、沙漠のすな、すなはら、すな地。③小さな粒状・粉状のものに冠していう。④砂をゆするように、よなぐ。⑤砂は沙の俗字、のち多くこの字をすなに用いる。⑥抄と通じ、すりこむ、する。

古訓 〔名義抄〕沙 ノゾク／沙汰 タヾス 〔字鏡集〕沙 イサゴ・ノゾク

声系 〔説文〕に沙声として莎・娑など三字を収める。莎靡さび・婆娑ばさのように形況の語に用いる。のち沙の動詞形として、抄が作られた。

【沙雨】さう 細雨。こまかな雨。唐・白居易〔江州を望む〕詩 猶ほ孤舟を去ること三四里 水煙沙雨、黃昏ならんと欲す

【沙鷗】さおう すなはまのかもめ。唐・杜甫〔旅夜、懐を書す〕詩 名は豈に文章に著はれんや 官は應まさに老病にして休やむべし 飄飄へうへうとして何の似る所ぞ 天地、一沙鷗

【沙海】さかい すなはま。また、沙漠。〔癸辛雑識続集、上、西征異聞〕西域に沙海有り。正に要津えうしんに據る。其の水、熱きこと湯の如く、向ひ近づくべからず。此れ天の華夷を限る所なり。

【沙岸】さがん なぎさ。南朝宋・謝霊運〔初めて郡を去る〕詩 野曠くして沙岸浄く 天高くして秋月明らかなり

【沙雁】さがん 鳫。また、なぎさの雁。宋・陸游〔新秋〕詩 猶ほ勝る、玉門關外の客 臥して沙雁を聽いて、歸期を數ふ

【沙丘】さきゅう(きう) 沙の丘。砂丘。〔列子、説符〕(秦の)穆公、之れ(九方皐)を見て、行ひて馬を求めしむ。三月にして反り、報じて曰く、已に之れを得たり。沙丘に在りと。~馬至る。果して天下の馬なり。

【沙痕】さこん 沙上の痕。宋・蘇軾〔金山寺に遊ぶ〕詩 聞道く、潮頭一丈高しと 天寒くして、尙ほ沙痕の在る有り 中泠(水名)南畔、石盤陀たり 古來出沒して、濤波に隨ふ

【沙塞】ささい 沙漠地の塞。〔後漢書、南匈奴伝論〕世祖、事を諸華に用ふるを以て、未だ沙塞の外に遑あらず。愧を忍び難を思ひ、徒だ報謝(挨拶)するのみ。

【沙渚】さしょ なぎさ。唐・李賀〔宮娃歌〕詩 夢は家門に入りて、沙渚に上る 天河落つる處、長洲の路

【沙上】さじょう(じやう) 沙の上。唐・李白〔崔八丈の水亭を過ぎる〕詩 猿嘯、風中に斷え 漁歌、月裏に聞ゆ 閑かに白鷗に隨ひて去り 沙上、自ら群を爲す

【沙場】さじょう(ぢやう) 沙原。唐・王翰〔涼州詞、二首、一〕詩 葡萄の美酒、夜光の杯 飮まんと欲すれば、琵琶、馬上に催す 醉ひて沙場に臥すも、君笑ふこと莫かれ 古來征戰、幾人か回る

【沙石】させき 沙や小石。〔史記、項羽紀〕漢王(劉邦)を圍むこと三匝。是に於て大風西北より起り、木を折り屋を發き、沙石を揚げ、窈冥として晝も晦く、楚軍を逢迎す。楚軍大いに亂れて壞散す。

【沙磧】させき 沙原。唐・戴叔倫〔屯田詞〕詩 春來耕田、沙磧に遍し 老稚、欣欣として禾麥を種う

【沙汰】さた よりわける。淘汰。〔三国志、呉、朱拠伝〕是の時、選曹尙書曁豔、貪汚にして位に在るものを疾み、之れを沙汰せんと欲す。

【沙棠】さとう(たう) 木。舟材に用いる。唐・李白〔江上吟〕詩 木蘭の枻沙棠の舟 玉簫金管、兩頭に坐す 美酒樽中、千斛を置き 妓を載せ波に隨つて、去留に任す

【沙嚢】さのう(なう) 沙袋。〔史記、淮陰侯伝〕韓信乃ち夜、人をして萬餘の嚢を爲らしめ、沙を滿盛し、水の上流を壅ぐ。~龍且~信を追ひて水を渡る。信、人をして壅嚢を決せしむ。水大いに至り、龍且の軍、大半渡ることを得ず。

【沙白】さはく 白い沙。唐・杜甫〔登高〕詩 風急に天高くして猿嘯哀し 渚淸く沙白くして鳥飛廻す

【沙幕】さばく 沙漠。〔漢書、蘇武伝〕陵、起ちて舞ひ、歌うて曰く、萬里に徑りて沙幕を度り 君が將と爲りて匈奴に奮ふ 路、窮絶して、矢刃摧け 士衆滅んで、名已に隤る

【沙辺】さへん はまべ。唐・杜甫〔別馬巴州に奉寄す〕詩 扁舟纜を繫ぎて、沙邊に久し 南國の浮雲、水上に多し

【沙鳴】さめい 沙が音する。唐・温庭筠〔遐水謡〕詩 天兵九月、遐水を渡る 馬踏んで沙鳴り、驚雁起つ

【沙門】しゃもん 梵語 śramaṇa の音訳。浄志・息心などと訳する。僧をいう。〔晋書、何充伝〕性、釋典を好む。佛寺を崇修し、沙門に供給すること百を以て數ふ。親友貧乏に至るも、施遺する所無し。費を糜やすこと巨億なるも、吝をしまざるなり。

【沙礫】されき 沙や小石。唐・李華〔古戦場を弔ふ文〕白刃交はりて寶刀折れ、兩軍蹙りて生死決す。降らんか、身を夷狄に終へん。戰はんか、骨を砂礫に暴さん。

↑沙圧 流土/沙衣 紗衣/沙衍 沙漠/沙魘 うなされる/沙鰮 はぜ/沙家 わが家/沙鍋 土なべ/沙塊 村夫/沙角 菱の実/沙丸 泥蟹/沙鏡 雲母板/沙金 沙状金/沙禽 水禽/沙渓 茶の名/沙鶏 鳥の名、さけい/沙月 沙上の月/沙原 すなはら/沙戸 洲上の家/沙縠 ちぢみのような織物、紗縠/沙魂 田舎者/沙朔 塞北/沙蚕 浅海にすむ虫、ごかい/沙觜 すさき/沙蝨 毒蝨/沙岫 沙山/沙洲 すなはま/沙書 砂文字/沙嶼 小島/沙洳 泥砂の地/沙漵 すなはま/沙壌 すな地/沙塵 すなぼこり/沙声 沙の音/沙汭 すなはま/沙船 底の浅い舟/沙銭 びた銭/沙草 沙上の草/沙袋 刑具/沙地 すな地/沙墀 禁園/沙虫 水辺にすむ毒虫、短狐/沙柱 沙の竜巻/沙汀 すなはま/沙泥 沙と泥/沙篆 風紋/沙田 砂質の田/沙土 すな地/沙糖 砂糖/沙漠 沙幕/沙飛 砂煙/沙尾 すさき/沙筆 渇筆/沙鳧 すなはまの鴨/沙崩 沙岸の崩れ/沙鴇 沙鳧/沙房 禅房/沙帽 紗帽/沙文 風紋/沙淤 沙と泥/沙滷 塩干潟/沙路 沙上の路/沙漏 砂時計

↓暗沙・烟沙・鷗沙・寒沙・岸沙・玉沙・金沙・銀沙・渓沙・江沙・黄沙・細沙・塞沙・塵沙・青沙・磧沙・汰沙・土沙・熱沙・白沙・飛沙・飄沙・平沙・碧沙・辺沙・奔沙・鳴沙・流沙

常【査】 9 4010 サ しらべる

形声 声符は且。もと樝に作り、「こぼけ」をいう。六朝期には楂の意に用いた。唐の封演の〔封氏聞見記、十、査談〕に放縦の意とし、〔正字通〕に「俗に以て考察の義と爲す」とあり、時期によって用義が異なる字である。楂はもと長短不ぞろいの木を組んだものであろう。査察の意に用いるのは近世の行政用語。下行官文書の起首に用い、「思うに」というほどの意である。

訓義 ①こぼけ、〔爾雅、釈木〕にみえ、〔釈文〕に「樝、字は亦た査に作る」という。②しらべる。③楂と通じ、いかだ。④ほしいまま。⑤官吏の俗称。⑥官庁文書の起首に用いる語、「按ずるに」の意。

古訓 〔和名抄〕査 唐韵に云ふ、楂は水中の浮木なりと。字は亦た査・楂に作る。宇岐々(うきぎ) 〔名義抄〕楂・査 ウキギ

【査牙】さが けわしく突出する。唐・孫樵〔蜀を出づる賦〕嵒嵒を嵌んで査牙たり。上攢羅(集まり連なる)して天を戛つ。

↑査閲 しらべる/査核 査考/査覈 査核/査看 査察/査勘 査考/査詰 なじる/査究 調査する/査禁 しらべ禁ずる/査験 験査する/査估 価格しらべ/査考 しらべる/査沙 ひらく/査滓 かす/査察 取りしらべ/査収 受け取る/査出 しらべ出す/査詢 調査する/査抄 没収する/査照 しらべる/査銷 取り消し/査訊 訊問/査拏 逮捕する/査拿 査拏/査対 照合する/査探 探査/査定 裁定する/査点 点検する/査発 しらべる/査弁 調査し処分する/査問 訊問する/査覧 閲覧する

↓監査・鑑査・検査・考査・主査・巡査・照査・審査・精査・走査・捜査・探査・調査・踏査・陪査・副査

常【砂】 9 1962 ［沙］ 7 3912 サ シャ すな

形声 声符は少。少に沙・紗の声がある。沙は汀の細沙、砂はややその粗いもの。本草の薬名に、朱砂・丹砂のように用いる。

訓義 ①すな。②砂状の薬の名に用いる。③沙と通用する。

古訓 〔和名抄〕砂 以佐古(いさご)。一に云ふ、須奈古(すなご) 〔名義抄〕砂 イサゴ・マスナゴ 〔字鏡集〕砂 ノゾク・イサゴ・スナゴ

＊語彙は沙字条参照。

【砂礫】されき 砂と小石。〔顔氏家訓、文章〕今世の文士~志、千載を凌ぐ。自ら吟じ自ら賞し、更に傍人有るを覺えず。加ふるに砂礫を以て傷る所(そしりを加えること)、矛戟より

も慘ましく。

↑砂鍋 ほうろく／砂丘 沙丘／砂壺 茶壺／砂汞 丹砂と水銀／砂子 すな／砂嘴 すさき／砂牀 辰砂の鉱脈／砂場 すな地／砂石 沙石／砂磧 沙磧／砂鉄 粒鉄／砂土 砂混じりの土／砂糖 甘蔗の汁から作った砂状の糖／砂頭 墓地の両側／砂嚢 すなぎも、鳥の胃／砂布 やすり布／砂俘 蟻地獄／砂盆 すり鉢／砂浴 砂風呂

↓金砂・珪砂・黄砂・辰砂・丹砂・泥砂・土砂・熱砂・白砂・硼砂・流砂・練砂

常

【唆】

10 6304 サ そそのかす

形声 声符は夋。夋に梭の声がある。人を使嗾する意。その擬声的な語であろう。

訓義 1そそのかす。2こどもたちがこたえあう声。3気のきいたことば。また、でたらめ。

古訓 〔字鏡集〕唆 ホム

↑唆激 挑発する／唆哄 だます／唆詐 だます／唆使 そそのかす／唆嘴 しゃべくり／唆訟 争わせる／唆説 だます／唆調 そそのかす／唆撥 教唆して挑発する／唆犯 教唆して法を破らせる／唆扳 そそのかす／唆弄 そそのかす

↓教唆・示唆・調唆

【娑】

10 3940 サ シャ まう

篆文 

形声 声符は沙。〔説文〕十二下に「舞ふなり」とあり、舞うさまをいう。

訓義 1まう、まうさま。2娑婆、世間、俗世。

古訓 〔字鏡集〕娑 マヒノカホ・カホ

【娑娑】 衣のひらめくさま。漢・張衡〔思玄の賦〕初服の娑娑たるを脩め、余が珮の參參たるを長うす。

【娑婆】 舞うさま。宋・王禹偁〔后土廟の瓊花、二首、二〕詩 忽ち似たり、暑天深澗の底 老松、雪を撃かげて、白きこと娑婆たり

↑娑盤 娑婆／娑羅 梵語の音訳、娑羅の木

↓婆娑・摩娑

常

【差】

10 8021 サ シ すすめる えらぶ たがう

篆文 

籀文 

金文 

形声 声符は左。金文の字形は禾と左、また禾と右に従う二形に作り、禾（黍稷）を神に差すめて祭る意。左は亦声とみてよい。羊牲を薦めることを羞といい、差ものち羊に従う字形を用いるが、もとは黍稷を差すめる字であった。金文には佐の義に用いる。神に差めるものであるから「えらぶ」意となり、また黍稷の類は長短のあるものであるから、參差の意となる。〔説文〕五上に「貳ふなり。差ひて相ひ値はざるなり」とするが、差貳の意は最も後起の義である。

訓義 1すすめる、神に黍稷をすすめる、つかわす、つかう。2えらぶ、しなをわかつ、次第する。3たがう、あやまつ、ちがう、くいちがう、まじわる、よこしま。4のこり、さしひき、あまり。5瘥と通じ、いえる。6やや、いくらか、次第に。7国語で、さす、すすめる、かぞえる。

古訓 〔名義抄〕差 ナカバ・サス・イユ・エラブ・タガフ・シナ・シナ・マサレラク・サシテ・アテ、・カタチガヒ・シサイ・シナ〳〵／參差 カタチガヒ 〔字鏡集〕差 ナカバ・イユ・マコト・シナ〳〵・シナ・マザル・ヤ、・タガフ・カタチガヒ・コトナリ・アヤマツ・マサレラク・エラブ・イヨ〳〵・タカ・アテ、・サダカ・シナ

声系 〔説文〕に差声として瑳・槎・瘥・嵯など十五字、〔新附〕に蹉などを収める。差の声義をとるものが多い。

【差越】 次序をこえて錯乱する。〔後漢書、安帝紀〕昔在帝王、天を承けて民を理む。～朕、不德を以て大業を遵奉するも、陰陽差越し、變異並びに見はる。～夙夜克己し、憂心京京たり。

【差訛】 あやまりたがう。清・黃遵憲〔都踊りの歌〕詩 三千三百三十二座の大神よ、我が歌を聽け 荷荷（はやし詞） 天長く地久しく、差訛すること無からん 荷荷

【差遣】 派遣。〔梁書、武帝紀下〕廟謨已に定まり、王略方に擧ぐ。～其の餘の衆軍は、日を計へて差遣し、初中後の師、善く嚴辦するを得しめよ。朕は六軍雲動に當り、龍舟もて江を濟らん。

【差誤】 事実のあやまり。唐・韓愈〔順宗皇帝実録を進むる表状〕臣、修撰の時に當り、史官沈傳師等、事を採ること傳聞に得たり。詮次すること精しからずして、差誤有ることを致せり。

【差錯】 乱れあやまる。〔抱朴子、清鑑〕郭泰は中才なるも、猶ほ能く人を知る。故に潁川に入りては則ち李元禮（膺）を友とし、陳留に至りては則ち符偉明に結ぶ。～終に其の言の如く、一も差錯すること無し。

【差次】 等級をつける。〔史記、呉王濞伝〕大將を斬捕せし者には、金五千斤を賜ひ、萬戶に封ぜん。～其の小吏も皆差次を以て爵金を受けん。

【差殊】 ちがい。〔旧唐書、崔仁師伝〕仁師、後に度支郎中と爲る。嘗て支度の財物數千言を奏するに、手に本を執らず。太宗之れを怪しみ、黃門侍郎杜正倫をして本を齎たさしむ。仁師對唱するに、一も差殊無し。太宗大いに之れを奇とす。

【差舛】 あやまり。〔晋書、杜預伝〕預、時曆差舛して晷度に應ぜざるを以て、二元乾度曆を奏上し、世に行はる。

【差度】 えらぶ。〔漢書、王莽伝上〕太后下詔して曰く、～有司をして孝宣皇帝の玄孫二十三人を徵し、宜しき者を差度して、以て孝平皇帝の後を嗣がしめよ。～其れ安漢公（王莽）をして、居攝踐祚すること、周公の故事の如くせよ。

【差池】 不揃いのさま。〔詩、邶風、燕燕〕燕燕于に飛び 其の羽を差池す

【差跌】 つまずく。失敗する。〔漢書、游俠、陳遵伝〕遵～常に張竦に謂ふ。～足下、經書を諷誦し、身を苦しめ自ら約し、敢て差跌せず。而して我は放意自ら恣にし、俗間に浮湛（浮沈）し、官爵功名、子に減ぜず。

【差等】 順次の別。〔孟子、滕文公上〕夷子曰く、～之（夷之）は則ち以爲へらく、愛に差等無し。施すこと親より始まると。

【差貸】 あやまり。差異。〔礼記、月令〕（季夏の月）婦官に命じて采を染めしむ。黼黻（斧形の文様）文章（色彩）、必ず法故を以てし、差貸或ること無く、～敢て詐僞すること毋からしむ。

【差繆】 あやまり。〔資治通鑑、晋紀三十七〕（安帝、義熙五年）魏主珪～群臣を疑ふ。～或いは顏色變動し、或いは鼻息調はず、或いは步趨節を失し、或いは言辭差繆するときは、皆以爲へらく、懷惡心に在り、外に發形す（あらわる）と。往往手もて之れを擊殺す。死する者、皆天安殿前に陳らぬ。

【差謬】 あやまり。〔唐書、崔善為伝〕善爲、曆數に巧みなり。隋に仕へ、～工徒五百を督して仁壽宮を營む。總監楊素、簿を索めて閱實す。善爲、板を執りて暗唱し、一の差謬無し。

【差別】 区別。へだて。清・姚鼐〔司馬法六韜を読む〕余嘗て謂へらく、周秦以降、文辭の高下、差別頗る見易し。

～好んで僞を爲す者は、東晉以後の人なり。

【差沐】 差は淅。米のとぎ汁で沐する。〔礼記、喪大記〕管人(館の主)汲みて御者に授く。御者、差ぎて堂上に沐す。君の沐には粱、大夫の沐には稷、士の沐には粱。

【差愈】 病がいえる。魏・武帝〔丁幼陽の令〕昔吾が同縣に丁幼陽なる者有り。其の人、衣冠の良士なり。～吾れ之れを愛せり。後、憂恚を以て狂疾を得、即ち差愈して往來す。

↑差委 派遣する／差異 ちがい／差違 差異／差役 課役／差押 護送する／差牙 誤り／差回 帰任／差官 特使／差観 別の視点／差銀 人夫賃／差肩 比肩する／差雇 差役と雇役／差互 誤り／差悞 誤り／差殺 逓減する／差催 取り立て／差使 使者／差差 ふぞろい／差事 疑わしいこと／差失 失敗／差竣 公用済み／差序 等級／差承 使い／差人 使者／差数 けじめ／差選 えらぶ／差息 やや止む／差択 えらぶ／差遅 誤り／差忒 差貸／差任 委任／差派 派遣する／差配 使役／差撥 指図／差品 等級／差捕 とりて／差務 勤務／差落 疎漏／差吏 使者／差率 徭役／差量 くらべる／差戻 もとる／差路 岐路／差論 選択する

↓過差・乖差・格差・官差・級差・欽差・僅差・肩差・誤差・公差・交差・降差・較差・視差・時差・収差・小差・参差・千差・選差・大差・段差・等差・倍差・偏差・落差

人

【紗】 10 2992 サ シャ うすぎぬ

形声 声符は少。少に沙・砂の声がある。少は沙模様のような状態のものをいい、紗はちぢみのような絹の紗穀、またうすぎぬをいう。

訓義 ①うすぎぬ。②つむぎ。③かすか。

古訓 〔和名抄〕紗 俗に射(しゃ)と云ふ 〔名義抄〕紗 シヤ・ウスモノ・カトリ 〔字鏡集〕紗 ウスモノ・カトリ・コメ・キヌ

【紗帷】 うすぎぬのとばり。紗幕。〔晉書、穆帝紀〕永和元年春正月甲戌朔、皇太后、白紗帷を太極殿に設け、帝を抱き、軒に臨みて改元す。

【紗巾】 うすぎぬの頭巾。唐・白居易〔新昌閑居、楊郎中兄弟を招く〕詩 紗巾角枕の病眠の翁 忙少なく閑多し、誰と與にか同じうせん

【紗穀】 ちぢみのうすぎぬ。〔拾遺記、九、石虎〕石虎、太極殿の前に樓を起す。高さ四十丈。～夏は則ち渠水を引きて以て池と爲す。池中に皆紗穀を以て囊と爲し、百雜香を盛れ、池中に漬す。

【紗窗】 うすぎぬを張った窓。唐・李白〔宮中行楽詞、八首、五〕詩 繡戶、香風暖かに 紗窗、曙色新たなり

【紗灯】 うすぎぬを張った灯籠。紗籠。唐・李商隱〔驕兒の詩〕又復た紗燈の旁らに 稽首して夜の佛を禮す

【紗囊】 うすぎぬのふくろ。〔拾遺記、二、周〕昭王漢水に淪むに及び、～祀を江湄に立つ。～暮春上巳の日に至り、祠閒に禊集し、～或いは五色の紗囊に食を盛り、或いは金鐵の器を用ひ、竝びに水中に沈め、以て蛟龍水蟲を驚かす。

【紗帽】 うすぎぬの帽子。貴人が用いる。〔北史、祖珽伝〕專ら機衡(政務)を主る。～後主も亦た中要の數人をして扶侍せしめて出入し、紗帽を著けて直ちに永巷に至り、～每に御榻を同にして政事を論決す。委任の重きこと、群臣比莫し。

【紗羅】 うすぎぬ。〔宋史、南唐李氏世家〕建隆二年、(李)景、洪州に遷る。～戶部尚書馮謐を遣はし、來りて金器二千兩・銀器二萬兩・紗羅繒綵三萬匹を貢し、且つ表を奉じて紹襲の意を陳ぶ。

↑紗袴 紗のはかま／紗紗 細微なさま／紗糸 綿糸／紗牕 紗の窓／紗帯 紗の帯／紗幬 紗のとばり／紗帳 紗の幔幕／紗籠 紗の灯籠／紗布 つむぎ／紗幕 紗の幕／紗幔 紗の幕

↓烏紗・浣紗・巾紗・金紗・錦紗・軽紗・紅紗・絳紗・素紗・窓紗・白紗・薄紗・緋紗・氷紗・風紗・袱紗・平紗・碧紗・紋紗・羅紗・籠紗

【貨】 10 9080 サ こまかい

篆文

会意 小＋貝。〔説文〕六下に「貝の聲なり」とあり、貝のふれあう音をいうとする。瑣一上にも「玉の聲なり」とし、ともに擬声語と解する。小は小さな貝の象。それで細砕の意とする。

訓義 ①小さな貝、こまかい。②貝のふれあう音。③かすかな、ささやかな、くだくだしい。

声系 〔説文〕に貨声として瑣など四字を収める。みな細砕の意があり、貨の声義を承ける。また金部十四上の〔新附〕の字に鎖(鎻)があり、「鐵鎖、門鍵なり」とあって、鎖状のものをいう。小は小貝、少はその小貝を綴る形ともみられ、貨とは小貝を綴ったものであろう。瑣もまた玉を綴ったもので、この綴った貝や玉のふれあう音をいう。

語系 貨・瑣syuaiは同声。此tsie、小・肖(消)siô、少sjiôにもみな細小の意があり、一系の語であろう。

【做】 11 2824 サ なす なる

形声 正字は作で、乍声、做はその俗字。近世語にこの字を用いることが多い。明の〔字彙〕に至ってこの字を録している。

訓義 ①なす、なる。②つくる、はたらく。

↑做官 役人となる／做客 遠慮／做工 はたらく／做事 仕事／做七 初七日／做処 行為／做親 結婚する／做人 処世／做大 自大／做派 演技／做廃 廃止／做夢 夢みる／做弄 もてあそぶ

【挲】 11 3950 ［挱］ 10 5902 サ シャ もむ さする

形声 声符は沙。摩挲はこする。

訓義 ①もむ、さする。②こする、みがく。

↑挲婆 sahāの音写。忍辱の世

↓細挲・摩挲

【梭】 11 4394 サ ひ

篆文

形声 声符は夋。夋に唆の声がある。〔説文〕六上に「木なり」と木名とするが、〔段注〕に未詳という。古くから杼、すなわち「ひ」の意に用いる。

訓義 ①ひ。②木の名。③木が茂る。

古訓 〔名義抄〕梭 ヒ 〔篇立〕梭 ツムマキ 〔字鏡集〕梭 ヲス

【梭杼】 ひ。梁・江淹〔室人を悼む、十首、六〕詩 流黃(もえぎの絹)夕に織らず 寧ぞ梭杼の音を聞かん

【梭声】 ひの音。宋・陸游〔豊橋旅舍の作〕詩 小婦梳髻、高さ一尺 梭聲札札として、戶に當りて織る

↑梭影 ひの影／梭雞 はたおり虫／梭梭 灌木／梭巡 巡視／梭織 往来する／梭槍 投槍／梭服 鳥毛の緞

↓寒梭・機梭・玉梭・金梭・軽梭・巧梭・交梭・春梭・杼梭・調梭・通梭・停梭・擲梭・度梭・投梭・飛梭・氷梭・抱梭・拋梭・鳳梭・鳴梭・夜梭・竜梭・綾梭・弄梭

【莎】 11 4412 サ シャ はますげ

篆文

形声 声符は沙。〔説文〕一下に「鎬侯なり」とあり、はますげ。〔爾雅、釈草〕に「薃は

侯莎なり」とみえるものである。

訓義 ①はますげ。②くろつげに似た木。③莎雞ははたおりむし、すずむし。

古訓 〔名義抄〕莎草 サ、メ・コスケ・ミノクサ・ク、・クキ・ミクリ・コケ・シバ・クゴ・ミドリ

【莎雞】すずむし。また、はたおりむし。〔詩、豳風、七月〕五月、斯螽(はたおり)、股を動かし 六月、莎雞、羽を振はす

↑莎衣 すげみの／莎結 莎草／莎草 はますげ／莎笠 すげがさ

↓萎莎・烟莎・寒莎・径莎・江莎・侯莎・香莎・秋莎・石莎・叢莎・汀莎・敗莎・平莎・碧莎・茅莎

常

【詐】

12 0861 サ あざむく いつわる

篆文

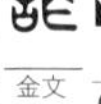

金文

形声 声符は乍。〔説文〕三上に「欺くなり」とあり、〔詩、大雅、蕩〕「侯れ作し侯れ祝す」とあるのは詛う意。乍は木の枝をむりにまげて垣などを作る形で、作為の意がある。詐は言に従い、祈りや盟誓において詐欺の行為があることをいう。〔論語、子罕〕に、子路が孔子の病気平癒の祈願をしていることを孔子が知って、「久しい哉、由(子路の名)の詐りを行ふや」とたしなめた話がある。

訓義 ①あざむく、いつわる、うその盟誓をする。②人をだます、たぶらかす、おとしいれる。③ことばをかざる、たくみにさそう。④乍と通じ、たちまち、にわかに。

古訓 〔新撰字鏡〕詐 アサムク 〔名義抄〕詐 アサムク・イツハル・ヘツラフ・ノラフ 〔篇立〕詐 ソフコト・エラフ・タシル・アサムク・カタム・イツハリテ・ヘツラフ 〔字鏡集〕詐 ハツラフ・イツハリ・アサムク・ハカル・キラフ

【詐偽】いつわる。〔戦国策、楚一〕夫れ一の詐偽反覆の蘇秦を以て、天下を經營し、諸侯を混一せんと欲す。其の成るべからざること、亦た明らかなり。

【詐欺】あざむく。〔漢書、王尊伝〕御史大夫中奏し～尊、坐して免ぜらる。～興等、上書して訟ふ。～卽し章(中奏)の如くならずんば、飾文深詆、以て無罪を愬ふ。亦た宜しく誅有るべし。以て讒賊の口を懲らしめ、詐欺の路を絶たんと。

【詐狂】狂人を装う。〔晋書、隠逸、公孫永伝〕平郭の南山に隠れ、～欣然自得す。年九十に餘るも操尙ほ虧けず。～慕容暐に徵され鄴に至るも、～一歲餘詐狂す。暐、之れを平郭に送る。

【詐譎】偽り。漢・劉向〔戦国策を上まつる叙〕夫れ篡盜の人、列して侯王と爲り、詐譎の國、興り立ちて強と爲る。是を以て轉た相ひ放效す。後生之れを師とし、遂に相ひ吞滅す。

【詐諼】偽り。〔漢書、芸文志〕縱橫家者流は蓋し行人(外交)の官に出づ。～邪人之れを爲るに及んで、則ち詐諼を上びて、其の信を棄つ。

【詐故】偽りごと。〔荀子、王覇〕本行を隆ばず、舊法を敬せずして詐故を好む。是くの若くんば則ち夫の朝廷群臣も、亦た從ひて俗を禮義を隆ばずして、傾覆を好むに成さん。

【詐疾】仮病。〔後漢書、鄧禹伝〕(鄧康)病と謝して朝せず。太后、內侍の者をして之れを問はしむ。時に宮人出入す。～還りて康の詐疾にして言不遜なるを說ふ。太后大いに怒り、遂に康の官を免ず。

【詐称】名号・身分などを偽りいう。〔韓非子、五蠹〕其の言談する者は、爲(偽)設詐稱して外力を借り、以て其の私を成して社稷の利を遺る。

【詐誕】でたらめ。宋・胡銓〔高宗に上まつる封事〕王倫は本と一狎邪の小人、市井の無賴のみ。頃この宰相の識無きに緣り、遂に擧げられて、以て虜に使す。專ら詐誕を務め、天聽を欺罔す。

【詐謀】人を欺く計略。〔左伝、定九年〕鮑文子諫めて曰く、～陽虎は、齊の師を勤らしめんと欲するなり。齊の師罷るれば、大臣必ず多く死亡せん。己は是に於てか、其の詐謀を奮はんとす。

【詐佯】だます。〔淮南子、兵略訓〕何をか之れを人に隱すと謂ふ。～梢を曳き柴を肆き、塵を揚げ堨(埃)を起すは、其の目を營はす所以なり。此れ善く詐佯を爲さむる者なり。

↑詐獪 狡猾／詐泣 うそ泣き／詐計 詐謀／詐巧 たくむ／詐索 詐取／詐算 詐謀／詐死 死ぬまねをする／詐辭 欺言／詐取 だまし取る／詐述 嘘の陳述／詐術 欺く法／詐諝 詐計／詐心 いつわる心／詐数 詐術／詐說 虛說／詐善 偽善／詐態 詐慝／詐奪 だまし取る／詐忠 偽忠／詐慝 いつわり／詐反 いつわりそむく／詐叛 詐反／詐怖 いつわりおどす／詐騙 かたり／詐妄 うそ／詐冒 だます

↓怨詐・奸詐・姦詐・奇詐・詭詐・機詐・偽詐・欺詐・窮詐・挾詐・矯詐・譎詐・險詐・權詐・巧詐・設詐・僭詐・狙詐・多詐・誕詐・騁詐・偸詐・変詐・謀詐

【叡】

13 2724 サ とる およぶ

篆文

甲骨文

金文

会意 虘+又(又)。虘は〔説文〕五上に「虎、柔ならず、信ならざるなり」とするが、虎の性をいう字ではない。その字形は、虎頭のものが且(腰かけ)に腰かけている形で、戲(戯)・劇の従うところと近く、軍戲のとき虎頭して舞うようなことがあったのであろう。〔説文〕三下に「叡は叉もて卑るなり」(段注本)とあり、〔段注〕に「手を用って高きより下きを取るなり」という。金文に「酒に叡ぶ」「叡に」「叡」などの用法があり、且と声義の関係があるようである。〔許子鐘〕に「自ら鈴鐘を作る。中に翰く叡つ揚がる」と鐘声の清揚なることをいい、叡を且の義に用いている。

訓義 ①とる。②およぶ。③ここに。④ああ。

古訓 〔字鏡集〕叡 トラフ・ツカム・アマタ・スル・ヒク・キル

【嗄】

13 6104 サ シャ アイ しわがれ なく

形声 声符は夏。古くは是に従う字であったらしく、また「泣く」意の字は憂に従う字であったらしい。〔玉篇〕に「聲破るるなり」とあって、泣いて声がかれることをいう。

訓義 ①しわがれ、ないて声がかれる。②ああ、感動詞、応答の語。③噎と通じ、むせぶ、むせびなく、うれえなく。

↑嗄飯 副食物

【嗟】

13 6801 サ ああ なげく

形声 声符は差。于嗟・猗嗟などの感動詞は〔詩〕にみえ、また嗟乎・嗟嗟・嗟哉などもみな詠嘆の語である。この声を写した語であろう。

訓義 ①ああ。②なげく、かなしむ。③なげきいう、吟ずる。

古訓 〔新撰字鏡〕嗟 阿(あ)、又、奈介久(なげく)〔名義抄〕嗟 ナゲク・ホシマ、・アヤシ・エラブ・ア／嗟乎 ア

語系 嗟 tzya、咨 tziei は声近く、その声気を写したものであろう。

【嗟異】ふしぎがる。〔南史、隠逸下、阮孝緒伝〕後に鍾山に於て聽講す。母王氏、忽ち疾有り。兄弟之れを召さんと欲す。母曰く、孝緒は至誠冥通、必ず當に自ら到るべしと。果して心驚きて反る。隣里之れを嗟異す。

【嗟怨】さえん（ゑん） なげきうらむ。〔洛陽伽藍記、五、北闕里〕乾陀羅國～(王)自ら勇力を恃み、罽賓と境を争ひ、連兵戰鬪し、已に三年を經たり。王に鬪象七百頭有り。～象鼻に刀を縛し、敵と相ひ撃つ。王、常に境上に留まり、終日歸らず。師老れ民勞れ、百姓嗟怨す。

【嗟虖】ああ 感嘆し、またなげく声。嗟乎。嗟呼。〔漢書、龔勝伝〕老父の來り弔する有り。哭すること甚だ哀し。既にして曰く、嗟虖、薫は香を以て自ら焼かれ、膏は明を以て自ら銷かす。龔生竟に天年を夭す。吾が徒に非ざるなりと。遂に趨りて出づ。

【嗟嗟】ささ ああ。〔詩、周頌、臣工〕嗟嗟臣工 爾の公(事)に在るを敬め

【嗟哉】ああ 感動詞。ああ。漢・馬援〔武渓深行〕楽府 滔滔たる武渓 一に何ぞ深き 鳥飛んで度らず 獸も敢て臨まず 嗟哉、武渓 毒淫多し

【嗟咨】しさ 感嘆する。なげく。宋・陸游〔杜詩を読む〕詩 後世、但だ詩人と作して看るのみなるも 我をして几(机)を撫して、空しく嗟咨せしむ

【嗟若】さじやく なげくさま。〔易、離、六五〕涕を出だすこと沱若たり、戚むこと嗟若たり。吉なり。

【嗟歎】さたん 感情をたたえていう。嗟嘆。〔詩、大序〕詩は志の之く所なり。～之れを言ひて足らず、故に之れを嗟歎す。之れを嗟歎して足らず、故に之れを永歌す。之れを永歌して足らず、手の舞ひ、足の蹈むを知らず。

【嗟夫】ああ 感動詞。ああ。宋・范仲淹〔岳陽楼記〕嗟夫、予れ嘗て古の仁人の心を求むるに、或いは二者の爲に異なるは何ぞや。

【嗟服】さふく 感服する。〔晋書、裴綽伝〕綽の子遐、善く玄理を言ふ。音辭清暢、泠然として琴瑟の若し。嘗て河南の郭象と談論し、一坐嗟服す。

【嗟来】さらい ああ、来れ。〔礼記、檀弓下〕齊大いに饑う。黔敖食を路に爲り、以て餓者を待つ。～餓者の～來たる有り。黔敖、左に食を奉じ、右に飲を執りて曰く、嗟來り食らへと。～曰く、予れは唯だ嗟來の食を食らはずして、以て斯に至れりと。～終に食らはずして死せり。

【嗟惋】さわん なげく。宋・蘇洵〔梅聖兪(尭臣)に与ふる書〕洵、閒居經歳、益と無事の樂しみを知る。舊病漸く復た散去す。獨り恨むらくは、山林に淪廢し、(梅)聖兪・(欧陽)永叔と相ひ與に談笑することを得ざるを。深く以て嗟惋す。

↑嗟隠 いたむ／嗟吁 ああ／嗟咏 ほめる／嗟訝 いぶかる／嗟愕 おどろく／嗟気 ため息／嗟唏 泣く／嗟泣 泣く／嗟驚 おどろく／嗟金 嗟来の金／嗟苦 苦しむ／嗟懼 恐れる／嗟乎 ああ／嗟呼 ああ／嗟啃 さけぶ／嗟賛 ほめる／嗟茲 ああ／嗟如 嗟若／嗟尚 嘉尚／嗟称 嘆称する／嗟誚 せめる／嗟賞 嘆賞する／嗟惜 なげき惜しむ／嗟羨 うらやむ／嗟然 嘆くさま／嗟惻 悲しむ／嗟重 重んずる／嗟痛 嘆く／嗟悼 いたむ／嗟毒 うらむ／嗟愍 あわれむ／嗟諷 微諫する／嗟伏 感服する／嗟憤 憤慨する／嗟味 嘆賞する／嗟憂 うれえる

人

【嵯】13 2871 サ けわしい

篆文 

形声 声符は差。差はもと禾に従う字で、禾をえらんで神に薦める意。参差不斉の意がある。〔説文〕九下に「嵯峨、山の皃なり」とあり、山容の突兀として起伏のはげしいさまをいう。齟齬は歯の不揃いのさまをいい、同系の連語である。

訓義 ①山のけわしいさま、けわしい、高低のあるさま、石の突兀としているさま。

古訓 〔名義抄〕嵯・峨 タカシ・サガシ

語系 嵯 tshiai、崔 dzuai、萃 dziuat はそれぞれ声近く、みな山容の険峻であることをいう。差・縒 tshiai は参差不斉の意をもつ語で、みな一系の語。

【嵯峨】さが 高くけわしい。清・侯方域〔任王谷に与へて文を論ずる書〕骨を氣に運ぐらす者は、舟を長江大海の閒に縱つが如し。～苟しくも能く操舵覘星し、立意亂れずんば、亦た自ら漂溺の失を免るべし。此れ韓(愈)・歐(陽脩)諸子の、獨り中流に嵯峨たる所以なり。

↑嵯岈 嵯峨

【楂】13 4491 サ いかだ

形声 声符は查。查・槎と同じ。いかだ。

訓義 ①いかだ、字はまた查・槎に作る。②門、柴門。③木名、ぼけ、こぼけ。④楂楂、鳥の声。

古訓 〔篇立〕楂 ウキ

【楂枒】さが 木の枝がそろわぬ。宋・方岳〔雪後梅辺、十首、三〕詩 半身の蒼蘚、雪楂枒たり 直ちに頂頭に到りて、纔かに數花

↑楂髻 あげまき／楂楂 かささぎの声

↓雨楂・牙楂・海楂・刊楂・寒楂・危楂・帰楂・客楂・魚楂・古楂・江楂・柴楂・秋楂・仙楂・釣楂・浮楂・泛楂・擁楂・流楂・留楂・霊楂

人

【蓑】13 4473 〖蓑〗14 4473 サ サイ みの

形声 声符は衰(衰)。衰は喪葬のとき死者に着せるもので、衣中のものは冄形の麻絰の類。〔説文〕八上に衰を「艸雨衣なり」として蓑の初文とするが、衰は衰絰の象で、蓑とは異なる。ただ蓑は喪礼のときに用いるものであったらしく、〔儀礼、既夕礼〕に「槀車に蓑笠を載す」とあり、葬車に蓑笠を載せることが行われた。わが国でも、蓑笠は神の使者や、死人・追放者に用いることがあった。

訓義 ①みの、草衣。②おおう、草でおおう。③たれる、しおれる。

古訓 〔和名抄〕蓑 美乃(みの)〔字鏡集〕蓑 ミノ

【蓑衣】さい みの。宋・蘇軾〔漁父、四首、二〕詩 漁父醉うて蓑衣舞ふ 醉裏却つて歸路を尋ぬ 輕舟短櫂、橫斜するに任す 醒後何れの處なるかを知らず

【蓑翁】さおう(をう) みのをつけた老人。唐・杜牧〔斉安郡晩秋〕詩 憐れむべし、赤壁雄を争ふの渡 唯だ蓑翁の坐して魚を釣る有り

【蓑笠】さりゅう(りふ) みの、かさ。唐・柳宗元〔江雪〕詩 千山、鳥飛ぶこと絕え 萬逕、人蹤滅す 孤舟、蓑笠の翁 獨り寒江の雪に釣る

↑蓑蓑 垂れるさま／蓑城 城を蓋う

↓衣蓑・雨蓑・烟蓑・寒蓑・漁蓑・軽蓑・苫蓑・短蓑・釣蓑・被蓑・乱蓑・笠蓑

人

【裟】13 3973 サ けさ

形声 声符は沙。袈裟のように、熟語として用いる。袈裟は仏教語で、サンスクリット語の kāṣāya の音訳語。もと赤褐色の意。僧衣としてその色を用いたので、法衣をいう語となった。もとは猟師の用いる粗衣であったという。

訓義 ①けさ。

【槎】14 4891 サ きる いかだ

篆文 

形声 声符は差。差に参差としてそろわない意がある。〔説文〕六上に「衺めに斫るなり」とあり、枝を斜めに切りはらうことをいう。〔国語、魯語

上」に「山には蘖(ひこばえ)を槎らず」とあり、斜めに切り落とす意。参差たる木を組んで、いかだとする。参差たる竹管を以て、楽器とするのと同じ。いかだはまた査という。

訓義 [1]きる、枝をきる、枝を斜めにきる。[2]いかだ。字はまた査に作る。

古訓 〔名義抄〕槎・査 ウキ、〔字鏡集〕槎・査 ウキヾ・シバイカダ・アヂキナシ

【槎牙】さが 細く突き出し、また、入りくんで不揃いのさま。宋・蘇軾〔江上に山を看る〕詩 前山は槎牙として忽ち態を變へ 後嶺は雜沓して驚奔するが如し

↑槎枒さが 槎牙／槎枿さげつ ひこばえ／槎蘖さげつ 槎枒／槎梗さこう 木の枝／槎杈さき 参差／槎子さし いかだ／槎桎さしつ 獣の足かせ／槎櫛さしつ 連なる／槎程さてい 水路の行程／槎杯さはい 木杯／槎浮さふ いかだ

↓乗槎・浮槎

【瑣】 14 1918 サ ちいさい つらなる

篆文

形声 声符は貨。貨は小さな貝を綴ったもの。〔説文〕一上に貨を「貝の聲なり」とし、また瑣一上を「玉の聲なり」とし、ともにそのふれる音の擬声語とする。字形からいえば貨は小さな貝を、瑣は玉を鎖状に連ねたものをいう。小さく、美しく、連なったものをいう。

訓義 [1]ちいさい、こまかい。[2]美しい、小さくて美しいもの。[3]つらなる、鎖状につらなる。[4]小さく卑しいもの、くず、わずらわしい。

古訓 〔字鏡集〕瑣 クダク・タマノコヱ

【瑣闈】さい(ゐ) 宮門。鎖の刻文がある。唐・王維〔郭給事に酬ゆ〕詩 晨に玉佩を搖かして金殿に趨り 夕に天書を奉じて瑣闈に拜す

【瑣瑣】ささ 細小のさま。こせこせするさま。清・章炳麟〔文録、郷原〕を思ふ、下〕晩明の風烈、獨り直臣有るのみ。直臣の式るべきもの、獨り楊繼盛有るのみ。其の餘は瑣瑣として、皆黨人たるのみ。

【瑣才】ささい 小才。〔抱朴子、君道〕揚引する所は則ち九族外親を遠ざけて、其の器幹を簡ばず、信仗する所は則ち瑣才曲媚に在りて、方直を憎む。

【瑣砕】ささい 細かく、わずらわしい。〔抱朴子、百家〕詩賦瑣碎の文に惑ひて、子論(諸子)深美の言を忽せにし、眞僞顚倒し、玉石混殽す。

【瑣細】ささい 小さなもの。唐・杜甫〔北征〕詩 山果瑣細なるもの多く 羅生して橡・栗を雜ふ

【瑣屑】させつ 細かく、わずらわしい。唐・韓愈〔霊師を送る〕詩 縱橫、謠俗を雜へ 瑣屑、咸く羅穿す

【瑣尾】さび うらぶれる。〔詩、邶風、旄丘〕瑣たり尾たり 流離の子 叔や伯や 褎として充耳の如し

↑瑣印さいん 卑官／瑣居さきょ 小屋／瑣近さきん 卑近／瑣言さげん 閑談／瑣材さざい 瑣才／瑣散さざん ちらばる／瑣事さじ 小事／瑣少さしょう 瑣細／瑣賤させん いやしい／瑣窗さそう 飾り窓／瑣牕さそう 婦人の室／瑣痩さそう 痩せぎす／瑣闥さたつ 宮門／瑣秩さちつ 小官／瑣薄さはく すこし／瑣伏さふく 羽毛の毛布／瑣聞さぶん 雑報／瑣末さまつ 瑣細／瑣務さむ 煩瑣なこと／瑣吏さり 小吏／瑣旅さりょ 孤客／瑣縷さる わずらわしい／瑣類さるい 小人輩／瑣隷されい げすな男／瑣劣されつ おとる

↓委瑣・鬼瑣・小瑣・青瑣・丹瑣・煩瑣・卑瑣・微瑣・辺瑣・旅瑣・霊瑣・連瑣

【瑳】 人 14 1811 サ あざやか

篆文

形声 声符は差。〔説文〕一上に「玉色鮮白なり」とあり、玉色の白くあざやかな美しさをいう。

訓義 [1]あざやか、白くあざやか、白くあざやかで美しい。[2]愛らしい、愛らしく笑う、歯なみがみえる。[3]磋と通じ、みがく。

古訓 〔名義抄〕瑳 ウルハシ・アキラカニ・アサヤカニ 〔字鏡集〕瑳 ミガク・シロキタマ・アカキタマ・アザヤカニ・ウルハシ

【瑳瑳】ささ 白く美しい。宋・梅堯臣〔金明池の游〕詩 苑花、光粲粲 女齒、笑ふこと瑳瑳

↑瑳切させつ 切磋／瑳磨さま 磨く

【蜡】 14 5416 サ ショ まつり うじ

篆文

形声 声符は昔。昔に褯・醋の声がある。蜡は大蜡、一年の最後の祭。〔説文〕十三上に「蠅胆なり」と蠅のうじむしの意とする。その字はまた蛆に作る。大蜡の字は、もと褯に作ったようである。

訓義 [1]まつり。十二月、鬼神をもとめて祭る。[2]うじ、蠅のうじ。[3]索と通じ、もとめる。

古訓 〔名義抄〕蜡 コノシ・トモムシ 〔字鏡集〕蜡 ハエ

↑蜡享さきょう 蜡祭／蜡饗さきょう 蜡祭／蜡月さげつ 陰暦十二月／蜡祭さざい 大蜡／蜡索ささく 蜡祭／蜡日さじつ 蜡祭の日／蜡節させつ 蜡祭の会飲／蜡酺さほ 蜡祭の会飲

↓雩蜡・祭蜡・大蜡

【瘥】 15 0011 サ いえる

篆文

形声 声符は差。〔説文〕七下に「瘉ゆるなり」、〔玉篇〕に「疾、愈ゆるなり」とあり、次第に恢復することをいう。まだ治癒しきらない状態をもいい、〔詩、小雅、節南山〕「天方に薦りに瘥ましむ」のようにも用い、〔爾雅、釈詁〕に「病なり」と訓するのはその義による。

訓義 [1]いえる。[2]やむ。[3]はやり病。

古訓 〔名義抄〕瘥 イユ 〔字鏡集〕瘥 イユ・ヤマヒイユ

↑瘥昏さこん 昏迷／瘥札ささつ 疫病／瘥癘されい 癘疫

↓札瘥・衆瘥・薦瘥

【磋】 15 1861 サ みがく

形声 声符は差。差に不揃いのもの、ざらざらしたものの意があり、磋とは砥(といし)にかけて磨くことをいう。〔爾雅、釈器〕に「象には之れを磋と謂ふ」と象牙を治める意とする。切は骨を切る、瑳・磋は玉石の類を磨くことをいう。合わせて切磋という。

訓義 [1]みがく、玉石をみがく。[2]象牙をみがく。

古訓 〔新撰字鏡〕磋 玉止久石(たまとぐいし) 〔名義抄〕磋 トグ・ミガク 〔字鏡集〕磋 スル・ミガク・トグ

↑磋議さぎ 協議する／磋磋ささ 不斉／磋商さしょう 商談／磋切させつ すれる／磋琢さたく 琢磨／磋跌さてつ つまずく／磋磨さま みがく／磋礲さろう みがく

↓切磋

【鮓】 16 2831 サ シャ すし

形声 声符は乍。〔釈名、釈飲食〕に「鮓は菹なり。鹽米を以て魚を醸もして以て菹と爲し、熟やして之れを食らふなり」(王先謙、疏証補)とあり、わが国の「鮒ずし」のような製法である。

訓義 [1]塩・米などで醗酵させたさかな。[2]貯蔵した魚。[3]くらげ。[4]わが国では、すしの意に用いる、鮨。

古訓 〔新撰字鏡〕酢 須志(すし) 〔名義抄〕酢 スシ・ウヲズシ 〔字鏡集〕鮓 スシヲ・ヲコシ

【鮓荅】さとう(たふ) 雨を祈るのに用いる石。〔輟耕録、四、禱雨〕蒙古人の雨を禱るを見るに、〜惟だ浄水一盆を取り、石子數枚を浸すのみ。其の大なる者は雞卵の若し。〜名づけて鮓荅と曰ふ。乃ち走獸の腹中に產する所、獨り牛馬なる者、最も妙なり。

↑鮓魚 くらげ/鮓滓 すし
↓魚鮓

【蹉】 17 6811 サ つまずく

篆文 

形声 声符は差。差に参差高低の意があり、蹉はつまずくことをいう。〔説文新附〕二下に「蹉跎、時を失ふなり」とあり、差池と同じ系統の畳韻連綿語である。

訓義 ①つまずく、ものにつまずく。②ことにつまずく、あやまりたがう。③蹉跎、時を失う。

古訓 〔名義抄〕蹉 フス・フム・タチハシル・ヲトル・フミニジル・フシマロブ・アナウラ・アト・アシスル・タチトヾコホル

語系 蹉tsai、差tsheaiは声義が近い。差声の字には多く参差・差牙の意がある。

【蹉跎】 つまずく。不幸となる。時機を失する。魏・阮籍〔詠懐、八十二首、五〕詩 娯樂すること未だ終り極まらざるに 白日、忽ち蹉跎す

【蹉跌】 つまずく。失敗する。〔後漢書、蔡邕伝〕胡老慠然として笑ひて曰く、若公子、所謂曖昧の利を覩みて昭晳の害を忘れ、必成の功を專らにして蹉跌の敗者を忽せにするのみと。

↑蹉過 みすごす/蹉失 過失/蹉跑 蹉跎/蹉対 対句崩れ/蹉奪 官位を剝奪される/蹉躓 蹉跌する/蹉路 失路
↓爽蹉

【髽】 17 7210 サザ くずしがみ

篆文 

形声 声符は坐。坐は膝を崩して坐るので、挫の意がある。〔説文〕九上に「喪結なり。禮に、女子は髽衰す。弔ふときは則ち髽せず」という。喪髻には麻を用い、髪を巻くようにして括った。金文の頁、また寡・憂などの字形のうちに、髽衰のような形をみることができる。

訓義 ①くずしがみ、婦人が喪中に麻や布で髪を結んで束ねる髪形、上に巻きあげることがない。

古訓 〔新撰字鏡〕髽 須曾奴波須(すそぬはず) 〔名義抄〕髽 カミユヒタツ 〔篇立〕髽 スソヌハズ 〔字鏡集〕髽 カミユフ

【髽幗】 髪に布飾りをする。〔隋書、五行志上〕後主好んで宮人をして白越布を以て額に折らしむ。狀髽幗の如し。又白蓋を爲す。此の二者は喪禍の服なり。後主、果して周の武帝の滅ぼす所と爲る。

【髽髻】 束ね髪。〔唐書、南蛮下、両爨蛮伝〕烏蠻、南詔と世昏姻す。～土に牛馬多し。布帛無く、男子は髽髻し、女人は被髮し、皆牛羊皮を衣る。俗、巫鬼を尙び、拜跪の節無し。

【髽衰】 未婚の女子が父の喪に服するときの髪と服。衰は斬衰(喪服)。〔儀礼、喪服〕女子子、室に在り、父の爲に布總・箭笄・髽衰すること三年。

【髽首】 束ね髪。蛮夷の髪形。〔淮南子、斉俗訓〕三苗は髽首し、羌人は括領(辮髪)し、中國は冠笄し、越人は鬋を劗る。其の服に於ける、一なり。

↓髻髽・束髽・禿髽・布髽・婦髽・麻髽

常 **【鎖】** 18 〔鎖〕 18 8918 〔鏁〕 19 8219 サ くさり とざす かけがね

篆文 

形声 声符は貨。貨は小さな貝を綴り、鎖状をなすものをいう。〔説文新附〕十四上に「鐵鎖、門鍵なり」とあり、錠前として施すものをいう。かけがね。字はまた鏁に作る。

訓義 ①とざす、とざすもの。②かけがね、じょう、錠前。③つなぐ、くさり状につなぐ、くさり。

古訓 〔新撰字鏡〕鎖 足加志(あしかし)、又、加奈保太志(かなほだし) 〔和名抄〕鏁 日本紀私記に云ふ、加奈都賀利(かなつがり)/鏁子 楊氏漢語抄に云ふ、鏁子、藏乃賀岐(くらのかぎ)、辨色立成に云ふ、藏の鑰なり 〔名義抄〕鎖・鏁 カナヅカリ・クサリ・クサル・ツラヌク・カヽル・ツミカ、リ・カナクサリ・チリバム・ヒマ・トヅ・シゲル・カキ・コメタリ・トロモス・キス・マジフ・トク・ケス・ケツ・アサケル/鎖子 クラノカギ・カナキ・アシカシ・カナツカリ・クサリ・カナクサリ・クラノツ、ノシタ

【鎖鎧】 くさりかたびら。〔唐書、西域下、康伝〕開元の初め、鎖子鎧・水精杯・碼碯瓶・駝鳥卵及び越諾(西域の織物)・侏儒・胡旋女子を貢す。

【鎖骨】 鎖状の骨。菩薩にその骨があるという。〔宣室志〕鎖骨連絡すること蔓るの如し。故に肢體を動搖するときは、則ち清越の聲有り。～昔聞く、～佛骨に舍利骨有り、菩薩の身に鎖骨有りと。

【鎖閉】 閉ざす。〔顔氏家訓、風操〕北朝頓丘の李構、母劉氏。夫人(広州刺史纂の孫女)亡せし後、住む所の堂、終身鎖閉す。開きて入るに忍びざるなり。～故に構、猶ほ江南の風教に染む。

【鎖鑰】 かぎ。唐・韓愈〔虢州劉給事使君の三堂新題二十一詠に奉和す、竹洞〕詩 竹洞、何れの年よりか有る 公初めて竹を斫りて開く 洞門鎖鑰無し 俗客、曾て來らず

↑鎖院 試院/鎖押 護送/鎖鐶 くさり/鎖龕 入棺式/鎖固 錠かけ/鎖甲 鎖鎧/鎖港 港口封鎖/鎖項 首かせ/鎖鼻 手がね/鎖国 国交をとざす/鎖砕 閉ざし砕く/鎖子 くさり/鎖匙 かぎ/鎖須 錠のばね/鎖鬚 鎖須/鎖愁 沈みこむ/鎖匠 錠前屋/鎖送 護送する/鎖拿 手錠/鎖帯 錠かけ/鎖撻 手錠とむち/鎖庁 試院/鎖墩 幽閉する/鎖鼻 道家の術/鎖門 門をとざす/鎖連 鉄条網
↓煙鎖・枷鎖・解鎖・関鎖・緘鎖・環鎖・機鎖・羈鎖・韁鎖・金鎖・扃鎖・啓鎖・軽鎖・甲鎖・拘鎖・鉤鎖・恨鎖・柵鎖・囚鎖・愁鎖・翠鎖・制鎖・双鎖・長鎖・庭鎖・鉄鎖・封鎖・錨鎖・閉鎖・絡鎖・連鎖・牢鎖

【鯊】 18 3933 サ はぜ

形声 声符は沙。〔爾雅、釈魚〕「鯊は鮀なり」の〔注〕に「今沙を吹く小魚、體員にして點文有り」とあり、はぜ。また、さめ。

訓義 ①はぜ、すなふき。②魦と通じ、さめ、ふかざめ。

古訓 〔字鏡集〕鯊 ヒヲ・タカニ・サメ

↑鯊魚 はぜ
↓鰌鯊

ザ

人 **【坐】** 7 8810 ザ すわる いながら

篆文 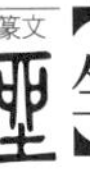

古文 

会意 土＋人＋人。土は土主、神を迎えるところ。その左右に人が対坐して訟事を決する。それで訴訟の関係者を坐といい、当事者として裁判にかかわることを坐という。すなわちもと裁判用語である。〔説文〕十三下に「止まるなり」とし、字を留の省形とする。すなわち留止の意とするが、留は溜水の象形字で、坐とは関係はない。〔周礼、秋官、大司寇〕に、罪過有る者を「桎梏(かせ)して、諸れを嘉石に坐せしむ」とあり、〔周礼、秋官、朝士〕にも嘉石・肺石の左右に坐せしめて、その訟えを聴くことをしるしている。その嘉石・肺石が、坐の字形にみえる土主にあたる。

訓義 ①裁判の坐に連なる、罪に坐する、当事者として法廷に坐る。②すわる、とどまる、ひざまずいてすわる。③いながら、いながらにして、たやすく、そぞろに。④座と通じて用いる。

古訓 〔名義抄〕坐 ヰル・マシマス・スウ・ヲリ・ツミ・ヨル・ヨリテ・ツミス／坐作 ヰズマヒ／端坐 ウルハシクヰル・ヒトリヰ〔字鏡集〕坐 スウ・サル・トコ・ツミ・ヲリ・ヨル・ヨリキ・トヾマル・ツミス・マシマス

声系 〔説文〕に莝・髽・挫など十字を収める。座は後起の字であるが、宗廟などで坐を設けることをいう字であろう。獄坐に連なるとき身を低めて坐するので、坐声の字にその声義を承けるものがある。

語系 坐・座 dzuai は同声。座は〔玉篇〕に「牀座なり」とし、臥席の意とするが、もと神位を坐、または座といったものであろう。〔礼記、玉藻〕に「坐すること尸(かたしろ)の如し」とあって、坐は本来は神聖の場における坐法であった。

【坐愛】ざあい 坐してながめ愛する。また、そぞろに愛する。唐・杜牧〔山行〕詩 遠く寒山に上れば、石径斜めなり 白雲生ずる處、人家有り 車を停めて坐ろに愛す、楓林の晩 霜葉は二月の花よりも紅なり

【坐隠】ざいん 囲碁をいう。〔顔氏家訓、雑芸〕圍碁に手談・坐隠の目(名)有り。頗ぶる雅戯と爲す。但だ人をして耽憒せしめ、廢喪實に多し。常にすべからず。

【坐臥】ざが(ざぐわ) 起居。〔漢書、杜周伝〕徵されて入りて御史大夫と爲る。延年、父の官府に居り、敢て舊位に當らず。坐臥皆其の處を易かふ。

【坐懐】ざかい(ざくわい) そぞろに懐う。宋・陸游〔秋雨〕詩 坐ろに懐ふ、江湖の間 病鴈、羽翮を濕ほすを

【坐看】ざかん そぞろに見る。唐・李白〔古風、五十九首、二十六〕詩 秀色、空しく絶世 馨香竟に誰か傳へん 坐ろに看る、飛霜滿ちて 此の紅芳の年を凋ましむるを

【坐起】ざき 日常の動作。起坐。唐・元稹〔(白)楽天の江州司馬を授けられしを聞く〕詩 垂死の病中、驚きて坐起す 暗風雨を吹いて寒窗に入る

【坐客】ざきゃく(ざかく) 同席の客。〔西塘集耆旧続聞、十〕南渡の初、南班の宗子、會稽に寓居し、近屬と爲る。士家最も盛んに、園亭浙東に甲たり。一時の坐客、皆騒人(詩人)墨客なり。

【坐漁】ざぎょ 坐して魚を取る。唐・柳宗元〔漁者を設けて智伯に対ふ〕群漁する者に、一人坐漁する有り。智伯之れを怪しみて、問うて曰く、若の魚は幾何ぞと。曰く～聞く、古の漁に太公(望)といふ者有り。其の得ること益ゝ大なり。釣りて文王を得たりと。

【坐獄】ざごく 獄訟に連坐する。出廷する。〔左伝、襄十年〕王叔と伯輿と、訟ふ。王叔の宰と伯輿の大夫瑕禽と、王庭に坐獄す。士匄之れを聽く。

【坐死】ざし 無為にして死ぬ。また、連坐して死ぬ。〔後漢書、光武帝紀下〕(建武二十八年)夏六月丁卯、沛の太后郭氏薨ず。因りて郡縣に詔して、王族賓客を捕へ、坐死する者數千人なり。

【坐思】ざし そぞろに思う。唐・李白〔寄遠、十一首、八〕詩 金瓶(つるべ)井に落ちて消息無し 人をして行ゝ歎じ、復また坐思せしむ

【坐視】ざし 坐して見る。また、故意に傍観する。清・康有為〔桂湖村、日本刀を以て贈らる。賦して謝す〕詩 湖村子、諸夏の國を哀れむ 以爲へらく、二帝三王、孔子禮樂の文明の託する所 列強の裂きて攫るを坐視するに忍びず

【坐収】ざしゅう(ざしう) 連坐する。〔史記、文帝紀〕有司皆曰く、民は自ら治むること能はず。故に法を爲りて以て之れを禁じ、相ひ坐し坐收せしむ～と。上曰く、朕聞く、法正しければ則ち民愨なり。罪當れば則ち民從ふと。～其れ之れを熟計せよと。

【坐上】ざじょう(ざじゃう) 坐席。席上。〔後漢書、孔融伝〕性、寬容にして忌少なし。士を好み、喜んで後進を誘益す。閑職に退くに及び、賓客日に其の門に盈つ。常に歎じて曰く、坐上に客恆に滿ち、尊中に酒空しからざれば、吾が憂ひ無しと。

【坐睡】ざすい 居眠り。唐・韓愈〔石鼎聯句、序〕斯須(しばらく)にして曙の鼓鼕鼕たり。二子も亦た困しみて遂に坐睡す。覺むるに及び、日已に上れり。驚き顧みて道士を覓むるに見えず。

【坐井】ざせい 井中に坐す。見聞の狭いこと。唐・韓愈〔原道〕老子の仁義を小として之れを非毀するは、其の見る者小なればなり。井に坐して天を觀、天小なりと曰ふ者は、天の小なるに非ざるなり。

【坐談】ざだん 対談。また、むだ話。〔三国志、魏、郭嘉伝〕太祖(武帝)將に袁尚～を征せんとす。諸下多く劉表の劉備をして許を襲ひ、以て太祖を討たしむることを懼る。嘉曰く、～表は坐談の客のみ。～國を虛しうして遠征すと雖も、公憂ふること無しと。太祖遂に行く。

【坐致】ざち 労せずして得られる。〔孟子、離婁下〕天の高き、星辰の遠きも、苟くも其の故を求めば、千歳の日至も坐して致すべきなり。

【坐馳】ざち 心が外に走る。〔荘子、人間世〕彼の闋たる者を瞻れば、虛室に白(魄、ものの姿)を生じ、吉祥止まる。夫れすら且つ止まらざる、是れを之れ坐馳と謂ふ。

【坐中】ざちゅう 同坐の人。〔史記、武帝紀〕嘗て武安侯に從ひて飲す。坐中に年九十餘の老人有り。少君乃ち其の大父と游射せし處を言ふ。老人、兒爲たりし時、～其の處を識れり。一坐盡ゝく驚く。

【坐定】ざてい 容易に定めうる。〔孟子、滕文公上〕夫れ仁政は、必ず經界より始む。經界正しからざれば、井地均しからず、穀祿平らかならず。～經界既に正しければ、田を分ち祿を制すること、坐して定むべきなり。

【坐榻】ざとう(ざたふ) 牀に坐る。〔雞肋編、下〕古人の坐席は故も仲尼を以て箕倨と爲す。今世の坐榻は、乃ち垂足を以て禮と爲す。蓋し相ひ反す。蓋し唐朝に至りては、猶ほ未だ此くの若ごくならず。

【坐法】ざほう(ざはふ) 法にふれる。〔史記、灌夫伝〕呉已に破る。灌夫此れを以て名、天下に聞ゆ。潁陰侯、之れ(夫の軍功)を上に言ふ。上、夫を以て中郎將と爲す。數月(歳)にして法に坐して去る。

【坐忘】ざぼう(ざばう) 彼我の別を忘れる。〔荘子、大宗師〕顏回曰く、回益せりと。～(子)曰く、何の謂ひぞやと。曰く、回坐忘せりと。仲尼蹴然として曰く、何をか坐忘と謂ふと。顏回曰く、肢體を墮て、聰明を黜け、形を離れ知を去り、大通に同ず。此れを坐忘と謂ふと。

【坐擁】ざよう 勉めずしてもつ。清・顧炎武〔熊耐茶に与ふる書〕茂林閒館、起ちて仙掌(台)を看、坐して百城(の書)を擁し、以て暑を忘るるに足る。

【坐論】ざろん 坐して論ずる。空論。〔人物志、英雄〕若し聰は能く始を謀るも、明は機を見ざれば、乃ち以て坐論すべきも、以て事に處すべからず。

↑坐位 ざい 坐席／坐椅 いす／坐喑 黙坐／坐筵 嫁の披露／坐下 しも座／坐衙 出勤／坐間 席間／坐感 心動く／坐観 坐視する／坐窺 伺う／坐騎 坐り乗り／坐給 自給／坐挙 一坐／坐魚 蛙／坐隅 座の隅／坐曛 夕光に坐す／坐繫 入獄／坐睨 にらむ／坐月 月下に坐す／坐見 坐視／坐賈 坐商／坐語 話しこむ／坐誤 誤判／坐行 膝行する／坐更 夜警／坐耗 徒食／坐克 労せず勝つ／坐泣／坐催 坐りこんで催促する／坐罪 罪となる／坐作 起

居/坐戸 かたしろ/坐次 坐位/坐事 連坐する/坐侍 侍坐/坐失 失敗/坐車 乗車/坐者 一坐の人/坐処 坐所/坐商 店売り/坐誦 坐り読む/坐状 罪状/坐乗 乗る/坐食 徒食する/坐職 坐り仕事/坐蓐 産蓐/坐薪 臥薪/坐蛻 坐して死ぬ/坐席 座中の席/坐拙 守拙/坐船 乗船/坐選 復職する/坐前 席前/坐禅 趺坐沈思する修行法/坐草 出産の日/坐倉 買い上げ米/坐曹 執務/坐像 坐した像/坐贓 収賄の罪/坐謫 罪によって流される/坐脱 坐蛻/坐地 地に坐る/坐痴 馬鹿扱い/坐釣 坐漁/坐適 安坐する/坐頭 座がしら/坐堂 執務する/坐読 坐誦/坐墩 陶ねり台/坐年 元旦食/坐馬 鞍おく/坐婆 産婆/坐拝 跪拝/坐廃 罷免/坐煩 うんざりする/坐板 腰かけ板/坐痺 足のしびれ/坐髀 坐骨/坐痱 坐睡/坐誣 無実/坐伏 起臥/坐辟 死刑となる/坐弁 受け持ち/坐補 復職/坐舗 店売り/坐免 免職/坐薬 さしこみ薬/坐抑 挫抑/坐来 程なく/坐落 おちつく/坐釐 商店の貨物税/坐立 起居/坐流 島流しとなる/坐累 連累する/坐列 居並ぶ

↓安坐・倚坐・円坐・縁坐・穏坐・擱坐・閑坐・環坐・危坐・起坐・跪坐・箕坐・久坐・居坐・虚坐・踞坐・恭坐・空坐・偶坐・隅坐・堅坐・孤坐・後坐・兀坐・尸坐・厠坐・侍坐・首坐・愁坐・従坐・上坐・食坐・深坐・寝坐・酔坐・正坐・清坐・盛坐・静坐・禅坐・対坐・端坐・鼎坐・独坐・反坐・晩坐・趺坐・並坐・別坐・末坐・密坐・黙坐・夜坐・幽坐・離坐・列坐・連坐・露坐

常【座】 10 0021 ザ ざしき

形声 声符は坐。〔玉篇〕に「牀座なり」とあって平生起居するところ、臥席の意とする。坐は土主(土)の前に両人が対坐し、獄訟を争うことを示す字で、座とは宗廟などでその獄訟が行われることをいう。それで本来は神の座を意味し、わが国でも神を一座二座と数える。〔史記、天官書〕に「五帝の坐」とあり、座と通用する。星には星座・御座といい、神の住むところとする観念があった。わが国では寺社に奉仕的関係をもつギルド的な結社があり、これを座といった。経済や技芸の関係に、座というものが多い。

訓義 1神くら、御座、聖なる場所、もと獄訟を行うところであった。すわるところ。2くらい、特定の者の位置するところ、星のやどり。3ざしき、しきもの、あつまりのひと、つどい。4廟や聖所、また山林などを数える助数詞。5国語では神くら、社寺に属する職能的集団の名につけて用いる。

古訓 〔名義抄〕座 ヰモノヒキナリ 〔字鏡集〕座 トコロ・ヰモノヒキナリ

語系 座・坐 dzuai は同声。坐は獄訟を構成すること。裁判をする人と当事者をすべて含めて坐という。座はその裁判を行うところで、神位のあるところをいう。坐はのち坐臥の意に用い、その場所を座という。

【座主】 唐・宋の時、進士の主試官をいう。〔唐国史補、下〕第するを得たるもの、之れを前進士と謂ふ。互ひに相ひ推敬して、之れを先輩と謂ふ。倶に捷ちえたるもの、之れを同年と謂ふ。有司、之れを座主と謂ふ。☒ 仏教で首座をいう。

【座上】 座中の人。唐・岑参〔酒泉太守席上、酔後の作〕詩 酒泉の太守、能く剣舞す 高堂、置酒して、夜鼓を撃つ 胡笳一曲、人の腸を断つ 座上相ひ看て、涙雨の如し

【座前】 手紙の脇付。侍史、座右。〔資暇集、中〕(座前)身卑くして書を宗屬近戚に致すに、必ず座前と曰ふ。几前の一等を降すなり。

【座中】 一座のうち。唐・鄭谷〔席上、歌者に貽る〕詩 座中に亦た江南の客有り 春風に向つて鷓鴣(鳥の名。つねに南することを思う)を唱ふこと莫かれ

↑座位 座席/座下 机下/座客 座中の人/座隅 坐のすみ/座師 座主/座次 座の席次/座人 座中の人/座席 座中の席/座船 官船/座禅 坐禅/座側 座のかたわら/座談 坐談/座内 座中/座弁 評議員/座末 末席/座右 手許/座論 坐論

↓幄座・安座・扆座・一座・円座・王座・環座・起座・跪座・虚座・御座・玉座・金座・銀座・下座・傾座・猊座・広座・高座・講座・斎座・四座・視座・侍座・首座・酒座・銃座・上座・神座・塵座・正座・星座・静座・遷座・前座・即座・対座・退座・台座・単座・端座・着座・中座・長座・鎮座・帝座・鼎座・典座・当座・同座・独座・半座・賓座・仏座・便座・法座・砲座・末座・満座・黙座・臨座・礼座・列座・蓮座・露座

常【挫】 10 5801 ザ くじく

篆文 

形声 声符は坐。坐は法に坐することをいう。また起坐の関係でいえば、低い姿勢をとることをいう。〔説文〕十二上に「摧くなり」とあり、挫辱する意とする。挫折・頓挫の意があり、また他を屈辱することをいう。

訓義 1くじく、くじける、はずかしめる、はずかしめられる。2とる、おさえる、からめる。3そこなう、きずつける、きずつく、こぼつ。

古訓 〔新撰字鏡〕挫 比太(左)久(ひさく) 〔名義抄〕挫 ヒシグ・トリヒシグ・オサフ・クダク・ヲル・シム・クルシ・モグ・クジク 〔字鏡集〕挫 クジル・ヒシグ・クダク・ヲサフ・シク・トリヒシグ・シム・セム・ハサム・イダク・ヲル・クビカシ・モグ

【挫鋭】 敵の鋭気をくじく。晋・袁宏〔三国名臣序賛〕出でては能く功に勤め、入りては能く献替す。謀は社稷を寧んじ、紛を解き鋭を挫く。

【挫衄】 敗れくじける。〔晋書、宣帝紀〕帝曰く、(諸葛)亮、再び祁山に出で、一たび陳倉を攻め、挫衄して反る。縱ひ其の後出づとも、復た城を攻めざらん。當に野戰を求むべし。

【挫傷】 いたみ傷つく。〔後漢書、皇甫規伝〕天下擾擾として、亂に從ふこと歸するが如し。故に征戰有る毎に、挫傷せざること鮮く、官民竝び竭き、上下窮虚となる。

【挫辱】 くじき辱める。〔後漢書、杜林伝〕夫れ人情挫辱せらるれば、則ち義節の風損し、法防繁多なれば、則ち苟免の行ひ興る。

【挫抑】 くじき抑える。〔後漢書、史弼伝〕弼、政を爲すに、特り彊豪を挫抑し、其の小民の罪有るものは、容貸(ゆるす)する所多し。

【挫戮】 くじき殺す。〔南斉書、武十七王、竟陵文宣王子良伝〕湘區奧密にして、蠻寇熾彊なり。～南師未だ挫戮すること能はず。百姓齊民、積年塗炭、疽食(むしばみ)侵淫し、邊の虞れ方に重し。

【挫籠】 力ずくでとじこめる。〔甌北詩話、三〕(韓昌黎の詩)石鼓歌等の傑作、何ぞ嘗つて一語の奧澁有らん。而して磊落豪横、自然に萬有を挫籠す。

↑挫過 外す/挫気 気をくじく/挫強 強をくじく/挫志 志をくじく/挫縮 いじけ/挫鍼 かがり縫う/挫折 失敗する/挫敵 敵をくじく/挫頓 頓挫する/挫鋒 ほこさきをくじく/挫鋩 挫鋒/挫北 失敗する

↓鋭挫・解挫・角挫・気挫・摧挫・傷挫・衰挫・勢挫・折挫・頓挫・捻挫・兵挫・抑挫・凌挫

【莝】 11 4410 ザ きりわら

篆文 

形声 声符は坐。〔説文〕一下に「斬芻なり」とあり、きりわら、まぐさ。

訓義 1きりわら、まぐさ。2軽小なもの。

【莝豆】まぐさを入れた食器。〔史記、范雎伝〕范雎大いに供具し、～食飲甚だ設く。而して須賈を堂下に坐せしめ、莝豆を其の前に置き、兩黥徒（墨刑の囚）をして、夾みて之れを馬食せしむ。

↓斫莝・芻莝・豆莝・馬莝

サイ

常 【才】 3 4020 サイ ザイ ありわずか

篆文 甲骨文 金文

象形 標木として樹てた榜示用の木の形。古い字形では、上部の一の部分が𠙵、すなわち祝詞などを収める器の形にしるされており、神聖の場所であることを表示する。〔説文〕六上に「艸木の初めなり」とし、草木初生の象であるとするが、中って一下（草木初生の象）とは意象の異なる字である。もと神聖の場所を示し、それより存在するもの、また所在・時間を示す字となる。金文に「正月に才（在）り」「宗周に才（在）り」のようにいう。存在の最も根源的なものであるから、天地人三才、また材質・質料をいう。それで人の材能をも意味する。才は在の初文。在は才に士（鉞の刃部の形、士の身分象徴）を加えてこれを聖化する形で、占有・支配の意をも含むものであろう。才を呪飾として戈に加えた形は𢦏。𢦏声の字には神聖のことに関するものが多い。さらに𠙵を加えて哉となり、「哉む」とよむ。金文には才を在、𢦏を哉の義に用いている。

訓義 1あり。時間的・場所的、また「王に才り」「上に才り」「乃の服（職事）に才り」のように身分・職事などにもいう。2先天的にあるもの、はじめから存在する、天地人三才、さい、さえ、人の才能・材質。3才能のはたらき、その力、その人。4哉・載と通じ、はじめ。5財・纔と通じ、わずか。6裁と通じ、はかる。7国語で、ざえ。また、升目、勺の十分の一。歳の略字として用いる。

古訓 〔名義抄〕才 タカフ（ラ）〔字鏡集〕才 ヒサク・タカラ

部首 〔説文〕〔玉篇〕ともに部首とするが、部に属する字がない。在は才の繁文とすべき字で、士はその意符、すなわち会意字である。また存も才と子の会意。才の榜示によって守られるその地の生活者をいう。これらの会意字は、才部に属すべき字である。

声系 〔説文〕に才声として材・財・𢦏・在など九字を収め、また𢦏声の字十字、在声の字一字を収める。才声の字に材質の意をもつものが多く、𢦏声の字に、その初制の儀礼に関するものが多い。

語系 才・材・財dzəは同声。材・財は才より演化した字で、才の声義を承ける。哉tzəは西周の金文に「哉（𢦏）生霸」のように用い、「哉めて霸（月の光）を生ず」の意で、第一週の「初吉」に次ぐ第二週をいう。また裁・纔dzəもみな同声。みな「わずかに」の義に用いる字である。

【才穎】才智がすぐれる。〔文心雕竜、通変〕今、才穎の士、意を刻しめて文を學ぶも、多くは漢篇（漢人の作）を略かにして、宋集を師範とす。

【才華】文才など、才の美が外にあらわれる。晉・夏侯湛〔東方朔画賛題の注に引く臧栄緒の晋書〕（湛）容儀美しく、才華富盛、早に名譽有り。潘岳と友とし善し。時人之れを連璧と謂ふ。

【才格】才能と品格。唐・杜甫〔壮遊〕詩 吾れ鴟夷子を観るに 才格、尋常より出でたり

【才学】才智と学問。魏・呉質〔魏の太子に答ふる牋〕陳（琳）・徐（幹）・劉（楨）・應（瑒）（建安七子中の人）才學の著はるる所、誠に來命の如し。其の遂げざるを惜しむ。爲に痛切すべし。

【才幹】能力。はたらき。〔晋書、吾彦伝〕吾彦、字は士則。～寒微より出で、文武の才幹有り。

【才気】才智と気力。〔史記、李将軍伝〕公孫昆邪、上の爲に泣いて曰く、李廣は才氣天下無雙なるも、自ら其の能を負み、數虜敵と戰ふ。恐らくは之れを亡はんと。是に於て乃ち徙して上郡太守と爲す。

【才器】才智と器量。〔晋書、謝万伝〕萬、字は萬石、才器雋秀なり。器量、（兄、謝）安に及ばずと雖も、善く自ら衒曜す。故に早に時譽有り。

【才業】才智と学業。宋・蘇軾〔同年の王中甫挽詞〕詩 君の如きの才業、眞に用ふるに堪へたり 顧ふに我が衰遲、論ずるに足らず

【才慧】利発。〔南史、梁武帝諸子、廬陵威王続伝〕元帝の荊州に臨むや、宮人李桃兒～才慧を以て進むことを得たり。還るに及んで、～時に行宮、戶禁重し。～元帝猶ほ懼れ、李氏を送りて荊州に還す。世に所謂西歸內人なる者なり。

【才芸】才能と技芸。〔大戴礼、文王官人〕王曰く、太師、愼みて維れ深く思ひ、內に民の務めを観、察らかに情僞を度り、官民の態を變じ、其の才藝を歷へよ。女維れ敬しめや。

【才賢】賢才の人。〔晋書、忠義、嵆含伝〕含、性通敏にして、好んで才賢を薦達す。常に趙武（霊王）の諡を崇くし、臧文（仲）の罪を加へんと欲す。

【才士】才ある人。〔荘子、盗跖〕天下と更始して、兵を罷め卒を休め、昆弟を收養し、先祖を共祭するは、此れ聖人才士の行ひにして、而して天下の願ひなり。

【才子】才高き人。詩文の才ある人。〔宋書、謝霊運伝論〕漢より魏に至るまで四百餘年、辭人才子、文體三變す。～遺風餘烈、事は江右（西晋）に極まる。

【才思】才智心情。〔後漢書、文苑下、禰衡伝〕（劉）表、嘗て諸文人と共に章奏を草す。竝びに其の才思を極む。時に衡出でて還り之れを見、開省未だ周からず、因りて毀ちて地に抵つ。表、憮然として駭きを爲す。

【才識】才能と識見。〔晋書、桓温伝〕惟だ謝安・王坦之、才識智能、皆簡ばれて聖鑒に在り。

【才術】才智と学術。唐・杜甫〔暮春、江陵にて馬大卿公～を送る〕詩 吾が賢、才術富めり 此の道未だ磷緇（消亡）せず

【才俊】才智すぐれた人。唐・杜牧〔烏江亭に題す〕詩 勝敗は兵家も事期せず 羞を包み恥を忍ぶは、是れ男兒 江東の子弟、才俊多し 巻土重來、未だ知るべからず

【才情】才能と心ばせ。〔文心雕竜、隠秀〕隱は複意を以て工と爲し、秀は卓絶を以て巧と爲す。斯れ乃ち舊章の懿績にして、才情の嘉會なり。

【才色】才あり、姿の美しい人。〔晋書、阮籍伝〕兵家の女、才色有り。未だ嫁せずして死す。籍、其の父兄を識らざるも、徑ちに往きて之れを哭し、哀を盡して還れり。

【才人】才ある人。また、後宮の女官の名。唐・杜甫〔江頭に哀しむ〕詩 輦前の才人、弓箭を帶び 白馬嚼齧す黄金の勒 身を翻へし天に向ひて、仰いで雲を射る 一箭正に墜とす雙飛翼

【才性】才能と生まれつき。〔荀子、脩身〕彼の人の才性の縣たるは、豈に跛鼈（片あしのすっぽん）の六驥（六頭立ての駿馬の馬車）の足に與けるが若くならんや。

【才絶】(さいぜつ) 才智の特にすぐれていること。〔晋書、文苑、顧愷之伝〕愷之、桓溫の府に在るとき、常に云ふ、愷之、體中に癡黠各ゝ半ばなり。合して之れを論ぜば、正に平を得るのみと。故に俗に傳ふ、愷之に三絶有りと。才絶・畫絶・癡絶なりと。

【才短】(さいたん) 才能が乏しい。〔世説新語、識鑒〕伯仁(周顗)、人と爲り志大なるも才短く、名重きも識(見識)闇し。好んで人の弊に乘ず。此れ自ら全うするの道に非ず。

【才地】(さいち) 才能と地位。〔晋書、王恭伝〕定皇后の兄なり。少くして美譽有り、清操人に過ぐ。自ら才地の高華なるを負み、恆に宰輔の望有り。

【才智】(さいち) 才と智。〔後漢書、仲長統伝〕(昌言、損益篇)筋力を以て用ひらるる者、之れを人と謂ふ。人には丁壯ならんことを求む。才智を以て用ひらるる者、之れを士と謂ふ。士には耆老を貴ぶ。

【才調】(さいちょう(てう)) 文才をいう。〔隋書、許善心伝〕十五、文を屬ることを解す。牋して父の友徐陵に上る。陵、大いに之れを奇とし、人に謂ひて曰く、才調極めて高し。此れ神童なりと。

【才徳】(さいとく) 才智と徳行。唐・儲光羲〔陸著作挽歌、五首、三〕詩 英英、君子有り 才德、中州に滿つ

【才能】(さいのう) 才智と能力。〔管子、参患〕才能の人去亡するときは、宜ど外難有るべし。群臣朋黨するときは、宜ど內亂有るべし。

【才美】(さいび) 才能の立派さ。〔論語、泰伯〕如し周公の才の美有りとも、驕りて且つ吝かならしめば、其の餘は觀るに足らざるのみ。

【才筆】(さいひつ) 文才。文才ある詩文。〔魏書、裴延儁伝〕延儁少くして偏孤、後母に事ふるに孝を以て聞ゆ。墳史(三墳など、古代の典籍)を涉獵して、頗ぶる才筆有り。

【才分】(さいぶん) 天分の才能。〔三国志、魏、楊俊伝〕俊、文帝(曹丕)・臨菑(曹植)の才分の長ずる所を竝論すと雖も、適だに據當する所有るのみならず、然れども臨菑は猶ほ美なりと稱す。文帝常に以て之れを恨み、～怒りを發して俊を收む。

【才弁】(さいべん) 才気ある弁舌。〔晋書、周顗伝〕廣陵の戴若思は東南の美なり。秀才に擧げられ、洛に入る。素より顗の名を聞き、往きて之れを候ふ。坐を終へて出づるも、敢て其の才辯を顯はさず。

【才望】(さいぼう(ばう)) 才能と人望。〔晋書、陸機伝〕時に中國に難多し。顧榮・戴若思等、咸く機に吳に還らんことを勸む。機其の才望を負み、世難を匡さんことを志す。故に從はず。

【才名】(さいめい) 才能と、その名声。〔世説新語、識鑒〕郗超、傅瑗と周旋(交遊)す。瑗、其の二子(傅亮兄弟)を見えしむ。竝びに總髮(童児)なり。超、之れを觀ること良や久しくして、瑗に謂ひて曰く、小者は才名皆勝らん。然れども卿の家を保つは、終に當に兄に在るべしと。

【才略】(さいりゃく) 才智と智謀。〔後漢書、胡広伝〕陳留近郡、今太守の任缺く。廣、才略深茂、能く煩を撥むるに堪へたり。願はくは以て參選し、頹俗を紀綱せしめ、～勸仰する所有らしめん。

【才流】(さいりゅう(りう)) 才気のほど。〔世説新語、賢媛〕許允、晉の景王の誅する所と爲る。～(婦)後徙りて墓所に居る。景王、鍾會を遣はして之れを看しむ。若し(諸児の)才流、父に及ばば、當に收む(捕らう)べしと。

【才力】(さいりょく) 才智の能。漢・司馬遷〔任少卿(安)に報ずる書〕賓客の知を絶ち、室家の業を亡れ、日夜其の不肖の才力を竭さんことを思ひ、務めて心を一にし職を營み、以て主上に親媚せんことを求む。

↑才媛(さいえん) 才女/才技(さいぎ) 才と技/才義(さいぎ) 才行/才具(さいぐ) 才と器量/才埶(さいげい) 才芸/才傑(さいけつ) 俊傑/才彦(さいげん) 秀才/才悟(さいご) 明敏/才語(さいご) 遠まわしの語/才行(さいこう) 才と品行/才高(さいこう) 高才/才策(さいさく) 才気ある謀/才質(さいしつ) 天性/才秀(さいしゅう) 秀才/才淑(さいしゅく) 賢くてしとやか/才儁(さいしゅん) 才俊/才女(さいじょ) 才気のある女/才将(さいしょう) 智将/才捷(さいしょう) 明敏/才章(さいしょう) 才気のある文章/才臣(さいしん) 賢臣/才尽(さいじん) 才が尽きる/才数(さいすう) 才略/才藻(さいそう) 文藻/才哲(さいてつ) 賢い/才度(さいど) 器量/才童(さいどう) 神童/才伐(さいばつ) 才と門閥/才品(さいひん) 才と気品/才敏(さいびん) さとい/才物(さいぶつ) 才人/才明(さいめい) さとい/才茂(さいも) 才がすぐれる/才雄(さいゆう) 雄才/才猷(さいゆう) 才略/才誉(さいよ) 才名/才理(さいり) 才哲/才量(さいりょう) 才智度量/才劣(さいれつ) 劣る/才郎(さいろう) 夫

↓愛才・悪才・異才・偉才・逸才・軼才・英才・叡才・穎才・下才・画才・雅才・瓌才・学才・奸才・官才・幹才・漢才・奇才・鬼才・器才・機才・狂才・群才・芸才・兼才・賢才・口才・宏才・洪才・高才・三才・詩才・儒才・秀才・俊才・儁才・駿才・如才・小才・称才・商才・上才・人才・世才・盛才・絶才・仙才・浅才・薦才・善才・俗才・多才・大才・卓才・達才・短才・中才・通才・程才・適才・天才・奴才・頓才・鈍才・佞才・能才・覇才・非才・菲才・美才・微才・敏才・不才・負才・文才・弁才・凡才・無才・明才・茂才・雄才・洋才・抑才・吏才・良才・量才・礼才・麗才・斂才・露才・論才

【𡿧】 4 2233 サイ わざわい

篆文 甲骨文

会意 巛(さい)＋一。水流の形と、一とに従う。卜文は水の横流する形で水災を示し、また丯(さい)(才の初形、表木の形である丨に𠙵(さい)を加えた形)を声符として加えることがある。丯はのち𢦏(さい)の字形の𢦏の十の字形として残されている。〔説文〕十一下に「害なふなり」と訓し、一は水を壅ぐ形であるとする。災の初文とされるが、災は火災。水災の字を火災にも及ぼしたもので、災はまた烖・灾に作る。卜辞に「往來𡿧ひ亡きか」とトする例が多く、道路の往来について用いる。のち災禍一般をいう。

訓義 1水のわざわい、わざわい。水害、氾濫。2通行の災い。3すべて禍害のことをいう、わざわい。

声系 〔説文〕に𡿧声として甾(菑)を収め、また甾(さい)声に緇・輜など三字を収める。災は烖の古文の字形とされ、卜辞には𡿧・𢦏、〔周礼〕には烖、〔左伝〕をはじめ他の文献では災を用いる。𡿧は水災、𢦏・烖には天火など天災の意があり、災・灾は火災をいう。

語系 𡿧・災(烖・灾)tzə は同声。また、甾(菑・椔)tzhiə は同声の語。菑は初墾の田、また木の立ち枯れするをいう。その字はまた椔に作る。菑に種植の意があることからいえば、甾は焼畑農耕を示す字とみることができる。〔説文〕十二下に「菑は耕さざるの田なり」とあるのは、その意であろう。

常

【再】 6 1044 サイ ふたつ ふたたび

篆文 甲骨文 金文

象形 組紐の形。冉の上に一を加えて、組紐をそこから折り返す意を示す。金文には下端に二を加えて、その意を示すものがある。〔説文〕四下に「一擧にして二なり。冓の省に従ふ」とするが、冓は材木を構架する形である。稱(称)は禾穀の量を「稱る」意。爯は組紐や糸・織物の類をもちあげて、天秤にかけてその重さをはかる意で、織物の糸数や重さの単位をも稱といい、爯がその初文である。布帛を架して折り返した摺畳の形が再、それで再度の意となる。〔説文〕四下に爯を「并せて擧ぐるなり」の意とするが、再が併挙、爯は称量をいう。

訓義 1ふたつ、ふたたび。

声系 〔説文〕水部十一上に「洅は雷震洅洅たるなり」とあり、遠

く雷震の鳴りひびく声をいう。その擬声語である。

【再会】さいかい 再び会う。〔春秋、定四年〕五月、公、諸侯と皐鼬に盟ふ。〔穀梁伝〕後れて再會す。公、會に後るることを志せばなり。

【再起】さいき 再び世に出る。やりなおす。唐・韓愈〔元十八協律に贈別す、六首、四〕詩 知らず、四罪の地（極遠の地に流される） 豈に再び起つの辰有らんや

【再挙】さいきょ 再び行う。一度失敗し、もう一度やりなおす。晉・孫楚〔石仲容の為に孫皓に与ふるの書〕樓船萬艘、千里相ひ望み、～驍勇百萬、力を畜へて時を待つ。役、再擧せずとは今日の謂ひなり。

【再顧】さいこ 再びふりかえって見る。〔漢書、外戚上、孝武李夫人伝〕（兄の李）延年～歌うて曰く、北方に佳人有り 絶世にして獨立す 一顧すれば人の城を傾け 再顧すれば人の國を傾く

【再興】さいこう 再び盛んとなる。〔国語、周語下〕單（子）の老、叔向之を送る。叔向之れに告げて曰く、異なる哉、吾れ之れを聞けり。曰く、一姓は再び興らずと。今、周は其れ興らんか。其れ單子有るなり。

【再三】さいさん 二度三度。たびたび。〔易、蒙〕初筮には告ぐ。再三すれば瀆る。瀆るれば則ち告げず。

【再思】さいし 再び考える。〔論語、公冶長〕季文子、三たび思ひて而る後に行ふ。子之れを聞きて曰く、再びせば斯ち可なりと。

【再生】さいせい 復活する。生まれ代わり。宋・蘇軾〔庾征西（亮、征西将軍）の帖に跋す〕庾征西、初め逸少（王羲之）に服せず。家雞野鶩（あひる）の論有り。後乃ち其の伯英（張芝）の再生なるを歎ず。今其の石を觀るに、乃ち子敬（王献之）に及ばざること遠きこと甚だし。正に羊欣に比すべきのみ。

【再伝】さいでん 二度目に伝わる。宋・朱熹〔中庸章句序〕是の時に當りて、見て之れを知る者は、惟だ顔氏（淵）・曾氏（参）の傳のみ、其の宗を得たり。曾氏の再傳に及んで、復た夫子の孫子思を得たり。

【再読】さいどく 二度よむ。〔唐書、蔣乂伝〕乂、性鋭敏、七歳の時、庾信の哀江南の賦を見、再讀して輒ち誦す。～冠するに逮んで、群籍を該綜す。

【再拝】さいはい ふたたび拝礼する。〔書、顧命〕王を御へて冊（策）命して曰く、～汝に訓を嗣ぎ、臨みて周邦に君とし、大卞（大法）に率循し、天下を燮和し、用つて文・武の光訓に答揚せんことを命ずと。王、再拝して興つ。

【再命】さいめい もう一度命じる。上級の身分となる。〔左伝、昭十二年〕季悼子の卒するや、叔孫昭子、再命を以て卿と爲る。～更に三命を受く。

➡再謁 再び面謁する／再縁 再嫁／再嫁 再び嫁ぐ／再駕 二度出馬する／再刊 再版／再期 三年の喪／再議 再審議／再遇 再会／再計 再度謀る／再見 再会／再建 建て直す／再献 再度献上する／再顕 再現／再現 再度示す／再晤 再会／再婚 再嫁／再四 たびたび／再次 二度目／再娶 後妻／再宿 二晩泊まり／再熟 二毛作／再誦 再読／再醮 冠婚の酒儀／再食 二度食／再審 再審理／再世 二世／再成 楽章を再奏する／再請 再び乞う／再説 再述／再染 二度染め／再戦 また戦う／再祚 重祚／再造 復活／再訂 二度訂正／再度 両度／再任 再任命／再燃 燃え直す／再倍 二倍／再発 また起こる／再犯 二度の罪／再版 再刷／再反 再度／再遊 重遊／再来 再び来る／再醴 再嫁

➡一再・重再

【𢦏】 6 4350 ［𢦏］ 7 5350 サイ はじめ

篆文 甲骨文 金文

会意 才＋戈。才は神聖の表示。これを樹てて地を祓い、聖域であることを示す。才を呪符的に用いて、これを戈に加えた形は𢦏。今、新車に御札をつけるのと同じく、新たに使用するものを祓い清める意。𢦏の従うところは、才の繁文。〔説文〕十二下に「𢦏は傷つくるなり」とするのは、烖の声義によるものであろうが、𢦏声の字には事始めに祓う意をもつものが多く、𢦏に「はじめる」意がある。金文に才・𢦏・哉を詠嘆の「かな」に用い、また一月四週の週名「哉生霸」とは「哉めて霸（魄、月の光）を生ず」の意で、月の第二週をいう。

訓義 ①はじめ、ことのはじめ。②詠嘆の、かな。③烖と通じ、わざわい。

古訓 〔字鏡集〕𢦏 イタム・ヤブル

声系 〔説文〕に𢦏声として哉・戴・㦸・栽・裁・烖・載など十字を収める。才は祝詞の器（𠙵）を木にはさむ形で、呪符として車や神木などに加える。それで事始めの儀礼として呪飾に用いる。哉は神事を哉める意、載は事を「載おこなう」意。裁は神衣を裁ち、栽は神木を植える意をもつものであろう。才・𢦏（𢦏）・哉は一の声系に属する。

常【災】 7 2280 ［烖］ 10 4385 ［灾］ 7 3080 サイ わざわい

篆文 古文 籀文 甲骨文

会意 巛＋火。巛はもと巛に作り、水が塞がれて横流することをいい、水災を示す字である。それに火を加えて、火災の意とした。〔説文〕十上に烖を正字とし、「天火を烖と曰ふ」とする。〔周礼〕に烖の字を用いることが多く、天譴の意がある。灾は天火のために宮廟などが焼失する意で、天譴によるものとされた。

訓義 ①わざわい、火のわざわい。②そこなう、やぶる、そこなわれる。③わざわいをうける、つみ。④もえのこり。

古訓 〔名義抄〕災・灾 ワザワイ／烖 ワザハヒ・ホタクヒ 〔字鏡集〕災 ワザワイ 〔字鏡〕烖 ホタクヒ

語系 巛・災（烖・灾）tzəは同声で、もと一字。菑（甾）tzhiəもその声系に属する字で、草木がその生長を妨害されて枯死することをいい、また焼畑農業をいう。

【災異】さいい 天災地異。〔漢書、張禹伝〕永始・元延の間、日蝕地震、尤も數〻なり。吏民多く上書して、災異の應を言ひ、王氏專政の致す所なるを譏切す。上、變異の數〻見はるるを懼れ、意頗る之れを然りとす。

【災殃】さいおう わざわい。〔後漢書、光武帝紀下〕（建武二十二年）九月戊辰、地、震裂す。制詔して曰く、～今震裂するは、咎め君上に在り。鬼神は無徳に順はず、災殃將に吏人に及ばんとす。朕甚だ懼る～と。

【災禍】さいか わざわい。〔史記、暦書〕民是こを以て能く信有り、神是を以て能く明徳有り。民と神と業を異にし、敬して瀆さず。故に神之れに嘉生を降し、民は物を以て享し、災禍生ぜず、求むる所匱しからず。

【災害】さいがい わざわい。〔国語、魯語下〕天子に虎賁（前後の儀衛）有るは、武訓を習ふなり。諸侯に旅賁有るは、災害を禦ぐなり。

【災旱】さいかん ひでりの害。〔後漢書、桓帝紀〕（延熹九年春正

月）己酉、詔して曰く、比歳（連年）登らず、民多く飢窮す。～其れ灾旱盜賊の郡は、租を收むること勿れ。餘郡は悉く半入とせよ。

【災患】わざわい。〔左伝、襄十一年〕乃ち盟ふ。載書に曰く、凡そ我が同盟、～姦を保つ毋く、慝（亡命者）を留むる毋く、災患を救ひ、禍亂を恤れみ、好惡を同じうし、王室を奬けん～と。

【災咎】天のとがめ。戒めとして降すわざわい。〔後漢書、蔡邕伝〕邕、對へて曰く、臣伏して惟ふに、陛下聖德允に明らかに、深く災咎を悼む。～天、大漢に於て殷勤已まず。故に屢〻祆變を出だして、以て譴責に當て、人君をして感悟し、危きを改め安きに卽かしめんと欲す。

【災凶】わざわい。〔後漢書、盧植伝〕光和元年、日食の異有り。植、封事を上つり諫めて曰く、～案ずるに今年の變は、皆陽失し陰侵せるなり。災凶を消禦するに、宜しく其の道有るべし。謹んで略〻八事を陳べん。

【災釁】わざわいのきざし。晉・孫楚〔石仲容（苞）の為に孫皓に与ふる書〕桓・靈、德を失ひ、災釁竝び興る。豺狼爪牙の毒を抗げ、生人荼炭の艱に陷る。是に於て九州貫を絶ち、皇綱紐を解く。

【災譴】天のとがめとしてのわざわい。〔後漢書、明帝紀〕（永平十三年）冬十月壬辰晦、日之れを食する有り。三公、免冠自劾す。制して曰く、冠履劾すること勿れ。災異屢〻見はるるは、咎め、朕が躬に在り。～今何を以てか陰陽を和穆くし、災譴を消伏せん。

【災眚】わざわい。〔後漢書、蔡邕伝〕今、災眚の發する、它所に於てせず。遠きも則ち門垣、近きは寺署（役所）に在り。其の監戒を爲す、至切と謂ふべし。

【災難】わざわい。〔晉書、劉喬伝〕頃より兵戈紛亂し、猜禍鋒生す。恐らくは疑隙群王に構へ、災難宗子に延ばん。～載籍より以來、骨肉の禍、未だ今の如き者有らざるなり。

【災繆】災異と理にもとること。〔荀子、仲尼〕彼の王者は、則ち～災繆有る者にして、然る後に之れを誅す。故に聖王の誅すること、綦（甚）だ省なし。文王の誅は四、武王の誅は二なり。

【災変】自然現象の異常による災害。〔論衡、自然〕夫れ天は爲す無し。故に災變を言はず。時至りて、氣自ら之れを爲す。夫れ天地は爲す能はず、亦た知る能はざるなり。

【災戹】わざわい。〔後漢書、左雄伝〕大將軍梁商の子冀を襄邑侯に封ぜんとす。雄、封事を上つりて曰く、～梁冀の封は、事、機急に非ず。宜しく災（灾）戹の運を過ごし、然る後可否を平議すべし。

【災沴】陰陽のみだれによるわざわい。〔旧唐書、五行志〕（唐休璟の上表）其の理を得ば、則ち陰陽以て調ひ、其の和を失へば、則ち災沴斯に作る。故に才を擧げて授く。帝たる唯れ其れ難し。

【災潦】水害。〔後漢書、順帝紀〕（永建六年）冬十一月辛亥、詔して曰く、連年灾潦あり、冀部尤も甚だし。～窮匱を贍恤するも、～流亡絶えず。～其れ冀部をして今年の田租・芻槀を收むる勿からしめよと。

➡災疫 天災疫病／災区 被災地／災虞 災禍／災孽 災禍／災愆 災譴／災故 災害／災疾 災疫／災祥 禍福／災傷 災害／災疹 疫病／災祲 災沴／災祟 たたり／災省 災いで省みる／災蠹 虫くい／災毒 災害／災年 荒年／災燔 やける／災福 禍福／災氛 不祥／災兵 兵乱／災阨 災厄／災妖 災異／災戾 災沴／災厲 災沴／災黎 罹災者

⬇遺災・火災・旱災・救災・禦災・凶災・後災・消災・祥災・攘災・禳災・震災・人災・眚災・戦災・息災・致災・天災・被災・避災・風災・変災・補災・防災・無災・厄災・妖災・罹災

常【妻】8 5040 サイ つま めあわす

篆文  古文 

象形 髪飾りを整えた婦人の形。髪に三本の簪を加えて盛装した姿で、婚儀のときの儀容をいう。夫は冠して笄を加えた人の形。夫妻は結婚するときの儀容を示す字である。〔説文〕十二下に「婦なり。己と齊しき者なり」（小徐本）とし、字形について女・中・又（又）に従い、「又は事を持す。妻の職なり」とするが、字形に又を含まず、字も中声ではない。妻が祭事にいそしむ字は敏（敏）で、その字形は妻に手をそえた形である。

訓義 ①つま、よめ。②めあわす、そわせる。

古訓 〔和名抄〕妻 米（め）。米阿波須（めあはす）と訓む 〔名義抄〕妻 ツマ・ウラム・アフ・ト、ノフ・メアハス

声系 〔説文〕に妻声として萋・霋・悽・淒など六字を収める。霋七上は「等しきなり」と斉等の意に解される字であるが、齊（斉）は婦人が笄頭に玉飾のあるものを三本並べ挿した形で、祭時の容。ゆえに齋（斎）・齌の字はその形に従い、示は祭卓、女は斎女をいう。三本の笄を中央に集め挿す形は參（参）。彡はその美を示す。また疌は、妻が祭事に奔走する象。妻・敏・疌・齊・參はみなそのような婦人の姿を示す字。〔説文〕の斉等とする解は、おそらく霋から導かれたものであろうが、齊は簪笄のそろう意で、夫妻の平等をいう字ではない。

【妻子】妻と子。宋・蘇軾〔初めて子由（轍）に別る〕詩 妻子は亦た細事 文章は固より虛名 會ず須らく白髮を掃ふべし 復た黃精（薬草の名、なるこゆり。あまどころ。仙人の服食するところという）を用ひず

【妻娶】めとる。〔晉書、范甯伝〕臣聞く、道は虛簡を尙び、政は平靜を貴ぶ。～古者は人を使ふこと、歲に三日に過ぎず。今の勞擾は、殆ど三日の休停も無し。～兒を生むも復た擧養せず、鰥寡（やもめ）敢て妻娶せず、豈に人鬼を怨結し、和氣を感傷せざらんや。

【妻妾】妻と、めかけ。〔礼記、喪大記〕大夫の喪には、主人・室老・子姓は皆粥を食ふ。衆士は疏食し水飮す。妻妾は疏食水飮す。

【妻甥】妻の姉妹の子。〔梁書、裴邃伝〕邃、鄉人と共に魏武の廟に入り、因りて帝王の功業を論ず。其の妻甥王篆之、密かに高祖に啓して云ふ、裴邃は大言多く、不臣の迹有りと。是れに由りて左遷せられ、始安大守と爲る。

【妻帑】妻子。〔詩、小雅、常棣〕爾の室家に宜しく 爾の妻帑を樂しましめん

【妻党】妻の一族。〔漢書、谷永伝〕後宮親屬は之れを饒かにするに財を以てし、政事に與からしむること勿れ。以て皇父（詩、小雅、十月之交にみえる卿士）の類を遠ざけ、妻黨の權を損せん。未だ閨門治まりて、天下亂るる者有らざるなり。

【妻略】掠奪して娶る。〔後漢書、董卓伝〕何后の葬に及んで、文陵を開く。卓、悉く藏中の珍物を取り、又公主を姦亂し、宮人を妻略す。

➡妻謁 妻の縁故／妻舅 妻方の舅／妻君 細君／妻公 妻の父／妻兒 妻子／妻室 妻／妻女 女房／妻親 妻の親族／妻嫂 妻と兄嫁／妻息 妻子／妻族 妻の親族／妻弟 義弟／妻帑 妻帑／妻夫 夫妻

⬇愛妻・悪妻・逸妻・下妻・寡妻・忌妻・棄妻・義妻・愚妻・荊妻・継妻・賢妻・後妻・権妻・山妻・取妻・出妻・小妻・少妻・正妻・拙妻・先妻・前妻・嫡妻・内妻・貧妻・夫妻・亡妻・本妻・萊妻・良妻・令妻・老妻

常【采】 8/2090 〖采〗 8/2090 サイ とる いろ

篆文 
甲骨文 
金文 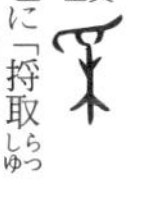

会意 爪+木。木の実を采取する意。〔説文〕六上に「捋取するなり」とあり、もぎとることをいう。采取の意より、采地・采邑の意に用い、金文に多くその義に用いて「乃の采と爲せ」のようにいう。また彩（彩）と通用し、采色の意に用いる。

訓義 1とる、木の実をとる、もぐ、もぎとる。2みつぐ、収穫をみつぐ、みつぎものをとる地、采地、采邑。3みつぎをとるつかさ、そのこと。4彩と通じ、いろ、いろどり、草木より色をとる。5かざる、すがた、かたち、美しいすがた。6采采は草木のさかんなさま。

古訓 〔名義抄〕采 イロドル・ウルハシ・イロドリ・ナル・エラブ・ツカマツル・コク 〔字鏡集〕採・采 ツカマツル・エラブ・イロナリ・ウルハシ・イロ・ツカヒ・コト・コク・トル

声系 〔説文〕に采声として菜（菜）など二字を収め、彩は〔新附〕九上の字。色料を草木からとることが多く、采に采色の意があり、その文采あるを彩といい、采取する行為を採（採）という。採は〔説文〕未収、後起の字である。

参考 采と字形の似たものに釆・采がある。釆は獣爪の象。番はその形に従い、田の部分は掌の形。番とは獣蹯をいう字である。采は禾に従い、禾穂を采る形で、穗（穂）の初文。惠の上部は叀穗の穗の形である。

＊語彙は採字条参照。

【采衣】 いろどりした着物。〔列仙伝、羨門〕老萊子は二親に孝養し、行年七十なるも、嬰兒もて自ら娯しみ、五色の采衣を著る。

【采画】 画をかく。〔潜夫論、浮侈〕或いは好繒を裁して疏頭を作爲し、工をして采畫せしめ、人を雇ひて祝（祈りの語）を書せしむ。

【采芹】 泮水の芹をとる。泮は諸侯の学。学に入る意に用いる。〔詩、魯頌、泮水〕思に泮水（学の周囲の川）を樂しむ 薄か其の芹を采る

【采甄】 登用する。甄は表わすこと。南朝宋・謝霊運〔旧園に還りて作り～二中書に見す〕詩 殊方も咸く貸みを成し 微物も采甄に豫かれり

【采詩】 古代に風俗を察するため、各地の歌謡を採集した。〔漢書、食貨志上〕孟春の月、群居する者將に散ぜんとす。行人（号令を司る官）木鐸を振りて路に徇へ、以て詩を采り、之れを大師に獻じ、其の音律を比し、以て天子に聞す。

【采取】 とる。採取。〔漢書、王莽伝中〕初めて六筦の令を設く。縣官に命じて、酒を酤り、鹽・鐵器を賣り、錢を鑄、諸名山大澤の衆物を采取する者には、之れに稅せしむ。

【采集】 あつめる。漢・劉歆〔揚雄に与へて方言を求むる書〕屬聞く、子雲（揚雄）獨り先代の絕言、異國の殊語を采集し、以て十五卷と爲し、其の解する所略多しと。

【采緝】 とりあつめる。〔宋史、楊徽之伝〕李昉等に詔して、前代の文字を采緝せしめ、類して文苑英華と爲す。徽之の、風雅に精しきを以て、分ち命じて詩を編せしめ、百八十卷と爲す。

【采女】 女官。民間より選んだ。〔後漢書、五行志一〕靈帝數西園中に遊戲し、後宮の采女をして客舍の主人と爲し、身には商賈の服を爲し、行いて舍に至り、采女酒食を下し、因りて飲食を共にし以て戲樂を爲す。

【采章】 色彩と文様。〔国語、周語中〕亦た唯だ是れ死生の服物采章、以て百姓に臨み長として、輕重もて之れを布くは、王も何の異なることか之れ有らん。

【采色】 美しいいろどり。〔荘子、天地〕衣裳を垂れ、采色を設け、容貌を動かして、以て一世に媚ぶ。而して自らは道諛と謂はず。

【采薪】 薪をとる。柴刈り。病臥することを「采薪の憂ひ」という。〔孟子、公孫丑下〕孟仲子對へて曰く、昔者に王命有りしも、采薪の憂ひ有り。朝に造ること能はざりき。今は病小しく愈えたり。趨りて朝に造れり。我は識らず、能く至りしや否や。

【采摭】 ひろいとる。〔春秋繁露、盟会要〕嫌疑の行を別ちて、以て正世の義を明らかにし、託意を采摭して、以て失禮を矯す。

【采藻】 藻草をとる。また、文藻。〔三国志、蜀、秦宓伝〕或るひと宓に謂ひて曰く、足下自ら巢（父）・許（由）・（漢の）四皓（以上、隠逸者）に比せんと欲するに、何の故に文藻を揚げて瓌穎（美才）を見すやと。宓答へて曰く、～君子は文德を懿しとす。采藻其れ何ぞ傷まんと。

【采地】 卿大夫の食邑として与えられる所。〔韓詩外伝、八〕天子、諸侯の爲に封を受く。之れを采地と謂ふ。百里の諸侯は三十里を以てす。

【采掇】 ひろいあつめる。〔論衡、超奇〕傳書を采掇して以て上書奏記する者を文人と爲す。能く精思して文を著はし、篇章を連結する者を鴻儒と爲す。故に～鴻儒は文人を超ゆ。

【采椽】 くぬぎのたるき。質素な建物。〔論衡、語増〕傳語に曰く、堯舜の儉なる、茅茨剪らず、采椽斲らずと。～五采を服し、日月星辰を畫く。茅茨采椽は其の實に非ざるなり。

【采薇】 薇（ぜんまい）をとる。〔史記、伯夷伝〕武王已に殷の亂を平らげ、天下周を宗とす。而るに伯夷・叔齊之れを恥ぢ、義として周の粟を食らはず、首陽山に隱れ、薇を采りて之れを食らふ。～遂に餓ゑて死せり。

【采蘋】 蘋は水草。神饌。〔詩、召南、采蘋〕于に以て蘋を采る 南澗の濱に～于に以て之れを盛る 維れ筐と筥とに

【采物】 身分を示す彩飾を加えたもの。〔左伝、文六年〕古の王者、命の長からざるを知る。是を以て竝びに聖哲を建て、之れが風聲を樹て、之れが采物を分ち、之れが話言を著はす。

【采邑】 知行所。采地。〔鬼谷子、内揵〕事に皆内揵（かんの木）有り。素より本始を結ぶ。或いは結ぶに道德を以てし、～或いは結ぶに采邑を以てす。

【采用】 採用する。〔漢書、郊祀志上〕齊の威・宣の時より、騶子（衍）の徒、終始五德の運を論著す。秦帝に及んで齊人之れを奏す。故に始皇之れを采用す。

【采覧】 とりあげてご覧になる。魏・曹植〔躬を責むる詔に応ずの詩を上る表〕詞旨淺末にして、采覽するに足らざるも、下情を露はすことを貴び、顏を冒して以聞（奏上）す。

↑采会 集める／采獲 捜集する／采旗 采色旗／采畿 九畿の一／采戲 双六／采漁 あさる／采纈 しぼり染／采侯 五色の的／采采 多い／采糸 色糸／采聚 采集／采樵 木こり／采飾 彩飾／采真 天真／采芻 まぐさ刈り／采席 美しい席／采旃 色の毛布／采箋 色刷りの紙／采戰 双六／采組 色紐／采桑 桑つみ／采擢 抜擢して用いる／采茶 茶つみ／采摘 つむ／采田 知行所／采任 畿内の采地／采帛 色ぎぬ／采伐 伐採する／采抜 抜擢する／采筆 彩筆／采風 民謡を集める／采服 九服の一／采文 文飾／采弁 買い上げ／采捕 捕縛する／采芳 草つみ／采訪 たずね求める／采菱 楚の歌曲／采醴 樹液をとる／采蓮 蓮とり

↓華采・喝采・漁采・兼采・甄采・五采・舍采・収采・詢采・色采・神采・捜采・探采・釣采・掇采・納采・博采・伐采・風采・服采・文采・捋采・列采

人【哉】 9 4365 サイ はじめる かなや

篆文 金文
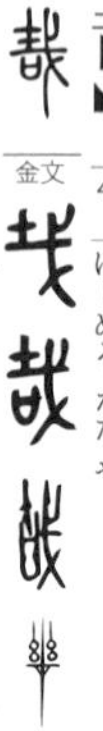

会意 𢦏+口。𢦏は戈に呪飾として才(字形中の十)を加えた形で、戈の使用にあたって戈を清める儀礼。口は祝詞を収める器の𠙵。おそらく戈が制作されたとき、呪飾を加え、祝詞を奏して清めたものであろう。ゆえにことはじめの意に用いる。金文に哉・載をはじめの意に用い、月がはじめて光をもち始める第二週を「哉生霸」という。霸(覇)は月光の意。また金文に𢦏・𢦏・哉を詠嘆の「かな」に用いる。仮借の用法である。

訓義 1はじめ、ことはじめ、はじめる。2かな、か、や、終助詞。詠嘆、疑問、反語などの意を示す。

古訓 〔名義抄〕哉 ハジム・ヤ・アヒダ・カナ/善哉 ヨキカナヤ・ヨイカナ・ヨカラムヤ

語系 哉tzə、才dzəは声近く、もと一系の語。𢦏・哉・載はともに才を声とする字で、才は神聖を示す呪符。

【哉兆】(てう) 災いのきざし。哉は烖(災)。〔管子、軽重丁〕地動き投(疫)の哉兆あるときは、國に慟き有り。星動き投(疫)の哉兆あるときは、國に槍星有り。其の君必ず辱められん。

↓偉哉・佳哉・快哉・怪哉・賢哉・信哉・善哉・然哉・大哉・美哉・明哉・野哉・雄哉・陋哉

人【柴】 9 2190 サイ シ しば

篆文

形声 声符は此。此に細小なるもの、尖ったものの意がある。〔説文〕六上に「小木、散材なり」とあり、柴薪の属をいう。これを燎いて天を祀るを祡といい、柴をその意に用いることもある。

訓義 1しば、しばの枯枝、枯木。2まがき。柴を組んで作る。ふさぐ、まもる。3祡と通じ、まつり、天を祀る、柴をやいてまつる。

古訓 〔新撰字鏡〕柴 阿和良木(あわらき) 〔名義抄〕柴 シバ・シバヤイテシゲシ 〔篇立〕柴 シタハ・カハラ 〔字鏡集〕柴 シバ・タ(カ)キ・シタ・シバヤイテシゲシ

語系 柴・祡dzheは同声。大なるものを薪(薪)、小なるものを柴という。柴を燎いて天を祀る祭儀を祡という。

【柴関】(くわん) しばのとぼそ。唐・戴叔倫〔興を遣る〕詩 明月、滄海に臨み 閒雲、故山を戀ふ 詩名天下に滿つるも 終日、柴關を掩ふ

【柴毀】 枯枝のようにやせる。〔晋書、孝友、許孜伝〕(孔)沖、郡に在りて喪亡す。孜、聞問して哀を盡し、~蔬食し執役、制服すること三年。俄にして二親没す。柴毀骨立し、杖して能く起つ。

【柴荊】 しばと、いばら。また、あばらや。南朝宋・謝霊運〔初めて郡を去る〕詩 恭しみて古人の意を承け 促やかに装ひて柴荊に反らんとす

【柴車】 飾りのない車。〔後漢書、逸民、韓康伝〕桓帝~安車を以て之れを聘す。~康已むことを得ず、乃ち許諾す。安車を辭し、自ら柴車に乘る。

【柴水】 しばかりと水汲み。晋・陶潜〔子儼等に与ふる疏〕汝が輩は稚少にして、家貧し。毎に柴水の勞に役せられ、何れの時にか免るべけん。

【柴扉】 しばのとぼそ。唐・王維〔山居即事〕詩 寂寞として柴扉を掩ひ 蒼茫として落暉に對す

【柴望】(ばう) 天を祀り、山川を祀る。〔書、舜典〕歳の二月、東のかた巡守して、岱宗(泰山)に至りて柴し、山川に望秩す。肆に東后を覲る。

【柴門】 しばのとぼそ。また、門をとざす。〔晋書、儒林、虞喜伝〕太寧中、~博士を以て徵せらるるも就かず。~高枕柴門、怡然として自ら足る。

【柴燎】(れう) 柴を燎いて天を祀る。〔梁書、范雲伝〕天監元年、高祖禪りを受け、南郊に柴燎す。

↑柴営 とりで/柴禾 しば/柴架 柴かけ/柴棘 悪草/柴扃 柴の扉/柴胡 のぜり/柴轂 柴車/柴楂 木柵/柴祭 祭天/柴柵 柴垣/柴薪 そだ/柴瘠 柴毀/柴草 たきぎ/柴塞 柴路/柴簇 鳥の巣/柴炭 薪炭/柴断 柴関/柴壇 祭天の壇/柴池 長短不ぞろい/柴虒 長短不ぞろい/柴蓽 あばらや/柴房 あばらや/柴木 雑木/柴米 柴と米/柴籬 柴がき/柴立 柴毀/柴寮 柴小屋/柴林 雑木林/柴羸 柴毀/柴路 柴が道を塞ぐ

↓曳柴・荊柴・枯柴・郊柴・樵柴・薪柴・切柴・桑柴・束柴・担柴・燔柴・藩柴・負柴・焚柴・茅柴・鹿柴

【洒】 9 3116 [灑] 22 3111 サイ シャ シ ソン そそぐ きよらか あらう

篆文 甲骨文

形声 声符は西。〔説文〕十一上に「滌ふなり」と訓し、「古文以て灑埽の字と爲す」(段注本)とあり、灑と同字、その形声の字。

訓義 1あらう、そそぐ、のぞく。2きよらか、あきらかにする。3おどろく、おどろくさま。4つつしむ、うやうやしい。5水が深い、山がたかい、きわだつ、あざやか。6寒い。7洗と通じる。

古訓 〔名義抄〕洒 ソ、グ・ス、グ・アラフ・キヨム・フカシ・モル・ウヤマフ・スナハチ 〔篇立〕洒 モル・フカシ・アラフ・ヒトシ・キヨム・ソ、グ・ハラフ・ス、グ・ヤウヤク・スナハチ 〔字鏡集〕洒 ハナル・ウスシ・アラフ・ソ、グ・キヨシ・アシアラフ・ウヤマフ・フカシ・ス、グ・ヤウヤク・ヒトシ・オサム・スマス・イサギヨシ

＊語彙は灑字条参照。

【洒心】 心を洗う。悔い改める。〔漢書、平帝紀〕往者に、有司多く前事を赦さんことを擧奏す。罪過を累增し、亡辜(無罪の人)を誅陷す。殆ど重信愼刑、洒心自新の意に非ざるなり。

【洒然】 心が洗われる。明・方孝孺〔楼希仁に与ふる書〕能く言ふ者は聲和して音雅、詞切にして義明らかに、理約にして亂れず、端多くして複ならず、之れを聽き人をして洒然として倦まざらしむ。

【洒埽】(さう) 水を撒き地を埽う。尊者を迎える礼。〔論語、子張〕子游曰く、子夏の門人小子、洒埽應對進退に當りては、則ち可なり。抑も末なり。之れを本づくるは則ち無し、之れを如何せん。

【洒落】 さっぱりしている。〔寓圃雑記、上〕李莊、字は敬中、人と爲り襟度洒落、翰詞に刻意す。作る所有れば、人爭うて之れを傳ふ。

↑洒家 私/洒豁 開闊/洒翰 揮毫する/洒如 恭しい/洒淅 寒い/洒洒 冷えこむ/洒濯 洗濯する/洒脱 垢ぬけ/洒涕 流涕/洒腆 恭しく祭る/洒派 分派/洒墨 揮毫する

常【碎】 9 人[碎] 13 1064 サイ くだく ひく

篆文

形声 旧字は碎に作り、卒声。卒に淬・焠の声がある。〔説文〕九下に「䃺くなり」(段注本)とあり、石臼で䃺き潰すことをいう。〔広雅、釈詁 一〕に「壞るなり」、〔玉篇〕に「散らすなり」とあり、粉末となる意。卒は䃺きつぶすときの擬声語であろう。

訓義 1くだく、くだける、さける、われる。2ひく、ひきつぶす。3くだけたくず、くだけ。4こまかい、くだくだしい、つまらぬ。

古訓 〔名義抄〕碎 クダク・チル・ミガク・ヤブル/細碎 クダ〳〵シ 〔字鏡集〕碎 チル・ケヅル・ヤブル・クダク・クハシ・ミガク・ワ

ラ、ク

語系 碎 suət、屑 syet は声近く、細 syei も同系の語。砕かれて砕細となり、屑となる。

【砕花】さいか(くわ) くだけちる花。北周・庾信〔灯の賦〕蛾飄りては、則ち砕花亂下し、風起りては、則ち流星細落す。

【砕義】さいぎ くだくだしい解釈。〔漢書、芸文志〕後世の經傳、既已に乖離し、博學の者も、又多く聞きて疑はしきを闕くの義を思はず、而して砕義を務めて難を逃る。

【砕玉】さいぎょく くだけた玉。〔開元天宝遺事、天宝下、占風鐸〕岐王宮中、竹林内に、砕玉の片子を懸け、毎夜、玉片子の相ひ觸るるの聲を聞き、卽ち風有るを知る。

【砕金】さいきん くだけた黄金。立派なものの一部。傑作の零篇。〔世説新語、文学〕桓公(温)、謝安石(安)の簡文(帝)の謚議(おくり名の審定)を作るを見る。看竟りて、坐上の諸客に擲與して曰く、此れは是れ、安石の砕金なりと。

【砕辞】さいじ くだくだしい言いかた。漢・劉歆〔書を移して太常博士を譲む〕往者の綴學の士は、廢絶の闕を思はず、苟くも陋に因り寡に就き、文を分ち字を析き、言を煩にし辭を砕く。學者罷老するも、且つ其の一藝を究むること能はず。

【砕折】さいせつ くだけ折れる。〔墨子、非攻中〕其の矛戟・戈劍・乘車、列び往きて、砕折靡弊して反らざる者、勝げて數ふべからず。

【砕米】さいべい 雪をたとえる。宋・蘇軾〔泗州、除夜雪中、黄師是酥酒を送る、二首、一〕詩 莫雪紛紛として、砕米を投じ春流咽咽として、黄沙を走らす

【砕務】さいむ 瑣細な事務。〔晋書、劉毅伝〕後に司徒、毅を擧げて青州大中正と爲す。尚書以へらく、毅は懸車致仕す。宜しく勞するに砕務を以てすべからずと。

【砕裂】さいれつ くだき裂く。〔後漢書、酷吏伝序〕若し其れ彊勢を揣挫し、公卿を摧勒し、頭腦を碎裂して而も顧みざるは、亦た壯と爲すなり。

↑砕貨 雑貨／砕蟻 酒がやっと熟する／砕錦 散錦／砕銀 くだけ銀／砕劇 煩忙／砕撃 うちくだく／砕纈 絞り染め／砕月 片われ月／砕瑣 細瑣／砕砕 こまかな／砕雑 煩雑な／砕澌 砕氷／砕首 死ぬ／砕身 命がけでつとめる／砕胆 胆をつぶす／砕滴 しずく／砕破 くだく／砕魄 心をくだく／砕文 くだくだしい文／砕片 破片／砕爛 崩れる

↓圧砕・殞砕・苛砕・毀砕・玉砕・撃砕・瑣砕・細砕・摧砕・雑砕・珠砕・心砕・破砕・敗砕・拍砕・煩砕・飛砕・糜砕・氷砕・粉砕・劈砕・璧砕・撲砕・零砕・礫砕・猥砕

【倅】 10 2024 サイ ソツ そえ せがれ

篆文 

形声 声符は卒。卒に碎(砕)の声がある。〔説文新附〕八上に「副なり」とあり、副弐として備えるもの。副車を倅車といい、王子たちを倅という。

訓義 [1]そえ、そえる、副として備える。[2]みちる、もっぱら。[3]卒百人を倅という。[4]わが国では、せがれ、小せがれの意に用いる。

古訓 〔字鏡集〕倅 ミツ

↑倅介 副官／倅倅 動く声／倅弐 副官／倅車 副車／倅然 卒然／倅卒 副卒／倅長 百人の長／倅馬 副馬／倅毛 純毛

↓小倅・倉倅・貧倅・賓倅・副倅・遊倅

常 【宰】 10 3040 サイ つかさどる おさ おさめる

篆文  甲骨文  金文 

会意 宀+辛。宀は宋廟や宮室の建物。辛は大きな把手のある曲刀の象。牲肉を切る庖丁である。宗廟に犠牲を供するとき、天子は鸞刀を用いるが、これを宰割するのはおおむね長老の職とするところであり、その人を宰といった。それで宰領・宰輔の意となる。〔説文〕七下に「辠人なり。屋下に在りて事を執る者なり」とするのは、辛を罪人に入墨する辛と解したのであろうが、この辛は宰割に用いる曲刀をいう。周の金文にみえる善夫は膳夫。宰と善夫とは、西周期には王の重臣として宰輔の職にあった。

訓義 [1]犠牲を切る、祭肉を供する、ほふる。[2]祭祀をつかさどる、政務をつかさどる、諸事をつかさどる、おさめる。[3]つかさどる人、長官、家宰、みこともち、おさ、かしら。[4]ととのえる、きりもりする。[5]采と通じ、知行。

古訓 〔名義抄〕宰 ツカサドル・モト・オサム・ヤシナフ・ヨク・サク・クラフ・ワカツ 〔字鏡集〕宰 ツクロフ・ツカサドル・ツカサ・ヤシナフ・モト・サク・ツクル・オサム・クラフ・ヨク・ワカツ

声系 〔説文〕に宰声として滓など三字を収める。滓はまた淄に作り、甾の声義を承ける字。宰の声義を承けるとみるべき字はない。

【宰割】さいかつ 犠牲を切る。また、きりもりする。〔史記、陳渉世家、褚少孫論〕秦に餘力有りて其の弊を制し、亡ぐるを追ひ、北ぐるを逐ひ、伏尸百萬、流血櫓(大楯)を漂はす。利に因り便に乘じ、天下を宰割し、山河を分裂す。

【宰衡】さいこう(かう) 新の王莽の加号。周公の太宰と、伊尹の阿衡の号を合わせて官名とした。〔漢書、王莽伝上〕有司請ふ、〜伊尹・周公の稱號を采り、公に加へて宰衡と爲し、上公に位せしめんと。

【宰殺】さいさつ 犠牲を殺す。〔捜神記、四〕益州の西、雲南の東に神祠有り。〜此の神、張良が受くる所の黄石公の靈なり。清淨にして宰殺せず。

【宰士】さいし 宰相配下の士。〔後漢書、周栄伝〕榮は江淮の孤生なり。先帝の大恩を蒙り、以て二城に歷宰す。今復た宰士に備はるを得たり。縱ひ竇氏の害する所と爲るも、誠に甘心する所なり。

【宰執】さいしつ 宰相として政を執るもの。〔旧唐書、張九齢伝〕開元二十四年、尚書右丞相に遷り、知政事を罷む。後宰執、公卿を薦引する每に、上必ず問ふ、風度九齢の如くなるを得るや否やと。

【宰社】さいしゃ 社日の祭肉を分配する役。〔史記、陳丞相世家〕里中の社、(陳)平、宰と爲り、肉食を分つこと甚だ均し。父老曰く、善いかな、陳孺子の宰爲るやと。平曰く、嗟乎平をして天下に宰たるを得せしめば、亦た是の肉の如くならんと。

【宰祝】さいしゅく 太宰と大祝。ともに祭祀官。〔礼記、月令〕(仲秋の月)是の月や、乃ち宰祝に命じて、犠牲を循行せしむ。全具を視、〜皆度に中らしむ。

【宰相】さいしょう(しやう) 百官の長。天子を輔佐する職。〔史記、陳丞相世家〕宰相は、上は天子を佐け、陰陽を理め、四時を順にし、下は萬物の宜しきを育ひ、〜内は百姓を親附し、卿大夫をして各々其の職に任ふるを得しむ。

【宰制】さいせい 統轄する。支配する。〔史記、礼書〕洋洋として美德なるかな。萬物を宰制し、群衆を役使す。豈に人力ならんや。〜其の由來する所尚し。

【宰府】さいふ 宰相の府。梁・任昉〔宣徳太后再び敦く梁王に勧むる令〕梁朝に客游しては、則ち聲華籍甚なり。名を宰府に薦めては、則ち延譽自ら高し。〜建武維れ新たに、締構斯に在り。

【宰物】さいぶつ 万事をきりもりする。民を治める。〔南史、宋武帝紀〕然らば則ち帝王なる者は、宰物の通器、君道なる者は、天下の至公なり。

【宰輔】天子の補佐。宰相・三公など。魏・鍾会〔蜀に檄する文〕今、國朝は天覆の恩を隆んにし、宰輔は寛恕の徳を弘いにし、恵を先にし誅を後にし、生を好み殺を惡む。

【宰牧】宰相と地方の長官。〔世説新語、政事〕徳は全きに居くを以て稱と爲し、仁は物を害せざるを以て名と爲す。方今、華夏に宰牧たるは、殺戮の職に處るなり。本操と將た乖かざらんや。

【宰虜】料理人と奴隷。〔韓非子、説難〕今、吾れを以て宰虜と爲すも、而れども以て聽用せられて世を振ふべくんば、此れ能仕（士）の恥づる所に非ざるなり。

【宰録】大宰録尚書事の略称。〔晋書、慕容暐載記〕猥りに輕才を以て、位を宰錄に竊む。

↑宰尹 料理長／宰官 役人／宰貴 高官／宰牛 牛を解く／宰御 県令／宰業 屠殺業／宰君 知県／宰卿 宰相・卿相／宰祭 助祭／宰司 役人／宰爵 膳夫／宰主 主宰／宰守 役人／宰匠 丞相／宰職 丞相／宰臣 重臣／宰人 料理人／宰隧 墓道／宰世 世を治める／宰治 宰世／宰廷 朝廷／宰庭 朝廷／宰弼 宰輔／宰夫 儀式官／宰柄 宰相の権／宰木 墓の木／宰老 家老
↓王宰・家宰・宮宰・君宰・卿宰・社宰・主宰・州宰・上宰・真宰・膳宰・大宰・台宰・厨宰・家宰・朝宰・天宰・内宰・副宰・庖宰・烹宰・名宰・明宰・邑宰・里宰・良宰

人【晒】10 6106 ［曬］23 6101 サイ シ さらす

篆文 

形声 正字は曬に作り、麗声。麗に灑・纚・躧の声がある。〔説文〕七上に「暴すなり」とあり、暴は獣屍がさらされて、白い骨組みを残している形。強烈な陽光にさらされることを曬という。書の虫干しを曬書という。字はまた晒に作る。灑を洒に作るのと同じである。
訓義 ①さらす、日にあてる、日にかわかす。②てる、てりつける。
古訓 〔新撰字鏡〕曬 左羅須（さらす）、又、保須（ほす）〔名義抄〕曬 サラス・ホス・カハク・タナビク
【曬書】書物の虫干しをする。〔世説新語、排調〕郝隆、七月七日、日中に出でて仰臥す。人、其の故を問ふ。答へて曰く、我は（腹中の）書を曬すと。
【曬曝】日にさらす。〔図画見聞誌、五、故事拾遺〕梁の千牛衛將軍劉彦齊、～其の藏する所の名迹、啻だに千巻のみならず。暑伏毎ごに曬曝し、一一親しく自ら卷舒し、終日倦まず。
↑曬乾 ほす／曬殺 さらす／曬燥 乾かす／曬暖 日なたぼっこ／曬透 日にあてる／曬背 日なたぼっこ／曬腹 曬書
↓時曬・盛曬・晴曬・日曬・白曬・曝曬

常【栽】10 4395 サイ うえる

篆文 

形声 声符は𢦏。𢦏は戈に呪飾を加えた形で、ものを清め、ことをはじめる意がある。〔説文〕六上に「牆を築く長版なり」とするが、この字を版築に関して用いる例がなく、栽培・植樹の意に用いる。おそらく封建、あるいは社樹を植えるなど、儀礼としての植樹が行われることをいうのが初義であろう。
訓義 ①うえる、木をうえる、特定の地に植樹する、うえこみ。②うえき、苗木、わかめ。
古訓 〔名義抄〕栽 ウウ〔篇立〕栽 ウウ・ヒコバエ
【栽櫱】芽ばえ。〔論衡、初稟〕草木の、實核より生じ、土を出でて栽櫱と爲り、稍く莖葉を生じ、長短巨細を成爲すは、皆實核に由る。
【栽植】うえる。宋・蘇軾〔牡丹記の叙〕凡そ牡丹の傳記に見ゆるものと、栽植培養剝治の方と、古今の詠歌詩賦より、下も怪奇小説に至るまで、皆在り。
【栽培】植えそだてる。宋・蘇舜欽〔花山寺の壁に題す〕詩 栽培翦伐、須らく勤力すべし 花は凋零し易く、草は生じ易し
【栽盆】植木鉢。鉢植え。宋・文同〔可笑口号七章、一〕詩 笑ふべし、庭前の小兒女 栽盆に水を貯へて、浮萍を種う
↑栽花 花栽培／栽蒔 移植する／栽種 うえる／栽人 人を陥れる／栽接 つぎ木／栽挿 挿しうえ／栽竹 種竹
↓移栽・旧栽・櫱栽・手栽・植栽・新栽・前栽・分栽・盆栽

人【砦】10 2160 サイ とりで まがき

形声 声符は此。此は柴の省文で柴柵。これに石材を加えて防塞としたもので、木砦という語もある。寨・塞と同義の字である。それぞれ石・土・木を以てとりでを組むもので、もと同源の語である。
訓義 ①とりで、石組みを加えた木柵。②まがき、柴などを組んだかこい。柴と通用する。
↑砦柵 とりで／砦堡 防塞／砦窳 なまくら
↓営砦・結砦・抜砦・烽砦・立砦・鹿砦

【柴】10 2190 ［祡］9 2190 サイ ひまつり

篆文  古文 

形声 声符は此。此は柴の省文。柴を燎いて煙をあげ、天を祀る祭儀をいう。〔説文〕一上に「柴を燒き、尞（燎）して天を祭るなり」（段注本）とあり、「虞書に曰く」として〔書、舜典〕の文「岱宗（泰山）に至りて祡す」の文を引く。その祭祀は、多く山上で行われた。〔説文〕の古文の字形が隋の省形に従うのは、燔柴のとき、柴薪を積んで、その上に牲を加えたからであろう。
訓義 ①まつり、ひまつり、柴をやいて天をまつるまつり。②柴と通用する。
古訓 〔字鏡集〕祡 マツリ
語系 祡・柴 dzhe は同声。燔柴して天を祀るを祡という。〔礼記、王制〕などに、柴を祡の義に用いる。
＊語彙は柴字条参照。

【豺】10 2420 サイ やまいぬ

篆文 

形声 声符は才。〔説文〕九下に「狼の屬、狗足なり」とする。〔礼記、王制〕に「獺（かわうそ）、魚を祭る」に対して「豺、獸を祭る」という語があり、しかるのち田猟のことが行われた。
訓義 ①やまいぬ。②悪虐のものにたとえる。
古訓 〔和名抄〕豺狼 狼、於保加美（おほかみ）〔名義抄〕豺 オホカミ／豺狼 ―ノオホカミ
【豺虎】山犬と虎。悪者にたとえる。〔詩、小雅、巷伯〕彼の譖人を取りて 豺虎に投げ畀へん 豺虎も食はざれば 有北（北地）に投げ畀へん
【豺祭】山犬が獣を列べて祭る。〔礼記、王制〕獺、魚を祭りて、然る後に虞人（山沢の官）澤梁に入り、豺、獸を祭りて、然る後に田獵す。
【豺豕】山犬と、ぶた。多欲の人にたとえる。晋・桓温〔譙元彦（秀）を薦むる表〕方今、六合（天下）未だ康からず、豺豕路に當り、遺黎（生き残り）偸薄（薄情）にして、義聲聞えず。
【豺声】山犬のような声。〔史記、楚世家〕初め、成王將

に商臣を以て太子と爲さんとし、令尹子上に語る。子上曰く、〜商臣は、蠭目ほう（蜂の目）にして豺聲、忍人じん（残忍な性格の人）なり。立つべからざるなりと。（成）王、聽かずして之れを立つ。〜是れを穆王と爲す。

【豺狼】さいろう 山犬と狼。大姦にたとえる。〔後漢書、張綱伝〕唯だ綱、年少かくして官次最も微なり。餘人、命を受けて部に之ゆく。而るに綱獨り其の車輪を洛陽都亭に埋めて曰く、豺狼、路に當る。安いずくんぞ狐狸（小姦）を問はんと。

↑豺牙さいが 凶相／豺舅さいきゅう 犬／豺狗さいこう 山犬／豺兕さいじ 野牛／豺心さいしん 豺狼の心／豺貪さいたん 豺のように貪婪／豺獏さいばく 悪人にたとえる／豺武さいぶ 勇猛

↓育豺・飢豺・祭豺

【啐】 11 6004 サイ ソツ よぶ なめる

篆文 

形声 声符は卒そつ。〔説文〕二上に「驚くなり」とあり、驚きよぶ意。舌を動かす擬声語。

訓義 1おどろく、おどろきよぶ。2さけぶ、しかる。3酒などをすすめる、幼児をあやす。4なめる、のむ、すう、くらう。5しかる、いましめる、たしなめる。

古訓 〔名義抄〕啐 スフ 〔篇立〕啐 ス、ル・スフ 〔字鏡集〕啐 クチバシ・スフ・ナム

【啐飲】さいいん 祭の後に飲む。宋・梅尭臣〔〜昭亭神に賽す〕詩 琵琶嘈嘈そうそうとして、神降りて言ふ 汝に福し汝を祐たすけ、災蘖げつ無からしめん 西向して啐飲し、東向して迴めぐる 谿心却って望む、山の崔嵬さいかいたるを

【啐酒】さいしゅ 酒をなめる。〔礼記、郷飲酒義〕薦を祭り酒を祭るは、禮を敬するなり。肺を嚌なむるは、禮を嘗なむるなり。酒を啐なむるは禮を成すなり。席末に於てするは、〜禮を行はんが爲なり。

【啐啄】そったく 卵の中の雛が中からつつき、母鶏が外からつつく。呼吸があう。〔碧巌録、一、七、評唱〕法眼禪師に啐啄同時底の機有り。啐啄同時底の用を具して、方はじめて能く此かくの如く答話す。

↑啐嘗さいしょう 味見／啐醴さいれい 啐酒

↓嘈啐・咄啐

【崔】 11 2221 サイ たかい けわしい

篆文 

形声 声符は隹すい。〔説文〕九下に「大いにして高きなり」とあり、山の崔嵬かいたるをいう。隹声に従うことより考えると、崔はもと鳥占うらをいう字であったと思われるが、のちその字義を失ったものであろう。連語の形容語としてのみ用いられる。

訓義 1たかい、けわしい、高大のさま。2うごくさま、速いさま。

古訓 〔名義抄〕崔 サカシ／崔嵬 タカクサカシ 〔字鏡集〕崔 サカシ・トタカク・タカシ

声系 〔説文〕に崔声として催・漼・摧など四字を収める。崔声の字に相うつ、せりあう、相擠擣する意があるようである。

【崔嵬】さいかい（くわい） 高くけわしい。そびえるさま。〔楚辞、九章、渉江〕長鋏けふ（長剣）の陸離りく（かがやく）たるを帯び 切雲（冠）の崔嵬たるを冠かむれり

【崔巍】さいぎ 高くけわしいさま。晋・左思〔呉都の賦〕臨海の崔巍たるを崇たかくし、赤烏（日）の韡曄いよう（かがやく）たるを飾る。

【崔隤】さいたい つまずく。〔漢書、景十三王、広川恵王越伝〕内、茀鬱ふつうつとして、憂哀積む 上かみ天を見ず、生くとも何の益かあらん 日、崔隤して、時再びせず 願はくは軀みを棄てて、死すとも悔い無からん

↑崔乎さいこ 動くさま／崔崔さいさい 高大／崔錯さいさく 交錯

↓錯崔

常【彩】 11 2292 〔彩〕 11 2292 サイ あや いろどり

篆文 

形声 声符は采（采）さい。采は草木を采取する意。色料として用いるので采色の意となり、その文彩を示す彡さんを加えて彩となった。采の繁文で、文彩ある意に用いる。

訓義 1あや、いろどり、いろ。2つや、ひかり、かざり。3たくみ、もよう、みなり。

古訓 〔名義抄〕彩 カゲ・イロ・ヒカリ・イロドル・ウルハシ 〔字鏡集〕彩 イロ・ツ、ム・ウルハシ・イロドル・ヒカリ・オシヒラク・カナイロ

＊語彙は采字条参照。

【彩雲】さいうん 美しい色をした雲。旭日に映える雲。唐・李白〔早とに白帝城を発す〕詩 朝に辭す白帝彩雲の閒 千里の江陵一日にして還る

【彩暈】さいうん 日や月の美しいかさ。雲氣。宋・蘇軾〔鳳翔八観、王維・呉道子の画〕詩 亭亭たり雙林の閒 彩暈、扶桑（東方の神仙の木）の暾ひ（朝日）

【彩霞】さいか 美しいもや、かすみ。朝やけ夕やけの雲氣。唐・温庭筠〔暁仙謡〕詩 碧簫へきせう曲盡きて、彩霞動き 九州を下視して、皆悄然たり

【彩翠】さいすい 色づいた草木。唐・王維〔輞川集、木蘭柴〕詩 彩翠、時に分明 夕嵐、處所（定所）無し

【彩屏】さいへい 美しい彩色の屛風。唐・李白〔元丹丘の巫山屛風に坐するを観る〕詩 疑ふらくは是れ、天邊十二峯 飛びて入る、君家の彩屛の裏うち

【彩碧】さいへき 美しいみどり色。唐・皮日休〔雨中、包山精舍に遊ぶ〕詩 松門五里に亙たり 彩碧高下絢けんうし

↑彩靄さいあい 美しいもや／彩衣さいい 美しい服／彩豔さいえん 色どりが美しい／彩花さいか 造花／彩画さいが 彩色画／彩絵さいかい 美しい絵／彩管さいかん 絵筆／彩旗さいき 美しい旗／彩轎さいきょう 新婦の乗る美しいかご／彩局さいきょく 双六／彩具さいぐ 絵具／彩蜺さいげい にじ／彩鷁さいげき 舟の鷁首／彩絢さいけん あや／彩虹さいこう にじ／彩毫さいごう 彩筆／彩幟さいし 美しい旗／彩綉さいしゅう 美しいぬいとり／彩繡さいしゅう 美しい刺繡／彩女さいじょ 下級宮女／彩章さいしょう あや／彩仗さいじょう 儀仗／彩縄さいじょう 美しい縄／彩飾さいしょく 采飾／彩船さいせん 飾った船／彩牋さいせん 詩箋／彩線さいせん 涙のあと／彩旦さいたん 毒婦役／彩蝶さいちょう 美しい蝶／彩陶さいとう 着色土器／彩頭さいとう 面目、ほまれ／彩筆さいひつ 絵筆／彩服さいふく 彩衣／彩文さいぶん あや／彩門さいもん アーチ

↓靄彩・異彩・遺彩・雲彩・煙彩・華彩・霞彩・画彩・寒彩・翰彩・奇彩・玉彩・五彩・光彩・紅彩・虹彩・細彩・三彩・散彩・詞彩・詩彩・色彩・樹彩・神彩・水彩・生彩・精彩・染彩・鮮彩・多彩・淡彩・文彩・碧彩・迷彩・夜彩・油彩・幽彩・爛彩・林彩

常【採】 11 5209 〔採〕 11 5209 サイ とる

形声 声符は采（采）さい。采は草木を摘みとる形で、採の初文。采を文彩の意に用いるに及んで、採・彩（彩）の字が分化した。

訓義 1とる、つみとる。2えらびとる、えらぶ。

古訓 〔名義抄〕採 トル・ツム・ヒロフ・ヲサム・イロドル・ネラフ・カキミル・トフラフ 〔篇立〕採 マネク・ト、ム・トンテ・トル・モトム・トラフ・ヒロフ・カ、ミル・エラブ

＊語彙は采字条参照。

【採獲】さいかく（くわく） とり入れる。〔後漢書、班彪伝上〕（司馬）遷の著作の若ごときは、古今を採獲し、經傳を貫穿して、至りて廣博なるも、一人の精、文重思煩。故に其の書刊落するも盡きず、尚ほ盈辭えい有り。

【採掘】さいくつ 掘り出す。〔北史、恩幸、茹皓伝〕華林（洛陽の宮園）の諸作を領し、〜興立する所多し。山を天泉池の西に爲つく

り、北芒(洛北の山)及び南山の佳石を採掘し、竹を汝・潁より徙し、其の間に羅蒔す。～樹草栽木、頗ぶる野致有り。

【採擷】さいけつ 裾につみとる。唐・杜甫〔暇日小園に病を散じ～兼ねて触目を書す〕詩 荊巫(荊州の巫山)、苦寒に非ず 採擷、青春に接す

【採拾】さいしゅう(しふ) とりひろう。〔後漢書、江革伝〕少くして父を失ひ、獨り母と居る。～盗賊竝び起るに遭ひ、革、母を負ひて難を逃れ、備さに阻険を經たり。常に(薪・果を)採拾して以て養と爲す。

【採樵】さいしょう(せう) 薪をとる。〔左伝、昭六年〕楚の公子棄疾、晉に如く。～鄭に過ぎる。～(沿道にて)芻牧採樵を禁じ、田に入らず、樹を樵らず。

【採摭】さいせき ひろいとる。漢・孔安国〔尚書の序〕詔を承けて五十九篇の爲に傳を作る。是に於て遂に精を研き思ひを覃くし、博く經籍に考へ、群言を採摭し、以て訓傳を立つ。

【採択】さいたく えらびとる。〔三国志、呉主伝〕若し小臣の中、納用すべき者有らば、寧んぞ人を以て言を廢して採擇せざることを得んや。

【採摘】さいてき つみとる。唐・裴迪〔輞川集、二十首、椒園〕詩 幸ひに調鼎(調理)の用に堪へなば 願はくは君、採摘を垂れよ

【採掇】さいてつ ひろいあつめる。〔宋書、孝義、徐耕伝〕今年(元嘉二十一年)亢旱(大旱)あり、禾稼登らず。氓黎(人民)飢餒し、採掇して命を存す。

【採納】さいのう(なふ) うけ入れる。〔晋書、段灼伝〕臣の言ふ所は、皆直だ古今已に行はるるの故事を陳ぶるのみにして、新聲異端に非ざるなり。辭義實に淺く、採納するに足らず。

【採風】さいふう 民間の詩を訪求して、民風を知る。〔文中子、問易〕諸侯詩を貢せず、天子採風せず、樂官雅に達せず、國史變を明らかにせず。嗚呼、斯に則ち久し。詩は以て續がざるべきか。

【採訪】さいほう(はう) 実地に訪ねてとる。晋・干宝〔捜神記の序〕若し近世の事を採訪せしめ、苟しくも虚錯(うそ、あやまり)有らば、願はくは先賢前儒と、其の譏謗を分たん。

【採問】さいもん ききとる。〔後漢書、羊続伝〕續を拜して南陽太守と爲す。郡界に入るに當り、乃ち羸服(ぼろ服)閒行し、～縣邑を觀歷し、風謠を採問し、然る後に乃ち進む。其の令長の貪絜、吏民の良猾、悉く逆め其の狀を知る。郡内驚竦す。

【採菱】さいりょう 菱とり。古曲名。梁・武帝〔採菱曲〕楽府 桂棹容與(ゆるやか)して、採菱を歌ふ 心未だ怡ばず 羅袖を翳して所思を望む

【採蓮】さいれん 蓮つみ。古曲名。梁・武帝〔採蓮曲〕楽府 五湖(太湖など、附近の湖)に遊戲して、蓮を採りて歸る 花を發する田葉(蓮葉)、芳、衣を襲ふ 君が爲に儂が歌ふは、世の希とする所 世の希とする所、玉の如き有り

↑採花 花つみ／採荷 採蓮／採華 採花／採求 探求／採莒 いも掘り／採捃 収集／採工 鉱夫／採光 明かりとり／採察 採用／採山 採鉱／採詩 采詩／採取 とり入れる／採珠 真珠とり／採集 采集／採緝 集録する／採召 採用する／採薪 采薪／採生 生人を犠牲とする／採清 清める／採桑 桑つみ／採綜 統べる／採帯 帯びる／採琢 みがく／採蓄 ためる／採茶 茶つみ／採聴 聴許／採点 点をつける／採買 買い入れる／採剝 はぐ／採伐 伐採／採薇 薇をとる／採弁 買い取る／採捕 捕らえる／採薬 薬草とり／採用 使う／採覧 みる／採掠 かすめ取る／採録 録入する

↓可採・近採・許採・競採・捃採・収採・薪採・銓採・捜採・綜採・探採・聴採・掇採・博採・伐採・摹採・撈採

【淬】 11 3014 サイ シュツ にらぐ

篆文 

形声 声符は卒。卒に碎(砕)の声がある。〔説文〕十一上に「火を滅するの器なり」とあり、〔説文通訓定声〕に「水を貯へて以て刃を淬ぐの器なり」というように、刃を焼いて水入れする意。にらぐことをまた焠といういずれも卒声に従うのは、その水入れするときの音で、擬声語であろう。人の刻苦勉励することを淬礪というのは比喩的な語である。

訓義 1にらぐ、刃を焼いて水入れする。2にらぐのに用いる器。3淬と通じ、つめたい、さむい。4つとめはげむ。5染と誤り、そめる。

古訓 〔名義抄〕淬 ニラグ 〔字鏡集〕淬 ソム・サムシ・ニラグ・サク

【淬刃】さいじん 焼いた刃を水ににらぐ。唐・王起〔佩刀泉に出づる賦〕飛流乍ち淬刃に凝り、血を濯ふこと、又兵(武器)を洗ふに同じ。

【淬刀】さいとう(たう) 刀をにらぐ。〔琅邪代酔編、淬刀〕蒲元、～諸葛武侯(亮)の爲に刀三千口を鑄て、刀成る。自ら言ふ、漢水は鈍弱にして淬ぐに任へず。蜀江の爽烈なるを用ふ。是れを大金の元精と謂ふ。人に命じて、成都に於て江水を取らしむ。蒲以て刀を淬ぐ。

【淬磨】さいま みがきをかける。〔旧唐書、文苑伝序〕元稹・劉蕡の對策、王維・杜甫の雕蟲(技巧)竝に肄業の然らしむるに非ず。自ら是れ天機秀絶す。隋珠の色澤ありて淬磨を假る無く、孔璣翠羽、自ら華彩を成すが若し。

【淬厲】さいれい みがきをかける。清・龔自珍〔己亥雑詩、七〕詩 廉鍔(鋭刃)。文章の厳しさをいう)上帝の才に關するに非ず 百年淬厲して、電光開く

↑淬火 熱処理する／淬潰 奔流／淬鑑 鏡を磨く／淬鏡 鏡を磨く／淬琢 みがく／淬勉 はげむ／淬没 水声／淬浴 入浴する／淬励 淬厲／淬礪 淬厲／淬練 みがく

↓水淬・磨淬・冷淬・礪淬

常 【済】 11 〔濟〕 17 3012 サイ セイ わたる なる すくう

篆文  金文 

形声 旧字は濟に作り、齊(斉)声。〔説文〕十一上に川の名とするが、〔詩、鄘風、載馳〕に「旋り濟ること能はず」のように、古くは水を渡ることを意味した。水を渡る意から、成就・救済の意となった。〔爾雅、釈言〕に「濟は渡るなり、濟は成るなり、濟は益すなり」の訓がある。

訓義 1わたる、わたり、わたし。2なる、なす、成就する、はたす、すむ、すませる。3すくう、たすける。4ます、くわえる、ゆるす、いれる。5斉と通じ、ひとしい。6擠と通じ、ほろぼす、ほろびる。7霽と通じ、はれる。

古訓 〔和名抄〕濟 和太利(わたり) 〔篇立〕濟 タスケム・スクフ・サダマル・ワタリ・ワタル 〔字鏡集〕濟 ヒトシ・ナガル・ト、ノフ・ナス・マス・カ、ム・サダマル・アサシ・ウラヤム・スクフ・ワタル・キハマル・イク・ナル・セム・ハル・フネ・ワタリ

【済育】さいいく(ゐく) たすけ育てる。〔三国志、魏、夏侯玄伝〕古の官を建つるは、群生を濟育し、民物を統理する所以なり。故に之れが君長を爲りて、以て之れを司牧せしむ。

【済化】さいか(くわ) すくい導く。〔晋書、王坦之伝〕夫れ天道は無私を以て名を成し、二儀は至公を以て徳を立つ。～此れ天地の功を成す所以、聖人の濟化する所以なり。斯れに由りて之れを論ぜば、公道は自然に體る。

【済河】せいか 河をわたる。〔左伝、文三年〕秦伯、晉を伐つ。河を濟りて舟を焚き、王官を取りて郊に及ぶ。～遂に茅津より濟

り、殽(山)に尸(戦死者)を封じて還る。遂に西戎に霸たり。

【済功】てがらを立てる。〔晏子、問下二〕桓公～賢に下るに身を以てす。管仲は君の賊なり。其の能く以て國を安んじ功を濟すに足るを知る。故に之れを魯郊に迎へ、自ら御して之れを廟に禮す。

【済事】ことを成す。〔左伝、荘十四年〕苟くも社稷に主たらば、國内の民、其れ誰か臣爲らざらん。臣に二心無きは、天の制なり。～荘公の子、猶ほ八人有り。若し皆官爵を以て賂を行ひ、貳くことを勸め、以て事を濟すべくんば、君其れ之れを若何せん。

【済時】時世をすくう。唐・杜甫〔歳暮〕詩 時を濟ふに、敢て死を愛しまんや 寂寞、壯心驚く

【済衆】民衆をすくう。〔論語、雍也〕子貢曰く、如し博く民に施して、能く衆を濟ふものあらば、何如。仁と謂ふべきかと。子曰く、何ぞ仁を事とせん。必ずや聖ならんか。堯舜も其れ猶ほ諸れを病へたり。

【済渉】水をわたる。〔後漢書、張禹伝〕土人皆江に(伍)子胥の神有るを以て、濟渉を難かる。禹、將に度らんとす。吏固く請うて聽かず。禹、言を厲まして曰く、子胥如し靈有らば、吾が志の枉訟を理察するに在るを知らん～と。

【済勝】山水の勝景をめぐる。〔南史、劉歊伝〕性、興樂を重んじ、尤も山水を愛し、危に登り嶮を履み、必ず幽遐を盡す。人能く及ぶもの莫し。皆其の濟勝の具(山登りの道具)有るを歎ぜり。

【済世】世をすくう。晉・陸機〔魏の武帝を弔ふ文〕夫れ迴天倒日の力を以てして、形骸の内を振ふこと能はず。濟世夷難(難を夷らぐ)の智にして、困を魏闕(宮城の門)の下に受く。

【済成】成就する。〔書譜、上〕篆隷草章、工用變多しと雖も、厥の美を濟成するは、各〻宜しき攸有り。篆は婉にして通なるを尚び、隷は精にして密なるを欲し、草は流にして暢なるを貴び、章は檢にして便ならんことを務む。

【済済】多くてさかんなさま。〔詩、大雅、文王〕濟濟たる多士 文王以て寧し

【済沢】水草の茂るわたしば。〔左伝、襄二十八年〕濟澤の阿、行潦(小さな流れ)の蘋藻(水草)も、諸れを宗室に寘く～は敬なり。

【済度】わたす。すくう。〔後漢書、皇后上、和熹鄧皇后紀〕上は天を欺きて先帝に愧ぢず、下は人に違ひて宿心に負かざらんと欲す。誠に百姓を濟度し、以て劉氏(漢)を安んずるに在り。

【済難】難をすくう。魏・曹植〔自ら試みられんことを求むる表〕固より夫れ國を憂へて家を忘れ、軀を損てて難を濟ふは、忠臣の志なり。

【済美】父祖の業をうけつぐ。〔左伝、文十八年〕此の十六族や、世〻其の美を濟し、其の名を隕さずして、以て堯に至る。

【済物】万民をすくう。魏・嵇康〔山巨源(濤)に与へて交はりを絶つ書〕(楚の)子文は卿相を欲すること無きも、三たび令尹に登れり。是れ乃ち君子の物を濟はんことを思ふの意なり。

【済民】民をすくう。〔書、武成〕惟れ爾、有神、尚はくは克く予れを相けて、以て兆民を濟ひ、神の羞(はじ)を作す無からんことを。

↑済悪 悪人がすくいあう／済活 すくい活かす／済急 急をすくう／済救 すくう／済勲 功をなす／済耗 不足を足す／済克 成功／済国 救国／済私 私心を果たす／済助 救済／済川 渡河／済楚 整える／済俗 救俗／済渡 わたる／済抜 選抜／済否 成否／済貧 救貧／済弊 救弊／済弁 弁える／済乏 貧をすくう／済頼 たより

↓英済・皆済・開済・完済・幹済・簡済・既済・求済・救済・給済・窮済・共済・匡済・協済・経済・恵済・決済・兼済・功済・弘済・曠済・首済・拯済・津済・賑済・世済・成済・朝済・通済・渡済・登済・道済・汎済・返済・弁済・勉済・未済・力済・亮済

【猜】 11 4522 サイ うたがう そねむ

篆文

形声 声符は靑(青)。〔説文〕十上に「恨みて賊とするなり」とあり、猜疑し、警戒することをいう。もと獣の行動についていう語であるが、のち人に移して、猜忌・猜忍という。

訓義 1うたがう、おしはかる、おそれる。2そねむ、うらむ、きらう。3もとる、そこなう。

古訓 〔名義抄〕猜 ソネム・ウタガフ・ツラシ・カヌ・ウラム・キラフ・ウラヤマシ・ヲサ

【猜意】ねたむ。気をまわす。唐・李商隠〔安定城楼〕詩 永く江湖を憶ふも、白髮にして歸る 天地を回らさんと欲して、扁舟に入る 知らず腐鼠の滋味を成すことを 猜意の鵷雛、竟に未だ休まず

【猜怨】そねみうらむ。〔北史、周宣帝紀〕遊戲恒に無し。～散樂雜戲、魚龍爛漫の伎、常に目前に在り。～近臣を擯斥し、猜怨する所多し。又財を吝しみ、略ぼ賜與無し。

【猜害】疑って殺害する。〔世説新語、仮譎〕王敦、兵を擧げて逆を圖り、忠良を猜害せんとす。朝廷駭懼し、社稷(国家)を是れ憂ふ。

【猜忌】そねみ、いむ。〔後漢書、申屠剛伝〕平帝の時、王莽政を專らにし、朝に猜忌多し。

【猜疑】疑いぶかい。〔顔氏家訓、書証〕狐の獸爲る、又猜疑多し。故に河冰りて、流水の聲無きを聽きて、然る後に敢て渡る。

【猜懼】疑いおそれる。〔後漢書、袁紹伝上〕(劉)馥自ら猜懼を懷き、紹を辭して索去し、往きて張邈に依る。後、紹、使を遣はして邈に詣らしめ、計議する所有り。～馥～廁に如きて自殺す。

【猜警】疑って警戒する。〔隋書、元冑伝〕趙王、變を生ぜんと欲す。～冑、目を瞋らせ氣を憤らせ、刀を扣へて入りて(高祖を)衞る。趙王～曰く、吾れ豈に不善の意有らんや。卿何ぞ猜警すること是の如くなると。趙王僞吐するも～冑動かず。

【猜拳】手拳。〔通俗編、俳優、猜拳〕辛氏三秦記に、漢の武鉤弋夫人手拳す。時人之れに效ふ。目づけて藏鉤と爲す。～按ずるに今の猜拳なり。

【猜恨】疑いうらむ。〔東観漢記、段熲伝〕張奐、(招降を主とするも)事勢相ひ反し、遂に猜恨を懷く。

【猜賊】疑い害する。〔史記、伍子胥伝〕太宰嚭～讒して曰く、子胥、人と爲り剛暴にして恩少なく、猜賊なり。其の怨望、恐らくは深禍を爲さん。

【猜憚】おそれはばかる。〔晋書、賈充等伝論〕賈充、諂諛の陋質、刀筆(書記)の常材を以て、～戈を抽き順を犯し、曾て猜憚の心無し。

【猜忍】疑い深く残酷。宋・司馬光〔周源同年に答ふる書〕漢の武帝、猜忍暴刻、其の近臣、～平生信愛する所と雖も、小しく過ち有れば、輒ち死に抵らしむること、～草茅を鋤くが若し。

【猜防】疑って警戒する。〔晋書、王濬伝〕王渾、濬に詣る。濬、嚴に備衞を設け、然る後に之れを見る。其の相ひ猜防すること此の如し。

【猜慮】疑う心。〔列子、黄帝〕今昉めて、子が黨(范氏の党)の我を誕けるを知る。我、内に猜慮を藏し、外に觀聽

を矜っっまん。

➡猜畏　猜懼／猜禍　禍害／猜訝　疑う／猜間　離間する／猜忮　嫉妬／猜毀　そしる／猜虐　猜凶／猜凶二心／猜隙　仲違い／猜虞　危虞する／猜攜　仲違い／猜忌　さからう／猜険　陰険／猜嫌　嫌疑／猜忤　疑い深い／猜察　疑い深い／猜算　推量する／猜鷙心／猜譖　そしる／猜弐　疑う／猜嫉　ねたむ／猜情　疑想　推測する／猜斥　斥ける／猜阻　邪魔する／猜中　あてる／猜測　推量する／猜度　推量する／猜疑いおそれる／猜破　見破る／猜枚　くじとり／猜怖　猜凶／猜愎　剛愎／猜忿　いかる／猜暴　猜謗　そしる／猜摩　おしはかる／猜謎　なぞ／猜離　離間する／猜料　推量する

⬇怨猜・可猜・疑猜・驚猜・嫌猜・沈猜・雄猜

常

【祭】

11　2790

サイ　まつり　まつる

篆文　甲骨文　金文

会意 肉（肉）＋又（又）＋示。示は祭卓の象。その上に牲肉を供えて祭る。〔説文〕一上に「祭祀なり」とあり、祀とは巳（蛇）の形に従う字で、自然物を祀ることをいう。

訓義 ①まつる、まつり、先祖・祖神をまつる。②察と通じ、神意をおしはかる。③際と通じ、まじわる。

古訓 〔新撰字鏡〕祭　マツルナリ〔名義抄〕祭　マツリ〔字鏡集〕祭　イノル・マツリ

声系 〔説文〕に祭声として蔡・察・際など九字を収める。察は宗廟に祭って神意を知ること、際は神の陟降する神梯の前に祭る意で、天人の際をいう。

語系 祭 tziat は薦（薦）tzian と声近く、牲肉を薦めて祭ることを祭という。薦も羊牲などを席上において神に供することをいう。

【祭爟】（くわん） まず火を用いた人をまつる。〔周礼、夏官、司爟〕凡そ祭祀には、則ち爟を祭る。

【祭器】 先祖をまつる器。〔礼記、曲礼下〕大夫・士の國を去るとき、祭器は竟を踰えず。大夫は祭器を大夫に寓せ、士は祭器を士に寓す。

【祭饗】（きやう） 酒食を供えてまつる。〔晉書、慕容儁載記〕太子に統天の重有り。～祭饗・朝慶には、宜しく正しく袞衣九文、冠冕九旒を服すべし。

【祭月】 月をまつる。〔礼記、祭法〕王宮には日を祭るなり。夜明（壇）には月を祭るなり。幽宗には星を祭るなり。雩宗には水旱を祭るなり。四坎壇には四方を祭るなり。

【祭告】 神にまつり告げる。〔夢渓筆談、故事一〕唐の故事を按ずるに、凡そ上帝に事する有るときは、則ち百神には皆預め使を遣はして祭告す。唯だ太清宮・太廟には、則ち皇帝親ら行ふ。

【祭蜡】 年末に万物をまつる。〔周礼、春官、籥章〕土鼓・豳籥を掌る。～國、蜡を祭るときは、則ち豳頌を龡き、土鼓を撃ち、以て老物を息せしむ。

【祭祀】 まつり。〔礼記、曲礼下〕祭祀の禮、居喪の服、哭泣の位は、皆其の國の故（俗）の如くす。謹みて其の法を脩め、而して審らかに之れを行ふ。

【祭粢】 お供え。〔礼記、曲礼下〕凡そ宗廟を祭るの禮、牛には一元大武と曰ひ、家には剛鬣と曰ひ、～稷には明粢と曰ひ、稲には嘉蔬と曰ふ。

【祭詩】 自作の詩をまつる。〔雲仙雑記、四〕賈島、常に歳除を以て一年の得る所の詩を取り、祭るに酒脯を以てす。曰く、吾が精神を勞せり。是を以て之れを補ふと。

【祭事】 祭祀。事もまつり。〔礼記、曲礼下〕歳凶にして年穀登らざるときは、君の膳に肺（肺臓）を祭らず、馬に穀を食らはしめず、馳道除はず、祭事に縣（楽）せず。大夫は粱を食らはず。

【祭時】 時をまつる。〔礼記、祭法〕柴を泰壇に燔きて天を祭る。泰折（方丘）に瘞埋して地を祭る。～少牢を泰昭（壇）に埋めて時を祭る。

【祭社】 土地神をまつる。〔荀子、礼論〕社は社を祭り、稷は稷を祭るも、郊なる者は、百王を上天に幷せて之れを祭祀するなり。

【祭酒】 祭祀・儀礼のとき、まず酒を以て地に灌ぎまつる人。その尊長者。〔史記、荀卿伝〕田駢の屬皆已に死す。齊の襄王の時にして、荀卿最も老師爲り。齊尚ほ列大夫の缺を脩め、荀卿三たび祭酒と爲る。

【祭嚌】 祭の酒に口だけつける。酬酢の礼。〔書、顧命〕太保、同（酒器）を受けて祭り、嚌め、宅き、宗人に同を授けて拜す。王、答拜す。

【祭竈】（さう） かまどをまつる。古くは夏にまつった。今は旧暦十二月二十三日にまつる。〔白虎通、五祀〕夏、竈を祭るは、火の主なればなり。人、自ら養ふ所以なり。夏も亦た火王なり。萬物を長養す。

【祭地】 地をまつる。〔爾雅、釈天〕地を祭るを瘞薶（薶は埋。犧牲を埋める）と曰ふ。

【祭天】 天をまつる。〔爾雅、釈天〕天を祭るを燔柴（柴を燎く）と曰ふ。

【祭典】 祭儀の法。〔礼記、月令〕（孟春の月）乃ち祭典を脩め、命じて山林・川澤を祀るに、犧牲に牝（孕めるもの）を用ふる毋からしむ。

【祭文】 神や死者をまつる文。〔文体明弁、祭文〕按ずるに祭文なる者は、親友に祭奠する辭なり。古の祭祀は、止だ饗けよと告ぐるのみ、中世より以還、兼ねて言行を讃へ、以て哀傷の意を寓す。～其の辭に散文有り、韻語有り、儷語（対句の美文）有り。

【祭酹】 地に酒を灌いでまつる。〔旧唐書、烏重胤伝〕能く下と甘苦を同にす。～身歿するの日、軍士二十餘人、皆股肉を割きて以て祭酹を爲す。古の名將と雖も、以て加ふる無し。

【祭礼】 まつりの礼法、儀式。〔墨子、公孟〕公孟子曰く、鬼神無しと。又曰く、君子は必ず祭禮を學ぶと。子墨子曰く、無鬼を執つて祭禮を學ぶは、是れ猶ほ客無きに客禮を學ぶがごとし。是れ猶ほ魚無きに魚罟（あみ）を爲るがごとしと。

➡祭肝　肝を供える／祭儀　祭礼／祭魚　獺祭魚／祭享　祭饗／祭具　祭器／祭侯　的を清め祭る／祭菜　蔬を供える／祭賽　供えて祭る／祭司　主祭／祭脂　祭肉の脂／祭資　祭費／祭式　祭礼／祭七　初七日／祭日　祭の日／祭胥　犧牲を供える／祭醮　酒で清めて祭る／祭星　星祭／祭牲　犧牲／祭腥　犧牲を供える／祭胙　祭肉／祭尊　祭酒／祭獺　獺祭魚／祭壇　祭る壇／祭帳　喪家の幕／祭奠　お供え／祭田　祭の料田／祭殿　祭る殿／祭肉　供えの肉／祭費　祭料／祭品　お供え／祭賻　賻贈する／祭服　祭の服／祭酺　災神を祭る／祭門　廟門

⬇殷祭・雩祭・繹祭・厭祭・外祭・貉祭・旱祭・吉祭・享祭・供祭・釁祭・血祭・月祭・後祭・郊祭・祫祭・合祭・告祭・蜡祭・宰祭・豺祭・斎祭・索祭・司祭・師祭・祠祭・次祭・時祭・社祭・主祭・祝祭・助祭・小祭・醮祭・烝祭・常祭・禳祭・神祭・親祭・設祭・祖祭・喪祭・葬祭・大祭・獺祭・致祭・中祭・弔祭・沈祭・禘祭・奠祭・内祭・禡祭・軷祭・廟祭・賻祭・徧祭・墓祭・祊祭・報祭・

袀祭・論祭・旅祭・燎祭・類祭・例祭・霊祭

常 【細】 11 2690 サイ ほそい こまかい

篆文 

形声 正字は囟に従い、囟声。のち略して田となった。〔説文〕十三上に「微なり」と訓し、囟声とする。囟は細かい網目の形。もと織り目の細かいことをいう字であったが、のち細微・微賤の意となる。

訓義 ①ほそい、こまかい。②わずか、小さい、すくない。③かすか、こまかい、くだくだしい、わずらわしい。④やせる、いやしい。

古訓 〔和名抄〕細石 佐々禮以之(さざれいし)〔名義抄〕細 ホソシ・スクナシ・ヤム・スコシキ・クハシ・ツラ〳〵・コマカナリ／子細 クハシ・コマヤカニ／細々 ホソヤカナリ・サ、ヤカナリ〔字鏡集〕細 ツラ〳〵・ホソシ・クハシ・チヒサシ・オボロゲ・コマヤカナリ・マツフ・スコシキ・コマケシ・スクナシ

語系 細syei、屑syetは声近く、微小にして価値のないものをいう。碎(砕)suatも細砕の意。同系の語である。

【細意】細心。また、こまかい意味。大局をはなれる。〔後漢書、班彪伝〕項羽・陳渉を(本紀、世家に)進めて、淮南・衡山を(列伝に)黜く。細意委曲にして、條例不經なり。

【細雨】こさめ。きりさめ。宋・陸游〔剣門道中、微雨に遇ふ〕詩 衣上の征塵、酒痕を雜ふ 遠遊處として消魂せざる無し 此の身合に是れ詩人なるべきや未や 細雨驢に騎りて、剣門に入る

【細過】小さなあやまち。〔史記、曹相国世家〕(曹)參、人の細過有るを見れば、專ら之れを掩匿覆蓋す。府中に事無し。

【細看】くわしく見る。唐・杜甫〔痩馬行〕詩 細やかに看れば六印、官字を帶ぶ(毛に押印する) 衆は道ふ、三軍、路傍に遺せりと

【細謹】ささいな礼儀作法。〔史記、項羽紀〕樊噲曰く、大行は細謹を顧みず。大禮は小讓を辭せず～と。～是に於て(沛公)遂に去る。

【細君】身分ある人の妻。のち、自分の妻をいう。〔漢書、東方朔伝〕上笑ひて曰く、先生をして自ら責めしめしに、乃ち反りて自ら譽むと。復た酒一石・肉百斤を賜ひ、歸りて細君に遺らしむ。

【細計】小さなつまらぬ計。〔新論、観量〕人の小察細計有る者は、其の必ず遐志廣度無きを知る。

【細故】ささいなこと。漢・賈誼〔鵩鳥の賦〕德人は累はず無し、命を知りて憂へず、細故・蔕芥(つまらぬこと)何ぞ以て疑ふ(案ずる)に足らんや。

【細行】こまかな作法、行為。魏・文帝〔呉質に与ふる書〕古今の文人を觀るに、類ね細行を護らず。能く名節を以て自ら立つもの鮮なし。

【細砕】つまらぬ。唐・白居易〔牡丹芳〕詩 雜卉亂花、比方無し 石竹金錢(花)何ぞ細碎なる

【細細】こまやか。ささやかなさま。唐・杜甫〔厳鄭公の宅にて同じく竹を詠ず〕詩 雨に洗はれて娟娟として淨く 風に吹かれて細細として香し

【細事】ささいなこと。〔唐書、席予伝〕性、謹畏なり。子弟・屬吏に書を與ふるに、草字を作さず。或ひと曰く、此れ細事なるのみ。何ぞ慮を留めんと。答へて曰く、細をも謹まず、況んや大事をやと。

【細膩】きめこまやか。唐・杜甫〔麗人行〕詩 態濃やかに、意遠くして、淑にして且つ眞なり 肌理(はだ)細膩にして、骨肉勻し

【細弱】かぼそい。妻子らをいう。〔後漢書、杜林伝〕王莽敗れ、盜賊起る。林、弟成及び同郡の范逡・孟冀等と、細弱を將ゐて倶に河西に客たり。

【細書】小字を書く。〔淮南子、説林訓〕明月の光は以て遠望すべきも、以て細書すべからず。甚霧の朝は以て細書すべきも、以て尋常(尋は八尺、常はその二倍)の外を望むべからず。

【細人】つまらぬ、賤しい人。〔礼記、檀弓上〕君子の人を愛するや德を以てし、細人の人を愛するや姑息(一時のまにあわせ)を以てす。

【細節】小さな操行。〔後漢書、班超伝〕人と爲り大志有り、細節を修めず。然れども内孝謹、家に居りて常に勤苦を執り、勞辱を恥ぢず。

【細説】つまらぬ語。〔史記、項羽紀〕沛公～勞苦して功高きこと此の如し。未だ封侯の賞有らず。而るに細説に聽きて、有功の人を誅せんと欲す。此れ亡秦の續なるのみ。

【細大】巨細。〔国語、周語下〕物、其の常を得たるを樂極と曰ふ。極の集る所を聲と曰ひ、聲應じて相ひ保んずるを和と曰ひ、細大踰えざるを平と曰ふ。～物備はりて樂成り、上下罷れず、故に樂正と曰ふ。

【細読】くわしくよむ。宋・陸游〔秋光〕詩 舊書細讀するに、猶ほ味多し 老態相ひ尋ぬること、期有るに似たり

【細微】わずか。ほのか。〔後漢書、馮衍伝上〕凡そ患は忽せにする所に生じ、禍は細微に發す。敗は悔いるべからず、時は失ふべからず。

【細歩】小歩。〔玉台新詠、焦仲卿の妻の為に作る〕詩 纖纖として細歩を作す 精妙世に雙ぶ無し

【細民】貧賤の民。〔韓非子、和氏〕今の世に當りて、大臣は重を貪り、細民は亂に安んずること、秦・楚の俗よりも甚だし。

【細柳】若い柳の枝。唐・杜甫〔江頭に哀しむ〕詩 江頭の宮殿、千門を鎖す 細柳新蒲、誰が為に綠なる

【細鱗】小さいうろこ。小魚。宋・蘇軾〔後の赤壁の賦〕今者の薄暮、網を擧げて魚を得たり。巨口細鱗、狀、松江の鱸に似たり。

【細論】くわしく論ずる。唐・杜甫〔敝廬に興を遣り、厳公に奉寄す〕詩 酒を把りては、宜しく深酌すべし 詩を題しては、好し細論するに

↑細靄 うすもや／細異 少異／細漪 小波／細瑩 つややか／細閲 くわしくみる／細怨 少怨／細漚 茶／細憶 千々の思い／細苛 わずらわしい／細瑕 小さいきず／細画 密画／細介 小行／細楷 小字の楷書／細葛 細かい葛衣／細黠 悪賢い／細巻 小冊／細嵌 象眼／細間 間者／細管 細い笛／細簡 わずか／細肌 柔肌／細綺 細絹／細菊 小菊／細鞠 調べぬく／細鉅 細大／細魚 小魚／細局 待合／細緊 しまる／細屩 上等のはきもの／細形 痩形／細徑 小径／細逕 小径／細纈 しぼり染／細月 三日月／細孼 こそ泥／細涓 しずく／細検 細行／細絹 うすぎぬ／細娯 わずかな娯楽／細語 ささやき／細糠 こぬか／細縠 ちりめん／細根 小根／細沙 細かい沙／細査 精査／細瑣 瑣細／細作 間者／細察 細査／細酸 貧賤／細枝 小枝／細思 精思／細疵 小疵／細視 よくみる／細颸 微風／細字 小字／細兒 少年／細辞 細説／細酌 小酌／細嚼 よくかむ／細珠 小珠／細術 末技／細詢 問いまくる／細小 些小／細心 細密／細針 きぬ針／細斟 細酌／細水 小川／細推 詳しく推究する／細数 よく数える／細声 小声／細制 細則／細政 苛法／細磧 石河原／細雪 ささめ雪／細泉 小さな泉／細穿 小孔／細輭 柔らか／細粗 精粗／細麤 細粗／細草 小さな草／細想 精思／細痩 やせぎす／細繒 うす絹／細属 小人輩／細体

小柄／細琢　よく磨く／細単　明細書／細短　欠点／細緻　細密／細聴　よくきく／細滴　したたり／細囀　よくさえずる／細徳　不徳／細波　さざ波／細白　佳人のすがた／細魄　三日月／細斑　まだら／細婢　下女／細眉　細い眉／細風　そよ風／細物　つまらぬ物／細忿　小忿／細分　こわけ／細別　こわけ／細磨　すりおろす／細米　粉米／細末　細粉／細沫　しぶき／細密　緻密／細務　小事／細霧　さぎり／細目　こわけ／細紋　細かな文様／細問　細詢／細要　細腰／細葉　細い葉／細腰　やなぎ腰／細覧　細閲／細利　少利／細縷　糸すじ／細礪　細かい砥石／細路　小径／細話　細語／細猥　卑賤

↓委細・苛細・寒細・巨細・緊細・軽細・些細・瑣細・子細・仔細・詳細・精細・纖細・疎細・纛細・煩細・繁細・卑細・微細・明細・羸細・零細

常【菜】 11 4490 〖菜〗 12 4490　サイ　な

篆文 

形声　声符は采（采）。采は草木を采取することをいう。〔説文〕一下に「艸の食らふべき者なり」とあり、野菜の類をいう。〔礼記、学記〕「菜を祭る」の注に「菜とは芹藻の屬を謂ふ」とあって、水草をも含めていう。およそ蔬菜五味の供薦すべきものを菜といい、のち飯にそえる副食のものをいう。

訓義　①な、やさい、神饌としてそなえるもの。②おかず。

古訓　〔新撰字鏡〕菜蔬　上は奈（な）、下は久佐比良（くさびら）〔名義抄〕菜　クサビラ・サカナリ　〔字鏡集〕菜　サカナリ・ナ・クサビラ・クサ

【菜園】　野菜ばたけ。〔南史、柳元景伝〕時に在朝の勳要、多く産業を事とす。惟だ元景のみ獨り營む所無し。南岸に數十畝の菜園有り。守園の人、菜を賣りて錢三萬を得たり。～元景怒りて曰く、～賣りて以て錢を取り、百姓の利を奪ふかと。

【菜果】　青物と果物。〔礼記、喪大記〕既に葬れば、主人は疏食し水飲し、菜果を食らはず。婦人も亦た之の如くす。君・大夫・士、一なり。

【菜羹】　野菜の汁もの。〔論語、郷党〕疏食・菜羹と雖も、瓜祭（一部を供える）するに必ず齊如（敬虔なさま）たり。

【菜根】　野菜の根。野菜くずなど。〔鶴林玉露、甲二、論菜〕若し一命以上より公卿に至るまで、皆是れ菜根を咬得するの人ならば、則ち當に必ず其の職分の在る所を知るべし。百姓何んぞ飯喫無きを愁へん。

【菜茹】　野菜。〔後漢書、東夷、倭伝〕土は禾稲・麻紵・蠶桑に宜し。～氣溫腝（温暖）にして、冬夏菜茹を生ず。牛馬・虎豹・羊・鵲無し。

【菜色】　菜食のみで栄養の乏しい顔色。〔史記、游俠伝序〕仲尼（孔子）は匡に畏し（包囲されて危地に陥った）、陳・蔡に菜色あり（陳蔡の厄）。

【菜人】　人を食料とする。〔閩微草堂筆記、灤陽消夏録、二〕蓋し前明崇禎の末、河南・山東に大旱蝗あり、草根木皮皆盡く。乃ち人を以て糧と爲し、官吏も禁ずること能はず。婦女幼孩、反接（後ろ手に縛る）して市に鬻ぐ。之れを菜人と謂ふ。屠者買ひ去り、羊豕を刲くが如し。

【菜蔬】　蔬菜。野菜。晋・潘岳〔西征の賦〕菜蔬芼實（草の実）、水物も惟これ錯はり、乃ち原陸より贍かなる有り。皇代に在りて物土なり。

↑菜花　野菜の花／菜館　飯店／菜畦　野菜畑／菜骨　痩身／菜市　野菜市／菜肆　青物店／菜粥　雑炊／菜食　野菜食／菜銭　料理代／菜菹　漬物／菜単　献立表／菜地　采地／菜腸　菜肚／菜肚　野菜腹／菜把　野菜の束／菜伯　ねぎ／菜飯　まぜ飯／菜夫　料理人／菜餅　油糟／菜圃　菜園／菜畝　菜畦／菜油　菜種油

↓園菜・塩菜・果菜・嘉菜・寒菜・葵菜・魚菜・芹菜・苦菜・捃菜・菫菜・茎菜・菰菜・咬菜・香菜・荇菜・根菜・祭菜・雑菜・山菜・釈菜・種菜・拾菜・蓴菜・茹菜・食菜・水菜・青菜・前菜・蔬菜・総菜・束菜・択菜・畜菜・摘菜・甜菜・奠菜・冬菜・白菜・飯菜・蘋菜・野菜・藥菜・冷菜

【釵】 11 8714　サイ　サ　かんざし

篆文 

形声　声符は叉（叉）。叉は両股のある笄の象形で、釵の初文。〔釈名、釈首飾〕に「釵は叉なり」とみえる。〔説文新附〕十四上に「笄の屬なり」とあり、釵股ともいう。玳瑁や金銀などで飾ったものがある。

訓義　①かんざし。②はさみ。

古訓　〔名義抄〕釵　カイツクロフ・カムザシ・カムザス・ノフ・ツイテ・ヨク／〈・ハサミ

語系　釵・叉・杈 tsheai は同声。杈は魚を刺して捕るさすまた状のもの。

【釵釧】　かんざしと、うでわ。唐・杜甫〔官軍已に賊寇に臨むと聞くを喜ぶ〕詩　喜びては都城の動くを覺え　悲しみては子女を連ねて號く　家家釵釧を賣り　只だ春醪（春酒）を獻ずるを待つ

↑釵環　かんざしと耳飾り／釵荊　荊のかんざし／釵股　かんざし／釵子　かんざし／釵珥　かんざしと耳玉／釵梳　かんざしと櫛／釵朶　かんざしの股／釵佩　かんざしと帯物／釵符　端午の髪飾り／釵梁　かんざしの脚

↓横釵・花釵・旧釵・玉釵・金釵・銀釵・荊釵・瓊釵・垂釵・折釵・双釵・短釵・長釵・離釵・鈿釵・鬢釵・舞釵・分釵・宝釵・鳳釵・瑶釵・落釵

常【斎】 11 〖齋〗 17 0022 ［齋］ 28 0124　サイ　シ　ものいみ　つつしむ

篆文 
籀文 
金文 
詛楚文 

会意　旧字は齋に作り、齊（斉）の省文＋示。齊は神事に奉仕する婦人が、髪に簪飾を加えている形。簪を斜めにして刺す形は參（参）。示は祭卓。祭卓の前で神事に奉仕することを齋といい、また齎という。〔説文〕一上に「戒潔なり」とするが、字の原義からいえば斎女をいう。祭祀に先だって散斎すること七日、致斎すること三日、合わせて十日にわたる潔斎が必要であった。重文の字形は眞（真）に従う。眞はおそらく尸主（かたしろ）の意であろう。

訓義　①ものいみ、ものいみする、祭祀などの前に斎戒して沐浴などをする、いさぎよい。②おごそか、つつしむ、うやまう、斎戒するさまをいう。③斎戒する場所・室、のち書斎、居室。④仏教で、とき（法会の食事）、また精進。⑤斉と通じ、斉衰、喪服。⑥粢と通じ、きび。

古訓　〔名義抄〕齋　イモヒ・イハフ・イム・モノイミ・ツ、シム／潔齋　モノイミス・キヨマハル／齋會　ミヲカミ　〔字鏡集〕齋　カザリ・ウヤマフ・モノイミ・イマシム・イモヒ・イム・イハフ・ツ、シム

参考　〔説文〕七上に齊を「禾麥、穗を吐きて、上平らかなるなり」とし、齎をその部に属するが、齎・齋はともに斎女を示す字形と考えられる。〔説文〕五上は「齍は、黍稷の器なり。祀る所以の者なり」（段注本）の齍によって、齊を黍稷・禾麥の穂の形としたものであろうが、齍は粢、ともに形声の字である。

【斎衣】　喪服。〔後漢書、礼儀志下〕夜漏二十刻、太尉長

冠を冠し、齋衣を衣き、～殿に詣る。～群臣、位に入り、太尉禮を行ふ。執事皆長冠を冠り、齋衣を衣る。太祝令、跪いて謚策を讀む。

【斎院】 祭祀前日に、神官の斎戒する建物。〔唐書、礼楽志三〕廟の制、三品以上九架、廈兩旁。～神廚を廟東の少しく南に、齋院を東門の少しく北に增建す。制、廟を逾ゆること勿からしむ。

【斎筵】 供養の座。唐・王勃〔広州宝荘厳寺舍利塔碑〕講肆(講席)宏敞にして齋筵巨翼、～天人契を合し、幽顯心を同じうす。

【斎屋】 居室。〔南斉書、王延之伝〕延之、清貧、居宇穿漏なり。褚淵、往きて之れを候ひ、其の此くの如くなるを見、具さに明帝に啓す。帝卽ち材官に敕して、爲に三閒の齋屋を起さしむ。

【斎戒】 ものいみ。〔孟子、離婁下〕惡人有りと雖も、齋戒沐浴せば、則ち以て上帝を祀るべし。

【斎館】 ものいみする建物。〔風俗通、怪神〕文公曰く、天子、妖を見るときは則ち德を脩め、諸侯は政を脩め、大夫は家を脩め、士は身を脩むと。乃ち齋館に卽きて、食と寢とを忘る。

【斎祈】 ものいみして祈る。〔隋書、礼儀志二〕守令皆潔齋すること三日にして、社稷に祈る。七日雨ふらざるときは、更に齋祈すること初めの如し。

【斎宮】 天子のものいみする所。〔国語、周語上〕(千畝の礼)時に先だつこと五日、瞽、協風の至る有るを告ぐ。王、齋宮に卽き、百官御事、各〻其の齋に卽くこと三日。王乃ち淳濯饗醴す。

【斎供】 とき(法会の食事)を供える。〔顔氏家訓、終制〕四時の祭祀は、周・孔の教ふる所なり。～若し罔極の德に報じ、霜露の悲しみ(父母の死)あらば、時有りて齋供し、及び七月半ばに盂蘭盆せんこと、汝に望むなり。

【斎潔】 ものいみ。〔魏書、外戚下、胡国珍伝〕國珍、年篤老なりと雖も、雅より佛法を敬ふ。時事齋潔し、自ら強めて禮拜す。～薨ぜしより七七に至り、皆爲に千僧齋を設け、七人を出家せしめ、百日に萬人齋を設け、二七人を出家せしむ。

【斎講】 斎室。〔顔氏家訓、風操〕梁の孝元帝、年少の時、八月六日載誕の辰毎に、常に齋講を設く。阮修容の薨歿の後、此の事亦た絶えたり。

【斎舎】 斎戒する室。〔漢書、酷吏、田延年伝〕延年曰く、～何の面目ありて牢獄に入らん～と。～獨り齋舍に居り、偏袒して刀を持ち東西歩す。數日、～召して廷尉に詣らしむ。～自刎して死す。

【斎宿】 ものいみして夜を明かす。〔史記、秦紀〕繆公、晉君を虜にして以て歸り、國に令す、齋宿せよ。吾れ將に晉君を以て上帝を祠らんとすと。周の天子、之れを聞きて曰く、晉は我が同姓なりと。爲に晉君を請ふ。

【斎糜】 ものいみ中の粥。宋・張耒〔某、寒熱枕に伏すること已に數日～〕詩 爾來七日、寒熱と戰ふ 朝飯齋糜、掬(一すくい)に盈たず

【斎文】 祭弔の文。宋・欧陽脩〔内制集の序〕今、學士作る所の文書は多し。青詞(道教の祭文)・齋文に至りては、必ず老子・浮圖(仏教)の說を用ふ。祈禳祕祝、往往にして家人里巷の事に近し。

【斎牓】 書斎のかけもの。宋・陸游〔呉参議の達観堂に題す～〕詩 毫(筆)を揮ひて君が爲に齋牓を作る 想見す、眼中に餘子空しきを

↑斎外 室外／斎閣 書斎／斎冠 祭儀の長冠／斎居 忌み籠り／斎庫 祭器庫／斎祭 斎祠／斎祠 斎み祭る／斎時 法会の食事／斎日 斎戒の日／斎車 祭の車／斎粛 つつしむ／斎粥 法会のかゆ／斎所 斎室／斎醮 祈る／斎場 祭場／斎嬢 斎女／斎食 法会の食事／斎心 ものいみ／斎寝 寝廟／斎人 斎主／斎僧 斎食を出す／斎壇 天壇／斎中 書斎の中／斎酎 斎用の酒／斎廚 くりや／斎庭 ゆにわ／斎殿 祭殿／斎堂 寺の食堂／斎馬 貧家の馬／斎鉢 斎食を求める鉢／斎匪 白蓮教匪／斎祓 はらう／斎明 粢盛／斎沐 斎戒沐浴／斎栗 恐れる／斎廬 斎室／斎郎 神官

↓解斎・寒斎・間斎・空斎・郡斎・契斎・潔斎・高斎・山斎・散斎・持斎・秋斎・書斎・小斎・心斎・新斎・寝斎・慎斎・清斎・拙斎・設斎・禅斎・僧斎・村斎・大斎・致斎・長斎・貧斎・法斎・茅斎・幽斎・羅斎

常 **【最】** 12 6014 ［最］ 12 6014 ［冣］ 10 3714

サイ
とる あつめる もっとも

篆文

会意 正字は最に作り、冃+取。戦場で敵を討ち取ったとき、その左耳を切って証とし、それによって軍功を定めた。〔説文〕七下に「犯して取るなり」とし、また冣字条七下に「積むなり」とするが、両字は声義同じく、もと同字である。冃・冖は上から覆う形。左耳を集めて、その数を軍功としたので、最とは首功、第一の功をいう。集める意もあり、撮の初文。副詞にして「もっとも」という。

訓義 ①とる、あつめる、討ち取った敵の左耳を切ってあつめる。②左耳の数で軍功を定め、首功を最という。③撮の初文で、とり集める、ひろい集める。④すべる、くくる、しめくくる。⑤もっとも、はなはだ、すぐれる、第一。

古訓 〔名義抄〕最 ツトム・モトム・モトモ・アツマル・イト・スグル・アツム・ハジメ・クタク／最花 ハツホ

声系 〔説文〕に最声として撮を収め、「兩指もて撮るなり」という。つまみあげるというほどの意。

語系 最 tzuat、撮 tsuat は声義近く、撮は最から分化した字。纂 tzuan、簒 dzhoan、攢 dzuan はみな纂集の意をもち、また最・撮と関連のある語である。

【最功】 第一の功。唐・韓愈〔司徒～許国公(韓弘)神道碑銘〕二寇～飛謀釣謗、以て我を閒染せんとす。公、事に先んじ情を候ひ、其の機牙を壞り、姦發するを得ず。王誅以て成る。最功、次(順序)を定むるに、孰與れぞ高下なる。

【最殿】 上功と下功。また、最下をいう。〔商君書、境内〕其の城を攻め邑を圍むや、～期を爲して曰く、已るに先だつ者は當(賞)して最啓と爲し、已るに後るる者は訾りて最殿と爲さん。

【最目】 要旨を綜べ、目録を作る。最は撮。漢・劉歆〔揚雄に与へて方言を求むる書〕三代周秦、軒車使者、逌人使者、歳の八月を以て路に巡り、代語(方言)僮謠歌戲を宗め、其の最目を得んと欲す。

↑最愛 最も愛する／最下 最も劣る／最佳 最もよい／最課 第一等／最宜 最もよい／最鉅 最大／最近 近ごろ／最啓 先陣／最賢 最も賢い／最後 最終／最工 最も巧み／最好 最も好い／最幸 最愛／最高 最も高い／最終 最末／最初 最も初め／最小 最も小さい／最勝 最も勝れる／最上 最も勝れる／最新 最も新しい／最盛 最も盛ん／最先 最も先／最善 最も善い／最尊 最も尊い／最多 最も多い／最大 最も大きい／最中 真ん中／最低 最も低い／最微 最も小さい／最品 上等／最凡 総

目/最末　終わり/最尤　最も勝れる/最優　最も良い/最要　最も重要/最吏　良吏

【睟】 12 6004 サイ

篆文 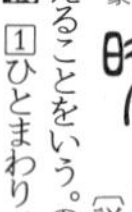

形声 声符は卒。卒に碎(砕)の声がある。〔説文新附〕七上に「周年なり」とあり、一年を終えることをいう。のち一歳の誕生日をいう。

訓義 ①ひとまわり、一年。②一歳の誕生日。

古訓 〔篇立〕睟 ニホヒ

【睟盤】 一歳の誕生日にその嗜向を試みる。〔顔氏家訓、風操〕江南の風俗、兒生まれて一期なるとき、～男には則ち弓矢紙筆を用ひ、女には則ち刀尺鍼縷、竝びに飲食の物、及び珍寶服玩を加え、之れを兒前に置き、其の意を發して取る所を觀、以て貪廉愚智を驗す。之れを名づけて試兒と爲す。〔王利器の集解〕盧文弨曰く、～其の試兒の物、今人之れを睟盤と謂ふと。

↑睟時　一年/睟日　初誕生日/睟清　清らか/睟然　温潤のさま/睟穆　おだやか/睟容　温容

↓周睟・日睟・甫睟

【焠】 12 9084 サイ にらぐ

篆文 

形声 声符は卒。卒に碎(砕)の声がある。〔説文〕十上に「刀刃を堅むるなり」、〔玉篇〕に「火、水に入るなり」とあり、刀刃をにらぐことをいう。

訓義 ①にらぐ。②やく。③しみこませる。

古訓 〔名義抄〕焠 ニラグ・ヤク・オトロフ 〔字鏡集〕焠 アタ、カ・サク・ヤキバ・ニラグ

【焠掌】 眠気をさますため、掌を灼いて勉強する。〔荀子、解蔽〕有子(有若)臥することを惡みて掌を焠く。能く自ら忍ぶと謂ふべきも、未だ好むには及ばざるなり。

↑焠兒　つけ木/焠鍼　やきがね/焠鋒　にらぐ

入【犀】 12 7725 サイ かたい するどい

篆文  金文 

会意 尾＋牛。〔説文〕二上に「南徼外の牛なり。一角は鼻に在り、一角は頂に在り。豕に似たり」とし、尾声とするが、声が異なる。犀の尾に特徴があるともみえず、字説をえがたい字である。

訓義 ①さい。②さいかく。③かたい、するどい。

古訓 〔和名抄〕犀 音は西、此の閒の音は在なり 〔名義抄〕犀 此の閒の音はサイ 〔篇立〕犀 ウシ、マタリ・シリゾク・カホル・ツヨシ

声系 〔説文〕に犀声として遲(遅)・徲・墀の三字を収めるが、犀の声義との関係は明らかでない。金文に遲のように犀に従う字があり、遲声の字は、あるいは犀に従う字であろう。〔説文〕二下に遲の籀文として遲を録している。

【犀角】 犀のつの。角器を作り、また薬とする。〔漢書、南粤王伝〕謹んで北面し、使者をして白璧一雙・翠鳥千・犀角十～孔雀二雙を獻ぜしむ。

【犀革】 犀の皮。堅強の皮。〔孔子家語、子路初見〕子路曰く、南山に竹有り。揉めずして自から直く、斬りて之れを用ふれば犀革に達す。此れを以て之れを言へば、何の學ぶことか之れ有らん。

【犀軒】 卿の乗る車。犀角で飾る。〔左伝、定九年〕齊侯、～(敝無存の)尸を得たり。公、之れに三たび襚(喪衣)し、之れに犀軒と直蓋(車蓋)とを與へて、先に之れを歸らしむ。～師を以て之れを哭し、親しく之れを推すこと三たびす。

【犀兕】 犀と兕牛。ともに堅い皮革がある。〔左伝、宣二年〕華元逃れ歸る。～城く者謳ひて曰く～甲を棄てて復り來たれりと。其の驂乘をして之れに謂はしめて曰く、牛には則ち皮有り。犀兕には尙ほ多し。甲を棄つるは則ち那ぞと。

【犀照】 犀角をもやして照らす。怪物も姿をあらわすという。〔晉書、温嶠伝〕牛渚磯に至る。水深測るべからず。世に云ふ、其の下に怪物多しと。嶠、遂に犀角を燬きて之れを照らす。須臾にして、水族の火を覆ふを見るに、奇形異狀なり。

【犀銭】 犀角は黄色。銭貨に似るので祝いごとに使う。宋・蘇軾〔減字木蘭花(李公択、子を生む)〕詞 犀錢玉果 利市平分して、四坐を沾ほす

【犀象】 犀と象。〔孟子、滕文公下〕周公、武王を相けて、紂を誅し奄を伐ち、三年其の君を討ず。～國を滅ぼす者五十、虎豹犀象を驅りて之れを遠ざく。天下大いに悅ぶ。

【犀帯】 犀角の象嵌のある帯。〔唐書、馬植伝〕左軍中尉馬元贄、最も帝に寵信せられ、通天犀帶を賜ふ。

【犀毗】 犀角の帯留。〔漢書、匈奴伝上〕黄金の飭具帶一・黄金の犀毗一・繡十匹・錦二十匹、～中大夫意・謁者令肩をして單于に遺らしむ。

【犀利】 堅く鋭い。〔三国志、魏、鄧艾伝〕彼は上下相ひ習ひ、五兵(武器)犀利なり。我は將易り兵新しく、器杖(武器)未だ復せず。～賊、黠數(狡獪な計)有り、其の來たらんこと必せり。

↑犀囲　犀帯/犀鋭　鋭堅/犀火　眼光の鋭いこと/犀鎧　犀甲/犀函　犀甲/犀管　犀軸の筆/犀牛　さい/犀渠　たて/犀軍　強兵/犀甲　犀皮のよろい/犀骨　額骨/犀札　犀甲/犀軸　犀角の軸/犀車　堅車/犀舟　堅舟/犀楯　堅楯/犀簪　犀角の簪/犀卒　強兵/犀筯　犀箸/犀簟　犀皮のむしろ/犀弩　強い石ゆみ/犀盤　犀角の盤/犀皮　犀革/犀表　猛将/犀布　犀皮の幣/犀兵　強兵/犀僕　強兵/犀目　犀の目/犀紋　良墨/犀櫓　犀皮の櫓

↓瓜犀・角犀・函犀・燬犀・巨犀・瓠犀・觜犀・山犀・兕犀・神犀・簪犀・水犀・石犀・象犀・大犀・断犀・通犀・白犀・伏犀・文犀・碧犀・木犀・野犀・霊犀・裂犀

常【裁】 12 4375 サイ たつ さばく

篆文 

形声 声符は𢦏。𢦏は戈に呪飾をつけて祓う形。ことをはじめるとき、祓う意がある。〔説文〕八上に「衣を制るなり」とあり、製衣の意。また初四下に「裁衣の始めなり」とあり、裁とははじめて布帛を裁つことをいう。裁ち合わせて衣とするので、裁制・裁察の意がある。金文に「董裁」という語があり、㦸は巾に従う。おそらく裁と同字であろう。

訓義 ①たつ、衣をたつ、したてる。②みはからう、きりもりする、ほどよくする。③さばく、きめる。④みわける、おさえる、はかる。⑤才・纔と通じ、わずか。

古訓 〔名義抄〕裁 コトハリ・タツ・マツリゴト・タヾス・ウツ・ツクル・キル・サク・ワヅカニ・コロモタツ・トヾム・コトハル 〔篇立〕裁 オサフ・コトハル・シノブ・ワヅカニ・ヒメタツ・ツクル・タヾス・トヾム・クダス・ウウ

語系 裁・才・財・纔 dzə は同声。哉 tzə も声近く、みな「わずかによくする」意があり、また、ようやくなる・はじめての意がある。

【裁衣】 衣服を縫う。〔論衡、譏日〕裁衣に書有り。書に吉凶有り。凶日に衣を製るときは則ち禍有り。吉日には則ち福有りと。～飲食するに日を擇ばざるに～裁衣に獨り吉日を求むるは、俗人の重んずる所、輕重の實を失ふなり。

【裁可】 聞きとどける。〔唐書、董晋伝〕竇參の君に得たるに方り、大事を裁可するに、晉に關咨せざるも、晉、循謹して駁異する所無し。

【裁割】きりもりする。〔後漢書、崔寔伝〕漢興りてより以來三百五十餘歲なり。政令垢翫し、上下怠懈す。～邪傾を枝柱し、形に隨つて裁割し、要は斯の世を安寧の域に措きたるのみ。

【裁鑑】見わけ、鑑賞する。唐・鄭谷〔前集を読む、二首、二〕詩 殷璠、英靈集を裁鑒し 頗ぶる覺ゆ、才を同じうして契（心契）を得ること深きを

【裁決】とりさばく。〔魏書、良吏、宋世景伝〕世景、刑理に明らかに、律令に著はる。疑獄を裁決し、剖判（分析）すること流るるが如し。

【裁詩】詩を作る。唐・杜甫〔江亭〕詩 故林歸ること未だ得ず 悶えを排して、強ひて詩を裁くる

【裁処】裁決する。〔唐書、杜如晦伝〕征伐に從つて常に帷幄の機祕に參じ、多事に方りて裁處すること留まる無し。

【裁制】作る。定める。また、おさえる。〔三国志、蜀、姜維伝〕維、自ら西方の風俗に練へるを以て、兼ねて其の才武を負み、～每に軍を興して大擧せんと欲す。費禕、常に裁制して從はず。

【裁断】裁定する。〔陳書、文学、何之元伝〕夫れ事に始終有り、人に業行有り。本末の閒、頗ぶる宜しく詮敍すべし。案ずるに臧榮緒稱ふ、史に裁斷無きは、猶ほ起居注のごときのみと。

【裁抑】おさえる。〔梁書、王僧孺伝〕湯道愍、王に暱しく、事を府内に用ふ。僧孺每に之れを裁抑す。道愍、遂に僧孺を謗訟（そしり訴える）し、逮へられて南司に詣る。

【裁量】（りやう）とりはからう。また、品評する。〔後漢書、許劭伝〕許劭、～賞識する所多し。～嘗て潁川に到る。～劭曰く、太丘（陳寔）は道廣し。廣ければ則ち周なり難し。仲擧（陳蕃）は性峻なり。峻ならば則ち通ずる少なし、故に造らざるなりと。其の多く裁量する所、此の若し。

➡裁員 減員／裁営 裁縫／裁画 取り計らう／裁革 改め除く／裁諫 諫める／裁規 制定する／裁許 裁可／裁錦 治政／裁襟 許嫁／裁減 削減する／裁扣 削減する／裁罪 断罪する／裁察 とりさばく／裁剗 削る／裁止 制止する／裁使 使役する／裁赦 はかりゆるす／裁酌 斟酌する／裁取 よりとる／裁慎 慎み深い／裁人 減員／裁正 直す／裁成 成就／裁製 仕立て／裁整 まとめる／裁截 切る／裁船 船の用意／裁剸 切る／裁翦 切る／裁足 かつがつ／裁損 減らす／裁汰 淘汰する／裁択 選択する／裁奪 決定する／裁治 処置する／裁黜 返却ける／裁定 決める／裁撤 減損／裁答 返書／裁破 切り破る／裁排 按配する／裁判 さばき／裁復 返書／裁別 鑑別／裁弁 鑑別／裁法 仕立て方／裁剖 裁判／裁縫 仕立て／裁問 吟味する／裁余 たち屑／裁留 分けて留める／裁礼 結婚祝い

⬇割裁・鑑裁・矜裁・決裁・検裁・巧裁・鴻裁・删裁・自裁・心裁・新裁・親裁・制裁・製裁・穿裁・剪裁・奏裁・総裁・断裁・仲裁・直裁・勅裁・体裁・統裁・独裁・難裁・品裁・風裁・洋裁・抑裁・和裁

【靫】

12　4754　サイ　サ　うつぼ　ゆぎ

形声 声符は叉（叉）さ。〔玉篇〕に「箭やの室なり」とあり、矢を入れる革袋。うつぼ。また、ゆぎ。古くは「ゆき」といい、〔神代紀上〕「千箭の靫」「五百箭の靫」のようにいう。宮門を護衛する武人を、わが国では「靫負」といい、衛門府のことをまた靫負府といった。

訓義 ①やいれ、うつぼ、ゆぎ。

古訓 〔名義抄〕靫 ユキ・ツホヤナクヒ 〔字鏡集〕靫 ヤヒツ・ヤナクヒ・ムカハキ

➡靫戟 矢袋と戈

⬇千靫・箭靫・倒靫

常【催】

篆文

13　2221　サイ　もよおす　うながす

形声 声符は崔さい。〔説文〕八上に「相ひ擣つなり」（段注本）とあり、強く催責することをいう。〔詩、邶風、北門〕「室人交ごも徧く我を摧む」の摧を、〔韓詩〕にその字を誰に作る。崔は隹の形に従い、もと鳥占の古俗を背景とする字で、ものを督責するときに行われたものであろう。

訓義 ①もよおす、うながす、せまる、せめる。②ことをはじめる、きざす、おこす。③摧と通じ、はばむ、とめる。

古訓 〔名義抄〕催 モヨホス・ウナガス・ソ、クル・ハヾム・コフル・ツクル

語系 催 dzuəi、坐・挫 tsuai は声が近く、坐は斬䂿、そのようになぎ倒す行為を挫という。催は摧・誰などとともに、他に打撃を与えるような呪的行為を意味する語であろう。

【催花】（くわ）花が咲くのをうながす。宋・陸游〔社日小飲〕詩 花を催して初めて過ぐ、社公（社日の神）の雨 酒に對して喜びて烹る、溪友の魚

【催喚】（くわん）よびたてる。宋・黄庭堅〔清人怨、戯れに徐庾の慢体に効ふ、三首、一〕詩 主人、客を敬愛す 催喚して房籠を出づ

【催促】うながす。〔古楽府、蒿里〕鬼伯（霊界の支配者）一に何ぞ相ひ催促する 人命少らくも踟躕（たちもとおる）することを得ず

【催迫】せきたてる。晉・陶潛〔雑詩、十二首、七〕日月、還つことを肯へんぜず 四時、相ひ催迫す

➡催科 納税を督促する／催快 いい気持ち／催帰 子規／催駆 うながす／催呼 催喚／催拘 捕らえる／催告 督促／催索 督促／催愁 悲しませる／催春 春気を催す／催妝 嫁入り／催粧 催妝／催進 促進する／催人 せかす／催税 催科／催切 催迫する／催銭 催税／催租 催科／催替 兵役の身代わり／催徴 年貢取り立て／催提 とりて／催督 督促／催逼 取り立て／催弁 督促／催眠 眠くなる／催命 死をうながす／催理 催弁／催糧 年貢取り立て

⬇雨催・開催・寒催・共催・鼓催・主催・勅催・風催・漏催

常【債】

篆文

13　2528　サイ　シャク　かり　かけ

形声 声符は責せき。責の初形は賁、賦貢を納入することを賁という。金文には賁のほか諫の字があり、「多諫」のように用いる。債はその納入義務をいう字で、負債の意に用いる。〔説文新附〕八上に「負なり」とし、責の亦声とする。

訓義 ①かり、おいめ、負債。②かけ、かし、債権。③責と通用することがある。責は債の初文。

古訓 〔新撰字鏡〕債 毛乃乃加比（もののかひ）、又、於保須（おほす）〔字鏡集〕債 ツヒユ・モノ、カヒ・オセコト・ウルハシ・ウゴク・セタム・カ、ム・ナツマシ・ヤトフ・ハタル・オホス・トモシ・モトム・セム

語系 債・責 tzhek は同声。責はもと賦貢義務をいう。のち一般の貸借関係に移して、債という。

【債家】貸主。債権者。〔三国志、呉、潘璋伝〕性、博蕩にして酒を嗜む。貧に居り、好んで賒酤（酒のつけ買い）す。債家門に至るときは輒ち言ふ、後の豪富ならば相ひ還さんと。

【債主】貸主。〔世説新語、任誕〕桓宣武（温）少かくして

家貧し。戯(局)して大いに輸く。債主、敦求すること甚だ切なり。自ら振ふの方を思ふも、(計の)出づる所を知る莫し。～救を(袁)耽に求めんと欲す。～耽、素より藝名有り。～遂に共に戯し、十萬一擲、直ちに數百萬に上る。

【債食】 借金ぐらし。〔管子、問〕問ふ、邑の貧人、債して食らふ者、幾何家ぞ。

↑債権 受給の権利／債人 借主／債責 負債／債銭 貸金／債台 逃責の台／債負 貸借／債務 負債／債利 利息／債累 負債

↓外債・起債・義債・戯債・旧債・公債・国債・残債・市債・私債・詩債・社債・酒債・収債・宿債・償債・前債・息債・内債・負債・薬債・理債

常 **【塞】** 13 3010 サイ ソク ふさぐ とりで

篆文

会意 正字は𡫳+土。𡫳は塞の初文。建物などの入口を、呪具の工を重ねて塡塞し、邪霊などをそこに封じこめる意。土は土主(土地神)。道路や辺境の要地に塞を設けて土神を祀り、異族神や邪霊の通行を禁ずる呪禁とした。〔説文〕十三下に「隔つるなり」とあり、また〔文選、西京の賦、注〕に引く〔説文〕に「隔は塞ぐなり」とあって互訓。隔(隔)は神域を示す𨸏(神梯の象)に鬲(壺の類)を埋めて、聖俗の境を示し、隔離する意。塞をまた、とりでの意に用いるのは、軍事的な施設に転用したものである。わが国の「塞の神」が、古い用法である。

訓義 ①へだてる、ふさぐ、とどめる、とざす、邪神などを封じこめる。②みたす、おおう。③まもる、国境、とりで、辺塞。④賽と通じ、神仏にまいる、すごろくの賽。

古訓 〔和名抄〕塞 曾古(そこ) 〔名義抄〕塞 ツヒヤス・フサグ・ハカル・ソコ・ソフ・カクル・ヘダツ・セキ・ミテリ・アツチ 〔字鏡集〕塞 ミテリ・ハカル・アツチ・ミツ・ツヒヤス・ソコ・シゲル・フサグ・ヘダツ・カクス・マコト・セキ・フクツ・シホル・シゲシ・ソフ

声系 〔説文〕は𡫳を㠭部五上に属するが、その部には展を属すべく、𡫳は宀部に従うべき字であろう。塞声の字に寨・賽の字があるが後起。城塞・辺塞に木柵を用いることが多かった。「塞の神」に祈ることを賽といい、塞の初義を知ることができる。

【塞淵】そくえん(ゑん)／さいえん(ゑん) まことで思慮深い。塞は悳、実あること。〔詩、邶風、燕燕〕仲氏任なり 其の心塞淵なり 終に温にして、且つ惠なり

【塞翁】さいおう(をう) 「塞翁馬」は禍福の相転ずるたとえ。辺塞の上の老翁の馬が逃げ、新たに駿馬を伴って帰り、その子が落馬して傷つき、兵役を免れた話が〔淮南子、人間訓〕にみえる。宋・陸游〔長安道〕詩 士師、鹿を分つ(天下を争う)、眞に是れ夢 塞翁馬を失ふも、猶ほ福と爲す

【塞下】さいか 辺塞の附近。唐・韓愈〔水陸運使韓侍御～を送る序〕其の冬來朝し、奏して曰く、田四千頃を益し開くことを得たり。則ち盡く以て塞下の五城に給すべしと。

【塞外】さいがい(ぐわい) 辺塞の外がわ。〔漢書、武帝紀〕(太初元年夏五月)因杅(匈奴の地名)將軍公孫敖を遣はし、塞外に受降城を築かしむ。

【塞徼】さいきょう(けう) 辺塞。徼は境界に呪禁を施す意。〔漢書、匈奴伝下〕孝武の世に至り、師を出して征伐し、此の地を斥奪し、之れを幕北に攘ふ。塞徼を建て、亭隧を起し、外城を築き、屯戍を設く。

【塞耳】そくじ 耳をふさぐ。〔淮南子、主術訓〕言ふ有る者は之れを窮むるに辭を以てし、諫むる有る者は之れを誅するに罪を以てす。～是れ猶ほ耳を塞ぎて清濁を聽き、目を掩うて青黃を視るがごとし。

【塞上】さいじょう(じやう) 辺塞のほとり。唐・杜甫〔秋興八首、一〕詩 江間の波浪、天を兼ねて湧き 塞上の風雲、地に接して陰る

【塞禱】さいとう(たう) お礼詣り。がんとき。〔韓非子、外儲説右下〕秦の襄王病む。百姓之れが爲に禱る。病癒えたり。牛を殺して塞禱す。

【塞北】さいほく 北方の辺塞。朔北。漢・潘勖〔魏公(曹操)に九錫を冊する文〕烏丸(北方族)三種、亂を二世に崇ぬ。袁尚、之れに因り、塞北に逼據す。馬を束ね車を懸け、一征して滅ぼす。

↑塞囲 辺塞の塁／塞意 心をふさぐ／塞噎 むせぶ／塞垣 長城／塞笳 辺塞で聞く角笛／塞関 関所／塞雁 北雁／塞詰 ふさぐ／塞墐 ぬりこめる／塞具 賽具／塞源 源をふさぐ／塞口 閉口／塞鴻 塞北の鴻／塞職 場ふさぎ／塞心 塞意／塞井 井戸を埋める／塞声 破裂音／塞阱 穴埋め／塞斥 不毛を開く／塞責 責を果たす／塞絶 絶つ／塞塞 不安／塞卒 辺卒／塞地 辺地／塞匿 かくす／塞内 長城の内／塞閉 とざす／塞黙 沈黙／塞門 門をふさぐ／塞壅 ふさぐ／塞令 軍令

↓遏塞・陰塞・隠塞・盈塞・咽塞・掩塞・遠塞・鬱塞・横塞・河塞・隔塞・活塞・捍塞・関塞・檻塞・雁塞・旧塞・窮塞・拒塞・距塞・空塞・啓塞・険塞・古塞・固塞・孤塞・荒塞・哽塞・梗塞・沙塞・朔塞・山塞・四塞・充塞・出塞・障塞・城塞・斥塞・責塞・絶塞・滞塞・築塞・窒塞・塡塞・杜塞・内塞・入塞・廃塞・逼塞・閉塞・蔽塞・辺塞・補塞・報塞・防塞・北塞・密塞・阨塞・要塞・臨塞・路塞・鹿塞

常 **【歳】** 13 〔歲〕 13 2125 サイ セイ とし みのり

篆文 金文 甲骨文
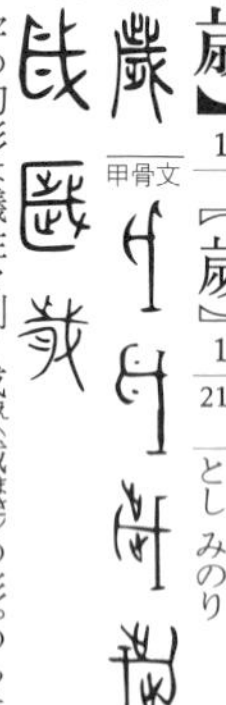

会意 字の初形は犠牲を割く戉(鉞)の形。のちその刃部に歩(歩)を大小に分けてしるし、歳の字形となった。従って今の字形は、戉+歩。〔説文〕二上に「木星なり」とし、歩に従って戌声とするが、戌に従う字ではない。卜文に祭名として戉の字がみえ、のち歳の字形を用いる。戉は犠牲を宰割する意であろう。〔書、洛誥〕に「王、新邑に在りて烝・祭・歳す」とあって、古くは祭名に用いた。金文の〔毛公鼎〕に「用て歳し、用て政(征)せよ」とあるのも祭祀の意。また卜辞や〔曶鼎〕に「來歳」、斉器の〔国差𦉜〕に「國差、立事(事に涖む)の歳」のように、年歳の意とする。おそらく歳祭は、年に一度の大祭であったのであろう。木星を歳星といい、古い暦術と関係が深いが、歳星の知識は戦国期以後にみえる。

訓義 ①まつり、戉を以て肉を切って祭る。②とし、としつき、一年、年齢。③みのり、禾穀の成ること。

古訓 〔名義抄〕歳 トシ／是歳・今歳 コトシ／兩歳 フタトセ／昔歳 コゾ

声系 〔説文〕に歳声として薉・噦・翽・劌・濊など九字を収め、その声はだいたい薉と翽の二系に分かれる。歳と声義の関係は明らかでなく、擬声的な語が多いようである。

参考 年歳のことを虞には載、夏には歳、殷に祀、周に年という。載は祭祀を行うこと、歳は祭名、祀は殷の周祭(祖祭を一巡する)に一年を要するので一祀といい、年は稔、収穫の時を以ていう。

【歳華】さいか(くわ) 日月。光陰。唐・孟浩然〔除夜〕詩 那ぞ堪へん、正に飄泊するに 來日歳華新たなり

【歳寒】さいかん 冬の大寒。〔論語、子罕〕歳寒うして、然る後、松柏の後彫(凋)なるを知るなり。

【歳凶】さいきょう 凶作。凶年。〔礼記、曲礼下〕歳凶にして年穀

登らざるときは、君の膳に肺を祭らず。

【歳月】 年月。晋・陶潛〔劉柴桑(程之)に和す〕詩 栖栖たり(あわただしい)、世中の事 歳月、共に相ひ疏なり

【歳功】 一年の次序。農事。収穫。〔漢書、礼楽志〕陽は出でて上に布施して、歳功を主り、陰は入りて下に伏藏し、時に出でて陽を佐く。

【歳貢】 毎年の貢ぎ物。また、地方の学生を選抜して送る。〔漢書、食貨志上〕餘子も亦序室に在り。～十五にして大學に入る。～諸侯、歳ごとに少學の異れたる者を天子に貢し、大學に學ばしむ。命けて造士と曰ふ。

【歳歳】 毎年。唐・劉希夷〔白頭を悲しむ翁に代る〕詩 古人復た無し、洛城の東 今人還た對す、落花の風 年年歳歳、花相ひ似たり 歳歳年年、人同じからず

【歳次】 歳星(木星)が十二年に十二次にわたって天を一周する。唐・白居易〔廬山を祭る文〕維れ元和十二年、歳は丁酉に次る、二月二十五日乙酉。

【歳事】 年中の行事。〔尚書大伝、五〕耰鉏(農具)已に藏め、祈樂(新穀の誤り)已に入る。歳事已に畢り、餘子は皆學に入る。

【歳時】 一年と四時。〔周礼、春官、占夢〕其の歳時に天地の會を觀、陰陽の氣を辨ずることを掌る。日月星辰を以て、六夢の吉凶を占ふ。

【歳首】 年の初め。年首。〔逸周書、周月〕周正歳首、數は一に起り、十に成る。次一を首と爲す。其の義則ち然り。

【歳制】 棺を作る。死後の準備をする。〔礼記、王制〕六十には歳に(棺を)制り、七十には時に(衣物を)制り、八十には月に制り、九十には日に脩む。唯だ絞紟衾冒は、死して后に制る。

【歳節】 一年の節日。〔宋書、謝方明伝〕従兄混、重名有り。唯だ歳節に朝宗(拝謁)するのみ。

【歳旦】 元旦。〔宋書、礼志一〕舊時、歳旦に常に葦茭(葦の縄)桃梗(桃の枝)を設け、雞を宮及び百寺の門に磔し、以て惡氣を禳ふ。

【歳暮】 年末。また、晩年。〔後漢書、班超伝〕(班昭の上書)超年最も長じ、今且に七十ならんとす。衰老被病、～其の力を竭盡して、以て天恩に報塞せんと欲すと雖も、歳暮に迫り、犬馬の齒(年)索っきたり。

【歳夜】 除夜。唐・李頎〔安万善の觱篥を吹くを聴く〕詩 歳夜、高堂に明燭を列ぬ 美酒一杯、聲一曲

↑歳悪 凶作／歳晏 歳晩／歳陰 十二支／歳課 一年の税／歳会 歳計／歳隔 一年隔て／歳旱 凶作／歳季 年末／歳紀 十二年／歳禧 新年の賀／歳饑 凶作／歳久 久年／歳竟 年末／歳饉 凶作／歳計 年度会計／歳歉 凶作／歳元 歳首／歳光 日月／歳更 改歳／歳候 時候／歳在 木星の位置／歳市 歳の市／歳酒 新酒／歳周 一年／歳終 年末／歳熟 豊作／歳出 一年の支出／歳序 一年の時序／歳除 除夜／歳進 歳貢／歳数 年数／歳星 木星／歳夕 歳末／歳薦 定時の祭／歳中 その年／歳朝 元旦／歳調 一年の税／歳豆 年穀／歳登 豊作／歳徳 恵方／歳入 年収／歳稔 みのり／歳破 悪い方角／歳晩 年末／歳費 年間の費用／歳尾 年末／歳物 草木／歳病 流行病／歳幣 年の贈り物／歳莫 歳暮、年末の贈答品／歳俸 年俸／歳報 お礼詣り／歳豊 豊作／歳末 年末／歳満 任期満了／歳籥 蜡祭の笛／歳余 一年以上／歳飫 立食の宴／歳用 歳費／歳陽 十干／歳暦 こよみ／歳賂 歳幣／歳臘 年末の祖祭

↓悪歳・晏歳・閲歳・往歳・改歳・隔歳・旱歳・冠歳・寒歳・忌歳・飢歳・期歳・餽歳・客歳・旧歳・去歳・虚歳・凶歳・頃歳・迎歳・倹歳・献歳・歉歳・玄歳・故歳・荒歳・候歳・曠歳・今歳・嗣歳・弱歳・旬歳・初歳・仍歳・穣歳・新歳・星歳・昔歳・積歳・千歳・徂歳・壮歳・早歳・卒歳・太歳・髫歳・齠歳・当歳・登歳・同歳・年歳・稔歳・半歳・万歳・晩歳・比歳・富歳・暮歳・芳歳・報歳・豊歳・毎歳・末歳・来歳・累歳・歴歳・連歳

常

【載】

13

4355

サイ

はじめ おこなう のせる

篆文

金文

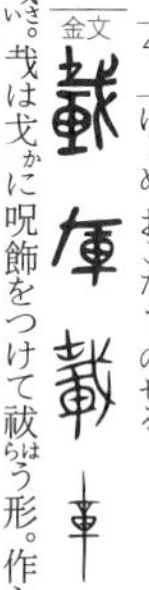

形声 声符は𢦏。𢦏は戈に呪飾をつけて祓う形。作られた器を清め祓う意があり、載はおそらく兵車などを祓う儀礼で、軍行を発するときに行ったものであろう。それで、はじめる意がある。才・哉・載にみな、ことをはじめる意がある。載の古い形は𠙵。卜辞に「王事を𠙵はんか」とあるのは「王事を載はんか」の意で、𢦏の十の形は、もと𠙵の形にしるした。盟誓の書を載書といい、𠙵はその載書を入れる器。これを携行するものを史(史)といい、吏(吏)といい、使(使)といい、事という。みな𠙵の形を含む。ゆえに載行の意がある。〔説文〕十四上に「乗るなり」とするが、もとは登載する意である。

訓義 1はじめ、はじめる、ことをはじめる。2おこなう、しるす、盟誓の辞をしるす、なす。3のせる、うける、いただく、かさねる、おく。4とし、年歳。5助詞、発語に用いる、ここに、すなわち。6戴と通じ、いただく。7再と通じ、ふたたび。

古訓 〔名義抄〕載 ノス・ノル・ノリ・オコナフ・コト・スナハチ・タツ・ヤスシ・アヤマル・フタ、ビ・シゲシ・トシ・ハジム・ハジメテ・モノシル・アラキハリ・コトワル／車載 アブラヅノ

語系 載・哉tzəは同声。才・裁・纔dzəと声近く、みな「はじめ」の意があり、それより「わずかによく」の意をもつ語である。

【載育】 地が万物をのせ育てる。晋・成公綏〔天地の賦〕回動糾紛として乾乾、天道息まずして自彊。群生を統べて載育し、人は命を繫かる所に託す。

【載記】 列国の歴史記述。〔後漢書、班固伝上〕固、又功臣平林・新市・公孫述の事を撰し、列傳載記二十八篇を作り、之れを奏す。

【載祀】 年歳。〔左伝、宣三年〕桀に昏德有り。鼎(統治の権)、商(殷)に遷ること、載祀六百にして商紂暴虐、鼎、周に遷る。

【載酒】 酒を携える。〔漢書、揚雄伝賛〕家素より貧し。酒を耆む。人、其の門に至る希れなり。時に好事の者、酒肴を載せて從つて游學する有り。

【載書】 盟誓の書。〔孟子、告子下〕葵丘の會に、諸侯、束牲載書するも、血を歃らず。

【載籍】 書籍。〔史記、伯夷伝〕夫れ學は載籍極めて博きも、猶ほ信を六藝に考ふ。詩・書缺けたりと雖も、然れども虞夏の文知るべきなり。

【載地】 地をのせる。〔晋書、天文志上〕黄帝の書に曰く、天は地の外に在り、水は天の外に在りと。水は天を浮べて地を載する者なり。

【載道】 道をのせる。道を表現する。〔通書、文辞〕文は道を載する所以なり。輪轅の飾りも、人庸ひざれば、徒飾なり。況んや虛車をや。

【載徳】 徳をなす。晋・陸機〔魏の武帝を弔ふ文〕神道を運らして以て德を載ひ、靈風に乘じて威を扇ぐ。群雄を摧きて電擊し、勍敵を擧ぐること、其れ遺つるが如し。

【載筆】 筆を携えて天子に従う。〔礼記、曲礼上〕(王出でて征するときは)史は(記録のため)筆を載せ、士は言(盟会の旧辞)を載す。

【載路】 路にみちる。〔旧唐書、宣宗紀論〕刑政濫ならず、賢能用を效し、百揆（百官）四嶽（牧民官）、穆として清風の若く、十餘年閒、頌聲路に載つ。

↑載運 運ぶ／載貨 荷積み／載洽 あまねし／載詞 誓詞／載贄 初見のときの礼物／載辞 盟誓の辞／載舟 乗舟／載述 記述／載叙 記述／載任 のせ荷う／載世 累世／載成 成す／載積 のせる／載送 のせ送る／載塗 載路／載拝 再拝／載魄 月白／載覆 天地／載福 受福／載物 地／載璧 祭祀用の璧／載弁 冠をつける／載楽 心楽しむ／載履 天地／載旅 旅商人／載列 列記する／載醪 携える酒／載録 記録する

↓億載・刊載・鑑載・記載・休載・掲載・兼載・功載・厚載・今載・坤載・収載・舟載・重載・所載・初載・積載・千載・船載・装載・束載・続載・多載・託載・摘載・転載・倒載・搭載・登載・同載・任載・年載・嚢載・舶載・半載・負載・覆載・末載・万載・満載・盟載・訳載・両載・歴載・連載・録載

【摧】 14 5201 サイ くじく くだく

篆文 

形声 声符は崔。崔は崔嵬、すなわち山の険峻なさまをいう語とされるが、催・摧・誰などはみな、きびしく他にせまり、これを摧破する意をもつ字である。〔説文〕十二上に「擠すなり」、また「一」に曰く、挏すなり。一に曰く、折るなり」とあり、上文の排・抵に「擠すなり」、次条に「拉は摧なり」「挫は摧なり」とあり、人を排擠することをいう。〔詩、邶風、北門〕「室人交偏く我を摧む」とあり、〔韓詩〕に字を誰に作る。〔詩、大雅、雲漢〕に「先祖于に摧む」とあって、神霊の摧責を受けることをいう。崔は隹と山に従い、山はその冠飾。この鳥によって鳥占を行い、呪詛を加えるようなことがあったのであろう。その行為的なものが摧、言辞によるものが誰であろう。

訓義 ①くじく、くだく、敵の力をくじき、おさえはばむ。②おす、ひく、おさえる。③そしる、ほろぼす、きわめる。④なげく、かなしむ、うれえる。⑤嗺と通じ、ああ。⑥莝と通じ、まぐさかう。

古訓 〔名義抄〕摧 ハジム・クダク・イタル・イサカフ・トル

語系 摧 dzuəi は莝・挫 tsuai と声近く、莝は斬芻、また挫はものを挫摧する意がある。また捽 dzuət、碎（砕）suət なども声義に通ずるところがある。

【摧陥】 くだき罪に陥れる。〔後漢書、馮衍伝上〕書奏す。帝將に召見せんとす。初め衍、狼孟の長と爲り、罪を以て大姓令狐略を摧陷し、～尚書令王護に譲す。～衍、遂に入ることを得ず。

【摧堅】 堅陣を破る。漢・孔融〔衛尉張倹碑銘〕剛を凌ぎ堅を摧き、危きを視ること寧きが如し。

【摧残】 害を加える。殺す。唐・李白〔友人に贈る、三首、二〕詩 荊卿（軻、燕の刺客）一たび去りて後 壯士多く摧殘せらる

【摧衄】 くじけ敗れる。〔三国志、魏、方技、管輅伝注〕に引く輅別伝〕遂に戰地を開張し、示すに固からざるを以てす。藏匿孤虛、以て來攻を待つ。景春、北に奔り、軍師摧衄す。

【摧謝】 平謝りにあやまる。〔漢書、張湯伝〕上方に文學に郷ふ。湯、大獄を決し、古義を傅っけんと欲す。～事を奏して卽ちに譴せらる。湯、摧謝し、上の意の便とする所に郷ふ。

【摧傷】 心くじけいたむ。唐・張籍〔退之（韓愈）を祭る〕詩 書札と詩文と 重疊して我が笥に盈つ 頃息にして萬事盡く 腸情多く摧傷す

【摧辱】 辱める。〔漢書、鮑宣伝〕丞相孔光、四時に園陵を行ぐる。～宣、～吏をして丞相の掾史を鉤止せしめ、其の車馬を沒入し、宰相を摧辱す。事、御史中丞に下す。～死一等を減じ、髡鉗（髪をそり、首に鉄かせをする刑）す。

【摧折】 うちくだく。〔漢書、酷吏、厳延年伝〕其の治務は、豪彊を摧折し、貧弱を扶助するに在り。貧弱法に陷ると雖も、曲文（法をまげ解する）以て之れを出だし、其の豪桀の小民を侵す者は、文を以て之れを（罪に）内る。

【摧絶】 くだけ絶える。斉・孔稚珪〔北山移文〕澗石摧絶して、與に歸る無く、石逕荒涼として徒らに延佇す（たたずむ）。

【摧愴】 心いたみかなしむ。〔三国志、呉、宗室、孫皎伝〕（孫権、皎を譲むる書）人誰か過無からん。其の能く改むるを貴ぶ。～今故らに諸葛子瑜を煩はして、重ねて吾が意を宣べしむ。書に臨んで摧愴し、心悲しみて涙下る。

【摧蔵】 心をいためる。漢・王嬙〔昭君怨〕詩 既に雲に升ることを得て、曲房に上遊す 離宮絶曠にして、身體摧藏す 志念抑沈し、頡頏することを得ず

【摧頽】 崩れさる。また、うらぶれる。宋・蘇軾〔亀山〕詩 元嘉（晋の年号）の舊事、人の記すもの無し 故壘摧頽して、今在るや不や

【摧破】 くだき破る。〔三国志、魏、三少帝、高貴郷公髦紀〕詔して曰く、兵、未だ武を極めざるに、醜虜摧破し、斬首獲生、動もすれば萬を以て數ふ。頃より戰ひて克つに、此の如き者無し。

【摧敗】 失敗する。漢・司馬遷〔任少卿（安）に報ずる書〕身、陷敗すと雖も、彼か、其の意を觀るに、且つ其の當を得て、漢に報いんと欲す。事已に奈何ともすべき無し。其の摧敗する所の功、亦た以て天下に暴はすに足れり。

【摧鋒】 敵の鋭鋒をくだく。〔宋書、武帝紀上〕句章城は既に卑小にして、戰士も數百人に盈たず。高祖常に堅を被り鋭を執り、士卒の先と爲り、戰ふ毎に輒ち鋒を摧き陣を陷る。

【摧抑】 抑圧する。南朝宋・鮑照〔春羈〕詩 暄妍（春の美しさ）正に茲に在り 摧抑、嗟思多し

【摧落】 くだけおちる。魏・王粲〔羽猟の賦〕輝を揚げ火を吐き、野に曜ひ澤を蔽ふ。山川是に於てか搖蕩し、草木之れが爲に摧落す。

↑摧圧 つぶす／摧紆 鬱屈する／摧臆 胸つぶる／摧角 鼻折る／摧感 悲しむ／摧毀 やぶる／摧朽 うちくだく／摧屈 くじけて屈服する／摧撃 うちくだく／摧哽 むせび泣く／摧寇 摧敵／摧剛 摧強／摧剉 摧挫／摧挫 くじく／摧砕 くだく／摧錯 そこなう／摧志 摧心／摧心 心をいためる／摧捽 ひしぐ／摧褫 へこむ／摧黜 しりぞける／摧殄 滅ぼす／摧撓 折れる／摧剝 はぐ／摧圮 やぶれる／摧眉 おべっか／摧靡 なびく／摧服 屈服する／摧弊 やぶれる／摧北 敗走する／摧撲 摧撃／摧滅 滅ぼす／摧拉 摧捽／摧裂 さける／摧勒 摧抑

↓気摧・隤摧・玉摧・撃摧・杖摧・擠摧・破摧・悲摧・蘭摧

【寨】 14 3090 サイ とりで

形声 声符は寋。寋は呪具の工を多く塡塞して邪霊を封ずることを示し、塞の初文。神霊を祀りこむこともあり、供えて祀ることを賽という。とりでには木や石を用い、石には砦という。おおむね辺塞の地に設けた。〔玉篇〕に「羊の棲宿する處なり」というのは、辺塞のそのような地が、また多く牧羊の地をかねたからである。

訓義 ①とりで。②まがき、羊を追いこむところ。③字はまた塞・砦と通じる。

＊古訓・語彙は塞字条参照。

↓御寨・夾寨・硬寨・山寨・諸寨・防寨・要寨・鹿寨

【綵】 14 2299 サイ あやぎぬ

形声 声符は采（采）。采は草木を採取する意。それを染料とするので、采色の意があり、布帛を染めたものを綵という。織物の文彩あるものである。

訓義 1あやぎぬ、あや。2采・彩と通じ、いろどり。

古訓 〔名義抄〕綵 イロ・イト・マサル・イロドル／綵緻 イロナヒシ 〔字鏡集〕綵 イロドル・ウルハシ・ヒトリ・イロフ・イロ・マサル・イト

＊語彙は采・彩字条参照。

【綵衣】 美しい色の衣。唐・孟浩然〔張参～を送る〕詩 十五、綵衣の年 歡を承く、慈母の前

【綵花】 造花。唐・劉憲〔立春の日、内より綵花樹を出だすに奉和す、応制〕詩 冰を開く池内、魚新たに躍り 剪綵の花間、燕始めて飛ぶ

【綵閣】 麗閣。仙人の居。南朝宋・鮑照〔代昇天行〕楽府 風餐、松に委りて宿し 雲臥、天を恣にして行く 霞を冠して綵閣に登り 玉を解きて椒庭に飲む

【綵章】 美しい模様のもの。〔晉書、劉頌伝〕車甲器械の既に具はるを須ちて、群臣乃ち綵章を服し、倉廩已に實ちて乃ち宮室を營み、百姓已に足りて乃ち官司を備へ、境内充實して乃ち禮樂を作る。

【綵勝】 立春の日の婦人の髪飾り。宋・梅尭臣〔嘉祐己亥歳旦、永叔内翰（内相翰林学士、欧陽脩）に呈す〕詩 屠穌と、先づ幼を尙び 綵勝、又春に宜し

【綵楼】 七夕に飾るうてな。唐・李中〔七夕〕詩 星河耿耿として正に新秋 絲竹千家綵樓を列す

↑綵幄 綵帷／綵帷 美しいとばり／綵雲 彩雲／綵燕 立春の飾り／綵霞 彩霞／綵絵 かざり／綵観 綵閣／綵旗 飾り旗／綵毬 飾り毬／綵轎 花嫁の駕／綵纈 絞り染／綵縑 いろぎぬ／綵虹 彩虹／綵航 飾り船／綵毫 美しい筆／綵索 彩縄／綵糸 色糸／綵笥 彩色の箱／綵漆 彩漆／綵樹 綵花／綵舟 飾り舟／綵袖 刺繡の袖／綵繡 色の刺繡／綵女 采女／綵仗 彩仗／綵縄 色糸の縄／綵扇 彩扇／綵旃 綵旗／綵船 飾り船／綵牋 彩牋／綵線 色糸／綵組 色の組紐／綵繒 あやぎぬ／綵緞 どんす／綵帛 綵繒／綵筆 彩筆／綵物 財物／綵棚 綵幄／綵幔 綵帷／綵籃 花籠／綵綾 あやぎぬ／綵縷 色糸／綵籠 花籠

↓衣綵・絵綵・金綵・錦綵・錯綵・雑綵・散綵・色綵・繡綵・春綵・純綵・繒綵・綴綵・緋綵・文綵・紋綵・綾綵・練綵

常 【際】 14 7729 サイ きわ あいだ

篆文 

会意 𠂤＋祭。𠂤は神霊の陟降する神梯。そこに祭卓をすえて祭る。神と人との相接するところ、いわゆる神人の際である。〔説文〕十四下に「壁の會なり」と壁間の空隙の意とするが、際は人の至りうる極限のところで、〔淮南子、原道訓〕「高くして際るべからず」のようにいう。際会・際限のように用いる。金輪際とは、地底の果てをいう。

訓義 1きわ、きわみ、神梯の前で神を祭る。2であう、いたる、あいだ。3さかい、けじめ、つらなる。4あう、まじわる、接する。5接するとき、接するところ、時機、機会。

古訓 〔名義抄〕際 キハ・マジフ・キハム・カギル・ツラヌ・アヒダ・ホトリ 〔字鏡集〕際 ホトリ・アヒダ・カギル・マジフ・ツラヌ・アフ・キハム・ツク・カナフ・ニハ・オク

語系 際・祭 tziat は同声。薦（薦）tzian は声近く、供薦して祭ることをいう。際は祭の声義を受け、その場所と時、機会を限定していう。神と人と相接するところである。

【際可】 礼遇を受けて仕える。〔孟子、万章下〕孔子に見行可（道を行う希望がある）の仕有り、際可の仕有り、公養の仕有り。季桓子に於けるは見行可の仕なり。衞の靈公に於けるは際可の仕なり。衞の孝公に於けるは公養の仕なり。

【際会】 その時機にあう。〔漢書、王莽伝上〕安漢公莽、輔政三世、比りに際會に遭ひ、漢室を安んじ光いにし、遂に殊風を同じうす。

【際涯】 はて。宋・范仲淹〔岳陽楼記〕予れ夫の巴陵の勝状を觀るに、洞庭の一湖に在り。遠山を銜み長江を吞み、浩浩湯湯として横さまに際涯無く、朝暉夕陰、氣象萬千なり。此れ則ち岳陽樓の大觀なり。前人の述、備はれり。

【際遇】 君臣相会う。〔宋史、何執中伝〕執中、政を輔くること一紀、年益ゝ高し。～乃ち少傅を以て第に就く。～（帝に）對へて曰く、昔張士遜、亦た舊學を以て際遇し、太傅を用つて致仕す。臣と適ゝ同じと。

【際天】 天に至る。〔漢書、厳助伝〕三代至盛、天に際り地に接し、人迹の及ぶ所、咸な彙く賓服すと稱す。藐然として甚だ懸づ。

【際畔】 はて。〔列子、湯問〕北海の北に濵し、齊州を距る幾千萬里なるを知らず。其の國の名を終北と曰ふ。際畔の齊限する所を知らず。

↑際暁 よあけ／際限 はて／際次 機会

↓雲際・簷際・花際・海際・涯際・学際・岸際・巌際・極際・垠際・空際・五際・交際・国際・山際・事際・実際・霄際・津際・真際・窓際・端際・庭際・天際・日際・分際・壁際・辺際・無際・林際

【嘬】 15 6604 サイ くらう かむ

形声 声符は最。最は撮の初文で、まとめてつまみあげる意。そのような嚙みかたを嘬という。〔礼記、曲礼上〕に「炙を嘬ふこと毋かれ」とあり、一臠の炙り肉を一口にくわえこむような食べかたは、礼に反するという。また虫や獣が群がって、貪り食うような状態をいう。〔孟子、滕文公上〕「蠅蚋姑之れを嘬らふ」とは、蛆のたかり食う意である。

訓義 1くらう、かむ、一口にたべる、くいつくす。2むさぼる。

古訓 〔名義抄〕嘬 クヒツクス

語系 嘬 tshuat、撮 tsuat は声義近く、嘬は一口に、撮は一つまみにする意。また最 tzuat、纂 tzuan、攢 dzuan、簒 dzhoan なども、攢集の意のある語。

【嘬炙】 あぶり肉を、大口あけて食う。〔礼記、曲礼上〕乾肉は齒決せず。炙を嘬ふこと毋かれ。

【嘬兵】 兵を以てむさぼり取る。〔路史、前紀四、蜀山氏〕漢の武帝、大を好みて功を喜ぶ。使者張騫、乃ち反りて誇るに西域の富を以てす。是に於て兵を嘬めて以て之れを爭ふ。

↑嘬血 血を吸う／嘬嘬 貪るさま／嘬噆 貪りかむ／嘬謎 かきこむ

↓一嘬・遝嘬・求嘬・食嘬・余嘬

【𡨄】 15 3094 サイ ころす

篆文 

会意 宀＋祟＋又（又）。宀は廟所、祟は祟りをなす呪霊をもつ獣の象形で、求や殺（殺）・遂（遂）などに含まれる獣形は、その系列のものである。𡨄は廟中などの聖所で、祟をなす呪能をもつ獣をもち、祈る形で、祈り殺すほど強い呪霊をもつとされた。〔説文〕七下に「塞ぐなり」とし、また「宀に従ひ、𣪠の聲。讀みて、虞書に曰く、三苗を竄すの竄の若くす」（段注本）という。𣪠については〔説文〕三下に「楚人、卜して吉凶を問ふを謂ひて𣪠と曰ふ。

〜祟の亦聲。讀みて贅の若くす」とあり、それぞれ声が一致しない。竅は祟の亦声の字。ただ竅は竄・殺・蔡と通用する字で、声義の近い語であろうと思われる。

訓義 1ふさぐ。2さかい、塞外。3竄・殺・蔡と通用して、ころす。

古訓 〔名義抄〕竅　フサグ

語系 竅tshat、㲼・蔡tsuat、殺sheat、竄tsyuanは声近く、通用することがある。〔書、舜典〕「三苗を三危に竄す」を、〔孟子、万章上〕に「殺す」に作り、〔史記、五帝紀〕に「遷す」に作る。また〔左伝、昭元年〕に「蔡叔を蔡ろす」とあり、金文では蔡は殺の従うところの祟と同形である。金文の字形を以ていえば、蔡は殺の従う祟の象形で、殺の意にも用い、竅はその繁文で、廟中でその呪儀を行うことをいう。竄・遷(遷)はその声転の字を用いたものであろう。

【蔡】 15　4490　サイ　サツ　くさむら　ころす

篆文 　甲骨文 　金文 

形声 声符は祭。〔説文〕一下に「丰(丰)なり」とあり、いわゆる艸蔡、草の茂り乱れるさまをいう。〔左伝、昭元年〕に「周公、管叔を殺し、蔡叔を蔡ろす」とあり、〔注〕に「蔡は放なり」とあって放竄の意とする。蔡は金文に祟の形でしるし、殺(殺)・竅はその繁文とみてよい。艸蔡の蔡はおそらく祭声の字。殺・竅の初形である祟と、字形が混じて一となったものであろう。艸蔡と放竄の字義の間に関連があるとは思われない。

訓義 1くさむら、くさがみだれる、あくた。2ころす、はなつ、へらす、へる、おとろえる。3のっとる、のり。4占卜に用いる亀の名。蔡の地で産するのでいう。5国名、人名。

古訓 〔名義抄〕蔡　ハナル・ハカル

↓萃蔡・艸蔡

【儕】 16　2022　サイ　セイ　ともがら　なかま

篆文 　金文 

形声 声符は齊(斉)。齊は簪をならべて刺した形で、その長さの斉しい意。參(参)は相參って刺し、高低參差のさまをいう。儕は簪の斉しくそろう意から、相斉しい関係のものをいう。〔説文〕八上に「等輩なり」とあり、同じような仲間の意。「吾が儕」は「我々」にあたる語である。

訓義 1ともがら、なかま。2つれあい、つれあう、ともに。3斉と通じ、ひとしい。

古訓 〔新撰字鏡〕儕　止毛加良(ともがら)、又、太久比(たぐひ)〔名義抄〕儕　トモガラ・ヒトシ・タグヒ・ワナミ　〔篇立〕儕　ヒトシ・トモガラ・イサミ・トモナフ・タグヒ

【儕居】一緒にすむ。〔列子、湯問〕土氣和にして札厲(疫死)亡し。人の性、婉にして物に従ひ、競はず争はず。柔心にして弱骨、驕らず忌まず。長幼儕居し、君あらず臣あらず。男女雜游し、媒せず聘せず。

【儕徒】なかま。〔新書、耳痺〕越國の俗、勤勞して慍み ず、亂勝を好んで禮無し。〜此の類に放ふ者は、鳥獸の儕徒にして、狐狸の醜類なり。

【儕等】同輩。〔陳書、章昭達伝〕侯景平らぎ、世祖、呉興の太守と爲る。昭達、策を杖きて來りて世祖に謁す。〜恩寵優渥、儕等に超えたり。

【儕輩】なかま。同輩。〔三国志、蜀、許靖伝注に引く魏略〕豈に意はんや、脫別三十餘年、〜儕輩略ぼ盡きたり。幸ひに老いて足下と、竝びに遺種の叟と爲ることを得ん。

↑儕偶　同輩／儕伍　同列／儕好　同好／儕衆　同輩／儕俗　世俗／儕属　同類の人／儕匹　同輩／儕流　同輩／儕侶　同輩／儕倫　同輩／儕類　同輩

↓華儕・吾儕・等儕・同儕・匹儕・朋儕

【瘵】 16　0019　サイ　セイ　やむ

篆文 

形声 声符は祭。〔説文〕七下に「病むなり」とあり、〔詩、小雅、菀柳〕「自ら瘵ふること無かれ」、〔詩、大雅、瞻卬〕「士民其れ瘵む」のように用いる。古い字形がなくて確かめがたいが、祭がもし蔡の初形のように祟に従う形ならば、その呪詛による疾病になやむ意となる。なお祭に従う字に傺があり、侘傺は疲れなやむ意。この傺は、やはり祟りを示す希に従う字であるかもしれない。侘傺は楚の方言で、〔楚辞〕にみえる。

訓義 1やむ、やまい。2つかれる、なやむ。3やぶる。4際と通じ、まじわる。

古訓 〔字鏡集〕瘵　ヤム・ヤマヒ

↑瘵鬼　疫死者／瘵蠱　痼疾／瘵疾　疫病

↓痁瘵・毀瘵・寝瘵・哀瘵・凋瘵・沈瘵・篤瘵・頓瘵・疲瘵・罷瘵・厄瘵・羸瘵

【縗】 16　2093　サイ　サ　もふく

篆文 

形声 声符は衰(衰)。衰は喪葬のとき、死者の胸もとにつける麻の喪章。縗はその喪章の巾である。〔説文〕十三上に「喪服の衣。長さ六寸、博さ四寸、心に直つ」(段注本)とあり、黒色の巾を用いた。喪に服することを「縗絰の中に在り」という。

訓義 1もふく、もふくにつける喪章。2はねごろも。鷺の羽で作る。3鷺の冠毛。

古訓 〔和名抄〕縗　不知古路毛(ふぢころも)〔名義抄〕縗　フヂコロモ／縗衣　フヂコロモ　〔字鏡集〕縗　クタク・フヂコロモ

【縗幘】喪中に髪をつつむ。〔世説新語補、容止〕陸雲好く笑ふ。嘗て縗幘を著けて船に上り、水中自ら其の影を見て、便ち大いに笑ひて已まず。幾ど水に落ちんとす。

【縗斬】端を縫わないままの喪服。荒い麻布で作る。〔左伝、襄十七年〕齊の晏桓子、卒す。晏嬰、麤縗斬、苴の経帯(首と帯につける喪章)、杖、菅屨(すげの草鞋)して、鬻を食らひ、倚廬(喪屋)に居り、苫に寝ね草を枕とす。

【縗絰】喪服。絰は首と腰につける喪章。〔左伝、昭三年〕寡君、獨り其の社稷の事に任ずること能はず、未だ伉儷(妻)有らざるも、縗絰の中(喪中)に在り、是を以て未だ敢て請はず。

↑縗素　白の喪服／縗麤　縗斬／縗服　喪服／縗冒　喪服と帽／縗墨　黒の喪服／縗麻　喪服

↓解縗・総縗・変縗・墨縗・累縗

【蕞】 16　4414　サイ　ちいさい

形声 声符は最。最は戦場でえた馘耳(討ち取って左耳を切る)を一撮みにして撮む意。冃は上から覆う形。一撮みするものの意より、雑草などの細小の意となる。また草茅を集めて、神位とすることをいう。

訓義 1ちいさい。2あつまる。3蕝と通じ、草茅を束ねて神位とする。

古訓 〔名義抄〕蕞　イヤシ・アツマル

↑蕞残　小さいさま／蕞質　小さな形／蕞陋　小さくいやしい　附会／蕞爾　

【⿰𠦝丮】 16　4771　［載］ 13　4355　サイ　おこなう

篆文 　甲骨文 

金文

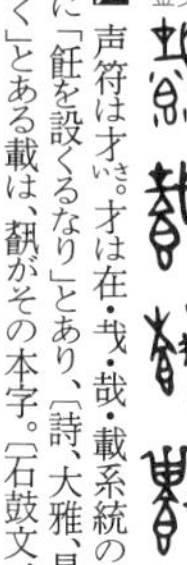

形声 声符は才(さい)。才は在・𢦏・哉・載系統の字の初文。〔説文〕三下に「飪を設くるなり」とあり、〔詩、大雅、旱麓〕に「清酒既に載(そな)ふ」とある載は、䵼がその本字。〔石鼓文、呉人石〕に「䵼(すなは)ち西し䵼ち北す」とある䵼は、〔詩〕ではその語法に載の字を用いる。金文の〔卯𣪘(ぼうき)〕に「乃(なんぢ)の先祖考に䵼(あ)り」と在の意に用いる。また〔也𣪘(やき)〕に「用て已公に䵼饗せよ」とあって、これが字の本義であろう。食を執る形に才声を加えた字である。卜辞の五祀周祭とよばれる祖祭の一にこの祭名があり、供薦することよりその名をえたものであろう。

訓義 ①そなえる、神饌を供える。②設ける、膳立てをする。③才・在と通じ、あり。④載と通じ、すなわち、はじめて、おこなう。

【鼒】 16 4022 ［鎡］ 18 8813 サイ シ かなえ

篆文 金文

形声 声符は才(さい)。〔説文〕七上に「鼎の圜(ゑん)にして上を掩へる者」、すなわち口のすぼんだ円鼎とする。その器制は列国期に盛行し、鄭器に「自ら飤鼒(さい)を作る」と銘するものがある。また〔段𣪘(だんき)〕に「王、畢(ひつ)(地名)に鼒(あ)り。登(蒸祭)す」のように、在の意に用いる。〔詩、周頌、糸衣〕に「鼐鼎(だいてい)と鼒と」とあって、礼器としての鼎の名を列している。〔説文〕七上に鼒の重文として鎡をあげているが、鎡は鎡基(じ)(農具のすき)に用いる字である。

訓義 ①かなえ、口のすぼまった円鼎。また、小鼎。②在と通じ、あり。③鎡と通じ、すき。

【賽】 17 3080 サイ まつる むくいる さいころ

篆文

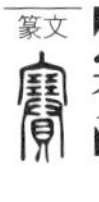

会意 塞(さい)の省文＋貝。塞は呪具の工(こう)を多く用いて塡塞し、道路や境界の要所に土神を祀り、守護神とするもので、わが国で「塞(さへ)の神」というのにあたる。その神に貝などを供えて報賽することをいう。〔説文新附〕六下に「報なり」とあり、お礼参りする意。〔史記、封禅書〕に「冬、賽して禱祠す」とあり、年末に鬼神を索(もと)めて報賽する。里社では田神に酒食を供した。賽ころは、もと神占の具であったが、のち勝敗を争う具となった。

訓義 ①まつる、むくいる、むくいてまつる。②さいころ、さいのめ、勝負をあらそう。

古訓 〔篇立〕賽 カヘリマウス・ムクユ 〔字鏡集〕賽 ソ、ク・アツマル・ムクユ・カヘリマウシス・ツグノフ

【賽会】(さいかい(くわい)) 村などで神を迎えて祀る。祭礼。宋・陸游〔春尽きて、喜ぶべきこと数事を記す〕詩 病退きて初めて酒を嘗む 春残、已に災を過ごせり 隣家の賽神の會 自ら喜ぶ、亦た能く來(きた)るを

【賽社】(さいしゃ) 賽神。報祭。宋・劉克荘〔喜雨、二首、～又和す、八首、七〕詩 村深くして隱隱として簫鼓(せうこ)聞ゆ 知んぬ是れ田家、社に賽して還るを

【賽神】(さいしん) 農事の前後の里社の祭。唐・白居易〔春村〕詩 黃昏林下の路 鼓笛して神に賽して歸る

↑賽過(さいくわ) 勝る／賽還(さいかん) 願ときし／賽願(さいぐわん) お礼参り／賽客(さいかく) 参詣人／賽具(さいぐ) お供え／賽詣(さいけい) お礼参り／賽祭(さいさい) お祭／賽祠(さいし) 賽詣／賽勝(さいしよう) 競争する／賽船(さいせん) 競艇／賽銭(さいせん) 銭を供する／賽饌(さいせん) お供え／賽灯(さいとう) 献灯／賽答(さいたふ) お礼参り／賽闘(さいとう) 勝負事／賽禱(さいたう) お礼参り／賽廟(さいべう) お礼参り／賽文(さいぶん) 報賽文／賽馬(さいま) 競馬

↓祈賽・迎賽・告賽・祭賽・祀賽・祠賽・時賽・秋賽・春賽・賭賽・答賽・禱賽・報賽

【𪗉】 17 0022 サイ セイ つつしむ うるわしい

篆文

会意 齋(斎)(せい)の省文＋女。齊(斉)は神事につかえるとき、頭に刺す簪飾のそろう形。齋はものいみ、𪗉はものいみして神事につかえる巫女の、簪飾を加えた形。〔説文〕十二下に「材なり」、〔広雅、釈詁一〕に「好なり」とするが、神事につかえる婦人の斎敬のさま、またその端整のさまをいう。〔詩、召南、采蘋〕「誰(たれ)か其れ之れを尸(つかさど)る 齊(うるは)しき季女有り」の齊を、𪗉に作るものがあり、𪗉がその字義にあう。

訓義 ①つつしむ、つつましい。②うるわしい、よい。③さい、心さとい、はたらきがある。

古訓 〔字鏡集〕𪗉 ヲムナノヨキカタチ

【鰓】 20 2633 サイ シ あぎと えら

形声 声符は思(し)。〔宋史、五行志三〕に「淳化三年、京師の里巷の婦人、競うて黒光紙團靨を剪(き)り、又鏤魚鰓中骨を装ひ、魚媚子と號し、以て面を飾る」とあり、黒は北方、魚は陰類、この兆によって明年秋冬に積雨、衢路にも水深数尺の災害を生じたという。

訓義 ①あぎと、えら。②鰓鰓はおそれるさま。字はまた諰諰に作る。

古訓 〔名義抄〕鰓 アギト・イヨタツ

【鰓鰓】(しし) おそれる。〔漢書、刑法志〕秦～未だ安制矜節の理有らず。故に地廣く兵彊(つよ)しと雖も、鰓鰓として、常に天下の一たび合して、共に已を軋(きし)る(蹂轢)せんことを恐るるなり。

↑鰓蓋(さいがい) えらぶた

↓小鰓・暴鰓

【灑】 22 3111 ［洒］ 9 3116 サイ シャ シ そそぐ きよらか あらう

篆文

形声 声符は麗(れい)。麗に曬(さい)・纚(し)・躧(し)などの声がある。〔説文〕十一上に「汛(そそ)ぐなり」とあって、次条に「汛(しん)は灑ぐなり」とあって互訓。多く灑掃の意に用いる。字はまた洒に作る。

訓義 ①そそぐ、そそぎあらう。②きよらか。③水がちる、わかつ、わかれる、流れる、流れてたえないさま。

古訓 〔名義抄〕灑 ソ、グ・サテ・ト、コホル・アマネシ・ワカツ・ハラフ・ハフル・ヒタス・コマカナリ 〔字鏡集〕洒 ハナル・ウスシ・アラフ・ソ、グ・キヨシ・アシアラフ・ウヤマフ・フカシ・ス、ク・ヤウヤク・ヒトシ・オサム・スマス・イサギヨシ／灑 ワカル・ホス・ツクス・サテモテル・ソ、グ・ヒタス・ワカツ・ハフル・コマカナリ・ト、コホル・サテモテトル・サテ

【灑翰】(さいかん) 筆で書かれたもの。唐・杜甫〔陳拾遺故宅〕詩 今に至りて、素壁滑らかなり 灑翰、銀鉤連なる

【灑泣】(さいきふ) 涙を流す。〔北史、循吏、蘇瓊伝〕兄弟田を争ひ、積年斷ぜず。～瓊、普明兄弟を召し、衆人に對して之れに諭(さと)して曰く、天下得難き者は兄弟なり。求め易き者は田地なり。假令(たと)ひ地を得とも、兄弟の心を失はば如何(いかん)と。因りて涙を下す。諸證人、灑泣せざるもの莫(な)し。

【灑灑】(さいさい) 四散する。また、連綿として絶えぬさま。〔貴耳集、上〕葉元吉～家素(もと)貧し。衣を典して書を買ひて讀む。性理の學を悟り、諸尊宿の語錄を誦す。先後次序數百言、灑灑聽くべし。

【灑塵】(さいじん) 塵に水をうつ。〔楚辞、九歌、大司命〕飄風(へうふう)(はやて)をして先驅せしめ 涷雨(とうう)(夏のにわか雨)をして塵に灑がしむ

【灑脱】(さいだつ) あっさりしている。〔聊斎志異、辛十四娘〕人と爲り勤倹灑脱、日に紝織を以て事と爲す。時に自ら歸寧するも、未だ嘗(かつ)て夜を踰(こ)えず。

【灑地】(さいち) 地にそそぐ。〔水経注、河水二〕恒水又東のかた藍莫塔を逕(ふ)。塔邊に池有り。池中、龍之れを守護す。～群象鼻

を以て水を取り、地に灑ぐ。蒼梧・會稽の象耕・鳥耘の若し。

【灑兵】 武器を洗う。戦いをやめる。〔説苑、権謀〕武王紂を伐つ。～有戎の隧に至りて、大風、旆を折る。散宜生諫めて曰く、此れ其れ妖なるかと。武王曰く、非なり。天、兵を落すなりと。風霽れて乘ずるに大雨を以てす。～散宜生又諫めて曰く、此れ其れ妖なるかと。武王曰く、非なり。天、兵を灑ふなりと。

【灑流】 分かれてそそぐ。唐・張九齢〔廬山に入り、瀑布の水を仰望す〕詩 灑流、行雲を溼るほし 濺沫(しぶき)、飛鳥を驚かす

↑灑汗 流汗／灑激 強くそそぐ／灑血 流血／灑光 かがやく／灑洒 あらう／灑除 あらう／灑心 洗心／灑綫 刺繡／灑線 刺繡をした服／灑然 さっぱりする／灑埽 掃除する／灑掃 掃除する／灑濯 洗濯する／灑涕 涙を流す／灑潑 しぶきをかける／灑筆 揮毫する／灑撲 掃除する／灑漾 ただよう／灑沃 そそぐ／灑落 洒脱／灑籬 ざる／灑練 洗いねる

↓揮灑・血灑・散灑・蕭灑・身灑・震灑・清灑・澡灑・脱灑・繁灑・飄灑・噴灑・糞灑・滂灑・暴灑・淋灑

ザイ

常 【在】 6 4021 ザイ サイ ある おる

篆文 甲骨文 金文

会意 才＋士。才は神聖を示す榜示の木で、在の初文。卜文・金文では、才を在の字義に用いる。士は鉞頭の形。その大なるものは王。王・士もまた聖器で、身分象徴に用いた。神聖の表示である才と士とを以て、その占有支配の意を示したものと思われる。〔説文〕十三下に「存なり」とし、「土に從ひ、才聲」とするが、金文の字形は士に従う。金文には才声の字である載・𢦏・𢦔をみな在の意に用いる。〔師虎𣪘〕「先王に載り」、〔段𣪘〕「王、畢に𢦏り」、〔卯𣪘〕「乃の先祖考に𢦔り」などの例があるが、それらはみな才・在と通用する用義である。在にまた在察・存問の意があり、〔儀礼、聘礼〕「子、君命を以て寡君を在ふ」、〔書、舜典〕「璿璣玉衡を在らかにす」のように用いる。子に聖記号として才を加えた存の字にも、存問の義がある。

訓義 ①ある、特定の時、また所にある、位置を占める、います、聖的な存在であること、清められたものをいう。②人がおる、います。③みる、あきらかにみる。④たずねる、みまう。

古訓 〔名義抄〕在 アリ・マシマス・ハムベリ・ツバビラカ・アキラカニナリ・オキテ／自在 ワガママナリ／在々 トコロ〳〵 〔字鏡集〕在 アキラカ・ヲハル・アリ・オク・ナク・マス・ハンベリ・マシマス・ツバビラカ・オキテ・ムカシ・ヰル

声系 〔説文〕に在声として艸部の一字を収めるが、声義の関係はない。〔玉篇〕に恠の字を収めるが、怪の俗字である。

語系 在dzəは存dzuənと声義の関係をもつ字と思われる。存在と連用する。字形に即していえば、在は神聖の榜示としての才に、聖器としての鉞頭の士を加えて、その領有支配を明確にする意であろう。また存は、子に神聖の榜示を加えて、その生存を祓い保障する意を含むものであったと思われる。

【在位】 位にある。天子の位にある。〔書、尭典〕帝曰く、咨、四岳、朕位に在ること七十載。汝能く命を庸ひたり。朕が位を巽らんと。

【在在】 処々。至るところ。唐・武元衡〔春斎野雨、郭通微を憶ふ〕詩 桃源在在、風塵を阻み 世事悠悠、又春に遇ふ

【在察】 明らかにする。〔書、尭典〕朔易を平在せしむ。〔伝〕平均して其の政を在察し、以て天常に順はしむ。

【在処】 いたる所。唐・張籍〔王侍御の陝州司馬に赴任するに贈別す〕詩 京城在處、閑人少れなり 唯だ君と共に行きて、馬蹄を竝ぶ

【在昔】 むかし。〔書、洪範〕在昔、鯀洪水を陻ぎ、其の五行を汨陳す(乱す)。帝乃ち震怒し、洪範九疇を畀へず。彝倫攸て斁る。

【在朝】 在廷の臣。〔国語、楚語上〕卿より以下、師長士に至るまで、苟くも朝に在る者は、我を老耄なりと謂ひて我を舍くこと無かれ。

【在野】 仕えず、民間にあるもの。〔孟子、万章下〕國(都)に在るを市井の臣と曰ひ、野に在るを草莽の臣と曰ふ。皆庶人を謂ふ。

↑在握 手中／在案 案件の記録／在役 役務中／在下 下位／在仮 休暇中／在家 家居／在我 我に在り／在外 外地／在官 在職／在監 獄中／在疚 喪中／在京 都住まい／在郷 郷里／在勤 在職／在後 以後／在事 在職／在室 未婚／在日 生前／在舟 乗舟／在所 すみか／在上 上位／在職 在任／在心 留意／在世 存命／在生 存命／在勢 勢位／在籍 名籍あり／在先 あらかじめ／在苫 百ケ日／在草 分娩／在側 側に居る／在俗 在家／在庁 執務中／在廷 出仕／在途 途上／在逃 逃走中／在堂 母が健在である／在内 在中／在任 任務中／在念 留意／在服 在職／在亡 居留守／在目 目前／在来 従来／在理 察理

↓安在・行在・越在・介在・外在・近在・君在・見在・健在・顕在・現在・顧在・好在・混在・散在・自在・実在・所在・如在・常在・昔在・潜在・存在・滞在・駐在・長在・点在・内在・不在・伏在・平在・偏在・遍在

常 【材】 7 4490 ザイ サイ あらき もちまえ

篆文

形声 声符は才。才は聖標識。榜示に用いるもの。支配・占有より、存在するものを意味する。材は木材のほかに、存在するものの材質をもいう。〔説文〕六上に「木の梃なり」とあり、製材したものをいう。〔史記、貨殖伝〕「山居千章の材」は千石の材。木の量は方材を単位として数える。才の声義を承け、才と通用する例が多い。

訓義 ①ざいもく、あらき。②才と通じ、本来のもの、もちまえ、たち、はたらき、ちから、からだ。③裁と通じ、はかる、きりもりする。④財と通じ、たから。⑤才・纔と通じ、わずか。

古訓 〔新撰字鏡〕材 加万不(かまふ) 〔篇立〕材 ヲキ・ツクリキ 〔字鏡集〕材 キ・キノネ

語系 材・才・財dzəは同声。才は存在を示す字で、存在し機能するものをいう。材・財はその声義を承けて、材用とすべきものをいう。裁dzəも声義に通ずるところがある。また纔dzəa、哉tzəには、「わずかに」「わずかによく」の意がある。才系統の字に「はじめて」の意があり、それを条件的に用いて副詞とする。才・𢦏の声系の字は、もと一系の語である。

＊語彙は才字条参照。

【材幹】 才能。〔陳書、蔡徴伝〕後主、其の材幹を器とし、任寄日に重し。～毎十日～太子の前に於て、古今の得喪及び當時の政務を論述す。

【材器】 材幹。〔陳書、高宗二十九王、建安王叔卿伝〕建安王叔卿は～高宗の第五子なり。性、質直にして材器有り。容貌甚だ偉なり。

【材技】 才能と技能。〔六韜、犬韜、練士〕材技人を兼ね、

能く重きを負うて遠きに致す者有り。聚めて一卒と爲し、名づけて待命の士と曰ふ。

【材芸】才能と技芸。〔漢書、元帝紀賛〕臣の外祖兄弟、元帝の侍中爲たり。臣に語りて曰く、元帝材藝多く、史書を善くす。琴瑟を鼓し、洞簫を吹き、自ら曲を度し、歌聲に被らしむと。

【材士】勇武の人。〔戦国策、東周〕秦、宜陽を攻む。周君～曰く、宜陽は城、方八里、材士十萬、粟は數年を支ふ。～秦必ず功無からんと。

【材性】生まれつき。〔荀子、栄辱〕材性知能は、君子も小人も一なり。榮を好み辱を惡み、利を好みて害を惡むは、是れ君子と小人との同じうする所なり。其の之れを求むる所以の道の若きは、則ち異なれり。

【材智】才智。〔漢書、鼂錯伝〕臣、竊かに皇太子の材智高奇、馭射伎藝の、人に過ぐること絶遠なるを觀る。然れども術數に於て、未だ守る所の者有らず。

【材能】才能。唐・杜牧〔沈処士～を送る〕詩 馬を下りて此に君を送る 高歌、君が爲に醉ふ 念ふ君が材能を苞つむを 百工、城壘に在り

【材武】才能と武勇がある。〔史記、韓王信伝〕上、韓信の材武なる～を以て、廼ち詔して韓王信を徙して太原に王とし、以て北のかた胡を禦ぐに備へ、晉陽に都せしむ。

【材木】木材。〔孟子、梁恵王上〕斧斤時を以て山林に入らば、材木勝げて用ふべからず。

【材略】才略。〔漢書、杜欽伝〕（王業、上書して曰く）竊かに見るに、朱博、忠信勇猛にして、材略不世出なり。誠に國家雄俊の寶臣なり。

【材力】才能と力量。〔史記、殷紀〕帝紂、資辨捷疾にして、聞見甚だ敏く、材力人に過ぎ、手づから猛獸を格つ。

↑材異 傑出の人／材慤 性順／材官 適材／材気 才力と気概／材伎 才能と技芸／材劇 多才／材傑 才俊／材行 性行／材資 天資／材識 才能と識見／材質 生まれつき／材術 才学／材俊 俊才／材儁 俊才／材臣 才力ある臣／材人 才能の人／材碩 碩才／材卒 勇卒／材致 才情／材童 才童／材徳 才徳／材品 品性／材物 資材／材分 才能／材朴 素樸／材樸 材朴／材勇 材武／材猷 才略／材用 役立つ／材吏 能吏／材良 天性／材料 資料

↓異材・偉材・逸材・印材・画材・雅材・角材・官材・奇材・器材・機材・巨材・教材・翹材・群材・建材・堅材・硯材・貢材・鋼材・散材・詩材・資材・取材・俊材・称材・常材・飾材・心材・人材・製材・石材・積材・素材・礎材・題材・珍材・適材・鉄材・天材・伐材・美材・不材・凡材・民材・木材・雄材・用材・良材・梁材・令材・肋材・話材

常 **【剤】** 10 〔劑〕 16 0220 ザイ サイ わりふ くすり

篆文

詛楚文

会意 旧字は劑に作り、齊（斉）+刀。齊は齍の省文。齍は方鼎。劑は齍の側面に銘刻を加える意。重要な契約や盟誓の辞は、これを鼎銘として加え、約剤という。〔周礼、地官、司市〕「質劑を以て信を結び、訟を止む」、また〔周礼、地官、質人〕「凡そ賣價する者は、質劑す。大市は質を以てし、小市は劑を以てす」とあり、質ももと鼎に従う字で、鼎銘をいう。〔周礼、春官、詛祝〕に「盟詛の載辭（神に祝禱する文）を作りて、以て國の信用を敍べ、以て邦國の劑信を質かにす」とあり、質もまた盟約を明らかにするものであった。周初の〔麦尊〕に「二百家を賜ふ」とあり、その銘は権利証書としての意味をもつものであったと思われる。〔説文〕四下に「齊しきなり」とするのは、齊が方鼎の齍であることがすでに忘れられていたからであろう。のち薬剤などの意に用いる。

訓義 ①けいやく、けいやくの書、てがた、わりふ、契券、券書。②きる、きりたつ、きりそろえる。③斉と通じ、あわせる、調合する、くすり。

古訓 〔名義抄〕劑 ヘソ・ワヅカ・キル・ハカル 〔字鏡集〕劑 カギル・ヒトシ・キハル・サク・ハカル・キル・ワカツ・ヘソ

語系 劑・齊 dzyei は同声。齍は韻書にみえない字であるが、おそらく同声であろう。劑の従う齊は齍の省文である。

【剤信】盟誓の約。〔周礼、春官、詛祝〕盟詛の載辭を作りて、以て國の信用を敍べ、以て邦國の劑信を質かにす。

↑剤熟 調合／剤銭 薬価／剤調 調薬／剤刀 はさみ／剤料 はかる／剤量 はかる／剤和 調薬

↓医剤・液剤・滑剤・下剤・散剤・質剤・瀉剤・主剤・酒剤・錠剤・色剤・製剤・洗剤・煎剤・丹剤・調剤・鉄剤・吐剤・湯剤・軟剤・乳剤・配剤・秘剤・粉剤・方剤・宝剤・蜜剤・妙剤・約剤・薬剤・余剤・溶剤・両剤・和剤

常 **【財】** 10 6480 ザイ サイ たから わずかに

篆文

形声 声符は才。才に材質の意があり、貝貨を財という。〔説文〕六下に「人の寶とする所なり」とは財宝の意。才・纔と通用し、「わずか」の意にも用いる。また、裁・材とも通用する。

訓義 ①たから。古くは貝を宝とし貨幣とした、ふち。②裁と通じ、たつ、はかる。③才と通じ、才能、はたらき。④才・纔と通じ、わずかに、やっと。⑤材と通じ、資材。

古訓 〔名義抄〕財 タカラ・ワヅカニ 〔篇立〕財 ハフリ・ワヅカニ・タカラ

語系 財・才・材 dzə は同声。材用の意において通用する。また裁・纔も声義に通じ、はじめて・わずかになどの意に通用する。

【財貨】財物貨幣。〔老子、五十三〕朝甚だ除（汚）れ、田甚だ蕪れ、倉甚だ虚しきに、文綵を服し、利劍を帶び、飲食に厭き、財貨餘り有る、是れを盜夸と謂ふ。非道なる哉。

【財幸】えらび取る。〔漢書、賈誼伝〕臣聞く、聖主は其の臣に言問して、自ら事を造さず。故に人臣をして其の愚忠を畢へしむと。唯だ陛下、財（裁）幸せよ。

【財察】とりさばく。〔漢書、鼂錯伝〕壹たび大いに治せば、則ち終身創（懲）る。威を立てんと欲する者は、折膠（固い膠を折る）に始まる。～愚臣亡識なるも、唯だ陛下財察せよ。

【財成】きりもりする。裁成。唐・劉禹錫〔唐故監察御史～王公碑〕入りては用ひられて能臣と爲り、儀制を參定し、經費を財成す。

【財制】きりもりする。裁制。〔淮南子、泰族訓〕易の失は鬼（神がかり）、樂の失は淫（放埒）、詩の失は愚、書の失は拘（拘泥）、禮の失は忮（もとる）、春秋の失は訾（そしる）なり。六つの者、聖人兼ね用ひて、之れを財制す。

【財択】裁択。〔漢書、鼂錯伝〕傳に曰く、狂夫の言も、明主擇ぶと。臣錯愚陋、昧死して狂言を上る。唯だ陛下財擇せよ。

【財宝】財貨。〔後漢書、橋玄伝〕玄の少子十歲、～（卒）之れを劫執し、～玄に就きて貨を求む。玄與へず。～玄乃ち闕に詣りて罪を謝す。～凡そ劫質する（人質をとり、おどす）有らば、皆幷せて之れを殺さん。財寶を以て贖ひ、姦路を開張するを得ざれと。

【財用】費用。〔墨子、非攻下〕夫れ天の人を殺し、鬼神の主を滅ぼす。～天下百姓の財用を竭くすこと、勝げて數ふべからず。

【財力】支払い能力。〔戦国策、趙一〕三國（晉・韓・魏）の兵、晉陽城に乘じて、遂に戰ふ。～晉水を決して之れに灌ぐ。晉陽を圍むこと三年。～襄子、張孟談に謂ひて曰く、糧食匱しく、財力盡き、士大夫病めり。吾れ守ること能はず。城を以て下らんと欲す。何如んと。

【財賄】財貨。〔国語、周語中〕其の時儆（時期の戒め）に曰く、收めて場功（農場整理）し、偫へて畚梮（土功）す～と。～此れ先王の財賄を用ひずして、廣く德を天下に施す所以の者なり。

➡財委　財と米穀／財運　財産の運／財気　運気／財匱　財が乏しい／財決　裁決／財源　貨財のもと／財交　財の交わり／財穀　銭糧／財産　資産／財使　裁使／財資　財貨／財齎　財資／財主　資産家／財取　裁取／財食　財産と食糧／財神　福の神／財紳　資産家／財征　賦税／財政　収支／財勢　財力／財粟　財産と糧食／財蓄　蓄財／財帑　財貨／財帛　財貨／財費　財用／財布　貨幣／財富　多財／財賦　賦貢／財物　財貨／財幣　財貨／財本　資本／財務　会計／財雄　儲け上手／財欲　物欲／財利　もうけ／財礼　結納金／財鹵　財賂／財賂　財貨

➡委財・家財・貨財・割財・管財・寄財・匱財・器財・巨財・共財・軽財・公財・散財・私財・貲財・資財・齎財・借財・聚財・浄財・殖財・積財・節財・多財・地財・致財・蓄財・通財・同財・匿財・頒財・余財・用財・理財・悋財・臨財・斂財

常【罪】13 6011　［辠］13 2640　ザイ　つみ

篆文　金文　詛楚文

会意 正字は辠。自＋辛。自は鼻（鼻）。鼻に墨刑を加える意で、そのような刑を受けることをいう。〔説文〕十四下に「辠は灋（法）を犯すなり」とし、「辠人、鼻を蹙めて、苦辛するの憂へを言ふ」と、辛を辛苦の意とするが、辛は入墨の針の象形である。また「秦、辠の皇の字に似たるを以て、改めて罪と爲す」とするが、辠は漢碑にもみえる。罪は〔説文〕に网部七下に属し、「魚を捕ふる竹の网なり」とあって、それが本義。「秦、罪を以て辠の字と爲す」とあり、秦の文字統一のとき、そのように改めたのであろう。辠辜をまた罪罟という。

訓義 ①あみ、魚をとらえる竹あみ。②つみ、とがめ、つみする。③わざわい、あやまち。④正字は辠に作る。

古訓 〔名義抄〕罪　ツミ・アヤマチ／死罪　カシコマル／辠　ツミ

語系 辠・罪dzuəiは同声。秦が辠・皇の字形の近いのを避けて、罪をその義に用いたという。辜も罟と改めて、辠辜を罪罟という。罟は魚網をいう字。

【罪悪】つみ。とが。〔公羊伝、昭元年〕春秋、貶絶を待たずして罪惡見はるる者は、貶絶せずして以て罪惡を見はすなり。

【罪過】つみ。あやまち。〔周礼、秋官、大司寇〕凡そ萬民の罪過有りて、未だ灋（法）に麗かざるも、州里に害ある者は、桎梏（かせ）して諸れを嘉石に坐せしめ、諸れを司空に役せしむ。

【罪悔】とがめ。〔詩、大雅、生民〕后稷肇めて祀る　庶はくは罪悔無からん

【罪舋】つみ。とがめ。〔後漢書、桓帝紀〕（延熹二年）詔して曰く、梁冀姦暴にして、王室を濁亂す。～禍害深大にして、罪舋日に滋し。

【罪罟】つみ。〔詩、小雅、小明〕彼の共人を念ひ　涕零つること雨の如し　豈に歸ることを懷はざらんや　此の罪罟（軍罰）を畏る

【罪証】犯罪の証拠。〔陳書、儒林、沈洙伝〕范泉、今漢律を牒述して云ふ。死罪及び除名、罪證明白にして、考掠已に至るも、抵隱して服せざる者は、處當（証験明白の状）列上すと。

【罪状】犯罪の実状。〔晉書、温嶠伝〕未だ幾ならずして、蘇峻果して反す。～京師の傾覆するに及んで、嶠、之れを聞きて號慟す。～嶠、是に於て尙書に列上し、峻の罪狀を陳ぶ。

【罪人】犯罪者。〔孟子、告子下〕五霸は三王の罪人なり。今の諸侯は、五霸の罪人なり。

【罪謗】そしり。〔後漢書、皇后下、順烈梁皇后紀〕遂に以て貴人と爲す。常に特に引御せらる。從容として帝に辭して曰く、～願はくは陛下～小妾をして罪謗の累ひを免るるを得しめよと。是れに由りて、帝、敬を加ふ。

【罪累】禍が及ぶ。まきぞえ。〔顔氏家訓、帰心〕一人修道せば、幾許の蒼生を濟度し、身に幾許き罪累を免脱せん。幸ひにして之れを熟思せよ。

【罪戻】つみとが。〔左伝、荘二十二年〕羈旅の臣、幸ひにして～其の教訓に閑はざるを赦され、罪戻を免れ、負擔を弛ぐせば、君の惠なり。

【罪隷】官奴に没入する。〔周礼、秋官、司厲〕其の奴は、男子は罪隷に入れ、女子は舂槀（舂人と槀人、祭祀などに使う官奴）に入る。

➡罪案　刑事記録／罪因　つみの原因／罪殃　つみとが／罪禍　つみ／罪魁　首謀者／罪己　引責／罪忌　刑罪／罪愆　つみの恐れ／罪逆　つみを犯す／罪咎　つみとが／罪刑　刑罰／罪繫　拘囚／罪孼　つみとが／罪愆　罪過／罪譴　つみ／罪辜　罪罟／罪獄　囚獄／罪殺　死刑／罪死　死罪／罪施　刑を執行する／罪失　犯罪と過失／罪疾　災難／罪首　首謀者／罪贖　科料／罪身　つみを受ける／罪迹　犯行の証拠／罪跡　罪迹／罪謫　流刑／罪誅　誅殺／罪黜　つみし、退ける／罪孥　犯人の家族／罪慝　つみとが／罪犯　つみ／罪伏　伏罪／罪辟　刑罰／罪放　追放／罪法　刑事処分／罪目　罪名／罪尤　つみとが／罪郵　罪尤／罪戮　誅殺／罪律　刑法／罪例　刑事例／罪厲　罪とわざわい

➡引罪・冤罪・遠罪・疑罪・逆罪・旧罪・咎罪・宮罪・刑罪・繫罪・黥罪・刖罪・原罪・辜罪・功罪・坐罪・斬罪・死罪・私罪・舍罪・謝罪・首罪・重罪・宿罪・除罪・小罪・訟罪・賞罪・杖罪・浄罪・触罪・贖罪・積罪・臧罪・贓罪・他罪・多罪・聴罪・懲罪・抵罪・徒罪・当罪・同罪・入罪・伐罪・犯罪・比罪・微罪・負罪・伏罪・服罪・弊罪・蔽罪・逋罪・墨罪・無罪・滅罪・免罪・問罪・有罪・宥罪・余罪・麗罪・流罪

サカキ

人【榊】14　さかき

国字 神事に用いる常緑樹の総称。「栄木」また「賢木」とし、また〔日本紀私記〕「眞坂樹」のようにしるすことがある。のち玉串などに用いるものを定めて、つばき科の常緑の小高木を榊とし、その小枝や葉を神前にささげる。

訓義 ①さかき、木の名。②神前に玉串として用いる木。

古訓 〔新撰字鏡〕榊　佐加木（さかき）〔和名抄〕（榊）龍眼木　楊氏漢語抄に云ふ、佐賀岐（さかき）／坂樹　日本紀私記に云ふ、天香山の眞坂樹、佐加木（さかき）、漢語抄に榊の字、本朝式に賢木の二字を用ふ。本草に云ふ、龍眼、一名益智、佐賀岐乃美（さかきのみ）〔名義抄〕太玉串　サカキ／龍眼木　サカキ

常 **【作】** 7 2821 サク サ ソ つくる なす

篆文 甲骨文 金文

形声 声符は乍。乍は作の初文。〔説文〕八上に「起すなり」と作興の意とする。乍は木の枝を強く撓める形で、垣などを作る意。卜辞に「墉を乍る」「邑を乍る」のように、大きな土木工事をする意に用いる。金文に至っても「寶障彝を乍る」のように用い、また「乍邑」「乍邦」の語がある。また「乍鑄」「乍爲」より「厥の爪牙と乍る」のようにひろく一般の制作・行為をいい、まだ作の字はみえない。〔周礼、秋官、柞氏〕は、柞薪を以て獣の陷穽を作ることを掌り、その阱中の逆木を柞鄂という。木の枝を撓めてこれを作るもので、乍の初義を知ることができる。

訓義 1つくる、木の枝をまげて垣などを作る。2ものをつくる、いとなむ。3おこす、なす、はじめる、たつ。4なる、いたす。5もちいる、はたらく。6その地位につかせる、任ずる。7柞と通じ、たがやす、くさぎる。8詐と通じ、いつわる。9詛と通じ、のろう。10鑿と通じ、うがつ。

古訓 〔名義抄〕作 ナル・ナス・ス・ツクル・オコス・ヲル・ユク・ヲサム・ヲフ・ヲヒタリ・キク・ヲツ・タリ・タラム・ノリ・スチ・タツ・ツカフ・タメニ・サクル・イタル・カハル・ハジム・ワザ・サク

声系 〔説文〕に作声として筰など二字を収める。筰は竹索。竹を撓めて垣などとする意であろう。

語系 作・做tzakは同声。做は近世以後に用いる字である。また造(造)dzuk、就dziukも声義に通ずるところがある。造は金文では舟(盤の形)と告(告)に従う字。盤に神饌を盛り、祈ってことの成就を願う意。就は京形の建物、たとえば京観などの竣工にあたって犬牲を供し、その落成を祝う意。みな「つくる」「なす」とよむ字である。ものの制作・完成とその儀礼に関する字である。

【作悪】 もだえ。宋・陸游〔梅花絶句、十首、十〕詩 漸く老いて情懷、作惡多し 還た梅を送る詩を作るに堪へず

【作為】 作る。作りあげる。〔礼記、月令〕(季春の月)工師に命じ、百工に令す。～監工日に號す、時に悖ふこと毋く、淫巧を作爲して以て上の心を蕩かすこと或る毋かれと。

【作意】 着想。著作の目的。〔漢書、芸文志〕書の起る所、遠し。孔子に至りて纂む。上は堯より斷ち、下は秦に訖る、凡そ百篇。而して之れが序を爲り、其の作意を言ふ。

【作家】 詩文や書画などの作者。〔太平広記、二五五に引く盧氏雑説、王維〕唐の宰相王璵、好んで人の與に碑誌を作る。潤毫(執筆料)を送る者有り。誤つて右丞王維の門を扣く。維曰く、大作家、那邊(いずれ)にか在ると。

【作楽】 音楽を作る。〔隋書、音楽志上〕其の流湎を恣にして、往いて歸らず。是こを以て五帝樂を作り、三王禮を制し、人倫を標擧し、淫放を削平す。其の之れを用ふるや、～鬼神を感ぜしむ。

【作偽】 偽る。〔書、周官〕徳を作さば心逸して日に休し、僞を作さば心勞して日に拙し。

【作孽】 禍いをおこす。〔書、太甲中〕天の作せる孽ひは猶ほ違くべきも、自ら作せる孽ひは逭るべからず。

【作興】 起ち上がる。〔孟子、離婁上〕伯夷、紂を辟けて北海の濱に居る。文王作興すと聞きて曰く、盍ぞ歸らざる。吾れ聞く、西伯(文王)は善く老を養ふ者なりと。

【作冊】 策命を掌る。のちの内史にあたる。金文〔麦尊〕侯の乍(作)册麥、金を辟侯より易(賜)ふ。麥、揚へて用て寶障彝を乍(作)る。

【作事】 ことに処する。〔左伝、襄三十一年〕君子は位に在りて畏るべく、～進退度とすべく、周旋則るべく、容止觀るべく、作事法るべし。

【作者】 ことを制作する人。〔礼記、楽記〕禮樂の情を知る者は能く作る。禮樂の文を識る者は能く述ぶ。作者之れを聖と謂ひ、述者之れを明と謂ふ。明聖とは、述作することを謂ふなり。

【作書】 文書を作る。〔国語、楚語上〕昔殷の武丁～三年默して以て道を思ふ。～是こに於て書を作りて曰く、余れ四方を正するを以て、余、徳の類からざることを恐る。茲の故に言はずと。

【作色】 色をなす。顔色をかえる。〔戦国策、韓一〕鄙語に曰く、寧ろ雞口と爲るも、牛後と爲る無かれと。～韓王忿然として色を作し、臂を攘ひ劍を按じ、天を仰ぎ太息して曰く、寡人死すと雖も、必ず秦に事ふること能はずと。

【作伐】 媒酌。仲人。〔詩、豳風、伐柯〕柯を伐るに如何せん 斧に匪ざれば克はず 妻を取るに如何せん 媒に匪ざれば得ず

【作法】 所作のしかた。規範。〔後漢書、東夷伝論〕昔、箕子衰殷の運を違り、地を朝鮮に避く。～箕子の、文條を省簡にして信義を用ひたる若きは、其れ聖賢の作法の原を得たり。

【作用】 はたらき。〔魏書、孫紹伝〕臣聞く、～治、人理に乖かば、合ふと雖も必ず離る。作用機を失はば、成ると雖も必ず敗ると。此れ乃ち古今同然、百王の定法なり。

【作俑】 木偶人を作って殉葬する。悪い先例を作る。〔孟子、梁恵王上〕仲尼曰く、始めて俑を作る者は、其れ後(子孫)無からんかと。其の、人に象りて之れを用ふるが爲なり。

【作労】 骨おる。〔書、盤庚上〕惰農自ら安んじ、作勞を昬めず、田畝に服せざれば、越こに其れ黍稷有ること罔からん。

↑作威 威張る／作院 仕事場／作淫 みだら／作詠 歌作／作歌 歌作／作冤 だまされる／作火 火おこし／作歌 歌作／作画 えがく／作会 集会／作害 害する／作鄂 酉年／作噩 酉年／作活 生計／作気 元気を出す／作亀 亀卜／作儀 儀容を整える／作戯 遊戯／作客 旅人となる／作仇 仇をなす／作強 精力的に／作嬌 しなを作る／作業 仕事／作曲 曲譜作り／作釁 事のおこり／作苦 苦労／作寓 寄居する／作繭 仕官／作言 詐言／作故 先例／作穀 農作／作材 木作り／作詩 詩作り／作辞 作文／作手 作者／作主 位牌作り／作証 立証／作新 一新する／作成 作る／作声 声を出す／作制 制定／作勢 元気づけ／作戦 戦略／作践 ふむ／作態 しな／作獺 他の漁場をあらす／作竹 竹細工／作田 耕作／作徒 徒刑囚／作東 主人役／作頭 棟梁／作蹋 ふみ破る／作闘 さわぐ／作難 面倒事／作任 任務を遂行する／作念 思う／作馬 材木棚／作配 配合／作陪 お伴／作範 範とする／作伴 同伴する／作眉 眉かき／作病 虚病／作品 制作品／作夫 農民／作風 様式／作服 従事／作物 制作物／作文 文を作る／作弊 不正／作保 引き受け／作夢 夢みる／作民 新民／作務 仕事／作麽 いかんぞ／作問 問う／作勇 作勢／作養 培養／作料 材料／作力 精出す／作礼 礼拝する／作儷 結婚する／作弄 戯弄する／作論 立論

↓遺作・役作・仮作・佳作・家作・寡作・改作・怪作・借作・合作・

間作・贋作・奇作・器作・偽作・擬作・客作・旧作・居作・凶作・競作・近作・句作・愚作・偶作・下作・戯作・劇作・傑作・原作・工作・功作・巧作・好作・耕作・混作・試作・詩作・自作・実作・習作・述作・春作・聖作・製作・拙作・撰作・蚕作・創作・操作・造作・雑作・多作・駄作・大作・代作・単作・鋳作・著作・賃作・適作・天作・佃作・東作・盗作・動作・農作・半作・丕作・不作・風作・平作・兵作・米作・豊作・発作・凡作・万作・満作・名作・模作・妄作・乱作・濫作・力作・輪作・連作・労作

【咋】 8 6801 サク かむ くらう

形声 声符は乍。〔漢書、東方朔伝〕「猶ほ～孤豚の虎を咋らふがごとし」のように、咋み食うことをいい、乍はその嚙む音を示すもので、擬声的な語である。

訓義 ①かむ、くらう。②かむおと、こえ、くさぐさのこえ、大ごえ。③乍と通じ、たちまち、しばらく。

古訓 〔名義抄〕咋 イフ

【咋筆】 筆を執る。〔顔氏家訓、勉学〕甲を負ひて兵と爲り、筆を咋へて吏と爲るも、身死して名滅ぶ者は牛毛の如く、角立傑出する者は芝草（靈芝）の如し。

↑咋呀 たがう／咋喈 俚謡／咋呼 叫ぶ／咋咋 大声のさま／咋指 自ら誓う／咋噬 かむ／咋舌 後悔する

↓喧咋・啖咋

【作】 8 9801 サク はじる

篆文 

形声 声符は乍。〔説文〕十下に「慙づるなり」とあり、はじて顔色の変わることをいう。

訓義 ①はじる。②顔色が変わる。③いらだち、いかる。

古訓 〔名義抄〕作 ハヅ

【作色】 はじるようす。〔太平広記、十六に引く続玄怪録、張老〕張老既に韋氏を取めり、園業廢せず。穢を負ひ地に钁し、蔬を鬻ぐこと輟めず。其の妻躬ら爨濯（炊事洗濯）を執り、了に作づる色無し。

↑作意 作色／作愕 驚いて顔色が変わる

↓惱作・怍作・愧作・慙作・羞作・悚作・心作・恥作・靦作・負作

常 **【削】** 9 9220 〖削〗 9 9220 サク けずる そぐ さや

篆文 

会意 肖（肖）＋刀。肖は筋のついた小肉。刀を加えてその肉を削ぎ取る意である。〔説文〕四下に「鞞なり」と刀室の意とし、また「一に曰く、析くなり」という。字形よりいえば削除・削減が字の本義。鞞の義は鞘の義に通用したものである。

訓義 ①けずる、そぐ、肉をそぎとる。②おかす、わかつ、へらす、のぞく。③書刀、刀筆、字を刻する小刀。④竹札、竹簡。⑤鞘と通じ、さや。⑥双刃の曲刀。

古訓 〔名義抄〕削 キユ・サヤ・ケヅル 〔篇立〕削 アフ・キル・ケヅル・ホロボス・サク 〔字鏡集〕削 サク・カク・サヤ・キル・キザミ・ケヅル・ツクロフ

【削格】 追いこみの柵。〔荘子、胠篋〕夫れ弓弩・畢弋・機變（しかけ）の知多ければ、鳥は上に亂る。～削格・羅落（はり網）・罝罘（兎網、むそう網）の知多ければ、則ち獸は澤に亂る。～罪、知を好むに在り。

【削簡】 簡をけずり、字をしるす。梁・庾肩吾〔書品の序〕篇を開きて古を翫べば、則ち千載朝を共にし、簡を削り今に傳ふれば、則ち萬里對面す。

【削鋸】 細工する。〔韓非子、十過〕（舜）食器を作爲し、山木を斬りて之れを財（裁）し、削鋸して其の迹を脩め、漆墨を其の上に流し、之れを宮に輸して以て食器と爲す。諸侯以て益侈と爲し、國の服せざる者、十三なり。

【削藁】 原稿をなおす。梁・任昉〔宣徳皇后令〕辯は天口を析つも、言ふこと能はざるに似たり。文は雕龍（美文）を擅にするも、成れば輒ち藁を削る。

【削弱】 国土が侵され、弱くなる。〔史記、魏世家論賛〕說者皆曰ふ。魏、信陵君を用ひざるを以ての故に、國削弱せられて亡ぶるに至れりと。

【削除】 けずりとる。〔南史、文学、鍾嶸伝〕永元の諸軍官は是れ素族士人、自ら清貫（貴族的な身分）有り。斯れに因りて爵を受く。一に宜しく削除し、以て澆りに競ふを懲とむべし。

【削成】 周囲をけずる。高峻。南朝宋・顔延之〔車駕京口に幸して蒜山に侍遊せしときの作〕詩 元天（山名）、北の列（星）に高びえ 日觀（泰山の東南峰）東溟に臨む 河に入りて陽（山）の峡に起り 華（山）を践みて削成に因る

【削跡】 身をかくす。〔荘子、盗跖〕子は自ら才士聖人と謂へるか。則ち再び魯に逐はれ、跡を衞に削られ、齊に窮し、陳・蔡に圍まれ、身を天下に容れられず。～子の道、豈に貴ぶに足らんや。

【削奪】 けずり奪う。〔史記、呉王濞伝〕高帝、子弟を王とし、各ミ分地有り。今賊臣鼂錯、擅に諸侯を適（讁）過し、之れが地を削奪す。故に反を以て名と爲し、西して共に鼂錯を誅し、故地を復して罷めん。

【削黜】 所領をけずり、官職を降される。魏・曹植〔陳王に改封せられ、謝する章〕臣既に弊陋、國を守るも效無く、自ら削黜せらるるを分とす。

【削髪】 髪を切る。出家。落飾。唐・崔顥〔懐一上人に贈る〕詩 削髮十二年 經を誦す、峨眉の裏

【削冰】 氷をけずる。レンズ。〔博物志、四、戲術〕冰を削りて圓ならしめ、擧げて以て日に向ひ、艾を以て後に其の影を承くるときは、則ち火を得。

【削墨】 墨縄をうってけずる。漢・王褒〔聖主、賢臣を得るの頌〕此くの如くんば則ち離婁（目明らかなる者）をして繩を督し、公輸（巧工）をして削墨せしむ。崇臺五層、延袤百丈と雖も溷れざる者は、工用（工匠と用具）相ひ得ればなり。

【削乱】 国がけずられ、乱れる。〔韓非子、和氏〕楚、呉起を用ひずして削亂し、秦、商君の法を行ひて富強なり。二子の言や、已だ當れり。然れども呉起を枝（肢）解し、商君を車裂する者は何ぞや。

↑削捐 棄てる／削肌 苦労する／削去 けずり去る／削肩 なでがた／削減 減らす／削刻 厳刻／削殺 そぐ／削削 弱々しい／削消 減らす／削杖 喪の杖／削迹 削跡／削籍 免職／削草 削藁／削損 削減／削地 地をけずる／削治 けずり作る／削滌 洗いとる／削剟 けずりとる／削牘 木簡／削背 やせがた／削肺 木札。また、ついたて／削剝 けずる／削薄 けずる／削皮 皮を剝ぐ／削筆 尖筆／削平 そぎとる／削壁 絶壁／削封 削地／削縫 裁縫／削免 削地免官／削約 縮める

↓苛削・開削・刮削・割削・刊削・刓削・毀削・掘削・斸削・減削・刻削・剋削・髡削・刪削・侵削・洗削・穿削・翦削・纖削・誅削・剔削・添削・剝削・筆削・砭削・貶削・法削・磨削・免削・抑削・落削

常 **【昨】** 9 6801 サク きのう

篆文 

形声 声符は乍。〔説文〕七上に「絫ねたる日なり」（段注本）とあって、昨日をいう。古くは徂・宿・昔・夕と声近く、通用することのある字であった。

訓義 ①きのう、ゆうべ、昨夕。②さき、さきに、むかし、宿昔。③

酢・醋と通じ、むくいる。
古訓 〔名義抄〕昨 キノフ・ムカシ・ムクユ・サキ・ヒホロキ／憶昨 ムカシ 〔字鏡集〕昨 ヒボロク・サキ・ムカシ・キノフ・ムクユ
語系 昨dzakは乍dzaの声をとる。徂(退)・殂dzaは同声。みな徂往の意がある。夕zyak、宿siuk、昔syakも声近く、通用することがある。

【昨日】 きのう。唐・許渾〔秋思〕詩 琪樹西風、枕簟(たかむしろ)の秋 楚雲湘水、同遊を憶ふ 高歌一曲、明鏡を掩ふ 昨日の少年、今白頭

【昨非】 今までの誤り。晋・陶潜〔帰去来の辞〕寔に途に迷ふも、其れ未だ遠からず。今の是にして、昨の非なるを覺る。

【昨夜】 ゆうべ。唐・張若虚〔春江花月夜〕詩 昨夜閒潭に落花を夢む 憐れむべし、春半家に還らざるを 江水春を流して、去つて盡きんと欲し 江潭の落月、復た西に斜めなり

↑昨夏 去年の夏／昨今 近来／昨失 昨日の過ち／昨宵 昨夕／昨夕 昨日の夜／昨前 従前／昨朝 昨日の朝／昨天 昨日／昨年 去年／昨晩 昨夕／昨暮 昨夕／昨暝 昨晩／昨来 近来

↓一昨・憶昨・疇昨

【昔】 9 7760 ［𣌭］ 10 7760 サク のりと つげる

篆文

甲骨文
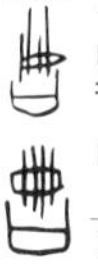

形声 声符は册(冊)。冊は木柵の形。神に供薦する犠牲をその中においた。曰は祝詞を収める器。昔は犠牲を供えて祝禱する儀礼をいう。卜辞の用法では「一豕一羊を燎き、三牛を卯し、五十牛を昔めんか」のように用いる。燎は炙く、卯は分割する意で劉の初文。ともに犠牲を処理する法。昔は犠牲に供する前に、予備儀礼として清める意である。〔説文〕五上に「告ぐるなり」とあり、そのことを神に伝える儀礼であろう。卜辞には「貞ふ。千牛を昔めんか」のように、実際の用牲の数よりもはるかに多い犠牲に対して、この礼を行うことが多い。
訓義 ①きよめる、はらう、犠牲に供する前にお祓いする。②つげる、神につげる、のりと。
古訓 〔字鏡集〕昔 ツグ

【柞】 9 4891 サク ははそ

篆文

金文

形声 声符は乍。〔説文〕六上に「柞木なり」(段注本)とあり、木名としては、ははそをいう。〔詩、周頌、載芟〕に「載ち芟し載ち柞す」とあり、芟は除草、柞は木の小枝をはらうことをいう。乍は小枝を撓める形。これを組んで獣を捕るわなをしかけることを柞格、また逆茂木を立てて陥穽とすることを柞鄂という。柞格・柞鄂はみな畳韻。嵯峨・齟齬と同じような連語である。
訓義 ①ははそ、くぬぎ。②槎と通じ、小枝をきりとる、かる。また、草をかることをもいう。③迮と通じ、ためる、せばめる、まげる。④咋と通じ、大声を出す。
古訓 〔新撰字鏡〕柞 奈良(なら)、又、比曾(ひそ)、又、志比(しひ)なり 〔和名抄〕柞 由之(ゆし)、漢語抄に云ふ、波々曾(ははそ) 〔名義抄〕柞 ユシ・ハ、ソ・カシ・ユシノキ・キル・キ、ル・サク・ナカスホナリ 〔字鏡集〕柞 キル・ユスノキ・ユヅリハ・カシノキ・ハ、ソ・マユミ・ナカスホナリ・ユシ・カシ・サク・キ、ル

【柞格】 木を組んだ陥阱。〔墨子、備蛾傅〕柞格は貍むること四尺、高き者は十丈、木の長短相ひ雜へ、其の上を兌くし、外内厚く之れを塗り、前行の行棧と爲す。

【柞鄂】 獣を捕らえる陥穽。〔周礼、秋官、雍氏〕春、阱擭に爲り、上に向ひて鄂鄂然たらしむ。〔疏〕柞鄂なる者は、或いは以て豎柞を中に至らしめず、躍りて出づるを得ざらしむる所以なり。之れを柞鄂と謂ふ。

【柞薪】 柞などの薪。〔詩、小雅、車舝〕彼の高岡に陟りて 其の柞薪を析く

↑柞狭 狭い／柞蚕 やままゆ／柞子 とちの実／柞実 柞子／柞樹 くぬぎ／柞阱 おとし穽／柞櫟 くぬぎ

↓芟柞・豎柞・萊柞

常
【柵】 9 4794 サク まがき とりで

篆文

形声 声符は册(冊)。冊は木柵の形で柵の初文。〔説文〕六上に「豎ての木を編めるものなり」(段注本)とする。金文の図象に、冊を左右に配して開閉しうるもので、その両冊の間に獣の形を加えているものが多く、いわゆる牢閑の象。その出入するところの門柵の形である。
訓義 ①さく、木のさく、獣を追いこむところの門柵。②やらい、まがき、うちくい。水中ならば、しがらみ。③とりで、営柵。④かけはし。
古訓 〔新撰字鏡〕柵 左須(さす)、又、不奈太奈(ふなだな) 〔和名抄〕柵 音索なり。〔箋注〕源君、和名に載せず。當時亦た音讀せるに似たり 〔名義抄〕柵 マセガキ 〔篇立〕柵 クエヤ(カ)キ・タテキ・サス・マカセ(セガ)キ・ヲリフナタナ
語系 冊・柵tshekは同声。冊は柵の初文。冊はまた策・筴とすることがあり、それらはまた木簡・編簡の類をいい、柵とは別義の字。豎に木を編む基本形は同じであるが、のち編冊の意に用いる。

↑柵鎖 柵形の鎖／柵子 鳥小屋／柵墻 鉄条網／柵塘 さくの堤／柵門 木戸／柵鑰 柵門の鍵／柵欄 道の木戸／柵壘 軍営のさく

↓営柵・垣柵・毀柵・橋柵・荊柵・古柵・故柵・荒柵・砦柵・山柵・戍柵・樹柵・重柵・城柵・水柵・竹柵・築柵・鉄柵・破柵・藩柵・氷柵・堡柵・木柵・籬柵・立柵・列柵・連柵・鹿柵

【炸】 9 9881 サク サ はじける

形声 声符は乍。乍は木の枝を強く撓める形で、強くはじきかえす力がある。そのようにはじけることを炸という。火薬が炸裂する意。新しい字であるが、乍の基本義をなおとどめている。
訓義 ①はじける、火薬が炸裂する。②われる。③油であげる。

↑炸丸 爆弾／炸呼 叫喚／炸大 鍍金／炸薬 火薬／炸裂 爆裂

【迮】 9 3830 ［笮］ 10 3021 サク せまる

篆文

金文

形声 声符は乍。乍は木の枝を強く撓めしぼる形。〔説文〕二下に「迮迮として起つなり」とあり、その反撥する力をいう。金文の〔厵羌鐘〕に「秦を征し、齊を迮つ」、〔叔夷鎛〕に「女、以て戎毀を戒めよ」とは、軍事において他に迫迮を加える行為をいう。〔詩、大雅、抑〕には「戎作」に作る。笮は迮の俗字。〔玉篇〕に「笮は迫なり、陿なり」とあって、同義の字である。
訓義 ①せまる、おしつめる。②ちぢむ、せばまる。③はねかえる、たつ、おきる。④乍と通じ、たちまち、にわか。
古訓 〔名義抄〕迮 セハシ・スホシ・チカシ・サハル・セム・セマル・サトル・ニハカ・タチマチ・オトロ・サク 〔字鏡集〕迮 ヲトロ・サハク・セマル・オコル・セム・サトル・タツ・シルシ・ニハカニ・ヒク・チカシ・セハシ・ナス・スホル・ツクル・サハル・タチマチ

↑迮險 狭隘／迮狭 せまい／迮小 狭窄

【筰】 10 2240 サク ほる

篆文

象形 上部に鑿歯形のついた掘鑿の器の形で、鑿の初文。〔説文〕三上に「叢生する艸なり。丵嶽として、相ひ竝び出づるに象る」と、叢の字義と関連して説くが、声義ともに鑿の字義によって解すべきである。

訓義 ①ほる、ほるのに用いるのみ。②ぎざぎざ。③くさむら。

部首 〔説文〕に業・叢・對(対)の三字をこの部に属し、次部に業・僕・䕯を収める。〔玉篇〕も同じ。丵の大なるものを、両手にもつを業という。丵は掘鑿の器であるが、業は撲伐の器である。版築などのとき、相対して土を撲つを對という。叢は草の丵岳の象をとるもので、掘鑿の丵とは関係がない。

声系 〔説文〕に丵声として鑿を収め、また鑿の省声として鑿を収めるが、丵は鑿の初文としてよい字である。叢・業などの字は、声系において異なる。

語系 丵 dzôk は鑿・鑿 tzak と声近く、一系の語。鑿は米を精白することをいう。おそらく鑿歯のある器で叩いたものであろう。

➡丵岳 草が不揃いにのびるさま

【厝】 10 7126 サク セキ ソ といし まじる おく

篆文

形声 声符は昔。〔説文〕九下に「厲石なり」とあって、礪ぐ石をいう。〔詩、小雅、鶴鳴〕「它山の石 以て錯と爲すべし」の錯は、厝の意。昔は乾肉の象で、薄く重なり、また交錯する状態のものをいう。

訓義 ①と、といし。②まじる。③措と通じ、おく。

古訓 〔名義抄〕厝 イツ・アク・オク・スツ・チカシ・ムナシ・ツク〔字鏡〕厝 ヲキトコロ・ツクル・ツクリイシ・ヲカムヤ・タカシ・アヤシ・ムナシ・マジハル・ヲク・ソム・ツカム・ヲカム・アヤフシ・ヨリトコロ・イツク・ツク・チカシ

語系 厝・措・錯 tsak は同声。みな措置する意のある字。これを金石に施して砥礪の意とする。

＊語彙は措字条参照。

➡厝意 注意／厝懐 関心／厝所 霊安室／厝心 関心／厝身 身をおく／厝生 謀生／厝置 措置／厝衷 関心／厝兆 埋葬／厝用 まじえ用いる／厝踊 交わり踊る

⬇安厝・雑厝・投厝・別厝・容厝

入 【朔】 10 8742 〔朔〕 10 8742 サク ついたち はじめ きた

篆文 古印璽

形声 声符は屰。屰は逆(逆)の初文。朔は〔説文〕七上に「月の一日、始めて蘇るなり」とあり、朔・蘇(蘇)の畳韻をもって説く。西周の金文に、一ケ月の月相を四週に分かち、第一週を初吉という。吉は詰。月の形がはじめて回復に向かって実つる意。朔は金文にみえず、遡ってその上限に至る意で、月の初日とする。北方を朔とするのは、北方を上方と考えたからであろう。

訓義 ①ついたち。②こよみ。③はじめ、はじまる。④よあけ、あさ。⑤きた。⑥はじめにならす小鼓。

古訓 〔名義抄〕朔 ツイタチ・キタ・ハジメ・アラタム・ウゴカス・カスカナリ〔字鏡集〕朔 ハジメ・ウゴカス・ツイタチ・キタ・アラタム・カスカナリ・ミツ・サカノボル

声系 〔説文〕に訴・泝の或る体として愬・遡(遡)をあげる。ともに朔声に従う。斥は㡿、もとみな屰声に従う字である。

【朔雲】 朔北の雲。唐・厳武〔軍城早秋〕詩 昨夜秋風、漢關に入り 朔雲邊月、西山に滿つ

【朔易】 北方の変化。日の推移。〔書、堯典〕申ねて和叔に命じ、朔方に宅らしむ。幽都と曰ふ。朔易を平在(弁察)せしむ。

【朔気】 北方寒涼の気。〔楽府詩集、横吹曲辞五、木蘭詩、二首、一〕朔氣、金柝を傳へ 寒光、鐵衣を照らす

【朔客】 北方の客。唐・李賀〔申胡子觱篥歌〕詩 朔客白馬に騎り 劍弝蘭纓に懸く

【朔月】 ついたち。〔詩、小雅、十月之交〕十月の交 朔月辛卯 日、之れを食する有り 亦た孔だ之れ醜し

【朔塞】 朔北のとりで。唐・王昌齢〔灞上に宿し、侍御璵弟に寄す〕詩 昨の羽書の飛ぶを聞く 兵氣、朔塞に連なる

【朔日】 ついたち。暦。〔礼記、月令〕(季秋の月)諸侯を合はせ、百縣に制し、來歲の爲に、朔日と、諸侯の民に稅する所の輕重の法と、貢職の數とを受けしむ。

【朔食】 毎月一日、厚膳を薦める礼。〔礼記、内則〕(生子三月の礼)是の日や、~男女夙に興き、沐浴衣服し、具は朔食に視らふ。

【朔政】 暦と政事を頒かつ礼。〔公羊伝、文六年〕告朔せざるなり。〔何休注〕禮に諸侯、十二月の朔政を天子に受け、大祖の廟に藏し、毎月朔、廟に朝し、大夫をして南面して天子の命を奉ぜしめ、君北面して之れを受く。

【朔雪】 朔方の雪。唐・張仲素〔塞下曲、五首、三〕詩 朔雪飄飄として、雁門を開き 平沙歷亂して、蓬根を卷く

【朔漠】 北方の沙漠地。流沙。〔後漢書、袁安伝〕今朔漠既に定まる。宜しく南單于をして、其の北庭に反らしめ、幷せて降衆を領せしむべし。

【朔風】 北風。魏・阮籍〔詠懷、八十二首、十六〕詩 朔風、嚴寒を厲しくし 陰氣、微霜下る

【朔方】 朔北の地。〔詩、小雅、出車〕天子、我に命じ彼の朔方に城かしむ

【朔望】 陰暦の一日と十五日。その日に朝謁する礼があった。〔漢書、外戚下、孝成許皇后伝〕(上の報ずる書に曰く)~其れ東宮(太后の居る所)に孝し、朔望を闕くこと毋かれ。

【朔北】 北方塞外の地。漢・李陵〔蘇武に答ふる書〕且つ足下、昔單車の使を以て萬乘の虜に適き、時の不遇に遭ひ、劍に伏して顧みず。流離辛苦して、幾んど朔北の野に死せんとす。丁年にして使を奉じ、皓首にして歸る。

➡朔裔 北辺／朔晦 月の始終／朔管 羌笛／朔雁 北雁／朔禽 北雁／朔鼓 小鼓／朔鴻 朔北の鴻雁／朔参 一日参朝／朔霰 あられ／朔旬 暦日／朔吹 北風／朔垂 北辺／朔陲 朔垂／朔旦 一日の朝／朔奠 一日の祭／朔土 北地／朔馬 北方の馬／朔鄙 朔北の辺地／朔飈 北風／朔辺 北方の辺地／朔野 北辺の野

⬇陰朔・易朔・河朔・改朔・晦朔・気朔・季朔・月朔・元朔・弦朔・告朔・歳朔・受朔・旬朔・閏朔・渉朔・正朔・節朔・聴朔・幕朔・八朔・頒朔・辺朔・奉朔・北朔・幽朔

入 【窄】 10 3021 〔迮〕 9 3830 サク せまい

形声 声符は乍。乍は木の小枝を強く撓めてすぼめる形。力を加えてものを迫窄するをいう。窄はすぼまり、せまくなる意。〔広雅、釈詁一〕に「陿なり」、また〔玉篇〕に「迫なり、陿なり」とみえる。狭いところに追いこめられるような状態をいう。

訓義 ①せまい、せばめる。②せめる、すぼめる。

古訓 〔名義抄〕窄 セバシ・スボシ・エラブ・サシ・ヤツス・ヤツレタリ

➡窄険 狭い／窄韻 少字の韻／窄狭 狭い／窄緊 しまる／窄蹊 小道／窄窄 狭いさま／窄袖 筒袖／窄小 狭小／窄袗 筒っぽ／窄仄 狭隘／窄束 狭くるしい／窄道 狭い道／窄陋 狭くいやしい

⬇衣窄・韻窄・屋窄・寛窄・狭窄・局窄・険窄・袴窄・袖窄・短窄・迫窄・蠡窄・路窄

常【索】 10 4090 サク ソ なわ もとめる つきる

篆文

象形 縄を綯よりなう形。上部は縄の結びはじめのところ。そこより綯りはじめて縄索とする。〔説文〕六下に「𣎵に莖葉有りて、纆索と作なすべし」というのは、字の上部を茎葉の形とするのであろうが、素の上部と同じく、糸たばの結びはじめの形である。〔詩、豳風、七月〕「宵よるは爾なんぢ索綯さくたうせよ」は、よなべ仕事に縄をなう意。字を捜求の意に用いるのは、声による通用。〔説文〕宀部七下に索に従う索の字があり、「家に入りて捜(捜)すなり」とみえる。

訓義 ①なわ、なわなう、あざなう、のり。②捜と通じ、さがす、もとめる、ねがう。③つきる、つくす、むなしい。

古訓 〔名義抄〕索 ナハ・モトム・コフ・トル・アナグル・ツキヌ・ツクス・アツカル・ナフ/葦索 アシナハ 〔字鏡集〕索 モトム・ハツル・ツキヌ・チル・ナフ・ナハ・トル・ツクス・アナヅル・アナグル・カク

語系 索・索 sheak は同声。捜(捜)shiu は声近く、通用する。捜はもと叟そうに従い、叟は廟中に火を掲げて捜求する意。索の他の諸義は寂 tzyek、窄 tzak、素 sa などと関連するところがあると思われるが、その語系を定めることはできない。

【索葦】 葦を編んだ縄。正月に戸上につけて用いる呪飾。漢・班固〔東京の賦〕度朔(百鬼の住む山)の梗(病)を作なし、守るに鬱壘を以てす。神荼と焉これに副ひ、對むかひて索葦を操る。區陬を目察し、遺鬼を司うかがひ執とらふ。

【索隠】 幽隠のことを求める。〔易、繫辞伝上〕賾さく(奥深い道)を探り隠を索め、深きを鉤とり遠きを致し、~天下の亹亹び(勉め励むこと)を成す者は、蓍龜(卜筮)より大なるは莫なし。

【索居】 独り寂しく暮らす。〔礼記、檀弓上〕子夏、其の子を喪うしなひて其の明を喪ふ。曾子之れを弔ふ。~子夏、其の杖を投じて拜して曰く、~吾、群を離れて索居すること、亦た已に久しと。

【索饗】 神を求めて祭る。〔礼記、郊特牲〕伊耆氏始めて蜡そを爲す。蜡なる者は索なり。歳の十二月、萬物を合聚して之れを索饗するなり。

【索索】 おそれるさま。〔易、震、上六〕震、索索たり。視ること矍矍たり。征ゆくときは凶なり。

【索絶】 すっかりたちきれる。〔史記、滑稽、淳于髡伝〕齊王、淳于髡をして、趙に之ゆき救兵を請はしむ。金百斤、車馬十駟を齎もたらす。淳于髡、天を仰いで大いに笑ひ、冠纓(冠の紐)索絶す。王曰く、先生之れを少なしとするかと。

【索然】 空しく寂しい。晉・陸機〔歎逝の賦〕余年方まさに四十にして、懿親戚屬、亡多く存寡すくなし。~或いは曾かつて共に一塗に遊び、同ともに一室に宴せし所も、十年の外、索然として已に盡きたり。是ここを以て哀しみを思ふ。哀しみ知るべきなり。

【索莫】 ものさびしい。宋・王禹偁〔暮春〕詩 索莫たる紅芳、又一年 老郎空しく解す、春殘を惜しむことを

【索婦】 嫁をとる。〔老学庵筆記、十〕今人婦を娶とるを索婦と爲す。古語なり。孫權、子の爲に關羽の女を索めんと欲す。袁術、子の爲に呂布の女を索めんと欲す。皆三國志に見えたり。

【索虜】 北魏。〔宋書、索虜伝〕索頭虜、姓は託跋氏。其の先は漢將李陵の後なり。陵、匈奴に降り、數百千種有り。各ゝ名號を立つ。索頭も亦た其の一なり。

↑索引 引得/索閲 検閲する/索解 了解する/索求 捜求する/索強 強を争う/索巧 巧を求める/索合 索婦/索詐 収賄/索祭 神求め/索子 なわ/索謝 謝礼を要求する/索取 求取/索処 索居/索笑 笑わせる/索縄 なわ/索制 取り締まる/索戦 挑戦する/索知 尋ねる/索得 入手する/索漠 ものさびしい/索寞 索漠/索瘢 あら探し/索秘 秘密を探る/索縻 きずな/索餅 そうめん/索弁 区別する/索辮 辮髪/索捕 捕らえる/索逋 取り立て/索放 放置する/索約 束ねる/索用 尋ねる/索要 要求する/索賄 賄賂を要求する

↓韋索・葦索・曳索・貫索・銜索・玩索・気索・徽索・朽索・求索・汲索・勁索・繫索・検索・羂索・懸索・絙索・絞索・鉤索・鋼索・窄索・思索・朱索・周索・蒐索・戎索・蕭索・縄索・審索・尽索・井索・詮索・沮索・捜索・大索・探索・梯索・鉄索・討索・踏索・藤索・縻索・腐索・墳索・摸索・模索・纜索・連索

【欶】 11 5798 サク ソク ソウ すう せき

篆文

形声 声符は束そく。束はものを束ねすぼめる意。欠けんは口を開く形。〔説文〕八下に「吮すふなり」という。〔周礼、天官、疾医〕に「冬時に嗽上の氣疾有り」とは咳こむ意。嗽上は一本に欶上に作る。

訓義 ①すう。②せきこむ、せき。③つく、つける。

古訓 〔名義抄〕欶欶 シハブキ 〔字鏡集〕欶 シハブキ・クチスヽグ・スフ

声系 〔説文〕に欶声として漱・嗽・樕など四字を収める。漱は口すすぐ。欶・嗽・漱は一系をなす語である。

【笮】 11 8821 サク せばめる やねじた

篆文

形声 声符は乍さく。乍は木の小枝を撓たわめて束ねる形。細い竹を縄状に編みこんだものを葦索という。〔説文〕五上に「迫なり。瓦の下、棼の上に在り」とは、屋根下に敷く屋笮という板、いわゆるやねじたをいう。また竹で編んだ箙えびらをいう。竹を強く撓めて織りこむので、笮という。

訓義 ①せばめる、せまい、しぼる、まげこむ。②竹であんだえびら。③やねじた、瓦の下におく木。④乍と通じ、たちまち、はやい。⑤措と通じ、おす。⑥筰と通じ、竹の縄。⑦鑽笮はいれずみ、ほりこむ。⑧酒などをしぼる、こす。

古訓 〔新撰字鏡〕笮 於須(おす) 〔名義抄〕笮 シタム・オス 〔篇立〕笮 ユトリ 〔字鏡集〕笮 シタム・タケノナハ・タケノツナ

↑笮橋 竹の吊橋、縄橋

↓圧笮・葦笮・屋笮・鑽笮

【斮】 12 4262 サク シャク きる たつ

篆文

形声 声符は昔せき。昔に錯さく・鵲しゃくの声がある。〔説文〕十四上に「斬るなり」とあり、〔爾雅、釈器〕に「魚には之れを斮ると曰ふ」とあって、削鱗の意とする。〔書、泰誓下〕に「朝渉るものの脛すねを斮きる」とは、紂が冬の朝川を徒渉する老人の脛を斬ったという説話である。昔には腊せきの意もあるが、斮はおそらく切る音を示す語であろう。斫しゃく・斲たく・斸しょくなども、切る音を主とする字と思われる。

訓義 ①きる、きりたつ、たつ。②けずる、そぐ、そぎとる。③うつ。

古訓 〔名義抄〕斮 キル 〔字鏡集〕斮 タツ・キル・ケヅル・ウツ

語系 斮 tzheak、斫 tjiak は声近く、また斲・椓 teok、斸 tiok も声義が近い。斲は盾に彫鑿を加える形。椓はものに椓撃を加える意。斸は〔説文〕十四上に「斫斸ちょくなり」(段注本)とあって、強く力を加えて両分する意。斬るところは異なるが、いずれもその声を写す語であろう。

【斮脛】 はぎを切る。〔水経注、淇水〕老人、晨あしたに將まさに水を渡らんとするも、沈吟して濟わたり難し。~左右曰く、老者は髓實みたず。故に寒を畏るるなりと。紂乃ち此ここに於て、脛すねを斮きりて髓を視る。

【斮趾】 趾を切る。〔後漢書、董卓伝論〕夫それ肝を刳えぐり趾あしを斮きるの性を以てせば、則ち群生も以て其の快を厭あか

しむるに足らず。～残寇之れに乘ずるに及んで、山を倒し、海を傾け、崑岡の火、茲れよりして焚く。
↑斮筋　斮脛／斮渉　斮脛／斮足　斮脛／斮陳　きり列ねる／斮戮　殺戮
↓剉斮・細斮・舂斮・法斮

常【策】12 8890 ［筴］13 8843

サク　はかりごと　むち　つえ　ふだ

篆文  金文 

形声 声符は朿。朿は責の声符、責に嘖・幘の声がある。朿は先のとがった長い木。〔説文〕五上に「馬の箠なり」という。〔論語、雍也〕「其の馬に策つ」のように、動詞にも用いる。文字をしるす簡策の策は、冊が本字。冊は柵の初文であるが、のち簡策・編冊の意に用いる。策は簡策の意より策謀・籌策の意となった。

訓義 1むち、馬のむち、むちうつ。2つえ、つえつく。3木の細い枝、めどぎ、筮竹、かずとり、かず、くじ。4はかりごと、はかる。5ふだ、竹や木をうすくはいだもの、しるす、ふみ。6文書、命令、命令の書。7冊と通じ、矢来。

古訓 〔新撰字鏡〕策 宇夫知(うぶち)、又、阿布留(あふる)、又、夫知(ふち)〔名義抄〕策 ハス・ハカリゴト・ブチウツ・ブチウチ・スヽム・ハゲマス・アク・ツク・イソグ・ツトム・シルス・シルシ・ムチウツ・ウナガス〔字鏡集〕策 ツエツク・シルス・シルシ・ハカル・ハカリゴト・ムチウツ・カル・トヽム・ツカエ・チヒサシ・イソグ・ツエ・ツク・カヅフ・カナフ・スヽム・ハゲマス・サル・ナガス・アク・ウツ・ツトム

語系 策(筴)・冊・柵 tshek は同声。金文の「冊命」、〔書、金縢〕の「冊祝」「納冊」の冊は策の音でよみ、簡策・策書の意。策はその簡札をいう字である。

【策応】双方協同の作戦。宋・司馬光〔屈野河西の修堡を論ずる状、一〕前に探候(哨戒の兵)無く、後に策應無し。～此れを以て敵に逢はば、如何ぞ敗れざらん。

【策学】考試受験の参考書。策括。〔唐書、薛登伝〕煬帝始めて進士等の科を置き、後世復た相ひ馳競し、速やかに赴き時に趨る。小文を緝綴し、名づけて策學と曰ふ。指實せざるを本と爲し、浮虚を以て貴と爲す。

【策括】策学。宋・蘇軾〔学校の貢挙を議する状〕近世士人、經史を纂類し、時務を綴緝し、之れを策括と謂ふ。待問の條目、捜抉すること略ぼ盡せり。時に臨んで剽竊し、首尾を竄易し、以て有司を眩ますも、有司能く辨ずる莫きなり。

【策勲】勲功を記録し賞する。〔左伝、桓二年〕凡そ公の行くときは宗廟に告げ、行より反りては飲至(凱旋して飲酒)し、爵を舍き勳を策す。禮なり。

【策檄】策文と檄文。〔顔氏家訓、文章〕夫れ文章は、原五經より出づ。詔命策檄は、書より生ずる者なり。序述論議は、易より生ずる者なり。

【策士】謀略の士。〔史記、甘羅伝論賛〕甘羅年少し。然るに一たび奇計を出だし、聲(名)後世に稱ふ。篤行の君子に非ずと雖も、然れども亦た戰國の策士なり。秦の彊き時に方り、天下尤も謀詐に趨ける哉。

【策試】官吏登用試験に出題試問すること。〔後漢書、徐防伝〕伏して太學の博士弟子を試みるを見るに、皆意を以て說く。～策試有る毎に輒ち諍訟を興し、論議紛錯し、互ひに相ひ是非す。

【策祝】罪疾を祓う祈り。〔周礼、春官、大祝〕六祝の辭を掌り、以て鬼神示に事へ、福祥を祈り、永貞を求む。～六に曰く、筴祝。

【策書】簡策の書。また、辞令書。〔後漢書、礼儀志中〕策書を讀み畢り、謁者、臣某再拜すと稱す。～侍御史前み、東面して立ち、璽印綬を授く。王公再拜し、頓首すること三たびす。

【策綏】むちと、車に乗るときに執る紐。〔礼記、曲礼上〕車馬を獻ずる者は、策綏を執る。

【策府】天子の書策を蔵するところ。冊府。〔穆天子伝、二〕乃ち黑水に循ひ、癸巳、群玉の山に至る。～阿、平らにして險無く、四徹繩(すみなわ)に中る。先王の所謂策府なり。

【策勉】むちうち、つとめる。はげむ。梁・簡文帝〔道澄法師の亡を弔ふ書〕宜しく應に共に相ひ策勉し、弘いに舊業に遵ひ、道場をして斷ゆること無く、利益をして墜ちざらしむべし。

【策謀】策略。〔漢紀、序〕凡そ漢紀に法式有り。～常道有り、權變有り、策謀有り、詭說有り、術藝有り、文章有り。斯れ皆～群后の盛勳、髦俊(すぐれた人)の遺事なり。

【策名】名籍にしるす。仕官する。〔左伝、僖二十三年〕名を策し、質(贄、贈りもの)を委くり、貳(背く)あるときは乃ち辟(罪)せらる。

【策命】詔命。辞令書。〔周礼、春官、内史〕凡そ諸侯及び孤・卿・大夫に命ずるときは、則ち之れに策命す。凡そ四方の事の書は、内史之れを讀む。

【策免】君命により免官する。〔後漢書、陳忠伝〕近ごろ地震を以て、司空陳褒を策免す。今は災異もて、復た三公を切讓せんと欲す。

【策問】策試。〔後漢書、和帝紀〕詔して曰く、～陰陽和せず、水旱度に違ふ。～忠良の士を得て、以て朕の逮ばざるを輔けしめんことを思ふ～と。帝乃ち親しく臨みて策問し、郎吏を選び補す。

↑策戒　勅戒／策画　計画／策官　任命する／策簡　文書／策計　計画／策騫　駑馬をむちうつ／策源　作戦本部／策策　落葉の音／策子　綴り本／策使　差遣／策詔　詔命／策杖　杖つく／策数　計数／策籍　書籍／策対　対策／策駘　駑馬にむちうつ／策竹　竹杖／策電　迅速／策駑　駑馬にむちうつ／策牘　札牘／策馬　馬にむちうつ／策拝　勅任／策罷　策免／策望　策応／策立　冊立する／策略　計略／策慮　計略／策励　励ます／策驢　驢馬にむちうつ／策論　策問

↓異策・遺策・一策・運策・英策・改策・画策・奸策・姦策・簡策・奇策・亀策・揆策・揮策・詭策・機策・羈策・挙策・御策・玉策・金策・駆策・愚策・軍策・下策・計策・軽策・警策・建策・献策・国策・散策・史策・施策・試策・蓍策・時策・失策・執策・修策・術策・書策・小策・上策・仗策・杖策・乗策・神策・振策・箠策・数策・正策・政策・射策・拙策・大策・対策・短策・智策・馳策・籌策・長策・定策・天策・投策・得策・発策・万策・秘策・美策・廟策・布策・敝策・鞭策・方策・謀策・凡策・妙策・無策・擁策・良策・斂策・論策

常【搾】13 5301

サク　しぼる

形声 声符は窄。窄は、迫迮して狭いところに追いこむ意。そのような状態にしてとり出すので搾る意となり、狭搾・搾取の意に用いる。字はまた榨に作る。

訓義 1しぼる、力を加えてしぼりとる。

↑搾取　力で利得する
↓圧搾・狭搾

【筴】13 8843

サク　キョウ(ケフ)　はかりごと　めどぎ　はし

形声 声符は夾。字はまた策と通用し、易筮のめどぎの意に

用いる。〔礼記、曲礼上〕「龜を卜と爲し、筴を筮と爲す」とみえ、策の音でよむ。

訓義 ①めどぎ。②はかりごと。③はさむ、はし、かなばし。④小さいさやのある実。

古訓 〔名義抄〕筴 ハシ・カゾフ・ハカリゴト 〔字鏡集〕筴 カ、リ・カゾフ・ハカリゴト

語系 筴(策)・冊・柵 tshek は同声。筴は易筮に用いるめどぎ、策は簡策・策謀のように、それぞれの用法がある。冊は柵の初文。のち書冊の意となった。

＊語彙は策字条参照。

↓易筴・火筴・宰筴・箸筴・馬筴

【嘖】 14 6508 サク シャク いさかう なく せめる

篆文

形声 声符は責。〔説文〕二上に「大呼するなり」とあり、やかましく叫びあうこと。会議室を嘖室という。責声の字に積・績・簀のように数多く累積する意があり、多言を嘖という。嘖は擬声語であろう。

訓義 ①さけぶ、大声でさけぶ、さけびいさかう。②いかる、せめる。③なく、鳥の鳴き声。④賾と通じ、ふかい。

古訓 〔新撰字鏡〕嘖 加左々支鳴(かささぎなく) 〔名義抄〕嘖 セム・アヤマル・サキナム・カササギナク 〔篇立〕嘖 カマビスシ・サケブ・ミタラム・セム・アヤマル・サイナム・サム

【嘖嘖】さくさく やかましくいう。〔画鑑〕文矩の畫ける高僧試筆圖の、唐の民家に在るを見るに、一僧臂を攘ひて翰を揮ふひ、旁らに觀るもの數十人、嗟咨し嘖嘖の態、聲有るを聞くが如し。

【嘖室】さくしつ 会議室。〔管子、桓公問〕黃帝明臺の議を立つる者は、上賢に觀るなり。堯に衢室の問有る者は、下人に聽くなり。～桓公曰く、吾れ效ひて之れを爲らんと欲す。其の名を何とか云はんと。對へて曰く、名づけて嘖室の議と曰はんと。

【嘖然】さくぜん やかましくいうさま。嘖嘖。〔荀子、正名〕愚者の言は芴然として粗く、嘖然として類せず、諸諸然として沸く。

↑嘖言 責め争う／嘖声 やかましい声

↓怨嘖・唧嘖・煩嘖

【幘】 14 4528 サク ずきん かみつつみ

篆文

形声 声符は責。〔説文〕七下に「髮に巾有るを幘と曰ふ」とあり、髪を巾で包みこむ頭巾をいう。緑幘・赤幘など、もと冠を用いない卑賤の者の用いるものであった。

訓義 ①ずきん、かみつつみ、かんむりした。②とさか。③賾と通じ、はなみがそろう。

古訓 〔新撰字鏡〕幘 比太比乃加々保利(ひたひのかがほり) 〔字鏡集〕幘 カフリ

【幘梁】さくりょう(りやう) かみつつみ。〔儀礼、士冠礼、注〕纚は今の幘梁なり。～纚一幅、長さ六尺、以て髮を韜みて之れを結ぶに足る。〔疏〕漢の時、卷幘、亦た布帛の等を以て、髮際を圍繞して之れを爲す。

【幘籠】さくろう 布張り籠。〔三国志、魏、崔琰伝注に引く魏略〕人、琰の書を得、以て幘籠に裹みて、都の道中を行く。時に琰と宿て平ならざる者有り。～遂に之れを白す。太祖以爲へらく、琰に腹誹心謗ありと。

↑幘巾 頭巾／幘堕 頭巾を落とす

↓衣幘・加幘・介幘・冠幘・巻幘・岸幘・巾幘・軽幘・傾幘・鶏幘・紅幘・高幘・絳幘・紺幘・繡幘・簪幘・青幘・頳幘・白幘・冕幘・鳳幘・墨幘・落幘・緑幘・鹿幘

【槊】 14 8790 サク ほこ

篆文

形声 声符は朔(朔)。朔は屰(㡿)に従い、㡿は厥(彫刻刀)のように先端の鋭く尖ったものをいう。〔説文新附〕六上に「矛なり」とあり、一丈八尺の長槍をいう。蘇軾の〔赤壁の賦〕に「槊を橫たへて詩を賦す」と、曹操の逸事をいう句がある。

訓義 ①ほこ、長い矛。②双六の盤。

古訓 〔名義抄〕槊 ホコ・タチ

【槊血】さくけつ 矛の血。〔史通、摸擬〕高季式、敵を韓陵に破り、奔るを追ひ北ぐるを逐ふを述べて、夜半方に歸り、槊血袖に滿つと云ふ。夫れ槊を奮ひて深く入り、擊刺甚だ多しと言はずして、但だ槊血滿袖と稱す。則ち聞く者亦た其の義を知る。

↑槊棋 古代の一種の博戯

↓棊槊・戟槊・剣槊・刀槊・利槊

【醋】 15 1466 サク ソ むくいる す

篆文

形声 声符は昔。昔に錯の声がある。〔説文〕十四下に「客、主人に酌むなり」とあり、返杯をすること。

訓義 ①むくいる、返杯。②字はまた酢に作る。③酢と通じ、す。

古訓 〔名義抄〕醋・酢 カラサケ・ムクユ・スシ 〔字鏡集〕醋 ムクヒ・スシ・ス・カラサケ・ス、ム・ヒシヲ

↑醋意 嫉妬／醋缶 嫉妬する／醋蛤 酢をしたはまぐり／醋酒 酢／醋漿 ほおずき／醋性 嫉妬心／醋大 措大

常【錯】 16 8416 サク ソ みがく まじわる あやまる

篆文

形声 声符は昔。昔に醋の声がある。斮のように肉を切りきざむ意があり、また厝のように砥石にかける意がある。〔説文〕十四上に「金涂なり」とあって鍍金の意とするが、錯鏤(地金の中に象嵌して、磨き出す方法)をいう。〔詩、小雅、鶴鳴〕「它山の石 以て錯と爲すべし」とは錯礪、あらとにかけることをいう。他に交錯・錯落のように入りまじる意に用い、また措と通用する。

訓義 ①みがく、といしにかける、やすりにかける、錯鏤の法。②まじわる、いろどる。③みだれる、そむく、たがう、あやまる、わかれる。④措と通じ、おく、おさめる、ほどこす、おこなう、やすんずる。

古訓 〔新撰字鏡〕錯 己須利(こすり)、又、也須利(やすり)、又、乃保支利(のほぎり) 〔名義抄〕錯 ミダル・ミダリガハシ・アヤマル・アヤマチ・ヤスシ・タガフ・オク・スル・ハシ・マジフ・マジハル・キカフ・ヤスリ・コスリ／錯子 コスリ／錯落 ―トマジハレリ

語系 錯・厝・措 tsak は同声。錯・厝には砥礪の意があり、また三字とも、措置の意に用いる。斲 dzôk、鑿 tzak とも声義近く、錯は鑿して磨くこと、すなわち錯鏤の法を本義とする字であろう。のちには象嵌という。

【錯意】さくい 留意。〔列子、説符〕懸水三十仞、圜流九十里なる有り。魚鼈も游ぐこと能はず、黿鼉も居ること能はず。一丈夫有り。方將に之れを厲らんとす。孔子～曰く、～意ふに以て濟るべきこと難からんかと。丈夫以て意に錯かず。遂に度りて出づ。

【錯愕】さくがく あわて驚く。〔後漢書、寒朗伝〕謁者～楚の獄顏忠、王平等を考案す。辭～耿建(等)に連及す。～朗～試みに建等の物色(肖像)を以て獨り忠・平に問ふ。二人錯愕して對ふる能はず。

【錯簡】さくかん 木簡の綴じ違い。〔経義述聞、十七、錯簡二十八字〕(左伝、僖二十五年)晉侯以下の二十八字、當に衞人莒と我とに平らぐの前に在るべし。～錯簡して下に在るのみ。

【錯挙】さくきょ まじえあげる。晉・杜預〔春秋左氏伝の序〕春秋は

魯の史記の名なり。～史の記す所、必ず年を表はして以て事を首む。年に四時有り。故に錯擧して以て記す所の名と爲すなり。
【錯行】さくこう(かう) めぐる。乱れる。〔史記、儒林、董仲舒伝〕春秋災異の變を以て、陰陽の錯行する所以を推す。故に求雨には諸陽を閉し、諸陰を縱つ。
【錯衡】さくこう(かう) 飾りを加えたくびき。〔詩、小雅、采芑〕方叔率ゐる 約軝(轂端に皮を巻く)錯衡 八鸞(鈴)瑲瑲たり
【錯雜】さくざつ 複雑に入りまじる。唐・白居易〔琵琶行〕詩 嘈嘈切切として、錯雜して彈ず 大珠小珠、玉盤に落つ
【錯糅】さくじゅう(ぢう) まじわる。〔後漢書、循吏、王景伝〕六經の載する所、皆卜筮有り。作事擧止、蓍龜に質す。衆書錯糅し、吉凶相ひ反す。乃ち衆家の數術文書～を集めて、大衍玄基と爲す。
【錯節】さくせつ 節くれ。困難。〔後漢書、虞詡伝〕朝歌の賊、～屯聚すること連年、州郡禁ずること能はず。乃ち詡を以て朝歌の長と爲す。故舊皆詡を弔ふ。～詡笑つて曰く、～槃根錯節に遇はずんば、何を以て利器を別かたんやと。
【錯綜】さくそう 入りまじる。綜合する。〔易、繫辞伝上〕參伍して以て變じ、其の數を錯綜す。其の變を通じて遂に天地の文を成し、其の數を極めて遂に天下の象を定む。天下の至變に非ずして、其れ孰か能く此れに與からん。
【錯直】そちょく 正しいものを挙用する。〔論語、為政〕哀公問うて曰く、何爲せば則ち民服せんと。孔子對へて曰く、直きを擧げて諸れを枉れる(の上)に錯かば、則ち民服せん。枉れるを擧げて諸れを直き(の上)に錯かば、則ち民服せざらんと。
【錯刀】さくとう(たう) 黄金の文様を加えた刀幣。漢・張衡〔四愁詩、四首、一〕美人我に贈る、金錯刀 何を以てか之れに報ぜん、英瓊瑤 路遠くして致す莫し、倚りて逍遙す 何爲れぞ憂ひを懷ひて、心に煩勞する
【錯臂】さくひ 臂に丹青の入墨を加える。〔史記、趙世家〕(趙王胡服せんと欲す)曰く、～夫れ翦髮文身、錯臂左衽は、甌越の民なり。墨齒雕題(額の入墨)、卻冠秫絀(粗衣)は、大吳の國なり。故に禮服は同じきこと莫きも、其の便は一なり。
【錯謬】さくびゅう(びう) あやまる。たがう。〔漢書、成帝紀〕(鴻嘉元年詔)是こを以て陰陽錯謬し、寒暑序を失ひ、日月光あらず、百姓辜みを蒙る。
【錯落】さくらく 入りまじる。〔晋書、衛恒伝〕隷勢を作りて曰く、～體を異にし勢を同じうし、奮筆輕擧、離れて絶えず、纖波濃點、其の閒に錯落す。
【錯乱】さくらん 前後が乱れる。漢・孔安国〔尚書の序〕凡て五十九篇、四十六巻と爲す。其の餘は錯亂摩滅し、復た知るべからず。悉く官に上送す。
【錯鏤】さくろう(さくる) 金銀などをちりばめる。〔太平御覧、七五六に引く通俗文〕金銀鏤飾の器、之れを錯鏤と謂ふ。
↑錯愛 浮気／錯違 たがう／錯過 錯誤／錯覚 勘違い／錯遻 けわしい／錯亀 亀甲でトする／錯疑 誤解／錯逆 もとる／錯居 雑居／錯見 誤り／錯互 入りまじる／錯迕 錯互／錯誤 誤り／錯合 まじりあう／錯崔 険しい／錯錯 とぐ／錯子 やすり／錯質 贄を執って仕える／錯事 処理／錯辞 措辞／錯失 誤り／錯写 書き違い／錯緒 錯綜／錯身 身をおく／錯薪 雑木の薪／錯絶 閉ざす／錯舛 そむく／錯択 えらびとる／錯置 まじる／錯陳 錯列／錯認 誤認する／錯麦 大麦／錯莫 乱れる／錯蟠 木の根やふしくれ／錯謬 誤謬／錯磨 みがく／錯慮 考え違い／錯戾 誤り／錯列 まじり列ぶ
↓枉錯・介錯・改錯・乖錯・繢錯・綺錯・疑錯・糾錯・挙錯・金錯・銀錯・互錯・攻錯・差錯・彩錯・雑錯・参錯・攢錯・失錯・糅錯・正錯・星錯・舛錯・鐫錯・粗錯・大錯・雕錯・刀錯・倒錯・盤錯・紕錯・靡錯・謬錯・紛錯・文錯・磨錯

【簀】 17 8880 サク サイ すのこ す ゆか

篆文

形声 声符は責。責に積・績のように、細小なるものを連ね重ねる意がある。〔説文〕五上に「牀の棧なり」とあり、簀牀をいう。〔礼記、檀弓上〕に、曾子が病篤いとき、その用いている臥牀が「華にして睆(美麗)たるは、大夫の簀か」と注意されて、簀を易えて没した話がみえ、それで人の死を易簀という。また簀の子の類をもいう。
訓義 ①すのこ、す、たかむしろ。②ゆか、とこの枕木。③さけこし。
古訓 〔新撰字鏡〕簀 奴留止己(ぬるとこ) 〔和名抄〕簀 功程式に云ふ、簀子、須乃古(すのこ) 〔篇立〕簀 スノコ・ス・イタシキ 〔字鏡集〕簀 スノコ・ス・ユカ・タケノコ・ツチイル、ス
語系 簀 tzhek、笫 tzhiei は声義が近い。〔礼記、檀弓上〕「易簀」の注に「簀とは牀笫を謂ふなり」とあり、笫もまた牀簀をいう。〔方言、五〕に「牀～陳楚の閒、或いは之れを笫と謂ふ」とみえる。
【簀牀】さくしょう(しやう) すのこの牀。〔後漢書、袁術伝〕(袁術僭号す)六月、江亭に至る。簀牀に坐して歎じて曰く、袁術乃ち是こに至るかと。因りて憤慨して病を結び、血を歐きて死す。
【簀竹】さくちく すのこの竹。宋・陸游〔懷旧、昔人の蜀道詩の韻を用ふ〕詩 溪聲、答歌長く 燈焰、照影獨りなり 村深くして、寒更に甚だし 薪盡きて、簀竹を燒く
↓易簀・家簀・華簀・臥簀・玉簀・煮簀・破簀・敝簀

【賾】 17 7578 サク

形声 声符は責。〔易、繫辞伝上〕に「賾を探り隱を索め、深きを鉤し遠きを致し、以て天下の吉凶を定む」とあり、〔疏〕に「賾とは幽深見難きを謂ふ」と解する。𦣞は巸・熙(熈)の従うところで、乳房の象形であり、𦣞は授乳の象。賾は𦣞を意符として用いるものであろうが、〔易〕のほかに用例がなく、また〔易〕の用字法にはかなり特殊なものがあり、字の形義を考えがたいところがある。
訓義 ①おくぶかい、幽深のところ、はじめ。②字はまた嘖に作る。
古訓 〔篇立〕賾 オギロナリ 〔字鏡集〕賾 オギロ・フカシ
↓隱賾・淵賾・奧賾・至賾・冥賾・幽賾

【齪】 22 2678 サク セク シュク

形声 声符は足。齷齪はこせつく、また齪齪は謹みつとめる意に用いる。みな、歯がせわしく動くことからの引伸の義である。
訓義 ①歯がふれあう音、かむ音。②せわしくこせつく。③いそしみつとめる。
古訓 〔名義抄〕齪 チ、ク
【齪齪】しゅくしゅく 謹みつとめる。〔史記、貨殖伝〕鄒・魯は洙・泗(川の名)に濱し、猶ほ周公の遺風有り。俗、儒を好み、禮に備ふ。故に其の民齪齪として、頗る桑麻の業有り。
↓握齪・齷齪

【鑿】 28 3710 サク うがつ のみ あな

篆文

形声 声符は糳。丵を執ってものを掘鑿し、また刻鑿すること。その器を鑿という。〔説文〕十四上に「木を穿つ所以なり」(段注本)とする。むだ穴をあけることを穿鑿といい、〔孟子、離婁下〕に「智に惡む所の者は、其の鑿なるが爲なり」とみえる。

空論を鑿空という。

訓義 1うがつ、穴をあける、ほる、ひらく。2のみ、うがつ器。3あな、あなぐら。4える、ちりばめる、入墨。5鑿と通じ、米をしらげる。

古訓 〔新撰字鏡〕鑿　乃弥（のみ）〔和名抄〕鑿　能美（のみ）〔名義抄〕鑿　ノミ・ホル・ウガツ・イヤメヅラ〔字鏡集〕鑿　ホル・ノミ・トホス・ウツ・ウガツ・イヤメヅラ

【鑿竅】穴をあける。〔荘子、応帝王〕（南海の帝）儵と（北海の帝）忽と、時に相ひ與に（中央の帝）渾沌の地に遇ふ。渾沌之れを待つこと甚だ善し。儵と忽と、渾沌の徳に報ぜんことを謀る。曰く、～嘗試に之れに鑿たんと。日に一竅を鑿ち、七日にして渾沌死せり。

【鑿空】でたらめ。〔唐書、刑法志〕左臺御史周矩、上疏して曰く、比ごろ姦憸告訐、習ひて以て常と爲す。推劾の吏、深刻を以て功と爲し、鑿空して能を争ひ、相ひ矜るに虐を以てす。

【鑿鑿】鮮明なさま。〔詩、唐風、揚之水〕揚れる水　白石鑿鑿たり

【鑿井】井戸を掘る。〔帝王世紀、一、尭〕（撃壌歌）日出でて作くし　日入りて息ひ　井を鑿ちて飲み　田を耕して食らふ　帝の力、何ぞ我に有らんや

【鑿枘】円鑿方枘。ほぞとその穴。楚・宋玉〔楚辞、九弁、五〕圜（円）の鑿にして方の枘　吾れ固より其の鉏鋙（齟齬、ちぐはぐ）して入り難きを知る

【鑿培】垣を破る。〔淮南子、斉俗訓〕顔闔、魯君之れを相にせんと欲するも肯へんぜず。～培（家の後の牆）を鑿ちて之れを遁る。

【鑿壁】壁をうがつ。漢の匡衡が貧しくて、壁に穴をあけて隣家の光を引き、書を読んだ故事。〔敦煌曲子詞集、上、菩薩蛮〕數年劍を學び、書を攻むるに苦しむ　曾て壁を鑿ちて、光路を偸む　～呂（屢）年なるも成らず

【鑿落】錯鏤をした酒盞。唐・白居易〔送春〕詩　銀花鑿落、君の勸むるに從ひ　金屑琵琶、我が爲に彈く

↑鑿河　難事にたとえる／鑿開　掘り開く／鑿漑　水を引く／鑿竅　穴をうがつ／鑿渠　溝掘り／鑿御　白米／鑿掘　掘る／鑿契　鐘かけ／鑿穴　穴掘り／鑿乾　即位する／鑿溝　鑿渠／鑿山　山をうがつ／鑿子　のみ／鑿牆　牆をうがつ／鑿川　鑿渠／鑿泉　泉を掘る／鑿穿　うがつ／鑿船　船に穴をあける／鑿地　地を掘る／鑿楮　紙銭／鑿顛　額の入墨／鑿竇　穴あけ／鑿破　切り開く／鑿坏　鑿培／鑿八　つき減り／鑿氷　氷を割る／鑿絡　鑿落／鑿路　路を通す

↓握鑿・禹鑿・圜鑿・改鑿・開鑿・鋸鑿・竅鑿・斤鑿・空鑿・掘鑿・撃鑿・竭鑿・孔鑿・巧鑿・攻鑿・耕鑿・刻鑿・鑽鑿・充鑿・遂鑿・枘鑿・石鑿・穿鑿・鬋鑿・鐫鑿・疏鑿・雕鑿・椎鑿・槌鑿・盗鑿・洞鑿・斧鑿

ササ

人 **【笹】** 11　ささ

国字 「ささ」と訓する字に篠があり、小竹・小竹葉・細葉のようにもしるす。〔万葉集〕二・一三三「小竹の葉はみ山も清にさやげども」というように、笹はその擬声音をとる語であろう。笹はあるいは葉（葉）の省形に従うものであろうが、由来は明らかでない。

訓義 1ささ、ささのは。

サツ

【扎】 4　5201　サツ　アツ　ぬく

形声 声符は札の省文乚。乚は牒片の形、薄片のものをぬきとる意。白話に用いる。

訓義 1ぬく。2扎扎はものを数える音、織る音。3札と通用する。

古訓 〔名義抄〕扎　俗の札の字。フミ・フダ

＊語彙は札字条参照。

↑扎鼓　小鼓の一

常 **【冊】** 5　7744　**〔册〕** 5　7744　**［笧］** 11　8844

サツ　サク　ふみ　かきもの

象形 初形は木をならべてうちこんだ柵の形で、柵の初文。古くは柵の音でよみ、犠牲を養う牢閑の両扉の形。金文の図象に、両扉の間に牲獣の形を加えたものがある。また策の意に用い、卜辞や金文にみえる作冊はのちの作策、冊命は策命にあたる。冊を編簡の形とみて、のち書冊の意となり、その声義を以て用いられるようになった。〔説文〕二下に字形を「其の札、一長一短、中に二編有るの形に象る」というが、編簡の形に長短があるはずはない。また「冊は符命（天命のしるし）なり。諸侯進んで王より受くるものなり」とは、策命の意であろう。書冊とは声義ともに異なる用法であるが、のち冊を册・冊（策）の両字に用いる。

訓義 1ふみ、かきもの、書冊、書冊を数える単位。2策の初文、勅書、勅命。3はかりごと。

古訓 〔名義抄〕冊　カシヅク・エラブ〔篇立〕冊　シルス・ヨシ・エラブ・フダ・カシヅク・カク

部首 〔説文〕に嗣・扁の二字をこの部に属し、〔玉篇〕になお霝に従う字を加える。嗣は司と冊とに従い、司は嗣の初文。金文に司・嗣を嗣続の意に用いる。冊は冊（策）祝・冊（策）告、すなわち祝詞・策命を示す字とみてよい。

声系 〔説文〕に冊声として曹を収める。曹は冊の二字を収める。曹は冊祝・冊告の意を以て曰を加えたもので、〔説文〕五上に「告ぐるなり」と訓し、卜文にもみえる。卜辞では、犠牲の数を神に告げ、あらかじめ修祓を加える意に用いる。柵は冊の形声字である。

語系 冊（策・筴）・柵 tshek は同声。冊（册）は簡札・編簡の意。冊と册（笧）tshek とはもと意象の異なる字であるが、のち通用する。

＊語彙は策字条参照。

【冊子】綴じ本。巻子に対する。〔朱子語類、六十七〕一日之れを訪ふに、他の案上に册子有るを見たり。問ふ、是れは甚んの文字ぞと。渠は云ふ、是れ某、見るところ有れば抄録すと。

【冊授】親任。〔資治通鑑、唐紀二十六〕（睿宗、景雲元年）舊制に、三品以上の官は册授し、五品以上は制授し、六品以下は敕授す。

【冊祝】祝詞を奏して祈る。〔書、金縢〕（武）王疾有りて豫（悆）まず。～周公～璧を植き珪を秉り、乃ち太王・王季・文王に告ぐ。史乃ち册祝して曰く、惟れ爾の元孫某（武王）、厲虐の疾に遘ふ。～是に不子の天に責めらるる有らば、旦（周公の名）を以て某の身に代へよ。

【冊書】天子の冊命の書。漢・班彪〔王命論〕夫れ匹婦の明を以て、猶ほ能く事理の致を推し、禍福の機を探り、宗祀を無窮に全うし、册書を春秋に垂る。而るを況んや大丈夫の事をや。

【冊府】帝王の書冊を蔵する府。策府。〔晋書、郭璞葛洪

伝論〕奇を冊府に紬き、百代の遺編を總べ、化を仙都に紀し、九丹の祕術を窮む。
【冊命】さくめい 任命の詔。策命。〔書、顧命〕太史、書を秉り、賓階より隮り、王を御へて冊命す。
【冊立】さくりつ 詔を以て立太子・立皇后を命ずる。明・張居正〔東宮を冊立するを請ふ疏〕去歳、皇上登極の初め、禮官卽ち疏して冊立を請ふ。伏して聖諭を奉じ、皇子の年尚ほ幼なるを以て、先づ名を賜ひ、而る後に冊立す。
↑冊案 書案／冊印 冊書璽印／冊格 罫引き／冊勲 策勲／冊建 封建／冊後 巻末／冊功 策勲／冊匣 辞令箱／冊誥 封爵の文／冊籍 戸籍簿／冊奏 封冊を命ずる書／冊贈 追贈する／冊単 手控え／冊拝 勅任／冊妃 皇妃を冊立する／冊文 冊立の書／冊宝 冊書と印／冊封 冊立する／冊名 録名／冊免 詔を以て罷免する／冊礼 冊立する／冊暦 日記
↓易冊・合冊・簡冊・挟冊・玉冊・啓冊・顕冊・手冊・祝冊・書冊・小冊・詔冊・草冊・大冊・丹冊・短冊・竹冊・典冊・納冊・分冊・秉冊・編冊・奉冊・封冊・優冊・礼冊・綸冊

常
【札】 5 4291 サツ ふだ

篆文

会意 木＋乚。乚は木の薄片の形。限定符として木を加え、木札の意とする。〔説文〕六上に「牒なり」とし、乙声とするが、声が異なる。〔説文〕の牒字条七上にも「札なり」とあって互訓。枼は木の葉のような薄片をいう。いずれも木簡として書冊の用に供する。

訓義 ①ふだ、木のふだ。②かきもの、かきつけ、ふみ。③甲札、甲葉、よろいのさね。④舟のかい、くし。⑤疕と通じ、えやみ、はやり病で死ぬ、若死に。

古訓 〔名義抄〕札 アザハレル・ナラヘル・フムタ

語系 札 tzheat、牒 dyap は声義に通ずるところがあり、いずれも木の葉のような薄片をいう。

【札記】さっき 摘要。民国・章炳麟〔国故論衡、文学総略〕縄綫聯貫する、之れを經と謂ひ、簿書記事、之れを專と謂ひ、比竹成册、之れを命と謂ふ。各〻其の質に從ひて、以て之れが名と爲す。亦た猶ほ古言の方策、漢言の尺牘、今言の札記のごとし。
【札札】さつさつ 蟬の声。鋤きかえす音。また、機を織る音。〔文選、古詩十九首、十〕纖纖として素手を擢きんで 札札として機杼を弄す 終日、章を成さず 泣涕、零つること雨の如し

【札書】さっしょ 記録。〔墨子、雑守〕民相ひ惡み、若しくは吏を議し、吏の解く所は、皆札書して之れを藏し、以て告の至るを須ち、以て之れを參驗す。
【札牘】さっとく かきつけ。唐・柳宗元〔尸虫を罵る文〕尸蟲よ、汝曷なんぞ自ら其の形を形はさず、陰幽跪側して人に寓し、～潛み窺ひ默して聽き、～札牘を冥持して、禍機を搖動する。
【札厲】さつれい 疫病死。札は若死に。〔列子、湯問〕士氣和にして札厲亡く、人の性婉にして物に從ふ。
↑札翰 書札／札荒 疫厲と災荒／札瘥 疫病死／札児 はたはた／札住 駐劄する／札傷 疫病／札喪 疫病死／札足 纏足／札文 命令書／札樸 木札／札癘 札厲
↓一札・雲札・恩札・佳札・改札・開札・緘札・翰札・簡札・鑑札・贋札・貴札・綺札・旧札・凶札・玉札・金札・禁札・検札・甲札・高札・黄札・紙札・賜札・手札・出札・書札・制札・積札・穿札・草札・大札・駐札・投札・納札・藩札・飛札・筆札・表札・標札・焚札・片札・返札・芳札・榜札・木札・門札・夭札・落札・利札

常
【刷】 8 7220 サツ セツ はらう ぬぐう する

篆文

会意 㕞の省文＋刀。㕞は腰に帯びる布で払拭すること。払拭するように軽く削り、また刷することをいう。〔説文〕四下に「刮するなり」とみえる。刮はもと厥に従う字で、厥は剞、彫刻刀。削るのには刮を用い、刷りつけるのには刷を用いる。〔漢書、貨殖、范蠡伝〕「會稽の恥を刷ぐ」の刷は、㕞の意で、払拭することをいう。

訓義 ①はらう、はく、ぬぐう、のぞく、かきとる。②する、すりつける。③㕞と通じ、ふきとる、きよめる、ととのえる。④馬をあらう。⑤髪をすいて、つやをつける。

古訓 〔名義抄〕刷 カイツクロフ・キヨム・キヨシ・ハラフ・ツクロフ・ハタク 〔篇立〕刷 カイツクロフ・ハラフ・ウマクシ・キヨシ・ウマハタク・ハヨム・ツクロフ・フネフル・キラフ

語系 刷・㕞 shoat は同声。巾を以てぬぐうを㕞といい、刀を以てそぎとるのを刷という。

【刷恥】さっち 恥をすすぐ。〔史記、楚世家〕群臣或いは秦に和せよと言ひ、或いは齊に聽けと曰ふ。昭雎曰く、王、東のかた地を越に取ると雖も、以て恥を刷ぐに足らず。必ず且に地を秦に取り、而る後以て恥を諸侯に刷ぐに足らんとす。
↑刷印 印刷／刷羽 羽つくろい／刷牙 歯をみがく／刷括 ふく／刷勘 照合する／刷巾 手拭い／刷痕 はけ痕／刷刷 さらさら／刷子 はけ／刷膩 すり汚れ／刷色 着色／刷飾 化粧／刷新 改新／刷清 清らか／刷洗 刷新／刷箒 たわし／刷定 平定する／刷涕 涙を拭う／刷滌 洗う／刷盪 洗いながす／刷馬 馬の手入れ／刷尾 跋尾／刷扮 扮装／刷墨 墨をぬる／刷磨 ふきみがく／刷毛 はけ／刷問 訊問する／刷練 推敲する
↓一刷・印刷・刮刷・軽刷・手刷・縮刷・詔刷・照刷・色刷・振刷・洗刷・掃刷・澡刷・増刷

常
【拶】 9 5202 サツ おす ゆびぜめ

会意 手＋𡿺。𡿺は残骨の象。これを拾いとる意の字かと思われるが、韓愈の詩〔辛卯の年、雪〕に排拶という語があり、迫る意に用いる。手でおす動作をいう。挨拶は禅家の用いる語。衆をおしのけて前に進み出ることをいう語であった。拶指は指攻め。古くは歴指という拷問の方法であって、〔荘子、天地〕にみえる。

訓義 ①せまる、おす。②ゆびぜめ、その刑具。

古訓 〔篇立〕拶 サル 〔字鏡集〕拶 セム・サル

【拶子】さっし 婦人の犯罪者の指に加える指攻めの小さい指かせ。〔六部成語注解〕拶子、婦人の夾棍なり。夾棍は足に用ひ、此れは手に用ふ。
↑拶鞠 拷問する／拶夾 拶指／拶拶 密接する／拶指 指攻めの刑具／拶損 弄んでいて、いためる／拶満 おしくら
↓挨拶・一拶・排拶・偪拶

【茁】 9 4477 サツ めばえ

篆文

形声 声符は出。〔説文〕一下に「艸初めて地に生ずる皃なり」（段注本）という。草に限らず、〔孟子、万章下〕には「牛羊茁として壯長するのみ」という例がある。

訓義 ①めばえ、草がめばえる。②ものが生長する、すくすく育つ。
↑茁茁 めばえる
↓翠茁・青茁・萌茁・緑茁

常
【殺】 10 〔殺〕 11 4794 ［煞］ 13 2833 サツ サイ セツ へらす ころす

会意 杀+殳。杀はたたりをなす獣の象形。祟の初形である。この呪霊をもつ獣に対して、殳(戈)を加えて殺す意。この獣を殺すことによって、敵より加える呪詛が減殺される。そのような呪儀を示すことが、字の本義であった。〔説文〕三下に「戮すなり」とし、人を刑殺することをいう。廟中でその呪儀を行うことを竄といい、罪人を放竄することをいう。〔書、舜典〕「三苗を三危に竄す」の竄を、〔孟子、万章上〕に殺、〔史記、五帝紀〕に遷(䙴)、〔説文〕竄字条七下に引いて竄に作る。みな声義近く、通ずるところのある字である。〔左伝、昭元年〕に「蔡叔を蔡す」とあり、蔡の初文は杀、ゆえにその字をまた殺の字に用いた。殺はのち死殺の意に用いる。煞は近代の俗字。急疾の意を示したものであろう。また収煞・煞尾のように収束の意に用いる。

訓義 ①へらす、敵の呪詛の力をへらす。同じ呪獣を用いるので、その効を相殺という。そぐ。②ころす、呪詛してころす、死刑とする。③ほろぼす、いためる、そこなう、からす。④牲として供える。⑤はなはだしい、きびしい、すごい。⑥強意の助詞として、動詞の下接語とする。⑦おとろえる、きえる、次第にへらす。

古訓 〔名義抄〕殺 タケシ・キル・トシ・ヲカス・ヲツ・ヲス・カル・コロス

声系 〔説文〕に殺声として樧など三字を収めるが、声義の関係は明らかでない。樧は茱萸に似た木である。

語系 殺sheat は芟(薙)sheam、斬 tzheam と声義の関係があり、鏨・槧 dzam は斬声の字。同じ語系に属するものと考えられる。

【殺害】殺す。〔後漢書、董卓伝〕(韓)遂等、稍と權利を争ひ、更と相ひ殺害し、其の諸部曲、竝びに各と分乖す。

【殺気】凶悪の氣。唐・李華〔古戦場を弔ふ文〕此の苦寒に當りて、天、強胡に假し、殺氣を憑陵して、以て相ひ翦屠せんす。徑ちに輜重を截り、横さまに士卒を攻む。

【殺矢】必殺の矢。〔周礼、冬官、輈人〕其の金を五分して、錫二に居る。之れを殺矢の齊(割合)といふ。

【殺殉】殉葬する。〔墨子、節葬下〕天子(諸侯)殺殉すること衆き者は數百、寡なき者も數十。

【殺傷】殺人と傷害。〔漢書、刑法志〕夫の耆老の人、~朕甚だ之れを憐れむ。今より以來、諸と年八十ならば、人を誣告殺傷するに非ざれば、它(他)は皆坐(坐法)せしむること勿かれ。

【殺人】人を殺す。〔孟子、梁恵王上〕梁の襄王~卒然として問うて曰く、天下惡くにか定まらんと。吾れ對へて曰く、一に定まらんと。孰れか能く之れを一にせんと。對へて曰く、人を殺すことを嗜まざる者、能く之れを一にせんと。

【殺生】生物を殺す。また、生殺。〔韓非子、三守〕自治の勞憚を惡み、~殺生の機、奪予の要をして大臣に在らしむ。是くの如き者は侵さる。

【殺青】竹簡を炙って乾かす。汗簡。漢・劉向〔戦国策の序〕其の事は春秋以後を繼ぎ、楚漢の起るに訖る。二百四十五年間の事なり。皆定むるに殺靑を以て書し、繕寫すべからしむ。

【殺伐】荒々しい。〔孔子家語、弁楽解〕夫れ南は生育の郷、北は殺伐の域なり。故に君子の音は、溫柔にして中に居り、以て生育の氣を養ふ。

【殺風】殺風景。台なし。唐・李商隠〔雑纂、上、殺風景〕花間に喝道す。花下に裩を曝らす。石筍に馬を繫ぐ。妓筵に俗事を説く。

【殺戮】殺す。刑殺する。〔荀子、議兵〕紂、比干(の心)を剖り、箕子を囚へ、炮烙(火あぶり)の刑を爲し、殺戮時無し、臣下懍然たり。

【殺略】人を殺し、財を奪う。〔史記、匈奴伝〕是の時、匈奴も亦た來りて代郡・鴈門に入り、殺略すること數百人。漢、博望侯及び李將軍廣をして、~匈奴の左賢王を撃たしむ。

【殺虜】殺害し、俘虜とする。〔史記、匈奴伝〕左賢王、李將軍を圍み、卒四千人可り、且に盡きんとす。殺虜亦た過當なり。會と博望侯の軍救ひ至り、李將軍脫することを得たり。

↑殺哀 略葬/殺圧 抑える/殺意 害意/殺禋 犠牲を供えて祭る/殺越 殺す/殺下 下細り/殺獲 奴隷殺虜/殺活 生殺/殺機 害意が動く/殺軀 殺し/殺才 けしからぬ奴と罵る語/殺止 停止する/殺死 殺す/殺字 崩し字/殺手 精兵/殺小 そぐ/殺身 捨身/殺節 寒季/殺然 衰えた姿/殺損 減損する/殺地 死地/殺到 一時に来る/殺毒 毒殺/殺内 節制する/殺罰 殺害と刑罰/殺僇 殺戮/殺掠 殺略/殺礼 略礼/殺斂 凋落する

↓圧殺・暗殺・縊殺・陰殺・枉殺・毆殺・鏖殺・艾殺・嚇殺・活殺・劘殺・看殺・戲殺・虐殺・去殺・挟殺・誑殺・矯殺・吟殺・刑殺・撃殺・嫌殺・減殺・厳殺・故殺・誤殺・坑殺・絞殺・鴻殺・残殺・惨殺・斬殺・刺殺・嗜殺・自殺・射殺・愁殺・襲殺・銃殺・粛殺・笑殺・杖殺・捶殺・酔殺・生殺・牲殺・羨殺・相殺・勦殺・騒殺・賊殺・他殺・多殺・磔殺・誅殺・鴆殺・妬殺・屠殺・撲殺・抹殺・密殺・妄殺・黙殺・扼殺・搤殺・薬殺・誘殺・拉殺・礼殺・厲殺・轢殺

【劄】 14 8260 ［劄］ 12 4260 サツ トウ(タフ) かきつけ いれずみ

形声 声符は荅。荅声が字の本音であるが、のち冊子の意に用いて、冊(册)の音でよむ。劄子は一種の上奏文。劄記はまた札記としるし、雜記・雑志というのと同じ。〔玉篇〕に字を剳に作り、「剳䂓なり」とあって鎌の類をいう。また刺青のことを劄青という。青(入墨)を肌に刻りこむ意であろう。明代の市井に盛行し、わが国の江戸期にも、俠客の徒の間などに行われた。

訓義 ①さす、いれずみ、ほりもの。②かきつけ、雑記、通達書、申し文。③札と通用し、札記。

【劄記】筆記。札記。〔香祖筆記、宋犖の序〕公退の暇、輒ち其の著書を見て自ら娯しみ、殆ど虛日無し。督詩古文よりして外、閒と筆に隨ひて劄記を爲す。要は必ず經史を貫串し、文獻を表章す。

【劄子】官府で用いる上奏・啓事の一種の文書。宋・欧陽脩〔帰田録、二〕唐人、事を奏するに、表に非ず狀に非ざる者、之れを牓子と謂ふ。亦た之れを錄子と謂ひ、今之れを劄子と謂ふ。

【劄青】いれずみ。ほりもの。〔酉陽雑俎、八、黥〕蜀の小將韋少卿は、韋表微の堂兄なり。少くして書を喜ばず、劄靑を嗜好す。~胸上に一樹を刺す。樹抄に集鳥數十あり。

↑劄案 一件記録/劄客 つまらぬ芸者/劄刺 刺青/劄地 解決

↓省劄・奏劄・駐劄・勅劄

常 【察】 14 3090 サツ あきらか みる かんがえる

会意 宀+祭。宀は廟。廟中に祭って神意をうかがうを察という。〔説文〕七下に「覆審するなり」(段注本)とあり、〔新書、道術〕に「纖微皆審つまびらかにする、之れを察と謂ふ」とみえる。神意を明察にすること。

訓義 ①あきらかにする、あきらか、みる、神意をみる、神意があらわれる。②かんがえる、つまびらかにする。③わきまえる、えらぶ。④推察する。

古訓 〔名義抄〕察 ミル・イタル・シル・アラハス・アラハル・オホフ・サトル・ツバビラカニ・アキラム・アツ・シルス・アキラカニス

声系 摩擦の擦は後起の字。摩することの急な意。祭の声義と関係がなく、擬声的な語であろう。

語系 察・詧tsheat は同声。詧は〔説文〕三上に「言微親察するなり」（段注本）とするが、察の異文であろう。〔顔氏家訓、書証〕に、省察の意としている。

【察挙】さつきょ 推挙による任用。〔漢書、循吏、文翁伝〕少（わか）くして學を好む。春秋に通じ、郡の縣吏を以て察擧せられ、景帝の末、蜀郡の守と爲る。

【察見】さつけん 明察。〔鬼谷子、本経陰符、注〕幾危の理、兆動の微は、心眼に非ざれば能く察見する莫（な）し。故に曰く、損兌（そんだ）なる者は幾危の決なりと。

【察言】さつげん 人言の意を察知する。〔論語、顔淵〕夫（そ）れ達なる者は、質直にして義を好み、言を察して色を觀、慮（おもんぱか）りて以て人に下る。邦に在りても必ず達し、家に在りても必ず達す。

【察察】さつさつ 潔清。〔楚辞、漁父〕安（いづく）んぞ能く身の察察を以て、物の汶汶（もんもん）（汚れ）を受くる者あらんや

【察色】さつしょく 顔色をみて察する。〔国語、周語下〕夫（そ）れ目の度を察するや、歩武（ぽぶ）尺寸の閒に過ぎず。其の色を察するや、墨（五尺）丈尋常の閒に過ぎず。

【察度】さつたく 考えはかる。〔大戴礼、文王官人〕太師愼みて維（こ）れ深思し、内、民務を觀、察（あき）らかに情僞を度（はか）り、官民の態を變じ、其の才藝を歷（へ）かへよ。

【察致】さつち 推測して知る。〔荘子、秋水〕言を以て論ずべき者は物の粗なり。意を以て致すべき者は物の精なり。言の論ずる能はざる所、意の察致する能はざる所の者は、精粗を期せず。

【察納】さつのう（なふ） きき入れる。蜀・諸葛亮〔出師の表〕陛下も亦た宜しく自ら課（はか）り、以て善道を咨諏（しゅし）し、雅言を察納し、深く先帝の遺詔を追ふべし。

【察微】さつび 微細を明察する。〔史記、五帝紀〕高辛、生まれながらにして神靈、～聰は以て遠を知り、明は以て微を察し、天の義に順ひ、民の急を知る。

【察弁】さつべん 明察にして能弁。〔荀子、勧学〕禮を隆（たつと）ぶものは、未だ明ならずと雖も法士なり。禮を隆ばざるものは、察辯なりと雖も散儒なり。

【察問】さつもん 詳しく問う。〔漢書、武帝紀〕（元光元年詔）賢良は、古今王事の體を明らかにし、受策察問、咸（ことごと）く書を以て對（こた）へ、之れを篇に著はせ。朕親しく覽んと。是（ここ）に於て董仲舒・公孫弘等出づ。

【察理】さつり 理によって考える。唐・陳子昂〔用刑を諫むる書〕今天下幸安、萬物泰きを思ふ。陛下乃ち末節の法を以て、理を察し人を平（議）す。愚臣以爲（おも）へらく、適變隨時の義に非ざるなりと。

【察諒】さつりょう（りやう） 諒察。晋・庾亮〔中書監を譲る表〕屢（しばしば）丹款（たんかん）（赤心）を陳（の）ぶるも、微誠淺薄にして、未だ察諒を垂れず。憂惶（いうくわう）屛營（へいえい）し、厝（お）く所を知らず。

↑察按（さつあん） しらべる／察閲（さつえつ） 審閲する／察解（さつかい） 考え解く／察核（さつかく） 考えしらべる／察覚（さつかく） 発覚／察覈（さつかく） 考えしらべる／察看（さつかん） 観察する／察勘（さつかん） 検査する／察機（さつき） 機微を察する／察議（さつぎ） 軽い処分／察究（さつきゅう） 見究める／察慧（さつけい） 明慧／察警（さつけい） 警察／察験（さつけん） しらべる／察考（さつこう） 考察する／察校（さつこう） しらべる／察刻（さつこく） 苛察刻薄／察士（さつし） 明察の人／察子（さつし） 政府密偵／察伺（さつし） 伺う／察視（さつし） よくみる／察悉（さつしつ） 知悉する／察収（さつしゅう） 査収／察書（さつしょ） 模写／察恕（さつじょ） 諒解／察照（さつしょう） 明察／察隻（さつせき） 無類の明察／察選（さつせん） 人を選ぶ／察奪（さつだつ） 裁断／察探（さつたん） 探知／察断（さつだん） 判断／察知（さつち） 察する／察聴（さつちょう） 察納／察判（さつはん） 審理判決／察敏（さつびん） 敏い／察訪（さつほう） 尋ね訪う／察脈（さつみゃく） 診断／察覧（さつらん） 見ぬく／察吏（さつり） 明敏な吏／察涖（さつり） 模写／察論（さつろん） 明察の論

↓按察・苛察・監察・観察・譏察・究察・糾察・恐察・警察・検察・賢察・考察・高察・査察・伺察・視察・識察・熟察・巡察・詢察・小察・照察・詳察・彰察・深察・診察・慎察・審察・垂察・推察・省察・清察・精察・大察・台察・探察・通察・偵察・洞察・督察・拝察・閔察・俯察・補察・訪察・密察・妙察・名察・明察・予察・覧察・留察・了察・諒察・臨察・廉察・憐察

【颯】 14 0711 サツ

人 篆文

形声 声符は立（りつ）。〔説文〕に立声とする十二字のうち、颯と同声のものがなく、会意とする説もある。來（来）母の字に、麗（れい）が灑（さい）・纚（し）の音となる例もあり、いちおう形声とする。〔説文〕十三下に「風聲なり」（段注本）とあり、風の音を形容する語である。

訓義 ①かぜふく、かぜの吹く音。②きびしく吹く、強くふく、きびしい、みだれる。③かすかに吹く、おとろえる、よわまる、おちる。

古訓 〔新撰字鏡〕颯 佐米久（さめく）〔篇立〕颯 スシ・サメク・カゼノコエ〔字鏡集〕颯 フク・シナフ・チル・カゼノコエ・シナヘタリ・スヽシ・サメク・タチマチ・アガル

【颯灑】さつさい 風が吹きちらす。隋・煬帝〔舟を捨てて陸に登り、慧日道場玉清玄壇の徳衆に示す〕詩 颯灑として林花落ち 逶迤（ゐい）として風柳散ず 孤鶴近く群を追ひ 啼鶯（ていあう）遠く相ひ喚（よ）ぶ

【颯颯】さつさつ 風の音。〔楚辞、九歌、山鬼〕風颯颯として、木蕭蕭たり 公子を思ひて徒だ憂ひに離（あ）ふ

【颯纚】さつし 長袖をひるがえすさま。漢・張衡〔西京の賦〕朱屣（しゅし）を盤樽（ばんそん）に振ひ、長袖の颯纚たるを奮ふ。

【颯然】さつぜん 風声。さびしく吹く。唐・杜甫〔秦州雑詩、二十首、十二〕秋花、危石の底 晩景、臥鐘の邊 俛仰（ふぎやう）身世を悲しむ 溪風爲に颯然たり

【颯爽】さつそう（さう） 勇壮で快い。唐・杜甫〔丹青引〕詩 褒公・鄂公、毛髮動き 英姿颯爽、酣戰（かんせん）より來（きた）る

【颯沓】さつとう（たふ） 多く盛んなさま。南朝宋・鮑照〔詠史〕詩 賓御、紛として颯沓し 鞍馬、光地を照らす 寒暑、一時に在り 繁華、春媚に及ぶ 君平獨り寂漠 身世兩（ふた）つながら相ひ棄つ

↑颯爾（さつじ） 風の音／颯竦（さつしょう） 厳しい／颯遝（さつとう） 声がわき起こる／颯戾（さつれい） 清涼のさま

↓一颯・粛颯・翛颯・衰颯・爽颯

【撮】 15 5604 サツ サイ つまむ とる

常 篆文

形声 声符は最（さい）。最（㝡）は冃（ぼう）と取に従い、取は馘耳（かく）（討ち取って左耳を切る）。それを覆うようにしてとり集めることをいう。撮は指先でつまむようにして取る意。〔説文〕十二上に「四圭（けい）なり。一に曰く、兩指もて撮（と）るなり」とあり、量の単位をいう。〔玉篇〕には「三指もて取るなり」とする。〔本草綱目、序例上〕に「丸散に刀圭と云ふ者、方寸の匕（ひ）を十分するの一なり。準（なぞら）ふること、梧桐子（み）の大いさの如し。～一撮なる者は四刀圭なり。～十撮を一勺と爲し、十勺を一合と爲す」とみえる。〔説文〕のいう四圭とは四刀圭。一圭は六十四黍、四圭は二百五十六黍の量にあたる。

訓義 ①とる、つまみとる、指でつまみとる。②あつめる、すべる、一まとめにする。③量の単位、散薬の量で四刀圭分。④髪づつみ、もとどり、髪をまとめる。⑤とらえる。

古訓 〔名義抄〕撮 トル・スブ・ノブ〔篇立〕撮 ツカム・トル・ホル・コキル〔字鏡集〕撮 スベテ・ツマム・ニギル・ノブ・スブ・ト

ル・ホル

【語系】撮tsuat、最tzuat、嘬tshuat は声義近く、みな集まりとる意がある。嘬は蛆虫などが集まり食う意。また篹dzhoan、攢dzuanも声近く、多くよせ集める意。取・最は馘耳の象であるから、小さなものを多く集めることをいう。

【撮襟】帛を捲いて筆とする。宋・陸游〔入蜀記、二〕清涼廣慧寺に游ぶ。～氣象甚だ雄なり。然れども兵火に壞れたり。舊も徳慶堂有り。～堂榜に乃ち南唐後主の撮襟書あり。石刻尙ほ存す。

【撮土】ひとつまみの土。唐・蔣防〔米を聚めて山を爲るの賦〕地勢を撮土の閒に縮む、孰か云ふ見小なりと。山形を握粟の内に備ふ、何ぞ功虧くを慮らん。近くは得て驗を立つべし、遠くは勞すること無くして坐ながらに馳す。

【撮要】大要を摘記する。〔漢紀、高帝紀一〕總べて帝紀を爲り、其の年月を列し、其の時事を比べ、要を撮り、凡(例)を擧げ、其の大體を存す。

↑撮影 写真をとる／撮管 執筆する／撮記 摘要／撮空 つかみ取り／撮口 口すぼめ／撮合 集める／撮算 累計／撮取 つまみとる／撮述 要略／撮抄 抄録する／撮壤 ひとつまみの土／撮染 しぼり染め／撮題 題目を立てる／撮徒 仲間集め／撮囊 死蔵する／撮風 風に乗る／撮餅 揚げ物／撮摩 つまみこする／撮薬 薬を調合する／撮擁 引き寄せる／撮略 摘要／撮弄 手品／撮録 要録

↓一撮・会撮・攫撮・括撮・簡撮・抄撮・抱撮

常【擦】17 5309 サツ する こする

【形声】声符は察。祭声には際のように相接する意があり、擦は相接してこするときの声を写したものであろう。宋元以来の語。〔武林旧事〕に擦坐という流し歌を歌う女のことがみえる。

【訓義】①する、こする。②むりに強いる。

【古訓】〔名義抄〕擦 ワタル 〔篇立〕擦 カク・カシラカクナリ 〔字鏡集〕擦 ハシラ・ワタル

【擦坐】小娘の流し。〔武林旧事、六、酒楼〕小鬟(小娘)有り。呼ばざれど自ら來り、歌吟強聒(したたかでやかましい)、以て支分(チップ)を求む。之れを擦坐と謂ふ。

【擦擦】泥で作った小塔。〔元史紀事本末、十八、仏教之崇〕擦擦を作る者有り。泥を以て小浮屠(仏塔)を作るなり。～或いは十萬、二十萬より、以て三十萬に至る。～半は海畔に置き、半は水中に置き、以て海災を鎭む。

↑擦火 きり火／擦過 かする／擦牙 歯を磨く／擦刮 磨きとる／擦減 へらす／擦鼓 摩鼓／擦痕 すり痕／擦疵 すり疵／擦傷 擦疵／擦拭 ふきとる／擦声 かする声／擦洗 ふきあらう／擦損 磨損／擦背 三助／擦布 雑巾／擦抹 雑巾がけ／擦免 減免

↓摩擦

人【薩】17 4421 〔薩〕18 4421 サツ すくう

【形声】声符は産(産)。仏教の音訳の語として作られた文字で、この文字に特別の意があるのではない。菩薩の菩は普、薩は済度、能く衆生を済度する意であるという。

【訓義】①すくう。②智慧了見するをいう。

【古訓】〔篇立〕薩 キカサ・キクサ、・スクフ・ワカ・ワカ(タ)シ・ナソ 〔字鏡集〕薩 ワカ(タ)シ・タスク・ヒラキ・キクサキ・ナリイヅ

↑薩滿 シャーマン

↓菩薩

ザツ

常【雑】14 人〔雜〕18 0091 〔襍〕17 3029 ザツ ゾウ(ザフ) まじる

篆文

【形声】本字は襍に作り、集声。〔説文〕八上に雑は「五彩相ひ會するなり。衣に從ひ、集聲」とあり、雑帛をいう。衣を染めるのに多く艸木を用いた。〔周礼、春官、司常〕に「雑帛を物と爲す」とあり、物には呪飾の意がある。これを帯びることを雑佩という。〔礼記、玉藻〕に、雑帯に君は朱緑、大夫は玄華、士は緇(黒)を用いるとする。また佩玉をいい、すべて色の混合したものを雑という。

【訓義】①まじる、いろがまじる、多くの色を用いる。②あう、あわせる、あつめる、あつまる。③とりどり、みな、ともに、もろもろ。④いりまじる、雑多、くさぐさ。⑤いやしい、むだ、価値のひくいもの。⑥帀と通じ、めぐる。

【古訓】〔名義抄〕雑 マジフ・マジハル・メヅラシ・カサヌ・イロフ・カツ 〔字鏡集〕雑 オナジ・マジフ・マジハル・モトム・メヅラシ・クサ〳〵・カサヌ・ツヒニ・イロフ

【語系】雑dzəp、集・輯dziəp は声義近く、雑は深色についていう。揖tziəp、萃dziuət も声義に通ずるところがあり、これらは集めることをいう。

【雑学】雑駁な学問。〔尉繚子、治本〕野物は犧牲と爲さず、雑學は通儒と爲さず。

【雑記】雑事・逸事をしるしたもの。〔史通、雑述〕史氏の流別、～其の流十有り。～八を雑記と曰ふ。～祖台(之)の志怪(録)、干寶の搜神(記)、劉義慶の幽明(録)、劉敬叔の異苑の若き、此れを之れ雑記と謂ふ者なり。

【雑戯】いろいろの遊び。〔宋書、荀伯子伝〕伯子、少くして學を好む。博く經傳を覽、通率にして好んで雑戲を爲し、閭里に遨遊す。故に此れを以て淸塗(官途)を失ふ。

【雑芸】いろいろの技芸。〔南史、張欣泰伝〕宅を南岡下に置き、松山に面接す。欣泰、弩を負ひて雉を射る。情を恣にして閑放、聲伎雑藝、頗る開解多し。

【雑劇】戯曲。〔輟耕録、二十七、雑劇曲名〕稗官(小説)廢して傳奇作り、傳奇作りて戲曲繼ぐ。金季國初の樂府は、猶ほ宋詞の流、傳奇は猶ほ宋の戲曲の變なり。世傳へて、之れを雑劇と謂ふ。

【雑坐】入りまじって坐る。〔礼記、曲礼上〕男女雑はり坐せず。椸枷(衣桁)を同にせず。巾櫛(手拭とくし)を同にせず。親ら授けず。

【雑廁】入りまじる。〔説文解字叙〕將に以て群類を理め、謬誤を解き、學者を曉し、神恉に達せしめんとす。分別部居、相ひ雑廁せず。萬物咸く覩はれ、兼載せざる靡し。

【雑糅】入りまじり、乱れる。〔国語、楚語下〕少皞の衰ふるに及び、九黎德を亂し、民神雑糅し、方物(物を区別する)すべからず。

【雑処】雑居。〔漢書、高帝紀下〕詔して曰く、粤人の俗、好んで相ひ攻擊す。前時、秦、中縣の民を南方三郡に徙し、百粤と雑處せしむ。

【雑擾】入りまじり、乱れる。〔史記、暦書〕少皞氏の衰ふるや、九黎德を亂し、民神雑擾し、放物すべからず。

【雑説】雑多な説。諸子などの説。〔漢書、芸文志〕漢興りて、魯の申公、詩の訓故を爲る。而して齊の轅固・燕の韓生、皆之れが傳を爲る。或いは春秋に取り、雑説を采る。咸く其の本義に非ず。

【雑然】多くのものが入りまじる。宋・文天祥〔正気の歌〕天地、正氣有り 雑然として流形に賦す 下りては則ち河嶽と爲り 上りては則ち日星と爲る 人に于ては浩然と曰ひ 沛乎として蒼冥に塞がる

【雑俎】ざっそ 雑記の類。肴蔌を俎に雑陳する意。また、雑組にして組綬の意という。〔酉陽雑俎、後序〕余嘗つて関中を過ぐ。多士の國と號す。其の類書を見るに、甚だ多く有り。～浩乎として博い哉。猶ほ酉陽の雑俎を見るを得ざるを恨む有り。
【雑遝】ざっとう(たふ) こみあう。〔史記、淮陰侯伝〕天下初めて難を發するや、～天下の士、雲合霧集し、魚鱗雑遝し、熛のごとく至り、風のごとく起る。
【雑佩】ざっぱい 腰に帯びる佩玉。〔詩、鄭風、女曰雞鳴〕子の來るを知らば 雑佩以て之れに贈らん
【雑帛】ざっぱく 色物の帛を物という。物は呪飾として用いる。〔史記、公孫弘伝、附〕病を以て骸骨を乞ふ。孝武～制して曰く、～其の、思慮を省し、精神を存し、輔くるに醫藥を以てせよと。告(休暇)を賜ひ、病を治せしむ。牛酒雑帛あり。居ること數月にして瘳ゆる有り、事を視る。
【雑舞】ざっぶ 宴席用の舞曲。〔楽府詩集、舞曲歌辞一〕漢より以後、樂舞寖く盛んなり。故に雅舞有り、雑舞有り。雅舞は之れを郊廟朝饗に用ひ、雑舞は之れを宴會に用ふ。
【雑乱】ざつらん 乱雑。みだれる。〔史記、孫子伝〕夫れ雑亂紛糾を解く者は控捲(力を入れて引き、うつ)せず。鬭を救ふ者は搏撠せず。

↑雑英 群芳／雑詠 雑吟／雑役 諸役／雑焉 集まる／雑家 雑説の人／雑貨 小間物／雑課 諸掛り／雑感 種々の感想／雑玩 諸道具／雑木 雑樹／雑器 雑具／雑偽 偽物あり／雑擬 なぞらえもの／雑議 諸会議／雑居 雑処／雑興 種々の楽しみ／雑業 つまらぬ仕事／雑具 諸道具／雑言 雑談／雑戸 官奴再免／雑胡 国内に入居する胡人／雑語 諸世間話／雑考 種々の考説／雑行 諸行／雑貢 諸貢物／雑項 諸項目／雑櫜 合財袋／雑穀 諸穀／雑砕 煩わしい／雑綵 あやぎぬ／雑作 諸仕事／雑厝 いりまじる／雑錯 雑厝／雑散 ばらばら／雑糝 諸穀／雑纂 雑集／雑爨 魔術や奇術の類／雑止 まじる／雑史 雑録／雑志 雑記／雑施 順次なし／雑詩 雑吟／雑誌 雑記冊子／雑字 物名／雑事 諸事／雑識 相識る／雑煮 よせ鍋／雑取 まじえとる／雑種 多種／雑聚 雑集／雑襲 重なる／雑蹂 いりまじる／雑書 雑記の書／雑抄 抜き書／雑焼 まぜ炊き／雑色 雑胡／雑職 補助官／雑水 雑炊／雑砌 道化／雑税 諸税／雑占 諸卜占／雑繒 各種の絹／雑俗 雑多の俗／雑多 種々／雑体 変体詩／雑端 唐の侍御史／雑談 世間話／雑著 雑文／雑調 雑税／雑伝 雑史／雑途 特別任官／雑念 邪念／雑能 異能／雑派 割当税／雑覇 覇道／雑珮 雑佩／雑駁 雑多／雑博 雑学／雑犯 該当条文のない犯罪／雑班 寸劇／雑筆 雑記／雑布 粗布／雑物 諸物／雑文 諸体の文／雑扮 雑班／雑辨 処置／雑民 他国者／雑務 雑役／雑薬 諸薬／雑徭 賦役／雑流 士分外の雑職／雑慮 雑念／雑料 諸手当／雑糧 雑穀／雑類 身分のない仲間の者／雑録 雑記／雑論 種々の論／雑話 雑談／雑猥 猥雑

↓苛雑・糾雑・夾雑・喧雑・交雑・荒雑・殽雑・混雑・錯雑・参雑・攢雑・残雑・醜雑・襲雑・擾雑・塵雑・舛雑・粗雑・組雑・叢雑・多雑・重雑・沓雑・遝雑・駁雑・煩雑・繁雑・卑雑・蕪雑・複雑・紛雑・尨雑・無雑・庸雑・乱雑・濫雑・流雑・猥雑

サテ

【扨】 6 ［偖］ 11 2426 さて

国字 扨と同じ。扨は叉(叉)・杈とも通ずる。国字としては、発語の「さて」に用いる。「さて」は「然ありて」の意。もと扨の音をとって、国語にあてたものであろう。狂言本などからみえる。

訓義 1さて。

古訓 〔字鏡集〕扨 タカヘシ・オサフ・ウツ

サン

常【三】 3 1010 ［參］ 11 2320 サン みつ

篆文 古文 甲骨文 金文

指事 横画三本をならべた形。細長い木を並べた数とりのしかたを、そのまま字形化した。卜文・金文では一より四までをこの形式であらわす。〔説文〕一上に「天地人の道なり」という。一には「道は一に立つ」、二十三下には「地の數なり」とし、三において天地人の道が備わるとする。古い自然哲学における、発生論的な考えかたである。それで王の字形を、天地人三才を貫くもので、道の実践者とするが、王の字形は大きな鉞頭の形。三は聖数とされ、その名数の語は千数百にも及び、〔駢字類編〕中の三巻を占めている。金文に、官名や分数的表示のときに參(参)を用いる。參は簪三本を髪に挿した形で參集の意があり、三と声義の通ずる字である。弎は古文。一、二にもその形式の古文がある。

訓義 1みつ、数の三。2みたびする、みつにする、三分する。3天地人、三才。4多数、しばしばする。5三つ星。6参と通用する。

古訓 〔名義抄〕三 ミトコロ 〔字鏡集〕三 カサヌ・ミトコロ・ミツ・タカシ・シゲシ

語系 三 səm、參・驂 tsəm は声近く、通用することがある。星の名のときは參 shiəm となる。また卅 səp は三十 səm-ziəp の合音であろう。參は齊(斉)と同じく、三本の簪笄を髪に加える形。齊は平行に立てて加え、參は左右を斜めに中央に集める形であるから、參集・攢集の意となる。三馬を駕することを驂という。

【三易】さんえき 三種の古い易法。〔周礼、春官、大卜〕三易の灋(法)を掌る。一に曰く連山、二に曰く歸藏、三に曰く周易。
【三益】さんえき 有益な友人。〔論語、季氏〕益者三友、損者三友あり。直きを友とし、諒あるを友とし、多聞を友とするは益なり。便辟(体裁ぶる)を友とし、善柔を友とし、便佞を友とするは損なり。
【三戒】さんかい 三つの戒め。〔論語、季氏〕孔子曰く、君子に三戒有り。少き時は血氣未だ定まらず。之れを戒むること色に在り。其の壯なるに及びては、血氣方に剛なり。之れを戒むること鬭に在り。其の老なるに及びては、血氣既に衰ふ。之れを戒むること得(得るをむさぼる)に在り。
【三槐】さんかい(くわい) 三公。周の三公の外朝に、槐をうえた。〔周礼、秋官、朝士〕邦の外朝を建つるの灋(法)を掌る。～三槐に面して、三公位す。
【三恪】さんかく 先王朝の子孫を、客として祖廟の祭に招く。〔左伝、襄二十五年〕鄭の子産、捷を晉に獻ず。～晉人、陳の罪を問ふ。對へて曰く、昔虞の閼父、周の陶正と爲り、以て我が先王に服事す。～周、諸れを陳に封じ、以て三恪に備ふ。
【三帰】さんき 異姓の三帰人を娶る。ほかに地名・台名説がある。〔論語、八佾〕或ひと曰く、管仲は儉なるかと。(子)曰く、管氏に三歸有り。官の事は攝(兼摂)せず。焉んぞ儉なるを得んと。
【三釁】さんきん 三度身に香を塗り、清める。復活の儀礼。〔国語、斉語〕(魯の)莊公、(管仲を)束縛して、以て齊使に予へしむ。齊使之れを受けて退かしむ。至る比、三釁三浴す。桓公親しく之れを郊に逆ふ。

【三計】さんけい 一年・十年・百年の計。〔管子、権修〕一年の計は、穀を樹うるに如くは莫し。十年の計は木を樹うるに如くは莫し。終身の計は、人を樹うるに如くは莫し。一樹して一穫する者は、穀なり。一樹して十穫する者は、木なり。一樹して百穫する者は、人なり。

【三卿】さんけい 司徒（人事）・司馬（軍事）・司空（建設）の大臣。〔礼記、王制〕大國は三卿、皆天子に命ぜらる。～次國は三卿、二卿は天子に命ぜられ、一卿は其の君に命ぜらる。～小國は二卿、皆其の君に命ぜらる。

【三顧】さんこ 三たび訪う。〔三国志、蜀、諸葛亮伝〕臣本と布衣、～先帝、臣の卑鄙なるを以てせず、猥りに自ら枉屈し、三たび臣を草廬の中に顧み、臣に諮るに當世の事を以てす。

【三公】さんこう 天子を補佐する臣。太師・太傅・太保。〔老子、六十二〕道は萬物の奧、善は人の寶なり。～故に天子を立て三公を置く。拱璧有りて以て駟馬（四頭立ての馬車）を先だたしむと雖も、坐して此の道を進むに如かず。

【三更】さんこう（かう） 夜ふけ。午後十一時より午前一時まで。唐・崔顥〔七夕〕詩 班姫此の夕、愁ひ限り無し 河漢（天の河）三更、斗牛を看る

【三皇】さんこう（くわう） 古代の帝王。天地人、天地泰のほかに、伏羲・女媧・神農、女媧に代えて祝融・燧人・黄帝を加える諸説がある。〔呂覧、禁塞〕上三皇五帝の業を稱して、以て其の意を愉しませ、下五伯名士の謀を稱して、以て其の事を信にす。

【三綱】さんこう（かう） 人倫・秩序の基本。〔白虎通、三綱六紀〕三綱とは何の謂ぞや。君臣・父子・夫婦を謂ふなり。

【三才】さんさい 天地人。才は材。〔易、説卦伝〕天の道を立てて陰と陽と曰ふ。地の道を立てて柔と剛と曰ふ。人の道を立てて仁と義と曰ふ。三才を兼ねて之れを兩にす。故に易は六畫にして卦を成す。

【三舍】さんしや 九十里。軍行は一日三十里にして一舍。舍は宿。〔左伝、僖二十三年〕（重耳楚子に）對へて曰く、若し君の靈を以て晉國に反るを得て、晉・楚兵を治め、中原に遇はば、其れ君を避くること三舍せん。

【三上】さんじよう（じやう） 作文の工夫をこらすところ。〔帰田録、二〕余れ平生作る所の文章、多くは三上に在り。乃ち馬上・枕上・廁上なり。蓋し惟だ此れ尤も思ひを屬すべきのみ。

【三晋】さんしん 晋が趙・韓・魏三国に分割、以後戦国という。〔戦国策、趙一〕三晉、知氏を分つに及び、趙襄子、最も知伯を怨む。其の頭に漆して、以て飲器（おそらく溲器）と爲す。

【三仁】さんじん 殷末三人の仁者。〔論語、微子〕微子は之れを去り、箕子は之れが奴と爲り、比干は諫めて死せり。孔子曰く、殷に三仁有りと。

【三正】さんせい 夏（建寅）・殷（建丑）・周（建子）の暦。〔魏書、儒林、李業興伝〕（尤も算歴に長ず。曰く）三正同じからずと雖も、時節を言ふ者は、皆夏時の正月に據る。

【三省】さんせい 一日に再三わが身を反省する。〔論語、学而〕曾子曰く、吾れ日に吾が身を三省す。人の爲に謀りて忠ならざるか。朋友と交はりて信ならざるか。習はざるを傳ふるかと。

【三聖】さんせい 三人の聖人。堯・舜・禹、文王・武王・周公、また、禹・周公・孔子。〔孟子、滕文公下〕我も亦た人心を正し、邪説を息め、詖行を距ぎ、淫辭を放ち、以て三聖の者を承けんと欲す。豈に辯を好まんや。予れ已むを得ざればなり。

【三蒼】さんそう（さう） 秦・漢の字書。蒼頡・爰歴・博学の三篇。のち蒼頡・訓纂・滂喜の三篇。今みな佚篇を存する。〔隋書、経籍志〕三蒼三巻、郭璞注、秦の相李斯、蒼頡篇を作り、漢の揚雄、訓纂篇を作り、後漢の郎中賈魴、滂喜篇を作る。故に三蒼と曰ふ。

【三知】さんち 人の天分に三等がある。〔論語、季氏〕孔子曰く、生まれながらにして之れを知る者は上なり。學びて之れを知る者は次なり。困しみて之れを學ぶ者は、又其の次なり。困しみて學ばざる、民斯れを下と爲す。

【三黜】さんちゆつ 三たび退けられる。何度も退けられる。〔論語、微子〕柳下恵、士師と爲り三たび黜けらる。人曰く、子未だ以て去るべからざるかと。曰く、道を直くして人に事へば、焉くに往くとして三たび黜けられざらん～と。

【三斗】さんと 多量。多量の酒。唐・杜甫〔飲中八仙歌〕詩 汝陽（汝陽王璡）三斗、始めて天（宮中）に朝す 道に麴車に逢うて、口に涎を流す 恨むらくは封を移して酒泉（郡）に向はざるを

【三徳】さんとく 三つの徳目。〔書、洪範〕乂むるに三徳を用ふ。～一に曰く正直、二に曰く剛克、三に曰く柔克。～剛克を沈潛にし、柔克を高明にす。

【三伏】さんぷく 暑熱の時。夏至の後第三庚を初伏、第四庚を中伏、立秋後の初庚を末伏とする。梁・昭明太子〔錦帯書十二月啓、林鍾六月〕三伏漸く終り、九夏將に謝せんとす。

【三墳】さんぷん 古代の書。〔左伝、昭十二年〕左史倚相、趨りて過ぎる。王曰く、是れ良史なり。子善く之れを視よ。是れ能く三墳五典八索九丘を讀むと。

【三輔】さんぽ 漢の長安以東を京兆尹、長陵以北を左馮翊、渭城以西を右扶風、合わせて三輔という。〔塩鉄論、園池〕三輔は山河に迫近し、地狹く人衆く、四方竝び臻る。粟米薪菜、相ひ贍すこと能はず。公田轉假し、桑楡菜果殖せず。

【三友】さんゆう（いう） 三益。また、君子の楽しむもの。唐・白居易〔北窗三友〕詩 三友とは誰とか爲す 琴罷んで輒ち酒を擧げ 酒罷んで輒ち詩を吟ず 三友遞ひに相ひ引き 循還して已む時無し

【三余】さんよ 余暇。〔三国志、魏、王粛伝注に引く魏略〕董遇善く老子を治む。～從ひ學ぶ者云ふ、日無きに苦渴すと。遇言ふ、當に三餘を以てすべし。～冬は歳の餘なり、夜は日の餘なり、陰雨は時の餘なりと。

【三礼】さんらい（さんれい） 経典中の儀礼・周礼・礼記。〔後漢書、盧植伝〕少くして鄭玄と倶に馬融に事ふ。能く古今の學に通じ、研精を好みて章句を守らず。～尚書章句、三禮解詁を作る。時に始めて太學の石經を立て、以て五經の文字を正す。

【三楽】さんらく 三つの楽しみ。〔孟子、尽心上〕君子に三樂有り。而して天下に王たるは與かり存せず。父母倶に存し、兄弟故無きは、一の樂しみなり。仰ぎて天に愧ぢず、俯して地に怍ぢざるは、二の樂しみなり。天下の英才を得て之れを教育するは、三の樂しみなり。

【三老】さんろう（らう） 祭酒。郷老。〔礼記、文王世子〕（天子）始めて養に之くや、東序に適きて先老に釋奠（祭）し、遂に三老・五更・群老の席位を設く。

【三論】さんろん 三種の論語。魏・何晏〔論語集解叙〕齊論に問王・知道有り、魯論より多きこと二篇。古論も亦た此の二篇無く、堯曰の下章、子張問を分ちて以て一篇と爲し、兩子張有り。

【三惑】さんわく 酒・色・財。〔後漢書、楊秉伝〕楊震の仲子秉、性、酒を飲まず。又早く夫人を喪ひ、遂に復た娶らず。～言ひて曰く、我に三不惑有り、酒・色・財なりと。～贊に曰く、震は四知を畏れ、秉は三惑を去ると。

➡三丫さんあ 鼻下の髭／三握さんあく 握髪／三衣さんい 僧衣／三衛さんえい 禁衛／三苑さんえん 禁苑／三下さんか 三更／三夏さんか 夏の孟仲季／三箇さんか 三つ／三垓さんがい 祠壇三段／三陔さんがい 三垓／三革さんかく 甲冑楯／三閣さんかく 秘書郎／三竿さんかん 日が高くなる／三浣さんかん 三旬／三寒さんかん 春さき、三寒四温／三澣さんかん 三浣／三鑑さんかん 古人を鏡とする／三儀さんぎ 天地人／三脚さんきやく 三本足／三教さんきよう 儒教・仏教・道教／三極さんきよく 天地人／三耦さんぐう 三組の

射/三軍 大軍/三徑 小庭/三献 三酌/三元 天地人/三姑 三尸虫/三壺 神仙の山/三光 日月星/三后 三王/三庚 三伏/三叉 みつまた/三采 朱白蒼/三宰 三卿/三歳 三年/三載 三年/三材 三才/三策 三計/三尸 体内の蟲虫/三巳 上巳/三芝 霊草/三始 元旦/三思 熟考する/三師 三公/三事 司政、三有事/三辞 固辞する/三寿 三老/三従 婦人の道/三粛 粛拝/三出 雹/三春 春三ケ月/三旬 ひと月/三少 上大夫/三笑 虎渓三笑/三殤 夭死/三觴 三献/三条 三すじ/三畳 三たび重ねて唱う/三譲 賓主の礼/三辰 日月星/三秦 関中の地/三垂 辺境/三推 藉田の礼/三寸 舌先三寸/三世 三代/三成 曲が三終する/三牲 牛と羊と豕/三旌 三公/三清 道教の神/三精 日と月と星/三尺 剣/三隻 三つ/三折 三敗/三絶 絶妙のものが三つ/三泉 地下/三線 三絃/三選 官吏の試験/三俎 豕と魚と腊/三素 三色/三層 三重/三族 親族/三属 父の党・母の党・妻の党/三飡 三食/三損 三損友/三多 作文の法/三咤 三献/三太 三公/三大 天地人、三才/三代 夏・殷・周/三台 三公/三度 三思する/三単 三部隊/三袒 哭踊の礼/三嘆 一唱三嘆/三壇 祭壇/三遅 遅刻の罰杯/三虫 三尸/三朝 元旦/三点 夜の鐘/三吐 吐哺/三冬 冬三ケ月/三倒 絶倒するもの三/三党 三族/三登 一年に三たび収穫する/三統 三正/三洞 道蔵/三飯 三食/三品 三種/三風 巫と淫と乱/三復 反覆する/三物 詛盟の犧牲/三聘 三顧/三哺 夕食時/三彭 三尸/三墨 墨子三派/三昧 妙所/三務 農事/三命 卿は三命/三酉 酒/三宥 三たびゆるす/三葉 三代/三雍 辟雍/三踊 哭踊/三曜 日と月と星/三浴 沐浴/三吏 三公/三流 流刑/三閭 七十二家/三両 二三/三稜 三くり

↓元三・再三・醮三・第三・朝三・当三・二三・年三・両三・累三

常

【山】

3 / 2277

サン セン
やま

篆文

甲骨文

金文

象形 山の突出する形に象る。〔説文〕九下に「宣なり。能く散气を宣べ、萬物を生ずるを謂ふなり。石有りて高し。象形」(段注本)という。宣の声義を以て解する。〔釈名、釈山〕には「山は産なり」とし、その声義を以て説くが、いずれも音義説にすぎない。山は霊気を生ずるところで、しばしば請雨の対象とされ、古代の自然信仰の中心をなすものであった。山には霊力を蔵する力があると考えられていたようである。

訓義 ①やま。②山のように作りなしたもの、つか、陵。

古訓 〔和名抄〕山 漢語抄に云ふ、美多介(みたけ)〔名義抄〕山 ヤマ・ウム・コウム〔字鏡〕山 ノボル・ヤマ

部首 〔説文〕に嶽(岳)・岱以下五十二字、また〔新附〕十二字を属し、〔玉篇〕にはすべて二百九十六字を収める。部中に岡・密などの字を含むが、岡は鋳型の形である网に火を加え、焼成によって剛くなる意で、剛はその鋳型を裂く意。密は宀と必と火とに従い、神刀に火を入れる意で、山の部分はもと火の形である。また邠の重文豳についても豩と山に従う字とするが、両豕に火を加える形である。

声系 〔説文〕に山声として汕・疝など四字を収めるが、山の声義を承けるものはみえない。

語系 山 shean は儲 zjia と関係のある語のようである。預・與(与)・豫(予)・餘(余)jia は、儲の系列に属する語。〔広雅、釈草〕に「王延・藷薁は署預なり」とあり、王念孫の〔疏証〕に、「今の山藥なり」として、儲・與・署(署)・預と山の声義の関係を論じている。

【山阿】山のくま。入りこんだところ。〔楚辞、九歌、山鬼〕人有るが若し、山の阿に 薜茘(まさきのかずら)を被り、女蘿を帯とす

【山意】山のおもむき。山気。唐・李建勲〔棲霞寺に遊ぶ〕詩 曉色未だ開けず、山意遠し 春容猶ほ淡く、月華昏し

【山雨】山の雨。唐・許渾〔咸陽城東楼〕詩 一たび高城に上れば、萬里愁ふ 蒹葭楊柳、汀洲に似たり 溪雲初めて起り、日は閣に沈み 山雨來らんと欲して、風、樓に満つ

【山雲】山にかかる雲。北周・庾信〔山斎〕詩 石影横たはりて水に臨み 山雲半ば峰を繞る

【山影】山のかげ。山の倒影。〔徐霞客游記、游黄山日記〕西のかた碧痕の一縷なるを望む。余れ山影かと疑ふ。僧謂ふ、山影は夜望むときは甚だ近し。此れは當に是れ雲氣なるべしと。

【山園】山陵。のち、山中の園圃。宋・陸游〔新たに小園を闢く〕詩 山園寂寂として、春將に晩れんとす 酷だ愛す、幽花の蜜香に似たるを

【山翁】山中の老人。唐・李白〔襄陽歌〕詩 傍人借問す、何事をか笑ふと 笑殺す、山翁(晉の山簡)醉うて泥の似くなるを

【山家】山中の家。唐・司空図〔重陽雨に阻まる〕詩 重陽雨に阻まれて、獨り杯を銜む 移し得たり山家、菊未だ開かず

【山河】山川。自然の姿。唐・杜甫〔春望〕詩 國破れて、山河在り 城春にして、草木深し

【山客】山中の人。唐・李白〔岑勲に尋ねられ～詩を以て招かるるに酬ゆ〕詩 且らく山客に向ひて笑ふ 君と素心を論ぜん

【山岳】高大な山。晉・孫綽〔天台山に遊ぶの賦〕天台山なる者は、蓋し山嶽の神秀なる者なり。

【山壑】山と谷。谿谷。〔水経注、汶水〕或いは傾岑徑を阻み、或いは廻巖谷を絶す。清風條(木の枝)を鳴らし、山壑倶に響く。

【山気】山のようす。山の霊気。晉・陶潛〔飲酒、二十首、五〕詩 山氣、日夕に佳なり 飛鳥、相ひ與に還る 此の中に眞意有り 辯ぜんと欲して、已に言を忘る

【山鬼】山神。山の精。〔永嘉郡記〕安固縣に山鬼有り。形體人の如くにして一脚、裁かに長け一尺許り。好んで鹽を噉ふ。～甚だしくは人を畏れず。人も亦た敢て犯さず。～喜んで山澗中に蟹を取り食らふ。

【山祇】山神。宋・梅尭臣〔欧陽永叔、琅邪山の李陽冰の篆十八字を寄す。～予継ぎて作る。～〕詩 點畫然りと雖も、未だ苦訛(ゆがむ)せず 霜侵し風剝して皴理多し 公疑ふ、鳥迹蒼崖を踏むと 山祇愛惜すること、將た以有り

【山丘】山と丘。唐・李白〔江上吟〕詩 屈平が詞賦は日月を懸け 楚王の臺榭、空しく山丘

【山曲】山のくま。元・楊載〔伯父双峯樵隠に奉題す、四首、三〕詩 山曲、兩三家 相ひ過ぐるも路賒からず 門に對して竹徑を開き 水に臨んで梅花を種う

【山禽】山鳥。〔三国志、魏、明帝紀注に引く魏略〕土山を芳林園の西北陬(隅)に起す。公卿群僚をして、皆土を負ひ山を成さしむ。松竹雜木善草を其の上に樹ゑ、山禽雜獸を捕りて其の中に置かしむ。

【山谿】谷。山川。〔孟子、公孫丑下〕民を域るに封疆の界を以てせず。國を固むるに山谿の險を以てせず。天下を威す

すに兵革の利を以てせず。

【山月】さんげつ 山上の月。唐・李白〔静夜思〕詩 牀前、月光を看る 疑ふらくは是れ地上の霜かと 頭を擧げて山月を望み 頭を低れて故郷を思ふ

【山行】さんこう（かう） 山を行く。〔史記、夏紀〕陸行には車に乘り、水行には船に乘り、泥行には橇に乘り、山行には檋（山行きの屐）に乘る。

【山谷】さんこく 谷。山谿。〔史記、韓王信伝〕今僕、山谷の閒に亡匿し、旦暮に蠻夷に乞貸す。僕の歸らんことを思ふこと、痿人（足なえ）の起つことを忘れず、盲者の視ることを忘れざるが如し。勢ひ、不可なるのみ。

【山妻】さんさい 妻の謙称。〔鶴林玉露、丙四、山静日長〕從容として山徑を歩して松竹を撫し、麛犢と共に長林豐草の閒に偃息す。～既に竹窗の下に歸りては、則ち山妻稚子、筍蕨を作り、麥飯を供し、欣然一飽す。

【山斎】さんさい 山中の居室。〔陳書、孫瑒伝〕常に山齋に於て講肆を設け、玄儒の士を集め、冬夏に資奉し、學者の稱する所と爲る。

【山寺】さんじ 山中の寺。唐・孟浩然〔夜、鹿門山に帰るの歌〕詩 山寺の鐘鳴、晝已に昏らし 漁梁の渡頭、爭ひ渡ること喧びすし

【山城】さんじょう（じやう） 山中の城。北周・庾信〔江に泛ぶに奉和す〕詩 岸社、喬木多く 山城、迴樓足る 日落ちて江風靜かなり 龍吟（帝の吟遊）上游を迴る

【山人】さんじん 山中の人。斉・孔稚珪〔北山移文〕蕙帳空しくして夜鵠怨み、山人去りて曉猨驚く。昔は聞く、簪（官）を投じて海岸に逸するを、今は見る、蘭（隠者の衣）を解きて塵纓に縛せらるるを。

【山水】さんすい 山と水。その景。宋・蘇軾〔将に湖州に之かんとして戯れに莘老に贈る〕詩 餘杭は自ら是れ山水の窟 側に聞く、呉興は更に淸絶なりと

【山勢】さんせい 山の険しくせまる姿。唐・儲光儀〔苑外より竜興院に至りて作る〕詩 山勢、空に當りて出で 雲陰、地に滿ちて來たる

【山川】さんせん 山河。〔詩、小雅、漸漸之石〕漸漸たる石 維れ其れ高し 山川悠遠なり 維れ其れ勞す 武人東征す 朝するに皇あらず

【山僧】さんそう 山寺の僧。唐・白居易〔池上二絶、一〕詩 山僧、棋に對して坐す 局上、竹陰淸し 映竹、人見る無し 時に聞く、子を下す聲

【山藪】さんそう 山や林藪。〔後漢書、梁冀伝〕多く林苑を拓き、禁は王家に同じ。～山藪を包含し、遠く丘荒を帶び、封域を周旋すること、殆ど千里。

【山中】さんちゅう 山の中。明・王守仁〔楊子徳・薛尚誠に与ふる書〕山中の賊を破るは易く、心中の賊を破るは難し。區區として鼠竊を翦除するは、何ぞ異と爲すに足らん。

【山長】さんちょう（ちやう） 山中の書院で子弟を教えるもの。塾長をいう。五代の蔣維東の故事。〔称謂録、八、書院掌教〕（山長）趙時中の龍門山に遊ぶの記に、東西中三書院有り。皆名儒碩士、生徒に授受す。百人に至る毎に山長を置き、以て之れを領せしむ。

【山亭】さんてい 山中のあずまや。唐・太宗〔山閣晩秋〕詩 山亭、秋色滿つ 巖牖、涼風度る

【山癖】さんぺき 山を愛する性癖。元・虞集〔城南春暁図〕詩 天台先生、山癖有り 臥起、山無くんば朝に食はず

【山野】さんや 山と野。〔南史、賊臣、侯景伝〕景、性猜忍、～居る所の殿屋に、常に鵂鶹鳥（仏法僧）の鳴呼する有り。景、之れを惡み、每に人をして山野を窮め、鳥を捕へしむ。

【山遊】さんゆう（いう） 山中に遊ぶ。明・王守仁〔蟠竜山中用韻〕詩 眞に慚づ、廩食（官俸）するも官守虛しきを 只だ山遊を把つて課程（仕事）と做す

【山容】さんよう 山のすがた。明・袁宏道〔久雪忽ち晴る。喜びて作有り〕詩 柳態美しきこと新たに髮を櫛けづるが如く 山容は親しく遠く歸る人に似たり

【山嵐】さんらん 山の嵐気。翠嵐。宋・徐鉉〔江西の蕭少卿の寄せらるるに和す、二首、一〕詩 珍重せよ加餐して思慮を省け 時時酒を斟んで山嵐を壓せよ

【山陵】さんりょう 丘陵。また、天子の陵墓。〔戦国策、秦五〕王の春秋高し。一日山陵崩れなば（死をいう）、太子事を用ひん。君、累卵よりも危く、朝生（木槿）よりも壽ならず。

【山林】さんりん 山や林。〔礼記、月令〕（仲春の月）是の月や、川澤を竭くすこと毋く、陂池を漉くすこと毋く、山林を焚くこと毋からしむ。天子乃ち羔を鮮（献）じ、冰を開き、先づ寢廟に薦め、～釋采す。

【山嶺】さんれい 山のみね。晋・潘岳〔河陽県の作、二首、二〕詩 川氣は山嶺を冒し 驚湍は巖阿に激す

↑山鴉 山の烏/山靄 山のもや/山衣 隠者の衣/山委 山積み/山威 山勢/山院 山寺/山陰 山北/山隠 山の隠者/山宇 やまが/山芋 山いも/山映 山の映え/山駅 山中の駅/山塩 岩塩/山煙 山のもや/山猿 山ざる/山塢 山のくぼみ/山隝 山塢/山凹 山塢/山坳 山のくぼみ/山桜 山の桜/山鶯 山のうぐいす/山屋 山家/山下 山のふもと/山火 山火事/山花 山の花/山霞 山のかすみ/山怪 山中の怪/山芥 おけら/山海 山と海/山崖 がけ/山郭 山村/山閣 山中の楼/山間 山あい/山関 山の関所/山澗 山川/山館 山中の家/山岸 崖/山顔 山の前面/山巌 山の岩/山龕 山寺/山卉 山の花/山危 高い山/山基 山のふもと/山葵 わさび/山輝 山の光/山夔 山の一足の神/山橘 金柑/山脚 山のふもと/山邱 山丘/山韭 山にら/山居 山中の居/山墟 大丘/山魚 渓流の魚/山峡 峡谷/山郷 山村/山興 山の趣/山竅 山の洞穴/山轎 山かご/山棘 ばら/山垠 山の境/山虞 山守/山隅 山の一隅/山窟 山の岩穴/山君 虎/山曛 山の夕暮/山形 山の形/山系 山脈/山径 山みち/山逕 山径/山景 山光/山蹊 山の小径/山雞 山どり/山屐 山行の屐/山隙 山あい/山原 山すそ/山戸 山家/山呼 万歳の声/山姑 山の怪/山湖 山の湖/山口 山あい/山公 猿/山岡 丘/山肴 山菜/山郊 郊外の山/山皐 山と沢/山殽 山の肴/山豪 山賊/山国 山ぐに/山骨 山岩/山根 山のふもと/山左 山東/山査 さんざし/山樝 山査/山砦 山塞/山菜 山でとれる食物/山塞 山の塞/山寨 山塞/山際 山ぎわ/山柵 山賊の寨/山蚕 山繭/山市 山中の市/山志 山の記録/山阯 山のふもと/山祠 山中の祠/山梔 くちなし/山紫 暮れの山/山事 山仕事/山室 山居/山舎 山家/山畬 山の焼畑/山榭 山亭/山主 寺僧/山首 山の入口/山趣 山の情趣/山寿 南山の寿/山樹 山の木/山岫 山の洞穴/山羞 山肴/山湫 山の池/山衆 僧侶/山蒐 山の狩り/山杪 山のいただき/山照 山光/山嶂 屏風山/山瘴 山の毒気/山麞 のろ/山丈 狒狒/山心 山住みの心/山臣 隠士/山神 山の神/山陲 山すそ/山翠 山の緑/山陬 山の隅/山井 山の井/山砌 山の石畳/山棲 山棲み/山精 山の精/

山夕 山の夕／山石 山の石／山脊 山の尾根／山積 山積み／山雪 山の雪／山泉 山水／山前 山の前／山膳 山菜／山蔬 山菜／山宗 泰山／山草 山の草／山荘 山の別荘／山叟 山人／山繅 山の怪／山臊 山繅／山藻 柱梁の飾り／山蔵 山中の蔵／山足 山のふもと／山側 山腹／山薮 山菜／山賊 山中の賊／山村 山ざと／山体 山の本体／山態 山容／山隤 山崩れ／山頽 山崩れ／山黛 山の緑／山宅 山家／山沢 山と沢／山端 山の端／山潭 山中の淵／山雉 山鳥／山豬 山あらし／山頂 山のいただき／山鳥 山禽／山墜 山崩れ／山底 山のふもと／山邸 山宅／山梯 梯状の径／山巓 山のいただき／山田 山中の田／山甸 山の裾野／山殿 山堂／山都 狒狒／山刀 なた／山島 島山／山磴 山路／山洞 山の洞穴／山童 山中の童／山道 山路／山禿 禿山／山瀆 五岳四瀆／山衲 山僧／山農 山間の農夫／山坡 山阪／山杯 山酒／山背 山後／山伯 一山の長／山瀑 山中の滝／山晩 山の日暮れ／山盤 山中の食／山半 山腹／山阪 坂道／山畔 山の辺／山尾 山裾／山魅 山の怪／山薇 ぜんまい／山表 山の上／山廟 山中の廟／山夫 山の人／山阜 山と岡／山風 山の風／山腹 中腹／山墳 冢墓／山屏 屏風山／山碧 山の緑／山壁 絶壁／山辺 山の辺／山圃 山中の畑／山姥 山うば／山暮 山の日暮れ／山峰 みね／山房 山の家／山旁 山側／山棚 だし／山貌 山容／山木 山の木／山蜜 蜂蜜の一／山脈 山系／山民 山中の民／山霧 山のきり／山明 山明かり／山茗 山の茶／山鳴 山鳴り／山面 山の前面／山毛 山の食物／山門 寺門／山薬 山の芋／山楡 山にれ／山邑 山村／山輿 山行の輿／山妖 山中の怪／山陽 山の南／山雷 山中の雷／山巒 山／山吏 山役人／山里 山村／山樆 梨／山立 不動／山栗 山ぐり／山流 山川／山溜 山の泉／山榴 さつき／山侶 隠士／山梁 かけはし／山隴 山と岡／山緑 山の緑／山冷 山の冷え／山霊 山の霊／山路 山の路／山露 山路のつゆ／山楼 山閣／山醪 山中の酒／山壟 山と岡／山肋 山腹／山麓 山のふもと／山窩 山奥、その人／山隈 山曲

↓一山・陰山・雲山・遠山・火山・仮山・華山・開山・庒山・寒山・関山・丸山・帰山・箕山・九山・丘山・牛山・仰山・玉山・金山・銀山・群山・下山・剣山・孤山・故山・五山・江山・恒山・高山・鉱山・衡山・芝山・赭山・上山・神山・深山・崧山・西山・青山・雪山・仙山・全山・楚山・他山・堕山・大山・泰山・沢山・治山・築山・鉄山・天山・登山・土山・当山・東山・銅山・禿山・南山・肉山・入山・氷山・碧山・本山・満山・名山・遊山・驪山・霊山・歴山・連山・魯山

【彡】 3 2020 サン セン あや

篆文

象形 器物や文様の彩色・光彩あることを示す記号的な文字。象形というよりも、象意に近い。関係的表示をいう指事とは、また異なる。毛には髟・參(参)、形あるものには形・彫(彫)、光彩あるものには彩(彩)・影・彤、文身には彣・彰(彰)・彥(彦)・顏(顔)、虎文には彪、酒香には彫、鼓声には彭という。〔説文〕九上に「毛飾の畫文なり」とするが、ひとり毛飾に限るものではない。

訓義 ①あや、毛のはけめ。②ひかるもの、はえるもの、かがやくもの、ひびくものを、象意的に示す。③羌姓、センの音でよむ。

古訓 〔字鏡集〕彡 カタチ・ケ

部首 〔説文〕に形・㐱・修・彯・弱(弱)など八字と〔新附〕に彩、つづいて彣部に彣・彥を属する。〔玉篇〕彡部には二十三字、彬・彧・影・彨などを加える。㐱は羽毛の形、彯は麦などの穎にある直芒(ひげ)の形、弱は弓につけた呪飾の形。いずれもいわゆる彡に従う字ではない。

声系 〔説文〕に彡声として彡・彤およびその声に従う字合わせて五字を収める。尋は尋(尋)の初文。尋は左・右を上下に重ねた形で、神の所在を尋ね求める意。彡は神気を示すものとみられる。

↑彡姐 隴西の羌姓／彡彡 字画明晰のさま

【汕】 6 3217 サン あみ すなどる

篆文

形声 声符は山。〔説文〕十一上に「魚、水に游ぐ皃なり」とあり、〔詩、小雅、南有嘉魚〕「烝然汕汕たり」の句による。〔爾雅、釈器、疏〕に「簿を以て魚を取るなり」とあり、あみですくうことをいう。

訓義 ①あみ、すなどる。②魚のおよぐさま、多いさま。

古訓 〔字鏡集〕汕 ウカブ

↑汕碗 大きな酒碗

↓罩汕・罶汕

【刪】 7 7240 サン けずる のぞく さだめる

篆文

会意 册(冊)+刀。冊は編冊の形。それに刀を加えて綴じ改め、加除することをいう。〔説文〕四下に「剟るなり」とあり、剟字条に「刊るなり」とあって、刪改を加えることをいう。

訓義 ①けずる、のぞく、とる。②けずりあらためる、さだめる。

古訓 〔名義抄〕刪定 ケヅル・エラブ 〔字鏡集〕刪 サダム・ノゾク・ワカツ・キル・ケヅル・エラブ

【刪改】 文書をけずり改める。〔晋書、荀顗伝〕顗上請し、～共に舊文を刪改し、晉の禮を撰定す。

【刪裁】 けずり除く。〔後漢書、鄭玄伝論〕鄭玄、大典を括囊し(大きくまとめこみ)、衆家を網羅し、繁誣を刪裁し、漏失を刊改す。是れより學者、略ぼ歸する所を知る。

【刪詩】 孔子が古詩三千をけずり、詩を編纂したとする説。〔史記、孔子世家〕古者いにへ詩三千餘篇あり。孔子～其の重を去り、禮義に施すべきを取る。～三百五篇、孔子皆之れを弦歌し、以て韶武(古楽)雅頌の音に合はんことを求む。

【刪修】(しう) 刪改し修訂する。〔宋史、刑法志一〕蔡京、國に當り、～御筆を降さんことを請ひ、法令の外に出で、前後牴牾(矛盾)す。宜しく具錄して編修敕令所に付せしめ、國初以來の條法を參用し、刪修して書を成さしむべし。

【刪述】 刪詩述作。著述をいう。唐・李白〔古風、五十九首、一〕詩 我が志は刪述に在り 輝を垂れて千春に映ぜしめん 聖を希ひて如し立つこと有らば 筆を獲麟(春秋の末文)に絶たん

【刪書】 孔子が尚書を刪定したという説。〔史記、伯夷伝、索隠に引く尚書緯〕孔子、黃帝の玄孫帝魁の書を求め得て、～凡そ三千三百三十篇、乃ち刪するに一百篇を以てし、尚書と爲す。

【刪叙】 刪改して整える。〔後漢書、応劭伝〕其の、漢書二十五、漢記四(東観漢記)を見るや、皆刪敍潤色して、以て本體を全うす。

【刪省】 けずりはぶく。〔後漢書、桓郁伝〕(桓)榮、朱普の學を受けしとき、章句四十萬言。～入りて顯宗に授くるに及び、減じて二十三萬言と爲す。郁、復た刪省して、定めて十二萬言を成す。

【刪定】 刪改して定める。〔三国志、魏、明帝紀〕(青竜二

年）十二月、有司に詔し、大辟（刑法）を刪定し、死罪を減ぜしむ。

【刪約】刪省。〔晋書、刑法志〕天子（魏の明帝）又詔を下し、～舊科を刪約し、傍ら漢律を采り、定めて魏法と爲さしむ。

➡刪易　けずり改める／刪革　けずり改める／刪簡　刪省する／刪棄　刪除する／刪経　経書を刪定する／刪減　削減する／刪削　けずる／刪次　刪叙する／刪取　けずる／刪拾　けずりおぎなう／刪緝　刪定し編集する／刪潤　刪改し潤色する／刪除　除く／刪正　けずり直す／刪撰　刪定する／刪翦　けずりとる／刪汰　けずり除く／刪補　刪拾／刪抹　けずる／刪落　けずりとる／刪掠　けずりとる／刪略　けずり省く

⬇加刪・刊刪・採刪・手刪・択刪・討刪・要刪

常【杉】7／4292　〔檆〕17／4196　サン　すぎ

形声　声符は彡。本字は檆。杉科の常緑高木。杜甫の詩〔古跡を詠懐す、五首、四〕に「古廟の杉松に水鶴巣ふ」とあり、廟寺などにその木が多い。

訓義　①すぎ。赤白二種あり、赤は油多く、白は軽いという。

古訓　〔本草和名〕杉材・鼠査・漆姑　和名、須岐乃岐（すぎのき）〔和名抄〕杉　須岐（すぎ）、日本紀私記に見ゆ。今按ずるに俗に榲の字を用ふるは非なり。榲は柱なり〔名義抄〕杉　スギ

【杉月】杉の木の間の月。唐・皎然〔楊明府の早秋法華寺に遊ぶに和す〕詩 秋は賞す、石潭の潔きを 夜は嘉みす、杉月の清きを

➡杉菌　杉たけ／杉錦　杉のまさ／杉径　杉並木／杉松　杉と松／杉皮　杉の皮／杉楓　杉とかえで／杉蘿　杉とつた／杉籬　杉の垣

⬇檜杉・寒杉・危杉・古杉・孤杉・香杉・高杉・秋杉・松杉・神杉・翠杉・蒼杉・風杉・楓杉・野杉・老杉

常【参】8／2320　〔參〕11／2320

サン　シン
かんざし　まじわる　みつ　まいる

篆文　金文

会意　旧字は參に作り、厽＋㐱。厽は三本の簪の玉の光るところ。㐱は人の側身形に彡を加えて、人の簪髪の長いさま。〔説文〕七上に晶に従う形に作り、「商星なり。晶に從ひ、㐱聲」とする。参星の名に用いるのは後の用義。金文の字形は、簪飾を加えた人が跪拝する形である。簪を並列に施す形は齊（斉）で、整う意があり、斜めに簪飾を加える參は參差の意となる。簪飾三本の意より、数の三に用いる。金文では数字としての三は「參有嗣（司）」のような名数のほか、分数的表示のときに用いる。

訓義　①かんざし、三本の簪を中央に集めて挿す。②みつ、三つならぶ、たちならぶ。③まじわる、あずかる。④参差、ふぞろい、こもごも。⑤まいる、簪飾を加えて神にまいる、もうでる、まみえる。⑥三分する、三つにわける、くらべる、はかる、三たびする。⑦三つ星。⑧惨と通じ、いたましい。

古訓　〔名義抄〕參　マイル・カムカフ・マジハル・ワカレニタリ・タガフ・ソムク・チカシ・イタル・マジフ

声系　〔説文〕に參声として驂・慘（惨）・滲など十二字を収める。驂十上は「三馬を駕するなり」とあり、そえ馬。慘 tsəm は憯 tsəm、滲 shiəm は沁 tshiəm と声義近く、參の声義を用いるものではない。

【参夷】無慘に滅ぼす。〔晋書、王羲之伝〕徴役兼ね至り、～厝く所を知る罔し。頃年より遺黎を割剝し、刑徒路に竟つ。殆ど秦政（始皇）に同じ。惟だ未だ參夷の刑を加へざるのみ。

【参賀】参内して賀辞を述べる。〔旧唐書、穆宗紀〕詔す。今月六日は是れ朕が載誕の辰なり。皇太后を宮中に奉迎し、壽を上る。～其の日、百僚命婦、宜しく光順門に進名參賀すべし。

【参駕】驂馬を駕した車。〔楽府詩集、相和歌辞四、王子喬〕王子喬　參駕白鹿　雲中に遨ふ

【参議】議事に与る。〔旧唐書、李林甫伝〕林甫久しく樞衡を典り、天下の威權竝びに己に歸す。台司の機務、（陳）希烈敢て參議せず。但だ唯諾するのみ。

【参耦】仲間となる。〔淮南子、覧冥訓〕夏桀の時に至るに逮び、～群臣、上の意を準みて當るを懷ひ、骨肉を疏んじて自ら邪人を容れ、參耦比周して陰かに謀り、～競ひて驕主を載せて、其の意に像り、人を亂して以て其の事を成す。

【参軍】参謀。また、雑劇の悪役。〔輟耕録、二十五、院本名目〕宋に戲曲唱諢詞說有り。金に院本雜劇諸公調有り。～國朝（明）に院本雜劇、始めて釐めて之れを二にす。院本には則ち五人あり、一を副淨と曰ふ。古之れを參軍と謂ふ。

【参詣】集まりいたる。〔晋書、芸術、王嘉伝〕五穀を食らはず、～崖を鑿ちて穴居す。～乃ち倒獸山に遷る。～公侯已下、咸く躬から往きて參詣す。好尚の士、之れを師宗せざる無し。

【参決】ともに謀って決する。〔独異志、上〕陶弘景、茆山に隱居す。梁の武帝、大事有る每に、飛詔して之れと參決す。時人、隱居を謂ひて、山中宰相と爲す。

【参検】彼此を合わせ考える。参験。〔後漢書、儒林伝序〕熹平四年、靈帝乃ち諸儒に詔して、五經を正定し、石碑に刊す。古文・篆・隸三體の書法を爲して、以て相ひ參檢し、之れを學門に樹て、天下をして咸く則を取らしむ。

【参候】実地に調べる。〔後漢書、郎顗伝〕父宗、～常に賣卜して自ら奉ず（生活する）。～時に卒かに暴風有り。宗、占して京師に當に大火有るべきを知る。～人を遣はして參候せしむるに、果して其の言の如し。

【参差】長短・高低のそろわぬこと。〔詩、周南、関雎〕參差たる荇菜（あさざ）は　左右に之れを流る　窈窕たる淑女は　寤寐に之れを求む

【参事】事に参与する。魏・武帝〔郭嘉有功～封邑を追贈するを請ふ表〕立身して行を著はし、稱（名声）鄉邦に成る。臣と事に參じ、節を盡して國を爲む。～薄命天隕、美志を終へず。

【参酌】合わせ考えて取捨する。〔後漢書、曹褒伝論〕漢初、天下創めて定まり、朝制文無し、叔孫通、頗ぶる經禮を採り、秦法を參酌す。～然れども先王の容典、蓋し闕くるもの多し。

【参商】参星は西南、商星は東。遠くはなれたもの。魏・曹植〔呉季重に与ふる書〕面ふも逸景の速やかなる有り、別るるに參商の闊き有り。

【参乗】陪乗。〔漢書、佞幸、董賢伝〕人と爲り美麗自ら喜ぶ。哀帝望見し、其の儀貌を說ぶ。～出でては則ち參乘し、入りては左右に御す。旬月の閒、賞賜鉅萬を桑ね、～常に上と臥起す。

【参天】天にいたる。清・査慎行〔沅州〕詩　天に參ずる勢ひ有り、松何ぞ健なる　肖物、能く工みにして、石亦た姸なり

【参同】験証して一致する。〔韓非子、主道〕言有る者は自ら名を爲し、事有る者は自ら形を爲す。形名參同せば、君乃ち事無し。

【参謀】謀事にあずかる。〔三国志、魏、劉放伝〕遼東平定

す。参謀の功を以て、各〻爵を進めらる。

【参預】あずかる。〔晋書、唐彬伝〕彬、經國の大度有り。～每に慷慨にして、志は功を立つるに在り。～朝に疑議有るときは、每に参預す。

↑参穢 けがす／参謁 参内して拝謁する／参加 加わる／参会 集まり会する／参劾 弾劾する／参画 加わる／参革 弾劾して罷免する／参核 考核する／参較 比較する／参看 参照する／参勘 参考する／参観 見にゆく／参玩 体得する／参疑 まぎれる／参求 考えあわす／参咎 弾劾する／参御 侍御／参共 共同／参偶 並ぶ／参稽 参考する／参験 参検／参互 比較する／参伍 まじる／参考 合わせ考える／参校 くらべあわせる／参耕 参耦して耕す／参合 まじり合う／参佐 下役／参座 列席する／参錯 まじる／参察 合わせ考察する／参雑 まじえる／参賛 賛助する／参讃 参賛／参伺 参候する／参咨 相談する／参実 験証する／参集 集まる／参従 お伴する／参承 祇候する／参掌 あずかる／参証 証拠とする／参照 対照する／参辰 参と商／参參 長い／参尋 訪う／参正 合わせ正す／参政 国政に参与する／参戦 戦争に参加する／参奏 劾奏する／参綜 まとめる／参対 対問／参知 参政／参朝 参内する／参搥 鼓をうつ法／参定 考定する／参典 司る／参透 滲透する／参堂 お訪ね／参拝 お参り／参駁 雑駁／参罰 徴罰／参半 なかば／参分 三分／参聞 参与する／参辟 三代の刑／参訪 行ってたずねる／参問 行ってたずねる／参与 参預／参輿 大夫／参用 合わせ用いる／参両 天地／参僚 部下／参寥 高空／参領 あずかり導く／参礼 参拝／参麗 並ぶ／参列 並ぶ／参録 あずかる

↓帰参・稽参・見参・古参・降参・合参・商参・新参・趨参・遅参・朝参・内参・日参・不参・墓参

【芟】 8 4440 サン かる くさかりがま

篆文

会意 艸+殳。殳は草刈りがまをもつ形。〔説文〕一下に「艸を刈るなり」という。〔周礼、春官、肆師〕に「嘗(祭)の日、涖みて來歲の芟を卜す」とあり、芟草除田のことは、国の大事として卜したものである。

訓義 1かる、くさをかる。2くさかりがま、大きなかま。

古訓 〔名義抄〕芟 カル・クサカル・アハ・カイソグ

語系 芟 sheam、斬 tzheam は声義が近い。鏨 dzam も同系の語。殺(殺) sheat とも声義に通ずるところがある。

【芟夷】草を刈りつくす。〔左伝、隠六年〕國家を爲むる者は、惡を見ること、農夫の務めて草を去るが如し。之れを芟夷蘊崇(積み上げ)し、其の本根を絶ち、能く殖ゑしむること勿くんば、則ち善なる者信びん。

【芟刈】かりとる。〔墨子、非攻下〕堅甲利兵を爲りて、以て往きて無罪の國を攻伐し、其の國家の邊境に入りて、其の禾稼を芟刈し、其の樹木を斬り、其の城郭を墮ち、～其の萬民を勁殺す。

【芟正】けずり正す。〔宋史、王覿伝〕遂に靑苗(法)の害を論じ、盡く新令を罷めんことを乞ふ。～又言ふ、～今、法令已に行はる。以て輕に適くべきの時なり。願はくは質厚通練の士を擇びて、載ち芟正を加へんと。

↑芟荑 芟夷／芟去 かりとる／芟荒 荒草を刈る／芟柞 刈る／芟殺 枯らす／芟斫 芟柞／芟除 かり除く／芟鋤 すきとる／芟汰 とり除く／芟薙 刈りたおす／芟敵 敵を除く／芟討 敵を除く／芟穢 芟荒

↓夷芟・截芟・梢芟・鉏芟・掃芟

【衫】 8 3222 サン ころも ひとえ

篆文

形声 声符は彡。〔説文新附〕八上に「衣なり」とするが、ひとえもの、はだぎ、そでなしのようなものをいう。〔釈名、釈衣服〕に「衫は芟なり。末を芟りて袖端無きなり」とする。〔方言、四〕に「汗襦、或いは之れを襌襦と謂ふ」とあり、襌の音に近い。

訓義 1ころも。2ひとえ。3はだぎ、そでなし。

古訓 〔名義抄〕衫 ナホシノコロモ・アヲシ／襴衫 スソツケノコロモ・ナホシノコロモ 〔字鏡集〕衫 タモト・ナヲシ・ナヲシノコロモ・アヲシ・ウヘノキヌ・カリキヌ

【衫子】婦人の上衣。〔中華古今注、中、衫子背子〕衫子、女人一尊の義有り、故に衣裳相ひ連ぬ。始皇元年、宮人及び近侍の宮人に詔して、皆衫子を服せしむ。蓋し侍奉に便なるを取る。

【衫袖】上衣の袖。宋・蘇軾〔蘇伯固主簿の重九に次韻す〕詩 墨、衫袖に翻へりて、吾れ方に醉ふ 紙、雲煙を落して、子の患多し

↑衫衣 はだぎ／衫裙 衣服／衫帯 衫袍と束帯／衫袍 王の服／衫帽 涼衫と便帽

↓衣衫・葛衫・汗衫・官衫・裾衫・夾衫・軽衫・黄衫・絳衫・朱衫・繡衫・春衫・新衫・襯衫・翠衫・青衫・皁衫・帯衫・単衫・紵衫・白衫・舞衫・袍衫・縫衫・帽衫・羅衫・襴衫・練衫

入 【珊】 9 1714 サン さんご

篆文

形声 声符は冊(册)。〔説文〕一上に「珊瑚、色赤く、海に生じ、或いは山に生ず。玉に從ひ、刪の省聲なり」といい、刪の声をとるとする。次条に「瑚は珊瑚なり」とあり、もと珊瑚をいう。珊珊・媻珊のように、形況の語にその声を用いることがある。

訓義 1さんご。2珊珊は佩玉の音。3媻珊はよろめくさま。

古訓 〔名義抄〕珊 ソヨメク／珊瑚 サムゴ 〔字鏡集〕珊 アカキタマ

【珊珊】佩玉の音。また、すべて清逸なるものをいう。唐・元稹〔琵琶歌〕詩 一彈既に罷んで、又一彈す 珠幢夜靜かにして、風珊珊たり

↓嫩珊・媻珊・盤珊・闌珊

【閂】 9 7710 サン かんのき

会意 門+一。門扉に横木を施した形。貫の木。古い字書にはみえない字である。宋の范成大〔桂海虞衡志、雜志〕に「俗字、邊遠俗陋にして、牒訴券約に專ら土俗の書を用ふ。桂林の諸邑皆然り。今姑らく臨桂の數字を記す。～閂、門の橫關なり」とあり、これによると、字はもと桂林土俗の用いるところであった。

訓義 1かんのき、かんぬき。

古訓 〔字鏡集〕閂 ヒナサキ

常 【桟】 10 〔棧〕 12 4395 サン セン たな かけはし

篆文

詛楚文

形声 旧字は棧に作り、戔声。戔に浅小・偏薄のものを連ねる意がある。〔説文〕六上に「棚なり」とあり、棚状のものをいう。また「竹木の車を棧と曰ふ」とあり、すべて材質の小さなものをしき並べて作るものをいう。巴蜀に通じる道には、険絶のところに、棚状に突出する桟道を作って、わずかに通ることができた。

訓義 1たな、木をわたして作る。2かけはし。3ゆか、ゆかのねだ。4小さなはし。5輚と通じ、くるま、ひつぎくるま。

古訓 〔和名抄〕棧 楊氏漢語抄に云ふ、棧、瓦乃衣都利(かは

らのえつり）〔名義抄〕桟　エツリ・カワラノエツリ・カケハシ・シタチ・ミチ・カワラノキ〔篇立〕桟　エツリ・タナツリ・ミチ・カケハシ・シタチ・カハラノキ
【桟雲】雲のように高いところの桟道。唐・杜甫〔飛仙閣〕詩 桟雲闌干峻く　梯石結構牢し
【桟閣】桟道。〔水経注、沔水上〕山上に戍有り、崇阜の上に置き、下も深淵に臨む。張子房（良）桟閣を焼絶し、還ること無きを示せり。
【桟径】桟道。北周・王褒〔上庸公陸騰勒功碑〕巫峡使君の灘、淪波洽浹し、建平督郵の道、桟徑威紆す（まがりくねる）。路は蠻陬（辺鄙の蛮人）を阻み、途は夷落に横たふ。
【桟道】かけはし。〔戦国策、斉六〕（燕、斉を襲ふ）王走りて城陽の山中に之く。～（田単）桟道木閣を爲りて、王と后とを城陽山中より迎ふ。
↑桟桟　多いさま／桟車　竹木の車／桟城　かけはしの城／桟軫　桟車／桟租　かけはしをかける費用／桟豆料　馬の飼料／桟畔　かけはしのほとり／桟費　倉敷料／桟輿　竹木の輿／桟路　桟道
↓雲桟・縈桟・横桟・危桟・旧桟・曲桟・嶮桟・巧桟・虹桟・高桟・焼桟・蜀桟・石桟・断桟・竹桟・通桟・登桟・磴桟・巴桟・馬桟・飛桟・棚桟・梁桟

【祘】 10 1199　サン　かぞえる

篆文 

会意　示＋示。示は算木を並べた形で、数を示す。〔説文〕一上に「明視して以て之れを筭ふ」とし、示を視（視）の意とするが、〔礼記、投壺〕に「一馬、二馬に從ふ」という籌馬の法がみえ、示の上部二横画を二馬、三垂を三馬とし、合わせて五、二示にして十と為る。〔左伝、襄三十年〕「亥に二首六身有り」とは、横二画、下六画の数表示をいう。〔逸周書、本典解〕に「均しく分ちて以て之れを祘ふ」とみえる。算木には竹径一分、長さ六寸、二百七十一にして大觚を成し、これを一握という。王莽の貨銭に〡〡〡を八、〡〡〡〡を九とする表示を用いた。卜文・金文には一二三四は横画、五は×、十は｜を用い、みな算木の用法によって数を示した。
訓義　①さんぎ。②かぞえる。
古訓　〔字鏡集〕祘　アキラカニミル
声系　〔説文〕に祘声として蒜を収める。祘はあるいはその鱗茎の形を写したものであろう。
語系　祘・筭・算suanは同声。祘は算木、筭は算木を扱う意で数、算は数えるという動詞に用いることが多い。

常

【蚕】 10 1013　【蠶】 24 7113　サン　かいこ

篆文 　甲骨文 

形声　旧字は蠶に作り、朁声。〔説文〕十三下に「絲を任く蟲なり」（段注本）とあり、〔玉篇〕に「絲を吐く者なり」とする。卜文に、桑の葉の上に蚕形の虫を加えている字があり、また「蠶示」を祀ることをしるすものもあって、すでに養蚕が行われていた。蠶は象形的にかかれているので、その字形によって当時の品種を定めることもできるという。〔礼記、祭義〕に王后親蚕の儀礼がしるされており、また〔後漢書、礼儀志上〕には、「先蠶」を少牢を以て祀ることがみえる。絹は中国の特産として輸出され、のち陶器とともに、西方への交易路を開いた。いま常用字として用いる蚕は、もと、みみずをいう字である。
訓義　①かいこ、こ。②かいこを飼う。
古訓　〔新撰字鏡〕蠶　久礼乃弥々受（くれのみみず）〔和名抄〕蠶　加比古（かひこ）、一に、古賀比須（こかひす）と訓む〔名義抄〕蠶　カヒコ・コガヒス
【蚕衣】まゆ。また、親蚕のときの衣。〔晋書、輿服志〕二千石の夫人より以上、皇后に至るまで、皆蠶衣を以て朝服と爲す。
【蚕蟻】蚕の蛾。宋・梅堯臣〔韻に依りて、許待制の偶書に和す〕詩　深屋の燕巣、將ど補はんと欲し　密房の蠶蟻、尚ほ寒きを憂ふ
【蚕市】養蚕の道具の市場。〔茅亭客話、九、鬻竜骨〕蜀に蠶市有り。毎年正月より三月に至るまで、州城及び屬縣に循環すること一十五處、～是れに因りて、蠶農の具及び花木・果草・藥什物を貨ふ。龍骨を鬻る叟有り。
【蚕事】養蚕の仕事。〔礼記、月令〕（季春の月）是の月や～后妃齋戒して、親ら東郷し躬ら桑つみ、～婦使（事）を省きて以て蠶事を勸む。蠶事既に登り、繭を分ち糸を稱り功を效さしむ。
【蚕室】養蚕の室。また、獄名。漢・司馬遷〔任少卿（安）に報ずる書〕李陵既に生降して、其の家聲を隤り、僕又之れを蠶室に佴ぎ、重ねて天下の觀笑と爲る。悲しい夫、悲しい夫。
【蚕食】蚕が桑の葉を食うように、次第に他を侵す。〔韓非子、存韓〕趙氏膾を破り、荊人狐疑せば、必ず忠計有らん。荊人動かざれば、魏は憂ふるに足らず。則ち諸侯蠶食して盡すべきなり。
【蚕織】養蚕と機織。〔詩、大雅、瞻卬〕婦には公事無きに　其の蠶織を休む
【蚕神】蚕の神。〔後漢書、礼儀志上、先蚕注に引く漢旧儀〕皇后親しく苑中に桑とり、蠶室に蠶を養ふこと、千薄以上、祠るに中牢羊豕を以てす。今蠶神を菀窳婦人・寓氏公主と曰ふ、凡そ二神。群臣妾、桑に從うて還り、繭觀に獻ず。
【蚕績】養蚕と糸をつむぐ。唐・白居易〔塩商婦〕詩 鹽商の婦、金帛多し　田農と蠶績とを事とせず　南北東西するも、家を失はず　風水を鄉と爲し、船を宅と作す
【蚕桑】桑を植え、蚕を飼う。〔楽府詩集、相和歌辞三、相和曲下、陌上桑〕秦氏に好女有り　自ら名いひて羅敷と爲す　羅敷、蠶桑を憙む　桑を城南の隅に採る
【蚕繅】蚕を飼い、糸をくる。〔孟子、滕文公下〕禮に曰く、諸侯耕助して以て粢盛（祭祀の盛饌）に供し、夫人蠶繅して以て衣服と爲すと。
【蚕母】宮中で養蚕に従う女官。〔晋書、礼志上〕先づ蠶壇の高さ一丈、方二丈。～列侯の妻六人を取りて蠶母と爲す。～皇后東面して躬ら桑つみ、三條を採り、～悉く桑を以て蠶母に授け、蠶室に還る。
【蚕眠】蚕の脱皮のときの眠り。〔淮海集後集、六、時食〕蠶生まれて～九日、食らはざること一日一夜、之れを初眠と謂ふ。又七日、再眠すること初の如し。～又七日、三眠すること再の如し。又七日若しくは五日、食らはざること二日、之れを大眠と謂ふ。
↑蚕屋　蚕室／蚕家　蚕屋／蚕蛾　蚕の蛾／蚕官　蚕の官／蚕忌　蚕の忌事／蚕漁　蚕食する／蚕禁　蚕忌／蚕月　季春／蚕繭　蚕のまゆ／蚕姑　蚕婦／蚕工　養蚕の仕事／蚕沙　蚕の糞／蚕攢　群り集まる／蚕子　蚕卵／蚕矢　蚕沙／蚕糸　絹糸／蚕紙　蚕卵紙／蚕滓　蚕沙／蚕児　蚕／蚕種　蚕卵／蚕女　養蚕の女／蚕妾　蚕女／蚕嗇　養蚕と農耕／蚕蓐　蚕のむしろ／蚕蛻　蚕の脱皮／蚕叢　蜀の古名／蚕蔟　まぶし／蚕豆　そら豆／蚕莓　いちご／蚕箔　まぶし／蚕簿　まぶし／蚕婦　蚕女／蚕忙　蚕事多忙／蚕房　蚕室／蚕命　蚕の神／蚕綿　まわた／蚕蛹　さなぎ／蚕卵　蚕の卵／蚕連　たね紙
↓縈蚕・夏蚕・勧蚕・玉蚕・金蚕・繭蚕・原蚕・耕蚕・再蚕・柞蚕・秋蚕・春蚕・助蚕・神蚕・新蚕・親蚕・績蚕・先蚕・桑蚕・掃蚕・蔟蚕・天蚕・田蚕・農蚕・晩蚕・野蚕・養蚕・老蚕

常 【惨】11 9302 〔慘〕14 9302 サン ザン そこなう いたむ

篆文 

形声 旧字は慘に作り、參(参)声。〔説文〕十下に「毒なり」とあり、惨酷の甚だしいことをいう。毒は篤、重篤の状態をいう。參・朁・夋の声の字に、酸惨の意をもつものが多い。

訓義 ①そこなう、いためる、しいたげる。②いたむ、うれえる、やつれる、みじめ。③きびしい、むごい、はなはだ。④朁と通じ、かつて、すなわち。

古訓 〔名義抄〕惨 ウレフ・イタム・カシコマル・ヲシフ・サハガシ・アハレブ・カナシブ 〔字鏡集〕惨 サハガシ・ヲシフ・ウラム・イタム・カツテ・カシコマル・カナシブ・アハレブ・ウレフ

語系 惨・憯tsəm、惻tshiək は声義が近く、曾(曽)dzəng は声に通ずるところがあって、惨・憯をその義に用いることがある。〔詩(魯詩)、大雅、民労〕「慘ち明を畏れず」、〔詩、小雅、十月之交〕「胡ぞ憯ち懲まること莫き」のように用いる。

【惨礉】残酷。〔史記、老荘申韓伝論賛〕韓子は縄墨を引き、事情に切に、是非を明らかにす。其の極、惨礉にして恩少なし。

【惨虐】残虐。〔顔氏家訓、後娶〕其の後、假繼(継母)孤遺を惨虐し、骨肉を離間し、傷心断腸する者、何ぞ數ふるに勝ふべけん。之れを愼めや、之れを愼めや。

【惨急】(きふ) 法令の適用がきびしい。〔漢書、食貨志下〕張湯、峻文決理を以て廷尉と爲る。～其の明年、淮南・衡山・江都王の謀反の迹見はる。～坐して死する者數萬人。吏益惨急にして、法令察らかなり。

【惨酷】残酷。〔史記、酷吏伝論賛〕然れども此の十人の中、其の廉なる者は以て儀表と爲すに足り、其の汚なる者は以て戒めと爲すに足る。～惨酷なりと雖も、斯ち其の位に稱へり。

【惨惨】いたましいさま。魏・王粲〔登楼の賦〕風蕭瑟として竝び興り、天惨惨として色無し。

【惨悴】悲しみ傷む。唐・李華〔古戦場を弔ふ文〕黯として惨悴し、風悲しみ日曛くる。蓬斷え草枯れ、凜として霜晨の若し。

【惨悽】悲しみ傷む。魏・嵇康〔琴の賦〕戚ひを懷く者は、之れを聞きて憯懍惨悽、愀愴傷心せざる莫く、含哀懊咿、自ら禁ずること能はず。

【惨切】心にせまる悲しみ。梁・江淹〔阮公(籍)の詩に効ふ、十五首、八〕詩 仲冬、正に惨切 日月、精華少なし

【惨然】みじめなさま。唐・韓愈〔武関の西にて、配流せらるる吐蕃に逢ふ〕詩 嗟爾戎人、惨然たること莫れ 湖南、地近くして生を保つこと全からん 我今罪重くして歸る望み無し 直ちに長安を去ること、路八千

【惨淡】うす暗いさま。宋・欧陽脩〔秋声の賦〕夫れ秋の狀爲るや、其の色惨淡として、煙霏び雲斂まる。其の容清明にして、天高く日晶らかなり。其の氣慄冽にして、人の肌骨を砭す。

【惨澹】うす暗い。また、苦心する。唐・杜甫〔丹青引〕詩 詔して謂ふ、將軍(曹覇)絹素(絵絹)を拂へと 意匠惨澹す、經營(構想)の中

【惨毒】惨害を加える。〔漢書、翟方進伝〕居る所皆殘賊酷虐を尚び、苛刻惨毒、以て威を立て、纖介(極少)の(人を)愛利するの風亡し。

【惨慄】いたましい。また、寒気がきびしい。〔文選、古詩十九首、十七〕孟冬、寒氣至る 北風何ぞ惨慄たる

【惨烈】むごくはげしい。〔抱朴子、君道〕管絃の宴羨を聆きては、則ち逸樂の過ぐる有るを戚み、藻麗の粲粲(美しさ)を瞻ては、則ち賦斂の惨烈を慮る。

↑惨夷 無惨に滅ぼす／惨懌 悲喜／惨焉 傷むさま／惨苛 残刻／惨憒 傷み乱れる／惨害 大災害／惨覈 惨礉／惨顔 泣き顔／惨挙 惨行／惨況 惨状／惨棘 痛める／惨兮 惨然／惨刑 残虐な刑／惨景 惨状／惨劇 悲惨事／惨刻 残酷／惨剋 惨刻／惨獄 いたましい刑事事件／惨恨 悲しみ恨む／惨嗟 いたみ嘆く／惨殺 虐殺する／惨事 悲惨な事／惨爾 惨然／惨恤 憂える／惨舒 寛厳／惨傷 悲傷／惨状 悲惨の状／惨戚 いたみかなしむ／惨絶 惨烈／惨惻 悽惨／惨怛 いたむ／惨惕 憂える／惨白 かなしみで蒼白となる／惨服 喪服／惨目 目に痛ましい／惨戮 惨殺する／惨稟 惨慄／惨凜／惨懍 惨稟／惨厲 いたましい／惨洌 凜冽／惨裂 惨烈

↓黯惨・陰惨・苛惨・酸惨・情惨・凄惨・悽惨・疚惨・悲惨・無惨・憂惨・労惨

常 【産】11 〔產〕11 0021 サン うむ くらし

篆文 

金文  

会意 旧字は產に作り、文(文)＋厂＋生。文は文身。通過儀礼として、加入の儀礼の際に文身を加えることがあり、初生のときは産、成人の際は彥(彦)、廟見の礼を顏(顔)、死喪のときを文・爽・奭といい、その字に含まれる文・乂・百は、みなその文身の象。産は生子の厂(額の形)に文を加える儀礼をいう。〔説文〕六下に「生まるるなり。生に從ふ。彥の省聲なり」とするが、彥と声の関係はなく、ともに会意の字である。わが国でも生子の額に×をつけて、あやつこという。あやは霊、呪的な意味を以て加えた。邪霊の憑依するのを防ぐためである。

訓義 ①うむ、うまれる。②そだつ、はぐくむ。③はじまる、おこる。④うみ出す、つくり出す、ふえる。⑤くらし、財産。⑥生まれたところ、故郷。

古訓 〔名義抄〕産 コウム・タクラハ・タネ・ナル・ナリハヒ・マカル・ウマル

声系 〔説文〕に産声として⿰牛産・鏟など三字を収める。⿰牛産は牛畜の牲。鏟はくわ、ちょうなの類をいう。字はまた剗に作り、浅く削りとる意で、剗が鏟の本字である。

【産育】(ゐく) 生み育てる力。〔列子、天瑞〕吾れは天地の時利、雲雨の滂潤、山澤の産育を盜む。以て吾が禾を生み、吾が稼を殖し、吾が垣を築き、吾が舍を建つ。陸に禽獸を盜み、水に魚鼈を盜む。盜に非ざる亡きなり。

【産毓】(ゐく) 生育する。魏・嵇康〔琴の賦〕詳らかに其の區土の産毓する所、奧宇の寶殖する所を觀るに、～叢集累積し、其の側に奐衍たり。

【産翁】(をう) 出産の時、婿代わりとしてつきそう人。〔太平広記、四八三に引く南楚新聞、獠婦〕越の俗、其の妻、子を誕む或り。三日を經て便ち身を溪河に澡ひ、返りて糜を具して以て壻に餉し、壻、衾を擁して～寢榻に坐す。稱して産翁と爲す。

【産業】(げふ) 生業。なりわい。〔漢書、朱買臣伝〕家貧にして讀書を好む。産業を治めず。常に薪樵を艾りて、賣りて以て食に給す。束薪を擔ひ、行く書を誦む。

【産蓐】出産のときのしとね。また、産蓐病。〔避暑録話、上〕婦人の疾は、産蓐より大なるは莫し。倉卒にして、庸醫の殺す所と爲る者多し。

【産物】ものを生ずる。〔論衡、感虚〕天は氣を施すことを主とし、地は物を産することを主とす。葉實の啄食すべき者有るは、皆地の生ずる所なり。

↑産媼 産婆／産戸 陰門／産後 出産後／産子

奴隷の子／産室(さんしつ) うぶや／産殖(さんしょく) ふえる／産褥(さんじょく) 産蓐／産前(さんぜん) 出産の前／産畜(さんちく) 家畜／産乳(さんにゅう) 出産／産母(さんぼ) 産婦／産房(さんぼう) 産室／産牧(さんぼく) 牧畜／産門(さんもん) 産戸／産卵(さんらん) 卵を生む

↓安産・遺産・家産・貨産・海産・逆産・旧産・居産・共産・月産・蹇産・原産・減産・恒産・国産・財産・死産・私産・貲産・資産・授産・出産・所産・助産・殖産・水産・多産・胎産・治産・畜産・天産・土産・倒産・同産・動産・特産・難産・日産・年産・農産・破産・半産・物産・民産・無産・名産・有産・賸産・理産・流産・量産・林産・霊産

常 **【傘】** 12 8040 サン からかさ かさ

象形 あまがさの形。繖は声義近く、通用することのある字で、儀礼用のきぬがさをいう。〔魏書〕に「白傘・白繖」の語があり、繖とともに用いている。〔元史、釈老伝〕に「傘蓋呪」という語がみえ、傘に呪的な意味があるとされたようである。

訓義 ①からかさ、あまがさ、さしがさ、かさ。②繖と通用する。繖はきぬがさ。

古訓 〔新撰字鏡〕繖・傘 支奴加佐(きぬかさ) 〔名義抄〕傘 キヌカサ・ヒガサ 〔字鏡集〕傘 カサ・オホフ・キヌカサ

＊語彙は繖字条参照。

↑傘下(さんか) 配下／傘幹(さんかん) 傘の柄／傘子(さんし) 傘もち／傘扇(さんせん) 日除け／傘柄(さんぺい) 傘幹

↓鉄傘

【㪚】 12 4194 サン ちらす

篆文  金文 

会意 𣏟(はい)+攴(ぼく)。〔説文〕七下に「分離するなり」とし、𣏟に分散の意があるとするが、𣏟は麻(麻)の従うところの形で麻茎。これを撃ってその繊維をほぐすことを㪚という。筋肉を撃ってほぐすのを散といい、散・㪚の形義も似ているので、〔段注〕に㪚を散の初文にして正字とし、「散行はれて㪚廢す」というが、両者はもと別の字。のち散の字が多く行われるようになった。

訓義 ①ちらす、ちる。②わける、ほぐす、ばらばらとなる。

語系 㪚・散 san は同声。撒・粲 sat と声義近く、撒はまく、粲はくずれ米。みな分散の意がある。

＊古訓・語彙は散字条参照。

常 **【散】** 12 4824 サン ちる はなれる

篆文  金文 

会意 昔+攴(ぼく)。昔は筋肉の形。上部は筋腱を示し、下は肉。これを撃って柔らげることをいう。〔説文〕四下に「雜肉なり」とし、㪚声の字とするが、㪚は麻茎などを撃って、その繊維をほぐすことをいう。その撃つ対象は異なるが、撃ちほぐす意は同じ。散肉は美味・正味のものではないから、すべて無用・無価値なものを散という。

訓義 ①ちる、ちらす、たたいてほぐす、ばら肉。②はなれる、きれる、ばらばらとなる、みだれる、ちりしく。③わかつ、わかれる、にげる。④ほしいまま、ゆるやか。⑤ひま、いやしい、役立たず。⑥酒爵の名。

古訓 〔名義抄〕散 アカツ・アタリ・カゾフ・ハナツ・ホドコス・トク・トラク・ヤム・アキラカナリ・シク・チル・チラス・クハル／散歸 アラケカヘル 〔字鏡集〕散 ホドコス・チラス・アラケ・アキラカナリ・トク・ヤム・シク・カヘル・ハナツ・アラス・ニグ・アラク・チル・アカツ・クワル・ハナル・カゾフ

語系 散・㪚 san、撒・粲 sat は声義近く、散はばら肉、㪚は麻皮をほぐす、粲はくず米、撒はまき散らす意。みな一系の語である。

【散位】(さんい(ゐ)) 位のみで、職事のない者。〔宋書、周朗伝〕官には事立を稱し、人には官置を稱し、空しく散位を樹て、繁く冗人を進むること無からしむ。

【散軼】(さんいつ) 失われる。散逸。散佚。〔困学紀聞、十七、評文〕劉夢得の(柳)子厚に答ふる書に曰く、新文二篇を獲たり～と。此の書、集に見えず。蝦蟆を食らふの詩、韓文公(愈)に答有り。今亦た傳はらず。則ち遺文の散軼せる者多し。

【散花】(さんか(くわ)・さんげ) 花が散る。また、花を仏に供養する。〔魏書、釈老志〕(世祖)四月八日に於て、諸佛像を輿し、廣衢を行めり、帝親しく門樓に御し、臨みて散花を觀、以て禮敬を致す。

【散楽】(さんがく) 雑楽百戯。わが国の猿楽の類。〔周礼、春官、旄人〕散樂を舞ひ、夷樂を舞ふを教ふることを掌る。凡そ四方の舞を以て仕ふる者屬す。

【散棄】(さんき) 散佚しなくする。宋・欧陽脩〔集古録跋尾、一、石鼓文〕孔子廟中、鼓十有り。先時、野に散棄し、鄭餘慶、廟に置きしも、其の一を亡ふ。

【散客】(さんきゃく・さんかく) ことが終わって帰りかけた人たち。唐・韓偓〔横塘〕詩 散客門を出づれば、斜月在り 兩眉の愁思、横塘を問ふ

【散斉】(さんさい) ものいみ。居動をつつしむ。〔礼記、祭統〕散齊すること七日、以て之れを定め、致齊すること三日、以て之れを齊ふ。

【散財】(さんざい) 財を分かつ。〔書、武成〕箕子の囚を釋し、比干の墓を封じ、～鹿臺の財を散じ、鉅橋の粟を發き、大いに四海に賚ふ。萬姓悦服す。

【散儒】(さんじゅ) つまらぬ学者。〔荀子、勧学〕禮を隆べば、未だ明ならずと雖も、法士なり。禮を隆ばざれば、察辯なりと雖も、散儒なり。

【散職】(さんしょく) つまらぬ官職。〔唐書、李適之伝〕嘗て李林甫と權を爭ひて協はず。乃ち宰政に上りて散職を求め、太子少保を以て罷む。

【散人】(さんじん) つまらぬ人。〔荘子、人間世〕匠石歸る。櫟社(の木の霊)夢に見はれて曰く、～死に幾き散人、又惡んぞ散木を知らんやと。

【散銭】(さんせん) 銭をまく。唐・韓愈〔仏骨を論ずる表〕焚頂燒指、百十群を爲し、解衣散錢、朝より暮に至る。轉た相ひ倣效し、惟だ時に後るるを恐る。

【散草】(さんそう(さう)) 草書の一体。〔夢渓筆談、技芸〕古人散筆を以て隷書を作す、之れを散隷と謂ふ。近歳、蔡君謨(襄)、又散筆を以て草書を作す、之れを散草と謂ひ、或いは飛草と謂ふ。其の法皆飛白より生ず。

【散卒】(さんそつ) 敗兵。〔戦国策、魏一〕臣聞く、越王句踐、散卒三千を以て、(呉王)夫差を干遂に禽にし、武王卒三千人、～紂を牧の野に斬ると。

【散帯】(さんたい) 喪服の麻帯の先端を垂らす。〔儀礼、士喪礼〕散帶、垂るること長さ三尺。

【散秩】(さんちつ) 散位。唐・白居易〔昨日復今辰〕詩 散秩、優游して老い 閑居、淨潔にして貧し

【散灯】(さんとう) 灯明。〔燕京歳時記、順星〕(正月)十三日より十六日に至るまで、堂奥より以て大門に至るまで、燈を燃して之れを照らす。之れを散燈花と謂ふ。～亦た不詳を辟除するの意なり。

【散髪】(さんぱつ) 髪を整えず、官をやめること。唐・李白〔宣州謝朓の楼に餞別す～〕詩 人生、世に在るも意に稱はず 明朝髪を散じて扁舟を弄せん

【散歩】(さんぽ) そぞろあるき。唐・韋応物〔秋夜、丘二十二員外(丹)に寄す〕詩 君を懷うて秋夜に屬す 散歩して、涼天に詠ず 山空しくして松子(松かさ)落つ 幽人應に未だ眠らざるなるべし

【散亡】(さんぼう(ばう)) ちりぢりとなる。〔史記、高祖功臣侯者年表序〕天下初めて定まる。故の大城名都も散亡し、戸口の得て

數ふべき者、十の二三なり。
【散木】役立たぬ木。〔荘子、人間世〕匠石、齊に之き～櫟社の樹を見る。～曰く、～散木なり。以て舟を爲れば、則ち沈み、以て棺槨を爲れば、則ち速やかに腐つ。～是れ不材の木なり。
【散漫】とりとめがない。ゆるやか。唐・白居易〔長恨歌〕詩 黄埃散漫、風蕭索 雲棧(高いかけはし)縈紆して、劍閣に登る
【散乱】ちりみだれる。〔漢書、司馬遷伝〕周道既に廢し、秦、古文を撥去し、詩書を焚滅す。故に明堂石室、金鐀(匱)玉版、圖籍散亂す。
【散隷】隷書の一体。〔法書要録、七、書断上〕按ずるに飛白なる者は、後漢の左中郎將蔡邕の作る所なり。～衞恆、飛白を祖述して散隷の書を造り、隷體を開張す。
↑散衣 普段着／散意 気晴らし／散佚 散軼する／散逸 散軼する／散員 散官／散鬱 気晴らし／散越 ちらばる／散塩 海塩／散火 火花／散華 散花／散衙 退庁／散開 広がる／散懐 気晴らし／散闊 ひろびろとする／散官 散位／散渙 ひろくちらばる／散緩 ゆるやか／散機 閑散な時／散給 ひろくめぐむ／散去 ちらばる／散曲 小歌曲／散金 散財／散禁 軟禁／散空 なくなる／散欠 欠ける／散見 ちらほら／散斎 ものいみ／散灑 水まく／散在 ちらばる／散材 散木／散策 散歩／散士 散人／散子 種蒔き／散志 気が散る／散使 諸王宦官／散施 ひろくほどこす／散賜 頒かつ／散事 散位／散失 遺失／散質 無用の物／散舎 放置する／散収 軟禁／散聚 集散／散従 員外の従者／散処 散在する／散絮 雪／散舒 広がる／散冗 ひま／散場 死場所／散振 ひろくすくう／散賑 ひろくほどこす／散尽 尽きる／散水 水偏の字／散声 合いの手／散遷 放縦／散贍 散給／散走 散亡する／散想 気晴らし／散尊 五斗樽／散退 散去／散淡 気まま／散誕 放縦／散置 散在／散茶 抹茶／散籌 数える／散朝 天子退朝／散適 気晴らし／散擲 なげる／散点 散在／散篆 香煙の形／散伝 広がる／散播 広める／散馬 放ち飼い／散配 配布／散敗 敗走する／散発 ばらばら／散飯 飯の一部をそなえる／散布 ばらまく／散文 文章／散兵 敗走の兵／散朴 役立たず／散没 散亡／散慢 だらだら／散目 見渡す／散悶 気晴らし／散薬 粉薬／散陽 冬の陽気／散落 散る／散懶 なまける／散吏 散官／散離 ばらばら／散掠 掠奪する／散略 粗略／散慮 うさ晴らし／散僚 下僚／散朗 颯爽／散録 漫録／散話 閑話
↓意散・一散・逸散・湮散・迂散・雨散・胡散・雲散・霞散・乖散・解散・潰散・駭散・拡散・閑散・簡散・揮散・玉散・行散・香散・耗散・閴散・四散・徙散・集散・聚散・消散・蕭散・冗散・蒸散・心散・星散・疎散・粟散・退散・樗散・投散・逃散・破散・発散・泮散・披散・飛散・罷散・靡散・飄散・布散・風散・分散・放散・奔散・霧散・目散・幽散・離散・流散・櫟散

【朁】12 5560 サン セン たがう
篆文 
会意 兓+曰。兓は簪の象形。曰は祝詞を収める器。その器の上に呪物としての簪をおくのは、人を譖するときの呪詛の方法である。従って朁は譖の初文であろうと思われる。〔説文〕五上に「曾(すなわち)なり」と訓じ、語詞とする。〔詩(斉・韓)、大雅、民労〕「朁ち明を畏れず」、〔詩、大雅、雲漢〕「憯ち其の故を知らず」のように、憯とともに副詞に用いるが、異常の事態のときに用いる語のようである。字の本義は簪・譖・憯など、朁声の字によって考えることができる。
訓義 ①たがう、人の意にたがう。②そしる、うらむ、にくむ、呪詛する。
古訓 〔篇立〕朁 ムカシ 〔字鏡集〕朁 ムカシ・カツテ・ユカシ
声系 〔説文〕に朁声として噆・譖・僭・憯・潛(潜)・蠶(蚕)など十字を収める。蠶のほかは、すべて隠微のうちに人を呪詛する行為をいい、朁の声義を承ける字である。
語系 朁・憯 tsəm は同声。慘(惨) tsəm も同声で、惨痛のことをいう。もと先・兟・簪 tziəm(みな、かんざし)を呪飾に用いることがあり、朁声の字に呪祝に関する語が多い。慘の従うところの參(参)も、人に簪飾を加えた形である。簪は横刺し、參は左右斜め刺し、齊(斉)は三本を斉しくたてに刺した形で、みなかんざしをいう語である。

【琖】12 1315 サン さかずき
篆文 
形声 声符は戔。戔は薄く小さなものをいう。〔説文新附〕一上に「玉爵なり。夏に琖と曰ひ、殷に斝と曰ひ、周に爵と曰ふ」とあり、小杯をいう。
訓義 ①さかずき。盞・醆と同じ。②酒・茶などをはかる単位。
古訓 〔名義抄〕盞・琖 サカヅキ
↑琖托 茶托
↓一琖・花琖・玉琖・金琖・把琖・盃琖・蠡琖

【剷】13 0220 サン セン けずる
形声 声符は產(産)。産は鏟の省文で、鏟はかま。かまで刈りとることを剷という。唐宋以後に用いる字。剗と声義近く、剗は細かく刻むように切る意。剗・鏟は同じ語である。
訓義 ①けずる、平らかにする。②かりとる。
語系 剷・鏟・剗 tshean は同声。また翦(剪) tzian、劗 dzuan もみな切る意がある。翦髮のことをまた劗髮という。そろうようにして切る意がある。
↑剷刈 刈る／剷減 除く／剷削 けずる／剷除 切り除く／剷薙 かる

【盞】13 5310 サン さかずき あぶらざら
篆文  金文 
形声 声符は戔。戔は薄小のもので、重ね合うものの意がある。〔説文新附〕一上に字を琖に作り、「玉爵なり」とし、夏には琖、殷には斝、周に爵というとする。金文に盞の字がみえ、楚器の〔王子申盞盂〕に「盞盂」と連称している。器は斝・爵などの酒器と異なり、底の浅い水器である。〔王子申盞盂〕は盂としては平底のもので、盞にその意があるのであろう。
訓義 ①さかずき、玉のさかずき、小さかずき。②底の浅い器、水器。③あぶらざら、灯油皿。④醤杯、また盌という。
古訓 〔名義抄〕盞 サカヅキ 〔字鏡集〕盞 ツキ・サカヅキ
＊語彙は琖字条参照。
↑盞斝 酒杯／盞達 雲南の土司／盞面 杯の平面
↓飲盞・瓦盞・監盞・玉盞・金盞・執盞・酒盞・受盞・洗盞・送盞・台盞・置盞・伝盞・盃盞・満盞・量盞・椀盞

【筭】13 8844 ［算］14 8844 サン さんぎ かぞえる はかりごと
篆文 
会意 竹+弄。弄は呪具として玉を玩ぶもので、玩弄という。筭の従うところは玩弄ではなく、算木をもつ形。〔説文〕五上に「長さ六寸、歴數を計ふ

る者なり」とし、また「常に弄するときは、乃ち誤らざるなり」と弄の義を以て説くが、玩弄の玉と算木とはやはり異なるものであろう。金文の〔史懋壺〕に「路筭」という語があり、その字は𠃊に従い、算木を觚にしたものともみえる形である。算木には竹の径一分、長さ六寸のもの二百七十一枚を、一握の形に組み、大觚とする。𠃊はまた筮の初文ともみられ、古くは筭法と筮法とは、極めて密接な関係をもつものであった。

訓義 ①さんぎ、かずとり。②かぞえる、かず。③はかりごと。

古訓 〔名義抄〕筭 カズ・ハカリゴト・カゾフ・ヒラク・ヨハシ・(ヒ)・イノチ

語系 筭・算・祘 suan は同声。祘・筭は算木、算とはその計数をいう。もと同じ語である。

＊語彙は算字条参照。

↑筭銭 漢代の人口税／筭賦 筭銭

【粲】 13 2790 サン しらげる あきらか

篆文 

形声 声符は奴。奴は残骨(歺)をもつ形。色の抜けた白さをいい、粲とはしらげた米、精米をいう。〔説文〕七上に「稻重さ一秙を粟二十斗と爲す。米十斗と爲すを毇と曰ひ、米六斗太半斗と爲すを粲と曰ふ」とあり、稲米十斗を精白して六斗大半斗としたもの。粲に精白の意があり、それよりして文彩鮮盛の意に用いる。〔詩、唐風、葛生〕は悼亡の詩で、「角枕、粲たり 錦衾、爛たり」とは、葬者の埋葬の清らかな姿をいう。粲は精米、その食膳にあるものを餐という。

訓義 ①しらげたこめ、しらげる。②きよい、あきらか、あざやか、しろい。③あや、かざり。④笑うさま、口を開いて笑う、美しい、しとやか。⑤餐と通じ、たべもの。⑥三と通じ、女三人。⑦燦と通じ、かがやく。

古訓 〔字鏡集〕粲 ミダル・テル・アザヤカ・アキラカ・ムスメ

語系 粲・餐・飡・湌 tsan は同声。〔詩、鄭風、緇衣〕「還りて予れ子の粲を授けん」は、「ご馳走あげよう」という誘引の詩で、粲は餐の意。粲にかえて、のち餐・飡・湌を用い、字義も分化した。

【粲花】 言論の立派なたとえ。〔開元天宝遺事、天宝下、粲花之論〕李白、天才俊逸の譽れ有り。人と談論する毎に、皆句讀を成し、春葩麗藻の齒牙の下に粲たるが如し。時人號して李白粲花の論と曰ふ。

【粲粲】 文彩が美しい。〔詩、小雅、大東〕東人(殷)の子は職として勞するも來はれず 西人(周)の子は 粲粲たる衣服

【粲者】 美しい人。〔詩、唐風、綢繆〕今夕は何の夕ぞ 此の粲たる者を見る 子兮子兮 此の粲たる者を如何せん

【粲然】 明らかなさま。清らかなさま。また、笑うさま。唐・李白〔古風、五十九首、五〕詩 我來つて眞人に逢ひ 長跪して寶訣を問ふ 粲然として玉齒を啓き 授くるに錬藥の説を以てす

【粲爛】 光りかがやく。漢・班固〔典引〕備はれる哉、粲爛たり。眞に神明の式なり。～是こを以て高(祖)・光(武帝)二聖、其の域に宸居す。

↑粲蔚 美しい／粲潔 清らか／粲乎 粲然／粲錯 あざやか／粲如 粲然／粲彰 明らか／粲美 美しい／粲麗 あでやか

↓一粲・華粲・輝粲・玉粲・光粲・采粲・錯粲・三粲・灼粲・春粲・笑粲・星粲・白粲・斐粲・余粲

常

【算】 14 8844 サン セン かぞえる はかりごと

篆文 

会意 竹＋具(具)。〔説文〕五上に「數ふるなり」とし、筭と同声とする。筭は筭具で名詞。算はこれに対して動詞的な語である。算にまた選(選)の音があり、〔詩、邶風、柏舟〕「選ふべからず」は算の意。金文の〔杕氏壺〕「弋獵に後すこと毋く、算ひて我が車に在らしめよ」は数に備える意で、備具の意がある。計量・計測の意より、図計の意となる。

訓義 ①かぞえる、かず。②はかりごと、計謀。③年のかず、年齢。④筭と通じ、かずとり、かず。⑤選と通じ、えらぶ、かぞええらぶ。

古訓 〔名義抄〕算 カズ・ハカリゴト・カゾフ・ヒラク・ヨハシ・(ヒ)・イノチ

語系 算・筭・祘 suan は同声。祘・筭は算木の形を含む字。選 siuan も声近く、算と通じて用いる。

【算計】 かぞえる。はかる。〔三国志、魏、臧洪伝〕必ず長短を算計し、是非を辯諮せんと欲せば、是非の論、言天下に滿たん。～是こを以て紙筆を捐棄し、一も答ふる所無し。

【算術】 計算の法。数術。〔後漢書、鄭玄伝〕吏爲たるを樂しまず。～遂に太學に造りて業を受く。京兆の第五元先に師事し、始めて京氏易・公羊春秋・三統歴・九章算術に通ず。

【算数】 計算の法。〔漢書、律暦志上〕數なる者は、一十百千萬なり。事物を算數し、性命の理に順ふ所以なり。書に曰く、其の算命を先にすと。

【算髪】 若白髮。〔輟耕録、十八、宣髪〕人の年壯にして髮班白なる者、俗に算髮と曰ふ。以爲へらく、心に思慮多きの致す所なり。

【算盤】 そろばん。〔十駕斎養新録、十七、算盤〕古人算を布くに籌を以てす。今算盤を用ふ。～何人の造る所なるかを知らず。亦た未だ何の代に起るかを審らかにせず。～輟耕錄を案ずるに、走盤珠・算盤珠の喩へ有り。則ち元代に已に之れ有り。

【算略】 計略。〔晋書、蔡謨伝〕是の時謨の統ぶる所七千餘人、戍る所、～鎭守八所・城壘凡そ十一處・烽火樓望三十余處、宜に隨ひて防備す。甚だ算略有り。

【算暦】 算法と暦法。〔晋書、芸術、陳訓伝〕少くして祕學を好み、天文・算暦・陰陽・占候、畢く綜ねざる無し。尤も風角(風で卜占する)に善し。

↑算画 計画／算学 数学／算器 計算器／算銀 見積もり／算経 数学書／算結 結算／算子 そろばん／算寿 寿命／算清 清算／算袋 筆墨袋／算択 選択／算籌 数える／算定 はかる／算程 道のり／算縢 算袋／算得 推想する／算部 寿命／算賦 漢代の壮丁税／算命 運勢／算歴 算暦／算録 書きあげる

↓暗算・違算・運算・叡算・演算・加算・概算・合算・換算・起算・逆算・計算・決算・検算・験算・減算・誤算・公算・採算・試算・珠算・書算・勝算・乗算・心算・神算・推算・成算・清算・精算・積算・速算・測算・打算・通算・破算・筆算・謬算・廟算・宝算・無算・目算・予算・洋算・良算・累算・暦算・歴算・和算

【蒜】 14 4499 サン のびる

篆文 

形声 声符は祘。〔説文〕一下に「葷菜なり」とあり、〔段注本〕は〔爾雅音義〕などによって「菜の美なる者、雲夢の葷菜なり」の文を補い、のびるをいう。のびるは小蒜。にんにくを大蒜といい、通じて蒜という。

訓義 ①のびる。②大蒜はにんにく。

古訓 〔名義抄〕蒜 ヒル・オホヒル・ヒラチ 〔字鏡集〕蒜 ヒルサキ・コヒル

↑蒜芋 蒜といも／蒜果 にんにく／蒜気 腋臭／蒜髪 若白髪／蒜弁 蒜の弁根

↓果蒜・夏蒜・魚蒜・薑蒜・胡蒜・小蒜・生蒜・葱蒜・大蒜

常

【酸】 14 1364 サン すすい くるしい

篆文  籀文 

形声 声符は夋。〔説文〕十四下に「酢なり」とあり、五味の一。また酸苦・酸鼻のように惨苦の意に用いる。辛・甘を苦楽の意に用いるのと同じである。

訓義 ①す、すい。②くるしい、つらい、まずしい。③かなしい、いたむ。④しぶる、ためらう。

古訓 〔名義抄〕酸 スシ・スサマジ・カナシ・ネムゴロ・ス・イタム

【酸哀】いたましく悲しい。〔後漢書、列女、董祀の妻（蔡文姫）の伝〕祀、～法を犯し、死に當す。文姫、曹操に詣りて之れを請ふ。～文姫の進むに及び、蓬首徒行、叩頭して罪を請ふ。音辭清辯にして、旨甚だ酸哀なり。衆皆爲に容を改む。

【酸噎】悲しみにむせぶ。〔晉書、温嶠伝〕（陶侃の上表）卒するの際に臨み、臣に書を與へて別る。臣之れを篋笥に藏し、時々省視す。～未だ嘗て中夜に膺を撫し、飯に臨んで酸噎せずんばあらず。人の云に亡ぶ（詩、大雅、瞻卬）とは、嶠、實に之れに當る。

【酸寒】極貧。宋・蘇軾〔次韻して（李）邦直、子由（轍）に答ふ、五首、三〕詩 老弟東來するも、殊に寂寞 故人留飲して、酸寒を慰む

【酸鹹】酢の味と、からい味。〔戦国策、楚四〕公子王孫、左に彈を挾み、右に丸を攝る。～晝は茂樹に游ぶも、夕は酸鹹に調（料理）せらる。

【酸苦】すっぱい味と、にがい味。苦労する。唐・韓愈〔鳴雁〕詩 風霜酸苦にして、稻粱微なり 毛羽摧落して、身肥えず

【酸楚】悲痛。悲しい極み。〔冷斎夜話、三〕（少游・魯直、謫せられて作れる詩）少游（秦観）は鍾情（多情）なり。故に其の詩、酸楚なり。（黄）魯直は學道休歇なり。故に其の詩、閒暇なり。

【酸愴】いたましい。〔後漢書、列女、皇甫規の妻の伝〕規の卒する時に及び、妻年猶ほ盛んにして容色美なり。後、董卓相國と爲り、～娉す。妻乃ち輕服して卓の門に詣り、跪きて自ら陳請す。辭甚だ酸愴なり。～妻免れざるを知り、～遂に車下に死せり。

【酸毒】ひどく苦しめる。〔後漢書、朱穆伝〕牧守長吏、多く德選に非ず。貪聚猒く無く、人を遇すること虜の如し。～又百姓を掠奪し、皆之れを尊府（梁冀）に託す。遂に將軍をして怨みを天下に結ばしめ、吏人をして酸毒して道路に歎嗟せしむ。

【酸鼻】鼻に通るほどの悲しみ。〔後漢書、竇融伝〕隗囂（光武に叛く）を讓むるの書、痛しきこと骨髓に入る。～忠臣は則ち酸鼻流涕し、義士は則ち曠らかなること、矇を發くが若し。

↑酸饐 すえる／酸懐 傷心／酸甘 すいと甘い／酸感 痛感する／酸箕 かたばみ／酸雞 はたおり虫／酸倹 貧寒／酸梗 酸噎／酸骨 骨にしむ／酸恨 悲しみ恨む／酸削 酸痛／酸醋 す／酸削 頭痛がする／酸漿 ほおずき／酸杖 いたどり／酸心 傷心／酸辛 辛苦／酸呻 うめく／酸切 痛切／酸然 悽然／酸棗 山棗／酸丁 貧書生／酸涕 悲泣する／酸甜 酸甘／酸疼 うずく／酸軟 けだるい／酸敗 くさる／酸風 悲風／酸味 すい味／酸涙 悲泣／酸冷 悲涼

↓胃酸・塩酸・核酸・甘酸・寒酸・蟻酸・橘酸・強酸・珪酸・酢酸・醋酸・酒酸・硝酸・辛酸・青酸・凄酸・棗酸・炭酸・啼酸・乳酸・尿酸・梅酸・砒酸・悲酸・芳酸・硼酸・味酸

【憯】 15 9506 サン セン いたむ うれえる

篆文 

形声 声符は朁。朁は、祝禱を収めた器である曰の上に、簪を加えた形で、人を呪詛する方法である。憯はそのような呪詛を受けて哀痛する意。〔説文〕十下に「痛むなり」とあり、呪詛に苦しむことが原義であろう。語詞の「すなわち」に用い、〔詩、大雅、民労〕「以て無良を讁め 式て寇虐を遏めよ 憯ち明を畏れず」のように、畏懼すべき非常の時に用いることが多い。

訓義 ①いたむ、うれえる。②にくむ、呪詛する。③するどい、むごい。④曽と通じ語詞、すなわち。

古訓 〔新撰字鏡〕憯 乎加志（をかし）〔名義抄〕憯 イタム〔字鏡〕憯 イタム、乎加志三（をかしみ）〔字鏡集〕憯 アハレフ・ウラム・イタム・カツテ・ウレフ・カシコマル・ヲシフ・サハガシ・カナシク

語系 憯・慘（惨）tsəm は同声。惻 tshiək も声義が近い。みな惨痛の意がある。憯・朁・慘は曾（曽）dzəng と声通じ、「すなわち」とよみ、「何ぞ」の意がある。

【憯酷】惨酷。〔漢書、董仲舒伝〕秦に至りて、～又好んで憯酷の吏を用ひ、賦斂度亡く、民の財力を竭くす。百姓散亡し、耕織の業に従ふことを得ず。群盜竝び起る。是を以て、刑せらるる者甚だ衆く、死する者相ひ望む。

【憯憯】いたみ憂えるさま。〔詩、小雅、雨無正〕戎（兵乱）成りて退かず 飢成りて遂げず 曾ち我が暬御（近侍の臣たち） 憯憯として日に瘁む

【憯悽】悲痛。残酷。〔韓詩外伝、五〕紂の主爲るや、民力を勞し、冤酷の令、百姓に加へ、憯悽の惡、大臣に施す。

【憯然】いたみ悲しむさま。〔漢書、宣元六王、淮陽憲王欽伝〕乃者には詔下りて、諸侯の朝する者を止む。寡人憯然として、出づる所を知らず。

【憯惻】いたみ悲しむ。楚・宋玉〔楚辞、九弁、七〕中憯惻して悽愴たり 長太息して欷きを増す

【憯痛】いたみ悲しむ。後唐・牛希済〔刑論〕三代の後、五刑の用、劓刖の屬、最も以て恥を衆に爲すべし。觀る者、則ち其の犯す所を知る。其の父母の遺體を毀つは、心に憯痛せざる罔し。

↑憯焉 憯然／憯急 惨酷／憯傷 いたましい／憯怛 いたみ苦しむ／憯慟 悲泣する／憯毒 害する／憯懍 きびしい

↓厳憯・刻憯・煩憯

入【撒】 15 5804 サン サツ まく

形声 声符は散。散は筋肉をうちほぐす意。ものをまき散らすことを撒という。韓愈の詩〔月蝕の詩、玉川子の作に効ふ〕に、「星は沙を撒くが如くに出づ」の句がある。撒帳は婚礼の祝物を撒くもので、銭や菓子・豆などを撒いた。

訓義 ①まく、まき放つ。②なげる、なげはなつ、なげうつ。

古訓 〔篇立〕撒 ケモノ・サク・シリゾク・カク〔字鏡集〕撒 ツラヌ

語系 撒 sat は散・㪔 san と声義近く、散・㪔はうちほぐすこと、撒はそれをまきちらす意である。

【撒塩】雪。〔世説新語、言語〕謝太傅（安）寒雪の日に内集し、兒女と文義を講論す。俄にして雪驟かなり。公欣然として曰く、白雪紛紛として何の似たる所ぞと。兄の子胡兒（朗）曰く、鹽を空中に撒くは差擬すべしと。兄の女（後、王凝之の妻）曰く、未だ柳絮の風に因りて起るに若かずと。公大いに笑ひ樂しむ。

【撒扇】扇子。〔賢弈編、四、間鈔下〕摺疊扇。一名撒扇。～聞く、～始め永樂中に、朝鮮國撒扇を進むるに因り、～工に命じ式の如くに之れを爲らしむ。南方の女人、皆團扇を用ふ、惟だ妓女のみ撒扇を用ふ。近年良家の女婦も、亦た撒扇を用ふる者有り。

【撒帳】婚礼の夜、銭や花果をまく。〔東京夢華録、五、娶婦〕男女各々先後を争うて對拜し畢り、床に就く。女は左に向ひ、男は右に向ひて坐す。婦女、金錢綵菓を以て散擲

す。之れを撒帳と謂ふ。

【撒殿】 殿中御座前の階段などに珠玉を撒く。〔夢渓筆談、雑誌一〕熙寧中、珠輦國の使人入貢す。本國の俗に依り、撒殿せんことを乞ふ。～使人、金盤を以て珠を貯へ、跪いて殿檻の閒に捧じ、金蓮花を以て珠を酌み、御座に向ひて之れを撒く。之れを撒殿と謂ふ。

➡撒科 しぐさ／撒壊 ばらばら／撒歓 ふざけ／撒嬌 しな／撒金 金粉をちらした漆塗り。梨子地／撒沙 星空／撒暫 見計らい／撒手 手を引く／撒菽 強雨／撒水 水まき／撒数 小計／撒銭 銭まき／撒袋 えびら／撒豆 ばら豆／撒痴 痴をよそおう／撒唔 痴をよそおう／撒撥 撒潑／撒潑 乱暴する／撒布 ふりかける／撒野 乱闘／撒和 群飲する

【潸】 15 3412 ［潸］ 15 3416 サン セン

篆文

金文

形声 声符は散の左偏の形。散の省文に従う。散は散肉。のちその部分を曰形に作り、潸の形で用いる。おそらく潸（潸）の形にひかれたものであろう。〔説文〕十一上に「涕流る皃なり」とあり、さめざめと泣くをいう。涙のはふり落ちるさまを泫然という。

訓義 1 なみだが流れる、さめざめと泣く、なみだの流れるさま。2 雨がしとしとと降るさま。

古訓 〔名義抄〕潸 ナミダ・ナムダ・ナガル・タル・ソヽグ・シボル・ナムダグム／潸然 ナムダグム

【潸焉】 涙の流れるさま。〔詩、小雅、大東〕周道は砥の如く～君子の履む所 小人の視る所 睠言（睠焉）として之れを顧み 潸焉として涕を出す

➡潸慨 嘆く／潸泫 涙があふれる／潸潸 さめざめと泣く／潸然 潸焉／潸悵 泣き嘆く／潸流 涙が流れる

➡長潸・涕潸・余潸・涙潸

常 【賛】 15 ［贊］ 19 2480 サン たすける たたえる

篆文

会意 旧字は贊に作り、兟＋貝。兟は簪。贊は古くは呪儀に用いることがある。貝に簪をそえて祈り、神の祐助を求める。ゆえにたすけて成就する、賛成の意となる。〔説文〕六下に「見ゆるなり」と訓し、進見のときに貝を贈物とする意とするが、古義ではない。〔書序、咸乂〕に「伊陟、巫咸に賛くる」、〔易、説卦伝〕「神明を幽賛し、蓍を生ず」のように、神明・神聖の祐助を得ることをいう。

訓義 1 たすける、神の祐助をうける。2 すすめる、みちびく、つげる。3 ほめる、たたえる、神徳をたたえる。4 あきらかにする、なしとげる。5 まみえる。6 字はまた、讃に作る。

古訓 〔名義抄〕賛 ス、ム・スツ・ソナフ・タスク 〔字鏡集〕賛 ミチビク・タスク・ヤム・ソナフ・タヾス・ホム・ミル・スツ・マウス・ス、ム

声系 〔説文〕に賛声として瓚・欑・纘・鑽など十字を収める。賛に簒の声があって、攢集の意があり、その義に通ずるものが多い。

語系 賛 tzan は ナ・左・佐 tzai と声義の関係があり、賛は神明の佐助を求める意。左・佐は神明を助け参らす意の字である。簒 tzuan は賛と畳韻。また撮 tsuat、攢 dzuan、簒 dzhoan なども声義近く、この系統のものには攢集の意がある。

＊語彙は讃字条参照。

【賛謁】 献上品を奉じて謁する。〔漢書、宣帝紀〕（甘露三年春正月）匈奴の呼韓邪單于～來朝す。賛謁するに、藩臣と稱して名いはず。賜ふに璽綬・冠帶・衣裳・安車・駟馬・黄金・錦繡・繒絮を以てす。

【賛述】 ほめたたえて述べる。〔三国志、蜀、陳震伝〕諸葛亮、兄瑾に與ふる書に曰く、孝起（震）忠純の性、老いて益ゝ篤し。其の東西（呉・蜀）を賛述するに及びては、歡樂和合、貴ぶべき者有りと。

【賛襄】 たすけて成さしめる。〔書、皐陶謨〕禹曰く、俞し。乃の言、績とすべきを底すと。皐陶曰く、予れ未だ知ること有らざるも、日に賛賛として襄けんことを思ふ哉と。

【賛成】 たすけて成就させる。また、同意する。〔晋書、刑法志〕魏の武帝、令を下して又之れ（肉刑）を復せんと欲す。～（陳）群、深く其の便を陳ぶ。時に鍾繇相國爲り。亦た之れに賛成す。

【賛拝】 朝見のとき、行礼の節を唱える者。〔隋書、高祖紀上〕劍履（のまま）上殿し、朝に入りて趨らず、賛拝に名いはず。九錫の禮を備へ、璽紱・遠游冠・相國印綠綟綬を加ふ。

【賛揚】 たすけあらわす。漢・班固〔典引〕先づ玄聖に命じ、學を綴ぎ制を立て、洪業を宏亮し、祖宗を表相し、詰てを迪むことを賛揚せしむ。

【賛翼】 ほめたすける。〔三国志、魏、邢顒伝〕初め太子未だ定まらず、而して臨菑侯（曹）植、寵有り。丁儀等、竝びに其の美を賛翼す。

➡賛引 導く／賛閲 選ぶ／賛化 教化輔翼する／賛漑 導き注ぐ／賛画 計画を助ける／賛軌 輔佐する／賛饗 祭文／賛君 補佐する／賛稽 助け考える／賛見 意見を出す／賛語 讃辞／賛仰 讃仰／賛興 助け興す／賛佐 たすける／賛祭 助祭／賛賛 賛助する／賛祀 助祭／賛辞 称賛の辞／賛者 介添え／賛助 助ける／賛称 称賛する／賛唱 口上を伝える／賛頌 頌賛／賛賞 称賛する／賛水 水先案内／賛世 輔佐する／賛正 協助する／賛嘆 ほめる／賛同 賛成する／賛導 導く／賛唄 讃歌／賛美 賛頌／賛評 ほめる／賛文 頌徳文／賛論 さとす／賛誉 称揚する／賛理 助手／賛和 賛成

➡引賛・謁賛・画賛・共賛・匡賛・協賛・宏賛・賡賛・自賛・称賛・賞賛・図賛・絶賛・宣賛・熱賛・扶賛・輔賛・奉賛・褒賛・幽賛・翼賛・礼賛・論賛

【簒】 16 8873 サン とる うばう

篆文

形声 声符は算。〔説文〕ム部九上に「屰きて奪ひ取るを簒と曰ふ」とあり、ムは私、姦邪の行いであるとする。

訓義 1 とる、うばう。2 叛いて主の位をとる、国をうばう。3 いぐるみでとる。

古訓 〔名義抄〕簒 ムバフ 〔字鏡集〕簒 ムバフ・トル・ハコ

【簒位】 位を奪う。〔漢書、劉歆伝〕王莽の位を簒ふに及んで、歆、國師と爲る。

【簒逆】 叛いて君位を奪う。〔周書、李遷哲伝〕侯景の簒逆するに及んで、諸王、帝たることを争ふ。遷哲、外邊寇を禦ぎ、自ら守るのみ。

【簒弑】 君を殺し、位を奪う。漢・蔡琰〔悲憤詩、二首、一〕漢季、權柄を失ひ 董卓、天常を亂す 志、簒弑を圖らんと欲し 先づ諸賢良を害す

【簒奪】 王位や国を奪いとる。〔後漢書、隗囂伝〕故の新都侯王莽、天地を慢侮し、悖道逆理、孝平皇帝を鴆殺し、其の位を簒奪す。

➡簒偽 簒奪者／簒殺 簒弑する／簒事 簒奪／簒取 簒奪する／簒盗 簒奪する／簒叛 簒逆／簒立 位を奪って自立する／簒囚 囚人を奪取する／簒窃 簒奪する／簒修 位を奪い取る

【餐】 16 2773 サン くらう たべもの

篆文

それに又(手)を加えると餐となる。〔玉篇〕に引いて「餔なり」とする。餐・粲は通用の例もあるが、粲とは精白した米をいう。

形声 声符は𣦼。𣦼は歺(残骨の象)をもつ意。飡も歺に従う字で、〔説文〕五下に「呑むなり」

訓義 1くらう、のむ。2たべもの、ひるめし、肉をそえた食事、小昼の食事。3飧と通じ、夕飯。4湌と通じ、炊飯。5粲と通じ、精米。

古訓 〔名義抄〕餐・湌 ナム・クラフ・クフ・ハム・モノクフ

語系 餐・飧・粲 tsan は同声で、通用することがある。𣦼は残骨の象に従い、白色の意があり、餐はその意を承ける。粲は精米。これを饌としたものを餐という。饌 dzhiuan も声義の近い語である。

【餐英】花びらを食う。〔楚辞、離騒〕朝に木蘭の墜露を飲み 夕に秋菊の落英を餐ふ

【餐霞】霞を食う。〔南史、隠逸上、褚伯玉伝〕却粒(穀食せず)の士、餐霞の人は、乃ち暫くは致すべきも、宜しく久しく羈すべからず。君當に其の高歩を遂げ、其の羽化を成すを思ふべし。

【餐玉】玉を食う。〔魏書、李預伝〕毎に古人餐玉の法を羨む。乃ち藍田に採訪し、躬ら往きて攻掘す。環璧雜器の形の若き者、大小百餘を得たり。~乃ち七十枚を椎して屑と爲し、日ゝ之れを服食す。~時に七月中旬、長安毒熱。殯、尸を停むること四宿、而して體色變ぜず。

【餐食】食事。〔古楽府、飲馬長城窟行〕客遠方より來り 我に雙鯉魚を遺る ~中に尺素の書有り 長跪して素書を讀む~上に、有り餐食を加へよと 下に、有り長く相ひ憶ふと

【餐飯】食事。〔文選、古詩十九首、一〕棄捐して復た道ふこと勿からん 努力して餐飯を加へよ

↑餐衛 食餌法/餐香 香を食う/餐室 食堂/餐蔬 蔬食/餐啄 ついばむ/餐啗 たべる/餐膚 かぶりつく/餐料 御膳料

↓一餐・加餐・佳餐・家餐・勧餐・棄餐・供餐・潔餐・献餐・減餐・壺餐・午餐・賜餐・常餐・正餐・省餐・聖餐・設餐・素餐・粗餐・昼餐・朝餐・吐餐・独餐・晩餐・盤餐・風餐・飽餐・野餐・余餐・糲餐

人【燦】17 9789 サン あきらか かがやく

篆文

形声 声符は粲。粲は精米。その白く鮮麗の意をとり、燦爛としてかがやくことをいう。〔説文新附〕十上に「燦爛、明瀞なる皃なり」とみえる。〔詩、唐風、葛生〕は悼亡の詩で、「角枕、粲たり 錦衾、爛たり」と死者の装いを歌うが、粲は燦の初文。のち燦の字を用いる。

訓義 1あきらか、あざやか。2かがやく、きらびやか。

古訓 〔字鏡集〕燦 カ、ヤク

語系 燦・粲・餐 tsan は同声。みな白く鮮やかな意があり、粲の声義を承ける。鮮 sian も声義に通ずるところがある。

【燦然】かがやくさま。〔春秋繁露、王道通三〕是の故に、人の命を天に受くるの尊、父兄子弟の親、忠信慈恵の心有り、禮義廉讓の行有り、是非順逆の治有り、文理燦然たり。

↑燦蔚 華麗/燦煥 鮮麗/燦燦 かがやく/燦爛 きらびやか/燦亮 明らか

↓霞燦・煥燦・光燦・星燦・閃燦・明燦

【篹】17 8871 サン セン かたみ そなえる

形声 声符は算。算に数える、揃える意がある。〔礼記、明堂位〕「薦むるに玉豆雕篹を用ふ」とあるのは、神饌を載せる籩豆の類。わが国の筐のように、竹で細かく編んだものであろう。のち篹集・篹述の意に用い、〔漢書、叙伝下〕「書を篹め、詩を删る」のように、撰述のことをいう。篹字の従うところの巳は、巻(皮を巻く)と同じく巻きこむ形を示すものであろう。編簡は巻いて蔵したものである。

訓義 1かたみ、竹のたかつき、竹の食器。2そなえもの、そなえる、饌と通じて用いる。3撰と通じ、書を撰する、編纂する。4纂と通じ、継ぐ。

古訓 〔名義抄〕篹 古の撰の字なり 〔字鏡集〕算(篹) トル・エラブ・カズ

語系 篹 dzhoan、纂 tzuan は声義近く、攢 dzuan、撮 tsuat と通じて集める意があり、撰 dzhian と通じて編述の意がある。篹の本義が竹豆・籩豆の意ならば、撰集は通用の義である。

↑篹食 お供え

↓離篹・論篹

【繖】18 2894 サン かさ きぬがさ

篆文

形声 声符は散。〔説文新附〕十三上に「蓋なり」とあり、きぬがさをいう。〔広韻〕に「繖絲綾なり。今繖蓋の字と作す」とあり、もとあやいとをいう字であったらしい。傘と音が通じ、〔晋書、王雅伝〕に「將に拜せんとす。雨に遇ふ。繖を以て入らんことを請ふ」と雨傘の意に用いる。のち繖蓋をいう字となった。

訓義 1かさ、きぬがさ。2あまがさ。3あやいと。

古訓 〔名義抄〕繖 キヌカサ・カサ・ヌサ

語系 繖・傘 san は同声。傘は象形の字、繖はその形声の字である。散は中心より四方に張りめぐらす意であろう。

＊語彙は傘字条参照。

【繖蓋】きぬがさ。〔梁書、武帝紀上〕是の歲、襄陽に至る。~時に住む所の齋に、常に五色の回轉する有り、狀蟠龍の若し。其の上に紫氣騰起し、形繖蓋の如し。望む者異とせざる莫し。

↑繖幄 きぬがさ/繖扇 きぬがさと扇/繖房 繖状の花房

↓羽繖・火繖・儀繖・御繖・金繖・錦繖・紫繖・赭繖・繡繖・小繖・青繖・大繖・張繖・白繖・方繖・羅繖

【鏟】19 8011 サン セン あらがね ちょうな

篆文

形声 声符は產(産)。〔説文〕十四上に「鏶なり」とし、また「一に曰く、鐵を平らかにするなり」とあって、粗鉄の板状のものとする。材質はそのようなものであろうが、ものをけずり、木をけずるときに用い、ちょうな・かんな・やすり・すき・くわの類をいう。剗と声義の通ずる字である。

訓義 1あらがね、いたがね、ひらがね。2ちょうな、かんな、やすり。3けずる、こする。4くわ。

古訓 〔新撰字鏡〕鏟 加奈(かな) 〔篇立〕鏟 サライ・ハニハラフ・スク・カナ・ナラス・ケヅル 〔字鏡集〕鏟 タヒラカ・ケヅル・ナタラム・スクヤ・ナラス・スク・ナラシ・ヤスリ・ハラフ

語系 鏟・剗 tshean は同声。戔は薄小のものを重ねる意で、木を削り、かんなをかける意もある。翦・剪 tzian は同声、翦は羽を切りそろえる、剪は爪を切りそろえる、劗 dzuan は髪を切りそろえる意の字であるが、みな同じ語系に属するものであろう。

【鏟跡】あとを隠す。隠居する。〔晋書、儒林伝論〕文博(董景道)の漱流枕石、跡を鏟り聲を銷せる、宣了(范宣)の樂道安貧、風を弘め教を闡らかにするの若き、斯れ竝びに通儒の高尚なる者なり。

【鏟幣】鏟の形をした古幣。空心幣。鍬先の形に似ている。〔金石索、古鏟幣〕前人均しく之れを幣と謂ふ。今藏古の

家、之れを別ちて鏟幣と爲す。

↑鏟钁 くわ／鏟削 ならす／鏟剗 ならし／鏟子 火斗／鏟草 草を削りとる

↓剗鏟・鋤鏟

【攙】 20 5701 サン ザン さす

篆文

形声 声符は毚。もと鑱・劖に作る。〔説文新附〕十二上に「刺すなり」、〔広雅、釈詁四〕に「鋭きなり」とあり、鋭利なもので刺すことをいう。

訓義 ①さす。②するどい。

古訓 〔名義抄〕攙 ヒク・スル・ヌク・ワヅカ・サス・ツク・サシクスヌク・アツム・クスヌク

↑攙引 牽制する／攙拽 扶持する／攙越 越権／攙仮 偽物を混入する／攙懈 怠る／攙搉 刺取する／攙合 混入する／攙叉 さすまた／攙雑 混入する／攙擠 せりあう／攙搶 彗星／攙入 混入する／攙落 参差としてまじりあう／攙和 まぜる

入【纂】 20 8890 サン くみひも あつめる つぐ

篆文

形声 声符は算。算に数えあげ、そろえる意がある。〔説文〕十三上に「組に似て赤きなり」とあり、〔漢書、景帝紀〕「錦繡纂組」の〔注〕に「纂は今の五采の屬、綷是れなり」とあって、五彩雲とよばれる織文をいう。色糸を刺繡のように織りこむことを、刺繡のことを纂繡という。これを書の編述の上に移して、編纂という。また纘と声義が通じて、纂承の意となる。〔国語、周語上〕「其の緒を纂修す」のような古い用例がある。

訓義 ①くみひも、赤いくみひも。②あや、いろどり。③ぬいとり、織文。④あつめる、そろえる、あむ。⑤つぐ、つなぐ、うけつぐ。

古訓 〔名義抄〕纂 ツクル・アツム・クム・ツク・ウツム・ツイデ〔字鏡集〕纂 ツクル・アツム・カク・ウヅム・ツイデ・エラブ・カ、ル・マツフ・ウツハリ

語系 纂tzuan、纂dzhoan は声義近く、ともに纂集の意がある。最tzuat、撮tsuat、纘dzuan もみなとり集める意。一系の語と考えられる。

【纂纂】 あつまるさま。晉・潘岳〔笙の賦〕園桃の夭夭たるを詠じ、棗下の纂纂たるを歌ふ。歌に曰く、棗下纂纂として 朱實離離たり

【纂修】 あつめ整える。〔新語、道基〕篇章を纂修して諸これを來世に垂れ、諸れを鳥獸に被らしめ、以て衰亂を匡し、天人合策し、原道悉く備はる。智者は其の心を達し、百工は其の巧を窮む。

【纂述】 編纂し記述する。〔宋史、張昭伝〕藏書數萬卷、尤も纂述を好む。唐・晉より宋に至るまで、典章を筆削するの任を専らにす。

【纂緒】 緒をつぐ。〔国語、周語上〕我が先王不窋、～戎狄の閒に竄れ、敢て業を怠らず。其の德を時序し、其の緒を纂修し、其の訓典を修む。

【纂承】 承けつぐ。漢・孔融〔禰衡を薦むる表〕陛下は睿聖にして、基緒を纂承し、厄運に遭遇して、日の仄くに勞謙す。

【纂組】 くみひも。〔管子、軽重甲〕伊尹、薄の游女工文繡、纂組一純を以て、粟百鍾を桀の國に得たり。～此れを之れ、天下の財を來すと謂ふ。

【纂類】 類別編纂する。宋・蘇軾〔学校貢挙を議する状〕近世の士人、經史を纂類し、時務を綴緝し、之れを策括と謂ふ。條目を待問し、捜抉略ぼ盡く。時に臨んで剽竊し、首尾を竄易す。～有司能く辨ずる莫し。

【纂録】 集録。唐・韓愈〔毛穎伝〕穎、人と爲り強記にして便敏。結繩の代よりして以て秦事に及ぶまで、纂錄せざる無し。～九流百家、天人の書及び浮圖の說に至るまで、皆詳悉する所なり。

【纂論】 意見を集める。〔荀子、君道〕賢を尙び能を使ふときは、則ち民、方を知る。論を纂め察を公にするときは、則ち民疑はず。

↑纂位 位を継承する／纂繹 粗くて粗末なこと／纂括 まとめ／纂業 業をつぐ／纂錦 綾錦／纂言 述作／纂嚴 きびしく戒める／纂次 編輯する／纂集 集める／纂輯 集める／纂繡 刺繡／纂紹 つぐ／纂成 しあげる／纂撰 編纂する／纂冑 血統／纂訂 修訂する／纂統 即位／纂略 要約する／纂曆 曆を編纂する

↓記纂・偽纂・雑纂・参纂・嗣纂・修纂・説纂・組纂・雕纂・編纂・要纂・類纂・論纂

【霰】 20 1024 サン セン あられ

篆文

形声 声符は散。散に飛散・散乱するものの意がある。〔説文〕十一下に「稷雪なり」とあり、稷(たかきび)のような大粒の雪の意。〔詩、小雅、頍弁〕「彼の雪を雨らすが如し 先づ集るは維れ霰なり」というように、急激な寒冷の気によって生ずる。卜文に雨下に大粒の○数点をしるすものがあるが、雹とも解される形で、確訓をつけがたい。

訓義 ①あられ。②細かく切った餅、あられ。

古訓 〔名義抄〕霰 ミゾレ〔字鏡集〕霰 アラレ・ミゾレ・アラキユキ

語系 霰sian、散san は声近く、霰は散の声義をとる字である。また雪siuat も同系の語。霰が暴雪であるのに対して、雪はしずかに降るものをいう。

【霰雪】 あられと雪。唐・杜甫〔張十三建封に別る〕詩 霰雪の嚴しきに當ると雖も 未だ枯柏の枯るるを覺えず 高義雲臺に在り 嘶鳴天衢を望む

【霰雹】 あられと、ひょう。〔大戴礼、曾子天円〕陽の專氣は雹と爲り、陰の專氣は霰と爲る。霰雹なる者は、一氣の化せるなり。

↑霰散 あられと散る

↓雨霰・廻霰・寒霰・急霰・驚霰・暁霰・軽霰・瓊霰・厳霰・珠霰・秋霰・集霰・雪霰・霜霰・馳霰・冬霰・雹霰・薄霰・飛霰・風霰・暮霰・鳴霰・乱霰・流霰

【劗】 21 2280 サン セン きる

形声 声符は贊(賛)。〔玉篇〕に「減らすなり」とするが、〔淮南子、斉俗訓〕に「越王句踐、劗髮文身」とあり、髮を切ることをいう。翦(剪)と声義同じく、剪は足の爪、翦は羽を切りそろえることをいう。

訓義 ①きる。②へらす。③翦(剪)と通じ、きりそろえる。

古訓 〔名義抄〕劗 キル

語系 劗dzuan は翦(剪・前)・鬋tzian と声義近く、前(前)は足趾を揃い、爪を剪る意。翦は羽、鬋は髮を切りそろえること。剗tshean も劗と声義近く、細く小さく切りそろえる意がある。

【劗鬋】 髮を切る。〔淮南子、斉俗訓〕三苗は髽首し、羌人は括領(辮髮)し、中國は冠笄し、越人は劗鬋するも、其の服に於けるは一なり。

【劗髮】 断髮。〔漢書、厳助伝〕越は方外の地、劗髮文身の民なり。冠帶の國の法度を以て理むべからざるなり。三代の盛より、胡・越は與に正朔を受けず。彊に非ざれば、服すること能はず、威は制すること能はざるなり。

【饊】 21 8874 サン おこし

篆文 

形声 声符は散。〔説文〕五下に「稲を熬りたる粻䅣(あめ)なり」とあり、もち米などを煎って、飴としたもの。またドーナツ型のあげものを饊子という。

訓義 1おこし。2あげもの。

古訓 〔名義抄〕饊 アメ 〔字鏡集〕饊 ヲモフ・アメ

【饊子】 あげもの。ドーナツ。〔本草綱目、穀四、寒具〕捻頭・環餅・饊 即ち今の饊子なり。糯粉(餅米のくず)を以て麪に和し、少しく鹽を入れ、牽索(縄状にし)紐捻(ひねり)して環釧(腕輪)の形を成し、油もて煎て之れを食ふ。

【驂】 21 7332 サン そえうま そえのり

篆文 

会意 馬+參(参)。〔説文〕十上に「三馬を駕するなり」とし、字を形声とするが、二馬を駕することを駢、四馬を駟馬一乗とすることからいえば、字は会意とみてよい。御者は中央に居り、その左は尊者、右は陪乗して驂乗という。孔門の曽子、名は參、字は子輿。輿は乗輿の意で參は驂の意、従って曽參の參は驂の音でよむべきである。

訓義 1そえうま、三頭立ての馬車。2そえのり、参乗、車右。3ひろく馬をいう。

古訓 〔名義抄〕驂 ソヒムマ 〔字鏡集〕驂 ソヘムマ・ヒマノリ・ソヒムマ・ノリムマ・ムマニノリ・カル

語系 驂・參tsəm、三səm は声近く、參は三の意をとる。參は三本の簪を髪に刺した形で、また三の意に用いる。

【驂御】 御者。また、驂乗の臣。唐・王維〔太乙観賈生房を過ぎる〕詩 昔余れ棲遯の日 之の子煙霞(自然の美景)の隣(人)なりき ～謬つて道門の子を以て 徵されて驂御の臣と爲る

【驂乘】 そえのり。陪乘。車右。漢・司馬相如〔子虚の賦〕陽子(伯楽の字)驂乘となり、孅阿(古の善御者の名)御と爲る。

【驂騑】 駟馬の両旁のそえ馬。唐・王勃〔滕王閣の序〕驂騑を上路に儼にし、風景を崇阿に訪れ、帝子の長洲に臨んで、仙人の舊館を得たり。

【驂服】 そえ馬と中央の馬。晉・傅玄〔牆上難為趨〕楽府 門に車馬の客有り 驂服、騰飛するが若し ～軾に憑りて長纓を垂れ 顧盼、餘輝有り

【驂鸞】 美しい車。鸞を驂とする。唐・薛逢〔漢武宮辞〕詩 絳節(漢の使者の旗)時有りて還た夢に入る 碧桃(仙人の食)何れの處にか更に鸞を驂とせん

↑驂驥 名馬を驂とする/驂駒 子馬を驂とする/驂鑣 くつわ

↓逸驂・雲驂・解驂・帰驂・驕驂・劇驂・左驂・佐驂・朱驂・戎驂・征驂・税驂・説驂・素驂・停驂・飛驂・疲驂・騑驂・右驂・離驂・両驂・竜驂・羸驂

【攢】 22 5408 サン あつまる

形声 声符は贊(賛)。〔倉頡篇〕に「聚るなり」とあり、攢集の意。また鑽と通じ、うがつ意に用いる。

訓義 1あつまる、あつめる。2鑽と通じ、うがつ、ほる、える。3酇と通じ、むら。

古訓 〔名義抄〕攢 キル・スル・アツム・アツマル・キリモミ・ヒモム・サル・トル・モトム・スブ・ツク・ツドフ/攢搖 モミフルフ

語系 攢dzuan、撮tsuat は声義に関係があり、とりあつめ、まとめる意。簒dzhoan、纂tzuan もその系統の語とみてよい。

【攢蔚】 草木がこんもりと茂る。〔水経注、沔水上〕諸葛亮の死するや、遺令して其の山(定軍山)に葬らしむ。因りて地勢に即き、墳壟を起さず。唯だ深松茂柏、川阜に攢蔚し、墓營の在る所を知る莫し。

【攢宮】 天子の殯宮。あらき。〔宋史、高宗紀七〕(紹興十二年九月乙未)孟忠厚を以て樞密使と爲し、攢宮の總護使に充つ。

【攢攢】 密生する。集まる。唐・李賀〔韋仁実兄弟の関に入るを送る〕詩 行槐、西道に引つなり 青梢、長くして攢攢たり

【攢萃】 集まる。南朝宋・顔延之〔三月三日曲水の詩序〕松石は峻垝(高くけわしい)にして、葱翠(茂み)は陰煙たり。游泳(魚)の攢萃するところ、翔驟(鳥獣)の往還する所なり。

【攢峯】 たたなわる山々。連峰。斉・孔稚珪〔北山移文〕是に於て南岳嘲りを獻じ、北壟笑ひを騰げ、列壑争ひ譏り、攢峯竦ち誚る。

↑攢瘞 埋葬する/攢殴 袋叩き/攢火 のろし/攢柯 茂った枝/攢蛾 眉をよせる/攢会 集会/攢起 集まり起つ/攢毀 衆人でそしる/攢勁 全力/攢構 集め作る/攢号 よせる/攢合 集まる/攢犀 漆雕り/攢集 集まる/攢聚 攢集する/攢蹙 密集する/攢所 攢宮/攢竦 集まり聳える/攢聳 攢峯/攢心 思いをこらす/攢生 叢生する/攢素 厚い霜/攢湊 集まる/攢簇 群れる/攢叢 群れる/攢仄 ひしめく/攢打 袋叩き/攢茶 茶菓/攢蹄 馬が疾走する/攢天 天にそびえる/攢典 記帳の係/攢点 鐘を連打する/攢動 人波/攢念 思いが多い/攢眉 眉をよせる/攢布 密布する/攢蕪 ひどく穢れる/攢鋒 いっせいに鋒をむける/攢木 茂み/攢羅 立ちならぶ/攢欒 群山/攢立 群がり立つ/攢列 集まりならぶ/攢斂 集め入れる

↓一攢・因攢・雲攢・樹攢・聚攢・翠攢・星攢・竹攢・肩攢・峯攢・林攢

入 【讚】 22 〖讃〗 26 0468 サン ほめる たたえる

形声 声符は贊(賛)。〔釈名、釈言語〕に「讚は録するなり」、〔方言、十三〕に「讚は解くなり」、〔周礼、鄭注〕に「佐くるなり」とあり、贊の声義を承ける字である。漢魏以後、多く讚称の意に用いる。

訓義 1ほめる、たたえる。2たすける。3しるす。4とく、あきらかにする。5仏徳をたたえる歌頌。

古訓 〔名義抄〕讚 ヒソカニ・カクス・ヤブル・シコヅ・カタハラ・ウタフ・セム・イツハリ 〔字鏡集〕讚 ホマル・ホム・ヒソカニ・カタラフ・アラハス・サトル・ウタフ・タスク・アキラカ・モノガタリ・ハジメ

語系 讚・贊tzan は同声。また佐tzai、攢dzuan は同系の語とみられ、佐は佐助、攢は攢集。讚には聚まり称える意があり、それで仏徳の讚歌にも用いる。

【讚述】 ほめたたえてのべる。〔顔氏家訓、帰心〕二世の事、信にして徵有り。家世と歸心す。輕慢すること勿かれ、其の閒の妙旨、諸經論に具せり。此に復びせざるも、少しく能く讚述し、～略ぼ重ねて勸誘するのみ。

【讚成】 贊成。〔魏書、崔浩伝〕神䴥二年、～蠕蠕(後魏のころ、中国北西方にいた異民族)を撃つことを議す。朝臣内外、盡く行くことを欲せず、～唯だ浩のみ策略に讚成す。～軍の其の境に入るに及んで、蠕蠕～驚怖四奔し、～凡そ俘虜する所、～蓋し數百萬なり。

【讚歎】 ほめたたえる。〔洛陽伽藍記、一、永寧寺〕菩提達摩は波斯國の胡人なり。～中土に來遊し、金盤炫目、雲表に光照し、寶鐸風を含み、響き天外に出づるを見て、歌詠讚歎し、是れ神巧かと疑ふ。～此の寺の精麗、閻浮に無

き所なりと。

【讚論】ほめ論ずる。文体の一。梁・昭明太子〔文選の序〕其の讚論の辭采を綜緝し、序述の文華を錯比するが若きは、事は沈思に出で、義は翰藻に歸す。

➡讚詠 たたえ歌う／讚悦 たたえよろこぶ／讚歌 たたえ歌／讚語 ほめ言葉／讚詞 賛辞／讚辞 賛辞／讚助 助ける／讚称 たたえる／讚賞 称賛する／讚説 ほめる／讚唄 梵唄／讚拝 賛拝／讚美 賛美／讚仏 仏徳を賛頌する／讚祐 たたえたすける／讚誉 ほめる／讚揚 ほめる／讚和 伴唱する

⬇画讚・慶讚・激讚・自讚・称讚・頌讚・賞讚・図讚・推讚・崇讚・絶讚・伝讚・熱讚・唄讚・表讚・褒讚・梵讚・礼讚・和讚

【鄼】 22 2782 サン サ

篆文

形声 声符は贊（賛）さ。〔説文〕六下に「百家を鄼と爲す。鄼は聚なり」とする。〔周礼、地官、遂人〕「五家を隣と爲し、五隣を里と爲し、四里を鄼と爲し、五鄼を鄙と爲し、五鄙を縣と爲し、五縣を遂と爲す」とあるのによる。沛郡の鄼は音嵯、漢の蕭何の初封、のち南陽の鄼に移った。

訓義 ①むら。②地名。③醝と通じ、しろざけ。

➡鄼白 白酒／鄼列 集まり列なる

【欑】 23 4498 サン つえ あつまる

篆文

形声 声符は贊（賛）さ。贊にあつまる意がある。竹をあつめ束ねた杖。〔説文〕六上に「積竹杖なり」という。

訓義 ①つえ。②攢と通じ、あつめる、あつまる。③仮埋葬。④鑽と通じ、うがつ。

古訓 〔篇立〕欑 アツマル 〔字鏡集〕欑 アツム・ヒキリ・キムラ・アツマル

➡欑集 集まる／欑羅 つらなる

【瓚】 23 1418 サン

篆文

形声 声符は贊（賛）さ。〔説文〕一上に「三玉二石なり」とあり、「禮に、天子は全純玉を用ふるなり。上公は駹（まだら）を用ふ。四玉一石。侯は瓚を用ひ、伯は埒を用ふ。玉石半ば相ひ埒しきなり」という。漢礼によって説くものであろう。〔周礼、考工記、玉人〕に「祼圭は尺有二寸、瓚有り、以て廟に祀る」とみえ、天子は純玉、上公は四玉一石、諸侯は三玉二石の瓚を用いる定めであった。金文に「瓚璋」といい、「鬲章」「圭鬲」のようにもいう。秬鬯（酒に香りをつける草）とともに賜与する例が多く、鬯酒（におい酒）をそそぐためのものであることが知られる。鬲は酒器より鬯酒を灌ぐ象形の字で、おそらく瓚の初文。瓚はその形声の字であろう。古く圭瓚・玉瓚といわれたもので、〔詩、大雅、旱麓〕の〔疏〕に引く漢礼によると、「瓚槃大いさ五升、口徑八寸。下に槃有り、口徑一尺」とあり、瓚は勺形、槃を以てこれを承け、その柄の圭は、天子にあっては長さ一尺二寸、諸侯は九寸以下であろうという。

訓義 ①さけをそそぐうつわ、玉勺。②圭瓚。圭は勺の柄。

古訓 〔字鏡集〕瓚 ヒサゴ

➡瓚罍 玉製の壺

⬇圭瓚・玄瓚・洗瓚・挹瓚

【醮】 23 4463 ［醮］ 23 4433 サン ひたす

篆文

形声 声符は醮しよう。〔説文新附〕一下に「物を以て水に沒るるなり。此れ蓋し俗語、艸に從ふは未だ詳らかならず」という。醮にひたす意があり、その異文とみるべき字であろう。

訓義 ①ひたす。②醮と通用する。

古訓 〔名義抄〕醮 ヒタス 〔篇立〕醮 ヒサシ・サカムケ

【醮甲】 満酌。指をひたす。唐・杜牧〔後池に舟を泛べ、王十（侄）を送る〕詩 君が爲に醮甲して、十分に飲む 應に見るべし、離心の一倍多きを

➡醮湿 ひたす／醮破 さます／醮墨 染筆

⬇軽醮・紅醮・水醮

【纘】 25 2498 サン つぐ

篆文

形声 声符は贊（賛）さ。〔説文〕十三上に「繼ぐなり」とあり、〔詩、豳風、七月〕に「載ち武功を纘ぐ」とみえる。〔爾雅、釈詁〕に「纂は繼ぐなり」とあって同訓。声義近くして通用する字である。

訓義 ①つぐ、つづける。②纂と通じ、あつめる、まとめる。

古訓 〔名義抄〕纘 ツグ 〔字鏡集〕纘 イフ・ツグ・ヌフ

語系 纘・纂tzuanは同声で義近く、纂は色糸を織成する意の字。また纘続・纂述の意がある。

【纘緒】 前人のはじめた事業を承けつぐ。〔詩、魯頌、閟宮〕文武に至りて 大王の緒を纘ぎ 天の届（誅）を 牧の野に致す

➡纘膺 承けつぐ／纘業 業をつぐ／纘継 つぐ／纘嗣 後を嗣ぐ／纘修 継ぎ修める／纘襲 継承する／纘述 継承し伝述する／纘紹 継承する／纘続 つぐ／纘図 纘緒

⬇継纘・承纘

【鑱】 25 8711 サン ザン きり うがつ

篆文

形声 声符は毚ざん。〔説文〕十四上に「鋭きなり」と訓するが、そのように刺す器をいう。〔書、顧命〕「一人冕して劉を執る」の劉を、〔疏〕に「蓋し今の鑱斧ならん」といい、それは鉞の類である。また奇峭の岩を鑱岩という。鑱はその刃形によって名をえたもので、掘鑿の器であろう。石鍼をまた鑱石という。鏨も声義の関係のある字であろう。

訓義 ①きり、のみ、掘鑿を加える器。②するどい、うがつ。③鍼、はり、いしばり。④土をほるふぐし。⑤耕すすき、すきのは。

古訓 〔和名抄〕鑱 漢語抄に云ふ、賀奈布久之（かなふぐし） 〔篇立〕鑱 キリサク・スキノサキ・ウガツ・カナフグシ・キル・カラスキノサキ 〔名義抄〕鑱 キリ・キル・サス・サキ・ホル・カナブクシ

語系 鑱・攙dzheamは同声。攙は〔説文新附〕十二上に「刺すなり」とあり、鋭利なもので刺し貫く意。また鏨dzamも声義に通ずるところがあり、〔説文〕十四上に「小鑿なり」とあって、錐状のもので刺すことをいう。みな一系の語である。

【鑱石】 石鍼。石針。〔史記、扁鵲倉公伝〕論に曰く、陽疾内に處り、陰形外に應ずる者は、悍藥及び鑱石を加へずと。夫れ悍藥中に入れば則ち邪氣辟る。

【鑱鼎】 魯の宝鼎の名。〔抱朴子、逸民〕夫れ仕なる者は、以て名の爲にせんと欲するか。則ち修毫（長毛、筆）以て憤懣を渫らすべく、篇章以て姓字を寄すべし。何ぞ良史を假らんや、何ぞ鑱鼎を煩はさんや。～仁を求めて得ば、亦た可ならずや。

➡鑱銭 紙の銭形／鑱天 天を刺す／鑱斧 鉞

⬇策鑱・雪鑱・鐫鑱・長鑱・鉄鑱・天鑱・薬鑱

【饞】 26 8771 サン ザン むさぼる

形声 声符は毚ざん。〔易林、頤之離〕に「舌は腹よりも饞る」とあり、貪食をいう。

訓義 ①むさぼる、いやしい。②利をむさぼる。

古訓 〔名義抄〕饞 モノホク

【饞涎】飢えてよだれを垂らす。宋・蘇軾〔将に湖州に之かんとして、戯れに莘老（孫覚）に贈る〕詩 呉兒の膾縷は、薄くして飛ばんと欲す 未だ去らざるに先づ說ふ、饞涎垂ると

↑饞渇 かつれる／饞眼 慾深い目／饞魚 ふぐ／饞嗜 耽溺する／饞嚼 むさぼり食う／饞人 貪食の人／饞風 木枯し／饞吻 物ほしげ

↓口饞・貪饞・忍饞・放饞・老饞

【鑽】 27 8418 サン ほる きり のみ

篆文 

形声 声符は贊（賛）。〔説文〕十四上に「穿つ所以なり」とあり、錐の類をいう。穴を穿つことを鑽穴、火をとることを鑽燧、亀卜に鑽を加えて灼くことを鑽灼という。髮を切ることを劗・翦（剪）といい、声義が通ずる。

訓義 ①ほる、うがつ、さす、穴をあける。②きり、のみ。③ほこさき、やじり。④火うち、やく。⑤攢と通じ、あつめる。

古訓 〔新撰字鏡〕鑽 比支々留（ひききる）、宇加豆（うがつ）〔篇立〕鑽 キル・トシ・キサス・キリ・トホス・ヒキル・マジフ・ハイラキリ・クギ・アツム・ウガツ〔字鏡集〕鑽 キル・サス・コツク・ヒウチ・ウガツ・トヾマル・ヒテリ・タカニ・トシ・トホル・マジフ・クギ・クルシ・アツシ・オホ、コ

語系 鑽tzuan、翦（剪）tzian、劗dzuan、剗tshean は声近く、きる、きりそろえる意をもつ語。穿thjyuan も転音の関係にあるものと思われる。

【鑽火】火を切り出す。〔史記、孫子伝〕乃ち大樹を斫り、白くして之れに書して曰く、龐涓此の樹下に死せんと。～龐涓果して夜、斫木の下に至り、白書を見、乃ち火を鑽りて之れを燭らす。

【鑽亀】亀の腹甲を灼いてうらなう。〔韓非子、初見秦〕知伯、三國の衆を率ゐて以て趙襄主を晉陽に攻め、水を決して之れに灌ぐこと三月、城且に抜けんとす。襄主、龜を鑽り筮を數へ兆を占ひ、以て利害を視る。何れの國にか降るべきと。

【鑽仰】仰ぎ慕う。〔論語、子罕〕顏淵喟然として歎じて曰く、之れを仰げば彌〻高く、之れを鑽れば彌〻堅し。之れを瞻れば前に在り。焉れを忽すれば後へに在り。夫子循循然として善く人を誘ふ。

【鑽穴】穴をあける。密通。〔孟子、滕文公下〕父母の命、媒酌の言を待たず、穴隙を鑽りて相ひ窺ひ、牆を踰えて相ひ從はば、則ち父母國人、皆之れを賤しまん。

【鑽笮】刑罰。足きりと入墨。鑽鑿。〔国語、魯語上〕大刑には甲兵を用ひ、其の次は斧鉞を用ふ。中刑には刀鋸を用ひ、其の次は鑽笮を用ふ。薄刑には鞭扑を用ふ。以て民を威すなり。

【鑽灼】亀甲に穴を穿ち灼いて、その亀裂をみる。〔史記、亀策伝〕其の卜するや必ず北向す。龜甲は必ず尺二寸。卜するに先づ造（竈）を以て鑽を灼き、中を鑽りて已む。又灼く。龜首各〻三。

【鑽燧】きりもみして火をとる。〔韓非子、五蠹〕聖人有り、燧を鑽りて火を取り、以て腥臊を化し、民之れを說ぶ。～之れに號けて燧人氏と曰ふ。

【鑽厲】つとめはげむ。梁・任昉〔范尚書（雲）の為に吏部封侯を讓る第一表〕臣素門凡流、～固より嘗て鑽厲して學を求めたるも、一經治せず。篆刻して文を爲りたるも、三冬就る靡し。

【鑽錬】研鑽錬磨。〔新論、崇学〕諸れを金木に譬ふるに、金の性は水を苞み、木の性は火を藏す。故に金を錬るときは則ち水出で、木を鑽りては火生ず。人能く學に務め其の性を鑽錬せば、則ち才慧發す。

↑鑽営 企てる／鑽閲 研究する／鑽幹 処理する／鑽窺 すきを伺う／鑽具 きり／鑽空 孔あけ／鑽研 みがく／鑽堅 鑽仰する／鑽孔 うち抜き／鑽鑿 策謀をめぐらす／鑽山 トンネルを掘る／鑽子 栓抜き／鑽充 手加減する／鑽心 心にくい入る／鑽石 石に刻む／鑽天 天に届く／鑽刀 刀でさす／鑽頭 錐の先／鑽入 切りこむ／鑽髮 翦髮する／鑽訪 あまねく訪ねる／鑽木 きり火／鑽摩 研究する／鑽味 玩味する／鑽羅 連なる／鑽懶 太鼓持ち／鑽礪 雕琢する／鑽弄 取り入る

↓火鑽・窺鑽・研鑽・施鑽・灼鑽・雕鑽・椎鑽・剖鑽・木鑽

【爨】 29 7780 サン かしぐ たく かまど

篆文 

籀文 

会意 字形が複雑で、単位に分解しがたい。上部は興の上部と同じく、興は酒器をもち酒をそそぐ形。爨の上部は炊爨に用いる器に両手を加える形。冂は竈口。下部は木をくべ、前を開いて火を加える形である。〔説文〕三上に「齊にては之れを炊爨と謂ふ」とし、上部を甑をもつ形、下部は焚く形であるという。〔詩、小雅、楚茨〕に「爨を執ること踖踖たり 俎を爲ること孔だ碩いなり」とあり、君婦がそのことに従って神保を迎え、家廟に祀り、族餐を行う次第が歌われている。竈を祀ることは、また老婦の祭とよばれる。

訓義 ①かしぐ、たく、飯をたく。②かまど。③戯曲の名。

古訓 〔字鏡集〕爨 イヰムス・ワカス・ヒタク・イヰカシク・カシク・コシキ

【爨琴】琴をたく。貧しいたとえ。宋・蘇軾〔朱光庭の喜雨に次韻す〕詩 破屋、常に傘を持し 薪無くして琴を爨かんと欲す

【爨婢】めしたき女。宋・范成大〔書事三絶、一〕爨婢は淘酒米を請ひ 園丁は算花錢を催す

↑爨煙 炊煙／爨演 演戯／爨下 もえ残り／爨鑊 大釜／爨桂 桂で炊ぐ／爨室 厨房／爨炙 煮炊き／爨杖 火箸／爨炊 炊事／爨竈 かまど／爨鼎 沸鼎／爨夫 炊事係／爨婦 爨婢／爨本 雑劇本

↓異爨・一爨・烟爨・火爨・加爨・挙爨・供爨・合爨・祭爨・執爨・樵爨・薪爨・炊爨・廚爨・典爨・同爨・桐爨・庖爨・烹爨・饔爨・糧爨・稟爨

ザン

【奴】 7 2724 ［奴］ 7 2724 ザン えぐる

篆文 

甲骨文 

会意 歺＋又（又）。歺は残骨の象。胸部より上の骨の形である。〔説文〕四下に「殘穿なり」とあり、うがつ意とするが、鳥獣などの肉を裂きとった形。餐はこの形に従う。殘（残）と同系の語である。

訓義 ①ほねつきの肉。②えぐる、さきとる。

部首 〔説文〕に叡・叡など四字、〔玉篇〕に五字を属するが、奴の形義を承ける確かな字はない。叡は深目の象で、上部は頭巾、それをま深にかぶる意象の字である。また叡は睿に作り、叡がもし奴に従う字であるならば、残骨が溝壑に横たわる意であろうが、奴の形義を承けるかどうかは明らかでない。

声系 〔説文〕に奴声として餐・粲などを収める。奴は残骨の象で脱色した白さの意もあり、粲は精白した米をいう。餐は粲の声義を承けるものであろう。

語系 奴・殂・殘dzan は同声。殂は〔説文〕四下に「禽獸の食す

る所の餘なり」とあり、みな残骨をいう。戕 dziang、斨 tsiang も声近く、戕・斨は刃器を以て戕賊すること。その戕賊のあとを歺・殘という。

常【残】10 1325 〔殘〕12 1325 ザン そこなう のこる

篆文

形声 旧字は殘に作り、戔声。戔は浅少偏薄のものをうち重ねる意がある。歺は残骨の象。ゆえに残骨・残片をいう。戕賊の意とする。戕賊によって害せられることを殘という。〔説文〕四下に「賊なり」と戕賊に「禽獸の食する所の餘なり」とあり、その食余をいう。𣦵が獣を食うさまは残虐の極みであるので、そのさまを残虐という。虐(虐)は虎が人を襲う形である。

訓義 1残骨の象、残骸。2そこなう、ころす、きずつける。3ほろぼす、やぶる、いためる。4むごい、むごたらしい、いたいたしい。5のこる、残肉、たべのこり。6凶悪、凶賊。

古訓 〔名義抄〕殘 ソコナフ・アマル・カタハ・ホロブ・ノコロス・ノコス・ノコル・ノコリ 〔字鏡集〕殘 ソコナハル・シタガフ(シヒタグ)・ホロブ・ワルシ・ソコナフ・カタハ・アマル・ノコス・コロス・ノコル

語系 殘・歺・胡(𣦵) dzan は同声。残骨・残肉をいう。また戕 dziang、斨 tsiang も声近く、戈や斤をもってものを斬傷・戕賊することをいう。

【残夷】ざんい そこない傷つける。〔後漢書、仲長統伝〕漢二百年にして、王莽の亂に遭ふ。其の殘夷滅亡の數を計るに、又復た秦(始皇)・項(項羽)に倍せり。今日に及びて、又~亡新の時よりも甚だし。

【残雨】ざんう 余雨。唐・盧綸〔従弟瑾と同に下第の後、関を出でて別れを言ふ、四首、三〕詩 孤村の樹色、殘雨昏らし 遠寺の鐘聲、夕陽を帶ぶ

【残雲】ざんうん のこりの雲。唐・杜甫〔重ねて鄭氏の東亭に題す〕詩 晩に向つて征路を尋ぬれば 殘雲、馬に傍うて飛ぶ

【残英】ざんえい 散り残った花。元・尹廷高〔揚州后土祠の瓊花〕詩 無雙亭下、萬人看る 殘英一片を覓めんと欲するも難し

【残鶯】ざんおう(あう) 晩鶯。唐・白居易〔牡丹芳〕詩 戲蝶雙舞して、看る人久し 殘鶯一聲、春日長し

【残華】ざんか(くわ) 散り残った花。殘英。唐・劉長卿〔感懐〕詩 秋風落葉、正に悲しむに堪へたり 黄菊殘華、誰れをか待たんと欲する

【残霞】ざんか 夕ばえのなごり。宋・沈与求〔石壁寺山房即事〕詩 畫橋依約たり、垂楊の外 映帶せる殘霞、一抹紅なり

【残害】ざんがい そこなう。〔漢書、芸文志〕法家者流は、蓋し理官(裁判官)に出づ。~仁愛を去りて專ら刑法に任じ、以て治を致さんと欲せば、至親を殘害し、恩を傷り厚を薄くするに至る。

【残簡】ざんかん 書の残片。〔宋史、欧陽脩伝〕好古嗜學、凡そ周漢以降の金石遺文、斷編殘簡、一切掇拾し、異同を研稽す。~之れを集古錄と謂ふ。

【残雁】ざんがん 群れにおくれた雁。唐・白居易〔村雪夜坐〕詩 寂寞たり、深村の夜 殘雁、雪中に聞ゆ

【残棄】ざんき そこない棄てる。〔後漢書、孔融伝〕上其の道を失ひ、民散ずること久し。而して之れを繩さずに古刑を以てし、之れを投ずるに殘棄を以てす。~且つ被刑の人、慮に生を念はず、志死を思ふに在り、~復た正に歸する莫し。

【残菊】ざんきく 晩くまで咲き残った菊。唐・白居易〔晩秋の夜〕詩 花開いて殘菊、疎籬に傍ひ 葉下りて衰桐、寒井に落つ

【残碣】ざんけつ 残碑。〔漢学師承記、一、閻若璩〕(張弨)雅より金石文字を好む。荒村野寺、古碑殘碣の榛莽(雑木の茂み)の中に埋沒する者に遇へば、椎拓(拓本にとる)せざる靡し。

【残月】ざんげつ 夜明けの月。唐・白居易〔客中月〕詩 曉に殘月に隨ひて行き 夕に新月と與に宿る

【残紅】ざんこう 紅い落花。宋・陸游〔落花〕詩 未だ妨げず、老子(老人)の欄に憑りて興ずるを 滿地の殘紅、綠苔に點ず

【残酷】ざんこく 残虐。〔漢書、陳咸伝〕(翟)方進、丞相と爲る。(陳)咸、前に郡の守爲りしとき、所在殘酷にして、毒螫吏民に加ふ。~苟得無恥、宜しく位に處るべからずと奏す。

【残魂】ざんこん 魂魄が世にとどまる。唐・杜牧〔杜鵑〕詩 今に至りて積恨を銜む 終古、殘魂を弔ふ

【残殺】ざんさつ そこない殺す。〔三国志、魏、文帝紀〕(黄初四年春正月)詔して曰く、喪亂以來、兵革未だ戢まらず。天下の人、互ひに相ひ殘殺す。今海内初めて定まる。敢て私に復讎する者有らば、皆之れを族(滅)せんと。

【残暑】ざんしょ 夏すぎての暑さ。宋・范成大〔西楼秋晩〕詩 殘暑、已に梁燕(家の梁の燕)に隨ひて去り 小春、應に海棠の爲に來るべし

【残照】ざんしょう(せう) 夕日。清・黄宗羲〔広化寺に至りて先忠端公の神位を拜す〕詩 江山千古、殘照を留め 草木三春、杜鵑(ほととぎす)有り

【残酔】ざんすい 二日酔い。宿酔。元・黄公望〔蘇東坡の竹〕詩 強ひて殘醉を扶けて吟筆を揮ふ 簾帳蕭蕭として、翠雨寒し

【残生】ざんせい 余生。〔宋書、宗室、長沙景王道憐伝〕(劉秉の妻蕭氏)毎に秉に謂ひて曰く、君富貴已に足る。故に應に兒子の爲に計を作すべし。年、五十に垂なんとす。殘生何ぞ吝しむに足らんやと。

【残星】ざんせい 夜明けの星。唐・趙嘏〔長安秋夕〕詩 殘星幾點、雁、塞に横たふ 長笛一聲、人、樓に倚る

【残雪】ざんせつ 消え残る雪。唐・孟浩然〔除夜〕詩 迢遞たり、三巴の路 羈危す、萬里の身 亂山、殘雪の夜 孤燭、異鄉の人

【残蟬】ざんぜん 秋深く残る蟬。唐・鄭谷〔江際〕詩 萬頃の白波、宿鷺迷ひ 一林の黃葉、殘蟬を送る

【残賊】ざんぞく 道にもとり義をそこなう。〔孟子、梁恵王下〕仁を賊する者、之れを賊と謂ふ。義を賊する者、之れを殘と謂ふ。殘賊の人、之れを一夫と謂ふ。一夫紂を誅するを聞けり。未だ君を弑するを聞かざるなり。

【残蠹】ざんと 虫ばまれいたむ。〔南史、劉苞伝〕少くして學を好み、能く文を屬る。家に舊書あり、例ね殘蠹す。手自ら編緝し、篋篋盈滿す。

【残冬】ざんとう 冬の終わり。明・薛蕙〔空上人山房に題す〕詩 古寺殘冬、倍ます悄然 老僧戶を閉ざして、獨り安禪す

【残灯】ざんとう うすれ灯。唐・元稹(白)楽天の江州司馬を授けられしを聞く〕詩 殘燈焰無くして、影幢幢たり 此の夕、君が九江に謫せられしを聞く

【残忍】ざんにん 残酷。〔三国志、魏、董卓伝〕卓、性殘忍不仁、遂に嚴刑を以て衆を脅かし、睚眦(目を怒らせる)の隙(争い)にも必ず報じ、人自ら保たず。

【残年】ざんねん 余命。〔列子、湯問〕北山の愚公なる者、年且に九十ならんとす。山に面して居る。~雜な曰く、諸れを渤海の尾、隱土の北に投ぜんと。~河曲の智叟、笑つて之れを止めて曰く、~殘年の餘力を以て、曾ち山の一毛をも毀つこと能はざらん。其れ土石を如何せんと。

【残破】ざんぱ 破壊する。〔史記、高祖紀〕項羽遂に西し、咸陽の秦の宮室を屠燒す。過ぐる所、殘破せざる無し。秦人、大いに望みを失ふ。

【残伐】ざんばつ 伐ち破りそこなう。〔戦国策、趙四〕宋の罪重く、齊の怒り深し。亂宋を殘伐し、大齊を得、身の封を定む。此れ百代の一時なり。

【残碑】ざんぴ　半ば壊れた石碑。〔池北偶談、十八、朝鮮採風録〕(白光勲の詩)秋草、前朝の寺　殘碑、學士の文　千年自ら流水　落日孤雲を見る

【残編】ざんぺん　散逸した書の一部。宋・欧陽脩〔九経正義中の讖緯を刪去せんことを論ずる剳子〕漢興りて亡逸を收拾せるも、存する所幾も無し。或いは殘編斷簡、屋壁に出づるも、～聖を去ること既に遠く、考證すべき莫し。

【残亡】ざんぼう　侵されて滅びる。〔墨子、所染〕此の六君なる者(呉の夫差等)は、染む所當らず。故に國家殘亡し、身は刑戮せられ、宗廟破滅す。

【残夢】ざんむ　夢のなごり。唐・温庭筠〔碧澗駅暁思〕詩　香燈は殘夢に伴ひ　楚國は天涯に在り

【残滅】ざんめつ　破壊し滅ぼす。〔史記、淮陰侯伝〕項王過ぐる所、殘滅せざる者無し。天下多く怨み、百姓親附せず。特だ威彊に劫かさるるのみ。

【残夜】ざんや　よあけ。唐・王湾〔北固山の下に次る〕詩　海日、殘夜に生じ　江春、舊年に入る　郷書、何れの處にか達する　歸雁、洛陽の邊

【残余】ざんよ　のこり。〔三国志、呉、駱統伝〕願はくは殿下、～荒虚を補復し、深く圖り遠く計り、殘餘の民を育し、人財の用を阜かにせよ。

【残陽】ざんよう　夕日。唐・白居易〔暮江吟〕詩　一道の殘陽、水中に鋪き　半江は瑟瑟、半江は紅なり

【残戮】ざんりく　残害する。晋・張悛〔呉の令謝詢の為に～守家の人を置くことを求むる表〕昔、漢高(祖)命を受け、～(項)羽の死するに逮んで、其の喪に臨哭せり。～殘戮の尸も、乃ち公を以て葬らる。

【残略】ざんりゃく　残欠する。宋・欧陽脩〔王彦章画像記〕公は本武人、書を知らず。其の語、質なり。～予五代の書に於て、竊かに善を善とし、惡を惡とするの志有り。～惜しい乎、舊史殘略し、公の事を備ふること能はず。

【残瀝】ざんれき　残りのしずく。宋・欧陽脩〔蒼蠅を憎むの賦〕爾の形は至眇にして、爾の欲は盈ち易し。杯盂の殘瀝、砧几の餘腥、希ふ所は杪忽にして、過ぐれば則ち勝へ難し。

↑残穢ざんあい　残った悪党/残闇ざんあん　残忍暗愚/残燠ざんいく　残暑/残炎ざんえん　残暑/残焔ざんえん　残りの焔/残煙ざんえん　残りの煙/残艶ざんえん　余香/残苛ざんか　苛酷/残娥ざんが　残月/残壊ざんかい　こわす/残骸ざんがい　死骸/残巻ざんかん　残余の書/残棋ざんき　うちかけの棋/残暉ざんき　残照/残毀ざんき　こわす/残虐ざんぎゃく　虐げる/残兇ざんきょう　残虐/残欠ざんけつ　欠ける/残闕ざんけつ　残欠/残刖ざんげつ　足切り/残孼ざんげつ　残党/残壺ざんこ　残り酒/残更ざんこう　夜明け前/残肴ざんこう　余肴/残虹ざんこう　消えかけの虹/残香ざんこう　余香/残釭ざんこう　残灯/残餚ざんこう　残肴/残稿ざんこう　書きかけの原稿/残国ざんこく　残亡の国/残恨ざんこん　遺恨/残痕ざんこん　痕跡/残債ざんさい　負債/残冊ざんさつ　残巻/残山ざんさん　亡国の山/残滓ざんし　のこりかす/残疾ざんしつ　からだの障害/残日ざんじつ　夕日/残酒ざんしゅ　残り酒/残春ざんしゅん　晩春/残書ざんしょ　よみ残し/残粧ざんしょう　艶やかさのなごり/残傷ざんしょう　そこなう/残身ざんしん　身をそこなう/残人ざんじん　老病の人/残燼ざんじん　残り火/残悴ざんすい　衰える/残政ざんせい　虐政/残税ざんぜい　未納の税/残燹ざんせん　戦火の余燼/残喘ざんぜん　余命/残租ざんそ　未納の税/残息ざんそく　残喘/残尊ざんそん　残壺/残脱ざんだつ　ぬける/残昼ざんちゅう　夕近く/残蜩ざんちょう　残蟬/残替ざんてい　衰え滅びる/残滴ざんてき　余滴/残徒ざんと　残党/残党ざんとう　残った悪党/残凍ざんとう　残氷/残盗ざんとう　余盗/残肉ざんにく　余肉/残熱ざんねつ　余熱/残葩ざんぱ　残花/残杯ざんぱい　残った酒/残癈ざんぱい　癈疾/残病ざんびょう　廃疾/残逼ざんぴょく　いじめる/残馥ざんぷく　余香/残兵ざんぺい　敗残の兵/残敝ざんぺい　いたむ/残片ざんぺん　残り/残芳ざんぽう　残花/残氓ざんぼう　亡国の民/残暴ざんぼう　暴虐/残慢ざんまん　ゆるやか/残民ざんみん　残氓/残邑ざんゆう　疲弊した村/残落ざんらく　廃れる/残乱ざんらん　乱れる/残吏ざんり　酷吏/残掠ざんりゃく　傷つけ奪う/残留ざんりゅう　残る/残溜ざんりゅう　余滴/残涙ざんるい　涙の痕/残類ざんるい　残党/残黎ざんれい　疲弊した民/残暦ざんれき　余日/残臘ざんろう　年末の余日

↓影残・冤残・華残・虹残・荒残・香残・摧残・秋残・春残・除残・松残・勝残・焼残・浸残・哀残・睡残・雪残・殫残・叢残・誅残・凋残・彫残・灯残・読残・敗残・廃残・無残・夢残・名残・闌残・懶残・零残・老残・漏残

常

【斬】　11　5202　ザン　きる　ころす

篆文

会意　車と斤。車を作るための材を斬ることをいう。〔説文〕十四上に「截るなり」とし、また「斬は車裂に法るなり」という。斬を刑罰とすることは〔釈名、釈喪制〕に「頭を斫るを斬と曰ひ、要(腰)を斬るを要斬と曰ふ。斬は暫なり。暫く兵を加へ即ち斷ずるなり」とするが、斬の初義ではあるまい。殊に車裂には別に轘という字があり、また斬首は古く伐といい、伐とは人頭を截る形である。〔周礼、考工記、輪人〕「三材(車の各部に用いる材)を斬る」のように、もと車の制作に関して用いる字である。

訓義　1きる、木を斬る、車の材を斬る。2うつ、さく。3ころす、きりころす、斬首、腰斬。4たちきる、つきる。5喪服。裁断して綴り合わせたのみで、ふちぬいしない衣裳。斬衰。

古訓　〔名義抄〕斬　キル・ヲル・ケヅル・タツ・タエヌ・サク・チ、ボム・ヤウヤク

声系　〔説文〕に斬声として槧・暫・慙・漸・塹・鏨など十七字を収める。斬取し、断絶する状態をいう語が多いようである。斬新は唐以後の俗語である。

語系　斬tzheam、槧・鏨dzamは声義近く、鏨鑿に関係のある語である。槧は板を削った牘樸、書版をいう。鏨は小鑿、金を鐫えることをいう。芟sheam、殺(殺)sheatはともに芟截する意があり、それで〔詩、小雅、節南山〕「國既に卒く斬ゆ」のような用法がある。

【斬焉】ざんえん　喪中の悲しみの状態にあるさま。〔左伝、昭十年〕晉の平公卒す。～既に葬る。諸侯の大夫、因りて新君に見えんと欲す。～叔向之れを辭して曰く、大夫の事(弔礼)畢れり。而して又孤に命ず(謁見を求める)。孤、斬焉、衰絰(喪服)の中に在り。

【斬艾】ざんがい　刈りつくす。〔左伝、哀二年〕范氏、中行氏、天明に反易し、百姓を斬艾し、晉國を擅にして、其の君を滅ぼさんと欲す。

【斬獲】ざんかく(ざんくわく)　斬首と捕虜。〔三国志、魏、曹仁伝〕太祖の袁術を破りしとき、仁、斬獲する所頗ぶる多し。～太祖其の勇略を器とし、郡に之かしめず。

【斬級】ざんきゅう(ざんきふ)　斬首。〔宋史、徽宗紀二〕(崇寧四年春二月)庚申、詔して西邊に兵法を用ふるに、能く羌人を招納せし者は、斬級と賞を同じうす。

【斬衰】ざんさい　最も重い喪服。麻で作る。〔礼記、喪服小記〕父母の喪偕もになるときは、先づ葬る者(母)は虞祔せず。～其の葬るときは斬衰を服す。

【斬殺】ざんさつ　切り殺す。また、死刑。〔礼記、月令〕(仲秋の月)乃ち有司に命じて、申ねて百刑を嚴にし、斬殺必ず當り、枉橈或ること毋からしむ。

【斬首】ざんしゅ　馘首。〔戦国策、中山〕韓・魏相ひ率ゐて兵を興すこと甚だ衆し。君將ゐる所の卒、之れに半ばなること能はず。而して之れと伊闕に戰ひ、大いに二國の軍を破り、流血鹵(楯)を漂はし、斬首二十四萬。韓・魏、故を以て、今に至るまで東藩と稱す。

【斬新】ざんしん　まあたらしい。〔甌北詩話、三〕(韓昌黎の詩)沈

(佺期)・宋(之問)創めて律詩を爲りより後、詩格已に備はらざる無し。昌黎(韓愈)に至りて又斬新開闢し、務めて前人の未だ有らざる所を爲せり。

【斬絶】 厳しく鋭い。宋・蘇洵〔欧陽内翰(脩)に上る第一書〕孟子の文、語約にして意盡く。巉刻斬絶の言を爲さずして、而も其の鋒犯すべからず。

【斬蛇】 蛇を斬る。漢の高祖が白帝の子を斬ったという説話。〔史記、高祖紀〕高祖~、夜、澤中を徑ふ。~前に大蛇有り、徑に當る。~高祖~乃ち前すみ、劍を拔いて蛇を撃斬す。~嫗曰く、吾が子は白帝の子なり。~今赤帝の子に之れを斬られたり~と。

【斬断】 たち切る。唐・杜甫〔後苦寒、二首、二〕詩 天兵斬斷す、青海の戎 殺氣南行して、坤軸(地軸)を動かす

【斬伐】 きり殺す。〔史記、酷吏、尹斉伝〕張湯に事ふ。張湯數しば稱して以て廉武なりと爲し、盜賊を督せしむ。斬伐する所、貴戚を避けず。

↑斬刈 斬艾/斬馘 馘首/斬奸 斬姦/斬姦 悪邪のあるものを斬る/斬決 たち切る/斬縗 斬衰/斬罪 うち首/斬刪 断絶する/斬芟 斬艾/斬斬 厳格なさま/斬死 斬殺する/斬斫 斬る/斬除 切り除く/斬截 切る/斬撻 斬りうつ/斬薙 斬り除く/斬殄 誅滅する/斬馬 斬馬の剣/斬板 版築の板/斬氷 伐氷/斬捕 斬り捕らえる/斬滅 斬り滅ぼす/斬戮 斬り殺す

↓擒斬・剣斬・苴斬・断斬・屠斬・捕斬・要斬・腰斬

【塹】 14 5210 ザン セン あな ほり

篆文 

形声 声符は斬。〔説文〕十三下に「阬なり。一に曰く、大なり」とあり、坑陥の長大なるものをいう。坑中に木を組んで坑道となすものを、塹柵・塹壕という。〔史記、高祖紀〕に「壘を高くし、塹を深くす」とみえる。斬に断絶するところの意がある。

訓義 ①あな、ほり、みぞ状のほり。②ほる。③大きい。

古訓 〔和名抄〕塹 保利岐(ほりき) 〔名義抄〕塹 ホル・ホリケ・アナ・ミゾ・カキ 〔字鏡集〕塹 ホリキ・ホル・アナ・カキ・ミゾ・ウヅム

【塹壕】 とりでの坑。〔唐書、裴行倹伝〕大軍、單于の北に次る。暮に已に營を立て、塹壕既に周し。行儉更に命じて營を高岡に徙さしむ。~風雨暴かに至り、前の占營の所、水深丈餘なり。衆、駭嘆せざる莫し。

【塹柵】 ほりと逆茂木。〔南斉書、魏虜伝〕(王)肅と劉昶とを遣はす。二十萬の衆と號し、義陽を圍む。司州刺史蕭誕、拒み戰ふ。虜、塹柵を築圍すること三重、居民を燒きて淨盡し、力を幷せて城を攻む。城中楯を負ひて立つ。

【塹塁】 塹壕と、とりで。〔抱朴子、明本〕疫癘流れず、禍亂作らず。塹壘設けず、干戈用ひず。議せずして當り、約せずして信。~此れ蓋し道の治世なり。

↑塹淵 深い谷/塹坎 ほり/塹埳 ほり/塹濠 塹壕/塹谷 ほりと谷/塹刺 入墨/塹峭 要害/塹絶 ほりで阻絶する/塹道 塹壕の道

↓囲塹・外塹・郭塹・環塹・坑塹・荒塹・塞塹・鑿塹・山塹・浚塹・峭塹・墻塹・城塹・深塹・水塹・大塹・池塹・長塹・重塹・複塹・塁塹

【嶄】 14 2252 〔巉〕 14 2272 ザン たかい けわしい

形声 声符は斬。斬に断絶するものの意がある。嶄新は斬新、嶄然は他より高く挺出する意。「嶄然頭角を見わす」のようにいう。

訓義 ①たかい、けわしい、たかくけわしい。②鏨と通じ、うがつ、える、ほる。

古訓 〔名義抄〕嶄 サガシ・タカシ

【嶄然】 高くぬきんでる。唐・韓愈〔柳子厚墓誌銘〕少くして精敏、通達せざる無し。其の父の時に逮びて、少年と雖も、已に自ら成人なり。能く進士の第を取り、嶄然として頭角を見はせり。

↑嶄嵌 険しく深い/嶄岩 きり立った巌/嶄巌 嶄嵒/嶄鑿 鋭くうがつ/嶄嶄 高いさま/嶄崒 高峻/嶄新 きわだって新しい/嶄絶 高峻/嶄壁 絶壁/嶄法 巧い手品

【慙】 15 5233 〔慚〕 14 9202 ザン はじる はじ

篆文 

形声 声符は斬。〔説文〕十下に「媿づるなり」とあり、媿字条十二下に「慙づるなり」とあって互訓。合わせて慙媿という。〔書、仲虺之誥〕に「慙徳」の語があり、徳化の及ばぬことを自責する意である。字はまた慚に作る。

訓義 ①はじる、はじ。②正しくない、正しくないことを自責する。

古訓 〔名義抄〕慙 ハヅ

【慙恚】 はじいかる。〔論衡、累害〕人才高下あり、鈞同なる能はず。同時に竝び進むも、高き者は榮を得、下き者は慙恚して、其の行を毀傷す。

【慙慨】 はじなげく。〔宋書、武三王、江夏文献王義恭伝〕臣、年衰へ意塞ぎ、知解する所無し。皇族の耆長を忝めめ、慙慨すること内に深し。

【慙顔】 はじいる顔。〔南斉書、予章文献王伝〕(沈約の楽藹に答うる書)文獻王は彝倫に冠冕す。~一世の辭宗に非ざるよりは、或いは此れに與し難し。約は閭閈(村里)の鄙人、~命を聞きて慙顏し、已に汗の背を沾すを覺えず。

【慙愧】 はじる。〔漢書、貢禹伝〕伏して自ら念ふに、終に以て厚徳に報ずること亡からん、日夜慙愧するのみ。臣禹、犬馬の齒八十一、~復た補益する有る能はず。~願はくは骸骨を乞はん。

【慙懼】 はじおそれる。〔後漢書、孔融伝〕(曹操に報ずる書)忠は三閭(屈原)に非ず、智は鼂錯に非ず。位を竊み過を爲し、罪を免るるを幸ひと爲す。乃ち餘論をして遠く聞えしむるは、慙懼する所以なり。

【慙恨】 はじうらむ。〔晋書、王堕載記〕(堕)性、剛峻疾惡。~董榮~を疾みて~曰く、~是れ何の雞狗ぞ、而ち國士をして之れと言はしめんやと。榮聞きて慙恨し、遂に~之れを誅す。

【慙羞】 はじらう。唐・韓愈〔江陵に赴き、途中翰林三学士に寄贈す〕詩 弱妻、稚子を抱き 出でて拜し慙羞を忘る 僶俛回顧せず 行き行きて連州に詣る 朝には靑雲の士と爲り 暮には白頭の囚と作る

【慙悚】 はじおそれる。梁・昭明太子〔勅して看講を賚ふを謝する啓〕徒だ玉府を觀て、慙悚交幷せ、寢興(夙夕)寘く無し。

【慙色】 はじいるようす。〔晋書、周処伝〕吳平らぐに及び、王渾~讌ひて曰く、諸君は亡國の餘なり。慼ひ無きを得んやと。處對へて曰く、漢末分崩し、三國鼎立す。魏は前に滅び、吳は後に亡ぶ。亡國の慼ひ、豈に惟だ一人のみならんやと。渾に慙色有り。

【慙沮】 はじて気落ちする。南朝宋・謝霊運〔魏の太子の鄴中集の詩に擬す、八首、応場〕詩 調笑して輒ち酬答す 嘲謔して、慙沮すること無し

【慙赧】 はじて赤面する。〔資治通鑑、唐紀五十二〕(順宗、永貞元年)(王)叔文、中書に至り、執誼と事を謀らんと欲す。

～（韋）執誼浚巡慙赧し、～其の閤に就いて語ること良や久し。～二相（賈耽・鄭珣瑜）～相ひ次いで歸臥す。叔文～益と顧忌する所無し。

【慙恥】ざんち はじる。〔史記、貨殖伝〕家貧しく親老い、妻子軟弱にして、歳時に以て祭祀し進醵（お供え）する無く、飲食・被服、以て自ら通ずるに足らざるに至る。此くの如くにして慙恥せざるは、則ち比する所無し。

【慙惕】ざんてき はじおそれる。〔梁書、徐勉伝〕寔に才輕く務め廣く、思力周からざるに由り、永く言に慙惕し、寤寐（昼夜）に忘るること無し。

【慙徳】ざんとく 不徳をはじる。〔書、仲虺之誥〕成湯、桀を南巣に放ち、惟れ慙徳有り。曰く、予れ來世の、台を以て口實と爲さんことを恐ると。

→慙悔 はじ悔む／慙汗 はじて冷汗をかく／慙悸 はじ懼れる／慙媿 慙愧／慙嘘 てれ笑い／慙形 はじるさま／慙惶 慙懼／慙怍 はじる／慙恧 慙怍／慙謝 はじてあやまる／慙灼 慙赧／慙心 はじいる心／慙嘆 はじ嘆く／慙痛 はじ悔む／慙怖 慙懼／慙伏 はじ伏す／慙服 慙伏／慙忿 はじ怒る／慙憤 慙忿

→感慙・銜慙・頑慙・愧慙・驚慙・羞慙・悚慙・心慙・震慙・雪慙・内慙・無慙・面慙・憂慙

常【暫】 15 5260 ザン しばらく

篆文 

形声 声符は斬ざん。斬に一時断絶した状態にあることを示す意がある。〔説文〕七上に「久しからざるなり」という。漸と声義近く、漸は次第に他に及ぶ意で、暫が時間的であるのに対して、漸は場所的に浸透することをいう。

訓義 ①しばらく、しばし、つかのま、わずかのま。②にわかに。③字はまた蹔に作る。

古訓 〔名義抄〕暫 シバラク・カリソメ・アカラサマ 〔字鏡集〕暫 シバラク・アキラサマ・ヤウヤク・スミヤカ・ニハカニ・ハヤシ・ス、ム

【暫歓】ざんかん（くわん） 一時の歓び。晉・劉琨〔盧諶に答ふる書〕塊然として獨り坐せば、則ち哀憤兩つながら集る。時に復た相ひ與に觴を舉げ膝を對へ、～終身の積慘を排し、數刻の暫歡を求む。

【暫寓】ざんぐう 一時身をよせる。仮の世。宋・蘇軾〔陶（潜）の旧居に還るに和す〕詩 世に生まるるも、本と暫寓のみ 此の身、念念に非なり

【暫屈】ざんくつ 一時屈する。〔陳書、虞寄伝〕文帝曰く、暫く卿を屈して藩に遊ばしむる所以の者は、止だ文翰を以て相ひ煩はすのみに非ず、乃ち師表を以て相ひ事へしめんとするなり。

【暫時】ざんじ しばらく。一時。唐・高適〔李少府の峡中に貶せらるる～を送る〕詩 聖代即今雨露（仁恵）多し 暫時手を分つとも躊躇すること莫かれ

【暫労】ざんろう（らう） 一時苦労する。漢・張衡〔西京の賦〕高祖業を創め、體を繼ぎ基を承く。暫勞永逸、無爲にして治まる。耽樂是れ從ひ、何をか慮ひ何をか思ふ。

→暫雲 浮雲／暫延 一時延期する／暫往 死／暫寄 暫寓／暫遇 出あう／暫憩 しばらく休む／暫見 一寸見る／暫行 臨時／暫候 しばらく待つ／暫刻 暫時／暫歯 乳歯／暫爾 暫時／暫住 暫寓／暫署 臨時の代理／暫駐 一時駐留する／暫定 臨時／暫輟 しばらく休む／暫免 一時逃れ／暫面 急にあう／暫来 暫寓／暫離 一時の別／暫斂 仮葬

【槧】 15 5290 ザン ふだ はんぎ

篆文 

形声 声符は斬ざん。斬は斬伐の意。〔説文〕六上に「牘樸なり」とあり、書版の意。漢の揚雄が方言を集録するとき、「常に鉛（鉛筆）を懷にし、槧を提ち」絶域四方に旅したことが、〔西京雜記、三〕にみえる。鉛槧は鉛筆と筆記帳にあたる。のち書を版行することをいい、版本をまた槧本という。

訓義 ①ふだ、いた、書札。②てがみ、簡札、書状。③版木。

古訓 〔字鏡集〕槧 キル・ハコ・ケヅリイタ

語系 槧・鏨dzamは斬tzheamの声義を承ける字。木を断って木札とするを槧、版木を槧、金に鐫るを鏨という。

【槧人】ざんじん 読書人。また刻字工。〔後山詩話〕余わ李白の詩を評するに、樂を洞庭の野に張るが如し。首も無く尾も無し。故常を主とせず。墨工（下書き人）・槧人の擬議すべき所に非ず。

【槧本】ざんぽん 版本。木版本。〔東観余論、下、洛陽に得る所の杜少陵（甫）の詩後に跋す〕政和二年夏～法堂壁閒の弊篋中に此の帙を得たり。錄する所の杜子美の詩、頗る今行の槧本と小異す。

→槧工 刻字工／槧刻 木版／槧次 編次

→鉛槧・懐槧・簡槧・削槧・提槧・抱槧

【毚】 17 2741 ザン はしこい わずか

篆文 

会意 㲋＋兎（兔）。二兎の重なる形。一兎が跳躍して一兎をこえるともみえ、また兎の習性として一隅に寄りそって、竄れのがれようとする姿ともみえる。〔説文〕十上に「狡兎なり。兎の駿き者なり」とは、跳躍する兎の姿とみるものであろう。〔詩、小雅、巧言〕「躍躍たる毚兎 犬に遇ひて獲らる」とみえる。毚声の字に、高くせり上がる意がある。

訓義 ①はしこい、はしこいうさぎ。②かさなる、すみによる。③纔と通じ、わずか。④むさぼる。

古訓 〔字鏡集〕毚 ハヤキウサギ

部首 〔説文〕は毚を㲋部に属するが、次の兔部に𪋺を録し、「疾みやかなり」とあるのと形義が近い。㲋は兎の両足をしるす形であるから、㲋部の字はすべて兔部に属すべきものである。

声系 〔説文〕に毚声として讒・劖・儳・纔・鑱など七字を収め、〔玉篇〕に「巉巖、高く危し」とする字がある。毚声の字に、高く危ういものの意がある。讒は譖、劖は断、儳は不斉、鑱は鋭、みな不斉にして鋭い意を含む字である。

語系 毚dzheamは竄tsyuanと声義の関係があるとみられ、兎が一隅に重なり寄るのを毚、鼠が穴中にひそむのを竄という。

【毚兎】ざんと すばしこい兎。唐・王維〔戯れに張五弟諲に贈る、三首、三〕詩 罝みを設けて毚兎を守り 鉤を垂れて遊鱗を伺ふ 此れは是れ口腹を安んずるのみ 隱淪（隠逸）を慕ふに關するに非ず

【毚微】ざんび わずか。〔論衡、定賢〕譬へば猶ほ醫の病を治むるがごとし。方有るときは、篤劇なるも猶ほ治まり、方無きときは、毚微なるも愈えず。

→毚欲 貪欲

→秋毚・兎毚

【竄】 18 3071 ザン かくれる のがれる

篆文 

会意 穴（穴）＋鼠。〔説文〕七下に「匿かくるるなり。鼠の、穴中に在るに從ふ」（段注本）とみえ、竄伏することをいう。遠く辺境に移して拘囚することを、放竄という。〔書、舜典〕「三苗を三危に竄す」の竄を、また𥨍に作る。𥨍は呪霊をもつ獣である祟を、廟中に殴って呪詛し、敵に祟りを与える呪術を意味した。それで竄には、すてる意がある。文字を改めることを点竄というのは、旧字を塗りつぶし

て匿す意である。

訓義 ①かくれる、のがれる。②かくす、いれる、おく。③はなす、はなつ、すてる、ころす。④かすか、わずか。

古訓 〔篇立〕竄 ノガル・カクル 〔字鏡集〕竄 ノガル・フサガル・カクル・ハナツ・ウカヾフ

【竄改】ざんかい 文字を改めかえる。〔広川書跋、九〕今人、唐人の遺稿を得たるに、石刻と異なる處甚だ衆し。一に某に作る、又某に作るといふ者有り。皆其の後之れを竄改せるなり。

【竄句】ざんく 語句を改める。〔荘子、駢拇〕辯に駢なる者は、瓦を纍ね繩を結ぶがごとく、堅白同異の閒に竄句遊心して、毀譽無用の言を敝す。非なる乎。而して楊・墨は是れのみ。

【竄斥】ざんせき 追い退ける。宋・王安石〔欧陽文忠公(脩)を祭る文〕嗚呼、公の仕宦せしより四十年、上下往復す。世路の崎嶇(険しさ)に感じ、迍邅(行きなやみ)困躓(つまずき)し、竄斥流離すと雖も、終に掩ふべからざる者は、其の公議の是非を以てなり。

【竄謫】ざんたく 流罪。官を貶し、辺地に移す。元・虞集〔楊叔能詩の序〕蘇州(韋応物)は、詩を憔悴の餘に學び、子厚(柳宗元)は、思ひを竄謫の久しきに精しくす。

【竄逐】ざんちく 放逐される。唐・李白〔易秀才に贈る〕詩 蹉跎たり、君自ら惜しむも 竄逐せられ、我誰にか因らん

【竄定】ざんてい 詩文を刪定する。〔唐書、劉仁軌伝〕河南道安撫大使任瓌、上疏して論奏する所有り。仁軌、其の槀を見、爲に數言を竄定す。瓌驚異す。

【竄匿】ざんとく 逃げかくれる。〔鬼谷子、抵巇〕小人讒賊し、賢人用ひられず。聖人竄匿し、貪利詐僞の者作る。

【竄避】ざんぴ 逃げかくれる。〔神仙伝、十、封衡〕魯女生に遇ひ、還丹訣及び五嶽眞形圖を授けらる。遂に天下を周遊す。故に山官水神、潛かに相ひ迎へ伺ひ、凶鬼怪物も竄避せざる無し。

【竄伏】ざんぷく にげかくれる。〔後漢書、姜肱伝〕中常侍曹節等、專ら朝事を執り、新たに太傅陳蕃〜を誅し、賢德を寵するに借りて、以て衆望を釋かんと欲す。乃ち肱を白徵して太守と爲す。肱〜乃ち隱身遯命す。〜遂に羸服閒行し、靑州界中に竄伏し、賣卜して食に給す。

【竄名】ざんめい 不法な手段で名籍に列する。〔唐書、段秀実伝〕(郭子儀の子晞)邠州に屯す。士、放縱不法、邠人の惡を嗜む者、賄を納れて名を伍中に竄し、因りて志を肆にし、吏問ふことを得ず。

【竄流】ざんりゅう(りう) 罪人として辺地に流す。唐・韓愈〔滝吏〕詩 潮州は底の處所ぞ 罪有るもの、乃ち竄流せらる

↑竄悪 悪をかくす／竄逸 逃亡する／竄易 変易する／竄益 附益する／竄削 刪改する／竄雑 まぜる／竄死 貶逐されて死ぬ／竄視 そら見／竄迹 かくれる／竄責 流竄／竄竊 盗作する／竄走 逃走する／竄蔵 かくれる／竄端 端緒をかくす／竄黜 放逐する／竄入 逃げこむ／竄附 竄増／竄貶 竄黜／竄亡 逃亡する／竄謀 密謀する／竄奔 逃走する／竄命 逃命／竄乱 改変する

↓隠竄・遠竄・改竄・解竄・刊竄・窮竄・囚竄・懾竄・深竄・斥竄・穿竄・潜竄・遷竄・鼠竄・走竄・蔵竄・謫竄・点竄・投竄・逃竄・匿竄・遁竄・遯竄・伏竄・貶竄・逋竄・亡竄・北竄・奔竄・流竄

【蹔】 18 5280 ザン ゆく

形声 声符は斬。〔玉篇〕に「久しからざるなり。暫と同じ」とあり、暫と同字でその異文とみてよい。〔国語、晋語五〕に「蹔事」、〔列子、楊朱〕に「蹔行」、〔列子、周穆王〕に「蹔亡」など、かなり早い時期の文献にみえる。

訓義 ①ゆく、はやくゆく。②暫と同じ、しばらく。

古訓 〔名義抄〕蹔・暫 シバラク・カリソメ・アカラサマ

＊語彙は暫字条参照。

↑蹔懈 少しおこたる／蹔見 しばらくあう／蹔事 急襲する／蹔時 暫時／蹔停 しばらくとまる／蹔亡 一時消失する

【儳】 19 2721 ザン みだれる

篆文

形声 声符は毚。〔説文〕八上に「儳互、齊しからざるなり」とあり、「儳巌」とは布陣がまだ整わぬことをいう。毚に遁竄の意があり、儳に急疾、かりそめなどの意がある。

訓義 ①みだれる、そろわぬ、ちぐはぐ。②はやい、いそぐ、かるがるしい、みだりがわしい、かりそめ。③暫と通じ、しばらく。④攙と通じ、攙入、さしはさむ、まじる。

古訓 〔篇立〕儳 トナリ・サカシラ・ヒト・ト丶ノフ 〔字鏡集〕儳 ト丶ノフ・シバラク・サカシラス・ヨシ・トナリ・サカシラ

【儳焉】ざんえん 心乱れるさま。〔礼記、表記〕君子、荘敬なれば日に強く、安肆なれば日に偸し。君子、一日を以て、其の躬をして儳焉として日を終へざるが如くならしめず。

【儳言】ざんげん さし出ぐち。〔礼記、曲礼上〕長者(その事に)及ばざれば、儳言すること毋かれ。

↑儳越 さし出る／儳巌 不斉／儳互 不斉／儳孱 混雑／儳然 ほしいままにする／儳頭 粗悪／儳道 近道／儳婦 浮気女／儳乱 混乱／儳路 近道／儳和 儳越する

↓鼓儳・儖儳

【巉】 20 2771 ザン けわしい

形声 声符は毚。〔玉篇〕に「巉巖、高く危し」とあり、岩石の嵯峨たる岩山をいう。毚は兎がその仲間を超えるようにして飛び跳ねる形。ゆえに「高く危うい」意がある。

訓義 ①けわしい、山が高くけわしい。②たかい、岩が高くそびえる。③嶄と通じ、高峻のさまをいう。

古訓 〔名義抄〕巉 ツクル 〔字鏡〕巉 サカシ・ツクス

【巉巌】ざんがん 高くけわしい岩山。唐・李白〔蜀道難〕詩 問ふ君、西遊して何れの時か還る 畏途巉巖、攀づべからず 但だ見る、悲鳥の枯木に號き 雄飛び雌從ひて、林閒に繞るを

【巉刻】ざんこく けわしい崖。また、かどかどしい表現。〔漁洋詩話、上〕徐夜、字は東癡。〜余が兄弟と外從兄弟爲り。詩は陶(潜)・韋(応物)に學び、巉刻の處は孟東野(郊)に似たり。余、之れを目けて磵松露鶴と爲す。

【巉巉】ざんざん けわしく高い。明・袁宏道〔墨畦〕未だ康陵に至らざること里許、山骨巉巉として、古樹根と相ひ錯はりて出づ。壁上、野花繪の如く、景物幽絶なり。

【巉峭】ざんしょう(せう) 岩などがきり立ってけわしい。〔北夢瑣言、七〕福建道は海口黄碕岸に横石巉峭なるを以て、常に舟楫の患を爲す。閩王瑯琊王〜設祭して、〜三奠未だ終らざるに、海内の靈怪具見す。〜魚に非ず、龍に非ず、鱗黄鬣赤、凡そ三日にして風雷止霽す。

↑巉崖 けわしいがけ／巉岸 きり立った岸／巉嵒 巉巌／巉空 兀立する／巉嶮 けわしい／巉削 巉峭／巉秀 高く美しい／巉崒 巉峭／巉絶 きり立って高い／巉然 高いさま／巉立 そびえ立つ

↓嵌巉・巌巉・碧巉

【懺】 20 9305 ザン サン くいる

形声 声符は韱。もと仏教語であったらしく、〔梁書、処士、庾詵伝〕に「宅内に道場を立て、環繞禮懺し、六時輟めず」とあり、懺悔することをいう。懺悔は梵語 kṣama の音訳懺摩の

懺に、意訳の悔を加えた語。

訓義 ①くいる、自らの罪をくいる、自省する。②字はまた讖に作る。

古訓 〔字鏡〕懺 阿万祢波須(あまねはす)、ソヒヤカナリ・クユル・ホロホス〔字鏡集〕懺 クユ・ハヂ・ヲヒヤカナリ・イヤシ

【懺悔】(ざんげ) 自ら改め悔いる。梁・簡文帝〔六根懺文〕今日此の衆、誠心懺悔す、六根の障業、眼識の無明、朱紫を傾け易し、一たび浮染に従ふときは、千紀に歸すること莫からん。

↑懺謝(ざんしゃ) 懺悔/懺除(ざんじょ) 懺悔/懺洗(ざんせん) 洗心/懺陳(ざんちん) 懺悔/懺法(ざんぽう) 懺悔道/懺礼(ざんれい) 懺法

↓愧懺・私懺・礼懺

【纔】 23 2791 ザン サン くりいろ わずか

篆文

形声 声符は毚。〔説文〕十三上に「帛、雀頭の色なり。一に曰く、微黑色、紺の如し」とし、「纔は淺きなり。讀みて讒の若くす」という。色の浅いことから、「わずか」の意があるとするものであろう。

訓義 ①くりいろ、すこし黒いいろ、つちいろ。②一度染めの帛。③才・財・裁などと通じ、わずか。

古訓 〔新撰字鏡〕纔 志介糸(しけいと)〔名義抄〕纔 ワヅカニ・ヨフ〔字鏡集〕纔 タビノ〳〵・ワヅカニ・シバラク・チカシ・ウスクロイロ・ヨフ・ハジメ・ヨミ

語系 纔・才・材・財・裁dzəは同声。みな「はじめ」「わずか」の意がある。「わずかに」という副詞によみ、「わずかに能くす」の意に用いる。

【纔至】(ざんし) やっと着く。〔漢書、鼂錯伝〕之れ(辺民)を救ふに、少しく發すれば則ち足らず。多く發すれば、遠縣纔かに至るも、則ち胡も又已に去る。

【纔瞬】(ざんしゅん) 一瞬の間。宋・楊万里〔蘇木灘〕詩 忽ち灘を下る舟に逢ふ 掀舞して快雲と駛す 何ぞ曾ち一棹を費やさん 纔瞬にして、已に數里なり

↑纔好(ざんこう) やっとよい/纔足(ざんぜ) 纔好/纔方(ざんぽう) まさに。はじめて

↓初纔

【讒】 24 0761 ザン そしる

篆文

形声 声符は毚。〔説文〕三上に「譖るなり」とあり、譖には「愬ふるなり」という。無実をもって人を讒毀することをいう。讒・譖は声義の近い語で、〔左伝、昭五年〕に「敗言を讒と爲す」とみえる。〔詩、小雅、十月之交〕に「罪無く辜無きに 讒口囂囂たり」とあって、西周末期の政治社会は混乱を極めた。

訓義 ①そしる、あしざまにいう、人を傷つけることをいう。②そこなう。③いつわる、大げさにいう。④おもねる。

古訓 〔新撰字鏡〕讒 与己須(よこす)、不久也久(ふくやく)〔名義抄〕讒 ソシル・ヤブル・ネコト・ヨコト・シコヅ・マヘ・マウシ〔字鏡集〕讒 ヨコト・シコヅ・ネコト・マヘ・マウシ・ヤブル・イツハル・ワカツ・ソシル

語系 讒dzheam、譖tzhiamは声近く、ともにそしることをいう。譖は簪を呪具として人を呪詛することを示す字。〔玉篇〕に「譖は讒なり」とあって互訓している。

【讒悪】(ざんお(を)) そしる。〔史記、楚世家〕伍奢は太子太傅爲り。無忌は少傅爲り。無忌～常に太子建を讒惡す。～伍奢、無忌の讒するを知りて、乃ち曰く、王奈何ぞ小臣を以て骨肉を疏んずると。

【讒害】(ざんがい) そしり害する。〔後漢書、祭祀志下〕安帝、大臣を讒害し、太子を廢するを以て、崩ずるに及んで上宗(廟号)の奏無し。後、～其の陵號を以て恭宗と號す。

【讒陷】(ざんかん) 讒言して罪に陥れる。〔後漢書、来歴伝〕明年(延光三年)、中常侍樊豐～等、共に太尉楊震を讒陷し、震遂に自殺す。歷、待御史虞詡に謂ひて曰く、～楊公を誣奏し、忠良を傷害す。其の天禍、亦た將に至らんとすと。

【讒間】(ざんかん) 讒言して仲を裂く。〔五代史、死節、王彦章伝〕梁末、帝昏亂にして、小人趙巖・張漢傑等事を用ひ、大臣宿將、多く讒閒せらる。彥章、招討副使爲りと雖も、謀用ひられず。

【讒逆】(ざんぎゃく) 中傷し、悪逆をはたらく。〔後漢書、張晧伝〕昔賊臣江充、讒逆を造構し、戾園(戾太子)をして兵を興さしめ、遂に禍難に及べり。後、壺關の三老(令狐茂等)一言し、上乃ち覺悟し、前失を追ひ、之れを悔むと雖も、何ぞ逮ばん。

【讒言】(ざんげん) 悪口。〔詩、小雅、沔水〕民の訛言 寧ぞ之れを懲むる莫き 我が友、敬せよ 讒言其れ興らん

【讒巧】(ざんこう(かう)) 巧みに人を陥れる。唐・李白〔崔司戸文昆季に贈る〕詩 布衣にして丹墀(宮廷)に侍し 密勿(勉めて)絲綸(詔勅)を草す 才微にして惠渥重く 讒巧、緇磷(汚れ)を生ず

【讒構】(ざんこう) 無実の人を陥れる。魏・李康〔運命論〕聖明の君には、必ず忠賢の臣有り。～得失も其の志を疑ふこと能はず、讒構も其の交はりを離すこと能はず。然る後成功を得るなり。

【讒嫉】(ざんしつ) 嫉妬して讒する。〔宋史、忠義十、陳東伝〕(李)綱、庶官より起り、獨り大事に任ず。(李)邦彥等、疾むこと仇讎の如く、其の成功を恐れ、～讒嫉至らざる所無し。陛下若し其の言に聽き、(李)綱を斥けて用ひざれば、宗社の存亡、未だ知るべからざるなり。

【讒邪】(ざんじゃ) 邪悪で人を讒言する。漢・張衡〔四愁の詩、序〕張衡、久しく機密に處ることを樂しまず。～四愁の詩を爲りて、～道術を以て相ひ報い、時君に貽らんことを思ふも、讒邪の以て通ずるを得ざらんことを懼る。

【讒臣】(ざんしん) 讒佞の臣。〔史記、趙世家〕姦臣朝に在るは、國の殘なり。讒臣中に在るは、主の蠹なり。

【讒人】(ざんじん・ざんにん) 讒言する者。〔史記、屈原伝〕屈平、道を正し行ひを直にし、忠を竭し智を盡し、以て其の君に事ふ。讒人之れを閒す。窮すと謂ふべし。

【讒説】(ざんせつ) 讒言。〔書、舜典〕朕れ讒説殄行(暴虐の行)の、朕が師(衆)を震驚することを堲む。

【讒賊】(ざんぞく) 讒言し人を傷つける。その人。〔史記、呉王濞伝〕今者主上、～小善を好み、讒賊に聽き、擅に律令を變更し、諸侯の地を侵奪す。

【讒鼎】(ざんてい) 讒を戒める銘をもつ鼎という。殷周の鼎銘には、そういう格言的な語をしるしたものはない。〔左伝、昭三年〕讒鼎の銘に曰く、昧旦(夜明け)丕いに顯らかなるも、後世猶ほ怠ると。況んや日に悛めず、其れ能く久しからんや。

【讒慝】(ざんとく) 邪悪。〔左伝、襄三十一年〕韓宣子、政を爲し、諸侯を圖る能はず。魯は晉の求めに堪へず。讒慝弘だ多し。是こを以て平丘の會有り。

【讒佞】(ざんねい) ことば巧みに讒する。〔晏子、諫上八〕景公、讒佞を信用し、無功を賞し、不辜(罪なき者)を罰す。晏子諫めて曰く、臣聞く、名君は～讒佞に聽きて以て誅賞せず～と。

【讒夫】(ざんぷ) 讒言する男。〔説苑、君道〕湯の時、大いに旱すること七年、雒坼け川竭く。～是こに於て人をして三足鼎を持して山川に、祝らしむ。～曰く、政節あらざるか、人をして疾ましむるか、苞苴(賄賂)行はるるか、讒夫昌んなるか～と。蓋し言未だ已らざるに、天大いに雨ふる。

【讒謀】(ざんぼう) 悪だくみ。〔管子、幼官図〕(東方副図)障塞(防禦)審らかならずんば、八日に過ぎずして、外賊閒を得ん。由守愼まずんば、七日に過ぎずして、内に讒謀有らん。

【讒諛】(ざんゆ) 讒佞。〔韓非子、詭使〕社稷(国家)の立つ所以の者は安靜なり。而るに躁險讒諛の者任ぜらる。

↑讒毀(ざんき) 讒害/讒凶(ざんきょう) 讒悪/讒鬩(ざんげき) そしり争う/讒子

讒人／讒者　讒人／讒擠　讒陥／讒舌　讒言／讒愬　讒言して訴える／讒短　そしる／讒詆　そしる／讒諂　讒佞／讒妬　讒嫉／讒怒　そしり怒る／讒嬖　讒諛するお気に入り／讒莠　讒佞の人
↓冤讒・奸讒・毀讒・譏讒・去讒・口讒・遘讒・疾讒・信讒・多讒・怒讒・謗讒・密讒・蒙讒・憂讒

シ

【厶】 2 2073 ［私］ 7 2293 シ すき わたくし

篆文

象形 耜の形で、私の初文。私とは、隷属的な耕作者をいう。〔説文〕九上に「姦衺なり」とし、「韓非曰く、蒼頡の字を作るや、自ら營むを厶と爲す」と〔五蠹〕の文を引く。その文は「私に背く。之れを公と謂ふ」という文につづき、公を厶（私）に八く形と解するものであるが、公は公廟・公宮の廷礼を行う場を平面的に示すもので、初形は厶に従う形でない。田神を意味する畯は夋に従い、夋は耜の形を頭とする神像の形。耜の従う㠯が厶の初文で、耜の先の象である。厶を私にして姦邪の意とするのは、私田が公有田に対して公共性を欠くとする考えかたを、その字の用義に移したもので、後の字形による解釈である。

訓義 ①すき、すきのあたま。②私の初文。わたくし。

古訓 〔字鏡集〕厶 カタマシ・ワタクシ・ヒガム

部首 〔説文〕に篡・㕽の二字を属し、〔玉篇〕に厽を鄰の古文とする。篡を篡奪にして姦謀を示すとするのは、篡が簒・攢と声近く、その通用の義であろう。㕽の従う厶は、羌人の辮髪の形で、厶とは関係がない。また鄰の初文とされる厽は、漢碑にもその用例をみない。

声系 〔説文〕に厶声として、私など三字を収める。私は厶（㠯）をもつ耕作者。耕作者を私有することが、公に対する対待義となり、公私と対称するようになった。

語系 厶・私sieiは同声。私は厶の繁文として、のちに作られた字。耜zia、菑tzhiaも声義の関係があり、菑とは開墾することをいう。

囚【之】 3 3030 シ ゆく これ この

篆文　甲骨文　金文

象形 足あとの形。歩（步）の上半にあたり、左右の足あとを前後に連ねると歩となる。足が前に進むことを示し、之往の義。〔説文〕六下に「出づるなり。屮の中を過ぎ、枝莖益〻大にして、之く所有るに象るなり。一なる者は地なり」という。地より屮・艸の伸びゆく形として、之往の意を導くが、趾の進む形。一は境界のところ。そこに跟のあとが残るのは出。之を代名詞・語詞に用いるのは仮借であるが、代名詞としては卜文・金文にみえ、語詞の用法は〔詩〕〔書〕にみえ、古くからその義に用いる。

訓義 ①ゆく、すすむ、いたる。②是と通じ、代名詞として、これ、この。③語詞として、所有格、主語の指示、強意、終助詞に用いる。

古訓 〔名義抄〕之 ノ・カ・コノ・コレ・カクノ・ヨシ・ユク・イタル・イデマス・アヒダ・ヒサシ／久之 ヒサシ

部首 〔説文〕六下に㞢の一字を属し、〔玉篇〕も同じ。㞢を〔説文〕に「艸木妄生するなり」とし、土の上に草がはびこる意に解するが、卜文・金文の字形によっていえば、王（鉞の刃部の形。王の儀器）の上に之（趾）を加える形で、往来の往の初文。重大な行事で出発するときに、趾を鉞に加えて清め、その霊威を受ける呪的な儀礼があったのであろう。〔説文〕は次に之の倒文として帀部、また次に出の部を連ね、これらをすべて艸生の象として解するが、これらはいずれも趾の形に従ってその意をえており、帀はめぐる、出は強く境界をこえるときの跟の迹を加えたものである。

声系 〔説文〕に之声として寺・事・市・志など八字を収め、また寺声の十八字もこの声系に入る。事・市は之に従う字でなく、声義の関係もない。

語系 之・止tjiaは同声。卜文の字形は同じ。〔詩〕の句末助詞に、之・止ともに用いる。已jiaも終助詞。また茲tzia、思sia、哉tzəも相似た用法があり、もと一系の語であろう。

【之適】 ゆく。〔後漢書、文苑下、禰衡伝〕（衡）建安の初め、許下に來遊す。始め潁川に達す。乃ち陰かに一刺（名刺）を懷にす。既にして之適する所無し。刺の字、漫滅するに至る。

【之無】 はじめて覚えた字。わずかな字。唐・白居易〔元九（稹）に与ふる書〕僕始め生まれて六七月の時、乳母抱きて書を屛下に弄す。無字・之字を指さして僕に示す者有り。僕、口未だ言ふこと能はずと雖も、心に已に默識せり。

↑之往 ゆく／之子 この人／之児 この児／之人 この人

↓久之・頃之・有之

常【士】 3 4010 シ おとこ つわもの

篆文　金文　詛楚文

象形 鉞の刃部を下にしておく形。その大なるものは王。王・士ともにその身分を示す儀器。〔説文〕一上に「事なり」と畳韻を以て解し、「數は一に始まり、十に終る。一と十とに従ふ。孔子曰く、十を推して一に合するを士と爲す」（段注本）と孔子説を引くが、当時の俗説であろう。士は戦士階級。卿は廷礼の執行者。大夫は農夫の管理者。この三者が古代の治者階級を構成した。

訓義 ①おとこ、つわもの、戦士、兵士。②朝廷に出仕するもの、卿士、官吏、役人。③獄官、裁判官。④陪臣、公卿大夫に仕えるもの。⑤学徳の立派な人。⑥下級の官吏、子弟、庶士。⑦男子の通称、女子の美称。⑧仕と通じ、つかえる。⑨事と通じ、こととする。

古訓 〔名義抄〕士 ヲノコ・ヲトコ・コト・ヒト・ツカフ／壯士 タケキヒト

部首 〔説文〕〔玉篇〕ともに壻・壯（壮）・壿の三字をこの部に属する。他に、在も士に従い、才声とする。

語系 士・仕・事dzhiəは同声。史（史）shiəも声が近い。士・仕は同系。また史・事も同系。史は内祭、他に使して事るを事という。

【士気】 兵士の元気。〔漢書、李陵伝〕陵曰く、吾が士氣少しく衰へ、鼓するも起たざる者は何ぞや。軍中に豈に女子有るかと。～關東群盜の妻子、～軍に隨ひて卒の妻婦と爲り、大いに車中に匿る。陵、搜し得て、皆之れを劍斬す。

【士子】 若者。〔詩、小雅、北山〕偕偕（強くさかんなさま）たる士子 朝夕事に從ふ 王事、盬むこと靡し 我が父母を憂ふ

【士衆】 兵士たち。〔穀梁伝、昭八年〕蒐狩に因りて、以て武事を習用す。～禽多しと雖も、天子は三十を取る。其の餘は士衆に與へて、以て射宮に習はす。

【士庶】 士人民衆。〔後漢書、劉虞伝〕青・徐の士庶、黃巾の難を避けて、虞に歸する者百餘萬口。皆收視溫恤し、爲に生業を安立す。流民皆其の遷徙を忘る。

【士人】 一般官僚。学問修為をした人。〔晉書、劉頌伝〕今世の士人、決らず悉くは良能ならざるなり。又決ず悉くは疲軟ならざるなり。然れども今一忠賢を擧げんと欲するも、

賞する所を知らず。一負敗(失敗)を求むるも、罰する所を知らず。

【士節】しせつ 士人として守るべき節操。〔漢書、司馬遷伝〕傳に曰く、刑は大夫に上さずと。此れ士節の厲まざるべからざるを言ふなり。

【士操】しそう(さう) 士節。〔南斉書、王玄載伝〕玄載、夷雅にして玄言を好む。士操を脩め、梁・益に在りて清績有り。西州今に至るまで之れを思ふ。

【士卒】しそつ 戦士と兵卒。〔戦国策、斉六〕燕將~聊城を保守して、~田單之れを攻むること歲餘、士卒多く死するも、聊城下らず。魯連乃ち書を爲くり、之れを矢に約し、以て城中を射て燕將に遺る。

【士民】しみん 士人と民人。官民。〔詩、大雅、瞻卬〕昊天を瞻卬するに 則ち我を惠せず 孔だ塡しく寧からず 此の大厲を降す 邦定まること有る靡し 士民其れ瘵む

【士林】しりん 士人の階層。漢・陳琳〔袁紹の為に予州に檄す〕是れより士林憤痛し、民怨彌いよ重し。一夫臂を振ひ、擧州聲を同じうす。

↑士員しいん 役人/士官しかん 裁判官/士規しき 士の規範/士議しぎ 評論/士郷しきょう 士人の里/士伍しご 卒伍/士行しこう 士人の行い/士史しし 裁判官/士儒しじゅ 読書人/士女しじょ 男女/士臣ししん 将士/士紳ししん 紳士/士姓しせい 士族/士籍しせき 士の身分/士則しそく 士規/士族しぞく 読書人/士田しでん 士人の田/士徒しと 士庶/士馬しば 兵馬/士品しひん 士行/士夫しふ 男子/士風しふう 士人の気風/士兵しへい 兵卒/士望しぼう 名門/士名しめい 士の身分/士友しゆう 士人の友/士流しりゅう 士族/士力しりょく 兵力/士倫しりん 士類/士類しるい 士林/士列しれつ 士林/士論しろん 人物論

↓遺士・隠士・韻士・英士・鋭士・衛士・下士・佳士・家士・雅士・魁士・学士・寒士・奇士・騎士・義士・吉士・窮士・狂士・俠士・恭士・僑士・驕士・曲士・軍士・卿士・傑士・健士・賢士・顕士・元士・彦士・孤士・居士・巧士・甲士・恒士・貢士・高士・豪士・国士・才士・材士・策士・死士・志士・儒士・秀士・術士・俊士・処士・庶士・女士・将士・上士・信士・紳士・進士・人士・正士・清士・説士・碩士・節士・戦士・善士・壮士・造士・俗士・多士・大士・達士・談士・中士・朝士・直士・通士・闘士・同士・道士・能士・博士・美士・貧士・武士・伏士・文士・兵士・弁士・方士・髦士・名士・猛士・蒙士・門士・勇士・吏士・力士・良士・烈士・廉士・浪士

常【子】 3 1740 シ おとこ きみ こ

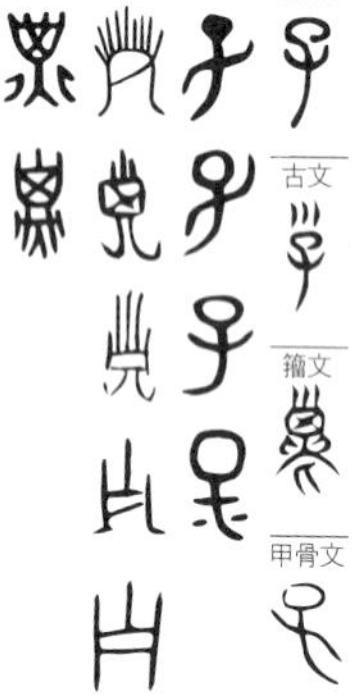

篆文 古文 籀文 甲骨文 金文 甲骨文 金文

象形 幼子の象。〔説文〕十四下に十二支の「ね」と解し、「十一月、陽气動き、萬物滋入す。以て稱と爲す。象形」と子・滋(滋)の畳韻を以て解するが、卜文の「ね」にあたる字は、別の字で示されている。卜文では子は「巳」にあたる字として用いる。十二支の字の用法は字の初義と関係なく、もちろん十二支獣とも関係はない。子は幼子の象形。卜文・金文において、左右の手を一上一下する形のものがあり、それは王子の身分を示す。卜辞にみえる子鄭・子雀は、おそらく鄭・雀の地に封ぜられた王子の称であろう。のち字にこの形式を用いるのはその遺法であるが、所領の関係が失われたのちは、名と字義の対待による。仲由、字は子路、路は人の由る所。顔回、字は子淵、淵は回水の意。子は本来は王子・公子など、貴族身分の身分称号的に用いられたもので、のち一般の児子にもいう。子を代名詞に用いるのは、その身分称号からの転用である。

訓義 1おとこ、男子の美称、身分ある人、身分ある者として生まれたもの、きみ。2徳ある人、先生、学者、士大夫の通称。3ひと、人々、わかもの、女子。4代名詞、対称。あなた、きみ、そなた。5親に対する子、鳥獣虫魚の卵、木の実、利息。6微小なもの、微小なものの名の下につける接尾語。帽子・釵子の類。7五等の爵の第四等。蛮夷の君も子という。8書籍の分類上、思想的な内容の書。経史子集の一。9滋に通じ、ふえる、いつくしむ。

古訓 〔名義抄〕子 コ・ミ・タネ・ヒト・キミ・ナムチ・ネ・ミル・ウヤマフ 〔字鏡集〕子 クハシ・ウヤマフ・アイス・ヲシム・ミ・タネ・ナムチ・シゲシ・ワランベ・コ・キミ・ミル・ヒト・チゴ

部首 〔説文〕に孕・字・季・孟・存・疑など十四字、〔玉篇〕に孝・孛・杍・孜・學(学)など約二十字を加える。右のうち疑には子の字形を含まず、また孛は花が落ちて花蔕に実をつけかけた形で、下部は子の字ではない。

声系 〔説文〕に子声として孜・李・仔・字など六字を収める。字は生子を廟中に伴って祖霊に謁する礼で、これによって養育が定まる。そのとき字をつけるので、また養育の意がある。

語系 子・孳・滋(滋)tzie は同声。みな滋生の意がある。字dzie も同系。〔説文〕十四下に「乳するなり」とあり、孳乳の意とするが、字の本義は廟見の礼である。

【子愛】しあい 子のように愛する。また、慈愛。〔礼記、緇衣〕故に民に長たる者、志を章らかにし、教へを貞しくし、仁を尊び以て百姓を子愛するときは、民己れを行ふを致して、以て其の上を説ばす。

【子規】しき ほととぎす。唐・李白〔王昌齢の竜標に左遷せらしを聞き、遥かに此の寄有り〕詩 楊花落ち盡して、子規啼く 聞道らく、龍標(王昌齢をさす)五溪を過ぐと 我愁心を寄せて明月に與ふ 風に隨つて直ちに到れ、夜郎の西

【子衿】しきん 青い衿をした男。また、学生。〔詩、鄭風、子衿〕靑靑たる子が衿 悠悠たる我が心 縱ひ我往かずとも 子、寧ぞ音を嗣がざる

【子史】しし 諸子と史書。梁・昭明太子〔文選の序〕語は千載に流き、墳籍に概見し、子史に旁出す。斯くの若きの流、又亦た繁博なり。之れを簡牘に傳ふと雖も、事、篇章に異なり。今の集むる所、亦た取らざる所なり。

【子姓】しせい 子孫。孫たち。〔礼記、喪大記〕大夫の喪には、主人・室老・子姓は皆粥を食らふ。

【子銭】しせん 利子。〔史記、貨殖伝〕呉楚七國の兵起りし時、長安中の列侯封君、~子錢を齎貸(借入)す。子錢家(金貸業者)以爲へらく、~成敗未だ決せずと。肯へて與ふる莫し。唯だ無鹽氏、千金を出捐して貸せり。其の息は之れを什にす。

【子息】しそく こども。むすこ。また、利息。〔管子、軽重丁〕峥丘の戰に、民多く稱貸し、子息を負うて以て上の急に給し、上の求めを度せり。

【子孫】しそん 子や孫。〔書、秦誓〕人の技有るは、冒疾して以て之れを惡み、人の彥聖なるは、而ち之れに違りて達せざらしめ、是に容るること能はずして、以て我が子孫を保んずる能はざれば、黎民亦た曰に殆い哉。

【子注】しちゅう 割注。〔史通、補注〕繁を除けば則ち意愜しむ所有り、畢く載すれば則ち言妨ぐる所有り。遂に乃ち彼の榛楛(繁雑でみだれる)を定め、列して子注と爲す。~楊衒之の洛陽伽藍記~の若き、是れなり。

【子弟】してい 子や弟。若者。〔史記、項羽紀〕籍(項羽)江東の

子弟八千人と、江を渡りて西せしも、今一人の還るもの無し。縱ひ江東の父兄、憐れみて我を王とすとも、我何の面目ありて之れを見ん。

【子卯】しぼう（ぼう） 凶日。紂は甲子、桀は乙卯の日に滅んだ。〔礼記、玉藻〕子卯には、稷食・菜羹あり。夫人は君と庖を同じうす。

【子夜】しや 子の刻、午後十二時。夜更け。唐・李商隠〔曲江〕詩 望斷す、平時翠輦の過ぎりしを 空しく聞く、子夜に鬼の悲歌するを

【子来】しらい 子のように慕ってくる。〔詩、大雅、霊台〕經始亟やかにすること勿かれ 庶民子のごとく來る

↑子衣 えな／子胤 子息／子花 綿花／子巂 子規／子宮 子ぶくろ／子虚 うそ／子恵 子愛／子月 旧十一月／子鵑 子規／子戸 分家／子午 ねと、うま／子孝 孝行／子穀 もみ／子細 詳細／子嗣 嗣子／子爵 五等の爵の四／子書 諸子の書／子女 児女／子職 子の務め／子神 ねずみ／子婿 むこ／子石 良い硯石／子占 粉白の神／子男 男子／子弾 弾丸／子都 美男子／子道 孝道／子父 おやこ／子婦 子とよめ／子母 母子／子本 元利／子養 いつくしみ養う

↓哀子・悪子・椅子・遺子・因子・王子・皇子・茄子・菓子・嫁子・芥子・碍子・客子・学子・甲子・柑子・漢子・鉗子・季子・鬼子・棋子・鞠子・挙子・局子・金子・銀子・君子・卿子・継子・孽子・元子・原子・孤子・瓠子・吾子・公子・孝子・餃子・国子・黒子・骨子・才子・妻子・簀子・冊子・士子・史子・死子・嗣子・獅子・児子・弱子・姝子・種子・豎子・孺子・舟子・衆子・従子・処子・庶子・諸子・女子・娘子・世子・生子・赤子・先子・扇子・船子・宗子・草子・息子・族子・賊子・孫子・多子・太子・托子・卓子・男子・稚子・質子・嫡子・冑子・長子・家子・銚子・調子・丁子・弟子・適子・天子・劊子・蕩子・童子・瞳子・緞子・内子・日子・乳子・牌子・婢子・百子・拍子・夫子・瓶子・別子・母子・胞子・眸子・帽子・牧子・払子・面子・遊子・余子・陽子・様子・養子・乱子・利子・良子・量子・郎子

【尸】
3
7727
シ
しかばね かたしろ つかさどる

篆文 甲骨文 金文

象形 屍体の横たわる形。屍の初文。屍は尸と死とを合わせた字。〔説文〕八上に「陳ぬるなり。臥する形に象る」という。尸陳は後起の義。〔論語、郷党〕に「寢ぬるに尸せず」というように、偃臥するとき、その姿勢を避けるべきものとされた。祭祀のとき、かたしろとなることを尸主という。〔礼記、郊特牲〕に「尸は神象なり」とあり、祖の尸主には孫が代わってつとめた。それで祭祀を司ることを「尸る」という。

訓義 ①しかばね、むくろ、なきがら。②かたしろ、尸主、いはい。③つかさどる、つかさ。④さらす、つらねる、陣する。⑤かたしろとして、その位にある。無為、おこたる、なまける、形だけで実がない。

古訓 〔名義抄〕尸 カバネ・カバネサラス・ツラヌ・ツカサドル・ノリヰル・アルジ・ノス 〔字鏡集〕尸 シカバネ・ツラヌ・ノリヰル・アルジ・ツカサドル・ムサフル・カバネ・ノブ・トシ・ノス

部首 〔説文〕に居・展・尼・屍・屋・屛・層（層）など二十二字と〔新附〕の屢、〔玉篇〕に屎・屭など十四字を加える。居は人の踞する形、展は死者の衣中に呪器として㠭を塡塞する形。尸には人に従うものと屋形に従うものとがあり、屛・層などは屋形に従うとみるべきである。

声系 〔説文〕に尸声として屍・履など四字を収める。履を尸声とするのは音が合わず、履はかたしろや祭祀関係者の用いるものであろう。儀礼の際には貴紳は舄を用いた。

語系 尸・屍 sjiei は同声。死 siei と声が近い。死は残骨を拝する形で、複葬の形式を示す。伸 sjien、展 tian も声義に通ずるところがあり、尸とは伸展葬を示す字である。

【尸位】しい（ゐ） かたしろ。また、かたしろのように、何もしないもの。曠職。〔論衡、量知〕道藝の業無く、政治に曉らかならず、朝廷に默坐し、事を言ふ能はざるは、尸と異なる無し。故に尸位と謂ふ。

【尸解】しかい 道術によって、魂が外に脱すること。〔後漢書、方術、北海王和平伝〕性、道術を好む。自ら以へらく、當に仙なるべしと。〜後弟子夏榮、其の尸解せるを言ふ。

【尸諫】しかん 死を以て諫める。〔韓詩外伝、七〕史魚、病みて且に死せんとす。〜曰く、我數〻蘧伯玉の賢なるを言ふも、進むること能はず。〜我を室に殯りもせば足ると。衞君其の故を問ふ。子、父の言を以て聞す。〜死して尸を以て諫む。

【尸居】しきよ 尸のように默然として動かぬこと。〔荘子、天運〕人には固より尸居して龍見し、雷聲して淵默し、發動すること天地の如き者有るか。

【尸祝】ししゆく かたしろと、かんなぎ。〔荘子、逍遥遊〕庖人、庖を治めずと雖も、尸祝、樽俎（お供え物）を越えて之れに代らず。

【尸素】しそ 尸位素餐。無為にして禄を受ける。唐・白居易〔適意、二首、一〕詩 三年、諫官と作り 復た尸素の羞多し

【尸虫】しちゆう 屍の虫。〔史記、斉太公世家〕桓公の尸、牀上に在ること六十七日、尸蟲、戸より出づ。

【尸盟】しめい 盟誓を司る。〔左伝、襄二十七年〕秦・楚先を争ふ。叔向〜曰く、〜子、徳を務めて、先を争ふこと無かれ。且つ諸侯盟ふとき、小國固より必ず盟を尸る者有り〜と。乃ち楚人を先とす。

【尸禄】しろく 尸位素餐。禄ぬすびと。〔後漢書、宦者、曹節伝〕天下大いに亂れ、曹節・王甫、太后を幽殺す。常侍侯覽、多く黨人を殺す。公卿皆尸祿にして、忠言する者有る無し。

↑尸骸 屍骸／尸官 尸位／尸玩 尸位／尸柩 ひつぎ／尸君 公尸／尸骨 しかばね／尸山 しかばねの山／尸車 柩車／尸襲 世継ぎ／尸臣 司る臣／尸身 屍体／尸宅 肉体／尸奪 死の病いにとりつかれる／尸媚 女鬼／尸饔 炊事者／尸利 役得の人／尸霊 死体／尸蠟 ミイラ状

↓飲尸・祼尸・献尸・公尸・坐尸・載尸・三尸・送尸・賓尸・鞭尸・輿尸・礼尸

入

【巳】
3
7771
シ
やむ ああ み

篆文 甲骨文 金文

象形 蛇の形。十二支の第六「み」に用いる。〔説文〕十四下に「已むなり。四月、陽气巳に出で、陰气巳に臧まる。萬物見はれて文章を成す。故に巳を蛇と爲す。象形」といい、十二支獣の意によって説を成しているが、卜文では「み」にあたる字に子の字を用いており、〔説文〕の説は根拠がない。字は蛇の象形であるが、金文では〔大盂鼎〕「巳」、〔呉王光鑑〕〔蔡侯盤〕に「祐受すること巳む毋し」のように用いる。古くは巳・已の字の区別が明らかでなく、金文の用義例によっていえば、巳はのちの巳・已の字に用いられている。おそらく声義の通ずる字であったのであろう。

訓義 ①やむ、おわる。②すでに。③感動詞、ああ。④似と通じ、つぐ。⑤祀と通じ、さいわい。⑥也と通じ、終助詞の、や。⑦十二支の、み。

古訓 〔名義抄〕巳 スデニ・ヲハル・ヤム・ワキマフ・モチヰル・スツ・スユ・オコタル・ノミナリ・オサフ・ハナハタシキ／巳々 ヤムナム／〜／而巳 ナラクノミ・マクノミ 〔字鏡集〕巳 マツリゴト・ヤム・ツク・ヲハル・オコル・スツ

部首 〔説文〕に以を巳の反文としてこの部に属するが、以の初形は㠯と同じく、㠯は耜（すき）の初文。その鍬形の部分を示す象形。巳は蛇の象形字で、形義の関係はない。以は金文ではのち多く台を用いる。

声系 〔説文〕に巳声として祀・汜・巸など六字を収める。祀の従うところは蛇形。自然神を祀ることを祀という。汜は溢れた川の水が湖池をなすもので、巳はその湖池の平面形。また巸は𦣝（乳房の象形）を吸う子の形で、巳は幼子。熙（熈）とはその楽しむさまをいう。汜・熙の従うところは、みな巳とは異なる象形の字である。

語系 巳 jiə は止 tjiə と声近く、止に停・息の意がある。巳はその声を以て通ずる字である。

【巳会】（しかい）（くわい） 三月三日の修禊の会。晉・阮瞻〔上巳会の賦〕清川に臨んで嘉讌す、聊か暇日にして以て遊娯せん。〜羽觴を酌みて交〻酬し、遐壽の無疆なるを獻ず。

↑巳月 四月／巳時 午前十時／巳牌 巳時

↓吉巳・建巳・元巳・初巳・除巳・上巳

常 **【支】** 4 4040 〖攴〗 4 4040 シ キ えだ わける ささえる

篆文  古文 

会意 十＋又（又）。十は木の小枝。又は手。小枝をもつ形で、枝の初文。〔説文〕三下に「竹の枝を去るなり。手に半竹を持つに従ふ」とするが、すべて草木の枝をいう。〔詩、衛風、芄蘭〕に「芄蘭の支」とあるのが本義。すべて本幹より分かれたものをいい、〔詩、大雅、文王〕「本支百世」とは宗族についていう。干支は幹枝の意。十干を幹とし、十二支を枝とする。枝を以て支えるので、支柱・支持の意となる。

訓義 ①えだ、木のえだ。②わかれる、わける、はなれる。③ささえる、つかえる、のせる、たえる。④はらう、わけてあたえる。⑤十二支の、み。

古訓 〔名義抄〕支 サヽフ・ハカル・エダ・ヒトシ・ハルカ・ワヅカ・サス・アタル・タスク／三支 サイクサ

部首 〔説文〕に攲をこの部に属し、〔玉篇〕に別に三字を加えるが、ほとんど用例のない字である。攲は〔説文〕三下に「持ち去るなり」とするが、奇に傾くものの意があり、おそらく傾くものを支える意であろう。攲案とは見台をいう。

声系 〔説文〕に支声として跂・翅・枝・伎・岐・技など二十三字を収める。おおむね分岐するもの、傾くものをささえるものの意があり、支の声義を承けるものが多い。

語系 支・枝・肢 tjie は同声。翅 sjie は声近く、獣には肢といい、鳥には翅という。

＊語彙は枝・肢字条参照。

【支頤】（しい） ほおづえをつく。唐・白居易〔除夜〕詩 薄晩支頤して坐し 中宵臂を枕にして眠る

【支裔】（しえい） わかれ。末流。〔漢書、芸文志〕今、家を異にする者、各〻長ずる所を推し、窮知究慮、以て其の指を明らかにす。蔽短有りと雖も、其の要歸を合するに、亦た六經の支與流裔なり。

【支解】（しかい） 手足を切断する重刑。肢解。〔淮南子、主術訓〕愚人の智、固より已に少なし。其の事とする所の者多し。故に動きて必ず窮す。呉起・張儀、智、孔墨に若かずして、萬乘の君と争ふ。此れ其の車裂支解せられたる所以なり。

【支給】（しきゅう）（きふ） わりあてて渡す。〔明史、外国一、朝鮮伝〕顧ふに封疆故と多きを以て、土瘠せ民貧しく、内は本國の軍需に供し、外は鎭兵の待哺（食糧）を濟ふ。生穀限り有り、支給實に難し。

【支子】（しし） 嫡子以外の子。庶子。別子。〔礼記、曲礼下〕支子は祭らず。祭るときは必ず宗子に告ぐ。

【支持】（しじ）（ぢ） ささえ助ける。漢・劉向〔戦国策の序〕鄭の子産・晉の叔向・齊の晏嬰の若き、君を挾みて政を輔け、以て中國に竝立し、猶ほ義を以て相ひ支持し、〜盟誓以て相ひ救ふ。

【支庶】（ししょ） 嫡子以外の子。庶子。別子。〔漢書、韋玄成伝〕父は支庶の宅に祭らず。君は臣僕の家に祭らず。

【支属】（しぞく） 分家。清・劉大櫆〔范氏族譜序〕支屬繁しと雖も、源流遠しと雖も、急有るときは相ひ周ひ、憂有るときは相ひ弔ひ、往來和協せよ。

【支体】（したい） 身体。身体と手足。〔史記、孝文紀〕夫れ刑、支體を斷ち、肌膚を刻し、終身息せざるに至る。何ぞ其の楚痛にして不德なるや。豈に民の父母爲るの意に稱はんや。其れ肉刑を除け。

【支配】（しはい） 区分して手くばりする。〔北斉書、唐邕伝〕世宗崩ずるに及び、事倉卒に出づ。顯祖、將士を部分し、四方を鎭壓し、夜中、邕を召して支配せしむ。

【支分】（しぶん） 分割。また、支解。〔後漢書、蘇竟伝〕王氏（莽）、閒に乘じて偸簒せりと雖も、終に大戮に嬰かれり。支分體解して、宗氏屠滅せらる。

【支離】（しり） 分散する。また、ばらばらにする。〔荘子、人間世〕夫れ其の形を支離する者すら、猶ほ以て其の身を養ひて、其の天年を終ふるに足る。又況んや其の德を支離する者をや。

【支流】（しりゅう）（りう） 本流にそそぐ川。枝河。〔唐書、南蛮下、驃伝〕佛代國に至る。江有り、支流三百六十。

↑支移 分け移す／支胤 分家の血統／支院 末寺／支運 逓送する／支応 取り計る／支河 支流／支閡 ささえ／支骸 からだ／支劃 処置／支干 干支／支頬 ほおづえ／支局 分局／支軍 別軍／支径 横道／支計 出納／支孽 支庶／支券 割符／支遣 除く／支吾 ささえる／支抗 防ぐ／支項 支給／支犒 ねぎらう／支譊 でまかせ／支骨 四肢筋骨／支策 琴柱／支散 分散／支指 ゆび／支賜 手当／支辞 強弁／支借 前借／支取 受け取る／支酒 チップ／支証 証拠／支銷 経費／支条 枝／支親 分家筋／支析 分家／支節 手足の骨／支川 支流／支銭 前払い／支族 分家の族／支対 応酬／支待 接待／支度 計る／支拄 ささえる／支胄 分家の筋／支柱 ささえ柱／支絀 欠乏／支調 しらべる／支綴 つなぐ／支途 使途／支当 ささえる／支撐 ささえる／支那 中国／支派 分流／支婆 庶母／支排 排列／支発 支出／支撥 支出／支費 費用／支賓 接待客／支付 給付／支附 親族／支兵 別隊／支別 分派／支弁 さばく／支甫 子父／支輔 たすけ／支放 支出／支俸 給与／支本 本支／支脈 分脈／支用 払う／支領 支払う／支類 分家／支郎 僧侶

↓燕支・干支・幹支・戟支・四支・収支・析支・度支・分支・本支・流支

常 **【止】** 4 2110 シ あし とまる とどまる ただ

篆文  甲骨文 

象形 趾あとの形。歩(步)の上半。もと之と同形であった。〔説文〕二上に「下基なり。艸木の出でて址有るに象る。故に止を以て足と爲す」とあり、止・基の畳韻を以て解する。〔説文〕は止・之をともに草木初生の象と解するが、いずれも趾あとの形である。〔礼記、曲礼上〕「何くに趾せんかと請ふ」とは、寝臥のとき、趾を向ける方向を問う意。また強く趾あとを印するのは、そこに止まる意。副詞の「ただ」や終助詞に用いるのは、仮借の用法である。

訓義 ①あし、あしあと。②とまる、とめる、とどまる。③ことをやめる、やむ、中断する、終止する。④いたる、かえる、往反。⑤ふるまい、容止。⑥峙と通じ、まつ。⑦副詞のただ、また終助詞。多く詩に用いる。

古訓 〔名義抄〕止 トヾマル・トヾム・ヤム・シタガフ・イタル・タヾヲリ 〔字鏡集〕止 タヾ・トヾム・ウ・ヰル・ヤム・ヲリ・シタガフ・トヾマル・イタル・ツカサドル・シヅカナリ

部首 〔説文〕に前(歬)・歴(歷)・歸(帰)・疌など十三字、〔玉篇〕になお十余字を加える。前はもと歬に作り、止を舟(盤)中で洗う形で、湔ぐ意。いま用いる前は、歬に刀を加えて爪を剪り揃える形であるから、前は剪・揃の初文。歴はもと厤に作り、両禾は軍門。戦歴を示すので、のち経歴の意を以て止を加えた。歸の初文は止に従わず、また疌は髪を整えた婦人が、祭祀に従って敏捷に行動する形。いずれも止に従う字ではない。

声系 〔説文〕に止声として祉(祉)・徙・齒(歯)・沚・阯など七字を収める。止には基本義として、先端の止まるところという意があるようである。

語系 止(趾)・址・阯tjiəは同声。ほとんど通用しうる字である。沚tjiəも同声であるが、渚(渚)tjia、洲(州)tjiuも声義近く、水のせまり止まるところをいう。已jiəは声近く、副詞の「ただ」や終助詞の用法は、またその系列の語の用法であろ。

【止戈】しか(くわ) 武の字を古くは「戈を止むる」意と解した。止は進む意で、戈を執って進む意である。〔漢書、武五子伝賛〕倉頡さう書を作り、止戈を武と爲す。聖人、武を以て暴を禁じ亂を整さむ。

【止舎】ししや やど。〔梁書、呂僧珍伝〕高祖頗ぶる武猛を招き、士庶響從し、會する者萬餘人。因りて命じて城西の空地を按行し、將に數千閒の屋を起し、以て止舎と爲さんとし、多く材竹を伐る。

【止宿】ししゆく やどる。〔宣和遺事、後集〕(天輔十七年、宋の紹興四年)五國城より均州に至る、又五百里。~狐狸、林麓の閒に悲嘯し、微風細雨、殆ど人に類せず。鬼火縱横、終に止宿無し。

【止水】しすい 静かな水。〔荘子、徳充符〕仲尼曰く、人、流水に鑑みる莫く、止水に鑑みる。

【止足】しそく 足るを知る。〔大唐新語、三、清廉〕李日知、侍中と爲り、頻りに骸骨を乞ふ。~曰く、書生此に至る、已に過分なり。人情厭く無し。若し其の心を恣にせば、是れ止足する無きなりと。

【止息】しそく 休息する。〔史記、儒林、伏生伝〕兒寬~弟子の爲に都養す。及び時時閒行して傭賃し、以て衣食に給す。行くときは常に經を帶び、止息するときは則ち之れを誦習す。

【止戻】しれい 行きおちつく。〔詩、小雅、雨無正〕周宗既に滅び止戻する所靡し

↑止遏しあつ 抑制する/止渴しかつ 渇きどめ/止居しきよ 止戻/止竟しきよう 畢竟/止極しきよく 究極/止禁しきん 禁止/止憩しけい 休憩する/止艮しこん 止まる/止次しじ やどる/止邪しじや 邪を防ぐ/止守ししゆ 留守/止酒ししゆ 禁酒/止絶しぜつ 禁絶する/止託したく 寄託する/止畜しちく 止める/止駐しちゆう 駐留/止定してい 止戻/止頓しとん 駐頓する/止泊しはく とまる/止蹕しひつ 駐輦/止暴しぼう 暴を禁ずる/止謗しぼう そしりを禁ずる/止約しやく 抑制する/止立しりつ 挙止/止留しりゆう 留止する

↓呵止・訶止・幹止・諫止・休止・拒止・挙止・虚止・仰止・欽止・勤止・歆止・禁止・憩止・行止・艮止・遮止・終止・笑止・進止・酔止・制止・静止・沮止・阻止・中止・懲止・定止・停止・動止・廃止・発止・方止・防止・黙止・容止・抑止・麟止・戻止・労止

常

【氏】 4 7274 シ うじ

篆文

甲骨文

金文

象形 小さな把手のある刀の形。共餐のときに用いる肉切り用のナイフ。その共餐に与かるものが氏族員であったので、氏族の意となる。族は㫃(はたあし)と矢に従い、矢は誓約に用い、氏族旗の下で誓約に加わる者の意。氏は祭祀、族は軍事、ともにその氏族儀礼に与るものをいう。〔説文〕十二下に「巴蜀、山岸の脅の自(堆)、旁箸して落墮せんと欲する者を、名づけて氏と曰ふ。氏の崩るる聲、數百里に聞ゆ。象形」(段注本)とし、揚雄の〔解嘲〕「響くこと氏隤の若し」の句を引くが、それは氏の本義本訓とも思われず、氏族の意と全く関するところがない。氏の音は是と近く、段玉裁は是を氏の本字とするが、是は匙の象形字。先端がスプーンの形である。氏族共餐の儀礼としては、廟祭に長老が牲肉を頒つのを宰(廟屋の形と、牲肉を切る曲刀の形)というように、共餐の肉を頒つ氏の方がふさわしい。氏の大なるものは氒、いわゆる剞劂(ほりもの刀)の劂の初文で、これは彫刻などに用いる。古代の氏族は、王朝との関係において、職能的に組織されることが多く、〔周礼〕の官制には保氏・媒氏・射鳥氏・方相氏のように、氏を官名とするものが多い。その古礼を伝承する氏族の名であろう。

訓義 ①牲肉・祭肉を分かつ小刀、祖祭・共餐のときに用いる。氏族の象徴。②うじ、氏族、家系の名。③称類、たぐい、なかま。④突出している崖。⑤是と通じ、張氏を張是のようにいうことがある。

古訓 〔字鏡集〕氏 ウヂ

部首 〔説文〕に氒(厥)をこの部に属し、次に氐部を列する。〔玉篇〕も同じ。氒を「木の本なり」とするが、氒は厥(劂)の象形字で剞劂の象。また氐は氏(小刀)を以て底を刮り平らかにする字で、刮はもと氒の形に従う字である。氏・厥はもと相似た形の器である。

声系 〔説文〕に氏声として祇・抵・紙・坻など十二字を収める。中に祇の声の字が多いのは、転化音であろう。

語系 氏・是zjieは同声。氏は共餐の肉を頒つナイフ。是は匙の初文でスプーン。本来の字義から、他の義に転用されている。

【氏姓】しせい 氏と姓。一姓のうちに多くの氏族が包括される。〔国語、楚語下〕名姓の後をして、能く~采服の儀、彝器の量、次主の度、屛攝の位、壇場の所、上下の神、氏姓の出づる所を知らしむ。

【氏族】しぞく 同じ氏に属するもの。〔後漢書、西羌伝序〕西羌の本は三苗より出づ。~居る所常無く、水草に依り隨ふ。地五穀少なく、產牧を以て業と爲す。其の俗、氏族定め無し。或いは父名母姓を以て種號と爲す。十二世の後、相ひ與に婚姻す。

↑氏号しごう 氏姓名号/氏冑しちゆう 氏血統/氏閥しばつ 門閥/氏譜しふ 系譜

↓漢氏・舅氏・左氏・釈氏・姓氏・杜氏・母氏・名氏

【朩】 5 5022 シ とどまる

篆文

象形 標識として木を樹て、これを左右より支えている形。榜示の類をいう。〔説文〕に字

を𣎵部六下に属し、「止まるなり。𣎵盛にして、一横もて之れを止むるに従ふ」と、木の生長を止める意とするが、字は朿と同形で声義同じ。市もまた𣎴に従う字である。𣎵は草木蔽芾の象で、𣎴とは別系の字。

訓義 ①しるしのき、標木、榜示。②とどまる、とまる。

声系 〔説文〕に𣎴声として笫・柹(柿)・姊(姉)など十一字を収める。笫は牀桟で、𣎴の声義を承ける字である。

語系 𣎴・笫 tzhiei は同声。簀 tzhek は声義が近い。〔説文〕に簀を牀桟、笫を牀簀とする。笫は竹をならべたものをいう。責にも積のようにその義がある。

人 【仔】 5 2724 シ たえる こまかに

篆文 

形声 声符は子。〔説文〕八上に「克くするなり」という。〔詩、周頌、敬之〕に「仔肩」という語があり、責任を負う意とされる。いまは仔細という語に用いる。もと保の義に近い字であろう。

訓義 ①よくする、たえる。②こまかに、くわしく。③鳥獣の子。

古訓 〔名義抄〕仔 タフ 〔字鏡集〕仔 ヨシ・タフ

【仔肩】 大任。〔詩、周頌、敬之〕時この仔肩を佛いにし我に顯德の行を示せ

【仔細】 くわしく。しげしげと。唐・杜甫〔九日、藍田の崔氏荘〕詩 明年此の會、知んぬ誰か健やかなる 醉うて茱萸を把りて、仔細に看る

↑仔鶏 ひよこ/仔畜 家畜の子/仔虫 幼虫/仔猪 家の子/仔望 希求する/仔密 緻密な

常 【仕】 5 2421 シ つかえる しごとする

篆文 

形声 声符は士。〔説文〕八上に「學ぶなり」というが、その義に用いた例がない。古くは仕えることを宧といい、宀部七下に「宧は仕なり」という。〔礼記、曲礼上〕に「宧學して師に事ふ」という語がみえ、仕官のために学ぶ意であろうが、仕にその意があるのではない。士は鉞頭の形で、戦士階級の身分を示す儀器。そのような身分のものとして、出仕することをいう。〔詩、小雅、四月〕に「盡瘁して以て仕ふ」という句がある。

訓義 ①つかえる、士としてつかえる。②しごとをする、しごとする。③まなぶ、あきらかにする。

古訓 〔名義抄〕仕 ツカフ・ツカマツル・ミヤツカへ・ツトム 〔字鏡集〕仕 ツトム・ミヤツカへ・ナラフ・カナフ・ツカマツル・ツカフ

声系 〔説文〕肉(肉)部に仕声の字を録するが、揚雄説によるとその字は𣎴声、〔広雅、釈器〕には脯と訓している。

語系 仕・士・事 dzhiə は同声。士が仕えることを仕といい、その職事とするところを事という。また外に使することを使(使) shiə といい、外祭を事、内祭を史(史) shiə という。祭祀を大事、政事を王事という。これらの語の間に、声義の関係がある。

【仕隠】 役人として世に隠れる。吏隠。清・銭大昕〔盧氏(文弨)群書拾補の序〕四十年來、仕へて蹤迹を隠し、輒ち先生の後塵を歩す。而して嗜古の顓僻(勝手な、片寄った)の性、謬りて先生の許す所と爲る。

【仕学】 仕官することと学問すること。〔論語、子張〕子夏曰く、仕へて優(余力ある)ならば則ち學び、學びて優ならば則ち仕ふ。

【仕官】 役人になる。〔漢書、疏広伝〕今仕官して二千石に至る。宧成り名立つ。此くの如くにして去らざれば、後悔する有らんことを懼る。

【仕宧】 故郷を出て仕える。〔史記、魯仲連伝〕魯仲連は齊の人なり。奇偉俶儻の畫策を好み、肯へて仕宧任職せず。好んで高節を持す。

【仕塗】 仕官の道・方法。〔唐書、隠逸伝序〕然れども利に放るの徒、隱を假りて自ら名づけ、詭(偽)を以て祿仕し、肩もて道に相ひ摩し、終南・嵩少(嵩山の少室、隠士の居る所)を號して、仕塗の捷徑と爲すに至り、高尚の節喪ぶ。

【仕歴】 歴任する。〔晋書、王湛伝〕湛少くして秦王の文學・太子の洗馬・尚書郎・太子の中庶子を仕歷し、出だされて汝南内史と爲る。

【仕路】 仕官の途。〔論衡、自紀〕章和二年、州を罷めて家居す。年七十に漸なんとし、時に懸輿(引退)すべし。仕路隔絶し、志窮して如く無し。

↑仕家 役人の家筋/仕子 役人/仕者 役人/仕臣 家来/仕進 仕官する/仕籍 仕版/仕途 仕塗/仕版 役人の名簿/仕門 仕家/仕流 役人の身分/仕林 仕流/仕禄 職務

↓学仕・求仕・給仕・倦仕・賢仕・顕仕・暫仕・士仕・従仕・出仕・進仕・趨仕・善仕・達仕・致仕・美仕・奉仕・歴仕・禄仕

【巵】 5 7221 ［卮］ 7 7221 シ さかずき

篆文 

象形 大きな把手のある酒器の形。〔説文〕九上に「圜器なり」とし、卪に従って「飲食を節する所以なり。人に象りて、卪、其の下に在り」とするが、卪の部分は把手で、いわゆる鋬、上部は杯の巵の半体の形であろう。賜の初文易が、酒器の口から酒を注ぐ形であるのと、同じ造字法である。〔礼記、内則〕に「巵(卮)匜」の語があり、匜は水を注ぐ器の象形。巵は觶と同じく酒器で、巵は杯、觶はもと獣角の酒器で、のち青銅を以て作る。巵を巵言の意に用いるのは、支(支)と通用の義である。

訓義 ①さかずき。②支と通じ、支離、ばらばら。③梔と通じ、臙脂、べに。

古訓 〔名義抄〕巵 サカツキ・タスク・ヲサム

部首 〔説文〕〔玉篇〕に專(専)声・耑声の字を属し、いずれも小さな巵をいう。〔急就篇〕にみえる字である。

語系 巵・支 tjie は同声。巵は小器、巵言は支離の言。支と声義において通ずるところがある。

【巵言】 支離の言。〔荘子、天下〕謬悠の說、荒唐の言、端崖無きの辭を以て、時に恣縱して儻せず。~巵言を以て曼衍(無限)を爲し、重言(古人の言説)を以て眞を爲し、寓言を以て廣を爲し、獨り天地の精神と往來す。

【巵酒】 杯酒。〔戦国策、燕一〕夫至る。(人に私する)妻、妾をして巵(卮)酒を奉じて之れを進めしむ。妾、其の藥酒なることを知り、~乃ち陽り僵れて酒を棄つ。

↑巵匜 匜は水器/巵子 くちなし

↓羽巵・瓦巵・銜巵・挙巵・玉巵・金巵・瓊巵・持巵・酌巵・酒巵・清巵・接巵・操巵・伝巵・瑶巵・流巵・漏巵

人 【只】 5 6080 シ ただ

篆文 

会意 口＋八(八)。口は祝禱を収める器の形でᄇ。口耳の口ではない。八は神気のあらわれることを示す。容は廟中に祈って、神容の髣髴としてあらわれることをいい、同系の造字法である。〔説文〕三上に「語已むときの詞なり」とし、「口に従うて气の下引するの形に象る」とするが、人の口気ではなく、神気をいう。祝が神気を受けることを兌といい、ᄇに対して神気のあらわれるを只という。語詞として語末・句末に用いるが、〔詩経〕に「樂只の(楽しき)君子」という句が多くみえ、祝頌の詩に用いる。もと神事に関して用いた語であろう。

訓義 ①終助詞、語末・句末に用いる。②ただ、のみ。③ひたすら、わずか。④咫と通じ、咫尺。

古訓 〔名義抄〕只 シバラク・タヾ 〔字鏡集〕只 タヾ・ゴトシ・

コレ・コトハ・シバラク

声系 〔説文〕に只声として迟・胑・咫など十一字を収める。迟は曲行、胑は肢の異文、咫にも局・曲の意があるらしく、みな只の声義を承ける字である。

語系 只tjieは禔tjieと同声。是zjieとも声近く、禔とは神の安福を得ることをいう。また止・之tjia、茲tzia、巳jia、思sia、哉tze、而・耳njiaと同じく終助詞に用いる。

【只管】(しかん(くわん)) ひたすら。宋・范成大〔去年、雪多く苦寒す。梅花遂に晩し。～〕詩 只管ひたすらに苦吟す、三尺の雪 那なんぞ知らん、把ることを遲まつ、一枝の春

【只今】(しこん) ただいま。現在。唐・李白〔蘇台覧古〕詩 只今惟だ西江の月のみ有り 曾かつて照らす、呉王宮裏の人

↓勤只・天只・任只・楽只

常 【史】 5/5000 〔史〕 5/5000 シ まつり ふみ

篆文 甲骨文 金文

会意 中＋又（又ゆう）。中は祝禱を収める器である口（𠙵さい）を木に著けて捧げ、神に祝告して祭る意で、卜辞にみえる史とは内祭をいう。卜辞に「又史」という語としてみえる。外に出て祭ることを「事まつる」といい、その字はまた使の意にも用いる。事は史に吹き流しをつけた形で、史が内祭であるのに対して、外祭であることを示す。王使が祭の使者として行うことが王事であり、その王事に服することが祭政的支配の古い形態であった。史・使（使）・事はもと一系の字である。祝詞を扱うものを巫史しふといい、その文章を史といい、文の実に過ぎることをまた史という。巫史の文には史に過ぎることが多かったのである。祭祀の記録が、その祭政的支配の記録でもあった。〔説文〕三下に「史は事を記す者なり。又（手）の、中を持するに従ふ。中は正なり」とあって、史官が事を記すのにその中正を守る意であるとするが、中正のような抽象的観念を手に執ることは不可能である。それで江永は中を簿書にして簿書を奉ずる形とし、また王国維や内藤湖南は中を矢の容器の形とし、郷射礼などにおける的中の数を記録するものが史であるとする。卜辞に史を内祭とし、また史・使・事の系列字の用義から考えると、史が祭祀を意味する字であったことは疑いがない。

訓義 [1]まつり、内祭。[2]巫史、内祭を司るもの。[3]祭祀の記録、ふみ、その記録者、公事の記録者、ふひと、史官。[4]文筆にあずかる者。[5]天文を司るもの、大史。[6]獄官、属官。[7]かざり、修飾にすぎる、巫史の辞にかざりが多いこと。[8]経史子集、四部の一。

古訓 〔字鏡集〕史 ツカサ

部首 〔説文〕〔玉篇〕に事をこの部に属し、〔説文〕に「史に従ひ、之の省聲に従ふ」とするが、史の上に吹き流しのような偃斿えんゆうを加えた形である。金文にみえる古い使役形は「～をして事つかへしむ」を「～史～事～」の形式にしるす。事が使、史が令の字にあたる。

声系 〔説文〕に史声として吏（吏）・使のほか㕚ちょう部の字を録する。事は史の演化した字、使には古く事を用い、使役の義には史を用いた。

語系 史・使shiə、事dzhiəはみな祭事、祭事に従うことを意味する字。事はのち士・仕dzhiəの義に近づいて、政治・行政を意味する語となった。

【史官】(しかん(くわん)) 史を司る役人。〔史記、秦始皇紀〕臣請ふ、史官の秦記に非ざるものは、皆之れを燒かん。

【史館】(しかん(くわん)) 歴史を編修する所、修史館。〔聖武記、序〕京師は掌故の海なり。史館祕閣の官書、及び士大夫私家の著述、故老の傳説を借觀するを得。

【史局】(しきょく) 史館。修史局。〔唐書、劉子玄伝〕史局は深く禁門を籍かる。顔面を杜ふさぎ、請謁を防ぐ所以なり。今作者林の如し。儻もし褒貶ほうへんを示さば、曾すなはち未だ口を絶たずして、朝野咸ことごとく知らん。

【史策】(しさく) 史書。〔抱朴子、時難〕高勳の臣は曠代にして一のみ有り。陷冰（凍河とみせかける氷の塊を投げる。人を陥れる）の徒は史策に委積しゐ（累積）す。悲しい夫かな、時の遇ひ難きこと、此かくの若ごとく其れ甚だしい哉。

【史書】(ししょ) 歴史書。また、書体の一。〔漢書、王尊伝〕尊、竊ひそかに學問して、史書を能くす。

【史乗】(しじょう) 歴史書。もと晋国の史。〔孟子、離婁下〕晉の乘、楚の檮杌たうごつ、魯の春秋は、一なり。

【史職】(ししょく) 史官の職。唐・呉兢〔貞観政要を上たてまつる表〕微臣早つとに史職に居るを以て、誦を成して心に在らざるは莫なし。

【史臣】(ししん) 史官。唐・杜甫〔八哀詩、故との司徒李公光弼〕直筆、史臣に在り 將來筐篋きやうけふ（謗書）を洗はん

【史籍】(しせき) 史書。魏・曹植〔自ら試みられんことを求むる表〕史籍を覽みる毎に、古の忠臣義士、一朝の命を出すて、以て國家の難に殉ずるを觀み、～未だ嘗かつて心むねを拊うち歎息せずんばあらざるなり。

【史籀】(しちゅう(ちう)) 周の宣王の太史。〔大篆だいてん〕十五篇を著わし、書体をまた籀文という。〔説文解字叙〕宣王の太史籀に及んで、大篆十五篇を箸はす。古文と或いは異なり。

【史牒】(しちょう(てふ)) 史籍。記録。〔晋書、隠逸、辛謐伝〕伯夷、國を去り、（介）子推、賞を逃のがるるは、皆史牒に顯あらはれ、之れを無窮に傳ふ。

【史伝】(しでん) 史籍。〔貞観政要、論礼楽〕詔して姓氏を刊正し、～兼ねて史傳に據憑きょひょうし、其の浮華を剪きり、其の眞僞を定め、～撰して氏族志を爲つくらしむ。

【史筆】(しひつ) 歴史を書く。その書。魏・曹植〔自ら試みられんことを求むる表〕名を史筆に挂かけ、事を朝策に列せしめば、身は蜀境に分れ、首は呉闕に懸くるとも、猶ほ生ける年のごときなり。

↑史家(しか) 歴史家／史閣(しかく) 修史所／史翰(しかん) 史料／史劇(しげき) 歴史劇／史才(しさい) 史学の才／史冊(しさつ) 史書／史氏(しし) 史官／史詩(しし) 詠史詩／史事(しじ) 史実／史匠(ししょう) 文字工／史鈔(ししょう) 史要／史蹟(しせき) 歴史上の遺跡／史体(したい) 史書の法／史談(しだん) 史話／史評(しひょう) 歴史評論／史巫(しふ) みこ／史部(しぶ) 四部の一、歴史書／史文(しぶん) 史籍／史編(しへん) 史籍／史法(しほう) 修史法／史料(しりょう) 歴史資料／史林(しりん) 史書／史例(しれい) 史書の体例／史録(しろく) 史料／史論(しろん) 歴史評論／史話(しわ) 歴史のお話

↓哀史・詠史・佳史・家史・外史・旧史・御史・経史・瞽史・国史・左史・子史・私史・刺史・師史・詩史・侍史・修史・祝史・胥史・書史・女史・正史・青史・先史・戦史・太史・談史・籀史・長史・通史・内史・稗史・巫史・墳史・良史・令史・歴史・穢史

常 【司】 5/1762 〔嗣〕 17/2722 シ つかさどる つぐ

篆文 甲骨文 金文

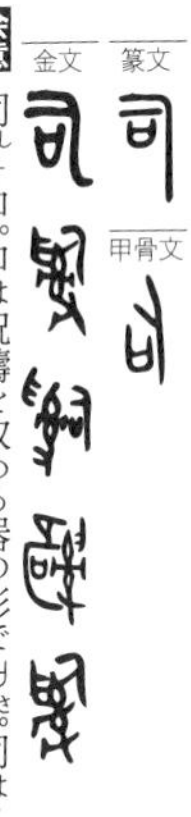

会意 𠃛し＋口。口は祝禱を収める器の形で𠙵さい。𠃛はこれを啓ひらくもの。そこに示される神意を伺いみることを示す。神の啓示を受けることを司ることから、司の意となる。〔説文〕九上に字を后の反文（反対の左向きの形）とし、「臣にして事を外に司る者なり」とするが、卜文では后の初文は毓いくの形にしるされている。司はおそらくもと祭祀に関する字で、卜辞に「王の廿司」を、また「王の廿司」としるしているものがあり、祀と声義の近い字であろう。金文に、長官として政を司ることを「死嗣しし」といい、死は尸しで尸主、また司る意があり、嗣は治める意。𤔔らんは

亂（乱）の初文で、架にかけた糸のもつれ。それを司の形のもので紛れを解く形である。司にまた「司ぐ」意があり、嗣の初文とみてよい。

訓義 ①まつる、祠って神意をうかがう。②つかさどる、神事をつかさどる、つかさ。③伺・覗と通じ、うかがう、察する、ようすをみる。④嗣と通じ、つぐ。

古訓 〔名義抄〕司 ツカサ・ツカサドル 〔篇立〕司 ツカサ・カミ・ツカサドル・サトル

部首 〔説文〕に詞をこの部に属し、〔玉篇〕に伺・𤔲の二字を加え、𤔲を詞の籀文とする。𤔲は金文に死𤔲・𤔲寇のように用い、司の籀文と考えられる。

声系 〔説文〕に司声として祠・嗣・笥の三字を収める。祠・嗣は古く司にもその用義があり、司から出た字である。

【司寇】 周の官名。天子の五官の一。〔礼記、曲礼下〕天子の五官を、司徒・司馬・司空・司士・司寇と曰ふ。五衆（五官の属吏）を典司す。

【司鐸】 木鐸をもち、教化を司るもの。また、軍中で鐸（鉦）をもち、命を伝えるもの。漢・張衡〔東京の賦〕上林（苑）に迄りて徒營を結び、和（軍門）を次べ表を樹て、司鐸鉦を授け、坐作進退、節するに軍聲を以てす。

【司直】 司法官。〔淮南子、主術訓〕堯は敢諫の鼓を置き、舜は誹謗の木を立て、湯に司直の人有り。武王は戒愼の鞀（ふり太鼓）を立つ。過まること豪釐の若きも、既已に之れに備ふ。

【司徒】 周の官名。民政を掌る。〔書、牧誓〕嗟我が友邦の冢君、御事の司徒・司馬・司空・亞・旅・師氏、～爾の矛を立てよ。

【司馬】 周の官名。軍事を掌る。〔書、梓材〕汝若し恆に越に曰へ、我が有（友）の師師・司徒・司馬・司空・尹旅、曰に予れ人を厲殺すること罔しと。

【司法】 官名。刑罰を掌る。〔通典、職官、総論郡佐、司法〕司法參軍、兩漢には法曹・賊曹掾有り、刑法を主る。歴代皆有り。或いは之れを賊曹と謂ふ。

【司命】 神名。〔楚辞、九歌、大司命〕清氣に乘じ陰陽を御す。〔注〕司命は常に天の清明の氣に乘じ、萬民生死の命を御持するを言ふなり。

【司盟】 盟誓のことを掌る。また、その神名。〔左伝、襄十一年〕乃ち盟ふ。載書（盟誓の書）に曰く、凡そ我が同盟～茲の命に閒ふこと或らば、司愼・司盟（神名）、名山名川、群神群祀、先王先公～明神之れを殛し～其の國家を踣さん。

↑司医 医官／司域 職方司／司員 係員／司院 巡撫／司園 監獄／司稼 農官／司駕 車馬の係／司寒 玄冥神／司宮 宗廟の係／司馭 太僕／司業 教授職／司虞 山沢の官／司勲 功賞係／司憲 御史／司戸 民戸係／司功 礼教係／司行 通達文／司獄 獄官／司閽 門番／司載 天文係／司察 伺察する／司至 二至の係／司刺 裁判官／司戎 兵部／司掌 つかさどる／司常 王旗係／司嗇 農業神／司辰 漏刻係／司箴 規諫の役／司水 河水係／司籍 書籍係／司膳 大膳係／司存 役人／司天 天文官／司典 司書／司董 幹事／司道 糧道係／司農 農官／司敗 司寇／司搏 伺縛／司頒 支配係／司分 二分の係／司文 鴻臚／司聞 お伺い／司方 指南車／司庖 料理人／司牧 地方官／司僕 車馬係／司門 宮門係／司理 法官／司律 楽官／司廩 米倉の係／司礼 廷礼係／司厲 盗賊係／司隷 徒隷係／司暦 暦の係／司臚 司馬の蔑称／司禄 俸禄係

↓官司・宮司・群司・下司・京司・憲司・公司・国司・宰司・祭司・主司・衆司・諸司・上司・職司・曹司・総司・台司・朝司・典司・督司・百司・分司・牧司・明司・有司

常
【四】
5
6021
シ
よつ

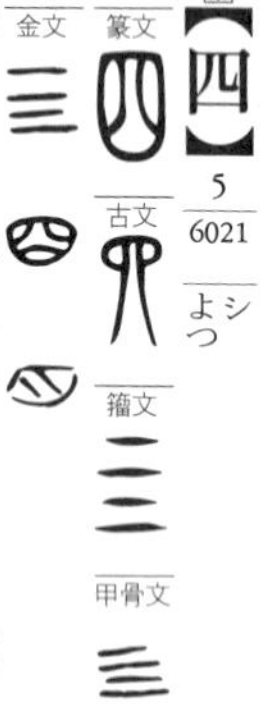

指事 初文は籀文の字形が示すように四横画を重ねた形で、数の四を示す。〔説文〕十四下に「陰の數なり。四分の形に象る」とするが、四の形は〔石鼓文〕に至ってはじめてみえる。四は呬の省文を仮借して用いるもので、口の形に従う。

訓義 ①よつ、数の四。②よたび、よたびする、よも。③駟と通じ、駟馬。

古訓 〔名義抄〕四 ヨツ・マドカニ・ヨモ 〔字鏡集〕四 ヲハル・シヌ・ヨツ・ヒツ・ヒモ・ヤミヌ

声系 〔説文〕に四声として牭・呬・柶・駟など五字を収める。呬は気息の象に従い、その四を数に仮借して牭・駟のような字が作られた。

語系 四・牭・駟 siet は同声。四を数の四に仮借して四歳の牛を牭、一乗四馬を駟という。

【四阿】 屋の四面に更に各々二本の棟木を増して覆い、霤を作る。重屋・四霤ともいう。〔周礼、考工記、匠人〕殷人は重屋、堂の脩七尋、堂の崇さ三尺、四阿の重屋あり。

【四夷】 四方の異民族。東夷・南蛮・西戎・北狄。四貉。〔左伝、昭二十三年〕古は天子守ること四夷に在り。天子卑しきときは、守ること諸侯に在り。諸侯守ること四隣に在り。諸侯卑しきときは、守ること四竟に在り。

【四裔】 四方の辺裔の地。〔左伝、昭九年〕先王、檮杌を四裔に居き、以て螭魅を禦がしむ。故に允姓の姦、瓜州に居る。

【四筵】 四方の坐席。満坐。唐・杜甫〔飲中八仙歌〕詩 焦遂（平生は語ること吃）五斗、方に卓然たり 高談雄辯、四筵を驚かす

【四科】 孔門の四科。〔論語、先進〕徳行には顏淵・閔子騫・冉伯牛・仲弓、言語には宰我・子貢、政事には冉有・季路、文學には子游・子夏。

【四郭】 四方の村々。唐・戴叔倫〔友人の山居に題す〕詩 四郭の靑山、處處同じ 客懷、計の秋風に答ふる無し

【四極】 四方の極。晉・陸機〔挽歌、三首、三〕詩 重阜（重なる山）何ぞ崔嵬たる（険しい） 玄廬（陵墓）其の閒に竄る 穹隆（ドームの形）、蒼天に放る 旁薄（地形のひろがるさま）して四極を立て

【四君】 戦国の四君。漢・賈誼〔過秦論、上〕齊に孟嘗有り、趙に平原有り、楚に春申有り、魏に信陵有り。此の四君は、皆明智にして忠信、寬厚にして人を愛し、賢を尊びて士を重んず。

【四言】 一句四字。古詩の体。〔文心雕竜、章句〕詩・頌に至りては、大體四言を以て正と爲す。

【四絃】 琵琶の類。唐・白居易〔琵琶行〕詩 曲終り、撥を收めて、心に當りて畫く 四絃の一聲、裂帛の如し

【四庫】 経・史・子・集四部の書を収蔵する書庫。〔唐書、芸文志一〕兩都各〻書四部を聚め、甲乙丙丁を以て次と爲し、經史子集の四庫を列ぬ。

【四散】 四方に飛び散る。唐・杜牧〔早鴈〕詩 金河、秋半ばにして虜弦（弓）開き 雲外驚飛して、四散すること哀し 仙掌（台）月明らかにして、孤影過ぎり 長門（宮）燈暗うして、

数聲來る

【四始】 元旦。歳時月日の始め。また、〔詩経〕の四始。〔史記、孔子世家〕關雎の亂は以て風の始めと爲し、鹿鳴を小雅の始めと爲し、文王を大雅の始めと爲し、清廟を頌の始めと爲す。

【四肢】 手足。〔韓詩外伝、二〕(宓)子賤~。鳴琴を彈き、身、堂を下らずして單父治まる。~人、子賤を謂ふ。則ち君子なり。四肢を佚し、耳目を全うし、心氣を平らかにして、百官理まると。

【四時】 一年の四季。春・夏・秋・冬。〔書、尭典〕帝曰く、咨汝義と和と。期は三百有六旬有六日なり。閏月を以て四時を定め、歳を成す。

【四書】 学・庸・論・孟の四書。〔日知録、十八、十三経注疏〕宋の時、朱(熹)・程(顥・頤)諸大儒出で、始めて禮記中の大學・中庸を取り、及び孟子を進めて以て論語に配し、之れを四書と謂ふ。

【四神】 四方の星。〔留青日札〕(四神四霊四祥)天に蒼龍(東)・白虎(西)・朱雀(南)・玄武(北)四星の精有り。降りて地に在りては則ち龍・虎・鳥・龜四獸の象と爲る。兵家之れを四神と爲す。

【四声】 字音の声調。平・上・去・入。現代北京語では陰平(一声)・陽平(二声)・上声(三声)・去声(四声)。〔南斉書、文学、陸厥伝〕平上去入を以て、四聲と爲す。

【四聡】 四方の民の声をきく。〔書、舜典〕月の正の元日、舜、文祖に格り、四岳に詢る。四門を闢き、四目を明らかにし、四聰を達せしむ。

【四体】 手足。〔論語、微子〕子路問うて曰く、子、夫子を見たるかと。丈人曰く、四體勤めず、五穀分たず、孰れをか夫子と爲すと。其の杖を植てて芸る。

【四達】 四方に道が通ずる。四方に行きわたる。〔荘子、知北遊〕其の來るや迹无く、其の往くや崖无く、門无く房无く、四達して皇皇たり。

【四端】 仁義礼智の緒となる心情。〔孟子、公孫丑上〕惻隱の心は仁の端なり。羞惡の心は義の端なり。辭讓の心は禮の端なり。是非の心は智の端なり。人の是の四端有るは、猶ほ其の四體有るがごときなり。

【四知】 秘密は必ずあらわれる。〔後漢書、楊震伝〕王密~夜に至りて金十斤を懷にし、以て震に遺る。~(震、受けず)密曰く、暮夜知るもの無からんと。震曰く、天知る、神知る、我知る、子知る。何ぞ知る者無しと謂はんやと。密、愧ぢて出づ。

【四注】 四周に廊をめぐらした建物。漢・枚乗〔七発〕連なる廊の四注あり、臺城は層なり構へ、紛紜たる玄緑とあり。

【四通】 四方に通ずる。〔史記、貨殖伝〕范蠡~陶に之きて朱公と爲る。朱公以爲へらく、陶は天下の中、諸侯四通し、貨物の交易する所なり。

【四天】 四時。四方の空。唐・徐凝〔八月灯夕游越施秀才に寄す〕詩 四天の淨色、寒きこと水の如く 八月の清輝、冷やかなること霜に似たり

【四瀆】 江・河・淮・済の四水。〔史記、殷紀〕東を江と爲し、北を濟と爲し、西を河と爲し、南を淮と爲す。四瀆已に修まり、萬民乃ち居有り。

【四部】 古書の四分類法。経・史・子・集。〔陔余叢考、二十二、経史子集〕古書の分類、未だ經史子集四部の名有らず。~其の四部を以て分つ者は、晉の祕書監荀勗より始まる。

【四勿】 孔子が顔回に教えた語。〔論語、顔淵〕子曰く、禮に非ざれば視ること勿れ。禮に非ざれば聽くこと勿れ。禮に非ざれば言ふこと勿れ。禮に非ざれば動くこと勿れ。

【四壁】 四方の壁。壁だけの貧しい家。〔史記、司馬相如伝〕(卓)文君、夜亡げて相如に奔る。相如乃ち與に馳せて成都に歸る。家居、徒だ四壁立つのみ。

【四辺】 四境。〔宋史、李周伝〕(神宗)禦邊の術を訪ふ。曰く、四邊は手足のみ。若し中國を疲れしめて以て遠略を勤めば、百姓の窮困を致し、聚りて盜賊を爲し、腹心の憂を成さんことを懼る。

【四方】 東・西・南・北。〔礼記、射義〕故に男子生まるるときは、桑の弧、蓬の矢六つ、以て天地四方を射る。天地四方は、男子の事とする有る所なり。

【四望】 四方を眺める。また、天子が日月山川を祀る。〔周礼、春官、大宗伯〕國に大故有るときは、則ち上帝及び四望に旅(祭)す。

【四民】 士・農・工・商。〔漢書、食貨志上〕士農工商、四民業有り。學びて以て位に居るを士と曰ひ、土を闢き穀を殖するを農と曰ひ、巧を作り器を成すを工と曰ひ、財を通じ貨を鬻ぐを商と曰ふ。聖王、能を量り事を授く。

【四面】 四方。〔史記、留侯世家〕雒陽は此の固め有りと雖も、其の中小にして數百里に過ぎず、田地薄く、四面敵を受く。此れ武を用ふるの國に非ざるなり。

【四隣】 周囲の国や家。〔春秋繁露、楚の荘王〕人の言に曰く、國家治まるときは則ち四隣賀し、國家亂るるときは則ち四隣散ずと。

【四霊】 麟・鳳・亀・竜。〔礼記、礼運〕四靈以て畜と爲す。故に飲食由ふること有るなり。何をか四靈と謂ふ。麟・鳳・龜・龍、之れを四靈と謂ふ。

【四六】 四字・六字の対句で構成する文。四六駢儷。〔容斎三筆、八、四六名対〕四六駢儷は、文章家に於て至淺と爲す。然れども上は朝廷の命令・詔册より、下は縉紳の閒の箋書・祝疏も、用ひざる所無し。

➡四囲 かこむ/四維 四綱/四隩 四方遠地/四韻 律詩/四宇 天下/四瀛 海内/四遠 四方辺地/四檐 ひさし/四簷 四檐/四遐 四遠/四角 四すみ/四嶽 東は泰、西は華、南は衡、北は恒の四岳/四気 温熱冷寒/四虚 大空/四竟 四境/四境 四方の境界/四疆 四境/四衢 四辻/四隅 四すみ/四顧 み廻す/四荒 四遠/四国 四方の国/四坐 満坐/四塞 四方塞り/四載 乗物類。水には舟、陸には車、泥には輴(そり)、山には樏(かんじき)/四竄 四方に逃竄する/四支 四肢/四至 境界の四隅/四枝 四肢/四周 周囲/四序 四季の序/四大 道天地王/四柱 四本柱/四馬 四頭立ての馬車/四貉 四夷/四飯 王者の食/四鄙 田舎/四表 世外/四布 広布する/四明 道教の聖山/四溟 四海/四稜 すみずみ/四礼 冠婚葬祭/四廊 四方の渡り殿/四隈 四隅

⬇教四・再四・絶四・暮四

常

【市】

5 / 0022

篆文

金文

シ / いち かう まち

象形 市の立つ場所を示す標識の形。交易の行われる場所には高い標識を樹て、監督者が派遣された。〔説文〕五下に「買賣するものの之く所なり」とし、字形について「市に垣有り。冂に從ひ、乁に從ふ。乁は古文及なり。物の相ひ及ぶに象るなり。之の省聲」とする。金文の字形は朿と同じく標木を樹てた形で、上に止(之)を加える。止が声符であるのか、意符であるのかは明らかでない。〔唐六典〕に市を「建標立候、陳肆辨物」というように、公認の場所に標識を樹て、監督官をおいた。城外近郊の広場などがその地にあてられ、古くはそこ

で歌垣なども行われた。〔詩、陳風、東門之枌〕に「穀旦(よあけ)に于嗟(雨乞いの祈りの声)す 南方の原に 其の麻を績がず 市に婆娑す」というのは、その場所での歌垣を歌うものである。〔周礼、地官〕に「司市」の職があり、その規制の方法が詳しく記されている。またそこで、公開処刑が行われることがあった。

訓義 ①いち、交易をするところ。②とりひき、あきない。③かう、うる、もうける。④まち、まちや、都市。

古訓 〔和名抄〕市人 楊氏漢語抄に云ふ、市郭の兒、伊知比止(いちひと) 〔名義抄〕市 イチカフ・アキナフ・ハカリ・イチ・カフ／和市 アキナヒカフ 〔字鏡集〕市 ウル・カフ・アキナヒス・ハカリ・サハガシ・アキナフ・イチ

【市囂】(しいく) 市で商売する。唐・杜甫〔重表姪王砅評事の南海に使するを送る〕詩 自ら陳ふ髻鬟(結髪)を剪り 市に鬻ぎて杯酒に充つと

【市隠】(しいん) 市中の隠者。唐・皎然〔崔侍御の贈らるるに酬ゆ〕詩 市隱、何ぞ道を妨げん 禪棲、詩を廢せず

【市怨】(しえん) 人にうらまれる。〔戦国策、韓一〕夫れ盡くる有るの地を以て、已む無きの求めを逆ふ。此れ所謂怨を市ひ禍を買ふ者なり。

【市恩】(しおん) 恩をきせる。〔唐書、裴耀卿伝〕今朕岱宗(泰山)に事ること有り。懷州の刺史王丘、餼牽(お供えの犠牲)の外、它獻無し。我、其の恩を市らざるを知るなり。

【市賈】(しか) 商人。また、市場の価格。〔孟子、滕文公上〕許子の道に從へば、則ち市賈貳ならず、國中に僞り無し。五尺の童をして市に適かしむると雖も、之れを欺くもの或ること莫し。

【市刑】(しけい) 周代、市で行われた刑罰。〔周礼、地官、司市〕市刑、小刑は憲罰し(告示する)、中刑は徇罰し(となえ知らせる)、大刑は扑罰(鞭うち)す。

【市語】(しご) まちの人の使う俗語。〔竹坡詩話、三〕李端叔嘗て余が爲に言ふ。東坡云ふ、街談市語も、皆詩に入るべし。但だ人の鎔化することを要するのみと。

【市肆】(しし) 市場の店。〔世説新語、文学〕康僧淵、初めて江を過り、未だ知る者有らず。恆に市肆に周旋し、乞索して以て自ら營む。

【市上】(しじょう) まちなか。唐・杜甫〔飲中八仙歌〕詩 李白一斗、詩百篇 長安市上の酒家に眠る 天子呼び來れども、船に上らず 自ら稱ふ、臣は是れ酒中の仙と

【市井】(しせい) まちなか。〔儀礼、士相見礼〕(致仕して)宅なる者、邦に在りては則ち市井の臣と曰ひ、野に在りては則ち草茅の臣と曰ふ。庶人には則ち刺草の臣と曰ひ、他國の人には則ち外臣と曰ふ。

【市租】(しそ) 市場の税。市税。〔史記、斉悼恵王世家〕齊の臨菑十萬戸、市租千金、人衆殷富にして、長安よりも巨なり。

【市中】(しちゅう) まちなか。〔宋書、宗越伝〕郡吏に補せらる。父、蠻の殺す所と爲る。其の父を殺せる者、嘗て郡に出づ。越、市中に於て之れを刺殺す。太守夏侯穆、其の意を嘉し、擢んでて隊主と爲す。

【市朝】(しちょう) まちなか。人のたちならぶところ。〔孟子、公孫丑上〕北宮黝の勇を養ふや、膚撓まず、目逃がず。一豪(毛)を以て人に挫かるるを思ふこと、之れを市朝に撻たるるが若くし。

【市廛】(してん) 市の商店。晋・左思〔蜀都の賦〕市廛の會する所、萬商の淵にして、隧を列ぬること百重、肆を羅ぬること巨千なり。

【市道】(しどう) 街路。〔後漢書、隗囂伝〕政令日に變り、官名月に易り、貨幣歳ごとに改まる。吏民昏亂して從ふ所を知らず、商旅窮窘して市道に號泣す。～苞苴(賄賂)流行し、財、公輔に入る。

【市販】(しはん) 商人。〔史記、刺客、聶政伝〕然れども政の汚辱を蒙り、市販の閒に自棄せし所以の者は、老母幸ひにして恙無く、妾の未だ嫁せざるが爲なり。～士は固より己を知る者の爲に死す。

【市脯】(しほ) 店うりのほじし。乾肉。〔論語、郷党〕沽酒(店うりの酒)・市脯は食らはず。

【市民】(しみん) 市中の人。〔申鑒、時事〕山民の樸、市民の玩なるは、處なり。桀・紂民を易へずして亂れ、湯・武民を易へずして治まるは、政なり。

【市門】(しもん) まちの門。商人の所。〔史記、貨殖伝〕夫れ貧を用って富を求むるは、農は工に如かず。工は商に如かず。繡文を刺すは、市門に倚るに如かず。此れ末業、貧者の資を言ふなり。

【市傭】(しよう) 市中の日傭い。〔荀子、議兵〕齊人技擊を隆ぶ。其の技や、一首を得る者には則ち贖ひの錙金(金八両)を賜ひ、本賞無し。是れ亡國の兵なり。～是れ市傭に賃して之れを戰はしむるを去ること幾くぞ。

【市利】(しり) 市場の利益。〔孟子、公孫丑下〕賤丈夫有り。必ず龍斷(壟断、高い岡)を求めて之れに登り、以て左右に望みて市利を罔す。人皆以て賤と爲す。故に從つて之れに征(税)す。

【市楼】(しろう) 市中の楼房。酒楼。〔武林旧事、六、酒楼〕熙春樓・三元樓～已上は皆市樓の表表たる者なり。每樓各〻小閣十餘に分る。酒器悉く銀を用い、以て華侈を競ふ。每處各〻私名妓數十輩有り。皆時妝袨服、巧美妍を争ふ。

➡市易 平準法／市掾 市の属官／市価／市賈／市歌 流行歌／市譁 まちのやかましさ／市牙 仲買人／市魁 市の長／市儈 仲買人／市街 街なみ／市郭 市の外郭／市区 市の区域／市券 手形／市戸 商人／市估 市価／市虎 流言蜚語／市酤 店売りの酒／市巷 まち／市獄 罪をかう／市棍 やくざ／市司 市の役人／市師 市司／市事 貿易／市日 市の日／市舎 町家／市聚 市の貨物／市署 市の司／市倡 倡妓／市城 都市／市食 店屋物／市人 商人／市塵 雑鬧／市正 市司の長／市声 市譁／市征 市税／市船 商い船／市狙 やくざ／市曹 町役人／市卒 庶民／市庁 市役所／市長 市の長／市亭 市役所／市店 市の店／市鄽 市廛／市屠 屠殺者／市偸 泥棒／市頭 店さき／市徳 市の恩／市陌 街路／市晩 町の夕暮／市賦 市税／市物 商品／市平 物価の規制／市房 店や／市名 売名／市邑 町と村／市傭 市の庸人／市吏 市の役人／市里 まち／市列 ならんだ店

⬇花市・海市・開市・街市・関市・鬼市・帰市・棄市・宮市・墟市・互市・交市・江市・巷市・港市・獄市・山市・司市・秋市・城市・井市・草市・朝市・都市・屠市・坊市・貿市・夜市・野市・立市

人 【此】 5／2111 シ これ この

篆文 甲骨文 金文

形声 声符は止し。〔説文〕二上に「止まるなり。止と匕ひとに從ふ。匕は相ひ比次する(ならべる)なり」と会意に解するが、匕は相比次する意ではなく、牝牡の牝の初文。此は雌の初文。此に細小なるものの意がある。之と同声で、代名詞の近称として用いる。〔詩〕〔書〕にも、また金文では戦国期の〔南疆鐘〕にも、

代名詞としての用法がみえる。

訓義 ①これ、この。②ここ、ここに。③かく。

古訓 〔名義抄〕此 コ、ニ・コレ 〔字鏡〕此 カクノ・ナムチ・ソシル・コレ

部首 〔説文〕に呰・柴の二字を属し、〔新附〕〔玉篇〕に些を加える。些は〔楚辞〕に多く助詞として語末に用いる。〔説文〕に「呰は窳なり。闕」とし、柴は二上に「識るすなり」とし束声とする。みな小さく、ゆがんだものをいい、此の声義を承ける字とみられる。

声系 〔説文〕に此声として紫・呰・眥・雌・觜・柴・疵・覰など二十八字を収める。おおむね細小・尖鋭・屈曲などの意を含む。此の本義は、これらの形声字のうちに残されており、代名詞の用法は仮借である。

語系 此tsie、是zjieは声近く、ともに代名詞に用いるが、是の本義は匙で、是はその象形。また茲tziaも代名詞に用いるが、字の本義は絲(糸)。絲の頭を縊って液にひたし染める意で、滋染の滋(滋)の初文である。

【此君】 竹。〔世説新語、任誕〕王子猷(徽之)嘗て暫く人の空宅に寄りて住み、便ち竹を種ゑしむ。或ひと問ふ、暫く住むに、何ぞ爾かするを煩はさんと。王、嘯詠すること良や久しく、直に竹を指さして曰く、何ぞ一日も此の君無かるべけんやと。

↑此以 故に/此家 この方/此間 当方/此頃 近ごろ/此個 このもの/此公 この方/此歳 今年/此際 この時/此次 この度/此若 かく/此処 ここ/此段 近来/此輩 この人達/此般 このよう/此番 今回/此復 お返事/此覆 お返事/此面 こちら/此様 このような/此老 この老人

↓在此・彼此・楽此

常

【矢】

5 8043 シ やちかう つらねる

篆文

甲骨文

金文

象形 矢の鏃のある形。〔説文〕五下に「弓弩の矢なり。入に從ひ、鏑・栝羽の形に象る」とするが、〔説文〕にいう入の形は鏃。字の全体が象形である。「矢ふ」とよむのは、古く誓約のときに矢を用いることがあったのであろう。誓は矢を折る形に従い、知・智も矢に従う。また「矢ぬ」とよむのは、施・肆と同音で、その義に通用するのであろう。

訓義 ①や、やがら。②ちかう、ただす。③施・肆と通じ、つらねる、ならべる。④屎と通じ、くそ、便。⑤弛と通じ、ゆるむ。

古訓 〔名義抄〕矢 ヤ・チカフ・ツラヌ・ツラナル・ソフ・イル・ツ、シム・チカシ・マサシ・ノブ・ホドコス

部首 〔説文〕に鉃・侯・知・矣など九字、〔新附〕に矮を属し、〔玉篇〕に矩(矩)・矧など十字を加える。鉃はもと射る形の字で、弓と矢と又(又)とに従う。侯はもと医に作り、屋下に矢を放つ祓禳の儀礼を示す字。知は祝詞に矢をそえ、また矣は厶(曰)に矢をそえて祈る儀礼をいう。矢はそのような神事や呪儀に用いた。

声系 〔説文〕に矢声として雉・疑・疾・彘など五字を収めるが、矢と同声の字はない。疾の初文は人が腋の下に矢を受けている形。彘は矢が豕を貫く形で、ともに象形。疑は人が反顧して凝立する形で、矢の形を含まない。また雉は鳥占の法を示すものであるらしく、その字はまた夷(繳の形)に従い、軍功の得失をトしたものであろう。ト辞に「衆を雉はんか」とトする例がある。

語系 矢sjiei、肆sietは声近く、矢にも矢陳、肆ねるの意がある。

【矢言】 誓いのことば。晋・潘岳〔西征の賦〕矢言を扞いで納れず、反つて怨みを推して以て咎めを歸す。

【矢刃】 矢と刀。〔漢書、蘇武伝〕萬里に徑して沙幕を度り 君の將と爲りて、匈奴に奮ふ 路窮絶して、矢刃摧け士衆滅びて、名已に隤る

【矢誓】 ちかう。〔三国志、蜀、諸葛亮伝〕(陳寿の上表)之れを尚書に考ふるに、咎繇の謨は、略にして雅、周公の誥は、煩にして悉なり。何となれば則ち、咎繇は舜・禹と共に談じ、周公は臣下と矢誓するの故なり。

【矢石】 矢と弩の石。戦争。〔戦国策、斉六〕明日乃ち氣を厲まし城を循り、矢石の及ぶ所に立ち、枹を援つて之れを鼓つ。狄人乃ち下る。

【矢鋒】 やじり。〔列子、湯問〕紀昌、既に飛衛の術を盡す。計るに、天下の己に敵する者一人のみ。乃ち飛衛を殺さんことを謀る。野に相ひ遇ひ、二人交ごも射る。中路にして矢鋒相ひ觸れて地に墜つるも、塵揚らず。~是に於て二子泣きて弓を投げ、塗に相ひ拜す。

↑矢笴 やがら/矢檜 矢石/矢幹 矢笴/矢魚 魚をならべて祭る礼/矢師 矢造り/矢疾 矢のように疾い/矢心 本心をいう/矢人 矢師/矢蔵 えびら/矢鏃 やじり/矢直 まっすぐ/矢鏑 やじり/矢夫 正直者/矢服 えびら/矢箙 えびら/矢房 矢づつ

↓遺矢・雨矢・銜矢・弓矢・棘矢・勁矢・荊矢・孤矢・彀矢・嚆矢・攢矢・舎矢・乗矢・折矢・接矢・繒矢・束矢・鏃矢・抽矢・注矢・彤矢・発矢・飛矢・蓬矢・矛矢・流矢・弄矢

人

【弛】

6 1421 ［弲］ 13 1221 シ イチ ゆるめる はずす すてる

篆文

形声 声符は也。也は水器の匜の初形で、その流し口の形。ゆるくまがる意がある。〔説文〕十二下に「弓、弦を解くなり」(段注本)とあり、弓弦を外す意。重文の弲は虒声。弓弦をゆるめることから、すべてものを弛緩することをいう。〔礼記、雑記下〕に「一張一弛は文武の道なり」とみえる。

訓義 ①ゆるむ、ゆるめる。②はずす、のびる。③すてる、おこたる、のびる。④改める。⑤おとす。

古訓 〔名義抄〕弛 ハヅル・ハヅス・ユルブ 〔字鏡集〕弛 ハヅス・ユミヅル・ユミハズ・サル・ユミハヅス・ハナツ・ユルス

語系 弛sjieと施sjiaiは声義近く、施は施靡し。旗がゆるくはためく意で、弛と同系の語である。

【弛緩】 ゆるむ。たるむ。〔漢書、五行志中之下〕兵を被ること十有餘年、之れに因ぬるに饑饉を以てす。百姓怨望し、臣下の心離る。公懼れて弛(弛)緩し、敢て誅罰を行はず。

【弛刑】 刑を弛める。〔漢書、宣帝紀〕西羌反す。三輔・中都官の徒の刑を弛め、及び應募の佽飛(勇力の官)の射士~羌騎を發し、金城に詣らしむ。

【弛縦】 ゆるむ。〔後漢書、蔡邕伝〕(政要七事、四事)夫れ司隷校尉・諸州の刺史は、姦枉を督察し、白黑を分別する所以の者なり。~或いは抱罪懷瑕、下と同疾なる有り。綱網弛縱し、相ひ擧察する莫し。公府臺閣も、亦た復た默然たり。

【弛然】 のんびりする。唐・柳宗元〔捕蛇者の説〕吾れ恂恂(気づかうさま)として起ち、其の缶(甕)を視るに、吾が蛇尚ほ存すれば、則ち弛然として臥し、謹んで之れを食ふ。

【弛惰】 おこたる。〔南史、宋武帝紀〕帝末年、~毎旦寢より興き、~仍ち復た飲を命じ、俄頃にして數斗、几に憑りて惛睡す。~或いは外に奏事有れば、便ち肅然として容を整へ、復た酒色無し。外内其の神明に服し、敢て弛惰する莫し。

【弛張】 緩急。〔礼記、雑記下〕張りて弛めざるは、文武も能くせざるなり。弛めて張らざるは、文武も爲さざるなり。一張一弛は、文武の道なり。

【弛墜】 弛廃。〔晋書、元帝紀〕王室に故多く、姦凶暴を

肆にす。皇綱弛墜し、大猷を顚覆す。

【弛廢】ゆるみ廃する。〔晋書、儒林伝序〕闕里（孔子）の典經を擯け、正始（魏末、玄談）の餘論に習ひ、禮法を指して流俗と爲し、縱誕を目して淸高と以し、遂に憲章を弛廢し、名教を積毀せしむ。

↑弛易 怠る／弛維 法がゆるむ／弛解 とける／弛壊 崩れる／弛懈 なまける／弛期 延期する／弛隳 やぶる／弛馭 馭をゆるめる／弛禁 解禁／弛政 政がゆるむ／弛絶 廃する／弛怠 怠る／弛替 廃棄／弛担 荷を下す／弛徴 緩税／弛蕩 放蕩／弛紊 乱れる／弛驁 自由／弛兵 武装を解く／弛放 弛緩／弛慢 なまける／弛落 廃する／弛力 労役を減免する

↓解弛・懈弛・禁弛・傾弛・荒弛・縦弛・勢弛・頹弛・張弛・偸弛・廢弛・放弛・落弛

常

【旨】 6 2160 シ うまい むね

篆文 古文 金文

会意 氏＋曰。曰は器中にものを収めた形。氏は把手のある小刀の形で、氏族共餐のときに用い、のち氏族の意となる。器中のものを、この小刀で切って食することをいい、美旨の意となる。〔説文〕五上に「美きなり」とし、「甘に從ひ、匕聲」とするが声が合わず、また甘匕とするのも字形に合わない。甘は拑入の象で、旨とは関係がない。金文には斉器の〔国差罎〕に「以て旨酒を實す」とあり、もと神に供するものなどに用いる語であった。

訓義 ①うまい、味がよい、うまいもの、よい。②むね、おもむき、こころ、わけ。③天子の仰せ、おぼしめし。④命令、命令の趣旨。

古訓 〔名義抄〕旨 ムネ・アマシ・ムマシ・サス・ヨシ・コ、ロ・コ、ロザシ

部首 〔説文〕〔玉篇〕に嘗をこの部に属する。〔漢書、礼楽志〕に「百鬼迪て嘗す」とあるように、嘗は鬼神に供することを原義とする字。神嘗・新嘗とは、神が用いて旨しとする意である。

声系 〔説文〕に旨声として詣・脂・稽・耆・䭫・指など十二字を収める。このうち詣・稽・䭫は声系を異にする字で、もと別系。詣の初文は旨。その旨は、祝禱の器（曰）に対して、神霊が上より降下する象。その霊を拝するを䭫といい、金文に「稽首」の字に䭫を用いる。稽はのちの形声の字である。

語系 旨・指・恉 tjiei は同声。旨は旨肉。脂のよくのった肉である。旨肉を撮るものを指、神意にかなうことを恉という。〔管子、侈靡〕に「天の指に承從す」とあるのは恉意。指・恉は旨の声義を承ける字である。

【旨意】おもむき。〔後漢書、魯丕伝〕詩人の旨意を覽、雅頌の終始を察し舜・禹・皐陶の相戒むるを明らかにし、～人文を觀て天下を化成す。

【旨遠】意味が深遠である。〔易、繫辞伝下〕其れ易は往を彰らかにして來を察し、而して微を顯らかにして幽を闡き、～辭を斷ずるときは則ち備はる。～其の旨遠く、其の辭文なり。

【旨甘】うまい食物。〔礼記、内則〕命士より以上は、父子皆宮を異にす。味爽にして朝し、～慈しむに旨甘を以てす。～日入りて夕し、慈しむに旨甘を以てす。

【旨酒】うまい酒。〔韓詩外伝、三〕旨酒嘉殽有りと雖も、嘗めざれば其の旨きを知らず。善道有りと雖も、學ばざれば其の功に達せず。

【旨趣】おもむき。主意。〔漢紀、成帝紀二〕昔、周の末、孔子既に歿し、後世諸子、各篇章を著はし、道藝を崇廣し、一家の說を成さんと欲するも、旨趣同じからず。故に分れて九家と爲る。

【旨蓄】貯蔵食。〔詩、邶風、谷風〕我に旨蓄有り 亦た以て冬を御せぐ

【旨統】論旨の大筋。〔晋書、向秀伝〕莊周、内外數十篇を著はす。歴世の才士、觀る者有りと雖も、其の旨統を適論する莫きなり。秀乃ち之れが隱解を爲し、奇趣を發明し、玄風を振起す。

↑旨嘉 美味／旨帰 趣旨／旨麾 指揮／旨義 趣旨／旨遣 来信／旨肴 美味／旨告 示意／旨示 示意／旨信 書信／旨通 主題／旨味 美味／旨問 書信／旨要 要旨

↓違旨・遺旨・懿旨・叡旨・遠旨・奥旨・恩旨・雅旨・玄旨・厳旨・高旨・告旨・滋旨・辞旨・慈旨・主旨・殊旨・酒旨・趣旨・称旨・詔旨・上旨・情旨・縟旨・心旨・垂旨・清旨・聖旨・宣旨・宗旨・大旨・達旨・朝旨・勅旨・天旨・特旨・内旨・微旨・風旨・芳旨・本旨・妙旨・輸旨・幽旨・優旨・要旨・来旨・綸旨・令旨・論旨

【朿】 6 5090 シ とげ

篆文 甲骨文 金文

象形 標識として樹てた木の形。才と同じく縦横の木を結んで樹てた形で、神木をつけて聖所の標識とした。才は祝詞の器である𠙵をとりつけた形、朿は横木だけの標木である。軍の基地を卜文・金文に𠂤に作る。𠂤は出征のとき祭った肉。駐屯地にはその肉を祭り、前に朿を樹てた。〔説文〕七上に「木芒なり」とし、「讀みて刺の若くす」という。単なる木芒（とげ）ではなく、本来は聖なる標識である。のち市の門にも立てたらしく、市の初形は朿に之を加えた形である。

訓義 ①しるしの木、聖なる標識。②草木ののぎ、とげ。

部首 〔説文〕〔玉篇〕に棗・棘の二字をこの部に属する。聖標識の朿の義を承けるものでないが、木や神木の形をのぎ・とげとみたてたのであろう。

声系 〔説文〕に朿声として帝（帝）・柴・刺・策・責など十字を収める。帝は祭卓の象形で、示に支柱を交叉して加えた形。柴は〔説文〕二上に「識るすなり」とあり、標識としての朿の初義を存する字である。刺は刺突、策は馬箠。みな細く長い形のもの。責は責の初文。朿は速、聖表を立てた支配地を意味し、その貢献物を責という。金文に賦貢を「貟責」という。賦貢を課することを債という。

語系 朿・刺 tsiek は同声。責・債 tzhek はもと朿に従う字で、語義に関連するところがある。

常

【死】 6 1021 シ しぬ ころす

篆文 古文 金文 甲骨文

会意 歹＋人。歹は人の残骨の象。人はその残骨を拝し弔う人。〔説文〕四下に「澌くるなり。人の離るる所なり」とし、死澌・死離の畳韻の字を以て解する。死の字形からいえば、一度風化してのち、その残骨を収めて葬るのであろう。葬（葬）は草間に死を加えた字で、その残骨を収めて弔喪することを葬という。いわゆる複葬である。高はその骨格を存するもので、枯槁の象。口は祝詞の形（𠙵）で、弔う意。草間においてするものを蒿といい、墓所を蒿里という。死の音は、尸陳（連ねる）の意であろう。また屍と通じ、漢碑に「死、此の下に在り」とみえる。金文に主司することを「死嗣」というのは、おそらく尸主の意に用いたものであろう。

訓義 ①しぬ、みまかる。②ころす、いのちつきる。③ほろぶ、かれる、おわる、きわまる。④尸と通じ、おさめる、つかさどる。⑤屍と

通じ、しかばね。

古訓〔名義抄〕死 シヌ・カル〔字鏡集〕死 イタル・シヌ・キユ・カル・イヌ・ムナシ・コロス・モチイヌ・キハマル・キエヌ・カレヌ・ツカル・ワスル・タマシヒツキヌ

部首〔説文〕に薨・薧など三字を属し、〔玉篇〕にまた斃など三字を加える。薨とは、夢魔によって死ぬ意であろう。薧は蒿と同じ。斃は〔左伝〕にすでにみえる字である。

声系〔説文〕に屍を尸死の会意字とするが、尸の繁文であろう。尸・屍同声である。

語系 死 siei、尸・屍 sjiei は声近く、通用することがある。肆 siet は肆陳の意。陳 dien もその声が近い。伸 sjien、展 tian は声義近く、伸展葬をいう字であろう。

【死殃】死とわざわい。〔呂覧、重己〕夫れ死殃残亡は、自ら至るに非ざるなり。惑ひ之れを召くなり。壽長至常も亦た然り。

【死灰】火の気のない灰。〔荘子、斉物論〕何ぞや。形は固より槁木の如くならしむべく、心は固より死灰の如くならしむべきか。今の几に隱る者は、昔の机に隱る者に非ざるなり。

【死期】死ぬとき。〔列子、天瑞〕子貢曰く、先生~死期将に至らんとす。亦た何の樂有りて、拾穗行歌するやと。~林類曰く、死と生とは一往一反、~安くんぞ彼に生まれざるを知らん~と。

【死去】死ぬ。宋・陸游〔児に示す〕詩 死去元知る、萬事空しきを 但だ悲しむ、九州の同じきを見ざるを 王師、北のかた中原を定むる日 家祭、乃翁に告ぐるを忘るること無かれ

【死狗】人を罵る語。〔三国志、魏、三少帝、斉王芳紀〕諸葛公(恪)、汝を活かさんと欲す。汝具さに服すべしと。(劉)整、罵りて曰く、死狗、此れ何の言ぞ。我當に必ず死して魏國の鬼と爲るべし。

【死罪】死刑。また、奏章・手紙の末語に用いる。〔史記、馮唐伝〕此れに由りて之れを言へば、陛下、廉頗・李牧を得と雖も、用ふること能はざらん。臣誠に愚、忌諱に觸れん。死罪死罪。

【死士】決死の士。〔戦国策、秦一〕是に於て乃ち文を廢して武に任じ、厚く死士を養ふ。甲を綴り兵を厲き、勝を戰場に効す。

【死守】決死で守る。唐・韓愈〔張中丞(巡)伝後叙〕外に待つ無くして猶ほ死守し、人相ひ食みて且に盡きんとす。愚人と雖も、亦た能く數日にして死處を知らん。(許)遠の死を畏れざること、亦た明らかなり。

【死終】死ぬ。〔周礼、天官、疾医〕凡そ民の疾病有る者は、分ちて之れを治む。死終するときは、則ち其の所以を書して、醫師に入る。

【死所】死に場所。〔史記、呉起伝〕卒に疽を病む者有り。起、爲に之れを吮ふ。卒の母聞きて之れを哭す。~曰く、~呉公其の父を吮ひ、其の父戰ひて踵を旋らさず、遂に敵に死せり。呉公今又其の子を吮ふ。妾、其の死所を知らず、是を以て之れを哭すと。

【死辱】殺され、辱められる。〔呂覧、尊師〕(子張・顔涿聚・段干木~)此の六人の者は、刑戮死辱の人なり。今徒だに刑戮死辱を免るるのみならず、此れに由りて天下の名士顯人と爲り、以て其の壽を終へたり。~此れ師を尊ぶ所以なり。

【死臣】死を以て仕える臣。〔管子、大匡〕召忽曰く、~子(管仲)は生臣と爲れ、忽は死臣と爲らん。忽や、萬乘の政を得ることを知りて死す。公子糺、死臣有りと謂ふべし。

【死生】死と生。〔易、繫辞伝上〕始めを原ね終りに反る。故に死生の說を知る。精氣は物を爲し、遊魂は變を爲す。是の故に鬼神の情狀を知る。天地と相ひ似たり。故に違はず。

【死声】悲しい音調。〔左伝、襄十八年〕師曠曰く、~吾驟北風を歌ひ、又、南風を歌ふに、南風競はず、死聲多し。楚、必ず功無からんと。

【死節】節義に死す。漢・司馬遷〔任少卿(安)に報ずる書〕假令し僕法に伏し、誅を受くるも、~世又能く節に死する者に與しかずとし、特だ智窮し罪極まり、自ら免るる能はず、卒に死に就けりと以爲はんのみ。

【死戦】決死で戦う。〔漢書、李陵伝〕上、陵の死戰せんことを欲し、陵の母及び婦を召して、相者をして之れを視しむるも、死喪の色無し。後、陵の降るを聞き、上、怒ること甚だし。

【死地】絶体絶命の状態。〔孫子、九地〕之れを亡地に投じて然る後存し、之れを死地に陷れて然る後生く。

【死人】死者。〔墨子、明鬼下〕荘子儀曰く、吾が君王、我を殺すも辜あらず。死人にして知る毋くば亦た已む。死人にして知る有らば、三年を出でずして、必ず吾が君をして之れを知らしめんと。

【死覇】月相の名。西周の金文によると、既死覇は月が光を失う第四週。〔漢書、律暦志下〕四月己丑朔死霸。死霸は朔なり。生霸は望なり。

【死別】死にわかれる。唐・杜甫〔李白を夢む、二首、一〕詩 死別、已に聲を呑む 生別、常に惻惻たり 江南、瘴癘の地 逐客消息無し 故人我が夢に入る 我が長く相ひ憶ふを明らかにす

【死友】死を約した友。刎頸の友。〔後漢書、独行、范式伝〕元伯(張劭)盡くる(死する)に臨み、歎じて曰く、恨むらくは吾が死友を見ざるをと。~乃ち見る、素車白馬、號哭して來るを。~将に窆せんとし、柩肯へて進まず、~

【死力】必死の力。〔韓非子、外儲説右下〕爵祿は功に生じ、誅罰は罪に生ず。臣此に明らかにして、則ち死力を盡すも、君に忠なるに非ざるなり。

↑死禍 死の禍/死骸 むくろ/死活 存亡/死鬼 死者/死義 死節/死境 死地/死刑 死罪/死孽 死霊/死後 死んだ後/死公 ふぬけ/死交 刎頸の交わり/死扣 男結び/死孝 哀を尽くす/死獄 死刑/死辠 死罪/死市 公開処刑/死志 決死/死屍 屍体/死歯 死骸/死日 死ぬ日/死者 死人/死樹 枯木/死処 適当な死所/死仗 死闘/死井 廃井/死勢 死を免れない形勢/死籍 点鬼簿/死卒 死んだ兵/死体 死骸/死胎 死産/死闘 死戦/死難 殉難/死敗 惨敗/死魄 死覇/死病 不治の病い/死夫 亡夫/死父 亡父/死憤 死闘/死没 死ぬ/死命 いのち/死夭 若死に/死僇 死刑/死驢 人を罵る語、やくざ

↓圧死・縊死・疫死・冤死・厭死・枉死・横死・仮死・餓死・客死・擬死・急死・狂死・決死・検死・枯死・獄死・罪死・惨死・守死・殉死・焼死・情死・水死・垂死・生死・戦死・即死・致死・墜死・溺死・徒死・凍死・頓死・敗死・万死・必死・病死・瀕死・不死・仆死・焚死・憤死・斃死・変死・悶死・轢死

【汜】6 3711 シイ えだがわ きし

篆文 

形声 声符は巳。巳は蛇の形。〔説文〕十一上に「水別れて復た水に入るなり」とあり、枝川がまた本流にもどる意とする。巳は蛇の身を巻く形であるから、その形によって名をえたものであろう。洪水などで溢流し、そのまま溜り水となったものをもいう。〔説文〕に「一に曰く、汜は窮瀆なり」とみえる。〔詩、召南、江有汜〕は汜を発想とするものであるが、「われても末に」の意を含めたものであろう。涘と通用することがある。

訓義 ①えだがわ、本流にもどるもの。②水溜り、池。③涘と通

じ、きし、ほとり。④川の名。
古訓 〔名義抄〕汜 ヒロシ・トシ・シルシ・カハコトニ・ウカブ〔篇立〕汜 アマネシ・ニゴル・アマコ、シ・シルシ・ウカブ・カワベニ
語系 汜zia、涘dziaは声義近く、通用することがある。

常【糸】6 2090〔絲〕12 2299 シ きいと いと

会意 旧字は絲に作り、二糸に従う。糸は糸たばの形。〔説文〕十三上に「蠶の吐く所なり」とあり、生糸をいう。卜文に、桑の葉の上に蚕をかくものがあり、また「蠶示」としてその神を祀ることが行われた。〔礼記、祭義〕に、王后の親蚕、また蚕室の儀礼のことなどがしるされている。神衣はその糸で作られ、祭服を「絲衣」という。金文に絲を「絲の」の義に用いるものがあり、茲と声近く通用したのであろう。
訓義 ①いと、きいと、きぬいと。②つむぐ、いとつむぐ。③小数の名、十忽を糸という。糸は一万分の一。
古訓 〔和名抄〕絲 伊度(いと)/絲鞋 辨色立成に云ふ、伊止乃久都(いとのくつ)、今案ずるに、俗に云ふ、之賀伊(しかい)〔名義抄〕絲 イト・ヨル・ヲ・クミ・ツク・ツラヌ
声系 〔説文〕に茲を絲の省声の字とし、茲声の字六字を収める。茲を〔説文〕に艸木滋益の義とするが、卜文・金文の字形は二幺(糸たば)を並べた形。滋(滋)は、これを水にひたす意の字である。
語系 絲sia、茲・滋・孳tziaは声義近く、茲以下は、水にひたし、染色することなどから、その字義をえている。

【糸鞋】絹糸のくつ。〔老学庵筆記、二〕禁中、舊と絲鞋局有り。~壽皇(孝宗)即位し、惟だ朝に臨むに絲鞋を服ひ、退きては即ち羅鞋を以て之れに易ふ。遂に此の局を廢せり。
【糸衣】絹織りの祭服。〔詩、周頌、糸衣〕絲衣其れ紑(清らか)たり 弁を載くこと俅俅たり
【糸雨】糸のような細雨。唐・皎然〔九月八日、蕭少府の洪州に帰るを送る〕詩 明日重陽 今日にして歸る 布帆絲雨、望むこと霏霏たり
【糸管】琴と笛。音楽。唐・杜甫〔花卿(驚定)に贈る〕詩 錦城(錦官城。成都の小城)の絲管、日に紛紛(にぎやか)たり 半ばは江風に入り、半ばは雲に入る
【糸纊】いとと綿。〔周礼、天官、典糸〕喪紀には、其の絲纊組文(青と赤)の物を共(供)す。
【糸毫】ごくわずか。唐・韓愈〔留守鄭相公(余慶)に上る啓〕愈、啓す。愈、相公の官屬と爲ること五年、知らるることを辱くし、愛せらるることを辱くす。伏して念ふに、曾て絲毫の事も報答の效を爲すこと無し。
【糸絮】絹糸と綿。唐・白居易〔秦中吟、十首、重賦〕詩 繒帛は山の如く積まれ 絲絮は雲の似く屯まる
【糸縄】絹糸で作った縄。魏・辛延年〔羽林郎〕詩 我に就いて清酒を求む 絲繩、玉壺を提ぐ
【糸竹】管絃の楽。晉・王羲之〔蘭亭集の序〕又清流激湍有りて、左右に映帶す。引いて以て流觴の曲水を爲し、其の次に列坐す。絲竹管絃の盛無しと雖も、一觴一詠、亦た以て幽情を暢敍するに足る。
【糸麻】絹と麻糸。〔荘子、譲王〕郭内の田十畝、以て絲麻を爲るに足り、鼓琴以て自ら樂しむに足り、學ぶ所の夫子の道、以て自ら樂しむに足る。回(顔回)、仕ふることを願はず。
【糸綸】天子のことば。〔礼記、緇衣〕子曰く、王言絲の如くならば、其の出づるや綸(より糸)の如し。王言綸の如くならば、其の出づるや綍(棺を引く大索)の如し。故に大人は游言を倡へず。
【糸縷】いとすじ。〔墨子、尚同上〕古者聖王五刑を爲り、以て其の民を治む。譬へば絲縷の紀有り、罔罟の綱有るが若し。

↑糸瓜 へちま/糸窠 くもの巣/糸竿 もち竿/糸嵌 象眼/糸莞 糸管/糸金 金糸/糸絇 履糸飾り/糸屨 糸ぐつ/糸牽 糸でひく/糸繭 糸と繭/糸言 綸言/糸弦 弦楽器/糸光 絹のつや/糸簧 絃と笙/糸餻 うどん類/糸忽 糸毫/糸子 絹糸/糸糸 細雨降る/糸枲 糸くり/糸事 糸仕事/糸紗 絹紗/糸繡 刺繡/糸緒 緒/糸条 細い枝/糸人 機織り/糸税 糸の税/糸線 いと/糸組 糸と組紐/糸桐 琴/糸條 平打ちの紐/糸髪 わずか/糸微 糸毫/糸布 糸と布/糸棼 もつれ/糸茅 ちがや/糸木 弦楽器と打楽器/糸綿 ま綿/糸網 糸あみ/糸羅 ちりめん/糸蘿 女蘿/糸絡 続く/糸履 糸ぐつ/糸氂 糸毫/糸柳 糸やなぎ/糸涙 細い涙
↓哀糸・一糸・雨糸・烏糸・金糸・銀糸・藕糸・絹糸・繭糸・紅糸・蚕糸・朱糸・秋糸・縄糸・垂糸・寸糸・青糸・製糸・素糸・治糸・蛛糸・抽糸・髩糸・鬢糸・鞭糸・麻糸・鳴糸・綿糸・網糸・遊糸・履糸・柳糸・連糸・練糸

常【至】6 1010 シ いたる はなはだ

会意 矢の倒形+一。一は矢の到達点。矢の至るところをいう。〔説文〕十二上に「鳥飛んで高きよりし、下りて地に至るなり。一に従ふ。一は猶ほ地のごときなり。象形」といい、鳥が地に下る象とする。この字解は、不字条十二上に「鳥飛んで上翔し、下り來らざるなり。一に従ふ。一は猶ほ天のごときなり。象形」とあるものと対応するものであるが、不は萼柎の象。そのふくらむものは胚胎の不、実ってはじけるのは剖判の音。不・丕・否は一系をなす字である。至は矢の至るところによって地をトし、そこに建物などを営んだ。それで室・屋・臺(台)などの字は至に従い、また一系をなす。〔説文〕は不・至の両部を連ね、字義に関連があるとするが、字の初形に即するものではない。
訓義 ①いたる、いたりつく、およぶ、とどく。②きわまる、ゆきわたる、この上ない、きわめて、はなはだ。③暦の上で、最長・最短の日。冬至・夏至。
古訓 〔名義抄〕至 イタル・ムネ・シゲシ・ヨシ〔字鏡集〕至 トホシ・シケシ・イタル・キハム・アキラム・オホイナリ・ヨシ・ムネ
部首 〔説文〕に到・臻・臺・臸など五字を属し、〔玉篇〕になお四字を加える。室・屋も至の字義に従う字で、いずれも神を祀るところをいう。
声系 〔説文〕に至声として室・窒・致・挃・銍など十九字を収める。致の金文は攴ではなく人に従い、その場に至り、また致送することをいう。銍は禾を穫るかま、これで穫ることを挃るといい、ともにその擬声語である。
語系 至tjiet、厎tjieiは声義近く、厎とはその根底に達することをいう。致tietは至の他動詞的な語であろう。室sjiet、窒tietは至の声義を承け、神聖のために占地して、その室屋を設けることをいう。

【至意】ま心。深厚なる心。〔漢書、鮑宣伝〕惟だ陛下、少しく神明を留めて、五經の文を覽み、聖人の至意を原ね、深く天地の戒めを思へ。
【至願】切望。〔後漢書、杜詩伝〕臣詩~本と史吏一介

の才を以て、陛下創制の大業に遭ふ。～恩を蒙ること尤も深く、義敢て苟くも虚請を冒さず。誠に至願に勝へず。願はくは大郡を退き小職を受けん。

【至貴】(しき) 最も貴いもの。最高の価値。〔淮南子、精神訓〕至貴は爵を待たず。至富は財を待たず。

【至義】(しぎ) 極めて正しいこと。〔新書、脩政語上〕帝顓頊曰く、至道は過ぐべからざるなり、至義は易ふべからざるなりと。

【至急】(しきゅう(きふ)) 最も切実なこと。〔後漢書、劉陶伝〕蓋し民は百年貨(幣)無かるべきも、一朝も飢ゑ有るべからず。故に食を至急と爲すなり。議する者、農殖の本に達せず、多く鑄冶の便を言ふ。

【至教】(しきょう(けう)) 至上の教え。至訓。〔荘子、漁父〕丘、少きより學を脩め、以て今に至りて、六十九歳なるも、至教を聞くを得る所無し。

【至竟】(しきょう(きやう)) 畢竟。結局。唐・杜牧〔横江館に題す〕詩　至竟江山、誰か是れ主なる　苔磯、空しく屬す、釣魚郎

【至極】(しきょく) はて。〔荘子、逍遥遊〕天の蒼蒼たるは其れ正色なるか。其の遠くして至極する所無ければか。其の下を視るや、亦た是くの若きのみ。

【至愚】(しぐ) この上なく愚か。〔淮南子、道応訓〕白公勝、荊國を得、府庫を以て人に分つこと能はず。～夫れ國は其の有に非ず。而るに之れを有せんと欲するは、至貪と謂ふべし。人の爲にすること能はず、又以て自らの爲にすること無きは、至愚と謂ふべし。

【至計】(しけい) 最上の計。〔漢書、趙充国伝〕酒泉の太守辛武賢、奏言す。～天子、其の書を充國に下す。～充國～以爲へらく、～此れ殆ど空言、至計に非ざるなり～と。

【至健】(しけん) この上なく剛健なもの。〔易、繫辞伝下〕夫れ乾は天下の至健なり。德行恆に易にして、以て險なるを知る。

【至賢】(しけん) この上なく賢い。〔史記、田儋伝論賛〕田横の高節なる、賓客義を慕ひ、横に従つて死せり。豈に至賢に非ずや。余れ因りて列す。

【至言】(しげん) よく理にかなった言。〔荘子、田子方〕夫子の德は天地に配す。而るに猶ほ至言を假りて以て心を脩む。古の君子も、孰れか能く焉れを脱れん。

【至公】(しこう) 極めて公平。〔呂覧、慎大〕湯立ちて天子と爲り、夏の民大いに説ぶこと、慈親を得たるが如し。朝は位を易へず、農は疇(田畝)を去らず、商は肆(店)を變へず。～此れを之れ至公と謂ふ。此れを之れ至安と謂ふ。

【至剛】(しごう(がう)) この上なく剛健。〔孟子、公孫丑上〕我善く吾が浩然の氣を養ふ。～其の氣爲るや、至大至剛にして、直を以て養うて害すること無くんば、則ち天地の間に塞がる。

【至賾】(しさく) 奥深い道理。〔易、繫辞伝上〕天下の至賾を言ふも、惡ふべからず。天下の至動を言ふも、亂るべからず。～擬議して以て其の變化を成す。

【至心】(ししん) 至誠。〔晋書、芸術、王嘉伝〕人之れを候ふ者あり、至心ならば則ち之れを見るも、至心ならざれば則ち形を隱して見えず。衣服架に在り、～其の衣を取らんと欲する者あるも、終に及ばず。企ちて之れを取れば、衣架踰高し。

【至神】(ししん) 極めて神秘なもの。〔荘子、天道〕夫れ天地は至神なるも、而れども尊卑先後の序有り。

【至慎】(ししん) この上なく慎み深い。〔世説新語、徳行〕晉の文王稱ふ、阮嗣宗(籍)は至慎なり。之れと言ふ毎に、言皆玄遠、未だ嘗て人物を臧否(善悪の批評)せずと。

【至人】(しじん) 道を極めた人。〔荘子、逍遥遊〕至人は己れ無く、神人は功無く、聖人は名無し。

【至性】(しせい) よい天性。魏・嵆康〔山巨源(濤)に与へて交はりを絶つ書〕阮嗣宗(籍)は口に人の過を論ぜず。吾毎に之れを師とするも、未だ及ぶこと能はず。至性人に過ぎ、物の與に傷つくること無し。唯だ飲酒過差なるのみ。

【至聖】(しせい) 至上の智德の人。〔史記、孔子世家論賛〕天子王侯よりして、中國の六藝を言ふ者、夫子に折中(折衷)す。至聖と謂ふべし。

【至誠】(しせい) この上なく真実の心。〔中庸、三十二〕唯だ天下の至誠にして、能く天下の大經を經綸し、天下の大本を立て、天地の化育を知ると爲す。

【至精】(しせい) 最も純粋ですぐれたもの。〔易、繫辞伝上〕其の命を受くるや響の如く、遠近幽深有ること无く、遂に來物を知る。天下の至精に非ずんば、其れ孰れか能く之れに與からん。

【至善】(しぜん) 至上の善。〔大学、一〕大學の道は、明德を明らかにするに在り。民に親しむに在り。至善に止まるに在り。

【至達】(したつ) 最もすぐれる。〔荘子、秋水〕同異を合し堅白を離ち、不然を然とし、不可を可とし、百家の知を困しめ、衆口の辯を極む。吾れ自ら以て至達と爲せり。

【至治】(しち) よく治まる。〔書、君陳〕我聞くに曰く、至治の馨香は、神明を感ぜしむ。黍稷馨しきに非ず、明德惟れ馨しと。

【至智】(しち) 最も智のある人。〔韓非子、難言〕至智を以て至聖に説くも、未だ必ずしも至として受けられずとは、伊尹の湯に説くこと、是れなり。

【至道】(しどう(だう)) 最高の善の道。〔礼記、表記〕道に至有り、義有り、考有り。至道は以て王たり。義道は以て霸たり。考道は以て失無しと爲す。

【至徳】(しとく) 最高の徳。〔孝経、開宗明義章〕仲尼居し、曾子(参)侍す。子曰く、先王に至德要道有りて、以て天下に順ふ。民用つて和睦し、上下怨み無し。汝之れを知る乎かと。

【至微】(しび) 極めて微妙な。〔淮南子、要略〕覽冥なる者は、至精の九天に通じ、至微の無形に淪み、純粋の至清に入り、昭昭の冥冥に通ずるを言ふ所以なり。

【至文】(しぶん) 秩序の美。〔荀子、礼論〕本末相ひ順ひ、終始相ひ應じ、至文にして以て別有り、至察にして以て說有り。天下の之れに從ふ者は治まり、從はざる者は亂る。～禮の理誠に深し。

【至誉】(しよ) 真の名誉。〔荘子、至楽〕吾れは无爲を以て誠に樂しとす。又俗の大いに苦しとする所なり。故に曰く、至樂は樂無く、至譽は譽無しと。

【至理】(しり) 奥深い理。〔夢渓筆談、神奇〕人は但だ人境中の事を知るのみ。人境の外、事何ぞ限り有らん。區區たる世智情識を以て、至理を窮測せんと欲するは、其れ難からずや。

【至霊】(しれい) 極めて霊妙なもの。〔白虎通、封公侯〕天は至神なりと雖も、必ず日月の光に因り、地は至靈なりと雖も、必ず山川の化有り。聖人は萬人の德有りと雖も、必ず俊賢に須つ。

➡至愛　大愛／至悪　極悪／至安　平安／至闇　闇愚／至易　容易／至異　珍異／至一　一体化／至遠　極遠／至恩　洪恩／至戒　よい戒め／至概　大器量／至覚　大覚／至楽　最高の音楽／至歓　最上の喜び／至諫　至戒／至艱　至難／至観　内観／至驩　至歓／至機　機微／至虚　太始／至彊　最強／至近　最近／至緊　緊急事／至訓　至教／至敬　敬の極み／至交　親交／至行　至徳の行／至孝　大孝／至厚　親厚／至困　窮困／至細　細微／至材　天性／至策　最高の策／至察　明察／至事　重要事／至慈　至仁／至識　明識／至悉　十分に尽くす／至若　その上／至熟　成熟／至純　純粋／至順　大順／至上　最上／至情　ま心／至嘱　お願い／至深　最も深い／至親　近い肉親／至仁　恵み深い／至数　真の術数／至正　至公／至清　至潔／至戚　至親／至賤

最も賤しい／至足 完全／至尊 天子／至大 無限大／至知 至極の知／至忠 大忠／至通 精通／至貞 至正／至適 最適／至当 当然／至悳 至徳／至難 極めて困難／至薄 極少／至美 最高の美／至眇 深遠／至貧 極貧／至富 大金持／至物 本源の物／至忿 激怒／至平 公平／至宝 無上の宝／至望 切望／至謀 至計／至樸 素朴／至味 最上の味／至妙 極妙／至務 要務／至明 明智／至夜 冬至の夜／至約 至倹／至友 親友／至游 内観／至要 重要／至陽 純粋／至隆 極盛／至慮 熟慮／至礼 最高の礼／至労 大苦労／至陋 至卑／至論 至極の論

↓飲至・謁至・款至・虚至・稟至・夏至・四至・始至・時至・情至・神至・臻至・親至・長至・冬至・乃至・二至・日至・必至・鳳至・両至・屢至・累至

常 **【芝】** 6 4430 〔芝〕 7 4430 シ しば

篆文 

形声 声符は之。〔説文〕一下に「神艸なり」とあり、霊芝をいう。一歳にして三華、これを服用すれば、軽身延年の功があるという。また菌芝ともいい、〔抱朴子、仙薬〕に詳しい記述がある。〔楚辞〕に香草として蘭とともに歌われることが多く、君子・高人にたとえる。神仙の居を芝成、朝廷を芝閣、後宮の庭を芝砌、また人を尊んで芝容・芝眉のようにいう。〔本草和名〕に「藁本、～一名薇莖、一名微玉、和名、加佐毛知（かさもち）一名、佐波曾良之（さはそらし）」とあり、それはセリ科の多年草であるという。

訓義 ①神草の名、霊芝。②その形や色は種々あり、和名にかさもちというように笠の形のものがある。きぬがさ・ひがさの意に用いる。③国語で、しば、しば草。

古訓 〔名義抄〕芝 サハウト・サハソラシ・サク・アツマル・クサアハセ・シバ／白芝 カサモチ・ヨロヒクサ 〔字鏡集〕芝 シバ・ハチス・ワキクセ・ヨロヒクサ・アツマル・クサアハセ・サハソラシ

【芝眉】貴人の相。尊称に用いる。〔顔氏家蔵尺牘、一、呉侍郎元萊〕遠く手諭を承け、芝眉に對するが如し。復た渥儀を荷ふ。安んぞ敢て濫りに拝せん。唯だ心に良友の至愛を銘するのみ。

【芝蘭】霊芝と、ふじばかま。梁・劉峻〔弁命論〕火、崑嶽に炎ゆれば、礫石は琬琰（美玉）と倶に焚け、嚴霜、夜零つれば、蕭艾（よもぎなどの雑草）は芝蘭と共に盡く。

↑芝宇 芝眉／芝雲 瑞雲／芝英 霊芝の花／芝園 霊芝の苑／芝駕 立派な車／芝艾 貴賤／芝蓋 霊芝の車蓋／芝閣 高官／芝菌 霊芝／芝桂 高潔の人／芝蕙 香草／芝栭 きのこ／芝砌 後宮の庭／芝茜 あかね染／芝庭 芝園／芝泥 印肉／芝田 霊芝の田／芝童 仙童／芝圃 芝園／芝麻 胡麻／芝露 霊芝の露

↓英芝・華芝・艾芝・金芝・菌芝・玄芝・山芝・紫芝・祥芝・神芝・青芝・仙芝・咀芝・肉芝・拝芝・鳳芝・幽芝・蘭芝・霊芝

常 **【伺】** 7 2722 シ うかがう

篆文 

形声 声符は司。司は祝禱の器である𠙵を啓いて、神意を伺う意。〔説文新附〕八上に「候望するなり」とするが、遠方を望み伺うのではなく、祝禱して神意を伺うをいう。尊上につかえることを伺候というのは、その人の意を承ける意である。

訓義 ①うかがう、神意を問う、尊上の意をうける。②さぐる、おしはかる。③ねらう、のぞきみる。④人を訪問する、たずねる。

古訓 〔名義抄〕伺 ウカヾフ・サフラフ

語系 伺・司 sia は同声。司は神の啓示をうかがう意。それを人事に移して伺という。祠・詞 zia は司の声義を承け、もと神事について用いる語である。

【伺閒】すきをねらう。〔孔叢子、論勢〕今秦、天下を兼ね呑むの志有り。日夜伺閒して、側息にも忘れず。趙・魏之れと隣接し、強弱敵せず。

【伺隙】すきをうかがう。漢・吾丘寿王〔驃騎論功論〕昔、秦の天下を得るや、力を以てして徳を以てせず。詐を以てして誠を以てせず。内に商鞅・李斯の謀を用ひ、外に白起・王翦の兵を用ひ、閒を窺ひ隙を伺ふ。

【伺候】うかがいさぐる。機嫌をとる。唐・韓愈〔李愿の盤谷に帰るを送る序〕公卿の門に伺候し、形勢の途に奔走し、～萬一に徼倖し、老死して而る後止む。～其の賢不肖何如ぞや。

【伺察】伺いさぐる。〔旧唐書、李林甫伝〕林甫久しく樞衡を典り、天下の威權、竝な己に歸す。～奏請有る毎に、必ず先づ左右に賂遺し、上旨を伺察し、以て恩寵を固む。上～一に以て委成す。

【伺望】ようすを望み伺う。〔後漢書、方術上、王喬伝〕喬、神術有り。毎月朔望、常に縣より臺朝に詣る。帝、其の來ること數、車騎を見ざるを怪しみ、密かに太史をして之れを伺望せしむ。

↑伺機 機をうかがう／伺窺 さぐる／伺釁 伺隙／伺查 しらべる／伺晨 暁を待つ／伺探 さぐる／伺知 窺知する／伺覘 探る／伺便 便宜をまつ／伺漏 時をみる

↓陰伺・掩伺・窺伺・逆伺・候伺・潜伺・偵伺・諦伺・微伺・眄伺・捕伺・奉伺・防伺・密伺・明伺

【佌】 7 2121 シ ちいさい

形声 声符は此。此に細小の意がある。〔爾雅、釈訓〕に「佌佌～は小なり」とあり、ささやかなものをいう。また参差の差と声義近く、ふぞろいのさまをいう。

訓義 ①ちいさい、ささやか。②ふぞろい、ならぶ。

古訓 〔字鏡集〕佌 ササヤカナリ・シヰ（チヒ）サシ・マヒノカタチ

【佌佌】微賤なもの、つまらぬもの。〔詩、小雅、正月〕佌佌として彼に屋有り 蔌蔌（貧賤）として方に穀有り ～哿い かな富める人 哀し此の惸獨

↑佌傂 差池／佌猥 微賤

【厎】 7 7124 シ テイ チ といし みがく いたす

篆文 

形声 声符は氐。氐は氐（曲刀）や厥（剞劂、彫刻刀）などを砥石にあてて礪ぐ形。〔説文〕九下に「柔石なり」とあり、砥石をいう。厂は崖下のところ。そこで石を切り出すのである。致と通用することがある。

訓義 ①といし、と、刃物をとぐ石。②みがく、とぐ、平らかにする。③致と通じ、いたす、いたる、さだめる。

古訓 〔名義抄〕厎 イタル・マツ・ヒトシウス 〔字鏡集〕厎 ヒトシウス・ヒラナリ・タヒラカナリ・イヅクンゾ・イタル・ト、ノフ・トヾマル

参考 厎は〔説文〕九下に「山居なり」とあるも、「止居」の誤りとみられ、建物の基壇を低平にする意。ゆえに广（屋廡の形）に従う。

【厎告】告げ訴える。〔左伝、襄九年〕大國德音を加へず、亂以て之れを要む。其の鬼神をして禋祀を歆くるを獲ず、其の民人をして其の土の利を享くるを獲ず、夫婦をして辛苦墊隘して、厎告する所無からしむ。

【厎止】止まる。おちつく。〔詩、小雅、祈父〕胡ぞ予れを恤（憂）に轉じ 厎止する所靡からしむ

【厎信】まことを示す。〔左伝、昭十三年〕盟は以て信を

底す。君苟くも信有らば、諸侯貳はず。
【底石】しせき といし。〔漢書、梅福伝〕爵祿束帛は天下の底石なり。高祖の世を厲まし鈍を磨する所以なり。
【底定】ていてい 安定する。〔書、禹貢〕淮海は惟れ揚州なり。〜三江既に入り、震澤定まることを底す。
➡底慎しん 謹む／底綏すい 安定する／底席せき 蒲の席／底績せき 治定／底寧ねい 安らか／底平へい 平らかとなる／底予よ よろこぶ

【址】 7 4111 ［阯］ 7 7121 シ あと

篆文 

形声 声符は止。字はまた阯に作る。〔説文〕十四下に「阯は基なり」とあり、重文として址を録する。阜（𠂤）は神梯の象で、聖所を示し、阯とは神霊の降臨するところをいう。のち遺址の意に用いる。

訓義 1あと、神霊の下ったところ。2山のふもと、もとい。3趾と通じ、あし。4沚と通じ、なぎさ。

古訓 〔名義抄〕址 フモト 〔字鏡集〕址 モト

語系 址（阯）・止（趾）tjiəは同声。止はあしあと。神の降臨するところを阯といい、人の足あとには趾という。阯はもと聖迹をいう字である。山足の義は、おそらく聖迹が山麓に設けられることが多かったからであろう。

➡遺址・関址・巌址・基址・旧址・玄址・頽址・廃址・霊址

人 【孜】 7 1844 シ つとめる

篆文 

会意 子＋攴。攴は敺つ。子を敺って戒め、勉めさせる意であろう。〔説文〕三下に「孜孜は汲汲なり」（段注本）という。教（教）・斅（学）の字もみな攴に従う字であった。

訓義 1つとめる、いそしむ。2慈と通じ、いつくしむ。

古訓 〔篇立〕孜 ウツクシブ・アツシ・ヲモフ・ツ、シム・ヲコタル・クム 〔字鏡集〕孜 オモフ・シゲシ・ヤム・フタツ・ウマル・オホシ・イツクシム・イツク・コヲモヒ・イム・ヲコタル・アツシ・クム

語系 孜・孶・滋（滋）tziəは同声。孶は〔説文〕十四下に「孶孶汲汲として生むなり」（段注本）という。滋は滋益。〔書、益稷〕に「予日に孜孜せんことを思ふ」の孜孜を、〔史記、夏紀〕に「孶孶」に作る。

【孜孜】しし つとめ励む。〔書、皐陶謨〕都、帝よ。予何をか言はん。予は思ふ日に孜孜せん。

常 【志】 7 4033 シ こころざし しるす

篆文  金文 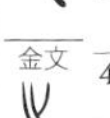

形声 字の初形は之に従い、之声。士はその楷書化した形。〔説文〕十下に「意なり」と訓する。大徐新修十九文の一として徐鍇が加えたもの。次条に「意は志なり」とあるので、互訓したものである。〔詩序〕に「詩は志の之く所なり。心に在るを志と爲し、言に發するを詩と爲す」とあり、それで志を「心の之往する（ゆく）」意の会意とする説もあり、〔段注本〕にも之の亦声とする。古くは誌・識の意に用い、むしろ心にある意こそが初義であろう。之はもと止と同形であった。

訓義 1心にあるもの、本心。2しるす、心にしるす、おぼえる、かきとめる。3こころざし、のぞみ、ねがい、めざす。4しるしのもの、はた。5記録する、記録。6識・誌と通じ、しるす。

古訓 〔名義抄〕志 ココロザシ・ツクル・オモフ・ココロ・ネガフ・イタハル 〔字鏡集〕志 ツノル・コフ・イタハル

声系 〔説文新附〕三上に志声として誌を加え、「記誌なり」という。また〔説文〕三上の識（識）には「常なり」と訓する。誌・識は通用の字。識は幟と同系の字で、幟は旗じるし、幟をまた常という。戠に赤色の意がある。〔漢石経〕には識を志に作る。

語系 志・識tjiəは同声。止・阯tjiəも同声であるから、両者の間に通ずるものがあると考えられる。

【志怪】しかい（くわい） ふしぎなことをしるす。〔荘子、逍遥遊〕齊諧は、怪を志す者なり。

【志学】しがく 学問に志す。十五歳。〔論語、為政〕子曰く、吾十有五にして學に志し、三十にして立つ。

【志願】しがん（ぐわん） こころの願い。魏・嵆康〔山巨源（濤）に与へて交はりを絶つ書〕今は但だ陋巷を守り、子孫を教養し、時に親舊と闊（久しぶり）を敍して、平生を陳説し、濁酒一杯、彈琴一曲せんことを願ふのみにて、志願畢る。

【志気】しき こころざし。こころいき。〔後漢書、賈復伝〕賈君の容貌志氣、此くの如くにして、學に勤む。將相の器なり。

【志行】しこう（かう） 志と行動。〔管子、八観〕金玉貨財商賈の人は、志行を論ぜずして爵祿有るなり。

【志士】しし 義を志す人。〔孟子、滕文公下〕志士は溝壑に在る（死して、屍を谷に捨てられる）を忘れず、勇士は其の元（頭）を喪ふを忘れず。

【志尚】ししょう（しやう） 志を高くする。魏・阮籍〔詠懐、八十二首、十五〕詩 昔年十四五 志尚、書詩を好む 褐を被て珠玉を懷き 顏（回）・閔（子騫）相ひ與に期す

【志性】しせい 高い志。〔魏書、酷吏、李洪之伝〕洪之志性慷慨、堪忍する所多し。疹疾の灸療に、艾炷（もぐさ）の圍（大きさ）將ど二寸、首足十餘處、一時に倶に下し、言笑自若、賓に接すること輟めず。

【志操】しそう（さう） 節操をもつ。〔後漢書、王符伝〕少くして學を好み、志操有り。馬融・竇章・張衡・崔瑗等と、友とし善し。

【志道】しどう（だう） 道に志す。〔論語、述而〕子曰く、道に志し、德に據り、仁に依り、藝に游ぶ。

【志念】しねん 深く思う。〔史記、晏嬰伝〕今者、妾其（晏嬰）の出づるを觀るに、志念深し。常に以て自ら下る者有り。今子長八尺、〜自ら以て足れりと爲す。〜妾、是を以て去らんことを求む。

【志略】しりゃく 志と謀。〔後漢書、班超伝〕家貧し。常に官の爲に傭書し、以て供養し、久しく勞苦す。嘗て業を輟め筆を投じて歎じて曰く、大丈夫它の志略無からんや。〜安んぞ能く久しく筆研（硯）の閒を事とせんやと。

➡志意し 意志／志介かい 志節／志槩がい 志操／志格かく 志が高い／志義ぎ 志が正しい／志局きょく 器量／志計けい 考え／志向こう 志すこと／志識しき 識見がある／志趣しゅ 志向／志乗じょう 記録／志節せつ 志操／志度ど 志と度量／志望ぼう 望み／志慮りょ 思慮

➡異志・意志・遺志・淫志・詠志・鋭志・遠志・嘉志・雅志・快志・求志・強志・決志・言志・広志・抗志・厚志・高志・降志・弱志・夙志・宿志・述志・初志・序志・尚志・心志・遂志・寸志・積志・善志・素志・壮志・喪志・遜志・他志・大志・達志・地志・致志・通志・逞志・蕩志・闘志・同志・篤志・薄志・微志・服志・奮志・方志・芳志・報志・民志・明志・猛志・喩志・有志・雄志・憂志・輿志・養志・立志・励志・惑志

【忮】 7 9404 シキ もとる さからう

篆文 

形声 声符は支（攴）。支に芰・跂の声がある。〔説文〕十下に「很るなり」とあり、さからい、そこなうことをいう。

訓義 1もとる、さからう。2そこなう、やぶる。3うらむ、ねたむ。4かたい、たけだけしい。

古訓 〔名義抄〕忮 ヤブル・カクス・ソコナフ 〔字鏡〕忮 タカフ・カクス・ヤブル・コロス

【忮求】しきゅう（きう） ねたみそこない、貪り求める。〔論語、子罕〕子

曰く、敝れたる縕袍を衣て、狐貉を衣たる者と立ちて恥ぢざる者は、其れ由(子路)なるか。忮はず求めず 何を用つて臧からざらん(詩、邶風、雄雉の句) 子路終身之れを誦せんとす。

【忮弁】しべん さからう弁。強弁。晋・陶潜〔史を読みて述ぶ、九章、韓非〕巧行は災ひに居り 忮辯は患を召く 哀しい矣な韓生 竟に説難に死せり

➡忮害しがい 残害/忮佷しこん 強情/忮佷しこん 忮佷/忮嫉ししつ にくむ/忮心ししん 忌む/忮忒しとく もとる/忮忍しにん 残忍/忮罔しもう あざむく

⬇陰忮・苛忮・冀忮・強忮・険忮・堅忮・狡忮・忿忮

【卮】 7 3721 シイ

形声 声符は巳。〔爾雅、釈宮〕に「柅るの北方に達するもの、之れを落時と謂ふ。落時之れを卮と謂ふ」とみえる。また堂階の傍らをいう。

訓義 ①戸の軸を支える木。②堂の両階の傍ら。③〔説文〕に扅の古文とする説がある。

古訓 〔名義抄〕卮 ミギリ

【沚】 7 3111 シ なかす

篆文 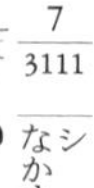 甲骨文 

形声 声符は止。〔説文〕十一上に「小渚を沚と曰ふ」とあり、〔爾雅、釈水〕の文による。川の中洲の小高いものをいう。〔詩、召南、采蘩〕に「于に以て蘩(白よもぎ)を采る 沼に沚に」とあって、川べりをもいう。

訓義 ①なかす、川中の小島。②なぎさ、みぎわ。③水たまり。

古訓 〔名義抄〕沚 ミギハ 〔字鏡集〕沚 ナギサ・ミギハ

⬇江沚・洲沚・沼沚・清沚・中沚・蘭沚

常 【私】 7 2293 シ わたくし ひそかに

篆文 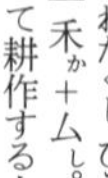

会意 禾+厶。厶は耜(㠯)の象形。耜を用いて耕作する人をいう。〔説文〕七上に「禾なり」とするが、その用例はない。私とは私属の耕作者をいう。〔韓非子、五蠹〕に「私に背く、之れを公と謂ふ」と公私対待の義とするが、公(公)の字は祭祀儀礼の行われる公廷の平面形。公はその廟所を守る族長、私は私属の隷農で、本来対待の義をなすものではない。公私の観念をもつに至って、「私に」の意を生じた。

訓義 ①わたくし、私属のもの、隷農、耕作者。②わたくしする、公に対して、私利をはかる、不公平、よこしま。③ひそかに、ひそかに愛する、私愛。④陪臣、みうち。⑤ささやかなもの、ふだん、ふだんのまま。⑥男女の陰部、ゆばり。⑦姉妹の夫。⑧私通。⑨国語で、わたくし。一人称代名詞、自称。

古訓 〔名義抄〕私 ワタクシ・ムコ・ヒソカニ・チヒサシ・ムツマジ・アヒムコ・カタマシ・カクル・コロモ・アセシボル/私語 サ、メク/私行 サイマグル

語系 厶・私sieiは同声。厶は耜。耜zia、菑tzhiaも声義の近い字。菑とは、初めて開墾する田をいう。耜使う者を私という。

【私阿】しあ えこひいき。〔楚辞、離騒〕皇天、私阿無し 民徳を覧みて、焉に輔を錯く

【私愛】しあい えこひいきして愛する。〔新序、雑事四〕私愛を以て公擧を妨ぐるときは、職に在る者、其の事に堪へず。故に功廢す。

【私意】しい 私心。〔韓非子、詭使〕私に道る者は亂れ、法に道る者は治まる。上、其の道無ければ、則ち智者に私詞有り、賢者に私意有り。

【私謁】しえつ ひそかに頼みこむ。〔史記、申屠嘉伝〕嘉、人と爲り廉直、門に私謁を受けず。

【私怨】しえん(おん) 私の怨み。〔左伝、昭五年〕周任言へること有り。曰く、政を爲す者は、私勞を賞せず、私怨を罰せずと。

【私燕】しえん 私宴。また男女の密事。〔漢書、外戚下、孝成趙皇后伝〕私燕を暴露し、先帝傾惑の過を誣汚し、寵妾妒媢の誅を成結す。甚だしく賢聖遠見の明を失し、先帝憂國の意に逆負す。

【私恩】しおん 私の恩をうる。〔韓非子、飾邪〕今人臣多く其の私智を立つ。～主の道は、必ず公私の分を明らかにし、法制を明らかにし、私恩を去る。

【私学】しがく 民間の学問。〔韓非子、詭使〕重厚自尊、之れを長者と謂ひ、私學群を成す、之れを師徒と謂ひ、閑靜安居、之れを有思と謂ふ。

【私諱】しき 父祖の諱み。〔礼記、玉藻〕大夫の所に於ては、公諱有りて私諱無し。凡そ祭には諱まず、廟中には諱まず、教學して文に臨みては諱まず。

【私議】しぎ 公事について勝手に論じる。〔漢書、杜延年伝〕開者の民頗ぶる獄深を言ふ。～今丞相の議する所も、又獄事なり。～恐らくは衆心に合はず、群下讙譁し、庶人私議し、流言四布せん。

【私曲】しきょく 不正。〔韓非子、飾邪〕群臣朋黨比周して、以て正道を隠し、私曲を行ひて、地削られ主卑しき者は、山東(関東の六国)是れなり。

【私恵】しけい 私恩。〔韓非子、内儲説下〕田恆、齊に相となる。～田恆因りて私惠を行ひて、以て其の國を取り、遂に簡公を殺して、之れが政を奪へり。

【私言】しげん 個人的な見解。唐・韓愈〔原道〕老子の所謂道徳と云ふ者は、仁と義とを去りて、之れを言ふなり。一人の私言なり。

【私語】しご ささやく、ひそかに話す。唐・白居易〔長恨歌〕詩 七月七日、長生殿 夜半人無く私語の時 天に在りては願はくは比翼の鳥と作らん 地に在りては願はくは連理の枝と爲らん

【私財】しざい 個人の財産。財産を自分のものとする。〔礼記、坊記〕父母在すときは、敢て其の身を(自由に)有たず。敢て其の財を私せず。

【私諡】しし 門人・親戚などからおくる諡。明・宋濂〔元故翰林待制柳先生私諡文粛議〕先生の徳、～表見して覩易き者は、粛と曰ふに非ず乎。古者私諡の例に從ひて、文粛を以て諡を定めば如何。

【私事】しじ 一身一家のこと。〔荀子、彊国〕其の門を出でて公門に入り、公門を出でて其の家に歸る。私事有ること無きなり。比周(仲間作り)せず、朋黨せず。倜然として明通にして公ならざる莫きは、古の士大夫なり。

【私暱】しじつ(ぢつ) 親近の者。〔左伝、襄二十五年〕君社稷(国家)の爲に死せば、則ち之れに死し、社稷の爲に亡せば、則ち之れに亡す。若し己の爲に死し、己の爲に亡せば、其の私暱に非ずんば、誰か敢て之れに任ぜん。

【私讐】ししゅう(しう) 私怨。〔史記、廉頗藺相如伝〕今、兩虎共に鬭はば、其の勢ひ倶には生きず。吾が此れを爲す所以の者は、國家の急を先とし、私讐を後にするを以てなりと。廉頗之れを聞き、肉袒負荊して～罪を謝せり。

【私淑】ししゅく ひそかに慕い手本とする。〔孟子、離婁下〕予は未だ孔子の徒爲ることを得ざるなり。予は私かに諸れを人に淑くするなり。

【私処】ししょ ひそかに住む。〔楚辞、九章、惜誦〕茲の媚を矯げて以て私處し 願はくは思ひを曾ねて身を遠ざけん

【私情】しじょう(じやう) 私の感情。〔晋書、后妃伝論〕武元楊氏、朝政を預り聞き、明は遠に逮ばず、私情に愛溺す。～晉道中ご

ろ微なるは、是れに基く。

【私親】自分の親族。〔漢書、宣元六王、定陶共王康伝〕成帝、子無し。徴し入れて皇太子と爲す。上、太子を以て大宗の後を奉ぜしめ、私親を顧ることを得ざらしむ。

【私属】家衆。召使い。王莽のとき、家内奴隷をいう。〔漢書、食貨志上〕今天下の田を更ため名づけて王田と曰ひ、奴婢を私屬と曰ふ。

【私智】独断的な考え。〔史記、項羽紀論賛〕自ら功伐を矜り、其の私智を奮ひて、古を師とせず。謂へらく、霸王の業、力征を以て天下を經營せんと欲す。

【私蓄】自分のたくわえ。〔礼記、内則〕子婦は私貨無く、私蓄無く、私器無し。

【私通】密通。〔史記、蘇秦伝〕易王の母、～蘇秦と私通す。燕王之れを知りて、之れに事ふること厚を加ふ。蘇秦誅せられんことを恐る。

【私忿】私の忿り。〔後漢書、儒林、孔僖伝〕陛下、大數を推原し、深く自ら計を爲さず、徒だ私忿を肆にして以て其の意を快くせんとす。臣等戮を受け、死さば卽ち死せんのみ。顧ふに天下の人、～此の事を以て陛下の心を闚はん。

【私門】臣下の家。権勢の家。〔史記、李斯伝〕昭王、范雎を得て、～公室を彊くし、私門を杜ぎ、諸侯を蠶食して、秦をして帝業を成さしむ。

【私斂】収賄。〔後漢書、朱穆伝〕京師の諸官、費用增多す。～搒掠割剝、彊ひて充足せしむ。公賦既に重く、私斂又深し。牧守長吏、多く德選に非ず。貪聚して猒く無く、人を遇すること虜の如し。～又百姓を掠奪し、皆之れを尊府に託す。

↑私鬻 密売／私隠 秘密／私醞 密造酒／私宴 私の宴会／私塩 密売塩／私下 内緒／私貨 私財／私孩 私生子／私函 密書／私姦 密通／私感 私情／私憾 私怨／私艱 父母の喪／私願 内緒の望み／私忌 私の怨み／私記 手記／私義 私の義理／私急 私の急用／私居 私邸／私近 嬖臣／私刑 リンチ／私計 打算／私隙 仲違い／私見 自分の考え／私剣 暗殺／私眷 愛人／私嫌 私の怨み／私酤 私醞／私交 私の交わり／私行 個人の行い／私恨 私怨／私産 私財／私士 私臣／私子 妾腹／私史 民間の史／私志 私情／私嗜 個人の好み／私室 自室／私昵 私暱／私煮 私塩／私邪 邪行／私書 手紙／私倡 私娼／私称 自称／私娼 淫売婦／私乗 私史／私醸 密造酒／私心 私意／私臣 私の家人／私人 召使い／私婿 内縁／私請 偽造貨幣／私撰 個人の著書／私憎 私忌／私蔵 私財／私謁 私積 財蓄／私褻 ふだん着／私銭 私族 一族／私卒 手兵／私宅 私邸／私地 ひそかに／私知 私智／私衷 私情／私貯 私蓄／私朝 大夫士の朝／私邸 自宅／私庭 私宅／私第 私邸／私徒 家人／私奴 私家の奴婢／私祭 お手許金／私怒 私覿 私に会う／私溺 溺愛する／私田 私有田／私憤 私党 仲間／私匿 かくす／私慝 内緒の悪事／私白 宦官／私罰 リンチ／私費 自費／私廟 私家の廟／私夫 間男／私富 私財／私服 ふだん着／私覆 かばう／私憤 私忿／私弁 自腹／私奔 かけおち／私面 私覿／私約 密約／私与 私恵／私用 自用／私欲 私の欲望／私利 私益／私理 勝手な理窟／私掠 掠取／私累 家累／私隷 私奴／私賂 賄賂／私論 私の意見／私和 和解／私話 内緒話

↓愛私・姻私・営私・燕私・家私・懐私・去私・曲私・公私・苟私・忽私・自私・偏私・忘私・無私・話私

【豕】7 1023 シ ぶた

篆文  古文 

象形 豕の形。〔説文〕九下に「彘なり。其の尾を竭す。故に之れを豕と謂ふ」とするが、「尾を竭す」とは、尾までを加えた意であろう。彘は矢に従い、卜文では豕を矢が貫く形にしるされている。

訓義 ①ぶた、いのこ。

古訓 〔名義抄〕豕 ヰ 〔字鏡集〕豕 ヰ・ヰノコ

部首 〔説文〕に豬・豢・豖・豦・豪など二十一字を属し、〔玉篇〕に豪・豳などを加えて五十七字を属する。豖は豥の初文で、豰と声義近く、みな去陰を示す字である。豦は劇、豪は毅の従うところで、虎形のものを撃つ呪儀に関する字。それらの豕は、獣の下体を示す形である。

声系 〔説文〕に豙を豕声とし、豙声の字八字を収める。遂（遂）の従うところは、金文の字形では祟の初文の形であり、他の豙声の字も祟の声義を承けるものが多い。

語系 豕 sjiei は希 jiei と声義が近い。希は呪霊をもつ獣で、呪儀に用い、たとえば軍の進退を決するときに、この獣で卜って、遂行するか否かをきめた。遂 ziuət は続行を意味する字。術（術）・遂（述）djiuət はその呪儀をいう字である。それは帥・率（率）shiuət、循・徇 ziuən、遵（遵）tziuən など、巡撫の儀礼を示す語とも関係があろう。

【豕喙】豚のような口。貪欲の相。〔国語、晋語八〕叔魚生る。其の母之れを視て曰く、是れ虎目にして豕喙、鳶肩にして牛腹なり。谿壑は盈たすべきも、是れ饜かしむべからず。必ず以て死を賄らんと。遂に視（養せ）ず。

【豕交】ぶた扱い。〔孟子、尽心上〕食ひて愛せざるは、之れを豕交するなり。愛して敬せざるは、之れを獣畜するなり。～君子は虛拘すべからず。

【豕膏】ぶたのあぶら。〔後漢書、東夷、挹婁伝〕好みて豕を養ひ、其の肉を食らひ、其の皮を衣る。冬は豕の膏を以て身に塗ること厚さ數分、以て風寒を禦ぐ。

↑豕鑊 豚鍋／豕畜 獣扱い／豕圏 豕のおり／豕豪 豪猪／豕視 不仁の相／豕胾 豚の切身／豕炙 豚のてり焼き／豕食 貪食／豕心 貪欲／豕彘 ぶた／豕屠 屠殺／豕突 猪突／豕腹 詩文の冗長なたとえ／豕牢 養豚場

↓亥豕・狗豕・鶏豕・犬豕・飼豕・豢豕・人豕・畜豕・特豕・肥豕・封豕・野豕・羊豕・鹿豕

常【使】8 2520 〔使〕8 2520 シ つかい つかう

篆文  甲骨文  金文 

形声 声符は吏（史）し。史・吏（吏）・使（事）はもと同形。〔説文〕八上に「伶なり」とあり、使令の意。金文では史を使役の意に用い、「令～使～」（～をして～せしむ）という形式を「～史～事～」という形式でしるす。事は遠く外に使して史（祭の名）を行うことで、事の使者を意味する字であった。

訓義 ①つかい、使する、祭の使者。②つかう、つかわす、命ずる。③させる、しむ、せしむ。使役の助動詞。④召使い。⑤もし、仮設。

古訓 〔名義抄〕使 シム・セシム・タトヒ・ツカヒ・ツカフ・シタガフ・ヤル・ツカサドル・タテマツル／大使 オホイウ（オ）モ／副使 スクナイオモ／假使 タトヒ／遣使 タテマタス

語系 使・史 shiə は同声。事 dzhiə は、祭の申文を捧げる形である史の上部に偃游（旗飾り）をつけた形で、史の声義を承ける。仕 dzhiə も事と同声で、事仕の意がある。史は内祭、事は外祭に使すること、それに奉仕することが王事であり、そのような祭政一致の形態が古代王朝の実体であった。

【使役】しえき 使う。はたらかせる。〔抱朴子、仙薬〕神農四經に曰く、上藥は人をして身安く命延び、昇りて天神と爲り、～萬靈を使役せしむ。

【使駅】しえき 宿場で文書を伝達する。通訳。〔三国志、呉、薛綜伝〕頗しく中國の罪人をして其の閒に雜居せしめ、稍(次第に)書を學ばしめ、粗ぼ言語を知らしむ。使驛往來して、禮化を觀見す。

【使客】しかく/しきゃく 使者。〔史記、夏侯嬰伝〕汝陰侯夏侯嬰は、沛の人なり。沛の廏司御と爲る。使客を送りて還る每に、沛の泗上亭を過り、高祖と語る。

【使気】しき 血気にまかせ、才気を発揮する。〔宋書、劉瑀伝〕瑀、氣を使ひ人を尙ぶ。憲司と爲り、甚だ志を得たり。～朝士其の筆端を畏れざる莫し。

【使君】しくん 漢の刺史。のち、州郡長官の尊称。〔三国志、蜀、先主伝〕是の時、曹公(操)從容として先主(劉備)に謂ひて曰く、今天下の英雄、唯だ使君と操とのみ～と。先主方に食し、匕箸を失す(とりおとす)。

【使者】ししゃ 命を受けて使する者。〔礼記、曲礼上〕已に命を受くれば、君言家に宿めず。君言至るときは、則ち主人出でて君言の辱きを拜し、使者歸るときは、則ち必ず拜して門外に送る。

【使酒】ししゅ 酒にまかせて暴れる。〔史記、季布伝〕孝文、召して以て御史大夫と爲さんと欲す。復た其の勇にして酒を使ひ、近づき難きことを言ふもの有り。至る。邸に留まること一月にして罷めらる。

【使星】しせい 使者を星にたとえる。〔後漢書、方術上、李郃伝〕郃～問ひて曰く、二君の京師を發せし時、寧ぞ朝廷の二使を遣はすを知らんやと。～郃、星を指して示して云ふ、二使星有り、益州の分野に向ふ。故に之れを知るのみと。

【使節】しせつ 朝廷の使者。〔周礼、地官、掌節〕凡そ邦國の使節、山國には虎節を用ひ、土國には人節を用ひ、澤國には龍節を用ふ。皆金なり。

【使訳】しやく 通訳。〔三国志、魏、烏丸鮮卑、東夷伝評〕魏の世、匈奴遂に衰ふ。更に烏丸・鮮卑有り、爰に東夷に及ぶ。使譯時に通じ、記述事に隨ふ。

【使令】しれい さしずする。また、使用人。〔漢書、外戚上、孝昭上官皇后伝〕(霍)光、皇后の寵を擅らにして、子有らんことを欲し、～宮人使令と雖も、皆窮絝(もんぺ)し、其の帶を多くせしむ。後宮進む者有る莫し。

↑使院 節度使庁/使牙 使院/使介 使い/使官 使いの役/使館 駅舎/使指 さしず/使嘴 冗舌/使事 使者の職/使主 節度使/使女 女中/使臣 使節/使人 使者/使嗾 けしかけ/使長 上司/使丁 走り使い/使典 胥吏/使転 連綿書/使費 手数料/使符 割符/使副 副使/使聘 聘問する/使命 使者の役/使用 使う/使吏 役人/使料 使用料/使伶 使用人

↓頤使・役使・遠使・仮使・雁使・器使・急使・向使・駆使・軍使・公使・行使・国使・指使・主使・縦使・上使・制使・大使・中使・勅使・天使・特使・徳使・任使・副使・聘使・密使・目使・力使・労使

【侈】 8 2722 シ イ おごる おおい ほしいまま

篆文

形声 声符は多。多に哆・誃の声がある。〔説文〕八上に「掩脅なり」とし、また「一に曰く、奢泰なり」(段注本)とあって、尊大を装って他に誇ることをいう。すべて外見を張り、身分にすぎたことを侈靡という。

訓義 1おごる、ほこる、他をあなどり尊大にする。2おおい、大きい、ひろい、はる。3ほしいまま、みだら、度をこえる、節度がない。4ひらく、はなれる、しまりがない。

古訓 〔名義抄〕侈 ヲゴル・ホコル・サカリ・フルフ・シヘタリ・ナカスハリ・ユタカニ・アサムク・マサル・フルシ・オホキナリ・カタスホリ 〔字鏡集〕侈 フルフ・アサムク・ユタカニ・ホコル・ヲコス・マサル・スマフ・カタスホナリ・フルシ・ヒヘラク・オホシ・ウルハシ・ヒカリ・ウルフ・ヲコル・オホイナリ・ナカスハリ・サカリ

声系 〔説文〕九下に侈声として「⿸广侈は廣なり」と訓する字があり、建物に移していう。〔広雅、釈詁一〕にも「大なり」と訓する。多は多肉の象。多・侈声の字に、盛大の意をもつものがある。

語系 侈・⿸广侈 thjiai は同声。奢 sjya にも張大侈靡の意があり、奢侈と連ねて用いる。

【侈驕】しきょう(けう) おごりたかぶる。〔国語、鄭語〕謝・郟の閒は、其の冢君侈驕にして、其の民は其の君を怠沓(慢る)して、未だ周德に及ばず。

【侈倹】しけん 奢侈と倹約。〔管子、乗馬〕黃金なる者は用の量なり。黃金の理に辨かなるときは、則ち侈儉を知る。侈儉を知るときは、則ち百用節す。

【侈泰】したい おごる。〔管子、重令〕何をか國の經俗と謂ふ。～上拂の事毋く、下比の說毋く、侈泰の養毋く、踰等の服毋く、鄉里の行ひを謹みて、本朝の事に逆らはざる者は、國の經俗なり。

【侈大】しだい 広大にする。〔漢書、霍光伝〕太夫人顯、光の時自ら造る所の塋制を改めて之れを侈大にし、三出闕を起し、神道を築く。～盛んに祠室を飾り、～良人婢妾を幽して之れを守らしむ。

【侈靡】しび 身分にすぎたおごり。〔漢書、地理志下〕列侯貴人、車服僭上す。衆庶放效し、相ひ及ばざるを羞づ。嫁取は尤も侈靡を崇ぶ。

【侈袂】しべい 広い袂。〔儀礼、少牢饋食礼〕主婦は錫を被、衣は侈袂、東房より薦む。

【侈楽】しらく 度をすぎた楽しみ。〔管子、侈靡〕君戰ふときは、則ち請ふ、民の重んずる所を行へ。飲食・侈樂は、民の願ふ所なり。其の欲する所を足し、其の願ふ所を贍し、則ち能く之れを用ひんのみ。

【侈麗】しれい 豪華。文辞の華麗。〔漢書、芸文志〕(詩賦)其の後宋玉・唐勒あり。漢興りて枚乘・司馬相如より下りて揚子雲(雄)に及ぶまで、競ひて侈麗閎衍の詞を爲り、其の風諭の義を沒ふ。

↑侈弇 広狭/侈家 権勢の家/侈闊 広大/侈偽 うわべ/侈虐 暴虐/侈言 大言/侈衒 てらう/侈口 大口/侈傲 おごる/侈国 おごる国/侈志 壮志/侈侈 盛ん/侈哆 立派/侈肆 放恣/侈辞 大げさな語/侈邪 放恣/侈心 おごる心/侈声 大声/侈俗 奢侈の俗/侈惰 怠る/侈汰 侈泰/侈長 大げさ/侈費 浪費/侈富 ゆたか/侈風 奢侈の風/侈服 美服/侈物 贅沢品/侈遊 縦遊/侈離 そむく/侈論 余計な論

↓淫侈・華侈・瓌侈・驕侈・極侈・弘侈・光侈・鴻侈・傲侈・豪侈・視侈・奢侈・邪侈・庶侈・饒侈・崇侈・汰侈・泰侈・雄侈

常 【刺】 8 5290 シ セキ さす そしる

篆文

形声 声符は朿。朿は先の鋭くとがった木。これを標木として立てることもあり、また刺突するのに用いることもある。〔説文〕四下に「君、大夫を殺すを刺と曰ふ。刺とは直傷するなり」というが、そのように特定のことをいう語ではない。刺譏はそしる、刺戟は感覚をよび起こすこと、また刺繡はぬいとり。みな鋭いもので突く意がある。

訓義 1さす、つく、つきさす。2そしる、せめる、いさめる。3のぎ、はり、ほさき、槍のいしづき。4なふだ、名刺。

古訓〔名義抄〕刺 ソシル・ソムク・モトル・キル・サス・ムハラ・ソル〔字鏡集〕刺 イガ・サス・コロス・ミダル・ヌフ・ソムク・モトム・ソシル・ヒラ、ク・ウハラ・サク・ソル・モトレリ・ハツ

語系 刺・朿・諫 tsiek はともに同声。諫は〔説文〕三上に「數(しばしば)諫むるなり」とあり、刺箴の意である。

【刺謁】しえつ 名刺を出して面会を求める。〔南史、劉絵伝〕郡人に姓賴なるもの有り、居る所穢里と名づく。繪に刺謁す。繪之れを戲れ嘲ひて曰く、君何の穢有りて穢里に居ると。此の人、聲に應じて曰く、未だ孔丘何の闕有りて闕里に居るかを審(つまび)らかにせずと。

【刺怨】しえん(えん) そしりうらむ。〔中論、下、譴交〕古者(いにしへ)、行役時を過ぎて反(かへ)らざるときは、猶ほ詩を作りて刺怨す。故に四月の篇(詩、小雅、四月)に、先祖、人に匪(あら)ずや 胡寧(なんぞ)予(われ)に忍べると稱す。

【刺客】しかく・しきゃく せきかく・せききゃく 暗殺者。〔漢書、游俠、万章伝〕河平中、王尊京兆の尹と爲り、豪俠を捕擊し、章及び箭(矢作り)張回・酒市の趙君都・賈子光を殺せり。皆長安の名豪にして、仇怨に報じ、刺客を養ふ者なり。

【刺譏】しき そしる。〔史記、孔子世家〕陳・蔡の大夫謀りて曰く、孔子は賢者なり。刺譏する所、皆諸侯の疾に中(あた)れり。～孔子楚に用ひられなば、則ち陳・蔡の事を用ふる大夫危からんと。是(ここ)に於て乃ち相ひ與(とも)に徒役を發して、孔子を野に圍む。

【刺股】しこ 学問に励む。〔戦国策、秦一〕(蘇秦)乃ち夜(よる)書を發(ひら)き、陳篋數十、太公陰祕の謀を得、伏して之れを誦(よ)む。～睡らんと欲すれば、錐(きり)を引いて自ら其の股を刺し、血流れて踵(かかと)に至る。

【刺候】しこう せきこう 様子をうかがう。〔漢書、陳咸伝〕朱雲、殘酷にして不辜(無実)を殺し、有司擧奏するも未だ下らず。(陳)咸素(もと)より雲に善し。雲從ひて刺候し、教へて上書して自ら訟(せ)めしむ。

【刺殺】しさつ さし殺す。〔戦国策、燕三〕誠に秦王を劫(おびや)かすことを得て、悉(ことごと)く諸侯の侵地を反(かへ)さしむること、曹沫(さうばつ)の齊の桓公に與(お)けるが若(ごと)くならば、則ち大いに善し。則(も)し不可ならば、因りて之れを刺殺せん。

【刺繡】ししゅう(しう) 色糸でぬいとりする。〔論衡、程材〕齊都、世(よよ)刺繡す。恆の女も能くせざるもの無し。

【刺心】ししん 胸をさす。心に衝撃をうける。明・李贄〔焦弱侯(竑)に寄す〕但だ恐る、時邁(す)ぎ年過ぎ、歲月肯て人を待たずと云へることのみ。興言して此(ここ)に至れば、殊に刺心を覺ゆ。

【刺刃】しじん 刃物の刃。〔礼記、少儀〕凡そ刺刃有る者、以て人に授くるときは、則ち刃を辟(さ)く。

【刺促】しそく 苦辛。唐・李賀〔浩歌〕詩 看見す、秋眉(衰眉)新綠に換るを 二十の男兒那(なん)ぞ刺促する

【刺面】しめん 顔に入墨する刑。〔五代史、四夷附録一〕德光、晉人を獲る每に、其の面に刺(いれずみ)す。文に曰く、奉勅殺さずと。縱(ゆる)して以て南歸せしむ。

↑刺戒しかい 戒める／刺瞎しかつ 眼をさす／刺幾しき 刺譏／刺灸しきゅう 鍼灸／刺挙しきょ 検挙する／刺径しけい 直径／刺戟しげき 感官をさす／刺血しけつ 苦行法／刺剣しけん 撃剣／刺瞼しけん 刺面／刺讞しけん 議定する／刺口しこう 多言／刺刻しこく 刻む／刺骨しこつ 怨む／刺史しし 州牧の督察官／刺刺しし 多言／刺紙しし 名刺／刺字しじ 名刺／刺耳しじ 直言／刺取ししゅ 探りとる／刺綉ししゅう 刺繡／刺傷ししょう 刺す／刺訊しじん 訊問する／刺世しせい 世をそしる／刺青しせい 入墨／刺船しせん 棹さす／刺探したん 探る／刺配しはい 入墨配流／刺尾しび 名刺の隅／刺美しび 毀誉／刺諷しふう 諷刺／刺文しぶん 入墨／刺兵しへい 刺突の器／刺目しもく そねむ／刺宥しゆう 寛刑／刺臨しりん 刺史となる

↓一刺・謁刺・怨刺・乖刺・懐刺・規刺・譏刺・灸刺・俠刺・棘刺・撃刺・索刺・三刺・指刺・襲刺・書刺・傷刺・通刺・投刺・抜刺・美刺・風刺・諷刺・辟刺・貶刺・芒刺・漫刺・名刺・面刺

【呰】 8 2160 シ せめる そしる

篆文 

形声 声符は此(し)。〔説文〕二上に「苛するなり」とあって訶責の意。〔玉篇〕に「口もて毀(そし)るなり」という。疵と通用する。

訓義 1せめる、しかる。2そしる。3疵と通じ、きず、わざわい。4呰窳(しゆ)は弱い、おこたる。5語末の助詞。

古訓〔名義抄〕呰 ソシル・キラフ・アザケル〔字鏡集〕呰 ハカリゴト・ハカル・アザケル・ソシル・イサフ

【呰窳】しゆ 弱くおこたる。〔史記、貨殖伝〕(楚・越の地)地勢食饒(おほ)く、飢饉の患無し。故を以て呰窳偷生す。積聚無くして、貧多し。

↑呰災しさい わざわい／呰呰しし 相そしる

常【姊】 8 4042 ［姉］ 8 4542 シ あね

篆文  金文 

形声 正字は姊に作り、𠂔(し)声。〔説文〕十二下に「女兄なり」とあり、また女子を親しみ、尊んでいうときにも用いる。

訓義 1あね。2はは、女を親しみ尊んでよぶ。夫が妻をよぶときもある。

古訓〔和名抄〕姊 阿禰(あね)、日本紀私記に云ふ、兄と同じ〔名義抄〕姊 アネ・コノカミ〔字鏡集〕姊 コノカミ・アネ・イロネ

【姊姊】しし あね。〔北斉書、文宣李后伝〕武成踐祚し、后に逼(せま)りて淫亂す。～後娠(はら)める有り。太原王紹德、閤に至り、見ることを得ず。慍(いか)りて曰く、兒豈に知らざらんや。姊姊(姉姉)腹大なり。故に兒を見ずと。

【姊妹】しまい 女兄弟。唐・戴叔倫〔女耕田行〕詩 姊(姉)妹相ひ攜(たづさ)へて、心正に苦し 路人を見ず、唯だ土を見る

↑姊姐しや あね／姊丈しじょう 姉の夫／姊壻しせい 姉の夫

↓阿姊・義姊・兄姊・賢姊・從姊・処姊・小姊・大姊・中姊・長姊・弟姊・伯姊・母姊・令姊

常【始】 8 4346 シ はじめ はじめる はじまる

篆文  金文 

形声 字の初形は㚸に作る。以は初形㠯(し)、耜(し)の初文。〔説文〕十二下に「女の初なり」とし、台(い)声とするが、声が異なる。台はム(し)(㠯・耜(すき))を、祝禱を収める器𠙵(さい)の前におく形で、耜を清める儀礼をいう。その儀礼に女子があずかるのは、農耕儀礼と生子儀礼との相関を示すものであろう。農耕の開始にあたって耜を清める儀礼があり、それがまた生子儀礼としても用いられて、始生・初生の意となる。

訓義 1はじめ。農耕の始めの儀礼として、農具を清める。はじめる、はじまる。2はじめに、はじめて。3すべてことのはじめ、ときのはじめをいう。

古訓〔名義抄〕始 ハジメ・セム・ミチ〔字鏡集〕始 セム・ハジメ・ウム・ハジム・イマシ・ミチ

語系 始 sjiə、才 dzə は声近く、はじめの意があり、また似 ziə には始めをつぐ意がある。

【始願】しがん(ぐわん) 最初からの願い。〔梁書、止足、陶季直伝〕常に稱(い)ふ、仕へて二千石に至らば、始願畢(を)はると。～乃ち疾もて辭し、鄉里に還る。～死するに及び、家徒(た)だ四壁のみ。子孫以て殯斂(ひんれん)する無し。

【始終】ししゅう 終始。晉・陸機〔魏の武帝を弔ふ文〕夫(そ)れ始終は萬物の大歸、死生は性命の區域なり。

【始末】しまつ 始終。〔梁書、徐勉伝〕輒(すなは)ち具(つぶ)さに撰修の始

末、并びに職掌の人、成す所の卷帙、條目の數を載せ、謹みて拜表して以聞(上奏)す。

↑始孩 乳兒/始冠 二十歳/始基 基作り/始業 仕事はじめ/始笄 女子の十五/始元 始原/始原 はじめ/始古 太古/始作 はじまる/始室 三十歳/始秋 初秋/始春 立春/始初 はじめ/始節 季節はじめ/始祖 遠祖/始創 はじめ/始卒 終始/始年 壮年/始望 初願/始立 三十歳/始梁 舌の神

↓開始・懐始・起始・建始・元始・原始・古始・更始・四始・資始・終始・正始・創始・太始・肇始・二始・年始・反始・本始・無始・有始

【枝】 常 8 4494 シ えだ

篆文 

形声 声符は支(支)。支は小枝をもつ形。〔説文〕六上に「木、別に生ずる條なり」とあり、幹から分かれるもので、合わせて幹枝という。十干十二支もその義をとる。木には枝といい、肢体には肢という。

訓義 1えだ、木のえだ。2わかれる、すえ、はし。3分家、四肢、枝川、すべて本幹より分かれたものをいう。4支と通じ、ささえる、ささえ、はしら。

古訓 〔和名抄〕枝條 衣太(えだ) 〔名義抄〕枝 エダ・ワカル・サヽフ 〔篇立〕枝 タヨリ・エダ・オホエダ 〔字鏡集〕枝 エダ・ワカル・サヲ

語系 枝・支・肢tjieは同声。翅sjieは声義近く、鳥の両翼をいう。

【枝解】しかい 手足をばらばらに切りはなす刑。〔韓非子、和氏〕(呉起・商君)二子の言、已だ當れり。然れども呉起を枝解し、商君を車裂する者は何ぞや。大臣法に苦しみ、細民治を惡めばなり。

【枝幹】しかん 幹と枝。唐・杜甫〔古柏行〕詩 崔嵬として枝幹、郊原古り 窈窕として丹青、戸牖空し

【枝梧】しご 抵抗する。さからう。〔漢書、項籍伝〕令を軍中に出だして曰く、宋義、齊と謀りて楚に反す。楚王陰かに籍をして之れを誅せしむと。諸將讋服し、敢て枝梧するもの莫し。

【枝上】しじょう えだの上。唐・韓愈〔秋懐詩、十一首、四〕上に枝上の蜩無く 下に盤中の蠅無し

【枝条】しじょう えだ。晉・陶潛〔擬古、九首、九〕詩 桑を種う、長江の邊 三年、當に採るべきを望む 枝條の始めて茂らんと欲するに 忽ち山河の改まるに値へり

【枝柱】しちゅう 支える。また、抵触する。〔漢書、地理志下〕(楚の地)巫鬼を信じ、淫祀を重んず。而して漢中は淫失枝柱、巴蜀と俗を同じうす。

【枝頭】しとう 枝さき。宋・翁森〔四時読書楽〕詩 好鳥枝頭、亦た朋友 落花水面、皆文章

【枝輔】しほ 枝が幹を輔ける。〔史記、秦始皇紀〕臣聞く、殷・周の王たること千餘歳。子弟功臣を封じ、自ら枝輔と爲せりと。今陛下海内を有ち、子弟は匹夫爲り、卒かに田常(斉を奪った簒奪者、のち田斉となる)有り、六卿の臣の輔拂(弼)する無くんば、何を以て相ひ救はんや。

【枝蔓】しまん 枝と蔦かずら。もつれる。〔旧五代史、刑法志〕或いは久しく囹圄(獄)に在り、稍ゝ區分を滯る有り。胥吏侮文(法)、枝蔓乃ち衆し。

【枝葉】しよう えだは。末。〔史記、陳渉世家、褚少孫論〕夫れ先王は、仁義を以て本と爲し、而して固塞文法を以て枝葉と爲す。豈に然らずや。

↑枝胤 支族/枝柯 えだ/枝格 長い枝/枝官 冗官/枝茎 枝と茎/枝捂 枝梧/枝梗 えだ/枝詞 枝葉の言/枝辞 でたらめ/枝庶 分家/枝梢 こずえ/枝戚 遠い親戚/枝節 枝葉/枝族 枝戚/枝属 枝族/枝体 肢体/枝蹄 偶蹄/枝党 残党/枝撐 支え/枝瀆 支流/枝任 枝がしなる/枝派 分派/枝杪 枝梢/枝服 心服する/枝舗 出店/枝離 身体の障害/枝流 分流

↓遠枝・下枝・花枝・格枝・寒枝・幹枝・旧枝・喬枝・曲枝・玉枝・金枝・瓊枝・古枝・交枝・高枝・槁枝・細枝・攢枝・辞枝・樹枝・竦枝・緗枝・上枝・条枝・垂枝・纖枝・疏枝・宗枝・痩枝・霜枝・叢枝・竹枝・抽枝・長枝・低枝・登枝・騰枝・南枝・攀枝・披枝・風枝・駢枝・北枝・本枝・楊枝・離枝・柳枝・冷枝・連枝

【泗】 8 3610 シ はなしる

篆文 

形声 声符は四(し)。〔説文〕十一上に川の名とする。また〔詩、陳風、沢陂〕に「涕泗、滂沱たり」とあって、涙とともに流れるはなしるをいう。

訓義 1はなしる。2山東の川の名。

古訓 〔名義抄〕泗 ナミダ・ナムダ・ミヅノナ 〔字鏡集〕泗 ミヅノナ・ナンダ・ス・ハナ・イコフ・ミチ・ミヅ

語系 泗sier、涕thyei、洟jieiは声近く、みな涕涙をいう。泗はすする音に近く、みな擬声的な語。

【泗浜】しひん 泗水のほとり。磬石を産する。〔書、禹貢〕嶧陽(嶧山の南)の孤桐、泗濱の浮磬。

↑泗石 泗水のほとりに産する磬石/泗洟 鼻汁/泗涕 泗洟

↓洙泗・垂泗・涕泗・汶泗

【祀】 8 3721 〔禩〕 16 3628 シ まつる まつりとし

形声 声符は巳(し)。巳は蛇の形。自然神を祀ることを祀という。〔説文〕一上に「祭りて已むこと無きなり」とし、旁を「已む」と解するが、卜文・金文の字形は巳に従う。〔周礼、春官、司服〕「群小祀を祭る」の〔注〕に「林澤墳衍(丘)、四方百物の屬なり」とあり、すべて地物を祀ることをいう。重文として録する禩は異に従う。異は鬼の正面形で、その尸坐する形。百物の怪異を祀る意である。蛇はわが国でも夜刀の神といい、渓谷を支配する神とされた。祀を年歳の意に用いるのは、殷の祖祭の体系で周祭五祀とよばれるものが、終始一巡するのにあたかも一年を要するので、その一巡するを一祀・二祀と数えたからである。もと自然神を祀る意の祀が、そのころには祖祭をよぶのに用いられた。祭祀という祭の字は、示(祭壇)に肉を薦める形で、祭儀の形式をいう字である。

訓義 1まつる、まつり、もと自然神をまつる、のち祖祭をもいう。2とし、一年、殷代の祖祭の体系を行うのに一年を要したので、年祀を数える語となった。

古訓 〔名義抄〕祀・禩 マツル・マツリ・イノル・トシ・ヒトシ・ホカフ

語系 祀(禩)・祠ziəは同声。字形によっていえば、祀は巳(蛇)形の自然神、禩は神怪のものを祀り、祠は祝詞(𠙵)を奏して祈願する意。〔説文〕一上に「春の祭を祠と曰ふ」とするが、祠は時祭の名ではなく、年穀を祈る意であろう。

【祀事】しじ おまつり。〔詩、小雅、楚茨〕祀事孔だ明らかなり 先祖是れ皇いなり

【祀竈】しそう かまどの神を祀る。〔後漢書、陰興伝〕宣帝の時、陰子方といふ者、～臘日に晨炊するに、竈神の形見はる。子方再拜して慶を受く。家に黃羊有り、因りて以て之れを祀る。是れより已後、暴かに巨富に至る。田七百餘頃有り、輿

馬は僕隷（隷）、邦君に比す。

【祀天】冬至に南郊で天を祀る。〔史記、封禅書〕冬の日至に天を南郊に祀り、長日の至を迎ふ。夏日の至に、地祇を祭る。皆樂舞を用ふ。

【祀典】祭祀儀礼。〔礼記、祭法〕夫の日月・星辰に及びては、民の瞻仰する所なり。山林・川谷・丘陵は、民の財用を取る所なり。此の族に非ざれば、祀典に在らず。

↑祀禜　除災の祭／祀紀　祀典／祀儀　祀典／祀享　祭祀供薦／祀姑　幡の一／祀孔　孔子の祭／祀社　社神の祭／祀舎　祭屋／祀場　祭場／祀牲　犠牲／祀堂　祭殿／祀物　犠牲／祀奉　祭祀／祀礼　祭礼
↓淫祀・禋祀・雲祀・嘉祀・享祀・供祀・恭祀・饗祀・群祀・潔祀・元祀・五祀・孝祀・郊祀・合祀・国祀・祭祀・賽祀・祠祀・時祀・社祀・従祀・常祀・宗祀・大祀・家祀・肇祀・禘祀・典祀・登祀・禱祀・燔祀・百祀・賓祀・報祀・望祀・卜祀・明祀・命祀・霊祀

常【祉】8 3121　囚［祉］9 3121　シ さいわい

篆文 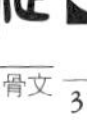　甲骨文 

形声　声符は止。〔説文〕一上に「福なり」、次条に「福は祐なり」とあって、福祐をいう。〔詩、大雅、皇矣〕に「既に帝の祉ひを受く」とみえ、神より与えられるものをいう。〔詩、周頌、烈文〕にも、「茲の祉福を錫ふ」の句があり、その恩寵をいう。
訓義　1さいわい、神の恩恵。
古訓　〔名義抄〕祉　サイハヒ
語系　祉・止・趾・阯（址）tjiəは同声。神の証迹としてあらわれるものを阯という。その証迹によって幸慶のあらわれることを、祉というのであろう。
↑祉祥　吉祥／祉祚　幸福／祉福　幸福／祉祐　神助／祉禄　祉福
↓遐祉・嘉祉・元祉・降祉・寿祉・受祉・祥祉・頌祉・垂祉・綏祉・聖祉・多祉・帝祉・発祉・丕祉・流祉・禄祉

常【肢】8 7424　［胑］9 7628　シ てあし

篆文 

形声　声符は支（支）。支に分支の意があり、本体に対して四肢をいう。〔説文〕四下に胑を正字とし、「體の四胑なり」という。〔淮南子、脩務訓〕に「四胑動かず」とその字を用いるが、他にその字を用いたものがない。許慎は〔淮南子〕の注を試みており、その字を本字と認めたのであろうが、分岐するものは跂・翅・枝など、みな支に従う。只声の字にその義なく、只はあるいは四の譌文かとも思われる。
訓義　1てあし、四肢。2字は、また支に作る。
古訓　〔和名抄〕肢　衣太（えだ）〔名義抄〕肢　エダ〔字鏡集〕肢　アシテ・テアシ・エダ
語系　肢（胑）・支・枝tjieは同声。翅sjieも声近く、みな支の声義を承ける字である。
【肢体】四肢と身体。漢・司馬遷〔任少卿（安）に報ずる書〕其の次は毛髮を剔られ、金鐵に嬰りて辱を受く。其の次は肌膚を毀たれ、肢體を斷たれて辱を受く。最下は腐刑（宮刑）、極まれり。
↑肢解　四肢を切る刑／肢節　四肢の関節
↓下肢・四肢・上肢・折肢・雪肢・八肢・腰肢

【芷】8 4410　シ よろいぐさ

形声　声符は止。香草。また〔荀子、勧学〕に「蘭槐の根、是れを芷と爲す」とみえる。
訓義　1よろいぐさ。2香草の根。
古訓　〔名義抄〕白芷　カサモチ・ヨロヒグサ
【芷蘭】香草。芷と蘭。〔荀子、宥坐〕夫れ芷蘭は深林に生ずるも、人無きを以て芳しからざるに非ず。君子の學は、通ずる爲にするに非ざるなり。
↑芷香　芷の香り／芷若　芷と杜若
↓岸芷・蕙芷・蘅芷・清芷・佩芷・白芷・蘋芷・芳芷・蘭芷・緑芷

【俟】9 2323　［竢］12 0313　シ まつ

篆文 

形声　声符は矣。矣は喻母の字で、也に施、羊に祥（祥）の声があるように、矣に俟の声がある。矣は厶（耜の象形字目の楷書形）に呪器としての矢を加えたもので、厶を清める意。字はまた竢に作り、立は位、儀礼の場所をいう。〔詩、邶風、静女〕「我を城隅に俟つ」とあり、それが正訓であろう。〔説文〕八上に「大なり」とするのは、〔詩、小雅、吉日〕「儦儦俟俟として 或いは群し或いは友つ」のように用いる状態詞からの訓であろう。
訓義　1まつ、特定の場所で待つ。2俟俟は大勢のものが徐行するさま、全体のものがうごくさま。3大きい。
古訓　〔名義抄〕俟　マツ・マウチ（ケ）・ツネニ・ニクム・ツブサニ・サフラフ・マツリゴト・マタシ
語系　俟（竢）ziə、待də、偫diəは声近く、みな待つ意がある。等təngもその意に用いることがある。寺声の字は、一定の状態を持続する意、俟はその変化・効用があらわれるのを待つ意の語であろう。
【俟嗣】位を嗣ぐことをまつ。〔国語、晋語一〕夫れ太子は君の貳なり。恭しくして以て嗣を俟つ。何の官か之れ有らん。
【俟時】時機を待つ。梁・沈約〔斉の故の安陸昭王の碑文〕水德（宋をさす）方に衰ふるも、天命未だ改まらず。太祖龍躍して時を俟ち、淮泗に鎭と作る。
【俟命】天命を待つ。〔中庸、十四〕上天を怨みず、下人を尤めず。故に君子は易に居りて以て命を俟ち、小人は險を行うて以て幸を徼む。
↑俟候　まつ／俟俟　群行する／俟次　順番待ち／俟望　待望する／俟門　門に待つ
↓行俟・静俟・先俟・列俟

【咨】9 3760　［諮］16 0766　シ はかる なげく ああ

篆文 

会意　次（次）＋口。次は口を開いてなげき訴える形。口は𠙵、祝詞を収める器。咨とは、祝詞を奏し、神にうれえ申し、訴えることをいう。〔説文〕二上に「事を謀るを咨と曰ふ」とし、字を形声とするが、次は咨嗟する意。そのうれえ申すさまを姿（姿）という。うれえ嘆きながら神に謀るのである。謀は某に従い、某は木の先に曰（祝詞を収めた器）をつけ、神意に問うことで、字義は似ているが、咨にはなげき訴える意がある。
訓義　1はかる、なげきはかる、うれえ申す、なげく。2ああとなげく、ああ、なげく声。
古訓　〔名義抄〕咨　ア・ナゲク・ホム・ハカリゴト・ホシイマ、・ヨバフ・トフラフ
声系　〔玉篇〕に咨声として諮（諮）を収める。〔詩、小雅、皇皇者華〕「周く爰に咨謀す」を〔淮南子、脩務訓〕に引いて「周く爰に諮謨す」に作る。諮謀は〔左伝、桓六年〕にもみえる語である。
語系　咨・姿tziei は同声。次tsyeiは咨嗟の意。神に対して咨嗟するを咨といい、そのなげき訴える姿を姿という。
【咨嗟】なげく。漢・蔡邕〔陳太丘（寔）の碑文〕時人其の德を高しとし、公相の位よりも重んず。年八十有三。～群公百寮、咨嗟せざる莫く、巖藪（在野）の知名、聲を失し涕を揮ふ。
【咨咨】深くなげく。唐・白居易〔五弦弾〕詩　座中に一遠

方の士有り 喞喞咨咨として聲已まず 自ら歎ず、今朝初めて聞くことを得たり 始めて知る、平生の耳に孤負するを

【咨諏】問いはかる。蜀・諸葛亮〔出師の表〕陛下も亦た宜しく自ら謀り、以て善道を咨諏し、雅言を察納し、深く先帝の遺詔を追ふべし。

【咨詢】問いはかる。〔詩、小雅、皇皇者華〕我が馬は維れ駰(黒白の毛) 六轡既に均し 載ち馳せ載ち驅け 周く爰に咨詢す

【咨歎】嘆息する。〔唐書、陽恵元伝〕恵元曰く、～是の役や、功を立てざれば、酒を飲むこと毋からん～と。～道に饋有るも、惟だ恵元の軍のみ瓶罍發かず。帝咨歎して已まず。璽書もて慰勞す。

【咨美】ほめる。〔唐書、李讓夷伝〕讓夷、廉介にして妄りに交はらず。位、顯劇なりと雖も、儉約を以て自ら將ひ、世に咨美せらる。

【咨稟】たずねて命を受ける。梁・元帝〔杜龕を勅する〕卿年時尚ほ少し。習讀すること未だ朕かならず。顔晃は文學の士、相ひ毗佐せしむ。造次(しばらく)の閒も、必ず宜しく咨稟すべし。

【咨訪】たずね訪う。〔三国志、魏、高柔伝〕魏初、三公無事、又朝政に與ること希なり。柔、上疏して曰く、～今より以後、朝に疑議及び刑獄の大事有らば、宜しく數以て三公に咨訪すべし。

【咨謀】問いはかる。宋・范仲淹〔養老乞言の賦〕漢朝、嗣を定むるに(商山の)四皓を延きて以て咨謀す。周伯邦を興すに、太公を奉じて則を取る。

【咨問】教えを請う。〔三国志、呉、士燮伝〕交阯士府君(燮)既に學問優博、～官事小しく闋をれば、輒ち書傳を玩習す。春秋左氏傳、尤も簡練精微にして、吾(袁徽)數以て傳中の諸疑を咨問するに、皆師說有りて、意思甚だ密たり。

↑咨怨 なげき怨む／咨回 再審／咨画 はかる／咨求 訪求する／咨啓 相談する／咨決 裁定／咨候 うかがう／咨覯 訪問する／咨質 ただす／咨且 ためらう／咨請 照会する／咨度 はかる／咨判 問い判つ／咨服 嘆服する／咨文 照会文書／咨明 説明する／咨惋 嘆惜する

↓怨咨・欽咨・高咨・嗟咨・詢咨・戚咨・疇咨・博咨・訪咨・謀咨・諭咨・来咨

【咫】 9 7680 シ あた わずか

篆文 

形声 声符は只。〔説文〕八下に「中婦人の手の長さ八寸、之れを咫と謂ふ。周尺なり」とあり、夏尺十寸に対して周尺は八寸であった。咫尺とは極めて近い意。尺は腕首から先、指間を大きく開いた形。男は尺、婦人は八寸。わが国では「あた」といい、「八咫鏡」のようにいう。

訓義 1ながさの単位、八寸、あた。2わずか、ちかい、少ないもののたとえ。3則のように、すなわちの意に用いる。

【咫顔】天子に拝謁する。〔容斎五筆、八、経語を習用するの誤りを承く〕今の士大夫、往往にして表奏中に於て違顔と曰ひ、或いは咫顔・咫尺の顏と曰ふ。全て本指と爽戻す(違う)。

【咫見】短見。〔聖武記、五〕夫れ夷を以て夷を攻むるの效、咫見者は見て迂圖(まわり遠い計)と爲す。～善く奕する者は、或いは一閒著して、全局皆生く。

【咫尺】尺余。わずかな距離。〔国語、斉語〕天威、顏を違らざること咫尺。小白(桓公)余、敢て天子の命に、爾下拜すること無かれと曰ふを承けんや。下に隕越して、以て天子の羞を爲さんことを恐ると。遂に下りて拜し、升りて命を受く。

【咫歩】わずかな距離。〔列子、楊朱〕衛の端木叔～意を好む所に放にす。～其の游ぶに及びてや、山川阻險、塗逕脩遠なりと雖も、必ずしも之かざる無し。猶ほ人の咫歩を行くがごとし。

↑咫角 仔牛／咫書 咫尺の書

↓一咫・行咫・退咫・天咫・法咫

【哆】 9 6702 シ おおきい

篆文 

形声 声符は多。多に侈の声がある。〔説文〕二上に「口を張るなり」とあり、大きく口を開く意。

訓義 1大きく口をひらく、くちをあける。2おおきい。3ひろやか、ほしいまま。

古訓 〔名義抄〕オホクチ 〔篇立〕哆 ハタカリテ・オホクチ

↑哆豁 大きく開く／哆口 口をあける／哆哆 大きい／哆然 ゆるやか／哆大 寛大

↓嘘哆

常【姿】 9 3740 〔姿〕 9 3740 シ すがた

篆文 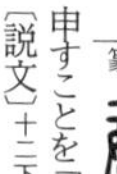

形声 声符は次(次)。次は人のたちなげく形。祝禱の器である𠙵をそえて、神にうれえ申すことを「咨く」「咨る」、そのなげき訴えるさまを姿という。〔説文〕十二下に「態なり」と人の姿態をいうとする。女の咨嗟憂傷するさまが、最も姿態あるものとされた。

訓義 1すがた、なり、かたち。2ようす、おもむき、風情、風姿。3かたちづくる、こびる。

古訓 〔名義抄〕姿 スガタ・カタチ・カホシナ・サマ・フルマヒ

語系 姿・咨tziei は同声。女が神に咨き、うれえ申す姿を、姿態ありとするものであろう。

【姿宇】人がら。〔唐書、魏謩伝〕文宗、貞觀政要を讀み、(魏)徵の賢なるを思ひ、其の後を詔訪す。～謩、姿宇魁秀なり。帝、之れを異とす。

【姿儀】風采。〔三国志、魏、公孫瓚伝〕字は伯珪、遼西令支の人なり。～姿儀、大音聲有り。侯太守之れを器とし、女を以て焉れに妻はす。

【姿才】資才。〔三国志、呉、陸凱伝〕姚信・樓玄～或いは清白忠勤、或いは姿才卓茂、皆社稷(国家)の楨幹、國家の良輔なり。願はくは陛下重ねて神思を留め、訪ふに時務を以てせよ。

【姿色】容姿。〔後漢書、皇后紀序〕漢法、常に八月の筭人(人口調査)に因り、～洛陽鄉中に於て、良家の童女、年十三以上、二十已下、姿色端麗にして法相に合ふ者を閱視し、載せて後宮に還り、可否を擇視し、乃ち用って登御す。

【姿性】うまれつき。資性。〔漢書、傅喜伝〕(詔)曰く、高武侯喜、姿性端愨、論議忠直、～介然として節を守り、故を以て斥逐せられて國に就く。

【姿媚】なまめかしい。唐・韓愈〔石鼓の歌〕詩 (王)羲之の俗書は姿媚を趁ふも 數紙、尚ほ白鵝を博すべし 周に繼ぎて八代、爭戰罷む 人の收拾する無し、理則ち那ぞ

【姿望】風采。〔晉書、何劭伝〕雅より姿望有り。遠客朝見するときは、必ず劭を以て侍直せしむ。諸方の貢獻毎に、帝輒ち之れに賜ふ。

【姿貌】すがたかたち。〔後漢書、周挙伝〕擧、姿貌短陋なるも、博學洽聞、儒者の宗とする所と爲る。～語に曰ふ、五經從橫、周宣光と。

【姿容】容姿。〔後漢書、袁紹伝上〕紹の後妻劉、寵有り、而して尚を偏愛し、數紹に稱す。紹も亦た其の姿容を奇とし、嗣を傳へしめんと欲す。

↑姿影　すがた／姿格　すがた／姿顔　すがたと技芸／姿采　なりふり／姿勢　なり／姿態　しな／姿致　すがた、振舞／姿調　風度／姿度　すがた、器量／姿年　すがたと年／姿表　ようす／姿稟　天稟

（↑姿影～の続き：容色／姿器　資質才能／姿形　すがた／姿芸　すがたと心／姿制　風采／姿状　容姿／姿神）

↓異姿・逸姿・英姿・婉姿・艶姿・奇姿・嬌姿・凝姿・玉姿・妍姿・弘姿・恒姿・高姿・鴻姿・淑姿・神姿・真姿・生姿・清姿・聖姿・多姿・貞姿・天姿・豹姿・風姿・芳姿・鳳姿・妙姿・野姿・勇姿・雄姿・妖姿・容姿・令姿・霊姿・麗姿・朗姿

【屍】 9 7721 シ しかばね むくろ

篆文

会意 尸＋死。〔説文〕八上に「終主なり」とあり、葬るべき屍体をいう。死してなお葬らぬときは尸を立てることがなく、それで屍を尸主という。〔礼記、曲礼下〕に「牀に在るを屍と曰ふ」とみえる。死は残骨を拝する形。尸・屍の二字は通用することが多く、〔周礼、春官、大司楽〕に「屍の出入するときは、則ち肆夏（楽曲の名）を奏せしむ」とあるのは、尸の意である。屍は尸に死を加えて、尸主である尸と字形を区別したものである。

訓義 ①しかばね、なきがら、むくろ。②尸と通じ、かたしろ。③死と通じ、しぬ。

古訓 〔名義抄〕屍　カバネ・フス・イタム　〔字鏡集〕屍　シニカバネ・カバネ・イタム

語系 屍・尸 sjiei は同声。屍は終主、尸は尸主の意。死 siei は残骨を拝する形。葬（葬）は草間においてそのことを行う意で、複葬の礼を示す字である。

【屍解】 死体を脱して昇天する。仙術の一。〔神仙伝、二、王遠〕汝（蔡経）～今氣少なく肉多し。上り去るを得ず。當に屍解を爲すべし。狗竇（犬くぐり）中より過ぐるが如きのみと。～（のち）忽然として之れを失ふ。～蟬蛻の如し。

【屍骸】 死体。〔敦煌変文集、鷰子の賦〕鷰子打たれ、喚ふべし、屍骸のごとし。頭擧ぐる能はず、眼開く能はず。夫妻相ひ對し、氣咽び聲哀し。

↑屍格　検死書／屍諫　死諫／屍柩　尸柩／屍骨　死骸／屍山　屍が山積する／屍霊　死者の霊

↓裏屍・荊屍・検屍・行屍・死屍・積屍・陳屍・転屍・伏屍・夢屍

【屎】 9 7729 〔菌〕 13 4460 シキ くそ

篆文

甲骨文

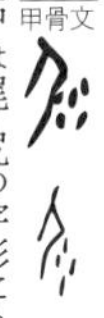

会意 尸＋米。尸は尾・尻の字形にみられるように尾部を示し、米は屎の象形。菌の従うところと同じ。〔説文〕一下に字を菌に作り「糞なり」と訓し、字を胃の省文に従うとする。米・図はともに胃中の消化物の象形。〔詩、大雅、板〕に「民の方に殿屎する」とは、呻吟の意である。

訓義 ①くそ。字はまた矢を用いることがある。②うめく、殿屎。

古訓 〔和名抄〕屎　久曾（くそ）、又、糞土なり　〔篇立〕屎　クソ・トホソ・クソマル

【屎溺】 糞と小便。〔荘子、知北遊〕曰く、（道は）螻蟻（けらと、あり）に在りと。（東郭子）曰く、何ぞ其れ下れるやと。～曰く、瓦甓に在りと。曰く、何ぞ其れ愈〻甚だしきやと。曰く、屎溺に在りと。東郭子應へず。

↑屎棋　へぼ碁／屎橛　いやがらせ／屎詩　悪詩／屎尿　屎溺

↓殿屎

常 【思】 9 6033 シ おもう かんがえる

篆文

形声 正字は囟に従い、囟声。囟は脳蓋の象形。人の思惟するはたらきのあるところ。〔説文〕十下に「容なり」とあり、恵棟の説に「睿なり」の誤りであろうという。深く思慮することをいう字である。〔詩〕では終助詞に用いることが多いが、〔魯頌、駉〕「思に邪無し」のように句首に用いることがある。

訓義 ①おもう、かんがえる、おもんぱかる。②ねがう、のぞむ、したう。③あわれむ、いつくしむ、かなしむ。④助詞、終助詞、また、ここに。⑤于思、ひげのこいさま。

古訓 〔名義抄〕思　オモフ・ネガフ・ネムコロ・オモヒ

声系 〔説文〕に思声として諰・鰓・偲・緦の四字を収める。諰三上は「思ふの意なり」と訓するが、諰諰は心に恐れる意。他は声義の関係を認めがたい。

【思惟】 思う。考える。魏・曹植〔親親を通ずることを求むる表〕古人の歎ずる所、風雅の詠ずる所、復た聖世に存す。臣伏して自ら思惟するに、豈に錐刀の用（小刀ほどの役だち）無からんや。

【思詠】 詩歌に慕い歌う。宋・欧陽脩〔吉州学記〕學舍を周覽し、李侯（知州事）の遺愛を思詠す。亦た美ならずや。

【思帰】 故郷に帰りたく思う。晋・石崇〔思帰引の序〕人間の煩黷（煩わしさ）に困しみ、常に歸ることを思うて永歎す。

【思義】 正義のあるところを考える。〔論語、憲問〕利を見ては義を思ひ、危きを見ては命を授く。

【思旧】 往事を思い、旧友をしのぶ。〔晋書、向秀伝〕乃ち～思舊の賦を作りて云ふ。余れ嵇康・呂安と居止接近す。其の人竝びに不羈の才有り。～其の後竝びに事を以て法せらる。

【思索】 思いめぐらす。考え求める。宋・朱熹〔范伯崇に答ふる書、十三〕良に務めて智力を以て探取するに由より、全て涵養の功無し。所以に此に至る。以て戒と爲すべし。然れども其の思索精到の處に至つては、亦た何ぞ及ぶべけんや。

【思緒】 さまざまに思う。陳・釈洪偃〔故苑に遊ぶ〕詩　悵望、遊目を傷ましめ　辛酸、思緒多し

【思想】 思う。考え。魏・曹植〔盤石篇〕楽府　天を仰ぎて長く太息す　思想して故邦を懷ふ

【思存】 思いを寄せる人。〔詩、鄭風、出其東門〕則ち雲の如しと雖も　我が思ひの存するに匪ず

【思致】 考えと、おもむき。〔世説新語、品藻〕時人、阮思曠（裕）を道ふ、骨氣は右軍（王羲之）に及ばず。簡秀は眞長（劉惔）に如かず。～思致は淵源（殷浩）に如かず。而れども兼ねて諸人の美有り。

【思念】 心に深く思う。〔国語、楚語下〕子西、朝に歎ず。藍尹亹曰く、吾れ聞く、君子は唯だ獨居して前世の崇替（盛衰）を思念するものなり。～君子は政に臨みては義を思ひ、飲食には禮を思ふ。～今吾子、政に臨みて歎ずるは何ぞやと。

【思服】 いつも心に思う。〔詩、周南、関雎〕之れを求めて得ざれば　寤寐に思服す　悠なる哉、悠なる哉　輾轉反側す

【思弁】 考えて知りわける。〔中庸、二十〕博く之れを學び、審らかに之れを問ひ、愼みて之れを思ひ、明らかに之れを辨じ、篤く之れを行ふ。

【思慕】 思いしたう。魏・曹植〔丁儀に贈る〕詩　思慕す、延陵の子（呉の季礼）　寶劍、惜しむ所に非ざるを　子其れ爾の心を寧んぜよ　親交、義薄からず

【思慮】 考え。分別。〔国語、周語下〕言に聽き德を昭らかにせば、則ち能く思慮純固ならん。

【思量】 思慮と度量。また、思いめぐらす。唐・元稹〔楽天の、亡友劉太白を夢みて同遊するに和す、二首、一〕詩　閒坐して思量す、小來の事　祇だ應に元も是れ夢中の遊なるべし

↑思意 考え／思繹 思いめぐらす／思憶 思いおこす／思過 反省する／思願 願い／思疑 懐疑／思議 考える／思郷 懐郷／思眷 顧念する／思賢 賢を慕う／思古 懐古／思顧 回顧する／思功 苦心／思考 考え／思殺 思う／思察 調べる／思算 思量する／思子 子を思う／思至 霊感／思事 心事／思秋 秋思／思純 純な心／思初 初を思う／思情 思い／思心 思慕／思親 親を思う／思尋 尋思する／思省 反省する／思誠 誠を思う／思潜 忍び思う／思忖 考慮／思度 分別／思遅 待ちどおしい／思土 思郷／思媚 こびる／思婦 もの思う婦／思謀 はかる／思理 思弁／思恋 慕う／思路 思考の筋／思論 考論

↓意思・永思・繹思・怨思・懐思・覊思・客思・翹思・近思・研思・孝思・抗思・構思・坐思・才思・再思・三思・詩思・秋思・愁思・熟思・所思・書思・焦思・心思・神思・深思・慎思・尋思・塵思・征思・清思・静思・潜思・鼠思・相思・藻思・俗思・耽思・馳思・沈思・追思・諦思・秘思・俯思・文思・別思・妙思・冥思・黙思・夜思・幽思・遊思・憂思・遥思・離思・旅思・労思

常

【指】 9 5106 シ ゆび さす むね

篆文

形声 声符は旨。旨に旨肉の意がある。〔説文〕十二上に「手指なり」という。第二指を食指というように、指は肉を執って食すべきものであった。また恉と通用する。恉は趣旨というときの旨にあたる字。

訓義 ①ゆび、手足のゆび。②ゆびさす、さす、さししめす。③かぞえる、ゆびおる、さしずする、むかう。④旨・恉と通じ、むね、おもむき、こころ。

古訓 〔和名抄〕指 由比（ゆび）、俗に云ふ、於與比（およびマ）〔名義抄〕指 ユビ・オヨビ・ムネ・サス・シメス・ユビサス・ムナシ／指南 シルベ／食指 ヒトサシ・ヒトサシユビ

語系 指・恉・旨tjieiは同声。趣旨の意では三字みな通用する。古くは旨・指の字を用いた。

【指意】 主旨。趣意。〔史記、淳于髡伝〕（慎到・田駢等）、皆黄老道徳の術を學び、因りて發明して其の指意を序す。～皆論ずる所有り。

【指瑕】 欠陥を指摘する。唐・韓愈〔侯喜の至るを喜び、張籍・張徹に贈る〕詩 繽紛として瑕疵を指さし 拒捍して城塹を阻つ 余が摧挫を經たるを以て 固く請うて鉛槧（胡粉と簡冊。文章としてしるす）に發せしむ

【指画】 指先に墨をつけてかく。指頭画。清・姚鼐〔朱白泉觀察、其の先都統公の指画登山虎を以て示さる〕詩 都統は固より國の彥（すぐれた人）なり 指畫、亦た神有り◇指で線を引いて示す。〔三国志、魏、鄧艾伝〕高山大澤を見る毎に、輒ち軍營の處所を規度指畫す。時人多く焉れを笑ふ。後、～（司馬）宣王之れを奇とし、之れを辟して掾と爲す。

【指帰】 趣旨。意向。〔三国志、呉、諸葛瑾伝〕（孫）權と談說諫喩するに、未だ嘗て切愕せず。微しく風彩を見めし、粗ぼ指歸を陳ぶ。如し未だ合はざる有れば、則ち捨てて他に及ぶ。

【指揮】 指図。唐・杜甫〔惜別行、向卿の、端午の御衣を進奉して上都に之くを送る〕詩 肅宗、昔靈武城に在り 猛將を指揮して、咸京を收む 向公、泣血して行殿（天子の行在所）に灑ぎ 卿相を佐佑して、乾坤平らかなり

【指麾】 指揮。〔荀子、議兵〕湯武の桀紂を誅するや、拱挹指麾して、強暴の國も趨使せざる莫し。桀紂を誅すること、獨夫を誅するが若し。

【指呼】 指さして呼ぶ。〔宋史、蕭注伝〕神宗（交人）攻取の策を問ふ。對へて曰く、昔者～溪洞の兵、一もて十に當るべし。器甲堅利、親信の人、皆指呼して使ふべし。今は兩者、昔に如かず。

【指顧】 指さし顧る。近い意。宋・王安石〔欧陽文忠公（脩）を祭る文〕夫の謀を發し策を決するに及びては、從容指顧し、立ちどころに大計を定む。

【指語】 指さして語る。唐・韓愈〔張中丞伝後叙〕（南霽雲）曰く、吾歸りて賊を破らば、必ず賀蘭を滅ぼさん～と。～愈、貞元中泗州を過ぎる。船上の人、猶ほ指さして以て相ひ語る。

【指使】 指図して人を使う。〔礼記、曲礼上〕六十を耆と曰ふ。指使す。

【指示】 指さし示す。〔史記、留侯世家〕四人（四皓）壽を爲すことを已に畢り、趨りて去る。上之れを目送す。戚夫人を召し、四人の者を指示して曰く、我之れ（太子）を易へんと欲するも、彼の四人之れを輔く。羽翼已に成る。動かし難し～と。

【指事】 六書の一。数や関係的表示に用いる。〔説文解字叙〕指事なる者は、視て識るべく、察して意を見はす。上下（丄・丅）是れなり。

【指尺】 尺度の名。中指の中節を一寸とする。尺は指間をひろげた形。〔家礼、一、通礼〕深衣、裁つに白細布を用ひ、度るに指尺を用ふ。

【指趣】 おもむき。主旨。〔論衡、案書〕六略の錄、萬三千篇。盡くは見ずと雖も、指趣知るべし。

【指受】 示し教える。〔白虎通、三教〕三教を立てて以て相ひ指受す。～三教竝び施し、單行すべからず。～教、三にするは～天地人に法る。內忠、外敬にして之れを文飾す。故に三にして備はるなり。

【指掌】 事理明白で、知りやすい。〔論語、八佾〕或ひと、禘（祭天）の說を問ふ。子曰く、知らざるなり。其の說を知る者の天下に於けるや、其れ諸れを斯に示すが如きかと。其の掌を指さす。

【指数】 指さし数える。宋・蘇轍〔黄州快哉亭記〕蓋し亭の見る所、南北百里、東西一舍。～西のかた武昌の諸山を望めば、岡陵起伏し、草木行列し、烟消え日出で、漁夫樵父の舍、皆指さし數ふべし。此れ其の快哉と爲す所以の者なり。

【指斥】 指摘する。〔晋書、范甯伝〕孝武帝雅より文學を好み、甚だ親愛せらる。朝廷疑義あるときは、輒ち之れに諮訪す。甯、朝士を指斥し、直言して、諱むこと無し。

【指爪】 指の爪。〔唐書、文芸下、李賀伝〕人と爲り纖瘦、通眉、長指爪。疾書を能くす。

【指嗾】 指図し、そそのかす。宋・蘇軾〔鳳翔八観、石鼓の歌〕詩 亂を厭うて、人方に聖賢を思ひ 中興して、天爲に耆耇（長老の人）を生ず 東のかた徐虜を征して、闞たる（叫ぶ）虓虎あり 北のかた犬戎を伏して、指嗾に隨はしむ

【指摘】 過誤をさし示す。〔抱朴子、自叙〕其の文を論ずるや、則ち其の得る所の佳なる者を撮り、其の病累を指摘せず。故に毀譽の怨み無し。

【指点】 指摘する。指示する。清・邵長蘅〔夜、孤山に遊ぶ記〕學士、指點して余に語りて曰く、宋の賈似道の後樂園の廢址は、今の葛嶺に在りと。

【指南】 指導する。指針を示す。〔三国志、蜀、許靖伝〕文休（靖の字）は倜儻瑰瑋、當世の具有り。足下當に以て指南と爲すべし。

【指名】 名ざし。〔史記、項羽紀〕陳嬰の母、嬰に謂ひて曰く、～今暴かに大名を得るは不祥なり。屬する所有るに如かず。事成らば猶ほ封侯を得ん。事敗るれば以て亡げ易し。世の指名する所に非ずと。嬰、乃ち敢て王と爲らず。

【指目】 指さし見る。〔史記、陳渉世家〕夜、篝火す。狐、鳴呼して曰く、大楚興り、陳勝王たらんと。卒皆夜驚き恐る。旦

日～皆陳勝を指目す。

【指約】趣旨の要約。〔史記、太史公自序〕道家は人の精神をして専一ならしむ。～指約にして操り易く、事少なくして功多し。儒者は則ち然らず。

【指要】要旨。要約。〔周書、斉煬王憲伝〕憲、常に兵書の繁廣にして指要を求め難きを以て、乃ち自ら刊定して、要略五篇を爲つくる。

➡指引 導く／指印 指紋／指遠 主意深遠／指撝 指麾／指擬 なぞらえる／指挙 挙示する／指教 教導／指抉 指摘／指訣 要訣／指甲 指の爪／指告 告げる／指婚 降嫁／指痕 指あと／指支 手足／指視 指目／指似 指示する／指日 近日／指射 指省／指出 指摘／指沮 指のえそ／指省 希望職／指称 称説する／指証 証拠をあげる／指縦 指し放つ／指状 描写する／指食 美食／指辰 日を指定する／指津 路を指示する／指針 磁針／指趨 おもむき／指正 教えただす／指政 指正／指切 適切に指示する／指節 指の節／指尖 指先／指訕 そしる／指湊 行止／指達 旨に達する／指端 指頭／指弾 指で弾く、非難する／指陳 陳述する／指定 定める／指擿 指摘／指玷 指点／指肚 指の腹／指頭 指先／指導 導く／指撥 爪ひき／指臂 指とひじ／指付 付託する／指諷 諷刺／指腹 指腹婚、胎内にあるときから婚約する／指拇 親指／指明 指導／指迷 指南／指略 要旨／指令 命令／指論 論旨

➡按指・意指・一指・運指・希指・耆指・技指・掬指・脚指・夾指・玉指・屈指・見指・建指・顧指・巧指・使指・辞指・十指・笑指・掌指・上指・食指・錐指・寸指・盛指・聖指・纖指・堕指・大指・断指・弾指・直指・臂指・微指・文指・拇指・本指・妙指・明指・目指・約指・諭指・要指・犖指・僂指・歴指

常 **【施】** 9 0821 シイ なびく ほどこす およぶ

篆文  金文 

形声 声符は也や。也に弛しの声がある。〔説文〕七上に「旗の皃なり」とあり、旗のなびくことをいう。「齊の欒施、字は子旗。施なる者は旗なることを知る」というように、施・旗は名字の対待に用いる。他に施すということから、移る・及ぶの意となり、〔詩、周南、葛覃〕に「中谷に施うつる」の句がある。また〔左伝、昭十四年〕「乃ち邢侯を施さらす」、〔国語、晋語三〕「秦人、冀芮を殺して、之れを施さらす」など、施を刳裂陳尸の意に用いる。おそらく攱しと通用の義であろう。〔説文〕三下に攱を「敷ふなり。～讀みて施と同じうす」とみえ、攱は蛇霊を毆うつ形。禍を他に転ずる殺攺の儀礼で、刳裂陳尸の意をもつのであろう。

訓義 ①はたがなびく、はためく。②はたにつける、ほどこす、もちいる。③ながくひく、およぶ、はびこる、うつる。④馶と通じ、あなどる。⑤弛と通じ、ゆるむ、ゆるす。⑥侈と通じ、ほこる、おごる、ほしいまま。⑦迤と通じ、ななめ、かたむく。⑧施施は、よろこぶ、いそいそとするさま。

古訓 〔名義抄〕施 マウク・モチヰル・ユルフ・ツク・ワタル・ユルス・ウツス・ハヅス・ホドコス・ハナル・オク・シク・スツ・ステラル・アタフ・ハフ・ツナグ 〔字鏡集〕施 ホドコス・スツ・ツラヌ・カヘス・ユルス・ハフ・オク・ハナル・キハム・ユルブ・マウク・ハヅス・ウツス・ツナグ・アタフ・ステラル・ウツル・オコナフ・モチヰル・ハヘリ

語系 施・移jiaiは同声。延(延)jianは他に延及する意。施にまたsjiaiの声があり、設sjiatはその声近く、施陳の意に用いる。〔説文〕に設を施陳と訓する。攱sjiaiも施と同声。刳裂の意は、この字義と通用するものであろう。

【施為】ことを行う。行為。〔宋書、宗室、長沙景王道憐伝〕道憐、素もとより才能無し。言音甚だ楚く、擧止施爲、諸こと鄙拙なること多し。

【施易】移りかわる。〔荀子、儒效〕若もし夫れ充虚の相ひ施易すると、堅白同異の分隔とは、是れ聰耳の聽くこと能はざる所、明目の見ること能はざる所、辯士の言ふ能はざる所なり。

【施化】万物を育てる。また、天下を教化する。〔史記、三王世家〕封建して藩國を守らしむるは、帝王の、德を扶たすけ施化する所以なり。

【施教】民を教化する。〔墨子、非命下〕是の故に政を出し教へを施し、善を賞し暴を罰す。

【施恵】恩恵を施す。〔礼記、月令〕(孟春の月)相に命じて德を布き令を和やはらげ、慶を行ひ惠を施し、下も兆民に及び、慶賜遂行して、當らざること有る毋なからしむ。

【施行】実地に行う。〔史記、蕭相国世家〕卽もし奏上するに及ばずして、輒すなはち便宜を以て施行するときは、上しやうの來きたりしときに以聞す。

【施施】いそいそとする。〔孟子、離婁下〕(妻と)其の妾と、其の良人を訕そしり、中庭に相ひ泣く。而るに良人未だ之れを知らざるなり。施施として外より來きたり、其の妻妾に驕おごる。

【施舎】恩恵をほどこす。また、免役。〔周礼、天官、小宰〕百官府をして、其の財用を共にし、其の施舍を治め、其の治訟を聽かしむ。

【施政】政令をしく。〔管子、大匡〕小侯既に服し、大侯既に附く。夫それ是かくの如くなるときは、則ち始めて以て政を施すべし。

【施設】作る。〔世説新語、方正〕王丞相(導)女伎を作なさんとし、牀席を施設す。蔡公(謨)先に坐に在りしも、悅よろこばずして去る。王も亦た留めず。

【施張】張りひろげる。漢・孔融〔離合して、郡姓名字を作なす詩〕漁父ぎよほ 節を屈し 水潛りて方を匿す(魚字) 時と進止し 出行施張す(日字)魚日合して魯と成る。

【施展】ひろげる。唐・白居易〔微之に和す詩、二十三首、楽天に寄するに和す〕平生、賞心の事 施展、十に未だ一もあらず

【施粉】白粉をつける。梁・何遜〔司馬博士に和して雪を詠ず〕詩 暫しばらく蔽ひて紈質を卷き 復また施粉の人に慚はづ

【施法】法令を施行する。〔史記、秦紀〕(商)鞅の初めて秦の爲に法を施すや、法行はれず。太子、禁を犯す。鞅曰く、法の行はれざるは、貴戚よりす。君、必ず法を行はんと欲せば、太子より先にせん。太子は黥げいすべからずと。其の傅師を黥す。

【施報】ほどこしと報い。恩に報いる。〔礼記、曲礼上〕太上は德を貴び、其の次は施報を務む。禮は往來を尙たつとぶ。往きて來きたらざるは禮に非ざるなり。來りて往かざるも亦た禮に非ざるなり。

【施与】ほどこし与える。〔韓非子、姦劫弑臣〕夫それ貧困に施與する者は、此れ世の所謂いはゆる仁義なり。百姓を哀憐し、誅罰するに忍びざる者は、此れ世の所謂惠愛なり。

【施用】実施する。〔史記、封禅書〕帝位に卽きて三年、東のかた郡縣を巡り、～齊・魯の儒生博士七十人を徵めし從はしめ、泰山の下に至る。～始皇此の(封禪の)議を聞くに、各こと乖異くわいして施用し難し。此れに由りて儒生を絀しりぞけ、遂に車道を除はらふ。

➡施延 及ぶ／施恩 施恵／施加 給与／施及 及ぶ／施救 救う／施旣 施与／施衿 嫁入り／施刑 行刑、緩刑／施罟 網はり／施工 工事／施功 論功／施效 施す／施斎 僧に施食する／施視 ふりかえって見る／施事 施与／施食 施餓鬼／施捨 喜捨／施

従 斜めにつける/施粥 粥を布施する/施賞 賞する/施属 連ねる/施賑 賑救する/施鍼 鍼うつ/施人 ほどこす/施仁 恵む/施生 殺す/施沢 恩沢/施陳 列ねる/施髢 かもじをつける/施徳 恩恵/施博 博くほどこす/施糜 施粥の神/施靡 連なる/施布 広くほどこす/施賦 租税/施予 施与/施礼 行礼/施労 苦役をさせる

↓遺施・雨施・雲施・恵施・功施・好施・厚施・財施・時施・受施・周施・振施・仁施・声施・戚施・貸施・陳施・徳施・博施・布施・普施・敷施・分施・平施・報施

【枲】9 2390 シ からむし あさ

篆文

形声 声符は台。台の初形は目ぃに従い、目はもと耜(すき)の象形字。それで台を枲、始の声符に用いる。牡麻、麻をいう。

訓義 ①からむし、大麻、牡麻。②麻。③枲耳はみみなぐさ、巻耳。

古訓 〔新撰字鏡〕枲 加良牟志(からむし) 〔篇立〕枲 マムシ、加良牟志也(からむしなり)、壓无子(まむし)なり 〔字鏡集〕枲 イチヒ・アサ・ヲアサ・ケムシ

↑枲華 枲麻の花/枲耳 巻耳/枲実 麻の実/枲縄 麻なわ/枲袍 粗布の長衣/枲麻 大麻

↓緼枲・胡枲・糸枲・素枲・麻枲

【梠】9 4797 ［梩］11 4691 シ イ すき

篆文

形声 声符は目。目はすきの形、梠はその形声の字。〔説文〕六上に「臿なり」とあり、経典には字を耜に作る。〔説文〕にまた「一に曰く、土を徙す輂(ふご)。齊人の語なり」という。字はまた梩に作る。

訓義 ①すき。②ふご。③舟中の水をくみ出す器。

＊語彙は耜字条参照。

【柶】9 4690 シ さじ

篆文

形声 声符は四。〔説文〕六上に「禮に柶有り。柶は匕なり」とあり、さじをいう。〔礼記、喪大記〕に「小臣(喪官)歯に楔する(かませる)に角柶を用ふ」とあり、これを死者の口に含ませた。

訓義 ①さじ。②死者の口中に加えるさじ。角で作るものを角柶という。

常【柹】9 4092 ［柿］9 4592 シ かき

篆文

形声 正字は柹に作り、𠂔声。〔説文〕六上に「赤實果なり」とあり、〔白氏六帖、百〕に引いて「朱實果なり」に作る。〔礼記、内則〕にこれを燕食に供することがみえ、古くから美果とされた。梁の簡文帝の〔東宮に柿を賜ふを謝する啓〕に「霜に懸かりて昭て、冬を淩ぎて挺潤、甘清玉露、味は金液(橘)よりも重し」とみえる。

訓義 ①かき。

古訓 〔新撰字鏡〕柹 加支(かき) 〔和名抄〕柹 加岐(かき) 〔名義抄〕柹 カキ

↑柹花 柹餅/柹糕 かきずき、乾柹を加えた餅/柹漆 柹しぶ/柹霜 ほし柹の表面の白い粉/柹蔕 唐の綾織/柹附 親密な人/柹餅 ころがき

【牭】9 2650 シ

篆文 籀文

形声 声符は四。〔説文〕二上に「四歳の牛なり。牛に從ひ、四に從ふ。四は亦聲なり」とあり、三歳の牛を犙という。籀文の字形は貳(弍)に従っており、〔段注〕に、それは二歳の牛であろうという。〔広雅、釈詁三〕に「很なり」とする訓がある。

訓義 ①四歳の牛。また二歳の牛。②もとる。

【玼】9 1111 シ セイ あざやか

篆文

形声 声符は此。〔説文〕一上に「新玉の色鮮やかなるなり」(段注本)とあり、玉色の鮮やかで美しいことをいう。

訓義 ①あざやか、あざやかで美しい、玉色のさえること。②疵と通じ、きず。

古訓 〔名義抄〕玼 キズ 〔篇立〕玼 キズ・サス・タマノキズ

↑玼瑕 きず/玼玼 あざやか/玼吝 きず

【耔】9 5794 シ つちかう

形声 声符は子。耘耔と連用することが多く、耘はくさぎる、耔はつちかうことをいう。

訓義 ①つちかう。②字はまた秄・芓に作る。

↓耘耔

【茈】9 4411 シ サイ むらさきそう

篆文

形声 声符は此。〔説文〕一下に「茈艸なり」とあり、むらさきそうをいう。その根で染めて、紫とする。

訓義 ①むらさき、むらさきそう。②茈蕨はなでしこ。また、のうぜんかずら。③ぜんまい。④そろわぬさま。

古訓 〔新撰字鏡〕茈 久比爲(くひゐ)、又云ふ、支波井(きはゐ) 〔名義抄〕茈 ムラサキ 〔篇立〕茈 クワヰ・シツチ・ナマヰ 〔字鏡集〕茈 ムラサキ・ソメクサ

↑茈葳 のうぜんかずら/茈綦 ぜんまい、わらび/茈胡 のぜり/茈施 まがき/茈虒 ふぞろいのさま、差池/茈螺 子安貝

常【茨】9 4418 〖茨〗10 4418 シ いばら くさぶき

篆文

形声 声符は次(次)。〔説文〕一下に「茅もて屋を蓋ふ」(段注本)、〔釈名、釈宮室〕に「屋、草を以て蓋ふを茨と曰ふ。茨は次なり。此の草を次いでて之れを爲すなり」とみえる。〔広雅、釈詁一、二、三〕にそれぞれ「積むなり」「覆ふなり」「聚むるなり」の訓がある。

訓義 ①いばら、うばら。②かやなどで屋根を葺く。くさぶき、かやぶき。③薺と通じ、はまびし。④つむ、おおう、あつめる。⑤垐と通じ、土をつんでみたす。

古訓 〔新撰字鏡〕茨 水不々支(みづふふき) 〔名義抄〕茨 フク・ムバラ 〔字鏡集〕茨 カヤ・チ・クヒ・ムバラ

【茨簷】 わらや。〔晋書、忠義、韋忠伝〕(張)華之れを辟めす。疾と辭して起たず～曰く、吾れは茨簷の賤士、本と宦情無し。且つ茂先(張華)は華にして實ならず、～典禮を棄てて賊后に附く。此の若き、豈に大丈夫の宜しく行ふべき所ならんや。

【茨棘】 はまびしと、いばら。田舍。〔後漢書、仲長統伝〕(昌言、理乱)漢興りて以來、相ひ與に同じく編戸齊民と爲る。而して財力を以て相ひ君長となる者、世數ふる無し。而れども清絜の士、徒だ自ら茨棘の閒に苦しみ、風俗に益損する所無し。

↑茨宇 茅宇/茨蓋 くさぶき/茨藿 粗食/茨菰 くわい/茨牆 茨の垣/茨草 雑草/茨門 蓬戸

↓棘茨・茸茨・牆茨・楚茨・蓬茨・茅茨・籬茨

常【師】10 2172 シ いくさ せんせい

篆文 古文

甲骨文　金文

会意 𠂤＋帀。𠂤は軍が出行するとき、軍社に祀った脤肉の象形。将軍はこの祭肉を携えて出行する。帀は帀(めぐる)とは別の字で、把手のある曲刀の刃部に、血止めの叉枝を加えている形で、肉切りの庖丁の類。脤肉をこれで切りとって携行する意で、師旅の意となる。〔説文〕六下に「二千五百人を師と爲す。帀に從ひ、𠂤に從ふ。𠂤の四帀なるは、衆の意なり」という。𠂤を〔説文〕十四上は小𠂤の象と解しており、その𠂤を帀めぐるほどの人であるから師衆の意となるとするが、卜文・金文の字形が示すように𠂤は肉の形。古くは𠂤がそのまま師の意で、卜辞には三軍を三𠂤といい、将軍・師長の職を「𠂤般」のようによぶ。すなわち𠂤は師の初文。卜文に、𠂤の下に一・二の横画を加えて、𠂤を安置するところを示し、軍の基地・駐屯地を示す。𠂤を安置する前に標木の朿を立てたものは餗。のち餗が駐屯地を意味した。久しく基地とするところでは𠂤を建物中に安置し、官という。官はまた将軍の居るところで、館(舘)という。朿はまた軍門に用い禾という。軍を分遣するときその肉を分与したので、遣(遣)という。〔説文〕は𠂤を𠂤にして土堆丘陵の意と解したため、𠂤系の字形解釈をすべて誤ることとなった。師長が軍職を退いたのち、氏族子弟の教育にあたり、教学や軍楽のことを教えたので、教学・音楽は師氏の職掌とされた。〔周礼〕の師系統の職事は、多くこのような氏族社会の伝統から発している。

訓義 ①軍社の祭肉を切る刀、その刀を扱う人、師官、軍官。②将軍、軍隊、軍団。③いくさ、戦争。④師長、先生、楽官、諸学技芸・伝統的な習俗の伝承者、官吏。⑤師衆、多くの人、大衆、もろもろ。⑥ならう、のっとる、したがう。

古訓 〔名義抄〕師 イクサ・ツカウマツル・キミ・ノリ・シタガフ・モロ〳〵・イクサダチス 〔字鏡集〕師 モロ〳〵・シタガフ・ツカサ・ツカフマツル・イクサ・カタチ・ノリ・モロ・ヒトキミ

声系 〔玉篇〕に師声として獅を収め、「猛獸なり」という。漢の順帝のとき、はじめて西域より献じたという。鰤は〔広韻〕に「老魚なり」とあり、わが国ではぶりをいう。

参考 師と帥とは字形が似ているが、帥は神戸棚を巾で拭う形の字。すなわち刷拭をいう。それでその字はまた帨に作ることがある。神事に関する字である。

【師古】古を師とする。〔書、説命下〕人多聞を求めて、時これ惟れ事を建つ。古訓に學ぶときは、乃ち獲ること有り。事、古を師とせずして、以て克く世を永うするは、(傅)說の聞く攸に匪ず。

【師祭】軍礼。出征のときの祭。蚩尤、あるいは黄帝を祀る。〔礼記、王制〕征く所の地に禡す。〔注〕禡は師祭なり。

〜其の禮は亦た亡びたり。

【師子】ライオン。〔漢書、西域伝賛〕蒲梢・龍文・魚目・汗血の馬、黃門に充ち、鉅象・師子・猛犬・大雀の群、外囿に食はる。

【師事】師としてつかえる。〔国語、晋語四〕晉の公子(桓公、重耳)は善を好みて飽かず。狐偃に父事し、趙衰に師事し、賈佗に長事す。

【師儒】学問を教える人。〔唐書、韋嗣立伝〕時に學校廢し、刑濫りにして善人に及ぶ。乃ち上書して極陳す。〜陛下誠に〜師儒を尊尙し、發揚勸奬せば、海內嚮ふところを知らん。

【師衆】大軍。〔左伝、哀二年〕將に戰はんとす。郵無恤簡子に御たり。衞の太子右爲り。鐵(丘)の上に登り、鄭の師衆を望見す。太子懼れ、自ら車下に投ず。子良〜曰く、婦人なりと。

【師匠】学問・技芸の師。晉・范甯〔穀梁伝の序〕穀梁傳を釋する者、十家に近しと雖も、皆膚淺(表面的な理解のしかた)末學、師匠を經ず。辭理典據、既に觀るべき無し。

【師承】師から伝授される。〔後漢書、儒林伝序〕東京(後漢)は學者猥りに衆く、以て詳らかに載せ難し。今但だ其の能く經に通ずる名家の者のみを錄す。〜師資の承くる所、宜しく名を標して證と爲すべき者は、乃ち之れを著はすと云ふ。

【師心】心を師とする。成法に拘束されない。〔梁書、儒林、何佟之伝〕佟之、少くして三禮を好み、師心獨學、強力專精、手に卷を輟めず。

【師尊】師とし敬う。〔漢書、董仲舒伝〕帷を下して講誦す。〜蓋し三年、園を窺はず。〜進退容止、禮に非ざれば行はず。學士皆之れを師尊す。

【師弟】先生の弟子。己より年少のときにいう。〔朱子語類、一二六〕其の師を拜するとき、其の弟子を以て子と爲す。長者を師兄と爲し、少き者を師弟と爲す。☒老師とその弟子。民国・章炳麟〔国故論衡、中、文学総略〕論語は師弟の問答爲り。乃ち亦た略ぼ舊聞を記し、散じて各條と爲し、編次して帙を成す。

【師徒】師と弟子。〔韓非子、詭使〕重厚にして自ら尊ぶもの、之れを長者と謂ひ、私學群を成すもの、之れを師徒と謂ひ、閑靜安居するもの、之れを有思と謂ふ。

【師道】師法。また、師たる道。唐・韓愈〔師の説〕嗟乎、師道の傳はらざるや、久し。人の惑ひ無からんと欲するや、難し。

【師範】手本。〔文心雕竜、才略〕(司馬)相如は書を好み、屈(原)・宋(玉)を師範とし、洞く夸艶に入りて、名を辭宗に致す。

【師比】おびどめ。帯鉤。犀毗。〔戦国策、趙二〕(趙王)遂に周紹に胡服・衣冠貝帶・黃金師比を賜ひ、以て王子に傅たらしむ。

【師表】師として指標とすべきもの。手本。〔史記、太史公自序〕國に賢相良將有るは、民の師表なり。〜賢者は其の治を記し、不賢者は其の事を彰はす。漢興りて以來の將相名臣年表第十を作る。

【師傅】教育係。太師太傅。〔史記、儒林伝序〕孔子の卒してより後、七十子の徒、散じて諸侯に游ぶ。大なる者は師傅卿相と爲り、小なる者は士大夫に友とし教へ、或いは隱れて見はれず。

【師風】学風。また、先生の人格気風。〔北斉書、元文遥伝〕文遙嘗て(盧)思道に謂ひて云ふ。小兒比日微しく知る所有り、是れ大弟の力なり。然れども白擲劇飲は、甚だ師風を得たりと。

【師保】太師・太保。王の輔佐。〔左伝、襄十四年〕先君、家卿有りて、以て師保と爲す。而るに之れを蔑ろにす。二の罪なり。

【師法】師から伝授された法。〔漢書、李尋伝〕尙書を治め、張孺・鄭寬中と師を同じうす。寬中等師法を守りて教授す。尋獨り洪範災異を好む。

【師門】師の門。師に就く。〔論衡、量知〕師門に入らざれば、經傳の教へ無し。〜士未だ道門に入らざれば、邪惡未だ除かず、猶ほ山野の草木未だ斬刈せず、路を成さざるがごときなり。

【師友】先生と友人。〔後漢書、党錮、李膺伝〕膺、性簡亢にして、交接する所無し。唯だ同郡の荀淑・陳寔を以て師友と爲す。

【師旅】軍隊。五百人を旅、五旅を師という。軍事。〔漢書、昭帝紀賛〕孝武奢侈の餘敝と師旅の後を承け、海內虛耗し、戶口半ばを減ず。

↑師位 師の位／師姨 尼／師役 いくさ／師恩 師の恩／師家 先生の家／師学 師の学／師干 防衛軍／師期 出軍の時／師教 師訓／師矩 手本／師君 先生／師訓 師の教へ／師兄 友の尊称／師言 師の言／師姑 尼／師工 楽官／師公 料理人／師行 軍行／師号 師の名／師氏 教学の官／師師 手本／師資 手本／師式 模範／師主 手本／師授 師に習う／師術 師の術／師胥 役人／師娘 みこ婆／師職 師の職分／師人 軍人／師説 師の説／師宗 師尊／師帥 軍長／師長 先生／師伝 伝授／師婆 みこ／師伯 師の兄／師巫 巫師／師父 先生／師輔 師友／師母 師の妻／師姆 もりやく／師姥 卜い婆／師慕 尚慕する／師模 師表／師謨 師模／師命 軍命／師爺 顧問／師吏 軍吏／師律 軍律／師令 軍令／師郎 妻帯の僧

↓医師・雨師・鋭師・王師・恩師・楽師・技師・吉師・旧師・御師・漁師・教師・軍師・京師・経師・遺師・賢師・厳師・工師・講師・国師・済師・三師・士師・事師・舟師・楫師・少師・常師・心師・真師・人師・水師・出師・成師・請師・先師・僭師・祖師・宗師・大師・太師・陳師・帝師・天師・道師・導師・読師・農師・班師・父師・風師・仏師・法師・卜師・牧師・薬師・輿師・鷹師・律師・良師・猟師・老師・労師

常
【恣】 10 3733 シ ほしいまま

篆文 

形声 声符は次（次）。次はたち咨く人の形。そのさまを姿（姿）という。〔説文〕十下に「縦にするなり」とあって、恣意放縦の意とするが、もと咨嗟の意があって、心にまかせて嘆く意であろう。それで恣意の意となる。

訓義 [1]ほしいまま、ほしいままにする、気持ちのままにする。[2]気ままにする、かってにする。[3]まかせる。

古訓 〔字鏡〕恣 ホシイマ、・オソル・マカセテ・マカス

語系 恣tziei、肆sietは声近く、肆は放肆の意にも用いる。肆は隷と形義近く、禍いを他に転嫁する呪儀を示し、それによって禍いを免れ自由をうることをいい、その禍いの転嫁されたものを隷という。

【恣意】 気ままにする。〔漢書、杜業伝〕曲陽侯（王）根、前に三公と爲り政を輔け、趙昭儀の皇子を殺せしを知り、輒ち（直ちに）白奏せず、反つて趙氏と比周（親しく）し、恣意妄行す。

【恣横】 勝手な振る舞い。〔五代史、雑、楊光遠伝〕始め恣横を爲すも、高祖毎に之れを優容し、～其の次子承信等皆官爵を超拜し、恩寵比無し。

【恣睢】 情性のままに行動する。〔荀子、非十二子〕情性を縦にし、恣睢に安んじ、禽獸の行あり。以て文に合し治に通ずるに足らず。

【恣行】 ほしいままに行う。〔風俗通、窮通〕（孟軻）以爲へらく、聖王作らず。諸侯恣行し、處士橫議し、楊朱・墨翟の言、天下に盈つ。天下の言、楊に歸せざれば則ち墨に歸す。

【恣志】 志のままに行う。目的を達する。〔国語、晋語四〕君若し志を恣にして以て重耳（晋の桓公）を用ひば、四方の諸侯、其れ誰か惕惕として以て君命に從はざらんや。

【恣肆】 思うがまま。宋・曽鞏〔王平甫を祭る文〕紙を操り文を爲るが若きに至りては、落筆千字、徜徉恣肆なること、窮むべからざるが如し。

【恣縦】 思うがまま。〔荘子、天下〕謬悠の說、荒唐の言、端崖無きの辭を以て、時に恣縱して儻せず。～獨り天地の精神と往來す。

【恣欲】 欲するままにする。漢・張衡〔思玄の賦〕淹しく棲遲（隠居）して、以て欲を恣にす。燿靈（日）忽ち其れ西に藏る。

↑恣逸 恣放／恣飲 暴飲／恣虐 残虐／恣夸 奢侈／恣情 恣欲／恣擾 騒ぎまくる／恣心 勝手にふるまう／恣性 気まま／恣擅 ほしいまま／恣啖 食べ放題／恣放 し放題／恣暴 し放題で乱暴

↓横恣・凶恣・狂恣・強恣・驕恣・荒恣・豪恣・昏恣・自恣・奢恣・縦恣・侵恣・専恣・僭恣・擅恣・躁恣・貪恣・誕恣・寵恣・放恣・暴恣・妄恣・優恣

【疵】 10 0011 シ きず

篆文 

古印璽 

形声 声符は此。此に些少・些細の意がある。〔説文〕七下に「病なり」とするが、「毛を吹いて疵を求む」のように、小さな疵をいう。疵瑕の意より、人を疵毀する意となる。

訓義 [1]きず、いぼ。[2]やまい。[3]こぼつ、そこなう、わざわいする、そしる。[4]眦と通じ、にらむ、うらむ。

古訓 〔名義抄〕疵 アザ 〔字鏡集〕疵 キズ・アザ・ヤマヒ

語系 疵dzie、瘥dzai、疾dzietは声近く、みな疾病に関する語である。

【疵瑕】 きず。欠点。〔韓詩外伝、四〕苟し溫良中に在るときは、則ち眉睫之れに與す。疵瑕中に在るときは、則ち眉睫之れを匿すこと能はず。詩に曰く、鐘鼓宮に于てす 聲、外に聞ゆと。

【疵毀】 そしる。〔三国志、蜀、劉璋伝〕會曹公（操）の軍、赤壁に利あらず。～（張）松還りて曹公を疵毀し、璋に勸めて自ら絶たしむ。

【疵釁】 欠点。魏・嵆康〔山巨源（濤）に与へて交はりを絶つ書〕久しく事と接せば、疵釁日に興らん。患無からんと欲すと雖も、其れ得べけんや。

【疵癘】 傷つける。悪気にふれる。〔荘子、逍遥遊〕藐姑射の山に神人有りて居る。～其の神凝るときは、物をして疵癘せず、年穀をして熟せしむ。

↑疵下 低劣／疵瘕 疵瑕／疵咎 とが／疵愆 欠点／疵垢 欠点／疵瑳 恨み嘆く／疵政 悪政／疵拙 低劣／疵賤 卑賤／疵短 欠点／疵謬 誤り／疵病 欠点／疵面 傷ある顔／疵吝 欠点／疵累 煩冗／疵戻 罪戻／疵厲 疵癘／疵陋 浅陋

↓掩疵・瑕疵・毀疵・去疵・細疵・讒疵・醇疵・小疵・多疵・卑疵・無疵

【眡】 10 6204 シ みる

形声 声符は氏。〔周礼、春官、眡祲〕に「十煇の法を掌り、以て妖祥を観、吉凶を辨ず」とあり、物象をみて判断することをいう。

訓義 [1]みる。[2]くらべる、なぞらう。[3]つげる。

↑眡事 政勢処理／眡聴 見聞

【眥】 10 2160 ［眦］ 10 6101 シ セイ サイ まなじり にらむ

篆文 

形声 声符は此。此に細小の意がある。〔説文〕四上に「目匡なり」とあり、まなじりの細く切れるところをいう。目を瞋からせて横ににらみつけることを睚眥という。

訓義 [1]まなじり、目のふち。[2]にらむ、よこににらむ。[3]まなじりがさける、さからう。[4]襟の合わせめ。

古訓 〔新撰字鏡〕眥 万奈志利（まなしり）〔和名抄〕眥 萬奈之利（まなしり）〔名義抄〕眥 ニラム／睚眥 ニラム・メクハス 〔字鏡集〕眥 マナシリ・ニラム・メノキハニラム

【眥睚】目を怒らせてにらむ。魏・陳琳〔袁紹の為に予州に檄す〕（曹）操は眥睚（の恨み）に因縁して、被らしむるに非罪を以てす。

【眥裂】まなじりが裂ける。はげしく怒るさま。〔史記、項羽紀〕（樊噲）目を瞋らして項王（羽）を視る。頭髪上指し、目眥盡く裂く。

↑眥溢 目を見開く／眥決 眥裂／眥占 横目で見る／眥頭 目がしら／眥涙 涙

↓衣眥・盈眥・掩眥・厓眥・睚眥・眼眥・決眥・虎眥・赤眥・目眥・両眥・列眥・裂眥

入【砥】 10 1264 シテイ といし とぐ

篆文

形声 声符は氐。氐は曲刀の刃を研ぐ形。〔説文〕九下に本字を厎に作り、重文として砥を出だし、「柔石なり」という。〔集韻〕に「厲石の最も細やかなる者なり」とあり、最も粗なるものを礪という。

訓義 1といし、きめの細かいといし。2とぐ、みがく、たいらかにする、ならす。3黒い石、石の名。4砥礪はみがきあげる、しあげる。

古訓 〔和名抄〕砥 末度（まと）〔名義抄〕砥 ト・マト・トグ・タヒラグ・タヒラカニ〔篇立〕砥 ナラシ・スル・マナブ・マト・ミガク・ヒトシ

語系 砥・厎 tyei は同声。もと同字。厎は砥礪してその極に至ることをいう。抵 tyei も声義同じ。また礩・櫍 tjiet は椹質。たたいてきたえる台。礩は柱下の石、櫍は砧の台。みな同系の語であろう。

【砥矢】砥石と矢。平直にたとえる。〔晋書、段灼伝〕仁孝は宮牆に著はれ、弘化は兆庶に洽ねし。平直爲ること砥矢の如く、信義人神を感ぜしむ。

【砥石】といし。〔淮南子、説山訓〕砥石利ならざれども、以て金を利くすべし。

【砥節】節操をみがく。漢・蔡邕〔郭有道（林宗）の碑文〕乃の砥節厲行、直道正辭の若きは、貞固以て事を幹すに足り、隱括以て時を矯むるに足る。遂に六經を考覽し、圖緯（緯書）を探綜す。

【砥礪】みがく。学問・品性を高める。〔淮南子、脩務訓〕君子能く精搖摩監して、其の才を砥礪し、自ら神明を試み、～以て塵埃の外に逍遙仿佯し、超然として獨り立ち、卓然として世を離るる有り。此れ聖人の心を游ばしむる所以なり。

↑砥原 平原／砥行 品行をみがく／砥才 才能をみがく／砥淬 にらぐ／砥尚 心をみがく／砥刃 刃をとぐ／砥平 平坦／砥兵 砥刃／砥磨 研磨／砥名 行いをみがき名を立てる／砥厲 砥礪／砥錬 きたえる／砥路 平坦な道

↓滑砥・柔砥・平砥・礪砥

【祇】 10 3224 シ つつしむ まさに

篆文 金文

形声 声符は氐。〔説文〕一上に「敬しむなり」とあり、祇敬の意に用いる。震・振と通用することがあり、〔書、盤庚下〕の「震動」を〔漢石経〕に「祇動」に作り、また〔書、皐陶謨〕の「祇敬」を〔史記、夏紀〕に「振敬」に作る。祇と字形が似ているが、祇は地祇、土地の神をいう字である。

訓義 1つつしむ。2副詞として、まさに、ただ。3秖と通用することがある。

古訓 〔名義抄〕祇 ツカフ・ツ、シム・ウヤマフ・ツカマツル・ナビク〔字鏡集〕祇 ウヤマフ・ハジメ・タヾ・マコト・カミ・マサニ・オホイナリ・サイハヒ・タマ／〵・ヤスシ・ツ、シム

【祇畏】つつしみおそれる。〔書、金縢〕乃ち帝庭に命ぜられ、四方を敷佑し（あまねく治め）、用って能く爾の子孫を下地に定めたり。四方の民、祇畏せざる罔し。

【祇恪】つつしむ。〔晋書、景帝紀〕禮儀周備すと雖も、猶ほ宜しく之れに加ふるに祇恪を以てし、以て四海顒顒として式仰するに副ふべし。

【祇懼】つつしみおそれる。〔書、無逸〕昔、殷王中宗（祖乙）に在りて、嚴恭寅畏、天命もて自ら度り、民を治むるに祇懼し、敢て荒寧せざりき。

【祇敬】つつしみうやまう。〔礼記、月令〕（季秋の月）冢宰に命じて、～帝籍の收を神倉に藏め、祇敬して必ず飭へしむ。

【祇候】ご機嫌をうかがう。〔魏書、劉休賓伝〕（尹）文達、（慕容）白曜に詣り詐りて言ふ。王の境に臨むを聞き、故に來りて祇候すと。

【祇祇】つつしむ。〔漢書、武五子、広陵厲王胥伝〕嗚呼爾の心を悉くし、祇祇兢兢として、乃ち惠乃ち順、～惟れ法り惟れ則れ。

【祇肅】恭謹。晋・陸機〔洛に赴く〕詩 劍を撫りて銅輦に遵ひ 纓を振ひて祇肅を蕣す

【祇承】つつしんでうける。〔書、大禹謨〕曰若に古の大禹を稽ふるに、曰く、文命四海に敷く、祇みて帝に承けたり。

【祇慎】慎む。南朝宋・顔延之〔赭白馬の賦〕故に常に忽にする所を祇愼し、未だ防がざる所を敬備す。輿に重輪の安有り、馬に泛駕の佚無し。

【祇服】つつしみ従う。〔書、康誥〕元惡は大いに憝まる。矧んや惟れ、不孝不友なるをや。子、祇みて厥の父の事に服せざれば、大いに厥の考の心を傷ましめん。

【祇懍】祇畏。晋・潘岳〔関中詩〕主憂ふるときは臣勞す 孰れか祇み懍れざらん

↑祇遹 したがう／祇役 王命で赴く／祇謁 謹謁／祇応 祇候／祇戒 戒める／祇協 和合／祇虔 誠敬／祇厳 厳粛／祇仰 敬仰する／祇悉 拝承する／祇若 したがう／祇修 謹修／祇従 従者／祇順 したがう／祇遵 つつしみ順う／祇召 お召し／祇竦 つつしみ懼れる／祇頌 お祝い／祇聳 祇竦／祇荘 敬う／祇惕 つつしみ畏れる／祇祓 お祓い／祇奉 敬奉／祇命 奉命／祇栗 祇慄／祇慄 つつしみ懼れる／祇林 寺など

↓虔祇・粛祇

【祠】 10 3722 〔禩〕 16 3628 シ まつる まつり

篆文 甲骨文 金文

形声 声符は司。司は祝詞を啓いて神意を伺うことを示す字。祝詞を奏して祀ることを祠という。〔説文〕一上に「春の祭を祠と曰ふ。品物少なくして、文詞多きなり」と祠・詞の畳韻を以て解する。「仲春の月、祠るに犧牲を用ひず。圭璧及び皮幣を用ふ」という〔礼記、月令〕の文を引き、文詞多き意とするが、犧牲を省くのは、その胎孕を避けるためである。その祠るところをも、また祠という。字はまた禩に作る。異は神像の象であろう。

訓義 1まつる、祝詞してまつる。2まつり、春のまつり。3いのる、神意を問うまつり、神意に報ずるまつり。4やしろ、ほこら。5詞・辞と通じ、ことば、まつることば。

古訓 〔新撰字鏡〕祠 保加不（ほかふ）〔名義抄〕祠 マツル・イノル・トシ・ヒトシ・ホカフ〔字鏡集〕祠 ツカフ・イノル・マツリ・ホカフ・ヤシロ・ハルマツリ

語系 祠・祀(禩)ziəは同声。祀は巳(蛇の形)に従い、自然神を祀る意。祠は司に従い、祝告を主とする祭祀をいう。

【祠宇】しう やしろ。晋・夏侯湛〔東方朔画賛〕先生の縣邑を覩、先生の高風を想ふ。路寢に徘徊して先生の遺像を見、城郭に逍遙して先生の祠宇を觀る。慨然として懷ふ有り、乃ち頌を作る。

【祠屋】しおく(をく) ほこら。社殿。〔水経注、淄水〕列仙傳に曰く、鹿皮公なる者、~才巧にして手を擧ぐれば器を成す。岑山上に神象有り。人到ること能はず。~意思横生、數十日にして梯道成る。其の巓に上り、祠屋を作り、其の傍らに留止す。

【祠官】しかん(くわん) 神主。祭祀官。〔史記、封禅書〕秦の天下を幷すに及んで、祠官の常に奉ずる所の天地名山大川鬼神をして、得て序すべからしむ。

【祠饗】しきょう(きやう) 神としてまつる。〔水経注、渠水〕右扶風の魯恭~中牟の令に遷り、政德化を專らにし、刑罰に任ぜず。吏民敬信し、蝗、境に入らず~故に能く遺愛せられ、古より祠饗して今に來れり。

【祠祭】しさい まつる。〔戦国策、趙二〕先王の時~寡人宮居し、~國謀に與かることを得ず。先王の群臣を棄つる(死する)や、寡人年少く、祠祭を奉ずるの日淺し。私心固より竊かに疑ふ。

【祠祀】しし まつる。〔漢書、高帝紀賛〕高祖~祠祀の官を置き、則ち秦・晉・梁・荊の巫有り。世々天地を祠り、之れを綴ぬるに祀を以てす。

【祠竈】しそう(さう) かまどを祀る。〔史記、封禅書〕是の時李少君亦た祠竈・穀道・却老方を以て、上に見ゆ。上、之れを尊ぶ。~常に自ら謂ふ、七十にして能く物を使ひ老を却くと。

【祠壇】しだん 祭場として設けた壇。〔史記、楽書〕漢家常に正月上辛を以て太一を甘泉に祠る。昏時を以て夜祠り、明に到りて終る。常に流星の祠壇の上を經る有り。僮男僮女七十人をして倶に歌はしむ。

【祠堂】しどう(だう) やしろ。唐・杜甫〔蜀相〕詩 丞相の祠堂何れの處にか尋ねん 錦官城外、柏森森

【祠廟】しびょう(べう) みたまや。唐・杜甫〔登楼〕詩 憐れむべし、後主(蜀)も還た祠廟 日暮、聊か梁父の吟を爲す

【祠禴】しやく 周の時祭。春と夏の祭。〔周礼、春官、大宗伯〕祠を以て春先王を享り、禴(礿)を以て夏先王を享る。

【祠録】しろく 宋代、老年の退職者に宮観管理の名で捨扶持を与えた。〔宋史、職官志十〕祠祿の官を設け、以て老を佚んじ賢を優(遇)す。~乃ち宮觀(道教の寺)に任じて、以て其の祿を食ましむ。

↑祠位 神位/祠謁 お参り/祠下 祠前/祠監 社の役人/祠器 祭器/祠宮 やしろ/祠享 祠饗/祠具 祭器/祠賽 報恩の祭/祠事 まつり/祠室 霊堂/祠樹 社樹/祠祝 神官/祠城 社の城/祠正 司祭/祠前 社の前/祠典 祭典/祠禱 祈る/祠尾 宮殿の鴟尾/祠兵 出軍の祭/祠墓 墓

↓淫祠・旧祠・厳祠・古祠・荒祠・告祠・社祠・神祠・崇祠・叢祠・禱祠・禖祠・奉祠・報祠・禴祠・霊祠

【秭】 10 2592 シ いねたば つむ

篆文  金文 

形声 声符は𠂔。𠂔は朿と同じく標木の形で、積み重ねる意をもつようである。積の初文責は、賫に作る。〔説文〕七上に「五稯を秭と爲す」とあり、一稯は四十秉、秭は二百秉にあたる。金文の〔曶鼎〕は寇禾事件をしるすものであるが、「禾十秭」を掠取され、それに数倍する賠償をえており、大鼎を鋳てそのことを銘している。〔儀礼、聘礼記〕に二百四十斤を一秉としている。一秉十籔、一籔は十六斗、一秉は十六斛にあたる計算である。〔説文〕にまた「一に曰く、數、億より萬に至るを秭と曰ふ」とあり、のち十億を秭という。

訓義 ①いねたば、いねの糧、二百秉、三千二百斛。②つむ、つみかさねる。③数の単位。億の万倍。また十億。

古訓 〔字鏡集〕秭 ヲホノカズ

【秭鳺】しき ほととぎす。子規・秭帰ともいう。〔史記、暦書〕時に冰泮け、蟄を發し、百草奮ひ興り、秭鳺先づ滜く。

↑秭雉 子規

常 【紙】 10 2294 シ かみ

篆文 

形声 声符は氏。〔説文〕十三上に「絮一笘なり」とあり、笘(すの子)ですきあげた全紙一枚をいう。〔後漢書、宦者伝〕に、蔡倫が樹膚・麻頭・敝布・魚網の類を以て紙を作り、蔡侯紙とよんで珍重されたことがみえる。紙の名はその以前からあり、この時それらの材料を用い、その製法が改善されたのであろう。

訓義 ①かみ、すきがみ。②かみ数などを数える、助数詞。

古訓 〔和名抄〕紙 古文帋に作る、賀美(かみ)、紙に色紙・檀紙・穀紙~等の名有り 〔名義抄〕紙 古帋、カミ

【紙鴉】しあ たこ。〔南史、賊臣、侯景伝〕既にして中外斷絶す。羊車兒なるもの有り、計を獻じ、紙鴉を作り、繫ぐるに長繩を以てし、敕を中に藏す。簡文(帝)~西北風に因りて放つ。~群賊之れに駭き、是れ厭勝(まじない)の術なりと謂ひ、又射て之れを下す。

【紙衣】しい 紙の衣。死者に用いる。〔宋史、方技下、甄棲真伝〕食はざること一月、~十二月二日を以て、紙衣を衣て磚榻に臥して卒す。~歳久しきに及んで、形生けるが如し。衆始めて驚き、傳へて以て尸解(仙化の一)と爲す。

【紙煙】しえん 紙銭を焼く煙。〔邵氏聞見録、二〕仁宗皇帝、升遐す。~伯溫、時に年七歳、尚ほ記す、城中の軍民より以て婦人孺子に至るまで、朝夕東向號泣し、紙煙空を蔽ひ、天日光無かりしを。

【紙鳶】しえん たこ。〔太平広記、四六三に引く独異志、紙鳶化鳥〕梁武の太清三年、侯景臺城を圍む。~簡文、紙鳶を作りて空に飛ばし、急を外に告ぐ。~之れを射しむ。~皆化して鳥と爲りて飛びて雲中に入り、往く所を知らず。

【紙価】しか 紙の市価。唐・白居易〔詩屏風に題する絶句〕詩 障成りて、定めて人に爭ひ寫され 此れより、南中紙價高からん

【紙貴】しき 紙価が高い。〔晋書、文苑、左思伝〕三都を賦す。~構思十年、~張華見て歎じて曰く、班(固)・張(衡)の流なり~と。是に於て豪貴の家、競うて相ひ傳寫し、洛陽之れが爲に紙貴し。

【紙衾】しきん 紙のふすま。紙の夜着。宋・高翥〔周晋仙と同に夜宿す〕詩 更に詩人の窮すること我に似たる有り 夜深うして來つて紙衾を共にして眠る

【紙鴟】しし たこ。〔北史、献文六王、彭城王韶伝〕世哲の從弟黃頭、諸囚と金鳳臺より、各々紙鴟に乘りて以て飛ばしむ。黃頭獨り能く紫陌に至り、乃ち墜つ。

【紙銭】しせん 銅貨形の紙銭。葬礼や祭祀に用いる。〔封氏聞見記、六、紙銭〕今代の送葬に、鑿紙錢を爲り、錢を積みて山と爲す。~魏・晉以來、始めて其の事有り。今王公より匹庶に逮ぶまで、通じて之れを行ふ。~今紙錢は則ち皆之れを燒く。

【紙窗】しそう(さう) 紙を張った窓。清・鄭燮〔題画、竹〕凡そ吾が竹を畫くは、師承する所無し。多く紙窗粉壁の、日光月影中に得たるのみ。

【紙帳】しちょう(ちやう) 紙のとばり。宋・范成大〔宴坐菴、四首、三〕詩 一點の斜光、紙帳明らかに 悟知す、檐雀の已に窗を穿てるを

【紙田】しでん 紙筆で生計を立てる。宋・楊万里〔仲良の春晩即時に和す、三首、二〕詩 只だ書生の拙なる有るのみ 窮年（一年中）紙田を犂す

【紙馬】しば 神像を描いた五色の紙。焚いて神を祭る。〔陔余叢攷、三十、紙馬〕世俗の祭祀に、必ず紙錢甲馬を焚く。～昔時神像を紙に畫くに、皆馬有り、以て乘騎の用と爲す。故に紙馬と曰ふ。

【紙背】しはい 紙の背面。唐・柳宗元〔殷賢、戲れに書後に批す。劉連州（禹錫）に寄す～〕詩 書成りて庾安西（翼）に寄せんと欲す（王羲之の故事） 紙背應に手を勞して自ら題すべし

【紙被】しひ 紙の衣。宋・陸游〔朱元晦の紙被を寄せらるるを謝す、二首、二〕詩 紙被身を圍みて、雪天を度る 狐腋よりも白く、綿よりも軟らかなり 放翁の用ふる處、君知るや否や 絕勝の蒲團、夜坐の禪

【紙筆】しひつ 紙と筆。筆墨の具。〔世説新語、雅量〕裴叔則（楷）收せらる。神氣變ること無く、擧止自若たり。紙筆を求めて書を作る。書成り、救はんとする者多し。乃ち免るることを得たり。

【紙幣】しへい 紙銭。神にささげる。また、紙の通貨。宋・梅尭臣〔廟子湾辞〕詩 竟に紙幣を持して、廟陬に挂く 微風飄搖して、喜び收むるが如し

【紙驢】しろ 紙の驢馬。〔太平広記、三十に引く宣室志、張果〕恆州の條山に隱る。～果、常に一白驢に乘る。日に行くこと數萬里。休むときは則ち之れを重疊す。其の厚さ紙の如し。巾箱中に置く。乘るときは則ち水を以て之れに噀けば、還た驢と成る。

↑紙襖 紙の上着／紙花 造花／紙鎧 紙の甲／紙格 明り障子／紙閣 紙壁／紙函 紙ばこ／紙魚 しみ／紙筋 紙の筋／紙月 十一月／紙工 紙作り／紙甲 紙よろい／紙骨 紙質／紙札 料紙／紙匠 紙工／紙摺 手帳／紙上 紙面／紙箋 附箋／紙張 紙類／紙鎮 文鎮／紙灯 あんどん／紙撚 こより／紙囊 紙の袋／紙帊 敷き紙／紙尾 書の末尾／紙標 紙の看板／紙符 護符／紙屏 屛風／紙本 紙の書画／紙面 紙上／紙簾 紙すだれ

↓一紙・印紙・雲紙・画紙・懐紙・簡紙・罫紙・繭紙・原紙・古紙・故紙・糊紙・紅紙・黄紙・穀紙・蚕紙・熟紙・抄紙・畳紙・寸紙・青紙・製紙・誓紙・尺紙・赤紙・宣紙・剪紙・牋紙・箋紙・双紙・草紙・窓紙・台紙・檀紙・竹紙・白紙・薄紙・半紙・筆紙・表紙・標紙・虆紙・片紙・法紙・麻紙・磨紙・名紙・緜紙・用紙・洋紙・羅紙・落紙・和紙

【翅】 10 4740 シ はね ただ

篆文 

形声 声符は支（攴）し。〔説文〕四上に「翼なり」とするが、昆虫の羽などをいう字で、翅蠭とは羽ありをいう。支は分岐するもの、左右の両翅をいう。副詞の「ただ」の意に用いるのは、声の仮借である。

訓義 1はね、つばさ。2翅翅は、とぶさま。3啻しと通じ、ただ、ただに。

古訓 〔名義抄〕翅 ツバサ・ハネ・ヒ、ル・トブ・ハカル・カギル〔字鏡集〕翅 トブ・ハカル・ツバサ・ハネ・カザキリハ・ハ・カギル

語系 翅sjieは支・肢・枝tjieと声近く、みな支の声義を承ける。「ただ」の義に用いるものは、啻sjieと同声。只tjie、止tjiə、巳jiəなどみな声近く、その義に用いる。

【翅影】しえい 飛ぶ鳥の姿。陳・後主〔雉子班〕楽府 雊く聲は風處に遠く 翅影は雲間に連なる

【翅翮】しかく はね。つばさ。晉・趙至〔嵇茂斉（蕃）に与ふる書〕鋒距加ふること靡くして、翅翮は摧け屈まる。知命に非ざるよりは、誰か能く憤悒（心いぶせく憤る）せざる者あらんや。

【翅翼】しよく はね。つばさ。〔漢書、翟方進伝〕昔、季孫行父言へる有り。曰く、君に善なる者を見ては、之れを愛すること、孝子の父母を養ふが若し。不善なる者を見ては、之れを誅すること、鷹鸇の鳥爵（雀）を逐ふが若し。翅翼傷くと雖も避けず。

【翅翎】しれい はね。唐・陸亀蒙〔五歌、水鳥〕詩 水鳥山禽、名を異にすと雖も 天工各と雙翅翎を與ふ

↑翅羽 はね／翅菜 ひれ料理／翅翅 飛ぶさま／翅人 勇士

↓羽翅・遠翅・開翅・解翅・鶴翅・翕翅・矯翅・鼓翅・広翅・四翅・弱翅・収翅・秋翅・戢翅・舒翅・振翅・垂翅・青翅・折翅・雪翅・双翅・短翅・長翅・鳥翅・展翅・騰翅・比翅・飛翅・尾翅・奮翅・鳳翅・毛翅・揺翅・翼翅・鸞翅・両翅・斂翅

常【脂】 10 7126 シ あぶら

篆文  古印璽 

形声 声符は旨し。旨に旨肉の意がある。〔説文〕四下に「角を戴く者は脂あり。角無き者は膏あり」とみえる。〔周礼、考工記、梓人、注〕に脂を牛羊の属、膏を豕の属とする。脂は肉中の脂、膏は臟腑の間にあるものをいう。

訓義 1あぶら、あぶらのかたまり、動物性のあぶら。2あぶらぎる、あぶらさす、あぶらぬる。3つやつやしい、うつくしい。4べに、くちべに。5はらご、胎児。

古訓 〔和名抄〕脂 阿布良（あぶら）〔名義抄〕脂 アブラサス・アブラ・マツヤニ／松脂 マツヤニ

語系 脂・旨・指tjieiは同声。旨は旨肉。これを指でとって食する。その甘味は脂を含むことによる。脂・指は旨の声義を承ける字である。

【脂轄】しかつ 車のくさびに油さす。〔左伝、哀三年〕校人は馬を乘にし、巾車は轄に脂さす。百官官備はり、府庫愼み守る。

【脂膏】しこう（かう） あぶら。物のゆたかなことをいう。〔後漢書、孔奮伝〕時に天下未だ定まらず。士多く節操を修めず。奮、力めて清潔を行ひ、衆人の笑ふ所と爲る。或いは以爲へらく、身脂膏に處りて、以て自ら潤すこと能はず。徒だ苦辛を益すのみと。

【脂膠】しこう（かう） あぶらと、にかわ。〔礼記、月令〕（季春の月）是の月や、工師に命じ、百工に令して、～皮革・筋・角・齒・羽・箭幹・脂膠・丹漆を審らかにし、良からざるもの或る毋からしむ。

【脂車】ししゃ 車にあぶらをさす。出発の用意をする。魏・曹植〔詔に応ず〕詩 肅んで明詔を承け 應に皇都に會すべし 星の陳ぬるに夙に駕し 馬に秣ひ、車に脂さす

【脂燭】ししょく あかり。脂に火ともす。紙燭。呉・韋昭〔博弈論〕今世の人、多く經術を務めず。好んで博弈を翫び、事を廢し業を棄て、寢と食とを忘れ、日を窮め明を盡し、繼ぐに脂燭を以てす。

【脂水】しすい 化粧を洗い落とした水。唐・杜牧〔阿房宮の賦〕渭流に膩（油）を漲らすは、脂水を棄つるなり。

【脂沢】したく あぶらとつや。また、その化粧品。〔韓非子、顕学〕吾が法度を明らかにし、吾が賞罰を必にするは、亦た國の脂澤粉黛（白粉、眉墨）なり。

【脂粉】しふん べにと、おしろい。〔淮南子、脩務訓〕曼頰皓齒、形夸しくして骨佳く、脂粉芳澤を待たずして、性說ぶべき者は、西施・陽文なり。

【脂油】しゆ あぶら。〔後漢書、陳蕃伝〕比年收斂し、十に五六を傷る。萬人飢寒し、生活を聊しまず。而るに采女數千、肉を食らひ綺を衣、脂油粉黛（白粉と眉墨）、貲計すべからず。

【脂腴】しゆ あぶらぎる。また、富裕。〔後漢書、公孫瓚伝論〕帝

室王公の冑(嫡子孫)よりして、皆脂腴に生長し、稼穡を知らず。其の能く行を厲き身を飭しみ、卓然群せざる者、或いは未だ聞かず。

➡脂韋 あぶらと韋／脂液／脂汗／脂灰 油灰／脂轄 脂轄／脂炬 脂燭／脂膩 脂沢／脂松 松やに／脂色 べに／脂髄 脂膏／脂那 支那／脂肉 あぶらみ／脂肪 肉のあぶら／脂麻 胡麻

⬇鉛脂・燕脂・臙脂・画脂・凝脂・瓊脂・口脂・紅脂・香脂・祭脂・酒脂・樹脂・獣脂・松脂・唇脂・石脂・窃脂・多脂・丹脂・冰脂・芳脂・面脂・油脂・羊脂・臘脂

【舐】 10 2264 ［䑛］ 14 2662 シ なめる

篆文 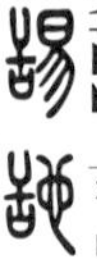

形声 声符は氏。〔説文〕三上に字を䑛に作り、「舌を以て食を取るなり」とあり、易声。易は賜の初文で、酒爵より酒を注ぐ形。もしその意をとるとすれば、䑛とはその余瀝を舐める意となり、舐は䑛に対する形声の字となる。〔荘子、列禦寇〕に「秦王、病有りて醫を召す。～痔を舐むる者には、車五乗を得しむ」とあり、人に歓を求めて手段をえらばぬことを「舐痔」という。

訓義 ①なめる、ねぶる、舌でぬぐう。

古訓 〔名義抄〕䑛・舐 ネブル

【舐痔】 痔をなめる。手段をえらばずとり入る。梁・劉峻〔広絶交論〕皆爲に匍匐逶迤し、折枝(あんま)舐痔し、金膏・翠羽もて其の意を將け、脂韋(面従)便辟もて其の誠を導く。

【舐犢】 親牛が子牛をなめ、愛撫する。〔宋史、文苑七、朱敦儒伝〕談者謂ふ。敦儒、老いて舐犢の愛を懷き、畏避竄逐す。故に其の節終へずと云ふ。

【舐筆】 筆をなめる。〔荘子、田子方〕宋元君、將に圖を畫かしめんとす。衆史皆至り、～筆を舐めて墨を和す。～一史の後れて至る者有り。～則ち衣を解き、槃礴(くつろぐ)して羸だとなる。君曰く、可なり。是れ眞の畫者なりと。

【舐目】 目をなめる。〔輟耕録、七、孝感〕越の楓橋里の人丁氏の母、雙目明を失ふ。丁、至孝なり。毎朝盥漱し訖り、即ち母の目を舐むること、積みて年有り。俄かにして母左目明らかなり。未だ久しからずして、右目復た明らかなり。

➡舐糠 糠をなめる／舐掌 掌をなめる／舐食 食う／舐唇 唇をなめる／舐瘡 瘡をなめる／舐啄 啄む

【茝】 10 4471 シ サイ よろいぐさ

形声 声符は𦣞。𦣞に洍・𤡾の声がある。〔玉篇〕に「香草なり」とあり、虈茝・蘭茝のように連称することが多い。

訓義 ①よろいぐさ。②字はまた芷に作る。

古訓 〔字鏡集〕芷・茝 ヨロヒグサ

【茝若】 よろいぐさと杜若。晋・張華〔雑詩、三首、二〕微風、茝若を搖かし 增波、芰荷を動かす

【茝蘭】 よろいぐさ。香草。〔広雅、釈天〕天子は祭るに鬯を以てし、諸侯は薰を以てし、卿大夫は茝蘭を以てし、士は蕭を以てし、庶人は艾を以てす。

➡茝蕙 香草／茝葯 よろいぐさ、白芷

⬇栄茝・蕙茝・芬茝・芳茝・蘭茝

【蚩】 10 2213 シ チ むし おろか あなどる

篆文 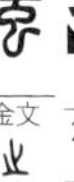 金文 

形声 声符は㞢。㞢は之の初形。〔説文〕十三上に「蟲なり」という。古い神話にみえる蚩尤の名のほかには、蚩鄙・蚩愚のように痴愚の意に用いる。また〔詩、衛風、氓〕「氓の蚩蚩たる 布を抱きて絲を貿ふ」のように、軽薄なさまをいう。

訓義 ①むし、むしの名。②おろか、いやしい。③あなどる、かろんずる。④みだれる、もとる、みにくい。⑤嗤と通じ、わらう、たわむれる。⑥豸と通じ、はうようにゆく。

古訓 〔名義抄〕蚩 ムシノナ・ワラフ・アザケル・オビユ・オロカナリ・ミニクシ・アナヅル・ワヅラフ・ソシル 〔字鏡〕蚩 ワヅラフ・アザケル・ミニクシ・アサムク・ワラフ・カギリ・アナヅル 〔字鏡集〕蚩 ムシノユク・ソシル

声系 〔説文〕に蚩声として二字、〔玉篇〕に嗤を収め「笑ふ皃なり」とする。嗤は蚩の声義を承けるものであろう。

【蚩悪】 卑しく悪い。〔唐書、酷吏、来子珣伝〕時に來子珣～といふ者有り。～學術無く、語言蚩惡なり。后、倚りて以て獄を按ぜしむ。多く后の旨に徇ふ。故に姓を武、字を家臣と賜ふ。

【蚩駭】 おろか。〔三国志、魏、后妃、明悼毛皇后伝〕太和元年、立ちて皇后と爲る。～其の容止擧動、甚だ蚩駭、語れば輒ち自ら侯身と謂ふ。時人以て笑ひと爲す。

【蚩蚩】 おろかで乱れる。梁・劉峻〔広絶交論〕是に於て素交盡きて利交興り、天下蚩蚩として、鳥のごとく驚き、雷のごとく駭く。

【蚩辱】 笑い辱める。〔三国志、呉、呂蒙伝〕時に(鄧)當の職吏、蒙の年小なるを以て之れを輕んじ～蚩辱す。蒙大いに怒り、刀を引いて吏を殺し、出でて走り、～自首す。～(孫)策召見して之れを奇とし、引いて左右に置く。

【蚩拙】 おろかで劣る。〔顔氏家訓、勉学〕音辭鄙陋、風操蚩拙、～問ふこと一言なるに、輒ち酬すること數百、其の指歸を責むるに、或いは要會無し。鄴下の諺に云ふ、博士驢を買ふに、書券三紙にして、未だ驢の字有らずと。

【蚩鄙】 いやしい。〔顔氏家訓、文章〕學問に利鈍有り、文章に巧拙有り。鈍學も功を累ぬれば、精熟するを妨げず。拙文は思ひを研くも、終に蚩鄙に歸す。

【蚩尤】 神話上、九黎の族長として、黄帝と涿鹿の野に戦って敗れたという。のち軍神とされた。〔癸巳存稿、蚩尤〕任昉の述異記に云ふ、冀州に蚩尤神有り。人身牛蹄、四目六手なりと。

➡蚩旗 蚩尤旗／蚩戯 戯れる／蚩妍 美醜／蚩眩 だます／蚩者 愚かもの／蚩笑 嗤笑／蚩痴 おろか／蚩薄 蚩鄙／蚩尾 鴟尾／蚩侮 侮る／蚩虻 無分別

人 **【偲】** 11 2623 シ サイ つよい かしこい しのぶ

篆文 

形声 声符は思。〔説文〕八上に「彊力なり」とし、思声。「詩に曰く、其の人美にして且つ偲なり」の句を引く。〔詩〕は〔斉風、盧令〕。二章の「其の人美にして且つ鬈なり(髪長の人)」に対応する句で、偲は鬚がこくて美しいさまであろう。

訓義 ①つよい。②かしこい。③ひげが多い。④国語で「しのぶ」とよむ。

古訓 〔名義抄〕偲 ヲ、(シ)・シタフ

【偲偲】 善をすすめて琢磨する。〔論語、子路〕子路問うて曰く、何如ならば斯ち之れを士と謂ふべきかと。子曰く、切切・偲偲・怡怡如たらば、士と謂ふべし。朋友には切切・偲偲、兄弟には怡怡たりと。

【匙】 11 6180 シ さじ しゃくし かぎ

篆文 

形声 声符は是。是は把手のある長いスプーンの形で、匙の初文。日の部分がその杓にあたる。是が他の義に用いられるに及んで、さじの形の匕を加えて匙となった。〔説文〕八上に「匕なり」として是声とするが、是がその初文で、匙はその繁文である。のち器の形が似ている

ので、「玉匙金鑰」のように鍵の意に用いる。
訓義 1さじ、しゃくし。2かぎ。
古訓 〔和名抄〕匙 賀比(かひ)〔名義抄〕匙 カヒ・ワケカヒ〔字鏡集〕匙 ワケカヒ・ヒキサク・カギ・カヒ
語系 匙・是・氏 zjie は同声。是はさじの象形。氏は肉を切る小刀の形。ともに氏族共餐のような儀礼のときに用いるもので、同源の語である。諟 zjie、寔 zjiek、實(実)djiet は是と声義が近く、いずれももと神明につかえる儀礼に関する語であろう。
➡匙脚 さじの足／匙匣 かぎばこ／匙抄 さじ／匙箸 さじと、はし／匙挑 すくう
⬇玉匙・銀匙・茶匙・停匙・半匙・飯匙・鑰匙・溜匙

【徙】 11 2128 ［辿］ 8 3130 シ うつる

篆文 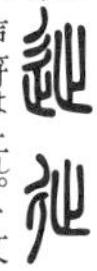 古文 

形声 声符は止。卜文・金文に字を祉に作る。〔説文〕二下に辿を正字とし、「遂るなり」とする。卜辞に「祉雨」というものは長雨、金文の〔呂齍〕に「大室に祉(侍)す」のように用い、おそらく辿の初文であろう。また祝禱の器である𠙴を加えて祒に作り、〔令彝〕に「祒でて卿事寮を同む」という。古くは歩を進めることに深い意味があり、祉・祒・徙はその系列の語である。

訓義 1うつる、うつす。2ゆく、こえる、わたる、すぎる、さまよう。3かえる、かわる、あらたまる。4なびく、しりぞく。

古訓 〔名義抄〕徙 ウツス・ウツル・ウツロフ〔字鏡集〕徙 ウツル・サル・ウツス・ウツロフ
語系 徙 sie は之 tjia、侍 zia と声義に通ずるところがある。金文に祉を之往の義や侍の意に用いている。

【徙倚】さまよう。低回する。漢・司馬相如〔長門の賦〕閒ら く東廂に徙倚し、夫の靡靡として窮まり無きを觀る。

【徙居】居をうつす。〔太平広記、八十三に引く玄怪録、張佐〕徙りて鶴鳴山下に居る。草堂三間。戶外に花竹を駢べ植ゑ、泉石縈繞す。

【徙繫】うつし繫ぐ。〔史記、文帝紀〕齊の太倉の令淳于公、罪有りて刑に當る。詔獄して逮へられ、徙して長安に繫ぐ。～其の少女緹縈自ら傷泣し、乃ち其の父に隨つて長安に至り、上書す。

【徙舍】宿舍を移す。星座が動く。〔呂覽、制楽〕君に至徳の言三有り。天必ず三たび君を賞せん。今昔(夕)熒惑(星名)其れ徙ること三舍せん。

【徙逐】遠く追放する。〔後漢書、烏桓伝〕其の約法に、大人の言に違ふ者は、罪死に至る。～若し亡畔して大人に捕へられし者は、邑落之れを受くることを得ず。皆雍狂(地名)の地、沙漠の中に徙逐す。其の土、蝮蛇多し。

【徙靡】なびきゆれる。楚・宋玉〔高唐の賦〕雙椅(桐)房を垂れ、糾枝還り會ふ。徙靡澹淡として、波に隨つて闇藹す。

【徙木】民に信を示す。〔史記、商君伝〕令既に具はるも、未だ布かず。民の信ぜざるを恐る。已に乃ち三丈の木を國都市の南門に立て、民に募り、能く徙して北門に徙置する者有らば、十金を予へんと。～以て欺かざるを明らかにし、卒に令を下す。

➡徙迤 さまよう／徙移 うつる／徙貫 転籍／徙挙 動かす／徙御 お移り／徙業 転業／徙月 月越し／徙錮 入獄／徙構 移築する／徙次 転居する／徙日 太陽を動かす、国を奪う／徙植 移植する／徙遷 移転する／徙善 善に遷る／徙宅 転居／徙治 政庁を移転する／徙都 遷都／徙任 転任／徙廃 転廃／徙播 移る／徙蹕 臨幸する／徙辺 遠流／徙放 追放／徙卜 転居占い／徙民 民を移す／徙癰 できものを外に移す
⬇移徙・河徙・家徙・外徙・坐徙・三徙・潜徙・遷徙・遭徙・転徙・靡徙・復徙・募徙・流徙

人 【梓】 11 4094 ［梓］ 14 4394 シ あずさ

篆文 

形声 声符は辛。〔説文〕六上に「楸なり」とし、宰の省声とする。本字は梓。木工に用いる木で、農家の傍には桑と梓とを植える定めであった。それで故郷を桑梓という。木工のことを梓匠輪輿といい、梓は棺材に適するものとされた。

訓義 1あずさ、あかめがしわ。2木工、大工。版木や杯なども、この木で作った。3桑梓、故郷。4漆と通じ、うるし。

古訓 〔新撰字鏡〕梓 牟久乃木(むくのき)、又、久比(くひ)〔和名抄〕梓 阿都佐(あづさ)〔字鏡集〕梓 ツゲ・タクミ・アサノミ・アヅサ・アサノキ
【梓棺】梓で作った棺。〔後漢書、蔡茂伝〕職に在りて清儉にして懈らず。～位に薨ず。時に年七十二。東園の梓棺を賜ひ、賻贈甚だ厚し。

【梓宮】天子の棺。〔漢書、霍光伝〕光薨ず。上及び皇太后、親しく光の喪に臨む。～金錢・繒絮・繡被百領、衣五十篋、璧珠璣・玉衣・梓宮～を賜ふ。～皆乘輿の制度の如し。

【梓牛】樹の精。牛形の神。〔太平御覧、九五八に引く玄中記〕秦の文公、長安宮を造る。面四百里、南は周南山に至る。山に梓樹有り、大いさ數百圍、宮中を蔭ふ。公惡みて之れを伐らしむ。～中に青牛有り。之れを逐へるに灃水に入れり。

【梓匠】木工。大工。〔孟子、尽心下〕梓匠輪輿(車造り)は、能く人に規矩(定規)を與ふるも、人をして巧ならしむること能はず。

【梓人】大工の棟梁。〔儀礼、大射儀〕工人士と梓人とは、北階兩楹(柱)の閒より升る。

【梓里】故郷。宋・范成大〔楊君居士輓詞〕詩 孝は蘭陔(南陔の詩、孝を歌う)に至りて茂く 身は梓里を修めて恭し ～幽光、定めて憾み無からん 豐刻、形容妙なり
➡梓角 あずさの実／梓器 棺／梓柩 柩／梓語 刊行の語／梓行 刊行／梓刻 木版／梓材 あずさの材／梓漆 あずさと漆／梓桑 故郷／梓木 あずさの木／梓本 版本／梓楡 ほおの木
⬇椅梓・杞梓・斬梓・楸梓・松梓・上梓・鋟梓・桑梓・伐梓・付梓・文梓

【梔】 11 4291 シ くちなし

篆文 

形声 声符は巵。〔説文新附〕六上に「木の實、染むべし」とあり、その実は濃黄、山吹色の染料とする。
訓義 1くちなし。2桑の一種。
古訓 〔新撰字鏡〕梔 久知奈志(くちなし)〔和名抄〕梔子 久知奈之(くちなし)〔名義抄〕梔 クチナシ
【梔子】くちなし。唐・杜甫〔江頭四詠、梔子〕詩 梔子、衆木に比すれば 人閒誠に未だ多からず
➡梔黄 梔の実で染めた黄色／梔鞭 梔の枝に蠟を塗って光らせたにせの鞭／梔貌 額を黄に飾る／梔蠟 蠟を塗ったにせの鞭

【柴】 11 2190 シ しるし

篆文 

形声 声符は此。〔説文〕に字を此部二上に属し、「識なり。此に從ひ、朿聲」とする。朿はその形象を示し、此が声符。此に細小の意がある。また「一に

曰く、藏なり」とあり、積蔵することをいう。

訓義 [1]しるし、しるす、小さな目印をつける。[2]おさめる、つみおく、たたむ。[3]觜と通じ、くちばし。[4]束と通じ、はり、いしばり。

古訓 〔名義抄〕觜　クチバシ　〔篇立〕觜　スヒクフ・クチバシ・トリノクチバシ　〔字鏡集〕觜　コハシ・サトル・スクフ・ツイバム・カクル・クチバシ

【淄】　11／3216　シ　くろ

形声 声符は甾。甾はもと甾に作り、水災の意を含む。それで淄には泥淄の意があり、泥でよごれ黒ずむことをいう。〔太玄経〕に「白を泥淄に化す」という語がある。

訓義 [1]くろ。[2]くろくする、くろくそめる、くろずむ。[3]字はまた菑・甾に作る。

古訓 〔字鏡集〕淄　クリ・ミヅノナ・クロシ

【淄澠】しじょう　山東の二水。水の味が異なる。〔列子、説符〕(白公問うて)曰く、若し水を以て水に投ぜば何如と。孔子曰く、淄・澠の合するも、易牙(善く味を知る人)嘗めて之れを知ると。

↑淄牙　人の嘲りを怒る／淄硯　山東淄川の硯／淄涅　汚す／淄蠹　黒ずんだ傷みと木喰い虫

↓澠淄

【瓷】　11／3771　シジ　やきもの　いしやき　かめ

篆文 

形声 声符は次(次)。〔説文新附〕十二下に「瓦器なり」とあり、唐・宋以後に至ってみえる。殷代の白色土器はすこぶる瓷器に類しており、後漢の越窯以来、浙江上虞附近に瓷器を制作した窯址が発見されている。唐・宋以後、喫茶の風がさかんとなり、その使用がいっそう広められた。字はまた磁(磁)に作る。

訓義 [1]やきもの、いしやき、白瓷。[2]かめ。

古訓 〔和名抄〕瓷　俗に云ふ、瓷器、之乃宇豆波毛乃(しのうつはもの)　〔名義抄〕瓷　ウツハモノ・シノウツハモノ　〔字鏡集〕瓷　ウツハモノ・シノツキ・ツボ・シノウツハモノ・カメ

↑瓷鍋　土鍋／瓷器　磁器／瓷漆　瓷と漆器／瓷仙　瓷の造像／瓷胎　生の瓷器／瓷注　瓷の茶壺／瓷枕　瓷の枕／瓷土　白土／瓷窯　瓷窯／瓷椀　瓷の椀

↓花瓷・紫瓷・湘瓷・素瓷・冰瓷・縹瓷・緑瓷

【笥】　11／8862　シ　はこ

篆文 

形声 声符は司。〔説文〕五上に「飯及び衣の器なり」とあり、竹や葦で編んだもの。〔礼記、曲礼上〕「簞笥」の〔注〕に「飯食を盛る者なり。圜なるを簞と曰ひ、方なるを笥と曰ふ」とみえる。

訓義 [1]はこ、飯食を盛れる方形のはこ。[2]衣裳箱。

古訓 〔和名抄〕笥　介(け)　〔名義抄〕笥　ケ／繭笥　キケ　〔字鏡集〕笥　ハコ・ケ

【笥篋】しきょう(けふ)　はこ。篋笥。〔南史、宋文帝諸子、建平宣簡王宏伝〕(子)景素、性甚だ仁孝、～又甚だ倹素。～兩宮に遺る所の珍玩、笥篋に塵す。食は常に一肉に過ぎず。器は瓦素を用ふ。

【笥中】しちゅう　はこの中。南朝宋・謝恵連〔擣衣〕詩　紈素既に已に成る　君子、行きて未だ歸らず　裁つに笥中の刀を用ひ　縫うて萬里の衣を爲くる

↑笥笈　竹の書箱／笥金　笥中の金／笥餌　弁当／笥櫝　竹の箱／笥腹　博学

↓衣笥・葦笥・家笥・開笥・筐笥・篋笥・巾笥・経笥・匣笥・綵笥・在笥・簞笥・書笥・小笥・蔵笥・簞笥・竹笥・奠笥・嚢笥・発笥・負笥・服笥・文笥・薬笥

常【紫】　11／2190　シ　むらさき

篆文 　簡書 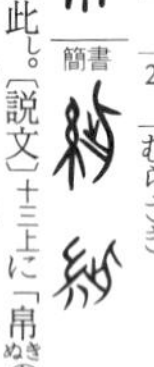

形声 声符は此。〔説文〕十三上に「帛の青赤色なるものなり」とあり、紫宸・紫禁など宮廷、また紫霞・紫微など神仙のことをいう語に用いる。間色の美しいものであるので、〔論語、陽貨〕に「紫の朱を奪ふことを惡む」という語がある。

訓義 [1]むらさき、青と赤との間色。[2]美しく神聖なものに用いる。

古訓 〔和名抄〕紫草　无良佐岐(むらさき)　〔名義抄〕紫　ムラサキ・ツ、ム

語系 紫・茈tzieは同声。茈は紫をそめるもので「むらさき」、小さな花を多くつけるので「群ら咲き」の意であろう。此には、細小なるものの意がある。茈の根を染料として、紫色に糸を染めるので、茈の声をとって紫という。

【紫衣】しい　紫色の衣。高貴の人、道・僧の徒が用いる。唐・鄭谷〔狄右丞に寄献す〕詩　勝を逐ひ閒を偸みて、杜陵に向ふ　僧を愛するも、紫衣の僧を愛せず

【紫雲】しうん　紫色の雲。瑞雲。〔南史、宋文帝紀〕景平の初、黑龍有り、西方に見ゆ。五色の雲之れに隨ふ。二年、江陵城上に紫雲有り。氣を望む者皆以爲へらく、帝王の符、當に西方に在るべしと。

【紫煙】しえん　紫色のもや。唐・盧照鄰〔長安古意〕詩　借問す、簫を吹いて紫煙に向ふを　曾經て舞を學んで、芳年を度りき

【紫霞】しか　紫のかすみ。仙界。唐・李白〔楊叛児〕詩　博山爐中、沈香の火　雙煙一氣、紫霞を凌ぐ

【紫閣】しかく　華麗な楼閣。また、天子・神仙・隠者などの居る所。唐・張籍〔紫閣隠者に寄す〕詩　紫閣、氣沈沈たり　先生、住む處深し

【紫気】しき　紫の雲気。〔晋書、張華伝〕斗牛の閒に、常に紫氣有り。～因りて樓に登りて仰ぎ觀る。(雷)煥曰く、僕之れを察すること久し～と。華曰く、是れ何の祥ぞと。煥曰く、寶劍の精、上天に徹るのみと。～煥、縣に到り、～一石函を得たり。～中に雙劍有り。

【紫宮】しきゅう　星座。紫微宮。また、天子・神仙の居る所。陳・沈炯〔太極殿の銘〕臣聞く、天に在りて象を成す、紫宮の昭著なる所以なり。地に在りて形を成す、赤縣、其の區宇に居ると。

【紫極】しきょく　天子の居所。唐・李白〔上皇、南京に西巡するの歌、十首、十〕詩　劍閣の重關、蜀の北門　上皇の歸馬、雲の若く屯す　少帝、長安に紫極を開き　日月を雙び懸けて、乾坤を照らす

【紫禁】しきん　王宮。紫禁城。唐・杜甫〔兵馬を洗ふ〕詩　青春復た冠冕に隨うて入り　紫禁正に煙花の繞るに耐へたり

【紫綬】しじゅ　紫色の印綬。高官が佩びる。唐・薛逢〔西川の杜司空の鎮に赴くを送る〕詩　黑眉玄髮、尚ほ依然たり　紫綬金章、五十年

【紫書】ししょ　詔書。また、道家の書。唐・李白〔嵩山の焦錬師に贈る〕詩　紫書、儻し傳ふべくんば　骨に銘して誓つて相ひ學ばん

【紫宸】ししん　天子の御殿。〔梁書、元帝紀〕(王僧弁奉表)紫宸(天子)曠位にして、赤縣(神聖の所)主無し、百靈聳動し、萬國回皇す(慌てる)。～岳牧(地方官)翹首し、天民累りに息く。

【紫清】しせい　大空。仙界。唐・張祜〔笛〕詩　紫清、人一管吹いて月堂の中に在り　雁は起つ、雪雲の夕　龍は吟ず、煙水の空

【紫髯】しぜん　赤茶色のひげ。胡人。唐・朱慶余〔羽林郎〕詩　紫髯の年少、恩を奉ずるの初め　直閤の將軍も盡く如かず

【紫泥】しでい　紫の印泥。詔書に用いる。唐・李白〔玉壺吟〕詩

鳳凰初めて下す、紫泥の詔 帝に謁し觴を稱げて、御筵に登る

【紫電】 紫色の電光。稲妻。また、鋭く美しいものを形容する。唐・王勃〔滕王閣の序〕騰蛟起鳳は孟學士の詞宗、紫電淸霜は王將軍の武庫。

【紫陌】 都大路。唐・賈至〔早に大明宮に朝して、両省の僚友に呈す〕詩 銀燭天に朝して、紫陌長し 禁城の春色、曉に蒼蒼たり

【紫微】 星座の名。天帝。また、天子の居。漢・王延寿〔魯の霊光殿の賦〕乃ち靈光の祕殿を立て、紫微に配して輔と爲す。

【紫磨】 上質の金。〔南史、夷貊上、海南諸国、林邑国伝〕夷人、金の精なる者を謂ひて陽邁と爲す。中國に紫磨と云ふ者の若し。

↑紫案 紫の机／紫闈 宮殿／紫宇 霊気／紫垣 紫微／紫苑 しおん／紫茄 なす／紫艾 紫艾色の綬／紫蓋 紫の車蓋／紫渙 詔書／紫館 仙宮／紫丸 仙薬／紫穹 青空／紫虚 青空／紫金 赤銅／紫空 そら／紫扃 王宮の扉／紫蕨 わらび／紫闕 宮闕／紫姑 かわやの神／紫狐 野狐／紫皇 神仙／紫羔 黒色の小羊／紫荇 あさざ／紫降 香の名／紫梗 生の漆／紫鉱 染料の名／紫誥 詔書／紫毫 兎毛の筆／紫閽 宮門／紫座 御座／紫菜 あまのり／紫塞 万里の長城／紫衫 軍服／紫盞 紫色の杯／紫芝 霊芝／紫志 あざ／紫室 仙人の居／紫筍 茶の名／紫岑 遠山／紫翠 宝石／紫石 紫の水晶／紫栴 紫檀／紫銭 こけ／紫蘇 しそ／紫苔 紫色の苔／紫台 仙人の居／紫籜 葭の芽／紫籜 竹の皮／紫闥 宮門／紫脱 瑞草の名／紫檀 したん／紫壇 祭壇／紫竹 寒竹／紫宙 空／紫庭 宮庭／紫的 蓮の実／紫殿 宮殿／紫都 帝都／紫糖 粗糖／紫藤 藤の花／紫洞 仙人の居／紫童 天帝の童／紫葩 紫の花／紫馬 くりげ／紫佩 紫の佩玉／紫貝 文具／紫妃 仙女／紫薇 百日紅／紫府 神仙境／紫服 高官服／紫氛 紫の雲気／紫粉 顔料／紫鼈 わらび／紫木 紫檀／紫密 仙薬／紫霧 紫色の霧／紫冥 大空／紫綿 海棠／紫陽 あじさい／紫騮 黒栗毛／紫燎 かがり／紫藟 藤かずら／紫暦 吉年

↓艶紫・亀紫・宮紫・金紫・蕨紫・紅紫・黒紫・賜紫・朱紫・筍紫・深紫・垂紫・青紫・浅紫・蒼紫・帯紫・奪紫・丹紫・沈紫・濃紫・佩紫・頒紫・緋紫・碧紫

【耜】 11 5797 ［枱］ 9 4396 シ すき

篆文 籀文

形声 声符は㠯。㠯は耜の象形。㠯はまた厶と同じ。耒を加えて耜とするが、耒は力（すきの形）を執る形。㠯は鍬状のすきである。〔説文〕六上に枱を正字とし、「耒の耑（端）なり」とし、鈶のほか籀文一字をそえる。枱の字形のうちに含まれる厶が本来の字形で、それで草を切り、耕すのである。

訓義 1すき、すきのさき。2すく、草を切り、土をおこす。

古訓 〔篇立〕耜 スキ・ウマクサ

語系 耜ziəは甾・菑tzhiəと声近く、菑は〔説文〕一下に「耕さざる田なり」とするが、〔爾雅、釈地〕に「田一歳なるを菑（菑）と曰ふ」とあり、初耕反草の地をいう。傳tzhiəも菑と同声で、ものを地中に挿しこむことをいう。〔説文〕六上に「枱は耒の耑（端）なり」とあって、先端の部分。耜は名詞、傳は動詞として用いる字である。

↓于耜・剡耜・県耜・故耜・傳耜・執耜・双耜・覃耜・長耜・耨耜・農耜・服耜・耒耜・略耜・良耜

【胔】 11 2122 ［骴］ 15 7121 シ

篆文

形声 声符は此。此に些少・細小の意がある。〔説文〕骨部四下に骴を出だし、「鳥獸の残骨を骴と曰ふ。骴は惡むべきなり」とし、「骴、或いは肉に從ふ」という。骨を主とすれば骴、肉を主とすれば胔となる。

訓義 1肉のついた骨、鳥獣の残骨。2くさった肉。3やせる、やむ。

古訓 〔名義抄〕胔 シ、ムラ

【胔骼】 骸骨。〔唐書、張仲方伝〕按ずるに（李）吉甫、多才多藝なりと雖も、側媚して容を取り、～賦を耗らし畜を殫くし、尸僵れ血流れ、胔骼岳を成す。～階禍の發くは、實に吉甫に始まる。

↑胔芥 腐胔／胔骸 尸体／胔腐 腐尸

↓曝胔・埋胔

常 【視】 11 3621 人［視］ 12 3621 シ みる しめす

篆文 古文 金文

形声 声符は示。示は祭卓の形。〔説文〕八下に「瞻るなり」と訓し、示声の字とし、古文二形を録する。また瞻字条四上に「臨み視るなり」とあり、神の降臨することをいう。示は祭卓の象で、視とは神意の示すところを見る意であり、ゆえに視にまた「しめす」の訓がある。〔詩、小雅、鹿鳴〕の〔箋〕に、「視は古の示の字なり」という。見も跪いて神意を拝する意の字で、また「しめす」の訓がある。

訓義 1みる、神意をみる、仰ぎみる、察する。2しめす、神意をしめす、心意をしめす。3気にかける、もてなす、おしえる、やしなう。4なぞらえる、ならう、指示の通りにする、のっとる。

古訓 〔名義抄〕視 ミル・ミユ・シメス・シム・ノゾム・ナゾラフ〔字鏡集〕視 アキラカナリ・ミル・シム・シメス・カタラフ・イノル・ナラフ・ナズラフ

語系 視zjiei、示djieiは声義近く、示は神卓の象。そこに神意が示され、視て察し、それになぞらうことを視という。

【視朔】 廟に朔を告げ、国内に暦を頒つ儀礼。〔左伝、僖五年〕春、王の正月辛亥朔、日、南至す。公既に朔を視、遂に觀臺に登り、以て望みて書す。禮なり。凡そ分至啓閉には、必ず雲物を書す。備への爲の故なり。

【視事】 政務を処理する。〔左伝、襄二十五年〕崔子、疾と稱して事を視ず。乙亥、（斉の荘）公崔子を問ひ、遂に（崔子の妻）姜氏に從ふ。～甲興る。公、臺に登りて請ふ。許さず。～遂に之れを弑す。

【視日】 日の早晩をみる。また、日をトう官。〔史記、陳渉世家〕周文は陳の賢人なり。嘗つて項燕の軍の視日と爲り、春申君に事ふ。

【視瞻】 みまわす。〔礼記、曲礼上〕戸に入るときは扃（門関）を奉ずるごとくし、視瞻回らすこと毋かれ。戸開けば亦た開き、戸闔づれば亦た闔づ。

【視草】 詔諭の稿を修正する官。〔明史、陳仁錫伝〕魏忠賢、邊功を冒し、旨を矯めて上公の爵を錫ひ、世券を給す。仁錫視草に當り、持して不可とす。其の黨、威を以て之れを劫かす。毅然として曰く、世に自ら視草の者有り、何ぞ必ずしも我のみならんやと。

【視息】 ものを見、息する。生きる。〔三国志、呉、周魴伝〕（牋七条、三）尙ほ視息すと雖も、憂惕焦灼す。未だ知らず、軀命竟に何れの時に在るかを。～常に危怖を抱く、其れ言ふべけんや。

【視聴】 見聞きすること。耳目。〔国語、周語下〕夫れ

君子は、目以て體を定め、足以て之れに從ふ。～其の君、會に在りて、歩言視聽、必ず皆謫無くんば、則ち以て德を知るべし。

【視養】気をつけて養う。〔漢書、張安世伝〕曾孫（衛太子の子）孤幼、視養拊循する所以、恩甚だ密なり。曾孫の壯大なるに及び、（安世の兄）賀、書を教へ詩を受けしむ。

【視流】視線が定まらない。〔左伝、成六年〕視ること流れ、行くこと速やかなり。其の位に安んぜず。宜ど久しきこと能はざらん。

↑視遠 遠く見る／視化 徳化／視覚 見る感覚／視学 学事視察／視撝 指揮する／視遇 待遇／視効 ならう／視候 お伺い／視察 実地を調査する／視眺 ながめる／視朝 朝政をみる／視篆 宮印を掌る。執務する／視陋 眼界が狭い

↓愛視・盈視・遠視・下視・遐視・芥視・駭視・愕視・闞視・監視・緩視・久視・仇視・仰視・凝視・近視・寓視・軽視・警視・検視・眩視・虎視・忤視・高視・衡視・傲視・坐視・察視・疾視・嫉視・斜視・収視・周視・重視・熟視・瞬視・巡視・循視・聳視・神視・診視・嗔視・正視・省視・清視・窃視・瞻視・側視・注視・長視・鳥視・聴視・直視・沈視・通視・睇視・諦視・敵視・展視・透視・俯視・平視・並視・蔑視・偏視・眄視・望視・傍視・無視・目視・默視・夜視・養視・鷹視・乱視

【趾】11 6111 シ あし あしゆび あしあと

形声 声符は止。止はあしゆびの形で、趾の初文。旧迹を址というのは、止の引伸義である。

訓義 ①あし、あしゆび。②あしあと、あしどり、あゆみ。③ねもと、下基、おわり。④止と通じ、止が初文。

古訓 〔新撰字鏡〕趾 足乃宇良（あしのうら）、又、久比々須（くびひす）〔名義抄〕趾 アシアト・フモト・アシノウラ・アトス〔字鏡集〕趾 アシノウラ・ホトリ・フモト・アト・ハギ・アシ・フム・アトス

語系 趾・止・址 tjiə は同声。止は足指の形を地に印するもので、趾はその繁文。址は旧迹をいう。また志 tjiə も同声。しるすものの意があり、識（識）tjiək もしるしすることをいう。

↑趾業 基業／趾甲 脚爪／趾錯 往来多し／趾踵 かかと／趾離 夢の神

↓下趾・岐趾・挙趾・玉趾・雞趾・交趾・艮趾・山趾・聖趾・接趾・旋趾・疏趾・足趾・退趾・台趾・断趾・坫趾・顚趾・発趾・歩趾・芳趾・滅趾・麟趾

【飤】11 8870 ［食］9 8073 シ ショク かて くらわす

篆文  甲骨文  金文 

会意 食（食）＋人。〔説文〕五下に「糧なり」とあり、〔玉篇〕に飼（飼）と同字とする。金文に飲食を「飲飤」としるしており、食器の前に人の坐する形で、食の初文とみてよい。〔王孫遺者鐘〕に「誨猷飤ま たず」とあって、食言・蝕食（虫くい）の意にも用いる。声義ともに食と同じ。

訓義 ①かて、めし、たべもの。②やしなう、はぐくむ、くらわす、くらう。

古訓 〔名義抄〕飤 カフ・クラフ・ハム・ノム〔字鏡集〕飤 ニケカム・カフ・クハフ

語系 飤・飼 zia は同声。食・蝕 djiak と声義近く、飤は名詞、食・蝕は動詞的に用いる。

↑飤食 たべもの／飤糧 食糧

↓飲飤

【啻】12 0060 シ まつり ただ

篆文 

会意 帝（帝）＋口。帝は上帝を祀る大きな祭卓の形。口は祝詞を納める器、𠙵の形。上帝の祭祀を禘といい、啻はその初文であるが、のち禘祀には禘を用い、啻は「ただ」という副詞にのみ用いる。卜文には禘祀の字に啻を用いている。啻はのち啇の形となり、嫡（嫡）の初文。上帝を禘祀しうるものは、上帝の嫡孫であることを要した。それで嫡・適（適）・敵（敵。匹敵の意）も啇に従う。適にも「ただ、まさに」の用法がある。〔説文〕二上に啻について、「語時、啻ならざるなり」とするが文意が明らかでなく、〔段注〕に「不啻」とは多い意であるという。また〔説文〕に「一に曰く、啻は諟なり。讀みて鞮の若くす」とあり、審諦の意があるという。

訓義 ①まつり。禘の初文。上帝を祭るまつり。字は啇となり、嫡・適・敵となる。②諟と通じ、ただす、おさめる。③適・翅と通じ、副詞、ただ。

古訓 〔新撰字鏡〕啻 志加乃三（しかのみ）〔名義抄〕啻 タゞ・オホシ・オホカリ・マタ〔篇立〕啻 コ、ロヨシ・タゞ・シカノミ・マタ

声系 〔説文〕に帝を束し声、啻を帝声とし、啻・啇を同声として適・敵・嫡・蹢・讁・擿（擿）を啻声とする。啇に正嫡の意と讁・擿の意とがあり、正嫡の意は祭天の禘祀の意を承け、讁・擿の意は擿つときの音の疑声語であろうと思われる。「不啻」の意にはまた翅・適を用いることがある。

語系 啻 sie、翅 sjie は声近く、副詞の「ただ」として通用する。適 tek も声近く、通用することがある。

↓何啻・奚啻・非啻・不啻・弗啻

【廁】12 0022 シ かわや ぶたごや まじわる

篆文 

形声 声符は則。則に側の意がある。〔説文〕九下に「清なり」とあり、清（清）とは圊をいう。「雑わる」意があり、〔釈名、釈宮室〕に「廁は雑なり。人の雑廁して、上に在るもの一に非ざるを言ふなり」とする。架上に並んで用を足す意で、古くからその形態であったのであろう。廁籌とは糞かきべら。インドの風が仏家によって中国にもたらされたのであるという。中国では、便所と豚小屋とは同一の場所を意味した。

訓義 ①かわや、かたわら、かたすみ。②ぶたごや。③雑と通じ、まじわる、まじる、まぜる。

古訓 〔和名抄〕廁 賀波夜（かはや）〔名義抄〕廁 カハヤ・マジハル・カサル・アツカル・ツキヌ

【廁溷】便所。〔帰田録、一〕（寇萊公）官を罷めて去りて後、人官舎に至る毎に、廁溷の間に燭涙の地に在り、往往にして堆を成すを見る。

【廁中】かわやの中。〔史記、呂后紀〕太后遂に戚夫人の手足を断り、眼を去り耳を煇き、瘖薬（声の出ない薬）を飲ませ、廁中に居らしむ。命けて人彘と曰ふ。

【廁牏】便器。明・帰有光〔陶節婦伝〕姑、痢を病む。六十餘日、晝夜側を去らず。時に尙ほ秋なるも暑穢聞くべからず。常に中裙を廁牏に取りて、自ら之れを浣洒す。

↑廁屋 便所／廁簡 くそかきべら／廁鬼 かわやの神／廁坐 列坐する／廁錯 ごたごたとならぶ／廁所 便所／廁牀 かわや／廁飾 かざる／廁神 かわやの神／廁圊 かわや／廁賤 雑役／廁足 足を頓てる／廁籌 廁簡／廁塡 投げこむ／廁竇 雪隠／廁列 列入する

↓陥廁・間廁・踞廁・夾廁・溷廁・錯廁・雑廁・上廁・圊廁・走廁・塞廁・置廁・涅廁・塗廁・投廁・牏廁・同廁・入廁・焚廁・屏廁

【弑】12 4394 ［弒］13 4394 シ しいす ころす

篆文 

形声 声符は式。式に払拭の意があり、邪気を祓うことをいう。〔説文〕三下に「臣、君

を殺すなり」とし〔易、坤、文言伝〕「臣、其の君を弑す」の文を引く。〔釈名、釈喪制〕に「弑は伺なり。閒を伺ひて、而る後施すことを得るなり」と伺・施の音を以て解する。施にも殺す意がある。正字は弑に作り、左偏は殺（殺）の従うところと同じく、呪霊をもつ獣の形。これを殴って、他から加えられている呪詛を共感呪術的に減殺することを殺という。またこれを払拭することを弑という。

訓義 1しいす（死す）、ころす、払拭し死滅する、君父を殺す、上の人を殺す。2内にあって殺すを弑、外よりするを戕という。殺はもと減殺の意。

古訓 〔名義抄〕弑　コロス

語系 弑 siə は死 siei、肆 siet、施 sjiai、屍 sjiei と声義に通ずるところがあり、同系の語である。

【弑虐】君父を殺す。〔後漢書、孔融伝論〕昔～鄭昌言へる有り。山に猛獣有る者は、藜藿（あかざ、まめのは）之れが為に採らずと。是こを以て孔父（孔子）、色を正して弑虐の謀を容さず。

【弑逆】君父を殺す。宋・欧陽脩〔春秋論下〕弑逆は大悪なり。其の罪為るや贖ふ莫く、其の人為るや容されず、其の法に在りてや、赦すこと無し。

↑弑戕　弑逆

↓放弑

【揣】 12 5202

篆文

シ　スイ　タ　タン
はかる

形声 声符は耑。耑は長髪の巫女が端坐する形であろうと思われ、そのような巫祝によってことを予測することを揣という。〔説文〕十二上に「量るなり。～高さを度かるを揣と曰ふ」とするが、試みる意があり、予量の意に用いる。揣摩して臆測することをいう。〔説文〕にまた「一に曰く、之れを捶つなり」とあり、〔玄応音義〕に、北人は揣、南人は揣の音でよむという。

訓義 1はかる、おしはかる、こころみる。2さぐる、他の意をおしはかる、ためす。3考える、定める。4おさむ、のぞく、とる。5捶・箠と通じ、うつ、うごかす。6摶と通じ、たたく、まろめる。

古訓 〔名義抄〕揣　ニギル・マロガス・ハカリ・ハカル・マコト・ウゴク・ヲサム〔字鏡集〕揣　ヲサム・ハカル・ニギル・ノゾク・トル・マロガス・コ丶ロミル・ワタル・ウゴク・コマカ・マコト

語系 揣 tshiuai と捶・箠 tjiuai は声近く、また椎・槌 diuai、檛 toai もみな力を加えて撃つ意がある。

【揣度】おしはかる。〔淮南子、人間訓〕凡そ人の事を擧ぐる、先づ其の知を以て規慮揣度し、而る後に敢て以て謀を定めざるは莫し。其の或いは利し或いは害する、此れ愚智の異なる所以なり。

【揣摩】人の心を推測して知る。〔戦国策、秦一〕乃ち夜書を發し、～太公陰符の謀を得、～簡練して以て揣摩を為す。～期年にして揣摩成る。

【揣量】おしはかる。唐・韓偓〔春陰独酌～〕詩　詩道揣量するに、疑ふらくは進むべし　宦情刓缺して、轉た多きこと無からん

↑揣丸　動かす／揣疑　推測する／揣合　迎合する／揣骨　骨相術／揣挫　くじく／揣策　推量する／揣事　推測する／揣食　団食／揣情　気持をはかる／揣切　探究する／揣説　揣摩する／揣占　予測する／揣測　推測する／揣知　おしはかる／揣分　分をわきまえる／揣摸　指摩する／揣与　給与／揣料　揣量する／揣練　推測を練る

↓陰揣・往揣・究揣・研揣・磨揣

【斯】 人 12 4282

篆文　金文

シ
さく　これ

会意 其＋斤。〔説文〕十四上に「析くなり」とし、其声とするが、声が合わず、また其は箕の初文であるから、斤を加うべきものではない。おそらく丌（机）の上にものを置き、これを析く意であろう。〔詩、陳風、墓門〕「墓門に棘有り　斧を以て之れを斯く」、また〔列子、黄帝〕「齊國を斯るること幾千萬里なるを知らず」のように用いる。指示代名詞としては、ものを強く特定する意があり、〔論語〕に「斯文」「斯の人」「斯の民」のようにいう。「斯須」は連語、「すなわち」のように副詞にも用いる。

訓義 1さく、わる、わける、はなつ。2澌と通じ、つきる。3斯と通じ、いやしい。4斯須、しばらく。5是・茲・此と通じ、代名詞、この、これ。また副詞、ここに、すなわち。

古訓 〔名義抄〕斯　コト〴〵ク・カク・シバラク・カクノゴトク・コレ・カ丶ル・コ丶ニ・マタ・ツクス・シロシ〔字鏡集〕斯　コノ・コレ・ヲル・カ丶ル・カクノゴトク・コト〴〵・シロシ・コトニ・シバラク・マタ・ツノル

語系 斯・澌 sie は同声。此 tsie、是 zjie、茲 tziə は声近く、近称の代名詞に用いるが、みな仮借の字。また析 syek は析離、斯の本義はこれに近い。

【斯須】しばらく。〔礼記、祭義〕禮樂は斯須も身を去るべからず。樂を致して以て心を治むるときは則ち易直、子諒（慈良）の心、油然として生ず。易直、子諒の心生ずれば、則ち樂しむ。

【斯人】この人。世の人。〔論語、微子〕鳥獣は與に群を同じうすべからず。吾れ斯の人の徒と與にするに非ずして、誰れと與にせん。

【斯道】聖人の道。〔孟子、万章上〕予れは天民の先覺なる者なり。予將に斯道を以て斯の民を覺さんとす。予之れを覺すに非ずして、誰ぞや。

【斯文】この道の伝統。〔論語、子罕〕子、匡に畏す。曰く、文王既に沒したれど、文茲に在らずや。天の將に斯文を喪ぼさんとするや、後死者は斯文に與かることを得ざらん。天の未だ斯文を喪ぼさざるや、匡人其れ予を如何せん。

【斯民】この民。〔論語、衛霊公〕子曰く、吾れの人に於けるや、誰れをか毀り誰をか譽めん。～斯の民や、三代の、直道を以て行ひし所なり。

↑斯役　廝役／斯学　この学／斯干　谷水／斯翬　きじ／斯禁　酒器の台／斯食　ことごとく食う／斯世　現世／斯薄　つまらぬ／斯養　廝養／斯濫　放縦

↓飲斯・詠斯・恩斯・瓦斯（ガス）・赫斯・勤斯・螽斯・波斯（ペルシャ）・微斯・斧斯

【痣】 12 0013

シ
あざ　ほくろ

形声 声符は志。志はしるし。

訓義 1あざ。2ほくろ。

古訓 〔字鏡集〕痣　黒子なり。ハ、クロ

↓紅痣・黒痣・紫痣・青痣・赤痣

【粢】 12 3790 ［餈］ 15 3773 ［饝］ 23 8072

シ　セイ
きび　しとぎ

篆文

形声 声符は次（次）。〔説文〕五下に正字を餈に作り、「稻餅なり」とし、別体として饝・粢の二文を録する。粢の字を用いることが多く、〔国語、周語上〕「上帝の粢盛」のように、神饌のものをいう。国語の「しとぎ」にあたる。〔周礼、春官、肆師〕に字を、「齍盛」に作り、齍が神饌をいう字であろう。粢はいねもちの

類をいい、粢糠・粢糲は粗末な食事の意である。

訓義 ①きび、また六穀の総称。②しとぎ、神饌に供する穀物、もちにしたもの。③斉（齊）と通じ、さけ、みき。

古訓 〔名義抄〕粢　シトキ／粢餅　シトキ　〔篇立〕粢　モチキビ・シトキ・アワ

【粢食】　神饌としてそなえる穀食。〔左伝、桓二年〕清廟は茅屋、～大羹（肉汁）は致さず、粢食は鑿げざるは、其の倹を昭らかにするなり。

【粢盛】　神饌としてそなえる穀物。〔礼記、表記〕天子親ら耕して粢盛・秬鬯（鬯酒）をつくり、以て上帝に事ふ。故に諸侯勤めて以て天子に輔事す。

【粢糲】　粟飯。粗食。〔史記、李斯伝〕堯の天下を有つや、堂の高さ三尺、～冬日は鹿裘、夏日は葛衣、粢糲の食し、藜藿の羹、土甒に飯らひ、土鉶に啜する。

↑粢餰　お供え／粢糠　粗末な食事／粢酌　酒／粢糈　お供えの米／粢醍　酒／粢餅　しとぎ／粢粱　あわ

↓馨粢・潔粢・餰粢・祭粢・黍粢・糈粢・倉粢・陳粢・稲粢・明粢・六粢・糲粢

【胾】　12　4325　シ　きりみ

篆文　金文

形声 声符は𢦏。〔説文〕四下に「大臠なり」とあり、大きな切身の肉をいう。骨つきを殽といい、〔礼記、曲礼上〕に「凡そ食を進むるの禮は、殽を左にし、胾を右にす」とみえる。〔儀礼、士虞礼〕に「胾四豆、左に設く」とするのは凶礼。肉の長さは尺二寸。その象形字である𠂤は、軍礼において用いる祭肉。胾は肉を裁制する意で、手頃の大きさにさばくことをいう。

訓義 ①きりみ、ししむら。②さかな。

古訓 〔新撰字鏡〕胾　宍无良曾也（ししむらぞや）〔字鏡集〕胾　シ、ムラ・サカナ

【胾羹】　肉のあつもの。〔詩、魯頌、閟宮〕秋にして載ち嘗（祭）し　夏にして楅衡（牛角のそえ木）す　白牡騂剛（犠牲）　犧尊將將たり（立派）　毛炰胾羹　籩豆大房（大俎）あり。

↑胾醢　肉の塩づけ／胾餌　食肉／胾炙　焼肉

↓割胾・牛胾・餚胾・羹胾・嘬胾・豕胾・炙胾・酒胾・羞胾・食胾・尺胾・俎胾・大胾・炮胾・羊胾・臠胾

【莿】　12　4492　シ　とげ

篆文

形声 声符は刺。〔説文〕一下に「茦なり」とあり、とげ。〔玉篇〕に「芒なり」とあり、のぎ。また刺と通用する。

訓義 ①とげ、のぎ。②刺と通じ、さす、そしる。③策と通用する。失莿。

古訓 〔新撰字鏡〕莿　平支（をぎ）

【菑】　12　4460　［甾］　13　4460　シ　サイ　あれた　たがやす　わざわい

篆文

形声 声符は甾。正字は甾に従い、上部は水災の象。〔説文〕一下に「耕さざる田なり」とし、重文として甾をあげる。〔詩、大雅、生民〕に「菑はひ無く害無し」、〔左伝、襄二十八年〕「其の菑患を救ふ」のように、多く災害の意に用いる。田土を墾らくことを菑畬という。

訓義 ①あれた、荒田。②たがやす、開墾した初年の田、草を枯らす。③たちがれ、たちがれの木。④災・烖と通じ、わざわい。

古訓 〔名義抄〕菑　アラタ・アラタハル・ウネ

語系 菑（甾）・甾・椔 tzhiə は同声。巛・災・灾・烖 tzə は声近く、水災・火災をいう。〔爾雅、釈地〕に「田一歳なるを菑と曰ふ」とあり、字が巛の形に従うのは、焼畑耕作の意であろうとする説がある。

【菑殃】　わざわい。災殃。〔管子、四時〕賊氣遬やかに至るときは、則ち國に菑殃多し。

【菑害】　わざわい。〔史記、秦始皇紀〕維れ二十九年、皇帝春游し、遠方を覽省す。～武威旁く暢のび、四極を振動す。六王を禽滅し、天下を闡幷す。菑害絶息し、永く戎兵を偃めん。

【菑患】　わざわいと、うれい。〔左伝、襄三十一年〕憂樂は之れを同じうし、事あれば則ち之れを巡り、其の知らざるを教へ、其の足らざるを恤れむ。賓の至ること歸するが如く、無寧ろ菑患あらんや。

【菑祥】　わざわいのきざし。〔史記、封禅書〕祝官に祕祝あり。卽し菑祥有るときは、輒ち祝祠（呪詛的な祈り）して、過を下に移す。

【菑畝】　開墾して初年の田畑。〔詩、小雅、采芑〕薄く言に芑を采る　彼の新田に　此の菑畝に

【菑畬】　開墾した田。初年を菑、三年を畬という。唐・韓愈〔符（愈の子）書を城南に読む〕詩　文章豈に貴からずや　經訓は乃ち菑畬なり

【菑癘】　天災悪疫などのわざわい。〔左伝、哀元年〕昔（呉王）闔閭～國に在りて、天に菑癘有れば、親ら孤寡を巡りて其の乏困を共し、軍に在りては、熟食すれば分ちて而る後に食ふ。

↑菑翳　枯死／菑禍　わざわい／菑虐　そこなう／菑実　立枯れの実／菑壌　開拓／菑新　新田／菑榛　茂み／菑人　菑民／菑然　わざわいのさま／菑民　難民／菑厄　災厄／菑栗　鋸で析く／菑沴　菑癘

↓東菑・発菑

【覗】　12　1661　シ　みる　うかがう

形声 声符は司。〔方言、十〕に、江北では見ることを覗というとみえる。司は祝禱の器である𠙵をひらいて、神意を伺いみることであり、その行為を覗という。伺と同義の字である。

訓義 ①みる、うかがう。②ぬすみみる、すきをうかがう。③伺と通用する。

古訓 〔篇立〕覗　ウカヾフ　〔字鏡集〕覗　サブラフ・ミル・ウカヾフ

↑覗機　機をうかがう／覗察　ひそかに観察する

【觜】　12　2122　シ　けづの　くちばし

篆文

形声 声符は此。此に細小なるものの意がある。〔説文〕四下に「鴟舊の頭上の角觜なり」とあって、梟の毛角をいうとし、「一に曰ふ、觜觿なり」という。また嘴の意にも用いる。鼻まがりを觜鼻という。

訓義 ①けづの、毛角。②角のとがった先。③くちばし。④嘴に通じ、みずわた。⑤とろき、二十八宿の一。

古訓 〔新撰字鏡〕觜　久知波之（くちばし）〔和名抄〕觜　久知波之（くちばし）〔篇立〕觜　クチハシ・コハシ・トリノハシ〔字鏡集〕觜　サトル・コハシ・スクフ・カクル・ツイバム・クチハシ

語系 觜・嘴 tziue は同声。嘴は後起の字で觜の繁文。鳥啄の字を別に柴に作ることもあるが、此・朿はともに声で、細くとがったものの意がある。觜が正字。鳥啄は角の形に近い。

【觜距】　くちばしと、けづめ。晉・張華〔鷦鷯の賦〕伊れ茲の禽の無知なる、何ぞ身を處することの智に似たる。～鵰鶚は其の觜距を介とし、鵠鷺は雲際に軼す。鵾鷄は幽險に竄かくれ、孔翠は遐裔に生く。

↑觜角　武器／觜觿　正覚坊／觜瞼　罵る語／觜爪

嘴と爪／訾頭 口才／訾鼻 鼻まがり、人を罵る語／訾吻 口さき

【訾】 12 2160 シ セイ そしる にくむ なげく

篆文

形声 声符は此し。此に細小なるものの意がある。〔説文〕三上に「意に稱はざるなり」とあり、〔詩、小雅、小旻〕「潝潝訿訿」の〔毛伝〕に「訿訿然として、上に稱ふことを思はず」とあるのによる。訾毀・訾怨など、人を譏刺することをいう。

訓義 1そしる、上をそしる、上の意にかなわない。2にくむ、うらむ、なげく。3咨と通じ、はかる、ああ。4疵と通じ、きず、やまい。5貲と通じ、もとで、たから。6なんぞ、なんすれぞ。

古訓 〔新撰字鏡〕訾 曾志留（そしる）〔名義抄〕訾 ハカル・ハカリゴト・カヽル・ソシル・アリ・オモフ・イサフ・ヤフル・イナフ〔字鏡集〕訾 オモフ・ハカル・アサケル・イサフ・ハカリゴト・キラフ・カギル・ソシル・イナフ・アリ・ヤブル

語系 訾・呰・𢭃・眥tzieは同声。疵dzieも声義が近い。呰二上は「苛なり」、𢭃十二上は「捽く」と訓する字。みな声義が近い。眥は目厓、眼をいからせる意。疵は病、そしり傷つける意がある。言を以てすることを訾という。

【訾毀】 そしる。〔三国志、呉、魯粛伝〕張昭、粛の謙下すること足らざるを非とし、頗る之れを訾毀して云ふ、粛、年少にして麤疎、未だ用ふべからずと。（孫）権以て意に介せず、益ゝ之れを貴重す。

【訾議】 非難する。〔塩鉄論、詔聖〕督師には白黒を知らずして善く言を聞き、儒者は世を治むることを知らずして善く訾議す。

【訾訾】 人をそしる。〔詩、大雅、召旻〕皐皐訾訾として 曾ち其の玷けたるを知らず 兢兢業業 孔だ塡しく寧からず 我が位孔だ貶つ

【訾省】 財物を治める。〔史記、五宗世家〕膠西于王端～爲す所滋ます甚だし。有司再び請ひて其の國を削る。～端、心に慍み、遂に訾省する無きが爲に、府庫壞漏し、盡く財物を腐らす。

【訾病】 そしり非難する。宋・欧陽脩〔御書閣記〕夫れ老と佛との學、皆世に行はるること久し。其の徒爲たる者、常に相ひ訾病すること、世に相ひ容れざるが若し。二家の說、皆吾が儒に斥けらる。

【訾厲】 悪疾にかかる。〔管子、入国〕所謂振困とは、歳凶にして、庸人訾厲し、死喪多きときは、刑罰を弛くし、有罪を赦し、倉粟を散じて、以て之れを食ふ。

↑訾怨 怨む／訾貨 財産／訾咎 尤め／訾給 資給／訾行 疵行／訾黄 神馬／訾嗸 そしる／訾算 家財／訾食 好き嫌い／訾然 柔弱／訾相 はかる／訾粟 粟を量る／訾短 そしる／訾程 程限／訾薄 軽んずる／訾美 毀誉／訾富 とみ／訾用 財用／訾養 養う

↓怨訾・毀訾・譏訾・高訾・詬訾・指訾・沮訾・詆訾・難訾・非訾・誹訾・謗訾・面訾

【詞】 常 12 0762 シ ことば つげる

篆文

形声 声符は司し。司は祝禱の器（𠙵）をひらき、神意を伺い覗る意で、その祝禱の辞を詞という。〔説文〕九上に「意、内にして、言、外なり」とし、字を会意とする。〔説文〕は司を「臣にして事を外に司る者なり」としており、詞を臣が言を外に宣べる意としたのであろうが、司・詞は伺・覗とともに、もとみな祝禱に関する語である。〔楚辞、離騒〕「重華（舜）に就きて詞を陳べん」というのは祝詞、それが字の原義に近い用法である。

訓義 1ことば、いのることば、つげる、つげ訴える。2ねがう、ちかう。3いう、はなす。4嗣と通じ、つぐ。5歌謡曲の辞、詩余。

古訓 〔名義抄〕詞 コトバ・マツリ／祝詞 ノトコト・ハラヘリ〔字鏡集〕詞 コトバ・マツリ・シラベ

語系 詞・辭（辞）・祀ziəは同声。辭は𤔔（糸かせの乱れた糸）を辛で解きほぐすように、神に「辭と別きて」訴え申す意で、そのことばを詞・辭といい、その祭る行為を祀という。

【詞意】 ことばの意味。唐・韋応物〔崔都水に答ふ〕詩 同心、宴に在らず 罇酒徒だ前に盈つ 君が陳迹の遊を覽るに 詞意倶に悽妍なり

【詞客】 詩人。唐・王維〔偶然の作、六首、六〕詩 宿世、詞客に謬らるるも 前身は應に畫師なるべし 餘習を捨つること能はず 偶ゝ世人に知られたり

【詞格】 ことばの格調。〔宋史、隠逸上、魏野伝〕詔して曰く、～故陝州の處士魏野、儒素に服膺し、意を篇章に刻す。顧ふに詞格の清新は、士流に推許せられ、能く淳古の行を篤くして、肥遯（隠逸）の風を慕ふ。

【詞業】 詩文を作るわざ。〔宋史、洪遵伝〕母亡す。～既に葬る。兄弟僧舍に即きて詞業を肄ひ、夜枕するも衣を解かず。

【詞芸】 文学や技芸。〔宋史、孫何伝〕何、名教を樂しみ、勤めて士類に接す。後進の詞藝有る者、必ず爲に稱揚す。然れども性褊急にして、物を容るること能はず。

【詞采】 ことばの美しさ。〔詩品、上、魏の陳思王植〕其の源は國風より出づ。骨氣奇高、詞采華茂なり。情は雅怨を兼ね、體は文質を被る。

【詞章】 詩文。唐・韓愈〔柳子厚墓誌銘〕閑に居りて益ゝ自ら刻苦し、記覽に務め、詞章を爲る。汎濫停蓄、深博にして涯涘無きを爲す。

【詞場】 文壇。唐・趙嘏〔李秘書に贈る〕詩 芸閣（書斎）を將て科第（科挙）を輕んずること莫れ 須らく詞場第一人と作るべし

【詞人】 詩人。梁・昭明太子〔文選の序〕詞人才士は、則ち名は縹嚢（書物袋）に溢れ、飛文染翰は、則ち卷は緗帙（書帙）に盈ちたり。

【詞宗】 詩文の大家。〔梁書、任昉伝〕昉、雅より善く文を屬る。尤も載筆（文章）に長じ、才思窮り無し。當世王公の表奏、請はれざる莫し。～沈約は一代の詞宗、深く推挹する所なり。

【詞藻】 文彩ある詩文。〔北斉書、祖珽伝〕珽、神情機警、詞藻遒逸なり。少くして令譽を馳せ、世の推す所と爲る。

【詞致】 ことばの趣。〔隋書、蘇夔伝〕少くして聰敏、口辯有り。～十四、學に詣り、諸儒と論議するに、詞致觀るべし。見る者善しと稱せざる莫し。

【詞賦】 辞賦の類。唐・李白〔江上吟〕詩 屈平が詞賦は日月を懸け 楚王の臺榭、空しく山丘

【詞林】 詩文の集。文壇。梁・昭明太子〔晋安王に答ふる書〕墳史（三墳、史書）を殺核とし、詞林に漁獵す。～孝友忠貞の跡を見、治亂驕奢の事を覩、以て自ら慰むるに足り、以て自ら言ふに足る。人師益友、森然として目に在り。

↑詞掖 翰林／詞苑 翰林／詞垣 翰林／詞筵 文雅の席／詞華 文藻／詞海 詩文／詞翰 詩文／詞曲 唱いもの／詞兄 文友／詞契 詞兄／詞傑 詞の作家／詞言 ことば／詞旨 詞の趣／詞訟 訴訟／詞状 口述書／詞臣 文学の臣／詞曹 翰林／詞壇 文壇／詞調 曲調／詞伯 文豪／詞府 詞林／詞鋒 鋭い表現／詞話 詞の評論

↓哀詞・歌詞・雅詞・宮詞・曲詞・作詞・詩詞・寿詞・祝詞・序詞・小詞・賞詞・誓詞・占詞・致詞・通詞・動詞・比詞・品詞・副詞・

芳詞・報詞・褒詞・名詞・雄詞

【貲】 12 2180 シ あがなう あたい

篆文 

形声 声符は此し。此に細小なるものの意がある。〔説文〕六下に「小罰、財を以て自ら贖ふなり」とみえ、また漢律において、徭役に代えて貲銭二十二を支払うという規定をあげている。貲財・貲産のように用いるのは、資(資)との通用義である。

訓義 ①あがなう、罪をあがなう、贖銭を出してあがなう。②あたい、ねうち。③資と通じ、たから、もとで。

古訓 〔名義抄〕貲 タカラ・ウタ・ツク・ツキヌ・カヘス・ハカリ・サイミ 〔字鏡集〕貲 ハカル・ツクス・カヘル・タクハフ・ウク・ツク・サヨミ・キヌ・カヘス・タカラ

語系 貲tsie、資tziei は声義近く、通用することがある。

【貲財】(しざい) 資財。財産。〔後漢書、陳蕃伝〕竇武何の功あつて、兄弟父子、一門三侯となる。又多く掖庭の宮人を取り、樂を作なして飲讌す。旬月の閒、貲財億もて計る。大臣此かくの若ごとし。是れを道と爲すか。

【貲産】(しさん) 資産。〔後漢書、劉盆子伝〕(呂母の)子、縣吏と爲り、小罪を犯し、宰、之れを論殺す。呂母宰を怨み、密かに客を聚む。~母の家素もとより豐かにして貲産數百萬あり。乃ち~刀劍衣服を買ひ、~數年、財用稍やうやく盡く。

【貲郎】(しろう(らう)) 財貨を納いれて郎官となる。〔史記、司馬相如伝〕藺相如りんしやうじよの人と爲りを慕ひて名を相如と更かふ。貲を以て郎と爲り、孝景帝に事つかへて武騎常侍と爲るも、其の好みに非ざるなり。

↑貲家 財産家/貲課 賦税/貲給 資助/貲業 営業/貲計 はかる/貲罄 財が尽きる/貲戸 富家/貲壌 田土/貲積 蓄財/貲蔵 財物/貲蓄 貯え/貲貯 蓄財/貲贖 賠償する/貲嚢 財布/貲布 麻布/貲幣 財用/貲簿 出納簿/貲用 財用/貲養 養う/貲力 資力/貲奩 嫁入道具

↓家貲・高貲・算貲・重貲・増貲・息貲・長貲・入貲・納貲・余貲

常 【歯】 12 【齒】 15 2177 シ はきば よわい たぐい

篆文 

古文 

甲骨文 

金文 

形声 声符は止し。卜文には声符を加えず、象形。〔説文〕二下に「口の斷骨なり。口齒の形に象る」という。卜辞に歯の疾をトするものがあり、また齒に虫を加えた齲むし歯を示す字がある。歯によって獣畜の年を知りうるので齢(齡)といい、老いて徳の成就することを歯徳という。

訓義 ①は、きば。②よわい、とし、年齢。③としをかぞえる、としがならぶ、順序づける、たぐいする、たぐい。

古訓 〔和名抄〕歯 波(は) 〔名義抄〕歯 ハ・ヨハヒ・ハクキ・ツラナル・カゾフ・ツクル 〔字鏡集〕歯 カゾフル・ソナハル・ハクキ・ハ・トシ・ヨハヒ・マジフ・アタル・ムカハ

語系 齒thjiə は矢sjiei、肆siet と声の通ずるところがあり、みな矢陳(ならぶ)の意がある。

【歯位】(しい(ゐ)) 年齢による序列。〔周礼、地官、党正〕國、鬼神を索もとめて祭祀する(十二月の大蜡たいさ)ときは、則ち禮を以て民を屬あつめ、酒を序(郷校)に飲み、以て齒位を正す。

【歯牙】(しが) 歯と牙。歯牙にかけ、問題とする。〔史記、叔孫通伝〕此れ特ただ群盜・鼠竊そせつ(こそ泥)・狗盜のみ。何ぞ之れを齒牙の閒に置くに足らん。

【歯角】(しかく) 象牙や鹿角など。〔周礼、地官、角人〕時を以て齒角、凡そ骨物を山澤の農に徵し、以て邦賦の政令に當あたることを掌る。

【歯豁】(しかつ(くわつ)) 歯が抜けてがらがら。唐・韓愈〔進学解〕冬煖かなるも兒は寒に號なき、年豐かなるも妻は饑うゑに啼なく。頭は童(禿)に、齒は豁に、竟ついに死して何の裨たすけかあらん。此れを慮おもんばかることを知らずして、反かへつて人を教ふることを爲さんや。

【歯断】(しぎん) 歯ぐき。〔旧唐書、方技、張果伝〕左右に命じて、鐵如意を取り齒を擊ち墮おとさしめ、帶に藏す。乃ち懷中より神仙の藥を出だす。微紅なり。墮齒だしの斷に傅つく。復また寐いぬること良や久しくして、齒皆出づ。粲然として潔白なり。玄宗方はじめて之れを信ず。

【歯決】(しけつ) 歯でかみ切る。〔礼記、曲礼上〕濡肉は齒決す。乾肉は齒決せず。炙を嘬さい(一口)すること毋なかれ。

【歯杖】(しじょう(ぢやう)) 七十歳にして天子より賜う杖。王杖。唐・柳宗元〔霊寿木を植う〕詩 蹇連けんれん衰朽し易し 方まさに剛にして經營を謝す 敢て齒杖を賜ふことを期せんや 聊いささか且しばらく孤莖を移す

【歯徳】(しとく) 年齢と徳行。〔孟子、公孫丑下〕天下に達尊三有り。爵一・齒一・德一なり。

【歯髪】(しはつ) 歯と髪。多く衰老にいう。宋・陸游〔昼睡〕詩 我年七十に垂なんなんとし 齒髮日に變遷す 初め金丹の術無し 何を以てか飛仙を追はん

↑歯革 象牙と犀皮/歯旧 永年/歯屐 あしだ/歯撃 恐れ震う/歯剣 刺殺する/歯垢 歯糞/歯坐 年齢順の席/歯算 年齢/歯次 年齢順/歯疾 歯の病/歯質 象牙質/歯宿 老人/歯舌 取沙汰/歯族 一族の年齢順/歯朶 しだ/歯長 年長/歯朝 朝列/歯痛 歯いた/歯吻 口先/歯薬 歯の薬/歯力 年齢と体力/歯輪 歯車/歯冷 冷笑する/歯歴 年齢/歯列 歯なみ/歯録 収録/歯論 口頭の論

↓齲歯・牙歯・丱歯・含歯・雁歯・耆歯・毀歯・臼歯・鋸歯・玉歯・金歯・駒歯・啓歯・屐歯・撃歯・虎歯・皓歯・黒歯・齧歯・児歯・漆歯・嚼歯・序歯・尚歯・笑歯・讓歯・唇歯・切歯・折歯・楔歯・舌歯・染歯・素歯・壮歯・漱歯・穉歯・髫歯・涅歯・乳歯・年歯・馬歯・髪歯・牡歯・没歯・門歯・羊歯・落歯・冷歯・厲歯

【嗜】 13 6406 シ たしなむ このむ

篆文 

形声 声符は耆し。〔説文〕二上に「喜びて之れを欲するなり」(段注本)と喜・嗜の畳韻を以て訓するが、必ずしも喜悦の意があるわけではない。耆はおそらく老と旨の会意字で、老いて旨しとするもの。それに口をそえて嗜好の意としたのであろう。もと飲食についていう語であるが、〔孟子、梁恵王上〕「人を殺すことを嗜このまざる者」のように、広く好悪の意に用いる。

訓義 ①たしなむ、飲食したいとおもう。②このむ、ふける。

古訓 〔名義抄〕嗜 タシフ・タシナム・フクム・フ、ム・アヂハフ・フケル・オモネル・ムサボル・コノム・マナブ

【嗜玩】(しがん(ぐわん)) 手遊び。道楽。〔後漢書、皇后上、光烈陰皇后紀〕后、位に在りて恭儉、嗜玩少なし。笑謔を喜ばず。性仁孝にして矜慈きようじ多し。

【嗜好】(しこう(かう)) このみ。〔抱朴子、至理〕夫それ圓首含氣(人)、孰たれか生を樂しみ死を畏れざらんや。~豈に能く交はりを棄て除ほときを修め、嗜好を抑遺して目下の近欲を割き、成し難きの遠功を修めんや。

【嗜酒】(ししゅ) 酒好き。唐・杜甫〔江外の草堂に寄題す〕詩 我が生、性放誕はうたん 雅もとより自然に逃れんと欲す 酒を嗜このみて風竹を愛し 居をトすれば必ず林泉あり

【嗜書】(ししょ) 書物好き。〔唐語林、文学〕宣宗、書を嗜む。~退

朝する毎に、必ず獨り内に坐して書を觀る。～禁中、上を謂ひて老儒生と爲す。
【嗜爪】げてもの食い。〔負喧雑録、性嗜〕長慶（唐）の末、前の福建院權長孺、事を犯し、廣陵に流滯す。～人爪を嗜むの癖有り。～酒酣にして、～遂に裹つむ所の人爪を以て奉上す。長孺之れを視て欣然、～連りに撮りて之れを啖らふ。
【嗜癖】度をこしたこのみ。元・袁桷〔善之の雑興に次韻す、三首、三〕詩 嗜癖、書賈と成り 身窮して筆耕に付す
【嗜欲】このみ。〔礼記、王制〕五方の民、皆性有り、推し移すべからず。～言語通ぜず、嗜欲同じからず。其の志を達し、其の欲を通ず。
↑嗜愛 好む／嗜音 音楽好き／嗜痂 痂食い／嗜学 学問好き／嗜義 義を好む／嗜古 好古／嗜財 財貨を好む／嗜殺 残虐を好む／嗜尚 好尚／嗜寢 むさぼり眠る／嗜僻 好みの癖／嗜眠 眠たがり／嗜茗 茶好き／嗜誤 おもねる／嗜慾 嗜欲／嗜利 貪欲
↓愛嗜・甘嗜・酷嗜・情嗜・食嗜・神嗜・絶嗜・耽嗜・貪嗜・騁嗜

常 **【嗣】** 13 6722 シ つぐ よつぎ

篆文 古文 金文

会意 司＋口（𠙵）＋冊。司は祝禱の器（𠙵）をひらいて神意を伺う意。冊は冊祝して神に告げる意。嗣続の大事を以て神意を問うものであろう。〔説文〕二下に「諸侯、國を嗣ぐなり」という。金文には司、また𤔲をその義に用い、〔宗周鐘〕「我隹これ司ぎて皇天王に配す」、〔伯晨鼎〕「乃の祖考を𤔲ぐ」、〔大盂鼎〕「珷（武）王に在りて、玟（文）に嗣ぎて邦を作こしたまへり」などの例がある。

訓義 ①つぐ、後をつぐ、位につく。②よつぎ、あとつぎ、ひきつぐ。③次につづく、あたらしい。

古訓 〔名義抄〕嗣 ツギ・ツグ・ナラフ 〔字鏡集〕嗣 フカシ・ナラフ・ニナフ・ツギ・マツリゴト・ツグ
語系 嗣 zia、司 sia は声近く、古くは司を用いた。𤔲は文献にみえないが、嗣の初文とみてよい。

【嗣位】位をうけつぐ。〔書、舜典序〕虞舜、側微なり。堯之れが聰明なるを聞き、將に位を嗣がしめんとし、諸難に歴試す。

【嗣音】音信をつづける。〔詩、鄭風、子衿〕縱ひ我往かざるも 子寧ぞ音を嗣がざる
【嗣徽】立派な徳や事業を承けつぐ。〔宋書、王敬弘伝〕先帝、臣を蠻荊の域に抜き、賜ふに國士の遇を以てす。陛下徽を嗣ぎ、特に眷齒を蒙る。

【嗣響】先人の業績をつぐ。〔宋書、謝霊運伝論〕夫の平子（張衡）の艶發の若きは、文、情を以て變ず。絶唱高蹤、久しく嗣響無し。

【嗣君】あとつぎ。新しい即位者。〔左伝、成十八年〕公、晉に如くとは、嗣君に朝するなり。

【嗣歳】来年。明年。宋・蘇轍〔使を契丹に奉ず、二十八首、莫州通判劉涇の韻に次す、二首、一〕詩 我に約して一樽、嗣歳を迎へんとす 君を三館（文学の三館）に待つこと、已に多時なり
【嗣子】あとつぎ。〔礼記、曲礼下〕君大夫の子は、敢て自ら稱して余小子と曰はず。大夫士の子は、敢て自ら稱して嗣子某と曰はず。

【嗣事】ことを嗣ぐ。〔左伝、襄十九年〕（晉の）荀偃～卒す。而ほ視る。含がず（口に含玉を入れる）べからず。～乃ち復た之れを撫して曰く、～事を齊に嗣がざる所の者あらば、河の如き有らん（河神も照覧あれ。盟辞）と。乃ち瞑して含を受く。

【嗣守】先人の業をつぎ守る。〔晉書、慕容超載記〕苟し時運未だ可ならずば、上智も謀を輟む。今陛下、成規を嗣守し、宜しく關を閉し士を養ひ、以て賦釁（すき）を待つべし。

【嗣続】あとをつぐ。〔梁書、儒林、范縝伝〕浮屠（仏）政を害し、桑門俗を蠹る。～家家其の親愛を棄て、人人其の嗣續を絶つ。兵をして行間に挫け、吏をして官府に空しからしむるを致す。

【嗣服】職事をつぐ。〔旧唐書、徳宗紀上〕上、奉天の行宮に在りて朝賀を受く。詔して曰く、～朕れ不構（大業）を嗣服し、萬邦に君臨す。宗祧（廟）を守るを失ひ、越に草莽に在り。～誠に既往を追ふ莫し。～將來に復すること有るを期す。

【嗣立】位をつぐ。〔国語、晉語九〕景子の公宮に長ずるに及びては、未だ教訓に及ばずして嗣立す。亦た能く其の身を纂修して、以て先業を受く。

↑嗣育 養育する／嗣卿 卿をつぐ／嗣継 継嗣／嗣後 以後／嗣公 あとつぎ／嗣功 嗣業／嗣興 ついで興る／嗣纂 あとをつぐ／嗣日 休日なし／嗣爵 襲爵／嗣主 嗣君／嗣襲 位をつぐ／嗣述 紹述する／嗣承 承継／嗣紹 うけつぐ／嗣人 後継者／嗣聖 聖をつぐ／嗣息 あとつぎ／嗣適 嫡子／嗣武 つづく／嗣芳 美をつぐ／嗣法 伝法／嗣臨 即位／嗣暦 王位継承
↓遺嗣・遠嗣・王嗣・家嗣・義嗣・係嗣・継嗣・広嗣・後嗣・皇嗣・国嗣・守嗣・承嗣・聖嗣・孫嗣・嫡嗣・儲嗣・冢嗣・追嗣・天嗣・伝嗣・不嗣・法嗣・末嗣・令嗣

【嗤】 13 6203 シ わらう

形声 声符は蚩。蚩に愚かの意がある。〔玉篇〕に「笑ふ皃なり」とみえ、人を嘲笑し、冷罵することをいう。

訓義 ①わらう、あざわらう、そしる。②わらうさま。

古訓 〔新撰字鏡〕嗤 阿佐介留（あざける）、又、曾志留（そしる）、又、和良不（わらふ）〔名義抄〕嗤 アサケル・ワラフ・ソシル・タハフル・キラフ・アサムク 〔篇立〕嗤 ワラフ・アザケル・タハフル・キラフ・ツミ・ソシル・カロム・アザワラフ・ワラヒ
【嗤駭】あざ笑う。〔三国志、呉、三嗣主、孫休伝、裴松之注〕休、令の犯し難きを欲し、～無況の字を造り、不典の音を制す。明詔に前脩に違ひ、嗤駭を後代に垂る。亦た異ならずや。是こを以て墳土未だ乾かずして妻子夷滅せらる。

【嗤翫】笑いものにする。〔北史、魏収伝〕邪輪なる者は、～愚癡なること名有り。好んで自ら市肆に入り、高價にて物を買ふ。商賈の共に嗤翫する所なり。

【嗤笑】あざ笑う。明・方孝孺〔鄭叔度に与ふる書、八首、二〕少にして壯なる者、復た經術有るを知らず、～好學の者有るを聞けば、則ち嗤笑排謗して、之れを迂惑なりと謂ふ。

【嗤詆】あざけりそしる。〔顔氏家訓、勉学〕世人の書を讀む者、但だ能く之れを言ふも、之れを行ふこと能はず。～軍國の經綸、略ぼ施用無し。故に武人俗吏の共に嗤詆する所と爲る。

【嗤鄙】わらい鄙しむ。〔梁書、何敬容伝〕敬容、久しく臺閣に處り、舊事を詳悉す。～晉宋より以來、宰相皆文義もて自ら逸す。敬容獨り庶務に勤め、世の嗤鄙する所と爲る。～敬容之れに處ること初めの如し。

↑嗤怪 怪しむ／嗤戲 戯弄する／嗤斬 はずかしめる／嗤嫌 怪しむ／嗤嗤 嘲笑する／嗤誚 そしる／嗤黜 しりぞける／嗤鼻 鼻で笑う／嗤累 欠点
↓見嗤・自嗤・取嗤・笑嗤・常嗤・人嗤・窃嗤・嘲嗤・追嗤・点嗤・謗嗤

【塒】 13 4414 シジ ねぐら

篆文 

形声 声符は時。〔説文〕十三下に「雞、垣に棲むを塒と爲す」とあり、とぐらをいう。〔爾雅、釈宮〕に「雞、弋(留り木)に棲むを桀と爲し、垣を鑿ちて棲むを塒と爲す」とみえる。

訓義 ①ねぐら、とぐら、とや。②字は、また時に作る。

古訓 〔名義抄〕塒 トグラ

↑塒雞 とぐらの雞／塒圏 鳥獣のおり

↓雞塒・棲塒・雉塒

【媸】 13 4243 シ みにくい

形声 声符は蚩。蚩は虫の名、蚩蚩は愚か。愚かの意を承けて、愚かで醜いものをいう。〔史通、史官建置〕に「向きに世に竹帛無く、時に史官を缺かしめば、～則ち善惡分たず、姸媸永く滅びん」とみえる。

訓義 ①みにくい。②おろか。③あなどる。④みだら。

【媸姸】 美醜。唐・張彦遠〔法書要録、梁中書侍郎虞龢、論書表〕美惡を題勒し、媸姸を指示す。點畫の情、昭として蒙を發くが若し。

↓姸媸・衆媸

【寘】 13 3080 シ おく いたす すてる

篆文 詛楚文 

会意 宀+眞(真)。宀は廟屋。眞は顚死者の象。いわゆる「道殣」(行き倒れ)。道殣は呪霊の甚だ強いものであるから、鄭重にこれを葬った。その埋葬することを「寘く」という。〔説文新附〕七下に「置くなり」とするが、物を置くのではない。祭るために寘くのであるから、また音通を以て示を用いることがあり、〔中庸、十九〕に「其れ諸れを掌に示くが如きか」という。殣もまた、道殣を墐塗して、その霊を謹み慰めることをいう。

訓義 ①おく、安んずる、霊を安んずる。②いたす、おさめる、みたす。③すてる、いれる。④また、示に作る。

古訓 〔名義抄〕寘 ハルカナリ・カクル・オカヌカ・オク 〔字鏡集〕寘 ヨル・カナフ・サムシ・サタシ・ハルカニ・フカシ・クラシ・ハルカ・ヲク・タヽ・クサノフカキナリ

語系 寘tjiek、示djiei は声近く、示は祭卓の象。礼物をおくところである。置tjiak も寘と声義が近い。

【寘懐】 懐に入れる。親しみ愛する。〔宋書、臧質伝〕何文敬、趨走厮養するも、天性愚狡なり。質、其の姦諂に迷ひ、懷に寘き委付す。遂に外に威刑を擅にし、内は房室に遊ぶ。

↑寘耳 耳を傾ける／寘酒 置酒／寘身 安身／寘念 心におく／寘力 尽力する

↓移寘・援寘・誤寘・匣寘・私寘・収寘・召寘・補寘・誘寘・録寘

【滓】 13 3314 シ おり にごる かす

篆文 

形声 声符は宰。〔説文〕十一上に「澱なり」とあり、水底に沈澱した泥などをいう。宰の声は茲に近く、茲には黒の意がある。〔釈名、釈采帛〕に「泥の黒き者を滓と曰ふ」とあり、〔説文〕緇字条十三上に、黒色の帛をいうとする。滓・茲・緇は、声義の通ずる字である。

訓義 ①おり、水底の沈澱物。②にごる、にごり、けがれ。③くろい、くろくけがれたもの。④かす、汁をのぞいた残り。

古訓 〔名義抄〕滓 カス・シタム・ヨド・シル・アタラシ・ケガル 〔字鏡集〕滓 ヨド・カス・シル・トヾム・ケガル・カスシル・コマヤカナリ・シタム・アタラシ

語系 滓tzhiə、茲・滋(滋)tziə は声近く、みな黒の意がある。緇tzhiə も声近く、同系の語であろう。

【滓濁】 にごりけがれる。〔顔氏家訓、帰心〕氣體は輕浮、當に天と合すべし。～地は既に滓濁なり。法、應に沈厚なるべし。

【滓穢】 けがれ。〔世説新語、言語〕庾公(亮)、周伯仁(顗)に造る。伯仁曰く、君何の欣説する所ありて忽ち肥えたると。庾曰く、君復た何の憂慘する所ありて忽ち痩せたると。伯仁曰く、吾れ憂ふる所無し。直だ是れ清虚日に來り、滓穢日に去るのみと。

↑滓韻 悪詩／滓盂 水こぼし／滓汚 けがれ／滓淤 汚泥／滓垢 汚垢／滓泥 へどろ／滓澱 おり／滓秕 かす／滓方 茶器／滓累 罪過

↓査滓・酒滓・汁滓・潤滓・塵滓・清滓・澄滓・泥滓・銅滓

【獄】 13 4323 シ うかがう

篆文 金文 

会意 二犬+匝。二犬は獣牲。獣牲を供えて獄訟のことを行う。匝にはまた茝・洍の声があり、声符とも考えられるが、獄の造字法からいえば、匝は意符であると思われる。匝は姫(姫)・配の字から知られるように乳房の形。ただ獄の金文の字形は匝と異なり、その形象の意は知られない。〔説文〕十上に「司空なり」とあり、古く司工といい、百工のことを司る。また〔玉篇〕に「察するなり」とあり、獄事を伺察することを原義とする字である。〔段注〕に〔説文〕の「司空なり」を「伺なり」の誤りとする。ただ〔玉篇〕に「獄は獄を辨ずる官なり」とあるように、字は獄事を伺察する意であろう。二犬を用いるのは、古く神判に二羊を用いるのと同じである。

訓義 ①うかがう、獄事を伺察する。②獄官。

入

【獅】 13 4122 シ しし

形声 声符は師。獅子の字に用いる。〔玉篇〕に「猛獸なり」とあり、〔爾雅、釈獣〕に狻麑というもので、虎豹を食う猛獣であるという。漢の順帝のとき、疎勒王がこれを献じた。〔穆天子伝、一〕に「狻猊～走ること五百里」というのは、事実に合わない。その声は雷のごとく、一吼するごとに百獣が辟易するので、獅子吼という。高僧の占める座を獅子座といい、その説法を獅子吼という。また妻が夫に向かって悪罵することをいう。

訓義 ①しし、ライオン。

【獅吼】 獅子吼。仏教で、邪説を論破することをいう。唐・劉禹錫〔鴻挙の江西に遊ぶを送る〕詩 師と相ひ見て便ち空を談ず 想ひ得たり、高齋に獅子吼するを

↑獅猴 猿の一種／獅虫 獅子身中の虫

↓金獅・毛獅

【肆】 13 7570 ［肆］ 15 7573 シイ つらねる みせ ほしいまま

篆文 金文 

会意 正字は肆に作り、镸+隶。镸は髟、長髪のものをいう。肆はその獣尾をもつ形。獣尾をとらえることを逮(逮)という。隶は手が尾に及ぶ意。字の構造は隷と似ており、隷は呪霊のある獣を用いて、禍殃を他のものに転移する呪儀。これによって禍殃を他に移すことを「隷っく」といい、転移されたものを隷といい、隷属・奴隷の意となる。肆はおそらくこれによって人に死をもたらすもので、〔説文〕九下に「極陳なり」と訓し、隶声とする。極は殛、極陳とは殺して肆陳することをいう。〔周礼、秋官、掌戮〕に「凡そ人を殺す者は、諸れを市に踣し、之れを

肆すこと三日」とあり、それが字の原義。それより肆陳・放肆の意となり、肆赦の意となる。〔左伝、昭十二年〕「昔、穆王其の心を肆にせんと欲す」とは放肆、〔書、舜典〕「眚災は肆赦す」は赦免の意である。金文にこの字を〔毛公鼎〕「肆に皇天𣅀ふこと亡し」のように接続の語に用い、〔詩、大雅、抑〕「肆に皇天尙とせず」というのと語法同じ。人を肆殺することが字の原義。他は引伸・仮借の義である。

訓義 ①ころす、ころしてさらす。②つらねる、ならべる。③ほしいまま、ほしいままにする、きわめる、わがまま。④ゆるやか、大きい、ながい。⑤ゆえに、まことに、ここに。⑥みせ。

古訓 〔和名抄〕肆 伊知久良(いちくら) 〔名義抄〕肆 イチクラ・ホシイマヽ・シク・ツキヌ・ツヒニ・カルガユヱニ・シカルガユヱニ・カルガユヱニイマ・ノブ・ナラス・トク・トシ・オカシ・ツク・ツトム・ヤマシ・スツ・ナラナフ・ナラフ・ツラヌ・タヘタリ・ス、・イマ・ホドコス・イマシム・アキラカニ・ヒコバユ・ユルス・ナラフ・カタシ・モチヰル

語系 肆 siet、死 siei は声義近く、尸・屍 sjiei もまた同系の語である。肆陳の陳 dien もその系列に入りうるものであろう。また恣 tziei と声が通じ、肆の引伸義として恣縦の意がある。矢陳(つらねる)の意は、矢 sjiei と通ずるものであろう。

【肆意】 わがままにふるまう。恣意。〔韓非子、八説〕人臣、意を肆にし欲を陳ぶるを俠と曰ひ、人主、意を肆にし欲を陳ぶるを亂と曰ふ。

【肆飲】 飲み放題。〔魏書、献文六王上、北海王詳伝〕詳、貪侈聚斂、朝野聞する所なりと雖も、世宗の禮敬尙ほ隆し。～世宗毎に潛かに其の所に幸し、肆飲すること終日なり。其の寵、此くの若し。

【肆筵】 筵席を連ねる。〔詩、大雅、行葦〕戚戚たる兄弟 遠きこと莫く具に爾し 或いは之れが筵を肆ね 或いは之れが几を授く

【肆虐】 暴虐にふるまう。漢・張衡〔南都の賦〕方今、天地の睢剌なる、帝其の政を亂し、豺虎肆虐なり。眞人、命を革むるの秋なり。

【肆逆】 ほしいままに悪逆を行う。〔三国志、魏、文帝紀〕漢道陵遲し(衰え)、世其の序を失ふ。降つて朕が躬に及び、大亂茲に昏く、群兇肆逆にして、宇内顚覆す。

【肆勤】 大いに勤める。唐・權德輿〔忠武渾公墓誌銘〕昔未だ成童ならざるとき、則ち能く肆勤卓行、深く入りて果を致し身を忘る。

【肆好】 長くてすぐれる。〔詩、大雅、崧高〕吉甫、誦を作る 其の詩孔だ碩いなり 其の風肆く好し 以て申伯に贈る

【肆行】 わがままにふるまう。魏・陳琳〔袁紹の為に予州に檄す〕(曹)操、遂に資を承けて跋扈し、肆に凶忒を行ふ。元元(人民)を割剝し、賢を殘ひ善を害す。～士林憤痛し、民怨彌重し。

【肆志】 思うままに行う。〔荘子、繕性〕軒冕(高位高官)の身に在るは、性命に非ざるなり。物の儻來たるは、寄なり。～故に軒冕の爲に志を肆にせず、窮約の爲に俗に趨らず。～故に憂无きのみ。

【肆侈】 奢侈をきわめる。〔国語、晋語一〕民の主にして、惑を縱にして疚しとせず、侈りを肆めて違けず。流志して行はば、疚まざる所無し。

【肆赦】 ゆるす。〔書、舜典〕眚災(過失の罪)は肆赦し、怙終(犯意ある罪)は賊刑す。

【肆心】 思うままに行う。〔左伝、昭十二年〕昔、穆王其の心を肆にせんと欲し、周く天下を行りて、將に皆必ず車轍馬跡有らしめんとす。

【肆然】 ほしいままにする。〔戦国策、趙三〕彼れ則し肆然として帝と爲り、過ちて遂に天下に正(政)せば、則ち(魯)連、東海に赴きて死する有らんのみ。吾れ、之れが民爲るに忍びざるなり。

【肆廛】 店。店舗。晋・潘岳〔西征の賦〕街里蕭條として、邑居散逸す。營宇寺署、肆廛管庫、城隅に蕞芮たる者、百に一も處らず。

【肆暴】 暴虐をほしいままにする。晋・潘岳〔西征の賦〕山川を眄みて以て古を懷ふ、悵として轡を中塗(途)に纜る。虐なるかな、項氏(籍)の暴を肆にする、降卒の無辜なるを坑にす。

【肆欲】 欲をほしいままにする。〔顔氏家訓、序致〕欲を肆にし言を輕んじ、邊幅(服装)を脩めず。年十八九にして少しく砥礪することを知るも、習ふこと自然の若く、卒かに洗盪し難し。

【肆掠】 刑死者をさらし、また笞杖の刑を加える。〔礼記、月令〕(仲春の月)有司に命じて、囹圄(牢獄)を省き、桎梏(かせ)を去り、肆掠すること毋く、獄訟を止めしむ。

【肆列】 ならぶ。〔漢書、食貨志下〕工匠醫巫卜祝～方技商販賈人、肆列せる里區謁舍に坐す。

↑肆夏 古代の楽章の名/肆既 尽きる/肆器 列器/肆議 述義/肆凶 肆虐/肆極 極度/肆刑 極刑/肆献 犠牲を献じる/肆口 口まかせ/肆尸 屍を列べる/肆祀 祖祭/肆奢 肆侈/肆手 手まかせ/肆章 章明/肆縦 恣縦/肆情 恣情/肆人 市人/肆眚 宥免する/肆吒 叱る/肆惰 なまけ/肆体 くつろぐ/肆大 大きい/肆宅 店舗/肆断 武断/肆直 正しい/肆店 店舗/肆鄽 店/肆毒 肆虐/肆任 自然/肆筆 筆まかせ/肆吻 だべる/肆忿 腹立ちまぎれ/肆放 放肆/肆目 見渡す/肆野 粗獷/肆宥 肆赦/肆覧 縦覧する/肆詈 痛罵する/肆流 急流/肆力 力める/肆戾 無法

↓安肆・横肆・開肆・楽肆・玩肆・旧肆・居肆・魚肆・矜肆・強肆・驕肆・軽肆・古肆・酤肆・広肆・荒肆・講肆・市肆・志肆・咨肆・自肆・奢肆・酒肆・書肆・舒肆・縦肆・城肆・井肆・正肆・惰肆・泰肆・茶肆・朝肆・陳肆・店肆・騁肆・放肆・卜肆・夜肆・羊肆・欲肆・陵肆・隣肆・列肆

人 **【蒔】** 13 4464 **〔蒔〕** 14 4464 シ ジ うえる まく

篆文

形声 声符は時。〔説文〕一下に「更めて別に種うるなり」とあり、うえかえる意とする。〔段注〕に江蘇では水稲の苗をうえかえる移秧のことを、今も蒔秧とよぶという。わが国では「蒔く」とよみ、種蒔きの意に用いる。〔万葉集〕にその例がある。

訓義 ①うえる、移しうえる。②たてる、木をうえこむ。③わが国では、穀種をまく意に用いる。

古訓 〔名義抄〕蒔 マク・ウウ

語系 蒔 zjiə、植・殖 zjiək は声義近く、蒔は穀に用い、植・殖は草木の類に用いる。

【蒔樹】 樹をうえこむ。〔晋書、姚萇載記〕萇、其の將當城(人名)に命じ、營處の一柵の孔中に一根を蒔樹せしめ、以て戰功を旌はす。

【蒔植】 野菜などを移し植える。〔唐書、百官志二〕司苑・典苑・掌苑各と二人、園苑の蔬果を蒔植するを掌る。典苑以下、之れを分察し、果熟すれば進御す。

↑蒔秧 移秧/蒔刈 刈る

↓産蒔・佃蒔

常 **【試】** 13 0364 シ もちいる こころみる

篆文 

形声 声符は式。式は呪具の工を用いて清め、払拭する意。〔説文〕三上に「用ふるなり」、前条に「課は試なり」とあって試用の意とする。もと行為に先だって神意を問う呪儀。その結果によって実行に移されるので、古くは用いる意であった。〔礼記、楽記〕「兵革試ひず」、〔緇衣〕「刑試ひずして、民咸く服す」のようにいう。〔周礼、夏官、槀人〕「其の弓弩を試む」は課試の意。弑と通用することもあり、式がその呪具を用いる方法であった。

訓義 ①もちいる、あてて使う。②こころみる、ためす。③くらべる、しらべる、さぐる。④弑と通じ、ころす。

古訓 〔名義抄〕試 コ、ロミル・ト、ノフ・モテ・ヤブル・モチヰル／嘗試 コ、ロミニ

語系 試 sjiək、弑 siə は声近く、ともに呪具の式を用いる呪儀をいう語であろう。

【試剣】 剣を学ぶ。〔孟子、滕文公上〕(世子曰く)吾他日未だ嘗て學問せず。好んで馬を馳せ劍を試む。今や父兄百官、我を足れりとせず。其の、大事を盡すこと能はざるを恐る。

【試験】 実否を試みる。〔三国志、魏、蔣済伝注に引く列異伝〕明日暮に復た夢む。曰く～侯(蔣済、昌陵亭侯)氣彊し。感悟し難し。故に自ら母に訴ふ。願はくは重ねて侯に啓せよ。何を惜しみてか、一たびも之れを試驗せざるや～と。

【試児】 一歳の誕生祝いの日にその性格をためす。〔顔氏家訓、風藻〕江南の風俗に、兒生まれて一期、～男には則ち弓矢紙筆を用ひ、女には則ち刀尺鍼縷、～其の意を發し取る所を觀る。～之れを名づけて試兒と爲す。

【試新】 新穀を試み食う。唐・孟浩然〔九日、新の字を得たり〕詩 落帽、歡飲を恣にし 授衣同に新を試む

【試探】 ためし探す。〔後漢書、応劭伝〕中興の初め應嫗といふ者有り。四子を生みて寡なり。神光の社を照らすを見、之れを試探して、乃ち黄金を得たり。是れより諸子宦學して、竝びに才名有り。

【試茶】 茶の味をためす。〔茶録、上、香〕茶に眞香有り。入貢する者、微かに龍腦を以て膏を和せ、其の香を助けんと欲す。建安の民間、試茶は皆香を入れず、其の眞を奪はんことを恐る。

【試筆】 書きぞめ。〔書言故事、字学類〕今人試筆に、先づ永字を書す。法苑に、王逸少、書に工みなり。～十五年中、工みに永字を書して、其の八法の勢を以て、能く一切の字に通じたりと。

【試問】 ためしに問う。唐・韓愈〔張中丞(巡)伝後叙〕巡曰く、吾書に於て讀むこと三徧(遍)に過ぎずして、終身忘れずと。因りて、～又架上の諸書を取りて、試みに以て巡に問ふに、巡、口に應じて誦し、疑ふこと無し。

【試用】 ためす。南朝宋・謝霊運〔石壁の精舎より湖中に還る作〕詩 慮澹くして、物自ら輕く 意愜ひて、理違ふこと無し 言を寄す、攝生の客 試みに此の道を用って推せ

【試練】 試みきたえる。唐・劉憲〔東宮に上りて学を勧むる啓〕常人の讀書は、爵祿を干むるに擬す。事須らく精熟にして、乃ち試練に堪ふべし。殿下は副君の位に居り、絶世の才有り。豈に章を尋ね、句を摘むことを假らんや。

↑試闈 試験場／試較 比較／試官 考査官／試看 試みてご覧／試観 試み観る／試期 試験日／試業 試験／試経 経書の試験／試芸 技能を試験する／試功 功績を考える／試才 才を試みる／試策 策問／試紙 試験用紙／試守 試用／試周 試児／試署 臨時の代理／試渉 渡り初め／試帖 帖経／試胆 胆試し／試中 合格する／試判 試験／試補 試験官／試墨 試筆／試吏 採用試験／試煉 試練／試録 郷試の合格簿

↓按試・閲試・応試・加試・可試・科試・会試・槩試・監試・簡試・観試・厳試・口試・考試・更試・校試・貢試・歳試・策試・私試・自試・召試・奨試・嘗試・身試・親試・省試・帖試・詮試・選試・台試・徴試・呈試・廷試・庭試・特試・入試・発試・覆試・補試・墨試・明試・面試・覧試・臨試・令試・歴試

【臨】 13 7076 シキ あばく

篆文 

会意 臣+言。〔説文〕三上に「訐くなり」とみえるが、用例をみない字である。金文の〔献毀〕に「十世まで臨れず」のように、忘の意に用いる。その正字は朢に作り、朢(望)の初文に従う。遠くを望み祈る意の字であるが、望を以て忘(忘)に仮借したものであろう。〔説文〕が「訐く」と訓する字は、あるいはもと獄の字の従うところと同じく、臣に従う字であろう。獄訟に関する字と考えられる。

訓義 ①あばく。

常 【詩】 13 0464 シ うた

篆文  古文 

形声 声符は寺。古くは之に従い、之声。〔説文〕三上に「志なり」とあり、〔詩、大序〕に「詩は志の之く所なり。心に在るを志と爲し、言に發するを詩と爲す」とあるのによる。〔詩、大雅、巻阿〕「詩を矢らぬること多からず 維を以て遂に歌ふ」、また〔大雅、崧高〕「吉甫、誦を作る 其の詩孔だ碩いなり 其の風肆く好し 以て申伯に贈る」とあるのによると、詩は誦すべきものであり、呪誦であり、定められた儀礼の歌であったことが知られる。詩の呪誦的な性格は、〔小雅、何人斯〕「此の三物を出だして 以て爾を詛す」「此の好歌を作りて 以て反側(心変わり)を極む」などの語によって知ることができる。〔後漢書、五行志一〕に「五行傳に曰く、言の從はざる、是れを不乂(不治)と謂ふ。～厥の極憂には、時に則ち詩妖有り」とみえ、詩には呪霊があるものとされている。寺は金文に「寺つ」とよむ用法がある。詩の起源は呪誦、その字義は呪能を保有するものの意であろう。

訓義 ①うた、からうた、定型のうた。②五経の一。〔詩〕〔詩経〕〔毛詩〕のようにいう。③弦歌するもの、譜によってうたうもの。④持と通じ、もつ。

古訓 〔名義抄〕詩 ウタフ・キハム・コ、ロザシ・ツクル・ウタ〔篇立〕詩 トク・ツク・ツクル・コ、ロザシ・ウタ・カタラフ・キハム・ウタカフ

【詩詠】 詩を歌う。詩を作る。〔宋書、謝霊運伝〕出でて永嘉太守と爲る。郡に名山水有り。靈運素より愛好する所なり。～遂に肆意游遨し、～至る所輒ち詩詠を爲し、以て其の意を致す。

【詩家】 詩人。唐・楊巨源〔城東早春〕詩 詩家の清景は、新春に在り 綠柳纔かに黄にして、半ば未だ勻しからず

【詩歌】 詩。詩と歌。〔漢書、礼楽志〕今漢の郊廟の詩歌、未だ祖宗の事有らず。八音調均、又鐘律に協はず。内に掖庭材人有り、外に上林樂府有るも、皆鄭聲(淫靡の曲)を以て朝廷に施す。

【詩会】 詩の集まり。唐・孟郊〔陸暢の湖州に帰るを送り、因憑りて故人皎然の塔、陸羽の墳に題す〕詩 昔游詩會滿ちたるに 今游詩會空し

【詩懐】 詩情。元・郝経〔宿州夜雨〕詩 雷霆、半夜、龍窟を翻へし 風雨、終宵、客牀を撼かす 塞上の詩懷、尤も索莫たり 天涯の壯氣、獨り昂藏す

【詩格】 詩の作りかた。詩の風韻。宋・蘇軾〔滕元発・許仲塗・秦少游に次韻す〕詩 二公の詩格、老いて彌よ新たなり 醉後狂吟して野人を許す

【詩巻】しかん(くわん) 詩集。唐・杜甫〔孔巣父の～帰りて江東に遊ぶを送り、兼ねて李白に呈す〕詩 詩巻長く留む、天地の閒 釣竿拂はんと欲す、珊瑚の樹

【詩境】しきょう(きやう) 詩の境地。唐・劉商〔師に酬問す〕詩 虚空處る所無し 髣髴として琉璃に似たり 詩境、何人か到らん 禪心、又詩に過ぎたり

【詩興】しきょう(きやう) 詩の趣。詩の楽しみ。宋・陸游〔春日絶句、八首、一〕詩 吏來たりて屢〻敗る、詩興を哦ふを 雨作こりて常に妨ぐ、酒を載せて行くを

【詩景】しけい 詩的な風景。唐・朱慶余〔唐中丞の～夏日に遊泛するを送る、～〕詩 空しく孤嶼を餘して詩景を來らす 復た横槎の柳條を礙ぐる無し

【詩語】しご 詩に用いる語。〔漢書、礼楽志〕其の威儀は以て目を充たすに足り、音聲は以て耳を動かすに足り、詩語は以て心を感ぜしむるに足る。

【詩豪】しごう(がう) 傑出した詩人。唐・白居易〔劉白唱和集解〕彭城の劉夢得(禹錫)は詩豪なる者なり。其の鋒森然として、敢て當る者少なし。予れ力を量らず、往往にして之れを犯す。

【詩国】しこく 詩情に富んだ国。唐・白居易〔殷尭藩侍御の江南を憶ふの詩三十首を見る～〕詩 境は吟詠を牽きて眞に詩國 興は笙歌に入つて好醉鄉

【詩債】しさい 詩を作り送る約束。唐・白居易〔晩春、酒を攜へて沈四著作を尋ねんと欲す～〕詩 我が酒狂の久しきを顧み 君が詩債の多きを負ふ

【詩思】しし 詩情。唐・李嘉祐〔道虔上人の竹房に題す〕詩 詩思禪心、竹と共に閒なり 任他流水の人閒に向ふを 手に如意を持つ、高窗(窓)の裏 斜日江に沿ふ、千萬の山

【詩酒】ししゅ 詩と酒。唐・李渉〔中秋の夜、君山台望月〕詩 大堤の花裏、錦江の前 詩酒同遊、四十年 料らずも中秋最明の夜 洞庭湖上、天に當たるを見る

【詩囚】ししゅう(しう) 苦吟する詩人。金・元好問〔論詩、三十首、十八〕詩 東野(孟郊)は窮愁して、死すとも休まず 高天厚地、一詩囚

【詩什】しじゅう(じふ) 詩十篇を一什とする。また、詩篇。〔宋史、張洎伝〕上に著述有り、或いは近臣に詩什を賜ふ毎に、洎必ず上表し、經傳を援引して以て其の意を將順す。上、因りて詩を賜ひて褒美す。

【詩書】ししょ 詩経と書経。〔荀子、勧学〕禮の敬文や、樂の中和や、詩・書の博や、春秋の微や、天地の閒に在る者畢くせり。

【詩情】しじょう(じやう) 詩心。詩思。唐・白居易〔雪の朝、興に乗ず～〕詩 夜寒、酒思を生じ 曉雪、詩情を引く

【詩讖】ししん 作った詩句が、偶然に後事の前兆となること。〔南史、賊臣、侯景伝〕初め簡文の寒夕の詩に云ふ、雪花蔕有る無し 冰鏡臺に安んぜずと。～後人以て詩讖と爲す。蔕無しと謂ふ者は、是れ帝無きなり。臺に安んぜずとは、臺城安からざるなり。

【詩人】しじん 詩を作る文雅の人。詩客。唐・林寛〔下第して欧陽瓚に寄す〕詩 詩人、道僻にして命に奇多し 更に干戈亂起の時に値ふをや

【詩聖】しせい 詩の聖。杜甫をいう。〔杜詩鏡詮、周樽の序〕少陵の詩は衆體を兼綜し、古今に冠絶す。昔人之れを稱して詩史と爲し、詩聖と爲す。復た何ぞ一辭を贅するを容れんや。

【詩仙】しせん 詩の天才。のち、李白を詩仙という。唐・白居易〔元九(稹)に与ふる書〕我を知る者は以て詩仙と爲し、我を知らざる者は以て詩魔と爲す。

【詩壇】しだん 詩人の仲間。宋・欧陽脩〔梅聖兪(尭臣)寺丞の寄せらるるに答ふ〕詩 文會、予れを盟に忝くし 詩壇、子を將に推す

【詩腸】しちょう(ちやう) 詩情。〔雲仙雑記、二〕戴顒、春日雙柑斗酒を携ふ。人何くに之くかと問ふ。曰く、往きて黃鸝の聲を聽くなり。此れ俗耳の鍼砭(戒め)、詩腸の鼓吹なり。汝之れを知るかと。

【詩顚】してん 詩狂。詩痴。唐・賈至〔陝の掾梁宏に贈る〕詩 梁子、文に工みなること四十年 詩顚の名は、草書の顚なるに過ぎたり

【詩嚢】しのう(なう) 詩句を入れる袋。唐・李商隠〔李賀小伝〕恆に小奚奴を從へ、距驢に騎り、一古破錦嚢を背はせ、得る所有るに遇へば、即ち書して嚢中に投ず。～暮に歸るに及びて～嚢を受けて出ださしむ。

【詩牌】しはい 詩板。詩をしるした板。宋・林逋〔孤山寺〕詩 白公の睡閣、幽なること畫の如く 張祜の詩牌、妙なること神に入る

【詩板】しばん 唐代、詩をしるした板。唐・張祜〔霊徹上人の旧房に題す〕詩 寂寞たり、空門の支道林 滿堂の詩板、舊知音

【詩筆】しひつ 詩と無韻の律語の文。〔南史、沈約伝〕謝玄暉(朓)善く詩を爲り、任彥昇(昉)は筆に工みなり。約は兼ねて之れを有す。然れども過ぐること能はず。自ら高才を負のみ、榮利に昧し。

【詩賦】しふ 詩と賦。〔隋書、経籍志四〕總集なる者は、建安の後、詩賦轉た繁く、衆家の集、日に以て滋廣なるを以て、晋代の摯虞、～詩賦より下、各〻條貫を爲し、合して之れを編み、謂ひて流別と爲す。是の後文集總鈔、作者軌を繼ぐ。

【詩風】しふう 詩の風格。唐・章孝標〔蜀中、広上人に贈る〕詩 今日、西川に子美(杜甫)無し 詩風又起る、浣花の村(杜甫の草堂のあるところ)

【詩病】しへい 作詩上の欠陥。宋・蘇軾〔望湖楼に宿して、再び和す〕詩 但だ恨む友生無く 詩病訶詰する莫きを

【詩癖】しへき 詩を考える癖。唐・白居易〔十年三月三十日、微之(元稹)に灃上に別る～〕詩 問ふこと莫かれ、龍鍾(うらぶれて)官職惡しきを 且らく聽け、清脆の好文篇 別來只だ是れ詩癖を成す 老去、何ぞ曾つて更に酒顚せん

【詩魔】しま 詩狂。唐・白居易〔酔吟、二首、二〕詩 酒狂、又詩魔を引いて發す 日午悲吟して、日の西するに到る

【詩名】しめい 詩人としての名声。唐・戴叔倫〔興を遣る〕詩 明月、滄海に臨み 閒雲、故山を戀ふ 詩名天下に滿つるも 終日、柴關を掩ふ

【詩盟】しめい 詩人間の交わり。宋・余靖〔慧照大師〕詩 士林、字法を傳へ 僧國、詩盟を主る

【詩余】しよ 詞曲。塡詞。〔文体明弁、詩余〕按ずるに詩餘とは、古樂府の流別にして、後世歌曲の濫觴なり。～唐李白氏始めて清平調・憶秦娥・菩薩蠻の諸詞を作り、時因りて之れに效ふ。

【詩妖】しよう(えう) 禍いを予言する詩。〔漢書、五行志中之上〕君、炕陽(恵沢の乏しいこと)にして暴虐なれば、臣、刑を畏れて口を柑ざす。則ち怨謗の氣、謌謠に發す。故に詩妖有り。

↑詩案 詩で罪を受ける/詩逸 逸詩/詩宴 詩会/詩筵 詩の宴/詩翁 老詩人/詩価 詩の声価/詩過 詩案/詩学 詩の学/詩客 詩人/詩教 詩の教/詩吟 吟詠/詩句 詩の句/詩傑 詩の上手/詩窖 詩才/詩稿 詩草/詩獄 詩案/詩魂 詩心/詩材 詩の材料/詩讃 賞詩/詩史 時事の詩/詩社 詩の結社/詩趣 詩の趣/詩称 詩名/詩頌 頌詩/詩宗 詩の大家/詩草 詩稿/詩僧 詩人の僧/詩体 詩の形式/詩題 詩の題/詩胆 詩腸/詩談 詩話/詩帳 詩稿/詩敵 詩の相手/詩天 碧空/詩奴 へぼ詩人/詩道 詩学/詩派 詩の流別/詩伯 詩宗/詩伴 詩友/詩文 詩と文/詩篇 詩の作品/詩謎 謎の詩/詩友 詩の仲間/詩謡 歌

謡／詩律しりつ 詩の律調／詩流しりゅう 詩人／詩侶しりょ 詩友／詩力しりょく 詩の技量／詩話しわ 詩の評論

↓悪詩・佚詩・逸詩・軼詩・詠詩・艶詩・嘉詩・歌詩・課詩・哦詩・賀詩・学詩・漢詩・旧詩・狂詩・近詩・献詩・古詩・工詩・采詩・裁詩・刪詩・史詩・矢詩・修詩・小詩・笙詩・頌詩・誦詩・新詩・声詩・説詩・選詩・贈詩・題詩・短詩・長詩・陳詩・展詩・唐詩・闘詩・賦詩・編詩・律詩

常 **【資】** 13 **［資］** 13 3780 シ もとで

篆文 

形声 声符は次（次）じ。〔説文〕六下に「貨なり」とあり、貨財をいう。財貨ははたらきの本であるから、資材といい、人の智能に及ぼして資質・資性という。

訓義 ①たから、もとで、基本となるもの、本来あるもの。②たくわえ、たす、たすける、あたえる。③とる、かる、よる、おくる、つかう、あきなう。④もちまえ、うまれつき。

古訓 〔名義抄〕資 タスク・トル・ヨル・ウチ・モトヨリ・タカラ・アタフ・タクハフ・ヨシ 〔字鏡集〕資 モトヨリ・モチヰル・タスク・タカラ・タクハフ・ホシイマヽ・トル・ヨル・モテ・スケ・ヨシ・ウチ・カテ

【資蔭】しいん 父祖の勲功により、子孫が官位を受ける。〔資治通鑑、唐紀八〕（太宗、貞観元年）上、選人多く詐りて資蔭を冒すを以て、敕して自首せしめ、首せざる者は死す。

【資格】しかく 資質。また、選考などの条件。〔唐書、選挙志下〕（開元十八年）始めて資格を作循し、賢愚一概、必ず格と合ひ、乃ち銓授することを得。

【資材】しざい 資財。資質。〔漢書、薛宣伝〕吏道は法令を以て師と為さば、問ひて知るべし。能と不能とに及んでは、自ら資財有り。何ぞ學ぶべけんや。

【資財】しざい 資質。財産。〔韓非子、解老〕身は精を積むを以て徳と爲し、家は資財を以て德と爲す。

【資質】ししつ 生まれつき。天資。〔漢書、董仲舒伝〕臣聞く、良玉は瑑らず。資質潤美にして、刻瑑を待たずと。此れ達巷の黨人（孔子を讃仰する村人）の、學ばずして自ら知るに異なること亡きなり。

【資須】ししゅ 必要品。〔宋書、蔡廓伝〕兄の軌を奉ずること父の如く、家事の小大、皆諮りて而る後に行ふ。公祿賞賜、一に皆軌に入る。資須する所有れば、悉く典ぐる者に就きて請ふ。

【資生】しせい その気を承けて生育する。〔易、坤、彖伝〕至れる哉坤元、萬物資りて生ず。乃ち順ひて天を承く。坤は厚くして物を載せ、徳は无疆に合はす。

【資性】しせい 天性。梁・沈約〔陽給事（瓚）の誄〕瓚、少くして志節を稟け、資性忠果、上に奉ずるに誠を以てし、下を率ゐるに方有り。

【資送】しそう 嫁入りの道具を整え送る。〔晋書、紀瞻伝〕少くして陸機兄弟と親しく善し。機の誅せらるるに及んで、其の家に贍卹すること周く至る。機の女を嫁するに及び、資送すること所生（実子）と同じ。

【資沢】したく 財物。〔書、文侯之命〕嗚呼、閔れむ予小子、嗣ぎて天の丕愆（大いなる罪）に造ひ、資澤を下民に殄つ。

【資費】しひ 費用。〔顔氏家訓、終制〕本朝（梁）の論沒するに値ひ、流離すること此の如し。～今混一す（隋朝統一）と雖も、家道（家資）罄窮す。何に由りて此の奉營（祭祀）の資費を辦ぜん。

【資幣】しへい 礼物の品。また、費用。〔国語、斉語〕遊士八十人を爲り、之れに奉ずるに車馬衣裘を以てし、其の資幣を多くし、四方に周遊せしめ、以て天下の賢士を號召せしめん。

【資弁】しべん 生まれつきの口達者。〔史記、殷紀〕帝紂、資辨捷疾にして、聞見甚だ敏し。

【資望】しぼう（ぼう） 家柄と人望。〔世説新語、任誕注〕晉陽秋に曰く、初め顗、雅望を以て海内の盛名を獲たり。後屢しば酒を以て失す～と。語林に曰く、伯仁正に姊の喪有るに三日醉ひ、姑の喪に二日醉ひ、大いに資望を損せり～と。

【資用】しよう 生活に必要な品物や金銭。〔戦国策、秦一〕（蘇秦）秦王に說きて書十たび上るも、說納れられず。～資用乏絶し、秦を去りて歸る。

【資糧】しりょう（りやう） 物資や食糧。〔後漢書、趙熹伝〕更始（劉玄）敗る。～更始の親屬に遇へるに、皆裸跣（はだかで、素足）塗炭、飢困して前むこと能はず。熹之れを見て悲感し、裝する所の縑帛資糧、悉く以て之れに與ふ。

【資賄】しわい 贈りもの。〔後漢書、列女、鮑宣の妻の伝〕宣嘗て少君の父に就いて學ぶ。父其の清苦を奇とし、故に女を以て之れに妻す。裝送資賄、甚だ盛んなり。宣悅ばずして、妻に謂ひて曰く、～吾れ實に貧賤、敢て禮に當らずと。

↑資育しいく 養育／資援しえん 援助／資貨しか 財産／資課しか 租税／資給しきゅう 供給する／資供しきょう 資給する／資金しきん もとで／資銀しぎん 資金／資具しぐ 生活の具／資敬しけい 敬事する／資罄しけい 欠乏／資遣しけん 派遣する／資戸しこ 富家／資衰しさい 斉衰／資産しさん 財産／資始しし 生起する／資次しじ 位階／資実しじつ 資料／資藉しや たよる／資助しじょ 助ける／資序しじょ 資格／資粧しょう 嫁入り道具／資尽しじん 欠乏する／資銭しせん もとで／資鬮しそ 喪服／資装しそう 旅費／資蔵しぞう 儲財／資治しち 政治の参考／資畜しちく 蓄え／資秩しちつ 身分／資儲しちょ 蓄え／資調しちょう 財賦／資直しちょく もとで／資度しど 資用／資嚢しのう 資財／資品しひん 資性／資稟しひん 天性／資哺しほ 食物を足す／資補しほ 補助する／資傍しぼう 依る／資朴しぼく 素朴／資本しほん もとで／資養しよう 供養する／資利しり 利益／資履しり 資格経歴／資略しりゃく 才智／資粮しりょう 給料／資力しりょく 財力／資廩しりん 扶持米／資霊しれい 天性／資歴しれき 経歴／資奩しれん 嫁入り道具

↓英資・学資・軍資・傾資・合資・師資・借資・承資・生資・成資・積資・天資・投資・班資・微資・物資・聘資・脯資・乏資・本資・無資・融資・余資・養資・糧資

常 **【雌】** 13 2011 シ めす

篆文 

形声 声符は此し。〔説文〕四上に「鳥母なり」とあり、めんどりをいう。此に細小なるものの意がある。此はもと牝牡の牝を示す記号的な匕に、止声を加えた形声字で、これを隹の類に及ぼして雌という。雌雄の意より、優劣の意となる。〔老子〕に謙下不争、雌を守って争わないことを、至道とする考えかたがある。

訓義 ①めす、めんどり。②よわい、やさしい。③まけ、まける。

古訓 〔名義抄〕雌 メドリ・ノチ・マク 〔字鏡集〕雌 メドリ・ヤハラカ・カツ・ヒメ・マク・ノチ

【雌黄】しこう（くわう） 硫黄と砒素との化合物。また、加筆訂正すること。〔顔氏家訓、勉学〕書籍を校定すること、亦た何ぞ容易ならん。揚雄・劉向よりして、方めて此の職に稱ふのみ。天下の書を觀ること未だ徧からざるに、妄りに雌黄を下すことを得ず。

【雌懦】しだ めめしくよわい。〔北斉書、高祖十一王、永安簡平王浚伝〕文宣（帝）、性雌懦、文襄（帝）に參る毎に、時に涕出づること有り。浚、常に帝の左右を責む。何に因りて二兄（文宣）の鼻を拭かざると。

【雌伏】しふく 人の下に従う。また、世を退き隠れる。唐・羅隠〔旅舎に懐を書し、知る所に寄す、二首、一〕詩 道は汨沒に從りて雌伏に甘んじ 跡は因循を恐れて更に陸沈す

【雌雄】しゆう めすと、おす。優劣。〔詩、小雅、正月〕具に予れを聖なりと曰ふ 誰か烏の雌雄を知らんや

↑雌花しか 雌しべ／雌蜺しげい 淡色の虹／雌霓しげい 雌蜺／雌字しじ 陰文／雌声しせい 弱い声／雌節しせつ 従順の徳／雌蟬しぜん 鳴かぬ

蟬/雌竹 めだけ/雌風 陰風/雌劣 劣る
↓寡雌・慈雌・守雌・柔雌・循雌・孀雌・伏雌

常 【飼】13 〔飤〕14 8772 シ かう やしなう

形声 声符は司。字はまた飤に作り、金文にその字を飲食の食の意とする。飼は唐・宋以後に用例のみえる字である。

訓義 1かう、やしなう。2かて、めし。

古訓 〔名義抄〕飼 カフ 〔篇立〕飼 マケカム・ヤシナフ・ノム・カム

【飼養】養育する。〔元史、張立道伝〕爨棘(族名)の人、蠶桑を知ると雖も、未だ其の法を得ず。立道始めて之れに飼養することを教へ、利を收むること舊に十倍す。雲南の人、是れに由り益と富庶なり。

↑飼育 飼う/飼糜 飼料/飼秣 馬の食料/飼民 民を養う

↓飲飼・供飼・餐飼・召飼・餉飼・秣飼・養飼

【凘】14 7122 〔凘〕15 0022 シ さく こもの

形声 声符は斯。斯に「斯く」意がある。凘は斯養・斯役に従う者をいう。

訓義 1さく、わける。2使役の者、従者、こもの。3字はまた断に作る。

古訓 〔字鏡〕凘 ツカヒ・カナシビ・イヤシ・ムマカヒ 〔字鏡集〕凘 オホフ・コト〳〵ク・カナシブ・ツカヒ・ムマカヒ・イヤシ

＊語彙は斯字条参照。

【屣】14 7728 シ ぞうり つっかけ

形声 声符は徙。尸は履物の形。屐・履・屨など、みなこの形に従う。客を迎えるとき、急いで草履をつっかけることを倒屣という。

訓義 1ぞうり、つっかけ、わらじ。2つまらぬもの、つまらぬものとする。

古訓 〔名義抄〕屣 ハキモノ・クツ

語系 屣・跐・躧・鞿shieは同声。躧は舞うときに用いる。みな軽快なはきものをいう。

【屣脱】ぞうりをぬぐ。簡単にすてる。〔漢書、郊祀志上〕公孫卿曰く、~黄帝既に天に上る~と。是に於て天子曰く、嗟乎、誠に黄帝の如くなることを得ば、吾れ妻子を去るを視ること、屣を脱するが如きのみと。

【屣履】ぞうりをつっかける。急いで出迎える。〔後漢書、王符伝〕頃く有りて又白ふ、王符、門に在りと。(皇甫)規、素より符の名を聞けり。乃ち驚遽して起ち、衣、帶に及ばず、屣履して出で迎ふ。

↑屣歩 歩む

↓遺屣・曳屣・革屣・棄屣・朱屣・珠屣・垂屣・脱屣・通屣・倒屣・頓屣・破屣・舞屣・敝屣・歩屣・芳屣・放屣・利屣

【楮】14 4496 シ どだい ささえる

篆文 

形声 声符は耆。〔説文〕六上に「柱氐なり。古は木を用てし、今は石を以てす」(段注本)とあり、柱の礎石。古くは木を用いた。

訓義 1どだい、いしずえ。2ささえる、下からささえる。3字はまた支に作る。

古訓 〔名義抄〕楮 タユム 〔篇立〕楮 ソバダツ

↑楮頤 頬杖/楮梧 支える/楮持 支える/楮柱 支える

↓杖楮

常 【漬】14 3518 シ ひたす つける

篆文 

形声 声符は責。責は古く朿声の字であった。〔説文〕十一上に「漚すなり」とあり、水にひたして洗うことをいう。〔史記、礼書〕に「失教に漸漬す」とあり、漸とは次第にしみこんでゆくこと、漬とは十分にひたすことをいう。

訓義 1ひたす、ひたる、つける、水につける。2しむ、しみこむ、そめる、うつる。3瘠・膌と通じ、病。また獣が死ぬ。

古訓 〔名義抄〕漬 ヒタス・ツク・ツケモノ・ウルフ

語系 漬・瘠・膌dziekは同声。瘠・膌の義において通用する。

【漬浸】ひたす。〔南史、孝義上、孫法宗伝〕父の屍の測られざるを以て、海に入りて尋求す。世間の論を聞く、是れ至親ならば血を以て骨に瀝げば當に悉く漬浸すべしと。乃ち刀を操り、沿海に枯骸を見ば則ち肉を刻り血を灌ぐ。此の如きこと十餘年、臂脛完皮無く、血脈枯竭し、終に逢ふこと能はず。

↑漬汚 汚染/漬洒 酒づけ/漬漸 ひたす/漬淖 泥中/漬梅 梅蜜づけ/漬病 疾病/漬米 米とぎ/漬墨 墨迹/漬磨 つけて磨く

↓淹漬・含漬・侵漬・水漬・漸漬・沢漬・沈漬・霑漬・漂漬・蜜漬

【禔】14 3628 シ さいわい よろこび

篆文 

形声 声符は是。〔説文〕一上に「安らかなり」(段注本)とみえ、安らかで福のあることをいう。〔易、習坎、九五〕に「既に平らかなるを禔す」とあるのは、祇・坻の音に通用したものである。

訓義 1さいわい、よろこび。2やすらか。3祇と通用し、ただ、まさに、いたす。

古訓 〔名義抄〕禔 サイハヒ・ヤスシ 〔字鏡集〕禔 イノル・サイハヒ・タマ〳〵・ツト・ヨロコブ・ヤスシ

↑禔躬 身を安んずる/禔祉 幸い/禔身 禔躬/禔福 幸い

↓福禔

【緇】14 2296 〔紂〕9 2490 シ くろぎぬ

篆文 

形声 声符は甾。〔説文〕十三上に「帛の黒色なるものなり」とみえる。〔周礼、考工記、鍾氏〕は染色のことを掌るもので、七入して黒となるものを緇という。僧衣にはその色を用いるので、僧を緇流・緇徒という。

訓義 1くろ、くろぎぬ。2くろのころも、僧衣、僧侶。

古訓 〔名義抄〕緇 クロシ 〔字鏡集〕紂 クロキイロ・クロシ

語系 緇tzhia、玆tziaは声近く、玆は〔説文〕四下に「黑なり。二玄に從ふ」とあって、黒糸の束をいう。

【緇衣】黒い衣。のち、僧衣。〔詩、鄭風、緇衣〕緇衣の宜しき敝れなば予れ又改め爲らん

【緇褐】黒いあら布の衣。僧。宋・劉子翬〔鄭向明を懐ふ〕詩 白首却り來たる蓮社の裏 幅巾緇褐、楞伽(経)を誦す

【緇纚】黒い髪づつみ。〔儀礼、士冠礼〕緇纚、廣さ幅に終つ。長さ六尺。

【緇素】黒と白。僧と俗。〔魏書、釈老志〕永平元年秋、詔して曰く、緇素既に殊なり、法律亦た異なる。~今より已後、衆僧の殺人已上の罪を犯せる者は、仍ほ俗に依りて斷じ、餘犯は悉く~内律僧制を以て之れを治せしむと。

【緇林】暗く茂った林。読書の所をいう。〔荘子、漁父〕孔子、緇帷の林に遊び、休ひて杏壇の上に坐す。弟子書を讀み、孔子絃歌して琴を鼓す。

↑緇帷 暗く茂った森/緇冠 黒い冠/緇衾 黒の衾/緇黄 仏教と道教/緇撮 緇布冠/緇純 黒のへり/緇人 僧/緇塵 塵まみれ/緇叟 老僧/緇涅 黒まる/緇点 汚染/緇徒 僧侶/緇衲 僧侶/緇髪

黒髪／緇鬢 黒髪／緇布 黒い布／緇服 黒衣／緇袍 僧衣／緇墨 黒色／緇麻 黒麻／緇門 仏門／緇流 僧侶／緇侶 僧侶／緇黧 黒色／緇廬 寺院／緇郎 僧

↓衣緇・黄緇・緅緇・成緇・染緇・洗緇・禅緇・披緇・紡緇

【著】 14 4460 シ めどぎ ぜいちく

篆文

形声 声符は耆。〔説文〕一下に「蒿の屬なり。生ずること千歳にして三百莖。易に以て數と爲す。天子の著は九尺、諸侯は七尺、大夫は五尺、士は三尺なり」（段注本）とあり、筮竹に用いる。著の百茎なるものは、その上につねに青雲があり、下に神亀がこれを守るという。

訓義 ①めどぎ、めどはぎ。②ぜいちく、易筮に用いる。

古訓 〔和名抄〕著 女止（めと）。〔箋注〕今俗に女止波伎（めとはぎ）と呼ぶ 〔名義抄〕著 メト・メトハ、キ

【著艾】 めどぎと、よもぎ。〔高士伝、上、老萊子〕蒙山の陽に耕す。莞葭を牆と爲し、蓬蒿を室と爲し、～著艾を席と爲し、水を飲み菽を食らふ。

【著亀】 筮と卜。〔易、繫辞伝上〕賾を探り隱れたるを索め、深きを鉤し遠きを致し、以て天下の吉凶を定め、天下の亹亹（営み）を成す者は、著龜より大なるは莫し。

【著簪】 めどぎのかんざし。旧物をなつかしむたとえ。〔韓詩外伝、九〕孔子、出でて少源の野に游ぶ。婦人有り、中澤にして哭す。～孔子、弟子をして問はしむ。～婦人曰く、鄉者に著薪を刈りて吾が著簪を亡ふ。～亡簪を傷むに非ず。蓋し故を忘れざるなりと。

【著筮】 易のトい。〔三国志、魏、臧洪伝注に引く九州春秋〕焦和、靑州の刺史と爲る。是の時～黄巾寇暴す。和～群神に禱祈し、用兵必ず利あらんことを求め、著筮常に前に陳ね、巫祝側を去らず。～州遂に蕭條として、悉く丘墟と爲る。

【著席】 めどぎ草のむしろ。〔列女伝、賢明、楚の老萊の妻の伝〕萊子、世を逃れて、蒙山の陽に耕す。葭牆蓬室、木牀著席、緼（古綿）を衣き菽を食らふ。

↑著卦 易筮／著久 久しい／著旧 耆旧／著蔡 筮と亀卜／著策 易筮／著寿 長寿／著神 霊著／著草 めどぎ／著霊 神秘なめどぎ

↓刈著・亀著・朽著・寿著・祝著・神著・数著・生著・叢著・布著・苞著・名著・問著・霊著・露著

常【誌】 14 0463 シ しるす

篆文

形声 声符は志。〔説文新附〕三上に「記誌なり」とあり、記憶する意。標識の意があり、しるしとして書きつけることをいう。

訓義 ①しるす、かきしるす、かきとめる、かきつける。②おぼえる、心にしるす。③かきつけ、記録。④痣と通じ、ほくろ、あざ。呉では痣を誌という。⑤識と通用する。

古訓 〔新撰字鏡〕誌 佐止留（さとる）、又、志留志（しるし） 〔名義抄〕誌 シルス・コシラフ・シル 〔篇立〕誌 シルス・サトル 〔字鏡集〕誌 コシラフ・シル・モノガタリ・ハ、クソ・シルシ

語系 誌・志 tjiə は同声。識（識）tjiək も声義近く、識の従う戠は、戈の製作のとき、赤い呪飾をつけて祓う儀礼を示し、その呪飾を幟といい、色を熾といった。みな一系の語である。

↑誌識 しるす／誌乗 記録／誌心 心にしるす／誌銘 墓誌銘

↓紀誌・強誌・軍誌・雑誌・書誌・心誌・石誌・仙誌・地誌・図誌・日誌・碑誌・標誌・墓誌・方誌・宝誌・榜誌・銘誌・輿誌・霊誌・勒誌

【鳲】 14 7722 シ ふふどり

形声 声符は尸。鳲鳩はふふどり。〔左伝、昭十七年〕に少皞氏が鳥を以て官に名づけたという鳥トーテムを思わせる話があり、鳲鳩は司空、すなわち司工で、民政に任じたという話がある。

訓義 ①ふふどり、異名が多い。②字はまた尸に作る。

古訓 〔名義抄〕鳲 ツキ／鳲梟 カクレフト 〔字鏡集〕鳲 ハト・ツキ

【嘴】 15 6102 シ くちばし

形声 声符は觜。觜は嘴の初文。

訓義 ①くちばし。②凸出しているところ、突き出ている口。③字はまた觜に作る。

＊語彙は觜字条参照。

↑嘴饞 貪食／嘴尖 口達者／嘴爪 嘴と爪／嘴頭 口先／嘴鼻 面目／嘴懶 口不精／嘴臉 面目

↓烏嘴・瓶嘴

【幟】 15 4325 シ のぼり はた しるし

篆文

形声 声符は戠。戠は戈に呪飾をつけている形で、標識の意がある。旗につけるものを幟といい、のぼりの類。〔説文新附〕七下に「旌旗の屬なり」とし、〔広雅、釈器〕に「幡なり」とあり、幡とははためくものをいう。〔一切経音義〕に、長さ五尺、半幅の布帛を垂らしたものであるという。

訓義 ①のぼり、はた。②しるし、めじるし。

古訓 〔名義抄〕幟 ハタ 〔篇立〕幟 シルシ

語系 幟・志 tjiə、戠・識（識）tjiək は声義近く、みなしるしとする意がある。戠は〔説文〕十二下に声義未詳とするものであるが、戈に赤い呪飾を加えて戈を祓う意の字で、熾はその色、幟はその帛をいう。のち標識の意となる。

↑幟羽 羽飾りの旗／幟志 旗幟

↓偃幟・旗幟・麾幟・徽幟・挙幟・虚幟・軍幟・掲幟・懸幟・紅幟・黄幟・彩幟・執幟・酒幟・小幟・章幟・植幟・旌幟・赤幟・丹幟・張幟・白幟・抜幟・幡幟・飛幟・表幟・風幟・立幟

【廝】 15 0022 シ めしつかい いやしい

形声 声符は斯。斯に鮮魚の意があるらしく、魯の公子奚斯、字は子魚。また㢓公之斯、字は子魚のように、名字対待の例がある。烹炊のところを廝という。〔広雅、釈詁一〕に「使なり」とあり、召使いの意。賤役を廝役、その人を廝徒・廝養という。字はまた厮に作ることがある。

訓義 ①めしつかい、台所や厩舎ではたらくもの、かしわで、うまかい。②いやしい。③斯と通じ、わける。

古訓 〔新撰字鏡〕廝 加志波天（かしはで）、又、馬加比（うまかひ） 〔名義抄〕廝 ヤシナフ・コト〳〵ク・ツカヒ・イヤシ 〔字鏡集〕廝 オホフ・コト〳〵ク・カナシブ・ツカヒ・ムマカヒ・イヤシ

【廝役】 めしつかい。雑役。〔史記、張耳陳余伝論賛〕張耳・陳餘は、世に傳へて賢と稱する所の者なり。其の賓客廝役も、天下の俊桀に非ざる莫く、居る所の國、卿相を取らざる者無し。

【廝下】 下僕。〔世説新語、任誕〕蘇峻の亂に、～唯だ郡卒獨り小船を以て（庾）冰を載せ、～免るるを得たり。後の事平らぎ、冰、卒に報いて其の願ふ所を適へんと欲す。卒曰く、廝下より出で、名器を願はず。少くして執鞭に苦しみ、恆に飲酒を快くし得ざるを患ふ～と。

【廝乱】 西戎の羊卜者。乱は稽。〔夢渓筆談、技芸〕西戎、羊を用ひてトす。之れを跋焦と謂ふ。卜師、之れを廝乱と謂ふ。

艾を以て羊の髀骨を灼き、其の兆を視る。～其の言、極めて驗有り。
【廝舍】しや　賤者の家。〔後漢書、桓帝紀〕今京師の廝舍、死者相ひ枕す。～若し親屬無くば、官の壖地(余地)に於て之れを葬り、姓名を表識し、爲に祠祭を設くべし。～民の～流移する者有らば、稟穀(施給米)科の如くせよ。
【廝豎】しじゅ　めしつかい。〔北史、韓麒麟伝〕官位非常にして、朝に榮え夕に悴ふる有り。則ち衣冠(高官)廝豎の邑に淪しみ、臧穫(下僕)膏腴の里に顯はる。物の顚倒、或いは斯に至る。
【廝徒】しと　めしつかい。雑役。〔戦国策、韓一〕料るに大王の卒、之れを悉くすも三十萬に過ぎず。而も廝徒負養(召使い)、其の中に在り。
【廝輿】しよ　めしつかい。賤役の者。〔呂覧、決勝〕善く兵を用ふる者は、諸邊(都鄙)の內、與に鬪はざる莫し。廝輿白徒(粗服)と雖も、方數百里、皆來り會して戰ふ。勢ひの之れをして然らしむるなり。
【廝養】しよう(やう)　雑役の者。〔戦国策、斉五〕甲兵の具は、官私の出だす所なり。士大夫の匿くす所、廝養士の竊む所、十年の田(収)も償はざるなり。
【廝隷】しれい　めしつかい。〔南史、梁武帝諸子、邵陵攜王綸伝〕市井に遨遊し、廝隷(隸)に雜はる。嘗て魛を賣る者に問うて曰く、刺史は何如と。對ふる者、其の躁虐なるを言ふ。綸怒り、魛を呑ましめて以て死せり。
↑廝挨　押分ける／廝噤　無言／廝混　ふざける／廝坐　雑坐する／廝殺　殺しあう／廝児　小わっぱ／廝守　伺侯／廝庶　賤人／廝炒　せめぐ／廝繞　からかう／廝辱　狎れあい／廝浸　欺く／廝人　召使い／廝説　内緒話／廝打　喧嘩／廝代　交替する／廝台　賤人／廝鬧　さわぐ／廝把　とりあう／廝波　太鼓もち／廝僕　召使い／廝傭　傭工／廝羅　金盥／廝賴　頼りあう／廝濫　卑賤／廝留　離れる／廝猥　卑賤
↓女廝・趨廝・蕃廝・離廝

常
【摯】 15 4450　シ　つかむ　うつ

篆文  甲骨文 

形声　声符は執。執は手械をかせを加える形で、強く執持し、拘執する意がある。〔説文〕十二上に「握持するなり」とし、字を会意とするが、執より分岐した形声の字である。字はまた贄と声義が通じ、贄質の意に用いる。
訓義　1つかむ、つよくもつ、にぎりもつ。2うつ、つよくうつ。3鷙と通じ、あらい。4致・至と通じ、てあつい、いたる、いたす、まかい、きわまる。5贄と通じ、にえ。
古訓　〔名義抄〕摯　トル・ムラガル・ウツ・ニギル・ツカム・クツロク・ツクロフ　〔字鏡集〕摯・贄　ニギル・ムラガル・ウツ・トル・サク・モツ・ニグ・ツカム・ツクロフ
語系　摯・贄・質 tjiet は同声。執 tjiap も声が近い。執は手械。摯・贄はかたくとりもつ意。質は鼎(貝の形)に斤で両者の契約を刻銘する意。堅く約する意がある。贄・質ともに礼幣に用いる。また致 tiet、至 tjiet、蟄 tjiet と声通じ、てあつい、いたる意がある。摯の本義は、鷙 tjiuat と関係があろう。
【摯見】しけん　礼物を献じて面会する。〔礼記、冠義〕玄冠玄端(斉冠斉服)して摯(礼物)を君に奠げ、遂に摯を以て鄉大夫・鄉先生に見ゆ。成人を以て見ゆるなり。
【摯獣】しじゅう(じう)　猛獣。〔礼記、曲礼上〕前に水有るときは則ち靑旌を載て、前に塵埃有るときは則ち鳴鳶(晴の印)を載つ。～前に士師有るとき則ち虎皮を載て、前に摯獸有るときは則ち貔貅(豹皮)を載つ。
↑摯愛　熱愛／摯敬　相見の礼物／摯献　礼物を贈る／摯剛　剛強／摯執　とらえる／摯醇　誠醇／摯忱　誠実／摯誠　真摯／摯幣　幣物／摯熱　熱烈／摯友　信友
↓委摯・嘉摯・挙摯・献摯・交摯・貢摯・婚摯・辞摯・執摯・受摯・承摯・称摯・真摯・送摯・典摯・奠摯・入摯・媒摯・礼摯

【漦】 15 5823　シ　リ　タイ　よだれ　あわ

篆文 

形声　声符は𠩺。𠩺は犛の省声。𠩺の本音は「許其切」、犛の音は「里之切」、𠩺を声符とする字はみな犛の声。〔説文〕十一上の附音「俟甾切」、〔集韻〕の附音「湯來切」は由る所を知りがたいが、その両声が用いられている。〔説文〕に「順流なり。一に曰く、水名なり」とあり、水名については〔段注〕に「未詳」とする。〔爾雅、釈言〕に「漦は盝なり」、盝は〔玉篇〕に「瀝ぐなり」とあって、流れそそぐこと。よだれのような状態のものをいう。
訓義　1よだれ、だらだらするもの、あわ、あわふく。2ぬるぬるしたもの、ぬめり。
古訓　〔字鏡集〕漦　オホミヅ・アハ
語系　漦 dzia は澌・凘 sie と声近く、ゆるくながれるものをいう。
↑漦竜　よだれを垂れる竜、悪竜
↓竜漦

【澌】 15 3212　シ　セイ　つきる　ほろびる

篆文 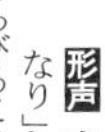

形声　声符は斯。〔説文〕十一上に「水索くるなり」とあり、水の尽きる意であるが、すべてものが尽き、ほろびることをいう。
訓義　1つきる、水がつきる。2ほろびる、きえる。3しわがれ声、声がかれる。
古訓　〔名義抄〕澌　ツキ・ナミ・ワカツ　〔篇立〕澌　ナミ・コホリ・ス　〔字鏡集〕澌　ミヅノツキタルナリ・ワカツ・ツキヌ・コホリ・ツクス・ナミ
【澌澌】しし　風や雪などのかそけき音。唐・王建〔宮詞、一百首、五十五〕詩　月冷やかにして江淸く、獵(臘)に近きの時　玉階金瓦、雪澌澌たり
【澌滅】しめつ　滅ぶ。清・銭謙益〔帰太僕文集に題す〕士、斯の世に生れ、尙ほ能く宋・元大家の文を知り、以て兩漢と流れを同じうし、俗學の澌滅する所と爲らざるは、熙甫(帰有光)の功、豈に偉ならずや。
↑澌渙　消散する／澌静　沈静／澌泯　消失する／澌亡　滅亡する
↓微澌・離澌

【緦】 15 2693　シ　ぬの

篆文 

形声　声符は思。〔説文〕十三上に「十五升(朝服の糸数)其の半ばを抽きたる布なり」(段注本)とあって、七升半のあらめの布をいう。三ケ月の喪に服するとき、この布を用いる。
訓義　1ぬの、あらめのぬの。喪服に用いる。2あつめる。
古訓　〔字鏡集〕緦　ホソヌノ
【緦衰】しさい　目のあらい喪服。〔周礼、春官、司服〕王、三公六卿の爲に錫衰し、諸侯の爲に緦衰し、大夫士の爲に疑衰し、其の首服は皆弁絰す。
↑緦冠　緦衰の冠／緦縗　緦衰／緦服　緦麻／緦麻　三ケ月の喪服

【翨】 15 1780　シ　キ　おやばね

篆文 

形声　声符は是。〔説文〕四上に「鳥の彊羽の猛き者なり」とあり、おやばねをいう。〔玉篇〕

に「猛なり」とは猛禽の意。〔周礼、秋官、翨氏〕は猛禽を掌る職である。

訓義 ①おやばね、つよいはね。②あらい、つよい。

常 **【賜】** 15 6682 シ たまう たまもの

篆文  甲骨文  金文 

形声 声符は易。易は賜の初文で、爵から酒を注ぐときの注ぎ口と、下の把手と、注ぐ酒とを象形的にしるした字。のち貝など財貨を賜うことが多くて賜の字となったが、古くは爵酒を賜うことが恩賞とされた。経籍には錫の字を用いることが多いが、これは或いは彝器の料として赤金(銅)を賜うたことの名残であろう。すべて上より与えられるものをいい、〔礼記、檀弓上〕には「賜を受けて死す」のような語がある。

訓義 ①たまう、たまもの、あたえる、めぐみ。②上よりあたえられる、いいつけられる、ほどこす。③澌と通じ、つきる。

古訓 〔名義抄〕賜 タマフ・ツク・タマヒモノ 〔字鏡集〕賜 ツクス・タマフ・タマヒモノ・ツク・ホドコス・マサ・メグム・オモフ

【賜宴】しえん 天子より宴をたまう。〔唐書、楊師道伝〕師道、草隷を善くし、詩に工みなり。毎に名士の燕集に與かり、歌詠自適す。帝～宴を賜ひ、曰く、聞く公～捉筆(筆をもつ)詩を賦すと、～試みに朕が爲に之れを爲せと。

【賜火】しか(くわ) 清明の節に新火をとる楡柳の火を賜った。唐・韓愈〔寒食、(宿)直より帰りて雨に遇ふ〕詩 惟だ新賜の火を將つて 曙に向つて朝衣を著く

【賜仮】しか 休暇をたまわる。〔南史、謝霊運伝〕多く疾と稱して朝直せず。～出郭游行し、或いは～旬を經て歸らず。～上～諷旨して自ら解かしむ。靈運、表して疾を陳べ、賜假東歸す。

【賜見】しけん 拝謁。〔魏書、太祖紀〕帝初め中原を拓き、留心慰納す。諸士大夫の軍門に詣る者、～皆引き入れて賜見し、存問周悉、人と自ら盡すを得、苟くも微能有らば、咸く敍用を蒙る。

【賜告】しこく 賜仮。〔史記、汲黯伝〕黯、病多し。病且に三月に滿たんとす。上、常に賜告する者數なり。終に愈えず。

【賜餐】しさん 食膳をたまわる。〔漢書、王莽伝上〕莽復た骸骨を乞ふ。哀帝、莽に黄金五百斤、安車駟馬を賜ひ、罷めて第に就かしむ。～十日に一たび餐を賜ふ。

【賜諡】しし おくり名をたまわる。〔宋史、高宗紀五〕(紹興五年十一月)詔して、守臣死節の昭著なる者に、品秩を限ること母く、竝びに諡を賜ふ。

【賜爵】ししゃく 杯をたまわる。〔礼記、祭統〕凡そ爵を賜ふに、昭(の族)を一と爲し、穆(の族)を一と爲し、昭は昭と齒し、穆は穆と齒す。凡そ群有司は皆齒を以てす。此れを之れ長幼序有りと謂ふ。

【賜酒】ししゅ 酒をたまわる。〔墨子、号令〕善く養ふものには醫を予へ藥を給し、酒を賜ふこと日に二升、肉二斤。吏をして數閭(村)を行ぐり、病を視しむ。

【賜酺】しほ 朝廷から酒食を一般にたまわる。〔唐書、太宗紀〕(貞観十四年)十二月丁酉、侯君集、高昌王を俘にして以て獻ず。酺を賜ふこと三日。

【賜与】しよ たまわる。賜与のもの。〔韓非子、外儲説右下〕司城子罕、宋君に謂ひて曰く、慶賞賜與は、民の喜ぶ所なり。君自ら之れを行へ。殺戮誅罰は、民の惡む所なり。臣請ふ、之れに當らんと。～處ること期年、子罕宋君を殺して政を奪ふ。

↑賜衣 衣をたまう/賜位 位をたまう/賜慰 慰労する/賜謁 謁見する/賜額 額をたまう/賜官 授官/賜函 賜翰/賜給 授与/賜魚 魚袋を賜与する/賜既 賞賜/賜錦 錦をたまう/賜恵 恵賜/賜玦 永訣する/賜剣 自裁/賜献 賜与献上/賜遣 賜与/賜顧 愛顧/賜巧 七夕/賜祭 賜幣/賜策 策命の書/賜氏 姓氏を賜与する/賜死 自裁を命じる/賜施 愚弄する/賜紫 紫衣賜与/賜卹 恵む/賜書 賜与の書/賜賞 恩賞/賜杖 養老杖をたまう/賜食 賜膳/賜賑 賑救する/賜姓 姓をたまう/賜膳 賜食/賜胙 祭肉を頒つ/賜族 賜氏/賜地 賜土/賜第 賜邸/賜田 田をたまう/賜復 賦役を免除する/賜覆 お返事/賜邑 食邑/賜賚 たまわり物/賜履 賜土

↓遺賜・宴賜・恩賜・下賜・加賜・嘉賜・給賜・享賜・欽賜・君賜・勲賜・恵賜・慶賜・献賜・厚賜・告賜・策賜・手賜・受賜・詔賜・賞賜・上賜・辱賜・賑賜・親賜・贈賜・多賜・致賜・寵賜・天賜・特賜・拝賜・分賜・奉賜・報賜・褒賜・予賜・賚賜・礼賜・労賜

【輜】 15 5206 〔輺〕 16 5406 シ ほろぐるま

篆文 

形声 声符は甾。甾は錙、軽少なるものの意がある。〔説文〕十四上に「輜軿、衣車なり」(段注本)とあり、前後に蔽いのあるほろ車の類、婦人の乗る車である。輜重とは、そのような衣車と荷物を載せる車、のち軍の輸送車をいう。〔管子、問〕「車輜」の〔注〕に「車の防蔽有り、以て重載すべき者」、また〔左伝、宣十二年、疏〕に「前後を蔽ひ、以て物を載する、之れを輜車と謂ふ。物を載するに必ず重なるもの、之れを重車と謂ふ」とし、かつ「輜・重・輂は一物なり」としている。字はまた輺に作る。

訓義 ①ほろぐるま、前後におおいのある婦人の車。②荷車、軽量の雑貨の類を運ぶ車。③ひつぎぐるま、柩車、柳車。④ひろく車をいう。

古訓 〔名義抄〕輜 シヅカニ・アツマル 〔篇立〕輜 カルシ・シヅカニ 〔字鏡集〕輜 ヒサシノクルマ・シヅカニ

【輜車】ししゃ ほろぐるま。〔史記、留侯世家〕今諸將は皆陛下の故の等夷(同輩)なり。乃し太子をして此の屬を將ゐしめば、羊をして狼を將ゐしむるに異なる無し。～上、病むと雖も、～輜車に載り、臥して之れを護らば、諸將敢て力を盡さずんばあらず。

【輜重】しちょう 武器・食糧などの軍用物資。〔孫子、軍争〕三十里にして利を爭ふときは、則ち三分の二のみ至る。是の故に軍に輜重無ければ則ち亡ぶ。

【輜囊】しのう(なう) 軍の物資と私用の物資。〔資治通鑑、唐紀七十〕(僖宗、広明元年)(張)承範等、潼關に至る。～黄巣の前鋒軍、關下に抵る。白旗野に滿つ。～士卒～營を焼きて潰ゆ。～潰兵、谷よりして入る。～承範、盡く其の輜囊を散じて以て士卒に給し、使を遣はし上表して急を告げしむ。

↑輜駕 輜重車/輜械 輜重機械/輜乗 衣車/輜翟 女車/輜軿 衣車

↓雲輜・盈輜・塩輜・離輜・囊輜・雷輜・霊輜・列輜

【駛】 15 7530 シ はしる

篆文 

形声 声符は史(史)。字はもと吏(吏)に従い、〔説文新附〕十上に「駛は疾きなり」とし、吏声とする。吏は古く使(使)に用いた字である。駛は六朝以後にみえる字で、梁の簡文帝の詩に「馬を駛す」「春、駛せんと欲す」などの語がある。馬以外にも疾走する意に用いる。

訓義 ①はしる、馬が走る。②はやい、はやくゆく。③にわか、にわかに起こる。

古訓 〔名義抄〕駛 ハヤシ 〔字鏡集〕駛 ハヤシ・トシ・トキウマ

語系 駛・使・史 shiə は同声。史・使・事は古くもと一系の字。

使することの急疾の意より、駛の字が生まれた。

【駛雨(しう)】にわか雨。〔北史、竇泰伝〕初め泰の母、風雷暴(にはか)に起り、雨狀有るが若(ごと)きを夢む。庭に出でて之れを觀るに、電光目を奪ひ、駛雨霑(うるほ)ひ灑(そそ)ぐを見る。寤(さ)めて驚汗し、遂に娠(はら)める有り。

【駛足(しそく)】飛脚。〔唐書、劉晏伝〕諸道巡院、皆駛足を募り、置驛(ちえき)相ひ望む。四方の貨殖の低昂、及び它(た)の利害、甚だ遠しと雖も、數日ならずして即(ただ)ちに知る。

↑駛景(しえい) とき/駛河(しが) 急流/駛行(しこう) 帆走する/駛雪(しせつ) にわか雪/駛走(しそう) 疾走する/駛弾(しだん) 疾く弾く/駛赴(しふ) 出帆/駛歩(しほ) 飛脚/駛翼(しよく) 疾く飛ぶ/駛流(しりゅう) 急流

↓移駛・雲駛・眼駛・急駛・牛駛・行駛・車駛・倏駛・迅駛・水駛・船駛・湍駛・馬駛・帆駛・颷駛・風駛・流駛・連駛

【駟】 15 7630 シ ばしゃ

篆文 金文

会意 馬＋四。四頭立ての馬車。〔説文〕十上に「一乘なり」とあり、一乘に四馬をつなぐので、結駟ともいう。その車を車乘という。三馬のときは驂(さん)という。

訓義 ①四頭立ての馬車、その馬、馬四匹。②四人乘りの車。③速い、速く逐う。

古訓 〔名義抄〕駟 一乘四馬 ツタフ 〔字鏡集〕駟 コマ・ツタフ

語系 駟・四・牭 siet は同声。牭は〔説文〕二上に「四歳の牛なり」とあり、その四を四歳の意とする。

【駟介(しかい)】武具をつけた四頭の馬車。〔左伝、僖二十八年〕(晉侯～楚人と城濮に戦い、楚師敗績す)晉侯～楚の俘(とりこ)を王に獻ず。駟介百乘、徒兵千なり。

【駟馬(しば)】四頭立ての馬車。〔説苑、談叢〕口なる者は關なり。舌なる者は機なり。言を出だして當らざれば、四(駟)馬も追ふこと能はざるなり。

↑駟乘(しじょう) 四人乗り兵車/駟驖(してつ) 黒い駟馬

↓安駟・逸駟・華駟・介駟・鈞駟・隙駟・結駟・載駟・策駟・駿駟・上駟・乘駟・斉駟・騂駟・千駟・双駟・馳駟・伝駟・飛駟・百駟・聘駟・奔駟・秣駟・良駟・列駟・聯駟

【髭】 15 7211 ［頿］ 17 2111 シ くちひげ ひげ

篆文

形声 声符は此(し)。此に細小なるものの意がある。〔説文〕九上に「口上の須(ひげ)なり」とし、字形を頿に作る。須は顔面にひげのある形。髭とは口ひげをいう。髯(ぜん)はほおひげ。眉と合わせて鬚眉という。

訓義 ①くちひげ、鼻下のひげ。

古訓 〔和名抄〕髭鬚 加美豆比介(かみつひげ) 〔名義抄〕髭 カミツヒゲ・ヒゲ

【髭鬚(ししゅ)】くちひげと、あごひげ。〔玉台新詠、日出東南隅行〕古楽府 行く者は羅敷(らふ)を見て 擔を下(お)ろして髭鬚を捋(と)る 少年は羅敷を見て 帽を脱して帩頭(せうとう)(頭巾)を著(つ)く

【髭聖(しせい)】ひげの立派な人。唐の文皇帝。〔清異録、三〕唐文皇、虬鬚(きゅうしゅ)壯冠、人、髭聖と號(い)ふ。

【髭髯(しぜん)】くちひげと、ほおひげ。〔風俗通、一、六国〕伉王有り。赤黑にして龍面、鳥囑(口)、鬚眉髭髯、大膺(よう)(胸)大匈(胸)なり。

↑髭色(ししょく) 黒髭/髭塔(しとう) 髭の供養塔/髭髪(しはつ) 髭と髪/髭眉(しび) 髭と眉/髭鬢(しひん) 髭と鬢づら

↓客髭・虬髭・吟髭・虎髭・愁髭・赤髭・染髭・素髭・霜髭・剃髭・撚髭・白髭・美髭・冰髭・奮髭・捋髭・緑髭

【𢑚】 16 2722 シイ ここに

篆文 古文

会意 二㣇(い)の形。㣇は祟(たた)りをなす獣の象形。この獣の呪能を用いる種々の呪儀があった。例えば隷はこの獣の尾をもつ形で、これによって災厄を他に移し隷(つ)ける。その移された者を徒隷という。〔説文〕九下に「㣇の屬なり。二㣇に從ふ。～虞書に曰く、𢑚(ここ)に上帝に類(まつ)す」と〔書、舜典〕の文を引く。いま「肆(ここ)に」に作る。〔玉篇〕に「豕(ぶた)の聲なり」とするが、その用例はみえない。

訓義 ①ここに。②ついに。③字は、また肆に作る。④豚のこえ。

古訓 〔字鏡集〕𢑚 ヰノコヱ

【熾】 16 9385 シ さかん

篆文 古文 金文

形声 声符は戠(しょく)。戠は戈(ほこ)に呪飾をつけた形。おそらく戈を清める儀礼で、赤い帛(きれ)を用いたものであろう。それで標識の意と、赤い意とがあり、火の燃えるさまを熾という。〔説文〕十上に「盛んなり」とあり、火熱の強いことをいう。〔詩、小雅、六月〕「玁狁(けんいん)(北方の外族)孔(はなは)だ熾んなり」とは、軍勢の盛んな意。また〔石鼓文、而師石〕「滔(たう)滔(たう)として是れ戠(さか)んなり」は熾の省文で、これは水勢の盛んなことをいう。

訓義 ①さかん、さかんにする、おこる、おこす。②埴と通じ、あかい、赤土。③植・菑と通じ、うえる、たがやす。

古訓 〔名義抄〕熾 オキ・サカリナリ・モユ・ヒオコス 〔字鏡集〕熾 サカリナリ・オキ・ヒオコス・オコス・サカリ・モユ

語系 熾 thjiə は埴 zjiək と声近く、埴は赤土。また植・殖 zjiək、菑 tzhiə と声近く、耕し植える意に用いる。

【熾肆(しし)】勢い強く、ほしいままに振る舞う。〔唐書、裴度伝〕長慶四年、王廷湊、元翼の家を屠(ほふ)る。敬宗嗟惋(さわん)し、宰輔其の人に非ざれば、兇賊をして熾肆ならしむることを歎く。

【熾灼(ししゃく)】火勢さかん。權勢のさかんなさまにたとえる。〔唐書、姦臣上、許敬宗伝〕敬宗、立后に助力有り。～乃ち陰(ひそ)かに后と連なり、韓瑗・來濟・褚遂良を逐ひ上官儀を殺すことを謀り、～威寵熾灼、當時與(とも)に比する莫(な)し。

【熾盛(しせい)】さかん。〔漢書、游俠、万章伝〕長安熾盛にして、街閭に各〻(おのおの)豪俠有り。～侍中諸侯貴人、爭うて章に揖せんと欲し、京兆の尹(ゐん)と言ふ者莫(な)し。章、逡循(しゅんじゅん)して甚だ懼る。

↑熾焰(しえん) 強い炎/熾火(しか) 烈火/熾結(しけつ) 徒党盛ん/熾菑(しし) 植えつけ/熾暑(ししょ) 盛夏/熾昌(ししょう) さかん/熾殖(ししょく) 繁殖する/熾炭(したん) 炭火/熾張(しちょう) 猛烈/熾富(しふ) 富盛/熾憤(しふん) 激怒する/熾茂(しも) 茂る/熾猛(しもう) たける/熾燎(しりょう) 烈火/熾烈(しれつ) 烈しい/熾炉(しろ) 炉火が強い

↓殷熾・炎熾・火熾・赫熾・凶熾・滋熾・昌熾・情熾・盛熾・炭熾・湛熾・繁熾・豊熾・隆熾

【篩】 16 8872 ［籭］ 25 8821 ［簁］ 17 8828 シ ふるい ふるう

篆文

形声 声符は師(し)。〔説文〕五上に字を籭に作り、麗(れい)声。麗に灑・躧(し)の声がある。「竹器なり。以て粗を取り、細を去るべし」とあり、竹で編んだ器で、ふるいにかけることをいう。また日が簾(すだれ)をもれること、酒を酌みそそぐことをもいう。〔説文〕に「簁は簁箄(しひ)、竹器なり」とあって、物を盛(い)れる竹器であるが、篩と通用する。

訓義 ①ふるい、ふるう。②もれる、すきもれる。③そそぐ。④うつ。⑤字はまた簁・簛・籭に作る。

古訓 〔新撰字鏡〕篩 不留不(ふるふ)/簛篩 豆支不留不(つきふるふ) 〔和名抄〕篩 布流比(ふるひ) 〔名義抄〕籭 フルヒ・ヒソヽル 〔篇立〕篩 フルヰ・アシカ

↑篩金(しきん) どら/篩子(しし) ふるい/篩酒(ししゅ) 酒つぐ/篩春(ししゅん)

篩酒／篩土 土ふるい／篩揚 簸揚する／篩落 もれる／篩簾 もれ日／篩濾 こす
↓一篩・竹篩・満篩

【縒】 16 2891 シ サ もつれる よる

篆文

形声 声符は差。差に「參差」の声がある。〔説文〕十三上に「參縒なり」とあり、參差として乱れもつれることをいう。色のそろわぬさま、色とりどりの意がある。わが国では、ねじり撚る意に用いる。糸にはより糸、紙にはこよりという。

訓義 ①みだれる、もつれる。②色とりどり、あざやか。③わが国では、より糸、よる、ひねる、ねじる。

古訓 〔字鏡集〕縒 イトヨル・カ、マル・ヨル・アヤマル

【諟】 16 0668 シ この ただす

篆文

形声 声符は是。〔説文〕三上に「理むるなり」、また〔玉篇〕に「諦らかにするなり」とするが、〔広雅、釈言〕に「是なり」とするのが古義であろう。〔書、太甲上〕に「諟の天の明命を顧みる」とみえる。

訓義 ①この。②ただす、おさめる、あきらかにする、つまびらかにする。

古訓 〔名義抄〕諟 アキラカニ・マコト・サトル・ツバビラカナリ・コレ 〔字鏡集〕諟 マコト・サトル・タヾス・アキラカ・ツバビラカ・マサシ・コレ

【諟正】 明らかにし正す。〔陳書、姚察伝〕尤も好んで古今を研覈し、文字を諟正し、精采流贍、老と雖も衰へず。
↓顧諟・審諟

【謚】 16 0861 ［諡］ 17 0861 シイ おくりな

篆文

形声 声符は益。益はおそらくもと益の字であろう。金文の〔班殷〕に「其の器に益を義子と曰ふ」とあり、祭器に特に名号を与えることをいう。宋の薛尚功の〔歴代鐘鼎彝器款識〕に収める〔褢石磬〕にも「厥の益を義子と曰ふ」とあり、これは祭儀に用いるときの楽器である。〔説文〕三上に「行の迹なり」とは、一代の行迹を以てその人の謚号とする意で、謚とはこれを人に及ぼしたものであろう。益の字形は、器に牲血を入れて祓い清める釁礼を示す形で、命名のときにその儀礼が行われたものと思われる。謚・謚はともに益より出た字形である。

訓義 ①おくりな。死後、その人の行迹を考えておくる。②名づける、聖所で用いるものに名づける。③よびな。④謚と通じ、しずか、つつしむ。⑤嗤と通じ、わらう。

古訓 〔名義抄〕謚 イミナ・マウス・シヅカナリ 〔字鏡集〕謚 シヅカナリ・ワラフ・イミナ・マウス

語系 謚 sjiet、嗤 thjiə は声近く、通用する。〔爾雅、釈詁〕に「謚は靜なり」とあり、謚にその義があるとされ、〔説文通訓定声〕に引いて、謚を仮借して謐と為すとするが、声義ともに異なる字である。

【謚議】 謚号を議する文。〔文体明弁、謚議〕天子崩ずるときは則ち臣下、謚を南郊に制す。之れを天に受くることを明らかにするなり。～故に歴代以來、帝后の謚議有り、～今に傳ふ。

【謚号】 おくり名。〔晋書、礼志下〕立德濟世、仁風を揮揚し、以て泰山に登封する者七十有四家、其の謚號の知るべき者十有四あり。沈淪寂寞、曾ち遺聲無き者、勝げて記すべからず。

【謚法】 おくり名のつけかた。〔史記、秦始皇紀〕朕聞く、太古には號有りて謚毋し。中古には號有り、死して行ひを以て謚と爲すと。～今より已來、謚法を除き、朕を始皇帝と爲し、～二世三世より萬世に至り、之れを無窮に傳へんと。

↑謚冊 歴代謚号の詔冊／謚典 謚法／謚譜 謚号の系譜／謚例 謚の実例
↓悪謚・加謚・嘉謚・議謚・挙謚・系謚・号謚・作謚・賜謚・失謚・釈謚・爵謚・醜謚・称謚・世謚・制謚・請謚・善謚・贈謚・追謚・美謚・命謚・誄謚

常 **【諮】** 16 ［諮］ 16 0766 シ はかる

形声 声符は咨。咨は神に祝詞（口）を奏し、咨なき訴え申す意。神意にはかることを諮という。もと咨がその意であったが、咨が咨嗟の意に専用されるに及んで諮が作られた。

訓義 ①はかる、神意にはかる。②咨と通用する。

古訓 〔名義抄〕諮 トフ・トブラフ・ハカル・シヅカナリ・マウス 〔字鏡集〕諮 ヒラク・トフ・ノブ・マウス・トフラフ・カマフ・ハカル

【諮議】 ことをはかる。〔三国志、魏、田疇伝〕建安十二年、太祖（曹操）、北のかた烏丸を征し、未だ至らず。先づ使を遣はして疇を辟す。～遂に使者に隨ひて軍に到る。司空戸曹掾に署し、引見諮議す。～軍に隨ひて無終に次る。

【諮諏】 はかり相談する。蜀・諸葛亮〔出師の表〕陛下も亦た宜しく自ら謀り、以て善道を諮諏し、雅言を察納し、深く先帝の遺詔を追ふべし。

【諮詢】 といはかる。〔三国志、呉、是儀伝〕大駕東遷す。太子登、留まりて武昌に鎭し、儀をして太子を輔けしむ。太子之れを敬し、事先づ諮詢して、然る後に施行す。

【諮稟】 相談し指図をうける。〔宋書、劉穆之伝〕穆之～決斷流るるが如く、事擁滯無し。賓客輻輳し、求訴百端。内外の諮稟、堦（階）に盈ち室に滿つ。目に辭訟を覽、手に牋書に答ふ。耳に聽受を行ひ、口に竝びに酬應し、相ひ參涉せず。

【諮訪】 訪ねとう。〔後漢書、儒林下、丁恭伝〕諸生の遠方より至る者、著錄數千人、當世稱して大儒と爲す。～侍中祭酒、騎都尉に拜し、～光武の左右に在り、事每に諮訪せらる。

【諮問】 意見を求める。〔後漢書、党錮、劉淑伝〕淑は宗室（漢）の賢なるを以て、特に敬異を加ふ。疑事有る每に、常に密かに之れに諮問す。

【諮論】 はかり論ずる。〔晋書、王済伝〕（王済）侍中孔恂・王恂・楊濟と同列、一時の秀彥爲り。～武帝嘗て～曰く、朕の左右は恂恂濟濟と謂ふべしと。侍見する每に、未だ嘗て人物及び萬機の得失を諮論せずんばあらず。

↑諮求 はかる／諮決 はかり決める／諮事 相談する／諮請 願う／諮訴 訴える／諮度 はかる／諮断 諮決／諮謨 謀る／諮報 照会する／諮謀 はかる

【錙】 16 8216 シ わずか

篆文

形声 声符は甾。甾に軽少の意があり、輜は軽車。重量の小さな単位を錙という。〔説文〕十四上に「六銖なり」とあり、微小のものを錙介という。

訓義 ①わずか、軽少。②六銖、また八銖。また六両、八両ともいう。③熾と通用し、さかん。

古訓 〔篇立〕錙 ハカリフグリ

【錙銖】 僅かな目方。軽微なもの。〔韓非子、功名〕千鈞も船を得ば則ち浮き、錙銖も船を失へば則ち沈む。千鈞輕くして、錙銖重きに非ざるなり。勢ひ有ると、勢ひ無きとなり。

↑錙介 微小／錙錘 少量

【鴟】 16 7772 ［鴟］ 13 7071 ［鵄］ 17 1712 シ とび ふくろう

篆文 籀文

形声 声符は氐。〔説文〕四上に鴟に作り、鴟を籀文とし

する。とびをいう。鴟梟・鴟鴞はふくろう。鴟鵂はみみずく。鴟夷は馬の皮袋。古く神判が行われ、敗訴者は鴟夷に包んでこれを江海に投じた。それで金文の灋（法）の字は、その旁を皮に包んだ形にしるすものがある。

訓義 ①とび。②ふくろう、みみずく。③鴟夷は馬革。

古訓 〔和名抄〕鴟 一名鳶、度比（とび）／鴟尾 辨色立成に云ふ、久都賀太（くつかた）〔名義抄〕鴟 ワシ・トビ・ハシタカ・シト・フクロフ／佐鴟 ヨタカ・フクロフ

【鴟夷】しい 馬の皮袋。〔史記、伍子胥伝〕吾が眼を抉りて呉の東門の上に縣けよ。以て越寇の入りて呉を滅ぼすを觀んと。乃ち自剄して死す。呉王之れを聞いて大いに怒り、乃ち子胥の尸を取り、盛るに鴟夷の革を以てし、之れを江中に浮かぶ。

【鴟梟】しきょう（けう） ふくろう。悪鳥。漢・賈誼〔屈原を弔ふ文〕嗚呼、哀しい哉、時の不祥なるに逢へり。鸞鳳伏し竄れて、鴟梟翶翔す。

【鴟跱】しじ（ぢ） 凶悪な賊が勢いをもって傲ること。〔北史、魏紀一、論〕明元（太宗）運を承くるの初め、鄘定の始めに屬す。時に狼顧鴟跱、猶ほ窺覦する有り。加ふるに天賜の末を以てす。內難尤も甚だし。

【鴟尾】しび 宮殿の棟の両端におく飾り。しゃち。〔北史、高恭之伝〕其の糾擿する所、權豪を避けず。前の刺史李世哲、～多く非法有り。逼りて人の宅を買ひ、屋宇を廣興し、皆鴟尾を置く。～道穆（恭之）繩糾し、悉く之れを毀去せしむ。

【鴟目】しもく ふくろうのような目。残忍な人相。〔漢書、王莽伝中〕是の時、方技を用って黃門に待詔する者有り。或ひと問ふに、莽の形貌を以てす。～曰く、莽は所謂鴟目虎吻、豺狼の聲なる者なり～と。

↑鴟鵜しい 鴟夷／鴟瓦しが 鬼瓦／鴟鳩しきゅう ふふどり／鴟鵂しきゅう みみずく／鴟肩しけん 怒り肩／鴟顧しこ 導引法／鴟視しし 貪欲／鴟峙しじ 鴟跱／鴟貪したん 貪欲／鴟張しちょう いばる／鴟靡しび 侈靡／鴟甍しぼう 鴟尾

↓悪鴟・鳶鴟・怪鴟・角鴟・嚇鴟・寒鴟・飢鴟・踞鴟・梟鴟・群鴟・愁鴟・村鴟・蹲鴟・凍鴟・飛鴟・風鴟

【凘】

17 0012

シ セイ

むせぶ しわがれごえ

篆文

形声 声符は斯し。〔方言、六〕に「噎むせぶなり。楚にては凘と曰ふ」とみえる。〔説文〕七下に「散聲なり」とはしわがれごえ。〔方言、六〕に「東齊にては聲散を凘と曰ひ、～秦・晉には聲變を凘と曰ふ」とする。

訓義 ①むせぶ、むせんで声が出ない。②しわがれごえ。

古訓 〔名義抄〕凘 イヤシ

参考 斯声の字に嘶があり、馬が嘶くことをいう。

【鮨】

17 2136

シ キ ゲイ

うおびしお すし

篆文

形声 声符は旨し。〔説文〕十一下に「魚の脂醬なり。蜀中に出づ」とし「一に曰く、鮪魚の名なり」とする。〔爾雅、釈器〕に「肉には之れを羹と謂ひ、魚には之れを鮨と謂ふ」とみえる。

訓義 ①うおびしお、魚の塩から。②しび。③わが国で、すし。

古訓 〔名義抄〕鮨 スシ

【鮨魚】げいぎょ 魚の名。〔山海経、北山経〕（諸懐の水）其の中に鮨魚多し。魚身にして犬首、其の音嬰兒の如し。之れを食へば狂を已めしむ。

【贄】

18 4480

シ

にえ

形声 声符は執しゅう。執はもと手械を加えた象であるが、のち手に持つことをいう。人と会見するときに贈る礼物を贄といい、〔左伝、荘二十四年〕に「男の贄は、大なる者は玉帛、小なる者は禽鳥、以て物を章はすなり。女の贄は、榛栗棗脩（なつめと乾肉）に過ぎず。以て虔むことを告ぐるなり」とみえる。入門のときにも礼物を贈るので贄見礼といい、今も束脩の名を用いる。脩は長い切身の肉を束ねる意。わが国の「あわびのし」は、その名残である。贄はまた質といい、〔孟子、滕文公下〕「彊を出づるときは、必ず質を載す」とあり、贄見の礼のために備えた。

訓義 ①にえ、てみやげ。②字はまた摯・勢・質に作る。

古訓 〔新撰字鏡〕贄 尓戸（にへ）〔名義抄〕贄 タカラ・ニヘ・ツト

語系 贄tjiet、執tjiəpは声が近く、両手で執るものをいう。摯・勢・質tjietは同声通用の字。

【贄献】しけん ささげもの。〔塩鉄論、崇礼〕今萬方絶國の君、贄獻を奉ずる者は、天子の盛德を懷ひ、中國の禮儀を觀んと欲すればなり。

【贄幣】しへい 礼物。献上物。〔国語、周語上〕故に車服旗章を爲りて、以て之れを旌はし、贄幣瑞節を爲りて、以て之れを鎮め、班爵貴賤を爲りて、以て之れを列し、令聞嘉譽を爲りて、以て之れを聲む。

↑贄儀しぎ 初見の礼物／贄御しぎょ 車御／贄具しぐ 贄儀／贄敬しけい 贄見／贄見しけん 入門の礼／贄然しぜん 動かぬさま／贄宝しほう 献上物／贄礼しれい 贄幣

↓委贄・賀贄・献贄・交贄・効贄・厚贄・婚贄・裁贄・士贄・執贄・受贄・女贄・承贄・称贄・送贄・男贄・置贄・典贄・奠贄・投贄・納贄・媒贄・傅贄・兵贄・奉贄・用贄・来贄・礼贄

【蹝】

18 6118

シ

ふむ

形声 声符は徙し。徙は歩して遷る意。蹝は草履などをひっかけること。また、そのぞうり、わらぐつ。

訓義 ①ふむ、草履などをひっかける、つっかける。②ぞうり、わらぐつ。③躧し・蹝しと通用する。

古訓 〔名義抄〕躧・蹝・跿 ハキモノ・マコト・ユク・アユム・ハケルクツ

【蹝履】しり 履をつっかける。漢・司馬相如〔長門の賦〕息悒を舒べて、欷きを增す。蹝履して、起ちて彷徨す。

＊語彙は躧字条参照。

【颸】

18 7621

シ

すずかぜ

篆文

形声 声符は思し。〔説文新附〕十三下に「涼風なり」とあり、また〔広雅、釈詁四〕に「風ふくなり」とあり、疾風をいう。

訓義 ①すずかぜ、秋風。②疾風、はやい。③風吹くさま。

古訓 〔字鏡集〕颸 カゼ・スヾ、シキカゼ

【颸颸】しし 風吹くさま。宋・王禹偁〔謫居、事に感ず、一百六十韻〕詩 煙嵐、晴れて鬱鬱たり 風雨、夜颸颸たり

【颸然】しぜん 風が吹きすぎるさま。唐・李賀〔巫山高〕詩 楚魂、夢を尋ねて、風颸然 曉風、雨を飛ばして、苔錢（銭苔）生ず

↑颸風しふう 疾風

↓寒颸・軽颸・江颸・細颸・乗颸・長颸・微颸・涼颸

【觶】

19 2625

［觗］14 2123

［觝］11 2224

シ

さかずき さかつぼ

篆文

形声 声符は單（単）たん。單に禪（禅）・嘽ぜんと觶しの声がある。〔説文〕四下に「鄉飲酒の角なり」とあり、鄉飲酒の礼のときに用いる角の酒器とする。もと獣角を用いたものであろうが、青銅器の遺品によっていえば、細長い花瓶のような形である。東周期

の〔義楚耑〕のように、耑と銘するものがその器であろう。殷・周期の器は觶という。

訓義 ①さかずき。②酒を入れていないさかずき。③さかつぼ。④罰杯。

古訓 〔名義抄〕觶 サカツキ

↓角觶・揮觶・挙觶・虚觶・更觶・觵觶・執觶・実觶・勺觶・取觶・受觶・承觶・洗觶・送觶・卒觶・奠觶・奉觶・用觶・揚觶

【齍】 19 0010 シ セイ うつわ ととのえる

篆文  金文 

形声 声符は齊(斉)せい。〔説文〕五上に「黍稷の器なり。祀る所以の者なり」(段注本)とあり、神に供えるものを齍盛という。黍稷の類には、たとえば稲には嘉疏というように、美称を用いることがあり、これを齍号という。黍稷を盛る簠という器は方形。齍字の齊は方鼎のことをいうので、鼐(方鼎)の省文であろうかと思われる。その器に盛るものを粢という。字はまた粢に作ることがある。

訓義 ①うつわ、まつるうつわ、黍稷をいれ供えるうつわ。②ととのえる、調理する。字はまた斉に作る。

【齍号】 神に供える穀類の美称。〔周礼、春官、大祝〕六號を辨ず。一に曰く神號。~四に曰く、牲號。五に曰く、齍號。

【齍盛】 神に供えるもの。粢盛。〔周礼、地官、舂人〕祭祀には、其の齍盛の米を共(供)す。

↓共齍・玉齍・羞齍・明齍

【鞿】 20 4158 シ かわぐつ

篆文 

形声 声符は徙し。〔説文〕三下に「鞮(皮履)の屬なり」とあり、革製の靴。

訓義 ①かわぐつ。②字はまた蹝・屣・躧などに作る。

古訓 〔名義抄〕躧・蹝・鞿 ハキモノ・マコト・ユク・アユム・ハケルクツ

【鰤】 21 2132 シ ぶり

形声 声符は師し。〔本草綱目、鱗四、魚師〕に、陳蔵器の〔諸魚注〕を引いていう。「魚師の大なる者は、毒有りて人を殺す。今識る者無し。但だ唐韻に云ふ、鰤は老魚なりと。山海經に云ふ、歷瀬の水に、師魚有り。之れを食らへば人を殺すとは、其れ即ち此れなるか」とあり、毒のある魚であるという。わが国では「ぶり」の字に用いる。

訓義 ①毒ある魚、老魚。②ぶり。

【鷙】 22 4432 シ チツ あらどり とらえる うつ

篆文 

形声 声符は執しゅう。〔説文〕四上に「撃殺する鳥なり」とし、執声とするが、〔段注〕には会意にして、鳥を執殺するものであるという。〔荘子、在宥〕の「卓鷙」は正しく進まないさま、また〔管子、五輔〕の「覆鷙」は疑いかくす意、また〔管子、小問〕「鷙距」は疑うてとどまる意で、鷙にはもと摯・蟄・鷙と似た意があったのであろう。これを猛禽の意に用いるのは、のちの転義のように思われる。

訓義 ①あらどり、猛禽。②あらい、たけだけしい、もとる。③うつ、とらえる。

古訓 〔和名抄〕鷙 多賀(たか)。日本紀私記に云ふ、倶知(くち)。兩字、急にして屈っと讀む。百濟の俗に、鷹を號んで倶知と曰ふ。〔字鏡〕鷙 ツク・ハクハ・タカ・クチ、俗に云ふ、賀閇流(かへる)〔字鏡集〕鷙 クチ・タカ・トラフ・ツク

語系 鷙 tjiuat は執 tjiəp 声。鷙 tiuat は馬の重い皃、蟄 tjiəp は怖れる、蟄 diəp は蔵れる、また摯 tjiet に握持の意がある。いずれも声義に関連するところがある。

【鷙悍】 あらあらしくて強い。〔宋史、外国一、夏国上〕太宗嘗て群臣を苑中に宴し、繼捧に謂ひて曰く、汝夏州に在り、何の道を用って以て諸部を制すると。對へて曰く、羌人鷙悍、但だ羈縻(つなぐ)するのみ。能く制するに非ざるなりと。

【鷙彊】 あらあらしく強い。〔後漢書、呉蓋陳臧伝賛〕呉公鷙彊にして、實に龍驤(竜が天にあがる)爲り。群孽を電埽し、巴・梁(四川)に風行す。虎牙猛力、功、睢陽に立つ。

【鷙禽】 猛禽。唐・劉禹錫〔阮公(籍)の体を学ぶ、三首、二〕詩 朔風、老驥悲しみ 秋霜、鷙禽を動かす

【鷙鳥】 猛禽。〔楚辞、離騒〕鷙鳥の群せざるは 前世よりして固より然り 何ぞ方圜の能く周はん 夫れ孰れか道を異にして相ひ安んぜん

【鷙愎】 あらあらしくて、すなおでない。〔戦国策、趙一〕夫れ知伯の人と爲りや、利を好みて鷙愎なり。來りて地を請ひて與へざれば、必ず兵を韓に加へん。君其れ之れを與へよ。

【鷙勇】 猛勇。〔三国志、魏、曹真伝〕太祖の族子なり。~常て獵し、虎の逐ふ所と爲る。顧みて虎を射、聲に應じて倒る。太祖其の鷙勇を壯とす。

↑鷙悪 凶悪/鷙害 害する/鷙距 疑い止まる/鷙梟 悪鳥/鷙獣 猛獣/鷙隼 はやぶさ/鷙忍 悪虐/鷙猛 たけだけしい/鷙戾 粗暴

↓攫鷙・悍鷙・驕鷙・撃鷙・虎鷙・剛鷙・残鷙・隼鷙・捷鷙・卓鷙・鵰鷙・忍鷙・搏鷙・愎鷙・忿鷙・猛鷙・勇鷙・鷹鷙

【簁】 25 8821 〔篩〕 16 8872 シ ふるい

篆文 

形声 声符は麗れい。麗に曬・躧しの声がある。〔説文〕五上に「竹器なり。以て粗を取り、細を去るべし」とあり、ふるいをいう。字はまた篩・簁に作ることがある。

訓義 ①ふるい。②字はまた篩・簁に作る。

古訓 〔名義抄〕簁・篩 フルヒ・ヒソヽル 〔字鏡集〕簁 フルヒ・アシカ・フルフ

【纚】 25 2191 シ サイ リ つらなる あみ

篆文 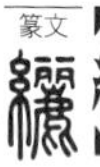

形声 声符は麗れい。麗に灑・曬しの声がある。〔説文〕十三上に「冠織なり」とあり、髪を包む細長い帛をいう。ものの長く連なることを纚迤という。細かい網のときは纚網、冠の纓のときには縭の音でよむ。

訓義 ①つらなる、つづく、たれる、ながいきれ。②かみづつみ、かみをつつむくろいきれ、かみをつつむあらいおりめのきれ。③あみ、さであみ。④かんむりのひも。字はまた縭に作る。

古訓 〔名義抄〕纚 ガムツ、ミル/颯纚 ―トシナブ 〔字鏡集〕纚 クルマカザル・カフリノキヌ・シナフ・トヒカ、ル・ツラヌ・ハネタレタリ

【纚迤】 長くつらなるさま。〔水経注、済水二〕(酸棗)城の西に韓王の望氣臺有り。孫子荊(楚)の故(韓王)臺賦~に曰く、丘陵の纚迤たるを蔑にし、五嶽の嵯峨たるに亞ぐと。

【纚笄】 かみづつみと、かんざし。〔儀礼、特牲饋食礼〕主婦は纚笄宵衣し、房中に立ちて南面す。

【纚纚】 長く美しく連なるさま。〔楚辞、離騒〕菌桂を矯げて以て蕙(香草)を紉ぎ 胡繩(香草)の纚纚たるを索にす

【纚連】 つらなる。魏・何晏〔景福殿の賦〕其の奧祕は則ち翳蔽曖昧、髣髴退概として、幽星の纚連するが若し。

↑纚乎 群れるさま/纚舟 舟を繫ぐ/纚属 連なる/纚韜 髪包み/纚網 さであみ/纚聯 つらなる

↓緇纚・漆纚・舟纚・緎纚・風纚・颯纚・紼纚・芬纚・離纚・連纚

【躧】 26 6111 シ サイ リ くつ

篆文 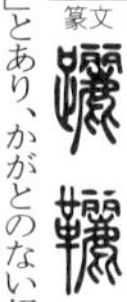

形声 声符は麗。麗に纚・灑の声がある。〔説文〕二下に「舞ふ履なり」とあり、かがとのない軽い履である。つっかけのように脱ぎやすいので、惜しげもなく捨てることを「躧を脱するが如し」という。

訓義 ①くつ、わらぐつ、ぞうり。②はく、ふむ、つっかける。③あゆむ、ゆっくりゆく。

古訓 〔名義抄〕躧 ハキモノ・マコト・ユク・アユム・ハケルクツ 〔字鏡集〕躧 アユミユク・ハケル・ワラクツ・ユク・マヒノハキモノ・ハキモノ・クツ・アユム

【躧歳】 北京で除夜の夕、門から通路に胡麻がらを敷く。〔燕京歳時記、躧歳〕除夕、戸庭より以て大門に至るまで、凡そ行走の處に、編く芝麻稭を以て之れを撒く。之れを躧歳と謂ふ。

【躧躧】 髪まばら。〔楓窗小牘、上〕是に于て小史爵關內侯、食邑遺鄉六百戸を賜ふ。覺えず快やかに躍りて起ち、籜冠地に墮ち、老髮躧躧たるも、手に握るに暇あらざるなり。

【躧歩】 舞の足運び。晉・左思〔魏都の賦〕易陽(趙の地名)の壯容、衞の稚質(あどけなさ)、邯鄲の躧歩、趙の鳴瑟。～此くの如きの屬、～單し究むべきに非ず。

【躧履】 くつをつっかけてゆく。急ぐ。斉・陸厥〔內兄希叔に奉答す〕詩 嘉惠を帝子に承け 躧履して王孫に奉かふ

↑躧看 探訪する／躧棄 くつを脱ぐ／躧緝 追捕する／躧舄 わらぐつ／躧拿 躧緝／躧著 踏み込む／躧踏 踏査する／躧盤 強盗の下見／躧訪 査訪

↓遺躧・釈躧・跕躧・芳躧

【釃】 26 1161 シ リ したむ こす

篆文 

形声 声符は麗。麗に纚の声がある。〔説文〕十四下に「酒を下すなり」とあり、酒をこすことをいう。また「一に曰く、醇なり」とあって醇酒、こい酒をいう。また醨と通じて、薄酒をいう。

訓義 ①酒をしたむ、酒をこす、酒をしぼる。②こい酒、よい酒。③分ける。④醨と通じて、うすい酒。

古訓 〔名義抄〕釃 シタム・サケシタム・アク・アツシ・サケアグ 〔篇立〕釃 サケシタム・ユタル・アク

【釃酒】 酒をこす。また、酒を飲む。宋・蘇軾〔赤壁の賦〕其(曹操)の荊州を破り江陵を下り、流れに順ひて東するに方りては、舳艫千里、旌旗空を蔽ふ。酒を釃みて江に臨み、槊を横たへて詩を賦す。固に一世の雄なり。而るに今安くに在るや。

↑釃浚 さらえる／釃尊 飲酒／釃流 分流

↓筐釃・醇釃

ジ

【尒】 5 8090 ジ しかり

篆文 

略体 爾の省略形。爾は婦人の胸部に文身を加えた形で、〔説文〕三下に「麗爾なり」とする。爽・奭も婦人の両乳をモチーフとする文身の形。みな美麗の意がある。古く屍体の装飾として行われたものであろう。その省形とみるべき字。〔説文〕八(八)部二上に「尒は詞の必然なり。入・丨・八に従ふ。八は气の分散するに象る」とするが、「詞の必然」とは「而矣」「而已」という終助詞にあたる用法で「而ち已む」の意。尒をその義に用いるのは、爾・耳と同じく声の仮借にすぎない。〔玉篇〕に「語助なり」の他に、また「別なり」とするのは、字を八に従うと解したからであろう。字は爾の省文。声義はすべて爾に同じ。

訓義 ①しかり、かくのごときのみ。②なんじ。③ちかい、ちかづく。

古訓 〔名義抄〕尒 ナムヂ・ナムタチ・シカリ・シカウス・ソノ・シカノゴトキ／云尒 イフコトシカリ・シカイフ／尒所 ソコバク／尒許・尒來 シカリ・ソレヨリ／不尒 シカラズ

＊語彙は爾字条参照。

常 【示】 5 1090 ジ シ キ かみ しめす

篆文・古文・甲骨文 

象形 神を祀る祭卓の形。〔説文〕一上に「天、象を垂れて吉凶を見す。人に示す所以なり。二(古文の上)に従ふ。三垂は日月星なり。天文に觀て、以て時變を察す。示とは神事なり」という。天が三垂を以て人に示す意の字とするが、卜文の字形は祭卓の象。ドルメン・石主・神桿・陽茎の形とする説などもあるが、卜文にはこの上に鳥牲をおく形があり、金文の祭は、この上に肉をおく形。卜文に殷の祖神を五示・十示のようによび、神霊の意とする。示の大なるものは下に締脚を加えて帝(帝)という。また祭卓を廟中におく形は宗。示は寘と通用し、寘は顛死者(行き倒れ)を葬ること。また音を以て視(視)とも通用する。

訓義 ①かみ、祭卓の象。②神のお告げ、神の教え。③示す、告げる、教える。④寘と通じ、おく。⑤視と通じ、みる、示されたところを見る。⑥祇と通じ、土地の神。

古訓 〔名義抄〕示 モノカタリ・シメス・シム・アラハル・ミル・カタラフ

部首 〔説文〕に祜・禮(礼)以下五十九字、重文十三、〔新附〕四を属し、〔玉篇〕にはすべて百四十五文を属する。卜文の神(神)・社(社)・祐(祐)・禘・祭・祖(祖)は示に従わず、申・土・又(又)のようにしるしており、いまの字形はその形声字である。

声系 〔説文〕に示声として祋・柰・祁・視など五字を収め、また隸を柰声とするが、視の他には声義に一貫するものがない。

語系 示 djiei、視 zjiei は、示すものと、示されて見るものの関係である。〔漢書、高帝紀上〕の〔顔師古注〕に「漢書多く視を以て示と爲す」とあり、経伝中にも両字を通用する例が多い。

【示威】 威力をしめす。〔左伝、昭十三年〕是の故に明王の制は～聞(三年)に朝して以て禮を講じ、再朝(六年)して會して以て威を示し、再會して盟ひて、以て昭明を顯らかにす。

【示弱】 弱そうにみせかける。〔晋書、景帝紀〕鎭東大將軍毌丘儉・揚州刺史文欽、兵を擧げて亂を作す。～帝、汝陽に屯し、～弱を示して以て之れを誘ふ。

↑示意 意をしめす／示下 命令／示誡 いましめる／示及 教える／示教 見せる／示仰 仰せ／示訓 しめす／示教 教え／示儆 戒める／示警 警告／示現 しめす／示号 土地の神名／示唆 暗示／示寂 拝承／示悉 仏者の死／示談 和解／示範 模範／示票 申渡書／示朴 倹素をしめす／示滅 遷化／示諭 さとす／示様 見本／示例 例示／示論 告げる

↓暗示・威示・戒示・開示・誨示・教示・暁示・訓示・恵示・啓示・見示・顕示・懸示・誇示・公示・告示・指示・昭示・章示・垂示・宣示・呈示・提示・展示・微示・表示・標示・風示・明示・黙示・諭示・耀示・来示・留示・例示

常 【字】 6 3040 ジ やしなう あざな もじ

篆文・金文 

会意 宀+子。宀は家廟。家廟に子の出生を報告する儀礼で、これによって養育・字養のことを定める。またそのとき字(幼

名）をつける。いわゆる小字である。〔説文〕十四下に「乳するなり」と字乳、すなわちはらみ、育てる意とするが、生子儀礼とみるべき字である。〔礼記、冠義〕に「已に冠して之れに字す」、また〔公羊伝、僖九年〕「字して之れに笄せず」とは、男女成年のときの礼で、男子はこのとき、名字対待の名をつける。「曾參（驂）、字は子輿」、「孟軻、字は子輿」は、いずれも車馬による対待の字である。女子の字には、金文に多母・客母・良女のようにいうものがそれであろう。

訓義 ①やしなう、廟見の礼によって養育のことが定まる。②あざな、廟見の際に、あざなをつける。③孳と通じ、はらむ。④慈と通じ、いつくしむ。⑤あざなをつけることから、文字の意となる。文は文身で、やはり、もと通過儀礼の一である。

古訓 〔名義抄〕字 ナ・ナヅク・アザナ・ヤシナフ・ウツクシム〔字鏡集〕字 ナ・ウツクシム・アザナ・ナヅク・サネ・ヤシナフ・ウツクシブ・ウツクシム

語系 字dziəと子・孳・滋（滋）tziəは声義が近く、〔説文〕には字を子の亦声とする。字を字乳の義に用いることも多いが、通用の義とみるべく、その本義は生子儀礼としての廟見の礼をいう。孳は孳尾のように用い、字乳とはそのことをいう。おおむね滋益・滋多の意がある語である。

【字育】 やしない育てる。前蜀・杜光庭〔犀浦劉殷費順黄籙斎詞〕今睿聖の天を御するに屬し、元台閫を分ち、道徳を敷弘し、蒸黎を字育す。伊堯嬀舜の仁に法り、后稷皐陶の德に邁ぎたり。萬方泰有り、四境虞れ無し。

【字印】 活字。〔夢渓筆談、技芸〕慶暦中、布衣畢昇といふもの有り。又活板を爲くる。其の法、膠泥を用て刻字し、～毎字一印と爲し、火燒して堅ならしむ。～則ち一鐵範を以て鐵板上に置き、乃ち字印を密布し、鐵範を滿たして一板と爲す。～若し印すること數十百千本ならば、則ち極めて神速と爲す。

【字眼】 詩文のできばえを左右するような、重要な文字。〔滄浪詩話、詩弁〕其の工を用ふるに三有り。曰く起結、曰く句法、曰く字眼。

【字義】 文字の意味。〔魏書、儒林、孫恵蔚伝〕經記浩博、諸子紛綸。部帙既に多く、章篇紕繆す。當に一二校書の、歳月にして了るべきに非ず。今、四門博士及び在京の儒生四十人をして、祕書省に在りて專精校考し、字義を參定せしめんことを求む～と。詔して之れを許す。

【字乳】 生む。やしない育てる。〔論衡、気寿〕婦人の疏かに字する（娠む）者は子活き、數乳する者は子死す。～字乳亟數なるときは、氣薄くして成ること能はざるなり。

【字謎】 文字の謎。南朝宋・鮑照〔字謎、三首、一〕詩 二形一體（二＋川） 四支八頭（先端八） 四八一八 飛泉、流れを仰ぐ（自注、井の字）

【字様】 文字の形。唐・陳夷行〔新加九経字様奏状牒文〕其の舊字樣は、歲月將ど久しく、畫點參差（多様）、傳寫相ひ承け、漸く乖誤を致す。今竝びに字書に依り參詳す。

【字養】 やしない育てる。〔三国志、魏、何晏伝注に引く皇甫謐の列女伝〕司馬宣王、（令女が曹氏の後なきを憂うるを）聞きて之れを嘉し、乞子字養して、曹氏の後と爲ることを聽さしむ。

↑字愛 やしない慈しむ／字音 字の音／字画 字の画数／字格 字形の法則／字学 文字学／字脚 字の下体／字挹 契約書／字句 語句／字訓 よみ／字形 字の形／字源 字形の本／字指 字義／字習 手習い／字数 字かず／字勢 筆勢／字跡 筆跡／字体 字の形／字典 字書／字突 指字棒／字馬 牝馬／字牌 商標／字輩 同輩行の名／字尾 孳尾／字墨 文墨／字民 民を養う／字孕 孕む／字例 六書

↓異字・永字・衍字・押字・仮字・譌字・楷字・解字・活字・冠字・漢字・雁字・奇字・虚字・金字・錦字・笄字・欠字・検字・古字・誤字・好字・号字・合字・刻字・国字・細字・作字・視字・識字・習字・集字・廋字・書字・署字・女字・助字・小字・称字・帖字・植字・真字・新字・正字・成字・制字・姓字・善字・草字・造字・俗字・大字・題字・拆字・脱字・著字・定字・摘字・篆字・蠹字・難字・破字・配字・肥字・布字・壁字・別字・鳳字・没字・本字・梵字・名字・妙字・苗字・銘字・謎字・文字・隷字・連字・倭字

常 【寺】 6 4034 ジ もつ てら

篆文

金文

形声 声符は之。寸は手にものをもつ形。寺は持の初文。金文の〔邾公牼鐘〕に「萬年に至るまで、分器を是れ寺て」とあり、また〔石鼓文、田車石〕に「秀弓寺射す」とあるのは待って射つ意であるらしい。いずれもその状態をしばらく持続することをいう。〔説文〕三下に「廷なり。法度有る者なり」と官府の意を以て解するのは、漢以後の用義である。〔詩、大雅、瞻印〕「時これ維これ婦寺」の寺は寺人、近侍の宦官をいう。外交の役所であった鴻臚寺を、のち浮屠（僧）の居舎としたので、のち仏寺の意となった。

訓義 ①もつ、たもつ。②まつ、その状態をたもつ。③やくにん、宦官、そばづかい。④てら、やくしょ。⑤やかた、外国の使節のやどるところ、僧侶の宿するところ。⑥てら、寺院、僧舎。

古訓 〔字鏡集〕寺 ツカサ・チカシ・チカヅク・ツカサドル・テラ・マツリゴト

声系 〔説文〕に寺声として特・峙・待・詩・等・時・侍・庤・恃・持・偫など十五字を収める。特定の状態を持続する意をもつ語のようである。詩の古文は之に従う形であるが、詩とは呪誦としてその呪能を維持するものの意であろう。

語系 寺・侍・俟ziəは同声。俟は待つ意。持・庤・偫diəは声近く、庤は儲ふ、また偫は人を待つ意である。

【寺院】 てら。〔水経注、穀水〕水西に永寧寺有り。～其の地は是れ曹爽の故宅なり。經始（造営）の日、寺院西南隅に於て、爽の窟室を得たり。下、地に入ること丈許り。地壁悉く方石を累ねて之れを砌す。石作細密、都べて毀つ所無し。

【寺宇】 てら。〔魏書、釈老志〕有漢より以後、用て寺宇を立つ。昔京城の内、居舍尙は希なり。今は里宅櫛比し、人神猥湊す。～都南桑乾（河）の陰、岳山の陽に移すべし。

【寺館】 てら。〔魏書、源子恭伝〕是れ創禮の重を輟め、不急の費に資す。經國の功を廢して、寺館の役に供す。之れに遠圖を求むるは、亦た闕けずや。今諸寺大いに作る。～竝びに徹減すべし。

【寺観】 てら。北魏・楊衒之〔洛陽伽藍記の序〕永熙の多難なるに曁んで、皇輿鄴に遷る。～武定五年に至り、～余れ行役に因り、重ねて洛陽を覽るに、城郭崩毀し、宮室傾覆し、寺觀灰燼となり、廟塔丘墟となる。

【寺庫】 質屋。古くは寺が多くその業を行った。〔南史、循吏、甄彬伝〕嘗て一束苧（紵）を以て、州の長沙寺庫に就きて質錢す。

【寺舎】 官舎。てら。〔旧唐書、辛替否伝〕五六年の閒、再三禍變あり、享國永からず、終を兇婦人に受く。寺舍も其の身を保つこと能はず、僧尼も妻子を護ること能はず。識りを萬代に取り、四夷に笑はる。此れ陛下の眼に見る所なり。

【寺人】 側近の宦官。〔詩、小雅、巷伯〕寺人孟子 此の詩を作爲す 凡百の君子 敬しんで之れを聽け

【寺前】じぜん てらの前。唐・王建〔宮前早春〕詩 酒幔、高樓、一百家 宮前の楊柳、寺前の花

【寺庭】じてい てらの庭。〔酉陽雑俎、三、貝編〕梵僧不空、總持門を得て、能く百神を役す。～連日暴雨止まず、坊市に漂溺する者有り。遽かに不空を召して、之れを止めしむ。不空、遂に寺庭中に泥龍五六を捏ね、～胡言を作して之れを罵る。頃しばらく有りて雨霽れたり。

【寺壁】じへき 寺院の壁画。〔古画品録〕(蘧道愍・章継伯)並びに寺壁を善くし、兼ねて畫扇に長ず。人馬數を分ち、毫釐も失はず。別體の妙、亦た入神と爲す。

【寺門】じもん てらの門。唐・張籍〔孟叔を哭す〕詩 曲江院裏、名を題する處 十九人中、最も少年 今日、春光、君見えず 杏花零落す、寺門の前

【寺楼】じろう てらの高どの。唐・薛逢〔早に剡山を発す〕詩 南巖氣爽かにして、郛郭に横たはり 天姥(天台に連なる山の名)雲晴れて、寺樓を拂ふ

↑寺庵 寺/寺域 寺の境内/寺影 寺院の姿/寺下 寺辺/寺家 僧/寺閣 寺楼/寺額 寺の額/寺官 寺の役人/寺宦 宦官/寺監 役所/寺卿 九卿/寺禽 寺域の鳥/寺磬 寺の磬/寺刹 寺塔/寺寺 諸寺/寺主 住職/寺処 寺の地/寺署 役所/寺省 役所/寺曹 役所/寺僧 寺の僧/寺鐘 寺の鍵/寺奴 僧/寺塔 寺の塔/寺内 寺院の内/寺尼 尼僧/寺碑 寺の碑/寺辺 寺のあたり/寺裏 寺の内

↓遠寺・閹寺・塢寺・壊寺・官寺・宦寺・寒寺・宮寺・棘寺・空寺・卿寺・祆寺・古寺・孤寺・湖寺・荒寺・閽寺・山寺・社寺・秋寺・省寺・僧寺・台寺・塔寺・内寺・尼寺・破寺・廃寺・府寺・婦寺・仏寺・碧寺・法寺・坊寺・僕寺・末寺・名寺・野寺・林寺・列寺

常 【次】 6 3718 〔次〕 6 1718 ジ なげく つぐ つぎ やどる

篆文 古文 甲骨文 金文

象形 人が咨嗟してなげく形。口気のもれている姿である。〔説文〕八下に「前すまず。精しからざるなり」とし、二に声とするが、二に従う字ではなく、〔説文〕の訓義の意も知られない。次は咨き訴えるその口気を示す形。咨は祈るとき、その口気を祝詞の口に加える形。神に憂え咨いて訴え、神意に諮ることをいい、咨は諮〔諮〕の初文。そのたち嘆くさまを姿〔姿〕という。第二・次第の意は、おそらくくりかえすことから、また「次る」は軍行のときに用いるもので、古くは餗の字義にあたり、その音を以て通用するものであろう。古文の字形は、他に徴すべきものがなく、中島竦の〔書契淵源〕に、婦人の首飾りを〔儀礼、士冠礼〕に次と称しており、その象形の字であろうという。〔説文〕の解は、〔易、夬、九四〕「其の行、次且」の語によって解したものであろうが、次且は二字連語、そこから次の字義を導くことはできない。

訓義 1なげく、たちなげく。2なげきうったえる、なげきはかる。のち咨・諮を用いる。3かさねつづける、つぐ、つぎ、つぎつぎに。4ならぶ、順序にしたがう、ついで、序列、そのならぶところ。5餗と通用し、やどる、軍がやどる。餗は軍の駐屯地に標木を立てた形。陣屋、かりにやどる。6旅のやどり、やど、たび、そのとき、あいだ。7そのほとり、かたわら。

古訓 〔名義抄〕次 ツギ・ツイデ・ヤドル・タスク・ワタル・ナホ・ナゲク・ナラフ・ヒラク・ナミ・タツ・ヨシ・ツグ・ヒヒル・トル・トヾマル/取次 ミダリガハシ/造次 シバラクモ・ニハカニ/月次 ツキナミ

声系 〔説文〕に次声として茨(茨)・咨・趑・餈・資(資)・恣・姿・垐など十三字を収める。茨・咨・趑・恣・姿や諮は、次の本義を承ける字である。趑は趑趄、前まぬ意であるが、二字合わせて形況の語である。

語系 次tsyei は咨・恣・姿tziei と声義近く、次の声義を承ける。茨・垐・餈dziei は多くのもの、それを相次第するような意がある。卜文に軍の駐屯するところを餗といい、おそらく朿・刺tsiek の声の字であろう。次・朿・餗は相通じ、軍の次る意に用いる。

【次韻】じいん 他人の作った詩の韻を用い、これに和する。和詩の一。〔旧唐書、元稹伝〕(自叙)(白)居易、雅より詩を能くす。～聲韻を窮極し、～以て相ひ投寄す。小生～往往戯れに舊韻に排し、別に新辭を創り、名づけて次韻相酬と爲す。

【次公】じこう 排行第二の人。〔漢書、蓋寛饒伝〕許伯自ら酌みて曰く、蓋君後れて至れりと。寛饒曰く、多く我に酌むこと無かれ。我は乃ち酒狂なりと。丞相魏侯笑ひて曰く、次公(寛饒)は醒むるも狂なり。何ぞ必ずしも酒のみならんやと。

【次行】じこう 次序。順序。〔史記、始皇紀〕(琅邪刻石)皇帝の明、四方を臨察す。尊卑貴賤、次行を踰えず。姦邪は容さず、皆貞良を務む。

【次舎】じしゃ 宮中の詰所。宿直所。〔周礼、天官、宮正〕王宮の戒令糾禁を掌る。時を以て宮中の官府、次舎の衆寡を比ぶ。～凡そ邦の大事は、王宮の官府次舎に令す。

【次且】じしょ 進退になやむさま。〔易、姤、九三〕臀に膚无し。其の行くこと次且たり。厲けれども大咎无し。象に曰く、其の行くこと次且たりとは、行きて未だ牽められざるなり。

【次序】じじょ 順序。〔荀子、礼論〕故に君子は上其の隆を致し、下其の殺を盡し、中は其の中に處る。～是に於て其の中にして方皇(彷徨)周挾(浹)して、曲さに其の次序を得るは、是れ聖人なり。

【次第】しだい 順序。〔南史、梁元帝紀〕讀書左右に置き、番次上直せしむ。～常に眠り熟して大鼾す。左右睡る有り、讀むこと次第を失ひ、或いは卷を偸み紙を度る(とばし読みする)ときは、帝必ず驚き覺め、更めて追讀せしむ。

【次比】じひ 次第。ならべかた。宋・欧陽脩〔詩譜補亡後序〕其の正變の風、十有四國。而して其の次比は、其の義を詳かにする莫し。

【次列】じれつ 順序づける。〔礼記、月令〕(季冬の月)乃ち太史に命じて諸侯の列を次いで、之れに犧牲を賦し、以て皇天・上帝・社稷の饗に共(供)し、乃ち同姓の邦に命じて、寝廟の芻豢(犠牲)を共せしむ。

↑次宴 聖節の宴/次兄 次の兄/次午 明日午刻/次功 第二の功/次国 大国の次/次骨 酷刑/次妻 第二夫人/次止 宿る/次次 次且/次緒 順序/次叙 次序/次賞 第二の賞/次乗 後車/次数 品数/次席 桃枝竹の席/次息 次男/次置 排次/次伝 伝記の列次/次配 後妻/次妃 第二夫人/次布 坐売の税/次浮 棺・墓の飾り/次副 そえ役/次分 次第/次路 王の車/次輅 次路/次郎 次官

↓亜次・以次・位次・一次・越次・階次・館次・久次・居次・胸次・語次・功次・校次・高次・今次・差次・座次・歳次・師次・失次・舎次・爵次・取次・順次・序次・条次・辰次・数次・世次・席次・詮次・選次・漸次・草次・造次・即次・第次・逐次・秩次・躔次・伝次・途次・同次・道次・年次・排次・班次・比次・不次・分次・篇次・編次・目次・野次・旅次・倫次・鱗次・累次・類次・列次・路次

人 【而】 6 1022 ジ ひげ しこうして

篆文 金文 石鼓文

その他

象形 頭髪を切って、結髪をしない人の正面形。雨乞いをするときの巫女の姿で、需とは雨を需め、需つことを示す字で、雨と、巫女の形である而とに従う。濡・儒はその系統の字である。〔説文〕九下に「頰毛なり。毛の形に象る」とし、髯(ひげ)の初文とみている。〔段注本〕に「須なり」と改め、その象形であるという。〔説文〕の耏字条九下に「罪あるも髡に至らざるものなり」とあり、髡とは頭髪を落とす刑、耏はその一部を残すので彡を加えるが、而は髡の形である。巫祝にその状のものが多かったのであろう。請雨を需といい、その人を儒という。耎は儒弱の人、耑は柔毛の生ずる意であろう。而を代名詞や接続詞・助詞に用いるのは、みな仮借義である。

訓義 ①髪のないひと、みこ、雨乞いみこ。②ひげ、ほおひげ。③汝・爾・若と通用し、なんじ、二人称に用いる。④乃・然と通用し、しこうして、接続の語に用い、多く順接。ときに逆接に用いて、しかれども。⑤如・若・爾と通用し、形容語の語尾、また終助詞に用いる。⑥能と通用し、よく、よくす。

古訓 〔名義抄〕而 シカモ・シカリ・ナムチ・ナムタチ・シテ・ノコル・ゴトシ・シカク/然而 シカレドモ 〔字鏡集〕而 ノコル・ゴトシ・シカリ・ナムタチ・ツラノケ・スナハチ・ヨシ・シテ・シカモ・ナムチ・ヨル

部首 〔説文〕に耏をこの部に属し、耐をその異文とする。〔玉篇〕も同じ。而・耐は能と声の通ずる字で、漢碑の〔督郵斑碑〕に「遠きを柔らげ爾きを而くす」のような例がある。

声系 〔説文〕に而声として胹・耏(耐)・恧・輀など九字を収め、耑声・需声の字をその別系とする。耑・需もまた而の声義を承ける字である。

語系 而njiə、乃nəは声近く、代名詞や承接の語として同じく用いる。また如njia、若(若)njiak、然njian、爾njiaiも形容詞を作る語尾、その他の用義法に同じように用い、また汝njia、儞nəは乃・如・若・爾とともに代名詞に用いる。これらの用法にはもとその本字とすべきものがなく、象形その他の方法で示しがたいものであるから、みな声を仮借して用いる。

【而公】じこう おのれ。傲って用いる自称。〔史記、酈生伝〕酈生曰く、大事を擧ぐるには細謹せず、盛徳は辭讓せず。而公、若の爲に言を更へずと。齊王、遂に酈生を亨る。

【而今】じこん 今にして。今も。唐・陸亀蒙〔新秋雑題、六首、食〕詩 林鳥、我が機事無きを信ず 長く而今に到るまで、石盆に下る

【而立】じりつ 三十歳をいう。〔論語、為政〕子曰く、吾れ十有五にして學に志し、三十にして立つ。

↑而已 のみ/而下 それから/而還 以来/而況 いわんや/ましてや/而后 その後/而後 而后/而夫 凡夫/而父 汝の父/而来 このかた

↓般而・魁而・術而・閑而・好而・悽而・愴而・殆而・悵而・漣而

常

【耳】

6
1040

ジ
みみ のみ

篆文

甲骨文

金文

象形 耳の形。〔説文〕十二上に「聽くことを主るものなり」という。耳と目とは、神聖に接するのに最も重要なもので、耳目の聰明なのを合わせて聽(聴)という。聞の卜文は耳の下に𡈼(人の挺立する形)をかき、それに祝禱の器である𠙵を加えると、聖(聖)となる。聖とは神の声を聴きうる人をいう。聖に呪飾のある目と心とを加えた形が聽(聴)である。終助詞に用いるのは、而已の音にあてたもので、仮借の用法である。

訓義 ①みみ、みみにする、きく。②新芽の形にたとえる。③而已の合音に用いる、のみ。

古訓 〔和名抄〕耳 美々(みみ)。辨色立成に云ふ、耳埵 美々太比(みみたび)。〔箋注〕今俗に美々多夫(みみたぶ)と呼ぶ 〔名義抄〕耳 ミヽ・キク・ハタ・ミヽヅカラ・ナラクノミ・マクノミ 〔字鏡集〕耳 ミヅカラ・ミヽ・ハタ・コトハ・ノミナリ・ナラクノミ・ハタキク・マクノミ・キク

部首 〔説文〕に聯・聖・聰(聡)・聽・聞など三十一字、重文四を属し、〔玉篇〕にはすべて九十六字を属する。〔説文〕に聖を呈(呈)声、聽を𡈼声とするが、ともに挺立して耳をそばだてる人の形に従う会意字である。

声系 〔説文〕に耳声として珥・刵・恥・弭など六字を収める。恥・弭は耳声と合わず、会意とみるべきである。

語系 耳・珥・刵njiəは同声。珥は耳飾りの玉、刵は耳を截りとる刑。終助詞の用法は而njiə、已jiəの音を合わせたもので、「而已」は「すなはちやむ」の意。止tjiəもその声に近い語である。

【耳雨】じう 耳なり。〔二老堂詩話、老人十拗〕予年七十二、目視昏花し、耳中に時と無く風雨の聲を作す。而して實雨は却って甚だしくは聞えず。因りて一聯を補して云ふ、夜雨聞くこと稀なるも耳雨を聞く 春花微しく見ゆるも空花を見ると。

【耳聵】じかい(くわい) 耳がきこえない。〔東坡志林、一、疾病、龐安常耳聵〕蘄州の龐君安常は善醫なるも聵なり。人と語るに、書を須ちて始めて能く曉る。東坡笑ひて曰く、吾れと君と皆異人なり。吾は手を以て口と爲し、君は眼を以て耳と爲す~と。

【耳学】じがく 耳学問。〔文子、道徳〕故に上學は神を以て聽き、中學は心を以て聽き、下學は耳を以て聽く。耳を以て聽く者は、學ぶこと皮膚に在り。

【耳環】じかん(くわん) 耳輪。〔留青日札〕女子耳を穿ち、帶びるに耳環を以てするは、蓋し古より之れ有り。乃ち賤者の事なり。莊子に曰く、天子の侍御は~耳を穿たずと。後遂に女子の普通の耳飾と爲れり。杜子美の詩に、玉環耳を穿つ誰が家の女ぞと。

【耳鑒】じかん 耳学問だけで鑒識する。〔夢渓筆談、書画〕書畫を藏する者、多く空名を取る。偶ゝ傳へて鍾(繇)・王(羲之)・顧(愷之)・陸(探微)の筆と爲さば、見る者爭ひて售ふ。此れ所謂ゆる耳鑒なり。

【耳語】じご 耳もとでささやく。〔玉台新詠、焦仲卿の妻の為に作る〕詩 馬を下りて車中に入り 頭を低れて共に耳語す

【耳受】じじゅ 耳学問。〔顔氏家訓、勉学〕談說し文を製るに、古昔を援引するときは、必ず須らく眼學すべし。耳受を信ずること勿れ。

【耳熟】じじゅく 聞きなれる。知りつくす。宋・欧陽脩〔滝岡阡表〕汝の父吏と爲り、嘗に夜燭して官書を治め、屢ゝ廢して歎ず。~曰く~夫れ常に其の生を求むるも、猶ほ之れを死に失す。而るに世常に其の死を求むと。~吾が耳熟せり。故に能く詳らかにするなり。

【耳順】じじゅん 他人のことばがすなおにわかる。六十歳をいう。〔論語、為政〕子曰く~四十にして惑はず。五十にして天命を知る。六十にして耳順ふ。

【耳食】じしょく 聞いたままを信用する。〔史記、六国年表序〕學者聞く所に牽かれ、秦の帝位に在ること日淺きを見、其の終始を察せず。因りて擧げて之れを笑ひ、敢て道はず。此れ耳を以て食すると異なること莫し。

【耳孫】じそん 玄孫の子。また、玄孫の曽孫。四代、また、六代あと。〔漢書、平帝紀〕宣帝の耳孫信等三十六人を封じて、皆列侯と爲す。

【耳璫】じとう(たう) 耳飾りの珠。〔後漢書、輿服志下〕太皇太后皇太后、廟に入るに、~簪珥す。珥は耳璫垂珠なり。

【耳熱】じねつ 酒に酔って耳が赤くなる。魏・文帝〔呉質に与ふる書〕觴酌流行し、絲竹竝び奏するに至る毎に、酒酣にして耳熱し、仰ぎて詩を賦す。此の時に當りて、忽然として自ら樂

しきを知らざるなり。

【耳剽】耳でかすめとる。耳学問。〔漢書、朱博伝〕廷尉本と武吏より起り、法律に通ぜず。～然れども廷尉となり郡を治め、獄を斷じて以來、且ど二十年なり。亦た獨り耳剽すること日久し。

【耳鳴】耳なり。〔隋書、隠逸、李士謙伝〕或ひと士謙に謂ひて曰く、子に陰德多しと。士謙曰く、所謂陰德とは何ぞ。猶ほ耳鳴のごとく、己獨り之れを聞き、人の知る者無し。今吾が作す所、吾子皆知る。何の陰德か之れ有らんと。

【耳目】耳と目。外界のことを知るべき方法。〔礼記、仲尼燕居〕若し禮無くんば、則ち手錯く所無く、耳目加ふる所無し。

【耳聾】耳が聞こえない。唐・杜甫〔水宿遣興、群公に奉呈す〕詩 魯鈍仍ほ多病 逢迎遠くして復た迷ふ 耳聾にして須らく字を書くべし 髮短くして篦する（簪を加ふる）に勝へず

↑耳衣 耳掩い/耳垣 小塀/耳界 音の範囲/耳殼 外耳/耳竅 耳孔/耳倦 聞きあきる/耳言 耳語/耳鼓 鼓膜/耳孔 耳の穴/耳垢 耳あか/耳糠 耳垢/耳纊 耳衣/耳告 ささやく/耳視 耳食/耳 さかん/耳珠 耳璫/耳湿 耳だれ/耳重 耳が遠い/耳誦 耳学問/耳属 立聞き/耳飾 耳飾り/耳箴 耳の戒め/耳垂 耳たぶ/耳性 記憶/耳鼠 むささび/耳聡 耳ざとい/耳塞 耳垢/耳朶 耳たぶ/耳治 聞く/耳聴 聞く/耳徹 耳聡/耳軟 軽信する/耳把 耳かき/耳杯 耳（把手）のある杯/耳背 難聴/耳糞 耳垢/耳聞 聞く/耳房 脇の室/耳傍 耳わき/耳卜 ことうら/耳盟 媒酌人/耳門 耳の穴/耳力 聴力/耳冷 耳が聞こえぬ/耳漏 耳だれ

↓盈耳・掩耳・快耳・外耳・駭耳・馘耳・割耳・聒耳・逆耳・牛耳・挙耳・喧耳・虎耳・忤耳・語耳・口耳・豎耳・順耳・属耳・帖耳・心耳・塵耳・垂耳・酔耳・截耳・洗耳・穿耳・聡耳・側耳・塞耳・俗耳・中耳・長耳・滌耳・塡耳・諂耳・兎耳・飛耳・附耳・風耳・払耳・木耳・滅耳・俚耳・両耳・聾耳

常

【自】

6 2600 ジ はな みずから

篆文

古文

甲骨文

金文

象形 鼻の形。鼻（鼻）は自に畀を声符としてそえた形。〔説文〕四上に「鼻なり。鼻の形に象る」という。卜辞に「～自より～に至る」の用法があり、「従より」と同義。金文に「自ら寶隮彝を作る」のように自他の自の意に用いる。〔書、皐陶謨〕に「我が五禮を自ふ」とあり、その用義は、もと犠牲を用いるとき、その鼻血を用いたことからの引伸義であろう。〔穀梁伝、僖十九年〕に「之れを用ふとは、其の鼻を叩きて、以て社に衈るなり」とみえる。

訓義 1はな、鼻の形で、その初文。2はなの血を用いる、もちいる。3おのれ、みずから、親しく。4こちらから行動する、おのずと、おのずから。5従と通じ、～より、よりする、よる。6はじめ、はじめる。

古訓 〔名義抄〕自 ミヅカラ・モチ（フ）・オノヅカラ・ヨリ・ヨル・シタガフ・モチヰル・ワレ・コレ・カタチ・ヰル・カクノ・ホシイマム・イタル

部首 〔説文〕に鼻の一字を属し、別に鼻部を立てている。〔玉篇〕には臭（臭）とその俗字臲とを加える。〔説文〕では臭は犬部に属している。鼻は邊（辺）の従うところ。祭梟（首祭り）の俗を示す字で、髑髏棚の上に、鼻竅を上にして屍をおく形。これを以て辺境の呪鎮としたので、辺徼の意となる。竅・徼もみなその祭梟の俗と関係のある字である。

声系 〔説文〕に自声として洎・垍など六字を収めるが、自の声義を承けるところはない。また自の省文として白をあげ、替を白声の字と解するが、その字は兟（簪）と曰とに従い、譖の呪儀を示すもので、自とは関係がない。

語系 自dziei は従（従）dziong と声近く、古くより通用の例がある。

【自愛】自分を大切にする。〔老子、七十二〕聖人は自ら知りて自らは見はさず。自ら愛して自らは貴しとせず。故に彼を去りて、此れを取る。

【自怡】自らたのしむ。唐・陸亀蒙〔甫里先生伝〕先生平居、文章を以て自ら怡しみ、幽憂疾痛の中、落然として旬日の生計無しと雖も、未だ嘗て暫くも輟めず、點竄塗抹する者、紙札相ひ壓す。

【自慰】自ら慰める。魏・嵆康〔琴の賦〕斯の器の懿茂なるを嘉し、茲の文を詠じて以て自ら慰む。永く服御して厭かず、信に古今の貴しとする所なり。

【自鬻】身を売る。〔孟子、万章上〕或ひと曰く、百里奚は、自ら秦の牲を養ふ者に、五羊の皮に鬻ぎ、牛を食ひて以て、秦の穆公に要むと、信なるかと。

【自逸】気ままに楽しむ。晉・潘岳〔賈謐の為に作りて陸機に贈る、十一章、七〕詩 或いは云ふ、國宦（諸侯の官属）は 清塗の失ふ攸 吾子は洗然として 恬淡にして自ら逸んず

【自家】自分自身。宋・陸九淵〔羅春伯に与ふる書〕宇宙は際無く、天地開闢するも本と只だ一家なり。～來書には乃ち謂ふ、自家屋裏の人と。～古人は但だ是非邪正を問ひ、自家他家を問はず。

【自我】われ。南朝宋・謝霊運〔祖徳を述ぶ詩、二首、一〕達人は自我を貴ぶ 高情、天雲に屬す 兼ねて濟物の性を抱き而も垢氛に纓せられず

【自戒】自分を戒める。〔荀子、成相〕往事を觀て以て自ら戒めば、治亂是非も、亦た識るべし。

【自解】弁解する。自分を自由にする。〔荘子、大宗師〕此れ古の所謂縣解なり。而るに自ら解くこと能はざる者は、物之れを結ぶ有ればなり。

【自劾】自ら自分の罪をあげて官を去る。〔漢書、孫宝伝〕御史大夫張忠、寶を辟して屬と爲し、子に經を授けしめんと欲す。～寶自ら劾去す。忠、固く之れを還さしむ。心、内に平かならず。～寶曰く、～禮來り學ぶ有るも、義往きて教ふる無し～と。

【自害】自殺。〔魏書、韋閬伝〕（韋）融、司農卿趙郡の李瑾の女を娶る。天平中、其の妻と章武王景哲と姦通せるを疑ひ、乃ち之れを刺殺す。免れざることを懼れ、仍ち亦た自害す。

【自覚】自らさとる。唐・杜甫〔至後〕詩 梅花開かんと欲すれども自ら覺えず 棣蕚（兄弟）一別して、永く相ひ望む

【自活】自分の力で生活する。〔三国志、魏、東夷伝、倭〕（対馬の国）居る所絶島、～道路禽鹿の徑の如し。千餘戸有り。良田無く、海物を食して自活し、船に乘りて南北に市糴す。

【自寛】自ら慰め安んずる。唐・杜甫〔九日、藍田崔氏荘〕詩 老去、悲秋に強ひて自ら寛うす 興來つて、今日君が歡を盡す

【自貴】自らを大切にする。自分を貴い者とする。晉・左思〔詠史、八首、六〕詩 貴者は自ら貴しとすと雖も 之れを視る

こと埃塵の若し　賤者は自ら賤しとすと雖も　之れを重んずること千鈞の若し

【自棄】じき　自らみすてる。〔孟子、離婁上〕吾が身、仁に居り義に由る能はずとする、之れを自棄と謂ふ。

【自宮】じきゅう　自分から去勢する。宦官となる。〔韓非子、二柄〕齊の桓公、妬にして内(奥向き)を好む。故に豎刁自宮して、以て内を治む。

【自給】じきゅう(きふ)　自活する。〔後漢書、李恂伝〕後、事に坐して免ぜられ、歩して鄕里に歸り、山澤に潛居し、～獨り諸生と席を織りて自給す。

【自居】じきょ　自らその位置を占める。自ら任ずる。〔晋書、王祥伝〕天子太學に幸し、祥を命じて三老と爲す。祥南面几杖し、師道を以て自ら居り、天子北面して言を乞ふ。～聞く者砥礪せざる莫し。

【自強】じきょう(きやう)　自らつとめる。〔易、乾、象伝〕天行は健なり。君子以て自ら強めて息まず。

【自剄】じけい　自ら首刎ねて死ぬ。〔戦国策、燕三〕(田光)自殺して以て荊軻を激せんと欲す。曰く、～急に太子に過ぎり、光の已に死したるを言ひ、言はざるを明らかにせよと。遂に自剄して死す。

【自歉】じけん　ひけめに思う。自ら満足しない。明・王守仁〔教条、竜場の諸生に示す、改過〕諸生試みに内に省み、萬一是れに近き者有らば、固より亦た以て痛く自ら悔咎せざるべからず。然れども亦た當に此れを以て自歉し、遂に改過從善の心を餒ゑしむべからず。

【自謙】じけん　自分の心に満足する。自慊。〔大学、六〕所謂其の意を誠にすとは、自ら欺く毋きなり。惡臭を惡むが如く、好色を好むが如し。此れを之れ自謙すと謂ふ。故に君子は必ず其の獨りを愼む。

【自衒】じげん　自分をみせびらかす。〔戦国策、燕一〕夫れ處女媒無くんば、老ゆとも且つ嫁せざらん。媒を舍きて自ら衒てば、弊れて售れざらん。

【自今】じこん　今より後。以後。〔書、盤庚上〕凡そ爾衆、其れ惟れ致告せよ。今自り後日に至るまで、各〻爾の事を恭しみ、乃の位を齊へ、乃の口を度ぢよ。罰爾の身に及ぶとも、悔ゆべからず。

【自裁】じさい　自ら死ぬ。自殺。漢・司馬遷〔任少卿に報ずる書〕罪至り罔加はるに及んで、引決自裁すること能はず、塵埃の中に在り。

【自在】じざい　思うままにする。〔列子、周穆王〕老成子歸りて、尹文先生の言を用ひ、深思すること三月、遂に能く存亡自在にして、四時を憣校し、～冬、雷を起し、夏、冰を造る。～終身其の術を著はさず。

【自殺】じさつ　自裁。〔後漢書、酷吏、董宣伝〕臣、箠(刑杖)せらるるを須ひず。請ふ、自殺することを得んと。卽ち頭を以て楹を撃ち、流血面を被ふ。

【自賛】じさん　自分で自分をほめあげる。〔漢書、東方朔伝〕上嘗て諸數家をして射覆(隠し物あて)せしめ、守宮(やもり)を盂の下に置き、之れを射てしむ。皆中つること能はず。朔自贊して曰く、臣嘗て易を受けたり。請ふ、之れを射てんと。

【自私】じし　私する。利己的に行う。〔晋書、潘尼伝〕(安身論)憂患の接は必ず自私に生じ、有欲に興る。自私する者は其の私を成す能はず、有欲なる者は其の欲を濟す能はざるは、理の至りなり。

【自刺】じし　自ら刺殺する。〔後漢書、鄧訓伝〕羌胡の俗、病死することを恥づ。病みて困に臨む毎に、輒ち刃を以て自ら刺す。訓～醫をして之れを藥療せしむ。愈ゆる者、一のみに非ず。

【自恣】じし　思うまま。〔史記、老荘申韓伝〕其の著書十餘萬言、大抵率ね寓言なり。～其の言、洸洋自恣、以て己に適す。故に王公大人より、之れを器とすること能はず。

【自失】じしつ　茫然とする。あきれてぼんやりする。〔荘子、秋水〕是に於て埳井の鼃(蛙)之れを聞き、適適然として驚き、規規然として自失す。

【自若】じじゃく　おちついて。そのまま。〔戦国策、秦二〕費の人に、曾子と名族を同じうする者有りて、人を殺せり。人、曾子の母に告ぐ。曾子の母曰く、吾が子は人を殺さずと。織ること自若たり。

【自首】じしゅ　自分の罪を申し出る。〔後漢書、列女、龐淯の母の伝〕父、同縣の人の殺す所と爲る。～後、都亭に遇ひて之れを刺殺す。因りて縣に詣りて自首して曰く、父の仇已に報じたり。請ふ、刑戮に就かんと。

【自処】じしょ　身を処する。〔北史、崔悛伝〕悛、文學有り、風貌に偉れ、言辭寡なく、端嶷神の如し。簡貴を以て自ら處る。～身の長八尺、面、刻畫の如く、謦欬洪鍾の響きを爲す。

【自序】じじょ　自著の序。〔史記、太史公自序〕太史公の書を爲る。序略、以て補藝(藝)を拾遺し、一家の言を成す。～之れを名山に藏し、副は京師に在り、後世の聖人君子を俟つ。第七十。

【自叙】じじょ　自らのべしるす。〔隋書、儒林、劉炫伝〕通人司馬相如・揚子雲(雄)・馬季長(融)・鄭康成(玄)、皆自ら風徽を敍べ、芳を來葉に傳ふ。余豈に敢て均しからんことを先達に仰ぎ、笑を從昆に貽さんや。

【自信】じしん　自分の成功を信じる。〔戦国策、宋衛〕康王～滕を滅ぼし、薛を伐ち、淮北の地を取り、乃ち愈〻白ら信じ、霸の亟やかに成らんことを欲す。故に天を射、地を笞ち、社稷を斬る。

【自刃】じじん　自害。自ら死ぬ。〔左伝、襄二十五年〕甲興る。(斉の荘)公、臺に登りて請ふ。許さず。盟はんことを請ふ。許さず。廟に自刃せんことを請ふ。許す勿し。～公、牆を踰ゆ。又之れを射る。股に中り、反りて隊つ。遂に之れを弑す。

【自責】じせき　自らを責める。〔漢書、息夫躬伝〕昔、秦の繆公、百里奚・蹇叔の言に從はず、以て其の師を敗り、悔過自責し、～名、後世に垂る。

【自然】しぜん　本来のまま。〔荘子、応帝王〕汝、心を淡に遊ばせ、氣を漠に合し、物の自然に順ひて私を容るること無くんば、天下治まらん。

【自尊】じそん　尊大にする。〔礼記、表記〕(君子は)自ら其の事を尙ばず、自ら其の身を尊ばず。位に儉にして欲に寡なく、賢に讓り己を卑くす。

【自損】じそん　自らを損しそこなう。〔戦国策、燕三〕此れ一擧して兩ながら失ふなり。義者は人を虧きて以て自ら益せず。況んや人を傷つけて、以て自ら損するをや。

【自大】じだい　自ら誇り高ぶる。〔礼記、表記〕(君子は)名の行ひに浮ぐるを恥づ。是の故に君子は、自ら其の事を大とせず、自ら其の功を尙ばず。

【自治】じち　自ら治める。〔礼記、礼運〕百姓、君に則りて、以て自ら治む。君を養ひて以て自ら安んじ、君に事へて以て自ら顯はす。故に禮達して分定まる。故に人皆其の死を愛して、其の生を患ふ。

【自知】じち　自分自身を知る。〔荀子、子道〕知者は自ら知り、仁者は自ら愛す。

【自重】じちょう　わが身を大切にする。〔史記、酷吏、郅都伝〕是の時、民朴にして、罪を畏れて自ら重んず。而るに(郅)都、獨り嚴酷を先にす。～列侯宗室も、都を見ては側目して視、號して蒼鷹と曰ふ。

【自珍】自分を大切にする。漢・賈誼〔屈原を弔ふ文〕鳳は縹縹として其れ高く逝く。固より自ら引いて遠く去る。九淵を襲ぬるの神龍は、沕として深く潛みて以て自ら珍とす。

【自適】心にかなう。〔荘子、秋水〕夫れ知は極妙の言を論ずるを知らずして、而も一時の利に自適する者は、是れ埳井の鼃(蛙)に非ずや。

【自得】心にさとる。納得する。〔孟子、離婁下〕君子は深く之れに造るに道を以てす。其の之れを自得せんことを欲するなり。

【自任】自己の務めとする。晉・陸機〔魏の武帝を弔ふ文〕傷ましい哉、曩には天下を以て自ら任じ、今は愛子を以て人に託す。

【自負】自ら信じ、たのみとする。〔史記、高祖紀〕嫗曰く、吾が子は白帝の子なり。化して蛇と爲り、道に當れるに、今赤帝の子に之れを斬られたり。故に哭すと。～嫗因りて忽として見えず。～人、高祖に告ぐ。高祖乃ち心に獨り喜び、自負す。

【自焚】自分を焼く。〔水経注、潁水〕漢の濟北の戴封～西華の令と爲る。天旱に遇ひ、治功の感無きを慨く。乃ち積柴して其の上に坐し、以て自焚す。火起りて、大雨暴かに至る。

【自暴】自らそこなう。やけ。〔孟子、離婁上〕自ら暴にする者は、與に言ふ有るべからざるなり。～言ひて禮義を非る、之れを自暴と謂ふ。

【自命】自任する。〔唐書、杜如晦伝〕如晦、少くして英爽、書を喜み、風流を以て自ら命ず。

【自滅】自ら身を滅ぼす。〔塩鉄論、毀学〕蘇秦・呉起は權勢を以て自殺し、商鞅・李斯は尊重を以て自滅す。皆祿を貪り榮を慕ひ、以て其の身を沒す。從車百乘も、曾ち以て其の禍ひを載するに足らざるなり。

【自由】思いのまま。〔後漢書、皇后下、安思閻皇后紀〕是に於て(弟)景は衞尉と爲り、耀は城門校尉、晏は執金吾となり、兄弟權要にして、威福自由なり。

【自用】自分の考えのままに行う。〔戦国策、魏四〕信陵君、人と爲り悍にして自ら用ふ。此の辭反らば、必ず國の禍ひと爲らん。

【自立】自力で行う。〔礼記、儒行〕儒に忠信以て甲冑と爲し、禮義以て干櫓(たて)と爲し、仁を戴きて行き、義を抱きて處り、暴政有りと雖も、其の所を更へざる有り。其の自立すること此くの如き者有り。

【自律】自ら規範としてのっとる。〔左伝、哀十六年〕煢煢として、余は疚ひに在り。嗚呼、哀しい哉尼父(孔子)、自ら律る所無し。

【自憐】ひとり身をあわれむ。晉・潘岳〔寡婦の賦〕重に曰く、皇穹を仰いで歎息し、私かに自ら憐れんで何ぞ極まらん。

→自安 満足する／自為 自然／自縊 自ら首くくる／自佚 自逸／自引 引退／自隠 自ら隠遁する／自営 自ら営む／自衛 自己防衛／自下 卑下／自快 よい気分／自晦 自隠／自記 自書／自熹 自ら喜ぶ／自咎 自ら責める／自挙 自薦／自虚 無私／自許 自負／自供 自白／自矜 自慢／自彊 自らつとめる／自禁 抑制する／自屈 屈する／自計 自ら考える／自経 自ら首くくる／自儆 自戒／自警 自ら警める／自決 自殺／自検 節制／自遣 気晴らし／自賢 賢ぶる／自己 自分／自後 以後／自悞 自ら楽しむ／自高 自らおごる／自克 克己／自済 自ら救う／自讃 自賛／自肆 自恣／自資 自活／自恃 自ら恃む／自酌 独酌／自釈 私解／自主 独立／自取 自ら招く／自修 自ら修める／自習 独習／自順 したがう／自如 自若／自助 自らつとめる／自恕 自ら宥す／自訟 自責／自食 自活／自贖 贖罪／自身 わが身／自斟 独酌／自新 過ちを改める／自尽 自殺／自炊 炊事する／自生 自然生／自制 抑制／自省 反省／自惜 自愛／自説 自分の考え／自専 わがまま／自撰 自著／自薦 自己推薦／自疏 弁解／自訴 自白告罪／自足 満足／自存 生きる／自多 自ら賢ぶる／自致 自ら尽くす／自智 自賢／自嘲 自ら嘲る／自勅 自戒する／自陳 自らのべる／自図 自ら計る／自屠 自殺／自投 投身／自認 自ら認める／自媒 直接求婚する／自白 白状する／自発 自らすすんでする／自伐 自ら誇る／自反 反省する／自卑 卑下する／自備 自ら備える／自筆 本人の書いたもの／自誣 自ら欺く／自刎 自剄／自奮 自ら奮起する／自蔽 自ら隠す／自保 身を保つ／自奉 自らの身を養う／自満 自ら満足する／自慢 自ら誇る／自明 自然に明白／自免 自ら免れる／自門 自家／自余 その他／自来 それ以来／自楽 自らたのしむ／自利 自ら利する／自力 自分の力／自励 自ら励む／自怜 自ら憐れむ

→各自・出自・刀自・独自

常 【似】 7 2820 ［佀］ 7 2727 ジ にる つぐ

篆文 

形声 声符は以。以は耜(すき)の象形㠯ともと同形で、また厶とも釈する形である。厶(すき)を祓うために祝詞の𠙵を加えた形は台。それで始と姒とはもと同形、通用の字であった。〔説文〕八上に「象るなり」とするが、〔詩、周頌、良耜〕に「以て似ぎ以て續がん」と似続の意に用いるのが古い用法で、おそらく飼(嗣)と通用したものであろう。

訓義 1にる、かたどる、それらしくみえる。2嗣と通じて、つぐ、あとをつぐ。3示と通じ、しめす、みせる、おくる、よせる、あたえる。4以と通じ、もちいる。

古訓 〔名義抄〕似 ニタリ・ノル・ゴトシ・アエタリ・チカシ・トモガラ・ナラフ・ノリ・ミノトコロ 〔字鏡集〕似 ミノトコロ・チカシ・ゴトシ・ノリ・チカ・アエリ・アエタリ・ノレリ・ツグ・カタチ・ナラフ・トモガル・ニタリ・チカ〳〵・ミニタシ・ノル

語系 似・嗣・祠・詞 zie は同声。似・嗣の本義は嗣続。その祭祀権を継承することを意味したのであろう。

【似続】承けつぐ。〔詩、小雅、斯干〕妣祖を似ぎ續ぐ 室を築くこと百堵 其の戸を西南にす

【似類】にかよっている。まぎらわしいこと。〔韓非子、内儲説下〕似類の事は、人主の誅を失ふ所以にして、大臣の私を成す所以なり。

→似偽 偽物／似許 このような／似虎 似て非なるもの／似如 似る／似助 資助／似摹 模写

→宛似・疑似・近似・形似・嫌似・酷似・肖似・象似・真似・甚似・相似・微似・匹似・法似・面似・類似

常 【児】 7 人［兒］ 8 7721 ［皃］ 8 2621 ジ こ みどりご こども

篆文 

甲骨文 

金文 

象形 幼児の髪形を加えた形。〔説文〕八下に「孺子なり。儿に從ふ。小兒の頭の囟未だ合はざるに象る」とする。囟は頭骨の縫合部の象形。その縫合部がまだ堅まらない形とするが、金文の字形によれば、「みずら」のような、左右に結んだ髪形を示

す字である。〔礼記、内則〕に、生まれて三月後に、日を択んで男角（あげまき）・女羈（たてよこ結び）をすることをしるしている。

訓義 ①こ、みどりご、ちのみご、こども。②男の子、女は嬰という。③子が親に対していう。④こども扱いして、侮っていう。⑤倪と通じ、かよわい。⑥名詞にそえていう助詞。

古訓 〔名義抄〕兒 コ・チゴ 〔字鏡集〕兒 ワラハベ・チゴ・コワラバ

声系 〔説文〕に兒声として鬩・睨・倪・霓・蜺・輗など十七字を収めるが、みな蜺声。蜺声の兒は児童の兒と別の字で、霓・蜺の初文。虹蜺（にじ）は古くは両頭の竜が雲霧に乗じてあらわれるものとされ、兒はその竜頭の形。虹の両端に兒形の頭があり、卜文に蜺をその形にしるしている。両端にあって相睥睨するので、鬩のような字が生まれる。

語系 兒njieは霓・蜺ngyeと声近く畳韻であるため、のち混じて一となったのであろう。魚子を鮞njiaといい、鹿の子を麑njioというのが、兒の系列の語である。

【兒嬰】じえい みどりご。女には嬰という。〔顔氏家訓、教子〕俗の諺に曰く、婦の初めて來りしときに教へよ。兒の嬰孩のときに教へよと。誠なる哉斯の語。

【兒戲】じぎ こどもの戯れ。〔後漢書、劉盆子伝〕楊音、劍を按じて罵りて曰く、諸卿は皆老傭なり。今日君臣の禮を設くるに、反つて更に殽亂す。兒戲すらも尙ほ此の如くならず。皆格殺すべしと。

【兒女】じじょ（ぢよ） こどもら。唐・韓愈〔北極、李観に贈る〕詩 方に金石の姿と爲りて 萬世、緇磷（汚さるること）無からん 兒女の態を爲して 憔悴して賤貧を悲しむこと無れ

【兒孫】じそん 子孫。唐・杜甫〔後出塞、五首、五〕詩 中夜、間道より歸れば 故里は但だ空村のみ 惡名は幸ひにして脫免せるも 窮老、兒孫無し

【兒童】じどう こどもら。〔西京雑記、四〕許博～陸博（双六の類）を善くす。～其の術に曰く、張道揭畔方、方畔揭道張、張究屈玄高、高玄屈究張。三輔の兒童、皆之れを誦す。法、六箸を用ふ。

【兒輩】じはい こどもら。〔晋書、王羲之伝〕謝安嘗つて羲之に謂ひて曰く、中年以來、哀樂に傷る～と。羲之曰く、年桑楡（晩年）に在り。自然に此に至る。頃の正に絲竹に頼りて陶寫す（楽しんで憂いを除く）。恒に兒輩の覺めて、其の歡樂の趣を損するを恐ると。

↑兒家 私（女）の家／兒孩 こども／兒嬉 兒戲／兒客 子息／兒媳 よめ／兒啼 子の夜泣き／兒店 分店／兒夫 夫をいう／兒婦 よめ／兒郎 息子／兒妾 女こども／兒曹 こどもら／兒息 子息

↓愛兒・遺兒・育兒・嬰兒・鶯兒・佳兒・歌兒・雅兒・瞎兒・黠兒・奇兒・棄兒・義兒・乞兒・客兒・嬌兒・驕兒・群兒・乾兒・健兒・虎兒・孤兒・好兒・侍兒・女兒・小兒・孫兒・胎兒・大兒・男兒・痴兒・稚兒・髫兒・寵兒・豚兒・乳兒・巫兒・幼兒・緑兒・麟兒

【兕】 7 7721 ［𧰼］ 11 7723 ジ

象形 〔説文〕九下に正字を𧰼に作り、「野牛の如くにして青色、其の皮は堅厚、鎧を制るべし。象形」（段注本）という。上部は角の形。〔周礼、考工記、函人〕に兕甲六属の名がみえ、武具の材とした。また角は酒器に用いて「兕觥」という。〔詩、周南、巻耳〕に「我姑く彼の兕觥に酌む」の句がある。いま青銅器の兕觥とよばれるものには、兕觥という器名をしるすものはなく、卮の上に獸形の蓋のあるものを、その名でよんでいる。

訓義 ①けものの名、水牛に似て青色、一角、重さ千斤という。②犀の雌。③水中の大獸。よく舟を覆すという。

古訓 〔名義抄〕兕 コマイヌ

【兕牛】じぎゅう（ぎう） 兕と牛。〔淮南子、説山訓〕熊羆の動くは攫搏を以てし、兕牛の動くは觝觸を以てす。物其の脩き所を措きて、其の短きを用ふる者莫し。

【兕虎】じこ 兕と虎。〔戦国策、楚一〕楚王、雲夢に游ぶ。結駟千乘、旌旗天を蔽ふ。野火の起ること雲蜺の若く、兕虎の嘷ゆること雷霆の若し。

【兕觥】じこう（くわう） 兕角で作ったさかずき。〔詩、豳風、七月〕曰に羔羊（小羊）を殺し 彼の公堂に躋り 彼の兕觥を稱ぐ 萬壽無疆ならん

【兕中】じちゅう 射礼のとき、算を入れる器。〔儀礼、郷射礼〕大夫は兕中、各々其の物を以て獲す（的中を示す）。士は鹿中、翿旌（はた）以て獲す。

↑兕角 兕牛の角／兕甲 兕革のよろい／兕犀 雌犀／兕爵 兕角の爵

↓狂兕・虎兕・犀兕・水兕・青兕・蒼兕・大兕・搏兕・麋兕・伏兕・奔兕・猛兕・野兕

常 【事】 8 5000 ［叓］ 7 5040 ジシ まつり つかえる こと

会意 史（史）＋吹き流し。史は木の枝に祝詞の器（𠙵）をつけて捧げる形。廟中の神に告げ祈る意で、史とは古くは内祭をいう語であった。外に使して祭るときには、大きな木の枝にして「偃游」（吹き流し）をつけて使し、その祭事は大事という。それを王事といい、王事を奉行することは政治的従属、すなわち「事える」ことを意味した。史・使（使）・事は一系の字。卜辞には「人を河に事せしめんか」「人を嶽に事せしめんか」のようにいい、河岳の祭祀はいわゆる外祭である。金文に使役の形式を「～史しむ」のように、史を使役に用いる。

訓義 ①まつり、そとのまつり、まつりごと。②まつりする、まつりにつかえる、つかえる、上につかえる。③まつること、つかえること、こと、ことがら。④できごと、異常なこと、重大なこと。⑤傳と通じ、たてる、さす、さしはさむ。⑥使と通じ、つかう。

古訓 〔名義抄〕事 コト・ワザ・ツカフ・コト、ス・ツカウマツル・サシハサム・アヅカル／多事 イナハナ／無事 アヂキナシ／觸事 コトゞヽニ／現事 アラヒトコト／顯事 アサラメゴト 〔字鏡集〕事 タテマツル・サシハサム・イトナム・アヅカル・ツカフマツル・コト、ス・ワザ・ヨル・コト・タツ

語系 事dzhiəは史・使shiəと声義近く、もと一系の字。また士・仕dzhiəは事と同声。祭事がのち政治的な意味をもつものとなり、そのことに従うものが士とされ、士の仕えることを仕といった。国語の「まつり～まつりごと」という語義の展開は、漢字では史・使・事・士・仕という声義の関係の上に残されている。

【事為】じい（ゐ） しわざ。明・方孝孺〔戇窩記〕君、其の名に居り、其の道を師とす。言論事爲、必ず世に卓越する者有らん。

【事外】じがい（ぐわい） 世俗の外。晋・陶潜〔始めて鎮軍参軍と作りて曲阿を経しときの作〕詩 弱齡より事外に寄せ 懷を委すること琴書に在り

【事機】じき ことを行う機会。〔三国志、魏、鄧艾伝〕今、吳未だ賓せず。勢ひ蜀と連なる。常に拘せられて、以て事機を失ふべからず。

【事宜】じぎ 適切に処理する。〔漢書、兒寛伝〕祗みて精專を戒め、以て神明に接し、百官の職を總べ、各々事宜に稱はし

めて、之れが節文を爲す。

【事業】じぎょう（げふ） しわざ。事功。〔易、繫辞伝上〕形よりして上なる者、之れを道と謂ひ、形よりして下なる者、之れを器と謂ひ、化して之れを裁する、之れを變と謂ひ、推して之れを行ふ、之れを通と謂ひ、擧げて之れを天下の民に錯く、之れを事業と謂ふ。

【事故】じこ こと。ゆえ。変事。〔晋書、刑法志〕元康より已來、事故荐りに臻り、法禁滋漫なり。

【事功】じこう 功績。清・黄宗羲〔明儒学案、凡例〕嘗て謂へらく、有明の文章事功は、皆前代に及ばざるも、獨り理學に於ては、前代の及ばざる所なり。牛毛繭絲も、辨晰せざる無し。

【事行】じこう（かう） 業績。仕事。〔荀子、儒効〕凡そ事行、理に益有る者は之れを立て、理に益なき者は之れを廢す。夫れ是れを之れ中事と謂ふ。

【事指】じし ことの旨。趣旨。〔漢書、張敞伝〕夫れ心の精微は、口も言ふこと能はず。言の微眇は、書も文にする能はず。～況はんや千里の外、書文に因りて事指を諭さんや。唯だ陛下省察せよ。

【事事】じじ ことごとに。〔漢書、王莽伝上〕然れども公は國家の統を惟ひ、大福の恩を揖け、事事に謙退し、動もすれば固辭す。

【事実】じじつ まことのこと。〔韓非子、制分〕法重きものは人情を得、禁輕き者は事實を失ふ。

【事酒】じしゅ ことあるときに飲む酒。〔周礼、天官、酒正〕三酒の物を辨ず。一に曰く事酒、二に曰く昔酒（事無くして飲む酒）、三に曰く清酒（祭祀のときの酒）。

【事序】じじょ ことの次第、順序。〔文心雕竜、史伝〕故に本紀以て皇王を述べ、列傳以て侯伯を總べ、八書以て政體を鋪き、十表以て年爵を譜す。古式に殊なりと雖も、事序を得たり。

【事状】じじょう（じやう） ことのありさま。〔捜神記、十五〕李娥年六十歲。病みて卒し、城外に埋め、已に十四日なり。～武陵の太守、娥の死して復た生きたるを聞き、召見して事狀を問ふ。～太守之れを聞き、～歎じて曰く、天下の事、眞に知るべからざるなりと。

【事情】じじょう（じやう） ことのありさま。実状。〔史記、孟子伝〕梁に適く。梁の惠王、言ふ所を果さず。則ち見て以爲へらく、迂遠にして事情に闊しと。

【事勢】じせい ことのなりゆき。情勢。晋・孫楚〔石仲容（苞）の為に孫皓に与ふる書〕載籍既に其の成敗を記し、古今亦た其の愚智を著らかにす。～今粗ぼ事勢を論じて、以て相ひ覺悟せしめんとす。

【事蹟】じせき 業績。清・曽国藩〔国朝先正事略序〕余嘗て～明の焦竑の獻徵錄に仿ひて、國朝徵獻錄を爲る。～凡そ八百餘人。～名人の碑傳を借り、名人の事蹟を存す。～復た名臣を節錄して、先正事略を爲る。

【事大】じだい 大国につかえる。〔孟子、梁恵王下〕是の故に湯は葛に事へ、文王は昆夷に事へたり。惟だ智者のみ、能く小を以て大に事ふることを爲す。

【事端】じたん ことの起こり。事情。〔貞観政要、任賢〕（馬）周、機辯有り。敷奏を能くし、深く事端を識る。故に動けば中らざる無し。

【事物】じぶつ ものごと。〔漢書、律暦志上〕數なる者は、一十百千萬なり。事物を算數し、性命の理に順ふ所以なり。書に曰く、其の算命を先にすと。

【事柄】じへい ものの核心。権力。〔漢書、佞幸、石顕伝〕顯、内に自ら權を擅にし、事柄の掌握に在るを知るも、天子の一旦左右の耳目を納用し、以て己を閒すること有るを恐る。

【事変】じへん 事態の変化。変事。〔晋書、愍懐太子遹伝〕詔して曰く、遹の書此の如し。今死を賜ふと。～議、日の西するに至るも決せず。后、事變を懼れ、乃ち太子を表免して庶人と爲す。詔して之れを許す。

【事理】じり ことのすじみち。〔管子、版法解〕冬既に閉藏し、百事盡く止む。～冬の事無きに方りて、愼みて終始を觀、審びらかに事理を察す。

【事類】じるい 似た事例。〔論衡、実知〕事類に放象して以て禍ひを見、往驗を推原して以て來を處す。

➡事意 内容／事淫 無駄なこと／事役 労役／事会 時機／事幹 才能／事幾 事情／事期 施行の時期／事況 ようす／事局 成行き／事君 君につかえる／事隙 余暇／事件 案件／事権 勢い／事験 事のしるし／事後 事件後／事効 効験／事項 ことがら／事質 本質／事象 ようす／事親 親につかえる／事人 人につかえる／事制 事の定め／事迹 事跡／事跡 迹かた／事前 事の起こる前／事体 事の大体／事態 事のようす／事典 法典／事望 名声／事本 事の根本／事務 仕事／事目 摘要／事由 わけがら／事要 権柄／事律 法による／事略 概略／事倫 道理／事礼 礼の定め／事例 先例

⬇悪事・異事・遺事・一事・逸事・隠事・韻事・役事・王事・往事・火事・家事・外事・学事・官事・幹事・感事・記事・幾事・揆事・機事・疑事・議事・吉事・挙事・凶事・行事・曲事・近事・軍事・兄事・啓事・敬事・禊事・慶事・決事・見事・検事・故事・工事・公事・好事・後事・耕事・興事・国事・今事・昏事・些事・瑣事・祭事・歳事・策事・三事・参事・惨事・私事・祀事・指事・師事・視事・嗣事・時事・執事・実事・主事・戎事・従事・春事・処事・諸事・常事・情事・職事・臣事・神事・人事・塵事・炊事・遂事・世事・生事・成事・制事・政事・善事・壮事・俗事・尊事・他事・多事・大事・治事・知事・茶事・庁事・聴事・珍事・陳事・椿事・通事・諂事・当事・難事・任事・能事・農事・敗事・廃事・判事・万事・比事・秘事・鄙事・百事・父事・婦事・武事・無事・仏事・物事・文事・返事・変事・邦事・法事・卜事・民事・有事・余事・用事・楽事・吏事・理事・立事・領事・礼事・労事・録事

常【侍】 8 2424 ジ はべる つかえる

篆文

形声 声符は寺。寺に侍の意がある。〔説文〕八上に「承くるなり」とあり、尊長の人に仕えて、その意を承けることをいう。金文には「大室に徙す」のように徙を用い、神に侍する意。〔論語、先進〕「閔子（孔子の弟子）側に侍す」、〔礼記、曲礼上〕「先生に侍坐す」のように近侍すること。侍講・侍従のように、宮中の諸職に用いることが多い。

訓義 1はべる、さぶろう。2つかえる、したがう。3ちかづく、世話する。4国語で、さむらい。

古訓 〔名義抄〕侍 ハムベリ・サブラフ・ツカウマツル・チカシ・ツカフ・ノゾム・シタガフ 〔字鏡集〕侍 ノゾム・ツカフ・ハムベリ・チカシ・シタガフ・サブラフ・ヤシナフ・ウケタマハル・ツカフマツル

語系 侍・寺・俟 zia は同声。みな侍して俟まつ意の字。持・待dia も声近く、ある状態を持続することをいう。

【侍衛】じえい（ゑい） 天子や貴人を護衛する。〔後漢書、光武十王、東平憲王蒼伝〕是の時中興三十餘年、四方虞れ無し。～帝、巡狩する毎に、蒼常に鎭に留まり、皇太后に侍衛す。

【侍御】じぎょ 天子の側近につかえる。〔書、冏命〕今予れ汝に命じて大正と作り、群僕侍御の臣を正さしむ。

【侍講】じこう（かう） 天子等に進講する。〔後漢書、桓栄伝〕帝笑つて之れを指して曰く、此れ眞に儒生なりと。～常に太子の宮に止宿せしむ。～嘗つて病に寢ぬ。～病愈え、復た入りて侍講となる

【侍坐】じざ 尊者のそばに坐る。〔礼記、曲礼上〕尊敬する所に侍坐するときは、席を餘すこと毋れ。
【侍史】じし 貴人につかえて、文書・記録をつかさどる者。〔史記、孟嘗君伝〕孟嘗君、客を待ちて坐語するとき、屏風の後に常に侍史有り。君の客と語る所、親戚の居處を問ふを記することを主る。
【侍児】じじ 女の召使い。腰元、侍女。唐・白居易〔長恨歌〕詩 侍兒扶け起せども、嬌として力無し 始めて是れ新たに恩澤を承くるの時
【侍者】じしゃ 側近につかえる者。〔韓非子、内儲説上〕韓の昭侯、人をして弊袴を藏せしむ。侍者曰く、君も亦た不仁なり。弊袴以て左右に賜はらずして、之れを藏すと。昭侯曰く、～吾れ必ず有功の者を待つなりと。
【侍従】じじゅう 貴人側近の従者。〔漢書、外戚上、孝宣霍皇后伝〕初め許后微賤より起る。～従官車服甚だ節儉なり。～霍后立つに及び、～皇后、轝駕侍従甚だ盛んに、官屬に賞賜すること千萬を以て計へ、許后の時と懸絶す。
【侍人】じじん 貴人の側に仕える人。〔孟子、万章上〕萬章問うて曰く、或ひと謂ふ、孔子は衞に於て癰疽を(瘍医)を主とし(その家に宿り)、齊に於ては侍人瘠環を主とすと。諸れ有りやと。
【侍婢】じひ 侍女。〔漢書、游俠、陳遵伝〕寡婦左阿君を過より、置酒謳謳す。遵起ちて舞ひ跳梁し、坐上に頓仆し、～侍婢に扶臥せらる。遵、飲酒飫宴に節有り。禮、寡婦の門に入らざるを知る。
【侍奉】じほう お世話する。唐・李白〔歴陽の褚司馬に贈る～〕詩 北堂(母)千萬の壽 侍奉光輝有り
【侍養】じよう(やう) 仕えて世話する。〔墨子、兼愛下〕退いて其の萬民を睹るに、飢ゑては卽ち之れに食らはしめ、寒えては卽ち之れに衣せ、疾病には之れに侍養し、死喪には之れを葬埋す。
【侍立】じりつ 侍して立つ。〔三国志、蜀、関羽伝〕先主、二人(関羽・張飛)と寢ぬるときは、則ち牀を同じうし、恩兄弟の若し。稠人廣坐にも、侍立すること終日、先主に隨ひて周旋し、艱險を避けず。
↑侍医 係りの医／侍飲 お伴で飲む／侍宴 侍燕／侍燕 宴に従う／侍姫 腰元／侍候 つかえる／侍使 宮女／侍祀 助祭の者／侍祠 侍祀／侍宿 宿直／侍女 腰元／侍妾 側室／侍食 陪食／侍臣 近侍／侍親 親につかえる／侍生 後輩／侍中 宮中の官／侍直 宿直／侍弟 同僚の自称／侍童 小姓／侍読 侍講／侍夜 夜とぎ／侍郎 郎中
↓歓侍・久侍・給侍・拱侍・近侍・禁侍・閣侍・坐侍・粛侍・尚侍・掌侍・常侍・臣侍・随侍・趨侍・接侍・直侍・典侍・内侍・入侍・陪侍・嬪侍・扶侍・伏侍・奉侍・夜侍・滕侍・立侍

【耳】 8 1210 ジ みみきり
篆文 
会意 耳＋刀。〔説文〕四下に「耳を斷るなり」とあり、〔書、康誥〕に「人を劓耳す」とあり、古代の刑罰に鼻や耳を殺ぐ肉体刑があった。〔書、呂刑〕は刑法の起源を説く古代の説話をしるすもので、「劓耳椓黥」の名がみえ、椓は宮刑、黥は入墨を加える刑である。
訓義 ①みみきり、みみきりの刑。
古訓 〔名義抄〕耳 ミ、キル 〔篇立〕耳 ミ、キレサク・ケヅル・ミ、キル
語系 耳・耳・珥 njiə は同声。のち耳・珥は耳を去声の音でよみ、動詞化したもので、耳をそぐ、耳玉を飾るの意。
↑耳刑 耳切の刑
↓劓耳・刵耳

【呢】 8 6701 ジ(ヂ)
篆文 
形声 声符は尼。尼は人を後ろから擁する形で、昵む意がある。そのようなときの話しかたを呢語という。〔玉篇〕に「呢喃、小聲多言するなり」とみえる。燕の声をもそれになぞらえていう。
訓義 ①ここえでいう、小声多言、ひそひそ声でいう。②語末にそえる疑問の助詞。③つばめの鳴く声。
古訓 〔字鏡集〕呢 コト、モリ
↑呢喃 小声多言、燕の声

【姒】 8 4840 ジ あね
形声 声符は以。以の初形は㠯。〔爾雅、釈親〕に「女子同出(同じ母親)を謂ひて先に生まれたるを姒と爲し、後に生まれたるを娣と爲す」とあり、男に兄弟というのと同じ。また多妻のとき、年少のものが年長のものをいう。
訓義 ①あね、同出の姉。②多妻のうち年長のもの。③兄よめ。④祉と通じ、さいわい。⑤姓、鯀禹ののち。
古訓 〔篇立〕姒 オホヨメ 〔字鏡集〕姒 ヤツコ・オホヨメ
↑姒娣 あによめ／姒婦 あによめ

【怩】 8 9701 ジ(ヂ) はじる
篆文 
形声 声符は尼。〔説文新附〕十下に「恧怩、慙づるなり」とあり、心に慙じることをいう。「忸怩」と熟して用いることが多い。
訓義 ①はじる。
古訓 〔名義抄〕怩 ハヅ

【咡】 9 6104 ジ くちもと
形声 声符は耳。〔礼記、曲礼上〕に「(長者)負劍(肩越しに、左手で抱く)辟咡(口もとに寄せる)して之れ(童子)に詔ぐるときは、則ち口を掩うて對ふ」とあり、咡とは口もと近くをいう。
訓義 ①くちもと。②くちをおおう。③蚕が糸をはく。④餌と通用し、えさ。
古訓 〔新撰字鏡〕咡 口波志(くちばし)、又、久不(くふ) 〔名義抄〕咡 クチノサキラ・クチバシ・サキラ・クフ・クチハキ 〔字鏡集〕咡 サキラ・サ、ヤク・クチサキラ・クチワキ
↑咡糸 蚕の繭作り
↓辟咡

【峙】 9 2474 ジ(ヂ) そばだつ
形声 声符は寺。〔玉篇〕に「峻峙なり」とあって、高く聳え、峙つことをいう。寺声の字に時・特・侍など、高くそばだち、またうずくまるような状態をいう語がある。
訓義 ①そばだつ。②たつ、たちあがる。③とまる、とどまる。④高い丘。⑤水中のしま。⑥庤・偫と通じ、たくわえる、つみあげる。
古訓 〔名義抄〕峙 ヤム・ソバダツ・タテリ・サカシ・タクハフ・ソナフ・タツ 〔字鏡集〕峙 サカシ・ソバダツ・ソナフ・イノル・タクハフ・タヾス・スルト・ツブサニ・タツ・タテリ
↑峙積 貯え積む／峙立 そばだつ
↓雲峙・岳峙・基峙・碁峙・軒峙・孤峙・高峙・錯峙・山峙・鵰峙・峻峙・竦峙・霄峙・聳峙・層峙・対峙・卓峙・儲峙・鼎峙・特峙・盤峙・磐峙・峰峙・羅峙・列峙

【庤】 9 0024 ジ(ヂ) たくわえる そなえる
篆文 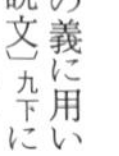
形声 声符は寺。寺は金文に持の義に用いる例があり、保持の意がある。〔説文〕九下に「屋下に儲へ置くなり」、また〔玉篇〕に「儲ふるなり、具ふる

なり」とみえる。〔詩、周頌、臣工〕に「乃の錢鎛(農具)を庤へよ」とあり、農具を倉庫に保管することをいう。農具は神倉に収め、その出入の際には虫よけなどのために修祓を加えた。
訓義 ①たくわえる、そなえる。②国語で、かんだち、斎館。
古訓 〔名義抄〕庤 ソナフ 〔字鏡集〕庤 マウク・ソナフ
語系 庤・持 dia は寺 zia と声近く、寺はものを保有し、また一定の状態をつづける意がある。庤はその声義を承ける。
↑庤倉 倉
↓儲庤

【恃】 9 9404 ジ たのむ よる まつ

篆文

簡書

形声 声符は寺。寺に、ものを保有し、またその状態を持続する意がある。〔説文〕十下に「頼むなり」とあり、心中に自ら頼むところがあることをいう。〔詩、小雅、蓼莪〕に「父無くんば何をか怙まん 母無くんば何をか恃まん」とあり、父母のことをまた怙恃という。
訓義 ①たのむ、心にたのむ、心だのみにする。②よる、まつ、あてにする。③母のことをいう。
古訓 〔名義抄〕恃 タノム・アツ・ウク・ハカル 〔字鏡集〕恃 ヨル・タノム・ウク・アツシ・ハカル
【恃気】じき 意気ごむ。〔荘子、達生〕紀の渻子、王の爲に鬭雞を養ふ。十日にして問ふ、雞は已せるかと。曰く、未だし。方に虛憍にして氣を恃めりと。十日にして又問ふ。曰く、未だし。猶ほ嚮景に應ずと。
【恃救】じきゅう(きう) 救援をたのむ。〔左伝、僖十五年〕楚、徐を婁林に敗る。徐、救ひを恃みたればなり。
【恃勢】じせい 勢力をたのみとする。〔国語、鄭語〕是れ其の子男の國は、虢・鄶を大なりと爲す。虢叔は勢ひを恃み、鄶仲は險を恃む。是れ皆驕侈怠慢の心有り。之れに加ふるに貪冒を以てす。
↑恃愛 愛をたのむ/恃援 救援をたのむ/恃頑 頑固な性/恃険 険をたのむ/恃固 堅をたのむ/恃怙 両親/恃功 功をたのむ/恃才 才を自慢する/恃衆 衆をたのむ/恃性 性をたのむ/恃寵 寵愛をたのむ/恃憑 頼る/恃勇 勇をたのむ/恃頼 頼りとする
↓依恃・介恃・矜恃・空恃・怙恃・自恃・所恃・憑恃・負恃

常【持】 9 5404 ジ(ヂ) もつ たもつ

篆文

金文

形声 声符は寺。寺に、ものを保有し、またその状態を持続する意があり、持の初文。〔説文〕十二上に「握るなり」とあり、握持することをいう。握字条に「搤持するなり」とあって、手中に堅く持つことをいう。

訓義 ①もつ、手にもつ。②たもつ、もちつづける。③たすける、ささえる、もちこたえる、もちあう。④さだめる、一定の態度をとる。⑤恃と通じ、たのむ。

古訓 〔名義抄〕持 タモツ・モツ・トル・タスク・クルフ・トモ・モタリ
語系 持 dia、値 diək は声近く、値には植ててもつ意がある。〔詩、陳風、宛丘〕「其の鷺羽を値つ」の〔伝〕に「値は持つなり」とみえ、立てて持つことをいう。

【持盈】じ(ぢ)えい 充実した状態を守りつづける。〔国語、越語下〕夫れ國家の事、盈を持すること有り、傾きを定むること有り、事を節すること有り。

【持議】じ(ぢ)ぎ 自説を主張しつづける。〔漢書、張釈之伝〕是の時に當り、中尉條侯周亞夫と、梁の相山都侯王恬啓、釋之の議を持すること平なるを見て、乃ち結びて親友と爲る。張廷尉、此れに繇りて、天下之れを稱す。

【持久】じきゅう(ぢきう) 長くもちこたえる。久しく対峙する。〔戦国策、楚一〕兵如かざる者は、與に戰ひを挑むこと勿かれ。粟(兵糧)如かざる者は、與に久しきを持すること勿れ。

【持戟】じ(ぢ)げき ほこをもつ。その武士。〔戦国策、中山〕楚は地、方五千里、持戟百萬。君、前に數萬の衆を率ゐて楚に入り、鄢・郢を抜き、其の廟を焚き、東のかた竟陵に至り、楚人震恐す。

【持更】じこう(ぢかう) 交代で守る。〔唐書、百官志四上〕捉鋪持更の者、晨夜行人有るときは必ず問ふ。應ぜざれば、則ち彈弓して之れに嚮ふ。又應ぜざれば則ち旁射し、復た應ぜざれば則ち之れを射る。

【持衡】じこう(ぢかう) はかる。公正に評価する。〔唐書、宋室宰相、李石伝〕帝曰く、天下の勢ひは、猶ほ衡(はかり)を持するがごとく然り。此の首重ければ、則ち彼の尾輕し。

【持衰】じ(ぢ)さい もの忌み。〔後漢書、東夷、倭伝〕行來して海を度るに、一人をして櫛沐せず、肉を食らはず、婦人を近づけざらしむ。名づけて持衰と曰ふ。～如し疾病して害に遭ふときは、以て持衰謹まざればと爲し、便ち共に之れを殺す。

【持循】じ(ぢ)じゅん 守り従う。〔新書、俗激〕(経制を定め、主を主とし臣を臣たらしむ)此の業一たび定まらば、世世常に安くして、後持循する所有らん。

【持身】じ(ぢ)しん 身のふりかた。〔列子、説符〕子列子、壺丘子林に學ぶ。壺丘子林曰く、子、後を持することを知らば、則ち身を持すと言ふべしと。～曰く、若の影を顧みて、則ち之れを知らんと。

【持正】じ(ぢ)せい 正道を守る。〔漢書、蘇武伝〕武、(衛)律を罵りて曰く、女人の臣子と爲りて、恩義を顧みず。～蠻夷に降虜と爲る。～平心、正を持せず、反つて兩主を鬭はしめ、禍敗を觀んと欲す～と。

【持節】じ(ぢ)せつ 使者としてのしるし。〔漢書、蘇武伝〕單于～盡く漢の使路充國等を歸す。武帝其の義を嘉みし、乃ち武を遣はし、中郎將を以て節を持し、匈奴の使の留められて漢に在る者を送らしむ。因りて厚く單于に賂し、其の善意に答ふ。

【持操】じそう(ぢさう) 節操を守る。〔顔氏家訓、文章〕文章の體、標擧興會、性靈を發引し、人をして矜伐(誇る)せしむ。故に持操に忽せにして、進取に果なり。今世の文士、此の患彌いよ切なり。

【持質】じ(ぢ)ち 人質を取って要求する。〔三国志、魏、夏侯惇伝〕乃ち令を著はし、今より已後、質を持する者有らば、皆當に幷せ擊つべし。質を顧みること勿かれと。是れに由り質を劫やかす者遂に絶ゆ。

【持重】じ(ぢ)ちょう 慎重にする。〔史記、韓長孺伝〕吳・楚の反せし時、～張羽は力戰し、(韓)安國は重を持す。故を以て吳は梁を過ぐること能はず。

【持統】じ(ぢ)とう 王統をつぎ守る。〔淵鑑類函、帝王、帝功一に引く晉の薛瑩の漢紀〕明帝、儲宮に在り、聰允の德著はる。萬幾に臨むに及び、身を以て禮に率ふ。～夏の啓、周の成と雖も、體を繼ぎ統を持すること、以て加ふる無し。

【持服】じ(ぢ)ふく 喪に服する。〔魏書、石文徳伝〕縣令黃宣、～喪亡す。宣、單貧にして期親(近親)無し。文德の祖父苗、家財を以て殯葬し、持服すること三年、宣の妻を奉養すること二十餘載なり。

【持満】じ(ぢ)まん 十分に弓をひきしぼる。また、満盈。〔孔子家語、六本〕博きかな天道、成らば而ち必ず變ず。凡そ満を持して能く久しき者は、未だ嘗つて有らざるなり。

【持養】じよう(ぢやう) たもち養う。〔文子、十守、守弱〕是の故に聖人は其の神を持養し、其の氣を和弱にし、其の形を平夷にして、道と浮沈す。此の如くんば則ち萬物の化、偶せざる無きなり。

【持禄】じ(ぢ)ろく 俸禄を失わないようにする。〔史記、秦始皇紀〕始皇、人と爲り天性剛戻にして自ら用ふ。～博士七十人と雖も、特だ員に備はるのみにして用ひず。～天下、罪を畏れて祿を持し、敢て忠を盡す莫し。

【持論】じ(ぢ)ろん 自己の意見を主張し守る。魏・呉質〔魏の太子(曹丕)に答ふる牋〕往者は孝武の世、文章盛んなりと爲すも、東方朔・枚皋の徒の若きは、論を持すること能はず。卽ち阮(瑀)・陳(琳)の儔なり。

↑持握 にぎりもつ／持家 家業を守る／持翫 もてあそぶ／持躬 操行／持均 持衡／持敬 敬愛の心をもつ／持謙 謙遜／持験 効験／持護 擁護／持斎 斎戒／持支 支持する／持執 もつ／持守 守成／持呪 呪う／持勝 優位を守る／持説 持議／持贈 手渡し／持続 つづける／持遅 猶予する／持念 念誦／持把 把持／持鉢 托鉢／持抜 救援／持扶 扶持／持複 二刀流／持平 持衡／持兵 武器をもつ／持別 お別れ／持容 とり入る／持律 持戒／持領 綱領を守る／持牢 固守する

↓握持・維持・懷持・銜持・挾持・矜持・屈持・携持・堅持・牽持・固持・護持・劫持・支持・手持・守持・住持・齎持・操持・把持・扶持・負持・保持・宝持・奉持・捧持・擁持

【梔】 9 4791 ジ(ヂ) とめる はどめ

篆文

形声 声符は尼。尼に、泥のように円滑でない意がある。〔説文〕六上に「梔木なり。實、梨の如し」(段注本)と木名とする。〔説文〕にまた「杘は籆の柄なり」とあって糸わくの柄、その或る体として梔を録する。杘は梔と声義同じく、梔の省略の字であろう。

訓義 ①いとわく。②とめる。③車のはどめ、はどめ。④木の名。梨に似た木。⑤梔梔は茂るさま。

古訓 〔名義抄〕梔 ワクノエ 〔篇立〕梔 ワク・ワクノエ・フエ・タヽリ

↑梔梔 茂るさま／梔杜 杜絶する

↓金梔・楗梔

【耏】 9 1222 ジ ダイ タイ ひげ そる

篆文

会意 而＋彡。〔説文〕九下に耐の正字とし、「罪あるも髡に至らざるものなり。彡而に従ひ、而の亦聲」(段注本)とする。また耐を録して、「或いは寸に従ふ。諸法度の字、寸に従ふ」という。而は髪を切った巫祝の正面形。需・耎・儒などはその形に従う。彡は形や色の整うさまを示す。髡に至らぬほどに、髪を短く整える意であろう。〔説文〕に耏・耐を一字とするも、分別して考えた方がよい。〔玉篇〕に耏を頰須、また獣の多毛の意とする。

訓義 ①ひげ、ほおひげ、ひげが多い。②獣の毛。③ひげそる、ほおひげをそる、刑罰としてひげをおとす。

古訓 〔字鏡集〕耏 ツラノケ・カタチ

↑耏耏 毛の多いさま／耏毛 体毛

↓完耏・髡耏・髯耏

常【時】 10 6404 ［旹］ 8 2260 ジ シ とき

篆文 古文 金文 石鼓文

形声 声符は寺。寺に、ある状態を持続する意があり、日景・時間に関しては時という。〔説文〕七上に「四時なり」と四季の意とする。〔書、堯典〕「敬んで民に時を授く」は農時暦の意。古文の字形は中山王鼎にもみえ、之と日とに従う。之にものを指示特定する意があり、〔書、舜典〕「百揆時れ敍す」、〔詩、大雅、緜〕「日に止まり 日に時る」のような用法がある。また〔石鼓文、避(吾)車石〕に「卽ち避ぎ卽ち時ふ」とあって、そのときを待つ意に用いている。

訓義 ①とき、ひつき、きせつ。②おり、しお、そのとき、そのころ。③ときに、ときおりに。④そのときにあたる、ときをえる。⑤是・諟と通じ、よい。⑥是と通じ、この、これ。⑦司・伺と通じ、うかがう、つかさどる。⑧蒔と通じ、まく。⑨偫と通じ、まつ。

古訓 〔名義抄〕時 トキ・トキ〴〵・コノ・コレ・ヨリ〳〵・コ、ニ・トキナフ・イマ・ミル・ツブサニ・ウウ・アキラカ・タスク・シバラク・タチマチニ・モト・カサヌ／當時 ソノカミ／若時 カクノゴトク

声系 〔説文〕に時声として蒔(蒔)・塒の二字を収める。蒔は殖・植と声近く、塒も雞のとまり木で、みな蒔く、植える意がある。時はもと農耕に関する字であったかもしれない。

語系 時・蒔 zjiə は同声。是・諟 zjie、司 siə、偫 diə は声が近く、その義に通用することがある。

【時異】じい 時節・時代がちがう。魏・文帝〔朝歌の令呉質に与ふる書〕節は同じきも時異なり、物は是なるも人は非なり。我が勞すること如何ぞや。

【時移】じい 時が推移する。〔説苑、雜言〕今夫れ世異なれば則ち事變じ、事變ずれば則ち時移り、時移れば則ち俗易る。是を以て、君子は先づ其の土地を相て其の器を裁し、其の俗を觀て其の風に和し、衆議を總べて其の教へを定む。

【時雨】じう ほどよく降る恵みの雨。〔荘子、逍遥遊〕時雨降りぬ。而るに猶ほ浸灌す。其の澤に於けるや、亦た勞せずや。

【時運】じうん 時のめぐり合わせ。世のなりゆき。〔後漢書、荀彧伝論〕時運の屯邅(困難)なるに方り、雄才に非ざれば、以て其の溺を濟ふ無し。

【時化】じか(くわ) 時のなりゆき。時勢。〔呂覧、決勝〕智ならば則ち時化を知る。時化を知らば、則ち虛實盛衰の變を知り、先後遠近、縱舍の數を知る。

【時価】じか 時の相場。〔三国志、魏、王昶伝注に引く別伝〕人と與に生口(家奴)を買ふ。各々雇(価)八匹なり。後、生口の家、來り贖ふ。時に價直六十匹なり。共に買ひし者、時價に隨ひて贖を取らんと欲す。暇自ら本の價八匹のみを取る。共に買ひし者も～本價のみを取れり。

【時危】じき 時世の危急なとき。唐・杜甫〔徒歩帰行〕詩 明公(李特進)壯年、時の危きに値ふ 經濟實に英雄の姿に藉る 國の社稷、今是くの若し 禍亂を武定するは、公に非ずして誰ぞ

【時機】じき 機会。時宜に投ずる。唐・杜荀鶴〔従叔に寄す〕詩 儒と爲らば皆立つべきも 自ら是れ時機に拙なり

【時宜】じぎ 時勢によく対処する。〔漢書、哀帝紀〕待詔夏賀良等、改元易號を建言したるも、～卒に嘉應亡し。皆經に違ひ古に背き、時宜に合はず。

【時義】じぎ 時宜。〔易、旅、彖伝〕旅は貞にして吉なり。旅の時義、大なる哉。

【時議】じぎ 世論。唐・杜甫〔北征〕詩 陰風西北より來り 慘澹として回紇に隨ふ ～用ふる所皆鷹騰 敵を破ること箭の疾きが如し 聖心頗る虛佇し 時議、氣奪はれんと欲す

【時享】じきょう(きゃう) 四季の祭。〔戦国策、趙一〕古の賢君、德行海内に施すに非ざるなり。～祭祀時享、鬼神に當るに非ざるなり。～年穀豐盛なるは、衆人之れを喜ぶも、賢主は之れを惡む。

【時月】じげつ 時と月。また、数ケ月。明・方孝孺〔贅窩記〕彼の甘脆の味は、時月を累ねて食らはずと雖も、未だ病いと爲

すに足らず。而れども薑桂（からし）の和は、斯須も之れ無かるべからず。

【時光】とき。光陰。唐・張祜〔破陣楽〕詩 千里行路の遠きを辭せず 時光早晩、天涯に到る

【時好】時の好み。風尚。〔漢書、貨殖伝序〕陵夷（衰微）して（斉）桓・（晋）文の後に至り、禮誼大いに壞る。～是に於て商は得難きの貨を通じ、工は亡（無）用の器を作り、士は道に反する行を設け、以て時好を追ひ、世資を取る。

【時豪】時の有力者。〔晋書、文苑、王沈伝〕少くして俊才有るも、寒素に出で、俗に隨ひて沈浮すること能はず。時豪の抑ふる所と爲る。

【時刻】とき。その瞬間。〔資治通鑑、後晋紀四〕（高祖、天福七年）黄敬忠、將に戰はんとす。占者言ふ、時刻未だ利あらずと。兵を按じて動かず。（包）洪實等、兵を引ゐて岸に登り、水陸夾みて之れを攻め、敬忠を殺せり。

【時祭】四季の祭祀。〔左伝、昭四年〕夏、諸侯楚に如く。魯衞曹邾、會せず。～公は辭するに時祭を以てし、衞侯は辭するに疾を以てす。

【時事】その時期の問題。〔甌北詩話、九〕（呉梅村の詩）梅村、身、鼎革（王朝の交替）を閱し、其の詠む所、多く時事の大に關する者有り。

【時時】おりおり。また、つねに。晉・陸機〔魏の武帝を弔ふ文〕朝晡には脯糒の屬を上り、月朝十五には輒ち帳に向ひて妓を爲せ。汝等時時、銅雀臺に登りて、吾が西陵の墓田を望め。

【時疾】季節の流行病。〔周礼、夏官、司爟〕行火の政令を掌る。四時に國火を變へ、以て時疾を救ふ。～凡そ祭祀には則ち祭爟す。

【時日】時と日。その吉凶。〔礼記、曲礼上〕卜筮は、先聖王の、民をして時日を信にし、鬼神を敬し、法令を畏れしむる所以なり。

【時趣】時代の風尚。〔晋書、儒林、范弘之伝〕比干三仁の中に處り、箕子は名賢の主爲り。後人用捨、參差同じからず。～此れ皆時趣を量らず、身を以て禍ひを嘗む。硜硜の稱有りと雖も、大雅の致に非ず。此れ亦た下官の爲さざる所なり。

【時羞】季節の供えもの。唐・韓愈〔十二郎を祭る文〕季父愈、汝の喪を聞くの七日、乃ち能く哀を銜み誠を致し、建中をして遠く時羞の奠を具へ、汝十二郎の靈に告げしむ。

【時習】機会あるごとに復習し、実習する。〔論語、学而〕學びて時に之れを習ふ。亦た說ばしからずや。

【時序】時の移り。節候。とき。宋・蘇舜欽〔晩に亀山に泊す〕詩 毎に傷む、道路に時序を銷するを 但だ心情を屈して、酒盃に入れしむ

【時人】当時の人。〔漢書、芸文志〕論語は孔子、弟子時人に應答し、及び弟子相ひ與に言ひて、夫子に接聞するの語なり。～夫子既に卒し、門人相ひ與に輯めて論篹す。故に之れを論語と謂ふ。

【時世】ときよ。その時代。唐・白居易〔上陽白髪の人〕詩 小頭鞋履、衣裳窄し 青黛眉に點じ、眉細く長し 外人見ず、見れば應に笑ふべし 天寶の末年、時世の粧ひ

【時政】時令。また、その時代の政治。〔後漢書、班超梁慬伝論〕時政平らかなれば、則ち文德用ひられて、武略の士、其の力能を奮ふ所無し。

【時勢】時のなりゆき。時代の趨勢。〔荘子、秋水〕堯舜に當りて、天下に窮人無し。知の得たるに非ざるなり。桀・紂に當りて、天下に通人無し。知の失はれしに非ざるなり。時勢適ま然るなり。

【時節】季節。〔文選、古詩十九首、七〕白露、野草を沾し 時節忽ち復た易はる

【時俗】時の習わし。〔楚辞、離騒〕固に時俗の工巧なる 規矩に偭きて改め錯く 繩墨に背きて以て曲を追ひ 周容を競ひて以て度と爲す

【時態】世情。唐・趙嘏〔自ら遣る〕詩 久客轉た諳らんず、時態の薄きを 多情、只だ酒と共に淹留す

【時代】時世。〔宋書、礼志一〕三國鼎峙し、晉を歷て宋に至り、時代移改し、各〻事に隨つて立つ。～今魏氏以後の經國誕章を抄して、以て此の志に備ふと云ふ。

【時中】時のよろしきにあう。〔中庸、二〕君子の中庸や、君子にして時中す。小人の中庸に反するや、小人にして忌憚無きなり。

【時珍】季節の珍しいもの。唐・柳宗元〔武中丞（元衡）の為に、桜桃を賜ふを謝する表〕聖旨を奉宣し、臣に櫻桃若干を賜ふ者は、天睠特に深く、時珍薦りに降る。寵は里巷を驚かし、恩は圓方（器）に溢る。臣某、誠喜誠懼、頓首頓首。

【時難】時世の困難。〔後漢書、劉焉伝〕時に靈帝の政化衰缺し、四方兵寇あり。～焉、乃ち陰かに交阯と爲り、以て時難を避けんことを求む。

【時牌】時刻を知らせる象牙の牌。〔宋史、律歴志三〕國朝、挈壺の職を復す。專ら辰刻を司る。～鼓樓・鐘樓を殿庭の左右に設く。其の制、銅壺・水稱・渴烏・漏箭・時牌・契の屬有り。

【時病】その時代の弊害。〔唐書、陸贄伝賛〕贄の論諫數十百篇を觀るに、時病を譏陳し、皆仁義に本づく。後世の法と爲すべきこと、炳炳として丹の如し。帝の用ふる所、纔かに十の一なり。唐の祚（国の祭り、国運）競はず、惜しい哉。

【時変】時世の変化。〔史記、太史公自序〕聖人は朽せず、時變を是れ守る。虛は道の常なり。因は君の綱なり。群臣竝び至り、各〻をして自ら明らかならしむ。

【時望】当時の人望。〔晋書、懐帝紀〕二相、王室を經營す。志、社稷（国家）を寧んず。儲貳（太子）の重きは、宜しく時望に歸すべし。

【時務】当世の要務。〔漢書、昭帝紀賛〕（霍）光、時務の要を知り、繇（役）を輕くし賦を薄くし、民と休息す。～匈奴和親し、百姓充實す。

【時命】時の命運。時運。漢・厳忌〔哀時命〕時命の古人に及ばざるを哀しむ 夫れ何ぞ予が生の、時に遘はざる

【時誉】当時の名声。〔後漢書、呉良伝〕後、司徒長史に遷る。毎に大議を處るに、輒ち經典に據り、希旨偶俗、以て時譽を徼めず。

【時用】当世の要務。〔易、習坎、彖伝〕王公險を設け、以て其の國を守る。險の時用、大なる矣哉。

【時様】当世風。宋・陳師道〔冠十一の端硯を恵せらるを謝す〕詩 轆轤挽き出だして、萬人負ひ 千歲の藏、一朝にして致す 琢して時樣を爲して、翰墨に供せしむ 十襲（十重に包む）包藏して、百金貴し

【時流】当時の人。〔世説新語、文学〕裴郎（栄）語林を作り、始めて出づ。大いに遠近の傳ふる所と爲る。時流の年少、傳寫して各〻一通を有せざる無し。

【時令】一年十二ケ月の農政の次第。歳時記。〔礼記、月令〕（季冬の月）天子乃ち公卿大夫と共に國典を飭へ、時令を論じ、以て來歲の宜を待つ。

【時論】当時の世論。〔三国志、魏、常林伝〕時論、林の節操清峻なるを以て、之れを公輔（大臣）に致さんと欲す。林、遂に疾に篤しと稱す。

↑時晏 年末／時衣 季節の衣／時英 時賢／時疫 流行病／時下 この頃／時花 季節の花／時暇 休暇／時

稼 時の農事／時閑 無事／時間 とき／時暵 ひでり／時艱 時局困難／時気 季節／時祺 書翰の末語／時器 農具／時諱 時忌／時儀 時の挨拶／時休 太平／時教 その時にかなった教え／時極 時機／時禁 時の禁令／時君 時主／時景 時の風景／時隙 余暇／時賢 当時の賢人／時彦 時賢／時諺 世の諺／時鼓 時の太鼓／時候 季節／時穀 新穀／時宰 時の執政／時菑 時の災い／時歳 とき／時秀 時賢／時熟 成熟／時雋 時賢／時儁 時雋／時潤 時雨／時叙 時序／時称 時誉／時粧 時世の粧／時霎 片時／時情 事情／時食 季節の食事／時辰 とき／時新 はしり／時鮮 新鮮食／時饌 季節料理／時膳 時饌／時蔬 季節の野菜／時蔌 時蔬／時泰 太平の世／時談 世論／時屯 困難な世／時調 時勢／時哲 時賢／時蠹 時弊／時風 季節の風／時服 季節の衣服／時物 季節の物／時紛 世乱／時分 時刻／時文 明の八股文／時平 太平／時柄 時の権力／時弊 時病／時暮 時遅し／時芳 名声／時髦 時賢／時味 時羞／時名 名声／時明 太平／時友 同じ時代の友だち／時遊 季節の遊び／時雍 和らぐ／時利 時の利／時吝 時難／時暦 こよみ

↓俟時・異時・一時・応時・往時・瓜時・花時・嘉時・及時・旧時・救時・今時・近時・計時・済時・祭時・歳時・暫時・四時・失時・殊時・瞬時・順時・少時・乗時・常時・食時・酔時・随時・寸時・盛時・聖時・夕時・戦時・即時・多時・奪時・抵時・適時・天時・当時・同時・年時・農時・曩時・非時・不時・平時・餔時・明時・夜時・幼時・良時・臨時・歴時

【珥】 10 1114 ジ みみだま さしはさむ

篆文 

形声 声符は耳。〔説文〕一上に「瑱なり」とあり、耳飾りに用いる玉。また珥璫・充耳という。

訓義 ①みみだま、みみかざり。②さしはさむ、耳にさしはさむ、耳に貫く。③まるい玉、剣のつば。④ひがさ、日のかさ。⑤刵と通じ、左耳を切りとる。⑥衈と通じ、牲を割いて血ぬる。

古訓 〔名義抄〕珥 サシハサム・ミヽタマ 〔字鏡集〕珥 ミヽタリ・ミヽニアルタマ・サシハサム・カク・オホタマ

語系 珥・耳・刵 njiə は同声。衈・餌 njiə も同声で、みな耳の声義を承ける字である。

【珥糸】じし 蚕が糸を吐く。咡糸。〔淮南子、天文訓〕蠶、絲を珥きて商弦（商音を発する弦）絶え、賁星（流星）墜ちて、勃海決ふる。

【珥貂】じちょう 漢代、侍中・常侍の官に貂の尾と金璫とをはさみ、蟬をつけて飾りとした。魏・曹植〔王仲宣（粲）の誄〕蟬を戴き貂を珥み、朱衣皓帶す。入りては帷幄に侍し、出でては華蓋を擁す。

【珥筆】じひつ 筆を冠のへりにさしはさむ。筆記の職。侍中の職をいう。魏・曹植〔親親を通ずることを求むる表〕宅を京室に安んじ、鞭を執り筆を珥む。

↑珥環 耳飾り／珥笄 みみだまと、かんざし／珥蜺 にじ／珥蟬 近侍の職／珥璫 耳飾り／珥旄 旄を垂れる

↓暈珥・纓珥・解珥・冠珥・貫珥・璣珥・玉珥・左珥・釵珥・櫛珥・珠珥・簪珥・青珥・赤珥・蟬珥・双珥・象珥・堕珥・戴珥・脱珥・貂珥・墜珥・璫珥・佩珥・美珥・弁珥・宝珥・右珥・瑶珥・両珥

【茲】 10 4473 ジ シ この これ ます しげる

篆文  甲骨文  金文 

会意 初形は兹。幺（糸たば）を並べた形。上部の糸たばの結びめを艸と誤って茲に作り、〔説文〕に字を艸部一下に属して「艸木多益す」と草木滋生の意とし、字を絲（糸）の省声とする。糸を束ねて染め、結びめが白のまま残るのを素といい、素の上部が茲の上部にあたる。卜文に字を兹に作り、「兹を用ひよ」、また金文の〔大保𣪘〕に「兹の彝を用つて命に對ふ」のように指示詞に用いる。また〔曶鼎〕に「絲の五夫」のように絲を用いることがあり、兹・茲・絲はもと一字、繁簡の形であることが知られる。〔説文〕は滋（滋）字条十一上に「益なり」と滋益の意とする。糸たばが水を含んで量の加わることを滋という。

訓義 ①いと、糸たばの形。②古くには、この、これの意に用いる。③滋と通じ、ふえる、ます。④しげる、草木がしげる。⑤むしろ。⑥今茲は、ことし。⑦孜と通じ、つとめる。

古訓 〔名義抄〕茲 ミマシ・ムシロ・コレ・カクノゴトク・ココニ・トシ・ミマシヽク／若茲 カクノゴトク 〔字鏡集〕茲 カク・マサル・トシ・シゲル・クロシ・ミマシヽク・ニゴレリ・コヽニ・コレ・コノ

声系 〔説文〕に茲声として慈（慈）・滋・孳など五字を収める。おおむね滋益・滋育の意をもつ語である。

語系 茲・滋・孳 tziə は同声。慈 dziə は牸 dziə と同声で、牸の字義が加わっている。

参考 〔説文〕玄部四下に「茲は黒なり。二玄に従ふ」とあり、「春秋傳に曰く、何の故に吾が水をして茲らしむ」と〔左伝、哀八年〕の文を引く。字は玄を並べたもので、黒く染めた糸たば、茲はまだ染めない糸たばである。この茲はまた滋に作り、〔左伝〕のその条の〔釈文〕に玄の音で「濁るなり」と訓する。いま〔説文〕に茲を「子之切」と附音するのは誤りであろう。〔字鏡集〕にクロシ・ニゴレリとあるのは、茲の字の訓である。

【茲基】じき 農具。くわ。〔漢書、樊酈等伝賛〕語に曰く、茲基有りと雖も、時に逢ふに如かずと。

【茲茲】しし ふえるさま。〔史記、陳杞世家論賛〕田常、政を齊に得て、卒に爲に國を建て、百世絶えず。苗裔茲茲として、土を有つ者乏しからず。

↑茲其 茲基／茲者 ここに／茲飛 古の剣士

↓加茲・戒茲・敬茲・怙茲・今茲・在茲・若茲・庶茲・如茲・存茲・念茲・来茲

【畤】 11 6404 ジ たくわえる さかい

篆文 

形声 声符は寺。〔説文〕十三下に「天地五帝の基止する所の祭地なり」（段注本）とあり、畳韻の字である基止を以て解する。秦がはじめて西畤を作り、のち雍に五畤を設けて五帝を祀った。祭天のために高い台を築く祭壇形式のもので、おそらく遠く西方から伝来したものであろう。〔詩、大雅、崧高〕「以て其の粻（食糧）を峙ふ」の峙は、おそらく畤がその本字であろう。寺に一定の状態を保持する意がある。

訓義 ①まつりのにわ、天帝を祀るところ。②さかい、土封を設けて区画する。③たくわえる、食糧をたくわえる。④沚と通じ、ほとり。⑤蒔と通じ、うえる。

古訓 〔篇立〕畤 ヤシロ

語系 畤 ziə、基 kiə、止 tjiə は畳韻の字。畤を高い祭壇形式のものと解したのであろう。畤の字形からいえば、もと農具・農穀を収蔵するところであったかと考えられる。

↓下畤・旧畤・畦畤・玄畤・好畤・諸畤・上畤・西畤・壇畤・靡畤・鄜畤・武畤・平畤・北畤・密畤・雍畤・立畤・霊畤

【痔】 11 0014 ジ（チ）

篆文 

形声 声符は寺。〔説文〕七下に「後の病なり」とあり、痔疾をいう。

訓義 ①じ。

古訓 〔名義抄〕痔 ヂノヤマヒ 〔篇立〕痔 ムシカサ・シリノヤマヒ・シリセリ・セヽリ

↑痔疾 痔病／痔病 痔の病／痔瘻 あなじ

↓舐痔

常 **【滋】** 12 3813 〔滋〕 13 3813 ジ ふえる しげる

篆文  甲骨文 

形声 声符は茲。茲は糸たばをならべた形で、多いことをいう。〔説文〕十一上に「益なり」とし、また茲字条一下に「艸木多益す」とあって、茲を草木の茂る意とするが、茲の初形は丝で糸たば、滋はそれを水に漬す意。水を含んで量がふえることをいう。〔楚辞、離騒〕に「余既に滋ゑたる蘭の九畹なるあり」の滋は蒔と通用の義。また〔左伝、哀八年〕「何の故に吾が水を滋らしむ」は玄を並べた形に従う字である。

訓義 ①ふえる、ます、かさがふえる、ますます。②うるおす、ひたす。③しげる、しげし、草木が生いしげる、そだつ。④うまい、うまみ。⑤滋と混じて、しる、にごる、くろい。⑥蒔と通じ、うえる。⑦孳と通じ、やしなう。

古訓 〔名義抄〕滋 シゲシ・ウルフ・コシ・アチハフ・マス〳〵・オホフ・コマヤカナリ・シク・マサル 〔字鏡集〕滋 アセ・シゲシ・イヨ〳〵・ナガル・アキ（チ）ハヒ・マス〳〵・コマヤカナリ・ウルフ・マサル・コシ・マス・シク・オホフ・オホシ

語系 滋・孳tzieは同声。滋は滋益、孳は孳養。また蒔（蒔）zjieは声近く、通用の字である。

【滋育】 やしない育てる。晋・成公綏〔天地の賦〕各ゝ精を含んで容冶、咸く範を陶鈞（自然の力）に受く。何ぞ滋育の極まり罔き、造化の至神を偉とす。

【滋益】 ふえる。また、やしなう。〔朱子語類、二十四〕人の物事を喫らふが如し。若し消せずんば、只だ生、肚裏に在るのみ。如何ぞ能く體膚を滋益せん。須らく是れ融化し、査滓便ち下去し、精英便ち體膚に充つ。故に能く肥潤なり。

【滋液】 滋養の液。漢・王褒〔四子講徳論〕神雀仍りに集まり、麒麟自ら至る。甘露滋液、嘉禾櫛比す。～豈に盛んならずや。

【滋垢】 濁ってよごれる。〔史記、屈原伝〕世の滋垢を獲ず、皭然として泥して滓れざる者なり。

【滋滋】 つとめはげむ。〔隷釈、漢の済陰の太守孟郁の修堯廟碑〕滋滋汲汲として、人に誨へて倦まず。海内之れを稱して、灋（法）術の宗と曰ふ。

【滋潤】 うるおす。〔論衡、是応〕彼の露は味甘からざる者なるも、其の下る時、土地滋潤、萬物に流溼し、洽沾濡溥す。

【滋彰】 多く繁雑となる。〔老子、五十七〕法令滋ゝ彰らかにして、盗賊多く有り。

【滋息】 ふえる。〔三国志、魏、王朗伝〕國に怨曠無く、戸口滋息す。民充ち兵彊く、寇戎賓らず。

【滋蔓】 しげりはびこる。強大になる。〔左伝、隠元年〕早く之れが所（処置）を爲すに如かず。滋蔓せしむること無かれ。蔓すれば圖り難きなり。

【滋味】 おいしい味。美味。魏・阮籍〔楽論〕孔子、齊に在りて韶（舜の楽）を聞き、三月肉の味を知らずと。至樂は人をして無欲ならしめ、心平らかに氣定まり、肉を以て滋味と爲さざるを言ふなり。

【滋養】 やしない育てる。宋・秦観〔財用、下〕臣嘗て以爲へらく、理財の術は、地力を盡すに若くは莫しと。～風霆雨露の發生する、山林川澤の滋養は、財の從りて出づる所なり。

↑滋雨 うるおいの雨／滋栄 茂る／滋滑 甘く滑らか／滋厚 ゆたか／滋膏 脂膏／滋旨 美味／滋侈 ぜいたく／滋熾 さかんになる／滋事 多事／滋膩 滋滑／滋濡 ぬらす／滋章 滋彰／滋擾 乱れる／滋植 うえる／滋殖 ふえる／滋甚 はなはだしい／滋生 ふえる／滋盛 さかん／滋碩 大きくなる／滋多 ふえる／滋長 長ずる／滋乳 ふえる／滋培 栽培／滋煩 厄介になる／滋美 旨い／滋阜 多い／滋補 営養／滋萌 茂る／滋豊 ゆたか／滋慢 傲る／滋漫 はびこる／滋茂 茂る／滋腴 滋養食／滋礼 わずらわしい礼

↓栄滋・益滋・含滋・草滋・叢滋・繁滋・晩滋・蕃滋・蕪滋・芳滋・豊滋・味滋・蘭滋・醴滋・露滋

【衈】 12 2114 ジ みみきる ちぬる

会意 血＋耳。〔玉篇〕に「耳血なり」とあり、犠牲の耳の血をとり、これを塗って祓い、また祭ることをいう。〔穀梁伝、僖十九年〕に「邾人、繒子（繒国の王）を執らへて之れを用ふ。～之れを用ふとは、其の鼻を叩きて、以て社に衈るなり」とあり、鼻血や耳血を用いて、釁礼という清めの儀礼が行われた。動物の犠牲のときには、耳を截って耳血を用いた。

訓義 ①みみきる、みみの血をちぬる。②みみの血できよめる、はらう、まつる。③はなの血でちぬる。

古訓 〔名義抄〕衈 ミヽノチ

語系 衈・耳・刵njieは同声。耳を截ることを刵といい、その血を釁礼に用いることを衈という。

↑衈社 社の祭器にちぬる

↓祈衈

【孳】 13 4440 ジ シ しげる いそしむ

篆文  籀文  金文 

形声 声符は茲。茲は糸たばを並べる形で、滋多の意がある。〔説文〕十四下に「孳孳彶彶として生むなり」（段注本）とあり、〔玉篇〕も「孳産なり」とする。〔孟子、尽心上〕に「雞鳴にして起き、孳孳として善を爲す者は、舜の徒なり」とあって、孜孜の意とする。字は孳生・孳育を本義とし、〔書、堯典〕「孳尾」の〔伝〕に、「乳化を孳と曰ふ」とあり、蕃息のことをいう。

訓義 ①しげる、多くなる、ふえる、こをもつ。②さかる、はらむ。③孜と通じ、いそしむ、つとめる。

古訓 〔和名抄〕孳 鳥の交接するを、俗人豆流比須（つるびす）と云ふ 〔名義抄〕孳 コオモヒ・シゲシ・ヤム／孳尾 コオモヒシツル・ミス

語系 孳・滋（滋）・子tzieは同声。字dzieはもと人の生子儀礼をいい、授乳して養育するときにこの字を用いる。

【孳育】 子を生み育てる。〔水経注、葉楡河〕牢山下に一夫一婦有り。十女を生む。九隆、皆以て妻と爲す。遂に因りて孳育す。皆身に畫きて龍文に像り、衣は皆尾を著く。

【孳孳】 つとめはげむさま。孜孜。〔礼記、表記〕俛焉として日に孳孳たる有り。斃れて后に已む。

【孳息】 ふえる。〔晋書、江統伝〕（徙戎論）始め徙りし時、戸落百數のみ。子孫孳息し、今千を以て計ふ。數世の後、必ず殷熾（盛ん）に至らん。

【孳乳】 生まれふえる。〔説文解字叙〕其の後形聲相ひ益す。卽ち之れを字と謂ふ。字なる者は、孳乳して浸く多きを言ふなり。

【孳尾】 鳥獣がつるむ。〔書、堯典〕寅んで出日を賓へ、東作（東の農地）を平秩す。日は中に、星は鳥（星）なり。以て仲春を殷す。厥の民は析れ、鳥獸孳尾す。

【孳萌】 芽が出る。〔漢書、律暦志上〕地の中數は六、六を律と爲す。律に形有り、色有り。色は黄を上ぶ。五色焉

れより盛んなるは莫し。故に陽氣、種を黄泉に施し、萬物を孳萌す。

【孳蔓】繁殖し、蔓延する。〔後漢書、桓帝紀〕（永興）二年九月丁卯朔、日、食すること之れ有り。詔して曰く、朝政中を失ひ、雲漢旱を作す。川靈水を涌かしめ、蝗螽孳蔓し、我が百穀を殘ふ。太陽光を虧き、飢饉荐りに臻る。

↑孳盈 ふえる／孳衍 ふえる／孳生 繁殖する／孳多 ふえる／孳畜 牲畜／孳蕃 蕃殖する／孳阜 ふえる／孳茂 しげる／孳孕 はらむ

↓種孳

常【慈】13 8033 〔慈〕14 4433 ［⿱孖心］11 1833

ジ シ いつくしむ

篆文  金文 

形声 声符は茲。茲に孳生・孳育の意があり、その情を慈という。〔説文〕十下に「愛なり」とみえる。古くは子をその意に用い、金文の〔大盂鼎〕に「故に天、異（翼）臨し、子みて先王を灋（法）保したまへり」、また〔也𣪘〕に「懿父は廼ち是れを子まん」のように用いる。

訓義 ①いつくしむ、いつくしみ、なさけ、あわれみの心。②父母にやさしくつかえる。③また子の字を用いる。

古訓 〔名義抄〕慈 ウツクシビ・ウツクシブ・ウタフ・タノム 〔字鏡集〕慈 タノム・アハレフ・ウツクシ・ウレフ・ツタフ

語系 慈・字dzia、子・孳tziaは声義近く、子を動詞化したものが字・孳・慈となった。

【慈愛】いつくしむ。〔左伝、荘二十七年〕夫れ禮樂慈愛は、戰の畜ふる所なり。夫れ民、事を讓り和を樂しみ、親を愛し喪を哀しみ、而る後用ふべし。虢（戰力を）畜へず。亟しば戰はば將に饑ゑんとす。

【慈烏】からすの一種。唐・白居易〔慈烏夜啼〕詩 慈烏、其の母を失ひ 啞啞として、哀音を吐く ～聲中、告訴するが如し 未だ反哺の心を盡さずと

【慈顔】いつくしみのある顔。晉・潘岳〔閑居の賦〕萬壽を稱へて以て觴（盃）を獻ず、咸な一いは懼れ一いは喜ぶ。壽觴擧がりて、慈顔和す。浮杯樂飮し、糸竹駢び羅なる。

【慈恵】めぐみいつくしむ。〔礼記、内則〕異（特）に孺子の室を宮中に爲り、諸母と可なる者を擇び、必ず其の寛裕慈恵、溫良恭敬にして、愼みて言寡なき者を求めて、子の師爲らしむ。

【慈姑】やさしいしゅうとめ。また、くわい。唐・白居易〔履道池上の作〕詩 樹暗うして小巣、巧婦（みそさざい）を藏し 渠荒れて新葉、慈姑を長ず

【慈孝】親をいつくしみ孝行する。〔国語、斉語〕居處に有り、學を好みて、父母に慈孝なり。

【慈石】磁石。〔淮南子、覧冥訓〕若し慈石の能く鐵を連ぬるを以て、其の瓦を引かんことを求むれば則ち難し。物は固より輕重を以て論ずべからざるなり。

【慈祥】いつくしみ深い。宋・黄庭堅〔陶淵明の子を責むる詩の後に書す〕淵明の詩を觀て、其の人を想見す。豈弟慈祥、戲謔觀るべし。

【慈親】慈愛深い親。清・鄭燮〔賀新郎、顧万峰、山東常使君の幕に之くを送る〕詞 獨り忘れ難き者有り 寧ぞ慈親の黑髮 今に於て雪の灑ぐを見ずや

【慈仁】なさけ深い。〔漢書、文帝紀〕嗣を立つるに必ず子とするは、從りて來る所遠し。～子啓、最も長じ、敦厚慈仁なり。請ふ、建てて以て太子と爲さんと。上乃ち之れを許す。

【慈善】なさけ深く、善良。〔北史、崔光伝〕光、寛和慈善にして、物に忤はず。進退沈浮、自得するのみ。～故に氣概を爲す者は、重んぜざる所なり。

【慈孫】孝孫。〔孟子、離婁上〕其の民を暴にすること甚だしき、～之れに名づけて幽・厲と曰ふ。孝子慈孫と雖も、百世改むること能はざるなり。

【慈父】やさしい父。晉・李密〔情事を陳ぶる表〕臣、險釁を以て夙に閔凶に遭ひ、生孩六月、慈父に背かる。行年四歲、舅、母の志を奪ふ。

【慈母】やさしい母。唐・孟郊〔遊子吟〕詩 慈母、手中の線（針） 遊子、身上の衣

↑慈鴉 慈烏／慈渥 情深い／慈意 愛情／慈育 愛育／慈陰 恩陰／慈雨 おしめり／慈媼 慈母／慈恩 めぐみ／慈誨 慈訓／慈訓 母の教え／慈護 恵み守る／慈旨 慈意／慈恤 いつくしむ／慈衷 慈心／慈寵 愛する／慈悲 あわれみ／慈愍 いつくしみあわれむ／慈憫 慈愍／慈撫 いたわる／慈涙 愛情の涙／慈恋 慕う／慈和 したしむ

↓温慈・家慈・矜慈・恵慈・慶慈・孝慈・仁慈・聖慈・息慈・大慈・不慈・父慈・令慈・和慈

常【辞】13 2064 〔辭〕19 2024 ［辤］15 2044 ［𤔲］17 2720

ジ とく ことば ことわる

篆文  籀文  金文 

会意 旧字は辭に作り、𤔔＋辛。𤔔は架糸の上下に手を加えている形で、糸の乱れているさまを示し、亂（乱）の初文。亂はその乱れている糸を乙（骨べらの形）で解きほぐしてゆくのであるから、「亂む」とよむべき字である。辭はその乱れている糸を辛で解きほぐしてゆくのであるから、亂と同じく治める意で、辭説の意に用いる。それは獄訟のとき、その嫌疑を解き明かすこと、その弁解の辭をいう。〔説文〕十四下に「説くなり。𤔔・辛に從ふ。辛を𤔔むるは、猶ほ辜を理むるがごときなり」（段注本）とする。辛を辜にして罪辜の意とし、𤔔を「𤔔む」とよんで、その会意の字とするが、𤔔が骨べらで乱れた糸を解くのと同じく、辭は辛でその乱れを解く意である。〔説文〕に重文として𤔲の字を録するが、𤔲は司の繁文。司は祝詞によって神を祠る意の字。辭は神判のとき、その嫌疑を解く辞をいう。神に対して弁明を試みる意であるから、𤔲と声義が近い。〔楚辞〕の辞は、神に訴え申す歌辞をいう。

訓義 ①とく、嫌疑を解く、神に告げて嫌疑を解く。②うったえる、つげる、ことわけていう、そのことば。③ことをわけてつげ、ことわる、あやまる、わびる、おしえる、せめる、さとす。④わかれる、さる、やる、しりぞく。⑤神につげることば、その歌。⑥祠と通じ、まつる。

古訓 〔名義抄〕辭 コトバ・イナフ・トヾマル・サル・ワカル・マカリ・マウス・ケガス／辤 イナブ・コトバ・マウス 〔字鏡集〕辤 ワカル・マウシス・イナフ・ノガル・ケガス・トヾム・マウス・マカリ・サル・コトバ・コトニ・シス

語系 辭・詞・祀・祠ziaは同声。神に対して嫌疑を解くことを辭といい、神に対して祈る歌詩を詞・辭といい、祀ることを祀・祠という。金文の𤔲は司siaの初文で、神意を伺うことをいう。

【辞家】家を出る。〔後漢書、方術下、上成公伝〕其の初め行くこと久しくして還らず。後歸りて其の家に語りて云ふ、我已に仙を得たりと。因りて家を辭して去る。～良や久しくして乃ち沒す（見失う）と云ふ。

【辞気】ことばつき。〔論語、泰伯〕君子の道に貴ぶ所の者は三。容貌を動かしては斯ち暴慢に遠ざかる。～辭氣を出だ

しては斯ち鄙倍に遠ざかる。

【辞義】(じぎ) ことばの意味・内容。魏・文帝〔呉質に与ふる書〕偉長(徐幹)～中論二十餘篇を著はし、一家の言を爲す。辭義典雅、後に傳ふるに足る。

【辞給】(じきゅう(きふ)) ことばが自在なこと。〔漢書、東方朔伝〕上朔の口諧ひ辭給なるを以て、好みて之れに作問す。

【辞去】(じきょ) 別れを告げる。いとまごいする。〔戦国策、斉四〕顔斶辭して曰く、夫れ玉は山に生じ、制れば則ち破る。寶ならざるに非ざるなり。然れども太璞は完からず～と。遂に再拜して辭去す。

【辞決】(じけつ) いとまごい。〔漢書、疏広伝〕上疏して骸骨を乞ふ。上其の年の篤老なるを以て、皆之れを許す。～公卿大夫～祖道を設け、東都門外に供張す。送る者車數百兩、辭決して去る。

【辞旨】(じし) ことばの趣旨。〔世説新語、文学〕康僧淵初めて江を過ぎる。～忽ち殷淵源(浩)の許に往く。～麤ぼ與に寒温し、遂に義理に及ぶ。語言辭旨、曾て愧づる色無し。領略麤ぼ擧げ、一往參詣す。是れに由りて知らる。

【辞謝】(じしゃ) ことわる。挨拶する。〔史記、司馬相如伝〕臨邛の令、前みて琴を奏めて曰く、竊かに聞く、長卿之れを好むと、願はくは以て自ら娯しめと。相如辭謝し、爲に鼓すること一再行。～文君、新たに寡なり。～琴心を以て之れを挑む。

【辞章】(じしょう(しやう)) 文章。詞章。〔文心雕竜、通変〕魏の篇制は漢の風を顧慕し、晉の辭章は魏の采を瞻望す。摧りて之れを論ぜば、～楚・漢は侈にして艷、魏・晉は淺くして綺なり。

【辞譲】(じじょう(じやう)) 遠慮して、辭退する。〔礼記、曲礼上〕長者問ふに、辭讓せずして對ふるは禮に非ざるなり。

【辞色】(じしょく) ことばや顔色。〔三国志、魏、崔琰伝〕琰を罰して徒隷と爲し、人をして之れを視しむるに、辭色撓まず。太祖～遂に琰に死を賜ふ。

【辞職】(じしょく) 勤めをやめる。辞任。〔梁書、陸襄伝〕出でて揚州の治中と爲る。襄の父、此の官に終る。固く職を辭す。高祖許さず。

【辞人】(じじん) 辞賦の作家。〔宋書、謝霊運伝論〕漢より魏に至るまで四百餘年、辭人才子、文體三變す。～遺風餘烈、事江右(西晋)に極まる。

【辞説】(じせつ) 言辞。文辞。〔礼記、礼運〕祝嘏(祝詞・寿詞の類)敢て其の常古を易ふること莫き、是れを大假と謂ふ。祝嘏の辭説、宗祝巫史に藏するは禮に非ざるなり。是れを幽國と謂ふ。

【辞宗】(じそう) 辞賦の大家。〔梁書、王筠伝〕尚書令沈約は、當世の辭宗なり。筠の文を見る毎に、咨嗟吟咏し、以て逮ばずと爲す。

【辞藻】(じそう(さう)) 美しい詩文。〔南史、梁簡文帝紀〕辭藻艷發し、群言を博綜す。～然れども帝の文は、輕靡に傷る。時に宮體と號す。

【辞竈】(じそう(さう)) かまどの神を送る。清・張爾岐〔蒿庵閒話、一〕禮に、夏に竈を祀る。今季冬を以てす。～乃ち云ふ、竈神、是の月の二十四日に天に上り、人の功罪を云ふと。糕餳酒脯の屬を設けて、以て之れを送る。名づけて辭竈と曰ふ。愚誣の甚だしきものなり。

【辞遜】(じそん) ことばをひかえる。〔管子、小匡〕公子擧は人と爲り博聞にして禮を知る。學を好みて辭遜す。請ふ、魯に游きて以て交りを結ばしめん。

【辞対】(じたい) 返答。応答。〔後漢書、陳禅伝〕禪、傳考(逮捕取調べ)に當り、它の齎す所無し。但だ喪斂の具を持するのみ。至るに及び笞掠筭無く、五毒畢く加ふ。禪、神意自若として、辭對變ること無し。事遂に散釋す。

【辞退】(じたい) 遠慮してひきさがる。〔晉書、華譚伝〕年七十に向なんとし、志力日に衰ふ。素餐(尸位)して勞無し。實に宜しく辭退すべし。

【辞致】(じち) ことばのおもむき。〔晉書、嵇康伝〕康嘗て～暮に華陽亭に宿し、琴を引いて彈ず。夜分、～客有り、～康と共に音律を談ず。辭致清辯、因りて琴を索めて之れを彈じ、廣陵散と爲す。

【辞費】(じひ) 口先だけのことば。また、冗舌。〔礼記、曲礼上〕禮は妄りに人を說ばしめず、辭費せず。禮は節を踰えず、侵し侮らず、好み狎れず。

【辞賦】(じふ) 文体の名。楚辞から出て、のち叙事を主とするものを賦という。〔三国志、魏、陳思王(植)伝〕年十歳餘、詩論及び辭賦數十萬言を誦讀し、善く文を屬る。

【辞命】(じめい) 使者としての応対の辞。〔孟子、公孫丑上〕宰我・子貢は善く說辭を爲し、冉牛・閔子・顔淵は善く德行を言ふ。孔子は之れを兼ぬるも、曰く、我は辭命に於ては、則ち能はざるなりと。

【辞理】(じり) ことばのすじみち。〔北史、盧詢祖伝〕術學有り。文辭華美、後生の俊爲り。～朝廷大いに遷除す。～詢祖、東止車門外に立ち、二十餘人の爲に表を作る。文加點せず、辭理觀るべし。

【辞令】(じれい) ことばづかい。応対の語。〔礼記、冠義〕冠して后に服備はる。服備はりて后に容體正しく、顔色齊ひて辭令順なり。

↑辞案 案件の文書／辞意 辞退の意／辞違 辞去する／辞官 辞職する／辞翰 詩文／辞観 言辞や威儀／辞儀 挨拶／辞却 辞退／辞拒 ことわる／辞訓 解釈／辞訣 辞決／辞見 拝謁し辞去する／辞言 ことば／辞語 ことば／辞告 謝罪する／辞采 語の美しさ／辞歳 除夕／辞指 辞旨／辞趣 辞旨／辞訟 訴訟／辞状 話の様子／辞情 辞致／辞塵 隠遁する／辞世 死去、また絶命のときの詩歌／辞悽 哀切の辞／辞阻 辞退する／辞託 かこつけ／辞朝 退官／辞牒 表文／辞調 辞の調子／辞吐 ことば／辞年 除夜／辞避 避ける／辞表 辞任願／辞柄 話の種／辞別 辞決／辞弁 言論／辞貌 言辞と容貌／辞霊 出棺の礼／辞禄 退官

↓異辞・偉辞・逸辞・婉辞・音辞・瑕辞・嘉辞・歌辞・賀辞・甘辞・含辞・玩辞・詭辞・偽辞・虚辞・曲辞・訓辞・繋辞・謙辞・言辞・古辞・固辞・爻辞・巧辞・好辞・宏辞・告辞・砕辞・賛辞・式辞・失辞・謝辞・邪辞・修辞・廋辞・祝辞・書辞・助辞・頌辞・属辞・世辞・正辞・説辞・占辞・措辞・造辞・遜辞・多辞・題辞・託辞・弔辞・陳辞・通辞・騁辞・伝辞・答辞・遁辞・拝辞・卑辞・詖辞・費辞・美辞・微辞・繆辞・浮辞・蕪辞・文辞・弁辞・褒辞・卜辞・曼辞・約辞・腴辞・有辞・遊辞・用辞・俚辞・両辞・令辞・礼辞・麗辞・弄辞

人 **【爾】** 14 1022 ［尔］ 5 8090 ［尒］ 5 8090

ジ デイ

うつくしい なんじ のみ

篆文

金文

象形 人の正面形の上半部と、その胸部に㸚形の文様を加えた形。㸚を独立した字と解すれば会意となるが、全体象形と解してよい字である。㸚はその文身の模様。両乳を中心として加えるもので、爽・奭などは女子の文身を示す。爽の上半身の形が爾にあたる。みな爽明・靡麗の意のある字である。〔説文〕三下に「麗爾なり。猶ほ靡麗のごときなり」とし、その字形は冂と㸚とに従い「其の孔㸚し。尒聲」と形声に解し、窓

飾りの格子の美しいさまであるという。㸚を二爻、疏窓の形とするものであるが、爽の字形からも知られるように、両乳の部分に文身を加えた形。通過儀礼の際に呪禁として加えるものので、おそらく死喪のとき、朱を以て絵身を施したものであろう。ゆえにまた靡麗の意となる。二人称に用い、また状態詞の語末、接続の語などに用いるのはみな仮借。〔詩、小雅、采薇〕「彼の爾たるは維れ何ぞ」の爾は薾の仮借。薾は文身の美を、花に移していうものであろう。

訓義 1文身、死者の胸に加える朱の文身。2うつくしい、あざやか。3薾と通じ、はなやか、花が美しい。4而・如・乎・然と通じ、なんじ、これ（かくのごときもの）。状態詞の語末（莞爾）、のみ、しかりのように用いる。5邇と通じ、ちかし。

古訓 〔名義抄〕爾 ナムヂ・チカシ・ナムタチ・シカリ・シカウシテ・ソノ・シカノゴトキ・ススム 〔字鏡〕尒 シカモ・シバラク・コノ・ナムヂ・シカナリ・ソレ・マコト・ヨムナリ・シカリ・コレ・コヽ・シカク・ソノ・ソコ 〔字鏡集〕爾 ナムヂ・チカシ・シカウシテ・オノヅカラ・コヒタスク・コトハ・シカモ・ナムタチ・シカリ・ソノ

声系 〔説文〕に爾声として薾・邇・璽など十字を収める。爾に繁縟の美麗の意がある。邇は金文に「遠𤞷」のように𤞷を用い、邇はその形声字にあたる。

語系 爾njiai は而・耳njiə、女・如njia、然njian と声が近く、代名詞・副詞・助詞として通用することが多い。

【爾馨】じけい かくのごとき。〔世説新語、文学〕殷中軍（浩）嘗て劉尹の所に至りて清言す。良や久しうして殷の理小しく屈し、遊辭して已まず。劉亦た復た答せず。殷去りて後乃ち云ふ、田舍兒、強ひて人に學びて、爾馨の語を作すと。

【爾後】じご その後。〔南史、江淹伝〕嘗て冶亭に宿す。一丈夫の自ら郭璞と稱するものを夢む。淹に謂ひて曰く、吾に筆有り、卿の處に在ること多年なり。以て還さるべしと。淹乃ち懷中を探りて五色の筆一を得て、以て之れに授く。爾後詩を爲るに、絶えて美句無し。

【爾爾】じじ 応答の語。そうだそうだ。〔玉台新詠、焦仲卿の妻の為に作る〕詩 媒人、牀を下り去り 諾諾復た爾爾 部（府）に還りて府君に白す 下官、使命を奉じ 言談大いに縁有りと

【爾汝】じじょ おまえ。人を軽んじていう。また、人を親しんでいう。唐・杜甫〔酔時の歌〕詩 形を忘れては爾汝といふに到る 痛飲、眞に吾が師なり

↑爾日 その日／爾夕 その夜／爾曹 汝ら／爾等 汝ら／爾余 その他／爾来 その後

↓云爾・果爾・塊爾・豁爾・莞爾・睆爾・敢爾・皎爾・鏗爾・嗟爾・蕞爾・颯爾・粛爾・蠢爾・卒爾・率爾・頽爾・卓爾・徒爾・頓爾・飄爾・眇爾・蔑爾・邈爾・勃爾・悠爾・聊爾・麗爾

常【磁】14 1863 〔磁〕15 1863 ジ じしゃく いしやき

形声 声符は茲。〔玉篇〕に鉄に似た石とし、磁石をいう。茲に黒きものの意があり、黒ずんだ鉄のような色の石をいう。のち磁器の意に用いるが、その字は瓷に作るべく、陶器の堅密な質のものをいう。

訓義 1じしゃく。2いしやき、じき。字はまた瓷に作る。

【磁器】じき いしやき。瓷器。〔五雑組、物部四〕今俗語に窰器、之れを磁器と謂ふ者は、蓋し河南磁州の窰最も多し。故に相ひ沿りて之れに名づく。

【磁石】じしゃく じしゃく。南朝宋・鮑照〔蕪城の賦〕（門に）磁石を製りて以て衝（武器）を禦ぎ、赬壤を糊りて以て文を飛ばす（飾りとする）。

【磁鋒】じほう 磁器のかけら。〔閲微草堂筆記、一〕莆田の林教諭霈は、～涿州の南に至り、～破屋の墻外に、磁鋒もて一詩を劃せるを見る。

↑磁気 磁石の作用／磁極 両極／磁君 磁石／磁婚 結婚二十年／磁針 磁石の針／磁鍼 磁針／磁性 磁気／磁青 染めつけ／磁枕 陶枕／磁鉄 磁石／磁鉢 磁盌／磁盤 磁大盤／磁盌 磁椀／磁碗 石やきのわん

↓青磁・制磁・白磁

【辤】15 2044 ［辝］12 2064 ジ ことわる ことば

篆文

籀文

会意 受＋辛。〔説文〕十四下に「受けざるなり。辛に從ひ、受に從ふ。辛を受くるときは、宜しく之れを辤すべし」とあり、辛を辛器にして刑、辤はそれを辞する意とするのであろうが、刑は辞しうるものではない。〔説文〕にあげる辤の字形は金文にみえず、また籀文の辝は〔叔夷鎛〕に「女、辝が命を敬共（恭）せよ」「余、女に命じて辝が釐邑を嗣めしむ」とあって、台の所有格にあたる語である。また〔綸鎛〕に「是こを辝って事ふべし」とあって、以とも通用する。辭（辞）系統の字とは、声義が同じでない。思うに辤は辭の壊文で、𤔔が受の形に誤られたものとみるべく、その声義は辭と同じ。もと紛疑を釈いて神に弁明する意で、それより辞謝・辞去などの意となる。〔段注〕に辝を「和悦して以て之れを卻く。故に台（怡）に従ふ」とするが、辝の声義は金文によって考えるべきである。

訓義 1辝は金文にみえ、わが、もっての意に用い、台と同じ用法である。2ことわる。3辞と通じ、ことわる、ことば。

参考 〔左伝、哀六年〕「五たび辭して而る後に許す」の〔釈文〕に、辭をまた辤に作るものがあるという。〔説文〕が辝を辤の籀文として録したは誤りで、その字は金文に台の声義を以て用いる字である。

常【餌】15 8174 ［餌］14 ジ こなもち だんご えさ

篆文
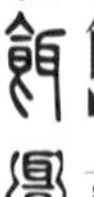

形声 〔説文〕三下に正字を鬻に従う形に作り、「粉餅なり」とし、餌をその或る体とする。ともに耳声。〔周礼、天官、籩人〕「糗餌」の注に「合蒸を餌と曰ふ。之れを餅にするを餈と曰ふ」とあって、粉食のものをまるめて蒸したものをいう。

訓義 1こなもち、だんご。2こながき。3たべる、このむ。4たべもの、えさ、えじき、えをあたえる、えでつる。

古訓 〔新撰字鏡〕餌 万加利餅（まがりもち）〔和名抄〕餌 恵（ゑ）〔名義抄〕餌 ヤシナフ・クラフ・ヨシ 〔字鏡集〕餌 ヨシ・ナム・ヱ・クラフ・モチヒ・ヤシナフ・クフ

【餌口】じこう たべる。〔戦国策、秦三〕伍子胥、橐載して昭關を出で、夜行き晝伏し、蔆水に至り、以て其の口に餌する無し。坐行蒲服して食を吳市に乞ひ、卒に吳國を興し、闔廬を霸と爲す。

【餌釣】じちょう（てう） えさで釣る。〔後漢書、方術下、左慈伝〕少くして神道有り。嘗て～曹操の坐に在り、操～曰く、今日高會、珍羞略ぼ備はる。少く所は松江の鱸魚のみと。放（慈の字、元放）下坐に應じて曰く、此れ得べきなりと。因りて銅盤を求めて水を貯へ、竹竿を以て盤中に餌釣し、須臾にして一鱸魚を引き出す。操大いに掌を拊ちて笑ふ。

【餌敵】じてき 敵をおびきよせる。〔三国志、魏、武帝紀〕（建安五年二月）諸將以爲へらく、敵騎多し。還りて營を保つに如かずと。荀攸曰く、此れ敵に餌する所以なり。如何ぞ之れを去らんと。

【餌兵】じへい おとりの兵。〔孫子、軍争〕佯り北ぐるには從ふこと勿れ。鋭卒は攻むること勿れ。餌兵は食らふこと勿れ。歸師は遏むること勿れ。

↑餌啗 餌で誘う／餌亨 煮て食う

↓甘餌・銜餌・棄餌・餽餌・糗餌・供餌・好餌・香餌・鉤餌・餃餌・笥餌・受餌・授餌・食餌・垂餌・貪餌・釣餌・珍餌・投餌・美餌・服餌・餅餌・蜜餌・薬餌・誘餌・禄餌・惑餌

【膩】 16 7324 ジ(ヂ) あぶら なめらか

篆文  金文 

形声 声符は貳(弍)じ。〔説文〕四下に「上肥なり」とあり、皮膚の下の脂肪、いわゆる凝脂である。

訓義 ①あぶら。②あぶらづく、あぶらぎる。③なめらか。④あぶらあか。

古訓 〔名義抄〕膩 アブラコシ・ナメル・ニギラカナリ・コエタリ・ナダラカナリ・キタナシ 〔字鏡集〕膩 ナメル・ナメラカ・ナダラカナリ・アカ・カケル・コマヤカ・アブラコシ・ツネスリ・ニギラカナリ・アブラツケリ・キタナシ

【膩理】じ(ぢ)り 皮膚のきめがこまかい。〔唐書、文芸上、駱賓王伝〕(張)説曰く、韓休の文は大羹たいかう玄酒の如し。典則有るも、滋味薄し。許景先は豊肌ほうき膩理の如し。穠華ぢようくわ(ゆたかで美しい)愛すべしと雖も、風骨に乏し。

↑膩玉じぎよく 玉のようにうるおいがある/膩光じこう 水面の油光/膩垢じこう 汚垢/膩紅じこう 紅く滑らか/膩脂じし 脂/膩染じせん 脂じむ/膩沢じたく つや/膩粉じふん 脂粉/膩友じゆう 親友/膩流じりゆう 脂汗

↓瑩膩・堅膩・垢膩・香膩・細膩・脂膩・柔膩・潤膩・穠膩・雪膩・羶膩・漲膩・軟膩・肥膩・粉膩・肪膩

【邇】 18 3130 〔迩〕 9 3830 ジ ちかい ちかづく

篆文  古文 

形声 声符は爾じ。〔説文〕二下に「近きなり」という。〔書、舜典〕「遠きを柔らげ邇ちかきを能さむ」を、金文の〔大克鼎だいこくてい〕に「遠きを饗やはらげ𢌳ちかきを能む」のようにいい、𢌳が邇のもとの字、邇はのちの形声字である。𢌳は土主の上に木を植え、犬牲を供えて祀る形で、ときには女が跪ひざまずいて拝する形を加えている例もあり、産土神うぶすながみのような観念を示す字であろう。その本貫の地を示し、ゆえに邇近の意となったものと思われる。

訓義 ①字は、もと𢌳に作り、産土神の社、生まれた地。②ちかい、ちかく、ちかづく。

古訓 〔名義抄〕邇 チカシ・マタ・ユヅル・ハカル 〔篇立〕邇 チカシ・ウツル・ミジカシ・トキニ・セム・ス、ム・マタ・ユヅル・トキ・マハルカ

【邇言】じげん 卑近な語。〔中庸、六〕子曰く、舜は其れ大知なる與か。舜は問ふことを好み、好んで邇言を察す。惡を隱して善を揚げ、其の兩端を執りて、其の中を民に用ふ。其れ斯これを以て舜と爲すかと。

【邇臣】じしん 近臣。〔礼記、緇衣〕大臣治めざるときは、邇臣比(周)す。故に大臣は敬せざるべからざるなり。是れ民の表なり。邇臣は愼しまざるべからざるなり。是れ民の道なり。

↑邇遐じか 遠近/邇陜じきよう 狭い/邇後じご その後/邇歳じさい 近年/邇日じじつ 近日/邇身じしん 卑近の身/邇人じじん 親近の人/邇続じぞく 接近する/邇来じらい 近来/邇僚じりよう 近臣

↓遠邇・遐邇・室邇・修邇・柔邇・率邇・登邇・密邇・路邇

常 【璽】 19 1010 〔璽〕 17 1010 ジ しるし おしで

篆文  籀文  古印璽 

形声 声符は爾じ。〔説文〕十三下に土に従う字とし、「王者の印なり。以て土を主つかさどる」(段注本)とし、璽を籀文とする。古く銅印の類は鉩に作り、鋳印であった。

訓義 ①天子の印、玉璽、しるし、おしで。②諸侯・大夫などの官印。③封印の印。

古訓 〔名義抄〕璽 オシテ 〔字鏡集〕璽 オシテ・シルシ

【璽綬】じじゆ 天子の印と、その組紐くみひも。〔漢書、宣帝紀〕元平元年四月、昭帝崩じて、嗣毋なし。大將軍霍光、皇后に請ひて昌邑王を徵す。六月丙寅、王、皇帝の璽綬を受く。皇后を尊んで皇太后と曰ふ。

【璽書】じしよ 玉璽を押した勅書。〔史記、李斯伝〕趙高、因りて扶蘇に賜ふ所の璽書を留め、公子胡亥に謂ひて曰く、～方今天下の權、存亡は子と高及び丞相に在るのみ。願はくは子、之れを圖れ～と。

【璽節】じせつ 宝物などを出し入れするときの印章。〔周礼、地官、掌節〕門關には符節を用ひ、貨賄には璽節を用ひ、道路には旌節を用ふ。

【璽符】じふ 天子の印と割符。〔史記、孝文紀〕丞相(陳)平等皆曰く、～願はくは大王、幸ひに臣等に聽け。臣、謹んで天子の璽符を奉じ、再拜して上たてまつると。

↑璽冊じさつ 符命/璽詔じしよう 詔書/璽紱じふつ 璽綬/璽封じほう 玉璽で封する

↓印璽・御璽・玉璽・剣璽・国璽・冊璽・紫璽・賜璽・受璽・神璽・制璽・台璽・帝璽・佩璽・発璽・符璽・封璽・奉璽

【鷀】 21 8772 ジ う かわう

篆文 

形声 声符は茲じ。茲に黒の意がある。〔説文〕四上に「鸕鷀ろじなり」とあり、川鵜かわうをいう。色深黒にして鉤啄こうたく、四川では古くからこの鳥を使って鵜飼が行われた。わが国では海鵜を使う。

訓義 ①う、かわう。②鸕鷀、かわう。

古訓 〔和名抄〕鸕鷀 辨色立成に云ふ、大なるを鸕鷀と曰ひ、小なるを鵜鶘ていこと曰ふ。日本紀私記に云ふ、鸕鷀、志廝都止利(しまつどり)

↓鸕鷀

シキ

常 【式】 6 4310 シキ ショク もちいる のっとる

篆文 

会意 弋よく＋工。工は呪具。巫祝が左手にもつもので、左・尋(尋)・隱(隠)・塞・穽などの字に含まれ、神聖を守り、悪邪を祓うのに用いる。〔説文〕五上に「法なり」とし、弋声とする。拭・試・弑はその声義を承ける字で、すべて呪的な行為を意味する。〔書、仲虺之誥〕「商を式もつて、命を受く」、〔左伝、成二年〕「王命を式ひず」のように、一定の規範に従って行為することを「式ちよう」という。それでまた〔詩、大雅、烝民〕「古訓に是れ式のっとる」、〔詩、大雅、崧高〕「南國に是れ式らしむ」のように用いて法式・規範の意となる。

訓義 ①はらう、はらいきよめる。②もちいる、きよめもちいる。③のっとる、規範とする、のり、てほん。④手本として示す、あらわす。⑤軾しょくと通じ、車前の横木。これに手をのせ、身を伏せて敬礼する。車上の敬礼、敬礼する、敬う。⑥発語・接続の助詞、ああ、もって、ここに。⑦試と通用し、もちいる。拭と通用し、ぬぐう。慝とくと通用し、たがう、わるい。

古訓 〔名義抄〕式 シキ・モチ・モツ・シナ・マコト・ヨソホヒ・ホト・ノリ

声系 〔説文〕に式声として試・弑・軾など四字を収める。試・弑は式を用いる呪儀、軾はその形を承ける字であろう。

語系 式・飾(飾)sjiək は同声。飾は食事のときに用いる佩巾で、払拭に用いるもの。試・弑 sjiək も同声。呪具の式を以て祈り、人を死に至らせることを弑という。殺(殺)は呪霊をもつ獣を殺し、これによって祟たたりを減殺げんさいする法であり、弑もまたそのような牲獣と、呪具とを併せ用いる法をいう。

【式車】車の軾によって礼する。〔漢書、周亜父伝〕天子乃ち轡を按へて徐行し、中營に至る。將軍亞夫、揖して曰く、介冑の士は拜せず。請ふ、軍禮を以て見えんと。天子爲に動き、容を改め車に式す。
【式典】典則にのっとる。また、儀式典礼。儀式。〔詩、周頌、我将〕儀式して文王の典に刑り 日に四方を靖んず
【式微】衰える。〔詩、邶風、式微〕式に微なり式に微なり 胡ぞ歸らざる（この詩は国勢の衰微をなげく詩とされるが、もと落魄を嘆く民謡）
【式法】旧来の法式。〔周礼、天官、宰夫〕式灋（法）を以て、祭祀の戒具と、其の薦羞（お供え）とを掌る。大宰に從つて、滌濯を眡る。
【式閭】賢人の住む里門に軾する礼をして通る。〔書、武成〕箕子の囚を釋し、比干の墓を封じ、商容の閭に式す。～垂拱して天下治まる。
↑式遏 とどめる／式宴 安らぐ／式廓 規模が大きい／式煥 明らか／式教 さとす／式刑 手本／式仰 慕う／式事 作法／式序 次第する／式政 法治／式瞻 仰ぐ／式則 規範／式範 手本／式盤 羅針盤／式望 慕う／式様 かた／式礼 礼法
↓遺式・会式・楷式・格式・儀式・旧式・挙式・矜式・矩式・形式・古式・公式・恒式・作式・準式・遵式・書式・承式・条式・常式・新式・図式・正式・祖式・葬式・体式・定式・程式・範式・憑式・品式・撫式・覆式・方式・法式・要式・様式・略式・令式・礼式・例式

常【識】19 【識】19 0365 シキ ショク シ しるす しる かんがえ

篆文 金文

形声 声符は戠。戠は戈に呪飾を加えた形で、標識とする意がある。〔説文〕三上に「常なり」、また「一に曰く、知るなり」という。常は太常、織文のある旗の意で、いわゆる旗幟。戠は〔説文〕に説解を欠く字であるが、戈に赤い呪飾を加えるので、熾・織（織）なども戠に従う字である。標識の意から、知る、知識などの意となる。

訓義 ①しるし、しるしとする、しるす。②しる、わかる、さとる、おぼえる、みとめる。③かんがえ、知識、見識、ものしり。④しりあう、しりあい。⑤幟と通じ、はたじるし。⑥銅器などの銘文、款識。識は陽文。⑦字はまた志・誌に作る。

古訓 〔名義抄〕識 サトル・シル・アツム・コヽロ・タマシヒ・モノシル

語系 識・織 tjiək は同声。熾 thjiək も声近く、戠は戈に赤い呪飾を加えた形。みな著明にする意がある。志・誌 tjiə も声近く、記識の意で通用する。

【識遠】見識がすぐれている。漢・王逸〔楚辞章句序〕智彌いよ盛なる者は、其の言博く、才益ます劭かなる者は、其の識遠し。屈原の詞は、誠に博遠なり。

【識会】ものの良否を見わける。梁・任昉〔王文憲（倹）集の序〕昔、毛玠（魏の人）の公清、李重（晋の人）の識會あり。之れを兼ぬる者は公なり。

【識鑒】ものの良否を見わける。〔晋書、桓彝伝〕性通朗にして、早に盛名を獲たり。人倫の識鑒有り、才を拔き士を取る。

【識遇】認められて、待遇を受ける。〔三国志、蜀、彭羕伝〕先主亦た以て奇と爲し、數しば羕をして軍事を宣傳し、諸將に指授せしむるに、使を奉ずること意に稱ひ、識遇日に加ふ。

【識見】ことの是非を見わける能力。見識。〔世説新語、棲逸〕郗尚書（恢）、謝居士（敷、字は慶緒）と善し。常に稱ふ、謝慶緒は識見人に絶えずと雖も、以て心を累はすべきの處は、都べて盡きたりと。

【識察】察知する。〔文選、古詩十九首、十七〕書を懷袖の中に置く 三歲、字滅せず 一心、區區を抱くも 君の識察せざらんことを懼る
【識者】識見のある人。具眼者。〔漢書、師丹伝〕（唐林の上疏）京師の識者、咸な以爲へらく、宜しく丹の邑爵を復すべしと。

【識神】たましい。霊魂。〔魏書、釈老志〕生生の類は皆行業に因りて起る。過去・當今・未來有り。三世を歷へて識神常に滅せず。凡そ善惡を爲せば必ず報應有り。

【識達】見識があり、事理に通達していること。晋・潘岳〔楊荊州（肇）の誄〕仰いで先考（父）執友の心を追ひ、俯して知己識達の深きに感ず。

【識知】しる。前からしる。〔後漢書、光武帝紀下〕秋九月、南のかた巡狩し、～南頓の田租、歲を復す（免ずる）。父老前みて叩頭して言ふ。皇考（帝の父）此に居ますこと日久しく、陛下も寺舍（役所）を識知したまふ。～願はくは復を賜ふこと十年ならんことをと。

【識丁】丁の字をしる。一丁は一个。〔旧唐書、張弘靖伝〕今天下無事なり。汝が輩、兩石力の弓を挽き得るは、一丁字を識るに如かず。

【識度】識見と度量。〔南史、陸玠伝〕弘雅にして識度有り。學を好み、能く文を屬る。

【識認】旧所有物として所有権を主張する。〔三国志、呉、鍾離牧伝〕永興に爰居（転居）し、躬ら自ら墾田す。～熟するに臨み、縣民に之れを識認するもの有り。牧曰く、本と田の荒れたるを以ての故に、之れを墾やすのみと。遂に稻を以て縣人に與ふ。

【識文】古銅器などの銘。陽文（凸文）をいう。〔史記、封禅書〕汾陰の巫錦～掊視（手掘り）して鼎を得たり。鼎の大いさ、衆鼎に異なり。文鏤（文様）あるも款識無し。～天子～、驗問するに姦詐無し。

【識慮】前もって慮る。〔管子、宙合〕是を以て、先規すべからざるの必有り。識慮すべからざるの然有り。～故に聖人は博聞多見、道を畜へて以て物を待つ。物至りて形に對し、曲均存す。

【識量】識見と度量。〔晋書、裴楷伝〕楷、明悟にして識量有り。弱冠にして名を知らる。尤も老・易に精しく、少くして王戎と名を齊しうす。

↑識域 意識の範囲／識閾 識域／識記 覚える／識局 人物度量／識近 見識がひくい／識具 見識／識詣 見識／識芸 見識才芸／識検 鑒識／識悟 さとる／識語 奥書／識才 知識才能／識字 字を知る／識悉 知りつくす／識熟 熟知する／識性 鑑別力／識想 想い／識測 測り知る／識断 明断に判断する／識治 治を識る／識破 看破する／識抜 見出して抜擢する／識別 見わける／識命 知命／識面 面識／識略 智略／識力 識別する力
↓意識・淵識・淹識・遠識・寡識・学識・款識・鑑識・含識・眼識・紀識・記識・旧識・強識・謹識・愚識・見識・才識・志識・小識・常識・心識・深識・図識・性識・誠識・絶識・先識・浅識・相識・多識・卓識・達識・知識・智識・通識・認識・博識・抜識・表識・標識・弁識・妙識・明識・面識・黙識・有識・良識・陋識

ジク

【忸】7 9701 〔恧〕10 1033 ジク（ヂク） はじる なれる

篆文

形声 正字は恧に作り、而声。忸は通用の字で丑声。〔説文〕十下に「恧は慙づるなり」とみえる。

訓義 ①はじる、うれえる。②狃と通じ、なれる、ならす。
古訓 〔名義抄〕忸 ハヅ・イタム・ウレフ
語系 忸 niuk、怩 nyei は声近く、ともにはじる意がある。慉 niək もその系列の語。〔広雅、釈詁一〕に「慉は慙づるなり」とあり、〔方言、二〕に梁・宋の語であるという。
【忸怩】はじる。〔孟子、万章上〕象（舜の弟）往きて舜の宮に入る。舜、牀に在りて琴ひく。象曰く、鬱陶として君を思ふのみと。忸怩たり。
↑忸行 慣行／忸恨 恥じ恨む／忸怵 なれる

人 【竺】 8 8810 ジク（ヂク） チク トク あつい
篆文 
会意 竹＋二。〔説文〕十三下に「厚きなり。二に従ひ、竹聲」とするが、字の初形が明らかでない。〔爾雅、釈詁〕の〔釈文〕に竺をまた篤に作り、〔書、微子之命〕の「篤く忘れず」の〔釈文〕に「本又竺に作る」とあって、篤の或る体であるらしい。〔楚辞、天問〕に「稷（后稷）は維れ元子なるに　帝何ぞ之れを竺（毒）とする」とあり、毒の意に用いる。のち天竺（インド）の字に用いる。
訓義 ①篤と同じ、あつい、てあつい。②天竺、インド。③竹と通じ、たけ。
古訓 〔名義抄〕竺 アツシ
語系 竺・篤 tuk は同声、もと同字であろう。〔楚辞、天問〕では毒 duk と通用し、燠 iuk と押韻している。竺・篤を別の字とする説もあるが、〔汗簡〕に竺を〔古文論語〕に篤の義に用いるという。
【竺学】仏教の学。宋・朱熹〔景仁老兄の贈別の句に奉答す〕詩　迷心昧性、竺學を哂ひ　貪生惜死、方仙を悲しむ
↑竺域 インド／竺寒 厳寒／竺経 仏典／竺乾 仏／竺国 インド／竺摯 篤実／竺典 仏典／竺土 天竺／竺文 経文／竺法 仏法
↓天竺

【衄】 10 2711 ［衂］ 10 2713 ジク（ヂク） はなぢ くじける
篆文 
形声 声符は丑。丑は指の爪を立てて、強くものをつかむ形。衄はその声義を承ける字である。〔説文〕五上に「鼻より血を出だすなり」とあり、鼻を強く撲って血を出す意。人を挫くことを折衄、敗北することを敗衄のようにいう。
訓義 ①はなぢ、はなぢを出す。②くじく、くじける、やぶれる。
古訓 〔和名抄〕衄 波奈知（はなぢ）〔名義抄〕衄 ハナヂ・ケガス・トラカス
語系 衄 njiôk、紐 njio は声近く、紐は指で強く糸を引き結ぶ意。衄は指先で強く鼻を撚ねるなどして血を出すのであろう。人の牲血をとるとき、鼻を撲って血をとった。衂は形を誤り解した後起の字である。
↑衄痍 傷つく／衄血 鼻血／衄挫 挫折／衄折 失敗／衄然 恥じる
↓窮衄・挫衄・摧衄・祝衄・心衄・折衄・准衄・敗衄・鼻衄・奔衄

【舳】 11 2546 ジク（ヂク） とも かじ
篆文 
形声 声符は由。由に宙・軸の声がある。〔説文〕八下に「艫なり」、また艫字条に「一に曰く、船の頭なり」とへさきの意とする。また舳にも「一に曰く、舟の尾なり」とあり、〔小爾雅〕に舳を首、艫を尾とする。舳艫で一艇身、また船の一丈平方を舳という。
訓義 ①とも。また、へさき。②かじ。③舟の方丈の大きさをいう単位。
古訓 〔新撰字鏡〕舳 止毛（とも）〔和名抄〕舳 楊氏漢語抄に云ふ、舟頭、水を制する處、和名、閉（へ）〔名義抄〕舳 へ・トモ
【舳艫】舟のへさきと、とも。宋・蘇軾〔赤壁の賦〕其の荊州を破り、江陵を下り、流れに順ひて東するに方りては、舳艫千里、旌旗空を蔽ふ。
↓玉舳・連舳・艫舳

常 【軸】 12 5506 ジク（ヂク） まきもの かけもの
篆文 
形声 声符は由。由に舳の声がある。〔説文〕十四上に「輪を持するものなり」とあり、車軸をいう。由は卣の転化した字形と考えられ、果実の油化して外殻を存するもの。中空のところが、軸として回転するものと同形であるので、軸は由に従う。音は由の転音であろう。
訓義 ①じく、よこがみ、車の轂を貫く軸、経糸をまく織具。柩をはこぶ台下のころがしなどをもいう。みな回転軸の作用をするもの。②まきもの、かけ軸の軸、かけもの、しんぎ。③回転するものの中心にあるもの、かなめ。
古訓 〔新撰字鏡〕軸 与己加弥（よこがみ）〔和名抄〕軸 與古賀美（よこがみ）〔名義抄〕軸 ヨコガミ・メグラス 〔字鏡集〕軸 コシキ・ヨコガミ・メグラス
↑軸子 巻物の軸／軸車 車／軸頭 舳頭／軸簾 すだれを巻く／軸艫 舳艫
↓運軸・盈軸・轅軸・花軸・牙軸・機軸・棘軸・玉軸・鈎軸・経軸・巻軸・権軸・衡軸・轂軸・坤軸・紙軸・車軸・主軸・抒軸・枢軸・成軸・折軸・装軸・脱軸・地軸・中軸・転軸・鈿軸・方軸・瑶軸・連軸

シチ

常 【七】 2 4071 シチ ななつ なな
篆文 
甲骨文 
金文 
簡書 
仮借 もと、切断した骨の形。切は骨を刀で切る形。これを数の七に用いるのは、その音を仮借したものである。〔説文〕十四下に「陽の正なり。一に従ふ。微陰、中より衺めに出づるなり」と陰陽の象によって字形を解するが、卜文・金文の字形は十の縦画を短くした形。膝などの骨節の部分の形象と思われる。七は聖数とされ、〔文選〕に収める七の類、〔七発〕〔七啓〕などは、一種の呪誦文学であろうと思われる。
訓義 ①ななつ、なな、ななたび。②文体の名。
古訓 〔名義抄〕七 ナ、トコロ
部首 〔説文〕〔玉篇〕ともに部属の字をあげないが、切は切骨の象。七刀の会意とみるべき字である。
声系 〔説文〕に七声として叱・切の二字を収める。叱は呵叱の声で擬声語。切は会意の字。
語系 七 tsiet、切 tsyet は声近く、名詞・動詞の関係であろう。桼・㓼 tsiet も切と声が近い。木に傷つけて髼うるの水滴をとることをいう。その節くれだったところを節（節）tzyet という。厀（膝）siet はこれを人体に施していう。みな一系の語である。桼・漆・柒を、字の改竄を避けるために、数字の七に代用することがある。
【七音】音階をなす七種の楽音。宮・商・角・徵・羽・変宮・変徵。〔左伝、昭二十年〕聲も亦た味の如し。一氣二體三類四物五聲六律七音八風九歌、以て相ひ成す。清濁大小、短長疾徐、～以て相ひ濟す。
【七去】妻を離縁するときの、七つの条件。〔大戴礼、本命〕婦に七去有り。父母に順はざるは去る。子無きは去る。淫は去る。妬は去る。惡疾有るは去る。多言は去る。竊盜は去る。
【七竅】人の顔にある七つの穴。目・耳・鼻のそれぞれ

二つと、口をいう。〔荘子、応帝王〕儵と忽と、渾沌の徳に報いんことを謀りて曰く、人皆七竅有りて、以て視聴食息す。此れ獨り有ること无し。嘗試みに之れに鑿たんと。日に一竅を鑿ち、七日にして渾沌死せり。

【七絃】しちげん 七絃の琴。魏・嵆康〔酒会詩、七首、七〕酒中に幽人を念ふ 故を守りて終始を彌ふ 但だ當に七絃を體すべし 寄心、知己に在り

【七祀】しちし 七種の祭祀。〔礼記、祭法〕王、群姓の爲に七祀を立つ。曰く司命、曰く中霤、曰く國門、曰く國行、曰く泰厲、曰く戶、曰く竈。

【七七】しちしち 四十九日。七日ごとの供養。〔北史、胡国珍伝〕國珍~雅より佛法を敬ひ、時事潔齋し、自ら禮拜す。~(太后)又詔し、始め薨ぜしより七七日に至るまで、皆爲に千僧齋を設けしむ。

【七縦】しちしょう 七たびゆるす。〔三国志、蜀、諸葛亮伝注に引く漢晋春秋〕亮笑ひて(孟獲を)縦ち、更め戰はしむ。七縦七禽す。~曰く、公は天威なりと。南人復た反せざらんと。遂に~南中平らぐ。

【七情】しちじょう 人の七種の感情。〔礼記、礼運〕何をか人情と謂ふ。喜・怒・哀・懼・愛・惡・欲、七つの者は學ばずして能くす。

【七夕】しちせき たなばた。乞巧奠。〔荊楚歳時記〕七月七日、牽牛・織女、聚會の夜と爲す。是の夕、人家の婦女、綵縷を結び、七孔の針を穿ち、~几筵・酒脯・瓜果を庭中に陳ね、以て巧を乞ふ。喜子(くも)瓜上に網すること有らば、則ち以て符應と爲す。

【七絶】しちぜつ 七言絶句。〔陔余叢考、二十三、絶句〕楊伯謙云ふ、五言絶句は、唐初に六朝の子夜の體を變ぜしなり。七言絶句は初唐尚ほ少なく、中唐に漸く甚し。然れども梁簡文の、夜、單雁を望むの一首は、已に是れ七絶なりと。

【七歩】しちほ 七歩のうちに詩を作るを七歩の才という。〔世説新語、文学〕文帝(曹丕)嘗て東阿王(曹植)をして七歩の中に詩を作らしむ。~便ち詩を爲りて曰く~本と同根より生ずるに、相ひ煎ること何ぞ太だ急なると。帝深く慙づる色有り。

【七略】しちりゃく 図書の分類法。輯・六芸・諸子・詩賦・兵書・術数・方技。〔漢書、芸文志〕成帝の時に至り、書頗ぶる散亡せるを以て、~遺書を天下に求めしめ、~(劉)向輒ち其の篇目を條す。~歆父の業を終へ、~其の七略を奏す。

→七哀 七の体の作品/七悪 七つの不善行/七緯 七種の緯書/七学 唐代国子監下の学/七患 国の災となる七つの患/七諫 七の体の作品/七起 食事中に七度起つ/七逆 父母殺し等の悪/七宮 宮声の七調/七九 冬至より六十三日/七曲 七曲りの道/七虞 諸侯の殯/七計 彼我勝敗の比較/七啓 七の体の作品/七激 七の体の作品/七献 七たび献酒する/七賢 竹林の七賢等/七言 七古・七絶・七律・七排の詩体/七子 建安の七子等/七宿 四方二十八宿/七書 七種の兵書/七商 商声の七調/七襄 星が日に七度移る/七政 日月五星を司る政治/七尺 おとなの身長/七大 地・水・火・風・空・識・根の、万物を形成する要素/七秩 十歳を一秩とし、七十歳/七徳 武の七徳など/七発 七の体の作品/七微 七の体の作品/七兵 七種の兵器/七弁 七の体の作品/七命 諸侯に封ずる命/七雄 戦国の七雄等/七踊 王の殯中に七度哭踊する/七旒 貴人の冠の垂れ飾り/七牢 立派なご馳走/七録 七略による分類書目

シツ

常 **【叱】** 5 6401 シツ しかる

篆文 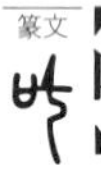

形声 声符は七。〔説文〕二上に「訶するなり」とあり、叱りつけることをいう。叱咤はいずれもその声気をうつす擬声語。制止し、また舌うちして罵る声をいう。

訓義 ①しかる、しかりつける、その声。②ののしる、せめる。③舌うちする音。

古訓 〔名義抄〕叱 イサム・イサフ・クヒ・ハゲム・サケブ・サイナム 〔字鏡集〕叱 イサフ・サケブ・クヒハケム・アナツル・トヽノフ・ヒシクヘ・サイナム

【叱呼】しっこ しかりよぶ。〔戦国策、秦三〕夏育・太史啓は叱呼して三軍を駭かす。然れども身は庸夫に死せり。此れ皆至盛に乗じて、道理に及ばざればなり。

【叱叱】しっしつ 舌うちしてしかる。また、獣などを逐う声。宋・陸游〔岳池の農家〕詩 春深うして、農家耕すこと未だ足らず 原頭に叱叱す、兩黃犢

【叱咤】しった はげしくしかる。〔聊斎志異、姉妹易嫁〕或ひと其の側を經たるに、墓中に叱咤の聲あるを聞く。曰く、若等速やかに避け去れ。久しく貴人の宅を溷すこと勿かれと。

→叱呵 しかる/叱怪 責める/叱嚇 おどす/叱喝 しかる/叱気 怒気/叱吸 呼吸/叱狗 犬をしかる/叱嗟 叱斥/叱辱 辱める/叱正 詩文などの添削を乞う/叱斥 しかり斥ける/叱責 しかる/叱吒 叱咤/叱犢 牛を逐う/叱咄 しかる/叱罵 罵る/叱詈 罵る

←呵叱・訶叱・遽叱・駆叱・呼叱・虎叱・詬叱・徐叱・譙叱・咤叱・大叱・嘲叱・廷叱・怒叱・咄叱・諷叱・憤叱

常 **【失】** 5 2503 シツ うしなう あやまる

篆文  詛楚文 

象形 手をあげて舞い、恍惚の状態にあることを示す。祝禱してエクスタシーの状態となること。〔説文〕十二上に「縱つなり」とし、字を手に従い、乙声とするが、乙に従う字ではない。似た字形に夭があり、身を傾けて舞う形。また夨は頭を傾けて舞う形。失は自失の意、すべて亡失のことをいう。

訓義 ①うしなう、気を失う、忘我・自失の状態となる。②ものをうしなう、わすれる、にがす。③あやまつ、あやまる、みだれる。④たがう、くるう、ほしいままにする。⑤佚と通じ、たのしむ。⑥逸と通じ、のがれる。

古訓 〔和名抄〕失 師説に、失聲なり、比古惠(ひこゑ、乾声)。嘶咽なり、古路々久(ころろく)/失意 日本紀私記に云ふ、古々路万都比(こころまどひ)〔名義抄〕失 ウス・ウシナフ・イタス・アヤマツ 〔字鏡集〕失 ウス・トガ・イタル・スツ・ワスル・イタス・ウシナフ・アヤマツ

声系 〔説文〕に失声として迭(迭)・跌・詄・秩・佚・紩など十九字を収める。迭・跌・佚など、失の声義を承けるものが多い。

語系 失 siet は佚・逸(逸) jiet と声義が近い。〔書、盤庚上〕の〔伝〕に「佚は失なり」、〔説文〕十上に「逸は失なり」とみえる。逸は脱兎の逸走する意で、失の亡失の義に近い。

【失意】しつい 思うにまかせぬ。不本意なこと。〔三国志、魏、呂布伝〕(董卓)行止常に布を以て自ら衞る。然れども卓の性、剛にして褊、~嘗て小しく意を失し、手戟を抜きて布に擲つ。布、拳捷して之れを避く。~陰かに卓を怨む。

【失火】しっか(くわ) あやまって火災を起こす。〔周礼、夏官、司爟〕行火の政令を掌る。~凡そ國(都)に火を失し、野に萊を焚くときは、則ち刑罰有り。

【失期】しっき 期におくれる。〔漢書、陳勝伝〕會天大いに

雨ふり、道通ぜず。度るに已に期を失へり。期を失へば法もて斬らる。(陳)勝・(呉)廣、乃ち謀りて曰く、～國に死して可ならんかと。

【失機】 機会をはずし失う。晉・陸機〔文の賦〕如し機を失して後に會し、恆に末を操りて以て顚に續っけば、玄黃の袟敍を謬り、故に淟涊して鮮やかならず。

【失脚】 ふみはずす。地位を失う。唐・白居易〔東南行一百韻～〕詩 身を翻して霄漢(大空)より落つ 失脚して泥塗に到る 博望にて門籍を移され 潯陽にて郡符に佐となる

【失業】 生活の道を失う。〔漢書、谷永伝〕比年稼を喪ひ、時(種殖の期)過ぎて宿麥無し。百姓、業を失ひて流散し、群輩、關を守る(伺う)。

【失計】 誤った謀。失策。〔韓非子、六反〕險に赴き誠に殉ずるは、死節の民なり。而るに世之れを少(つまらぬ)として曰く、失計の民なりと。

【失言】 ことばが失当であること。〔戦国策、魏四〕(信陵君)使者をして安陵君に謝せしめて曰く、無忌は小人なり。思慮に困しみ、言を君に失せり。敢て再拜して罪を釋せと。

【失策】 策を誤る。〔後漢書、胡広伝〕國に大政有るときは、必ず之れを前訓に議し、之れを故老に諮る。是を以て慮に失策無く、擧に過事無し。

【失志】 志を失う。思慮を欠く。〔左伝、成十六年〕其の行くこと速やかなれば、險を過りて整はず。速やかなれば則ち志を失ひ、整はざれば列を喪ふ。志失ひ列喪はば、將た何を以てか戰はん。楚、懼らくは用ふべからざらん。

【失実】 事実と相違する。〔後漢書、臧宮伝〕北狄尙ほ彊し。屯田警備するに、傳聞の事、恆に失實多し。～苟しくも其の時に非ざれば、人を息はしむるに如かず。

【失所】 生活の場を失う。〔三国志、魏、何夔伝〕喪亂より已來、民人所を失ふ。今小しく安んずと雖も、然れども服敎日淺し。～三年に及ぶ比民其の業に安んじ、然る后之れを齊しうするに法を以てせん。則ち至らざる所無からん。

【失色】 顔色をかえる。〔漢書、霍光伝〕光曰く、昌邑王(賀)、昏亂を行ふ。恐らくは社稷(国家)を危くせん。如何んと。群臣皆驚鄂して色を失ひ、敢て言を發する莫く、但だ唯唯するのみ。

【失職】 職事を失う。〔史記、燕召公世家〕召公鄕邑を巡行す。棠樹(甘棠の木)有り、其の下に決獄政事す。侯伯より庶人に至るまで、各〻其の所を得、職を失ふ者無し。

【失身】 命を失う。〔易、繫辞伝上〕君密ならざれば則ち臣を失ひ、臣密ならざれば則ち身を失ふ。

【失真】 真正を失う。〔後漢書、王充伝〕以爲へらく、俗儒文を守り、多く其の眞を失ふと。乃ち門を閉ざし思ひを潛め、慶弔の禮を絕ち、戶牖牆壁に各〻刀筆を置き、論衡八十五篇～を著はす。

【失政】 政治が正しくない。〔淮南子、時則訓〕正月政を失へば、七月に涼風至らず。二月に政を失へば、八月に雷、藏せず。

【失声】 嘆いて声が出ない。晉・潘岳〔寡婦の賦〕口鳴咽して以て聲を失ひ、涙橫迸して衣を霑す。

【失墜】 失敗する。〔後漢書、梁統伝〕(上疏)宣帝聰明正直にして海内を總御し、臣下憲を奉じ、失墜する所無し。先典に因循し、天下理まると稱す。

【失度】 平常の態度を失う。あわてふためく。〔戦国策、燕三〕荊軻、秦王を逐ふ。秦王柱を還りて走る。群臣驚愕し、卒かに不意に起り盡く其の度を失ふ。～乃ち手を以て共に之れを搏つ。

【失望】 期待がはずれる。〔史記、高祖紀〕項羽遂に西し、咸陽の秦の宮室を屠燒し、過ぐる所殘破せざる無し。秦人、大いに望みを失ふ。

【失明】 視力を失う。〔史記、太史公自序〕孔子、陳・蔡に戹せられて春秋を作り、屈原、放逐せられて離騷を著はし、左丘、明を失ひて厥れ國語有り、～韓非、秦に囚はれて、說難・孤憤あり。詩三百篇は、大抵賢聖發憤して爲作る所なり。

【失容】 おどろく。顔色をかえる。〔荘子、徐無鬼〕匠石、斤を運らして風を成し、聽いて之れを斲る。堊(鼻先に塗った土)を盡して鼻を傷つけず。郢の人立ちながらにして容を失はず。

【失礼】 礼儀にたがう。〔左伝、定十年〕(夾谷の会に)孔丘、(魯)公を以て退く。曰く、～神に於て不祥と爲し、德に於て義を愆つと爲し、人に於て失禮と爲す。君(斉侯)必ず然かせざらんと。

【失路】 道に迷う。また、失意の人。唐・王勃〔滕王閣の序〕關山越え難し、誰か失路の人を悲しまん。萍水相ひ逢ふ、盡く是れ他鄕の客。

➡失位 位を失う／失遺 遺失／失恩 忘恩／失過 過ち／失悔 後悔／失格 不合格／失陥 あやまちをする／失歓 仲違い／失気 気ぬけ／失喜 狂喜／失義 義を失う／失去 消失する／失御 御し誤る／失馭 失御／失暁 朝寝坊／失偶 夫婦が死別する／失刑 失当の刑／失敬 失礼／失蹶 つまずく／失怙 父が死ぬ／失伍 落伍する／失誤 誤り／失口 失言／失行 過失／失語 失言／失誤 気ぬけ／失錯 誤る／失産 失業／失次 次序を誤る／失事 失敗する／失恃 母が死ぬ／失時 逸機／失辞 失言／失手 手が狂う／失守 失節／失術 し損じ／失序 失次／失笑 ふき出す／失蹤 失踪／失心 失神／失信 信を失う／失神 気絶する／失寝 ねそびれ／失慎 失火／失人 のけ者／失飪 生けにえ／失正 失政／失勢 勢いを失う／失跡 失踪／失節 失守／失措 し損じ／失踪 行方不明／失俗 悪俗／失損 損なう／失体 体をなさぬ／失態 失体／失第 不合格／失脱 脱失／失地 領土を失う／失疇 仲間を失う／失箸 驚いて箸をおとす／失調 調子外れ／失聴 聞こえぬ／失寵 寵を失う／失隊 失墜／失図 失計／失当 不当／失道 失行／失得 得失／失徳 不徳／失念 忘れる／失黏 詩の平仄を誤る／失敗 しくじる／失魄 気ぬけする／失寐 寝そびれ／失匕 失箸／失費 費用を損する／失謬 誤り／失物 遺失物／失眠 失寐／失名 逸名／失命 死ぬ／失迷 惑い／失約 違約／失落 遺失する／失利 負ける／失理 理にそむく／失儷 失偶／失列 失伍／失漏 欠点／失鹿 帝位を失う／失惑 まどう

⬇違失・遺失・逸失・過失・機失・虧失・救失・挙失・矯失・欠失・言失・耗失・曠失・自失・酒失・消失・焼失・喪失・損失・大失・跌失・得失・廃失・百失・紛失・放失・亡失・忘失・滅失・流失・礼失・漏失

常

【室】

9
3010
シツ
へや いえ

篆文

甲骨文

金文

会意 宀+至。至は矢の至るところ。〔説文〕七下に「實なり」と音義的に解し、また「室屋は皆至に從ふ。止まる所なり」(段注本)と、人の至り、止まる意を以て解するが、至は矢の至る意。矢を放って、その造営の地をトし、祓うことを意味する。室は祖霊の安んずるところで、いわゆる大室。屋は板屋で殯もする所である。臺(台)も至に従い、天を祀り、神明に接する所を

いう。家・家が犬牲を埋めて奠基し、修祓する儀礼を示す字であるのと同じ。卜辞に中室・南室・血室などの名があり、みな祭祀の場所。また金文の冊命儀礼はすべて宗廟大室において行われている。金文の〔大豊𣪘〕に「王、天室に祀る」とあり、室とはもと祭祀を行うところをいう。

訓義 ①へや、祖霊をまつるへや、奥のへや、奥のま。②いえ、家もと祖霊を祀る霊所を意味した。のち、すまい、すむところ。③家の人すべて、一家、家族。④家室、室家、妻。⑤すべてものの収まるところ、巣、穴倉、刀剣のさや。

古訓 〔和名抄〕室 无路(むろ)〔名義抄〕室 ムロ・スム・ヨル・トシ・カクフ・サヤ／無戸室 ウツムロ

語系 室sjiet、窒tjietは声義近く、窒は窒塞し閉蔵する意。室も霊を封じ安んずる意であろう。そこに霊を送ることを致tietという。

【室家】夫婦。家族。〔詩、周南、桃夭〕之の子于に歸ぐ 其の室家に宜しからん

【室人】家の人。家族。〔詩、邶風、北門〕我外より入れば 室人交ごも編く我を讁む

【室廬】家。すまい。明・方孝孺〔借竹軒記〕古の達人、百世を以て斯須と爲し、天地を以て室廬と爲し、萬物を以て遊塵と爲す。

↑室燠 室の奥／室宇 いえ／室屋 いえ／室外 室の外／室学 家学／室間 部屋／室居 家居／室隅 室の隅／室戸 室の入口／室事 正祭／室舎 家屋／室授 真伝／室処 へや／室女 処女／室族 家族／室属 家族／室第 屋敷／室宅 いえ／室堂 いえ／室内 室のうち／室廟 廟屋／室婦 よめ／室廡 屋敷／室律 旅館の規定／室露 あばらや／室老 家老

↓堊室・庵室・暗室・闇室・営室・王室・屋室・温室・家室・臥室・記室・旧室・宮室・巨室・居室・虚室・教室・空室・窟室・荊室・継室・瓊室・結室・玄室・公室・皇室・斎室・在室・蚕室・私室・祠室・慈室・書室・丈室・深室・新室・寝室・世室・正室・夕室・石室・先室・宣室・宗室・蔵室・側室・太室・第室・地室・竹室・茶室・帝室・適室・土室・同室・堂室・内室・入室・氷室・廟室・富室・敝室・別室・便室・蓬室・房室・茅室・満室・密室・幽室・浴室・蘭室・令室・路室・陋室

【桎】 10 4191 シツ・チ あしかせ

篆文 

形声 声符は至。〔説文〕六上に「足の械なり」とあり、あしかせをいう。〔周礼、秋官、掌囚〕の〔釈文〕に引く〔説文〕に「梏は手械なり。天に告ぐる所以なり。桎は足械なり。地に質す所以なり」とあり、梏と告(告)、桎と質と、声の近い字を以て説くが、もとより音義説にすぎない。梏は格・械、桎は躓・致の声義に近い。

訓義 ①あしかせ、かせ。②ふさぐ、まもる。③しばる、とらえる、とめる、くさび、ささえる。

古訓 〔名義抄〕桎 ホダシ・テガシ・アシカシ

【桎梏】足かせと手かせ。刑罰。〔孟子、尽心上〕命に非ざる莫きなり。順なれば其の正を受く。～其の道を盡して死する者は、正命なり。桎梏して死する者は、正命に非ざるなり。

↑桎轄 くさび／桎檻 囚檻／桎拲 手足のかせ

↓窮桎・梏桎・囚桎

常 【疾】 10 0013 シツ やまい はやい にくむ

篆文 

古文 

籀文 

甲骨文  

金文 

会意 卜文・金文の字形は大(人の正面形)の腋の下に矢のある形。腋の下に矢を受け、負傷する意である。〔説文〕七下に「病なり」とし、矢声の字とし、古文・籀文の二形を録するが、卜文・金文にくらべると字形は全く異なり、ことに籀文は智の初形に近い。のち疾病の意によって疒部に属する。矢創の意であるから、急疾・疾速の意がある。

訓義 ①やきず、やむ、やまい。②はやい、とし、すみやか、はげしい。③なやむ、にくむ、うらむ、いかる。

古訓 〔名義抄〕疾 ヤマヒ・ヤマヒフス・ウレフ・ニクム・トシ〔字鏡集〕疾 スミヤカナリ・ウレフ・ニクム・ヤム・ハヤシ・トシ・イタム・ヤマヒ

声系 〔説文〕に疾声として嫉の字を収める。嫉はその異文。のち嫉の字を用いる。

語系 疾dziet、嚌dzyeiは声義が近い。〔楚辞、離騒〕「反つて讒を信じて嚌怒す」の〔注〕に「疾なり」とあって同義。また捷dziap、徇ziuenも声が近く、みな捷疾の意がある。

【疾威】はげしい威を示す。〔詩、小雅、雨無正〕旻天疾威 慮られず圖られず

【疾疫】流行病。〔礼記、月令〕(季春の月)夏令を行ふときは、則ち民に疾疫多く、時雨降らず。

【疾悪】にくむ。憎悪心。〔荀子、性悪〕今、人の性、～生まれながらにして疾惡有り。是れに順ふ。故に殘賊生じて、忠信亡ぶ。

【疾忌】ねたみいむ。〔後漢書、皇后上、章徳竇皇后伝〕初め宋貴人、皇太子慶を生み、梁貴人、和帝を生む。后既に子無し。竝びに之れを疾忌し、數帝に閒し、漸く疏嫌を致す。

【疾苦】なやみ苦しむ。〔史記、蕭相国世家〕漢王の具さに天下の阨塞、戸口の多少、彊弱の處、民の疾苦する所を知る所以の者は、(蕭)何の具さに秦の圖書を得たるを以てなり。

【疾駆】車や馬を走らせる。〔史記、蔡沢伝〕唐擧曰く、先生の壽は、今より以往の者四十三歳なりと。蔡澤～其の御者に謂ひて曰く、吾～馬を躍らせて疾驅し、黄金の印を懷にし、紫綬を要(腰)に結び、人主の前に揖讓し、肉を食らひ富貴ならば、四十三年にして足ると。

【疾言】口ばやにいう。〔論語、郷党〕車の中にては、内顧せず、疾言せず、親指せず。

【疾呼】はげしく呼ぶ。〔三国志、呉、程普伝〕(孫)策、嘗て祖郎を攻め、大いに爲に圍まる。普、一騎と共に策を蔽扞(防ぎ守り)し、馬を驅りて疾呼し、～策、因りて隨ひ出づ。

【疾視】にらみつける。〔孟子、梁恵王下〕夫れ劍を撫して疾視して曰く、彼惡んぞ敢て我に當らんやと。此れ匹夫の勇、一人に敵する者なり。

【疾首】頭痛。なやみ心配する。〔詩、小雅、小弁〕心の憂ふる 疢むこと疾首の如し

【疾趨】はやく進む。〔礼記、玉藻〕疾く趨るときは、則ち發(足を開く)せんことを欲す。而れども、手足は移す(動かす)こと毋かれ。

【疾痛】いたむ。〔孟子、告子上〕今、無名指の屈して信びざる有り。疾痛して事に害あるに非ざるなり。如し能く之れを信ばす者有らば、則ち秦・楚の路をも遠しとせざらん。

【疾妒】ねたみにくむ。〔史記、項羽紀〕(長史)欣、(章邯の)軍に至りて報じて曰く、趙高、事を中に用ふ。下も爲すべき者無し。今戰ひて能く勝たば、高必ず吾が功を疾妒せん。戰ひて勝つこと能はざれば、死を免れざらん。願はくは將軍之れを孰計せよと。

【疾風】はやい風。あらし。〔後漢書、王覇伝〕霸、從ひて洛陽に至る。～光武、霸に謂ひて曰く、潁川に我に從ひし者は、皆

逝けり。而るに子獨り留まる。努力せよ。疾風、勁草を知ると。

【疾病】 病氣。疾、病いなり。病が重い。〔周礼、天官、疾医〕疾醫は萬民の疾病を養ふことを掌る。

【疾癘】 悪性の流行病。〔淮南子、時則訓〕（仲冬に）春の令を行ふときは、則ち蟲螟敗を爲し、水泉咸な竭き、民に疾癘多し。

↑疾痾 病気／疾穢 病のけがれ／疾瘖 聾となる／疾雨 強雨／疾怨 にくみ怨む／疾殃 疾や災／疾革 危篤となる／疾患 病気／疾毀 そしる／疾瘧 おこり／疾径 近道／疾撃 急に撃つ／疾痼 固疾／疾行 速くゆく／疾困 苦しむ／疾佷 ねじけ／疾菑 疾と災／疾死 病死／疾日 忌み日／疾徐 緩急／疾障 身の障害／疾状 病状／疾心 憎悪心／疾疹 病気／疾進 急に進む／疾人 病人／疾眚 悪疾／疾勢 病勢／疾戦 急戦／疾走 速く走る／疾足 速足／疾息 あえぐ／疾速 速い／疾損 痛みが減る／疾置 駅伝／疾馳 疾走する／疾疢 悪疫／疾霆 迅雷／疾闘 激闘／疾恙 病気／疾癢 かゆみ／疾雷 激しい雷／疾瘳 病が治る

↓悪疾・移疾・陰疾・瘖疾・嬰疾・怨疾・苛疾・臥疾・寒疾・眼疾・忌疾・虐疾・瘧疾・久疾・旧疾・急疾・去疾・虚疾・遽疾・禦疾・狂疾・極疾・勁疾・軽疾・劇疾・蠲疾・固疾・蠱疾・攻疾・罪疾・歯疾・痔疾・侍疾・首疾・酒疾・愁疾・宿疾・除疾・笑疾・称疾・捷疾・心疾・迅疾・衰疾・拙疾・躁疾・蔵疾・足疾・速疾・損疾・託疾・治疾・遅疾・疢疾・妬疾・篤疾・内疾・廃疾・剽疾・飄疾・病疾・敏疾・風疾・伏疾・腹疾・忿疾・奮疾・冒疾・暴疾・民疾・問疾・愈疾・罹疾・瘤疾・療疾・羸疾・厲疾・癘疾・老疾・惑疾

常 【執】 11 4441 シツ とらえる とる

会意 幸＋丮。幸は手械の形。手にかせを加えて、罪人を拘執することをいう。〔説文〕十下に「罪人を捕ふるなり」（段注本）とし、字を㚔の亦声とするが、卜文・金文の字形は両手に併せて械を加える形である。拘執の意より執持の意となり、執事・執行、また執礼などのように用いる。

訓義 ①とらえる、罪人をとらえる、手械を加える。②とる、ものをとりもつ、かたくとる、とりまもる。③おこなう、はからう、処理する。④縶と通じ、つなぐ、むすぶ。

古訓 〔名義抄〕執 トル・トラフ・マモル・マサル／所執 スマフ〔字鏡集〕執 トラフ・トル・ムスブ・マサシ・モツ・マモル

声系 〔説文〕に執声として贄・褻・槷・蟄・摯・騺・墊など十三字を収めるが、褻・埶の声系のものは、おそらく別系のものであろう。また〔説文〕に摯・騺をみな会意とするが、執声の字にはその声義を承けるものが多い。

【執引】 柩車の索をとる。送葬をいう。〔礼記、檀弓下〕葬を弔ふ者は、必ず引を執る。

【執鋭】 鋭い武器を執る。唐・杜甫〔魏将軍の歌〕詩 将軍、昔著く從事の衫を、鐵馬馳突して兩銜を重ぬ 堅を被り鋭を執り、西極を略す 崑崙月窟、東に嶄巖たり

【執柯】 媒酌をする意。〔詩、豳風、伐柯〕柯を伐るに如何せん 斧に匪ざれば克はず 妻を取るに如何せん 媒に匪ざれば得ず

【執事】 ことを執り行う。また、その人。〔左伝、僖二十六年〕齊の孝公、我が北鄙を伐つ。～公、展喜をして師を犒はしむ。～曰く、寡君、君の親しく玉趾を擧げて、將に敝邑に辱くせんとするを聞き、下臣をして執事を犒はしむ。

【執訊】 捕虜。〔詩、小雅、出車〕執訊獲醜 薄く言こに還歸す

【執政】 政治をとり行う。また、その人。〔左伝、襄十年〕鄭に其れ災有るか。～災有るは、其れ執政の三士なるか。

【執奏】 書を天子に取りつぐ。〔晋書、賈謐伝〕謐上議し、（晋の起年を）泰始より斷と爲さんと請ふ。～司徒王戎・司空張華、～國子博士謝衡、皆謐の議に從ふ。～謐、重ねて戎・華の議を執奏し、事遂に施行せらる。

【執筆】 記述する。〔魏書、山偉伝〕崔鴻の死せしより後、偉の身を終ふるに迄るまで、二十許載、時事蕩然として、萬に一を記さず。後人執筆するに、憑據する所無し。史の遺闕するは、偉に之れ由るなり。

【執柄】 政権を握る。〔商君書、算地〕身に堯・舜の行ひ有りて、而も功、湯・武の略に及ばざる者は、此れ柄を執るものの罪なり。臣請ふ、其の過ちを語げん。

【執鞭】 御者。〔論語、述而〕富にして求むべくんば、執鞭の士と雖も、吾も亦た之れを爲さん。如し求むべからずんば、吾が好む所に從はん。

【執友】 志を同じうする友。〔礼記、曲礼上〕僚友には其の弟を稱し、執友には其の仁を稱す。

【執拗】 しつこい。〔三朝名臣言行録、七〕上、又曰く、王安石は何如と。（司馬）光曰く、人は（王）安石を姦邪なりと言ふは、則ち之れを毀ること太だ過ぎたり。但だ事を曉らず、又執拗なるのみ。此れ其の實なりと。

【執礼】 礼を執り行う。〔論語、述而〕子の雅言する所は、詩・書・執禮、皆雅言なり。

↑執衣 召使い／執夷 公平な態度／執意 意地張り／執一 専一／執役 執事／執鉞 将軍／執謁 取り次ぎ／執蓋 傘もち／執干 盾をもつ／執簡 字を記す／執玩 玩弄／執義 義を守る／執恭 恭敬／執業 しごと／執圭 朝臣／執戟 侍郎の職／執結 拘囚する／執権 執柄／執憲 司法／執古 古道を守る／執觚 杯をもつ／執行 行う／執拘 拘囚／執衡 平衡を守る／執獄 治獄／執笏 笏をもつ／執策 執鞭／執爨 炊事人／執使 運筆法／執質 礼物／執贄 束脩／執持 守持／執爵 執觚／執手 ねぎらう／執囚 囚える／執脩 束脩／執讐 仲違い／執盾 護衛／執徐 辰の年／執秤 平衡を守る／執掌 管掌／執照 証明／執丈 執友／執仗 兇器をもつ／執杖 喪杖／執信 信を守る／執鍼 裁縫／執刃 武器をもつ／執衽 すそからげ／執筮 卜う／執節 割符をもつ／執滞 執着／執中 中を執る／執誅 殺す／執念 執意／執搏 捕らえる／執縛 しばる／執披 執引／執轡 手綱とる／執符 執節／執紼 執引／執綍 執引／執兵 執鋭／執捕 捕らえる／執捧 捧持する／執法 法執行／執務 しごと／執迷 頑迷／執略 かすめる／執路 旅する／執労 骨折る／執録 逮捕する

↓我執・確執・共執・禁執・固執・拘執・宰執・侍執・持執・掌執・親執・摶執・文執・秉執・偏執・迷執・妄執・友執・幽執

人 【悉】 11 2033 シツ つくす ことごとく

会意 釆＋心。釆は獣爪の象。獣掌を示す番（膰）は、釆に掌を田の形にして加えたものである。心は心臓の象形。〔説文〕二上に「詳盡なり」と訓し、同じく釆に従う宷にも「悉なり」と訓

する。宷・審は獣掌を以て宗廟に供える意で、その肉あるものを膰という。犠牲はその毛色・角皮・蹄爪に至るまで、損傷がないことを確かめて用いたので、それより詳審の意となった。心臓を供することを寧（寍）といい、臓器の完全なものも、神意を安んずるものとされた。悉は獣爪の釆と、心臓の象に従い、獣爪を以て内臓を抜き取る意であろう。

訓義 ①つくす、きわめる、たしかめる、十分にしらべる。②すべて、ことごとく、のこらず。

古訓 〔名義抄〕悉 コト／＼ク・ツクス 〔字鏡集〕悉 コト／＼ク・ツマビラカ・ツクス・コ、ヨカニ・アキラカ・シル

声系 〔説文〕に悉声として僁など二字を収めるが、ほとんど用例のない字である。

語系 悉 siet は死 siei、澌 sie と声近く、みな澌尽の意がある。声義の近い語であろう。

【悉意】しつい 心を尽くす。〔漢書、元帝紀〕（初元二年夏）六月、關東饑ゑ、齊の地、人相ひ食はむ。秋七月、詔して曰く、～陰陽和せざるは、其の咎何くに在る。公卿～其れ意を悉して朕の過ちを陳のべ、諱む所有ること靡かれと。

【悉皆】しっかい すべて。〔北史、楊大眼伝〕大眼、不學と雖も、恆に人をして書を讀ましめ、坐して之れを聽き、悉皆記識す。令して露布を作なすに、皆之れを口授す。而れども竟に多くは字を識らざるなり。

【悉備】しつび すべて備わる。〔易、繫辞伝下〕易の書爲るや、廣大悉く備はる。天道有り、人道有り、地道有り。三材を兼ねて之れを兩にす。故に六なり。

↑悉心しっしん 心を尽くす／悉尽しつじん みな／悉数しっすう 全部／悉曇しったん 梵字の一／悉力しつりょく 全力

↓諳悉・委悉・該悉・究悉・具悉・厳悉・実悉・熟悉・昭悉・詳悉・審悉・精悉・纖悉・綜悉・知悉・備悉・不悉・明悉

【桼】 11 4013 ［漆］ 14 3413 シツ うるし

篆文

簡書

象形 漆の木より漆をとる形。木の幹に傷つけ、漆液の流れる形。〔説文〕六下に「木の汁なり、以て物を髹るべきものなり。象形。桼、水滴の如くにして下る」という。いま漆の字を用いる。金文に㯃の字があり、古くは朱や黒に加えて用いたらしく、金文の賜与にみえる彤弓・彤矢（朱塗り）、㫷弓・㫷矢（黒塗り）は、漆を加えて塗飾したものと考えられる。漆は東アジアの特産品であった。〔書、禹貢〕に兗州・予州より漆を貢することがみえる。

訓義 ①うるし、うるしの木。②字はまた漆・㯃に作る。

古訓 〔字鏡集〕桼 ウルシ

声系 〔説文〕に桼声として剝・㓼・漆など六字を収める。漆は桼の繁文で、桼はその原液をとる形。剝・㓼は、桼をとるため木を傷つけ、そこが固まって節をなすところから、字義をえたものであろう。剝は〔説文〕四下に「傷つくるなり」とあり、木に傷つけて漆液をとることをいう。

語系 桼・七 tsiet は同声。七は骨節の象。㓼 siet はそのように節くれだつところ。卩・節（節）tzyet もその系統の語である。

＊語彙は漆字条参照。

↑桼書しっしょ 漆書／桼政しっせい 七政

常

【湿】 12 3611 入［濕］ 17 3613 ［溼］ 13 3111 シツ シュウ（シフ） トウ（タフ） うるおう しめる

篆文

会意 旧字は濕に作り、㬎＋水。㬎は顯（顕）の初文。濕は隰と同声で、声義の関係がある。〔説文〕十一上に水名とするが、また別に㬎の省声の字として溼をあげ、「幽溼なり」と訓する。〔説文〕に水名とする濕は、〔水経注〕や〔漢書、地理志上〕に「漯水」とするもので、濕もその声でよむ。のち濕を溼字の意に用いて、湿潤の意とする。㬎は玉（日の形）に呪飾として両糸を加えた形で、これによって神を招き、その顕われることをねがう。顯は㬎を拝する形。霊の顕現することをいう。絲（糸）の呪飾のないものが、現の字である。隰は𠂤、聖梯のある聖所で、神の顕われることをねがう意。その儀礼の場所をいう。水辺のところならば濕という。水辺にもまた聖地があった。のち湿潤の地を濕という。溼は土に従い、土は社（社）の初文。そこに神を招いて祀った。

訓義 ①しめる、しめったところ、その水辺の地に神を迎える。聖梯に迎えることを隰という。②うるおう、ぬれる。③うれえる、気が沈む。④ひくい、いやしい、卑下する。

古訓 〔名義抄〕濕 ウルフ・ホル／溼 ウカブ・オソシ 〔字鏡集〕濕 ウカブ・ウルフ・ヲソシ・ホル

語系 濕・溼 sjiəp、隰 ziəp は声近く、同系の語であろう。隰は〔説文〕十四下に「阪下の溼なり」とするが字義が明らかでない。〔爾雅、釈地〕に「下溼を隰と曰ふ」とあり、字は㬎によって義をえているものというべく、㬎は神の顕現を待つ玉の呪飾である。ゆえにその聖地を濕・隰という。

【湿潤】しつじゅん うるおう。〔春渚紀聞、八、墨説〕陳贍～異人に遇ひて和膠法を傳へらる。因りて山中の古松に就きて煤を取る。其の用膠、常に及ばずと雖も、沈珪に和して之れを濕潤に置く。～此れ其の妙處なり。

【湿土】しつど しめった土地。宋・范成大〔没冰舗晩晴月出、曉に復また大雨～〕詩 端はし無くも星月、濕土を照らし 舊に依りて山川、雨雲を生ず

【湿風】しっぷう しめった風。梁・庾肩吾〔従駕、雨を喜ぶ〕詩 濕風、酒氣を含み 陰雲、麥寒を助く

↑湿奥しついく なま暖かい／湿雲しつうん 雨雲／湿疫しつえき 湿気の病／湿気しっき しめりけ／湿季しっき 雨季／湿邪しつじゃ 湿痺／湿暑しっしょ むし暑い／湿疹しっしん 皮膚病／湿翠しっすい 深い緑／湿雪しっせつ あられ／湿沾しっせん うるおう／湿地しっち 湿土／湿蟄しっちつ 陰気／湿墊しってん 湿地／湿熱しつねつ 湿暑／湿痺しっぴ リウマチ

↓雨湿・汚湿・下湿・乾湿・宿湿・潤湿・暑湿・蒸湿・燥湿・多湿・朝湿・低湿・泥湿・霑湿・卑湿

【蛭】 12 5111 シツ ひる

篆文

形声 声符は至。〔説文〕十三上に「蟣なり」とあり、また〔爾雅、釈魚〕「蛭は蟣なり」の注に「今江東、水中の蛭蟲の人肉に入る者を呼んで蟣と爲す」とあり、水ひるをいう。また、「ありづか」「げじけげじ」などの意がある。

訓義 ①ひる。②ありづか。③げじげじ。

古訓 〔名義抄〕蛭 ヒル

↑蛭螾しついん ひるとみみず／蛭蟣しっき ひる

↓紅蛭・山蛭・水蛭・石蛭・草蛭・田蛭・呑蛭・馬蛭

常

【嫉】 13 4043 ［㑵］ 12 2023 シツ ねたむ にくむ

篆文

形声 声符は疾。疾に疾悪の意がある。〔説文〕八上に字を㑵に作り、嫉をその別体とする。婦人には嫉妬の情が強いからであろう。

訓義 ①ねたむ、そねむ。②にくむ、いとう、そこなう。

古訓 〔名義抄〕嫉 ネタム・ソネム・ニクム・ウラム・ウラヤム・ソシル 〔字鏡集〕嫉 ネタム・ソネム・ハ、・ニクム・ウラム・イトフ・ウヤマフ・ウラヤム

語系 嫉・疾 dziet は同声。齌 dzyei は「齌怒」のように用い、その感情のすさまじいことをいう。疾悪のはなはだしい意。

【嫉害】しつがい ねたみ害する。〔史記、孟嘗君伝〕（秦の亡将）呂

禮、孟嘗君を嫉害す。孟嘗君懼れ、乃ち秦の相穰侯魏冉に書を遺る。～(秦)齊を伐ち、呂禮亡ぐ。
【嫉妬】ねたむ。〔楚辞、離騒〕羌内に己を恕りて以て人を量り 各〻心を興して嫉妬(妒)す
↑嫉怨 ねたみ怨む／嫉悪 にくむ／嫉忌 ねたみいむ／嫉毀 そしる／嫉恨 恨む／嫉視 ねたむ／嫉心 嫉妒心／嫉妬 嫉妒／嫉怒 ねたみいかる／嫉憤 憤恨／嫉媢 嫉妒
↓讒嫉・衆嫉・娼嫉・憎嫉・諂嫉・妒嫉・妬嫉・忿嫉・憤嫉・謗嫉

【瑟】 13 1133 シツ こと おおごと
篆文  古文 
形声 声符は必。〔説文〕十二下に「庖犧の作る所の弦樂なり」とみえ、大琴をいう。必声とするが、〔説文〕所収の必声二十一文のうち、瑟声の字は他にない。古く神事に用い、その音は蕭瑟、風の音や泉の流れる音などを形容する語に用いる。
訓義 ①こと、おおごと。もと五十絃であったという。清制で二十五絃。②音のさびしいさま、おごそかなさま、きびしいさま、こまやかなさま、あざやかなさま。③風の音、水の音。
古訓 〔名義抄〕瑟 サハ・カスカナリ・ツ、シム 〔字鏡集〕瑟 カスカナリ・ツ、シム・コト
語系 瑟shet、箏tzhengは声近く、おそらくその音色によって、器に名づけられたものであろう。
【瑟瑟】風や水のさびしい音。また、碧緑の色。唐・白居易〔暮江吟〕詩 一道の殘陽、鋪水の中 半江は瑟瑟、半江は紅し
【瑟柱】ことじ。〔淮南子、氾論訓〕五帝道を異にして德天下を覆ひ、三王事を殊にして、名後世に施く。～譬へば猶ほ師曠の瑟柱を施すがごとし。推移上下する所の者、寸尺の度無くして、音に中らざる靡し。
↑瑟汩 風水の音／瑟韻 瑟の音／瑟僩 寛大／瑟居 独居／瑟琴 琴瑟／瑟師 瑟の上手／瑟踧 局促する／瑟縮 瑟踧／瑟然 清らか／瑟調 楽府の調名
↓竽瑟・戞瑟・揮瑟・綺瑟・抶瑟・金瑟・琴瑟・錦瑟・鼓瑟・膠瑟・緪瑟・舎瑟・縮瑟・蕭瑟・清瑟・奏瑟・桑瑟・操瑟・大瑟・弾瑟・廃瑟・風瑟・宝瑟・鳴瑟・瑶瑟・擁瑟

常 【漆】 14 3413 〔柒〕 9 3490 シツ うるし くろぬり
篆文  金文 
形声 声符は桼。桼は樹皮を傷つけて流れる樹液の形で漆の初文。〔説文〕十一上に水名とするが、漆液の意に用いる。金文に桼の字があり、漆の潤沢の意を示すものであろう。金文の彤弓・彤矢、旅弓・旅矢も、朱・黒の漆塗りの儀器であった。漢代の遺品にも漆器の精巧なものが多い。わが国の〔職員令〕にも漆部の名がみえる。字はまた柒に作る。
訓義 ①うるし、うるしの木、うるしぬり、うるしぬる。②黒塗り、朱塗り。③字はまた髹に作る。
古訓 〔和名抄〕漆 宇流之(うるし)／漆瘡 宇流之加不禮(うるしかぶれ)〔名義抄〕漆 ウルシヌリノキ・ウルシ・クロシ・ヌル
語系 漆・桼・七・柒tsietは同声。桼・七は漆・柒の初文。桼は樹皮を傷つけて節くれだつので、その声を用いて膝となり、七は骨節を切るので、刀を加えて切となる。もと同系の語である。
【漆画】うるし絵。〔後漢書、五行志一〕延熹中、京都の長者、皆木屐を著く。婦女始めて嫁するとき、漆畫五采を作りて系と爲すに至る。此れ服妖なり。九年に到り、黨事始めて發る。
【漆黒】まっくろ。うるしを塗ったように黒い。唐・韓愈〔殿中少監馬君(継祖)墓誌〕姆、幼子を抱きて側に立つ。眉眼畫けるが如く、髮漆黒なり。
【漆書】うるしで書いた書。〔後漢書、杜林伝〕林、前に西州に於て漆書古文尚書一卷を得、常に之れを寶愛す。難困に遭ふと雖も、握持して身を離さず。～是こに於て古文遂に行はる。
【漆身】身にうるしをぬり、漆瘡で面貌を変える。〔戦国策、趙一〕豫讓又身に漆ぬりて厲と爲り、鬚を滅し眉を去り、自ら刑して以て其の容を變へ、乞人と爲りて往きて乞ふ。其の妻識らず。
↑漆液 うるし／漆煙 墨／漆瓦 漆塗りの瓦／漆函 漆塗りの箱／漆器 漆塗りの器／漆宮 漆棺／漆工 塗師／漆匣 漆函／漆斛 浴室／漆際 こくそ／漆柿 しぶ柿／漆漆 謹むさま／漆樹 漆の木／漆飾 漆塗り／漆石 烏石／漆宅 漆棺／漆灯 暗灯／漆桶 漆飾の桶／漆瞳 黒い瞳／漆墨 漆と墨／漆緑 黒味の緑／漆椀 漆塗りの椀
↓烏漆・乾漆・金漆・研漆・固漆・光漆・黄漆・膠漆・黒漆・采漆・梓漆・新漆・垂漆・生漆・皂漆・丹漆・泥漆・点漆・塗漆・投漆・彤漆・墨漆・抹漆・緑漆

常 【膝】 15 7423 〔厀〕 13 4712 シツ ひざ ひざこぶし
篆文 
形声 正字は厀に作り、桼声。〔説文〕九上に「脛頭の卪(節)なり」という。卪は人が跪坐して、その膝があらわれている形。桼は漆液をとるため、木を傷つけ、節くれだつ意。また骨節の象である七と同声。漢代に厀・膝の両形がともに行われていた。
訓義 ①ひざ、ひざこぶし。②ひざですすむ。
古訓 〔和名抄〕膝 比佐(ひざ)／膝甲 師説、比佐乃加波良(ひざのかはら)〔名義抄〕膝 ヒザ・トモカラ／膝甲 ヒザカハラ 〔字鏡集〕膝 ヒザ・モノ、フシ・トモカラ・アシ
語系 厀(膝)sietは桼・七tsietと声が近い。厀・桼は節くれのあるところ、七は骨節。もと同系の語である。
【膝下】父母の膝もと。また、父母を尊んでいう。晉・劉柔の妻王氏〔懷思の賦〕想ふ、昔日の歡侍して、膝下を奉じて怡裕せしを。
【膝行】ひざをすりながら進む。〔史記、項羽紀〕項羽、諸侯將を召見す。轅門(軍門)に入り、膝行して前すまざる無く、敢て仰ぎ視る莫し。
【膝袒】膝行し、上半身を脱いで罪を請う。〔史記、范雎伝〕須賈大いに驚き、自ら賣られたるを知り、乃ち肉袒(かた肌をぬぐ。受刑の意)膝(厀)行し、門下の人に因りて罪を謝す。
↑膝踝 膝と踝／膝袴 ひざかま／膝褌 ひざかま／膝進 膝行／膝席 跪く／膝頭 膝かぶ／膝臏 膝の皿／膝歩 膝行／膝攣 膝が屈む
↓盈膝・下膝・加膝・鶴膝・撼膝・危膝・跪膝・夾膝・屈膝・坐膝・在膝・視膝・慈膝・接膝・前膝・肘膝・枕膝・蔽膝・抱膝・没膝・捫膝・容膝・揺膝・擁膝・離膝・両膝・斂膝

【蝨】 15 1713 〔虱〕 8 1711 シツ しらみ
篆文 
形声 声符は卂。卂では声が合わず、字の初形は、おそらく縫い際に両蝨のあるような形であろう。〔説文〕十三下に「人を齧む蟲なり」という。字はまた虱に作り、風の一画を欠くものであるから、半風子という。蝨によってトする蝨トという方法があり、またひそかに奸悪をなす吏を蝨吏という。
訓義 ①しらみ。②しらみのようにまじわる、みだりにまじわる。
古訓 〔新撰字鏡〕蝨 志良弥(しらみ)〔名義抄〕蝨 シラミ
【蝨官】姦悪の吏。〔商君書、去彊〕國彊くして戰はざれば、毒内に輸たし、禮樂蝨官生じ、必ず削らる。國遂に戰ふときは、毒敵に輸し、國に禮樂蝨官無く、必ず彊し。

【蝨心】しらみのむね。〔列子、湯問〕(紀)昌、氂(毛)を以て蝨を牖に懸け、南面して之れを望む。旬日の閒、浸く大なり。三年の後、車輪の如し。～乃ち燕角の弧、朔蓬の簳を以て之れを射る。蝨の心を貫き、而して懸(けたる毛)絶えず。

【蝨卜】しらみで卜する。〔珍珠船、四〕嶺南の人、病有るときは蝨を以て之れを卜す。身に向ふときは吉と爲し、身に背くときは凶と爲す。

↑蝨蟣 蝨と卵／蝨蠱 蝨を用いる蠱術

↓姦蝨・貫蝨・蟣蝨・饑蝨・牛蝨・群蝨・齧蝨・嚼蝨・除蝨・絮蝨・蚤蝨・搔蝨・治蝨・捫蝨・養蝨

常【質】15 7280 ［劕］17 7280

シツ チ シ

なる ただす したじ かたち

篆文 

詛楚文 

会意 斦＋貝。貝はもと鼎の形。二斤(手おの)を以て鼎側に銘刻を加える意で、重要な契約や盟誓の辞などを記した。これを約剤・質剤という。剤の正字は劑。齊(斉)は齍で方鼎、その方鼎に銘刻を加えることを劑といい、質と立意の同じ字である。〔説文〕六下に質を「物を以て相ひ贅す」とあって、質入れすることをいうとするが、それは字の初義ではない。〔説文〕は字が斦、二斤に従う意を解しえず、その義を闕としているが、劑・則(古くは⿰鼎刂)の字形によって、その意を解くことができる。それより質要・質剤・法則などの意となる。〔周礼、天官、小宰〕「官府の八成」のうち、「七に曰く、賣買を聽くに質劑を以てす」、また〔周礼、地官、質人〕に「大市には質を以てし、小市には劑を以てす」とみえる。質は訓義の多い字であるが、質剤の義が本義、他はその引伸義である。

訓義 ①なる、なす、さだめる、鼎に銘刻して約する。②ただす、約に従って事の正否をただす、たしかめる。③よい、ただしい、あたる、まこと。④すなお、つつしむ、よい。⑤もと、ことのもと、本質、材質。⑥かる、抵当物を入れてかる、しち、しちにおく、保証とする、てがた、わりふ。⑦名詞として、まと、質的、きりだい、刑具、椹質、しきり、門のなかじきり、木椹、いしずえ、基礎、柱質、かたな、おの、にぎり、弓拊。

古訓 〔名義抄〕質 セチ・ミ・カタチ・タヒラカニ・ムクロ・モト・スナホ・フミ・オノレ・シロ・ナホシ・ナル・ナス・カフ・タヾス・タヾシ・ムカヘリ・サヤマキ 〔字鏡集〕質 ノブ・タヾス・ムクロ・トク・モト・タヒラカ・マサシ・シロ・スナホ・ナス・ニヘ・マウス・ムカフ・カタチ・ツヽシム・スガタ・ヲノレ・ナホシ・ムカヘリ・カフミ・マコト・トブラフ・サダム・タヾチ・コヽロミル

声系 〔説文〕に質声として⿰口質・躓の二字を収める。⿰口質は野人の言で質朴の意、躓は「跲く」意で、椹質などの質の声義を承ける字である。

語系 質・贄tjiet は同声。執tjiap も声が近い。盟誓などのために、執って遣るものを贄といい、また質という。贅tjiuat も声義の関係があり、人質として供するものを贅という。〔説文〕六下に「物を以て錢を質る」とあるのは典当、いわゆる質入れで、この意に用いるのはその引伸義である。

【質愨】誠実でかざらない。〔後漢書、第五倫伝〕性、質愨にして文采少なし。～然れども蘊藉(穏やかさ)少なく、威儀を修めず、亦た此れを以て輕んぜらる。

【質疑】質問する。〔漢書、游俠、陳遵伝〕(張)竦、貧に居りて賓客無し。時時好事の者、之れに從ひて疑ひを質し事を問ふも、經書を論じ道ふのみ。而して遵は晝夜呼號し、車騎門に滿ち、酒肉相ひ屬す。

【質言】飾らずにいう。〔史記、張釈之伝〕(文帝)釋之を召して參乘せしむ。徐行して釋之に秦の敝(弊)を問ふ。具さに以て質言す。

【質剤】契約書。取引の手形証券。〔周礼、地官、司市〕質劑を以て、信を結びて訟を止む。

【質性】生まれつき。〔漢書、文三王、梁懐王揖伝〕立、少くして父母を失ひ、孤弱にして深宮の中に處り、獨り宦者婢妾と居る。小國の俗に漸漬(ひたる)し、加ふるに質性下愚なるを以てす。

【質素】つづまやか。〔説苑、反質〕堯、茅茨(かやぶきのかや)剪らず、采椽斲らず、土階三等、樂しみて身を終ふる者は、其の文采の少なくして質素の多きを以てなり。

【質直】飾りけがなく、正直。〔論語、顔淵〕夫れ達なる者は、質直にして義を好む。

【質的】弓の的。〔淮南子、原道訓〕先んずる者隤陷するときは、則ち後るる者以て謀り、先んずる者敗績するときは、則ち後るる者之れを違る。此れに由りて之れを觀れば、先んずる者は、則ち後るる者の弓矢の質的なり。

【質訥】飾りけがなく、ことばが少ない。〔後漢書、儒林上、劉昆伝〕昆、政を爲すこと三年、仁化大いに行はれ、虎皆子を負ひて河を度る。帝聞きて之れを異とし、昆に問ふ、～昆對へて曰く、偶ゝ然るのみと。左右皆其の質訥を笑ふ。

【質樸】飾りけがない。〔漢書、夏侯勝伝〕勝、人と爲り質樸にして正を守り、簡易にして威儀亡し。見ゆる時、上に謂ひて君と爲し、誤つて(天子の)前に相ひ字す。上も亦た是れを以て之れを親信す。

【質問】問いただす。〔漢書、儒林、厳彭祖伝〕顔安樂と俱に眭孟に事ふ。～唯だ彭祖・安樂のみを明と爲す。質問疑誼し、各ゝ見る所を持す。～是れに由りて、公羊春秋に顔・嚴の學有り。

【質野】じみで飾りがない。〔晋書、紀瞻伝〕陸機之れに策して曰く～三代の制、將た何の從ふ所ぞ～と。瞻對へて曰く、～忠の弊は質野、敬の失は多儀なり。周は二王の弊に鑒み、文を崇び以て等差を辯ず～と。

↑質闇 暗黒／質奥 奥深い／質幹 からだ／質館 人質の室／質簡 じみ／質義 質問／質究 ただす／質宮 質館／質挙 質草／質勁 強い素質／質券 契約書／質倹 倹素／質験 験証／質古 古雅／質庫 質屋／質行 着実／質厚 手厚い／質作 人質／質士 不学の人／質子 人質／質実 飾らぬ／質譲 責める／質信 信を成す／質真 質実／質審 対審／質仁 誠実／質訊 対審／質正 ただす／質成 和解／質誠 まごころ／質誓 ちかう／質責 ただす／質銭 質で借る／質対 対審／質旦 よあけ／質地 生地／質重 質厚／質典 質入れ／質当 質に入れる。質屋／質任 人質／質判 ただす／質美 倹素／質布 違約金／質鈇 肉刑の具／質物 抵当物／質文 文質／質舗 質屋／質木 質朴／質朴 飾らぬ／質明 よあけ／質用 体質／質要 契約書／質犂 双六／質律 質剤／質略 簡略／質料 形質

↓悪質・委質・異質・瑩質・簡質・気質・貴質・玉質・形質・勁質・倹質・言質・皓質・剛質・才質・材質・侈質・資質・実質・弱質・純質・尚質・昭質・情質・人質・性質・誠質・纖質・善質・素質・体質・丹質・貞質・天質・同質・特質・菲質・美質・品質・稟質・賦質・物質・文質・変質・朴質・樸質・本質・面質・毛質・木質・良質・霊質・麗質・廉質

【蟋】17 5213 シツ こおろぎ

形声 声符は悉。〔爾雅、釈虫〕に「蟋蟀、蛬なり」とあ

って、蟋蟀と連用し、こおろぎをいう。蟋蟀はその鳴く声をとるものであろう。

訓義 1こおろぎ。2きりぎりす、いとど、はたおり。

古訓 〔名義抄〕蟋蟀 キリ〴〵ス 〔篇立〕蟋 キリ〳〵ス

【蟋蟀】 こおろぎ。〔詩、唐風、蟋蟀〕蟋蟀、堂に在り 歲聿に其れ莫れぬ 今我樂しまずんば 日月其れ除らん

↑蟋蜴 剣の柄の飾り

【隰】 17 7623 シツ シュウ(シフ) さわ

篆文 

会意 阜+㬎。阜は自、神梯の象で神の陟降するところ。㬎は玉(日の形)に呪飾を加えて祈り、神の顕(顯)現することを求める意。隰はいわゆる原隰の地。そこは狩猟などの行われる聖地であった。〔石鼓文、鑾車石〕に「原溼」に作り、溼とは湿地帯をいう。溼もまた土(社主)に呪飾を加える形で、狩場での狩猟のときなどに、そこに祈ったものであろう。

訓義 1さわ、さわの聖地。2新たに墾いた地。3湿と通じ、ぬま地。

古訓 〔名義抄〕隰 サハ 〔字鏡集〕隰 サハ・クボム

語系 隰ziəpは濕(湿)・溼sjiəpと声近く、みな原隰の地をいう。

↑隰原 原隰/隰皐 水辺の地/隰草 隰地の草/隰畔 隰辺

↓下隰・丘隰・原隰・皐隰・山隰・平隰・陵隰

人 【櫛】 19 〔櫛〕 19 4892 シツ くし けずる

篆文 

形声 声符は節(節)。〔説文〕六上に「梳比の總名なり」とあり、櫛の類をいう。〔詩、周頌、良耜〕に「其の比ぶこと櫛の如し」とあり、櫛の歯のように列ぶことを櫛比という。櫛は古く非余といい、金文の〔小臣伝卣〕〔友鼎〕などに非余を賜うことがみえる。〔礼記、曲礼上〕に「男女~巾櫛を同にせず」とあり、男子も櫛を用いた。

訓義 1くし。2けずる、くしけずる。3木の名、はしばみ。

古訓 〔和名抄〕櫛 久之(くし) 〔名義抄〕櫛 クシ・ケヅル 〔字鏡集〕櫛 ケヅル・アキラカ・ヲシフ・クシ・ナヅ・カシラナヅ

【櫛縰】 髪をくしでとき、巾で包む。〔礼記、内則〕雞初めて鳴き、咸な盥漱し(手洗い口漱ぐ)、櫛縰し、笄總し、髦(垂髪)を拂ひ、冠し、緌纓(冠の紐を結ぶ)し、端(玄端の服)し、韠(ひざかけ)紳(帯)し、笏を搢み、左右に用(具)を佩ぶ。

【櫛比】 くしの歯のように並ぶ。〔詩、周頌、良耜〕其の崇きこと墉の如く 其の比ぶこと櫛の如く 以て百室を開く 百室盈ちて 婦子寧し

【櫛風】 風に髪を吹きさらす。〔荘子、天下〕昔者禹の洪水を湮ぎ、江河を決し、四夷九州を通ずるや、~甚雨に沐し、疾風に櫛けづる。

【櫛沐】 髪をくしけずり沐浴する。〔後漢書、東夷、倭伝〕海を度るに、一人をして櫛沐せず、肉を食らはず、婦人を近づけざらしむ。名づけて持衰と曰ふ。

↑櫛雨 櫛風沐雨/櫛盥 朝、顔を洗う/櫛工 理髪師/櫛纚 櫛縰/櫛櫛 連なる/櫛占 櫛うら/櫛然 櫛比/櫛佩 櫛道具/櫛髪 理髪/櫛理 整頓/櫛掠 梳けずる

↓冠櫛・盥櫛・巾櫛・坐櫛・梳櫛・晩櫛・風櫛・密櫛・容櫛・慵櫛

【礩】 20 1268 シツ チツ いしずえ いしうす

篆文 

形声 声符は質。〔説文新附〕九下に「柱下の石なり」とあり、礎石をいう。また、石臼をもいう。その形が似ている。窒と通じ、ふさぐ意に用いる。

訓義 1いしずえ、柱石。2いしうす。3ふさぐ。

古訓 〔名義抄〕礩 ツミイシ 〔篇立〕礩 スヱイシ・イシ・ツミイシ・イシズヱ

【礩滞】 塞ぎ滞る。〔周書、儒林、熊安生伝〕時に朝廷既に周禮を行ふ。公卿以下、多く其の業を習ふも、宿疑礩滯する者數十條有り。皆能く詳らかに辨ずる莫し。

↓礎礩・柱礩

【騭】 20 7132 シツ チョク のぼる さだめる

篆文 

形声 声符は陟。〔説文〕十上に「牡馬なり」とするが、〔爾雅、釈詁〕に「陞るなり」とあり、陟の声義を承ける。陟降とは神が神梯によって昇降することをいい、馬によってその神事をなすことを騭というのであろう。〔書、洪範〕に「下民を陰騭す」とあって、天意によって黜陟(賞罰)することをいう。それよりして、評価を加えることを品騭という。

訓義 1のぼる、馬によってのぼる。神事的な行為であろう。2さだめる、神意によって定める、評価する。3雄馬、馬をつかう。

古訓 〔名義抄〕騭 サダム 〔字鏡集〕騭 サダム・ノボル

↓陰騭・天騭・牡騭

ジツ

常 【実】 8 人 〔實〕 14 3080 ジツ みちる み まこと

篆文 

金文 

会意 旧字は實に作り、宀+貫。〔説文〕七下に「富なり」とし、「貫を貨物と爲す」(段注本)とするが、宀は宗廟、貫は貝貨を貫き連ねた形で、貝を宗廟に献ずる意。その貫盈するところから、充実の意となる。金文の〔散氏盤〕に鼎に従う字があり、また〔国差𦉜〕の字は、上部が冖の形に近い。鼎中にものを充たして供える意ともみられる。充実の意から誠実・実行の意となり、その副詞に用いる。

訓義 1そなえもの、ゆたかなそなえもの。2とみ、たから、えもの。3みちる、みたす、充実する。4みのる、みがいる、み。5なかみ、たね。6たち、本質、本質をたしかめる。7あと、人の行為、てがら。8まこと、まことに、げに。

古訓 〔名義抄〕實 マサ・マコト・ミ・サネ・フサク・ミノル・ナル・ミツ・ミツク・ヨシ 〔字鏡集〕實 マコト・ミテリ・フサグ・ミツグ・マサ・ミツ・アト・ナル・サネ・ミ・タカシ・ヨシ・ミノル

語系 實djiet、寔zjiek、是zjieは声近く、副詞として通用する。一系の語であろう。

【実意】 本心。誠の心。宋・蘇軾〔吾れ南海に謫せられ、子由(轍)雷州に命ぜられて即ち行き、了ひに相ひ知らず~〕詩 平生道を學ぶは眞に實意 豈に窮達と倶に存亡せんや

【実学】 実践実用の学。〔中庸章句の序〕子程子曰く、~其の書始めに一理を言ひ、中ごろ散じて萬事と爲り、末に復た合して一理と爲る。之れを放てば則ち六合に彌り、之れを卷けば則ち密に退藏す。其の味窮まること無し。皆實學なり。

【実験】 事実によって検証する。〔論衡、遭虎〕等類衆多にして、行事比肩す。略ぼ較著(明確な事例)を擧げて、以て實驗を定むるなり。

【実事】 事実。また、事実を確かめる。〔漢書、景十三王、河間献王徳伝〕孝景(帝)前二年を以て立つ。學を修め古を好み、事を實にし是(正しき)を求む。

【実践】 実行。〔宋史、理宗紀二〕我が朝の周惇頤・張載・程顥・程頤に至りて、眞見實踐、深く聖域を探り、千載の絶學、始めて指歸有り。中興以來、又朱熹の精思明辨を得て、表裏渾融す。

【実体】 具体的なもの。実際の形体。晉・陸機〔浮雲の賦〕

輕虚の豔象有るも、實體の眞形無し。厥の本初を原ぬるに、浮沈混幷す。

【実年】 実際の年齢。任官の届出年齢と異なる。〔容斎四筆、三、実年官年〕士大夫の官閥を敍するに、所謂實年官年の兩說有り。前に此れ未だ嘗て官の文書に見ず。大抵布衣、擧に應ずるとき、必ず歲數を減ず。蓋し少壯なる者、此れを藉りて昏を求むるの地と爲さんと欲す。

【実用】 実際に役立つ。〔商君書、農戦〕今の世主、皆其の國の危くして、兵の弱きを憂ふるや、彊めて說者に聽く。說者伍を成し、煩言飾辭するも實用無し。主、其の辯を好み、其の實を求めず。

【実録】 事実のままの記録。〔漢書、司馬遷伝賛〕其の文直、其の事核らかにして、虛しく美めず、惡を隱さず。故に之れを實錄と謂ふ。

↑実益 実際の利／実価 正価／実确 調べ確かめる／実覈 調べ明らかにする／実鑒 手本／実紀 実記／実記 実録／実偽 真偽／実拠 確証／実虚 虚実／実供 白状／実況 実情／実業 経営／実現 現実化／実行 実践／実効 実際の効／実厚 懇切／実国 富国／実才 実用の才／実在 存在／実質 なかみ／実証 証拠／実状 実際の状態／実情 実状／実心 誠心／実正 真実／実誠 まこと／実跡 事実のあと／実績 成績／実切 的確／実直 正価／実物 物品／実封 実禄／実務 しごと／実落 確実／実理 真理／実力 本当の力

↓盈実・益実・閲実・果実・華実・確実・虚実・形実・結実・堅実・現実・故実・口実・功実・行実・穀実・子実・史実・事実・質実・写実・朱実・秋実・充実・椒実・翔実・情実・真実・翠実・成実・誠実・責実・切実・多実・着実・忠実・庭実・鼎実・豆実・篤実・敦実・内実・如実・不実・芳実・樸実・無実・名実・木実・良実・蓮実

【衵】 9 3620 ジツ（ヂツ） ふだんぎ

篆文

形声 声符は日。〔説文〕八上に「日日、常に衣る所なり」とし、亦声とする。また、婦人の下着をいう。わが国では、あこめという。

訓義 1ふだんぎ。2婦人のしたぎ。

古訓 〔名義抄〕衵 アコメギヌ・アコメ 〔字鏡集〕衵 ミニチカキキヌ・アコメ

【衵衣】 ふだん着。〔後漢書、文苑下、禰衡伝〕衡進みて（曹）操の前に至りて止まる。吏、之れを訶して曰く、鼓史、何ぞ裝を改めざる～と。衡曰く、諾と。是に於て先づ衵衣を解き、次に餘服を釋き、裸身にして立つ。～操笑つて曰く、本と衡を辱めんと欲せしに、衡反つて孤を辱むと。

【衵服】 婦人の下着。〔左伝、宣九年〕陳の靈公と孔寧、儀行父と、夏姫に通ず。皆其の衵服を衷にして、以て朝に戲る。

【暱】 15 6101 ［昵］ 9 6701 ジツ（ヂツ） したしむ なじむ ちかづく

篆文

形声 声符は匿（匿）。また昵に作り、尼声。〔説文〕七上に「日近きなり」とあり、〔段注〕に日々に親しむ意とする。〔爾雅、釈言〕に「屢・暱は、亟するなり」という。匿は秘匿のところで巫女が舞うてひそかに祈る意であるが、おそらく声のみをとるものであろう。〔説文〕に或る体としてあげる昵が、あるいはその本字かと考えられ、尼とは二人相親しむ意の字。〔左伝、僖二十四年〕「親に親しみ、近に暱しみ、賢を尊ぶは、徳の大なる者なり」とみえる。親昵の意には、昵の字がその義に近い。

訓義 1なじむ、したしむ、ちかづく、むつまじい。2親しい人、みうち。

古訓 〔名義抄〕昵 シタシ・チカシ・チカツク・ムツフ・ムツマジ／暱 カクス・カクル・クモカクス

語系 暱（昵）・䵒 **niet**、衵 **njiet** は声近く、䵒・衵は身近に、接近する意がある。また尼 **niei** は男女相倚る形、邇 **njiai** も邇近の意があり、これらはもと一系の語であろう。

【暱愛】 なれ親しむ。南朝宋・謝恵連〔七月七日夜、牛女を詠む〕詩 遐川、暱愛を阻て 脩渚（長い水ぎわ）、清容を曠くす

【暱侍】 近く侍す。〔晏子、問上六〕昔我が先君桓公、身體惰懈し、辭令給せざるときは、則ち隰朋暱侍す。左右過多く、獄讞（裁判ごと）中らざるときは、則ち弦甯暱侍す。

↑暱近 じっこん／暱嫌 私怨／暱交 親交／暱狎 親狎／暱就 暱近／暱媟 なじむ／暱比 親しむ／暱附 親附

↓敬暱・幸暱・狎暱・私暱・邇暱・親暱・寵暱・匿暱・友暱

シツケ

【躾】 16 しつけ

国字 みだしなみをいう。⿰身花・⿰身空の類と同じ造字法である。

訓義 1しつけ、みだしなみ。すぐに応答することを「軈て」という。

シャ

常 【写】 5 ［寫］ 15 3032 シャ うつす のぞく そそぐ

篆文

会意 旧字は寫に作り、宀＋舄。宀は廟屋、舄は儀礼のときに用いる履であるから、もと儀礼に関する字である。廟中では市舄など儀礼用のものと履きかえるので、そこから移置する意などを生ずるのであろう。〔説文〕七下に「物を置くなり」とし、〔玉篇〕に「盡すなり、除くなり」の意とする。〔礼記、曲礼上〕「器の漑ふ者は寫さず。其の餘は皆寫す」とは、食余のものを他の器に移すことをいう。また〔詩、小雅、蓼蕭〕「我が心寫く」は、憂いの晴れる意。〔石鼓文、田車石〕「宮車其れ寫く」は、車より解き放つことをいう。他に移すことから伝写の意となる。もと廟屋中の儀礼についていう字で、写（寫）のように冖に従う字とするのは俗体である。

訓義 1うつす、おきかえる、ぬぎかえる。2はこぶ、うごかす。3かきうつす、かたどる、ならう、まなぶ。4とりのぞく、はらう。5そそぐ、はく、つくす。6卸と通じ、おろす。

古訓 〔名義抄〕寫 ノゾク・ウツス・ホト・ツクス・カシコマル

語系 寫・瀉 **sya** は同声。寫にものを移す意があり、水をそそぐことをまた瀉という。卸（卸）**syak** も声近く、卸は車馬を解く意。もと同系の語であろう。

【写形】 病状を診察する。〔史記、扁鵲伝〕越人（扁鵲の名）の方を爲すや、切脈・望色・聽聲・寫形を待たずして、病の在る所を言ふ。

【写実】 実状のままに写す。〔文心雕竜、誄碑〕實を寫し虛を追ひ、碑誄以て立つ。德を銘し行を纂ひ、文采允に集る。

【写書】 書物を筆写する。〔漢書、芸文志〕孝武の世に迄り、書缺け簡脫し、禮壞れ樂崩る。聖上、喟然として稱して曰く、朕甚だ閔ふと。是に於て藏書の策を建て、寫書の官を置き、下諸子傳說に及ぶまで、皆祕府に充つ。

【写照】 人物画。肖像を写す。〔世説新語、巧芸〕顧長

康（愷之）人を畫くに、或いは數年、目精を點ぜず。人、其の故を問ふ。顧曰く、四體妍蚩は、本もと妙處に關する無し。傳神寫照は、正に阿堵（其のもの）中に在りと。

【写状】形状・容貌を写す。〔国語、越語下〕遂に輕舟に乘じ、以て五湖に浮び、其の終極する所を知る莫し。王、金工に命じ、良金を以て范蠡の狀を寫さしめ、朝ごとに之れに禮す。

【写神】その神髄を写す。漢・馬融〔長笛の賦〕是の故に以て通靈感物、神を寫し意を喩し、誠を致し志を效すべし。

【写真】真状を写す。〔顔氏家訓、雑芸〕繪を畫くの工、亦た妙と爲す。古より名士、多く或いは之れを能くす。～武烈太子、偏に能く眞を寫す。坐上の賓客、宜に隨つて點染し、即ち數人を成す。以て童孺に問ふに、皆姓名を知る。

【写生】実物や風景をそのままに写す。民国・斉白石〔蝦を画く〕詩 寫生、我形似を求むるに懶し 厭はず、聲名の老に到りて低きを

【写本】手書きで写した本。〔春明退朝録、下〕唐の白文公（居易）自ら文集を勒し、五十卷、後集二十卷を成す。皆寫本なり。

↑写意 心を写す／写映 映る／写影 姿を写す／写懐 思いを写す／写鑑 鏡／写景 景色を写す／写効 臨摸／写載 転写／写字 字を写す／写似 似せる／写述 描写する／写潤 うるおす／写心 写意／写水 瀉水／写染 染筆／写搨 模写／写禿 禿筆で写す／写白 冤をすすぐ／写副 副本／写物 写生／写憤 憤りをのぞく／写放 写す／写妙 妙画／写憂 憂いを除く／写録 書き写す

↓暗写・映写・影写・活写・誤写・手写・縮写・書写・鈔写・心写・図写・繕写・速写・託写・転写・伝写・透写・謄写・披写・筆写・描写・布写・副写・複写・模写・輸写・傭写・臨写

常【社】7 3421 人【社】8 1491 シャ やしろ くにつかみ

篆文 古文 甲骨文 金文

形声 声符は土。土は社の初文。卜文・金文の字形は土主の形。それに酒などを灌ぐ形に作るものがある。〔説文〕一上に「地主なり」とあり、産土神をいう。山川叢林の地はすべて神の住むところで、そこに社樹を植えて祀った。また〔周礼、地官、大司徒〕に「其の社稷の壝（社壇とその封界）を設けて、之れが田主を樹う。各〻其の野に宜しき所の木を以てす。遂に以て其の社と其の野とに名づく」とあり、いわゆる封建の礼をいう。亡国の社には、これに屋を加える。各地に土主があり、その地で儀礼を行うときは、まずその土主に酒などを灌いで祀る。これを興という。〔礼記、楽記〕に「上下の神に降興す」とは、上神には降、下神には興の礼をする意。また〔周礼、地官、舞師〕に「小祭祀には則ち興舞せず」とあり、重要な祭祀のときには地霊に興舞したことが知られる。社の古い形態はモンゴルのオボに似ており、社主の下部を盛り土で堅めた。そこに野鼠が棲むので、君側の奸を社鼠という。水や火を以て攻めがたいからである。

訓義 ①やしろ、くにつかみ、うぶすながみを祀る。②やしろを中心とした組織、結社、地域社会。周制では二十五家を一社とする。③社の祭の日、社日、立春・立秋ののち第五の戊の日。④江・淮の地では母をいう。

古訓 〔新撰字鏡〕社 后土なり、也志呂（やしろ）〔名義抄〕社 ヤシロ・イノル・ヲツ・モリ〔字鏡〕社 ヤシロ・フサク・ウヤマフ・モリ〔字鏡集〕社 イノル・ヲツ・ウカ、フ・ヤシロ・ユタカナリ・フセク

語系 社ziya、土thaは声近く、古くは土を社の意に用いた。卜辞にみえる亳土・唐土は亳社・唐社の意。また〔説文〕二上に「吐は寫なり」、〔広雅、釈言〕に「土は瀉なり」とあり、吐tha、寫（写）・瀉syaも声義に関係があるようである。

【社燕】燕。春の社日に来て、秋の社日に去るのでいう。宋・蘇軾〔陳睦の潭州に知となるを送る〕詩 社燕と秋鴻との如き有り 相ひ逢うて未だ穩かならざるに、還た相ひ送る

【社火】社日の前に迎神のため催す雑戯など。〔東京夢華録、八、六月六日～二十四日神保観神生日〕（二十四日）天曉く。諸司及び諸行百姓、獻送甚だ多し。其の社火は露臺の上に呈す。獻ずる所の物、動もすれば萬を以て數ふ。

【社会】社日の村の集まり。〔東京夢華録、八、秋社〕八月秋社、～市學先生預め諸生の錢を斂めて社會を作る。～春社、重午（五月五日、端午）重九（九月九日、重陽）、亦た是れ此くの如くす。

【社宮】社の建物。〔左伝、哀七年〕宋人、曹を圍む。～初め曹人の或ひと夢む、衆君子、社宮に立ちて、曹を亡ぼさんことを謀る。

【社公】社神。〔後漢書、方術下、費長房伝〕一書生の黃巾被裘、鞍無くして馬に騎るを見る。下りて叩頭す。～人其の故を問ふ。長房曰く、此れ狸なり。社公の馬を盜めるのみと。

【社祭】社の祭。〔周礼、地官、鼓人〕雷鼓を以て神祀に鼓し、靈鼓を以て社祭に鼓す。

【社日】立春・立秋ののち第五の戊の日。〔荊楚歳時記、社日〕社日に～牲牢を宰り、屋を樹下に爲り、先づ神を祭り、然る後其の胙を饗く。

【社樹】社の樹。〔荘子、人間世〕匠石、齊に之き、曲轅に至り、櫟社の樹を見る。其の大いさ、數千牛を蔽ふ。之れを絜るに百圍あり。

【社稷】土地の神と五穀の神。国の重要な祭祀で、また、国家の意。〔礼記、祭義〕國の神位を建つ。社稷を右にし、宗廟を左にす。

【社鼠】神社に巣食う鼠。君側の奸にたとえる。〔晏子、問上九〕景公～問うて曰く、國を治むるに何をか患ふと。晏子對へて曰く、夫の社鼠を患ふ。～夫の社は、木を束ねて之れを塗る。鼠因りて往きて焉れに託す。之れを熏せば則ち其の木を燒かんことを恐れ、之れに灌げば則ち其の塗を敗らんことを恐る。

↑社壝 社壇とその封界／社翁 社神／社学 郷村の学／社鬼 社神／社客 燕／社君 社の神主／社宰 社の長／社司 社倉の役人／社祀 社祭／社祠 社に祀る／社主 神位／社酒 社日の酒／社場 社の祭場／社神 社の神／社人 村人／社正 村長／社銭 社の講銭／社倉 義倉／社叢 社樹／社壇 社の祭壇／社長 村長／社肉 社の祭肉／社婆 女の白子／社伯 城隍神／社飯 お供物／社廟 社宮／社木 神木／社民 里民／社友 結社の人／社林 社の樹林

↓殷社・王社・会社・官社・観社・宜社・郷社・釁社・吟社・軍社・結社・公社・侯社・郊社・宰社・祀社・寺社・酒社・秋社・出社・春社・書社・商社・神社・薦社・宗社・村社・大社・遅社・冢社・田社・蕩社・入社・亳社・蕃社・廟社・方社・報社・茅社・民社・里社・類社・蓮社

常【車】7 5000 シャ キョ くるま

篆文 籀文 甲骨文

金文

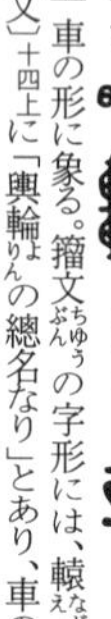

象形 車の形に象る。籀文の字形には、轅を加えている。〔説文〕十四上に「輿輪の總名なり」とあり、車の全体をいう。殷墟をはじめ古代の墳墓から車馬坑の類が多く出土しており、古代の車制を知ることができる。

訓義 1くるま、くるまのわ、くるまのこし。2輪の形で回転するもの、水車など。3古音は居、居の義に用いることがある。

古訓 〔和名抄〕車 久留万（くるま）／車蓋 夜賀太（やかた）〔名義抄〕車 古音居なり、クルマ・コシ・カハチ／副車 ソヘクルマ、俗に云ふ、ヒトタマヒ／車蓋 ヤカタ／輔車 ツラカマチ・ウヘカマチ〔字鏡集〕車 コシ・オク・クルマ

部首 〔説文〕に軒・輜以下九十八字、重文八字、〔新附〕三を属し、〔玉篇〕にはすべて二百四十八字を収める。

語系 車・居kiaは同声。家keaと声が近い。〔詩〕に車を居・魚と韻する例が多く、車を居の義に用いることがある。〔礼記、礼運〕「天子は德を以て車と爲す」とは、居と為す意。

【車駕】 馬をつけた車。天子の乗輿。また、天子。〔独断、上〕天子至尊、敢て渫瀆して之れを言はず。故に之れを乘輿に託す。～車輿に乘じて以て天下を行ぐる。～或いは之れを車駕と謂ふ。

【車轄】 車のくさび。軸端の鍵。〔漢書、游俠、陳遵伝〕遵、酒を耆む。每に大飲し、賓客堂に滿つ。輒ち門を關し、客の車轄を取りて井中に投ず。急有りと雖も、終に去ることを得ず。

【車軌】 車の両輪の間。車のあと。〔中庸、二十八〕今天下、車は軌を同じくし、書は文を同じくし、行ひは倫を同じくす。其の位有りと雖も、苟くも其の德無ければ、敢て禮樂を作らず。

【車騎】 馬車。車乗。〔史記、蘇秦伝〕蘇秦、從約の長と爲り、六國に幷せ相となり、北のかた趙王に報ず。乃ち行く雒陽を過ぎる。車騎輜重し、諸侯各〻使を發して之れを送ること甚だ衆し。

【車轂】 車のこしき。〔戦国策、斉一〕臨淄（斉の都）の途、車轂撃ち、人肩摩し、衽を連ぬれば帷を成し、袂を擧ぐれば幕を成す。

【車乗】 車。乗車の者。〔左伝、僖二十八年〕敢て大夫を煩はして、二三子に謂へ、爾の車乘を戒しめ、爾の君事を敬しめ。詰朝にして將に相ひ見えんとすと。

【車塵】 車がまき起こす埃。宋・欧陽脩〔相州昼錦堂記〕所謂庸夫愚婦なる者、奔走駭汗、羞愧俯伏して、以て自ら罪を車塵馬足の閒に悔ゆ。～昔人之れを錦を衣るの榮に比する者なり。

【車轍】 車のわだち。〔荘子、人間世〕汝、夫の蟷螂を知らざるか。其の臂を怒らせて以て車轍に當り、其の任に勝へざるを知らざるなり。

【車服】 車と服。天子より賜う爵位。〔書、舜典〕敷納するに言を以てし、明試功を以てし、車服庸（功）を以てす。

【車輿】 車と、こし。乗物。〔後漢書、光武十王、東平王蒼伝〕今魯國の孔氏に、尙ほ仲尼の車輿冠履有り。明德の盛んなる者は、光靈遠きなり。

【車裂】 車ざきにする刑。〔戦国策、楚一〕居ること二年にして、（詐り）覺はる。齊王大いに怒り、蘇秦を市に車裂す。

【車輦】 車と、てぐるま。〔史記、梁孝王世家〕是に於て梁王、斧質に闕下に伏し、罪を謝す。～然れども景帝益〻王を疏んじ、車輦を同じうせず。

↑車軛 轅の横木／車帷 車のとばり／車轅 車のながえ／車屋 車庫／車家 車曳き／車牙 車輪の縁／車蓋 車の傘／車革 兵車甲冑／車牽 車のくさび／車轘 車裂の刑／車旗 車と旗／車器 車服と器物／車儀 車上の威儀／車脚 車輪／車宮 行宮／車牛 牛車／車渠 車のわだち／車魚 車轍の魚／車御 車の御者／車轎 車と籠／車戸 車夫／車庫 車入れ／車甲 兵車と甲冑／車行 車でゆく／車釭 鍋／車衡 くびき／車士 御者／車輜 荷車／車耳 車較の曲鉤／車軸 車の心棒／車舍 車庫／車匠 車作り／車上 車の上／車軫 車後の横木／車人 車匠／車水 水車／車声 車の音／車船 車と船／車戦 戦車で戦う／車前 おおばこ／車磔 車裂の刑／車担 車の荷／車地 ろくろのある絞車／車馳 車で走る／車帳 車と幕／車重 荷車／車梯 梯子車／車徒 兵車の歩卒／車馬 車と馬／車夫 車家／車府 輿馬の官／車賦 車を供出する費用／車輻 車輪の矢／車幣 乗物と贈り物／車蔽 車蓋／車壁 車帷／車歩 車徒／車輔 輔車／車僕 御者／車幔 車前の幕／車右 陪乗の人／車雷 車の走る大きな音／車両 車輌／車輪 車の輪／車輅 天子の車／車驢 車馬

↓安車・幃車・雲車・盈車・役車・塩車・火車・貨車・牙車・革車・滑車・檻車・汽車・客車・牛車・巾車・金車・下車・軽車・牽車・堅車・懸車・五車・公車・甲車・後車・香車・降車・佐車・柴車・山車・桟車・使車・脂車・輜車・弐車・舟車・戎車・従車・升車・衝車・上車・乗車・水車・出車・戦車・前車・装車・操車・属車・大車・単車・駐車・重車・停車・翟車・田車・伝車・電車・彤車・登車・同車・馬車・拍車・発車・武車・風車・服車・副車・兵車・輓車・蒲車・輔車・法車・紡車・墨車・満車・雷車・鸞車・良車・列車・輦車・路車

【炙】 8 2780

シャ セキ
あぶりにく あぶる やく

篆文 籀文 古印璽

会意 肉（⺼）＋火。肉を炙り焼く意。〔説文〕十下に「肉を炮るなり」とあり、炮はまるやき。重文の字形は、串焼きにする意であろう。まるやきを貊炙といい、〔釈名、釈飲食〕に胡貊の俗では、各自が刀で割き取って食うという。肉食族はおおむねそのような方法である。その刀は氏。氏は把手のある曲刀。族長がその刀で肉を割いて頒かち、その頒肉に預かることが共餐であり、共同生活者であった。

訓義 1あぶりにく、あぶる、肉をあぶる。2あぶりもの、やく、あつくする。3したしくする、近づく。

古訓 〔和名抄〕炙 阿布利毛乃（あぶりもの）〔名義抄〕炙 アブリモノ・アブル・ヤク・コガス・サシタツ〔字鏡集〕炙 ヤク・タツ・ニルシ、・アツシ・サシ・コガス・アブル・アブリモノ

語系 炙tjyak、灼tjiôkは声義近く、〔説文〕十上に「灼は炙なり」とみえ、同系の語である。

【炙魚】 やきざかな。〔呉越春秋、王僚使公子光伝〕專諸曰く、凡そ人君を殺さんと欲せば、必ず前に其の好む所を求む。吳王何をか好むと。～（公子）光曰く、魚の炙きたるを好嗜すと。專諸乃ち去りて太湖に從ひて、炙魚を學ぶこと三月にして、其の味を得たり。

【炙熟】 よく焼ける。〔韓非子、内儲説下〕平公趣やかに炮人を殺さしむ。～炮人天に呼して曰く、嗟乎、臣に三罪有り。～炙熟し、又重睫（注目）して之れを視、髮、炙を繞れるに目見えず、是れ臣の三死なり。

【炙背】 ひなたぼっこ。魏・嵇康〔山巨源（濤）に与へて交はりを絶つ書〕野人に炙背を快しとし、芹子（せり）を美しとする者有り。之れを至尊に獻ぜんと欲す。區區の意有りと雖

も、亦た已だ疏なり。

↑炙茄　やきなす／炙膾　焼いた細肉／炙殺　焚殺する／炙蔵　焼肉／炙煮　あぶり煮る／炙肉　あぶり肉／炙包　焼肉／炙陽　暑熱

↓膾炙・割炙・魚炙・鴞炙・肴炙・残炙・耆炙・酒炙・親炙・燔炙・釜炙・焚炙

常【者】8 4460　人〔者〕9 4460　シャ　かくす　もの

篆文　金文

会意　叉枝の形＋曰。上部は叉枝を重ね、それに土を示す小点を加えた形。曰は祝禱を収めた器。者は堵の初文。住居地の周囲にめぐらしたお土居に、呪祝としての書を埋め、外からの邪霊を遮蔽する意。字の全体を象形とみてもよい。堵中に埋めた呪祝の字を書という。書は者に聿（筆）を加えた形。城邑にめぐらすものを堵といい、城壁の方丈の単位を堵という。〔説文〕は字を白部四上に属し、「事を別つの詞なり」とするが、それはものを特定して指す意で仮借の義。また、金文の字形は凵または曰に従う形で、その系統の字である。

訓義　1堵の初文、お土居、お土居に埋めかくした呪祝、かくす、遮と通じる。2ものを特定していう、もの、人にも事物にもいう。3ある状態を特定していう、～は、～のときは、～ならば。4這と通じ、この。5終助詞として、諸と通じる。

古訓　〔名義抄〕者　モノ・ヒト・ミギ・ハ・アニ／獵者　カリヒト〔篇立〕者　テイレバ・アニ・ヒト・イハ・モノ・シカラバ

声系　〔説文〕に者声として、諸（諸）・書・箸・都（都）・署（署）・緒（緒）・堵など二十三字を収める。おおむね堵あるいは書と声義の関係をもつ字である。なお煮（煮）は〔説文〕三下に鬺（鬲）に従う字に作り、のち煮の字形となる。ものを煮る形は庶。廚で鍋を火にかける形。また「遮る」はもと堵の初文である者に従うべき字。声符として者と庶とが互易することがある。

語系　者・赭 tjya は同声。者は堵の初文で、土を積んで堅めるので赤土の意があり、赭 thia、朱 tjio、赤 thjyak はその系統の語である。また渚（渚）tjia、沚 tjia、州・洲 tjiu は水辺の小高いところ、境界をなすところで、者と同系の語であろう。

↑者矣　～である／者焉　～である／者回　このたび／者箇　這箇／者者　はいはい／者莫　さもあらばあれ／者番　このたび／者辺　このあたり／者裏　この中／者流　仲間

↓悪者・闇者・医者・隠者・易者・遠者・縁者・王者・往者・歌者・介者・覚者・学者・冠者・宦者・問者・飢者・劓者・窮者・御者・馭者・狂者・強者・業者・狷者・賢者・古者・夸者・瞽者・巧者・後者・剛者・豪者・兀者・髡者・闇者・細者・作者・粲者・使者・識者・儒者・従者・信者・仁者・聖者・昔者・説者・撰者・賤者・選者・前者・属者・尊者・達者・談者・治者・智者・著者・帝者・適者・屠者・禿者・日者・曩者・跛者・覇者・卑者・筆者・貧者・仏者・嬖者・僻者・瞽者・編者・亡者・墨者・明者・勇者・憂者・傭者・弋者・羅者・廉者・老者・聾者・論者

常【舍】8　〔舍〕8 8060　シャ　セキ　すてる　おく　やどる　いえ

篆文　金文

会意　令＋口。令は把手のある掘鑿刀。これで木や土を除くことを余という。口は祝詞を収める器の凵。この器を長い針で突き通すことによって、その祝禱の機能を失わせることをいう。ゆえに「すてる」が字の原義で、捨（捨）の初文。それより、ことを中止し、留め滞る意となる。〔説文〕五下に「市居を舍と曰ふ」とし、字形を宿舍の建物の形と亼（集）に従う会意の字とするが、宿舍の意は後起の義。金文の〔令彝〕「三事の命を舍く」、〔小克鼎〕「命を成周に舍く」のように、命を発する意に用い、また〔曶鼎〕「矢五秉を舍ふ」のように用いる。

訓義　1すてる、捨の初文。のぞく。2おく、外に出す、命を発する、ものを賜う、ほどこす。3すておく、とどめる、やどる、おる。4やどり、いえ、やしき、へや、役所、建物。5いこう、やすむ、おさめる。6赦と通じ、ゆるす。7釈と通じ、とく、はなす、はなれる。

古訓　〔名義抄〕舍　ヤドル・スム・ヤム・スツ・オク・ハナツ・タユメリ・ユルス・ノゾク・オロス・ヌク〔字鏡〕舍　トヾマル・ヤム・ヤドス・スツ・ユルス・イヘ・トヾム・ヤトフ

部首　〔説文〕は字を亼部に属して集居の意とする。〔康熙字典〕以下、字を舌部に属するが、舌とは何の関係もない。

声系　〔説文〕に舍声として捨など三字、余を舍の省声として余声の字二十一字を収める。余は舍の針の部分だけで、声が異なる。余は與（与）・予と同声の字。

語系　舍・捨 sjya、赦・釋（釈）sjyak は声近く、通用することがある。また予・與 jia も声近く、賜与の意に用いることがある。

【舍業】学問をやめる。〔左伝、昭九年〕辰と子卯に在り、之れを疾日と謂ふ。君は宴樂を徹し、學人は業を舍つ。疾（日）の爲の故なり。

【舍采】始めて学に入り、先師を祀る。釈菜。〔周礼、春官、大胥〕春、學に入り、舍采合舞す。

【舍次】軍が出行中に宿ること。〔左伝、荘三年〕凡そ師は一宿を舍と爲し、再宿を信と爲し、信に過ぐるを次と爲す。

【舍然】さっぱりと悟る。釈然。〔列子、天瑞〕杞の國に、人の天地崩墜し～を憂へて寢食を廢する者有り。又彼の憂ふる所を憂ふる者有り。因りて往きて之れを曉す。～其の人舍然として大いに喜び、之れを曉す者も亦た舍然として大いに喜ぶ。

【舍弟】弟。家弟。魏・文帝〔鍾大理（繇）に与ふる書〕傳言の未だ審らかならざるを恐る。是こを以て舍弟子建（曹植）をして、荀仲茂（宏）に因りて、時に從容として鄙旨を喩さしむ。

【舍奠】天子巡狩ののち山川や宗廟に祀る。また策命を受けて祀る。〔礼記、祭統〕古者明君は～必ず爵祿を大廟に賜ふ。～祭の日に、～史、君の右より策を執りて之れに命ず。再拜稽首し、書を受けて以て歸り、而して其の廟に舍奠す。此れ爵祿の施なり。

↑舍越　すてる／舍園　庭園／舍屋　居宅／舍外　屋外／舍館　旅館／舍己　自己犠牲／舍去　すてる／舍居　下宿／舍禁　解禁／舍兄　家兄／舍眷　身内／舍菜　舍采／舍止　宿る／舍矢　矢を放つ／舍車　車から馬を解く／舍戍　守る／舍宿　宿／舍処　住所／舍身　捨身／舍親　身内／舍人　宮中の官／舍生　舍身／舍息　休息する／舍宅　やしき／舍中　家中／舍長　宿舍の長／舍丁　家僕の子／舍匿　かくす／舍廃　すてる／舍発　弓を射る／舍放　発射する／舍命　発令する

↓駅舍・屋舍・外舍・廓舍・学舍・館舍・起舍・帰舍・客舍・休舍・廏舍・牛舍・居舍・漁舍・寓舍・公舍・校舍・講舍・獄舍・作舍・三舍・山舍・止舍・廝舍・賜舍・次舍・趣舍・宿舍・塾舍・書舍・精舍・廠舍・進舍・趨舍・草舍・村舍・第舍・宅舍・庁舍・邸舍・田舍・伝舍・入舍・避舍・府舍・茇舍・仏舍・茅舍・民舍・野舍・里舍・旅舍・廬舍

常【卸】9　〔卸〕8 8712　シャ　おろす　とく

篆文

会意　正字は卸に作り、御（御）の初形。午の部分は、卜文では午あるいは幺の形にしるし、祈るときの呪器。卩はそれを拝する形。これによって災

厄を「禦ぎ」「御め」、あるいは神を「御える」儀礼とした。〔説文〕九上に「車を舍きて、馬を解くなり」とするが、もとは御の初文。のち卸と御とは別の字となり、卸は車馬を解く意に用い、わが国では荷を卸す、卸問屋のように用いる。

【訓義】①おろす、車から馬を解く、とく、のぞく、はなす。②とける、はなれる、おちる。③国語では、おろす、荷をおろす、おろし売りの意に用いる。

【古訓】〔字鏡集〕卸 タレリ・ミヤツカヘ・ウヤマフ・タビ・イタル

【声系】〔説文〕に御をイ亍・卸の会意字とし、〔段注〕には亦声、〔説文通訓定声〕に形声とする。御はもと卸に作り、御はその繁文であるが、のち声義ともに分化した字である。

【卸頭】婦人がその頭飾りをとること。唐・韓偓〔閨情〕詩 軽風滴礫として、簾鉤を動かし 宿酒猶ほ酣にして、卸頭するに嬾し

【卸帆】舟の帆をおろす。唐・方干〔桐廬謝逸人の江居に題す〕詩 鳥は樹梢より果に随って落ち 人は窗外より帆を卸して過ぐ

→卸鞍 馬の鞍を解く/卸貨 荷をおろす/卸冠 冠をぬぐ/卸肩 妾に装う/卸甲 甲をぬぐ/卸事 退職する/卸車 下車/卸妝 着がえ/卸職 免職/卸簪 簪をとる/卸責 逃責/卸船 荷下ろし/卸頂 禿頭/卸任 卸職

↓遠卸・凋卸

入【柘】9 4196 シャ やまぐわ

篆文 

【形声】声符は石。石に斫の声がある。〔説文〕六上に「柘桑なり」(段注本)とあり、山桑をいう。燧火をとるのに用いる。

【訓義】①やまぐわ、のぐわ。②くわのいろ。③蔗と通じ、さとうきび。

【古訓】〔名義抄〕柘 ツ゛ミ・ツ、メ・エビラ 〔篇立〕柘 ヲス・ツミノキ

【柘橋】やまぐわの鞍橋。〔斉民要術、五、種桑柘〕鞍橋を作らんと欲する者は、枝を生ずること長さ三赤許り、繩を以て旁枝を繫ぎ、木橛もて地中に釘著し、曲げて橋の如くならしむ。十年の後、便ち是れ柘橋を渾成す。

→柘火 やまぐわの燧火/柘館 内宮/柘弓 やまぐわの弓/柘黄 赤黄色/柘蚕 やまぐわの蚕/柘漿 甘蔗の汁/柘桑 やまぐわ/柘弾 柘弓/柘袍 やまぐわ染めの袍

↓甘柘・苦柘・勁柘・蚕柘・纍柘・桑柘・白柘

常【射】10 2420 シャ セキ エキヤ いる あてる いとう

篆文 

甲骨文 

金文 

【会意】初形は弓+矢+又(手)。弓に矢をつがえてこれを射る形。のち弓矢の形を身と誤り、金文にすでにその形に近いものがある。〔説文〕五下に「弓弩、身より發して、遠きに中るなり。矢に從ひ、身に從ふ」とするのは、のちの篆文の字形によって説くもので、身の部分は弓の形である。射は重要な儀礼の際に、修祓の呪儀として行われたもので、盟誓のときには「卿射(会射)」して、たがいに誓う定めであった。字にまた釋(釈)・斁の音があり、その字義にも用いる。

【訓義】①いる、弓をいる。②釈と通じ、あてる、推測する、さしとる。③斁と通じ、いとう、あく。④繹と通じ、つづく。⑤殬と通じ、つくす、やぶる。

【古訓】〔和名抄〕射 由美以留(ゆみいる)/歩射 加知由美(かちゆみ)/細射 末々岐由美(まきゆみ)/遠射 楊氏漢語抄に云ふ、止保奈計(とほなげ)/馳射 今案ずるに、俗に云ふ、於无毛乃以流(おむものいる)/弋射 以豆留(いづる)。〔箋注〕蓋し射蟇の義/照射、今案ずるに、此の間に、照射を止毛之(ともし)と云ふ/戯射 今案ずるに、此の間に佐以多天(さいたて)と云ふは、是なるか。〔箋注〕谷川(士清)氏曰く、左以多天は、疑ふらくは小射楯の義ならん/射乏 夜布世岐(やふせぎ)/射翳 師説に、末布之(まぶし)〔名義抄〕射 イル・ハカル・トホシ・ユミイル・イトフ/照射 トモシ/戯射 サイタテ/射乏 ヤフセギ/弋射 イツル/歩射 カチユミ/細射 マ、ユミ/遠射 トホナゲ/馳射 オムモノイル 〔字鏡集〕射 ハヤシ・イル・ヤ・ユミイル・トホシ・イトフ・ハカル・トホル

【声系】〔説文〕に射声として謝・榭など三字を収める。榭は〔新附〕にみえるが、金文にみえる射廬の意。射は和好を示す重要な儀礼で、謝はその声義を承けるものであろう。

【語系】射 djyak、釋 sjyak は声近く、通用することがある。舍(舍) sjya もその声が近い。また斁・殬 jyak も声が通じ、通用することがある。

【射御】弓と御馬。古く六芸の一とされた。〔周礼、地官、大司徒〕郷三物を以て萬民を教ふ。~三に曰く、六藝。禮・樂・射・御・書・數なり。

【射侯】まと。侯は十尺四方。その中に鵠(的)を設ける。〔周礼、天官、司裘〕王の大射には、則ち虎侯・熊侯・豹侯を共(供)し、其の鵠を設く。

【射鉤】帯金に矢をあてる。〔左伝、僖二十四年〕齊の桓公、(管仲の)鉤を射たる(怨み)を置きて、管仲をして相たらしむ。

【射策】漢代の官吏登用試験の一。策問して対策の文を書かせる。〔南史、儒林伝序〕漢の武帝の時に及び、學校を開設し、五經博士を立て弟子員を置き、射策設科、勸むるに官祿を以てす。

【射日】太陽を射る。〔淮南子、本経訓〕堯の時に至るに逮び、十日竝び出で、禾稼を焦がし、草木を殺し、民、食する所無し。~堯乃ち羿をして、~上十日を射しめ、~萬民皆喜ぶ。

【射的】弓矢で是非を定める。〔韓非子、内儲説上〕李悝~人の善射なるを欲し、乃ち令を下して曰く、人の狐疑の訟有る者は、之れをして的を射しめ、之れに中る者は勝ち、中らざる者は負けとせんと。令下り、人皆疾やかに射を習ふ。

【射天】天を射る。〔史記、殷紀〕帝武乙、無道なり。偶人を爲りて之れを天神と謂ひ、之れと博して、~勝たざれば乃ち之れを僇辱し、革囊を爲りて血を盛り、仰ぎて之れを射しめ、命けて射天と曰ふ。

【射覆】かくした物をあてさせる。〔漢書、東方朔伝〕上嘗て諸數家をして射覆せしむ。守宮を盂の下に置く。~。皆中ること能はず。朔自贊して曰く、~是れ守宮に非ずんば即ち蜥蜴(とかげ)ならんと。

【射利】利をねらう。晉・左思〔呉都の賦〕富中の甿、貨殖の選、時に乘じて利を射ふ。

【射猟】弓で猟する。〔史記、匈奴伝〕其の俗、寛なれば則ち畜に隨ひ、因りて禽獸を射獵して生業と爲し、急なれば則ち人ゝ戰攻を習ひて、以て侵伐す。

→射意 賭博/射影 短狐/射獲 的中する/射干 ひおうぎ/射官 買官/射捍 ゆごて/射魃 魔よけ/射器 弓矢/射機 弩/射儀 弓の儀礼/射宮 弓場の宮/射芸 弓技/射月 つけえくぼ/射工 短狐/射倖 まぐれをねらう/射鞲 ゆごて/射殺 射て殺す/射士 弓を射る人/射者 射士/射手 射士/射招 的を射る/射場 射的場/射数 賭博/射像 像占い/射垜 的かけ堋/射中 的中する/射服 えびら/射堋 射垜/射礼 射の儀礼

↓暗射・宴射・燕射・会射・学射・騎射・享射・郷射・羿射・激射・姑射・工射・巧射・好射・習射・照射・拙射・善射・掃射・速射・大射・弾射・馳射・逐射・注射・直射・弩射・博射・発射・反射・賓射・無射・輻射・噴射・聘射・放射・僕射・弋射・乱射・猟射

【偖】11 2426 シャ さて

形声 声符は者(者)。もと撦に作り、裂き開く意の字。偖は〔正字通〕にその譌字であるという。国語では「さて」とよむ。字はまた扨を用い、江戸期から用例がある。

訓義 ①ひらく、うちひらく、さきひらく。②さて。

古訓 〔篇立〕偖 マウク 〔字鏡集〕偖 ウツ

常【捨】11 5806 〔捨〕11 シャ すてる おく ゆるす

篆文 

形声 声符は舍(舍)。舍は、大きな把手のある針で祝禱を納めた器の口を突き刺し、その呪能を廃する意で、すてる意があり、捨の初文。捨はその形声字である。〔説文〕十二上に「釋くなり」という。捨にまた「釋く」「赦す」の訓があり、釋(釈)・赦はともに声の近い字である。

訓義 ①すてる、やぶる、無効にする。②おく、さしおく、やめる。③ゆるす。

古訓 〔名義抄〕捨 スツ・オク・ワスル・トク・サキ・ヤメテ・ハナツ 〔字鏡集〕捨 オク・サキ・ワスル・スツ・ヤメテ・トク・キク・サル・ホドコス

語系 捨・舍sjya、釋・赦sjyakは声近く、通用することがある。釋は獣爪(釆)を以て獣屍を裂き解く意で、睪はその獣屍の形。赦は罪人を火で祓い清め、殴つ形で、罪刑を赦免する意。解き放ち、赦免する意を以て通用する。

【捨恩】恩情を捨てて顧みない。〔論衡、非韓〕夫れ人を治むるに恩を捨つる能はず。國を治むるに徳を廢する能はず。物を治むるに春を去る能はず。韓子獨り刑に任じ誅を用ひんと欲するは、如何。

【捨身】身を捨てて供養する。また、俗界を棄てる。〔梁書、武帝紀下〕(大通元年)三月辛未、輿駕、同泰寺に幸して捨身す。甲戌、宮に還り、天下に赦し、改元す。〜林邑・師子國、各と使を遣はし、方物を獻ず。

↑捨棄 すてる/捨敬 免礼/捨札 罪状札/捨施 喜捨/捨手 手放す/捨寿 死亡する/捨生 捨命/捨宅 施舍寺院/捨撤 施す/捨貧 施貧/捨葯 施薬

↓喜捨・棄捨・施捨・取捨・趣捨・浄捨・趨捨・得捨・遁捨・宥捨・用捨

常【斜】11 8490 シャ ヤ くむ ななめ まがる

篆文 

形声 声符は余。余に徐・除の声がある。〔説文〕十四上に「抒むなり」(段注本)とあり、斗を以てものを挹むことをいう。斗柄を斜めにして用いるので傾斜の意となり、また邪(邪)と通用することがある。

訓義 ①くむ、斗を傾けてくむ。②ななめ、かたむく。③まがる、ゆがむ、うねる。

古訓 〔名義抄〕斜 ナ、メ・カタフク・ヨコサマ・ナ、メナリ・ヨ、ミ 〔字鏡集〕斜 ナ、メ・カタフク・ナノメナリ・カタラフ・ヨ、ミ・ヨコサマ・クダク・クム・ツル

語系 斜・邪・衺zyaは同声。〔玉篇〕に「斜は正しからざるなり」とあり、邪・衺と通用する。邪は牙の齟齬して正しくそろわないことをいう。衺は斜め裂きの布をいう。

【斜影】ななめの影。梁・王僧孺〔春日、郷友に寄す〕詩 翠枝、斜影を結び 綠水、圓文を散ず

【斜雁】ななめに列をなして飛ぶ雁。唐・李群玉〔九日、崔大夫に陪して、清河亭に讌す〕詩 晴山、低く浦に畫き 斜雁、遠く天に書く

【斜暉】夕日の光。斜照。唐・杜甫〔絶句、六首、四〕詩 急雨、溪足を捎ひ 斜暉、樹腰に轉ず

【斜月】傾く月。唐・張若虚〔春江花月夜〕詩 斜月沈沈として、海霧に藏る 碣石、瀟湘、限り無きの路 知らず月に乘じて幾人か歸る 落月、情を搖かして、江樹に滿つ

【斜巷】色まち。宋・柳永〔玉蝴蝶〕詞 是の處は小街の斜巷 花館に爛遊し 瑤巵に連醉す 芳容の端麗なる吳姬に冠絕するを選び得たり

【斜照】ななめの光。斜陽。唐・銭起〔張少府を送る〕詩 愁雲、斜照を破り 別酌、行子に勸む

【斜陽】夕陽。斜照。唐・杜牧〔朱坡に遊ぶを憶ふ、四韻〕詩 秋草、樊川の路 斜陽、覆盎の門

↑斜映 ななめの光/斜掩 半ば掩う/斜街 横町/斜漢 天の川/斜眼 やぶにらみ/斜気 邪気/斜攲 傾く/斜輝 斜暉/斜曛 夕日/斜景 夕日/斜傾 傾斜/斜髻 つぶれ髪/斜睨 横目/斜視 斜眼/斜日 夕日/斜酒 酒を酌む/斜簪 ななめにさした簪/斜瞻 斜視/斜睇 斜眼/斜灯 ななめの灯影/斜風 ななめに吹く風/斜瞥 横目/斜封 勅書に封する

↓欹斜・雨斜・影斜・輝斜・髻斜・低斜・日斜・半斜

【罝】11 7710 〔罝〕10 6010 シャ ショ あみ うさぎあみ

篆文 籀文 古印璽 

形声 声符は且。〔説文〕七下に「兔の网なり」とあり、〔詩、周南、兔罝〕に「肅肅たる兔罝」とみえる。

訓義 ①あみ、うさぎあみ。②けものあみ、のあみ。

古訓 〔名義抄〕罝 アミ・アミオク 〔字鏡集〕罝 スツ・ウサギアミ・アミオク・アミ

語系 罝・苴tziaは同声。藉dzyakも声が近い。苴・藉はともに下に敷くものをいう。罝はおそらくおとし網の類であろう。

↑罝維 獣あみ/罝設 網をおく/罝兔 兎あみ/罝罘 あみ/罝罔 あみ/罝網 あみ/罝羅 あみ

↓兎罝

常【赦】11 4834 シャ ゆるす

篆文 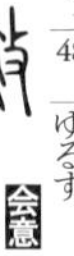

会意 赤＋攴。赤は人に火を加えて、その穢れを祓う意。さらに攴を加えて殴ち、その罪を祓う。それで赦免の意となる。〔説文〕三下に「置くなり」とあり、赦置して罪を免ずることをいう。〔玉篇〕に「放なり」とし、放免の意とする。〔書、舜典〕「眚災は肆赦す」とは、不可抗力や不作為の罪は罰しないことをいう。

訓義 ①ゆるす、罪をゆるす、罪を祓い清めてゆるす。②螫と通じ、さす。また、ことの意に用いる。

古訓 〔名義抄〕赦 ハナツ・オク・マヌガル 〔字鏡集〕赦 オク・マヌガル・アカシ・ハナツ・ナダム・ユルス・スツ

語系 赦・釋(釈)sjyakは舍(舍)・捨(捨)sjyaと声近く、みな、解き釈す、赦置する意があり、一系の語である。

【赦原】ゆるす。原もゆるす。魏・武帝〔短歌行、二首、二〕楽府 崇侯之れ(西伯昌)を讒す、是こを以て拘繫せらる 後赦原せられ 之れに斧鉞(専征権)を賜ふ 征伐せしむることを得 仲尼(孔子)の稱する所と爲る

【赦贖】罪をあがなってゆるす。〔後漢書、王符伝〕(述赦篇)今日、良民を賊することの甚だしき者は、赦贖を數しばすることより大なるは莫し。赦贖數となれば、則ち惡人昌かんにして、善人傷る。

【赦免】罪をゆるす。〔旧唐書、玄宗紀上〕(開元十年)三

月戊申、詔して、今より内外官の贓を犯し解免に至ること有る已上は、縦ひ赦免に逢ふとも、並びに終身齒（列）すること勿からしむ。

【赦宥】しゃゆう 罪をゆるす。漢・蔡邕〔陳太丘（寔）の碑文〕會たま黨（錮）の事に遭ひ、禁固せらるること二十年、天を樂しみ命を知り、澹然として自ら逸す。～文書もて赦宥せらるるに及び、時に年已に七十。遂に丘山に隱れ、懸車告老す。

↑赦過 過ちをゆるす／赦罪 罪をゆるす／赦釈 ゆるす／赦書 赦免状／赦恕 ゆるす／赦除 ゆるす／赦詔 赦免の詔／赦状 赦免状／赦貰 ゆるす／赦貸 寛恕する／赦罰 罪をゆるす／赦文 赦し文／赦放 赦免する／赦令 恩赦／赦例 赦免の例

↓恩赦・寛赦・原赦・裁赦・三赦・肆赦・贖赦・貰赦・大赦・誅赦・特赦・復赦・放赦・逢赦・無赦・免赦・宥赦・容赦

人 【這】11 3030 ［这］8 3030 シャ ゲン むかえる この はう

形声 声符は言。古くは言声によみ、迎える意の字であったとされるが、その用例をみない。唐以後、「這この」の意に用い、這般・這箇のようにいう。国語では「這はう」という動詞に用いる。

訓義 ①むかえる、ゆく。②この、これ。③国語で、はう。

古訓 〔名義抄〕這 ハフ・ハヒイル・イトマ・フム・イフコト・コトモリ・ムカフ・ウツス・ハヅス・ヨバフ 〔字鏡集〕這 ハツ・ウツス・ハツル・フム・ムカフ・イトマ・ハフ・メグル・イフコト・ノブ・ス・ム・ヨバフ・ハビコル・コト、モリ

【這回】このたび。今回。唐・元稹〔東都を過ぎり、楽天（白居易）に別る、二首、二詩 君を識りてより來三度別る 這回は白み盡す老髭鬚

【這箇】この。これ。唐・拾得〔拾得詩、八〕嗟あ世間の人を見るに 永劫に迷津に在り 這箇の意を省みざれば 修行して徒だ苦辛するのみ

【這般】このような。〔朱子語類、性理三〕且つ春夏秋冬を看るに、春時は盡く是れ溫厚の氣なり。仁は便ち是れ這般の氣象なり。

↑這個 這箇／這些 この／這是 これは／這次 このたび／這畔 これ／這辺 這般／這裏 このうち

【奢】12 4060 シャ おごる ほこる たかぶる

篆文  籀文  金文  詛楚文 

会意 大＋者（者）。者は、祝禱の器（曰）を埋めて呪禁とする境界の土堤。邑居の周囲にめぐらすお土居の類。それを跨ぎてこえる形であるから、他を侵し、奢る意象の字である。〔説文〕十下に「張るなり」とし、者声とするが、者の声義を用いる亦声の字。また〔説文〕に籒文として奓をあげるが、その字は侈の初文。西周期の金文に奢の字がみえ、古くからある字である。

訓義 ①おごる、あなどる、お土居を侵して威勢をはる。②ほこる、いばる、たかぶる。③侈と通じ、ぜいたく。

古訓 〔新撰字鏡〕奢 由太介志（ゆたけし）〔名義抄〕奢 ヲゴリ・ホコル 〔字鏡集〕奢 ハル・ソフ・ユルス・オホシ・オゴル・トホス・マサシ・タカハカリ・オソシ・ユルナリ・ハルカナリ・ユルカニ・ホコル・スグル

語系 奢 sjya、侈（奓）thjiai は声義が近い。奢は侈靡放縦の意とされるが、本来は傲（おごる）と同じく、対手に呪的な力を誇示する行為であった。国語の「おごる」も「あがる」、超えまさろうとする心をいう。

【奢佚】おごりあそぶ。〔後漢書、郎顗伝〕方今時俗奢佚にして、恩を淺くし義を薄くす。夫れ奢を救ふは必ず儉約に於てし、薄を救ふは敦厚に若くは無し。～本立ちて道生じ、風行きて草從ふ。

【奢虐】おごりしいたげる。〔後漢書、宦官、張讓伝論〕三代は嬖色を以て禍ひを取り、嬴氏（秦）は奢虐を以て災ひを致す。西京（前漢）は外戚より祚を失ひ、東都（後漢）は閹尹（宦官）に緣りて國を傾く。

【奢儉】奢侈と倹約。〔三国志、魏、衛覬伝〕禮に、天子の器に必ず金玉の飾有り、飲食の肴に必ず八珍の味有り。凶荒に至りては、則ち膳を徹し服を降す。～奢儉の節は必ず世の豐約に視らふ。

【奢侈】ぜいたく。〔国語、晋語八〕桓子に及びて驕泰奢侈、貪慾藝まること無く、則を略し志を行ひ、假貸して賄を居ふ。

【奢恣】ぜいたくでほしいまま。〔三国志、呉、華覈伝〕（上疏）兵民の家すら猶ほ復た俗を逐ひ、内に儋石の儲無きも、出づるに綾綺の服有り。富賈商販の家に至りては、～奢恣尤も甚だし。

【奢僭】身分不相応のぜいたくをする。〔漢書、成帝紀〕方今世俗奢僭極まり罔し。～或いは乃ち奢侈逸豫、務めて第宅を廣め、園池を治め、多く奴婢を畜ひ、～鐘鼓を設け、女樂を備ふ。

【奢泰】ぜいたく。〔荀子、王霸〕齊の桓公、閨門の内、懸樂奢泰、游抏（玩）を之れ脩む。～然れども諸侯を九合し、天下を一匡し、五伯の長と爲りしは、是れ亦た它の故無し。政を管仲に一にするを知ればなり。

【奢靡】程度をこえたぜいたく。〔唐書、魏徴伝〕上奢靡にして下の朴素なることを望み、力役廣くして農業の興るを冀ふも、得べからざるのみ。

【奢麗】ぜいたくで美しい。〔後漢書、羊續伝〕時に權豪の家、多く奢麗を尚ぶ。續、深く之れを疾み、常に敝衣・薄食し、車馬羸敗す。

↑奢溢 おごり／奢淫 みだれる／奢華 華やか／奢闊 汗闊／奢綺 はで／奢驕 驕奢／奢言 大言／奢夸 ほこる／奢肆 奢恣／奢尚 ぜいたく／奢縦 奢恣／奢飾 華やか／奢忲 奢侈／奢汰 奢泰／奢宕 奢縦／奢費 贅沢費／奢放 奢恣／奢望 高望み／奢予 享楽

↓夸奢・華奢・戒奢・割奢・窮奢・去奢・矜奢・驕奢・禁奢・倹奢・好奢・豪奢・侈奢・肆奢・饒奢・僭奢・泰奢・繁奢・紛奢

常 【煮】12 4433 人 ［煑］13 4433 シャ ショ にる ゆでる

篆文 

形声 声符は者（者）。〔説文〕三下に字を𩰲に従う字に作り、「亯るなり」（小徐本）という。字はもと庶に作る形であったと考えられ、庶は厨で鍋の下に火をくべる形である。者は呪符を埋めたお土居をいう字で、堵の初文。料理に関係のない字である。遮（遮）はお土居によって「遮る」字であるから、もと者の声義に従うべく、者・庶は同声のため字が互易している。庶多のことを諸（諸）というように、両字の間に通用するところがある。

訓義 ①にる、にこむ。②ゆでる、熟する。

古訓 〔名義抄〕煮 ニル・ヤク・イル・カシク

語系 者 tjya、庶 sjia の声近く、もと関係のない字であるが、声符として互易することがある。

【煮塩】海水を煮て塩を作る。〔漢書、鼂錯伝〕呉・楚七國、倶に反し、錯を誅するを以て名と爲す。～上、曰く、呉王、山に卽き錢を鑄、海を煮て鹽を爲る。天下の豪傑を誘ひ、白頭事を擧ぐ。此れ其の計百全ならずんば、豈に發せんや、何を以て其の能く爲す無しと言はんやと。

【煮簀】すのこを煮る。〔笥譜に引く笑林〕漢の人、呉に適くもの有り。呉の人筍を設く。是れ何物なるかを問ふ。語げて曰く、竹なりと。歸りて其の牀簀を煮るに熟せず。乃ち其の妻に謂ひて曰く、呉の人轣轆、我を欺くこと此くの如しと。

【煮字】文字でくらしを立てる。元・黄庚〔雑詠〕詩 耽書自ら笑ふ、已に癖を成すを 煮字元來、飢ゑを療やさず

【煮粥】粥をたく。〔北史、王羆伝〕城中糧盡きたり。羆乃ち粥を煮て、將士と均しく分ちて之れを食らふ。出でて戰ふ每に、常に甲冑を擐けず。

【煮茶】茶を煮る。唐・杜荀鶴〔廬岳の書斎を懐ふ〕詩 茶を煮る、窗底の水 藥を採る、屋頭の山 是の境、皆遊ぶこと遍し 誰人か、閒を羨まざらん

↑煮芋 芋を煮る／煮海 海水を煮て塩を作る／煮酒 酒の燗／煮汁 煮たしる／煮熟 煮こむ／煮食 煮もの／煮石 仙人の食事／煮泉 湯をわかす／煮鑄 塩を煮、鉄を作る／煮湯 煎薬／煮梅 梅を煮る／煮餅 湯餅／煮茗 煮茶／煮藥 煎薬／煮練 練麻

↓熏煮・羹煮・蒸煮・炊煮・煎煮・飯煮・糜煮・炮煮・亨煮

【樹】 14 4490 シャ うてな

篆文

形声 声符は射。〔説文新附〕六上に「臺に屋有るなり」とあり、〔書、泰誓上〕に「宮室臺榭」の語がある。もと射儀の行われたところであるらしく、金文にみえる射廬もその種のもので、堂室を設けない建物であろう。〔漢書、五行志上〕に「榭は樂器を藏する所以なり」とするのは、射儀に用いる楽器を、その台榭に蔵したのであろう。

訓義 ①うてな、台上に屋のあるもの。②内宮のない建物、射や演武に用いた。③楽器や道具を蔵めるところ。

古訓 〔名義抄〕榭 ウテナ・ヤネフ 〔篇立〕榭 カネヒ

↓園榭・旧榭・曲榭・広榭・荒榭・香榭・高榭・水榭・宣榭・層榭・台榭・池榭・竹榭・亭榭・庭榭・舞榭・林榭・楼榭

【賖】 14 6889 シャ つけかい はるか ゆるやか

篆文

形声 声符は余。余に斜・徐の声がある。〔説文〕六下に「貰買するなり」とあって、つけ買いすることをいう。〔周礼、地官、泉府〕に「凡そ賖する者、祭祀に旬日を過ぐること無かれ。喪紀に三月を過ぐること無れ」という規定がある。酒客をうたう詩に「酒を賖ふ」ということが多い。身体をはることを賖死という。余に古く舎（舍）の声があり、舍置（捨てる）の意に用いることがある。

訓義 ①かけでかう、つけかい、かり。②はるか、ゆるやか。③奢と通じ、おごる、おごり。

古訓 〔新撰字鏡〕賖 於支乃利（おきのり）〔名義抄〕賖 オキノル・オソシ・ヒロシ・タカラ・クレタリ・ハルカナリ・ツト・トホシ・ユタカナリ・ユルシ

語系 賖sjya、貰sjiatは声義が近い。〔説文通訓定声〕に、受けるものを賖、与えるものを貰というとするが、同義に用いる。国語では、貰はもらう方である。

【賖酤】つけで酒をかう。〔三国志、呉、潘璋伝〕性、博蕩にして、酒を嗜む。貧に居り、好んで賖酤す。債家門に至れば、輒ち言ふ、後豪富ならば相ひ還さんと。

【賖酒】つけで酒をかう。唐・張喬〔友人に贈る〕詩 琴を典し（入質し）て酒を賖ひ、吟じて寺を過ぐ 客を送りて鄉を思ひ、灞陵に上る

【賖貰】かけ買いする。〔三国志、呉、呂蒙〕蒙陰かに賖貰し、兵の爲に絳衣行縢を作る。簡（閱）する日に及んで、陳列すること赫然たり。

【賖僻】遠くて町はずれ。〔唐書、姚崇伝〕帝（玄宗）方に萬機を躬らす。～唯だ獨り崇のみ裁決を佐く。～崇の第賖僻なり。因りて近く客廬に舍す。

↑賖荷 負債／賖貨 売りかけ／賖緩 緩漫／賖刑 刑を猶予する／賖欠 つけ買い／賖市 つけ買い／賖死 死罪をゆるくする／賖取 かけで買う／賖賑 売りかけ／賖促 緩急／賖貸 貸す／賖帳 掛売帳／賖買 つけ買い／賖僻 僻遠／賖望 高望み／賖遥 はるか／賖老 若返り

↓淹賖・寛賖・交賖・帯賖・貸賖・年賖・望賖・斂賖・路賖・漏賖

常

【遮】 14 3030 〔遮〕 15 3030 シャ さえぎる

篆文

形声 声符は庶。〔説文〕二下に「遏むるなり」とあり、禁遏して遮断するをいう。庶は庖厨で鍋を火にかける形で、ものを煮る意であるから、遮断の意ならば、お土居をいう堵の初文である者（者）が、遮る意をもつ字である。煮るのに者を用い、遮るのに庶を用いるのは、両字同声であるので互易したものであろう。「遮莫」は唐詩などにみえる語である。

訓義 ①さえぎる、とめる、たちきる、へだてる、まちうける。②遮莫は、さもあらばあれ。③庶と通じ、おおい。④這と通じ、この、これ。⑤者と通じ、両事を区別するときの詞に用いる。

古訓 〔名義抄〕遮 サイキル・サマタク・サハル・サシヌク・カクス・サシカクス・トフ・オフ・サマラハレ／遮莫 アヂキナシ・サモアラバアレ 〔字鏡集〕遮 サフ・タツ・サヒ・ヲフ・イル・トフ・サシヌク・サマラレハレ・サハル・サマタク・カクス・アキラカ・サハク・サイキル・サシカラス

【遮害】水をさえぎる。決潰の地。〔漢書、溝洫志〕臣竊かに遮害亭を按視するに、西十八里、淇水の口に至り、乃ち金隄有り。高さ一丈。是れより東は地稍や下く、隄稍や高く、遮害亭に至りては、高さ四五丈なり。

【遮渠】ままよ。唐・白居易〔州民に答ふ〕詩 宦情斗擻と、塵に隨つて去り 鄉思銷磨し、日を逐うて無し 唯だ騰騰として閒事を作さんことを擬す 遮渠使君の愚を道はず

【遮断】さえぎり止める。前蜀・韋荘〔春日〕詩 紅塵遮斷す、長安の陌 芳草、王孫暮るるも歸らず

【遮莫】ままよ。唐・岑参〔原頭に范侍御を送る〕詩 君に別れ、祇だ相思の夢のみ有り 遮莫千山と萬山と

【遮列】神聖を守るため、邪悪をせきとめる。また天子の護衛にもいう。〔三国志、魏、王朗伝〕時に帝頗ぶる出でて游獵し、或いは昏夜にして宮に還る。朗、上疏して曰く、～將に行かんとするときは、則ち～道を清めて而る後奉引し、遮列して而る後に轂を轉ず。～皆至尊を顯はし～法教を垂るる所以なり。

↑遮遏 さえぎる／遮育 多く育つ／遮隠 隠す／遮映 見えるのを隠す／遮翳 おおい隠す／遮掩 おおい隠す／遮翳 遮回 這回／遮蓋 おおいかくす／遮礙 さえぎる／遮扞 防ぐ／遮眼 見えるのを隠す／遮劫 辻強盗／遮撃 要撃する／遮箇 この／遮護 護る／遮行 さえぎる／遮止 さえぎり止める／遮日 光をさえぎる／遮手 遠望する／遮截 遮断／遮絶 遮断／遮蔵 かくす／遮天 山ほど／遮冬 御寒／遮道 道をさえぎる／遮撥 排斥／遮蔽 遮掩／遮防 防ぐ／遮面 顔を隠す／遮蒙 覆う／遮要 さえぎる／遮擁 さえぎる／遮邀 遮要／遮抑 止める／遮闌 とめる／遮攔 遮闌／遮留 遮止する／遮厲 遮迾／遮迾 遮列／遮路 遮道／遮籠 隠す

↓強遮・迎遮・固遮・蔵遮・屏遮・蔽遮・蒙遮・要遮

【赭】 16 4436 シャ あかつち あか

篆文

形声 声符は者（者）。〔説文〕十下に「赤土なり」とあり、建造物の塗飾に用い、呪的な意味をもつことがあった。〔詩、邶風、簡兮〕「赫、渥丹の如し」、〔詩、秦風、終南〕「顔、渥赭の如し」は、いずれも祝頌の詩である。

訓義 ①あかつち。②あかつちのいろ、あか。③はだか、はだかいろ、草木のない土山。④囚人の衣。

古訓 〔名義抄〕赭 アカシ／代赭 アカツチ 〔字鏡集〕赭 アカシ・アカム・アカツチ

語系 赭 tjya、赤 thjyak は声義近く、衣の赤いのを褚 thia という。兵卒の服である。朱・絑 tjio も同系の語。この系統の色相のものには、呪的な意味があるとされた。

【赭堊】 赤土と白土。建物に塗り飾る。丹堊。〔韓非子、用人〕夫れ人主、隙穴を塞がずして力を赭堊に勞するときは、暴雨疾風に必ず壞る。

【赭衣】 罪人の服。〔史記、田叔伝〕漢、詔を下し、趙王及び群臣の反する者を捕ふ。～唯だ孟舒・田叔等十餘人、赭衣して自ら髠鉗（髪を切り、首に輪をする。刑人のさま）となり、王家の奴と稱して隨ふ。

【赭汗】 顔がほてり、汗が流れる。〔後漢書、劉盆子伝〕諸將乃ち皆臣と稱して拜す。盆子、時に年十五、被髮徒跣（はだし）し、敝衣赭汗、衆の拜するを見て、恐畏して啼かんと欲す。

【赭鞭】 赤いむち。〔捜神記、一〕神農赭鞭を以て百艸を鞭うち、盡く其の平毒寒溫の性、臭味の主とする所を知り、以て百穀を播く。故に天下神農と號す。

【赭面】 顔を赤く塗る。〔唐書、吐蕃伝上〕（貞觀）十五年、妻はすに宗女文成公主を以てす。～公主、國人の赭面なるを惡む。弄贊、令を國中に下して、之れを禁ぜしむ。

↑赭汙 あかく汚れる／赭褐 戦士／赭顔 酔顔／赭裾 囚人の衣／赭紅 紅褐色／赭黃 代赭色／赭山 禿山／赭縄 墨縄／赭徒 囚徒／赭袍 天子の服／赭墨 入墨などの刑罰

↓渥赭・衣赭・汗赭・黥赭・代赭・丹赭・流赭

常【謝】 17 0460 シャ さる わびる あやまる

篆文

形声 声符は射。〔説文〕三上に「辤去するなり」とあり、去る意。〔楚辞、大招〕に「靑春、謝を受く」とあるように、代謝（移り変わること）することをいう。また謝辞・謝礼の意にも用いる。もと辞を以て応酬する意の字であろう。

訓義 ①さる、辞去する、わかれる、せめる、死ぬ、しぼむ、衰える。②むくいる、挨拶する、礼をいう、つぐなう。③わびる、あやまる、のべる。

古訓 〔新撰字鏡〕謝 宇豆須（うつす）辭なり 〔名義抄〕謝 カシコマル・ムクユ・オガム・ヤル・マウス・サル・ツク・ユルス・コタフ・コトバ・カタチガヒ・チガフ・カタサル・ムカフ・キル・イヌ

【謝恩】 恩を受けた礼をいう。〔後漢書、礼儀志上〕三老五更を養ふの儀～天子、門屛に迎へ、交禮す。～明日、皆闕に詣りて恩を謝す。

【謝客】 客に別れる。客をことわる。客に礼をいう。また、南朝宋の謝霊運をいう。〔詩品、総論〕王微の風月、謝客の山泉、～斯れ皆五言の警策なる者なり。

【謝公】 南朝宋の謝霊運をいう。山行を好み、山行に用いた屐を「謝公の屐」という。〔宋書、謝霊運伝〕山を尋ね嶺に陟り、必ず幽峻に造る。～登躡するとき、常に木履を著け、山に上るときは則ち前齒を去り、山を下るときは其の後齒を去る。

【謝罪】 罪をわびる。〔史記、廉頗藺相如伝〕廉頗之れを聞き、肉袒（肩はだぬぎ）して荊を負ひ、～藺相如の門に至りて罪を謝し、～卒に相ひ與に驩びて刎頸の交はりを爲す。

【謝事】 官をやめる。俗事を去る。宋・蘇軾〔仲素寺丞の致仕して潛山に帰るを送る〕詩 潛山の隱君、七十四 紺瞳綠髮、初めて事を謝す

【謝世】 死去する。南朝宋・謝霊運〔祖徳を述ぶ詩〕賢相、世を謝するの運 遠圖、事に因りて止む 七州の外に高揖し 衣を五湖の裏に拂ふ

【謝絶】 ことわる。〔史記、儒林、申公伝〕（太子）戊、學を好まず、申公を疾む。～申公之れを恥ぢて魯に歸り、退居して家に教ふ。終身門を出でず、復た賓客を謝絶す。獨だ王命じて之れを召すときは、乃ち往く。

【謝表】 君恩を謝する表。〔東観漢記、六、和熹鄧皇后伝〕后、位を遜り、手書して謝表し、深く德薄くして以て宗廟を奉承し、少君の位に充るに足らざるを陳ぶ。

【謝病】 病気を理由としてことわる。〔戦国策、斉一〕宣王自ら靖郭君を郊に迎へ、之れを望みて泣く。靖郭君～已むを得ずして受け、七日にして病と謝し、強ひて辭す。三日にして聽す。

【謝老】 年老いて官を退く。〔魏書、尉元伝〕元、闕に詣りて老を謝す。庭に引見し、命じて昇殿勞宴し、玄冠素服を賜ふ。

↑謝意 お礼／謝殃 禍を去る／謝娥 妓女／謝儀 謝金／謝却 去る／謝去 別れる／謝金 礼金／謝塹 はじあやまる／謝詞 謝辞／謝時 世を避ける／謝辞 お礼をいう／謝章 謝表／謝娘 妓女／謝牋 礼状／謝徳 謝恩／謝別 別れをいう／謝落 凋落する／謝礼 お礼

↓慰謝・開謝・感謝・寄謝・愧謝・跪謝・敬謝・固謝・厚謝・告謝・懇謝・塹謝・辞謝・深謝・送謝・多謝・代謝・陳謝・追謝・答謝・拝謝・薄謝・万謝・表謝・伏謝・報謝・面謝・労謝

【瀉】 18 3312 シャ セキ そそぐ のぞく はく

形声 声符は寫（写）。舄は廟中で用いる礼装用の履で、そのときに履きかえるもの。金文に「赤市金舄」とあり、舄は二重底の、縫い飾りのあるもので、古墓から出土するものには、多くの飾りが加えられている。特に履きかえるものであるから、移しかえる意があり、水を他に注ぐことを瀉という。

訓義 ①そそぐ、水をそそぐ、水をまく、水を流す。②のぞく、うつしのぞく。③はく、くだす、もらす。④国語で、ひがた、水の引くところの意であろう。

古訓 〔名義抄〕瀉 ウツス・ソヽグ・カタ・トヽム

語系 瀉・寫 sya は同声。〔説文〕七下に「寫は物を置くなり」とあり、おきかえる意。水で洗い流すことを瀉といい、とり除く意ともなる。〔詩、邶風、泉水〕「以て我が憂ひを寫かん」のように、寫を用いることがある。

【瀉下】 そそぎ落ちる。唐・韓偓〔野塘〕詩 巻荷（蓮）忽ち微風に觸れられ 瀉ぎ下す、淸香露一杯

【瀉出】 そそぐように流れ出る。宋・欧陽脩〔酔翁亭記〕山行六七里、漸く水聲の潺潺（水の流れる音）を聞く。兩峯の閒に瀉出する者は、讓泉なり。

【瀉土】 塩分を含んだ土。荒地。〔論衡、書解〕夫れ山に林無きは則ち土山と爲し、地に毛（草木）無きは則ち瀉土と爲し、人に文無きは則ち樸人と爲す。～人に文德無きは、聖賢と爲さず。

↑瀉火 下痢発熱／瀉気 気をもらす／瀉剤 下剤／瀉

潤 そそぎ潤す／瀉水 水を落とす／瀉肚 下痢／瀉瓶 仏教を伝道する／瀉弁 大弁舌／瀉盆 大雨／瀉痢 下痢／瀉流 そそぎ流す／瀉溜 したたる／瀉涙 大泣き／瀉瀲 ひたす／瀉鹵 塩分のある荒地

↓散瀉・珠瀉・承瀉・清瀉・泉瀉・湍瀉・注瀉・長瀉・直瀉・吐瀉・噴瀉・分瀉・溜瀉

【藉】18 4496 ［耤］14 5496

シャ セキ

しく しきもの かりる もし

篆文 

形声 声符は耤。〔説文〕一下に「祭藉なり」とあり、祭事に用いて、神饌のものなどをおく。〔礼記、曲礼下〕に「玉を執るに、其の藉有る者には則ち裼す」、また〔易、大過、初六〕に「藉くに白茅を用ふ」とあり、草を編んで作る。また音が通じて借る意に用い、〔左伝、宣十二年〕「敢て君の霊を藉る」とあり、依藉することをいう。また仮令の意に用いる。耤は古くは耒を踏んで耕す形に作り、それで藉にも踏藉の意がある。

訓義 1しく、しきもの、祭事に用いる祭藉。2借と通じ、かりる、たすける、もし、たとい。3耤の声義をうけて、ふむ、ふみみだす、ちらばる、はずかしめる。4薦と通じ、しきり。

古訓 〔名義抄〕藉 ヨル・カル・シバラクモ・シキヰス・ヲサム・クサカリ・シク・トル・サシキ・ハナハダシ・オゴク・ミダリガハシ・フム・サム 〔字鏡集〕藉 シキリ・ウゴク・タノム・ハジム・サム・コム・ミダリガハシ・ミダル・シバラクモ・ハナ／〜シ・クサカリ・サシキ・シキヰス・トル・ヤル・ヨル・ヲサム

語系 藉・籍（籍）dzyak、苴・且tzia は声近く、下に敷いて物をのせるもの。俎tzhia、薦（薦）tzian、蔣（蔣）tziang、席zyak もこの系統の語で、下にものを藉き、薦め供える意がある。また借tzyak は藉・且と通じ、「もし」「かりに」「たとい」のような副詞的な語に用いる。

【藉蔭】父祖の勲功によって官職を得ること。その家がら。〔南史、荀伯子伝〕伯子、常に自ら藉蔭の美を矜り、（王）弘に謂ひて曰く、天下の膏粱（富裕）は、唯だ使君と下官とのみ〜と。

【藉勢】勢いをたのむ。〔漢書、劉向伝〕夫れ権に乗じ勢を藉るの人、子弟朝（廷）に鱗集するも、羽翼陰附する者衆し。

【藉田】天子が祭祀のため親耕する田。〔漢書、文帝紀〕（二年春正月詔）夫れ農は天下の本なり。其れ藉田を開け。朕親ら率ゐ耕し、以て宗廟の粢盛（祭饌）に給はん。

【藉没】財産を官に没収する。〔後漢書、宦者、侯覧伝〕（督郵張倹）遂に覧の冢宅を破り、資財を藉没し、具さに罪状を言ふ。

【藉斂】税を収める。〔荀子、君道〕藉斂に費を忘れ、事業に労を忘れ、寇難に死を忘る。城郭飾ふるを待たずして固く、兵刃陵ぐを待たずして勁し。

↑藉慰 慰藉／藉仮 かる／藉外 かる／藉幹 屍に敷く／藉綺 美しい敷物／藉口 口実とする／藉藁 罪を待つ／藉使 もし／藉詞 口実とする／藉資 融資／藉悉 拝承／藉手 手をかす／藉助 助け／藉甚 盛大／藉藉 ちらばる／藉託 かこつける／藉端 藉託／藉稲 植え付けの登記／藉靡 刑徒／藉茅 ちがやをしく／藉履 利用する／藉令 もし

↓倚藉・慰藉・因藉・蔭藉・温藉・醞藉・権藉・資藉・手藉・蹂藉・承藉・践藉・薦藉・繅藉・地藉・踏藉・蹈藉・憑藉・扶藉・芬藉・崩藉・凌藉・躙藉・狼藉

【鷓】22 0722

シャ しゃこ

篆文 

形声 声符は庶。〔説文新附〕四上に「鷓鴣、鳥名」とあり、しゃこ。中国南部に産し、越雉ともいう。

訓義 1しゃこ、鷓鴣。

【鷓鴣】しゃこ。唐・李白〔越中覧古〕詩 越王句践、呉を破りて帰る 義士、家に還りて盡く錦衣す 宮女花の如く、春殿に満つ 只だ今惟だ、鷓鴣の飛ぶのみ有り

【鷓斑】しゃこのような柿色の斑点のある茶碗。〔陶説〕清異録に、閩中に花琖を造る。花紋は鷓鴣斑點なり。試茶の家、之れを珍とす。

↑鷓巴 しゃこ

ジャ

常【邪】8 〘邪〙7 7722 ［耶］9 1712

ジャ ヤ

よこしま わるい ななめ

篆文 

形声 声符は牙。牙に形の不正なるものの意がある。〔説文〕六下に「琅邪郡」と地名を以て解するが、衺と通用してその義に用いられる。衺は奇衺。呪詛をなすものなどが服するもので、邪悪の意となる。

訓義 1衺と通じ、ななめなるもの、よこしま、わたくし、わるい、もとる、たがう、いつわる、ねじける。2まがごと、えやみ、悪霊。3斜と通じ、ななめ、かたむく。4徐と通じ、ゆるやか。5也と通じ、終助詞、疑問・詠嘆に用いる。

古訓 〔名義抄〕邪 ヨコサマ・ヨコシマ・アシ・ナ、メニ・ユガム・イツハル／耶 ユガム・シバラク・アサシ・イカシ 〔字鏡集〕邪 ユガム・イツハル・イヤシ・ヨコサマ・アヤシ・ナ、メ・シバラク・アシ・ヌカ・アサシ

語系 邪・衺・斜zya は同声。牙には歯牙不斉の意があり、また斜は酙酌のとき杓を斜めにして酌む意で、同系の語である。終助詞として耶jya、也jia、與（与）・歟jia と声近く、同じように用いる。

【邪悪】不正をなすもの。〔周礼、地官、司救〕萬民の邪惡・過失を掌りて、之れを誅讓（責）す。

【邪意】よこしまな心。〔後漢書、楊賜伝〕冠履倒易し、陵谷代處す。小人の邪意に從ひ、無知の私欲に順ふ。〜殆い哉の危、今に過ぐるは莫し。

【邪淫】姦邪淫蕩。〔礼記、三年問〕將に夫の邪淫を患ふる（罹る）人に由らんとするか。則ち彼は（親の）朝に死するも夕に之れを忘る。〜則ち是れ曾ち鳥獸にだも若かざるなり。

【邪気】悪心。〔管子、形勢〕朝に其の事を忘るれば、夕に其の功を失ふ。邪氣内に入れば、正色乃ち衰ふ。

【邪教】邪悪な教え。〔漢学師承記、四、洪亮吉〕時に教匪（白蓮教の乱匪）充斥す。題して征邪教疏と爲す。君、時事を指陳し、直書して隱む無し。又師友の前に在りて時事を論じ、扼腕歎息す。皆以て狂と爲す。〜乃ち引疾して歸る。

【邪曲】よこしまで道にたがう。〔荀子、非相〕故に邪曲に郷ふも迷はず、雜物を觀るも惑はざるは、此れを以て之れを度ればなり。

【邪許】きやりなど、衆人力を合わせるときのかけ声。〔淮南子、道応訓〕今夫れ大木を擧ぐる者、前なるは邪許と呼び、後も亦た之れに應ず。此れ重きを擧げ、力を勸むるの歌なり。

【邪心】邪悪な心。〔韓非子、解老〕欲有ること甚だしければ、則ち邪心勝つ。邪心勝つときは則ち事經絶す。事經絶する

ときは、則ち禍難生ず。

【邪説】じゃせつ　異端の説。〔孟子、滕文公下〕世衰へ道微にして、邪説暴行有また作おる。臣にして其の君を弑する者之れ有り。子にして其の父を弑する者之れ有り。孔子懼れて、春秋を作る。

【邪道】じゃどう（だう）　誤った教え。〔史記、儒林伝序〕孔子、王路の廢して、邪道の興ることを閔れふ。是ここに於て詩・書を論次し、禮樂を修め起す。

【邪法】じゃほう（はふ）　邪悪奇異な法。〔隋唐嘉話、中〕貞觀中、西域胡僧を獻ず。咒術じゅじゅつ（まじないの法）もて能く人を死生せしむ。～帝以て太常卿傅奕えきに告ぐ。奕曰く、此れ邪法なり。～若もし臣を咒せしめば、必ず行ふを得ざらんと。～須臾しゅゆにして、胡僧忽然として自ら倒る。

➡邪施　よこしま／邪佚　わがまま／邪贏　不正の利／邪汙　邪穢／邪学　異端の学／邪猾　ずるい／邪姦　姦邪／邪鬼　邪悪な霊／邪偽　よこしまで偽り／邪議　不正の議／邪径　不正の道／邪計　悪計／邪譎　邪偽／邪孼　災い／邪慳　意地が悪い／邪呼　邪許／邪菑　災い／邪志　邪意／邪哆　よこしまでおごる／邪視　やぶにらみ／邪辞　不正の言／邪宗　邪教／邪臣　悪臣／邪神　悪神／邪人　邪心の人／邪推　猜疑／邪正　正邪／邪性　性わる／邪俗　悪い風習／邪智　奸智／邪睇　やぶにらみ／邪諂　邪佞／邪蠹　内部の悪人／邪撓　邪曲／邪慝　悪もの／邪佞　へつらい人／邪念　悪念／邪悖　あやまりもとる／邪媚　邪佞／邪幅　脚絆／邪辟　ねじけ／邪僻　ねじけ／邪放　わがまま／邪謀　姦計／邪魔　妨げの魔性／邪魅　もののけ／邪民　不正の民／邪揄　からかう／邪乱　乱れる／邪吏　悪役人／邪沴　悪気／邪穢　邪悪でけがれる／邪惑　あやまりまどう

⬇淫邪・陰邪・掩邪・枉邪・懐邪・奸邪・姦邪・閑邪・奇邪・棄邪・却邪・去邪・祛邪・禦邪・凶邪・挟邪・蠲邪・讒邪・湿邪・嫉邪・触邪・正邪・塞邪・忠邪・滌邪・佞邪・破邪・排邪・風邪・祓邪・辟邪・僻邪・闢邪・防邪・妖邪

【衺】　10　0073

篆文 

ジャ　ななめ　よこしま　わるい

形声　声符は牙が。邪（邪）じと同声。牙に形の不正に曲がったものの意がある。〔説文〕八上に「㒸ななめなり」とあり、また㒸ぃ字条十下に「衺ななめなり」とあって互訓する。〔周礼、天官、宮正〕に「其の奇衺の民を去る」とあり、奇邪の服を著け、巫蠱ふなどの呪術を行う邪教の徒をいうのであろう。奇服・奇邪の意には衺がその正字であるが、漢碑の〔曹全碑〕などにすでに邪の字を用いており、のち邪が通行の字となった。

訓義　①ななめぎれ、ななめ。②邪と通じ、よこしま、わるい。

語系　衺・邪・斜 zya は同声。みなものが斜めの状態にあることをいい、方正に対して不正の意となる。

＊語彙は邪字条参照。

➡衺悪　邪悪／衺道　邪道／衺慝　奸悪／衺僻　不正

常【蛇】　11　5311　［虵］　9　5411　［蛇］　11　5811

篆文 

ジャ　ダ　イ　へび

形声　声符は它た。它は蛇の象形。蛇はその形声の字。〔説文〕十三下に它を正字として「虫なり」とし、重文として蛇の字形を録している。它はのち他などの意に用いられ、它・蛇の字が区別されるようになった。他・池の従う也ぃも蛇形。蝎さそりと合わせて蛇蝎だかつという。

訓義　①へび、くちなわ、ながむし。②委蛇は、うねりゆくさま。

古訓　〔和名抄〕蛇 倍美（へみ）、一名、久知奈波（くちなは）、日本紀私記に云ふ、虵、乎路知（をろち）〔名義抄〕委蛇 ウルハシ〔字鏡集〕蛇 ヘビ・クチナハ・ハミ・ヲロチ

部首　蛇の正字它を〔説文〕に部首とし、蛇はその異文。〔玉篇〕に螭ちの異文として虵を録している。

声系　〔説文〕に它声として詑・佗・沱・鉈など九字を収めている。它にまるくわだかまる形の意がある。

語系　蛇（虵）djyai、它thai はもと同字であるが、区別して用いられるに及んで声にも少異を生じた。佗（馱）・駝 dai は荷馱を負う意。蛇がまるく身を巻くことから、その形に類したものを它声を以てよぶ。

【蛇蛇】いい　誇らしげにいうさま。〔詩、小雅、巧言〕蛇蛇（訑訑）たる碩言せきげんは　口より出づ

【蛇蝎】だかつ　へびと、さそり。おそれきらわれるもの。唐・陳陶〔小笛弄〕詩　蛇蝎愁へ聞いて、骨髓寒し　江山、老を恨みて、秋霧に眠る

【蛇行】だこう（かう）　川が曲がりくねって流れる。唐・柳宗元〔小丘の西、小石潭に至る記〕潭の西南よりして望めば、斗折蛇行し、明滅見るべし。其の岸勢は犬牙差互さごして、其の源を知るべからず。

【蛇足】だそく　無用のことで失敗する。〔戦国策、斉二〕其の舍人に一卮酒ししゅを賜ふ～請ふ、各ゝ地に畫して蛇を爲つくり、先づ成る者酒を飲まんと。一人蛇先づ成る。～曰く、吾われ能く之れが足を爲らんと。～一人の蛇成る。其の卮を奪ひて、～遂に其の酒を飲む。蛇足を爲りし者、終に其の酒を亡うしなふ。

【蛇皮】だひ　蛇の脱皮した皮。〔顔氏家訓、名実〕夫それ神滅し形消ゆれば、遺聲餘價も、亦た猶ほ蟬殼せんかく蛇皮、獸迒じゅうこう（獣の足迹）鳥迹のごときのみ。

【蛇竜】だりょう　蛇と竜。〔孟子、滕文公下〕堯の時に當りて、水逆行して中國に氾濫はんらんし、蛇龍之れに居る。民定さだまる所無し。下ひくき者は巣を爲し、上たかき者は營窟えいくつを爲す。～禹之れを治め、～蛇龍を驅かりて之れを菹しょ（沢）に放つ。

➡蛇医　とかげ／蛇蜴　いもり／蛇解　蛇の脱皮／蛇殻　蛇皮／蛇虺　蛇とまむし／蛇亀　長寿の物にたとえる／蛇魚　うなぎ／蛇筋　蛇皮／蛇穴　蛇の穴／蛇結　蛇が結び合う形の飾り／蛇交　蛇結／蛇虹　虹／蛇豕　狂暴の人にたとえる／蛇師　いもり／蛇珠　竜がもつという宝珠／蛇章　蛇の画の旗／蛇蛻　蛇皮／蛇祖　竹／蛇頭　蛇首／蛇年　巳みの年／蛇婆　海蛇／蛇蚹　蛇のうろこ／蛇腹　蛇皮の腹／蛇蝮　蛇とまむし

⬇委蛇・逶蛇・角蛇・虺蛇・亀蛇・巨蛇・懸蛇・玄蛇・交蛇・黄蛇・蛟蛇・鉤蛇・斬蛇・珥蛇・修蛇・神蛇・青蛇・双蛇・走蛇・操蛇・戴蛇・大蛇・断蛇・蟄蛇・長蛇・螣蛇・闘蛇・毒蛇・巴蛇・白蛇・盤蛇・蝮蛇・文蛇・捕蛇・両蛇・竜蛇・弄蛇

【闍】　17　7760

篆文 

ジャ　ト　うてな

形声　声符は者（者）しゃ。者に堵・遮蔽の意がある。〔説文〕十二上に「闉闍いんとなり」とあり、門の上に設ける物見台をいう。そこより望見して、出入するものを検するので、「闉ふさぐ」の意がある。阿闍梨あじゃりのような仏教語の音訳に用いる。

訓義　①うてな、城門上のうてな、ものみ。②国都の城外、外郭に形成された町。③堵と通じ、ふさぐ。

古訓　〔字鏡〕闍 ウテナ・トビラ・イヘ・カナヌ・イチヌテナ

語系　闍・堵・都（都）ta は同声。堵は都の周辺にめぐらした土垣。のち城壁の大きさを百堵・二百堵のようにいう。闍はその出入のところ。闍にまた zjia の声があるのは者 tjya、書 sjia の声を存するもので、書とは堵中に埋めた呪符をいう。

➡闍維　だび／闍梨　阿闍梨／闍楼　えな

【麝】 21 0024 ジャ じゃこう

篆文 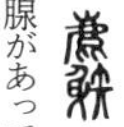

形声 声符は射。〔説文〕十上に「小麝の如くにして、臍に香有り」とみえ、腹に鶏卵大の皮腺があって、強烈な芳香を発する。いわゆる麝香。香料として珍重される。

訓義 ①じゃこう、じゃこうじか。②じゃこうの香り。

古訓 〔名義抄〕麝 オホシカ・モロモロ 〔篇立〕麝 アヲヒリ

【麝薫】じゃくん じゃこうじかの雄のへそからとった黒褐色の粉末で、香料・薬料とする。麝香。唐・李商隠〔無題、四首、一〕詩 蠟照半ば籠こむ、金翡翠 麝薫微かに度る、繡芙蓉

↑麝香 麝薫/麝塵 麝香の粉/麝臍 麝香の袋/麝滕 香袋/麝煤 香墨/麝芬 麝香/麝墨 香墨

↓含麝・薫麝・散麝・紫麝・沈麝・擣麝・脳麝・佩麝・蘭麝・流麝

シャク

入【勺】 3 2732 〔勺〕 3 2732 〔杓〕 7 4792 シャク ひしゃく くむ わずか

篆文  簡書 

象形 ひしゃくの形。〔説文〕十四上に「料となり。挹みて取る所以なり」(段注本)とあり、ひしゃくをいう。酒には酌(酌)という。

訓義 ①ひしゃく、小さな斗のあるひしゃく。②くむ、うるおす、くみとる。③量目の単位、一合の十分の一、地積では一坪の百分の一。④わずか、しずくほど。

古訓 〔名義抄〕勺 カザル・カナフ・トル・アフ

部首 〔説文〕〔玉篇〕に与をその部に属し、〔説文〕に「一勺を与と爲す」とし、また与・與は同字であるという。與は与を四手を以て捧げもつ形で、与とはそのように貴重にして形の大きなものであるべきである。与はおそらく牙二本を互いに組み合わせたもので、牙はおそらく象牙。金文の與の字形によってそのことが確かめられる。従って与は牙の部に属すべき字である。

声系 〔説文〕に勺声として礿・杓・灼・約(約)・釣(釣)・酌など二十字を収める。勺は屈曲した形のものであるから、その形義をとるものと、その声のみをとるものとがある。

語系 勺・杓・酌 tjiôk は同声。勺・杓はその器、酌は酒漿の類を酌むことをいう。灼 tjiôk は焯 tjiôk と同声の字で、勺の声をとる字である。

【勺飲】しゃくいん 少量の飲物。〔左伝、定四年〕申包胥秦に如きて師を乞ふ。～秦伯辭す。～立ちながら庭牆に依りて哭す。日夜聲を絶たず、勺飲口に入れざること七日。～秦の師乃ち出づ。

【勺水】しゃくすい 一杓の水。少量の水。〔中庸、二十六〕今夫れ水は一勺の多きなり。其の測られざるに及びては、黿鼉・蛟龍・魚鼈生じ、貨財殖す。

↑勺子 杓子/勺觶 一勺の杯/勺薬 芍薬

↓加勺・実勺・爵勺・升勺・簫勺・拭勺・盛勺・洗勺・長勺・舞勺・冪勺・用勺・罍勺

常【尺】 4 7780 シャク セキ ものさし ちいさい

篆文 

象形 手の指の拇指と中指とを展いた形。上部は手首、下部は両指を又状に展いた形で、わが国の「あた(咫)」にあたり、寸の十倍。寸は一本の指の幅。わが国の「つか(握、指四本の幅)」の四分の一にあたる。〔説文〕八下に「十寸なり。人の手、十分を卻きたる動脈を寸口と爲す。十寸を尺と爲す。尺は規榘(ものさし)の事を指尺(斥)する所以なり。尸に從ひ、乙に從ふ。乙は識す所なり。周の制、寸尺咫尋常仞の諸度量、皆人の體を以て法と爲す」といい、尺を尸と乙に従う字とするが、それでは字の形義を説きがたい。尺蠖は尺とり虫。指間を展く形が、この虫の進むときの姿勢に似ている。

訓義 ①しゃく、十寸の長さ。寸は指の幅。ものさし。②小さい、尺の長さのもの、手紙など。③寸法、法則。④年齢に換算して二歳半～三歳。六尺の孤は十五以下。丈夫は三十歳、壮という。

古訓 〔和名抄〕尺 辨色立成に云ふ、尺は竹の量なり、太加波可利(たかはかり)〔名義抄〕尺 十寸、タカバカリ/曲尺 マガリガネ 〔字鏡〕尺 タカバカリ・ユラフ 〔字鏡集〕尺 タカバカリ・サダム

部首 〔説文〕〔玉篇〕に咫の一字を属する。釋の略体を釈に作るのは、尺 thjyak、釈 sjyak の声が近いからである。

【尺蠖】せきかく(くわく) 尺とり虫。〔易、繫辞伝下〕尺蠖の屈するは、以て信びんことを求むるなり。龍蛇の蟄するは、以て身を存するなり。

【尺簡】せきかん 一尺前後の木簡。また、手紙。また、わずかの書。〔唐書、芸文志序〕安祿山の亂に、尺簡藏せず。元載、相と爲り、奏して千錢を以て書一卷を購はんと。～是に於て四庫の書復た完し。

【尺紙】せきし 手紙。短い文書。〔宋書、自序〕(始興王濬の)書に曰く、～復た少字を裁し、志を(沈)璞に宣べ、聊か尺紙に因り、卿等をして具さに厥の心を知らしむ。

【尺書】せきしょ 尺紙。短い文書。〔論衡、書解〕秦無道なりと雖も、諸子を燔かず。諸子の尺書、文篇具さに在り。觀讀して以て說を正すべし。

【尺寸】せきすん 僅少。〔史記、項羽紀論賛〕然れども羽、尺寸(の地)有るに非ず、勢ひに乘じて隴畝(田畑のあぜ)の中に起る。三年にして、遂に五諸侯を將ゐて秦を滅ぼし、～號して霸王と爲す。

【尺素】せきそ 手紙。帛にしるした短い手紙。〔古楽府、飲馬長城窟行〕客、遠方より來り 我に雙鯉魚を遺る 兒を呼んで鯉魚を烹しむ 中に尺素の書有り 長跪して素書(生帛にしるした書)を讀む 書上竟に何如

【尺地】せきち わずかの地。〔孟子、公孫丑上〕天下殷に歸すること久し。久しければ則ち變じ難きなり。～尺地も其の有に非ざるは莫く、一民も其の臣に非ざる莫し。然れども文王は方百里より起る。是を以て難きなり。

【尺土】せきど 尺地。宋・王安石〔孔子世家議〕孔子は旅人なり。衰季の世に棲棲として、尺土の柄(權)無し。此れ之れを列するに傳を以てするは宜なり。曷ぞ世家を爲さんや。

【尺牘】せきとく 一尺の木簡。また、手紙。書札。〔三国志、魏、胡昭伝〕(胡)昭、史書を善くす。鍾繇・邯鄲淳・衞覬・韋誕と竝びに名有り。尺牘の迹、動やもすれば模楷とせらる。

【尺璧】せきへき 直径一尺の璧。宝玉。〔淮南子、原道訓〕聖人は尺の璧を貴ばずして、寸の陰を重んず。時は得難くして失ひ易ければなり。

↑尺鷃 小雀/尺一 詔書/尺景 寸時/尺函 手紙/尺翰 手紙/尺晷 寸時/尺玉 径尺の玉/尺蘖 芽ばえ/尺縑 尺帛/尺口 幼児/尺縠 わずかの絹/尺二 大簡/尺進 少し進む/尺薪 わずかの薪/尺刃 短刀/尺燼 燃え残り/尺籍 軍籍/尺雪 大雪/尺宅 顔面/尺沢 小沢/尺楮 手紙/尺牒 手紙/尺鉄 短い武器/尺椽 大きなたるき/尺度 ものさし/尺波 微波/尺帛 少しの帛/尺八 笛/尺板 手板/尺兵 尺鉄/尺脈 手首の脈/尺鯉 大鯉

↓盈尺・曲尺・径尺・鯨尺・五尺・三尺・咫尺・指尺・七尺・縮尺・

準尺・書尺・繩尺・数尺・鈿尺・刀尺・八尺・百尺・法尺・六尺

【彴】 6 2722 ［仢］ 5 2722 シャク テキ ハク まるきばし

篆文 

形声 声符は勺（勺）。〔説文〕八上に彴に作り、「約なり」とするのは彴約。〔爾雅、釈天〕に「奔星を彴約と爲す」とあって、流星の意。〔広雅、釈宮〕に「彴は獨梁なり」とあり、まるきばし。〔玉篇〕には「徛渡なり」とあって、飛び石伝いに渡ることをいう。

訓義 1まるきばし。2とびいし。3流れ星。

古訓 〔名義抄〕彴 シタフ 〔字鏡集〕彴 ワタル・シタガフ・ヨル

↓橋彴・渓彴・孤彴・小彴・長彴・渡彴・野彴・略彴

【杓】 7 4792 ［勺］ 3 2732 シャク ヒョウ（ヘウ） ひしゃく くむ

篆文 

形声 声符は勺（勺）。〔説文〕六上に「枓の柄なり」とし、ひしゃくの柄。また字を会意とし、音を甫搖（揺）の切、すなわち「ヘウ」とする。北斗星の斗柄の部分をいう語。徐鉉の注記に「今俗に市若の切に作り、以て桮杓の杓と爲す」とあり、いまはその義に用いる。〔和名抄〕に〔説文〕の音をとり、瓢（瓢）・匏と同系の語とする。「ひしゃく」は「ひさご」より転訛した語である。

訓義 1ひしゃく、ひしゃくの柄、くむ。2瓢の音でよみ、北斗の柄。3摽と通じ、ひく、うつ、なげる。4幖と通じ、しるし。

古訓 〔和名抄〕杓 比佐古（ひさご）。瓢、奈利比佐古（なりひさご）、飲器と爲すべき者なり 〔名義抄〕杓 ヒサゴ

語系 杓・勺・酌（酌）tjiôk は同声。勺を以て酌むを升といい、斗を以て酌むを斟という。〔説文〕の附音甫搖 phiô は幖と同音。また瓢 biô と声近く、字は二音両義に用いる。

【杓雲】 長くたなびく雲。〔史記、天官書〕陣雲は垣を立つるが如く、杼雲は杼軸に類す。～杓雲は繩の如き者、前に居りて天に亘る。

【杓建】 北斗星の北端の星。〔漢書、律暦志上〕玉衡杓建は天の綱なり。日月初躔は星の紀なり。

↑杓曲 北斗の柄／杓子 ひしゃく／杓人 標的の人

↓加杓・犧杓・玉杓・衡杓・盞杓・疏杓・茶杓・斗杓・杯杓・盤杓・柄杓・竜杓

【灼】 入 7 9782 シャク やく やいと あきらか

篆文 

形声 声符は勺（勺）。〔説文〕十上に「炙なり」（段注本）とあり、その前条に「炙は灼なり」とあって互訓。その前に「㸌は龜を灼きて兆あらざるなり」とあるから、また鑽灼（鑽は円形のほりめ、灼は火をあてるほりこみ）の意にも用いる。ある一点に火を集中して灼く方法をいう。

訓義 1やく。2やいと。3あぶる、熱する。4あきらか、さかんなさま。5おどろく。

古訓 〔名義抄〕灼 アキラカナリ・アラハス・サカリ・タ、ル・イタム・ヤク／灼然 アキラケシ 〔字鏡集〕灼 ヤク・タ、ル・アラス・アツシ・カ、ヤク・サカリ・ヒカル・タ、ス・イタム・アラハス・アキラカ

語系 灼 tjiôk、鑠・爍 sjiôk は声義近く、光り輝くさまを形容する語であろう。爝 tziôk も同系の語。

【灼灼】 明らかにかがやくさま。〔詩、周南、桃夭〕桃の夭夭たる 灼灼たる其の華

【灼然】 あきらか。明・方孝孺〔胡先生に上まつる書、二首、二〕人の令名を當世に垂るる者、豈に得易からんや。蓋し其の才、灼然として人に過ぐるもの有りて、又達者の之れを前に引き、賢者の之れを後に揚ぐる有ればなり。

【灼臂】 臂を焼く。仏者の懺悔法の一。〔宋史、蔡襄伝〕開寶の浮圖（寺）に災あり。下に舊く瘞めたる佛舍利有り。詔して取りて以て入れしむ。宮人に臂を灼き、髮を落す者多し。

↑灼潰 焼きつぶす／灼艾 灸／灼骸 火葬／灼亀 亀卜／灼急 焦眉の急／灼黥 皮膚を灼き入墨する／灼見 明らかに見える／灼骨 骨卜／灼粲 光り輝く／灼爾 灼然／灼爍 輝く／灼如 灼然／灼占 卜占の法／灼怛 悲痛／灼熱 熱い／灼剝 焼けはげ／灼爚 光り輝く／灼耀 光り輝く／灼爛 焼けただれる／灼亮 明らか／灼燎 焚火

↓炎灼・火灼・艾灼・赫灼・亀灼・熏灼・薫灼・耿灼・鑽灼・熾灼・炙灼・章灼・焦灼・焼灼・照灼・心灼・震灼・内灼・燔灼・焚灼

【芍】 7 4432 シャク キョウ（ケウ） しゃくやく

篆文 

形声 声符は勺（勺）。芍薬をいう。〔説文〕一下に「鳧茈なり」とあり、黒くわい。このときは皦の音でよみ、字も皦に従うことがある。

訓義 1しゃくやく、芍薬。2黒くわい。

古訓 〔名義抄〕芍 ハスノミ

【芍薬】 しゃくやく。〔詩、鄭風、溱洧〕維れ士と女と伊れ其れ相ひ謔れ 之れに贈るに芍藥を以てす

【斫】 9 1262 シャク きる うつ

篆文  甲骨文 

形声 声符は石。〔説文〕十四上に「擊つなり」とあり、斧斤を以てはげしく切り裂くことをいう。〔爾雅、釈器〕の〔郭璞注〕に〔説文〕を引いて大きな鋤とし、また〔方言、十〕に「揚・越の郊、凡そ人相ひ侮りて以て無知と爲すもの、～或いは之れを斫と謂ふ」とみえる。

訓義 1きる、きりさく。2うつ、うちわる。3大きいすき。4おろか。

古訓 〔名義抄〕斫 サク・キル・タツ・クサギル・ケヅル・ヒラク・ウツ・クダク

語系 斫 tjiak、斮 tzheak は声義近く、石声・昔声はそのひき裂く音の擬声音とみてよい。斲・椓 teok、劚 tiok も同系の語で、これは擊って刻みこむときの擬声語である。

【斫却】 きる。唐・杜甫〔一百五日の夜、月に対す〕詩 家として寒食に對する無し 涙は金波の如き有り 月中の桂を斫却せば 清光應に更に多かるべし

【斫擊】 きりつける。〔史記、孟嘗君伝〕趙の人、孟嘗君の賢なるを聞き、出でて之れを觀る。～曰く、始め薛公（孟嘗君）を以て魁然たらんと爲ひしに、今之れを視るに、乃ち眇たる小丈夫なるのみと。～客の與倶にする者、下りて斫擊して數百人を殺す。

【斫樹】 樹をきる。〔史記、孫子伝〕孫子其の行を度るに、暮に當に馬陵に至るべし。馬陵、道陝し、旁らに阻隘多く、兵を伏すべし。乃ち大樹を斫り、白げて之れに書して曰く、龐涓此の樹下に死せんと。

【斫水】 水をきる。不可能なことをいう。唐・韋応物〔難言〕詩 土を掬ひて山を移し、山の盡くるを望み 石を投じて海を塡め、海の滿つるを望む 索を持して風を捕ふるも、幾時か得ん 刀を將って水を斫るも、幾時か斷たん

【斫地】 地をきる。唐・杜甫〔短歌行、王郎司直に贈る〕詩 王郎、酒酣にして劍を抜き地を斫りて莫哀を歌ふ 我能く爾が抑塞せる磊落の奇才を抜かん

↑斫営 切り込み／斫開 切り開く／斫鱠 なます／斫艾 斬る／斫馘 首や耳を切りとる／斫莝 藁切り／斫殺 斬殺する／斫斬 斬る／斫傷 傷つける／斫薪 まき割り／斫刺 斬殺する／斫鮮

魚の切身／斫断 たち切る／斫治 切り開く／斫破 切りとる／斫父 かまきり／斫木 斫樹／斫畬 焼畑

↓鑽斫・斬斫・刺斫・伐斫・斧斫・劈斫

常【借】10 2426 シャク シャ かる かす たとい

篆文 

形声 声符は昔。〔説文〕八上に「假るなり」とあり、他の力によることをいう。〔詩、大雅、抑〕「借ひ未だ知らずと曰ふも」のように、古くから仮令の意にも用いる。

訓義 1かる、かりる。2かす、たすける。3たとい、かりに。

古訓 〔名義抄〕借 カル・カス・トフ・タトヒ・カクス／借問 トフ〔字鏡集〕借 カリソメ・タトヒ・カクス・ヲク・カス・トフ・カリ・カル・ムカシ

語系 借tzyak、藉dzyakは声近く、ともに仮設の条件形に用いる。借使・藉使、借令・藉令のように用いる。

【借閲】しやくえつ 借り読み。〔漢学師承記、七、汪中〕家夙に貧し。～長ずるに及び、書を市に鬻ぐ。書賈と處り、經史百家を借閲することを得たり。

【借屋】しやくおく(をく) 借家。宋・劉克荘〔再び実之に和す、二首、二〕詩 屋を城中に借る、又一春 桃符(春聯)萬口、清新を説く

【借換】しやくかん(くわん) 書法の一。字の偏旁の位置を適宜にかえる。〔欧陽詢、書三十六法〕借換、醴泉銘の祕字の、示字の右點に就きて、必字の左點を作すは、此れ借換なり。～又蘇の穐に作り、秋の烁と爲すが如し。

【借観】しやくかん(くわん) 借りて観る。〔南史、王僧祐伝〕稍くして晉南王の文學に遷る。～齊の武帝、數武を閱す。僧祐、講武の賦を獻ず。王儉、借觀して與へず。

【借問】しやもん 敢て問う。唐・李白〔清平調詞、三首、二〕詩 借問す、漢宮誰か似ることを得ん 可憐の飛燕(漢の成帝の趙皇后)、新粧に倚る

【借与】しやくよ かしあたえる。宋・蘇軾〔病中、祖塔院に遊ぶ〕詩 道人惜しまず、階前の水 匏樽を借し與へて、自在に嘗めしむ

↑借意 比喩する／借仮 かる／借款 借金の契約／借鑑 かんがみる／借擬 つもり／借鏡 借鑑／借金 借銭／借訓 仮借の訓／借契 借用書／借言 藉口する／借使 もし／借資 融資／借取 かる／借春 冬至に正月の辛盤を用いる／借書 書物を借り読みする／借如 もし／借職 仮の職／借貸 かる／借題 かこつけ／借宅 借家／借端 口実／借賃 賃借／借読 借閲する／借用 かる／借令 もし

↓恩借・仮借・換借・暫借・資借・前借・租借・貸借・賃借・通借・転借・拝借

常【酌】10 1762 〔酌〕10 1762 シャク くむ さかもり

篆文  金文 

形声 声符は勺(勺)。勺は杓の象形。酉(酉)は酒器。〔説文〕十四下に「酒を盛れて觴を行ぐらすなり」とあり、酒を酌んで宴することをいう。鍋汁を大きな勺でくむことを斟といい、ものをとりはからうことを斟酌という。

訓義 1くむ、酒をくむ、酒をつぐ、くみかわす。2さかもり。3心にくみとる、とりあげる。

古訓 〔篇立〕酌 クム・ハカル・サク・トル・ウル・マス〔字鏡集〕酌 ニギル・サク・ミヽキル・トル・クム・マス・ウル・シル・ハカル

語系 酌・勺・杓tjiôkは同声。酌・杓は勺の声義を承け、一系の語である。

【酌飲】しやくいん わずかな飲みもの。〔左伝、成十四年〕冬十月、衛の定公卒す。夫人姜氏、既に哭して息す。大子の哀しまざるを見て、酌飲を内れず。

【酌酒】しやくしゆ 酒を酌む。唐・王維〔酒を酌みて裴迪に与ふ〕詩 酒を酌みて君に與ふ、君自ら寛くせよ 人情の翻覆は、波瀾に似たり

【酌量】しやくりよう(りやう) 分量を考える。事情をくむ。唐・陸亀蒙〔(皮)襲美～に代りて書して之れに寄す〕詩 自ら與に煎藥の水を酌量し 別に曬書の牀を安置せしむ

【酌醴】しやくれい あまざけを酌む。〔詩、小雅、吉日〕彼の小豝を發し 此の大兕を殪す 以て賓客を御へ 且く以て醴を酌まん

↑酌科 情状を酌量する／酌海 蠡(貝殻)で海水をくむ／酌議 相談／酌給 配分／酌献 献酒／酌古 昔のことで今を考える／酌裁 斟酌する／酌剤 融通／酌取 くみとる／酌従 取り計る／酌処 取り計る／酌斟 斟酌／酌損 はかり加減する／酌奪 手加減する／酌中 折中する／酌定 按排する／酌奠 釈奠／酌度 酌量する／酌分 配分／酌弁 加減する

↓引酌・遠酌・勧酌・挙酌・洞酌・傾酌・献酌・孤酌・細酌・参酌・自酌・小酌・觴酌・深酌・親酌・斟酌・清酌・浅酌・薦酌・対酌・独酌・盃酌・媒酌・晩酌・奉酌・満酌・茗酌・野酌・余酌・慵酌

常【釈】11 〔釋〕20 2694 シャク セキ とく すてる おく ゆるす

篆文 

会意 旧字は釋に作り、釆+睪。釆は獣爪の象。睪は獣屍。獣爪を以て、その獣屍を裂くことを釋という。解きほぐす意である。〔説文〕二上に「解くなり」とし、睪声とするが、声が異なる。解は牛角を解く意。合わせて解釈という。それよりすべて結体のあるものを解き、紛乱を解き、鬱結を除くことをいう。

訓義 1とく、ときほぐす、さばく。2さとる、わかる、いいとく。3とける、もとの形がなくなる。4すてる、さる、おく、のこす。5舎と通じ、すてる。6赦と通じ、ゆるす。7射と通じ、はなつ、矢をはなつ。8藉と通じ、しく、のべる。

古訓 〔名義抄〕釋 トク・ユルス・スツ・ヌク・クツロク・ウス・オク・モム・カス・ハナツ・カナフ・トホル・サカシ・カスフ・ヤル・ユルケタリ・クラオロス・ヌフ・スフ、漬米なり、トク

語系 釋・赦sjyak、舍(舎)・捨(捨)sjya、射djyak、藉dzyakは声近く、釋はそれぞれの字とその字義において通用する。

【釈家】しやくか 仏教。〔四庫提要、子、釈家類〕梁の阮孝緒、七錄を作り、二氏の文を以て別に末に錄す。隋書其の例を遵用し、亦た志末に附す。～然れども魏書に已に釋老志と稱す。～今敍錄する所、釋家を以て前に居くなり。

【釈褐】しやくかつ 褐服をぬいで官服をつけ、役人となる。漢・揚雄〔解嘲〕夫れ上世の士、或いは縛を解かれて相となり(管仲)、或いは褐を釋いて傅たり(殷の武丁に見出されて三公となった傅説)。

【釈憾】しやくかん 恨みを晴らす。〔左伝、成二年〕晉と魯・衛とは兄弟なり。來り告げて曰く、大國朝夕憾みを敝邑の地に釋かんとすと。寡君忍びず。群臣をして大國に請はしむ。輿師をして、君地に淹しうすること無かれ。

【釈義】しやくぎ 文義を明らかにする。漢・蔡邕〔政要七事を陳ぶ、五事〕昔、孝宣は諸儒を石渠に會し、章帝は學士を白虎に集め、經を通じ義を釋せしむ。

【釈采】せきさい 大学で先師を祭る祭儀。釈菜。〔礼記、月令〕(仲春の月)上丁(第一の丁の日)に樂正に命じて舞を習ひ、釋采す。天子乃ち三公・九卿・諸侯・大夫を帥ゐて、親ら往きて之れを視る。

【釈氏】しやくし 仏教。〔晋書、何充伝〕充と弟準と、釋氏を崇信

す。謝萬之れを譏りて云ふ、～二何は佛に佞すと。

【釈然】心がとけて晴れやかになる。〔荘子、庚桑楚〕庚桑子は～其れ聖人たるに庶幾きか。子胡ぞ相ひ與に尸(神)として之れを祝り、社して之れを稷せざるやと。庚桑子之れを聞き、南面して釋然たらず。弟子之れを異しむ。

【釈奠】先聖先師を祭る祭儀。孔子を祭るにも用いる。〔礼記、文王世子〕凡そ學、春は官其の先師に釋奠す。秋冬も亦た之の如くす。凡そ始めて學を立つる者は、必ず先聖・先師に釋奠す。

【釈軷】道祖神を祭る。出行のときの馬のはなむけ。〔儀礼、聘礼〕出でて祖(祭)し、釋軷す。酒脯を祭り、乃ち其の側に飲酒す。

【釈老】仏教と老子。道釈。〔周書、武帝紀上〕(天和四年)帝、大德殿に御し、百僚・道士・沙門等を集めて、釋老の義を討論せしむ。

↑釈怨 怨みを解く／釈冤 無実を明らかにする／釈焉 釈然／釈解 解釈／釈疑 疑問を解く／釈教 仏教／釈罪 免罪／釈子 僧徒／釈璽 退官する／釈釈 とける／釈手 はなす／釈神 釈然／釈典 仏典／釈怒 怒りを解く／釈道 釈老／釈部 仏典／釈服 退官する／釈梵 仏徒／釈門 仏門

↓会釈・開釈・解釈・曲釈・訓釈・形釈・語釈・講釈・散釈・儒釈・集釈・舒釈・消釈・新釈・詮釈・箋釈・保釈・梵釈・融釈

【焯】 12 9184 シャク あきらか

篆文 

形声 声符は卓。卓に綽の声がある。〔説文〕十上に「明らかなり」とし、「周書に曰く、焯らかに三有俊の心を見る」と〔書、立政〕の文を引く。

訓義 ①あきらか。②灼と通じ、やく。

古訓 〔名義抄〕焯 ヤク・タク〔篇立〕焯 ヒノケ・ヤク〔字鏡集〕焯 ヤク・ヒノケ・アキラカ・アブル・タク

【焯焯】明らかなさま。〔水東日記、二十五〕(蘇天爵、元文類)夫れ元の名人の文集、王百一・閻高唐・姚牧菴・元清河・馬祖常・元好問の焯焯たる如き者も、今皆傳ふる無し。則ち勝國一代文章の盛を考ふる所以は、獨り是の編に頼るのみ。

↑焯輝 明らか／焯見 明らか／焯爍 輝く／焯然 昭著／焯著 著明

【綽】 14 2194 ［繛］ 18 5194 シャク ゆるやか しとやか

篆文 

金文 

形声 声符は卓。卓に淖約の淖の声がある。〔説文〕十三上に素に従う繛を正字とし、「緩(緩)やかなり」という。緩は緩(緩)の正字である。素は糸たばを括って染め残した部分で、余分となるところをいう。ゆえに綽緩の意が生ずる。〔孟子、公孫丑下〕に「綽綽然として餘裕有らざらんや」とは、進退にゆとりのあることをいう。

訓義 ①ゆるやか、糸の余分のあるところ。②しなやか、しとやか。③おおい、ゆたか。

古訓 〔名義抄〕綽 ヒロシ・ユタカニ〔字鏡集〕綽 ユタカナリ・ヒロシ・ユタカニ・ヨロシ・ユルナリ・ユル、カナリ

語系 綽(繛)・灼 tjiôk は同声。灼は明るくてめだつことをいい、綽もゆたかで多い意。染め残ってめだつ部分である。

【綽寛】ゆったりとして広やか。楚・宋玉〔神女の賦〕宜しく高殿にして以て意を廣め、翼として放縱にして綽寛なるべし。

【綽乎】ゆるやかなさま。〔荘子、大宗師〕刑を以て體と為す者は、綽乎として其れ殺(察)きらかなり。禮を以て翼と為す者は、世に行はるる所以なり。

【綽綽】ゆとりのあるさま。〔詩、小雅、角弓〕此の令兄弟綽綽として裕有り

【綽約】しとやかなさま。淖約。唐・白居易〔長恨歌〕詩 樓閣玲瓏として、五雲起る 其の中綽約として、仙子多し 中に一人有り、字は太眞 雪膚花貌、參差として是れなり

↑綽斡 ゆとり／綽異 傑出する／綽起 たつ／綽兮 寛大／綽楔 旌表する／綽見 望見する／綽号 あだ名／綽然 ゆとりがあるさま／綽態 しなやか／綽的 忽然／綽名 あだ名／綽裕 ゆとり／綽立 端然と立つ

↓間綽・寛綽・軽綽・勾綽・弘綽・和綽

常【爵】 17 2074 〔爵〕 18 2074 シャク さかずき

篆文 

古文 

甲骨文 

金文 

象形 酒器の爵の形に象る。〔説文〕五下に「禮器なり」とし、字の上部を雀の形、中を鬯酒の形、それに又(手)を加えた会意の字とし、爵の音は雀、器形を雀に象るものであるという。〔段注〕にも、首尾咮翼など具さに備わるというが、卜文・金文の字形に明らかなように、爵の象形である。ただ〔孟子、離婁上〕に「爵(雀)を敺る」のように、爵を雀に通用する例もあるが、それは字の音を借りたものにすぎない。古くは爵酒を賜うことを以て恩賞としたが、のち五等の爵制となった。爵は殷器にすぐれたものが多く、古くは酒礼・酒儀が盛んであったのであろう。爵は一升、觚は二升、觶は三升、角は四升、散は五升を容れ、みな酒器である。

訓義 ①さかずき、酒杯、儀礼のとき用いる。②爵位、五等の爵、くらい。③雀と通じ、すずめ。

古訓 〔名義抄〕爵 ツカサ・シナカブル・サカヅキ・スヾミ

声系 〔説文〕に爵声として爝・潚・釂の三字を収める。爝・潚は灼・淖と同じく、爵声はその形況を示すものであろう。

語系 爵・雀 tziôk は同声。また爝 tziôk、潚 dziôk は灼 tjiôk と声義の近い字である。

【爵位】五等の爵、侯・公・伯・子・男。〔礼記、礼運〕聖王の順なる所以は、～飲食必ず時あり、男女を合はせ、爵位を頒つは、必ず年德に當り、民を用ふること必ず順なり。

【爵賞】爵位と褒賞。〔荀子、君子〕傳に曰く、一人慶有れば、兆民之れに頼ると。～亂世は則ち然らず。刑罰は罪に怒ぎ、爵賞は德を踰ゆ。族を以て罪を論じ、世を以て賢を擧ぐ。

【爵秩】爵位と秩禄。〔史記、商君伝〕宗室も軍功有るに非ざれば、論じて屬籍を為すことを得ず。尊卑・爵秩・等級を明らかにし、各々差次を以てす。

【爵弁】冠の名。〔後漢書、輿服志下〕爵弁、一名冕、廣さ八寸、長さ尺二寸、爵(雀)の形の如し。前小後大、其の上に繒かけ、爵(雀)頭の色に似たり。～天地・五郊・明堂を祠り、雲翹の舞に、樂人之れを服す。

【爵踊】喪礼に悲しみを表わして、雀のように踊る礼。〔礼記、問喪〕婦人は宜しく袒(肩をぬぐ)すべからず。故に胸を發き心を擊ちて爵(雀)踊すること殷殷田田たり。

【爵羅】雀とりの網。〔漢書、鄭当時伝〕下邽の翟公、廷尉と為り、賓客亦た門に塡つ。廢せらるるに及んで、門外に爵羅を設くべし。後復た廷尉と為る。客往かんと欲す。翟公其の門に大署して曰く、一死一生、乃ち交情を知る、～一貴一賤、交情乃ち見はると。

【爵里】爵と知行所。梁・元帝〔懐旧志の序〕日月居らず、零露相ひ牛ばず。～春華秋實、懐ふ哉、何ぞ已まん。獨り魂交を軫み、情宿草よりも深し。故に備さに爵里を書し、懐舊を陳ぶ。

【爵禄】爵位と俸禄。〔荀子、性悪〕妻子具して、孝、親に衰へ、嗜欲得て、信、友に衰へ、爵祿盈ちて、忠、君に衰ふるは、人の情なるか。

↑爵酳 酒で口を漱ぐ／爵貴 高爵／爵穴 城上のひめがきの穴／爵減 降爵／爵号 爵位の名／爵釵 雀形の釵／爵次 爵等／爵耳 巻耳／爵室 船上の展望室／爵主 襲爵の人／爵坫 杯の台／爵土 爵と知行／爵等 爵の級／爵頭 たるきの頭／爵服 爵位の服／爵封 爵士／爵命 授爵／爵躍 雀躍／爵邑 爵里／爵列 爵等

↓栄爵・角爵・官爵・揮爵・挙爵・玉爵・金爵・勲爵・献爵・五爵・公爵・侯爵・子爵・酒爵・授爵・襲爵・叙爵・觴爵・人爵・尽爵・世爵・贈爵・卒爵・尊爵・男爵・鬯爵・滌爵・天爵・奠爵・伯爵・封爵・列爵・禄爵

【爍】 19 9289

シャク ヤク ラク
ひかる かがやく とける

篆文 

形声 声符は樂（楽）。〔説文新附〕十上に「灼爍、光るなり」とみえる。〔周礼、考工記、総目〕に「金を爍かして以て刃と爲す」とあり、爍かすとき、その熱でかがやくことをいう。

訓義 ①ひかる、かがやく、てらす。②とける、とけてきえる。③やける、きえる、やけきる。

古訓 〔名義抄〕爍 ワカス・アツシ・チ（テ）ラス・ナラフ・カヾヤク・アキラカニス・ヒカル・コガス・カネワカス・ケス・ワク・ツク・イル・ネヤス・ヤブル・ミガク

語系 爍・鑠sjiôk は同声。銷・消（消）siô は声近く、銷金・消湅はみな金屬を精煉するときの法である。

【爍爍】かがやくさま。唐・韓愈〔芍薬〕詩 浩態狂香、昔より未だ逢はず 紅燈爍爍たり、綠盤の籠 覺め來つて獨り對し、情驚恐す 身は在り、仙宮の第幾重

【爍爚】きらきらとかがやく。梁・江淹〔金灯草の賦〕長洲に杜若を軼ぎ、幽渚に芳離を跨ゆ。霞光に映じて爍爚、風氣を懷いて參差たり。

↑爍金 金色／爍光 輝く光／爍日 輝く日／爍雪 白雪／爍電 電光／爍徳 盛徳

↓霍爍・煇爍・輝爍・金爍・光爍・灼爍・焯爍・倏爍・閃爍・電爍・熱爍・爆爍・流爍

【繳】 19 2894 ［繁］ 19 2890

シャク キョウ（ケウ）
いぐるみ

篆文 

形声 声符は敫。繳の本字は叔で、叔はいぐるみの象形。叔と通用してその音となった。〔説文〕十三上に「生絲の縷なり」とあり、弋射に用いる糸をいう。いぐるみを繳弋といい、弋に繳の糸を加えた形は叔、叔はのち伯叔・淑善の意に用いる。

訓義 ①いぐるみのいと、いぐるみ、きいと。②まつわる、からむ。③もとる、あらそう、わずらわしい。④かえす、おさめる。⑤儌と通じ、むかばき、きゃはん。

古訓 〔名義抄〕繳 モトホル・ヲ・ヘヲ／綪繳 ―トマキメグラス 〔字鏡集〕繳 モトホル・ツルベノナハ・ヲ・ヘソ・マツフ

語系 繳tjiak、叔sjiuk は声近く、叔がいぐるみの象形字、繳はいぐるみに用いる糸をいう字であったが、のち、いぐるみそのものをいう。弋jiək は叔の糸を外した形。弋がいぐるみの本体、繳はその糸。いぐるみの全体を叔という。

【繳繞】まといつく。〔史記、太史公自序〕名家は苛察繳繞し、人をして其の意に反へることを得ざらしむ。專ら名に決して人情を失ふ。

【繳進】非議して上奏する。讒訴。宋・蘇轍〔兄軾の獄に下るが為に上つる書〕向者曾て臣寮の繳進を經たるも、陛下置きて問はざりき。軾、感荷恩貸、此れより深く自ら悔咎す。

【繳矰】いぐるみと、その矢。〔淮南子、説山訓〕弋を好む者は先づ繳と矰とを具へ、漁を好む者は先づ罟（細目のあみ）と罛（大あみ）とを具ふ。

【繳弋】いぐるみ。〔塩鉄論、刑徳〕罻羅（網）張りて其の谷に縣け、辟陷（機辟・陥阱）設けて其の蹊に當り、繳弋飾へて其の上に加ふ。能く離かること勿からんや。

↑繳価 支払う／繳回 返納する／繳還 返還する／繳交 引き渡す／繳銷 返納する／繳送 返納する／繳弾 いぐるみと、たま／繳纏 まとう／繳納 納税／繳駁 反駁する／繳報 納入

↓縈繳・纓繳・遇繳・軽繳・修繳・縄繳・綪繳・矰繳・長繳・繁繳・飛繳・弋繳・罹繳

【嚼】 21 6204

シャク ショウ（セウ）
かむ

篆文 

形声 声符は爵（爵）。〔説文〕二上に噍を本字として「齧むなり」と訓し、「或いは爵に従ふ」とし、焦声とする。いずれも嚙む音を示す語である。

訓義 ①かむ、かみくだく。②けずる、とる。③飲め飲めと杯をすすめる語。

古訓 〔名義抄〕嚼 カム・クラフ・シタウチス・ムス・クフ

【嚼齧】かむ。唐・杜甫〔江頭に哀しむ〕詩 輦前の才人（宮女）、弓箭を帯び 白馬嚼齧す、黄金の勒

↑嚼咽 かんでのみこむ／嚼嚥 嚼咽／嚼環 くつわ／嚼歯 歯がみ／嚼春 立春の前日、この日宴する／嚼啜 飲食する／嚼説 冗舌／嚼咀 咀嚼する／嚼蔬 粗食／嚼徴 弄音／嚼呑 飲食する／嚼破 かむ／嚼筆 筆先をかむ／嚼味 味きき／嚼民 民を虐げる／嚼用 生活費／嚼蠟 無味

↓含嚼・吟嚼・咀嚼・啗嚼・呑嚼

【癪】 21

シャク
さしこみ

国字 胸や胃腸などに痙攣を起こす病気。さしこみ。しゃく。〔日葡辞書〕にシャク・シャクスとして録する。古くは積・積聚・疝癪などとよばれた。気が鬱積して成るものとされていたのであろう。

訓義 ①さしこみ、けいれんにともなういたみ。②感情にさわる、はらだつ。

【爝】 22 9284

シャク
かがりび たいまつ

篆文 

形声 声符は爵（爵）。〔説文〕十上に「苣火もて祓ふなり」とし、「呂不韋曰く、湯（殷王）伊尹を得て、爝するに爟火を以てし、釁（清め）するに犧猳を以てす」という〔呂覧、本味〕の文を引く。また〔呂覧、賛能〕にも、斉の桓公が虜囚となった管仲をえたとき、同じ形式の修祓を行っており、爝はもと火を以て清める儀礼であった。

訓義 ①火で清める。②かがりび、たいまつ、あかり。

古訓 〔名義抄〕爝 タチアカシ・ケブタシ 〔字鏡集〕爝 ケブタシ・トモシビ・アカシ・トモス・タテアカシ

語系 爝tziôk、燋tziô は声義近く、燋は炬火、これを焚いて祓い清めることを爝という。爍・鑠sjiôk は、その火のかがやくさまをいう。

【爝火】しやくか(くわ) たいまつの火。炬火。〔荘子、逍遥遊〕日月出でぬ。而るに爝火息まず。其の光に於けるや、(比較すること)亦た難からずや。
↑爝爟しやくかん 火で清める
↓爟爝・蛍爝・提爝・微爝・烽爝・累爝

【皭】 23 2264 シャク しろい

形声 声符は爵(爵)。〔広雅、釈器〕に「白なり」とあり、白色、また潔らかなことをいう。

訓義 1しろい。2いさぎよい、きよらか。

古訓 〔名義抄〕皭 シロシ・アラハス 〔字鏡集〕皭 ミサヲナリ・キヨシ・アラハス・シロシ

【皭皭】しやくしやく 潔白なさま。〔韓詩外伝、一〕新たに沐する者は必ず冠を彈き、新たに浴する者は必ず衣を振ふ。能く己の皭皭たるを以て、人の混汚然たるを容るる莫きなり。
【皭然】しやくぜん 潔白なさま。〔史記、屈原伝〕塵埃の外に浮游し、世の滋垢を獲ず。皭然として泥するも滓れざる者なり。
↑皭白しやくはく 清白

【鑠】 23 8219 シャク ヤク レキ とかす ひかる かがやく きえる

篆文 

形声 声符は樂(楽)。爍と同声。〔説文〕十四上に「金を銷かすなり」とあり、〔国語、周語下〕に「衆口、金を鑠かす」とみえる。そのとき明るく光を発することから、光り輝く意となり、〔詩、周頌、酌〕「於鑠きかな王師」のように用い、また銷鑠して消滅する意となる。〔戦国策、秦五〕に「韓氏鑠びたり」という用法がある。

訓義 1とかす、とける、金属性のものが高熱でとける、きえる。2ひかる、ひかりかがやく、みがく。3うつくしい、さかん。4すりこむ、そしる。

古訓 〔名義抄〕鑠 ヨシ・ヨミス・カネワカス・ワカツル・ケス・ワク・カス・ツク・イル・ノホキリ・カブト・ネヤス・ヤフル・ミガク/瞿鑠 —トツヾラメナリ

語系 鑠・爍sjiôkは同声。鑠はとかす、爍はかがやく意に用いる。銷・消(消)siôも声近く、銷金・消湅はみなその精煉の法をいう字である。

【鑠金】しやくきん 金をとかす。また、美しい金。〔韓非子、五蠹〕布帛尋常(尋は八尺。常はその倍)ならば庸人も釋てず。鑠金百鎰ならば盜跖も掇らず。
【鑠鑠】しやくしやく かがやくさま。魏・何晏〔景福殿の賦〕其の華表は則ち鎬鎬鑠鑠、赫奕章灼として、日月の天に麗くが若し。
【鑠石】しやくせき 石をとかす。〔淮南子、詮言訓〕夫れ寒と煖とは相ひ反す。大寒地坼け水凝るも、火は其の熱さを衰へしむることを爲さず。大暑石を鑠かし金を流すも、火は其の烈を益すことを爲さず。寒暑の變は、己に損益すること無し。
↑鑠絶しやくぜつ やきすてる/鑠鉄しやくてつ 鉄をとかす
↓懿鑠・矍鑠・焼鑠・銷鑠・燋鑠・石鑠・閃鑠・鍛鑠・鎔鑠・鍊鑠

ジャク

【叒】 6 1744 ジャク ふそう したがう

篆文 
籀文 

象形 桑の葉の形。〔説文〕六下に字を扶桑に作り、「日、初めて東方の湯谷に出で、登る所の榑桑、叒木なり。象形」という。日がその枝から天に発するという扶桑大木の象形とするものであろう。籀文の字形は下に口と卩のような形を加えており、若(若)の字形の譌変したものかとみられる。〔淮南子、天文訓〕に「日は暘谷より出で、咸池に浴し、扶桑に拂る。是れを晨明と謂ふ」とあり、若木は崑崙の西極にあって、日の没するところとされた。

訓義 1ふそう、扶桑は日が天に登り発する木。2若と通じ、したがう、若木。字はもと若の字形より誤ったもので、卜文の若には、籀文の字形に近いものがある。

部首 〔説文〕に桑をこの部に属し、〔玉篇〕になお二字を加える。叒だけならば桑葉の象形とみてよく、それならば叒は桑の初文である。

語系 叒・若njiakは同声。この叒は若の壞文とみてよく、もと同字である。

常【若】 8 4460 〔若〕 9 4460 ジャク したがう わかい なんじ もし

篆文 
甲骨文 
金文 

象形 巫女が両手をあげて舞い、神託を受けようとしてエクスタシーの状態にあることを示す。艸はふりかざしている両手の形。口は𠙵、祝禱を収める器。〔説文〕一下に「菜を擇ぶなり。艸右に從ふ。右は手なり」という。〔詩、周南、関雎〕「參差たる荇菜は 左右に之れを采る」などの詩句によって解したものであろうが、卜文の字形は巫女の舞い、忘我の状態にある形で、神託を求める意。神が祈りをうけ入れることを諾(諾)という。卜文・金文には、若を諾の意に用いる。卜辞に「王、邑を作るに、帝は若とせんか」「帝は若を降さんか」のようにいい、不若とは邪神、邪悪なるものをいう。〔左伝、宣三年〕「民、川澤山林に入るも、不若に逢はず。魑魅罔兩(怪物)も能く之れに逢ふ莫し」とみえる。金文に「上下の若否」というのは、上下帝の諾否の意である。神意に従うことより若順の意となり、神意のままに伝達することから「若く」のごとしの意となる。王が神意によって命を発することを、金文では「王、若くのごとく曰く」といい、〔書〕〔詩〕にもその形式の語が残されている。「若し」は神託を受ける女巫が若い女であることから、「若し」はそのエクスタシーの状態になって神人一如の境にあることからの引伸義であろう。「若」「若し」などは仮借。如も若と同じく女巫が神託を求める象で、両字通用の例が多い。

訓義 1したがう、神意を求めしたがう。2よい、神意がよしとする。諾の初文。3かくのごとく、しかく、神意のままに、そのまま。4わかい、若い巫女。弱と通用する。5この、強く特定する指示語。6女・如・而・爾などと通じ、なんじ、すなわち、しかり、しかして、あるいは、もしなどの意に通用する。これらの義は本来その字がなく、みな仮借による用法である。

古訓 〔新撰字鏡〕若 加太波美(かたばみ)〔名義抄〕若 ニタリ・ヨシ・タスク・ナムチ・モシ・シク・ゴトク・ゴトシ・ワカシ・カクノゴトク・カクノゴトシ・タトヒ・シタガフ・イタル・モシクハ・ニタル/若爲 イカスルカ/若此 カクノゴトク・カクノゴトケム/若箇 イカバカリ

声系 〔説文〕に若声として諾・匿(匿)など五字を収める。諾は若より分岐した字。匿は秘匿のところにおいて神託を求める呪儀を行う意である。

語系 若njiak、如njiaは声近く、字の立意もまた近い。なんじ、もし、ごとしなどに通用し、また「若何」を「如何」のようにしるす。

【若何】いかん どのように。どうして。どうであろうか。〔左伝、僖三十三年〕鄭の原圃(狩り場の名)有るは、猶ほ秦の具囿有るがごときなり。吾子、其の麋鹿を取りて、以て敝邑

(我国)を閒(楽)にせば若何。
【若干】いくらか。いくそばく。不定の数。〔礼記、曲礼下〕天子の年を問はれたるときは、對へて、之れを聞く、始めて衣を服して若干尺と曰ふ。
【若箇】いかほど。唐・李渉〔水月台に題す〕詩 平流白日、人の愛する無し 橋上閒行、若箇か知る 水は晴天に似、天は水に似たり 兩重星點ず、碧琉璃
【若否】善悪。臧否。〔詩、大雅、烝民〕邦國の若否は 仲山甫之れを明らかにす
【若木】日の没する所にある木。〔淮南子、墜形訓〕建木は都廣(南方の山名)に在り。衆帝の自りて上下する所。日中に景無く、呼ぶも響き無し。蓋し天地の中なり。若木は建木の西に在り。末に十日有り。其の華、下地を照らす。
↑若為 いかん/若英 若木の華/若華 若英/若許 若干/若公 夫の父/若使 もし/若時 この時/若茲 如是/若爾 かく/若淑 善良/若曹 汝ら/若輩 汝ら
↓何若・海若・赫若・煥若・顒若・欽若・奚若・儼若・兀若・嗟若・自若・愓若・杜若・瞠若・沛若・般若・不若・紛若・忙若・穆若・沃若・蘭若・老若

常

【弱】10 1712 〖弱〗10 1712

ジャク ニャク
よわい わかい おとる

篆文 

会意 彡+弓。弓は飾りをつけた儀礼用の弓。実戦のものと異なり、弓勢の弱いものである。〔説文〕九上に「橈わむなり。上は橈曲するに象り、彡は毛氂(毛飾り)の橈弱なるに象る。弱物を幷はす。故に二弓に從ふ」という。弱は呪飾をつけた儀礼用の弓。強はおそらく天蚕の弦を用いた、弓勢の強い弓をいうのであろう。

訓義 1よわいゆみ、よわい、かざりゆみ。2おとる、おとろえる、たわむ、なよやか、しなやか。3若と通じ、わかい、としがわかい。4はたち。二十を弱という。5おろか、あなどる。

古訓 〔名義抄〕弱 ヨハシ・アサル・バカリ 〔字鏡集〕弱 ツタナシ・マサル・バカリ・タヲヤカ・ヨワシ・ヨロシ・ホソシ・ワカシ

声系 〔説文〕に弱声として愵・溺・搦・嫋など七字を収める。みな微弱・非力の意をもつ字である。

語系 弱 njiôk、柔 njiu は声近く、柔は木の枝のしなやかなもの。肉(肉) njiuk は肉の柔らかなところをいう。弱を幼弱の意に用いるのは、若(若) njiak と声義が通ずるからであろう。

【弱冠】男子二十歳。成人の年をいう。〔礼記、曲礼上〕二十を弱と曰ふ。冠(元服)す。
【弱君】幼弱の君。〔韓非子、解老〕禍難は邪心より生ず。~姦起れば則ち上は弱君を侵し、禍ひ至れば則ち民人多く傷つく。
【弱才】才乏し。晋・陸機〔平原内史を謝する表〕悟らざりき、日月の明、遂に曲照を垂れ、~臣が弱才にして、身に宋とるに足る無きを忘れ、臣が零落して罪の察すべき有るを哀しまんとは。
【弱喪】年若くして他郷に流亡する。〔荘子、斉物論〕予れ惡くんぞ、死を惡むことの、弱喪にして歸ることを知らざる者に非ざるを知らんや。
【弱卒】弱い兵士。晋・左思〔魏都の賦〕弱卒瑣甲(砕けた鎧)、螳蜋の衞りに異なる無し。
【弱年】幼弱の年。晋・陸機〔弟士竜(陸雲)に贈る詩の序〕余れ、弱年にして夙に孤となり、弟士龍と衈へを喪庭に銜む。
【弱歩】しなやかな歩き。梁・簡文帝〔舞を詠ず〕詩 嬌情、曲に因りて動き 弱歩、風を逐ひて吹く 懸釵、舞に隨ひて落ち 飛袖、鬟を拂うて垂る
【弱齢】若年。年少のとき。晋・陶潜〔始めて鎮軍参軍と作りて曲阿を経るとき作る〕詩 弱齢にして事外に寄せ 懷ひを委すること、琴書に在り
↑弱寡 弱小/弱翰 筆/弱顔 はにかむ/弱笄 成年/弱行 足よわ/弱国 よわい国/弱骨 ほねよわ/弱歳 弱年/弱子 幼弱/弱志 薄志/弱枝 末端がよわい/弱思 俗心/弱疾 多病/弱質 蒲柳の質/弱者 無力の人/弱主 弱君/弱女 少女/弱条 細い枝/弱緆 細布/弱節 従順/弱弟 幼弟/弱輩 若者たち/弱兵 弱卒/弱約 柔弱/弱柳 しだれ柳/弱劣 おとる/弱腕 細腕
↓暗弱・嬰弱・婉弱・虚弱・怯弱・強弱・孤弱・才弱・細弱・削弱・小弱・少弱・衰弱・脆弱・纖弱・惰弱・懦弱・軟弱・柔弱・年弱・薄弱・繁弱・卑弱・微弱・病弱・貧弱・文弱・敝弱・幼弱・庸弱・羸弱・劣弱・老弱

人

【雀】11 9021

ジャク
すずめ

篆文 

甲骨文  

金文 

形声 声符は小。〔説文〕四上に「人に依る小鳥なり。小隹に從ふ。讀むこと爵と同じ」とあり、爵(爵)字条五下に爵が雀の象形であるという。爵は酒爵の象形であるから、その字を雀の意に用いるのは同声の仮借。卜文の字形は隹の上に小点を加えており、小の声を示したものか、字の立意がなお明らかでない。

訓義 1すずめ。2雀いろ、雀頭のいろ。

古訓 〔和名抄〕雀 楊氏漢語抄に云ふ、雀、須々米(すずめ)。〔箋注〕本草和名に云ふ、雀卵、和名、須々美(すずみ)〔名義抄〕雀 スズメ・スズミ 〔字鏡集〕雀 スゝメ・ヒバリ・コトリ

語系 雀・爵 tziôk は同声。雀はおそらくその鳴き声を写した語。国語の「すずめ」と同様である。

【雀舌】上等の茶。茶の芽の形からいう。〔夢渓筆談、雑誌一〕茶牙、古人之れを雀舌・麥顆と謂ふ。其の至りて嫩らかなるを言ふなり。
【雀鼠】雀と鼠。〔後漢書、文苑下、禰衡伝〕(曹)操、怒りて(孔)融に謂ひて曰く、禰衡は豎子、孤(曹自らいう)之れを殺すは、猶ほ雀鼠のごときのみ。顧だ此の人素も虚名有り、遠近將に孤之れを容るる能はずと謂はん。今送りて劉表に與ふ。
【雀躍】こおどりして喜ぶ。〔荘子、在宥〕雲將東遊し、扶搖の枝を過ぎりて適に鴻蒙に遭ふ。鴻蒙、方將に髀を拊ち雀躍して遊ぶ。
【雀羅】すずめを捕るかすみ網。〔晋書、会稽王道子伝〕時に道子を謂ひて東錄と爲し、元顯を西錄と爲す。西府には車騎塡湊するも、東第の門下には雀羅を設くべし。
↑雀眼 硯の眼/雀穴 小穴/雀釵 首飾り/雀耳 巻耳/雀兒 雀の子/雀台 銅雀台/雀斑 そばかす/雀瘢 雀斑/雀弁 爵弁/雀盲 鳥目/雀踊 雀躍/雀立 雀躍
↓鶡雀・雲雀・燕雀・簷雀・寒雀・鸛雀・金雀・孔雀・群雀・黄雀・朱雀・竹雀・鳥雀・銅雀・暮雀・麻雀・野雀・幽雀・鸞雀

人

【惹】12 4433 〖惹〗13 4433

ジャク
みだれる ひく

篆文 

形声 声符は若(若)。〔説文新附〕十下に「亂るるなり」とあり、心乱れる意。ひき起こす意に用いる。

訓義 1みだれる。2ひく、まねく、かかる。3いつわる、そしる。

古訓 〔名義抄〕惹 コタフ・ミダル・ナヤマス 〔字鏡集〕惹 コトハ・サソフ・ミダル

【惹起】ひき起こす。宋・戴復古〔釣台〕詩 萬事無心、一釣竿 三公も此の江山に換へず 平生誤り識る、劉文叔 虚名を惹起して世間に滿つ

↑惹禍 禍を招く／惹眼 目にたつ／惹気 怒らす／惹悩 怒らす／惹発 触発する／惹絆 ひきとめられる

↓香惹・綽惹

【搦】13 5702 ジャク(ヂャク) ダク おさえる からむ

篆文 

形声 声符は弱(弱)。〔説文〕十二上に「按ふるなり」とあり、ゆるくおさえる意とする。班固の〔賓の戯れに答ふ〕に「朽ちたるを搦き、鈍きを摩く」とあって、ゆるくすり磨くことをいう。からめるようにしてもつ意に用いる。

訓義 1おさえる、かるくおさえる。2みがく、する。3もつ、からめもつ、からむ、とる。

古訓 〔名義抄〕搦 カラム・ニギル・オサフ・トラフ・ハタラカス・トル・タム／捉搦 トリミダル 〔字鏡集〕搦 ヲサフ・モツ・ニギル・トル・タム・タラカス・トラフ・カラム・マサシ・タモツ・ヲサム

【搦管】筆を執る。〔史通、弁職〕夫れ彼の群才を督し、言を載せ事を記さしめ、藉りて模楷と爲さば、管を搦り觚を操りて、其の準的に歸せん。

【搦朽】朽ちたものをみがく。漢・班固〔賓の戯れに答ふ〕此の時に當り、朽ちたるを搦き鈍きを摩かば、鉛刀も皆能く一たびにして斷つ。

↑搦翰 執筆する／搦札 執筆する／搦戦 挑戦する／搦筆 執筆する

↓掩搦・捉搦・俯搦

【箬】15 8860 ジャク くまざさ

篆文 

形声 声符は若(若)。〔説文〕五上に「楚には竹皮を謂ひて箬と曰ふ」とあり、〔段注〕に「今、俗に筍籜を箬と云ふは、是れなり」という。〔本草綱目、草四、箬〕にくまざさであるという。

訓義 1たけのかわ。2くまざさ。

古訓 〔字鏡集〕箬 タカノカハ・タケノカハ・タケノナ

【箬笠】竹葉の笠。唐・張志和〔漁父の歌、五首、一〕詞 青箬の笠 緑簑の衣 斜風細雨、歸ることを須ひず

↑箬殻 竹皮／箬粽 ちまき／箬竹 くま笹／箬蓬 とま／箬帽 竹皮で作った笠／箬簍 竹籠

↓細箬・青箬・緑箬・露箬

【鵲】19 4762 ジャク かささぎ

篆文 

形声 声符は昔。〔説文〕四上に舃を正字とし、「舃は鵲なり。象形」とするが、舃は礼装用の飾りのある履の形。鵲が烏鵲の字である。

訓義 1かささぎ。2ちょうせんうぐいす。3字はまた舃に作る。

古訓 〔名義抄〕鵲 カサヽギ・カラス

【鵲起】かささぎの動き。〔顔氏家訓、勉学〕荘生(荘子)に時に乘じて鵲起るの說(逸篇)有り。故に謝朓の詩(伏武昌の孫権の故城に登るに和す)に曰く、鵲起りて呉臺に登ると。吾に一親表有り、七夕の詩を作りて云ふ、今夜呉臺の鵲 亦た共に往いて河(銀河)を塡めんと。

【鵲橋】七夕の夜、天女がかささぎに乘って天の河を渡るという。〔白孔六帖、九十五、鵲〕(塡河)淮南子に、烏鵲河を塡めて橋を成し、織女を渡すと。

【鵲巣】かささぎの巣。鳩が託卵するので、それを玉の輿にたとえて、結婚の祝頌の興(発想)とする。〔詩、召南、鵲巣〕維れ鵲に巣有り 維れ鳩之れに居る 之の子于に歸ぐ 百兩之れを御ふ

【鵲噪】かささぎが鳴きさわぐ。吉事の兆。〔宋史、方技下、孫守栄伝〕一日、庭鵲噪ぐ。之れを占はしむ。曰く、來日晡時(夕)、當に寶物の至る有るべしと。李の明日に至り、李全、果して玉柱斧を以て貢と爲せり。

↑鵲音 吉報／鵲官 大臣／鵲喜 かささぎが鳴く／鵲語 吉兆／鵲声 鵲鳴／鵲枕 鵲巣の石／鵲報 吉報

↓鴉鵲・烏鵲・鸛鵲・喜鵲・群鵲・乾鵲・孤鵲・鴟鵲・枝鵲・霊鵲

シュ

【手】常 4 2050 シュ てもつ

篆文  古文  金文 

象形 手の形。手首から上、五本の指をしるす。〔説文〕十二上に「拳なり」とするが、指を伸ばしている形である。金文に「拜手䭫(稽)首」のようにいい、ときに「拜手䭫手」「拜䭫手」のようにしるすことがあるのは、手・首が同声であるからであろう。

訓義 1て、てさき。2ゆび、たなごころ、うで。3もつ、とる、てにする、にぎる、てずからする。4わざ、しわざ、たすけ。5わざある人、行為する人。

古訓 〔和名抄〕手子 師說、太奈須惠(たなすゑ)／手巾 太乃古比(たのごひ) 〔名義抄〕手 テ・テヅカラ 〔篇立〕手 ニギル・トル・テヅカラ

部首 〔説文〕に掌・拇以下二百六十四字、重文十九字を屬し、〔玉篇〕にはすべて六百四十五字を屬する。他に廾・臼・又(又)なども、手関係の部首字である。

語系 手・首sjiuは同声。金文に「䭫首」を「䭫手」に作ることがある。体の先端にあるものを首、腕の先端にあるものを手という。手に械を加えることを杻thiuといい、〔説文〕六上に「械なり」とみえる。

【手下】部下。てした。〔三国志、呉、甘寧伝〕後、周瑜に隨ひて曹公(操)を烏林に拒破す。～時に手下に數百の兵有り。新たに得る所を幷すも、僅かに千人に滿つるのみ。

【手械】手かせ。〔隋書、刑法志〕囚には並びに械を著け、徒には並びに鎖を著く。～死罪將に決せんとするときは、露車に乘り、三械を著け、壺手を加ふ。市に至りて手械及び壺手を脱す。

【手格】素手でたたかう。〔史記、殷紀〕帝紂、資辨捷疾にして、聞見甚だ敏。材力人に過ぎ、猛獸を手格す。

【手簡】手紙の料紙。手紙。〔老学庵筆記、三〕淳熙の末、朝に還る。則ち朝士乃ち小紙の高さ四五寸、闊さ尺餘なるものを以て相ひ往來し、之れを手簡と謂ふ。簡版は幾ど廢し、市中遂に賣る者無し。

【手記】自筆。また、日記など自記の類。〔元史、儒学二、宇文公諒伝〕嘗て手記一册を挾む。其の編首に識して曰く、書爲す所有れば、暮に則ち之れを書す。其の書くべからざるは、卽ち敢て爲さず。天地鬼神、實に斯の言を聞けと。

【手技】手のわざ。手工。〔漢書、張安世伝〕安世、尊は公侯爲り、食邑萬戸、然れども身に弋綈(黒の粗服)を衣、夫人は自ら紡績す。家童七百人、皆手技有りて事を作し、內、產業を治む。

【手巾】手ぬぐい。〔世説新語、文学〕謝鎭西(尚)、少き時殷浩の能く淸言するを聞き、故らに往きて之れに造る。殷～數百語を作す。～謝、神を注ぎ意を傾けて、覺えず流汗面に交はる。殷、徐ろに左右に語げ、手巾を取りて謝郎に與へ、面を拭はしむ。

【手芸】手の技能。唐・柳宗元〔梓人伝〕余れ圜視して大いに駭き、～歎じて曰く、彼は將た其の手藝を捨てて、其の心智を専らにし、而ち能く其の體要を知る者なるか。

【手語】琴ひく。琴の音で意を伝える。また、手談。唐・李白〔春日行〕詩 佳人窗に當つて白日を弄し 絃は手語を將つて、鳴箏を彈ず

【手札】手紙。唐・白居易〔初めて元九（稹）と別るるの後、忽ち夢に之れを見る～〕詩 緘を開きて手札を見る 一紙十三行 上には論ず、遷謫の心 下には說ふ、離別の腸

【手刺】名刺。手書きの名刺。〔老学庵筆記、三〕元豐の後、又盛んに手刺を行ふ。前に銜（官位）を具せず。～皆手書す。蘇（軾）・黄（庭堅）～諸公も皆然り。今猶ほ之れを藏する者有り。

【手写】手で写す。〔鶴林玉露、甲一、手写九経〕唐の張參、國子司業と爲り、九經を手寫す。毎に言ふ、書を讀むは、書を寫すに如かずと。

【手書】自筆。また、親書。〔漢書、薛宣伝〕（宣）手自ら牒書して其の姦贓を條し、封じて（楊）湛に與へて曰く、～相ひ暴章するに忍びず、故に密かに手書を以て相ひ曉し、君自ら進退を圖らんことを欲す。復た後に伸眉（安心）すべし～と。

【手迹】筆迹。自筆の書。〔顔氏家訓、慕賢〕丁覘といふ者有り、～頗ぶる善く文を屬り、殊に草隷に工みなり。（梁）孝元、～一に皆之れを使ふ。～吾れ雅より其の手迹を愛し、常に寶持する所なり。

【手足】手と足。親密な関係にたとえる。〔孟子、離婁下〕君の臣を視ること手足の如くならば、則ち臣の君を視ること腹心の如くならん。

【手沢】使いなれてよごれる。遺愛の品。〔礼記、玉藻〕父沒して父の書を讀むこと能はざるは、手澤存すればのみ。母沒して杯圈（お椀の類）飲むこと能はざるは、口澤の氣存すればのみ。

【手段】てだて。方法。宋・蘇軾〔周文に与ふるの四首、四〕鄭君、其の俊敏篤學なることを知る。向きに爲くる所の詩文を觀るに、止だに科場（官吏登用の試験）の手段のみに非ざるなり。

【手談】手で心を示す。碁をうつこと。〔顔氏家訓、雑芸〕圍棊に、手談・坐隱の目（名）有り。頗ぶる雅戲と爲す。但だ人をして躭憒せしむ。廢喪すること實に多し、常にすべからざるなり。

【手板】笏しゃ。位階ある者が束帯のときに持ち、手書するのに用いた。〔宋書、礼志五〕笏なる者は、事有るときは則ち之れに書す。故に常に簪筆す。今の白筆は、是れ其の遺象なり。～手板は則ち古の笏なり。

↑手印 手形／手画 指画き／手函 手翰／手翰 手紙／手眼 手段／手戯 手品／手脚 手足／手仇 戟／手酌 手教 手筆の書／手啓 自筆の書札／手戟 小戈／手工 手芸／手巧 手先の巧者／手稿 原稿／手毫 手筆／手策 手段／手冊 手帳／手自 手ずから／手抄 手写／手詔 宸筆の詔／手鈔 手抄／手状 自白書／手帖 自筆の手帖／手燭 あかり／手刃 手ずから殺す／手跡 手迹／手疏 自筆の上疏／手爪 指先／手搔 手細工／手中 手にもつ／手杻 手かせ／手勅 手詔／手低 不器用／手定 手ずから定める／手拝 拝手の礼／手牌 木の楯／手帕 手巾／手搏 手格／手摸 手探り／手版 手板／手臂 かいな／手畢 手筆／手筆 自筆／手舞 徒手の舞／手法 技巧／手墨 手書／手本 折本型の名刺、上長に見えるときさし出す／手民 大工／手命 手書の命令書／手文 手紋／手紋 掌の筋の紋／手理 手紋／手裏 手中／手力 自力／手炉 手あぶり／手録 自筆の記録／手腕 伎倆

↓握手・盈手・応手・下手・画手・旗手・騎手・技手・挙手・凶手・拱手・空手・携手・戟手・巧手・交手・高手・国手・叉手・左手・執手・釈手・十手・助手・匠手・上手・触手・人手・赤手・隻手・拙手・接手・選手・繊手・素手・俗手・舵手・沢手・着手・停手・敵手・徒手・毒手・入手・拝手・拍手・縛手・反手・臂手・拊手・撫手・覆手・分手・砲手・翻手・凡手・魔手・妙手・名手・右手・落手・両手・斂手・老手

【殳】4 7740 シュ つえぼこ

篆文

金文

会意 几＋又（又）。几は〔説文〕三下に「鳥の短羽、飛ぶこと几几たるなり」とみえる。〔説文〕三下に殳を几声とし、「杖を以て人を殊すなり」（段注本）と殊殺の意とするが、杖矛の類である。〔周礼、考工記、廬人〕に「戈の柲（柄）六尺有六寸、殳の長さは尋有四尺（一丈二尺）」とあり、積竹を八觚の形にして作り、刃の無いものである。わが国の竹刀に似たものであるらしい。これを車上に樹てて、鹵簿の先駆とした。〔詩、衛風、伯兮〕に「伯や殳を執り 王の爲に前驅す」とみえる。〔説文〕はこの部の杸字条に「軍中の士、持する所の殳なり。～司馬法に曰く、羽を執りて杸に從ふ」とあり、上端に羽飾りをつけるものであるらしい。羽は呪飾として用い、〔周礼、春官、司常〕に「全羽を旞と爲す」とあって、旌旗にも羽飾りを用いた。これによっていえば、殳とはその呪杖をもつ意で、わが国の「毛やり矛」のようなものであろう。杸がその毛やり矛、投は杸（ほこ）を扱う意の字であろう。

訓義 ①つえぼこ。②矛の柄、さお。③干戚（たて）のように、持って舞う。

古訓 〔名義抄〕殳 ホコ 〔篇立〕殳 ホコ・ツヱ

部首 〔説文〕に祋・杸・毆（殴）・殸・殿・殹・毅・役など十九字を属し、重文一。〔玉篇〕に二十字を属する。みな殳を以て殴つことを示す字で、呪的な意味をもつ行為をいう。毆は區（秘密の祈りの場所）で、殸は頭、殿は臀をたたく。殹は医（治療）に従い、治療するとき、毅は軍戯に関する字である。次部に殺（殺）・弒を録するが、殺・弒は杀（祟りをなす獣）に対して行う呪的な方法をいう。これらのことから考えると、殳は呪杖の類であろうと思われる。

声系 〔説文〕に殳声として杸・殺・股・骰・投（毀）の諸字を収めるが、股・殺などは別の声の字である。

語系 殳・杸 zjio は同声。また投（毀）do は声近く、〔説文〕十二上に「擿つなり」とあり、毀の字形などからも考えて、もと呪的な意味をもつ字であろう。

【殳書】秦書八体の一。殳などの兵器に用いた字体であるという。〔説文解字叙〕秦の書に八體有り～七に曰く、殳書。〔段注〕殳を言ひて、以て凡ての兵器を包かぬ。題識必ずしも專ら殳を謂ふのみならず。

【殳仗】唐代の儀仗。〔唐書、儀衛志上〕叉殳仗・歩甲隊有り。～殳仗左右廂千人、廂別に二百五十人、殳を執り、二百五十人叉を執る。～殳・叉次を以て相ひ閒す。

↑殳戈 呪杖とほこ／殳叉 儀衛のほこ／殳斨 ほこ／殳虫 殳書と虫書／殳矛 ほこ

↓鋭殳・戈殳・干殳・挙殳・載殳・授殳・書殳・祋殳・桃殳・霊殳

常【主】5 0010 〔主〕5 0010 シュ ひ あるじ おもに

篆文

金文

象形 火主の形。金文は（火主の形）に作り、のち鐙

の形をそえて主となった。〔説文〕五上に「鐙中の火主なり。王に従ひ、象形。丶に従ふ。丶は亦聲なり」とするが、その全体を象形とみてよい。中山王墓出土の十五連盞燭台は、神仙や霊獣を盞盤の間に配し、聖火の観念を示している。火は神聖なものとされ、廟中に火を操る者は叟の初文である。火は主人・家長・長老の扱うもので、その人を主という。炷は主の繁文。建物においては、これを主持するものを柱(柱)という。

訓義 ①ひ、炎の部分、火主、あかし。②火をもつ人、あるじ、きみ、一家の長。③神霊のやどるところ、神主、木主。④つかさ、おさ。⑤まもる、やどる。⑥おもに、かなめのものとして。⑦婦人の尊称、公主。

古訓 〔名義抄〕主 ツカサドル・アルジ・ヌシ・セム・マホル・ウソフク／主人 アルジ 〔字鏡集〕主 キミ・ヌシ・カミ・マホル・ウソフク・ツカサドル・アヅカル・アルジ・タモツ・ハルカ・セム・サス

部首 〔説文〕は字を丶部に属し、「丶は絶止する所有り。丶して之れを識すなり」と句読の点のように解するが、部首としての丶は火主の象、鐙中の火主である。また部中に音を属し、丶に従う字とするが音は果が熟して割れる形で剖判の象、剖の初文である。

声系 〔説文〕に主声として柱・宔・駐(駐)・注(注)など十字を収める。宔は宗廟の祏主の在る所をいう。

語系 主・宔tjio は同声。駐・注tio、柱・住(住)dio も声近く、みな直立するもの、安定した状態にあるものをいう。

【主義】 義を基本とする。〔史記、太史公自序〕敢て顏色を犯し、以て主義を達し、其の身を顧みずして、國家の爲に長畫(長計)を樹つ。袁盎・朝錯列傳第四十一を作る。

【主君】 君主。君たる人。〔史記、甘茂伝〕魏の文侯、樂羊をして將として中山を攻めしむ。三年にして之れを抜く。樂羊返りて功を論ず。文侯之れに謗書一篋を示す。樂羊、再拜稽首して曰く、此れ臣の功に非ざるなり。主君の力なりと。

【主将】(しやう) 総大将。首将。〔三国志、呉、張紘伝〕夫れ主將は乃ち籌謨の自りて出づる所、三軍の命を繫くる所なり。

【主上】(じやう) 天子。君主。漢・司馬遷〔任少卿(安)に報ずる書〕後數日にして、(李)陵の敗書、聞す。主上之れが爲に食、味を甘しとせず。朝を聽くに怡ばず。大臣憂懼して、出づる所を知らず。

【主人】 家のあるじ。唐・賀知章〔袁氏の別業に題す〕詩　主人相ひ識らず　偶坐するは林泉の爲なり　謾りに酒を沽ふを愁ふること莫かれ　囊中、自から錢有り

【主帥】 将軍。〔三国志、魏、東夷伝、韓〕其の俗、綱紀少なく、國邑に主帥有りと雖も、邑落雜居し、善く相ひ制御する能はず。跪拜の禮無し。

【主張】(ちやう) 支配する。意見をいう。〔荘子、天運〕天は其れ運るか。地は其れ處るか。日月は其れ所を爭ふか。孰か是れを主張し、孰か是れを維綱する。孰か无事に居りて、推して是れを行ふ。

【主賓】 主と客。〔抱朴子、辞義〕故に八音は形器異なるも鍾律同じく、黼黻(礼服のぬい飾り)は文物殊となるも五色均しし。徒だ閑濫に主賓有り、姸蚩(美醜)に步驟(遅速の差、差異)有るのみ。

【主領】(りやう) 首領。かしら。治める。〔漢書、礼楽志〕僕射二人、諸樂人を主領す。

↑主衣 尚衣／主位 君位／主威 君の威厳／主意 主旨／主一 専一／主翁 主人／主恩 主人の恩／主家 主人の家／主幹 主宰者／主管 支配人／主観 個人の見解／主眼 眼目／主客 主と客／主教 天主教／主計 財政係／主敬 居敬／主券 墓守／主権 所有主としての権利／主戸 土着の家／主股 大株主／主故 上得意／主顧 お得意／主公 主人／主后 主君／主閫 主婦／主坐 主犯／主座 第一位／主宰 支配者／主祭 祭を司る／主子 料理長／主旨 要旨／主使 命令／主師 僧／主試 試験官／主事 担当者／主持 とりはからう／主車 木主の車／主守 つかさどる／主首 頭領／主従 君臣／主術 君主の術／主書 文書係／主相 首相／主唱 発起人／主神 神官／主進 礼銭をつかさどる／主親 媒酌人／主壻 駙馬／主勢 君の権勢／主席 主座／主祏 廟主の棺／主膳 典膳／主葬 喪主／主僧 住持／主体 本体／主第 上屋敷／主沢 君恩／主断 決断／主長 かしら／主邑 長子／主典 かかり。四等官の最下位のもの／主土 社の土／主脳 首領／主皮 強い弓の力／主婦 本妻／主文 試験官／主弁 主任／主母 本妻／主簿 書記長／主峰 第一峰／主謀 謀略の中心人物／主僕 主と下僕／主名 首謀／主盟 盟主／主誉 主人の誉れ／主要 重要なこと／主流 本流

↓英主・客主・貫主・教主・君主・賢主・戸主・公主・国主・座主・宰主・祭主・自主・時主・社主・城主・神主・人主・聖主・石主・僭主・宗主・喪主・地主・亭主・天主・典主・当主・賓主・輔主・法主・坊主・謀主・木主・民主・明主・盟主・幼主・領主

常

【守】

6 | 3034 | シュ まもる

篆文

金文

会意 宀+寸。宀は廟屋。廟屋の中で、ことを執ることをいう。〔説文〕七下に「守官なり」とし、宀を寺府、寸を法度の意とするが、金文には又(又)に従う形もあり、また干又に従う字もあり、扞衛を主とする字である。のち官守のことをいい、また「道を守る」「拙を守る」のように、抱持・操守の意に用いる。

訓義 ①まもる、廟をまもる、とのもり。②ふせぐ、国を守る、領域を守る。③そなえる、もちこたえる、たもつ。④心にたもつ、みさお。⑤おさめる、その状態を持続する。

古訓 〔名義抄〕守 マモル・ミル・モル・ヒサシ・カミ・ツカサドル／求守 ヨリツグ／國守 クニノマモリ 〔字鏡集〕守 カミ・ミル・モル・ツカサドル・マモル・モトム・ヒサシ・ヲサム

声系 〔説文〕に守声として狩を収めるが、狩の初文は獸(獣)、狩はその形声の字である。

語系 守・狩・獸sjiu は同声。手sjiu も同声で、ものを執り持つ意がある。

【守一】 道家の修養法。心を専一にして神に通じる。〔荘子、在宥〕我、其の一を守りて、以て其の和に處る。故に我、身を脩むること千二百歳なるも、吾が形未だ常て(嘗)て衰へず。

【守気】 気力を守り持する。〔孟子、公孫丑上〕孟施舍の(懼るること無くして)氣を守るは、又曾子の守ることの約なるに如かざるなり。

【守旧】(きう) 古いならわしのまま。〔宋史、欧陽脩伝〕宋興りて且ど百年なるも、文章の體裁、猶ほ五季の餘習に仍り、~淟涊(あか汚れ)して振はず。士は陋に因り舊を守り、論卑く氣弱し。

【守愚】 才をかくし、愚を装う。漢・崔瑗〔座右の銘〕名をして實に過ぎしむること無かれ。愚を守るは聖の臧しとする所なり。

【守欠】 残欠のものを大切にする。漢・劉歆〔書を移して太常博士を譲む〕若し辟雍(宗廟の神殿施設)・封禪・巡狩の儀を立てんとせば、則ち幽冥にして其の原を知る莫く、

猶ほ殘を保ち缺を守らんと欲す。

【守歳】除夜の俗。晉・周処〔風土記〕蜀の風俗、晩歳に相ひ與に餽問す。之れを餽歳と謂ふ。酒食相ひ邀へて別歳を爲す。除夕に至り旦に達するまで眠らず、之れを守歳と謂ふ。

【守死】命がけで守る。〔論語、泰伯〕篤く信じて學を好み、死を守りて道を善くす。

【守株】株を守って兎を待つ。変通をしらぬ愚かなたとえ。〔韓非子、五蠹〕宋人に田を耕す者有り。田中に株有り。兎走りて株に觸れ、頸を折りて死せり。因りて其の耒を釋てて株を守り、復た兎を得んことを冀ひしも、兎復た得べからず。身は宋國の笑ひと爲れり。

【守成】業績をうけつぎ保持する。〔貞觀政要、君道〕貞觀十年、太宗、侍臣に謂ひて曰く、帝王の業、草創と守成と、孰れか難きと。

【守拙】世渡り下手な自分の生きかたを守る。晉・陶潛〔園田の居に帰る、五首、一〕詩 荒を開く、南野の際 拙を守りて、園田に歸る

【守節】節義を守る。〔左伝、成十五年〕聖は節を達し、次は節を守り、下は節を失ふ。

【守文】創業に対して守成をいう。〔唐書、房玄齡伝〕帝(太宗)嘗て問ふ、創業守文、孰れか難きと。玄齡曰く、～創業則ち難しと。魏徵曰く、～則ち守文を難しと爲すと。帝曰く、～創業の易からざるは既に往けり。守文の難きは、方に公等と之れを愼むべしと。

↑守瘞 御陵番／守衛 まもる／守亀 卜亀／守義 守節／守宮 やもり／守圉 守りふせぐ／守教 教えを守る／守業 業を守る／守狗 番犬／守具 防具／守訓 守教／守犬 番犬／守兼 兼任／守古 守旧／守故 守古／守護 まもる／守候 まつ／守宰 役人頭／守司 役所／守志 志を守る／守雌 柔弱の法／守事 公務／守持 固守する／守舍 番人／守者 番人／守柔 守雌／守将 守備の将／守障 まもる／守常 常法を保持する／守心 守操／守身 身を保つ／守神 守護神／守真 保真／守制 服喪／守精 ひとみ／守静 静を保つ／守折 値切る／守戦 防戦する／守銭 けち／守選 任命待ち／守捉 国境軍／守退 退隠する／守中 中を守る／守家 墓守り／守貞 守操／守杜 ふさぐ／守把 関所の番／守吠 番犬／守藩 守護／守備 まもる／守分 分を守る／守保 守る／守法 法を守る／守樸 守拙／守盟 盟を守る／守默 静默／守門 門番／守夜 夜番／守令 郡守と県令／守礼 礼を守る／守霊 心／守隷 守衛

↓悋守・官守・看守・監守・居守・拠守・禁守・謹守・郡守・堅守・厳守・固守・攻守・拘守・国守・死守・自守・戍守・順守・遵守・城守・職守・占守・操守・大守・太守・鎮守・天守・典守・屯守・備守・兵守・辺守・保守・奉守・法守・牧守・墨守・留守

常
【朱】 6 2590 シュ あか あけ

篆文 金文

象形 木の幹の部分に、肥点を加えた形。〔説文〕六上に「赤心の木、松柏の屬なり」という。本・末も同じようにその部位を示す指示的な造字法であるから、朱を株部を示す字と解することもできようが、金文においては朱は丹朱の意に用い、朱市・朱黄(衡)といい、字をまた㳟に作ることがある。㳟は丹朱の製法に関する字であるらしく、西周の金文に、家臣の葬にあたって㳟を賜うた例がある。㳟の穴の部分は、蓋の左右に蒸気抜けの穴のある形で、おそらく朱沙を固めて木に著け、それを薫蒸して水銀を分離するアマルガム精錬法のような方法がとられたのであろう。殷墓の槨室からは朱塗りの明器や、またその朱の雕文がそのまま土に附著して残された花土などが、多く出土している。

訓義 [1]あか、あけ、丹朱。材料は丹沙、朱沙。漆を加えて塗飾する色を彤という。[2]中心の赤い木、松柏の類。[3]株と通じ、かぶ、木のかぶ、みき。

古訓 〔名義抄〕朱 アカシ

声系 〔説文〕に朱声として珠・咮・誅・殊・株・絑など十四字を收める。珠・絑などは朱の声義をとるものであろう。

語系 朱・絑tjio、赭tjyaは声近く、赭は赤土をいう。赤thjyakは大(人の正面形)に火を加えて修祓する意で、これによって罪が赦されるのである。朱や赤は丹と同じく神聖な色とされた。

【朱殷】赤黒い血の色。唐・李華〔古戦場を弔ふ文〕秦、長城を起し、海を竟りて關と爲し、生民を荼毒し、萬里朱殷たり。

【朱夏】夏。唐・杜甫〔屋を営む〕詩 我に陰江の竹有り 能く朱夏をして寒しからしむ

【朱霞】朝焼け夕焼けのように、空に映える。魏・何晏〔景福殿の賦〕遠くして之れを望めば、朱霞を摛ねて天文を耀かすが若く、迫くして之れを察れば、崇山を仰ぎて垂雲を戴くが若し。

【朱干】朱塗りのたて。〔礼記、明堂位〕升りて清廟を歌ひ、下りて象(象武の詩)を管にす。朱干玉戚(鉞)ありて、冕して大武(武王克殷の舞)を舞ひ、皮弁素積(白ひだ)ありて、裼して大夏を舞ふ。

【朱顔】酔顔。また、少壮の年。紅顔。唐・李白〔蜀道難〕詩 蜀道の難は青天に上るよりも難し 人をして此れを聽いて朱顔を凋ましむ

【朱闕】朱塗りの門。宮門。斉・王融〔秘書丞を拝する謝表〕至道を欽みて青皐(田舎)を出で、布衣を捨てて朱闕を望む。

【朱鼓】あかい太鼓。〔後漢書、礼儀志中〕朱索を反拘して禜社に朱鼓を伐つ。〔注に引く漢旧儀〕成帝三年六月、始めて諸官に命じて雨を止めしむ。朱繩もて社を反禜し、鼓を撃ちて之れを攻む。

【朱雀】南方の星宿。〔三輔黄図、三、未央宮〕蒼龍・白虎・朱雀・玄武は天の四靈なり。以て四方を正す。王者、宮闕殿閣を制るに、法を取る。

【朱儒】侏儒。こびと。俳優などに用いた。〔漢書、徐楽伝〕(陛下)金石絲竹の聲、耳に絶たず。帷幄(帳)の私、俳優朱儒の笑ひ、前に乏しからず。

【朱裳】赤い裳。〔周礼、夏官、方相氏〕熊皮を蒙り、黄金四目、玄衣朱裳、戈を執り盾を揚げ、百隷を帥ゐて時に難(儺)し、以て室に索め毆疫することを掌る。

【朱竹】朱墨で描いた竹。〔香祖筆記、十二〕太平清話に云ふ、朱竹は古、本づく所無し。～然れども閩中、實に此の種有り。紅、丹砂の如しと。

【朱邸】都にある王侯の家。有功の者に朱戸を賜うた。〔世説新語、言語注に引く高逸沙門伝〕司徒會稽王、～法師と殷勤の歡を結ぶ。師、丹墀に升履し、朱邸に出入すと雖も、泯然曠達、蓬宇に異ならず。

【朱筆】朱で書く。校訂などに用いる。〔雲麓漫鈔、四〕宋景文公(祁)、唐書を修む。稾は表紙の朱界を用ひ、貼して界するに墨筆を以て舊文を書し、傍らに朱筆を以て之れを改む。

【朱紱】朱のひざかけ。貴人の礼服に用いる。魏・曹植〔自ら試みられんことを求むる表〕今臣、德の述ぶべき無く、功の紀すべき無し。～是こを以て上は玄冕に慙ぢ、俯しては朱

紱に愧づ。

【朱墨】朱と黒と。書の批注などに二色を分用する。また、添削。〔三国志、魏、王粛伝注に引く魏略〕（董）遇善く老子を治め、老子の爲に訓注を作る。又左氏傳を善くし、更めて爲に朱墨を作りて別異す。

【朱門】貴人の家。唐・王維〔酒を酌みて裴迪に与ふ〕詩 酒を酌みて君に與ふ、君自ら寛うせよ 人情の翻覆、波瀾に似たり 白首の相知も猶ほ劍を按じ 朱門の先達、彈冠（官途を願う）を笑ふ

【朱輪】朱塗りの貴人の乗る車。〔漢書、李尋伝〕（李、尋王）根に說きて曰く、～將軍一門九侯、二十朱輪、漢興りて以來、臣子の貴盛、未だ嘗て此に至らず。夫れ物盛んなれば必ず衰ふは、自然の理なり。

【朱簾】朱のすだれ。唐・王勃〔滕王閣〕詩 畫棟朝に飛ぶ南浦の雲 朱簾暮に捲く西山の雨

【朱楼】朱塗りの楼台。斉・謝朓〔入朝曲〕楽府 逶迤として淥水を帶び 迢遞として朱樓を起す

↑朱靄 赤いもや／朱帷 赤いとばり／朱楹 赤い柱／朱嬴 菊／朱炎 太陽／朱鉛 べに白粉／朱火 灯火／朱果 柿の実／朱華 赤い花／朱閣 朱塗りの閣／朱汗 血の汗／朱柑 蜜柑／朱檻 朱の欄干／朱紈 朱の練絹／朱羲 太陽／朱髹 紅漆／朱愚 愚か／朱景 日光／朱軒 朱塗りの車／朱弦 朱絃／朱絃 朱の琴糸／朱口 女の脣／朱公 鶏／朱砂 丹砂／朱屣 赤い履／朱漆 朱と漆／朱実 赤い果実／朱襦 赤い襦袢／朱脣 紅脣／朱塵 朱の天井板／朱丹 朱／朱韠 朱紱／朱市 朱紱／朱黻 朱紱／朱明 夏／朱目 題目朱書／朱陽 太陽／朱欄 朱の欄干／朱欒 ざぼん／朱鬣 赤いたてがみ／朱櫳 赤い窓

↓鉛朱・加朱・画朱・金朱・纁朱・口朱・霜朱・奪朱・丹朱・堆朱・彤朱・陶朱・墨朱・藍朱

【百】 7 1060 シュ シュウ あたま かしら

篆文

象形 頭髪を整えた首の形。頁は礼貌を整えた形。〔説文〕九上に「頭なり。象形」とし、首字条九上にまた「百同じ。古文百なり」という。金文に神霊を迎えることを「拜百䭫（稽）首」といい、百を手の意に用いることがあり、同音であったことが知られる。

訓義 ①あたま、かしら。

部首 〔説文〕〔玉篇〕に䭫を属し、〔玉篇〕に「色を柔らげて以て之れを蘊む。是を以て、今柔の字と爲す」とあって、もと面に和色のあることをいう字である。

語系 百・首sjiuは同声。頭do、髑髏dok-loの髑も声近く、もと同系の語であろう。

【侏】 8 2529 シュ チュ こびと おろか

形声 声符は朱。朱に株、太くて短いものの意がある。〔広雅、釈詁二〕に「短なり」とあり、侏儒（こびと）の意。〔左伝、襄四年〕「朱儒を是れ使ふ」とあり、古くは朱の字を用いた。人のみでなく、建物の短い支柱などにも用いる。

訓義 ①こびと、侏儒。②おろか。③侜・譸と通じ、あざむく。④倜と通じ、大きな、さかんな、そむく。

古訓 〔名義抄〕侏儒 ヒキウト・タケヒキ・ヒキナリ

語系 侏tjio、儒njio、豎・樹zjioは声近く、もと一系の語。直立して、長からざるものをいう。侜・譸tiuも声近く、侜は〔説文〕八上に「廱蔽すること有るなり」とあって欺くこと、また譸は三上は「詶ふなり」とあり、詶tjiuは「詛ふなり」（段注本）とあり、侏はその声義に通用することがある。

【侏儒】こびと。俳優。〔管子、小匡〕昔先君襄公、～倡優侏儒前に在り、賢大夫後に在り。～吾れ宗廟の掃除せず、社稷の血食せざることを恐る。

【侏張】勢いのさかんなさま。〔宋書、索虜伝〕（蓋呉の上表）天未だ難を忘れず、禍亂仍りに起る。獫狁（北方の異民族）侏張し、中國を侵暴す。長安をして豺狼の墟爲らしめ、鄴・洛をして蜂蛇の藪（すみか）爲らしむ。

【侏離】西戎の楽。また、異族の理解しがたい語をいう。〔後漢書、南蛮伝〕（槃瓠の子女）衣裳班蘭（はでやか）、語言侏離、好んで山壑に入り、平曠を樂しまず。

↑侏侏 幼愚／侏大 肥大／侏優 侏儒

↓傴侏・勇侏・伶侏

常 【取】 8 1714 シュ とる めとる

篆文 甲骨文 金文

会意 耳＋又（又）。〔説文〕三下に「捕取するなり」とあり、戦場で討ちとった者の左耳を切り取る意。これを馘といい、その馘数によって戦功を定めた。凱旋してその馘を廟に献じ、論功した。首を取ることは、馘という。馘耳をとり集めることを最・撮といい、また聚という。妻を娶ることをも取という。

訓義 ①とる、耳を切りとる、左耳を取って戦功をかぞえる。②とらえる、うばう、おさめる、わがものとする。③戦いかつ、ほろぼす。④めとる、妻とする。

古訓 〔名義抄〕取 トル／取次 ミダリカハシ 〔字鏡集〕取 トル・ヲサム

声系 〔説文〕に取声として趣・諏・冣・聚・掫・娶など十三字を収める。冣は最の初文で、馘耳を覆って集めまとめる意。取声の字は、おおむねその声義を承けるところがある。

語系 取・娶tsioは同声。古くは戦果として嫁娶のことがあったのであろう。〔易、屯、六二〕に「馬に乗ること班如たり。寇するに匪ず、婚媾せんとするなり」とは、古い時代の奪略婚を歌う詩句であったかと思われる。また冣（最）・聚dzio、族dzok、叢dzongは声近く、とり集める意をもち、一つの語系をなすものであろう。

【取盈】満額をとる。〔孟子、滕文公上〕貢なる者は、數歳の中を校りて以て常と爲す。～凶年には其の田に糞ふも足らざるに、則ち必ず盈を取る。

【取下】へりくだる。唐・韓愈〔柳子厚墓誌銘〕平居、里巷に相ひ慕悅し、酒食游戲して相ひ徵逐し、詡詡として強ひて笑語して以て相ひ取下し、手を握り肺肝を出だして相ひ示す。

【取義】義をえらびとる。意味だけを取る。断章取義。〔孟子、告子上〕生も亦た我が欲する所なり。義も亦た我が欲する所なり。二者兼ぬるを得べからずんば、生を舍てて義を取らん者なり。

【取次】便宜に。かりそめに。また、次第に。唐・杜甫〔元二の江左に適くを送る〕詩 經過するに自ら愛惜せよ 取次に兵を論ずること莫かれ

【取舎】取捨。採否。〔韓非子、姦劫弑臣〕凡そ人の大體、取舍同じき者は、則ち相ひ是とし、取舍異なる者は、則ち相ひ非る。

【取笑】笑われる。〔後漢書、蓋勳伝〕今靜難（靖難）の術を急とせず、遽かに非常の事を爲さば、既に怨みを一州に結ぶに足り、又當に笑ひを朝廷に取るべし。勳、其の可なるを知らざるなり。

【取法】則る。模範とする。〔礼記、三年問〕上は象を天に取り、下は法を地に取り、中は則を人に取る。人の群

居和壹なる所以の理蠱く。

【取予】取与。与奪。〔淮南子、本経訓〕四時なる者は、春生じて夏長じ、秋收めて冬藏す。取予節有り、出入時有り。開闔張歙、其の敍を失はず。

【取容】人に気に入られるようにする。〔漢書、張釈之伝〕子摯、字は長公、官、大夫に至りて免ぜらる。容を當世に取ること能はざるを以て、故に終身仕へず。

↑取意 随意／取贏 取り立て／取説 悦ばす／取厭 嫌われる／取勘 審理する／取給 十分取る／取去 取舍／取遣 取舍／取告 休暇をとる／取妻 娶る／取裁 裁決／取索 徴発／取士 人材を択ぶ／取捨 取舍／取女 娶る／取称 ほめられる／取勝 勝つ／取証 立証／取償 償いをとる／取贖 取償／取信 信任される／取親 娶る／取人 人を択ぶ／取正 正す／取褻 ぞんざい／取奪 奪う／取中 あたる／取衷 程よい／取程 出発する／取当 取償／取得 得る／取譬 たとえを引く／取媚 諂う／取名 取称／取与 取予／取余 祭肉をわかつ／取累 連累／取礼 娶礼／取憐 愛される／取路 出発する

↓引取・掩取・獲取・看取・簡取・観取・棄取・逆取・去取・攻取・詐取・采取・採取・索取・搾取・酌取・蒐取・進取・窃取・接取・摂取・択取・奪取・徴取・聴取・発取・伐取・俯取・捕取

【杸】 8 4794 シュ タイ ほこ

篆文

形声 声符は殳。〔説文〕殳字条三下に「杸を以て人を殊すなり」（段注本）とあり、杸は殳の初文。〔説文〕三下に「杸は軍中の士、持する所の殳なり。木殳に従ふ」と会意とするが、殳の形声字。殳は竹を八觚の形に合わせて作るが、竹木は一類とみてよい。

訓義 1ほこ。2木の名。

【姝】 9 4549 シュ チュ みめよい

篆文

形声 声符は朱。〔説文〕十二下に「好なり」とあり、女子の美しいことをいう。〔方言、一〕に「趙・魏・燕・代の閒には姝と曰ふ」とするが、〔詩〕には邶・衛・斉の詩篇にみえる。

訓義 1みめよい、うつくしい。2ういういしい、しとやかな。3おろか、くらい。

古訓 〔名義抄〕姝 ヨシ・ウルハシ・カホヨシ・アケ〔字鏡集〕姝 ウルハシ・アカシ・イチジロシ・カホヨシ・サヤカニ

【姝麗】美しい。〔後漢書、皇后上、和熹鄧皇后紀〕后、長七尺二寸、姿顏姝麗、衆に絶異す。左右皆驚く。八年冬、掖庭に入り、貴人と爲る。時に年十六。

↑姝豔 美しい／姝姫 美女／姝恵 美麗で聡明／姝好 美しい／姝子 美女／姝姝 みめよい／姝秀 秀麗／姝女 美女／姝色 美しい／姝貌 美貌／姝妖 妖豔／姝孌 美女

↓豔姝・玉姝・国姝・清姝・盛姝・仙姝・舞姝・名姝・麗姝

【洙】 9 3519 シュ

篆文

形声 声符は朱。川の名。〔説文〕十一上に泰山より出で泗に入るという。洙泗は孔子の故地、儒学をまた洙泗の学という。

訓義 1川の名。2洙泗、山東、魯の孔子の故地。

【洙泗】洙水と泗水。孔子の故地。〔梁書、劉之遴伝〕〔梁武帝、劉之遴の春秋論を上るに答ふる詔〕（左）丘明、洙泗の風を傳へ、公羊（高）、西河（子夏）の學を稟く。

【炷】 9 9081 シュ とうしん ともしび

篆文

形声 声符は主（主）。主は灯火の象で炷の初文。〔説文〕五上に「主は鐙中の火主なり」とし、下部を鐙の象、丶をその火の形とし、「丶の亦聲なり」とするが、全体を象形とすべきである。炷はその形声字。〔玉篇〕に「燈炷なり」とみえる。

訓義 1とうしん。2ともしび、あかり。3たく、やく。4香のかずをいう助数詞。

古訓 〔名義抄〕炷 トウシミ・トモス・トモシヒ

↑炷香 香をたく

↓一炷・艾炷・蕙炷・玄炷・香炷・小炷・灯炷・芬炷・夜炷・蘭炷・炉炷

常【狩】 9 4324 シュ かり めぐる

篆文

甲骨文

金文

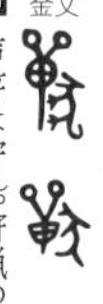

形声 声符は守。狩猟の狩には、もと獸（獣）の字を用いた。獸は單（単。羽飾りのある楯の形）と、口（大猟を祈る祝詞の器、ㄩの形）と犬（猟犬）とに従う字で、狩猟の方法を示し、狩の初文。狩はその形声の字である。〔説文〕十上に「火田なり」（段注本）とあり、草原を焼いて巻狩りすることで、また焚ともいう。〔左伝、定元年〕「大陸（地名）に田りして焚す」の〔注〕に「火田なり」とあり、田とは畋猟の意。金文の〔員鼎〕に「王、昏歔（地名）に獸す。王、員（人名）に犬を執らしむるに、休善とせらる」とあって、畋猟には犬を用いた。〔公羊伝、荘四年、注〕に「狩なる者は、上は宗廟に共承する所以、下は兵行を教習する所以なり」とあって、その獲物は犠牲として供薦し、その方法は戦闘の教習に資するものであった。天子が諸侯の地をめぐることを巡狩といい、天子が諸侯に屈してその地に赴くときにも、〔春秋、僖二十八年〕「天王、河陽に狩す」のようにいう。

訓義 1かり、かりする、野をやいて狩する。2天子が諸侯の地をめぐる、地方に赴く、征伐に出かける。3治める、やしなう。4獣と通じ、けもの。5守と通じ、守る。

古訓 〔名義抄〕狩 カリ〔字鏡集〕狩 カリ・カル・ケモノ・ヲサム

語系 狩・獸sjiu は同声。捜（搜）shiu、索sheak も声に通ずるところがあり、もと同系の語であろうと思われる。

【狩猟】かりする。〔詩、魏風、伐檀〕狩せず獵せざるに 胡ぞ爾の庭に縣貆有るを瞻る 彼の君子は 素餐せず

↑狩取 捕らえる／狩人 猟する人／狩田 冬の猟

↓蒐狩・出狩・巡狩・大狩・帝狩・冬狩・苗狩

常【首】 9 8060 ［百］ 7 1060 シュ くび はじめ きみ もうす

篆文

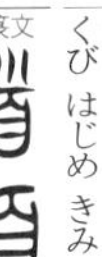

金文

象形 頭髪のある首の形。古文は百に作り、〔説文〕九上に「百同じ。古文百なり。巛は髮に象る。之れを鬊と謂ふ。鬊は即ち巛なり」とするが、巛を含めて象形の字である。儀容を示す頁の字形からいえば、百は髪を整えた首の形であろう。金文に「拜百頡首」のようにしるす例があり、手と同音の字であった。首長・首謀のように用いる。首を倒懸する形は県、懸繫することを縣（県）という。

訓義 1くび、かしら、あたま。2きみ、かみ、おさ、諸人の長。3はじめ、さき、まえ、ことのおこり。4むかう、頭をむける、頭をさ

げる。5したがう、もうす、つげる、ありのままいう。6ものの上の部分、刀のつか、いしづき、ことのかなめ、もと。

古訓 〔和名抄〕首領 加宇倍(かうべ) 〔名義抄〕首 カウベ・カシラ・ハジム・ホトリ・スヽム・ムカフ・オモムク・アラハル・フス 〔字鏡集〕首 オモムク・マコト・フス・モットモ・ツカ・カフリ・アラハル・マメヤカ・メグラス・ハジメ・ハジム・カウベ・ツク・ムカフ・カシラ

部首 〔説文〕に䭫(稽)など二字、〔玉篇〕に馘と顔(顏)・頬・髮(髮)の異文などを加えて九字を属する。百・首・頁は字形として通用することがある。

語系 首・百sjiuは同声。頭doも声の近い語である。手sjiuは首と同声。ともに先端にあるもの。頭は先端にあって、その形の太短いものをいう。

【首悪】しゅあく 第一の悪人。〔公羊伝、僖二年〕虞師・晉師、夏陽を滅ぼす。虞は微國なり。曷爲れぞ大國(晋)の上に序するや。虞を首惡ならしむるなり。～曷爲れぞ虞を首惡ならしむる。虞、賂を受け、國を滅ぼす者に道を假し、以て亡を取れり。

【首科】しゅか(くわ) 科挙の第一等に及第する。唐・柳宗元〔李(実)京兆(尹)の為に楊凝郎中を祭る文〕唯これ是の伯仲(兄弟)は竝びに士則爲り。連りに首科に擢んでられ、迭ひに顯職に居る。

【首過】しゅか(くわ) 自ら過失をのべ懺悔する。〔三国志、魏、張魯伝〕魯、遂に漢中に據り、鬼道を以て民に教へ、自ら師君と號す。～病有るときは、自ら其の過ちを首せしむ。大都(すべて)黄巾と相ひ似たり。

【首義】しゅぎ 義兵を起こす。唐・杜甫〔張十三建封に別る〕詩 嘗て唐の實錄を讀むに 國家草昧の初め 劉(文静)・裴(寂)首義を建て 龍見(太宗)尙ほ躊躇す

【首丘】しゅきゅう(きう) 丘の古巣に頭を向ける。故郷を思う。〔淮南子、説林訓〕鳥飛んで郷に反り、兎走りて窟に歸り、狐死して丘に首す。

【首功】しゅこう 戦場で敵の首をとる。〔戦国策、趙三〕彼の秦は、禮儀を棄てて首功を上ぶ國なり。其の士を權使し、其の民を虜使す。

【首歳】しゅさい 年のはじめ。正月。〔漢書、蕭望之伝〕三公其の人に非ざれば、則ち三光之れが爲に明ならず。今首歳にして、日月光少なきは、咎め臣等に在り。

【首事】しゅじ 事をはじめる。晉・杜預〔春秋左氏伝の序〕春秋なる者は、魯の史記の名なり。記事なる者は、～遠近を紀し、同異を別つ所以なり。故に史の記す所、必ず年を表はして以て事を首む。年に四時有り。故に(春秋を)錯擧して、以て記す所の名と爲すなり。

【首唱】しゅしょう(しやう) まっ先にとなえる。〔後漢書、荀彧伝〕彧乃ち(曹)操に勸めて曰く、～天子の蒙塵(都落ち)せしより、將軍、首として義兵を唱ふ。徒だ山東の擾亂するを以て、未だ遠く赴くに遑あらざるのみ。～乃の心王室に在らざる無し。

【首鼠】しゅそ 進退に迷う。〔三国志、呉、諸葛恪〕山越、阻を恃み、賓(朝貢)せざること歷世、緩なれば則ち首鼠(両端を持)し、急なれば則ち狼顧す。皇帝赫然、命じて將に西征せんとす。

【首尾】しゅび 頭と尾。前後。本末。終始。〔孫子、九地〕善く兵を用ふる者は、譬へば率然の如し。率然は常山の蛇なり。其の首を撃つときは、則ち尾至り、其の尾を撃つときは、則ち首至り、其の中を撃つときは、則ち首尾倶に至る。

【首謀】しゅぼう 謀をはじめる。〔後漢書、馮異伝〕(李軼)異に書を報じて曰く、軼、本と蕭王(光武)と、首めに漢を造すことを謀り、死生の約を結び、榮枯の計を同じうす。～千載一會、斷金(の交)を成さんことを思ふ。

【首領】しゅりょう(りやう) 首。また、頭目。〔隋書、郭栄伝〕煬帝位に卽き、～後數歲、黔安の首領田羅駒、淸江を阻みて亂を作す。夷陵諸郡の民夷、應ずる者多し。榮に詔して、擊ちて之れを平らげしむ。

↑首位 第一位/首禍 首悪/首稼 稷/首魁 頭目/首鎧 かぶと/首簡 序言/首頷 首肯する/首揆 総理/首級 首/首甲 かぶと/首肯 承知する/首坐 首犯/首座 第一席/首罪 主犯/首策 首謀/首参 首相/首子 長子/首施 ためらう/首趾 首尾/首疾 頭痛/首実 自白する/首従 主犯と従犯/首春 正月/首倡 首唱/首将 主将/首章 第一章/首衝 枢要の地/首状 告訴状/首身 身首/首席 第一席/首選 首席及第/首祚 年頭/首足 首と足/首賊 頭目/首嫡 よつぎ/首痛 頭痛/首経 喪の麻帯/首途 門出/首都 国都/首盗 首賊/首董 理事長/首脳 指導者/首犯 主犯/首班 首位の人/首府 首都/首伏 自白する/首服 首飾り/首務 要務/首免 自首減刑/首面 容貌/首路 門出/首露 自白/首窩 頭目

↓華首・回首・廻首・魁首・馘首・鶴首・冠首・巻首・貫首・頷首・丘首・鳩首・梟首・矯首・仰首・翹首・空首・屈首・経首・稽首・黥首・鷁首・剣首・黔首・元首・甲首・肯首・皓首・絞首・髠首・歳首・斬首・自首・授首・倡首・称首・賞首・螓首・人首・折首・船首・搔首・低首・剔首・党首・頭首・頓首・年首・馬首・白首・反首・匕首・俛首・俯首・部首・伏首・篇首・蓬首・北首・盟首・乱首・貍首・領首

常 【株】 10 4599 シュ かぶ

篆文  古印璽 

形声 声符は朱(しゆ)。〔説文〕六上に「木の根なり」とあり、土中にあるものを根、土上にあるものを株という。

訓義 1かぶ、木のかぶ、根の上、幹の下部。2きりかぶ、くいぜ。3草木などを数えるときの助数詞。

古訓 〔名義抄〕株 クヒゼ・エダ 〔字鏡集〕株 クヒゼ・キノネ・モト・エダ

【株楹】しゅえい 丸太の柱。〔風俗通、十反〕孟獻は高宇にして美室なるも、原憲は蓬門にして株楹なり。

【株連】しゅれん 獄に連坐する。〔明史、奸臣、胡惟庸伝〕(惟庸等)不軌を謀る。帝發怒し、逆黨を肅淸す。詞の連及して坐誅する所の者三萬餘人。乃ち昭示奸黨錄を爲りて天下に布告し、株連蔓引、數年に迄るも未だ靖からずと云ふ。

↑株塊 切株/株及 連及する/株枸 切株/株橛 くい/株糵 ひこばえ/株守 守株/株檽 つか柱/株木 株/株蔓 株連/株戮 連累して殺される/株累 連累する

↓旧株・朽株・荊株・橛株・孤株・故株・枯株・槁株・根株・守株・数株・万株・蟠株・分株・老株

常 【殊】 10 1529 シュ ころす ことなる ことに

篆文 

形声 声符は朱(しゆ)。〔説文〕四下「死すなり」とあり、死罪とすることをいう。字は誅と声義近く、〔荘子、在宥〕「今の世、殊死する者相ひ枕す」とは誅死の意。〔説文〕にまた「漢令に曰く、蠻夷の長の罪有るものは、當に之れを殊すべし」とあって、斬罪をいう。〔段注〕に首身分離する意で殊異の意を生ずるとするが、殊死の義はおそらく誅がその本字で、殊異の義は別の系統の語かと思われる。〔詩、魏風、汾沮洳〕に「彼其の子や 美なること度無し 美なるこ

と度無し 公路に殊異なり」は若者の凜々しい美しさをいう。女ならば姝というところである。

訓義 1ころす、罪によってころす。誅と声が通じ、その義に通用したものであろう。2ことなる、ことにすぐれる。3ことに、はなはだ。

古訓 〔名義抄〕殊 コトニ・コトナリ・タツ・タエヌ・ハナハダ／殊異 コトニコトナリ・コト〳〵ニ 〔字鏡集〕殊 ウルハシ・タエヌ・ハナハダ・コトナリ・タツ・シヌ

語系 殊・誅 tjio は声同じく、殊死とは誅死。姝・袾・殳 thjio も声近く、殊異とは姝異の意であろう。〔字鏡集〕にウルハシの訓がある。

【殊栄】 特に光栄を賜う。唐・柳宗元〔広南節度使の出で鎮するを謝するに代る表〕臣、幸ひに搊賤を以て、累りに殊榮を忝うす。天德薦りに臨みて、遂に台政に加へらる。

【殊裔】 僻遠の国。〔三国志、魏、三少帝、陳留王奐紀〕今國威遠く震ひ、六合を撫懷す。方に殊裔を包擧し、四表を混一にす。～萬里馳義す、～宜しく寵遇を加へ、其の爵位を崇くすべし。

【殊恩】 特別の恩寵。晋・潘岳〔馬汧督（敦）の誄〕明明たる天子、旌はすに殊恩を以てす。光光たる寵贈、乃ち其の門に牙す。～死して靈有らば、庶はくは冤魂を慰めよ。嗚呼哀しい哉。

【殊境】 異境。明・何景明〔雲陽に泊し江頭に月を玩ぶ〕詩 弦望（月の盈虚）、幾たびか更易する 客行、尙ほ殊境

【殊遇】 格別の待遇。蜀・諸葛亮〔出師の表〕侍衞の臣、內に懈らず、忠志の士、身を外に忘るる者は、蓋し先帝の殊遇を追ひ、之れを陛下に報ぜんと欲すればなり。

【殊勳】 特別の偉勲。〔隋書、高祖紀下〕（開皇十七年夏四月）詔して曰く、～（李穆・韋孝寛等）登庸納揆の時、草昧經綸の日、丹誠の大節、心帝圖に盡し、茂積殊勳、力王府に宣べたり。

【殊芸】 すぐれた技能。〔北史、江式伝〕又侍中賈逵に詔して、舊文を修理せしむ。殊藝異術も、王敎の一端なり。苟しくも以て國に加ふべき者有らば、悉く集めざる靡し。逵は卽ち汝南許愼の古學の師なり。

【殊功】 殊勲。偉功。〔三国志、蜀、諸葛亮伝〕神武赫然として、八荒を威鎭す。將に殊功を季漢に建て、伊（尹）周（公）の巨勳に參ぜんとす。

【殊行】 すぐれた行い。〔後漢書、班固伝上〕此の六子の者は、皆殊行絕才有り。德、當世に隆んなり。～願はくは將軍、照微の明を隆んにし、日昃の聽を信ばせ。

【殊死】 決死。〔史記、淮陰侯伝〕韓信・張耳已に水上の軍に入り、軍皆殊死して戰ふ。敗るべからず。信の出だす所の奇兵二千騎、～馳せて趙壁に入り、皆趙旗を抜き、漢の赤幟二千を立つ。

【殊勝】 すぐれる。宋・朱熹〔念奴嬌〕詞 絕艷誰か憐れまん 眞心自ら保つを 邈かに塵緣と隔たる 天然の殊勝は 風露冰雪に關せず

【殊常】 なみ外れた。異常。〔晋書、張載伝〕守平の世に處り、殊常の勳を建てんと欲し、太平の際に居り、違俗の謀を吐く。此れ猶ほ卻歩して山に登り、章甫（冠）を越に鬻ぐがごときなり。

【殊絶】 特にすぐれる。唐・杜甫〔韋諷録事宅に曹将軍の画ける馬の図を観る歌〕詩 其の餘の七匹も亦た殊絕 迥かに寒空に烟雪の動くが若し

【殊致】 異なった趣。〔文心雕竜、雑文〕智術の子、博雅の人、藻は辯に溢れ、辭は氣に盈つ。苑囿の文情、故に日に新たに致を殊にす。

【殊塗】 途を異にする。〔易、繫辞伝下〕子曰く、天下何をか思ひ、何をか慮らん。天下歸を同じうして塗を殊にし、致を一にして慮を百にす。

【殊能】 特にすぐれた才能。〔後漢書、桓譚伝〕（上疏）賈誼は才を以て逐はれ、朝錯は智を以て死す。世に殊能有りと雖も、終に敢て談ずる者莫きは、前事に懼るればなり。

【殊礼】 特別の待遇。〔魏書、外戚下、胡国珍伝〕太上秦公と號し、九錫を加へらる。葬るに殊禮を以てし、九旒鑾輅・虎賁・班劍百人・前後部羽葆鼓吹・轀輬（温涼）車を給ふ。

↑殊渥 手厚い／殊位 尊位／殊異 特異／殊域 外国／殊越 勝れる／殊佳 よい／殊瑰 奇異／殊隔 遠隔／殊奇 珍しい／殊軌 異途／殊技 特技／殊級 特級／殊群 抜群／殊刑 重刑／殊形 異形／殊眷 殊遇／殊好 絶好／殊効 特効／殊号 特別の号／殊才 異才／殊策 策表／殊私 殊寵／殊姿 佳姿／殊事 異事／殊滋 佳味／殊質 美質／殊釈 絶つ／殊種 異種／殊趣 異趣／殊衆 抜群／殊称 よい評判／殊祥 瑞祥／殊奨 推奨／殊賞 特賞／殊色 美人／殊心 異心／殊甚 甚だしい／殊趨 異途／殊世 別の時代／殊性 異質／殊績 殊勲／殊説 異説／殊節 卓行／殊選 抜擢／殊俗 異俗／殊代 絶代／殊卓 卓越／殊寵 恩寵／殊珍 珍異／殊轍 異途／殊典 特別の礼／殊闘 死闘／殊特 特異／殊匹 外人妻／殊品 異類／殊風 異俗／殊服 外人の服装／殊文 外国の文字／殊聞 奇聞／殊別 格別／殊方 異域／殊味 ご馳走／殊妙 絶妙／殊命 特命／殊尤 勝れる／殊容 偉容／殊量 すぐれた人がら／殊倫 絶倫／殊隣 外国／殊類 異類／殊麗 佳麗／殊列 並外れ／殊路 異途

↓乖殊・魁殊・迥殊・懸殊・差殊・散殊・世殊・舛殊・卓殊・等殊・特殊・邈殊・万殊・服殊・分殊・変殊・文殊・優殊・類殊

常 **【珠】** 10 1519 シュ たま

篆文 

形声 声符は朱。朱に朱色、またまるいものの意がある。〔説文〕一上に「蚌中の陰精なり」（段注本）とあって、真珠をいう。真珠を陰の精とすることは〔荀子、勧学〕〔管子、侈靡〕にみえ、〔国語、楚語下〕に「珠の以て火災を禦ぐに足る」という記述がある。珠にそのような呪力があるとされた。

訓義 1たま、まるいたま、真珠などの類。2まるく美しいもの。3朱と通じ、あかい、あか。

古訓 〔和名抄〕珠 日本紀私記に云ふ、眞珠、之良太麻（しらたま）〔名義抄〕珠 タマ・シラタマ／眞珠 シラタマ

【珠帷】 玉を飾ったとばり。梁・沈約〔三婦豔〕楽府 大婦は玉匣を拂ひ 中婦は珠帷を結ぶ 小婦は獨り事無し 鏡に對ひて蛾眉を畫く

【珠顆】 まるく美しいもの。果物などにいう。宋・楊万里〔桜桃〕詩 摘み來れば珠顆、光り滢ふが如し 金盤を走り下りて傾けるを待たず

【珠市】 珍珠を売買する市場。また、もと金陵城中の煙花の地の名。清・余懐〔板橋雑記の序〕金陵は古佳麗の地と稱す。～古蹟寖く湮び、存する者は惟だ南市・珠市及び舊院のみ。～珠市なる者は、閒ま殊色有り。

【珠斗】 北斗七星。唐・王維〔崔員外と同に秋宵寓直す〕詩 九門、寒漏徹り 萬井、曙鐘多し 月迥かにして珠斗を藏し 雲消えて絳河（天の川）を出だす

【珠履】 玉飾りのくつ。貴戚の殊遇を受ける。唐・杜甫〔短

歌行、王郎司直に贈る〕詩 西のかた諸侯を得て、錦水に棹(さを)ささば 何(いづ)れの門に向つてか珠履を跋(ふ)まんと欲する 仲宣樓頭、春色深し

↑珠英(しゅえい) 桂/珠纓(しゅえい) 珠の首飾り/珠花(しゅか) かんざし/珠角(しゅかく) 豊満な顔/珠閣(しゅかく) 麗閣/珠汗(しゅかん) 珠の汗/珠玕(しゅかん) たま/珠旗(しゅき) 玉飾の旗/珠輝(しゅき) 光り輝く/珠璣(しゅき) たま/珠宮(しゅきゅう) 道院/珠玉(しゅぎょく) たま/珠髻(しゅけい) 珠簪/珠軒(しゅけん) 玉殿/珠戸(しゅこ) 真珠取り/珠匣(しゅこう) 玉の箱/珠柙(しゅこう) 玉箱/珠喉(しゅこう) 美声/珠衡(しゅこう) 聖賢の相/珠霰(しゅさん) あられ/珠算(しゅざん) たま算/珠子(しゅし) 珠玉/珠珥(しゅじ) 真珠の耳飾り/珠松(しゅしょう) かんざしの垂れ飾り。歩揺/珠簪(しゅしん) 玉のかんざし/珠翠(しゅすい) 珠と翡翠/珠綴(しゅせつ) 綴り玉/珠唾(しゅだ) 名言/珠胎(しゅたい) 妊娠/珠談(しゅだん) 珠唾/珠瑱(しゅてん) 珠の耳玉/珠殿(しゅでん) 玉殿/珠鈿(しゅでん) 珠のかんざし/珠璫(しゅとう) 珠瑱/珠嚢(しゅのう) 玉の袋/珠貝(しゅばい) 子安貝/珠箔(しゅはく) 珠簾/珠槃(しゅばん) 珠盤/珠盤(しゅばん) 玉飾の盤/珠米(しゅまい) 美しい米/珠沫(しゅまつ) 玉しぶき/珠毛(しゅもう) 孔雀の羽/珠旒(しゅりゅう) 珠旗/珠溜(しゅりゅう) 珠の零(しずく)/珠涙(しゅるい) 珠の涙/珠簾(しゅれん) 珠すだれ/珠露(しゅろ) 白露/珠楼(しゅろう) 玉楼/珠櫳(しゅろう) 美しい飾り窓/珠籠(しゅろう) 玉飾の籠

↓衣珠・遺珠・曳珠・瑩珠・瓔珠・宛珠・火珠・懐珠・貫珠・含珠・貴珠・凝珠・玄珠・紅珠・紺珠・耳珠・数珠・真珠・隋珠・璇珠・素珠・蛇珠・丹珠・琱珠・跳珠・雕珠・綴珠・念珠・胚珠・白珠・斑珠・繁珠・飛珠・美珠・蠙珠・焚珠・宝珠・蚌珠・文珠・揺珠・瑶珠・驪珠・良珠・緑珠・連珠・奩珠・聯珠・簾珠・露珠・弄珠

常

【酒】 10 3116 シュ さけ

形声 声符は酉(酉)(ゆう)、酋(しゅう)の省文。酉は酒樽の形。酒樽より酒気の発することを酋といい、酋をもつことを尊(樽)という。〔説文〕十四下に「就(な)すなり。人性の善惡を就す所以(ゆゑん)なり」とし、また「一に曰く、造(はじ)まるなり。吉凶の造まる所なり」という。就・造(造)はともに声の近い字であるが、語源的に関係があるとはしがたい。禹のとき、儀狄(ぎてき)が酒を作り、また杜康が酒を作ったという起源説話がある。殷・周期には酒器に精美なものが多く、当時の祭祀や儀礼に酒を用いることが多かった。祭祀には鬱鬯(うつちょう)(香草)で香りをつけたものを用いた。

訓義 ①さけ、祭に用いるさけ。②さけをのむ、さかもり。

古訓 〔和名抄〕酒 佐介(さけ)/酒槽 佐加不爾(さかふね)〔名義抄〕酒 サケ・メクム/神酒 ミワ 〔字鏡集〕酒 ス、ク・フルサケ・サケ・アラフ・フカシ・メクム

語系 酒tziu は就dziuk、造dzuk と旁紐・対転の関係にある字ではあるが、声義において通ずるところはない。音を以ていえば、俎tzhia、苴・蒩tzia、藉dzyak、薦(薦)tzian などと通ずるところがあり、それならば本来は神饌として神に薦めるべきもので、神酒を原義とする語であったのであろう。

【酒暈(しゅうん)】酔ってほんのりと顔が赤らむ。宋・蘇軾〔紅梅、三首、一〕詩 寒心未だ肯て春態に隨はず 酒暈端(はし)無くも玉肌に上る

【酒甕(しゅおう)(をう)】酒がめ。〔晉書、文苑、左思伝〕初め陸機、洛に入り、此の賦を爲(つく)らんと欲す。(左)思の之れを作るを聞き、掌を撫(う)ちて笑ふ。弟雲に與ふる書に曰く、此閒(ここ)に傖夫(さうふ)(田舍者)有り、三都の賦を作らんと欲すと。其の成るを須(ま)ち、當(まさ)に以て酒甕を覆(おほ)ふべきのみと。

【酒過(しゅか)(くわ)】酒の上の失敗。〔晉書、周顗伝〕顗が荒醉して儀を失ふ。~詔して曰く、~顗、~屢(しばしば)酒過を以て、有司の繩(ただ)す所と爲る。吾(われ)其の極歡の情を亮(りやう)とするも、然れども亦た是れ濡首(泥酔)の誡なり。~今黜責(ちゆつせき)を加へずと。

【酒会(しゅかい)(くわい)】さかもり。〔後漢書、東夷、韓伝〕常に五月の田竟(を)はる(田植が終わる)を以て鬼神を祭り、晝夜酒會し、群聚歌舞す。~十月農功畢(をは)るも亦た復(ま)た之(か)くの如くす。

【酒酣(しゅかん)】酒宴のまっさかり。魏・文帝〔呉質に与ふる書〕觴酌(しやうしやく)流行し、絲竹竝び奏するに至る毎に、酒酣(たけなは)にして耳熱し、仰いで詩を賦す。此の時に當りて、忽然として自ら樂しきを知らざるなり。

【酒旗(しゅき)】酒店の旗。唐・杜牧〔江南春絶句〕詩 千里鶯啼いて、綠、紅に映ず 水村山郭、酒旗の風 南朝四百八十寺 多少の樓臺、煙雨の中

【酒狂(しゅきょう)(きやう)】酒に酔って狂う。酒乱。唐・白居易〔閑に出でて春を覓(もと)む~〕詩 春を迎えて日日に詩思を添へ 老を送りて時時に酒狂を放(ほしいまま)にす

【酒窟(しゅくつ)】酒倉。〔雲仙雜記、四〕蘇晉、曲室を作りて飲所と爲す。酒窟と名づく。又地上に一磚(せん)毎に一甌酒を鋪(お)く。甎を計(かぞ)ふるに、約五萬枚なり。晉、日ごとに友朋を率ゐ、次第に之れを飲み、取り盡して已(や)む。

【酒戸(しゅこ)】酒屋。また酒量。多少を以て上戸・下戸という。宋・陸游〔深居〕詩 病來酒戸、何ぞ小なるを妨げん 老去詩名、低きを厭(いと)はず

【酒後(しゅご)】酒に酔ったのち。唐・丁仙芝〔余杭酔歌、呉山人に贈る〕詩 十千兌(か)ひ得たり、餘杭の酒 二月春城、長命の杯 酒後、君を留めて明月を待つ 還(ま)た明月を將(も)つて君が回(かへ)るを送らん

【酒肴(しゅこう)(かう)】酒と、さかな。〔漢書、揚雄伝賛〕家素(もと)貧なるも酒を耆(この)む。人其の門に至る希(まれ)なり。時に好事の者、酒肴を載せて、從つて游學する有り。

【酒荒(しゅこう)(くわう)】酒ですさむ。〔書、胤征〕羲和(ぎくわ)厥(そ)の職を廢し、厥の邑に酒荒す。胤后王命を承け、徂(ゆ)きて征す。~惟(こ)れ時(こ)の羲和、厥の德を顚覆(てんぷく)し、酒に沈亂し、官に畔(そむ)き、次を離る。

【酒困(しゅこん)】酒で乱れる。〔論語、子罕〕出でては則ち公卿に事(つか)へ、入りては則ち父兄に事へ、喪事には敢て勉めずんばあらず。酒困を爲さず。何ぞ我に有らんや。

【酒坐(しゅざ)】酒席。唐・楊巨源〔中州の盧拱使君に寄す〕詩 酒坐微(すこ)しく酣(たけなは)にして、諸客倒れ 毬場(打毬をする場所) 慢(みだ)りに撥して、幾人か隨ふ

【酒肆(しゅし)】飲み屋。唐・李白〔少年行、二首、二〕詩 落花踏み盡して、何(いづ)れの處にか遊ぶ 笑つて入る、胡姫酒肆の中

【酒漿(しゅしょう)(しやう)】酒。酒と飲物。〔詩、小雅、大東〕維(こ)れ南に箕(星)有り 以て簸揚(はやう)(あふる)すべからず 維れ北に斗(北斗)有り 以て酒漿を挹(く)むべからず

【酒色(しゅしょく)】酒と女。〔史記、高祖紀〕常に大度有り。家人の生產作業を事とせず。~酒及び色とを好み、常に王媼(わうあう)・武負に從ひて酒を貰(か)る。

【酒聖(しゅせい)】清酒。また、上戸。宋・黄庭堅〔聞・善二兄に謝答す、九絶句、二〕詩 詩狂、克(よ)く念ふ酒聖と作(な)ることを 意態、忽ち年少の時の如し

【酒仙(しゅせん)】酒中の仙。唐・杜甫〔飲中八仙歌〕詩 李白一斗、詩百篇 長安市上の酒家に眠る 天子呼び來(きた)れども船に上らず 自ら稱(い)ふ、臣は是れ酒中の仙と

【酒罇(しゅそん)】酒だる。〔後漢書、章帝紀〕(建初七年冬十月)進みて槐里に幸す。岐山に銅器を得たり。形、酒罇に似たり。之れを獻ず。

【酒池(しゅち)】池水ほどの酒。〔韓非子、喩老〕紂(ちう)肉圃を爲(つく)り、炮烙(はうらく)を設け、糟丘(さうきう)に登り、酒池に臨む。紂、遂に以て亡びたり。

【酒中(しゅちゅう)】飲酒のとき。〔晉書、孟嘉伝〕嘉、酣飲を好み、愈

多きも亂れず。(桓)溫、嘉に問ふ、酒に何の好有りて、卿(君)之れを嗜むと。嘉曰く、公未だ酒中の趣を得ざるのみと。

【酒籌】しゅちゅう 酒盃の数とり。唐・白居易〔李十一と同に酔ひて、元九(稹)を憶ふ〕詩 花時同に酔うて春愁を破り 酔うて花枝を折りて酒籌に當つ

【酒顛】しゅてん 酒狂。唐・劉禹錫〔春日懐を書して東洛の白二十二(居易)楊八の二庶子(儀之・敬之か)に寄す〕詩 心に知る、洛下の閒才子 詩魔と作らずんば、卽ち酒顛

【酒徒】しゅと 酒客。酒のみ。〔史記、酈生伝〕沛公曰く、~未だ儒人を見るに暇あらずと。~酈生、目を瞋らし劍を案じ、使者を叱して曰く、~吾れは高陽の酒徒なり。儒人に非ざるなりと。

【酒悲】しゅひ 泣き上戸。酔い泣き。〔五代史、前蜀世家、王衍〕悅神亭を作り、諸狎客・婦人と、日夜其の中に酣飲す。嘗て九日を以て宣華苑に宴す。嘉王・宗壽、社稷を以て言を爲し、言發して泣涕す。韓昭等曰く、嘉王は酒悲のみと。

【酒酺】しゅほ 国の慶事で国民に酒食を供すること。〔史記、趙世家〕(恵文王の三年)中山を滅ぼす。~行賞大赦し、酒酺を置くこと五日なり。

【酒坊】しゅぼう(ばう) 官営の酒屋。〔隋書、食貨志〕是れより先、尙ほ周末の弊に依り、官に酒坊を置きて利を收む。~是に至りて酒坊を罷め、鹽池・鹽井を通じて、百姓と之れを共にす。遠近大いに悅ぶ。

【酒魔】しゅま 酒を飲ませぬ虫。〔雲仙雑記、八、酒魔〕元公輔(常元載)飲まず、~鼻を以て酒氣を聞きて已に酔ふ。~一人~針を取りて元載の鼻尖を挑げ、一青蟲の小蛇の如きを出だして曰く、此れ酒魔なり~と。元載是の日、已に一斗を飲み、五日にして是れに倍せり。

【酒闌】しゅらん 酒宴たけなわ。〔梁書、劉遵伝〕吾れ昔漢南に在りしとき、~良辰美景、淸風月夜、鷁舟乍ち動き、朱鷺徐ろに鳴く。~酒闌にして耳熱し、志を言ひ詩を賦し、~文史を推揚す。

【酒量】しゅりょう(りやう) 飲酒の量。〔論語、郷党〕肉は多しと雖も、食氣を勝たしめず。唯だ酒は量無し。亂に及ばず。沽酒市脯(店売りの物)は食らはず。

【酒令】しゅれい 酒席の遊戯規定。〔南史、王規伝〕博涉にして口辯有り。~湘東王繹、時に丹陽の尹爲り。朝士と宴集するに、規に屬して酒令を爲らしむ。規、從容として曰く、江左以來、未だ茲の擧有らずと。

【酒醴】しゅれい あまざけ。〔周礼、天官、凌人〕春始めて鑑(盛氷)を治む。凡そ外内饔の膳羞(食事)は鑑す。凡そ酒漿の酒醴も亦た之くの如くす。

【酒帘】しゅれん 酒屋の旗。酒旗。〔容斎続筆、十六、酒肆旗望〕今都城と郡縣酒務、及び凡そ酒を鬻るの肆(店)、皆大帘を外に揭ぐ。靑白の布數幅を以て之れを爲る。~其の制、蓋し古より以に然り。韓非子に云ふ、宋人に酒を酤る者有り。~幟を懸くること甚だ高きも、酒售れずと。

【酒壚】しゅろ 酒場。〔世説新語、傷逝〕王濬沖(戎)尙書令と爲り、~黃公の酒壚の下を經て過ぐ。顧みて後車の客に謂ふ、吾れ昔嵆叔夜(康)・阮嗣宗(籍)と共に此の壚に酣飮せり。~今日此れを視ること近しと雖も、邈かなること山河の若しと。

【酒醪】しゅろう(らう) 清濁の酒。〔史記、扁鵲伝〕疾の腠理(皮膚)に居るは、湯熨の及ぶ所なり。血脈に在るは、鍼石の及ぶ所なり。其の腸胃に在るは、酒醪の及ぶ所なり。其の骨髓に在るは、司命と雖も、之れを奈何ともする無し。

↑酒悪 悪酔い/酒意 酒の飲み心地/酒飲 飲酒/酒媼 酒家の婆/酒宴 燕飲/酒翁 杜氏/酒嫗 酒嫗/酒価 酒の値段/酒家 酒店/酒禍 酒の過ち/酒窩 えくぼ/酒課 酒税/酒駕 酒の車/酒戒 飲酒の戒め/酒権 酒税/酒渇 酒で渇く/酒館 居酒屋/酒気 酒の香り/酒鬼 大酒飲み/酒器 飲酒の器/酒麴 酒母/酒客 酒徒/酒糾 妓女/酒教 こうじ/酒興 飲酒の楽しみ/酒禁 酒造を禁止する/酒訓 酒戒/酒醺 酔う/酒軍 飲み友達/酒限 酒の定量/酒沽 酒をかう/酒虎 大酔する/酒胡 酒席におく木彫りの人形。舞わせて倒れた方の人に飲ませる/酒庫 酒蔵/酒酤 酒沽/酒工 杜氏/酒光 酒の色/酒缸 酒壺/酒香 酒の香り/酒殽 酒肴/酒榼 酒樽/酒酵 酒母/酒餚 酒肴/酒骨 酒の粕/酒痕 酒のしみ/酒佐 お酌/酒債 酒屋の借り/酒盞 酒杯/酒酸 古い酒/酒卮 酒杯/酒市 酒店街/酒貲 酒代/酒滓 酒の糟/酒資 酒代/酒失 酒の過ち/酒社 飲み友達/酒車 酒駕/酒舎 酒屋/酒杓 酒をくむ杓/酒臭 酒臭い/酒所 微醺/酒鍾 酒杯/酒神 大酒家/酒箴 酒戒/酒酔 酔う/酒数 盃の数/酒清 清酒/酒精 アルコール/酒醒 酔いざめ/酒席 酒筵/酒銭 酒代/酒饌 酒食/酒槽 酒船/酒鎗 酒をあたためる器/酒蔵 酒倉/酒台 酒場/酒胆 大酒飲み/酒腸 酒飲み/酒直 酒代/酒亭 飲屋/酒酲 二日酔い/酒敵 酒の対手/酒店 酒屋/酒禿 酒はげ/酒徳 酒の功徳/酒毒 酒の毒/酒肉 酒と肉/酒囊 酒腸/酒杯 ちょく/酒盃 酒杯/酒悖 悪酔い/酒旆 酒旗/酒伴 飲み友達/酒飯 酒食/酒標 酒旗/酒病 酒の病/酒緡 酒代/酒風 痛風/酒癖 酒ぐせ/酒保 酒屋/酒逋 酒債/酒母 こうじ/酒盆 酒瓶/酒幔 酒旗/酒味 酒の味/酒面 酔顔/酒酪 酒と乳/酒釐 酒税/酒律 酒籌/酒両 酒味/酒力 酒の勢い/酒緑 緑酒/酒鑪 酒壚/酒楼 お茶屋/酒盌 酒椀

↓引酒・淫酒・飲酒・醞酒・下酒・甘酒・勧酒・銜酒・牛酒・挙酒・秬酒・玉酒・琴酒・禁酒・葷酒・雞酒・献酒・玄酒・沽酒・壺酒・酤酒・行酒・荒酒・香酒・祭酒・残酒・止酒・卮酒・旨酒・泲酒・使酒・耆酒・詩酒・社酒・酌酒・醻酒・宿酒・春酒・醇酒・椒酒・漿酒・縦酒・觴酒・釀酒・酔酒・清酒・聖酒・盛酒・節酒・仙酒・餞酒・操酒・村酒・樽酒・多酒・大酒・帯酒・濁酒・耽酒・断酒・置酒・鬯酒・珍酒・斗酒・杯酒・白酒・薄酒・麦酒・被酒・美酒・芳酒・銘酒・薬酒・挹酒・洋酒・楽酒・緑酒・労酒

【娶】 11 1740 シュ めとる

篆文

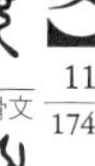

甲骨文

形声 声符は取。〔説文〕十二下に「婦を取るなり」とあり、取をもと娶の義に用いた。取は戦場の馘耳を示す字。娶も古くは他族から奪略的に妻を獲得する意を残す語であるかもしれない。嫁も古くは貸しつける、転嫁するなどの意をもつ字であった。

訓義 ①めとる、妻とする。②なかだち。

古訓 〔名義抄〕娶 ヨメトリ・トツギ・トツグ・カナフ・トル・マク・メトル

語系 娶・取 tsio は同声。取は軍獲として討ち取った者の左耳を切り取ること。娶も古くはその声義を承けるものであろう。

【娶嫁】しゅか 結婚。〔後漢書、逸民、向長伝〕吾れ已に富の貧に如かず、貴の賤に如かざるを知る。但だ未だ死の生と何如なるかを知らざるのみと。建武中、男女の娶嫁既に畢り、~同好~と倶に五嶽の名山に遊ぶ。

↑娶妻 嫁とり/娶女 嫁とり/娶妾 妾をおく/娶親 嫁を迎える/娶得 めとる/娶婦 娶妻/娶聘

めとる
↓嫁娶・改娶・外娶・告娶・婚娶・再娶・内娶

【硃】 11 1569 シュ

形声 声符は朱。辰砂・丹砂の類。赤色の顔料とし、朱墨を作る。鉱物質であるので、減色しない。

訓義 ①しゅ、朱。②硃砂。

【硃巻】 筆跡をかくすため、答案を硃筆で写し、査閲官に提出する。〔明史、選挙志二〕考試の者は墨を用ふ。之れを墨巻と謂ふ。謄録するに硃を用ふ。之れを硃巻と謂ふ。

↑硃語 朱書／硃盒 朱塗りの盒／硃砂 丹砂／硃跡 朱書／硃箋 硃簽／硃簽 朱書した簽／硃批 御批／硃筆 朱書／硃評 朱評／硃粉 朱と白粉／硃諭 勅書を以て諭告する

常 **【須】** 12 2128 シュ ひげ もちいる まつ すべからく

篆文  金文 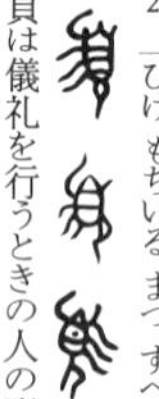

会意 頁＋彡。頁は儀礼を行うときの人の形。彡はひげ。金文の盨の字形からみると、彡は顔に密着しており、全体を象形とみてもよい字である。〔説文〕九上に「面の毛なり」とし、会意とする。鬚の初文。〔礼記、喪大記〕に「小臣(葬儀役)手を爪きり、須を翦る」とあって、面の毛を剃ることをいう。須を他の意に用いるものは、すべて音の仮借による通用である。

訓義 ①ひげ、かおのひげ、あごのひげ。②けものや魚のひげ、くじらのひげ。③需・盨・胥と通じ、まつ、まちうける、ゆるくする、とどまる、やすむ。④需と通じ、もとめる、ねがう、のぞむ、もちいる。⑤須臾・斯須のように用い、しばらく、すぐに、やがて。⑥すべからく～べし。需の義の、強い用法であろう。⑦株と通じ、かぶ。

古訓 〔名義抄〕須 カナラズ・ツカウマツル・ツカハス・マス・タモツ・ツカフ・ベシ・モチヒル・モト・モテス・モトム・スベカラク(〜)スベシ・オコス

部首 〔説文〕に頿(口上の須)・䫀(頰の須)・顊(須髪半白)など四字、また〔玉篇〕に盨(待つ)と訓する字を属する。頿・䫀はのち髭・髯に作る字である。

声系 〔説文〕に須声として盨・盨・嬃など四字を収める。盨は黍稷を盛る器の名であるが、金文は盤で須髪を洗う形に作る。嬃は楚では姉をいい、〔楚辞、離騒〕に「女嬃」という名がみえる。屈原の姉の名と解されているが、篇中の表現によって考えると、女巫の長をいう語であろう。

語系 須・需sioは同声。需に用いる、待つの意がある。盨sioは待つ意の字。胥siaにも「須つ」という訓がある。須臾(しばらく)・斯須(しばらく)は、連語としての用義である。株tjioに仮借して用いる。

【須髯】 あごひげと、ほおひげ。〔漢書、高帝紀上〕高祖の人と為り、隆準(鼻が高い)にして龍顔、美須髯(髯)あり。左股に七十二の黒子有り。

【須眉】 あごひげと、まゆ。〔漢書、張良伝〕(上)太子を易へんと欲す)宴するに及んで置酒し、太子侍す。四人の者、太子に従ふ。年皆八十有餘、須眉皓白、衣冠甚だ偉なり。

【須臾】 しばらく。〔中庸、一〕道なる者は、須臾も離るべからざるなり。離るべきは道に非ざるなり。

【須慮】 船。越人の語。運搬用の修羅の語源であろう。〔越絶書、呉内伝〕方舟航賢なり。儀塵なる者は、越人往きて江に如くなり。須慮を治むとは、越人船を謂ひて須慮と為す。

↑須暇 大まかにゆるす／須頃 まもなく／須索 さがす／須至 必着／須時 しばらく／須捷 ぼろ／須待 待つ／須知 備忘／須髪 あごひげと頭髪／須弥 妙高山／須要 必要／須揺 須臾／須留 待つ

↓急須・敬須・斯須・資須・濡須・少須・必須・要須

常 **【腫】** 13 7221 シュ ショウ はれもの はれる

篆文 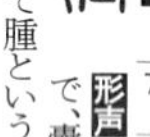

形声 声符は重。重はふくらんだ嚢の形で、嚢の中にもののある意。これをはれものの類に及ぼして腫という。〔説文〕四下に「癰なり」とみえる。癰は雍、おしふさぐものの意がある。〔周礼、天官〕に瘍医の職があり、癰腫の治療に当たった。

訓義 ①はれもの、できもの。②はれる、むくむ。③ふくれる。④頭の疾。

古訓 〔名義抄〕腫 ハル・カサ 〔字鏡集〕腫 カサ・ハル・ハレモノ

語系 腫tjiong、瘇zjiongは声義近く、瘇は足のはれふくれる病。脚気の類であろう。

【腫瘍】 はれもの。できもの。〔周礼、天官、瘍医〕腫瘍・潰瘍(膿血を含むもの)・金瘍(刀創)・折瘍の祝薬(塗薬)、劀殺の齊(剤)を掌る。

↑腫噲 肌あれ／腫膝 膝はれ／腫足 脚気／腫脹 はれ痛む／腫物 腫瘍／腫瘤 はれ痛む／腫物／腫痛

↓患腫・癌腫・気腫・黄腫・疾腫・傷腫・水腫・赤腫・瘡腫・足腫・疼腫・発腫・浮腫・腹腫・擁腫・臃腫・流腫・留腫

こぶ

【馵】 13 7144 シュ ほだす

篆文 

会意 馬＋廾。廾は紐で繋ぐ形。〔玉篇〕に「馬、足を縣くるなり」とあり、馬足をつなぐ形。〔説文〕十上に「馬、後の左足、白きなり」は、また一義。〔爾雅、釈畜〕に「後右足白きは驤、左白きは馵なり」という。

訓義 ①ほだす、馬の足をつなぐ。②後ろの左足の白い馬。

古訓 〔篇立〕馵 ヨリカ、ル

↓騏馵・騗馵

常 **【種】** 14 2291 シュ ショウ チョウ たね うえる たぐい

篆文 

形声 声符は重。重は嚢の中にもののある形。種とは、中に新生の種を包蔵することをいう。〔説文〕七上に「先に種ゑて、後に孰(熟)するなり」とあり、おくての稲をいう。〔詩、大雅、生民〕「誕に嘉種を降す」とは、周の后稷が嘉禾を与えられたとする伝承を歌うものである。穀種が字の原義。それより種樹・種芸・種類などの字となる。字はまた種に作ることがある。

訓義 ①たね、草木のたね。②たねまく、うえる。③くさぐさのたね、たぐい、しゅるい、なかま、ともがら。④おくて、重穋。⑤腫に通じ、はれる。⑥鍾に通じ、あつまる。

古訓 〔和名抄〕種子 日本紀私記に云ふ、水田種子、太奈都毛乃(たなつもの)、陸田種子、波多介豆毛乃(はたけつもの)。種、太爾(たね) 〔名義抄〕種 タネ・クサ・シク・カス・ワセ・シゲシ・トモガラ・ウウ／一種 オナジコト・ワセ・オクテ

語系 種diong、穜tjiongは声近く、穜は〔説文〕に「埶うるなり」とあり、〔説文〕は種を晩熟の禾、穜を種樹の字とする。字形よりいえば、種が種芸・種樹の字である。鍾・鐘(鐘)が同字とされたように、種・穜ものち同字とされたのであろう。

【種芸】 草木を植えつける。〔竜城録、下〕洛の人宋單父、～吟詩を善くし、亦た種藝の術を能くす。凡そ牡丹の變易千種、紅白色を鬭はす。～上皇召して驪山に至り、花萬本を植ゑしむ。色樣各と同じからず。～亦た幻世の絶藝なり。

【種歯】 義歯。入歯。宋・陸游〔歳晩幽興、四首、二〕詩 塚を卜して棺を治め、我が快を輸たし 鬚を染め歯を種ゑて、人の癡を笑ふ〔自注〕近ごろ醫の墮齒を補種するを以て業と爲

す者有るを聞く。

【種樹】草木を植える。〔史記、李斯伝〕臣請ふ、諸〻文學詩書、百家の語を有つ者は、鐲除して之れを去らん。～去らざる所の者は、醫藥・卜筮・種樹の書なり。

【種植】草木を植える。〔水経注、沽水〕漁陽の太守張堪、縣に於て稲田を開き、民に種植を教ふ。百姓以て殷富なることを得たり。～匈奴敢て塞を犯さず。

【種別】類別。〔漢書、劉歆伝〕歆乃ち六藝群書を集め、種別して七略と爲す。

【種落】種族によって構成する部落。〔三国志、魏、三少帝、斉王芳紀〕(正始七年夏五月)濊貊を討ちて皆之れを破る。韓那奚等數十國、各〻種落を率ゐて降る。

↑種火 火種／種瓜 瓜を植える／種花 花を栽培する／種牙 入歯／種戒 農の仕度／種牛 たね牛／種魚 魚の養殖／種恵 恩を施す／種戸 小作／種穀 農事／種菜 野菜作り／種作 耕作／種子 たね／種祀 祖祭／種蒔 種まき／種種 様々／種殖 種植／種姓 素姓／種宗 一門／種竹 竹を植える／種痘 植え疱瘡／種徳 種恵／種輩 同輩／種麦 麦植え／種播 種まき／種末 後裔／種薬 薬草作り／種稑 おくてと、わせ／種粒 たね／種類 種別

↓異種・移種・遺種・易種・下種・嘉種・改種・貴種・区種・後種・耕種・根種・栽種・菜種・雑種・実種・樹種・将種・植種・人種・接種・善種・多種・田種・同種・農種・播種・品種・糞種・分種・別種・変種・芳種・薬種・流種・竜種・良種

【銖】 14 8519 シュ

篆文

形声 声符は朱。〔説文〕十四上に「權り、十絫黍(十黍を絫る、十絫を銖)の重さなり」(段注本)とあり、二十四銖を両という。〔広雅、釈詁三〕に「鈍きなり」とあり、錭と通用する。

訓義 ①重さの単位、十絫。②わずかな、かるい。③錭と通じ、にぶい。

古訓 〔名義抄〕銖 カ、リ 〔字鏡集〕銖 カズ・カ、リ

↑銖衣 軽衣／銖黍 微小／銖寸 少し／銖鈍 鈍い／銖両 微量

↓砕銖・錙銖・称銖・万銖・分銖・毛銖・鎰銖

【媭】 15 2140 シュ みこ

篆文

形声 声符は須。〔説文〕十二下に「女の字なり」とし、「楚詞に曰く、女媭の嬋媛なる」という〔楚辞、離騒〕の句と、また「楚人、姉を謂ひて媭と爲す」という賈逵の説とを引く。女媭は旧説では屈原の姉と解されているが、篇中の表現から考えると、この作品を生んだ楚巫集団の中の対立者である女巫の指導者であったと考えられる。媭はまた嬬・嬬ともいわれるものであろう。〔易、帰妹、六三〕「妹を歸がしむるに須を以てす」とあり、須を荀爽・陸績本に嬬に作る。

訓義 ①みこ。②楚では、姉をいう。③嬬と通じ、わかい女。女の字。

語系 媭sioは嬬njioの楚語にあたるものであろう。嬬はもと儒に対して、女巫をいう語であったと思われる。

↓女媭

人【諏】 15 0764 シュ はかる とう

篆文

形声 声符は取。〔説文〕三上に「聚まりて謀るなり」とし、取を聚の意とする。〔左伝、襄四年〕に「事を咨るを諏と爲す」とみえ、もと神意を諮ることをいう語であろう。〔儀礼、特牲饋食礼〕に「特牲饋食の禮には、日を諏らず」とあり、「日を諏る」とは、筮して日の吉凶を定めることをいう。〔儀礼〕今文のテキストには、諏を詛に作る。

訓義 ①はかる、神意にはかる。②とう、ことの是否をとう、謀をとう。③詛と通じ、いのる。

古訓 〔名義抄〕諏 ハカラフ・ハカリゴト・ハカル・タハカル・アツム 〔字鏡集〕諏 ハカリゴト・ハカル・イカル・ハカラフ・タバカル・アツム・トブラフ

語系 諏・趣tsioは促tsiok、速(遫)sokと声通じ、神意のあるところを求め、急速に行動する意がある。また詛tzhiaと通じ、詛祝の意がある。

【諏諮】時事をはかり問う。〔曹全碑〕妖賊張角、兵を幽・冀に起し、兗・豫・荊・揚、同時に並び動く。～萬民騒擾し、人懷安んぜず。三郡急を告げ、羽檄(軍事の急報)仍りに至る。時に聖主諏諮す。～遂に故老に訪ふ。

【諏訪】はかり問う。〔唐書、張建封伝〕時に馬燧、三城鎭遏使と爲り、雅より之れを知る。～燧、李靈耀を伐つ。軍中の事、諏訪する所多し。

↑諏訾 なげく／諏日 日をトする／諏謀 といはかる

↓嗟諏・咨諏・諮諏

常【趣】 15 4780 シュ ソウ おもむく すみやか

篆文 金文

形声 声符は取。〔説文〕二上に「疾やかなり」とあり、疾走の意とする。〔周礼、夏官、趣馬〕は、金文に走馬としてみえるもので、趣・走は古く通用の字であった。また金文に「吉金を趣る」とあって、取の義にも用いる。進退を趣舍といい、目的とするところを趣旨、興の赴くところを趣味という。促とも声義が近い。

訓義 ①おもむく、むかう。②走りむかう、はやい、すみやか。③促と通じ、うながす、いそぐ。

古訓 〔名義抄〕趣 オムフク・オモムク・ワヅカニ・ウナガス・トシ・ワシル・ウツル・トコロ・トホシ・スミヤカニ・モヨホス・ヨシ・ムカフ

語系 趣・趨tsioは同声。趨に趨走の意がある。また促tsiok、走tzoとも声義近く、通用の義がある。

【趣意】考え。意図。〔唐書、卓行、司空図伝〕黄巣、長安を陷いる。～會〻洛陽に遷る。柳璨～天下の才望を誅せんとし、～圖に詔して入朝せしむ。圖、陽りて笏を墮す。趣意は野耄(田舎の老人)にあり。璨、世に意無きことを知り、乃ち聽るし還らしむ。

【趣駕】駕を趣す。〔韓非子、十過〕田成子、海に遊びて之れを樂しむ。諸大夫に號令して曰く、歸ることを言ふ者は死さんと。顔涿聚～頸を延べ前みて曰く、君之れを撃てと。君乃ち戈を釋てて駕を趣して歸る。至ること三日にして、國人の田成子を内れざるを謀る者有るを聞けり。

【趣向】方向。趣旨。唐・杜牧〔春末、池州の弄水亭に題す〕詩 (主父)偃は須らく五鼎(の食)を求むべしと 陶(潜)は祇だ吾が廬を愛すと 趣向人〻皆異なり 賢豪渠れを笑ふこと莫かれ

【趣旨】おもむき。趣意。〔文心雕竜、練字〕陳思(曹植)、揚(雄)・(司)馬(相如)の作を稱し、趣幽かくして旨深しとす。

【趣舍】取捨。好む所をえらぶ。〔荀子、修身〕趣舍定め無き、之れを無常と謂ひ、利を保ちて義を棄つる、之れを至賊と謂ふ。

【趣勢】権力を求める。〔後漢書、竇融伝論〕竇融、始め豪俠を以て名と爲し、風塵の中に拔起して、以て天隙(世の乱れ)に投ず。遂に王侯の尊に蟬蛻し、終に卿相の位に膺る。此れ則ち徼功趣勢の士なり。

【趣味】おもむき。〔水経注、江水二〕春冬の時は則ち素湍淥潭、迴淸倒影、絶巘に多く檉柏(かわやなぎと、か

し)を生じ、懸泉瀑布、其の閒に飛漱し、清榮峻茂、良に趣味多し。

↑趣役 走り使い/趣過 過ちを招く/趣会 興会/趣郷 趣向/趣嚮 趣向/趣数 速やか/趣使 趣役/趣時 時勢に随ふ/趣識 見識/趣捨 趣舍/趣尚 このみ/趣承 承教/趣走 ゆき走る/趣造 意境/趣致 風致/趣務 努める/趣利 利に赴く/趣話 風流譚

↓悪趣・異趣・意趣・逸趣・佳趣・雅趣・奇趣・興趣・景趣・巧趣・高趣・旨趣・志趣・詩趣・勝趣・情趣・真趣・新趣・多趣・天趣・筆趣・風趣・別趣・妙趣・野趣・幽趣・理趣

【麈】 16 0021 シュ おおしか

篆文 

形声 声符は主(主)。〔説文〕十上に「麋の屬なり」とし、〔六書故〕に引く唐本になお「大力にして一角」の語がある。この鹿がその尾を振って群鹿を率いるというのは、主の字義に附会したものであろう。六朝期の談者は、麈尾を揮って談説したといい、仏者は麈尾を払子に用いる。

訓義 ①おおしか。②麈尾は、払子。

古訓 〔名義抄〕麈尾 シユビ

【麈談】 麈尾を振って清談する。のち、閑談の意に用いる。宋・辛棄疾〔滿江紅、中秋〕詞 安んぞ得ん、便ち天柱上に登り 從容として陪伴し、佳節に酬するを 更に如今麈談の淸を聽かず 愁ひは髮の如し

【麈尾】 なれしかの尾で作った払子。〔世説新語、容止〕王夷甫(衍)、容貌整麗、談玄に妙なり。恆に白玉柄の麈尾を捉るに、手と都て分別無し。

↑麈毛 麈尾の毛

↓揮麈・玉麈・捉麈・談麈・麃麈

【盨】 17 2110 シュ

篆文 

金文 

形声 声符は須。〔説文〕五上に「檳盨負戴の器なり」とあり、ものを負戴するときに用いる格木で、「寠数」の類である。金文では祭器の名に用い、その自名の器には「以て稻粱を盛る」というものが多い。字形は盤水に須を洗う形であり、本来は洗面・沐髪のための盥盤であったのであろう。金文に祭器として用いるほか、用例はない。

訓義 ①祭の器、黍稷を盛れて供える祭器。②字形からいえば、盥盤の形で洗顔・沐髪の器。③頭上に戴き、その上に物を載せてはこぶ。「寠数」の類。

↓檳盨

【鬚】 22 7228 〔須〕 12 2128 シュ ひげ ほおひげ

篆文 

金文 

形声 声符は須。須は鬚の初文。須は〔説文〕九上に「面の毛なり」とあり、〔段注〕に「頤下の毛なり」と改め、あごひげの意とする。金文の須の字形をみると、髮毛とも面毛ともみえ、髯・髭のように局所の毛をいうとはみえない。長毛のものとしては、ほおひげ、あごひげの意となる。

訓義 ①ひげ。②あごひげ、ほおひげ。③ふさ。

古訓 〔名義抄〕鬚 ヒゲ 〔篇立〕鬚 シモツヒゲ

【鬚髯】 あごひげと、ほおひげ。唐・韓愈〔張中丞(巡)伝後叙〕巡、長七尺餘、鬚髯神の若し。

【鬚眉】 ひげと、まゆ。〔韓非子、観行〕目、鏡を失ふときは、則ち以て鬚眉を正す無く、身、道を失ふときは、則ち以て迷惑を知る無し。

【鬚鬢】 あごひげと、びんの毛。〔晋書、王献之伝〕魏の時、陵雲殿の榜(題額)未だ題せず、匠者誤って之れを釘す。〜乃ち韋仲將をして、懸橙(梯)して之れに書せしむ。訖るに比ろ、鬚鬢盡く白く、裁かに氣息を餘せるのみ。

【鬚面】 ひげづら。〔北史、盧曹伝〕曹、身の長九尺、鬚面甚だ雄なり。臂毛逆しまなること猪鬣の如く、力能く樹を抜く。

↑鬚頬 ひげづら/鬚髭 ひげ/鬚頭 ふさ/鬚貌 ひげづら/鬚鬣 ひげ

↓蝦鬚・艾鬚・虯鬚・魚鬚・掀鬚・吟鬚・銀鬚・鯨鬚・虎鬚・好鬚・髭鬚・垂鬚・髯鬚・霜鬚・多鬚・長鬚・怒鬚・頭鬚・撚鬚・眉鬚・美鬚・鬢鬚・捋鬚・竜鬚

ジュ

【戍】 6 5320 ジュ まもる

篆文 

甲骨文 

金文 

会意 戈+人。人が戈を負って守る意。〔説文〕十二下に「邊を守るなり。人の戈を持つに從ふ」とあり、征戍・戍守のことをいう。〔詩、曹風、候人〕に「戈と祋とを何ふ」という句がある。

訓義 ①まもる、まもり。②たむろ、軍の駐屯するところ。③とめる、ふせぐ。

古訓 〔名義抄〕戍 マホル・マモル・サイキル・サイキル・トヾム・タスク 〔篇立〕戍 ウク・アトフ・カイソク・ホル・タスク・トヾク・マホル・サイキル・マロフ・タチソク・タガフ・ヒトヤドリ

【戍役】 国境守備に赴く。〔詩、小雅、采薇、序〕采薇は戍役を遣はすなり。文王の時、西に昆夷の患有り。北に玁狁の難有り。〜戍役を遣はし、以て中國を守衞す。

【戍客】 戍卒。〔尉繚子、攻権〕遠堡未だ入らず、戍客未だ歸らざれば、則ち人有りと雖も、人無きなり。

【戍旗】 辺戍に立つ旗。魏・王粲〔七哀詩、三首、三〕百里、人を見ず 草木誰か當に遲つべき 城に登りて亭隧を望めば 翩翩として戍旗飛ぶ 行く者、顧反せず 門を出でて家を辭す 子弟多くは浮虜 哭泣已む時無し

【戍鼓】 辺塞の陣中で鳴る太鼓。唐・杜甫〔月夜、舍弟を憶ふ〕詩 戍鼓、人行斷え 邊秋、一雁聲 露は今夜より白く 月は是れ故郷に明らかなり

【戍守】 辺境を守る。宋・曽鞏〔五路の城堡を減ぜんことを請ふ劄子〕北邊の胡に備へるは、誓約に遵ふの故を以て、數十年閒、一城一堡を增さずして、戍守の足らざることを患へず。

【戍卒】 辺境の守備の兵。漢・賈誼〔過秦論、下〕然れども陳渉は戍卒散亂の衆數百を以て、臂を奮ひて大呼し、弓戟の兵を用ひず〜、天下に横行す。〜是に于いて、〜諸侯竝び起る。

【戍辺】 辺境守備。〔尉繚子、兵令下〕兵、戍邊一歳にして、遂に亡げて其の將吏に從はざる者は、亡軍に比す。父母妻子の之れを知る者は、與に同罪とす。

【戍楼】 ものみやぐら。前蜀・毛文錫〔酔花開〕詞 昨夜、雨霏霏たり 明に臨んで、寒一陣 偏に憶ふ、戍樓の人 久しく邊庭の信を絶つを

↑戍衛 戍守/戍煙 辺戍の炊煙/戍火 戍煙/戍歌 戍卒の歌/戍御 守る/戍士 戍卒/戍所 戍卒のたむろする所/戍城 辺城/戍人 戍卒/戍兵 戍卒/戍堡 辺塞/戍塁 戍堡

↓衛戍・遠戍・久戍・勤戍・遣戍・孤戍・行戍・守戍・征戍・卒戍・謫戍・置戍・鎮戍・屯戍・兵戍・辺戍・野戍・徭戍・繇戍

常【寿】7 5004 人〔壽〕14 4064
ジュ
いのち ことほぐ ひさしい

篆文

金文

形声 声符は𠷎。𠷎は田の疇で豊穣を祈る意で、禱の初文。〔説文〕八上に「久なり」とあり、金文に「眉壽萬年」のように祝頌の語に用いる。〔詩、秦風、終南〕「壽考亡まず」も祝頌の語。考にも寿の意がある。

訓義 1いのちながし、いのち。2ことほぐ、ことほぎごと、久しい。3としより。

古訓 〔名義抄〕壽 イノチ・イノチナガシ・コトブキ・ヨシ・ヨロコブ 〔字鏡集〕壽 ヨロコブ・ヒサシ・イノチ・ヨシ・トキ

声系 〔説文〕に𠷎声・壽声として擣・疇・翿・禱・譸・儔・鑄（鋳）など二十一字を収める。𠷎はいまみな壽に作る。𠷎は禱の初文。壽声の字に、種々の語系を含んでいるようである。

語系 壽zjiu は祝（祝）・呪tjiuk と声近く、また詶tjiu、譸tiu、䛆diu も声に通ずるところがあって、これらはいずれも祝禱や呪祝の意を含む語である。

【寿器】 棺。生存中から用意する。〔後漢書、皇后下、孝崇匽皇后紀〕位に在ること三年、元嘉二年崩ず。帝の弟平原王石を以て喪主と爲し、斂むるに東園畫梓の壽器・玉匣・飯含の具を以てす。

【寿考】 長寿。〔後漢書、東夷、倭伝〕人性、酒を嗜み壽考多く、百餘歳に至る者甚だ衆し。

【寿康】 長寿で健康。唐・韓愈〔李愿の盤谷に帰るを送る序〕飲めば則ち食らひ、壽にして康し 足らざる無し、奚の望む所ぞ

【寿酒】 長寿を祝う酒。〔戦国策、燕三〕燕王喜、栗腹をして、百金を以て趙の孝成王の壽酒を爲さしむ。～反りて報じて曰く、～伐つべきなりと。

【寿觴】 祝いの酒。寿杯。〔漢書、叔孫通伝〕漢七年、長樂宮成る。～尊卑の次を以て起ちて壽を上る。觴九行す。～是に於て高帝曰く、吾れ乃ち今日皇帝爲るの貴きを知れりと。

【寿尊】 寿を上るための酒。〔唐書、礼楽志九〕皇帝元正、冬至に群臣の朝賀を受けて會す。～尚食、壽尊を殿上東序の端に設けて西向し、坫を尊の南に設け、爵一を加ふ。

【寿冢】 生前にあらかじめ作る墓。〔後漢書、宦者、侯覧伝〕建寧二年、母を喪ひ家に還り、大いに塋冢を起す。～前後、人の宅を請奪すること三百八十一所・田百一十八頃。～又豫て壽冢を作る。石椁雙闕、高廡百尺なり。

【寿堂】 寿冢。〔東坡志林、七〕古今の葬る者は、皆一室と爲す。獨り蜀人は、同壙にして異葬と爲す。其の間通堂を爲る。高さ眉に及ばず。～生者の室、之れを壽堂と謂ふ。

【寿命】 人命。〔論衡、命義〕人に壽夭の相有り。亦た貧富貴賤の法有り。倶に體に見はる。故に壽命の脩短（長短）は皆天に稟け、骨法の善惡は皆體に見はる。

【寿夭】 命の長短。〔楚辞、九歌、大司命〕紛として總總たる九州 何ぞ壽夭の予れに在る

【寿楽】 長命で楽しむ。〔説苑、貴徳〕親戚之れを愛し、衆人之れを喜び、不肖者之れに事へ、皆其の壽樂～ならんことを欲す。此れ君子の富なり。

【寿陵】 生前に営む陵。〔三国志、魏、武帝紀〕（建安二十三年）六月、令して曰く、古の葬る者、必ず瘠薄の地に居る。其れ西門豹祠の西原上を規りて、壽陵と爲せ。高きに因りて基と爲し、封せず、樹せず。～其れ公卿大臣、列將の功有る者、宜しく壽陵に陪すべし。

↑寿宴 長寿の祝宴／寿筵 寿宴／寿讌 寿宴／寿翁 老翁／寿槨 寿器／寿紀 寿命／寿期 誕生祝い／寿穴 寿冢／寿觥 寿杯／寿壙 寿穴／寿国 寿久安の国／寿歳 年寿／寿索 くすだま／寿算 寿命／寿詞 長寿の祝／寿詩 頌寿の詩／寿序 寿詞／寿星 老人星／寿席 長寿の祝宴／寿蔵 寿冢／寿誕 誕生日／寿長 長寿／寿徴 長命の象／寿杯 寿觴／寿富 長寿で富貴／寿福 長寿と幸福／寿類 長寿者／寿聯 長寿の祝聯

↓永寿・益寿・延寿・遐寿・嘉寿・介寿・耆寿・喜寿・久寿・享寿・慶寿・献寿・高寿・康寿・参寿・賜寿・祝寿・上寿・人寿・仁寿・聖寿・太寿・長寿・天寿・徳寿・年寿・白寿・万寿・眉寿・富寿・福寿・米寿・夭寿・養寿・老寿

常【受】8 2040
ジュ
うける

篆文

甲骨文

金文

会意 𠬪＋舟。𠬪は上下の手。舟は盤の形。盤中にものを入れ、これを授受することをいう。〔説文〕四下に「相ひ付するなり」とし、舟の省声とするが、舟を声符に用いる字ではない。「朕る」「般ぶ」など、みなその器を用いる。〔周礼、春官、司尊彝〕に、彝の下に「皆舟有り」、その〔注〕に「今時の承槃の若し」とあり、舟が盤の形の器である。受は金文に授・受の両義に用い、のち授・受の二字に分かれた。

訓義 1うける、うけとる、さずかる。2うけて用いる、とる、うる、おさめる、うけいれる、つぐ、うけつぐ。3授と通用し、さずける。古くは授・受両義に用いた。4受け身、～される、～られる。

古訓 〔名義抄〕受 ウク 〔字鏡集〕受 ウケタマハル・サガリ・ウ・チカ／〵・サハク・オサム・ウク・アヒツク

声系 〔説文〕に受声として授・綬の二字を収める。授・受はもと一字。金文ではその両義に用いた。のち授与の字として授が作られた。

語系 受・授zjiu は同声。もと受を両義に用いた。舟tjiu も声近く、声義の関係がある。

【受恩】 恩をこうむる。蜀・諸葛亮〔出師の表〕臣、恩を受くるの感激に勝へず。今遠く離るるに當り、表に臨みて涕泣し、云ふ所を知らず。

【受業】 教えを受ける。学ぶ。〔史記、孔子世家〕孔子、詩書禮樂を以て教ふ。弟子蓋し三千。身六藝に通ずる者七十有二人。顔濁鄒の徒の如き、頗ぶる業を受くる者甚だ衆し。

【受屈】 屈辱を受ける。唐・韓愈〔盧仝に寄す〕詩 先生屈を受けて、未だ曾て語らず 忽ち此に來り告ぐるは、良に以有り

【受形】 身を受け、生まれる。〔列子、力命〕生を稟け形を受けしとき、既に之れを制むる者有り。

【受降】 敵の降服を受ける。漢・唐のとき、受降城を作った。唐・李益〔夜、受降城に上りて笛を聞く〕詩 回樂峯前、沙、雪に似たり 受降城外、月、霜の如し

【受室】 娶る。妻をもらう。〔左伝、桓六年〕今、君命を以て齊の急に奔り、而して室を受けて以て歸らば、是れ師を以て昏（婚）するなり。

【受授】 授受。承け渡し。継承。唐・韓愈〔南山詩〕山（海）

經及び地志 茫昧、受授するに非ず
【受賞】 賞を受ける。晉・左思〔詠史、八首、三〕詩 當世、不羈を貴ぶ 難に遭ひて能く紛を解く 功成るも賞を受けず 高節、卓として群せず
【受脤】 出陣の際、祭肉を受ける。〔左伝、閔二年〕師を帥ゐる者、命を廟に受け、脤を社に受く。常服（規定の服）有り。
【受成】 軍謀を受ける。〔礼記、王制〕天子將に出征せんとするときは、上帝に類し、社に宜し、禰に造し、～命を祖に受け、成を學に受く。
【受禪】 天子の位を譲り受ける。〔孔叢子、雑訓〕夫れ禪を人に受くる者は、則ち其の統を襲ぎ、命を天に受くる者は、則ち之れを革む。
【受胎】 はらむ。みごもる。〔埤雅、釈鳥〕陰陽自然變化論に曰く、鷺は目感して受胎し、鶴は影接して懷卵す。
【受任】 任を受ける。蜀・諸葛亮〔出師の表〕後傾覆に値ひ、任を敗軍の際に受け、命を危難の閒に奉ず。爾來二十有一年なり。
【受納】 受けとる。〔後漢書、宦者、侯覧伝〕桓帝の初、中常侍と爲る。佞猾を以て進み、勢に倚りて貪放す。貨遺を受納すること、巨萬を以て計ふ。延熹中～百官の奉祿、王侯の租稅を假る。
【受命】 天命を受ける。〔書、洛誥〕王、太室に入りて祼す。王、周公の後を命じ、作册逸、誥ぐ。十有二月に在り、惟れ周公誕いに文武の受命を保つ、惟れ七年。
【受用】 受け入れ用いる。〔周礼、天官、大府〕其の貨を受藏の府に頒ち、其の賄を受用の府に頒つ。凡そ官府・都鄙の吏、～財用を受く。
【受理】 受けつけて審理する。〔元典章、戸部五、民田〕所在の官司、可否を分たず、輒便ち受理せよ。
➡受遺 遺られる／受冤 冤罪／受汙 辱められる／受貨 収賄／受学 受業／受寄 寄附を受ける／受祺 受福／受釐 受福／受咎 咎を受ける／受賕 収賄／受享 享礼／受教 授業／受窶 貧困となる／受刑 刑を受ける／受罪 受刑／受祉 受福／受賜 賜わる／受爵 盃を受ける／受取 もらう／受終 位を嗣ぐ／受觴 受盃／受訊 訊問される／受生 生を稟ける／受制 控制される／受胙 祭の脤肉を受ける／受祚 位を嗣ぐ／受託 託される／受諾 承知する／受田 公田／受難 難をこうむる／受罰 咎を受ける／受俘 俘虜を受け取る／受服 降服を受けいれる／受福 福を受ける／受累 受難／受祿 受福／受籙 受命／受賄 収賄
➡甘受・感受・虚受・享受・継受・口受・降受・嗣受・授受・承受・心受・親受・正受・禅受・大受・誕受・聴受・天受・伝受・忍受・納受・拝受・膚受・明受

常【呪】 8 6601 ジュ シュウ（シウ） いのる のろう
会意 もと祝（祝）に作る。祝に祝頌と呪詛の両義があり、のち呪詛の字に呪を用いる。口＋兄。兄は祝禱の器である𠙵を奉じて祈る人。その呪祝することを呪という。〔説文〕にみえず、後漢以後に呪を用いる例がある。隋に呪禁博士があり、〔日本書紀、敏達紀六年冬十一月〕に、呪禁師がわが国に渡来した記事がみえる。
訓義 ①いのる、のろう、まじないごとをする。②うらなう、のろいうらなう。
古訓 〔名義抄〕呪 ノロフ・ウタフ／呪咀 クロヒトゴフ 〔字鏡集〕呪 ウタヘ・イノル・ノロフ
語系 呪・祝tjiukは同声。呪は祝より分岐した字。詶tjiu、譸tiu、詛diuも同系の語で、みな祝禱し呪詛することをいう。
【呪延】 長命延年を祈る。〔漢紀、元帝紀中〕傅昭儀は少くして上官太后の才人と爲る。上の太子爲りしときより進幸せらるるを得たり。人と爲り才略有り、善く人に事ふ。下も宮人左右に至るまで、飲酒して地に酹り、皆之れを呪延す。甚だ寵せられ、男有り。
【呪禁】 呪師。〔唐書、百官志三〕（太医署）其の屬四有り。～四に曰く、呪禁師。～呪禁博士一人～呪禁を教へ、厲い（わざわい）を爲す者を祓除することを掌る。
【呪説】 呪文。呪文をとなえる。〔後漢書、皇甫嵩伝〕（張角）符水呪說、以て病を療やす。病む者頗ぶる愈ゆ。百姓信じて之れに向ふ。
【呪詛】 のろう。〔宋史、盧多遜伝〕多遜、身は宰司に處り、心に顧望を懷き、密かに堂吏を遣はし、親王に交結し、語言を通達し、君父を呪詛す。
➡呪厭 まじない／呪訣 呪文／呪語 呪文／呪殺 呪い殺す／呪師 呪禁師／呪術 呪法／呪誦 呪文／呪水 呪法の水／呪誓 呪い／呪念 呪い／呪罵 呪い罵る
➡印呪・禁呪・讉呪・持呪・誦呪・神呪・善呪・詛呪・秘呪・巫呪・符呪・密呪

常【授】 11 5204 ジュ さずける
篆文 
形声 声符は受。受は舟（盤の形）の中にものを入れ、これを授受する形の字である。金文では受を授・受の両義に用いた。〔説文〕十二上に「予ふるなり」とあり、授与することをいう。
訓義 ①さずける、てわたす、わたす、あたえる。②さずかる、うける。③受と通用し、うける。
古訓 〔名義抄〕授 サヅク・ウク・ウフ・マホル・ヲシフ・ヨル・トル 〔字鏡集〕授 ヲシフ・ト丶ノフ・サヅク・タスク・イダク・ト丶コホル・マホル・ツク・トル・ウク・ヨル・ホル
語系 授・受zjiuは同声。もと受を授・受の両義に用い、のち授が分化した。
【授衣】 衣を授ける。〔詩、豳風、七月〕七月流火 九月授衣～衣無く褐（毛織物、どてらの類）無くば 何を以てか歲を卒へん
【授業】 学問を教える。〔漢書、董仲舒伝〕帷を下して講誦す。弟子傳ふるに久次を以て相ひ授業し、或いは其の面を見るを莫し。蓋し三年、園を窺はずと。其の精なること此の如し。
【授時】 農事暦を教える。〔書、堯典〕乃ち羲和に命じ、欽しんで昊天に若ひ、日月星辰を歷象し、敬しんで民に時を授けしむ。
【授爵】 爵位を授ける。〔後漢書、劉玄伝〕李淑上書して諫めて曰く～陛下業を定むるに、～宜しく制度を釐改し、更に英俊を延き、才に因りて爵を授け、以て王國を匡すべし～と。
【授受】 受け渡し。〔礼記、祭統〕夫婦相ひ授受するときは、處に相ひ襲らず（同じ所をもたず）、酢ゆる（返杯する）ときは必ず爵を易ふ。夫婦の別を明らかにするなり。
【授兵】 武器を渡す。〔左伝、隠十一年〕夏、～鄭伯將に許を伐たんとす。五月甲辰、兵を大宮に授く。公孫閼と潁考叔と、車を爭ふ。
【授命】 命を投げだす。〔論語、憲問〕利を見ては義を思ひ、危きを見ては命を授く。
【授与】 渡し与える。〔論衡、初稟〕自然無爲は、天の道なり。～朋友彼我には、授與の義有ること無し。
➡授位 授官／授鉞 将軍に出征を命じる／授刑 刑

を加える／授甲 授兵／授餐 ご馳走する／授梓 付印／授室 妻とする／授手 降服する／授首 命を授ける／授賞 褒賞／授職 任官する／授田 公田／授任 任命する／授能 才に任ずる／授用 任用する／授暦 暦法を頒布する
↓誨授・教授・敬授・口授・講授・手授・受授・神授・専授・天授・伝授・拝授・班授・付授・法授・褒授・面授

【尌】 12 4410 ジュ チュ たてる

会意 壴+寸。壴は〔説文〕五上に「陳樂立ちて上に見ゆるなり」とあり、その部に「尌は立つなり。壴に従ひ寸に従ふ。寸は之れを持つなり。讀みて駐の若くす」（段注本）という。卜文に壴と力（耒の象形）とに従う字があり、樹芸にあたって鼓をうち、耒を清める儀礼があったのであろう。ゆえに種芸の意となる。尌は樹の初文で、その動詞形。その植えるものを樹という。

訓義 1たてる、うえる。2字はまた侸に作る。3置と通用する。

古訓 〔字鏡〕尌 ソヤス 〔字鏡集〕尌 タツ

語系 壴tio、尌zjio、置tjiəkは声義近く、通用するところがある。

人 【竪】 13 7710 ［豎］ 15 7710 ジュ しもべ たつ

形声 正字は豎に作り、豆声。豆に侸・裋の声がある。〔説文〕三下に「堅く立つなり」（段注本）という。部首に「臤は堅なり」とあり、臤を堅、豆を樹立の意とするものであろう。字はまた俗に竪に作る。籀文の字形は殳に従っており、それならば豆（鼓形の腰かけ）にかけた臣（臣豎）に殳を加える形となり、神につかえる臣豎を原義とするものと思われる。「たつ」の意は、樹との通用義であろう。

訓義 1しもべ、神に仕える徒隷、こども。2したやく、こもの。3樹と通じ、みじかい、たつ。4たてる、たて。5まっすぐ、ただしい、なおい。

語系 豎・樹zjioは同声。儒・嬬・孺njio、需・須sioは声近く、これらはもと需が雨乞いの巫で、他もその系統の語であった。戲（戯）は武事をいう字で、虎形の神が豆に腰かけ、後ろから戈を加える形。豎は神の徒隷たる臣が豆に腰かけ、後ろから殳を加える形で、両字はその造字法がきわめて似ている。

【豎子】 若者。小僧。人を罵る語。〔史記、孫子伝〕龐涓、自ら智の窮し、兵の敗るるを知る。乃ち自剄して曰く、遂に豎子の名を成さしむと。

↑豎衣 短褐の衣／豎官 宦官／豎義 立義／豎議 立議／豎柵 立柵／豎児 豎子／豎儒 小儒／豎臣 小臣／豎人 豎子／豎毛 おぞけ／豎吏 小吏／豎理 縦すじ／豎立 直立する
↓閹豎・猾豎・牛豎・凶豎・愚豎・群豎・桀豎・侍豎・醜豎・小豎・蕘豎・奴豎・童豎・僮豎・内豎・二豎・匹豎・嬖豎・牧豎・僕豎・庸豎・両豎

【綬】 14 2294 ジュ くみひも

形声 声符は受。〔説文〕十三上に「韍の維なり」とあり、韍（膝かけ）につける組紐の意とする。金文の字形は索に従う。〔礼記、玉藻、注〕に「綬は佩玉を貫き、相ひ承受する所以の者なり」とあって、玉綬をいう。のち表彰や官位の授与に用いる。

訓義 1ひも、くみひも、うちひも。2礼装用のひざかけのひも。3官印や佩玉などを通すひも、官位。

古訓 〔和名抄〕綬 久美（くみ） 〔名義抄〕綬 クミ 〔字鏡集〕綬 ホソシ・ヲ・クミ

語系 綬・受・授zjiuは同声。綬は受の声義を承けるところのある字である。

【綬笥】 印綬を入れる箱。〔後漢書、方術下、許曼伝〕祖父峻、～卜占の術を善くす。～曼、少くして峻の學を傳ふ。～隴西太守馮緄、始めて郡を拝し、綬笥を開くに、兩赤蛇有り、南北に分れて走る。緄、曼をして之れを筮せしむ。卦成る。曼曰く、三歳の後、君當に邊將と爲るべし～と。

【綬帯】 印を佩びるときの組紐。唐・劉禹錫〔周使君～を送る〕詩 池荷、雨後に衣香起り 庭草春深うして、綬帯長し

↑綬篋 印綬の箱／綬鳥 七面鳥
↓印綬・華綬・亀綬・挂綬・結綬・黄綬・黒綬・紺綬・紫綬・賜綬・璽綬・朱綬・章綬・青綬・組綬・翟綬・佩綬・文綬・墨綬・藍綬・緑綬・綸綬

常 【需】 14 1022 ジュ もとめる まつ

会意 雨+而。而は髠頭（まげなし）の人の形で、巫祝。需とは雨乞いするもの、ゆえに「需む」「需つ」の意がある。〔説文〕十一下に「䇓つなり。雨に遇ひて進まず、止まりて䇓つなり」とするが、雨宿りの意ではなく、降雨を需つ意である。ときには巫を焚いて雨を祈ることもあり、𦰩は祝告を捧げた巫を焚殺する形である。

訓義 1あまごい、巫祝が雨をいのる。2もとめる、雨をもとめる。3まつ。4ためらう、うたがう。

古訓 〔字鏡集〕需 マツ

声系 〔説文〕に需声として儒・懦・濡・嬬・孺など十二字を収める。需は巫祝が雨乞いする意の字で、儒はそのような階層から起こった。

語系 需・須sioは同声であるが、須は鬚髪の字であるから、「まつ」意は需がその本義の字。また胥siaも声近く、その義に用いることがある。

【需次】 欠員による補任をまつ。宋・朱熹〔方耕道に答ふる書、二〕老兄～今茲需次し、暫く閑日を得たり。宜しく潜心味道、益〻學ぶ所を進め、以て區區期望の意に副ふべし。

【需弱】 弱い。懦弱。〔戦国策、秦二〕甘茂對へて曰く、王～其の健なるもの來り使するときは、則ち王、其の事を聴くこと勿かれ。其の需弱なる者來り使するときは、則ち王必ず之れを聽け。然らば則ち需弱の者用ひられ、健者用ひられざらん。

【需頭】 はじめ一幅をあけ、詔旨批答をまつ。漢代上奏文の書式。〔独断、上〕凡そ群臣の書を天子に上る者は四名有り。一に章と曰ひ、二に奏と曰ひ、三に表と曰ひ、四に駁議と曰ふ。章なる者は需頭す。～奏なる者も亦た需頭す。

↑需役 実行する／需欵 入費／需湲 おくれる／需求 求める／需索 ねだる／需少 些少／需擾 賄賂／需数 必要額／需銓 調査する／需滞 赴任をしぶる／需用 入用／需要 需用
↓畏需・応需・貴需・供需・軍需・柔需・特需・必需・民需

常 【儒】 16 2122 ジュ やわらか おろか

形声 声符は需。需は雨乞いする下級の巫祝、而はまげを結ばない髠頭の巫祝の形。その人を耎といい、また偄・儒という。〔説文〕八上に「柔なり。術士の偁なり」とあり、儒は巫祝の出身であった。〔礼記、儒行〕の〔鄭目録〕に「儒の言たる、優なり、柔なり。能く人を安んじ、能く人を服す。又、儒なる者は濡なり。先王の道を以て、能く其の身を濡す」とするが、みなその音によって説くものに

すぎない。儒はもと巫祝・葬礼のことなどにも従い、儒家の文献には葬礼に関するものがきわめて多い。

訓義 ①じゅがく、じゅしゃ。②やわらか、おだやか、やさしい。③よわい、したがう、おろか。④字はまた偄に作る。

古訓 〔名義抄〕侏儒 ヒキウト・タケヒキ・ヒキナリ・サカシ・ハカセ・ヒキウト 〔篇立〕儒 ヒキウト・ヲヨスク・ハカセ・ヤハラカナリ・サカシ・ウルフ・ヒキナリ

語系 儒・濡・嬬・孺njioは同声。みな需の声義を承け、その引伸の義をもつ字である。

【儒衣】じゅい 儒者の服。儒服。〔後漢書、儒林伝論〕光武の中年より以後、干戈稍く戢まり、專ら經學を事とす。是れより其の風世に篤し。其の儒衣を服し、先王を稱し、庠序に遊び、横(黌)塾に聚まる者、蓋し之れを邦域に布く。～其の耆名高義開門受徒の者、編牒(名簿)萬人を下らず。

【儒家】じゅか 儒教学派。〔漢書、芸文志〕儒家者流は、～文に六經の中に游び、意を仁義の際に留め、堯・舜を祖述し、文・武を憲章し、仲尼(孔子)を宗師として、以て其の言を重んず。道に於て、最も高しと爲す。

【儒雅】じゅが 儒家の教養があって文雅。また、その人。漢・孔安国〔尚書の序〕漢室龍興し、學校を開設し、旁く儒雅を求め、以て大猷を闡く。

【儒学】じゅがく 儒教の学問。〔史記、老荘申韓伝〕世の老子を學ぶ者は儒學を絀け、儒學も亦た老子を絀く。～李耳(老子)は無爲にして自ら化し、清靜にして自ら正し。

【儒官】じゅかん(くわん) 儒学を以て仕える官。〔三国志、魏、明帝紀〕(太和二年六月詔)儒を尊び學を貴ぶは、王教の本なり。頃より儒官或いは其の(適任の)人に非ず。將た何を以てか聖道を宣明せん。

【儒冠】じゅかん(くわん) 儒者の冠。〔史記、酈生伝〕諸客の儒冠を冠して來る者、沛公(高祖劉邦)輒ち其の冠を解かせ、其の中に溲溺(小便)す。

【儒緩】じゅかん(くわん) 柔弱。清・方東樹〔儀衛軒文集、自序〕竊かに曾南豐(鞏)・朱子(熹)の論事說理の法を希慕するも、顧だ善く之れを學ばず。遂に流れて滑易好盡、發言平直、措意儒緩、行氣柔慢、其の國能を失ふ。

【儒業】じゅぎょう(げふ) 儒学。〔南史、王承伝〕時に膏腴の貴遊、咸な文學を以て相ひ尙ぶ。～唯だ承のみ獨り儒業を好み、～俄かに國子祭酒に轉ず。承の祖儉、父暕、皆此の職と爲る。三世國師と爲る。前代に未だ之れ有らず。

【儒士】じゅし 儒者。〔墨子、非儒下〕其の徒屬弟子、皆孔某に效ふ。子貢・季路は孔悝を輔けて衞に亂し、陽貨は齊に亂し、佛肸は中牟を以て叛き、桼雕(漆雕開)は刑殘せらる。～今孔某の行ふこと此の如し。儒士は則ち以て疑ふべし。

【儒術】じゅじゅつ 儒学。儒の方法。漢・劉向〔校戦国策書録〕上に天子無く、下に方伯無し。力政(征)して強を爭ひ、勝者を右と爲す。～故に孟子・孫卿(荀子)儒術の士、世に棄捐せられ、游說權謀の徒、俗に貴ばる。

【儒生】じゅせい 儒を学ぶ者。〔史記、叔孫通伝〕叔孫通の漢に降るや、儒生弟子百餘人を從ふ。然れども通、言進する所無し。～迺ち謂ひて曰く、～諸生且く我を待て～と。

【儒懦】じゅだ 柔弱。〔北斉書、儒林、権会伝〕性甚だ儒懦、言ふ能はざるに似たり。臨機答難するに及んで、酬報すること響きの如く、動くこと必ず古を稽へ、辭虛發せず。是れに由り、儒宗の推す所と爲る。貴游の子弟、～或いは其の宅に就き、～其の學業を受く。

【儒風】じゅふう 儒家の習わし。〔文心雕竜、時序〕中興の後、群才稍く前轍を改め、華實の附く所、經辭を斟酌す。蓋し歷政講聚す。故に漸く儒風に靡ける者なり。

【儒墨】じゅぼく 儒家と墨家。〔韓非子、顕学〕世の顯學は儒墨なり。儒の至る所は孔丘なり。墨の至る所は墨翟なり。～儒は分れて八と爲り、墨は離れて三と爲る。～皆自ら眞の孔墨なりと謂ふ。

【儒流】じゅりゅう(りう) 儒者の仲間。唐・杜甫〔贋十五司馬に贈る〕詩 交態、浮俗を知る 儒流、門を異にせず 過逢、客位を連ね 日夜、芳樽を傾く

【儒林】じゅりん 儒者の仲間。〔史記、太史公自序〕孔子卒してより、京師序を崇ぶ莫く、唯だ建元・元狩の閒、文辭粲如たり。儒林列傳第六十一を作る。

↑儒医 儒の医／儒化 儒の教化／儒教 儒学／儒経 儒の経書／儒賢 賢儒／儒玄 儒と老荘／儒酸 貧乏学者／儒者 儒士／儒釈 儒仏／儒弱 儒弱／儒輸 おろか／儒儒 ぐず／儒書 経籍／儒職 儒官／儒人 儒者／儒碩 儒の碩学／儒素 儒者の行い／儒宗 大儒／儒傅 先生／儒服 儒衣／儒扮 儒服／儒門 儒家の家／儒吏 儒官

↓迂儒・雅儒・耆儒・坑儒・洪儒・鴻儒・散儒・師儒・侏儒・宿儒・醇儒・真儒・碩儒・浅儒・賤儒・俗儒・村儒・大儒・通儒・鄙儒・文儒・名儒・庸儒・老儒・陋儒

常

【樹】

篆文

籀文

16 4490

ジュ きうえる たてる

形声 声符は尌。〔説文〕六上に「木の生植するものの總名なり」(段注本)とあり、樹木をいう。籀文の字形は尌。卜文に鼓と耒耜(すき)とに従う字があり、農耕のとき、鼓声を以て邪気を払い、その成熟を祈る儀礼があったようである。樹芸の意より、すべてものを樹立することをいう。

訓義 ①き、たちき、こだち。②うえる、うえこむ。③たてる。

古訓 〔和名抄〕樹神 和名、古多万(こだま)〔名義抄〕樹 キ・タツ・ウヱキ・ウウ・カキ・コダチ

語系 樹・豎zjioは同声。裋zjio、襦njioは短衣の意であるから、樹・豎にも短小にして豎立する意があるのであろう。

【樹蔭】じゅいん こかげ。〔後漢書、独行、范冉伝〕黨人の禁錮せらるるに遭ひ、遂に鹿車を推し、妻子を載せ、捃拾して自ら資る。或いは客廬に寓息し、或いは樹蔭に依宿す。此の如きこと十餘年、～窮居自若たり。

【樹影】じゅえい 木の姿。唐・杜甫〔韓十四が江東に省覲するを送る〕詩 黄牛峽靜かにして、灘聲轉じ 白馬江寒うして、樹影稀なり

【樹間】じゅかん このま。宋・楊万里〔海棠、四首、一〕詩 落日明を爭ふ、那ぞ肯へて暮れん 豔粧一たび出でて、更に春無し 樹閒に露坐して、搖影を看る 酒底花光、併せて脣に入る

【樹芸】じゅげい 種樹。〔漢書、食貨志下〕又周官を以て民に稅す。～城郭中の宅、樹藝せざる者を不毛と爲し、三夫の布(稅)を出ださしむ。

【樹功】じゅこう 功をたてる。漢・鄒陽〔獄中上書して自ら明らかにす〕故に人の先づ談ずる有らば、則ち枯木朽株も、功を樹てて忘れられず。

【樹色】じゅしょく 木のよく茂った色。唐・盧綸〔従弟瑾と同に下第の後、関を出で、別れを言ふ、四首、三〕詩 孤村樹色、殘雨昏らし 遠寺の鐘聲、夕陽を帶ぶ

【樹人】じゅじん 人材を養う。〔管子、権修〕一年の計は穀を樹うるに如くは莫く、十年の計は木を樹うるに如くは莫く、終身の計は人を樹うるに如くは莫し。

【樹党】じゅとう(たう) 私党をたてる。〔韓非子、説林上〕群臣、内に黨を樹てて、以て主に驕る有り、外に交はりを爲して、以て地を削る有らば、則ち王の國危からん。

【樹徳】じゅとく 徳化をたてる。〔書、泰誓下〕徳を樹つるには滋く

するを務め、惡を除くには本を務む。

【樹表】(へうう) しるしをたてる。〔墨子、号令〕高便の所に居りて表を樹つ。表ごとに三人之れを守る。城に至るに比き者は五表。城上の烽燧相ひ望む。晝は則ち烽を擧げ、夜は則ち火を擧ぐ。

【樹立】 守り立てる。漢・司馬遷〔任少卿(安)に報ずる書〕特だ智窮まり罪極まり、自ら免るること能はず、卒に死に就くと以爲もはんのみ。何ぞや。素より自ら樹立する所、然らしむるなり。

【樹林】 木立ち。宋・欧陽脩〔酔翁亭記〕樹林陰翳、鳴聲上下するは、遊人去りて禽鳥樂しむなり。

↑樹衣 粗衣／樹異 異をとなえる／樹陰 樹蔭／樹羽 楽器の羽飾り／樹怨 怨を結ぶ／樹恩 恩恵を施す／樹下 樹蔭／樹介 樹氷／樹海 大樹林／樹幹 木の幹／樹肌 樹皮／樹基 基礎作り／樹旗 旗をたてる／樹義 立義／樹響 風の音／樹勲 功をたてる／樹蓺 樹芸／樹隙 仲違い／樹建 樹立／樹根 樹基／樹私 不公平／樹脂 やに／樹幟 樹表／樹実 このみ／樹杪 こずえ／樹梢 樹杪／樹植 たてる／樹心 木のしん／樹身 幹／樹神 木の神／樹声 風声／樹旌 旗をたてる／樹石 木石／樹善 善行／樹塞 牆屏／樹端 樹杪／樹置 扶植する／樹畜 農業／樹頂 木のいただき／樹顛 樹頂／樹頭 樹頂／樹旆 樹旌／樹皮 樹の皮／樹碑 建碑／樹膚 樹皮／樹兵 軍備を整える／樹末 樹杪／樹名 立名／樹揚 養成する／樹養 養成する

↓一樹・雲樹・映樹・翳樹・炎樹・苑樹・烟樹・煙樹・花樹・果樹・華樹・嘉樹・槐樹・寒樹・撼樹・巌樹・琪樹・巨樹・拱樹・玉樹・瓊樹・孤樹・枯樹・好樹・荒樹・郊樹・雑樹・祠樹・社樹・植樹・神樹・崇樹・夕樹・疎樹・双樹・村樹・大樹・黛樹・竹樹・庭樹・柏樹・伐樹・抜樹・表樹・扶樹・風樹・碧樹・芳樹・封樹・密樹・茂樹・野樹・幽樹・楊樹・瑶樹・緑樹・嶺樹・老樹

【嬬】

17 4142 ジュ よわい つま みこ

篆文

形声 声符は需。需は雨乞いする身分の低い巫祝。〔説文〕十二下に「弱なり」とあって懦弱の意とするが、もと儒に対して女巫をいう語であろう。中国では士大夫の妻を孺人といい、〔万葉集〕では嬬を妻の意に用いることが多い。

訓義 ①よわい、わかい。②つま、そばめ。③須・嬃と通じ、みこ。

古訓 〔字鏡集〕嬬 トマ〳〵

語系 嬬・儒・孺 njio は同声。需 sio は雨乞いをするみこ。需声の字はもとその声義をうけるものであろう。嬃 sio も、もと女巫をいう語と思われる。

【孺】

17 1142 ジュ ちのみご したう たのしむ

篆文

形声 声符は需。需に懦弱の意がある。〔説文〕十四下に「乳子なり」とあり、稚子をいう。〔礼記、曲礼下〕に、天子の妃を后、諸侯の妃を夫人、大夫には孺人というとみえる。〔詩、小雅、常棣〕に「和樂し且つ孺しむ」とあり、楽しむ意に用いる。〔説文〕に一曰の義として「輪孺なり。輪孺は尙ほ小なるなり」(段注本)とあるのは、〔荀子、脩身〕に「偸儒事を憚る」とある偸儒と同じ語である。

訓義 ①ちのみご、おさなご。②うむ。③したう、したがう。④愉と通じ、たのしむ。

古訓 〔字鏡集〕孺 イトケナシ・オサナシ・ミコ

【孺子】 幼児。小児。〔史記、留侯世家〕(張)良、嘗て下邳の圯(土橋)上に游ぶ。一老父有り。～良の所に至り、直ちに其の履を圯下に墮とし、顧みて良に謂ひて曰く、孺子、下りて履を取れと。～長跪して之れを履かしむ。父、足を以て受けて～曰く、孺子教ふべし～と。

【孺弱】 幼弱の者。〔唐書、文芸上、杜甫伝〕時に所在寇奪あり。甫の家、鄜に寓す。彌年艱窶にして、孺弱餓死するに至る。因りて甫に、自ら往きて省視することを許す。

【孺人】 大夫の妻。妻の通称。唐・儲光羲〔田家雑興、八首、八〕詩 夏來たれば菰米(まこもの実)の飯 秋至りては菊花の酒 孺人、逢迎を善くし 稚子、趨走を解す

【孺慕】 幼児のように慕う。〔陳書、孝行、司馬暠伝〕幼にして聰警、至性有り。年十二、内艱(母の喪)に丁たり、孺慕禮に過ぐ。水漿口に入らず。殆ど一旬を經へ、號慟に至る毎に、必ず悶絶を致す。

↑孺嬰 あかご／孺歯 幼児／孺児 孺子／孺童 小児／孺褓 幼児／孺蒙 童蒙

↓嬰孺・翁孺・孩孺・騃孺・孤孺・稚孺・耋孺・童孺・幼孺

【濡】

入 17 3112 ジュ ジョ ダン うるおう ぬれる

篆文

形声 声符は需。需に請雨の意があり、濡染の意がある。〔説文〕十一上に水名とするも、〔詩、鄭風、羔裘〕に「羔裘濡ふが如し」とあって、濡沢のあることをいう。

訓義 ①うるおう、うるおす。②ぬれる、しめる。③おだやか、やわらか。④くだし、ゆばり。⑤とどこおる。

古訓 〔名義抄〕濡 ヒタス・ヌラス・ウルハシ・アタ、カナリ・ウルフ・カス・ヤハラカナリ・ス、グ 〔字鏡集〕濡 アタ、カナリ・ウルフカス・ヤハラカナリ・ト、コホル・ウルハシ・カス・ウルフ・ヌラス・ヒタス・ミヅ・スル

【濡化】 徳化にうるおう。漢・揚雄〔劇秦美新〕厥の風を被り、化に濡ふ者、京師は沈潛し、甸(畿)内は匝洽かふす(あまねし)。

【濡翰】 筆でかく。魏・劉楨〔五官中郎将(曹丕)に贈る、四首、三〕詩 秋日、悲懷多し 感慨して以て長歎す 終夜寐ぬるに遑あらず 意を濡翰に敍ぶ

【濡弱】 柔弱。〔荘子、天下〕關尹・老聃(老子)、其の風を聞きて之れを悦び、之れを建つるに常無有を以てし、～濡弱謙下を以て表と爲し、空虚萬物を毀らざるを以て實と爲す。

【濡跡】 江湖に隠れて遊ぶ。〔後漢書、荀爽伝論〕余竊かに其の情を商るに、～出處は君子の大致なり。平運なれば則ち道を弘めて以て志を求め、陵夷(衰乱)なれば則ち濡跡して以て時を匡す。荀公の急急自ら勵むは、其れ濡跡なるか。

【濡染】 あまねくうるおう。また筆墨でしるす。唐・李商隠〔韓碑〕詩 公退いて齋戒し、小閤に坐す 大筆を濡染すること、何ぞ淋漓たる

【濡滞】 ぐずぐずする。〔孟子、公孫丑下〕千里にして王に見え、遇はざるが故に去る。三宿して而る後に晝(地名)を出づ。是れ何ぞ濡滞なるや。

【濡筆】 筆録する。〔唐書、百官志二〕復た起居舍人を置く。～墨を和し筆を濡らし、皆坳處(隠れた場所)に即く。時に螭頭と號す。

↑濡魚 生魚／濡毫 染筆／濡湿 しめる／濡首 大酔する／濡潤 うるおう／濡脣 脣をぬらす／濡懊 柔弱／濡沢 恩沢／濡遅 緩慢／濡霑 ぬらす／濡忍 忍耐強い／濡沃 うるおう

↓涵濡・洽濡・滋濡・柔濡・霑濡・和濡

【襦】

19 3122 ジュ はだぎ

篆文 

入れに作る。

形声 声符は需。〔説文〕八上に「短衣なり」とあり、腰までの短い胴着。袷あるいは綿

訓義 1どうぎ。2じゅばん、はだぎ、あせとり。3よだれかけ。4あやぎぬ、うすぎぬ。5はおりの類。

古訓 〔名義抄〕襦 コロモ・ハカマ 〔字鏡〕襦 コロモ・ハカマ・ワタキヌ 〔字鏡集〕襦 コロモ・ソデ・ミジカキヌ・ハカマ

【襦袴】じゅこ 下着や袴。〔後漢書、廉范伝〕字は叔度、～蜀郡の太守に遷る。～舊制、民の夜作を禁じ、以て火災を防ぐ。～范乃ち先令を毀削し、～百姓便と爲す。乃ち歌うて曰く、廉叔度、來ること何ぞ暮き 火を禁ぜず、民安作す 平生襦無かりしに、今は五袴あり

↑襦衣 短衣／襦襖 胴衣／襦縕 綿入れの胴衣／襦裙 婦人服／襦袍 上衣

↓衣襦・汗襦・纁襦・袴襦・褌襦・朱襦・繡襦・小襦・上襦・青襦・長襦・帛襦・布襦・袍襦・麻襦・綿襦・練襦

シュウ

【亼】 3 8010

シュウ(シフ) あつまる

篆文 

象形 ものを蓋う形。〔説文〕五下に「三合するなり」とし、三合の形に象るとする。部中の字を以ていえば、合・今など器の蓋の形であり、かつ独立して用いる例をみない。

訓義 1あつまる。

部首 〔説文〕に合・僉・侖・今・舍(舎)の五字。〔玉篇〕になお畣(荅)の一字を加える。合は器の蓋、僉は祝禱する人の冠の形、侖は編冊をまとめる紐、今は蓋栓の形、舍の上部は辛の把手であり、一つとして亼(集)の形義を持つものはない。次の會(会)部・倉部も同様である。

語系 亼・集・輯 dziəp は雜(雑)dzəp、萃 dziuət、揖 tziəp と同系の語であるが、亼の用例はなく、おそらく部首字として抽出されたものであろう。

常 **【収】** 5 2774 入 **〔收〕** 6 2874

シュウ(シウ) おさめる もつ とらえる おさまる

篆文 

会意 旧字は收に作り、丩＋攴。丩は〔説文〕三上に「相ひ糾繚するなり」とあって、強く縄なうようにまきつける意。攴はそれを締めあげる方法を示す。收は〔説文〕三下に「捕るなり」と捕縛する意とし、また丩声の字とするが、縄なうように縛りあげる意。すべてものを収束することをいう。

訓義 1おさめる、とりいれる、まとめる。2もつ、あつめもつ。3とらえる、とる、うばう。4おさまる、おわる。5ととのう、やむ。

古訓 〔名義抄〕收 ヲサム・ノゴフ・コモル・アキナフ・トラフ／收拾 ツムグ 〔字鏡集〕收 カラム・ノゴフ・アツム・トラフ・オサフ・オサマル・トル・アキナフ・コモル

声系 〔説文〕は、收声の字として荍を収めるが、字は收声でなく、丩の声をとる字である。

語系 收 sjiu は丩・糾(糾)・朻 kyu と声異なり、丩は交(交)keô系統の語である。従って收は会意とするのがよい。

【收案】しゅうあん(しうあん) 捕らえて調べる。〔漢書、趙広漢伝〕(杜建)素より豪俠なり。賓客、姦利を爲す。廣漢之れを聞き、先づ風(諷)告す。建、改めず。是に於て收案して法を致す。～終に聽す所無し。

【收穫】しゅうかく(しうくわく) 作物のとり入れ。〔塩鉄論、相刺〕良農に非ざれば收穫に食するを得ず。執政に非ざれば官爵に食するを得ず。今儒者は耒耜を釋て、不驗の語を學び、曠日彌久(久しく何もせず)、理(治)に益無し。

【收禽】しゅうきん(しうきん) 捕縛拘禁。〔後漢書、張衡伝〕時に國王(河間王)驕奢なり。～衡～威嚴を治め、法度を整へ、陰かに姦黨の名姓を知り、一時に收禽す。上下肅然として、稱して政理と爲す。

【收繫】しゅうけい(しうけい) 捕らえて獄につなぐ。〔漢書、宣帝紀〕生まれて數月、巫蠱の事に遭ひ、太子・良娣・皇孫・王夫人皆害に遇ふ。～曾孫襁緥に在りと雖も、猶ほ坐して郡の邸獄に收繫せらる。

【收取】しゅうしゅ(しうしゅ) ひきとる。〔史記、貨殖伝〕齊の俗、奴虜を賤しむ。而して刁閒獨り之れを愛貴す。桀黠奴は人の患ふる所なり。唯だ刁閒のみ收取して之れを使ひ、漁鹽商賈の利を逐ふ。

【收拾】しゅうしゅう(しうしふ) まとめる。整理する。〔後漢書、光武帝紀下〕日者地震あり、南陽尤も甚だし。～吏人の死亡し、或いは壞垣毀屋の下に在り、而して家羸弱にして收拾すること能はざる者は、其れ見(現)錢穀を以て取傭し、爲に之れを尋求せよ。

【收責】しゅうさい(しうさい) とりたてる。〔戦国策、斉四〕後、孟嘗君、記を出だし、門下の諸客に問ふ。誰か計會に習ひ、能く文(孟嘗君)の爲に、薛に收責する者ぞやと。

【收治】しゅうち(しうち) 捕らえて調べる。〔三国志、魏、武文世王公、楚王彪伝〕乃ち傅及び侍御史を遣はし、國に就きて案驗し、諸の相ひ連及する者を收治す。

【收貯】しゅうちょ(しうちょ) 収蔵する。唐・羅隠〔金銭花〕詩 佳名を占め得て、樹を繞りて芳し 依依として相ひ伴つて、秋光に向ふ 若し此の物をして收貯するに堪へしめば 應に豪門に盡く斸り將ちさらるべし

【收孥】しゅうど(しうど) 官の奴婢とする。〔史記、商君伝〕末利(商業)を事とし、及び怠りて貧しき者は、擧な(妻子を併せて)以て收孥と爲す。

【收用】しゅうよう(しうよう) 集め用いる。〔墨子、非攻中〕彼は彼の衆を收用すること能はず。是の故に亡びたり。我は能く我が衆を收用し、此れを以て天下に攻戰す。誰か敢て賓服せざらんや。

【收養】しゅうよう(しうやう) ひきとって育てる。〔論衡、吉験〕后稷の時、大人の跡を履み、或いは言ふ、帝嚳の服を衣き、帝嚳の處に坐息して身に姙むと。～母其の神怪なることを知りて、乃ち之れを收養す。

【收攬】しゅうらん(しうらん) とり入れて自分のものとする。〔晋書、周崇伝〕光武、王族を以て閭閻に奮ひ、～英奇を收攬し、遂に漢の業を續ぐ。～天下既に定まるに及んで、頗ぶる功臣を廢黜するは何ぞや。

【收斂】しゅうれん(しうれん) とり集め収める。〔墨子、尚賢中〕賢者の官に長たるや、夜に寢ね夙に興き、關市・山林・澤梁の利を收斂して、以て官府を實たす。是を以て官府實ちて、財散せず。

【收録】しゅうろく(しうろく) 集めて記録する。〔後漢書、侯覇伝〕霸、故事を明習し、遺文を收錄し、前世の善政法度、時に益有る者を條奏す。皆之れを施行す。

↑收夷 平らげる／收瘞 葬る／收益 利益をあげる／收捐 收税／收掩 收捕する／收押 拘禁する／收課 納税／收回 回収／收刈 収穫／收劾 捜求／收按する／收獲 とる／收監 入牢／收求 捜求／收救 收拾／收去 除去する／收禁 拘禁／收攟 收拾／收戟 武器格納／收検 まとめ／收效 効果／收穀 收養／收魂 收心／收煞 結末／收支 出納／收事 賦役／收執 拿捕／收聚 收集／收輯 收集／收縮 ちぢむ／收

卹 救う／収恤 収卹／収書 蔵書／収拭 改正／収贖 贖罪／収心 専心／収身 隠居／収審 結審／収成 秋熟／収税 徴税／収摭 収拾／収租 小作料／収束 まとめ／収粟 収穫／収置 拘置／収儲 収貯／収帑 収贖 買い戻す／収納 納める／収縛 捕縛／収発 受け渡し／収附 収める／収賦 取り立てる／収撫 按撫／収伏 収降／収復 取り返す／収捕 逮捕／収募 招募／収没 没収／収誉 誉れを求める／収容 収留する／収纜 出帆／収虜 とりこ／収領 受領／収繚 ねじけ人／収綸 釣糸を収める／収涙 泣くことをやめる／収憐 哀憐／収殮 納棺／収賄 賄賂をとる

↓雨収・掩収・押収・稼収・回収・吸収・減収・査収・坐収・拾収・秋収・招収・蓐収・接収・増収・蔵収・台収・反収・徴収・撤収・田収・日収・農収・買収・風収・没収・領収

常【囚】 5 6080 シュウ(シウ) とらえる とらわれる とらわれびと

篆文  甲骨文 

会意 囗+人。〔説文〕六下に「繫なり」とあり、拘囚することをいう。またその虜囚の人をいう。

訓義 1とらえる、ひとやにとらえる、とらわれる。2とらわれびと、めしうど、とりこ、つみあるひと。

古訓 〔和名抄〕囚人 度良部比斗(とらへびと)〔名義抄〕囚 コモル・トラフ・カヽフル・トラハル／囚人 トラヘビト〔字鏡集〕囚 カヽル・コモル・ソシル・ナシ・カヽハル・カタシ・ヒトヤ・トラフ・トラハル

【囚禁】 獄に拘禁する。宋・欧陽脩〔朋党論〕漢の獻帝の時、盡く天下の名士を取りて之れを囚禁し、目して黨人と爲す。黄巾の賊起るに及び、漢室大いに亂る。後方に悔悟し、盡く黨人を解きて之れを釋せり。然れども已に救ふ無し。

【囚繫】 拘禁。とらわれ人。〔史記、蒙恬伝〕今臣、兵三十余萬に將たり。身囚繫せらると雖も、其の勢ひ、以て倍畔(叛く)するに足る。

【囚人】 囚徒。〔宋史、刑法志一〕古者姦人を四裔(四方のはて、辺地)に投ず。今は乃ち遠方の囚人、盡く象闕(宮城)に歸し、務役に配す。神京は天子の居る所なり。豈に囚を此に流して聚役せしむべけんや。

【囚縛】 とらえ縛る。〔杜子春伝〕尊神惡鬼、夜叉、猛獸地獄、及び君の親屬の囚縛する所と爲り、萬苦すと雖も、皆眞實に非ず。但だ當に動かず語らざるべきのみ。安心して懼るること莫くんば、終に苦しむ所無からん。

【囚俘】 捕虜。捕虜とする。〔三国志、呉、周瑜伝〕十一年、～麻・保の二屯を討ち、其の渠帥(首領)を梟(梟首)し、萬餘口を囚俘とす。

【囚虜】 囚俘。〔後漢書、第五種伝〕(季布・管仲)卒に高帝(漢高祖)の成業、齊桓(公)の興伯に遭ひ、其の亡逃の行を遺れ、其の射鉤の讐を赦され、囚虜の中に拔かれ、其の佐國の謀を信さる。勳效百世に傳へ、君臣篇籍に載せらる。

↑囚衣 囚人の服／囚飲 乱飲の法／囚役 懲役／囚擒 とりこ／囚拘 捕らえる／囚獄 牢獄／囚鎖 禁錮／囚執 捕らえる／囚車 護送車／囚首 蓬髪／囚籍 囚人帳／囚縶 捕らえる／囚徒 囚人／囚奴 囚徒／囚犯 囚人／囚絆 囚繫／囚服 囚衣／囚捕 捕らえる／囚命 降服／囚糧 囚人の食糧／囚籠 護送用の木の檻

↓逸囚・羈囚・鞫囚・窮囚・禁囚・禽囚・繫囚・献囚・孤囚・考囚・拘囚・獄囚・死囚・執囚・赦囚・受囚・女囚・楚囚・伝囚・徒囚・俘囚・放囚・報囚・免囚・幽囚・理囚・虜囚・累囚・録囚

常【州】 6 3200 シュウ(シウ) す しま

篆文  古文  甲骨文  金文 

象形 川の州の形に象る。〔説文〕十一下に「水中の居るべき者を州と曰ふ。水、其の旁を匊繞す。重川に從ふ」(段注本)という。デルタ状の地形をいうものであろうが、州渚の意にも用いる。また水流によって区画された地域をいい、のち行政の区画名に用いる。洲はのちの俗字である。

訓義 1す、川中のしま、川のなかす。2陸地、地域。3行政上の区域、くに、むら。4聚と通じ、あつまる。5醜と通じ、尻、尻の穴。

古訓 〔名義抄〕州 クニ〔篇立〕州 スハマ・クニ

声系 〔説文〕二上に州声として喌を収め、「雞を呼ぶとき之れを重言す」という。その字はまた祝(祝)・朱に作り、擬声語である。

語系 州(洲)tjiu、島tôは声義近く、水中の居るべきところを島という。デルタ状のところに中島が作られる。周(周)tjiuは同声、めぐるものの意がある。聚dzio、醜thjiuも声義に通用することがある。

【州処】 集まり住む。〔国語、斉語〕是の故に、士の子は恆に士爲たり。夫の工をして群萃(集まり)して州處せしむ。

【州牧】 州の長官。〔書、周官〕唐・虞、古を稽へ、官を建つること惟れ百。內に百揆四岳有り、外に州牧侯伯有り。庶政惟れ和し、萬國咸な寧し。夏・商の官は倍するも、亦た克く用て乂まる。

【州里】 村里。二十五家を里という。〔論語、衛霊公〕言、忠信、行、篤敬ならば、蠻貊の邦と雖も行はれん。言、忠信ならず、行、篤敬ならざれば、州里と雖も行はれんや。

【州閭】 村里。〔史記、滑稽、淳于髡伝〕乃ち州閭の會の若き、男女雜坐し、行酒稽留し、～握手罰無く、目眙禁ぜず、～飲むこと八斗可りなるも、醉ふこと(十の)二參なり。

↑州家 刺史／州廨 州の役所／州学 州校／州郷 郷里／州曲 村里／州郡 州と郡／州県 州と県／州巷 村里／州宰 刺史／州司 州吏／州師 水軍／州社 州の社／州序 州学／州壌 州土／州職 州司／州人 衆人／州俗 土俗／州治 州庁の地／州土 州の地／州党 郷里／州部 郡部／州廩 州の米倉

↓一州・遠州・河州・葭州・外州・九州・荒州・沙州・砂州・神州・知州・中州・長州・釣州・荻州・登州・八州・晩州・蘋州・分州・辺州・夜州・両州・蘆州

常【舟】 6 2744 シュウ(シウ) ふね うけだらい

篆文  甲骨文  金文 

象形 舟の形。〔説文〕八下に「船なり」とあり、「古者、共鼓・貨狄、木を刳りて舟と爲し、木を剡りて楫と爲し、以て通ぜざるを濟すなり」という起源説話をしるしている。もと盤と同形で、盤の初文般は舟に従う。ものを授受するとき盤を用いたので、受・賸の初形は舟の形を含む字であった。また止を洗う形の歬(前の初文)、余で膿血を除く兪(愈の初文)も、盤の形である舟に従っている。

訓義 1ふね。2ばん、盤。3うけだらい、うけざら。4受と通じ、うける。

古訓 〔和名抄〕舟 布爾（ふね）〔名義抄〕舟 フネ・ハカシム・オビシム・オビク

部首 〔説文〕に兪・朕・般・服（服）など十一字、〔新附〕に艅など四字を属する。これらの字は、みな盤の意を含む字である。〔玉篇〕には舟部の字すべて百十字。六朝期においては、江南の開発に従って水運が発達し、舟に関する語彙が急増したのであろう。

声系 〔説文〕に舟声として受・⿹勹舟・貈など七字を収めるが、受は舟（盤）の上下に手を加えて授受する形。貈は貉の異文で声も異なる字である。

語系 舟tjiu、受・授zjiu は声が近い。ただ受の従う形は盤であって、舟船の舟の声義を用いたものではない。

【舟運】しゅううん（しううん） 舟で運ぶ。〔宋史、河渠志五〕大河の水を引きて之れを御河に注ぎ、以て江・淮の漕運を通じ、仍りて斗門を置き、時を以て啓閉せん。～德・博舟運し、數百里大河の險を免る。

【舟火】しゅうか（しうくわ） 舟のともしび。漁火。唐・崔国輔〔范浦に宿す〕詩 村煙、海霧に和し 舟火、江星亂る

【舟客】しゅうきゃく（しうきゃく）しゅうかく（しうかく） 乗合舟の人。唐・韋応物〔黿頭山神女歌〕詩 舟客經過するとき、椒醑（香物と精米）を奠して 巫女南音、激楚（歌）を歌ふ

【舟軍】しゅうぐん（しうぐん） 水軍。〔晋書、礼志上〕魏の文帝～（黄初）六年七月、帝、舟軍を以ゐて淮に入る。九月壬戌、使者を遣はし、璧を淮に沈めしむ。

【舟行】しゅうこう（しうかう） 舟でゆく。唐・劉禹錫〔鄂州の界を出でて表臣を懐ふ、二首、二〕詩 夢覺めて、連榻を疑ふ 舟行、忽ち千里 黄鶴樓を見ず 寒沙、雪相ひ似たり

【舟航】しゅうこう（しうかう） 舟で航行する。〔淮南子、氾論訓〕古者、大川名谷、道路を衝絶し、往來を通ぜず。乃ち窾木（くり舟）方版（いかだ）を爲りて、以て舟航を爲す。故に地勢有無、相ひ委輸するを得たり。

【舟膠】しゅうこう（しうかう） 舟が浅瀬にすわる。〔荘子、逍遥遊〕且つ夫れ水の積むや、厚からざれば、則ち大舟を負ふや力無し。杯水を坳堂（土間のくぼみ）の上に覆せば、則ち芥之れが舟と爲る。杯を置けば則ち膠す。水淺くして舟大なればなり。

【舟子】しゅうし（しうし） 船頭。ふなこ。唐・斉己〔江行早に発す〕詩 舟子相ひ呼起す 長江未だ五更ならず

【舟師】しゅうし（しうし） 水軍。舟いくさ。〔左伝、襄二十四年〕楚子、舟師を爲りて以て呉を伐つ。軍政を爲さず、功無くして還る。

【舟次】しゅうじ（しうじ） 舟行の途次。舟で泊する。唐・韓愈〔湘君夫人を祭る文〕前歳の春、愈、罪犯を以て黜けられて潮州に守たり。～舟、祠下に次る。是こを用つて神に禱る有り。神其の衷を享け、賜ふに吉卜を以てす。

【舟車】しゅうしゃ（しうしゃ） 舟と車。交通の方法。〔淮南子、氾論訓〕夏桀殷紂の盛なるや、人跡の至る所、舟車の通ずる所、郡縣爲らざる莫し。然れども身は人手に死し、天下の笑と爲る者は、亡形有ればなり。

【舟楫】しゅうしゅう（しうしふ） 舟とかい。〔易、繫辞伝下〕木を刳りて舟と爲し、木を剡りて楫と爲し、舟楫の利、以て通ぜざるを濟し、遠きを致して以て天下を利するは、蓋し諸れを渙（卦）に取る。

【舟人】しゅうじん（しうじん） 船頭。〔韓詩外伝、四〕文王、便辟して己に親比する者無きに非ざるなり。超然として乃ち太公（望）を舟人より擧げて、之れを用ふ。

【舟船】しゅうせん（しうせん） 舟。〔三国志、蜀、先主伝〕先主（劉備）、諸葛亮を遣はして自ら孫權に結ぶ。權、周瑜・程普等、水軍數萬を遣はして、先主と力を幷せ、曹公（操）と赤壁に戰ひ、大いに之れを破り、其の舟船を焚く。

【舟中】しゅうちゅう（しうちゅう） 舟の中。〔史記、呉起伝〕武侯、西河に浮びて下る。中流にして顧みて呉起に謂ひて曰く、美なる哉、山河の固きこと。此れ魏國の寶なりと。起對へて曰く、德に在りて險に在らず。～君、德を修めずんば、舟中の人、盡く敵國と爲らんと。武侯曰く、善しと。

【舟筏】しゅうばつ（しうばつ） 舟といかだ。〔唐書、食貨志四〕私錢犯法、日に蕃し。舟筏を以て江中に鑄る者有り。～江淮の游民、大山陂海に依りて鑄る。吏、能く捕ふる莫し。

【舟輿】しゅうよ（しうよ） 舟車。〔老子、八十〕民をして死を重んじ、遠く徙らざらしむ。舟輿有りと雖も之れに乘る所無く、甲兵有りと雖も之れを陳ずる所無し。

【舟梁】しゅうりょう（しうりやう） 舟はし。〔国語、周語中〕今陳國～道路塞ぐが若く、野場棄つるが若く、澤に陂障せず、川に舟梁無し。是れ先王の教へを廢するなり。

【舟艫】しゅうろ（しうろ） 舟と、とも。舟。〔魏書、崔楷伝〕（上疏）江淮の南は、地勢洿下、雲雨陰霖（長雨）、動やもすれば旬月に彌たる。遙途遠運、惟だ舟艫のみを用ふ。南畝の畬菑、耒耜を事とする微し。

↑舟艦 軍船／舟橋 浮橋／舟虞 舟役人／舟舷 舟ばた／舟杭 舟航／舟駛 軍舟／舟室 舟の家／舟首 船首／舟檝 舟楫／舟渚 岸／舟牆 帆柱／舟戦 水戦／舟側 舟の側／舟舶 大小の舟／舟兵 水兵

↓画舟・客舟・撃舟・帰舟・艤舟・虚舟・漁舟・桂舟・軽舟・繫舟・孤舟・江舟・刻舟・済舟・刺舟・乗舟・蔵舟・釣舟・渡舟・登舟・蕩舟・盪舟・同舟・破舟・泊舟・半舟・汎舟・飛舟・兒舟・扁舟・方舟・放舟・篷舟・夜舟・葉舟・遥舟・竜舟・蠡舟・弄舟

常

【秀】

7 2022 シュウ（シウ） ひいでる はなさく はな

篆文

石鼓文

象形 禾穀の穂が垂れて、花が咲く形。禾頭から華を吐いている形である。〔説文〕七上に「上の諱なり」として、説解を加えていない。後漢の光武帝の名は劉秀、その諱を避けたのである。〔玉篇〕に「出なり、榮なり」と訓する。「出なり」とは近い声を以て訓したものであろう。〔段注〕に字を禾と人とに従い、人とは果穀の実をいうとするが、人の形のところはしべのあらわれている形。その落ちたものを禿という。花英の意より、俊秀の意に用いる。

訓義 1 ひいでる、禾の先が高く出てそこに花をつける。2 はなさく、はな。3 うつくしい、しげる。4 人に移して、すぐれた人。

古訓 〔名義抄〕秀 ヒヅ・コトニ・コト〳〵シ・ナガシ 〔字鏡集〕秀 ヒデ・ヒヅ・クツ・コトニ・ナガシ・コト〳〵シ・オドロク・サカエ・ヨシ・ヨリ

声系 〔説文〕に秀声として莠を収める。莠は稷に似た雑草。また醜と通用する字である。

語系 秀siu は首・手sjiu と声が近く、みな先端に位置し、また重要なはたらきをするもの。出thjiuət は、その勢いのあるような状態をいうものであろう。

【秀異】しゅうい（しうい） 並外れてすぐれる。唐・杜甫〔壮遊〕詩 越女、天下に白し 鑑湖、五月涼し 剡溪、秀異を蘊む 罷めんと欲するも忘るること能はず

【秀偉】しゅうい（しうゐ） すぐれて立派。宋・蘇轍〔枢密韓太尉に上る書〕翰林歐陽公（脩）を見、其の議論の宏辯なるを聽き、其の容貌の秀偉なるを觀る。

【秀逸】しゅういつ（しういつ） 特にすぐれる。〔晋書、陸機伝〕機、天才秀逸、辭藻宏麗なり。張華嘗て～曰く、人の文を爲るに、常に才少なきを恨む。而るに子は更に其の多きを患ふと。

【秀穎】しゅうえい（しうえい） 秀でた穂。人材にたとえる。〔三国志、呉、陸抗伝〕（楼玄・王蕃等）皆當世の秀穎、一時の顯器なり。既に

初寵を蒙り、從容として位に列す。而れども竝びに旋つて誅殛を受け、或いは族を圮り祀を替て、或いは荒裔に投棄せらる。

【秀気】すぐれた氣。唐・杜甫〔天池〕詩 鬱紆として秀氣騰り 蕭瑟として寒空を浸す

【秀慧】すぐれる。〔北史、魏荘帝紀〕長ずるに及んで風神秀慧、姿貌甚だ美なり。

【秀傑】すぐれる。〔水経注、渭水中〕太白山は南のかた武功山に連なり、諸山に於て最も秀傑と爲す。冬夏積雪あり、之れを望むに皓然たり。

【秀骨】すぐれた人がら。唐・李白〔張相鎬に贈る、二首、二〕詩 滄然として浩氣を養ひ 欻ち起りて大鈞を持す 秀骨、山岳に象り 英謀、鬼神に合す

【秀才】才能のすぐれたもの。〔管子、小匡〕是の故に農の子は常に農爲り。～其の秀才の能く士と爲る者は、則ち頼むに足るなり。故に以て耕せば則ち粟多く、以て仕ふるときは則ち賢多し。

【秀色】絶景。また、容色がすぐれる。晉・陸機〔日出東南隅行〕楽府 美目玉澤を揚げ 蛾眉翠翰（羽）に象る 鮮膚一に何ぞ潤へる 秀色餐ふべきが若し

【秀達】すぐれた人。梁・劉峻〔弁命論〕英髦秀達も、皆當年に擯斥（排斥）せられ、奇才を韞みて用ひらるること莫し。

【秀徹】すぐれ、明らか。〔晋書、王戎伝〕神彩秀徹。日を視るも眩まず。裴楷見て之れを目けて曰く、戎の眼は爛爛、巖下の電の如しと。

【秀媚】すぐれて美しい。〔画継、六〕燕文季、～山水を畫くに工みに、淸雅秀媚なり。予が家に舊～四時景有り。畫院之れを燕家景と謂ふ。

【秀麗】すぐれて美しい。〔陳書、高祖紀上〕（遠祖）達、～出でて長城の令と爲る。其の山水を悅び、遂に家す。嘗て親しむ所に謂ひて曰く、此の地山川秀麗、當に王者の興有るべし。二百年の後、我が子孫、必ず斯の運に鍾らんと。

【秀朗】才能がすぐれ、人がらが明るいこと。〔梁書、范雲伝〕嘗て親人袁照に就きて學び、晝夜怠らず。照、其の背を撫して曰く、卿、精神秀朗にして學に勤む。卿相の才なりと。

↑秀英 すぐれる／秀越 秀絶／秀雅 雅やか／秀艾 すぐれた人／秀格 秀骨／秀驥 駿馬／秀句 佳句／秀勁 骨力がある／秀潔 清らか／秀彦 秀士／秀悟 聡慧／秀甲 抜群／秀削 そばだつ／秀耳 大耳／秀峙 超逸／秀質 美質／秀出 卓出する／秀俊 俊秀／秀潤 美しい／秀聳 高くそびえる／秀岑 秀峯／秀人 傑出した人／秀粋 純粋／秀世 超世／秀整 すぐれてととのう／秀絶 特絶／秀爽 俊爽／秀竹 高い竹／秀頂 はげ頭／秀挺 秀抜／秀澈 秀潔／秀特 特秀／秀髆 駿馬／秀麦 伸びた麦／秀発 よく伸びる／秀抜 抜群／秀眉 眉目が美しい／秀敏 さとい／秀峯 高峯／秀木 高い木／秀妙 すぐれる／秀茂 よく茂る／秀毛 長毛／秀立 特立／秀良 優秀／秀羸 すぐれる／秀令 秀善／秀霊 霊妙／秀嶺 秀峯

↓偉秀・英秀・穎秀・雅秀・魁秀・瓌秀・簡秀・奇秀・翹秀・迥秀・景秀・閨秀・姸秀・娟秀・孤秀・三秀・餐秀・俊秀・春秀・峻秀・鍾秀・竦秀・神秀・深秀・翠秀・清秀・精秀・夕秀・爽秀・蒼秀・端秀・沖秀・挺秀・吐秀・特秀・独秀・麦秀・発秀・美秀・媚秀・芳秀・明秀・茂秀・優秀・霊秀

【匍】 8 2742 シュウ（シウ） あまねし

篆文 

会意 勹＋舟。勹にめぐるものの意がある。〔説文〕九上に「帀徧なり」とあり、あまねくめぐることをいう。周（周）と声義の同じ字であるが、文献に用例がみえない。字形は人が舟（盤）を抱く形。周と通じて用いる。周は方形の干に、雕文を一面に施す意で、帀徧の意をも含む字である。

訓義 ①あまねし、ゆきわたる。②周と通じ、のち多く周の字を用いる。

語系 匍・周 tjiu は同声。周の古注に「帀なり」「徧なり」のように訓するものが多く、匍は周の一体かともみられるが、匍は盤、周は雕盾の象に従うもので、字形の由来するところは同じではない。

常 【周】 8 〔周〕 8 7722 シュウ（シウ） めぐる あまねし

篆文 

古文 

甲骨文 

金文 

会意 干（盾）＋口。周の国号に用いる字は、卜文では方形の干を四分して、雕飾の点を加えた形、金文に至って下に祝禱の器の形である𠙵を加える。金文に「周玉」（琱玉）、「玄周戈」（玄琱戈）のように用い、周は琱・雕の初文。その雕飾の稠密であることから、周帀の意となる。その雕盾の器がおそらく周族の徽号的な聖器であったらしく、その器に祈って行動したので、周がその国号、王朝の号となった。周が雕盾の象であることは、畫（画）・劃の字形に含まれる田の形が、周のもとの字形であることからも知られる。〔説文〕に字を口部二上に属して「密なり」とし、用口の密なる意とし、〔段注〕にその意を「善く其の口を用ふるときは、則ち密なり」とするが、字は用や口耳の口に従うものではない。

訓義 ①古代の王朝の名、その標識とした雕盾の形、たて。②たて一面に施した雕飾、めぐる、あまねし、ゆきわたる、いたる、あう。③ゆきとどく、つつしむ、まこと、したしむ。④そなわる、おえる、かなう。

古訓 〔名義抄〕周 アマネク・アマネハス・クマ・マコトニ・チカシ・メグル・タヾシ・シタシ・スクフ・マウク・キハム・ヒソカニ・オソル・ホトリ・イタル・ヒロシ・タヾ・トトノフ／周章 アハツ・サワグ

声系 〔説文〕に周声として琱・調（調）・雕・稠・彫（彫）・凋など、十八字を収める。周の声義を承けるものが多い。

語系 周・匍 tjiu は同声。雕・彫 tyu はもと雕盾をいう字。稠・綢 diu も周の声義を受けるもので、稠密の意がある。

【周囲】まわり。〔北堂書鈔、一五〇に引く唐の徐整の長暦〕月は徑千里、周圍三千里、北（天）より下ること七千里なり。

【周急】危急を救う。〔論語、雍也〕吾れ之れを聞けり。君子は急を周ひて、富めるに繼がずと。

【周行】大道。めぐりゆく。また、あまねく行きわたる。〔老子、二十五〕物有りて混成す。天地に先だちて生ず。寂たり、寥たり。獨立して改めず。周行して殆からず。以て天下の母爲るべし。

【周洽】広くゆきわたる。〔後漢書、馮衍伝上〕天下以て亡新を去り、聖漢に就きしより、～樹恩布德、以て周洽し易し。其れ猶ほ驚風に順ひて鴻毛を飛ばすがごときなり。

【周悉】ゆきわたる。〔南史、斉武帝紀〕（建元四年）建康・秣陵二縣の貧人に振賜を加ふ。必ず周悉ならしめよ。呉興・義興、水に遭ふ縣は租調を蠲除せよ。

【周章】逍遥する。また、あわてる。〔顔氏家訓、文章〕（揚雄）劇秦美新を著はし、妄りに閣より投ず。周章怖慴

、天命に達せず。童子の爲のみ。

【周親】しゅう（しう）しん　この上なく親しい。〔書、泰誓中〕周親有りと雖も、仁人に如かず。

【周旋】しゅう（しう）せん　めぐる。ふるまい。追逐する。また、世話する。民国・蘇曼殊〔劉三に与ふる書〕曼、前に燕を離るる時、已に囊空しきこと洗ふが如し。幸ひに朋友周旋し、窮途を悲しむを致さざりき。

【周匝】しゅうそう（しうさふ）　めぐりまわる。〔後漢書、西域、焉耆国伝〕東のかた洛陽を去ること八千二百里、～其の國四面に大山有り。～海水有り、四山の内に曲入し、其の城を周匝すること三十餘里。

【周緻】しゅう（しう）ち　ゆきとどく。宋・戴復古〔久しく泉南に寓す～、十首、九〕詩 手中に圓封を執る　州府特に遣餽す　羅列して吾が前に滿つ　禮數、頗ぶる周緻

【周到】しゅうとう（しうたう）　ゆきとどく。手落ちがない。〔紅楼夢、三十七回〕湘雲聽き了り、心中に自ら是れ感激し、極めて他の想ひの周到なるを贊す。

【周布】しゅう（しう）ふ　あまねくめぐらす。〔後漢書、仲長統伝〕居をして良田廣宅有らしめ、山を背にし、流れに臨み、溝池環市し、竹木周布す。

【周偏】しゅう（しう）へん　広くゆきとどく。〔漢書、宣帝紀〕高材好學、然も亦た游俠を喜ぶ。鬬雞走馬、具さに閭里の奸邪、吏治の得失を知る。數〻諸陵に上下し、三輔に周偏す。～臥居に數〻光燿有り。

【周覧】しゅう（しう）らん　あまねくみる。〔史記、秦始皇紀〕二十有六年、初めて天下を幷せ、賓服せざる罔し。～茲の泰山に登り、東極を周覽す。

【周流】しゅうりゅう（しうりう）　広くめぐる。〔楚辞、離騒〕覽て四極を相觀し　天に周流して余れ乃ち下る

↑周渥　厚恩／周委　委細／周垣　かき／周縁　めぐり／周迴　めぐる／周郭　かこい／周環　めぐる／周観　周覧／周亟　救急／周径　周囲／周甲　還暦／周厚　てあつい／周済　弘済／周歳　一年／周施　広く施す／周時　一昼夜／周浹　周帀／周慎　慎密／周疏　疏密／周帀　あまねくする／周沢　恩沢／周知　皆知る／周馳　周流／周聴　広く聞く／周通　暢達／周転　めぐる／周年　一年／周備　整う／周辺　あたり／周容　媚びる／周羅　網羅する／周歴　遍歴する／周露　吐露する

↓一周・殷周・円周・外周・環周・月周・四周・比周

常【宗】8　3090　シュウ　ソウ　みたまや　とうとぶ　むね

篆文  甲骨文  金文  

会意　宀＋示。宀は廟屋。示は祭卓の形。〔説文〕七下に「尊祖の廟なり」とあり、宗廟のあるところ、またその祭る祖宗をいう。卜辞に大宗・中宗・小宗の名があり、周に大宗・小宗を本支とする宗法制があった。宗廟の祭器を宗彝といい、その本旨のあるところを宗旨、信教の上では宗旨という。

訓義　1みたまや。2みたまやにまつる人、おやすじの人、特に主としてまつるべき人、その家すじの人。3たっとい、とうとぶ、あがめる、おもだつ、むねとする。

古訓　〔名義抄〕宗　ムネ・タフトシ・タフトブ・トモ・モト・アガム・モロ・イノル　〔字鏡集〕宗　トモ・モロ・モト・ムネ・モロ〳〵・タフトシ・モトモ・モトム・アガム・イノル・タフトブ

声系　〔説文〕に宗声として琮・崇・淙・綜など六字を収める。宗にはもと、もとに集まるの意がある。

語系　宗tzuəm、崇dzhiuəmは声義が近い。崇は〔説文〕九下に「嵬くして、高きなり」とあり、崇高の意がある。

【宗彝】そうい　宗廟の祭器。〔書、序〕武王既に殷に克ち、諸侯を邦し、宗彝を班ち、分器を作る。

【宗器】そうき　宗廟の祭器。礼楽の器。〔漢書、韋玄成伝〕幽王に至るに及んで、犬戎來り伐ち、幽王を殺し、宗器を取る。是れより後、南夷と北夷と交〻侵し、中國絶えざること綫の如し。

【宗国】そうこく　同姓の宗主の国。〔孟子、滕文公上〕滕の定公薨ず。～然友、反命して、定めて三年の喪を爲さんとす。父兄百官、皆欲せざるなり。故に曰く、吾が宗國魯の先君も、之れを行ふ莫く、吾が先君も亦た之れを行ふ莫きなり～と。

【宗子】そうし　嫡長子。よつぎ。〔詩、大雅、板〕大邦は維れ屏、大宗は維れ翰（幹）　德を懷へば維れ寧し　宗子は維れ城

【宗師】そうし　師表として尊ばれる人。〔後漢書、朱浮伝〕夫れ太學は禮義の宮、教化の由りて興る所なり。～博士の官を尋ぎ、天下の宗師と爲り、孔聖の言をして、傳へて絶えざらしむ。

【宗主】そうしゅ　嫡長子。学芸の主流をたとえる。〔困学紀聞、十七、評文〕（黄）山谷～曰く、劉勰嘗て文章の難を論じて云ふ。意、翻空ならば奇にし易く、文、徵實ならば工なり難しと。此の語亦た是れ沈（約）・謝（霊運）輩の、儒林の宗主爲りし時、好んで奇語を作れり。故に後生、論を立つること此の如し。

【宗匠】そうしょう（しゃう）　棟梁。また、中心たる人。〔歳寒堂詩話、上〕韋蘇州（応物）の詩は、韻高くして氣淸し。王右丞（維）の詩は、格老いて味長し。皆五言の宗匠なりと雖も、然れども互ひに得失有り。

【宗派】そうは　本支の流派。宋・王十朋〔東坡の詩を読む〕詩　東坡の文章は天下に冠たり　日月と光を爭うて、風雅に薄る　誰か宗派を分つて、故らに謗傷する　蚍蜉樹を撼かして、自ら量らず

【宗廟】そうびょう（べう）　祖宗の廟。〔礼記、曲礼下〕君子將に宮室を營まんとするときは、宗廟を先と爲す。

↑宗禋　祖祭／宗家　一族／宗会　集大成／宗軌　祖業／宗兄　長兄／宗系　世系／宗卿　家老／宗孼　嫡庶／宗仰　尊崇する／宗支　本支／宗旨　主旨／宗祠　家廟／宗室　本家／宗祝　祭祀官／宗庶　嫡庶／宗緒　祖業／宗尚　尊ぶ／宗職　世襲の職／宗臣　重臣／宗親　親族／宗人　同族／宗生　叢生／宗姓　王族／宗祏　廟の石室／宗祖　先祖／宗族　一族／宗属　一族／宗致　宗旨／宗祧　宗廟／宗統　嫡系の家筋／宗婦　宗子の妻／宗邦　国都／宗法　親族法／宗本　もと、基本／宗門　一族のもの／宗邑　先祖伝来の地／宗類　一族のもの

↓一宗・禋宗・家宗・改宗・開宗・外宗・旧宗・興宗・師宗・詩宗・邪宗・守宗・儒宗・小宗・世宗・正宗・祖宗・他宗・大宗・岱宗・秩宗・統宗・同宗・分宗・文宗

【岫】8　2576　シュウ（シウ）　ユウ（イウ）　いわあな　くき

篆文  籀文 

形声　声符は由。由に袖の声がある。〔説文〕九下に「山に穴有るなり」（段注本）とあり、〔爾雅、釈山〕も同訓。由は卣と同源の字で、卣は瓜が熟して中が油化し、外皮が瓢形となることを示す字。それで由は油の初文であり、また由に中空の意があって、宙・軸のように用いる。岫はくき、洩れて欠けるところで、山穴の意となる。

訓義　1いわあな、山の穴あるところ、くき。2やま、みね、いただき。

古訓　〔和名抄〕岫　久岐（くき）　〔名義抄〕岫　クキ・ホラ・イハホ

語系 岫ziuは宙・袖diu、軸diuk、牖jiuと声近く、中空あるいは欠失のところがあるものをいう。

【岫雲】山上の巌穴から起こる雲。〔玉台新詠、庾丹、秋閨に望む有り〕詩 耿耿として、天漢(天の川)横たはり 飄飄として、岫雲出づ

【岫色】山穴の色あい。〔東観余論、下、蜀道図後摸本に跋す〕顧長康(愷之)、嵆叔夜(康)の詩を愛し、因りて之れが圖を爲る。～雲勢岫色、林谷明藹、皆逸趣有り。嘗て蜀道を歴へて、少陵(杜甫)の詩を知る者に非ざれば、未だ此に迨び易からず。

↑岫衍 広い山穴／岫壑 谷あい／岫居 穴居／岫戸 岩戸／岫幌 洞口／岫室 岫居／岫勢 山の姿／岫濃 嵐色深し

↓雨岫・雲岫・遠岫・怪岫・還岫・巌岫・危岫・奇岫・帰岫・穹岫・虚岫・岬岫・高岫・山岫・深岫・翠岫・層岫・丹岫・峯岫・幽岫・嵐岫・竜岫・林岫・霊岫

【咠】9 6040 シュウ(シフ) ユウ(イフ) ささやく そしる

篆文

会意 口＋耳。ささやく。〔説文〕二上に「聶語なり」、〔玉篇〕に「咠咠、口舌の聲なり」とあり、もと耳もとで囁くようにいうときの擬声語である。

訓義 1ささやく、その声。2そしる。

古訓 〔名義抄〕咡 クチノサキラ・クチバシ・サキラ・クフ・クチハキ 〔篇立〕咠 クチシタノコヱ・クチサキラ・ヤハラカナリ

声系 〔説文〕に咠声として茸(茸)・楫・揖・緝など九字を収める。小さなものを、数多くうちかさねる状態のことをいう語である。

語系 咠・緝tsiəpは同声。集・卙dziəpおよび雜(雑)dzəp、萃dziuətなども声義近く、一の語系となしうる。

↑咠咠 口舌の声。また、そしる声

常【拾】9 5806 シュウ(シフ) ショウ(セフ) キョウ(ケフ) ひろう あつめる ゆごて

篆文

形声 声符は合。合に拾の声があるのは、恵(恵)に穗(穂)の声があるのと同じ。〔説文〕十二上に「掇ふなり」とし、合声とする。次条に「掇つては拾取するなり」とみえる。合は蓋のある器。拾は動詞のほか、弓を射るときのゆごてをもいう。また渉(渉)の音があり、神主のように一歩ずつ足をそろえて階段を上ることをいう。

訓義 1ひろう、ひろいとる、おさめる。2あつめる、ひろいあつめる。3ゆごて。4渉と通じ、足をそろえて一歩ずつのぼる。

古訓 〔名義抄〕拾 ヒロフ・アマネシ・ヨル・トル・ヲサム・カハル／決拾 ユカケ・トモ／收拾 ムツビテ

語系 拾ziəpは合həpを声とするが、その変化については洽kheəp、翕・歙xiəpというような過程が考えられる。

【拾遺】おとしもの、忘れものをひろう。〔荀子、正論〕風俗の美、男女涂(途)に取(娶)らず、百姓遺れたるを拾ふを羞づ。

【拾芥】あくたをひろう。容易なことのたとえ。〔漢書、夏侯勝伝〕勝、講授する毎に、常に諸生に謂ひて曰く、士は經術に明らかならざるを病ふ。經術苟くも明らかならば、其の青紫(官位)を取ること、俛して地の芥を拾ふが如きのみ～と。

【拾級】階段をのぼるとき、足をそろえてから歩を出す。〔礼記、曲礼上〕凡そ客と入る者は、門毎に客に讓る。～級を拾り、足を聚め、連歩して以て上る。東階を上るには則ち右足を先にし、西階を上るには則ち左足を先にす。

【拾翠】春、郊外で草摘みをする。唐・杜甫〔秋興、八首、八〕詩 佳人翠を拾うて、春に相ひ問ふ 仙侶舟を同にして、晩に更に移る

【拾掇】ひろいとる。唐・陸亀蒙〔杞菊の賦の序〕前後皆樹うるに杞菊を以てす。～夏五月に及び、枝葉老梗、氣味苦澁なるも、旦暮に猶ほ兒童輩を責め、拾掇して已まず。

【拾踊】死者を悲しんで、かわるがわる踊躍する。〔礼記、雑記上〕客、門の西に立ち、介、門の左に立ちて東上す。孤、阼階より降りて之れを拜し、升りて哭す。客と拾踊すること三たびす。

↑拾括 概括する／拾骨 改葬／拾菜 摘み草／拾紫 任官／拾取 拾う／拾収 治める／拾薪 採薪／拾穗 落穂拾い／拾青 拾紫／拾摭 拾掇／拾唾 又聞き／拾得 拾う／拾櫨 鬼を祓う木

↓捃拾・決拾・採拾・刪拾・収拾・掇拾・俛拾・俯拾

人【柊】9 4793 〖柊〗9 4793 シュウ(シウ) ひいらぎ

形声 声符は冬(冬)。冬は終(終)の初文で終の声がある。芭蕉に似た木であるという。わが国ではひいらぎをいう。

訓義 1芭蕉に似た木、その葉でちまきなどを包む。2さいづち。3わが国では、ひいらぎ。

古訓 〔和名抄〕柊楑 纂文に云ふ、方椎、之れを柊楑と謂ふ、終葵二音。漢語抄に云ふ、散伊都遲(さいづち)〔名義抄〕柊楑 サイヅチ 〔篇立〕柊 サイツチ

【柊楑】さいづち。土を砕く器。〔広雅、釈器〕柊楑は椎なり。〔疏証〕說文、椎は撃つなり。齊にては之れを終葵と謂ふと。終葵は柊楑と同じ。卽ち椎の反語なり。

【柊葉】柊の葉。〔植物名実図考、九、山草類、柊葉〕柊葉、粤東の家園に產す。草本、形、芭蕉の如く、葉は粽を裹むべし。以て參茸等の物を包めば、久しきを經て壞れず。～葉長さ尺許、～四季凋まず。

人【洲】9 3210 シュウ(シウ) す しま

形声 声符は州。洲は州の俗字。のち州県の字と区別して、川の洲や大陸の名に用いる。

訓義 1す、川のす、しま、川の中島。2大陸、五大洲。

古訓 〔新撰字鏡〕洲 加太(かた)〔和名抄〕洲 須(す)〔字鏡集〕洲 シマ・ハマ・ス・スハマ・ナギサ・スケ

語系 洲(州)tjiu、周(周)tjiuも同声。島tôは声近く、島はデルタ状の地に生まれやすい。また周(周)tjiuも同声。水をめぐらしたところを州という。

【洲渚】なぎさ。南朝宋・謝霊運〔従弟恵連に酬ゆ、五章、三〕詩 辛勤す、風波の事 款曲(こまごまと、うちとけていう)たり、洲渚の言

【洲嶼】なかす。〔宋書、張興世伝〕沔水は襄陽より以て下り、九江に至るまで二千里中、先に洲嶼無かりき。興世初めて生まれ、其の門前の水中に當りて、一旦忽ち洲を生じ、年年漸く大となり、～洲上遂に十餘頃なり。

【洲汀】なぎさ。唐・楊炯〔李舍人の山亭の詩の序〕廊宇重複し、樓臺左右す。煙霞、梁棟の閒に棲み、竹樹、洲汀の外に在り。

【洲畔】なぎさのほとり。唐・柳宗元〔盧衡州の書を得、因りて詩を以て寄す〕詩 是れ、白蘋洲畔の客に非ず 還りて遠意を將つて、瀟湘に問はん

↑洲沚 なかす／洲中 なかす／洲島 洲嶼／洲尾 洲崎／洲淤 なかす

↓葦洲・一洲・河洲・葭洲・環洲・孤洲・荒洲・沙洲・神洲・成洲・中洲・長洲・汀洲・荻洲・登洲・白洲・晩洲・蘋洲・浮洲・分洲・蒲洲・芳洲・蓬洲・夜洲・蓼洲・礫洲・蘆洲

常【秋】9 2998 ［穐］25 2793 シュウ(シウ) あき みのり とき

篆文

籀文

甲骨文

会意 正字は穐に作り、禾+龝(亀)+火。龝は穀につく虫の形。〔説文〕七上に「禾穀熟するなり」とあり、秋の収穫時をいう。字を龝の省声とするが、龝は亀卜の焦灼の字で、焦の音でよむ。卜文に、秋に虫害をなすものを焚く形の字があり、おそらく秋と関係ある字であろう。卜文に四季の名を確かめうる資料はない。〔書、盤庚上〕に秋を稔りの意に用いる。豊凶を定める重要な時であるから、「危急存亡の秋」のように用いる。秋は穐の字形から、その螟螣(ずいむしと、はくいむし)などの形を除いた字形であろう。

訓義 ①あき。②みのり、みのりをおさめる。③とき、とし。④愁と通じ、うれえる。

古訓 〔名義抄〕秋 アキ・トキ 〔字鏡〕秋 アキ・キビノモチ・トキ

声系 〔説文〕に秋声として萩(萩)・啾・愁など八字を収める。啾・愁は悲秋のような感傷をいう。

語系 秋tsiu、收(収)sjiuは声近く、あるいは意味にも関連のある語であろう。

【秋意】秋の気分。唐・顔真卿〔僧皎然に贈る〕詩 秋意、西山に多し 別岑、左次に縈る

【秋陰】秋のくもり。秋冷。唐・白居易〔八月十五日の夜、禁中に独り直(宿直)し、月に対ひて元九(稹)を憶ふ〕詩 猶ほ恐る、清光の同に見えざるを 江陵の卑濕、秋陰足し

【秋雨】秋の雨。唐・白居易〔長恨歌〕詩 春風桃李、花開くの日 秋雨梧桐、葉落つるの時

【秋影】秋の日ざし。金・元好問〔王黄華の墨竹〕詩 月中に竹を看て、秋影を寫す 清鏡平明にして、白髪生ず

【秋懐】秋のさびしい思い。唐・元稹〔解秋、十首、十〕詩 今日復た今夕 秋懐方に浩然たり 況んや我が頭上の髪 衰白、年を待たず

【秋気】秋の氣。唐・柳宗元〔南磵中に題す〕詩 秋氣、南磵に集る 獨り遊ぶ、亭午の時

【秋興】秋に感興をおこす。晉・潘岳〔秋興の賦の序〕僕は野人なり。~猥りに朝列に厠はる。~譬へば猶ほ池魚籠鳥の、江湖山藪の思ひ有るがごとし。是に于て、染翰操紙、慨然として賦す。時に秋なり。故に秋興を以て篇に命づく。

【秋景】秋のながめ。唐・鄭谷〔重陽の日、元秀上人を訪ふ〕詩 紅葉黄花、秋景寛やかなり 醉吟して朝夕、樊川に在り

【秋江】秋の川。唐・李頎〔劉昱を送る〕詩 八月、寒葦花さき 秋江、浪頭白し

【秋毫】秋に細まった毛。〔孟子、梁恵王上〕明は以て秋毫の末を察るに足るも、輿薪(車に積んだ薪)を見ず。則ち王之れを許さんか。

【秋思】秋の思い。唐・沈佺期〔古歌〕詩 落葉風に流されて、玉臺に向ふ 夜寒くして、秋思洞房開く

【秋色】秋のけはい。北周・庾信〔周の驃騎大将軍~柴烈李夫人墓誌銘〕秋色悽愴として、松聲斷絶す。百年幾何ぞ、此の別れに歸す。

【秋深】晩秋。唐・韋応物〔蕭河南に贈る〕詩 霽後、三川冷やかに 秋深くして萬木疏なり

【秋声】秋風の声。宋・欧陽脩〔秋声の賦〕童子曰く、星月皓潔にして、明河天に在り。四に人聲無く、聲は樹閒に在りと。余曰く、噫嘻悲しい哉、此れ秋聲なり。胡為れぞ來たれるや。

【秋晴】秋晴れ。唐・鄭谷〔悶題〕詩 厭ふこと莫かれ、九衢塵土の閙 秋晴滿眼、是れ南山

【秋霽】秋の雨後。前蜀・韋荘〔秋霽晩景〕詩 秋霽は晩れて禁城晩れ 六街、煙雨殘る

【秋千】ぶらんこ。南唐・李煜〔蝶恋花〕詞 誰か秋千に在りて 笑ひの裏に低低として語る

【秋扇】秋の扇。失寵にたとえる。梁・劉孝綽〔班婕妤〕楽府 妾の身は、秋扇に似たり 君恩、履綦を絶つ 詎ぞ憶はん、輕輦に遊ぶを 今より賤妾辭せん

【秋草】秋の草。〔文選、古詩十九首、十二〕迴風、地を動かして起り 秋草、萋として已に綠なり

【秋霜】秋の霜。厳しいもの、また白髪にたとえる。唐・李白〔秋浦歌、十七首、十五〕詩 白髮三千丈 愁ひに縁りて箇の似く長し 知らず、明鏡の裏 何れの處にか、秋霜を得たる

【秋天】秋空。北周・庾信〔小園の賦〕夏日の畏るべきに非ず、秋天の悲しむべきに異なり。

【秋濤】秋の波音。宋・蘇軾〔監試、諸試官に呈す〕詩 聊か書を廢して眠らんと欲す 秋濤、午枕に舂つく

【秋晩】晩秋。唐・韋応物〔王侍御に贈る〕詩 上陽秋晩れて、蕭蕭の雨 洛水寒來たつて、夜夜聲あり

【秋風】秋かぜ。〔楚辞、九歌、湘夫人〕嫋嫋たる秋風 洞庭波だちて、木葉下る

【秋蓬】秋のよもぎ。風で根のまま飛ぶ。金・元好問〔南関、二首、二〕詩 風裏の秋蓬、自由ならず 一生幾度か、隆州を過ぐ

【秋夜】秋の夜。夜長。梁・江淹〔灯の賦〕秋の夜は歳の如く、秋の情は絲の如し。

【秋陽】秋の日ざし。秋の強い日ざし。〔孟子、滕文公上〕他日子夏~、有若の聖人に似たるを以て、~之れに事へんと欲す。~曾子曰く、不可なり。江漢以て之れを濯ひ、秋陽以て之れを暴らす。皜皜乎として、尚ふべからざるのみと。

【秋涼】秋の涼しさ。唐・羅隠〔中元、夜、淮口に泊す〕詩 秋涼しくして、霧露、燈下を侵し 夜靜かにして、魚龍、岸に逼まりて行く

【秋霖】秋の長雨。〔管子、度地〕冬、土功を作し、地藏を發せば、則ち夏に暴雨多く、秋霖止まず。

↑秋衣 秋の衣/秋韻 秋声/秋雲 秋の雲/秋英 秋の花/秋栄 秋の花/秋宴 秋の大宴/秋燕 秋の燕/秋河 銀河/秋華 秋の花/秋稼 収穫/秋岳 秋山/秋寒 秋冷/秋澗 秋の谷川/秋雁 秋の雁/秋顔 哀顔/秋暉 秋の日/秋鞠 秋菊/秋蛩 蟋蟀/秋蛬 秋蛩/秋衾 秋の夜着/秋空 秋天/秋蛍 秋の蛍/秋月 秋の月/秋光 秋色/秋郊 秋の野/秋骨 秀骨/秋賽 秋祭/秋蚕 あきご/秋士 貧士/秋事 秋の稔収穫/秋室 陋室/秋日 秋の日/秋実 秋の稔り/秋樹 秋の木/秋初 初秋/秋暑 残暑/秋嘗 新嘗/秋醸 秋の酒/秋信 秋の便り/秋水 秋潦/秋成 秋熟/秋清 清秋/秋夕 秋の夜/秋雪 秋の雪/秋節 秋季/秋蟬 ひぐらし/秋漲 秋の大雨/秋蜩 秋蟬/秋潮 秋の潮/秋砧 秋の砧/秋庭 秋の庭/秋荻 秋の荻/秋登 秋の収穫/秋波 いろめ/秋白 秋光/秋麦 稲/秋髪 哀髪/秋半 中秋/秋颷 秋風/秋旻 秋天/秋鬢 哀髪/秋服 秋の衣/秋物 収穫/秋分 秋の彼岸/秋圃 秋の田/秋浦 秋の浦/秋芳 秋の花/秋眸 明眸/秋野 秋の郊野/秋容 秋の景色/秋籟 秋声/秋糧 年貢/秋斂 収穫/秋露 秋の露/秋鱸 秋の鱸魚/秋朗 秋晴れ/秋潦 秋の大雨/秋醪 秋酒

↓季秋・九秋・窮秋・勁秋・高秋・歳秋・三秋・春秋・小秋・傷秋・

深秋・新秋・清秋・盛秋・晴秋・千秋・素秋・早秋・中秋・仲秋・澄秋・麦秋・晩秋・悲秋・暮秋・孟秋・陽秋・立秋・涼秋・凜秋

常 **【臭】** 9 人〔臭〕 10 2643

シュウ(シウ) キュウ(キウ)
においにおう くさい

篆文

甲骨文

会意 旧字は臭に作り、自+犬。自は鼻の象形字。犬は嗅覚のすぐれたものであるから、自(鼻)と犬とを以て臭香の字とする。〔説文〕十上に「禽走りて、臭ぎて其の迹を知る者は犬なり」という。臭はもと芳・臭を分かたずに用い、〔易、繫辞伝上〕に「其の臭、蘭の如し」と蘭芳を臭といい、〔礼記、内則〕に「皆容臭を佩ぶ」とは、香嚢をいう。のち臭腥・臭穢の意となり、人に移して臭行・臭聞のようにいう。

訓義 [1]におい、におう、においをかぐ。[2]よいにおい、かおる。[3]わるいにおい、くさい。[4]くさる、けがす。[5]わるいうわさ、醜聞、悪声。

古訓 〔新撰字鏡〕臭 久佐志(くさし) 〔名義抄〕臭 クサシ・カグ

声系 〔説文〕に臭声として齅・殠・糗など四字を収める。嗅は齅の異文。殠は腐臭、糗は炒米をいう。

語系 臭・殠 thjiu、齅(嗅)thjiuk は声義近く、臭・殠は名詞、齅はその動詞的な語である。

【臭悪】(しゅう(しう)あく) 悪臭がする。〔論語、郷党〕色の悪しきは食らはず。臭ひの悪しきは食らはず。

【臭腐】(しゅう(しう)ふ) 腐敗する。〔荘子、知北遊〕故に萬物は一なり。是れ其の美とする所の者を神奇と爲し、其の惡む所の者を臭腐と爲すも、臭腐復た化して神奇と爲り、神奇復た化して臭腐と爲る。故に曰く、天下を通ずるは一氣のみと。

【臭味】(しゅう(しう)み) におい。同じ傾向。同じ仲間。〔史通、六家〕兩漢に至りてより以還、則ち全て當時の紀傳を錄す。而して上下通達、臭味相ひ依る。

【臭穢】(しゅう(しう)わい) 腐ってきたないもの。〔後漢書、陳蕃伝〕獄は怨より起り、爵は賄を以て成る。夫れ臭穢有らずんば、則ち靑蠅飛ばず。

↑臭汚 臭穢/臭洿 臭汚/臭死 死臭/臭茹 腐る/臭銭 汚銭/臭罵 みにくくののしる/臭敗 腐敗/臭聞 醜聞/臭爛 腐爛する

↓悪臭・異臭・遺臭・腋臭・煙臭・奇臭・魚臭・馨臭・狐臭・口臭・酷臭・酒臭・声臭・腥臭・俗臭・体臭・銅臭・乳臭・腐臭・余臭・容臭

【酋】 9 8060

シュウ(シウ)
ふるざけ かしら

篆文

象形 酉(酉)は酒樽の形。上に八(八)を加え、器中の酒気の発することを示す。曾(曽)が釜甑(こしき)の上に烹炊の気を加えているのと同じ。〔説文〕十四下に「繹酒なり」とあり、繹酒は醳酒、久酒の意。〔方言、七〕に「河より以北、趙・魏の閒、~久熟を酋と曰ふ」とみえる。〔礼記、月令〕「(仲冬の月)乃ち大酋に命ず」とは、冬醸のことを命ずるをいう。蛮族の長を酋豪というのは、おそらく仮借。金文に虜酋の字を嘼(獣)に作り、捕虜を「執嘼」という。獣(獣)は狩の初文。執嘼とは捕虜・戦獲の意であろう。

訓義 [1]ふるざけ、よく熟する、うむ。[2]おわる、なる。[3]遒と通じ、すぐれる、まさる、おさ、かしら。

古訓 〔名義抄〕酋 スグル・ヲハル

声系 〔説文〕に酋声として猶(猶)・蝤など十字を収める。猶+上は「獶るの屬なり」とあり、また「一に曰く、隴西にて、犬子を謂ひて猷と爲す」とみえる。〔爾雅、釈詁〕に「猷は謀なり」とあり、神に諮謀することをいう。そのとき酒と犬牲とを用いるのであろう。金文には猷の字を用いる。

【酋豪】(しゅうごう(しうがう)) 蛮族の首領。〔三国志、魏、武帝紀〕三郡の烏丸、天下の亂を承け、幽州を破り、漢民合せて十餘萬戸を略有す。袁紹、皆其の酋豪を立てて單于と爲し、家人の子を以て己の女と爲し妻はす。

【酋長】(しゅうちょう(しうちやう)) 蛮族の首領。〔漢書、張敞伝〕長安の市に偸盜尤も多く、百賈之れに苦しむ。~敞既に事を視、長安の父老に求問す。偸盜の酋長數人、居、皆溫厚(富裕)、出づるに童・騎を從ふ。~敞、皆召見責問す。

↑酋魁 首領/酋渠 酋長/酋健 強剛/酋帥 酋長/酋腊 精熟/酋矛 兵車の矛/酋領 酋長

↓遺酋・姦酋・悍酋・群酋・豪酋・大酋・蛮酋・蕃酋・雄酋

常 **【修】** 10 2822

シュウ(シウ) シュ
きよめる おさめる

篆文

古印璽

会意 攸+彡。攸は人の背後に水をかけて洗う形で、みそぎをすること。彡は清められたことを示す記号的な文字。修祓を示す字である。〔説文〕九上に「飾るなり」とあり、払飾する意。修祓・修禊が字の本義。それより修治・修理の意となり、修辞・修撰の意となる。修祓のとき用いるものは條(条)、それで滌うことを滌という。

訓義 [1]きよめる、はらう、ぬぐう。[2]おさめる、おこなう、しあげる。[3]つくろう、なおす、かざる。[4]ならう、もうける。[5]よい、うやまう、すぐれる。[6]脩と通じ、ながい、たかい。

古訓 〔名義抄〕修 ヲサム・ツクル・カギル・オコナフ・カザル/修理 ツクロフ 〔字鏡集〕修 カザル・ヲサム・ナガシ・ツクル・ツクロフ・ノブ・ナソ・オコナフ・コトハル・シタガフ・ツトム・ナヲ・シタガフ・カマフ・ヒラク

語系 修 siu、攸・悠 jiu は声義近く、みな修祓のことに関するもので、一系の語である。

＊語彙は脩字条参照。

【修学】(しゅう(しう)がく) 学業を修める。〔史記、儒林、董仲舒伝〕卒するに至るまで、終に産業を治めず。學を修め書を著はすを以て事と爲す。

【修業】(しゅうぎょう(しうげふ)) 学問や技芸を修める。〔後漢書、蔡邕伝〕(釈誨)我を知らざる者は、將ど之れを迂と謂はん。業を修め眞を思ふ。此れを弃てて焉くにか如かん。

【修禊】(しゅう(しう)けい) みそぎ。三月上巳の節句に、水辺で行う。晋・王羲之〔蘭亭集の序〕暮春の初め、會稽山陰の蘭亭に會す。禊事を修するなり。

【修芸】(しゅう(しう)げい) 修業する。〔晋書、束晳伝〕(玄居釈)今先生、耽道修藝、嶷然として山峙し、潛朗通微、洽覽深識、~曠年累稔、其の志を墮さず。

【修潔】(しゅう(しう)けつ) 身を清くする。潔白。〔韓非子、八説〕人君の任ずる所は、辯智に非ざれば、則ち修潔なり。~修士は未だ必ずしも信ならず、~智士は未だ必ずしも智ならず。

【修好】(しゅうこう(しうかう)) 友好を結ぶ。〔続資治通鑑、南宋紀〕(寧宗、嘉定十七年)是に至りて、夏(国名)、其の吏部尚書李仲諤を遣はし、好を金に修め、弟と稱して臣たらず、各〻本國の年號を用ふ。金~之れに報ず。

【修行】(しゅうこう(しうかう)) 修める。〔史記、宋微子世家論賛〕襄公の時、仁義を修行し、盟主爲らんと欲す。其の大夫正考父、之れを美とす。故に契・湯・高宗、殷の興る所以を追道し、商頌を作る。

【修士】(しゅう(しう)し) 操行を修める人。〔韓非子、孤憤〕人臣の官を得んと欲する者は、其の修士は且に精絜を以て身を固めんとし、其の智士は且に治辯を以て業を進めんとす。

【修辞】(しゅう(しう)じ) 文辞を修める。〔易、乾、文言伝〕君子は徳に進み、業を修む。忠信は徳に進む所以なり。辭を修めて其の誠を立つるは、業に居る所以なり。

【修飾】おさめととのえる。飾る。〔漢書、厳安伝〕今天下の人民、用財修靡し（贅沢）、車馬・衣裘・宮室、皆競うて修飾す。

【修身】身を修める。〔孟子、尽心上〕殀壽（若死にと長命と）貳わず、身を修めて以て之れを俟つ。命を立つる所以なり。

【修態】美しい姿。身をよくする。〔楚辞、離騒〕紛として吾れ既に此の内なる美有り　又之れを重ぬるに修態（脩能）を以てせり

【修飭】おさめととのえる。清・姚鼐〔方正学（孝孺）祠重修建記〕明の萬暦の時、南京の士大夫、始めて正學の祠を其の墓前に建つ。國朝（清）に至りて數〻修飭を經たるも、今祠宇又已に久しく敝れたり。

【修名】美名。〔楚辞、離騒〕老、冉冉として其れ將に至らんとす　修（脩）名の立たざるを恐る

【修養】身を修め養う。〔近思録、二、為学〕修養の年を引くする所以、～常人の聖賢に至るは、皆工夫して這裏（このうち）に到らば、則ち自ら此の應有らん。

【修理】修治する。漢・許沖〔書を上りて説文を進む〕先帝、侍中騎都尉賈逵に詔して、舊文を修理せしむ。殊藝異術も、王教の一耑（端）なり。苟くも以て國に加ふべき者有らば、悉く集めざる靡し。

↑修哀　哀哭／修衣　衣をつくろう／修為　修養／修偉　長身／修怨　仇を報ずる／修剡　名刺作り／修遠　遠い／修家　家を治める／修改　修復／修革　治め改める／修隔　遠い／修完　完好にする／修竿　長い竿／修謹　つつしむ／修景　長い日影／修絜　修潔／修剣　長剣／修己　修身／修古　上古／修交　好みを修める／修毫　長毛／修斎　もの忌み／修纂　編集／修史　歴史編纂／修祀　祀る／修持　修行する／修緝　編輯／修浚　川さらえ／修濬　修浚／修潤　飾る／修除　手入れ／修心　修養／修真　道家の業を修める／修慎　つつしむ／修正　正す／修生　長生／修成　成就する／修性　修心／修整　整える／修先　祖祭／修撰　編纂／修繕　つくろう／修阻　隔絶／修蛇　長蛇／修能　修態／修短　長短／修治　治める／修竹　長い竹／修長　長い／修張　長大／修勅　おさめととのえる／修定　修正／修訂　訂正／修程　長途／修典　儀礼／修道　学道／修徳　修養／修波　大波／修廃　修理／修眉　長眉／修備　整える／修稟　手紙を書く／修武　習武／修廡　長いひさし／修復　修理／修文　学習／修輔　輔佐／修俸　俸禄／修睦　修好／修明　おさめる／修夜　長夜／修容　容儀／修立　制定する／修厲　励む／修齢　長寿／修廉　廉行／修煉　修練／修練　練習して熟達する／修路　長途／修和　和合する

↓聿修・允修・永修・改修・学修・監修・兼修・虔修・好修・刪修・纂修・自修・辞修・信修・慎修・新修・清修・静修・専修・撰修・前修・善修・繕修・素修・造修・重修・追修・必修・復修・編修・補修・履修・礼修

常【袖】10　3526　［褎］15　0073　シュウ（シウ）　そで

篆文

形声　声符は由。由に岫の声がある。〔説文〕八上に正字を褎に作り、「袂なり。衣に從ひ、采聲」とし、「袖、俗に褎は由に從ふ」とする。采は穗の初文で声も異なり、〔段注〕には褎を衣采の会意字であり、「衣の褎有るは、猶ほ禾の采有るがごときなり」というが、やはり形声とみるべきであろう。〔漢書、董賢伝〕に褎の禾の部分を由に作る字があり、采声より由声に移る過程をみることができる。袖は漢以後の文献にみえ、〔釈名、釈衣服〕に「袖は由なり。手の由りて出入する所なり」とする。岫は岩穴をいう語で、衣服の袖口をもその名でよんだものであろう。由は瓜の油化した状態をいい、中空の意のある語である。

訓義　①そで、そでぐち。②そでに入れる、そでにしのばせる。

古訓　〔和名抄〕袖　曾天（そで）〔字鏡〕袖　ソデ・ソデカナツ・タモト

【袖手】傍観する。唐・韓愈〔石鼎聯句詩の序〕道士、啞然として笑うて曰く、子の詩は是くの如きのみなるかと。即ち袖手聳肩して、北牆に倚りて坐す。

【袖珍】小型の本。〔書林清話、四〕（広勤堂刻万宝詩山）又、王聞遠の孝慈堂書目に載す。宋袖珍本と云ふ。

【袖炉】手あぶり。〔考槃余事、香箋〕袖爐、書齋中、衣を薫し、手を炙る。客に對し常談するときの具なり。倭人の製る所の漏空罩蓋漆鼓の如きは、清賞に稱ふべし。今新たに製れるに罩蓋方圓爐有り、亦た佳なり。

↑袖縁　袖のへり／袖祛　袖口／袖金　賄賂／袖琴　懐中琴／袖口　小口／袖子　袖／袖刺　名刺を持参する／袖箭　筒矢／袖短　筒袖／袖中　袖の中／袖呈　密送する／袖筒　つつ袖／袖頭　袖口／袖裏　袖中

↓衣袖・曳袖・歌袖・廻袖・懐袖・鎧袖・闊袖・寛袖・紈袖・揮袖・挙袖・裾袖・巾袖・襟袖・吟袖・軽袖・孤袖・鼓袖・広袖・江袖・紅袖・香袖・彩袖・衫袖・侈袖・酔袖・絶袖・双袖・唾袖・大袖・短袖・断袖・長袖・半袖・飄袖・舞袖・奮袖・別袖・芳袖・褒袖・霧袖・擁袖・羅袖・両袖・領袖・弄袖

【售】11　2060　シュウ（シウ）　うる

篆文

形声　〔説文新附〕二上に「賣りて手より去るなり」といい、雔の省声とする。讎と構成の近い字とみられ、讎は訴訟ごとを鳥占によって定め、勝敗を定める。故に相敵する仇讎の意となり、相応に報いられることを售るという。

訓義　①うる。②かう。③思うことが行われる、かなう。④讎と通じ、報いる、報いられる。

古訓　〔名義抄〕售　ウル　〔字鏡集〕售　ウラス・アキナフ・ユク・カフ

【售謗】悪口をいいふらす。〔宋史、后妃下、昭懐劉皇后伝〕時に孟后、中宮に位す。后、列妾の禮に循はず、且つ陰かに奇語を造りて、以て謗を售る。～孟后既に廢せられ、后竟に代れり。

↑售価　売値／售賕　賄賂／售子　連れ子／售出　売る／售世　はやる

↓自售・出售・発售

【掫】11　5704　シュウ（シウ）　ソウ　まもる

篆文
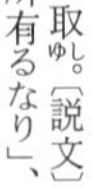

形声　声符は取。〔説文〕十二上に「夜、戒守して、撃つ所有るなり」、〔広雅、釈詁二〕に「持つなり」とあり、物を執って警戒する意であろう。

訓義　①まもる、夜まもる。②もつ、うつ。③たきぎ。菆と通じ、あさがら。④趣・聚と通用することがある。

古訓　〔名義抄〕掫　タモツ・トラフ　〔字鏡集〕掫　モツ・トラフ・タモツ

【掫囊】囊の口を閉じる。活用しない。〔太平御覧、

七〇四に引く〔荘子〕荘子に曰く、人にして學ばざる、之れに命けて視皮と曰ふ。學びて行はざる、之れに命けて撅囊と曰ふと。

➡撅扞 守る／撅集 集まる

⬇軍撅・師撅

【琇】 11 1212

シュウ(シウ) ユウ(イウ) うつくしい

形声 声符は秀。〔広雅、釈詁一〕に「美なり」とあり、美しい石の名。

訓義 ①美しい石、玉。②うつくしい。

【琇瑩】 美しい石。宝石。〔詩、衛風、淇奧〕匪(斐)たる有る君子 充耳(耳の飾り玉)琇瑩 會弁(皮弁の縫い目の玉飾り)星の如し

【琇実】 美玉の耳飾り。〔詩、小雅、都人士〕彼の都人士 充耳琇實

常【終】 11 2793 〖終〗 11 2793

シュウ おわり おわる おえる ついに

篆文 古文 甲骨文 金文

形声 声符は冬(冬)。冬は古音終。糸の末端を結びとめた形で、終の初文。終は〔説文〕十三上に「絿絲なり」とあり、糸を締める意とするが、末端を結んで終結とする意である。ゆえに、ことの終わることをいい、終わるまでを始終という。

訓義 ①おわり、おわる、おえる、糸の末端を結んでとめる。②くくる、わたる、はてる、やむ。③つきる、死ぬ、ほろびる。④ついに、すでに。

古訓 〔名義抄〕終 ヲハル・ツヒニ・トモシ・キハマル・シヌ／終古 イニシヘ・トコシナヘ／終頭 ハチツカタ

語系 終tjiuəm、冬tuəmは声義近く、金文に冬を終の意に用いる。〔詩〕〔書〕には終の字を用いる。

【終焉】 おちつく。そこで果てる。〔国語、晋語四〕齊侯、之れに妻はす。甚だ善し。～子犯、～文公の、齊に安んじて、終焉の志有るを知り、行かんと欲するも、之れを患ひ、從者と桑下に謀る。

【終窮】 困窮。〔楚辞、九章、渉江〕吾れ心を變へ俗に從ふこと能はず 固に將に愁苦して、終窮せんとす

【終竟】 終わる。世をすごす。〔後漢書、皇后下、順烈梁皇后紀〕私かに自ら忖度するに、日夜虛劣、復た群公卿士と共に相ひ終竟すること能はざらん。～今、皇帝を以て、～股肱に委付す。其れ各〻自ら勉めよと。後二日にして崩ず。

【終局】 碁をうち終える。ことの終わり。唐・馬戴〔王錬師と期して至らず〕詩 昨日の圍棋、未だ局を終へず 多く白鶴に乘じて、山を下り來る

【終極】 終わる。最後。〔国語、越語下〕反りて五湖に至り、范蠡王に辭して曰く、君王之れを勉めよ。臣復た越國に入らざらんと。～遂に輕舟に乘じ、以て五湖に浮び、其の終極する所を知るもの莫し。

【終始】 はじめと、終わり。〔大学、一〕物に本末有り、事に終始有り。先後する所を知れば、則ち道に近し。

【終日】 一日中。〔荀子、勧学〕吾れ嘗て終日にして思ひしも、須臾の學ぶ所に如かざるなり。

【終食】 食事をすませる間。〔論語、里仁〕君子は終食の間も仁に違ふこと無し。造次(急卒のとき)にも必ず是に於てし、顚沛(危急のとき)にも必ず是に於てす。

【終身】 一生涯。〔礼記、檀弓上〕喪は三年以て極と爲すも、亡(葬)すれば則ち之れを忘れず。故に君子に終身の憂ひ有るも、一朝の患ひ無し。故に忌日には樂せず。

【終天】 世の終わりまで。永遠。晋・潘岳〔永逝を哀しむ文〕今奈何ぞ一擧して、邈かにして終天に反らざる。余が哀を盡して之れを祖る。晨に明燎を揚げ靈輀(柩車)を援く。

【終夜】 夜通し。〔左伝、宣十二年〕晉の餘師、軍すること能はず。宵に濟る。亦た終夜聲有り。

【終養】 親をみとる。晋・李密〔情事を陳ぶる表〕臣密、今年四十有四、祖母劉、今年九十有六。是れ臣が節を陛下に盡すの日は長く、劉に養するの日は短きなり。烏鳥の私情、願はくは養を終へんことを乞ふ。

【終老】 余生を送る。唐・白居易〔廬山を祭る文〕儻し秩滿ちてより以來、以て自ら遂ぐることを得ば、餘生老を終ふるまで、願はくは斯に託せん。

➡終既 終わる／終曁 終日／終期 期限／終葵 さいづち／終吉 安泰／終究 結局／終結 終わり／終献 祭時の第三献／終古 永久／終歳 一年中／終止 終わる／終紙 一紙のうち／終宵 終夜／終晨 終日／終遂 備わる／終世 生涯／終生 一生／終夕 終夜／終席 閉会／終然 ついに／終朝 夜通し、朝まで／終冬 冬中／終年 一年中。また一生涯／終畢 終わる／終篇 全篇／終没 死ぬ／終命 寿命

⬇一終・永終・帰終・考終・最終・歳終・始終・慎終・成終・送終・知終・長終・有終・臨終・令終・礼終

常【羞】 11 8021

シュウ(シウ) すすめる たべもの はじ はじる

篆文 金文 甲骨文

会意 羊＋丑。羊は羊牲。丑は指先に力を入れてものを持つ形。羊肉を祭事に薦めることを「羞む」という。〔説文〕十四下に「進め獻ずるなり」とあり、膳羞の意。また丑を亦声とするが、卜文・金文の字形は羊と又(又)とに従っており、それがもとの形である。羞悪・羞恥の意があり、醜の仮借義とする説もあるが、〔左伝、襄十八年〕「神の羞を作す」のように、神に恥を羞める意であろう。

訓義 ①すすめる、神に羊牲を供えすすめる。②神饌、たべもの、膳羞。③束脩、贈るもの。④はじ、はじる、はにかむ。

古訓 〔名義抄〕羞 ス、ム・ハヂ・ホシ、〔篇立〕羞 チカシ・ス、ム・モヨホス・ハヂ・タテマツル 〔字鏡集〕羞 ホジシ・ハヅ・アチシ、・ハヂ・ス、ム・ス、ク

語系 羞siu、進(進)tzien、薦(薦)tzianはみな進献の意がある。辱njiokは辰肉をもって羞める形の字であるが、また恥辱・羞辱の意がある。

【羞悪】 不善をはじ、にくむ。〔孟子、公孫丑上〕惻隱の心無きは、人に非ざるなり。羞惡の心無きは、人に非ざるなり。

【羞愧】 はじる。宋・欧陽脩〔相州昼錦堂記〕所謂庸夫愚婦なる者、奔走駭汗し、羞愧俯伏して、以て自ら罪を車塵馬足の閒に悔ゆ。

【羞怍】 はじらう。顔色をかえる。〔後漢書、劉玄伝〕更始既に至り、長樂宮に居り、前殿に升る。郎吏、次を以て庭中に列す。更始羞怍し、俛首して席を刮して敢て視ず。

【羞辱】 はじ。恥辱。〔礼記、内則〕父母沒すと雖も、將に善を爲さんとせば、父母に令名を貽らんことを思ひて、必ず果す。將に不善を爲さんとせば、父母に羞辱を貽らんことを思ひて、必ず果さず。

➡羞畏 ものおじ／羞汚 けがす／羞花 美貌／羞

悔 はじくやむ／羞汗 冷汗／羞顔 はじらい／羞悸 羞畏／羞窮 つまる／羞口 無口／羞恨 はじうらむ／羞慙 はじる／羞渋 はじしぶる／羞縮 はじすくむ／羞膳 馳走／羞袒 肌着／羞赧 赤面する／羞赧 はにかみ／羞鼎 膳鼎／羞豆 膳豆／羞囊 空財布／羞薄 軽視する／羞籩 供薦／羞包 馳走／羞面 赤面する／羞用 用いる／羞厲 馳走／羞礪 羞厲

↓嘉羞・含羞・嬌羞・玉羞・好羞・香羞・殽羞・慙羞・時羞・庶羞・薦羞・膳羞・珍羞・奠羞・盤羞・芳羞・包羞・牢羞

常

【習】 11 1760 〔習〕 11 1760 シュウ(シフ) ならう かさねる

篆文  簡書 

会意 羽(羽)＋曰。〔説文〕四上に「數しば飛ぶなり」とし、〔段注本〕は白声とするが、声が合わない。金文の字形は曰に従い、曰は祝禱を収めた器。これを羽で摺ってくりかえし、その呪能を発することを促す行為を習という。これは神意を弄ぶ行為であるから、あまりしばしばすると褻黷の意となり、狎習の意となる。羽は呪飾に用い、また呪儀に用いる。曰に対して呪儀的に行為することを示す字に翌(両手を加えて、侑め右ける)、替(替。簪弁を加える)、簪(譖。簪を加えて譖する)などがあり、この種の呪儀のあったことが知られる。習は祝禱に対して、褻黷の意をもつ行為である。

訓義 ①くりかえす、祝告を羽でなでることをくりかえす、ならう、なれる。②かさねる、つづける、つもる。③したしむ、かろんずる。④てなれる、よくできる。

古訓 〔名義抄〕習 ナラフ・アツマル・シム・ヨル 〔字鏡集〕習 ツラヌク・ナラフ・トフ・アツマル・シム・ヨル

部首 〔説文〕に翫をこの部に属し、〔玉篇〕に歔の字を加える。翫は玩と同じく、呪的な意味をもって常時に弄ぶ意。歔も呪的な意をもつ字であろう。

声系 〔説文〕に習声として謵・熠・慴・摺など七字を収める。謵・慴・摺は習の呪儀と関係のある字で、その声義を承けるものとみてよい。

語系 習・襲(襲)ziəp は同声。ともにかさねる意がある。褻・疊(畳)dyəp も声近く、褻に黷褻の意がある。咠 tsiəp、集 dziəp、雜(雑)dzəp なども、くりかえして煩雑の意を含む語である。

【習為】 練習する。〔墨子、公孟〕儒の道～厚葬久喪、重ねて棺椁を爲る。～三年哭泣す。～此れ以て天下を喪ふに足る。又弦歌鼓舞、聲樂を習爲す。此れ以て天下を喪ふに足る。

【習肄】 練習する。〔史記、叔孫通伝〕弟子百餘人と、緜蕞(式場)を野外に爲り、之れを習ふこと月餘。～迺ち群臣をして習肄せしむ。

【習気】 習慣。気分。くせ。宋・蘇軾〔再び潜師に和す〕詩 東坡の習氣、除くも未だ盡さず 時に復た長篇、小草を書く

【習故】 しきたり。また、古なじみ。〔韓非子、孤憤〕凡そ當塗者の人主に於ける、信愛せられざる希なり。又且つ習故なり。～新旅(新来の客)を以て習故と争ふ。其の數、勝たざるなり。

【習習】 風のそよぐさま。晉・陸機〔行思の賦〕飄風の習習たるに託し、沈雲の靄靄たるを冒す。商秋、肅として其れ節を發し、玄雲、霈として陰を垂る。

【習常】 今まで通り。旧来のものを習う。〔史記、楽書〕孝惠・孝文・孝景、樂府に增更する所無し。常を習ひ、舊を肄ふのみ。今上、位に即くに至り、十九章を作り、侍中李延年をして、其の聲を次序せしむ。

【習俗】 世のならわし。〔戦国策、趙二〕常民は習俗に溺れ、學者は聞く所に沈む。

【習知】 熟知する。〔史記、蘇秦伝〕周書陰符を得て、伏して之れを讀む。～周の顯王に說かんことを求む。顯王の左右、素より蘇秦を習知す。皆之れを少んじて信ぜず。乃ち西して秦に至る。

【習復】 復習する。〔国語、魯語下〕士、朝にして業を受け、晝にして講貫(学習)し、夕にして習復し、夜にして過ちを計り、憾み無くして而る後安きに即く。

↑習学 復習／習貫 習慣／習慣 ならわし／習吉 重ねて吉をうる／習業 学ぶ／習見 常見／習工 熟練工／習狎 なれる／習校 調べ考える／習士 練達した人／習字 手習い／習辞 能弁／習授 学ぶ／習熟 熟達する／習誦 誦習／習親 昵懇／習水 泳ぎ上手／習性 習慣／習静 心を静める／習染 習癖／習善 上達／習読 誦読／習馬 騎馬になれる／習武 武事をならう／習風 風俗／習聞 熟知する／習兵 練兵／習弊 旧弊／習癖 くせ／習用 襲用する／習流 水泳をならう／習礼 作法を稽古する／習勒 訓練する

↓悪習・因習・蘊習・沿習・演習・温習・雅習・学習・貫習・閑習・慣習・気習・奇習・久習・旧習・翕習・教習・暁習・近習・狎習・校習・講習・自習・時習・宿習・誦習・常習・崇習・積習・専習・染習・俗習・耽習・通習・伝習・土習・独習・博習・風習・復習・弊習・便習・補習・予習・余習・吏習・練習・陋習・和習

人

【脩】 11 2822 シュウ(シウ) ほじし ながい おさめる

篆文  金文 

形声 声符は攸。〔説文〕四下に「脯なり」とあり、脯字条に「乾肉なり」とあって、儀礼のとき贈答に用いるほじしをいう。〔周礼、天官、膳夫〕に、肉脩の頒賜のことがみえる。礼物として束ねて用いるので束脩といい、わが国の「のし」は、その古礼のなごりである。攸は背を水で滌うみそぎの形。そのとき用いる束ねた草木の枝を條(条)といい、そのように長く切りそろえて束ねた乾肉を脩という。それで脩に永長の意があり、宋の欧陽脩は字を永叔という。修はみそぎして修潔となる意の字であるが、脩と通用することが多い。

訓義 ①ほじし、ほし肉。②ながい、ながい肉、かわく。③修と通用し、おさめる、あらう、ととのえる。

古訓 〔名義抄〕脩 ナガシ・ホジシ・サカナ・アフク 〔篇立〕脩 ヲサム・ツクル・シタガフ・ナガシ・ツイテ

語系 脩・修 siu は攸 jiu の声義をうける。條 dyu、滌 dyuk はみそぎに用いるものの形を含み、脩・翛・倏 sjiuk は小さく数多い意を含む。脩は細く長い乾肉を束にするもので、またその声義を含む。

＊語彙は修字条参照。

【脩遠】 遥かに遠い。〔楚辞、離騒〕邅りて吾れ夫の崑崙に道すれば 路、脩遠にして、以て周流す

【脩久】 長久。〔墨子、尚賢中〕周頌に之れを道ひて曰く、聖人の徳は、天の高きが若く、地の普きが若し～と。則ち此れ聖人の徳、章明博大、埴固にして以て脩久なるを言ふなり。

【脩行】 善行をする。〔淮南子、詮言訓〕君子は、行を脩めて善をして名無からしめ、施を布きて仁をして章(外面の美)無からしむ。～故に無爲にして自ら治まる。

【脩正】 なおす。〔荀子、儒効〕法を行ふこと至りて堅、好んで其の聞く所を脩正し、以て其の情性を橋飾す。～是の若くんば則ち篤厚の君子と謂ふべし。

【脩整】 礼儀正しい。〔後漢書、李忠伝〕元始中、父の任を以て郎と爲る。署中數十人、忠獨り好禮脩整を以て稱せらる。

【脩竹】 長い竹。晉・王羲之〔蘭亭集の序〕此の地に

崇山峻嶺、茂林脩竹有り。又淸流激湍有りて、左右に映帶す。引いて以て流觴の曲水を爲す。

【脩勅】つつしむ。〔後漢書、馮衍伝下〕(上疏)衞尉陰興は、敬愼周密、內自ら脩勅(敕)し、外嫌疑に遠ざかる。故に敢て與に交通す。

【脩夜】長夜。〔淮南子、精神訓〕夫れ脩夜の寧(安眠)は、直だに一噲(快)の樂のみに非ざるなり。故に～養生の和を知れば、則ち縣ぐるに天下を以てすべからず。

↑脩偉　長大／脩永　悠久／脩盈　みちる／脩景　大景／脩姱　美しい／脩竿　長い竿／脩坰　広野／脩迥　遥か／脩脛　長すね／脩頸　頸が長い／脩戟　長い矛／脩絜　高潔／脩潔　高潔／脩絜／脩剣　長い剣／脩古　上古／脩広　広大／脩篁　脩竹／脩士　脩潔の人／脩辞　修辞／脩日　日なが／脩袖　長袖／脩習　学習する／脩渚　長汀／脩条　長い枝／脩飾　修飾／脩身　修身／脩生　長生／脩設　設置する／脩纖　細く長い／脩然　整うさま／脩蛇　長蛇／脩態　修態／脩短　長短／脩長　長久／脩飭　修飭／脩程　長途／脩塗　長途／脩怒　激怒する／脩道　修道／脩坂　長い坂／脩眉　長眉／脩罠　長い網／脩廡　長いひさし／脩復　修繕／脩袂　長袖／脩脯　ほじし／脩明　修明／脩茂　茂る／脩容　修容／脩楊　長楊／脩理　修理する／脩陵　長丘／脩齢　高齢／脩麗　美麗／脩隴　長丘

↓遐脩・糗脩・牛脩・肴脩・執脩・条脩・前脩・束脩・肉脩・脯脩

常【週】11〔週〕12　3730　シュウ(シウ)　めぐる

形声　声符は周(周)。周は方形の盾の全面に雕飾を施す意で、周密・周回の意がある。週はその俗字。いま七日一週の字に用いて、週刊・週報のようにいう。

訓義　1めぐる、日がめぐる。2周と通用し、まわり。

↑週囲　周囲／週期　周期／週身　周身／週遭　まわり／週到　周到

↓一週・今週・先週・前週・毎週・来週

【聊】11　1712〔鄹〕17　1722　シュウ(シウ)

篆文

形声　声符は取。〔説文〕六下に「魯の下邑、孔子の鄉なり」とあり、鄹の西北の地。孔子の父叔梁紇は、この地の人であるという。

訓義　1魯の邑の名。2字はまた鄹に作る。

【聊人】孔子の父をさす。〔論語、八佾〕子、太廟に入り、事每に問ふ。或ひと曰く、孰か鄹人の子を禮を知ると謂ふ。太廟に入り、事每に問ふと。子、之れを聞きて曰く、是れ禮なりと。

↑聊闕　聊里／聊里　孔子の鄉里

【㗊】12　6666　シュウ(シフ)　かまびすしい

篆文

会意　四口に従う。口は𠙵、祝禱を収める器の形。多くの祝禱の器を列ねて、かまびすしく神に祈ることをいう。二口に従うものに哭・嚴(厳)・喪、三口に従うものに品・喿・區(区)、四口に従うものに器・囂・器(器)などがあり、みな同じ立意の字である。〔説文〕三上に「衆口なり。四口に従ふ」とするが、口は口耳の口ではなく、他の例からも知られるように祝禱の器の形である。〔説文〕にまた「一に曰く、呶なり」(段注本)の訓がある。

訓義　1かまびすしい、やかましい。2どなる。

古訓　〔篇立〕㗊　モロ／く

部首　〔説文〕に嚚・囂・器・器など五字、〔玉篇〕になお喪の古体や噩などを加える。四口の間にあるものは、臣は犧牲、頁は祈る人、丩は叫ぶ声、犬は犬牲。また喪・噩の従うところも、金文の字形によると犬牲である。

語系　㗊・戢tzhiəpは同声。また咠tsiəp、集dziəp、嗟tziəp、雜(雑)dzəpも声近く、小さなものが集まりさわぐような状態をいい、みな一系の語と思われる。

常【就】12　0391　シュウ(シウ)　なる　つく　おわる

篆文

籀文

会意　京＋尤。尤は犬の形。〔説文〕五下に「高きなり」(段注本)とし、「尤は凡に異なるなり」とする。〔繫伝〕に「尤高は、人の就く所の處なり」とし、いずれも就を尤高の意とするが、その義に用いた例はない。京は京観の象。戦場の屍骨を収め、これを塗りこんで建てる軍門の建物で、のちの凱旋門にあたる。建物が完成すると、牲血を灑いで修祓する釁礼を行う。就はおそらく落成のとき犬牲を用いるもので、ゆえに成就の意となる。それよりことがはじまるので「緒に就く」といい、就学・就業のようにいう。

訓義　1なる、成就する、できあがる。2つく、よる、とりかかる、はじまる、したがう。3おえる、おわる。4おえたのち、すなわち、そこで。5もし、たとい。

古訓　〔名義抄〕就　ナル・ツク・ツヒニ　〔字鏡集〕就　ツク・ナリ・ナル・シタガフ・タトヒ・ムカフ・タカフ・ヒサシ・ツヒニ・スナハチ・ヲハリ・ツイテ

声系　〔説文〕に就声として蹴・鷲の二字を収める。〔説文〕のいうように京に高大の意があるとすれば、その意と関係があるかもしれない。僦は〔説文新附〕〔広雅、釈言〕に「賃なり」とあり、〔史記、平準書〕に「其の僦費を償はず」のように用いる。

【就位】位置につく。〔墨子、号令〕各〻年の少長を以て相ひ次せしめ、旦夕位に就かしむるに、先づ有功有能を佑(右)とし、其の餘は皆次を以て立たしむ。

【就学】学問をはじめる。師について学ぶ。〔後漢書、張覇伝〕七歲、春秋に通じ、～遂に博く五經を覽る。諸生孫林・劉固・段著等、之れを慕ひて、各〻宅を其の傍らに市ひ、以て就きて學ぶ。

【就義】義に赴く。宋・文天祥〔臨江軍詩跋語〕予、是に至るまで食はざること已に八日、～今使命達せず、身を荒江に委つるも、誰か之れを知る者ぞ。盍んぞ少らく須臾も以て義に就かざる。

【就業】ことに従う。学問する。〔北史、高允伝〕性、文學を好み、笈を擔ひ書を負ひ、千里業に就く。博く經史・天文・術數に通ず。

【就職】就任する。晉・李密〔情事を陳ぶる表〕猥りに微賤を以て、東宮に侍するに當る。～臣具さに表を以て聞し、辭して職に就かず。

【就世】死ぬ。また、世に交わる。宋・陸游〔寒夜〕詩頭を低れて世に就くは吾が諱む所　千載の伯鸞(後漢の梁鴻。高士)安くに在るや

【就第】官をやめて自宅に帰る。〔漢書、佞幸、董賢伝〕朕、將軍の重刑に陷ることを閔ふ。故に書を以て飭む。～其れ票騎將軍の印綬を上り、罷め歸りて第に就け。

【就木】棺に入る。死ぬ。〔左伝、僖二十三年〕(重耳)季隗に謂ひて曰く、我を待つこと二十五年にして來らずんば、而る後嫁せよと。對へて曰く、我二十五年なり。又是の如くにして嫁せば、則ち木に就かん。請ふ、子を待たんと。

【就養】つきそって孝養する。〔礼記、檀弓上〕親に事ふるには、隱す(諷諭する)こと有るも犯すこと無く、左右に就養して方(定め)無し。

↑就役　従役／就謁　面謁する／就駕　車馬／就近

附近／就擒　とりことなる／就刑　受刑／就経　自縊／就見　あう／就功　成功する／就座　着座／就使　もし／就視　就見／就事　従事する／就舎　宿る／就酒　酒肴／就緒　始まる／就将　日進月歩／就食　暮らす／就褥　寝る／就寝　寝る／就親　壻入り／就正　乞正／就成　成就する／就席　着席／就船　船をやとう／就草　お産／就逮　縛を受ける／就地　実地／就中　その中でも／就枕　寝る／就塗　出発する／就任　赴任／就縛　捕縛される／就利　利に赴く／就戮　殺される／就令　もし／就列　任官する／就路　出発する／就禄　出仕する

↓往就・下就・監就・急就・去就・居就・近就・功就・坐就・采就・三就・奨就・成就・遷就・組就・卒就・晩就・俛就・俯就・葆就・遊就

【湫】12 3918　シュウ(シウ)　ショウ(セウ)　ひくい　せまい

篆文 

形声 声符は秋。〔説文〕十一上に「隘下なり。一に曰く、湫水、周の地に在る有り」とあり、狭く低い地を湫隘という。字はまた、秋隘に作る。

訓義 ①せまく低い、湿地、すずしい。②みぞ、あつまる、つきる。③しずか、うれえる。④地名、泉の名、川の名。

古訓 〔名義抄〕湫　サムシ・シヅカナリ・ツタナシ・イヤシ

【湫隘】低くて狭い。〔左伝、昭三年〕景公、晏子の宅を更へんと欲して曰く、子の宅、市に近し。湫隘囂塵なり。以て居るべからず。請ふ、諸これを爽塏なる者に更へんと。辭して曰く、～小人市に近し。朝夕求むる所を得るは、小人の利なり。敢て里旅(里の役人)を煩はさんやと。

↑湫学　浅学／湫兮　涼しい／湫乎　愁える／湫窄　狭い／湫室　小間／湫湫　愁える／湫湿　下湿／湫尽　尽きる／湫然　湫乎／湫宅　狭屋／湫底　とどこおる／湫泊　池／湫漻　清静／湫戻　曲がる／湫厲　厳しい／湫陋　簡陋

↓寒湫・潤湫・江湫・山湫・深湫・清湫・潭湫・長湫・霊湫

人【萩】12 4498　〔萩〕13 4498　シュウ(シウ)　かわらよもぎ　はぎ

篆文 

形声 声符は秋。〔説文〕一下に「蕭なり」とあり、かわらよもぎの意。また楸に通じて用いることがある。〔管子、禁蔵〕に、新室で萩を焼いて、室を祓うことがみえる。わが国で、秋咲く花を萩、春には椿、冬は柊とするように、それぞれ季節の花の名とする。

訓義 ①かわらよもぎ。②楸と通じ、ひさぎ。③わが国では、はぎ。

古訓 〔新撰字鏡〕萩　波支(はぎ)、又、伊良(いら)〔名義抄〕萩　ハギ〔篇立〕萩　ハギ・イラ

語系 萩 tsiu、蕭 syu は声近く、両者は方言音の差であるとする説がある。

【萩室】新室で萩を焼いて祓う。〔管子、禁蔵〕春三月に當り、室に萩し、造に熯く。〔注〕三月の時、陽氣盛發す。～楸木は鬱臭あり、以て毒氣を辟く。故に之れを新造の室に燒き、以て禳祓するなり。

人【葺】12 4440　〔葺〕13 4440　シュウ(シフ)　ふく

篆文 

形声 声符は咠。咠に小さなものを集め重ねる意がある。〔説文〕一下に「茨くなり」とあり、草を次第して屋根を葺くことをいう。〔左伝、襄三十一年〕「葺牆を繕完して、以て賓客を待つ」とあり、門牆にも草を葺いたのであろう。

訓義 ①ふく、屋根をふく。②おおう、かさねる。③ふきなおす、つくろう。

古訓 〔名義抄〕葺　フク・カサヌ・カサナル・ヲサム・オホフ・ツクロフ

語系 葺・咠・緝 tziəp は同声。戢 tzhiəp、卙 dziəp も声近く、みな小さなものを積み集める意がある。

↑葺屋　草屋／葺茨　茅ぶき／葺襲　重なる／葺牆　草の垣／葺繕　葺きなおす／葺治　修繕／葺復　葺き替え／葺茅　茅ふき／葺理　修繕／葺鱗　うろこ

↓加葺・完葺・修葺・整葺・繕葺・治葺・薙葺・重葺・補葺

常【衆】12 2723　〔眾〕11 6088　シュウ　おおい

篆文 

金文 

甲骨文 

会意 目＋三人。目は古くは囗の形に作り、邑の外郭を示す。その下に人の跪居する形は邑。三人を列する形は衆であるから、衆とは邑人をいう語である。〔説文〕八上に「多きなり」とあり、衆多の意とする。卜文の字形に、囗を日の形にしるすものがあり、郭沫若は灼熱の日の下に労働する奴隷の意としたが、卜文では囗(邑)に従う字形が多い。金文に目に従う字形が多くなるのは、神の徒隷とされた臣や民が、目の形に従い、あるいは目を傷なう形にしるされていることと関係があろう。金文には衆僕の語があり、戦争に従い、農耕に従う例がある。衆は集合名詞的な語であるから、特定の氏人としての身分を失ったものの称と考えられる。

訓義 ①おおい、多くの人、不特定の多くの人。②たみ、けらい、庶民。③多くのもの、多くのこと。

古訓 〔名義抄〕衆　モロ〳〵・オホシ・イクサ・アマタ・ムラガル

部首 部首は㐺。〔説文〕〔玉篇〕に衆・聚など三字を属する。㐺は从(従)・比と同じ構造法の字。㐺は単独に用いる例がなく、岐周の周に仮借する例が〔書、泰誓、偽孔伝〕にみえる。

声系 〔説文〕に衆声として潨・霥の二字を収める。潨は水の会集するところ、霥は淫雨をいう。

語系 衆・霥 tjiuəm、潨 dzuəm は声義近く、衆の声義を承ける。寖 tziəm、漸 dziam もこの系統の語であろう。

【衆寡】多勢と無勢。〔三国志、魏、張範伝〕董卓、亂を作す。～弟昭～適と長安より來り、(弟)承に謂ひて曰く、今卓を誅せんと欲するも、衆寡敵せず。且つ一朝の謀を起し、阡陌(町)の民を戰はしむるも、士素撫せず、兵練習せず、以て功を成し難し。

【衆議】多人数の評議。蜀・諸葛亮〔出師の表〕將軍向寵は、性行淑均にして、軍事に曉暢す。～是を以て衆議、寵を擧げて督と爲せり。

【衆口】多数の人の評判。〔国語、周語下〕故に諺に曰く、衆心城を成し、衆口金を鑠かすと。

【衆思】多くの人の考え。〔三国志、蜀、董和伝〕(諸葛亮、～群下に教與して曰く、夫れ參署は、衆思を集め、忠益を廣むるなり。～董幼宰(和)、參署七年、事至らざる有れば、十反に至るまで來りて相ひ啓告せり。

【衆庶】庶民。〔周礼、地官、大司徒〕大喪には、六郷の衆庶を帥ゐ、其の六引(棺索)を屬す。

【衆辱】人前で辱める。〔漢書、爰盎伝〕宦者趙談、數と幸せらるるを以て、常に盎を害とす。盎、之れを患ふ。盎の兄の子種、常侍騎爲り。盎を諫めて曰く、君、之れを衆辱せよ。後、君を惡しると雖も、上復た信ぜざらんと。

【衆人】世の人。多くの人。〔楚辞、漁父〕世を擧げて皆濁り、我獨り清し　衆人皆醉ひ、我獨り醒めたり　是を以て放

たれたり

【衆多】 多数。魏・陳琳〔呉の将校部曲に檄する文〕夫の甘言に説誘せられ、小恵を懐寶し、苟且に泥滯し、沒するも覺らず、波に隨つて漂流し、標と倶に滅する者の若き、亦た甚だ衆多なり。吉凶得失、豈に哀しからずや。

【衆鳥】 多くの鳥。晋・陶潜〔山海経を読む、十三首、一〕詩 衆鳥、託する有るを欣ぶ 吾れも亦た、吾が廬を愛す

【衆怒】 多数の人の怒り。〔左伝、昭十三年〕衆怒は水火の如し。謀を爲すべからず。

【衆芳】 多くの美しい花。宋・林逋〔山園小梅、二首、一〕詩 衆芳搖落して、獨り暄妍 風情を占め盡して、小園に向ふ

【衆妙】 一切の玄妙の理。〔老子、一〕常に無欲にして以て其の妙を觀、常に有欲にして以て其の徼(明)を觀る。此の兩者は同じく出でて名を異にす。同に之れを玄と謂ふ。玄の又玄、衆妙の門。

【衆目】 衆人の見るところ。唐・張籍〔殷山人に贈る〕詩 滿堂、左を虛しうして待つ 衆目、喬遷(出世)を望む 才異にして時に用ひられ難く 情高くして道自ら全し

【衆誉】 多数の人のよい評判。〔後漢書、陰興伝〕興の弟就～談論を善くす。朝臣及ぶもの莫し。然れども性剛傲にして、衆譽を得ず。

【衆流】 多くの水流。学芸の流派。晋・夏侯湛〔東方朔画賛〕三墳・五典・八索・九丘より、陰陽・圖緯の學、百家衆流の論、周給敏捷の辯、支離覆逆の數、經脈藥石の藝、射御書計の術、乃ち研精して其の理を究む。

↑衆悪 諸悪/衆医 庸医/衆雨 長雨/衆怨 衆人の怨み/衆夥 衆多/衆皆 みな/衆喙 衆口/衆客 大勢の客/衆喊 多味/衆毀 衆人のそしり/衆竅 衆穴/衆軍 多くの軍/衆芸 多くの技芸/衆劇 煩雑/衆賢 多くの賢者/衆言 衆口/衆公 諸君/衆行 群行/衆座 大勢の席/衆士 多士/衆子 庶子/衆司 百司/衆事 多事/衆辞 多辞/衆疾 多病/衆聚 群集/衆胥 楽官/衆祥 多祥/衆情 人心/衆殖 繁殖/衆神 神々/衆世 世人/衆生 生物/衆盛 多い/衆籍 群書/衆説 多くの説/衆端 多端/衆智 衆人の智/衆兆 民衆/衆氐 群小/衆哲 衆賢/衆匿 衆悪/衆難 多難/衆葩 百花/衆輩 一般の人/衆非 衆悪/衆費 多費/衆美 衆善/衆魅 百鬼/衆賓 衆人の怒り/衆客/衆夫 凡夫/衆物 万物/衆憤 衆峯/衆兵 衆卒/衆辟 衆悪/衆峯 群峯/衆望 世望/衆謀 多くの謀/衆謗 衆毀/衆万 大勢/衆民 庶民/衆吏 群吏/衆慮 万慮/衆力 多くの力/衆霊 群神/衆論 衆議

↓安衆・殷衆・介衆・合衆・観衆・義衆・蟻衆・鳩衆・御衆・群衆・軽衆・公衆・士衆・師衆・従衆・親衆・人衆・大衆・治衆・聴衆・徒衆・万衆・撫衆・民衆・有衆・用衆・容衆・養衆・黎衆・労衆

常 【集】 12 2090 ［雧］ 28 2090

シュウ(シフ)
あつまる つどう あつめる なる

篆文 甲骨文 金文

会意 正字は雧に作り、雔+木。群鳥が木に集まる形。〔説文〕四上に「群鳥、木上に在るなり」とあり、のち集の字を用いる。〔詩、唐風、鴇羽〕「苞栩に集まる」とあるのが初義。〔詩、大雅、大明〕「有命既に集る」とあるのは、金文の〔毛公鼎〕に「唯れ天、將いに厥の命を集す」とあるのと同じく、就とその声義が通ずる用法である。鳥の集散する状態によって、ことの成否をトする鳥占の俗があったのであろう。

訓義 ①あつまる、鳥が木に集まる、つどう、とどまる、よりあう。②あつめる、やすんずる、ととのう、とまる、いたる。③就と通じ、なる、なしとげる、成功する。④戢と通じ、やわらぐ。

古訓 〔名義抄〕集 アツム・アツマル・ヲリ・ナラフ・ヒク・ウル・サル・ツク・ナル・イタル 〔字鏡集〕集 アツマル・カナフ・ウル・アツム・ウク・ヤスシ・イタル・ヰル・ナル・アフ

部首 部首は雔。〔説文〕四上に「群鳥なり」とし、雧・雥の二字を属する。雥は水鳥などであろう。

語系 集(雧)・亼dziəpは同声。雔・雜(雑)dzəpは集まり雑わる意。また揖tziəp、戢tzhiəpも集まる意があり、同系の語。就dziukも声近く、通ずる語であろうが、集に鳥占の意があるとすれば、集に本来成就の義があるのであろう。

【集会】 集まりあう。〔史記、楽書〕今上(武帝)即位するに至り、十九章を作る。～一經に通ずる士も、獨り其の辭を知ること能はず。皆五經の家に集會し、相ひ與共に講習して之れを讀み、乃ち能く其の意に通知す。爾雅の文多し。

【集義】 積み重ねた善行。〔孟子、公孫丑上〕我善く吾が浩然の氣を養ふ。～是れ集義の生ずる所の者、義襲うて之れを取るに非ざるなり。

【集句】 句を集める。集句して詩を作る。〔夢渓筆談、芸文一〕荊公(王安石)始めて集句詩を爲る。多き者は百韻に至る。皆前人の句を集合し、語意對偶、往往親切なること、本詩に過ぎたり。後人稍稍く倣ひて爲す者有り。

【集字】 碑帖の字を集める。また、他人の詩文中の字で詩文を作る。〔法書要録、四、唐、韋述、叙書録〕開元十六年五月、内より二王(王羲之・王献之)の眞迹、及び張芝・張昶等の眞跡、總べて一百五十卷を出だし、集賢院に付して、集字揚進せしむ。

【集成】 集めて完成する。〔孟子、万章下〕孔子を之れ集大成と謂ふ。集大成なる者は、金聲(楽を初める)して、之れを玉振(終章)するなり。

【集部】 漢籍の四部分類上、詩文詞などの総称。〔四庫提要、集部総叙〕集部の目は、楚辭最も古く、別集之れに次ぎ、總集之れに次ぐ。

【集録】 集めて記録する。編輯。梁・任昉〔王文憲(倹)集の序〕是こを用つて遺文を綴緝し、永く世範を貽し、如干(若干)秩(帙)・如干卷と爲す。撰する所は古今の集記今書、七志は一家の言を爲す。～集錄すること左の如し。

↑集英 聚英/集腋 狐の腋皮で作ったかわごろも/集議 会議/集計 合計/集蛍 蛍雪の功/集散 離合/集矢 非難が集中する/集次 編集する/集事 成功/集聚 集める/集抄 集録抄記する/集鎮 大きな村/集跋 巻末/集聯 集句の聯

↓安集・蝟集・雨集・烏集・雲集・宴集・遠集・家集・歌集・蛾集・会集・外集・翕集・鳩集・凝集・句集・駆集・群集・結集・呼集・交集・採集・纂集・詩集・収集・蒐集・聚集・召集・招集・翔集・新集・撰集・選集・全集・前集・捜集・総集・叢集・徴集・綴集・特集・比集・赴集・文集・別集・編集・補集・募集・奔集・密集・霧集・来集・鱗集・和集

【廋】 13 0024

シュウ(シウ) ソウ
かくす もとめる

形声 声符は叟。叟はもと变に作り、廟中に火を執る形で、族人の長老をいう。火を掲げることから室内を捜索する意となるが、また捜(捜)に対して廋す意ともなる。

訓義 ①かくす、かくれる。②捜と通じ、さがす、もとめる。③数

と通じ、かぞえる。

古訓 〔名義抄〕廋 カクル 〔字鏡集〕廋 カクス・カクル・モトム・サグル

語系 廋・捜(搜)shiu は同声。廋にもと廋・捜の両義があり、のちこの二字に分化したものと思われる。索 sheak、搔 su も同系の語であろう。數(数)shio sheok も声近く、通用することがある。

【廋語】 なぞ。隠語。〔五代史、漢臣、李業伝〕帝方に業及び聶文進～等と狎昵し、多く廋語を爲して相ひ誚戲し、紙鳶を宮中に放つ。

【廋辞】 なぞ。隠語。〔国語、晋語五〕秦客に、朝に廋辭する有り。大夫之れに能く對ふる莫きなり。吾れ三を知れりと。武子、怒りて曰く、大夫、能くせざるに非ざるなり。父兄に譲れるなり。爾、僮子にして、三たび人を朝に掩ふ～と。

→廋索 搜索する/廋詞 廋語/廋人 馬飼い/廋疏 捜索する

常 【愁】 13 2933 シュウ(シウ) うれえる

篆文 

形声 声符は秋。〔説文〕十下に「憂ふるなり」、また憂(㥑)字条に「愁ふるなり」とあって、互訓。愀は〔礼記、哀公問〕に「孔子、愀然として、色を作して對ふ」のように、形容の語に用い、声義の異なる字である。

訓義 ①うれえる、かなしむ。②愀と通じ、かおいろをかえる、あらたまる、きっとなる。③揫と通じ、とる、おさめる。

古訓 〔名義抄〕愁 ウレフ・ウラム 〔字鏡〕愁 ウラム・ウレフ・ウレヘ

語系 愁 dzhiu は騷(騒)・慅 su、懆 tsô と声義近く、心おちつかず憂える意がある。愀 tsiô、揫 tziu と通用することがある。

【愁怨】 愁い怨む。〔漢書、哀帝紀〕元壽元年春正月辛丑朔、日、蝕すること之れ有り。詔して曰く、～百姓愁怨し、躬を錯く所靡し。乃ち正月朔にして、日、之れを蝕する有り。厥の咎遠からず、余れ一人に在り。～天下に大赦せよと。

【愁客】 心に愁いをもつ旅人。唐・王昌齢〔潞府客亭、崔鳳童に寄す〕詩 秋月、愁客に對し 山鐘、暮天を搖がす

【愁泣】 悲しみ泣く。〔後漢書、劉盆子伝〕赤眉の衆、數しば戰勝すと雖も、疲敝厭兵、皆日夜愁泣し、東歸せんことを思ふ。

【愁居】 愁いのうちにくらす。〔戦国策、趙二〕張儀、秦の爲に～趙王に說きて曰く、～大王の威天下に行はれ、敝邑恐懼懾伏す。～力田積粟、四封の内を守り、愁居懾處して、敢て動搖せず。

【愁吟】 愁いをおびてうたう。唐・薛能〔西県の作〕詩 此より漸く知る、光景の異なるを 錦都、首を廻らせば、盡く愁吟

【愁苦】 憂苦する。唐・白居易〔王昭君、二首、一〕詩 愁苦辛勤、顦顇し盡す 如今、却つて畫圖中に似たり

【愁恨】 愁い恨む。〔後漢書、光武帝紀上〕(建武五年)夏四月、旱し蝗あり。～詔して曰く、～元元(人民)愁恨して、天氣を感動せしむるか。其れ中都官、三輔(畿内)・郡國に命じ、繫囚を出ださしめよ。

【愁殺】 ひどく嘆かせる。唐・岑参〔胡笳の歌、顔真卿の使して河隴に赴くを送る〕詩 君聞かずや、胡笳の聲最も悲しきを 紫髯綠眼の胡人吹く 之れを吹く、一曲猶ほ未だ了らざるに 愁殺す、樓蘭征戍の兒

【愁色】 悲しいようす。唐・李白〔晁卿衡(阿倍仲麻呂)を哭す〕詩 日本の晁卿、帝都を辭す 征帆一片、蓬壺(蓬萊)を遶る 明月歸らず、碧海に沈む 白雲愁色、蒼梧に滿つ

【愁心】 愁いの心。唐・李白〔王昌齢の竜標に左遷せられしを聞き、遥かに此の寄有り〕詩 我れ愁心を寄せて明月に與ふ 風に隨つて直ちに到れ、夜郎の西

【愁人】 愁いをもつ人。唐・清江〔小雪〕詩 愁人は、正に書窗の下に在り 一片飛び來れば、一片寒し

【愁絶】 ひどく愁える。唐・杜甫〔京より奉先県に赴くときの詠懐五百字〕詩 杜陵に布衣有り 老大意轉た拙なり ～沈飲して聊か自ら遣れ 放歌して愁絶を破る

【愁腸】 愁心。唐・崔櫓〔春日即事〕詩 畫橋、春煖かなり、淸歌の夜 肯て信ず、愁腸日に九迴するに

【愁眉】 愁い顔の眉。〔後漢書、五行志一〕桓帝の元嘉中、京都の婦女、愁眉・啼粧～齲齒笑を作す。所謂愁眉なる者は、細くして曲折す。

【愁眠】 旅寝。唐・張継〔楓橋夜泊〕詩 月落ち烏啼いて霜、天に滿つ 江楓漁火は愁眠に對す 姑蘇城外、寒山寺 夜半の鐘聲、客船に到る

【愁夢】 寂しい夢。唐・岑参〔胡笳歌、顔真卿の使して河隴に赴くを送る〕詩 邊城夜夜、愁夢多し 月に向ふの胡笳、誰か聞くを喜ばん

【愁慮】 思い悩む。〔呂覧、察微〕智士賢者、相ひ與に積心愁慮して以て之れを求むるも、猶尙ほ管叔・蔡叔の事(三監の叛)有り。

【愁霖】 ものうい長雨。南朝宋・謝瞻〔(謝)霊運に答ふ〕詩 忽ち愁霖の唱(従兄宣遠に示す詩)を獲たり 勞しみを懷きて、成せし所を奏ぶ

→愁哀 悲哀/愁鬱 憂鬱/愁雲 寂雲/愁憒 愁悩/愁顔 愁い顔/愁襟 愁心/愁結 心が結ぼれる/愁見 愁い看る/愁紅 残花/愁困 難儀/愁思 憂思/愁髭 白い髭/愁疾 心が痛む/愁処 悲境/愁緒 愁心/愁傷 悲傷/愁城 窮地/愁擾 愁いみだれる/愁辛 悲惨/愁神 愁心/愁悴 やつれる/愁翠 愁眉/愁悽 哀なげく/愁精 愁心/愁慼 心痛む/愁訴 哀訴/愁霜 白髪/愁態 悲しみなげくさま/愁黛 愁眉/愁嘆 悲しみなげく/愁聴 愁い聞く/愁痛 悲痛/愁啼 悲泣/愁惕 いたむ/愁悲 悲しみなげく/愁憤 悲憤/愁貌 もの思い/愁悶 憂悶する/愁懣 愁いもだえる/愁容 愁い顔/愁旅 旅愁/愁淚 悲涙

↓哀愁・懷愁・閑愁・含愁・羇愁・客愁・窮愁・郷愁・結愁・孤愁・春愁・舒愁・千愁・淡愁・長愁・沈愁・独愁・煩愁・悲愁・眉愁・別愁・辺愁・暮愁・抱愁・幽愁・憂愁・離愁・旅愁

【戢】 13 6315 シュウ(シフ) おさめる あつめる

篆文 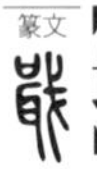

形声 声符は咠。咠に集・輯の意がある。〔説文〕十二下に「兵を藏むるなり」(段注本)とあり、〔詩、周頌、時邁〕に「載ち干戈を戢む」とある句を引く。戈を揖め収める意。ゆえにまた〔詩、大雅、公劉〕「戢めて用て光いにせんことを思ふ」のように用いる。

訓義 ①おさめる、兵器を収める。②いくさをやめる、やわらげる。③あつめる、あつめおさめる。

古訓 〔名義抄〕戢 ヒトシ・マロブ・カクル・アツマル・ヲサム・ウツ・スブ 〔字鏡集〕戢 アツマル・サクル・サヲサス・スブ・マロブ・ヲサム・ウツ・タトヒ・ヒソム・シソク・フネノカヂ・サヲ・ヒトシ・ヒシカル・カクス・ヌフ・イロフ

声系 〔説文〕十一上に戢声として濈を収め、「和なり」という。和集の意であるが、もと擬声語であろう。

語系 戢 tzhiəp、揖 tziəp、緝 tsiəp は声義近く、みな片々たるものを集める意がある。咠 dziəp、雜(雑) dzəp、萃 dziuət もそ

の系統の語で、一系をなすものであろう。

【戢影】 影をかくす。光をかくす。晋・傅咸〔蛍火の賦〕朝陽（朝日）に當りて影を戢め、必ず宵昧（夕暮）にして是に征く。

【戢兵】 戦をやめる。〔左伝、隠四年〕夫の州吁は兵を阻み忍に安んず。～夫れ兵は猶ほ火のごときなり。戢めずんば、將に自ら焚かんとす。～必ず免れざらん。

【戢翼】 鳥が羽をたたむ。人の退休隠居にたとえる。魏・応瑒〔五官中郎将（曹丕）の建章台の集に侍する詩〕朝鴈、雲中に鳴く 音響一に何ぞ哀しき 問ふ、子何れの鄕にか遊び 翼を戢めて正に徘徊する

↑戢畏 畏服する／戢羽 戢翼／戢枻 漕ぎやめる／戢戈 戢兵／戢櫜 戢兵／戢載 収載する／戢手 手を束ねる／戢身 隠れる／戢息 やめる／戢尾 退く／戢武 戢兵／戢伏 退き隠れる／戢服 従う／戢睦 和らぐ／戢鱗 静止する／戢斂 収斂する／戢和 和睦

↓安戢・遠戢・禁戢・厳戢・長戢・韜戢・頓戢・兵戢・斂戢

【楫】 13 4694 ［檝］ 17 4395 シュウ（シフ） かじ かい

篆文 

形声 声符は咠。咠に数しげくうごくものの意がある。〔説文〕六上に「舟の櫂なり」とあり、櫂とは〔説文新附〕六上に「船を進むる所以なり」という。長くしなるようなものを櫂、短く数しげく動かして榜ぐものを楫という。

訓義 ①かじ、かい。②輯と通じ、あつめる。

古訓 〔名義抄〕楫 カヂ／檝 カヂ・サヲ／檝師 カヂトリ 〔篇立〕楫 カヂ・カイ

↑楫摧 難破／楫師 船頭／楫人 船頭／楫櫂 かい／楫櫓 楫とやぐら

↓維楫・檜楫・勁楫・軽楫・撃楫・扣楫・舟楫・素楫・操楫・桴楫・揚楫

【楸】 13 4998 シュウ（シウ） ひさぎ

篆文 

形声 声符は秋。〔説文〕六上に「梓なり」とあり、その前条に「梓は楸なり」とあって互訓する。

訓義 ①ひさぎ、きささげ。②棊盤の材に用いられ、棊盤をいう。

古訓 〔和名抄〕楸 漢語抄に云ふ、比佐岐（ひさき）〔名義抄〕楸 ヒサキ 〔字鏡集〕楸 ヒサキ・ヒサカキ

【楸線】 秋に楸の細枝が垂れる。宋・陸游〔中庭納涼、二首、一〕詩 搖搖たる楸線、風初めて緊し 颭颭たる荷盤（蓮の葉）、露傾かんと欲す

↑楸花 楸の花／楸棊 囲棊／楸局 棊局／楸梓 ひさぎ／楸枰 棊盤

↓奕楸・梧楸・山楸・梓楸・松楸・青楸・長楸・庭楸

【溲】 13 3714 シュウ（シウ） ソウ（サウ） あらう いばり

篆文 

形声 声符は叟。〔説文〕十一上に「沃汏するなり」（段注本）とあって、洗いそそぐことをいう。米をとぐ音を叟々という。小便や溲器の意に用いるのも、擬声語であろう。

訓義 ①あらう、そそぎあらう、ひたす。②こねる、粉をねる。③米をとぐ音。④いばり、小便。

古訓 〔名義抄〕溲 アムス・ユバリ 〔篇立〕溲 シタチ・ユバリ

語系 溲shiu、滫siuは声義が近い。滫は〔説文〕に米のとぎ汁の意とするが、溲溺の意もある。溺njiôkもその系統の語で、みな擬声語である。

【溲悪】 大小便。〔呉越春秋、句践入臣外伝〕太宰嚭即ち入りて呉王に言ふ。王召して之れを見る。適たま呉王の便するに遇ふ。太宰嚭、溲惡を奉じて以て出づ。戸中の越王に逢ふ。～大王の溲を嘗めて、以て吉凶を決せんと請ふ。

【溲器】 おまる。〔韓非子、喩老〕智伯～趙を攻めて已まず。韓・魏之れに反し、軍は晉陵に敗れ、身は高梁の東に死す。～其の首に漆ぬり、以て溲器と爲す。

【溲矢】 大小便。〔元文類、五十六、鄧文原、蘇府君墓表〕大父に事へて孝、疾病の湯液は必ず親から嘗らし、溲矢を躬みづからすと雖も厭はず。

【溲溺】 小便。〔史記、酈生伝〕沛公、儒を好まず。諸客の儒冠を冠して來る者は、沛公輒ち其の冠を解き、其の中に溲溺す。

【溲便】 ゆばり。〔後漢書、張湛伝〕大司徒戴渉、誅せらる。帝彊ひて湛を起たしめて、以て之れに代ふ。湛、朝堂に至りて、溲便を遺失す。因りて自ら疾篤きを陳ぶ。～遂に之れを罷む。

↑溲箕 米とぎ器／溲血 血尿／溲酒 白酒／溲溲 米をとぐ音／溲瓶 溲器／溲穢 溲悪

↓牛溲・聚溲・泡溲

【溼】 13 3111 ［濕］ 17 3613 シュウ（シフ） うるおう

篆文 金文 甲骨文 

形声 声符は㬎。〔説文〕十一上に「幽溼なり」と訓し、「水に從ふ。一は覆ふ所以なり。覆ひて土有り。故に溼ふなり。㬎の省聲」とする。卜文・金文の字は㬎（緜）に従っており、もと糸を漚うことをいう字であろう。のち土を加えて、湿地をいう。〔石鼓文、鑾車石〕に「原溼」の語があり、〔詩、小雅、常棣〕には「原隰」に作る。

訓義 ①うるおう、糸をあらう。②ぬれる、しめる、なまかわき。③湿・隰と通用する。

古訓 〔名義抄〕溼 ウルフ・オソシ・ウカブ・ホル

語系 溼・濕（湿）sjiəpは同声。隰ziəpも同系の語。隰は〔説文〕十四下に「阪下の溼なり」とするが、𨸏は神の陟降する神梯の象。聖地としての湿原をいう字であろう。㬎は玉に糸の呪飾をそえ、神の顕現を求める意で、溼・濕は意象の全く異なる字である。

＊語彙 溼・湿の両字は通用し、のち多く湿を用いる。湿字条参照。

【綉】 13 2292 ［繡］ 18 2592 シュウ（シウ） ぬいとり

形声 声符は秀。繡と同字。肅（粛）は盾に雕飾を施す意で、その意を織物に移して繡という。綉はその形声字で俗字。

訓義 ①ぬいとり。

↑綉襖 繡襖／綉飾 繡飾／綉窓 繡窓／綉帳 繡帳／綉仏 繡仏／綉鸞 繡鸞／綉奩 刺繡した化粧筥

人 【蒐】 13 4421 ［蒐］ 14 4421 シュウ（シウ） かり あつめる

篆文 金文 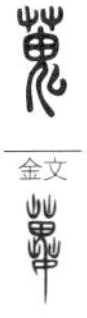

形声 声符は鬼。鬼はおそらく醜の省声であろう。〔説文〕一下に「茅蒐、茹藘（あかね草）、人血の生ずる所なり。以て絳（あか）を染むべし」とし、字を「艸鬼に従ふ」と会意に解する。異名が多く、斉では茜、他に墠ともいう。〔爾雅、釈詁〕に「聚なり」と訓し、〔爾雅、釈天〕に「春獵を蒐と爲す」という。〔穀梁伝、昭八年〕に「蒐狩」の語があり、〔公羊説〕に

秋狩を蒐というとする。字はあるいは蒐狩を本義とするものであろう。

訓義 ①あかね、あかねぐさ、あかねいろ。②狩・獣と通じ、かり、春のかり、秋のかり、かりをして祭る。③聚と通じ、あつめる。④廋と通じ、かくす。⑤搜と通じ、さがす、えらぶ、かぞえる。

古訓 〔名義抄〕蒐 鬼目草、カクル・サカシ・サカリ・トガ・カリ〔字鏡集〕蒐 カクル・サカリ・カリモ・カス・カリス・サカキ・トル・カサシ・カリ

語系 蒐shiu、狩・獸(獣)sjiu は声近く、みな狩猟の意がある。また搜(捜)shiu は同声で、その義にも用いる。

【蒐狩】しゅう(しう)しゅ 季節のかり。〔左伝、隠五年〕春、蒐し、夏、苗し、秋、獮し、冬、狩す。皆農隙に於て、以て事を講ずるなり。三年にして兵を治め、入りて振旅し、歸りて飲至す。以て軍實を數ふ。

↑蒐閲 検閲する/蒐括 捜集する/蒐索 捜索する/蒐集 集める/蒐輯 蒐集/蒐乗 兵車を簡閲する/蒐選 えらぶ/蒐獮 かり/蒐田 かり/蒐畋 かり/蒐討 捜討する/蒐抜 選抜する/蒐苗 かり/蒐補 集め補う/蒐裒 聚集する/蒐羅 捜集する/蒐獵 かり/蒐練 調練する

↓講蒐・秋蒐・春蒐・大蒐・茅蒐

【詶】 13 0260 シュウ(シウ) のろう むくいる

篆文

形声 声符は州。〔説文〕三上に「詛ふなり」(段注本)とあり、祝(祝)と声義が通じる。その形声字とみてよい。〔玉篇〕には「荅ふるなり」とみえる。

訓義 ①のろう。②むくいる、こたえる。③疇と通じ、たれ。④字はまた祝・譸に作る。

古訓 〔名義抄〕詶 コタフ・ムクユ・ホコル・オゴル・ヲシフ・ヒク

語系 詶tjiu、譸tiu、呪・祝tjiuk、詶diu は声義近く、通用する。

【詶咨】しゅう(しう)し 諮問し、こたえる。〔魏書、司馬紹伝〕謂へらく、公宜しく入りて朝政を輔け、旦夕詶咨することを得べしと。朝士亦た皆以て然りと爲す。～以て翹企の懷ひに副はんことを。

↑詶賽 お礼参り/詶諮 詶咨/詶答 酬答

【遒】 13 3830 ［逎］ 11 3130 シュウ(シウ) ユウ(イウ) せまる つよい かたい うるわしい

篆文
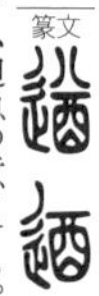

形声 声符は酋。正字は酉(酉)に従う。〔説文〕二下に「迫るなり」とあり、迫急の意とする。また遒健・遒集の意がある。〔書、胤征〕「遒人、木鐸を以て路に徇ふ」とは、遒軒使者の意。政令を布き、方言を採集するを掌るという。遒人はまた逌人に作り、卣は酒器。酉・酋もみな酒器で、字の初義は、おそらく酒を以て道路を修祓する意であろう。迫急・遒健などの諸義は、その引伸の義と思われる。

訓義 ①せまる、きびしくせまる。②つよい、きびしい、かたい。③うつくしい、うるわしい、しまって美しい。④趨と通じ、みまわる、めぐる、ゆく。

古訓 〔名義抄〕遒 タチマチ・カタシ・カタム・ウルハシ・ハルカナリ・ツクル・カハル・セム・セマル・ヲハル・ヲフ・メグル・ヲサム・アツマル・スミヤカナリ・ツキヌ・セメトル〔字鏡集〕遒 ウルハシ・サル・ヲハル・タチマチ・スミヤカ・ツクル・ヲサム・セメトル・カクス・ハルカナリ・セム・ウタガフ・アツマル・アツム・メグル・ツクス・カハル・ヲフ・スミヤカナリ・カタシ・カタム・キハム・ツキヌ・セマル

語系 遒dziu、醜thjiu は声近く、醜の初形は、礼冠を著けた人が酒を酌む形。両者の儀礼に通ずるところがあろう。遒はまた逌に作る。卣も壺形の酒器の形。遒はまた聚dzio と声近く、通用の義がある。

【遒逸】しゅう(しう)いつ 文章が力強くすぐれる。〔梁書、周捨伝〕齊の太學博士に起家す。～建武中、魏の人呉包、南歸す。儒學有り。尚書僕射江祏、包を招いて講ぜしむ。捨、坐に造りて累りに包を折く。辭理遒逸なり。是れに由り、名づけて口辯と爲す。

【遒豔】しゅう(しう)えん 文章などが、力強くて美しい。遒艶。〔南史、袁淑伝〕博渉多通、章句の學を爲めず。文采遒豔、從横にして才辯有り。

【遒緊】しゅう(しう)きん 文章に勢いがあること。唐・韓愈〔崔立之評事に贈る〕詩 崔侯の文章、苦だ捷敏 高浪天に駕して、輸して盡さず ～朝に百賦を爲りて、猶ほ鬱怒し 暮に千詩を作るも、轉た遒緊

【遒勁】しゅう(しう)けい 書画の筆勢がすぐれていること。〔宣和画譜、花鳥三、李煜〕政事の暇、意を丹青に寓し、頗る妙處に到る。～書は顫筆樛曲の狀を作し、遒勁なること、寒松霜竹の如し。之れを金錯刀と謂ふ。

【遒人】しゅう(しう)じん 布令木鐸の官。また、采詩の官。〔三国志、蜀、郤正伝〕(釈譏)譬へば遒人の(民謡を)市閭に采る有り、游童の疆畔に吟詠するがごとし。庶はくは以て福祥を增廣し、力を規諫に輸さん。

【遒麗】しゅう(しう)れい 勢いがあり美しい。〔宋書、謝霊運伝論〕建武より義熙に曁ぶまで、歷載將ど百ならんとす。綴響聯辭、波のごとく屬き、雲のごとく委くと雖も、言を上德に寄せ、意を玄珠に託せざる莫し。遒麗の辭は聞く無きのみ。

↑遒偉 雄偉/遒婉 遒艶/遒華 強く美しい/遒雅 清雅/遒悍 強悍/遒挙 超逸/遒健 強健/遒古 蒼古で力強い/遒豪 雄健/遒忽 たちまち/遒渾 雄渾/遒旨 すぐれた趣/遒俊 俊逸/遒上 挺抜/遒尽 尽きる/遒迅 健爽/遒正 秀清/遒整 ととのう/遒絶 強くてすぐれる/遒然 超抜/遒壮 雄健/遒爽 健爽/遒抜 秀抜/遒美 遒麗/遒媚 遒婉/遒文 雄勁の文/遒放 力強く自在/遒邁 雄邁/遒密 秀密/遒利 力強く鋭い/遒列 健強

↓気遒・警遒・逡遒・声遒・勢遒

常 **【酬】** 13 1260 ［醻］ 21 1464 シュウ(シウ) むくいる こたえる

篆文

形声 声符は州。字はまた醻に作り、壽(寿)声。〔説文〕十四下に醻を正字とし、「獻醻して、主人客に進むるなり」(段注本)という。〔詩、小雅、楚茨〕に「獻醻交錯す」とあり、獻(献)・酢・醻の三者備わるを三爵という。賓・主がおのおの飲み終わって、さらに賓に酌む礼をいう。のち応対のことを応酬といい、酬恩・報酬のように用いる。

訓義 ①むくいる、杯をかえす。②こたえる、応対する。③つぐなう、ものをおくる。④むくい、しかえし、やりかえす。

古訓 〔名義抄〕酬 ムクユ・コタフ/醻 ムクユ〔字鏡集〕酬 ツクノフ・タクラフ・ムクユ・タクマシ・コタフ・アツシ・ス、ム

語系 酬(醻)zjiu、禱tu、譸tiu は声近く、譸は〔説文〕三上に「詶ふなり」とあり、禱・譸は呪詛を以て応酬する意。酬は酒を以て相応酬することをいう。讎zjiu は酬と同声。敵匹として相対するものをいう。

【酬応】しゅう(しう)おう 応答する。〔宋書、劉穆之伝〕穆之、内に朝政を總べ、外に軍旅に供し、決斷流るるが如く、事擁滯無し。～目に辭訟を覽、手に牋書に答へ、耳に聽受を行ひ、口に並びに酬應し、相ひ參渉せず、皆悉く贍擧す。

【酬寄】(しゅうき) 詩文をやりとりする。唐・元稹〔白氏長慶集の序〕是の後、各〻江・通に佐と爲り、復た相ひ酬寄す。～少年遞(たが)ひに相ひ倣傚(はうかう)し、競ひて新詞を作り、自ら謂ひて元和詩と爲す。

【酬酢】(しゅうさく) 互いに酒を酌む。〔淮南子、主術訓〕兵革斧鉞(ふえつ)は、怒りを飾る所以なり。觴酌(しやうしやく)俎豆、酬酢の禮は、喜びを效(いた)す所以(ゆゑん)なり。

【酬唱】(しゅうしょう(しやう)) 詩をやりとりする。唐・斉己〔普明大師可準に寄す〕詩 相ひ留まること、曾(かつ)て幾歳ぞ 酬唱、新文有り

【酬対】(しゅうたい) 問いに答える。〔後漢書、第五倫伝〕(淮陽)王の京師に朝するに從ふ。～帝問ふに政事を以てす。倫、此れに因りて政道を酬對す。帝大いに悦ぶ。

↑酬讌(しゅうえん) 返礼の宴／酬恩(しゅうおん) 報恩／酬価(しゅうか) 支払い／酬犒(しゅうこう) 報酬／酬謝(しゅうしゃ) 報酬／酬賞(しゅうしょう) お礼／酬償(しゅうしょう) つぐなう／酬直(しゅうちょく) 代価／酬答(しゅうとう) 返答／酬杯(しゅうはい) 返杯／酬幣(しゅうへい) 返礼／酬労(しゅうろう) 報酬／酬和(しゅうわ) 唱和

↓応酬・貴酬・挙酬・交酬・厚酬・賡酬・酢酬・唱酬・賞酬・餉酬・対酬・賓酬・報酬・侑酬・旅酬

【殠】 14 1623 シュウ(シウ) キュウ(キウ) くさい

篆文

形声 声符は臭(臭)しゅう。歺(がつ)は残骨の象。〔説文〕四下に「腐气(ふき)なり」とあり、腐臭をいう。臭は香・臭を合わせていい、異臭の嫌悪すべきものを殠という。

訓義 ①わるいにおい、くさい、腐臭。

古訓 〔篇立〕殠 クサシ

語系 殠・臭thjiu、嗅thjiukは声義近く、嗅は主として動詞に用いる。

【殠悪】(しゅうあく) 悪臭。〔漢書、楊惲伝〕中書謁者令宣、單于(ぜんう)の使者の語を持して～視(しめ)す。惲曰く、冒頓(ぼくとつ)單于、漢の美食好物を得るも、之れを殠惡なりと謂ふ。單于の來(きた)らざること、明らかなること甚だしと。

↓芳殠

【滫】 14 3712 シュウ(シウ) しろみず

篆文

形声 声符は脩しゅう。脩は長い乾肉の意であるが、おそらく修と通用するもので、修は修祓、みそぎを意味する。米のとぎ汁を滫といい、また腐りかけた水、小便を滫というのは、すすぎ水として捨てたものと同一とされたのであろう。〔説文〕十一上に「久しき泔(かん)なり」とあり、前条の「潘は米を淅(と)ぎたる汁なり」「瀾は潘なり」につづいて泔をあげ、次に滫をあげる。滫はとぎ汁の古びたものの意であろう。

訓義 ①しろみず、とぎ汁。②とぎ汁の古いもの。③くさりかけの水、くさりはじめた食べもの。④溲しゅうと通じ、こねる、湯を加えてこねる。⑤小便、臭い汁。

古訓 〔字鏡集〕滫 ナガシ

語系 滫siu、溲shiuは声近く、通用することがある。

↑滫滑(しゅうかつ) 柔らかな食事／滫漿(しゅうしょう) 米汁／滫食(しゅうしょく) 飯／滫濯(しゅうたく) 洗濯する／滫滌(しゅうでき) 洗う

↓漸滫

【甃】 14 2971 シュウ(シウ) いしだたみ かわら

篆文

形声 声符は秋しゅう。〔説文〕十二下に「井壁なり」とあり、井戸の周囲をたたんだ瓦をいう。石畳や屋根にも用いる。

訓義 ①いしだたみ、石畳に用いる煉瓦。②やねがわら。③井垣に用いる瓦。

古訓 〔名義抄〕甃 イシタ、ミ・タ、メリ・タテイシ・ヲサム

【甃砌】(しゅうせい) 煉瓦・しき瓦をしいたところ。〔東京夢華録、二、御街〕杈子の裏(うち)に磚石・甃砌・御溝水兩道有り。宣和の閒、盡(ことごと)く蓮荷を植う。近岸に桃李梨杏を植ゑ、雜花相ひ閒(まじ)はる。春夏の閒、之れを望むに繡(ぬひとり)の如し。

↑甃城(しゅうじょう) 甃を用いて築いた城／甃地(しゅうち) 石畳／甃壁(しゅうへき) 井壁／甃理(しゅうり) 修理

↓寒甃・玉甃・金甃・欠甃・古甃・荒甃・井甃・石甃・積甃・磚甃・苔甃・碧甃・列甃

【聚】 14 1723 シュウ ジュ あつまる むら

篆文

形声 声符は取しゅ。取は戦場で左耳を切り取って戦功の証とするもので、その耳をあつめることを会撮という。〔説文〕八上に「會するなり。～邑落を聚と云ふ」とあって、会聚の意とするが、聚はもと会撮を意味する字であろう。〔方言、三〕に「萃・雜は集なり。東齊にては聚と曰ふ」とあり、これらは声義の近い語である。

訓義 ①あつめる、あつまる、あわせる、そろえる。②むら、さと。

古訓 〔名義抄〕聚 ムラガル・ムラ・ツモル・アツム・アツマル・ソナフ・トモガラ

声系 〔説文〕に聚声として驟を収める。〔説文〕十上に「馬、疾(はや)く歩するなり」とあり、馬の歩数の多いことをいう。

語系 聚・冣(最)dzioは同声。族dzok、叢dzong、崇dzhiuəmは声義の関係がある。雜(雑)・雥dzəp、集dziəp、萃dziuətもみな双声の語で、無秩序に集まる意をもつ。

【聚会】(しゅうかい(くわい)) 集会。〔漢書、五行志下之上〕哀帝の建平四年正月、民驚き走り、稾(わら)或いは楸(ゑだ)一枚を持ち、傳へて相ひ付與し、行詔籌(かうせうちう)と曰ふ。道中相ひ過逢し、多は千數に至る。或いは被髮徒踐(せん)、～郡國二十六を經歷して、京師に至る。其の夏、京師郡國の民、里巷仟佰(せんぱく)に聚會し、博具を設張し、歌舞して西王母を祠る。

【聚散】(しゅうさん) 集散。〔荘子、則陽〕安危相ひ易(かは)り、禍福相ひ生じ、緩急相ひ摩し、聚散して以て成る。

【聚集】(しゅうしゅう(しふ)) 集まる。〔顔氏家訓、風操〕江南の風俗、兒生まれ一期ならば、爲に新衣を製(つく)り～男は則ち弓矢紙筆を用ひ、女は則ち刀尺鍼縷(しんる)～之れを兒の前に置き、其の發意取る所を觀る。～之れを名づけて試兒と爲す。親表聚集して讌享を致す。

【聚訟】(しゅうしょう) 皆で是非を争う。〔後漢書、曹褒伝〕禮制を改定するの宜を問ふ。(班)固曰く、京師の諸儒、多く能く禮を説く。宜しく～共に得失を議すべしと。帝曰く、～會禮の家、名づけて聚訟と爲す。互ひに疑異を生じ、筆下すことを得ざらん。

【聚足】(しゅうそく) 一段ごとに両足をそろえて階段を上る。〔礼記、曲礼上〕主人先づ登り、客之れに從ふ。級を拾(わた)り、足を聚(あつ)め、連歩して以て上る。

【聚落】(しゅうらく) 村里。〔漢書、溝洫志〕時至りて(水)去るときは、則ち填淤(てんお)肥美にして、民之れを耕田す。～稍〻(やうやく)室宅を築きて、遂に聚落を成す。～大水時に至れば、～則ち稍〻其の城郭を去る。

【聚斂】(しゅうれん) 多くの賦税をとる。〔大学、十〕孟獻子曰く、～百乘の家、聚斂の臣を畜(やしな)はず。其の聚斂の臣有らんよりは、寧(むし)ろ盜臣有れと。此れを國は利を以て利と爲さず、義を以て利と爲すを謂ふなり。

↑聚貨(しゅうか) 集貨／聚稼(しゅうか) 稲むら／聚匯(しゅうかい) 会聚／聚観(しゅうかん) 集まり見る／聚義(しゅうぎ) 起義／聚疑(しゅうぎ) 群疑／聚議(しゅうぎ) 衆議／聚居(しゅうきょ) 集居／聚群(しゅうぐん) 集まる／聚蛍(しゅうけい) 蛍の光を集める／聚結(しゅうけつ) 集結する／聚語(しゅうご) 雑談する／聚口(しゅうこう) 衆口／聚合(しゅうごう) 集まる／聚財(しゅうざい) 積財／聚視(しゅうし) 聚観／聚首(しゅうしゅ) よりあう／聚収(しゅうしゅう) 収穫する／聚衆(しゅうしゅう) 群集／聚処(しゅうしょ) 聚居／聚脣(しゅうしん) 群集の怒りの声／聚積(しゅうせき) 集積する／聚蓄(しゅうちく) 蓄積する／聚珍(しゅうちん) 活字版／

聚徒しゅうと　聚党／聚党しゅうとう　徒党を集める／聚把しゅうは　かき集める／聚謀しゅうぼう　共謀する／聚邑しゅうゆう　村里／聚麀しゅうゆう　乱交／聚糧しゅうりょう　集糧

↓雲聚・宴聚・会聚・合聚・完聚・鳩聚・群聚・攢聚・集聚・招聚・鍾聚・生聚・積聚・叢聚・貯聚・屯聚・畢聚・蜂聚・霧聚・邑聚・類聚

【皺】 15 2444 シュウ(シウ) しわ しわむ

形声 声符は芻すう。芻はまぐさをとりもつ形、細小のものが不揃いに集まる意がある。〔玉篇〕に「面の皺わなり」とあり、のちすべて皺のよったものをいう。

訓義 1しわ、顔のしわ、皮膚のしわ。2しわむ、しわよる。3ちぢめる、しわよせる。

古訓 〔名義抄〕皺　シハ・ヒダ・スケム・シハム　〔字鏡集〕皺　オモテノシワ・シワム

↑皺胃しゅうい　反芻／皺月しゅうげつ　月波／皺縠しゅうこく　こまかい波文／皺褶しゅうしゅう　ひだ／皺渋しゅうじゅう　しわむ／皺白しゅうはく　残花／皺眉しゅうび　眉をしかめる／皺面しゅうめん　しわづら／皺文しゅうもん　しわ

↓頬皺・紅皺・縠皺・残皺・衆皺・小皺・水皺・皮皺・眉皺・面皺・栗皺

【緝】 15 2694 シュウ(シフ) うむ あつめる

篆文

形声 声符は咠しゅう。咠は小さくて数の多いものをいう。〔説文〕十三上に「績うむなり」とあり、糸を濡らしてつむぐ意。その糸を緝あつめて紡つむぐことを緝合・緝治という。

訓義 1うむ、糸をうむ。2あつめる、あつめてつむぐ、つぐ、つづける。3おさめる、ととのう。4輯と通じ、やわらぐ。5熠と通じ、あきらか、かがやく。

古訓 〔新撰字鏡〕緝　毛乃々比太(もののひだ)　〔名義抄〕緝　ヲサマル・シルス・ウム・ヲ・ツグ・アツマル　〔字鏡集〕緝　ウム・ツグ・ツヾル・ヲサマル・ヲウム・カラスキノネナリ・ツヾク・シルス・アツム・ヲサム・アキラカ・アツマル

語系 緝tsiəpは輯・集dziəp、雜(雑)・雥dzəpと声義近く、萃dziuətも同系の語。揖tziəpは動作に関する語。みな小さなものを集めて綜合する意があり、一系をなすものである。熠diəpも声近く、通ずることがある。

【緝熙】しゅうき(しふき)　ひかりかがやく。〔詩、大雅、文王〕穆穆ぼくぼくたる文王　於あぁ緝熙して敬止す　假おおいなる哉かな天命　商の孫子を有たもつ

【緝綴】しゅうてつ(しふてつ)　あつめ整える。〔魏書、高允伝〕久しく史事を典つかさどると雖も、然れども専ら屬述に勤むること能はず。時に校書郎劉模と緝綴する所有り。

【緝理】しゅうり(しふり)　整え治める。〔南斉書、予章文献王伝〕(王倹の牋)舊楚蕭條せうでうとして、仍歳じようさい(累年)多故なり。荒民散亡す。寔まことに緝理を須まつ。

↑緝獲しゅうかく　捕縛する／緝綱しゅうこう　法度／緝合しゅうごう　集める／緝裁しゅうさい　整理する／緝事しゅうじ　捜捕する／緝緝しゅうしゅう　口舌の声／緝綏しゅうすい　安撫する／緝績しゅうせき　紡ぐ／緝続しゅうぞく　続く／緝拏しゅうだ　捕縛する／緝探しゅうたん　探偵／緝治しゅうち　緝理する／緝寧しゅうねい　安撫する／緝捕しゅうほ　捜捕する／緝訪しゅうほう　探訪する／緝穆しゅうぼく　親しむ／緝要しゅうよう　捕らえる／緝和しゅうわ　和合する

↓営緝・諧緝・刊緝・糾緝・采緝・招緝・装緝・綴緝・寧緝・撫緝・編緝・補緝

【蝤】 15 5816 シュウ(シウ) ユウ(イウ) きくいむし

篆文

形声 声符は酋しゅう。〔説文〕十三上に「蝤蠐しゅうせいなり」とあって、きくいむしをいう。白くて長い虫で、〔詩、衛風、碩人〕は祝頌の詩であるが、衛侯の夫人を「領えりは蝤蠐の如し」と、その美しさをほめている。

訓義 1きくいむし、蝤蠐。2連語として用い、蝤蛑はがざみ、蜉蝤ふゆうはかげろう。

語系 蝤dziu、螬dzuは声近く、螬は地蚕、また蠐螬ともいう。同じような虫仲間である。

【蝤蠐】しゅうせい(しうせい)　きくいむし。すくもむし。〔詩、衛風、碩人〕領えりは蝤蠐の如く　齒は瓠犀こさいの如し　螓首しんしゅ蛾眉がび　巧笑倩せんたり　美目盼へんたり

↑蝤領しゅうりょう　蝤蠐のような白いえりくび

【銹】 15 8212 ［鏥］ 19 8316 ［鏽］ 20 8512 シュウ(シウ) さび

形声 声符は秀しゅう。字はまた鏽に作り、肅(粛)しゅく声。また宿声に従って鏥に作ることもあるが、字の本義よりいえば肅に従うべき字であろう。肅は畫(画)と同じ構造法の字で、畫は盾の雕飾、その繁縟な画文を鏽といい、さびの状態がそれに似ているので鏽という。秀は花英のしべのあらわれる形であるから、声の仮借とみるべき字である。

訓義 1さび、さびつく。2字はまた鏽に作る。

語系 銹・鏽siuは同声。鏽・鏥siukも声義近く、肅・宿には細かく縮んだひだの意がある。秀も花のひだあるさまをいう語。もと一系の語であろう。

↑銹気しゅうき　さびけ／銹渋しゅうじゅう　さびつく

【濈】 16 3315 シュウ(シフ) やわらぐ

篆文

形声 声符は戢しゅう。〔説文〕十一上に「和らぐなり」とあり、静かに集まるようなさまをいう。〔玉篇〕に「汗出づるなり」とは、にじみ出るようなさまをいう。

訓義 1やわらぐ、やわらぎあつまる。2ながれる、水が静かに流れる、水がせせらぎ流れる。3あせがでる、あせがにじみ出る。4疾いさま。

古訓 〔字鏡集〕濈　ナシ・ヤハラカ・アセノイヅル

【濈濈】しゅうしゅう(しふしふ)　和らぎ集まるさま。〔詩、小雅、無羊〕爾なんの羊の來きたること　其の角、濈濈たり

【濈然】しゅうぜん(しふぜん)　速やかなさま。魏・曹植〔七啓〕翔爾しゃうじとして鴻のごとく翥とび、濈然として鳧ふのごとく沒す。輕體を縱ほしいままにして、以て迅すみやかに赴き、景、形を追ふも逮およばず。

【褶】 16 3726 シュウ(シフ) チョウ(テフ) うわぎ あわせ

形声 声符は習(習)しゅう。〔釈名、釈衣服〕に「褶は襲なり。上を覆おほふの言なり」とあり、襲(襲)は襲衣、褶はその形声字とみてよい。習にも「重ねる」意がある。

訓義 1うわぎ。2あわせ。3乗馬の袴。4襵と通じ、ひだ。5わが国で、うわも、しびら。

古訓 〔名義抄〕褶　ウハミ・ヒラミ　〔字鏡〕褶　オヨヒ・ウハキスル・キヌ・ウチキ　〔字鏡集〕褶　ウハモ・オヨビキヌ・ハカマ・ウハミ・ヒシ・ヒラミ・ユヒヌキ・モ

語系 褶・襲ziəpは同声。褶は襲の形声の字。褶は襲の衣服としての意味を承ける。

↑褶衣しゅうい　あわせ／褶曲しゅうきょく　しわ／褶衾しゅうきん　褶衣／褶褲しゅうこ　騎馬服／褶痕しゅうこん　しわ／褶子しゅうし　便衣／褶畳しゅうじょう　折り畳む／褶縐しゅうすう　しわ／褶紋しゅうもん　褶痕

↓袴褶・絳褶・細褶・紫褶・緋褶・布褶

入 【輯】 16 5604 シュウ(シフ) あつめる

篆文

形声 声符は咠しゅう。咠に小さなものを集める意がある。〔説文〕十四上に「車の和輯するな

り」とあり、車の安定する状態をいう。〔段注本〕に「車輿なり」とする異文を引き、その訓がよい。車輿は車の安輯を要するところで、〔列子、湯問〕に「轡銜の際に齊輯し、脣吻の和に急緩す」とみえる。唐の殷敬順の〔注〕に「說文に、輯は車輿なり」という引用がある。また緝と同義に用いる。

訓義 [1]くるまのこし。[2]緝と通じ、あつめる、おさめる、あわせる。[3]やわらぐ、むつむ。

古訓 〔名義抄〕輯 タスク・シタガフ・ヤハラカナリ・ヤハラグ・アツマル・アラハナリ 〔字鏡集〕輯 アツマル・アツム・ムツマジ・ヤハラグ・ヤハラカナリ・フミヲヲサムルクルマ・タスク・ヲサム・シタガフ・アラハナリ・オホキナリ

語系 輯・集dziəpは同声。また緝tsiəp、雜（雜）・雧dzəp、萃dziuət、揖tziəpなども声が近く、みな雜集の意がある。習（習）ziəpも同系の語で、くりかえす意。声を以て通用することがある。

【輯佚】散逸したものを集める。〔経学歴史、経学復盛時代〕王應麟、三家詩と鄭易注とを輯め、國朝古佚書を輯むるの派を開く。

【輯輯】風がおだやかに吹く。習習。晉・束晳〔補亡詩、六首、三〕黮黮たる重雲 輯輯たる和風 黍は陵巓に華さき 麥は丘中に秀いづ

【輯寧】和らげ安んずる。〔書、湯誥〕天命僭はず。賁として草木の若し。兆民允に殖んなり。予れ一人をして、爾の邦家を輯寧せしむ。

【輯睦】和らぎ親しむ。〔左伝、僖十五年〕群臣輯睦し、甲兵益ゝ多し。我を好む者は勸め、我を惡む者は懼る。庶がはくは益有らんか。

↑輯安 安撫する／輯印 編印／輯熙 和楽する／輯集 集める／輯柔 柔らげる／輯叙 集叙／輯綏 安撫する／輯治 整理する／輯本 輯佚本／輯理 整理する／輯斂 収める

↓安輯・諧輯・完輯・結輯・采輯・収輯・総輯・続輯・寧輯・撫輯・和輯

【螽】17 2713 シュウ いなご ずいむし

篆文

形声 声符は冬（冬）。冬は終（終）の初文で、終の声がある。〔説文〕十三下に「蝗なり」、虫部十三上に「蝗は螽なり」とあって、互訓。重文として衆声の字を録する。陸璣の〔毛詩草木鳥獸虫魚疏〕に、旱害のとき、魚子がみな蝗となって群飛するという俗信をしるしている。その大群が海上から飛来することがあるからであろう。〔詩、周南、螽斯〕は、子孫の衆多なることを祝う祝頌の詩である。

訓義 [1]いなご、ずいむし。[2]きりぎりす。

古訓 〔和名抄〕螽 一名舂黍。漢語抄に云ふ、舂黍は伊爾都岐古万侶（いねつきこまろ）と讀む 〔字鏡集〕螽 カタチ・イナコマロ

【螽斯】いなご。〔後漢書、皇后下、順烈梁皇后紀〕夫れ陽は博く施すを以て德と爲し、陰は專らにせざるを以て義と爲す。螽斯（の詩）は則ち百福の由りて興る所なり。

↑螽蝗 いなご／螽螟 虫害

↓草螽・土螽・阜螽

常【醜】17 1661 シュウ（シウ） みにくい わるい はじる たぐい

篆文

形声 声符は酉（酉）。酉は酋ともと同字であった。〔説文〕九上に「惡むべきなり」とし、酉声とする。金文の図象に「亞醜形」とよばれるものがあって、亞（亜）字形の中に醜の字形を加える。鬼の部分は鬼の形ではなく、礼冠を著けた人の形で、酉に従うのは鬯酌（礼酒を酌む）の意であるらしい。卜辞に、邑に祟りがあると考えられるとき、醜の儀礼を行うことを卜するものがあり、その鬯酌によって祓うことが行われたのであろう。詶と同声であることからいえば、呪詛に関する意をもつ字である。また州は醜竅（尻の穴）で、醜にもその意がある。〔孟子、公孫丑下〕「今、天下、地醜しく、德齊し」は、おそらく儔の仮借義であろう。〔詩〕に「執訊獲醜」「醜虜」「戎醜」「醜厲」「群醜」、また〔礼記〕に「醜夷」「醜類」などの語がある。また讐と声義の通ずるところがある。

訓義 [1]酒を酌む、礼貌して鬯酌する形。[2]みにくい、あやしい、わるい。[3]にくむ、きらう。[4]はじ、はじる。[5]儔と通じ、たぐい、なかま、とも。[6]州・尻と通じ、尻の穴。

古訓 〔和名抄〕醜 日本紀私記に云ふ、醜女、志古女（しこめ）、或いは說ふ、黃泉の鬼なり。今世の人、小兒を恐れしめんが爲に許々女（ここめ）と稱ふは、此の語の訛れるなり 〔名義抄〕醜 カタナシ・ハヂ・モロ〱・ミニクシ・アシ 〔字鏡集〕醜 タノシ・コヽメ・カタクナシ・ハナツ・モロ〱・ミニクシ・ツタナシ・アシ・ニクム

語系 醜thjiu、呪・祝（祝）tjiukは声近く、醜は呪祝のとき鬯酌する形。ゆえに醜悪などの意となる。詶tjiu、譸tiuもまた呪祝に関する字。儔儕の意は讐zjiu、儔diuと通仮の用法であり、また醜悪・醜竅の意は臭（臭）thjiuと同声であり、また州tjiu（醜竅の意）は声近くして通用の義である。

【醜悪】みにくい。〔漢書、五行志中之上〕上嫚にして下暴ならば、則ち陰氣勝つ。故に其の罰常に雨ふる。〜一に曰く、民多く刑を被り、或いは形貌醜惡なるも、亦た是れなり。

【醜夷】仲間。〔礼記、曲礼上〕凡そ人子爲るの禮、冬は溫かくして夏は凊しくし、昏に定めて晨に省みる。醜夷に在りて爭はず。

【醜怪】みにくくて無気味。〔五代史、晋臣、桑維翰伝〕人と爲り醜怪、身短くして面長し。常に鑑に臨みて、以て自ら奇として曰く、七尺の身、一尺の面に如かずと。

【醜好】美醜。〔西京雑記、二〕畫工に杜陵の毛延壽有り。人の形を爲る。醜好老少、必ず其の眞を得。安陵の陳敞（等）、〜人形の好醜、延壽に逮ばず。

【醜行】恥ずべき行為。魏・曹植〔自ら試みられんことを求むる表〕夫れ自ら衒ひ自ら媒する者は、士女の醜行なり。時を干し進められんことを求むるは、道家の明忌なり。

【醜辱】辱め。〔韓非子、詭使〕今士大夫、汚泥醜辱を羞ぢずして宦す。女妹私義の門、次を待たずして宦す。賞賜、重きを爲す所以なり。

【醜詆】そしりののしる。〔漢書、劉向伝〕（封事）是を以て群小、閒隙を窺見し、文字を緣飾し、巧言醜詆し、流言飛文、民閒に譁し。

【醜名】悪名。〔墨子、天志中〕（桀・紂・幽・厲）是れを天賊と謂ふ。天下の醜名を聚斂して、之れに加ふ。

【醜虜】異族。異族の捕虜。〔詩、大雅、常武〕淮の濆を鋪敦（征伐）し 仍りに醜虜を執ふ 彼の淮浦を截つ 王師の所

【醜類】悪党。わるもの。漢・潘勖〔魏公（曹操）に九錫を冊（策命）する文〕其の武怒を奮ひて、諸れを神策に運らし、官渡（地名）に屆るに到んで、大いに醜類を殲せり。

【醜老】老醜。魏・阮籍〔詠懐、八十二首、四〕詩 朝には媚少年爲るも 夕暮には醜老と成る 王子晉（仙人）に非ざるよりは 誰か能く常に美好ならん

【醜陋】姿がみにくい。〔世説新語、容止注に引く梁祚の魏国統〕劉伶、形貌醜陋、身の長け六尺。然れども肆意放蕩、悠然獨暢、一時に自得す。常に宇宙を以て狹しと爲す。

【醜穢】みにくく、けがらわしい。〔隋書、宇文智及伝〕初め父の功を以て爵を濮陽郡公に賜ふ。蒸淫醜穢、爲さざる所無し。

↑醜裔 外夷／醜汚 汚穢／醜禍 不幸／醜漢 醜人／醜逆 悪逆／醜語 俗悪の語／醜黒 色が黒くみにくい／醜叉 劇の悪役／醜儕 仲間／醜諡 悪諡／醜事 醜悪な事／醜辞 ののしる語／醜女 しこめ／醜称 賤称／醜譖 そしる／醜人 みにくい人／醜顇 みにくい／醜生 ののしる語／醜声 悪評／醜石 醜怪な形の石／醜拙 つたない／醜褻 けがらわしい／醜扇 蝿／醜俗 陋俗／醜態 ぶざま／醜恥 恥じる／醜徒 悪党／醜毒 損なう／醜比 仲間／醜婦 醜女／醜誣 しいる／醜聞 みにくいうわさ／醜末 拙者／醜厲 悪人ども／醜麗 美醜

↓遺醜・怪醜・獲醜・猾醜・奇醜・咎醜・凶醜・狂醜・群醜・妍醜・好醜・詬醜・黒醜・戎醜・衰醜・壮醜・美醜・俘醜・貌醜・余醜・虜醜・類醜・老醜

人 【繡】 18 2592 ［綉］ 13 2292 シュウ（シウ） ぬいとり

篆文

形声 声符は肅（粛）。肅は細かい文様を構成する意。筆の初文聿と、𣎆形の文様に従い、𣎆は繡文。〔説文〕十三上に「五采備はるなり」とあり、文繡をいう。〔詩、秦風、終南〕「黻衣繡裳」のように、礼装用の衣裳には文繡を加えた。〔周礼、考工記、画繢〕に「畫繢の事、五色を雜へ、～五采備はる。之れを繡と謂ふ」とみえる。天子の衣裳には、十二章の文様を加えた。〔唐書、南蛮伝〕に「繡面蠻」があり、その族には満面に文身を施す俗があった。

訓義 ①ぬいとり、えぎぬ。②ききぬ。③字は俗に綉に作る。

古訓 〔和名抄〕繡 泥无毛乃（ぬむもの）。〔箋注〕推古紀、繡、奴比毛乃（ぬひもの）と訓む 〔字鏡集〕繡 マダラナリ・ヌフ・ヌヒモノ・ヌイイト・イロフ・ニシキノイロ

語系 繡siu、周（凋）tjiu は声近く、繡は衣裳に加える五采の繡文、周は方形の盾に加える稠密な雕飾をいう。彫（雕）tyu は、いわばその動詞形である。繡と縮shiuk はまた声が近く、繡文によって縮むことがある。

【繡衣】ぬいとりのある美服。〔戦国策、斉四〕（魯仲連、孟嘗君に）對へて曰く、君の廐馬百乘、繡衣を被て菽粟を食らはざる者無し。豈に騏驎・騄耳（名馬）有らんや。後宮十妃、皆縞紵（白絹）を衣き粱肉を食らふ。豈に毛嬙・西施（美女）有らんや。

【繡襖】ぬいとりのある長い上衣。〔世説新語補、汰侈〕李昌夔、荊州に在りて打獵す。大いに裝飾を修む。其の妻獨孤氏、亦た女隊二千人を出だす。皆紅紫の繡襖子、及び錦鞍韉を著く。

【繡綺】ぬいとりをしたあやぎぬ。〔魏書、献文六王上、咸陽王禧伝〕禧、性驕奢、財色を貪淫し、姬妾數十なるも、意尚ほ已まず、繡綺を衣被し、車乘鮮麗、猶ほ遠く簡娉する有り。以て其の情を恣にす。

【繡裙】ぬいとりをしたもすそ。唐・曹唐〔小遊仙詩、九十八首、七十四〕武皇笑ひを含んで、金觥を把る 更に請ふ、霓裳一兩聲 護帳の宮人、最も年少 舞腰時に繡裙を挈ること輕し

【繡裳】五色のぬいとりをしたもすそ。〔詩、豳風、九罭〕我之の子を覯るに 袞衣繡裳す

【繡像】刺繡で画いた像。梁・沈約〔繡像贊〕表相、儀を異にし、傳形壹に匪ず。鏤玉圖光、雕金、質を寫す。

【繡帳】ぬいとりをした美しいとばり。梁・徐陵〔烏棲曲、二首、二〕楽府 繡帳羅帷、燈燭を隱し 一夜千年も猶ほ足らず 唯だ憎む、無賴の汝南の雞 天河未だ落ちざるに、猶ほ爭ひ啼く

【繡被】ぬいとりをした夜着。唐・李白〔春怨〕詩 白馬金羈、遼海の東 羅帷繡被、春風に臥す

【繡面】顔面に入墨する。〔唐書、南蛮下、両爨蛮伝〕群蠻の種類、多くして記すべからず。～繡脚の種有り。踝に刻し脛に至るまで文を爲す。繡面の種有り。生まれて月を踰ゆれば、面に涅黛す。

【繡羅】ぬいとりをしたあやぎぬ。唐・杜甫〔麗人行〕詩 繡羅の衣裳は、暮春を照らし 蹙金（金細工）の孔雀、銀の麒麟

【繡簾】刺繡のあるすだれ。南唐・李煜〔更漏子〕詞 香霧薄く 簾幕に透る 惆悵す、謝家（閨中の女）の池閣 紅燭背けり 繡簾垂る 夢長きを君知らず

↑繡鞋 ぬいとりのある鞋／繡幃 閨房／繡茵 繡褥／繡裀 ぬいとりのある衾／繡絪 繡裀／繡楹 繡柱／繡筵 華筵／繡花 繡文／繡画 繡文／繡絵 繡文／繡閣 綉閣／繡丸 肉団子／繡眼 めじろ／繡衾 繡被／繡扃 繡扉／繡闥 閨房／繡纈 刺繡した絹／繡戸 繡扃／繡虎 美しい詩文を口早に作る／繡袴 繡裳／繡口 詩文の才／繡工 刺繡工／繡縠 美しい車／繡坐 繡席／繡作 刺繡／繡錯 文采／繡衫 繡衣／繡刺 刺繡／繡襦 刺繡した短衣／繡匠 繡工／繡牀 繡裀／繡飾 刺繡／繡緘 刺繡針／繡図 刺繡の下図／繡線 刺繡糸／繡帯 刺繡した帯／繡闥 知恵袋／繡達 装飾門／繡柱 飾柱／繡腸 文才／繡嚢 繡仏 刺繡仏／繡文 文才／繡服 繡衣／繡斧 法衣／繡腑 刺繡のもよう／繡屛 ぬいとりした屛風／繡黼 古代礼服の斧文／繡房 閨房／繡幕 繡帳／繡履 ぬいとりした鞋／繡奩 化粧箱／繡楼 閨房

↓衣繡・綺繡・金繡・錦繡・巧繡・袞繡・綵繡・刺繡・朱繡・裳繡・絺繡・被繡・斧繡・文繡・黼繡・羅繡・綾繡

【鞦】 18 4958 シュウ（シウ） しりがい ぶらんこ

形声 声符は秋。〔玉篇〕に「車鞦なり」とあり、車のしりがいをいう。また鞦韆はぶらんこ。

訓義 ①しりがい。②ぶらんこ。

古訓 〔和名抄〕鞦 之利賀岐（しりがき）。文選、射雉賦に云ふ、靑鞦、師說、乎布佐（をふさ）〔名義抄〕鞦 シリガキ・ヲフサ／鞦韆 ユサバリ 〔篇立〕鞦 シリカヒ・ヲフサ

【鞦韆】秋千。ぶらんこ。〔開元天宝遺事、天宝下、半仙之戯〕天寶宮中、寒食の節に至れば、競ひて鞦韆を豎て、宮嬪輩をして戲笑せしめ、以て宴樂と爲す、帝呼んで半仙の戲と爲す。都中の士民も因りて之れを呼ぶ。

↑鞦千 鞦韆

↓車鞦

【鰌】 20 2836 ［鰍］ 20 2938 シュウ（シウ） どじょう うなぎ

篆文

形声 声符は酋。字はまた鰍に作り、秋声。〔説文〕十一下に「鰌は鰌なり」とあり、前条に「鰼は鰌なり」とあって互訓、どじょうをいう。鰌と鱣は〔荀子、王制〕にその名がみえ、すでに重要な栄養源であった。泥鰌というように泥中にすむ。鰍はわが国では清流に住むかじか、またぶりの幼魚であるいなだ、あるいはうなぎの意に用いる。

訓義 ①どじょう。②海鰌はせみくじら。③わが国では、かじか、いなだ、うなぎなどの意に用いる。

古訓 〔名義抄〕鰌 ナマヅ・ムナギ 〔字鏡集〕鰌 ムナギ・ナヨシ

↑鰌鱣 どじょうと、うなぎ／鰌鱓 どじょうと魚蛇

常 **【襲】** 22 0173 **〔龔〕** 22 0173

シュウ(シフ)
かさねる つぐ おそう きる

篆文  籀文  金文 

会意 龍(竜)＋衣。籀文の字形は𩪘に従う。〔説文〕八上に「衽を左にしたる袍なり。衣に從ひ、𩪘の省聲」とする。金文の字形は衣上の左右に龍を加えており、龍は衮竜の文様であろうと思われる。即位嗣襲のときに服するものであるらしく、〔左伝、昭二十八年〕「天祿を襲く」、〔荘子、大宗師〕「伏戯之れを得て、以て气母に襲る」のように用いる。儀礼用に上からこの衣を着用することから襲ねる意となり、〔礼記、玉藻〕「襲裘して公門に入らず」というように、羔裘(小羊の裘)の上には襲衣しない定めであった。襲用の意から、襲取・襲撃のように用いるが、本来は嗣襲継体の儀礼を意味する字である。

訓義 ①かさねる、衣をかさねる。衣をかさねて着ることが、嗣襲の方法であった。②つぐ、うける、うけつぐ、およぶ。③おそう、はいる、一体となる、とる。④きる、衣をきる。⑤死者にきせる衣、おおう、おさまる、おさめる。⑥習と通じ、かさねる、ならう。

古訓 〔和名抄〕襲 加佐禰(かさね) 〔字鏡集〕襲 キル・キス・イル・ハジム・ツグ・ツヾク・オヨブ・オソシ・オホフ・キタフ・マツヘリ・ツヽム・カサヌ・カザル・ツギ・ウク・ヨル・カヘル

部首 部首は𩪘。〔説文〕十一下に𩪘を龍部に属し、「飛龍なり」とするが、おそらく礼衣の文様に用いるもので、襲がその衣。〔書、顧命〕にみえる綴衣などが、その衣にあたるものであろう。受霊のときなどに服する。ゆえに嗣襲の意となる。その受霊のとき、エクスタシーの状態となり、うわ言のようにものいうことを讋という。〔説文〕三上に「气を失ひて言ふなり」とする字である。〔説文〕に襲・讋をみな𩪘の省声とするが声が合わず、𩪘はおそらく襲の文様、讋は襲の声儀を承けるものであろう。

語系 襲ziəp、讋tjiap は声近く、受霊の衣を身に着けることを襲、受霊の状態に入って気を失うことを讋という。讋は〔新撰字鏡〕に「宇久川久(うくつく)」と訓し、あらぬことを口走る意。そのような状態で神に接することを接tziapといい、襲と声義の近い語である。

【襲沿】 前例による。〔唐書、文芸上、杜甫伝賛〕唐興り、詩人陳・隋の風流を承け、浮靡相ひ矜る。宋之問・沈佺期等に至りて、聲音を研揣し、浮切(浮声切響、軽重の音)差はず、律詩(声律の詩)と號し、競ひて相ひ襲沿す。

【襲裘】 弔葬のとき、衣服の上に裘を重ね着する。〔礼記、喪大記〕(小斂後)弔する者は、裘を襲ね、武(吉冠)帯絰(腰帯首絰、喪の章)を加へ、主人と拾踊(交互に踊る)す。

【襲撃】 おそいうつ。〔漢書、武帝紀〕(元光二年)御史大夫韓安國、～三十萬の衆を將ゐて、馬邑谷中に屯し、單于を誘致し、之れを襲撃せんと欲す。單于塞に入り、之れを覺り、走りて出づ。

【襲殺】 急襲して殺す。〔史記、周紀〕哀王立ちて三月、弟叔、哀王を襲殺して自立す。

【襲奪】 急襲して取る。〔史記、淮陰侯伝〕漢王の固陵に困しむや、張良の計を用ひて、齊王(韓)信を召す。遂に兵を將ゐて垓下に會す。項羽既に破るるや、高祖、齊王の軍を襲奪す。

【襲伐】 攻撃する。〔逸周書、文伝〕開望曰く、土廣くして守無きは襲伐すべし。土狹くして食無きは圍竭すべし。二禍の來るは、之れを災と稱せず。

【襲封】 諸侯の爵封をつぐ。梁・任昉〔王文憲(倹)集の序〕年六歳にして豫寧侯に襲封せらる。拜するの日、家人、公の尚ほ幼なるを以て、之れを先に告げず。既に珪組を襲ぎ、王命に對揚し、因りて便ち感咽し、自ら勝へざるが若し。

↑襲衣 重ね着／襲因 因襲／襲廕 恩陰／襲官 世襲／襲玩 衣服と玩好／襲虚 奇襲する／襲故 旧例／襲攻 侵攻する／襲雑 錯雑／襲事 衣服／襲取 奪取する／襲受 承継する／襲承 承継する／襲職 職をつぐ／襲侵 侵入する／襲迹 後継／襲抜 奪取する／襲歩 馬が疾走する／襲冒 おそう／襲用 蹈襲する／襲掠 奪略する

↓衣襲・因襲・掩襲・奇襲・逆襲・急襲・強襲・雑襲・承襲・仍襲・世襲・裼襲・積襲・続襲・踏襲・歩襲・冒襲・奔襲・夜襲・来襲

【讐】 23 2060 **［讎］** 23 2021

シュウ(シウ)
こたえる かたき

篆文  金文 

会意 雔＋言。〔説文〕三上に「猶ほ譍ふるのごときなり」とし、雔声とする。讐とは、獄訟を争うことをいう。善はもと羊と誩とに従い、いわゆる羊神判によって善悪を争うもので、当事者がその羊を提供する。讐はその善の初形と字の立意が同じであるから、当事者がそれぞれ隹を提出し、その鳥占によって、ことの善否を定めたものであろう。神の譍えることを待つので、その当事者を讐という。言とはその盟誓の言である。それより応対・仇讐・報酬などの意となる。

訓義 ①こたえる、鳥占に対して神が応答する。②かたき、あだ、神判によって争うもの。③くらべる、くらべただす。④しるし、てごたえ。⑤ともがら、ひとしい、あたる、当事者。⑥むくいる、つぐなう、はらう。⑦售と通じ、うる、うれる。

古訓 〔名義抄〕讐 カタキ・カフ・ムカフ・アタ・ナラブ・サヘタル・ウル・ウラル 〔字鏡集〕讐 ウル・ウラル・カフ・ヲギノル・モテ・アタ・タグヒ・カタキ・トモガラ・サヘタル・シルス

語系 讐・讎zjiu は酬(醻)zjiu と同声。禱tu、譸tiu は神に対して祈り、呪詛することをいう。儔diu は儔輩の意にも用いる語である。

【讐怨】 怨み。怨みとするもの。〔春秋繁露、立元神〕其の讐怨を釋て、其の爭ふ所を視、其の黨族を差び、依る所を梟(宗)と爲す。

【讐釁】 不和。晉・潘岳〔楊荊州(肇)の誄〕呉夷凶侈にして、僞師畏逼し、將に讐釁に乘じて、南極を席巻せんとす。

【讐校】 対校する。〔後漢書、宦者、蔡倫伝〕帝、經傳の文多く正定せざるを以て、乃ち通儒謁者劉珍、及び博士良史を選び、東觀に詣り、各〻家法を讐校し、倫をして其の事を監典せしむ。

【讐定】 校定。〔唐書、蘇弁伝〕弁、學術に通じ、吏事精明なり。～書を聚むること二萬巻に至り、手自ら讐定し、當時祕府と埒しと稱す。

【讐敵】 かたき。〔漢書、鄒陽伝〕(獄中上書)故に意合へば、則ち胡越も兄弟と爲り、～合はざれば、則ち骨肉も讐敵と爲る。

↑讐夷 みつめる／讐冤 讐怨／讐家 不仲／讐忌 仇怨の人／讐偽 まねる／讐仇 仇讐／讐隙 不和／讐嫌 不仲／讐劫 掠取する／讐国 敵国／讐恨 讐怨／讐酢 応対する／讐殺 仇を討ちあう／讐視 敵視する／讐疾 にくむ／讐書 校書／讐人 仇／讐正 校正／讐賊 仇

賊／讐対 相当たる／讐懟 怨訴する／讐党 仇仲間／讐匹 仲間／讐覆 校正／讐報 報復／讐問 詰問する／讐虜 戎狄／讐類 仲間

↓怨讐・恩讐・外讐・仇讐・衆讐・検讐・攻讐・校讐・寇讐・私讐・敵讐・復讐・報讐

人

【鷲】 23 0332 シュウ（シウ） ジュ わし

篆文

形声 声符は就。〔説文〕四上に「黑色にして多子なり」とし、「南方に鳥有り、名づけて羌鷲と曰ふ。黃頭赤目、五色皆備はる」とする「師曠説」を引く。〔玄応音義、六〕に「西域に此の鳥多し。倉黃にして目赤く、死屍を食ふ」とあり、いまもその地に鳥葬の俗がある。

訓義 ①わし、くろわし。

古訓 〔新撰字鏡〕鷲 和志（わし） 〔名義抄〕鷲 ワシ・コワシ

↑鷲巌 霊鷲山／鷲山 霊鷲山／鷲啄 わしの啄

↓羌鷲・雕鷲・搏鷲・霊鷲

【驟】 24 7733 シュウ（シウ） はしる にわか しばしば

篆文

形声 声符は聚。〔説文〕十上に「馬、疾く歩するなり」とあり、副詞に用いて、にわか、しばしばの意とする。

訓義 ①はしる。②はやい、すみやか、にわか。③しばしば。

古訓 〔名義抄〕驟 ウクツク 〔字鏡集〕驟 イハユ・シルシ・ヲヅク・トハシル・ハシル・ウツクシ・イヨ／＼・アツム・ワシル・ウクツク

語系 驟dzio、速（速）sokは声義近く、また數（数）sheokも通用することのある字である。

【驟雨】にわか雨。〔老子、二十三〕飄風は朝を終へず、驟雨は日を終へず。孰か此れを爲す者ぞ。天地なり。天地も尙ほ久しきこと能はず。而るを况んや人に於てをや。

【驟至】にわかにくる。宋・欧陽脩〔秋声の賦〕歐陽子、夜に方りて書を讀む。聲の西南より來る者有るを聞く。～波濤の夜驚き、風雨の驟かに至るが如し。

↑驟諫 しばしば諫める／驟絶 急に絶える／驟然 にわかに／驟馳 はやく走る／驟歩 走る

↓雨驟・決驟・雪驟・走驟・馳驟・馬驟・飄驟・鶩驟・歩驟・奔驟

ジュウ

常

【十】 2 4000 ジュウ（ジフ） とお

篆文

甲骨文

金文

指事 算木に用いる縦の木の形。〔説文〕三上に「數の具はれるなり。一を東西と爲し、｜を南北と爲す。則ち四方中央備はれり」とするが、卜文・金文の字形は、横画によって一、縦画によって十、×によって五をあらわす。金文ではのち、縦画の下方に肥点を加え、十の字となった。

訓義 ①とお、数の十。②十たびする、十倍する、十分する。③数の全体、完全、すべて、一切。④十でまとまるもの、什。

古訓 〔篇立〕十 ミチヌ・カル・タレス・ハテ・モロ／＼・カナフ・サイハヒ・ヲサム 〔字鏡集〕十 ミツ・サシチガフ・ヲハンヌ・トヲ・カズ・ヲハリ

部首 〔説文〕〔玉篇〕に丈（丈）・千・博（博）・𠦃・廿など八字を属する。丈は杖をもつ形。千は人の下部に肥点を加えた形。いずれも十の形とは関係がない。博の初文は博で干に従い、干を以て搏つ意。𠦃三上は「材十人なり」とするも、十分の一の意。指にはさんで数えるときの端数をいう。廿は合文。卅・卌のような表記法もある。

声系 〔説文〕に十声として什・汁を収める。十部のうちにも斟・卙など、形声とみるべきものがある。

語系 十・什zjiəpは同声。五人を伍、十人を什といい、また詩篇は十篇を合わせて什という。品物にもそのような数えかたをする。卙・集dziəpは声近く、萃dziuətもその系統の語で、みな集合の意がある。

【十駕】十度走る。〔荀子、修身〕夫れ驥は一日に千里なるも、駑馬も十駕せば、則ち亦た之れに及ばん。～千里遠しと雖も、～胡爲れぞ其れ以て相ひ及ぶべからざらん。

【十幹】十干。甲・乙・丙・丁・戊・己・庚・辛・壬・癸。〔広雅、釈天〕甲・乙を幹と爲す。幹なる者は日の神なり。寅・卯を枝と爲す。枝なる者は月の靈なり。

【十載】十年。明・高啓〔閶門の舟中、白范に逢ふ〕詩 十載長く嗟く、故舊に分るるを 半ばは黃土に歸し、半ばは靑雲 扁舟、此の日、楓橋の畔 一褐、秋風、忽ち君を見る

【十思】十たび考える。〔三国志、呉、諸葛恪伝注に引く志林〕初め（孫）權、病篤し。恪を召して政を輔けしむ。去るに臨み、大司馬呂岱、之れを戒めて曰く、世方に多難なり。子事每に必ず十思せよと。～當時咸な之れを失言なりと謂ふ。

【十室】十戸。小さな村。〔論語、公冶長〕子曰く、十室の邑、必ず忠信なること丘（孔子の名）の如き者有らんも、丘の學を好むに如かざるなり。

【十日】十個の太陽。〔淮南子、本経訓〕堯の時に至るに逮んで、十日竝び出で、禾稼を焦がし、草木を殺し、民、食する所無し。～堯乃ち羿をして、～上十日を射しめ、～萬民皆喜び、堯を置きて以て天子と爲す。是に於て天下、廣狹・險易・遠近、始めて道里有り。

【十全】完全。すべてよい。〔周礼、天官、医師〕歲終には則ち其の醫事を稽へ、以て其の食（禄）を制す。十全を上と爲し、十に一を失するもの之れに次ぐ。～十に四を失するを下と爲す。

【十分】十分する。充分。足る。唐・白居易〔春深に和す、二十首、十四〕詩 何れの處ぞ、春深好なる 春は深し、痛飲の家 十分なり、杯裏の物 五色、眼前の花

【十歩】ま近。〔史記、平原君伝〕毛遂、劍を按じて前んで曰く、王の遂を叱する所以の者は、楚國の衆を以てなり。今十歩の内、王は楚國の衆を恃むこと得ず。王の命は遂の手に縣かれり。吾が君前に在るに、叱する者は何ぞや。

【十方】四方と四隅と上下。世界。宇宙。唐・韓偓〔僧影〕詩 智燈既に滅して、空燼を餘す 猶ほ自ら光明、十方を照らす

↑十悪 人の大悪、十／十一 一割／十雨 十日に一度の雨／十干 十幹／十紀 十世／十具 武具／十景 十の絶景／十際 五倫／十死 生きる見こみがない／十洲 仙人の島／十旬 百日／十醸 熟醸／十仞 十尋／十稔 十年／十成 完成／十藪 天下の大沢／十卒 三千家／十率 十卒／十代 十世／十奴 妓女／十年 ととせ／十輩 十人／十髪 一分／十半 半分／十夫 十人の男／十翼 易伝。彖伝上下・象伝上下・繫辞伝上下・文言伝・説卦伝・序卦伝・雑卦伝の十篇

【什】 4 2420 ジュウ（ジフ） とお あつまる

篆文

会意 人＋十。什伍は十人・五人を合文としたもので、甲骨文にその書法がある。〔説文〕八上に「相ひ什保するなり」とあって、隣保の制をいう。〔詩〕の〔雅〕〔頌〕は十篇ずつを合わせて「鹿鳴の什」「清廟の什」のようにいう。分数を示すときにも用い、什三は十分の三の意である。

訓義 ①ひと十人、いえ十家、詩十篇。②とお、十倍、十等分。

③あつまる、まじる。④くさぐさの器物、什器。

古訓〔名義抄〕什 アツム・マナブ・タスク・スケ・カナフ・マジハル

語系 什・十 zjiəp は、集 dziəp、雑（雜）dzəp、萃 dziuət と同系の語で、ものをまじえあつまる意のある語である。

【什一】(じゅう(じふ)いつ) 十分の一。〔孟子、滕文公上〕夏后氏は五十にして貢し、殷人は七十にして助し、周人は百畝にして徹す。其の實は、皆什の一なり。

【什器】(じゅう(じふ)き) 家で常用する器具。〔史記、五帝紀〕舜、歴山に耕し、～什器を壽丘に作る。〔索隠〕什は數なり。蓋し人家常用の器、一に非ず。故に十を以て數と爲す。猶ほ今什物と云ふがごときなり。

【什伍】(じゅう(じふ)ご) 古代の軍隊。戸籍の編成。〔管子、立政〕十家を什と爲し、五家を伍と爲す。什伍に皆長有り。

【什伯】(じゅう(じふ)はく) 十人・百人単位の隊伍。〔史記、秦始皇紀論賛〕(賈誼、過秦論)陳渉は～行伍の閒に躡足し、什伯の中に倔起す。

↑什具 什器／什襲 十重／什長 十人の長／什物 什器／什篇 詩篇／什宝 宝器／什麼 いかに／什吏 十人の長

↓佳什・家什・嘉什・雅什・近什・高什・詩什・章什・新什・篇什・麗什

人

【廿】 4 4477

ジュウ(ジフ)
にじゅう

篆文

甲骨文

金文

指事 算木に用いる十を示す縦の木を、二つならべた形。卜文に三十・四十なども、この方法で記す。〔説文〕三上に「二十、并せたるなり」という。

訓義 ①にじゅう。

古訓〔名義抄〕廿 ニジフ 〔字鏡集〕廿 ハタチ

語系 廿 njiəp は二十 njiei-zjiəp の合音。卅 səp が三十 səm-zjiəp の合音であるのと同じである。

常

【汁】 5 3410

ジュウ(ジフ) シュウ(シフ) キョウ(ケフ)
しる なみだ

篆文

形声 声符は十。〔説文〕十一上に「液なり」、〔釈名、釈形体〕に「汁は涕なり」という。祭礼に用いる「秬鬯(香り酒)」を「汁献」という。

訓義 ①しる、しぼりじる、さけ。②なみだ。③協・叶と通じ、かなう。

古訓〔名義抄〕汁 シル・アセ・カナフ・ナビク

語系 汁 tjiəp は濕（湿）sjiəp と声義が近い。また、十 zjiəp には集める意があるらしく、絞って集めたものを汁という。

【汁肥】(じゅう(じふ)ひ) 肥料分の多い汁。〔管子、軽重丁〕屠酤(肉屋と酒屋)の汁肥、水に流る。則ち蟁(蚊)虻・巨雄・翡・燕小鳥、皆之れに歸し、昏飲するに宜し。此れ水上の樂しみなり。

↑汁液 しる／汁献 秬鬯／汁洽 歳名／汁莎 秬鬯／汁子 汁液／汁滓 汁かす／汁水 汁液

↓雨汁・液汁・塩汁・果汁・灰汁・苦汁・漆汁・清汁・多汁・胆汁・肉汁・乳汁・鼻汁・米汁・墨汁・茗汁・沃汁・藍汁・露汁

【禸】 5 4042 ［厹］ 4 4073 ［蹂］ 16 6719

ジュウ(ジウ) キュウ(キウ)
あしあと

篆文

会意 九＋厶(巳)。いずれも虫の形。大小の虫の相交わる形で、禹も立意の同じ字である。〔説文〕十四下に「獸足、地を蹂むなり。象形にして、九聲」とし、また〔爾雅、釈獣〕の文を引いて、狐狸の類の迹をいうとする。また篆文として蹂を録するが、それならば九声とするのと合わない。また厹と蹂とは必ずしも同義でなく、厹は「厹矛」のようにも用いる字である。

訓義 ①あしあと、獣のあしあと。②ふむ。

語系 厹(蹂)・柔 njiu は同声。足うらの柔らかな意であろう。擾 njiu も同声で、集まって相乱れるをいう。肉(肉) njiuk、弱(弱) njiôk も声近く、同系の語であろう。

常

【充】 6 0021

ジュウ
みちる あてる こえる

篆文

象形 肥満した人の形。〔説文〕八下に「長なり。高なり」と二訓を列し、「儿に從ひ、育の省聲」とするが声が合わず、全体が人の大腹の象。〔荀子、子道〕に「顔色充盈」という語があるが、充は全身の肥満の状をいう。大腹なるを充、盥の中に坐してふくよかなる形を盈といい、充盈はもと肥満した人をいう語である。のち引伸して充満・充足・充実などの意となった。

訓義 ①大きい、大腹の人。②みちる、みたす、こえる。③あてる、あたる、充塞する。④そなわる、おく、ふさぐ。⑤まこと、まことに、まことの。

古訓〔名義抄〕充 アツ・タル・ミツ・ハジメ・ソフ 〔字鏡集〕充 ヨシ・ユク・アツ・フセグ・アタル・ミツ・ハジメ・アツク

声系〔説文〕十三上に充声として統を収め、「紀なり」という。糸巻きに糸を巻き合わせて、次第に太ることをいい、紀とは糸巻きである。

語系 充 thjiong、統 thong は声近く、總（総）tzong、緟 diong も糸を集める意があり、みな同系の語である。

【充溢】(じゅういつ) みちあふれる。〔史記、平準書〕漢興りて七十餘年の閒、國家事無し。～太倉の粟(穀)、陳陳相ひ因り、充溢して外に露積し、腐敗して食らふべからざるに至る。

【充盈】(じゅうえい) みちたる。〔管子、八観〕國充盈すと雖も、金玉多しと雖も、宮室必ず度有り。

【充給】(じゅうきゅう(きふ)) あてがい給する。〔後漢書、后妃紀上序〕又、美人・宮人・采女三等を置く。竝びに爵秩無く、歳時に賞賜充給するのみ。

【充耳】(じゅうじ) 耳かざり。耳玉。〔詩、斉風、著〕我を著(門内の屏)に俟つ 充耳、素を以てす

【充実】(じゅうじつ) 十分にみちる。〔漢書、公孫弘伝卜式兒寛賛〕是の時漢興りて六十餘載、海内艾安にして府庫充實す。而れども四夷未だ賓せず、制度闕多し。

【充斥】(じゅうせき) はびこる。〔左伝、襄三十一年〕敝邑(我国)政刑の脩まらざるを以て、寇盗充斥す。～敝邑の盟主爲るを以て、葺牆を繕完して、以て賓客を待つ。

【充積】(じゅうせき) みちる。〔陳書、袁枢伝〕家世と顯貴にして、貲產充積するも、樞獨り居處率素、～一室に端坐し、公事に非ざれば未だ嘗て出遊せず。

【充足】(じゅうそく) みたす。〔南史、夏侯亶伝〕性儉率にして、居處服用は充足するのみ。華侈を事とせず。

【充塞】(じゅうそく) いっぱいにふさぐ。〔孟子、滕文公下〕邪説民を誣ひ、仁義を充塞す。仁義充塞せば、則ち獸を率ゐて人を食らはしめん。人將に相ひ食らはんとす。吾れ此れが爲に懼る。

【充塡】(じゅうてん) みたす。〔宋史、兵志一〕哲宗卽位し、四方用兵、增戍益と廣し。元祐元年三月、河北路の保甲を寄招し、在京禁軍の闕額を充塡す。

【充棟】(じゅうとう) 棟木にとどくほど多い。家いっぱい。民国・梁啓超〔新史学、三〕故に君統の繆見を掃はずして、以て史を作らんと欲せば、史充棟なりと雖も、徒だ生民の毒を爲さんのみ。

【充備】(じゅうび) あてる。また、充満する。〔後漢書、宦者伝序〕南金・和寶・冰紈・霧縠の積、珍藏を盈仞し、嬙媛・侍兒・歌童・舞女の玩、綺室に充備す。

【充腹】 飢えをみたす。〔戦国策、燕一〕人の飢うるも烏喙（附子。毒薬）を食らはざる所以の者は、偸しくも腹を充たすと雖も、死と患を同じうすと以爲へばなり。

【充満】 みちみちる。〔列女伝、賢明、斉の桓衛姫伝〕妾之れを聞く。人君に三色有り。～忿然として充満、手足矜動する者は、攻伐の色なりと。

↑充衣 女官／充位 伴食／充依 女官／充益 充塞する／充溢する／充隠 隠者にさせられる／充咽 充満する／充悦 満足する／充衍 充満する／充猒 充足／充街 満街／充斡 強い体／充飢 飢えをみたす／充饑 充飢／充虚 みたす／充胸 胸いっぱい／充衢 充街／充屈 鬱屈する／充欠 補充／充闕 充欠／充公 没収／充纊 晃飾／充充 うろうろ／充食 食用とする／充仞 充満／充数 充当する／充盛 元気／充選 選入する／充多 衆多／充代 代用／充沢 元気／充腸 充満腹／充庭 庭いっぱい／充当 あてる／充忍 充仞／充肥 肥満／充分 十分／充庖 食用とする／充飽 飽満／充裕 富裕／充閭 一門繁昌／充類 拡充する

↓殷充・拡充・完充・気充・血充・恒充・精充・体充・沢充・塡充・肥充・補充

【戎】 6 5340 ジュウ いくさ えびす

篆文 甲骨文 金文

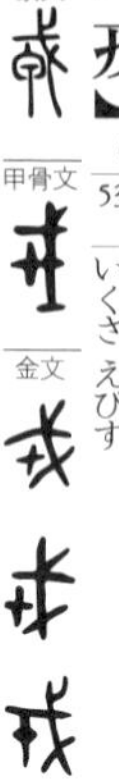

会意 戈（ほこ）＋干（たて）。干戈を組み合わせた字で、兵器をいい、また軍事をいう。〔説文〕十二下に「兵なり。戈甲に従ふ」とするが、金文の字形は甲ではなく、干（盾）の形である。金文に戎工・戎攻・戎𢦔・戎兵などの語がある。また西戎・戎狄のように夷狄の意に用いる。〔詩〕にも戎功・戎醜のような用例がある。

訓義 ①武器、いくさの道具、いくさ車。②いくさ、軍隊、兵士、つわもの。③えびす、西方の外族。④汝・而・爾・若などと通じ、二人称の「なんじ」の意に用いる。

古訓 〔名義抄〕戎 ツハモノ・エビス・トラフ・ス丶ム・オホキナリ 〔字鏡集〕戎 マモル・サカフ・オホイナリ・トラフ・ス丶ム・マジフ・ナムヂ・ツハモノ・フセグ・エビス・ト丶ム

声系 〔説文〕に戎声として有娀氏の娀を収める。有娀氏は帝高辛氏の妃、偰（契）の母の号である。

語系 戎 njiuəm は任・荏 njiəm と声近く、任・荏に大の意がある。茸（茸）njiong も大の意。〔詩、邶風、旄丘〕の「狐裘蒙戎」はまた「蒙茸」といい、通用する字。戎を二人称の汝の意に用いるのは、汝 njia、而 njiə、爾 njiai、若（若）njiak と同じくその音を用いるもので、すべて字の本義に関するところなく、仮借の用義である。

【戎衣】 軍服。唐・杜審言〔蘇味道に贈る〕詩 邊聲、羌笛を亂し 朔氣、戎衣を卷く

【戎器】 武器。〔易、萃、象伝〕君子以て戎器を除め、不虞（不慮の変）を戒む。

【戎軒】 兵車。また、軍事。唐・魏徴〔述懐〕詩 中原に還た鹿を逐ふ 筆を投じて戎軒を事とす

【戎伍】 軍の隊列。〔唐書、曹華伝〕華、戎伍に出づと雖も、動くに必ず禮に由り、士大夫を愛重し、貴を以て人に倨らず。厮豎に至るまで、必ず待つに誠信を以てす。

【戎功】 大功。漢・蔡邕〔光武済陽宮碑〕力を戎功に戮せ、更始を翼戴す。義として命に即かず。帝位闕けたり。是に於て群公諸將～僉な曰く、歷數帝に在り、踐祚允に宜しと。

【戎行】（かう） 軍行。唐・玄宗〔張説の辺を巡るを送る〕詩 三軍朔野に臨み 駟馬戎行に即く 鼓吹、夷狄を威し 旌軒（兵車）、洛陽に溢る

【戎士】 兵卒。〔管子、小匡〕昔、先君襄公、～妾を陳ぬること數千、食は必ず粱肉、衣は必ず文繡。而して戎士は凍飢し、～陳妾の餘を待つ。

【戎事】 軍事。武事。〔左伝、僖二十二年〕婦人、送迎するに門を出でず。兄弟を見るに閾を踰えず。戎事には、女器を邇づけず。

【戎車】 兵車。〔書、牧誓、序〕武王、戎車三百兩、虎賁三百人、受（紂）と牧野に戰ふ。

【戎醜】（しう） 大衆。多数の人。〔詩、大雅、緜〕迺ち冢土（大社）を立つ 戎醜の行く攸

【戎狄】 えびす。西戎北狄。〔詩、魯頌、閟宮〕戎狄を是れ膺ち 荊舒（楚）を是れ懲らす

【戎馬】 兵馬。いくさ。〔顔氏家訓、風操〕汝が曹、戎馬の間に生まれ、視聽の曉らざる所なり。故に聊か記録して、以て子孫に傳示す。

【戎貊】 外族。戎は西方、貊は東北の族。晉・傅玄〔失題、五首、三〕詩 一擧して三軍を覆し 再擧して戎貊を殄さん

【戎蛮】 外夷。西戎南蛮。〔晋書、楽志上〕（命将出征歌、張華）重華（舜）帝道を隆んにするも 戎蠻、賓せざる或り

【戎服】 軍服。武装。〔漢書、匈奴伝賛〕是を以て文帝中年、赫然として憤を發し、遂に躬ら戎服し、親しく鞍馬を御し、～上林に馳射し、戰陳（陣）を講習す。

【戎兵】 兵卒。戦士。〔戦国策、韓一〕秦馬の良、戎兵の衆、前を探り後を趹み、蹄の間三尋なる者、稱げて數ふべからざるなり。

【戎輅】 君公の用いる車。〔左伝、僖二十八年〕晉侯に策命して侯伯と爲し、之れに大輅の服・戎輅の服・彤弓一・彤矢百・玈弓矢千・秬鬯（香り酒）一卣、～を賜ふ。

↑戎夷 外族／戎威 軍威／戎衛 禁衛／戎塩 岩塩／戎歌 軍歌／戎戒 戒厳／戎捍 防備／戎艦 軍艦／戎旗 軍旗／戎麾 軍旗／戎機 軍の指揮権／戎禁 禁衛／戎羯 北方の外族／戎孼 外族の禍／戎甲 兵卒／戎校 将校／戎索 戎に対処する方法／戎首 軍将／戎戎 盛んなさま／戎捷 戦勝／戎仗 兵仗／戎臣 軍人／戎神 仏／戎陣 軍陣／戎政 軍政／戎節 節度使／戎旃 軍旗／戎氈 毛氈／戎卒 兵士／戎帳 軍営／戎亭 辺塞／戎翟 戎狄／戎毒 大害／戎旆 大旆／戎幕 軍の天幕／戎備 軍備／戎俘 俘虜／戎副 副将／戎堡 堡塁／戎僕 兵車の御者／戎務 軍務／戎略 軍略／戎旅 軍旅／戎虜 異族／戎路 戎輅

↓阿戎・陰戎・華戎・戒戎・起戎・御戎・禁戎・軍戎・啓戎・犬戎・元戎・興戎・佐戎・綏戎・西戎・鎮戎・蕃戎・撫戎・伏戎・服戎・兵戎・辺戎・蒙戎・臨戎・和戎

常

【住】 7 2021 〖住〗 7 2021 ジュウ（ヂュウ） すむ とどまる

形声 声符は主（主）。主は灯盞の台、柱立するものをいう。柱立して、その一処に止まる意がある。古い字書にみえず、六朝期に至って用いられる。

訓義 ①すむ、すまう、すまう人。②とどまる、とまる、やむ。③柱と通じ、たつ。

古訓 〔名義抄〕住 スム・ハジム・タツ 〔字鏡集〕住 ハジム・スム・スミカ・タマフ・モト・ツク・モツ・タツ・ト丶マル・タハフル

語系 住・侸・尌(尌)dio は同声。侸とは〔説文〕八上に「立つなり」とあり、豆も樹てるもの、安定したものをいう。尌は踟躕の ように、立ちどまる意のある字。駐(駐)tio は住と同じく主声。人の留止することを逗留といい、馬の留まることを駐という。

【住衰】 衰老をとどめる。〔水経注、肥水〕(八公山) 山上に淮南王劉安の廟有り、～篤く儒學を好み、方術の徒數十人を養ふ。～神仙祕法、鴻寶の道多し。忽ち八公有り。皆鬚眉皓素、門に詣りて見えんことを希ふ。門者曰く、～今先生、住衰の術無し。未だ敢て聞(取次)せずと。八公咸く變じて童と成る。

➡住屋 住家/住坐 居住/住址 住所/住持 住職/住錫 僧が居留する/住処 住所/住所 居所/住節 使節としてとどまる/住滞 留滞する/住著 住む/住俸 俸給を停止する

⬇安住・庵住・移住・永住・寄住・久住・去住・居住・在住・暫住・少住・常住・定住・停住・転住・屯住・不住・無住

【狃】 7 4721 ジュウ(ヂウ) なれる

篆文 

形声 声符は丑。〔説文〕十上に「犬の性忕るるなり」(段注本)とあり、〔玉篇〕に「狎るるなり、習ふなり」、〔爾雅、釈言〕に「復すなり」とあり、なれ親しむことをいう。

訓義 1 なれる、したしむ。2 ならう、くりかえす。3 むさぼる。4 ただす、なおす。

古訓 〔名義抄〕狃 ナラフ・タクム 〔字鏡集〕狃 ウス・タケシ・アタ・タノム・ナラフ・マナブ

【狃恩】 恩貸になれる。〔後漢書、陳忠伝〕(上疏)陛下毎に引災自ら厚うし、臣司を責めず。臣司恩に狃れて、以て負(憂負)と爲す莫し。故に天心未だ得ず、隔并(水旱)屢く臻る。

➡狃見 侮る/狃狎 慣れる/狃習 習う/狃忕 慣れる/狃泰 狃忕

常 【柔】 9 1790 [䜎] 25 2164 ジュウ(ジウ) ニュウ(ニウ) やわらか

篆文  金文 

会意 矛＋木。〔説文〕六上に「木、曲直するものなり」とし、矛声。また〔段注〕に木を曲直するを矛というとするが、いずれも声義が合わない。字の初文は、おそらく䜎に作るもので、「遠きを柔らげ、近きを能む」という語を金文に「遠きを䜎らげ、𣏟きを能む」のようにしるしている。䜎は卣に従い、卣は酒器。夒は礼装した人が酒に酔い、両袖を揚げ、足をあげて歌舞する形。「擾れる」の初文は、もと夒に従うべき字である。神前に酒を酌み、手足をあげて歌舞し、神意を安んじ柔らげることをいうもので、のち柔の字を代用する。柔に含まれる矛形の部分は柔枝を揉撓(ためまげる)した形を示すものとみるべく、矛戟の字に従うものではない。䜎と柔は声近く、のち柔を用い、䜎の字は失われた。〔説文〕百部九上に「䐓は面和するなり。讀みて～柔の若くす」とあり、その䐓が、おそらく䜎の省変の字であろう。

訓義 1 やわらか、やわらげる、神意をやわらげる。もと䜎に作る字である。2 やすらか、おだやか、いつくしむ。3 しなやか、木の枝をたわめる。4 よわい、もろい、おだやか、したがう。

古訓 〔名義抄〕柔 ヤハラカニ・ヤハラカナリ・ヤスシ・ヤスクス・ヨシ・ワロシ 〔字鏡集〕柔 ヨシ・ヤハラカナリ・ヤスクス・ヨハシ・アツラカ・アツム・ヤスシ・ヤハラグ・シタガフ

声系 〔説文〕に柔声として糅・蹂・煣など八字を収める。みな柔らげて曲直を加える意のある字である。

語系 柔・糅・脇・煣 njiu は同声。擾(擾)・䜎 njiu も同声。擾は古くは夒に従う字で、この字形に近い夔は〔書、舜典〕に神話的な楽祖として伝えられる。柔弱の意は柔の字義で、肉(肉)njiuk、弱(弱)njiôk はその系統の語である。

【柔遠】 遠方の民をおさめなつける。〔詩、大雅、民労〕遠きを柔らげ邇きを能め 以て我が王を定む

【柔嘉】 やさしくて立派。〔詩、大雅、烝民〕仲山甫の徳 柔嘉にして維れ則あり

【柔彊】 やわらかくて強い。〔唐書、隠逸、王希夷伝〕嵩山に隠れ、～松柏の葉・雑華を餌す。年七十餘、筋力柔彊なり。～玄宗、東のかた巡狩す。～時に九十餘。～與に語りて甚だ說び、～仍りて絹百・衣一稱を賜ふ。

【柔謹】 おだやかで謹み深い。〔後漢書、東夷伝論〕通じて柔謹を以て風と爲す。三方の者と異なり。苟しくも政の暢ぶる所は、則ち道義存す。

【柔恵】 おだやかでやさしい。〔詩、大雅、崧高〕申伯の徳 柔恵にして且つ直なり

【柔克】 柔を以て己の心をおさめる。〔書、洪範〕三徳、一に曰く正直、二に曰く剛克、三に曰く柔克。～彊弗友は剛克し、燮友は柔克す。剛克を沈潜にし、柔克を高明にす。

【柔弱】 しなやか。〔老子、七十六〕人の生くるや柔弱、其の死するや堅強なり。萬物草木の生くるや柔脆、其の死するや枯槁す。

【柔脆】 やわらかで弱い。宋・欧陽脩〔寄生槐〕詩 檜は惟れ凌雲の材 槐は實に凡木にして賤し 奈何ぞ柔脆の質 此の孤高の幹を累はす

【柔舌】 弁舌を弄する。明・劉基〔君子有所思〕詩 范雎は柔舌を掉ひ 穰侯、彊嬴(秦)を去る 寧ぞ知らん、幽燕の客 踵を接して雄鳴を夸る

【柔懦】 柔弱で臆病。〔三国志演義、三十四回〕前妻陳氏生む所の長子琦、人と爲り賢なりと雖も、柔懦にして事を立つるに足らず。

【柔軟】 柔らかくしなやか。〔南史、姚察伝〕察、一藏經を讀まんと欲し、竝びに已に究竟し將に終らんとす。曾ち痛惱無し。但だ西向して、坐して正念して云ふ、一切空寂と。其の後身體柔軟、顏色恆の如し。

【柔媚】 しなやかで美しい。宋・劉蒙〔菊譜〕楊妃、九月中に開く。粉紅なり。千葉散ずること亂茸の如く、枝葉細小、嫋嫋として態有り。此れ實に菊の柔媚、悅を爲す者なり。

【柔曼】 やわらかでつやがある。清・呉偉業〔楚両生行の序〕呉中は善歌を以て海内に名あり。然れども嘽緩柔曼、新聲を爲すに過ぎず。蘇生は則ち～崑刀の玉を切るが如し。之れを叩くこと栗然たるも、時世の工と爲す所に非ず。

【柔和】 やさしく、おだやか。〔史記、張釈之伝〕一人有り、橋下より走りて出づ。乘輿の馬驚く。～廷尉當(判決)を奏す。一人蹕を犯すは、罰金に當ると。文帝怒りて曰く、此の人親ら吾が馬を驚かす。吾が馬賴ひに柔和なり。令し他の馬ならば、固より我を敗傷せざらんや。

➡柔握 女手/柔安 安らか/柔易 安穏/柔瑩 やわらかく清らか/柔液 やわらかく潤いがある/柔婉 優しい/柔豔 婉やか/柔革 柔皮/柔滑 滑らか/柔奸 陰険/柔竿 しなやかな釣竿/柔閑 温柔/柔翰 筆/柔郷 女の肌/柔謙 すなお/柔原 謹む/柔剛 温柔と剛気/柔毫 筆/柔剋 柔克/柔日 十干の偶数の日/柔従 すなお/柔淑 淑やか/柔順 すなお/柔潤 やわらかく潤いがある/柔条 若い枝/柔情 優しさ/柔

穰　柔草／柔心　柔情／柔仁　柔恵／柔態　たわしなやか／柔穉　若い／柔腸　柔心／柔橈　たわむ／柔嫩　若い／柔輭　柔軟／柔範　女訓／柔轡　しなやかなたづな／柔撫　懐柔／柔風　和風／柔木　やわらかい木／柔麻　麻を水にひたしてやわらげる／柔民　民をおさめる／柔冶　柔婉／柔良　すなお／柔麗　柔美／柔櫓　静かに櫓をこぐ

↓温柔・懐柔・外柔・涵柔・寛柔・軽柔・謙柔・剛柔・克柔・細柔・弱柔・輯柔・仁柔・纖柔・善柔・体柔・卑柔・撫柔・芳柔・優柔・和柔

常【重】　9　2010　ジュウ(ヂュウ)　チョウ　おもい　かさなる

篆文 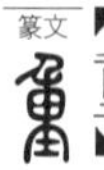 金文 

会意　東＋土。東は橐の初文で、その象形。〔説文〕八上に「厚きなり」と訓し、「壬に從ひ、東聲」というが、東が重の主体であり、橐の形である東の下に錘のように土を加えた形で、重量を示す字である。その橐の入口に流し口の形をそえたものは量。主として穀物を量るものであるから、橐の中のものを糧という。重量の意よりして重圧・重層・重要・威重などの意となる。

訓義　①おもい、重量がある。②かさなる、くわえる、ます。③おもおもしい、ふかい、あつい、たっとい、おごそか。④ゆっくり、ただしい、ゆるやか、てあつい。⑤はばかる、おそれる、わずらう。⑥みごもる。⑦腫と通じ、むくむ。

古訓　〔名義抄〕重　オモシ・タフトブ・カサヌ・カサナル・ワヅラフ・シゲシ・シキル・コノム／百重　モ、カサナリ　〔字鏡集〕重　ヨシ・オモシ・カサナル・タフトシ・タヽム・コノム・ワヅラフ・オホシ・ネンゴロ・アツシ・ツヽシム・シゲシ・シキル

声系　〔説文〕に重声として踵・種・緟・動・童(童)など十字を収める。童声の撞(撞)・鐘(鐘)なども同系とみてよく、鐘は古くは鍾としるした。おおむね重の声義を承け、継続・増益などの義を含む。

語系　重・種・緟・穜 diong は同声。緟は〔説文〕十三上に「增益するなり」とあり、穜は〔玉篇〕に「複なり」とあって、穜複(重複)の意。踵・腫・鍾 tjiong も声義近く、踵は継続、腫・鍾には増益の意がある。

【重位】　重要な地位。〔潜夫論、貴忠〕夫れ帝王の尊敬する所の者は天なり。皇天の愛育する所の者は人なり。今人臣、君の重位を受け、天の愛する所を牧ふ。焉んぞ以て安んじて之れを利し、養ひて之れを濟さざるべけんや。

【重囲】　幾重にも囲まれる。〔三国志、魏、三少帝、斉王芳紀〕重圍を越蹈し、白刃を冒突し、身を輕んじて信を守り、不幸にして獲へらる。

【重威】　おもおもしい。威厳を加える。〔史記、高祖紀〕夫れ天子は、四海を以て家と爲す。壯麗に非ずんば、以て威を重くする無し。

【重闈】　幾重もの宮中の門。魏・何晏〔景福殿の賦〕鎭するに崇墉を以てし、寔れを永始と曰ふ。複閣重闈、猖狂を是れ俟つ(盗に備える)。

【重陰】　陰気の深いところ。ふかいかげ。魏・王粲〔七哀詩、三首、二〕方舟、大江を遡る　日暮、我が心を愁へしむ　山岡、餘映有り　巖阿、重陰を増す

【重淵】　深いふち。〔荘子、列禦寇〕夫れ千金の珠は、必ず九重の淵、驪龍の頷下に在り。

【重屋】　重層の建物。〔唐書、西域上、東女伝〕羌の別種なり。～東西行は九日を盡し、南北行は二十日を盡す。八十城有り、女を以て君と爲す。～居る所皆重屋。王は九層、國人は六層なり。

【重恩】　厚恩。〔後漢書、劉虞伝〕今天下崩亂し、主上蒙塵(都落ち)す。吾れ重恩を被り、未だ國恥を清め雪ぐこと能はざるに、諸君～反つて逆謀を造すか。

【重閣】　重層の建物。〔晋書、隠逸、宋纖伝〕酒泉の南山に隱居す。～大守馬岌は高尚の士なり。威儀を具へ～て造る。纖、高樓重閣にして、距みて見ず。岌歎じて曰く、～先生は人中の龍なりと。

【重器】　重要な宝。〔史記、伯夷伝〕舜禹の閒、岳牧咸な薦む。～職を典ること數十年、～然る後に政を授く。天下は重器、王者は大統、天下を傳ふること斯くの若く之れ難きを示すなり。

【重九】　九月九日、菊の節句。晋・陶潛〔九日閒居詩の序〕余れ、閒居して重九の名を愛す。秋菊は園に盈つるも、醪(酒)を持するに由し靡し。空しく九華(菊花)を服して、懷ひを言に寄するのみ。

【重刑】　重い刑罰。〔尉繚子、重刑令〕民をして内、重刑を畏れしめば、則ち外、敵を輕んず。故に先王は制度を前に明らかにし、威刑を後に重くす。刑重ければ、則ち内に畏れ～外堅し。

【重険】　要害のところ。〔三国志、蜀、鄧芝伝〕蜀に重險の固め有り、吳に三江の阻有り。此の二長を合はせ、共に脣齒を爲さば、進みては天下を幷兼すべく、退きては鼎足して立つべし。

【重繭】　足にまめができ、皮が破れる。〔戦国策、宋衛〕公輸般、楚の爲に機を設け、將に以て宋を攻めんとす。墨子之れを聞き、百舍重繭、往きて公輸般を見る。

【重午】　五月五日、端午の節句。〔宋史、劉温叟伝〕太祖～其の清介なるを聞き、吏を遣はして錢五百千を遺らしむ。溫叟之れを受け、廳の西舍中に貯ふ。～明年重午、又角黍執扇を送る。遣はせし所の吏、～西舍の封識宛然たるを視る。

【重厚】　おちついて重々しい。〔史記、高祖紀〕陳平は智餘り有り。然れども以て獨り任じ難し。周勃は重厚にして文少なし。然れども劉氏を安んずる者は必ず勃ならん。太尉爲らしむべし。

【重困】　困苦が重なる。〔後漢書、寇栄伝〕(上書)臣聞く、勇者は死を逃れず、智者は重ねて困せず。固より明朝の爲に、盡きんと垂とする命を惜しまず。願はくは湘・沅の波に赴かん。

【重賜】　立派なものを贈る。〔漢書、司馬相如伝上〕相如乃ち侍人をして、文君に重賜せしむ。侍者、殷勤を通ず。文君夜亡げて相如に奔る。

【重事】　大事。重要な事。〔漢書、文帝紀〕代王曰く、高帝の宗廟を奉ずるは重事なり。寡人不佞、以て稱ふに足らず。～寡人敢て當らずと。

【重賞】　重いほうび。〔三略、上〕香餌の下に必ず懸魚有り、重賞の下に必ず死夫有り。

【重畳】　うちかさなる。〔後漢書、皇后上、明徳馬皇后紀〕常に富貴の家を觀るに、祿位重疊す。猶ほ再實の木の、其の根必ず傷るるがごとし。

【重職】　重要な職。〔漢書、儒林、張山拊伝〕(谷永の上疏)出でては則ち冢宰の重職に參じ、功列政事に施す。公より退食し、私門開かず。

【重臣】　重職にある臣。〔管子、明法解〕治亂は法を以て斷ぜずして重臣に決し、生殺の柄は主に制せずして群下に在り。此れ寄生の主なり。

【重慎】　慎重。注意深い。〔後漢書、樊梵伝〕梵、字は文高、郎爲ること二十餘年。三署其の重愼なるに服す。

【重責】　重い責任。〔漢書、宣元六王、淮陽憲王欽伝〕王其れ留意愼戒して、惟だ過ちを悔い、行ひを易へ、重

責を塞ぎ、厚恩に稱ふ所以を思へ。此くの如くんば、則ち長く富貴を有ち、社稷（国家）安からん。

【重装】積み重ねて載せる。〔史記、淮南王安伝〕上の擧錯、古の道に遵ひ、風俗紀綱、未だ缺くる所有らず。重装の富賈、天下に周流す。～故に交易の道行はれ、南越賓服す。

【重鎮】柱石となる人物。〔三国志、呉、陸凱伝〕（上疏）中常侍王蕃は、～斯れ社稷（国家）の重鎮なり。～而るに陛下、其の苦辭を忿り、其の直對を惡み、之れを殿堂に梟らし、屍骸暴棄せらる。邦内心に傷み、有識悲悼す。

【重瞳】ひとみが二つある。〔史記、項羽紀論賛〕吾れ之れを周生に聞けり。曰く、舜の目は蓋し重瞳子なりと。又聞く、項羽も亦た重瞳子なりと。

【重任】重い荷物。また、重要な任務。〔荀子、王覇〕國なる者は、天下の大器なり。重任なり。～誰子（誰人）にか之れ與へん。

【重貧】国貧しく、政務が多い。〔商君書、去彊〕國富みて貧治なるを重富と曰ふ。重富なる者は彊し。國貧しくして富治なるを重貧と曰ふ。重貧なる者は弱し。

【重複】かさなる。〔北史、李謐伝〕毎に曰く、丈夫書を擁すること萬卷ならば、何ぞ南面百城を假らんと。遂に絕跡して帷を下し（深居読書）、門を杜し却掃し、產を棄て書を營み、手自ら刪削し、卷に重複無き者四千有餘なり。

【重望】人望が厚い。〔老学庵筆記、十〕張魏公（浚）重望有り。建炎以來、左右相を置くこと多し。天下獨り魏公を目して張右相と爲す。

【重訳】通訳を重ねる。〔漢書、平帝紀〕元始元年春正月、越裳氏、重譯して白雉一・黑雉二を獻ず。詔して、三公をして以て宗廟に薦めしむ。

【重陽】九月九日、菊の節句。魏・文帝〔鍾繇に与ふる書〕歲往き月來たり、忽ち復た九月九日なり。九を陽數と爲す。而して日月竝び應ず。俗に其の名を嘉し、以て長久に宜しと爲す。故に以て享宴高會す。

【重穋】先種後熟を重、後種先熟を穋という。〔詩、豳風、七月〕黍稷重穋 禾麻菽麥

【重累】かさなる。〔漢書、郊祀志下〕新垣平・齋人少翁・公孫卿・欒大等、皆～貴幸せられ、賞賜千金を累ぬ。大、尤も尊盛せられ、公主を妻すに至る。爵位重累し、海內を震動す。

↑重圧 圧迫／重衣 かさね／重頤 二重あご／重茵 重ね布団／重裀 重茵／重紆 まとう／重雲 深い雲／重暈 二重暈／重英 飾矛／重穎 稲穂／重謁 再請／重檐 層檐／重価 高価／重科 重罪／重華 舜／重劾 重犯／重較 卿士の車／重関 二重門／重澗 深谷／重巌 層巌／重寄 重任／重規 重い掟／重毅 厚毅／重客 賓客／重弓 二丁弓／重裘 重ね裘／重貺 重賜／重衾 重ね夜着／重禁 厳法／重勳 大勲／重京 京観／重敬 敬う／重軽 軽重／重圏 二重丸／重趼 重繭／重憲 重典／重巘 重層巘／重玄 奥深い／重固 堅固／重辜 重罪／重痼 重病／重五 重午／重昏 暗愚／重婚 重二重結婚／重歳 連年／重罪 大罪／重施 厚施／重貲 重資／重資 貴重な資金／重疾 重病／重車 輜重車／重囚 重犯／重修 再編修／重葺 葺き直し／重襲 重ねる／重出 重なる／重傷 重い傷／重霄 大空／重壌 大地／重身 孕む／重世 累世／重税 苛酷な税／重席 重ね席／重舌 通訳／重泉 地下／重薦 ご推薦／重膳 重ね膳／重租 重税／重素 喪服／重層 重なる／重尊 尊貴／重戴 角巾帽／重代 代々／重謫 重罪／重濁 重く濁る／重遅 ゆるやか／重誅 重罪／重徴 重税／重翟 皇后の車／重典 重法／重堂 重層の堂／重農 農業を重んずる政策／重拝 再拝／重罰 重刑／重犯 重大な犯罪／重藩 大藩／重病 大患／重風 中風／重物 大事な物／重幣 厚幣／重辟 重罪／重溟 大海／重門 二重の門／重来 再び来る／重酪 乳汁／重卵 累卵の危うさ／重覧 再覧／重巒 層巒／重霤 雨滴承け／重量 めかた／重斂 重税／重賂 重賄／重禄 重い禄／重賄 多くの賄賂

↓威重・懿重・一重・過重・雅重・寛重・簡重・幾重・貴重・器重・九重・敬重・軽重・権重・厳重・厚重・至重・輜重・自重・持重・粛重・畳重・深重・慎重・推重・翠重・数重・積重・千重・荘重・尊重・体重・端重・沈重・珍重・鄭重・典重・任重・万重・百重・偏重・累重

常【従】10 人【從】11 2828 ジュウ ショウ したがう

篆文 甲骨文 金文

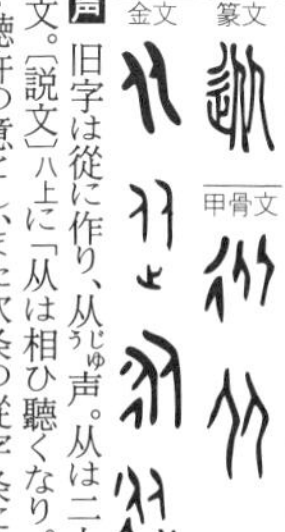

形声 旧字は從に作り、从声。从は二人前後する形で、従の初文。〔説文〕八上に「从は相ひ聽くなり。二人に從ふ」とし、聽許の意とし、また次条の從字条に「隨行するなり。辵に从ひ从に從ふ。从は亦聲なり」とするが、卜文・金文に从に作り、從はその繁文。服従・従事の意に用いる。

訓義 ①したがう、後にしたがう、つく、よりそう。②すなお、ききいれる、ゆるす、まもる。③ことにしたがう、しごとをする、あつかう。④あとをおう、せめる。⑤縦と通じ、たて、ほしいまま、はなつ。⑥自と通じ、より、から。⑦ゆるやか、ゆったり、従容。

古訓 〔名義抄〕従 シタガフ・ヨリ・ユルス・ヲフ・ホシイマ、・ソヒク・ウツス・ヨル・キタル・ツカフ・コノムトモナシ・トモ・アレイツ／衡従 ヨコシ（サ）マ・タ、シマ・タ、サ 〔字鏡集〕従 ウツス・ヲフ・ツヒニ・ユルス・シタガフ・ツカフ・キタル・ホシマ、・アヒ、ク・カサナル・コトムナシ・ユク・ヨリ・アシクツ・ソヒク・ヨル・コノム・ソビユ・アヒキク・コトンナシ・シヅカニユク

部首 〔説文〕に从を部首とし、從・幷の二字、〔玉篇〕にその異文を属する。

声系 〔説文〕に従声として樅・慫・縱（縦）など十字を収める。慫は慫慂、むりにすすめて従わせる意である。

語系 從・从dziong は同声。从は從の初文である。慫siong、蹤・縱tziong は、みな従の声義を承ける字で、一系の語である。

【従意】思うまま。晋・王羲之〔農敬親帖、三〕何ぞ久しく處るべけん。而れども情事、意に從ふことを得ず。歎くべし、歎くべし。

【従逸】気ままにする。〔国語、呉語〕夫れ固より君王の威を蓋ひ以て勝つを好むを知る。故に其の辭を婉約にして、以て王の志を從逸にし、諸夏の國に淫樂して、以て自ら傷つけしむ。

【従横】縦と横。南北と東西。また「しょうこう（くゎう）」と読み合従連衡の意。〔韓非子、忠孝〕世人多く國法を言はずして、從横を言ふ。諸〻の從（縦、南北の六国連合）を言ふ者は曰く、從成らば必ず霸たらんと。而して横（東西、秦と六国の和親）を言ふ者は曰く、横成らば必ず王たらんと。

【従駕】天子に随行する者。〔旧五代史、唐荘宗紀八〕今英主上に在り。天下も一家たり。従駕の精兵、百萬を下らず。西のかた巴蜀を平らげ、威、華夷に振ふ。

【従騎】騎馬の従者。〔史記、魏公子伝〕侯生(嬴)下りて、其の客朱亥を見て俾倪し、故らに久しく立ちて其の客と語る。～公子、顏色愈〻和す。～従騎皆竊かに侯生を罵る。

【従軍】出征する。〔楽府詩集、相和歌辞、七平調曲三、従軍行〕廣題に曰く、左延年の辭に云ふ。苦しい哉邊地の人 一歳に三たび軍に従ふ 三子は燉煌に到り 二子は隴西に詣る 五子遠く鬭ひ去り 五婦は皆懷身す(孕む)

【従坐】連坐する。〔後漢書、鄧禹伝〕陰皇后の巫蠱の事發はれ、(鄧)乾の従兄奉、后の舅なるを以て誅せられ、乾従坐し、國除かる。

【従死】後を追って死ぬ。〔戦国策、楚一〕(江乙)曰く、願はくは君(安陵君)、必ず従死して、身を以て殉と爲さんと請へ。是の如くんば、必ず長く重きを楚國に得んと。曰く、謹みて令を受けたりと。

【従恣】ほしいままにする。〔塩鉄論、散不足〕宮室奢侈なるは、林木の蠹(害虫)なり。～衣服靡麗なるは、布帛の蠹なり。～口腹従恣なるは、魚肉の蠹なり。用費節せざるは、府庫の蠹なり。

【従事】ことに従う。つとめる。〔詩、小雅、十月之交〕黽勉事に従ひ 敢て勞を告げず
【従酒】気ままに飲む。独酌。〔晏子、雑下十三〕晏子曰く、客無くして飲む。之れを従酒と謂ふ。今子の若き者は、晝夜尊(罇)を守る。之れを従酒と謂ふなりと。

【従心】心のままに行為する。七十歳。〔論語、為政〕六十にして耳順ふ。七十にして、心の欲する所に従ひて、矩を踰えず。

【従迹】あとかた。〔漢書、淮南厲王長伝〕王、上書して(淮南の)相を告ぐ。事、廷尉に下して治せしむ。従迹、王に連なる。王、人をして(京師を)候司せしむ。～王恐れ、兵を發せんと欲す。

【従属】つき従う。〔史記、絳侯周勃世家〕壁門の士吏、従屬の車騎に謂ひて曰く、將軍(周亜夫)約す。軍中、驅馳するを得ずと。是に於て天子乃ち轡を按じ、徐行して營に至る。

【従約】合従の約。〔史記、楚世家〕(張)儀、因りて楚王に説くに、従約に叛きて秦と合親し、婚姻を約するを以てす。

【従諛】へつらう。〔史記、汲黯伝〕上退きて～曰く、甚だしいかな、汲黯の戇(愚)なるやと。～黯曰く、天子、公卿輔弼の臣を置く。寧んぞ従諛して意を承け、主を不義に陷らしめんや～と。

【従游】従い学ぶ。仕える。〔史記、酈生伝〕酈生(食其)見て、之れに謂ひて曰く、吾聞く、沛公慢にして人を易るも、大略多しと。此れ眞に吾が従游を願ふ所なり。

【従容】おちつき、くつろぐ。〔中庸、二十〕誠なる者は、勉めずして中り、思はずして得。從容として道に中るは、聖人なり。

【従来】もとより。由来。〔玄怪録、張佐〕佐、甚だ之れを異しみ、試みに従りて來る所を問ふ。叟但だ笑つて答へず。再三するに至り、叟忽ち怒り叱して曰く、年少子、乃ぞ敢て相ひ逼るやと。

↑従衛 伴まわり/従翁 叔父/従学 就学する/従扞 従衛/従諫 諫に従う/従姫 側室/従禽 田猟/従兄 いとこ/従遣 まかす/従行 従いゆく/従佐 随員/従士 従衛/従子 甥・姪/従祀 配祀する/従車 伴の車/従者 伴/従衆 衆議に従う/従戎 従軍/従順 素直/従初 当初/従食 従祀/従臣 家来/従親 合従/従声 附和する/従征 従軍/従跡 従迹/従説 存分にいう/従前 以前/従俗 俗に従う/従卒 徒卒/従徴 徴兵/従聴 まかせる/従天 天まかせ/従奴 下僕/従納 用いる/従婢 下女/従蹕 従駕する/従服 服従する/従臾 従諛/従欲 縦欲/従吏 下役人/従理 鼻下/従流 従俗/従良 身受け

↓雲従・景従・合従・騎従・曲従・屈従・扈従・三従・侍従・主従・臣従・随従・専従・聴従・追従・適従・忍従・陪従・牝従・賓従・風従・服従・僕従・面従・盲従・類従・郎従

常【渋】11 人〔澁〕15 3111 〔歰〕14 1711

ジュウ(ジフ) しぶる しぶい

篆文

会意 正字は歰に作り、止(𣥠)が相向かう形。止は両足をそろえる形。両足をそろえて相向かう形であるから、進むことができず、渋滞の意となる。〔説文〕二上に「滑らかならざるなり」とあり、進退の自由でないことをいう。

訓義 1しぶる、とどこおる、ゆきなやむ。2しぶい、味がしぶい、口に通りにくい。3国語で、しぶ、柿のしぶ、飾りをすてた洗練されたおもむき。

古訓 〔名義抄〕澁 シブル・シブルカス・サビ・シブシ・スクムテ

声系 〔説文〕二下に歰声に従う字として⿰彳歰の一字を収め、「行く皃なり」と訓する。行路の渋滞をいう字であろう。澁は篆文の歰として収める。

語系 歰(澁)・譅 shiəp は同声。濇 shiək は声義近く、滑らかでないことをいう。また、言吃にして発語に苦しむことを譅という。澁はおそらく、濕(湿)・溼 sjiəp、汁 tjiəp と関係ある語で、水気によって渋滞する意を含む。

【渋慳】けち。宋・周必大〔西山に遊ぶ〕詩 地飲は眞率を成し 天風は澁慳を怒る
【渋体】わかりにくい表現。〔唐詩紀事、九、徐彦伯〕彦伯、文を爲るに、多く變易して新を求む。鳳閣を鶠閣と爲し、龍門を虯戸と爲す。～進士之れに效ひ、之れを徐澁體と謂ふ。
【渋滞】とどこおる。元・王惲〔輓漕篇〕詩 鉅野より齊東に至る 淺きに著くこと凡そ幾處ぞ 必ず州縣の力を資り 澁滯方めて度すべし

↑渋噎 むせぶ/渋苦 にがい/渋語 どもる/渋舌 どもる/渋道 石階/渋読 難読/渋吶 どもる/渋訥 渋吶/渋難 難渋する/渋筆 遅筆/渋悶 なやむ/渋錬 凝錬

↓晦渋・艱渋・奇渋・険渋・枯渋・羞渋・辭渋・粗渋・苦渋・訥渋・難渋・僻渋

【揉】12 5709

ジュウ(ジウ) もむ ためる やわらげる

形声 声符は柔。柔は木を揉め撓げる意で、その木を柔、そのことを揉という。〔詩、大雅、崧高〕に「萬邦を揉ぐ」の句がある。金文に「遠きを⿰酉夒げ犾きを能む」とあり、⿰酉夒が柔・揉の初文。⿰酉夒は酒を献じ、舞って神意を柔らげること、揉は木や皮革の類を柔らげることをいう。

訓義 1もむ、ためる、ひねる、こねる。2やわらげる。

古訓 〔篇立〕揉 マジハル 〔字鏡集〕揉 ヒネル・タム

語系 揉・柔・煣・鞣・腬 njiu は同声。また肉(肉) njiuk、弱(弱) njiôk も声義近く、同系の語である。擾(擾)・⿰酉夒 njiu は夒に従い、歌舞して神意を安んずる意の字であるが、のち柔・

揉の字を用い、「䁱遠」を「柔遠」のようにしるす。

【揉雜】入りまじる。混雜する。〔世説新語、文学〕時に始めて雪ふる。五處俱に賀し、五版竝び入る。(桓)玄、～版至れば卽ち版後に答ふ。皆粲然として章を成し、相ひ揉雜せず。

【揉輪】木をまるくして輪を作る。〔淮南子、氾論訓〕而ち之れが揉輪、建輿を作爲し、馬を駕し牛を服して、民以て遠きを致して勞せず。

↑揉革 なめす／揉合 融合する／揉搓 もみほぐす／揉砕 もみくだく／揉擦 もみほぐす／揉藉 ふみほぐす／揉濯 もみ洗い／揉捏 揉搓／揉摩 もむ／揉弄 弄ぶ／揉和 融合する

↓矯揉・錯揉・雜揉・手揉・痛揉・紛揉・和揉

【絨】 12 2395 ジュウ けおり

形声 声符は戎。もと細かい織目の布の意。のち絨緞のように、厚い毛織物をいう。毛の深い状態を蒙戎といい、絨緞の意に転用されたのであろう。

訓義 ①織目の細かい布。②ねり糸。③毛織り、絨緞。④刺繡の糸。

古訓 〔字鏡集〕絨 ホソヌノ

↑絨衣 羅紗の服／絨花 造花／絨球 毛球／絨綉 色の刺繡／絨絨 濃密なさま／絨線 毛糸／絨緞 毛織の敷物／絨絛 組紐

↓紅絨・香絨・黄絨・毿絨・石絨

常

【銃】 14 8011 ジュウ てっぽう

形声 声符は充。〔玉篇〕に「銎なり」とあり、斧の柄をさしこむ穴をいう。のち火器が発明されて、その大なるものを砲、小なるものを銃という。

訓義 ①斧の柄の穴。②てっぽう、こづつ。

古訓 〔篇立〕銃 トキサキ 〔字鏡集〕銃 ノミ

↑銃砲 鉄砲

↓機銃・拳銃・小銃・短銃・鳥銃・猟銃

【糅】 15 9799 ジュウ(ヂウ) まぜる

形声 声符は柔。〔広雅、釈詁一〕に、「雜なり」とあり、雜糅、ものをまぜ合わすことをいう。料理をととのえ、あえる意に用いる。

訓義 ①まぜる、まじる、まぜあわす。②ととのえ、あわせる。③あえもの、まぜもの、まぜめし。④たべる。

古訓 〔名義抄〕糅 マジハル・カタラフ・アヘモノ・クハフ・ユヅマキ・マジハル・マジフ・モミカツ 〔字鏡集〕糅 カシカテ・アヘモノ・クハフ・カタラフ・ナシラフ・チ

【糅雜】混雜。〔梁書、王規伝〕(幼訓)其の居處を肅にし、其の牆仞を崇くし、門に糅雜無く、坐に號呶を闕く。之れを以て學を求め、～之れを以て文を爲る。

↑糅合 混合する／糅錯 糅雜

↓混糅・雜糅・添糅・駁糅・紛糅・和糅

常

【獣】 16 入【獸】 19 6363 ジュウ(ジウ) かり けもの

篆文

金文

甲骨文

会意 旧字は獸に作り、嘼+犬。嘼は〔説文〕十四下に「犍なり。耳頭足、地を厹むの形に象る」と家畜の意に解するが、嘼の上部は單(単)、羽飾りのある楕円形の盾の形、下部の口は祝詞を収める器の形(𠙵)で、狩猟に先だって収獲を祈る儀礼を示す。それに猟犬を加えて狩猟の意を示したもので、獸は狩の初文。卜文・金文には狩猟の狩を獸としるし、卜辞には狩することを「獸せんか」のようにいう。のち獸は獸畜の意となり、狩が狩猟の字となった。

訓義 ①かり、かりする、狩の初文。②えもの、けだもの、けもの。③ほじし。

古訓 〔和名抄〕獸 介毛乃(けもの)。牝、米介毛能(めけもの)。牡、乎介毛乃(をけもの) 〔名義抄〕獸 ケモノ・イクサ 〔字鏡集〕獸 イクサ・ケダモノ

語系 獸・狩sjiuは同声。狩は獸の形声の字で、その初義を存するもの。搜(捜)shiu、索sheakは搜し求める意であるが、声義の関係があろう。

【獸檻】獸を入れるおり。〔晉書、隠逸、董京伝〕清流は飲むべく、至道は餐らふべし、何爲れぞ棲棲として、自ら疲單(癉)せしむる。魚懸獸檻は、鄙夫すら之れを知れり。

【獸畜】犬や馬をかう。〔孟子、尽心上〕食ふも愛せざるは、之れを豕交(豚扱い)するなり。愛するも敬せざるは、之れを獸畜するなり。

【獸虞】狩猟を司る官。〔国語、魯語上〕古は、大寒降り、土蟄發す。水虞是に於てか罛罶(漁網)を講ず。～鳥獸孕み、水蟲成る。獸虞是に於てか罝羅(獸網)を禁ず。

【獸穴】獸の住む穴。危険な場所。〔周書、李遠伝〕古人云へる有り。獸穴に入らずんば、安くんぞ獸子を得んや。若し奇兵を以て其の不意に出でば、事或いは濟るべし。

【獸行】獸のような不倫の行為。〔周礼、夏官、大司馬〕外内亂れ、鳥獸の行あるときは、則ち之れを滅ぼす。

【獸吻】門の飾り。〔蔵園雜記、二、古諸器物の異名〕獸吻、其の形獅子に似たり。性好んで陰邪を食らふ。故に門環上に立つ。

↑獸医 家畜の医／獸瓦 鬼瓦／獸角 つの／獸環 門環／獸鐶 獸環／獸居 獸穴／獸君 虎／獸形 獸の形／獸碣 獸形の碑碣／獸圈 おり／獸口 虎口／獸工 皮革工／獸侯 まと／獸災 獸害／獸子 しびん／獸心 残虐な心／獸跡 獸のあしあと／獸皮 皮革／獸伏 獸のようにひそむ／獸物 獸類／獸欲 色欲／獸炉 獸形の炉

↓畏獸・異獸・逸獸・牙獸・怪獸・海獸・害獸・格獸・獲獸・攫獸・檻獸・奇獸・巨獸・魚獸・禽獸・駆獸・群獸・圈獸・狎獸・狡獸・困獸・祭獸・山獸・神獸・仁獸・瑞獸・聖獸・走獸・鳥獸・珍獸・闘獸・搏獸・百獸・伏獸・奔獸・猛獸・野獸・妖獸・離獸・猟獸・霊獸

常

【縦】 16 入【縱】 17 2898 ジュウ ショウ ソウ たて ゆるす ほしいまま

篆文

形声 声符は従(從)。從は二人相従う意。縦にならぶことをいう。〔説文〕十三上に「緩やかなり」というのは、縦糸をゆるやかに張る意であろう。また「一に曰く、舍つなり」と放縦の意とする。

訓義 ①たて糸を張る。強くはるのを経といい、ゆるくはるのを縦という。②ゆるい、ゆるす、ゆるめる。③ほしいまま、ほしいままにする、みだれる、はなす、すてる、おく。④従と通じ、たて、南北。⑤仮設、もし、たとい。

古訓 〔名義抄〕縦 ホシイマ、ニ・ハナツ・ミダル・タトヒ・ツク・ユルス・イトヾ・タ、サマ・タ、シサマ・カムツ、ミス・ユルナリ／縦使 タトヒ 〔字鏡集〕縦 モシ・オク・トサマ・ハナツ・タ、サホル・ユルス・ツク・シタル・カムツ、ニス・ホシイマ、・タトヒ・ユルウス・タ、シ

語系 縦・蹤・踪tziongは同声。一線を以て連なる状態にあるものをいう。从・従dziongは同声。たてに並び従う意。踵tjiong

はかかと、相接する意で、また同系の語である。

【縦逸】しょういつ　ほしいままにする。〔抱朴子、釈滞〕亦た心靜默に安んじ、性諠譁を惡くみ、縱逸を以て歡と爲し、榮任を以て戚(憂)と爲す者有り。

【縦横】じゅうおう(わう)　たてよこ。東西と南北。自由自在。また、合従連衡。唐・魏徵〔述懐〕詩　中原還た鹿を逐ふ　筆を投じて戎軒(軍車)を事とす　縱横、計は就らざれども　慷慨、志は猶ほ存す

【縦観】しょうかん(くわん)　思うままに観る。〔史記、高祖紀〕高祖常て咸陽に繇え(徭役)し、縱觀して秦の皇帝を觀、喟然として太息して曰く、嗟乎大丈夫、當に此の如くなるべきなりと。

【縦禽】しょうきん　放ち、また擒とする。七縱七擒。〔三国志、蜀、諸葛亮伝注に引く漢晋春秋〕亮、南中に至る。～募りて之れ(孟獲)を生致す。既に得て、營陳の閒を觀しめ、～縱ちて更め戰はしめ、七縱七禽す。～曰く、～南人復た反かざらんと。

【縦恣】しょうし　わがまま放題。〔韓非子、五蠹〕今～士民は内に縱恣し、言談する者は勢を外に爲す。外内惡を稱し、以て強敵を待つ。亦た殆からずや。

【縦舎】しょうしゃ　ゆるす。〔漢書、酷吏、厳延年伝〕是の時、張敞京兆の尹爲り。素より(厳)延年と善し。敞、治すること嚴なりと雖も、然れども尙ほ頗ぶる縱舍有り。延年の刑を用ふること刻急なるを聞き、乃ち書を以て之れを諭す。

【縦酒】しょうしゅ　ほしいままに酒を飲む。〔世説新語、任誕〕劉伶、嘗に縱酒放達、或いは脫衣裸形にして、屋中に在り。人見て之れを譏る。伶曰く、我は天地を以て棟宇と爲し、屋室を幝衣と爲す。諸君何爲れぞ我が幝中に入ると。

【縦脱】しょうだつ　気ままで道から外れる。〔荘子、天下〕愼到は知を棄て己を去り、～縱脫にして行ふこと無く、天下の大聖を非とす。～物と宛轉し、是と非とを舍く。

【縦誕】しょうたん　勝手気まま。〔晋書、儒林伝序〕有晉、中朝より始めて江左に迄るまで、崇飾華競、虛玄を祖述せざる無し。～禮法を指して流俗と爲し、縱誕を目するに淸高を以てす。

【縦談】しょうだん　存分に語る。唐・権徳輿〔蔡十二の贈らるるに酬別す〕詩　別館絲桐淸く　寒郊煙雨昏し　中飮、逸氣を見　縱談、化元を窮む

【縦筆】しょうひつ　自在に筆をふるう。明・李東陽〔王公済の武昌に帰るを送る歌〕詩　時に筆に縱せて詞賦を作ること有り　經史に出入し、風騷を窺ふ

【縦放】しょうほう(はう)　勝手。自在。〔南史、王僧虔伝〕孔琳之の書は、天然縱放にして、極めて筆力有るも、規矩(法度性)は恐らくは羊欣の後に在らん。

【縦目】しょうもく　目を放つ。遠くを見る。唐・杜甫〔兗州城楼に登る〕詩　東郡(兗州)、庭に趨る(庭訓を受ける)の日　南樓、目を縱つの初め　浮雲、海・岱(東海・泰山)に連なり　平野、靑・徐に入る

【縦容】しょうよう　ゆったり。ゆるす。〔明律、刑律、犯姦、妻妾の犯姦を縱容す〕凡そ妻妾、人と姦を通ずるを縱容せば、本夫・姦夫・姦婦、各〻杖九十。

【縦覧】しょうらん　自在にながめる。唐・李群玉〔将に羅浮に遊ばんとして、広陵の楞伽台に登り、羽客に別る〕詩　淸遠、高臺に登り　晃朗、縱覽して歷たり

【縦令】しょうれい　たとい。もし。唐・張謂〔長安主人の壁に題す〕詩　世人、交はりを結ぶに黃金を須ふ　黃金多からざれば、交はり深からず　縱令然諾して暫らく相ひ許すとも　終に是れ悠悠、行路の心

↑縦悪　悪事のし放題／縦意　勝手気まま／縦佚／縦逸／縦溢　し放題／縦淫　気まま／縦飲　大飲／縦隠　隠し放題／縦越　縦溢／縦火　放火／縦歌　放歌／縦気　放縦／縦謔　ふざける／縦撃　猛攻／縦遣　逃がす／縦言　放言／縦衡　従横／縦傲　おごる／縦矢　矢を放つ／縦弛　ゆるむ／縦使　たとい／縦肆　縦恣／縦奢　おごる／縦釈　釈放／縦豎　立てる／縦囚　特赦／縦出　放免する／縦焼　放火／縦饒　たとい／縦心　従心／縦迹　蹤跡／縦然　たとい／縦送　逐う／縦縦　急ぐ／縦体　舞容／縦替　廃れる／縦探　探勝／縦騁　思うままに馳せる／縦適　自適する／縦慝　縦悪／縦任　わがまま／縦轡　思うままに馳せる／縦兵　兵をはなつ／縦歩　漫歩する／縦暴　暴れまわる／縦臾　縦慂／縦欲　従欲／縦纜　出帆／縦掠　思うままに掠奪する／縦浪　放浪する

↓意縦・横縦・解縦・合縦・酣縦・緩縦・擒縦・衡縦・弛縦・侈縦・指縦・恣縦・肆縦・自縦・七縦・舎縦・僭縦・疎縦・操縦・誕縦・天縦・任縦・放縦

【蹂】　16 6719　［九厶］ 4 4073　ジュウ(ジウ)　ふむ

篆文

形声　声符は柔。〔説文〕十四下に厹を正字とし、「獸の足、地を蹂むなり」とし、篆文として蹂を録する。いま蹂践の字に蹂を用いる。厹は大小の虫が相蹂践する形で、獸足を以て相蹂践する意には、蹂の字がふさわしい。〔詩、大雅、生民〕「或いは簸ぎ、或いは蹂む」とは、脫穀のことをいう。

訓義　1 ふむ、獸の足でふむ。2 いねふみ、もみがらをふんでとる。

古訓　〔新撰字鏡〕蹂　阿止豆久(あとつく)、又、布牟(ふむ)〔名義抄〕蹂　フム　〔字鏡〕蹂　フム、踐なり、阿止足(あとあし)

語系　蹂(厹)・柔・腬・煣 njiu は同声。また、肉(肉) njiuk、弱(弱) njiôk は声近く、肉のようにやわらかいものをいう語である。あしうらの柔らかい肉を以て蹂践することをいう。

【蹂藉】じゅう(じう)せき　ふみつける。〔隋書、儒林、何妥伝〕張山居は未だ星位を知らず。前に已に太常を蹂藉せり。曹魏祖は北辰を識らず。今復た太史を轔轢せり。其の短見を用て、便ち自ら夸毗(身を低くしてへつらう)せざる莫し。

【蹂践】じゅう(じう)せん　ふみつける。〔鶴林玉露、甲三、慶元侍講〕嘗て聚景園に幸し、晩に歸る。都人の觀る者、門に入ることを爭ひ、蹂踐して死する者有り。上之れを聞きて深く悔い、是れより復た出でず。

【蹂蹈】じゅうとう(じうたう)　ふみにじる。〔論衡、佚文〕文錦を泥塗の中に蹂蹈せば、之れを聞見する者、痛心せざるは莫からん。文錦の惜しむべきを知るも、文人の當に尊ぶべきを知らざるは、類に通ぜざるなり。

【蹂躪】じゅう(じう)りん　ふみにじる。〔漢書、王商伝〕建始三年秋、京師の民、故無くして相ひ驚く。言ふ、大水至ると。百姓奔走して、相ひ蹂躪す。老弱號呼し、長安中大いに亂る。～頃らく有りて、～之れを問ふに、果して訛言なり。

↑蹂若　ふみつける／蹂促　ふみつける／蹂蹀　ふみつける／蹂剔　侵害する／蹂抑　ふみつける／蹂掠　強奪する／蹂蹸　蹂躙する／蹂轔　蹂躙する

↓攻蹂・雑蹂・芟蹂・残蹂・践蹂・騰蹂

【鞣】　18 4759　ジュウ(ジウ)　なめす　なめしがわ

篆文

形声　声符は柔。柔は木の枝を撓め、やわらかにすること。〔説文〕三下に「耎らかにするなり」とあり、革をなめして柔らかにすることをいう。〔玉篇〕に「乾革なり」とみえる。

訓義　1 なめす、なめしがわ。2 やわらかにする、やわらか。

古訓 〔字鏡集〕毱 カレタルカハ

シュク

【夙】 6 7721 シュク つとに はやい

篆文

古文

甲骨文

金文

会意 正篆の字形は舛に作り、夕＋丮。夕を奉ずる形。夕は卜文では月の形に作り、金文では肉の形かともみえる。卜文の字形によれば、月を拝する象とみられ、早朝の残月を拝する意であろう。〔説文〕七上に「早敬なり。丮に從ふ。事を持して、夕と雖も休まず、早敬なる者なり」とあって、舛は夙の初文。古文の二形は宿の初文とみられ、人が因席(しきもの)を用いる形で、夙とは別の字であろう。

訓義 1つとめて、あさはやく、月を拝する儀礼。2つとに、はやい。3宿と通じ、宿昔の意。むかし、むかしから。

古訓 〔新撰字鏡〕夙 飄颻、豆牟志加世(つむじかぜ)、又、阿志太(あした)〔名義抄〕夙 アシタ・ハヤシ・ハヤク・ツトニ・トシ・ハゲシ・ヒル・ツトメテ・オドロク・スミヤカニ・ツムジカゼ〔字鏡集〕夙 ハヤシ・アシタ・ウヤマフ・スミヤカ・ツト・ハゲシ・オドロク・ツトメテ・ツトニ・トシ・ヒル

語系 夙 suk、早 tzu は声義に通ずるところがある。夙は夙早の儀礼を示す字。早は是(スプーン)の上部の形。蚤 tzu も同声で、かゆいところを爪でかく形。早・蚤を夙の義に用いるのは、声の仮借である。

【夙怨】 前からの怨恨。〔宋史、蘇轍伝〕人心已に定まる。惟だ元豐の舊黨、中外に分布し、多く邪説を起し、以て在位を搖撼す。呂大防・劉摯之れを患へ、稍く引き用ひて、以て夙怨を平かにせんと欲す。之れを調停と謂ふ。

【夙懐】 平素からの考え。宋・蘇舜欽〔杜公に答ふる書〕其の爲す所、以て弊亂を拯ひ、數百千年と雖も、赫然として忘られず、凜然として尙ほ生氣有り。此れ大君子の事業にして、丈人の夙懷する所以なり。

【夙興】 朝早く起きる。〔詩、小雅、小宛〕我れ日に斯に邁き 而も月に斯に征く 夙に興き夜に寐ね 爾の所生を忝しむること毋かれ

【夙志】 前からの志。宿志。明・張居正〔勅封翰林検討陳公を祭る文〕嘔血して天を呼び、自ら止む能はず。誠に夫の夙志の違ふこと有るを憾み、追養の逮ぶこと莫きを痛む。

【夙成】 早くおとなびる。早成。〔後漢書、袁術伝〕(孫策、)~(術に)書を與へて諫めて曰く、~又聞く、幼主明智聰敏にして、夙成の德有り。天下未だ其の恩を被らずと雖も、咸な心を歸す~と。

【夙昔】 むかし。以前。〔閱微草堂筆記、灤陽消夏録四〕然れども數百年來、相ひ遇ふこと君の如き者、凡そ幾くなるを知らず。大都ね萍水偶ま逢ふのみ。煙雲倏ち散じ、夙昔の笑言、亦た多く記憶せず。

【夙智】 夙成の智。漢・蔡邕〔桓彬碑〕彬、人に過ぐる者四有り。夙智早成、岐嶷なり。學優文麗、至通なり。仕へて祿を苟くもせず、絕高なり。隆を辭し窳に從ふ、絜操なり。

【夙敏】 年少にして賢い。〔南史、謝弘微伝〕弘微年十歲、~精神端審なり。~叔父混~曰く、此の兒、深中(心正しく)夙敏、方に佳器を成さん。子有ること此の如くんば足れりと。

【夙夜】 朝早くから夜半まで。〔詩、大雅、烝民〕既に明にして且つ哲なり 以て其の身を保つ 夙夜解らず 以て一人に事ふ

↑夙愛 宿愛／夙意 夙志／夙縁 宿縁／夙駕 早朝に出かける／夙願 宿願／夙起 夙興／夙契 前縁／夙慧 幼少のときからかしこい／夙孼 夙業／夙見 早くから予見する／夙孤 孤児／夙悟 夙慧／夙好 旧交／夙疾 痼疾／夙儒 宿儒／夙就 夙成／夙宵 夙暮／夙心 夙志／夙世 前々の世／夙生 前世／夙素 平素／夙賊 旧賊／夙退 早く退出する／夙達 夙智／夙知 夙智／夙衷 夙心／夙分 宿縁／夙暮 朝夕／夙茂 夙成／夙齢 年少

↓昏夙・載夙・震夙

【尗】 6 2190 シュク まさかり まめ

篆文

象形 戚の頭部の形。上が鉞の刃と柲部、下はその刃光を発する意。戚は、その全形である戉に、尗を加えた字である。〔説文〕七下に「豆なり。尗(菽)豆の生ずる形に象る」とし、菽の初文とするが、金文の字形は、明らかに鉞頭の刃光を発する形である。金文に「叔金」「叔市」とある叔は白色の意で、叔は尗の繁文。伯叔の叔は金文では弔に作り、弔は繳(いぐるみ)の象形。その音をかりて伯叔の字とする。叔金・叔市の叔と、伯叔の叔とは、もと異なる字であった。菽はのちの形声字で、叔の形義とは関係がない。

訓義 1まさかり。戚の初文。まさかりの刃光。2菽と通じ、まめ。

部首 〔説文〕に、尗部に枝を属する。のちの豉の字。〔玉篇〕に叔をこの部に加えるが、伯叔の叔は古くは弔(繳)の形にしるした。

声系 〔説文〕に尗声として茮・叔・宋・戚など六字を収める。尗は戚の初文とすべき字。これを呪鎮として廟中におくものは宋、寂寞の寂の初文である。

語系 尗・叔 sjiuk は同声。尗は鉞頭、戚 tsyek がその全形である。宋(寂) tzyek も声義近く、戚は聖器として廟中の呪鎮とされたのであろう。

常 【叔】 8 2794 シュク しろい わかい

篆文

金文

会意 尗＋又(又)。尗は鉞頭の形。上は鉞の刀と柲部、下はその刃光の放射する形。金文に「叔金」「叔市」の語があり、白色に光る銀や錫、また素市をいう。〔説文〕三下に「拾ふなり」と訓し、「汝南にて芋を收むるを名づけて叔と爲す」とするが、それは方言音にすぎない。拾の義や、また伯叔の意に用いるのは、声の仮借である。

訓義 1しろい。鉞の刃部の光る形、尗をもつ形。かがやく。2拾と声が近く、ひろう。3少と声が近く、わかい、年がわかい、年下、年少。4俶・淑と通じ、よい。5菽と通じ、まめ、まめを拾う。

古訓 〔字鏡集〕叔 サダム・イツ・ヨシ

語系 叔 sjiuk は爍・鑠 sjiôk と声義近く、金属色の白くかがやく意がある。また少 sjiô と通じて若少・年少の意に用い、拾 zjiəp と通じて拾う意とするが、これらはみな声を以て通用するもので、字の本義ではない。

【叔季】 末の弟。伯仲叔季という。宋・曾鞏〔蔡京起居郎の制〕爾の叔季、竝びに直く、同に升る。其の榮遇に於ける、世及ぶもの罕なり。

【叔舅】 天子が異姓の諸侯をよぶ語。〔儀礼、覲礼〕(天子)同姓の小邦には、則ち叔父と曰ひ、其の異姓の小邦には、則ち叔舅と曰ふ。

【叔世】 末世。衰乱の時代。〔左伝、昭六年〕三辟の興るは、皆叔世なり。今吾子(子産をさす)、鄭國に相として封洫を作り、謗政を立て、參辟を制し刑書を鑄る。將に以て民を靖んぜんとするも、亦た難からずや。

【叔父】 おじ。また、天子が同姓の諸侯をよぶ語。〔礼記、曲礼下〕九州の長、天子の國に入るときは牧と曰ふ。天子、同姓には之れを叔父と謂ひ、異姓には之れを叔舅と謂ふ。

↑叔翁 大おじ／叔祖 叔翁／叔代 叔世／叔婆 父の叔母／叔伯 兄弟／叔妹 夫の妹／叔葉 末世

↓仲叔・伯叔

【柷】 9 4691 シュク

篆文 

形声 声符は兄。兄は祝(祝)の省文。〔説文〕六上に「樂木椌なり」(段注本)とあり、楽器として用いる木椌、柷敔のことをいう。方二尺四寸、深さ一尺八寸の箱に椎柄を入れ、これを動かして鳴らす。楽器というよりも、演奏の合図に使うもので、〔説文〕に「音を止め、節を爲す所以なり」としている。

訓義 ①しゅくぎょ。

【柷敔】 木の楽器。〔書、益稷〕下に管・鼗鼓あり、合止するに柷敔もてす。笙鏞以て閒するときは、鳥獸蹌蹌し、簫韶九成せば、鳳皇來儀す。

↑柷圄 柷敔／柷圉 柷敔

↓撃柷・鼓柷・鞉柷・用柷

常【祝】 9 3621 囚〔祝〕 10 3621 シュク シュウ(シウ) いのる はふり いわう

篆文  甲骨文  金文 

会意 示＋兄。示は祭卓。兄は祝禱の器である∪を戴く人の形で、巫祝。〔説文〕一上に「祭に贊詞を主る者なり」とあり、〔詩、小雅、楚茨〕に「工祝、致告す」とみえるものである。女巫を巫、男巫を祝といい、また覡という。〔段注〕に「人の、口を以て神に交はる者なり」とするが、祝の奉ずるものは、祝詞を収めた器である。祝の長官は大祝。祭政的な政治が行われた古代には、大祝が聖職者として最高の地位にあり、周公の子伯禽の作器に「大祝禽鼎」がある。また「禽𣪘」に「周公某(謀)り、禽祝る」とあって、周公父子が神事に当たる聖職者であった。王朝滅亡の後には、その祝は賤官とされ、〔儀礼〕には夏祝・商祝は喪祭の末事に従うものとされた。

訓義 ①いのる、ねがう、のろう、のりと。②はふり、神官、神主。③いわう、いわい。④注と通じ、そそぐ、つける。⑤斸と通じ、断つ。

古訓 〔名義抄〕祝 イハフ・ハフリ・シク・マサル・ネグ・イノル・マツル・シルシ・イタル・オクル。今呪に作る

語系 祝・呪tjiukは同声。詶tjiu、譸tiu、紬diuも声義近く、みな呪詛・祝禱に関する字である。祝は呪祝のときには詶の音でよむ。斸tiokと通じ、切る意に用いることがある。

【祝噎】 のどに食物がつかえないように祈る。その人。〔後漢書、明帝紀〕辟雍(神宮)を踐み、三老に尊事し、五更に兄事し、～公卿珍を饌し、朕れ親ら祖割(料理)し、～祝哽前に在り、祝噎後に在り。

【祝延】 長命をいわう。〔漢書、外戚下、孝元傅昭儀伝〕元帝位に卽き、立ちて倢伃と爲る。甚だ寵有り。人と爲り材略有り、善く人に事ふ。下も宮人左右に至るまで、飲酒して地に酹ぎ、皆之れを祝延す。

【祝嘏】 神を饗し、福を主人に致すことば。〔礼記、礼運〕祝嘏敢て其の常古(慣例)を易ふること莫し。是れを大假と謂ふ。祝嘏の辭說、宗祝巫史に藏するは禮に非ざるなり。是れを幽國と謂ふ。

【祝号】 祭祀のときのよびかた。水を玄酒というなど。〔礼記、礼運〕其の祝嘏を脩め、以て上神と其の先祖とを降し、以て君臣を正し、～其の祝號を作り、玄酒以て祭り、其の血毛を薦む。

【祝史】 はふり。神官。〔左伝、昭十八年〕里析、子產に告げて曰く、將に大祥(災)有らんとす。民震動し、國幾ほど亡びん～と。～子產～祝史をして主祏(神位)を周廟に徙し、先君に告げしむ。

【祝辞】 神に祈ることば。〔後漢書、皇后上、和熹鄧皇后紀〕(元興)三年秋、太后體安からず。左右憂惶し、祝辭を禱請し、願はくは命に代ることを得んと。太后之れを聞き、卽ち譴怒し、～但だ謝過祈福せしむ。

【祝寿】 長寿のおいわい。清・兪樾〔春在堂随筆、十〕(袁隨園紀游冊)世俗の祝壽、必ず逢九逢十の年に于いてす。先生兩年の出游は、皆壽を避くるの計と爲す。

【祝誓】 神に祈る。〔論衡、言毒〕天地の閒、毒氣流行す。～小人は皆毒氣を懷く。陽地の小人は、毒尤も酷烈なり。故に南越の人、祝誓せば輒ち效あり。

【祝詛】 祈りのろう。〔世説新語、賢媛〕漢の成帝、趙飛燕を幸す。飛燕、班婕妤を讒して祝詛す。是に於て考問す。辭して曰く、～若し鬼神にして知る有らば、邪佞の訴を受けざらん。若し其の知る無くんば、之れに訴ふるとも、何の益かあらんと。

【祝髪】 髪を切る。〔穀梁伝、哀十三年〕呉は夷狄の國なり。祝髮文身、魯の禮に因り、晉の權に因らんと欲す。～呉は東方の大國なり。

【祝釐】 福を祈る。〔史記、文帝紀〕祠官祝釐するに、皆福を朕が躬に歸し、百姓の爲にせずと。朕甚だ之れを愧づ。～是れ吾が不德を重ぬるなり。其れ祠官をして、～祈る所有る毋からしめよ。

↑祝饐 祝噎／祝宴 賀宴／祝筵 祝宴／祝賀 お祝い／祝官 神官／祝祈 祈る／祝規 祝い、祈る／祝敬 誕生祝い／祝慶 お祝い／祝鯁 祝噎／祝宰 神官／祝冊 祭文／祝師 神官／祝祠 ほこら／祝祝 鶏をよぶ声／祝捷 祝勝／祝宗 神官／祝禱 祈る／祝白 祈り／祝板 祝詞をしるす紙／祝付 命ずる／祝祓 お祓い／祝文 祭文／祝幣 お供え／祝薬 薬をぬる／祝融 火の神／祝郎 男巫

↓祈祝・慶祝・工祝・宰祝・尸祝・史祝・寿祝・瑞祝・宗祝・喪祝・大祝・致祝・奠祝・禖祝・巫祝・奉祝・卜祝

常【宿】 11 3026 シュク やどる とのい とどまる

篆文  甲骨文  金文

会意 宀＋佰。宀は廟屋、西は因席(しきもの)。人が廟中など神聖な建物に宿直することを示す字。〔説文〕七下に「止まるなり」とするが、留宿して守ることをいい、また致斎(ものいみ)の意がある。〔礼記、礼器〕「三日宿す」とは斎宿すること三日の意。また宿戒ともいい、〔周礼、春官、世婦〕に「女官の宿戒を掌る」とあり、祭祀の前には宿戒する定めであった。それより予めすること、久しくすること、残存することなどの意となる。

訓義 ①やどる、とのいする、まもる。②つつしむ、きよめる、はらう、いましめる。③とどまる、おちつく、すむ。④ひさしい、ふるい。

5あらかじめ、かねて、さきに、はやく。6速と通じ、まねく、すすめる。

古訓 〔名義抄〕宿 ヨル・ヤドル・オク・アラカジメ・ムカシ・ネタリ・モト 〔字鏡集〕宿 イヘ・モト・ヤスシ・ムカシ・ヨル・スム・オク・トヾマル・トヾム・アラカジメ・オホイナリ・モトヨリ・ヤドル・トマル・シク

声系 〔説文〕に宿声として縮など二字を収める。

語系 宿・夙siuk(夙)sukは同声。夙の卜文の字形は月を拝する象であるらしく、両字の声義に関係がある。肅(粛)siuも声近く、宿を粛敬・振敬の意に用いる。夙は〔説文〕七上に「早敬なり」と訓する。

【宿痾】しゅくあ 持病。宋・陸游〔北窗〕詩 宿痾、二豎に(病因をなすもの)を走らせ 美睡、三昧を造す

【宿悪】しゅくあく 悪事を重ねる。〔後漢書、酷吏、黄昌伝〕密かに盗師一人を捕へ、脅かして諸縣の彊暴の人の姓名居處を條(箇条書)せしめ、乃ち分遣掩討す。～。宿惡大姦、皆它境に奔走す。

【宿雨】しゅくう 連雨。唐・韓翃〔同もに仙游観に題す〕詩 仙臺下に見る、五城の樓 風物淒淒として、宿雨收まる

【宿衛】しゅくえい 宿直して守る。漢・司馬相如〔子虚の賦〕臣は楚國の鄙人なり。幸ひにして宿衞を得ること十有餘年、時に從つて出游して後園に游び、有無を覽る。然れども猶ほ未だ徧く覩る能はざるなり。

【宿怨】しゅくえん 宿恨。怨みをとどめる。〔孟子、万章上〕仁人の弟に於けるや、怒りを藏せず、怨みを宿めず。之れを親愛するのみ。

【宿懐】しゅくかい 前からの考え。〔三国志、呉、張温伝〕昔の君子は皆私忿を抑へ、以て君の明を增す。～故に遂に宿懷を今日に發し、愚言を聖聽に納る。

【宿学】しゅくがく 深く学んだ人。碩学。〔史記、老荘申韓伝〕善く書を屬り辭を離け、事を指し情を類し、用つて儒墨を剽剝す。當世の宿學と雖も、自ら解免すること能はざるなり。

【宿憾】しゅくかん 前からの恨み。宿怨。魏・曹植〔酒の賦〕斯の時に於てや、質者は或いは文、剛者は或いは仁、卑者は賤を忘れ、窶者は貧を忘れ、睚眥の宿憾を和し、怨讐と雖も其れ必ず親しむ。

【宿願】しゅくがん 前からの願い。宿志。晉・陸機〔思帰の賦の序〕兵革の未だ息まざるを懼れ、宿願違ふこと有り。懷歸の思ひ、憤として篇を成す。

【宿契】しゅくけい 前世の因縁。〔捜神記、十六〕三宿三日を經たる後、女郎ち自ら言ひて曰く、君は是れ生人、我は鬼なり。君と共に宿契あり。此の會は三宵なるべし。久しく居るべからず。當に禍有るべし。

【宿構】しゅくこう 前もって詩文を用意する。〔三国志、魏、王粲伝〕善く文を屬り、筆を擧ぐれば便ち成る。～時人常に以て宿構と爲す。然れども正に復た精意覃思(思いをこらす)するも、亦た加ふる能はざるなり。

【宿恨】しゅくこん 前からの恨み。宿怨。民国・蘇曼殊〔断鴻零雁記、十〕猛しく宿恨に觸れ、肺葉震然として、可なる所を知らず。

【宿債】しゅくさい 旧債。前からの借金。〔晋書、穆帝紀〕皇后何氏を立つ。大赦し、孝悌鰥寡に米を賜ふ。人ごとに五斛。逋租宿債は皆收むること勿からしむ。大いに酺(飲酒)すること三日。

【宿歳】しゅくさい 往く歳。〔荊楚歳時記〕歳の暮、家家肴蔌を具へ、宿歳の位に詣り、以て新年を迎ふ。相ひ聚りて酣飲し、宿歳の飯を留め、新年十二日に至り、則ち之れを街衢に棄て、以て故を去り新を納ると爲す。

【宿志】しゅくし 平素の願い。宋・陸游〔幽居〕詩 宿志、人外に在り 清心、物初に游ぶ

【宿次】しゅくじ やどる。軍が宿泊する。〔左伝、荘三年〕凡そ師、一宿を舍と爲し、再宿を信と爲し、信を過ぐるを次と爲す。

【宿儒】しゅくじゅ 老儒碩学。〔後漢書、班固伝上〕竊かに故の司空掾桓梁を見るに、宿儒にして盛名あり、德を州里に冠にす。七十從心、行ひ矩を踰えず。蓋し淸廟の光暉にして、當世の俊彦なり。

【宿舂】しゅくしょう 前の晩に米を舂いて用意する。〔荘子、逍遥遊〕百里に適く者は、糧を宿舂す。

【宿心】しゅくしん 平素の願い。宿志。魏・嵆康〔幽憤詩〕昔は柳(下)恵に慙ぢ 今は孫登に愧づ 内は宿心に負き 外は良朋に恧づ

【宿酔】しゅくすい 二日酔い。〔世説新語、文学〕司空鄭沖、遣信を馳せ、阮籍に就きて文を求む。籍、時に袁孝尼(準)の家に在り。宿醉扶け起され、札に書して之れを爲り、點定する所無し。～時人以て神筆と爲せり。

【宿夕】しゅくせき 一晩。つかのま。〔戦国策、趙三〕内に孟賁の威、荊慶の斷無く、外に弓弩の禦無し。宿夕を出でずして、人必ず之れを危くせん。

【宿昔】しゅくせき 宿夕。また、以前から。唐・張九齢〔鏡に照らして白髮を見る〕詩 宿昔、青雲の志 蹉跎たり、白髮の年 誰か知らん、明鏡の裏 形影自から相ひ憐れまんとは

【宿草】しゅくそう 前年の根から生えた草。〔礼記、檀弓上〕曾子曰く、朋友の墓に宿草有るときは、而ち哭せずと。

【宿蔵】しゅくぞう 前からあるもの。〔邵氏聞見録、二〕永安の霍道全なる者は、～年九十を踰ゆ。～地中の宿藏の物を言ふこと、驗多し。亳の人、之れを神とす。

【宿諾】しゅくだく 一旦承知したまま、実行しない。〔論語、顔淵〕子曰く、片言以て獄を折むべき者は、其れ由(子路)なるかと。子路に宿諾無し。

【宿直】しゅくちょく とのい。交代でとまる。〔封氏聞見記、九、抗直〕舍人岑參、初め綸誥を掌る。屢ば疾と稱して宿直承旨せず。人情の憚る所なり。諸人咄咄として辭有りと雖も、發すること能はず。

【宿酲】しゅくてい 二日酔い。魏・徐幹〔情詩〕憂思連りに相ひ屬す 中心、宿酲の如し

【宿徳】しゅくとく 徳のある老人。〔東観漢記、七、北海敬王睦伝〕睦、謙恭にして士を好む。名儒宿德、門に造らざる莫し。永平中、法憲頗る峻、睦乃ち賓客を謝絶し、心を音樂に放にす。

【宿老】しゅくろう 経験のゆたかな老人。耆宿。〔北史、陸馛伝〕出でて相州の刺史と爲る。～州中の有德宿老、名望素重なる者、友禮を以て之れを待つ。之れに政事を詢ひ、責むるに方略を以てす。

↑宿意 宿志／宿因 宿縁／宿雲 夜来の雲／宿営 陣所／宿駅 宿場／宿恩 旧恩／宿火 埋もれ火／宿臥 とまる／宿戒 宿斎／宿患 宿痾／宿貴 旧貴／宿寓 旅館／宿慧 夙慧／宿眷 宿恩／宿嫌 前からいとう／宿好 旧交／宿垢 古い垢／宿根 宿根の草／宿斎 ものいみ／宿罪 罪障／宿止 宿る／宿歯 宿老／宿積 宿蔵／宿酒 二日酔い／宿宿 縮縮／宿処 やど／宿将 老将／宿訟 永い訴訟／宿場 やど／宿世 前世／宿生 老学者／宿栖 やど／宿碩 碩学／宿膳 夜食／宿素 平素／宿賊 旧賊／宿沢 冬の積雪／宿恥 旧恥／宿儲 儲積／宿鳥 ねぐらの鳥／宿亭 宿駅／宿敵 年来の敵／宿店 旅館／宿蠹 奸吏／宿頓 宿る／宿泊 とまる／宿病 宿痾／宿負 旧債／宿物

凝滞している物／宿憤　宿根／宿兵　老練の兵／宿弊　積弊／宿抱　宿心／宿飽　食いだめ／宿望　名望／宿霧　夜来の霧／宿莽　旧草／宿夜　終夜／宿留　滞在／宿慮　宿志／宿廬　やど

↓一宿・淹宿・戒宿・魁宿・合宿・帰宿・耆宿・鬼宿・寄宿・久宿・居宿・寓宿・群宿・下宿・経宿・斎宿・止宿・衆宿・常宿・辰宿・信宿・星宿・棲宿・草宿・托宿・直宿・天宿・投宿・同宿・独宿・屯宿・庇宿・分宿・暮宿・無宿・夜宿・野宿・留宿・旅宿・列宿・露宿・老宿

常 **【淑】** 11 3714　［盄］ 9 1710　［⿱弔心］ 8 1733

シュク
よい　しとやか

篆文

金文

形声 声符は叔。叔に淑善の意がある。〔説文〕十一上に「清く湛むなり」とあり、水の清湛の意とするが、人の淑善の意に用いる。金文に淑善の淑を弔に作り、弔は繳（いぐるみ）の象形。弔を淑善の意に用いるのは仮借。字はまた金文に盄・⿱弔心に作り、ともに形声の字である。金文の「不弔」は〔詩〕にもそのままの字で用いられており、〔小雅、節南山〕「不弔昊天」を旧訓に「昊天に弔まれまれず」とよむが、「不淑なる昊天」あるいは「昊天に淑しとせられず」とよみ、不幸の意。〔鄘風、君子偕老〕は国君夫人の死を悼むもので、「子の不淑なる　云に之れを如何せん」とはその不幸を嘆く意である。旧説に夫人の淫乱を刺る語とするのはよくない。不淑とは人の死をいう。金文に「不盄」の字を用いている。

訓義 1すむ、水が清らかにすむ。2よい、しとやか、うつくしい。3俶と通じ、はじめ。

古訓 〔名義抄〕淑　ウルハシ　〔字鏡集〕淑　キヨクタ、フ・ウルハシ・ヨシ

語系 淑の初文弔 tyôk は繳 tjiak の象形字。金文に弔を盄・⿱弔心の意に用い、淑 zjiuk はその形声の字。俶 thjiuk も声近く、〔説文〕八上に「俶は善なり」とし、俶を淑善の字と解している。

【淑婉】しとやかであでやか。〔宣和画譜、六、人物二、阮郜〕畫を善くし、工みに人物を寫し、特に士女に於て意を得たり。凡そ纖穠淑婉の態、毫端に萃まり、率ね閫域（奥処）に到る。

【淑媛】才徳のすぐれた女。〔後漢書、列女、曹世叔の妻の伝〕（女誡、七）淑媛謙順の人の若き、則ち能く義に依りて以て好を篤うし、崇恩以て結援す。

【淑艾】拾いとる。〔孟子、尽心上〕君子の教ふる所以の者五、時雨の化するが如き者有り。徳を成す者有り。財を達する者有り。答問する者有り。私かに淑艾する者有り。

【淑気】春の和気。唐・杜審言〔晋陵陸丞の早春遊望に和す〕詩　淑氣、黄鳥を催し　晴光、綠蘋（緑の浮草）を轉ず

【淑景】佳景。後蜀・欧陽炯〔鳳楼春〕詞　因りて想ふ、玉郎何處にか去る　淑景に對して、誰と同にせん

【淑姿】よい姿。〔太平御覧、七二〇に引く神仙伝〕彭祖云ふ、壽を養ふ道は、但だ之れを傷る莫きのみ。夫れ冬温夏涼、四時の和を失はざるは、身に適する所以なり。美色淑姿、安閑性樂、思欲の感を致さざるは、神を通する所以なり。

【淑女】賢くてしとやかな女。〔詩、周南、関雎〕關關たる雎鳩は　河の洲に在り　窈窕（奥ゆかしい）たる淑女は　君子の好逑

【淑人】立派な人。主として婦人にいう。〔詩、曹風、鳲鳩〕淑人君子　其の儀一なり　其の儀一ならば　心結ぶが如し

【淑哲】しとやかで賢い。〔後漢書、皇后紀序〕常に八月の筭人に因り、～洛陽郷中に於て良家の童女を閲視し、年十三以上、二十已下、姿色端麗～なる者は、載せて後宮に還り、～乃ち用つて登御す。聘納（召し入れ）を明愼にし、淑哲を詳求する所以なり。

【淑穆】しとやか。〔漢武帝内伝〕王母、殿に上り東向して坐す。～文采鮮明、光儀淑穆たり。

【淑茂】すぐれて立派。〔漢書、劉向伝〕河東の大守（周）堪、先帝之れを賢とし、命じて朕に傅たらしむ。資質淑茂、道術通明、論議正直、心を秉ること常有り。

【淑霊】すぐれて立派。〔漢書、外戚下、孝成班倢伃伝〕祖考の遺德を承け、何ぞ性命の淑靈なる。～聖皇の渥惠を蒙り、日月の盛明に當る。

↑淑懿　善良／淑郁　香気／淑胤　よい子孫／淑化　よい教化／淑姫　淑女／淑貺　よいおくりもの／淑均　公平／淑訓　よい教え／淑好　美しい／淑質　美質／淑湫　寂しいさま／淑祥　吉瑞／淑心　よい心／淑真　貞実／淑慎　つつしむ／淑性　淑心／淑清　清らか／淑静　穏やか／淑節　春／淑然　清らか／淑貞　貞淑／淑徳　婦人の徳／淑慝　善悪／淑配　佳偶／淑美　美しい／淑媚　美しい／淑貌　美貌／淑名　淑徳の名／淑問　令名／淑誉　美名／淑亮　まこと／淑類　善類／淑令　よい／淑儷　淑配

↓英淑・婉淑・淵淑・嘉淑・諧淑・閑淑・恵淑・慧淑・賢淑・私淑・柔淑・純淑・淳淑・順淑・清淑・貞淑・美淑・敏淑・不淑・明淑・令淑

【倏】 11 2723　［倐］ 11 2728

シュク
すみやか　たちまち　ひかる

篆文

形声 声符は攸。攸に儵の声がある。攸はみそぎ。背に水をそそいで滌う形。〔説文〕十上に「犬走ること疾きなり」（段注本）とあり、叔の声でよむという。倏忽の意。字はまた倐に作り、火を以て清める祓禳の法を示す字であろう。それならば倏の犬もまた、犬牲とも考えられる。

訓義 1すみやか、たちまち、にわか。2ひかる、あからさま。3犬が疾く走る。

古訓 〔名義抄〕倏忽　アカラシマニ　〔篇立〕倏　タチマチ・トシ　〔字鏡集〕倏　スミヤカ・トシ

語系 倏・跾 sjiuk、疾 dziet は声義近く、跾は〔説文〕二下に「疾なり。長なり」とあり、疾速の字は、あるいは跾がその本字であるかもしれない。倏は火の倏忽にしてもえ広がるところから、同訓となったとも考えられる。齌 dzyei もそのような意の字である。倏忽の意はまた捷 dziap、徇 ziuen と関係があろう。

【倏忽】たちまち。しばしの間に。唐・杜甫〔百憂集行〕詩　即今倏忽にして已に五十なり　坐臥すること只だ多くして、行立すること少れなり

【倏閃】光がひらめく。唐・元稹〔秋堂の夕〕詩　蕭條たり簾外の雨　倏閃たり案前の燈

↑倏焉　たちまち／倏敻　にわかに／倏而　たちまち／倏時　たちまち／倏爾　たちまち／倏爍　輝く／倏倏　光る／倏瞬　一瞬／倏然　たちまち

常 **【粛】** 11　〔肅〕 12 5022

シュク
つつしむ

篆文

古文

甲骨文

金文

会意 旧字は肅に作り、聿＋規の初形〓。規は象形的に〓

とかかれ、それがのち川の形とされた。聿は筆。𠄠は規の字形では夫とされている形で、ぶんまわし。もと筆とぶんまわしとで規画する意である。方形の盾に文様を刻することを周（彫・雕）といい、画くことを畫（画）という。畫の田の部分が周、雕飾を施したところである。肅とは盾に雕・畫を加える形である。〔説文〕三下に「事を持すること振敬なるなり。聿の川の上に在るに從ふ。戰戰兢兢たるなり」という。〔詩、小雅、小旻〕「戰戰兢兢として 深淵に臨むが如く 薄冰を履むが如し」の句によって附会したので、肅の字の形義とは何の関係もない。淵は回水、水の旋回する形をとる字で、肅の従うところの川とはもと同じでない。肅を粛敬の意に用いるのは、文様を加えることが、ものを聖化する方法と考えられたからであろう。

訓義 ①おごそかにかざる、文様を施して聖化する。②つつしむ、うやまう。③きびしい、おごそか、しずか。④ひきしまる、ととのう。⑤すすむ、しずかにすすむ。⑥拝礼の一。⑦縮と通用する。縮に縦直の意がある。

古訓 〔名義抄〕肅 イツクシ・シヾム・スヽム・ツトム・ウヤマフ・ウルハシ・ツヽシム・トヽノホル・シヅカニ 〔篇立〕肅 カゾフ・スヽク・スク・ウヤマフ・カザル・イツクシ・ツヽシム・ウルハシ

声系 〔説文〕に肅声として蕭・嘯・簫・瀟・繡など九字を収める。嘯・簫はその吹く音をとり、繡は文様の繁縟なる意をとり、縮の義と近い。

語系 肅siukと繡siuとは声が近い。肅は規を用いて文様を画くこと、これを織物に施すことを繡という。縮shiukは〔説文〕十三上に「亂るるなり」とするが、刺繡によって伸縮の生ずることをいう。

【粛客】 客を迎え、進ませる。〔礼記、曲礼上〕客、寢門に至れば、則ち主人入りて席を爲めんことを請ひ、然る後出でて客を迎ふ。客固辭す。主人客を肅めて入らしむ。

【粛敬】 つつしみ敬う。〔礼記、礼器〕季氏の祭は、闇に逮びて祭る。日足らず、之れに繼ぐに燭を以てす。強力の容、肅敬の心有りと雖も、～有司、跛倚（片膝、もたれ）して以て祭に臨む。

【粛坐】 正坐。〔新書、容経〕微しく俯して尊者の膝を視るを共坐と曰ひ、仰首して視ること尋常の內を出でざるを肅坐と曰ひ、廢首低肘するを卑坐と曰ふ。坐の容なり。

【粛殺】 秋気の厳しいこと。〔抱朴子、用刑〕蓋し天地の道、純仁なること能はず。故に靑陽（春）陶育の和を闡き、素秋肅殺の威を厲しくす。

【粛粛】 ひきしまって、きびしいさま。〔世説新語、容止〕嵇康、身の長七尺八寸、風姿特秀なり。～或ひと云ふ。肅肅として松下の風の、高くして徐かに引くが如しと。

【粛正】 不正を除く。また、清く平らか。〔顔氏家訓、省事〕微しく風塵に染むも、便ち肅正に乖く。坑穽殊に深く、瘡痏（きずあと）未だ復せず。～家を破らざる莫し。

【粛清】 静まり、清らかとなる。〔後漢書、劉表伝〕表、招誘方有り、威懷兼ねて洽し。其の姦猾の宿賊も、更めて效用を爲す。萬里肅清、大小咸な悅びて之れに服す。

【粛然】 おそれつつしむ。ひきしまる。〔史記、封禪書〕壽宮神君の最も貴き者は太一なり。～時に去り、時に來る。來るときは則ち風肅然たり。

【粛霜】 厳霜。〔詩、豳風、七月〕九月肅霜あり 十月場を滌ふ 朋酒を斯に饗し 曰に羔羊を殺し 彼の公堂に躋り 彼の兕觥を稱ぐ

【粛拝】 頭を垂れて拝する礼。〔礼記、少儀〕婦人、吉事に君の賜有りと雖も、肅拜す。尸と爲りて坐するときは、則ち手拜せずして肅拜す。

【粛雍】 つつしみ深く、やわらぐ。〔後漢書、皇后紀序〕九嬪、四德を教ふることを掌り、～女史彤管、功を記し過ちを書す。～能く陰化を述宣し、內則を修成し、閨房肅雍にして、險謁（婦人の請託）行はれざる所以なり。

↑粛遏 厳禁する／粛焉 謹む／粛迓 恭迎／粛駕 厳駕／粛戒 厳戒／粛艾 治まる／粛恭 恭敬／粛啓 謹啓／粛虔 粛恭／粛此 啓具／粛祗 敬む／粛爾 粛然／粛如 粛然／粛森 粛然／粛慎 慎む／粛斉 治まる／粛整 ととのう／粛静 静粛／粛疏 まばら／粛聴 謹聴する／粛呈 謹啓／粛風 高風／粛覆 復啓／粛奉 拝承／粛睦 和敬／粛穆 恭敬／粛揖 会釈する／粛容 厳容／粛雝 粛雍／粛立 腰を折る礼／粛厲 厳しい／粛列 厳しい／粛和 粛雍

↓允粛・恪粛・恭粛・勤粛・緊粛・敬粛・謙粛・厳粛・祇粛・自粛・振粛・森粛・震粛・斉粛・清粛・静粛・整粛・荘粛・端粛・忠粛・貞粛・平粛・明粛・容粛

【茜】 11 4460 シュク ユウ（イウ） したむ

篆文

会意 艸＋酉（酉）。酉は酒。茅で酒を漉して、神酒として用いる。〔説文〕十四下に「禮、祭るに茅を束ねて裸圭を加へ、鬯酒（香り酒）を灌ぐ。是れを茜と爲す。神の之れを歆くるに象るなり」とし、また「一に曰く、茜は榼の上の塞なり」という。〔左伝、僖四年〕城濮の戦に、斉の管仲が楚を問責する語があって、そのうちに「爾の貢する包茅入らず、王祭に共（供）せず、以て酒を縮す無し」とあり、蕭茅に酒を灌いで祭場を清めた。〔周礼、天官、甸師〕に「祭祀に蕭茅を共す」の語がある。

訓義 ①したむ、茅で酒をこす。②蕕と通じ、かりがね草。③縮と通じ、縮をしたむ意に用いる。

古訓 〔篇立〕茜 アカネ

語系 茜・縮shiukは同声。臭（臭）thjiuと声近く、蕭茅に酒を灌ぎ、その香を以て神を招くのである。

【茜酒】 茅に酒をひたして、祭場を清める。縮酒。〔説文、酉部、茜字条〕春秋傳に曰く、爾の貢する苞茅入らず、王祭に供せず、以て酒を茜す無し。（段注本）

↑茜茅 茜酒

【粥】 人 12 1722 シュク イク（ヰク） かゆ

篆文

会意 米＋弜。弜は烹炊の湯気の立つ形。米を水を多くして炊く。〔礼記、檀弓上〕に「饘粥の食」とあり、饘は濃いかゆ、粥はうすいかゆをいう。字はまた鬻に作る。〔説文〕䰜部三下に、別にまたその字があり、糜の声である。

訓義 ①かゆ、うすがゆ。②鬻と通じ、うる、養う。

古訓 〔和名抄〕粥 之留加由（しるかゆ）〔名義抄〕粥 シル・カユ・ヒサク・ニル・アキナフ／署預粥 イモガユ／絹粥 ノリ〔字鏡集〕粥 カユ・ウル・シルカユ・ヒサク

【粥粥】 おそれはばかるさま。〔礼記、儒行〕儒に衣冠は中し、動作は愼み、～其の進み難くして退り易きこと、粥粥として能くする無き若き有り。其の容貌此くの若き者有り。

↑粥魚 木魚／粥鼓 木魚の音／粥廠 粥を施すところ／粥餳 甘粥／粥売 売る／粥飯 粥／粥糜 うす粥／粥米 米を売る／粥麪 麦粉の粥／粥面 赤ら顔／粥薬 粥と薬

↓一粥・芋粥・蟹粥・寒粥・麴粥・喫粥・銜粥・酤粥・酵粥・羹粥・斎粥・菜粥・私粥・自粥・煮粥・受粥・進粥・歠粥・饘粥・粗粥・僧粥・粟粥・淡粥・豆粥・乳粥・売粥・白粥・薄粥・販粥・飯粥・糜粥・茗粥

【菽】 12 4494 シュク まめ

形声 声符は叔。大豆など、豆類をいう。〔説文〕七下に尗をその字とし、「尗は豆なり」というが、尗は戚、すなわち鉞の刃部とその刃光を示す字。菽とは関係のない字である。菽は〔詩、豳風、七月〕に「葵と菽とを亨る」とみえ、〔釈文〕に菽はまた叔に作るという。字をまた椒や菽（菽）に作ることがある。

訓義 1まめ。2大豆、豆の葉、豆の苗。

古訓 〔名義抄〕菽 マメ 〔篇立〕菽 ミル・マメ 〔字鏡集〕菽 マメ・アチマメ

【菽藿】(くわく) 豆と、その葉。〔韓非子、説林上〕紂、象箸を爲りて、箕子怖る。以爲へらく、～玉杯象箸ならば、必ず菽藿を盛れざらん。則ち必ず旄象（からうしと象）豹胎ならん～と。

↑菽醬 豆の塩漬／菽水 粗食／菽粟 常の食事／菽豆 まめ／菽乳 豆腐／菽麦 豆と麦／菽腐 豆腐／菽粒 豆と玄米

↓芋菽・嘉菽・穫菽・藿菽・魚菽・采菽・蔬菽・稲菽・麦菽・飯菽・麻菽・粱菽

【踧】 15 6714 シュク テキ つつしむ おどろく

篆文

形声 声符は叔。〔説文〕二下に「行くこと平易なるなり」とするが、声義は縮・蹴・蹙に近く、踧踖とは恐懼して進みがたいことをいう。〔詩、小雅、小弁〕「踧踧たる周道」の〔伝〕に「踧踧は平易なり」とあるのは、声義の異なる用法である。

訓義 1つつしむ、つつしむさま。2おどろく、おどろくさま。3踧踧は、平らかなさま。4縮・蹴・蹙と通じ、せばまり、すすまない。

古訓 〔字鏡〕踧 アツマル・ヒタ・カ、ヤク／踧踖 敬畏なり、恭敬なるを謂ふなり 〔字鏡集〕踧 ユク

語系 踧・蹴・蹙tziukは同声。縮shiukも声近く、みな恐懼するときのさまをいう。

【踧踖】 おそれつつしんで、かしこまる。〔論語、郷党〕君在すときは、踧踖如たり。與與如たり。

【踧踧】 道が平らかなさま。〔詩、小雅、小弁〕踧踧たる周道 鞫まりて茂艸と爲る

↑踧爾 驚くさま／踧蹜 不安／踧踖 踧踖／踧躅 足を挙げる／踧迫 せまる／踧眉 眉をしかめる

↓窮踧・駆踧・踖踧・踼踧

常【縮】 17 2396 シュク ちぢむ たて

篆文

形声 声符は宿。〔説文〕十三上に「亂るるなり」とし、「一に曰く、蹴なり」という。縦（縦）と通用し、〔礼記、檀弓上〕「古は冠は縮縫」とは、縦に縫い合わせる意。〔孟子、公孫丑上〕「自ら反して縮からば、千萬人と雖も、吾れ往かん」は直の意。みな通用の義である。また酒を縮す意に用いるのは、莤の声の仮借の義である。

訓義 1ちぢむ、かがむ、つづまる、しわよる。2たて、ただしい、なおくする。3おさめる、くくる、とる、収束する。4蹴と通じ、すくむ、足が進まない。5莤と通じ、したむ、酒をこす。6籔と通じ、米あげざる。

古訓 〔名義抄〕縮 ヲサム・ツ、ム・ツヾマル・シヾマル・ミタル・スク・シタム・ユヒツク 〔字鏡集〕縮 カヾマル・シリゾク・シボル・シバラク・ユヒツク・シタム・オサム・ツヾマル・スクミタル・シタガフ・シボル・ミダル・ツヾル・ツ、ム・トヾマル・シヾマル・スク

語系 縮shiukは肅（粛）・繡siuと声近く、繡は刺繡。刺繡によって糸の乱れの生ずるのを縮という。そのちぢまる義は、踧・蹙・蹴tziukと声が近く、同系の語である。また縦tziong、直diakとも、声において通ずるところがあり、その義に用いる。

【縮頞】 鼻すじをしかめる。〔呂覧、遇合〕文王、昌蒲の葅（酢あえ）を嗜む。孔子聞きて之れを服し、縮頞して之れを食らふ。三年にして然る後之れに勝ふ。

【縮頸】 くびをちぢめる。〔史記、亀策伝〕(亀)頸を延べて前み、三歩にして止まる。頸を縮めて卻き、其の故處に復る。～衞平對へて曰く、龜～王に德義有り、人をして之れを活かさしむ。今頸を延べて前むは、以て謝に當つるなり。頸を縮めて卻くは、亟やかに去らんと欲するなりと。

【縮酒】 酒をひたす。〔左伝、僖四年〕爾の貢する包茅入らず、王祭に共（供）せず。以て酒を縮す無し。寡人是れを徵す。

【縮鼻】 鼻をしかめる。〔北史、崔㥄伝〕素より魏收と協はず。收、後に專ら國史を典る。㥄、惡言せられんことを恐れ、乃ち之れを悅ばしめて曰く、昔は班固有り、今は則ち魏子なりと。收、鼻を縮めて之れを笑ひ、憾み釋けず。

↑縮衣 節約する／縮印 縮本／縮贏 伸縮／縮気 気おくれ／縮減 減らす／縮甲 終戦／縮項 恐縮する／縮財 緊縮策／縮竄 竄匿／縮酌 酒を調合する／縮手 袖手／縮収 収縮する／縮小 縮める／縮身 かがむ／縮嚢 じり貧／縮版 縮印／縮伏 畏伏する／縮縫 縦の縫いめ／縮栗 縮慄／縮慄 ふるえる

↓圧縮・畏縮・萎縮・蜎縮・盈縮・贏縮・愧縮・恐縮・凝縮・局縮・緊縮・軍縮・巻縮・減縮・収縮・羞縮・踧縮・舒縮・伸縮・節縮・足縮・退縮・蓄縮・茅縮・斂縮・攣縮

【蹙】 18 5380 シュク セキ せまる ちぢまる しかめる

篆文

形声 声符は戚。〔説文新附〕二下に「迫るなり」とあり、窮迫することをいう。縮・蹴と声義が近い。〔孟子、梁恵王下〕「擧な首を疾ましめ頞を蹙む」とは、苦悩の状をいう。慽と通用する。

訓義 1せまる、ちかづく。2ちぢまる、つまる。3顔をしかめる。4口をすぼめる。5粛と通じ、つつしむ、きびしい。6蹴と通じ、ける、ふむ。7慽と通じ、いたむ、うれえる。8叔と通じ、ひろう。

古訓 〔名義抄〕蹙 シ、マル・スミヤカナリ 〔篇立〕セム・シヾマル・スハル・アツマル・ツ、ム・ニカム・ヒソク・タ、ク・アヒミル 〔字鏡集〕蹙 シ、マル・セム・スミヤカナリ・セマル・シハ・チカシ・ニガム

語系 蹙・踧・蹴tziukは同声。みな恐懼するときのさまをいう。戚・慽tsyekは憂える。また肅（粛）siu、縮shiukはつつしむ意。声近く、その義に用いる。

【蹙頞】 ひたいをしかめる。〔荘子、至楽〕髑髏曰く、死しては、～從然として～南面の王の樂しみと雖も、過ぐる能はざるなりと。荘子～曰く、吾れ司命をして復た子の形を生ぜ～しめんかと。髑髏深矉蹙頞して曰く、吾安んぞ能く南面の王の樂しみを棄てて、復た人閒の勞を爲さんやと。

【蹙蹙】 せばまる。〔詩、小雅、節南山〕我れ四方を瞻るに蹙蹙として騁する所靡し

↑蹙鬱 引き締め／蹙鞠 蹴毬／蹙金 刺繡の金／蹙拶 せまる／蹙縮 恐れる／蹙竦 恐れる／蹙繩 鞦韆／蹙踖 踧踖／蹙然 憂える／蹙地 失地／蹙土 失地／蹙沓 密集する／蹙頓 ちぢまる／蹙迫 せまる／蹙眉 憂える／蹙沸 わきたつ

↓鬱蹙・危蹙・窮蹙・跼蹙・窘蹙・拳蹙・困蹙・迫蹙・顰蹙・屛蹙・奔蹙

【蹜】 18 6316 シュク ちぢまる

形声 声符は宿。〔論語、郷党〕「足蹜蹜として循ふこと有

るが如し」とは、こまたの足運びをいう。
訓義 1ちぢまる、足がすくむ。2こまたに歩く。
古訓 〔字鏡〕踧 アシ。脚縮むなり。飛ぶ時、縮足腹下に在り 〔字鏡集〕踧 アシ
語系 踧・縮shiuk は同声。蹙・踧・蹴tziuk も声義近く、みな恐懼するときのすくむさまをいう。
【踧踧】(しゆくしゆく) こまたに歩く。〔礼記、玉藻〕龜玉を執るときは、前を擧げ踵を曳き、踧踧如たり。

常 **【蹴】** 19 6311 シュク シュウ(シウ) ける ふむ つつしむ

篆文 

形声 声符は就。〔説文〕二下に「躡むなり」とあり、足でふむ意とする。はげしく蹴るようにして立つさまをいう。にわかに様子を改め、姿勢をただすことを、蹴然という。
訓義 1ける、にわかに立つ、ふむ。2つつしむ、姿勢をただす、顔色をかえる。
古訓 〔名義抄〕蹴 フム・ケル・クユ・コユ・アシトテヒク・カミトテヒク/蹴然 タチツマヅク・ツマコユ・タチサマヨフ 〔字鏡〕蹴 フム・コユ・ユル・クヱル・タチツマヅク・タチサマヨフ 〔字鏡集〕蹴 タチツマヅク・タチサマヨフ・アシトテヒク・カミトテヒク・クル・ユル・フム・コユ
語系 蹴・踧・蹙tziuk は同声。また縮shiuk、肅(粛)siuk は声近く、蹴にはその両義を含む。倏・儵sjiuk も、にわかに動作する蹴と、関係のある語である。
【蹴鞠】(しゆう(しう)きく) けまり。〔漢書、東方朔伝〕是の時に當り、~董君貴寵せられ、天下聞かざる莫し。郡國の狗馬・蹴鞠・劍客、董氏に輻湊す。
【蹴爾】(しゆくじ) あしげにするような態度。〔孟子、告子上〕一簞の食、一豆の羹、之れを得ば則ち生き、得ざれば則ち死す。嘑爾として之れに與ふれば、行道の人も受けず。蹴爾として之れに與ふれば、乞人も屑しとせざるなり。
【蹴然】(しゆくぜん) 形を改める。姿勢をただす。〔孟子、公孫丑上〕或ひと曾西に問うて曰く、吾子と、子路と、孰れか賢されると。曾西蹴然として曰く、吾が先子の畏れし所なりと。
【蹴踏】(しゆくとう(たふ)) ふみつける。唐・杜甫〔韋諷録事の宅に曹将軍の画く馬の図を観る歌〕詩 霜蹄蹴踏す、長楸の閒 馬官廝養、森として列を成す
↑蹴踘 けまり/蹴鞠 蹴毬/蹴毬 けまり/蹴砕 けり砕く/蹴蹴 不安/蹴蹈 踏みつける
↓一蹴・遽蹴・困蹴・細蹴・四蹴・人蹴・怒蹴・排蹴・迫蹴・乱蹴

【儵】 19 2723 シュク あおぐろ たちまち

篆文 

形声 声符は攸。攸に倏の声がある。〔説文〕十上に「青黒の繒にして、白色を發するものなり」(段注本)とするが、その用義例がない。倏と同じく、儵忽の意に用いる。〔荘子、応帝王〕に、南海の帝儵と、北海の帝忽とを、中央の神渾沌に対比する寓話がある。
訓義 1あおぐろのいろ。2倏と通じ、たちまち。
古訓 〔名義抄〕儵 タチマチ・シバシ・アカラサマ・スミヤカニ・シバラク・トシ 〔字鏡集〕儵 トモガラ・アカラサマ
声系 〔説文〕の虎部五上に儵声の字があり、「黑虎なり」という。儵に黒の義があったのであろう。
語系 儵・倏sjiuk は同声。同義に用いる。
【儵夐】(しゆくけい) たちまち。漢・司馬相如〔上林の賦〕然る後、侵淫して節を促やかにし、儵夐として遠く去る。輕禽を流離し、狡獸を蹴履す。
【儵忽】(しゆくこつ) たちまち。すみやか。晋・郭璞〔山海経図讃、海内北経、騶虞〕怪獸五采、尾は身を参にす。足を矯ぐれば千里、儵忽にして神の若し。
↑儵煜 儵爍/儵怳 神速/儵爍 一瞬光る/儵儵 光る/儵然 すみやか/儵爚 儵爍
↓閃儵

【顣】 20 5128 シュク しかめる ひそめる

形声 声符は戚。戚に蹙の声義があり、顔の鼻筋をしかめ、眉をひそめるようなしぐさを顣という。
訓義 1しかめる、鼻筋をしかめる。顰顣は顰蹙というのと同じ。2ひそめる、眉をひそめる。3うれえる、いたむ。

【鷫】 23 5722 シュク

篆文 

形声 声符は肅(粛)。〔説文〕四上に「鷫鷞、五方の神鳥なり。東方は發明、南方は焦明、西方は鷫鷞、北方は幽昌、中央は鳳皇」とあり、鷫鷞は西方の神鳥であるという。卜辞に四方風神の名がみえ、その異伝が〔山海経〕などにもみえ、〔説文〕にも雉を神鳥として四方に配する伝承を伝えている。〔書、堯典〕の四方分治説話は、その経典化した形態とみられる。字はまた鷫鸘に作る。
訓義 1鳥の名、鷫鷞は西方の神鳥。
古訓 〔名義抄〕鷫鷞 オホトリ 〔字鏡〕鷫 カモメ 〔字鏡集〕鷫 ハヤブサ
【鷫鸘】(しゆくそう(さう)) 鷫鷞。また、雁に似た長頸緑色の鳥。〔西京雑記、二〕司馬相如、初め卓文君と成都に還り、貧に居る。愁懣して、著る所の鷫鸘の裘を以て、市人陽昌に就きて酒を貰ひ、文君と懽を爲す。

ジュク

【孰】 11 0441 [𦏧] 20 0751 ジュク にる たれ なんぞ

篆文 
甲骨文 
金文 

会意 正字は𦏧に作り、亯+羊+丮。亯は亨飪の器。その器で羊肉を煮る意で、よく煮ることをいう。〔説文〕三下に「食飪ゆるなり」とし、𦎫声とする。丮はものを奉ずる形で、献享の意。すべて醇熟することをいう。のち火を加えて熟とする。疑問詞や比較・選択の意に用いるのは、仮借義である。
訓義 1にる、よくにる、よくみのる。2なれる、つまびらかにする、ねんごろ、したしむ。すべてものが熟成し、なれ親しみ、十分な状態となることをいう。3疑問詞として、たれ・たれか、なに・なんぞ、いずれ・いずれか。4比較・選択の意、いずれぞ。
古訓 〔名義抄〕孰 タレ・イヅレ/孰與 イヅレ・イカム 〔篇立〕孰 タレカ・イカンゾ・ツラ〳〵・タレ・アマシ・イカソ・ヨク 〔字鏡集〕孰 タレ・タレカ・イヅクンゾ・イヅレカ・ツラ〳〵・イヅレ
声系 〔説文新附〕十三下に塾を録し、「門側の堂なり」とみえる。熟は孰声。〔説文〕未収。孰の繁文である。
語系 孰tjiuk、誰zjiai は声近く、孰は人称代名詞に用いる。疑問詞の用義は、それより引伸したものと思われる。
＊語彙は熟字条参照。
【孰諫】(じゆくかん) ねんごろに諫める。〔礼記、内則〕父母に過ち有るときは、氣を下し色を怡ばせ、聲を柔らげて以て諫む。~說ばざるときは、其の、罪を鄕黨州閭に得んよりは、寧ろ孰諫せよ。
【孰計】(じゆくけい) よく考える。〔荀子、不苟〕之れを兼ね權り、之れを孰計し、然る後其の欲惡取舍を定む。是くの如くんば則ち常に失陷せず。
【孰察】(じゆくさつ) よく考え察する。〔史記、蘇秦伝〕凡そ群臣の秦に事ふることを言ふ者は、皆姦人なり。忠臣に非ざるなり。~願はくは大王之れを孰察せよ。

【孰若】どちらがよいか。唐・韓愈〔李愿の盤谷に帰るを送るの序〕其の、前に譽有らんよりは、其の後ろに毀り無きに孰若れぞ。其の、身に樂有らんよりは、其の心に憂ひ無きに孰若れぞ。

【孰慮】熟慮。よく考える。〔後漢書、袁術伝〕苟しくも主を悦ばすを以て美と爲し、成敗を顧みざるの計は、古今の愼む所、孰慮せざるべけんや。

↑孰何 孰若/孰視 よく視る/孰悉 よく知る/孰食 熟食/孰田 熟田/孰復 周密にする/孰享 よく煮る/孰与 孰若/孰爛 爛熟/孰論 詳論

常 【塾】 14 0410 ジュク わきべや まなびや

篆文 

形声 声符は孰。〔説文新附〕十三下に「門側の堂なり」とあり、東塾・西塾があって、学問・儀礼を習う所であった。〔礼記、学記〕に「古の教ふる者は、家ごとに塾有り」とみえる。また堂ともいう。

訓義 1 わきべや、門の側の室。2 まなびや、教学の場所。

古訓 〔字鏡集〕塾 カドヤ

↑塾師 塾の教師/塾舎 塾堂/塾脩 塾費/塾徒 塾生/塾堂 門側の室/塾門 宮外の門

↓家塾・義塾・郷塾・左塾・私塾・庠塾・西塾・村塾・東塾・党塾・門塾・右塾・里塾・両塾

常 【熟】 15 0433 ジュク にる うれる

形声 声符は孰。孰は熟の初文。〔説文〕に収めず、古くは孰を用いた。のち烹飪のことだけでなく、すべて醇熟することをいう。

訓義 1 にる、にえる、あつい。2 なる、みのる、うむ、うれる。3 なれる、しあがる。4 よくよく、つらつら。

古訓 〔新撰字鏡〕熟 伊留(いる)、又、尓留(にる)、又、太礼留(たれる) 〔和名抄〕熟瓜 保曾知(ほぞち) 〔名義抄〕熟 アマク・ムマク・ムマシ・ツマビラカニ・ツバビラカニ・ミツク・ヤム・ツラ〳〵・ウク・ツヒニ・ウム・コマヤカニ・ナル・クハシ・ネル・アマネシ・ニユル・カシク 〔字鏡集〕熟 タシカナリ・ウム・ニル・イカンゾ・アマネシ・ツラ〳〵・イル・ツヒニ・ツバビラカニ・アマヤク・ヤム・ネル・ヤル・ウク・カナラズ・アマシ・ツヽ・フ・ムホシ・カシク・コマヤカニ・クハシ・ミツク・ニエル・ヨシ

＊語彙は孰字条参照。

【熟議】十分に審議する。〔宋史、蘇轍伝〕(王)安石、靑苗の書を出だし~熟議せしめて曰く、不便有らば、以て告げて疑ふこと勿かれと。轍曰く~賤きこと有らば必ず糴ひ、貴きこと有らば必ず糶らば~安んぞ貸すことを用ふるを爲さん~と。~安石~此れより、月を踰えて靑苗を言はず。

【熟戸】文化的に同化している外蕃。熟蕃。生蕃に対していう。〔宋史、兵志五〕西北邊の羌戎種の(聚)落、相ひ統一せず。保塞の者之れを熟戸と謂ひ、餘は之れを生戸と謂ふ。

【熟視】よく見る。晉・劉伶〔酒徳頌〕靜聽すれども雷霆の聲を聞かず、熟視すれども太山の形を覩ず。~萬物を俯觀するに擾擾たり。

【熟悉】知りつくす。魏・嵆康〔山巨源(濤)に与へて交はりを絶つ書〕足下、昔吾れを潁川に稱す。吾常に之れを知言と謂へり。然れども經に怪しむ。此の意尚ほ未だ足下に熟悉せず、何に從りて便ち之れを得るや。

【熟読】よく読む。〔宋史、隠逸下、徐中行伝〕(胡)瑗授くる所の經を得て、熟讀精思、~夜、枕に安んぜざること踰年。~竟日危坐し、造詣する所、人測る莫きなり。

【熟眠】熟睡。唐・柳宗元〔夏昼偶作〕詩 南州の溽暑 醉ふこと酒の如く 几に隱りて熟眠し、北牖(北の窓)を開く

【熟練】熟達する。また、ねりぎぬ。宋・陸游〔立夏〕詩 日斜めにして湯沐罷み 熟練單衣を試む

↑熟諳 空んずる/熟衣 暖衣/熟衍 豊熟/熟臥 熟睡する/熟滑 親切/熟慣 なれる/熟嫻 なれる/熟観 熟覧する/熟玩 玩賞/熟客 なじみ/熟金 純金/熟計 熟考する/熟結 沈香類/熟研 研磨/熟絹 ねり絹/熟縑 かとり/熟顧 熟視する/熟歳 豊年/熟察 熟考する/熟思 熟考する/熟紙 槌でうった紙/熟識 熟知する/熟手 老練/熟誦 よく読む/熟食 煮た物/熟人 熟知した人/熟酔 十分酔う/熟睡 熟眠/熟精 精通する/熟達 上手/熟脱 熟達/熟地 沃土/熟知 よく知る/熟籌 熟計/熟田 良田/熟図 熟計/熟套 陳腐/熟念 熟考する/熟蕃 熟戸/熟寐 熟睡する/熟友 親友/熟落 熟練/熟覧 熟視する/熟慮 熟考する/熟話 常用の話

↓円熟・果熟・機熟・黄熟・歳熟・手熟・酒熟・収熟・秋熟・習熟・純熟・稔熟・炊熟・睡熟・成熟・精熟・早熟・大熟・田熟・登熟・麦熟・半熟・飯熟・繁熟・晩熟・蕃熟・不熟・豊熟・末熟・爛熟・練熟・老熟

シュツ

常 【出】 5 2277 シュツ スイ でる ゆく あらわれる だす

篆文 

甲骨文 

金文 

象形 歩行を示す止のかかとの部分に、かかとのあとの曲線を加えた形。そこより出行する意を示す。〔説文〕六下に「進むなり。艸木の益滋して、上に出達するに象るなり」といい、草木の伸び出す象とするが、卜文の字形は趾あとの形。金文の字形はそれに祝禱の器(𠙵)の形をそえており、出行の儀礼であることを示す。いわゆる祖道にあたるものであろう。

訓義 1 でる、出発する、出発するときの儀礼。2 外に出る、ゆく、すすむ。3 あらわれる。4 だす、おう、のぞく。5 おい、めい、外孫。

古訓 〔名義抄〕出 イヅ・ツクル・ヲヒ・ヤム・アラハル・サル・ヌク 〔字鏡集〕出 サル・イヅ・スヽ・ム・アカル・ヤム・アラハル・アユ・ウカブ・オヒ・ツクル・イタス・ミル・ヤメラレタリ

声系 〔説文〕に出声として茁・咄・詘・祟・屈・拙・絀など二十字を収める。茁 一下は「艸、初めて地に生ずる皃なり」とあり、会意とする。〔説文〕はこれによって出の声義を説いたものであろうが、出はその形ではない。また祟は呪霊をもつ獣の象形字。その深い毛を象る。屈は獣の屈尾の象で、これも声義の関係のない字である。

語系 出 thjiuət、黜 thiuət は声近く、黜は黜斥の意で、他動詞的な語である。

【出関】関門を出る。関は函谷関をいうことが多い。唐・魏徴〔述懐〕詩 策(馬鞭)に杖りて天子に謁し 馬を驅りて關門を出づ

【出機】機は天機。自然の霊妙な作用をいう。〔荘子、至楽〕萬物皆機より出でて、皆機に入る。

【出群】抜群。〔世説新語、賞誉〕殷中軍(浩)、韓太常(康伯)を道ひて曰く、康伯少くして自ら標置す。居然として是れ出群の器なり。其の言を發し辭を遣るに及び、往往情致有りと。

【出妻】離縁して追われた妻。〔後漢書、范升伝〕後、升、出妻の告ぐる所と爲り、坐繋せらる。出づることを得て、郷里に還る。

【出塞】 塞外に赴く。〔楽府詩集、漢横吹曲一、出塞〕候騎、甘泉を出で 奔命して居延に入る 旗は浮雲の影を作し 陣は明月の弦の如し
【出師】 出軍。唐・杜甫〔蜀相〕詩 出師未だ捷たず身先づ死す 長く英雄をして涙襟に滿たしむ
【出処】 進退。〔易、繫辞伝上〕君子の道、或いは出で、或いは處り、或いは默し、或いは語る。二人心を同じうせば、其の利きこと金を斷つ。
【出身】 任官の資格。任官。唐・王維〔少年行、四首、二〕詩 出身、漢に仕ふ羽林郎 初め驃騎に随つて、漁陽に戰ふ
【出塵】 世俗を超越する。斉・孔稚珪〔北山移文〕夫れ耿介俗を拔きづるの標、蕭灑塵を出づるの想ひ、白雪を度りて以て絜(潔)を方らべ、靑雲を干して直ちに上る。
【出世】 世に出る。立身する。また、俗世間をはなれる。〔顔氏家訓、養生〕之れを內教(道教)に考ふるに、縱使ひ仙を得とも、終つに當まに死有るべし。世を出づること能はず。
【出典】 故事・成語などの典拠。また、その書。〔四庫提要、集、総集類〕(回文類聚)蘇伯玉の妻の盤中詩は、滄浪詩話に據るに、玉臺新詠より以外、別に出典無し。
【出納】 出入。会計。金銭の収支。〔詩、大雅、烝民〕王命を出納し 王の喉舌となれ
【出奔】 他国に逃亡する。〔左伝、隠元年〕五月辛丑、大叔、共に出奔す。~出奔と言はざるは、之れを難かりたればなり。
【出門】 門を出る。外に出る。唐・戴叔倫〔湘南即事〕詩 盧橘花開いて、楓葉衰ふ 出門、何づれの處にか京師を望む 沅湘、日夜東に流れ去り 愁人の爲に少時も住まらず
【出藍】 もとのものよりもすぐれる。弟子が師よりもすぐれる。〔荀子、勧学〕學は以て已むべからず。青は之れを藍より取りて藍よりも青く、冰は水之れを爲して水よりも寒し。
【出類】 抜群。〔孟子、公孫丑上〕聖人の民に於ける、亦た類なり。其の類を出でて、其の萃を抜く。生民より以來、未だ孔子より盛んなるは有らざるなり。

↑出意 考え/出韻 韻を外す/出液 小雪/出捐 寄附/出貨 賄賂/出嫁 嫁入/出会 であう/出格 別格/出学 遊学/出気 怒る/出奇 奇計/出軌 道外れ/出九 博奕/出玖 出九/出去 出る/出居 別居/出京 上京/出恭 廁にゆく/出郷 離郷/出疆 出国/出局 退任/出軍 出征/出家 僧となる/出計 謀る/出撃 攻める/出欠 補任/出言 発言/出現 現われる/出語 出言/出口 出言/出行 出発/出孝 葬の仕上げ/出幸 行幸/出郊 野に出る/出降 降嫁/出敖 出遊/出獄 出牢/出差 出張/出財 出金/出山 世に出る/出産 産物/出仕 仕える/出死 必死/出使 使する/出示 告示/出次 旅宿/出辞 別辞/出日 朝日/出車 出征/出狩 行幸/出首 自首/出售 売る/出醜 恥をかく/出城 郊外/出色 めだつ/出震 東方/出薪 薪とり/出陳 出陣/出水 洪水/出萃 出群/出生 出身/出征 出軍/出贅 養子となる/出戦 戦う/出銭 支出/出走 逃げる/出貸 貸出し/出滞 啓蟄/出脱 脱出/出質 人質/出涕 泣く/出畋 出猟/出入 出納/出梅 梅雨明け/出発 旅立つ/出帆 舟出/出婦 棄婦/出兵 出軍/出亡 亡命/出没 隠見/出沐 賜暇/出遊 外に遊ぶ/出養 出産/出浴 湯上がり/出来 起こる/出離 さとり/出猟 狩する/出力 努力/出倫 抜群/出臨 葬儀のお別れ/出令 発令/出輦 行幸/出廬 世に出る
↓案出・移出・逸出・演出・外出・醵出・供出・傑出・月出・検出・現出・後出・再出・歳出・算出・支出・七出・瀉出・首出・初出・縦出・進出・新出・選出・走出・層出・続出・退出・脱出・嫡出・抽出・挺出・提出・剔出・摘出・転出・同出・突出・捻出・派出・輩出・抜出・搬出・晩出・百出・表出・放出・奔出・躍出・輸出・涌出・乱出・流出・露出・漏出

【崒】 11 2240 シュツ ソツ たかい けわしい

篆文

形声 声符は卒。〔説文〕九下に「危高なり」とあり、山が嶮しく聳え立つことをいう。また「崒崩」は山崩れをいう。

訓義 ①高くけわしい。②山が崩れる。③卒と通じ、にわか。④萃と通じ、集まり積もる。⑤崒崒は、ものの すれあう音。

古訓 〔名義抄〕崒 サカシ 〔字鏡〕崒 サカシ・ミネ・タカシ

【崒乎】 山の高く嶮しいさま。唐・韓愈〔伯夷頌〕伯夷の若ごとき者は、天地を窮め、萬世に亙たりて顧みざる者なり。昭乎たる日月も明と爲すに足らず、崒乎たる泰山も高しと爲すに足らず。巍乎たる天地も容(大)と爲すに足らざるなり。

↑崒焉 崒平/崒兀 嶮峻/崒崒 すれる音/崒然 崒焉/崒崩 山崩れ/崒嵂 高峻
↓鬼崒・屹崒・崔崒・嶄崒・隆崒

ジュツ

【朮】 5 4390 ジュツ もちあわ おけら

篆文

甲骨文

象形 呪霊をもつ獣の形。〔爾雅、釈草〕に「山薊なり」とあり、薊に似た草の名。また秫の義に用いる。朮は術(術)・述(述)の字形のうちに含まれており、述は金文に遂の義に用いる。これらはいずれも道路において行われる呪儀を示し、その呪儀によって、ことの継続・遂行を卜したものと思われる。その呪儀を術という。これを以ていえば、朮はその呪儀に用いる呪霊をもつ獣の形とみるべきもので、祟と似た形のものである。

訓義 ①たたりをなすけものの形、祟と似たけもの、呪獣。②秫と通じ、もちあわ。③茉と通じ、おけら。

古訓 〔和名抄〕朮 乎介良(をけら) 〔名義抄〕朮 ヲケラ。黏粟なり。秫の字なり

声系 〔説文〕に朮声として秫・述・術・訹・怵など九字を収める。遂(遂)の金文にみえる字形は、述と釈すべき形である。述・術・訹・怵は、その呪儀に関し、朮の声義を承けるものであろう。

【朮愁】 おそれつつしむ。怵惕。〔睡虎地秦墓竹簡〕(吏為るの道)之れを綦しめ之れを綦め、~朮愁の心、長ぜざるべからず。

↑朮羹 もちあわで作った羹/朮酒 もちあわで作った酒

【戌】 6 5320 ジュツ けずる いぬ

篆文

甲骨文

金文

象形 戉の刃部を主とする形。〔説文〕十四下に「滅ぶるなり。九月、陽气微にして、萬物畢く成り、陽下りて地に入るなり。五行、土は戊に生じ、戌に盛んなり。戊の一を含むに従ふ」という。のちの字形によって、五行説に附会したもので、卜文・金文の字形は斧鉞の象。剝削に用いる器である。〔段注〕に

「一は亦聲なり」とするが、声も合わず、卜文には一に従う字形はない。十二支の名に用いるものはすべて仮借。字の本義とは関係のない用法である。

訓義 ①まさかり、まさかりでけずる、けずりそこなう。②卹と通じ、あわれむ。③十二支の一、いぬ。

古訓 〔字鏡集〕戌 イマシメ・イヌ・トヾム・タスク・サイキル・コモル

声系 〔説文〕に十二支の例に従って戌を部首とするも、繫属の字はない。歲（歳）を戌声とし、また威を会意として火部に属している。

語系 戌siuət、雪（雪）siuatは声が近い。刷shoatもその声が近く、すすぐ意がある。戌の本義は明らかでないが、〔説文〕に「滅ぶるなり」とする訓によって考えると、呪器としての戉（鉞）によって、汚穢を雪ぎ祓う意であろうと思われる。

【戌臘】冬至後、第三の戌の日に行う祭祀。〔風俗通、八、祀典雄雞〕臘なる者は、刑を迎へ徳を送る所以なり。大寒至るときは、常に陰の勝つことを恐る。故に戌の日を以て臘す。戌なる者は溫氣なり。～雞を殺し、以て刑德を謝す。雄は門に著け、雌は戸に著け、以て陰陽を和す。

↑戌月 九月／戌削 裁制、削る、やせる／戌時 午後七時～九時

【卹】 8 2712 ジュツ つつしむ うれえる あわれむ

篆文  甲骨文  金文 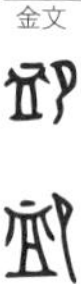

会意 血＋卩。血は盟誓のときに用いるもの。その前に人が坐する形。盟誓にのぞんで、つつしむ意を示す。〔説文〕五上に「憂ふるなり」と訓し、卩声とするが、字は会意。金文の〔邾公華鐘〕に「其の龢鐘を鑄る。以て其の祭祀盟祀を卹め」のように用いる。また〔邾公釛鐘〕に「用つて盟祀を敬卹せよ」とあり、敬卹が字の本義。それより憂卹の意となる。〔説文〕に「一に曰く、鮮少なり」とは、のちの俗語の「些卹」にあたる。当時すでにその用法があったのであろう。

訓義 ①つつしむ、盟誓にのぞむときの緊張をいう。②うれえる、おどろきおそれる。③あわれむ。④恤と通じ、しずか。⑤些卹、すくない。

古訓 〔名義抄〕卹 タマフ

語系 卹・恤siuətは同声。悴・瘁dziuətは声近く、同系の語と考えられる。恤xiuəkは〔説文〕八上に「靜かなり」とあり、また盟誓にのぞむときのさまをいう語であろう。

＊語彙は恤字条参照。

【卹隱】あわれみいたむ。民の憂苦をいたむ。〔晉書、夏侯湛伝〕出でて野王の令と爲る。卹隱を以て急と爲し、公調（税）を緩くす。

【卹患】苦患をうれえる。〔唐書、藩鎮、田悦伝〕夫れ魏博全ければ、則ち燕・趙安し。～且らく合從連衡して、災を救ひ患を卹あはれむは、不朽の業なり。

【卹然】おどろき、おそれるさま。漢・枚乘〔七発〕八月の望、～並びに往きて濤を廣陵の曲江に觀る。至れば則ち未だ濤の形を見ず、徒だ水力の到る所を觀るのみにして、則ち卹然として、以て駭くに足る。

↑卹焉 卹然／卹匱 貧をあわれむ／卹刑 緩刑／卹顧 顧念する／卹荒 救荒／卹削 裁制する／卹而 卹然／卹賞 弔慰金／卹贈 めぐむ／卹典 存官位を追贈する／卹民 民をあわれみ救う／卹問 撫問する／卹養 撫養／卹賚 賜与／卹理 撫卹する

↓温卹・矜卹・厚卹・賜卹・振卹・賑卹・存卹・贍卹・撫卹・労卹

【怵】 8 9309 ジュツ（チュツ）チュツ おそれる かなしむ

篆文 

形声 声符は朮。〔説文〕十下に「恐るるなり」、〔広雅、釈詁二〕に「懼るるなり」とあり、心に恐れ憂えることをいう。

訓義 ①おそれる、うれえる。②いたむ、かなしむ。③訹と通用し、いざなう。

古訓 〔名義抄〕怵 オソル・ヲノヽク・タフル・アザムク

【怵然】おそれつつしむ。〔荘子、養生主〕今臣～解く所數千牛なり。～然りと雖も、族（骨肉交わる所）に至る毎に、～怵然として戒を爲し、視ること爲に止まり、行くこと爲に遲し。

【怵惕】おそれ気遣う。〔孟子、公孫丑上〕今人乍ち孺子の將に井に入らんとするを見ば、皆怵惕惻隱の心有り。

↑怵心 おそれ／怵殆 不安／怵怛 怵惕／怵迫 誘迫／怵利 利に惑う

↓驚怵・悼怵

常【述】 8 3330 〔述〕 9 3330 ジュツ したがう のべる

篆文  籀文  金文 

会意 旧字は述に作り、朮＋辵。辵は道路をゆく意。朮は呪霊をもつ獣の形。これを用いて道路の安全を祈り、進退を定めた。金文の字形は遂（遂）と同形。遂は遂行、行為を継続することをいう。述もその意で、〔説文〕二下に「循ふなり」という。循・述・遹は古く通用することのある字で、〔論語、述而〕「述べて作らず」を、〔墨子、非儒下〕に「循べて作らず」とする。術（術）も行、すなわち道路でその呪儀を行い神意を問うもので、その法を術という。術にまた道路の意がある。

訓義 ①したがう、そのまま継続する。②のべる、前の通りにいう、かさねていう。③あきらかにする、あらわす、しるす。

古訓 〔名義抄〕述 ノブ・ツクル・メグル・ソフ・オサフ・シタガフ・キハム 〔篇立〕述 メグル・ノブ・オサフ・マウス・ソフ・シタフ・ツクル・キハム・スグル・サヽフ

語系 述・術djiuətは同声。遂ziuət、遹jiuətも声近く、遂はその獣を用いる呪儀によって、ことを遂行する意。遹は台座の上に矛を樹てて巡行し、遹正を行う意。金文に「遹正」「遹省」の語があり、所領を鎮撫する方法であった。

【述懷】思うことを述べる。南朝宋・顔延之〔宋の文皇帝の元皇后哀策文〕惟れ元嘉十七年七月二十六日、大行皇后、顯陽殿に崩ず。粵に九月二十六日、將に長寧陵に遷座せんとす。禮なり。～乃ち史臣に命じて德を累ね、懷を述べしむ。

【述古】古事をいう。〔日知録、二十、述古〕凡そ古人の言を述ぶるには、必ず當に其の立言の人を引くべし。古人も又古人の言を述ぶ。則ち之れを兩引し、襲ひて以て己の說と爲すべからず。～時人の言にも亦た敢て其の人を沒せざるは、君子の謙なり。然る後與に學に進むべし。

【述作】先人の学を承けて著作する。魏・文帝〔呉質に与ふる書〕德璉（応瑒）常て斐然として述作の意有り。其の才學、以て書を著はすに足る。美志遂げず、良に痛惜すべし。

【述職】諸侯が天子に朝し、政務の報告をする。〔孟子、梁恵王下〕諸侯、天子に朝するを述職と曰ふ。述職とは、職とする所を述ぶるなり。

【述文】文章をしるす。〔史記、太史公自序〕孔氏文を述べ、弟子業を興し、咸な師傅と爲り、仁を崇び義を厲ます。仲尼弟子列傳第七を作る。

【述歴】 次第によって記述する。〔史記、太史公自序〕太史公曰く、余黄帝より以來、太初に至るまでを述歴し、百三十篇を訖ふ。

↑述演 述べる/述義 解する/述載 記述する/述贊 論賛/述史 歴史記述/述事 記述/述修 修める/述遵 述べしたがう/述叙 叙述する/述製 詩文/述宣 宣べる/述陳 陳述する/述録 記録

↓刊述・記述・供述・継述・甄述・口述・巧述・後述・作述・刪述・贊述・纂述・纘述・嗣述・修述・叙述・称述・紹述・詳述・宣述・撰述・前述・祖述・著述・陳述・追述・伝述・編述・略述・縷述・論述

【恤】 9 9701 ジュツ うれえる あわれむ すくう

篆文 

形声 声符は卹の省文。金文に卹に作り、卹は血盟に臨む意で、その敬卹の心を恤という。その心を他に移して、救恤の意となる。恤はその形声字。〔説文〕十下に「憂ふるなり。收むるなり」とするが、收(収)は救の誤り。〔玉篇〕に救に作る。

訓義 ①うれえる、つつしむ。②あわれむ、かなしむ。③すくう、めぐむ、やすんずる。④喪にのぞむ。⑤卹と通じる。

古訓 〔名義抄〕恤 ウレフ・アハレブ・スクフ・フケル・メグム・ウツクシブ 〔字鏡〕恤 メグム・ウルフ・スクフ・ウツコスフ・シキ・ウレフ・トシ・スヰチ 〔字鏡集〕恤 フク・フケル・イツクシブ・メグム・イタル・ウツ・マコト・アハレブ・メグル

語系 恤・卹 siuət は同声。恤は卹の後起の字とみてよい。
＊語彙は卹字条参照。

↑恤隠 あわれみいたむ/恤患 救患/恤匱 救貧/恤金 見舞金/恤刑 刑をつつしむ/恤顧 顧みる/恤災 救災/恤削 程量/恤祀 敬みまつる/恤恤 憂える/恤賞 弔慰金/恤慎 あわれみつつしむ/恤然 あわれむ/恤宅 服喪中/恤典 賜祭/恤悲 あわれむ/恤貧 恤匱/恤兵 出征兵を慰問する/恤米 施米/恤民 救民/恤憂 憂える/恤養 撫養/恤労 いたわる

↓慰恤・隠恤・恩恤・簡恤・休恤・救恤・恵恤・顧恤・収恤・周恤・振恤・賑恤・贍恤・贈恤・存恤・弔恤・撫恤・保恤・憂恤・労恤

【秫】 10 2399 ジュツ もちあわ もちごめ

篆文 

形声 声符は朮。〔説文〕七上に「稷の黏る者なり。禾に從ふ。朮は象形。朮、秫或いは禾を省す」という。朮を象形とするが、述(述)・遂(遂)はもと同形。朮は獣の象形、秫とは形義の関係はない。

訓義 ①もちあわ、もちきび。②もちごめ。③高粱のねばるもの。④きびのねばらぬもの。⑤鉥と通じ、はり。

【秫酒】 もちきびの酒。宋・蘇軾〔超然台記〕園蔬を擷り、池魚を取り、秫酒を釀し、脫粟を淪ぎて之れを食ふ。曰く、樂しき哉遊や。

↑秫稭 きびがら/秫穀 糯米/秫稲 糯米/秫縫 長い針で縫う/秫米 糯米

↓種秫・衆秫・黍秫・丹秫・稲秫・粱秫

常 【術】 11 〖術〗 11 2122 ジュツ スイ わざ みち

篆文 

会意 行＋朮。朮は呪霊をもつ獣の形。この獣を用いて、道路で呪儀を行い、軍の進退などを決した。それで述(述)・遂(遂)には、その決定に従い、ことを遂行する意がある。〔説文〕二下に「邑中の道なり」と道路の意とし、〔段注〕に「引伸して技術と爲す」とするが、本来は路上でその行為を決する呪儀であるから、呪術・法術の意をもつ字である。道(道)は首に従い、異族の首を携えて祓う意。みな道路で行う呪儀に関する字である。

訓義 ①わざ、呪術、呪詛。②みちで行うわざ、呪術、みち、とりみち、大きなみち、まち。③てだて、すべ、のり。④わざ、しごと、習いごと。⑤述と通じ、のべる。

古訓 〔名義抄〕術 ノリ・ミチ・タノシ・ネガフ・ヲキテ・タノム・バケ 〔字鏡〕術 ノチ・ユイテ・タノミ・ノル・ウラス・ネガフ・ミチ・チマタ・オキテ・ノリ・タノム・バケ 〔字鏡集〕術 ネガフ・ヲキテ・タノシ・チマタ・ミチ・ノリ・ウラム・タクム・バケ

語系 術・述 djiuət、遂 ziuət、遹 jiuət は声近く、術・述・遂はみな呪獣の朮(㣇)を用いる呪的な方法。遹は矛を台座に立て、遹巡して循撫する示威的行為をいう。

【術家】 古代の、暦法算術に通じた者。〔晋書、天文志上〕三光の行、必ずしも常有らず。術家、算を以て之れを求むるも、各〻同異有り。故に諸家の暦法、參差として齊しからず。

【術学】 学術。学問。〔漢書、車千秋伝〕千秋長八尺餘、體貌甚だ麗なり。武帝見て之れを說び、～數月にして遂に～丞相と爲り、富民侯に封ぜらる。千秋、他の材能術學無し。～特だ一言の寤意(夢のお告げ)を以て、旬月にして宰相封侯を取る。

【術芸】 学術技芸。また、暦数卜筮などの術。〔魏書、術芸伝序〕蓋し小道にも必ず觀るべき有りと。況んや往聖、暦數の術を標し、先王、卜筮の典を垂るるをや。論察法有り、占候相ひ傳ふ。

【術士】 学術を修めた人。〔史記、儒林伝序〕秦の季世に至るに及んで、詩書を焚き、術士を阬にし、六藝此れより缺く。

【術数】 策略。法家的な統治術。また、卜筮陰陽の術。〔四庫提要、子、術数類〕術數の興るは、多くは秦漢以後に在り。其の旨を要するに、陰陽五行、生剋制化に出でず。實に皆易の支派にして、傅くるに雜說を以てするのみ。

【術中】 てだて。〔史記、張儀伝〕舍人曰く、～蘇君、～臣をして陰かに君に資を奉給し、蘇君の計謀を盡さしむ～と。張儀曰く、嗟乎此れ吾術中に在りて悟らず。吾蘇君に及ばざること明らかなり。～蘇君の時、儀何ぞ敢て言はんと。

↑術画 方術の画/術客 術士/術業 学業/術計 術策/術策 てだて/術者 術士/術人 方術の士/術阡 道路/術智 道術と才智/術道 才芸/術能 わざ/術法 法術/術謀 謀略/術路 道路

↓医術・学術・奇術・詭術・技術・蟻術・経術・芸術・剣術・幻術・詐術・算術・手術・呪術・儒術・心術・仁術・数術・仙術・戦術・賤術・操術・智術・道術・任術・馬術・秘術・美術・兵術・法術・魔術・妙術・妖術・吏術・良術・歴術

シュン

【夋】 7 2324 シュン ゆく

篆文 

象形 厶(㠯、耜)を頭にした神像。耜の神として祀ったものであろう。夋と字の構造が似ており、夋は稷の初文で穀霊。〔説文〕五下に「行くこと夋夋たるなり」と歩行を形容する語とし、「一に曰く、倨るなり」という。竣・駿などの義によって訓したものであろうが、もと農耕神の神像として、巨大なものが作られていたのであろう。畯は田の神。田にその神像を祀ったものと思われる。

訓義 ①耜を頭とする神像。②うずくまる、おごった姿のさま。③歩くさま、ゆく。

古訓 〔字鏡集〕夋 ユク

声系 〔説文〕に夋声として逡・俊・駿・竣・悛・浚・晙・酸など十九字を収める。峻高の意をもつ字が多いのは、夋の声義を承けるものであろう。

語系 夋tsiuən、晙tziuən は声義近く、夋の田中にあるものを晙というのであろう。〔詩〕にみえる「田晙」とは田の神である。舜(尊)tzuən にも尊大の意があり、同系の語であろう。舜(舜)sjiuən は殷の祖神。その字はその神像の形で、正面形であるので、両足を垂れた舛に従う。字はまた俊に作る。

↑夋夋しゅんしゅん 歩くさま

常

【俊】 9 2324 シュン さとい

篆文 

形声 声符は夋。〔説文〕八上に「材、千人に過ぐる者なり」(段注本)とあり、俊賢・俊秀の人をいう。夋はム(耜)を頭とする神像の象で、高大・尊貴の意があり、人に移して俊、馬に移して駿という。字はまた雋・儁と通用することがある。

訓義 ①さとい、材智がすぐれる。②千人・万人にすぐれた人。③大きい、高い。④舜と通じ、殷の祖神の名に用いる。⑤雋・儁と通じ、俊秀の意。

古訓 〔名義抄〕俊・儁 トシ・サトシ・サカン・(シ)・スミヤカナリ〔字鏡集〕俊 ヒサク・フカシ・ウタク・カシコシ・スグレタリ・タ、サハル・スミヤカナリ・サトル・サカシ・サトシ

語系 俊・駿・峻tziuən は同声。雋・儁tziuən も声義近く、みな俊秀の意をもつ語である。

【俊異】しゅんい 才智のすぐれた人。唐・杜甫〔鑿石浦に宿す〕詩 窮途、俊異多く 亂世、恩惠少なし

【俊逸】しゅんいつ 才智が卓出する。唐・杜甫〔春日、李白を憶ふ〕詩 白や詩敵無し 飄然思ひ群ならず 清新、庾開府(信) 俊逸、鮑參軍(照)

【俊英】しゅんえい 衆にすぐれた人。魏・文帝〔曹蒼舒の誄〕猗歟公子 終然として允に臧よし 宜しく介祉(大幸)に逢ひ以て無疆に永かるべきに 如何ぞ昊天 斯の俊英を彫(凋)ましむる

【俊乂】しゅんがい 才徳のすぐれた人。〔史記、公孫弘主父偃伝論賛〕漢興りてより八十餘年、上方に文學に鄉ひ、俊乂を招きて、以て儒墨を廣くせんとす。

【俊桀】しゅんけつ 才智の傑出した人。〔史記、張耳陳余伝論賛〕張耳陳餘は、世に傳へて賢と稱する所の者なり。其の賓客廝役も、天下の俊桀に非ざる莫く、居る所の國、卿相を取らざる者無し。

【俊賢】しゅんけん 才徳のすぐれた人。魏・阮籍〔奏記、蔣公に詣る〕籍、死罪死罪。伏して惟ふに、明公、含一の德を以て、上台の位に據る。群英首を翹げ、俊賢足を抗ぐ。

【俊彦】しゅんげん すぐれた人。〔書、太甲上〕旁く俊彦を求めて、後人を啓迪せしむ。

【俊豪】しゅんごう(がう) 才徳傑出の人。宋・葉適〔竜川集の後に書す〕僚友一時、志同じく義合し、相ひ與に俊豪魁特の緒を扶立し、流風餘論をして、猶ほ能く後人に表見せしむ。

【俊才】しゅんさい 英才。〔老学庵筆記、八〕宋白尚書の詩に云ふ。風騷の地に墜ちて、塵を成さんと欲す 春は南宮を鎖ざして、試に入ること頻りなり 三百の俊才、衣、雪に似たり 憐れむべし、箇の、詩を解する人無しと。~其の自ら負むこと此くの如し。

【俊秀】しゅんしゅう(しう) 才智すぐれた人。〔三国志、呉、呉主伝〕俊秀を招延し、名士を聘求す。魯肅・諸葛瑾等、始めて賓客と爲る。

【俊爽】しゅんそう(さう) 容姿・風格がすぐれる。〔梁書、武帝紀上〕文學を招く。高祖、沈約・謝朓・王融~等と竝び遊ぶ。~(王)融俊爽、識鑒人に過ぎ、尤も高祖に敬異せらる。每に親しむ所に謂ひて曰く、天下を宰制するは、必ず此の人に在らんと。

【俊哲】しゅんてつ 才識のすぐれた人。〔北史、儒林下、劉炫伝〕親故其の心を照らす莫く、後人其の迹を見ざらん。~之れを州里に傳へ、夫の將來の俊哲をして、余が鄙志を知らしめんのみ。

【俊徳】しゅんとく すぐれた德。〔書、堯典〕克く俊德を明らかにして、以て九族を親しむ。

【俊茂】しゅんぼう 俊才。〔漢書、武帝紀賛〕孝武初めて立ち、卓然として百家を罷黜し、六經を表章す。遂に海内に疇咨し(図り)、其の俊茂を擧げ、之れと功を立つ。

【俊民】しゅんみん すぐれた民。〔書、多士〕乃ち爾の先祖成湯に命じて、夏を革めしめ、俊民をして四方を甸めしむ。~殷王亦た敢て帝を失ふこと罔く、天に配せざる罔し。

【俊良】しゅんりょう(りやう) すぐれて立派。明・劉基〔陳庭学の成都衛照磨の任に之くを送る、二首、二〕詩 籌邊樓上、俊良を羅ぬ 況んや子の敏學にして、年の方に將さかんなるをや

↑俊偉しゅんい すぐれる/俊穎しゅんえい 俊秀/俊科しゅんか 上位合格/俊快しゅんかい 爽快/俊艾しゅんがい 俊乂/俊器しゅんき 器量/俊嬌しゅんきょう 嬌媚/俊兄しゅんけい 兄上/俊慧しゅんけい 俊賢/俊傑しゅんけつ すぐれる/俊健しゅんけん 遒勁/俊悟しゅんご 俊慧/俊語しゅんご 警抜の語/俊功しゅんこう 大功/俊骨しゅんこつ 高雅な人柄/俊材しゅんざい 俊才/俊士しゅんし 俊才/俊俏しゅんしょう 美好/俊乗しゅんじょう 駿馬/俊声しゅんせい 名声/俊達しゅんたつ 秀達/俊智しゅんち 俊哲/俊喆しゅんてつ 俊哲/俊宕しゅんとう 俊健/俊抜しゅんばつ 秀抜/俊美しゅんび 秀麗/俊敏しゅんびん 敏捷/俊風しゅんぷう 南風/俊物しゅんぶつ 俊才/俊弁しゅんべん 能弁/俊望しゅんぼう 名声/俊法しゅんぽう 峻法/俊邁しゅんまい 俊秀/俊味しゅんみ 美味/俊遊しゅんゆう 壮遊/俊雄しゅんゆう 英俊/俊誉しゅんよ 俊才の名/俊烈しゅんれつ 俊健/俊朗しゅんろう 俊爽

↓英俊・奇俊・挙俊・梟俊・傑俊・賢俊・高俊・豪俊・才俊・秀俊・神俊・敏俊・髦俊・尤俊・勇俊・雄俊・良俊

【恂】 9 9702 シュン まこと おそれる つつしむ

篆文 

古印璽 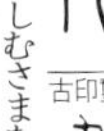

形声 声符は旬。〔説文〕十下に「信の心なり」とあり、おそれつつしむさまをいう。〔論語、郷党〕「恂恂如たり」のように、形況の語として用いる。〔漢書、李広伝賛〕に「恂恂として鄙人の如く、口に辭を出だすこと能はず」というような、誠実のさまをいう。字はまた洵に作ることがある。

訓義 ①まこと、まことに、まことあるさま。②おそれる、ものおじする。③つつしむ、ひきしまる。④あわてる、めくらみする。

古訓 〔名義抄〕恂 マコト・タノシフ・ヲノ、ク・ヒラナリ・ヨシ〔字鏡集〕恂 ツ、シム・ヲノ、ク・タノシフ・ウヤマフ・マコト・ヒラナリ・ヒトシ・ヨシ

語系 恂・洵siuən は同声。もと旬の声による形況の語。旬は瞚(まばたく)のような状態をいう。

【恂恂】しゅんしゅん つつしみ深い。まことあるさま。また、おずおずるさま。唐・柳宗元〔捕蛇者の説〕吾れ恂恂として起ち、其の缶(ほとぎ)を視、吾が蛇尙ほ存するときは、則ち弛然として臥す。

【恂慄】しゅんりつ ひきしまって、きびしい。〔大学、三〕詩に云ふ、~斐たる有る君子 切するが如く磋するが如く 琢するが如く磨するが如く 瑟たり僩たり 赫たり喧たり~と。~瑟たり僩たりとは、恂慄なり。

↑恂謹しゅんきん 恭謹/恂盱しゅんく 楽しむ/恂懼しゅんく 恐れる/恂実しゅんじつ 朴実/恂然しゅんぜん 恂恂/恂達しゅんたつ 明達/恂蒙しゅんもう 庇護/恂目しゅんもく めくらみする

常

【春】 9 5060 ［萅］ 12 4460 シュン はる

篆文 

金文 

古印璽 

その他 

形声 正字は萅に作り、屯声。〔説文〕一下に「推なり」と訓し、字形について「日と艸と屯とに従ひ、屯の亦聲」（段注本）とする。屯の声義をとるとすれば、屯を屯蒙の象として、草木初生の時とするものであるが、屯はもと屯頓の意ではなく、衣の純縁（へりぬい）の象である。ただ金文の春の字に若（若）の初形に従うらしい形があり、草木の初生を以て春とする考えかたはあったものと思われる。「推なり」は春と双声の訓。〔礼記、郷飲酒義〕に「蠢なり」とするのは、啓蟄（虫が地下よりはい出す）の意をとるものであろう。卜辞中に四季の名を確かめる資料はなく、後期の列国期の金文に至って、〔越王鐘〕「隹これ正月、王の春の吉日丁亥」のようにいう。

訓義 1はる、はるめく。2蠢と通じ、うごく。3わかい、としごろ、なさけ。

古訓 〔名義抄〕春 ハル 〔字鏡〕春 アヲシ・ミヤビト・イヅ・サカエ・ハル・ミル・ミダル

声系 〔説文〕に春声として鬊・惷・蠢など四字を収める。鬊は鬊髮（みだれ髪）、惷は〔説文〕十下に「亂るるなり」、蠢十三下は「蟲動くなり」とあり、乱れ動く意をもつ字である。

語系 春・惷・蠢 thjiuən は同声。鬊 sjiuən も声が近い。また旬・徇 ziuən はかがやく、ひろくかがやく意をもつ。春には、この両系の声義を含むようである。

【春衣】しゅんい 春着。宋・秦観〔春日偶題、銭尚書に呈す〕詩 日に春衣を典するも、酒の爲に非ず 家貧しくして、粥を食すること已に多時なり

【春意】しゅんい 春心。南唐・李煜〔浪淘沙令〕詞 簾外、雨潺潺たり 春意、闌珊たり 羅衾、五更の寒に耐へず 夢裡、身は是れ客なるを知らず 一晌（しばし）歡を貪る

【春苑】しゅんえん（ゑん） 春の苑。宋・王珪〔宮詞、百一首、十〕詩 遙かに聞く、春苑櫻桃の熟するを 先づ金盤を進めて紫宸に奉ず

【春怨】しゅんえん（ゑん） 春のなやましさ。宋・陳傅良〔雲頂院に游び、徐叔子の韻に和す〕詩 老大、生憎なり兒女の態 更に春怨と秋悲と無し

【春寒】しゅんかん 余寒。唐・張謂〔杜侍御、貢物を送る、戲れに贈る〕詩 疲馬山中、日の晩るるを愁へ 孤舟江上、春寒を畏る

【春興】しゅんきょう 春のたのしみ。唐・皇甫冉〔山僧に対ふるに奉和す〕詩 遠心、北闕に馳せ 春興、東山に寄す 草は長ず、風光の裏 鶯は喧く、靜默の閒

【春暁】しゅんぎょう（げう） 春のあけぼの。唐・趙存約〔鳥散余花落〕詩 春曉、游禽集まる 幽庭、幾樹の花

【春禊】しゅんけい 三月上巳のみそぎ。〔晋書、礼志下〕漢儀、季春上巳、官及び百姓、皆東流水上に禊す。～魏より以後、但だ三日のみを用ひ、上巳を以ひず。～晉の中朝、～皆洛水の側に禊す。

【春工】しゅんこう 春を作るもの。造化の力。宋・柳永〔剔銀灯〕詞 何事ぞ、春工の意を用ふる 繡して畫き出だす、萬紅千翠

【春光】しゅんこう（くわう） 春の風光。梁・呉孜〔春閨怨〕詩 玉關、信使斷ゆ 借問す、相ひ語らんぜざるや 春光、太だ意無し 窗を窺ひ來りて見參す

【春江】しゅんこう（かう） 春の川。唐・張若虚〔春江花月夜〕詩 春江の潮水、海に連なつて平らかなり 海上の明月、潮と共に生ず 灧灧として波に隨ふこと、千萬里 何れの處か、春江、月明無からん

【春蚕】しゅんさん はるこ。唐・李商隠〔無題〕詩 春蠶死に到りて、絲方に盡き 蠟炬灰を成して、涙始めて乾く

【春残】しゅんざん 春のなごり。清・鄭燮〔題画、蘭竹石に題す〕一剪梅に調寄す〕詞 幾枝の脩竹、幾枝の蘭 春殘を畏れず、秋寒を怕れず 飄飄として遠く碧雲の端に在り 雲裏の湘山、夢裏の巫山

【春祠】しゅんし 春の祭。〔周礼、春官、司尊彝〕春の祠、夏の禴には、祼（酒をそそぐ）に雞彝・鳥彝を用ふ。

【春日】しゅんじつ はるび。〔詩、豳風、七月〕春日載ち陽かに 鳴ける倉庚（黄鳥）有り

【春社】しゅんしゃ 春の農祭。〔礼記、明堂位〕是の故に夏は礿し秋は嘗し、冬は烝し春は社す。

【春酒】しゅんしゅ 寒中に釀し、春熟する酒。〔詩、豳風、七月〕此の春酒を爲りて 以て眉壽を介む

【春愁】しゅんしゅう（しう） 春の愁い。唐・李羣玉〔客を送る〕詩 定めて知る、行路春愁の裏 故郢城邊、落梅を見ん

【春宵】しゅんしょう（せう） 春の夜。宋・蘇軾〔春夜〕詩 春宵一刻、値千金 花に淸香有り、月に陰有り 歌管樓臺、聲細細 鞦韆院落、夜沈沈

【春色】しゅんしょく 春景。宋・王安石〔夜直〕詩 春色人を惱まして眠り得ず 月は花影を移して欄干に上る

【春睡】しゅんすい 春の眠り。宋・蘇軾〔定恵院の東に寓居す。雜花満山、海棠一株有り。～〕詩 林深く霧暗く、曉光遲し 日暖かに風輕く、春睡足る

【春晴】しゅんせい 春の晴れた日。宋・陸游〔春晴、二首、二〕詩 常年、春日春晴少なし 面を拂つて、今朝暖吹輕し

【春雪】しゅんせつ 春の雪。唐・張籍〔賈島に逢ふ〕詩 十二街中、春雪遍ねし 馬蹄今去つて、誰が家にか入る

【春台】しゅんだい 春のうてな。春日眺望の楽しみ。太平のさまをいう。〔老子、二十〕荒として其れ未だ央きざる哉。衆人は熙熙として太牢を享くるが如く、春、臺に登るが如し。我獨り怕として其れ未だ兆さず、嬰兒の未だ孩せざるが如し。

【春庭】しゅんてい 春の庭。唐・賈至〔長門怨〕詩 獨坐、思ひ千里 春庭、曉景長し

【春殿】しゅんでん 春の御殿。唐・李益〔宮怨〕詩 露は晴花を濕ほし春殿香し 月明歌吹、昭陽に在り

【春半】しゅんぱん 春なかば。唐・張若虚〔春江花月夜〕詩 昨夜、閒潭に落花を夢む 憐れむべし、春半家に還らざるを

【春風】しゅんぷう 春の風。唐・孟郊〔登科後〕詩 春風得意、馬蹄疾し 一日に看盡す、長安の花

【春服】しゅんぷく 春着。〔論語、先進〕莫春には春服既に成る。冠者五六人、童子六七人、沂に浴し舞雩（雨乞いするところ）に風し、詠じて歸らん。

【春満】しゅんまん 春たけなわ。梁・何遜〔七召〕河柳葉を垂れ、山榴英を發らく。奇花の春滿を翫び、甘實を夏成に摘む。此れ實に宮苑の壯麗なり。

【春眠】しゅんみん 春の朝の寝心地。唐・孟浩然〔春暁〕詩 春眠、曉を覺えず 處處に啼鳥を聞く 夜來風雨の聲 花落つること、知んぬ多少ぞ

【春夢】しゅんむ 春の夜のはかない夢。〔侯鯖録、七〕東坡老人（蘇軾）、昌化に在り。嘗て大瓢を負ひて田閒に行歌す。老婦有り、年七十。坡に謂ひて云く、內翰、昔日の富貴は、一場の春夢なりと。

【春来】しゅんらい 春となる。唐・王維〔桃源行〕詩 春來つては遍く是れ桃花の水 仙源を辨ぜず、何れの處にか尋ねん

【春聯】しゅんれん 門聯。年越しに門にかける。〔燕京歳事記、春聯〕即ち桃符なり。臘（十二月）に入りてより以後、即ち文人墨客、市肆の簷下に在りて、春聯を書寫し、以て潤筆（書き料）を圖る。

【春老】しゅんろう（らう） 春たける。晩春。宋・欧陽脩〔仙意〕詩 滄海、風高く、愁燕遠し 扶桑、春老いて、蠶眠を記す

➡春靄しゅんあい 春霞／春暗しゅんあん 春の夜／春院しゅんいん 春の屋敷／春陰しゅんいん 春霞／春雨しゅんう 春さめ／春暈しゅんうん 花曇り／春醞しゅんうん 春酒／春映しゅんえい 春光／春栄しゅんえい 春の花／春影しゅんえい 春の日ざし／春園しゅんえん 春のその／春煙しゅんえん 春霞／春燕しゅんえん

春の燕/春豔 春の美しさ/春甕 春の酒/春温 枕絵/春臥 春暖/春稼 春時き/春霞 春がすみ/春画 枕絵/春臥 春眠/春海 春の海/春懐 春心/春酣 春たけなわ/春閑 春のどか/春澗 春の谷/春気 春の気はい/春卉 春草/春季 晩春/春祈 祈年/春期 春/春暉 春の光/春熙 春の光/春曦 春の光/春弓 纏足/春宮 東宮/春牛 春耕の牛/春禽 春の鳥/春錦 春の花/春襟 春の懐い/春昫 春暖か/春渓 春の谷/春畦 春の田/春景 春景色/春月 春夜の月/春妍 春の花/春喧 春暖か/春好 好春/春行 春の行楽/春紅 化粧脂/春候 春の季節/春耕 春耕す/春鴻 春の雁/春谷 春の渓/春恨 春愁/春魂 春心/春墾 春耕す/春菜 若菜/春賽 春祭/春作 春耕す/春山 春の山/春市 春の市/春糸 柳条/春至 春祭/春分/春祀 春祭/春思 春の心/春祠 春祭/春耜 春耕す/春澌 雪どけ/春寺 春の寺/春事 農事/春時 春の季節/春酌 春の宴会/春種 春蒔き/春秀 春の花/春蒐 春狩り/春秋 年月/春粛 春寒/春笋 春の筍/春筍 春の筍/春初 初春/春書 淫書/春渚 春の汀/春墅 春の野/春曙 春の暁/春茹 春の野菜/春鋤 春耕す/春妝 春化粧/春勝 春の髪飾り/春傷 春愁/春照 春光/春賞 春色/春条 春の枝/春情 春心/春醸 春酒/春心 春の思い/春岑 春山/春信 春便り/春袗 春の衣/春深 晩春/春水 春の流れ/春蕊 春の花/春正 正月/春夕 春の夕/春節 春季/春浅 早春/春膳 春の食事/春蔬 春の野菜/春早 早春/春草 若草/春装 春の装い/春霜 晩霜/春儺 春のついな/春苔 春の苔/春態 あで姿/春黛 眉墨/春籜 春筍の皮/春旦 元旦/春潭 春の淵/春暖 春うらら/春昼 春の昼/春漲 春の流れ/春潮 春の潮/春枕 春眠/春汀 春のなぎさ/春帝 春の神/春禘 春祭/春醍 春の宿酔/春霆 春雷/春泥 雪どけ/春天 春の日/春渡 春の渡し場/春灯 春の灯/春波 春の波/春旆 酒旗/春醅 濁酒/春発 春の花/春晩 晩春/春婦 妓女/春分 春の彼岸/春暮 晩春/春坊 東宮/春望 春の眺め/春芳 春の花/春袍 春衣/春務 農事/春霧 春霞/春茗 春の茶/春夜 春の夜/春野 春郊/春禴 春祭/春遊 春の行楽/春余 暮春/春陽 陽春/春雷 春の雷/春嵐 春の山気/春蘭 春盛り/春巒 春山/春流 春の川/春溜 春の水/春醁 春醪/春霖 春雨/春令 春の時令/春冷 春寒/春嶺 春山/春麗 春うらら/春醴 春の甘酒/春楼 春殿/春漏 春の時/春醪 春酒/春和 春暖

↓回春・懐春・季春・熙春・九春・迎春・今春・三春・残春・思春・首春・初春・小春・新春・青春・惜春・早春・探春・遅春・仲春・晩春・暮春・芳春・望春・孟春・陽春・立春・麗春

人 【峻】 10 2374 シュン たかい けわしい きびしい

篆文 

形声 声符は夋(しゅん)。夋はム(耜)を頭にした神像で、高峻の意がある。〔説文〕九下に字を陖(しゅん)声とし、「高なり」と訓する。陖十四下に「陗高なり」とあって峻峭の意とする。自は神梯の象であるから、陖・陗は聖地の峻峭の状をいう字であろう。山勢の高峻の意より、引伸して峻厳の意となる。

訓義 1たかい、山が高くそびえる、山の聖地のさま。2けわしい、山勢がきびしい。3きびしい、大きい、美しい。4駿と通じ、はやい。5ゆはず。

古訓 〔名義抄〕峻 サカシ・ケハシ・タカシ・キビシ 〔字鏡集〕峻 ケハシ・タカシ・ナガシ・アシ・サカシ・ノボル・オホイナリ

語系 峻・俊・駿 tziuən は同声。夋に高大の意があり、すべて他よりぬきんずるものをいう。

【峻急】 度量に乏しい。〔晋書、傅玄伝〕玄、天性峻急、容るる所有る能はず。奏劾すること有る毎に、或いは日暮に値ふときは白簡を捧じ、簪帯を整へ、竦踊して寐ねず、坐して旦を待つ。是に於て貴游懾伏し、臺閣風を生ず。

【峻刑】 厳刑。〔抱朴子、疾謬〕俗間に戯婦の法有り。稠衆の中、親屬の前に於て、問ふに醜言を以てし、責むるに慢對を以てす。~民間之れを行ふこと日久し。~或いは清談の禁ずる能はざる所、峻刑に非ざれば止むること能はざるなり。

【峻秀】 高くすぐれる。唐・沈佺期〔辛丑の歳~扈従して西岳を出でて作る〕詩 諸嶺、皆峻秀 中峯、特に美好なり

【峻節】 高い節操。清・顧炎武〔帰高士を哭す〕詩 峻節、我が儕に冠たり 危言、世俗を驚かす 常に扣角の歌を爲し 窮途の哭を作さず

【峻徳】 すぐれた徳。〔大学、一〕太甲に曰く、諟の天の明命を顧みると。帝典に曰く、克く峻徳を明らかにすと。皆自ら明らかにするなり。

【峻抜】 高くすぐれる。唐・劉禹錫〔華山歌〕詩 俄然神功就り 峻抜寥廓(大空)に在り

【峻法】 きびしい法律。〔論衡、非韓〕三軍の士を養ふに、賞罰の命を明らかにす。嚴刑峻法、富國彊兵は、此れ法度なり。

【峻厲】 きびしくはげしい。〔三国志、呉、呉主伝注に引く呉録〕(沈友)色を正して朝に立ち、清議峻厲、庸臣の譖する所と爲り、誣ふるに謀反を以てす。(孫)權、~故に之れを害す。

↑峻隘 高く狭い/峻宇 高屋/峻科 厳法/峻厓 高い崖/峻閣 高閣/峻岳 高峻の山/峻巌 高い巌/峻危 高く危うい/峻拒 拒絶する/峻狭 峻隘/峻激 激しい/峻潔 潔癖/峻嶮 嶮しい/峻厳 厳しい/峻谷 深谷/峻刻 むごい/峻酷 峻刻/峻峙 高く対峙する/峻峭 峻嶮/峻敞 高い/峻竦 聳える/峻岑 高峯/峻制 厳法/峻政 苛政/峻砌 高い石畳/峻整 整う/峻責 搾取する/峻阻 峻嶮/峻湍 早瀬/峻灘 早瀬/峻直 正直/峻邸 高邸/峻挺 挺抜/峻詆 痛詆する/峻擢 抜擢する/峻徹 通達する/峻特 峻抜/峻阪 急坂/峻筆 痛烈な文/峻峯 高峯/峻密 厳密/峻命 厳命/峻茂 茂る/峻利 猛烈/峻流 急流/峻嶺 高峯/峻麗 壮麗/峻路 嶮路/峻朗 高朗/峻壟 高丘/峻論 高論

↓急峻・険峻・厳峻・孤峻・高峻・剛峻・刻峻・峭峻・清峻・勢峻・整峻・切峻・絶峻・方峻・幽峻・雄峻

【悛】 10 9304 シュン あらためる つつしむ

篆文 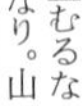

形声 声符は夋(しゅん)。〔説文〕十下に「止むるなり」、〔方言、六〕に「悛・懌は改むるなり。山(函谷関)より東にては、或いは悛と曰ふ」とあって、改悛の意。

〔史記、李将軍伝論賛〕に「悛悛として鄙人の如し」とあり、誠実でひかえめなことをいう。字はまた恂・逡に作る。

訓義 ①あらためる、やめる、さとる。②つつしむ、うやまう、まことをつくす。

古訓 〔名義抄〕悛 カハル・カハル／＼・アラタム・ウヤマフ・ハヾカル・ツヽシム・サラニ

【悛改】しゅんかい 悔い改める。〔後漢書、儒林上、孔僖伝〕假使し非とする所、實に是ならば、則ち固より應に悛改すべし。儻し其の當らざるも、亦た宜しく含容すべし。又何ぞ罪せん。

【悛悛】しゅんしゅん つつしみ深いさま。〔史記、李将軍伝論賛〕余れ李将軍を睹るに、悛悛として鄙人の如く、口道辭すること能はず。死に及ぶの日、天下知ると知らざると、皆爲に哀を盡せり。

【悛容】しゅんよう 悔いて態度を改める。〔左伝、襄七年〕孫子辭すること無し。亦た悛容無し。穆叔曰く、孫子必ず亡びん。臣爲たるに君となり、過ちて悛めざるは、亡の本なり。

↑悛移 悔改する／悛懌 改める／悛革 改める／悛悟 悔悟する／悛志 悔改する／悛心 改心する／悛慎 改慎する／悛惕 つつしむ

↓改悛・悔悛

【浚】 10 3314 シュン さらう ふかい

篆文 

形声 声符は夋。〔説文〕十一上に「抒むなり」(段注本)とあって、水を挹む意。水をくみ出して、さらえることをいう。また水を濾こし、したむ意がある。

訓義 ①くむ、くみだす、さらう。②ふかくする、ふかい、底をさらえる。③こす、したむ、さらえきよめる。④夋声の字に、大きい意がある。⑤つつしむ。

古訓 〔名義抄〕浚 フカシ・タカシ・トル 〔字鏡集〕浚 フカシ・タカシ・ソヽグ・トル

【浚井】しゅんせい 井戸ざらえ。〔孟子、万章上〕父母、舜をして～井を浚へしむ。出づ。從つて之れを揜ふ。象(舜の弟)曰く、都君(舜)を蓋ふことを謨るは、咸な我が績なり～と。

【浚渫】しゅんせつ 底さらえ。〔水経注、汶水〕樹前に大井有り、極めて香冷なり。～何れの代に掘れるかを知らず。常には浚渫せざるも、水旱にも減せず。

【浚明】しゅんめい つつしみつとめる。〔書、皐陶謨〕日に三德を宣らかにし、夙夜浚明ならば、家を有たん。

↑浚澗 深い谷／浚急 深い急流／浚溝 深い溝／浚谷 深い谷／浚削 けずる／浚塹 深く掘る／浚照 徹明／浚湍 急湍／浚治 さらえる／浚導 導く／浚瀬 早瀬／浚流 深流／浚冽 清冷

↓淵浚・急浚・宏浚・幽浚

【狻】 10 4324 シュン サン しし

篆文 

形声 声符は夋。〔説文〕十上に「狻麑なり。虦猫の如くにして、虎豹を食らふ者なり」とし、「爾雅に見ゆ」という。〔爾雅、釈獣〕にその文がみえ、〔郭璞注〕に「即ち師子なり。西域に出づ。漢の順帝の時、疏勒王來りて犎牛及び師子を獻ず。穆天子傳に曰く、狻猊は日に五百里を走ると」とあり、狻麑・狻猊のようにいう。また犬が疾走することをも狻という。

訓義 ①しし。②犬が早く走る。

【狻猊】しゅんげい 獅子。〔穆天子伝、一〕狻猊野馬、走ること五百里。邛邛距虚、走ること百里。

↑狻下 高僧の敬称、猊下というに同じ／狻麑 しし

【珣】 10 1712 シュン

篆文 

形声 声符は旬。〔説文〕一上に「醫無閭の珣玗琪、周書に所謂夷玉なり」とあり、〔書、顧命〕の「夷玉」の〔鄭玄注〕に「夷玉は東方の珣玗琪なり」とみえる。

訓義 ①玉の名、東方の珣玗琪。②玉器。

古訓 〔字鏡集〕珣 タマノルヰ

【眣】 10 6803 〔瞚〕 16 6308 シュン まばたく

篆文  甲骨文 

会意 目＋矢。正字は瞚に作り、〔玉篇〕に「瞚は目動くなり」とあり、目を以て指を通ずること、めくばせの意とする。寅も矢の形。目のくるめくさまを旬といい、まばたくを瞬(瞬)という。みな同声の語である。

訓義 ①まばたく。②めくばせする。③まじろぐ。

語系 眣・瞚・瞬 sjiuen は同声。眣・瞚は会意、旬・瞬は形声、同じ語である。

＊語彙は瞬字条参照。

人【隼】 10 2040 シュン はやぶさ

篆文 

象形 隹が足をすくめて迅く飛ぶ形。〔説文〕にみえず、〔玉篇〕に「祝鳩なり」とみえるが、はやぶさをいう。〔易、解、上六〕に「公用て隼を高墉の上に射る。之れを獲て利しからざる无し」とみえる。〔詩、小雅、采芑〕に「鴥たる彼の飛隼 其れ飛んで天に戻る」とあり、征役に臨んで鳥占をする俗があり、鳥が征役詩の発想に用いられることが多い。

訓義 ①はやぶさ。②じゅずかけばと。

古訓 〔名義抄〕隼 ハヤシ・ハヤブサ

【隼尾】しゅんび 書体の名。八分の一体で、隼尾波という。晉・王羲之〔衛夫人の筆陣の図の後に題す〕八分に更に一波有る、之れを隼尾波と謂ふ。鍾公(繇)の泰山銘、及び魏の文帝の受禪碑中に、已に此の體有り。

↑隼鷹 はやぶさ

↓獲隼・鶚隼・孤隼・集隼・青隼・蒼隼・鳥隼・鵰隼・飛隼・鷹隼

【奞】 11 4021 シュン スイ はばたく

篆文 

会意 大＋隹。〔説文〕奞部四上に「鳥、毛羽を張りて自ら奮ふなり。大に從ひ、隹に從ふ」と自奮の意とし、「讀みて睢の若くす」という。奮・奪の字の初形よりいえば、上部は大ではなく衣の形とみるべく、字の形義も奮・奪の字と関係があるものと思われる。いま奮い飛ぶの意を以て解する。

訓義 ①はばたく。②羽を張る。

【逡】 11 3330 シュン しざる しりぞく

篆文 

形声 声符は夋。夋は厶(耜)を頭とする神像の象で、高大の意があり、またうずくまる姿勢の意がある。〔説文〕二下に「復るなり」とあり、〔段注〕に往来の意とするが、〔爾雅、釈言〕に「退くなり」、〔玉篇〕に「卻くなり」とする訓がよい。逡循して後に退く意である。恂恂・悛悛をまた逡逡に作ることがあり、また〔礼記、大伝〕「逡は奔走す」は駿と通用の義である。

訓義 ①しざる、しりぞく、さがる。②次第、順序をつける、順番にする。③恂・悛・駿と通用する。

古訓 〔名義抄〕逡 シリゾク・マカル・ハル 〔字鏡集〕逡 サル・シリゾク・マカル・メグル・ハル

語系 逡 tsiuən、駿 tziuən は声義が近い。また、蠢・惷 thjiuən も声近く、蠢は蠢動、惷は乱れる意。逡循の状と似ている。

【逡逡】つつしみ深い。恂恂。〔史記、游俠、郭解伝〕是れより後、俠を爲す者極めて衆く、敖りて數ふるに足る者無し。然れども～樊仲子～は、俠爲りと雖も、逡逡として退讓君子の風有り。

【逡巡】あとずさり。ためらう。〔後漢書、張覇伝〕時に皇后の兄～鄧騭、當朝貴盛、霸の名行を聞き、與に交はりを爲さんと欲す。霸、逡巡して荅へず。衆人、其の時務を識らざるを笑ふ。

↑逡次 逡巡/逡縮 退避する/逡循 逡巡/逡遁 逡巡/逡速 迅速

【晙】 12 6304 シュン たのかみ たおさ たつくり

篆文  甲骨文  金文 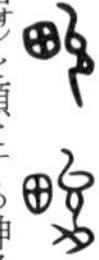

形声 声符は夋。夋は厶（耜）を頭とする神像の形。晙とは田神をいう。〔説文〕十三下に「農夫なり」とする。〔詩、豳風、七月〕に「田晙至りて喜（饎）す」の田晙を、〔伝〕に田大夫とし、〔箋〕にその田大夫に酒食を供する意とするが、〔周礼、春官、籥章〕に「土鼓を撃つて、以て田晙を樂します」とあって、田神を祭ることをいう。田晙はまた司嗇ともいい、〔礼記、郊特牲〕に「蜡の祭や、先嗇を主として司嗇を祭る。百種を祭りて以て嗇に報ずるなり」とその祭祀をいう。金文に字を畯に作り、「畯正す」「畯く」のような用法がある。允はおそらく厶（耜）を頭とする人の形で、夋と立意の同じ字であろう。

訓義 ①たのかみ。②たおさ。③たつくり。④俊と通じ、すぐれる。

語系 晙 tziuən は嗇 tziək と声近く、農耕に関する語。田晙を嗇、また先嗇という。

↑晙儒 郷邑の儒/晙臣 賢臣/晙望 徳望が高い/晙民 俊民/晙明 賢明/晙良 秀才

↓田晙

【皴】 12 2424 シュン しわ あかぎれ

篆文 

形声 声符は夋。〔説文新附〕三下に「皮の細起するなり」とあって、しわをいう。皴裂とはあかぎれの類をいう。皴法は山石のひだを画く技法。胡皴は牛のくびのたれ皮。

訓義 ①しわ。②あかぎれ、ひび。

古訓 〔名義抄〕皴 フクレ・ヒハル・シワ・シバム 〔篇立〕皴 ヒキ 〔字鏡集〕皴 フクル・フルフ・ヒハル・ヒヽ・シバム・チル・シワ・アカヽリ・カシカム

【皴染】ひだをつけ、ぼかす画法。〔南田画跋〕子久（黄公望）意を以て權衡を爲し、皴染相ひ兼ぬ。用意微に入り、說くべからず、學ぶべからず。太白云ふ、落葉聚りて還た散じ、寒鴉棲みて復た驚くと。差や其の象に擬すべし。

↑皴渇 かすれ/皴皺 しわ/皴節 皴と節/皴剝 剝落/皴皮 荔枝/皴劈 ひだをつける画法/皴理 裂紋/皴裂 ひび/皴法 ひだ

↓削皴・凍皴・風皴・面皴・鱗皴

【竣】 人 12 0314 シュン おわる

篆文 

形声 声符は夋。夋に高大の意がある。〔説文〕十下に「偓竣なり」とするが、語義が明らかでなく、〔段注本〕に「居するなり」と蹲踞の意とする。立は一定の位置に人の立つ形で、儀礼を行うところをいう。その設営の成ることを竣といい、竣功という。

訓義 ①おわる、できあがる。②逡・蹲と通じ、うずくまる、しりぞく、とどまる。③悛と通じ、改める。

古訓 〔名義抄〕踆・竣 シリゾク 〔字鏡集〕竣 シリゾク・トヾマル

↑竣役 役務を完了する/竣工 落成/竣事 完了/竣尽 終わる/竣成 竣工

【惷】 13 5033 シュン みだれる

篆文 

形声 声符は舂。〔説文〕十下に「亂るるなり」とし、「春秋傳に曰く、王室日に惷惷焉たり」と〔左伝、昭二十四年〕の文を引く。いま「王室實に蠢蠢焉たり」に作る。惇と通用することがある。

訓義 ①みだれる。②惇と通用し、あつい。③字はまた蠢に作る。

古訓 〔名義抄〕惷 オロカナリ・ツタナシ・カタクナシ・ナブル 〔字鏡集〕惷 ヲロカ・ウゴク・ミダル・コヒ・ワヅラフ

【惷愚】おろか。〔戦国策、魏一〕（張儀曰く）大王、臣に聽かずんば、秦の甲出でて東せん～と。魏王曰く、寡人惷愚、前計は之れを失せり。請ふ、東藩と稱し、帝宮を築き、冠帶を受けん。

↑惷戇 愚直/惷惷 愚か/惷迪 挙動/惷駁 雑乱

↓愚惷

【舜】 人 13 2025 〔舜〕 12 2025 〔𦱤〕 16 7125 シュン ひるがお

篆文  古文 

象形 殷の神話的祖神とされる舜の神像。下に両足を垂れている形。卜文の字形に側面形にしるしたものがあり、殷の祖神夔と解されているが、舜も帝嚳ともいわれ、夔も𦥑に従う形に近く、神話としても舜・夔・嚳の間に関係がある。〔説文〕五下に舜を𦱤に作り、「𦱤艸なり。楚には之れを葍と謂ひ、秦には之れを藑と謂ふ。地に蔓し、生じて華を連ぬ。象形」〔段注本〕とするが、字形は草の象ではない。蔓地連華の字は蕣。〔説文〕一下に「木堇なり」とする字である。

訓義 ①殷の祖神の名、帝舜有虞氏。②ひるがお。③蕣と通じ、むくげ。④俊と通じ、帝舜をまた帝俊としるすことが多い。

古訓 〔篇立〕舜 キヨシ・サカシ・サイハヒ・タカシ

部首 〔説文〕五下に舜を部首とし、䑞の一字を属する。「華榮なり」と訓し、〔玉篇〕には「草木華榮なり」という。舜を蕣花としての部立てであるが、用例のない字である。

声系 〔説文〕一下に舜（𦱤）声として蕣を収め、「木堇なり。朝に華さき、暮れに落つる者なり」という。瞬（瞚）は〔説文〕未収。その字は瞚また眴に作る。

語系 帝舜の舜 sjiuən を、〔山海経〕などにまた帝俊 tziuən に作る。声近くして通用したものであろう。

【舜英】むくげの花。美人にたとえる。〔詩、鄭風、有女同車〕女有りて行を同じうす 顏は舜英の如し

↑舜華 舜英/舜琴 五弦/舜犬 舜の犬は堯に吠える。見なれぬものを怪しむ/舜日 太平/舜氏 太平の民

【雋】 13 2022 シュン セン すぐれる うまい

篆文 

象形 鳥が足をすくめて飛翔する形。隼の字形と近い。〔説文〕四上に「肥えたる肉なり。弓に従ふ。隹を射る所以なり」とするが、弓に従う字形ではない。鳥の飛翔するさまよりして、雋敏・雋異の意となる。肥肉などの義は引伸によるものであろう。

訓義 ①鳥がはやくとぶ、すぐれる。②こえる、肥肉。③うまい。

古訓 〔字鏡集〕雋 コエタルシヽ・トリノコヱタルナリ

声系 〔説文〕に雋声として臇・鐫など四字を収める。臇は汁の少ない羹。鐫には雋鋭の意がある。儁は〔説文〕未収。〔左伝〕にみえ、俊と通ずる字である。

語系 雋・儁・駿 tziuan は、俊 tziuan と同声、ともに俊英のものをいう。雋にその義を含むと考えられる。

【雋永】 肥肉。すぐれる。〔漢書、蒯通伝〕通、戰國の時の說士の權變を論じ、亦た自ら其の說を序す。凡そ八十一首、號して雋永と曰ふ。

【雋徳】 すぐれた徳。魏・文帝〔鵜鶘(ペリカン)〕霊芝池に集まる詔〕此れ詩人の所謂汙澤なり。曹詩(〔詩、曹風、候人〕)は恭公の君子を遠ざけて小人を近づくるを刺る者有るか。否らざれば則ち斯の鳥、何爲れぞ至れる。其れ博く天下の雋徳・茂才・獨行の君子を擧げよ。

【雋抜】 すぐれぬきんでる。〔宣和書譜、草書六、唐、孫過庭〕閒草書を作るに、咄咄として羲(王羲之)・獻(王献之)に逼る。尤も用筆に妙なり。雋拔剛斷、天材(才)に出づ。

【雋敏】 すぐれてさとい。〔六一詩話〕安鴻漸といふ者有り。文詞雋敏、尤も嘲詠を好む。

【雋髦】 すぐれた人。唐・李徳裕〔述夢詩、四十韻〕我が后詞客を憐れむ 吾が僚竝びに雋髦 書を著はしては陸賈に同じく 待詔は王褒に比す 重價懸璧を連ね 英詞寶刀を淬ぐ

↑雋異 俊異／雋乂 俊乂／雋器 器量人／雋語 警抜の語／雋材 俊才／雋楚 俊才／雋哲 俊哲／雋輔 賢相／雋茂 英才／雋良 俊良

↓英雋

【踆】 14 6314 シュン ソン うずくまる しりぞく

形声 声符は夋。夋はもと神像の蹲る形で、厶(耜)を頭とする神。その蹲居の形から、たちどまる、しりぞくの意となった。〔玉篇〕に「退くなり」とみえる。

訓義 1うずくまる、とどまる。2しりぞく、ふす。3ふむ、ふみにじる。4三本足。

古訓 〔字鏡集〕踆 ヲトル・シリゾク

【踆烏】 踆は三本足。日中にいる三足の烏。〔淮南子、精神訓〕日中に踆烏有り、月中に蟾蜍有り。日月其の行を失ふときは、薄蝕して光無し。風雨其時に非ざるときは、毀折して災ひを生ず。

【踆鴟】 さといも。鴟のうずくまる形に似る。〔漢書、貨殖、卓氏伝〕此の地陿薄なり。吾れ聞く、峆山の下は沃壄、下に踆鴟有り、死に至るまで飢ゑず～と。

↑踆躔 日行月行／踆踆 小走り／踆巡 逡巡

↓烏踆

【儁】 15 2022 〔俊〕 9 2324 シュン すぐれる

形声 声符は雋。雋は鳥の奮飛しようとする形。雋逸・雋敏の意があり、人に移して儁という。〔左伝、荘十一年〕に「儁を得るを克つと曰ふ」とするが、儁は古い字書にみえず、〔釈文〕に字をまた俊に作る。

訓義 1すぐれる、すぐれた人。2雋・俊と通ずる。雋の後起の字であろう。

古訓 〔名義抄〕儁 トシ・サトシ・サカシ・スミヤカナリ

語系 儁・雋・駿 tziuan は同声。俊 tziuan と同声。鐫 tziuan は金石を琢破することをいい、また俊鋭の意がある。

＊語彙は雋・俊字条参照。

↑儁異 傑出する／儁偉 すぐれる／儁穎 俊秀／儁遠 超逸／儁乂 俊秀／儁気 気概／儁桀 俊傑／儁賢 才徳の人／儁彦 俊賢／儁功 偉大な功／儁才 俊才／儁材 俊才／儁秀 俊秀／儁出 傑出する／儁捷 俊敏／儁声 名声／儁徳 賢徳／儁発 英発／儁望 声望／儁邁 英邁／儁雄 雄才／儁良 俊良／儁朗 英俊

【蕣】 16 4425 シュン むくげ きはちす

篆文 

形声 声符は舜(舜)。〔説文〕一下に「木菫なり。朝に華さき暮に落つる者なり」とあり、むくげをいう。わが国では、朝顔の意に用いる。

訓義 1むくげ、きはちす。2あさがお。

古訓 〔和名抄〕蕣 文字集略に云ふ、蕣、地蓮華、朝に生じ夕に落つる者なり。岐波知須(きはちす) 〔篇立〕蕣 キハチス 〔字鏡集〕蕣 キハチス・アサガホ・ハチス

【蕣栄】 むくげ。晋・郭璞〔遊仙詩、十四首、七〕蕣榮、終朝ならず 蜉蝣(かげろう)豈に夕べを見んや

↑蕣華 むくげ／蕣顔 蕣華のような美顔

↓荷蕣・菫蕣・山蕣・朱蕣・秋蕣・松蕣・繞蕣・朝蕣・白蕣

【踳】 16 6516 シュン セン ふむ そむく

篆文 

形声 声符は春。〔説文〕五下に「舛、對臥するなり」とあり、その舛の重文として踳を録するが、舛は両趾相背く形、踳は踏藉する意を含み、異なる字とみるべきである。〔玉篇〕に「踳駮なり。色雜はりて同じからず」とあり、雑蹂することをいう。

訓義 1ふむ、まざる、まだらとなる。2そむく、たがう。

古訓 〔新撰字鏡〕踳 万太良尓(まだらに) 〔名義抄〕踳 フム 〔字鏡集〕踳 フム・マダライロ・コトゞゝク・ツクハム

語系 踳・蠢 thjiuan、鬊 sjiuan は声義近く、蠢は虫が相踏藉してうごめく意、鬊は髪の乱れる意。みな相雑わり乱れることをいう語である。

【踳落】 雑乱して誤る。〔文心雕竜、史伝〕(史記の書)爾ち其の實錄無隱の旨、博雅宏辯の才、愛奇反經の尤め、條例踳落の失は、叔皮(班彪)之れを論ずること詳らかなり。

【踳乱】 是非がみだれる。〔新書、先醒〕昔者、虢君驕恣にして自ら伐り、諂諛は親貴せられ、諫臣は誅逐せられ、政治踳亂し、國人服せず。

↑踳逆 もとる／踳誤 錯誤／踳雑 錯乱／踳駮 乱れる／踳謬 誤り／踳昧 愚か

【餕】 16 8374 シュン あまりもの

篆文 

形声 声符は夋。〔説文新附〕五下に「食の餘なり」とあり、〔礼記、曲礼上〕に「餕餘は祭らず」とみえる。〔礼記、祭統〕「古の君子曰く、尸も亦た鬼神の餘を餕らふなり」とは、おさがりをいう。〔礼記、玉藻〕に「日中にして餕す」は、朝食の余りを食するもので、殷代には二食、朝を大采といい、夕を小采といった。

訓義 1あまりもの、食べのこし。2あまりものをたべる。

古訓 〔新撰字鏡〕餕 阿万利伊比(あまりいひ)、乃己留(のこる) 〔名義抄〕餕 アマリイヒ・イヒノコル 〔字鏡集〕餕 ノコリイヒ・ジキノコリ

語系 餕 tziuan、浚 siuan は声が近い。浚はさらえてとる意。おそらく同じ系統の語であろう。

【餕余】 たべ残し。〔礼記、郊特牲〕舅姑食を卒へ、婦、餘を餕らふは、之れを私とするなり。

↑餕羞 食を進める／餕饔 煮物

↓飲餕・佐餕・拾餕・先餕・投餕・登餕・分餕・余餕

【濬】 17 3116 シュン ふかい さらう

形声 声符は睿。〔爾雅、釈言〕に「幽深なり」とするが、水の深いことを心意の上に及ぼしていう。浚と通用する。

【訓義】①ふかい、水がふかい。②心がふかい、ふかくすぐれる。③浚と通じ、さらう、さらえる。
【古訓】〔名義抄〕濬・浚 フカシ・タカシ・トル
【濬急】しゅんきゅう 水流が深く、疾い。〔水経注、清水〕故汲郡の治なり。〜城の西北に石夾水有り。飛湍濬急、人亦た之れを磻溪と謂ふ。言ふ、太公（望）常て此に釣すと。
【濬川】しゅんせん 川を深くする。〔書、舜典〕十有二州を肇め、十有二山を封じ、川を濬くす。
【濬哲】しゅんてつ 明智。〔詩、商頌、長発〕濬哲なるは維れ商 長く其の祥を發らく
↑濬遐 深遠／濬壑 深谷／濬源 根源／濬谷 深谷／濬塹 深い濠／濬潭 深淵／濬池 海／濬波 大波／濬文 文雅／濬房 深窓／濬流 深い流れ
↓急濬

【駿】人 17 7334 シュン すぐれる はやい
篆文 形声 声符は夋。夋に高大の意がある。〔説文〕十上に「馬の良材なる者なり」とあり、人においては俊という。
【訓義】①すぐれた馬。②すぐれる、すぐれた人。③大きい、高い、長い。④はやい、すみやか。⑤峻と通じ、高くけわしい。
【古訓】〔和名抄〕駿 漢語抄に云ふ、止岐宇万（ときうま）。日本紀私記に云ふ、須久禮多流宇馬（すぐれたるうま）〔名義抄〕駿 ハヤシ・トシ・コハシ・オホキニ・オホキナリ・スミヤカ／駿馬 トキウマ・スグレタルムマ
【語系】駿・俊・峻 tziuən は同声。みな夋 tziuən の声義を承け、高大・俊秀の意がある。
【駿逸】しゅんいつ 駿馬。〔梁書、侯景伝〕乘る所の馬、毎に戰ひて將に勝たんとするときは、輒ち躑躅（足ぶみ）して嘶鳴し、意氣駿逸なり。其の奔衄（敗戦）するときは、必ず低頭して前すまず。
【駿爽】しゅんそう 強くさわやか。〔文心雕竜、風骨〕辭の骨を待つは、體の骸を樹つるが如く、情の風を含むは、猶ほ形の氣を包むがごとし。結言端直なれば則ち文骨成り、意氣駿爽なれば則ち文風清し。
【駿馬】しゅんば 駿足の馬。〔史記、項羽紀〕項王（項羽）則ち夜起き、帳中に飲す。美人あり、名は虞。常に幸せられて從ふ。駿馬有り、名は騅。常に之れに騎る。
【駿命】しゅんめい 天の大命。〔詩、大雅、文王〕宜しく殷に鑒みるべし 駿命は易からず
【駿雄】しゅんゆう 俊傑。〔管子、七法〕天下の豪傑を收め、天下の駿雄を有つ。故に之れを擧ぐること飛鳥の如く、之れを動かすこと雷電の如く、之れを發すること風雨の如し。
↑駿騎 良馬／駿駒 良馬／駿刑 峻刑／駿桀 俊傑／駿骨 駿馬／駿才 俊才／駿壯 すぐれてさかん／駿速 疾走する／駿足 駿敏／駿敏 雋敏／駿尨 大きい／駿奔 疾走する／駿民 優れた民／駿茂 俊茂／駿良 良馬／駿騄 良馬／駿烈 功烈
↓逸駿・英駿・奇駿・勁駿・秀駿・神駿・精駿・駑駿・奔駿・良駿・竜駿

【瞬】常 18 6205 〔瞬〕17 6205 〔瞚〕16 6308
シュン またたく まばたく まじろぐ
篆文 形声 声符は舜（舜）。正字は瞚に作り、寅声。〔説文〕四上に「目を開闔して數しば搖がすなり」とあり、寅声とするが、寅声六字のうち、この字のみ声が異なる。寅は矢に左右の手を加えてその曲直を正す形。字をまた眣に作ることからいえば、矢によって目を瞬ぐ意かと思われる。〔呂覧、安死〕に、一瞬を一瞚に作る。また旬・眴に作り、舜・旬に従うものは形声字である。
【訓義】①またたく、まばたく。②まじろぐ、めがうごく。③しばらく、またたく間。
【古訓】〔名義抄〕瞬 マタヽク・マジロク・メマジロク〔字鏡集〕眣・眴・瞚 アタマ・マジロク・カヽヤク・メクハ（ス）・マタヽキ
【語系】瞬（瞚・眣）sjiuən は旬・眴 hyuen と声義が近い。旬には光る、ひらめく意がある。
【瞬息】しゅんそく 一瞬一呼吸の間。しばし。晉・陶潛〔士の不遇に感ずる賦〕悲しい夫な、形を寓すること百年、而かも瞬息にして已に盡く。〜此れ古人の翰みを染めて慷慨し、屢しば伸べて已む能はざりし所以の者なり。〜遂に感じて之れを賦す。
【瞬目】しゅんもく まばたき。〔列子、湯問〕（工人）曰く、臣の造る所の能く倡ふ者なりと。〜王以て實の人と爲し、盛姫内御と並んで之れを觀る。技將に終らんとして、倡ふ者、其の目を瞬きして、王の左右の侍妾を招く。
↑瞬間 一瞬／瞬刻 一瞬／瞬忽 一瞬／瞬視 瞬き視る／瞬時 一瞬／瞬霎 瞬時
↓一瞬・時瞬・倏瞬・清瞬・接瞬・転瞬・留瞬

【鵔】18 2334 シュン きんけい
篆文 形声 声符は夋。〔説文〕四上に「鵔鸃、鷩なり」とあり、きんけいをいう。金鶏。やまどりに似て小冠がある。
【訓義】①きんけい。②神話中の鳥。
【古訓】〔名義抄〕鵔鸃 ヤマドリ
【鵔鳥】しゅんちょう 神話中の鳥。〔山海経、西山経〕（鐘山）其の子を鼓と曰ふ。其の狀、人面にして龍身、〜化して鵔鳥と爲る。其の狀、鴟の如し。
↑鵔鸃 きんけい

【鬊】19 7260 シュン ぬけげ
篆文 形声 声符は春。〔説文〕九上に「鬊髮なり」（段注本）とあり、ぬけげ。また、髪の乱れるさま。
【訓義】①ぬけげ、おちる。②かみのけ。③髪が乱れる。
【古訓】〔字鏡集〕鬊 カミノミダレタルカタチ
【鬊爪】しゅんそう 切り落とした髪と爪。〔礼記、喪大記〕君大夫は、鬊爪を緣（棺の四角）中に實る。士は之れを埋む。
↑鬊帯 髪包み

【蠢】21 5013 シュン うごめく おろか
篆文 古文 形声 声符は春。〔説文〕十三下に「蟲動くなり」とあって蠢動の意。〔礼記、郷飲酒義〕に「東方なる者は春なり。春の言爲たる、蠢なり。萬物を產する者は聖なり」とあり、春に蠢動の意があるとする。
【訓義】①うごめく、うごく、うごきはじめる。②おろか、わずかにうごく。③みだれるさま、したがわぬさま。
【古訓】〔和名抄〕蠢 牟久米久（むくめく）〔字鏡集〕蠢 マジハル・ウゴク・ナス・マジワザ・ムクメク
【語系】蠢・春・惷 thjiuən は同声。鬊 sjiuən は声近く、乱れる意。振・震 tjiən も声近く、これは振動の意である。
【蠢爾】しゅんじ 虫のうごめくさま。愚かしい行動。〔詩、小雅、采芑〕蠢爾たる蠻荊 大邦を讎と爲す
【蠢蠢】しゅんしゅん 虫がうごめく。また、乱れさわぐさま。〔左伝、昭二十四年〕今、王室實に蠢蠢焉たり。吾れ小國懼る。然れども

大國の憂ひなり。吾が儕何ぞ知らん。
【蠢動】うごめく。暗に策動する。〔三国志、呉、呂岱伝〕黄龍三年～會ま武陵の蠻夷、蠢動す。岱と太常潘濬と、共に討ちて之れを定む。
↑蠢駭 愚昧/蠢悍 無謀/蠢頑 頑冥/蠢居 うごめく/蠢愚 愚か/蠢才 愚者/蠢臭 愚鈍/蠢人 愚人/蠢生 うごめく/蠢拙 愚かでつたない/蠢然 蠢蠢/蠢俗 陋俗/蠢痴 蠢愚/蠢胖 愚鈍で肥える/蠢婦 愚婦/蠢物 愚物/蠢朴 愚か/蠢笨 愚かでつたない/蠢戻 愚かでもとる/蠢陋 愚かでにぶい
↓跂蠢・穿蠢・愚蠢・茫蠢

ジュン

常【巡】6 3230 〔巡〕7 3230 ジュン めぐる まわる

篆文 古印璽 その他

形声 声符は巛。巛は川。もと畎澮(田畑のみぞ)を意味する字。〔説文〕二下に「視て行るなり」(段注本)、すなわち視察巡行の意とする。天子には巡行という。循・徇などと声義が近い。

訓義 1めぐる、みまわる、まわる。2あまねくする、やすんずる。3循・徇と通じ、したがう、そう。

古訓 〔名義抄〕巡 メグル・ヲサム・サク・ヲコル・イル・アマネシ 〔字鏡集〕巡 サク・イル・サル・アマネシ・メグル・マホル・オコル・ミユクナリ・メグラス・オサム・ヒトヘニ
語系 巡・循 ziuən は同声。徇 ziuən、遵(遵) tziuən は声義が近い。帥・率(率) shiuət も声義に通ずるところがあり、みな率いて威勢を示し、従わせる意をもつ語である。

【巡検】巡行してしらべる。〔北史、東魏孝静帝紀〕(天平)三年冬十一月戊申、詔して使を遣はし、河北の流移せる飢人を巡檢せしむ。

【巡行】巡って視察する。〔礼記、月令〕(孟夏の月)司徒に命じて縣鄙を巡行し、農に命じて作を勉めしめ、都に(在り)休すること毋からしむ。

【巡幸】天子が巡行する。晉・潘岳〔西征の賦〕昔明王の巡幸するや、固より道を清ひて而る後往く。銜橜(暴れ馬)の變或るを懼る。

【巡察】めぐり視察する。〔北史、周高祖紀〕(天和五年)大使を遣はして、天下を巡察せしむ。

【巡守】天子が諸国を視察する。〔書、舜典〕歳の二月、東のかた巡守して岱宗に至り、柴(祭)して山川に望秩し、肆に東后を觀る。

【巡狩】巡守。〔孟子、梁恵王下〕天子諸侯に適くを巡狩と曰ふ。巡狩とは守る所を巡るなり。

【巡撫】諸国をめぐり、人心を安んずる。〔晋書、劉頌伝〕武帝踐阼す。尚書三公郎を拜す。～咸寧中、頌と散騎郎白褒とに詔して、荊・揚を巡撫せしむ。

↑巡按 巡察する/巡閲 巡按/巡駕 巡幸/巡廻 見廻り/巡禦 巡邏/巡徼 巡邏/巡警 自警団/巡綽 巡警/巡錫 僧が巡行して布教する/巡酒 廻し飲み/巡仗 儀仗/巡診 回診する/巡省 巡警/巡靖 巡撫/巡遁 逡巡する/巡風 見廻り/巡捕 巡査/巡方 巡幸/巡夜 夜警/巡弋 警邏/巡邏 見廻る/巡覧 見てまわる/巡吏 警官/巡礼 諸寺に参詣する
↓一巡・徼巡・警巡・行巡・吏巡・周巡・遁巡・夜巡・歴巡

常【旬】6 2762 ジュン とおか あまねし ひとしい

甲骨文 篆文 古文 金文
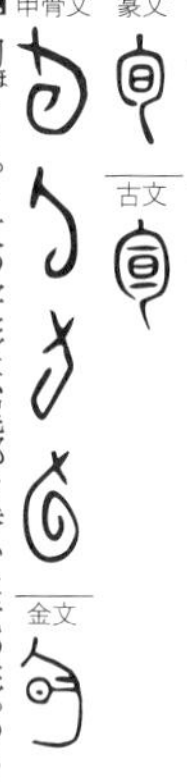

会意 勹+日。卜文の字形は、尾部を巻いた竜の形。のち日をそえて旬となる。〔説文〕九上に「徧くするなり。十日を旬と爲す。勹日に從ふ」とするが、字の初形は勹に従うものではない。卜辞に卜旬の辞があり、旬末の日に、次の一旬の吉凶を卜する。また毎夕を卜する卜夕の辞もあり、わが国の毎日招魂のように、一種の魂振り儀礼であったと考えられる。旬と雲(云)との字形は近く、云は雲の中に竜が頭をかくしている形である。一旬の旬がもと竜の形で示されているのは、一旬の吉凶を支配するものが、この竜形の神と考えられたからであろう。〔詩、大雅、江漢〕「王、召虎に命じ 來に旬くし來に宣かにならしむ」、また〔詩、大雅、桑柔〕「其の下、侯れ旬し」のように用いる。後期金文の字形に匀に従うものがあり、〔説文〕古文の形は匀に従うものであろう。
訓義 1十日、一まわり。旬年は十年。2あまねし、みちる、めぐる、ゆきわたる。3ひとしい。4徇と通じ、となえる、したがう。
古訓 〔名義抄〕旬 十日なり、アマネクス 〔字鏡集〕旬 アマネシ・ヒトヘ・ヒトヘニ
声系 〔説文〕に旬声として珣・筍・恂・洵・絢など十一字を収める。絢は眴の省声に従う字である。
【旬休】十日に一度の休暇。唐・薛能〔北都、崇福寺に題す〕詩 長老多く相ひ識る 旬休に暫く一たび來る
【旬月】十日から一ケ月。〔三国志、魏、涼茂伝〕時に泰山に盜賊多し。茂を以て泰山太守と爲す。旬月の閒、襁負して至る者千餘家。
【旬歳】まる一年。〔漢書、翟方進伝〕方進、旬歳の閒に、兩司隷を免ず。朝廷是れに由りて之れを憚る。丞相(薛)宣、甚だ器重す。
【旬年】満一年。また、十年。〔三国志、魏、劉廙伝〕(上疏)農桑を廣め、事は節約に從ひ、之れを脩むること旬年ならば、則ち國富み民安からん。
↑旬液 十日に一雨/旬宴 賜宴/旬仮 旬休/旬外 旬余/旬朔 十日間/旬時 十日/旬日 十日以内/旬浹 十日/旬宣 宣布する/旬内 十日以内/旬余 十日余り
↓一旬・淹旬・下旬・兼旬・三旬・十旬・初旬・浹旬・上旬・宣旬・市旬・中旬・満旬・由旬・逾旬・歴旬

【徇】9 2722 ジュン となえる したがう

篆文

形声 声符は旬。〔説文〕二下に「行くこと示すなり」とあり、巡行して衆に示すことをいう。また軍中などに宣布する意に用いる。〔周礼、夏官、小子〕に「凡そ師田するときは、牲を斬りて以て左右に徇陳す」とは、軍中に戒告することをいう。徇義・徇節のように自ら服する意にも用い、そのために命を棄てることを殉という。
訓義 1となえる、ふれる、ひろくしらせる、あまねくする。2したがう、したがえる。3もとめしたがう。4めぐる。
古訓 〔名義抄〕徇 トナフ・アハネシ・シタガフ・イトナム 〔字鏡集〕徇 シタガフ・トナフ・トゞム・アマネシ・シタフ・メグル
語系 徇・殉 ziuən は同声。命に従うを徇といい、生命を以てするを殉という。循・巡(巡) ziuən と声近く、巡察して命を布く意に用いる。また、遵(遵) tziuən、帥・率(率) shiuət は率循の意。みな一系の語である。
【徇義】義のために命を棄てる。唐・陳子昂〔薊丘覧古、

田光先生〕詩　古より皆死有り　義に徇ずること、良に獨り稀なり

【徇国】国中に示す。国に殉じる。清・侯方域〔顔真卿論〕國に徇ずるに死を以てする、之れを忠と謂ひ、道を抗げて回らざる、之れを直と謂ふ。

【徇財】命がけで財を求める。〔史記、伯夷伝〕賈子（誼）曰く、貪夫は財に徇ひ、烈士は名に徇ふ。夸者は權に死し、衆庶は生を馮む。

【徇察】あまねく調べる。〔後漢書、杜喬伝〕漢安元年、喬を以て光祿大夫を守り、兗州を徇察せしむ。表して、太山太守李固の政を奏して天下第一と爲す。

【徇節】節義のために死ぬ。魏・文帝〔龐徳に謚する策〕昔、先軫元（首）を喪ひ、王蠋脰（頸）を絕ち、身を隕し節に徇ず。前代之れを美む。～義、在昔より高し。～謚して壯侯と曰ふ。

【徇難】国難に命を捧げる。〔晉書、溫嶠伝〕嶠、闇弱不武にして、難に徇ずること能はず。哀恨して自ら咎め、五情摧隕し、先帝託寄の重きに負くを慚づ。義は力を畢くすに在り、死して後已まん。

【徇名】名声のために命を棄てる。明・何景明〔京邑を発す、四首、一〕詩　浮歲奄ち七たび徂く　名に徇ふは遭ふ所虛なし

↑徇意　随意／徇隠　かばう／徇己　徇私／徇行　巡行／徇私　私利を追求する／徇斉　敏慧／徇俗　俗に従う／徇達　徇通／徇地　略地／徇陳　宣示する／徇通　あまねくする／徇庇　かばう／徇物　物欲に従う／徇蔽　かばう

↓夸徇・私徇・難徇

人

【洵】 9 3712　ジュン　シュン　まこと

篆文

形声　声符は旬。〔説文〕十一上に川の名とする。〔詩、邶風、静女〕「洵に美にして且つ異なり」のように副詞に用いることが多く、また〔詩、邶風、撃鼓〕に「于嗟洵かれり」、〔爾雅、釈言〕に「均し」とあり、いずれも古くからの用法である。

訓義　1まこと、まことに。2とおい、はるか。3旬と通じ、ひとしい、あまねくひとしい。4泫と通じ、涙が流れる。

古訓　〔名義抄〕洵　マコト〔字鏡集〕洵　ノコフ・マコト

語系　洵・恂 siuen は同声。恂は〔説文〕十下に「信心なり」とあり、洵は多くその副詞形として用いる。徇 ziuen も声近く、声義に通ずる字である。

【洵涕】しのび泣きする。〔国語、魯語下〕公父文伯卒す。其の母、其の妾を戒めて曰く、～今吾が子夭死す。吾れ其の内を好むを以て聞ゆるを惡む。二三婦の辱なく先祖に共する者は、請ふ、瘠色ある無かれ、洵涕する無れ～と。

↑洵訏　広やか／洵兮　遠い／洵然　確かに／洵直　忠信／洵美　美しい

常

【盾】 9 7226　ジュン　トン　たて

篆文

象形　盾を目の上にかざして、防ぎ守る形。〔説文〕四上に「瞂なり。身を扞ぎ目を蔽ふ所以なり」とあり、瞂字条に「盾なり」とあって互訓。〔周礼、夏官、司兵〕「五兵五盾」の〔鄭玄注〕に「五盾は干櫓の屬なり」とあり、干櫓とは盾を並べ巡らして防衛とすることをいう。

訓義　1たて。2遁と通じ、のがれる。

古訓　〔名義抄〕盾　タテ・ノガル

声系　〔説文〕に盾声として遁・循・楯・揗など六字を収める。みな盾の声義を承けるところがある。

語系　盾・楯・揗 djiuen は同声。楯は闌檻、いわゆる干櫓の引伸義とみてよく、また揗とは、手を以て相撫摩することをいう。循 ziuen には巡撫の意があろう。遁 duen も声近く、通用することがある。

【盾戈】たてと、ほこ。晉・夏侯湛〔獮兎の賦〕盾戈、廣漠に接し、弓矢、曠野に連なる。

↑盾鼻　盾の把手／盾墨　檄文／盾櫓　大盾

↓干盾・挙盾・戟盾・剣盾・甲盾・持盾・執盾・小盾・側盾・大盾・鉄盾・矛盾・蒙盾・揚盾・擁盾・竜盾・鹵盾

【紃】 9 2290　ジュン　セン　うちひも

篆文

形声　声符は川。〔説文〕十三上に「圜き采なり」とあり、組紐をいう。その組紐を解きほぐすように、事件をしらべることを紃察という。粗縄で編んだ履は紃履。腕輪に用いるものを釧という。

訓義　1うちひも、まるうちのひも、あんだひも。2訓と通じ、のり。3循と通じ、したがう。

古訓　〔名義抄〕紃　アム〔篇立〕紃　ソホフ・アミ・クミ〔字鏡集〕紃　ソホフ

語系　紃・巡（巡）ziuen は同声。めぐらす意のある語である。

【紃履】あらなわで編んだ粗末な履。〔荀子、富国〕布衣紃履の士も、誠に是ならば、則ち窮閻漏屋に在りと雖も、王公も之れと名を争ふこと能はず。

【紃察】くりかえししらべる。〔荀子、非十二子〕終日言ひて文典を成すも、反つて之れを紃察せば、則ち偶然として歸宿する所無し。

常

【准】 10 3011 ［準］ 13 3040　ジュン　なぞらえる　ゆるす

形声　正字は準に作り、隼声。准は準の俗字であるが、官庁用語として慣用され、規定に準拠して処置することを准という。准可・准此・比准のように用いる。

訓義　1準の俗字、なぞらえる、よる。2ゆるす、みとめる、さだめる。

古訓　〔字鏡集〕准　ヨル・ノリ・ヒトシ・ナゾラフ・ヒラク・ヒラ

【准則】標準。〔南斉書、張緒伝〕（帝）緒を用つて右僕射と爲さんと欲し、以て王儉に問ふ。儉曰く、南士由來、此の職に居るもの少なし。（江左に～南人を用いるも）晉氏の衰政、以て准則と爲すべからずと。上乃ち止む。

↑准允　許可／准可　許可／准擬　望む／准拠　準拠／准後　受理後／准行　許可／准此　了承する／准式　標準／准信　確信／准折　割引／准定　肯定する／准駁　諾否／准備　準備／准予　許可／准理　受理する

↓批准

常

【殉】 10 1722　ジュン　おいじに　したがう

形声　声符は旬。旬は徇の省文。徇に徇服の意があり、死を以て徇ふことを殉という。〔玉篇〕に「人を用つて死を送るなり」とあり、殉葬の意。殷墓には多くの殉葬があり、犠牲また魂振り的な意味をもつものであったと考えられる。のち殉義・殉節のようにも用いる。

訓義　1殉死、おいじに、殉葬・副葬のもの。2したがう。3もとめる、みだりに求める。

古訓　〔名義抄〕殉　メグル・メグラス・トコフ・トナフ・シス・コロス・モトム・シタガフ・ウク・イトナム

語系　殉・徇・循 ziuen は同声。遵（遵）tziuen も声義近く、みな他に従う意のある語である。

【殉国】国の危急に命をすてる。晉・殷仲文〔罪釁ありて尚書を解く表〕進んでは危きを見て命を授け、身を忘れて國に

殉ずること能はず。退きては粟を首陽に辭し（伯夷）、衣を拂つて高謝すること能はず。

【殉死】 貴人に殉じて死ぬ。魏・王粲〔詠史詩〕古より殉死無し 達人の共に知る所なり 秦穆、三良を殺す 惜しい哉、空しく爾か爲せること

【殉身】 身のために他を犧牲とする。〔孟子、尽心上〕天下道有れば、道を以て身に殉ひ、天下道無ければ、身を以て道に殉ふ。

【殉葬】 殉死者として葬る。〔後漢書、東夷、夫余伝〕死するときは則ち槨有りて棺無し。人を殺して殉葬す。多き者は百を以て數ふ。

【殉難】 国難に殉じて死ぬ。〔明史、忠義伝序〕以て神・熹の兩朝に曁び、邊陲故多し。身を沈め難に殉ずる者、未だ僕を更へて數ふることも易からず。

【殉名】 名のために死ぬ。〔荘子、駢拇〕小人は則ち身を以て利に殉じ、士は則ち身を以て名に殉じ、～聖人は則ち身を以て天下に殉ず。

↑殉義 節義のため死ぬ／殉業 専心業を営む／殉私 私利のため死ぬ／殉職 職務に殉じる／殉節 節義のため死ぬ／殉道 道に殉じる／殉没 死者のあとを追う

↓殺殉・慕殉・用殉

常【純】 10 2591 ジュン トン いと よい へり もっぱら

篆文 金文

形声 声符は屯。屯は織物の糸の末端を結びとめた形。〔説文〕十三上に「絲なり」とし、屯声とするが、金文に屯を純の意に用い、「玄衣黹屯（黻純）」「德を秉ること共屯（恭純）」のようにいう。屯は純の初文。のち屯を屯集、純を純一の意に用いる。

訓義 [1]いと、生糸。[2]よい糸、よい、美しい、大きい。[3]へり、へりかざり、たばねる。[4]完全な、まじらない。[5]もっぱら、すべて、みな。

古訓 〔名義抄〕純 モハラ・スミニ・ハルカナリ・オモヘラク・ウルハシ・スリキヌ・メグル・オホキニ・オホキナリ・アツク・イト・サナガラ・ツ、ム

語系 純・淳・醇 zjiuən は同声。みな純一の意がある。また粹（粋）siuət も声義に通ずるところがある。

【純一】 純粋。まじりけがない。〔論衡、物勢〕天地故に人を生ぜず。人偶自ら生まるるのみ。～人の氣を稟くること、純一なる能はず。

【純縁】 へり飾り。〔韓非子、難二〕管仲は制割（裁断）を善くし、賓胥無は削縫（裁ち合わせ）を善くし、隰朋は純縁を善くす。衣成りて、君擧げて之れを服す。亦た臣の力なり。

【純嘏】 大きな福。〔詩、周頌、載見〕綏やんずるに多福を以てし 純嘏に緝熙せしむ

【純愨】 誠実。〔晋書、孝友、許孜伝〕至性孝友、立節清峻、～孜沒して積年なるも、其の子尙ほ在り。性行純愨にして、今も亦た墓側に家す。

【純乎】 純粋なさま。〔呂覧、士容〕故に君子の容は純乎として其れ鍾山の玉の若く、桔乎（高いさま）として其れ陵上の木の若し。

【純質】 まじめな性質。〔五代史、唐明宗紀贊〕長老、予が爲に言ふ。明宗、夷狄に出づと雖も、人と爲り純質、寛仁にして人を愛すと。五代の君に於て、稱するに足る有るなり。

【純儒】 経術に純一なる学者。〔後漢書、鄭玄伝〕玄、辭訓を質しつむ。通人頗ぶる其の繁なるを譏る。經傳洽孰なるに至りては、稱して純儒と爲す。

【純淑】 純一でよい。〔漢書、孔光伝〕太師光は聖人の後、先師の子なり。德光純淑、道術通明なり。～其れ太師をして朝せしむる毋く、～太師に靈壽杖を賜へ。

【純如】 楽音がととのうさま。〔論語、八佾〕子、魯の大師に樂を語りて曰く、樂は其れ知るべきなり。始めて作るや翕如たり。之れを從てば純如たり、皦如たり、繹如たり。以て成る。

【純粋】 純一無雑。欠点がない。〔楚辞、離騒〕昔、三后の純粹なる 固に衆芳の在る所

【純誠】 ま心。宋・曾鞏〔孫少述に和酬す〕詩 自ら信ず、簞瓢の樂しみ 寧ぞ羨まん、猿鶴の驚くを 論高くして、峻節を知り 交はり淡くして、純誠を見る

【純素】 自然のまま。〔荘子、刻意〕純素の道、唯だ神を是れ守る。守りて失ふ勿くんば、神と一と爲る。一の精通じ、天倫に合す。

【純束】 束ねたたば。〔詩、召南、野有死麕〕林に樸樕有り 野に死鹿（死んだくじか）有り 白茅純束 女有り玉の如し

【純篤】 純朴で親切。〔後漢書、朱穆伝〕（崇厚論）先進の者既に往きて反らず、後來の者復た習俗して之れを追ふ。是こを以て、虛華盛んにして忠信微に、刻薄稠くして純篤稀なり。

【純麗】 精巧で美しい。〔漢書、地理志下〕桓公、管仲を用ふ。～身陪臣に在りて、三歸（三姓の女）を取る。故に其の俗彌侈にして、冰紈綺繡、純麗の物を織作し、號して冠帶衣履の天下と爲す。

↑純渥 純厚／純懿 大美／純気 純一の気／純犧 純色の犧牲／純金 黄金／純謹 謹直／純潔 潔白／純行 至行／純孝 大孝／純厚 手厚い／純至 至純／純疵 善悪／純摯 真摯／純実 純誠／純熟 成熟／純飾 衣の縁飾り／純臣 純忠の臣／純真 無垢／純仁 至仁／純正 正しい／純然 純乎／純飭 謹む／純徳 完全な徳／純帛 黒絹／純美 美しい／純風 仁風／純茂 善美／純樸 自然／純吏 良吏／純良 まじめ／純和 純厚

↓衣純・懿純・温純・画純・纘純・翕純・至純・真純・清純・精純・単純・忠純・貞純・徳純・不純

【荀】 10 4462 ジュン

篆文

形声 声符は旬。〔説文新附〕一下に「艸なり」とあり、〔山海経、中山経〕に荀草という草があり「之れを服せば人の色を美しくす」とみえるが、何の草か知りがたい。国・邑の名、また姓に用いる。

訓義 [1]くさの名。[2]国・邑・姓の名。

【荀草】 草の名。晋・郭璞〔山海経図讃、中山経、荀草〕荀草赤實 厥の狀菅の如し～夏姫是れ豔なり 厥の媚三たび遷れり

人【淳】 11 3014 ジュン きよい あつい

篆文 古印璽

形声 篆文の字は摹に従い、摹声。摹に醇熟の意がある。孰は熟の初文。醇・孰・熟の字に含まれる享はみな摹声。〔説文〕十一上に「淥すなり」とあって、淥して清めることをいう。字は多く淳厚・淳正の意に用いる。

訓義 [1]こす、こして清める、きよい、にごりがない。[2]醇と通じ、

まこと、てあつい。③純と通じ、まじらない。

古訓 〔名義抄〕淳 アツシ・モハラ・コマヤカニ・キヨシ・タツ・スナホニ

語系 淳・醇・純 zjiuən は同声で通用の義がある。粹(粋)siuət も声義近く、この系統の語に、醇熟し、純正となる意がある。

【淳化】 教化がゆきわたる。漢・張衡〔東京の賦〕淸風、玄德に協ひ、淳化、自然に通ず。先靈に齊軌(同軌)に憲り、必ず三思して以て愆ちを顧みる。

【淳古】 淳厚古朴。〔宋史、文苑一、梁周翰伝〕五代以來、文體卑弱なり。周翰、高錫・柳開・范杲と、淳古を習尙し、名を齊しくし友とし善し。當時、高梁柳范の稱有り。

【淳厚】 人情に厚い。〔漢書、循吏、朱邑伝〕人と爲り淳厚、故舊に篤し。然れども性公正、交はるに私を以てせず。天子之れを器とす。

【淳風】 淳朴な風俗。素直な気風。〔抱朴子、逸民〕太上は己無く、其の次は名無し。～淳風は以て百代の穢を濯ふに足り、高操は以て將來の濁を激するに足る。

【淳樸】 すなおで人情が厚い。唐・杜甫〔鄭広文に陪して何将軍の山林に遊ぶ、十首、六〕詩 祇だ疑ふ、淳樸の處 自ら一山川有るかと

【淳和】 質朴で温和。〔後漢書、种岱伝〕伏して故處士种岱を見るに、淳和にして理に達し、詩書を耽悦す。富貴も其の慮ろを回らすこと能はず、萬物も其の心を擾すこと能はず。

↑淳懿 手厚い／淳一 純粋／淳于 楽器／淳気 和気／淳澆 清濁／淳絜 清い／淳至 至孝／淳質 淳朴／淳淑 すなお／淳淳 淳朴／淳粋 純粋／淳精 純粋／淳素 素朴／淳俗 美俗／淳沢 親切／淳濯 あらい清める／淳澹 清淡／淳致 素朴な趣／淳徳 手厚い／淳白 清白／淳美 醇美／淳朴 かざりけがない／淳茂 立派／淳默 すなおで寡默／淳良 善良／淳鹵 荒地／淳魯 素朴

↓温淳・化淳・簡淳・澆淳・至淳・真淳・深淳・清淳・精淳・端淳・忠淳・直淳・樸淳・麗淳

常【循】 12 2226 ジュン したがう めぐる

篆文 

形声 声符は盾。盾をもって巡行し、循撫することをいう。〔説文〕二下に「行くなり」(段注本)と訓する。〔爾雅、釈詁〕に「遹・遵・率は循なり」とあり、遹とは矛を台座に樹てて巡行し遹正することをいう。盾や矛を聖器として、巡撫する儀礼があった。

訓義 ①したがう、したがえる、巡撫する。②めぐる、まわる、なでる、のべる。③よる、よりしたがう、そう、ならう、なつく、すなお。④ためらう、逡巡する。

古訓 〔名義抄〕循 メグル・シタガフ・ヨシ・マガキ・ヲサム・ヨル・ナラブ・カギル・カザル・アフク・トホシ・ユク・ツキ・タカシ・ナガシ・カナシ

語系 循・巡(廵)・徇 ziuən は同声。楯・盾 djiuən は声義近く、循は楯・盾のいわば動詞形である。遵(遵)tziuən や帥・率(率)shiuət も、同系に属する語である。

【循環】 環をめぐるように、反覆してめぐる。〔甌北詩話、八〕(高青邱の詩)詩は南宋の末年に至つて、纖薄已に極まる。故に元・明兩代の詩人、又轉じて唐を學ぶ。此れ亦た風氣の循環往復、自然の勢ひなり。

【循行】 各地を巡視する。巡行。〔礼記、月令〕(季春の月)司空に命じて曰く、時雨將に降らんとし、下水上騰せんとす。國邑を循行し、原野を周視し、隄防を修利し、溝瀆を道達し、道路を開通し、障塞すること有る毋かれ。

【循守】 従い守る。〔漢書、貨殖伝〕富民兼業顓(専)利～故に秦楊は田農を以て一州に甲たり。～張里は馬醫を以て擊鍾(食事の合図に鐘をならす)す。皆法を越えたり。然れども常に事業を循守し、贏利を積累す。

【循俗】 世の習俗に従う。〔戦国策、趙二〕臣之れを聞く、聖人は民を易へずして教へ、知者は俗を變へずして動かす～と。今王、初を易へて俗に循はず。胡服して世を顧みず。民を教へ禮を成す所以に非ざるなり。

【循撫】 安撫する。〔戦国策、斉六〕内は百姓を牧ひて其の心を循撫し、窮を振ひ足らざるを補ひ、德を民に布き、外に戎翟(狄)を懷く。

【循法】 法規に従う。〔史記、礼書〕周衰へ、禮廢し樂壞れ、大小相ひ踰ゆ。～法に循ひ正を守る者は世に侮られ、奢溢僭差の者は、之れを顯榮と謂ふ。

【循默】 おしだまる。〔唐書、段平仲伝〕羣臣、帝の苛察を畏れ、敢て言ふもの無し。平仲常に曰く、上聰明神武、但だ臣下畏怯して、自ら循默を爲すのみ。我をして一日召見するを得しめば、宜しく大いに開納するところ有るべしと。

【循吏】 法に従う誠実な吏。〔史記、太史公自序〕奉法循理の吏、功に伐り能に矜らず、百姓稱する無し。亦た過行無し。循吏列傳第五十九を作る。

【循良】 法を守り公に奉ずる吏。〔北史、房謨伝論〕房謨忠勤の操、始終一の若し。恭懿(房謨の子)循良の風、世に人有りと謂ふべし。

↑循易 簡易／循階 順次に昇給する／循還 反復する／循紀 循法／循謹 謹直／循古 古にしたがう／循次 順次／循従 服従する／循序 順序／循滞 因循する／循天 順天／循分 安分／循便 便宜／循例 旧例に従う

↓因循・規循・徼循・持循・逡循・蹲循・拊循・撫循・良循

【犉】 12 2054 ジュン うし

篆文 

形声 篆体の字は𤘽声。享は淳の省文。〔説文〕二上に「黃牛黑脣なり」という。また「牛、七尺を犉と爲す」と〔爾雅、釈畜〕にも「黑脣は犉なり」という。〔詩、小雅、無羊〕に「誰か爾に牛無しと謂ふ 其の犉九十にす」という。

訓義 ①黄色で黒脣の牛。②七尺の牛。

古訓 〔名義抄〕犉 カユクチ 〔字鏡集〕犉 アメウシ

【筍】 12 8862 [笋] 10 8850 ジュン シュン たけのこ

篆文  金文 

形声 声符は旬。〔説文〕五上に「竹胎なり」とあり、たけのこをいう。〔唐書、百官志下〕に司竹監の職があり、歳ごとにこれを食膳に上す規定がある。金文に旬声に従う字があり、人名に用いる。

訓義 ①たけのこ、わかたけ。②簨と通じ、楽器のかけざお。③ほぞ。

古訓 〔新撰字鏡〕筍 太加牟奈(たかむな) 〔篇立〕筍 タカムナ 〔字鏡集〕筍 ウツキヤ・タカムナ・シノメ

【筍虡】 古代の鐘・磬などの楽器をかける架。横木を筍、両傍の柱を虡という。筍簴。簨虡。〔周礼、考工記、梓人〕梓人、筍虡を爲る。

【筍蕨】 たけのこと、わらび。〔鶴林玉露、丙四、山静日長〕從容として山徑を步し、～坐して流泉を弄し、～既に竹窗の下に歸れば、則ち山妻稚子、筍蕨を作り、麥飯を供し、欣然一飽す。

【筍籜】 たけのこの皮。笋籜。唐・鄭谷〔春暮詠懐、～〕詩

寂寂として、風簾は自ら垂るるに信ます　楊花筍籜、正に離披す

【筍里】　石の墓標。〔華陽国志、蜀志〕蜀に五丁力士有り。能く山を移し萬鈞を擧ぐ。王薨ずる毎に、輒ち大石の長け三丈、重さ千鈞なるを立てて、墓志と爲す。今の石筍是れなり。號して筍里と曰ふ。

↑筍衣　筍の皮／筍鴨　雛鴨／筍芽　筍／筍殼　筍の皮／筍眼　ほぞ穴／筍鐻　筍虡／筍業　筍虡／筍鶏　ひよこ／筍乾　めんま／筍枯　乾した筍／筍条　竹枝／筍石　石筍／筍席　竹を編んだ敷物／筍頭　ほぞ／筍皮　筍の皮／筍鞭　竹の地下茎／筍脯　乾筍／筍輿　竹輿

↓牙筍・乾筍・寒筍・玉筍・銀筍・蕨筍・細筍・紫筍・春筍・初筍・新筍・翠筍・雛筍・石筍・鷹筍・蔬筍・冬筍・盗筍・肥筍・美筍・碧筍・苞筍・籬筍・蘆筍

人
【閏】
12
7710
ジュン　ニン
うるう

篆文

形声　字は王に従うものとされるが、おそらく壬声の字であろう。〔説文〕一上に「餘分の月なり。五歳にして再び閏す。告朔(月初めの儀礼)の禮、天子宗廟に居り、閏月には門中に居る。王の門中に在るに從ふ」とするが、そのような閏月告朔の礼を証しうるものはなく、古文家の礼説にみえるのみである。〔爾雅、釈天〕に「月、～壬に在るを終と曰ふ」とあり、壬に任大・閏余の意がある。卜文・金文には閏月を十三月といい、西周期にも年末置閏のときにはなおその称を用いた。

訓義　1うるう、閏月、余分の月。2正統に対して、正統でないものをいう。

古訓　〔名義抄〕閏　ウルフ　〔字鏡集〕閏　ウルフ・アマル

語系　閏・潤njiuenは同声。壬・任・妊njiəmも声近く、この系列の語にみな壬大・肥潤の意がある。

【閏位】　正統でない王位。〔漢書、王莽伝賛〕昔秦、詩書を燔きて以て私議を立て、(王)莽、六藝を誦して以て姦言を文かざる。同歸殊塗、倶に用つて滅亡す。～紫色(間色)蠅聲、餘分閏位は、聖王の驅除(前駆)たるのみ。

【閏月】　うるう月。〔書、堯典〕朞(年)は三百有六旬有六日、閏月を以て四時を定め、歲を成す。允に百工を釐め、庶績咸な熙まらん。

↑閏日　二月二十九日／閏年　十九年に七年の割合で閏月を加える／閏余　閏月／閏暦　閏年を定める暦法

↓告閏・再閏・歳閏・正閏

常
【順】
12
2108
ジュン
したがう

篆文　金文

形声　声符は川。〔説文〕九上に「理むるなり」とあり、字を会意とする。〔段注〕に「川の流るるは順の至りなり。故に字は頁に從ひ川に從ふ」とする。[?]「會意、而して川聲を取る」と亦声の字と解する。金文の字形は涉(渉)と頁とに従い、頁は儀礼のときの礼容を示す字であるから、字はおそらく水瀕の儀礼をいうものであろう。金文に「順子」「順福」の語があり、字は古くは渉に従う。水瀕で孝祀するような儀礼があったものと考えられる。

訓義　1したがう、神意にしたがう、神意を拝する。2すなお、そう、やわらぐ、うける、おさめる。3ただしい、安んずる、よい。4訓に通じ、おしえる。

古訓　〔名義抄〕順　シタガフ・オホセ・ノブ・ユク・シナフ・トモ　〔字鏡集〕順　トシ・アク・トモ・マサ・ヒロ・アツ・オホセ・ノブ・ムネ・シタガフ・メグラス・シナフ

語系　順djiuən、巡(巡)ziuənは声義近く、通用の義がある。ただ順は古くは渉、川渡りの形に従い、その儀礼は水を渉る形式で行われたのであろう。それは瀕・濱(浜)が、水辺の儀礼を示す字であるのと同様である。

【順逆】　正邪。唐・杜甫〔白水県崔少府十九翁の高斎三十韻〕詩　人生、哀樂半ばなり　天地に順逆有り　慨げなく、彼の萬國の夫　休明、征狄に備ふるを

【順辞】　耳に聞きよい語。〔韓非子、詭使〕今戰勝攻取の士、勞するも賞霑はず、卜筮手理を視、孤蟲(蠱)順辭を前に爲す者は、日に賜ふ。

【順守】　道理に従って守る。〔史記、陸賈伝〕馬上に居りて之れ(天下)を得とも、寧ぞ馬上を以て之れを治むべけんや。且つ湯武は逆取して以て之れを順守す。文武竝び用ふるは長久の術なり。

【順序】　秩序が正しく行われる。〔魏書、高宗紀〕卽位以來、百姓晏安、風雨順序にして邊方無事、衆瑞兼呈すること、稱げて數ふべからず。

【順承】　従い承ける。〔易、坤、彖伝〕至れる哉坤元、萬物資りて生ず。乃ち天に順承す。

【順誠】　道理に従って誠実。宋・曾鞏〔撫州顔魯公(真卿)祠堂記〕公の土門を開くに當り、同日公に歸する者十七郡、兵を得ること二十餘萬。此れに繇りて之れを觀るに、苟しくも順且つ誠ならば、天下之れに從ふ。

【順俗】　時俗に従う。〔荘子、秋水〕帝王禪(位)を殊にし、三代繼を殊にす。～其の時に當り(応じ)其の俗に順ふ者、之れを義の徒と謂ふ。

【順風】　追い風。〔史記、游俠伝序〕近世延陵・孟嘗・春申・平原・信陵の徒、皆王者の親屬なるに因り、～名を諸侯に顯はす。賢ならざる者と謂ふべからず。比へば、風に順ひて呼ぶが如し。聲疾きを加ふに非ず、其の勢ひ激するなり。

【順養】　道に従って養う。〔潜夫論、慎微〕焉ぞ五常を遵履し、性命を順養し、以て南山の壽、松柏の茂を保たざるや。

【順流】　流れに従う。時勢に従う。〔史記、蕭相国世家論賛〕(蕭)何、管鑰(鍵)を謹守し、民の秦法を疾むに因り、流れに順ひて之れと更始す。～位、群臣に冠たり、聲、後世に施す。

↑順因　したがい因る／順運　幸運／順応　適応する／順環　循環／順気　和気／順義　正に従う／順境　順運／順口　口任せ／順行　順次／順旨　思し召しの通り／順次　順序／順時　世任せ／順寂　示寂／順受　順承する／順従　従う／順叙　順序／順頌　併せて申しあげる／順常　常通り／順正　順道／順成　豊作／順節　順時／順調　順当／順弟　従順／順悌　順弟／順適　適当／順当　当然／順徳　すなお／順比　従う／順附　服従する／順服　服従する／順変　応変／順奉　遵奉する／順民　素直な民／順命　随順／順頼　頼る／順理　理に従う／順良　温順／順路　ついで

↓委順・説順・宛順・婉順・温順・帰順・逆順・恭順・敬順・恵順・謙順・孝順・至順・耳順・時順・従順・柔順・承順・信順・随順・巽順・大順・忠順・貞順・佞順・不順・婦順・奉順・幼順・雍順・礼順・和順

人
【楯】
13
4296
ジュン
たて　てすり

篆文

形声　声符は盾。〔説文〕六上に「闌檻なり」(段注本)とあり、てすり、おばしまの意と

するが、盾の形声字であろう。大きな盾を防御用にめぐらし連ねることを干櫓といい、そのめぐらした形が欄檻に似ているので、その義に用いたものと思われる。
訓義 ①たて。②てすり、おばしま。③揗と通じ、ひきぬく。
古訓 〔和名抄〕楯 太天（たて）〔名義抄〕楯 タテ
語系 楯・盾・揗 djiuan は同声。揗は〔説文〕十二上に「摩するなり」とあって撫揗・捍衛の意がある。
【楯櫓】たて。〔韓非子、難二〕趙簡子、衛の郛郭を圍む。犀楯犀櫓、矢石の及ばざる所に立ち、之れに鼓うつも士起たず。～乃ち楯櫓を去り、矢石の及ぶ所に立ち、之れに鼓つ。士之れに乘じ、戰ひて大いに勝つ。
↑楯瓦 楯の背／楯檻 欄干／楯軒 てすり／楯梯 城用の梯／楯鼻 楯の把手／楯紛 楯をつなぐ紐／楯矛 楯と矛／楯墨 檄文／楯欄 欄干
↓引楯・簷楯・軒楯・疏楯・丹楯・鉄楯・堂楯・板楯・矛楯・欄楯

常 **【準】** 13 3040 ［准］ 10 3011
ジュン セツ たいらか のり なぞらえる ゆるす
篆文 
形声 声符は隼。〔説文〕十一上に「平なり」とあり、平準の意とする。地の水平を測ることから、標準・準則の意となり、規定の条件を用意することを準備という。のち官庁用語として准を用い、許可することをいう。漢の高祖は〔漢書、高帝紀〕に「隆準にして龍顔」であったとされ、隆準とは鼻梁の高い意である。
訓義 ①たいらか、水面が平らかであることを水準という、また、水準をはかる器。②のり、さだめ、規定、準則。③なぞらえる、ならう、のっとる、ひとしい。④ただす、ゆるす。⑤はなばしら、準的の準の音でよむとする説がある。⑥埻と通じ、まと、準的。
古訓 〔名義抄〕準・准 ナズラフ・ノリ・ヒトシ・ヒラ・ヨル
【準擬】なぞらえる。待ちかまえる。唐・杜甫〔十二月一日、三首、三〕詩 春來らば懷ひを開かんと準擬すること久し 老い去きて親知、面を見ること稀なり
【準縄】水準器と墨縄。規則。標準。〔孟子、離婁上〕聖人既に目力を竭くし、之れに繼ぐに規矩（定規、ものさし）準縄を以てす。以て方員平直を爲す。勝げて用ふべからず。
【準則】標準。規範。〔世説新語、品藻〕明帝謝鯤に問ふ、君自ら謂ふに、庾亮に何如ぞと。答へて曰く、廟堂に端委（朝服）し、百僚をして準則せしむるは、臣、亮に如かざるも、一丘一壑（任達の生活）は、自ら謂ふに之れに過ぎんと。
【準直】測量して区画を定める。縄量。〔礼記、月令〕（孟春の月）田事既に飭め、先づ準直を定めば、農乃ち惑はず。
【準程】標準。規範。〔晋書、石勒載記下〕王和、員（円）石を掘り得たり。銘に曰く、律權石、重さ四鈞、～有新氏造ると。～其の時兵亂の後、典度堙滅し、遂に命じて禮官に下し、準程定式と爲せるならん。
【準的】まと。〔抱朴子、広譬〕準的陳ねらるれば、則ち流鏑焉に赴き、美名起れば、則ち謗讟焉を攻む。
↑準格 準則／準規 基準／準揆 はかる／準拠 則る／準況 なぞらえる／準験 験証／準限 限度／準行 許可する／準衡 平均／準裁 裁定する／準次 序次／準遵 従う／準照 照合する／準人 獄官／準正 標準／準折 割引／準度 はかる／準駮 諾否／準備 用意する／準夫 準人／準平 均等／準模 ならう／準例 前例／準矱 尺度
↓依準・基準・規準・器準・照準・常準・縄準・水準・中準・直準・通準・定準・鼻準・標準・平準・由準・竜準・隆準

人 **【詢】** 13 0762
ジュン はかる とう
篆文 
金文 
形声 声符は旬。〔説文新附〕三上に「謀るなり」とあり、〔詩、小雅、皇皇者華〕に「周く爰に咨詢す」とみえる。もと徇察して諮謀することをいう。〔左伝、襄四年〕「善に訪問するを咨と爲し、親に咨るを詢と爲す」と詩の字義を解するが、咨は次き訴えて神意を諮うこと、詢は群神に徇く諮うことをいう。
訓義 ①はかる、神意にはかる。②とう、人の意見を求める、訪ねはかる。③洵と通じ、まこと。
古訓 〔名義抄〕詢 トフ・トブラフ・ノル・ハカル・イトナフ・イトナム・ツカマツル・マトム
語系 詢・恂 siuen は同声。恂は〔説文〕十下に「信の心なり」と訓し、まこと。徇 ziuen、循・巡（廵）ziuen も声近く、めぐり問う意がある。
【詢求】たずね求める。〔晋書、王坦之伝〕天聽聰なりと雖も、啓かずんば廣からず。羣情忠なりと雖も、引かずんば盡さず。宜しく數侍臣を引き、讜言（直言）を詢求すべし。
【詢察】問いしらべる。〔元史、耶律楚材伝〕燕に劇賊多し。～往きて之れを窮治せしむ。楚材詢察して其の姓名を得たり。皆留後の親屬、及び勢家の子なり。盡く捕へて獄に下す。
【詢納】意見をきき、うけ入れる。〔三国志、蜀、郤正伝〕上は詢納の弘を垂れ、下は匡救の責有り。士に虚華の寵無く、民に一行の迹有り。
【詢謀】問いはかる。〔書、大禹謨〕帝曰く、禹よ～朕が志先づ定まり、詢謀も僉な同じ。鬼神其れ依り、龜筮協せ從ふ。卜は吉を習ねずと。
【詢訪】問いはかる。〔晋書、張重華伝〕重華～頗ぶる政事に怠る。～索遐諫めて曰く、～國老朝賢、當に己を虚しうして引納し、政事を詢訪すべし～と。
【詢問】たずね問う。〔漢書、武帝紀〕周室を觀るに、邈として祀る無し。耆老に詢問し、乃ち孽子嘉を得たり。其れ嘉を封じて周子南君と爲し、以て周の祀を奉ぜしめよ。
↑詢按 調べる／詢及 とう／詢咨 とう／詢事 はかる／詢悉 わかる／詢請 請う／詢逮 詢及
↓細詢・咨詢・諮詢・致詢・内詢・博詢

人 **【馴】** 13 7230
ジュン なれる
篆文 
形声 声符は川。〔説文〕十上に「馬順ふなり」とあり、馴狎の意。馴らすことを調馴、次第に馴れて目的に従わせることを馴致という。
訓義 ①なれる、ならす。②みちびく、おしえる。③したがう、よくなる、よい。
古訓 〔新撰字鏡〕馴 奈豆久（なつく）〔名義抄〕馴 ナル・ナレタリ・ナツク・ムツビ・ヒトシ・シタガフ 〔字鏡集〕馴 ナツク・ムツル・ナル・ノブ・ヒトシ・ツナグ・ヨル・シタガフ
語系 馴 ziuen、順 djiuen は声義近く、通用することが多い。〔史記、管蔡世家〕に「馴行」、〔漢書、石奮伝〕に「馴行孝謹」とあるのは、順行の意である。
【馴育】ならし飼う。魏・嵇康〔山巨源（濤）に与へて交はりを絶つ書〕禽鹿も少うして馴育せらるれば、則ち教制に服從するも、長じて羈せらるれば、則ち狂顧頓纓し、湯火をも赴蹈す。
【馴行】順行。〔史記、万石君伝〕（石）奮の長子建、次子甲、～皆馴行孝謹なるを以て、官皆二千石に至る。～奮

を號して萬石君と爲す。

【馴擾】なれる。〔後漢書、蔡邕伝〕母卒す。家側に廬し、動靜禮を以てす。兔有り、其の室の傍らに馴擾す。又、木に連理（二つの枝が連なる）を生ず。遠近之れを奇とす。

【馴致】次第にその状態になる。〔易、坤、象伝〕霜を履みて堅冰（至る）とは、陰の始めて凝るなり。其の道を馴致せば、堅冰に至るとなり。

【馴服】なれて従う。〔史記、秦紀〕之れに姚姓の玉女を妻す。大費拜受し、舜を佐けて鳥獸を調訓す。鳥獸多く馴服す。是れを柏翳と爲す。

【馴養】ならしそだてる。〔魏書、術芸、劉霊助伝〕靈助、大鳥を馴養し、稱して己の瑞と爲し、妄りに圖讖（予言）を説く。言ふ、劉氏當に王たるべしと。

↑馴化 感化する／馴禽 鸚鵡／馴狎 なれる／馴字 馴養する／馴従 なれ従う／馴獣 なつく獣／馴熟 十分なれる／馴順 なれる／馴制 なれ順う／馴徳 俊徳／馴伏 なれ服する／馴良 順良

↓雅馴・教馴・柔馴・擾馴・調馴・伏馴・服馴・来馴・和馴

常【潤】15 3712 ジュン うるおう つや かざる

篆文

形声 声符は閏。〔説文〕十一上に「水には潤下と曰ふ」と、〔書、洪範〕の文をとる。閏はおそらく壬声の字で任大・閏余の意をもつ字。水の浸潤の意よりして水に従う。そのさまを潤沢・潤滑・潤余・潤飾という。

訓義 ①うるおう、しめる、ぬらす。②うるおす、めぐむ。③つや、つややか、かざる、おだやか。④ます、ふやす、あまる。

古訓 〔名義抄〕潤 ウルフ・ハル 〔篇立〕潤 アマル・カザル・スヾシ・ウルフ・ニホフ・モタス

語系 潤・閏 njiuən は同声。壬・任・妊 njiəm と声近く、みな壬大・肥潤の意がある。潤沢のものを潤という。

【潤益】つけ加える。〔隋書、経籍志一〕東海の衞敬仲、學を（謝）曼卿に受く。先儒相ひ承けて、之れを毛詩と謂ふ。序は子夏の創る所。毛公及び敬仲、又潤益を加ふ。

【潤屋】家庭を立派にする。〔大学、六〕富は屋を潤し、徳は身を潤す。心廣く體胖かなり。故に君子は必ず其の意を誠にす。

【潤滑】うるおいがあり、なめらか。〔淮南子、原道訓〕夫れ水の能く其の至徳を天下に成す所以の者は、其の淖溺潤滑なるを以てなり。

【潤湿】うるおう。〔墨子、辞過〕聖王、宮室を作爲するに、宮室の法を爲る。曰く、室高ければ、以て潤濕を辟くるに足る。

【潤色】文采をつける。しあげる。〔論語、憲問〕命を爲るに、裨諶之れを草創し、世叔之れを討論し、行人子羽之れを脩飾し、東里の子產之れを潤色す。

【潤沢】うるおす。つや。また、潤色する。〔孟子、滕文公上〕請ふ、野は九の一にして助し、國中は什の一にして自ら賦せしめん。～夫の之れを潤澤する若きは、則ち君と子（畢戰）とに在り。

【潤筆】書画をかく。その謝礼。〔帰田録、二〕蔡君謨（襄）、既に余が爲に集古錄目序を書し、石に刻す。其の字尤も精勁、～余、鼠鬚栗尾筆、銅綠筆格、大小龍茶、惠山泉等の物を以て潤筆と爲す。君謨大いに笑ひて、以て太だ清にして俗ならずと爲す。

【潤養】うるおし養う。〔論衡、是応〕甘露とは、必ず其の降下の時、適に萬物を潤養することを謂ふ。未だ必ずしも露味甘からざるなり。

↑潤雨 よい雨／潤下 水／潤改 潤色／潤格 潤筆料／潤鑊 煮殺す／潤鶏 鶏料理／潤涸 めぐむ／潤毫 潤筆料／潤済 救済／潤滋 うるおう／潤辞 巧言／潤膩 つややか、肥土／潤朱 漆塗り／潤飾 潤色／潤浸 ひたす／潤草 露草／潤緻 きめ細か／潤霑 うるおう／潤得 利益／潤黷 茂る／潤美 色沢が美しい／潤浥 うるおう／潤利 利得／潤麗 うるおいがあり、美しい／潤路 潤筆料

↓渥潤・瑩潤・恩潤・温潤・下潤・含潤・玉潤・均潤・光潤・洽潤・膏潤・彩潤・灑潤・滋潤・湿潤・濡潤・秀潤・飾潤・浸潤・譖潤・清潤・蒼潤・燥潤・沢潤・霑潤・徳潤・璧潤・芳潤・豊潤・余潤・利潤・和潤

【蓴】15 4434 ジュン タン じゅんさい ぬなわ

篆文

形声 声符は專（専）。蓴はその転音。〔説文〕一下に「蒲叢なり」とあるのは、蒲の穗。〔広雅、釈草〕に「蒲穗、之れを蓴と謂ふ」とみえる。字はまた純声に従う。

訓義 ①じゅんさい、ぬなわ。②蒲の穗。③草の叢生するさま。

古訓 〔新撰字鏡〕蓴 奴奈波（ぬなは）〔和名抄〕蓴 奴奈波（ぬなは）〔名義抄〕蓴 ヌナハ／海蓴 コモ 〔字鏡集〕蓴 ヌナハ・コモ

【蓴羹】じゅんさいのあつもの。〔晋書、文苑、張翰伝〕秋風の起るを見るに因りて、乃ち吳中の菰菜・蓴羹・鱸魚の膾（なます）を思ひて曰く、人生志に適ふを得るを貴ぶ～と。遂に駕を命じて歸る。

【蓴菜】ぬなわ。水草。わかい葉は食用とする。〔毛詩草木鳥獸虫魚疏、上〕（詩、魯頌、泮水、薄く其の茆を采る）茆と荇菜と相ひ似たり。～江南の人、之れを蓴菜と謂ふ。

【蓴糸】じゅんさいの茎が、糸のように細いもの。宋・蘇軾〔劉攽の海陵に倅（通判、副知事）となるを送る〕詩 秋風、昨夜、庭樹に入り 蓴絲未だ老いざるに、君先づ去る

↑蓴鬼 蓴菜／蓴亀 蓴菜／蓴鱸 蓴菜と鱸魚

人【諄】15 0064 ［𧬈］23 0064 ジュン あつい ねんごろ

篆文

形声 正字は𧬈に従い、𦎧声。𦎧に醇熟の意があり、醇厚・濃密なものをいう。〔説文〕三上に「告げて之れを曉らしむることの孰（熟）するなり」とあり、〔詩、大雅、抑〕「爾に誨ふること諄諄たり」の意。懇篤に教戒することをいう。

訓義 ①あつい、心があつい。②ねんごろ、ねんごろに教える。③たすける。④つつしむ。

古訓 〔名義抄〕諄 マコト 〔篇立〕諄 モハラ・アツシ・ス丶ム 〔字鏡集〕諄 タスク・マコト

語系 諄・啍・肫・忳 tjiuən は同声。諄諄はまた啍啍・肫肫・忳忳に作り、みな同義に用いる字である。形容の語としては、暗愚、みだれる、にぶい、くどいなどの意がある。

【諄諄】ていねいに教える。〔孟子、万章上〕天之れに與ふとは、諄諄然として之れに命ずるかと。曰く、否、天は言はず、行ひと事とを以て、之れを示すのみと。

↑諄誨 ねんごろに教える／諄切 懇切、熱心／諄複 くどい

↓言諄・周諄・譖諄

常【遵】15 3830 ［遵］16 3830 ジュン したがう よる

篆文

形声 声符は尊（尊）。〔説文〕二下に「循ふなり」とあり、循と声義が近い。循は盾に従って軍事的な循察、遵は〔孟子、離婁上〕「先王の法に遵ふ」のように法度に従う意に用いるが、循法ともいうように通用の字である。

訓義 ①したがう、よる。②ならう。③すぐれる。

古訓 〔名義抄〕遵 モチヰル・ヨル・ナラフ・マナブ・タフトブ・ミチビク・ソフ・アソブ・ヒキヰル・シタガフ・トク・オソム・ユク〔字鏡集〕遵 モチヰル・オモムク・アソブ・ウヤマフ・ユク・トク・ヒキヰル・タフトシ・オサフ・ナラフ・ヨル・ソフ・シタガフ・ミチビク・オコナフ・マナブ

語系 遵tziuən、循・巡（巡）・徇 ziuən は声義が近い。循・巡・徇は軍事的な巡察の意で、帥・率（率）shiuət もそれに関連する字。みな「したがう」の訓がある。

【遵義】 正しい道に従う。〔書、洪範〕偏無く陂無く、王の義に遵ふ。好を作すこと有る無く、王の道に遵ふ。惡を作すこと有る無く、王の路に遵ふ。

【遵守】 守る。宋・朱熹〔白鹿洞書院掲示〕凡そ聖賢人に教へ學を爲さしむる所以の大端、條列すること右の如し。之れを楣閒に掲ぐ。諸君其れ相ひ與に講明遵守して、之れを身に責めよ。

【遵脩】 従いおさめる。〔三国志、蜀、二主妃子、劉理伝〕理を立てて梁王と爲す。策して曰く、小子理、朕れ漢の序を統承し、天命に祇順し、典秩に遵脩す。爾を東に建て、漢の藩輔と爲す。

【遵承】 受けつぐ。〔後漢書、列女、程文矩の妻の伝〕穆姜、年八十餘にして卒す。終りに臨み、諸子に勑げて曰く、吾が弟伯度は、智達の士なり。論ずる所の薄葬、其の義至れり。～汝が曹をして遵承せしむ。俗と同じうし、吾れの累ひを増すこと勿かれと。諸子奉行せり。

【遵節】 法度に従う。〔後漢書、郅寿伝〕時に冀部の屬郡、多く諸王を封じ、賓客放縱にして、類ね檢節あらず。壽、之れを案察し、容貸する所無し。～是に於て藩國畏懼し、竝びに遵節を爲す。

【遵道】 道に従う。〔中庸、十一〕君子、道に遵ひて行ひ、半塗（中途）にして廢するも、吾れは已むこと能はず。

【遵奉】 命を奉行する。梁・任昉〔王文憲（倹）集の序〕宋の明帝～武康公主と素より協はず。位に卽くに及び、詔有り、舊塋（旧墓域）を廢毀し、棺柩を投棄せしむ。公、死を以て固く請ひ、誓つて遵奉せず、表啓酸切なり。

【遵法】 法に従う。〔史記、殷紀〕帝太甲既に立ちて三年、不明暴虐にして湯の法に遵はず、德を亂る。是に於て伊尹之れを桐宮に放つ。

【遵游】 すなおに遊ぶ。漢・王褒〔聖主、賢臣を得るの頌〕自然の勢ひに遵游し、無爲の場に恬淡たり。休徵（吉徵）自から至り、壽考（長寿）疆り無し。

【遵用】 定めに従う。〔漢書、韓延寿伝〕問ふに謠俗、民の疾苦する所を以てす。～吏民の爲に喪嫁娶禮を行ひ、百姓其の教へを遵用す。

➡遵依 従う／遵旧 旧に従う／遵拠 準拠する／遵教 教えに従う／遵業 従業／遵行 遵守する／遵効 従う／遵式 法式／遵従 従う／遵循 従う／遵序 序にしたがう／遵照 規定扱い／遵縄 遵法／遵崇 崇敬／遵卒 遵従する／遵度 遵法／遵憑 依拠する／遵由 遵依／遵養 時に順って涵養する／遵履 履行する／遵礼 礼に従う／遵路 遵道

⬇聿遵・厳遵・式遵・準遵・奉遵

入 **【醇】** 15 1064 ジュン さけ まこと

篆文 

形声 正字は䤕に従い、享声。〔説文〕十四下に「澆らざる酒なり」とあって、醇醪をいう。引伸して醇粋・醇篤・醇正の意に用いる。

訓義 ①こいさけ、醇熟したさけ、まじりけがない。②まこと、てあつい。③もっぱら、かわらぬ、正しい、よい。

古訓 〔和名抄〕醇 日本紀私記に云ふ、醇酒、加太佐介（かたさけ）〔名義抄〕醇 濁酒、アツシ・サケ／醇酒 カタサケ〔篇立〕醇 コマヤカナリ・アツシ・サケ・コサケ・カタサケ〔字鏡集〕醇 モハラ・カタサケ・アハツ・アツシ・コサケ・サケ

語系 醇・淳・純 zjiuən は同声。粹（粋）siuət も声近く、すべて醇熟し、純粋な状態にあるをいう。

【醇化】 てあつく教化する。〔鶡冠子、泰鴻〕天なる者は神明の根ざす所なり。四時を醇化し、無形に陶埏し、未萌に刻鏤する～者なり。

【醇謹】 ひたすら慎み深い。〔史記、万石君伝〕丞相は醇謹なるのみ。位に在ること九歲、能く匡言する所有る無し。

【醇乎】 純粋な状態。唐・韓愈〔読荀〕孟氏は醇乎として醇なる者なり。荀（子）と揚（朱）とは、大醇にして小疵。

【醇厚】 人情風俗が奥ゆかしい。〔漢書、景帝紀賛〕漢興りて煩苛を掃除し、民と休息す。孝文に至りて、之れに加ふるに恭儉を以てす。孝景業に遵ひ、五六十載の閒、風を移し俗を易へ、黎民醇厚なるに至る。周に成・康と云ひ、漢に文・景と言ふ。美なる矣か。

【醇酒】 濃い酒。〔史記、信陵君伝〕病と謝して朝せず。賓客と長夜の飲を爲し、醇酒を飲み、～日夜樂飲を爲す者四歲、竟に酒を病みて卒す。

【醇儒】 儒学に深い学者。〔漢書、賈山伝〕祖父祛は、故の魏王の時の博士弟子なり。山、學を祛に受け、言ふ所書記を涉獵するのみにして、醇儒爲ること能はず。

【醇酎】 上酒。〔西京雑記、一〕漢制、宗廟八月に酎を飲む。九醞・太牢を用つてす。皇帝、侍して祠る。正月の旦を以て酒を作り、八月に成る。～一に醇酎と名づく。

【醇篤】 人情に厚い。宋・朱熹〔趙中丞の行実に跋す〕趙公の玄孫、予れに此の書一篇を擧示す。趙公の孝謹醇篤なるは、古人と雖も、猶ほ之れを難しとす。其の書を三復するに、人をして起敬せしむ。

【醇朴】 人情が厚く、質朴。淳朴。唐・元結〔抔樽の銘〕時俗澆狡にして、日に益〻僞薄なり。誰か能く抔飲して、共に醇朴を守らん。

【醇醴】 濃い酒と甘い酒。魏・嵇康〔養生論〕曾子哀を銜み、七日飢ゑず。～内に殷憂を懷き、則ち旦に達するも瞑らず。勁刷もて鬢を理め、醇醴もて顏を發す。僅かに乃ち之れを得たり。

【醇醪】 美酒。〔史記、袁盎伝〕乃ち悉くすに其の裝齎を以て二石の醇醪を置く。會〻天寒し。士卒飢渴し、酒を飲みて醉ふ。～司馬、夜袁盎を引き、起して曰ふ。君以て去るべし。吳王、旦日を期して君を斬らんとすと。～明、～騎馳して去る。

【醇和】 純良でおだやか。魏・嵇康〔琴の賦〕惟れ椅梧の生ず所、峻嶽の崇岡に託す。～天地の醇和を含み、日月の休光を吸ふ。

➡醇壱 純一／醇雅 雅淳／醇潔 淳潔／醇醇 淳淳／醇醲 醇醪／醇粋 純粋／醇正 純正／醇徳 醇正な徳／醇白 純粋／醇美 純美／醇碧 酒の名／醇味 美酒／醇醨 厚薄の酒

⬇懿醇・飲醇・雅醇・甘醇・疵醇・嗜醇・醲醇・醸醇・酔醇・清醇・大醇・貞醇・芳醇・醴醇

【錞】 16 8014 ジュン

篆文 

金文 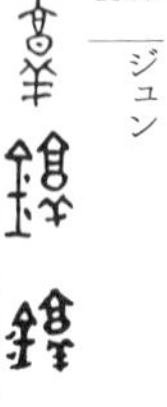

形声 正字は䤕に従い、享声。享は淳の省。〔説文〕十四上

に「矛戟の柲下の銅鐏なり」と「いしづき」の意とするが、古く錞于という楽器があった。〔周礼、地官、鼓人〕に「金錞を以て鼓に和す」とみえる。

訓義 ①錞于、楽器。②鐓と通じ、いしづき。

↓魚錞・金錞・鼓錞

【鶉】 19 0742 ジュン うずら

形声 正字は䳭に作り、𦎧に従い、𦎧声。享は淳の省声。うずら。また醇と通用する。
訓義 ①うずら。②わし。③醇と通じ、美しい。
古訓 〔新撰字鏡〕鶉 于豆良(うづら) 〔名義抄〕鶉 ウヅラ
【鶉衣】 つぎはぎの衣。〔荀子、大略〕子夏貧し。衣、縣鶉の若ごとし。人曰く、子、何ぞ仕へざると。曰く、諸侯の我に驕る者には、吾臣と爲らず。大夫の我に驕る者には、吾復た見ず。
【鶉服】 鶉衣。鶉の尾は禿。弊服にたとえる。唐・駱賓王〔寒夜独坐～〕詩 鶉服、長く悲砕す 蝸廬(蝸牛のような小さな家)、未だ安をトせず
↑鶉鷃 うずら。鷃はふなしうずら。小鳥をいう／鶉火 星宿の名／鶉居 野処する／鶉斑 うずらの羽の斑文
↓県鶉・奔鶉・野鶉・羅鶉

ショ

常 【且】 5 7710 ショ ソ まないた せんぞ かつ

篆文

甲骨文

金文

象形 俎の初形。まないた。俎は且上にもののある形。〔説文〉十四上に「薦むるなり」とあり、几(机)の形であるとする。且はト文に祖の意に用いる。且に物をのせ薦めて、祀る意であろう。金文に祖考を「取考」に作り、且を奉ずる形に作る。郭沫若は且を男根の象と解するが、奇僻にすぎる。祖廟に𨻻宜するを宜といい、宜もまた且に従う。
訓義 ①まないた、祭るとき供える俎の形。②まつられるもの、遠い祖先。且に徂往の意がある。③語詞として用いる、かつ、さても、もし、たとい、その上、ふたたび、それとも、しばらく、かりそめ、まさに、いま。
古訓 〔名義抄〕且 シバラク・カツハ・カツ〲・マタ・マツ・ミナ・シバ〲・タヽス・ヤスム・アタハカリ・カクバカリ・ナム〲トス／只且 カクバカリ 〔字鏡集〕且 カクバカリ・シバ〲・カツハ・ムナシ・ユク・ミナ・コロヲモ・ヤスム・マツ・シバラク・マタ・カツ〲・シヅカナリ・アタハカリ・ナン〲トス
部首 〔説文〕に俎など二字、〔玉篇〕に䖑・𧯷の二字を加える。䖑は形声。また𧯷字中の且はおそらく台座の形。宜・俎は且の意をもつ字である。
声系 〔説文〕に且声として祖(祖)・苴・退・詛・殂・租・粗・罝・組・助など三十五字を収める。苴は履の中に布く草の形。且声の字に敷くもののほか、徂往・粗疏の意をもつものがある。助は鉏と力(岐頭のすき)とを合わせた形である。
語系 且・苴・葅tziaは同声。苴は履の中に布くもの。葅は茅藉。その上に供えるものをおく祭藉である。俎tzhiaは礼俎。供えものをおく祭几。藉dzyakも声が近い。苴は牲体を藉くもの、藉はその動詞形とみてよい語である。
↑且使 もし／且字 仮のあざな／且是 まさに／且然 恭敬／且苴 草履／且当 該当する／且道 試みに言え／且夫 さて
↓姑且・苟且・只且・次且・予且・聊且

常 【処】 5 2740 〔處〕 11 2124 ショ おる ところ おく

篆文

金文
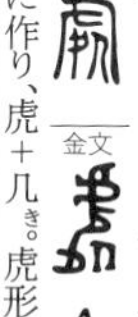

会意 旧字は處に作り、虍＋几。虎形のものが几(腰かけ)にかけている形。〔説文〕十四上に処を正字とし、「止まるなり。夊(足)几に従ふ。夊、几を得て止まるなり」(段注本)とし、重文として處を録するが、金文の字形は、すべて處に作る。虎は虎皮を蒙るもので、戲(戯)・劇がその形に従うように、神事的な所作で、軍戯のように軍事に際して行われた。金文の〔井編鐘〕「寍く宗室に處らん」、〔叔夷鎛〕「禹の堵(水土を治めた地)に處る」など、聖所に処る意に用いる。〔左伝、襄四年〕「民に寝廟有り、獸に茂草有り。各〻其の處る攸有り」とは、霊の安んずるところ。所(所)も〔叔夷鎛〕「桓武なる靈公の所に共(供)する又り」のように、もと廟所を意味する字であった。所は名詞、處は動詞的な語であったように思われる。
訓義 ①おる、聖所におる、またその、ところ。②おちつく、すむ、やどる。③おく、すえる、きめる、あつかう、おさめる、やめる。
古訓 〔名義抄〕處 ヲリ・ヰル・トヾマル・オク・スウ・ヤム・トヾム・コトワル・ヤスム・シルス 〔字鏡集〕處 ヤム・スウ・ヲリ・ヰル・トヾム・ヲク・コトハル・ヤスム・トコロ・ナカバ・サダム・シルス・トヾマル
語系 處thjia、所shiaは声義近く、互訓の例が多い。所は戶(神戸棚の戸)と斤(斧)を呪器として守る意で、金文に「靈公の所」というように祖霊の安んずる所、廟所の意、處は軍の行動するときに神前で行われる戯・劇の字と構造が似ており、軍の聖処に関する字である。品詞としての處・所の関係は居・家の関係と似ている。
【処士】 まだ仕官しない士人。在野の士人。〔孟子、滕文公下〕聖王作らず、諸侯放恣にして、處士橫議し、楊朱・墨翟の言、天下に盈つ。
【処子】 処女。〔荘子、逍遥遊〕藐姑射の山に神人有りて居る。肌膚冰雪の若く、淖約として處子の若し。五穀を食らはず、風を吸ひ露を飲み、雲氣に乘じ飛龍に御し、四海の外に遊ぶ。
【処事】 事を処置する。〔左伝、文十八年〕先君周公、周の禮を制して曰く、則は以て德を觀、德は以て事を處し、事は以て功を度り、功は以て民を食やしなふと。
【処処】 各処。晋・陶潜〔桃花源記〕既に出でて其の船を得たり。便ち向の路に扶り、處處に之れを誌し、郡下に及び、太守に詣る。～太守～向に誌せし所を尋ねしむるも、遂に迷ひて復た路を得ず。
【処所】 おちつく所。〔呉子、治兵〕夫れ馬は、必ず其の處所を安んじ、其の水草を適はしめ、其の飢飽を節す。～人馬相ひ親しみ、然る後使ふべし。
【処女】 きむすめ。〔孫子、九地〕是の故に、始めは處女の如くにして、敵人戶を開き、後は脫兎の如くにして、敵拒ぐに及ばず。
【処常】 平常の生活をする。〔列子、天瑞〕(栄啓期)對へて曰く、～貧は士の常なり、死は人の終りなり。常に處して終りを得ば、當ほ何をか憂へんやと。孔子曰く、善い乎な、能く自ら寬うする者なりと。
【処置】 とりさばく。安置する。〔漢書、張安世伝〕其の、故の掖庭の令張賀の爲に、守家三十家を置き、上自ら其の里を處置す。
【処分】 懲罰。罪の有無を決する。また、処理。〔晋書、杜預伝〕預、處分既に定まり、乃ち啓して呉を伐つの期を請ふ。

帝報じて、明年を待ちて、方に大擧せんと欲すと。預、表して至計を陳ぶ。

【処約】貧しい生活。〔論語、里仁〕子曰く、不仁者は以て久しく約に處るべからず。以て長く樂に處るべからず。仁者は仁に安んじ、知者は仁を利とす。

↑処逸 隠逸／処家 家居／処官 任官／処境 境遇／処刑 しおき／処決 決定／処裁 処置／処斬 斬殺／処死 死にかた／処次 宿所／処守 留守居／処心 心がける／処身 世渡り／処人 隠居／処仁 仁を守る／処世 生活／処正 裁決／処勢 環境／処静 静を守る／処待 処置／処断 処決／処治 治療／処中 中正を保つ／処当 処置／処罰 刑罰／処貧 貧乏暮らし／処弁 処理／処方 処治／処理 取り計る／処療 治療／処和 仲裁

↓逸処・燕処・何処・間処・危処・帰処・寄処・窮処・区処・偶処・群処・啓処・穴処・巷処・高処・雑処・山処・散処・私処・失処・室処・出処・水処・随処・静処・善処・対処・托処・定処・同処・特処・独処・寧処・分処・屏処・僻処・妙処・野処・幽処・遊処・与処・誉処・留処・林処

人 【疋】 5 1780 ショ ガ ヒツ あし たすける

篆文

甲骨文

象形 足の下半部、膝から下の象形字。〔説文〕二下に「足なり。上は腓腸(こぶら)に象り、下は止(趾)に従ふ」とあり、足とほとんど同形である。金文の〔免毀〕に「女に命じて周師(人名)を足けて歠を嗣めしむ」とあり、足を佐疋の意に用いる。〔善鼎〕に「佐疋」という語があり、佐胥することをいう。〔説文〕に「一に曰く、疋記なり」とあるのは疏記、注釈を加える意。また〔説文〕に「古文以て詩の大疋(雅)の字と爲す」と雅の字に用いるといい、清朝の小学家に大雅小雅を大疋小疋とするものが多いが、その通用の義を説くものはない。思うに雅・夏はもと通用の字。夏は舞容を示す字でまた頙としるし、その省文の疋が、雅と通用するのである。

訓義 1あし。2胥と通じ、たすける、小役人。3頙(夏)の省文にして雅と通用し、小雅・大雅の字に用いる。雅、ただしい。4匹の音と通用し、丈の八倍、八丈。5匹と通用し、小さな雛など。わが国では動物を数えるのに用いる。

古訓 〔篇立〕疋 マサシ・マツリゴトヨシ・シルス・タグヒ・コホル・カタフク・ヒトシ 〔字鏡集〕疋 マツ・マツリゴト・マサシ・アシ・メグル・ナラフ・トモガラ・タグヒ・カタフク・フタツ・ヒトシ・タクラフ・ヒトコロヘリ・ムラヒトシ・アツ・カツ・ソル・トモ

部首 〔説文〕に𤴔・㢟の二字、〔玉篇〕になお帶(帯)に従う字を加え、音はセイ、王莽のときその姓の人があったという。𤴔・㢟はともに疏通の意で、疋は声符であるらしい。

声系 〔説文〕に疋声として胥・楚・疏(䟽)など四字を収め、𤴔・㢟を亦声とする。しかし𤴔・㢟には疋の義をとるところはない。楚の金文の形は足に従っており、疋声とは定めがたい字である。

語系 疋 shia、胥 sia は声近く、金文には疋を佐胥の意に用いる例がある。疏(疎)・梳 shia は同声。もとはみな疋声の字であった。

＊語彙は胥・雅・匹と通用の例は、その各字条参照。

常 【初】 7 3722 ショ はじめ

篆文

甲骨文

金文

会意 衣＋刀。衣を裁ちそめる意。〔説文〕四下に「始なり。刀に従ひ、衣に従ふ。裁衣の始めなり」という。〔爾雅、釈詁〕に初・哉・肇・基など、「始なり」と訓する字を列するが、それらはいずれも、ことはじめとしての儀礼的な意味を背景にもつ字である。初・裁は神衣・祭衣を裁つ意の字であろう。金文の「初見事」は君臣の礼。最初の意は引伸の義である。

訓義 1はじめ、ことのはじめ、衣の裁ちはじめ、その儀礼。2もと、まえかた、むかし、ふるごと、時間的に遡っていう。3最初、はじめて。

古訓 〔名義抄〕初 ハジメ・ハジム 〔字鏡集〕初 タマ／＼・ハジメ

【初学】学びはじめたばかり。〔史記、賈生伝〕諸律令の更定する所～其の說皆賈生より之れを發す。～絳・灌(周勃・灌嬰)～の屬、～乃ち賈生を短りて曰く、雒陽の人、年少初學、專ら權を擅にし、諸事を紛亂せんと欲すと。

【初願】もとよりの願い。晉・陸雲〔兄平原(陸機)に答ふ〕詩 上帝休命あり 駕して言に其れ歸らん 我が愍ひに遘ふこと多し 朔垂に振蕩す 殊俗に羈繫せられ 初願用って違ふ

【初吉】新月。月の第一週。周代には月相を四分した。金文〔旂鼎〕「一」唯これ八月初吉、辰は乙卯に在り。公、旂に僕を易(賜)ふ。

【初月】新月。北周・庾信〔詠懐に擬す、二十七首、十八〕詩 残月は初月の如く 新秋は舊秋に似たり 露泣きて連珠下り 螢飄つて碎火流る

【初献】祭祀・饗宴のとき、第一に献ずる。〔唐書、礼楽志十一〕凡そ初獻には、文舞の舞を作す。亞(次)獻・終獻には武舞の舞を作す。

【初元】改元の年。宋・蘇軾〔蔣穎叔・銭穆父の、駕に景霊宮に従ふに次韻す、二首、二〕詩 君と竝び直して、初元(元祐初年)を記す 白首、還た同じく禁門に入る

【初歳】一年のはじめ。〔大戴礼、夏小正〕(正月)初歳に耒を祭る。始めて用って暘す(草をすき反す)。暘なる者は、終歳の用祭(殺)なり。

【初志】当初に定めた志。魏・曹植〔黄初六年令〕吾が往業を修め、吾が初志を守らんと欲す。～將に以て陛下の厚德を全うし、孤の犬馬の年を究めんとす。～故に此の令を爲り、宮門に著け、左右をして共に志を觀しめんと欲す。

【初生】生まれつき。〔書、召誥〕嗚呼、生子の、厥の初生に在りて、自ら哲命を貽られざる罔きが若し。

【初晴】雨が晴れ上がる。唐・太宗〔初晴落景〕詩 晩霞聊か自ら怡び 初晴、彌と喜ぶべし

【初程】かどでする。宋・陸游〔北巌院に宿す〕詩 中年、到る處、別れを爲し難し 也た初程、灞橋に宿するに似たり

【初度】生まれた時。そのときの様子。〔楚辞、離騒〕皇覽みて余を初度に揆り 肇めて余に錫ふに嘉名を以てす

↑初衣 仕官前の衣／初一 一日／初嫁 初婚／初会 初対面／初冠 元服／初寒 初冬／初九 易の卦の第一の陽爻／初昕 朝日／初景 初春／初笄 女の成人の礼／初見 初会／初弦 上弦／初古 はじめ／初候 節候の最初の五日／初刻 初版／初昏 黄昏／初祭 初七日／初載 初歳／初始 はじめ／初試 第一試験／初次 第一回／初事 故事／初時 はじめ／初日 旭日／初終 終始／初出 初見／初旬 上旬／初曙 夜明け／初醸 醸みたて／初心 本意／初政 始政／初草 若草／初創 草創／初霜 初しも／初地 山麓／初衷 初心／初肇 はじめ／初頭 当初／初年 春／初魄 初月／初番 初当番／初伏 初夏／初服 初衣／初文 字の初形／初篇 初巻／初本 本始／初葉 初世／初涼 新涼／初令 新令

↓往初・敬初・古初・劫初・最初・始初・遂初・晴初・大初・太初・当初・頭初・年初・復初・有初・臘初

【岨】 8 2771 ショ ソ けわしい

篆文

形声 声符は且。〔説文〕九下に「石、土を戴けるなり」と、土をかぶった石山の意とするが、嶮岨のところをいう。

訓義 1けわしい、さかしい、そばだつ。2上に土を被った石山。3阻と通用する。

古訓 〔名義抄〕岨 イシノヤマ・サカシ・ミサキ・ヘダツ・トヾム

【岨嶮】しょけん・そけん 嶮しい。〔鬼谷子、飛箝〕天時の盛衰を見、地形の廣狹、岨嶮の難易を制す。

【岨深】しょしん・そしん 遠く嶮しい。〔後漢書、南蛮伝〕周公居攝六年、～越裳、三象重譯を以て白雉を獻じて曰く、道路悠遠、山川岨深なり。音使通ぜず、故に重譯して朝せりと。

↑岨隘 けわしくせまい／岨固 けわしく堅固／岨峻 嶮峻

↓危岨・嶮岨

常 【所】 8 7222 〔所〕 8 3222 ショ ところ

篆文 金文

会意 戶（戸）＋斤。〔説文〕十四上に「木を伐る聲なり」とし、〔詩、小雅、伐木〕「木を伐ること所所たり」の句を引くが、今本は「許許」に作る。擬声語の他に、本義のあるべき字である。金文の〔叔夷鎛〕に「虡虡たる成唐（湯）、殷の祖王）、嚴として帝所に在る又り」「桓武なる靈公の所に共（供）する又り」のように用い、所とは聖所・霊廟をいう。戶は神位を蔵する所の戸、その前に呪鎮として斧鉞の類をおく。その神戸を啓くを啓、その神意を拝するを肇（肈）といい、金文には肈に作る。戺は所と字の立意同じ。のち御所・御座所のようにいい、また一般住居の意とするが、本来は聖所をいう字である。處（処）が虎皮を蒙る神霊の代位者が居るところであるのと同じ。所を関係代名詞や受身に用いるのは後起の用義法で、音の仮借によるものである。

訓義 1ところ、聖なるところ、聖所、廟所。2場所、地位、境位、状況。3処と通じ、おる。4許と通じ、ばかり、ほど。5関係代名詞、ところの。6虚詞として、もし、べし、らる、せらる。7所所は、木を伐る音。

古訓 〔名義抄〕所 トコロ・オク・セラル・ミモト・ミチ・タリ／無所 セムスベナシ／所以・所由 ユヱ 〔字鏡集〕所 オク・トコロ・バカリ・マク・セラル・ミモト・ホ・タリ

声系 〔説文〕二下に所声として齭を収め、「齒、酢に傷むなり」とあり、楚声によむという。所にその音があるのであろう。

語系 所shia、處thjiaは声近く、聖所に居ることを處という。所の原義はあるいは土thaと近く、その地主神は社（社）zjya、その舎屋を設けて祭る所が所という関係であろう。

【所為】しょい（ゐ） 行為。所行。〔易、繫辞伝上〕子曰く、變化の道を知る者は、其れ神の爲す所を知るか。

【所謂】しょい（ゐ） いわゆる。世にいう。〔大学、六〕所謂其の意を誠にすとは、自ら欺くこと毋きなり。

【所懐】しょかい（くわい） 心に思うこと。晋・袁宏〔三国名臣序賛〕夫れ詩頌の作、自りて來る有り。或いは以て情性を吟詠し、或いは以て顯功を述德す。大旨同歸と雖も、託する所或いは乖く。～故に復た所懷を撰序し、以て之れが讚を爲すと云ふ。

【所学】しょがく 学んだこと。〔荘子、田子方〕（魏の文侯曰く）吾が學びし所の者は、直だ土梗（土偶）のみ。夫れ魏は、直だ我が累爲るのみと。

【所感】しょかん 心に感じる。〔列女伝、母儀、周室の三母の伝〕子を妊らむの時は、必ず感ずる所を愼む。善に感ずるときは則ち善、惡に感ずるときは則ち惡なり。人生まれて萬物に肖る者は、皆其の母、物に感ずればなり。

【所歓】しょかん（くわん） 愛人。友人。魏・劉楨〔五官中郎将（曹丕）に贈る、四首、三〕詩 壯士遠く出で征く 戎事（兵事）將に獨り難からん 涕泣、衣裳に灑ぐ 能く歡ぶ所を懷はざらんや

【所願】しょがん（ぐわん） 願い。漢・班彪〔王命論〕夫れ餓饉流隷（流亡の人）、道路に飢寒す。～願ふ所は一金に過ぎざるも、溝壑に轉死するに終る。

【所期】しょき 期待する。実現したいと思う。〔南史、蔡約伝〕（南斉）武帝謂ひて曰く、今、卿を用って近蕃上佐と爲す。想ふに我が所期に副はんと。

【所業】しょぎょう（げふ） しごと。晋・陶潜〔雑詩、十二首、八〕代耕（役人勤め）は本より望みに非ず 所業は田桑に在り 躬親ら未だ曾て替らざるに 寒えて餒ゑて常に糟糠（かすと、ぬか）のみ

【所見】しょけん 見るところ。考え。〔荘子、列禦寇〕夫れ明（人智）の神に勝たざること久し。而るに愚者は其の見る所を恃み、人（為）に入る。其の功、外なり（物の世界に止まる）。亦た悲しからずや。

【所在】しょざい すみか。その場所。〔後漢書、陳蕃伝〕時に零陵・桂陽の山賊、害を爲す。～蕃、上疏して之れに駁して曰く、～今二郡の民も、亦た陛下の赤子なり。赤子をして害を爲さしむるを致すは、豈に所在の貪虐、其れをして然らしむるに非ざるか。

【所思】しょし 思うこと。感慨。唐・宋之問〔下山歌〕詩 嵩山を下れば、所思多し 佳人を攜へて、歩むこと遲遲たり

【所生】しょせい 父母。〔詩、小雅、小宛〕夙に興き夜に寐ね 爾の所生を忝しむること無かれ

【所存】しょぞん 考えること。明・方孝孺〔戇窩記〕余少くして、古の戇者を慕ふ。長孺子布を起して、之れと交はらんと欲するも得べからず。則ち博く海内の士に交はり、以て其の存する所を觀るを思ふ。

【所得】しょとく 得るもの。手に入れるもの。金・元好問〔羅友卿に贈る、三首、三〕詩 怪しむ莫かれ門前、雀を羅すべきを 詩家の得る所は、是れ清貧

【所望】しょもう（まう） 望む。唐・白居易〔済法師に与ふる書〕今經典の閒、未だ其の義を諭らざる者二有り。～敬んで報章を佇つ。～所望、所望、佛無上の大慧を以て一切衆生に觀しさんことを。

【所由】しょゆう（いう） 由るところ。根本。〔荘子、漁父〕道は萬物の由る所なり。庶物之れを失ふ者は死し、之れを得る者は生く。～故に道の在る所は、聖人之れを尊ぶ。

↑所以 ゆえん／所縁 所由／所荷 責任／所轄 所管／所管 扱う範囲／所帰 帰着／所行 行為／所欽 うやまう人／所験 効果／所怙 親／所後 後継／所向 方向／所好 好み／所作 しぐさ／所子 養子／所司 主管／所自 由来／所持 もつ／所従 思うまま／所所 木を伐る音／所親 懇意／所説 議論／所詮 つまり／所属 属するところ／所知 知人／所長 得意のこと／所天 仕える人／所念 思い／所犯 悪事／所部 部下／所聞 聞知／所有 所持する／所与 友好／所用 入用／所領 領地

↓一所・営所・遠所・王所・嘉所・箇所・会所・開所・各所・関所・旧所・急所・居所・近所・軍所・欠所・御所・公所・郊所・高所・坐所・斎所・在所・死所・次所・地所・住所・出所・寝所・随所・他所・多所・短所・長所・屯所・内所・難所・寧所・年所・配所・便所・墓所・名所・役所・要所・楽所・里所

人 【杵】 8 4894 ショ きね きぬた

篆文

ヽ声系 形声 声符は午。午に卸（卸）の声がある。午は杵の形で杵の初文。〔説文〕六上に「舂く杵なり」という。舂・秦の字の上部は、午（杵）を両手でもつ形である。午は古く呪具ともされ、卸は杵を拝する形で、御（御）・禦の初文。また楯の形で楯の意に用い、〔書、武成〕「血流れて杵を漂はす」の杵は櫓、すなわち盾の意である。

訓義 ①きね。②きぬた、きぬたのつち、つち。③たて。

古訓 〔名義抄〕杵 キネ・ツチ 〔字鏡集〕杵 キネ・タテ・ツク・ツチ

語系 杵thjiaは舂sjiong、秦dzienの字に午を含む関係があり、みな杵を用いることをいう。

【杵臼】きねと、うす。きねつき。〔後漢書、呉祐伝〕時に公沙穆、來りて太學に遊ぶ。資糧無し。乃ち服を變じて客傭し、祐の爲に賃舂す。祐與に語りて大いに驚き、遂に共に杵臼の閒に定交す。

【杵声】きねの音。また、版築の土をうつ音。唐・張籍〔築城の詞〕詩 力盡くるも、杵聲を休むることを得ず 杵聲未だ盡きざるに、人皆死す

↑杵歌 きね歌／杵砧 きぬた／杵土 築土／杵頭 きね

↓衣杵・倚杵・遠杵・寒杵・臼杵・急杵・挙杵・玉杵・舂杵・疏杵・築杵・砧杵・兎杵・漂杵・夜杵・薬杵・乱杵・両杵・弄杵

【胥】 9 1722 ショ ソ たすける ともに

篆文

形声 声符は疋。疋に佐胥の意がある。〔説文〕四下に「蟹の醢なり」とあり、蟹胥の意とするが、その字は蛋。金文に「左疋」「左胥」の語があり、胥は疋の繁文と見てよい。〔詩、小雅、桑扈〕「君子樂胥す（楽しむ）」の〔伝〕に「皆なり」、〔箋〕に「才知有るの名なり」とあり、馬瑞辰の〔伝箋通釈〕に嘉の意であるとする。〔詩、魯頌、有駜〕に「于に胥樂す」とあって、胥楽は同義とみるべく、胥はおそらく「逸豫」の豫などと近い語であろう。古い用義法で、他に例はない。のち胥吏の意に用いる。〔周礼、天官、庖人、注〕に、四時の好羞の一として、青州の蟹胥をあげている。

訓義 ①たすける。②みる、みさだめる。③ともに、みな、たがいに。④かにのしおから。⑤疏と通じ、とおい、うとい、しばらく。⑥須と通じ、まつ。⑦偦と通じ、こがしら、小役人。

古訓 〔名義抄〕胥 アフ・マツ・マス・ミナ・ヲサ・マウク・クビホネ・ソムク・シ、ヒシホ・ホロブ 〔字鏡集〕胥 シ、ヒシホ・ホロブ・マウク・ソムク・クビホネ・カヘス・タモツ・ヲサ・アフ・ミル・ミツ・マツ・アヘテ・マス・モトオホイナリ・サトノヲサ

声系 〔説文〕に胥声として壻・諝・愲・糈・湑など九字を収める。諝は〔説文〕三上に「知るなり」と訓し、湑は酒を莤すことをいう。これらの訓と胥の声義との関係は知りがたいが、おそらく疋・疏（疏）の声と関係があろう。

語系 胥・諝・愲syaは同声。壻sieもその声が近い。倩tsiengは美士をいう語で、壻と関係があろう。胥声の字は、また疋・疏shiaと声義の関係をもつようである。胥は疋がその初文、佐胥をその本義とする字である。胥に「まつ」の訓があるのは、須・需sioと声が通ずるのであろう。

【胥怨】相怨む。怨敵。〔陳書、世祖紀〕（天嘉元年秋七月甲寅詔）朕、眇身を以て屬たま大寶（王位）に當る。負荷至つて重く、憂責實に深し。而れども庶績未だ康からず、胥怨猶ほ結ぶ。

【胥徒】徭役者。徒十人を領する者を胥という。〔周礼、天官、序官〕胥十有二人、徒百有二十人。

【胥靡】刑徒。腐刑者。〔荘子、庚桑楚〕胥靡の、高きに登りて懼れざるは、死生を遺るればなり。

【胥吏】下役。小吏。唐・劉禹錫〔饒州元使君に答ふる書〕事を知をさめざるを以て簡と爲し、一身を清くするを以て廉と爲し、舊弊を守るを以て法を奉ずと爲す。是れ心は棖闑（家の門）の内に清きも、柄（執政の権）は胥吏の手に移らん。

↑胥役 下役／胥魁 小役人／胥虐 相虐する／胥史 属官／胥車 荷車／胥胥 相楽しむ／胥戕 相害する／胥鈔 胥吏／胥人 胥吏／胥成 葉が重なって生える／胥蠹 悪役人／胥附 親附する／胥余 召使い。また、村隅の壁／胥里 年貢係／胥隷 小吏

↓役胥・燕胥・華胥・蟹胥・赫胥・咨胥・徒胥・扶胥・楽胥・吏胥・閭胥・淪胥

【苴】 9 4410 ショ ソ しきもの つと つつむ

篆文 甲骨文

形声 声符は且。且に藉くものの意がある。〔説文〕一下に「履の中の艸なり」とするが、字の本義は苞苴、神に薦めるものを藉く席として用いるものをいう。卜文に虘に従う字形があり、艸に従う。〔爾雅、釈草〕に履に用いるものとし、〔説文〕はその解によるものであろう。

訓義 ①しきもの、神薦のものにしく。②つと、つつむ、贈りものにしく、贈りもの、苞苴。③履の中にしく、しき草。④くさむら、かれくさ。⑤粗・麤と通じ、あらい、わるい、くらい。

古訓 〔名義抄〕苴 ツ、ム・アラマキ・アサ・アサタネ／苞苴 オホニヘ 〔字鏡集〕苴 ソコメ・アラマキ・ツ、ム・アサ・ウキ、

語系 苴・且・葅tziaは同声。藉dzyakも声義が近い。且は俎の初文で、供薦のものをおく俎几の形。下に敷いて用いる。席zyak、薦（薦）tzianもその系統の語。本来は神事に用いるものであった。

【苴衰】喪服の一。苴麻で作る。〔礼記、喪服四制〕喪は三年に過ぎず。苴衰は（破るるも）補はず、墳墓は（壊るるも）培かはず。

【苴杖】喪の杖。〔儀礼、喪服伝〕苴杖は竹なり。削杖は桐なり。杖は各と其の心に齊しうす。

【苴布】麻の粗末な布。〔荘子、譲王〕顔闔、陋閭を守り、苴布の衣にして自ら牛を飯かふ。魯君の使者至りて～曰く、此れ顔闔の家なるかと。

↑苴稭 あらごも／苴帯 喪の麻帯／苴絰 苴帯／苴服 粗服／苴茅 封侯の土。茅で五色の土を包んで与える／苴麻 実のある麻

↓聚苴・土苴・巴苴・覆苴・補苴・蒲苴・苞苴・履苴

常 【書】 10 5060 ショ ふみ かく

篆文 金文

会意 聿＋者（者）。〔説文〕三下に「箸はすなり」と書・箸の畳韻を以て訓し、者声とする。聿は筆、者が書そのものに外ならぬ形であるから、会意字である。者は遮蔽されている曰。曰は呪符を収めた器。曰の上は、小枝を交え、土をかけた形で、曰を土中に埋める意。古代の聚落には、おおむね馬蹄形にお土居を作って守ったが、そのお土居中に書をおいて呪禁とした。そのお土居を堵（かき）といい、その呪禁としてしるしたものを書という。のち、ひろく書冊・文字をいう。

訓義 ①かく、しるす、呪禁としてしるした神聖な文字。②ふみ、書冊、文章。③文字、かきかた、筆跡。④てがみ、たより。

古訓 〔名義抄〕書 カク・シルス・フミ・ノブ 〔字鏡集〕書 シルス・カク・フミ・ノブ・アラハス

語系 書の古訓に「如なり。著なり。庶なり。舒なり」のように、声の近い字を以て解するものが多い。書sjia、如njia、庶sjia、舒sjiaは声の近い字であるが、庶が諸（諸）と声義が近いほかは、直接の関係はない。箸は書を竹帛に著わすことをいう。者声と庶の声とは声近く、そのため文字の構成においても互易

することがあり、庶は鍋で炊く意であるから、遮蔽するものは堵、煮るは庶でなければならぬ。

【書案】しょあん 案件。また、文机。宋・欧陽脩〔読書〕詩 至れる哉天下の樂しみ 終日書案に在り

【書院】しょいん(ゐん) 蔵書・講学のところ。〔唐書、芸文志一〕京師に還るに及び、書を東宮麗正殿に遷す。〜其の後、大明宮光順門外、東都明福門外に、皆集賢書院を創り、學士籍を通じて出入す。

【書淫】しょいん 読書過度。〔晋書、皇甫謐伝〕典籍を耽翫し、寢と食とを忘る。時人之れを書淫と謂ふ。

【書謁】しょえつ 上書や謁見を請うときの名刺。〔史記、万石君伝〕高祖、其の姉を召して美人と爲し、奮(万石君)を以て中涓と爲し、書謁を受けしむ。

【書屋】しょおく(をく) 書物を入れる室。書庫。読書の室。唐・李商隠〔自らに貺る〕詩 陶令(潜)、官を棄てし後 仰ぎ眠る、書屋の中

【書画】しょが(ぐわ) 書と画。〔宋書、王微伝〕微、少くして學を好み、通覽せざる無し。善く文を屬り、書畫を能くし、兼ねて音律・醫方・陰陽・術數を解す。

【書閣】しょかく 書楼。唐・孟浩然〔張記室の宅に宴す〕詩 妓堂、花映發し 書閣、柳逶迤たり

【書函】しょかん 函封した書。〔後漢書、祭祀志上〕(建武中元元年)吉日を以て玉牒を刻し、書函は金匱に藏し、璽印して之れを封じ、〜太尉、匱を奉じ、〜廟室西壁石室高主室の下に藏す。

【書巻】しょかん(くわん) 書物。巻軸の書。〔南史、臧厳伝〕孤貧にして學に勤め、行止、書巻手を離れず。

【書翰】しょかん 手紙。〔宋書、王弘伝〕弘、明敏にして思致有り。〜凡そ動止施爲、及び書翰儀體、後人皆之れに依倣し、謂ひて王太保の家法と爲す。

【書簡】しょかん 書翰。また、竹簡の文書。〔韓非子、五蠹〕明主の國には書簡の文無く、法を以て教へと爲し、先王の語無く、吏を以て師と爲す。利劍の捍り無く、斬首を以て勇と爲す。

【書契】しょけい 文字。〔易、繫辞伝下〕上古は結繩して治まる。後世の聖人、之れに易ふるに書契を以てし、百官以て治まり、萬民以て察らかなり。

【書計】しょけい よみかき、計算。晋・夏侯湛〔東方朔画賛〕三墳五典、八索九丘、陰陽圖緯の學、百家衆流の論、〜經脈藥石の藝、射御書計の術よりして、乃ち研精して其の理を究め、習はずして其の功を盡す。

【書芸】しょげい 書法。宋・黄庭堅〔李康年の篆に跋す〕余れ嘗て二王(王羲之・王献之)以來を論ずるに、書藝の超軼絶塵なるは、惟だ顏魯公(真卿)、楊少師(凝式)のみ。相ひ望むこと數百年、親しく逸少(王羲之)を見るが若し。

【書檄】しょげき 軍事などの檄文。〔三国志、魏、王粲伝〕太祖、竝びに(陳)琳・(阮)瑀を以て司空軍謀祭酒と爲し、記室を管せしむ。軍國の書檄は、多く琳・瑀の作る所なり。

【書剣】しょけん 書物と剣。士の常に携えるもの。唐・高適〔人日、杜二拾遺(甫)に寄す〕詩 一臥東山、三十春 豈に知らんや、書劍風塵に老いんとは

【書斎】しょさい 読書の室。唐・杜甫〔冬日、李白を懐ふ有り〕詩 寂寞たり、書齋の裏 終朝獨り爾を思ふ〜裋褐、風霜入り 還丹、日月遲し

【書策】しょさく 書物。竹簡の書。〔礼記、曲礼上〕先生の書策琴瑟前に在るときは、坐して之れを遷し、戒めて越ゆる(またぐ)こと勿れ。

【書札】しょさつ 手紙。〔文選、古詩十九首、十七〕客、遠方より來り 我に一書札を遺る 上に言ふ、長く相ひ思ふと 下に言ふ、久しく離別すと

【書写】しょしゃ 書き写す。〔顔氏家訓、書証〕孔子、其の義を存して、其の文を論ぜず。先儒尚ほ文を改め意に從ふことを得。何ぞ況んや書寫流傳するをや。

【書社】しょしゃ 二十五戸を里、里ごとに社を設け里籍を作った。〔史記、孔子世家〕楚の昭王、師を興して孔子を迎へ、然る後免るるを得たり。昭王將に書社の地七百里を以て、孔子を封ぜんとす。

【書信】しょしん 手紙。〔晋書、陸機伝〕笑つて犬に語りて曰く、我が家絶えて書信無し。汝能く書を齎して消息を取るや不やと。犬尾を搖かし聲を作す。

【書生】しょせい 読書の人。儒生。唐・韓愈〔鄂州柳中丞に与ふる書〕閣下は書生なり。詩書禮樂、是れ習ひ、仁義、是れ修め、法度、是れ束ぬ。

【書跡】しょせき 墨蹟。〔游宦紀聞、十〕洛陽の諸佛宮、書跡至りて多し。〜士大夫の家、亦た其の書帖を愛する者有り。〜以て淸玩と爲す。世、(楊)凝式の行書、頗ぶる顏魯公(真卿)に類するを以て、故に之れを顏・楊と謂ふと云ふ。

【書籍】しょせき 書物。南朝宋・謝霊運〔魏の太子の鄴中集の詩に擬す、八首の序〕天下の良辰美景、賞心樂事、四者幷せ難し。今昆弟友朋、二三の諸彥、共に之れを盡す。古來此の娛しみ、書籍に未だ見ず。

【書痴】しょち 読書狂。〔唐書、竇威伝〕威、沈邃にして器局有り、群言を貫覽す。〜子弟皆武を喜ぶ。獨り威のみ文を尙ぶ。諸兄詆りて書癡と爲す。

【書帙】しょちつ 書物の帙。〔拾遺記、四、秦始皇〕(張儀・蘇秦)二人每に食を路に假り、樹皮を剝して、編みて以て書帙と爲し、以て天下の良書を盛る。

【書牘】しょとく 手紙。書きもの。〔史記、匈奴伝〕漢、單于に遺るの書牘尺一寸を以ふ。辭に曰く、皇帝敬んで匈奴大單于に問ふ。恙無きかと。

【書法】しょほう(はふ) 書のかきかた。〔南斉書、周顒伝〕少くして外氏車騎將軍臧質の家に從ひ、衞恆の散隸の書法を得て、之れを學ぶこと甚だ工みなり。

【書坊】しょぼう(ばう) 唐代、図書の役所。のち、書店。宋・朱熹〔胡季隨に答ふる書、九〕誤本の傳は、但だ書坊のみならず、黃州の印本にも亦た多く有り。

【書房】しょぼう(ばう) 蔵書の室。書室。唐・元稹〔(白)楽天の秘書閣に過よりて旧庁を省するに和す〕詩 聞く君西省に重ねて徘徊し 祕閣書房次第に開くと

【書物】しょもつ 書籍。〔後漢書、独行、戴封伝〕時に同學の石敬平、溫病にて卒す。封、養視殯斂(入棺)し、〜送喪して家に到る。家にて更めて斂するに、敬平行時の書物、皆棺中に在るを見る。

【書問】しょもん たより。手紙。音問。魏・文帝〔朝歌の令呉質に与ふる書〕足下の治むる所は僻左(東)にして、書問簡(少)を致せば、益ゝ用つて勞を增す。

【書傭】しょよう 雇われて文字を書く。清・鄒弢〔三借廬筆談、四、書傭〕書を愛する者は、其の能く我が胸中を貫くを愛す。若し但だ護惜を事とするのみならば、是れ書傭なり。

【書楼】しょろう 書物を収蔵する建物。唐・白居易〔池上閑詠〕詩 靑莎臺上、書樓を起し 綠藻潭中、釣舟を繫ぐ

➡書衣 書帙/書帷 書斎の帷/書意 文意/書押 署名/書可 認可/書価 本代/書家 能書家/書儈 古本屋/書懐 懐を記す/書格 書法の学/書額 書の扁額/書束 書翰/書館 学校/書眼 読書の目/書几 文机/書記 記す/書櫃 本箱/書客 文人/書笈 書負い箱/書魚 しみ/書篋 本箱/書業 著述/書局 出版局/書

具 文具／書空 宙書き／書窟 蔵書室／書啓 書記／書券 書きつけ／書硯 すずり／書戸 書庫／書庫 書物蔵／書賈 本屋／書後 跋／書口 書の折目／書工 書家／書功 書く仕事／書香 学問の風／書藁 草稿／書佐 祐筆／書差 小役人／書冊 書籍／書筴 書冊／書算 書計／書子 手紙／書刺 名刺／書師 書家／書笥 本箱／書肆 本屋／書辞 申し立て／書室 書斎／書蝨 本の虫喰い／書手 書き手／書塾 私塾／書術 書技／書署 題署／書抄 手抄／書城 万巻の書／書場 寄席／書紳 帯に書く／書人 書家／書尺 手紙／書迹 書跡／書節 わりふ／書簽 題簽／書籤 書簽／書疏 書翰／書属 書謁／書体 字体／書堆 書を積む／書致 書き送る／書厨 書棚／書鎮 文鎮／書呈 手紙／書滴 硯の水／書典 書物／書塡 書き入れ／書田 書籍／書伝 伝承の書／書殿 集賢院／書蠹 しみ／書刀 簡冊削り／書筒 書物入れ／書堂 学堂／書道 書法／書僮 学僕／書脳 綴じしろ／書帊 書つつみ／書帕 書帊／書版 版木／書尾 手紙の末尾／書癖 読書癖／書舗 代書人／書簿 帳簿／書棚 書だな／書目 書の目録／書吏 書記／書糧 学費／書林 蔵書の所／書簏 つづら

↓異書・移書・遺書・緯書・一書・印書・羽書・音書・家書・歌書・楷書・学書・函書・緘書・簡書・雁書・寄書・貴書・偽書・戯書・御書・行書・禁書・軍書・群書・刑書・経書・献書・原書・古書・校書・購書・国書・細書・裁書・載書・曬書・冊書・策書・子書・史書・司書・私書・賜書・字書・辞書・璽書・漆書・写書・手書・殳書・朱書・讐書・抄書・尚書・捷書・証書・詔書・上書・浄書・信書・新書・親書・成書・清書・聖書・誓書・請書・尺書・善書・草書・叢書・蔵書・俗書・代書・丹書・竹書・虫書・籀書・著書・調書・勅書・賃書・典書・添書・貼書・篆書・図書・蠹書・答書・道書・読書・能書・白書・帛書・曝書・飛書・秘書・封書・覆書・文書・兵書・返書・奉書・法書・報書・謗書・墨書・埋書・密書・銘書・洋書・傭書・擁書・落書・乱書・六書・良書・臨書・類書・礼書・隷書・和書

常

【庶】 11 0023

シヨ　おおい　もろもろ　ねがう

篆文

金文

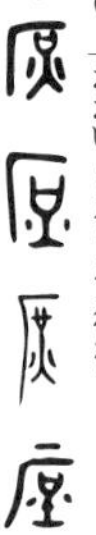

会意 广＋廿＋火。〔説文〕九下に「屋下の衆なり。广炗に従ふ。炗は古文の光字なり」とし、徐鉉は「光も亦た衆盛なり」と補説している。衆庶の意とするものである。广は厨房、廿は鍋など亨炊の器の形。鍋の下に火を加え、亨炊を原義とする字。煮（煑）はその形声字である。者（者）は堵中に呪符として埋めた書であるから、これは煮るべきものではない。また庶は煮る意の字であるが、それを諸の意に用い、庶人・衆庶のようにいう。〔儀礼〕に正饌に対して盛り合わせたものを庶羞といい、庶はもと炊き合わせたものをいう。それで庶多の意となり、衆庶の意となり、嫡庶の意となる。庶幾は、それに近い状態をねがうことをいう。

訓義 ①煮る、ごった煮。②おおい、もろもろ、ゆたか。③庶羞はそえ膳、正嫡ならざるもの、庶子、分家、支族、多くの人、身。④庶幾、ねがう、こいねがう、こいねがわくは。

古訓 〔名義抄〕庶 ネガフ・スフ・サイハヒ・モロ〳〵・コヒネガフ・コヒネガハクハ 〔字鏡集〕庶 コヒネガハクハ・ヨロコビ・アラシ・サイハヒ・チカ（シ）・ネガフ・スフ・モロ〳〵・イヤシ

声系 〔説文〕に庶声として遮（遮）・蹠など四字を収める。遮は〔説文〕二下に「遏むるなり」と訓するが、それは堵塞する意で、もと者の声義に含まれるべきものであり、庶声にその義を求めがたいものである。これも庶・者の声の互易する例である。

語系 庶 sjiak と者 tjya、諸（諸）tjia は声近くして通用し、庶多は諸多の意。庶は膳羞の多いことをいい、諸は呪符・祝禱の多いことを原義とする。

【庶幾】 こいねがう。また、ちかい。目的とする状態に近い。〔孟子、梁恵王下〕王の樂を好むこと甚だしければ、則ち齊國は其れ庶幾きか。

【庶事】 すべてのこと。〔書、益稷〕元首、明なる哉 股肱（臣下）、良き哉 庶事、康き哉

【庶羞】 盛り合わせた食事。〔儀礼、公食大夫礼〕庶羞は西東にし、四列に過ぐる毋し。上大夫は庶羞二十。

【庶人】 一般の人。〔書、洪範〕汝則ち大疑有るときは、謀るに乃の心と及にし、謀るに卿士と及にし、謀るに庶人と及にし、謀るに卜筮と及にせよ。汝則ち従ひ、龜従ひ、筮従ひ、卿士従ひ、庶民従ふ。是れを之れ大同と謂ふ。

【庶政】 多くの政務。〔国語、魯語下〕卿大夫は、朝には其の職を考へ、晝には其の庶政を講じ、夕には其の業を序し、夜には其の家事を庀む。

【庶績】 多くの治績。〔書、堯典〕允に百工を釐めば、庶績咸く熙まらん。

【庶徵】 洪範九疇の一。天象による吉凶の兆。〔書、洪範〕八、庶徵。曰く雨、曰く暘、曰く燠（あたたか）、曰く寒、曰く風、曰く時。

【庶民】 庶人。衆庶。〔詩、大雅、霊台〕靈臺を經始し 之れを經し之れを營す 庶民之れを攻め 日ならずして之れを成す

【庶類】 万物。〔国語、鄭語〕夏の禹は、能く單く水土を平らげ、以て庶類を品處する者なり。

↑庶位 衆官／庶彙 庶物／庶尹 衆官の長／庶殷 殷の余民／庶衍 広衍／庶官 百官／庶卉 衆草／庶姫 衆妾／庶揆 百官／庶旧 庶老／庶兄 妾腹の兄／庶孼 妾腹の子／庶言 衆言／庶乎 ちかきか／庶功 庶績／庶幸 こいねがう／庶国 諸国／庶獄 多くの獄／庶士 衆士／庶侈 多い／庶心 衆人の心／庶神 神々／庶正 庶尹／庶生 衆人／庶物 諸物／庶方 諸方／庶邦 国々／庶萌 庶民／庶望 ねがい望む／庶務 諸多の務め／庶尤 衆怨／庶流 分家筋／庶僚 衆官／庶黎 庶民／庶老 老年を以て退隠したもの

↓殷庶・億庶・幾庶・黔庶・士庶・支庶・衆庶・烝庶・蒸庶・臣庶・嫡庶・兆庶・長庶・繁庶・方庶・卑庶・鄙庶・品庶・富庶・凡庶・民庶・黎庶

人

【渚】 11 3416

人

〔渚〕 12 3416

シヨ　なぎさ　す

篆文

形声 声符は者（者）。〔説文〕十一上に川の名とし、また「爾雅に曰く、小洲を渚と曰ふ」とあり、水の沚をいう。者には堵塞の意があり、土沙のうちよせるところの意であろう。〔釈名、釈水〕に「渚は遮なり。體高うして、能く水を遮りて、旁らより廻らしむるなり」という。〔詩〕の〔伝〕には、「小洲なり」「沚なり」とみえる。〔爾雅、釈水〕に字を陼に作る。

訓義 ①なぎさ、みぎわ、砂のうちよせるところ。②す、川中に土沙の堆積したところ、中のしま。

古訓 〔和名抄〕渚 奈岐佐（なぎさ）〔名義抄〕渚 ナギサ・スハマ・シマクニ 〔字鏡集〕渚 シマクニ・スハマ・クニ・ナギサ・ハマ・シマ

語系 渚・陼 tjia、沚・阯 tjia は声義近く、なぎさをいう。洲・州 tjiu は水中の居るべきところをいう。

【渚煙】 なぎさのもや。唐・皇甫冉〔帰りて洛水を渡る〕詩 渚煙、空翠合し 灘月、砕光流る

【渚崖】 小高い岸。〔荘子、秋水〕涇流の大なる、兩涘の渚崖の閒、牛馬を辯ぜず。

【渚畔】 なぎさ。唐・崔顥〔維揚に、友の蘇州に還るを送る〕詩 渚畔の鱸魚(すずき)、舟上に釣る 羨む、君が歸老して、東呉に向ふを

↑渚雨 なぎさの雨／渚雲 なぎさの雲／渚鷗 なぎさのかもめ／渚岸 渚崖／渚田 洲上の田／渚鳧 なぎさの鴨／渚沃 水辺の沃地

↓煙渚・遠渚・鷗渚・海渚・雁渚・皐渚・沙渚・洲渚・水渚・晴渚・浅渚・潭渚・汀渚・晩渚・霧渚・幽渚・蘆渚

【蛆】 11 5711 ［胆］ 9 7721 ショ うじ

篆文 

形声 声符は且。字はもと胆に作り、〔説文〕四下に「胆は蠅の、肉中に乳するなり」とあって、蠅などのうじ虫をいう。蝍蛆(こおろぎと、むかで)、水蛆(ひる)のように用いることがある。

訓義 ①うじ、うじ虫。②さす、虫がさす。③酒の上に浮いたかす。

古訓 〔名義抄〕虫蛆 ムシ・ウジ・ワカタ(ダカ)マル・ヌカ、・モコヨヒ 〔篇立〕蛆 ウジ・カビムシ・ムシ・タカヤ・サス 〔字鏡集〕蛆 ウジ・ハエ

【蛆虫】 うじむし。〔後漢書、方術下、薊子訓伝〕驢車に駕し、～道、滎陽に過より、主人の舍に止まる。駕する所の驢、忽然卒僵し、蛆蟲流出す。主、遽かに之れを白す。～食し畢り、徐ろに出でて杖を以て之れを扣く。驢、聲に應じて奮起し、行歩すること初めの如く、卽ち復た道に進む。

【蛆蠅】 うじと、はえ。宋・蘇軾〔商鞅を論ず〕二子(商鞅・桑弘羊)の名の天下に在ること蛆蠅糞穢の如し。之れを言へば則ち口舌を汚し、之れを書せば則ち簡牘を汚す。～而して世主獨り焉れに甘心(満足)するは何ぞや。

↑蛆渠 むかで／蛆蛍 土蛍／蛆皮 無用

↓玉蛆・蝍蛆・新蛆・虫蛆・浮蛆

常 【暑】 12 6060 人［暑］ 13 6060 ショ あつい

篆文 

形声 声符は者(者)。〔説文〕七上に「熱きなり」とあり、暑熱をいう。火を用いるものは庶。者は堵中の呪符であるが、庶・者の声近く、暑は者声をとる。者と庶と、声符として互易する例が多い。

訓義 ①あつい、気温が高い、あつさ。②あつい季節、夏。

古訓 〔名義抄〕暑 アツシ・アタ、カ・アタ、ケシ

語系 暑sjia、庶sjiakは声近く、庶は烹炊の象。庶が熱気を示す字、声近くして者声の字となった。

【暑雨】 夏むし暑くて雨ふる。〔書、君牙〕夏、暑雨なれば、小民惟れ曰に怨咨す。冬、祁寒(酷寒)なれば、小民亦た惟れ曰に怨咨す。厥れ惟れ艱い哉か。

【暑気】 夏の暑さ。〔淮南子、墬形訓〕山氣は男多く、澤氣は女多し。～暑氣は夭多く、寒氣は壽多し。谷氣は痺(痺れ)多く、邱氣は狂多し。衍氣(卑湿)は仁多く、陵氣は貪多し。

【暑熱】 夏の炎熱。〔淮南子、斉俗訓〕貧人は則ち夏は被褐、帶索、菽(豆)を含み水を飲み、以て腸を充たし、以て暑熱を支ふ。

【暑伏】 三伏の夏。〔水経注、夷水〕楊溪～北流して、夷水に注ぐ。此の水清冷なること、大溪よりも甚だし。縱ひ暑伏の辰なりとも、尙ほ能く其の津流に澡ふこと無きなり。

↑暑安 夏の書翰語／暑晏 晩夏／暑衣 夏衣／暑鬱 むし暑い／暑仮 夏の休暇／暑汗 汗かく／暑寒 寒暑／暑綌 葛布／暑月 夏の月／暑歳 ひでりの年／暑湿 むし暑い／暑傷 暑気あたり／暑溽 むし暑い／暑天 夏の日／暑魃 旱魃／暑門 南方／暑夜 夏の夜

↓鬱暑・炎暑・寒暑・極暑・劇暑・倦暑・向暑・酷暑・残暑・小暑・銷暑・蒸暑・溽暑・清暑・大暑・毒暑・熱暑・梅暑・避暑・涼暑・烈暑

【湑】 12 3712 ショ こす

篆文 

形声 声符は胥。〔説文〕十一上に「酒を茜すなり」とあり、湑した酒を酾という。湑した酒が美しいように、清く美しいものをほめていう。

訓義 ①こす、したむ。②こした酒。③すむ、清らか。④美しい、みごと、楽しい。⑤露のおくさま。

古訓 〔篇立〕湑 アメノクダルナリ

【湑湑】 風や水のさやぎ動くさま。木の枝葉のさやぎ乱るるさま。〔詩、唐風、杕杜〕杕いたる(一本立ちの)杜有り 其の葉、湑湑たり

↓酤湑・楽湑

【黍】 12 2013 ショ きび

篆文 

甲骨文 

金文 

会意 禾+水。〔説文〕七上に「禾の屬にして黏りある者なり。大暑を以て種う。故に之れを黍と謂ふ。禾に從ひ、雨の省聲なり」とするが、卜文は禾と水とに從う。黍酒を作る意であろう。卜辞に「黍は年を受けられんか」とトする例が多い。祭祀には黍稷や黍酒を多く用いた。〔書、君陳〕「黍稷馨しきに非ず。明德惟れ馨し」の語がある。祭器の簋は、黍稷を盛るものであった。

訓義 ①きび。②黍酒、その器。

古訓 〔名義抄〕黍 キビ 〔字鏡〕黍 キビ・アハ 〔字鏡集〕黍 キビ・アカキビ・ネヤス

語系 〔説文〕に「大暑を以て種う」とするのは、黍・暑(暑)sjiaの同音による音義説である。黍の古名「きみ」は黄色の実の意。黍の声も、あるいは赭tjya、朱tjioなどと関係があるかもしれない。

【黍穰】 きびがら。〔宣和遺事、後集〕(靖康二年三月)十六日、上皇、方めて少帝と相ひ見るを得たり。共に一室に居る。時に風寒し。夜、竹簟(竹のすのこ)に宿す。侍衛の人、茅及び黍穰を取りて焰を作し、二帝と同坐し、火に向ひて明に至る。

【黍稷】 もちきびと、うるちきび。〔儀礼、士昏礼〕房中に饌す。醯醬二豆、菹醢四豆、兼せて之れに巾す。黍稷四敦、皆蓋ふ。

【黍苗】 きびの苗。〔詩、曹風、下泉〕芃芃たる黍苗 陰雨之れを膏す

【黍離】 亡国を嘆く詩。〔詩、王風、黍離序〕黍離は宗周を閔れふるなり。周の大夫行役して宗周に至り、故の宗廟宮室を過ぎるに、盡く禾黍と爲る。～彷徨して去るに忍びず。而して是の詩を作る。

【黍粱】 きびと、おおあわ。〔淮南子、説林訓〕耕すこと能はずして黍粱を欲し、織ること能はずして采裳を喜び、事とする無くして其の功を求むるは、難し。

↑黍酏 きびかゆ／黍飴 きびあめ／黍禾 きび／黍糕 黍団子／黍粢 きび／黍尺 百粒で尺／黍秫 きびと、もちあわ／黍薦 きびがらのござ／黍醅 黍酒／黍飯 きびめし／黍蓬 蓆用の草／黍累 きび十粒

↓委黍・禾黍・秬黍・鶏黍・黄黍・膏黍・十黍・嘗黍・稷黍・炊黍・赤黍・団黍・豆黍・登黍・麦黍・離黍・累黍

常 【署】 13 6060 人［署］ 14 6060 ショ やくしょ

篆文 

形声 声符は者（者）。〔説文〕七下に「部署なり」とあり、分別部居の意とする。字が网に従うことについて、「各〻网屬する所有るなり」（段注本）という。〔国語、魯語〕に「署は位の表しるしなり」とあり、表識を樹てることから、官署・署識の意となる。古くは著（著）といったらしく、〔詩、斉風、著〕「我を著に俟つ」の〔伝〕に「門屏の閒なり」とみえ、そこは門の詰所である。者が堵垣によって外部を遮蔽する意の字であることから考えると、著・署は門屏のあるところで、そこに守衛の詰所があった。その詰所が署の原義であろう。

訓義 1門の詰所、門屏のところ。2つかさ、つかさの位置、つかさのしるし、門表をしるす、やくしょ。3くらい、役をわりあてる、くばる、部署。4かきあらわす、題署する。5署名。

古訓 〔名義抄〕署 シルス・カキシルス・オク・ツカサ・ナシルス・アミ・クハフ

語系 署・儲zjiaは同声。署は詰所で、人の集まりひかえるところ。預・豫（予）jiaも声近く、ことに備える意。署の本字は、あるいは闍zjyaであろうかと思う。署と同声。闉闍は曲城。城隅にあり、出町への出入のところであった。

【署字】かき判。〔日知録、二十八、押字〕集古録に、五代の時の帝王將相等の署字一卷有り。所謂署字なる者は、皆其の名を草書す。今俗に之れを畫押と謂ふ。何れの代に始まるかを知らず。

【署事】処理する。〔南史、沈慶之伝〕上嘗て歡飲し、普く群臣をして詩を賦せしむ。慶之粗ぼ口辯有るも、手、書を知らず。將に署事せんとする每に、輒ち眼の字を識らざるを恨む。～慶之（詩を）口授す。～上甚だ悅ぶ。

【署書】題額の字。秦の八体の一。〔晋書、衛恒伝〕秦の古文を壞りしより、八體有り、～六に曰く、署書。

【署名】文書に名を記し承認する。〔三国志、呉、孫綝伝〕（綝）群司を召して議して曰く、少帝荒病昏亂、以て大位に處り、宗廟を承くべからず。～諸君若し不同の者有らば、異議を下せと。～尚書桓彜、肯て署名せず。綝、怒りて之れを殺せり。

【署門】門に書きしるす。〔史記、汲鄭伝論賛〕始め翟公、廷尉と爲るや、賓客門に闐つ。廢せらるるに及び、門外雀羅を設くべし。～翟公乃ち其の門に大署して曰く、一死一生、乃ち交情を知り、一貧一富、乃ち交態を知り、一貴一賤、交情乃ち見はると。

↑署押 花押／署額 額にしるす／署函 表書き／署銜 官職／署正 正式の署名／署記 署名／署欠 試補／署職 署長／署置 任命する／署中 詰所／署長 長官／署拝 任命する／署尾 末尾の署名／署府 役所／署分 部署／署榜 列名／署理 一時の代理職、事務取扱

↓廨署・官署・偽署・局署・禁署・区署・公署・寺署・自署・親署・簽署・代署・題署・府署・部署・分署・坊署・本署・蘭署・連署

【鉏】 13 8711 ショ ソ すき

篆文 

形声 声符は且。且はすきの形。〔説文〕十四上に「立ちて薅斫する（草刈る）なり」（段注本）とあって、草を鉏きとるもの。牛に引かせて土を鋤くものは、犂という。

訓義 1すき、くわ。2すく、すきとる。3すくように、根からたやす、ほろぼす。

古訓 〔新撰字鏡〕鉏 須支（すき）〔名義抄〕鉏 クハ・スキ・スク・サラヒ

語系 鉏・耡dzhiaは同声。〔説文〕四下に耡を「商（殷）人は七十にして耡す」と助法の意とするが、鉏と声義の同じ字である。

【鉏耘】くさぎる。悪を除く。〔漢書、王尊伝〕二旬の閒、大黨震壞し、渠率（首魁）效首（自首）す。賊亂蠲除せられ、民、農業に反る。貧弱を拊循し、豪彊を鉏耘し、～皆其の辜に伏す。

【鉏語】くいちがう。齟齬。楚・宋玉〔楚辞、九弁、五〕圜の鑿にして、方の枘なり 吾れ固より其の鉏語して入り難きことを知る

【鉏耨】すきと、くわ。〔戦国策、燕二〕蘇秦死す。其の弟蘇代、之れを繼がんと欲す。乃ち北のかた燕王噲に見えて曰く、臣は東周の鄙人なり。竊かに王の義の甚だ高く甚だ順なるを聞く。鄙人不敏なるも、竊かに鉏耨を釋てて、大王に干め、邯鄲に至る。

【鉏耰】くわの柄。漢・賈誼〔過秦論、下〕陳渉、戍卒散亂の衆數百を以て、臂を奮ひて大呼し、弓戟の兵を用ひず、鉏耰白挺、屋を望んで食し、天下に横行す。

↑鉏夷 草刈機／鉏牙 そご／鉏鉤 すきと、かま／鉏尽 滅ぼす／鉏鍤 すき／鉏耒 すき

【雎】 13 7011 ショ みさご

形声 声符は且。〔詩、周南、関雎〕「關關たる雎鳩」の〔伝〕に「王雎なり」とあって、みさごと解されているが、みさごは海辺の巌島に住む猛禽で、房中歌としての〔関雎〕の発想としてふさわしいものではない。雎鳩は、おそらくかものような川鳥であろう。この詩は原詩を改編したもので、原詩は祭事詩、雎鳩は鳥形霊としてその発想に用いられたものであろう。「參差たる荇菜」は、原詩においては神前にそなえる水草であったと考えられる。

訓義 1みさご、王雎。

古訓 〔和名抄〕雎鳩 美佐古（みさご）〔名義抄〕雎鳩 ミサゴ〔篇立〕雎 ミサゴ・メミハタク

【雎鳩】みさご。〔詩、周南、関雎〕關關たる雎鳩は 河の洲に在り 窈窕たる淑女は 君子の好逑

【墅】 14 6710 ショ ヤ かりいお

会意 野＋土。もと穀物を収める田廬。のち別邸・別荘の意となる。六朝期以後、景勝の地に別野を営む風がさかんとなった。〔晋書、謝安伝〕に「棊を圍みて、別墅を賭く」という逸話をしるしている。

訓義 1かりいお。2いなかのやしき、しもやしき、別墅。

古訓 〔新撰字鏡〕墅 野廬なり、乃々伊保（ののいほ）なり〔篇立〕墅 乃々伊保（ののいほ）なり

【墅舎】しもやしき。別荘。〔南斉書、周山図伝〕山圖、新林に墅舎を立て、晨夜往還す。上之れに謂ひて曰く、卿、萬人の都督を罷め、輕ろしく郊外に行く。今より野に往くに、仗身を以て自ら隨ひ、以て不虞に備ふべしと。

↑墅扉 田舎の戸／墅門 田舎の門／墅楼 別荘

↓遠墅・家墅・江墅・郊墅・山墅・新墅・草墅・村墅・別墅・野墅・幽墅・林墅

常【緒】 14 人【緖】 15 2496 ショ チョ いとぐち はじめ お

篆文  その他 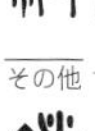

形声 声符は者（者）。〔説文〕十三上に「絲の耑なり」とあり、糸の末端をいう。者に堵塞の意があり、緒は糸を結びとめるところ。ゆえに端緒・緒余の意がある。心のほぐれてあらわれることをたとえて、心緒・情緒のようにいう。

訓義 1いとぐち、糸の末端、糸の結びどめのところ。2はじめ、おこり。3お、うちひも、くみひも。4すじ、のこり、あまり。5あと、さき、つづき、しごと、事業。6たずねる、したがう、次第、順序。

古訓 〔名義抄〕緒 ヲ・シワザ・ツギ・スエ・アマル・モトイ〔篇

立〕緒 モノ、ヲ・ヲ・ムネ・ツギテ・タマシヒ・アマリ・イトノハシ
【緒業】(しょぎょう(げふ)) はじめた事業。漢・司馬遷〔任少卿(安)に報ずる書〕僕、先人の緒業に頼り、罪を輦轂の下に待つを得ること、二十餘年なり。
【緒言】(しょげん) 発端の語。〔荘子、漁父〕曩昔に先生、緒言有りて去る。丘(孔丘)不肖、未だ謂ふ所を知らず。竊かに下風に待つ。
【緒次】(しょじ) 順序をつけて整理する。〔唐書、郝処俊伝〕初め顯慶中、令狐德棻・劉胤之、國史を撰す。其の後許敬宗、復た緒次を加ふ。帝、敬宗の紀す所、失實なるを恨む。
【緒風】(しょふう) 季節のなごりの風。〔楚辞、九章、渉江〕鄂渚に乘りて反顧すれば 欸秋冬の緒風あり
【緒余】(しょよ) あまり。余力。〔荘子、譲王〕道の眞以て身を治め、其の緒餘、以て國家を爲む。
↑緒音 余音/緒功 初功/緒正 ただす/緒成 緒業を成就する/緒冑 血統/緒年 余年/緒密 慎密/緒理 条理/緒論 叙論
↓意緒・遺緒・一緒・基緒・旧緒・功緒・皇緒・鴻緒・纂緒・纘緒・失緒・修緒・循緒・承緒・情緒・心緒・神緒・塵緒・絶緒・千緒・先緒・前緒・多緒・端緒・談緒・紬緒・墜緒・定緒・頭緒・内緒・万緒・丕緒・悲緒・風緒・由緒・幽緒・令緒

【糈】 15 9792 ショ かて しらげよね
篆文 
形声 声符は胥。〔説文〕七上に「糧なり」とあり、特に神に供する精米をいう。胥は「楽胥」のように用い、神を楽しませる意がある。〔楚辞、離騒〕に「巫咸(巫の神)将に夕に降らんとす 椒糈を懐きて之れを要ふ」という句がある。のちひろく食糧の意に用いる。
訓義 ①かて、米つぶ。②しらげよね。③いりごめ、おこしごめ。
古訓 〔新撰字鏡〕糈 神を祭る米、志止支(しとぎ)〔名義抄〕糈 クマシネ 〔字鏡集〕糈 カキ・クコシネ・ウチマヨネ
【糈藉】(しょせき) お供え。米と菅茅。〔淮南子、説山訓〕醫の針石を用ふる、巫の糈藉を用ふる、救ふ所は鈞しきなり。
【糈稌】(しょと) お供え。精米と稲。唐・柳宗元〔柳州の山水、治(政庁)に近く游ぶべき者の記〕雷山は~能く雲氣を出だし、雷雨を作す。~禱るに俎魚~糈稌・陰酒を用ってす。虔なれば則ち應あり。
↑糈米 くましね
↓粢糈・椒糈・稌糈

【翥】 15 4412 ショ とぶ とびあがる
篆文 
形声 声符は者(者)。〔説文〕四上に「飛び擧るなり」とあり、飛び立つことをいう。〔方言、十〕に「擧るなり。楚にては之れを翥と謂ふ」とあり、〔楚辞〕に用例が多い。習(習)・翕・翩・翽などは、その羽の音を写した語であろう。
訓義 ①とぶ、とびあがる、とびたつ。②たかくとぶ。
古訓 〔新撰字鏡〕翥 波布利伊奴(はふりいぬ)〔名義抄〕翥 トブ・ハフル・ハツ、・トビアガル 〔字鏡集〕翥 カケル・トブ・ツハクム・ハツ・ハフク・ハツル・ハネナル・トビアガル・ハツ、
↑翥鳳 鳳の飛び舞うすがた。舞容の美妙なのにたとえる
↓遠翥・軽翥・高翥・翺翥・翔翥・低翥・飛翥・鵬翥・鸞翥

【蔗】 15 4423 ショ シャ さとうきび
篆文 
形声 声符は庶。〔説文〕一下に「藷蔗なり」とあり、藷も「藷蔗なり」とあって同訓、甘蔗をいう。〔玉篇〕に「蔗は甘蔗なり」とする。
訓義 ①さとうきび。②うまい、あまい。
古訓 〔名義抄〕蔗 アマシ・アマツラ/甘蔗・竿蔗 クミ・アマツラ
【蔗境】(しょきょう(きやう)/しゃきょう(きやう)) 老境にたとえる。甘蔗は根本がおいしい。宋・趙必瑑〔水調歌頭、梁多竹の八十を寿ふ〕詞 百歳の人能く幾ばくぞ 七十も世間に稀なり 何ぞ況んや先生八十 蔗境、美なること飴の如し
【蔗滓】(しょし/しゃし) 甘蔗のしぼりかす。〔洞天清録集〕(古画弁)米南宮~其の墨戲を作すに、專ら筆を用ふるならず、或いは紙筋を以てし、或いは蔗滓を以てし、或いは蓮房を以てす。皆畫を爲すべし。
【蔗漿】(しょしょう(しやう)/しゃしょう(しやう)) 砂糖水。唐・王維〔勅して百官に桜桃を賜ふ〕詩 飽食するも須ひず、内熱を愁ふるを 大官に還た蔗漿の寒有り
↑蔗飴 甘蔗飴/蔗畦 蔗田/蔗酒 甘蔗酒/蔗霜 白糖/蔗田 甘蔗畑/蔗糖 砂糖/蔗餳 蔗霜
↓圧蔗・飴蔗・干蔗・甘蔗・噉蔗・畦蔗・藷蔗・食蔗

常【諸】 15 人〔諸〕 16 0466 ショ もろもろ おおい これ
篆文  金文 
形声 声符は者(者)。〔説文〕三上に「辯なり」とあり、〔爾雅、釈訓〕「諸諸・便便は辯なり」の訓をとる。「あまねし」の意である。〔段注〕に「辨つなり」の誤りとし、分別より諸多の意となったという。金文に「者侯」「者士」など、者を諸の意に用いる。者は、邑落をめぐらした堵中に、呪禁として埋めた書をいう。その祝禱の辞が種々の呪禁に及ぶので、それを諸というのであろう。
訓義 ①もろもろ、多くの辞、多い。②之と通じ、これ、之於・之乎と通じ、これを~に、これ~か(や)の意に合字として用いる。③語末につけて、形容の語を作る。忽諸。
古訓 〔名義抄〕諸 モロ〳〵・オホヨソ・ツミ・ワキマフ・ス、ム・モ、ホシ・ソレ・コレ・ミナ・ウトシ・カタヘ
声系 〔説文〕に諸声として藷・儲の二字を録し、諸と同声。藷・儲にみな、うちに多くのものを収蔵する意がある。
語系 諸・藷 tjia は同声。儲 zjia も声近く、みな諸多・収蔵の意がある。形容語の語末に用いるものに如 njia、若(若) njiak、而 njiə、然 njian、爾 njiai などがあり、みな声の近い字。〔詩、邶風、日月〕「日居や月諸や」の居・諸のように終助詞に用いるのは、諸が之乎 tjiə-ha の合音であるからその末音を用いたものであり、また〔論語、衛霊公〕「子張、諸れを紳に書す」の諸は、于之 hiua-tjiə、於之 ia-tjiə の合音としての用法である。
【諸越】(しょえつ(ゑつ)) 越。諸は於。南方では於兎(虎)のように、語頭に於をつけていうことがあった。〔荘子、逍遥遊〕宋人、章甫(冠)を資(仕入れ)して諸越に適く。越人は断髪文身、之れを用ふる所無し。
【諸夏】(しょか) 中華の諸国。〔公羊伝、成十五年〕春秋は其の國を内として諸夏を外とし、諸夏を内として夷狄を外とす。~曷爲れぞ外内の辭を以て之れを言ふ。近き者より始むるを言ふなり。
【諸君】(しょくん) 君たち。〔史記、項羽紀〕今卒に此に困しむ。此れ天の我を亡ぼすにして、戰の罪に非ざるなり。今日固より死を決せり。願はくは諸君の爲に快戰し、必ず三たび之れに勝たん。
【諸彦】(しょげん) すぐれた人たち。梁・江淹〔別れの賦〕金閨(金馬門)の諸彦(東方朔等)、蘭臺(図書寮)の群英、賦に凌雲の稱(司馬相如)有り、辯に雕龍の聲(誉、鄒赫子)有りと雖も、誰か能く暫離の狀を摹し、永訣の情を寫す者あらんや。
【諸侯】(しょこう) 封建された諸国の王。大名。〔史記、漢興以来諸侯王年表〕漢定まりて百年の閒、親屬益ゝ疏にして、諸侯或いは驕奢なり。
【諸子】(しょし) 先秦の学者、思想家。〔漢書、芸文志〕戰國從衡

〔縦横〕、眞僞分爭し、諸子の言、紛然殽亂す。秦に至りて之れを患ひ、乃ち文章を燔滅し、以て黔首を愚にす。

【諸事】 多くのことがら。〔史記、賈生伝〕諸律令の更定する所、～其の説皆賈生より之れを發す。～乃ち賈生を短りて曰く、～專ら權を擅にし、諸事を紛亂せんと欲すと。是に於て、天子後に亦た之れを疏んず。

【諸生】 学生。唐・韓愈〔進学解〕國子先生、晨に太學に入り、諸生を招きて館下に立たしめ、之れに誨へて曰く、業は勤むるに精しく、嬉しむに荒ぶ。行ひは思ふに成りて、隨ふに毀ぶる～と。

↑諸下 部下たち／諸家 諸人／諸華 諸夏／諸奸 諸悪／諸季 群弟／諸許 多くの／諸御 諸妾／諸賢 群賢／諸工 楽人たち／諸公 各位／諸豪 豪傑たち／諸国 国々／諸士 諸人／諸儒 群儒／諸衆 衆人／諸処 各所／諸色 各種／諸弟 群弟／諸般 万般／諸蕃 諸外族／諸父 おじたち／諸物 庶物／諸母 おばたち／諸余 残り／諸虜 諸蕃

↓居諸・忽諸・方諸

【嶼】 17 2778 ショ しま

篆文 

形声 声符は與（与）。與に鱮の声がある。〔説文新附〕九下に「島なり」とあり、水中の山をいう。また、丘をもいう。

訓義 1しま、水中の山。2おか。

古訓 〔新撰字鏡〕嶼 山乃三祢太平利（やまのみねたをり）、又、井太平利（ゐたをり）、又、志万（しま）〔和名抄〕島嶼 之万（しま）〔名義抄〕嶼 ヒラシマ・シマ 〔字鏡〕嶼 山乃三祢太平利（やまのみねたをり）

↓蔚嶼・烟嶼・遠嶼・霞嶼・海嶼・外嶼・崖嶼・江嶼・洲嶼・秋嶼・青嶼・石嶼・絶嶼・丹嶼・長嶼・島嶼・晩嶼・碧嶼・連嶼

入 【曙】 17 6606 【曙】 18 6606 ショ あけぼの

篆文 

形声 声符は署（署）。〔説文新附〕七上に「曉なり」、〔玉篇〕に「東方明くるなり」とあり、署声。〔管子、形勢〕に「曙戒」の語があり、また〔淮南子、天文訓〕に「日は～蒙谷の浦に曙く」という動詞の用法がある。

訓義 1あけぼの、よあけ、あかつき。2あける、夜があける。

古訓 〔名義抄〕曙 アカツキ・アキラカ・アケヌ・アサボラケ・ヒル

語系 〔説文〕七上に睹 ta があり、「且に明けんとするなり」（段注本）とあり、睹 ta（みる）と同声。曙 zjia はその系統の語で、赭 tjya と声近く、赤くみえそめる意の語であろう。

【曙雲】 あさあけの雲。唐・盧僎〔初めて京邑に出でて、旧林を懐ふ有り〕詩 松風、坐隅に生じ 仙禽、亭灣に舞ふ 曙雲、林下の客 霽月、池上の顔

【曙霞】 朝霞。唐・沈佺期〔苑中雪に遇ふ、応制〕詩 北闕彤雲、曙霞を掩ひ 東風雪を吹いて、仙家に舞ふ

【曙光】 よあけの光。唐・岑参〔中書舎人賈至の、早に大明宮に朝すに奉和す〕詩 雞、紫陌に鳴いて、曙光寒く 鶯、皇州に囀りて、春色闌なり

【曙色】 あけがたのようす。唐・李頎〔魏万の京に之くを送る〕詩 關城の曙色、寒を催して近く 御苑の砧聲、晩に向つて多し

↑曙烏 明け烏／曙影 曙色／曙煙 朝もや／曙鶯 朝の鶯／曙暉 朝の光／曙曦 朝の光／曙景 曙色／曙鼓 明け太鼓／曙日 朝日／曙鐘 暁鐘／曙星 あけの明星／曙雪 暁雪／曙天 暁天／曙灯 暁灯／曙風 朝風

↓煙曙・昏曙・残曙・初曙・清曙

【癙】 18 0011 ショ うれえる

形声 声符は鼠。〔爾雅、釈詁〕に「病なり」とあり、鬱病のような状態をいう。〔山海経、中山経〕「脱扈の山と曰ふ。草有り。～名づけて植楮と曰ふ。以て癙を已やすべし。之れを食らへば眯（厭夢）せず」とみえる。癙瘻は、瘰癧のように穴のできる悪質の癰。わが国ではペストにこの字をあてて用いる。字はまた鼠に作り、〔詩、小雅、雨無正〕に「鼠思泣血 言として疾へざる無し」の句がある。

訓義 1うれえる、心ふさぐ、気やみ、鬱病。2悪質のできもの、穴のあくできもの。3ペスト。4字はまた鼠に作る。

【癙憂】 病み患える。〔詩、小雅、正月〕我が獨りなるを念ひて 憂心京京たり 哀しいかな、我が小心 癙憂して痒ふ

↑癙疫 ペスト

↓憂癙・瘠癙

【薯】 18 4460 ショ いも

形声 声符は署（署）。いもの類、やまのいも。

訓義 1いも。2やまのいも。3字はまた藷に作る。

古訓 〔和名抄〕署預粥 以毛賀遊（いもがゆ）〔字鏡集〕薯 ヤマノイモ

↑薯芋 いも／薯薬 薯蕷／薯蕷 山のいも／薯莨 染料

↓甘薯

【藷】 20 4466 ショ いも さとうきび

篆文 

形声 声符は諸（諸）。諸に衆多・儲積の意がある。〔説文〕一下に「藷蔗なり」とあって、さとうきびの意とするが、藷を単用するときは薯をいう。

訓義 1いも、やまのいも。2さとうきび。

古訓 〔名義抄〕藷・藷蕷 ヤマツイモ・ヤマノイモ

↑藷蔗 甘蔗／藷糜 いも粥／藷蕷 山のいも／藷糧 乾しいも

↓甘藷・山藷・上藷・蕃藷

ジョ

常 【女】 3 4040 ジョ（ヂョ） ニョ おんな むすめ めあわす なんじ

篆文 

甲骨文 

金文 

象形 女子が跪いて坐する形。〔説文〕十二下に「婦人なり。象形」とあり、手を前に交え、裾をおさえるように跪く形。動詞として妻とすること、また代名詞として二人称に用いる。代名詞には、のち汝を用いる。

訓義 1おんな、女性。2むすめ、処子。3めあわす、妻とする。4代名詞、なんじ。

古訓 〔和名抄〕女 夫の姉を女公と曰ふ。古之宇止女（こじうとめ）〔名義抄〕女 ヲムナ・ムスメ・ナムヂ・ヲムナゴ・メアハス／少女 ヲトメ／女人 タヲヤメ／潛女 カヅキメ／遊行女児 ウカレメ・アソビ・ヤホケ／歌女 ミヽヅ／醜女 シコメ・コヽメ／織女 タナハタツメ／天探女 アマノサクメ・アマザクメ 〔字鏡集〕女 タマツサ・ナムヂ・アハス・ヲムナコ・ヒメ・ムスメ・ヲムナ・メ・メアハス

部首 〔説文〕に姓・姜以下二百七十三字、重文十三字、〔新附〕七字、〔玉篇〕にはすべて四百十八字を属する。卜文には形声字は少ないが、ただ女部・水部など名詞としての字が多い部には、すでにかなりの形声字がみられ、女部には八十七字、水

部には八十二字を数える。

声系 〔説文〕に女声として汝を収め、水名とする。女・汝ともに代名詞として用いる。

語系 女・汝njiaは同声。二人称に用いる爾njiai、而njiə、若(若)njiakなどは、みな声が近く、二人称に用いる。乃nəは同じく代名詞で、特に所有格に用いることが多い。女の声義は柔・擾njiu、弱(弱)njiôkに近く、その系統の語であろう。

【女謁】(じょ(ぢょ)えつ) 後宮の婦人の請託が行われること。唐・王維〔大唐大安国寺故大徳浄覚禅師碑銘〕中宗の時、後宮事を用ひ、女謁寖く盛んに、主柄潛かに移る。～禅師～裳を裂き足を裹み宵を以て遁れ、乞食餬口、兼行を以て太行山に入り、削髪受具す。

【女垣】(じょえん(ぢょゑん)) 城上の低い垣。ひめがき。女牆。〔周書、裴寛伝〕弓弩大石、晝夜之れを攻む。苦戰すること三十餘日、死傷半ばに過ぐ。女垣崩れ盡し、陳人遂に城に上ることを得たり。

【女楽】(じょ(ぢょ)がく) 婦人の舞楽をなすもの。〔後漢書、馬融伝〕常に高堂に坐し、絳紗帳を施し、前には生徒に授け、後には女樂を列す。

【女伎】(じょ(ぢょ)ぎ) うたひめ。楽舞する女。〔晋書、王敦伝〕(王)愷嘗て置酒す。～女伎の笛を吹きて小しく聲韻を失する有り。愷、便ち之れを毆殺す。

【女宮】(じょ(ぢょ)きゅう) 宮刑を受けて宮中にある女。〔周礼、天官、寺人〕王の内人、及び女宮の戒令を掌る。

【女功】(じょ(ぢょ)こう) 女の仕事。〔史記、貨殖伝〕是に於て太公其の女功を勸め、技巧を極め、魚鹽を通ぜしむ。則ち人物之れに歸す。

【女子】(じょ(ぢょ)し) むすめ。〔礼記、曲礼上〕女子、許嫁して纓す。大故有るに非ざれば、其の門に入らず、～已に嫁して反れば、兄弟與に席を同じうして坐せず。

【女史】(じょ(ぢょ)し) 官名。〔周礼、天官、女史〕女史は王后の禮職を掌り、内治の貳を掌る。以て后を詔け、内政を治む。～凡そ后の事、禮を以て從ふ。

【女児】(じょ(ぢょ)じ) 女子。唐・劉希夷〔白頭を悲しむ翁に代る〕詩 洛陽の女兒、顏色を惜しむ 行く落花に逢うて、長く歎息す

【女嬃】(じょ(ぢょ)しゅ) 屈原の姉の名とされるが、おそらく楚の女巫の長であろう。〔楚辞、離騒〕女嬃の嬋媛たる 申申として、其れ予を詈る

【女牆】(じょしょう(ぢょしやう)) ひめがき。前蜀・韋荘〔天井関〕詩 太行山上、雲深き處 誰か雲中に向つて女牆を築く～嵐翠を劚り開きて高壘と爲し 雲霞を截斷して、巨防を作す

【女魃】(じょ(ぢょ)ばつ) 旱の神。〔山海経、大荒北経〕蚩尤兵を作して、黄帝を伐つ。黄帝乃ち～天女を下す。魃と曰ふ。雨止む。遂に蚩尤を殺す。魃、復た上ることを得ず。居る所雨ふらず。

【女優】(じょゆう(ぢよいう)) 女の役者。〔因話録、一、宮〕肅宗宮中に宴す。女優に假官戲を弄する者有り。其の綠衣にして簡を秉る者、之れを參軍椿と謂ふ。

【女郎】(じょろう(ぢよらう)) 若い女。〔東京夢華録、八、七夕〕初六七日の晩に至り、～或いは兒童詩を裁くり、女郎呈巧し、焚香列拜す。之れを乞巧と謂ふ。

↑女医 女の医／女家 さと方／女楷 女鑑／女儈 人買い／女孩 女児／女冠 女道士／女騎 騎馬の女／女客 女の客／女訓 女誡／女兄 姉／女戸 寡婦の家／女賈 女商人／女工 女功／女后 皇后／女紅 女功／女士 立派な女／女市 遊女屋／女廝 召使い／女贄 女の礼物／女事 女功／女侍 侍女／女将 女将軍／女色 器量／女心 女ごころ／女壻 むこ／女寵 寵愛の女／女弟 妹／女奴 女奴隷／女童 童女／女徳 女の道／女人 女／女妭 女魃／女婢 下女／女巫 女のみこ／女嬖 女寵／女蘿 苔の類／女流 女性／女閭 花柳街／女伶 女楽人／女隷 女奴

↓悪女・佚女・逸女・怨女・嫁女・歌女・海女・浣女・季女・機女・妓女・宮女・牛女・嬌女・玉女・賢女・工女・好女・才女・妻女・釆女・斎女・士女・子女・児女・侍女・衆女・醜女・淑女・処女・少女・商女・織女・信女・神女・針女・静女・石女・仙女・善女・素女・息女・男女・長女・貞女・天女・妬女・童女・乳女・納女・美女・巫女・聘女・嬖女・魔女・遊女・妖女・養女・令女・烈女・老女・郎女

常

【如】

6

4640

ジョ ニョ

ごとし しく

篆文

甲骨文

石鼓文

会意 女＋口。女は女巫。口は𠙵、祝禱を収める器の形。巫女が祝禱を前にして祈る形で、その手をかざして舞う形は若(若)。〔説文〕十二下に「從ひ隨ふなり」とあり、〔段注〕に「隨從するに必ず口を以てす。女に從ふ者は、女子は人に從ふ者なればなり」とするが、如・若に従う意があるのは、巫によって示される神意に従うことをいう。〔爾雅、釈詁〕に「謀るなり」とは、神意に諮う意。〔郭璞注〕に茹と同声とし、茹る意。茹は若と同構の字。卜辞に「王は其れ如らんか」という例があり、巫によって神意を諮う意であろう。神意を受けて従うので、また従順の意となり、「如くす」の意となる。「如何」とは、神意を問うことをいう。字の用義は若と近く、形義に通ずるところがある。

訓義 ①はかる、神にはかる、神意をとう。②したがう、神意に従う、神意のままにする。③ごとくする、ごとし、神意に合うようにする。④しく、およぶ、神意に近づく、ゆく、いたる。⑤如何、いかん、神意は何かととう、いかんせん。⑥若と通じ、もし。形容語を作る、忽若～忽如。

古訓 〔名義抄〕如 ゴトシ・モシ・カクノゴトク・カクノゴトキ・シタガフ・ムカシ・サキ・ユク・ハカリ・タトヒ・ワレ・ヒロシ・シカモ・ナホ・イマニタリ・ニタリ・シカルヲ・スケ

声系 〔説文〕に如声として茹・恕・絮など六字を収める。恕は神意を推す意を、人に及ぼしていう語。

語系 如njia、若njiakは声義近く、通用の義が多い。また形容の語の語尾を作る而njiə、然njian、爾njiaiも同系の語で、接続の語としても通用の義がある。

【如何】(いかん) いかに。いかんぞ。いかんせん。〔論語、衛霊公〕之れを如何せん、之れを如何せんと曰はざる者は、吾れ之れを如何ともする末きのみ。

【如馨】(じょけい) こんなこと。こんなに。〔世説新語、方正〕桓大司馬(温)、劉尹に詣る。臥して起きず。桓、彈を彎きて劉の枕を彈つ。丸迸りて牀褥の閒を碎く。劉、色を作して起ちて曰く、使君如馨地、寧ぞ鬭戰して勝つを求むべきと。

【如幻】(じょげん) 幻のような。宋・蘇軾〔李公択、高郵を過ぎる～〕詩 此の生、幻の如きのみ 戲語するも君慍ること勿れ

【如故】(じょこ) 前の通り。古なじみ。〔史記、鄒陽伝〕諺に曰く、白頭も新たなるが如く、傾蓋(路上で車を寄せて知り合う)も故の如き有りと。

【如今】(じょこん) いま。ただいま。宋・陸游〔自ら喜ぶ〕詩 半生の羈宦、人閒に走る 醉裏、心寛かに、夢裏には閑なり 自ら喜ぶ、如今一事無し 讀書纔かに倦めば、卽ち山に遊ぶ

【如実】(にょじつ) ありのまま。〔論衡、卜筮〕如實に之れを論ぜば、卜筮は天地に問はず、蓍龜は未だ必ずしも神靈ならず。神靈有り、天地に問ふとは、俗儒の言ふ所なり。

【如雷】(じょらい) 雷のようにとどろく。〔詩、大雅、常武〕雷の如く霆の如し 徐方、震驚す

↑如意 如意棒／如一 同じ／如雲 多い／如干 若

干/如許 此の如し/如君 妾/如月 きさらぎ/如此 如許/如是 如此/如春 温和/如如 変わらぬ/如上 上の通り/如常 常に/如水 水の如し/如破 勢い強し/如令 命令通り
↓晏如・一如・繹如・宛如・婉如・何如・廓如・豁如・翰如・九如・翕如・皎如・皦如・奚如・欠如・闕如・灑如・粲如・自如・純如・所如・真如・斉如・悽如・淡如・澹如・屯如・邅如・突如・皤如・泊如・班如・斐如・炳如・蔑如・穆如・勃如・躍如・翼如・漣如・攣如

人 **【汝】** 6 3414 ジョ なんじ

篆文  甲骨文 

形声 声符は女。女は汝の初文。〔説文〕十一上に水の名とする。〔詩、周南、汝墳〕にその名がみえる。二人称として、〔詩、大雅、蕩〕「咨、汝殷商」のように用いるが、金文にはすべて女を用いる。

訓義 1なんじ。また、女・爾に作る。2川の名。

古訓 〔名義抄〕汝 ナムヂノ・キミ

語系 汝・女njiaは同声。二人称に用いる。爾njiai、而njia、若(若)njiak、乃naなど、みな同系の語として二人称に用いる。

【汝輩】 おまえたち。〔隋書、韋世康伝〕(吾)今、年將に耳順(七十)ならんとし、志、懸車(退休)に在り。汝が輩、以て云何と爲す。

↑汝潁 汝水と潁水/汝漢 汝水と漢水/汝公 乃公/汝曹 お前たち

↓爾汝

常 **【助】** 7 7412 ジョ たすける

篆文 

会意 且+力。〔説文〕十三下に「左くるなり」とし、且声とするが、且は鉏、力は耒。両者を組み合わせて、鋤耕の意を示す。鋤耕に協力することから、助耕・助力の意となる。共耕によって税を出すことを助法という。すべて助勢する意に用いる。

訓義 1すき。2たすける、鋤耕のことを助ける。3手助けする、協力する。4ます、加える。5助法、殷代の税法。

古訓 〔和名抄〕助 辨色立成に云ふ、助鋪、古夜(こや)、一に云ふ、比多岐夜(ひたきや)、衞士の屋の如きなり 〔名義抄〕助 タスク・ハサム 〔字鏡集〕助 タスク・スケ

声系 〔説文〕に助声として耡を収め、耡を助法による藉税の意とする。鋤は鉏の俗字。多くその意に用いる。

【助哀】 葬送の際の泣き役。〔資暇集、下、揚声〕喪筵の室に、伎婢をして、唱悲切聲せしめ、主人の哀を助く。之れを揚聲と謂ふ。何れの代より起るかを知らず。

【助耕】 藉田の礼に奉仕する。〔宋史、礼志五〕群官一名助耕、竝びに絳衣を服し、介幘す。

【助祭】 祖祭を助ける。〔後漢書、章帝紀〕二王の後、先聖の胤、~百僚從臣、宗室衆子、要荒四裔、沙漠の北、~阻絶を陵踐し、駿やかに郊畤(祭名)に奔り、咸く來りて助祭す。祖宗の功德、延いて朕が躬に及べり。

【助長】 無理に助けて大きくする。〔孟子、公孫丑上〕宋人に、其の苗の長ぜざるを閔へて、之れを揠く者有り。~曰く、今日病れたり。予苗を助けて長ぜしむと。其の子趨りて往き之れを視れば、苗則ち槁れたり。

【助力】 力添え。援助。〔漢書、孔光伝〕其の弟子多く成就して博士大夫と爲る者、師の大位に居るを見て、其の助力を得んことを幾ふも、光、終に薦擧する所無し。或いは之れを怨むに至る。

↑助援 援助/助哭 共哭き/助産 産婆/助成 力添え/助声 唱和/助装 旅費援助/助扶 扶助/助補 補助/助理 手伝い

↓援助・救助・給助・互助・語助・贊助・自助・衆助・奨助・神助・賑助・人助・多助・天助・内助・裨助・扶助・賻助・補助・幇助・佑助・祐助

常 **【序】** 7 0022 ジョ ひさし ついで いとぐち

篆文 

形声 声符は予。予に抒・舒の声がある。〔説文〕九下に「東西の牆なり」とあり、堂前東西の廂のある垣をいう。字はまた杼・榭に作り、〔孟子、滕文公上〕に「序なる者は射なり」とする。庠序は古の学校の名で、儀礼を講習するところ。予は機杼の杼の初文で、その象形。横糸を次第して織成するもので、次序の意があり、序はその声義を承ける。

訓義 1かき、ひさし、ひさしのあるかき。2まなびや、堂前のひさしのあるところが、実習の場所であった。のち学校の意となる。3杼と通じ、つらなる、つづける、次第する、ついで。4緒と通じ、いとぐち、すじ。5はしがき、序文。

古訓 〔名義抄〕序 ノブ・ヨル・ナガシ・ツイデ・ヨロシ・ツカサドル・ハジメ・シルシ・アマル・ユエ・ツク

語系 序zia、庠ziangは声義近く、合わせて庠序という。また牆dziang、榭zyakは序と構造の似たもので、声にも通ずるところがある。榭は古く射儀を習ったところであろう。

【序歯】 年齢順に席次を定める。〔中庸、十九〕宗廟の禮は、昭穆を序する所以なり。~燕毛(燕は宴、毛は髮)は、齒(年齢)を序づる所以なり。

【序次】 順序。〔漢書、芸文志〕春秋より戰國に至り、出奇設伏、變詐の兵竝び作る。漢興り、張良・韓信、兵法を序次す。凡そ百八十二家。

【序庠】 学校。〔漢書、平帝紀〕官稷及び學官を立つ。~校學に經師一人を置く。鄕に庠と曰ひ、聚に序と曰ふ。序庠に孝經師一人を置く。

【序文】 書物のはしがき。〔大唐新語、九、著述〕開元十二年、沙門一行、黄道游儀を造り、以て進む。玄宗親ら之れが序文を爲る。

【序列】 順序にならべて論述する。〔史記、伯夷伝〕孔子、古の仁聖賢人、吳の太伯・伯夷(位を逃れた人)の倫の如きを序列すること詳らかなり。

【序論】 前おきとする論述。〔宋書、范曄伝〕(獄中諸甥姪に与ふる書)吾れ傳論を雜ふるは、皆精意深旨有り。~循吏以下及び六夷の諸序論に至りては、筆勢縱放にして、實に天下の奇作なり。其の中合する者は、往往過秦篇(賈誼)に減ぜず。

↑序位 位の次序/序官 官制/序客 鴻臚官/序曲 前奏/序言 序文/序志 言志/序事 事の次序/序室 教室/序爵 叙爵/序述 叙述/序順 順序/序数 次第の数/序説 序論/序伝 自序/序跋 書の序と跋/序班 序位/序録 序論

↓位序・階序・冠序・雁序・語序・後序・校序・歳序・歯序・次序・自序・時序・式序・集序・順序・遵序・書序・小序・承序・庠序・食序・進序・節序・大序・代序・題序・端序・秩序・庭序・天序・班序・品序・布序・礼序・列序

【抒】 7 5702 ジョ くむ とる のぞく のべる

篆文 

形声 声符は予。予に序・舒の声がある。予は杼の形。それを舒緩にして扱うことを抒という。〔説文〕十二上に「挹むなり」、挹字条に「抒むなり」と互訓する。〔管子、禁蔵〕「井に抒みて水を易ふ」は、つるべで井水を挹む意。心の中にあるものを、他に渫らすことを抒情という。

訓義 1くむ、くみとる、うつしとる、とる。2のぞく、もらす、他

にうつす、のべる。3ゆるやか、ゆるむ、のびやか。
古訓〔新撰字鏡〕抒 左豆古(さつこ)〔名義抄〕抒 サグル・ノブ・オサフ・クム・ソグ・ノゾク〔字鏡集〕抒 ヲサフ・イタス・ヲサム・ノゾク・ノブ・クル・サグル・クム・スク・トル・ソク
語系 抒dja、舒・紓sjiaは声義近く、舒・紓は舒緩にすることをいう。攄thiaも同系の語で、序を以て舒べることをいう。
【抒意】じょい 考えをのべる。〔墨子、小取〕夫それ辯なる者は、～群言の比を論求す。名を以て實を擧げ、辭を以て意を抒し、說を以て故を出だす。
【抒情】じょじょう(じゃう) 情意をのべる。〔楚辞、九章、惜誦〕惜誦して以て愍うれひを致す 憤いきどほりを發して以て情を抒のぶ
↑抒懐じょかい 抒情/抒臼じょきゅう 臼ひく/抒溷じょこん こえくみ/抒思じょし 構想/抒廁じょし 抒溷/抒詞じょし 表現/抒写じょしゃ 描写/抒心じょしん 抒情/抒洩じょせつ もらす/抒発じょはつ 表現/抒筆じょひつ 揮毫する/抒憤じょふん 憤りをもらす

【杼】 8 4792 ジョ ジョ(ヂョ) チョ ひ そぐ

篆文

形声 声符は予よ。予に序・抒じょの声がある。予は杼ひの象形でその初文。〔説文〕六上に「機はたの、緯よこいとを持する者なり」とあり、予はその末端に糸のあらわれている形である。
訓義 1ひ、機のよこ糸をおくるもの。2うすい、そぐ、うすく長いもの。3序と通じ、つらなる、次第する。4抒と通じ、くむ。5茅と通じ、つるばみ、とち。
古訓〔新撰字鏡〕杼 比伊(ひい)〔名義抄〕杼 トチ・ノブ・ヒ〔字鏡集〕杼 ヒ・ノブ・トチ・ヒク
語系 杼zia、予jiaは声近く、予は杼の初文。邪(邪)・斜zyaは横斜。経たてに対して横さまに交叉するもので、杼にまた横斜の意がある。また徐・序ziaも同声。徐緩と、序を以てする意がある。
【杼柚】じょじく(ちょじく) 杼ひと柚まき。また、織物。〔詩、小雅、大東〕小東大東 杼柚其れ空し
↑杼機じょき はた/杼梭じょさ はた織り/杼思じょし 構想/杼斗じょと 櫟くぬぎの実/杼栗じょりつ とちと、くり
↓機杼・梭杼・織杼・投杼・秉杼・鳴杼・幽杼

【叙】 常 9 8794 囚【敍】 11 8194 ジョ のべる ついでる

篆文

甲骨文

会意 旧字は敍に作り、余よ＋攴ぼく。〔説文〕三下に「次弟するなり」と訓し、余声とする。余は把手のある大きな針で、治療に用いるメスの類。これで膿血などを除去する意。その苦痛を除去し、苦痛をゆるやかにすることを敍という。攴は余を操る意、すべてことの次第を以てするをいい、叙任・叙述・叙事のように用いる。
訓義 1のべる、ゆるやかにする、次第に治まる。2ついでる、順序よくする、順序よくならべる、次第する。3いとぐち、順序のはじめ、はし、こぐち。4のびる、ならぶ。
古訓〔名義抄〕敍 ツイヅ・ツイデ・ヨク／＼・ナラフ・ノブ・ユク〔字鏡集〕敍 ツイデ・ツイヅ・サラニ・ノブ・ユク・ヨク／＼・ナラブ・ヨリ／＼
語系 敍・徐ziaは同声。舒sjiaも声義が近い。敍は治療用の針で膿血などを除去する意で、おもむろにことを運び、苦痛をゆるめることをいう。捈(捈)sjyaも、加えられている呪詛を除く意で、また同系の語である。
【叙事】じょじ 事実を記述する。〔帰潜志、一〕(雷翰林淵)公、博學にして雄氣有り。文章を爲つくるに、專ら韓昌黎(愈)に法のっとり、尤も敍事に長ず。
【叙述】じょじゅつ 順序づけて記述する。〔帰潜志、十四〕(附録)李翺かう言へる有り。前漢の事跡、灼然しゃくぜんとして傳へて人口に在る所以の者は、司馬遷(史記)・班固(漢書)、敍述の工たくみなるを以て、故に學者悦びて焉これを習ひ、其の之れを讀むこと詳らかなればなり。
【叙録】じょろく 順序をたてて記録する。〔三国志、呉、薛瑩伝〕(右国史華覈の上疏)臣聞く、五帝三王、皆史官を立て、功美を敍錄し、之れを無窮に垂ると。漢の時司馬遷・班固、咸ことごとく命世の大才、撰する所精妙なり。
↑叙哀じょあい 哀悼の辞をのべる/叙階じょかい 叙位/叙旧じょきゅう 懐旧の文/叙鈞じょきん 計器/叙坐じょざ 席次/叙才じょさい 才能を序列する/叙歯じょし 年齢順/叙次じょじ 序列を定める/叙爵じょしゃく 序爵/叙招じょしょう 供述書/叙績じょせき 論功/叙擢じょてき 抜擢する/叙伝じょでん 自伝/叙報じょほう 報賞する/叙用じょよう 登用する/叙離じょり 叙別/叙論じょろん 序論
↓位叙・記叙・揆叙・賛叙・祗叙・歯叙・次叙・自叙・昇叙・章叙・節叙・銓叙・秩叙・暢叙・追叙・展叙・伝叙・班叙・比叙・分叙・平叙・略叙・列叙

【帤】 9 4622 ジョ(ヂョ) ぬの

篆文

形声 声符は如じょ。〔説文〕七下に「巾帤なり」とあり、大幅の布をいう。また「一に曰く、幣巾なり」とは「敝巾」の意。絮と通用する。
訓義 1ぬの、大幅のぬの。2やぶれたきれ、古ぎれ。3はたの布地。4絮と通用し、弓の中央部のそえ木、あげはり。
古訓〔字鏡〕帤 アゲハリ〔字鏡集〕帤 ヤレヌノ
↓厚帤・臭帤・薄帤

【徐】 常 10 2829 ジョ やすらか おもむろ ゆるやか

篆文
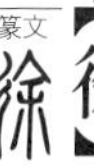
形声 声符は余よ。余に除・敍(叙)じょの声がある。〔説文〕二下に「安行なり」という。〔易、困、九四〕「來きたること徐徐たり」の意。余は膿血などを除く治療用の針。これを祝禱の器(凵さい)に加えてその呪能を無力にすることを舍(捨)、聖地に刺して埋蠱まいこのような呪法を無力にし除はらい清めることを除、道路に加えて修祓するを途(途)、これによって安らかとなるを徐という。それで安行・安舒の意となる。
訓義 1やすらかにゆく、やすらか。2おもむろ、しとやか、おだやか。3ゆるやか、ゆるめる、しずか。
古訓〔名義抄〕徐 ヤウヤク・オソシ・シバラク・オモフル・シヅカ〔字鏡集〕徐 ヲソシ・ホソシ・シバラク・ヤ、・オモフル・シヅカ・ヤウヤク・ヨリ／＼
語系 徐zia、余jiaは声近く、余は針器。これを呪器として除道し、安行をうることを徐という。敍zia、除dia、舒sjiaなどみな声近く、祓除によってゆるやかにする意があり、みな一系の語である。
【徐言】じょげん ゆっくりいう。魏・曹植〔洛神の賦〕朱脣しゅしんを動かして以て徐おもむろに言ひ、交接の大綱を陳のぶ。人神の道の殊なるを恨み、盛年の當る無きを怨む。
【徐行】じょこう(かう) ゆっくりと歩く。〔孟子、告子下〕徐行して長者に後おくるる、之れを弟と謂ふ。疾行して長者に先んずる、之れを不弟と謂ふ。夫それ徐行は、豈あに人の能はざる所ならんや。爲さざる所なり。
【徐徐】じょじょ ゆるやか。〔塩鉄論、国疾〕夫それ國家の政事を辯じ、執政の得失を論ずるに、何ぞ徐徐として道理相ひ喩さとさず、何ぞ切切此かくの如きに至るや。
【徐歩】じょほ しずかに歩む。元・趙孟頫〔浪陶沙〕詞 今古、幾齊州 華屋、山丘となる 藜れいを杖つきて徐しずかに歩して、芳洲に立つ 主無きの桃花、開きては又落ち 空しく人をして愁へしむ
↑徐婉じょえん しなやか/徐看じょかん 静看/徐緩じょかん 緩やか/徐疾じょしつ 緩急/徐詳じょしょう 安徐/徐進じょしん 徐歩/徐趨じょすう 静かに走

る／徐邁 徐歩

↓安徐・緩徐・虚徐・疾徐・執徐・舒徐・微徐

人 【恕】 10 4633 ジョ ゆるす

篆文 古文

形声 声符は如。〔説文〕十下に「仁なり」とし、如声とする。如は女巫がお祈りしてエクスタシーの状態となり、神意をうかがい、はかる意。他の心意をうかがいはかることを、恕という。〔論語、里仁〕に「夫子の道は忠恕のみ」とあり、それが仁への道とされた。

訓義 ①おもいやる、はかる、おもいやり。②ゆるす、おもいやってゆるす。

古訓 〔名義抄〕恕 クム・ハカル・イカル・オモフ・オモハカル〔字鏡集〕恕 カヘリミル・オロカナリ・アナヅル・メグム・オシフ・オモヒ・ハカル・オモハカル

語系 恕sjiaは如・茹njiaと声が近い。茹は〔爾雅、釈言〕に「度かるなり」とあり、字形の要素は若(若)と同じ。神意をはかるように、他人の意を忖度し、これを顧みることを恕という。

【恕思】 思いやる。〔左伝、襄二十四年〕恕思して以て徳を明らかにせば、則ち令名載せて之れを行る。

【恕直】 情が厚く、正しい。〔周書、楊紹伝〕出でて鄜城の郡守と爲る。紹、性恕直にして、兼ねて威惠有り。百姓之れに安んず。

↑恕矜 寛恕／恕罪 罪をゆるす／恕実 忠実／恕心 思いやり／恕貸 寛恕／恕暴 寛厳／恕免 ゆるす／恕宥 ゆるす／恕容 ゆるす／恕亮 寛恕／恕諒 寛恕

↓温恕・寛恕・矜恕・強恕・謙恕・厳恕・降恕・自恕・慈恕・仁恕・忠恕・内恕・平恕・宥恕・了恕・諒恕

【紓】 10 2792 ジョ ゆるやか やわらぐ

篆文

形声 声符は予。予に序・抒の声がある。予は杼の形。〔説文〕十三上に「緩やかなり」とあり、予声とする。杼によって糸を通してゆくので、経に径直の意があるのに対して、舒緩の意をもつ。〔左伝、僖二十一年〕「禍を紓くなり」と、緩めて解く意に用いる。

訓義 ①ゆるい、ゆるめる、ゆるやか。②とく、とける、やわらぐ。

古訓 〔新撰字鏡〕紓 保己呂比(ほころび)〔名義抄〕紓 ユル ナリ・トク・ユルフ・オコタル・ノゾク〔字鏡集〕紓 ユルヘリ・ユルフ・ホコロブ・ノブ・トク・ノゾク・オコタル

語系 紓・舒sjiaは同声。抒djiaは声義近く、ゆるやかにする意。攄thiaは次第を以て舒張する意。みな同系の語である。

【紓禍】 禍を除く。晉・潘岳〔西征の賦〕子嬰(秦王)の果決なるを健とし、敢て賊を討ちて以て禍を紓く。勢ひ土崩して振ふ莫し、路左に降王と作る。

【紓難】 難を解く。〔左伝、荘三十年〕鬭穀於菟、令尹と爲る。自ら其の家を毀り、以て楚國の難を紓く。

↑紓廻 めぐる／紓寛 ゆるやかにする／紓緩 ゆるやか／紓放 免除する／紓憂 憂を解く

【茹】 10 4446 ジョ はかる くらう

篆文

形声 声符は如。〔説文〕一下に「馬に飤ふなり」と馬を飼養する意とする。〔荘子、人間世〕に「葷を茹らはず」、〔方言、七〕に「呉・越の間、凡そ飲食を貪る者、之れを茹と謂ふ」とみえる。〔詩、邶風、柏舟〕「以て茹るべからず」の〔伝〕に「度るなり」とあって、これが字の古訓。字の構造は若(若)とよく似ており、艸は両手。若い巫女が手をあげて舞い、神意を問いはかるさまを示す。啖食の意は、のち草に従う字として解されたものであろう。「茹る」「茹らう」の間には字義の関連が認められず、一字両義の字とみるべきであろう。

訓義 ①はかる、如・若と同系で、神意を問いはかる。②くらう、くう、むさぼりくらう。③牛・馬をかう、牛馬にくらわせる。④挐と通じ、ひく。

古訓 〔和名抄〕茹 由天毛乃(ゆでもの)〔名義抄〕茹 ユツ・ユデモノ・アサル・クフ・クラフ・クサヒラ・ハカル・シク・シキヰニス・ハサム・ユク・クム・スク・ウルフ・ユルフ・ノム

語系 茹・如njia、若njiakは声近く、字形の立意も似ており、女巫が神前に舞って神意を承けることを示す字。茹も「度る」ことを原義とする字。「食う」意は嫩nuan、軟・媆njiuanなど柔耎の意をとるもので、若く柔らかいもの、食すべきものをいう語であろう。

【茹葷】 にらなどを食う。〔荘子、人間世〕顔回曰く、回の家貧し。唯だ酒を飲まず、葷を茹らはざる者、數月なり。此の若くんば、則ち以て齋と爲すべきかと。(孔子)曰く、是れ祭祀の齋にして、心齋に非ざるなりと。

【茹蕙】 柔らかい香草。〔楚辞、離騷〕茹蕙を攬りて、以て涕を掩へば 余が襟を霑すこと、浪浪たり

【茹菜】 野菜を食う。〔後漢書、党錮、羊陟伝〕(帝)陟を河南の尹に拜す。日を計りて奉を受け、常に乾飯を食ひ、菜を茹ふ。豪右を禁制し、京師之れを憚る。

【茹菽】 野菜と豆。〔後漢書、陳蕃伝〕青・徐に炎旱あり、五穀損傷す。民物流遷し、茹菽足らず。而るに宮女房掖に積み、國用羅紈に盡く。外戚私門、財を貪り賂を受く。所謂祿、公室を去り、政、大夫に在るなり。

【茹毛】 鳥獣を生のまま食う。〔礼記、礼運〕昔者〜未だ火化有らず。草木の實、鳥獸の肉を食らふ。其の血を飲み、其の毛を茹らふ。未だ麻絲有らず。其の羽皮を衣る。

↑茹噎 むせぶ／茹藿 豆葉を食う／茹鑒 御覧／茹魚 腐魚／茹恨 恨む／茹斎 素食／茹嚼 食う／茹腥 腥食／茹素 粗食／茹草 草を食う／茹痛 哀痛／茹荼 受苦／茹薇 菜食／茹筆 筆を作る／茹藘 あかね

↓藿茹・菜茹・嚼茹・柔茹・食茹・素茹・蔬茹・匪茹・茅茹・藜茹

常 【除】 10 7829 ジョ(ヂョ) はらう のぞく きざはし

篆文 石鼓文

形声 声符は余。余に徐・敍(叙)の声がある。余は把手のある大きな針。これを呪具として道路に刺し、祓除を行う。道路には途(途)といい、聖地には除という。〔説文〕十四下に「殿陛(きざはし)なり」とするが、𠂤は神梯の形で神の陟降する聖地、その地を修祓することを除といい、祓除を原義とする。祓除の意より除去・除外・除任のように用いる。みな旧を棄て、新に就く意である。

訓義 ①はらう、はらいのぞく、きよめる。②とりさる、とりはらう、さる。③はらいきよめたところ、宮廷の庭、きざはし。④旧を去り、新を迎える。除官、除夕など。⑤算法で、割算をいう。

古訓 〔名義抄〕除 ノゾク・ツク・ツキヌ・ケツ・サル・ヒラク・サラフ・ハシ・ヲサム・オク・ハラフ・シリゾク

声系 〔説文〕に除声として籧篨の篨を艸部に収める。籧篨は竹席。鳩胸のような状態のものをもいい、形況の語であろう。

語系 除dia、途・涂・塗daは声が近く、涂・塗は同義、塗はまた道途の意にも用いる。呪儀によって邪霊を塗塞する意があるのであろう。唐(唐)dangも声近く、〔爾雅、釈宮〕に「廟中の路、之れを唐と謂ふ」とあり、また堂塗ともいう。祓除し、呪禁を加えた道の意であろう。

【除悪】 悪をとり除く。〔書、泰誓下〕徳を樹つるには

滋くすることを務め、惡を除くには本を務む。

【除舊】じよきゆう(ぢよきう) 古いものを除く。〔晉書、良吏、杜軫伝〕時に鄧艾、成都に至る。軫、太守に白して曰く、今大軍來り征す。必ず舊を除き新を布かん。明府宜しく之れを避くべし。此れ全福の道なりと。

【除去】じよ(ぢよ)きよ とり除く。〔墨子、備城門〕牆垣の樹木は小大倶に壞伐して之れを除去し、～竹箭を水中に立つ。

【除夕】じよ(ぢよ)せき 大みそかの夜。晉・周処〔風土記〕除夕に至り、旦に達するまで眠らず、之れを守歳と謂ふ。

【除翦】じよ(ぢよ)せん 切りひらく。〔左伝、襄十四年〕我に南鄙の田を賜ふ。狐狸の居る所、豺狼の嘷く所なり。我が諸戎、其の荊棘を除翦し、其の狐狸豺狼を驅る。

【除喪】じよそう(ぢよさう) 喪明け。〔左伝、襄十四年〕吳子諸樊既に除喪し、將に季札を立てんとす。

【除地】じよ(ぢよ)ち 地を清める。〔唐書、礼楽志六〕仲冬の月、武を都外に講ず。～兵部詔を受け、遂に將帥に命じ、軍士を簡び、地を除して場と爲さしむ。

【除道】じよどう(ぢよだう) 道を修め祓う。〔国語、周語中〕夏令に曰く、九月道を除ひ、十月梁を成すと。

【除拜】じよ(ぢよ)はい 旧を除き新に任ずる。〔後漢書、楊秉伝〕(延熹)七年、南のかた園陵を巡る。特に秉に詔して從はしむ。～行、南陽に至るに及んで、左右竝びに姦利を通じ、詔書除拜する所多し。

【除目】じよ(ぢよ)もく 任命書。唐・姚合〔武功県中の作、三十首、八〕詩 一日除目を看れば 終年道心を損す

【除夜】じよ(ぢよ)や 大みそか。また、節分前夜。唐・王建〔宮詞、一百首、八十九〕詩 金吾、除夜に儺名を進む 畫袴朱衣、四隊行く

↑除穢 汚れを去る／除官 任官／除毀 廃去／除却 除去する／除潔 清める／除月 十二月／除拘 任官／除罪 免罪／除残 すす払い／除試 試任／除疾 治療／除日 大みそか／除授 任官／除胥 下僕／除書 辞令／除召 召命／除銷 取り消し／除身 辞令／除斥 のぞく／除籍 籍を外す／除折 除去する／除脱 荷抜け／除田 治田／除廃 廃する／除班 授官一位／除非 その他にはない／除貧 貧乏神をはらう／除服 除喪／除払 のぞく／除糞 除穢／除放 免除／除法 割算／除亡 死亡／除名 名籍をのぞく／除滅 根絶する／除免 免官／除落 取り消し／除例 例外

↓蓐除・階除・解除・玉除・駆除・禊除・蠲除・軒除・原除・控除・歳除・灑除・削除・芟除・消除・詔除・乗除・攘除・清除・剪除・前除・掃除・大除・丹除・庭除・剔除・滌除・拝除・排除・復除・祓除・糞除・辟除・免除

【絮】 12 4690 ジョ わた わたいれ

篆文 

形声 声符は如。如は茹、柔らかく、くだかれたものの意がある。〔説文〕十三上に「敝れたる緜なり」とあり、古綿をいう。柳花のとぶさまを柳絮という。

訓義 ①わた、ふるわた。②わたいれ。③ふるわたのように、みだれたもの。とどこおり、なずむもの。もつれふさがるもの。

古訓 〔名義抄〕絮 ワタ・ミダル・フサグ・ツク・アヂハフ・ツタフ・ワタイル・モトル・フクヨカナリ・ツカル・アシ・ワタト、ノフ・ハナヤナギ・シゲル・ウクヤカナリ 〔字鏡集〕絮 シゲシ・アシワタ・ツタフ・イト・ワタイル・モトル・ツカル・フクヤカナリ・ハナヤナギ・ツク・ワタ・アヂハフ・シケイト・フナヤカタ・ヒトモチ・カケイト・ト、ノフ

語系 絮sia、袽niaは声近く、袽は〔説文〕に奴声の字とし、敝絮・敗衣の意とする。

【絮衣】じよい わたいれ。〔漢書、鼂錯伝〕其の衆數千、飲食長技、匈奴と同じ。之れに堅甲絮衣、勁弓利矢を賜ふべく、益すに邊郡の良騎を以てせん。

【絮雪】じよせつ 柳の花。宋・蘇軾〔織錦図上に題す、回文、三首、二〕詩 紅手素絲、千字の錦 故人の新曲、九回の腸 風は絮雪を吹き、愁ひは骨を縈り 涙は縑書に灑ぎ、恨んで郎を見る

【絮帽】じよぼう(ばう) わた帽子。山頂の雪。宋・蘇軾〔新城道中、二首、一〕詩 東風我が山行を欲するを知り 吹斷す、簷間の積雨の聲 嶺上の晴雲、絮帽を披き 樹頭の初日、銅鉦を挂く

【絮縷】じよる わたと糸。〔宋史、食貨志上二〕起居舍人程克俊言ふ、河南の父老、(劉)豫の煩苛に苦しむこと久し。賦斂、絮縷に及び、割剝、果蔬に至ると。

↑絮襖 綿入れの上衣／絮花 綿花／絮聒 多弁／絮気 難解／絮旧 叙旧／絮泣 さめざめと泣く／絮巾 わた帽子／絮語 くり言／絮糞 塩味／絮纊 わた／絮酒 祭の酒／絮絮 ぐずぐずする／絮説 縷説する／絮繒 わたと絹／絮暖 春暖／絮談 絮説／絮叨 多弁／絮帛 綿もの／絮煩 くどくわずらわしい／絮飛 柳花／絮被 夜着／絮袍 綿入れ／絮綿 わた

↓衣絮・縕絮・花絮・壊絮・軽絮・撃絮・散絮・糸絮・収絮・雪絮・繒絮・紵絮・敗絮・白絮・披絮・飛絮・弊絮・綿絮・落絮・柳絮

【舒】 12 8762 ジョ ゆるやか おもむろ のびる

篆文 

形声 声符は予。予に抒・紓の声がある。〔説文〕四下に「伸びるなり」と訓し、予声とする。予は杼の形。舍(舎)に「舍く」「舍つ」の訓があり、舒とは杼をゆるやかにすることをいう。ゆえにまた伸びる意がある。

訓義 ①ゆるやか、ゆるい、おもむろ、しずか。②のびやか、のびる、のばす。③おこたる、あなどる。④叙と通じ、ついでる、ついで、いとぐち。

古訓 〔名義抄〕舒 ノブ・シヅカナリ・オモフル・シヅカニシテ・オモムルナランコトヲ・タユム 〔字鏡〕舒 オモムル・ユルキ・ヤスラカナリ

語系 舒・紓sjiaは同声。杼zia、抒djiaはみな予声に従って声近く、その義も関連する。杼は機杼。これで糸を送ることを抒といい、その送る糸を紓という。紐を井中に深くのばして、井水を挹むことをも抒という。

【舒繹】じよえき のびやかにゆるくつづく。漢・王褒〔四子講徳論〕二人有り、軺に乘りて歌ふ。輗に倚りて之れを聽くに、詠歎は雅に中り、轉運は律に中り、嘽緩舒繹して、曲折節を失はず。

【舒懷】じよかい(くわい) 思いをのべる。〔文心雕竜、養気〕意得れば則ち懷ひを舒べて以て筆に命じ、理伏すれば則ち筆を投じて以て懷ひを卷く。

【舒卷】じよかん(くわん)じよけん 時に従って進退する。出処。晉・潘岳〔西征の賦〕孔(孔子)は時に隨つて以て行藏し、蘧(伯玉)は國と與に舒卷す。

【舒緩】じよかん(くわん) ゆるやか。〔漢書、地理志下〕(斉地)今に至るまで其の士多く經術を好み、巧名に矜り、舒緩闊達にして智足る。

【舒疾】じよしつ 遅速。〔礼記、楽記〕鐘鼓管磬、羽籥干戚は、樂の器なり。屈伸俯仰、綴兆(綴は列、兆は舞台)舒疾するは、樂の文なり。

【舒寫】じよしや 愁いをのべる。漢・王逸〔楚辞章句叙、天問〕仰いで圖畫を見、因りて其の壁に書し、何して之れを問ひ、以て憤懣を渫らし、愁思を舒寫す。

【舒徐】じよじよ ゆるやか。唐・元稹〔唐故工部員外郎杜君(甫)墓誌銘の序〕宋・齊の閒、教へ根本を失ひ、士は簡慢歙習、舒徐を以て相ひ尙び、文章は風容色澤、放曠精淸を以

て高しと爲す。

【舒嘯】じょしょう(せう) 静かにうそぶく。晉・陶潛〔帰去来の辞〕東皐に登りて舒ろに嘯き、清流に臨みて詩を賦す。

【舒情】じょじょう(じやう) 抒情。〔楚辞、遠遊〕誰か與に斯の遺芳を弄ぶべき 晨に風に向ひて情を舒ぶ

【舒遅】じょち ゆるやか。〔礼記、玉藻〕君子の容は舒遲たり。尊ぶ所の者に見ゆるときは齊遫す。

【舒適】じょてき 心ゆるやかで楽しい。宋・蘇軾〔睡郷記〕其の政は甚だ淳、其の俗は甚だ均し。其の土は平夷廣大、東西南北無く、其の人は安恬舒適す。

【舒放】じょほう(はう) のびのびとする。魏・嵆康〔琴の賦〕情、舒放にして遠く覽み、軒轅の遺音に接す。

【舒揚】じょよう(やう) ゆったりとのびやか。〔淮南子、説山訓〕夫れ玉は潤澤にして光有り。其の聲舒揚して、渙乎として其れ(君子に)似たる有るなり。

↑舒安 安らか／舒栄 栄える／舒演 広める／舒暇 ゆるやか／舒閑 静か／舒顔 喜ぶ／舒急 緩急／舒啓 伸展／舒散 ゆるやかにちる／舒肆 舒放／舒写 舒瀉／舒釈 うちとける／舒緒 端緒／舒舒 ゆるやか／舒心 心安らか／舒泄 もれる／舒泰 安らか／舒達 のびやか／舒張 展開／舒暢 のびやか／舒展 のばす／舒眉 心開く／舒顰 眉をひらく／舒布 のべる／舒鳧 鴨／舒辟 巻舒／舒歩 緩歩／舒勃 舒展／舒慢 怠る／舒愉 たのしむ／舒憂 安らぐ／舒翼 翅をひろげる／舒和 のびやか

↓安舒・巻舒・閑舒・寛舒・緩舒・闊舒・散舒・伸舒・展舒・閑舒・陽舒

【耡】 13 5492 ジョ すく たがやす

篆文

形声 声符は助。助は鉏と力(耒)とを合わせた字。耡はさらに耒を加えたもの。助が多義化するに及んで、その本義を存する字が別に作られたのである。〔説文〕四下に「商(殷)人は七十にして耡す。耡は耤税なり」とするが、その助法には助の字を用いる。耤は藉、力を借りることをいう。〔周礼、地官、里宰〕「歳時を以て耡を合耦す」とは、共耕して相佐助する意。鋤は名詞、耡は動詞的に用いる字である。

訓義 ①すく、たがやす。②すき。③助法、たすける。④よりあい、よりあいどころ、相耦して会するところ。

古訓 〔字鏡集〕耡 スキ

語系 耡・助・鋤 dzhia は同声。耡・鋤は助の形声字として作られたもので、一系の語である。

↑耡耘 耕作する／耡耕 たがやす／耡耰 農具／耡鎌 草刈り鎌

↓興耡

【鋤】 15 8412 〔鉏〕 13 8711 ジョ すき

形声 声符は助。助は鉏と力(耒)とを合わせた字。助が多義化して鋤・耡が作られた。鋤は名詞、耡は動詞的な字である。

訓義 ①すき、すく。②のぞく、悪類をのぞく。

古訓 〔新撰字鏡〕鋤 須支(すき)〔和名抄〕鋤 須岐(すき)〔名義抄〕鋤 クハ・スキ・スク・サラヒ 〔篇立〕鋤 スカセ・ケヅリ・スキ・トラセ 〔字鏡集〕鋤 ヤブル・キカム・スキ

語系 鋤・助・耡 dzhia は同声。鋤・耡は助から分岐した字。鋤は名詞的、耡は動詞的な字である。

【鋤耘】じょうん 土地をすき、除草する。〔塩鉄論、国病〕往者は常民、～入りては宴樂の聞無く、出でては佚游の觀無し。行くときは即ち負贏(背にかつぐ)し、止まるときは作(乍)ち鋤耘す。用約にして財饒し。

【鋤耰】じょゆう(いう) すきならす。宋・蘇軾〔稼の説〕今吾が十口の家、百畝の田を共にす。寸寸にして之れを取り、日夜以て之れを望み、鋤耰銍艾、其の上に相ひ尋ぐ者魚鱗の如くにして、地力盡く。～此れ豈に能く復た美稼有らんや。

【鋤犁】じょり すき。唐・杜甫〔兵車行〕詩 縱ひ、健婦の鋤犁を把る有るも 禾は隴畝に生じて、東西無し

↑鋤禾 稲の中耕／鋤穀 耕作／鋤社 十家の共同耕作／鋤除 すきとる／鋤治 すきとる／鋤抜 鋤除する／鋤掊 すきとる／鋤理 耕す／鋤笠 鋤と笠

↓耘鋤・耕鋤・薅鋤・芟鋤・春鋤・稯鋤・耨鋤・誅鋤・把鋤・負鋤・耰鋤・犁鋤

ショウ

常 【小】 3 9000 ショウ(セウ) ちいさい すこし

篆文

甲骨文

金文

象形 微小なるものに象る。金文の字形は、貝または玉を示すものであろう。〔説文〕二上に「物の微なるものなり。八に従ふ。｜わかに見えて、之れを八分す」(小徐本)とするが、卜文・金文の字形は、相似た三点を配するのみの形である。字はおそらく貨・瑣の字形に含まれるものと同じく、貝・玉の類。これを連ねるを少という。

訓義 ①ちいさい、こまかい。②わずか、すこし。③すくない、みじかい、かるい、せまい。④大に対して、おさない。また、いやしい、つたない、ひくい。

古訓 〔名義抄〕小 スクナシ・マレナリ・スコシキ・ヲサナシ・チヒサシ 〔字鏡集〕小 スコシキ・シバラク・ホソシ・シモ・スコシ・マレナリ・セム・ヲサナシ・オボロゲ・スクナシ・チヒサシ

部首 〔説文〕に少およびその反文の字を属し、〔玉篇〕に尖など三字を加える。貨も小に従う字である。

声系 〔説文〕に小声として肖(肖)・朴の二字を収める。肖は稍削の意のある字。少も小の声系に属する字としてよい。

語系 小 siô、少 sjiô は声近く、おそらく小玉を糸で連ねたものが少であろう。稍 sheô、叔 sjiuk も稍末・弱小の意をもつもので、同系の語であろう。

【小異】しょうい(せうい) 少しのちがい。〔文心雕竜、檄移〕檄移の用爲る、事、文武を兼ぬ。其の金革(武事)に在りては、則ち逆黨には檄を用ひ、順命には移に資る。～意用小異あるも、體義は大ね同じ。

【小飲】しょういん(せういん) 小宴。〔集異記、二、王渙之〕開元中、詩人王昌齡・高適・王渙之名を齊しうす。時に風塵未だ偶はざるも、遊處は略ゝ同じ。一日天寒し。～三詩人共に旗亭に詣り、酒を貰ひて小飲す。忽ち梨園の伶官十數人有り、登樓會讌す。

【小怨】しょうえん(せうゑん) わずかなことの怨み。〔詩、小雅、谷風〕我が大德を忘れ 我が小怨を思ふ

【小雅】しょうが(せうが) 周の貴族社会の詩。〔詩、大序〕雅は正なり。王政の由りて廢興する所を言ふなり。政に小大有り。故に小雅有り、大雅有り。

【小学】しょうがく(せうがく) 古代の学。また、文字学。〔漢書、芸文志〕古は八歲、小學に入る。故に周官保氏は、國子を養ふことを掌り、之れに六書を教ふ。

【小寒】しょうかん(せうかん) 冬至より十五日目まで。〔逸周書、時訓解〕小寒の日、鴈、北に向ふ。又五日、鵲始めて巢つくる。又五日、雉始めて雊く。

【小閑】しょうかん(せうかん) 小暇。南朝宋・謝荘〔大司馬江夏王義恭に

与ふる牋〕今の希ふ所は、唯だ小閑に在るのみ。下官微命、～屢〻披請を經たるも、未だ哀恕を蒙らず。

【小義】しょう（せう）ぎ 小さな義。〔史記、伍子胥伝論賛〕向きに伍子胥をして、奢（子胥の父）に從うて倶に死せしめば、何ぞ螻蟻に異ならんや。小義を棄てて大恥を雪ぎ、名、後世に垂る。悲しい夫な。

【小謹】しょう（せう）きん 小事にこだわる。〔管子、形勢〕小謹する者は、大立せず。～訾食（粗食）する者は、肥體せず。

【小恵】しょう（せう）けい わずかの恵み。〔左伝、僖二十八年〕漢陽（漢水の北）の諸姫（姫姓国）、楚、實に之れを盡せり。小恵を思ひて大恥を忘れんや。戰ふに如かず。

【小慧】しょう（せう）けい こざかしい。〔論語、衛霊公〕子曰く、群居すること終日なるも、言、義に及ばず、好んで小慧を行ふ。（かくの如き者は）難い哉。

【小巧】しょうこう（せうかう） 小器用。〔文心雕竜、諧讔〕高貴鄉公は、博く品物を擧ぐ。小巧有りと雖も、用は遠大に乖く。

【小行】しょうこう（せうかう） 中途半端な行い。〔荘子、繕性〕道は固より小行ならず、德は固より小識ならず。

【小国】しょう（せう）こく 小さな国。〔老子、八十〕小國寡民、～其の居に安んじ、其の俗を樂しむ。隣國相ひ望み、雞犬の聲相ひ聞ゆるも、民老死に至るまで、相ひ往來せず。

【小察】しょう（せう）さつ 料見のせまい観察。清・侯方域〔宦官論〕故に小察は以て明と爲すに足らず。耳目は宜しく廣かるべし。

【小子】しょう（せう）し 子供。人を軽んじ、自らを卑下していう。師が弟子をよぶ語。〔論語、公冶長〕子、陳に在りて曰く、歸らん與、歸らん與。吾が黨の小子狂簡、斐然として章を成すも、之れを裁する所以を知らず。

【小疵】しょう（せう）し 小欠点。唐・韓愈〔読荀〕孟氏は醇乎として醇なる者なり。荀と揚とは大醇にして小疵。

【小字】しょう（せう）じ 幼名。〔後漢書、傅燮伝〕時に北地の胡騎數千、賊に隨ひて郡を攻む。～燮、慨然として歎じ、（子）幹の小字を呼びて曰く、別成、汝、吾が必ず死するを知るや。～汝、才智有り。之れを勉め、之れを勉めよ～と。

【小児】しょうじ（せうじ）・しょうに（せうに） こども。〔史記、淮陰侯伝〕王（劉邦）素より慢にして禮無し。今大將を拜するに、小兒を呼ぶが如きのみ。～王必ず之れを拜せよ。

【小酌】しょう（せう）しゃく 小宴。〔本事詩、徴異〕時に白（居易）尚書、京に在り、名輩と慈恩（寺）に遊び、花下に小酌す。詩を爲りて元（稹）に寄せて曰く、～忽ち憶ふ、故人天際に去るを 程を計るに、今日梁州に到らんと。時に元、果して褒城に及べり。

【小豎】しょう（せう）じゅ 人をさげすんでいう。小わっぱ。〔南史、梁武帝諸子、邵陵攜王綸伝〕侯景は小豎なるも、頗ぶる行陣に習へり。未だ一戰を以て卽ちに殄すべからず。當に歳月を以て之れを圖るべしと。

【小小】しょうしょう（せうせう） 最小。わずかな。〔老学庵筆記、七〕頃ごろ予れ命ぜられて高宗の聖政及び實錄を修む。～實に此の事有り。昔より大臣私意を以て人を害す。此れ其の小小なる者のみ。

【小心】しょう（せう）しん 気が小さい。また、注意深い。〔漢書、霍光伝〕禁闥（宮中）に出入すること二十餘年、小心謹愼にして、未だ嘗て過ち有らず、甚だ親信せらる。

【小人】しょう（せう）じん 身分の低い者。また、学徳のない者。〔論語、為政〕君子は周にして比（特定の者だけに親しむ）せず、小人は比して周せず。

【小生】しょう（せう）せい 新参の後輩。また、自分の謙称。〔後漢書、文苑上、黄香伝〕臣は江淮の孤賤。愚矇の小生なり。經學行能、筭錄すべきもの無し。

【小成】しょう（せう）せい わずかな成果。〔礼記、学記〕七年に學を論じ、友を取るを視る。之れを小成と謂ふ。九年に類を知りて通達し、強立して反らず。之れを大成と謂ふ。

【小節】しょう（せう）せつ ささやかな節義。〔戦国策、斉六〕吾れ聞く、小節を傚す者は、大威を行ふこと能はず。小恥を惡む者は、榮名を立つること能はずと。

【小説】しょう（せう）せつ つまらぬ議論。また、諸子十家の一。特定の思想に関しない雑多な話。〔漢書、芸文志〕小說家者流は、蓋し稗官に出づ。街談巷語、道聽塗說の者の造る所なり。～此れ亦た芻蕘（草かりと、木こり）狂夫の議なり。

【小鮮】しょう（せう）せん 小ざかな。〔老子、六十〕大國を治むるには、小鮮を亨るが若くす。

【小大】しょう（せう）だい 小も大も。すべて。〔論語、学而〕禮の用は和を貴しと爲す。先王の道、斯れ（礼）を美と爲すも、小大之れに由らば、行はれざる所有り。

【小知】しょう（せう）ち こざかしい知。〔荘子、外物〕小知を去れば大知明らかに、善を去れば自ら善なり。

【小恥】しょう（せう）ち 小さな恥。〔戦国策、斉六〕吾れ聞く、小節を傚す者は、大威を行ふこと能はず。小恥を惡む者は、榮名を立つること能はずと。

【小篆】しょう（せう）てん 秦の始皇のとき、統一した書体。篆書。〔晋書、武帝紀〕魏の襄王の冢を掘りて、竹簡小篆の古書十餘萬言を得、祕府に藏む。

【小童】しょう（せう）どう こども。国君夫人の謙称。〔礼記、曲礼下〕（夫人）自ら其の君に稱して小童と曰ふ。

【小道】しょうどう（せうだう） 小技。〔論語、子張〕子夏曰く、小道と雖も必ず觀るべき者有り。遠きを致すには泥まんことを恐る。是こを以て君子爲さざるなり。

【小年】しょう（せう）ねん 若い。唐・杜甫〔酔歌行〕詩 陸機二十、文賦を作る 汝更に小年、能く文を綴る

【小忿】しょう（せう）ふん わずかな怒り。〔左伝、僖二十四年〕其の四章（詩、小雅、常棣）に曰く、兄弟牆に鬩ぐも 外其の侮りを禦ぐと。是の如くんば、則ち兄弟小忿有りと雖も、懿親を廢せず。今天子、小忿に忍びずして、以て鄭の親を棄てんとす。其れ之れを若何せん。

【小民】しょう（せう）みん 人民。〔書、召誥〕王の、小民を以ゐて、天の永命を受けんことを欲す。

【小廉】しょう（せう）れん わずかな廉潔心。〔管子、権修〕民の小禮を修め、小義を行ひ、小廉を飾り、小恥を謹み、微邪を禁ずるは、治の本なり。

↑小娃 美少女／小衣 袴／小姨 妻の妹／小違 小異／小遺 ゆばり／小一 至小／小引 小序／小院 書斎／小隠 小隠居／小雨 小さめ／小宴 小飲／小閹 宦官／小艶 美少女／小塢 小城／小屋 粗屋／小家 小説家／小暇 小閑／小歌 そえ歌／小介 小使／小楷 細楷の書／小黠 小悪／小官 小役人／小間 小閑／小憾 小怨／小檻 手すり／小簡 手紙／小鬟 婢女／小頑 腕白／小己 個人／小器 小さな器量／小伎 小技／小妓 若い／小戯 悪戯／小客 商売／小禽 小鳥／小君 夫人／小醺 ほろ酔い／小径 小道／小奚 小者／小憩 こやすみ／小髻 婢女／小芸 小技／小歇 小休息／小月 小の月／小剣 あいくち／小愆 小過／小譴 小過／小戸 貧家／小故 小事／小功 五ケ月の喪／小巷 路次／小毫 小筆／小差 小異／小瑣 瑣小／小才 こざかしい／小妻 妾／小斎 小室／小歳 臘祭／小材 小才／小至 冬至の前日／小眥 まなじり／小笥 小箱／小詩 短詩／小資 小資本／小廝 小使／小事 些事／小

時　幼時／小識　小知／小失　小過／小姐　娘さん／小汋　小便／小嚼　かみこなす／小酒　一夜酒／小襦　短衣／小溲　小便／小醜　小悪人ども／小戎　兵車／小叔　小じゅうと／小術　小細工／小春　こはる／小暑　初夏／小女　少女／小娘　幼女／小釀　酒少々／小食　間食／小職　小官／小辱　小恥／小身　卑賤／小信　小約束／小酙　小酌／小酔　ほろ酔い／小数　小術／小窃　小盗／小雪　立冬の次／小賤　卑賤／小善　小さな善／小僧　雛僧／小息　小休／小族　卑族／小体　耳目の類／小宅　自宅／小旦　娘役／小胆　臆病／小智　こざかしい知恵／小茶　少女／小忠　忠義だて／小庁　座敷／小底　幼少／小艇　小舟／小敵　弱敵／小簟　小簟席／小奴　小者／小怒　小忿／小偸　小盗／小盗　こそ泥／小僮　童僕／小徳　小節／小牘　短い手紙／小佞　こざかしくとり入る者／小婆　妾／小旆　小旗／小陌　小道／小半　三分の一ばかり／小班　置屋／小婢　下女／小微　弱小／小謬　小過／小夫　小人／小婦　妾／小腹　下腹／小物　小品／小文　短文／小聘　定時の聘問／小辟　つみとが／小篇　短篇／小騙　かたり／小便　ゆばり／小俛　俯首／小圃　小園／小補　小利／小篷　舟のとま／小磨　小臼／小末　端役／小爺　太子／小愈　少しなおる／小邑　小村／小勇　血気／小揖　折腰／小要　細腰／小恙　すこし病気／小陽　小春／小腰　細腰／小様　大体／小来　少年／小吏　小役人／小流　小川／小諒　小信／小累　小罪／小斂　死の翌日葬衣をきせる／小輦　てぐるま／小路　小径／小櫓　小さな盾／小牢　羊と豚／小楼　小閣

↓過小・器小・狭小・極小・寠小・群小・軽小・最小・弱小・衆小・縮小・少小・絶小・浅小・大小・短小・年小・薄小・卑小・微小・偏小・褊小・凡小・末小・幼小・陋小・矮小

常 **【升】** 4 2440　［昇］ 8 6044　ショウ　ます　のぼる

篆文  甲骨文  金文 

象形 穀量をはかる器の形。〔説文〕十四上に「十合なり」（段注本）とあり、勺形の器。斗の字形もこれと近く、一斗を入れる。升降の意に用いるのは、陞の意。〔呂覧、孟夏〕に「農（官名）乃ち麥を升む」とあって、供薦の意に用いる。昇・陞の意に用いることがある。

訓義 1ます、十合入りのます、一升のます、ますめ。2昇・陞と通じ、のぼる、のぼす、神饌として供える。3みのる、さかえる、たかくする。

古訓 〔和名抄〕升 陸詞切韻に云ふ、升は十合の器なり。麻須（ます）〔名義抄〕升 マス・ノボル・ススム・アガル・スエ・ヒロフ・イヅ・アグ・ヨシ

声系 〔説文〕に升声として抍を収める。抍十二上は「上擧するなり」と訓し、字はあるいは登に従う。登薦の意である。昇は〔説文新附〕七上にみえ、陞は未収。みな升声の字である。

語系 升・昇・陞sjiəngは同声。升を以て供薦するので、昇降の意となる。登təngはもと登薦を意味する字であるが、升と同じくまた昇降の意にも用いる。乘（乗）djiəng、騰（騰）dəngは、升と登との音の関係に近い。陟tiəkも声義に通ずるところがある。

＊語彙は昇字条参照。

【升栄】 栄達する。北周・庾信〔周安昌公夫人鄭氏墓誌銘〕保定二年、滎陽郡君に册拜せられ、序戚升榮し、夫に従ひて秩有り。

【升遐】 空に升る。天子の死をいう。晉・潘岳〔西征の賦〕武、皇忽として其れ升遐し、八音四海に遏む。

【升学】 大学に入る。〔礼記、王制〕司徒、選士の秀でたる者を論じて、之れを學に升ぐ。俊士と曰ふ。司徒に升げたる者は、鄕に征せず。

【升降】 室への升り降り。〔礼記、内則〕升降・出入・揖遊（身を俯せて行く）するときに、敢て噦噫（えづき、おくび）・嚔咳（しわぶき）・欠伸（あくび）・跛倚（よりかかり）・睇視（わきみ）せず、敢て唾洟せず。

【升天】 天に升る。昇天。人の死をいう。唐・李約〔華清宮を過る〕詩 玉輦天に升りて、人已に盡き 故宮、猶ほ樹の長生する有り

【升聞】 天帝の耳に入る。天聴に達する。〔書、舜典〕重華（舜）と曰ふ。帝に協へり。～玄徳升聞し、乃ち命ずるに位を以てす。

【升平】 太平。〔漢書、梅福伝〕孝武皇帝をして其の計を聽用せしめば、升平致すべきに、是に於て積尸暴骨、心を胡越に快くせんとす。

【升踰】 のぼり越える。〔論衡、効力〕任車（荷車）の阪に上るは、彊牛前に引き、力人後を推し、乃ち能く升踰す。如し牛羸れ人罷るれば、任車退却し、還た坑谷に墮ち、破覆の敗有らん。

↑升引　抜擢する／升縁　よじのぼる／升屋　屋上にのぼる／升仮　升遐／升華　升栄／升歌　堂上の歌／升概　枡目／升気　死ぬ／升級　進級／升虚　升天／升極　登極／升恒　頌寿／升斛　枡目／升済　こえる／升山　登山／升車　乗車／升勺　少量／升授　昇任する／升觴　献盃／升進　昇任する／升躋　のぼる／升仙　登仙／升遷　昇任する／升第　及第／升胆　胆大／升秩　升官／升中　祭天／升注　昇任する／升儲　立太子／升朝　登朝／升陟　のぼる／升沈　升降する／升擢　抜擢する／升躔　日がのぼる／升殿　昇殿／升任　昇任する／升発　出発する／升陛　階をのぼる／升封　封禅／升輿　乗輿／升用　登用する／升揚　のぼる

↓盈升・上升・陟升・斗升・登升・躍升・陽升・蠡升

常 **【少】** 4 9020　ショウ（セウ）　すくない　すこし　おとる　わかい

篆文  甲骨文  金文 

象形 小さな貝や玉を綴った形。〔説文〕二上に「多からざるなり」とし、字を丿声とするが、声が合わない。貝や玉を綴ったものを貨・瑣という。

訓義 1すくない、すこしく、小さい。2そしる、かろんずる。3おとる、おとしめる。4しばらく、かすか。5おとろえる、へる、かける。6わかい、おさない。

古訓 〔和名抄〕少女 日本紀私記に云ふ、少女、乎度米（をとめ）〔名義抄〕少 スクナシ・ワカシ・シバラク・スコシ・ヤウヤク・カク・スコシキ・ナシ・マレナリ・ヲサナシ・イトキナシ・オボロケ・オロカナリ／多少 ソコバク

声系 〔説文〕に少声として眇・杪・秒・鈔など九字を収める。また妙を妙の字形に作るが、〔老子〕の文によって作られたものであろう。〔馬王堆帛書〕の〔老子〕に字を眇に作る。〔釈文〕によ

ると、〔王粛本〕も同じ。

語系 少sjiô、小siô は声近く、通用の例が多い。叔sjiuk、稍sheô も同系の語で、若く、微小のものをいう。小は大小、少は多少の意に用いる語である。

＊語彙は小字条参照。

【少恩】しょうおん 恩情に欠ける。〔史記、商君伝論賛〕商君は其の天資刻薄の人なり。～用ひらるるを得るに及んで、公子虔を刑し、魏將（公子）卬を欺く。～亦た商君の恩少なきを發明するに足る。

【少艾】しょうがい 若くて美しい。また、その人。〔孟子、万章上〕人少ければ則ち父母を慕ひ、好色を知れば則ち少艾を慕ふ。

【少間】しょうかん 少しのひま。〔礼記、曲礼上〕君子に侍坐し、若し告ぐる者有り、少閒あらば願はくは復すこと有らんと曰へば、則ち左右に屛きて待つ。

【少許】しょうきょ 少しばかり。晉・陶潛〔飲酒、二十首、十〕詩 身を傾けて一飽を營む 少許にして便ち餘り有り

【少頃】しょうけい しばらく。〔荀子、致士〕君子なる者は、道法の摠要なり。少頃も曠しうすべからざるなり。

【少女】しょうじょ 若い娘。唐・李白〔姑熟十詠、丹陽湖〕詩 少女、歸舟に棹さし 歌聲、流水を逐ふ

【少小】しょうしょう 年が若い。唐・賀知章〔郷に回りて偶たま書す、二首、一〕詩 少小より郷を離れ、老大にして回る 郷音（故郷の言葉のなまり）改め難く、鬢毛衰ふ

【少選】しょうせん しばらく。〔呂覧、音初〕有娀氏に二佚女有り。～帝、燕をして往きて之れを視しむ。～二女愛して争うて之れを搏ち、覆ふに玉筐を以てす。少選にして發きて之れを視れば、燕二卵を遺して北飛し、遂に反らず。

【少壮】しょうそう 若く元気なとき。漢・武帝〔秋風の辞〕詩 簫鼓鳴りて、棹歌を發す 歡樂極まつて、哀情多し 少壯幾時ぞ、老を奈何せん

【少長】しょうちょう 年少と年長と。晉・王羲之〔蘭亭集の序〕永和九年、～暮春の初め、會稽山陰の蘭亭に會す。禊事を修するなり。群賢畢く至り、少長咸な集る。

【少童】しょうどう 男の子。〔拾遺記、四、燕昭王〕臣、昆臺の山に遊ぶ。垂白の叟の、宛として少童の如き有るを見る。貌、冰雪の如く、行、處子の若し。

【少年】しょうねん 若者。〔韓非子、内儲説上〕鄭の少年、相ひ率ゐて盜を爲し、雚澤に處り、將に遂に以て鄭の禍ひと爲らんとす。

【少婦】しょうふ 若妻。唐・王昌齡〔閨怨〕詩 閨中の少婦、曾て愁へず 春日粧ひを凝らして、翠樓に上る

【少牢】しょうろう 羊と豕。大牢は牛を加える。〔礼記、王制〕天子の社稷には皆大牢、諸侯の社稷は皆少牢なり。

↑少焉 しばらく／少宦 若年に出仕する／少閑 しばらく／少妓 半玉／少君 諸侯夫人／少憩 しばらく休む／少見 寡聞／少言 寡言／少孤 孤児／少寤 少し解ける／少好 若く美しい／少刻 しばらく／少才 才が乏しい／少妻 妾／少子 末子／少字 小字／少児 小児／少時 しばらく／少日 数日／少者 若者／少弱 やや不足する／少主 幼君／少須 少し待つ／少少 僅か／少食 小食／少寝 寝室／少数 少し／少雪 小雪／少息 小休息／少男 若い男／少等 少し待つ／少戇 愚鈍／少帛 雑帛／少半 小半／少婢 若い下女／少腹 下腹／少文 文飾が少ない／少聞 寡聞／少母 父の妾／少妹 妾／少吏 下吏／少留 しばらく滞在する／少慮 短慮／少祿 小祿

↓悪少・過少・寡少・簡少・希少・狹少・極少・僅少・群少・軽少・健少・減少・好少・些少・最少・弱少・尠少・鮮少・多少・太少・単少・長少・徳少・年少・薄少・微少・乏少・幼少・劣少・老少

【爿】 4 2220 ショウ（シャウ） ねだい かたはし

篆文

象形 片への反文。版築のとき、左右にあてて中の土を衝き固める板。〔六書故〕に引く〔唐本説文〕に「反片を爿と爲す。讀みて牆の若くす」とあり、牆壁を築くとき、土を盛り固めるあて木。卜文に疾の字は多く爿に従い、牀几の形に用いる。一形にしてその両義をもつのであろう。

訓義 1 ねだい。2 そえ木、版築のとき、両側にあてるあて木、そのかたはし。

声系 〔説文〕に爿声として壯（壮）・牆・牀・狀（状）・戕など十二字を収める。今本〔説文〕に爿字を収めないが、片部の末に片の反文として爿の字があったはずである。狀は版築のとき犬牲を用いることを示す字であろう。

語系 爿・牆dziangは同声。牀dzhiangも声が近く、牀、また版築の夾板に用いる板の形をとる。別に壯tzhiang、將（将）tziangは身分に関する字で、卜文・金文にみえる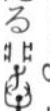形の図象と関係があるものと思われる。この図象は殷系の貴族・王族より出た親王家の身分を示すものとみられ、壯・將は軍団の統率指揮にあたる身分称号を示したものであろう。

常【召】 5 1760 ［[illegible]］ 24 7710 ショウ（セウ） まねく めす

篆文

甲骨文

金文

会意 人＋口。人は上から降下する形。口は祝詞を収める器の口。祝禱して霊の降格することを求める意で、招きに応じて霊が降りてくることを「昭格」という。格の初文は各。夂は足より降下する意で、字の形象は召と同じ。周初の召公は皇天尹大保とよばれる聖職者で、その召を金文では[illegible]とする。〔説文〕は召字条二上に「評ぶなり」、評字条三上に「召すなり」とあって互訓。評の初文は乎。鳴子板を以て神をよぶ意の字。「昭格」は金文では「卲各」に作り、卲は神霊の降格を迎えて拝する形。金文に召公の字を[illegible]に作ることから、召公の家がそのような聖職者であったことが知られる。

訓義 1 まねく、神をまねく。2 めす、人をめす、めしよせる、よぶ。3 詔と通じ、つげる、神のお告げ。

古訓 〔名義抄〕召 メス・ヨバフ・ヨブ・マネク

声系 〔説文〕に召声として詔・韶・卲・邵・昭・招など二十二字を収める。神を招格する召の声義を承けるものが多い。

語系 召diô、卲・邵zjiô また招・詔・昭tjiô は声義近く、みな神をよび、神意をとうことに関している。

【召還】しょうかん 呼びもどす。〔三国志、呉、陸胤伝〕胤、天姿聰朗、～江邊は任輕く、其の才を盡さず。～若し都に召還し、寵するに上司を以てせば、則ち天工畢く脩まり、庶績咸な熙まらん。

【召見】しょうけん よびよせて謁見する。漢・孔融〔禰衡を薦むる表〕陛下、篤く士を取るを愼しめり。必ず須らく試みることを效すべし。乞ふ、衡をして、褐衣（粗末な毛衣）を以て召見せしめよ。

【召呼】しょうこ よびよせる。〔後漢書、烏桓伝〕勇健にして能く鬭訟を理決する者有れば、推して大人と爲す。～大人、召呼する所有れば、則ち木に刻して信と爲す。文字無しと雖も、部衆敢て違犯せず。

【召集】しょうしゅう よび集める。〔魏書、張彝伝〕文明太后、～遂に百僚を召集し、之れを督責す。

【召対】天子に召され、奉答する。宋・蘇轍〔中書舍人に除せらるるを謝する表、二首、二〕一封朝に奏し、夕に召對の音を聞く。衆口交も攻め、終に南遷の患を致せり。

【召致】よびよせる。〔太平広記、八に引く神仙伝、劉安〕虎豹を收束し、蛟龍を召致し、鬼神を使役す。

【召辟】任官のためによびよせる。〔宣和書譜、十、呉融〕(誓光を送るの序)祖翁、高世の志有り。召辟に應ぜず。朝廷、文簡先生の號を賜ふ。

【召募】よび集める。〔敦煌変文集、伍子胥変文〕今、天兵を徵發して、楚を討たんと欲し、力を效すの人を召募す。如し拚命(決死)相ひ隨ふ有らば、火急に即ち須らく投募すべし。

【召問】喚問する。漢・司馬遷〔任少卿(安)に報ずる書〕適 召問せらるるに會ひ、即ち此の指を以て(李)陵の功を推言し、以て主上の意を廣め、睚眥の辭を塞がんと欲す。未だ盡くは明らかにすること能はず。明主曉らず。

↑召按 招喚して尋問する／召禍 禍を招く／召貢 登用する／召試 帝前に試問する／召取 召致する／召擢 抜擢する／召拝 召辟／召発 徴発する／召諭 招諭する
↓駅召・応召・効召・急召・挙召・君召・檄召・採召・賞召・宣召・馳召・徴召・独召・赴召・聘召・辟召・募召・誘召・礼召・連召

常 【匠】 6 7171 ショウ(シャウ) たくみ

篆文  古印璽 

会意 匚＋斤。匚は簠簋の字の金文はみなこの形に従い、そのような礼器・祭器。そのような器を製作することをいう。〔説文〕十二下に「木工なり。匚に従ひ、斤に従ふ。斤は器を作る所以なり」という。〔周礼、考工記〕に「匠人、國を建つ」「匠人、溝洫(水路)を爲る」とあり、国都建設のような大工事にも参加するが、字義からいえば、〔周礼、考工記、総目〕に「攻木の工」として輪・輿・弓・廬・匠・車・梓をあげているように、斧斤を以て器物を製作するものをいう。わが国では、一道に達した専門職の者を、宗匠・師匠のようにいう。
訓義 ①たくみ、大工、さいくし、木工の職人。②かしら、棟梁、大工の頭、教える人。③おさめる、つくる。
古訓 〔新撰字鏡〕匠 タクミナリ 〔名義抄〕匠 ツヒニ・タクミ 〔篇立〕匠 タスク・ツヒニ・スベタル
声系 〔説文〕に匠声として、走部二上に「行く皃なり」とする字を収めるが、用例がない。足部二下に將(将)声の字で同じく「行く皃なり」とする字があり、ともに dziang で同声。形況の語であろう。
語系 匠・爿・牆 dziang は同声。その声を以ていえば牆壁を作るような土木工事をも意味する語であったのであろう。
【匠意】考案。唐・許孟容〔穆公集の序〕六經を誦して其の研深を得、百代を閲して其の英華を得たり。屬詞匠意、必ず道に本づく。
【匠者】大工。梁・任昉〔斉の竟陵文宣王行状〕外寢に震あり。匠者以て不祥と爲し、將に治葺を加へんとす。公曰く、此れ天譴なり。改修する所無かれ。以て吾が過ちを記し、且つ戒懼して怠らざらしめんと。
【匠心】工巧を求める心。〔詩藪、古体中〕兩漢の詩、古に冠し今に絶する所以は、率ね以て之れを無意に得たり。惟だに里巷の歌謠、匠心口に信すのみならず、即ち枚(乘)・李(陵)・張(衡)・蔡(邕)、未だ嘗て鍛錬求合せずして、神聖工巧、備さに天造に出づ。
【匠成】つくりあげる。〔抱朴子、勖学〕中興、今に在りて、～舊邦惟れ新たならんことを。～庶類を陶冶し、翹秀を匠成し、積埃を蕩汰し、邪を革めて正に反さん。
↑匠営 職人たち／匠役 職人として徴用する／匠化 教化する／匠学 直線で図を構成する方法／匠気 職人気質／匠戸 御用達／匠工 工人／匠宰 宰相／匠作 修理職／匠氏 木工／匠思 制作者の構想／匠師 葬礼の器の工匠／匠手 名手／匠人 大工／匠世 治世／匠斲 工人／匠班 職人／匠費 制作の費用
↓意匠・花匠・画匠・学匠・楽匠・軌匠・巨匠・剣匠・工匠・巧匠・甲匠・史匠・師匠・梓匠・詞匠・詩匠・酒匠・上匠・心匠・善匠・宗匠・大匠・代匠・土匠・刀匠・陶匠・番匠・筆匠・巫匠・名匠・木匠・良匠・輪匠

人 【庄】 6 0021 ［莊］ 11 4421 ショウ(シャウ) ソウ(サウ) いなか たいらか
形声 正字は莊(荘)で、壯(壮)声。庄は俗字。中国の簡体字では「莊子」を「庄子」とかき、わが国では「庄屋」の字に用いる。庄の本音はホウ。地の平らかな意であるが、その用例をみない。
訓義 ①いなか、むらざと。②たいらか。
声系 粧は庄声の字であるが、その正字は妝、粧はその俗字である。

【劭】 7 1462 ショウ(セウ) つとめる すすめる よい

篆文 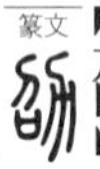

形声 声符は召。〔説文〕十三下に「勉むるなり」とあり、〔漢書、成帝紀〕「先帝、農を劭む」のように勧奨の意に用いる。また勧勉することから、善美の意となる。
訓義 ①つとめる、はげむ。②すすめる。③よい、うるわしい。
古訓 〔新撰字鏡〕劭 豆止牟(つとむ) 〔名義抄〕劭 ツトム・タカシ・ツミ・アキラカ・ウルハシ・ツカサドル
語系 劭 sjiô、招・詔 tjiô は声義近く、招・詔には勧奨の意もある。召声に従い、同系の語である。
【劭美】美しい。〔孔叢子、上、居衛〕人の賢聖なるは徳に在り。豈に貌に在らんや。且つ吾が先君、生まれながらにして鬚眉無きも、天下の王侯此れを以て其の敬を損せず。是れに由りて之れを言へば、伋(子思)は徒だ徳の劭美ならざるを患ふ。毛鬢の茂からざるを病へざるなり。
↑劭勧 すすめる／劭農 勧農／劭令 美しい
↓勧劭・光劭・高劭・清劭・徳劭・美劭・奉劭・明劭

【卲】 7 1762 ［昭］ 9 6706 ショウ(セウ) あきらか たかい

篆文  金文 

形声 声符は召。召は祝禱して神霊を招くことをいう。その霊を迎えて拝することを卲という。〔説文〕九上に「高きなり」とするが、霊の降格することを金文に「卲各」といい、文献には「昭格」に作る。また昭穆の昭、昭王の昭を、金文にみな卲に作る。金文に、卲にまた日を加える形のものもあり、卲が昭の初文であることが知られる。
訓義 ①あきらか。②たかい、すぐれる、まさる。
語系 卲 zjiô、昭 tjiô はもと同字。のち声義が分化したが、なお同系の語である。

常 【床】 7 0029 ［牀］ 8 2429 ショウ(シャウ) とこ ゆか
形声 正字は牀に作り、爿声。〔説文〕六上に「牀は身を安んずるの几坐（きざ）なり」（段注本）とあり、牀几をいう。床はその俗体の字。わが国では牀の常用字として床を用いる。床の間のようなときには、牀を用いることはない。

訓義 ①とこ、とこの間。②ゆか、こしかけ、ねだい。③ものの台。

古訓 〔篇立〕床 ユカ・トコ

＊語彙は牀字条参照。

↑床下（しょうか） ゆかした／床几（しょうぎ） こしかけ／床頭（しょうとう） 小作頭／床榻（しょうとう） こしかけ／床婆（しょうば） 床の神

常 **【抄】** 7 5902 ショウ（セウ） すくう かすめる うつす

形声 声符は少（しょう）。少は小さな貝や玉を連ねる意。鈔の別体の字とされるが、鈔は又取の意。末端をさぐり、すくって取るようなとりかたをいう。抄撮は一つまみ、抄写はぬきがきである。室町期の附訓本を抄物（しょうもの）という。

訓義 ①すくいとる、すくう、かすめる、かすめとる。②うつす、かきうつす、ぬきがきする、ぬきがき。③紙をすく。

古訓 〔新撰字鏡〕抄 不弥太（ふみだ）、又、豆加牟（つかむ）〔名義抄〕抄 トル・ヌク・ヌキヅ・カスム・ナブル・スヱ 〔字鏡集〕抄 ミダル・カクス・ナツク・ナブル・ナル・ヤスシ・ヤハラグ・ナヤマス・ナズム・ワヅラハス・ヌキツ・ヌク・ホキ・トル・スヱ

語系 抄（鈔）tsheô、少 sjiô は声義近く、少に対して抄は動詞的な語である。

【抄撮】（しょうさつ）（せうさつ） 一つまみ。また、抄本。漢・劉向〔別録〕（春秋左氏伝の序正義に引く）左丘明、曾申に授く。申、呉起に授く。起、其の子期～楚人鐸椒（たくせう）に授く。鐸椒、抄撮八巻を作りて虞卿に授く。虞卿、抄撮九卷を作りて荀卿に授く。

【抄書】（しょうしょ）（せうしょ） 書物をかき写す。〔世説新語、巧芸〕戴安道、范宣に就きて學ぶ。范の爲す所を視、范、書を讀めば亦た書を讀み、范、書を抄（うつ）せば亦た書を抄す。

【抄掠】（しょうりゃく）（せうりゃく） かすめ取る。〔後漢書、宋意伝〕臣、鮮卑（せんぴ）の匈奴を侵伐するを察するに、正（ただ）是れ其の抄掠を利とす。功を聖朝に歸するに及びては、實に重賞を得るを貪るに由る。

【抄録】（しょうろく）（せうろく） かき写す。抜き書き。〔梁書、王筠伝〕子史諸集、皆一遍す。未だ嘗（かつ）て人を倩（やと）ひ手を假らず。竝（みな）躬自（みづか）ら抄錄す。大小百餘卷なり。

↑抄案（しょうあん） 記録／抄家（しょうか） 家産を没収する／抄撃（しょうげき） おそう／抄劫（しょうこう） 掠奪する／抄紙（しょうし） 紙すき／抄写（しょうしゃ） 抜き書き／抄取（しょうしゅ） 強奪する／抄集（しょうしゅう） 抜き書き／抄襲（しょうしゅう） おそう／抄出（しょうしゅつ） 抜き出す／抄窃（しょうせつ） かすめる／抄撰（しょうせん） 撰集する／抄奪（しょうだつ） 奪う／抄掇（しょうてつ） 抄写／抄盗（しょうとう） 抄窃／抄謄（しょうとう） 写す／抄読（しょうどく） 抜き読み／抄白（しょうはく） 抄本／抄暴（しょうぼう） 強奪する／抄没（しょうぼつ） 没収する／抄本（しょうほん） 抄録本／抄名（しょうめい） 録名／抄略（しょうりゃく） 抄掠／抄虜（しょうりょ） 掠奪する

↓雑抄・詩抄・手抄・日抄・文抄・別抄・類抄

常 **【肖】** 7 9022 〔肖〕 7 9022 ショウ（セウ） にる ちいさい

篆文  金文 

形声 旧字は肖に作り、小（しょう）声。〔説文〕四下に「骨肉相ひ似るなり。～其の先に似ず。故に不肖と曰ふなり」とあり、肖似の意とする。金文には、斉器の〔因脊敦（いんしたい）〕に「趄（くわん）（桓）文を仆嗣（せうし）す」とあって、字を仆に作る。字は屑・梢（梢）の従うところで、小肉がその原義。肖似の意は仆・俏に作るべく、「不肖」とは「仆嗣せざるもの」の意であろう。

訓義 ①にる。②ちいさい。③俏と通じ、つぐ。

古訓 〔名義抄〕肖 ノリ・ニタリ・アエタリ

声系 〔説文〕に肖声として趙・削（削）・梢・稍・宵（宵）・消（消）・銷・蛸など十八字を収める。肖は肉の梢末のところの意。肖声の字にその義を取るものが多い。

語系 肖・削・消・銷・小 siô は同声。少 sjiô、梢・稍 sheô は声義近く、みな末端の微小なるものをいう。

【肖似】（しょうじ）（せうじ） 似る。酷似する。清・劉大櫆〔方抱子を贈る序〕其の爲（つく）る所の圖畫（ぐわ）、山水人物、草木の花、鳥獸蟲魚の情狀に於て、研揣（けんし）して其の神に肖似せざる靡（な）し。

【肖象】（しょうしょう）（せうしやう） 似る。形が似る。〔淮南子、氾論訓〕夫（そ）れ物の相ひ類する者は、世主の亂惑する所なり、嫌疑肖象する者は、衆人の眩燿（げんえう）する所なり。

↑肖化（しょうか） 変化／肖形（しょうけい） 肖似／肖神（しょうしん） 神似／肖像（しょうぞう） 人物の姿／肖貌（しょうぼう） 貌似

↓不肖・摸肖

【妾】 8 0040 ショウ（セフ） はしため めかけ わらわ

篆文  甲骨文  金文 

会意 辛（しん）＋女。辛は入墨に用いる針。罪あるものにはこれで入墨を加える。女には妾といい、男には童（童）という。立形の部分は、もと辛であった。〔説文〕三上に「辠（つみ）有るの女子なり。之れを給事せしめ、君に接することを得る者なり」という。「君に接する」の接の義を以て解するが、本来は「神に接する」ために、神に捧げられたもので、もとは犠牲であろう。卜文に「河妾」という語があり、河神を祀るとき、犠牲として捧げたものと思われる。金文の〔伊𣪘（いき）〕に「康宮の王の臣妾百工」とあり、のち神殿・宮廟につかえるものとなり、また〔左伝、僖十七年〕「男を人臣と爲し、女を人妾と爲す」のように、隷属のものとなった。

訓義 ①はしため、神に捧げられたもの、神殿・宮廟に捧げられたもの。②めかけ、そばめ。③わらわ、婦人の自称。

古訓 〔和名抄〕妾 乎无奈女（をむなめ）〔名義抄〕妾 ヲムナメ・トル・タカヒ・シタガフ・コナミ

声系 〔説文〕に妾声として菨・翣・椄・接など、六字を収める。椄 六上は「續木なり」とあり、妾に接続の意を含むようである。

語系 妾 tsiap、接 tziap は声が近く、妾とは神聖に接する者の意であろう。翣 shiap は呪飾として用いるもので、聖俗をへだてる意をもつものである。

【妾処】（しょうしょ）（せふしょ） 私の家。唐・李白〔擣衣篇〕詩 君の邊（あた）り、雲は擁す、青絲の騎 妾の處、苔は生ず、紅粉の樓

【妾婦】（しょうふ）（せふふ） 女。〔孟子、滕文公下〕女子の嫁するや、母之れに命じ、往きて之れを門に送り、之れを戒めて曰く、往きて女（なんぢ）の家に往き、必ず敬（つつし）み必ず戒め、夫子（ふうし）に違（たが）ふこと無（な）かれと。順を以て正と爲す者は、妾婦の道なり。

【妾媵】（しょうよう）（せふよう） そばめ。媵は正夫人に従う者。晉・干宝〔晋紀総論〕舅姑（きうこ）に逆（さか）らふ有り、剛柔を反易（はんえき）する有り、妾媵を殺戮（さつりく）する有り、上下を黷亂（とくらん）する有るも、父兄之れを罪せず、天下之れを非（そし）る莫（な）きなり。

↑妾侍（しょうじ） こしもと／妾女（しょうじょ） 妾／妾小（しょうしょう） 妾／妾身（しょうしん） わたし／妾人（しょうじん） 女の自称／妾妃（しょうひ） 妾／妾嬖（しょうへい） そばめ

↓愛妾・悪妾・姫妾・鬼妾・宮妾・群妾・妻妾・蚕妾・侍妾・庶妾・臣妾・賤妾・蓄妾・寵妾・童妾・妃妾・婢妾・鄙妾・婦妾・嬖妾・僕妾・媵妾・老妾

常 **【尚】** 8 9022 〔尙〕 8 9022 ショウ（シャウ） ねがう たっとぶ なお

篆文  金文 

会意 向（こう）＋八（八）。向はまど。光の入るところに、神を迎えて祀る。上の八の形は、そこに神気があらわれ、ただようことを示す。〔説文〕二上に「曾なり。庶幾（しょき）するなり。八に従ひ、向聲」とするが、向は窓の形。「曾なり」の訓は、前条の「曾は詞の舒なり」の意を承け、「曾（すなは）ち」の意。尚が八に従う意を説くものであろうが、兄（祝）が祝禱して神気を歆（う）け、恍惚の状となるこ

とを兌（悦・脱）というように、八は神気を示す。「尚う」「尚し」「尚ぶ」は、みなその引伸義。金文に「子孫、是れを尚とせよ」「永く典尚と爲せ」のように、常の意にも用いる。また掌と通じ、つかさどる意がある。

訓義 1ねがう、こいねがう、神にいのる、したう。2たっとぶ、たっとびねがう。3たかい、うえ、かみ。4さらに、くわえる、なお。5上・嘗と通じ、むかし、ふるい、ひさしい。6掌と通じ、つかさどる。7常と通じ、つねに。8公主をめとる。

古訓 〔名義抄〕尚 タフトシ・タフトブ・ナホシ・ヒサシ・ウク・マス・カザル・コヒネガフ・ツカサドル・ネガフ・クハフ・タトヒ・ゴトシ・カフ・ナホ・ウヘニス・ウハオソヒ・マサシ・ムカシ

声系 〔説文〕に尚声として敞・嘗・賞・常・黨（党）・掌・堂・當（当）など十四字を収める。尚は神を祀る窓。嘗・黨・堂・當はその意を承け、窓を祀る儀礼に関する字。賞はいまの字形は尚に従うが、古くは商（商）に従うもので、もと別系の字である。

語系 尚・上・嘗zjiangは同声。上を尊尚の意に用いるのは声による通用の義。嘗は尚、神のあらわれるところに供薦する意。商sjiangは尚と声が近いため、商声の賞がのち尚声の字となった。

【尚奇】しょう（しやう）き　奇を好む。〔三国志、魏、王粲伝〕時に又譙郡の嵆康有り。文辭壯麗、好んで老莊を言ひ、奇を尚び任俠なり。景元中に至り、事に坐して誅せらる。

【尚義】しょう（しやう）ぎ　節義を尊ぶ。〔孔叢子、陳士義〕魏王～問ふ。～（魏）王曰く、先生（子順）之れを言へと。（子順）對へて曰く、當今、急とする所は、仁を修め義を尚び、德を崇び禮を敦くして、以て隣國に接するに在るのみ。

【尚饗】しょうきょう（しやうきやう）　ねがわくは饗けよ。祭文の末辞。唐・韓愈〔十二郎を祭る文〕嗚呼、言窮まり有りて、情終ふべからず。汝其れ知るや、其れ知らざるや。嗚呼、哀しい哉、尚はくは饗けよ。

【尚賢】しょう（しやう）けん　賢を尊ぶ。〔荘子、天道〕宗廟には親を尚び、朝廷には尊を尚び、鄉黨には齒（年齢）を尚び、行事には賢を尚ぶは、大道の序なり。

【尚古】しょう（しやう）こ　古を尊ぶ。また、上古。〔史記、十二諸侯年表序〕呂不韋は、秦の莊襄王の相となり、亦た上は尚古を觀、春秋を刪拾し、六國の時事を集め、以て八覽・六論・十二紀を爲り、呂氏春秋と爲す。

【尚志】しょう（しやう）し　志を高くする。〔孟子、尽心上〕王子墊問うて曰く、士は何をか事とすると。孟子曰く、志を尚くすと。曰く、何をか志を尚くすと謂ふと。曰く、仁義のみ。～仁に居り義に由り、大人の事備はると。

【尚歯】しょう（しやう）し　年長者を尊ぶ。〔礼記、祭義〕年の天下に貴きこと久し。～是の故に、朝廷に爵を同じうするときは、則ち齒を尚ぶ。

【尚徳】しょう（しやう）とく　徳を尊ぶ。〔論語、憲問〕君子なる哉、若き人、徳を尚べる哉、若き人。

【尚武】しょう（しやう）ぶ　武を尊ぶ。〔三国志、呉、陸績伝〕（孫策等）共に、四海未だ泰からず、須らく當に武を用て治めて之れを平らかにせんことを論ず。績、年少末坐、遙かに大聲に言ひて曰く、～今論者道德懷取の術を務めず、惟だ武を尚ぶ。～竊かに未だ安んぜざる所なりと。

【尚友】しょうゆう（しやういう）　古人を友とする。〔孟子、万章下〕天下の善士を友とするを以て未だ足らずと爲し、又古の人を尚論す。其の詩を頌し、其の書を讀み、其の人を知らずして可ならんや。是を以て其の世を論ず。是れ尚友なり。

↑尚衣　司服／尚遠　久遠／尚鬼　尊鬼／尚享　尚饗／尚卿　紙の神／尚功　功をたっとぶ／尚行　高尚な行為／尚左　左をたっとぶ／尚宰　料理長／尚辞　文辞をたっとぶ／尚爾　そのまま／尚質　質をたっとぶ／尚主　駙馬／尚然　そのまま／尚早　早すぎ／尚年　尚歯／尚文　文をたっとぶ／尚羊　逍遥／尚佯　尚羊／尚論　尚友

↓意尚・和尚・嘉尚・雅尚・格尚・気尚・貴尚・器尚・矜尚・驕尚・欽尚・好尚・高尚・志尚・趣尚・崇尚・素尚・宗尚・操尚・尊尚・篤尚・敦尚・風尚

【戕】

8　2325　ショウ（シャウ）　ころす　そこなう

篆文 

甲骨文 

形声 声符は爿。〔説文〕十二下に「槍なり。它國の臣、來りて君を弑するを戕と曰ふ」（段注本）とあり、槍で刺殺することをいう。〔左伝、宣十八年〕「凡そ自ら其の君を虐すを弑と曰ひ、外よりするを戕と曰ふ」とみえる。戈矛の類で殺傷することをいう。

訓義 1ころす。2そこなう、きずつける、いためる。3愴・搶と通じ、みだれる。4かし、くい。

古訓 〔名義抄〕戕牁 カシ　〔字鏡集〕戕 ヤブル・カシ・ソコナフ

語系 戕dziang、斨tsiangは声義近く、斨は〔説文〕十四上に「方銎（四角い柄の穴）の斧なり」とみえる。殘（残）dzanは声近く、殺傷の意。愴・創・槍tshiangは槍を以て殺傷するもので、また声義の近い語である。それによって傷害をうけることを傷sjiangという。

【戕害】しょう（しやう）がい　殺す。宋・蘇舜欽〔集賢文相に上る書〕豈に有司自ら輕重を爲し、苟しくも己の志を快くし、以て舊典を隳り、善士を汚辱し、不辜（無罪）を戕害するを容るさんや。

【戕虐】しょうぎゃく（しやうぎやく）　残虐。〔唐書、逆臣上、史思明伝〕（史）朝清、田獵を喜み、戕虐なることは思明に似、淫酗なることは之れに過ぐ。帳下三千人を養ひ、皆剽賊にして死を輕んず。

【戕賊】しょう（しやう）ぞく　そこなう。宋・葉適〔水心別集、十三、科挙〕夫れ士は人材の本源なり。立國の命係かれり。四患除かざれば、朝廷、人材の本源に於て、戕賊斲喪し、復た長育せず。則ち宜んど其れ用ふるに足らざらん。

↑戕夷　傷害する／戕禍　殺害する／戕殺　戕折する／戕生　生をそこなう／戕折　急に殺す／戕囊　紛乱する／戕敗　傷つける／戕風　暴風／戕斃　殺す／戕戮　殺す

↓摧戕・胥戕・卒戕

【承】

常　8　1723　ショウ　ささげる　うける　うけたまわる

篆文 

金文 

会意 卩＋収。卩は人の坐する形。収は左右の手。左右の手で人を奉ずる形。〔説文〕十二上に「奉ずるなり。受くるなり」とあり、尊者の命を受けることをいう。また承継の意がある。字の要素は丞と同じく、丞は両手で引きあげる形で、「拯う」動作をいう。

訓義 1うける、ささげる、人をささげ上げる。2うけたまわる、上意をうける、あおぎうける、したがう。3うけつぐ、つたえる。4丞と通じ、たすける。

古訓 〔名義抄〕承 ウク・ウケタマハル・ツカマツル・テヅカラ・ツカフマツル・タスク・ツガシム・ヒキヰル・サ、グ・サクル

語系 承・丞zjiengは同声。下よりして奉ずるを承といい、上よりして拯うを丞という。

【承意】しょうい　人の意を受ける。へつらう。〔史記、汲黯伝〕天子、公卿輔弼の臣を置く。寧んぞ從諛して意を承け、主を不義に陥らしめんや。

【承引】しょういん　罪状を認める。〔魏書、刑罰志〕或いは拷するも

承引せず、證に依りて科し、或いは私嫌有り、強逼して罪を成す。家人枉（冤罪）を訴へ、辭案相ひ背く。

【承恩】しょうおん　恩寵を受ける。唐・杜甫〔丹青引〕詩　開元の中、常に引見せらる　恩を承けて數〻上る、南薫殿　凌烟の功臣、顔色少く　將軍、筆を下して、生面開く

【承歓】しょうかん（くわん）　歓心をうけ、気に入るようにする。唐・白居易〔長恨歌〕詩　歡を承け宴に侍して、閑暇無し　春は春遊に從ひ、夜は夜を專らにす

【承顔】しょうがん　顔色をみて、気に入られるようにする。〔晋書、孝友伝序〕仁を尊び義を安んじ、色を柔らげ顏を承け、怡怡として樂しみを盡し、鮮を擊ちて養に就き、亹亹として劬しみを忘る。

【承休】しょうきゅう（きう）　よろこびをうける。めでたい。〔史記、封禅書〕今、鼎（汾陰の鼎）甘泉（宮）に至る。光潤龍變、休を承くること彊無し。

【承教】しょうきょう（けう）　教えをうける。〔戦国策、趙二〕教へを承けて動き、法に循つて私無きは、民の職なり。

【承業】しょうぎょう（げふ）　父祖の業をうけつぐ。〔塩鉄論、憂辺〕大夫曰く、吾れ聞く、人の臣爲たる者は、忠を盡して以て職に順ひ、人の子爲る者は、孝を致して以て業を承く。

【承継】しょうけい　受けつぐ。〔後漢書、百官志一〕漢の初めて興るや、大亂を承繼し、兵、戢むるに及ばず。法度草創、略ぼ秦制に依る。

【承旨】しょうし　意図にそうようにする。〔韓非子、八姦〕此れ人主未だ命ぜずして唯唯、未だ使はずして諾諾、意に先だちて旨を承け、貌を觀み色を察す。

【承志】しょうし　人の考えにそうようにする。〔礼記、祭義〕君子の所謂孝とは、意に先だちて志を承け、父母を道に諭す者なり。

【承事】しょうじ　ことに従う。〔左伝、成十二年〕民是こを以て息ひ、百官事を承け、朝して夕せず。

【承守】しょうしゅ　父祖の業を守る。〔左伝、襄二十八年〕敬は民の主なり。而るに之れを棄つ。何を以て承守せん。

【承受】しょうじゅ　お受けする。〔左伝、隠八年〕寡君、命を聞けり。敢て君の明德を承受せざらんや。

【承順】しょうじゅん　従い服する。〔礼記、楽記〕理、外に發はれ、民承順せざる莫し。

【承制】しょうせい　詔を受ける。〔晋書、宣帝紀〕申儀、久しく魏興に在り、威を彊場に專らにす。輒ち承制刻印し、假授する所多し。

【承接】しょうせつ　うけつぐ。また、交わる。〔後漢書、皇后上、章徳竇皇后紀〕后、性敏給にして、心を傾けて承接し、稱譽日に聞ゆ。

【承知】しょうち　知る。〔三国志、蜀、費詩伝〕（諸葛亮、孟達に）書を與へて曰く、～消息を承知し、慨然として永嘆す。以て足下平素の志を存らかにす。

【承寵】しょうちょう　君の寵愛を受ける。唐・王昌齢〔春宮曲〕詩　平陽の歌舞、新たに寵を承け　簾外春寒くして、錦袍を賜ふ。

【承統】しょうとう　帝位をうけつぐ。〔後漢書、殤帝紀〕（皇太后詔）皇帝幼沖にして、鴻業を承統す。朕れ且らく權りに佐助して、政を聽かん。

【承平】しょうへい　太平がつづく。〔漢書、食貨志上〕今、累世承平にして、豪富の吏民、訾（財）數鉅萬、而して貧弱は愈〻困しむ。

【承奉】しょうほう　よく仕える。〔晋書、慕容超載記〕超～入りては則ち歡を盡して承奉し、出でては則ち身を下士に傾く。是こに於て內外稱美す。

【承流】しょうりゅう（りう）　流風をうける。〔漢書、董仲舒伝〕今の郡守・縣令は民の師帥なり。流を承けて、宣化せしむる所なり。

【承露】しょうろ　天露を受ける。〔三輔故事、通天台〕武帝の時、太乙を祭る。～上に承露盤・仙人掌有り。玉杯を擎げて、以て雲表の露を承く。

↑承委　委任をうける／承飲　酒をつぐ／承運　前主の業を承ける／承衛　侍衛／承悦　承歓／承応　お召しを待つ／承賀　賀をうける／承学　受業／承含　喪の含玉をおくる／承共　恭しむ／承訓　受教／承候　お伺い／承祀　家を継ぐ／承嗣　うけつぐ／承襲　うけつぐ／承従　従う／承緒　承統／承序　順番／承招　自白／承塵　うけ／承正　帰順／承前　つづき／承禅　受禅／承沢　受恵／承値　当直する／承祧　祖祭／承聴　従う／承伝　伝承／承当　担当／承鐙　あぶみ受け／承認　認める／承弼　輔弼／承稟　命に従う／承風　承流／承服　納得する／承敝　衰敝の後／承弊　承敝／承弁　請負い／承保　承守／承輔　輔佐する／承乏　補欠／承命　拝命／承落　雨滴承け／承攬　請負い／承霤　承落／承領　受領する

↓意承・遠承・恩承・嘉承・恭承・欣承・欽承・敬承・継承・口承・纘承・師承・順承・親承・相承・託承・聴承・伝承・拝承・丕承・奉承・了承・領承・諒承

常

【招】 8　5706

篆文

ショウ（セウ）　キョウ（ケウ）
まねく

形声　声符は召。召は祝禱して神の降下を求める意で、招の初文。その動作を招という。〔説文〕十二上に「手もて呼ぶなり」という。死者の霊を招くことを招魂といい、〔楚辞〕に〔招魂〕〔大招〕の二篇がある。

訓義　①まねく、さしまねく。②よぶ、よびよせる、きたす。③紹と通じ、つなぐ、ほだす。④撟と通じ、あげる、たかくあげる。

古訓　〔名義抄〕招　マネク・トル・タスク・アキラカニ・アゲテ

語系　招・昭・照・詔 tjiô は同声。召 diô の声義を承け、もと神霊をよぶことに関する字。卲・卲 zjiô も声近く、神の降格するのを迎えるを卲といい、卜問することを卲という。撟 kiô と通用するときは、その声を以てよむ。

【招引】しょういん（せういん）　招く。〔後漢書、樊儵伝〕建武中、禁網尚ほ闊し。諸王既に長じ、各〻賓客を招引す。

【招隠】しょういん（せういん）　隠士の賢者を招く。唐・高適〔鄭三章九、兼ねて洛下の諸公に留別す〕詩　幸ひに明盛に逢うて、招隱多し　高山大澤、徵求し盡せり

【招会】しょうかい（せうくわい）　よび集める。〔論衡、道虚〕淮南王、道を學ばんとし、天下有道の人を招會す。一國の尊を傾けて、道術の士に下る。

【招懐】しょうかい（せうくわい）　招きなつける。〔史記、汲黯伝〕是の時、漢方に匈奴を征し、四夷を招懷せんとす。

【招還】しょうかん（せうくわん）　よびかえす。〔後漢書、虞詡伝〕（羌賊）敗散して、南のかた益州に入る。詡乃ち地勢を占相し、營壁百八十所を築き、流亡を招還し、貧人に假賑す。郡遂に以て安し。

【招呼】しょうこ（せうこ）　よびよせる。唐・趙嘏〔十無詩、桂府楊中丞に寄す、二〕東省南宮、興孤ならず　幾ど詩酒に因りて、謬まつて招呼す

【招魂】しょうこん（せうこん）　死者、あるいは生者の魂を招く。唐・杜甫〔彭衙行〕詩　湯を煖めて我が足を濯ひ　紙を翦つて我が魂を招く

【招集】しょうしゅう（せうしふ）　招き集める。〔漢紀、哀帝紀下〕天下の賢俊を招集し、與に力を協せ同に謀る。

【招請】しょうせい（せうせい）　お招きする。〔三国志、魏、張範伝〕袁術、禮を備へて招請す。範、疾と稱して往かず。

【招致】しょうち（せうち）　招きよせる。〔風俗通、正失〕（淮南王安神仙）

俗に說ふ。淮南王安、賓客方術の士數千人を招致し、～黃白を鑄成し、白日天に升ると。

【招撫】帰順させる。〔封氏聞見記、九、恵化〕閻伯嶼、袁州爲りし時、征役煩重なり。～伯嶼專ら恵化を以て招撫し、逃亡も皆復れり。

【招聘】礼を厚くして招く。〔新序、雜事五〕（楚の荘王）是に於て、乃ち四方の士を招聘して、夙夜懈らず。遂に孫叔敖～の屬を得たり。

【招辟】招きめす。漢・蔡邕〔陳太丘（寔）の碑文〕大將軍何公・司徒袁公、前後招辟し、人をして曉喩せしむるも、～皆遂に至らず。

【招募】招きつのる。〔風俗通、正失〕淮南王安、天資辨博、～方伎怪迂の人を招募し、神仙黃白の事を述ぶ。財殫き力屈し、能く成る無し。

【招邀】招き迎える。宋・蘇軾〔越州張中舍（次山）の寿楽堂〕詩 高人自ら山と素有り 招邀を待たずして、庭戸に滿つ

【招攬】招きひきよせる。晋・陸機〔弁亡論、上〕武烈（孫堅）既に沒し、長沙桓王（孫權）、逸才命世、弱冠秀發す。遺老を招攬し、之れと業を述ぶ。

↑招安 安んずる／招慰 招撫／招飲 招宴／招延 招引／招怨 怨まれる／招架 抵抗する／招喚 よぶ／招揮 招く／招麾 招揮／招譏 そしられる／招議 申し立て／招求 招く／招咎 とがを招く／招具 招魂の具／招携 誘う／招迎 招く／招賢 賢者を招く／招墾 入殖させる／招簀 湯灌の牀／招冊 調書／招子 名札／招聚 招集する／招輯 集める／招状 招待状／招尋 招く／招説 白状させる／招選 招き選ぶ／招速 招く／招待 接待／招入 招く／招納 招く／招牌 看板／招賓 招客／招附 招撫／招伏 白状させる／招福 福を招く／招捕 とらえる／招論 召諭／招要 招邀／招搖 逍遥／招来 招く／招涼 避暑

↓隠招・嘉招・麾招・義招・携招・対招・徵招・勅招・旁招・類招

常【昇】8 6044 ［升］4 2440 ショウ のぼる あがる

篆文 

形声 声符は升。〔説文新附〕七上に「日上るなり」とみえる。先秦の文献に用例なく、漢以後、昇殿・昇仙のように用いる。昇殿の字は陞が本字である。〔楚辞、離騒〕に「陞降」の語がある。升は斗升の字で、供薦の意があり、それで日が升るのに升声を用いたのであろう。

訓義 ①のぼる、あがる、日がのぼる。②高くあがる、官位があがる、殿上にあがる。

古訓 〔名義抄〕昇 スヱ・タスク・ス、ム・ノボル・カツ 〔字鏡集〕昇 シタガフ・スヱ・カツ・アガル・ノボル・タスク・マサ

語系 昇・升・陞sjiangは同声。登tangと声近く、登薦・登高の義において通ずる。

【昇霞】人の死。〔新論、風俗〕秦の西に義渠の國有り。其の人死すれば、則ち柴を聚めて之れを焚き、煙上り天に燻ずれば、之れを昇霞と謂ふ。

【昇仙】天に上って仙となる。〔抱朴子、黃白〕朱砂を金と爲し、之れを服して昇仙する者は上士なり。芝を茹らひて導引し、咽氣長生する者は中士なり。草木を餐食し、千歳以還なる者は下士なり。

【昇天】天にのぼる。〔神仙伝、二、白石先生〕彭祖の時に至り、已に二千歳餘なり。肯て昇天の道を修めず。但だ不死を取るのみ。

↑昇科 及第する／昇華 升華／昇遐 崩御／昇降 上下／昇叙 官位が昇級する／昇躋 のぼる／昇泰 太平／昇陟 のぼる／昇沈 浮沈／昇堂 登庁／昇平 太平／昇名 奏名

↓雲昇・霞昇・挙昇・月昇・降昇・上昇・晨昇・清昇・躋昇・遷昇・早昇・卓昇・擢昇

人【昌】8 6060 ショウ（シャウ） あきらか さかん

篆文 

籀文 

金文 

会意 日＋日。日は星の象形。星の光の重なる形。三星を晶といい、星の初文は晶に従う。〔説文〕七上に「一曰く、日の光なり」とし、〔詩、斉風、雞鳴〕「朝既に昌けたり」の句を引く。また「美言なり」と訓するのは、〔書、大禹謨〕「禹、昌言を拜す」の義による。〔説文〕は字を日と曰とに従うとして、美言・昌言の意を説くが、字は星の光をいう。晶七上に「精光なり。三日に從ふ」とするが、昌もまた星の光である。

訓義 ①あきらか、星の光。②さかん、きらきらひかる。③さかえる、みめよい、うつくしい。④よろこび。

古訓 〔名義抄〕昌 サカリニ・サカリナリ・サカユ・ヨシ・ヒサシ・アタル・カタジケナシ・アキラカナリ・アサシ・ヲサム

声系 〔説文〕に昌声として唱・倡・閶の三字を収め、みな同声。昌に清澄の意があり、その声義を承けるものであろう。

【昌運】さかんな運。盛世。明・王世貞〔何大復集の序〕卑瑣を削滌し、頹習を振ひ、昌運を扶け、中興を開く所以の者は、何物ぞ。

【昌言】正言。〔後漢書、仲長統伝〕古今を論説し、時俗の行事に及ぶ毎に、恆に發憤歎息し、因りて論を著はし、名づけて昌言と曰ふ。

【昌披】しまりがない。猖披、猖被。〔楚辞、離騒〕彼の堯・舜の耿介なる 既に道に遵つて路を得たり 何ぞ桀・紂の昌披なる 夫れ唯だ捷徑以て窘歩せり

↑昌暉 さかんな光／昌狂 狂う／昌慶 よろこび／昌熾 さかん／昌時 太平／昌辞 昌言／昌世 盛世／昌盛 さかん／昌大 盛大／昌朝 盛朝／昌年 太平の年／昌被 昌披／昌阜 栄える／昌平 太平／昌籙 予言書

↓殷昌・高昌・熾昌・盛昌・祚昌・繁昌・文昌・隆昌

【杪】8 4992 ショウ（セウ） ビョウ（ベウ） えだ すえ

篆文 

形声 声符は少。〔説文〕六上に「木標なり。末なり」とあり、前条の標に「木杪なり。末なり」とあって互訓。標は標識に用いる先の尖った木。杪は梢末のところをいい、字義に区別がある。

訓義 ①えだ、こずえ、ほそいえだ。②えだの末端、すえ。③ほそい、小さい、わずか。

古訓 〔新撰字鏡〕杪 木乃枝（きのえだ）、又、比古江（ひこえ） 〔名義抄〕杪 コズヱ・スヱ 〔字鏡集〕杪 スヱ・エダ・コズヱ

語系 杪・秒・眇・渺・藐・妙miôは同声。杪に杪末・微妙の意がある。標piôは〔説文〕に杪と互訓する字であるが、票声の字は漂蕩することを主とする字で、語系に区別がある。

【杪小】小さい。〔後漢書、馮衍伝下〕常に道徳の實を務めて、當世の名を求めず。杪小の禮を闊略にして、人間の事を蕩佚す。

↑杪忽 微小／杪歳 年末／杪秋 晩秋／杪春 晩春／杪顚 こずえ／杪頭 こずえ／杪末 こずえ

↓戟杪・歳杪・樹杪・秋杪・髪杪・風杪・分杪・木杪・林杪

常【松】8 4893 〔松〕8 4893 ［寀］14 3090 ショウ まつ

篆文 金文

形声 声符は公（公）こう。公に頌（頌）・訟（訟）しょうの声がある。〔説文〕六上に「木なり」とし、重文として㮤を録する。常緑の木で多節、偃蹇えんけんとしておごり高ぶる姿が愛されて、古くから祝頌の詩に用いられ、〔詩、小雅、斯干〕に「松の茂るが如く」、また〔詩、小雅、天保〕に「松柏の茂るが如く」のように歌われている。

訓義 ①まつ、まつのき。②めでたいたとえ。

古訓 〔和名抄〕松 末都（まつ）／松脂 万豆夜邇（まつやに）〔名義抄〕松 マツ 〔篇立〕松 マツノミ・マツ

【松蔭】松かげ。唐・李山甫〔方干隠居〕詩 咬咬嘎嘎たり、水禽の聲 露は松蔭を洗うて、滿院淸し

【松韻】松風。前蜀・韋荘〔早秋の夜の作〕詩 翠簟（たかむしろ）初めて淸く、暑半ば銷ゆ 簾を撤ひて、松韻輕飆を送る

【松影】松かげ。〔鶴林玉露、丙四、山静日長〕每に春夏の交、蒼蘚（苔）堦に盈ち、落花徑に滿つ。門に剝啄（戸を叩く音）無く、松影參差として、禽聲（鳥の声）上下す。

【松下】松の木かげ。唐・賈島〔隠者を尋ぬるも遇はず〕詩 松下に童子に問へば 言ふ、師は藥を採り去ると 只だ此の山中に在らんも 雲深くして處を知らずと

【松鶴】松と鶴。唐・符載〔梵閣寺常准上人精院記〕院主、姓は瞿氏。眞に釋種なり。行業は圭璧の如く、標韻は松鶴の如し。

【松間】松の茂みの間。唐・宋之問〔下山歌〕詩 松間の明月長しへに此の如きも 君が再遊せんは、復た何れの時ぞ

【松巌】松が生えている巌。〔後書品〕右軍（王羲之）の飛白（書体の一、かすり状の書）は、飛白の仙と謂ふべし。松巖黛を點じ、蓊鬱として朝雲を起し、飛泉玉を漱ぎ、灑散して暮雨を成すが如し。

【松菊】松と菊。晋・陶潜〔帰去来の辞〕三逕荒に就けども、松菊猶ほ存せり。幼を攜へて室に入れば、酒有りて罇に盈てり。

【松径】松並木。唐・元結〔白雲亭に登る〕詩 門を出でて南山を見 喜びて松徑を逐うて行く

【松子】松かさ。唐・韋応物〔秋夜、丘二十二員外に寄す〕詩 君を懷うて、秋夜に屬す 散歩して、涼天に詠ず 山空しくして松子落つ 幽人應に未だ眠らざるべし

【松樹】松の木。〔顔氏家訓、文章〕千丈の松樹、常に風霜有り。凋悴すべからず。

【松翠】松の深い緑。唐・朱慶余〔僧を送る〕詩 野望、金策を攜へ 禪棲、石樓に寄る 山深くして、松翠冷やかに潭靜かにして、菊花秋なり

【松石】松と石。自然の景色。唐・宋之問〔使して嵩山に至り、杜四を尋ねて遇はず～〕詩 君と松石に闊かれり 茲に二十年なり

【松雪】雪の積もった松。唐・司空図〔楊柳枝寿杯詞、十八首、十七〕詩 好し是れ梨花の相ひ映ずる處 更に勝る、松雪の日初めて晴るるに

【松濤】松風。波のように聞こえる。元・趙孟頫〔五華山に宿して、徳清の別業を懐ふ〕詩 一夜松濤、枕上に鳴る五華山館、夢頻りに驚く

【松柏】松と柏。常緑の樹。〔論語、子罕〕歳寒くして、然る後松柏の後凋なるを知るなり。

【松風】松かぜ。唐・寒山〔寒山詩、四十六〕詩 行きて傷心の處に到れば 松風、人を愁殺す

【松門】松が門となっている家。清・黄鷟来〔秋日雨晴、張星文の草草堂を過ぎる〕詩 松門、落葉深く 竹徑、寒香靜かなり

【松籟】松風。唐・欧陽袞〔南澗寺〕詩 松籟冷冷として、梵唄かと疑ひ 柳煙歷歷として、招提（寺院）を見る

↑松衣 こけ／松陰 松蔭／松筠 松と竹／松雨 松に雨／松雲 松に雲／松液 松脂／松煙 墨／松火 松明／松柯 松の枝／松檟 墓の木／松毬 松子／松炬 松明／松魚 鰹／松嶠 墓所／松狗 りす／松契 旧交／松扃 松門／松軒 松の家／松骨 痩身／松根 松の根／松釵 松葉／松脂 やに／松楸 墓地／松梢 松の枝／松心 松明／松針 松の葉／松蕈 松茸／松声 松風／松鼠 りす／松窓 松ある窓／松亭 松ある亭／松煤 墨／松棚 松の枝をはわせる／松明 たいまつ／松陵 松丘／松林 松の林／松露 松葉の露／松醪 酒

↓倚松・雲松・簷松・哦松・寒松・危松・旧松・喬松・暁松・勁松・孤松・枯松・高松・杉松・若松・小松・深松・青松・石松・痩松・聴松・低松・貞松・盤松・風松・碧松・暮松・茂松・門松・老松

常【沼】8 3716 ショウ（セウ） ぬま

篆文

形声 声符は召しょう。〔説文〕十一上に「池なり」（段注本）とあり、〔風俗通、山沢〕に「圓なるを池と曰ひ、曲なるを沼と曰ふ」とする。また沼を小池として、大小を以て区別する説もあるが、金文にみえる辟雍（神廟）の大池を、〔詩、大雅、霊台〕に「靈沼」とよんでいるから、形や大小によっていうものではない。沼沢は自然のもの、池は掘鑿になるものであろう。

訓義 ①ぬま。②いけ。

古訓 〔和名抄〕沼 奴（ぬ）〔名義抄〕沼 ヌマ・コイケ・イケ

【沼沚】沼と、みぎわ。〔詩、召南、采蘩〕于に以て蘩を采る 沼に沚に

【沼上】沼の畔。〔孟子、梁恵王上〕王、沼上に立ち、鴻鴈麋鹿を顧みて曰く、賢者も亦た此れを樂しむかと。孟子對へて曰く、賢者にして而る後、此れを樂しむ～と。

↑沼気 メタンガス／沼湖 湖沼／沼沢 ぬま／沼池 ぬま／沼浜 沼のほとり／沼萍 浮草／沼蓮 沼の蓮

↓苑沼・湖沼・清沼・沢沼・池沼・萍沼・碧沼・野沼・幽沼・林沼・霊沼

【炒】8 9982 ショウ（セウ） いる あぶる

形声 声符は少しょう。〔玉篇〕に「火もて乾かすなり」とあり、土鍋などであぶりこがすことをいう。列国期の金文〔王子嬰次鑪〕に「炒盧（炉）」の名があり、古くから炒の字を用いる。別に取・芻声の字がある。

訓義 ①いる、あぶる、こがす。②吵と通じ、さわぐ。口やかましいことをいう。

古訓 〔名義抄〕炒 イル 〔篇立〕炒 イル・ヤハク・ムス・ヒボシ

語系 炒 tsheô は鈔 tshô と声が近い。鈔は叉取する意。炒は少しずつとりまぜながら炒る意であろう。

【炒栗】栗をいる。〔遼史、文学上、蕭韓家奴伝〕（帝）嘗て從容として問うて曰く、卿、外に居りて異聞有るかと。～對へて曰く、臣惟だ炒栗を知るのみ。小なる者熟せば、則ち大なる者は必ず生、大なる者熟せば、則ち小なる者必ず焦ぐ。大小均しく熟せしめて、始めて美を盡せりと爲すと。

↑炒貨 炒食品／炒肝 焼きもつ／炒乾 いる／炒団 焼団子／炒鉄 刑具／炒鬧 口論／炒米 いり米

↓煎炒

【牀】8 2429 ［床］7 0029 ショウ（シャウ） とこ ゆか

篆文 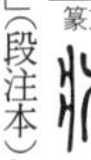

形声 声符は爿。爿は牀の象形で、牀の初文。〔説文〕六上に「身を安んずるの几坐なり」（段注本）とあり、牀几をいう。坐して安んずるものと、臥して安んずるものとがあり、〔詩、小雅、斯干〕「載ち之れを牀に寢ねしむ」とは臥牀をいう。卜文に爿に従う形の字があり、疾病や夢に関するものが多い。床は牀の俗字である。

訓義 ①とこ、ねだい、こしかけ。②ゆか、とこ、すのこ。③ものの台。

古訓 〔名義抄〕牀 スフ・ユカ 〔篇立〕床 ユカ・トコ 〔字鏡集〕牀 トコ・ユカ・スフ

語系 牀 dzhiang は爿 dziang と声近く、爿は牀に用いるとともに、また版築の夾板にも用いるものであった。牀は殷金文の  形図象にみえるもので、この図象は王族出自のものである。軍事などを統轄したものらしく、將（将）tziang、壯（壮）tzhiang などにその形が残されている。

【牀帷】（しようゐ） 寝室のとばり。魏・阮籍〔詠懐、八十二首、十四〕詩 開秋、涼氣兆し 蟋蟀（こおろぎ）牀帷に鳴く

【牀下】（しやうか） ねだいの近く。〔礼記、檀弓上〕曾子、疾に寢し、病なり。樂正子春牀下に坐し、～童子隅坐して燭を執る。童子曰く、華にして睆たるは、大夫の簀かと。

【牀笫】（しやうし） 牀上のしきもの。〔周礼、天官、玉府〕王の燕衣服・衽席・牀笫、凡て褻器を掌る。

【牀蓐】しよう（しやう）じよく ねどこ。晉・李密〔情事を陳ぶる表〕（祖母）劉、夙に疾病に嬰り、常に牀蓐に在り。臣、湯藥に侍して、未だ嘗て廢離せず。

【牀前】（しやうぜん） ねどこの前。唐・李白〔静夜思〕詩 牀前、月光を看る 疑ふらくは是れ、地上の霜かと

【牀頭】（しやうとう） 枕べ。唐・高適〔酔後、張九旭に贈る〕詩 白髮、閒事に老ひ 靑雲、目前に在り 牀頭一壺の酒 能く更に幾回か眠る

↑牀幃 牀帷／牀茵 牀褥／牀筵 牀席／牀几 牀腰掛／牀脚 寝台の足／牀裙 しとね／牀公 牀の神／牀簀 簀席／牀褥 牀蓐／牀寝 寝台／牀衽 牀褥／牀垂 牀縁／牀席 坐臥の具／牀張 牀帷／牀簟 たかむしろの牀／牀榻 牀几／牀辺 牀頭

↓帷牀・筵牀・下牀・牙牀・臥牀・寒牀・起牀・距牀・吟牀・空牀・胡牀・高牀・簀牀・漆牀・縄牀・寝牀・石牀・禅牀・登牀・榻牀・筆牀・病牀・夜牀

【疌】8 5080 ショウ（セフ） はやい

篆文 

象形 髪を結いあげた婦人が、廟中の祭事に奔走する形。敏捷の捷の初文。敏（敏）も、婦人が髪飾りをつけて、祭事に奔走する形。家の祭事には、婦人が奔走した。〔説文〕二上に「疾やかなり」とあり、わが国の「わしる」という語にあたる。妻の上部は疌と同じ。妻は儀礼のときの盛飾の姿。疌はその下部を足の形にして、奔走の意をあらわす。〔説文〕は字を止部に属し、止と又（又）とに従って屮声とするが、声も異なり、屮は髪を結んだ形である。

訓義 ①はやい、すみやか。

古訓 〔名義抄〕疌 トシ・スミヤカ

声系 〔説文〕に疌声として箑・疐・倢・捷・婕など十字を収める。疌の声義を承けるものが多い。

語系 疌・倢・捷 dzhiap は同声。婕 tziap は婕妤で、女官の名に用い、宮中に仕えるもの。みな敏捷の意を含む語である。

参考 疌の正字は、上の髪形を存して疐に作る。〔説文〕に別に「疐は機下の足の履む所の者なり」とする字があり、機をふむ形の側面形で、上は女の髪をつぶした形と思われる。

【邵】8 1761 ショウ（セウ） たかい

篆文  金文 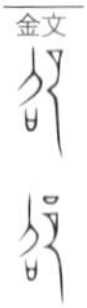

形声 声符は召。邑（阝）に従う字はおおむね地名。〔説文〕六下に「晉の邑なり」とみえる。おそらくもと召氏の邑で、それならば周の地域の内であろう。卜文・金文には召・𪔂の字を用いる。

訓義 ①地名。②たかい。

古訓 〔字鏡集〕邵 タカシ

常【咲】9 ［㗛］9 6803 ［笑］10 8843 ショウ（セウ） わらう さく

篆文 

形声 声符は芺。〔説文新附〕五上に笑を録し、竹夭に従って、竹葉の風になびくさまとする説をしるしているが、もと若（若）と同じく、巫女が手をかざして歌舞する形。えらぎ笑うことが、神を楽しませる方法であった。芺はその略形とみるべき字である。咲は笑の古文とされるが、古い字書にみえず、李義山（商隠）の〔雑纂〕に「未だ語らざるに先づ咲ふ」ものを、「かたはらいたきもの」とする一条がある。「花咲く」は、古くは「花開く」「花披く」といい、〔色葉字類抄〕にも「さく」という訓はなおみえない。

訓義 ①わらう。②さく。

古訓 〔名義抄〕咲 ワラフ・ヱム・ヱ・ヱワラフ／微咲 ホヽヱム／可咲 ヲカシ・アナヲカシ

↓一咲・戯咲・言咲

【庠】9 0025 ショウ（シャウ） まなびや

篆文 

形声 声符は羊。羊に祥（祥）・詳の声がある。〔説文〕九下に「禮官、老を養ふ。夏には校と曰ひ、殷には庠と曰ひ、周には序と曰ふ」とあり、また〔礼記、学記〕に「古の教ふる者は、家に塾有り、黨（村）に庠有り、術（町）に序有り、國に學有り」とみえる。學（学）は卜文・金文にみえ、古代には貴族の子弟をそこに集めて、儀礼の実習など、教学のことが行われた。

訓義 ①まなびや。②郷学。

古訓 〔名義抄〕庠 ヤウヤク・ノブ・ヤシナフ

語系 庠 ziang、序 zia は声近く、ともに学校の意に用いる。牆 dziang は建物の垣牆。庠・序も、もと堂の東西牆をいう語であり、そこが射儀やその他の儀礼を講習するところであった。學・校（校）は屋上に×形の千木をおく建物で、學はもとメンズハウス的なものであったと考えられる。

【庠序】しよう（しやう）じよ 地方の学校。〔孟子、梁恵王上〕庠序の教へを謹み、之れに申ぬるに孝悌の義を以てせば、頒白（白髪まじり）の者、道路に負戴せず。～黎民飢ゑず寒えず。

↑庠学 郷学／庠校 学校／庠黌 学校／庠士 学生／庠塾 学舎／庠門 郷学の門

↓下庠・虞庠・国庠・周庠・序庠・上庠

常【昭】9 6706 ［卲］7 1462 ショウ（セウ） あきらか あらわす

篆文  金文 

形声 声符は召。〔説文〕七上に「日明らかなるなり」とする。昭穆の昭は古くは卲に作り、卲がその初文。卲とは祝禱して神の降格を求め、これを拝して迎える形。霊威の昭らかであることをいう。文献にはみな昭を用い、〔詩、大雅、雲漢〕「倬たる彼の雲漢（天の川） 天に昭回す」、また〔書、尭典〕「百姓昭明す」のように用いる。西周金文にみえる宮廟は、康宮大廟

につづいて康卲宮・康穆宮があり、諸王を順次そのように昭穆に配比し、次第に大廟に上す定めであったらしく、それが昭穆制の起源をなすものであろう。

訓義 ①あきらか、かがやく。②あらわれる、あらわす、神霊があらわれる、神霊を拝する。③廟名、周の金文に康卲宮・康穆宮の名がある。昭穆の字はまた佋に作る。

古訓 〔名義抄〕昭 ヒカリ・テラス・アキラカナリ・アキラム・ミル 〔字鏡集〕昭 アキラカナリ・アキラム・ヒカリ・テラス・ユタカ・ミル・ツグ

声系 〔説文〕に昭声の字として照を収める。昭光の意を以て、火を加えたものであろう。

語系 昭・照tjiôは同声。耀(燿)・燿(燿)・曜(曜)jiôkも、みな光明・光耀の意があり、一系の語である。

【昭回】しょうかい(せうくわい) 光がめぐる。宋・蘇軾〔潮州韓文公廟碑〕下も濁世の與めに粃糠を掃ひ 西のかた咸池に游んで、扶桑を略す 草木に衣被す、昭回の光 李(白)・杜(甫)を追逐して、参はりて翺翔す

【昭光】しょうこう(せうくわう) かがやかす。〔漢書、賈山伝〕今陛下、祖考を念思し、厥の功を術(述)追し、洪業休徳を昭光せん所以を圖る。

【昭曠】しょうこう(せうくわう) 明るくひろやか。南朝宋・謝霊運〔富春の渚〕詩 宿心、漸く申寫す 萬事、倶に零落たり 懷抱、既に昭曠たり 外物は徒だ龍蠖(屈曲)たり

【昭告】しょうこく(せうこく) 神明に告げる。〔書、湯誥〕敢へて玄牡を用て、敢て昭らかに上天神后に告ぐ。

【昭事】しょうじ(せうじ) 神につかえる。上につかえる。〔書、文侯之命〕惟れ時の上帝、厥の命を文王に集し、亦た惟れ先正、克く左右し、厥の辟に昭事す。

【昭質】しょうしつ(せうしつ) 清らかな生まれつき。〔楚辞、離騒〕芳と澤と其れ雜糅す 唯だ昭質其れ未だ虧けず

【昭昭】しょうしょう(せうせう) 明らか。〔楚辞、九歌、雲中君〕靈、連蜷として、既に留まる 爛、昭昭として、未だ央きず

【昭晰】しょうせき(せうせき) 鮮明なさま。晋・陸機〔文の賦〕情、曈曨として彌いよ鮮やかに、物、昭晰として互ひに進む。

【昭然】しょうぜん(せうぜん) 明白となる。〔礼記、仲尼燕居〕三子の者、既に此の言を夫子に聞くことを得て、昭然として矇を發くが若し。

【昭文】しょうぶん(せうぶん) 文采の意を明らかにする。〔左伝、桓二年〕火・龍・黼・黻は、其の文を昭らかにするなり。五色比象は、其の物を昭らかにするなり。

【昭穆】しょうぼく(せうぼく) 古代の廟制。〔礼記、王制〕天子七廟、三昭三穆、太祖の廟と與にして、七なり。

【昭明】しょうめい(せうめい) 明らか。〔書、堯典〕百姓昭明にして萬邦を協和す。黎民於變り、時れ雍らぐ。

【昭爛】しょうらん(せうらん) 光りかがやく。〔後漢書、郎顗伝〕此の如くんば、則ち天文昭爛、星辰顯列し、五緯(五星)軌に循ひ、四時和睦す。

↑昭応 照応する/昭廓 照曠/昭煥 輝く/昭鑒 明鑒/昭教 明教/昭暁 明らか/昭潔 清らか/昭絢 明絢/昭顕 顕われる/昭乎 照然/昭察 明察/昭示 明示/昭時 明時/昭悉 明悉/昭灼 輝く/昭章 明らか/昭彰 照章/昭垂 明示/昭世 明世/昭静 明静/昭晰 昭晰/昭雪 雪ぐ/昭宣 明宣/昭闡 ひらく/昭蘇 よみがえる/昭代 聖世/昭著 明らか/昭暢 明白/昭徹 明徹/昭徳 明徳/昭布 宣布する/昭繆 昭穆/昭昧 明暗/昭融 光融/昭庸 明功/昭亮 明らか/昭臨 光臨/昭烈 功烈/昭朗 明らか

↓英昭・顕昭・孔昭・光昭・宣昭・張昭・徳昭・布昭・文昭・明昭

【炤】 9 9786 ショウ(セウ) てらす あきらか

形声 声符は召。〔国語、晋語三〕に「明曜以て之れを炤らす」とあり、昭・照と同系の字。

訓義 ①てらす、てる。②ひかる、あきらか。

古訓 〔名義抄〕炤 イチジルシ 〔篇立〕炤 アラハス 〔字鏡集〕炤 テラス・アキラカ

【炤炤】しょうしょう(せうせう) 明らか。〔淮南子、俶真訓〕外内符無く、欲と物と接す。其の玄光を弊りて、之れを耳目に知ることを求む。是れ其の炤炤たるを釋てて、其の冥冥に道るなり。是れを之れ、道を失ふと謂ふ。

↑炤顧 照顧/炤察 明察/炤灼 明らか/炤晰 明らか/炤明 てらす/炤耀 かがやく/炤爛 明らか/炤亮 明鑒

【爯】 9 2055 ショウ はかり あげる

篆文

甲骨文

金文

会意 手＋冉。冉は稱(称)の重り。重りを上からもち、はかりざおにかけて重さを称る意。穀量を称るを稱という。〔説文〕四下に「幷せて擧ぐるなり。爪と冓の省とに従ふ」とするが、冓は上下の糸や紐を結んでふり分ける形で、婚媾(結婚)のときなどの呪飾とする結びかたである。称量の稱とは関係のない字である。

訓義 ①はかり、はかりのおもり、称錘。②はかりのおもりをあげる、はかりざおをあげてはかる。

古訓 〔字鏡集〕爯 アグ・アガル

声系 〔説文〕に爯声として稱・偁の二字を収める。稱は称錘を用いてはかること、偁は称揚というときの稱の本字で、〔説文〕八上に「揚なり」とする字である。

語系 爯・稱・偁thjiəngは同声。銓衡して人を称揚することを偁という。

【倡】 10 2626 ［娼］ 11 4646 ショウ(シャウ) わざおぎ あそびめ となえる

篆文

形声 声符は昌。〔説文〕八上に「樂するものなり」とあり、〔段注〕に、戯れる者を俳、楽する者を倡というとする。字は娼と通用する。

訓義 ①わざおぎ、歌舞するもの、狂い舞いするもの。②あそびめ、遊女、うかれめ。③猖と通じ、狂う。④唱と通じ、うたう、となえる。⑤昌と通じ、さかん。

古訓 〔新撰字鏡〕倡 太乃之(たのし)、又、佐加由(さかゆ)、又、由太介之(ゆたけし) 〔名義抄〕倡 ウタ/〱ヒ・ウタメ・ウタフ・イザナフ・アソブ・マフ・ワザウタ/倡導 イザナヒミチビク/倡女 ウタメ 〔篇立〕倡 アソブ・サソフ・ワザ・ウタヘ・ウタフ・アサケル・タノシ・ユタケシ・イサナフ

語系 倡・娼・唱thjiangは同声。唱は〔説文〕二上に「導くなり」とあって、いわゆる発歌唱導することをいう。楽人を倡といい、娼はその俗字。のち遊女の意に用いる。

【倡家】しょうか(しやうか) 妓楼。〔文選、古詩十九首、二〕昔は倡家の女爲り 今は蕩子の婦と爲る 蕩子、行いて歸らず 空牀、獨り守り難し

【倡伎】しょうぎ(しやうぎ) 歌舞する女。〔後漢書、梁冀伝〕冀・(孫)壽共に輦車に乗り、～第内を游觀す。多く倡伎を從へ、鳴鍾吹管、酣謳して路を竟ふ。

【倡導】しょうどう(しやうだう) 提唱して導く。〔漢書、王莽伝中〕甄豐・劉

歃・王舜、莽の腹心と爲り、倡導して位に在り、功德を褒揚し、～竝びに富貴なり。

【倡優】歌舞する者。漢・司馬遷〔任少卿(安)に報ずる書〕僕の先は、剖符丹書の功有るに非ず。文史星曆、卜祝の閒に近し。固より主上の戲弄する所、倡優もて畜ふ所、流俗の輕んずる所なり。

【倡和】他の首唱に和して歌う。〔詩、鄭風、蘀兮〕叔や伯や 倡ふれば予れ女に和せん

↑倡儈 置屋／倡楽 淫楽／倡館 妓楼／倡義 唱義／倡議 建議／倡狂 猖狂／倡言 提唱／倡子 妓女／倡始 唱首／倡首 首唱する／倡女 伎女／倡随 夫唱婦随／倡率 首唱する／倡諾 承知／倡道 倡導／倡被 帯を解いたまま／倡弁 能弁／倡母 やりて／倡門 倡家／倡佯 逍遥／倡揚 称揚する／倡踊 哭踊／倡令 楽工／倡楼 妓楼

↓歌倡・戲倡・浩倡・女倡・斉倡・提倡・俳倡・夫倡・名倡・優倡

【倢】 10 2528

ショウ(セフ) はやい さとい

篆文  古印璽 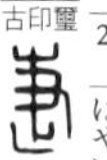

形声 声符は疌。疌は髪を結いあげた婦人が、祭事に奔走する形。〔説文〕二上に「疌は疾やかなり」また人部八上に「倢は佽なり」と訓する。佽は八上に「便利なり」とあり、敏捷の意。敏(敏)は髪を整えた婦人が、祭事にいそしむ意。疌は倢・捷の初文。合わせて敏捷という。わが国で、神事に従うことをいう「わしる」という語にあたる。

訓義 1はやい、すみやか、みがる。2さとい。3すこやか。

古訓 〔字鏡集〕倢 スミヤカナリ・サトル

語系 倢・疌 dzhiap は同声。婕 tziap はその声が近い。みな婦人が祭事に奔走することに関し、疌の声義を承ける。

【倢伃】漢の女官の名。婕妤。〔漢書、外戚伝序〕昭儀は、位は丞相に視らへ、爵は諸侯王に比し、倢伃は、上卿に視へ、列侯に比す。

↑倢倢 そしる

囚【哨】 10 6902

ショウ(セウ) ソウ(サウ) ものみ

篆文 

形声 声符は肖(肖)。〔説文〕二上に「容れざるなり」とあり、〔広雅、釈詁二〕に「衺めなり」、また〔礼記、投壺〕に「投壺の禮、～主人請うて曰く、某に枉矢哨壺有り。請ふ、以て賓を樂しましめん」とあり、口の歪んだような壺をいう。容易に容れがたいものであるから、また要所を堅め、哨戒する意となる。

訓義 1口が小さくて入りにくい。2ものみ。3哨哨は多言するさま。4嗾と通じ、犬をけしかける声。

↑哨子 笛／哨巡 巡視する／哨哨 多言／哨人 歩哨／哨船 巡視船／哨箭 鏑矢／哨探 偵察する／哨道 見廻り／哨兵 番兵／哨路 斥候

↓営哨・口哨・巡哨・陣哨・歩哨

常【宵】 10 3022 〔宵〕 10 3022

ショウ(セウ) よい よる

篆文  金文 

形声 声符は肖(肖)。〔説文〕七下に「夜なり」とし、「宀は下冥きなり」とあって、冥い意があるとする。金文の字形では、月光のさし入る形かと思われ、明(明)が囧から月光の入るのと、相似た構造法である。

訓義 1よい、よる、ゆうべ。2くらい、おろか。3小さい。4綃と通じ、きぎぬ。

古訓 〔名義抄〕宵 ヨル・クラシ・ウク 〔字鏡集〕宵 カスミ・ヨル・クラシ・ウク・ヨヒ

語系 宵・消(消)・霄 siô は同声。光などが消えて、次第におぼろとなる状態をいう語であろう。

【宵旰】宵衣旰食。朝暗いうちに衣を整え、夜おそく食事をとる。唐・陸贄〔両河及び淮西の利害を論ずる表〕今、師興りて三年、久しと謂ふべし。稅、百物に及ぶ。繁なりと謂ふべし。陛下之れが爲に宵衣旰食す。憂勤すと謂ふべし。

【宵鐘】夜の鐘の音。唐・杜審言〔秋夜、臨津鄭明府宅に宴す〕詩 露白くして宵鐘徹り 風淸くして曉漏聞ゆ

【宵征】夜ゆく。祭事などを行う。〔詩、召南、小星〕肅肅として宵征く 夙夜公に在り 寔に命同じからず

【宵漏】夜の水時計。夜間。〔梁書、武帝紀下〕朕れ扆を負ひて君臨すること、百年將に半ばならんとす。宵漏未だ分たざるに、躬ら政事に勞し、白日西に浮ぶも、飧飯するに遑あらず。

↑宵靄 夜霧／宵衣 婦人の祭服／宵雨 夜雨／宵宴 夜宴／宵煙 夕煙／宵雅 小雅／宵会 夜会／宵暉 月光／宵錦 夜の錦／宵形 肖形／宵檠 かがり／宵警 夜警／宵月 夜月／宵夙 日夜／宵小 夜盗／宵牀 寝床／宵燭 蛍／宵晨 朝夕／宵寝 おそくねる／宵人 小人／宵夕 夕方／宵柝 夜まわり／宵中 秋分／宵直 宿直／宵程 夜の行程／宵魄 月の光／宵半 夜半／宵匪 夜盗／宵分 夜半／宵昧 夕暮／宵霧 夜霧／宵夜 夜／宵露 夜露／宵話 夜話

↓寒宵・元宵・今宵・残宵・終宵・夙宵・春宵・初宵・晨宵・清宵・中宵・昼宵・長宵・通宵・徹宵・半宵・良宵

常【将】 10 囚〔將〕 11 2724

ショウ(シャウ) ソウ(サウ) すすめる ひきいる おこなう まさに

篆文  金文  詛楚文 

会意 旧字は將に作り、爿+肉(肉)+寸。爿は足のある几(机)の形で、その上に肉をおいて奨め、神に供える。軍事には、将軍が軍祭の胙肉を奉じて行動した。その胙肉を𠂤といい、師の初文。帥もその形に従う。これを以ていえば、将はその胙肉を携えて、軍を率いる人である。殷器にはを標識として用いるものがあり、王族出自の親王家を示す図象であるらしく、その身分のものが軍将に任じ、作戦の中核となった。將・壯(壮)の字に含まれる爿は、その図象と関係があるものと思われる。〔説文〕三下に「帥ゐるなり」と訓し、醬の省声とするが、醬は将声に従う字であるから、将が醬の省声ということはありえない。奬(奨)は将の繁文。将は訓義多く、字書に列するものは五十数義に及ぶが、将帥が字の原義である。

訓義 1すすめる、ささげる、祭肉を神にすすめる。2ひきいる、その祭肉を携えて軍をひきいる。3おこなう、進める、おくる、いたす、なす、たすける、もつ、もちいる、やしなう。4おおきい、さかん、うつくしい。5ねがう、ねがはくは。6ほとんど、まさに、まさに～す。7副詞として、すなわち、あるいは。8助詞として、はた、かつ、ただ、それ、もし、なお。

古訓 〔名義抄〕将 スト・モノ・モツ・オクル・ヒキヰル・マサニ・ムス・コオフ・オホイナリ・ヤシナフ・タスク・ホトリ・カル・ユク・マサニ(〜)セントス・コフ・トモナフ・ヰテ・ヰル・モチ・モハラ・モテヰテ／戰将 イクサノキミ／将來 ユクスヱ・ヰテキタル・モチキタル・ユクサキ 〔字鏡集〕将 ムス・コフ・ユク・ス・ト・モツ・シテ・トモ・ヰル・モチ・ヤル・ハタ・ホシ・ウゴナフ・オホイナリ・モハラ・ヤシナフ・トモナフ・タレカ・イクサ・マサニ・オクル・ヒト、ナル・タマフ・オキテ・ヰテ・ヰル・モチヒル・タスク・ホトリ・オサム・

ヤスム・セントス・ウケル・ヒキヰル

声系 〔説文〕に将声として蔣(蔣)・奬など五字を収める。奬を〔説文〕十上に「犬を嗾して、之れを厲ますなり」とするが、犬牲を供える意であろう。

語系 将・奬・牂tziangは同声。肉を薦めて祭事を「将う」ことを将といい、犬牲を以てするを奬といい、これによって軍事を助けることを「牂く」という。軍の中堅を壯tzhiangというのは、将とともに、殷の金文図象と関係があるものと思われる。

【将迎】しよう(しやう)げい 送迎。南朝宋・謝霊運〔初めて郡を去る〕詩 心に負くこと二十載 今に於て将迎を廢す～遡溪、終ひに水涉し 登嶺、始めて山行す

【将順】しよう(しやう)じゆん うけ従う。〔史記、管晏伝論賛〕語に曰く、其の美を将順して、其の惡を匡救す。故に上下能く相ひ親しむなりと。豈に管仲の謂ひなるか。

【将相】しようしよう(しやうしやう) 大将。大臣。〔史記、陳渉世家〕壯士死せずんば卽ち已む。死せば卽ち大名を擧げんのみ。王侯将相、寧ぞ種有らんや。

【将帥】しよう(しやう)すい 将軍。〔礼記、楽記〕君子、鼓鼙(軍太鼓)の聲を聞けば、則ち将帥の臣を思ふ。

【将息】しよう(しやう)そく 養生する。唐・韓愈〔崔群に与ふる書〕大江の南、風土、以北に竝ひとしからず。将息の道、當に先に其の心を理むべし。

【将率】しよう(しやう)そつ 将帥。〔漢書、公孫弘卜式兒寬伝賛〕奉使には則ち張騫・蘇武、将率には則ち衞青・霍去病。

【将父】しよう(しやう)ふ 父をやしなう。〔詩、小雅、四牡〕王事盬むこと靡し 父を将ふに遑あらず

【将門】しよう(しやう)もん 大将の家柄。〔史記、孟嘗君伝〕文(孟嘗君の名)聞く、将門には必ず将有り、相門には必ず相有りと。

【将養】しようよう(しやうやう) 養いそだてる。晉・陶潛〔飲酒、二十首、十九〕詩 疇昔(かつて)長飢に苦しみ 耒を投じ去つて學仕するも 将養、節を得ず 凍餒固より己れに纏はる

【将来】しよう(しやう)らい 未来。前途。魏・文帝〔又鍾繇に与ふる書〕楚の和璞は、～疇昔に稱せらるる有り、聲を将來に流せり。

【将略】しよう(しやう)りやく 用兵の謀。〔三国志、蜀、諸葛亮伝〕用兵戢めず、屢〻其の武を耀やかす。然れども亮の才、戎を治むに於て長と爲し、奇謀を短と爲す。理民の(才)幹は、将略より優れり。

【将領】しようりよう(しやうりやう) 将帥。〔南斉書、呂安国伝〕安國、将領を以て任ぜられ、隱重にして幹局有り。

↑将愛 愛養/将位 大将の位/将引 扶助/将家 将門/将器 将軍の器/将戲 将棋/将御 治める/将護 守る/将校 武官/将佐 軍の高官/将材 将軍の器/将士 将卒/将指 中指/将次 ほとんど/将事 事を行う/将将 金玉の音、盛んで立派なさま/将食 養う/将摂 養生する/将送 送る/将美 ほめる/将弁 武弁/将命 取次ぐ

↓亜将・鋭将・客将・干将・悍将・裸将・騎将・強将・梟将・驍将・軍将・健将・賢将・豪将・次将・主将・首将・宿将・上将・神将・善将・賊将・大将・智将・闘将・飛将・裨将・扶将・武将・部将・副将・辺将・偏将・奉将・謀将・名将・猛将・勇将・虜将・良将・領将・老将

【峭】 10 2972 〔陗〕 10 7922 ショウ(セウ) けわしい

篆文 

形声 声符は肖(肖)。肖は末端の細く鋭い形のものをいう。山の峻険なるものを峭といい、人に施して峭厳・峭直、また力強い筆意などを峭勁という。〔説文〕十四下に字を陗に作り「陵なり」、また次条の陖字条に「陗高なり」とあって、峻峭を陵陗に作る。陵陗の従うところの𨸏は、神の陟降する神梯の象。険峻のところにある聖地をいう字である。

訓義 1けわしい、たかい。2きびしい、はげしい。

古訓 〔名義抄〕峭 サガシ 〔字鏡集〕峭 ケハシ・タカシ・オホキニサカシ

【峭覈】しよう(せう)かく 気象がきびしく徹底する。〔後漢書、第五倫伝論〕第五倫、峭覈を方だしと爲し、夫の愷悌(和らぎ親しむ)の士を非とす。

【峭急】しようきゆう(せうきふ) きびしく、せっかち。〔宋書、王准之伝〕性、峭急にして、頗ぶる縉紳の望を失す。

【峭勁】しよう(せう)けい つよくすぐれる。〔避暑録話、上〕(木竹杖、六節あり)密にして內實、略ぼ天壇の藤の如し。間〻突起の鶴膝の如き者有り。峭勁にして風霜に敵するに非ざれば、爾かること能はず。

【峭刻】しよう(せう)こく 苛酷。宋・司馬光〔司馬府君墓誌〕官に當りて公直、～律令に練習すと雖も、峭刻を爲さず、斷獄必ず人心に厭かしむることを求む。

【峭正】しよう(せう)せい 厳正。〔唐書、虞世南伝〕煬帝其の才を愛すと雖も、然れども峭正なるを疾み、甚だしくは用ひず。七品と爲り、十年徙らず。

【峭絶】しよう(せう)ぜつ このうえなく険しい。〔水経注、洛水〕又東して一合塢の南を逕ぐ。城は川の北原上に在り、高さ二十丈、南北東三箱、天嶮峭絶なり。

【峭直】しよう(せう)ちよく きびしく正しい。〔後漢書、第五倫伝〕倫、峭直なりと雖も、然れども常に俗吏の苛刻なることを疾む。三公と爲るに及び、帝の長者なるに値ひ、屢〻善政有り。

【峭抜】しよう(せう)ばつ 抜群にすぐれる。〔墨荘漫録、二〕王荊公(安石)の書、清勁峭拔、飄飄として凡ならず。世に之れを横風疾雨と謂ふ。

【峭壁】しよう(せう)へき 切りたった崖。陳・後主〔巫山高〕楽府 巫山、巫峽深し 峭壁、春林に聳ゆ

【峭法】しようほう(せうはふ) 苛法。〔淮南子、原道訓〕夫れ峭法刻誅なる者は、霸王の業に非ざるなり。箠策繁用なる者は、致遠の術に非ざるなり。

↑峭崖 険しいがけ/峭埆 石地/峭寒 厳寒/峭岸 危岸/峭刑 苛刑/峭健 剛健/峭巘 峭険/峭厳 厳酷/峭兀 突兀/峭秀 秀抜/峭峻 嶮峻/峭森 峭厳/峭整 厳正/峭蒨 鮮やか/峭薄 むごい/峭坂 急坂/峭立 直立する/峭麗 厳美

↓苛峭・冠峭・寒峭・岸峭・巖峭・奇峭・勁峭・潔峭・厳峭・孤峭・刻峭・巉峭・峻峭・崇峭・青峭・清峭・阻峭・直峭・壁峭・料峭

【悄】 10 9902 ショウ(セウ) うれえる しずか

篆文 

形声 声符は肖(肖)。肖は末端の細小なる形のものをいう。〔説文〕十下に「憂ふるなり」とあり、〔詩、邶風、柏舟〕「憂心悄悄」、〔詩、陳風、月出〕「勞心悄たり」のように、心が弱りしおれるさまをいう。

訓義 1うれえる、しおれる、うらむ。2しずか。

古訓 〔名義抄〕悄 ウレフ・ウラム・シヅカナリ・ヒクム・ヒソル・ツヽム・シヽム 〔字鏡集〕悄 ツヽム・―トヒソム・ヒソム・シ、ル・タシカナルコ、ロ・シヅカナリ・ウラム・ウレフ

語系 悄tsiô、消(消)・痟siôは声義が近い。心を消尽する状態を悄、そのために頭痛を催すことを痟という。

【悄焉】しよう(せう)えん 憂えるさま。南朝宋・謝荘〔月の賦〕悄焉として懷ひを疾ため、中夜に怡ばず。

【悄悄】しようしよう(せうせう) 憂えなやむさま。〔詩、小雅、出車〕憂心悄悄

として 僕夫況ここに瘁なしむ

【悄然】 悄焉。唐・白居易〔長恨歌〕詩 夕殿螢飛んで、思ひ悄然たり 孤燈挑げ盡して、未だ眠りを成さず

↑悄兮 悄然／悄乎 凜とした／悄語 私語／悄声 低声／悄静 安静／悄寂 心寂しい／悄戚 心悄寂／悄切 哀切／悄愴 心がいたむ／悄沈 心が沈む／悄密 秘密／悄黙 寂静／悄悒 憂える

↓魂悄・淒悄

【悚】 10 9509 ショウ おそれる

形声 声符は束。束に竦の声がある。「悚懼」のように用い、おそれつつしむ意がある。

訓義 ①おそれる、つつしむ。②あわてる、はじる。

古訓 〔名義抄〕悚 オヅ・オソル・カシコマル・ヲノヽク・フルフ・ハヂ・ミヤビト

【悚荷】 心にはじる。宋・蘇軾〔姜唐佐秀才に与ふる、六首、二〕特り遠貺を辱うし、意甚だ勤重なり。衰朽廢放、何を以て此れ獲ん。悚荷已まず。

【悚懼】 おそれ敬む。〔文中子、礼楽〕古の明王、未だ見ざる所を敬愼し、未だ聞かざる所に悚懼す。

【悚然】 おそれる。肅然となる。〔北斉書、李絵伝〕音辭辯正、風儀都雅、聽く者悚然たり。

【悚慄】 おそれふるえる。〔旧唐書、徐有功伝〕則天、色を厲しくして之れを詰む。左右、悚慄せざる莫し。有功、神色撓まず、之れを爭ふこと彌いよ切なり。尋いで秋官員外郎に轉ぜられる。

↑悚異 驚く／悚慨 恐惶／悚駭 おそれ驚く／悚企 切望する／悚悸 おびえる／悚怍 恥じる／悚慙 悚怍／悚恧 悚怍／悚悚 悚然／悚戦 悚慄／悚仄 不安／悚惕 おそれおののく／悚抃 喜ぶ／悚躍 喜ぶ／悚立 聳立する／悚厲 おそれはげむ

↓歓悚・危悚・矜悚・兢悚・傾悚・慚悚・神悚・震悚・戦悚・恋悚

【捎】 10 5902 ショウ(セウ) ソウ(サウ) とる はらう

篆文 

形声 声符は肖(肖)。〔説文〕十二上に「關より已西、凡そ物の上を取る者を撟捎と爲す」とあり、物の上部をかすめとることをいう。

訓義 ①とる、かすめとる、はらいとる、はらう。②えらぶ、きりとる、のぞく。

古訓 〔名義抄〕捎 ハラフ・スル・ウツ・キル・イタヅラ 〔篇立〕捎 ウツ・ツカム・キル・ハラフ 〔字鏡集〕捎 イタヅラ・スル・ウツ・ウル・ヲル・ノル・ハラフ

↑捎雲 高雲／捎毬 打毬／捎殺 うつ／捎星 星を払う／捎帯 携帯する

↓上捎・風捎・払捎

【晌】 10 6702 ショウ(シャウ) まひる

形声 声符は向。正午。元曲などにみえる語。のち量詞に用いる。

訓義 ①まひる。②時、半時。③広さをいう、一晌は九畝、一日の田植面積。

↑晌覚 午にめざめる／晌午 正午／晌睡 午睡／晌晴 晴れ／晌飯 午飯

【浹】 10 3413 ショウ(セフ) ソウ(サフ) あまねし うるおす

篆文 

形声 声符は夾。夾に映・翜の声がある。〔説文新附〕十一上に「洽し」、〔爾雅、釈言〕に「徹るなり」とあり、ひろくゆきわたることをいう。

訓義 ①あまねし、あまねくゆきわたる、とおる。②うるおす、うるおう。

古訓 〔名義抄〕浹 トホル・カヨフ・メグル・ソヽグ・アツム・アマネシ

【浹歳】 一年。〔明史、文苑二、唐寅伝〕里の狂生張靈と酒を縱にして、諸生の業を事とせず。祝允明、之れを規む。乃ち戶を閉すこと浹歲。

【浹辰】 十二支一巡。十二日。宋・邵雍〔商守宋郎中の早梅に和す〕詩 山南の地は似たり、嶺南の溫きに 臘月梅開きて、已に浹辰

【浹髄】 身にしみこむ。明・宋濂〔故陳母林婦人墓誌銘〕子女子と雖も亦た人に度越する者有り。此れ他無し、書詩の澤、浹髓淪肌、愈いよ遠くして愈いよ忘れざればなり。

↑浹会 あまねく集まる／浹月 一月／浹行 あまねし／浹洽 ゆきわたる／浹時 一時期／浹日 一日／浹旬 十日／浹浹 うるおう／浹旦 一昼夜／浹宙 大空／浹通 とおる／浹徹 とおる／浹堂 満堂／浹偏 あまねし／浹和 和洽

↓遠浹・恩浹・款浹・均浹・弘浹・洽浹・濡浹・周浹・旬浹・普浹・流浹

常 【消】 10 3912 〔消〕 10 3912 ショウ(セウ) きえる つきる

篆文 

形声 声符は肖(肖)。肖は末端の細小なる形のものをいう。〔説文〕十一上に「盡くるなり」とあり、消え失せる意。消息・消長は対義語。消滅・消耗のように用いる。

訓義 ①きえる、つきる、なくなる。②よわる、おとろえる。③銷と通じ、とける。

古訓 〔名義抄〕消 キユ・トク・キヨシ・カハリ・ツクス・サイハヒ・ツカリ・ケス 〔字鏡集〕消 ツカリ・トク・キユ・ツクス・ヤム・ツクルナリ・ケス・キヨシ・カハク

語系 消・銷siôは同声。鑠・爍sjiôkは声近く、銷・鑠は火にとかされること、爍はそのとき光を発することをいう。潐tziôは水につかって消尽することをいう。みな消尽の意がある。

【消歇】 消失。北周・庾信〔詠懐に擬す、二十七首、五〕詩 壯情、已に消歇す 雄圖、復た申びず 華陰の下に移住し 終に關外の人と爲る

【消遣】 気晴らし。唐・鄭谷〔中秋〕詩 此の際、消遣し難し 從來未だ禪を學ばず

【消魂】 心が消え入る。唐・綦毋潛〔宋秀才を送る〕詩 長劍、天外に倚り 短書、萬言盈つ 秋風に一たび送別す 江上、黯として消魂す

【消散】 消え失せる。〔韓非子、解老〕唯だ夫れ天地の剖判(開闢)と具に生じ、天地の消散するに至るも、死せず衰へざる者を、常と謂ふ。

【消愁】 愁いをけす。〔顔氏家訓、雑芸〕彈棊も亦た近世の雅戲なり。愁ひを消し憒れを釋く。時に之れを爲すべし。

【消瘠】 衰弱。〔後漢書、陳紀伝〕父の憂(死)に遭ひ、哀至る每に輒ち歐血絕氣す。衰服已に除くと雖も、積毀消瘠、殆ど將に性を滅せんとす。

【消息】 消長する。〔易、豊、彖伝〕日、中すれば則ち昃き、月盈つれば則ち食く。天地盈虛し、時と消息す。而るを況んや人に於てをや。

【消長】 盛衰。栄枯。宋・蘇軾〔赤壁の賦〕客も亦た夫の月と水とを知るか。逝く者(水)は斯の如くなれども、未だ嘗て往かざるなり。盈虛する者は彼の如くなれども、卒に消長すること莫きなり。

【消滅】 消え失せる。〔列子、楊朱〕生には則ち賢愚貴賤有り。是れ異なる所なり。死には則ち臭腐消滅有り。是れ

同じき所なり。
【消耗】しょう(せう)もう しょうこう(せうかう) すりへる。唐・陸亀蒙〔江湖散人歌〕詩 聖人の事業、轉た消耗す 尙ほ漁者の熙熙(楽しみ和らぐ)を存する有り
【消憂】しょうゆう(せういう) 憂さをはらす。晉・陶潛〔帰去来の辞〕親戚の情話を悅び、琴書を樂しみて、以て憂ひを消す。
【消揺】しょうよう(せうえう) さまようように歩く。逍遥。〔礼記、檀弓上〕孔子蚤く作き、手を負ひ杖を曳き、門に消搖す。歌ひて曰く、泰山其れ頽れんか、梁木其れ壞れんか、哲人其れ萎まんかと。
↑消夷 滅ぶ／消越 消える／消化 こなす／消夏 銷夏／消渴 糖尿／消羯 消える／消寒 銷寒／消渙 消散／消閑 暇つぶし／消毀 消滅／消極 退嬰／消光 日を過ごす／消索 尽きる／消失 消滅／消日 消光／消釈 消爍／消爍 とける／消洒 酔い醒め／消暑 銷夏／消食 消化／消衰 衰える／消沮 衰える／消痩 衰える／消損 減る／消中 消渇／消殄 絶滅する／消蕩 平らげる／消年 消光／消費 ついやす／消靡 弱める／消伏 はらう／消復 回復する／消亡 消滅／消摩 招摩／消磨 すり減る／消悶 消憂／消夜 徹夜／消爛 ただれる／消煉 とかす
↓意消・捐消・烟消・解消・蠲消・削消・雪消・損消・費消・氷消・抹消・霧消

常

【症】 10 0011 ショウ(シャウ) やまい

形声 声符は正。古くは證(証)の字を用いたが、のち病状などについては症を用いる。證から分化した、その俗字である。

訓義 1やまい。2やまいのしるし。

語系 症・證・徵(徵) tjiang は同声。徵は徵証のあること。もと共感呪術を示す字で、その応徵を求める意。敵を懲らす意。その応徵のあることを證といい、症はその俗字。みな一系の語である。

↑症候 症状のあらわれ／症状 病状
↓炎症・軽症・重症・真症・難症・病症・労症

常

【祥】 10 3825 〔祥〕 11 3825 ショウ(シャウ) さいわい しるし

篆文  金文 

形声 声符は羊。羊に庠・詳の声がある。〔説文〕一上に「福なり」、〔爾雅、釈詁〕に「善なり」とするが、吉凶いずれにも用いる字である。〔左伝、昭十八年〕「大祥」の注に「變異の氣なり」といい、妖祥をいうこともあるが、おおむねは吉祥の意に用いる。〔説文〕羊部四上に「羊は祥なり」とあり、羊神判によって吉凶を判ずることから、その意となったものであろう。

訓義 1さいわい、めでたい、よいしるし。2しるし、吉凶のしるし、前ぶれ。3わざわい、わるいしるし、むくい。4神、吉凶を下すもの。5忌明けのまつり。6詳と通じ、つまびらか。

古訓 〔名義抄〕祥 ヨシ・ツバビラカニ・サカユ・ヨクス・マサル 〔字鏡集〕祥 サカユ・サイハヒ・ヨシ・ヤスシ・ツバビラカニ・ヨクス

語系 祥 ziang、羊 jiang は声近く、祥は羊神判に関する字。漢鏡や瓦当に羊を祥の意に用いる。

【祥異】しょうい(しやうい) 変兆。〔後漢書、楊賜伝〕(霊)帝～中常侍曹節、王甫をして、問ふに祥異禍福の在る所を以てす。賜、～乃ち書もて對へて曰く、～今殿前の氣、應に虹蜺と爲るべし。皆妖邪の生ずる所、不正の象なり～と。
【祥雲】しょううん(しやううん) めでたい雲。唐・杜牧〔長安雑題、長句六首、五〕詩 祥雲輝映して、漢宮紫に 春光繡畫して、秦川明らかなり
【祥応】しょうおう(しやうおう) 祥瑞。〔漢書、劉向伝〕祥應の福を考へ、災異の禍を省み、以て當世の變を揆る。
【祥気】しょうき(しやうき) 瑞気。晉・傅玄〔晋、鼓吹曲、玄雲〕楽府 玄雲、丘山に起り 祥氣、萬里に會す
【祥光】しょうこう(しやうくわう) めでたい光。瑞光。梁・任昉〔宣徳皇后、敦く梁王に勧むるの令〕是こを以て祥光總べて至り、休氣四もに塞がる。
【祥瑞】しょうずい(しやうずい) めでたいことのしるし。〔漢書、元后伝〕上は天心に順ひ、下は百姓を安んず。此れ正義善事、當に祥瑞有るべし。何の故に災異を致さん。

↑祥哀 忌明けの祭／祥煙 瑞煙／祥暇 幸福／祥輝 瑞光／祥徽 瑞兆／祥禽 瑞鳥／祥慶 吉慶／祥月 命日／祥芝 霊芝／祥祉 幸い／祥日 喪祭の日／祥車 柩車／祥序 庠序／祥祲 祥禫 忌明け／祥兆 吉兆／祥禎 幸い／祥風 瑞風／祥福 嘉福／祥氛 瑞気／祥変 祥異／祥夢 吉夢／祥妖 吉凶／祥霊 神霊
↓嘉祥・禧祥・禨祥・吉祥・休祥・啓祥・献祥・考祥・降祥・災祥・順祥・淑祥・垂祥・瑞祥・清祥・善祥・多祥・徵祥・定祥・禎祥・天祥・発祥・方祥・不祥・符祥・福祥

人

【秤】 10 2194 ショウ はかり

会意 禾+平(平)。穀糧をはかる天秤をいう。稱(称)の俗字。稱は禾と冉(重りの形)に手を加え、称りを称げて穀糧を称る意で、のち天秤を用いて錘と平衡をとるので、秤の字形が作られた。

訓義 1はかり、称錘。2わが国では天秤という。

古訓 〔名義抄〕稱・秤 俗、ハカリ・ハカル・カナフ・オモシ

＊語彙は称字条参照。

【秤衡】しょうこう(かう) 天秤。〔夢渓筆談、異事〕錢塘に聞人紹といふ者有り。常に一劍を寶とす。十大釘を以て柱中に陷れ、劍を揮ひて一削せば、十釘皆截れ、隱として秤衡の如し。而して劍鋒には纖跡も無し。～之れを縱てば鏗然として聲有り。
【秤象】しょうぞう(ざう) 象の重さを量る。〔三国志、魏、鄧哀王沖伝〕生まれて五六歳、～時に孫權曾て巨象を致す。太祖其の斤重を知らんと欲す。～沖曰く、象を大船の上に置き、其の水痕の至る所を刻し、物を稱りて以て之れを載せば、則ち校りて知るべしと。太祖大いに悅び、即ち施行す。

↑秤扞 天秤／秤竿 秤扞／秤権 秤錘／秤心 公平／秤水 魚躍る／秤錘 はかりの分銅／秤提 量る／秤盤 量り皿／秤量 はかりにかけて量る
↓竿秤・天秤

常

【称】 10 2799 〔稱〕 14 2295 ショウ はかる あげる ほめる となえる いう

篆文 

形声 旧字は稱に作り、爯声。爯は「稱錘」(はかりの重り)を上から下げている形で、穀量を称ることをいう。〔説文〕七上に「銓るなり」とみえる。織物の糸数を数えるときにも用いる。称るときの動作から、上に挙げる意となる。人を称揚するときは、偁がその本字である。

訓義 1はかる、称錘をあげてはかる、重さをはかる。2あげる、ひきあげる、もちあげる。3はかり、つりあう。4ほどあい、かなう、そろう、たる。5偁と通じ、たたえる、ほめる、のべる、となえる、いう、ほまれ、すぐれる。

古訓 〔名義抄〕稱 カナフ・ノタハク・ハカリ・アグ・ホム・ハカル・ナツク・ヨシ・イハク 〔字鏡集〕稱 カナヘリ・イハク・ヨシ・ハカル・ナツク・カマフ・ナ・ノタマハク・アグ・カク・クフ・オモシ・ホ

ム・ハカリ

語系 稱・爯・偁thjiangは同声。偁は〔説文〕八上に「揚ぐるなり」とあって、称揚の意。唱thjiangと声近く、唱は〔説文〕二上に「導くなり」とあって唱導の意。稱・偁・唱の声義に通ずるところがある。また勝（勝）sjiangにも「勝ぐ」「勝う」の意がある。

【称意】心にかなう。唐・高適〔李別駕の壁に題す〕詩 一生意に稱ふ、能く幾人ぞ 今日、君に從つて終始（道の終始）を問ふ

【称謂】名称。〔晋書、后妃下、孝武文李太后伝〕幽顯謀を同じうすと雖も、稱謂未だ盡さず、仰ぎて聖心を述べ、允に天人に答ふる所以に非ず。宜しく名號を崇正し、舊典を詳案すべし。

【称引】引証する。〔史記、孟子伝〕（騶衍）天地剖判以來、五德轉移し、治に各と宜有りて、符應すること、茲の若くなることを稱引す。

【称挙】挙用。〔史記、秦始皇紀〕今（趙）高は素と小賤なり。陛下幸ひに稱擧し、上位に在りて中事を管らしむ。大臣鞅鞅として、特だ貌を以て臣に從ふのみ。其の心、實は服せず。

【称号】名号をとなえる。〔史記、主父偃伝〕秦王に至るに及んで、天下を蠶食し、戰國を幷吞し、稱號して皇帝と曰ひ、海内の政を主る。

【称賛】ほめる。〔魏書、張烈伝〕高祖曰く、～太子步兵張烈、每に軍國の事を論じ、時に人意に會する處有り。朕之れを用ひんと欲す。何如んと。彭城王勰、之れを稱贊し、遂に敕して陵江將軍・順陽太守に除す。

【称旨】天子のみ心にかなう。〔漢書、孔光伝〕成帝初めて位に卽き、擧げて博士と爲す。數と冤獄を錄し、風俗を行り、流民を振贍せしむ。使を奉じて旨に稱ひ、是れに由りて名を知らる。

【称疾】病気といいたてる。〔戦国策、中山〕王、武安君を使せしめんと欲す。武安君、疾と稱して行かず。王乃ち應侯をして、～之れを責めしむ。

【称述】ほめていう。〔漢書、循吏、召信臣伝〕高第に擧げられ、上蔡の長に遷る。其の治、民を視ること子の如く、居る所稱述せらる。

【称心】心にかなう。晋・陶潜〔時運〕詩 人も亦た言へる有り 心に稱へば足り易しと 茲の一觴を揮ひて 陶然として自ら樂しむ

【称制】天子に代わって政務をとる。〔後漢書、朱穆伝〕和熹太后、女主を以て稱制してより、公卿に接せず、乃ち閹人（宦官）を以て常侍と爲す。～此れより以來、權、人主を傾け、天下を窮困す。宜しく皆罷遣すべし。

【称貸】貸しつけて利息をとる。〔孟子、滕文公上〕終歲勤動するも、以て其の父母を養ふことを得ず。又稱貸して之れを益し、老稚をして溝壑に轉ぜしむ。惡くんぞ、其れ民の父母爲るに在らんや。

【称歎】ほめたたえる。〔三国志、呉、虞翻伝注に引く会稽典録〕（徐）陵の子平、字は伯先、童齔（幼童）にして名を知らる。翻、甚だ之れを愛し、屢と稱歎す。

【称美】ほめる。宋・欧陽脩〔朋党論〕更と相ひ稱美推讓して自ら疑はざるは、舜の二十二臣に如くは莫し。舜も亦た疑はずして皆之れを用ふ。

【称兵】挙兵。漢・潘勖〔魏公（曹操）に九錫を冊する文〕袁紹は常に逆らひ、社稷を危くせんことを謀り、其の衆を憑恃し、兵を稱げて内に侮る。～君、大節を執り、～大いに醜類を殲くし我が國家をして危墜より拯はしむ。此れ又君の功なり。

【称誉】ほめる。〔史記、儒林、伏生伝〕（兒）寬、人と爲り溫良、廉智ありて自ら持す。～文に敏なるも、口に發明すること能はず。（張）湯以て長者と爲し、數と之れを稱譽す。

【称揚】ほめあげる。〔礼記、祭統〕夫れ鼎に銘有り。銘なる者は自ら名づくるなり。自ら名づけて以て其の先祖の美を稱揚し、之れを後世に明著にする者なり。

【称老】自ら老と称し、たかぶる。〔礼記、曲礼上〕夫れ人子爲る者は、～遊ぶ所必ず常有り、習ふ所必ず業有り、恆言に老と稱せず。

↑称歌 称賛／称快 快哉／称愜 心にかなう／称計 数える／称慶 喜ぶ／称顕 ほめあらわす／称言 ほめていう／称呼 よび名／称責 称貸／称讃 称賛／称贄 礼物／称首 第一にあげる／称寿 頌寿／称襲 衣一襲／称順 たたえしたがう／称奨 称賞／称頌 賛頌／称誦 称頌／称賞 ほめる／称觴 乾杯／称情 心にかなう／称職 適任／称遂 仕上げる／称数 適宜／称声 声誉／称盛 立派だとほめる／称説 述べたてる／称羨 称賛／称薦 ほめすすめる／称達 称薦／称道 ほめる／称徳 徳をたたえる／称伐 功をほめる／称媚 ほめ媚びる／称病 称疾／称慕 慕う／称褒 ほめる／称望 名望／称喩 たとえ／称乱 反乱する／称量 はかる

↓異称・仮称・佳称・過称・徽称・旧称・虚称・敬称・謙称・顕称・古称・呼称・誇称・公称・嗟称・詐称・私称・自称・時称・主称・殊称・誦称・声称・盛称・僭称・賤称・尊称・他称・著称・追称・通称・伝称・独称・美称・並称・褒称・名称

常 **【笑】** 10 8843 ［咲］ 9 6803 ショウ（セウ） わらう

篆文

象形 巫女が手をあげ、首を傾けて舞う形。若（若）も巫女が両手をかざして舞う形で、その前に祝詞の器である𠙵をおく。両字の構造は近く、艸・竹は両手の形である。字はもと𥬇・咲（咲）に作り、〔漢書、叙伝上〕に「談𥬇」とあり、𥬇は笑の初文。〔説文新附〕五上に笑を録し、竹と犬とに従うとする旧説や、竹と夭とに従うとする李陽冰の説をしるしている。夭は夭屈して巫女が舞う形。上部はかざした手の形。神意をやわらげるために、「笑いえらぐ」動作をすることをいう。

訓義 1わらう、ほほえむ。2よろこぶ。3花さく。

古訓 〔名義抄〕笑 ワラフ・メクル／咲 ワラフ・エム・エ・ヱワラフ 〔篇立〕笑 ワラフ・メグム 〔字鏡集〕咲 ワラフ・ソス・ヱワラフ・エム・ホム／笑 メクル・ハラフ・ヨロコブ

【笑謔】わらいたわむれる。〔後漢書、皇后上、光烈陰皇后紀〕后、位に在りて、恭儉にして嗜玩少なく、笑謔を喜ばず。性仁孝にして、矜慈多し。

【笑言】わらいながら話す。〔史記、滑稽、優旃伝〕優旃は秦の倡侏儒なり。善く笑言を爲す。然れども大道に合ふ。

【笑語】笑言。〔礼記、祭義〕齊するの日、其の居處を思ひ、其の笑語を思ひ、其の志意を思ふ。

【笑傲】笑いおごる。唐・李白〔江上吟〕詩 興酣にして、筆を落して五嶽を搖るがし 詩成つて笑傲して、滄洲を凌ぐ

【笑殺】わらいとばす。唐・李白〔当塗の趙炎少府の粉図山水歌〕詩 若し功の成るを待ちて、衣を拂つて去らば 武陵の桃花、人を笑殺せん

【笑疾】笑いぐせ。〔晋書、陸雲伝〕（陸）機、初めて張華に詣る。華、雲は何くに在るかと問ふ。機曰く、雲に笑疾有り。未だ敢て自ら見ずと。俄にして雲至る。

【笑倒】笑いこける。〔独異志、下〕陸雲に笑癖有り。

嘗て司空張華に謁す。華、鬚多し。袋を以て之れを盛る。雲、華を見て、面を拜するに及ばずして笑倒す。

【笑柄】笑い草。清・趙翼〔絶句一、納涼〕詩 夜深く歸去し、橫陳に就く 一語應に笑柄を添へて新たなるべし

【笑靨】えくぼ。前蜀・韋莊〔落花を歎ず〕詩 西子(施)去る時、笑靨を遺せり 謝娥、行く處に金鈿を落す

【笑楽】笑い楽しむ。金・元好問〔東坡に学んで居を移す、八首、八〕詩 我れ野史の亭を作り 日に諸君と期し 相ひ從ひて一たび笑樂せん 來事知ることを庸ふる無し

↑笑啞 笑声/笑悦 悦ぶ/笑音 笑い声/笑呀 笑う/笑頷 うなずく/笑喜 笑い喜ぶ/笑嘻 笑い喜ぶ/笑戯 笑い戯れる/笑噱 大笑いする/笑具 笑い草/笑劇 喜劇/笑瞼 笑顔/笑粲 笑う/笑刺 笑い草/笑嗤 嘲笑する/笑資 笑い草/笑祝 喜んで祝う/笑誚 そしる/笑哂 あざ笑う/笑声 笑い声/笑端 笑い草/笑断 笑殺/笑談 談笑/笑嘲 嘲笑する/笑調 笑弄/笑破 笑う/笑罵 ののしる/笑顰 顔をしかめて笑う/笑侮 侮り笑う/笑癖 笑疾/笑抃 喜んで拍手する/笑面 笑い顔/笑覧 ご覧下さい/笑憐 憐れみ笑う/笑弄 たわむれ笑う/笑話 笑い話

↓一笑・燕笑・艶笑・可笑・歌笑・譁笑・詼笑・酣笑・歓笑・観笑・含笑・翫笑・喜笑・熙笑・嘻笑・嬉笑・戯笑・謔笑・強笑・嬌笑・苦笑・喧笑・言笑・娯笑・巧笑・哄笑・三笑・蚩笑・嗤笑・嗜笑・失笑・哂笑・窃笑・大笑・談笑・嘲笑・調笑・諂笑・買笑・発笑・非笑・鄙笑・媚笑・微笑・嚬笑・憫笑・貶笑・抃笑・棒笑・目笑・黙笑・靨笑・冷笑・斂笑・朗笑

【釗】 10 8210 ショウ(セウ) ソウ(サウ) けずる

篆文

会意 金＋刀。金属性のものを削る意。〔説文〕四下に「刓るなり」とみえる。〔爾雅、釈詁〕に見る、勉める、〔方言、七〕に超遠とする訓がある。

訓義 1けずる。2砮のはじき、ばねのところ。3みる、つとめる。4とおい。5人の名、周の康王、名は釗。

古訓 〔名義抄〕釗 ハサミ 〔篇立〕釗 シラケ 〔字鏡集〕釗 トホル・ケヅル・ミル

【陞】 10 7421 ［升］ 4 2440 ショウ のぼる すすむ

形声 声符は升。〔広雅、釈詁一〕に「上るなり」とあり、〔楚辞、離騒〕「勉めて陞降して以て上下せよ」のように、天地の間に往来する意に用いる。自は神梯の象。陟降は神の陟降することをいう。升・阩は陞の略字とみてよい。

訓義 1のぼる、高所にのぼる、神聖なところにのぼる。2すすむ、すすめる。

古訓 〔名義抄〕陞 クヅル・フス・ノボル・ス、ム 〔字鏡集〕陞 コユ・ス、ム・ヲツ・ツ、ム・クヅル・フス・ノボル

語系 陞・升・昇sjiəngは同声。登təngは神饌を登薦する意の字であるが、また登陞の意にも用いる。陟tiək、乘(乗)djiəngもみな声義の近い語である。

【陞降】昇降。〔楚辞、離騒〕曰く、勉めて陞降して以て上下し 榘矱の同じき所を求めよ

↑陞科 租税の台帳/陞過 増加分/陞官 昇任/陞見 謁見/陞座 即位/陞擦 税の増減/陞車 車にのぼる/陞受 陞叙/陞叙 昇級する/陞進 昇進する/陞遷 栄転/陞則 昇級する/陞調 黜陟/陞用 昇進する

【偁】 11 2225 ショウ あげる

篆文

甲骨文
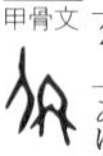
金文

形声 声符は爯。〔説文〕八上に「揚ぐるなり」とあり、称揚することをいう。爯は称錘(重り)をあげる形。稱(称)は穀量を「称る」意。偁が称揚の意の字であるが、のち多く稱を用いる。

訓義 1あげる、ほめる、たたえる。2いう、その名をいう。3このむ。4称と通じ、はかる。

古訓 〔名義抄〕偁 イハク・ノタマハク・タスク・アグ・ノリ・イフ

語系 偁・爯・稱thjiəngは同声。称揚・称謂の字には、もと偁を用いた。唱thjiangも偁と声義の近い語である。

＊語彙は称字条参照。

常 【唱】 11 6606 ［倡］ 10 2626 ショウ(シャウ) となえる うた

篆文

形声 声符は昌。〔説文〕二上に「導くなり」とあり、〔詩、鄭風、蘀兮〕「倡なふれば予女に和せん」の倡和は、唱和の意。先ず唱えてこれに和するので、唱導の意がある。歌垣などでまず発唱することをいう。倡とはその人をいう。

訓義 1となえる、となえはじめる、うたいはじめる。2うた、うたごえ。

古訓 〔名義抄〕唱 トナフ・ウタフ・ヨバフ・コシラフ・ウナガス・アツ・ムカフ・ウタ 〔字鏡集〕唱 ウナガス・ミチビク・ムカフ・マツ・コシラフ・ウタフ・ヨバフ・トナフ・イサナフ

語系 唱・倡・娼thjiangは同声。偁・稱(称)thjiəngはその声義が近い。歌唱には唱といい、言辞には稱という。

【唱于】うなるような声。〔荘子、斉物論〕前なる者は于と唱へ、随ふ者は喁と唱ふ。冷風には則ち小和し、飄風には則ち大和す。

【唱歌】歌をうたう。唐・李遠〔黄陵廟詞〕詩 輕舟小楫、唱歌して去る 水遠く山長く、人を愁殺す

【唱義】大義を唱える。〔後漢書、李通伝〕通、布衣にして義を唱へ、大業を助成す。重ぬるに寧平公主の故を以て、特に親重せらる。

【唱酬】詩文などをやりとりする。宋・蘇軾〔次韻して(李)邦直、子由(蘇轍)に答ふ、五首、三〕詩 車馬追陪して、迹未だ掃はず 唱酬往復して、字も應に漫(滅)すべし

【唱導】前導提唱する。宋・司馬光〔文中子補伝〕發端唱導する者、二家の罪に非ずして誰ぞや。此れ皆議論の聖人に合はざる者なり。

【唱名】名をよびあげる。〔宋史、韓琦伝〕琦、風骨秀異、弱冠にして進士に擧げられ、名は第二に在り。方に名を唱ふ。太史奏す。日下に五色の雲見はれたりと。左右皆賀す。

【唱和】詩歌を唱酬する。唐・張籍〔元九少府(稹)を哭す〕詩 聞來、各〻數ふ、經過の地 醉後、齊しく吟ず、唱和の詩

↑唱戯 演劇/唱経 誦経/唱曲 うた/唱言 首唱/唱好 喝采/唱諢 劇本/唱始 先唱/唱師 唱導者/唱書 講談/唱嘯 歌う/唱随 夫唱婦随/唱籍 点呼/唱善 称美/唱道 唱導/唱片 レコード/唱乱 乱を起こす

↓哀唱・愛唱・暗唱・一唱・逸唱・艶唱・謳唱・歌唱・合唱・酣唱・漁唱・吟唱・呼唱・孤唱・鼓唱・好唱・哄唱・高唱・講唱・三唱・賛唱・重唱・従唱・粛唱・徐唱・樵唱・酔唱・斉唱・清唱・絶唱・先唱・前唱・対唱・低唱・提唱・掉唱・独唱・夫唱・復唱・覆唱・奉唱・梵唱・名唱・流唱・輪唱・朗唱

【唼】 11 6004 ショウ(セフ) ソウ(サフ) くらう

形声 声符は妾しょう。楚・宋玉の〔楚辞、九弁、五〕に「鳧雁ふ皆夫かの粱藻を唼らふ」とあり、鳥がついばむようなたべかたをいう。

訓義 1くらう、すする、ついばむ。2ついばむ音。3つげる、つげぐち、そしる。4喋と通じ、ふむ。

古訓 〔名義抄〕唼 ハム・クラフ・スフ・ノム・ス、ル・フクム・ハナヒル

【唼唼】しょうしょう（せふせふ） ぼそぼそと口を動かす。魚鳥が食を求めるさま。唐・温庭筠〔昆明池水戦〕詞 茂陵（司馬相如）僊去して、菱花老ゆ 唼唼たる游魚、煙島に近し

↑唼血そうけつ 血盟／唼食しょうしょく 咬む／唼舌しょうぜつ 多弁／唼藻しょうそう 藻を食う／唼喋しょうちょう 低い声で語る／唼佞しょうねい 讒言

常【商】11 0022 〔啇〕11 0022 〔𧶠〕15 0080

ショウ（シャウ） はかる たまう あきなう

篆文 古文 籀文 甲骨文 金文

会意 辛しん＋冂＋口。辛は把手のある大きな辛器で、入墨に用いるもの。刑罰権を示す。冂はこれを樹てる台座の形。その前に、神に祈る祝詞の器（口さい）をおく。神に「商はか」ることを原義とする字である。遹いつの従うところの矞と似ており、矞は台座の上に矛ほこを立て、祝詞をそえた形。遹は神威を奉じて巡察遹正いっせいを加えることをいう。商は殷王朝の正号。その都を卜辞に「大邑商」という。〔説文〕三上に「外よりして内を知るなり」という。すなわち商搉すること、推測の意とするが、神意を問うことを原義とする。商は古くは賞の意に用い、商の下に貝を加えた。𧶠はその略字であろう。賞は報償として与えられることが多く、また償の意となる。商をその義に用い、ついに商賈の意となる。商賈の意は最も後起の義である。

訓義 1はかる、神にはかる。2賞の初文で、たまう、ほめる。3あきなう、あきうど。4除法、割算の答え。5五音の一で、秋に配する。

古訓 〔和名抄〕商 商賈、師説、阿岐比斗（あきひと）〔名義抄〕商 アキヒト・ハカル・アキナフ・アキ

声系 〔説文〕に商声として𧶠を収め、商の省声とする。金文の賞は商の下に貝を加えた字形である。

語系 商・𧶠sjiangは同声。〔説文〕六下に𧶠を「行賈なり」と商賈の意とする。

参考 商は殷王朝が滅んだのち、その民が離散して商賈となったとする説があるが、商は殷の大号。もし蔑称とするならば、殷を用いるはずである。商は賞の初文。有償の行為が商賈となったとみるべきであろう。

【商歌】しょうか（しやうか） さびしい調子の歌。〔淮南子、氾論訓〕夫それ百里奚の飯牛、伊尹いんの負鼎、太公の鼓刀（料理）、甯戚の商歌、其の美存する者有り。

【商搉】しょうかく（しやうかく） 考え定める。晉・陸機〔呉趨行〕楽府 淑美窮きはめ紀し難し 商搉して此の歌を爲す

【商議】しょうぎ（しやうぎ） 相談。唐・白居易〔茂昭に与ふる詔〕如もし或いは乖異くわいあらば、續つぎて商議する有れ。卿けい宜しく睦隣ぼくりんを以て事と爲し、國を體するを心と爲せ。

【商賈】しょうこ（しやうこ） 商人。〔戦国策、趙三〕天下の士に貴ぶ所の者は、人の爲に患を排し難を釋とき、～取る所無ければなり。卽もし取る所有る者は、是れ商賈の人なり。（魯）仲連は爲すに忍びざるなり。

【商工】しょうこう（しやうこう） 商人と製作者。〔左伝、襄九年〕其の卿は善に讓り、其の大夫は守を失はず、其の士は教に競ひ、其の庶人は農穡のうしよくに力つとめ、商工阜隸ふれいは業を遷うつすことを知らず。

【商較】しょうこう（しやうかう） はかりくらべる。〔宋書、袁豹伝〕豹、善く雅俗を言ひ、毎つねに古今を商較し、兼ぬるに誦詠を以てす。聽く者、疲れを忘る。

【商市】しょうし（しやうし） 市場。〔韓非子、難二〕商市關梁の行を利し、能く有る所を以て無き所に致す。

【商祝】しょうしゅく（しやうしゆく） 殷の喪祝を伝える者。〔礼記、楽記〕宗祝は宗廟の禮を辨ず。故に尸かたしろに後おくる。商祝は喪禮を辨ず。故に主人に後る。

【商声】しょうせい（しやうせい） 高くすんだ音。秋声。魏・阮籍〔詠懐、八十二首、九〕詩 寒風、山岡に振ひ 玄雲、重陰起る～素質、商聲に游ぶ 悽愴我が心を傷ましむ

【商度】しょうたく（しやうたく） 計測する。〔後漢書、循吏、王景伝〕景乃ち地勢を商度し、山阜を鑿うがち、～壅積を疎決し、十里に一水門を立て、更に相ひ洄注せしむ。

【商人】しょうにん（しやうにん） あきうど。〔左伝、僖三十三年〕晉・秦の師、周の北門を過よぎる。～鄭の商人弦高、將まさに周に市せんとし、之れに遇ひ、～牛十二もて師を犒ねぎらふ。曰く、～敢て從者を犒ふ～と。

【商販】しょうはん（しやうはん） あきない。〔管子、八観〕商販を悦びて本貨を務めざれば、則ち民偸處とうしよ（怠り遊ぶ）して、積聚を事とせず。～則ち囷倉きんさう空虛となる。

【商略】しょうりゃく（しやうりやく） はかる。討論する。〔晉書、阮籍伝〕籍、嘗かつて蘇門山に於て、孫登に遇ひ、與ともに終古及び栖神せいしん道氣の術を商略す。

【商旅】しょうりょ（しやうりよ） 旅商人。〔周礼、考工記、総目〕四方の珍異を通じ、以て之れに資とる、之れを商旅と謂ふ。

↑商意しょうい 秋気／商雲しょううん 秋雲／商家しょうか 民家／商貨しょうか 商品／商会しょうかい 商社／商儈しょうかい 仲買／商権しょうかく 商搉／商確しょうかく 商搉／商気しょうき 秋気／商墟しょうきょ 殷墟／商業しょうぎょう あきない／商戸しょうこ 商家／商估しょうこ 商人／商股しょうこ 民間の株／商校しょうこう 商較／商号しょうごう 屋号／商祭しょうさい 乾魚／商酌しょうしゃく 問合せ／商娶しょうしゅ 媒酌人／商秋しょうしゅう 秋／商女しょうじょ 歌女／商参しょうしん 遠い星／商税しょうぜい 営業税／商節しょうせつ 秋／商兌しょうだ はかる／商定しょうてい 定める／商訂しょうてい 議定／商程しょうてい 方式／商灯しょうとう 灯謎／商討しょうとう 相談する／商舶しょうはく 商船／商颸しょうひょう 秋風／商埠しょうふ 貿易港／商風しょうふう 秋風／商弁しょうべん 合議／商務しょうむ 商業／商謎しょうめい なぞ／商籟しょうらい 秋風／商量しょうりょう 商度

↓歌商・会商・海商・外商・奸商・宮商・協商・行商・工商・豪商・参商・紳商・政商・清商・素商・隊商・仲商・通商・農商・比商・富商・良商

【婕】11 4548 ショウ（セフ） うつくしい

篆文

形声 声符は疌しょう。疌は髪を結ゆいあげた婦人が、祭事に奔走する形。敏（敏）はその髪に手を加えている形。敏捷は婦人が祭事に奔走する意。その婦人のかいがいしい姿を婕という。漢の女官名に「倢伃しょうよ」があり、また婕妤ともいう。

訓義 1うつくしい、みめよい。2婕妤は女官の名。

語系 婕はtzhiap、疌・倢dziapは同声。敏捷はともに婦人がかいがいしく祭事に奔走することをいう。

【寁】11 3080 ショウ（セフ） すみやか

篆文

会意 宀べん＋疌しょう。宀は廟屋、疌は祭事に奔走する婦人の姿。〔説文〕七下に「居ることの速やかなるなり」とするが、廟中にあって、祭事に奔走する意である。敏捷の意で、字は多く捷を用いる。

訓義 1すみやか。2すみやかにおる。

古訓〔字鏡集〕疌 スミヤカ

語系〔説文〕に「子感の切」(サン)の音とするも、疌の亦声とみるべき字。疌・婕tziap、疌・倢dzhiapはみな疌の声義を承け、祭事に奔走する婦人の状をいう語である。

【惝】11 9902 〔⿰忄敞〕15 9804 ショウ(シャウ) うっとりする おどろく

形声 声符は尚(尚)。〔荘子、則陽〕「客出づるに、君惝然として亡ふこと有るが若し」とは、自失の状をいう。尚は窓明りのところで神を祀り、その神気の彷彿として上にあらわれる意。その彷彿たる状況を惝といい、惝怳とは、神気にふれて忘我の状態にあることをいう。悦(悅)・脱(脫)の字の従う兌も、兄(祝)の上に神気の彷彿たるを示すもので、また忘我の状態にあることをいう。

訓義 1うっとりする、我を忘れる。2おどろく、おどろくさま、ぼんやりするさま、がっかりするさま。

古訓〔名義抄〕惝 クルフ・ウラム 〔字鏡〕惝 クルフ・イタム・ウラム

語系 惝は〔説文〕〔玉篇〕にみえず、〔荘子〕〔楚辞〕に用例のある字。字はまた⿰忄敞に作り、敞声に従う。惝thjiang、尚zjiangは声近く、祀所に神気のあらわれるものは尚、これを迎える心情を惝という。

【惝怳】うっとりする。意識がぼんやりする。〔楚辞、遠遊〕歩むこと徙倚として遙かに思ふ 怊として惝怳として永く懐ふ

↑惝恍 うっとり/惝惝 惝怳/惝然 自失/惝罔 驚く/惝惘 惝罔

人【捷】11 5508 ショウ(セフ) すみやか さとい かつ

篆文

形声 声符は疌。疌は祭事に奔走する婦人の姿。敏捷の意がある。〔説文〕十二上に「獵なり。軍獲の得たるものなり」とあって、軍獲の意とする。〔春秋、荘三十一年〕「齊侯來りて戎の捷を獻ず」とみえ、その義によって解したものであろう。戦いに勝つ意に用いることが多く、〔詩、小雅、采薇〕「一月に三たび捷たん」のようにいう。勝利が字の本義。敏捷の意より捷急・捷径のような用法がある。

訓義 1すみやか、すみやかに行動する。2かつ、いくさにかつ、いくさの分捕品、捕獲物。3はやい、さとい、口かしこい。

古訓〔名義抄〕捷 カツ 〔字鏡集〕捷 カサヌ・サトル・マジフ・スミヤカナリ・シヅカナリ・トシ・キザム・スグル・カツ

語系 捷・疌・倢dzhiapは同声。婕tziapはその声が近い。疌は婦人が祭事に奔走する姿で敏捷の意がある。

【捷急】口早に応対する。〔後漢書、韋彪伝〕(尚書の選は)宜しく嗇夫の捷急の對に鑒み、深く絳侯木訥の功を思ふべし。

【捷給】口早に応対する。〔史記、張釈之伝〕夫の絳侯・東陽侯は、稱して長者と爲すも、此の兩人、事を言ふに、曾ち口より出すこと能はず。豈に此の嗇夫の諜諜として利口捷給なるに斆はんや。

【捷径】近道。不正な道。〔楚辞、離騒〕何ぞ桀・紂の猖披(わがまま放題)なる 夫れ唯だ捷徑以て窘歩せり

【捷巧】すばしこく、上手。〔淮南子、主術訓〕大略有る者には、責むるに捷巧を以てすべからず。小智有る者には、任ずるに大功を以てすべからず。

【捷疾】すばしこい。〔史記、殷紀〕帝紂、資辨捷疾、聞見甚だ敏、材力人に過ぎ、猛獸を手格す。知は以て諫を距ぐに足り、言は以て非を飾るに足る。～好酒淫樂、婦人を嬖す。

【捷報】勝報。〔澠水燕談録、二〕(皇祐五年、二広陥る。狄青をして之れを討たしむ)荘敏公曰く、～青、勇敢にして智略有りと。～捷報至るに及んで、上喜びて荘敏に謂ひて曰く、～皆卿の力なりと。

↑捷鋭 鋭い/捷音 勝報/捷快 す早い/捷獲 戦利品/捷黠 す早く強い/捷悍 す早く強い/捷勁 捷悍/捷健 す早く強い/捷口 口早/捷鷙 捷悍/捷書 勝報/捷捷 す早いさま/捷懾 恐れる/捷足 足早/捷速 速い/捷捽 つかむ/捷蹀 小歩き/捷直 率直/捷得 す早く悟る/捷聞 勝報/捷便 敏捷/捷猟 相接する/捷路 近路

↓機捷・驍捷・矜捷・勁捷・軽捷・妍捷・献捷・巧捷・克捷・告捷・才捷・迅捷・戦捷・争捷・奏捷・大捷・便捷・敏捷・勇捷・雄捷

人【梢】11 4992 〔梢〕11 4992 ショウ(セウ) こずえ すえ

篆文

形声 声符は肖(肖)。肖は末端の細小なるものをいう。〔説文〕六上に「木なり」とするが、杪末の意に用いる。

訓義 1こずえ。2ものの すえ、はし、末端のところ、尾。3木の名。4舟のさお。5捎と通じ、はらう。

古訓〔篇立〕梢 コズヱ・ウツ・スヱ 〔字鏡集〕梢 コズヱ・フネノヲ・フナキ・ウツ・コシハ

語系 梢sheô、肖siô、杪・秒・眇miôは声近く、すべてものの末端、細鋭微小のものをいう。

【梢梢】風に木の葉のさやぐ音。梢のように高くぬきんでるさま。また、細く小さいさま。唐・韓愈〔南渓に始めて泛ぶ、三首、一〕詩 點點として暮雨飄り 梢梢として新月偃ふ

↑梢雲 高い雲/梢工 船頭/梢公 梢工/梢溝 細い溝/梢柴 たきつけ/梢殺 こわす/梢芟 そだ/梢子 舟乗り/梢人 梢工/梢頭 梢末/梢婆 梢公の妻/梢尾 末尾/梢末 終わり

↓雲梢・曳梢・花梢・寒梢・危梢・喬梢・勁梢・枯梢・枝梢・樹梢・蕭梢・纖梢・竹梢・抽梢・長梢・末梢・茂梢・寥梢・林梢

常【渉】11 人〔涉〕10 3112 ショウ(セフ) わたる

篆文

甲骨文

金文

その他

会意 水＋步(步)。〔説文〕十一下は、𣶒と步とに従い「徒行して水を厲るなり」として、両水の間を渉ることをいう。川を徒渉することは危険が多いことであるから、卜辞には「先づ羌を涉らしめんか」のように、異族のものに徒渉を試みさせることを卜し、また「王は涉らんか」のように、王の徒渉のときには占卜を行っている。廟祭のとき、王が歩して廟に赴く儀礼があるように、徒渉もまた儀礼として行われることがあったのであろう。孝子のことを順子といい、順の初文は渉に従う字。また瀕は頁に従い、やはり徒渉の礼に関する字であろう。

訓義 1わたる、水をわたる、水をかちわたる。2とどく、およぶ、つらなる。3ものごとにかかわる。

古訓〔名義抄〕渉 ワタル・マジハル・サル・タカシ・アフル 〔字鏡集〕渉 サル・ワタル・マジハル・モル・ノボル・タカシ・アフル

語系 渉diap、接tziapは声義近く、渉には神に接する儀礼の意味が含まれているようである。孝子の意をもつ順の初文も、渉に従う字であった。

【渉閲】経歴する。また、書を渉猟する。唐・呉兢〔楽府古題要解序〕余れ頃ころ傳記を渉閲するを以て、諸家の文集を用ふ。得る所有る毎に、輒ち之れを疏記す。歳月積深、以て卷軸を爲す。

【渉血】血の海をわたる。〔呂覧、期賢〕野人の兵を用

ふるや、～號呼は則ち地を動かし、塵氣天に充ち、流矢雨の如く、傷を扶け死（屍）を輿し、腸を履み血を渉り、～死する者、澤に量る。

【渉事】ことに渉って述べる。〔宣和画譜、人物三、楊日言〕功にして立つ有り。經史を喜のみ、尤も春秋の學に得たり。吐辭渉事、詞人墨卿と雖も、皆之れに從はんことを願ふ。

【渉世】世わたり。〔晋書、儒林、孔衍伝〕宗人夷吾、美名有り。博學は衍に及ばざるも、渉世の聲譽は之れに過ぐ。

【渉想】想像する。梁・何遜〔衡山侯の為に婦に与ふる書〕帳前の微笑、渉想に猶ほ存す。幄裏の餘香、風に從ひて且く歇む。

【渉猟】あるきまわって狩猟をする。また、書物を広く読みあさる。〔後漢書、儒林下、李育伝〕常に地を避けて教授す。門徒數百、頗ぶる古學を渉獵す。

【渉歴】ひろくめぐる。また、書物を広くあさりよむ。〔魏書、郭祚伝〕祚、經史を渉歴し、崔浩の書を習ふ。尺牘文章、世に稱せらる。

↑渉遠　遠行／渉河　かち渡り／渉海　渡海／渉学　広く学ぶ／渉澗　谷を渡る／渉及　及ぶ／渉禽　水鳥／渉月　一月以上／渉険　冒険／渉朔　渉月／渉児　幇間／渉旬　十日以上／渉人　渡し守／渉水　渉河／渉済　渉河／渉川　川をわたる／渉浅　浅瀬をわたる／渉渡　渉河／渉套　常套／渉難　難儀する／渉筆　書き及ぶ／渉目　一通り看る／渉略　渉猟する／渉厲　徒渉

↓干渉・経渉・月渉・広渉・交渉・深渉・進渉・水渉・潜渉・朝渉・通渉・徒渉・登渉・博渉・跋渉・汎渉・浮渉・歩渉・夜渉・遊渉・利渉・猟渉・歴渉

【猖】　11　4626　ショウ（シャウ）　たける　たけりくるう

形声　声符は昌。〔玉篇〕に「狂駭なり」とあり、狂ったようにたけりみだれることをいう。猖狂・猖獗のように連用することが多い。

訓義　1たける、みだれる。2たけりくるう。

古訓　〔篇立〕猖　クルフ

【猖狂】はげしくたけり狂う。〔荘子、山木〕建德の國～其の民愚にして朴、私少なくして欲寡なし。～義の適する所を知らず、禮の將ふ所を知らず。猖狂妄行し、乃ち大方を蹈む。其の生くるや樂しむべく、其の死するや葬るべし。

【猖獗】たけり狂う。また、失敗する。〔陔余叢考、二十二、猖獗〕今人、人の恣横制すべからざる者を見て、輒ち猖獗と曰ふ。～然れども更に別義有り。漢の昭烈（劉備）、諸葛武侯（亮）に謂ひて曰く、孤れ、智術淺短、遂に用て猖獗すと。～此れ皆傾覆の意有り、常解と同じからず。

↑猖猾　猖狂／猖蹶　猖獗／猖肆　放恣／猖熾　盛ん／猖披　暴れる／猖勃　猖狂／猖徉　逍遥／猖乱　擾乱／猖厲　刻虐

↓姦猖・狂猖・披猖

常

【章】　11　0040　【章】　11　0040　ショウ（シャウ）　あきらか　あや　しるし

篆文

金文

簡書

象形　入墨の器である辛（針）の針先の部分に、墨だまりを示す肥点を加えた形。これによって入墨を行う。その文身の文彩あるものを文章といい、その美しさを彣彰という。〔説文〕三上に「樂の竟るを一章と爲す。音に從ひ、十に從ふ。十は數の終りなり」とし、楽章の意とするが、音（音）とは関係のない字形である。入墨の美を章といい、その賦彩を示す彡を加えて彰（彰）となる。入墨は刑罰の他にも、通過儀礼として、社会生活上の身分的なしるしとして多く用いられた。それで章明・喪章の意より、章程・憲章をいい、また詩文の章節・楽章の意となる。文（文）が文身の意より文雅・文章の意となったように、章も入墨の意から諸義が展開する。その展開の過程は、両者に似たところがある。

訓義　1あきらか、入墨の器で入墨すること、その入墨の美しいこと。2あらわれる、あや、あきらかにする。3しるし、くぎり、きりめ、ほど、てほん、のり。4詩文の一節、楽曲の一節、てがみ。5しるしのはん、印章、おしで。

古訓　〔名義抄〕章　アキラカニ・アキラカナリ・ナル・アゲツラフ・タヾス・ホドコス・ト丶ノフ・ノリ・メグル

声系　〔説文〕に章声として璋・嫜・彰・障（障）など八字を収め、また商（商）を章の省声に従うものとするが、商の従うところは辛で、章ではない。彰は章の繁文ともいうべき字。障は保障、嫜は〔説文〕十三下に「擁ぐなり」とあって、章の字に含まれている呪的な意味を承けているようである。

【章句】文章の段落。章と句。〔文心雕竜、章句〕詩人の擬喩を尋ぬるに、章を絶ち義を取ると雖も、然れども章句の篇に在るは、繭の緒を抽くが如し。始めを原ね終りを要め、體必ず鱗次す（うろこのようにならぶ）。

【章皇】さまよう。漢・王逸〔楚辞章句叙、遠遊〕屈原、方直の行を履み、世に容れられず、上は讒佞の譖毀する所と爲り、下は俗人の困極する所と爲り、山澤に章皇し、告訴する所無し。

【章章】著明。〔史記、貨殖伝〕關中の富商大賈は、大抵盡く諸田（田氏）、～此れ其の章章として尤異なる者なり。皆爵邑奉祿有るに非ざるも、弄法犯姦して富む。

【章草】漢代草書の一。〔書断、上〕按ずるに章草は、漢の黃門令史游の作る所。～王愔云ふ、～史游～隷體を解散して之れを麤書す。漢俗簡惰、漸く以て之れを行ふと。是れなり。

【章程】法式。規則。〔史記、太史公自序〕漢興り、蕭何律令を次し、韓信軍法を申べ、張蒼章程を爲り、叔孫通禮儀を定む。則ち文學彬彬として稍く進み、詩書往往にして間はり出づ。

【章徳】徳業を明らかにする。〔漢書、武帝紀〕何を行ひてか、以て先帝の洪業休德を章らかにし、上は堯舜に參はり、下は三王に配すべけん。～咸な書を以て對へよ。～朕れ親しく覽ん。

【章表】しるし。また、文体の名。上奏文。魏・文帝〔呉質に与ふる書〕孔璋は、章表殊に健なるも、微しく繁富と爲す。

【章服】身分を示す文様のある服。魏・嵇康〔山巨源（濤）に与へて交はりを絶つ書〕性復た蝨多く、把搔して已むこと無し。而も當に裹むに章服を以てし、上官を揖拜すべし。

【章明】明らか。〔国語、越語下〕是の故に戰勝ちて報いず。～兵外に勝ち、福内に生ず。力を用ふること甚だ少なくして、名聲章明なり。

【章誉】顕著な名誉。〔国語、周語下〕若し能く善物を類して、以て民人を混厚する者は、必ず章譽蕃育の祚ひ有らん。則ち單子は必ず之れに當らん。

↑章印　官印／章回　長編小説／章狂　あわて狂う／章檄　檄文／章顕　明顕／章灼　明らか／章書　奏章／章疏　上奏の文／章奏　上奏の文／章聞　著聞する／章甫　殷人の冠／章黼　黒白の文様／章法　作文の法／章報　奏章／章露　著明

↓衣章・印章・王章・雅章・回章・絵章・楽章・含章・記章・旗章・徽章・旧章・玉章・勲章・建章・憲章・顕章・才章・采章・詞章・詩章・辞章・首章・受章・周章・序章・条章・図章・成章・星章・

奏章・喪章・卒章・短章・断章・鳥章・朝章・典章・日章・拝章・飛章・表章・品章・符章・服章・分章・文章・平章・炳章・返章・篇章・便章・法章・報章・褒章・紋章・竜章

入 【笙】 11 8810 ショウ（シャウ）

篆文 

形声 声符は生。〔説文〕五上に「十三簧、鳳の身に象るなり。笙は正月の音なり。物生ず、故に之れを笙と謂ふ。大なる者は之れを巣と謂ひ、小なる者は之れを和と謂ふ」とし、「古者、隨、笙を作る」という事物起源説をしるしている。大なるものは十九簧であった。〔広雅、釈詁二〕に「笙は小なり」とあり、また至微のものをいう。

訓義 1しょう、しょうのふえ。2たかむしろ。3小さい。

古訓 〔和名抄〕笙 俗に象乃布江（しやうのふえ）と云ふ 〔名義抄〕笙 シヤウノフエ 〔字鏡集〕笙 シヤウノフエ・フエ

【笙歌】笙の笛と歌。〔礼記、檀弓上〕孔子既に祥し（二年、三年の忌明け）して五日、琴を弾じて聲を成さず。十日にして笙歌を成す。

【笙磬】笙の笛と磬石。磬は石の打楽器。〔詩、小雅、鼓鍾〕鍾を鼓すること欽欽たり 瑟を鼓し琴を鼓す 笙磬、音を同じくす 雅を以てし南（楽器の名。いま苗族の用いる銅鼓の古名）を以てし 籥を以てして僭はず

↑笙竽 ふえ/笙管 笙/笙鼓 笙と鼓/笙簫 笙と笙/笙篪 笙と横笛/笙籥 笛の類/笙鏞 笙と大鐘/笙籟 笛/笙弄 吹笙

↓竽笙・歌笙・玉笙・琴笙・簧笙・執笙・鐘笙・吹笙・清笙・奏笙・調笙・宝笙・鳳笙・瑶笙・和笙

常 【紹】 11 2796 ショウ（セウ） つぐ うける たすける

篆文  古文  金文 

形声 声符は召。〔説文〕十三上に「繼ぐなり」とあり、「一に曰く、紹は緊糾なり」とみえる。緊糾とは三本の縄を強くよりあわせる意。卲は祖霊を迎えることをいい、紹は継承することをいう。金文に「紹種」という語があり、種にも継承の意がある。〔書、盤庚上〕「先王の大業を紹復す」、〔書、康誥〕に「衣（殷）の徳言を紹聞す」など、古い用例がある。

訓義 1つぐ、ひきつぐ。2うける、うけつぐ。3たすける、あわせる。

古訓 〔名義抄〕紹 ツグ・オコタル・アカル・アザムク・アマネシ 〔字鏡集〕紹 アマネシ・ツラナル・アサムク・タスク・オコタル・マカル・ツグ・スミヤカ

語系 紹・卲 zjiô は同声。紹は卲の声義をとるものであろう。〔説文〕の収める古文の紹は、卲声の字にしるされている。

【紹介】人を引きあわせる。〔戦国策、趙三〕平原君、遂に辛垣衍を見て曰く、東國に魯連先生といふもの有り。其の人此に在り。勝（平原君）請ふ、爲に紹介して、之れを將軍に見えしめんと。

【紹述】前人の為すところを承けつぐ。〔宋史、姦臣一、章惇伝〕哲宗親政し、煕寧・元豐を復するの意有り。～是に於て專ら紹述を以て國是と爲す。凡そ元祐の革むる所、一切之れを復す。

【紹続】後継。〔国語、晋語二〕天、禍ひを晉國に降し、讒言繁く興り、延いて寡君の紹續昆裔に及ぶ。隱悼播越し、託して草莽に在り、未だ依る所有らず。

【紹復】前人の事業を再興する。〔書、盤庚上〕天其れ我が命を茲の新邑に永うせんとす。先王の大業を紹復し、四方を綏んずるを底さん。

【紹隆】うけ継いで、盛んにする。魏・鍾会〔蜀に檄する文〕今、主上は聖德欽明、前緒を紹隆し、宰輔忠肅明允、王室に劬勞す。布政垂惠し、萬邦協和す。

↑紹恢 紹隆/紹継 継承する/紹纘 うけつぐ/紹受 つぐ/紹襲 継承する/紹緒 業をつぐ/紹承 紹述/紹絶 絶えたあとを継ぐ/紹祚 王位を継承する/紹統 紹祚/紹繚 めぐる

↓遠紹・介紹・継紹・纂紹・統紹・復紹・夭紹

【舂】 11 5077 ショウ うすつく つく

篆文  甲骨文  金文 

会意 午（杵）＋収＋臼。両手で杵をもち、臼中のものを舂く形。〔説文〕七上に「粟を擣くなり」とあり、「古者、雝父初めて舂を作る」という起原説をしるしている。粟は五穀のすべて、これを舂いて脱穀することをいう。

訓義 1うすつく、きねつく。2つく、うつ。

古訓 〔新撰字鏡〕舂 稻豆久（いねつく） 〔名義抄〕擣 又、舂に作る。ツク・ウス・スリコ・シボル/舂黍 イネツキコマロ 〔字鏡〕舂 ウス・ツク・カタシ・ツイシネ・イネツク・コメシラク

声系 〔説文〕に舂声として惷など二字を収める。

語系 舂 siong、惷 thiong また鬆 ziong はそれぞれ声が近い。惷は惷愚、鬆は疎鬆、みな衝きまわして乱れる意があるのであろう。衝 thjiong、撞（撞）deong はつきくずす意で、同系の語である。

【舂歌】きね歌。〔漢書、外戚上、高祖呂皇后伝〕戚夫人、舂き且つ歌うて曰く、子は王と爲り 母は虜と爲る 終日舂きて暮に薄まる 常に死と伍を爲す 相ひ離るること三千里 當に誰にか女に告げしむべき

【舂汲】うすつきと、水くみ。〔北史、列女、涇州貞女兒氏伝〕兒氏、率行貞淑、貧に居り、常に自ら舂汲して、以て父母を養ふ。

【舂堂】くりぬきの米つき臼。〔嶺表録異、上〕廣南に舂堂有り。渾木を以て、刳りて槽と爲す。一槽兩邊に約十杵、男女間はり立ち、以て稻糧を舂く。～槽聲は鼓の如く、數里に聞ゆ。

【舂簸】米を舂き、箕で糠を除く。〔後漢書、祭祀志下〕舞ふ者、～初め芟除を爲し、次に耕種・芸耨・驅爵（雀）、及び獲刈・舂簸の形するは、其の功に象るなり。

↑舂臼 うすつく/舂響 杵の音/舂穀 穀をうすつく/舂黍 はたおり/舂常 天井絵/舂碓 臼/舂脱 精白する/舂築 築土/舂牘 竹楽器/舂婦 うすつく女/舂揄 うすつく/舂融 夕かげ/舂容 従容/舂糧 うすつく

↓下舂・雅舂・機舂・親舂・水舂・碓舂・賃舂

入 【菖】 11 4460 【菖】 12 4460 ショウ（シャウ） しょうぶ

形声 声符は昌。〔呂覧、任地〕に「菖は百草の先づ生ずる者なり」とあって、菖蒲をいう。端午の節供には、不祥を祓うものとして門の上においた。尚武の音に通ずるので、わが国では男子の節供に用いた。

訓義 1しょうぶ。2字はまた昌に作る。

古訓 〔和名抄〕菖 昌蒲、阿夜米久散（あやめぐさ） 〔名義抄〕菖蒲 昌蒲、アヤメグサ

【菖蒲】あやめ。〔楽府詩集、清商曲辞四、烏夜啼八曲、一〕歌舞す諸少年 娉婷、種迹無し 菖蒲花憐れむべし 名を聞くも曾て識らず

↑菖葉 菖蒲の葉

↓夏菖・石菖・白菖・浮菖

常 【訟】 11 0863 【訟】 11 0863 ショウ うったえる せめる

篆文 古文 金文

形声 声符は公（公）。公に頌（頌）・松（松）の声がある。〔説文〕三上に「争ふなり」とし、「一に曰く、歌訟なり」（段注本）という。歌訟は歌頌・祝頌の意であろう。公は公廷を平面図的にしるしたもので、訟とはその祖廟の前で是非を争うこと、頌とは廟前で祝頌することをいう。

訓義 1うったえる、是非をあらそう。2さばく、ただす、せめる。3頌と通じ、うたう、たたえる。4誦と通じ、となえる。

古訓 〔名義抄〕訟 アラソフ・ハカリゴト・オモフ・セム・ウツタフ・ウツタヘ・シタガフ・コトワリ

語系 訟・頌・誦ziongは同声。公廷で祝頌することを頌、訴訟することを訟という。その誦言するところを誦という。

【訟獄】 訴える。〔孟子、万章上〕天下諸侯の朝覲する者、堯の子に之かずして舜に之き、訟獄する者、堯の子に之かずして舜に之く。

【訟庭】 裁判所。法廷。〔夢粱録、七、小西河橋道〕臨安府治（府役所）の前を州橋と曰ふ。俗に懊來橋と名づく。蓋し訟庭に到る者、此に到りて心已に悔ゆるに因る。故に此の名を以て之れを呼ぶ。

【訟免】 起訴を免れる。魏・嵆康〔幽憤詩〕實に訟の免るるを恥づるも 時、我と與ならず 義は直なりと曰ふと雖も 神辱しめられ、志沮まる

【訟理】 審理。唐・韓愈〔張中丞（巡）伝後叙〕（于）嵩、田の亳宋の閒に在る有り。武人奪ひて之れを有る。嵩、將に州に詣りて訟理せんとし、殺す所と爲る。

↑訟案 案件／訟繋 下獄／訟鬩 訴訟して争う／訟見 明らかに見る／訟言 誦言する／訟師 弁護士／訟詞 告訴状／訟事 訴訟／訟者 提訴者／訟声 頌声／訟牒 訴状／訟諜 訴状／訟牘 訴訟の書類／訟謬 従容としたさま

↓冤訟・嚚訟・決訟・健訟・好訟・獄訟・察訟・止訟・辞訟・終訟・聚訟・申訟・折訟・絶訟・訴訟・争訟・聴訟・庭訟・輟訟・闘訟・内訟・弁訟・理訟

【逍】 11 3930 ショウ（セウ） さまよう

篆文

形声 声符は肖（肖）。〔説文新附〕二下に「逍遙、猶ほ翺翔のごときなり」とあり、逍遥・翺翔はともに畳韻の連語。〔詩、鄭風、清人〕に「河上に逍遙す」「河上に翺翔す」の句があり、敵前で示威的な行動をすることをいう。のち無目的にさまよう、また曠放自在なさまをいう。

訓義 1さまよう、たちもとおる、ぶらぶらする。2あそぶ。

古訓 〔新撰字鏡〕逍 ヤウヤク 〔篇立〕逍 ヤウヤク

語系 逍siô、招tjiô、相siang、徜・尚（尚）zjiangは相似た音であり、また遙（遥）・搖（揺）jiô、羊・佯・徉jiangも相似た音である。それで逍遥という語は、これらの字を組み合わせた形で、いろいろにしるされることがある。

【逍遥】 自在にさまよう。〔楚辞、離騒〕遠く集らんと欲するも、止まる所無し 聊らく浮遊して以て逍遙せん

常 【勝】 12 〔勝〕 12 7922 ショウ たえる まさる かつ

篆文 その他
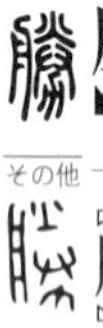

形声 声符は朕。勝・滕はその転音。朕はもと舩に作り、盤（舟）中にものを盛れ、これを捧げて媵る意。〔説文〕十三下に「任ふるなり」とあり、堪える意とする。任とは肩にかつぐこと。力は耒の象形。勝に勝敗の意があるのは、耒（力）にものを供えて祀り、農事の吉凶を卜し、神意にかなうことを勝としたのであろう。敗の卜文の最も古い形は、貝を殴つ形で、貝占いの法を示す字と思われる。勝敗はいずれも、占卜に関する語であった。また婦人の髪飾りを華勝・戴勝のようにいうのは、呪飾の意があるのであろう。神意にかなうことから、勝は「勝う」「勝る」「勝れる」の意となり、また名勝・勝遊・勝友のように用いる。〔礼記、楽記〕「樂しみ勝ぐるときは則ち流る」とは、過甚の意である。

訓義 1たえる、よくする、あたる、かなう、神意にかなう。2まさる、かつ、おさえる、とめる。3すぐれる、多い、あまる。4婦人の髪飾り。

古訓 〔名義抄〕勝 カツ・マサル・スグル・タフ・アグ・アゲテ・フナニ・コハシ・マタク・カヘリミル・カナフ

語系 勝sjiang、稱（称）thjiangは声義に通ずるところがある。〔国語、晋語四〕「中、貌に勝はず」は「稱はず」の意。またともに「あぐ」の訓がある。

【勝衣】 幼年。ようやく衣服がつけられる。〔詩品、総論〕詩は以て群すべく、以て怨むべし。～故に詞人作者、愛好せざる罔し。今の士俗、斯の風熾んなり。纔かに能く衣に勝ふれば、甫めて小學に就き、必ず甘心して馳騖す。

【勝会】（しようくわい） 盛会。また、逸興あること。〔晋書、謝尚伝〕（尚）始めて府に到りて通謁す。（王）導、其の勝會有るを以て、謂ひて曰く、聞く、君能く鴝鵒の舞を爲すと。～傍らに人無きが若し。

【勝槩】 佳景。唐・杜甫〔集賢院の崔（国輔）・于（休烈）二学士に留贈し奉る〕詩 故山、藥物多し 勝槩、桃源を憶ふ

【勝境】（しようきやう） 風景のすぐれたところ。〔南史、梁宗室下、蕭暎伝〕常に粟帛を載せて境内に遊ぶ。～勝境名山、多く尋履する所なり。

【勝景】 すぐれた景色。金・元好問〔黄華山に游ぶ〕詩 手中の仙人、九節杖 毎に恨む、勝景窮むることを得ざるを

【勝国】 亡国。〔周礼、地官、媒氏〕凡そ男女の陰訟は、之れを勝國の社に聽く（裁判する）。

【勝士】 すぐれた人。〔晋書、羊祜伝〕宇宙有りてより、便ち此の山有り。由來賢達勝士、此れに登りて遠望すること、我と卿（鄒湛等）との如き者多し。皆湮滅して聞ゆる無く、人をして悲傷せしむ。

【勝事】 すぐれた、嘆称すべきこと。清・呉偉業〔王石谷の山水図を観るの歌〕詩 世閒の勝事、誰か能く識らん 兵戈老い盡す、丹靑の客

【勝状】（しようじやう） 景勝のさま。宋・范仲淹〔岳陽楼記〕予れ夫の巴陵の勝狀を觀るに、洞庭の一湖に在り。遠山を銜み、長江を呑み、浩浩湯湯として横さまに際涯無く、朝暉夕陰、氣象萬千なり。

【勝迹】 名勝のあと。唐・孟浩然〔諸子と峴山に登る〕詩 江山、勝迹を留む 我が輩復た登臨す

【勝絶】 絶妙。〔春渚紀聞、九〕（竜尾渓の硯）硯は常硯の如く、甚だしく佳なる者無し。但だ之れを用ひ、灰埃垢積するに至るも、經月滌はずして磨墨新たなるが如し。此れを勝絶と爲すのみ。

【勝地】 景勝の地。唐・王勃〔滕王閣の序〕嗚呼、勝地は常ならず、盛筵は再びし難し。

【勝敗】 勝負。唐・杜牧〔烏江亭に題す〕詩 勝敗は兵家も期すべからず 羞を包み、恥を忍ぶは、是れ男兒

【勝友】（しようゆう（いう）） すぐれた友。唐・王勃〔滕王閣の序〕十旬の休暇、勝友雲の如く、千里の逢迎、高朋座に滿つ。

【勝侶】 勝友。隋・江総〔摂山棲霞寺碑の頌〕澗風長く瀉ぎ、岸溜懸抽す。花臺は雪に似、夏室は秋かと疑ふ。名僧宴息し、勝侶薫修す。

↑勝異 すぐれる／勝引 勝友／勝塏 高燥の地／勝

気 佳気/勝形 形勝/勝彦 器量のすぐれた人/勝語 佳語/勝構 佳構/勝算 成算/勝残 勝虐を改める/勝質 美質/勝日 節日/勝趣 勝槩/勝処 勝地/勝所 勝地/勝情 勝覧の情/勝壌 勝地/勝夕 良夜/勝跡 勝迹/勝節 佳節/勝践 勝遊/勝餞 立派な餞別の宴/勝談 高談/勝致 勝槩/勝朝 亡国/勝躅 勝迹/勝途 勝残/勝任 任にたえる/勝否 良否/勝負/勝敗/勝伏 圧服する/勝服 勝伏/勝篇 名篇/勝便 好都合/勝遊 勝覧/勝覧 佳景を遊覧する/勝利 戦勝/勝流 名流

↓圧勝・花勝・華勝・快勝・奸勝・奇勝・義勝・巨勝・玉勝・形勝・計勝・景勝・決勝・健勝・賢勝・最勝・殊勝・祝勝・常勝・制勝・清勝・絶勝・占勝・戦勝・全勝・卒勝・大勝・戴勝・探勝・地勝・超勝・貞勝・必勝・名勝・幽勝・雄勝・優勝・厭勝・力勝・霊勝・連勝

【廂】 12 0026 ショウ(シャウ) ほそどの ひさし

篆文 

形声 声符は相。〔説文新附〕九下に「廊なり」とあり、廊下やひさしの部分をいう。正殿東西の脇の室を東廂・西廂という。左右の廂に分置する軍を廂軍という。

訓義 ①ほそどの、わたどの。②ひさし。③正殿東西のわきの室、かべくぎり。④城中を坊、郊外を廂という。

古訓 〔名義抄〕廂 ヤ・ヒサシ・ムナシ 〔字鏡集〕廂 ムナシ・クルマノトコ(コト)・カキ・ツキ・ヒサシ・ヤ

語系 廂・箱siangは同声。箱は大車の箱。廂・序をまた箱とよぶこともあり、ひさしのある、くぎられたものをいう語であろう。

【廂軍】 諸州の鎮兵。〔雲麓漫鈔、三〕唐制、諸州に軍有り。~今の廂軍、是れなり。

【廂廊】 ほそどの。渡り廊下。梁・陶弘景〔陸敬游に十賚を授くる文〕樓路通嚴、官私行止、竝びに栖憩有り。繕築の勞、爾の力に匪ざる莫し。今故に爾に四霤(四隅に水落ちのある楼閣風の建物)の飛軒、廂廊側屋を賚ふ。

↑廂公 お側つき/廂巡 夜警/廂村 近郊/廂兵 廂軍/廂房 建物の左右の二棟

↓御廂・玉廂・城廂・堂廂・本廂・両廂・連廂

【愀】 12 9908 ショウ(セウ) シュウ(シウ) うれえる つつしむ

形声 声符は秋。愁も秋声の字であるが、音は少し異なる。愀は状態詞、愁は名詞・動詞に用いることが多い。

訓義 ①うれえる、うれえるさま。②かおいろをかえて、かなしむ。ものさびしい。③つつしむ。

古訓 〔字鏡〕愀 サワガシ・カハル・アツカフ 〔字鏡集〕愀 ツタナシ・カハル・サハガシ・サムシ・シヅカナリ・イカシ

語系 愀tsiô(郭象注の音はtsyô)、愁dzhiuは、字の要素は同じであるが、声義の慣用を異にする。懆tsô、慅(騷)suも、声義の近い語である。

【愀然】 ものに感じて悲しむさま。宋・蘇軾〔赤壁の賦〕蘇子、愀然として襟を正し、危坐して客に問うて曰く、何爲れぞ其れ然るやと。

【愀愴】 憂え悲しむ。魏・嵆康〔琴の賦〕是の故に、戚ひを懷く者は之れを聞き、憯懍慘悽、愀愴傷心せざる莫し。

↑愀惨 悲しみ傷む/愀如 つつしむ/愀悲 憂傷

↓誼愀・寥愀

常【掌】 12 9050 ショウ(シャウ) たなごころ つかさどる

篆文 

形声 声符は尚(尚)。〔説文〕十二上に「手中なり」とあり、たなごころをいう。掌握することから、「掌る」意となる。尚に上の意があり、掌上を上、掌下を下という。上下は掌の上下を示す指事の字である。

訓義 ①たなごころ、てのひら。②つかさどる、おさめる、ただす。③うつ、掌でうつ。

古訓 〔和名抄〕掌 太那古々路(たなごころ)。日本紀私記に云ふ、手掌、太奈曾古(たなそこ) 〔名義抄〕掌 タナゴ、ロ・タナウラ・ツカサドル・タナソコ・マツル・タヒラカナリ 〔字鏡集〕掌 ツカサドル・タヒラカナリ・マツル・モム・タナウラ・タナソコ・タナコ、ロ・ウツ・マホル

語系 掌tjiang、上・尚zjiangは声が近く、掌上を上という。尚は高い窓で神の臨むところ、また上の意がある。張・脹・帳tiangも声近く、張大にする意。掌は手を披いて、そのたなごころの部分をいう。

【掌握】 手中にある。〔史記、淮陰侯伝〕且つ漢王は必とすべからず。身、項王の掌握の中に居りしこと數なり。項王憐れみて之れを活かせり。然れども脫するを得て、輒ち約に倍く。

【掌故】 故事。旧制。しきたり。〔史記、亀策伝〕孝文・孝景、掌故に因襲し、未だ講試に遑あらず。父子疇官(算疇の人)、世世相ひ傳ふと雖も、其の精微深妙は、遺失する所多し。

【掌珠】 掌中の珠。晉・傅玄〔短歌行〕楽府 昔、君の我を視ること 掌中の珠の如くなりしに 何ぞ意はん、一朝にして 我を溝渠に棄つ

【掌統】 統轄する。〔三国志、魏、徐胡二王伝評〕(徐邈・胡質・王昶・王基)皆方任を掌統し、稱を垂れ績を著はす。國の良臣、時の彥士と謂ふべし。

↑掌印 官印係/掌鞅 司る/掌管 司る/掌櫃 支配人/掌股 手足/掌指 手/掌事 支配人/掌司 司る/掌執 司る/掌上 手のひら/掌心 手心/掌中 手中/掌典 司る/掌把 掌握する/掌判 媒人/掌蹯 獣掌/掌模 指紋/掌文 手相/掌綸 詔勅係/掌漏 時計番

↓握掌・運掌・開掌・合掌・管掌・監掌・金掌・兼掌・股掌・鼓掌・高掌・指掌・職掌・随掌・仙掌・専掌・唾掌・抵掌・典掌・拍掌・反掌・臂掌・撫掌・覆掌・分掌・熊掌・落掌・領掌

【敞】 12 9824 ショウ(シャウ) たかい たいらか ひろい

篆文 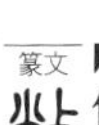

形声 声符は尚(尚)。尚は窓に神を迎えて祀り、上に彷彿として神気のあらわれる形で、高い意がある。土壇を築いて祀るところを堂という。敞はその高平のところ。〔説文〕三下に「高土を平治し、以て遠望すべからしむるなり」とするが、堂基とするために地を整える意であろう。

訓義 ①たかい、たいらか、ひろい、そのように整えたところ。②大きい、あらわれる、ひらける。

古訓 〔名義抄〕敞 サカリ・ホガラカナリ・タヒラカナリ・アキラカナリ・ヤブル・ホノカナリ・アラハル・ヒロシ・アフ・タカシ

語系 敞thjiang、尚zjiang、堂dangはみな尚声に従う字で、一系の語である。

【敞豁】 広やかなさま。唐・杜甫〔江外の草堂に寄せ題す〕詩 臺亭、高下に隨ひ 敞豁、清川に當る 會心の侶有りと雖も 數しば能く釣船を同じうす

【敞閑】 広くて静か。晉・潘岳〔閑居の賦〕其の東には、則ち明堂辟雍(王室の神廟)の淸穆敞閑なる有り。

【敞麗】 広大壮麗。〔洛陽伽藍記、一、修梵寺〕涼州

刺史尉成興等の六宅、皆高門華屋、齋館敞麗なり。楸槐途を蔭ひ、桐楊夾植す。～此の地を掘る者、輒ち金玉寶玩の物を得。

↑敞屋 高屋／敞快 開朗／敞開 開ける／敞怳 うっとりする／敞車 大八車／敞静 ひろくてものしずか／敞地 高平／敞庁 大官庁／敞罔 自失する／敞亮 広くて気がはれる／敞朗 敞亮

↓夷敞・華敞・間敞・寛敞・顕敞・広敞・弘敞・高敞・峻敞・清敞・疎敞・亭敞・博敞・平敞・幽敞

常 **【晶】** 12 6066 ショウ(シャウ) あきらか

篆文  甲骨文 

象形 星の光。三星を以てその晶光を示す。昔の夜空の星は、明るかったのであろう。〔説文〕七上に「精光なり。三日に従ふ」とするが、三日の光というものはありえない。星の卜文・金文は晶に従う形である。また參(参)の卜文・金文の字形も晶に従い、參とは珠玉を飾った簪を髪に刺している婦人の側身形で、珠光を示すために彡を加える。

訓義 ①あきらか、星のひかり。②玉石のひかり。

古訓 〔名義抄〕晶 アラハス・ヒカリ・アキラカ・ヒル 〔字鏡集〕晶 ヒル・サヤケシ・アキラム・アラハス・ヒカリ

部首 〔説文〕〔玉篇〕に星・參・晨・曡の四字を属し、〔説文〕の篆文は晶の形に従う。みな星の光あるいは玉の光をいう字である。

語系 星syeng、晶tziengは声義近く、晶とは星の光をいう。晴(晴)dziengも声義に関係のある字。晴の初文は姓に作り、生は星の省文。夕に星のみえる意であろう。

【晶瑩】光がさえてすきとおる。唐・元稹〔鶯鶯伝〕嬌屋融冶、～曩時(さきごろ)の端荘と、復た同じからず。是の夕、旬有八日なり。斜月晶瑩にして、幽輝牀に半ばなり。

【晶熒】光りかがやく。唐・韓愈〔華山女〕詩 釵を抽き釧を脱して、環佩を解く 堆金の疊玉、光、晶熒たり

【晶光】かがやく光。唐・杜甫〔瘦馬行〕詩 人を見て、慘淡として哀訴するが若し 主を失ひて、錯莫(索莫)として晶光無し

↑晶英 かがやく光／晶華 晶光／晶輝 輝き／晶晃 晶光／晶晶 きらきら光る／晶星 星／晶蟾 月／晶天 晴天／晶盤 月／晶明 明らか／晶耀 晶光／晶亮 明らか／晶輪 月／晶簾 玉簾

↓玉晶・瓊晶・結晶・光晶・皎晶・顥晶・水晶・翠晶・石晶・鮮晶・日晶・陽晶

【椒】 12 4794 ショウ(セウ) さんしょう

篆文 

形声 声符は叔。叔はもと尗に作り、尗に茮の声がある。〔説文〕艸部一下に「茮は茮菜なり」とあり、〔段注〕に茮を椒の初文とする。椒は〔説文〕未収。椒に草・木の二類があり、ともに辛気の強烈なものである。正月の屠蘇に用いて椒酒といい、また暖気を保ち臭気を除去するので、婦人の室の壁に塗りこんだ。それで後宮の建物を椒殿、その室を椒房という。

訓義 ①さんしょう、こしょう、はじかみ。②かぐわしい。

古訓 〔新撰字鏡〕椒 保曾木(ほそき) 〔名義抄〕椒 ハジカミ・ホソキ／蜀椒 ナルハジカミ・アフサハジカミ／檴椒 イタチハジカミ・ホソキ 〔字鏡集〕椒 ハジカミ・ホソキ・シキミ・イタチハジカミ・ナルハジカミ

【椒掖】後宮。〔旧唐書、后妃下、穆宗貞献皇后蕭氏伝〕恭しく皇太后の族望を以て、齊・梁の後を承け、僑寓流滯し、久しく閩中に在り。慶靈鍾まり集り、早に椒掖に歸る。

【椒屋】後宮の室。椒房。梁・元帝〔車名詩〕佳人椒屋に坐し 膝を接して蘭薫に對す

【椒花】山椒の花。唐・李賀〔巫山高〕詩 古祠、月に近くして蟾桂(月中の蛙と桂樹)寒し 椒花、紅を墜す、溼雲の間

【椒閣】椒屋。梁・施栄泰〔王昭君を詠ず〕詩 羅を垂れて、椒閣を下り 袖を擧げて、胡塵を拂ふ

【椒桂】山椒と桂。賢人にたとえる。〔抱朴子、漢過〕豺狼を養ひて騶虞(騏驎と騶虞)を殲くし、枳棘を殖ゑて椒桂を翦る。

【椒酒】山椒などの香物を加えた酒。屠蘇。〔四民月令〕正月の旦、～進酒降神すること畢り、乃ち～子婦孫曾、各々椒酒を其の家長に上り、觴を稱げ壽を擧げ、欣欣如たり。

【椒糈】山椒と精米。〔楚辞、離騒〕巫咸將に夕に降らんとす 椒糈を懷きて之れを要ふ

【椒庭】後宮。〔宋書、后妃伝論〕元嘉より以降、内職稍々繁し。椒庭綺觀、千門萬戸あり。淫粧怪飾、變炫窮まり無し。

【椒盤】椒酒。宋・楊万里〔丙申歳朝〕詩 椒盤、又頌す、一年の初 多拜、猶ほ欣ぶ、未だ扶けを要めざるを

【椒房】椒屋。〔三輔黄図、三、未央宮〕椒房殿は未央宮に在り。椒を以て泥に和して塗る。其の溫くして芬芳あるを取るなり。

【椒蘭】山椒と蘭。ともに香気の高いもの。唐・杜牧〔阿房宮の賦〕煙斜めに霧横たはるは、椒蘭を焚くなり。

↑椒阿 山椒の茂る丘／椒馨 椒香／椒香 山椒の香り／椒醑 椒酒／椒除 椒房の堦／椒漿 椒酒／椒瘴 瘴気／椒觴 椒酒／椒第 椒房／椒墀 山椒の茂る垣／椒殿 椒房／椒塗 椒泥塗り／椒壁 椒塗／椒葉 山椒の葉／椒聊 山椒

↓握椒・桂椒・胡椒・紅椒・香椒・山椒・蜀椒・申椒・丹椒・泥椒・塗椒・蕃椒・茅椒

入 **【湘】** 12 3610 ショウ(シャウ) にる

篆文  金文 

形声 声符は相。〔説文〕十一上に湘水の名とする。南のかた衡山に発して、北流して洞庭湖に入る。沅湘・瀟湘と併称し、景勝の地として知られ、瀟湘八景の名がある。その神は湘君・湘夫人として〔楚辞、九歌〕に歌われている。酈道元の〔水経注、湘水〕に「水色青黒色なり」とあり、川の名もその意によるものであろう。〔詩、召南、采蘋〕に「于に以て之れを湘る 維れ錡と釜とに」とあり、ゆがいてにることをいう。〔韓詩〕に字を鬺に作り、その字と通用の義であろう。

訓義 ①川の名、湘水。②鬺と通じ、ゆがく、にる。

古訓 〔名義抄〕湘 ニル・サ、ラナミ／泊湘 サ、ラナミ

語系 湘・緗siangは同声。〔玉篇〕に緗を桑の葉の始めて色づく色としており、桑sangもその声が近い。霜shiangと同系の音で、声義に関係のある語であろう。

【湘娥】湘水の神である娥黄。唐・賈至〔初めて巴陵に至り～洞庭湖に泛ぶ、三首、二〕詩 興に乘じて輕舟、近遠無し 白雲明月、湘娥を弔ふ

【湘君】湘水の神。唐・李白〔族叔刑部侍郎曄、及び中書賈舍人至に陪し、洞庭に遊ぶ、五首、一〕詩 日落ちて、長沙、秋色遠し 知らず、何れの處にか、湘君を弔はん

【湘竹】斑竹。湘妃の涙で、斑紋を生じたという。唐・白居易〔江上に客を送る〕詩 杜鵑、聲哭するに似たり 湘竹、斑なること血の如し

【湘流】(しょうりゅう(しやうりう)) 湘水の流れ。〔楚辞、漁父〕寧ろ湘流に赴いて江魚の腹中に葬らるるも 安くんぞ能く皓皓の白きを以て世俗の塵埃を蒙らんや

【湘霊】(しょう(しやう)れい) 湘水の神。〔楚辞、遠遊〕湘靈をして瑟を鼓せしめ 海若(水神)をして馮夷を舞はしむ

↑湘筠 湘南軍/湘妃 湘夫人 湘竹/湘淵 汨羅/湘魚 烹魚/湘軍

↓沅湘・江湘・衡湘・瀟湘・赴湘・臨湘

常

【焦】 12 2033 ［爨］ 28 2080 ショウ(セウ) こげる あぶる あせる

篆文 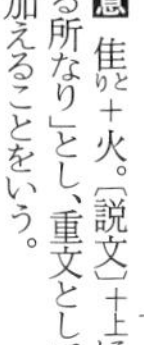 金文 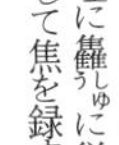

会意 隹+火。〔説文〕十上に𪓐に従う字に作り、「火の傷つくる所なり」とし、重文として焦を録する。のちすべて焦灼をくわえることをいう。

訓義 ①こげる、こがす。②あぶる、かわかす。③憔と通じ、やつれる。④国語で、あせる。

古訓 〔名義抄〕焦 コガス 〔字鏡集〕焦 コガル・ヤク・カハク・コガレクサシ・フスフ・イル・カシケタリ・コガス

声系 〔説文〕に焦声として蕉(蕉)・噍・譙・樵・燋・顦・醮など十三字を収める。噍・譙は擬声的な語であろう。

語系 焦・燋tziôは同声。燋は焦の繁文とみてよい字。爝tziôkは声近く、焦・爵(爵)の声が通じて、噍をまた嚼に作る。これらは擬声語であろう。心気すぐれず、顔色の衰えることを憔といい、憔顇という。火に焦げて、生色を失ったさまをいう語である。

【焦煙】(しょう(せう)えん) こげる煙。南朝宋・鮑照〔苦熱行に代る〕楽府 湯泉、雲潭より發し 焦煙、石圻より起る

【焦僥】(しょうぎょう(せうげう)) 小人族。身長一メートル弱であったという。〔山海経、大荒南経〕小人有り。名づけて焦僥の國と曰ふ。幾姓なり。嘉穀を是れ食らふ。

【焦枯】(しょう(せう)こ) 乾いて枯れる。〔後漢書、周挙伝〕頃年以來、旱灾屢しば應じ、稼穡焦枯し、民食困乏す。

【焦熬】(しょうごう(せうがう)) こがし、いりつける。〔荀子、議兵〕桓文の節制は、以て湯武の仁義に敵すべからず。之れに遇ふ者は、焦熬を以て石に投ずるが若し。

【焦思】(しょう(せう)し) 心を労する。〔史記、越王句践世家〕呉既に越を赦し、越王句踐、國に反る。乃ち身を苦しめ思ひを焦がし、膽を坐に置き、坐臥するに卽ち膽を仰ぎ、飲食するときも亦た膽を嘗む。

【焦灼】(しょう(せう)しゃく) やけこげる。〔太平広記、九に引く神仙伝、焦先〕草を結んで庵と爲し、獨り其の中に止まる。~野火其の庵を燒くに遭ふ。~火過ぎて庵燼けたり。先、方に徐徐に起つ。衣物悉く焦灼せず。

【焦心】(しょう(せう)しん) 焦慮。苦心する。〔後漢書、蔡邕伝〕比ろ災變互ひに生じ、未だ厥の咎を知らず。朝廷焦心し、載ち恐懼を懷き、每に群公卿士に訪ふ。

【焦土】(しょう(せう)ど) 焼け野原。唐・杜牧〔阿房宮の賦〕戍卒叫び、函谷擧る(陥る)。楚人の一炬、憐れむべし、焦土となる。

【焦螟】(しょう(せう)めい) 蚊のまゆげに巣くうという小虫。〔列子、湯問〕江浦の閒に麼蟲を生ず。其の名を焦螟と曰ふ。群飛して蚊睫に集るも、相ひ觸れず。

【焦慮】(しょう(せう)りょ) 心を労する。唐・温庭筠〔蔣侍郎に上る啓、二〕神を勞し、慮を焦がし、日を消し、年を忘る。

↑焦火 烈火/焦害 酷熱/焦核 荔枝/焦渇 焦急/焦旱 大旱/焦急 いらだつ/焦苦 焦心/焦乾 乾く/焦原 焼野原/焦涸 乾く/焦魂 焦心/焦沙 極熱/焦暑 酷暑/焦情 焦心/焦神 焦心/焦唇 唇がかわく、苦労する/焦悴 やつれる/焦切 焦急/焦煎 急迫/焦然 やつれる/焦燥 焦げる/焦躁 あせる/焦痩 枯痩/焦溺 困難/焦怒 いらだち怒る/焦桐 焦尾琴/焦熱 酷熱/焦肺 苦労する/焦迫 気がせく/焦飯 こげ/焦煩 いらだち乱れる/焦尾 良琴/焦眉 危急/焦筆 枯筆/焦沸 やけてわく/焦墨 枯墨/焦味 にがみ/焦冥 焦螟/焦滅 焼亡/焦油 タール/焦憂 焦慮/焦乱 煩乱する/焦爛 爛れる/焦燎 焼ける/焦労 煩労する

↓亀焦・枯焦・心焦・神焦・唇焦・舌焦・煎焦・焚焦・憂焦

常

【焼】 12 ［燒］ 16 9481 ショウ(セウ) やく たく

篆文 

形声 声符は堯(尭)。堯に蕘・繞の声がある。〔説文〕十上に「爇くなり」とあり、草木を焚くことをいう。堯は土器を積んで棚におく形。これに火を加えて土器として焼成することを焼という。帝堯陶唐氏という名号も、堯と陶との関係を示すものであろう。

訓義 ①やく、やける、土器をやきあげる。②たく、火をたく。③熱する、熱を加えて熟する。④あつい、あかい、わかす。

古訓 〔名義抄〕焼 ヤク・タク・モユ

声系 堯・嶢ngyôは同声。嶢は焦嶢、赤土の禿山をいう。繞・饒njiô、嘵xyôもみな堯声。繞・饒は多くめぐらす意で、土器を焼成するときの意をとる。嘵は叫(叫)・噭などと同じく、擬声的な語であろう。燋tziôには焼く意がある。

【焼香】(しょうこう(せうかう)) 香をたく。〔魏書、釈老志〕昆邪王、休屠王を殺し、其の衆五萬を將ゐて來り降る。其の金人を獲たり。帝以て大神と爲し、甘泉宮に列す。金人は率ね長け丈餘、祭祀せず。但だ燒香禮拜するのみ。此れ則ち佛道流通の漸なり。

【焼痕】(しょう(せう)こん) 野焼きのあと。宋・蘇軾〔正月二十日、岐亭に往く~〕詩 稍と聞く決決として冰谷に流るるを 漸く見る、靑靑として燒痕を沒するを

【焼殺】(しょう(せう)さつ) やき殺す。〔史記、項羽紀〕項王、紀信を見て、漢王は安くに在るかと問ふ。信曰く、漢王已に出でたりと。項王、紀信を燒殺す。

【焼残】(しょう(せう)ざん) やきはらう。〔史記、呉王濞伝〕兵を起して以て宗廟を危くし、~無罪を夭殺し、民家を燒殘し、其の丘家(墳墓)を掘き、甚だ暴虐を爲す。

【焼紙】(しょう(せう)し) 焼紙銭。葬送のとき、紙銭をやく。〔吹剣録〕唐、王璵傳に、漢以來喪葬に皆錢を瘞むと。後世の俚俗、稍と紙を以て錢に代へ、鬼事と爲す。玄宗神仙を好む。璵始めて之れを用ふ。

【焼酒】(しょう(せう)しゅ) 濃い酒。唐・白居易〔荔枝楼にて酒に対す〕詩 荔枝 新たに熟して、雞冠の色あり 燒酒初めて開く、琥珀の香

↑焼夷 焼き払う/焼雲 紅雲/焼煙 煙/焼霞 夕焼け/焼棄 焼却する/焼毀 焼滅する/焼器 焼物/焼牛 火牛の陣/焼燻 いぶす/焼研 陶硯/焼硯 投筆/焼交 焚屍/焼荒 野火/焼死 焚死/焼畬 焼畑/焼灼 やく/焼心 苦悩する/焼身 焚身/焼銭 焼紙/焼磚 瓦/焼草 草焼き/焼葬 火葬/焼丹 煉丹/焼炭 炭やき/焼薙 焼夷/焼掇 焼討する/焼田 焼畑/焼熱 やく/焼爇 やく/焼燔 やく/焼眉 焦眉/焼焚 やく/焼煉 煉丹/焼鑪 冶金炉

↓延焼・炎焼・熏焼・残焼・焦焼・田焼・燃焼・半焼・燔焼・晩焼・焚焼・兵焼・炮焼・野焼・類焼・烈焼

【猩】 12 4621 ショウ（シャウ） セイ しょうじょう

篆文

形声 声符は星（せい）。〔説文〕十上に「猩猩、犬の吠ゆる聲なり」と犬のなき声の擬声語とするが、その用例はない。猩猩は人面長髪、端正で酒を好み、善く舞うとされる想像上の獣で、〔礼記、曲礼上〕に「猩猩は能く言へども禽獸を離れず」とあって、能く人言するものとされた。

訓義 ①しょうじょう。②あかいろ、赤毛。③犬のなき声、遠なきの声。④また狌に作る。小児のなく声。

古訓 〔和名抄〕猩々 此の間に象章と云ふ 〔字鏡集〕猩 ヤマハウ

【猩血】 緋色。宋・陸游〔雨霽れて春色粲然たり、喜びて賦する有り〕詩 千縷の麴塵、楊柳綠なり 萬枝の猩血、海棠紅なり

【猩紅】 緋色。宋・陸游〔花下小酌、二首、一〕詩 柳色初めて深くして、燕子回り 猩紅千點、海棠開く

【猩猩】 人に似た猿。唐・李白〔遠別離〕詩 日慘慘として、雲冥冥たり 猩猩は煙に啼き、鬼は雨に嘯く 我縱し之れを言ふも、將た何ぞ補はん

【猩脣】 猩猩の脣肉。食味八珍の一。〔閱微草堂筆記、姑く妄りに之れを聽け、一〕八珍は惟だ熊掌・鹿尾を常見と爲す。駝峰は塞外に出づ。已に觀ること稀なり。猩脣は則ち僅かに其の名を聞くのみ。

↑猩朱 緋色／猩色 猩紅／猩唇 猩脣／猩狒 猩猩と狒狒／猩袍 朱袍

常 【硝】 12 1962 〔硝〕 12 1962 ショウ（セウ） ささらいし

形声 声符は肖（しょう）。硝石。ガラス状の結晶体で、燃えるとき、紫の火を発する。硝石から火薬を作る方法は、古く道家の煉金術的な試みのなかで、知られたものであるという。北宋の曾公亮の〔武経総要〕にその法がしるされており、当時すでに火薬として実用化されていた。

訓義 ①硝石。火薬・硝子の原料となる。②ささらいし。

古訓 〔新撰字鏡〕硝 佐々良石（ささらいし） 〔名義抄〕硝 サ、ライシ 〔篇立〕硝 サ、レイシ

【硝子】 水晶に似たもの。ガラス。〔格古要論、六、硝子〕藥を用つて燒成する者。色暗青にして氣眼有り。或いは黃青色の者有り、亦た白き者有り。但だ潔白明瑩ならざるもの、之れを硝子と謂ふ。

↑硝煙 爆煙／硝石 火薬の原料／硝薬 火薬

↓英硝・焰硝・煙硝・白硝・芒硝

【稍】 12 2992 ショウ（セウ） すえ やや ようやく すくない

篆文

形声 声符は肖（しょう）。肖は末端の細小なるものをいう。〔説文〕七上に「物を出だすに漸有るなり」とあり、次第にあらわれることをいう。「ようやく」は「ややや」、次第にあらわれることをいう。

訓義 ①すえ、木には梢といい、稲の茎などには稍という。②やや、ややや、ようやく。次第を以て、順次にあらわれることをいう。③すくない、すこし、つきる、なくなる。④ふち、食禄。

古訓 〔名義抄〕稍 ヤ、・ヤウヤク・メグル・スヱ・スコシ 〔字鏡〕稍 ヤウヤク・ヤ、・イヨ〳〵・スヱ・ハ、ツル・スコシ・スクナクモ・ムギカラ

語系 稍sheô、少sjiô は声義近く、小siô と同系の語。年齢のときには叔sjiuk という。

【稍事】 小飲。間食程度の小宴。また、小事。〔周礼、天官、膳夫〕凡そ王の稍事には、酺醢を設薦す。

【稍稍】 少しずつ。〔史記、平原君伝〕居ること歲餘、賓客門下舍人、稍稍引き去る者過半なり。平原君、之れを怪しむ。

【稍微】 わずか。衰微。〔史記、漢興以来諸侯王年表〕諸侯稍微にして、大國は十餘城に過ぎず、小侯は數十里に過ぎず。

↑稍餼 扶持米／稍紅 微紅／稍殺 次第に弱る／稍子 舟子／稍漆 漆を二度塗りしたもの／稍食 古代の官吏の月棒／稍息 小憩／稍帯 連行する／稍天 朝／稍物 賭ける物／稍秣 まぐさ

↓家稍・餼稍・芻稍・廩稍

【竦】 12 0519 ショウ つつしむ おそれる

篆文

形声 声符は束（そく）。束に悚（しょう）の声がある。〔説文〕十下に「敬（しっ）むなり」とし、字を立と束との会意にして、「自ら申束する」意とする。自らひきしめる意であるが、竦はおそらく聳と声義近く、すくむような姿勢をいう字であろう。ゆえに敬懼の意となるので、申束の意を以て束に従うのではない。

訓義 ①すくむ、つまだつ、のびあがる。②つつしむ、おそれる、おどろく、そのような心情を示すようす。③にわか、にわかにうごく。

古訓 〔名義抄〕竦 アガル・アグ・ノボル・ソバタツ・ウヤマフ・タツ・オソル・ウハル・イヨ、カナリ・イヨ、カニ・アラシ・ス、ム・ソビケリ／竦擢 アガリヌケテタリ 〔字鏡集〕竦 アフシ・ハサム・ヤカル・ハゲム・ス、ム・ヲハル・ヲソル・ノボル・ヌキツ・トル・タツ・アグ・ウゴカス・ウヤマフ・ソヒケリ・タチノボル・イヨ、カナリ・ヲヒケタリ・クハタツ・ソバタツ

語系 竦・悚・聳・慫siong は同声。身をすくめて立つ意から、その状態の心情をいう語となる。

【竦企】 足をそばだてる。〔晋書、衛恒伝〕（漢の崔瑗の草書勢）左を抑へ右を揚げ、之れを望むに崎の若し。竦企して鳥のごとく跱り、志は飛移に在り。狡獸暴かに駭き、將に奔らんとして未だ馳せず。

【竦懼】 悚懼。おそれおののく。〔三国志、魏、高堂隆伝〕太戊・武丁、災ひを覩て竦懼し、天戒を祗承す。故に其の興るや、勃かなり。

【竦心】 心をひきしめる。〔韓非子、説疑〕后稷、皐陶〜此の十五人の者、其の臣爲るや、皆夙に興き夜に寐ね、身を卑くし體を賤しめ、心を竦め意を白らかにし、刑辟を明らかにし、官職を治めて、以て其の君に事ふ。

【竦震】 おそれ震う。〔後漢書、賈琮伝〕琮を以て冀州刺史と爲す。〜百城風を聞いて自然に竦震し、其の諸の臧過ある者は、風を望んで印綬を解きて（辞任して）去る。

【竦動】 おどろく。かしこまる。〔後漢書、南匈奴伝〕（王）昭君の豐容靚飾、漢宮に光明たり。景を顧みて裴回し、左右を竦動す。帝見て大いに驚き、意に之れを留めんと欲するも、信を失はんことを難りて、遂に匈奴に與ふ。

↑竦意 つつしむ／竦焉 恭しい／竦跪 跪く／竦敬 つつしむ／竦桀 傑出する／竦肩 聳肩／竦健 雄健／竦削 削立／竦耳 きき耳／竦峙 そばだつ／竦秀 挺抜／竦峭 嶮しい／竦竦 高峻／竦身 身をすくめる／竦神 竦心／竦石 聳石／竦息 恐れる／竦擢 挺抜／竦服 敬服する／竦抃 鼓舞する／竦慕 景慕する／竦勇 勇奮／竦立 聳立する／竦論 きびしく論じる

↓岸竦・恐竦・喬竦・驚竦・翹竦・玉竦・孤竦・高竦・骨竦・峻竦・上竦・森竦・戦竦・争竦・直竦・天竦・林竦

常 【粧】 12 9091 〔妝〕 7 2424 ショウ（シャウ） ソウ（サウ） よそおう かざる

篆文  甲骨文 金文

形声 声符は庄。旧字は妝に作り、爿声。〔説文〕十二下に「飾るなり」とみえ、粧飾することをいう。妝の金文の字形に、女の下に衣を示す曲線をそえたものがあり、それは受霊の儀礼を示すものであるから、妝とはそのような儀礼のときの妝飾をいうものであろう。のち化粧の意となる。化粧も本来は、神聖に近づくための方法であった。のち化粧の具に米粉などを用いるので、粧の字を用いる。

訓義 ①よそおう、かざる、かたちづくる。②すがた、かたち。③ふりをする。

古訓 〔名義抄〕粧 ヨソホヒ・アザヤカナリ・カザル・スガタ／時勢粧 イマヤウスガタ 〔字鏡集〕粧 ヲロソカ・ヨソノホル・ホシイマヽ・ヨソノフ・カザル・イツクシウス・チマタ

語系 妝(粧)・装(裝)tzhiangは同声。橡・象ziangも声義近く、橡は〔説文〕八上に「飾るなり」とあって盛飾の意。象も象服のように用い、いずれも儀礼の際の粧飾をいい、その儀容に関する語である。

【粧鏡】(しやうきやう) 化粧用の鏡。唐・杜牧〔阿房宮の賦〕明星の熒熒たるは、粧鏡を開くなり。綠雲の擾擾たるは、曉鬟(朝の髪)を梳るなり。

【粧飾】(しやうしよく) 化粧して飾る。〔晋書、石季竜載記上〕(子の邃)荒酒淫色、驕恣無道、～或いは夜宮臣の家に出で、其の妻妾に淫す。宮人の美淑なる者を粧飾して、首を斬り血を洗ひ、盤上に置き、傳へて共に之れを視る。

【粧点】(しやうてん) めかす。〔北史、后妃下、馮淑妃伝〕將士、勢ひに乘じて入らんと欲す。帝敕して且く止め、淑妃を召して共に之れを觀んとす。淑妃粧點し、時に至ることを獲ず。

↑粧鉛 白粉／粧閣 化粧室／粧喬 偽る／粧具 化粧具／粧狐 妓楼に遊ぶ客／粧盒 化粧ばこ／粧痕 化粧あと／粧厳 荘厳／粧修 めかす／粧梳 髪を結う／粧睡 狸寝入り／粧靚 粧いかざる／粧束 装束／粧台 鏡台／粧釘 装釘／粧殿 化粧室／粧誣 陥れる／粧風 気抜け／粧扮 扮装する／粧面 化粧する／粧么 作り話／粧黶 つけえくぼ／粧奩 化粧ばこ／粧楼 化粧室／粧聾 聞こえぬふり／粧麗 化粧ばこ

↓化粧・仮粧・暁粧・軽粧・姸粧・厳粧・紅粧・細粧・残粧・春粧・飾粧・新粧・酔粧・靚粧・整粧・素粧・梳粧・淡粧・朝粧・啼粧・点粧・濃粧・白粧・美粧・明粧

人 【翔】 12/8752 〔翔〕 12/8752 ショウ(シャウ) とぶ かける

篆文 

形声 声符は羊。羊に庠・祥(祥)の声がある。〔説文〕四上に「回飛するなり」とあり、鳥が羽をひろげて、ゆるく飛びめぐることをいう。〔礼記、曲礼上〕に「室中には翔らず」とあり、翔は堂上の儀礼のときの歩きかたで、〔論語、郷党〕に「趨進すること翼如たり」とみえる。翺翔は畳韻の連語。〔詩、鄭風、清人〕に「河上に翺翔す」というのは、敵軍の示威行動を冷評する語である。

訓義 ①とぶ、とびめぐる、かける、かけめぐる。②さまよう、あそぶ、ふるまう。③詳と通じ、つまびらか、つつしむ。

古訓 〔名義抄〕翔 カケル・フルマフ・アブク・アガル・トブ 〔字鏡集〕翔 ホフク・アガル・テフル・カケル・フルマフ・トブ・ハネノス・カヒナシ・メグル

語系 翔ziang、相siang、また逍siôも声が通ずるところがある。それで翺翔・相羊・逍遥は、みな意味の似ている形況の語である。

【翔泳】(しやうえい) 鳥と魚。また、世の浮沈。唐・劉禹錫〔令狐相公～に酬ゆ〕詩 翔泳各と勢ひを殊にす 篇章空しく情を寄す

【翔回】(しやうくわい) 飛びまわる。〔礼記、三年問〕今是れ大鳥獸は、則ち其の群匹を失喪するときは、月を越え時を踰え、則ち必ず反巡して其の故鄉を過ぎり、翔回鳴號し、躑躅し(ためらい、たちどまり)、然る後乃ち能く之れを去る。

【翔実】(しやうじつ) 詳細的確。〔漢書、西域伝序〕宣元より後、單于藩臣と稱し、西域服從す。其の土地山川、王侯戶數、道里遠近、翔實なり。

【翔集】(しやうしふ) 飛び集まる。宋・范仲淹〔岳陽楼記〕上下天光、一碧萬頃、沙鷗翔集し、錦鱗游泳す。岸芷汀蘭、郁郁靑靑たり。

【翔佯】(しやうやう) さまよう。〔荘子、山木〕孔子曰く、敬んで命を聞けりと。徐ろに行き、翔佯して歸る。

↑翔逸 飛翔する／翔華 栄顕／翔起 上升する／翔貴 物価が高い／翔禽 飛鳥／翔空 翔天／翔洽 ゆき渡る／翔翺 翺翔／翔手 拱手／翔驟 鳥獣／翔翔 安らか／翔趨 足早や／翔走 遊鳥獣／翔鳥 飛鳥／翔天 空を飛ぶ／翔畋 猟／翔舞 翔回する／翔風 回風／翔歩 歩趨／翔羊 翔佯／翔踊 高くとびはねる／翔翼 飛鳥／翔竜 昇竜

↓安翔・雲翔・遠翔・回翔・滑翔・驚翔・群翔・孤翔・高翔・翺翔・趨翔・南翔・飛翔・奮翔・鳴翔・遊翔・羊翔

【証】 12/0161 ショウ(シャウ) いさめる

篆文 

形声 声符は正。〔説文〕三上に「諫むるなり」とあり、なだめすかすことをいう。〔段注〕に「今俗に証を以て證驗の字と爲す」とあって、證の別体の字とするが、もと別の字である。わが国の常用字では、證の字として用いる。

訓義 ①いさめる、なだめすかす、いつわる。②證の俗字、あかし。

古訓 〔名義抄〕証 イツハル・イサム 〔字鏡集〕証 イツハル・イサム・ノブ

【証諫】(しやうかん) いさめる。〔呂覧、貴当〕人主を觀るや、其の朝臣に賢多く、左右に忠多く、主に失有れば、皆交ごも爭うて証諫す。

↓典証・来証

常 【証】 12/0161 〔證〕 19/0261 ショウ あかし しるし

篆文 

形声 旧字は證に作り、登声。登に澄の声があり、證はもと徵(徴)と声義の通ずる字であった。証はその俗体であるが、証は別にその本義の字がある。〔説文〕三上に「證は告ぐるなり」とし、その言に徵驗のあることをいう。〔中庸、二十九〕「徵無きは信ぜず」の〔釈文〕に、徵を證に作る本があるという。徵・證は声義の近い字である。

訓義 ①あかし、あかす、しるし。②いさめる、ただす。③つげる。④さとる、さとり。⑤症と通じ、症状。

古訓 〔名義抄〕證 カナフ・トク・タヘナリ・マカス・イマシム・シルシ・アラハス・シヅカナリ

語系 證・徵tjiangは同声。徵は「證なり、驗なり」と訓する字で、證と声義同じ。證はおそらく神に登薦(お供え)して祈り、神意の徵驗を得ることを意味する字であろう。徵は長髪の巫女を敺ち、共感呪術的に敵に感応し、敵を懲らしめ、その徵驗を得ようとするものであろう。その方法は異なるが、徵驗を待つ意は同じである。

【証案】(しようあん) 証人として取り調べる。〔漢書、元帝紀〕今、不良の吏、小罪を覆案し、徵召して證案し、不急の事を興し、以て百姓を妨げ、一時の作を失はしむ。

【証引】証拠として引用する。〔南斉書、王倹伝〕倹、禮學に長じ、朝儀を諳究す。博議する每に、先儒を證引す。其の例有ること罕れなり。

【証験】証明する。〔論衡、対作〕浮妄虚僞、正是を沒奪す。～安くんぞ能く論ぜざらん。論ずるときは、則ち之れを考ふるに心を以てし、之れを效すに事を以てせば、浮虚の事は、輒ち立ちどころに證驗さる。

【証拠】証明の根拠。〔宋書、礼志一〕儀禮一經、所謂ゆる曲禮なり。鄭玄の禮に於て特り明らかにして、皆證據有り。宜しく鄭儀禮博士一人を置くべし。

【証左】左証。証人。〔漢書、王莽伝中〕郡國に在る者、～傳して相ひ舉奏す。～冠蓋相ひ望み、道路に交錯す。吏民を召會し、證左を逮捕す。

【証人】事実を立証する人。〔北史、循吏、蘇瓊伝〕兄弟田を爭ひ、積年斷ぜず。各ゝ相ひ援據し、乃ち百人に至る。瓊～諭して曰く、天下の得難き者は兄弟、求め易き者は田地なり。假令ひ地を得とも、兄弟の心を失はば如何んと。因りて涙を下す。諸證人、泣を灑がざるもの莫し。

【証明】証拠によって明らかにする。漢・王逸〔楚辞章句叙、離騒経〕屈原放たれて草野に在り。復た九章を作る。天を援き聖を引き、以て自ら證明す。

↑証移 諫正／証因 因由を証明する／証見 証拠／証候 しるし、気象／証実 立証／証逮 証人を逮捕する／証徒 共犯／証憑 証拠

↓暗証・引証・確証・偽証・義証・挙証・虚証・見証・検証・顕証・験証・誤証・公証・考証・左証・査証・罪証・指証・自証・実証・書証・心証・信証・審証・成証・疏証・徴証・定証・内証・認証・反証・表証・誣証・物証・弁証・保証・法証・傍証・明証・立証・例証・論証

常【詔】 12 0766 ショウ(セウ) つげる みことのり

篆文 

形声 声符は召。召は祝禱して、霊の降下を求める意。その神霊の告げるところを詔という。〔説文〕三上に「告ぐるなり」とあり、詔誥の意とする。秦以後、天子の勅命をいう。

訓義 1つげる、神のつげおしえること、おしえ、たすける。2おおせごと、みことのり。3めす、いたす。

古訓 〔新撰字鏡〕詔 奈豆久(なづく)、又、与不(よぶ)〔名義抄〕詔 ツグ・ヲシフ・ミチ・オモナフ・オツル・ミチ・タスク・オホセノモト・メス・ソシル／詔旨 コト、フニ〔字鏡集〕詔 ワラフ・ツグ・ヲシフ・ミチ・ヨキコトバ・オホセ・ミコト・ノタマフ・メス・ヲモノフ・ヲクル・ソシル・タスク

語系 詔・招tjiô、召diôは声義近く、召は神霊の降下を求めて祈る、招はその動作・行為、神の告げるところを詔という。詔はのち詔勅の意となる。

【詔獄】勅命で裁判する。〔史記、文帝紀〕十三年五月、齊の太倉の令淳于公、罪有りて刑に當る。詔獄して逮へられ、長安に徙し繫がる。～其の少女緹縈、自ら傷泣して～上書す。

【詔旨】勅旨。〔三国志、呉、是儀伝〕(呂壱、刁嘉を誣白す)同坐の人、皆壹を怖畏して、竝びに之れを聞けりと言ふ。儀獨り聞く無しと云ふ。是に於て窮詰せらるること累日、詔旨轉た厲し。～實に據りて荅問し、辭傾移せず。(孫)權遂に之れを舍す。

【詔書】詔勅。〔独断、上〕漢の天子の正號を皇帝と曰ふ。～其の命令は、一に曰く策書、二に曰く制書、三に曰く詔書、四に曰く戒書。

【詔命】天子の命。〔後漢書、宦者伝序〕高后稱制するに及んで、乃ち張卿を以て大謁者と爲し、臥内に出入し、詔命を受宣す。

【詔諭】勅諭。宋・胡詮〔高宗に上る封事〕今は故無くして虜使を誘致し、江南を詔諭するを以て名と爲す。是れ我を臣妾にせんと欲するなり。

【詔令】天子の命。〔戦国策、秦一〕昔者、齊、南は荊(楚)を破り、東は宋を破り、西は秦を服し、北は燕を破り、中は韓・魏の君を使ひ、地廣くして兵強く、戰へば勝ち攻むれば取り、天下に詔令す。

↑詔恩 恩典／詔可 勅許／詔格 詔勅／詔記 勅書手記／詔黄 勅書／詔告 詔勅／詔策 詔記／詔冊 詔記／詔使 勅使／詔辞 伝辞／詔召 お召し／詔制 詔と制／詔宣 宣命／詔籌 王の謀／詔勅 勅語／詔板 詔書

↓哀詔・遺詔・応詔・恩詔・下詔・嘉詔・銜詔・口詔・黄詔・手詔・受詔・書詔・署詔・承詔・称詔・親詔・制詔・聖詔・宣詔・大詔・待詔・天詔・伝詔・内詔・拝詔・布詔・扶詔・封詔・奉詔・鳳詔・褒詔・密詔・明詔・優詔・綸詔

常【象】 12 2723 ショウ(シャウ) ゾウ(ザウ) かたち

篆文 

甲骨文 

金文 

象形 長鼻の獣である象の形。〔説文〕九下に「南越の大獸なり。長鼻、牙あり。三年にして一たび乳す。耳牙四足尾の形に象る」(段注本)という。卜辞に「象を獲んか」とトするものがあり、当時は江北に象が棲息しており、捕獲して土木工事に使役していたようである。「爲す」の爲(為)は象の上に手を加える字形で、象を使役する意。築営のことを爲といった。殷虚の婦好墓からは象牙杯が多く出土し、〔孟子、滕文公下〕に、周初に「虎・豹・犀・象を驅りて之れを遠ざく」とあり、象は古く江北の地にも群棲していたことが知られる。象を象徴の意に用いるのは、祥(祥)との通用義であろう。相似の意は、像・様の意である。

訓義 1ぞう、きさ。2像・様と通じ、かたち、ありさま、さま。3のり、おきて。4橡と通じ、とちのき。5武舞の名。6通訳。

古訓 〔和名抄〕象 岐佐(きさ)。〔箋注〕谷川氏曰く、象牙に文有り。樗の木理に似たり。故に岐佐と名づく〔名義抄〕象 キサ・カタチ・タゞ・ノリ・ワタル・カタドル・ノトル

声系 〔説文〕に象声として像・橡・勨など六字を収める。像八上は「似るなり」(段注本)と訓し、養(養)の声でよんで様の意。橡八上は「飾るなり」と訓し、妝・装の意がある。

語系 象・像・橡・祥ziangは同声。また様(樣)jiangも声が近く、象をまた像・様の意に用いる。

【象外】現象をこえた意境。〔冷斎夜話、六、象外句〕唐の僧に佳句多し。其の琢句法は、物に比するに意を以てし、某物を指言せず。之れを象外句と謂ふ。

【象戯】中国古代の将棋。今の将棋の原形は北宋ころにはじまる。〔五雑組、人部二〕象戲の、圍棋に視べて較ゝ易き者は、道に限有りて、算ふること窮め易ければなり。其の小を棄てて大を圖るに至り、人を制して人に制せらるざるは、則ち一のみ。

【象魏】象は法、魏は城闕の門。法を城門に掲示した。〔周礼、天官、大宰〕正月の吉、～乃ち治象の灋(法)を象魏に縣け、萬民をして治象を觀しむ。

【象牙】象のきば。〔後漢書、西南夷、哀牢伝〕永初元年、徼外の僬僥種夷、陸類等三千餘口、種を舉げて内附し、象牙・水牛・封牛を獻ず。

【象刑】肉体刑に代えて象徴的に刑罰を表示する方法。〔荀子、正論〕治古(古の治世)～人固より罪に觸るる

る莫し。獨だに肉刑を用ひざるのみに非ず、亦た象刑をも用ひざりしならん。

【象形】 文字の構造法。六書の一。絵画的な方法。〔説文解字叙〕象形なる者は、其の物を畫成し、體に隨つて詰詘す。日月、是れなり。

【象似】 形を似せる。〔歴代名画記、二、顧(愷之)・陸(探微)・張(僧繇)・呉(道玄)の用筆を論ず〕國朝の呉道玄は、古今獨歩、前に顧・陸を見ず、後に來者無し。～衆は皆象似を謹むに、我は則ち其の凡俗を脱落す。

【象人】 人形。〔韓非子、顯学〕象人百萬なるも、強と謂ふべからず。～數衆からざるに非ざるなり。～象人は敵を距がしむべからざればなり。～儒俠は、～象人と事を同じうするなり。

【象数】 易の卦象と数(初六・九二の類)。〔左伝、僖十五年〕龜は象なり。筮は數なり。物生じて而る後に象有り、象ありて而る後に滋有り、滋くして而る後に數有り。

【象箸】 象牙の箸。〔韓非子、説林上〕紂、象箸を爲りて、箕子怖る。以爲へらく、象箸ならば必ず羹を土鉶に盛れざらん。必ず犀玉の杯とせん。玉杯象箸、必ず菽藿を盛れざらん。

【象道】 心を表現する方法。〔荀子、正名〕辨説なる者は、心の象道なり。心なる者は、道の工宰なり。道なる者は、治の經理なり。

【象弭】 象牙のゆはず。〔詩、小雅、采薇〕四牡翼翼たり 象弭魚服(箙)

【象舞】 文王の舞楽の名。〔詩、周頌、維清、序〕維清は、象舞を奏するなり。

【象服】 儀礼用の文様のある服。〔詩、鄘風、君子偕老〕象服も是れ宜はし 子の不淑なる(なくなられた) 云に之れを如何せん

【象訳】 通訳。〔呂覧、慎勢〕凡そ冠帶の國、舟車の通ずる所、象(南)・譯(北)・狄鞮(西)を用ひざるもの、方三千里。

↑象鞋 象をとる穽／象意 会意／象緯 日月五星／象筵 盛宴／象管 筆の管／象眼 はめこみ／象嵌 象眼／象闕 宮門／象効 似せてまねする／象梗 でく／象笏 象牙の笏／象載 暴露する／象歯 象牙／象事 指事／象珥 耳だま／象辞 易の爻辞／象主 インド／象胥 通訳／象牀 象牙の牀／象揥 文王の舞／象声 形声／象隊 騎象隊／象徴 くぬぎの実／象度 天文／象徳 徳の表象／象武 象舞／象揥 髪飾り／象瑱 耳飾り／象斗 象物 物にかたどる／象貌 姿／象夢 夢中の姿／象六 賽／象路 王の乗車／象輅 象路

↓印象・易象・仮象・駕象・観象・気象・騎象・犠象・巨象・駆象・群象・形象・現象・犀象・事象・捨象・馴象・心象・燧象・瑞象・対象・抽象・天象・白象・万象・表象・物象・暦象

【鈔】 12 8912 ［抄］ 7 5902

篆文 

ショウ(セウ) とる かすめる ぬきとる

形声 声符は少。〔説文〕十四上に「叉取するなり」とあり、指先でかすめ取る意とする。〔玉篇〕に「強取するなり、掠するなり」となり、〔書、微子〕の「草竊」は鈔窃、〔礼記、曲礼上〕の「勦説」の勦も、鈔取することをいう。字はまた抄に作る。

訓義 1とる、ゆびではさみとる、かすめる、かすめとる。2ぬきとる、ぬきがきする、うつす。3すえ、かすか。4さつ、紙幣。

古訓 〔名義抄〕鈔 アツム・コノム・シルス・ヌク

語系 鈔 tshô、抄 tsheô は声義近く、抄は鈔の後出の字。少に部分、また相連なる関係を示す意がある。

＊語彙は抄字条参照。

【鈔撃】 かすめとる。〔後漢書、孔奮伝〕奮、乃ち(氏人の大豪、斉)鍾留等を率厲し、要へ遮り、鈔撃せしめ、共に表裏を爲す。～遂に(隗)茂等を禽滅す。

【鈔写】 書物を写しとる。〔晋書、紀瞻伝〕瞻、性静默にして、交遊少なし。好んで書を讀み、或いは手自ら鈔寫す。凡そ著述する所、詩賦・牋表數十篇あり。

【鈔盗】 かすめとる。〔唐書、回鶻下、黠戛斯伝〕俗、木馬に乘りて冰上を馳す。板を以て足に藉き、木を屈げて腋を支へ、蹴れば輒ち百歩、勢ひ迅激なり。夜は鈔盜し、晝は伏し匿る。

【鈔略】 かすめとる。〔三国志、魏、鮮卑伝〕軻比能、～控弦十餘萬騎、鈔略して財物を得る毎に、分付を均平にし、一に目前に決す。終に私する所無し。故に衆の死力を得、餘部の大人、皆之れを敬憚す。

↑鈔引 紙幣／鈔課 附加税／鈔関 税関／鈔却 抄取／鈔劫 抄取／鈔巻 紙幣／鈔纂 抄集／鈔胥 書記／鈔銭 紙幣／鈔騰 写す／鈔突 突撃する／鈔発 書き抜き／鈔暴 掠奪する／鈔掠 鈔略／鈔老 富老／鈔録 謄写

↓銀鈔・交鈔・攻鈔・寇鈔・劫鈔・雑鈔・私鈔・詩鈔・手鈔・集鈔・書鈔・条鈔・深鈔・疏鈔・敵鈔・盗鈔・日鈔・発鈔・宝鈔・暴鈔

常 【傷】 13 2822

篆文 

ショウ(シャウ) きず やぶる いたむ そしる

形声 声符は㐆。㐆は昜(陽)の上を覆う形。昜は台上に玉(日の形)をおき、その玉光が下方に放射する意。魂振りとしての呪儀を示すものとみられる。これを上から覆って、その呪儀を妨げることを㐆といい、そのような害を人に及ぼすことを傷といい、殤という。〔説文〕八上に「創なり」というのは槍傷。〔説文〕はまた字を𥏫の省声とするが、𥏫は矢傷。ともに㐆の声義を承ける。

訓義 1そこなう、呪儀によって人体に損傷を与える。2きず、きずつける、きずつく、刀や矢できずつける、やぶる。3いたむ、やむ、なやむ。4そしる、うったえる。5心がいたむ、うれえる、あわれむ。6殤と通じ、わかじに。

古訓 〔名義抄〕傷 イタム・カブル・ソコナフ・キヅツク・オモフ・オモホフ・ニクム・キズ・ヒハル・アトフ・ヲシム・マレカ

部首 〔説文〕に㐆を収めず、𥏫はこの声系の原字ではない。觴・殤・傷・慯の各条に𥏫の省声とするが、𥏫はこの声系の原字ではない。昜は陽の初文で、台上の陽光の放射する形。玉による魂振り儀礼。これを覆うのは、勝社(亡国の社)に屋するのと同じく、弔葬の礼を意味するものであろう。〔説文〕は昜をも勿部九下に属し、「開くなり」と訓し、陽との関係に言及していない。

声系 〔説文〕に㐆を収めないが、觴・殤・傷・慯などみな㐆声。觴のほかは、みな㐆の声義を承ける字である。

語系 傷・殤・𥏫・傷 sjiang はみな同声。また創・瘡・愴 tshiang と声近く、傷はのち創傷の意となった。倉には傷害の意はなく、おそらく刅 tshiang と同声、創は刅の形声字であろう。

【傷痍】 傷つく。〔史記、劉敬伝〕今～天下の民をして肝腦地に塗まれ、父子骨を中野に暴さしむること、勝げて數ふべからず。哭泣の聲未だ絶えず、傷痍の者未だ起たず。而も隆を成・康の時に比べんと欲す。臣、竊かに以て侔しからずと爲す。

【傷懐】 いたみ悲しむ。〔史記、高祖紀〕高祖～沛を過ぎり、～悉く故人父老子弟を召して縱酒す。～高祖筑を撃ち、自ら歌詩を爲る。～高祖乃ち起ちて舞ひ、慷慨傷懷し、泣數行下る。

【傷害】 傷つける。そこなう。〔漢書、趙充国伝〕今虜、

馬肥え、糧食方に饒かなり。之れを撃つも、恐らくは傷害すること能はざらん。

【傷寒】熱病。今は腸チフスの類をいう。〔素問、九、熱論〕今夫れ熱病は皆傷寒の類なり。

【傷魂】心をいためる。明・袁宏道〔又述ぶ～門頭村に精藍多し〕詩 是の日杯を把つて人已に往く 鶵鶖、新柳、也た傷魂

【傷心】かなしむ。宋・陸游〔沈園、二首、一〕詩 城上の斜陽、畫角哀し 沈園、復た舊池臺に非ず 傷心す橋下、春波の綠なるに 曾ち是れ驚鴻、影を照らし來たる

【傷悴】悲しみやつれる。〔後漢書、李固伝〕大行、殯に在り、路人も涕を掩ふに、固獨り胡粉飾貌、搔頭弄姿、槃旋偃仰、從容冶步し、曾ち慘怛傷悴の心無し。

【傷逝】死を悼む。明・李贄〔焚書、傷逝〕人、生を欲せざる莫し。然れども卒に之れをして久しく生かしむること能はず。人、逝を傷まざる莫し。然れども卒に之れをして止めて逝く勿からしむること能はず。

【傷俗】風俗を害する。〔梁書、文学上、何遜伝〕(陸)雲、～曰く、頃の文人を觀るに、質は則ち儒に過ぎ、麗は則ち俗を傷ぶる。其の能く清濁を含み、今古に中たるは、之れを何生に見ると。

【傷痛】いたみ悲しむ。〔後漢書、皇后上、和熹鄧皇后紀〕自ら謂へらく、天地に感徹して、當に福祚を蒙るべしと。而るに喪禍内外にして、傷痛絶えず。頃の廢病沈滯す。～存亡の大分、奈何ともすべき無し。

【傷悼】なげき悲しむ。漢・賈誼〔鵩鳥の賦序〕誼既に讁を以て長沙に居る。長沙は卑濕なり。誼自ら傷悼して以爲へらく、壽の長きを得ざらんと。迺ち賦を爲りて以て自ら廣うす。

【傷敗】敗れ傷つく。〔史記、楚世家〕會ま呉王の弟夫概、呉王の兵の傷敗せるを見、乃ち亡げ歸り、自立して王と爲る。

【傷悲】いたみ悲しむ。〔詩、小雅、采薇〕道を行くこと遲遲たり 載ち渇し載ち飢う 我が心傷悲す 我が哀しみを知るもの莫し

➡傷哀 哀しむ／傷夷 傷つく／傷化 傷俗／傷禾 殺害／傷稼 作物をいためる／傷悔 悔む／傷旱 旱害／傷陥 陥れる／傷感 感傷／傷毀 痛める／傷泣 悲泣／傷苦 苦しむ／傷懼 恐れる／傷形 傷つく／傷蹶 つまずく／傷枯 枯れる／傷国 国損／傷穀 傷禾／傷痕 傷あと／傷嗟 いたみ嘆く／傷摧 傷つけいためる／傷財 浪費／傷殺 殺傷／傷惨 いたむ／傷残 傷つく／傷疾 疾病／傷酒 悪酔い／傷春 春愁／傷暑 暑気当たり／傷情 傷心／傷食 食傷／傷身 身をやぶる／傷生 傷身／傷沮 悩む／傷愴 悲愴／傷惻 いたむ／傷損 損なう／傷嘆 嘆く／傷墜 零落する／傷涕 悲泣／傷詆 そしる／傷沴 乱す／傷慟 嘆く／傷破 損なう／傷伐 傷破／傷煩 なやむ／傷瘢 傷痕／傷病 傷と病／傷愍 あわれむ／傷憫 傷愍／傷風 風邪／傷暮 嘆老／傷乱 乱す

⬇哀傷・夷傷・懐傷・外傷・害傷・咸傷・毀傷・軽傷・撃傷・咬傷・挫傷・殺傷・惨傷・死傷・刺傷・愁傷・重傷・暑傷・食傷・心傷・身傷・悽傷・戦傷・創傷・賊傷・損傷・嘆傷・中傷・凋傷・凍傷・内傷・敗傷・悲傷・微傷・扶傷・負傷・謗傷・憂傷・烈傷・裂傷・惋傷

【塍】 13 7921 ショウ あぜ くろ

篆文

金文

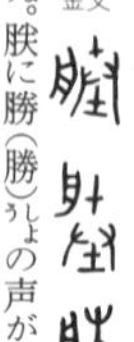

形声 声符は朕。朕に勝(勝)の声がある。〔説文〕十三下に「稻田中の畦埒なり」(段注本)とあり、あぜ、くろなどをいう。〔広雅、釈室〕に「隄なり」とする。

訓義 1あぜ、くろ。2つつみ。

古訓 〔篇立〕塍 ミゾ・クロ・ヰル

【塍畎】田地。〔陳書、後主紀〕(太建十四年三月詔)其れ新たに塍畎を闢き、蒿萊を進墾する有らば、廣袤を度量することを得る勿く、征租悉く皆停免せよ。

【塍隴】田間の隄。〔徐霞客游記、黔游日記、一〕洞前より北行し、塍隴を升陟すること二里、大溪の西よりして東する有り。之れを溯りて西行す。

➡塍岸 小堤／塍陌 畦道／塍埒 堤防

⬇駅塍・壊塍・危塍・彊塍・故塍・溝塍・春塍・堤塍・田塍・塘塍・稲塍・農塍・累塍

常【奨】 13 人〔獎〕 14 2743 〔奬〕 15 2743 ショウ(シャウ) すすめる たすける

篆文

形声 旧字は獎に作り、將(将)声。將は牲肉を奨めて祭る形。〔説文〕十上に「犬を嗾そのかして、之れを厲ますなり」とするが、將の繁文とみるべき字である。〔左伝、定四年〕「以て天衷を獎す」は成就、〔国語、周語中〕「以て王室を獎く」は「将く」の意である。字を〔説文〕に犬に従う字とするが、下部は廾に従うものであろう。

訓義 1すすめる、肉をすすめる、肉をすすめて祭る。2たすける、たすけなす。3妝と通じ、かざる。4犬をけしかける声。

古訓 〔名義抄〕奬 ス、ム・ミチビク・ハゲマス・ナル〔字鏡集〕獎 ミチビク・ナス・ナル・オホイナリ・ツクロフ・ハゲマス・ヲシフ・ス、ム・ホム・タスク

語系 奬・將tziangは同声。將は肉を供薦する意。奬の下部は犬ではなく、廾であろう。〔説文〕に犬を嗾すというのは、奘dzang「妄りに彊き犬なり」に近づけた解であろうが、〔方言、六〕に「獎は欲なり。～關よりして西、秦・晉の閒には、相ひ勸むるに聳と曰ひ、或いは獎と曰ふ」とあって、奬は犬を嗾かす語ではなく、勧奨する意である。〔説文〕は字を犬に従うものとして、奘に近い解をなしたものと思われる。

【奨飾】ほめ勧める。〔三国志、呉、呉主伝注に引く魏略〕(孫権の魏王に与ふる牋)權、本と性空薄、文武昭らかならず。昔父兄成軍の緒を承け、先王の奬飾せらるる所と爲るを得たり。遂に國恩に因り、東土を撫綏す。

【奨進】すすめて出仕させる。〔後漢書、孔融伝〕面あたりに其の短を告ぐるも、退いては長ずる所を稱す。賢士を薦達し、奬進する所多し。～故に海内の英俊、皆之れに信服す。

【奨擢】推薦し、抜擢する。〔随園詩話、二〕桐城の張藥齋宗伯、三たび江南の學政に任じ、名流を奬擢す。詩は尤も清婉なり。

【奨励】すすめはげます。〔旧唐書、韓愈伝〕愈、生まれて三歳にして孤となり、從父兄に養はる。愈自ら孤子なるを以て、幼にして刻苦して儒を學び、奬勵を俟たず。

➡奨異 特賞／奨慰 ねぎらう／奨学 勧学／奨勧 勧める／奨鑑 ほめる／奨勖 奨勧／奨許 ほめる／奨勗 励ます／奨訓 教訓／奨激 励ます／奨券 富くじ／奨実 褒状／奨順 賞与／奨導 導く／奨賞 褒賞／奨状 褒状／奨率 率いる／奨嘆 ほめる／奨抜 奨擢／奨目 みこむ／奨諭 さとす／奨誘 勧め

る/奨誉 ほめる/奨厲 奨励/奨労 ねぎらう

↓恩奨・嘉奨・勧奨・矜奨・勤奨・訓奨・高奨・殊奨・推奨・崇奨・清奨・選奨・尊奨・提奨・報奨・褒奨・明奨・優奨

常【照】 13 6733 ［炤］ 9 9786 ショウ(セウ) てらす てる あきらか

篆文 

形声 声符は昭。昭は昭明の意。〔説文〕十上に「明なり」とあり、〔書、泰誓下〕に「日月の照臨するが若(ごと)し」とあり、その昭光をいう。対照・照応のように用いる。炤はその異体字。

訓義 ①てらす、てる、かがやく、ひかり。②あきらか、あきらかにする、うつす。③しらせる、さとす、つきあわせる、準拠する。

古訓 〔和名抄〕照 今案ずるに、此の間に云ふ、照射、止毛之(ともし)〔名義抄〕照・炤 テラス・アラハス・ヒカリ・アキラカナリ・ツヤ、カナリ・テル/照曜 ―トシテカ、ヤク〔字鏡集〕照 イチシルシ・テラス・アキラカナリ・テル・ツヤ、カナリ・ヒカリ・アラハス

語系 照・昭・炤 tjiô は同声。燿(燿)・曜(曜)・燿(燿) jiôk も声近く、みな光燿明顕の意がある。

【照影】 姿を映してみる。〔聴雨叢談、八〕(写真)近日海國に又鏡を以て照影する有り。塗るに藥水を以てし、紙を舗きて掲印す。毛髪も必ず具はり、宛然其の人なり。其の法甚だ祕、其の製甚だ奇なり。

【照会】 照合。問い合わせる。〔宋史、河渠志三〕(紹聖元年十月)張商英又言ふ、~先朝の水官孫民先に訪問するに、元祐六年、水官賈種民に、各々河議有りと。乞ふ、取索して照會せよ。

【照管】 世話をたのむ。宋・欧陽脩〔焦殿丞に与ふ、二〕陰雨、泥なむこと甚だし。~某、恐らくは久しく彊を出でざらん。且らく奉託して與(とも)に三數の小子を照管せんと欲す。

【照灼】 てりかがやく。南朝宋・鮑昭〔舞鶴の賦〕驚風の蕭條たるに臨み、流光の照灼たるに對す。清響を丹墀に唳かしめ、飛容を金閣に舞はしむ。

【照臨】 四方を照らす。君臨する。〔詩、小雅、小明〕明明たる上天 下土を照臨す

↑照案 原案通り/照依 例に依る/照映 照らす/照応 前後対応/照火 蛍火/照看 看よ/照乾 乾杯/照勘 照合する/照款 引き合わせ/照旧 前のまま/照煦 温める/照景 照影/照見 映し出す/照験 照勘/照顧 顧みる/照考 照勘/照合 引き合わせ/照査 査照/照察 見通す/照子 鏡/照視 照らし見る/照時 時価/照式 定式/照日 映日/照実 実状/照射 反射/照准 許可/照準 準的/照遵 規定通り/照抄 抄録/照章 照式/照照 かがやく/照彰 あきらか/照燭 照らす/照然 明らか/照像 写真/照則 照章/照対 対照/照単 鑑札/照牒 憑証/照澄 澄み渡る/照直 実写/照徹 照り徹る/照破 看破する/照庇 護る/照憑 証拠/照復 回答/照屏 屏風/照壁 墻屏/照片 写真/照明 照らす/照冥 送り火/照面 照顔/照様 見本通り/照耀 輝く/照覧 明鑑/照爛 輝く/照律 照章/照瞭 明らか/照例 照依

↓遠照・下照・廻照・煥照・観照・虚照・暁照・玉照・蛍照・月照・懸照・孤照・護照・光照・高照・査照・察照・参照・残照・自照・写照・斜照・寂照・小照・燭照・神照・晨照・水照・翠照・静照・夕照・多照・対照・達照・徹照・返照・遍照・夜照・余照・落照・覧照・流照・燎照・臨照・霊照・朗照

【睫】 13 6508 ［睞］ 12 6403 ショウ(セフ) コウ(カフ) まつげ またたく

篆文 

形声 声符は疌。疌は婦人が祭事に奔走する形で、敏捷の意がある。睫を〔説文〕四上に睞に作り、夾声。「目の旁(かたは)らの毛なり」とあって、まつげをいう。字はまた睷にも作るが、「またたく」などの訓から考えると、睫がその義にふさわしい字である。箑は扇。はげしく動かすもので、疌の声義をとる字。〔列子、仲尼〕「矢來りて眸子(瞳)に注(い)るも、眶睫(まなじり)がず」のようにも用いる。睞は夾声で、すがめの意がある。

訓義 ①まつげ。②またたく、まじろぐ。③すがめ。

古訓 〔新撰字鏡〕睫 万ツ毛(まつげ)〔名義抄〕睫 マツゲ・マナブタ〔字鏡集〕睫 マツゲ・ミル・ソバム・マナブタ

語系 睫 tziap、箑 shiap、疌・捷 dzhiap はみな声近く、疌の声義を承ける字である。

↑睫睫 目動く/睫毛 まつげ/睫眸 目睫/睫涙 まつげに宿る涙

↓盈睫・交睫・乗睫・巣睫・眉睫・蚊睫・目睫・蟗睫

【筲】 13 8822 ショウ(セウ) ソウ(サウ) ふご めしびつ

形声 声符は肖(肖)。〔方言、十三〕に「簇(よ)り、南楚にては之れを筲と謂ふ」、また〔広雅、釈器〕に「筲は簇なり」とあり、めしびつの類をいう。

訓義 ①ふご。②めしびつ。③はしづつ。④ささら。

古訓 〔字鏡集〕筲 タケノハ(コ)・ヒツ・フエ

【筲斗】 量目の少ないこと。つまらぬもの。唐・沈佺期〔王学士を傷む〕詩 吾が徒、祿未だ厚からず 筲斗、相ひ貽(おく)ることを愧(は)づ

↑筲箕 竹の飯器/筲子 ふご/筲桶 桶

↓竹筲・斗筲・苞筲・緑筲

【綃】 13 2992 ショウ(セウ) きいと きぎぬ

篆文 

形声 声符は肖(肖)。〔説文〕十三上に「生絲なり」とあり、生糸の繒をいう。

訓義 ①きいと。②きぎぬ。③あやぎぬ、うすぎぬ。④かきあげる。

古訓 〔名義抄〕綃 キヌ・マク・カトリ・ヌキ・シハ〔篇立〕綃 シロシ・ヌキ・ナマイト・キヌ・ヲマクカトリ・マク

【綃衣】 あやぎぬ。〔礼記、玉藻〕君子は狐の青裘には豹の褎(そで)であり、玄(くろ)の綃衣以て之れを裼(せき)す。

【綃帳】 うすぎぬの帳。〔拾遺記、八、蜀〕先主の甘后は、~賤微の里中に生まる。相者云ふ、此の女、後に貴からん~と。~先主召して綃帳中に入る。戸外より望む者、月下聚雪の如し。

【綃頭】 髪を包む巾。〔後漢書、独行、向栩伝〕恆(つね)に老子を讀む。狀、學道の如し。又狂生に似て被髪を好み、絳綃頭を著(つ)く。

↑綃紈 うす絹/綃縠 うす絹/綃素 素絹/綃領 綃の衿/綃練 ねりぎぬ

↑雲綃・軽綃・絹綃・紅綃・絳綃・鮫綃・縠綃・紫綃・朱綃・生綃・青綃・繒綃・微綃・氷綃・霧綃・羅綃

【翛】 13 2822 ショウ(セウ) シュク ユウ(イウ) はばたき はやい

形声 声符は攸。攸に修・倏・條(条)の声がある。〔詩、豳風、鴟鴞〕に「予(わ)が尾は翛翛たり」とあって、羽のいたみ破るるさまをいう。シュクの音は、倏の意に用いる。

訓義 ①翛翛、はばたき、はばたきの音、はばたきのはげしい音、羽のやぶれいたんださま。②はやい、はやく飛ぶ。

古訓 〔名義抄〕翛 又、翛の字なり。キユ/翛忽 アカラシマニ〔字鏡〕翛 ユク

語系 翛siu、悠jiu は声近く、悠は〔説文〕十下に「憂ふるなり」とみえるが、〔荘子、大宗師〕に、翛然を悠然の意に用いる。倏・〓sjiuk はその入声音で、みな倏忽の意があり、また同系の語である。

【翛翛】しょうしょう（せうせう） 羽が破れいたむ。〔詩、豳風、鴟鴞〕予が羽は譙譙たり 予が尾は翛翛たり 予が室は翹翹たり 風雨に漂搖せられ 予れ維れ音くこと嘵嘵たり

【翛然】しょう（せう）ぜん・ゆう（いう）ぜん 自在のさま。〔荘子、庚桑楚〕夫れ至人は～相ひ與に怪を爲さず、相ひ與に謀を爲さず。～翛然として往き、侗然として來る。是れを衞生の經と謂ふのみ。

↑翛忽 たちまち／翛颯 風雨の音／翛如 翛然

常 **【詳】** 13 0865

篆文 

ショウ（シャウ） ヨウ（ヤウ）
つまびらか くわしい

形声 声符は羊。羊に庠・祥（祥）の声がある。〔説文〕三上に「審らかに議するなり」という。吉凶の兆を祥といい、そのことを審らかにすることを詳という。〔詩、鄘風、牆有茨〕「中冓の言（逢引きのむつごと）は詳らかにすべからず」の詳を、〔韓詩〕に揚に作る。その音が近かったのであろう。それで詳を佯に仮借することがある。

訓義 1つまびらか、つまびらかにする。2くわしい、そなわる、つくす。3祥と通じ、よい。4佯と通じ、いつわる。

古訓 〔名義抄〕詳 ツバヒラカニ・イツハル・アキラカニ 〔篇立〕詳 ツバヒラカニ・イツハル・アキラカ・ツブサニ

語系 詳・祥ziang は同声。佯・陽jiang は声近く、ともに表面をいつわる意があり、その音で通用する。

【詳覈】しょう（しゃう）かく 詳しく調べる。〔陳書、傅縡伝〕凡そ相ひ酬對すること、理に隨ひて詳覈す。何の嫉詐すること有りて、諸師を干犯する。

【詳究】しょうきゅう（しゃうきう） 詳しく究め尽くす。〔三国志、呉、韋曜伝〕劉熙作る所の釋名、信に佳なる者多し。然れども物類衆多、詳究するを得難し。故に時に得失有り。

【詳狂】ようきょう（やうきやう） 狂人を装う。〔楚辞、天問〕梅伯（紂の臣）は醢（塩漬け）を受け 箕子は詳狂す

【詳言】しょう（しゃう）げん 詳しく丁寧にいう。〔後漢書、張湛伝〕矜嚴にして禮を好み、動止則有り。～妻子に遇ふと雖も、嚴君の若し。鄕黨に在るに及んで、詳言正色す。三輔以て儀表と爲す。

【詳察】しょう（しゃう）さつ 詳しく考える。〔史記、主父偃伝〕夫れ秦政の行はれざりし所以の者は、權、二子に分れたればなり。此れ得失の效なり。～願はくは陛下之れを詳察し、少しく意を加へて熟慮せよ。

【詳悉】しょう（しゃう）しつ 詳細にする。〔論衡、正説〕凡そ事を紀するに年月日を言ふは、詳悉して之れを重んずればなり。

【詳審】しょう（しゃう）しん 詳しくゆきとどく。〔論衡、問孔〕夫れ賢聖、筆を下して文を造るに、用意詳審なるも、尙ほ未だ盡くは實を得たりと謂ふべからず。

【詳尽】しょう（しゃう）じん 詳悉。〔三国志、魏、三少帝、高貴郷公髦紀〕帝、太學に幸し、諸儒に問ふ。～（易博士、淳于）俊對へて曰く、古義弘深、聖問奧遠、臣の能く詳盡する所に非ずと。

【詳説】しょう（しゃう）せつ 詳しくいう。〔淮南子、要略〕今學者、聖人の才無くして詳說することを爲さず、則ち終身混溟の中に顚頓し、昭明の術を覺寤するを知らず。

【詳備】しょう（しゃう）び 十分に備わる。〔漢書、循吏、黄覇伝〕漢家、敝を承け變を通じ、造めて律令を起す。善を勸め姦を禁ずる所以、條貫詳備し、復た加ふべからず。

【詳密】しょう（しゃう）みつ 詳しくゆきとどく。唐・韓愈〔張中丞伝後叙〕此の傳を爲ること頗る詳密なり。然れども尙ほ闕くる者有るを恨む。

【詳覧】しょう（しゃう）らん 詳しく見る。〔晋書、張華伝〕華、少くして孤貧、自ら羊を牧す。～學業優博、辭藻溫麗、朗贍多通、圖緯方伎の書、詳覽せざる莫し。

【詳略】しょう（しゃう）りゃく 精粗。〔漢書、劉歆伝〕左丘明は好惡聖人と同じうし、夫子に親見す。而るに公羊・穀梁は七十子の後に在り。之れを傳聞すると之れを親見すると、其の詳略同じからず。

【詳録】しょう（しゃう）ろく 詳しく記録する。〔漢書、東方朔伝贊〕後世好事の者、因りて奇言怪語を取りて、之れを朔に附著す。故に詳しく錄したり。

↑詳閲 詳覧／詳雅 温雅／詳解 詳説／詳核 詳明／詳権 詳覈／詳議 細議／詳刑 詳罰／詳計 よく謀る／詳細 委細／詳釈 詳解／詳述 詳説／詳叙 詳説／詳恕 気配り／詳章 細則／詳慎 慎重／詳晰 明らか／詳択 嘉納／詳断 精断／詳緻 緻密／詳当 詳細で妥当／詳覆 詳しい答え／詳文 上申書／詳平 詳当／詳弁 詳知／詳報 細報／詳明 詳細で明瞭／詳料 詳しく考える／詳練 精練／詳聾 聞こえないふりをする／詳論 詳説

↓安詳・閑詳・寛詳・研詳・審詳・精詳・詮詳・不詳・未詳

【鉦】 13 8111

篆文 
金文 

ショウ（シャウ）
かね どら

形声 声符は正。〔説文〕十四上に「鐃なり。鈴に似て柄中（中空）、上下通ず」とあり、また丁寧ともいう。鉦・鐃・丁寧は、いずれもその撃つ音より名をえたものであろう。〔周礼、地官、鼓人〕に鐸・鐃を用いることをしるしているが、鐃は殷器、鉦は列国の器である。殷器の鐃には巨大なものが多く、江南の諸族と境を接する山中に、東西にわたって埋蔵するものが出土しており、呪鎮としての性格をもつものであったらしい。南方族の古銅鼓も、またその地帯にそって埋蔵されていたと考えられる。鉦は形制はなはだ小。〔周礼〕にいうように、軍行に用いた楽器であろう。鉦と鐃とは器制はなはだ異なるものであるが、鉦を用いたらしい軍歌を鼓吹鐃歌という。鼓吹歌は北方族より移入したもので、用いた器はドラ形式のものであろうと思われる。

訓義 1かね、どら。2鐘の正面のうつところ。

古訓 〔名義抄〕鉦 フリツ、ミ・ヱル／鉦鼓 俗に云ふ、シヤウコ 〔字鏡集〕鉦 フリツ、ミ・クキ・ヱル

語系 鉦tjieng、鐘（鍾）tjiong は声義近く、その音より名をえたものであろう。丁寧（寧）tyeng-nyeng も同じ。また撞（撞）deong、舂sjiong、衝thjiong はみな衝くこと、衝くことによって音を発する意をもつ。同系の語と考えてよい。

【鉦鼓】しょう（しゃう）こ 鉦と太鼓。軍楽に用いる。〔後漢書、光武帝紀上〕遂に之れを圍むこと數十重、列營百數・雲車十餘丈、城中を瞰臨す。～鉦鼓の聲、數百里に聞ゆ。

↑鉦人 鉦うち／鉦鐸 どら／鉦鐃 かね／鉦鼙 鉦と小太鼓

↓暁鉦・撃鉦・懸鉦・鼓鉦・戍鉦・小鉦・声鉦・銅鉦・鳴鉦

人 **【頌】** 13 8178 〔頌〕 13 8178 ［〓］ 19 3168

ショウ ヨウ ジュ
たたえる

篆文 
籀文 
金文

形声 声符は公（公）。公に訟（訟）・松（松）の声がある。公は廟前の公廷の平面形。その公廷で祝頌のことを行う。〔説

文〕九上に「皃なり」というのは、重文に頟の字があり、その字形によっていうものであろう。頁は儀容を整えた形。公廷に拝舞して祖徳を頌することをいう。阮元の〔釈頌〕に、頌を容とし、また王国維の〔説周頌〕に、頌を舞詩とすることを執一の見として廃し、「頌の風雅に異なる所以の者は聲に在り」とするが、頌の字形は声・容に関せず、公廷で祖徳を頌するにある。公廷で祖に訴えることを訟といい、公はいずれも公廷をいう。

訓義 ①たたえる、先人の徳をたたえる、その歌辞。②うらかたのことば。③容と通じ、さま、かたち。④従容、ゆるやか、ゆとり。

古訓 〔名義抄〕頌 ホム 〔字鏡集〕頌 カタチ・ウタフ・ホム

語系 頌・訟ziongは同声。先公の公廷で、その徳をたたえるを頌といい、哀告することを訟という。

【頌歌】 徳をたたえる歌。唐・宋璟〔三月三日、百官の為に賜宴を謝する表〕欣歡の聲、億兆に浹く、銜感の至り、頌歌に形はる。

【頌声】 太平をたたえる声。〔公羊伝、宣十五年〕(税)什の一は天下の中正なり。什の一行はれて、頌聲作る。

【頌徳】 徳をたたえる。〔漢書、諸侯王表序〕漢の諸侯王、厥角(頓首)䭫首して上の璽韍(印綬)を奉じ、惟だ後に在らんことを恐れ、或いは乃ち美を稱め徳を頌し、以て容媚を求む。豈に哀しからずや。

↑頌義 頌徳/頌儀 容貌儀表/頌偈 仏徳の偈/頌繫 罪人のかせを外す/頌辞 賛辞/頌酒 賛酒の歌/頌述 称述する/頌称 称揚する/頌椒 正月の屠蘇を祝/頌嘆 ほめる/頌禱 ほめる/頌読 誦読する/頌美 ほめる/頌諛 ほめる/頌礼 礼貌

↓謳頌・歌頌・賀頌・吟頌・偈頌・詩頌・祝頌・称頌・推頌・善頌・追頌・碑頌・賦頌・褒頌・名頌・誄頌・勒頌

【僬】 14 2023 ショウ(セウ) はしる

形声 声符は焦。古く僬僥という古国名としてみえ、その人は長け一尺五寸の小人国であったという。その小走りするさまを僬僬といったのであろう。明察の意に用いるのは憔の通用義。

訓義 ①小人族の名。②はしる、小走りする。③憔と通じ、明察のさまをいう。

【僬僥】 古国の名、小人国。〔列子、湯問〕中州より以東四十萬里に、僬僥國を得たり。人の長け一尺五寸。

【僬僬】 小走りして、容儀を整えないさま。〔礼記、曲礼下〕天子は穆穆、諸侯は皇皇、大夫は濟濟、士は蹌蹌、庶人は僬僬たり。

↑僬眇 細眼/僬僚 矮小

【嘗】 入 14 9060 ショウ(シャウ) なめる こころみる かつて

篆文  金文 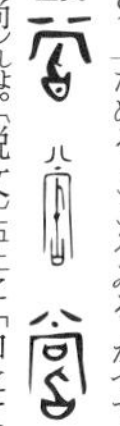

形声 声符は尙(尚)。〔説文〕五上に「口にて之れを味ふなり」とし、尚声とする。金文の字形は、冂形の台下に旨をしるし、台上に小点を八の形に加える。八は神気の彷彿として下ることを示す形。旨は詣・稽の初文である䭫が、祝禱して神霊を招き、神霊の詣るのを頓首(稽首)して迎える形であることからも知られるように、曰(祝告)に対して霊の格り臨むことをいう字。それで嘗とは、供薦して神を迎え、神の詣ることをいう。〔漢書、礼楽志〕「百鬼迪て嘗す」の〔注〕に「之れを歆饗するを謂ふなり」とあって、祭祀を歆ける意である。新穀を供して、神が歆け饗するので、神嘗といい、新嘗という。〔周礼、天官、膳夫〕「膳夫、祭に授くるに品ごとに嘗食し、王乃ち食す」とは試食の意。それで嘗試の意となる。嘗試を終えたことから「嘗て」の意となる。

訓義 ①神に供する、神が食らいうける、秋の祭。②こころみる、供薦に適するかどうかをこころみる。③なめる、あじわう。④かつて、すでに終わったこと。

古訓 〔名義抄〕嘗 ナム・ナメミル・ツネニ・カツテ・ムカシ・コ、ロミル・シバラク・オコナフ・オホニハノヱ・マツリ・アヘテ/神嘗 カムニヘ/大嘗 オホムベ/新嘗 ニヒナメ/須嘗 サイツコロ/相嘗 アヒムベ 〔字鏡集〕嘗 イニシヘ・シバラク・コ、ロム・カツテ・マツル・ナメミル・オコナフ・コ、ロミル・マツリ・ムカシ・アヘテ・マコト・アヂハフ・ツネニ・ナム

語系 嘗・尙zjiangは同声。尙は向に神を迎えて祀り、上に神気のあらわれる形。神が来ってその供薦を歆け饗することを嘗という。常zjiangは同声、曾(曽)dzangも声近く、みな「かつて」という訓がある。

【嘗禾】 新嘗の祭。〔史記、封禅書〕華より以西、名山七、名川四、～四大冢の鴻・岐・呉・岳、皆嘗禾有り。～其の河には、加へて嘗醪有り。

【嘗穀】 新嘗の祭。〔北史、宇文愷伝〕昔者、神農の天下を御むるや、甘雨時を以てし、五穀蕃植す。～終歳獻貢し、時を以て穀を嘗め、明堂に祀る。

【嘗試】 試みる。〔孟子、梁恵王上〕願はくは夫子吾が志を輔け、明らかに以て我に教へよ。我不敏なりと雖も、請ふ之れを嘗試せん。

【嘗新】 新穀を供えて祭り、王に供する。〔礼記、月令〕(孟秋の月)是の月や、農乃ち穀を登す。天子、新を嘗め、先づ寝廟に薦む。

【嘗胆】 きもをなめて、復讐心を養う。〔史記、越王句践世家〕越王句踐、國に反り、乃ち身を苦しめ思ひを焦がし、膽を坐に置き、坐臥に卽ち膽を仰ぎ、飲食にも亦た膽を嘗む。曰く、女會稽の恥を忘れたるかと。

↑嘗悪 糞なめ/嘗炙 試炙/嘗瓜 食瓜/嘗巧 技を試みる/嘗寇 試戦/嘗祭 秋祭/嘗祀 祭/嘗字 既婚/嘗酒 前宴/嘗羞 食事/嘗黍 黍食/嘗烝 秋冬の祭/嘗食 毒見/嘗嚌 なめる/嘗饌 毒見/嘗膳 毒見/嘗敵 敵を試す/嘗麦 供麦/嘗糞 嘗悪/嘗味 味わう/嘗薬 毒見/嘗粒 米を食う/嘗醪 神酒

↓烝嘗・神嘗・新嘗・親嘗・禘嘗・品嘗・奉嘗

【嶂】 14 2074 ショウ(シャウ)

形声 声符は章(章)。章に屛障の意があり、嶂とは高くけわしくそばだつをいう。

訓義 ①たかくけわしい山。②さえぎりたつ山。③瘴と通じ、瘴癘の意に用いる。

古訓 〔名義抄〕嶂 マホル・サカシ 〔字鏡〕嶂 ミネ・クキ・ヲカ 〔字鏡集〕嶂 サカシ

【嶂気】 瘴氣。〔大唐西域記、十、迦摩縷波国〕詳らかに土俗を問ふ。兩月ばかり行きて蜀の西南の境に入る。然れども山川險阻、嶂氣氛沴あり、毒蛇毒艸、害を爲すこと滋す甚だし。

↑嶂雲 高山の雲/嶂嶮 峻嶮/嶂表 高い山の上/嶂密 層嶺/嶂癘 瘴癘

↓雨嶂・越嶂・煙嶂・巌嶂・江嶂・高嶂・山嶂・秋嶂・畳嶂・翠嶂・青嶂・千嶂・層嶂・丹嶂・重嶂・万嶂・屛嶂・碧嶂・峰嶂・緑嶂・林嶂・嶺嶂・列嶂・連嶂

常【彰】 14 0242 〔彰〕 14 0242 ショウ(シャウ) あきらか

篆文 

会意 章(章)+彡。章は文身を加える大きな針の形である辛に、墨だまりの膨らみを

加えた形。彡はその文彩あることを示す記号。文身の美を文章といい、また彣彰という。〔説文〕九上に「文彰なり」とみえる。〔説文〕は章三上を音(音)と十とに従うて楽章の意であるとするが、文章は彣彰の初文。ともに文身の美をいう。文身は通過儀礼の方法として、広く汎太平洋地域の諸族の間に行われ、中国の古代にもその俗があったと考えられる。文(文)の系列の彥(彦)・顏(顔)や、爽・奭・匈など、みなその文様を含む字である。

訓義 ①あきらか、あや、文身のあや、その色の美しさ。②章と通じ、あらわす、しるし。

古訓 〔名義抄〕彰 アラハス・アキラカニス・ホガラカナリ 〔篇立〕彰 ホガラカ・ノベテ・アラハル・タス・シムルナリ・アキラカ・アラハスコト

語系 彰・章 tjiang は同声。もと繁簡の字。著(著) tia は声義近く、文章の著明であることをいう。これによって災厄を却けるので、障(障) tjiang もその系列の語である。

【彰顕】しょう(しやう)けん 世にあらわす。明・顔広烈〔顔氏家訓の序〕家訓二十篇、～今を去る蓋し九百餘年、失傳已に久し。～宋よりして元を歴へ、仕籍之しからずと雖も、彰顯前に逮ばざるは、豈に家訓失傳の故に非ずや。

【彰考】しょうこう(しやうかう) 過去を考え彰らかにする。章考。晉・杜預〔春秋左氏伝の序〕夫の制作の文の若きは、往を彰らかにし來を考ふる所以にして、情、辭に見はる。

【彰彰】しょうしょう(しやうしやう) 明らか。唐・司空図〔唐宣州王公行状〕閨門に訓をしふるに孝慈を以てし、生靈を育するに仁惠を以てす。固より已に四海に彰彰たり。奚ぞ讚揚を俟ちて、而る後顯らかなるものならんや。

【彰善】しょう(しやう)ぜん 善をあらわす。〔書、畢命〕嗚呼～往かん哉。淑慝(善悪)を旌別し、厥の宅里を表はし、善を彰らかにし、惡を癉くし、之れが風聲を樹てよ。

【彰聞】しょう(しやう)ぶん 世に知れ渡る。〔書、泰誓中〕家を朋して仇を作し、權を脅かして相ひ滅す。無辜(罪無きもの)天を籲び、穢徳彰聞す。

【彰明】しょう(しやう)めい 明らか。唐・元稹〔田弘正の碑文を進むる状〕實功を隱さず、溢美を爲さず。文は朴野なりと雖も、事は頗ぶる彰明なり。

↑彰赫 明顕／彰義 義をあらわす／彰験 明証／彰功 表功／彰偟 彷徨／彰施 明施／彰示 明示／彰灼 明らか／彰旌 旌表／彰著 あらわす／彰徹 明徹／彰炳 明らか／彰揚 表彰／彰露 暴露する

↓煥彰・義彰・顕彰・孔彰・功彰・滋彰・昭彰・徳彰・表彰・名彰

【慴】 14 9706 ショウ(セフ) おそれる

篆文 

形声 声符は習(習)。習は祝禱の器(曰)の上を羽で摺する呪儀で、その呪能を刺激する意。〔説文〕十下に「懼るるなり」とあり、その呪能の作用することをいうものであろう。過度にわたることを翫ぶといい、字はまた習に従う。〔詩、周頌、時邁〕「震疊せざる莫し」の〔伝〕に「疊は懼なり」とあり、ともにはげしくくりかえす意があって、声義の通ずる字である。

訓義 ①おそれる、おそれさせる、おびやかす、おどす。②慴・讋・疊と通じる。

古訓 〔新撰字鏡〕慴 讋の字なり。乎乃々久(をののく)、又、於曾留(おそる)〔名義抄〕慴 ヲソル・ヲノ、ク・シタガフ・サカリナリ・ハカル 〔字鏡集〕慴 ヲビヤカス・サカリナリ・ヲソル・ヲトス・ヒカリ・カタラク・カシカマシ・ハカル・ツ、シブ・シタガフ

語系 慴 tjiap、慴・讋 tjiap は声義が近い。〔説文〕に慴を「气を失ふなり」、また讋三上を「气を失ひて言ふなり」とあり、いずれも甚だしく畏懼することをいう。疊(畳)・慄 dyap もまた、声義の通ずる字である。

【慴服】しょう(せふ)ふく ひれふす。〔史記、項羽紀〕項羽、晨に上將軍宋義に朝し、其の帳中に卽きて宋義の頭を斬る。出でて軍中に令して曰く、～楚王陰かに羽をして之れを誅せしむと。是の時に當り、諸將皆慴服し、敢て枝梧するもの莫し。

↑慴愕 恐愕／慴悸 おののく／慴怯 おびえる／慴悚 慴怖する／慴惴 震える／慴然 恐れる／慴息 屏息する／慴憚 はばかる／慴怖 怖れる／慴伏 慴服／慴慄 戦慄する

↓懾慴・震慴・戦慴・怖慴・悒慴

入【摺】 14 5706 ショウ(セフ) する おりたたむ

篆文 

形声 声符は習(習)。習は祝禱の器(曰)の上を羽で摺り、その呪能を刺激する呪儀で、摺る意を含む字である。〔説文〕十二上に「敗るるなり」とあり、〔段注〕に敗毀の意とするが、その義に用いる例がなく、それで「今の義を摺疊と爲す」という。習は、はげしく摺るので摺畳の意となり、折りたたむことをもいい、扇子を摺畳扇という。

訓義 ①する、こする、はげしくこする。②ひだ、しわ、おりたたむ。③やぶれる。

古訓 〔名義抄〕摺 ヲル・スル・トル・トリヒシグ・ヤブル 〔字鏡集〕摺 スル・オツ・スナハチ・シヘタリ・ヤブル・クダク

語系 摺 tjiap、疊(畳)・褺 dyap は声が近く、摺はもと祝禱を褻がす意味をもつ行為であったのであろう。疊・褺には、ともに重ねる意がある。襲(襲) ziap、褺 dyap は、くりかえし重ねる意において、通ずる語である。

【摺扇】しょう(せふ)せん 扇子。〔長物志、七、扇扇墜〕又今の摺疊扇は、古は聚頭扇と稱ふ。乃ち日本の進むる所なり。彼の國に今尙ほ絶佳なる者有り。之れを展けば尺に盈ち、之を合すれば僅かに兩指許り。～其の染むる所の靑綠、奇甚だし。

↑摺子 上奏書／摺歯 歯を折る／摺帖 折り手本／摺畳 折り畳み／摺皺 皺紋／摺剪 鋏／摺奏 上奏書／摺片 摺子／摺本 摺帖／摺紋 しわ／摺拉 挫く

↓巻摺・三摺・襞摺・数摺・折摺・接摺・端摺・転摺

【漳】 14 3014 ショウ(シャウ) ふさぐ

篆文 

形声 声符は章(章)。章に屛障の意がある。水をふさぐ、さえぎる。〔説文〕十一上に水名とするが、「漳汸」は「障防」、動詞に用いる字である。

訓義 ①ふさぐ、たたえる、水をささえたたえる。②とりで。障と通用する。③川の名。

【漳汸】しょうほう(しやうはう) 水をささえ、たたえる障防。〔韓詩外伝、三〕深きを蹈んで疑はざるは、勇有る者に似たり。漳汸して淸きは、命を知る者に似たり。

↓衡漳・清漳・濁漳

【獐】 14 4024 ［麞］ 22 0024 ショウ(シャウ) のろ

篆文 

形声 声符は章(章)。〔説文〕十上に正字を麞に作り、「麇の屬なり」という。のろ。「獐頭鼠目」とは、のろのようにまぬけな顔と、鼠のようにおびえた目の、おちつかぬ愚か者をいう。

訓義 ①のろ。②字はまた麞に作る。

↑獐麋 のろと鹿／獐鹿 のろと鹿

【禓】 14 3622 ショウ(シャウ) ヨウ(ヤウ) まつる たまよばい ついな

篆文

形声 声符は昜。昜に場・傷の声がある。昜は台上の玉光が下に放射する形。これを魂振りに用いた。〔説文〕一上に「道上の祭なり」とあり、道とは墓室に通ずる羨道をいう。そこで魂よばいなどの儀礼をするのであろう。〔周礼、春官、大祝〕の「衍祭」は羨祭、その〔鄭司農注〕に「衍祭は羨の道中なり。今の祭殤の如し」という。祭殤は祭禓の誤りで、墓室に収めるにあたって最後の魂よばいをする。〔周礼、春官、司巫、注〕「巫、神を下すの禮、今世或いは死して既に斂し、巫に就きて下り禓するは、其の遺禮なり」とみえる。酒食鶏血を以て、死鬼の霊の力を借ることを起傷といい、傷は禓の仮借。楊樹達の説に、長沙の旧俗に、二人の者が神を興して、道上を遊行するを打昌といい、この昌も禓の仮借字。打昌は追儺のような行事であろう。

訓義 ①まつる、魂よばいのまつり。墓道上で行う。②ついな、鬼やらい。

古訓 〔名義抄〕禓 道神なり。タムケノカミ・スガタ・カ、フ。強閒(鬼)を逐ふ

語系 禓・昜 jiang は同声。また禓 sjiang、場 diang は声義近く、場十三下とは「神を祭る道」、すなわち道上祭を行うところをいう。禳・攘 njiang もこの系列の語で、禓には祓禳としての意味も含まれている。

↑禓祓 道上厄払い

【箑】 14 8880 ［篓］ 14 8840 ショウ(セフ) うちわ

篆文

形声 声符は疌。〔説文〕五上に「扇なり」とあり、字はまた篓に作る。

訓義 ①うちわ、おうぎ。②字はまた篓に作る。竹の入れもの、竹のはねかざり。

【箑脯】 扇に似た形の肉片。尭のとき、瑞祥として庖廚に生じたという。〔論衡、是応〕儒者は言ふ、箑脯庖廚に生ずる者は、廚中に自ら肉脯の、薄きこと箑の形の如きを生じ、搖鼓して風を生じ、食物を寒冷にし、之れをして臭らざらしむるを言ふなり。

↑箑蒲 蒲で編んだ扇

↓夏箑・画箑・揮箑・巾箑・軽箑・扇箑・大箑・長箑・忘箑

【翣】 14 1740 ショウ(セフ) おおい うちわ

篆文 簡書

形声 声符は妾。〔説文〕四上に「棺の羽飾なり。天子は八、諸侯は六、大夫は四、士は二、下垂す」とあり、その数は〔礼記、礼器〕の文による。漢代には白布を用いたが、古くは羽飾を用い、棺飾に用いるものを翣柳という。また扇をいい、〔礼記、少儀〕に「侍坐するときは、～翣せず」は扇を用いない意。羽には古くは呪的な力があるとされ、棺飾に翣を用いるのも、祓禳のためと思われる。

訓義 ①ひつぎかざり、はねかざり。②おおい。車などにつける。③うちわ。④はたぼこ。

古訓 〔字鏡集〕翣 カザル

語系 翣・箑 shiap は同声。箑は〔説文〕五上に「扇なり」とみえ、扇(扇)sjian はその転声の語。みな薄く、速く揺るがすもので、いずれも古くは祓禳の具として用いたものである。

【翣脯】 扇に似た形の肉片。箑脯。〔初学記、一に引く帝王世紀〕尭の時、廚中に自ら肉脯を生ず。薄きこと翣の如し。搖鼓せば則ち風生じ、食物をして寒ごえて臭らざらしむ。名づけて翣脯と曰ふ。

【翣柳】 棺に用いる羽飾。〔周礼、天官、縫人〕喪には棺飾を縫ふ。翣柳の材に衣す。

↑翣血 血をすする／翣毛 魚のえらの中のひげ

↓羽翣・画翣・樹翣・扇翣・置翣・雉翣・紼翣・黻翣・壁翣・鳳翣・柳翣

入【蔣】 14 4424 〔蔣〕 15 4424 ショウ(シャウ) まこも しとね

篆文

形声 声符は將(将)。〔説文〕一下に「苽なり」(段注本)とあり、まこもをいう。編んで蓆を作り、また屋根を葺くのに用いる。〔説文通訓定声〕に藉・薦(薦)・蔣はみな双声通仮の語であるという。

訓義 ①まこも。②しとね、しきもの。

古訓 〔名義抄〕蔣 コモ 〔字鏡集〕蔣 クミ・クミク・コモ

語系 蔣 tziang、薦 tzian は声義近く、通用の義がある。苴(葅) tzia、藉 dzyak、席 zyak も声義近く、祭藉として下に藉いて薦め、また蓆に編み、屋根に葺く意などがある。

↑蔣蔣 光芒のさま／蔣茅 蔣とかや

↓茵蔣・菰蔣・薦蔣・編蔣・茅蔣

【蜙】 14 5813 ショウ はたおり むかで

篆文

形声 声符は松(松)。〔説文〕十三上に「蜙蝑、舂黍なり。股を以て鳴る者なり」(段注本)とあって、きりぎりす、はたおり。また蚣と同じく、蜈蚣はむかで。

訓義 ①はたおり、きりぎりす。②むかで。

古訓 〔名義抄〕蜙蝑 イネツキコマロ 〔字鏡集〕蜙・蚣 ムカデ

↑蜙蝑 はたおり

入【裳】 14 9073 ショウ(シャウ) も はかま

篆文

形声 声符は尚(尚)。〔説文〕七下に「常は下帬なり。～常、或いは衣に從ふ」とあり、常・裳を一字とするが、区別して用いる。〔詩、邶風、緑衣〕「緑衣黄裳」の〔伝〕に、上を衣、下を裳とする。下とは、はかまをいう。

訓義 ①も、はかま。②裳裳は、美しくさかんなさま。

古訓 〔名義抄〕裳 モ 〔字鏡集〕裳 モ・サハル

語系 裳・常 zjiang は同声。裳は常幅をそのまま用いて製したのであろう。旗には大常という。

【裳繡】 もすそにぬいとりする。礼服。〔晋書、輿服志〕衣は畫き、裳は繡とりす。日月星辰・山龍華蟲・藻火粉米黼黻の象、凡そ十二章。

【裳裳】 はなやかで美しい。〔詩、小雅、裳裳者華〕裳裳たる者は華 其の葉湑たり

【裳袂】 もすそと、たもと。魏・王粲〔七哀詩、三首、二〕迅風、裳袂を拂ひ 白露、衣襟を霑うるす

↑裳衣 衣裳／裳帷 車の帷裳／裳幃 裳帷／裳裾 衣襟／裳錦 すそ飾り／裳苴 表服／裳帛 すその帛／裳服 袴

↓衣裳・帷裳・雲裳・下裳・華裳・霞裳・画裳・冠裳・蟻裳・纁裳・絅裳・軽裳・霓裳・軒裳・玄裳・甲裳・紅裳・黄裳・絳裳・衮裳・朱裳・繡裳・乗裳・素裳・丹裳・彤裳・黼裳・縫裳・羅裳・攬裳

【誚】 14 0962 ［譙］ 19 0063 ショウ(セウ) せめる

篆文 古文

形声 正字は譙に作り、焦声。誚は肖(肖)声。〔説文〕三上に「嬈譊するなり」とあって、戯弄誚譲、なぶるようにして人を責めることをいう。〔書、金縢〕に「王も亦た未だ敢て公を誚めず」とみえる。漢代の文献に、誚譲の語を用いる例が多い。

訓義 ①せめる、しかる。②もてあそぶ。

古訓 〔名義抄〕誚 ソシル・アザケル・セム・モテアソブ・ハルカナリ／誚譙 アザケル 〔字鏡集〕誚 モテアソブ・ソシル・シハシ・ハルカナリ・セム・アザムク・アザケル

【誚譲】 せめる。〔史記、黥布伝〕漢の楚を彭城に敗

るや、布、又病と稱して楚を佐けず。項王此れに由りて布を怨み、數〻使者をして誚讓し、布を召さしむ。布、愈〻恐れて敢て往かず。

↑誚戲　からかう／誚責　誚讓／誚譟　嘲る

↓訶誚・譏誚・欺誚・詰誚・軽誚・嗟誚・讓誚・責誚・痛誚・詆誚・怒誚・鄙誚・誹誚

【誦】 14 0762

ショウ ジュ
となえる うた

篆文

形声 声符は甬。〔説文〕に収める甬声十一字のうち、誦声はこの一字のみであるが、喩母(j)、邪(邪)や母(z)の間には、通用の例が多い。〔説文〕三上に「諷するなり」とあり、〔周礼、春官、大司楽〕の「興道諷誦言語」とは、韻律をもつ語をいう。その〔注〕に「倍文(暗誦)を諷と曰ひ、聲を以て之れを節するを誦と曰ふ」とみえる。古くは呪誦をいい、〔詩、小雅、節南山〕「家父(人の名)誦を作り 以て王の訩を究む」の誦は呪誦の意。また〔詩、大雅、烝民〕「吉甫(人の名)誦を作る 穆として淸風の如し」は祝頌の誦である。〔詩、大雅、桑柔〕「誦言醉ふが如し」のように、誦辞はその呪能を鼓舞するために、陶酔的な状態で歌われ、またその辞は修辞を極めたものであった。〔楚辞〕の祭祀的歌謡の篇末に、誦とよばれる一段をそえたものが多い。〔左伝〕に多くみえる「輿人の誦」は、また輿論(世論)ともいわれるもので、古い呪誦の遺響を存するものである。

訓義 ①となえる、となえうた、わざうた。②よみうた、うたう。③そしる、うらむ。④頌と通じ、ほめうた。⑤訟と通じ、うったえる。

古訓 〔名義抄〕誦 ヨム・ウタフ・カゾフ・トガム

語系 誦ziong は踊・勇(勇)・涌jiong と声近く、内面から外にあらわれる意がある。また讀(読)dok とも音が通じて、誦読の意がある。

【誦詠】 詩歌などをそらんじうたう。梁・江淹〔自叙伝〕長じて遂に群書を博覽し、章句の學を事とせず。頗ぶる精を文章に留め、誦詠する所の者、蓋し二十萬言なり。

【誦諫】 諫言をとなえる。〔国語、晋語六〕古の王者は、政德既に成り、又民に聽く。是に於てか、工(楽人)をして朝に誦諫せしめ、～謗譽を路に問ふ。

【誦記】 記憶して暗誦する。〔後漢書、荀悦伝〕家貧にして書無し。人閒に之く毎に、見る所の篇牘、一覽して多く能く誦記す。

【誦詩】 詩をそらんずる。〔論語、子路〕詩三百を誦し、之れに授くるに政を以てして達せず、四方に使して、專對すること能はずんば、多しと雖も、亦た奚を以てか爲さん。

【誦習】 そらんじる。宋・蘇軾〔范文正公文集の序〕士の京師より來たる者有り。魯の人石守道の作る所の慶曆聖德詩を以て、鄉先生に示さる。軾、旁らより竊かに觀み、則ち能く其の詞を誦習す。

【誦数】 詩書礼楽を習う。〔荀子、正名〕今や聖王沒して名の守り慢み、～是非の形明らかならず。則ち守法の吏、誦數の儒と雖も、亦た皆亂る。

【誦説】 経典をよみ説く。〔荀子、致士〕師術に四有り。而して博習は焉れに與らず。～誦說して陵がず犯さざれば、以て師と爲るべし。

【誦読】 そらんずる。〔史記、留侯世家〕(張良)旦日其の書を視るに、乃ち太公の兵法なり。良因りて之れを異しみ、常に習ひて之れを誦讀す。

↑誦憶　暗誦する／誦功　功を頌する／誦志　暗記する／誦呪　呪誦／誦述　となえる／誦法　手本／誦味　熟読する

↓愛誦・暗誦・諳誦・謳誦・歌誦・記誦・吟誦・絃誦・口誦・工誦・講誦・坐誦・志誦・習誦・称誦・唱誦・推誦・成誦・精誦・伝誦・読誦・念誦・拝誦・背誦・賦誦・諷誦・伏誦・復誦・覆誦・黙誦・夜誦・朗誦

常 【障】 14 7024 〔障〕 14 7024

ショウ(シャウ)
ふせぐ へだてる ついたて

篆文

形声 声符は章(章)。〔説文〕十四下に「隔つるなり」とあり、障壁をなすことをいう。〔左伝、定十二年〕の「保障」は「堡障」の意。鄣も声義同じ。土部十三下に「墇は擁ぐなり」とあって、これは壅塞することをいう。𨸏は神の陟降する神梯の象であるから、障は聖域を壅ぎ衛る意である。

訓義 ①ふさぐ、ふせぐ、まもる、聖所をまもる。②へだてる、さえぎる、聖俗をわかつ。③さわり、さしつかえ、さまたげ。④ついたて。

古訓 〔和名抄〕障・障泥 阿布利(あぶり)／障子 楊氏漢語抄に云ふ、障子、屏風の屬なり 〔名義抄〕障 サフ・サハリ・サハル・カクル・サヘ・オホフ・サマタク・ツヽム・ハヽカム

語系 障・墇・嶂tjiang は同声。嶂は後起の字。障・墇はもと聖所を隔て、壅塞する意の字であったと思われる。

【障塞】 とりで。〔後漢書、南匈奴伝〕朔方以西、障塞多く脩復せず。鮮卑此れに因りて數〻南部に寇し、漸將王(左右二王)を殺す。單于憂恐し、上言して障塞を復せんことを求む。

【障泥】 馬の泥よけ。鐙と馬腹の間にたらす。蔽泥。あふり。〔世説新語、術解〕王武子(済)善く馬の性を解す。嘗て一馬に乘り、連錢の障泥を箸く。前に水有り、終日肯て渡らず。王云ふ、此れ必ず是れ障泥を惜しむならんと。人をして解き去らしむ。便ち徑ちに渡れり。

【障蔽】 さえぎり、まもる。〔淮南子、兵略訓〕是を以て聖人は、形を無に藏して、心を虛に遊ばしむ。風雨は障蔽すべきも、寒暑は關閉すべからざるは、其の無形なるを以ての故なり。

↑障囲　囲む／障翳　かざす／障潰　破れる／障害　邪魔／障碍　障害／障礙　障碍／障隔　隔てる／障扞　防ぐ／障眼　そこひ／障気　瘴気／障拒　拒む／障距　隔てる／障禁　とめる／障互　さえぎる／障子　襖／障燧　城塞／障扇　長柄の扇／障阻　障反／障隄　土隄／障壁　しきり壁／障壅　ふさぐ／障癘　風土病の熱病、瘴癘

↓一障・雲障・翳障・画障・界障・蔽障・業障・故障・罪障・支障・事障・守障・翠障・石障・扇障・亭障・隄障・陂障・藩障・万障・屏障・蔽障・辺障・堡障・林障

【韶】 14 0766

ショウ(セウ)
つぐ

篆文

形声 声符は召。召に招神の意がある。〔説文〕三上に「虞舜の樂なり」とあり、〔書、益稷〕に「簫韶九成して、鳳皇來儀す」とあり、その楽の瑞応として鳳凰が来り舞うたという。〔論語、述而〕に「子、齊に在りて韶を聞く。三月、肉の味を知らず」、また〔論語、八佾〕に「子、韶を謂ふ、美を盡せり。又善を盡せり」と、その楽を賛嘆している。

訓義 ①楽の名、舜の楽と伝える。うつくしい。②紹と通じ、つぐ。

古訓 〔篇立〕韶 ツグ・ヒカリ 〔字鏡集〕韶 ヒカル・ツグ・マフ・ウルハシ・ヒカリ

語系 韶・紹zjiô は同声。招tjiô とも声近く、召・招は神を招く。その神意をつぐことを紹といい、楽声にあらわれたものを韶という。

【韶光】 春光。唐・秦韜玉〔花に対す〕詩 長く韶光と、暗に期する有り 憐れむべし、蜂蝶の卻つて先づ知るを

【韶武】舜の楽と、周の武王の楽。〔論語、八佾〕子、韶を謂ふ、美を盡せり、又善を盡せり。武を謂ふ、美を盡せり、未だ善を盡さずと。

【韶舞】舜の舞楽。〔論語、衛霊公〕顔淵、邦を爲むることを問ふ。子曰く、～樂は則ち韶舞、鄭聲を放ち、佞人を遠ざけよ。鄭聲は淫、佞人は殆ふしと。

↑韶運　太平／韶艶　美しい／韶華　春光／韶濩　湯の楽の名／韶顔　若く美しい顔／韶気　春色／韶暉　明光／韶綺　若く美しい／韶景　春光／韶簫　舜の楽の名／韶代　韶世／韶媚　うるわしい／韶風　和風／韶曼　美しい／韶妙　美妙／韶齢　青年／韶麗　美しい／韶朗　美しい

↓雲韶・嘉韶・雅韶・虞韶・景韶・康韶・簫韶・仙韶・徵韶・舞韶・風韶

【噍】15 6003 ［嚼］21 6204　ショウ（セウ）　シャク　かむ

篆文

形声 声符は焦。〔説文〕二上に「齧むなり」とあり、別体として嚼をあげる。噍・嚼いずれもその齧む音を示す擬声語。また鳥の声などをいう。

訓義 1かむ、かみくらう。2鳥の声。3せわしい声。4しかる、きびしくしかる。

古訓 〔名義抄〕噍・嚼　ツ、シル　〔篇立〕噍　ツ、シル・クフ　〔字鏡集〕噍　ツ、シル・スミヤカナリ・カム

【噍類】生きたもの。〔漢書、高帝紀上〕項羽、人と爲り慓悍禍賊、嘗つて襄城を攻め、襄城に噍類無し。過ぐる所、殘滅せざる無し。

↑噍呵　きびしくしかる／噍牙　争論／噍殺　かむ／噍嚼　かむ／噍噍　鳥声／噍譲　責める／噍食　食う／噍悴　調低し／噍咀　かむ／噍罵　しかりののしる

↓声噍・咀噍・啁噍

【嘯】15 6502 ［歗］16 5728　ショウ（セウ）　うそぶく

篆文　籀文

形声 声符は肅（粛）。肅に蕭・簫の声がある。〔説文〕二上に「吹く聲なり」とあり、肅はその音を写したものであろう。籀文は歗に作り、欠部にまたその字がみえる。〔詩、召南、江有汜〕に「其の嘯くや歌はん」とあり、嘆くときのしぐさである。古くは呪詛的な意味があったかと思われる。六朝のころ長嘯を好む人が多く、嘯逸・嘯傲のような語がある。

訓義 1うそぶく、口をすぼめて声を出す。2長く声をひいてなく、なく。3口笛をふく。4叱と通じ、しかる。

古訓 〔新撰字鏡〕嘯　歗字同じ。宇曾牟久（うそむく）〔名義抄〕嘯　ウソム・ウソフク　〔字鏡集〕嘯　ウソム・フク・ウソフク

語系 嘯・簫syôは同声。口をすぼめて発するを嘯（歗）といい、竹管を以てするを簫という。肅siu、蕭syuもその系統の語で、みな蕭瑟の意がある。

【嘯詠】うそぶき歌う。晋・趙至〔嵇茂斉（紹）に与ふる書〕進むも依る所無く、退くも據る所無し。澤を渉りて蹊を求め、榛を披きて路を覓め、溝渠に嘯詠して、良に度るべからず。

【嘯歌】うそぶき歌う。〔世説新語、簡傲〕晉の文王、功德盛大にして、坐席嚴敬、王者に擬す。唯だ阮籍のみ、坐に在りて箕踞嘯歌し、酣放自若たり。

【嘯呼】うそぶきよぶ。神をよぶ。〔楚辞、招魂〕招具該ね備はりて　永く嘯呼す

【嘯傲】うそぶき、思うままにする。晋・陶潜〔飲酒、二十首、七〕詩　日入りて群動息み　歸鳥、林に趨きて鳴く　東軒の下に嘯傲し　聊か復た此の生を得たり

【嘯歎】声を引いて嘆く。晋・張華〔情詩、二首、一〕詩　枕を拊ちて獨り嘯歎し　感慨して心、内に傷む

↑嘯哀　哀鳴／嘯逸　嘯傲／嘯雲　雲にうそぶく／嘯吟　嘯詠／嘯月　月にうそぶく／嘯召　呼ぶ／嘯指　口笛／嘯叱　きびしくしかる／嘯聚　呼ぶ／嘯咤　叱る／嘯風　風にうそぶく／嘯葉　草笛

↓永嘯・猿嘯・歌嘯・海嘯・叫嘯・噭嘯・吟嘯・月嘯・呼嘯・虎嘯・高嘯・坐嘯・舒嘯・唱嘯・清嘯・静嘯・長嘯・悲嘯・諷嘯・夜嘯・野嘯・朗嘯

【屧】15 7729 ［屟］12 7729　ショウ（セフ）　くつしき

篆文

形声 正字は屟に作り、枼声。〔説文〕八上に「屟は履中の薦なり」とあり、屧はその異文。一般に屧を用いる。

訓義 1くつしき、しきわら。2げた、木で作ったはきもの、屐。

古訓 〔新撰字鏡〕屧　阿志加太（あしかた）

【屧廊】春秋の時。呉宮の廊名。明・高啓〔十宮詞、呉宮〕詩　芙蓉の水殿、屧廊の東　白苧（苧麻のかたびら）、秋來つて風に耐へず

↑屧屣　はきもの

↓斫屧・倒屧・鳳屧

【廠】15 0024　ショウ（シャウ）　たてもの　うまや

形声 声符は敞。敞は高平の地をいう。〔玉篇〕に「馬屋なり」とあり、壁のないような屋舎。のち工人の製作所や商店の意などに用いる。

訓義 1たてもの、小屋、ひろい平屋。2うまや。3仕事場、商店。

古訓 〔字鏡集〕廠　ムマヤ

↑廠営　宿営／廠獄　獄舎／廠舎　かりや／廠地　作業場／廠甸　琉璃廠／廠棚　仮小屋／廠房　工場

↓塩廠・工廠・東廠・房廠・茅廠

【慫】15 2833　ショウ　すすめる　おどろく

篆文

形声 声符は從（従）。〔説文〕十下に「驚くなり」、〔玉篇〕に「悚るるなり」とみえる。〔方言、十〕に「慫慂は勸むるなり」とし、また「南楚にて、凡そ己の喜ぶことを欲せざるに、旁人之れを說び、怒ることを欲せざるに、旁人之れを怒る、～或いは之れを慫慂と謂ふ」とみえる。のち人にむりにものを勧めて、従うことを求める意に用いる。

訓義 1すすめる。2おどろく。

古訓 〔名義抄〕慫　ツ、シム・オドロク　〔字鏡集〕慫　アタム・オソル・ウゴク・ウヤマフ・オドロク・ニクム

語系 慫・悚（竦）siongは同声。〔説文〕に慫を「讀みて悚の若くす」とあり、もと同声。從・束に従う字には、もと身をすくめるようなさまをいうものがある。

↑慫兢　あわてる／慫慂　すすめる

【憔】15 9003　ショウ（セウ）　やつれる

形声 声符は焦。〔国語、呉語〕「日に以て憔悴す」の〔注〕に「瘦する病なり」とあり、憂愁の甚だしいことをいう。〔楚辞、漁父〕に「顏色憔悴し　形容枯槁す」とあり、やつれる意。

訓義 1やつれる、つかれる、うれいやつれる、やせる。2かおがかける。

古訓 〔新撰字鏡〕憔　須波須（すはす）又、之波須志（しはすし）、乃己不（のごふ）〔名義抄〕憔　カシゲタリ　〔字鏡集〕憔

イヤシ・カシケタリ

語系 憔・顦dziô、焦・醮tziôは声義が近い。醮は〔説文〕九上に「面、焦枯小なり」とあり、〔玉篇〕に〔楚辞〕を引いて「顏色醮顇す」に作る。

【憔悴】 やつれる。〔史記、屈原伝〕屈原~被髪して行く澤畔に吟す。顏色憔悴し、形容枯槁す。

【憔慮】 なやみ苦しむ。〔後漢書、蘇不韋伝〕不韋、毀身憔慮、百死に出で、嚴禁を冒觸し、族を禍門に陷らしむ。逞せずと雖も、爲に報ずること已に深し。~力は唯だ匹夫なるも、功は千乘よりも隆なり。

↑憔心 憔慮/憔顇 憔悴/憔然 憔悴/憔瘦 やせる/憔迫 憔慮

↓悴憔

常 【憧】 15 9001 〔憧〕 15 9001 ショウ ドウ あこがれる

篆文

形声 声符は童(童)。童に撞(撞)・鐘(鐘)の声がある。〔説文〕十下に「意定まらざるなり」とあって、心の不安定な状態をいう。また惛愚の意がある。憧憬は遥かなものに思いをはせること。〔玉篇〕に憬を「遠行の皃なり」とする。

訓義 ①こころが定まらない、ぼんやりする。②あこがれる、あこがれおもう。③惷と通じ、おろか。

古訓 〔名義抄〕憧 オロカナリ・アクガル/憧心 オモフ 〔字鏡集〕憧 カタクナシ・オモフ・ヲロカナリ・アクガル

語系 憧・衝thjiong、撞deongは声が近い。憧とは衝動的に心の動くことをいう。惷愚の意は、惷thiongと声の通じる用法である。

【憧愚】 おろか。〔大戴礼、千乘〕凡そ民の不刑なる、本を崩して以て閒を要とめ、不敬を作起して以て憧愚を欺惑す。

【憧憧】 往来のたえないさま。また、心の定まらぬさま。〔晋書、后妃上、左貴嬪伝〕(離思の賦)夜、耿耿として寐ねられず、魂、憧憧として曙に至る。

↑憧憬 うっとり/憧擾 紛乱して安んじない

↓愚憧

【槳】 15 2790 ショウ(シャウ) かじ かい

形声 声符は將(将)。〔正字通〕に「槳、長大なるを櫓と曰ひ、短小なるを槳と曰ひ、縱なるを櫓と曰ひ、横なるを槳と曰ふ」とみえる。蘇軾の〔赤壁の賦〕に「桂の棹、蘭の槳、空明を撃つて流光に泝る」の句がある。

訓義 ①かじ、かい。②えだ。

↑槳櫓 かいとろ

↓逸槳・桂槳・軽槳・孤槳・金槳・打槳・蕩槳・飛槳・蘭槳

【樅】 15 4898 ショウ もみ

篆文

形声 声符は従(從)。〔説文〕六上に「松葉柏身なり」とあり、もみの木。

訓義 ①もみ。②樅樅は茂るさま、鐘磬などを懸ける器の刻みのあるさま。③摐と通じ、うつ。

古訓 〔新撰字鏡〕樅 太々佐(たたさ)、又、毛牟乃木(もむのき) 〔和名抄〕樅 毛美(もみ) 〔名義抄〕樅 モミ・モノキ 〔字鏡集〕樅 モミ・モノキ・ヨコサマ

【樅樅】 樹の茂りあうさま。鐘磬を懸ける器の、鋸歯のようなきざみ。〔詩、大雅、霊台〕虡業維れ樅 〔集伝〕其れ鐘磬を懸くるの處、又綵色を以ふるを大牙と爲す。其の狀、隆然、之れを崇牙と謂ふ。崇牙の狀、樅樅然たるを言ふ。

↓枯樅・松樅

人 【樟】 15 4094 〔樟〕 15 4094 ショウ(シャウ) くす

形声 声符は章(章)。長江以南・台湾にその木が多く、樟脳の香気がある。

訓義 ①くす、くすのき。②字はまた章に作る。

古訓 〔新撰字鏡〕樟 久須乃木(くすのき) 〔名義抄〕橡樟 クスノキ・アヒ・クヌギ

【樟宮】 太子妃の内棺。〔宋書、礼志二〕皇太子妃薨ず。樟木を櫬と爲し、號けて樟宮と曰ふ。~葬を謂ひて山塋と曰ふ。

↑樟蚕 野生の蚕/樟樹 樟/樟油 樟脳油

↓予樟

【殤】 15 1822 ショウ(シャウ) わかじに

篆文

形声 声符は𥏻。𥏻は昜(陽)を覆う形。昜は玉光が下方に放射する形で、魂振りの法。これを覆うのは死喪の意をあらわす。〔説文〕四下に「人と成さざるなり。人、年十九より十六に至りて死するを長殤と爲し、十五より十二に至りて死するを中殤と爲し、十一より八歳に至りて死するを下殤と爲す」とみえる。また戦争による死は非命の死であるから、その弔喪の歌を「国殤」という。〔周礼、地官、媒氏〕に「嫁殤」という語があり、死人に嫁すること。漢代にはこれを「娶會」といった。

訓義 ①わかじに。②非命の死をいう。

古訓 〔名義抄〕殤 シヌ 〔篇立〕殤 シヌ・カフル

語系 殤・傷・傷sjiangは同声。創・愴tshiangと声近く、〔説文〕八上に「傷は創なり」とするが、𥏻系の字は古代の弔喪呪儀に関する字。創の初文は刃で、刀創をいう。ただ愴・傷の意において通ずることがある。

【殤子】 わかじにの者。〔荘子、斉物論〕天下、秋毫の末より大なるは莫く、而して大山をも猶ほ小なりと爲す。殤子より壽しきは莫く、而して彭祖(古の長命者)を夭と爲す。

↑殤鬼 夭死者の霊/殤宮 夭死者の宮/殤折 夭折/殤夭 夭折

↓嫁殤・国殤・三殤・彭殤

【漿】 15 2723 ショウ(シャウ) こんず おもゆ

篆文 古文

形声 声符は將(将)。〔説文〕十一上に「酢漿なり」とあり、濃漿をいう。粟を醸した酒である。また、おもゆ、飲料などの総称として用いる。〔周礼、天官、漿人〕の職は、六酒を酒府に納れることを掌る。〔礼記、玉藻〕に、五飲のうち、水を第一とする。水を神に供えるときには、玄酒という。

訓義 ①こんず、はやず、やや酢い味のさけ。②おもゆ。③みず、つくりみず、ゆさまし。④のり、のりけのもの。

古訓 〔和名抄〕漿 豆久利美豆(つくりみづ)、俗に云ふ、邇於毛比(におもひ) 〔名義抄〕漿 コムツ・ツクリミヅ・ニオモユ/氷漿 ヒミヅ 〔字鏡〕漿 ツクリミヅ・ユ 〔字鏡集〕漿 コムツ・アヂハヒ・ツクリミヅ

【漿酒】 こんずと酒。〔礼記、玉藻〕五飲は水を上とし、漿・酒・醴・酏あり。

【漿飯】 かゆ。〔韓非子、外儲説右上〕魯、五月を以て衆を起し、長溝を爲り、溝を作る者を五父の衢に要む。~子路其の私秩の粟を以て漿飯を爲り、~孔子之れを聞き、子貢をして往きて其の飯を覆へし、其の器を撃毀せしむ。

↑漿液 汁/漿壺 水壺/漿粥 かゆ/漿水 漿と水/漿粉 麦粉

↓飲漿・寒漿・岩漿・饋漿・玉漿・金漿・桂漿・瓊漿・血漿・沽漿・

壺漿・肴漿・醋漿・酸漿・巵漿・椒漿・酒漿・水漿・清漿・盛漿・脳漿・氷漿・酪漿・醴漿

【璋】15 1014 ショウ(シャウ) たま

篆文 金文

形声 声符は章(章)。〔説文〕一上に「上を剡ぎたるを圭と為し、半圭を璋と為す」とあり、片そぎの形の玉。〔詩、小雅、斯干〕は新室を祝う詩。「載ち之れに璋を弄せしむ」とは、生まれた男の子に、魂振りの呪器として璋をもたせる意。この璋を柄とする玉器を瓚といい、金文に瓚璋を賜与する例が多い。祼鬯のような重要な儀礼のときに用いる。

訓義 ①たま、かたそぎのたま。②ひしゃく、祼鬯などのときに用いる。③章と通じ、あきらか、あらわす。

古訓 〔篇立〕璋 アキラカナリ・タマ

【璋瓚】 璋を柄とする祼鬯のときの玉器。〔礼記、祭統〕君、圭瓚を執りて尸に祼し、大宗、璋瓚を執りて亞祼す(君に次いで祼する)。

↑璋珪 玉の名

↓牙璋・金璋・圭璋・聘璋・奉璋・弄璋

【緗】15 2690 ショウ(シャウ) あさぎ

篆文

形声 声符は相。〔説文新附〕十三上に「帛の浅黄色なるものなり」という。湘水はその水色で名をえたという。

訓義 ①あさぎ、あさぎいろ。②あさぎいろのきぬ。③桑の葉の初生のいろ。

古訓 〔篇立〕緗 ハジメ・クハシ・クハノハメ・ヌヒモノ

語系 緗・湘siangは同声。霜shiang、桑sangも声が近く、これらの語とも関係があるかもしれない。

【緗綺】 あさぎ色のあさぎぬ。〔楽府詩集、相和歌辞三、相和曲下、陌上桑〕緗綺を下裙と為し 紫綺を上襦と為す 行く者、羅敷を見て 擔(荷)を下して髭鬚を捋る

【緗素】 白絹をあさぎにそめて書物の帙とする。〔北史、高恭之伝〕祕書の圖籍及び典書緗素、多く零落を致せり。道穆をして帳目を總集し、并びに儒學の士に牒して、編比次第せしむべし。

【緗帙】 あさぎ色にそめた書物の帙。梁・昭明太子〔文選の序〕詞人才子は、則ち名は縹囊に溢れ、飛文染翰せんは、則ち卷は緗帙に盈ちたり。

↑緗衣 浅黄の衣/緗荷 はすの花/緗簡 書籍/緗絇 沓飾り/緗縑 かとり/緗幘 頭巾/緗軸 巻軸/緗帖 書巻/緗牒 書冊/緗縹 浅黄色/緗緑 黄緑

↓縑緗・青緗・縹緗

【緟】15 2291 〔〓〕25 2526 ショウ チョウ かさねる つぐ

篆文 金文

形声 声符は重。重に衝・踵の声がある。字は金文に〓に作り、緟はその形声字。〔説文〕十三上に「增益するなり」とし、〔段注〕に重の意をとるとするが、〓がその初形。𤔔は糸枷にかけた糸、東は橐の象形字。田は染汁を入れた鍋の形。橐に入れた糸を、何度も染汁につける意である。〔周礼、考工記、鍾氏〕は染色を掌る。鍾は緟に作るべく、その初文は〓。〔鍾氏〕の文に「三入を纁と為し、五入を緅と為し、七入を緇と為す」とみえる。五入・七入して染色することを緟という。金文に「〓𠂤」という語があり、官職を再命認証する意に用いる。

訓義 ①かさねる、かさねてそめる、ます。②つぐ、うけつぐ。

↑緟複 重複

【蕉】入 15 4433 〔蕉〕16 4433 ショウ(セウ) ばしょう

篆文

形声 声符は焦。〔説文〕一下に「生の枲なり」とあり、枲のまだ練治しないものをいう。〔玉篇〕に「芭蕉なり」とみえる。また巴苴ともいうのは、その原音を伝えるものであろう。〔本草綱目〕には甘蕉という。南方ではその繊維をもって蕉布を織った。

訓義 ①あさ、きあさ。②ばしょう。③雑草、雑草をかる。④焦と通じ、こげる。⑤樵と通じ、たきぎ。⑥憔と通じ、やつれる。

古訓 〔名義抄〕芭蕉 バセヲバ

【蕉葛】 蕉布。宋・陸游〔夜、城楼に登る〕詩 彊めて城の西樓に登る 月露、渺として空闊なり 欄に憑りて、清影を弄す 涼颸、蕉葛に入る

【蕉書】 芭蕉の葉に字を書く。宋・黄庭堅〔戯れに史応之に答ふ、三首、三〕詩 藜藿を嫌はず、來りて同に飯ひ 更に芭蕉を展げて、看て書を學ぶ

【蕉葉】 芭蕉の葉。〔唐書、南蛮下、両爨蛮伝〕撲子蠻有り。趫悍、青娑羅を以て通身袴を為る。善く竹弓を用ひ、林に入りて飛鼠を射つに、中らざる無し。食器無し。蕉葉を以て之れに藉く。

↑蕉衣 蕉布の衣/蕉火 焦火/蕉紗 蕉布/蕉衫 蕉布の衫/蕉邪 芭蕉/蕉悴 憔悴/蕉扇 蕉葉扇/蕉茘 芭蕉と茘枝

↓葛蕉・甘蕉・紅蕉・翠蕉・庭蕉・芭蕉・敗蕉・緑蕉

【衝】常 15 2110 ショウ つく あたる

篆文

形声 声符は重。重に踵・鍾の声がある。〔説文〕二下に「通道なり」とあり、童(童)に従う形に作る。撞(撞)の声義をとる字とするものであろう。〔詩、大雅、皇矣〕にみえる「臨衝」は戦車。「衝く」「衝う」の訓がある。

訓義 ①つく、つきあたる、あたる。②むかう、ゆく。③めぐる、うごく。④みち。

古訓 〔名義抄〕衝 マジハル・ツク・チマタ・ヨコタフ・オコリ・ユク・ムカフ・シル・フム・オリ・ツイカサヌ・キル・ヒトシ・ウルハシ・マトヒス・カサヌ

語系 衝thjiong、鍾(鐘)tjiong、また舂sjiong、撞deongはみな声近く、勢いよく衝撃を加える意の字。もとは擬声語であろう。

【衝激】 激突する。唐・元結〔漫歌八曲、小回中〕詩 叢石大江に横たはる 人は言ふ、是れ釣臺なりと 水石相ひ衝激し 此の中に小回を為す

【衝突】 突撃する。〔後漢書、劉虞伝〕(公孫)瓚、乃ち鋭士數百人を簡募し、風に因りて火を縦ち、直ちに之れを衝突す。虞、遂に大いに敗る。

【衝波】 つきあげる波。唐・李白〔蜀道難〕詩 上に六龍日を回らすの高標(山)有り 下に衝波逆折の回川有り 黄鶴の飛ぶも、尚ほ過ぐることを得ず 猿猱度らんと欲して、攀援を愁ふ

【衝風】 はやて。〔楚辞、九歌、河伯〕女と九河に遊ばんとすれば 衝風起りて波を横たふ

【衝隆】 戦車の名。〔淮南子、兵略訓〕故に攻むれば衝隆・雲梯(城壁を登るはしご)を待たずして城抜け、戰へば兵を交へ刃を接するに至らずして敵敗る。必勝の數に明らかなればなり。

↑衝位 相当位/衝軼 つき破る/衝雨 雨をおかす/衝牙 三角形の玉、雑佩/衝陥 陣を陥れる/衝

機　衝陥の機／衝境　繁華街／衝軍　突撃隊／衝劇　繁華／衝撃　突撃／衝決　つき破る／衝口　口早／衝刷　決潰する／衝車　兵車／衝襲　つき破り襲う／衝術　巷／衝霄　沖天／衝衝　相次ぐ／衝心　脚気／衝打　衝撃／衝対　衝突／衝替　辺境へ降職する／衝漲　わき、みなぎる／衝天　勢い盛ん／衝斗　北斗をもおかす。名剣の象／衝途　通衢／衝撞　衝突する／衝盪　つき動かす／衝動　本能／衝犯　犯す／衝繁　繁華／衝飈　疾風／衝鋒　突撃する／衝冒　犯す／衝夜　夜中にかかわらず／衝阨　けわしい要衝／衝要　要衝／衝流　連なり流れる／衝櫓　攻城車

↓街衝・緩衝・距衝・撃衝・折衝・直衝・繁衝・蒙衝・要衝・隆衝・臨衝・路衝

常【賞】 15 9080 ［賫］ 15 1080 ショウ（シャウ） ほめる

篆文 金文 甲骨文

形声 声符は尚（尚）。〔説文〕六下に「有功に賜ふなり」とあり、尚声とするが、金文の字形は商（商）に従い、商声の字。区別していえば、賫は賞賜、賞は償贖・賠償を意味する字であった。のちその別が失われ、賞賜の意に賞を用いる。

訓義 ①たまう、おくる、たまわる。②ほめる、たたえる、たまもの。③たのしむ、めでる、もてあそぶ、ながめる。④たっとぶ、すすめる。

古訓 〔名義抄〕賞 モテアソブ・オモシロブ・ツカサドル・ムカフ・タマフ・タマヒモノス・タマヒヨロコビ

声系 〔説文〕八上に賞声として償を収め、「還すなり」という。賞は償の初文。もと償贖を意味する字。賞賜の字はもと商に従い、賫としるす字であった。

語系 賞・賫・商sjiangは同声。尚zjiangはのち商声と混じて、賞・賫が同声となり、通用する。

【賞逸】 隠逸を楽しむ。〔北史、序伝、李超伝〕（李超）白皙美鬚眉、高簡宏達なり。～尋いで疾を以て歸り、琴書を以て自ら娯しみ、優遊賞逸、人世を視ること蔑如たり。

【賞詠】 鑑賞する。めでうたう。〔宣和画譜、山水二、許道寧〕晩に遂に舊學を脱去し、行筆簡易、風度益〻著はる。張士遜、一見して賞詠すること久し。因りて贈るに歌を以てす。

【賞勲】 功績をほめる。〔後漢書、光武帝紀下〕陛下、～徳を褒め勳を賞し、九族を親睦す。功臣宗室、咸く封爵を蒙り、多くは廣地を受け、或いは屬縣を連ぬ。

【賞賜】 功労に対して賞を与える。〔周礼、春官、小宗伯〕衣服・車旗・宮室の賞賜を掌る。

【賞識】 人物を見わける。〔後漢書、許劭伝〕許劭、字は子將、～少くして名節を峻くし、人倫を好み、賞識する所多し。

【賞心】 山水などをめでる心。南朝宋・謝霊運〔魏の太子の鄴中集詩に擬す、八首の序〕天下の良辰・美景・賞心・樂事、四者は幷せ難し。

【賞適】 心にめで楽しむ。〔北史、陽休之伝〕簡率にして煩職を樂しまず。～毎に人に謂ひて曰く、此の官は實に自ら清華なるも、但だ煩劇にして、吾が賞適を妨ぐ。眞に是れ樊籠なりと。

【賞罰】 賞と罰。〔戦国策、秦一〕賞を言へども則ち與へず、罰を言へども則ち行はず。賞罰行はれず、故に民死せざるなり。

【賞誉】 ほめる。〔墨子、尚同中〕若し苟くも上下義を同じうせざれば、賞譽は以て善を勸むるに足らず、刑罰は以て暴を沮むに足らず。

↑賞愛　めでる／賞意　賞識／賞慰　安らぎ／賞音　知音／賞花　花見／賞暇　賜暇／賞会　楽しい会／賞格　褒賞の規定／賞官　買官／賞勧　ほめ勧める／賞鑑　鑑賞／賞玩　玩賞／賞給　賞として与える／賞興　興趣／賞欣　欣賞／賞襟　賞心／賞遇　恩賞／賞刑　賞罰／賞契　心にかなう／賞慶　ほめる／賞激　激賞／賞月　月見／賞功　賞勲／賞好　愛好する／賞賛　ほめる／賞讃　賞賛／賞事　快心事／賞首　賞第一／賞卹　褒賞／賞春　春遊／賞笑　歓笑／賞信　信賞／賞設　ねぎらう／賞雪　雪見／賞嘆　嘆賞／賞秩　賞禄／賞擢　抜擢する／賞典　賜与／賞田　賞功田／賞抜　抜擢する／賞美　ほめる／賞募　懸賞／賞封　祝儀／賞報　褒賞／賞味　味わう／賞与　褒美／賞賚　賞賜／賞恋　恋賞／賞労　ねぎらう／賞弄　玩賞／賞禄　禄を賞する

↓逸賞・恩賞・嘉賞・勧賞・感賞・観賞・鑑賞・翫賞・欣賞・勲賞・刑賞・慶賞・激賞・懸賞・功賞・行賞・厚賞・爵賞・受賞・授賞・重賞・心賞・推賞・嘆賞・入賞・封賞・報賞・褒賞・明賞・幽賞・優賞

【銷】 15 8912 ショウ（セウ） とかす つきる

篆文

形声 声符は肖（肖）。肖に末細きものの意がある。〔説文〕十四上に「金を鑠かすなり」とあり、熱を加えてとかすことをいう。消（消）と声義近く、銷夏・銷閑のようにもいう。

訓義 ①とかす、とける。②つきる、ほろびる、おとろえる。③そこなう、へらす。④消と通用する。

古訓 〔名義抄〕銷 ケス・ワカス・チル・ヒ、ル・キス・キユ・マジフ・アヤマル 〔字鏡集〕銷 トロモス・キス・マロフ・アヤマル・ツラヌク・カ、ル・ワク・トク・アザケル・キユ・マジフ・ケス

語系 銷・消siôは同声。鑠sjiôk、燋tziôも声近く、鑠は銷鑠。燋は〔説文〕十一上に「盡くるなり」とみえる。火にとけることを銷といい、水にきえることを消という。

【銷毀】 とかし、つぶす。〔遼史、聖宗紀八〕工匠を禁じ、金銀器を銷毀することを得ざらしむ。

【銷魂】 心がきえいる。〔開元天宝遺事、天宝下、銷魂橋〕長安の東、灞陵に橋有り。來迎去送、皆此の橋に至りて離別の地と爲す。故に人之れを銷魂橋と呼ぶなり。

【銷鑠】 とけてきえる。唐・駱賓王〔帝京篇〕詩 黃金、銷鑠し、素絲變ず 一貴一賤、交情見はる 紅顏、宿昔、白頭新たなり 脫粟、布衣、故人を輕んず

【銷沈】 きえる。消亡する。唐・杜牧〔楽遊原に登る〕詩 長空、澹澹として、孤鳥沒す 萬古銷沈して、此の中に向ふ

【銷亡】 消えうせる。梁・陸倕〔新刻漏の銘〕世と道と交〻喪はれ、禮術は銷亡す。遽にかに水火を遷し、爭ひて衣裳を倒にす（時を誤る）。

【銷滅】 消滅。〔漢書、李尋伝〕宜しく急に博く幽隱を求め、天士を拔擢して、任ずるに大職を以てすべし。～誠に必ず之れを行はば、凶災銷滅して、子孫の福、日を旋らさずして至らん。

↑銷解　消える／銷患　患をのぞく／銷閑　閑つぶし／銷棄　流産／銷金　とかす／銷刻　消磨する／銷恨　消恨／銷散　消散／銷算　決算／銷市　日はけ口／銷志　心配する／銷失　消失／銷日　日をすごす／銷釈　とける／銷弱　衰える／銷暑　消

夏／銷售 販売／銷瘠 痩せる／銷銭 鋳つぶす／銷耎 弱る／銷損 消える／銷殄 なくす／銷票 抹消する／銷氛 平定する／銷爛 腐朽／銷鍊 錬る／銷漏 銷亡

↓影銷・火銷・玉銷・虹銷・香銷・魂銷・燭銷・廃銷・焚銷・鎔銷

【霄】 15 1022 ショウ(セウ) みぞれ そら

篆文 

形声 声符は肖(肖)。肖に細小なるものの意がある。〔説文〕十一下に「霰を雨らすを霄と爲す」(段注本)とし、斉の国の語であるという。霰の消えかけたものが霄、光の消えかけるときが宵(宵)。また空の意に用いる。

訓義 ①みぞれ、みぞれふる。②くも。③そら。④宵と通じ、よる、よい。⑤消と通じ、きえる。

古訓 〔名義抄〕霄 ソラ・ヨル・オホソラ・ヨヒ 〔篇立〕霄 ヨモスガラ・ソラクラシ・ホト〳〵・アヤシブ・ヨル

語系 霄・宵siôは同声。霄の本義は霄雪、のち暗く遥かな意によって、天空の意に用いる。

【霄漢】 大空。〔後漢書、仲長統伝〕一世の上に消搖し、天地の閒に睥睨し、當時の責を受けず、永く性命の期を保つ。是くの如くんば、則ち以て霄漢を陵ぎ、宇宙の外に出づべし。

【霄壤】 天地。〔東観余論、下、宗室の爵(雀)竹画軸の後に跋す〕謝康樂(霊運)は則ち芙蓉の水を出づるが如く、自然にして愛すべし。顏光祿(延之)は則ち錦を鋪き繡を列ぬるが如く、琱繢眼に滿つ。自然と琱繢とは、蓋し翅だに霄壤のみならず。

↑霄幄 テント／霄駕 盛駕／霄外 天外／霄蓋 大空／霄間 大空／霄客 天人／霄月 空の月／霄元 大空／霄上 天上／霄雪 みぞれ／霄半 天半／霄房 大空／霄明 夜明け

↓雲霄・烟霄・遠霄・干霄・寒霄・九霄・凝霄・玉霄・軽霄・絳霄・上霄・神霄・青霄・清霄・晴霄・太霄・澄霄・洞霄・半霄・縹霄・碧霄・凌霄・籠霄

【餉】 15 8772 ショウ(シャウ) かれいい かて おくる

篆文 

形声 声符は向。向は神を迎えるところをいう。もと神に供える意。〔説文〕五下に「饟る なり」とあり、食を饋ること。田野で働く人や、あるいは役戍に従う人におくることをいい、弁当をいう。〔説文〕に「饁は田に餉るなり」「饋は餉るなり」「饟、周人、餉を謂ひて饟と曰ふ」とみえる。

訓義 ①かれいい、かて、弁当。②弁当をおくる。③食事する、食事する程度の短い時間。④饟と通用する。

古訓 〔新撰字鏡〕餉 夜志奈不(やしなふ)、又、止毛々志(ともとも し)〔和名抄〕餉 四聲字苑に云ふ、餉は食を以て人に送るなり。加禮比於久留(かれひおくる)と訓む。俗に加禮比(かれひ)と云ふ〔名義抄〕饟餉 ヤシナフ・トモシ／餉 カレヒオクル・カレヒ／一餉 シバシバカリ〔字鏡集〕餉 ヤシナフ・オクリモノ・カレイヒ・イヒオクル・オクル・ハク

語系 餉・饟sjiangは同声。〔説文〕五下に「饟は、周人、餉を謂ひて饟と曰ふ」とみえる。

【餉遺】 食物を贈る。〔南斉書、倖臣、呂文顯伝〕茹法亮等と迭ひに出入して舍人と爲り、竝びに親倖せらる。四方餉遺すること歲ごとに各々數百萬、竝びに大宅を造り、山を聚め池を開く。

【餉運】 食糧輸送。〔宋史、薛奎伝〕淮南轉運副使となり、江淮に遷さる。發運使を制置し、漕河を疏し、三堰を廢し、以て餉運に便す。

【餉餽】 食糧を輸送する。〔漢書、高帝紀下〕上曰く、~夫れ籌を帷幄の中に運らし、勝を千里の外に決するは、吾は子房(張良)に如かず。國家を塡(鎮)め百姓を撫し、餉餽を給し糧道を絕たざるは、吾は蕭何に如かず。

↑餉億 饋送品／餉乾 軍費／餉饋 餉餽／餉給 軍糧／餉銀 俸給／餉榼 糧器／餉需 経費／餉酬 お返し／餉糈 禄米／餉台 食卓／餉道 糧道／餉米 糧米

↓一餉・帰餉・餽餉・饋餉・救餉・賕餉・軍餉・見餉・午餉・貢餉・饁餉・芻餉・致餉・朝餉・転餉・伝餉・飯餉・分餉・野餉・糧餉

【樵】 16 4093 ショウ(セウ) たきぎ きこり

篆文 

形声 声符は焦。〔説文〕六上に「散木なり」(段注本)とあって薪をいい、また薪をとることをいう。その人を樵客。その歌を樵歌、貧窮の生活を「樵蘇爨がず」のようにいう。

訓義 ①たきぎ、つまぎ、そだ。②こる、きこる、きこり。③やく、たきぎやく。④櫵と通じ、ものみやぐら。

古訓 〔名義抄〕樵 キコリ・シバノタキ、〔字鏡集〕樵 キコリ・キコル・タキヾ・シバノタキヾ

【樵隱】 きこりと隱者。南朝宋・謝霊運〔田南に園を樹ゑ、流れを激して援(垣)を植つ〕詩 樵隱倶に山に在り 由來事同じからず 同じからざること一事に非ざるも 痾を養ふは亦た園中なり

【樵家】 きこりの家。唐・劉滄〔王校書の山斎に題す〕詩 藥圃の地は、山色に連なつて近く 樵家の路は、樹煙に入つて微なり

【樵客】 きこり。唐・劉威〔東湖の黄処士の園林に遊ぶ〕詩 樵客出で來つて山、雨を帶び 漁舟過ぎ去つて水、風を生ず

【樵者】 きこり。唐・韋応物〔幽居〕詩 時に道人と偶し 或いは樵者に隨つて行く

【樵唱】 きこり歌。唐・祖詠〔汝墳の別業〕詩 山中、外事無し 樵唱、時に聞ゆる有り

【樵人】 きこり。唐・劉長卿〔漂母の墓を経ふ〕詩 古墓、樵人識り 前朝、楚水流る

【樵蘇】 薪を取り、草を刈る。〔史記、淮陰侯伝〕臣聞く、千里糧を餽れば、士に飢色有り。樵蘇して後爨げば、師は宿飽せずと。

【樵父】 きこり。宋・蘇轍〔黄州快哉亭の記〕西のかた武昌の諸山を望めば、岡陵起伏し、草木行列す。煙消え日出づれば、漁夫樵父の舍、皆指さして數ふべし。此れ其の快哉為たる所以の者なり。

【樵路】 きこりの通う小径。唐・李白〔鳴皐歌、従翁清の五崖山居に帰るを奉餞す〕詩 鳴皐微茫として、何れの處にか在る 五崖の峽水、樵路に横たふ

↑樵謳 樵歌／樵歌 きこり歌／樵居 樵家／樵漁 樵夫と漁夫／樵戸 樵家／樵采 採薪／樵子 樵夫／樵車 柴車／樵舍 樵家／樵女 樵する女／樵蒸 炬火／樵薪 採薪／樵人 きこり／樵叟 樵翁／樵夫 そま人／樵牧 樵夫と牧人／樵僕 きこりする僕

↓歌樵・帰樵・漁樵・耕樵・採樵・山樵・薪樵・芻樵・販樵・晩樵・負樵・抱樵・野樵・老樵

【橡】 16 4793 ショウ(シャウ) とち くぬぎ

形声 声符は象。とち、くぬぎ。今、ゴムの木をいう。

訓義 1とち、つるばみ、くぬぎ。2字はまた、樣に作る。

古訓 〔新撰字鏡〕橡 止知(とち)〔名義抄〕橡 ツルバミ・ツルバム・トチ／橡實 トチヒ／樣 トチ 〔字鏡集〕橡 カヘ・トチ・ツルバミ・クリ

【橡子】 とちの実。〔斉民要術、五、槐柳楸梓梧柞を種う〕橡子、倹歳には食して以て飯と為すべし。豊年には放豬(豚の放し飼い)して、之れを食らはしめ、以て致肥すべきなり。

【橡実】 とちの実。唐・張籍〔野老の歌〕詩 歳暮、鋤犂、空室に傍ふ 兒を呼んで山に登りて、橡實を収めしむ

【橡栗】 ささぐりの実。しばぐり。〔荘子、盗跖〕晝は橡栗を拾ひ、暮には木上に栖む。故に之れに命けて有巣氏の民と曰ふ。

↑橡果 橡子／橡丈 橡栗／橡膠 ゴム／橡斗 橡子の殻／橡飯 とち食／橡皮 ゴム

【氅】 16 9871 ショウ(シャウ)

篆文 形声 声符は敞。〔説文新附〕八上に「鳥の羽を析きて旗纛の屬と為す」とあって、旗の飾り毛、またその飾り毛のある旗をいう。

訓義 1はたのかざり毛、かざり毛のあるはた。2とりげ。3はごろも。

古訓 〔名義抄〕氅 コゲ 〔字鏡集〕氅 コゲ・ミヅトリ

【氅毦】 羽飾り。〔隋書、煬帝紀上〕太府少卿何稠・太府丞雲定興、盛んに儀仗を修む。是に於て州縣に課して羽毛を送らしむ。百姓之れを求捕し、網羅水陸に被ひ、禽獸の氅毦の用に堪ふる有る者、殆ど遺類無し。

↑氅衣 羽毛の衣／氅服 外套

↓羽氅・鶴氅・玄氅・繡氅・青氅・赤氅・雪氅・素氅・団氅・鶖氅・毛氅

【燋】 16 9083 ショウ(セウ) シャク たいまつ やく

篆文 形声 声符は焦。〔説文〕十上に「火を然きて持つ所以なり」とあり、炬火をいう。〔礼記、少儀〕に「燭を執り、燋を抱く」とあり、燋はかかえるようにしてもつものであった。

訓義 1たいまつ。2やく、たいまつをやく、亀卜の亀をやく。3こげる、こがす。4爝と通じ、たいまつ。5灼と通じ、やく。6つかれる。

古訓 〔名義抄〕燋 炬火、コガス・コガル・コガレクサシ・ヤク・カハク・カシケタリ 〔字鏡集〕燋 アカス・コガス・イヤシ・ヤク・イル・モユ・トモス・カマ

語系 燋tziô、爝tziôkは声近く、爝は〔字林〕に「炬火なり」とみえる。灼tjiôkも声義の近い語である。

【燋契】 亀卜のため亀を灼き、また文字を契刻する。〔周礼、春官、菙氏〕燋契を共(供)し、以て卜事を待つことを掌る。

【燋爛】 やけただれる。〔後漢書、皇后紀序〕東京(後漢)皇統屢しば絶え、權、女主に歸す。～任重く道悠かに、利深く禍速やかなり。～湮滅踵を連ね、傾輈路に繼ぐ。而も赴蹈すること息まず、燋爛するを期と爲す。

↑燋金 鑠金／燋枯 枯れる／燋黄 焦げる／燋槁 燋枯／燋熬 煎る／燋歯 黒い歯／燋灼 灼く／燋鑠 燋金／燋壊 焦土／燋燭 炬火／燋心 焦慮／燋銅 燋毒の銅／燋熱 灼熱／燋釜 焦釜／燋烽 烽火／燋慮 憂慮する／燋淪 水火の死／燋労 燋慮

↓艾燋・亀燋・挙燋・荊燋・乾燋・草燋・抱燋

【瘴】 16 0014 ショウ(シャウ) やまい

形声 声符は章(章)。南方湿潤の地にはマラリアなど熱を伴う風土病が多く、瘴癘の地とされる。〔後漢書、馬援伝〕に、その軍吏が瘴疫によって死ぬものが、十のうち四、五にも及んだことをしるしている。字書には、〔広韻〕〔集韻〕に至ってみえる字である。

訓義 1やまい、南方の熱病、マラリア。2山川の毒気。

古訓 〔字鏡集〕瘴 ヤム・ヤマヒ

【瘴雨】 毒気をふくんだ雨。宋・厳羽〔友人に答ふ〕詩 湘江、南に去りて、人行少なり 瘴雨蠻煙、白草生ず 誰か念はん、梁園の舊詞客 桄榔の樹下に、獨り鶯を聞かんとは

【瘴疫】 マラリアなどの熱病。〔晋書、良吏、呉隠之伝〕廣州は山海を包帶し、珍異の出づる所なり。一篋の寶、數世に資とすべし。然れども瘴疫多く、人情憚る

【瘴煙】 山川の毒気。唐・白居易〔新豊の折臂翁〕詩 聞道らく、雲南に瀘水有り 椒花落つる時に、瘴煙起る 大軍徒渉するに、水は湯の如く 未だ過ぎざるに十人に二、三は死すと

【瘴気】 熱病をもたらす山川の毒気。〔後漢書、公孫瓚伝〕觴に酹みて祝りて曰く、昔は人の子爲り、今は人の臣爲り。當に日南に詣るべし。日南瘴氣多し、恐らくは或いは還らざらん。便ち當に長く墳塋に辭すべしと。

【瘴霧】 毒気を含んだ霧。宋・蘇軾〔再び前韻を用ふ〕詩 行を瞻るに物無し、惟だ一語 瘴霧をして雲鬟(黒髪)を侵さしむること莫かれ

【瘴癘】 マラリア。唐・杜甫〔李白を夢む、二首、一〕詩 江南、瘴癘の地 逐客、消息無し 故人、我が夢に入る 我が長く相ひ憶ふを明らかにす

↑瘴雲 瘴煙／瘴郷 瘴地／瘴江 瘴癘の川／瘴地 瘴癘の地／瘴毒 毒気／瘴氛 瘴気／瘴厲 瘴癘

↓雲瘴・炎瘴・煙瘴・温瘴・瘧瘴・荒瘴・黄瘴・山瘴・椒瘴・銷瘴・多瘴・地瘴・毒瘴・南瘴・氛瘴・霧瘴・嵐瘴

【蕭】 16 4422 ショウ(セウ) かわらよもぎ さびしい

篆文 形声 声符は肅(粛)。肅に嘯・簫の声がある。〔説文〕一下に「艾蒿なり」とあり、〔詩、大雅、生民〕に「蕭を取り脂を祭る」とあり、脂で蕭を焼いて、その芳香を以て神を祀ったことを歌う。〔周礼、天官、甸師〕に「祭祀には蕭茅を共(供)す」とあり、また〔周礼、春官、鬱人、疏〕に引く〔王度記〕に、天子は鬯、諸侯は薫、大夫は蘭芝、士は蕭、庶人は艾を用いるという。また蕭瑟・蕭蕭のように形況の語に用いる。

訓義 1かわらよもぎ。2さびしい、ひっそり。3肅と通じ、つつしむ。

古訓 〔名義抄〕蕭 ヨモギ・ス、シ・シヅカナリ・カスカナリ・シツム・ハギ／蕭條 ―トカスカニシテ 〔篇立〕蕭 スカヤカナリ・カラヨモギ・カスカナリ・シヅカナリ・ツ、シム

語系 蕭syu、萩(萩)tsiuは声近く、〔爾雅、釈草〕に「蕭は萩なり」とあり、また蒿という。肅siu、宋(寂)tziukは声近く、蕭条の意がある。

【蕭艾】 よもぎと雑草。小人をいう。〔楚辞、離騒〕何ぞ昔日の芳草 今直だ此の蕭艾と爲る

【蕭斎】 ものさびしい書斎。明・文徴明〔歳暮、事居即事、二首、一〕詩 脩樹扶疎として、亂鴉を帶ぶ 蕭齋、只だ野人の家に似たり

【蕭索】 ものさびしい。唐・白居易〔長恨歌〕詩 黄埃散漫、風蕭索 雲棧縈紆して、劍閣に登る 峨嵋山

下、人の行くこと少なり 旌旗光無く、日色薄し

【蕭颯】しょう(せう)さつ ものさびしい。唐・張喬〔辺将に宴す〕詩 一曲の梁州、金石淸し 邊風蕭颯として、江城を動かす 座中に老沙場の客有り 橫笛吹くことを休めよ、塞上の聲

【蕭散】しょう(せう)さん しずか。さっぱりする。〔西京雜記、二〕司馬相如、上林・子虛の賦を爲りて、意思蕭散、復た外事と相ひ關せず。

【蕭瑟】しょう(せう)しつ 秋風のさびしく吹くさま。ものさびしい。楚・宋玉〔楚辞、九弁、一〕悲しい哉秋の氣爲るや、蕭瑟として草木搖落して變衰す

【蕭灑】しょう(せう)しゃ しょう(せう)さい 清らか。俗気がない。〔世説新語、賞誉〕王子敬(献之)、謝公(安)に語る、公は故より蕭灑なりと。謝曰く、身は蕭灑ならず。君、身(自ら)を道ふこと最も得たり。身、正に自ら調暢すと。

【蕭蕭】しょうしょう(せうせう) ものさびしい。〔史記、刺客、荊軻伝〕高漸離、筑を擊ち、荊軻和して歌ふ。~又前みて歌を爲りて曰く、風蕭蕭として、易水寒し 壯士一たび去つて、復た還らず

【蕭牆】しょうしょう(せうしやう) 門の内。〔論語、季氏〕季氏將に顓臾を伐たんとす。~孔子曰く、~吾は、季孫の憂は顓臾に在らずして、蕭牆の內に在るを恐ると。

【蕭条】しょうじょう(せうでう) ものさびしい。ひっそり。唐・岑参〔山房春事、二首、二〕詩 梁園日暮れて、亂飛の鴉 極目蕭條たり、三兩家

【蕭森】しょう(せう)しん ものさびしい。樹木が深く茂る。晋・張協〔雑詩、十首、九〕溪壑、人跡無し 荒楚(草むらや、木むら)、鬱として蕭森

【蕭寂】しょう(せう)せき ものしずか。〔世説新語、品藻〕人有り、袁侍中(恪之)に問うて曰く、殷仲堪は韓康伯に何如と。答へて曰く、義理の得る所は、優劣乃ち復た未だ辨ぜず。然れども門庭蕭寂にして、居然名士の風流有るは、殷は韓に及ばずと。

【蕭然】しょう(せう)ぜん ものさびしい。晋・陶潜〔五柳先生伝〕環堵(方丈)蕭然として、風日を蔽はず。短褐穿結し、簞瓢屢〻空しきも晏如たり。

【蕭疏】しょう(せう)そ さびしくまばら。唐・羊士諤〔楼に登る〕詩 槐柳蕭疏にして、郡城を遶り 夜、山雨に添へて、江聲を作す

【蕭寥】しょうりょう(せうれう) ものさびしい。唐・白居易〔松声〕詩 西南より微風來り 潛かに枝葉の閒に入る 蕭寥、發して聲を爲す 半夜、明月の前

➡蕭間 寂しくしずか/蕭墻 寂しい牆/蕭辰 しずかな秋/蕭衰 寂しく衰える/蕭爽 清爽/蕭騒 蕭条/蕭屏 蕭牆/蕭茅 酒をひたすちがや

⬇艾蕭・管蕭・香蕭・森蕭・飄蕭・苞蕭・寥蕭

【踵】16 6211 [踵] 12 2211 ショウ おう つける かかと

篆文  金文 

形声 声符は重。重に衝・緟の声がある。〔説文〕二下に「追ふなり」とあり、追蹤することをいう。重に緟続の意があり、踵はつぐ、ふむなどの意をもつ。

訓義 1おう、つける。2つぐ、あとにつぐ。3ふむ、よる、たずねる、いたる。4かかと、くびす。

古訓 〔名義抄〕踵 クビス・キビス・ユク・イタル・ツグ・アト

語系 踵(踵)tjiong は蹤 tziong、從(従)dziong と同系の語。あとにつき従う意がある。

【踵係】しょうけい あとからひきつづく。〔後漢書、西羌伝論〕羌戎~三輔に陸梁し、建號稱制、北地に恣睢(ほしいまま)す。~湟中を塞ぎ、隴道を斷ち、陵園を燒き、城市を剽(掠)し、傷敗踵係し、羽書(軍書)日に聞す。

【踵息】しょうそく 深く呼吸する。〔荘子、大宗師〕古の眞人、~其の息するや深深たり。眞人の息するや踵を以てし、衆人の息するや喉を以てす。

【踵武】しょうぶ 武(あしあと)をつぐ。前人の事績をつぐ。〔楚辞、離騒〕忽ち奔走して、以て先後す 前王の踵武に及ばしめんとす

➡踵軍 後続の軍/踵繋 踵係/踵決 破れ靴/踵見 頻見/踵踵 往来/踵接 続く/踵門 訪問/踵累 かさなる

⬇運踵・曳踵・還踵・企踵・跂踵・箕踵・挙踵・係踵・継踵・繋踵・跟踵・随踵・躋踵・接踵・旋踵・前踵・排踵・反踵・放踵・摩踵・連踵

人 【錆】16 8512 ショウ(シャウ) さび

形声 声符は靑(青)。もと精金をいう字であるが、わが国ではさびの意に用いる。さびの本字は銹・鏽。表面の平滑を失う状をいう。錆はあおさびの意としたのであろう。

訓義 1精金。2さび。

古訓 〔篇立〕錆 アヲナベ

【閶】16 7760 ショウ(シャウ) もん

篆文 

形声 声符は昌。〔説文〕十二上に「閶闔、天門なり」(段注本)とあり、楚人の語とする。〔楚辞、離騒〕に「閶闔に倚りて予を望む」とあり、崑崙の入口の門をいう。崑崙墟は人の死後に赴く霊界とされた。〔淮南子、墜形訓〕には、「皐稽は閶闔、風の生ずる所なり」とみえる。

訓義 1門、天門、宮城の門。2いざなう、みちびく。3大きい、さかん。

古訓 〔字鏡集〕閶 カドヒラクコヱ

【閶闔】しょうこう(しやうかふ) 天門。〔楚辞、離騒〕吾れ帝閽をして關を開かしむるに 閶闔に倚りて予を望む

➡閶風 西風

⬇闔閶

【霎】16 1040 ショウ(セフ) こさめ

篆文 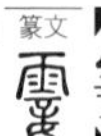

形声 声符は妾。〔説文新附〕十一下に「小雨なり」とあり、ひとしきり降る雨をいう。

訓義 1こさめ、ひとしきりのあめ。2あめのおと。3しばらく、ひとしきり。

➡霎雨 こさめ/霎時 片時/霎霎 雨の音

⬇一霎・瞬霎・吹霎・数霎・半霎

人 【鞘】16 4952 ショウ(セウ) さや しおで

篆文 

形声 声符は肖(肖)。〔説文新附〕三下に「刀室なり」とあり、刀のさやをいう。また馬具の鞍の前後の両輪に著ける紐、しおで。また馬鞭の先のところをいう。

訓義 1さや。2しおで。3馬鞭の末。

古訓 〔新撰字鏡〕鞘 太知乃乎(たちのを)、又、佐也(さや)〔名義抄〕鞘 サヤ・キサヤ・ムチノヲ/尻鞘 シリサヤ/鞍鞘 カレヒツケ 〔字鏡集〕鞘 サヤ・ヌキサヤ・ムチサヤ

【鞘尾】しょう(せう)び 刀のこじり。梁・王筠〔俠客篇〕楽府 俠客、名利に趨る 劍氣坐ろに相ひ矜る 黃金、鞘尾に塗り 白玉、鉤膺(馬のむながい)に飾る

⬇揮鞘・弓鞘・餉鞘・長鞘・鞭鞘・鳴鞘

常 【償】17 2928 ショウ(シャウ) つぐなう

篆文  金文 

形声 声符は賞。賞賜の賞はもと賫に作り、尙(尚)声

の賞とはもと別の字であった。賞は償贖・賠償の意。〔説文〕八上に「還すなり」とあって、償還することをいう。反映刑的に体刑を加えることを報といい、財産刑的に賠償を行うことを贖といい、損害を補塡することを償という。

【訓義】①つぐなう、つぐない、あがなう。②かえす、むくいる。

【古訓】〔名義抄〕償 ツグノフ・アカフ・コタフ・ツヒユ・タクラフ・モヨホル・タマフ・ミチヒク・ノフ・ムクユ・アラハル・アツ・カヘル

【語系】償zjiang、賞・賫sjiangは声義近く、賞は本来は償いとして与えられるものであった。

↑償怨 怨みにむくいる/償款 償金/償還 返済/償願 宿願が成就する/償金 賠償/償債 返済/償責 弁償/償補 償う/償労 お礼

↓求償・取償・代償・賠償・返償・弁償・補償・報償・無償・有償

【檣】 17 4496 ショウ(シャウ) ほばしら

【形声】声符は嗇。嗇に牆の声がある。帆を挂ける木をいう。帆柱。

【訓義】①ほばしら。

【古訓】〔名義抄〕檣 ホバシラ

↑檣竿 帆柱/檣頭 檣上/檣帆 ほばしらと帆/檣楼 艦上の物見やぐら

↓雲檣・遠檣・寒檣・危檣・帰檣・客檣・孤檣・高檣・舟檣・渚檣・千檣・船檣・帆檣・飛檣・列檣・連檣

【燮】 17 9940 ショウ(セフ) やわらぐ

篆文  籀文 

【会意】言＋両火＋又(又)。言は神に対する盟誓。自己詛盟の語をいう。その両旁に聖火を加え、これを修祓する。〔説文〕三下に「和らぐるなり」と訓し、また徐鉉説として、炎に従って大熟の義とするが、烹飪の字ではない。金文の〔秦公鐘〕に「百邦を柔らげ燮む」、また〔書、顧命〕に「天下を燮和す」、〔書、周官〕に「陰陽を燮理す」とあり、字の初義は、おそらく自己詛盟によって神意を和らげる意であろう。

【訓義】①やわらぐ、やわらげる。②煮る。

【古訓】〔篇立〕燮 ヤハラカニ・ヤハラグ

【燮諧】(しょうかい) やわらげととのえる。〔陳書、高祖紀上〕(九錫文)公の陰陽を調理し、風雅を燮諧するを以て、三靈允に降り、萬國同和せり。

【燮定】(しょうてい) やわらげ定める。〔漢書、叙伝下〕萬國を經略し、東西を燮定し、南北を疆理す。～略山川を表はし、其の剖判を彰かにす。

【燮理】(しょうり) やわらげおさめる。〔書、周官〕太師・太傅・太保を立て、茲れを惟れ三公とし、道を論じ邦を經し、陰陽を燮理するも、官は必ずしも備へず、惟だ其の人あるときのみ。

【燮和】(しょうわ) やわらげととのえる。〔書、顧命〕汝に訓を嗣ぎ、臨みて周邦に君とし、大卞(大法)に率循して天下を燮和し、用て文・武の光訓に荅揚せんことを命ず。

↑燮賛 協調し賛助する/燮燮 ようやく/燮調 ととのう/燮伐 和らげ伐つ/燮友 親しむ

↓遠燮・弘燮・参燮・調燮

【爕】 17 9940 ショウ(セフ) やわらぐ にる

篆文  甲骨文  金文 

【会意】辛＋両火＋又(又)。〔説文〕十上に「大いに熟るなり」とし、「辛とは物の熟えたる味なり」とするが、字形は燮と似ており、声義の近い字であろう。金文に「柔らげ燮む」とある燮は、言の部分が丁や不の形に作るものがあり、両火はそれを清めるためのものであろう。燮・爕はおそらくもと同字。〔説文〕は燮(変)字条三下の重文に羊に従う字を録する。みな古い字形に由るものであろう。

【訓義】①よく煮る。②おさめやわらげる。

【牆】 17 2426 ショウ(シャウ) かき

篆文  籀文  甲骨文  金文 

【形声】声符は爿。嗇は穀物倉の形。爿は版築のときに用いる挟板で、土垣を築くもの。もと穀倉の外壁をいう。〔説文〕五下に「垣蔽なり」とあり、牆屋・牆宇のように住居をいう。〔詩、小雅、常棣〕に「兄弟、牆に鬩ぐも 外、其の務りを禦ぐ」の句がある。柩車の両旁に立てるわき板や、柩を飾る棺衣をも牆という。障壁として隔てる意であろう。

【訓義】①かき、まがき、かきね、ついじ。②さかい、さえぎるもの。③柩衣、柳衣、棺のわきいた。④字はまた墻に作る、ひめがき。⑤俗に墻に作る。

【古訓】〔新撰字鏡〕牆 加支(かき)〔和名抄〕垣墻 賀岐(かき)/築墻 都以加伎(ついかき)、一に云ふ、豆以比知(ついひぢ)〔名義抄〕牆 カキ・ネギラフ

【語系】牆dziang、庠ziang、序ziaは声近く、〔爾雅、釈宮〕に「東西の牆、之れを序と謂ふ」とみえる。序は庠序。一方に外壁のあるものをいう。

【牆垣】(しょうえん) かき。土塀。〔左伝、襄三十一年〕敝邑、政刑の脩まらざるを以て、寇盜充斥す。～是こを以て吏人をして、客の館る所を完くし、其の牆垣を厚うし、以て客使を憂ふること無からしむ。

【牆屋】(しょうおく) かきと家。〔列子、楊朱〕衞の端木叔は、子貢の世なり。～牆屋臺榭、園囿池沼、飲食車服、聲樂嬪御、齊・楚の君に擬ふ。

【牆外】(しょうがい) かきの外。〔左伝、荘三十二年〕雩するとき梁氏に講ふ。女公子、之れを觀る。圉人(馬の番人)犖、牆外より之れと戲る。子般怒り、之れを鞭たしむ。

【牆頭】(しょうとう) 土垣のほとり。唐・杜甫〔羌村、三首、一〕詩 世亂れて、飄蕩に遭ひ 生還、偶然に遂げたり 隣人、牆頭に滿ち 感歎して、亦た歔欷(すすり泣き)す

【牆壁】(しょうへき) 土塀。〔後漢書、王充伝〕充、論説を好む。～乃ち閉門潛思、～戸牖・牆壁に各々刀筆を置き、論衡八十五篇、二十餘萬言を著す。

【牆面】(しょうめん) 土塀に向かって立つ。無学を刺る語。〔論語、陽貨〕子、伯魚(孔子の子)に謂ひて曰く、女、周南・召南を爲びたるか。人にして周南・召南を爲ばざるは、其れ猶ほ正しく牆に面して立つがごときかと。

↑牆衣 かきの苔/牆陰 かきの蔭/牆宇 家/牆下 垣根/牆角 かきの脇/牆居 ふせご/牆隅 牆角/牆隙 かきの隙/牆根 垣根/牆翣 棺飾/牆藩 まがき/牆板 板壁/牆屏 門牆/牆報 壁新聞/牆門 ろじ門/牆墉 牆壁/牆籬 まがき/牆柳 柩幔/牆隈 牆角

↓囲牆・苑牆・垣牆・圜牆・屋牆・壊牆・蔽牆・危牆・宮牆・棘牆・鬩牆・肩牆・厳牆・高牆・残牆・女牆・城牆・穿牆・短牆・彫牆・庭牆・堵牆・土牆・堂牆・藩牆・卑牆・糞牆・屛牆・面牆・門牆・墉牆・籬牆・連牆

常【礁】 17 1063 ショウ(セウ) かくれいわ

【形声】声符は焦。水面に隠見する岩。みえがたいものを暗礁という。珊瑚よりなるものを珊瑚礁という。

訓義 ①かくれ岩、水面下の岩、暗礁。

↑礁嶢（しょうぎょう） 高くそびえる／礁砂（しょうさ） 銀礦砂／礁嶼（しょうしょ） 暗礁／礁石（しょうせき） 水中の石／礁灘（しょうたん） 暗礁地帯

↓暗礁・環礁・岩礁・漁礁・座礁・離礁

【篠】入 17 8829 ［筱］13 8824 ショウ（セウ） しの さき

篆文

形声 声符は條（条）（じょう）。條は細長い枝などをいう。修祓のとき束ねて用い、それで身を滌（あら）った。篠は條のように束ねて用いる草の意であろう。〔説文〕五上に筱の字を録し、「箭（や）の屬なり」とあり、矢に用いるしの竹をいう。わが国では湯神楽（ゆかぐら）に小竹葉（ささば）を用いた。

訓義 ①しの、ささ、すず。②あじか、竹であんだかごの類。

古訓 〔和名抄〕篠 之乃（しの）。小竹、散々（ささ） 〔名義抄〕篠 シノ・サヽ・アジカ 〔字鏡集〕篠 シノ・アジカ・サヽ・アジロ

語系 篠（筱）syu、脩siu は声近く、小siô、少sjiô、稍sheô もその系統の音で、同じ語系とみてよい。

【篠驂】（しょうさん） 竹馬。〔唐詩紀事、九、徐彦伯〕彦伯、文を爲（つく）るに、多く變易（へんえき）して新を求む。鳳閣を以て鵷閣（えんかく）と爲し、龍門を虬戸（きゅうこ）と爲し、～竹馬を篠驂と爲し、月兎（げっと）を魄兎（はくと）と爲す。進士之れに效（なら）ひ、之れを徐澁體（じょじゅうたい）と謂ふ。

↑篠屋（しょうおく） 篠葺き／篠竹（しょうちく） しの／篠簜（しょうとう） 矢竹、大竹／篠籬（しょうり） 竹垣

↓寒篠・岸篠・巌篠・孤篠・香篠・細篠・弱篠・翠篠・清篠・箭篠・叢篠・束篠・竹篠・庭篠・簜篠・風篠・碧篠・萌篠・幽篠・蘿篠・乱篠・緑篠

【聳】17 2840 ［愯］13 2824 ショウ そびえる

篆文

形声 声符は從（従）（じゅう）。〔方言、六〕に「聳は聾（ろう）なり。～生まれながらにして聾なる、陳楚・江淮の閒にては之れを聳と謂ひ、荊・揚の閒、及び山の東西にては、雙聾の者、之れを聳と謂ふ」とする。〔説文〕十二上に字を愯に作り、「生まれながらにして聾なるを愯と曰ふ」とし、「從の省聲」の字とする。聾が字の原義。愯は同声通用の字である。

訓義 ①生まれながらのみみしい、ろう。②崇・崧と通じ、そびえる、そばだつ、たかい。③悚・竦と通じ、おそれる、つつしむ。④奨と通じ、すすめる、のぞむ。

古訓 〔新撰字鏡〕聳 曾比介（そびけ） 〔名義抄〕聳 ソビク・タカシ・タナビク・オドロク・オヅ・オソル・アガル・スヽム・アフ・マク・サシ・スヽム 〔字鏡集〕聳 タシカ・スヽム・アラシ・ヲソム・オドロク・ヲヒク・オヅ・タカシ・アガル・オトス・ソビユ・ウツル・アク・ヒク・アフ・タナビク・ソヒケタリ・アラシ・ソヒク

語系 愯・聳siong は崧（嵩）・悚・竦siong と同声。また奨（奨）tziang も声近く、通用することがある。

【聳身】（しょうしん） 身をそばだてる。〔竜城録、上〕（李太白得仙）元和の初、人の北海より來（きた）る有り。太白と一道士と、高山上に在りて笑語すること久し。頃（しばら）くありて、道士、碧霧中に赤虬（せききゅう）に跨して去る。太白聳身健歩、追ふこと久しくして共に乗り、東に去るを見たりと。

↑聳異（しょうい） 怪奇／聳翮（しょうかく） 高く飛ぶ／聳勧（しょうかん） すすめはげます／聳懼（しょうく） おそれる／聳空（しょうくう） そびえる／聳敬（しょうけい） 悚敬／聳顴（しょうけん） 高い頬／聳樹（しょうじゅ） 高い樹／聳秀（しょうしゅう） そびえる／聳出（しょうしゅつ） 高出／聳峭（しょうしょう） そびえ立つ／聳聳（しょうしょう） そびえるさま／聳誠（しょうせい） 恭誠／聳切（しょうせつ） 懇切／聳戦（しょうせん） おののく／聳瞻（しょうせん） 驚き視る／聳善（しょうぜん） 勧善／聳然（しょうぜん） 悚然／聳擢（しょうたく） 卓出する／聳嘆（しょうたん） 賛嘆する／聳睇（しょうてい） 望む／聳動（しょうどう） おそれ驚く／聳抜（しょうばつ） 挺抜／聳服（しょうふく） 悚服／聳昧（しょうまい） 聾盲／聳揖（しょうゆう） 拱手／聳立（しょうりつ） そびえ立つ／聳楼（しょうろう） 高楼／聳惑（しょうわく） おそれ惑う

↓雲聳・寒聳・孤聳・高聳・秀聳・身聳・森聳・清聳・蒼聳・直聳・天聳・特聳

【薔】17 4460 ショウ（シャウ） ソウ（サウ） みずたで ばら

篆文

形声 声符は嗇（しょく）。嗇に牆（しょう）の声がある。〔説文〕一下に「薔虞、蓼なり」、また蓼字条に「辛菜（からな）、薔虞なり」とあり、みずたでをいう。薔薇はばら、その字は〔爾雅、釈草〕に「蘠蘼」に作る。

訓義 ①みずたで。②ばら。

古訓 〔名義抄〕薔 アラキハナ 〔字鏡集〕薔 ハリ・アラキ

↑薔薇（しょうび） ばら／薔蘼（しょうび） ばら

【鍬】入 17 8918 ショウ（セウ） すき くわ

形声 声符は秋（しゅう）。すき・くわなどの田器のほか、さじ・じゅうのうなどをもいう。

訓義 ①すき、くわ。②さじ、じゅうのう。

古訓 〔名義抄〕鍬 クハ・タカネ

【鍬子】（しょうし） くわ。〔景徳伝灯録、十五、仲興禅師〕師一日、鍬子を法堂上に將（も）つ。石霜曰く、麼（なに）をか作（な）すと。師曰く、先師の靈骨を覓（もと）め來（きた）ると。

↑鍬钁（しょうかく） 大小の鍬／鍬橛（しょうけつ） すき

【鍾】17 8211 ショウ さかつぼ あつめる かね

篆文 金文

形声 声符は重（じゅう）。重に衝・踵（しょう）の声がある。重は橐（ふくろ）（初文は東）の底におもりをつけた形。もと重量・容量をはかる意。〔説文〕十四上に「酒器なり」という。〔左伝、昭三年〕に、斉の器量に豆・區（区）（おう）・釜・鍾があるといい、その斉量の遺品に釜と称する青銅器があり、穀量をはかるのに用いた。〔列子、楊朱〕に「酒千鍾を聚む」、また〔孔叢子、中、儒服〕に「堯舜は千鍾、孔子は百觚」というのは、その酒量をいう。〔詩、小雅、鼓鍾〕は鼓鐘の意。列国期の楚・邾（ちゅ）の器には鐘を鍾に作り、漢碑にもなおその例がある。

訓義 ①ますめ、六斛四斗、十釜の量にあたる。②さかつぼ、酒卮。③あつめる、あつまる、かさねる、まし加える。④鐘と通じ、かね。

古訓 〔名義抄〕鍾 アタル・アツマル・サカヅキ・ヒシ・ウヤマフ・カネ・アツ・ツキカネ 〔篇立〕鍾 ウゴク・ツキカネ・アツム・ツラナル・カネ・モタヒ・アク・アタル・オホカネ／鐘 ツク・サカヅキ・ウツ

語系 鍾・鐘（鐘）tjiong は同声。重diong は橐（ふくろ）で重さをはかる意。童（童）dong は目の上に入墨した奴隷をいう字であるから、鐘は鍾に作るのが本字。ただ重・童の形や声が近く、通用の字となった。

【鍾愛】（しょうあい） 慈愛を一身にあつめる。特にかわいがる。〔宋書、武三王、江夏文献王義恭伝〕幼にして明穎（めいえい）、姿顔美麗、高祖（劉裕）の特に鍾愛する所、諸子及ぶこと莫（な）きなり。

【鍾馗】（しょうき） 疫病神を追い払う神。唐の玄宗の夢にあらわれた終南山の道士。呉道子にその姿を描かせた。〔五代史、呉越世家、銭俶〕歳除、畫工、鍾馗、鬼を撃つの圖を獻ず。（弟）倧、詩を以て圖上に題す。（胡）進思、之れを見て大いに悟り、～俶を迎へて之れを立つ。

【鍾鼓】（しょうこ） かねと鼓。鐘鼓。〔詩、周南、関雎〕窈窕（ようちょう）たる淑女は 鍾鼓之れを樂しむ

【鍾乳】（しょうにゅう） 鍾乳石。〔大唐新語、七、容恕〕端午の日、玄宗、宰臣に鍾乳を賜ふ。宋璟～醫人に命じて之れを錬らしむ。醫將（まさ）に家に歸りて錬らんことを請ふ。子弟諫めて曰く～今之れを付して歸らしめば、恐らくは欺換を招かんと。璟～曰く、自

ら爾の心の然るを隠して、他の心を疑はんや~と。

↑鐘虡（しょうきょ） 楽器をかける台／鐘鐻（しょうきょ） 鐘虡／鐘聚（しょうしゅう） 集まる／鐘情（しょうじょう） 多情／鐘溺（しょうでき） 溺愛する／鐘藤（しょうとう） 寄生木／鐘念（しょうねん） 鍾愛する／鐘釜（しょうふ） 量器

↓挙鐘・瓊鐘・征鐘・千鐘・万鐘・釜鐘・竜鐘

【魈】 17 2921 ショウ(セウ) すだま

形声 声符は肖(肖)。〔正字通〕に引く〔抱朴子、登渉〕に「山の精、形小兒の如くにして、獨足向後、夜喜んで人を犯す。名づけて魈と曰ふ。其の名を呼ぶときは、則ち犯すこと能はず」とみえる。

訓義 ①すだま、山の精。②字はまた膙に作る、山膙。

古訓 〔字鏡集〕魈 コヲニ

↑魈魅（しょうみ） 山の怪

↓夔魈・山魈

【簫】 18 8822 ショウ(セウ)

篆文 

形声 声符は肅(肅)。〔説文〕五上「參差、管樂なり。鳳の翼に象る」とあり、長短の竹を序列して、翼の形に左右相対する。鳳の翼に象る。〔楚辞、九歌、湘君〕に「參差を吹いて誰をか思ふ」とあり、洞簫をいう。大なるものは二十三管、小なるものは十六管であった。舜の楽を「簫韶」という。もと神を祀るのに用いた。

訓義 ①しょうのふえ。②舜の楽の名。③ゆはず、形が似ているのでいう。④しのだけ、やだけ。

古訓 〔新撰字鏡〕簫 籟なり、世乎乃不江(せをのふえ)〔和名抄〕簫 世宇乃布江(せうのふえ)〔字鏡集〕簫 フエ・セウノフエ

語系 簫・歗・嘯 syô は同声。肅 siu、蕭 syu はみな声が近く、さびしくひきしまる意があり、同系の語。

【簫管】しょうかん(せうくわん) 管楽器。〔詩、周頌、有瞽〕既に備はりて乃ち奏す 簫管備さに擧がる

【簫鼓】しょうこ(せうこ) 簫と太鼓。漢・武帝〔秋風の辞〕詩 簫鼓鳴つて、棹歌を發す 歡樂極まりて、哀情多し 少壯幾時ぞ、老を奈何せん

【簫韶】しょうしょう(せうせう) 舜の楽曲。〔書、益稷〕夔曰く、戛として鳴球を撃ち、~以て詠ずれば、祖考來格す。~簫韶九成せば、鳳皇來儀す。~夔曰く、於予石を撃ち石を拊てば、百獸率な舞ふと。

↑簫笳（しょうか） 簫と葦笛／簫局（しょうきょく） 薫籠／簫芸（しょうげい） 筒袖／簫勺（しょうしゃく） 古楽の名／簫吹（しょうすい） 簫声／簫笛（しょうてき） ふえ／簫籟（しょうらい） ふえ

↓竽簫・横簫・笳簫・雅簫・管簫・玉簫・絲簫・小簫・笙簫・韶簫・頌簫・吹簫・清簫・短簫・長簫・洞簫・文簫・鳳簫・鳴簫・弄簫

【聶】 18 1014 ショウ(セフ) ささやく

篆文 

会意 三耳に従う。〔説文〕十二上に「耳に附けて私かに小語するなり」とあり、口部二上の咠字条に「聶語するなり」とみえる。もと擬声語であろう。攝(摂)と通用するときがある。

訓義 ①ささやく。②とる。③緝と通じ、ちぢむ、しわがよる。

古訓 〔篇立〕聶 ホノキク〔字鏡集〕聶 サ、ヤク・ホノキク

声系 〔説文〕に聶声として躡・讘・懾・攝など六字を収める。数しげく、そわそわとするような状態をいう語である。

語系 聶・咠 niap は同声。咠は〔説文〕二下に「多言なり」とあり、それを聞き入ることを聶という。また讘三上 njiap も「多言なり」と訓する字で、同系の語。

↑聶許（しょうきょ） ささやく／聶聶（しょうしょう） もの静か

【觴】 18 2822 〔䚹〕 18 1862 ショウ(シャウ) さかずき

篆文  籀文 

形声 声符は昜。〔説文〕四下に「實てるを觴と曰ひ、虛なるを觶と曰ふ」(段注本)とするが、ともに酒器の名である。觴はもと獣角を以て作った。のち漆器のものが用いられ、両耳を羽のような形にしたものを羽觴という。長江の流れもその源は羽觴をうかべるほどの小流であるので、ことの起源を濫觴という。曲水の行われた河南登封城北の泛觴亭は、亭上に羽觴を泛べる曲水がゆるやかにめぐらされていた。

訓義 ①さかずき。②さかずきをさす、さかもりする。

古訓 〔名義抄〕觴 サカヅキ〔篇立〕觴 サカヅキ・ツノカメ

【觴飲】しょういん(しやういん) 酒を飲む。〔国語、越語下〕王~且く馳騁弋獵して、禽に荒むに至ること無く、宮中の樂しみは、酒に荒むに至ること無く、肆に大夫と觴飲して、國常を忘るること無かれ。

【觴詠】しょうえい(しやうえい) 酒を飲み、詩を詠ずる。晉・王羲之〔蘭亭集の序〕絲竹管絃の盛無しと雖も、一觴一詠、亦た以て幽情を暢敍するに足る。

【觴酌】しょうしゃく(しやうしやく) 酒をくみかわす。魏・文帝〔又、呉質に与ふる書〕觴酌流行し、絲竹竝び奏するに至る毎に、酒酣にして耳熱し、仰ぎて詩を賦す。此の時に當りて、忽然として自ら樂しきことを知らざるなり。

【觴酒】しょうしゅ(しやうしゅ) 杯の酒。酒宴。〔国語、呉語〕(包胥)曰く、~敢て君王の之れ(呉)と戰ふ所以の者を問ふと。王曰く、孤の側に在る者、觴酒・豆肉・簞食、未だ嘗て敢て分たずんばあらず。

【觴政】しょうせい(しやうせい) 酒席の規定。酒令。〔説苑、善説〕魏の文侯、大夫と飲酒す。公乘不仁をして觴政を爲さしむ。曰く、飲みて釂(乾杯)せざる者には、浮する(罰杯)に大白を以てせんと。文侯飲みて釂を盡さず。公乘不仁、白(杯)を擧げて君に浮(罰)す。

↑觴醳（しょうえき） 酒杯／觴客（しょうきゃく） 客に饗応する／觴勺（しょうしゃく） 觴酌／觴典（しょうてん） 酒肉で祭る／觴豆（しょうとう） 飲食／觴杯（しょうはい） 酒杯／觴令（しょうれい） 觴政

↓一觴・引觴・羽觴・嘉觴・酣觴・銜觴・挙觴・玉觴・空觴・献觴・壺觴・交觴・行觴・肴觴・賜觴・酌觴・寿觴・称觴・清觴・餞觴・提觴・泛觴・飛觴・畢觴・浮觴・奉觴・余觴・濫觴・流觴・渌觴・緑觴・累觴

【蹤】 18 6818 〔踪〕 15 6319 ショウ あと あしあと つける

篆文 

形声 声符は從(従)。〔釈名、釈言語〕に「蹤は從ふなり」とあり、從と通用する。〔説文〕車部十四上に「蹤は車迹なり」とあり、徐鉉説に蹤を蹤の本字とするが、蹤の用例をみない。また俗に踪に作り、踪迹・失踪のようにいう。

訓義 ①あと、あしあと。②あとをつける。③縦と通じ、はなつ。

古訓 〔名義抄〕蹤 アト・ニグ〔字鏡〕蹤 ハヤム・アト

語系 蹤・踪・蹤 tziong は同声。从・從 dziong も声義が近い。〔玉篇〕に「蹤は跡なり」と蹤の字を録する。蹤は後起の字であろう。

【蹤迹】しょうせき あしあと。清・黄遵憲〔潮州行〕詩 人生、亂離の中 謀る所動もすれば乖忤す 一夕に輒ち三たび遷る 蹤迹、定むる所無し

【蹤跡】しょうせき あしあと。行動のあと。〔史記、淮南王安伝〕伍被自ら吏に詣り、因りて、淮南王と反を謀ることを告ぐ。反の蹤跡、具さに此の如しと。

↓遺蹤・雲蹤・奇蹤・旧蹤・故蹤・高蹤・事蹤・失蹤・人蹤・昔蹤・絶蹤・前蹤・追蹤・発蹤・履蹤・霊蹤

人 **【醤】** 18 2760 ショウ（シャウ） ししびしお みそ

篆文 古文 籀文 金文

形声 声符は將（将）しょう。〔説文〕十四下に「醢ししびしほなり」（段注本）とあり、肉を細く切り、麴こうと塩とをまぜ、酒を加えて密蔵したもの。醤油は大豆と大麦とを塩につけてしぼったものである。

訓義 1ししびしお。2ひしおみそ、みそ。

古訓 〔和名抄〕醤 比之保（ひしほ）。別に唐醤有り 〔名義抄〕醤 ヒシホ 〔篇立〕醤 アヘス・ヒシホ 〔字鏡集〕醤 ヒシホ

【醤斉】しょう（しやう）せい 味を調えたししびしお。〔礼記、内則〕凡そ食齊しせいは春時に視なぞらへ、羹齊かうせいは夏時に視へ、醤齊は秋時に視へ、飲齊は冬時に視ふ。

↑醤蝦しょうか こえび／醤汁しょうじゅう 醤油／醤物しょうぶつ ひしお

↓鰕醤・芥醤・醢醤・魚醤・豆醤・覆醤・脯醤

【韘】 18 4459 ［弽］ 12 1429 ショウ ゆがけ

篆文

形声 声符は枼しょう。〔説文〕五下に「射決なり。弦を拘ひく所以なり。象骨を以てし、韋なめしがはの系、右の巨指に著く」とあって、ゆがけをいう。〔玉篇〕に「指沓なり」とあり、韘韝ともいう。

訓義 1ゆがけ。2字はまた弽に作る。

↑韘觿しょうけい ゆがけと、くじり／韘韝しょうこう ゆがけ

【鬆】 18 7293 ショウ ソウ みだれる

形声 声符は松（松）しょう。古い用例はなく、宋・元以来の語。書画の技法や品格を評するときに用いる。結体の緊密なものに対して、その疏緩なものを疎鬆のようにいう。もと髪のみだれそそけたさまをいう語であろう。古くは㚇そう声にその意があり、椶・騣・鬉にその義を含む。松・宗はその代音であろう。

訓義 1みだれる、髪がみだれる。2あらい、ゆるい、しまりがない。

古訓 〔字鏡集〕鬆 ミダレガミ

語系 鬆は松ziongの声であろう。また、㚇tzong、宗tzuəmと声が近い。㚇は乱れ髪の凶悪の相をいう字であるらしく、椶・騣はその声義をうける字と思われる。

↑鬆円そうえん 緩める／鬆開そうかい 緩む／鬆放そうほう 自由にする

↓花鬆・粗鬆・泥鬆・土鬆

【瀟】 19 3412 ショウ（セウ） ふかい

篆文

形声 声符は蕭しょう。〔説文新附〕十一上に「水名なり」とあり、洞庭湖にそそぐ水名。瀟湘には景勝が多く、その八景は近江八景の藍本となった。

訓義 1ふかい、ふかくきよい、しずか。2川の名、瀟湘の瀟。

古訓 〔新撰字鏡〕瀟 志豆介之（しづけし） 〔字鏡集〕瀟 フカシ・キヨシ

【瀟灑】しょう（せう）しゃ さっぱりとして、清らか。唐・李白〔王右軍〕詩 右軍は本もと清眞 瀟灑、風塵ふうぢんを出づ

【瀟瀟】しょうしょう（せうせう） 風雨のさびしい音。〔詩、鄭風、風雨〕風雨、瀟瀟たり 雞鳴くこと、膠膠かうかうたり

↑瀟颯しょうさつ 瀟瑟／瀟散しょうさん 瀟灑／瀟瑟しょうしつ 風の寂しい音／瀟洒しょうしゃ 瀟灑／瀟然しょうぜん 寂しいさま／瀟疎しょうそ 寂しい／瀟碧しょうへき 竹

【譙】 19 0063 ［誚］ 14 0962 ショウ（セウ） しかる せめる

篆文 古文

形声 声符は焦しょう。〔説文〕三上に「嬈譊ぜうだうするなり」とし、嬈譊とは口やかましく責める意。また「讀んで嚼せうの若ごとくす」。誚は古文譙、肖に従ふ。周書に曰く、亦た未だ敢て公を誚めず」と〔書、金縢〕の文を引く。〔玉篇〕に譙を国名とし、誚に「責むるなり」とあり、責譲の字には誚を用いる。〔方言、七〕に譙を斉・楚などの方言としている。

訓義 1しかる、せめる、ののしる。2燋と通じ、つかれる。3巣と通じ、ものみやぐら、たかどの。

古訓 〔名義抄〕譙 ユヅル 〔字鏡集〕譙 ユヅル・セム

語系 譙dziô、嚼tziôは声義が近い。〔説文〕二上は噍の重文として嚼を録し、譙には「讀んで嚼の若ごとくす」とその音をとる。噍は齧かむ、譙は責むる意で、ともにもと擬声的な語であろう。讓（譲）njiangは譲責、もと祓禳を意味する語であった。

【譙呵】しょう（せう）か しかる。〔史記、衛綰伝〕文帝且まさに崩ぜんとせし時、孝景に屬（嘱）しょくして曰く、綰わんは長者なり、善く之れを遇せよと。文帝崩じ、景帝立つに及んで、歳餘、綰を譙呵せず。綰、日に以て謹み力つとむ。

【譙譙】しょうしょう（せうせう） やつれはてる。〔詩、豳風、鴟鴞〕予わが羽は譙譙たり 予が尾は翛翛せうせうたり 予が室は翹翹げうげうたり 風雨に漂搖へうえうせられ 予われ維これ音なくこと嘵嘵げうげうたり

【譙譲】しょうじょう（せうじやう） せめる。〔史記、樊噲伝〕是の日、樊噲犇はしりて營に入り、項羽を譙讓すること微なかりせば、沛公の事や、幾ほとんど殆あやふかりしならん。

↑譙詬しょうこう せめののしる／譙責しょうせき 叱る／譙怒しょうど 責め怒る／譙門しょうもん ものみ／譙喩しょうゆ さとす

【醮】 19 1063 ショウ（セウ） ソウ（サウ） まつる のみほす

篆文

形声 声符は焦しょう。〔説文〕十四下に「冠娶くわんしゆの禮祭なり」とあり、その酒礼をいう。返杯をしないことを醮といい、もと神聖・尊貴に対する礼であろう。

訓義 1まつる、酒を供えてまつる。2杯をうけてのみほす、のみほして返杯をしない。3憔と通じ、やつれる。

古訓 〔名義抄〕醮 マツリ 〔字鏡集〕醮 ヒタス・ナカテ・サカムケ・マツリ

【醮儀】しょう（せう）ぎ 道士の祭神儀礼。〔雲麓漫鈔、八〕早歳、陳彭年等、中外の醮儀を定む。聖祖天尊を列して北極の上に在らしめ、～中極を主宰せしむ。

【醮祭】しょう（せう）さい 神を迎える祭。〔漢書、郊祀志下〕或いは言ふ、益州に金馬・碧雞の神有り、醮祭して致すべしと。～節を持して之れを求めしむ。

↑醮筵しょうえん お祭／醮会しょうかい 迎神祭／醮供しょうきょう 供えて祭る／醮告しょうこく 祈禱する／醮祀しょうし お祭／醮事しょうじ 祈禱する／醮辞しょうじ 祈禱文／醮酒しょうしゅ 奠酒／醮章しょうしょう 祈禱文／醮禳しょうじょう お祓い／醮設しょうせつ 醮祭／醮薦しょうせん 祭典／醮疏しょうそ 祈禱文／醮訴しょうそ 祈禱する／醮壇しょうだん 祭壇／醮抜しょうばつ 特饌／醮婦しょうふ 婦の再婚／醮墳しょうふん 祭基／醮文しょうぶん 祈禱文／醮命しょうめい 嫁命／醮醴しょうれい 冠礼の儀

↓加醮・冠醮・再醮・斎醮・祭醮・三醮・初醮・章醮・親醮・設醮・卒醮・尊醮・脊醮・夜醮

【鐎】 20 8013 ショウ（セウ） なべ

篆文

形声 声符は焦しょう。〔説文〕十四上に「鐎斗なり」とあり、なべの類。三足あり、柄と流のあるもので、飲物などを温める器。〔字林〕に「一斗を容る」とあり、〔博古図〕に漢の熊足鐎斗などを録する。これで羹あつものなどを配るのである。

訓義 1温める器、鐎斗、把手のある三足の大きななべ。2軍中、夜はたたいて鼓の用とした。

↑鐎器しょうき 一斗入りの三足なべ

↓銅鐎

常 **【鐘】** 20 8011 〖鐘〗 20 8011 ［鍾］ 17 8211

ショウ
かね つりがね

篆文  金文 

形声 声符は童（童）。童に橦・憧（憧）の声がある。〔説文〕十四上に「樂鐘なり」とあり、祭事や宴席などに用いた。金文の〔宗周鐘〕に「用て丕いに顯らかなる祖考先王を卲各す」、〔邾公華鐘〕に「以て其の祭祀盟祀を卹まん。以て大夫を樂しましめ、以て士庶士を宴しましむ」という。西周後期には編鐘も作られ、戦国期には律呂のことも精密となり、音階楽器として用いられた。

訓義 ①かね、つりがね、楽鐘。②とき、ときうつ鐘。③字はまた鍾に作る。

古訓 〔和名抄〕洪鐘 俗に於保加爾（おほかね）と云ふ 〔名義抄〕鐘 カネ・ツキカネ／洪鐘 オホカネ 〔篇立〕鐘 ウヤマフ・カネ・カナシキ・オホカネ・ツク・ウツ・ツキカネ

語系 鐘・鍾 tjiong は同声。撞 deong、衝 thjiong、舂 sjiong などはみな撞くこと、衝撃を加えることをいう。鐘は鼓して鳴らす器である。

【鐘虡】 かねかけの両側の獣飾。〔三国志、魏、董卓伝〕悉く銅人・鐘虡を推破し、及び五銖銭を壞にして、更めて小錢と爲す。～是れより後、錢貨行はれず。

【鐘磬】 鐘と磬。楽器。〔漢書、芸文志〕古文尚書は、孔子壁中に出づ。武帝の末、魯の共王、孔子の宅を壞ち、以て其の宮を廣くせんと欲す。～往きて其の宅に入り、琴瑟・鐘磬を鼓する音を聞く。是に於て懼れ、乃ち止めて壞たず。

【鐘鼓】 鐘と鼓。〔礼記、楽記〕鐘鼓管磬、羽籥干戚（鉞の類）は、樂の器なり。

【鐘声】 鐘の音。唐・張継〔楓橋夜泊〕詩 姑蘇城外、寒山寺 夜半の鐘聲、客船に到る

【鐘鼎】 鐘と鼎。祭器。梁・劉峻〔広絶交論〕聖賢は此れを以て金版に鏤め、盤盂に鐫り、玉牒に書し、鐘鼎に刻む。

【鐘漏】 時を知らせる鐘と水時計。〔三国志、魏、田予伝〕年七十を過ぎて以て位に居るは、譬へば猶ほ鐘鳴り漏盡きて、夜行休まざるがごとし。是れ罪人なり。

↑鐘院 冤訴の所／鐘鐻 鐘虡／鐘石 鐘磬／鐘点 時刻／鐘銘 鐘の銘文／鐘鳴 鐘声／鐘律 鐘の音律

↓応鐘・歌鐘・掛鐘・巨鐘・暁鐘・釁鐘・警鐘・撃鐘・鼓鐘・午鐘・叩鐘・洪鐘・黄鐘・時鐘・晨鐘・疎鐘・霜鐘・沈鐘・鼎鐘・点鐘・半鐘・晩鐘・編鐘・暮鐘・梵鐘・鳴鐘・夜鐘・林鐘・漏鐘

【⿱龜灬】 20 2733 ショウ(セウ) こげる

篆文 

会意 龜（亀）＋火。〔説文〕十上に「龜を灼きて兆あらざるなり。火に從ひ、龜に從ふ。春秋傳に曰く、龜、⿱龜灬けて兆あらず。讀みて焦の若くす」とあり、卜亀がやけて、焦灼のあとがあらわれないことをいう。伴信友の〔正卜考〕によると、亀版の鑽灼の部分は、炭火のようなもので灼いたらしく、古代の灼法を伝えるものと思われる。

訓義 ①やく、こげる、卜亀がこげてしまう。

【囁】 21 6104 ショウ(セフ) ささやく

形声 声符は聶。〔玉篇〕に「口に節無きなり」、また「私かに罵るなり」とみえる。蘇軾は白居易を囁嚅翁とよんだ。その〔新楽府〕の類の、くどくどした歌いかたをさすのであろう。

訓義 ①ささやく、ひそかにしゃべる。②多言する、口がとまらぬ。③ののしる。

語系 囁 tjiap、讘 njiap は声近く、讘は〔説文〕三上に「多言なり」とみえる。咠・聶 niap は同声、咠を〔説文〕二下に「多言なり」としており、讘と同訓である。

【囁嚅】 小声でささやくようにいう。ことばがはっきり出ない。唐・韓愈〔李愿の盤谷に帰るを送る序〕足、將に進まんとして趑趄し、口、將に言はんとして囁嚅す。

↑囁囁 ささやく

↓呫囁

【懾】 21 9104 ショウ(セフ) おそれる

篆文 

形声 声符は聶。〔説文〕十下に「气を失ふなり」とあり、恐懼して失神することをいう。また「一に曰く、心、服するなり」（段注本）とあり、懾服の意。

訓義 ①おそれる、気おちする、おじる。②おどす、気をうばう。③したがう。

古訓 〔名義抄〕懾 オヅ・オソル・オドス・オドロク・ウバフ・ウルサク・ツタナシ

語系 懾・讋 tjiap は同声。慴 tjiap、惵 dyap も声が近い。讋は〔説文〕三上に「气を失ひて言ふなり」とあり、また慴十下は「懼るるなり」と訓する。みな声義近く、一系の語である。

【懾慴】 おじけづく。〔史記、衛将軍驃騎伝〕驃騎将軍、～輜重人衆の懾慴する者は取らず。單于の子を獲んことを冀ひて、轉戰すること六日。

【懾服】 おそれ服する。〔戦国策、秦三〕是れより後、趙・楚懾服して、敢て秦を攻めざる者は、白起の勢ひなり。身ら服する所の者、七十餘城。

↑懾畏 恐怖／懾意 恐怖心／懾駭 恐れおどろく／懾気 おそれる心／懾怯 恐怖／懾屈 懾伏する／懾処 おびえる／懾聳 震えあがる／懾息 屛息する／懾憚 はばかる／懾怖 恐怖／懾伏 懾服／懾栗 震えあがる

↓怯懾・驚懾・挫懾・心懾・震懾・瘁懾・沮懾・憂懾

【蠨】 22 5412 ショウ(セウ) あしたかぐも

形声 声符は蕭。蠨蛸は、あしたかぐも。〔爾雅、釈虫〕にみえ、また喜蛛・喜子ともいう。〔詩、豳風、東山〕に「伊威（わらじ虫）、室に在り 蠨蛸、戸に在り」とみえる。

訓義 ①あしたかぐも。

古訓 〔名義抄〕蠨蛸 アシタカノクモ 〔字鏡集〕蠨 クモノコ

【麞】 22 0024 ［獐］ 14 4024 ショウ(シャウ) のろ くじか

篆文 

形声 声符は章（章）。〔説文〕十上に「麋の屬なり」とあり、鹿に似て小、角無く、其の皮は細軟、鹿皮にまさるという。

訓義 ①のろ、くじか。一名麕。②字はまた獐に作る。

古訓 〔名義抄〕麞 ヲシカ・シカ 〔字鏡集〕麞 ウルカ・シカ・カマシヽ・クジカ

【麞麕】 麞麕馬鹿。みなよく驚く。〔西湖遊覧志余、二十五、委巷叢談〕（杭人）人の擧止倉皇（大あわて）なる者を言ひて、麞麕馬鹿と曰ふ。蓋し四物善く駭く。人を見ては則ち跳趯して自ら竄る。故に以て喩へと爲す。又鼠張猫勢と曰ふ。亦た此の意なり。

↑麞牙 のろの牙／麞頭 麞頭鼠目は田夫

↓牙麞・獲麞・黄麞・青麞・白麞・弄麞

【讋】 23 0160 ショウ(セフ) おそれる

篆文  籀文 

形声 声符は龍（竜）。龍はおそらく襲（襲）の省声で、

その声義を承けるものであろう。襲は死者の霊を衣に移す呪儀をいう。〔説文〕三上に讋を「气を失ひて言ふなり」というのは、その呪儀の際のことであろう。

訓義 1おそれる。2ふるえ声でいう、気を失ってうわごとのようにいう。3譶と通じ、いいたてる。4襲と通じ、かさねる。

古訓 〔名義抄〕讋 ヲノノク・カタラフ・カシカマシ・ツ、シブ・オソル・オドス・オビヤカス

語系 讋・懾tjiap、慴tjiapは声近く、みなおそれる意。慄dyapも声義が近い。〔説文〕十下に懾を「气を失ふなり」、讋を「气を失ひて言ふなり」とあり、讋は神の託言などの意であろう。

【讋伏】おそれて、ひれ伏す。〔漢書、項籍伝〕(守の)門下、驚き擾る。籍の撃殺する所、数十百人。府中皆讋伏し、敢て復た起つもの莫し。

↑讋懼 恐れる/讋味 多言/讋憚 憚る/讋怖 おののく/讋服 讋伏

↓竦讋・神讋・震讋・摂讋・戦讋・憂讋

【鷦】 23 2732 ショウ(セウ) さざき みそさざい

篆文

形声 声符は焦。〔説文〕四上、〔爾雅、釈鳥〕に「桃蟲なり」とあり、「桃蟲」は「鷦鷯」の古名。巣作りが巧みであるので、巧雀・女匠・韈雀などの名がある。

訓義 1さざき、みそさざい。

古訓 〔名義抄〕鷦鷯 サ、キ・カヤクキ・ツクミ・コトリ・アトリ

【鷦鵬】神鳥。鳳凰の属。漢・司馬相如〔蜀の父老を難ず〕観る者未だ旨を覩ず、聴く者未だ音を聞かず。猶ほ鷦鵬已に寥廓の宇に翔け、羅者(猟師)猶ほ藪澤を視るがごとし。悲しい夫。

【鷦鷯】みそさざい。〔荘子、逍遥遊〕鷦鷯深林に巣ふも、一枝に過ぎず。偃鼠河に飲むも、腹を満たすに過ぎず。帰休せよや君、予天下を用って為す所無し。

↑鷦鳩 祝鳩

↓斑鷦

【𪔂】 24 2722 ショウ(シャウ) にる

甲骨文

形声 声符は将(将)。〔博古図〕(太師望簋銘)に「望、𪔂彝を作ると。今簋なるに、之れを𪔂彝と謂ふは、蓋し𪔂は食を煮熟すと訓ず。簋は黍稷を盛る。惟だ熟にて然る後に食らふべきのみ」という。器は𣪘にして烹飪の器。金文の〔曶鼎〕に「𪔂牛鼎を作る」、また〔徐王鼎〕に「其の良金を用って、其の𪔂鼎を鑄る。用て庶昔(腊)を羹にし、用て賓客を雝しましめん」とあり、𪔂とは烹飪のことをいう。

訓義 1にる。

古訓 〔名義抄〕𪔂 烹にる

【𪔂彝】烹飪して供える礼器・祭器。金文〔君父𣪘〕君父、敢て敏しみて王の休に揚へ、用って文父丁(父の廟号)の𪔂彝を作る。

【醻】 25 1264 ショウ(セウ) のむ のみほす

篆文

形声 声符は爵(爵)。〔説文〕十四下に「酒を飲みて盡すなり」とあり、〔礼記、曲礼上〕に「長者擧げて未だ醻さざるときは、少者敢て飲まず」とみえる。

訓義 1のむ。2のみほす、のみつくす。

古訓 〔名義抄〕醻 ノム・ノミツクス・サケノミツクス・サカヅキ・サケタカリ

【醻鼓】酒を飲み尽くして鼓をうつ。晋・左思〔呉都の賦〕飲烽(行酒烽火)起り、醻鼓震ふ。士は倦むを遺れ、衆は欣びを懐く。

↑醻客 客に飲み尽くさせる/醻醻 酒をくみかわす

↓一醻・飲醻・勧醻・既醻・三醻・先醻・命醻・余醻

【鱶】 26 2833 〔鯗〕 19 8033 ショウ(シャウ) ふか

形声 声符は養(養)。養・羊の古音はjiang。羊に祥(祥)・詳の音があるように、養にもその声がある。本字は養の省文に従い、ひもの、ほし魚をいう。〔和名抄〕に「鯗魚」の項があり、「辨色立成に云ふ、鯗魚、居媛の反(ケン)、布加(ふか)、今案ずるに未詳」という。鱶は養の省文に従うもので、鯗とは音が異なる。鱶を「ふか」とするのは、わが国の訓である。

訓義 1ひもの、ほしうお。2わが国では、ふかの意に用いる。

ジョウ

常 【丈】 3 5000 〔丈〕 3 5000 ジョウ(ヂャウ) たけ としより

篆文

会意 杖の形+又(又)。又は手。手に杖をもつ形で、杖(杖)の初文。〔説文〕三上に「十尺なり。又の十を持するに従ふ」とするが、十は杖の形。丈は十尺。尺は指をひろげて長さをはかる形で、わが国の「あた(咫)」にあたる。〔説文〕の夫字条十下に「八寸を以て尺と為し、十尺を丈と為す。人は長け八尺なり。故に丈夫と曰ふ」とみえる。〔論語、泰伯〕「以て六尺の孤を託すべし」は未成年者。〔穀梁伝、文十二年〕「男子は二十にして冠す。冠して丈夫に列す」という。〔左伝、襄九年〕に「巡りて城を丈る」とあり、杖の長さは一定であった。〔礼記、曲礼上〕に「席閒、丈を函る」と、その間隔をおくことを規定しており、尊者への手紙の脇付けに、函丈という。

訓義 1じょう、十尺。2たけ、せたけ。3長老、年長者、としより。4つえ。5つえの長さではかる、はかる。

古訓 〔和名抄〕丈夫 萬葉集に云ふ、末須良乎(ますらを) 〔名義抄〕丈夫 マスラヲ 〔字鏡集〕丈 ツヱ・ナガシ

声系 〔説文〕六上に丈声として杖を収め、「持つなり」と訓する。持杖の意である。

語系 丈・杖・仗diangは同声。丈は長さの意に用い、杖はその木の意に用い、杖に仗るを仗という。梃・挺(挺)dyeng、棖deangも同系の語で、横さまに挺するものを梃という。棖は〔説文〕に「杖なり」と訓し、また杖の類である。

【丈室】方丈の室。〔全唐詩話、六、周朴〕朴は唐末の詩人。閩中の僧寺に寓し、丈室を假りて以て居る。酒を飲み葷(にんにく・にら・ねぎの類)を茹らはず、塊然として獨り處る。〜巡行拱手、各〻一錢を乞ふ。

【丈人】老人。身内の年長者。また、徳行ある人。〔論語、微子〕子路、從ひて後る。丈人の、杖を以て蓧を荷ふに遇ふ。

【丈匹】丈は一丈、匹は四丈。布帛の長さ。〔後漢書、列女、楽羊子の妻の伝〕此の織、蠶繭より生じて機杼(はたおり)を成し、一絲よりして累ねて以て寸に至り、寸を累ねて已まず、遂に丈匹を成す。

【丈夫】男子。ますらお。唐・張謂〔喬琳に贈る〕詩 丈夫會ず應に知己有るべし 世上悠悠、何ぞ論ずるに足らん

↑丈器 測量器/丈冊 検地帳/丈尺 寸法/丈丈 尊長/丈席 手紙の奥付、函丈/丈度 長さ/丈量 一丈単位/丈六 仏身の高さ

↓盈丈・岳丈・函丈・気丈・称丈・尋丈・千丈・方丈・袤丈・老丈

常 【上】 3 2110

上

ジョウ(ジャウ) ショウ(シャウ)
うえ かみ あがる のぼる たてまつる たっとぶ

指事 掌上に指示点を加えて、掌上の意を示す。〔説文〕一上に「高なり。此れ古文の上、指事なり」という。古文の字形をあげ、ト文の字形は掌を上に向け、上に点を加え、下は掌を以て覆い覈くす形で、下に点を加える。天子の意に用いるときは、清音でよむ。

訓義 ①うえ、うえの方。②たかい、ものの上、いただき。③場所的に、かみ。時間的に、はじめ、むかし。④たっとぶ、めうえ、君、尊位の人。⑤ゆたか、さかん。⑥ほとり、あたり。⑦あがる、のぼる、くわえる、しのぐ。⑧すすめる、たてまつる。⑨尚と通じて、こいねがう、くわえる、たっとぶ。

古訓 〔名義抄〕上 カミ・ウヘ・アグ・タテマツル・スグル・ハツヲ・イタヽク・ウツクシブ・マホル・ツカマツル・ノボル・スヽム・ノル・サカユ・ホトリ・マヘ・タフトシ・タフトブ・タカシ・トホシ／以上 カムツカタ／向上 マハリアグ・ミアグレバ／上祖 トホツオヤ

部首 〔説文〕〔玉篇〕に帝(帝)・旁・下の三字を属する。帝は大きな祭卓の形、旁は凡と方とに従う形。いずれも上に従う字ではない。下は襾(覆う)で、字形・字義において上の対文である。

【上意】じょうい しょうい(じやうい しやうい) 君主の心。漢・王褒〔聖主、賢臣を得るの頌〕其の明君に遇ひ、聖主に遭ふに及んでは、籌を運らせば上の意に合ひ、諫諍せば則ち聴かる。

【上謁】じょうえつ(じやうえつ) 面会を求める。謁は名刺。〔史記、張耳陳余伝〕陳渉、蘄より起り、陳に入るに至りて。兵數萬。張耳・陳餘、陳渉に上謁す。

【上澣】じょうかん(じやうくわん) 上旬。〔丹鉛総録、三、時序、三澣〕俗に上澣・中澣・下澣を以て、上旬・中旬・下旬と爲す。蓋し唐制、十日に一たび休沐するに本づく。

【上下】じょうげ しょうか(じやうげ しやうか) 上と下。天地。長幼。尊卑。〔礼記、曲礼上〕君臣上下、父子兄弟は、禮に非ざれば定まらず。

【上元】じょうげん(じやうげん) 陰暦一月十五日。三元の一。家々に灯を飾る。〔旧唐書、中宗紀〕(景竜)四年春正月～上元の夜、帝、皇后と、微行して燈を觀る。

【上弦】じょうげん(じやうげん) ゆみはり月。陰暦八・九日ごろの月。北周・王褒〔月を詠じて人に贈る〕詩 上弦は半璧の如く 初魄は蛾眉に似たり

【上戸】じょうこ(じやうこ) 富家。酒好きの人。〔唐書、南蛮上、南詔伝上〕凡そ田五畝を雙と曰ふ。上官には田四十雙を授く。上戸は三十雙。是こを以て差あり。

【上古】じょうこ(じやうこ) 大昔。〔易、繫辞伝下〕上古は結縄して治まる。後世の聖人、之れに易ふるに書契を以てし、百官以て治まり、萬民以て察らかなり。

【上士】じょうし(じやうし) すぐれた人。〔老子、四十一〕上士は道を聞きては勤めて之れを行ひ、中士は道を聞きては存するが若く亡するが若く、下士は道を聞きては大いに之れを笑ふ。笑はざれば以て道と爲すに足らず。

【上寿】じょうじゅ(じやうじゆ) 最長寿。〔荘子、盗跖〕人の上壽は百歳、中壽は八十、下壽は六十なり。

【上書】じょうしょ(じやうしよ) 上奏の文。〔鶴林玉露、甲六、斬檜書〕胡澹庵(銓)上書して、秦檜を斬らんことを乞ふ。金虜之れを聞き、千金を以て其の書を求め、三日之れを得たり。君臣色を失ひて曰く、南朝に人有りと。

【上手】じょうず(じやうず) 技芸に達している人。〔顔氏家訓、雑芸〕ト筮は聖人の業なり。但だ近世復た佳師無く、多く中つること能はず。～且つ十に六・七中つれば、以て上手と爲す。粗ぼ大意を知るも、又委曲ならず。凡そ奇偶を射すれば、自然半收す。

【上世】じょうせい(じやうせい) 上古の世。〔孟子、滕文公上〕蓋し上世、嘗て其の親を葬らざる者有り。其の親死すれば、則ち擧げて之れを壑に委す。他日之れを過るに、狐狸之れを食らふ。

【上訴】じょうそ(じやうそ) 上に訴える。漢・班固〔東都の賦〕王莽、逆を作す。～下人號きて上訴し、上帝懷ひて降監し、乃ち命を聖皇(光武帝)に致せり。

【上第】じょうだい(じやうだい) 上位の及第者。〔後漢書、献帝紀〕(初平四年)九月甲午、儒生四十餘人を試み、上第には位郎中を賜ひ、次には太子舍人、下第の者は之れを罷む。

【上達】じょうたつ(じやうたつ) 進歩する。高明の域に達する。〔論語、憲問〕天を怨みず、人を尤めず。下學して上達す。我を知る者は、其れ天なるか。

【上知】じょうち(じやうち) 明達の人。〔論語、陽貨〕子曰く、唯だ上知と下愚とは移らず。

【上帝】じょうてい(じやうてい) 天帝。〔書、盤庚下〕肆に上帝将に我が高祖の徳を復せしめ、我が家を亂めしめんとす。～民命を恭承し、用て地を新邑(盤庚遷都の地)に永うせん。

【上天】じょうてん(じやうてん) 天空。また、上帝。〔書、泰誓上〕今商王受(紂)、上天を敬まず、災ひを下民に降す。～忠良を焚炙し、孕婦を刳剔す。

【上徳】じょうとく(じやうとく) 最上の徳。〔老子、四十一〕明道は昧きが若く、～上徳は谷の若く、大白は辱の若く、廣徳は足らざるが若く、建(健)徳は偸るが若く、質眞は渝るが若し。

【上游】じょうゆう(じやういう) 上流。高いところ。〔史記、項羽紀〕項王～曰く、古の帝は、地方千里、必ず上游に居ると。乃ち使をして義帝を長沙の郴縣に徙さしむ。

【上流】じょうりゅう(じやうりう) 川上。〔左伝、襄十四年〕涇を濟りて次る。秦人、涇の上流に毒す。師人多く死す。～欒黶曰く、晉國の命に、未だ是れ有らざるなり。余が馬首、東せんと欲すと。乃ち歸る。

【上路】じょうろ(じやうろ) みち。唐・王勃〔滕王閣の序〕驂騑(馬車)を上路に儼にし、風景を崇阿に訪ふ。

➡上衣 上服／上位 高位／上淫 身分ある婦人を犯す／上栄 屋上の両翼／上賀 賀を申す／上駕 よい馬／上格 高位／上官 上司／上浣 上澣／上気 せき／上言 言上する／上源 上流／上午 午前／上工 良工／上交 上に交わる／上行 上進／上肴 嘉肴／上衡 胸より上／上国 かみがた／上懇 懇願する／上座 かみ座／上裁 ご裁決／上歳 豊年／上策 上計／上算 上策／上巳 桃の節句／上司 上役／上肢 両腕／上梓 出版／上賜 賜もの／上熟 豊年／上春 孟春／上庠 大学／上章 上書／上乗 駟馬／上清 空／上隮 のぼる／上席 上座／上仙 昇仙／上船 乗船／上僊 上仙／上僭 僭越／上善 至善／上疏 上書／上奏 奏上／上層 上の段／上足 高弟／上則 上策／上代 上世／上台 御座所／上智 上知／上家 墓参／上朝 出府／上潮 あげ潮／上直 当直／上殿 昇殿／上等 上位／上頭 上の方、先頭／上人 僧の尊称／上年 豊作／上納 納付する／上番 当番／上表 上書／上品 高品／上賓 上客／上聞 奏上／上奉 高給／上木 上梓／上腴 肥沃／上諭 勅諭／上洛 上京／上覧 天覧／上禄 高禄

➡炎上・架上・海上・機上・今上・謹上・計上・献上・向上・江上・

言上・坐上・最上・塞上・参上・至上・主上・掌上・霄上・身上・進上・世上・川上・奏上・太上・長上・頂上・呈上・天上・途上・波上・無上・路上・和上

【仍】 4 2722 ジョウ よる かさねる しきりに

篆文 

形声 声符は乃。乃は弓弦をはずした形。弦を張らずに、そのままおくことをいう。〔説文〕八上に「因るなり」とあり、因仍の意。〔周礼、春官、司几筵〕「凡そ吉事には几を變へ、凶事には几に仍る」とは、凶事には死者の几(杋)をそのまま用いる意。〔論語、先進〕「舊貫(慣)に仍らば如何」とは、先例に従うことをいう。

訓義 ①よる、したがう。②かさねる。③しきりに、しばしば。④扔と通じ、つく。⑤乃と通じ、すなわち。

古訓 〔字鏡集〕仍 ヨリテ・カサス(ヌ)・チナヒ(ミ)・クダク・アツシ・ツイデ・ヨル・マサ・アツ・シキリニ・ナホ・サラニ・オモシ・スナハチ・カナラズ・ネンゴロ・ヨテ・ツク

語系 仍・扔njiangは同声。扔は〔説文〕十二上に「捆くなり」(段注本)とあって、仍と声義の同じ字である。

【仍旧】 依然。前のまま。〔魏書、献文六王上、咸陽王禧伝〕年三十以上は、習性已に久しく、容或いは卒かに革むべからざるも、三十以下、見に朝廷に在るの人は、語音仍舊なるを聽かず。～若し舊俗に仍らば、恐らくは數世の後、伊洛の下、復た被髮の人と成らん。

【仍孫】 七代目の孫。昆孫の子。〔旧唐書、白居易伝〕白居易、字は樂天、太原の人なり。北齊の五兵尚書建の仍孫なり。

↑仍貫 仍旧/仍仍 そのまま/仍世 世々/仍然 仍仍/仍多 そのうえ/仍重 なお重なる/仍復 もと通り

↓因仍・荐仍・重仍・頻仍

常 **【冗】** 4 3721 **[宂]** 5 3021 ジョウ ひま むだ わずらわしい

篆文 

会意 正字は宂に作り、宀+儿。〔説文〕七下に「椒あるなり」(段注本)とするが、おそらく廟中に人の跪坐する形であろう。〔周礼、地官、稟人〕の職は、外内朝の冗食者の食を供することを掌る。冗食とは、上直するものに給する食事で、冗とは宿直者のことである。これを冗散の意に用いるのは、実務のことでないからであろう。のち冗官・冗漫などの意となる。冗談は常談の宛字。上直の意からみて、宂が本字である。

訓義 ①宿直して坐する形、ひま。②むだ、あまる。③わずらわしい、みだれる、いそがしい。④くどい、いやしい、おろか。⑤なすことなく、さまよう。

古訓 〔名義抄〕宂・冗 アマル・カハク・チル 〔字鏡集〕宂 アマル・カハク・チル・オホシ

【冗員】 むだな人数。唐・白居易〔采詩の官〕詩 諍臣杜(諫争の臣)は口を杜ぎて宂員と爲り 諫鼓は高く懸りて虚器と作る

【冗官】 むだな役人。散官。〔後漢書、虞詡伝〕今、涼土擾動し、人情安んぜず。～其の牧守令長の子弟、皆除して宂官と爲さん。

【冗散】 むだ。閑散。〔後漢書、蔡邕伝〕(封事七事)若し器用優美ならば、宜しく之れを宂散に處くべからず。

【冗食】 当直者に給する食事。〔周礼、地官、稟人〕稟人は、外内朝の宂食者の食を共(供)することを掌る。～祭祀の犬を豢ふことを掌る。

【冗費】 むだな費用。宋・蘇轍〔皇帝(神宗)に上る書〕臣、謹んで陛下の爲に、事の財を害する者三を言はん。一に曰く宂官、二に曰く宂兵、三に曰く宂費。

【冗筆】 むだな筆づかい。〔画史〕山水、李成は只だ二本を見るのみ。一は松石、一は山水なり。～松は勁挺、枝葉鬱然として陰有り。荊楚小木、宂筆無し。龍蛇鬼神の狀を作さず。

↑冗委 煩瑣/冗溢 余分/冗厭 むだ/冗言 むだ言/冗齪 むだ/冗雑 ごみごみ/冗冗 乱雑/冗職 散官/冗賤 無用の人/冗長 冗漫/冗蠹 有害無益/冗賦 冗雑の賦/冗複 むだ/冗泛 むだ/冗末 冗賤/冗漫 むだ/冗濫 むだ/冗流 無用の人/冗猥 冗雑

↓愚冗・散冗・賤冗・粗冗・煩冗・浮冗・濫冗

【仗】 5 2520 ジョウ(ヂャウ) よる まもる つえ

形声 声符は丈(丈)。丈は杖。兵器として用いるものを兵仗という。仗戟は儀衛。宮中には内仗があり、出行するときには儀仗を用いた。義節によることを「義に仗る」、勢いを恃むことを「勢に仗る」という。

訓義 ①兵器、刀戟の類をいう。②よる、身をよせる、身をまもる。③つえつく、つえ。④よりどころ、たよる。

古訓 〔名義抄〕仗 ウツハモノ・タノム・ヨル・クタル〔篇立〕仗 ウツハモノ・ヨル・タノム・ウツハ・オク・タル

語系 仗・丈・杖(杖)diangは同声。梃・挺(挺)dyengは梃杖。横に携えるもの。棖deangも声近く、〔説文〕六上に「杖なり」とみえる。

【仗義】 義節による。唐・李徳裕〔処士李源を薦むる表〕天寶よりの後、俗は浮華を尙び、士は義に仗ること罕に、人は苟くも免れんことを懷ふ。～其の身以て恥と爲さず。

【仗節】 義節による。〔漢書、叙伝下〕博望(張騫)節に仗(杖)よりて、功を大夏に收め、貳師(李広利)、鉞を秉りて、身胡社に釁し、死を致して福を爲し、生を毎りて旣ひを爲す。

↑仗衛 儀仗/仗気 気勢を使う/仗儀 儀仗/仗策 鞭をとる/仗士 衛士/仗侍 倚仗/仗身 護衛/仗隊 儀仗隊/仗托 たのみよる/仗馬 儀仗の馬/仗頼 たよる

↓鎧仗・器仗・騎仗・儀仗・勲仗・甲仗・隊仗・典仗・兵仗・立仗・霊仗

【扔】 5 5702 ジョウ つく よる ひく

篆文 

形声 声符は乃。乃は弓弦をはずした形。〔説文〕十二上に「捆くなり」(段注本)とあり、前条に「捆は就くなり」とみえる。扔とは、解いた弦を懸ける意であろう。

訓義 ①つく、よる、ふれる。②ひく、せめる。③たずねる。

古訓 〔名義抄〕扔 トク・クダク・ツク 〔字鏡集〕扔 クダク・サシハサム・ヒク・ツク・ヨル

語系 扔・仍njiangは同声。弓弦を解いたままの状態を乃na、仍といい、懸けることを扔という。すなわち対待の語である。

↑扔下 すてる/扔棄 すてる

人 **【丞】** 6 1710 ジョウ すくう たすける うける

篆文 

甲骨文 

金文 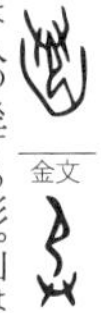

会意 卩+凵+収。卩は人の坐する形。凵は坎、深い穴。坎中に陥った人を、左右の手(収)で引きあげて、拯う形である。〔説文〕三上に「翊くるなり」とし、字を山に従う形として、「山は高し。奉承するの義なり」とする。卜文の字形によると、伏する姿勢の人を拯いあげる形で、拯の初文。人を上に奉承する字は承。承は戴き、丞は拯いあげる形である。救拯の意よ

り、丞相・丞史の意に用いる。

訓義 1すくう、すくいあげる、たすける、たすけあげる。2うける。3官名。

古訓 〔字鏡集〕丞 ツヒニ・スケ・トシ・モロ・カス・シバ／＼・スミヤカニ・シバシ・スミヤカナリ

声系 〔説文〕に丞声として烝など三字を収める。拯は〔説文〕未収。〔左伝〕〔易〕〔孟子〕などにみえる字である。

語系 丞(拯)・承 zjiang は同声。引きあげるのは丞、上に戴くのは承、同声にして対待の義をなすものである。

【丞相】(じょうしょう(しやう)) 執政。〔史記、秦紀〕(武王)二年、初めて丞相を置く。樗里疾・甘茂、左右の丞相と爲る。

↑丞尉 副官／丞掾 属僚／丞参 輔佐の官／丞史 下役／丞属 属官／丞輔 輔佐の官／丞郎 侍従

↓郡丞・県丞・守丞・中丞

入【杖】 7/4590 〔杖〕 7/4590 ジョウ(ヂャウ) つえ むちうつ

篆文

形声 声符は丈(丈)。丈は杖をもつ形で杖の初文。〔説文〕六上に「持つなり」とあり、杖を持つ意。漢・魏以後、賜杖免朝は臣下に賜う最高の礼遇とされ、国老には特に霊寿杖などを賜うた。刑罰には笞刑に杖を用い、また杖刑・徒刑という。喪礼にも杖を用いるので、喪期を杖期という。

訓義 1つえ、つえつく。2むち、むちうつ、しもと、たたく。3よる、たよる、もつ。

古訓 〔和名抄〕杖 都惠(つゑ)／横首杖 漢語抄に云ふ、加世都惠(かせつゑ)、一に云ふ、鹿杖／鐵杖 加奈都惠(かなづゑ) 〔名義抄〕杖 ツヱ・ツク・ヨル・モツ 〔篇立〕杖 タツ・ツク・モツ・ハナサヲ・ツヱ・ウツ

語系 杖・丈・仗 diang は同声。挺(挺)・梃 dyeng は声近く、また根 deang も杖。みな声義が近い。

【杖屨】(じょう(ぢやう)く) 杖とくつ。〔礼記、曲礼上〕君子に侍坐するとき、君子欠伸し、杖屨を撰り、日の蚤莫(早暮)を視るときは、侍坐する者、出でんことを請ふ。

【杖刑】(じょう(ぢやう)けい) 竹や楚でうつ刑。〔隋書、刑法志〕新令四十巻を上る。大抵魏・晉の故事を採る。其の制、刑名五。一に曰ふ、死。～五に曰ふ、杖。三十・二十・十の差有り、凡そ三等。

【杖策】(じょう(ぢやう)さく) 馬のむちを杖につく。〔後漢書、鄧禹伝〕光武の、河北を安集するを聞くに及び、即ち策を杖ついて北渡し、追いて鄴に及ぶ。光武之れを見て甚だ歡び、～因りて留宿して閒語す。

【杖者】(じょう(ぢやう)しゃ) 杖つく人。老人。〔論語、郷党〕郷人飲酒するとき、杖者出づるときは、斯ち出づ。

【杖責】(じょう(ぢやう)せき) 杖罰。〔泊宅編、七〕國家、贓吏を治するに、決杖に至る者有り。或いは以て太だ峻なりと爲す。予れ曰く、今人～獨り後漢の時よりして、郎官も猶ほ杖責を免れざりしを知らず。

【杖頭】(じょう(ぢやう)とう) 杖の頭。そこに銭袋をかけた。〔晋書、阮脩伝〕性、簡任にして人事を修めず。～常に歩行するとき、百錢を以て杖頭に挂け、酒店に至れば、便ち獨り酣暢す。當世の富貴と雖も、肯て顧みず。

【杖罰】(じょう(ぢやう)ばつ) 杖刑。〔魏書、昭成子孫、常山王紹伝〕世宗、詔して趙脩の獄を檢せしむ。脩の佞幸なるを以て、此れに因りて遂に杖罰を加へ、其れをして死を致さしむ。

↑杖下 笞うつ／杖家 老人／杖械 刑具／杖気 俠気／杖期 喪期／杖義 義によって行う／杖撃 杖でうつ／杖国 宮中で杖を許される。七十歳／杖梏 刑具／杖殺 杖で撃ち殺す／杖信 信による／杖棰 杖刑／杖端 杖頭／杖扶 たすける／杖銘 杖の銘／杖履 杖と履きもの。老人の礼遇として、宮中で用いることを特に許される

↓倚杖・曳杖・加杖・荷杖・戒杖・几杖・鳩杖・曲杖・吟杖・撃杖・策杖・錫杖・扶杖・負杖・鞭杖・履杖・藜杖

常【条】 7/2790 入〔條〕 11/2729 ジョウ(デウ) えだ すじ

篆文

会意 旧字は條。攸+木。攸は人の背を滌ってみそぎをする意。木はそのとき用いる枝葉を束ねたもの。〔説文〕六上に「小枝なり」とし、攸声とするが、攸は修禊の意。わが国の湯立・湯神楽は、木の枝葉に熱湯を含ませてみそぎをする。條・滌の字形の示すところと似ている。小枝の意より条長・条暢・条直の意となり、条理・条目・条件、また条里などの意となる。

訓義 1えだ、ながいえだ。2のびる、とどく、ながい、ほそい、まっすぐ。3すじ、すじみち。4くだり、かど、条目、細長いものをいう助数詞。5絛と通じ、いと、ひも、なわ。6木の名、ひさぎ、ゆず。7滌と通じ、あらう。

古訓 〔名義抄〕條 エダ・ヲチ／＼・ヲシフ・サトル・カギル・シタガフ・ナガシ・ヤウヤク・ヲサム・ツトム・カザル・ミチ／蕭條 ―トカスカナリ 〔字鏡〕條 ヤウヤク・ミチ・コエダ・シヅヱ・タイタス・カザル・タシカ・ナカ・ツトム・ヲシフ・カギル・サトル・スヱ・ヲチ／＼・スヂ・シタガフ・ヲサム・エダ

声系 〔説文〕に條声として滌など三字を収める。滌 十一上は「洒ふなり」と訓するが、もとみそぎする意である。

語系 條(条) dyu、滌 dyuk は声近く、また濯(濯) diôk、漱 sok もこの系統の語とみてよい。

【条貫】(じょうかん(でうくわん)) すじみち。条理。〔史記、屈原伝〕道德の廣崇、治亂の條貫を明らかにし、畢く見さざる靡し。其の文約にして、其の辭微なり。

【条禁】(じょうきん(でうきん)) 禁令。〔宋書、文帝紀論〕位を正して南面するに及んで、歷年長久にして、綱維備さに擧り、條禁明密にして、罰に恆科有り、爵に濫品無し。故に能く内淸く外晏く、四海謐如たり。

【条件】(じょうけん(でうけん)) 綱目。約束の条項。〔北史、郎基伝〕密網久施することを致し、罪を得る者衆し。遂に條件して臺省に申す。仍りて情を以て事を量りて科處す。極刑に非ざるよりは、一に皆決放す。

【条析】(じょうせき(でうせき)) 条理を立てて区分する。唐・元稹〔唐故工部員外郎杜君墓係銘の序〕詞氣豪邁にして、風調清深なり。～予れ嘗て其の文體を條析し、別に相ひ附與せんと欲す。～特だ病嬾にして未だ就らず。

【条奏】(じょうそう(でうそう)) 箇条書きして上奏する。〔後漢書、侯覇伝〕時に故典無く、朝廷又舊臣少なし。覇、故事に明習し、遺文を收錄す。前世の善政法度の、時に益有る者を條奏し、皆之れを施行す。

【条達】(じょうたつ(でうたつ)) すじ道が通る。〔戦国策、魏一〕魏は地、方千里に至らず、～地四平にして、諸侯四通、條達輻湊し、名山大川の阻、有ること無し。

【条暢】(じょうちょう(でうちやう)) のびやか。漢・王褒〔洞簫の賦〕夫の簫幹の生ずる所を原ぬるに、江南の丘墟に于てす。洞として條暢にして節稀に、標として(高く)敷紛にして(枝葉茂り)、以て扶疏たり(広がる)。

【条陳】(じょうちん(でうちん)) 箇条書きにして述べる。〔漢書、李尋伝〕夫の變異にして來るは、各ゝ象に應じて至る。臣謹んで聞く所を條陳せん。

【条目】(じょうもく(でうもく)) 次第を立てた箇条書き。〔漢書、劉向伝〕向、乃ち～符瑞災異の記を集合し、其の占驗を著はし、比類して相ひ從はしむ。各ゝ條目有り、凡そ十一篇。號けて洪範五

行傳論と曰ふ。

【条約】じょうやく 条文を以て約束する。〔建炎以来繫年要録〕(建炎元年五月)文武の臣僚に詔し、疾病危篤及び篤疾廢疾、職に任ずること能はざる者に非ざれば、陳べて致仕を乞ふることを得ること毋からしむ。時に士大夫、事を避けて退くことを求むる者衆し。故に條約す。

【条理】じょうり すじみち。清・戴震〔孟子字義疏証、上、理〕物の質に在るを肌理と曰ひ、~文理と曰ふ。其の分を得ば、則ち條有りて紊れず。之れを條理と曰ふ。

【条例】じょうれい 体例。条目的な規定。漢・何休〔春秋公羊伝の序〕往者には略ぼ胡毋生の條例に依り、多く其の正を得たり。故に遂に隱括(正しく直す)し、繩墨(正規)に就かしむ。

【条列】じょうれつ いちいち列挙する。〔後漢書、張堪伝〕堪、先づ入りて其の城(成都)に據り、庫藏を檢閲して、其の珍寶を收め、悉く條列して上言し、秋毫も私無く、吏民を慰撫す。

➡条彙 分類/条肄 若枝/条印 官印/条纓 むながい/条格 条例/条款 条目/条幹 幹と枝/条記 箇条書き/条規 規定/条挙 列挙する/条蘖 亜流/条項 箇条/条綱 綱紀/条子 あぜ/条次 叙述/条書 箇条書き/条緒 条文/条章 条文/条条 条理/条状 条文/条制 条例/条晰 条析/条線 すじ/条然 うそぶく/条疏 条奏/条属 冠のひも/条対 各条ごとに答える/条脱 うでわ/条端 条目/条長 伸びる/条鬯 条暢/条牒 条書/条直 正しい/条通 筋が通る/条定 制定/条派 支流/条枚 枝/条白 条晰/条比 排列する/条文 規約の文/条縷 細密な項目

⬇一条・遠条・科条・教条・玉条・勁条・軽条・枯条・綱条・細条・糸条・枝条・弱条・衆条・章条・詔条・蕭条・信条・垂条・翠条・正条・政条・先条・線条・纖条・前条・疎条・逐条・勅条・布条・分条・碧条・別条・柳条・緑条・縷条

常 【状】 7 3313 入【狀】 8 2323 ジョウ(ジャウ) ようす さま

篆文

形声 旧字は狀に作り、爿声。爿は版築に用いる板の形。〔説文〕十上に「犬の形なり」とするが、その用義例もなく、信じがたい。また〔繫伝、袪妄〕に「犬は動止多狀、人の意を曉り、人の審らかにし易き所なり」とするのも、臆測の言である。就・獻(献)・猷がみな犬牲を用いることから考えると、狀とは版築のとき、犬牲を用いることを意味するのであろう。版築の際に犬牲を供えて、その規模・状況を定めたものと思われ、現状や将来の予想を意味する語となる。〔左伝、僖二十八年〕「狀を獻ぜよ」とは、状態の経過について報告を求めることをいう。工事の進捗の状態より、ものの形状、人の状貌をいい、状を報ずる書を書状という。

訓義 1ようす、ありさま、おもむき。2すがた、かたち。3のべる、あらわす。4かきつけ、ふだ。

古訓 〔名義抄〕狀 カタドル・サカユ・カタチ 〔字鏡〕狀 ツイデ・カタドル・カタチ・カタドレリ・カザリ・サカユ

語系 狀・爿・牆 dziang は同声。墓や家廟に犬牲を用いるを冢・家といい、京門に用いるを就という。狀はおそらく城壁などの版築の際に用いるのであろう。

【状元】じょうげん 科挙の首席及第者。〔十駕斎養新録、十〕進士の第一人を狀元と稱ふは、唐より起りて、今に至るまで猶ほ之れに因る。~(宋の時の狀元を考ふるに)第二・三人も皆狀元と稱すべきなり。

【状貌】じょうぼう 顔かたち。容貌。〔戦国策、趙一〕豫讓、又身に漆して厲と爲り、鬚を滅し眉を去り、自刑して以て其の容を變へ、乞人と爲りて往きて乞ふ。其の妻識らず。曰く、狀貌は吾が夫に似ざるも、其の音は何ぞ吾が夫に類すること甚だしきやと。又炭を呑み、~以て其の音を變ふ。

➡状況 様子/状候 様子/状士 弁護士/状詞 訴状/状式 書式/状招 供述書/状態 様子/状頭 状元/状文 書状

⬇異状・逸状・冤状・賀状・回状・劾状・姦状・奇状・儀状・窮状・行状・近状・具状・形状・景状・献状・言状・現状・功状・国状・罪状・惨状・事状・辞状・実状・赦状・書状・勝状・賞状・上状・常状・情状・千状・訴状・俗状・治状・牒状・陳状・白状・訃状・物状・文状・別状・褒状・亡状・貌状・無状・名状・容状・令状

【㚔】 8 4040 ジョウ(デフ) ジョウ(ゼフ) コウ(カウ) かせ おどろかす

篆文

甲骨文

金文

象形 手に施すかせの形。これを手に施した形は執。〔説文〕十下に「人を驚かす所以なり」とし、字を大と𢆉との会意字とする。〔説文〕は𢆉字の条三上に「撖すなり」と訓し、字形について「干に從ふ。一に入るを干と爲し、二に入るを𢆉と爲す」とする。これによると㚔は人を刺す意となるが、㚔に從う字は執・圉・報・鞫など、すべて手械を加えて拘執する意であり、㚔はその手械の形に外ならない。

訓義 1かせ。2おどろかす。3ぬすみのくせ。4大声。

古訓 〔字鏡集〕㚔 ヌスミ・オドロク・ネガハク・オドス

部首 〔説文〕〔玉篇〕に睪・執・圉・盩・報・鞫の六字を属する。睪は獸屍の象で、皐(皋)と同じく、上は頭部、下は肢体の形。その肉の破れることを殬といい、釋(釈)という。釆は獣爪。これを以て裂くのである。他はみな㚔に從い、手械を加える形。圉は獄屋、報は報復刑、盩・鞫は鞭扑を加え、盟誓をさせて訊鞫を加えることをいう。

声系 〔説文〕に執を㚔の亦声とし、執声十五字を収める。執の声義を承けるものが多い。

語系 㚔 niap、執 tjiap は声義の近い字であるが、㚔を単独に用いることはない。

参考 㚔は執・圉などの字形においては幸の形にしるされているが、多幸の幸とは別の字である。

入【帖】 8 4126 ジョウ(デフ) チョウ(テフ) かきつけ おりほん

篆文

形声 声符は占。占に黏、はり合わせる意がある。〔説文〕七下に「帛書の書署なり」とあり、〔段注〕に木の書署を檢(検)、帛の書署を帖とする。書署は表書き。すべて帖綴したものを帖、その完好なるものを妥帖といい、折本としたものを帖子という。法帖を主とする書学を帖学、漢魏の碑文を主とするものを碑学といい、この両派は書学の大宗とされている。

訓義 1つづったかきもの、帛の書署、折本。2帳簿、書類、文書の帖綴したもの。3てがた、かきつけ、てがみ。4つける、はりつける。5たれる、しずか、おちつく、したがう、やすらか。

古訓 〔名義抄〕帖 タヽム・カサヌ 〔字鏡集〕帖 タヽム・ノシ・ノブ・シヅカナリ・スフ・ヤスシ・カサヌ

語系 帖 thiap、笘 tyiap は声義の近い字で、笘とは竹簡をいう。貼 tyam、耴 tiap は耳が少し垂れている形。帖にまた垂れるものの意がある。

【帖括】じょうかつ 受験のため経書の難語句を暗誦用にまとめたもの。民国・梁啓超〔清代学術概論、四〕此れ實に晩明の帖括派・清談派に對して、一大針砭を施す。清代の學者、樸學を以て自ら命づけ、以て文人に別つことを示すは、實に(顧)炎武之れを啓ひけり。

【帖黄】唐代、詔勅に加筆するとき、勅書の黄紙の上に、黄紙を貼付した。〔唐国史補、下〕(宰相判事目)黄勅既に行はれ、下に小しく異同有るを帖黄と曰ふ。一に押黄に作る。

【帖妥】おちつく。妥帖。唐・李賀〔貝宮夫人〕詩 秋肌稍く覺ゆ、玉衣の寒きを 空光帖妥として、水、天の如し

【帖服】安んじて従う。宋・陸游〔監丞周公墓誌銘〕公、徐ろに之れを曉す。～辭指明辯にして、卒に皆帖服し、敢て讙ぐ者無し。

↑帖学 帖字の学/帖子 折本/帖試 帖括/帖字 帖書/帖耳 耳を垂れる/帖職 兼職/帖然 安らか/帖装 折本/帖息 安堵する/帖泰 安定/帖着 貼る/帖帖 悠然/帖勅 帖黄/帖伏 帖服

↓安帖・画帖・簡帖・掲帖・戸帖・絳帖・書帖・帯帖・碑帖・筆帖・文帖・法帖・墨帖・名帖・門帖・臨帖

常【乗】 9 囚〔乘〕 10 2090 ジョウ のる つけこむ

会意 旧字は乘に作り、禾の上に人が二人登っている形。木に登ることをいう。卜文・金文の字形は、禾ではなく、枝の上竦する高い木である。〔説文〕五下に「覆ふなり」と訓し、字形について「入桀に従ふ。桀は黠なり。軍法に乘と曰ふ」とする。黠は奸悪。それで乘を、人を凌ぐ意とするものであろう。〔説文〕は字を桀部に属し、桀黠の意を以て説くが、桀は木の両旁に人を桀にすることで、梟殺の字、乘は一人が木に登って遠く望見することをいう。卜辞に「望乘」という族名があり、おそらく斥候を職とする者の氏姓であろう。すべて他の勢いをかりて行動することを、「乗ずる」という。

訓義 ①のる、木にのる、高いところにのる、のぼる。②つけこむ、つけいる、利用する。③しのぐ、おかす。④一そろいのかず、二つ、四つ。馬乗は駟馬。兵車。⑤土地の広さの単位。⑥歴史、春秋の晋の歴史。⑦掛け算の、かける。

古訓 〔名義抄〕乘 ノル・ノボル・アマス・ノリモノ・マモル・ノリ・スツ 〔字鏡集〕乘 ノリモノ・アマス・オホフ・スグレタリ・ハカラフ・ノル・シノフ・カノフ・ヒトツ・マホル・ノボル・カツ・ノリ・アマル・マモル

声系 〔説文〕に乘声として馬部の字を録し、犗馬をいう。犗は〔玉篇〕に「騰るなり」とみえ、強壮の意。剩(剰)は賸の俗字で、無用のものをいう。

【乗雲】雲に乗る。高位に昇る。仙人となる。〔荘子、天地〕千歳にして世を厭ひ、去りて上僊す。彼の白雲に乘じて、帝郷に至らん。

【乗鶴】鶴に乗る。〔拾遺記、十、崑崙山〕山に九層有り、層毎に相ひ去ること萬里。～四面に風有り。群仙、常に龍に駕し鶴に乘り、其の閒に遊戲す。

【乗間】すきにつけこむ。〔唐語林、一、言語〕高宗の朝、晉州に地震あり。雄雄として聲有り、旬を經るも止まず。～(張)行成對へて曰く、～或いは恐る、諸王公主、謁見することと頻煩にして、乘閒伺隙し、復た女謁事を用ひ、臣下の陰謀せんことを恐る。

【乗機】よい機会につけこむ。唐・韓愈〔鄂州柳中丞に与ふる書、又一首〕天下の兵を戰はしめ、機に乘じて利を逐ひ、四出侵暴す。懸邑を屠燒し、不辜(無実)を賊殺す。其の地を環ぐること數千里、其の毒を被らざる莫し。

【乗興】興にまかせる。〔晋書、王徽之伝〕夜雪初めて霽れ、月色清朗、四望皓然たり。～忽ち戴逵を憶ふ。～便ち夜小船に乘じて之れに詣り、～門に造りて前まずして反る。～徽之曰く、本と興に乘じて行く。興盡きて反る。何ぞ必ずしも安道(戴逵)を見んやと。

【乗軒】大夫の車に乗る。大夫職。〔左伝、僖二十八年〕之れを數むるに、其の僖負羈を用ひずして、軒に乘る者三百人なるを以てす。

【乗黄】四頭の黄色の馬。〔詩、秦風、渭陽〕何を以てか之れに贈らん 路車、乘黄

【乗矢】四本の矢。〔孟子、離婁下〕小人、射を尹公之他に學び、尹公之他は射を夫子に學べり。我、夫子の道を以て反つて夫子を害するに忍びず。然りと雖も、今日の事は君事なり。我敢て廢せずと。矢を抽きて、輪に叩き、其の金を去り、乘矢を發して、而る後に反れり。

【乗車】乗用の車。また、車に乗る。〔礼記、曲礼上〕君の乘車に乘るときは、敢て左を曠けず。

【乗除】かけ算と、わり算。〔三国志、呉、趙達伝〕達曰く、～此の術微妙、頭乘尾除、一算の法、父子にも相ひ語っげず。然れども子の篤好倦まざるを以て、今眞に以て相ひ授けんと。飲酒數行、達起ちて素書兩卷を取る。

【乗勢】勢いにつけこむ。〔孟子、公孫丑上〕智慧有りと雖も、勢ひに乘ずるに如かず。

【乗伝】駟馬の駅伝。〔史記、田儋伝〕田横迺ち其の客二人と、乘傳して雒陽に詣る。未だ至らざること三十里、～其の客に謂ひて曰く、～今吾が頭を斬り、馳すること三十里の閒、形容尙ほ未だ敗する能はず、猶ほ觀るべしと。遂に自剄す。

【乗馬】馬に乗る。〔易、屯、六二〕屯如たり邅如たり。馬に乘ること班如たり。寇せんとするに匪ず、婚媾せんとするなり。

【乗桴】いかだに乗る。〔論語、公冶長〕子曰く、道行はれずんば、桴に乘りて海に浮ばん。我に從ふ者は、其れ由(子路)なるかと。子路、之れを聞きて喜ぶ。子曰く、由や、勇を好むこと我に過ぎたり。材を取る所無からんと。

【乗輿】天子の車。〔資治通鑑、漢紀六十〕(献帝、建安二十四年)遂に乘輿をして播越せしめ、宗廟丘墟となり、王室蕩覆し、烝民をして塗炭ならしむ。

↑乗韋 韋皮四枚/乗運 乗勢/乗屋 屋根を葺く/乗化 自然の変化のままに/乗居 並ぶ/乗虚 つけこむ/乗遽 早馬/乗凶 喪中の結婚/乗蹻 飛行術/乗𨏥 つけこむ/乗駒 駟馬/乗具 乗馬の具/乗空 空を飛ぶ/乗計 勘定/乗隙 乗虚/乗権 威張る/乗広 兵車/乗国 治国/乗槎 乗槎/乗策 航海/乗志 歴史/乗日 終日/乗舟 乗船/乗城 城に上る/乗数 掛算/乗正 正をふみ行う/乗石 踏み石/乗積 積数/乗船 上船/乗治 調馬/乗潮 潮流に乗る/乗電 急速/乗筏 筏舟/乗皮 皮四枚/乗匹 駟馬/乗風 風に乗る/乗辺 辺城に登って守る/乗便 便宜/乗木 乗舟/乗門 僧/乗流 流れのままに/乗凌 越える/乗竜 天に昇る/乗涼 納涼する/乗輦 乗輿/乗路 乗駕

↓倚乗・一乗・騎乗・下乗・警乗・後乗・坐乗・驂乗・史乗・自乗・車乗・小乗・千乗・大乗・塔乗・同乗・陪乗・万乗・便乗・服乗・仏乗・野乗・立乗

常【城】 9 〔城〕 10 4315 ジョウ(ジャウ) しろ きずく

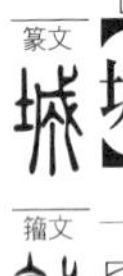

金文

詛楚文

形声 声符は成（成）。成に戍守の意がある。〔説文〕十三下に「以て民を盛るるなり」とし、成を盛れる意とする。〔釈名、釈宮室〕にも「盛なり」とするが、盛（盛）はもと粢盛（お供え）をいう字であった。成は武器の制作に呪祝を加える意であるから、城とは武装都市をいう。国の初文或も、城邑の形（囗）と戈とに従い、城邑をいう字である。

訓義 ①しろ、き。②しろきずく、きずく。③都城、まち。

古訓 〔名義抄〕城 ミヤコ・アツチ・サカヒ・カキ・ツク・キヅク

語系 城・成・誠（誠）・盛 zjieng は同声。成は戈・鉞の類に呪飾をつけた形。軍事に関して約することなどをいう。成声の字は、多く軍事・成約のことに関している。

【城下】じょう（じやう）か 城壁のあたり。屈辱的な媾和を、城下の盟という。〔左伝、宣十五年〕敝邑（わが国）子を易へて食らひ、骸を析きて以て爨ぐ。然りと雖も、城下の盟は、國を以て斃るる有るも、從ふこと能はざるなり。

【城郭】じょうかく（じやうくわく） 城壁。城壁の内を城、外を郭という。〔孟子、離婁上〕城郭完からず、兵甲多からざるは、國の災ひに非ざるなり。～上に禮無く、下に學無くんば、賊民興りて、喪ぶること日無からん。

【城隅】じょう（じやう）ぐう 城郭の片すみ。〔詩、邶風、静女〕靜女其れ姝し 我を城隅に俟つ

【城闕】じょう（じやう）けつ 城門。唐・戴叔倫〔客夜、故人と偶集す〕詩 天秋にして、月も又滿つ 城闕、夜千重

【城隍】じょうこう（じやうくわう） 城のから堀。城隍神を祀る。〔北斉書、慕容儼伝〕城守孤懸、衆情危懼す。～城中に先に神祠一所有り。俗に城隍神と號ふ。公私毎に祈禱する有り。是に於て士卒の心に順ひ、乃ち相ひ率ゐて祈請し、冥祐を獲んことを冀ふ。須臾にして衝風欻ち起り、驚濤涌激す。

【城砦】じょう（じやう）さい とりで。〔明史、項忠伝〕山上に城砦有り。四面峭壁。中に五石井を鑿ちて、以て水を貯ふ。惟だ一徑のみ、緣ぢて上るべし。

【城柵】じょう（じやう）さく とりで。〔三国志、魏、東夷伝、倭〕名を卑彌呼と曰ふ。鬼道を事とす。～宮室樓觀あり、城柵嚴設す。常に人有り、兵を持して守衛す。

【城市】じょう（じやう）し 城邑。〔韓非子、愛臣〕大臣の祿大なりと雖も、威を城市に藉ることを得ず。黨與衆しと雖も、士卒を臣とすることを得ず。

【城上】じょうじょう（じやうじやう） 城壁の上。〔礼記、曲礼上〕城に登りては指ささず。城上には呼ばず。

【城旦】じょう（じやう）たん 四年または五年、築城の役に従う刑。〔漢書、恵帝紀〕上造以上、及び内外公孫耳孫の罪有りて刑に當り、及び城旦舂を爲すに當る者は、皆耐（ひげを落とす）して鬼薪（宗廟の薪とり）白粲（米えらび）と爲す。

【城池】じょう（じやう）ち 城と池。晋・陸機〔弁亡論、上〕卒は陣に散じ、民は邑に奔る。城池に藩籬の固め無く、山川に溝阜の勢ひ無し。

【城中】じょう（じやう）ちゅう 城の中。〔後漢書、光武帝紀上〕遂に之れを圍むこと數十重。列營百數、雲車十餘丈、城中を瞰臨（上から見下して視る）す。旗幟野を蔽ひ、埃塵天に連なり、鉦鼓（陣太鼓）の聲、數百里に聞ゆ。

【城堞】じょうちょう（じやうてふ） 城のひめがき。唐・元稹〔曙けんと欲す〕詩 片月、城堞に低れ 稀星、角樓に轉ず

【城頭】じょう（じやう）とう 城のほとり。明・李攀竜〔塞上曲、元美（王世貞）を送る〕詩 城頭一片、西山の月 多少の征人、馬上に看ん

【城辺】じょう（じやう）へん 城のほとり。唐・李白〔烏夜啼〕詩 黄雲城邊、烏棲まんと欲し 歸り飛んで、啞啞として枝上に啼く

【城楼】じょう（じやう）ろう 城壁の上の高殿。梁・呉均〔柳惲と相ひ贈答す、六首、四〕詩 白日、城樓に隱る 勁風、寒木を掃ふ

↑城域 城内／城陰 城北／城闉 城門／城垣 城壁／城塢 小城／城外 城の外／城角 城隅／城廓 城郭／城観 城闕／城墟 城あと／城洫 池／城池 城池／城鼓 城中の鼓／城溝 城にめぐらした池／城壕 城池／城国 都城／城寨 城砦／城塹 籠城／城址 城あと／城肆 都市／城守 城壁／城墻 城壁／城陬 城隅／城雉 城壁／城鎮 都城／城陂 城堞／城府 城市の府／城壁 城の周辺にめぐらした垣／城保 とりで／城門 城のきど／城墉 城壁／城闉 城門／城塁 とりで／城輦 都城／城櫓 望楼／城隈 城隅

↓王城・牙城・外城・干城・環城・危城・宮城・金城・禁城・京城・傾城・堅城・古城・孤城・江城・攻城・荒城・高城・塹城・子城・水城・層城・築城・長城・帝城・都城・登城・辺城・暮城・名城・落城・連城・籠城

【拯】 9 5701 ［抍］ 7 5400 ジョウ すくう たすける

篆文

形声 声符は丞。丞は人を引きあげて拯う形。〔説文〕十二上に字を抍に作り、「上に擧ぐるなり」とし、升声とする。また登と声の字一を録する。「上に擧げる」とは拯いあげる意で、丞がその初文。升・登は神に供薦するときの字である。

訓義 ①すくう、すくいあげる、たすける。②とる、うける、ぬく、おさめる。

古訓 〔名義抄〕拯 スクフ／抍 スクフ・ヒロフ・トヾマル・トル

語系 拯・丞・承 zjiəng は同声。救いあげることを丞・拯といい、奉戴することを承という。升・昇・抍・陞 sjiəng も声近く、みな上にあげる意。ただ登 təng は拯とは別系であるらしく、もと登薦の意である。

【拯救】じょうきゅう（きう） すくう。〔宋書、孝義、厳世期伝〕同里の張邁三人、妻各〻子を產む。時に歲飢儉、相ひ存せざるを慮り、棄てて擧まざらんと欲す。世期～馳せ往きて拯救し、分食解衣、以て其の乏しきを贍たし、三子並びに成長するを得たり。

【拯済】じょうさい 人をすくう。〔宋史、隠逸上、戚同文伝〕同文、純質にして信義を尚ぶ。人に喪する者有れば、力めて之れを拯濟し、宗族閭里の貧乏なる者には、之れに周み給たし、冬月には多く衣裘を解きて寒者に與ふ。

【拯贍】じょうせん すくいだす。〔北史、魏宣武帝紀〕（延昌）二年春～二月～甲戌、六鎮大いに饑うるを以て、倉を開きて拯贍す。～是の春、人の饑ゑて死する者、數萬口なり。

【拯溺】じょうでき 水に溺れる者をすくう。〔淮南子、斉俗訓〕游ぐ者の溺を拯ふ能はざるは、手足急く所有ればなり。

【拯弊】じょうへい 衰えをすくう。晋・陶潜〔士の不遇を感ずるの賦〕（王）商は規（謀）を盡して以て弊を拯ひ、言始め順ひしも患（讒）入りぬ。奚んぞ良辰の傾き易き、胡んぞ勝ぐるを害すること、其れ乃かも急なる。

↑拯活 救助する／拯饑 飢えを救う／拯恤 恵む／拯贖 あがなう／拯世 世を救う／拯擢 救拯する／拯難 救難／拯撫 いたわる／拯乱 救乱

↓救拯

常 【浄】 9 囚［淨］ 11 3215 ジョウ（ジャウ） きよい

篆文
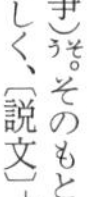

形声 声符は争（争）。そのもと寒冷を意味する字であったらしく、〔説文〕十一上に「瀞は冷寒なり」とあり、浄と声義が近い。〔墨子、節葬下〕に「浄潔」、〔史記、曹相国世家〕に「清浄」の語があり、のち多く仏典

にその字を用いる。

訓義 ①きよい、きよめる、きよらか。②つめたい、ひややか、さむい。③演劇のかたき役。

古訓 〔名義抄〕浄 キヨシ・キヨム・イサギヨシ 〔字鏡集〕浄 キヨシ・イケ・サムシ・スヾシ・イサギヨシ

【浄居】(じょうきょ) 清浄な居所。寺。〔旧唐書、高祖紀〕伽藍の地、本と浄居と曰ふ。心を栖ますの所、理、幽寂を尚ぶ。近代以來、多く寺舍を立つるに、閑曠の境を求めず、唯だ喧雜の方に趨く。～尤も宗旨に乖けり。

【浄境】(じょうきょう) 寺。斉・王融〔法楽辞、十二首、供具を歌ふ〕詩 金華、紛として苒若 瓊樹、鬱として青葱 貞心、浄境を延べ 邃業、天宮を嗣ぐ

【浄潔】(じょうけつ) 清らか。〔墨子、節葬下〕若し苟くも貧ならば、是れ粢盛酒醴、浄潔ならざるなり。若し苟くも寡ならば、是れ上帝鬼神に事ふる者寡なきなり。若し苟くも亂ならば、是れ祭祀時度ならざるなり。～上帝鬼神～之れを棄てん。

【浄理】(じょうり) 仏の教え。唐・岑参〔高適・薛拠と慈恩寺の浮図(塔)に登る〕詩 浄理、了ひに悟るべし 勝因、夙に宗とする所なり

↑浄域 寺の境内／浄壱 清らかでけがれがない／浄院 寺／浄宇 寺／浄衣 白衣／浄筵 清らかな宴／浄屋 寺坊／浄戒 仏戒／浄界 寺の境内／浄眼 眼を清める／浄几 清机／浄宮 寺／浄行 修業／浄空 清らかな空／浄君 箒／浄財 喜捨／浄刹 寺院／浄耳 耳掃除／浄写 清書／浄書 清書／浄浄 清らか／浄拭 清める／浄食 精進食／浄神 清浄な心／浄洗 洗い浄める／浄蘚 清苔／浄饌 精進料理／浄漱 手水／浄土 清浄の地／浄桶 小便桶／浄髪 剃髪／浄福 仏の福／浄碧 青碧／浄本 清書本／浄米 精米／浄妙 清浄／浄利 純益／浄麗 清麗／浄話 清談

↓瑩浄・簡浄・鏡浄・潔浄・光浄・香浄・淑浄・照浄・清浄・雪浄・洗浄・鮮浄・白浄・不浄・明浄

入【茸】 9 4440 〔茸〕 10 4440 ジョウ ジュウ しげる

篆文

形声 声符は耳。〔説文〕一下に「艸茸茸たる皃なり」とし、草の初生のさまをいう。また〔玉篇〕に「不肖なり」とするのは、闒茸(愚鈍)の意。わが国ではきのこをいう。

訓義 ①しげる、みだれる、がまの穂。②刺繡の糸、あやある竹。③鹿のふくろづの、新角。④にこげ、細毛。⑤おろか、いやしい、闒茸。⑥国語で、きのこ、たけ。

古訓 〔名義抄〕茸 ハジメ・ムカフ・キビシ・シゲル・ミダル・タガフ・ワカツノ 〔字鏡集〕茸 ハジメ・クサヒラ・キノミ・キヒシ・タガフ・ワカツノ・シゲシ・イラ・ミダル・タナ・ツノ・タマキ

【茸茸】(じょうじょう) 草の茂るさま。唐・白居易〔紅線の毯〕詩 綵絲茸茸として、香拂拂たり 綫軟らかに、花虛にして、物に勝へず

【茸線】(じょうせん) 刺繡に用いる絨線。〔元史、輿服志一〕(玉輅)蓋、四周に流蘇を垂るること八、飾るに五色の茸線を以てし、結網すること五重。

【茸密】(じょうみつ) 茂密。〔徐霞客游記、滇游日記八〕玉皇閣は卽ち其の上に踞す。尙ほ遙かに望みて之れを得る能はず。蓋し其の內、木石茸密、外峰の一覽を以て盡すべきが如きに非ざるのみ。

↑茸客 鹿／茸闒 愚鈍／茸母 ははこ草／茸毛 細毛

↓蒻茸・香茸・紫茸・繡茸・新茸・纖茸・闒茸・縹茸・碧茸・蓬茸・尨茸・蒙茸・蓼茸・緑茸・蘢茸・鹿茸

常【娘】 10 4343 〔孃〕 20 4043 ジョウ(ヂャウ) むすめ はは

篆文

甲骨文

形声 正字は孃(嬢)に作り、襄声。〔説文〕十二下に「煩擾なり」とし、また「一に曰く、肥大なり」という。娘はその俗字とされるが、もと用義の異なる字であった。隋・唐のころから「娘子」の語が用いられ、隋に娘子軍があった。娘娘は母。娘娘廟は子授けの神とされ、その廟祭は殷賑を極めた。

訓義 ①むすめ。②はは。

古訓 〔和名抄〕娘 无須女(むすめ) 〔名義抄〕娘 ムスメ・ヨキヲウナ／孃 ヲウナメ・ハヽ・ヲナミ(ミナ)・ウ(ヲ)ミナ

語系 娘の本字は孃 njiang。〔説文〕に「煩擾なり」とあるのは擾 njiu、攘 njiang の義。また「一に曰く、肥大なり」というのは、⿰月襄 njiang の義である。

【娘子】(じょうし) むすめ、妻、母。宮妃より遊女に至るまで、みないう。女子の通称。〔旧唐書、平陽公主伝〕公主、～山中の亡命を招引して數百人を得、兵を起して以て高祖に應ず。～義軍、河を渡るに及び、～公主、精兵萬餘を率ゐて、太宗の軍と渭北に會す。～營中、號けて娘子軍と曰ふ。

【娘娘】(じょうじょう) 母・婦女の尊称。娘娘廟は子授けの神。〔燕京歳時記、四月、西頂〕西頂の娘娘廟は萬壽寺の西八九里に在り。四月に至る毎に、初一日より起り、廟を開くこと半月、繁盛なること、萬壽寺と同じ。

↑娘行 婦女

↓花娘・嬌娘・姑娘・小娘・大娘・貞娘・爺娘・令娘・老娘

【烝】 10 1733 ジョウ むす すすめる おおい きみ

篆文

甲骨文

金文

形声 声符は丞。〔説文〕十上に「火气、上行するなり」とあり、蒸気のこもることをいう。それで衆多の意となり、〔詩、大雅、烝民〕「天、烝民を生ず」のようにいう。金文に𤼷の字があり、〔大盂鼎〕に「四方に𤼷たらしめよ」とあり、字はまた祭名にも用いていて、烝と声義が同じ。〔詩、周頌、豊年〕に「祖妣に烝畀す」は進める意で、𤼷字の義にあたる。丞は人をすくいあげる形で救拯の意であるから、下に火を加えるはずはなく、字は𤼷がその初文であろう。

訓義 ①むす、むれる。②すすめる、のぼせる、本字は𤼷。③おおい、もろもろ、烝民。④きみ、うるわしい。⑤冬祭の名。⑥身分のある婦人を犯す、上淫。⑦仍と通じ、よる、しきりに。

古訓 〔和名抄〕烝 師說、无之毛乃(むしもの) 〔名義抄〕烝 ムス・フスボル・アツシ・マツリ・スミヤカニ／烝哉 キミナルカナ

声系 〔説文〕に烝声として蒸(蒸)・⿱艹𤼷の二字を収める。蒸は麻の纖維を蒸してとりだす意。⿱艹𤼷五上は「蠡なり」と訓するが、あるいは金文にみえる𤼷と関係があるかもしれない。ただその声は丞 zjiang、烝・蒸 tjiang と⿱艹𤼷 kiang と全く異なり、⿱艹𤼷の声義の関係が明らかでない。

＊語彙は蒸字条参照。

【烝禋】(じょういん) 冬、祖先を祭る。晋・陸機〔弁亡論、上〕呉の武烈皇帝、～權略紛紜として、忠勇は世に伯(覇)たり。～遂に宗祊を掃清し、皇祖を蒸(烝)禋す。

【烝享】(じょうきょう) 供えて祭る。〔詩、小雅、信南山〕是れ烝し是れ享し 苾苾芬芬たり

【烝祭】(じょうさい) 冬の祭。〔書、洛誥〕王、新邑に在りて、烝して祭し歳するに、文王には騂牛一、武王にも騂牛一もてす。

【烝嘗】(じょうしょう) 祖祭。秋を嘗、冬を烝という。〔左伝、僖三十三年〕凡そ君薨ずるときは、卒哭して祔(祭りの名)し、祔

して主(位牌)を作る。特り主に祀り、廟に烝嘗して祔す。

【烝報】みだらな行為。烝は上淫、報は下淫。乱倫。〔大同書、辛部第十四章〕大同の世は、～親も無く屬も無し。故に復た亂宗・瀆倫・烝報の惡無し。

【烝民】万民。〔詩、大雅、烝民〕天、烝民を生ず 物有れば則有り 民の彝(常)を秉る 是の懿徳を好む

➡烝淫 上淫／烝雲 たち騰る雲／烝衎 祭って楽しませる／烝羔 羊の蒸肉／烝熟 よく蒸す／烝庶 烝民／烝食 蒸し焼き／烝薪 柴薪／烝薦 お供え／烝然 久しく待つ／烝徒 徒党／烝冬 十月／烝熱 暑熱／烝畀 与える／烝餅 饅頭／烝乱 乱倫／烝黎 黎民

➡鬱烝・雲烝・炎烝・烟烝・気烝・熏烝・春烝・上烝・爛烝・竜烝・黎烝

常 【剰】 11 人〔剩〕 12 2290 ジョウ あまる あまつさえ

篆文 

形声 声符は乘(乗)。賸の俗字とされ、唐宋以後に用いられる字である。〔説文〕賸字条六下に「物相ひ增加するなり」とあり、〔段注〕に「今義訓して贅疣(無用のもの)と爲す。古義と小しく異なり、～其の字を改めて剩に作る」とする。いま余剰、また「あまつさえ」の意に用いる。

訓義 1あまる、あまり、のこり。2あまつさえ、そのうえ。

古訓 〔名義抄〕剩 アマル・アマレリ・スナハチ・アマリサヘ〔字鏡集〕剩 アマレリ・アマサヘ・アマル・ノリ・スナハチ

【剰員】あまった人。〔雲麓漫鈔、十二〕熙寧中、樞密院奏す。諸路の廂軍、名額猥りに多し。～又剩員有り。及び牢城壯城、例の差出に非ざる者は、又別に一軍と爲さしむ。

【剰利】利益。〔宋史、陳繹伝〕元豐の初、廣州に知となる。庫に檀香の佛像有り。繹、木を以て之れに易かふ。事覺らはる。有司、常に官物を爲さむるに剩利有りとす。

➡剰哀 余哀／剰語 むだぐち／剰銭 剰余金／剰得 残る／剰熱 余熱／剰弁 十分に備える／剰余 余り

➡過剰・足剰・余剰・掠剰

常 【常】 11 9022 ジョウ(ジャウ) つね かつて

篆文  金文  簡書 

形声 声符は尙(尚)。〔説文〕七下に「下帬なり」とし、重文として裳を録する。いまは区別して用いる字である。常は一定幅の巾。金文に尙を常時の意に用い、〔因資敦〕に「永く典尙と爲せ」のように用いる。嘗と通用し、「かつて」と訓することがある。

訓義 1つね、つねに、ひさしい。2さだめ、のり、かわらぬ。3ひごろ、おおむね。4嘗と通じ、かつて。5長さの単位、尋の倍、尋は左右の手を広げた長さ、尋常。6はた、太常。7裳と通じ、もすそ。8祥と通じ、忌明けの祭り。

古訓 〔名義抄〕常 ツネニ・ツヒニ・スガタ・トキハ・レイ／非常 メヅラシ・ハナハダシ・アヤフシ／異常 ハナハダシ〔篇立〕常 ノリ・トコトハ・コトハ・レイ・トコハカ・コ、ロヒク・トコシナヘ・モチヰ

語系 常・裳zjiangは同声。常は太常、天子の旗。裳は衣に対して下帬。いずれも常幅のものを用いる意であろう。また尙・嘗zjiangも同声。金文に尙を常時の意に用いる。「嘗て」の意は、おそらく嘗試することを終えることからの転義。常・曾(曽)の字をも、その義に用いる。

【常位】一定不変の位。〔左伝、昭三十二年〕社稷(国家)に常奉無く、君臣に常位無きは、古より以に然り。

【常軌】常に守るべき道。きまり。〔後漢紀、順帝紀〕夫れ君は舟なり。民は水なり。朝の群臣は舟に乘る人なり。～苟くも能く志を卒へ、力を畢くし、常軌を守り遵ひ、以て元元(人民)を度ふは、所謂福なり。

【常経】不変の道。〔漢書、董仲舒伝〕春秋に一統を大とする者は、天地の常經にして、古今の通誼なり。今師ごとに道を異にし、人ごとに論を異にし、百家方を殊にし、指意同じからず。是を以て、上以て一統を持する亡し。

【常憲】常法。晋・陸機〔平原内史を謝する表〕常憲を拘守し、當に便道(近道)もて官に之くべし。～臣、屛營(うろうろし)延仰に勝へず。謹んで拜表して以聞(上奏)す。

【常故】しきたり。〔論衡、程材〕是を以て選擧には常故を取り、吏を案ずるに害無きを取る。

【常語】平生尋常の語。〔詩藪、古体中〕余が擧ぐる所の數條の若きは、則ち彼此皆常語なり。而れども常語の中、具さに優劣を見る。

【常行】不変の道。常の道。漢・東方朔〔客難に答ふ〕天に常度有り、地に常形有り、君子に常行有り。君子は其の常を道とし、小人は其の功を計る。

【常師】定まった師。〔論語、子張〕文武の道、未だ地に墜ちず、人に在り。～夫子焉くにか學ばざらん。而して亦た何の常の師か之れ有らん。

【常常】つねづね。唐・韓愈〔十二郎を祭る文〕吾曰く、是の疾や、江南の人、常常に之れ有りと。未だ始めより以て憂と爲さざりしなり。嗚呼、其れ竟に此れを以て其の生を殞させるか。

【常情】普通の人情。梁・江淹〔雑体詩三十首の序〕遠きを貴び近きを賤しむは、人の常情なり。耳を重んじ目を輕んずるは、俗の恆蔽なり。

【常心】一定の、固定した心。〔老子、四十九〕聖人は常心無し。百姓の心を以て心と爲す。

【常数】一定のかず。また、自然のさだめ。〔戦国策、秦三〕語に曰く、日、中すれば則ち移り 月、滿つれば則ち虧くと。物盛んなれば則ち衰ふるは、天の常數なり。

【常談】平凡な話。きまり文句。〔南史、鮑泉伝〕方等の敗るるや、元帝大いに怒る。～僧辯曰く、計將に安くに出でんとすると。泉曰く、事は沃雪(雪をとかす)に等し。何の多く慮る所ぞと。僧辯曰く、君の言は、文士の常談のみ～と。

【常棣】にわざくら。〔詩〕に、兄弟の和楽を歌う一篇がある。〔詩、小雅、常棣〕常棣の華 鄂不(萼跗)韡韡たり 凡そ今の人 兄弟に如くは莫し

【常典】不変の常法。漢・蔡邕〔宗廟迭毀議〕數世の闕くる所を正し、無窮の常典と爲す。禮制の舊則に稽へ、神明の歡心に合せん。

【常度】不変の法度。〔楚辞、九章、懐沙〕方を刓りて以て圜と爲すも 常度未だ替れず

【常道】つねの道。不変の法則。〔魏書、食貨志〕有無通ずるときは、則ち民財匱しからず。勞逸均しきときは、則ち人其の業を樂しむ。此れ古よりの常道なり。

【常奉】常につかえる。〔史記、封禅書〕秦の天下を幷すに及んで、祠官の常に奉ずる所の天地名山、大川鬼神をして、得て序すべからしむ。

【常法】定則。〔左伝、文六年〕(趙)宣子、是に於てか始めて國政を爲め、事典を制り、法罪を正し、獄刑を辟く。～既に成りて、以て大傅陽子と、大師賈佗とに授く。諸れを晉國に行はしめ、以て常法と爲す。

【常務】日常の業務。〔世説新語、政事〕王(濛)・劉

(惔)、林公(支遁)と共に何(充)驃騎を看る。驃騎、文書を看て、之れを顧みず。王、何に謂ひて曰く、我今故に林公と來りて相ひ看る。卿の常務を擺撥して、玄言に應對せんことを望むに、那ぞ方に頭を低れて、此れを看ることを得んやと。

【常倫】じょう(じやう)りん 常の仲間。梁・江淹〔雑体詩、三十首、嵆中散(康)〕遠想、宏域を出で 高歩、常倫を超ゆ

【常例】じょう(じやう)れい 慣例。〔北斉書、文苑、樊遜伝〕(天保)八年～所司の策問に、遜、當時第一と爲る。左僕射楊愔～曰く、才高ければ常例に依らずと。特に之れを奏用す。

【常論】じょう(じやう)ろん 普通の論。また、不変の論。〔後漢書、王符伝〕國は賢を以て興り、諂を以て衰ふ。君は忠を以て安く、佞を以て危し。此れ古今の常論にして、時の共に知る所なり。

↑常佳 健康／常価 定価／常娥 月／常懐 常用／常の心／常格 定式／常額 定額／常玩 常用／常紀 定式／常餼 窮民に対する施給の食／常義 常則／常客 お得意／常旧 常用／常居 常住む／常御 常用／常業 定業／常均 常法／常刑 一定の刑／常形 定形／常計 常法／常骨 凡人／常祭 定例の祭／常歳 平年／常算 常計／常餐 日常の食／常祀 例祭／常次 順番／常事 日常の事／常時 平生／常式 定式／常識 一般の知識／常儒 平凡な儒者／常羞 日常の食事／常住 定住／常準 標準／常処 定処／常賞 定賞／常状 常態／常職 定職／常人 常の人／常生 長生／常制 定制／常青 常緑／常勢 定勢／常饌 常餐／常然 自然／常膳 常餐／常宗 大宗／常操 定操／常則 常法／常態 定態／常秩 常職／常途 常道／常套 ありふれ／常馬 凡馬／常班 平役／常備 常に用意する／常品 一般職／常服 平服／常分 定分／常辟 常刑／常俸 一定の俸／常民 平民／常用 日用／常庸 平凡／常理 道理／常緑 ときわ／常類 なみ／常礼 定礼／常隷 常に備えている徒隷

↓異常・居常・経常・故常・五常・恒常・綱常・尋常・正常・大常・通常・天常・典常・日常・非常・不常・平常・無常・庸常・倫常

常 【情】 11 9502 〔情〕 11 9502

ジョウ(ジャウ)
こころ なさけ

篆文

形声 声符は青(青)。〔説文〕十下に「人の陰气にして、欲有る者なり」とあり、性を陽、情を陰とする漢代の性情論によって説く。〔礼記、礼運〕に人の七情を「學ばずして能くするもの」、すなわち本能であるという。

訓義 ①こころ、こころに感じること、うまれつき。②まこと、まごころ。③なさけ、きもち、あわれみ、愛情。④ことわり、おもむき、ようす。

古訓 〔名義抄〕情 コヽロ・ナサケ・マコト・アハレブ・ミナリ

【情愛】じょう(じやう)あい 愛情。唐・李群玉〔飯僧〕詩 尙ほ情愛に縛せられ 未だ金仙(仏道)の旨を盡さず 靜を以て猿心を制するも 將た瞥然(ちらりとひらめく)として起るを虞る

【情意】じょう(じやう)い 心のもちかた。魏・嵆康〔山巨源(濤)に与へて交はりを絶つ書〕又縱逸なること來久しく、情意傲散にして、簡は禮と相ひ背き、嬾は慢と相ひ成る。～又莊老を讀み、重ねて其の放(放蕩・放縱)を增す。

【情款】じょうかん(じやうくわん) よしみ。ねんごろ。梁・昭明太子〔陶淵明伝〕是れより先、顏延之、劉柳の後軍功曹と爲りて潯陽に在り、淵明と情款あり。後、始安郡と爲り、潯陽を經過し、日に淵明に造りて飮す。往く毎に、必ず酣飮して醉ふことを致す。

【情感】じょう(じやう)かん 感情。心に感じる。晉・陸雲〔陸典書に与ふる書、九首、三〕四時靈寂にして、桑梓(故郷)循ふ靡し。且つ親の各爾分析するを念ひ、情感復た結ぼれ、悲歎するのみ。

【情偽】じょう(じやう)ぎ 誠と偽。裏表。〔左伝、僖二十八年〕晉侯、外に在ること十九年にして、果して晉國を得たり。險阻艱難は、備さに之れを嘗めたり。民の情僞は、盡く之れを知れり。～天の置く所、其れ廢すべけんや。

【情形】じょう(じやう)けい ありさま。〔後漢書、西域伝論〕其の境俗性智の優薄、產載物類の區品、～梯山棧谷、繩行沙度の道、身熱首痛、風災鬼難の域の若きは、備さに情形を寫し、審らかに根實を求めざる莫し。

【情至】じょう(じやう)し 気持ちがわき起こる。唐・杜甫〔客居〕詩 儒生、老いて成る無し 臣子、四藩を憂ふ 篋中に舊筆有り 情至りて時に復た援く

【情実】じょう(じやう)じつ 実状。真相。〔史記、呂不韋伝〕始皇九年～秦王、吏に下して治せしめ、具さに情實を得たり。事、相國呂不韋に連なる。九月、～太后生む所の兩子を殺し、遂に太后を雍に遷す。

【情趣】じょう(じやう)しゅ おもむき。情致。〔南斉書、孔稚珪伝〕稚珪、風韻清疎、文詠を好み、飮酒七八斗、外兄張融と、情趣相ひ得たり。

【情緒】じょう(じやう)しょ・じょう(じやう)ちょ 感情のうごき。梁・江淹〔泣賦〕闃寂にして以て思ひ、情緒留連す。

【情状】じょうじょう(じやうじやう) ありさま。〔李衛公問対、中〕太宗曰く、昔光武、孤軍を以て王莽百萬の衆に當る。刑法有りて之れに臨むに非ず。此れ何に由るやと。曰く、兵家の勝敗は情狀萬殊、一事を以て推すべからざるなり。

【情人】じょう(じやう)じん 友人。また、相思の人。〔楽府詩集、清商曲辞一、子夜四時歌、秋歌十八首、二〕清露、凝りて玉の如し 涼風、中夜に發す 情人、還た臥せず 冶遊、明月に歩す

【情性】じょう(じやう)せい 本来の情。〔荀子、性悪〕故に情性に順ふときは則ち辭讓せず。辭讓するは則ち情性に悖る。～然らば則ち人の性の惡なること明らかなり。其の善なる者は僞なり。

【情態】じょう(じやう)たい 心のようす。〔韓非子、二柄〕君、惡を見せば、則ち群臣端を匿し、君、好を見せば、則ち群臣能を誣ふ。人主の欲見はるれば、則ち群臣の情態、其の資を得るなり。

【情致】じょう(じやう)ち おもむき。情趣。〔世説新語、文学〕袁虎(宏)～嘗て人の爲に傭はれて載りて運租す。謝鎭西(尚)、船行を經。其の夜清風朗月、江渚の閒、估客の船上に、詩を詠ずる聲有るを聞くに、甚だ情致有り。～歎美して已む能はず。

【情貌】じょうぼう(じやうばう) 心が外にあらわれる。晉・陸機〔文の賦〕信に情貌の差はざる、故に毎に變じて顔に在り。思ひ樂しみに涉れば其れ必ず笑ひ、方に哀しみを言へば已に歎く。

【情味】じょう(じやう)み 心づかい、おもむき。唐・杜甫〔病後、王倚に遇ひて飮み、贈る歌〕詩 故人の情味、晚に似るもの無し 我をして手脚、漩るを欲せしむ

【情欲】じょう(じやう)よく 欲望。〔論衡、道虚〕夫れ草木は無欲なるも、壽、歲を踰えず。人は情欲多きも、壽、百に至る。～夫れ是くの如くならば、老子の術、恬淡無欲を以て、延壽度世とする者は、復た虛なり。

【情理】じょう(じやう)り 人情と道理。〔宋書、謝霊運伝論〕漢より魏に至るまで、～文體三變す。(司馬)相如は工みに形似の言を爲し、二班(班彪・班固)は情理の說に長じ、子建(曹植)・仲宣(王粲)は氣質を以て體と爲す。竝びに能を摽し美を擅にし、獨り當時に映ず。

【情話】じょう(じやう)わ 心のこもった話。晉・陶潜〔帰去来の辞〕親戚の情話を悅び、琴書を樂しみて、以て憂ひを消す。

↑情佚　気まま／情殷　切情／情韻　心の趣／情慍　怒る／情猿　欲情／情縁　心のちぎり／情歌　恋歌／情懐　思い／情核　実情／情覈　情核／情願　願い／情寄　信任／情義　人情義理／情誼　よしみ／情急　緊急の思い／情況　ようす／情景　趣／情語　愛情の語／情巧　事情に応じてふるまう／情好　仲よし／情行　品行／情恨　恨み／情死　心中／情糸　情緒／情志　心／情思　思い／情事　実情／情熟　心になれあう／情恕　思いやる／情尚　性向／情傷　悲哀／情賞　心によしとする／情条　情理／情色　顔色／情深　深情／情数　心のうち／情勢　情況／情切　真情／情箋　艶書／情藻　ゆたかな思い／情痴　溺愛／情熱　熱情／情念　思いつめた気持ち／情夫　まぶ／情弊　私情におぼれる弊／情抱　かねての思い／情網　情になずむ／情由　深いわけ／情慾　情欲／情累　心のわずらい／情霊　人の心性／情恋　慕情／情郎　情人

↓哀情・愛情・逸情・有情・怨情・恩情・温情・下情・花情・歌情・官情・感情・客情・旧情・窮情・矯情・今情・近情・襟情・苦情・空情・軍情・激情・牽情・交情・厚情・高情・強情・国情・才情・至情・私情・詩情・事情・色情・実情・柔情・抒情・叙情・心情・神情・真情・深情・親情・世情・性情・政情・扇情・俗情・多情・奪情・致情・痴情・中情・忠情・衷情・直情・陳情・定情・逞情・敵情・同情・内情・人情・任情・熱情・薄情・非情・表情・風情・物情・別情・慕情・芳情・民情・無情・友情・幽情・遊情・余情・抑情・欲情・旅情・劣情・恋情

常

【場】

12　4612　ジョウ（ヂャウ）　にわ　ば

篆文 　古印璽 

形声 声符は昜。昜に禓・湯の声がある。昜は台上に玉（日の形）をおき、その玉光が放射する形。玉による魂振りの儀礼を意味し、その儀礼を行うところを場という。〔説文〕十三下に「神を祭る道なり」とあり、両祭壇の間を場という。〔漢書、郊祀志上〕に「犧牲壇場」と称しているもので、墓祭のときには「羨道」（墓室に通ずる道）で行った。〔孟子、滕文公上〕に、孔子の喪送の後、ひとり子貢が「室を場に築き」三年の喪に服したことを記している。〔周礼、地官、序官、場人、注〕に「地を築きて墠を爲くり、季秋に圃中を除して之れを爲る」とは、田中に「祭の場」を作ることをいう。わが国の古訓に「には」とよみ、「斎場」をいう。なお〔説文〕には「一に曰く、田耕さざるなり。一に曰く、穀を治むる田なり」とあり、「穀を治むる田」とは、場圃をいう。

訓義 1にわ、神を祭るところ、祭壇のあるところ、つか。2とりいれば、はたけ。3ば、ばしょ、あきち。4舞台、特設のところ。5とき、ばあい。

古訓 〔名義抄〕場　サカヒ・ニハ・ミチ・ツチクレ　〔篇立〕場　サカヒ・ミチ・バ・ミギリ・ニハ

語系 場 diang、禓 sjiang は声近く、禓一上は「道上の祭」、場は「神を祭る道」で、関連のある語である。

【場屋】試験場。また、芝居小屋。〔日知録、三十二、場屋〕場屋なる者は、廣場の中に於て屋を爲くる。必ずしも皆は開科試士の地ならざるなり。隋書音樂志に、毎歳正月、萬國來朝す。～端門外に～綿亘八里、列して戲場と爲す。～故に戲場も、亦た之れを場屋と謂ふ。

【場功】農作物を収穫し、収納するしごと。〔国語、周語中〕定公、單襄公をして、～道を陳に假りて、以て楚に聘いせしむ。～澤に陂（築提）せず、川に梁（橋かけ）せず。野に庾積（野積みの収穫物）有り、場功未だ畢らず。

【場圃】はたけと庭。収穫のとき一部を場とする。〔詩、豳風、七月〕九月、場圃を築き　十月、禾稼を納る　黍稷重穋　禾麻菽麥

↑場院　空地／場園　畑／場規　受験の規則／場期　試験の時期／場景　場面／場師　庭作り／場試　科挙／場事　場試／場籍　受験者の名簿／場中　畑の中／場長　製塩所の長／場苗　畑の苗／場務　製塩の専管業務／場面　場景／場圃　場所／場埒　馬場

↓一場・園場・塩場・会場・官場・戯場・議場・教場・劇場・現場・工場・広場・沙場・斎場・祭場・市場・祀場・射場・酒場・戎場・宿場・上場・陣場・芻場・戦場・墠場・禅場・草場・退場・壇場・築場・滌場・登場・道場・入場・馬場・文場・牧場・墨場・臨場・霊場・鹿場

常

【畳】

12　入〔疊〕22　6010　ジョウ（デフ）　たたむ　たたみ

篆文 

会意 旧字は疊。正字は曡に作り、晶＋宜。晶は玉光。宜は祭肉を俎上に載せて供薦する意。玉をその上に加えるので、畳累の意となる。〔説文〕七上に「楊雄說に以爲へらく、古、理官は罪を決さだむること三日、其の宜しきを得て、乃ち之れを行ふ。晶（三日）に從ひ、宜に從ふ。亡新（王莽）以爲へらく、曡の三日に從ふは、太だ盛んなりと。改めて三田と爲せり」とするが、俗説である。金文に曡に従う字があり、後漢の〔孔龢碑〕にも曡の字があって、王莽改字説は甚だ疑うべきである。震畳の意は慴・讋の通仮の義。わが国では敷物の名に用いる。

訓義 1たたむ、かさなる、つみかさなる、くりかえす。2たたみ。3あつい、ひだ。4慴・讋と通じ、おそれる、ふるう。

古訓 〔和名抄〕疊　太々美（たたみ）／疊子　楊氏漢語抄に云ふ、宇流之沼利之佐良（うるしぬりのさら）〔名義抄〕疊　タ、ミ・タ、ム・カサヌ・カサナル・ツラヌ・フルフ／狹疊　サダ、ミ・シトネ　〔字鏡集〕疊　タ、ミ・ヲソル・アキラカ・タ、ム・カサヌ・フルフ・ツラヌ・ツマル

語系 疊・慄 dyap は同声。慴 tjiap、懾・讋 tjiap は声近く、通用する。慄・讋は懼れて気を失う意。震畳の意は、その仮借義である。

【畳韻】同じ尾音の二字を連語とする。〔南史、謝荘伝〕王玄謨、荘に問ふ。何者をか雙聲と爲し、何者をか疊韻と爲すと。答へて曰く、玄護を雙聲と爲し、磝碻を疊韻と爲すと。

【畳嶂】うち重なり連なる山々。〔水経注、江水二〕三峽より七百里中、兩岸連山、略ぼ闕くる處無し。重巖疊嶂、天を隱し日を蔽ふ。

【畳翠】みどりがうち重なる。唐・孟郊〔韋七の洞庭の別業に遊ぶ〕詩　洞庭は瀟湘の如く　疊翠は蕩として碧に浮ぶ

↑畳雲　層雲／畳観　高楼／畳見　重ねてあう／畳肩　並ぶ／畳巘　重山／畳鼓　鼓を連打する／畳山　重山／畳次　重ねて／畳積　重ねる／畳雪　積雪／畳重　重なる／畳濤　しき浪／畳報　しきりに知らせる／畳用　重ねて用いる／畳嵐　重嵐／畳累　重なる／畳嶺　たたなわる山

↓倚畳・雲畳・三畳・愁畳・摺畳・震畳・翠畳・積畳・千畳・層畳・築畳・稠畳・重畳・排畳・複畳・浪畳

【嫋】

13　4742　ジョウ（デウ）　しなやか

篆文 

形声 声符は弱（弱）。弱は飾り弓で弱弓。〔説文〕十二下に「姌なやかなり」とあり、婦人の

しなやかさをいう。柳の枝などを嫋柳、秋風を嫋嫋のように形容する。

訓義 ①しなやか、たおやか。②ゆらぐ、そよぐ、なびく。③つづく、細くうちつづく。④うつくしい、みめよい。

古訓 〔名義抄〕嫋 タヲヤカナリ・タハム・タヲヤク・シメヤカナリ・ウゴカス・ヲゴカス

【嫋嫋】しなやかにうちつづくさま。〔楚辞、九歌、湘夫人〕帝子、北渚に降り 目、渺渺として予れを愁へしむ 嫋嫋たる秋風 洞庭波だちて、木葉下る

【嫋娜】しなやか。唐・白居易〔別柳枝〕詩 兩枝の楊柳、小樓の中 嫋娜多年、醉翁に伴ふ

常【蒸】13 4433 〔蒸〕14 4433 ジョウ むす すすむ おおい

篆文 

形声 声符は烝。〔説文〕一下に「析きたる麻中の幹なり」（段注本）とあり、燭や炬火（たいまつ）に用いるおがらをいう。麻の皮の部分を去り、その中茎を用いる。俗に麻骨棓という。〔周礼、天官、甸師〕に薪蒸という。雲蒸・蒸民・蒸祭などの意に用い、烝と通用する。

訓義 ①むす、むしあつい、あつい。②おがら、たいまつ、たきぎ。③烝と通用し、すすむ、そなえる、おおい、もろもろ、きみ、うるわしい、みだら、冬祭の名。

古訓 〔字鏡集〕蒸 ムシモノ・マツリ・アツシ・モロ〳〵・フスボル・アツマル・オホカナリ・ムス・チリ・トモシビ・スミヤカニ・アブル

語系 蒸・烝tjiəngは同声。烝は〔説文〕十上に「火气、上行するなり」とあり、それより雲蒸・蒸民の意を生ずる。烝と通用の義が多い。

＊語彙は烝字条参照。

【蒸鬱】湿気が多く、むしあつい。唐・韓偓〔喜涼〕詩 南東亦た是れ中華の分 蒸鬱相ひ淩ぎ、太だ平ならず

【蒸炙】蒸し、あぶる。その肉。〔墨子、辞過〕厚斂（苛税）を百姓に作して、以て美食を爲し、芻豢蒸炙魚鼈、大國は百器を累ね、小國も十器を累ぬ。前には方丈、目徧く視ること能はず、～人君飲食を爲すこと此の如し。

【蒸暑】むし暑い。〔北史、崔浩伝〕南土は下濕、夏月は蒸暑、師を行るの時に非ず。

【蒸蒸】純一なさま。〔漢書、酷吏伝序〕漢興りて、觚（方）を破りて圜と爲し、琱を斲りて樸と爲し、號して、罔に呑舟の魚を漏らすと爲す。而して吏治蒸蒸として、姦に至らず、黎民艾安なり。

【蒸溽】むし暑い。宋・蘇軾〔白鶴山の新居に井を鑿ること四十尺、～乃ち泉を得たり〕詩 海國、蒸溽に困しむ 新居、高寒に利よし

【蒸民】多くの民。烝民。〔国語、周語上〕神人百物をして、其の極を得ざること無からしむ。～故に頌（詩、周頌、思文）に曰く、～我が蒸民を立つるは 爾の極に匪ざる莫しと。

【蒸藜】あかざを蒸して食う。唐・王維〔積雨、輞川荘の作〕詩 積雨空林、煙火（炊煙）遲し 藜を蒸し黍を炊ぎて、東菑（東の田畑）に餉す（食事をとどける）

↑蒸液 蒸溜水／蒸漚 泡立つ／蒸下 ふかす／蒸裹 ちまき／蒸膾 細切りの肉／蒸気 ゆげ／蒸死 蒸し死に／蒸酒 精酒／蒸熟 蒸し煮／蒸庶 蒸民／蒸糈 お供えの米／蒸食 供食／蒸燭 麻苧の燭／蒸薪 薪／蒸人 衆民／蒸徒 衆人／蒸騰 蒸発する／蒸糜 かゆ／蒸餅 饅頭／蒸炮 蒸し焼き／蒸烹 蒸し煮／蒸報 淫乱／蒸茗 茶を蒸す／蒸雷 雷の起こる気配／蒸黎 蒸藜／蒸籠 せいろう

↓焣蒸・鬱蒸・雲蒸・炎蒸・裹蒸・薫蒸・燻蒸・樵蒸・薪蒸・黎蒸

【裊】13 2773 ［褭］16 0073 ジョウ（デウ） たおやか

篆文 

形声 声符は鳥の省文。もと褭に作り、衣＋馬の会意字。〔説文〕衣部八上に「組を以て馬に帶びしむるなり」とあり、馬にかけて飾る組紐をいう。嫋と声が通じ、しなやかの意に用いる。裊は俗体の字であるが、多くその字を用いる。

訓義 ①馬に組紐をかざる、その組紐。②嫋と通じ、しなやか、たおやか。

語系 褭（裊）・嫋nióは同声、通用の字。

【裊裊】風にゆらゆらとゆれ、また声がゆるやかにつづくようなさまをいう。宋・蘇軾〔青牛嶺の高絶の処に、小寺有り。人迹到ること罕なり〕詩 暮に歸りて馬を走らす、沙河塘 爐煙裊裊として、十里香し

【裊娜】しなやか。唐・李白〔宜春苑に侍従して詔を奉じて～新鶯百囀歌を聴く〕詩 池南の柳色、半ば青青 縈烟裊娜として、綺城を拂ふ

↑裊煙 微かな煙／裊脚 脚絆／裊驂 小馬／裊糸 香煙／裊繞 めぐる／裊朶 裊娜／裊窕 しなやか／裊蹄 馬蹄金／裊篆 香煙／裊娉 姿態あるさま

↓暗裊・香裊・深裊・声裊・低裊・風裊・杳裊・窈裊・腰裊

【嬈】15 4441 ［嬲］17 6642 ジョウ（デウ） ヨウ（エウ） なぶる

篆文 

形声 声符は堯（尭）。堯に繞・蕘の声がある。〔説文〕十二下に「苛むるなり。一に曰く、擾れて戲弄するなり。一に曰く、嬥なり」とあり、おそらく嬥の状をいう語であろう。嬥字条に「嬈なり」と互訓する。跳舞するのを嬥、円舞するのを嬈というのであろう。嬲は嬈の俗字。嬲では男女が交わり舞うので、この字を生じた。魏・嵆康〔山巨源（濤）に与へて交はりを絶つ書〕の〔李善注〕に「嬲は擿嬈するなり」とあり、その戲弄のさまをいう。

訓義 ①なぶる、たわむれる。②わずらわしい、なやむ。③みだす、みだれる。④あでやか、うつくしい。

古訓 〔名義抄〕嬈 ナヤマス・ナブル・ワヅラフ・ワヅラハス・フケル／嬲 ヒキシロフ・タハフル・ナブル・ナヤマス・マサクル 〔篇立〕嬈 ナヤマス・ミダル・マサクル・ナラフ・ワヅラフ・フケル・ハス・マツ／嬲 タハブル・ナル・ナブル・マサクル 〔字鏡集〕嬈 マサクル・ワヅラフ・フケル・ナヤマス・ナブル・（ミ）ダル／嬲 マサクル・ナヤマス・ヒキシロフ・タハブル・ナブル

【嬈嬈】弱々しく美しいさま。漢・王褒〔洞簫の賦〕風、鴻洞として絶えず、優として嬈嬈として、以て婆娑たり。

↑嬈害 乱す／嬈固 乱す／嬈悩 煩悩／嬈敗 悩ます

↓嬌嬈

常【縄】15 〔繩〕19 2791 ジョウ ヨウ なわ ただす

篆文 

形声 旧字は繩に作り、黽は蠅の省文で、蠅の省声。〔説文〕十三上に「索なり」という。大なるを索、小なるを繩という。繩墨の意があり、それより度る、法る、戒む、正すの訓がある。〔詩、大雅、下武〕に「其の祖武（歩み）を繩ぐ」の句がある。

訓義 ①なわ、なわなう。②すみなわ。③はかる、のり、いましめる、ただす、なおい。④つぐ、あわせる、せぬい。

古訓 〔和名抄〕繩 奈波（なは）／繩墨 須美奈波（すみなは）〔名義抄〕繩 ナハ・スナハチ・アラク・ツナ・イマシム・カラゲナハ・トラフ・タヾス・オナジ・コタル・コフ 〔字鏡集〕繩 オビ・スナハ・ワタル・ナホシ・イマシム・マタル・オナシ・ナハ・コフ・ノリ・ア

ラク・トラフ・スナハチ

語系 縄 djiang、縢 dəng は声近く、縢は〔説文〕十三上に「緘づるなり」とあって、縄を巻き緘ざすことをいう。

【縄矩】 墨縄と曲尺。規律・標準をいう。〔東観余論、上、張長史の書を論ず〕張旭書する所の千字文、～槎枿(ひこばえ)絲縷、千狀萬變、左馳右騖すと雖も、縄矩の内を離れず。猶ほ風鳶を縦つ者、空に翔戾し、風に隨つて上下するも、綸常に手に在るがごとし。

【縄屨】 縄で作ったくつ。喪礼用。〔儀礼、喪服〕公士大夫の衆臣、其の君の爲に布帶縄屨す。

【縄検】 しめくくる。唐・杜牧〔昔游を念ふ、三首、一〕詩 十載飄然たり、縄檢の外 罇前自ら獻じ、自ら酬を爲す 秋山春雨、閒吟の處 倚ること徧し、江南、寺寺の樓

【縄索】 なわ。〔漢書、西域上、罽賓国伝〕又三池、磐石阪有り。道陿き者は尺六七寸。長き者は徑三十里。崢嶸不測の深きに臨み、行く者騎歩相ひ持し、縄索もて相ひ引く。二千餘里にして乃ち縣度に到る。

【縄牀】 縄で作ったこしかけ。〔唐書、南蛮下、驃伝〕驃は古の朱波なり。～京師を去ること萬四千里。～王、出づるに、輿は金縄牀を以てし、遠きときは則ち象に乘る。

【縄縄】 衆多。また、戒慎のさま。〔淮南子、繆称訓〕道滅びて徳用ひられ、徳衰へて仁義生ず。故に上世は道を體して徳とせず、中世は徳を守りて壞らず、末世は縄縄乎として、唯だ仁義を失はんことを恐る。

【縄枢】 縄のとぼそ。貧家。漢・賈誼〔過秦論、上〕始皇既に沒したるも、餘威殊俗に振ふ。然れども陳渉は、甕牖(かめの窓)縄樞の子、甿隷(流民)の人にして、遷徙の徒なり。～木を斬りて兵と爲し、竿を掲げて旗と爲す。天下雲集して響應す。

【縄正】 墨縄で正す。〔書、説命上〕説、王に復して曰く、惟れ木は縄に從ひて則ち正しく、后(君)は諫に從ひて則ち聖なり。后克く聖ならば、臣命ぜざるも、其れ承けん。

【縄尺】 墨縄と、ものさし。法度。〔金史、文芸下、元好問伝〕文を爲るに縄尺有りて、衆體を備ふ。其の詩、奇崛にして雕劌を絶ち、巧縟にして綺麗を謝す。

【縄梯】 縄ばしご。〔宋史、趙遹伝〕山に生猱多し。～猱の數十頭を得て、束麻を炬と作し、灌ぐに膏蠟を以てして、猱の背に縛し、暮夜、復た土丁をして縄梯を負ひて、崖顚を登らしむ。～火輒ち發し、賊、號呼奔撲す。

【縄墨】 すみなわ。法度。〔楚辞、離騒〕賢を擧げて能に授け 縄墨に循ひて頗かず

【縄約】 結縄の約。〔荘子、駢拇〕縄約膠漆を待ちて固むる者は、是れ其の徳を侵すなり。

↑縄纓 喪冠の紐／縄下 管理する／縄河 銀河／縄外 法外／縄劾 弾劾／縄伎 縄戯／縄戯 つな綱渡り／縄糾 糾正／縄橋 縄ばし／縄繋 つなぐ／縄愆 過失をただす／縄行 縄梯子／縄坐 正坐する／縄察 糾察する／縄子 つな／縄準 法度／縄制 縄正／縄責 ただし責める／縄帯 なわおび／縄治 ただし治める／縄直 まっすぐ／縄度 法度／縄套 結び縄／縄督 ただしなおす／縄縛 縛る／縄髪 弁髪／縄武 祖先のあとをつぐ／縄絡 まとう／縄纜 つな／縄律 規律／縄簾 縄すだれ／縄勒 抑制する

↓規縄・戯縄・挙縄・矩縄・繫縄・結縄・綱縄・糸縄・執縄・尺縄・準縄・世縄・直縄・縋縄・督縄・縛縄・捕縄・法縄・麻縄・綸縄

常 **【壌】** 16 〔壤〕 20 4013 ジョウ(ジャウ) つち

篆文

形声 旧字は壤に作り、襄声。襄にゆたかなるものの意がある。〔説文〕十三下に「柔らかき土なり」、〔玉篇〕に「地の緩肥なるを壤と曰ふ」とあって、一度砕いた柔らかな土をいう。〔書、禹貢〕の〔伝〕に「塊無きを壤と曰ふ」とあって、耕土の意である。

訓義 ①つち、耕土、やわらかな土。②土地、地域の地。③穰と通じ、みのる、ゆたか。

古訓 〔名義抄〕壤 チリ・ツチクレ・サカヒ・ツチ・コマカニ・サヽク・クニノサカヒ・ウクロモチ・ハラヽク〔篇立〕壤 サカヒ・ツチクレ・ツチサヽラ・ウゴカシ・マロカセル

語系 壤・䑋・醸(釀)・穣(穰) njiang は同声。䑋は益州の語で肥満の人をいい、醸は醞醸、酒がむれて、柔らかく盛りあがるような状態をいう。穣穣は五穀の茂る意である。

【壌壌】 多くみだれるさま。〔史記、貨殖伝〕天下熙熙として、皆利の爲に來り、天下壤壤として、皆利の爲に往く。夫れ千乘の王、萬家の侯、百室の君すら尚猶ほ貧を患ふ。而るを況んや匹夫編戶の民をや。

【壌石】 土と石。〔説苑、尊賢〕夫れ太山は壤石を辭せず、江海は小流に逆らはず。大を成す所以なり。詩(大雅、板)に云ふ、先民言へる有り 芻蕘に詢ると。博く謀るを言ふなり。

【壌地】 土地。領土。〔管子、八観〕夫れ山澤廣大なれば、則ち草木多くなり易きなり。壤地肥饒なれば、則ち桑麻殖え易きなり。薦草(まぐさ)多衍なれば、則ち六畜蕃(息)し易きなり。

【壌土】 土地。領土。〔呉越春秋、夫差内伝〕齊王曰く、寡人此に北邊に處りて、出境の謀無し。今、呉は乃ち江・淮を濟り、千里を踰えて、我が壤土に來り、我が衆庶を戮せり。～王、今讓むるに和親を以てす。敢て命の如くせざらんやと。呉・齊遂に盟ひて去る。

↑壌歌 撃壌歌／壌界 交界／壌室 土室／壌樹 墓樹／壌壇 土壇／壌中 土中／壌奠 土貢／壌比 隣地／壌墳 耕土／壌末 辺土／壌力 地力

↓雲壌・下壌・蟻壌・撃壌・荒壌・膏壌・黒壌・沙壌・墓壌・霄壌・接壌・天壌・田壌・土壌・肥壌・糞壌・僻壌・辺壌・豊壌・幽壌・沃壌

常 **【嬢】** 16 人〔孃〕 20 4043 〔娘〕 10 4343 ジョウ(ヂャウ) はは むすめ

篆文

古印璽

形声 旧字は孃に作り、襄声。襄にゆたかなものの意がある。〔説文〕十二下に「煩擾なり」とし、また「一に曰く、肥大なり」という。煩擾の意は、襄の初文である𢀶二上に「亂るるなり」とある意を承けるものであろうが、𢀶は祝禱し、呪具を以て邪霊を攘う意で、そのことごとしいさまをいう。嬢にはその意がなく、䑋が肥満の人をいう語であるように、肉づきのゆたかな人をいう。婦人は中年以後、肥大となる人があり、嬢とはそのような老婦人をいう。のち、娘と通じて用いる。

訓義 ①こえた女、老婦人、はは。②娘と通じ、むすめ。③擾と通じ、わずらわしい、みだれる。

古訓 〔新撰字鏡〕孃 乎美奈(をみな)〔名義抄〕孃 ヲウナメ・ハヽ・ヲナミ(ミナ)・ウ(ヲ)ミナ／娘 ムスメ・ヨキヲウナ〔字鏡集〕孃 ヲムナ・ミダル・ハヽ・ヲミナ

語系 孃・䑋 njiang は同声。䑋は肥満。壤(壤)・醸(釀) njiang も同声。やわらかく、ふっくりしたものをいう。

＊語彙は娘字条参照。

【嬢嬢】 母親をいう。また、天子がその母后をいう。

〔竜川別志、上〕仁宗、劉氏を大嬢嬢と謂ひ、楊氏を小嬢嬢と謂ふ。
↑嬢子 母親
↓村嬢・耶嬢・爺嬢・令嬢・老嬢

【氄】 16 1221 ［毴］ 14 2071 ジョウ にこげ

篆文

形声 声符は毳。字は毴・毴に作り、毴がその初文であるらしく、隼声。〔説文〕八上に「毴は、毛盛んなり。毛に従ひ、隼聲。虞書に曰く、鳥獸毴髦すと」と〔書、尭典〕の文を引く。今の〔書、尭典〕には「鳥獸氄毛す」に作る。〔玉篇〕に毴に作り、「衆なり、聚なり」とし、「氄 同上」と氄字を異体として録する。毛の多く生ずることをいう。〔説文〕㲋部三下に[illegible]を録し「羽獵の韋袴なり」といい、その異文として[illegible]を録し、「虞書に曰く、鳥獸[illegible]毛す」と〔虞書〕の文を引く。声よりいえば[illegible]は[illegible]声であるから、最もその音に近く、[illegible]は[illegible]の省声に従う字、㲋は獣のふぐりを中心とする字で、[illegible]は柔毛の義にあう字である。
訓義 1にこげ、むくげ。2毛がさかんに生えること。3字はまた毴・毴・[illegible]・[illegible]に作る。
古訓 〔名義抄〕氄毛 フユゲ
↓毛氄・落氄・斂氄

【蕘】 16 4421 ジョウ(ゼウ) かりくさ きこり

篆文

形声 声符は堯(尭)。堯に饒の声があり、饒多の意がある。〔説文〕一下に「薪なり」、次の薪(薪)字条に「蕘なり」と互訓。〔管子、軽重甲〕に「農夫は、～其の薪蕘を賣る」とあって、大なるを薪、小なるを蕘という。〔詩、周南、漢広〕に「翹翹たる錯薪 言に其の楚(細い柴)を刈る」、「言に其の蔞を刈る」とあり、楚蔞の類を蕘という。采薪の俗は、古くは神事・祝頌のことに関して行われた。
訓義 1かりくさ、しば、たきぎ。2くさかり、きこり。3かぶら。
古訓 〔名義抄〕蕘 キコリ・クサカリワラハ／蕘花 ハマニレ
語系 蕘・饒・橈 njiô は同声。饒は饒多、橈は曲木。堯 ngyô、翹 giô も声近く、堯は土器を多く重ねて焼成する意、翹は多くの羽毛を掲げる意で、細く密集して上に揚がるさまをいう。
【蕘豎】 草刈る童。〔後漢書、儒林伝序〕安帝の政を覽るより、藝文を薄んじ、博士席に倚りて講ぜず、朋徒相ひ視て怠散し、學舍積敝し、鞠まりて園蔬と爲り、牧兒蕘豎、其の下に薪刈りするに至る。
↑蕘花 はまにれ／蕘子 樵夫／蕘童 蕘豎／蕘牧 牧畜
↓芸蕘・詢蕘・薪蕘・芻蕘

【遶】 16 3430 ジョウ(ゼウ) めぐる かこむ

形声 声符は堯(尭)。堯に繞・饒の声がある。堯は土器を焼くとき、窯内に土器を積みあげてゆく形。これに火を加えて焼成する。遶は高くめぐらし囲むことをいう。また繞と通用する。
訓義 1めぐる、めぐらす、かこむ。2繞と通用する。
古訓 〔名義抄〕遶 メグル・カクム 〔篇立〕遶 メグル・タル・カクム・カコム
語系 遶・繞 njiô は同声。〔説文〕に遶の字は未収。おそらくもと繞の字を用いていたのであろう。
【遶弄】 とりまいて戯れる。宋・朱熹〔雑記草木、九首、萱草二〕詩 西窓に萱草叢まる 昔是れ何人か種ゑし 移りて北堂の前に向ひ 諸孫、時に遶弄す
↑遶囲 めぐる／遶縈 めぐる／遶身 満身／遶束 束ねくくる／遶梁 梁上をめぐる妙音／遶彎 めぐりまがる
↓巡遶・翠遶・叢遶・盤遶・歩遶・遼遶

常 【錠】 16 8318 ジョウ(ヂャウ) テイ たかつき なべ

篆文

形声 声符は定。〔説文〕十四上に「鐙なり」とあり、豆とよばれる食器に足のあるもの、いわゆるたかつきをいう。また鍋物に用いる炉つきの器で、古銅器の甗に似ている。わが国では錠前の意に用い、またタブレット形式の薬剤をいう。
訓義 1たかつき。2なべ。3こつぶ、こつぶのかね。4国語では、錠前、また錠剤の薬。
古訓 〔新撰字鏡〕錠鐙 波佐弥(はさみ)、又、太加尓(たかに)。足有るを錠と曰ひ、足无きを鐙と曰ふなり 〔名義抄〕錠 クハ・タカネ・アフミ・カナヘ・ミ、カネ 〔篇立〕錠 ハサミ・タカニ・タカネ
↑錠剤 タブレット／錠子 粒銀

【襄】 17 0073 ジョウ(ジャウ) はらう たすける のぼる

篆文

古文

金文

その他

会意 衣＋吅＋𠈌。衣は死者の衣。その襟もとに、祝禱の器(𠙵)を二つおき、また呪具の工を四個おいて塡塞し、邪気が放散することを防ぎ、禳うのである。ゆえに襄は禳・攘の初文。金文の字形は、衣の間に種々の呪具をおく形に作る。〔説文〕八上に「漢の令に、衣を解きて耕す。之れを襄と謂ふ」とするが、襄声の諸字との間に声義の関係をえがたい。〔説文〕は字を𤕦声とし、𤕦字条三上に「亂るるなり。爻・工・交・吅に従ふ」とするが、その字形について説くところがない。また𢒈字条三下に「此れ𤕦と同意なり」とするが、𢒈は左右の手を上下に組み合わせた形で、左右に工と𠙵とをもち、神霊の所在を尋ねる意。襄は𠙵と工とを死者の衣襟の上に列して、邪霊を禳う意である。〔書、尭典〕「陵を懐かに襄る」の襄は、驤字の義。
訓義 1はらう、はらいきよめる。2たすける、力をそえる。3驤と通じ、のぼる、あがる、あげる。
古訓 〔名義抄〕襄 ハラフ 〔字鏡〕襄 タカシ 〔字鏡集〕襄 ツクス・ウヘ・ノル・ツラフ・ノゾク・ナル・ノボル
声系 〔説文〕二上に𤕦を部首とし、襄を𤕦声とするが、𤕦は襄の初文。死喪の礼として行う祓禳の呪儀を襄という。襄声の字として禳・讓(譲)・攘、また釀・穰(穣)・孃(嬢)・壤(壌)・釀(醸)など、十七字を収める。前者は祓禳に関する字、後者は柔らかくゆたかな状態にあるものをいう。
語系 襄・驤 siang は同声。それで襄を驤る意に用いる。禳・孃・穰 njiang も声近く、孃・穰はまた襛・醲・濃 niuəm と通ずる語で、豊穣の意をもつ語である。
【襄事】 ことを成す。葬事。〔左伝、定十五年〕定公を葬る。雨ふりて、事を襄すこと克はざるは、禮なり。
【襄尺】 五射の一。射儀において、臣は君より下方に一尺下がって位置する。〔周礼、地官、保氏〕三に曰く、五射。〔疏〕襄尺といふは、臣、君と射するに、君と竝び立たず、君に襄(譲)ること一尺にして退く。
【襄羊】 ぶらぶら。相羊・逍遥。漢・司馬相如〔上林の賦〕道盡き塗殫きて、車を迴らして還る。消搖襄羊として北紘(北方のはて)に降り集る。
【襄陵】 丘陵に上る。大洪水が丘陵をひたす。〔書、尭典〕帝曰く、咨四岳、湯湯たる洪水、方く割ひ、蕩蕩として、山を懐ね陵に襄り、浩浩として天に滔る。下民其れ咨く。能くするもの有らば、乂めしめんと。
↑襄岸 高岸／襄賛 賛助／襄助 助ける／襄労 骨折り

↓贊襄・七襄・上襄

【擾】 18 5104 ［擾］ 21 5104

ジョウ(ゼウ) ドウ(ダウ)
みだれる

篆文 金文

形声 正字は擾に作り、夒(どう)声。擾は俗字。〔説文〕十二上に「煩なり」とあって、煩乱をいう。夒は手足をあげて舞い躍る形。酒を飲んで乱れさわぐことを醲(どう)という。夒は喪に服する人の形であるから、声義ともに異なる字である。

訓義 ①みだれる、みだす。②わずらわす、わずらう。③したがう、ならす、なれる。④やすんずる、やすらか、やわらか。

古訓 〔名義抄〕擾 ミダル・ワヅラフ・ワヅラハシ・ナヤマス・アソブ・カキコナス・イソグ・ホル・ホレタリ・ナヅク・シタガフ・オブル・コナス・イタク・カク・チラス

【擾雑(じょうざつ)】かきみだす。〔後漢書、東夷伝論〕東夷は通じて柔謹を以て風と爲す。三方の者に異なるなり。～其の後、遂に通接商賈し、漸(やうや)く上國に交はる。而して燕の人衞滿、其の風を擾雜す。

【擾柔(じょうじゅう)】やさしい。〔韓非子、説難〕夫(そ)れ龍の蟲爲(た)るや、擾柔にして狎れて騎(の)るべきなり。然れども其の喉下に、逆鱗(げきりん)の徑、尺なる有り。若(も)し人之れに嬰(ふ)るる者有らば、則ち必ず人を殺す。

【擾擾(じょうじょう)】多くてみだれる。紛紛。〔列子、周穆王〕今、頓(には)かに識(し)りて、既往數十年來の存亡得失、哀樂好惡、擾擾として萬緒(ばんしょ)起る。

【擾攘(じょうじょう)】みだれさわぐ。〔論衡、答佞〕(張)儀・(蘇)秦は難を排するの人なり。擾攘の世に處(を)り、揣摩(しま)(未来を推測する)の術を行ふ。

↑擾怨(じょうえん) みだりがわしく怨む／擾化(じょうか) ならす／擾害(じょうがい) 害する／擾畜(じょうきく) あつかいならす／擾狎(じょうこう) 馴れ服する／擾索(じょうさく) みだりに貪る／擾順(じょうじゅん) すなおにする／擾馴(じょうじゅん) あつかいならす／擾綏(じょうすい) 安撫する／擾世(じょうせい) 乱世／擾奪(じょうだつ) みだし奪う／擾溺(じょうでき) 多い／擾動(じょうどう) 騒乱／擾反(じょうはん) かきまわす／擾煩(じょうはん) みだれて騒がしい／擾紊(じょうびん) みだす／擾服(じょうふく) 馴れ服する／擾逼(じょうふく) 迫る／擾弊(じょうへい) 乱れよわる／擾民(じょうみん) 順民／擾乱(じょうらん) 乱れる／擾累(じょうるい) 擾害

↓雲擾・駭擾・攪擾・驚擾・群擾・喧擾・諠擾・攻擾・荒擾・耗擾・寇擾・惶擾・忽擾・雑擾・柔擾・馴擾・撓擾・侵擾・震擾・沮擾・搔擾・騒擾・躁擾・煩擾・紛擾・奔擾・憂擾・竜擾・労擾

【穠】 18 2593

ジョウ(ヂョウ)
しげる

篆文

形声 声符は農(のう)。農に襛・醲(じょう)の声がある。〔玉篇〕に「花木盛んなるなり」とあり、花の穠艶なることをいう。襛・濃の意がある。

訓義 ①しげる。②花さく。

古訓 〔名義抄〕穠 コマヤカニ・キビシ 〔字鏡集〕穠 コマヤカナリ・キヨシ・キビシ・ハナノカタチ

語系 穠・襛・濃・醲 niuəm は同声。みな、ゆたかで濃密なるものの意がある。穰(穣)・孃(嬢)・釀(醸) njiang も、声義に通ずるところがある。

【穠豔(じょうえん)】あでやかに咲きみだれる。唐・李白〔清平調詞、三首、二〕詩 一枝の穠豔、露にも香を凝(こ)らす 雲雨巫山、枉(ま)げて斷腸す

【穠華(じょうか)】咲きみだれる花。唐・白居易〔夢遊春の詩に和す、一百韻〕詩 秀色は餐(くら)ふに堪ふるが似(ごと)く 穠華は掬(きく)すべきが如し

【穠纖(じょうせん)】ゆたかで纖細。〔鶴林玉露、甲六、(陳)簡斎詩〕其の詩、簡古よりして穠纖を發す。靖康の亂に値(あ)ひ、崎嶇(きく)流落して、時に感じ別れを恨み、頗(すこぶ)る一飯君を忘れざるの意有り。

↑穠郁(じょういく) 盛んで美しい／穠逸(じょういつ) 秀逸／穠秀(じょうしゅう) すぐれる／穠穠(じょうじょう) 盛美／穠飾(じょうしょく) 飾りたてる／穠縟(じょうじょく) 繁密／穠緻(じょうち) こまやかで美しい／穠睇(じょうてい) 熟視する／穠繁(じょうはん) 多い／穠密(じょうみつ) 茂密／穠緑(じょうりょく) 茂る／穠麗(じょうれい) あでやかで美しい

↓気穠・鮮穠・繁穠・妖穠

【穣】 人 18 2093 ［穰］ 人 22 2093

ジョウ(ジャウ)
ゆたか みのる みだれる

篆文

形声 旧字は穰に作り、襄(じょう)声。〔説文〕七上に「黍梨(れつ)已に治むる者なり」とあって、黍(き)の茎皮を去ったきびがらをいう。前条に「梨は黍穰なり」とみえる。字は豊穰の意に用いることが多く、〔説文〕の訓は本義としがたいように思う。〔詩、商頌、烈祖〕「天より康(福)を降す 豊年穰穰たり」のような古い用例がある。

訓義 ①ゆたか、ゆたかにみのる。②さかんなさま、みだれるさま。③きびがら、よもぎ、くさ。④禳と通じ、はらう。

古訓 〔名義抄〕穰 ニギハフ・ユタカナリ 〔字鏡集〕穰 ニギハフ・オホシ・ユタカナリ

語系 穰・瀼・孃(嬢)・釀(醸)・壤(壌) njiang は同声。すべて豊盛の意がある。穠・襛・濃・醲 niuəm はみな濃密の意があり、この両系の間に声義の関係がある。

【穣歳(じょうさい)】豊年。〔韓非子、五蠹〕饑歲(きさい)の春には、幼弟も饟(くら)はず、穰歲の秋には、疏客も必ず食らふ。骨肉を疏(うと)んじ、過客を愛するに非ざるなり。多少の實異なればなり。

【穣穣(じょうじょう)】ゆたかにみのる。〔史記、滑稽、淳于髡伝〕道傍に田に禳(いの)る者有るを見る。一豚蹄・酒一盂を操りて、祝(いの)りて曰く、甌窶(おうろう)(高く狭い地)なるも篝に滿てよ、汙邪(をじゃ)(低湿)なるも車に滿てよ。五穀蕃熟し、穰穰として家に滿てよと。

↑穣衣(じょうい) 賤役の衣／穣浩(じょうこう) 衆多／穣災(じょうさい) 災いを禳う／穣子(じょうし) 栩草／穣田(じょうでん) 祈年

↓飢穣・饑穣・凶穣・荒穣・浩穣・歳穣・黍穣・瑞穣・積穣・多穣・繁穣・富穣・福穣・豊穣

【繞】 18 2491

ジョウ(ゼウ)
めぐる

篆文

形声 声符は堯(尭)(ぎょう)。堯に饒・遶(じょう)の声がある。〔説文〕十三上に「纏(まと)ふなり」とあり、前条の「纏は繞(めぐ)らすなり」とあるのと、互訓。まといめぐらすことをいう。また、もつれ乱れる意がある。

訓義 ①まとう、まつわる、めぐる、めぐらす。②かこむ、つつむ。

古訓 〔名義抄〕繞 モトホル・ナヤマス・ヲサム・シマク・メグル・マツフ・カクム 〔字鏡集〕繞 メグル・モトヘリ・スベテ・モトホル・ヲサム・シマク・カクム・ナヤマス・マツハル・マツフ

語系 繞・遶・橈・饒 njiô は同声。遶は〔説文〕にみえず、もと繞と同字であろう。橈は曲木をいう。

【繞郭(じょうかく)】城郭をめぐる。唐・元稹〔重ねて州宅の旦暮の景色を夸(ほこ)る～〕詩 郭を繞(めぐ)りて煙嵐、新雨の後 滿山の樓閣、上燈の初め

【繞繞(じょうじょう)】まといめぐる。〔後漢書、仲長統伝〕意に任すも非無く、物に適(かな)ふも可なる無し。古來繞繞として、委曲すること瑣(さ)の如し。

【繞纏(じょうてん)】まとわる。宋・蘇軾〔夜夢む〕詩 我が生紛紛として、百縁に嬰(かか)る 氣固(もと)より習ひ多く、獨り此(ここ)に偏(かたよ)り 書を棄てて、君に事(つか)ふること四十年 仕へて留まることを顧みず、書繞纏す

【繞乱(じょうらん)】もつれみだれる。唐・羅隠〔柳〕詩 明年、更に新條の在る有り 春風に繞亂して卒(つひ)に未だ休(や)まざらん

【繞繚】まとわりめぐる。唐・皇甫松〔大隠の賦〕壖畝（田畑）、連延たり、桑麻、繞繚たり。

↑繞格　絡む／繞還　めぐる／繞繋　かかる／繞結　まといつく／繞指　柔らかい／繞室　家の周囲／繞膝　膝にまつわりつく／繞帯　帯のようにめぐらす／繞道　廻り道／繞梁　梁塵／繞領　もすそ

↓囲繞・紆繞・縈繞・縁繞・回繞・環繞・繳繞・巡繞・纏繞・盤繞・繆繞・風繞・夢繞・綿繞・繚繞・連繞

【襛】

篆文　18　3523　ジョウ（ヂョウ）

形声　声符は農。農に襛の声がある。〔説文〕八上に「衣の厚き皃なり」とあり、〔詩、召南、何彼襛矣〕「何ぞ彼の襛たる　唐棣（からなし）の華」とは、花木の盛んなるさまをいう。〔玉篇〕に「穠は花木盛んなるなり」とあり、その義は穠の字義。穠は〔説文〕にみえず、もと通じて用いたものであろう。

訓義　①衣があつく、立派なさま。②さかんなさま。

古訓　〔名義抄〕襛　アツシ・フトシ　〔字鏡集〕襛　アツキコロモ・フトシ

語系　襛・穠・濃・醲 niuəm は同声。みな濃厚・濃密の意がある。また穰（穣）・孃（嬢）・釀（醸）njiang の系列の字と、声義の通ずるところがある。

↑襛花　咲きみだれる花

↓奇襛・鮮襛・繁襛・妖襛

【攘】

篆文　20　5003　ジョウ（ジャウ）　はらう　しりぞける　とる

形声　声符は襄。襄は禳の初文で、祓禳・禳斥の意があり、その行為を攘という。〔説文〕十二上に「推すなり」というのは推譲の意であろう。〔漢書、礼楽志〕「揖攘の容を盛んにす」、〔漢書、司馬遷伝〕「小子何ぞ敢て攘らん」などは譲る意で、のち譲（譲）の字を用いる。攘の初義は譲斥で、「譲める」意。襄は多くの呪具を以て、邪気を攘うことをいう。

訓義　①はらう、はらいのける。②しりぞける、こばむ、おす。③かかげる、とる、おかす。④みだす、みだれる、わずらわしい。

古訓　〔名義抄〕攘　ハラフ・サハル・シリゾク・ユヅル・モトム・カヽグル・ヌスム・ニギハフ・ミダル・オク・フサグ・クダク・スツ・カブル・ツカム・カスム・カ、フ・ノゾク

語系　攘・禳・譲 njiang は同声。襄 siang の初文は㲄 nyang で、祓禳の呪具を示す。〔説文〕二上に穰（穣）njiang の音でよむとしており、いずれも祓禳に関する語である。

【攘夷】異民族を追いはらう。〔公羊伝、僖四年〕夷は狄なり。而ち亟中國を病ましむ。南夷と北狄と交はり、中國絶えざること綫の若し。（斉の）桓公、中國を救ひて夷狄を攘ふ。

【攘棄】はらいすてる。〔荘子、胠篋〕曾（子）・史（鰌）の行を削り、楊（朱）・墨（翟）の口を鉗し、仁義を攘棄して、天下の徳、始めて玄同（玄道と同一化）せん。

【攘詬】恥をはらう。〔楚辞、離騒〕心を屈し、志を抑へ、尤を忍んで、詬を攘はん

【攘除】はらい除く。蜀・諸葛亮〔出師の表〕庶はくは駑鈍を竭くして、姦凶を攘除し、漢室を興復して、舊都に還さんことを。

【攘斥】はらいしりぞける。唐・韓愈〔進学解〕異端を觝排し、佛老を攘斥し、罅漏を補苴し、幽眇を張皇し、墜緒の茫茫たるを尋ね、獨り旁く捜つて、遠く紹っぐ。

【攘奪】ぬすみうばう。〔管子、重令〕若し夫れ地大なりと雖も、而も幷び兼ねず、壤奪せず、人衆しと雖も、緩怠せず、下に傲らず。～此れ天下を正すの本にして、霸王の主なり。

【攘臂】腕まくりする。〔戦国策、韓一〕蘇秦～曰く～夫れ大王の賢を以て、強韓の兵を挾み、而も牛後の名有るは、臣竊かに大王の爲に之れを羞づと。韓王忿然として色を作し、臂を攘ひ、劍を按じ、天を仰ぎ太息して曰く、寡人死すと雖も、必ず秦に事ふること能はざらん～と。

【攘辟】退き避ける。〔礼記、曲礼上〕君出でて車に就くときは、則ち僕、轡を幷せて綏を授く。左右攘辟し、車驅りて騶る。

【攘羊】羊をぬすむ。ばか正直な者の話。〔論語、子路〕吾が黨に直躬といふ者有り。其の父、羊を攘めるに、子、之れを證せり。

↑攘外　攘斥／攘患　禍患をのぞく／攘卻　攘斥／攘袪　攘臂／攘襟　奮起する／攘巻　攘袪／攘拳　拳をふるう／攘捲　攘巻／攘災　除災／攘殺　とり殺す／攘手　攘臂／攘取　ぬすむ／攘攘　乱れる／攘竊　ぬすむ／攘善　善をかすめる／攘争　争奪する／攘地　開拓する／攘剔　除く／攘撓　まげる／攘伐　伐つ／攘服　征服する／攘略　侵奪する／攘腕　攘臂

↓外攘・攫攘・狂攘・撃攘・擾攘・搶攘・奪攘

【譲】

常　篆文　20　人〔讓〕24　0063　ジョウ（ジャウ）　せめる　ゆずる

形声　旧字は讓に作り、襄声。襄に祓禳の意がある。〔説文〕三上に「相ひ責讓するなり」とあり、人を譲める意とする。もと祓禳するための祝禱する辞をいう。攘斥して退かせることから、推譲・揖譲の意となる。避けて退くことを攘辟といい、譲・攘は声義の通ずる字である。

訓義　①せめる、ののしる、なじる、かろんずる。②おしやる、ゆずる、へりくだる、あたえる、しりぞく。③釀と通じ、かもす。

古訓　〔名義抄〕譲　ユヅル・セム・クダ（ル）・ウヤマフ　〔字鏡集〕譲　ウヤマフ・ユヅル・サル・クダル

語系　譲・禳・攘 njiang は同声。襄の初文㲄 nyang は、祓禳の呪具を用いることを示す字。襄はそれに衣を加えて、死喪のときの礼であることを示す。譲以下は、その礼に関する語である。

【譲賢】賢者にゆずる。〔墨子、魯問〕夫れ鬼神の、人に欲する所の者多し。人の高爵祿に處るものには、則ち以て賢に譲らんことを、財多きものには、則ち以て貧に分たんことを欲す。

【譲徳】有徳の人にゆずる。〔書、舜典〕帝曰く、格れ、汝舜、事を詢り言を考ふるに、乃の言、績とすべきを厎すこと三載なり。汝、帝位に陟れと。舜、徳に譲りて嗣がず。

【譲畔】あぜ道をゆずる。徳化のあついことをいう。〔史記、周紀〕虞・芮の人、獄有りて決すること能はず。乃ち周に如く。界に入るに、耕す者皆畔を譲り、民俗皆長に譲る。

【譲与】ゆずり与える。〔説苑、君道〕司城子罕、宋に相となり、宋君に謂ひて曰く、～夫れ賞賜譲與は、人の好む所なり、君自ら之れを行へ。刑罰殺戮は、人の惡む所なり。臣請ふ、之れに當らんと。～居ること期年、子罕其の君を逐ふ。

↑譲位　位をゆずる／譲下　譲遜する／譲譴　とがめる／譲坐　席をゆずる／譲辞　辞退する／譲誚　叱る／譲疏　辞表／譲遜　謙遜する／譲歩　ゆずる／譲路　路をゆずる

↓委譲・移譲・割譲・貴譲・恭譲・敬譲・謙譲・言譲・互譲・交譲・好譲・克譲・懇譲・辞譲・誚譲・仁譲・推譲・数譲・責譲・折譲・善譲・禅譲・尊譲・遜譲・退譲・誅譲・徳譲・面譲・揖譲・礼譲・廉譲

常 **【醸】** 20 人 **［釀］** 24 1063 ジョウ（ヂャウ） かもす

篆文

形声 旧字は釀に作り、襄声。襄にふくよかの意がある。〔説文〕十四下に「醞なり」、次条に「醞は釀なり」と互訓する。合わせて醞釀という。

訓義 ①かもす、さけをかもす。②さけ。③切りまぜる。

古訓 〔新撰字鏡〕釀 酘なり。曾比須（そひす）、佐介加牟（さけかむ）〔名義抄〕釀 ツクル・カム・サケカム・サケツクル／釀酒 ツクリサケ 〔字鏡集〕釀 カムタテ・カム・サケ・ツクル・サケカム・サケツクル・ス、ム

語系 釀・穰・穰（穣）・孃（嬢）・壤（壌）njiang は同声。みなふくよかに、ゆたかなさまをいう。釀は醞釀してもり上がる意。農の声の穠・襛・濃・醲 niuəm と対応する関係のある語である。

【醸酒】（じょう（ぢやう）しゅ） 酒をかもす。〔史記、孟嘗君伝〕息錢十萬を得、迺ち多く酒を釀り、肥牛を買ふ。～齊しく會日を爲し、牛を殺して置酒す。

【醸成】（じょう（ぢやう）せい） かもす。次第になる。〔白虎通、考黜〕鬯なる者は、百艸の香鬱金を以て、合して之れを釀し、成るを鬯と爲す。～地に灌ぎ、神を降す所以なり。

【醸造】（じょう（ぢやう）ぞう（ざう）） 酒などをかもす。〔本草綱目、草六、烏頭〕（土附子は）處處に之れ有り。～但だ此れ野生に係り、又釀造の法無し。

【醸米】（じょう（ぢやう）べい） 米をかもして酒をつくる。〔隋書、東夷、流求国伝〕木槽中を以て、海水を暴らして鹽と爲し、木汁を酢と爲し、米麴を釀して酒と爲す。其の味甚だ薄し。食するに皆手を用ふ。

↑醸郁 味が深くかぐわしい／醸甕 酒をかもすかめ／醸采 文采／醸事 事の発端／醸辞 蕪辞／醸糯 糯米の酒／醸飯 米を発酵させる／醸母 酒母

↓醞醸・佳醸・家醸・官醸・禁醸・吟醸・酤醸・合醸・春醸・醇醸・初醸・新醸・善醸・造醸・村醸・芳醸・野醸

【饒】 21 8471 ジョウ（ゼウ） ゆたか おおい

篆文

形声 声符は堯（尭）。堯に遶・蕘の声がある。堯は多くの土器を積みあげて、焼成するときのさまをいい、饒多の意がある。〔説文〕五下に「飽くなり」とし、〔玉篇〕に「豐なり、厚なり、餘なり」とあって、ものの豊かなことをいう。

訓義 ①ゆたか、あまる、おおい。②ます、めぐむ。③ゆるやか、たのしむ、あそぶ、ゆるす。④たとい、もし、さもあらばあれ。

古訓 〔名義抄〕饒 ユタカニ・ユタカナリ・ニギハフ・ホコル・メヅ 〔字鏡集〕饒 ホコル・アツシ・アマル・メヅ・アク・オホシ・ニギヲフ・ユタカナリ

【饒益】（じょう（ぜう）えき） 豊かで多い。〔史記、貨殖伝〕子贛、既に仲尼に學び、退いて衞に仕ふ。～七十子の徒、賜（子贛の名）最も饒益なりと爲す。

【饒衍】（じょう（ぜう）えん） 多くて余りがある。〔塩鉄論、褒賢〕主父（偃）、困厄せらるるの日久し。～是に於て饒衍の餘を取りて、以て窮士の急を周ふ。私家の業を爲すに非ざるなり。

【饒給】（じょうきゅう（ぜうきふ）） ゆたかに足る。〔漢書、食貨志賛〕民其の利に頼り、萬國乂まることを作す。孝武の時に及んで、國用饒給し、民、賦を益さず。～王莽に至り～姦軌權を弄し、官民倶に竭く。

【饒舌】（じょう（ぜう）ぜつ） おしゃべり。〔景徳伝灯録、二十七、寒山子〕寒山復た閭丘の手を執り、笑うて言ひて曰く、豐干饒舌なりと。久しくして之れを放つ。

【饒贍】（じょう（ぜう）せん） ゆたかに足る。〔後漢書、宦者、張譲伝〕扶風の人孟佗、資產饒贍なり。奴と朋結し、傾竭して饋問し、遺愛する所無し。奴、咸く之れを德とす。

【饒富】（じょう（ぜう）ふ） ゆたかに富む。〔論衡、率性〕夫れ其の術を得ば、命を受けずと雖も、猶ほ自ら饒富を益さん。性惡の人も、亦た天の善性を稟けざるも、聖人の教へを得ば、志行變化せん。

↑饒溢 多くて溢れる／饒広 広くゆたか／饒財 多財／饒使 たとい／饒侈 多い／饒奢 ぜいたくする／饒鬚 鬚が多い／饒羨 ゆたかで余る／饒足 十分／饒多 多い／饒飽 飽食する／饒乏 多少／饒野 沃野／饒裕 ゆたか／饒沃 肥沃／饒楽 ゆたかで楽しい／饒令 たとい

↓寛饒・広饒・周饒・地饒・田饒・肥饒・富饒・豊饒・優饒・余饒・沃饒

【擾】 22 2154 ジョウ（ゼウ） やすらか なれる

篆文

形声 声符は夒。夒は〔説文〕五下に「貪獸なり」とし、母猴の意とするが、頁は人の礼容を整えた形で、夒とは神前に舞楽する象をいう。〔説文〕二上に擾を「牛、柔謹なるなり」とするが、牛は犧牲。犧牲を捧げて神に祈る意。金文に「遠きを䜎らげ𢦏きを能む」という語があり、文献には䜎を柔に作る。卣は酒器。酒を薦めて歌舞し、神意を柔らげることをいう字である。また金文に「䜎る」とよむ字があり、おそらく擾の初文。酔って歌舞する姿をいう。䜎の字義から推して、擾の字義を知ることができる。

訓義 ①やすらか、やすんずる、神意をやすんずる。②なれる。

古訓 〔名義抄〕擾 ナヅク 〔字鏡集〕擾 ツ、シチナリ・ナツク・ヤスシ・シタガフ

語系 擾・擾・柔・鞣 njiu は同声。〔書、皐陶謨〕の「擾にして毅」は「柔にして毅」の意。これらの字は、声近くして通用することがある。

【禳】 22 3023 ジョウ（ジャウ） はらう

篆文

形声 声符は襄。襄は死者の衣襟のうちに、呪具や祝禱の器（㔾）をおき、邪霊が死者に憑くことを防ぎ禳うことを示す字で、禳の初文とみてよい字である。〔説文〕一上に「磔禳なり」という。〔礼記、月令〕に、季春の月に九門に磔禳して春気を畢え、季冬の月にまた大儺し旁磔することがみえる。鄭玄の注によると、旁磔とは犬皮を披いて四門の上に掲げ、蠱気を祓う祭儀で、これを磔禳という。〔周礼、天官、女祝、注〕に「變異を卻くるを禳と曰ふ」とあり、わが国の「鬼やらい」のような習俗をいう。

訓義 ①はらう、邪気をはらう。②鬼やらい、城門に犬皮を張ってはらう。

古訓 〔名義抄〕禳 ハラフ・カハル・サイハヒ

語系 禳・讓（譲）・攘 njiang は同声。襄の初文は䙴 nyang に作り、呪具を列する形。これを死者の衣中におくのを襄という。およそ襄声の字には、その声義を承けるものが多い。また釀（醸）・孃（嬢）は、やわらかくゆたかな意をもち、別の一義をなしている。

【禳禜】（じょう（じやう）えい） 山川の神を祭り、厄除けを祈る。明・宋濂〔周君墓銘〕母、危疾を患ふに及び、遂に（官を）棄てて歸り、～晨夕涕泣し、叩顙して天を籲ぶ。夢に、神語るに禳禜の法を以てす。亟やかに其の言の如くせるに、疾果して愈えたり。

↑禳疫 疾除け／禳解 お祓い／禳禬 災いを祓う／禳災 祓禳／禳祭 祈禱／禳疾 疾除け／禳除 お祓い／禳星 星祭／禳禱 祈禱

↓厭禳・禬禳・侯禳・磔禳・祓禳

【躡】 25 6114 ジョウ(デフ) ふむ

篆文

形声 声符は聶。〔説文〕二下に「蹈むなり」とあり、その足早のさまをいう語であろう。〔釈名、釈姿容〕に「躡は攝るなり、其の足上に登るに、攝服せしむるなり」とするが、〔唐書、裴度伝〕に「勞問相ひ躡ぐ」とあるように、足早に続く意で、聶の声義を承けるところがある。聶は耳に附けて呫ぐ意。

訓義 ①ふむ、べたべたとふむ。②相次いでくる、のぼる、いたる。③おう、したがう、足早に追う。④はやい、はやくせまる。

古訓 〔名義抄〕躡 フム・ヒク・ノボル・アフトコフ

【躡景】日影を追う。速やかにゆく。魏・曹植〔七啓〕忽ち景を躡んで輕とく鶩せ、奔驥逸みやかにして、遺風を超ゆ。

↑躡運 運に任せる/躡雲 雲に乗る/躡機 織機/躡脚 軽く走る/躡屩 旅行する/躡蹻 旅行する/躡級 かけ上がる/躡虚 空をゆく/躡空 跨有する/躡屐 歩行する/躡撃 追撃する/躡跨 跨有する/躡跟 ふむ/躡手 軽快/躡蹤 追迹する/躡尋 追究する/躡迹 追迹/躡舃 歩行する/躡足 足早/躡逐 追迹/躡蹀 小歩き/躡敵 追尾する/躡等 ぬき出る/躡磴 石段登り/躡武 躡歩/躡歩 足早にゆく/躡捕 追捕する

↓虚躡・軽躡・跨躡・高躡・坐躡・峻躡・上躡・振躡・尋躡・足躡・追躡・度躡・登躡・踏躡・騰躡・迫躡・陵躡

【鑲】 25 8013 ジョウ(ジャウ)

篆文

形声 声符は襄。襄は死者の胸もとなどに呪具や祝告の器をつめこんで禳うこと。襄に、中につめこむものの意がある。〔説文〕十四上に「型を作る中腸なり」(段注本)とあり、〔繫伝〕に「鐘鏞の屬を鑄るとき、內をして空ならしむる者、型範中に於て、更に土模を作る」という。いわゆる土胎の意。型範と土胎の中間に流しこんで、鋳こみをする。鑲はのち多くいかけて欠を補うことや、ふちどりなどの意に用いる。

訓義 ①いがたのなかみのつめもの、内模、土胎。②兵器、鉤の類、中央に外向きの刃を加えたもの。③ふちどる。④はめる、はめこむ、鑲牙。

古訓 〔字鏡集〕鑲 ホコ

↑鑲牙 義歯/鑲嵌 象嵌/鑲金 鏤金/鑲辺 縁つけ

↓鉤鑲・鍾鑲・推鑲

【鑷】 26 8114 ジョウ(デフ) はさみとる ぬく

形声 声符は聶。聶は細かく小さくひらひらするもの。これを確かにはさんでとることをいう。〔説文通訓定声〕に、物をはさみとるとき、竹を以てするを籋といい、鉄を以てするを鉗といい、蘇俗ではこれを鑷子という、とする。

訓義 ①はさみとる、はさみとるもの。②ぬく。③けぬき。④髪飾りの一。

古訓 〔新撰字鏡〕鑷 加奈波志(かなばし) 〔和名抄〕鑷子 楊氏漢語抄に云ふ、波奈介沼岐(はなげぬき)、俗に介沼岐(けぬき)と云ふ 〔名義抄〕鑷 ヒバシ・ケヌキ/鑷子 ハナゲヌキ・ケヌキ・ヌキツ・ヌク・アツマル・ハサミ・カナカキ 〔字鏡集〕鑷 ヌク・ケヌキ・ヌキス・アツマル

【鑷白】白髪を抜く。唐・李白〔秋日、鍊薬院にて白髪を鑷く。元六兄林宗に贈る〕詩 長吁して靑雲を望む 白を鑷きて、坐ろに相ひ看る 秋顔、曉鏡に入り 壯髮、危冠に凋む

↑鑷工 理髪師/鑷子 毛ぬき/鑷髪 鑷白

【饟】 26 8073 ジョウ(ジャウ)

篆文

形声 声符は襄。〔説文〕五下に「周人餉を謂ひて饟と曰ふ」とあり、次条に「餉は饟くるなり」という。〔爾雅、釈詁〕に「饟は饋なり」とあり、饋餉と同義。農作の人に食をとどけること。また軍糧にもいう。

訓義 ①食をおくる、農作の人に食事をとどける。②兵糧・軍糧としておくる。

【饟饋】進物の食料品。〔顔氏家訓、治家〕世閒の名士、但だ寬仁を務め、飮食饟饋は、僮僕減損し、施惠然諾は、妻子節量し、賓客を狎侮し、鄉黨を侵耗するに至る。此れ亦た家を爲むるの巨蠹(大きな弊害)なり。

【饟道】糧道。〔史記、呉王濞伝〕客曰く、呉の兵鋭甚なり。與に鋒を爭ひ難し。~(楚の)輕兵をして淮・泗の口を絕ち、呉の饟道を塞がしめん~と。條侯曰く、善しと。其の策に從ひ、遂に壁を昌邑の南に堅くし、輕兵もて呉の饟道を絕たしむ。

↑饟食 餉食

↓帰饟・餽饟・軍饟・漕饟・糧饟

【驤】 27 7033 ジョウ(ジャウ) あがる おどりあがる

篆文

形声 声符は襄。〔説文〕十上に「馬の低仰するなり」とあり、馬首を仰ぎ、あるいは垂れる意であるとする。馬の騰驤疾走する意であろう。〔爾雅、釈畜〕に「後右足白きは驤なり」という。

訓義 ①馬首をあげる、馬首をあげて疾走する。②のぼる、あがる、おどりあがる。③はやい、はやく走る。④後右足の白い馬。

古訓 〔名義抄〕驤 アガル・ノボル・ホトハシル・ハシル・コユ・ノコル・ノス・ウツク 〔字鏡集〕驤 ホトハシル・スミヤカ・ノボル・アガル・ノコル・ウツク・ノリモノ・ノル・ノス・ハシル

【驤首】馬などが首をあげ、疾走の姿勢を示す。漢・鄒陽〔書を呉王に上る〕臣聞く、蛟龍首を驤げ翼を奮へば、則ち浮雲出でて流れ、霧雨咸く集る。聖王節を底し德を脩めば、則ち游談の士、義に歸し名を思ふと。

↓雲驤・高驤・上驤・超驤・電驤・騰驤・風驤・奮驤・竜驤

ショク

常 【色】 6 2771 ショク シキ いろ

篆文 古文

会意 人+卪。人の後ろから抱いて相交わる形。〔説文〕九上に「顏气なり。人に從ひ、卪に從ふ」とし、人の儀節(卪)が自然に顔色にあらわれる意とするが、男女のことをいう字。尼も字形が近く、親昵の状を示す。特に感情の高揚する意に用い、〔左伝、昭十九年〕「市に色す」は怒る意。「色斯」とはおどろくことをいう。

訓義 ①いろ、かおいろ、かおにあらわれる、けしきばむ。②いろどり、つや、つややか、おもむき、うつくしい。③おだやか、なごむ。④しな、たぐい。⑤男女の情、なさけ。

古訓 〔篇立〕色 イロ・カタチ・サマハ 〔字鏡集〕色 イロ・イロノカタチ

部首 〔説文〕に艴など二字、〔玉篇〕に艷(艶)などを加えて十二字を属する。艶は豔の俗字である。

【色楽】女色と音楽。秦・李斯〔書を秦の始皇に上る〕今、人を取るときは則ち然らず。可否を問はず、曲直を論ぜず。秦を非る者は去り、客爲る者は逐ふ。然らば則ち是れ、重んずる所の者は色樂珠玉に在りて、輕んずる所の者は民人

に在るなり。

【色候】顔色にあらわれる病状。〔魏書、術芸、徐謇伝〕顯祖、其の能くする所を驗せんと欲し、乃ち諸病人を幕中に置き、謇をして隔てて之れを脈せしむるに、深く病形を得、兼ねて色候を知れり。遂に寵遇せらる。

【色斯】おどろくさま。〔論語、郷党〕色斯として擧り、翔りて而る後集まる。曰く、山梁の雌雉、時なる哉、時なる哉と。

【色然】驚くさま。〔公羊伝、哀六年〕陳乞曰く、吾れに爲る所の甲有り。請ふ、以て示さんと。諸大夫皆曰く、諾と。是に於て、力士をして巨囊を擧げて中霤に至らしむ。諸大夫之れを見て、皆色然として駭く。之れを開けば、則ち闖然として公子陽生なり。陳乞曰く、此れ君なりと。諸大夫、已むを得ず、皆逡巡北面す。

【色養】親に和らぎつかえる。晉・潘岳〔閑居の賦〕拙き者は、以て意を寵榮の事に絶つべし。太夫人、堂に在りて、羸老の疾有り。尙ほ何ぞ能く膝下の色養を違り、屑屑として斗筲の役(卑官の職)に從はんや。

【色理】肌の色つや。〔後漢書、方術、華佗伝〕(冷)壽光、年百五、六十歳可り。容成公の婦人を御するの法を行ふ。常に屈頸鴟息し、須髮盡く白きも、色理は三、四十の時の如し。

【色厲】表面だけ威厳のあるようす。〔論語、陽貨〕色厲にして內荏(柔弱)なるは、諸れを小人に譬ふれば、其れ猶ほ穿窬の盜(こそ泥)のごときか。

↑色夷 温顔/色鬼 色情狂/色好 美色/色荒 荒淫/色色 種々/色診 顔色をみて症状を察する/色寝 容貌がみにくい/色人 役人/色沢 光沢/色胆 情欲/色調 色あい/色聴 顔色の印象で判断する/色寵 寵愛/色頭 楽人の長/色難 やさしい態度で親につかえることはむつかしい/色認 記号/色物 色あい/色魔 好色漢/色目 種目/色容 ようす/色様 模様/色欲 欲情/色慾 欲情/色類 種類

↓異色・雲色・慍色・悦色・怨色・遠色・寒色・間色・顔色・気色・飢色・喜色・饑色・脚色・漁色・驕色・景色・血色・月色・原色・古色・五色・好色・江色・国色・才色・彩色・菜色・山色・慙色・姿色・辞色・失色・酒色・秀色・秋色・愁色・出色・春色・潤色・女色・神色・水色・翠色・正色・生色・声色・盛色・設色・絶色・染色・遜色・苔色・褪色・黛色・着色・天色・特色・難色・配色・敗色・美色・風色・服色・物色・変色・暮色・墨色・本色・暝色・面色・夜色・野色・愉色・幽色・憂色・容色・柳色・令色・麗色

【昃】 8 6028 ショク かたむく ひるすぎ

篆文 甲骨文

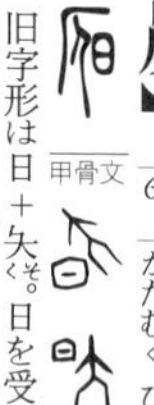

会意 旧字形は日＋矢。日を受けて、人影が傾く形。〔説文〕七上に「日、西方に在るの時、側くなり」とみえる。卜文の字形は漢碑にもなおその字形がある。

訓義 1かたむく、日がかたむく。2ひるすぎ。

古訓 〔名義抄〕昃 カケタリ・カタブク 〔篇立〕昃 カタブク・カケタリ・ヒノクル、ナリ

語系 昃・仄・矢・側 tzhiək は同声。仄は矢より変化した形。矢は人影が斜めに傾く形。側は鼎側の意で、器腹の傾きのあるところをいう。

【昃晷】日が西にかたむく。ひるすぎ。夕かけて。斉・王融〔三月三日曲水詩の序〕猶ほ且つ明に具ぶまで寝を廢め、昃の晷くまで餐を忘る。

↑昃食 夕食

常【拭】 9 5304 ショク ぬぐう きよめる

形声 声符は式。式は呪具の工をもってものを清め祓う意。〔爾雅、釈詁〕に「清むるなり」とあり、汚れを拭うことをいう。〔儀礼、聘礼〕に「北面して坐して圭(玉)を拭ふ」とみえる。〔公羊伝、哀十四年〕に、獲麟の報をえたとき孔子が「孰爲れぞ來たれるや」と嘆き、「袂を反して面を拭ふ。涕袍を沾せり」としるしている。拭うことの本字は飾(飾)・刷、いずれも布を身に帯びる形の字で、拭と同声、拭は飾の通用の字である。

訓義 1ぬぐう、ふく、ふきとる。2きよめる。

古訓 〔名義抄〕拭 ノゴフ・キヨシ・ハク 〔字鏡集〕拭 ハク・ワタル・キヨシ・トコフ

語系 拭・飾 sjiək は同声。拭は儀礼のときに用い、飾は〔説文〕七下に「㕞ふなり」と訓し、飤(食事)と巾とに従い、食事の際に帯びるものである。帨(帥)・帨 sjiuat は声近く、みな佩巾の類。これを払拭するを㕞(刷) shoat といい、同じく巾を帯びる形に従う。払拭して清潔をえたことを察 tsheat といい、その状を察察という。

【拭面】顔をぬぐう。晉・杜預〔春秋左氏伝の序〕余、以爲へらく、麟に感じて作ると。～袂を反して面を拭ひ、吾が道窮すと稱するに至りては、亦た取ること無し。

【拭目】目をぬぐって注視する。〔漢書、張敞伝〕今天子、盛年を以て初めて位に卽く。天下目を拭ひ耳を傾け、化を觀、風を聽かざる莫し。

【拭涙】涙をぬぐう。梁・昭明太子〔擬古〕詩 紅を窺ひ鏡に對し、雙眉を斂む 愁を含み涙を拭ひ、坐して相ひ思ふ

↑拭擦 こする/拭眥 拭目/拭塵 塵を拭う/拭清 ふき清める/拭払 ぬぐい払う/拭抹 ふきとる

↓按拭・瑩拭・湔拭・掃拭・払拭・抆拭・磨拭

常【食】 9 8073 〔食〕 9 8073 ショク ジキ シ たべもの くらう やしなう

篆文 甲骨文 金文

象形 食器である毀(皀)に蓋をした形。金文の毀を、文献には簋に作るが、本来竹器ではない。〔説文〕五下に「米を亼むるなり。皀に從ひ、亼聲」(段注本)とするが、亼は器の蓋の形。飲食の字は金文に多く飤に作り、「飲飤謌舞」、また「誨猷(謀)飤(食)たず」のように用いる。卜辞によると、古人は日に二食で、大食・小食という。また大采・小采ともいい、日を送迎する礼であるが、それがまた食事のときでもあった。また日月の蝕をもいう。

訓義 1たべもの、食うもの、食事。2くらう、はむ、めす、のむ、くらす。3やしなう、ふやす、ふえる。4あやまつ、たがう、けす、なくす。5日月の食、蝕。

古訓 〔和名抄〕食指 楊氏漢語抄に云ふ、頭指、比斗佐之乃於與比(ひとさしのおよび) 〔名義抄〕食 クヒモノ・ハム・クフ・モノクフ・ケ・モチヰル・ヤシナフ・イツハル・クラフ 〔字鏡集〕食 タカラ・モノクフ・クヒモノ・メス・ヤシナフ・イツハリ・ムサブル・クフ・クラフ・ハム・ケ

部首 〔説文〕に六十一字と重文十八字、〔新附〕二字を屬し、〔玉篇〕にはすべて百十九字を屬する。

声系 〔説文〕に食声として飾(飾)・飾・飭の三字を収める。すべて飤に従う形である。飾はまた蝕に作り、食の蠹敗するものをいう。飭は〔説文〕十三下に「堅を致すなり」とあって、音は敕、営塁などを治める意であるという。

語系 食djiək、飤・飼（飤）ziəは声義近く、飤は名詞、食は動詞的な字であろう。蝕djiəkは食と同声。〔説文〕十三上に「飾は敗創なり」とあって、蠹敗することをいう。また日月の食にも用いる。

【食飲】飲食のもの。〔礼記、少儀〕洗盥し、食飲を執る者は、氣すること勿かれ。

【食貨】食物と財貨。いまの経済にあたる。〔漢書、食貨志上〕洪範八政、一に曰く食、二に曰く貨。食とは農殖嘉穀、食らふべきの物を謂ひ、貨とは布帛の衣るべく、及び金刀龜貝、財布を分ち、有無を利通する所以の者を謂ふなり。

【食気】食欲。〔論語、郷党〕肉は多しと雖も、食氣に勝たしめず。

【食客】客分。寄食する者。〔史記、孟嘗君伝〕孟嘗君～諸侯の賓客、及び亡人の罪有る者を招致し、～業（家産）を舍てて之れを厚遇す。故を以て天下の士を傾け、食客數千人、貴賤と無く一に文（孟嘗君の名）と等しくす。

【食挙】祭礼のとき、肺と背肉をとりあげる。また、天子の食事のとき、楽を奏する。〔礼記、王制〕然る後天子食す。日に擧ぐるに樂を以てす。

【食饗】賓客に饗する礼。〔礼記、仲尼燕居〕食饗の禮は、賓客を仁しむ所以なり。

【食頃】しばらく。まもなく。〔史記、孟嘗君伝〕客の下坐に居る者に、能く雞鳴を爲すもの有り。而ち雞盡く鳴く。遂に傳を發して出づ。出づること食頃如にして、秦の追ふも果して關に至る。

【食言】前言をひるがえす。うそをいう。約をたがえる。〔左伝、哀二十五年〕（魯）公、～五梧に宴す。武伯、祝（杯）を爲し、（公の従者）郭重を惡りて曰く、何ぞ肥えたるやと。～公曰く、是れ食言多し。能く肥ゆること無からんやと。

【食采】所領。知行所。〔漢書、地理志下〕本と周の宣王の弟友、周の司徒と爲り、宗周の畿内に食む。是れを鄭と爲す。

【食指】人さしゆび。〔左伝、宣四年〕楚人、黿（すっぽん）を鄭の靈公に獻ず。公子宋と子家と將に見えんとす。子公（公子宋）の食指動く。以て子家に示して曰く、他日（以前）我此くの如きときは、必ず異味（珍味）を嘗めたりと。

【食時】食事をする時間。しばらくの間。〔三国志、呉、呂蒙伝〕蒙、手づから枹鼓を執り、士卒皆騰踊して自ら升り、食時にして之れを破る。

【食籍】一生の食い分。冥界できめられているという。宋・黄庭堅〔戯れに彦深（李原）に贈る〕詩 世に傳ふ、寒士に食籍有りと　一生當に飯すべし、百甕の葅（つけもの）　冥冥（幽明の世）の主張、審らかにすること此くの如し　附郭（城外）の小圃、宜しく勤め鉏くべし

【食前】座前の食事。〔孟子、尽心下〕食前方丈、侍妾數百人、我志を得とも爲さざるなり。

【食奉】官の賜給。食禄。〔晋書、職官志〕諸公及び開府の位、公に從ふ者は品秩第一、食奉日に五斛。～又、絹を給す。春百匹、秋絹二百匹。

【食禄】俸禄。給与。〔史記、循吏、公儀休伝〕祿を食む者をして、下民と利を爭ふを得ず、大を受くる者をして、小を取るを得ざらしむ。

↑食案　飯台／食医　胃腸科の医者／食盂　飯びつ／食咽　食物にむせぶ／食閻　誘いすすめる、慫慂／食過　たべ過ぎ／食槩　米穀の量をはかる／食角　犀角／食監　御膳番／食既　皆既食／食器　食事の器／食餽　扶持米／食君　臭気のつよい野菜／食葷　食君／食齧　かみきる／食犬　食用犬／食口　人口／食穀　穀食／食斉　穀食／食菜　菜食／食子　幼児を養う／食斉　調剤をした食事／食肆　飯店／食次　食事の時／食餌　食物／食日　朝食／食炙　焼肉／食酒　大酒を飲む／食粥　粥食／食菽　疏食／食色　食と色／食甚　日食が大きい／食性　食事の嗜好／食絶　食料が無い／食膳　食事／食倉　鼻下／食息　生きる／食粟　穀食／食胎　獣の胎中の子をたべる／食卓　飯台／食単　献立表／食啖　食う／食啗　食う／食淡　まずしい食事／食地　耕地／食筯　はし／食田　采地／食土　采地／食堂　食事部屋／食品　食物／食貧　貧乏暮らし／食母　乳母／食封　食禄として与えられた封地／食俸　食奉／食墨　卜兆／食味　食物の味／食物　たべ物／食邑　領地として与えられた封邑／食余　残飯／食輿　肩輿／食用　食物／食欲　食気／食料　食用とすべき物／食粮　食料／食糧　食料／食力　働いて食う／食礼　宴席の礼

↓悪食・衣食・飲食・火食・会食・甘食・旰食・寒食・間食・艱食・寄食・匱食・齮食・饋食・給食・挙食・玉食・禁食・欠食・血食・月食・減食・耕食・穀食・乞食・坐食・菜食・蚕食・餐食・耳食・主食・酒食・終食・熟食・黍食・少食・稍食・冗食・稷食・蓐食・侵食・浸食・寝食・節食・絶食・鮮食・膳食・素食・疏食・粗食・疎食・蔬食・族食・卒食・損食・多食・大食・退食・貪食・簞食・断食・朝食・鼎食・徒食・呑食・肉食・日食・配食・陪食・飯食・伴食・非食・美食・廟食・稟食・服食・副食・粉食・兵食・米食・偏食・飽食・暴食・卜食・眠食・夜食・薬食・遊食・粒食・旅食・料食・糧食・廩食・禄食

【畟】10　6024　ショク　たのかみ　すく

篆文

象形 田神の象。耜（ム）を頭とする神像は夋。これに対して田神の像を稷といい、周の始祖后稷はもと農業神の名であろうと思われる。〔説文〕五下に「稼を治むること、畟畟として進むなり」とするが、字は稷の初文とみるべきである。田は鬼頭のような形。〔儀礼、特牲饋食礼〕、〔礼記、祭統〕に「尸、謖つ」とあり、謖とは神像のようにいかめしく振る舞う意であろう。

訓義 1たのかみ、すきのあたまをした神像。2すく、田をすく。3畟畟はすきのするどいさま、たちいのするどいさま、すすむさま。

古訓 〔字鏡集〕畟 ス、ム

声系 〔説文〕に畟声として稷など二字を収める。稷は農業神、畟がその神像を示す字であった。謖は〔爾雅、釈言〕に「起つなり」とあり、謖謖とはその峻挺のさまを形容する語である。

【畟畟】鋒先の鋭いさま。耜のよく耕すさまをいう。〔詩、周頌、良耜〕畟畟たる良耜　俶めて南畝に載あり

【畟然】すっきりとしたさま。〔捜神記、二十〕方四十里、城と一時に倶に陷りて湖と爲る。土人之れを謂ひて陷湖と爲す。唯だ姥（老婆）の宅のみ恙つ無し。～風浪有る毎に、輒ち宅側に居り、恬靜にして他無し。風靜まり水清み、猶ほ城郭樓櫓の畟然たるを見る。

人【埴】11　4411　ショク　シ　はに

篆文
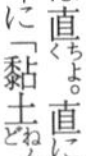

形声 声符は直。直に植・殖の声がある。〔説文〕十三下に「黏土なり」とあり、陶土として用いる。〔書、禹貢〕に「厥の土は赤埴」とあり、赤い陶土を産することをいう。〔周礼、考工記、総目〕に「摶埴の工」があり、明器・祭器の類を作った。埴を〔鄭玄本〕に戠に作る。戠は熾・織（織）のように用いて赤の意があり、埴とは「はに」を

いう。わが国では埴輪を作った。
訓義 ①はに。②ひじ（泥土）、土。
古訓 〔新撰字鏡〕埴 黏土なり、波尓（はに）なり〔和名抄〕埴 波爾（はに）〔名義抄〕埴 ハニ・ニハ・ホル・ツチ・ウヅム・ツチクレ
語系 埴zjiak、戠tjiak、熾thjiakは声近く、みな赤い色の意を含んでいる。「はにわ」はその素焼きしたものである。
【埴固】堅牢であること。〔墨子、尚賢中〕周頌に之れを道ひて曰く、～折けず崩れず 日の光の若く 月の明なるが若し 天地と同じく常なりと。則ち此れ、聖人の徳、章明博大、埴固にして以て脩久なるを言ふなり。
↑埴瓦 土瓦／埴土 黏土
↓埏埴・瓦埴・赤埴・治埴・摘埴・擿埴・陶埴・摶埴

【唧】 12 6702 ショク かこつ

形声 声符は即（即）。唧唧は虫の声。もとその形況の語。
訓義 ①虫の声、多くの虫のすだく声。②ものの音、さびしい音。③ひそやかな声、なげく声。④国語で、かこつことをいう。
古訓 〔名義抄〕唧 ナゲク・ナク〔篇立〕唧 ナゲク・ナク・ヒ、ナク・キ、
【唧唧】嘆く声。〔楽府詩集、横吹曲辞五、木蘭詩、二首、一〕唧唧復た唧唧 木蘭、戸に當りて織る 機杼の聲を聞かず 唯だ女の歎息するを聞く
↑唧嘖 虫の声／唧嗾 虫の微かになく声／唧筒 水鉄砲／唧溜 すっきりとしあがる、聡明なさま
↓喧唧・詬唧・啾唧・長唧・啁唧

【寔】 12 3080 ショク まことに これ

篆文

形声 声符は是。是に湜の声がある。〔説文〕七下に「止なり」とあるも、〔段注本〕に「正なり」の誤りとし、「是なり」の意。實（実）と声義近く、〔詩、召南、小星〕「寔に命猶しからず」を〔韓詩〕に「實に」に作る。實は廟中に鼎実をおく形。是は匙の初文であるが、廟中の儀礼との関係は明らかでない。
訓義 ①まことに。②これ、この。③寘と通じ、おく、とまる。
古訓 〔名義抄〕寔 コレ・マコト・トヾム・チリ・コ、ニ・カクノゴトク／寔用 コ、ヲモテ
語系 寔zjiek、實djiet、是・提zjie、また禔tjieは声近く、それぞれ通用することのある語である。指示的な意を基本義とするものと思われる。

常【植】 12 4491 ショクチ たてる うえる

篆文

形声 声符は直。直に埴・殖の声がある。直に挺直の意があり、植てるものをいう。〔説文〕六上に「戸の植なり」とあって戸榜の柱、たての「貫の木」の意とする。重文に置に従う字を録し、〔論語、微子〕「其の杖を植てて芸る」の植を、〔漢石経〕に置に作る。木をたてる意であるが、植物の意に用い、また人を他地に移すことを植民という。
訓義 ①たてる、うえる。②たての貫の木、はしら、戸のはしら。③おく、よる。④もと、ね。⑤殖と通じ、おおい、しげる、そだつ。
古訓 〔名義抄〕植 ウウ・オフ・タツ・ホドコス・ヨセタツ・コ、ロザシ〔字鏡集〕植 ウヱキ・ユヅリハ・ホドコス・ヨセタツ・オク・ウウ・コ、ロザシ・オコル・タツ・ヒク・ヨセ
語系 植・殖zjiak、置tjiakは声近く、ともに直diakの声義を承け、たつ意がある。蒔（蒔）zjiaは蒔きふやす意。殖は腐殖。草木の滋生を促すもので、みな関連のある語である。
【植緒】基礎を定める。〔三国志、蜀、楊戯伝〕（季漢輔臣賛）夫れ命世の主は、身を樹てて道を行ふこと、唯だ一時のみに非ず。亦た基を開き緒を植つるに由りて、來世に光く者なり。
【植物】草木の類。漢・張衡〔西京の賦〕繚垣綿聯として四百餘里、植物斯に生じ、動物斯に止り、衆鳥翩翻たり、群獸駓騃たり。
【植木】うえき。唐・柳宗元〔種樹郭橐駝伝〕凡そ植木の性、其の本は舒やかならんことを欲し、其の培ふことは平らかならんことを欲し、其の土は故きことを欲し、其の築くは密ならんことを欲す。既に然し已らば、動かすこと勿く、慮ること勿く、去りて復た顧みず。
↑植羽 羽飾り／植懸 立札／植固 堅固／植志 立志／植耳 耳をそばだてる／植種 うえこむ／植樹 植木／植刃 刀を刺す／植礎 基礎をつくる／植地 殖地／植党 党を作る／植髪 怒髪／植民 殖民／植類 草木の類
↓移植・芸植・誤植・耕植・墾植・栽植・蒔植・浄植・定植・倒植・動植・入植・播植・培植・蕃植・繁植・扶植・駢植・封植・立植・列植

常【殖】 12 1421 ショク くさる ふえる しげる

篆文

形声 声符は直。直に植・埴の声がある。〔説文〕四下に「脂膏久しうして殖るなり」と腐殖の意とする。歹は歺、残骨の象。動物性のものは、腐殖すると肥料としての効能が高く、そこからものの滋生増殖することをいう。
訓義 ①くさる、ふやける。②しげる、そだつ、ふえる、ふやす。③蒔と通じ、うえる。④植と通じ、たてる。⑤直と通じ、ただしい。
古訓 〔名義抄〕殖 ウウ・タネ・タツ〔字鏡集〕殖 タネ・オフ・ウウ・オホス
語系 殖・植zjiakは同声。蒔（蒔）zjiaは声義近く、改めて別に植えなおすことを蒔という。子・滋（滋）・孳tzia、字・牸dzieなどもみな滋生の意があり、一系の語とみてよい。
【殖貨】貨財をふやす。殖財。〔晉書、食貨志〕史臣曰く、班固、殖貨志を爲り、三代より王莽の誅に至るまで、前載を網羅し、其の文詳悉なりと。
【殖産】財をふやす。殖財。〔唐書、忠義上、李憕伝〕頗ぶる伊川に殖産し、膏腴を占む。都より闕口に至るまで、疇墅（田畑）彌望（広くみわたす）、時に地癖と謂ふ。
【殖物】産物。〔列子、湯問〕隰朋諫めて曰く、君、齊國の廣き、人民の衆き、山川の觀、殖物の阜かんなる、禮儀の盛んなる、章服の美なる～を舍すてて、亦た奚ぞ～戎夷の國に從はんや～と。桓公乃ち止む。
↑殖穀 穀を植える／殖財 貨殖／殖私 私利を営む／殖種 殖穀／殖殖 平正／殖成 茂る／殖民 新領地への移民／殖利 利益をふやす
↓貨殖・学殖・芸殖・耕殖・墾殖・滋殖・生殖・増殖・拓殖・農殖・播殖・蕃殖・富殖・封殖・豊殖・養殖・利殖

【湜】 12 3618 ショク きよい

篆文

形声 声符は是。是に寔の声がある。〔説文〕十一上に「水清くして底を見はすなり」とあり、水の清らかなさまをいう。
訓義 ①きよい、きよらか、水が清い。②心が正しい、心が清らか。③是と通用する。
古訓 〔字鏡集〕湜 ミヅノキヨキ
【湜湜】水流が清く、底がみえるさま。〔詩、邶風、谷風〕涇は渭を以て濁る 湜湜たる其の沚あり

【嗇】 13 4060 ショク こくもつぐら おしむ

篆文 古文 甲骨文
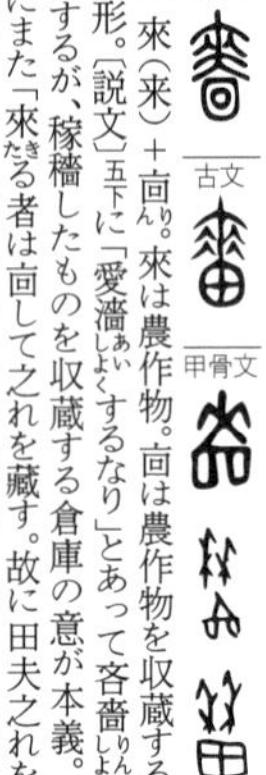

会意 來(来)＋㐭。來は農作物。㐭は農作物を収蔵する㐭倉の形。〔説文〕五下に「愛濇するなり」とあって吝嗇の意とするが、稼穡したものを収蔵する倉庫の意が本義。〔説文〕にまた「來たる者は㐭して之れを藏す。故に田夫之れを嗇夫と謂ふ」とする。〔管子、君臣上〕に嗇夫を農官とし、〔周礼、地官〕に廩人・倉人などの諸職がある。嗇して蔵することから、吝嗇の意となる。

訓義 ①こくもつぐら、収穫物を収蔵するところ、つむ、おさめる。②いなかもの、田夫、いやしい。③濇と通じ、おしむ、はぶく、ひかえる、むさぼる。

古訓 〔名義抄〕嗇 田夫なり、ヤフサガル・オモフ・オシム・ムサボル 〔字鏡集〕嗇 ヤフサガル・ツモル・ムサボル・ハカル・アイス

部首 〔説文〕〔玉篇〕に牆およびその重文の字を属する。〔説文〕五下に「牆は垣蔽なり」とあり、嗇の垣蔽をいう。

声系 〔説文〕に嗇声として薔・穡・濇など五字を収める。穡は嗇の繁文。濇十一上は「滑らかならざるなり」とあり、嗇字条に「愛濇するなり」とあって、吝嗇の意がある。

語系 嗇・穡・濇 shiək は同声。嗇・穡は廩倉、濇は愛濇の意。のち吝嗇の字に嗇を用いる。

【嗇夫】しょくふ 田夫。身分の低い男。〔史記、張釈之伝〕今陛下、嗇夫の口辯なるを以てして、之れを超遷せんとす。臣、天下風に隨ひ、靡靡として爭うて口辯を爲し、其の實の無きことを恐る。且つ下の上に化するは景響よりも疾し。擧錯は審らかにせざるべからず。

↑嗇細 吝嗇/嗇事 穡事/嗇黍 黍稷/嗇人 嗇夫/嗇民 嗇夫/嗇養 保養/嗇吝 惜しむ

↓倹嗇・慳嗇・節嗇・繊嗇・吝嗇・悋嗇

【戠】 13 0365 ショク シ あか はに

篆文 甲骨文 金文

会意 戈＋緌飾の形。戈の下に呪飾をつけている。〔説文〕十二下に戈と音との会意とし、字義には「闕」とあって、不明とする。金文に「戠衣」「戠玄衣」とあって、戠は織(織)の初文。赤い織文のあるものの意であろう。埴と同声。埴は「はに」。赤色の土器をいう。

訓義 ①あか、あかい呪飾、戈の制作のとき完成したものに呪飾をつける。②埴と音が通じ、はに、はに土、ねばつち。

古訓 〔字鏡集〕戠 カク

声系 〔説文〕に戠声として識(識)・幟・熾・職(職)・織の五字を収める。職十二上に「記微なり」とあるのは、「記徽なり」、あるいは「記識なり」の誤りであろう。要するに標識とすべきもの、もと赤い織文をいう語であろう。

語系 戠・識・幟・職・織 tjiək は同声。熾 thjiək も声が近い。戠は戈に赤い呪飾を垂らす形で制作の完成を示す字である。成(成)もまた戈に呪飾を加えて祓う意。それで、赤色の記号の意をもつ。埴 zjiək は赤い粘土で、土器を焼成する。みな一系の語である。

【蜀】 13 6012 ショク けもの あおむし

篆文 甲骨文 金文 石鼓文

象形 牡の獣の形。虫の部分が牡器。〔説文〕十三上に「葵中の蠶なり。虫に從ひ、上目は蜀の頭形に象り、中は其の身の蜎蜎たるに象る」とし、〔詩、豳風、東山〕「蜎蜎たる者は蜀」の句を引いて証とする。今本は蠋に作る。すなわち蠋の字義を以て解し、その初文とする。思うに牝獣を尾といい、牡獣を蜀という。その相接するを屬(属)とする。その牡器を縊め捡して去勢することを蠲といい、毆って去勢するを斀といい、牝をえざるものを獨(独)という。これらの字形との関連によって考えると、蜀が牡獣の象形であることが確かめられる。

訓義 ①おすのけもの、ひとりのけもの、牝をえざるもの。②ひとり、ひとつ、孤立するもの。③あおむし、けむし。④地名。国名。

古訓 〔名義抄〕蜀 ヨル 〔字鏡集〕蜀 ヒル

声系 〔説文〕に蜀声として躅・斀・觸(触)・屬・歜・獨・濁など十五字を収める。觸は牡獣が角を以て争う意。歜は〔説文〕八下に「气を盛んにして怒るなり」と訓する字。躅(躑躅・イテキ)のような擬声語を別として、蜀に従う字に牡獣と解すべきものが多い。

【蜀錦】しょくきん 蜀の錦江でさらした錦。〔蜀錦譜〕蜀は錦を以て名を天下に擅にす。故に城は名づくるに錦官を以てし、江は名づくるに濯錦を以てす。而して蜀都の賦に云ふ、貝錦斐成、色を江波に濯ふと。

【蜀犬】しょくけん 蜀地の犬。蜀は霧多く、日を見ること稀で、犬は日を見て吠えるという。唐・柳宗元〔韋中立の師道を論ずるに答ふる書〕僕往きに聞けり、庸蜀の南、恒に雨ふりて日少なり。日出づるときは、則ち犬吠ゆと。

【蜀道】しょくどう 蜀の険路、桟道。唐・李白〔蜀道難〕詩 噫吁嚱、危い乎高い哉 蜀道の難は、青天に上るよりも難し

【蜀魄】しょくはく ほととぎす。蜀の望帝が一たび譲位し、のち復位を願ってえず、この鳥となって悲鳴するという。唐・姚揆〔村行〕詩 亂山、蜀魄啼き 孤櫂(一本のかい)、巴陵に宿る 影は暗し、村橋の柳 光は寒し、水寺の燈

↑蜀牙 蜀茶/蜀葵 蜀の葵/蜀魂 ほととぎす/蜀桟 蜀山の桟道/蜀黍 とうきび/蜀牋 蜀で産する紙/蜀鳥 杜鵑/蜀帝 杜鵑/蜀艇 蜀地で作られる一枚板の舟/蜀桐 蜀で産する桐、楽器に適する/蜀本 四川刊行の本

↓巴蜀・望蜀・隴蜀

常【触】 13 2523 〔觸〕 20 2622 ショク ふれる さわる

篆文 金文

形声 旧字は觸に作り、蜀声。〔説文〕四下に「抵るなり」とあり、角を以て相争うことをいう。蜀は牡獣。角を以て物に触れることから、触覚・抵触、また触法の意となる。

訓義 ①ふれる、さわる。②つく、あたる、おかす。③うごかす、けがす。

古訓 〔名義抄〕觸 フル・カヽル・コトニ・ウゴク・ウツ・ツク・アキラカニ 〔篇立〕觸 ケガル・コトニ・フルナリ・フル・ナツク・カヽル

語系 觸 thjiok、歜 zjiok は声義近く、觸は牡獣が角を以て争う意。歜は〔説文〕八下に「气を盛んにして怒るなり」とあり、そのときの奮怒するさまをいう。獨(独) dok も声韻の関係があり、同じ系列の語である。

【触陥】しょくかん ものにふれて落ちこむ。〔荀子、修身〕食飲衣服・居處動靜は、禮に由るときは、則ち和節なり。禮に由らざるときは、則ち觸陥して疾を生ず。

【触忌】しょくき 人の忌諱にふれる。〔論衡、対作〕夫れ(董)仲舒、災異の事を言ひ、孝武猶ほ罪せずして、其の身を尊ぶ。況んや論ずる所、觸忌の言無く、道實の事を核し、故實の語を收むるをや。

【触諱】しょくき 人の忌みきらうことにふれる。〔論衡、程材〕直言一指し、諱に觸れ忌を犯す。～事、法の如くせず、文辭卓詭なり。

【触激】しょくげき　激流がしぶきをあげる。唐・柳宗元〔石澗の記〕亙石を底と爲し、兩涯に達す。床の若く堂の若く、筵席を陳ぶるが若し。～水其の上を平布し、流るること織文の若く、響くこと操琴の若し。～交絡の流れ、觸激の音、皆床下に在り。

【触処】しょくしょ　随処。至るところ。唐・李商隱〔月〕詩　水を過ぎり樓を穿ちて、觸處に明らかなり　人を藏くし樹を帶びて、遠く清を含む

【触発】しょくはつ　事にふれて起こる。〔鶴林玉露、丙三、觀山水〕大抵、山に登り水に臨むは、以て道機を觸發し、心志を開豁するに足る。益爲ること少なからず。（趙）季仁曰く、山水を觀るは、亦た讀書の如し。其の見趣の高下に從ふと。

【触犯】しょくはん　禁を犯す。〔晉書、王渾伝〕渾上書して諫めて曰く、～臣、國の休戚を同じうす。義は言を盡すに在り。～敢て愚見を陳べ、天威を觸犯す～と。帝納れず。

【触冒】しょくぼう（ばう）　ふれおかす。罪にふれる。〔後漢書、伏湛伝〕（南陽の太守杜詩の上疏）但だ臣詩、恩を蒙ること深渥、職言ふ所誠に國に益有らば、死すと雖も恨む無し。故に復た職を越え、觸冒して以聞す。

【触目】しょくもく　みるもの。目にふれるもの。〔晉書、習鑿歯伝〕吾去る五月三日を以て、來りて襄陽に達す。觸目悲感、略ぼ歡情無し。痛惻の事は、故より書言の能く具する所に非ざるなり。

【触類】しょくるい　類に従って考え及ぼす。〔易、繫辞伝上〕二篇の策は萬有一千五百二十、萬物の數に當る。是の故に四營して易を成し、十有八變して卦を成し、八卦にして小成す。引きて之れを伸ばし、類に觸れて之れを長じ、天下の能事畢る。

↑触衣　はかま／触雨　雨の中をゆく／触汚　汚す／触碍　さえぎられてとどまる／触角　角状に出ている触覚の器官／触覚　物にふれる感覚／触官　物にふれる感覚の器官／触感　物にふれる感覚／触眼　触目／触器　性器のはりがた／触機　心機が動く／触禁　禁止規定にふれる／触景　触目／触撃　うつ／触蹶　つまずく／触忤　犯す／触罪　罪を犯す／触死　死罪／触刺　刺す／触邪　触犯／触手　触覚器官／触緒　琴心／触地　足が地につく／触置　放置する／触抵　抵触する／触觝　突く／触塗　けがす／触動　刺激する／触突　犯す／触熱　暑気当たり／触鼻　強い臭い／触鋒　刃をおかす／触網　触罪／触癢　くすぐる

↓一触・感触・撃触・接触・抵触・觝触・犯触

【軾】　13　5304　ショク　とじきみ

篆文

形声　声符は式。〔説文〕十四上に「車前なり」とあり、車の輿の前の横木をいう。兵車の軾は高さ三尺三寸。車上の礼は、軾に身を寄せて行うので、伏軾という。

訓義　1しょく、くるまのとじきみ。2しょくする、車上の礼。

古訓　〔和名抄〕軾　車乃止之岐美（くるまのとしきみ）〔名義抄〕軾　クルマノトジキミ・ヒザツキ・オシマツキ・トゞム〔字鏡集〕軾　イクサグルマ・ヲシマツキ・クルマノマヘ・クルマノトジキミ

語系　軾・式 sjiək は同声。軾の形は弋・杙 jiək に類しており、その形義をとる語である。

【軾閭】しょくりょ　賢者の居る里門に敬意を表する。〔呂覧、期賢〕魏の文侯、段干木の閭を過ぎりて、之れに軾す。其の僕曰く、君胡爲れぞ軾すると。曰く、此れ段干木の閭に非ずや、段干木は蓋し賢者なり。吾れ安んぞ敢て軾せざらん～と。

↓華軾・画軾・抰軾・見軾・広軾・衡軾・憑軾・拊軾・撫軾・伏軾

常

【飾】　13　〔飾〕　14　8872　ショク　ぬぐう　かざる

篆文

詛楚文

会意　𠂤+巾。𠂤は食器の前に人の在る形で、食（食）の初文。そのときに巾を帯びる。〔説文〕七下に「㕞ふなり」とあり、㕞はまた刷に作る。刷も、同じく人が巾を帯びる形である。飾は拭い清めることが原義。〔周礼、地官、封人〕「其の牛牲を飾ふ」のようにいう。のち容飾・修飾の意となり、飾詐のように用いる。

訓義　1ぬぐう、きよめる。2おさめる、つくろう。3ただす、うるわしい、かがやく。4かざる、よそおう。5へりをかざる、うわべをかざる、いつわる。6飭と通じ、いましめる。

古訓　〔名義抄〕飾　カザル・カザリ・カゞヤク・ウルハシ・ト丶ノフ・タゞス〔字鏡集〕飾　カザル・タゞス・ウルハシ・イロフ・シツラフ・ツク・カゞヤク・ト丶ノフ

語系　飾・拭 sjiək は同声。儀礼のときには巾を帯びる。食事の際に用いるものは飾、儀礼のときに用いるものは佩といい、㕞（刷）という。刷 shoat は声近く、また帨（帥）・帨 sjiuat もその系統の語である。刷き清めたことを察 tsheat、察察という。察という擬声的な語から考えると、この系統の語はもと擬声音から起こったものであろう。

【飾過】しょくか（くわ）　過ちをかざる。〔管子、立政九敗解〕人君唯だ諂諛飾過の説勝つときは、則ち巧佞の者用ひらる。

【飾観】しょくかん（くわん）　外見をかざる。〔韓非子、有度〕上、目を用ふるときは、則ち下は觀を飾り、上、耳を用ふるときは、則ち下は聲を飾る。

【飾翫】しょくがん（ぐわん）　ぜいたくな服飾品など。〔後漢書、皇后紀序〕孝文、衽席辯きこと無し。然れども選納すること簡を尙び、飾翫、華少なし。

【飾偽】しょくぎ　いつわり飾る。〔論衡、答佞〕文王官人法に曰く、～其の陽を觀て以て其の陰を考へ、其の內を察して以て其の外を揆る。是の故に詐善設節の者知るべく、飾僞無情の者辨ずべし。

【飾巧】しょくこう（かう）　巧みに偽りかざる。〔後漢書、党錮伝序〕霸德既に衰へ、狙詐萌起す。～士の飾巧馳辯、以て能く利を釣ることを要むる者、期せずして景のごとく從ふ。是れより～其の風留むべからず。

【飾行】しょくこう（かう）　行いをかざる。〔周礼、地官、胥師〕其の詐僞飾行價慝の者を察して、之れを誅罰す。

【飾詐】しょくさ　かざりいつわる。〔史記、公孫弘伝〕夫れ三公を以て布被（粗末な衣服）を爲し、誠に飾詐して以て名を釣らんと欲す。

【飾辞】しょくじ　ことばをかざる。〔論衡、対作〕故に論衡なる者は、輕重の言を詮らかにし、眞僞の平を立つる所以にして、苟しくも調文飾辭、奇偉の觀を爲すに非ざるなり。其の本は、皆人閒の非有るに起る。故に盡思極心、以て世俗を譏る。

【飾智】しょくち　智のある人のようにかざる。〔史記、汲黯伝〕黯、常に儒を毀り、（公孫）弘等を面觸し、徒だ懷詐飾智、以て人主に阿り、容を取り、而して刀筆の吏は、專ら深文巧詆、～勝を以て功と爲すとす。

【飾非】しょくひ　非をかざりかくす。〔史記、殷紀〕帝紂、～聞見甚だ敏く、材力人に過ぐ。～知は以て諫を拒ぐに足り、言は以て非を飾るに足る。

↑飾賈　かけ値／飾巾　頭巾／飾言　ことば巧みに偽る／飾口　飾言／飾車　大車／飾終　屍を飾る／飾潤　潤飾／飾粧　化粧する／飾譲　うわべだけ譲る／飾正　外を飾る／飾繕　つくろい、ととのえる／飾匿　つくろい、かくす／飾美　表面を美しく飾る／飾表　うわべを飾る／飾弁　飾言／飾貌

うわべを飾る／飾名　美名を求める
↓縁飾・夸飾・華飾・外飾・冠飾・偽飾・去飾・虚飾・矜飾・矯飾・玉飾・絢飾・巧飾・刻飾・耳飾・首飾・修飾・潤飾・粧飾・崇飾・声飾・盛飾・靚飾・整飾・鮮飾・繕飾・装飾・藻飾・彫飾・雕飾・珮飾・繁飾・美飾・服飾・扮飾・文飾・満飾・容飾・落飾・麗飾

常【嘱】15 6702〔囑〕24 6702　ショク　たのむ

形声 旧字は囑に作り、屬（属）声。屬に連属するものの意があり、囑とは人に付託して己の意をつぎ行わせることをいう。〔玉篇〕に「付囑するなり」とあり、伝言し依頼することを嘱言という。

訓義 ①たのむ、ゆだねる。②ゆずる。

古訓 〔新撰字鏡〕囑　佐倍豆留（さへづる）、又、志己豆（しこづ）なり〔名義抄〕囑　ツク・アツク・サヘヅル・アツラフ・ユヅル〔字鏡集〕囑　アツラフ・ツク・アツク・オキテ・ユヅル・オキテス

語系 囑・矚 tjiok は同声。付囑することを囑といい、著目することを矚という。屬 tjiok は牝牡相連なる形。ゆえに屬に連及の意がある。

【嘱寄】 依嘱。付託。〔三国志、呉、諸葛恪伝〕侍中・武衛将軍・都郷侯は、倶に先帝の囑寄の詔を受く。其の（恪の）奸虐、日に月に滋ます甚だしきを見、～社稷（国家）を傾危せんことを恐る。

【嘱付】 いいつける。宋・晁補之〔惜奴嬌〕詞　衷腸を説ひ、丁寧に囑付す　棹を擧げ帆を開くに　行色黯くして　秋將に暮れんとす

↑嘱委　委嘱／嘱言　伝言／嘱謝　礼をいうことをたのむ／嘱授　たのみ／嘱書　遺言／嘱托　まかせる／嘱託　まかせる／嘱致　たのみ／嘱筆　嘱謝／嘱咐　いいつけ
↓依嘱・委嘱・遺嘱・懇嘱・清嘱・付嘱

【稷】15 2694　ショク　たかきび

篆文　古文

形声 声符は畟。畟は田神の象。〔説文〕七上に「齋なり。五穀の長なり」とみえ、今の高粱をいう。次条齋には「稷なり」と互訓している。畟字条五下に「稼を治むること、畟畟として進むなり」とするが、〔左伝、昭二十九年〕に「稷は田正なり」、〔周礼、地官、大司徒〕「社稷」の注に「后土及び田正の神なり」とあって、それが初義。周の始祖后稷は農業神であり、地の神である社と合わせて社稷といい、国家の意に用いる。

訓義 ①田神、農穀の神。②たかきび。

古訓 〔和名抄〕稷米　岐比乃毛知（きびのもち）〔名義抄〕稷　アハキビ・アキヲサメ・トクス／稷米　キビノモチ〔字鏡〕稷　アハ・アキヲサメ・ヒエ

語系 稷・畟 tziək は同声。畟は田神の象。その畟によって与えられた穀の意であろう。周の后稷に農祖としての伝承があり、〔書、尭典〕にも、「爾后稷、時の百穀を播け」という文がある。

【稷下】 戦国斉の都。ここに天下の学士を集めたので、諸子の学を稷下の学という。〔史記、田敬仲完世家〕宣王、文學游説の士を喜ぶ。～皆列第を賜ひ、上大夫と爲す。～是こを以て、齊の稷下の學士復た盛んにして、且ど數百千人なり。

【稷祠】 五穀の神を祀る。〔史記、封禅書〕禹の興りしより社祀を修め、后稷稼穡す、故に稷祠有り。郊社の從りて來る所尙し。

【稷黍】 きびの類。五穀。〔詩、唐風、鴇羽〕王事盬むこと靡し　稷黍を蓺うること能はず

↑稷官　農官／稷狐　社鼠の類／稷食　黍食／稷稷　繁茂するさま／稷神　五穀の神／稷正　農官／稷雪　霰／稷廟　稷祠／稷米　高粱／稷門　稷下
↓馨稷・郊稷・祭稷・粢稷・社稷・黍稷・天稷・稲稷・農稷・粱稷

【蝕】15 8573　ショク　むしくい　むしばむ

篆文

会意 食（食）＋虫。虫の蠹食することをいう。〔説文〕十三上に「蝕は敗創なり」とし、字は食と人と虫とに従い、創あとの意であるとするが、篆文の字形は飤と虫とに従うものとみるべく、食物の蠹敗することをいう。蠹中のものに虫が生ずることを融といい、融解の意となる。日月の食にも、蝕を用いる。

訓義 ①むしくい、食物が腐敗して虫を生ずる。②むしばむ、おかす。③きず、きずあと。

古訓 〔和名抄〕蝕〔箋注〕按ずるに日本紀に、蝕は八江（やえ）と訓す。當に是れ古訓なるべし。蓋し源君の時、人皆音讀し、國訓を以て呼ばず。故に此に訓を載せず〔名義抄〕蝕　クラフ・ヤブル・ムシカフ〔字鏡集〕蝕　ヤブル・ムシカフ・キユ・クラ（フ）

語系 蝕・食 djiək は同声。飤・飼（飼）ziə は声義近く、その名詞的な語である。

↑蝕既　皆既蝕／蝕醯　酒にあつまる小さな虫
↓暈蝕・救蝕・月蝕・交蝕・蚕蝕・侵蝕・震蝕・鮮蝕・苔蝕・虫蝕・蠹蝕・日蝕・煤蝕・薄蝕・腐蝕

人【燭】17 9682　ショク　ソク　ともしび　てらす

篆文

形声 声符は蜀。〔説文〕十上に「庭燎（にわび）、火燭なり」とあり、〔段注〕に「火燭」は「大燭」の誤りとする。門外に樹てるものを大燭という。のち灯燭・蠟燭が作られた。

訓義 ①ともしび、にわび、かがりび。②てらす、あかるくする。③わが国では「しょく」「しぞく」のようにいう。

古訓 〔名義抄〕燭　トモシビ・テラス・テル・ヒラメク・アキラカナリ／燭燿　―トテレリ／紙燭　シソク

【燭火】 ともしび。〔洞冥記、三〕（東方）朔曰く、臣、北極に遊び、種火の山に至る。日月の照らさざる所、靑龍有り。燭火を銜みて、以て山の四極を照らす。

【燭華】 ともしびの炎。梁・元帝〔対燭の賦〕長袖、賓を留めて、華燭を待つ。燭燼落ち、燭華明らかなり。花は珠を抽きて漸く落ち、珠は花を懸けて更に生ず。

【燭光】 灯光。〔史記、甘茂伝〕貧人の女曰く、我以て燭を買ふ無し。而して子の燭光、幸ひにして餘り有り。子、我に餘光を分つべし。子の明を損する無くして、斯れを一にするの便を得んと。

【燭尽】 燭がもえつきる。〔北史、杜弼伝〕邢（邵）云ふ、神の人に在るは、猶ほ光の燭に在るがごとし。燭盡くるときは則ち光窮き、人死するときは則ち神滅すと。弼曰く、燭は則ち質に因りて光を生ず。～人は則ち神、形に係らず～と。

【燭盤】 灯火のうけ皿。〔南史、傅昭伝〕昭、～器服率陋、～常に燭板を牀に插さしむ。明帝之れを聞き、漆合の燭盤を賜ふ。敕して曰く、卿、古人の風有り。故に卿に古人の物を賜ふと。

【燭涙】 蠟燭の蠟の垂れ。唐・温庭筠〔暁を詠ず〕詩　亂珠、燭涙を凝らし　微紅、露盤に上る

↑燭営　肛門／燭影　灯かげ／燭燄　灯火／燭花　かがやく炎／燭蛾　火取り虫／燭鑑　明鑑／燭銀　白銀／燭察　明察／燭燭　月光の明るいさま／燭心　灯心／燭芯　灯心／燭燼　燃えさし／燭寸　深更／燭剪　芯切り／燭台　灯火台／燭知　明察／燭奴　燭台／燭跋　燭燼／燭微

微かなことをも明らかにする／燭物 物を照らす／燭明 灯明／燭幽 燭が暗い／燭燿 照らし出す／燭燎 かがり／燭臨 照臨／燭籠 灯籠

↓火燭・花燭・華燭・炬燭・挙燭・暁燭・玉燭・銀燭・継燭・光燭・紅燭・膏燭・残燭・紙燭・脂燭・執燭・手燭・宵燭・粧燭・照燭・寸燭・盛燭・剪燭・電燭・灯燭・把燭・風燭・秉燭・鳳燭・麻燭・明燭・滅燭・夜燭・燎燭・列燭・朗燭・蠟燭

【謖】 17 0664 ショク たつ

形声 声符は畟。畟は田神の神像の象。〔爾雅、釈言〕に「起つなり」とあり、〔詩、小雅、楚茨〕「神具に酔ひ 皇尸(かたしろ)載ち起つ」の〔箋〕に「神酔ひて、尸謖つなり」とみえる。にわかに起ちあがるさまをいう。長松の高く挺立するさまを謖謖という。

訓義 ①たつ、おきあがる、おきたつ。②おきたつさま。

古訓 〔篇立〕謖 オコス

【謖爾】 いずまいを正すさま。〔後漢書、蔡邕伝下〕(釈誨)胡老、慠然として笑ふ。～公子謖爾として、袂を斂めて興ちて曰く、胡爲れぞ其れ然るやと。

【謖謖】 松などが高くそびえるさま。元・趙孟頫〔西谿の図に題して、鮮于伯幾に贈る〕詩 長松、謖謖として蒼煙を含み 平川、茫茫として曾巘(重なりあう山)に際す

↑謖然 謖爾

↓尸謖

【穡】 18 2496 〔嗇〕 13 4060 ショク とりいれ

篆文

形声 声符は嗇。嗇は穀物を収める廩倉の形で、穡の初文。〔説文〕七上に「穀の收むべきものを穡と曰ふ」とあり、収穫物の意とする。金文の穡の字形に、嗇の上部を秝の形に作るものがあり、嗇の繁文とみてよい。

訓義 ①とりいれ、とりいれる、秋のとりいれ。②とりたて、みつぎ、みつぎもの。③嗇と通じ、おしむ。

古訓 〔新撰字鏡〕穡 田加戸須(たかへす)〔名義抄〕穡 アキヲサメ・カリヲサム・ナリハヒ〔字鏡〕穡 ニギハヒ・ソ、ク・アキ・ナリハヒ・ヲサム・スツ・ユタカナリ・アキカル・ナル

語系 穡・嗇・濇shiəkは同声。〔説文〕五下に嗇を「愛濇するなり」とし、吝嗇の義とするが、穡の初文とみるべきである。

【穡事】 農事。〔書、湯誓〕我が后、我が衆を恤へず、我が穡事を舍てて、夏を割正す。

【穡夫】 農民。〔書、大誥〕天惟れ殷を喪せり。穡夫の若し、予曷んぞ敢て朕が畝(農事)を終へざらんや。

↑穡臣 司農／穡人 農夫／穡地 耕作地／穡民 農民／穡養 隠居して耕す

↓稼穡・勤穡・耕穡・蚕穡・先穡・農穡・播穡・力穡

常 【織】 18 2395 〔織〕 18 2395 ショク シ おる はたおり おりもの

篆文 金文

形声 声符は戠。戠は戈に呪飾をつけた形で、標識の意があり、またその呪飾には赤色のものを用いたようである。〔説文〕十三上に「布帛を作ることの總名なり」とするが、特に織文のあるものをいう。〔書、禹貢〕に「厥の篚(貢物)は織文」とあり、〔伝〕に「錦綺の屬なり」とみえ、あやおりの類をいう。〔礼記、玉藻〕に「士は織を衣ず」とあり、士は色糸を用いなかった。金文に「戠衣」「戠玄衣」の名があり、戠は織の初文、礼装用のものである。

訓義 ①おる、はたおる、はたおり、おりもの。②あやおり、あやぎぬ、いろぎぬ、けおり。③識と通じ、しるし、はたじるし。

古訓 〔和名抄〕織女 太奈波太豆女(たなばたつめ)〔名義抄〕織 オル・クム

語系 織・戠・識(識)・熾・職(職)tjiəkは同声。記識・標識の意がある。熾thjiək、埴zjiəkは同系の語。火の赤く熾んなことを熾といい、赤土の土器として焼成すべきものを埴という。

【織錦】 錦をおる。〔論衡、程材〕齊都、世ゝ刺繡す。恆女も能くせざる無し。襄邑の俗、錦を織る。鈍婦も巧ならざる無し。

【織縑】 絹をおる。梁・鮑泉〔落日看還〕詩 衣香、遙かに已に度り 衫紅、遠くして更に新たなり 誰が家の蕩舟の妾ぞ 何れの處の織縑の人ぞ

【織作】 はたおり。はたおる仕事。〔玉台新詠、焦仲卿の妻の為に作る〕詩 三日に、五疋を断つ 大人故ほ遲きを嫌ふ 織作の遲きが爲に非ず 君家の婦は爲り難し

【織女】 はたをおる女。たなばた。〔詩、小雅、大東〕跂たる彼の織女 終日に七たび襄る

【織成】 織りなす。晉・楊方〔合歡詩、五首、二〕寢ぬるに織成の被を共にし 絮には同功の緜を用ふ

【織貝】 貝の模様をおりなした錦。貝錦。〔書、禹貢〕淮・海は惟れ揚州なり。～厥の篚(貢物)は織貝、厥の包は橘・柚。錫貢(特命による貢納)なり。

【織婦】 はたおりの女。魏・曹植〔雑詩、六首、三〕西北に織婦有り 綺縞(白絹)何ぞ繽紛たる

【織文】 模様をおり出したもの。〔書、禹貢〕濟河は惟れ兗州なり。～厥の貢は漆・絲、厥の篚は織文なり。

↑織烏 太陽／織花 刺繡／織画 絵織り／織繢 色織り／織機 織り機／織金 金糸／織絇 履飾り／織耕 織と農／織紗 薄絹／織梭 織機のひ／織室 織り室／織匠 織工／織製 織る／織席 ござうち／織薦 織席／織染 織染め／織素 はたおり／織帛 はたおり／織皮 毛布／織法 織り方／織坊 織室／織紡 紡織／織羅 網をはる／織絡 往来のうちつづくさま／織履 履を織る

↓衣織・旗織・耕織・蚕織・紝織・染織・組織・幡織・文織・紡織・羅織

常 【職】 18 1315 〔職〕 18 1315 ショク シキ シ つかさどる しごと

篆文 金文

形声 声符は戠。戠は戈に呪飾をつける意で、しるしとすること。〔説文〕十二上に「記微なり」とあるのは「記識」あるいは「記徽」の誤りであろう。金文の字形に貢に従うものがあり、戦獲としての首や耳にその記識を加えたもので、字はまた識(識)と通用する。その戦功を明確にし、占有し、不動のものとすることをいう。

訓義 ①しるし、戦功のしるし、左耳を切りしるしを加える。②戦功のことをつかさどる、つかさ、つとめ。③はたらき、わざ、いとなみ。④ひたすら、もっぱら、唯一の、むねとする。⑤識・幟・織と通じ、しるし、しるしのもの。

古訓 〔名義抄〕職 ツカサドル・モト・ツカサ〔字鏡集〕職 モト・ナル・ツカサドル

語系 職・戠・識・幟・織(織)tjiəkは同声。みな戠の声義を承け、記識・標識とする意がある。

【職官】 官職。やくめ。〔左伝、成九年〕(晉の厲)公曰く、能く樂せんかと。(楚囚、鍾儀)對へて曰く、先父の職官なり。敢て二事有らんやと。之れに琴を與へしむ。南音を操る。

【職業】 しごと。職は官職、業は事業。〔荀子、富国〕事業は惡む所なり。功利は好む所なり。職業分無し。是くの

如くんば、則ち人に事を樹つるの患ひ有りて、功を爭ふの禍ひ有り。

【職貢】しょくこう　みつぎ。貢職。〔左伝、襄二十八年〕小(国)の大(国)に適くに五惡有り。其の(大国の)罪戾を說き(飾り)、其の不足を請ひ、其の政事を行はしめ、其の職貢を共せしめ、其の時命に從はしむ。

【職司】しょくし　役目。唐・李商隱〔韓碑〕詩　(韓)愈、拜して稽首し、蹈み且つ舞ふ　金石刻畫、臣能く爲すと　古者、世に大手筆と稱す　此の事、職司に繫からず

【職事】しょくじ　しごと。職業。〔漢書、蕭何伝〕夫れ職事の苟くも民に便有らば、之れを請ふは、眞に宰相の事なり。陛下、奈何ぞ。乃ち相國の、賈人の錢を受くるを疑はん。

【職守】しょくしゅ　つとめ。職分。〔晉書、列女、羊耽妻辛氏伝〕職守は人の大義なり。～人の爲に鞭を執りて、其の事を棄つるは、不祥なり。且つ人の爲に任ぜられ、人の爲に死するは、親昵の職なり。

【職分】しょくぶん　職責。なすべき務め。蜀・諸葛亮〔出師の表〕庶はくは駑鈍を竭くして姦凶を攘除し、漢室を興復して舊都に還さんことを。此れ臣の先帝に報じて陛下に忠なる所以の職分なり。

【職方】しょくほう(はう)　周の官名。四方の人民・貢物を掌る。〔周礼、夏官、職方氏〕天下の圖を掌り、以て天下の地を掌り、其の邦國都鄙、四夷・八蠻・七閩・九貉・五戎・六狄の人民と、其の財用・九穀・六畜の數要とを辨じ、周く其の利害を知る。

【職務】しょくむ　官職上のつとめ。〔周書、薛寘伝〕寘、性至孝、年齒已に衰へ、職務繁廣なりと雖も、溫凊の禮に至りては、朝夕違ふこと無し。

【職由】しょくゆう(いう)　ことの起こるところ。〔詩、小雅、十月之交〕下民の孽ひは　天より降るに匪ず　噂沓(噂話)背憎(蔭口)　職として競うて人に由る

↑職員　役人/職管　職掌/職銜　名誉職/職競　急務/職権　職務上の権限/職工　工人/職思　ひたすらに思う/職次　分限/職掌　管掌/職職　多いさま/職制　官制/職責　責務/職銭　職務に対する給与/職秩　官俸/職典　主管/職田　職分田/職任　職務/職能　職務上のはたらき/職弁　主弁/職俸　職銭/職墨　守法/職約　職分/職吏　官吏/職僚　僚属

↓栄職・汚職・解職・官職・閑職・諫職・館職・旧職・休職・挙職・虚職・共職・教職・軍職・劇職・兼職・顕職・現職・公職・考職・貢職・曠職・衮職・在職・士職・史職・師職・辞職・失職・執職・受職・就職・襲職・住職・重職・述職・殉職・循職・称職・常職・聖職・退職・定職・停職・天職・瀆職・内職・任職・拝職・廃職・頒職・非職・婦職・復職・分職・兵職・奉職・本職・無職・免職・有職・吏職・離職・歴職

【蠋】 19 5612　ショク　あおむし

形声　声符は蜀。〔説文〕十三上に蜀を「葵中の蠶なり」とし、その象形の字とするが、蜀は牡獣の形。その牝無きものを獨(独)といい、牝牡相連なるを屬(属)という。蠋は形声、あおむしをいう字である。〔詩、豳風、東山〕「蜎蜎たる者は蠋」の〔伝〕に、「桑蟲なり」とみえる。

訓義　1あおむし、けむし。2蜀と通じ、〔説文〕に蜀をあおむしとする。

古訓　〔新撰字鏡〕蠋　止己与虫(とこよむし)〔名義抄〕蠋蠋　トコヨムシ〔字鏡集〕蠋　ミカク・クモ・クハノムシ

↑蠋睨　眼の病/蠋繡　木理/蠋蜍　くも

【贖】 22 6488　［贖］ 26 6488　ショク　あがなう　つぐなう

篆文 　金文 

形声　声符は𧶠。正字は贖に作り、𧶠声。〔説文〕六下に「貿なり」とする。金文に儥に作り、〔君夫𣪘〕に「乃の友を儥求せよ」とあり、贖賕の意。財を以て罪を贖うことをいう。

訓義　1あがなう、罪をあがなう、財を以て罪にかえる。2かう、かえる。3しち、しちのものをうけ出す。

古訓　〔名義抄〕贖　アガフ・カフ・タマフ・アタル・ミダル・アフ・ツク・ツグノフ・ツノル〔字鏡集〕贖　アカフ・ツク・アハク・イノル・タマフ・アタル・アフ・ツグノフ・ツノル・ノブ・カフ・ミダル

語系　贖djiokは𧶠・儥jiokと声近く、𧶠は鬻jiuk(ひさぐ)と同系の語。鬻は衒賣をいう。因縁づきの売買というような語であろう。

【贖刑】しょくけい　財をもって刑を免れる。〔書、舜典〕流もて五刑を宥うし、鞭もて官刑を作し、扑もて教刑を作し、金もて贖刑を作す。

【贖罪】しょくざい　罪をあがなう。〔三国志、呉、淩統伝〕統曰く、死に非ざれば、以て罪を謝する無しと。乃ち士卒を率厲し、身、矢石に當り、攻むる所の一面、時に應じて披壞す。～(孫)權、其の果毅を壯とし、功を以て罪を贖ふことを得しむ。

【贖身】しょくしん　身をもってあがなう。〔詩、秦風、黄鳥〕彼の蒼なる者は天　我が良人を殲くす　如し贖ふべくんば　人は其の身を百にせん

【贖銭】しょくせん　罪をあがなうために出す銭。〔漢書、武帝紀〕(天漢四年)秋九月、死罪のものをして、贖錢五十萬を入れしめて、死一等を減ず。

【贖免】しょくめん　罪をあがない、免れる。〔史記、万石君伝〕後、太常と爲り、法に坐して死に當す。贖免せられて庶人と爲る。

↑贖過　罪過を補償する/贖款　贖罪の金/贖鍰　贖銭/贖金　贖罪の金/贖愆　贖過/贖絹　絹であがなう/贖縑　贖絹/贖死　贖罪によって死を免れる/贖取　賠償/贖生　放生/贖折　贖罪/贖典　代償物を提供する/贖当　質物を出す/贖辟　贖罪/贖放　放生/贖命　贖身/贖例　贖罪の法

↓金贖・厚贖・自贖・赦贖・酬贖・重贖・助贖・身贖・責贖・聴贖・納贖

【斸】 25 7222　ショク　くわ　きる

篆文 

形声　声符は屬(属)。屬は連属するもの、その連属するものをたちきる意。〔説文〕十四上に「斫斸なり」(段注本)とあり、斫もまたすき・くわをいう。すき・くわで、草の根を断ち切る意。

訓義　1くわ。2きる、ほる、さす。

古訓　〔名義抄〕斸　サク・ケヅル・スク・ホル・ウチメ

↑斸掘　掘りおこす

↓耕斸・鋤斸・新斸

【矚】 26 6702　［瞩］ 17 6702　ショク　みる

形声　声符は屬(属)。屬につづく、つらなる意があり、注目して目をはなさないことをいう。強く将来に期待することを矚目・矚望という。瞩は俗字。

訓義　1みる、よくみる、みつめる、みつづける。

古訓　〔名義抄〕矚　ミル〔字鏡集〕矚　アキラカ・ミル

【矚望】しょくぼう(ばう)　のぞみをかける。期待する。唐・白居易〔昭義軍将士に与ふる詔〕今より已後、永く心腹の軍と爲り、宜しく始終を念ひ、茲の矚望に副ふべし。故に令して宣慰す。宜しく竝びに之れを悉くすべし。

【矚目】注目する。期待する。〔宋書、張暢伝〕哀を擧げ畢り、服を改めて黄韋の袴褶を著く。～音姿容止、矚目せざる莫し。之れを見る者、皆爲に命を盡さんことを願ふ。

↑矚視 注視する／矚盼 注視する／矚覧 観賞する

↓盈矚・遠矚・下矚・遐矚・駭矚・凝矚・眷矚・瞻矚・眺矚・俯矚・遊矚・遥矚・留矚

ジョク

常【辱】10 7134 ジョク くさぎる はずかしめる かたじけない

篆文 

会意 辰+寸。辰は貝。その貝殻をうち砕いて刃器とし、それを手(寸)にもつ形。農具として用いる。「耕耨」の耨は、耒と辱とに従い、耕作することをいう。〔説文〕十四下に「恥づるなり。寸の、辰の下に在るに從ふ。耕時を失ふときは、封畺(疆)上に於て之れを戮すなり。辰なる者は、農の時なり。故に房星を辰と爲す。田つくる候なり」と説くが、まったく根拠のない説である。汚辱の意はおそらく仮借。〔左伝〕に「辱く寡君を收めよ」「辱く敝邑に至る」のように、一種の自謙・尊敬の語として用いる。尊者に対して、敢てすることを詫びる意味の用法で、のち恥辱の意に転じたものであろう。交友を辱知・辱友といい、許されることを謝して辱収という。

訓義 ①くさぎる。②はずかしい、はずかしめる。③かたじけない、かたじけなくする。④うしなう、けがす、にくむ。

古訓 〔名義抄〕辱 ハヅ・ハヂ・ハヅカシ・ハヂシム・ハヅカシム・カタジケナシ・マネク・ケガス 〔字鏡集〕辱 ハヂ・ハヅ・ハヂシム・ハヅカシ・ケガス・マネク・カタジケナシ・チノム

声系 〔説文〕に辱声として蓐・溽・縟など五字を収める。蓐は草を結んだむしろ、溽は溽暑。おおむね繁縟の意をもつ字である。

語系 辱njiok、黷・瀆・嬻dokは声の関係がある。辱は耕耨の字であるが、古くは黷声の語と通用し、のち黷辱の義が、その通義とされたのであろう。

【辱收】収めあわれむ。〔左伝、昭三年〕君若し先君の好を忘れず、惠にして齊國を顧み、辱く寡人を收め、福を(斉国の祖)大公・丁公に徼め、敝邑(わが国)に照臨し、其の社稷を鎭撫せば、～寡人の望みなり。

【辱知】交遊をして下さる。唐・白居易〔北都留守裴令公に寄献する詩の序〕一心王に勤め、三月にして政を成す。盛德を形容すること、實に歌詩に在り。況んや知音を辱くす。敢て先唱せざらんや。輒ち五言四十韻を奉じて寄獻す。

↑辱愛 愛される／辱汚 汚れ／辱荷 拝謝する／辱禍 恥辱と禍／辱害 恥辱／辱貺 拝受する／辱交 辱知／辱行 汚行／辱詬 罵りはずかしめる／辱残 辱害する／辱子 不肖の子／辱仕 心を屈して仕える／辱状 辱行／辱身 はずかしめを受ける／辱恥 恥辱／辱到 ご来駕をたまわる／辱詈 はずかしめ／辱臨 辱到

↓栄辱・汚辱・悪辱・含辱・屈辱・譴辱・垢辱・詬辱・国辱・困辱・恨辱・挫辱・自辱・守辱・衆辱・羞辱・誚辱・折辱・雪辱・大辱・撻辱・恥辱・笞辱・黜辱・寵辱・廷辱・忍辱・罵辱・剝辱・煩辱・卑辱・侮辱・幽辱・憂辱・僇辱・戮辱・淩辱

【溽】13 3114 ジョク むしあつい

篆文 

形声 声符は辱。〔説文〕十一上に「溽暑、溼暑なり」(段注本)とあり、むしあついことをいう。湿度の高い意。いわゆる「溽蒸」である。

訓義 ①むしあつい、あつくるしい。②うるおう、しめる、湿度が高い。③濃厚。

古訓 〔名義抄〕溽 ウルホス 〔篇立〕溽 ウルフ 〔字鏡集〕溽 アタ、カナリ・ウルホス・ホトリ・キハ・キシ

【溽暑】むし暑い。唐・柳宗元〔夏昼偶作〕詩 南州の溽暑、酔ふこと酒の如し 几に隠りて熟眠して、北牖(北側のまど)を開く

【溽熱】むし暑い。〔唐書、西域上、天竺国伝〕土溽熱にして、稲、歳に四熟す。禾の長ずる者は、橐它(こぶのあるらくだ)を没す。

↑溽夏 酷熱の夏／溽景 夏日／溽潤 むしあつい／溽蒸 暑熱／溽露 繁露

↓午溽・潤溽・暑溽・蒸溽・煩溽・卑溽

【蓐】14 4424 ジョク しとね むしろ

篆文  籀文  甲骨文 

形声 声符は辱。辱は草ぎることを本義とする字。〔説文〕一下に「陳き艸復た生ずるなり」とし、「一に曰く、蔟なり」という。蔟は蚕を飼うまぶし。野処するときには、草蓐を用いた。〔爾雅、釈器〕に「蓐、之れを茲と謂ふ」とあり、また負茲ともいう。蓐席の意である。

訓義 ①しとね、しきもの。②むしろ、こも。③しきぐさ、しきわら。④まぶし。⑤うぶや。

古訓 〔名義抄〕蓐 シキネ・ネドコロ・ネムゴロ

語系 蓐・辱・縟njiokは同声。草ぎることを辱、草を以て席とすることを蓐、色模様に作りなすことを縟という。

【蓐收】神の名。秋の神で、刑罰を司る。〔礼記、月令〕(孟秋の月)其の日は庚辛、其の帝は少皥、其の神は蓐收。

【蓐食】厚食。〔左伝、文七年〕卒を訓へ、兵を利くし、馬に秣ひ蓐食し、師を潛めて夜に起く。戊子、秦の師を令狐に敗る。

【蓐寝】しとねにねる。安眠する。〔後漢書、段熲伝〕熲、軍を行るに仁愛なり。士卒の疾病ある者には親自ら瞻省し、手づから爲に創を裹む。邊に在ること十餘年、未だ嘗て一日も蓐寝せず、將士と苦を同じうす。故に皆樂しんで爲に死戰す。

↑蓐医 産科医／蓐月 臨月／蓐蒼 床ずれ／蓐婦 産婦／蓐母 産婆／蓐労 産蓐熱

↓茵蓐・臥蓐・産蓐・牀蓐・寝蓐・席蓐・薦蓐・草蓐・病蓐・臨蓐

【褥】15 3124 ジョク しとね しきもの

形声 声符は辱。辱は草を切ることをいい、その草を編んで席とするものを蓐という。〔釈名、釈牀帳〕に「褥は辱なり」とあるのは蓐の意。草席をいう。それを帛でへりとりしたもの、あるいは蒲団の類を褥という。

訓義 ①しとね、しきもの。②むつき。

古訓 〔名義抄〕褥 ハ、キ・フスマ・コロモノクビ・シトネ・ウハシキ・ニク

【褥席】しとね。〔南史、柳慶遠伝〕從父兄世隆、嘗て慶遠に謂ひて曰く、吾昔夢に、太尉褥席を以て賜はる。吾遂に台司に亞(次)たり。適に又夢む、吾が褥席を以て汝に與ふと。汝必ず我が門族を光かさんと。

↑褥食 立派な食事／褥席 むしろ／褥套 夜具袋

↓帷褥・茵褥・厚褥・繡褥・牀褥・席褥・氈褥・素褥・簟褥・毛褥・練褥

【縟】16 2194 ジョク いろかざり おおい

篆文 

形声 声符は辱。辱は草を切ること。その草を集めて席を作るを蓐といい、帛を加える

を縟という。〔説文〕十三上に「繁き采飾なり」（段注本）とあり、蓐・縟の色あいや文様の多彩なるをいう。繁（繁）は髪飾りの多いこと。「繁文縟礼」「繁文縟旨」のように繁と縟と相対して用いることが多い。

訓義 ①いろかざり、いろどり、あや。②おおい、うつくしい。③蓐と通じ、しとね。

古訓 〔名義抄〕縟 マダラカニシテ・マダラナリ 〔字鏡集〕縟 ウハシキ・マダラキ（カ）・オホフ・マダラナリ・マダラカニシテ

語系 縟・辱・蓐・褥 njiok は同声。辱は草切り。それを蓐とし、褥とし、それに文様を施して縟という。

【縟采】美しく飾りたてる。梁・任昉〔王文憲（倹）集の序〕公、幼より長に及ぶまで、述作して倦まず。固より以て理、言行を窮め、事、軍國を該ぬ。豈に直だ彫章縟采するのみならんや。

【縟繡】美しいぬいとり。晋・陸機〔文の賦〕或いは藻思綺合して、清麗千眠（光りかがやき）、炳として縟繡の若ごく、悽として繁絃の若し。

【縟礼】煩わしい礼儀作法。〔宋史、忠義一、李若水伝〕靖康元年～高俅死す。故事、天子當に挂服して擧哀すべし。若水言ふ、～有司、常の習故に循ひ、縟禮を加へんと欲するは、公議を靖んずる所以に非ざるなりと。

【縟麗】飾りたてる。〔文心雕竜、哀弔〕禰衡の平子（張衡）を弔する、縟麗なれども輕清なり。陸機の魏武を弔する、序巧にして文繁し。

↑縟彩 縟采／縟旨 修飾の文／縟毛 密毛

↓蔚縟・華縟・綺縟・采縟・辞縟・鮮縟・藻縟・典縟・繁縟・紛縟・文縟・緑縟・礼縟・麗縟

シン

【先】 4 7141 ［簪］ 18 8860 シン かんざし こうがい

篆文

象形 こうがいをさしている人の形。〔説文〕八下に「首笄なり」とあり、笄字条五上に「簪なり」という。先は簪の初文。簪笄は男女ともに儀礼の際に用いたもので、夫・妻・齊（斉）・參（参）・繁（繁）などは、みな髪に簪笄を加えた人の姿である。

訓義 ①かんざし、こうがい。

部首 〔説文〕〔玉篇〕に兟の一字を属する。先は簪の初文。簪はその俗字である。兟は〔説文〕に「兟兟、鋭き意なり」（段注本）とあり、〔段注〕に鑯・尖の本字であるとするが、それらは先と直接の関係はない。兟を祝禱の器である曰の上に呪飾として加えると、朁となり、それは譖の初文。人に譖讒を加えるときの呪的な方法であった。

語系 先・兟 tziəm は同声。先をあわせ用いるのが兟。朁声の字は、ほぼこの声義を承けるものとみてよい。

参考 先の字形は旡・旡と似ている。旡は〔説文〕十二下に無の奇字としてその形を録し、「元に通ずる者なり。王育の説に、天の西北に屈するを旡と爲す」とするが、旡は亡（亡）の異文。金文に「亡彊」を「旡彊」に作り、漢碑にもその例がある。旡は既（既）・愛の初形（炁）の従うところで、既は食に飽いて、人が後ろを向く形、愛は立ちどまり、ふりかえって嘆く形である。

常 【心】 4 3300 シン こころ むね

篆文

金文

象形 心臓の形。〔説文〕十下に「人の心なり。土の藏、身の中に在り。象形。博士說に、以て火の藏と爲す」とあり、藏（蔵）とは臓（臓）の意。五行説によると、今文説では心は火、古文説では土である。金文に「克く厥の心を盟らかにす」「乃の心を敬明にせよ」のように、すでに心性の意に用いている。

訓義 ①しんの臓、しんぞう。②こころ、おもい。③むね。④もののしん。

古訓 〔和名抄〕心 師說、多心は奈加古可知（なかこかち）と讀む 〔名義抄〕心 コ、ロ・ナカヒダ・ナサケ・ムネ・ナカコ／多心 ナカコカチ

部首 〔説文〕に心部二百六十三字、重文二十二字、〔新附〕に十三字、〔玉篇〕には計六百二十九字を属する。心部の字は金文にも東周期を含めて約八十六字あり、形声字の例も多い。六朝期には、心性の問題の複雑化に伴って、字数が急増している。なお惢・縈は花弁の象である。

声系 〔説文〕に心声として沁の一字を収める。

【心意】こころ。〔荘子、譲王〕余、宇宙の中に立ち、～日出でて作し、日入りて息ひ、天地の閒に逍遙して、心意自得す。吾何ぞ天下を以て爲さんや。悲しい夫、子の余を知らざるや。

【心遠】心が世を離れる。晋・陶潜〔飲酒、二十首、五〕詩 廬を結んで人境に在り 而も車馬の喧しき無し 君に問ふ、何ぞ能く爾かると 心遠くして、地自ら偏たれり

【心火】はげしい感情の動き。唐・白居易〔春に感ず〕詩 憂喜皆心火 榮枯は是れ眼塵 除くに一杯の酒に非ずんば何物か更に身に關せん

【心肝】こころ。心胆。〔晋書、劉曜載記〕曜親ら陳安を征す。～其の死するに及んで、隴上に之れを歌うて曰く、隴上の壯士に陳安有り 軀幹小なりと雖も、腹中寛し 將士を愛養して、心肝を同じうす～西流の水、東流の河 一たび去りて還らず、子を奈何せんと。

【心閑】心しずか。晋・孫綽〔天台山に遊ぶの賦〕神變の揮霍を騁せ、忽ち有を出でて無に入る。是に於て遊覽すること既に周く、體靜かにして心閑なり。

【心眼】ものをみわける力。眼識。〔画継、九〕其の鑒別を察するに、獨り（黄）山谷、最も精嚴と爲す。元章（米芾）、心眼高妙にして、立論中に過ぐる處有り。

【心気】こころ。気分。唐・白居易〔夜雨、念ふこと有り〕詩 道を以て心氣を治めば 終歳晏然を得ん 何ぞ乃ち戚戚の意 忽ち來たる風雨の天

【心幾】心のはたらき。〔後漢書、宦者、鄭衆伝〕人と爲り謹敏にして心幾有り。～獨り心を王室に一にし、豪黨に事へず。～（竇）憲兄弟、不軌を作すを圖るに及び、衆、遂に首謀となり之れを誅す。功を以て大長秋に遷る。

【心胸】心中。抱負。唐・李白〔魏郡に蘇明府に別れて、因りて北遊す〕詩 遠く別れて兩河を隔つ 雲山杳として千重何れの時にか、更に杯酒して 再び心胸を論ずることを得ん

【心境】心の状態。唐・張説〔清遠江峡山寺〕詩 猿鳴きて、谷の靜かなるを知り 魚戲れて、江の空しきを辨ず 靜默、將た何をか貴ぶ 惟だ應に心境同じかるべし

【心凝】心が純粋の境に入る。〔列子、黄帝〕心凝り形釋け、骨肉都て融く。形の倚る所、足の履む所を覺えず。風に隨つて東西すること、猶ほ木葉幹（乾）殼のごとし。竟に風の我に乘ずるか、我の風に乘ずるかを知らず。

【心曲】心のうち。心のすみずみ。〔詩、秦風、小戎〕言に君子を念ふ 溫として其れ玉の如し 其の板屋（仮喪屋）に在りて 我が心曲を亂す

【心契】心に黙契する。契合する。〔法書要録、四、唐、張懐瓘文字論〕賢才君子の立言立行の若き有り。言は則ち知るべきも、行は見るべからず。～心を以て契すべく、言もて宣ぶべきに非ず。

【心曠】心広やか。宋・范仲淹〔岳陽楼記〕斯の樓に登

らば、則ち心曠く神怡び、寵辱皆忘れ、酒を把りて風に臨み、其の喜び洋洋たる者有らん。

【心骨】 心と骨。強い精神。唐・李賀〔愁ひを開く歌〕詩 主人我に勸む、心骨を養へ 俗物の相ひ塡豗(塞ぎ撓め)するを受くること莫かれと

【心魂】 心のそこ。梁・江淹〔雜体詩、三十首、左記室(思)〕百年信に荏苒(すぎゆく)たり 何を用ってか心魂を苦しむる

【心斎】 心を清め、純一にする。〔荘子、人間世〕氣なる者は、虛にして物を待つ者なり。唯だ道は虛に集まる。虛なる者は心齋なり。

【心思】 思考。〔後漢書、儒林下、何休伝〕休、人と爲り質朴訥口なるも、雅ねに心思有り。六經を精研し、世儒及ぶ者無し。

【心耳】 心と耳。耳をすませる。唐・李白〔元丹丘の山居に題す〕詩 靑春、空林に臥し 白日、猶ほ起きず 松風、襟袖を淸め 石潭、心耳を洗ふ

【心事】 心に思うこと。南朝宋・謝霊運〔魏の太子の鄴中集の詩に擬す、八首、徐幹の序〕少くして宦情無く、箕潁(箕山・潁水の隠者)の心事有り。故に世に仕ふるも、素辭多し。

【心術】 心だて。〔鶴林玉露、甲二、二蘇〕(朱)文公(熹)每ねに其の徒と言ふ、蘇氏(軾、轍)の學、人の心術を壞る。學校尤も宜しく禁絶すべしと。楚辭後語を編し、坡公の詩賦は皆取らず。

【心緒】 心のうごき。情緒。唐・杜甫〔杜位に寄す〕詩 玉壘に書を題して、心緒亂る 何れの時にか、更に曲江に遊ぶことを得ん

【心象】 心のうちに思いえがくこと。唐・温庭筠〔李先生の別墅に僧舍宝刹を望む～〕詩 棲息(安らかにする)して、心象を消す 簷楹(軒場)、豔陽(強い日射し)溢る

【心賞】 心にめで楽しむ。唐・白居易〔首夏、諸校正と開元観に遊び、因りて宿して月を玩ぶ〕詩 沈沈たり、道觀の中 心賞、期すること茲に在り

【心神】 こころ。晋・左思〔招隱詩、二首、二〕經始す、東山の廬 果下、自ら榛(叢木)を成す 前に寒泉井有り 聊か心神を瑩くべし

【心酔】 すっかり感心する。〔荘子、応帝王〕鄭に神巫有り、季咸と曰ふ。人の死生存亡、禍福壽夭を知り、期するに歲月旬日を以てすること、神の若し。～列子之れを見て心醉す。

【心性】 心の本質。また、心と性。〔孟子、尽心上〕其の心を盡す者は、其の性を知る。其の性を知れば、則ち天を知る。其の心を存し、其の性を養ふは、天に事ふる所以なり。

【心喪】 心のうちで服喪する。〔史記、孔子世家〕孔子、魯の城北泗上に葬らる。弟子皆服すること三年、三年の心喪畢り、相ひ訣れて去る。

【心胆】 きもだま。〔三国志、魏、鍾会伝〕敗軍の將は、以て勇を語るべからず。亡國の大夫は、與に存を圖るべからず。心膽以に破るるが故なり。

【心地】 心のうち。唐・韓偓〔残春旅舍〕詩 旅舍の殘春、宿雨晴る 恍然たる心地、咸京を憶ふ

【心腸】 心のうち。南朝宋・鮑照〔代東門行〕楽府 居人、闔を掩うて臥すも 行子、夜中に飯す 野風、草木を吹き 行子、心腸斷ゆ

【心頭】 こころ。念頭。唐・李山甫〔山中、梁判官に寄す〕詩 更に塵事の心頭に起る無し 還た詩情の象外より來る有り

【心得】 心に会得する。〔呂覧、先己〕心に得て聽くこと得られ、聽くこと得て事得られ、事得られて、功名得らる。

【心服】 心から従う。〔孟子、公孫丑上〕力を以て人を服する者は、心服するに非ざるなり。力贍らざればなり。德を以て人を服する者は、中心悅びて、誠に服するなり。七十子の、孔子に服するが如きなり。

【心腹】 まごころ。最も重要なところ。〔戦国策、秦三〕秦韓の地形、相ひ錯はること繡の如く、秦の韓有るは、木の蠹(虫食い)有り、人の心腹を病むが若し。天下變有らば、秦の害を爲す者は、韓より大なるは莫し。王、韓を收むるに如かず。

【心目】 心のうち。記憶。魏・文帝〔呉質に与ふる書〕頃ろ其の遺文を撰し、都べて一集と爲す。其の姓名を觀るに、已に鬼籍と爲る。昔遊を追思するに、猶ほ心目に在り。而して此の諸子、化して糞壤と爲る。復た道ふべけんや。

【心遊】 心楽しみあそぶ。梁・昭明太子〔文選の序〕文囿を歷觀し、辭林を泛覽するに、未だ嘗て心遊目想、晷を移し倦むを忘れずんばあらず。

【心理】 心のはたらき。思考。〔文心雕竜、情采〕聯辭結采は、將に理を明らかにせんと欲す。采濫に、辭詭ならば、則ち心理愈〻翳らし。

【心裏】 心のうち。唐・呉融〔長安に故人に逢ふ〕詩 歲暮、長安の客 相ひ逢ふ、酒一杯 眼前、閒事靜かに 心裏、故山來る

【心力】 努力する。〔孟子、梁恵王上〕木に緣りて魚を求むるは、魚を得ずと雖も、後の災ひ無し。若の若き爲す所を以て、若き欲する所を求むるは、心力を盡して之れを爲し、後必ず災ひ有らん。

【心霊】 こころ。霊魂。〔梁書、文学上、鍾嶸伝〕(詩評序)凡そ斯の種種、心靈を感蕩するは、陳詩に非ずんば、何を以てか其の義を展べん。長歌に非ずんば、何を以てか其の情を釋かん。

【心労】 心が疲れる。〔書、周官〕惟れ恭儉を德とし、爾の僞を載ことすること無かれ。德を作さば心逸して日に休し、僞を作さば心勞して日に拙なり。

↑心衣 はらかけ／心猿 軽躁な心／心往 思い慕う／心暇 気持ちのゆとり／心解 会得する／心懐 こころ／心願 願かけ／心鬼 疑心／心悸 心配／心期 決意する／心機 心のはたらき／心技 わざ／心虛 虛脱／心許 心のうちで許す／心興 感興を催す／心鏡 清浄心／心驚 胸騒ぎ／心極 中心／心襟 抱負／心瞿 懼れる／心形 心身／心計 つもり／心景 心情／心血 精力／心虔 つつしみ／心繭 心が鬱結する／心悟 覚る／心孔 心の窓／心交 心友／心候 口／心恨 うらみ／心根 根性／心裁 判断／心算 心計／心酸 悲酸／心慙 はじる／心旨 考え／心志 志／心識 心智／心疾 気やみ／心質 性質／心実 まごころ／心匠 工夫／心照 心がふれあう／心上 心中／心情 きもち／心身 心と身／心塵 心の汚れ／心髓 心底／心声 ことば／心精 心思／心跡 意中／心折 敬服する／心素 本心／心曹 不快なこと／心想 想い／心体 心と体／心知 悟る／心智 心のはたらき／心馳 うわの空／心中 胸中／心聴 心耳／心痛 気苦労／心底 心根／心田 こころ／心伝 心で伝授する／心蕩 不安／心凸 中高／心肺 内心／心魄 精神／心煩 思いわずらう／心府 こころ／心腑 こころ／心伏 心服／心満 満足する／心与 ゆるす／心懶 ものうい／心裡 心裏／心略 機転／心呂 股肱の臣／心膂 心呂／心慮 考え／心累 心のわずらい／心厲 怒り／心路 思いの行方／心聾 無学

↓悪心・安心・異心・違心・一心・淫心・禍心・会心・灰心・快心・戒心・改心・外心・害心・核心・隔心・甘心・肝心・姦心・寒心・

感心・関心・歓心・驩心・帰心・機心・羈心・義心・疑心・客心・逆心・休心・求心・虚心・愜心・棘心・琴心・苦心・啓心・傾心・決心・湖心・巧心・恒心・降心・細心・私心・師心・詩心・弐心・色心・失心・邪心・執心・重心・獣心・宿心・粛心・春心・純心・初心・小心・称心・焦心・傷心・賞心・身心・信心・真心・人心・仁心・尽心・塵心・水心・寸心・誠心・石心・赤心・専心・洗心・潜心・善心・素心・争心・喪心・躁心・足心・賊心・存心・他心・丹心・池心・中心・忠心・衷心・澄心・雕心・痛心・天心・点心・灯心・蕩心・同心・童心・道心・得心・読心・遁心・内心・二心・忍心・熱心・婆心・版心・悲心・氷心・病心・腐心・腹心・仏心・平心・秉心・変心・放心・蓬心・発心・本心・慢心・民心・無心・野心・有心・遊心・雄心・用心・養心・欲心・乱心・嬾心・利心・離心・留心・旅心・良心・労心・狼心

【㐱】 5 8020 ［鬒］ 20 7280 シン かみ

篆文 金文

象形 人の髪の多い象。〔説文〕九上に「稠髮なり」とあり、〔詩、鄘風、君子偕老〕「㐱髮、雲の如し」の句を引く。いま字を鬒に作り、㐱はその初文。金文の盨の字形にみえる須は、鬚髪の多い形であるが、金文にみえる㐱は、人の腋の下に小点を加える字形とみられ、それは疹・沴の初文と考えられる。㐱をもし鬒髪の象とするならば、參（参）の省形ということも考えられよう。參は婦人が祭事にあずかるとき、髪に盛飾を加えた形で、厽は簪飾、簪を直立して加えた形は齊（斉）・齋（斎）となる。參の下部は、すなわち㐱にあたる。

訓義 1かみ、ゆたかなかみ、くろかみ。

古訓 〔字鏡集〕㐱 シラカ

声系 〔説文〕に㐱声として珍・趁・診・袗・沴・畛・軫など十二字を収める。趁・診はあるいは赴告の義で、㐱は髪がなびく形ともみられる。別に新生の羽を意味する乚に従う㐱の字があり、殄絶の殄はその字に従うとされるが、新羽の㐱も鬒髪の㐱も同声であり、その形義を区別する理由はないように思う。

語系 㐱（鬒）・縝・稹 tjien は同声。鬒は稠髮、縝・稹にも稠密の意があり、繁多の意がある。參 tsəm は簪 tziəm 系統の語で、㐱とは別系の字であろう。

＊語彙は鬒字条参照。

常【申】 5 5000 シン かみ のびる もうす

篆文 金文 古文 籀文 甲骨文

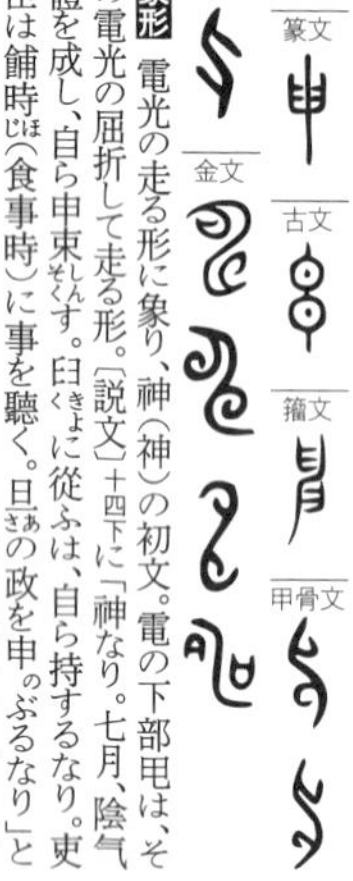

象形 電光の走る形に象り、神（神）の初文。電の下部电は、その電光の屈折して走る形。〔説文〕十四下に「神なり。七月、陰気體を成し、自ら申束す。臼に從ふは、自ら持するなり。吏臣は餔時（食事時）に事を聽く。旦の政を申ぶるなり」と説くも、字形に即するところがない。〔大克鼎〕「申に覲孝す」、〔杜伯盨〕「其れ用つて皇申（神）祖考と好倗友とに享孝す」など、金文には申を神の意に用いる。〔詩、小雅、采菽〕「福祿、之れを申ぬ」のように申重の意に用い、また上申・申張のように用いる。伸はその派生字である。

訓義 1かみ、なるかみ、いなずま。2のびる、のばす。3あきらか。4あきらかにする、もうす。5かさねる、ふたたびする。6つかねる、しめくくる、いましめる。7十二支のさる。

古訓 〔名義抄〕申 ノブ・カサヌ・カサネテ・サル・マウス・ノビス

部首 〔説文〕に臾・曳など三字を属し、〔玉篇〕に暢など三字を加える。臾・曳は腰に手を当てた姿勢をいう字で、臼に従う。電光の象形である申とは関係のない字である。

声系 〔説文〕に神・呻・伸・電・紳・坤・陳など十一字を収める。申声の字に屈伸・伸張の意をもつ字が多い。

語系 申・伸・信 sjien は同声。尸（かたしろ）sjiei や展 tian、陳 dien も声義の関係があり、尸陳・伸展の意があり、もと一系の語である。

【申詠】くりかえし口ずさむ。魏・曹植〔呉季重（質）に与ふる書〕天路高邈、良や久しく緣る無し。～來訊する所を得たるに、文采委曲、曄として春の榮の若く、瀏として清風の若し。申詠反覆するに、曠として復た面するが若し。

【申勧】重ねてすすめる。〔書、君奭〕寧（文）王の德を申勸し、其れ大命を厥の躬に集せ。

【申議】道理をのべて審議する。〔後漢書、梁竦伝〕竇太后崩ず。（梁）松の子扈、從兄禪を遣はして、三府に奏記す。以爲へらく、漢家の舊典、母氏を崇貴す。而るに梁貴人は親ら聖躬を育したるも、尊號を蒙らず。申議を得んことを求む。

【申誥】重ねて告げる。〔書、太甲下〕伊尹、申ねて王に誥げて曰く、嗚呼、惟れ天は親しむこと無し。克く敬しみて惟れ親しめ。

【申申】たび重なる。また、のびやか。〔論語、述而〕子の燕居するとき、申申如たり、夭夭如たり。

【申説】重ねていう。申し開きする。〔後漢書、独行、陳重伝〕同舍郎に告げて歸寧する者有り。誤つて隣舍郎の袴を持して去る。主、重の取る所なるかを疑ふ。重、自ら申說せず、袴を市ひて以て之れを償ふ。

【申報】上司に報告する。〔旧唐書、憲宗紀上〕今より已後、有る所の祥瑞は、但だ式に准つて有司に申報せしめ、上聞することを得ざれ。

【申明】十分に説き明らかにする。〔史記、文帝紀〕十五年、黃龍、成紀（県）に見はる。天子乃ち復た魯の公孫臣を召して、以て博士と爲し、土德の事を申明せしむ。

【申理】明らかにしおさめる。〔後漢書、馮異伝〕百姓を懷け來らしめ、枉結（冤罪など、無実）を申理す。出入すること三歳にして、上林、都を成せり。

↑申意 意を明らかに示す／申冤 申し開き／申戒 告げ戒める／申解 解明／申義 解義／申救 冤罪を救う／申駆 二番手／申敬 表敬／申儆 重ねて戒める／申憲 お伺い／申晤 再会／申謝 謝意／申酌 重酌／申釈 説き明かす／申紓 のべる／申舒 申紓／申証 明らかに立証する／申詳 上申／申状 上申書／申請 願う／申析 申解／申雪 冤罪をそそぐ／申訴 告訴／申愬 申訴／申奏 奏上する／申束 約束／申旦 徹夜／申重 再三／申張 伸張する／申勅 いましめる／申飭 申勅／申呈 呈報／申展 のべる／申白 申明／申布 宣布する／申文 上申書／申命 再命／申盟 重ねて盟う／申約 再約／申稟 上申する／申令 号令／申励 勉励／申論 討論する

↓冤申・窮申・具申・屈申・咨申・上申・追申・答申・内申・伏申

【囟】 6 2600 シン シ ひよめき

篆文 古文

象形 あたまのはちの形。〔説文〕十下に「頭會、匘蓋なり」とあり、頭骨の覆蓋の縫合部。幼児のときには柔らかく、ひよめき、おどりことよばれる。字はまた膟・出に作る。

訓義 1ひよめき、おどりこ。

↑囟骨 ひよめき／囟門 頭頂の縫合部

常

【臣】 6 7171 シン つかえる おみ

篆文

甲骨文

金文

象形 目をあげて上を見る形。大きな瞳を示す。〔説文〕三下に「牽かるるなり」と、臣・牽の音の関係を以て解するが、両者の間に声義の関係はない。また字形について「君に事ふる者なり。屈服する形に象る」（段注本）とするが、字は卜文の望（望）に含まれる形と同じく、上方を見る目の形である。卜辞にみえる小臣は王族出自の者で、聖職に従い、臣を統轄する。臣は多く神事に従い、もと異族犠牲や神の徒隷たる者を意味した。宮廟につかえる者を臣工といい、〔詩、周頌〕に〔臣工〕の一篇がある。金文の賜与に「臣三品」のようにいうのは、出自の異なる者三種をいう。また「臣十家」のようにいうのは、一般の徒隷と異なるものであろう。のち出自や身分に関することなく、他に服事するものをいう。

訓義 ①つかえる、神廟につかえる、祭事につかえる。②おみ、けらい、しもべ。③めしうど、とりこ。④たみ、人民。⑤臣下の自称。

古訓 〔和名抄〕臣 日本紀私記に云ふ、夜都加禮（やつかれ）〔名義抄〕臣 ヤツナシ・ヤトナシ・シタガフ・アヅカル・ヒト・オム・オホム・フス／大臣 オホイマウチキミ／大政大臣 オホマツリゴトノオホマヘツキミ〔字鏡集〕臣 ヤツカレ・キミ・シケ・カタシ・ナム・アツカル・ヲホム・オモハク・シタガフ

部首 〔説文〕〔玉篇〕に臦・臧の二字を属する。〔説文〕三下に臦は臣を左右相乖く形に配し、「乖くなり」と訓し、誑の声でよむ。誑惑の意。臧は「善なり」と訓するが、もと臧獲の意で奴隷。虜囚を戈で清める意の字である。

声系 〔説文〕に臣声として嚚・臤・臥など七字を収める。嚚や臤は声が異なり、会意の字である。

【臣下】 君に仕えるもの。けらい。〔書、伊訓〕惟れ茲の三風（悪い風俗）十愆（過誤）は、～邦君、身に一有るも、國必ず亡ぶ。臣下匡さざれば、其の刑は墨とせよ。具さに蒙士に訓へよ。

【臣工】 祭事に従うものをいう。〔詩、周頌、臣工〕嗟嗟臣工 爾の公（宮）に在るを敬しめ

【臣子】 臣であり、子であること。けらい。〔公羊伝、隠十一年〕春秋に、君弑せられて賊討たれず、葬を書せざるは、以て臣子無しと爲すなり。

【臣事】 臣として仕える。〔戦国策、魏一〕今乃ち辟臣の説に劫かされて、秦に臣事せんと欲す。夫れ秦に事へば、必ず地を割き、質（人質）を效さしめん。故に兵未だ用ひずして、國已に虧く。～皆姦臣にして忠臣に非ざるなり。

【臣従】 臣として従う。〔漢書、匈奴伝上〕漢の事を用ふる者以へらく、匈奴已に弱し、臣從すべきなりと。～說きて曰く、卽し和親せんと欲せば、單于の太子を以て漢に質と爲せと。

【臣節】 臣下の道。臣下としての操。〔漢書、路温舒伝〕時に～匈奴に使すべきものを選ばしむ。溫舒、上書す、願はくは斷養を給せられ、骨を方外に暴し、以て臣節を盡さんと。

【臣服】 臣下として仕える。〔書、康王之誥〕今予一、二の伯父、尚はくは胥ひ暨に顧ひて、爾が先公の、先王に臣服せしを綏げよ。

【臣僕】 けらい。奴隷的な服従者。〔詩、小雅、正月〕民の辜無きも 幷せて其れ臣僕とす

【臣虜】 捕虜などの、奴隷的身分のもの。〔韓非子、五蠹〕禹の天下に王たるや、身ら耒臿を執り、以て民の先と爲り、股に胈（股の柔毛）無く、脛に毛を生せず。臣虜の勞と雖も、此れより苦しからず。

【臣僚】 群臣たち。〔旧唐書、憲宗紀論〕憲宗嗣位の初め、列聖の實錄を讀み、～顧みて丞相に謂ひて曰く、～先聖の代に當り、猶ほ宰執臣僚の同心輔助を須つ。豈に朕、今日獨り能く理むることを爲さんやと。

⬆臣役 従役／臣宦 官吏／臣御 臣として仕えるもの／臣佐 佐官／臣宰 召使い／臣庶 臣下／臣妾 召使い／臣人 臣下／臣属 臣下／臣道 臣下の道／臣伏 臣服／臣民 人民／臣寮 臣僚／臣礼 臣下の礼／臣隷 召使い

⬇遺臣・王臣・下臣・家臣・外臣・姦臣・諫臣・逆臣・旧臣・近臣・君臣・勲臣・群臣・権臣・賢臣・虎臣・孤臣・功臣・倖臣・讒臣・史臣・侍臣・儒臣・重臣・従臣・小臣・人臣・世臣・争臣・賊臣・大臣・逐臣・忠臣・朝臣・寵臣・妬臣・佞臣・陪臣・反臣・微臣・武臣・嬖臣・輔臣・亡臣・謀臣・名臣・諛臣・乱臣・良臣・隷臣・老臣

常

【伸】 7 2520 シン のびる のばす

篆文

形声 声符は申。申は電光の象で、伸張の意がある。〔説文〕八上に「屈伸するなり」という。古くは詘信のような字を用いた。

訓義 ①のびる、のばす、せのびする。②のびやか、ゆるやか、はれやか。③なおくする、おさめる。

古訓 〔名義抄〕伸 ノブ・ノビス・ノビアガル／欠伸 アクヒノビス

語系 伸・申・信sjienは同声。展tian、陳dienも伸展の意のある字で、同系の語である。

【伸欠】 せのびとあくび。〔太平広記、三一三に引く玉堂閑話、葛氏婦〕其の婦、美容止あり。～俄かにして心痛を病む。～夢寐恍惚、嘗て神と遇ふ。～神の將に至らんとする毎に、婦則ち先づ伸欠呵嚏（せき、くさめ）し、侍者に謂ひて曰く、彼已に至れりと。

【伸縮】 のびちぢみ。宋・蘇洵〔幾策、審勢〕秦、天下を有ち、散じて郡縣と爲し、聚めて京師と爲す。守令に大なる權柄無し。伸縮進退、我に在らざる無し。其の勢ひ、強しと爲す。

【伸眉】 心配が晴れる。また、得意なさま。漢・司馬遷〔任少卿（安）に報ずる書〕今～闒茸（卑賤）の中に在り、乃ち首を仰ぎ眉を伸べ、是非を論列せんと欲す。亦た朝廷を輕んじ、當世の士を羞かしめずや。

【伸臂】 ひじを伸ばす。〔三国志、蜀、関羽伝〕羽嘗て流矢の中たる所と爲る。～醫曰く、矢鏃に毒有り。毒、骨に入る。～骨を刮り毒を去り、然る後此の患、乃ち除かんのみと。羽便ち臂を伸べ、醫をして之れを劈かしむ。～羽～言笑自若たり。

⬆伸威 威を張る／伸曳 伸ばす／伸冤 申し開き／伸玩 展玩する／伸屈 屈伸／伸敬 表敬／伸頸 頸を伸ばす／伸弛 伸縮／伸舒 伸ばす／伸張 伸ばす／伸展 伸ばす／伸理 明理

⬇引伸・屈伸・欠伸・倦伸・尺伸・長伸

【岑】 7 2220 シン ギン みね やま

篆文

形声 声符は今。その声の転じたものであろう。〔説文〕九下に「山小にして高きなり」とあり、嶮峻のところをいう。崖岸の意のときには、ギンの音でよむ。

訓義 ①みね、やま、小高いやま。②たかい、けわしい。③きし。

古訓 〔名義抄〕岑 ミネ・キラフ〔字鏡〕岑 サカシキミネ・ヤマノタカキミネ・ミネ・クマ

【岑蔚】 深く茂った峯。宋・王安石〔章義寺に遊ぶ〕詩 榻を拂つて午夢を寄せ 起つて北のかた山椒（山陵）を尋ぬ 岑蔚、鳥迹絶え 悲鳴、唯だ一蜩（ひぐらし）

【岑翳】 深く茂っている山。〔唐書、忠義中、賈循伝〕地は

南のかた海を負ひ、北のかた長城に屬き、林垠(茂った塚)岑嶔、寇の蔽伏する所なり。

【岑鑿】 山と谷。唐・宋之問〔夜、東亭に飲す〕詩 岑鑿、景色佳し 我が遠遊の心を慰む

【岑寂】 高くてものしずか。唐・杜甫〔樹間〕詩 岑寂たり、雙甘樹 婆娑として、一院香し

↑岑鬱 高く峻しい/岑蔚 高い崖/岑嵒 高く峻しい/岑巌 高く峻しい/岑崟 高く峻しい/岑峭 峻しくそびえる峯/岑岑 頭痛/岑立 そびえ立つ/岑嶺 高い山/岑楼 高楼

↓陰岑・雲岑・遠岑・危岑・孤岑・高岑・峻岑・森岑・青岑・曽岑・蒼岑・梅岑・碧岑・遥岑・乱岑・陵岑

【弞】 7 1728 シン わらう

篆文 

形声 声符は弓。弓は引の省。矤も同声の字であるが、ともに矧の省声の字。〔説文〕八下に「笑うて顔を壞らざるを弞と曰ふ。欠に從ひ、引の省聲」という。〔段注〕に字を改に作るべしとし、〔玉篇〕「改は笑うて顔を壞らざるなり」と同じとする。その字は「呼来切」の音。弞はまた哂に作る。みな、笑って、破顔に至らざるものである。

訓義 ①わらう、ほおえむ。②木の名。

【忱】 7 9401 シン まこと

篆文 

形声 声符は冘。冘に訦・枕の声がある。〔説文〕十下に「誠なり」とあり、〔詩、大雅、大明〕「天は忱にし難し」のように古い用例がある。愖また訦・諶と通用する。

訓義 ①まこと。②まこととする。

古訓 〔名義抄〕忱 マコト・タスク・マクラ 〔字鏡集〕忱 ノブ・タスク・マコト

語系 忱・訦・諶 zjiəm は同声。訦は〔説文〕三上に「燕・代・東齊に、信を訦と謂ふ」とみえる。また諶は〔説文〕に「誠諦なり」とし、「天は諶にし難し」と〔詩、大雅、大明〕の句を引いて、字を諶に作る。信 sjien とも関係のある語であろう。

↑忱悃 悃誠/忱辞 誠の語/忱恂 まこと/忱裕 おだやか

↓勧忱・斟忱・忠忱・棐忱・微忱

【沁】 7 3310 シン ひたす しみる

篆文 

形声 声符は心。〔説文〕十一上に水名とするが、字は浸(㴴)・滲と声義が通じてその意に用いる。また水中の物を探ることをいう。

訓義 ①ひたす、しみる、しみいる。②さぐる。

語系 沁 tsiəm は浸・寖 tziəm、滲 shiəm、探 thəm、深 sjiəm、また漸 dziam、霑 tiam と声義近く、これらはすべて一系の語である。譖 tzhiəm、讒 dzheam は、知らず知らずのうちに人の心に入りこむものをいう。

【沁暈】 しみのかさ。〔紹興内府古器評、上〕(商祖辛尊)此の器、文鏤純簡、沁暈黯漬して、閒ふるに赭花の爛斑を以てす。知る、其の商の物爲たる所以、又豈に其の銘款を待ちて、而る後に辨ぜんや。

↑沁溢 沁透する/沁痕 しみあと/沁潤 滲潤/沁透 浸透する/沁入 しみこむ/沁涼 沁入

↓香沁・塵沁・沢沁・露沁

常 【芯】 7 4433 〔芯〕 8 4433 シン ほそい

形声 声符は心。もと藺の一種。ほそいをいう。また、ものの中核にあるもの、しんの部分をいう。唐・宋以後にみえる。

訓義 ①ほそい、とうしんぐさ。②心と通じ、ものの中心にあるもの。

参考 ものの中核にあるものを、心という。灯心草の髄を、油盞中において点火照明するものを、俗に灯芯という。

↑芯子 ねじ装置、蛇舌

常 【身】 7 2740 シン みごもる み からだ みずから

篆文 

金文 

象形 みごもっている人の側身形。〔説文〕八上に「躳なり」とするが、〔詩、大雅、大明〕に「大任身める有り」の〔伝〕に「身重きなり」とするのが字の原義。孕妊をいい、孕は腹中に子のある人の側身形。娠は身の形声字である。

訓義 ①みごもる、はらむ。②み、からだ。③なかみ、なかご。④みずから、われ。

古訓 〔名義抄〕身 ミ・ワレ・ムクロ・カタチ・シタシ・ミヅカラ・ハラム

部首 〔説文〕に軀一字、〔玉篇〕に別に二十六字を加えるが、躯・躲・躰のような俗体に近い字がある。

声系 〔説文〕八上に㐆を収め「神なり」とするが、妊娠の意。身を身体の意に用い、別に㐆が作られた。

語系 身・㐆・娠 sjien は同声。身が妊婦の形。㐆はその派生字、娠は胎内の振動する意で、身に対する形声字である。

【身意】 身と心。南朝宋・鮑照〔陸平原の君子有所思行に代る〕楽府 陳鐘、夕讌に陪し 笙歌、明發(夜明け)を待つ 年貌は還すべからず 身意、會ゝ盈歇す

【身外】 自分の身以外。〔歴代名画記、唐上〕李林甫も亦た丹青を善くす。高(太子)詹事(適)の林甫に與ふるの詩に曰く、興中、唯だ白雲のみ 身外は即ち丹青と。余嘗て其の畫迹を見るに、甚だ佳し。

【身幹】 からだ。からだの基幹。〔左伝、成十三年〕禮は身の幹なり。敬は身の基なり。

【身計】 一身の計。〔顔氏家訓、帰心〕身計國謀は、兩つながら遂ぐべからず。誠に臣、主に徇じては親を棄て、孝子、家を安んじては國を忘る。各ゝ行有るなり。

【身後】 死後。唐・項斯〔日東の病僧〕詩 身後の事を言はず 猶ほ病中の禪に坐す 深壁、燈影を藏し 空窻、艾煙(灸の煙)を出だす

【身首】 身と首。魏・陳琳〔袁紹の為に予州に檄す〕故の九江の太守邊讓は、英才俊偉、天下に名を知らる。直言正色、論阿諂せず。身首梟懸(さらし首)の誅を被り、妻孥灰滅の咎を受く。是より士林(有識者)憤痛し、民怨彌ゝ重し。

【身上】 一身上。また、身に著ける。唐・韓愈〔酔後〕詩 初めは喧にして或いは忿争し 中ごろ靜かにして嘲戲を雜ふ 淋漓たり、身上の衣 顚倒す、筆下の字

【身世】 生涯。宋・文天祥〔零丁洋を過ぐる〕詩 山河破碎して、風、絮を拋ち 身世漂搖して、雨、萍を打つ 皇恐灘頭、皇恐を說き 零丁洋裏、零丁を歎ず

【身体】 からだ。〔孝経、開宗明義章〕身體髮膚、之れを父母に受く。敢て毀傷せざるは孝の始なり。

【身命】 いのち。〔漢書、鄭崇伝〕崇、諫めて曰く、~天、赤黃晝昏を爲し、日中に黑氣有り。~此れ皆犯陰の害なり。臣願はくは、身命を以て國咎(国のとが)に當らんと。

↑身家 身代/身寄 頼る/身器 身体/身軀 からだ/身屈 不遇/身形 からだ/身契 身元引き受け/身欠 だるい/身愆 過失/身故 死ぬ/身行 品行/身才 才能/身材 からだ/身子 一身/身屍 屍体/身自 みずから/身事 一身上/身章

衣服／身状 からだ／身親 身自／身性 素質／身銭 人口税／身全 無事／身代 からだ／身地 家柄／身図 身計／身毒 インド／身分 みぶん／身辺 身のまわり／身貌 身状／身謀 身計／身力 体力／身霊 生霊、人

↓安身・一身・客身・謹身・苦身・屈身・化身・献身・現身・護身・後身・渾身・自身・失身・捨身・修身・終身・出身・心身・人身・随身・全身・前身・束身・側身・存身・単身・長身・低身・挺身・転身・投身・等身・独身・病身・分身・文身・変身・保身・満身・約身・裸身・立身・老身

常

【辛】 7 0040 シン はり つらい からい かのと

篆文

甲骨文

金文

象形 把手のある大きな直針の形。これを入墨の器として用いるので、言・章（章）・童（童）・妾・辠・辜・商（商）などの字は、もと辛に従う形に作る。〔説文〕十四下に「秋時、萬物成りて孰す。金は剛、味は辛なり。辛痛しては卽ち泣出づ。一に從ひ、辛に從ふ。辛は辠なり。辛は庚を承く。人の股に象る」とする。その説は五行配当の説によるもので、字形学的には何の意味もない。辛はまた㝵に作り、辪・辟などの字は、もとその形に従い、曲刀の象、剞劂するのに用いる。辛に墨だまりをつけた形は章、入墨によって文身を施すことを文章、その美しさを彣彰という。

訓義 1はり、入墨用のはり。2つらい、きびしい、むごい。3つみ、傷つける。4からい、からみ。5十干の一、かのと。

古訓 〔名義抄〕辛 カラシ 〔字鏡集〕辛 カノト・カラシ

部首 〔説文〕に辠・辜・辪・辭・辭（辞）の五字、〔玉篇〕に六字を属する。辠・辜の従うところは入墨の器の辛、辪は剞劂の曲刀である㝵の形に従う。また辭・辭は𤔔（糸架にかけた糸のもつれ）を辛形の針で解きほぐす意であって、入墨の辛ではない。三者はいま同形に作るが、もとみなその器を異にするものであった。

声系 〔説文〕に辛声として亲など三字、また亲声として親・新などの字を収める。亲は入山して木を伐るとき、しるしの辛を木に加える意。祭祀や儀礼のために木を伐るとき、そのような儀礼を行った。その木を新といい、新しい位碑を以て祭るものを親という。

【辛艱】 苦しみなやむ。明・高啓〔謝国史と同に鍾山に遊び、鉄冠先生に逢ふ〕詩 登高知らず、已に幾里なるかを 但だ怪しむ、力盡きて辛艱を愁ふるを

【辛勤】 苦労しつとめる。唐・韓愈〔児に示す〕詩 始め我、京師に來りしとき 止だ一束の書を攜ふ 辛勤、三十年 以に此の屋廬を有り

【辛苦】 苦労する。唐・李紳〔農を憫れむ、二首、二〕禾を鋤すれば、日は午に當る 汗は滴る、禾下の土 誰か知らん、盤中の餐 粒粒、皆辛苦なることを

【辛酸】 つらく苦しい。魏・杜摯〔毌丘倹に贈る〕詩 騏驥、馬試ひられず 婆娑たり、槽櫪（かいば桶）の閒 壯士、志未だ伸びず 坎軻（行きなやむ、不遇）辛酸多し

【辛楚】 いたみ苦しむ。〔後漢書、劉瑜伝〕臣、下土に在りて、歌謠を聽聞す。驕臣虐政の事、遠近呼嗟の音、竊かに辛楚を爲し、泣血漣如たり。

【辛盤】 五辛を盛れた盤。元日に用いる。〔荊楚歳時記〕正月一日、～長幼悉く衣冠を正し、次を以て拜賀す。椒柏酒を進め、桃湯を飲み、屠蘇酒・膠牙餳を進め、五辛盤を下し、～各〻一雞子を進む。凡そ飲酒の次第は、小より起む。

【辛辣】 甚だしくからい。〔酉陽雑俎、十八、広動植、木篇〕胡椒は摩伽陁國に出づ。呼んで味履支と爲す。～形は漢椒に似たるも、至りて辛辣なり。

↑辛螫 虫さされ／辛毒 辛苦／辛味 からみ／辛烈 辛辣

↓甘辛・艱辛・苦辛・葷辛・五辛・香辛・嗟辛・酸辛・愁辛・悲辛・味辛

人

【辰】 7 7123 シン かい とき たつ

篆文

古文

甲骨文

金文

象形 蜃蚌などの貝の類が、足を出して動いている形。〔説文〕十四下に「震ふなり。三月、昜气動き、靁電振ふ。民の農時なり。物皆生ず。乙匕に從ふ。匕は芒達（草木の芽）に象る。厂の聲」（段注本）とする。当時の五行説によって説くものである。なお「辰は房星、天時なり」と、星の名にして農祥とし、字形中の二は上の意であるという。字は蜃の象形。その貝殻は刈器として耨に用いられ、蜃器に対する古い信仰を生んで、祭祀にも蜃を用いた。〔周礼、地官、掌蜃〕に「祭祀には蜃器の蜃を共（供）することを掌る」とあり、〔春秋、定十四年〕「秋、～天王、石尚をして、來りて蜃を歸らしむ」のような例がある。西周期の金文の紀月の法に、「辰は五月に在り」のようにいうのは、辰が農時の意から、時期の意に転用されたものであろう。日月の会するところの十二次を辰といい、また星宿の名に用いる。

訓義 1かい、のち蜃に作る。2うごく、とき。3日月の交会のところ。4十二支の一、たつ。5たつのとき、今の午前八時・九時。6晨と通じ、あした。7房星。

古訓 〔名義抄〕辰 トキ 〔字鏡〕辰 ノブ・ホシ・トキ・フルフ・ハチ・ツブサニ

部首 〔説文〕〔玉篇〕に、辱をこの部に属する。辱は蜃器をもって草を刈る意で、耕耨のことをいう。

声系 〔説文〕に辰声として脤・唇・晨・賑・晨・震・振・娠・蜃など十七字を収める。脤は社肉を蜃器に盛れて祀る。蜃器、振動の意をもつものが多い。

語系 辰・蜃・脤 zjiən は同声。蜃器・蜃肉をいう。娠・振・震 tjiən は声義近く、みな震動の意がある。

【辰駕】 天子の車駕。南朝宋・顔延之〔車駕、京口に幸す、三月三日、曲阿の後湖に侍遊して作る〕詩 春、方に辰駕を動かし 幸（行幸）を望みて五州を傾く

【辰漢】 大辰（房・心・尾三宿）と天の河。南朝宋・顔延之〔東宮に直し、鄭尚書に答ふ〕詩 寢興にも、鬱として已むこと無く 起ちて辰漢の中（南中）するを觀る

【辰極】 北極星。〔抱朴子、嘉遯〕夫れ雲夢（湖）に群迷する者は、必ず指南を須ひて以て道を知り、滄海に泝ぶ者は、必ず辰極を仰いで以て反ることを得う。

【辰刻】 とき。時刻。〔宋史、律暦志三〕國朝、挈壺の職を復し、專ら辰刻を司る。

【辰象】 日月、星辰の象。梁・沈約〔斉の故の安陸昭王の碑〕公、辰象の秀德を含み、河岳の上靈を體し、氣は風雲を蘊み、身に日月を負ふ。

【辰夜】 とき。朝晩の時間。〔詩、斉風、東方未明〕柳を折りて圃に樊す 狂夫瞿瞿たり 辰夜なること能はず 夙かならざれば卽ち莫し

【辰良】 よい日。よい時刻。〔楚辞、九歌、東皇太一〕吉日の辰良 穆みて將に上皇を愉しましめんとす

↑辰緯 星辰／辰鑒 天子自ら御覧になる／辰晷 日光／辰儀 天子の儀仗／辰光 日光／辰砂 朱砂／辰事 良時／辰宿 星宿／辰星 水星／辰精 房星、そいぼし／辰撰 天子自ら試問される／辰牌 時計／辰明 辰星／辰旒 十二旒、太常という旗

↓佳辰・嘉辰・忌辰・吉辰・元辰・在辰・三辰・時辰・朱辰・初辰・浹辰・象辰・上辰・生辰・星辰・聖辰・大辰・誕辰・同辰・日辰・芳辰・北辰・良辰・令辰

【呻】 8 6500 シン うめくうたう

篆文 

形声 声符は申。〔説文〕二上に「吟なり」、また吟字条に「呻なり」とあって互訓。申に舒伸の意があり、声を引いて長く呻吟することをいう。

訓義 ①うめく、うめくように声をもらす。②うたう、となえる。

古訓 〔新撰字鏡〕呻 左万与不（さまよふ）、又、奈介久（なげく）〔名義抄〕呻 アクフ・ヨフ・ナゲク・イヒス・ヤミイタム・シナゲル・サマヨフ〔字鏡集〕呻 サマヨフ・アクフ・ヤミイタム・ノビス・ヨブ・ニヨブ・ナゲク・ヤミイタムコヱ・アクビス

語系 呻・申・伸sjienは同声。展tian、陳dienと同系の語、鬱屈したものを外に発する意がある。

【呻吟】 苦しみうめく。また、声をあげてとなえる。〔荘子、列禦寇〕鄭の人緩、裘氏の地に呻吟すること祗だ三年にして、緩、儒と為る。

【呻呼】 うめき叫ぶ。宋・蘇軾〔薬誦〕然れども舊と痔に苦しむ。是に至りて大いに作り、呻呼すること幾百日。地に醫藥無く、有るも亦た效あらず。道士吾に教へ、滋味を去り、薫血を絶ち、清淨を以て之れに勝たしむ。痔に蟲有り、吾が後に館る。滋味薫血は、～亦た以て蟲を養ふと。

【呻鳴】 うめき泣く。〔論衡、論死〕然れども枯骨の、時に呻鳴する者は、人骨に自ら能く呻鳴する者有ればなり。～草澤に體を暴すもの、千萬を以て數ふ。呻鳴の聲、宜なり、歩屬すること。

↑呻喚 呻吟／呻楚 悲泣／呻恫 うなる／呻畢 よみあげ／呻嚬 呻楚

↓哀呻・寒呻・吟呻・酸呻・唱呻・嚬呻

常 【侵】 9 2724 〔侵〕 9 2724 シン おかす

篆文 

金文 

形声 旧字は侵に作り、㑴声。㑴は帚をもつ形。〔説文〕八上に「漸く進むなり。人に從ひ、又（手）もて帚を持つ。埽の進むが若し。又は手なり」という。㑴は帚をもって酒気などをそそぎ、清め祓う意。その気が儀場に次第に浸透することを浸（浸）といい、寖といい、侵という。その建物を寑（寝）といい、寝殿すなわち正殿をいう。古くは寑に作る字である。侵はのち侵掠・加凌の意となるが、それは引伸の義である。

訓義 ①おかす、酒気をもって祓う、次第にはらいのける。②他をおかす、しのぐ、そこなう。③寖と通じ、わざわい。④浸と通じ、ひたす、ようやく。

古訓 〔名義抄〕侵 ヤウヤク・ネガフ・チカフ・ヲカス・ネフル・ハルカニ〔篇立〕侵 ネガフ・ヤウヤク・チカフ・トシ・ハルカニ・ネフル・ウルホス・ヲカス

声系 〔説文〕に侵の省声として寑・寖・㵎など十字を収める。宀に従う字は、寝廟において行う儀礼に関する字である。

語系 侵・寑tsiəmは同声。寖・浸tziəmは声近く、寖とは精気感祥、気のあらわれるところをいう。襲（襲）ziəpも声義の関係があり、衣によってその精気を伝える儀礼をいい、また侵淫加凌の意がある。

【侵淫】 進みおかす。楚・宋玉〔風の賦〕夫れ風は地に生じ、青蘋（水草）の末に起り、谿谷に侵淫し、土嚢（山の大穴など）に盛怒し、泰山の阿に緣り、松柏の下に舞ふ。

【侵害】 おかす。〔後漢書、李固伝〕自頃の牧守を選擧するに、多くは其の人に非ず。無道を行ひ、百姓を侵害するに至る。

【侵駭】 侵入されてさわぐ。梁・任昉〔曹景宗を奏弾す〕疆埸侵駭するは、職として是れに之れ由る。嚴刑有らずんば、誅賞安くにか寘かん。

【侵毀】 破壊する。〔奉天録、二〕（韓）滉の將邱涔、嚴酷にして、士卒日に役せらるるもの數千人、城を去ること數百里の內、先賢の邱墓、多く侵毀せらる。故老以爲へらく、孫權・東晉・宋・齊・梁・陳よりの兵壘の故（遺址）、未だ始より有らざるなりと。

【侵漁】 網するようにとる。〔漢書、宣帝紀〕（神爵三年）秋八月、詔して曰く、吏廉平ならざれば則ち治道衰ふ。今小吏皆事に勤むるも奉祿薄し。其の百姓を侵漁する毋からんと欲するも難し。其れ吏の百石以下には、奉十五を益せと。

【侵寇】 他国に侵入して禍いする。〔漢書、食貨志下〕貨布を作るの後六年、匈奴の侵寇甚だし。（王）莽、大いに天下の囚徒人奴を募り、名づけて豬突豨勇と曰ふ。

【侵削】 おかし割きとる。〔漢書、元帝紀〕（永光）四年、～戊寅晦、日、蝕する有り。詔して曰く、～公卿大夫、好惡を同じからず。或いは姦に緣り邪を作し、細民を侵削す。元元（人民）安くんぞ命を歸する所有らんや。

【侵残】 侵害する。〔陳書、世祖紀〕梁室多故にして、禍亂相ひ尋ぎ、兵甲紛紜し、十年解けず。～山丘を零落し、陵谷を變移し、或いは皆剪伐し、侵殘せざる莫し。玉杯民閒に得られ、漆簡世載に傳ふ。

【侵奪】 おかし奪う。〔史記、高祖紀〕項羽數〻漢の甬道（輸送路）を侵奪し、漢軍食に乏し。遂に漢王を圍む。漢王和を請ふ。

【侵伐】 おかし伐つ。〔左伝、桓十年〕魯は周の班なるを以て、鄭を後とす。鄭人怒りて、師を齊に請ふ。齊人、衞の師を以て之れを助く。故に侵伐と稱せず。

【侵犯】 領土や財産を侵奪する。〔史記、灌夫伝〕丞相も亦た言ふ、灌夫、姦猾に通じ、細民を侵し、家に巨萬を累ね、潁川に横恣し、宗室を凌轢し、骨肉を侵犯す～と。

【侵略】 かすめとる。〔後漢書、孔融伝〕初め曹操、攻めて鄴城を屠る。袁氏の婦子、多く侵略せらる。而して操の子丕、私かに袁熙の妻甄氏を納る。

【侵陵】 おかし辱しめる。〔礼記、聘義〕敬讓は、君子の相ひ接する所以なり。故に諸侯相ひ接するに敬讓を以てせば、則ち相ひ侵陵せず。

↑侵軋 おかし争う／侵易 あなどる／侵液 ひたす／侵越 越える／侵加 侵凌する／侵割 かすめとる／侵欺 だましとる／侵攫 占拠する／侵境 境を侵す／侵疆 侵境／侵曉 明け方／侵近 接近する／侵撃 侵伐する／侵耗 減らす／侵降 降す／侵刻 残忍／侵雑 乱す／侵取 とる／侵潤 浸透する／侵擾 おかしみだす／侵攘 おかし奪う／侵辱 おかしはずかしめる／侵晨 早朝／侵尋 次第に／侵竊 ぬすむ／侵占 ぬすむ／侵奪／侵早 早曉／侵地 土をかすめとる／侵偸 ぬすむ／侵盜 ぬすむ／侵撓 みだす／侵匿 かくす／侵瀆 けがす／侵黷 侵毒／侵毒 害する／侵呑 着服する／侵入 攻め入る／侵迫 迫る／侵薄 迫る／侵畔 農地を侵す／侵肥 私腹をこやす／侵逼 侵迫／侵侮 あなどる／侵誣 誣告する／侵蔽 おおう／侵牟 貪る／侵暴 荒らす／侵没 とる／侵滅 滅ぼす／侵夜 夜晩く／侵掠 侵略／侵凌 侵陵／侵漏 ぬすむ

↓外侵・寒侵・暁侵・愁侵・襲侵・深侵・霜侵・貪侵・蠹侵・内侵・貌侵・来侵・乱侵・老侵

常 **【信】** 9 2026 シン まこと

篆文 古文 金文

会意 人＋言。言は誓言、神に誓う語である。〔説文〕三上に「誠なり」という。〔穀梁伝、僖二十二年〕に「言にして信ならざれば、何を以てか言と爲さん」とあり、誓約の言であるから、信誠の意がある。

訓義 ①まこと、まことにする、誓いのことば。②しるし、あかし、わりふ。③あきらか、つまびらか。④したがう、うやまう。⑤任と通じ、まかせる。⑥申と通じ、再宿、かさねて宿る。⑦訊と通じ、たより、つかい。⑧伸と通じ、のびる、ゆるやか。

古訓 〔名義抄〕信　マコト・ツカヒ・ツカフ・ワザ・ムベナフ・ミナ・ツ、シム・ユク・オモシ・セム・マカス・ミチ・ウヤマフ・キハム・シルシ・トシ・アキラカ・サネ・ノブ・コレ・スナハチ・フタヨ・オモヒデ〔篇立〕信　スナハチ・セム・ワザ・カル・ソナフ・ノトル・ミナ・マカス・ツ、シム・スマス・ユカス・マコトニ・キハム・サネ・ツカヒ・ウエナフ・スマフ・ウヤマフ・ノブ・マフ・アキ・マコト・ホシイマ、・ヲモシ・ユク

語系 信・申・伸sjienは同声で、通用の義が多い。任njiəm、訊siuənも声近く、借用することがある。

【信愛】信じ愛する。〔荀子、仲尼〕寵を持して位に處り、終身厭かれざるの術は、主之れを尊貴するときは、則ち恭敬にして僔き、主之れを信愛するときは、則ち謹愼して嗛(謙)す。

【信愨】まごころ。〔荀子、哀公〕故に弓調ひて、而る後に勁きを求め、馬服して、而る後に良を求め、士信愨にして、而る後に知能を求む。

【信義】まことと正しさ。〔三国志、蜀、諸葛亮伝〕將軍は既に帝室の冑にして、信義四海に著はる。英雄を總攬し、賢を思ふこと渇するが如し。

【信疑】まことと、疑うこと。〔荀子、非十二子〕信を信とするは信なり。疑を疑とするも亦た信なり。賢を貴ぶは仁なり。不肖を賤しむも亦た仁なり。言ひて當るは知なり。默して當るも亦た知なり。故に默を知るは由ほ言を知るがごときなり。

【信謹】誠実で慎しみ深い。〔史記、項羽紀〕陳嬰は故と東陽の令史なり。縣中に居りて、素より信謹なり。稱して長者と爲す。

【信口】でまかせにいう。唐・白居易〔故人に答ふ〕詩　我は本と蓬蓽(貧しい家)の人　鄙賤泥沙より劇し　書を讀むも未だ百卷ならず　口に信せて風花に嘲る

【信行】誠実で品行がある。〔後漢書、儒林、高詡伝〕詡、父の任を以て郎中と爲り、世に魯詩を傳ふ。信行淸操を以て名を知らる。王莽の位を簒ふや、父子盲と稱し、逃れて莽の世に仕へず。

【信厚】誠実であつい。〔詩、周南、麟之趾、序〕關雎の化行はれ、～衰世の公子と雖も、皆信厚なること、麟趾の時の如きなり。

【信士】信義を守る人。〔荀子、王覇〕人に百歲の壽無きも、千歲の信士有りとは何ぞや。曰く、夫の千歲の法を以て自ら持する者、是れ乃ち千歲の信士なり。

【信次】旅宿する。〔左伝、荘三年〕凡そ師出づるに、一宿を舍と爲し、再宿を信と爲し、信に過ぐるを次と爲す。

【信璽】璽印。皇帝印の一。〔後漢書、光武帝紀上、注に引く独断〕皇帝の六璽は、皆玉螭(みずち形の飾り)虎紐(虎の形のつまみ)、文に曰く、皇帝行璽、皇帝之璽、皇帝信璽～と。

【信臣】忠信の臣。〔左伝、宣十五年〕臣の君に許せるは、以て命を成さんとてなり。死して命を成すは、臣の祿なり。寡君、信臣有り。下臣考すことを獲ば、死すとも、又何をか求めんと。楚子之れを舍して以て歸らしむ。

【信誠】真心。〔逸周書、官人解〕父子の閒には其の孝慈を觀、兄弟の閒には其の和友を觀、君臣の閒には其の忠惠を觀、鄕黨の閒には其の信誠を觀る。

【信誓】真心で誓う。〔三国志、魏、杜恕伝〕布衣の交に、猶ほ信誓を務めて水火を蹈み、知己に感じて肝膽を披き、聲名に徇ひて節義を立つる者有り。～狥ふ所の者、豈に聲名のみならんや。

【信服】信頼し服する。〔後漢書、孔融伝〕士を好み、喜んで後進を誘益す。～賢士を薦達し、奬進する所多し。知りて未だ言はざれば、以て己の過と爲す。故に海內の英俊、皆之れに信服す。

【信用】信じ用いる。〔左伝、宣十二年〕鄭伯肉袒し、羊を牽きて以て逆ふ。～左右曰く、許すべからざるなり。國を得て赦すこと無かれと。(楚)王曰く、其の君能く人に下る。必ず能く其の民を信用せん。庸ぞ幾ふべけんやと。退くこと三十里にして、之れに平ぎを許す。

↑信委　信じて任せる／信威　威を伸べる／信倚　信頼する／信音　消息／信悦　悦服する／信諧　和らぐ／信旗　信号旗／信櫃　私書箱／信欺　信偽／信鄕　信じて従う／信驗　しるし／信鼓　合図の鼓／信交　信じて交わる／信仰　帰依／信向　信仰／信幸　愛する／信号　合図／信差　飛脚／信子　郵便箱／信史　真の歴史／信使　使者／信紙　便箋／信恃　恃む／信質　まこと／信実　真実／信者　信徒／信手　手に任せる／信宿　再宿／信順　信徒／信処　宿る／信書　手紙／信賞　必賞／信信　のんびり／信人　信士／信心　信仰／信瑞　印の珠／信崇　信仰／信節　使者の節／信箋　便箋／信籤　わりふ／信足　漫歩する／信息　消息／信潮　潮の干満／信徒　信者／信念　確信／信納　信受／信牌　符験／信幡　印の旗／信旛　信幡／信眉　眉をあげる／信否　信か偽か／信筆　筆任せ／信憑　信頼／信孚　まこと／信風　東北の風／信便　書信／信片　はがき／信慕　仰慕する／信歩　足任せ／信奉　信仰／信問　書信／信約　約束／信友　信交の友／信頼　信じて頼る

↓威信・倚信・印信・音信・花信・家信・過信・雅信・確信・雁信・記信・寄信・貴信・鄕信・近信・結信・誤信・至信・私信・使信・自信・守信・取信・春信・所信・書信・真信・瑞信・崇信・誠信・節信・然信・送信・尊信・短信・忠信・通信・篤信・納信・背信・必信・不信・符信・風信・平信・芳信・迷信・履信・立信・礼信

【哂】 9 6106 シン わらう

形声 声符は四。〔玉篇〕に「笑ふなり」とあり、嘲笑的な笑いかたをいう。

訓義 ①わらう、ほほえみわらう。②あざわらう、さげすみわらう。③字はまた弞に作る。

古訓 〔名義抄〕哂　ワラフ・アザケル・アザワラフ

↑哂笑　嘲笑する／哂然　笑う／哂歎　自嘲する／哂納　ご笑納

↓一哂・笑哂・微哂

【怎】 9 8033 シン ソウ そも いかで

形声 声符は乍。疑問詞「如何」の俗語。宋詞や朱子学、また元曲などから用いられる。〔康熙字典、卯上、心部〕に「按ず

るに此の字、廣韻・集韻に皆未だ收めず。唯だ韓孝彥の五音集韻に之れを收む。今時、揚州の人は爭の上聲に讀み、吳人は尊の上聲に讀み、金陵の人は津の上聲に讀み、河南の人は讀みて樝の如くす。各々鄉音に從ひて分るるなり」とみえる。

訓義 ①そも、いかで、いかんか。

【怎生】どうして。宋・辛棄疾〔醜奴児〕詞 千峯雲のごとく起る 驟雨一霎時の價 更に遠樹、斜陽 風景、怎生ぞ圖畫せん

➡怎地 どうして／怎麼 どんな／怎様 どんな

常 【津】 9 3510 シン しみでる つ わたしば

篆文 古文 金文

形声 正字は𣳾に作り、𦘠声。𦘠は〔説文〕聿部三下に「聿(筆)の飾りなり」とするが、𦘠は辛形の針を以て皮膚を刺し、そこより津液のにじみ出る形。その津液を器皿に収めることを𧖴といい、𧖴字条五上に「气液なり」とみえる。𦘠は入墨のときの津液、そのときの傷痛を畫という。畫の字の従う皕の形は、奭の字にも含まれており、奭は女子の両乳をモチーフとして、そこに加える文身の象。その文身の美をいう字である。津は𦘠の繁文で、その形声の字。〔説文〕十一上に「水渡なり」とするのは別義の字。〔説文〕が津の古文として録する舟と淮とに従う形が、渡し場を意味する字である。〔論語、微子〕に孔子が津を問う話があり、〔書、微子〕に「大水を渉るに、其の津涯無きが若し」とみえる。𦘠に従うものが津液、舟・淮に従う字が津涯の意の字である。

訓義 ①しみでる、気液や津液がしみでる、しみでるもの、津液。②つば、あせ、なみだ。③うるおう、ぬれる、つや。④つ、ふなつきば、わたしば。⑤つて、つたえる。⑥あまのかわ。

古訓 〔和名抄〕津 豆(つ)〔名義抄〕津 ツ・ワタル・ウルホス・ウルフ 〔篇立〕津 ワタル・シルノフ・ウルホス・ウルフ・ツナリ・ホトリ・ウツル・タスク・ツ・スルソ

【津液】からだの中の気液・水液。〔素問、調経論〕人に精氣津液有り。〔注〕汗の腠理(膚)に出づる、是れを津と謂ふ。液の空竅に滲しみて、留まりて行かざる者を液と爲すなり。

【津涯】岸べ。舟つき。〔書、微子〕今殷は其れ淪喪せん。大水を渉るに、其の、津涯無きが若し。

【津逕】渡し場。津径。〔南斉書、李安民伝〕安民、水軍を率ゐて攻め前すみ、荊亭を破り、其の津逕を絕つ。

【津済】渡し場。唐・孟浩然〔夜、宣城の界に泊す〕詩 湖平らかにして、津濟闊く 風止まりて、客帆收まる

【津潤】うるおう。つややか。また、美しくすぐれる。唐・李翺〔朱載言に答ふる書〕浩乎として江海の若く、高乎として丘山の若く、～章を掇りて稱詠し、津潤怪麗なるは、六經の詞なり。

【津人】船頭。〔左伝、昭二十四年〕王子朝、成周の寶珪を用ひて河に沈む。甲戌、津人諸れを河上に得たり。陰不佞(人名)～玉を得たる者を拘し、其の玉を取り、將に之れを賣らんとするに、則ち石と爲れり。王定まりて、之れを獻ず。

【津頭】渡し場。清・金農〔将に楚中に游ばんとして、真州江上に舟に登る、二首、二〕詩 月初めて缺くる處、津頭に別る 髣髴たり、湘煙、楚竹の愁ひ

【津要】交通の要所。要点。〔宋書、何尚之伝〕夏口は荊・江の中に在り。正に沔口に對し、雍・梁に通接し、實に津要と爲す。由來舊鎭たり。

【津梁】渡し場の橋。また、手引き。〔顔氏家訓、帰心〕未だ出家する能はざるも、但だ當に戒行を兼修し、留心誦讀して、以て來世の津梁と爲すべし。人生は得難し。虛しく過ごすこと無かれ。

➡津頤 よだれ／津駅 渡し場／津河 渡し場／津岸 渡し場／津寄 集まる／津渠 水道／津口 渡し場／津航 渡航／津涘 きし／津渚 水べ／津渉 渡し場／津津 溢れるさま／津送 葬式／津湊 舟つき場／津唾 つば／津逮 手引き／津注 流入する／津貼 追加の費用／津亭 渡し場の宿／津逗 渡し場／津発 水運／津筏 手引き／津沫 よだれ／津門 渡し場の関

⬇河津・外津・関津・旧津・曲津・江津・集津・知津・釣津・通津・渡津・迷津・問津・要津・梁津

【矧】 9 8240 ［矤］ 8 1823 シン ひく いわんや

篆文

会意 正字は矤に作り、弓＋矢。〔説文〕五下に「况詞なり」(段注本)とあり、「況いはんや」という語詞に用いる。語詞の用法はおそらく仮借。別に本義のある字であろう。〔方言、六〕に「長なり。東齊にては矤と曰ふ」とあり、また〔広雅、釈詁二〕に「長なり」と訓しており、弓を強く引きしぼる意のようである。〔礼記、曲礼上〕「笑ふも矧に至らず」は、齗(はぐき)の字の仮借。「況んや」という用法は〔書、康誥〕などにもあり、古くからみえる。

訓義 ①ひく、弓をひく。②ながい。③はぐき。④況んや。⑤わが国では、矢竹に羽をつける、はぐ。

古訓 〔名義抄〕矧 イハムヤ・ミツホ・ミツヒ・ハモトミユ

【矧笑】はぐきを出して大笑する。〔礼記、曲礼上〕父母疾有れば、～酒を飲むも貌を變ずるに至らず、笑ふも矧するに至らず、怒るも詈るに至らず。疾止めば故に復る。

常 【神】 9 3520 囚［神］ 10 3520 シン かみ たましい

篆文 金文

形声 声符は申。申は電光が屈折して走る形で、神威のあらわれと考えられ、神の初文。〔説文〕一上に「天神なり」とし、「萬物を引きて出だす者なり」と神・引の畳韻を以て訓する。〔礼記、礼運〕「鬼神に列す」の〔鄭玄注〕に「神なる者は、物を引きて出ださしむ。祖廟・山川・五祀の屬を謂ふなり」とあって、当時の音義説であった。金文の〔宗周鐘〕に「皇上帝百神」、また〔大克鼎〕に「申(神)に䁂孝す」とあって、祖霊も神として祀られていたことが知られる。精神的なはたらきのすぐれたものをも、神爽・神悟のようにいう。

訓義 ①かみ、自然的な霊威、ふしぎなもの、徳のすぐれたもの。②たましい、こころ、こころのはたらき、こころのはたらきのすぐれたもの。

古訓 〔和名抄〕神籬 日本紀私記に云ふ、神籬、俗に比保路岐(ひぼろき)と云ふ／神酒 美和(みわ)〔名義抄〕神 鬼なり。カミ・オニ・タマシヒ・ソ(ク)スシ・アヤシ・タフトシ・ヲサム・メヅラカナリ・オモシ／天神 アマツヤシロ／地神 クニツヤシロ／海神 ワダツミ／岐神 フナトノカミ／道神 タムケノカミ／現人神 アラヒトカミ 〔字鏡集〕神 クスシ・ヤシロ・タマシヒ・オニ・オモシ・アツシ・ヲサム・アヤシ・タフトシ・メヅラカナリ・ミワ・カミ

語系 神djien、引jienは畳韻の字であるが、声義の関係はない。〔説文〕などの訓は伸sjienの声義によるものであろう。神は神威のおそるべきものであるから、電光の現象はむしろ嗔thjienの声義と関係があろう。古代の神には怨霊神が多い。

【神怡】心が喜ぶ。宋・范仲淹〔岳陽楼記〕斯の樓に登らば、則ち心曠く神怡び、寵辱(栄辱)皆忘れ、酒を把りて風に臨み、其の喜び洋洋たる者有らん。

【神意】神のみ心。また、精神。〔世説新語、雅量〕桓公(温)、甲を伏せて饌を設け、廣く朝士を延き、此れに因りて

謝安、王坦之を誅せんと欲す。～謝、神意變ぜずして～曰く、晉阼の存亡、此の一行に在り。相ひ與に倶に前すまんと。

【神韻】人品高尚、また、詩書画などの卓絶した趣。〔広芸舟双楫〕宋人の書、山谷を以て最と爲す。變化端無く、深く蘭亭（王羲之、蘭亭集の序）の三昧を得たり。其の神韻絶俗に至りては、（瘞）鶴銘より出でて、新理を加ふ。

【神怪】ふしぎ。〔史記、封禅書〕方士を遣はして神怪を求め、芝藥を采ること千を以て數ふ。

【神姦】怪異。〔左伝、宣三年〕昔、夏の方に德有るや、遠方物を圖し、金を九牧より貢す。鼎を鑄て物を象り、百物にして之れが備へを爲し、民をして神姦を知らしむ。故に民、川澤山林に入るも、不若（妖）に逢はず。

【神気】ふしぎな力。〔礼記、孔子閒居〕地は神氣を載す。神氣は風霆なり。風霆形を流しき、庶物露生す。教へに非ざる無きなり。淸明躬に在れば、氣志神の如し。

【神器】神聖なもの。帝位の印とする宝物。〔老子、二十九〕天下は神器なり。爲すべからざるなり。爲す者は之れを敗り、執る者は之れを失ふ。

【神機】霊妙なはたらき。宋・蘇軾〔欧陽少師（脩）、畜ふる所の石屛を賦せしむ〕詩 神機巧思、發する所無し 化して煙霏（煙や、もや）と爲りて、石中に淪まん

【神祇】天の神と地の神。〔書、微子〕今殷民、乃ち神祇の犧牷牲用を攘竊す。

【神襟】むねの中。陳・徐陵〔新亭送別、応令〕詩 神襟、遠別を愛しみ 流睇、淸漳を極む

【神遇】感覚を離れ、心のはたらきで接する。〔荘子、養生主〕方今の時、臣、神を以て遇ひ、目を以て視ず。官知止まりて、神欲行はる。

【神君】神さま。〔韓非子、説林上〕小蛇有り、大蛇に謂ひて曰く、～子、～相ひ銜み我を負ひて以て行くに如かず。人必ず我を以て神君と爲さんと。乃ち相ひ銜負して以て公道を越えて行く。人皆之れを避けて曰く、神君なりと。

【神形】精神と肉体。〔列子、楊朱〕一時の毀譽に矜り、以て其の神形を焦苦し、死後數百年中の餘名（名声）を要むるも、豈に枯骨を潤すに足らんや。何ぞ生を之れ樂しまんや。

【神契】神意と冥合する。晉・陸機〔漢の高祖の功臣頌〕灼灼たる淮陰（韓信）、靈武世に冠たり。策は無方に出で、思ひは神契に入る。

【神悟】すぐれて賢い。〔南史、任昉伝〕身の長七尺五寸、幼にして聰敏、早に神悟と稱せらる。

【神工】神わざ。天工。宋・蘇軾〔登州海市（蜃気楼）〕詩 心に知る、見る所皆幻影なるを 敢て耳目を以て神工を煩はさんや

【神功】神妙な仕事。〔晋書、赫連勃勃載記〕鴻績は天地に侔しく、神功は造化に邁ぎたり。

【神交】心の交わり。晉・袁宏〔山濤別伝〕陳留の阮籍、譙國の嵇康、竝びに高才遠識なり。～濤、初め識らず。一たび與に相ひ遇ひ、便ち神交を爲す。

【神行】心が自在に行く。〔列子、黄帝〕空に乘ずること實を履むが如く、虛に寢ぬること牀に處るが若し。～山谷も其の歩を躓かしめず。神行くのみ。黃帝既に寤め、怡然として自得す。

【神采】すぐれた風采。〔元史、趙孟頫伝〕孟頫、才氣英邁、神采煥發、神仙中の人の如し。

【神算】すぐれた謀。〔後漢書、循吏、王渙伝〕洛陽の令と爲り、～寬猛の宜を得たり。～又能く譎數を以て姦伏を發擿す。京師稱歎して、以て渙に神算有りと爲す。

【神思】心が自在にはたらく。〔文心雕竜、神思〕古人云ふ、形（身）は江海の上に在るも、心は魏闕（宮城）の下に存すと。神思の謂ひなり。

【神社】やしろ。〔墨子、明鬼下〕此の二子の者、訟すること三年なるも、獄斷まらず。～乃ち二人をして一羊を共（供）せしめ、齊の神社に盟はしむ。二子許諾す。

【神主】霊牌。〔後漢書、光武帝紀上〕（建武二年）大司徒鄧禹、長安に入り、府掾を遣はして十一帝の神主を奉じ、高廟に納れしむ。

【神授】神から授かる。唐・岑參〔梁州を過ぎり、張尚書大夫公に奉贈す〕詩 英雄、神授の若く 大材、時の危きを濟ふ

【神秀】気高く神々しい。晉・孫綽〔天台山に遊ぶの賦〕天台山なる者は、蓋し山嶽の神秀なる者なり。海を渉りては則ち方丈・蓬萊有り。陸に登りては則ち四明・天台有り。皆玄聖の遊化する所、靈仙の窟宅する所なり。

【神術】神わざ。〔後漢書、方術上、王喬伝〕喬に神術有り。毎月朔望、常に縣より臺朝に詣る。帝其の～車騎を見ざるを怪しみ、密かに太史をして之れを伺望せしむるに、其の至るに臨みて、輒ち雙鳧の東南より飛來する有りと言ふ。

【神助】神の助け。天祐。〔論衡、命禄〕命貴ければ賤に從ふとも地自ら達し、命賤しければ富に從ふとも位自ら危し。故に夫の富貴には神助有るが若く、貧賤には鬼禍有るが若し。

【神情】こころ。晉・袁宏〔三国名臣序賛〕爰に初めて迹を發し、此の顚沛（失敗）に遘ふも、神情玄かに定まり、之れに處りて彌いよ泰らかなり。

【神色】心と顔色。態度。〔世説新語、雅量〕夏侯太初（玄）、嘗て柱に倚りて書を作る。時に大いに雨ふり、霹靂（雷）倚る所の柱を破り、衣服焦げて然えたり。神色變ること無く、書すること亦た故の如し。

【神人】神と人。〔書、舜典〕帝曰く、～八音克く諧ひ、倫を相ひ奪ふこと無く、神人以て和せん～と。夔曰く、於、予石を擊ち石を拊てば、百獸率く舞ふと。

【神邃】神秘で奥深い。〔拾遺記、前漢上〕（録に曰く）未だ玄眞に及ばずと雖も、頗ぶる神邃に參ず。是を以て幽明も其の殊妙を藏すこと能はず、萬象も其の精靈を隱す所無し。

【神聖】最もすぐれた徳性。〔孟子、尽心下〕大にして之れに化するを之れ聖と謂ひ、聖にして之れを知るべからざるを之れ神と謂ふ。

【神仙】仙人。また、神采ある人。〔後漢書、郭太伝〕後、鄉里に歸る。衣冠の諸儒、送りて河上に至る。車數千兩。林宗（郭太）唯だ李膺と舟を同にして濟る。衆賓之れを望みて、以て神仙と爲す。

【神荼】門神の名。〔論衡、乱竜〕上古の人に神荼・鬱壘といふ者有り。昆弟二人、性、能く鬼を執らふ。～桃樹の下に立ちて、百鬼を簡閱す。

【神童】幼少で才智すぐれた者。〔梁書、文学下、謝幾卿伝〕幾卿、幼にして淸辯、當世號して神童と曰ふ。

【神道】神明の霊妙な道。また、墓前の道。〔易、観、彖伝〕天の神道を觀るに、四時忒はず。聖人、神道を以て教へを設け、天下服す。

【神徳】神の威徳。〔漢書、賈誼伝〕（屈原を弔う賦）已んぬる矣か、國其れ吾を知る莫し。子獨り壹鬱として、其れ誰にか語らん。～貴ぶ所は聖の神德なり。濁世に遠ざかりて自ら臧くす。

【神農】古帝王の名。〔易、繫辞伝下〕包犧氏沒して、神農氏作る。木を斲りて耜と爲し、木を揉めて耒と爲し、耒耨の利、以て天下に教ふ。

【神品】きわめてすぐれた作品。〔図絵宝鑑、一〕（六法三品）氣韻生動は、天成に出づ。人其の巧を窺ふ莫き者、之れ

を神品と謂ふ。

【神物】 神異なもの。〔淮南子、覧冥訓〕昔、師曠（晉の楽師）、白雪の音を奏して、神物之れが爲に下降し、風雨暴かに至り、（晉の）平公癃病し、晉國赤地（旱魃）となれり。

【神保】 尸。〔詩、小雅、楚茨〕或いは肆ね或いは將め 祝、祊に祭る 祀事孔だ明らかなり 先祖是れ皇いなり 神保是れ饗す 孝孫慶有り 報ずるに介福を以てし 萬壽無疆ならん

【神宝】 神聖な宝物。〔史記、亀策伝、褚少孫論〕龜は千歳にして、乃ち尺二寸に滿つ。王者、軍を發し將を行ゃるに、必ず龜を廟堂の上に鑽りて、以て吉凶を決す。今高廟中に龜室有り、藏し內れて以て神寶と爲す。

【神謀】 すぐれた謀。晉・潘岳〔楊荊州（肇）の誄〕吳夷凶侈にして僞師畏逼す。將に讐釁（敵の隙）に乘じ、南極を席卷せんとす。繼襃まり糧盡くる（補給が足らぬ）も、神謀は忒はず。

【神妙】 人力の及ばぬふしぎなはたらき。魏・曹植〔自ら試みられんことを求むる表〕臣昔、先の武皇帝に從ふ。～伏して軍を行り、兵を用ふる所以の勢ひを見るに、神妙と謂ふべし。

【神明】 神。〔左伝、襄十四年〕民の其の君に奉ずるや、之れを愛すること父母の如く、之れを仰ぐこと日月の如く、之れを敬すること神明の如く、之れを畏るること雷霆の如し。

【神勇】 すぐれた勇気。〔旧唐書、劉黒闥伝〕黑闥、～素より驍勇なり。～常に敵中に閒入し、虛實を覘ひ視、或いは其の不意に出で、機に乘じて奮擊し、克獲する所多し。軍中號して神勇と爲す。

【神游】 心が自在に他に遊ぶ。〔列子、黄帝〕黄帝～晝寢ねて、夢に華胥氏の國（夢の中の、理想の国）に遊ぶ。華胥氏の國は～齊國を斯ること、幾千萬里なるを知らず。蓋し舟車足力の及ぶ所に非ず。神游するのみ。

【神用】 ふしぎなはたらき。唐・独孤及〔鹿泉本願寺銅鐘銘〕虛空に盡くる有るも、福無邊 神用廣大にして、與（これより）先なるは莫し。

【神羊】 神判に用いた羊。獬豸。〔後漢書、輿服志下〕法冠、～法を執る者之れを服す。～或いは之れを獬豸冠と謂ふ。獬豸は神羊、能く曲直を別つ。楚王嘗て之れを獲たり。故に以て冠と爲す。

【神理】 神秘な道理。神霊のはたらき。清・鄭燮〔題画、竹〕文與可の竹を書く、胸に成竹有り。鄭板橋の竹を書く、胸に成竹無し。濃淡疎密、短長肥瘦、手に隨ひて寫し去り、自ら爾ち局を成し、其の神理具足するなり。

【神慮】 神意。〔三国志、呉、張温伝〕諸葛亮、計數を達見す。必ず神慮屈申の宜を知らん。加ふるに朝廷天覆の惠を受く。亮の心を推すに、必ず疑貳（うたがい、まどう）すること無からん。

【神力】 神わざのような力。〔宋史、岳飛伝〕生ながらにして神力有り。未だ冠せざるに、弓三百斤・弩八石を挽く。射を周同に學び其の術を盡す。

【神霊】 神のみたま。漢・王延寿〔魯の霊光殿の賦〕神靈其の棟宇を扶け、千載を歷て彌いよ堅し。永く安寧にして以て祉福、長く大漢と與に久しく存せん。

↑神幄 神殿／神渥 厚恩／神位 霊位／神医 名医／神威 神の威徳／神異 ふしぎなこと／神域 聖域／神逸 超逸／神宇 神州／神睿 神明／神影 神像／神瑩 明智／神叡 神睿／神垣 神社の境内／神媛 仙女／神応 感応／神奥 神秘／神屋 神社／神化 化育／神火 霊火／神歌 讃え歌／神誨 お告げ／神岳 霊山／神楽 かぐら／神感 感応／神館 神仙の居／神鑑 神明の監識／神奇 神妙／神鬼 鬼神／神亀 霊亀／神規 神謀／神驥 駿馬／神儀 遺像／神丘 神山／神休 祥瑞／神庥 お加護／神柩 ひつぎ／神宮 神廟／神御 行幸／神境 聖域／神饗 神が享ける／神区 神域／神恵 神恩／神景 霊光／神訣 奥義／神剣 霊剣／神験 霊験／神譴 神罰／神言 お告げ／神祜 神祐／神語 お告げ／神護 お加護／神巧 神工／神効 霊効／神降 神霊が降下する／神号 神の名／神谷 深い谷／神骨 風骨／神根 からだ／神魂 霊魂／神坐 神明の坐／神才 神わざ／神哉 神妙かな／神彩 神采／神筴 めどぎ／神察 明察／神賛 神佑／神山 神仙の山／神子 祖先の像／神芝 霊芝／神志 明識／神祀 天神の祭／神姿 霊姿／神祠 祠堂／神似 そっくり／神事 祭事／神璽 御璽／神守 すっぽん／神酒 みき／神呪 まじない／神州 中つ国／神獣 聖獣／神駿 駿馬／神象 神像／神傷 傷心／神漿 甘露／神心 精神／神水 霊水／神粋 神明純一／神瑞 祥瑞／神髄 精髄／神性 心／神清 清らか／神迹 奇迹／神泉 霊泉／神僊 神仙／神遷 死去する／神籤 おみくじ／神草 霊草／神倉 神廟の倉／神爽 心爽やか／神藻 文才／神像 神の像／神速 神出鬼没／神体 心身／神丹 霊薬／神誕 そらごと／神致 趣致／神智 霊智／神衷 神意／神廚 お供え所／神籌 神謀／神聴 神が聞く／神丁 神の使者／神庭 神の場／神天 神と天／神伝 神授／神都 みやこ／神灯 神前の灯／神馬 霊馬／神婆 女巫／神媒 縁結びの神／神牌 位牌／神帛 魂帛／神魄 神魂／神飆 神風／神廟 霊廟／神憑 神がかり／神武 神の威霊／神巫 みこ／神符 お札／神福 神の福／神謨 神謀／神木 霊木／神民 神と人／神命 神の命令／神佑 神祐／神猷 神謀／神牖 心の眼／神輿 みこし／神容 神の姿／神籟 精妙な楽／神貍 霊猫／神戮 神罰／神略 神謀／神廬 神祠／神鹿 霊鹿

↓安神・威神・花神・河神・海神・岳神・鬼神・機神・麴神・吉神・休神・窮神・驚神・凝神・苦神・軍神・群神・形神・敬神・交神・降神・谷神・山神・姿神・失神・釈神・主神・女神・傷神・心神・水神・精神・喪神・竈神・存神・尊神・馳神・通神・定神・天神・伝神・土神・入神・寧神・百神・武神・風神・保神・放神・魔神・明神・鳴神・游神・妖神・養神・雷神・乱神・竜神・労神

【聿】 9 5020 シン かざる

篆文 

会意 聿+彡。〔説文〕三下に「聿（筆）の飾りなり」とするが、聿は入墨の辛器をもつ形。彡はその辛を刺して津液の流れる形。聿と彡とに分かたず、全体を象形と解してもよい。その津液が皿に流れ出る形は𦘕。〔説文〕五上に「气液なり」という字である。そのときの傷痛を衋という。もっとも衋は皕に従い、皕は婦人の両乳に皕形の文身を加える形であるから、文身のときの衋痛をいう字であろう。「飾る」とは、もと文身を加える意であろう。

訓義 ①かざる、えがきかざる、文身を加える。②津液。

古訓 〔字鏡集〕聿 カザル

声系 〔説文〕に聿声として𦘕・津など四字を収める。𦘕・津は入墨に関する字。津涯の津はもと雔に作り、〔説文〕十一上に「水渡なり」とあって、津とは別の形の字である。

語系 聿・𦘕 tzien は同声。津 tzien は声が近い。盡（尽）dzien も同声であるが、𦘕・盡は全く別義の字で、盡とは器中を洗い

尽くすことをいう。𦙫zienも声が近いが、これは余燼の意であるから、盡声に従う字である。

常 **【唇】** 10 7126 **［脣］** 11 7122 シン おどろく くちびる

篆文

形声 声符は辰。辰は蜃の初文。〔説文〕二上に「驚くなり」とあり、震驚の意とする。卜文に昰に作る字があり、「今夕、師は昰すること亡きか」のようにトする。夜半に、軍中が何ごとかに震驚するということがあったのであろう。唇下の口は祝禱を示す𠙵の形で、蜃によって占卜する意の字形かと考えられる。のち唇を口脣の意に用いる。辰に振動の意がある。

訓義 1おどろく。卜文に昰に作る。2脣と通じ、くちびる。

古訓 〔和名抄〕脣吻 上、久知比留(くちびる)、下、久知佐岐良(くちさきら)〔名義抄〕唇 クチビル／脣 ホトリ・クチビル〔篇立〕唇 オドロク

参考 唇・脣はもと別の字。常用漢字表に、唇をくちびるの字に用いる。

＊語彙は脣字条参照。

↓花唇・欠唇・紅唇・絳唇・朱唇・丹唇・兎唇・反唇

常 **【娠】** 10 4143 シン はらむ みごもる

篆文

形声 声符は辰。辰は蜃。辰に動くものの意がある。〔説文〕十二下に「女妊みて身動くなり」とする。また「一に曰く、官婢女隷、之れを娠と謂ふ」(段注本)とみえるが、その義の字は侲。〔説文新附〕八上に「侲は僮子なり」とあって、僮僕をいう字である。〔方言、三〕に官婢女廝(召使い)を娠というとみえる。

訓義 1はらむ、みごもる。2侲と通じ、はしため、めしつかい。

古訓 〔名義抄〕娠 ハラム・フルフ・オゴク

語系 娠・身・傉sjienは同声。身は妊婦の側身形。傉はその後起の字。娠は身の形声の字である。

↑娠母 娠む母

↓妊娠

【宸】 10 3023 シン のき ごてん そら

篆文

形声 声符は辰。〔説文〕七下に「屋宇なり」とあり、屋根の中極のところ、雨だれのおちる屋霤にあたるところを宸という。神聖の居るところであるから、紫宸・宸極のように用い、また天子のことに冠して宸翰・宸襟・宸慮のように用いる。六朝期以後の用法である。

訓義 1のき、雨だれのおちるところ、建物の聖所。2ごてん、神聖な建物、神聖の居るところ。3そら、天と地の交わるところ。

古訓 〔名義抄〕宸 ヒムカシ〔字鏡集〕宸 イヘ・ヒムカシ

【宸扆】 玉座の屛立。宮廷。〔抱朴子、博喩〕故に淵涔を宸扆に振耀するも、得意の色なし。

【宸翰】 御筆。〔雲麓漫鈔、一〕我が淵聖皇帝、東宮に居りし日、親しく宸翰を灑ぎ、唐の十八學士を書き、竝びに姓名序贊を書して、以て官僚張公叔夜に賜ふ。～慶元五年、～宸翰を以て諸れを台倅(三公と地方官)公廨に刻し、併せて其の事を載す。

【宸襟】 み心。宸念。唐・李商隠〔思賢頓(望賢宮)〕詩 華胥(夢の中の理想国)の夢を見ず 空しく聞く、下蔡の迷(登徒子好色の賦と、楊貴妃をさす) 宸襟、他日の涙(玄宗、かつてここに宿す) 薄暮、望賢の西

【宸衷】 み心。明・張居正〔辛未会試程策〕此れ其の心皆國を體するも、見る所各々殊となり。惟だ折むるに宸衷を以てせば、則ち衆論一とならん。

【宸筆】 天子の自筆。〔画継、聖芸、徽宗皇帝〕上、蔡攸を顧み、從官以下に分賜し、各々御畫兼ねて行書草書一紙を得しめ、又祖宗の御書、及び宸筆もて模する所の名畫を出だす。

【宸遊】 天子の御遊。唐・蘇頲〔初春、太平公主の南荘に幸するに奉和す、応制〕詩 主第の山門、灞川に起り 宸遊の風景、初年に入る

【宸慮】 天子のみ心。叡慮。唐・段文昌〔淮西を平らぐるの碑〕天子、淵默にして以て思ひ、霆馳して以て斷め、獨り宸慮に發して、衆謀に詢らず。

↑宸幄 御座所／宸威 みいつ／宸宇 のき／宸掖 皇居／宸垣 皇居／宸筵 御宴／宸恩 皇恩／宸駕 み車／宸鑒 御覧／宸儀 御行事／宸宮 宮城／宸居 御所／宸極 皇位／宸京 御所／宸奎 御製／宸闕 宮門／宸軒 皇居／宸眷 ご寵愛／宸札 宸章 御製の文／宸象 御所／宸賞 ご遊賞／宸矚 御覧／宸枢 天位／宸正 王位／宸聡 奏聞をきかれる／宸藻 御製／宸断 聖断／宸殿 宮殿／宸怒 逆鱗／宸念 み心／宸蹕 車駕／宸文 御製／宸謨 宸算／宸謀 御謀／宸明 聖明／宸輿 皇輿／宸曜 恩沢／宸旒 御冠／宸綸 勅命／宸歴 歴代

↓槐宸・居宸・玉宸・紫宸・侍宸・帝宸

常 **【振】** 10 5103 シン ふるう ふる すくう おさめる

篆文

形声 声符は辰。辰は蜃の初文。その蜃肉・蜃器は呪器・祭器として祭儀に用いることがあった。〔説文〕十二上に「擧げて之れを救ふなり」(段注本)と振救の意とする。〔礼記、月令〕「乏絶を振ふ」は賑給の意で、賑と通用する。〔説文〕にまた「一に曰く、奮ふなり」とあり、これは鼓舞する意。軍が出行のとき奉ずる脤肉と関係があろう。振は辰をもつ意の字である。脤には魂振りとしての意味があったのであろう。帰還して廟に告げる礼を帰脤の礼という。〔詩、小雅、采芑〕「振旅、闐闐たり」、また〔左伝、隠五年〕「三年にして治兵(演習)し、入りて振旅す」とは、その礼をいう。

訓義 1ふるう、ふるいたつ、ふるいおこす、勇気づける、はげます。2うちふる、はらう。3賑と通じ、すくう、たす、にぎわす。4おさめる、脤肉をかえす、軍をおさめる、ととのえる、すてる、とまる、やめる。5振古、より、から。6振振、仁厚のさま。

古訓 〔名義抄〕振 フルフ・ウゴク・ウゴカス・ヲサム・シタガフ・スクフ・ヨル・ヒラク・スツ・ヨリ・ト、ノフ・ニギハフ〔字鏡集〕振 テ、ハフ・ハジク・ウゴク・フルフ・スカフ・ヲサム・シタガフ・ヨル・ト、ノフ・スツ・スクフ・タスク・トラク・アク・ヨリ

語系 振・震・娠tjiənは同声。みな振動の意がある。振に振救の意があり、また振旅のようにいうのは、脤肉による呪儀と関係があろう。辰は蜃ziən、祳も同声で、祳とは社肉をいう。

【振衣】 衣を払う。〔楚辞、漁父〕新たに沐する者は必ず冠を彈き 新たに浴する者は必ず衣を振ふ

【振駭】 驚き騒ぐ。〔晋書、隠逸、夏統伝〕太尉賈充～問ふ、卿、海濱に居る。頗ぶる能く水に隨ひて戲るかと。～統、乃ち～中流に折旋す。～是に於て風波振駭し、雲霧杳冥たり。俄かにして白魚跳りて船に入る者八九有り。觀る者皆悚遽す。

【振起】 さかんにする。晋・桓温〔譙元彦(秀)を薦むる表〕方今、六合(天下)未だ康からず、豺豕(欲深い悪虐の徒)路に當り、遺黎(生き残り)偷薄にして義聲聞かず。益々宜しく道義の徒を振起し、以て流遯の敝を敦うすべし。

【振救】 すくう。〔国語、周語下〕古者、天災戾を降す。是に於てか資幣を量り、輕重を權り、以て民を振救す。

【振窮】しんきゅう 窮乏をすくう。〔戦国策、斉六〕内は百姓を牧ひて其の心を循撫し、窮を振ひ足らざるを補ひ、徳を民に布き、外は戎翟、天下の賢士を懐け、陰かに諸侯の雄俊・豪英と結ぶ。

【振恐】しんきょう ふるえ恐れる。〔戦国策、燕三〕荊軻、樊於期の頭の函を奉じ、秦武陽、地圖の匣を奉じ、次を以て進んで陛下に至る。秦武陽、色變じて振恐す。群臣、之れを怪しむ。

【振古】しんこ 昔より。〔詩、周頌、載芟〕且にのみ且れ有るに匪ず 今にのみ斯れ今なるに匪ず 振古茲の如し

【振粛】しんしゅく おそれて身をひきしめる。〔晋書、温嶠伝〕散騎常侍庾敳、重名有り。而れども頗ぶる聚斂す。嶠、之れを擧奏す。京都振粛す。

【振恤】しんじゅつ めぐみ救う。〔呂覧、懐寵〕其の賢良を選んで之れを尊顯し、其の孤寡を求めて之れを振恤し、其の長老を見て之れを敬禮す。

【振慴】しんしょう（せふ） おそれてふるえあがる。〔戦国策、燕三〕荊軻、（秦）武陽を顧み笑ひ、前んで爲に謝して曰く、北蠻夷の鄙人、未だ嘗て天子を見ず。故に振慴す。願はくは大王、少く之れを假借せよ。

【振貸】しんたい 救援し、貸与する。〔漢書、昭帝紀〕三年以前の振貸する所は、丞相御史の請ふ所に非ざるもの、邊郡の（徙民屯田のために）牛を受けたる者は、收責すること勿れ。

【振鐸】しんたく 鈴をふる。教令を発する。〔国語、呉語〕王乃ち枹（ばち）を秉り、親しく就きて鐘鼓・丁寧（どらの類）・錞于を鳴らし、鐸を振る。

【振蕩】しんとう（たう） 心がはげしくゆれる。魏・曹植〔洛神の賦〕余が情、其の淑美なるを悦び、心振蕩して怡ばず。良媒の以て懽を接する無し。微波に託して辭を通ぜん。

【振盪】しんとう（たう） ゆり動かす。漢・賈誼〔鵩鳥の賦〕萬物迴薄し、振盪して相ひ轉る。

【振動】しんどう 振るい動く。〔墨子、尚同中〕數千萬里の外も、不善を爲す者有らば、～天子得て之れを罰す。是を以て、天下の人を擧げて皆恐懼し、振動し、惕慄し、敢て淫暴を爲さず。

【振徳】しんとく めぐむ。〔孟子、滕文公上〕放勳（尭）曰く、之れを勞ひ之れを來し之れを匡し之れを直くし、之れを輔け之れを翼け、之れを自得せしめ、又從つて之れを振徳すと。

【振万】しんばん 万舞を舞う。〔左伝、荘二十八年〕楚の令尹子元、文夫人を蠱さんと欲し、館を其の宮側に爲りて振萬す。夫人之れを聞き、泣きて曰く、先君、是の舞を以て戎備を習へり。今、令尹～未亡人の側に於てす。亦た異ならずやと。

【振民】しんみん 民を救う。〔易、蠱、象伝〕山下に風有るは蠱なり。君子以て民を振ひ、徳を育す。

【振旅】しんりょ 兵を整えて還る。〔左伝、僖二十八年〕振旅し、凱（凱楽）して以て晉に入る。俘を獻じ、馘を授け、飲至（祝宴）大賞（論功行賞）す。

【振厲】しんれい 勢いがはげしい。〔高力士外伝〕九月十九日、霜風振厲なり。朝見の時、皆寒色有り。詔して、即ちに袍を著けしむ。二十一日に至り、百官盡く袍を衣て朝に立ち、舊式に依らず。

➡振威 勢いを振るう／振畏 畏れる／振羽 羽をふる／振纓 退官する／振掖 助ける／振翮 振羽／振冠 隠棲／振感 感応／振気 奮起する／振奇 非凡／振飢 飢を救う／振挙 振作／振矜 誇る／振響 響かす／振驚 震驚する／振玉 美音／振懼 振恐／振敬 敬しむ／振拳 挙拳／振興 盛んにする／振毫 揮毫／振困 振窮／振済 救済する／振作 振興する／振刷 刷新する／振施 施し救う／振錫 行脚／振衈 振恤／振女 童女／振除 払い除く／振懾 振慴／振振 仁厚／振迅 迅い／振世 世を驚かす／振贍 振救／振藻 文采／振滞 挙用する／振旦 中国の古称／振張 伸びる／振剔 除く／振滔 はびこる／振抜 振るう／振播 広まる／振臂 発奮する／振貧 振窮／振武 武威を示す／振撫 安撫／振怖 振恐／振風 疾風／振伏 慴伏する／振復 復興する／振幅 ゆり幅／振憤 発憤する／振袂 袖をふる／振容 棺飾り／振踊 踊り上がる／振耀 かがやきわたる／振翼 翼をふる／振賚 賜わる／振理 治める／振慄 振恐／振廩 緊急米／振励 振厲／振鷺 異姓助祭の詩

⬇威振・一振・気振・翕振・強振・響振・玉振・弘振・高振・刷振・声振・宣振・騰振・波振・不振・奮振・隆振

人 【晉】 10 1060 〔晉〕 10 1060 ［晉］ 16 1160

シン セン
やすすむ

篆文 甲骨文 金文

象形 旧字は晉に作り、その初文は簮。臸は鏃、その鋳型の形。曰は鋳こみの流し口。ここから流しこんで鏃を作るので、晉は箭の初文。箭はその形声の字である。〔説文〕七上に「進むなり。日出でて萬物進む。日に從ひ、臸に從ふ」と会意に解し、また「易に曰く、明、地上に出づるは晉なり」と〔易、晋、象伝〕の文を引く。晉・進（進）は畳韻の訓。金文の〔師湯父鼎〕の賜与中に「矢臸」とあるのは矢箭の意。〔儀礼、大射儀、注〕に「古文、箭を晉と爲す」とするが、晉がその初文である。晉の訓義は〔易、晋〕の卦義から出ている。

訓義 ①や、やじり、やじりの鋳型の形、のち箭を用いる。②進と通じ、すすむ。③鐏と通じ、いしづき。④搢と通じ、さしはさむ。⑤国名。

古訓 〔名義抄〕晉 ス、ム・ウレフ・オサフ

声系 〔説文〕に晉声として戩・縉など四字を収める。戩十二下は「滅なり」、また縉十三上は「帛の赤色なるものなり」とあり、戩は武器として、縉はその色と関係があるようである。

語系 晉・進 tzien は同声。箭・翦 tzian は声義近く、みな矢に関する字。また詵・莘・駪 shien には衆多の意がある。晉は鏃、鏃にまた衆多の意がある。

➡晉囲 いしづきのかこみ／晉育 育てる／晉謁 面謁する／晉階 昇級／晉級 昇級／晉見 晉謁／晉如 進む／晉升 即位／晉紳 搢紳／晉接 面接／晉秩 昇任／晉呈 進呈／晉封 加封

常 【浸】 10 3714 〔浸〕 10 3714 ［濅］ 16 3014

シン
ひたす おかす

篆文

形声 旧字は浸に作り、㑴声。〔説文〕の篆文の字形は濅に作る。㑴は祼鬯のとき、帚（箒）に酒を灌いで、その祭場を清める意。濅は廟所を鬯酒（香り酒）で祓い清める意で、その酒気を浸という。〔説文〕十一上に濅を水名とし、呼沱河の支流の名とするが、字は寝廟における祼鬯の礼をいう。その廟所をまた寑（寝）という。卜辞に「浸するに、疾亡きか」とトする例があり、疾病を祓う儀礼にも用いた。祲は精気感祥、これを祓うのに濅の儀礼が行われた。

訓義 ①ひたす、酒気をひたす、酒気をひたしてはらう。②すすむ、おかす、次第にしみとおる、しみこむ、うるおす。③そそぐ、しずむ、ぬれる。④水たまり、さわ。⑤ようやく、しだいに、やや、ます。

古訓〔名義抄〕浸 ヒタス・ウルフ・ウルホス・ヒタヽリ・ハルカナリ・トホシ・イヨ〳〵・ヲカス・スヽグ・シタヽリ・ヒトシ・ヤウヤク

声系〔説文〕に侵(𠬶)声あるいは侵の省声として収める字には、浸の声義をとるものが多い。侵字条参照。

語系 浸・祲 tziam は同声。侵・寑 tsiam は声義近く、この系統の字はおおむね一系の語とみてよい。

【浸淫】しんいん しみこむ。親しむ。唐・韓愈〔孟東野を送る序〕其の存して下に在る者は孟郊東野、始めて其の詩を以て鳴る。其の高きこと魏・晉に出づ。懈らざれば古に及ばん。其の他は漢氏に浸淫せり。

【浸灌】しんかん 水を注ぐ。〔荘子、逍遥遊〕時雨降りぬ。而るに猶ほ浸灌す。其の澤に於けるや、亦た勞せずや。

【浸漬】しんし ひたす。しみ入る。漢・孔融〔臨終詩〕人に兩三の心有り 安んぞ能く合して一と爲らん 三人、市虎を成す 浸漬せば膠漆をも解く

【浸潤】しんじゅん しみこみひたす。〔論語、顔淵〕浸潤の譖り、膚受の愬へ行はれざる、明と謂ふべきのみ。

【浸漸】しんぜん 次第にすすむ。〔論衡、道虚〕夫れ物の生長するは、卒かに成り暴かに起ること無し。皆浸漸有り。～何ぞ方術の學、成るに浸漸無きや。

【浸微】しんび 次第にかすか。晉・潘岳〔秋興の賦〕天、晃朗として以て彌ゝ高く、日、悠陽として浸ゝく微なり。何ぞ微陽の短晷なる、涼夜の方に永きを覺ゆ。

➡浸育 涵養する／浸毓 浸育する／浸仮 もし／浸漑 灌漑／浸涵 ひたる／浸近 近づく／浸弱 次第に弱る／浸濡 ぬれる／浸湿 うるおう／浸蝕 侵す／浸浸 すすむ／浸溽 浸透する／浸水 水びたり／浸染 しみこむ／浸沈 水びたり／浸入 しみこむ／浸漫 漲る／浸滅 ひたし弱める／浸凌 おかす／浸潦 大水

⬇淹浸・漑浸・涵浸・灌浸・稽浸・漬浸・秋浸・水浸・積浸・潜浸・漸浸・大浸・沈浸・泛浸・漂浸・漫浸・潦浸

【涔】 10 3212 シン セン サン ひたす わたる

篆文

形声 声符は岑。〔説文〕十一上に「漬すなり」とあり、霖雨によって水浸しになることをいう。また、ふしづけやいけすの類をいう。

訓義 1ひたす、水につかる。2ながあめ、ながあめによるたまりみず。3ふしづけ、いけす。4水をわたる。5くぼみ、みぎわ。

古訓〔名義抄〕涔 フシヅケ・タマリミヅ・アト・カサナル

【涔涔】しんしん 曇るさま。雨が多く降るさま。唐・杜甫〔秦州雑詩、二十首、十〕雲氣、崑崙に接なり 涔涔として、塞雨繁し

➡涔淫 血涙／涔雲 雨雲／涔旱 水旱／涔水 溜り水／涔蹄 涔水／涔滴 滴水

⬇陰涔・洪涔・清涔・渟涔・蹄涔・伏涔・淋涔

【畛】 10 6802 シン あぜみち さかい

篆文

形声 声符は㐱。〔説文〕十三下に「井田の閒の陌なり」とあり、あぜみちをいう。〔周礼、地官、遂人〕「十夫に溝有り、溝上に畛有り」の文による。畛域とは境界。そこに土を盛って、封畛とする。

訓義 1あぜみち、あぜ。2さかい、さかいの土もり。3た。

古訓〔名義抄〕畛 ミチサカヒ〔字鏡集〕畛 ミチ・ヰサカヒ・タノミチ

【畛域】しんいき 田のあぜ。くろ。分別。〔荘子、秋水〕泛泛乎として其れ四方の窮まり無きが若く、其れ畛域する所無し。萬物を兼懷し、其れ孰れをか承翼せん。是れを無方と謂ふ。

【畛畦】しんけい 田のうね。さかい。宋・梅尭臣〔依韻、永叔（欧陽脩）の再示に酬ゆ〕詩 貴賤の交情、古來より有り 胸中に畛畦を置くことを欲せず

➡畛営 区域／畛崖 はて／畛挈 沢のにごり／畛畷 あぜ道／畛陌 田間の路／畛封 疆界／畛略 疆界

⬇疆畛・区畛・径畛・畦畛・郊畛・接畛・方畛・封畛

【疹】 10 0012 〔胗〕 9 7822 シン チン かさ はしか

篆文 籀文

形声 声符は㐱。㐱は卜文に、人の脇の下に小点を加えて、発疹の状を示す形のものがある。〔説文〕四下に字を胗に作り、「脣の瘍なり」とし、疹を籀文とする。〔詩、小雅、小宛〕「我が塡寡を哀しむ」の塡を、〔韓詩〕に疹に作る。はしかや疱瘡のような病をいう。熱病のときは、チンの音でよむ。

訓義 1かさ、かさの出る病、はしか、疱瘡、くちびるのかさ。2やむ、わずらう、なやむ、くるしむ。3熱病。

古訓〔名義抄〕疹 カシク〔字鏡集〕疹 アツキヤマヒ・カシク

➡疹蠱 熱病と毒虫のわざわい／疹子 はしか／疹疾 悪疾／疹栗 とりはだ／疹毒 悪疾／疹恙 皮膚病

⬇疫疹・汗疹・疾疹・湿疹・赤疹・熱疹・発疹・風疹・麻疹・瘍疹

常【真】 10 4080 入〔眞〕 10 2180 シン まこと

篆文 古文 石鼓文

会意 旧字は眞に作り、匕＋県。匕は化（化）の初文で死者。県は首の倒形で倒懸の象。顚死の人をいう。〔説文〕八上に「僊人なり。形を變へて天に登るなり」とし、八（八）は乗物、これに乗じて天に登る意とするが、当時の神仙説によって説くものにすぎない。顚死者は霊威の最も恐るべきもので、慎んでこれを塡めて鎮め、これを廟中に寘き、その瞋りを安んじ、玉を以て呪霊を塡塞するを瑱という。眞に従う字は、みなその声義をとる字である。〔荘子、秋水〕に「其の眞に反る」、〔荘子、大宗師〕に「眞人有りて、而る後に眞知有り」など、絶対の死を経て真宰の世界に入るとする思弁法があって、真には重要な理念としての意味が与えられるようになった。

訓義 1まこと、不変なもの、永遠なもの、真の実在。2うまれつき、たましい、ありのまま。3みち、もと、存在。4真人、成道の人。5まことに、げに。

古訓〔名義抄〕眞 マコト・オホシ・ヒトリサカヅキ〔字鏡集〕眞 サネ・マコトニ・マフ・マコト・ヒジリ・オホシ・ツカツキ

声系〔説文〕に眞声として禛・塡・嗔・蹎・瞋・寘・顚・愼（慎）・塡・鎭（鎮）など、二十字を収める。おおむね顚死者の呪霊と、その呪鎮の方法に関する字である。

語系 眞 tjien、嗔・瞋 thjien は声義近く、嗔・瞋はともに顚死者の怒りをいう。顚 tyen、塡・寘 dyen、瑱 thyen も、みな眞の声義を承ける字である。

【真意】しんい 本来のありかた。真実の意味。晉・陶潜〔飲酒、二十首、五〕詩 此の中に眞意有り 辯ぜんと欲して已に言を忘る

【真贋】しんがん 真偽。晉・陸機〔羽扇の賦〕曲體を委てて以て制を受け、雙翅を奏して扇と爲す。～鳥も其の是非を別つこと能はず、人も敢て其の眞贋を分つ莫し。

【真偽】しんぎ 真実と虚偽。晉・欧陽建〔臨終詩〕眞僞は事に因りて顯はる 人情豫め觀難し 窮達、定分有り 慷慨して復た何ぞ歎かん

【真境】しんきょう 俗気のない場所。〔宋史、楽志十五〕蓬萊の邃館 金碧、三山を照らす 眞境、人間に勝る 秋風、又芭蕉の長ずるを見る

【真愚】しんぐ まことの愚者。唐・柳宗元〔愚渓の詩の序〕寧武子、邦に道無きときは則ち愚なりとは、智にして愚と爲す者なり。顔子（回）終日違はざること愚なるが如しとは、睿にし

て愚と爲す者なり。皆眞の愚と爲すことを得ず。

【真君】主宰者。造物主。〔荘子、斉物論〕百骸・九竅・六臓、賅なりて存す。吾れ誰と與にか親しむことを爲さん。其れ遞ひに君臣を相ひ爲すか。其れ眞君の存するもの有らん。

【真形】真の姿。宋・蘇軾〔予れ昔壺中九華の詩を作る。〜石已に好事者に取去せらる。〜〕詩 尤物(造化の傑作、異石九峰)已に清夢に隨つて斷えたるも 眞形は猶ほ畫圖の中に在り

【真契】真実に心が契会して通じること。宋・蘇軾〔羅浮山に游ぶ〜〕詩 東坡の師、抱朴老 眞契久しく已に前生に交はる

【真個】まことに。唐・韓愈〔盆池、五首、一〕詩 老翁眞個、童兒に似たり 水を汲み盆を埋めて、小池を作る

【真宰】主宰者。〔荘子、斉物論〕眞宰有るが若きも、特り其の眹を得ざるのみ。

【真実】まことあること。晉・陸雲〔戴季甫に与ふる書、五〕暑に當りて遠く涉り、益〻心懸を追ふ。淸粹沈茂、思敏通微、德に居り道を覆み、心を秉ること眞實、〜欽愛の情、款然至實なり。

【真趣】自然の趣。〔清史稿、鄭燮伝〕書畫、眞趣有り。少くして楷書に工みに、晩に篆隷を雜へ、閒ふるに畫法を以てす。繪く所の蘭竹石亦た精妙なり。人爭ひて之れを寶とす。

【真儒】まことの儒者。〔宋史、道学一、程顥伝〕周公沒して、聖人の道行はれず。孟軻死して、聖人の學傳はらず。道行はれざれば、百世善治無く、學傳はらずんば、千載眞儒無し。〜眞儒無くんば、則ち貿貿焉として、〜人欲肆にして天理滅す。

【真人】老荘の思想で、得道の人をいう。〔荘子、天下〕本を以て精と爲し、物を以て粗と爲し、積有るを以て足らずと爲し、澹然として獨り神明と居る。古の道術、是に在る者有り。關尹・老聃、其の風を聞きて之れを悅ぶ。〜關尹・老聃や、古の博大なる眞人なる哉。

【真成】まことに。唐・王昌齢〔長信(宮)の秋詞、五首、四〕詩 眞成の薄命かと、久しく尋思す 夢に君王に見えて、覺めて後疑ふ

【真跡】自筆の書画。〔書断、四、二王の真跡〕開元十六年五月、内より二王の眞跡及び張芝・張昶等の書、總べて一百六十巻を出だし、集賢院に付し集字せしめ、兩本を揚(写)して進めしむ。

【真詮】さとり。真諦。唐・盧蔵用〔衡岳十八高僧序〕然れども年代攸邈にして、故老或いは眞詮を遺せるも、緬微の後生、何をか述べん。

【真想】真を求める心。隠逸の思い。晉・陶潜〔始めて鎮軍参軍と作りて曲阿を経るとき作る〕詩 眞想、初めより襟に在り 誰か謂はん、形迹に拘せられんとは

【真率】天真。〔南史、隠逸上、陶潜伝〕貴賤の之れに造る者あるときは、酒有れば輒ち設く。潛、若し先に醉ふときは、便ち客に語っぐ、我醉ひて眠らんと欲す。卿、去るべしと。其の眞率なること此くの如し。

【真宅】死後の世界。〔漢書、楊王孫伝〕精神形を離れ、各〻其の眞に歸す。故に之れを鬼(帰)と謂ふ。〜裹むに幣帛を以てし、鬲つるに棺槨を以てし、〜口に玉石を含み、化せんと欲するも得ず。〜千載の後、棺槨朽腐し、乃ち土に歸り、其の眞宅に就くことを得ん。

【真知】まことの知。〔列子、仲尼〕知りて情を忘れ、能くして爲さざるは、眞知眞能なり。無知に發せば、何ぞ能く情あらん。不能に發せば、何ぞ能く爲さん。

【真筆】自筆の書画。〔画史〕(周種)今人、佛を得ては則ち命づけて吳(道子)と爲すも、未だ眞なる者を見ず。唐人、吳を以て〜格式と爲す。故に似たる多く、尤も鑒定し難し。余白首なるも、止だ四軸の眞筆を見るのみ。

【真味】真の味わい。宋・欧陽脩〔再び(梅)聖兪の答へるるに和す〕詩 子の言、古淡にして眞味有り 大羹(立派な料理)、豈に調するに齏を以てするを須ひんや

➡真一 道/真隠 大隠/真宇 仙宅/真仮 真偽/真価 ねうち/真牙 親知らず/真我 悟り/真界 寺宇/真解 正解/真愨 まこと/真官 仙人の官/真帰 帰り着く/真義 本義/真居 仙宅/真経 道教の書/真空 一切空/真景 実景/真訣 悟り/真玄 道の本体/真箇 真個/真吾 本来の我/真悟 悟り/真紅 まっか/真子 実子/真摯 まじめ/真似 よく似る/真事 事実/真醇 純一/真書 楷書/真賞 佳景/真情 まごころ/真心 まごころ/真粋 純一/真是 本当に/真正 まこと/真性 天性/真誠 まこと/真蹟 真筆/真節 忠節/真仙 仙人/真筌 真詮/真践 実践/真素 素朴/真相 実相/真贓 盗品/真体 実体/真態 真姿/真智 真知/真諦 真理/真的 本当/真犯 真犯人/真物 本物/真命 天命/真腴 よい肉/真容 真姿/真理 まことの理/真霊 神仙

⬇鑒真・帰真・求真・見真・玄真・失真・写真・守真・淑真・純真・淳真・乗真・正真・精真・蔵真・知真・沖真・貞真・天真・伝真・道真・任真・迫真・逼真・保真・抱真・朋真・本真・妄真・養真・留真

人【秦】10 5090 シン はた

篆文 籀文 甲骨文 金文

会意 午(杵)+収(両手)+禾。両手で午をもち、禾をうつ形。もと打穀を意味する字であろう。〔説文〕七上に「伯益の後の封ぜられし所の國なり。地、禾に宜し」と国名に解し、また「一に曰く、秦は禾の名なり」とする。卜文・籀文は両禾に従う。秦は嬴姓、鳥首人身の始祖神の説話をもつ。

訓義 1禾の名。2国の名。3わが国では「はた氏」の姓に用いる。

古訓 〔名義抄〕秦 ハタ 〔字鏡集〕秦 ハタ・ユタカ・ツヅマサ

声系 〔説文〕に秦声として蓁・榛・溱・臻など五字を収める。草盛・衆多の意をもつものがある。

【秦火】秦の焚書をいう。諸子の横議を禁じ、卜筮・医薬の書を除いて、民間の書を焼いた。唐・孟郊〔秋懐、十五首、十五〕詩 秦火、舌を爇かず 秦火、空しく文を爇く

【秦塞】秦地のとりで。唐・李白〔蜀道難〕詩 蠶叢及び魚鳧 國を開くこと何ぞ茫然たる 爾來四萬八千歳 秦塞と人煙を通ぜず

【秦中】今の陝西の地。秦の故地。〔史記、封禅書〕杜主は故と周の右將軍なり。其の秦中に在りて、最小鬼の神なる者、各〻歳時を以て奉祠す。

【秦隷】秦の程邈が定めたという書体。小篆を簡略化したという。〔北史、江式伝〕時に六書有り。〜四に曰く、佐書。秦の隷書なり。

【秦嶺】陝西南部を東西に走る山脈。唐・韓愈〔左遷せられて藍関に至り、姪孫湘に示す〕詩 雲は秦嶺に横たはりて、家何くにか在る 雪は藍關を擁して、馬前まず

➡秦灰 秦火/秦坑 秦の坑儒/秦樹 秦地の木/秦椒 山椒/秦贅 入婿/秦台 仙女の家/秦篆

小篆／秦皮（しんぴ） とねりこ／秦碑（しんぴ） 始皇帝の建碑／秦房（しんぼう） 阿房宮／秦俑（しんよう） 兵馬俑／秦楼（しんろう） 妓館
↓狂秦・強秦・劇秦・三秦・先秦・大秦・暴秦

【袗】 10 3822 ［裖］ 12 3123 シン ひとえ

篆文 

形声 声符は㐱（しん）。〔説文〕八上に「玄服なり」とあり、黒い服。裖はその或る体の字。〔玉篇〕に「玄服なり、緣なり、又、單なり」と衿とりした服とし、また繡などのある礼服をいう。また、襌と通じ、単衣をもいう。

訓義 ①くろい服、正装、はれ着。②へり、ぬいとりのある服。③ひとえ。④とも色でそろう。

古訓 〔名義抄〕袗・裖 ト、ノフ／裖陳 ト、ノホリ・ツヅキ 〔字鏡〕袗 コロモ・ミドリ・ヒトヘ・ミドリノコロモ

【袗衣】（しんい） ぬいとりのある礼服。〔孟子、尽心下〕（舜）天子と爲るに及んでや、袗衣を被（き）、琴を鼓し、二女果（はべ）る。固（もと）より之れを有するが若（ごと）し。

【袗絺】（しんげき） 粗い葛のひとえ。〔論語、郷党〕暑に當りては、袗の絺綌（ちげき）（葛の服）、必ず表（うへ）（上っぱり）して之れ（袖）を出だす。

↑袗玄（しんげん） 衣裳ともに黒
↓被袗

常 【針】 10 8410 ［鍼］ 17 8315 シン はり

篆文 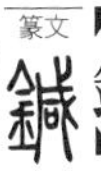

形声 正字は鍼に作り、咸（かん）声。咸に箴（しん）の声があり、〔説文〕五上に箴を咸声とするが、あるいは鍼の省声かもしれない。針は十に従うが、十は辛（しん）（はり）の小なるもので、象形。〔説文〕十四上に「縫ふ所以（ゆゑん）なり」とし、竹部の箴に「衣を綴（ぬ）ふ箴（はり）なり」という。いま針を縫針、箴を箴戒、鍼を鍼灸の字に用いる。

訓義 ①はり、ぬいばり。②とげ。

古訓 〔和名抄〕針管 波利都々（はりつつ）〔名義抄〕鍼・針 ハリ／針筒・針管 ハリヅ、／鍼管 ハリヅ、〔字鏡集〕針 キリ・ハリ・イマシム

＊語彙は鍼字条参照。
↓按針・運針・棘針・検針・細針・指針・磁針・短針・長針・鈿針・方針・磨針

人 【晨】 11 6023 ［晨］ 19 6023 ［晨］ 14 7723 シン あさ あした

篆文 

甲骨文 

金文 

形声 正字は曟に作り、辰（しん）声。〔説文〕七上に「房星なり。民の田時を爲す者なり」とし、星の名とする。〔爾雅、釈天〕に「大辰は房心（星宿の名）の尾なり。大火、之れを大辰と謂ふ」とあり、〔国語、周語上〕に「農祥は晨正なり」とあって、農時を示すものとされた。晶は星の象。星の初文は曐に作る。晨は晨旦・昧爽の意である。〔説文〕は晨字条三上に「早なり。昧爽なり」とする。晨は辰（しん）（脤肉）を両手でもつ形で、金文の〔師晨鼎（ししんてい）〕の字は𦥑に従う形に作り、昧晨の字とは形が異なる。経伝の文に、昧晨の字には晨を用い、曟を用いることはほとんどない。農の初文農はその形に従っており、晨を農祥とすることは、その農の字と関係があろう。

訓義 ①房星。②あさ、あした、つとめて。③あしたする、あさをつげる。④鷐（晨風）と通じ、はやぶさ。

古訓 〔名義抄〕晨 アシタ・アケヌ・トキ・ナブルコト・トモ・ツクス・アキラカナリ・ケサ／凌晨 アサボラケ／晨明 アリアケ 〔字鏡集〕晨 アシタ・ハノカス・アキラカ・トシ・アケヌ・トキツルキ・トキナブルコト・トリノヒ

語系 晨・晨zjiənは同声。〔説文〕に晨を星名、晨を昧爽の意とするが、晨にその両義があり、晨は別義の字であろう。〔説文〕三上に晨を「𦥑（きょく）に従ひ、辰に従ふ。辰は時なり。辰は亦聲なり」という。丮（けき）夕を夙（しゅく）（夙）と爲し、𦥑晨を晨と爲す。皆同意なり」という。夙は月を拝する形であるが、𦥑辰は時をもつ形とはしがたく、辰は蜃、脤肉を奉持する儀礼で、おそらく農祭に関するものであろう。ゆえに農の初文農は晨に従う形に作る。のち晨・晨は同義の字として扱われている。

【晨賀】（しんが） 正旦、早朝に参賀する。辰賀。〔南斉書、礼志上〕晉の武帝の初、朝會の儀を更定す。～漏未だ七刻を盡さず、群臣入りて賀を白（まう）す。～禮畢（をは）り罷（や）めて入り、群臣坐す。之れを辰賀と謂ふ。～江左に虞（おそ）れ多く、復（ま）た晨賀せず。

【晨気】（しんき） あけがたの気。〔六一詩話〕龍圖の趙學士（師民）、～文章の外に於て、詩思尤も精なり。麥天晨氣潤ひ、槐夏（くわいか）午陰淸し の如き、前世の名流も、皆未だ到らざる所なり。

【晨起】（しんき） 朝早く起きる。漢・蘇武〔詩、四首、四〕寒冬十二月 晨に起きて嚴霜を踐（ふ）む 俯して江漢の流れを觀 仰いで浮雲の翔（と）ぶを視る

【晨光】（しんこう（くわう）） 朝の光。晉・陶潛〔帰去来の辞〕舟は遙遙（えうえう）として以て輕く颺（あが）り、風は飄飄（へうへう）として衣を吹く。征夫に問ふに前路を以てし、晨光の熹微（きび）（薄明）なるを恨む。

【晨行】（しんこう（かう）） 朝早く行く。〔周礼、秋官、司寤氏〕晨に行く者を禦（ふせ）ぎ、宵行く者、夜遊ぶ者を禁ず。

【晨昏】（しんこん） 朝夕。朝夕の孝養。唐・王勃〔滕王閣の序〕簪笏（しんこつ）（官位官職）を百齡（永遠）に舍（す）て、晨昏を萬里に奉ず。

【晨爨】（しんさん） 朝早く炊ぐ。唐・斉己〔荊渚病中～〕微煙、晨爨に動き 細雨、園蔬を滋（うるほ）す

【晨粥】（しんしゅく） 朝粥。宋・蘇軾〔湯陰市を過（よぎ）り、豌豆大麦の粥を得て、三児子に示す〕詩 秋霖、豆莢（とうけふ）（豆のさや）暗く 夏旱、麥人（心じん）臞（や）す 逆旅（げきりょ）（旅舎）、晨粥を唱へ 行庖（かうはう）、時珍を得たり

【晨省】（しんせい） 朝、父母の機嫌をとう。〔礼記、曲礼上〕凡そ人子爲（た）るの禮、冬は溫かくして夏は凊（すず）しくし、昏（くれ）に（牀を）定めて、晨（あした）に省みる。

【晨装】（しんそう（さう）） 朝発ちの仕度。唐・劉長卿〔顧長を送る〕詩 晨裝、林月在り 野飯、浦沙寒し

【晨明】（しんめい） よあけ。〔淮南子、天文訓〕日は暘谷より出で、咸池（かんち）に浴し、扶桑（東方の野）に拂（いた）る。是れを晨明と謂ふ。

【晨夜】（しんや） 朝と夜。一日中。〔後漢書、儒林下、包咸伝〕包咸～魯詩・論語を習ふ。～赤眉賊の得る所と爲り、遂に拘執せらるること十餘日。咸、晨夜誦經自若たり。賊異（あや）しみて之れを遣（はな）てり。

【晨旅】（しんりょ） 朝の旅立ち。晨装。晉・陶潛〔始めて鎮軍参軍と作（な）りて曲阿を経るとき作る〕詩 策（つゑ）を投じて晨旅を命じ 暫（しばら）く園田と疎（ほど）ざかる

↑晨映（しんえい） 朝の光／晨烟（しんえん） 朝の炊煙／晨駕（しんが） 朝の旅立ち／晨渇（しんかつ） 朝の渇き／晨寒（しんかん） 朝の寒気／晨晷（しんき） 晨光／晨曦（しんぎ） 晨光／晨旭（しんきょく） 朝日／晨鼓（しんこ） 朝の太鼓／晨午（しんご） 朝昼／晨耕（しんこう） 朝耕す／晨興（しんこう） 早起き／晨斎（しんさい） 朝のとき／晨餐（しんさん） 朝食／晨事（しんじ） 朝祭／晨出（しんしゅつ） 朝の旅立ち／晨妝（しんしょう） 朝化粧／晨宵（しんしょう） 朝晩／晨照（しんしょう） 朝日／晨鐘（しんしょう） 朝の鐘／晨色（しんしょく） 朝景色／晨食（しんしょく） 朝食／晨炊（しんすい） 晨爨／晨酔（しんすい） 朝酔／晨正（しんせい） 立春／晨征（しんせい） 朝発ち／晨星（しんせい） 暁の星／晨霽（しんせい） 朝晴れ／晨夕（しんせき） 晨昏／晨饌（しんせん） 朝食／晨飧（しんそん） 朝食／晨旦（しんたん） 早朝／晨釣（しんちょう） 朝釣り／晨朝（しんちょう） 早朝／晨潮（しんちょう） 朝の潮／晨暾（しんとん） 朝日／晨鉢（しんぱつ） 朝食／晨飯（しんぱん） 朝食／晨飈（しんぴょう） 朝の強風／晨婦（しんぷ） 牝

雞/晨風(しんぷう) 朝風/晨暮(しんぼ) 朝夕/晨霧(しんむ) 暁霧/晨門(しんもん) 門番/晨曜(しんよう) 朝の光/晨耀(しんよう) 晨曜/晨霤(しんりゅう) 朝の雨垂れ/晨路(しんろ) 朝の路/晨露(しんろ) 朝露/晨漏(しんろう) 朝の時刻

↓花晨・詰晨・雞晨・候晨・告晨・今晨・司晨・夙晨・初晨・宵晨・清晨・夕晨・早晨・霜晨・達晨・微晨・風晨・払晨・芳晨

【亲】 11 0090 シン はしばみ

篆文 

会意 辛(しん)＋木。辛は針。神事に山の木を用いるとき、針や矢を放って木をえらぶことがあり、その俗を示す字であろう。〔説文〕六上に「亲實なり。小栗の如し」（段注本）とあり、榛の義を以て解する。亲は新・親の字の従うところであるから、その字義との関連を考えるべきで、新はそのえらんだ木を切る意。それを以て新しい神位を作る。その神位を親といい、神位を拝する形である。

訓義 ①あらたに切り出す木。②はしばみ、榛。③木が多くそろう。

声系 〔説文〕に亲声として新・親の二字、また新(しん)声の字として薪（薪）、親(しん)声の字として櫬・寴など三字を収める。みな神事に関する字で、薪は初柴、親は新しい親位を拝する形、櫬は棺、寴は廟に至って親しく神位を拝することをいう。

常 【深】 11 3719 シン ふかい

篆文 
金文 
石鼓文 

形声 声符は罙(しん)。罙の初文を〔説文〕七下に㓈とし、「㓈は深なり。一に曰く、竈突なり。穴に従ひ、火に従ひ、求の省に従ふ」とするが、字は火をもって穴中を照らす形である。廟中で火をもつものを㓈というのと似た形である。〔爾雅、釈言〕に「㴱は測るなり」とあり、水深を測る意とする。〔礼記、楽記〕に「高きを窮め、遠きを極めて、深厚を測る」とあって、測る意のある字。ものを捜求するを探というが、罙も捜の従う叜と同じように、火を執ってものを探す意の字であろう。これを水中に及ぼして深という。

訓義 ①ふかい、ふかさをはかる、ふかくする、かくす、さらう。②すぐれる、はなはだしい、きびしい、ふける、ねんごろにする。

古訓 〔名義抄〕深 フカシ・カクル・ヨソフ・ニル・ムツマジ・シヅカナリ

語系 深 sjiəm、探 thəm は声義に通ずるところがあり、いずれもかくれたものを探す意がある。浚・濬 siuən は水底をさらう意。また潭 dəm は水の深いところ。声義の上で関連するところがある。

【深意】(しんい) 深い意味、考え。〔後漢書、儒林下、李育伝〕頗ぶる古學を渉獵す。嘗つて左氏傳を讀み、文采を樂しむと雖も、然れども謂へらく、聖人の深意を得ずと。～是に於て、難左氏義四十一事を作る。

【深鬱】(しんうつ) 深く茂る。宋・秦観〔竜井題名記〕普寧より佛寺十を經たり。皆寂として人聲を聞かず。道旁の廬舍、或いは燈火隱顯し、草木深鬱、流水激激として悲鳴す。殆ど人間の有に非ざるなり。

【深遠】(しんえん) 奥深く立派。〔史記、司馬穰苴伝論賛〕余、司馬兵法を讀むに、閎廓深遠なり。三代の征伐と雖も、未だ其の義を竟くすこと能はず。

【深奥】(しんおう) 奥深い。深遠。〔孔叢子、居衛〕子思曰く、書の意は、兼複深奥、訓詁して義を成す。古人の典雅と爲す所以なりと。

【深穏】(しんおん) 奥ゆかしく、おだやか。唐・杜甫〔韋諷録事の宅に曹将軍の画ける馬の図を観る歌〕詩 憐れむべし九馬、神駿を争ふ 顧視清高、氣深穩 借問す、苦心して愛する者は誰ぞ 後には韋諷有り、前には支遁

【深禍】(しんか) 大きなわざわい。〔史記、伍子胥伝〕太宰嚭～を讒して曰く、子胥、人と爲り剛暴にして、恩少なく猜賊なり。其の怨望、恐らくは深禍を爲さん。

【深懐】(しんかい) 深い思い。晋・陶潜〔歳暮、張常侍に和す〕詩 窮通、慮る攸靡く 顦顇(やつれ)化遷に由る 己を撫して深懐有り 運を履みて慨然たるを增す

【深毅】(しんき) おちついていて、意志が強い。唐・常袞〔田神功に右僕射を授くる制〕田神功、忠敬孝友、寬厚深毅、之れを經するに詩書を以てし、之れを緯するに韜略（六韜・三略。兵書）を以てす。

【深宮】(しんきゅう) 奥深い宮中。〔戦国策、秦三〕足下（秦王）上は太后の嚴を畏れ、下は姦臣の態（媚態）に惑ひ、深宮の中に居りて、保傅の手を離れず、終身闇惑にして、與に姦を照らす無し。

【深契】(しんけい) 親友。唐・王績〔薛記室収、荘を過ぎり尋ねらる～〕詩 故人、深契有り 我が蓬蒿の廬に過る

【深閨】(しんけい) 奥深い婦人の室。唐・白居易〔長恨歌〕詩 楊家に女有り、初めて長成す 養はれて深閨に在り、人未だ識らず

【深険】(しんけん) 深く険しい。陰険。〔北史、文苑、温子昇伝〕子昇、外は恬靜にして、物と競ふこと無く、言に準的有り。妄りに毀譽せざるも、內は深險にして、事故の際、好んで其の間（仲たがい）を豫しむ。終に禍敗を致せる所以なり。

【深厳】(しんげん) きわめて厳しい。〔金史、文芸下、王庭筠伝〕庭筠、文を爲りて能く言はんと欲する所を道ふ。暮年、詩律深嚴、七言の長篇、尤も險韻（困難な押韻のしかた）に工みなり。

【深交】(しんこう) 親交。〔晋書、温嶠伝〕（銭）鳳、入りて（王）敦に說きて曰く、嶠は朝廷に於て甚だ密なり。而して庾亮と深く交はる。未だ必ずしも信ずべからずと。

【深更】(しんこう) 夜更け。〔寒秀草堂筆記、三〕丙寅十月十八日、夜大風あり。深更、燭を秉りて書す。

【深厚】(しんこう) 雄渾。てあつい。宋・葉適〔著作佐郎銭君墓誌銘〕然れども君、廉なるも劌（刺傷）を爲さず、～世環視するも短しることを得ず。則ち深厚にして伐らざるの名、交と之れに歸す。

【深閎】(しんこう) 深く広い。唐・柳宗元〔非国語の序〕左氏（春秋左氏伝）・國語は、其の文深閎傑異、固より世の耽嗜して已まざる所なり。而れども其の說、誣淫多く、聖に概しからず。～是れ～以て堯・舜の道に入るを得ざらん。諸れを理に本づき、非國語を作る。

【深谷】(しんこく) 深い谷。〔詩、小雅、十月之交〕百川沸騰し 山冢崒崩す 高岸は谷と爲り 深谷は陵と爲る

【深刻】(しんこく) きびしい。厳酷。〔史記、酷吏、義縦伝〕是の時、趙禹・張湯、深刻を以て九卿と爲る。然れども其の治は寬を尙び、法に輔けられて行ふ。

【深山】(しんざん) 深い山。〔左伝、昭四年〕其の冰を藏するや、深山窮谷、固陰冱寒なれば、是に於てか之れを取る。～其の之れを出だすや、桃弧棘矢、以て其の災いを除く。

【深思】(しんし) 深く思う。〔楚辞、漁父〕何の故に深く思ひ高く擧がりて 自ら放たれしむるを爲す

【深識】(しんしき) すぐれた見識。〔唐国史補、上〕（李）華、論を著はして、龜卜廢すべしと言ふ。深識の士と謂ふべし。

【深謝】(しんしゃ) 深くわびる。〔旧唐書、李勣伝〕勣、時に暴疾に遇ふ。～太宗乃ち自ら鬚を翦り、其の和藥を爲る。勣～泣きて以て懇謝す。帝曰く、吾れ、社稷の爲に計れるのみ。深謝を煩はさずと。

【深趣】(しんしゅ) 自然の深い趣。唐・王維〔山中より裴秀才迪に与ふる書〕儻し能く我に從ひて遊ばんか。子の天機清妙なる者に非ずんば、豈に能く此の不急の務めを以て相ひ邀へん。然れども其の中に深趣有り、忽にすること勿れ。

【深潤】しんじゅん　趣深く、うるおいがある。〔漢書、揚雄伝下〕典謨の篇、雅頌の聲、溫純深潤ならずんば、則ち以て鴻烈（大業）を章らかにするに足らず。
【深情】しんじょう（じやう）　誠意。唐・白居易〔長恨歌〕詩　唯だ舊物を將つて深情を表はさん　鈿合金釵（黄金のかんざし）、寄せ將て去らしむ
【深心】しんしん　心底から。〔史記、汲黯伝〕上、愈々益々（公孫）弘・（張）湯を貴ぶ。弘・湯深く心に黯を疾む。唯だ天子も亦た説ばざるなり。之れを誅するに事を以てせんと欲す。
【深翠】しんすい　濃い緑。唐・李咸用〔悲哉行〕詩　雲色陰沈、秋氣を弄し　危葉高枝、深翠を恨む
【深邃】しんすい　奥深い。〔旧五代史、晋、張筠伝〕罷め歸るの後に及んで、第宅宏敞、花竹深邃、聲樂飲饍、其の欲する所を恣にす。
【深静】しんせい　奥深くもの静か。金・元好問〔英禅師に寄す〕詩　君が山堂の句を愛す　深靜、幽蘭の如し
【深切】しんせつ　よくあてはまる。〔史記、太史公自序〕子曰く、我之れを空言に載せんと欲するも、之れを行事に見すの深切著明なるに如かざるなり。
【深造】しんぞう（ざう）　深くきわめる。〔孟子、離婁下〕君子深く之れに造るに道を以てするは、其の之れを自得せんことを欲すればなり。
【深蔵】しんぞう（ざう）　深く内に蔵する。〔史記、老荘申韓伝〕老子（孔子に）曰く、～吾れ之れを聞く、良賈は深く藏して虚しきが若く、君子は盛德あるも容貌愚なるが若しと。子の驕氣と多欲と、態色と淫志とを去れ。是れ皆子の身に益無し。
【深致】しんち　深い趣。〔晋書、列女、王凝之の妻謝氏伝〕聰識にして才辯有り。叔父（謝）安嘗つて問ふ、毛詩、何の句か最も佳なると。～稱ふ、吉甫頌を作る、穆として清風の如し、仲山甫永懷す、以て其の心を慰むと。安謂ふ、雅人の深致有りと。
【深長】しんちょう（ちやう）　すぐれる。〔三国志、呉、陸遜伝〕（呂）蒙對へて曰く、陸遜は意思深長、才は重を負ふに堪ふ。其の規慮を觀るに、終に大任すべし。
【深重】しんちょう　慎重。〔三国志、魏、邢顒伝〕初め太子未だ定まらず、而して臨菑侯（曹）植、寵有り。～太祖（操）、顒に問ふ。顒對へて曰く、庶を以て宗に代ふるは、先世の戒めなり。願はくは殿下、深重に之れを察せよと。
【深沈】しんちん　沈着で奥ゆかしい。〔北史、斉神武帝紀〕神武、既に世を北邊に累ぬ。故に其の俗に習ひ、遂に鮮卑に同じ。長じて深沈にして大度有り。財を輕んじ士を重んじ、豪俠の宗とする所と爲る。
【深念】しんねん　深く考え、懸念する。〔史記、陸賈伝〕呂太后の時、諸呂を王とす。諸呂、權を擅にし、少主を劫かし、劉氏を危くせんと欲す。右丞相陳平之れを患ふるも、力、爭ふこと能はず。禍いの己に及ばんことを恐れ、常に燕居して深念す。
【深微】しんび　奥深く知りがたい。〔呂覧、勿躬〕是の故に、聖王の德は～鬼神に精通し、深微玄妙にして、其の形を見ること莫し。
【深蕪】しんぶ　深く茂る。〔北史、儒林伝序〕大抵南北爲む所の章句、好尚互ひに同じからざる有り。～南人は約簡にして其の英華を得、北學は深蕪にして其の枝葉を窮む。～其の身を立て名を成すは、方を殊にするも同致なり。
【深謀】しんぼう　深く謀り考える。〔史記、貨殖伝〕此れに由りて之れを觀れば、賢人廊廟に深謀し、朝廷に論議せば、守信死節、巖穴に隱居するの士、設ひ名高を爲す者も、安くに歸せんや。
【深墨】しんぼく　憂いに沈む顔。服喪中の姿をいう。〔孟子、滕文公上〕君薨ずるときは冢宰に聽き、粥を歠り、面は深墨、位に即きて哭す。
【深妙】しんみょう（めう）　深くすぐれる。〔後漢書、天文志上、注に引く蔡邕の表志〕天體を言ふ者に三家有り。～三に曰く、渾天。～唯だ渾天なる者、其の情を得るに近し。～精微深妙、萬世不易の道なり。
【深夜】しんや　夜更け。唐・元稹〔雪後、同軌店上に宿し、法護寺鐘楼に月を望む〕詩　煙火漸く稀にして、孤店靜かなり　月明深夜、古樓の中
【深幽】しんゆう（いう）　奥まった人気のないところ。〔後漢書、張禹伝〕群邑を歴行し、深幽の處も畢く到らざる莫し。親しく囚徒を錄し、明擧する所多し。
【深慮】しんりょ　深く考える。〔墨子、非儒下〕今孔某（丘）、深慮同謀、以て賊に奉じ、思ひを勞し知を盡して、以て邪を行ふ。下に勸め上を亂し、臣に教へて君を殺さしむ。賢人の行ひに非ざるなり。

↑深愛　深い愛／深靄　深いもや／深渥　あつい／深澳　湾入／深院　奥深い寺／深隠　隠れる／深怨　深い怨み／深冤　深怨／深淵　深い淵／深檐　深いのき／深隩　土手の奥／深憶　深思／深恩　厚恩／深苛　きびしい／深海　深い海／深解　理解／深劾　糾弾／深壑　深谷／深豁　深く広い／深澗　深谷／深眼　奥眼／深忌　甚だきらう／深寄　頼る／深窺　よく見る／深義　奥義／深求　追い求める／深究　よく究める／深居　隠れる／深虚　虚静／深拱　拱手／深勖　勤める／深窟　幽窟／深纁　濃赤／深刑　酷刑／深計　深謀／深渓　深谷／深谿　深谷／深見　深く窺う／深眷　深い恩／深玄　幽玄／深言　打ち明け話／深固　堅固／深辜　重い罪／深痼　不治の病／深語　深言／深功　大功／深広　深く広い／深坑　深い穴／深巷　巷の奥／深洽　博洽／深紅　まっ赤／深耕　深く耕す／深隍　深い濠／深溝　深い溝／深篁　竹叢／深曠　深広／深黒　まっ暗／深根　深い根／深鎖　深くとざす／深罪　大罪／深策　深謀／深鑿　深くうがつ／深察　見極める／深算　深謀／深竄　深くかくれる／深旨　深意／深志　深い志／深紫　こい紫／深誌　心に誌す／深慈　深い慈愛／深室　座敷牢／深悉　知り尽くす／深樹　木立／深秀　山容の美／深秋　晩秋／深羞　深く恥じる／深愁　深い愁い／深讐　根強い仇敵／深春　晩春／深処　深いところ／深縄　厳しい法／深深　もの静か／深蓁　茂み／深人　慎重な人／深仁　深い慈愛／深水　深い水／深井　深い井／深青　こい青色／深穽　深い穽／深靚　深静／深雪　みゆき／深泉　深い泉／深浅　深さ／深潜　ひそむ／深阻　険阻／深草　草深い／深叢　草深い／深滞　潜む／深宅　大邸／深沢　深い沢／深耽　ふける／深歎　嘆く／深潭　深淵／深智　深い智識／深衷　ま心／深湛　深く静か／深詆　はげしくそしる／深泥　泥沼／深田　深い田／深殿　深宮／深図　深計／深遯　深く匿れる／深濘　深い泥／深博　広博／深罰　重罰／深秘　神秘／深文　きびしい法律／深弊　深い弊害／深碧　こいあおいろ／深僻　かたよる／深密　綿密／深目　奥眼／深緑　こい緑／深林　深い林／深淪　沈む

↓淵深・花深・窺深・汲深・窮深・閨深・広深・高深・鉤深・刻深・樹深・秋深・春深・純深・淳深・峭深・情深・水深・邃深・清深・靚深・浅深・潜深・層深・湍深・潭深・澄深・沈深・夜深・幽深・憂深・窈深・遥深

常【紳】11　2590　シン　おおび

篆文
形声 声符は申。申はものを束ねること。申束する意がある。〔説文〕十三上に「大帯なり」とあり、大帯には素また練を用いた。〔詩、衛風、有狐〕の〔伝〕に「帯は衣を申束する所以なり」といい、〔礼記、少儀、注〕に「帯は自ら結束する所以なり」という。〔論語、衛霊公〕「子張、諸これを紳に書す」とは、大帯の垂れた余りの部分に、孔子の語を急いで書きとどめたことをいう。
訓義 ①おおび、礼服の大帯、その余りを三尺垂れる。②つかねる。
古訓 〔名義抄〕紳 ノブ・モノヌフ 〔篇立〕紳 モノヌフ・オホオビ・オホキヌ 〔字鏡集〕紳 オビ・オホオビ・ツカヌ・ノフ
語系 紳・申・伸sjienは同声。展tian、陳dienも声近く、みな、ものを伸展し、また重ねる意などがある。
↑紳笏 文官の服としゃく／紳士 搢紳、上級官吏／紳帯 大帯、文官の儀礼服／紳珮 紳帯と玉珮／紳冕 大帯と冠、士大夫／紳民 紳士と人民
↓衣紳・華紳・貴紳・郷紳・錦紳・高紳・儒紳・書紳・搢紳・縉紳・簪紳・垂紳・薦紳・束紳・朝紳・廷紳・劣紳

【脣】 11 7122 〔唇〕 10 7126 シン くちびる

篆文

古文
形声 声符は辰。辰は蜃の初文。蜃が足を出して歩く形で、肉片などの動く意がある。〔説文〕四下に「口の耑(端)なり」という。〔左伝、哀八年〕に「脣亡びて歯寒し」の語がある。唇は震動の震の初文。祭肉の脤を用いる呪儀で、口は𠙵、祝禱の意。唇とは別義の字であるが、〔六書故〕に唇を脣の俗字とする。いま常用漢字表には、唇を脣の意の字とする。
訓義 ①くちびる。②ふち、はし。③また脤・唇に作る。
古訓 〔和名抄〕脣吻 上、久知比留(くちびる)、下、久知佐岐良(くちさきら) 〔名義抄〕脣 ホトリ 〔篇立〕脣 ホトリ・コヒル・クチビル
【脣歯】 脣と歯。利害の密接なことのたとえ。〔三国志、蜀、鄧芝伝〕蜀に重険の固め有り、呉に三江の阻有り。此の二長を合し、共に脣歯を爲さば、進んでは天下を幷兼すべく、退きては鼎足して立つべし。此れ理の自然なり。
【脣舌】 口才あること。〔漢書、游俠、楼護伝〕人と爲り短小精辯、論議常に名節に依る。之れを聽く者、皆竦む。谷永と俱に五侯の上客と爲る。長安號して曰ふ、谷子雲の筆札、樓君卿の脣舌と。其の信用せらるるを言ふなり。
【脣吻】 くちさき。〔淮南子、人間訓〕良工に至るに及んで、竿を執りて投ずれば、而ち脣吻を攖ぐる者は、能く其の欲する所を以て釣ればなり。
↑脣脂 口紅／脣笑 微笑する／脣頭 口さき
↓花脣・緘脣・紅脣・香脣・絳脣・朱脣・小脣・焦脣・染脣・丹脣・点脣・霑脣・兎脣・動脣・反脣・揺脣

【脤】 11 7123 〔祳〕 12 3123 シン ひもろぎ

篆文
形声 声符は辰。辰は蜃の初文で、蜃肉・蜃器をいう。〔説文〕一上に字を祳に作り、「社肉なり。盛るるに蜃を以てす。故に之れを祳と謂ふ。天子親しく同姓に遺る所以なり」とあり、字はまた脤に作る。〔周礼、春官、大宗伯〕に「祳膰の禮を以て、兄弟の國を親しましむ」とあり、社稷の祭肉を同姓に頒かった。〔国語、晋語五〕に「脤を社に受く」とあり、軍行のときはその社肉を奉じて出行した。金文にみえる晨は屋の形に従い、軍行のとき脤を奉ずる形とみられる。わが国のひもろぎにあたる。
訓義 ①ひもろぎ、祭肉。②脣と通じ、くちびる。
古訓 〔名義抄〕祳 ヒラク 〔字鏡集〕脤 ワキサシ
語系 脤(祳)・蜃・晨zjianは同声。辰は蜃の象形。振・賑tjianは声近く、振は振救、賑に賑給の意があり、辰に呪的な意味がある。
【脤膰】 祭肉。ひもろぎとして同姓の諸国に頒かった。〔穀梁伝、定十四年〕脤とは何ぞ。俎實なり。祭肉なり。生には脤と曰ひ、熟には膰と曰ふ。
↓帰脤・受脤

【莘】 11 4440 シン おおい

形声 声符は辛。〔玉篇〕に「衆きなり」とあり、〔詩、小雅、魚藻〕「魚在りて藻に在り 莘たる其の尾有り」の〔伝〕に「莘は長き貌なり」という。
訓義 ①おおい。②ながい。③細莘は薬草、みらのねぐさ、さいしん。④有莘は古国名、地名。
古訓 〔字鏡集〕莘 ハジメ
【莘莘】 多いさま。〔国語、晋語四〕周詩に曰く、莘莘たる征夫 懷ふと毎へも及ぶ靡しと。夙夜征行して、啓處するに遑あらざるも、猶ほ及ぶ無きことを懼る。

常 【進】 11 3030 〔進〕 12 3030 シン すすむ すすめる

篆文

甲骨文

金文
形声 声符は隹。〔説文〕二下に「登むるなり」、〔玉篇〕に「前むるなり、升るなり、登むるなり」とあって、進饌の意とする。字はもと進退に関して、鳥占によってことを決する意であろう。鳥占の俗には、軍事に関することが多く、たとえば鷹狩りによって神意の応答を試みるなどのことも行われた。
訓義 ①すすむ、軍を進める、ゆく。②すすめる、神にすすめる、そなえる、たてまつる、ささげる。③うごく、おし出す、いたす。④まさる、前へ出る、よくなる。⑤賮と通じ、おくりもの。
古訓 〔名義抄〕進 ス・ム・マイル・タテマツル・ノボル・タヾ・ノトル／進退 ヤスラフ・フルマフ・ノベシム 〔字鏡集〕進 ス・ム・ノボル・タテマツル・タヾ・ユク・マキル
語系 進tzien、前(前)・薦(薦)tzianは声近く、前は前進、薦は登饌の字。進にその両義がある。盡(尽)dzienも声近く、通用することがある。
【進謁】 参上謁見する。晋・陸機〔漢の高祖の功臣の頌〕進んでは嘉謀を謁げ、退いては名都を守る。東のかた白馬(の津)を窺ひ、北のかた飛狐(太行山の関の名)を距ぐ。
【進化】 より高度な機能をもつものに発展する。清・康有為〔大同書成る、題詞〕詩 諸聖、皆良藥 蒼天、太だ神ならず 萬年進化無くんば 大地も合に沈淪すべし
【進学】 学問を進める。〔礼記、学記〕善く問ひを待つ者は、鐘を撞くが如し。之れを叩くこと小なる者を以てするときは則ち小鳴し、之れを叩くこと大なる者を以てするときは則ち大鳴す。其の從容を待ちて、然る後に其の聲を盡す。～此れ皆學に進むの道なり。
【進言】 意見を言上する。〔漢書、賈誼伝〕(上疏)進言する者は皆曰ふ、天下已に安く、已に治まると。臣獨り以爲へらく、未だしと。安く且つ治まると曰ふ者は、愚に非ずんば則ち諛ゆ、皆事實、治亂の體を知る者に非ざるなり。
【進講】 君主に講義する。〔元史、泰定帝紀一〕(二年)紐澤・許師敬、帝訓を類編して成る。經筵に於て進講せんことを請ふ。仍りて皇太子をして觀覽せしむ。旨有り、其の書を譯して以て進む。
【進止】 進退。立ち居ふるまい。〔漢書、薛宣伝〕宣、人と爲り威儀を好む。進止雍容、甚だ觀るべし。性、密靜にして思有り、吏職を思省し、其の便安を求む。
【進取】 積極的に行動する。〔論語、子路〕狂者は進みて

取り、狷者は爲さざる所有るなり。

【進退】しんたい ふるまい。行為。〔詩、大雅、桑柔〕人も亦た言へる有り 進退維れ谷まると

【進達】しんたつ 薦めて世に出す。〔礼記、儒行〕儒に～功を程り事を積み、賢を推して之れを進達し、其の報を望まず、君其の志を得、苟くも國家を利せば、富貴を求めざる有り。

【進謀】しんぼう 謀を献じる。〔戦国策、秦三〕臣をして謀を進むること、伍子胥の如くなるを得しめば、之れに加ふるに幽囚を以てし、終身復た見えざるも、是れ臣の說行はるるなり。臣何をか憂へんや。

【進旅】しんりよ ともに進む。また、進軍。梁・簡文帝〔金錞の賦〕何ぞ和を資ることを營まずして、聲を吐くことの雄異なる。六師の進旅を制し、三軍の武志を驚かす。

↑進運 強い運／進益 進歩／進越 進み越える／進諫 諫める／進醵 わり勘／進御 侍御／進境 上達する／進計 謀を献じる／進撃 進み伐つ／進見 謁見する／進献 献上する／進賢 賢者を薦める／進行 先に進む／進攻 進んで攻める／進貢 上貢する／進号 尊号／進士 官吏となる資格試験／進璽 王として推戴する／進酒 酒を勧める／進上 進呈する／進趨 小走り／進薦 推挙する／進膳 進食／進奏 上奏する／進陟 昇任する／進呈 さし上げる／進擢 抜擢する／進奠 供える／進徳 修養する／進読 講義／進薄 せまる／進抜 抜擢する／進発 出発／進稟 口上書／進兵 進軍／進歩 向上する／進奉 献上する／進路 ゆくて

↓栄進・改進・勧進・急進・狂進・供進・競進・行進・後進・止進・仕進・升進・昇進・精進・新進・推進・趨進・寸進・尺進・先進・薦進・前進・漸進・増進・促進・逐進・長進・調進・挺進・逓進・特進・突進・日進・背進・驀進・奮進・並進・冒進・邁進・妄進・盲進・猛進・躍進・誘進・翼進・累進

【寝】 12 3024 シン みたまや ふす やめる

篆文  籀文  甲骨文 

会意 卜文・金文に帚、籀文に𡪢に作り、のち侵（㑴）に従う字となる。初文では宀＋帚で会意、のちの字形では㑴声である。〔説文〕七下に「臥するなり」とするが、帚は寝廟の寝（寑）の初文である。卜辞に王帚・東帚・西帚・新帚の名があり、金文の〔師遽方彝〕に「王、周の康帚に在りて、鄉（饗）醴す」とあって、寝臥するところとは異なる。帚は酒気を灌いで祓禳する意。寝とは神霊のあるところをいう。寝のように爿（牀）を加えるのは、寝臥のところ。もと寝と寝とは区別すべき字であったが、のち寝をその両義に用いる。

訓義 ［1］みたまや、寝廟、おくざしき。［2］ふす、ねる、いま。［3］やめる、おさめる、とどまる。

古訓 〔名義抄〕寝 フス・ネヤ・ヤム 〔字鏡集〕寝 イヌ・フス・タユ・ネヤ・オモフ・ヤム・ヤスシ・ヲカス・オホフ・コモル・オホトノ・ネコト（トコ）・ヌルヤ・ヤウヤク

語系 寝・侵・寝 tsiəm は同声。寝は〔説文〕七下に「病みて臥するなり」と訓し、その正字は夢（㝱）の形に従っていて夢魔になやむ象である。寝が寝廟の本字。夢魔にあらわれるものも、寝廟にやどる霊なのであろう。

＊語彙は寝字条参照。

常【森】 12 4099 シン もり しげる

篆文  甲骨文 

会意 三木に従う。〔説文〕六上に「木多き皃なり」とあり、「森森」のように深く茂る意に用いる。わが国では、もりは神の住むところ。〔万葉集〕に「神社」を「もり」と訓する。

訓義 ［1］もり。［2］しげる、しげるさま、多いさま、さかんなさま。［3］ほのぐらいさま、気がひきしまるさま。

古訓 〔名義抄〕森 イヨ、カナリ・フサナル・アツム・イヨ〳〵 〔篇立〕森 ナガシ・シナフ・イヨ〳〵・ナカ〳〵・イヨ、カナリ・シタチ 〔字鏡集〕森 モリ・フサガル・アツム・ナガキ・イコック・イヨ、カナリ

【森厳】しんげん おもおもしい。唐・杜牧〔朱坡〕詩 偃蹇（臥す姿）として、松公老い 森嚴として、竹陣（陣）齊し 小蓮、娃よく語らんと欲し 幽筍、稚くして相ひ攜ふ

【森粛】しんしゅく おもおもしい。〔池北偶談、談異六〕（裴還卿）一日晝寢ぬ。夢に任（公子）至る。～之れに隨ひて行く。倏ち一公廨に至る。儀衞森肅なり。裴直ちに前み、語るに任生云々を以てす。

【森森】しんしん 高く茂り立つさま。唐・杜甫〔蜀相〕詩 丞相（諸葛孔明）の祠堂、何れの處にか尋ねん 錦官城外、柏森森たり

【森然】しんぜん 茂るさま。多いさま。おごそかなさま。〔旧唐書、礼儀志五〕（薛昭緯の奏議）武徳の初、宗廟の事を議するに、神堯之れを聽き、太宗之れを參へ、碩學通儒、森然として列に在り。

【森爽】しんそう（さう） 木立が茂り、爽やか。明・李東陽〔徐春官墓山雜詠～〕詩 已に看る、毛骨森爽を生ずるを 頓に覺ゆ、心神の開廓に向ふを

【森羅】しんら 多くのものが並ぶ。梁・陶弘景〔茅山長沙館碑〕夫れ萬象森羅、兩儀（陰陽）の育する所を離れず。百法紛湊するも、三教の境を越ゆる無し。

【森立】しんりつ 並び立つ。〔徐霞客游記、游九鯉湖日記〕雁宕の靈峯、黃山の石筍は、森立峭拔、已に瑰觀爲り。然れども俱に深谷の中に在り、諸峯互ひに相ひ掩映し、反つて其の奇を失へり。

【森列】しんれつ ずらりと並ぶ。清・劉大櫆〔浮山記〕其の旁らに怪石森列す。獅（子）の如く、象の如く、鸚武の如く、～甚だ衆し。名狀すべからず。

↑森靄 霧などがさかんにたちこめる／森蔚 草木が生い茂る／森栄 繁昌／森翳 こんもりと茂る／森纚 垂れるさま／森豎 おそれて立ち毛する／森聚 密集する／森竦 茂ってそびえる／森聳 森竦／森岑 冷たい山気／森萃 ほの暗い／森沈 幽邃なさま／森挺 屹立する／森動 聳え動く／森布 ずらりとならぶ／森敷 森布／森茂 こんもりと茂る／森涼 静かに冷やか／森林 もり

↓陰森・鬱森・厳森・蕭森・清森・疎森・林森・凜森

【祲】 12 3724 シン わざわい

篆文 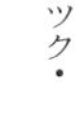

形声 声符は㑴。㑴は帚に酒などをそそいで、その酒気をもって祓い清める意。〔説文〕一上に「精氣感祥す」とあり、吉凶の祥のあらわれることをいうとするが、邪気をいうことが多い。〔周礼、春官、保章氏〕に「五雲の物を以て、吉凶水旱の降ること、豐荒の祲象を辨ず」とあり、そのような雲気を祲という。〔左伝、昭十五年〕「赤黑の祲を見る」など、〔左伝〕には祲象に関する説話が多い。〔周礼、春官、眡祲〕に「十煇の法」があり、祲象を弁ずる法をいう。精気の侵すことを祲といい、それを帚を以て祓った。廟所を祓う字は寝（寑）、古くは寝に作る字であった。

訓義 ［1］わざわいをおこす気、妖気、わざわい、わざわいのしるし。［2］ひのかさ。

古訓 〔名義抄〕祲 サカリ・ヲカス 〔字鏡〕祲 ヲカス・シフク・サ

カリ〔字鏡集〕祲 ワザハヒ・サカリ・ヲカス
語系 祲・浸（浸）tziəm は同声。侵（侵）・寢tsiəm も声義近く、一系の語とみてよい。精気の犯す意と、精気を祓う意とに関している。
➡祲威 盛んな声威／祲祥 吉凶の兆し／祲尋 祲気が次第に及ぶ／祲盛 祲気が盛ん／祲兆 悪気の兆し／祲氛 邪気／祲容 威圧的な儀容／祲沴 悪気／祲厲 不祥のはげしい気
⬇雲祲・海祲・気祲・歳祲・祥祲・精祲・大祲・氛祲・祆祲

【祳】 12 3123 ［脤］ 11 7123 シン ひもろぎ
篆文 
形声 声符は辰。〔説文〕一上に「社肉なり。盛るるに蜃を以てす。故に之れを祳と謂ふ。天子親しく同姓に遺る所以なり」とあり、〔周礼、春官、大宗伯〕に「脤膰の禮」のことがみえる。金文に蜃に作る字があり、脤肉そのものを用いたようである。文献に多く脤の字を用いる。
＊脤字条参照。
訓義 ①ひもろぎ、祭肉。

常 **【診】** 12 0862 シン みる しらべる
篆文 
形声 声符は㐱。㐱は人の発疹のある形。〔説文〕三上に「視るなり」とあり、〔列子、力命〕「其の疾む所を診る」のように、診察することをいう。〔荘子、人間世〕「匠石（人の名）覺めて其の夢を診ぐ」は告知する意。その験証したところを以て告げることをいう。
訓義 ①みる、よくみる、病状をみる。②しらべる。③あかし、しるし。④うらなう。
古訓 〔名義抄〕診 トフ・トム・ミル・タヅヌ・ウラナフ・トリミル・ハカリゴト・ワザハヒ・スチ・コヽロミル・サカタツ
【診験】 病状をしらべる。〔南斉書、王僧虔伝〕愚謂へらく、治下の囚病は、必ず先づ郡に刺せげ、職司と醫とを求めて、対して共に診驗せしめ、遠縣には家人に省視せしめ、然る後に處理せん。死者をして恨みず、生者をして怨むこと無からしめんと。
【診候】 診察する。〔北斉書、方伎、馬嗣明伝〕少くして醫術に明らかに、經方を博綜す。甲乙・素問・明堂・本草、咸ごとく誦せざる莫し。人の爲に診候し、一年前に其の生死を知る。
【診察】 病状をうかがい見わける。〔南史、張融伝〕（徐）文伯、亦た其の業（医術）に精し。兼ねて學行有り、～醫を以て自ら業とせず。～子雄、亦た家業を傳へ、尤も診察に工みなり。
【診脈】 脈をみる。〔史記、扁鵲伝〕垣の一方の人を視見し、此れを以て病を視、盡く五藏の癥結を見はす。特だ診脈を以て名と爲すのみ。
【診療】 診察して治療する。〔資治通鑑、唐紀六十八〕（懿宗、咸通十一年）同昌公主、薨ず。上、痛悼已まず、～翰林醫官韓宗劭等二十餘人を殺す。～同平章事劉瞻～上言す。以爲へらく、～宗劭等診療の時、惟だ疾の愈えんことを求め、備さに方術を施せり。～禍福移し難く、竟に差跌を成せるのみ。
➡診視 診察する／診祟 たたりを診る／診籍 脈法の書／診切 診察／診断 病名を定める／診治 診療／診病 診察／診法 治療法／診夢 夢判断
⬇往診・求診・検診・誤診・審診・善診・打診・体診・聴診・表診・問診・来診

【軫】 12 5802 シン とこぎ みち
篆文  金文 
形声 声符は㐱。〔説文〕十四上に「車後の横木なり」とあり、車の後部の床木をいう。枕とする木であるので、枕と声義が通ずる字。〔方言、九〕に「軫、之れを枕と謂ふ」と訓する。車の意に用い、めぐる、うごく、みちなどの意がある。
訓義 ①こしき、とこぎ。②くるま。③琴柱。④めぐる、うごく、みち。⑤方形のもの。⑥畛と通じ、さかい。⑦いたむ、かなしむ。⑧星座の名。
語系 軫・畛tjiən は同声。枕tjiəm とは声近く、軫も横にわたして枕とするものの意がある。
【軫悼】 天子がかなしみなげく。〔宋史、楊礪伝〕（咸平）二年、卒す。～眞宗軫悼し、宰相に謂ひて曰く、礪、介直清苦、當に任用すべきに方り、遽かに此に淪謝すと。卽ち雨を冒して其の喪に臨めり。
➡軫域 範囲／軫懐 うれえる／軫慨 惜しみ嘆く／軫救 うれえ救う／軫恤 いたみ憐れむ／軫軫 盛多のさま／軫石 方石／軫惜 痛惜／軫惻 いたむ／軫嘆 痛嘆する／軫慟 慟哭する／軫念 叡慮／軫憫 いたみ憐れむ／軫慕 かなしみ慕う／軫望 切望する／軫憂 悲傷する
⬇囲軫・殷軫・紆軫・玉軫・琴軫・結軫・絃軫・車軫・斉軫・折軫・接軫・駐軫・調軫・発軫・庇軫・伏軫・文軫・輿軫・翼軫・鸞軫・連軫

【嗔】 13 6408 シン テン いかる
篆文 
形声 声符は眞（真）。眞は顚死した者の象。不幸な枉死者が、目を瞋らして嗔る形。〔説文〕二上に「盛气なり」とし、「詩に曰く、振旅嗔嗔たり」と〔詩、小雅、采芑〕の句を引く。今の〔詩〕に「振旅闐闐」に作り、闐闐は鼓の音。字の本義は瞋り怨むことにあり、それで「鎮魂」のための呪儀が行われた。眞声の字はおおむねその呪儀に関している。
訓義 ①いかる。②塡・闐と通じ、鼓の音。③鼓の音の盛んなさま、気のさかんなさま。④瞋と通用する。
古訓 〔名義抄〕嗔 イカル
＊語彙は瞋字条参照。
【嗔訶】 叱責する。清・康有為〔大同書、甲部第三章〕幸ひに撫兒長成する或らば、室を授け業を謀り、其の妻子を私し、母養を顧みず。視ること媼僕に同じうし、加ふるに嗔訶を以てす。
➡嗔恚 怒り／嗔怨 怨み／嗔怪 怪しむ／嗔喝 叱る／嗔嫌 いとう／嗔詬 罵る／嗔視 怒り視る／嗔心 心に怒る／嗔妬 怒り嫉む／嗔怒 怒る／嗔忿 怒る／嗔憤 憤る／嗔目 目を見張って瞋る

【寖】 13 3014 シン ひたす
篆文  甲骨文 
形声 声符は㑴（浸）。浸・濅と同字。濅は〔説文〕十一上に川の名としており、浸淫の意には浸・寖を用いる。㑴は、帚に酒を灌いで聖所を清める意であるから、濅・寖を正字とすべく、浸はその一般化した字様であろう。
訓義 ①ひたす、裸鬯して清める。②そそぐ、ぬらす。③ようやく、次第に。④つむ、つもる。
＊語彙は浸字条参照。
➡寖安 おちつく／寖淫 広まる／寖遠 遠のく／寖久 積久／寖近 近づく／寖広 広がる／寖弛 ゆるむ／寖失 失う／寖潤 惨透／寖深 深まる／寖寖 漸次／寖衰 次第に弱る／寖多 次第にふえる／寖大 長大となる／寖廃 やまる／寖濫 溢れる

常【寝】13 3024　入〔寢〕14 3024　〔𥧌〕26 3022

シン
ねる　みたまや　やむ

篆文

甲骨文

金文
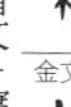

会意 正字は𥧌に作り、夢(夢)の省文+𡩉。夢は夢魔。夢魔によって死ぬことを薨という。𥧌は寝臥中に夢魔に襲われることをいう。〔説文〕七下に「病みて臥するなり」とし、㝱の省に従い、𡩉の省声に従う字であるという。㝱は前条に「寐ねて覺むること有るなり」とみえ、夢みてめざめる意。𥧌はその夢魔におびやかされる意で、「寝廟」の寝とは同字でない。寝廟の寝の初文は𡩉。帚は箒の形で、これに酒を灌いで祼鬯し、霊廟を清める意で、寝廟の意となる。寝は寝臥、𥧌は夢魔の象を加えた字。夢は媚蠱(まじない)のなすところで、夢の上部は媚女の象である。

訓義 1ふす、ねる、病んでねる、うなされてねる。2寝と通じ、みたまや。3寝殿、奥座敷、おもてざしき。4やむ、やめる、とまる。5侵と通じ、おかす。6寝陋、ぶおとこ。

古訓 〔和名抄〕寝 爾夜(ねや)、方言要目に云ふ、與止乃(よどの)〔名義抄〕寝 イヌ・ヲカス・オホトノコモル・タユ・ヤウヤク・ヤム・ヤミヌ・オホフ・フス〔字鏡集〕寝 イヌ・ヲカス・コモル・ヤスシ・ネヤ・ネゴト・タレ・ヌルヤ・オモフ・ヤウヤク・ヤム・フス・オホフ・オホトノ・タユ

語系 寝(寝)・𥧌 tsiəm は同声。寝(𡩉)は寝廟、寝は寝臥、𥧌は夢魔にうなされる意。侵(侵)tsiəm は同声。浸(浸)・祲 tziəm も声義近く、みな祼鬯して祓い清める意がある。襲(襲)ziəp も声義に関係があり、祓い清めて、その精気を承けることを襲という。ゆえに侵・襲は同義、襲にはまた継ぐ意がある。

【寝園】陵園。御陵の側に設けた廟所。〔漢書、元帝紀〕冬、河間王元、罪有り、房陵を廢遷す。孝文太后・孝昭太后の寝園を罷む。

【寝臥】ねる。ねそべる。〔荘子、天運〕今、而の夫子(先生、孔子)も亦た、先王の已に陳ねたる芻狗(草の狗形)を取り、弟子を取りて其の下に遊居寝臥す。故に樹を宋に伐られ、迹を衞に削られ、商・周に窮す。

【寝興】早く起き、遅くねる。清・顧炎武〔夏日〕詩 深居、寝興を廢するも 計の人寰を離るる無し 而るを況んや蚩蚩したる氓 食を謀ること良に已に艱し

【寝疾】病気になる。病臥する。〔穀梁伝、荘三十二年〕公、路寝に薨ず。路寝は正寝なり。疾に寝ぬるときは、正寝に居るは正なり。

【寝処】ねおき。起居。〔孔子家語、五儀〕人に三死有り、其の命に非ざるなり。己を行ひて自ら取るなり。夫れ寝處時ならず、飲食節あらず、逸勞過度なる者は、疾共に之れを殺す。

【寝食】寝と食。日常の生活。〔列子、天瑞〕杞の國に、人の、天地崩墜し、身寄する所亡きを憂へて、寝食を廢する者有り。又、彼の憂ふる所を憂ふる者有り。

【寝席】ねどこ。〔韓非子、外儲説左上〕蔡の女、桓公の妻と爲る。桓公、之れと舟に乘る。夫人、舟を蕩かす。~怒りて之れを出だす。~因りて復た更に嫁せしむ。桓公大いに怒り、將に蔡を伐たんとす。仲父(管仲)諫めて曰く、夫れ寝席の戲れは、以て人の國を伐つに足らず~と。

【寝苫】とまに寝る。居喪の礼。〔礼記、喪大記〕父母の喪には、倚盧に居りて塗らず、苫に寝ね凷を枕とし、喪事に非ざれば言はず。

【寝想】寝ながら思う。夢に思う。〔淮南子、道応訓〕尹需、御を學ぶこと三年にして、得ること無し。私かに自ら苦痛し、常に寝ねて之れを想ふ。中夜、夢に秋駕(御の法)を師に受く。

【寝息】やすむ。ねむる。晉・潘岳〔悼亡詩、三首、一〕寝息、何れの時にか忘れん 沈憂、日に盈積す 庶幾はくは時に衰ふ有らんことを 荘缶(荘子が妻を喪い、缶を撃った)猶ほ撃つべし

【寝殿】陵上の寝廟。寝廟。また、正殿。唐・元稹〔連昌宮詞〕詩 寝殿相ひ連なる、端正の樓 太眞(楊貴妃)梳洗す、樓上の頭

【寝廟】みたまや。霊廟。〔礼記、月令〕(仲春の月)天子乃ち羔(小羊)を鮮(献)じ氷を開き、先づ寝廟に薦む。上丁(初丁の日)に、樂正に命じて舞を習ひ、釋采す。天子~親ら往きて之れを視る。

【寝陋】風采があがらぬ。〔唐書、鄭注伝〕貌寝陋、遠視する能はず。常に粗衰を衣て、外質素を示す。始め李愬、瘺を病む。注、之れを治して狀有り。~故に中人(宦官・宮女)皆昵愛す。

↑寝悪 寝陋/寝幄 寝帳/寝遏 阻止する/寝衣 ねまき/寝讌 寛ぐ/寝餓 飢えて倒れる/寝宮 正殿/寝虚 仙人/寝御 貴人のおやすみ/寝衾 夜具/寝具 夜具/寝戸 廟の正殿/寝坐 休息の所/寝斎 寝室/寝室 ねま/寝舎 家/寝宿 寝泊まり/寝牀 寝床/寝蓐 寝床/寝褥 寝蓐/寝衰 次第に弱る/寝睡 眠る/寝薦 犠牲を供える家の祀/寝膳 寝食/寝帳 ねやの帳/寝頓 やめて中止する/寝廃 やめる/寝寐 ねる/寝病 臥病/寝伏 伏せる/寝兵 戦いをやめる/寝滅 やめてなくする/寝免 罷免する/寝黙 沈黙/寝門 宮城の門/寝容 寝陋/寝廬 住居

↓安寝・晏寝・園寝・燕寝・仮寝・臥寝・外寝・覚寝・客寝・午寝・高寝・就寝・小寝・宵寝・神寝・新寝・正寝・夕寝・大寝・昼寝・同寝・内寝・廃寝・廟寝・伏寝・兵寝・夜寝・幽寝・陵寝・路寝・廬寝・露寝

常【慎】13 9408　入〔愼〕13 9408　〔昚〕9 4060

シン
つつしむ　まこと

篆文

古文

金文

形声 旧字は愼に作り、眞(真)声。眞とは顚死者をいう。〔説文〕十下に「謹むなり」とあり、謹(謹)字条三上に「愼むなり」とあって互訓。顚死者はおそるべき呪霊をもつものであるから、慎重に塡め、祭所に寘き、その瞋りを鎮めまつる必要があった。〔説文〕に古文としてみえる形は、金文にもみえるもので、日はおそらく玉の形、人に玉を加えて、魂振りする形かと思われる。

訓義 1つつしむ、おそれる、うれえる。2まこと、まことに。3しずかに、おもう、したがう。4引と通じ、ひく。

古訓 〔名義抄〕愼 ツ、シム・マコト〔字鏡〕愼 マコト・ツ、シム・カナシ・ツ、ム・ウラム・イカル〔字鏡集〕愼 マコト・ツ、シム・ユメ〳〵ニ・ケガ・ヲモフ

【慎戒】つつしみ戒める。戒慎。漢・王褒〔四子講徳論〕文學曰く、君子は動作に應有り、從容として度を得。南容、白珪(の詩)を三復し、孔子其の愼戒を睹る。

【慎機】機会を大事にする。〔後漢書、文苑上、崔琦伝〕(外戚の箴)我能くすと曰ふこと無かれ、天人爾に違らん。患は不德に生じ、福には愼機有り。

【慎刑】刑の執行を慎重にする。〔隋書、音楽志下〕(五郊歌辞、白帝)兵を厲ぎ暴を詰め、法を勑し刑を愼まば、神

明暇さいひを降し、國歩惟これ寧やすからん。

【慎言】しんげん ことばをつつしむ。〔孔子家語、観周〕孔子、周を観る。遂に太祖后稷の廟に入る。廟堂の右階の前に金人有り、其の口を參緘す。其の背に銘して曰く、古の言を慎める人なり。之れを戒めよ哉や。多言すること無なかれ、多言すれば敗多し～と。

【慎口】しんこう 口をつつしむ。〔北史、賀若敦伝〕刑せらるるに臨み、子の弼ひつを呼びて謂ひて曰く、～吾わが舌を以て死す。汝思はざるべからずと。因りて錐きりを引き、弼の舌を刺して血を出だし、誡むるに口を慎むことを以てす。

【慎察】しんさつ 注意深く考える。〔大戴礼、文王官人〕人に六徴有り。六徴既に成り、以て九用を觀る。九用既に立つ。～六に曰く、愼察にして絜廉なる者を取る。

【慎思】しんし つつしんで思う。〔中庸、二十〕博く之れを學び、審らかに之れを問ひ、愼みて之れを思ひ、明らかに之れを辨じ、篤あつく之れを行ふ。

【慎終】しんしゅう 喪事をつつしむ。〔論語、学而〕終りを愼み遠きを追へば、民の德厚きに歸す。

【慎重】しんちょう 注意深くする。宋・蘇舜欽〔感興、三首、二〕詩 祖宗、創業難し 愼重にすること、後昆こうこん（子孫）に在り

【慎独】しんどく 独りのときの行為をつつしむ。〔中庸、一〕隱れたるより見あらはるるは莫なく、微かなるより顯あきらかなるは莫し。故に君子は其の獨りを愼む。

【慎罰】しんばつ 罰を慎重にする。〔書、康誥〕惟これ乃なんぢの不顯ひけんなる考ちちの文王、克よく德を明とめ、罰を愼みて、敢て鰥寡くわんか（老人の独り者）を侮らず。

【慎密】しんみつ つつしみ深く注意する。〔易、繫辞伝上〕君、密ならざれば則ち臣を失ひ、臣、密ならざれば則ち身を失ひ、幾事、密ならざれば則ち害成る。是ここを以て君子は、愼密にして出ださざるなり。

【慎慮】しんりょ 注意深く考える。〔礼記、表記〕故に君、其の臣を使ふに、志を得ば則ち愼慮して之れに從ひ、否しからざれば則ち熟慮して之れに從ひ、事を終へて退く。臣の厚きなり。

↑慎恪しんかく 敬謹／慎覈しんかく 慎察／慎観しんかん 注意深く視る／慎謹しんきん 謹慎／慎敬しんけい つつしむ／慎倹しんけん 約つづまやか／慎愿しんげん つつしむ／慎固しんこ 厳守する／慎行しんこう 行いをつつしむ／慎厚しんこう 慎重／慎志しんし 牢記して従う／慎辞しんじ 慎言／慎守しんしゅ つつしんで守る／慎粛しんしゅく 厳粛／慎身しんしん 身をつつしむ／慎惜しんせき 珍重する／慎択しんたく 厳選する／慎徳しんとく 徳をつつしむ／慎微しんび 微をつつしむ／慎法しんぽう 厳重に法を守る／慎黙しんもく 言行をつつしんで沈黙する／慎容しんよう 恭しくする

↓戒慎・矜慎・恭慎・勤慎・謹慎・敬慎・謙慎・至慎・周慎・修慎・重慎・淑慎・審慎・清慎・貞慎・篤慎・明慎・要慎・廉慎

【搢】 13 5106 シン はさむ さしはさむ

篆文 

形声 声符は晉（晋）しん。晉は鏃やじりを作る鋳型で、上部は臸じつ（鏃をならべた形）、下は鉄の流し口である。〔説文新附〕十二上に「插さしはさむなり」とみえる。晉に從うことからいえば、もと矢を帯びる意であろうが、搢紳とは笏こつを帯にさすことで、のちその意に用いる。

訓義 ①はさむ、さしはさむ。②通じて、晋・縉・薦に作る。

古訓 〔名義抄〕搢 サシハサム

語系 搢・晉・縉tzien は同声。搢紳をまた縉紳にも作るが、縉は赤い帛きれの意で、別の字である。音の上からいえば孱dzhian、韱tsiam、薦（荐）tzian は、みな細かいものを一所にあつめる意があって、晉・搢と声義に通ずるところがある。

【搢笏】しんこつ 笏こつを大帯にさしはさむ。朝服の礼装。〔淮南子、斉俗訓〕越王句踐こうせん、劗髮せんぱつ（断髪）文身、皮弁搢笏の服、拘罷こうはい拒折せつくの容無し。

【搢紳】しんしん 大帯に笏こつをさしはさむ。朝服。〔荘子、天下〕其の詩書禮樂に在る者は、鄒魯すうろの士、搢紳先生、多く能く之れを明らかにす。

【搢扑】しんぼく 鞭をもつ。〔礼記、月令〕（季秋の月）是の月や、天子乃ち～馬政を班かつ。僕及び七騶しちすう（馬官）に命じて、咸みな駕して旌旐せいてうを載たてしむ。～司徒、扑を搢さしはさみ、北面して之れに誓ふ。天子乃ち～弓を執り矢を挾さしはさみて、以て獵す。

↑搢笏しんこつ 搢笏／搢鐸しんたく 振鐸／搢挺しんてい 挺奮／搢版しんぱん 朝見／搢紱しんふつ 朝臣／搢朴しんぼく 搢扑

【斟】 13 4470 シン くむ とる おしはかる

篆文 

会意 甚じん＋斗と。甚は竈かまど（匹の部分）の上に、烹飪ほうじんの器をすえた形。煁の初文。斗は斗杓。〔説文〕十四上に「勺くむなり」とし、甚じん声とするが、鍋と斗勺をならべた字であるから、会意とすべきである。〔説文〕は甚五上を甘匹、男女相楽しむ意とし、字の形義をえていない。汁気のものをくみとるのを斟、酒をくむを酌、その加減を考えることを斟酌という。

訓義 ①くむ、くみとる、とる。②おしはかる、加減を考える、加減する。③ふやす、ます、したたる。

古訓 〔名義抄〕斟 クム・ハカル・カナフ 〔字鏡集〕斟 カゾフ・タシナ・カナフ・ハカル・コト／＼ク・ノム・クム・トル

語系 斟tjiam、瀋thjiam は声近く、瀋は汁物をいう北方の語。汁tjiep と同系の語である。

【斟酌】しんしゃく くみかわす。また、他の事情を考慮に入れる。〔国語、周語上〕故に天子の政を聽くや、～百工諫め、庶人傳語し、近臣規を盡し、親戚補察し、瞽史こし教誨し、耆艾きがい之れを修め、而る後王斟酌す。是ここを以て事行はれて悖もとらず。

【斟量】しんりょう（りやう） はかり考える。〔顔氏家訓、省事〕爵祿登らざるは、信まことに天命に由る。～材能を比較し、功伐（功績）を斟量し、色を厲はげしくし、聲を揚あげ、東怨西怒す。～此れを以て官を得、謂ひて才力と爲すは、何ぞ盜食して飽を致し、竊衣せついして溫を取るに異ならんや。

↑斟誨しんかい はかり教える／斟裁しんさい 酌量／斟剤しんざい 調整する／斟瀉しんしゃ 傾け注ぐ／斟勺しんしゃく 斟酌／斟酒しんしゅ 酒を飲む／斟愖しんじん ためらう／斟問しんもん 問う

↓盈斟・献斟・孤斟・行斟・細斟・自斟・酌斟・小斟・数斟・浅斟・同斟・独斟・満斟

常【新】 13 0292 シン あたらしい

篆文 甲骨文 金文

会意 辛しん＋木＋斤きん。辛は針。新木を伐るとき、選木のために矢や針をうつ俗があった。〔説文〕十四上に「木を取るなり」とし、亲しん声とする。〔説文〕六上は亲を「亲實なり。小栗の如し」（段注本）と榛栗の意とし、声符とするが、亲は木と辛（針）とに従い、入山して新木を伐る儀礼と解すべく、かくしてえた新木を以て神位を作る。これを拝するを親という。これらの字の従う亲は、みな意符とみるべきである。卜辞において、新は新廟・新宗・新家など、多く寝廟に関する字に用いる。卜文に新の字があり、金文に親をまた寴に作る。いずれも廟屋の形に従う字である。草木を併せて薪といい、薪も神事に用いるもので、〔詩〕には多く采薪の俗が歌われているが、それらは祭事詩の発想に用いられている。

訓義 ①あたらしい、あたらしく伐り出す木、木を伐る。②あらた、はじめ、ことのはじめ。③あらたまる、あたらしい年。④あたらしい田、はりた。

古訓 〔名義抄〕新 ハジメナリ・イマ・アタラシ・ニヒ・アタラシキ・アタラシミ・マウク・アラタム・アラタシナリ

声系 〔説文〕に新声として薪(薪)を収める。新は新しい位牌に用いる木。その霊を親という。薪はその祭祀に用いる。

語系 新sien、親tsienは声義の上に関連のある字。亲tzhienを〔説文〕に榛栗の榛とするが、もと新・親と関係のある字である。

【新異】珍しいもの。〔顔氏家訓、兄弟〕江陵の王玄紹、弟の孝英・子敏の兄弟三人、特に相ひ愛友す。得る所の甘旨新異、共に聚り食するに非ずんば、必ず先に嘗めず。孜孜したる色貌、相ひ見るも足らざる者の如し。

【新意】新義。晉・杜預〔春秋左氏伝の序〕皆舊例に據りて義を發す。～然れども亦た史の書せざる所にして、即いて以て義を爲す者有り。此れ蓋し春秋の新意なり。故に傳に「凡そ」と言はず、曲にして之れを暢ぶ。

【新雨】新たな雨。唐・杜甫〔王十五前閣会〕詩 楚岸、新雨を収め 春臺、細風を引く

【新火】古くは四時に改火した。唐・宋以後、清明の節に新火を賜わった。宋・蘇軾〔徐使君、新火を分つ〕詩 臨皋亭中、一たび危坐す 三たび清明、新火を改むるを見る

【新鬼】最近に死んだ人。唐・杜甫〔兵車行〕詩 君見ずや青海の頭 古來白骨人の收むる無し 新鬼は煩冤し、舊鬼は哭す 天陰り雨濕ひて、聲啾啾たり

【新曲】新しい詞や曲。〔泊宅編、六〕東坡(蘇軾)黃州に謫せらる。元豐五年、誕日に因りて、赤壁の高峰に置酒し、客と飲す。進士李委、笛を懷きて以て進むる有り。因りて新曲を獻じて、鶴南飛と曰ふ。～坡醉ひ、筆に信せて詩を贈る。

【新月】三日月。また、あざやかな月光。唐・白居易〔八月十五日夜、禁中に独り直し、月に対ひて元九(稹)を憶ふ〕詩 三五夜中、新月の色 二千里外、故人の心

【新故】新旧。晉・孫綽〔三月三日、蘭亭詩の序〕樂しみ時と去り、悲しみも亦た之れに系る。往復推移し、新故相ひ換る。今日の迹、明復た陳し。詩人の致興を原ぬるに、諒なり、歌詠の由有ること。

【新歳】新年。〔晉書、良吏、曹攄伝〕獄に死囚有り。歳夕、攄、獄を行り、之れを愍れみて曰く、卿等不幸にして此の非所を致す。如何、新歳は人情の重しとする所、豈に暫く家を見るを欲せざらんやと。～攄、悉く獄を開き之れを出だす。～至日、相ひ率ゐて還れり。

【新秋】初秋。宋・陸游〔雨後、殊に秋意有り〕詩 天地、新秋、苦吟に入る 詩書、萬古、孤斟(独酌)に付す 君を愛し國を憂ふ、孤臣の淚 水に臨み山に登る、節士の心

【新春】新年の春。唐・李端〔江上、司空曙に逢ふ〕詩 新春、兩行の淚 故國、一封の書

【新嘗】新穀を以て祀る。〔礼記、月令〕(孟秋の月)農乃ち穀を登す。天子、新を嘗む。

【新進】新たに進出してきた人。新人。〔邵氏聞見録、十一〕荊公(王安石)、祖宗の法度を變更し、新法を行はんと欲し、故老大臣を退け、新進の少年を用ひんとす。溫公(司馬光)以て然らずと爲し、之れを力爭す。

【新人】新たにめとった女。〔玉台新詠、古詩、八首、一〕長跪して故夫に問ふ 新人復た如何と 新人好しと言ふと雖も 未だ故人の姝きに若かず

【新正】新年の正月。唐・嚴維〔歳初、皇甫侍御の至るを喜ぶ〕詩 湖上、新正に故人に逢ふ 情深くして、應に家の貧しきを笑はざるべし

【新晴】晴れあがる。唐・王維〔新晴晚望〕詩 新晴、原野曠く 極目、氛垢無し

【新霽】雨あがり。宋・蘇軾〔病中大雪～〕詩 寒更けて新霽を報じ 皎月懸りて半ば破る 客有り、獨り苦吟す 淸夜、默して自ら課す

【新知】はじめて知りあった人。〔楚辞、九歌、少司命〕悲しきは生別離より悲しきは莫く 樂しきは新たに相ひ知るより樂しきは莫し

【新年】新しい年。北周・庾信〔春の賦〕宜春苑中、春已に歸り、披香殿裏、春衣を作る。新年の鳥聲、千種囀り、二月の楊花、路に滿ちて飛ぶ。

【新沐】髪の洗いたて。〔楚辞、漁父〕新たに沐する者は、必ず冠を彈き 新たに浴する者は、必ず衣を振ふ

【新涼】初秋の涼気。唐・韓愈〔符、書を城南に讀む〕詩 時秋にして、積雨霽れ 新涼郊墟に入る 燈火稍く親しむべし 簡編、卷舒すべし

【新緑】初夏の若葉。宋・周邦彦〔夏景、滿庭芳〕詞 人靜まりて、烏鳶自ら樂しむ 小橋の外 新綠は濺濺たり

【新麗】新しく美しい。宋・蘇軾〔欧陽の帖に題す〕歐陽公(脩)の書、筆勢險勁、字體新麗、自ら一家を成す。然れども公の墨跡、自ら當に世の寶とする所と爲るべし。筆畫の工を待たざるなり。

↑新案 新工夫／新衣 仕立てた衣裳／新陰 新緑の蔭／新筠 今年竹／新英 新花／新詠 近作の詩／新鋭 新進気鋭／新醳 新酒／新垣 新しい築地／新燕 春燕／新簷 新屋／新秧 新苗／新鶯 初鶯／新屋 新しい家／新音 新しい音楽／新恩 初恵／新荷 蓮の芽／新嫁 新婦／新歌 新詠／新寡 新後家／新霞 初霞／新蛾 蛾眉／新格 新しい格令／新覚 めざめ／新翰 新作／新萏 つぼみ／新銜 新位階／新奇 珍しい／新規 新令／新祺 新年の慶び／新禧 新祺／新義 新解／新儀 新儀法／新麹 新酒／新旧 新故／新宮 新殿／新渠 新しい溝／新蕖 新荷／新句 清新の句／新蛍 初蛍／新硎 研ぎたて／新警 警抜／新芸 新技／新結 新友／新潔 新しくて清らか／新元 新元号／新戸 新世帯／新古 新故／新交 新しい友／新好 新知／新腔 新曲／新篁 今年竹／新興 新たに興る／新壙 新墓／新刻 新版／新穀 新収の穀／新昏 新婚／新婚 初婚／新墾 にいばり／新妻 にい妻／新作 新造／新詩 新作の詩／新式 新しい法式／新室 にいむろ／新酒 新醸／新愁 新たな愁い／新什 新しい器／新熟 新酒／新妝 化粧したて／新尚 新しい好尚／新唱 新曲／新粧 新妝／新醮 改嫁／新醸 新酒／新色 新奇／新翠 新緑／新生 芽ばえ／新声 新歌曲／新制 新制度／新政 一新の政／新婿 花婿／新製 新作／新雪 初雪／新説 新しい学説／新撰 新著／新鮮 ま新しい／新鐫 新刻／新楚 清楚／新蔬 新しい野菜／新草 春草／新装 新しい装い／新造 新作／新体 新様式／新苔 新しい苔／新竹 若竹／新築 新造／新潮 さし潮／新陳 新旧／新第 新屋敷／新泥 あら壁／新典 新法典／新特 新婦／新輩 新知の人／新醅 新しい濁酒／新麦 新熟の麦／新版 新刊の本／新苗 なえ／新品 新しい品／新婦 新妻／新膚 処女／新聞 日刊紙／新墳 新しい墓／新変 変化／新方 新しい薬方／新法 新しい法／新報 新しい情報／新米 新穀／新味 初物／新民 民心一新／新茗 新茶／新陽 初春／新様 新式／新浴 新沐／新柳 春の柳／新寮 新屋／新林 若葉の林／新令 新しい法令／新暦 太陽暦／新路 新道／新弄 新曲／新郎 花婿

↓維新・一新・改新・革新・奇新・矜新・迎新・更新・最新・作新・刷新・斬新・嶄新・試新・自新・取新・嘗新・食新・崇新・清新・薦新・鮮新・追新・鼎新・日新・布新・理新・履新

【溱】 13 3519 シン おおい いたる

篆文

形声 声符は秦。〔説文〕十一上に川の名とするが、「溱溱」は多くさかんなさまをいう。また臻と通じ、いたる意。

訓義 1おおい。2いたる。3川の名。

古訓 〔名義抄〕溱 イタル・タマル・ミナト・アツマル

【溱洧】 溱と洧と二水。春秋の鄭の川。嬥が行われた。〔詩、鄭風、溱洧〕溱と洧と 方に渙渙たり（雪どけの水量がゆたか） 士と女と 方に蕑を秉る

【溱溱】 多くさかんなさま。〔詩、小雅、無羊〕衆（螽）維れ魚となる（夢）は 實に維れ豐年なり 旐維れ旟となるは 室家溱溱たり

↓涉溱

【蜃】 13 7123 シン かい はまぐり

篆文

形声 声符は辰。辰は蜃の象形で、その初文。蜃器は耕耨の器とされ、また蜃肉は祭事に呪的な意味をもつものとして用いられた。〔説文〕十三上に「雉、海に入りて、化して蜃と爲るなり」とあり、大蛤をいう。〔礼記、月令〕に「（季秋の月）爵（雀）、大水に入りて蛤と爲る。～（孟冬の月）雉、大水に入りて蜃と爲る」、また〔夏小正〕に「九月、～雀、海に入りて蛤と爲り、～十月、～雉、淮に入りて蜃と爲る」とあり、他に野雞・丹鳥が化するとするなど、異説も多い。蜃を神秘なものとする考えかたがあったのであろう。〔周礼、考工記、匠人〕に白蜃、〔周礼、秋官、赤犮氏〕に蜃炭のことがみえ、それぞれ虫害を祓除するものとされた。卜文に蜃の字形があり、震驚の意に用いる。辰が初文。蜃気楼は、蜃がはく気によって起こるものであるという。辰声の字は、おおむね蜃を用いる呪儀に関係がある。

訓義 1かい、おおはまぐり。2はまぐり、はまぐりの貝をやいて作る灰、かきばい。

古訓 〔篇立〕蜃 ハマグリ 〔字鏡集〕蜃 オホハマグリ・ハマグリ・カヒ

語系 蜃・辰・裖（脤）zjiən は同声。裖は社肉。同族の間に裖を頒かつ礼があった。軍行のときその祭肉を奉じて出征し、その肉は 𠂤 の形にかかれる。師旅の師は、卜文では 𠂤 すなわち自の字を用いる。辰肉はこの形であったのであろう。振・賑tjiən は同系の語。振は振救。賑は賑給の意。辰を用いるのは、もと魂振りとしての意味をもつ行為であったのであろう。

【蜃気】 かいの吐く気。その気によって、蜃気楼の現象が起こるとされた。〔史記、天官書〕海旁の蜃氣、樓臺を象り、廣野の氣、宮闕を成すこと然り。

【蜃器】 かいで飾った器。〔周礼、地官、掌蜃〕祭祀には、蜃器の蜃を共（供）し、白盛の蜃を共す。

【蜃炭】 蛤の殻を焼き、粉としたもの。湿気をふせぐ。蜃灰。〔周礼、秋官、赤犮氏〕牆屋を除ふことを掌る。蜃炭を以て之れを攻め、灰洒を以て之れを毒す。凡そ隙屋には、其の貍蟲を除ふ。

【蜃楼】 蜃気楼。唐・銭起〔重ねて陸侍御の日本に使するを送る〕詩 雲佩、仙島に迎へ 虹旌、蜃樓を過ぎる 定めて知る、魏闕を懷ふを 迴首す、海西の頭

↑蜃雲 蜃気／蜃衛 柩車／蜃灰 蜃炭／蜃景 蜃気楼／蜃蛤 はまぐり／蜃市 蜃気楼／蜃車 柩車／蜃牆 漆喰の壁／蜃竈 漁人のかまど／蜃台 蜃気楼／蜃物 蜃の類／蜃氛 蜃気／蜃路 蜃車

↓海蜃・蛟蜃・潜蜃・白蜃・鼉蜃・蜯蜃・竜蜃・老蜃

【榛】 人 14 4599 シン はしばみ しげる

篆文

形声 声符は秦。〔説文〕六上に「木なり」とあり、はしばみ。また雑木林をいう。

訓義 1はしばみ。2やぶ、雑木林。3あつまる、しげる、おいしげる。

古訓 〔新撰字鏡〕榛 波自加弥（はじかみ） 〔名義抄〕榛 ハシバミ・ハジカミ・トネリコ・オドロ／榛子 ハシバミ 〔篇立〕榛 ハシバミ・ツバキ・トネリコ

【榛荒】 荒蕪。荒れはてる。〔唐書、郭子儀伝〕洛陽は、大盗より以來、焚埃略ぼ盡く。百曹（官府）榛荒、寰服（域内）千戸に滿たず。

【榛蕪】 荒蕪。荒れはてる。清・顧炎武〔将に遠行せんとして作る〕詩 長歎す、天地の閒 人區、日に榛蕪 出門、蛇虎多し 局促、一隅を守る

【榛莽】 雑木林。やぶ。唐・柳宗元〔始めて西山を得て宴游する記〕今年九月二十八日、法華の西亭に坐するに因りて、西山を望みて、始めて指して之れを異とす。遂に僕人に命じて、湘江を過ぎり、染溪に緣り、榛莽を斫り、茅茷を焚き、山の高きを窮めて止む。

【榛栗】 はしばみと栗。婦人が礼物として用いる。〔左伝、荘二十四年〕女の贄（礼物）は、榛・栗・棗・脩（長い形の乾肉）に過ぎず。以て虔（つつしみの心）を告ぐるなり。今、男女贄を同じうす。是れ別無きなり。

↑榛薉 榛蕪／榛穢 榛蕪／榛煙 茂みにたちこめた霧／榛卉 茂み／榛居 藪中の住居／榛墟 荒野／榛棘 雑木／榛荆 雑木／榛笄 服喪中に用いるかんざし／榛梗 雑木／榛曠 荒涼／榛刺 荊棘／榛榛 茂盛のさま／榛草 榛莽／榛叢 榛莽／榛藪 茂み／榛塞 茂みで塞ぐ／榛薄 やぶ／榛迷 榛蕪／榛林 やぶ／榛薈 榛蕪

↓丘榛・棘榛・荊榛・荒榛・贄榛・深榛・叢榛・長榛・披榛・蓬榛

【滲】 14 3312 シン こす にじむ

篆文

形声 声符は參（参）。〔説文〕十一上に「下に漉すなり」とあり、下に滲透し、したたるようにして漉すこと。しみとおることをいう。

訓義 1こす、したむ。2にじむ、しみこむ、したたる。3もれる、つきる。

古訓 〔名義抄〕滲 ス丶ク・ソ丶ク・ツクス・カレテアリ 〔字鏡集〕滲 ヤウヤク・ツクス・フルフ・ス丶ム・イタル・ス丶ク・アラフ・ソ丶ク

語系 滲shiəm、沁・侵（侵）tsiəm、浸（浸）tziəm は声義が近い。〔説文〕に沁を水名とするが、また漬灌の意がある。なお浸tziəm、漸dziəm、霑tiam、沾tiam にも、みな浸漸・滲霑の意があって、同系の語である。

【滲漉】 にじみしたたる。漢・司馬相如〔封禅文〕（頌）甘露、時に雨ふる 厥の壤游ぶべし 滋液滲漉す 何の生か育せざらん

↑滲淫 しみこむ／滲金 散らし金／滲涸 乾く／滲坑 吸い込み／滲溝 暗溝／滲漬 ひたす／滲湿 しみる／滲泄 洩らす／滲透 しみこむ／滲入 滲透する／滲瀬 無気味／滲漓 流下する／滲涼 寒涼／滲瀝 したたる／滲漏 洩れる／滲和 混合する

↓噤滲・血滲・轗滲

【漘】 14 3112 シン みぎわ

篆文  形声 声符は脣(しん)。〔説文〕十一上に「水厓なり」とあり、〔詩、魏風、伐檀〕に「坎坎(かんかん)として輪を伐ち 之れを河の漘(ほとり)に寘(お)く」という句がある。崖上平坦にして、水の深いところをいう。

訓義 1みぎわ、きし。2水ぎわのがけ。

古訓 〔名義抄〕漘 ホトリ・キシ・ミギハ 〔字鏡集〕漘 キシ・ホトリ・ミヅノアト・カハギシ・ミギハ

↓河漘・海漘・渓漘・湖漘・江漘・池漘

【蓁】14 4490 シン しげる

篆文 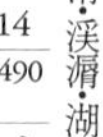 形声 声符は秦(しん)。〔説文〕一下に「艸の盛んなる皃なり」とあり、草の茂るさまをいう。〔玉篇〕に「衆なり」と衆多の意とするが、「又、草の盛んなる皃なり」とあって、草木の茂る意の字である。木の茂ることは榛という。

訓義 1しげる、草の茂るさま、葉の茂るさま。2榛と通じ、木の茂るさま。3多い。

古訓 〔名義抄〕蓁々 サカリナリ・—トサカ(リ)ナリ

【蓁子】しんし はしばみ。唐・李賀〔老夫採玉歌〕詩 夜雨、岡頭、蓁子を食ふ 杜鵑(とけん)(ほととぎす)、口血、老夫の涙

【蓁蓁】しんしん 美しく茂るさま。〔詩、周南、桃夭〕桃の夭夭(えうえう)たる 其の葉、蓁蓁たり 之(こ)の子、于(ここ)に歸(とつ)ぐ 其の家人に宜しからん

↑蓁藪(しんそう) 雑木の茂み/蓁蕪(しんぶ) 荒蕪/蓁莽(しんぼう) くさむら

↓葳蓁・深蓁

入【賑】14 6183 シン すくう にぎやか

篆文  形声 音符は辰(しん)。〔説文〕六下に「富むなり」とする。〔史記、平準書〕に「郡國の倉廥(さうくわい)(蔵)を虚しうして、貧民を賑(すく)ふ」とあって、賑給することをいう。振十二上には「擧げ救ふなり」とあって、もと振救の意。辰は蜃肉の象であるから、本来は魂振りの意があり、財を以てするを賑という。

訓義 1すくう、たすける。2にぎわす、たす。3にぎやか、とむ。4眹と通じ、くらむ、くらます。

古訓 〔名義抄〕賑 タマフ・ニギハフ・トム・トミ・ヨロコブ・カクス・サカリ・スクフ 〔字鏡集〕賑 タクハフ・ヨシ・トム・トミ・タマフ・カクス・スクフ・ヨロコブ・ヲモシ・タスク・ニギハフ・サカリ・シヅカナリ

語系 賑・振 tjian は同声。蜃・脤(祳) zjian は蜃肉。蜃肉は呪力あるものとされ、社肉に用い、魂振りとして振救するために、賑給された。

【賑給】しんきゅう(きふ) 施し与える。〔後漢書、循吏、第五訪伝〕張掖太守に遷る。歳飢ゑ、粟、石ごとに數千。訪、乃ち倉を開いて賑給し、以て其の敝を救ふ。～順帝、璽書(じしょ)して之れを嘉(よみ)す。

【賑窮】しんきゅう 窮乏の人を救う。〔白虎通、文質〕朋友の際、五常の道、財を通ずるの義、賑窮告急の意有り。

【賑済】しんさい 貧窮を救う。〔抱朴子、君道〕珠玉を貴んで智略を賤しみ、綺紈(きぐわん)を豊かにして恵澤を約にし、賑濟を緩やかにして聚斂(しゅうれん)を急とし、畋弋(でんよく)を勸めて、稼穡(かしょく)を忽(おろそ)かにす。

【賑卹】しんじゅつ 施し恵む。〔後漢書、种暠伝〕父、定陶の令と爲る。財三千萬有り。父卒(しゅっ)す。暠、悉(ことごと)く以て、宗族及び邑里の貧者に賑卹す。

【賑贍】しんせん 施し与える。〔漢書、王莽伝下〕惟(こ)れ民困乏す。溥(あまね)く諸倉を開きて、以て之れを賑贍すと雖も、猶ほ未だ足らざるを恐る。其れ且(しばら)く天下の山澤の防を開き、～其れ恣(ほしいまま)に之れを聽(ゆる)せ。

【賑貸】しんたい 施し貸す。〔漢書、王莽伝下〕枯旱霜蝗(さうくわう)、飢饉薦(しき)りに臻(いた)る。百姓困乏し、道路に流離す。～東方の諸倉を開きて、窮乏を賑貸せしむ。

【賑民】しんみん 民に施し救う。〔唐書、庾敬休伝〕蜀道、米價騰踊(とうよう)し、百姓流亡す。請ふ、本道の闕官職田を以て、貧民を賑(すく)はんことをと。詔可す。

↑賑益(しんえき) 救助する/賑捐(しんえん) 売官/賑飢(しんき) 飢饉を救済する/賑饑(しんき) 賑飢/賑救(しんきゅう) 救済/賑恵(しんけい) 賑恤/賑護(しんご) 救護/賑荒(しんこう) 救荒/賑災(しんさい) 災いを救う/賑施(しんし) 施与する/賑賜(しんし) 賜与/賑粥(しんしゅく) 粥を施す/賑恤(しんじゅつ) 賑卹/賑助(しんじょ) 援助する/賑田(しんでん) 賑救のために備えた田/賑貧(しんぴん) 貧を救う/賑与(しんよ) 救い与える/賑糧(しんりょう) 救助米/賑廩(しんりん) 救助米

↓哀賑・殷賑・隠賑・仮賑・矜賑・施賑・贍賑・存賑・富賑

【晨】14 7723 〔晨〕11 6023 シン あした

篆文  甲骨文  金文 

会意 辰(しん)+臼(きょく)。〔説文〕三上に「早なり。昧爽(まいさう)なり」と早朝の意とする。別に曟字条七上に「房星なり」とし、晨・曟(晨)を別の字とする。一般に経伝に晨・晨を同字として用いる。晨を房星の意とするのは、おそらく後起の義。曟は晶(星の象)に従って早晨の意。晨は辰(脤)肉を両手で持つ形であるから、別義の字とみられ、脤肉を扱う儀礼に関する字であろう。農の初文農は、その形に従う。金文の〔師晨鼎(ししんてい)〕の晨は昼(しん)に従う形で、昼には震驚の意がある。晨・晨は別義異字であるから、晨と区別してここに録する。

訓義 1あした、つとめて、あさ早く。2本義は、脤肉をもつ儀礼であろう。

部首 〔説文〕に農、〔玉篇〕に晨を晨の異文として加える。晨・晨の混淆は早い時期から起こっており、そのため同字とされたのであろう。

語系 晨・晨 zjian は同声。〔説文〕は晨を房星とし、民の田時をなすものとして、農との関係を求めている。卜文に夙(しゅく)を殂に作り、その字形は辰肉を奉ずる形ともみえる。殂は〔説文〕七上に「早敬なり」とあり、農事の儀礼をいう字であろう。晨・殂にまた通用の義がある。

常【審】15 3060 〔宷〕10 3090 シン つまびらか さだめる

篆文  金文 

会意 正字は宷。宀(べん)+釆(べん)。篆文は審に作り、番に従う字とする。釆は獣爪。田はその掌。番は掌と獣爪の全体を示す形。〔説文〕二上に「悉(つく)すなり。知ること宷諦(しんてい)なるなり」とあり、釆を悉の意を以て解する。悉二上には「詳盡なり」という。宷は廟中に釆・番を供する形で、犠牲として用いるものには、その角・蹄・毛色など詳審な吟味を加えた。犠牲を慎重に扱うことから、詳審・審定の意となった。

訓義 1つまびらかにする、つまびらか、知りつくす、みさだめる。2さだめる、ただす。3くわしい、あきらか。4まことにする、まこと。5仮設の辞。もし。

古訓 〔名義抄〕審 アキラカニ・アキラカナリ・サトル・ツバビラカナリ・ナラス・ヒロシ・オモフ・ミル・ヨトミ・ハカリゴト

声系 〔説文〕に審声として瀋一字を収める。瀋は汁をいう北方の語。滲・沁(しん)に近い語であろう。

語系 審(宷) sjiam、愼(慎) zjien は声義が近く、ともに詳審・謹慎の意がある。

【審核】しんかく 詳しく調べる。〔漢書、刑法志〕書に云はずや、惟(こ)れ刑を之れ恤(うれ)へよやと。其れ之れを審核し、務めて古法に準(なぞら)へ。

【審覈】詳しく調べる。〔後漢書、賈逵伝〕陛下、天然の明に通じ、大聖の本を建つ。～猶ほ朝夕恪勤し、情を六藝に遊ばしめ、機を研き微を綜せ、審覈せざる靡し。～遺失する所無きに庶幾し。

【審議】十分に討議する。〔魏書、世宗紀〕（正始二年）任賢明治は、昔よりの通規なり。～中正の銓する所、但だ門第を存し、吏部の彝倫、仍ほ才擧せず。～八座（各省長官）、往代貢士の方、擢賢の體を審議すべし。

【審察】詳しく考える。〔管子、版法解〕是の故に明君は事理を審察し、終始を愼觀す。爲すに必ず其の成る所を知り、成れば必ず其の用ふる所を知り、用ふれば必ず其の利害する所を知る。

【審訊】罪状を調査訊問する。〔宋史、劉敞伝〕營卒桑達等、酔闘して乘輿を指斥す。皇城使、捕へて開封に送り、達を市に棄す。敞、府に移（通牒）して、何を以て審訊を經ざるかを問ふ。

【審定】詳しく調べ定める。〔貞観政要、論赦令〕太宗、侍臣に謂ひて曰く、～宜しく詳らかに此の義を思ふべし。輕々しく詔令を出だすべからず。必ず須らく審定して、以て永式と爲すべしと。

【審諦】明らかにする。〔独断、上〕皇帝は至尊の稱なり。皇なる者は煌なり。盛德煌煌として、照らさざる所無きなり。帝なる者は諦なり。能く天道を行ひ、天に事ふること審諦なるなり。故に皇帝と稱す。

【審問】詳しく調べ問う。〔中庸、二十〕博く之れを學び、審らかに之れを問ひ、愼みて之れを思ひ、明らかに之れを辨じ、篤く之れを行ふ。

【審理】よく調べて処理する。〔金史、章宗紀三〕五月壬辰朔、旱を以て、下詔して躬を責め、直言を求む。正殿を避け、膳を減じ、冤獄を審理す。

【審慮】よく考える。〔留青日札、七曜〕吾れ蔡氏の此の説を以て之れを審慮するに、其の不當なるを知る。其の蔡氏平昔著はす所の書、多く差はざる莫し。

↑審按 取り調べ／審雨 蟻／審音 楽音を知る／審楽 審音／審勘 検討する／審期 定期／審擬 求刑／審鞠 詳しくただす／審鞫 審鞠／審究 究める／審糾 審鞠／審窮 審究／審供 供述書／審局 調査所／審謹 慎謹／審稽 詳しく考える／審決 審定／審結 審決／審検 検討／審験 詳しく調べる／審査 調査／審冊 調査書／審思 審慮／審識 みわける／審悉 詳しく知る／審実 真実／審詳 審悉／審信 まこと／審慎 詳しく慎重にする／審正 几帳面／審声 審音／審説 詳説する／審断 裁定する／審罰 明罰／審判 裁定する／審美 美醜を知る／審別 弁別／審弁 審別／審報 報告／審密 詳しい／審料 はかる／審量 はかる
↓該審・勘審・究審・窮審・結審・検審・研審・原審・誤審・再審・初審・省審・詳審・清審・精審・陪審・不審・覆審・明審

【瞋】15 6408 シン いかる

篆文 

形声 声符は眞（真）。眞は顚死の人。強い瞋りによって、はげしい呪霊をもつものとしておそれられた。〔説文〕四上に「目を張るなり」とするが、眞の形に従う字の系列からいえば、顚死者の瞋恚を示す字である。
訓義 ①いかる、めをみはる。②さかんなさま。
古訓 〔名義抄〕瞋 イカル・イカリ・ハラタツ 〔字鏡集〕瞋 イカル・ハラタツ・ウラム
語系 瞋・嗔thjienは同声。嗔は〔説文〕二上に「盛气なり」と訓する。また塡dyen、鎭（鎮）tien、愼（慎）zjienはみな眞tjienの声を承ける字で、顚死者を塡めて、その瞋りを鎭め、慎しんで斎つきつかえることを示す。みな一系の語である。
＊語彙は嗔字条参照。
【瞋恚】いかる。〔後漢書、方術下、華佗伝〕一郡守有り、病篤きこと久し。佗以爲へらく、盛怒せば則ち差えんと。乃ち多く其の貨を受け、～又書を留めて之れを罵る。太守果して大いに怒り、～瞋恚に因りて黒血を吐くこと數升にして愈ゆ。

【瞋拳】嗔拳戯。嗔拳。〔事物紀原、九、博奕嬉戯部〕村人竝びに細腰鼓し、胡公頭を戴き、及び金剛力士を作して以て逐除す。今南方、此の戯を爲す者、必ず面を戴くこと胡人の状の如く、勇力の勢ひを作す。之れを瞋拳と謂ふ。

【瞋面】瞋面戯。〔文献通考、楽考、散楽百戯〕瞋面戯、唐に此の戯有り。其の狀、手を以て足を擧げて頸上に加ふ。時に劉吃陁奴、能く手を用ひずして、脚自ら頸に加ふ。何ぞ其れ妙なるや。

【瞋目】目を怒らす。〔史記、刺客、荊軻伝〕高漸離、筑を撃ち、荊軻和して歌ふ。～復た羽聲を爲して忼慨す。士皆目を瞋らせ、髮盡く上りて冠を指す。是に於て荊軻、車に就きて去る。

↑瞋怨 いかり怨む／瞋訶 激怒する／瞋怪 いかり咎める／瞋喝 どなる／瞋眼 瞋目／瞋魚 ふぐ／瞋決 いかり責める／瞋嫌 不愉快／瞋詬 いかり罵る／瞋恨 いかり恨む／瞋視 にらむ／瞋憎 いかり憎む／瞋怒 いかる／瞋波 荒波／瞋憤 いかり憤る／瞋盼 不分明／瞋眸 瞋目／瞋詈 罵る
↓張瞋・怒瞋

【禛】15 3428 シン さいわい

篆文 

形声 声符は眞（真）。〔説文〕一上に「眞を以て福を受くるなり」とするが、眞は顚死者の象。その呪霊をおそればかる意を承ける字とすべきであろう。用字例はなく、ほとんど人名に用いる。清の雍正帝は名は「胤禛」、王士禛は名を禎（禎）字に改めて用いた。
訓義 ①さいわい。②人名。
古訓 〔名義抄〕禛 ヨシ・ツバヒラカナリ・サイハヒ 〔字鏡集〕禛 ヨシ・ツバヒラカナリ・サヒハヒ・タムケ

【稹】15 2198 シン しげる こまかい

篆文 

形声 声符は眞（真）。〔説文〕七上に「穜うること概きなり」とあり、それより転じて稠密の意となる。概は「稠きなり」、次条の稠は「多きなり」という。木の根の入りこむ状態をも稹という。
訓義 ①しげる、こむ、いりこむ。②縝と通用し、こまかい、多い、稠密。
古訓 〔名義抄〕稹 キビシ 〔字鏡集〕稹 キヨシ
↑稹密 緻密

【箴】15 8825 シン はり いましめ

篆文 

形声 声符は咸。鍼と同声。〔説文〕五上に「衣を綴ふ箴なり」という。慣用によって、針を縫い針、箴を箴儆（いましめ）、鍼を鍼灸の字に用いる。鍼砭のように治療することから、鍼戒の意となるが、箴もその義に通用する。〔三国志、魏、華佗伝〕に、鍼で治療する話が多くみえる。
訓義 ①はり、しつけばり、ぬいばり。②いしばり、さす。③いましめる、いましめ。
古訓 〔新撰字鏡〕箴 佐須波利（さすはり） 〔名義抄〕箴 イマ

シム・サス・マサシ・ヲサ・フタ〔篇立〕箴 イマシム・タカネ・イサヽカニ・ヲサ・シタヽカナリ・サスハリ〔字鏡集〕箴 ヲサ・タヾス・ヲサフタ・サス・ウカフ・タケチ・イマシム

語系 箴・鍼（針）tjiəm は同声。古くは竹針、のち金針を用いる。針は鍼の俗字である。

【箴諫】いましめる。〔左伝、襄十四年〕史は書を爲り、瞽は詩を爲り、工は箴諫を誦し、大夫は規誨し、士は言を傳へ、庶人は謗る。

【箴規】戒め。〔潜夫論、明闇〕田常は簡公を囚へ、踔齒は滑王を懸く。二世も亦た既に之れを聞けり。然れども猶ほ復た其の敗迹を襲ぐ者は何ぞや。過ちは卿士の箴規を納れず、民氓の謠言を受けざるに在り。

【箴儆】いましめる。〔国語、楚語上〕昔、衞の武公、年數九十有五なり。猶ほ國に箴儆して曰く、卿より以下、師長士に至るまで、～我を老耄なりと謂ひて我を舍くこと無かれ～と。

【箴石】石ばり。〔山海経、東山経〕高氏の山～其の上に玉多し。其の下に箴石多し。

【箴砭】石針で治療する。〔抱朴子、勤求〕昔者の道書を著はす者多し。浮巧の言を廣くし、以て玄虛の旨を崇くするを務めざる莫し。未だ長生の階徑を究論し、道を爲むるの病痛を箴砭すること、吾の勤勤たるが如き者有らざるなり。

↑箴戒 戒める／箴誡 箴戒／箴誨 おしえ戒める／箴訓 戒め／箴警 箴儆／箴言 教戒の言／箴功 針仕事／箴誦 誦訓／箴切 いましめ責める／箴諷 諷諫する／箴補 過ちを戒めおぎなう／箴末 針の先／箴銘 箴言／箴縷 針と糸

↓官箴・規箴・徽箴・虞箴・獻箴・言箴・作箴・世箴・微箴・砭箴・明箴・良箴

【諗】 15 0863 シン つげる

篆文 

形声 声符は念。念に淰の声がある。〔説文〕三上に「深く諫むるなり」とし、〔左伝、閔二年〕「辛伯、周の桓公に諗ぐ」の文を引く。諫める意を以て告げることを諗という。

訓義 ①つげる、告げいさめる。②はかる。③おもう。④湛と通用し、かくれる。

古訓〔名義抄〕諗 ハカリゴト・オモフ・ツグ

↑諗知 知悉する／諗問 詳しく問う

↓詠諗・来諗

【鋟】 15 8714 シン きざむ

形声 声符は𠬶。〔広雅、釈器〕に「錐なり」とあり、刻鏤の器でほりつけることをいう。

訓義 ①きざむ、ほる。②きり。

古訓〔字鏡集〕鋟 チリバム・ヲカス・ハリ

【鋟板】板に爪あとでしるす。〔公羊伝、定八年〕陽虎、季孫を拘す。孟氏と叔孫氏と、迭ひして之れに食す。睋みて其の板に鋟して曰く、某月某日、將に我を蒲圃に殺さんとす。力能く我を救はば、則ち是に於てせよと。

【鋟木】版木に彫る。〔建炎以来繋年要録、一二九〕（紹興二年九月）（呉）師古、嘗て胡銓の封事を得て、鋟木して之れを傳ふ。

↑鋟梓 木版／鋟棗 木版

↓鐫鋟

常 【震】 15 1023 シン かみなり ふるえる おどろく

篆文 

籀文 

形声 声符は辰。辰は振動の意がある。〔説文〕十一下に「劈歷、物を振はす者なり」とあり、劈歷は霹靂、電光を発するときの音で、わが国でいう「はたたかみ」にあたる。重文として録する籀文の字形には、両火を加えており、〔春秋、僖十五年〕「夷伯の廟に震す」とは、雷火にうたれることをいう。〔詩、大雅、常武〕に「雷の如く霆の如し 徐方、震驚す」と武威にたとえる。卜文に「茲の邑に㞓すること亡きか」「今夕、𠂤（師）は㞓すること亡きか」とは、軍の震驚することをいう。夜間に、故なく軍衆が震驚することがあったのであろう。辰は蜃。蜃肉を予兆に用いることがあった。

訓義 ①かみなり、かみなりがとどろく、電光がはためく。②ふるう、ふるえる、はげしくふるう。③おどろく、おののく。④勢いがはげしい、いかる、おごる。⑤地がふるう。⑥娠と通じ、はらむ。⑦易卦、東にあたる。

古訓〔名義抄〕震 オゴク・ウゴク・オソロシ・フルフ・ヒムカシ・オトス／震動 フルヒウゴク／地震 ナヰ〔字鏡集〕震 オソロシ・ヒムカシ・ウゴカス・ヲトス・フルフ・ヒガシ・オクル・ヲトメ・ノヽシル・カシコマル・ウゴク・ヲカス

語系 震・振・娠 tjiən は同声。蜃を用いて卜し、また魂振りの儀礼をした。娠は身 sjien と通じ、身は妊娠の象形字、娠はその形声字とみてよい。

【震畏】おそれかしこむ。〔後漢書、明帝紀〕詔して曰く、予末小子、聖業を奉承し、夙夜震畏す。敢て荒寧せず。～朕、大運を承け、體を繼ぎ文を守らん。

【震駭】驚きおそれる。〔後漢書、郭伋伝〕更始新たに立ち、三輔連りに兵寇を被り、百姓震駭す。～更始、素より伋の名を聞く。徵して左馮翊に拜し、百姓を鎭撫せしむ。

【震撼】ふるえ動かす。〔宋史、洪咨夔伝〕陛下、親政以來、威福操柄、收還掌握し、揚廷出令、海宇を震撼す。天下始めて吾が君有るを知る。

【震恐】ふるえ恐れる。〔史記、淮陰侯伝〕今足下、主を震はすの威を戴き、賞せられざるの功を挾む。楚に歸するも楚人信ぜず、漢に歸すれば漢人震恐せん。足下是れを持して安くに歸せんと欲するか。～竊かに足下の爲に之れを危ぶむ。

【震驚】ふるえ驚く。〔詩、大雅、常武〕徐方繹騷（ざわめきさわぐ）し 徐方を震驚す 雷の如く霆の如し 徐方震驚す

【震懼】ふるえ懼れる。晉・孫楚〔石仲容（苞）の為に孫皓に与ふる書〕呉の先主、荊州より起り、時の擾攘に遭ひ、江表に播潜す。劉備震懼して、亦た巴岷に逃れ、遂に丘陵積石の固めに依る。

【震慴】ふるえおそれる。魏・陳琳〔袁紹の為に予州に檄す〕是に於て（曹）操の師震慴し、晨夜逋遁し、敖倉に屯據し、河を阻てて固めと爲す。

【震怛】ふるえ恐れる。宋・蘇洵〔呉道子の画ける五星の贊〕盛服佩劍し、其の容昭昭たり。熒惑惟れ南し、左弓右刀、赫烈奮怒す。木石焚焦し、下土を震怛し、敢て驕る有る莫し。

【震霆】雷鳴。晉・左思〔呉都の賦〕烏菟の族、犀兕の黨有り。鉤爪鋸牙、自ら鋒穎を成す。精は燿星の若く、聲は震霆の若し。

【震天】天をふるわす。〔水経注、河水三〕呂梁の山を歷ふ。～巨石崇竦、壁立千仞。河流激盪し、濤湧き波襄り、雷渀電泄、天を震はし地を動かす。～蓋し大禹、闢きて以て河を通ぜし所なり。

【震怒】大いに怒る。〔書、洪範〕在昔、鯀洪水を陻ぎ、其の五行を汨陳す。帝乃ち震怒し、洪範九疇を畀へず、彝倫攸て斁る。

【震悼】驚きかなしむ。晉・陸機〔平原内史を謝する表〕恩に感じ咎を惟ひ、五情震悼す。跼天蹐地、容

るる所無きが若し。

【震盪】 はげしく動く。〔左伝、昭二十六年〕茲に不穀（王の自称）、震盪播越（本地を離れる）して、竄れて荊蠻（楚）に在り、未だ底る攸有らず。

【震動】 驚きさわぐ。〔書、盤庚下〕今我が民用て蕩析離居して、定極有る罔し。爾、朕に謂ふ、曷ぞ萬民を震動して以て遷ると。

【震怖】 ふるえおそれる。〔後漢書、光武帝紀上〕（建武三年）帝～宜陽に幸す。～赤眉、望見震怖し、使を遣はして降らんことを乞ふ。丙午、赤眉の君臣面縛し、高皇帝の璽綬を奉ず。

【震曜】 威力が振るい輝く。〔漢書、刑法志〕聖人は～天に則り、地に象る。～刑罰威獄は、以て天の震曜（雷電）殺戮するに類るなり。

【震慄】 ふるえ恐れる。〔新論、閲武〕夫れ三軍浩漫なれば、～進退、令に應ぜず、疎數、行を成さず。故に士未だ戰はずして震慄し、馬未だ馳せずして流汗す。～習はざるの致す所なり。

【震裂】 地震で地が裂ける。〔後漢書、光武帝紀下〕（建武二十二年）九月戊辰、地、震裂す。制詔して曰く、～夫れ地は～靜にして動かざる者なり。而るに今震裂す。咎め君上に在り。～朕れ甚だ懼る。～夫れ死罪一等を減ぜよ。

↑震威 威を振るう／震恚 激怒する／震隠 声の響き／震赫 震威／震汗 冷汗／震悸 ふるえおそれる／震宮 太子の宮／震矜 おごりほこる／震響 はげしい響き／震眩 目がくらむ／震惶 震恐する／震慙 おそれはじいる／震灼 おそれ驚く／震夙 娠む／震粛 おそれつつしむ／震悚 おそれる／震竦 震悚／震懾 ふるえおそれる／震讋 震慴／震蝕 地震と、日・月の蝕／震震 ふるう／震声 雷の声／震旦 中国の古称／震澹 震盪する／震電 雷電／震蕩 震盪する／震騰 地変／震風 疾風／震服 慴服する／震方 東方／震雷 雷震／震栗 震慄する

↓威震・畏震・遠震・駭震・強震・響震・驚震・懼震・軽震・劇震・激震・地震・弱震・声震・勢震・大震・耐震・中震・霆震・天震・怒震・微震・奮震・余震・雷震・烈震

【魋】 15 2521 シン かみ

篆文 

形声 声符は申。申は神（神）の初文。〔説文〕九上に「神なり」、〔玉篇〕に「山の神なり」とあり、神のうちでも、鬼神の類をいう。

訓義 1かみ、おにがみ。2山の神。

古訓 〔字鏡集〕魋 ヤマノヲニ

【緍】 16 2196 シン さしはさむ

篆文 

形声 声符は晉（晋）。〔説文〕十三上に「帛の赤色なるものなり」とあり、赤絹をいう。搢と通用して、さしはさむ意に用いる。

訓義 1あかぎぬ。2あか、うすあか。3搢と通用し、さしはさむ。

【緍紳】 礼装のとき、笏を紳（大帯）に挿むもの。士大夫。〔漢書、郊祀志上〕或いは曰く、古より雍州は積高、神明の隩（奥深い地）なるを以て、故に畤を立てて上帝を郊る。諸神祠、皆聚ると云ふ～と。其の語、經に見えず、緍紳の者は道はず。

【縝】 16 2498 シン あさいと こまかい

形声 声符は眞（真）。字はもと枲に従って眞声。あさいとをいう。こまかく結ぶ意があり、「縝密」のように用いる。

訓義 1あさいと。2こまかい、ほそい。3まとう、むすぶ。4紾と通じ、ひとえ。5鬒と通じ、くろかみ、くろい。

古訓 〔名義抄〕縝 ヒトヘ・ムスブ

【縝密】 注意深い。緻密。〔南史、孔休源伝〕風範強正、政體に明練なり。～累りに顯職に居る。性縝密、未だ嘗て禁中の事を言はず。

↑縝潤 ゆき渡る／縝匝 周密／縝緻 緻密／縝髪 鬒髪／縝紛 多くて盛んなさま／縝栗 ひきしまって堅実

【臻】 16 1519 シン いたる およぶ しきりに

篆文 

形声 声符は秦。〔説文〕十二上に「至るなり」とあり、至り集まる意。〔易、坎、象伝〕「水、洊りに至る」の〔京房本〕に「水、臻りに至る」に作り、衆多・急速の意がある。溱溱・蓁蓁の意にも用いる。

訓義 1いたる、およぶ。2あつまる、おおい。3洊・薦と通じ、しきりに。

古訓 〔名義抄〕臻 イタル・スナハチ 〔字鏡集〕臻 モロ〳〵・イタル・スナハチ・オヨブ・カタル・アツマル

語系 臻 tzhen、溱・蓁 tzhien は声義が近い。溱溱・蓁蓁に衆多なるもの、急速なるもの、至るものの意がある。荐・洊 tzian、薦（薦）tzian も声が近く、みな「しきり」「しきりに」の訓がある。至 tjiet、厎 tjiei、抵 tyei、致 tiet も一系の音をなすもので、「いたる」とよむ字である。

↑臻極 極に至る／臻至 至る／臻湊 集まる／臻萃 集まる／臻到 至る／臻備 具備／臻赴 赴く

↓雲臻・遄臻・薦臻・日臻・来臻

常 【薪】 16 4492 〔薪〕 17 4492 シン たきぎ まき しばかり

篆文 

形声 声符は新。神は新木。神位などを作るために切り出す木。薪も神事のため伐り出すものをいう。〔説文〕一下に「蕘なり」、前条に「蕘は薪なり」とあって互訓。〔詩、小雅、無羊〕は牧場開きの祝頌詩。「以て薪し以て蒸す」の句があり、薪蒸をとり、祭祀の薪燎（かがり）に供することをいう。〔淮南子、時則訓〕に「乃ち四監に命じ、秩（常）の薪を収め、以て寝廟及び百祀の薪燎に供す」とみえる。〔詩〕に采薪・伐薪を歌うものが多く、神事・祝頌の発想、また予祝の意に用いる。わが国の年木、初柴の俗に近いものである。

訓義 1たきぎ、しば。はつしば、神事に用いる。2まきをとる、しばかり、きこる。

古訓 〔和名抄〕薪 多岐々（たきぎ）〔名義抄〕薪 タキ、〔字鏡集〕薪 タキ、・シバ

語系 新・薪 sien は同声。ともに神事に用いる。神事のために選木して伐り出すことを新といい、それで神位を作る。その小なるものは薪蒸として、百祀の薪燎に用いる。

【薪桂】 物価が高いたとえ。〔戦国策、楚三〕蘇秦、楚に之きて三月。～辭して行る。～曰く、楚國の食は玉よりも貴く、薪は桂よりも貴く、謁者は鬼よりも見難く、王は帝よりも見難し。今臣をして食玉炊桂、鬼に因り帝に見えしむ～と。

【薪柴】 たきぎと柴。〔礼記、月令〕（季冬の月）是の月や～乃ち四監に命じて、秩（常）の薪柴を収めて、以て郊廟及び百祀の薪燎に共せしむ。

【薪樵】 たきぎ。〔漢書、朱買臣伝〕家貧し。讀書を好み、產業を治めず。常に薪樵を艾りて、賣りて以て食に給す。束薪を擔ひ、行く且つ書を誦む。其の妻も亦た負戴して相ひ隨ふ。

【薪水】 炊事など。梁・昭明太子〔陶淵明伝〕一力を送りて其の子に給す。書して曰く、汝旦夕の費、自ら給するを難しと爲す。今此の力を遣はし、汝の薪水の勞を助けしむ。～善く之れを遇すべしと。

【薪蘇】 采薪のところ。〔宋書、羊玄保伝〕（劉子尚、上言

す）富強なる者は、嶺を兼ねて占め、貧弱なる者は、薪蘇も託する無し。

【薪米】生活の資。〔北史、孟信伝〕官を去るに及び、貧に居りて食無し。唯だ一老牛のみ有り。其の兄の子、之れを賣りて、薪米を供するに擬てんとす。

↑薪翁 柴刈りの翁／薪歌 采薪の歌／薪藁 薪／薪采 采薪／薪菜 薪と野菜／薪粲 薪と米／薪爨 炊事／薪菽 薪と豆／薪蒸 薪と柴／薪蕘 薪と柴／薪食 炊事／薪尽 死ぬ、薪尽日は如来の涅槃の日／薪芻 薪とまぐさ／薪炭 薪と炭／薪伝 師弟の道を相伝する／薪俸 俸禄／薪木 薪／薪萊 薪柴／薪橑 薪／薪燎 かがり

↓鬻薪・臥薪・刈薪・艾薪・棘薪・荊薪・采薪・採薪・載薪・斫薪・樵薪・蒸薪・炊薪・析薪・席薪・積薪・束薪・雕薪・伐薪・負薪・抱薪・輿薪・労薪

【螓】 16 5519 シン なつぜみ

形声 声符は秦。〔爾雅、釈虫〕に「蚻、蜻蜻（むぎわらぜみ）なり」、〔郭璞注〕「蟬の如くにして小。方言に云ふ、文有る者、之れを螓と謂ふ」、〔郝懿行義疏〕に「今験するに、此の蟬は～其の形短小、方頭廣額、體彩文を兼ね、鳴聲清婉、咨咨然たるが若し」とあり、蚻蚻はその鳴き声をいう。螓首蛾眉とは、美人を形容する語。

訓義 ①なつぜみ、むぎわらぜみ。

古訓 〔字鏡集〕螓 コホロギ

【螓首】むぎわらぜみのひたい。広くて白い。美人にたとえる。〔詩、衛風、碩人〕歯は瓠犀の如く 螓首蛾眉 巧笑倩たり 美目盼たり

↓胡螓

常【親】 16 0691 シン おや したしむ みずから

篆文 
甲骨文 
金文 

会意 辛＋木＋見。神事に用いる木をえらぶために辛（針）をうち、切り出した木を新という。その木で新しく神位を作り、拝することを親という。〔説文〕八下に「至るなり」とし、また宀部の寴字条七下にも「至るなり」とあって同訓。寴は新しい位牌を廟中に拝する形で、金文には親を寴に作ることがある。父母の意に用いるのは、新しい位牌が父母であることが多いからであろう。その限定的な用義である。すべて廟中に新しい位牌を拝するのは、親しい関係の者であるから、親愛の意となり、また自らする意に用いる。

訓義 ①おや、父母、みうち。②したしむ、したしい、ちかい、ちかしい、よしみ。③み、みずから、したしく。

古訓 〔名義抄〕親 シタシ・チカシ・ミヅカラ・ウツクシブ・マノアタリ・ムツマジ・ムカフ・ハ、オヤ 〔字鏡集〕親 ミ・ウツクシミ・ヲヤ・ミヅカラ・イタル・シタシ・ホドコス・ムツマジ・チカシ・ウツクシク・ウツクシビ・ムカフ・ハ、・マノアタリ

語系 親・寴 tsien、新 sien は声義近く、新しい位牌の人は親近の関係者である。親・寴を〔説文〕に両字とするが、ともに金文にみえ、繁簡の字である。

【親愛】親しみいつくしむ。〔大学、八〕人、其の親愛する所に之きて辟（愛）す。～好みて其の惡を知り、惡みて其の美を知る者は、天下に鮮なし。

【親懿】懿親。立派な親近の人。〔北史、斉文宣帝紀論〕股肱輔弼し、厥の誠を懷くと雖も、既に道徳を贊弘し、親懿を和睦すること能はず。又遠く慮りて身を防ぎ、深く謀りて主を衞ること能はず。

【親旧】親戚や旧友。晉・陶潜〔五柳先生伝〕性、酒を嗜むも、家貧にして常には得ること能はず。親舊其の此くの如くなるを知り、或いは置酒して之れを招く。造れば飲みて輒ち盡す。

【親近】親密にする。〔史記、蒙恬伝〕始皇甚だ蒙氏を尊寵し、信任して之れを賢とす。而して蒙毅を親近して、位、上卿に至る。

【親迎】婚儀の一。夫が妻の家に迎える礼。〔詩、大雅、大明〕大邦に子有り 天の妹に俔ふ 文（王）厥の祥を定め 渭（水）に親迎す

【親故】親旧。晉・陸機〔歎逝の賦〕昔毎に長老の、平生同時の親故を追計するを聞くに、或いは凋落して已に盡き、或いは僅かに存する者有り。

【親交】親しい交わり。魏・曹植〔丁儀に贈る〕詩 思慕す、延陵子（季子）の 寶劍惜しむ所に非ざるを 子、其れ爾の心を寧んぜよ 親交、義薄からず

【親好】仲よし。梁・任昉〔郭桐廬～に贈る〕詩 客心、幸ひに自ら弭む 中道、心期に遇ふ 親好斯れより絶え 孤遊、此より辭せん

【親幸】親しみ愛する。寵幸。漢・司馬相如〔長門の賦の序〕陳皇后、時に～長門宮に在りて、愁悶悲思す。～相如、文を爲りて以て主上を悟らしむ。陳皇后、復た親幸せらるるを得たり。

【親厚】特に親しい。〔後漢書、楊震伝〕帝の舅大鴻臚耿寶、中常侍李閏の兄を震に薦む。震、從はず。～皇后の兄執金吾閻顯、亦た親厚する所を震に薦む。震又從はず。司空劉授、之れを聞き、卽ち此の二人を辟す。

【親蚕】皇后がみずから養蚕する古礼。〔穀梁伝、桓十四年〕天子親耕して、以て粢盛を共（供）し、王后親蠶して、以て祭服を共す。

【親暱】なれ親しむ。〔後漢書、周挙伝〕（梁）商、親暱と酣飲極歡し、酒闌に倡罷むに及んで、繼ぐに薤露（挽歌）の歌を以てす。坐中の聞く者、皆爲に涕を掩ふ。

【親炙】親しく接する。〔孟子、尽心下〕百世の上に奮ひ、百世の下、聞く者興起せざる莫きなり。聖人に非ずんば、能く是くの若くならんや。而るを況んや、之れに親炙する者に於てをや。

【親親】親戚の者に親しむ。〔周礼、天官、大宰〕八統を以て王を詔け、萬民を馭む。一に曰く親親、二に曰く敬故、三に曰く進賢、四に曰く使能、五に曰く保庸（功）、六に曰く尊貴、七に曰く達吏、八に曰く禮賓。

【親戚】みうち。晉・陶潜〔帰去来の辞〕親戚の情話を悅び、琴書を樂しんで以て憂ひを消す。

【親切】ゆきとどき、よくあてはまる。〔滄浪詩話、附〕僕の詩辨は、乃ち千百年の公案を斷む。誠に驚世絶俗の談、至當歸一の論なり。其の閒～禪を以て詩に喩ふ。此れより親切なるは莫し。

【親疏】親密と疎遠。〔礼記、曲礼上〕夫れ禮は、親疏を定め、嫌疑を決し、同異を別ち、是非を明らかにする所以なり。

【親属】親戚の関係。みうち。〔漢書、諸侯王表序〕哀平の際に至り、皆繼體苗裔にして、親屬疏遠なり。帷牆の中に生まるるも、士民の尊ぶ所と爲らず、勢ひ富室と異なる亡し。

【親知】親しい友人。唐・杜甫〔十二月一日、三首、三〕春來らば懷ひを開かんと準擬すること久し 老去して、親知、面を見ること稀なり

【親附】親しみ服する。〔戦国策、斉四〕天下仁義の士、皆

來りて役處し、辯知竝び進み、來り語らざる莫く、東西南北、敢て來り服せざる莫く、萬物備具せざる無く、百姓親附せざる無し。

【親朋】親しい友。唐・杜甫〔岳陽楼に登る〕詩 親朋、一字無く 老病、孤舟有り

【親密】ごく親しい。〔漢書、蕭望之伝〕前に少主、烏孫に在ること四十餘年、恩愛未だ親密ならず、邊境未だ以て安んぜず。此れ已事の驗なり。

【親民】民に親しむ。また、民を新たにする。〔大学、一〕大學の道は、明德を明らかにするに在り、民を親(新)たにするに在り、至善に止まるに在り。

【親友】(いう) 親しい友人。〔列子、仲尼〕凡そ此の衆疾は~固より國君に事へ、親友に交はり、妻子を御し、僕隷を制すべからず。此れ奚の疾ぞや。

【親臨】親しくその場にのぞむ。魏・陳琳〔袁紹の為に予州に檄す〕(曹)操は吏士を帥將し、親しく臨みて(梁の孝王の墳陵を)發掘し、棺を破り、尸を裸にし、金寶を掠取せり。

【親類】親戚。〔魏書、崔巨倫伝〕姉有り。明惠にして才行有り。患に因りて一目を眇す。內外の親類、求むる者有る莫し。其の家、議して之れを下嫁せんと欲す。巨倫の姑~の妻、高明慈篤、聞きて悲感し、~乃ち子の翼の爲に之れを納る。

↑親婭 相むこ/親渥 手厚い/親委 信任する/親倚 頼る/親姻 姻戚/親衛 侍衛/親閱 天子の閲兵/親縁 族縁の人/親家 親戚/親串 なれる/親驩 仲良し/親貴 王家の一族/親鞫 直接に訊問する/親遇 好遇する/親軍 王の直属軍/親兄 実兄/親敬 敬愛/親眷 身内/親狎 なれる/親倖 親幸/親候 見舞う/親裁 勅裁/親讚 自贊/親慈 慈愛/親識 御覧/親者 身内/親受 拝受/親従 身内/親習 なれる/親書 手書/親署 自署/親情 身内/親釀 家釀の酒/親臣 親近の臣/親信 信任/親征 王が自ら出征する/親政 王が直接政務をみる/親接 交わる/親餞 餞を賜う/親善 友好/親疎 親疏/親総 総攬する/親族 親属/親智 親見の智/親寵 寵愛する/親弟 実弟/親逖 親疏/親展 直披/親睹 実見する/親土 裸葬/親等 親疎の等級/親任 信任/親拝 御拝/親比 したしむ/親筆 自筆/親廟 王廟/親表 親戚/親賓 したしい客/親父 実父/親扶 みずからたすける/親兵 近衛兵/親嬖 お気に入り/親母 生母/親睦 したしい/親与 親交/親要 親貴の人/親頼 信頼/親覧 御覧/親涖 親臨/親和 仲良し

↓安親・懿親・姻親・家親・貴親・躬親・近親・君親・顯親・嚴親・功親・婚親・懇親・至親・自親・侍親・慈親・周親・習親・従親・辱親・仁親・宗親・內親・肉親・背親・睦親・密親・養親・六親・両親・老親・和親

【駪】 16 7431 シン

篆文 

形声 声符は先。先に詵の声がある。〔説文〕十上に「馬の衆多なる皃なり」とあり、群馬が走るさまをいう。またその疾走するさま。衆多の意からいえば、先は、あるいは甡・贊の声義と関係があるかもしれない。

訓義 ①うまの多いさま。②うまの走るさま。③多いさま。

【駪駪】群集するさま。〔詩、小雅、皇皇者華〕皇皇たる者は華 彼の原隰に 駪駪たる征夫 懷ふと每へも及ぶ靡し

【鍼】 17 8315 シン はり さす いましめ

篆文 

形声 声符は咸。咸に箴の声がある。〔説文〕十四上に「縫ふ所以なり」とあり、箴五上に「衣を綴ふ箴なり」とみえて同義。箴をしつけ針とする説もある。慣用によって、鍼は鍼灸、箴は箴儆(いましめ)の意に用いる。鍼は鍼砭・治療の意から、また鍼戒の意となる。針は鍼の俗字。

訓義 ①はり、ぬいばり、くすりばり、いしばり。②さす、はりさす、とおす。③いましめる、いましめ。

古訓 〔和名抄〕鍼 波利(はり)〔名義抄〕鍼 ハリ/鍼管 ハリヅ、〔篇立〕鍼 ハリ・シム

語系 鍼(針)・箴 tjiəm は同声。材質は異なるも、同じくはりをいう。それで同義に用いる。

【鍼灸】(きう) はりと灸。〔素問、病能論〕頸癰(頸のできもの)を病む者有り。或いは石もて之れを治し、或いは鍼灸もて之れを治して、皆已せり。其の眞は安くに在るや。

【鍼工】はり仕事。〔拾遺記、七、魏〕(文帝、霊芸の名を改めて夜来と曰ふ)夜來、鍼工に妙なり。深帷の內に處ると雖も、燈燭の光を用ひずして、裁製立ろに成る。~宮中號して鍼神と爲す。

【鍼線】縫針と糸。唐・崔顥〔七夕〕詩 長安城中、月、練の如し 家家、此の夜、鍼線を持つ

【鍼砭】はりで治療する。戒め。〔雲仙雜記、二〕戴顒、春に雙柑斗酒を携ふ。人、何くに之くかと問ふ。曰く、往きて黃鸝の聲を聽く。此れ俗耳の鍼砭、詩腸の鼓吹なり。汝之れを知るかと。

【鍼薬】はりと薬。治療。〔北斉書、李密伝〕母の患ひ積年なるに因り、名醫の治療を得たるも愈えず。乃ち經方(治療法)を精習し、鍼藥に洞曉し、母の疾除くことを得たり。

【鍼縷】はりと糸。縫い仕事。〔白虎通、衣裳〕論語に曰く、喪を去きては佩びざる所無しと。天子は白玉を佩び、諸侯は玄玉を佩び、~工匠は其の斧斤を佩び、婦人は其の鍼縷を佩ぶ。

↑鍼艾 鍼灸/鍼姑 縫い上手/鍼巧 縫いかがり/鍼沙 鉄沙/鍼刺 はり/鍼指 はり仕事/鍼師 はり医者/鍼繡 刺繡/鍼術 はり治療/鍼女 裁縫女/鍼神 縫い上手/鍼石 鍼砭/鍼尖 はり先/鍼治 はり治療/鍼黹 はり仕事/鍼刀 はさみ/鍼筒 はりつつ/鍼盤 羅針盤/鍼鼻 はりのめど/鍼縫 裁縫/鍼芒 はり先/鍼路 磁石の方向

↓運鍼・棘鍼・施鍼・繡鍼・石鍼・穿鍼・撥鍼・鉄鍼・砭鍼・縫鍼・芒鍼・磨鍼・良鍼

【駸】 17 7734 シン

篆文 

形声 声符は㑴。〔説文〕十上に「馬行くこと疾き皃なり」(段注本)とあり、そのさまを「駸駸」という。

訓義 ①馬のはしるさま。②馬の走り集まるさま。

古訓 〔名義抄〕駸 ユク〔字鏡集〕駸 ユク・ハヤキウマ

【駸駸】馬の疾行するさま。集まり走るさま。〔詩、小雅、四牡〕彼の四駱に駕し 載ち驟ること駸駸たり

【齔】 17 2471 シン かけば いとけなし

篆文 

会意 歯+七。七は化(化)。ぬけかわる意。〔説文〕二下に「毀歯なり」とあり、乳歯が抜け落ちること。「髫齔」は幼児。髫はお下げ。歯の抜けかわる頃をいう。

訓義 ①歯が抜けかわる、かけば。②おさない、いとけなし、こども。

古訓 〔名義抄〕齔 ハカク・ハクキ・イフ〔篇立〕齔 ハカク・ハヲカクナリ

【齔童】 歯がぬけかわる年ごろ。〔東観漢記、十六、耿嵩伝〕清高の節を履み、齔童にして介然として特立し、俗に随はず。郷黨の大人、之れを敬異せざる莫し。王莽の敗るるや、～穀食貴し。時に嵩、年十二三、～稟給を主り、稱平ならざる莫し。
↑齔歯　歯が落ちる／齔髫　幼年
↓嬰齔・毀齔・沖齔・髫齔・童齔

【簪】 18 8860 ［先］ 4 7141　シン　かんざし　こうがい

篆文 

形声 声符は朁。朁は兟を呪器として祈り、人を譖することを示す字。〔説文〕八下に先を正字とし、「首笄なり」という。先は脚のあるかんざしの象形、簪はその形声字で、文献には簪を用いる。簪は譖毀に用いることがあり、わが国にも古く忌み櫛の俗があった。
訓義 ①かんざし、こうがい。②かざす、さす。③はやし、とし。
古訓 〔新撰字鏡〕簪　加牟佐志（かむざし）／簪子　加无佐志（かむざし）／笄　上に同じ〔名義抄〕簪　カムサシ・トシ〔篇立〕簪　カムサシ・トシサキ
語系 簪（先）tziəm、譖 tzhiəm は声が近い。簪を以て、譖毀のことを行った。僭 tzyəm、朁・憯 tsəm もみな朁声に従い、譖毀のことを行う意がある。
↑簪花　花かんざし／簪環　こまもの／簪徽　簪の印／簪裾　貴人の服／簪圭　官人／簪笏　礼服／簪珥　貴人／簪戴　花かんざし／簪剃　道士の頭／簪紱　礼服／簪弁　簪と弁冠／簪帽　簪と冠／簪履　簪と履
↓衣簪・遺簪・雲簪・纓簪・華簪・解簪・玉簪・巾簪・著簪・珠簪・墮簪・脱簪・抽簪・雕簪・投簪・紱簪

【鬵】 18 7122　シン　セン　おおがま

篆文 　籀文 

形声 声符は兟。〔説文〕三下に「大いなる鬴（釜）なり」とし、「一に曰く、鼎、大上小下、甑（こしき）の若くなるを鬵と曰ふ。～讀みて岑の若くす」（段注本）といい、籀文の字形をあげる。下部は鬲、上部は円鼎の形でやや斂口、蓋のある烹炊の器である。〔方言、五〕に「甑、關よりして東にては之れを甗と謂ひ、或いは之れを鬵と謂ふ」とあって、こしきの意とする。
訓義 ①おおがま、鬲に似た鼎形の器。②こしき。
古訓 〔字鏡集〕鬵　カナヘ

【寴】 19 3091　シン　したしい

篆文 　甲骨文 　金文  

会意 宀＋親。親は新しい神位を拝する形。〔説文〕七下に「至るなり」とあり、親字条八下にも「至るなり」とあって同訓。金文の〔史懋壺〕に「王、～寴しく史懋に路筮を命ず」とあり、自らすることをいう。卜文・金文にまた寴の字形があり、新廟・新位の意であるらしく、その新しい位牌を拝する字が寴であろう。新・𡩋が同字であるように、親・寴も同字であろう。
訓義 ①したしい、したしく。②親と通じ、おや。③いたる。
古訓 〔名義抄〕寴　イタル〔字鏡集〕寴　イタル・シタシ・チカシ・ミヅカラ・ウツクシビ・ホドコス・ムツマジ・オヤ・ミ
語系 寴・親 tsien は同声。新 sien も声が近く、新は新木を伐り新しい位牌を作る。それを廟所に置くのが寴、それを拝するのが親。近親の霊を弔う意である。

【譖】 19 0166　シン　そしる　うったえる

篆文 

形声 声符は朁。朁は〔説文〕五上に「曾なり」と訓し、「すなわち」という語詞に解するが、兟は両簪の形、曰は祝禱の器。両簪をその上において呪詛し、人を譖毀する象の字で、譖はその形声字である。〔説文〕三上に「愬ふるなり」とするが、呪詛することをいう。
訓義 ①そしる、のろう、しいる。②うったえる、わるくいう。③たがう、いつわる。
古訓 〔新撰字鏡〕譖　志己豆（しこづ）〔名義抄〕譖　ヒソカニ・カクス・ヤブル・シコヅ・カタハラ・ウタフ・セム・イツハリ
語系 譖 tzhiəm、先（簪）tziəm は声近く、簪を祝禱の器の上に加えることが、譖毀の方法であった。讒 dzheam も声義の通ずる字で、〔説文〕三上に「讒は譖るなり」とみえ、同系の語である。
【譖毀】 そしる。〔唐書、皇甫無逸伝〕皇甫希仁は憸人なり。無逸を誣告す。～帝勞ひて曰く、比ろ譖毀多し。但だ正直を以て佞人に憎まるる爾のみと。無逸、頓首して謝す。
【譖言】 そしることば。〔詩、小雅、雨無正〕凡百の君子　肯て用て訊ぐること莫れ　聽言には則ち答ふるも　譖言には則ち退く
【譖訴】 そしり訴える。〔漢書、蕭望之伝〕（弘恭・石顯）奏す。望之～朋黨相ひ稱擧し、數ば大臣を譖訴し、親戚を毀離す。以て權勢を專擅せんと欲す。臣と爲りて不忠、上を誣ふること不道なり。請ふ、謁者召して廷尉に致さんと。
↑譖悪　そしる／譖構　讒構／譖詐　そしり偽る／譖潤　浸潤／譖訟　譖訴／譖人　讒人／譖説　讒言／譖沮　はばむ／譖短　そしる／譖慝　讒慝
↓寃譖・毀譖・行譖・搆譖・猜譖・聽譖・反譖・誣譖・謀譖

【櫬】 20 4691　シン　ひつぎ

篆文 

形声 声符は親。親は新しい木で作った位牌を拝する形。〔説文〕六上に「棺なり」とあり、〔玉篇〕に「身に親づくる棺なり」と説くが、殯宮に移すまで安置するところを、櫬宮という。そこに神位を置くのである。
訓義 ①ひつぎ。②木の名、あおぎり、むくげ。③薪と通じ、たきぎ。
古訓 〔名義抄〕櫬　ヒツキ
語系 櫬・親・寴 tsien は同声。親は新しい神位を拝する形。神位を置くところを櫬・櫬宮といい、霊廟に入ることを寴という。
↑櫬宮　棺／櫬殿　櫬宮

【鬒】 20 7280 ［㐱］ 5 8020　シン　かみ

篆文 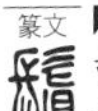 

形声 声符は眞（真）。〔説文〕九上に字を㐱に作り、「稠髮なり」と訓し、象形。重文として鬒を録し、鬒はその形声字。〔詩、鄘風、君子偕老〕は、国君夫人の死を追悼する詩で、「鬒髮、雲の如し」と、その髪の豊かさをたたえている。
訓義 ①かみ、かみが多い、かみが豊かで美しい、黒髪が美しい。②つよい。
古訓 〔新撰字鏡〕鬒　加美宇留和之（かみうるわし）〔篇立〕鬒　ミカミウルワシ
語系 鬒（㐱）・稹・縝・槇（槙）tjien は同声。鬒は稠髮、稹は緻密、縝は縝密、槇は木密。みな稠密の意がある。㐱は人の髪の多い象。
【鬒髮】 黒髪。〔詩、鄘風、君子偕老〕鬒髮、雲の如し　髢（そえ髪）を屑しとせず

【襯】 21 3621　シン　はだぎ

形声 声符は親。〔玉篇〕に「身に近きの衣なり」とあり、内衣をいう。
訓義 ①はだぎ、したぎ。②ほどこす、身につける、あらわす。③たすける、はたからたすける。
古訓 〔字鏡〕襯　チカタ

↑襯衣 下着/襯裙 下着/襯衫 下着/襯施 施与する/襯字 詞曲の助字/襯帖 対手/襯銭 布施/襯袍 長襦袢

↓霞襯・冷襯

【讖】 24 0365 シン しるし

篆文 

形声 声符は韱。〔説文〕三上に「驗なり」とあり、徵驗ある語、すなわち予言をいう。〔後漢書、光武帝紀上〕に「圖讖を以て光武に説く」とあり、両漢のころ図讖が盛んに行われた。

訓義 [1]しるし、前兆。[2]予言、予言の書、図讖、未来記。[3]懺と通じ、悔いる。

古訓 〔名義抄〕讖 シルシ・シルス・ワキマフ・イフ 〔篇立〕讖 イフ・シルス・ヌキ

【讖緯】 図讖と緯書。緯書は経書を補足するものであったが、のち図讖と近いものとなり、合わせて讖緯という。〔隋書、経籍志一〕宋の大明中に至り、始めて圖讖を禁ず。~煬帝位に即き、乃ち使を發して四出し、天下の書籍の讖緯と相ひ涉たる者を捜さしめ、皆之れを焚かしむ。

【讖記】 未来記、予言の書。〔後漢書、光武帝紀上〕讖記に曰く、劉秀、兵を發して不道を捕へ、卯金(劉氏、漢)、德を修めて天子と爲ると。

【讖術】 未来予知の術。〔晋書、芸術伝序〕漢武雅もより神仙を好み、世祖尤も讖術に耽ける。

↑讖言 予言/讖語 讖言/讖候 予言書/讖書 讖記/讖文 讖言/讖歩 予言の術/讖録 予言書/讖論 予言

↓依讖・遺讖・古讖・詩讖・善讖・図讖・非讖・秘讖・符讖・弁讖・夢讖・謡讖

ジン

常 **【人】** 2 8000 ジン ニン ひと

篆文  甲骨文  金文 

象形 人の側身形。〔説文〕八上に、「天地の性、最も貴き者なり」とし、字形について「此れ籀文、臂脛の形に象る」という。卜文・金文はみなこの形に作り、匈(胸)・包(包)・身など、みなこの形に従う。

訓義 [1]ひと、人間。[2]人民、国民。[3]他人、ある人。[4]人となり、人がら、人わざ。[5]仁と通じ、さね。

古訓 〔和名抄〕人民 日本紀私記に云ふ、人民、比止久佐(ひとくさ)、或説に云ふ、於保无太加良(おほむたから) 〔名義抄〕人 ヒト・ワレ・サネ・マホル・ユク/人等 ヒトドモ/盗人 ヌスビト/毛人 エビス/白人 シレモノ/五人 イトリ/眞人 マフト/人参 カノニゲグサ 〔字鏡集〕人 サネ・タミ・ワレ・ユク・マホル・ヒト

部首 〔説文〕に僮・保・仁以下二百四十五字、重文十四字、〔新附〕十八字を屬し、〔玉篇〕に五百二十字を屬する。〔説文〕に㪔・弔、〔玉篇〕に以をこの部に屬するが、これらは人に従う字でなく、㪔は長に従い、弔は繳の象形、以は㠯、耜(すき)の初文で、その象形の字である。

語系 人・仁 njien は同声。〔中庸、二十〕に「仁は人なり」とあって、儒家のいう仁は二人に従い、人の本性に本づくものとされているが、仁の金文の字形は人の下に衽 njiəm (しとね)をしく形で、二人の意を示すものではない。

【人意】 人の気持ち。〔後漢書、呉漢伝〕漢、性彊力、每に征伐に從ふ。帝未だ安んぜざるときは、恆に側足して立つ。~(帝)乃ち歎じて曰く、呉公差や人意を彊くす。隱として一敵國の若しと。

【人影】 光で投射される人かげ。宋・蘇軾〔後の赤壁の賦〕霜露既に降り、木葉盡く脱す。人影地に在り、仰いで明月を見る。

【人煙】 人家の烟。魏・曹植〔応氏を送る詩、二首、一〕中野、何ぞ蕭條たる 千里、人煙無し

【人家】 人の住む家。唐・杜牧〔山行〕詩 遠く寒山に上れば、石徑斜めなり 白雲生ずる處、人家有り 車を停めて坐ろに愛す、楓林の晩 霜葉は二月の花よりも紅なり

【人間】 世間。俗人の世界。唐・李白〔山中問答〕詩 桃花流水、窅然として去る 別に天地の人間に非ざる有り

【人寰】 人境。唐・白居易〔長恨歌〕詩 頭を回らして、下人寰を望む處 長安を見ず、塵霧を見る

【人境】 人の住むところ。晋・陶潜〔飲酒、二十首、五〕詩 廬を結んで人境に在り 而も車馬の喧しき無し 君に問ふ、何ぞ能く爾ると 心遠くして、地自ら偏れり

【人血】 人の血。〔列子、天瑞〕馬血の轉鄰と爲り、人血の野火と爲る。~燕の蛤と爲り、田鼠の鶉と爲り、朽瓜の魚と爲る、~萬物皆機より出でて、皆機に入る。

【人傑】 傑出した人物。〔史記、高祖紀〕(張良・蕭何・韓信)此の三者は皆人傑なり。吾れ能く之れを用ふ。此れ吾が天下を取りし所以なり。

【人後】 あとつぎ。また、人に劣る。唐・李白〔夜郎に流されて辛判官に贈る〕詩 昔長安に在りて、花柳に醉ふ 五侯七貴、杯酒を同じうす 氣岸(傲岸)遙かに凌ぐ、豪士の前 風流、肯へて他人の後に落ちんや

【人行】 通る人。旅ゆく人。唐・耿湋〔秋日〕詩 反照、閭巷に入る 愁へ來りて誰と共にか語らん 古道、人の行くこと少れなり 秋風、禾黍を動かす

【人才】 人の才能。梁・沈約〔恩倖伝論〕漢末喪亂し、魏武(魏の武帝)基を始む。軍中倉卒、權りて九品を立つ。蓋し以て人才の優劣を論ず。世族の高卑を謂ふに非ず。此れに因りて相ひ沿うて、遂に成法と爲る。

【人士】 立派な人。晋・李密〔情事を陳ぶる表〕臣の辛苦は、獨り蜀の人士、及び二州の牧伯の明知せらるる所なるのみに非ず、皇天后土も、實に共に鑒みる所なり。

【人子】 人の子。子女。〔礼記、曲礼上〕夫れ人子爲る者は、出づるに必ず告げ、反れば必ず面す。

【人師】 人の師。〔資治通鑑、漢紀四十七〕(桓帝、延熹七年)陳國の童子魏昭、(郭)泰に請ひて曰く、經師には遇ひ易きも、人師には遭ひ難し。願はくは左右に在りて、灑掃に供給せんと。泰之れを許す。

【人事】 人のしわざ。世のことがら。唐・賀知章〔郷に回りて偶たま書す、二首、二〕詩 家郷を離別して、歲月多し 近來、人事、半ば銷磨す

【人日】 正月七日。人の運を占う日であったという。唐・高適〔人日、杜二拾遺(甫)に寄す〕詩 人日、詩を題して草堂に寄す 遙かに憐れむ、故人の故鄉を思ふを

【人爵】 世間の地位・名誉。〔孟子、告子上〕天爵なる者有り、人爵なる者有り。仁義忠信、善を樂しみて倦まざるは、此れ天爵なり。公卿大夫は、此れ人爵なり。古の人は、其の天爵を修めて、人爵之れに從ふ。

【人寿】 人の寿命。晋・陸機〔短歌行〕楽府 高堂に置酒して 悲歌して觴に臨む 人壽幾何ぞ 逝くこと朝の霜の如し

【人心】 人の心情。〔書、大禹謨〕天の歷數、汝の躬に在り。汝終に元后に陟れ。人心惟れ危く、道心惟れ微なり。惟れ精惟れ一、允に厥の中を執れ。

【人世】人の世。唐・劉禹錫〔西塞山懐古〕詩 人世幾回か、往事を傷む 山形、舊に依りて、江流に枕む

【人生】人の命。一生。宋・文天祥〔零丁洋を過る〕詩 人生、古より誰か死無からん 丹心を留取して、汗青(歴史)を照らさん

【人性】人の性質。〔孟子、告子上〕告子曰く、性は猶ほ湍水のごときなり。～人性の善・不善を分つこと無きは、猶ほ水の東西を分つこと無きがごときなり。

【人迹】人のあしあと。唐・温庭筠〔商山早行〕詩 晨に起きて征鐸(馬の鈴)を動かす 客行、故郷を悲しむ 雞聲、茅店の月 人迹、板橋の霜

【人知】人の知。〔淮南子、主術訓〕此れに由りて之れを觀れば、則ち人知の物に於けるや淺し。而るに以て徧く海内を照らし、萬方を存せんと欲するも、～則ち其れ窮して達せざらん。

【人智】人の智。〔淮南子、繆称訓〕鵲の巣は風の起る所を知り、獺の穴は水の高下を知る。～是れが爲に、人智は鳥獸に如かずと謂ふは、則ち然らず。

【人定】人力が定まる。また、人が寝静まる。〔玉台新詠、焦仲卿の妻の為に作る〕詩 菴菴として黄昏の後 寂寂として人定まるの初め 我が命、今日に絶えん 魂去るも、尸は長く留まらん

【人彘】五体を傷つけた人。〔史記、呂后紀〕(高祖崩ず)太后、遂に戚夫人の手足を斷り、眼を去り耳を煇き、瘖藥を飲ませ、廁中に居らしむ。命けて人彘と曰ふ。

【人乳】人の乳。〔独異志、中〕漢の張倉、年老いて齒無し。人乳を飲み、百餘歳を過ぎて終る。

【人品】ひとがら。人格。宋・黄庭堅〔濂渓詩の序〕舂陵の周茂叔、人品甚だ高く、胸中灑落なること、光風霽月の如し。

【人文】文化。文明。〔易、賁、彖伝〕(剛柔交錯するは)天文なり。文明にして以て止まるは、人文なり。天文を觀て以て時變を察し、人文を觀て以て天下を化成す。

【人望】人々の期待。声望。〔後漢書、郎顗伝〕(上書)天統に逆らふときは、則ち災眚降り、人望に違ふときは、則ち化行はれず。

【人謀】人の計謀。〔易、繫辞伝下〕天地位を設け、聖人能を成し、人謀り鬼謀り、百姓能に與る。八卦は象を以て告げ、爻象は情を以て言ふ。剛柔雜はり居りて、吉凶見るべし。

【人牧】人民を治める者。〔孟子、梁恵王上〕今夫れ天下の人牧、未だ人を殺すことを嗜まざる者有らざるなり。如し人を殺すことを嗜まざる者有らば、則ち天下の民、皆領を引いて之れを望まん。～由ほ水の下きに就くがごとくならん。

【人民】たみ。〔孟子、尽心下〕孟子曰く、諸侯の寶は三。土地・人民・政事なり。珠玉を寶とする者は、殃ひ必ず身に及ばん。

【人面】人と同じ顔。〔漢書、匈奴伝賛〕夷狄の人、貪にして利を好む。被髮左衽、人面獸心なり。

【人欲】人の欲望。〔礼記、楽記〕人、物に化せらる者は、天理を滅して、人欲を窮むる者なり。

【人籟】人が出す楽の音。〔荘子、斉物論〕女は人籟を聞くも、未だ地籟を聞かず。女は地籟を聞くも、未だ天籟を聞かざる夫か。

【人力】人間の力。〔孟子、梁恵王下〕齊人、燕を伐ちて之れに勝つ。宣王問うて曰く、～萬乘の國を以て萬乘の國を伐ち、五旬にして之れを擧ぐ。人力は此に至らざらん。取らずんば、必ず天の殃ひ有らん。之れを取ること何如んと。

【人倫】人の道。また、人類。身内。〔孟子、離婁上〕規矩(ぶんまわしと、定規)は方員の至りなり。聖人は人倫の至りなり。

【人和】人の和。〔孟子、公孫丑下〕天の時は地の利に如かず。地の利は人の和に如かず。

↑人痾 人体の変化、男女変性など／人衣 衣／人為 人間わざ／人彝 人倫／人域 人間の世界／人員 人数／人隠 民の痛苦／人役 役夫／人烟 人家の炊煙／人火 失火／人我 人と我／人海 多くの人出／人格 人品／人鑑 人の鏡／人紀 人の規範／人器 葬祭に用いる明器／人義 人の道／人居 民家／人鏡 人の鏡／人極 人道の極／人区 人域／人偶 相親愛する／人耦 互いに尊敬し親しみあう／人君 君主／人形 でく／人言 人の取り沙汰／人戸 民戸／人故 人事／人語 人の話し声／人口 住民の数／人工 人為／人功 人力／人綱 人倫の本／人豪 人傑／人魂 魂／人災 人為による災い／人妻 他人の妻／人材 人才／人屎 人糞／人施 他人の賜与／人次 人間仲間／人者 仁者／人主 人君／人衆 多くの人／人勝 人日に用いる首飾り／人蹤 人迹／人情 人の情／人臣 臣下の身分／人身 からだ／人神 人と神／人数 人かず／人声 人の声／人勢 陰茎／人蛻 魂が遊離したぬけがら／人腊 やせた人、みいら／人跡 人迹／人籍 戸籍／人先 高媒の神／人相 人の相／人造 人工／人則 人の手本／人卒 人民／人体 身体／人地 才能と家柄／人治 人による治政／人畜 人と獣／人中 鼻みぞ／人丁 壮丁／人天 命のもと、食物／人徒 下僕／人奴 奴隷／人道 人の道／人徳 人柄／人肉 人の肉／人排 人が挽く臼／人犯 犯人／人非 人のそしり／人表 模範／人夫 役夫／人風 風俗／人物 人品／人胞 えな／人貌 人の面貌／人命 人の命／人野 貴人と野人／人雄 雄偉の人／人誉 評判／人吏 役人／人流 人並み／人虜 とりこ／人類 人間／人霊 人間／人隷 下僕／人鬲 奴隷

↓悪人・異人・偉人・一人・奄人・恩人・佳人・家人・寡人・海人・外人・艾人・学人・楽人・官人・閑人・奇人・貴人・畸人・義人・擬人・乞人・客人・旧人・宮人・巨人・挙人・狂人・郷人・玉人・愚人・偶人・軍人・恵人・賢人・眩人・古人・故人・胡人・個人・賈人・吾人・工人・公人・行人・佼人・後人・降人・国人・今人・才人・細人・宰人・罪人・殺人・山人・散人・讒人・士人・死人・至人・私人・梓人・詩人・寺人・時人・舎人・主人・狩人・儒人・囚人・衆人・住人・庶人・小人・上人・商人・証人・丈人・常人・情人・職人・神人・真人・新人・仁人・燧人・世人・成人・聖人・碩人・仙人・先人・全人・前人・善人・訴人・塑人・騒人・俗人・属人・他人・大人・達人・知人・痴人・茶人・仲人・厨人・疇人・長人・釣人・超人・通人・哲人・鉄人・天人・土人・当人・党人・盗人・同人・道人・佞人・廃人・媒人・犯人・万人・番人・蛮人・蓄人・美人・病人・夫人・婦人・武人・文人・偏人・法人・邦人・防人・傍人・牧人・本人・凡人・無人・名人・盲人・門人・野人・役人・友人・幽人・余人・要人・傭人・里人・旅人・良人・猟人・隣人・流人・伶人・麗人・路人・老人・牢人・浪人・倭人

常 【刃】3 〔刄〕3 1732 ジン は はもの やいば

篆文

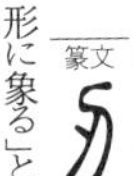

象形 刀の刃部に光のあることを示す字。〔説文〕四下に「刀堅きなり」とし、「刀に刃有るの形に象る」という。字を指事とする説もあるが、指事は場所的な関係の表示を主とする。刃の刃光を示す方法は、光や皇の玉光の表現と同じとみてよい。

訓義 1は、はもの、きれもの。2やいば、つるぎ、刀刃の器。

古訓 〔名義抄〕刃 ヤキバ 〔字鏡集〕刃 カフル・ツルキ・ヤキバ・カタナ・ハ・イタム

部首 〔説文〕に刅・劒の二字を属する。刅は四下は「傷なり」とあって、創の初文。刀創の部分を、両傍点によって示す。

声系 〔説文〕に刃声として刱・訒・仞・忍（忍）・韌など十字を収める。刃の声義を用いるものはほとんどない。

↑刃下 白刃の下／刃撃 切る／刃創 刀傷／刃物 はもの／刃鋩 切先

↓握刃・懐刃・揮刃・狂刃・玉刃・交刃・矢刃・刺刃・執刃・尺刃・接刃・操刃・大刃・長刃・直刃・挺刃・刀刃・白刃・伏刃・兵刃・芒刃・鋒刃・冶刃・遊刃・履刃・両刃

常 【仁】 4 2121 ジン ニン したしむ いつくしむ めぐむ

篆文 古文 金文

会意 人＋二。〔説文〕八上に「親しむなり」とし、「人に従ひ、二に従ふ」と二人相親しむ意とする。金文や、〔説文〕に古文として録する字形は、人が衽を敷いている形で、二人相人偶するという形ではない。〔儀礼、士昏礼〕「衽を奥に御す」の注に「臥席なり」とあり、衽席を用いて安舒であることから、和親・慈愛の意が生まれたのであろう。一般に徳目に関する字は、正は征服、義は犠牲、道（道）は道路の修祓、徳（徳）は遹省巡察を原義とするもので、具体的な行為や事実をいうものであった。のち次第に抽象化して、高度の観念に達する。仁もまた衽席によって和むことから、和親・仁愛の意に展開したものであろう。

訓義 1したしむ、なごむ。2いつくしむ、めぐむ。3あわれむ、おもいやり、なさけぶかい。4うるおう、うるおいがある。5人としての徳、最高の徳。6果物のさね。

古訓 〔名義抄〕仁 キミ・ナムヂ・ヒト・ウツクシブ・メグム・ムツマジ・ヨシ・ヨロコブ・ユルス・シノブ・タフトシ／不仁 カタネ・アシタ、ズ

語系 仁・人 njien は同声。衽 njiəm も声が近い。金文の仁の字形にみえる二の形は、卜文の𠂤（脤肉の象）や奠（酒樽の形）の下に、往々にして二直線を加えている例があり、その奠席を加えた形と考えられる。仁の古い字形も、人の下に衽席を敷く形で、人を安舒にする意がある。二人を仁となすというような観念的な造字法は、古代にあってはその例をみない。

【仁義】 仁と義。〔孟子、梁恵王上〕未だ仁にして其の親を遺つる者有らざるなり。未だ義にして其の君を後にする者有らざるなり。王も亦た仁義と曰はんのみ。何ぞ必ずしも利と曰はん。

【仁賢】 仁人と賢士。〔孟子、尽心下〕仁賢を信ぜざれば、則ち國空虚なり。禮義無ければ、則ち上下亂る。政事無ければ、則ち財用足らず。

【仁孝】 あわれみ深く、孝行。〔史記、留侯世家〕四人皆曰く、～竊かに聞く、太子人と爲り仁孝恭敬にして士を愛す。天下、頸を延いて太子の爲に死せんと欲せざる者莫しと。故に臣等來たれるのみと。

【仁厚】 心やさしく、寛厚。〔南史、虞寄伝〕少くして篤行、造次（草率）にも必ず仁厚に於てし、僮豎と雖も、未だ嘗て加ふるに聲色を以てせず。

【仁者】 仁徳をそなえた人。〔論語、子罕〕知者は惑はず。仁者は憂へず。勇者は懼れず。

【仁寿】 心やさしく、長命。〔論語、雍也〕知者は水を樂しみ、仁者は山を樂しむ。知者は動き、仁者は靜かなり。知者は樂しみ、仁者は壽し。

【仁心】 仁愛の心。〔孟子、離婁上〕今、仁心仁聞有りて、而も民其の澤を被らず、後世に法るべからざる者は、先王の道を行はざればなり。

【仁人】 仁愛の心ある人。〔晋書、刑法志〕其の罪を戮過し、死して生くべからず、虐を此に縦にすること、歳に巨を以て計ふ。此れ迺ち仁人君子の聞くに忍びざる所、而るを況んや、之れを政に行はんや。

【仁政】 仁徳の政治。〔孟子、公孫丑上〕今の時に當り、萬乘の國、仁政を行はば、民の之れを悦ぶこと、猶ほ倒懸（逆吊り）を解くがごとくならん。

【仁聖】 仁愛と聖知。〔礼記、経解〕其の朝廷に在るときは、則ち仁聖・禮義の序を道ひ、燕處するときは、則ち雅頌の音を聽く。

【仁智】 仁と智。〔孟子、公孫丑下〕周公、管叔をして殷を監せしむ。管叔、殷を以て畔く。知りて之れを使ふは是れ不仁なり。知らずして之れを使ふは是れ不智なり。仁智は周公も未だ之れを盡さざるなり。而るを況んや王に於てをや。

↑仁愛 慈む／仁簡 情深くおおどか／仁誼 仁義／仁矜 情深い／仁謹 仁厚／仁君 仁慈の君／仁兄 貴兄／仁恵 仁慈／仁姑 おばさま／仁公 明公／仁侯 仁君／仁士 仁人／仁祠 寺／仁慈 仁愛／仁弱 柔弱／仁柔 優しい／仁恤 情深い／仁譲 情深く謙譲／仁声 仁人の評／仁惻 憐れむ／仁沢 めぐみ／仁弟 そなた／仁篤 仁厚／仁憫 憐れむ／仁風 仁徳の教え／仁聞 仁声／仁明 仁知／仁勇 仁と勇／仁宥 情深くゆるす／仁誉 仁声／仁廉 情深く廉潔／仁和 なごやか

↓温仁・懐仁・寛仁・帰仁・求仁・三仁・至仁・慈仁・賓仁・周仁・淳仁・深仁・親仁・聖仁・体仁・篤仁・不仁・輔仁・友仁・里仁

人 【壬】 4 2010 ジン ニン たたきだい ふくらむ になう みずのえ

篆文 金文 甲骨文

象形 工具の形。工の中央の支柱にふくらみがあり、壬の字形となる。ものを鍛冶する台で、碪任・椹任といわれるものであろう。〔説文〕十四下に「北方に位するなり。陰極まりて陽生ず。故に易に曰く、龍、野に戰ふと。戰ふとは接するなり。人の褢妊の形に象る。亥が・壬を承くるに子を以てするは、生の敍あるなり。巫と意を同じうす。壬は辛を承く。人の脛に象る。脛は體を任ふものなり」という長い説解を加えているが、いうところ多端にして支離滅裂、ほとんど字説をなしていない。壬は碪任の形。上にものを載せるので、また任載の意となる。十干の名は二字ずつで一組をなすものであったらしく、癸は台器の柎足の形、壬と癸と相対して一類をなす字である。

訓義 1たたきだい、碪任、椹任。2ふくらむ、ふくむ、はらむ、大きい。3になう、おう。4みずのえ。

古訓 〔字鏡集〕壬 ムナシ・イブカシ・マネク・ヨル・ナル・ミヅノエ・シルシ

部首 〔説文〕〔玉篇〕ともに部首字とするが、係属の字はない。いまは士部に属するが、士は鉞の頭部の形、壬とは形義の関係がない。

声系 〔説文〕に壬声として飪・任・衽・妊・紝の五字、及び任に声五字を収める。壬にふくらむもの、任にしなやかにもたれるものの意がある。

語系 壬・飪・任・衽・妊・紝 njiəm は同声。任は〔説文〕八上に「保つなり」（段注本）とあり、保の金文の字形は王子を抱く形に作る。任は任載。襁褓して負う意であろう。それで、しなやかにもたれる意がある。

【壬人】じん へつらいおもねる人。〔漢書、元帝紀〕咎は朕の不明にして、以て賢を知る亡きに在り。是の故に壬人位に在り、吉士は雍蔽せらる。
↑壬佞 佞人／壬夫 水神／壬林 盛大
↓巧壬・憸壬

【仞】 5 2722 ジン ひろ はかる

篆文

形声 声符は刃（刄）。〔説文〕八上に「伸ばしたる臂は一尋、八尺なり」とあり、尋（尋）と声義同じ。尋は右と左とを上下に重ねた形で、両手を左右に伸ばした長さを尋という。仞はその形声字とみてよい。ただ仞の長さについては異説もあり、また水深、溝洫をはかるときの尺度とする説がある。
訓義 ①ひろ、たての一ひら。②はかる、深さ・高さをはかる。③牣と通じ、みちる。
古訓 〔名義抄〕仞 一尋・七尺・八尺 ヒロ・ミツ・アソブ・ヒロサ・ノボル・タカシ・アラカフ
語系 仞njian、尋ziamは声義近く通用したのであろう。字形からいえば、尋は左右、横の長さをはかる字で、上下高深をいうには仞を用いたものと思われる。
↑仞積 満載する
↓一仞・九仞・数仞・千仞・万仞・百仞・累仞

常【尽】 6 7730 ［盡］ 14 5010 ジン つきる つくす きわめる ことごとく

篆文 甲骨文 金文

会意 旧字は盡に作り、聿＋皿＋水滴の象。深い器の中を洗うために、細い木の枝のような棒（聿）を入れ、水を加えて器中を洗滌することを示す。〔説文〕五上に「器中、空しきなり」とあり、器中を洗うことによって終尽の意を示す。終尽の意から、すべてを傾注する、ものを究極する意となる。
訓義 ①つきる、おわる。②つくす、きわめる、くわしくする、はたす。③ことごとく、すべて、みな。④つごもり。⑤儘と通じ、まま。
古訓 〔名義抄〕盡 ツキヌ・ツクス・コトノ〳〵ク・ク、ル・コゾル・アツ 〔篇立〕盡 ウツス・ツクス・コトノ〳〵ク・ヲフ・カタチ・ハルカ・カム・ムナシ
声系 〔説文〕に盡を㶳声に従う形声字とし、㶳十上を「火の餘なり」とするが、㶳はおそらく燼の省略形で、燼は盡声の字である。盡がもし㶳に従う形の字であるならば、㶳の声義を取ることも考えられるが、盡の卜文・金文の字形は明らかに器中を洗滌する形で、津液の字とは同じでない。〔説文〕に盡声として藎など二字を収める。
語系 盡dzien、燼（㶳）・藎zienは声義近く、燼は余燼、藎も薪などの焼け残りをいう。𦘒dzienは津液、その𦘒液を除いて治療することを𥁞dzienといい、ともに盡と同声であるから、声義の関係があると考えてよい。また殄dyənも声近く、〔説文〕四下に「盡くるなり」と訓する字である。
【尽意】じんい 考えをことごとく述べる。〔易、繫辞伝上〕子曰く、書は言を盡さず、言は意を盡さず。然らば則ち聖人の意は、其れ見るべからざるか。子曰く、聖人象を立てて以て意を盡し、卦を設けて以て情僞を盡す～と。
【尽日】じんじつ 一日中。ひねもす。唐・白居易〔長恨歌〕詩 驪宮高き處、青雲に入る 仙樂、風に飄つて處處に聞ゆ 緩歌慢舞、絲竹を凝らし 盡日、君王看れども足らず
【尽心】じんしん 心を究め知る。〔孟子、尽心上〕其の心を盡す者は、其の性を知る。其の性を知れば、則ち天を知る。其の心を存し、其の性を養ふは、天に事ふる所以なり。
【尽瘁】じんすい 心力をつくして苦労する。〔詩、小雅、四月〕滔滔たる江漢は 南國の紀なり 盡瘁して、以て仕ふるに 寧ぞ我を有したむ莫き
【尽性】じんせい 性をきわめる。〔易、説卦伝〕剛柔を發揮して爻を生じ、道徳に和順して義を理め、理を窮め性を盡して、以て命に至る。
【尽善】じんぜん 善をきわめる。〔論語、八佾〕子、韶（舜の楽）を謂ふ、美を盡せり、又善を盡せりと。武（武王の楽）を謂ふ、美を盡せり、未だ善を盡さずと。
【尽力】じんりょく 力をつくす。〔左伝、成十三年〕是の故に、君子は禮に勤め、小人は力を盡す。禮に勤むるは敬を致すに如くは莫く、力を盡すは敦篤なるに如くは莫し。
↑尽哀 かなしみの心をつくす／尽家 全家／尽管 まま／尽歓 楽しみをきわめる／尽勤 つくす／尽竭 つくす／尽言 十分にいう／尽古 終古／尽索 つきる／尽思 尽哀／尽歯 天寿を完うする／尽室 全家／尽觴 乾杯／尽情 誠心をつくす／尽身 命をかける／尽人 全員／尽夕 終夜／尽贍 足る／尽殲 全滅する／尽多 すべて／尽忠 忠をつくす／尽頭 はて／尽年 終生／尽美 美をきわめる／尽命 天寿を終える／尽劉 すべて殺される
↓意尽・雨尽・気尽・興尽・曲尽・傾尽・竭尽・語尽・才尽・自尽・秋尽・詳尽・燭尽・勦尽・蕩尽・盪尽・不尽・乏尽・無尽・目尽・漏尽

常【迅】 6 3730 ［迅］ 7 3730 ジン はやい はげしい

篆文

形声 声符は卂。〔説文〕二下に「疾なり」と訓し、卂声。卂十一下は「疾く飛ぶなり。飛に従うて、羽見えず」とあり、〔唐本説文〕に「隼は卂の省に従ふ」とあって、隼の飛ぶようなさまをいう。のち迅雷のように用いる。
訓義 ①はやい、はやくとぶ。②はげしい、はやくはげしい。
古訓 〔名義抄〕迅 トシ・フルフ・ハヤシ・スミヤカナリ・トブ
声系 〔説文〕に卂声として迅・訊・汛など五字を収める。訊の金文は執訊（虜囚）を後ろ手に縛りあげた象形字に作り、訊は後起の形声の字である。
語系 迅・卂・訊・汛siuenは同声。汛は灑うことをいう。みな急疾にする意をもつようである。
【迅撃】じんげき 急襲する。唐・虞世南〔筆髄論、釈行〕行書の體は、略ぼ眞に同じきも、頓挫盤礴するに至りては、猛獸の搏噬するが若く、進退鉤距するは、秋鷹の迅撃するが若し。
【迅激】じんげき 速くてはげしい。〔晋書、桓玄伝〕玄、建康の宮に入る。逆風迅激にして、旍旗儀飾、皆傾偃す。西堂に小會するに及び、妓樂を設く。
【迅速】じんそく 非常に速い。〔北史、杜銓伝〕（杜正蔵）文を爲ること迅速にして、宿構の如き有り。曾て數人をして並びに紙筆を執り、各〻一文を題せしむ。正蔵口授して俱に成る。皆文理有り。
【迅雷】じんらい はげしい雷。〔論語、郷党〕盛饌有れば、必ず色を變じて作つ。迅雷風烈には、必ず變ず。
【迅流】じんりゅう 速い流れ。〔漢書、溝洫志〕（武帝、瓠子歌、二首、二）河、湯湯として、激して潺湲たり 北渡回めりて、迅流すること難し
↑迅逸 速い／迅羽 速く飛ぶ／迅雨 激しい雨／迅駕 速く走る車／迅快 速やか／迅翮 速く飛ぶ／迅晷 年月が速くすぎる／迅急 速い／迅駆 疾駆する／迅忽 急速／迅疾 迅速／迅捷 速い／迅趨 疾

走する／迅節 急調／迅即 すぐ／迅足 足ばや／迅湍 急湍／迅電 電光／迅抜 ひときわはやい／迅筆 はや書き／迅飈 疾風／迅鷙 疾走する／迅風 疾風／迅奮 奮迅／迅邁 迅速／迅猛 激しい／迅瀬 急湍／迅烈 猛烈

↓勁迅・軽迅・激迅・敏迅・風迅・奮迅・流迅

【牣】 7 2752 ジン みちる

篆文 

形声 声符は刃（刄）。〔説文〕二上に「滿つるなり」（段注本）とあり、〔詩、大雅、霊台〕に「於牣ちて魚躍る」の句がある。もとは牛がこえふとる意であろう。

訓義 1みちる、みちふとる。2韌と通じ、しなやか。

古訓 〔名義抄〕牣 ミツ 〔字鏡集〕牣 ミツ・マス

↓盈牣・充牣・儲牣

常 【甚】 9 4471 ジン おきかまど はげしい はなはだ

篆文 古文 金文 詛楚文 

象形 竈の上に烹炊の器をかけている形で、烹飪の意。〔説文〕五上に「尤も安樂するなり。甘匹に從ふ。匹は耦なり」（段注本）と甘匹の会意とし、男女相媅しむ意とする。媅の意を以て解するが、古文の字形は竈に鍋をかけた形。斗を以てこれをくむを斟酌という。〔左伝〕にみえる裨諶は、裨竈と同一人であるらしく、甚・竈対待の名字をもつ人であろう。煮すぎることを過甚という。

訓義 1かまど、おきかまど、行竈、火炉。2はげしい、過甚。3はなはだ、とりわけ、もっとも。4近世語で、なに、いずれ。

古訓 〔名義抄〕甚 ハナハダシ・イカラシ・ヲシフ・ナヲシ 〔字鏡集〕甚 ハナハダ・ハナハダシ・ヲシフ・ナヲシ・イカラシ・タヾシ

声系 〔説文〕に甚声として斟・諶・煁・黮・湛・媅・醰など十四字を収める。斟・煁・黮は烹炊のことや竈に関する字、媅・醰は過甚の意であろう。煁は〔説文〕十上に「烓なり」とし、烓とは行竈・火炉の意であるから、煁はおきかまど。甚がその初文である。

語系 甚 zjiəm、斟 tjiəm は声義近く、甚中のものを斗杓を以てくむことを斟という。黮 thəm はかまどのすすけた色をいう字であろう。〔説文〕十上に「桑葚の黑なり」とあるのは、転用の義とみられる。湛・媅は耽と同声。別の系列をなす語である。

↑甚雨 大雨／甚急 さし迫る／甚緊 緊急のこと／甚至 はなはだ／甚事 何事／甚日 いつの日／甚深 奥深くて神秘／甚親 なれる／甚酔 酔っ払う／甚都 美しい／甚麼 どんな

↓已甚・劇甚・激甚・幸甚・深甚・藉甚・太甚

【袵】 9 3221 ジン えり すそ おくみ

篆文 

形声 声符は壬。壬にふくらむ意がある。〔説文〕八上に「衣の裣なり」とあり、衿は襟、袵はおくみをいう。左袵は東夷の俗。中国では死者の礼。〔儀礼、士喪礼〕「袵を奥に御む」、〔中庸、十〕「金革を袵とす」のように、袵席の意にも用いる。仁の古い字形は、人の後ろに袵席をおく形で、安舒を原義とする字である。〔荘子、達生〕に「人の最も畏るる所は、袵席の上、飲食の閒なり」とみえる。

訓義 1えり、すそ、おくみ。2も、はかま。3たもと、そで。4しとね、ねむしろ。5くさび代りのひも、両端を広くしたひも。

古訓 〔新撰字鏡〕袵 宇波加比（うはかひ） 〔和名抄〕袵 於保久比（おほくび） 〔字鏡〕袵 コロモノクビ・モノ、ヲ・ホヒ・モ・オホクビ・ヒモ・ウハカヒ

語系 袵・任・妊・恁 njiəm は同声。みなふくよかで安舒の意をもつ語である。

【袵席】しきもの。〔周礼、天官、玉府〕王の燕衣服・袵席・牀笫、凡そ褻器を掌る。

↑袵褐 賤者の服／袵左 きものを左まえにきる／袵裳 衣裳／袵髪 髪を散らし、きものを左まえにきる。夷狄の俗／袵服 左袵の服

↓臥袵・懐袵・衾袵・交袵・左袵・接袵・続袵・連袵・斂袵

【紝】 10 2291 ジン はたいと きぬ

篆文 金文 

形声 声符は壬。〔説文〕十三上に「機の縷なり」とあり、機にかけた糸をいう。たていとを示す巠の下部の工が、紝器の形である。金文では工の縦画のところに肥点を加えており、それが壬の形となる。字はまた任に従う。

訓義 1はたいと、はたにかけたいと。2はたおる。3きぬ。

古訓 〔名義抄〕紝 ツグム

語系 紝・壬 njiəm は同声。壬は紝器の下部の形。

【紝器】 機織りの道具。〔列女伝、賢明、楚の接輿の妻伝〕夫は釜甑（釜とこしき）を負ひ、妻は紝器を戴き、名を變へ姓を易めて遠く徙り、之く所を知るもの莫し。

↑紝織 機を織る

↓結紝・執紝・織紝・組紝

【荏】 10 4421 ジン えごま

篆文 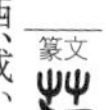

形声 声符は任。〔説文〕一下に「桂荏、蘇なり」、〔方言、三〕に「蘇も亦た荏なり。關の東西、或いは之れを蘇と謂ひ、或いは之れを荏と謂ふ」とあって、え・えごまをいう。荏菽はそらまめ。また栠と通じ、柔らかなさまをいう。

訓義 1え、えごま、ごま油をとる。2荏菽、そらまめ。3栠と通じ、やわらか。4荏染、次第に、だんだん。

古訓 〔新撰字鏡〕荏 衣（え） 〔名義抄〕荏苒 エ・タチマチ・ヤハラカナリ 〔字鏡集〕荏 エ・ヤハラカナリ・タチマチ・タチマチ・タケノフチ・ノラエ・ヒトエ

【荏染】柔らかいさま。〔詩、小雅、巧言〕荏染たる柔木 君子之れ樹う 往來、行言す 心に之れを數せむ

【荏苒】月日がすぎゆくさま。ときが過ぎやすいさま。晉・張華〔励志〕詩 吉士、秋を思ふ 寔に物化に感ず 日や月や荏苒として代謝す 逝く者は斯の如し 曾ち日夜無し

↑荏子 えごまの実／荏弱 柔軟／荏菽 大豆／荏桐 油桐／荏油 ごま油

↓葵荏・桂荏・苒荏・蘇荏・内荏

人 【訊】 10 0761 ジン しらべる とう つげる

篆文 古文 甲骨文 金文 

形声 声符は卂。〔説文〕三上に「問ふなり」とあり、訊問の意。〔詩、小雅、出車〕に「執訊獲醜」の語があり、金文に字を「執噝」に作る。噝は人を後ろ手に縛り、前に祝誓の器（口）をおいて自己詛盟をさせ、きびしく訊問する意で、訊の初文。訊はその形声の字。のち信と通用する。

訓義 1しらべる、といただす、せめとう。2とう、つげる、いさめる。3いう、たより、ことば。

古訓 〔名義抄〕訊 トブラフ・トフ・コフ・ツグ・ト、ノフ

語系 訊・卂・迅（迅）siuən は同声。卂に急速にする意があり、訊もその義をとるものであろう。もとの字は、虜囚をきびしく訊問する形の字である。

【訊馘】じんかく(くわく) 訊は捕虜。馘は戦場で討ち取った者から切った左耳。それで戦功を数える。戦功。〔礼記、王制〕出征して、有罪を執へて反るときは、學に釋奠し、訊馘を以て告ぐ。
【訊鞫】じんきく きびしく取り調べる。〔史記、酷吏、張湯伝〕湯、窟を掘りて、盗鼠及び餘肉を得、鼠を劾いして掠治し、爰書(調書)を傳へ、訊鞫論報(論告求刑)す。
↑訊唉 訊問と答え／訊鞠 訊鞫／訊糾 取り調べ／訊検 検察／訊験 取り調べ検証する／訊寤 悟る／訊考 考問する／訊罪 糾問する／訊杖 糾問に用いる刑具の一／訊譲 取り調べ責める／訊責 責問する／訊治 罪状を究問する／訊牒 調書／訊訪 訪う／訊問 取り調べる
↓案訊・音訊・鞠訊・鞫訊・験訊・考訊・栲訊・執訊・召訊・審訊・覆訊・芳訊・問訊・来訊

【軔】10 5702 ジン はどめ とめぎ
篆文 
形声 声符は刃(刃)。〔説文〕十四上に「車を礙ぎる所以なり」(段注本)とあり、車のとめ木。
訓義 1はどめ、とめ木。2とめる、さえぎる。3かたい、かたくしめる。また、なまくら。4仞と通じ、八尺。
古訓 〔名義抄〕軔 ウルフ・サカユ・フムタ 〔篇立〕軔 フムタ・ウルフ・クルマノワキ・アト・ナガエ・クルマ・サカユ
↑軔車 とめ木／軔輪 車を止める
↓安軔・玉軔・車軔・常軔・動軔・発軔・遊軔

常【陣】10 7520 〔敶〕15 7824 ジン(ヂン) つらねる しく
篆文 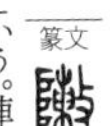
会意 正字は陣・敶に作り、〔説文〕三下に「列なり」とあり、〔玉篇〕に陣に作り「師旅なり」という。陣は俗字。金文に二系の字があり、陳列の陳、陳・宋の陳は敶に作り、また田斉陳氏の字は塦に作る。自は神梯の象。陣は先秦の書にみえず、字の立意を知りがたい。東は橐の形、車は車の形で、示すところが異なる。陣は聖所に軍車のある形で、本陣の意を示すものであろう。敶・塦と同声で、その声義と通ずる字である。
訓義 1じんや、じんだて、本陣。2つらねる、ならべる、しく。3いくさ、いくさば。
古訓 〔名義抄〕陣 ノブ・フルシ・カクミチ・ヒサシ・ツラヌ・ツラナル・コトバ・シク 〔字鏡集〕陣 アサフ・ツハモノ・ツラネタリ・イサカフ・ハヤル・ツラヌ・トク・ヒク・ツラナル・ヒサシ・フルシ・タヽカフ・ノブ・タク・シク・ハカル・サフ
語系 陣・陳・敶dienは同声。展tianも声が近く、陣とは陳列・展開の意をもつ語であろう。
＊語彙は陳字条参照。
【陣行】じんこう(ぢんかう) 隊列。唐・李嶠〔雁〕詩 月を望んで、弦影に驚き 雲を排して、陣行を結ぶ
【陣陣】じんじん(ぢんぢん) 断続してつづく。宋・林逋〔梅花、二首、二〕詩 小園の煙景、正に凄迷 陣陣たる寒香、麝臍を壓す
【陣頭】じんとう(ぢん) 軍の先頭。唐・王建〔魏州李相公を送る〕詩 旗下には聞くべし、敗將を誅するを 陣頭には多くは是れ降兵を用ふ
【陣亡】じんぼう(ぢんばう) 戦死。唐・杜甫〔垂老別〕詩 子孫、陣亡し盡きたり 焉ぞ身を用って獨り完うせん
↑陣雨 俄か雨／陣雲 連雲／陣営 軍営／陣脚 陣の前列／陣形 布陣の形／陣伍 隊伍／陣後 陣の後列／陣首 陣頭／陣哨 見張り／陣将 部将／陣勢 布陣のさま／陣卒 兵卒／陣中 布陣する軍中／陣図 軍陣の図／陣法 陣立て／陣没 戦死する
↓一陣・雲陣・営陣・円陣・火陣・凱陣・陥陣・雁陣・奇陣・魚陣・軍陣・堅陣・行陣・戎陣・出陣・水陣・先陣・戦陣・対陣・内陣・敗陣・筆陣・布陣・臨陣・列陣・連陣・論陣

常【尋】12 〔尋〕12 1734 〔㝷〕15 2724 ジン たずねる つぐ ひろ
篆文 
会意 右＋左。左は左手に呪具の工、右は右手に祝告の器である𠙵をもつ形。神に祈り、神の所在を尋ねるときに、左右に呪器・祝告をもって問う。〔説文〕三下に字を㝷に作り、「繹ねて理むるなり。工口に從ひ、又寸に從ふ。工口は亂なり。又寸は之れを分ち理むるなり。彡声。此れ𤔔(襄)と同意なり」(段注本)というが、すべて字形の解釈を誤り、字もまた彡声ではない。襄は、死者の衣襟のうちに、呪具としての工・口を塡塞して、邪霊が屍体に憑りつくのを禳う意で、その用いる呪具は同じであるが、字の立意が異なる。神は定処なく、ときにはその祭るべきところを尋ねることがあり、〔礼記、郊特牲〕に「彼に於てせんか、此に於てせんか」と所在を求める儀礼があって、祊という。漢碑に字をみな尋に作り、㝷に作るものはない。左右に手を開くを尋といい、一ひろの長さである。尋は左右の手を重ねる形であるから、「尋ぬ」「尋ぐ」「尋む」のような用義がある。
訓義 1たずねる、神の所在をたずねる。2さぐる、きいただす、ものをとう。3かんがえる、すじみちを考える。4かさねる、つぐ、いたる。5㝷と通じ、あたためる。6ひろ、ながい、ふかい、たかい。7つねの、なみの。8ついで、まもなく。
古訓 〔名義抄〕尋 タヅヌ・ツイデ・ツネニ・モチヰル・オフ・スナハチ・ヒロ・アタツ・タチマチ／尋常 トコトハ・イナバナ・ヨノツネ 〔字鏡集〕尋 モチヰル・シタガフ・ヤハラカ・コトハル・ヒロ・カサナル・ツグ・タヅヌ・スナハチ・ヲフ・ツネニ・タチマチ・ツイテ・アタツ・ツイヅ
声系 〔説文〕に尋声として潯・鄩など四字を収める。潯十一上は「旁深なり」、㝷八上は「衣、博大なり」とあって、ともに深大の意がある。
語系 尋・㝷・燂ziamは同声。尋にかさねる意があり、覃にはうちにこめる意がある。㝷は酒などを温めること、燂は火熱を加えることをいう。
【尋繹】じんえき たずねきわめる。〔漢書、循吏、黄覇伝〕(諸令)初め煩碎なるが若し。然れども覇、精力能く之れを推行す。吏民の見る者、語次に尋繹し、它(他)の陰伏を問ひ、以て相ひ參考す。
【尋花】じんか(くわ) 花をたずねめでる。唐・杜甫〔厳中丞(武)駕を枉げて過ぎらる〕詩 元戎(将軍の乗車)の小隊、郊坰に出で 柳を問ひ花を尋ねて、野亭に至る
【尋壑】じんがく 谷をたずねる。晋・陶潜〔帰去来の辞〕或いは巾車(ほろ車)を命じ、或いは孤舟に棹さす。既に窈窕として以て壑を尋ね、亦た崎嶇として丘を經ふ。
【尋究】じんきゅう(きう) たずね究める。梁・元帝〔洞林序〕余幼にして星文を學び、多く歳稔を歴たり。海中(海内)の書、略ぼ皆尋究し、巫咸の説、偏へに研求することを得たり。
【尋思】じんし つくづくと思う。唐・王昌齢〔長信(宮)の秋詞、五首、四〕眞成の薄命かと、久しく尋思す 夢に君王に見えて、覺めて後疑ふ
【尋詩】じんし 詩材を求めて出行する。宋・陳与義〔尋詩、両絶句、一〕人の陳居士を書き出だす無し 亭角に詩を尋ぬれば、滿袖の風
【尋春】じんしゅん 春色を求める。唐・陳子昂〔晦日、高氏の林亭に宴す〕詩 春を尋ねて上路に遊び 宴を追うて山家に入る
【尋丈】じんじょう(ぢやう) 長さ。尋は八尺。〔管子、明法解〕尺寸尋丈は、

長短の情を得る所以なり。〜故に明法に曰く、尋丈の數有る者は、差ふに長短を以てすべからずと。

【尋常】僅かの距離。また、なみの、平凡な。漢・賈誼〔屈原を弔ふ文〕彼の尋常の汚瀆（小さな川）、豈に能く夫の呑舟の巨魚を容れんや。

【尋味】味得する。〔世説新語、文学〕荘子、逍遙篇は舊是れ難處、諸名賢の鑽味すべき所なり。〜支（道林）〜卓然として新理を（向秀・郭象）二家の表に標し、異義を衆賢の外に立つ。皆是れ諸名賢尋味の得ざる所なり。

【尋盟】旧盟を確認する。〔左伝、哀十二年〕公、呉に槖皐に會す。呉子、大宰嚭をして、盟を尋めんことを請ふ。公、欲せず。子貢をして對へしめて曰く、〜若し尋むべくんば、亦た寒やすべきなりと。

↑尋案 問題を考える／尋引 尺度／尋玩 玩味する／尋景 景色を訪う／尋検 調べる／尋査 調査する／尋索 求め探す／尋察 調べ考える／尋時 片時／尋勝 尋景／尋誦 考え読む／尋蹤 前迹をたずねる／尋趁 あとを追う／尋討 探りしらべる／尋念 尋思する／尋芳 花をたずねる／尋夢 夢を想う／尋幽 尋勝／尋来 たずね来る

↓温尋・究尋・窮尋・研尋・考尋・思尋・詳尋・侵尋・深尋・斟尋・推尋・精尋・千尋・探尋・直尋・追尋・攀尋・万尋・百尋・訪尋・幽尋

常【腎】12 7722 ジン じんぞう

篆文 古印璽

形声 声符は〔説文〕四下に臤声とするが、腎は堅・賢と声異なり、臣と同声である。〔説文〕に「水の藏（臟）なり」とあり、五行説によって五臟を説く。腎は精の存するところ。腎子は睾丸、腎水は精液、その精の尽きることを腎虚という。肝と腎とは、人の活動力の源泉であるから、合わせて肝腎という。

訓義 ①じんぞう、むらと。②かたい。

古訓 〔新撰字鏡〕腎 牟良登（むらと）〔和名抄〕腎 无良度（むらと）〔名義抄〕腎 ムラド 〔篇立〕腎 ムラト・ユハリフクロ

語系 腎・臣zjienは同声。〔説文〕の臤声十六字のうち、ひとり腎のみ声が異なり、臣声の字のようである。

↑腎気 勢気／腎虚 精気がぬける／腎候 耳／腎子 睾丸／腎水 精液／腎腸 本心／腎囊 陰囊

↓肝腎・心腎・腸腎・内腎

【靭】12 4752 〔靱〕12 4752 ジン じんたい つよい

形声 声符は刃（刄）。靭帯は両関節の骨をつなぐ強い結合組織繊維で、弾力に富むので、強靭という。字はまた靱に作る。

訓義 ①じんたい。②つよい。

↑靭帯 関節をつなぐ筋

↓強靭・緊靭・堅靭・柔靭

【煁】13 9481 ジン おきかまど

篆文

形声 声符は甚。甚はおきかまどの象形。煁はその形声字。〔説文〕十上に「烓なり」とし、甚声とする。甚がその初文。甚が副詞として用いられるようになって、煁が作られた。堪は〔説文〕十三下に「地突なり」とあり、〔段注〕に坳凸の意とするが、土で築いた竈、すなわち竈突の意であろう。

訓義 ①かまど、おきかまど。

古訓 〔字鏡集〕煁 カマ

語系 煁・甚zjiəmは同声。甚は煁の初文。

【葚】13 4471 ジン くわのみ

篆文

形声 声符は甚。〔説文〕一下に「桑の實なり」とあり、鳩がこれを食えば酔うという。〔詩、衛風、氓〕に「于嗟、鳩や 桑葚を食らふこと無かれ 于嗟、女や 士と耽しむこと無れ」という句がある。

訓義 ①くわのみ。②字はまた椹に作る。

古訓 〔字鏡集〕葚 クハノミ

↓夏葚・紅葚・紫葚・新葚・酔葚・余葚・爛葚

【飪】13 8271 ジン ニン にる

篆文

形声 声符は壬。壬にふくらむ意がある。〔説文〕五下に「大いに孰るなり」、〔方言、七〕に「孰るなり。徐・揚の閒には飪と曰ふ」とみえる。〔論語、郷党〕に「失飪のものは食らはず」とあり、よく火がとおって、ふくよかになることをいう。

訓義 ①にる、よくにる、にこむ。②よくにたもの。

古訓 〔名義抄〕飪 ニル 〔字鏡集〕飪 ニル・アク

【飪熟】ほどよく煮る。〔魏書、孝感、趙琰伝〕初め苻氏（健）の亂に、琰、乳母に壽春に携奔せらる。年十四にして乃ち歸る。孝心色養、飪熟の節、必ず親ら之れを調す。

↑飪鼎 烹炊する鼎、朝政にたとえる／飪熱 煮炊きする

↓羹飪・失飪・常飪・厨飪・調飪・鼎飪・亨飪

【塵】14 0021 ジン（ヂン） つちけぶり ちり ひさしい

篆文 籀文

会意 正字は麤＋土。群鹿の奔るときの土烟をいう。〔説文〕十上に「鹿行きて土を揚ぐるなり」という。のち塵埃の意に用い、俗事を塵事、世外を塵外という。

訓義 ①つちけぶり。②ちり、ごみ、あくた。③陳と通じ、ひさしい。

古訓 〔名義抄〕塵 チリ・ケガス・ケガル・ヒサシ 〔字鏡集〕塵 ケガス・チリ・ウツス・ヒサシ・アト

語系 塵・陳dienは同声。陳に旧・久の意があり、塵をその義に用いることがある。

【塵埃】ちりほこり。唐・杜甫〔兵車行〕詩 車轔轔 馬蕭蕭 行人の弓箭、各々腰に在り 耶孃（父と母）妻子、走りて相ひ送る 塵埃に見えず、咸陽橋

【塵穢】ちりけがれ。〔後漢書、列女、曹世叔の妻（班昭）の伝〕（女誡、婦行第四）塵穢を盥浣し、服飾鮮絜、沐浴時を以てし、身に垢辱あらざる。是れを婦容と謂ふ。

【塵纓】官職につく。斉・孔稚珪〔北山移文〕昔は聞く、簪（冠冕をとめるのに用いる）を投じて（官を去り）海岸に逸るるを。今は見る、蘭を解いて塵纓に縛せらるるを。

【塵外】世俗の外。〔晉書、謝安伝論〕文靖（謝安）、始め塵外に居り、人閒を高謝す。山林に嘯詠し、江海に浮汎す。此の時に當り、蕭然陵霞の致有り。

【塵寰】世俗の世。唐・権徳輿〔李城門の官を罷めて嵩陽に帰るを送る〕詩 歸去す、塵寰の外 春山、桂樹の叢

【塵機】世俗の縁。唐・孟浩然〔臘月八日、剡県石城寺に於て礼拝す〕詩 願はくは功德の水を承けて 此れより塵機を濯はん

【塵境】世間。唐・李白〔春日帰山、孟浩然に寄す〕詩 朱紱（朱裳）、塵境を遺す 青山、梵筵（仏法の講席）に謁す

【塵襟】世俗の心。唐・張九齢〔出だされて予章郡と為り、途に廬山の東巌下に次る〕詩 茲に迫んで江郡に刺（史）となり 此に來って塵襟を滌ふ

【塵垢】ちりや、あか。〔荘子、逍遙遊〕之の人や、物之れを傷る莫し。大浸天に稽るも溺れず、大旱金石流れ、土山焦るも熱せず。是れ其の塵垢粃糠も、將に猶ほ堯舜

を陶鑄せんとする者なり。孰か肯へて物を以て事と爲さん。

【塵囂】じんごう(ぢんがう) けがれてさわがしい。俗世間。晋・陶潛〔桃花源詩〕借問す、方(世上)に游ぶの士 焉くんぞ測らん、塵囂の外を

【塵滓】じん(ぢん)し けがれ。〔許彦周詩話〕東坡の詩、指摘して輕がろしく議すべからず。詞源は長河大江の沙を飄はし沫を巻き、～皆流れに隨ふが如し。～沈泉幽澗、澄澤靈沼、愛すべく喜ぶべく、一點の塵滓無し。

【塵事】じん(ぢん)じ 世事。晋・陶潛〔辛丑の歳七月～夜、塗口を行く〕詩 閒居三十載 遂に塵事と冥らし 詩書、宿好を敦うし林園、世情無し

【塵想】じんそう(ぢんさう) 俗情。晋・陶潛〔園田の居に帰る、五首、二〕詩 白日、荊扉を掩ざし 虛室、塵想を絶つ

【塵俗】じん(ぢん)ぞく 世俗。梁・任昉〔王文憲(倹)集の序〕時に司徒袁粲は、高世の度有り。塵俗を脱落せり。公の弱齢なるを見、便ち風を望んで推服し、歎じて曰く、衣冠禮樂、盡く是に在りと。

【塵土】じん(ぢん)ど ごみ土。俗世。〔唐才子伝、六、殷尭藩〕嘗て曰く、吾れ一日山水を見ず、俗人と談ずれば、便ち胸次(心に)塵土の堆積するを覺ゆ。急に濁醪(濁り酒)を呼びて之れを澆ひ、聊か穢を解くのみ。

【塵念】じん(ぢん)ねん 俗念。唐・白居易〔微之(元稹)に与ふる書〕平生故人、我を去ること萬里、瞥然たる塵念、此の際に蹔らく生ず。

【塵氛】じん(ぢん)ぷん よごれた空気。〔続資治通鑑、宋紀〕(高宗、建炎三年)是の日や、塵氛日を蔽ふ。金人初め其の多寡を測らず、遂に相ひ拒みて日を踰ゆ。

【塵務】じん(ぢん)む 世俗の務。〔世説新語、賢媛〕王江州(凝之)夫人(謝道蘊)、(弟)謝遏に語りて曰く、汝何を以てか都て復た進まざる。是の塵務の心に經ふるが爲か、天分に限り有るかと。

【塵霧】じん(ぢん)む 塵と霧。さえぎるもの。晋・袁宏〔三国名臣序賛〕琅琅たる先生、雅より名節に杖る。塵霧に遇ふと雖も、猶ほ霜雪を振ふがごとし。

【塵網】じんもう(ぢんまう) 世俗のわずらい。梁・江淹〔雑体詩、三十首、許徵君(詢)〕五難既に灑落す 超迹、塵網を絶つ

【塵容】じん(ぢん)よう 世俗のさま。斉・孔稚珪〔北山移文〕芰製(ひしと、はちすの衣)を焚きて荷衣を裂き、塵容を抗げて俗状を走らす。

【塵慮】じん(ぢん)りょ 俗心。唐・顔真卿〔夜集聯句、昼〕詩 茲の夕、塵慮無し 高雲、片心を共にす

↑塵壒 塵埃/塵衣 汚れた衣/塵曀 塵氛/塵翳 塵曀/塵煙 塵埃/塵緣 世俗の累い/塵汚 塵垢/塵杆 世俗のよこしま/塵架 書架のちり/塵芥 ごみ/塵海 浮世/塵界 俗世界/塵懐 世俗に汚れた心/塵顔 塵面/塵気 塵氛/塵鏡 ちりにまみれた鏡/塵区 世間/塵衢 塵区/塵欠 俗務/塵喧 塵囂/塵思 塵想/塵習 俗習/塵心 世俗の心/塵世 俗世/塵甑 貧乏暮らし/塵点 けがす/塵斗 ちりとり/塵浼 けがす/塵煤 すす/塵貌 久遠/塵表 世外/塵謗 そしり/塵抱 俗念/塵凡 世俗/塵末 細塵/塵夢 夢まぼろしの世/塵冥 塵曀/塵面 汚れた顔/塵蒙 世俗の累い/塵裏 世俗のうち/塵累 世累/塵露 はかない/塵労 世の苦労/塵陋 浅陋

↓埃塵・煙塵・灰塵・芥塵・玉塵・駆塵・軽塵・涓塵・喧塵・胡塵・垢塵・後塵・紅塵・香塵・黄塵・砂塵・車塵・出塵・世塵・絶塵・戦塵・俗塵・拝塵・風塵・払塵・粉塵・芳塵・微塵・蒙塵・游塵・余塵・揚塵・梁塵

【潯】 15 3714 ジン イン タン ふち ほとり

篆文 

形声 声符は尋(尋)じん。〔説文〕十一上に「旁深なり」、〔広雅、釈丘〕に「厓なり」とあり、水涯をいう。また江名、潯陽江。唐の白居易〔琵琶行〕で知られる。

訓義 ①ふち。②きし、ほとり、みぎわ。③淫と通じ、ひたる。④潭と通用することがある。

古訓 〔名義抄〕潯 キシ・ホトリ・ミヅノホトリ 〔篇立〕潯 ホトリ・キシ・キハム 〔字鏡集〕潯 ホトリ・フカシ・カタ〳〵・キシ・ミヅノホトリ

【儘】 16 2521 ジン みな きわまる まま

形声 声符は盡(尽)じん。盡と声義同じ。また「まま」、「まかす」の意があり、「儘教」は「さもあらばあれ」とよむ。その語は「儘見」「任教」のようにもいう。〔観智院本名義抄〕には、「遮莫サモアラバアレ」「サナニカハスル」の語をあげている。

訓義 ①みな。②きわまる。③まま、さもあらばあれ。

語系 儘 dzien、任 njiam は声近く、それで「任教」をまた「儘教」という。

【儘教】じんきょう(けう) さもあらばあれ。ともかくも。宋・劉克荘〔午睡ちて起き帰る、九首、九〕詩 儘教(さもあらばあれ)人の貶駁して喚んで嶺南の詩と作すを

↑儘意 尽心/儘看 儘教/儘管 ひたすら/儘日 終日/儘収 極力/儘心 尽心/儘数 全額/儘先 優先的/儘着 なるべく/儘力 全力

【燖】 16 9784 ジン あたためる にる

篆文 

形声 声符は尋(尋)じん。燂じんと声義同じ。燂は〔説文〕十上に「火もて熱するなり」とみえ、燂が本字であろう。燖は酒を温めるときなどに用いる。

訓義 ①あたためる。②にる、ゆでる。

古訓 〔名義抄〕燖 ユツ・ツユ 〔篇立〕燖 モノユヅ 〔字鏡集〕燖・燂 カマ

語系 燖・尋・燂 ziəm は同声。甚・湛 zjiəm も声義の近い字で、甚はおきかまど。尋にはかさねる、覃には中にこめる意がある。

↑燖繹 推究/燖温 温める/燖剝 掠奪/燖炮 煮る、焼く

↓温燖・可燖・腥燖・湯燖・炮燖

【諶】 16 0461 ジン シン まこと まことに

篆文 

形声 声符は甚じん。〔説文〕三上に「誠諦なり」とあり、誠をつくすことをいう。〔書、咸有一徳〕に「天は諶にし難し」の句がある。訦・忱と声義が通ずる。

訓義 ①まこと、まごころ。②まことに。

古訓 〔名義抄〕諶 マコト・ノブ・ハカリゴト・イマシム・ツバビラカナリ

語系 諶・訦・忱 zjiəm は同声。訦は燕・代・東斉の方言で誠をいう語。忱も〔説文〕十下に「誠なり」と訓し、同義の語である。

↑諶訓 誠の教え

↓棐諶

【燼】 18 9581 ［䰟］ 10 5080 ジン もえのこり たきぎ

篆文 

形声 声符は盡(尽)じん。燼の初文は㶳に作り、㶳は〔説文〕十上に「火の餘なり」とあり、火の上に燃え残りの木がある形である。

訓義 ①もえのこり、もえかす、ほだくい。②たきぎ。③あまり、のこり、いきのこり。

古訓 〔新撰字鏡〕燼 介知宇佐无(けちうさむ)、介知乎佐牟(けちをさむ)、又、保太久比(ほだくひ) 〔和名抄〕燼 毛江久

比(もえくひ)〔篇立〕燼 ハヒ・モエクヒ・タキヾ・ヲキ・ホタクヒ

語系 燼・㶳zienは同声。その繁簡の字。盡dzienは声は近いが、器中を滌ふ形の字で、形義は全く異なるが、ただその尽きる意を用いたのであろう。

↑燼灰 灰燼／燼骨 火葬／燼溺 焚いたり汲んだり／燼滅 消滅する／燼余 もえ残り／燼煨 灰となる

↓遺燼・煙燼・火燼・禍燼・灰燼・空燼・紅燼・劫燼・収燼・宿燼・焼燼・燭燼・煤燼・焚燼・余燼・煨燼

【藎】 18 4410 ジン こぶなぐさ すすむ

篆文 

形声 声符は盡(尽)。〔説文〕一下に「艸なり」とあり、こぶなぐさ。黄草・淡竹葉ともいい、黄緑の色を染める。進・燼と通用する。

訓義 ①こぶなぐさ、はちじょうかりやす。②進・盡と通じ、すすむ。忠誠の臣を藎臣という。③燼と通じ、もえのこり、もえかす。

古訓 〔字鏡集〕藎 ス、ム・アマク・ス、ク・カイナ・アサムク・アツメル・アシイ

【藎臣】 進んで忠をいたすもの。盡と通じ、盡は〔説文〕二下に「自ら進め極むるものなり」(段注本)とする。〔詩、大雅、文王〕王の藎臣 爾の祖を念ふこと無からんや

↑藎筐 草編みの箱／藎滞 消え消えの音

↓咸藎・誠藎・忠藎

【贐】 21 6581 〔賮〕 16 5080 ジン おくりもの はなむけ

篆文 

形声 声符は盡(尽)。〔説文〕六下に正字を賮に作り、㶳声とし、「會禮なり」という。会費をとる会合で、いわば寄附集めである。〔史記、高祖紀〕「蕭何、主吏と爲りて進を主る」の〔索隠〕に「進とは會禮の財なり」とみえる。また餞別の意に用い、〔孟子、公孫丑下〕に「行く者には必ず贐を以てす」という。

訓義 ①おくりもの、会合のときのおくりもの。②はなむけ、餞別。

古訓 〔名義抄〕贐 タカラ・ニヘ・タクハフ・ムヤス 〔字鏡集〕贐 タカラモノ・モチモノ・タクハフ・ムヤス・タカラ・ニヘ

語系 贐zien、進(進)tzienは声近く、薦(薦)tzian、餞dzianも同系の語で、みな進献・薦進の意のある語である。これらはもと神に対して行われたもので、基本的には祭tziatと関係のある語であろう。

【贐送】 餞別。〔梁書、楊公則伝〕(天監)四年、中護軍に徴せらる。代至る。二舸に乗じて便ち發す。贐送一も取る所無し。

↑贐儀 はなむけ／贐敬 餞別品／贐行 餞別／贐資 送別費／贐贄 餞別品／贐銭 餞別／贐贈 餞別

ズ

常 【図】 7 〔圖〕 14 6060 ズ(ヅ) ト え えがく はかる

篆文  金文 

会意 旧字は圖に作り、囗+啚。啚は倉廩の形。圖は倉廩の所在を記入した絵図で、その耕作地を図面化したもの、いわゆる地図である。〔説文〕六下に「畫計すること難きなり」とし、「啚は難の意なり」という。〔説文〕五下に啚を吝嗇の意とするが、それは倉廩の形。その在る所を鄙という。耕作地の状況を示す地図は、その経営のもとであるから、図謀の意となる。〔左伝、襄四年〕に「難を咨るを謀と爲す」とあり、〔説文〕はその意によって「畫計すること難きなり」としたのであろうが、〔左伝〕の文は字説とは関係がない。〔周礼、地官、大司徒〕「建邦の土地の圖と、其の人民の數とを建つることを掌る」、〔周礼、天官、内宰〕「版圖を書するの灋(法)を掌る」とあるのが原義。金文の〔散氏盤〕は土地の契約関係を内容とするもので、疆域画定の次第をしるしている。その銘末に「圖を矢(失)王より、豆新宮の東廷に受く」という。また〔宜侯夨設〕に「武王・成王の伐ちたる商圖(殷の版図)を省(巡察)し、𢓊いでて東國の圖を省す」とあって、その版図・領域を図という。中山王墓からはその塋域図が出土しており、また馬王堆第三号漢墓からは、湘南の九疑山を含む詳細な地図、また駐軍図・街坊図などが出ている。

訓義 ①ず、ちず。②はかる、考える、計画する、経営する。③え、えがく、うつす。④書物、図書。⑤度と通じ、のり、法度。

古訓 〔名義抄〕圖 シルス・ウツル・ハカリ・ハカル・アラハル・ハカリゴト 〔字鏡集〕圖 アラハル・カタチ・カタドル・ハカリゴト・カケルカタチ・ケガル・ウツス・ハカル・シルス

語系 圖da、度dakは声近く、はかる、法度の意において通ずる。圖は農耕地の経営のために、啚(倉廩)を書きいれた見取り図をいう。度は席をもって場所・間隔をはかる意の字である。

【図画】 えがく。絵。〔漢書、外戚上、孝武李夫人伝〕李夫人、少くして蚤く卒す。上、憐閔して、其の形を甘泉宮に圖畫す。

【図絵】 絵。〔唐書、文芸下、李益伝〕一篇成る毎に、樂工爭ひて賂を以て求めて之れを取る。聲歌に被らせて、天子に供奉す。征人・早行等の篇に至るまで、天下皆之れを圖繪に施す。

【図記】 地図と記録。また、書物。図識。唐・韓愈〔黄陵廟碑〕庭に石碑有り、斷裂分散して地に在り。其の文剝缺す。圖記を考ふるに、言ふ、漢の荊州の牧、劉表景升の立つるものなりと。

【図議】 はかる。相談する。〔史記、屈原伝〕屈原~入りては則ち王と國事を圖議して、以て號令を出だし、出でては則ち賓客に接遇し、諸侯に應對す。

【図形】 画像。〔宋書、礼志四〕漢興りてより已來、小善小德なるも、圖形して廟を立つる者多し。

【図讃】 画賛。画の余白に加える賛。唐・張九齡〔宋使君写真図讃、並びに序〕宋公卓犖 體、山嶽を標す 石に匪ず移らず 玉を斯れ琢するが如し~之れを望むに儼然 允に謂ふ高邈なりと

【図書】 文書。〔史記、張蒼伝〕是の時蕭何相國爲り。而して張蒼乃ち秦の時より柱下の史と爲り、天下の圖書計籍を明習し、蒼又善く算律曆を用ふ。故に蒼をして、列侯を以て相府に居り、郡國の上計する者を領主せしむ。

【図象】 画像。〔後漢書、列女、叔先雄伝〕(父の)尸喪はれて歸らず。~雄、因りて小船に乘じ、父の墮ちし處に於て慟哭し、遂に自ら水に投じて死せり。~郡縣表言して、雄の爲に碑を立て、其の形を圖象す。

【図讖】 吉凶の予言書。荒誕のことが多い。晉・劉琨〔勸進表〕伏して惟ふに、陛下玄德神明に通じ、聖姿兩儀に合ふ。~夫れ符瑞の表、天人に徵有り。中興の兆、圖讖典を垂る。

【図籍】 土地人口の原簿。〔荀子、栄辱〕法則・度量・刑辟・圖籍に循ひ、其の義を知らざるも、謹みて其の數を守り、愼みて敢て損益せず。父子相ひ傳へて、以て王公を持く。~是れ官人百吏の祿秩を取る所以なり。

【図南】 大事業を計画する。〔荘子、逍遥遊〕鳥有り、其の名を鵬と爲す。背は泰山の若く、翼は垂天の雲の若し。扶搖を負ひ、然る後南する者を圖り、且に南冥に適かんとす。

【図籙】 図讖。予言書。晉・左思〔魏都の賦〕玉策を金縢(金匱)に閟ひ、圖籙を石室に案ず。曆數の在る所を考へ、五德の涖む所を察す。

↑図緯 予言書／図乙 訂誤／図会 図解書／図解 図解え

とき／図繢(ずかい) 図絵／図巻(ずかん) 絵巻物／図鑑(ずかん) 図説／図結(とけつ) 身元保証／図工(ずこう) 画工／図志(ずし) 図と地志／図写(ずしや)(としや) 写す／図章(としよう) 印章／図障(としよう) 衝立／図説(ずせつ) 図と解説／図全(とぜん) 保身をはかる／図像(ずぞう)(としよう) 図象／図牒(ずちよう) 図諜／図諜(ずちよう) 地図と系譜／図騰(とうとう) トーテム／図反(とはん) 謀叛／図簿(ずぼ) 図籍／図謀(とぼう) はかる／図様(ずよう) えがた／図頼(とらい) 転嫁する／図録(とろく) 図籙

↓異図・意図・永図・英図・遠図・河図・画図・海図・絵図・企図・希図・規図・闚図・旧図・計図・広図・後図・洪図・皇図・構図・鴻図・志図・縮図・真図・深図・新図・陣図・星図・戦図・壮図・地図・覇図・版図・丕図・秘図・不図・負図・浮図・譜図・仏図・方図・宝図・鵬図・謀図・本図・雄図・輿図・要図・略図・良図・籙図

スイ

【夊】 3 4705 スイ ゆく

篆文 甲骨文

象形 止の倒文。〔説文〕五下に「行くこと遲くして、曳(ひ)くこと夊夊たるなり。人の兩脛に象る。躧(ふ)む所有るなり」とするが、字は両脛の形ではなく、止の倒文。向こうから来る、また上から降りてくる形。左右の夊を重ねると夅(かう)となり、降の意。〔玉篇〕に〔詩、衛風、有狐〕「狐有り綏綏(すいすい)たり」の句を引いて「夊夊」に作る。「夊夊」は忍び足で近づくことをいう。

訓義 ①ゆく。②夊夊は、ゆっくりゆく、忍び足でゆく。

部首 〔説文〕に夋・夌・憂・愛・夏・夒・夔・夓など十五字、〔玉篇〕になお異文数字を加える。〔説文〕にまた夂(ち)を部首とし、「後より至るなり。人の兩脛、後より之れを致す(致送する)者有るに象る」と後押しする形の字とし、夆・夅・夃などの字を属するが、夂と夊とを合わせて夅となり、降(降)の初文。ただこの両部の字は、人の立つ形、神像が坐し、足を垂れる形で、要するに止の倒文である。

常 ## 【水】 4 1223 スイ みず

篆文 甲骨文 金文 簡書

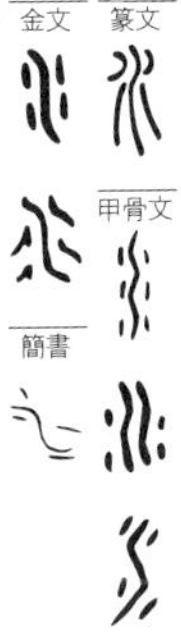

象形 水の流れる形に象る。〔説文〕十一上に「準(たひら)かなるなり」と水準の意とする。〔周礼、考工記、輈人、注〕に「故書に準を水に作る」とあって、水を水準の器に用いた。〔説文〕にまた「北方の行なり」というのは、五行説では水を北に配するからであるが、「衆水竝び流れ、中に微陽の气(き)有るに象る」といい、中の一画を陽、両旁を陰の象とし、坎の卦にあてて解するのは、拘泥の説である。

訓義 ①みず、流れる水。②川、海。③うるおう、しみこむ。④五行の一。また、坎の卦の象。

古訓 〔和名抄〕水神 日本紀私記に云ふ、美豆波(みづは)〔名義抄〕水 ミヅ・カハ／月水 ツキノサハリ〔字鏡集〕水 ミヅ・ウルホス

部首 〔説文〕に水部四百六十八字、重文二十二、〔新附〕二十三、合わせて五百十三字、〔玉篇〕にはすべて九百五十七字を属する。衍・泰などの数字を除き、他はすべて形声字である。

語系 水sjiei と準tjiuən とは声は近いが、通用するという関係ではない。水を水準器に用いることから、〔説文〕は水を準を以て解したもので、「水は準なり。川は穿(せん)なり」の類は、当時の音義説である。

【水雲】(すいうん) 水と雲。また、水上の雲。〔淮南子、覧冥訓〕山雲は草莽、水雲は魚鱗、旱雲は煙火、涔雲(しんうん)は波水のごとし。各〻其の形類に象るは、之れに感ずる所以(ゆゑん)なり。

【水煙】(すいえん) 水上のもや。唐・陳羽〔呉城覧古〕詩 呉王の舊國、水煙空し 香徑人無くして、蘭葉紅なり 春色、歌舞の地を憐れむに似たり 年年先づ發(ひら)く、館娃(くわんあ)宮

【水甕】(すいおう)(をう) 水がめ。〔邵氏聞見録、九〕司馬溫公(光)、幼にして群兒と戲る。一兒、大水甕中に墮(お)ち、已に沒す。群兒驚き走り、救ふこと能はず。公、石を取りて其の甕を破る。兒出づることを得たり。

【水火】(すいか)(くわ) 水と火。危急にたとえる。〔孟子、梁恵王下〕簞食(たんし)壺漿(こしやう)して、以て王の師を迎ふ。豈に他有らんや。水火を避けんとすればなり。

【水害】(すいがい) 大水の害。〔史記、律書〕昔、黃帝に涿鹿(たくろく)の戰有りて、以て火災を定め、顓頊(せんぎよく)に共工の陳(陣)有りて、以て水害を平らぐ。

【水旱】(すいかん) 大水と、ひでり。〔左伝、昭元年〕帝(堯)～諸(これ)(台駘(だいたい))を汾川に封ず。～今、晉は汾(水)を主(つかさど)りて之れを滅ぼせり。～山川の神は、則ち水旱癘疫の災ひあり。是(ここ)に於てか之れを禜(まつ)る。

【水郷】(すいきよう)(きやう) 水郭。河川・湖沼の多い地。〔晋書、王渾等伝論〕孫氏(呉)、江山の阻隔(そかく)を負(たの)み、牛斗の妖氛(えうふん)を恃(たの)み、水郷を奄有(えんいう)し、上國に抗衡(かうかう)(対抗)す。

【水曲】(すいきよく) 水涯。水流の屈折するところ。唐・許渾〔歳暮～峡山寺に題す、四首、二〕詩 水曲りて、巖千重 雲重なりて、樹百層

【水禽】(すいきん) 水鳥。〔三国志、魏、東夷伝、倭〕今、倭の水人、好んで沈沒して魚蛤を捕ふ。文身は亦た以て大魚・水禽を厭(はら)ふ。後、稍(やうや)く以て飾りと爲す。諸國の文身、各〻異なり。

【水撃】(すいげき) 水面をうつ。〔荘子、逍遥遊〕鵬の南冥に徙(うつ)るや、水擊三千里、扶搖(ふえう)(はやて)を摶(う)ちて上ること九萬里。

【水月】(すいげつ) 水中の月。〔滄浪詩話、詩弁〕盛唐の諸人、～其の妙處は、透徹(とうてつ)玲瓏(れいろう)、～水中の月、鏡中の象の如く、言盡くる有るも、意窮り無し。

【水源】(すいげん) 流れの源。晉・陶潛〔桃花源記〕林、水源に盡きて、便(すなは)ち一山を得たり。山に小口有り。髣髴(はうふつ)として光有るが若(ごと)し。

【水光】(すいこう)(くわう) 水面の光。宋・蘇軾〔赤壁の賦〕少焉(しばら)くして月、東山の上(ほとり)に出で、斗牛の閒を徘徊す。白露、江に橫たはりて、水光天に接す。一葦の如(ゆ)く所を縱(ほしいまま)にして、萬頃の茫然たるを淩ぐ。

【水国】(すいこく) 河川・湖沼の多い地。水郷。宋・欧陽脩〔南郷子、二首、一〕詞 翠(みどり)は密に、紅は繁し 水國、涼生ずるも、未だ是れ寒からず

【水災】(すいさい) 水害。〔後漢書、陳忠伝〕(上疏)伯榮の威は、陛下よりも重し。陛下の柄(主權)は、臣妾に在り。水災の發するは、必ず此(ここ)に起る。

【水際】(すいさい) 岸べ。宋・楊万里〔尤延之(袤)の山水両軸に跋す、二首、一〕詩 水際、蘆靑くして、荷葉黃ばみ 霜前、木落ちて、蓼花香し 漁舟去り盡して、天將(まさ)に夕ならんとす 雪色飛來す、鷺一行

【水宿】(すいしゆく) 水に宿る。晉・左思〔蜀都の賦〕晨鳧(しんぷ)旦(あした)に至り、候鴈蘆を銜(ふく)む。木落ちて南に翔(かけ)り、冰泮(と)けて北に徂(ゆ)く。雲に飛び水に宿り、淸渠に哢吭(ろうかう)す。

【水上】(すいじよう)(じやう) 川上。水辺。また、水の上。唐・張説〔梁六を洞庭山より送りて作る〕詩 巴陵、一望す、洞庭の秋 日に見る、孤峯の水上に浮ぶを

【水尽】(すいじん) 水平の果て。唐・李白〔族叔刑部侍郎曄～に陪して洞庭に遊ぶ、五首、一〕詩 洞庭、西に望めば楚江分る 水盡き、南天雲を見ず

【水勢】水の流れる勢い。〔南斉書、垣崇祖伝〕虜衆～東路より肉薄して小城を攻む。～日の晡時に至りて、小史埭（せき）を決す。水勢奔下し、虜の城を攻むるの衆、漂はされて塹中に墜ち、人馬溺死するもの數千人、衆皆退走す。

【水石】水と石。水中の石。唐・李白〔王屋山人魏万の王屋に還るを送る〕詩 咆哮す、七十の灘 水石相ひ噴薄す

【水戦】水上の戦い。晋・孫楚〔石仲容（苞）の為に孫皓に与ふる書〕自頃、國家、器械を整治し、舟檝を脩造し、水戰を簡習す。

【水草】みずくさ。また、水と草。〔史記、匈奴伝〕北蠻に居り、～水草を逐うて遷徙し、城郭常處、耕田の業毋し。然れども亦た各〻分地有り。

【水葬】死体を水中に投じて葬る。〔南史、夷貊上、海南諸国、扶南国伝〕死者に四葬有り。水葬は則ち之れを江流に投じ、火葬は則ち焚きて灰燼と爲し、土葬は則ち之れを瘞埋し、鳥葬は則ち之れを中野に棄つ。

【水村】水辺の村。唐・杜牧〔江南春絶句〕詩 千里鶯啼いて綠、紅に映ず 水村山郭、酒旗の風 南朝四百八十寺 多少の樓臺、煙雨の中

【水天】水と空。その接するところ。唐・鄭谷〔江上風に阻まる〕詩 水天春暗うして、暮寒濃かなり 船は蓬窗（舟の窓）を閉ざす、細雨の中

【水殿】水辺の御殿。唐・李白〔口号、呉王の美人半ば酔ふ〕詩 風は荷花を動かして、水殿香し 姑蘇臺上、呉王宴す

【水土】水陸。また、風土。〔晏子、雑下十〕嬰、之れを聞く、橘、淮南に生ずれば則ち橘と爲り、淮北に生ずれば則ち枳と爲ると。葉は徒だ相ひ似たるも、其の實、味同じからず。然る所以の者は何ぞや。水土異なればなり。

【水波】波。宋・蘇軾〔赤壁の賦〕清風徐ろに來りて、水波興らず。酒を擧げて客に屬し、明月の詩を誦し、窈窕の章を歌ふ。

【水浜】水のほとり。なぎさ。〔左伝、僖四年〕管仲～曰く、～昭王南征して復らず、寡人是れ問ふと。（楚の使）對へて曰く、～昭王の復らざるは、君其れ諸れを水濱に問へと。

【水辺】水べ。水浜。唐・杜甫〔麗人行〕詩 三月三日、天氣新たなり 長安の水邊、麗人多し

【水墨】墨だけで、彩色をしない画。墨画。宋・劉敞〔微雨、城に登る〕詩 淺深の山色、高低の樹 一片の江南、水墨の圖

【水陸】水と陸。宋・周敦頤〔愛蓮の説〕水陸草木の花、愛すべき者甚だ蕃し。晉の陶淵明、獨り菊を愛す。

【水潦】雨水。〔列子、湯問〕地は東南に満たず。故に百川水潦、焉に歸す。

↑水阿 水のくま／水衣 こけ／水位 水かさ／水溢 大水／水陰 南岸／水于 水さし／水運 運漕／水裔 水のほとり／水影 水かげ／水駅 舟着き場／水烟 水煙草／水謳 舟歌／水会 落ち合い／水涯 みぎわ／水磑 水車の臼／水郭 水郷／水閣 水楼／水患 水害／水監 水鏡／水鑑 水鏡／水岸 岸／水嬉 舟遊び／水戯 舟遊び／水居 水郷／水渠 みぞ／水鏡 水かがみ／水局 娼家／水玉 水晶／水虞 川沢の官／水君 水神／水軍 水上軍／水鶏 かじか／水臬 水準器／水険 水の難所／水原 水源／水狐 水弩／水虎 河童の類／水庫 ダム／水壺 水さし／水工 かこ／水行 舟行／水攻 水攻め／水蛟 みずち／水溝 鼻下のみぞ／水獄 水牢／水菑 水害／水柵 しがらみ／水産 魚介の類／水死 溺死／水師 水軍／水駛 急流／水次 水路の駅／水車 みず車／水榭 水亭／水手 かこ／水湿 湿気／水皺 さざ波／水銃 ポンプ／水準 水準器／水処 水居／水渚 なぎさ／水舂 水碓／水晶 水晶石／水腫 むくみ／水漿 飲み物／水色 水景／水蝕 水によって浸蝕される／水心 川や湖の中央のところ／水神 河伯／水深 水の深さ／水人 水郷の人／水声 水の音／水精 水晶玉／水澨 水浜／水泉 わき水／水族 魚介の類／水賊 海賊／水苔 川もずく／水碓 水車の臼／水態 水のさま／水沢 さわ／水獺 かわうそ／水畜 魚介／水注 水さし／水脹 脹満／水枕 舟で眠る／水亭 水閣／水程 水路／水滴 しずく／水田 みず田／水弩 蜮の類／水灯 水面の灯／水唐 河童／水痘 水疱瘡／水塘 ため池／水頭 水辺／水竇 みぞ／水道 航路／水難 水災／水嚢 水ぶくろ／水牌 漆などを塗った黒板／水畔 水浜／水飯 水粥／水湄 水辺／水蘋 浮草／水夫 かこ／水府 水神の宮／水平 水準／水兵 水軍の兵／水苹 浮草／水母 くらげ／水墓 水葬／水摸 潜水夫／水磨 水でひく臼／水沫 みなわ／水幔 ゆかた／水脈 みお／水霧 川ぎり／水明 水清らか／水面 みのも／水門 閘門／水紋 波紋／水厄 水害／水楊 川柳／水儡 水からくり／水埒 田のうね／水利 水運／水理 水脈／水梁 かけ橋／水沴 水の災／水霊 水神河伯／水簾 瀑布／水路 航路／水牢 水中の牢／水楼 水辺の閣／水漏 水時計／水礱 水磨／水湾 入江

↓溢水・引水・淫水・飲水・雨水・雲水・淵水・汚水・温水・河水・海水・隔水・渇水・冠水・寒水・灌水・鹹水・掬水・菊水・吃水・喫水・汲水・給水・魚水・鏡水・行水・曲水・渓水・激水・懸水・湖水・江水・洪水・洚水・香水・降水・谷水・山水・散水・止水・入水・秋水・春水・如水・小水・上水・浄水・神水・浸水・深水・薪水・清水・聖水・石水・泉水・潜水・疏水・走水・増水・大水・帯水・濁水・淡水・湍水・湛水・断水・池水・治水・中水・注水・漲水・潮水・破水・杯水・背水・配水・排水・覆水・噴水・碧水・放水・防水・没水・明水・用水・羊水・揚水・利水・流水・溜水・臨水・冷水・霊水・漏水・潦水

常

【吹】 7 6708 スイ ふく

篆文 甲骨文 金文

会意 口＋欠。〔説文〕口部二上に「噓くなり」、また欠部八下に「气を出だすなり」とあって、重出。卜文には口を開いて息を吹く人の側身形に作り、象形。金文はその形にまた𠙵を加えており、𠙵は祝禱や詛盟を収める器の象。これを吹くのは、その呪能を妨げるための呪的な行為と考えられる。欠部の字には、歇・款・欲・歌・歐（欧）など、古代の呪儀に関する字が多い。

訓義 ①ふく、ふきかける、息をふきかける。②風がふく、ふき動かす、かぜ。③楽器をふく、ふきならす、吹奏の器。

古訓 〔名義抄〕吹 カゼ・カシク・フク・アフク・フエ・サムシ 〔篇立〕吹 フク・クヽム・アフク・フエ・サムシ・カゼ・カシク

声系 〔説文〕十上に炊を「爨ぐなり」とし、吹の省声とするが、吹が祝告の器を吹く象であるように、炊は火を吹く象であろう。また龠字条二下に炊声の字を録するが、これも龠を吹く象の字であろう。

語系 吹・龡 thjiuai は同声。〔詩、小雅、何人斯〕に「伯氏壎を吹き 仲氏篪を吹く」の下句に「此の三物を出だして 以て爾を詛ふ」とあり、ものを吹くことは、呪詛的な意味をもつことがあった。

【吹雲】潑墨の法。〔歴代名画記、画体の工用・搨写を論ず〕曰く、古人の雲を畫く、未だ妙に臻ると爲さず。若し能よ

く綃素を沾濕し、輕粉を點綴し、口に縦ませて之れを吹く。之れを吹雲と謂ふ。此れ天理を得たりと。妙解と曰ふと雖も、筆蹤を見ず。故に之れを畫と謂はず。

【吹管】すいかん(くわん) 笛を吹く。北周・庾信〔示内人に奉和す〕詩 香を然もやす鬱金の屋 管を吹く鳳凰臺

【吹噓】すいきよ 息吹く。相助ける。推挙する。〔顔氏家訓、名実〕一士族有り。～天才鈍拙なるも、家世殷厚なり。雅もとより自ら矜持し、多く酒犢珍玩を以て、諸名士に交はり、其の餌を甘しとする者、遞ひに共に吹噓す。朝廷以て文華と爲す。

【吹簫】すいしよう(せう) 簫の笛を吹く。〔史記、絳侯周勃世家〕勃、薄曲(蚕薄)を織るを以て、生と爲す。常に人の爲に簫を吹き、喪事に給す。

【吹断】すいだん 吹きたつ。唐・岑参〔胡笳の歌、顔真卿の使して河隴に赴くを送る〕詩 涼秋八月、蕭關の道 北風吹斷す、天山の草

【吹笛】すいてき 笛を吹く。〔後漢書、馬融伝〕融、才高く博洽にして、世の通儒爲たり。～善く琴を鼓し、好んで笛を吹き、達生任性、儒者の節に拘せられず。

【吹万】すいばん 万象を吹きめぐる風。〔荘子、斉物論〕夫れ吹萬同じからざるも、～咸な其れ自ら取る(自己が主体と思う)。怒ますま者は其れ誰ぞや。

【吹毛】すいもう(まう) 毛を吹く。容易なこと。また、欠点をさがす。毛を吹いて疵を求む。唐・張説〔獄箴〕貴ぶ所は仁恕、窘束を矜るに非ず。吏苟しくも毛を吹かば、人安くにか足を措かん。

➡吹角 角笛を吹く／吹楽 楽を吹奏する／吹筦 吹管／吹気 呼吸／吹起 吹き起こす／吹器 吹奏楽器／吹噏 呼吸する／吹牛 ほら／吹挙 推挙／吹吁 息を吹きかける／吹呴 吹吁／吹煦 息を吹きかけてさまし、またあたためる／吹壎 土笛を吹く／吹呼 呼吸する／吹沙 はぜ／吹散 吹き散らす／吹指 指笛／吹脣 口笛／吹雪 ふぶき／吹扇 側から助ける／吹奏弾奏／吹竹 吹笛／吹灯 消灯／吹筒 火吹き竹／吹簸 笛などを吹きかなでる／吹埵 火吹き筒を吹く／吹弾 吹き揚げる／吹皮 ふいごう／吹面 顔に吹く／吹葉 草笛／吹螺 ほら貝を吹く／吹綸 薄絹

⬇蛙吹・笳吹・歌吹・角吹・管吹・騎吹・虚吹・魚吹・暁吹・軽吹・孤吹・鼓吹・徐吹・簫吹・声吹・清吹・奏吹・長吹・洞吹・鐃吹・万吹・晩吹・風吹・暮吹・鳳吹・遥吹・濫吹・霊吹

常

【垂】

8 2010

スイ たれる ほとり なんなんとす

篆文

会意 𠂹＋土。𠂹は〔説文〕六下に「艸木の華葉𠂹たる。象形」とあり、その垂れて土に達するを垂という。〔説文〕十三下に「遠邊なり」とするが、その字には陲を用いる。垂下の意より垂示・垂教、また、まさに達せんとする状態を垂老・垂死のようにいう。

訓義 ①たれる、たれさがる、地につく。②陲と通じ、ほとり、辺境。③なんなんとす、その状態に近い。

古訓 〔名義抄〕垂 タル・ホトリ・セムトス・トス・イマニ・イタル・イマシ・スミ・クダル・サカヒ・イマ・クマ・ノゾム・ホト〳〵・オヨブ

声系 〔説文〕土部に垂を𠂹声の字とし、また垂声として睡・箠・捶・涶・錘・陲など十三字を収める。睡・錘は下垂、箠・捶は杖撃の意がある。

語系 垂・陲zjiuaiは同声。〔説文〕十四下に「陲は危きなり」とするも、多く辺陲の義に用いる。墮(陊・隋)duai、墜(隊・地)diet、隤duaiはみな下垂の意があり、声義の近い語である。

【垂誡】すいかい 戒める。唐・韓愈〔張徹に答ふ〕詩 狂を悔いて、已に指を咋み 誡を垂れて、仍ほ銘に鐫る。

【垂泣】すいきゆう(きふ) 泣く。〔韓非子、五蠹〕夫れ泣涕を垂れて刑することを欲せざるは、仁なり。然れども刑せざるべからざるは、法なり。

【垂拱】すいきよう 衣をたれ手をこまねく礼容。また、礼容を整えたままで何もしないこと。〔書、武成〕信を惇くし義を明らかにし、徳を崇び功に報じ、垂拱して天下治まる。

【垂教】すいきよう(けう) 後世に教訓を残す。〔輟耕録、九、許文懿先生〕婺州の許白雲(謙)先生、字は益之。金華山に隱居し、四十年城府に入らず。著書立言、以て教へを後世に垂るるに足る。

【垂訓】すいくん 垂教。〔孔子家語、本姓解〕孔子、衰周に生まる。～堯舜を祖述し、文武を憲章し、詩を刪り書を述べ、禮を定め樂を理め、～訓を後嗣に垂れて、以て法式と爲し、其の文德著はる。

【垂死】すいし 死にかかる。瀕死。唐・元稹〔(白)楽天の江州司馬を授けられしを聞く〕詩 垂死の病中、驚きて坐起すれば 暗風雨を吹いて、寒窗に入る

【垂象】すいしよう(しやう) 天象によって教える。〔易、繫辞伝上〕天、神物を生じて、聖人之れに則り、天地變化して、聖人之れに效ふ。天、象を垂れて吉凶を見し、聖人之れに象る。河、圖を出だし、洛、書を出だし、聖人之れに則る。

【垂涎】すいぜん ほしくてたまらぬ。宋・趙鼎臣〔猶子棄の画ける盤谷の図、戯れに其の後に書す〕詩 青山を買はんと欲するも、未だ錢有らず 佳處に逢ふ每に、但だ垂涎するのみ

【垂釣】すいちよう(てう) 釣する。唐・孟浩然〔洞庭に臨む〕詩 濟らんと欲するも、舟楫無し 端居して聖明に恥づ 坐して釣を垂るる者を觀る 徒だ魚を羨むの情有り

【垂髫】すいちよう(てう) 垂れ髪の童児。晉・陶潛〔桃花源記〕良田美池、桑竹の屬有り。～男女の衣著、悉く外人の如し。黃髮(老人)垂髫、竝びに怡然として自ら樂しむ。

【垂涕】すいてい 涙を流す。〔史記、李将軍伝〕廣、～遂に刀を引いて自剄す。廣の軍士大夫、一軍皆哭す。百姓之れを聞き、知ると知らざると、老壯と無く、皆爲に垂涕す。

【垂統】すいとう 子孫に継承すべき事業をはじめる。〔孟子、梁恵王下〕君子、業を創め統を垂れ、繼ぐべきを爲す。夫の成功の若きは、則ち天なり。

【垂名】すいめい 名を後世に残す。晉・陸機〔豪士の賦の序〕遊子は高位に生前に徇ひ、志士は、名を身後に垂れんことを思ふ。受生の分、唯だ此れのみ。

【垂綸】すいりん 垂釣。民国・蘇曼殊〔断鴻零雁記、十五〕余れ乃ち負杖して門を出で、歩の之く所に隨ませ、漁翁に遇ふ。相ひ與に閑話し、翁の垂綸を收拾するに迄んで、余も亦た轉身歸去せり。

【垂簾】すいれん 太皇・太后などが幼帝に代わって政務をとる。〔旧唐書、高宗紀下〕天后、御座の後に垂簾し、政事の大小は、皆之れを預かり聞く。

【垂老】すいろう(らう) 老年に近づく。〔帰田詩話、中、沈園感旧〕陸放翁、晩年沈園を過ぐるの二絶句あり。～予れ垂老にして流落す。途窮まり歲晩る。每に此の數聯を誦し、輒ち之れが爲に悽然たり。

➡垂阿 四阿の建物、亭／垂哀 同情する／垂意 注意する／垂頤 物欲し気にする／垂雲 低い雲／垂穎 垂れ穂／垂纓 冠飾の紐／垂恩 施恩／垂戒 垂誡／垂竿 垂釣／垂危 きわめて危うい状態／垂及 近づく／垂救 救いの手をのべる／垂矜 憐れみをかける／垂業 業をはじめる／垂髫 幼童／垂眷 愛顧／垂憲 規範をしめす／垂胡 あごのこぶ／垂顧 目をかける／垂語 垂示の語／垂光 世を照らす／垂鉤 釣糸をたれる／垂櫜 弓袋をさげ、敵意のないことを示す／

垂察 思いやる／垂糸 柳の枝／垂珥 耳だま／垂手 敬礼する／垂卹 憐れみ救う／垂準 平準の器／垂詢 下問／垂条 しだれ／垂紳 礼服の大帯をたれる／垂仁 恵む／垂垂 次第に／垂世 広める／垂成 完成近い／垂則 法を設ける／垂殆 危篤／垂聴 傾聴する／垂直 直下／垂天 空から下る／垂典 垂則／垂頭 低頭する／垂年 垂死の年／垂念 配慮／垂白 垂老／垂箔 垂簾／垂髪 垂髫／垂範 手本／垂冰 つらら／垂暮 垂老／垂法 手本／垂没 垂死／垂命 垂死／垂問 下問／垂腴 太鼓腹／垂諭 さとす／垂楊 垂柳／垂柳 しだれ柳／垂旒 冠飾の垂れ／垂慮 熟考する／垂諒 ご諒察／垂涙 垂泣／垂憐 憐れむ／垂露 したたる露

↓帷垂・下垂・懸垂・光垂・荒垂・三垂・条垂・紳垂・星垂・帯垂・直垂・低垂・天垂・倒垂・徳垂・佩垂・辺垂

常【炊】8 9788 スイ かしぐ

篆文 

会意 火＋欠。欠は口を開く形。気息を以て火を吹く形である。〔説文〕十上に「爨かしぐなり」とあり、吹の省声とするが、炊・吹ともに会意とみてよい。〔史記、封禅書〕に、晋巫の祀る五帝の一つに先炊があり、また老婦先炊ともよばれるもので、竈の神をいう。

訓義 1かしぐ、にたきする。2やく、もやす。3吹と通じ、ふく。

古訓 〔名義抄〕炊 カシク・ヒタク・イヒカシク 〔字鏡集〕炊 カシク・ヲモヒ

声系 〔説文〕に炊声として龠部二下に龡を収め、「音律管壎の樂なり」とあり、吹奏の器をいう。おそらく吹に従うべき字であろう。

語系 炊・吹 thjuai は同声。同じ構造法の字である。

【炊煙】 竈の煙。宋・陸游〔滄灘〕詩 霧斂まりて、蘆村落照紅なるに 雨餘の漁舍、炊煙浮ぶ

【炊火】 飯をたく火。生活。〔漢書、武五子、燕刺王旦伝〕(上疏)昔、秦、南面の位に據り、一世の命を制す。～其の後、尉佗南夷に入り、陳渉楚澤に呼び、近狎亂を作し、内外倶に發し、趙氏(秦をさす)に炊火無し。

【炊桂】 物価高。〔戦国策、楚三〕楚國の食は玉よりも貴く、薪は桂よりも貴く、謁者は鬼よりも見難し。～今臣をして玉を食み、桂を炊ぎ、鬼に因りて帝に見えしむも、其れ得べけんや。

【炊爨】 炊事をする。〔晋書、祖納伝〕最も操行有り、能く清言し、文義觀るべし。性至孝。少くして孤貧。常に自ら炊爨して、以て母を養ふ。

【炊累】 塵が舞いあがる。〔荘子、在宥〕尸居して龍見し、淵默して雷聲し、神動きて天隨ひ、從容として爲すこと無くして、萬物炊累せん。

↑炊飲 食事／炊骸 骸骨を薪とするほどの乱世／炊玉 米が玉ほどに高い／炊金 玉食／炊骨 炊骸／炊子 飯たき／炊事 料理／炊灼 やく／炊煮 煮たき／炊人 飯たき／炊箒 家事／炊甑 蒸し器／炊飯 飯をたく／炊婦 おさん／炊米 飯をたく／炊餅 蒸し餅／炊粱 粱の飯

↓一炊・急炊・供炊・爨炊・自炊・春炊・蒸炊・晨炊・新炊・雑炊・朝炊・晩炊

【隹】8 2021 スイ とり これ

篆文 

象形 鳥の形。〔説文〕四上に「鳥の短尾なるものの總名なり」という。卜文では、神話的な鳥の表示には鳥をかき、一般には隹を用いる。語法としては「隹これ」という発語に用い、文献では唯・惟・維を用いる。また動詞として「あり」、所有格の介詞の「の」、他に並列の「与と」、また「雖も」と通用することがある。隹はおそらく鳥占に用い、軍の進退なども鳥占によって決することがあったのであろう。祝詞の器(𠙵)の前で鳥占をするのは唯、神の承認することをいう。その祝禱に蟲虫の呪詛があるものは雖、保留がついて逆接の意となる。

訓義 1とり。2ふふどり。3これ、あり、と。4雖と通じ、いえども。

古訓 〔名義抄〕隹 ナキヲ 〔篇立〕隹 フルトリ・トリ 〔字鏡集〕隹 トリ・ハト

部首 〔説文〕に三十九字、重文十二、〔玉篇〕に七十五字を属する。他に奞・萑などの部首がある。

語系 隹tjiuai、唯・惟・維jiuai は声近く、発語として通用する。雖siuai は、隹が肯定的であるのに対して、否定的な条件をもつ語である。

【㒸】9 8023 スイ したがう ついに おとす

篆文 

象形 豛殺されている犠牲の形。この犠牲を供することによって、ことを遂行する。〔説文〕二上に「意に從ふなり」とし、八(八)を相背く意として字を八部に属するが、八はこの字においては耳の形である。金文にこの字を墜(墜)の意に用い、〔毛公鼎〕「女敢て㒸すこと母く、乃の服に在れ」のようにいう。墜は神の降る神梯(𨸏)の前に土主を祀り、犠牲を薦める形で、神の降り立つところ、すなわち地の初文である。道路で犠牲を用いる字に述(述)・術(術)があり、述は金文に遂(遂)の意に用い、ことを継続し、遂行することをいう。

訓義 1したがう、ついに。2遂と通じ、その初文。3墜と通じ、おとす。

声系 〔説文〕に㒸声として遂・隊(隊)、遂声として邃・隧などの字を収める。みな㒸を犠牲とする祭儀を示す字である。

語系 㒸・遂・隧 ziuat は同声。遂は犠牲を用いて祓い、そのまま進行する意。術・述 djiuat も声近く、道路の呪儀をいう。〔説文〕二下に述はまた「循ふ」と訓し、遂と同じく行為を継続する意がある。朮はその牲獣の形。

常【帥】9 2472 スイ シュツ ソツ ぬぐう ひきいる したがう

篆文  金文 

会意 𠂤＋巾。𠂤は師の従うところの脤肉の象とは異なり、啓(啓)・肇(肇)などの従う神戸棚の形に近く、帥とはその神戸棚に巾を加えてこれを刷拭する意であろう。〔説文〕七下に「佩巾なり」とあり、重文として帨を録するが、帨は婦人が前かけのようにして帯びるもので、帥と同字とはしがたい。金文の〔師虎毀〕に「今余れ隹れ先王の命に帥井す」のように、帥型(手本)の意に用いる。のちの率従というほどの意である。

訓義 1ぬぐう、ふく、神棚を清める。2率と通じ、ひきいる、したがう。

古訓 〔篇立〕帥 ヒキヰル・ニギハシ・イクサ・ニハカ・アツマル・スケ・シタフ・トモ 〔字鏡集〕帥 ニハカニ・ヒク・キミ・アツマル・タツ・ヒキヰル・シタガフ・イクサタチ・ニギハル・イクサ・ミチビク

語系 帥sjiuat、㕟(刷)shoat は声義近く、帥はもと刷拭を原義とする字。率(率)shiuat、遵(遵)tziuan、循・巡(巡)ziuan、徇ziuen とも声近く、みな、ひきいる、したがうの意がある。

【帥先】 先に立って導く。〔漢書、成帝紀〕乃者に火災祖廟に降り、東方に星孛(彗星)有り。～群公孜孜として百

寮を帥先し、朕れを輔くるも逮ばず。～其れ天下に大赦せよ。

【帥服】(そつふく・しゅつふく) 従える。〔国語、斉語〕(桓公)位に即きて数年、東南に多く淫亂なる者有り。萊・莒・徐夷・呉・越なり。一戰して、三十一國を帥服す。

【帥由】(そつゆう・(いう)) したがう。率由。〔漢書、五行志上〕賢佞分別し、人を官すること序有り。舊章に帥由す。

【帥厲】(そつれい) 率い励ます。〔隷釈、漢の酸棗の令劉熊の碑〕後學を帥厲し、之れを雍泮(辟雍・泮宮。古の大学)に致す。草之れに風を上ふ。嚮應せざる莫し。

↑帥意(そつい) 任意／帥教(そっきょう) 教えに従う／帥閫(すいこん) 大将／帥志(そっし) 帥意／帥示(そつじ) 導く／帥爾(そつじ) にわかに／帥乗(すいじょう) 兵士／帥然(そつぜん) にわかに／帥台(すいだい) 司令官／帥長(すいちょう) 統率者／帥導(そつどう) 導く

↓魁帥・官帥・渠帥・軍帥・群帥・元帥・師帥・主帥・将帥・身帥・総帥・隊帥・置帥・儲帥・統帥・文帥・兵帥・別帥・偏帥・勉帥・謀帥・立帥・旅帥・良帥

【崇】 10 2290 スイ たたり

篆文 籀文 甲骨文 金文

象形 呪霊をもつ獣の形。〔説文〕一上に「神の禍なり」とし、示(神)と出との会意とするが、卜文・金文の字形は毛深い獣の形。〔説文〕㱾字条三下に「楚の人、吉凶を卜問することを謂ひて㱾と曰ふ。又(手)の祟を持するに從ふ。祟は亦聲なり」とあり、祟は手に持ちうるものである。祟を敺って、その呪霊によって人を呪詛することを殺(殺)・弑といい、殺・弑の従うところが呪獣である祟の形。また竄字条七下に「塞ぐなり。～讀みて、虞書(舜典)に曰く、三苗を竄すの竄の若くす」とあり、祟・㱾・竄・殺・弑は、その呪獣を用いる呪儀を示す一系の字である。籀文は眞(真)に従う形に作り、眞は呪霊のさかんな顚死者を示す字である。

訓義 ①たたり、たたる。②わざわい、わざわいを受ける。

古訓 〔新撰字鏡〕祟 タ、ルナリ 〔字鏡集〕祟 タ、ル・サトシ

声系 〔説文〕に㱾声として竄など四字を収める。

語系 祟siuət、㱾tjiat、竄tsat は声義近く、祟をなす獣を用いる呪儀。殺sheat、竄tsyuan も声近く、通用の例がある。

↑祟悪(すいあく) たたり／祟書(すいしょ) たたりの記録

↓怪祟・解祟・災祟・除祟

常【粋】 10 人【粹】 14 9094 スイ サイ うつくしい いき

篆文

形声 旧字は粹に作り、卒声。卒に萃・誶の声がある。〔説文〕七上に「粹にして能く雜を容る」とあって、精米をいう。〔荀子、非相〕に「粹にして雜ならざるなり」とあって、粹・雜(雑)は相対する語。純粋・精粋のように用いる。

訓義 ①精米、まじりけがない米。②まじりけがない、純粋、純一、もっぱら。③うつくしい、くわしい、欠点がない、完全な、かわらない。④国語で、いき。

古訓 〔名義抄〕粹 モハラ・マダラナリ 〔字鏡集〕粹 マダラナリ・モハラ・シラク・マジハル

語系 粹siuət、純・醇・淳zjiuən は声義に通ずるところがあり、純は純素・純一にして交わらざるもの、醇は醇厚の酒、淳は澆らざるものをいう。

【粋白】(すいはく) 純白。〔呂覧、用衆〕天下に粹白の狐無し。而れども粹白の裘有るは、之れを衆白に取ればなり。

【粋美】(すいび) 純粋で美しい。〔老学庵筆記、一〕陳福公長卿、重厚粹美にして、天人の相有り。～平生未だ嘗て此の公の怒るを見ざるなり。

【粋霊】(すいれい) 霊妙。唐・白居易〔故京兆元少尹文集の序〕天地の閒に粹靈の氣有り。萬類皆之れを得たり。而して人は多きに居る。人中に就きて、文人之れを得ること又多きに居る。

↑粋慤(すいかく) 真心／粋器(すいき) 純良の人／粋語(すいご) 精粋の語／粋質(すいしつ) 優れた性／粋熟(すいじゅく) 精熟／粋正(すいせい) 純正／粋精(すいせい) 純粋でまじりけがない／粋折(すいせつ) 砕折／粋善(すいぜん) 純良／粋然(すいぜん) 純一／粋要(すいよう) 精粋のところ／粋和(すいわ) 精純でおだやか

↓蘊粋・英粋・温粋・雅粋・玉粋・国粋・秀粋・純粋・淳粋・醇粋・神粋・真粋・正粋・清粋・精粋・抜粋・文粋・明粋・養粋・稟粋

常【衰】 10 0073 【衰】 10 0073 スイ シ サイ もふく おとろえる

篆文 古文

会意 正字は衣＋冄。冄は呪飾。死者の襟もとに麻の呪飾を加えて祓う。〔説文〕八上に「艸雨衣なり。秦には之れを萆と謂ふ。衣に從ひ、象形」と蓑の意とするが、冄は死葬のとき、衣に著ける呪飾で、衰は縗の初文。糸部十三上に縗を喪服とする。葬送のときには礼を減衰するので、また減少・衰微の意となる。

訓義 ①もふく、喪章。②おとろえる、喪に服してよわる、やせる。③そぐ、礼をそぐ。④よわまる、勢いがなくなる、かすかになる、やぶれる、しりぞく。⑤としとる、からだがおとろえる。⑥差しと通じ、次第に、うつる。

古訓 〔名義抄〕衰 オトロフ 〔字鏡〕衰 ノゾク・シナ〴〵・サス・ヤブル・オトロフ・タカシ 〔字鏡集〕衰 サス・ヲツ・ユサメ・オトロフ・フタツコロモ

声系 〔説文〕に衰声として榱・縗など三字を収める。蓑(蓑)は〔詩、小雅、無羊〕に「蓑を何ひ笠を何ふ」とみえるが、古い字書には未収の字である。

語系 衰・縗shiuai は同声、もと同じ語であった。衰は麻の衰経、縗は喪服につける長さ六寸、博さ四寸の布。衰の初形からいえば、死者の襟もとにつける呪飾。のち葬送・服喪に用いるものとなった。卒・猝tziuət も同系の語で、卒は卒衣、死者の襟もとをかき合わせて結ぶ形。魂の脱出を防ぐ意であろう。瘁・悴dziuət はその心情をいう語。差tsheai も声近く、次第に減らす意に通用する。

【衰悪】(すいあく) 衰え醜くなる。〔戦国策、趙三〕色は老いて衰へ、知は老いて多し。日に多きの知を以て、衰惡するの色を逐はば、君必ず困しまん。

【衰気】(すいき) 元気が衰える。魏・阮籍〔楽論〕樂は人の精神をして平和に、衰氣をして入らざらしむ。天地交ごも泰く、遠物來り集まる。

【衰朽】(すいきゅう(きう)) 衰え朽ちる。唐・韓愈〔左遷せられて藍関に至り、姪孫湘に示す〕詩 一封、朝に奏す、九重の天 夕に潮州に貶せらる、路八千 聖明の爲に弊事を除かんと欲す 肯て衰朽を將て殘年を惜しまんや

【衰耗】(すいこう(かう)) 衰え減る。〔史記、平準書〕財賂衰耗して贍らず。物を入るる者は官に補し、貨を出だす者は罪を除く。選擧陵遲し(衰え)、廉恥相ひ冒す。

【衰困】(すいこん) 衰えつかれる。〔後漢書、班超伝〕臣超、犬馬の齒殲きたり。～臣、敢て酒泉郡に到るを望まざるも、但だ生きて玉門關に入らんことを願ふ。臣、老病衰困、死を冒して瞽言す。

【衰残】(すいざん) 衰えしぼむ。宋・林逋〔西湖孤山寺後、舟中写望す〕詩 拂拂たる煙雲、初めて淡蕩たり 蕭蕭たる蘆葦、半ば衰殘す

【衰世】(すいせい) 衰えた世。〔三略、中〕聖人は天を體し、賢人は地に法り、智者は古を師とす。是の故に三略は、衰世の爲にし

て作る。

【衰頽】すいたい 衰え崩れる。〔三国志、魏、田疇伝〕漢室衰頽し、人〻異心を懐く。唯だ劉公(虞)のみ、忠節を失はず。

【衰絰】さいてつ 喪服。衰は胸に、絰は首・腰につける麻の布。〔左伝、僖六年〕楚子、許を圍む。～許男、面縛して璧を銜み、大夫は衰絰し、士は櫬(棺槨)を輿ふ。

【衰髪】すいはつ 老人の髪。宋・欧陽脩〔張生を送る〕詩 一別相ひ逢ふ、十七春 頽顔衰髪、互ひに相ひ詢ふ

【衰微】すいび 衰え弱まる。〔史記、周紀〕平王の時、周室衰微し、諸侯彊きは弱きを幷せ、齊・楚・秦・晉、始めて大なり。政は方伯に由る。

【衰鬢】すいびん 衰髪。唐・盧綸〔長安春望〕詩 誰か念はん、儒と爲りて世難に逢はんとは 獨り衰鬢を將て、秦關に客と爲る

【衰病】すいへい 衰え病む。唐・杜甫〔遠遊〕詩 藥を種ゑて、衰病を扶け 詩を吟じて、嘆嗟を解く

【衰麻】さいま 喪服。〔礼記、内則〕五十にして爵す。六十にして親から學ばず。七十にして政を致す。凡そ七十より以上は、唯だ衰麻を喪と爲すのみ。

【衰容】すいよう 衰えたさま。唐・章孝標〔匡山道者に贈る〕詩 嘗て聞く一粒の功 以て衰容を反すに足ると 方寸如し達せずんば 此の生、安くんぞ逢ふべけん

【衰乱】すいらん 乱世。漢・班昭〔東征の賦〕匡郭(匡城)に入りて遠きを追ひ、夫子の厄勤せるを念ふ。彼の衰亂の無道なる、乃ち聖人を困畏せしむ。

【衰老】すいろう(らう) 老い衰える。〔礼記、月令〕(仲秋の月)衰老を養ひ、几杖を授け、麋粥飲食を行ふ。乃ち司服に命じて、衣裳を具飭せしむ。

↑衰衣 喪服/衰運 衰勢/衰栄 盛衰/衰翁 老残の翁/衰骸 衰えた身/衰葛 喪服/衰冠 喪の冠/衰顔 やつれた顔/衰旧 老衰/衰軀 衰えた身/衰歇 衰弱する/衰倦 ものうい/衰減 衰える/衰枯 枯れる/衰槁 衰朽/衰興 盛衰/衰妻 老妻/衰殺 体力が衰える/衰瘵 衰病/衰削 衰減/衰颯 衰落/衰疾 病む/衰謝 衰退する/衰弱 弱る/衰叔 末世/衰序 度合いと前後の次第/衰裳 喪服/衰杖 喪の杖/衰飾 喪章/衰衽 喪服の裾につける布/衰衰 萎れる/衰征 土地の肥瘠による差等税/衰政 衰征/衰勢 次第に弱まる/衰賤 落魄する/衰漸 次第に弱まる/衰髥 年老いて色あせた髥/衰沮 衰える/衰麤 喪服/衰草 枯草/衰痩 やつれてやせる/衰息 減少する/衰損 衰える/衰退 弱まる/衰替 衰頽/衰倎 弱る/衰遅 晩年/衰年 老年/衰廃 衰替/衰憊 衰え弱る/衰白 白髪/衰薄 衰える/衰晩 暮年/衰服 喪服/衰弊 衰え弱る/衰変 衰える/衰暮 衰老/衰蓬 枯れた蓬/衰亡 衰滅する/衰乏 減少する/衰耄 老いぼれ/衰貌 衰容/衰滅 衰え滅ぶ/衰門 寒門/衰野 衰えていやしい/衰庸 衰耄/衰陵 次第に衰える/衰羸 衰弱する/衰齢 頽齢/衰陋 衰えてみにくい

↓顔衰・起衰・減衰・斬衰・緦衰・助衰・承衰・斉衰・盛衰・中衰・等衰・扶衰・風衰・変衰・門衰・養衰・老衰

人

【彗】 11 5517 スイ セイ ほうき

篆文

古文

会意 手に帚をもつ形。〔説文〕三下に「掃竹なり」とし、重文として篲を録する。卜文に両帚を奉ずる形の字があり、祼鬯して廟中を祓うのに用いる。また彗星をいい、〔左伝、昭十七年〕に「彗は舊を除き新を布く所以なり」という。古文に篲に作り、習(習)は摺(する)の意をとるものであろう。

訓義 ①ほうき、はらう。②ほうきぼし。③慧と通じ、さとい。

古訓 〔名義抄〕彗 ハラフ/彗星 ハ、キボシ

声系 〔説文〕に彗声として嘒・慧(慧)など七字を収めるが、声が異なる。雪(雪)の初形も彗の形に作り、彗の声と近い。

語系 彗ziuat、雪siuatは声近く、雪にそそぎあらう意がある。また習ziəpも摺掃の意があり、もと同系の語と考えられる。

【彗星】すいせい ほうきぼし。〔左伝、昭二十六年〕齊に彗星有り。齊侯之れを禳はしめんとす。晏子曰く、益無きなり。～天の彗有るは、以て穢を除かんとするなり。君に穢德無くんば、又何ぞ禳はん。

【彗孛】すいはい ほうきぼし。〔漢書、五行志下之下〕宣帝の地節元年正月、西方に星孛有り。太白を去ること二丈所ばかり。劉向以爲へらく、太白を大將と爲す。彗孛之れに加ふるは掃滅の象なりと。明年大將軍霍光薨ず。後二年、家夷滅せらる。

↑彗雲 雲をはらう/彗気 彗星の光/彗光 彗星の光/彗掃 はく/彗氾 はく

↓曳彗・策彗・散彗・禳彗・帚彗・掃彗・蒼彗・竹彗・天彗・白彗・孛彗・祓彗・妖彗・擁彗・流彗

【悴】 11 9004 スイ いたむ やつれる うれえる

篆文
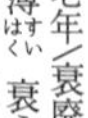

形声 声符は卒。卒に粹(粋)・萃の声がある。卒は卒衣。死者の襟もとを結んで、霊の脱出を守る意。死に近い状態を憔悴という。〔説文〕十下に「憂ふるなり」とあり、困悴・愁悴のように用いる。

訓義 ①いたむ、かなしむ。②なやむ、やつれる。③うれえる、しぼむ。

古訓 〔名義抄〕憔悴 ウレフ・クダク・オトロフ・カシケタリ・シボム・ツヒユ・クタバル

語系 悴・瘁・顇dziuətは同声。卒・猝tziuətも声義が近い。死卒に近い状態で苦しむことを悴という。

【悴顔】すいがん やつれた顔。晉・劉伶〔北芒客舎詩〕醴(酒)を陳ねて、悴顔を發き 色歓のしみて、眞心を暢ぶ

↑悴荒 やつれる/悴槁 枯槁/悴憔 やつれる/悴賤 やつれていやしい/悴沮 沮喪する/悴族 衰族/悴懘 衣ずれの音/悴薄 やつれてみすぼらしい/悴民 生活につかれた人/悴容 やつれた顔つき/悴劣 やつれてみすぼらしい

↓萎悴・窮悴・困悴・愁悴・傷悴・憔悴・疲悴・貧悴・羸悴

【捶】 11 5201 スイ タ うつ むち

篆文

形声 声符は垂。垂は垂直に垂れるもの。〔説文〕十二上に「杖を以て撃つなり」とあり、箠(むち)や笞杖の類で、上から撃つことをいう。

訓義 ①うつ、むちでうつ、杖でたたく。②箠と通じ、むち。

古訓 〔名義抄〕捶 ウツ・ワキハサム・サス・サシハサム・マダラナリ・カサナル・フルフ・ハマル 〔字鏡集〕捶 カ、ル・タ、ク・フルフ・ツク・ムチ・ユクヘ・サシハサム・サク・サキハサム・フデ・マダラナリ・カサナル・ウツ・サス

語系 捶・箠tjiuaiは同声。垂zjiuaiは垂下、垂下して撃つことをいう。椎(槌)diuai、揣tshiuaiにもみな捶撃の意があり、同系の語であろう。

【捶撃】すいげき むちうつ。〔晋書、愍懐太子遹伝〕長ずるに及びて學を好まず、～恆に後園に在りて游戲す。埤車小馬を愛し、左右に馳騎せしめ、其の鞅勒(むながいと、くつわ)を斷ち、地に墮さしめて樂しみと爲す。或いは犯忤する者有れば、手自ら之れを捶撃す。

【捶殺】すいさつ たたき殺す。〔北史、酷吏、王文同伝〕諸郡の官人

を召し、小しく遲違する者有れば、輒ち面を地に覆して、之れを捶殺す。

【捶楚】しもと。〔顔氏家訓、渉務〕文義の士、多く迂誕浮華にして世務に渉らず。纖微の過失にも、又捶楚を行ふことを惜しむ。清高に處る所以、蓋し其の短を護るなり。

【捶撻】むちうつ。〔顔氏家訓、教子〕王大司馬(僧弁)の母魏夫人、性甚だ嚴正なり。王の湓城に在りし時、三千人の將爲り。年四十を踰ゆるも、少しく意の如くならざれば、猶ほ之れを捶撻す。故に能く其の勳業を成せり。

【捶笞】むちうつ。〔越絶書、荊平王内伝〕荊(楚)の平王、已に死す。(伍)子胥、卒六千を將ゐ、鞭を操りて平王の墓を捶笞し、之れを數めて曰く、昔者吾が先人罪無くして、子之れを殺せり。今此れ子に報ずるなりと。

【捶撲】むちうつ。〔後漢書、左雄伝〕雄、上言す。～孝明皇帝、始めて撲罰有り。皆古典に非ずと。帝從ひて之れを改む。其の後、九卿復た捶撲せらるる者無し。

↑捶毆 むちうつ／捶丸 球をうつ遊び／捶胸 胸をうって悲しむ／捶句 句を錬る／捶考 捶撃する／捶鉤 帯金うち／捶策 馬鞭／捶打 むちうつ／捶馬 馬にむちうつ／捶罵 うちののしる／捶表 標木／捶扑 むちうつ／捶阨 険処によって攻撃する／捶掠 うちなやます／捶勒 控制する

↓駆捶・軽捶・自捶・楚捶・撾捶・馬捶・被捶・鞭捶・搒捶

常【推】11 5001 スイ おす うつす すすめる おしはかる

篆文 

形声 声符は隹。隹に進(進)・誰・應(応)など、鳥占の俗を示す字がある。推に推測・推察の意があるのも、その俗と関係があろう。〔説文〕十二上に「排するなり」と推排の義とするが、推知・推進を原義とする字であろう。

訓義 ①おす、おしひらく。②うつす、すすめる、あげる。③おしはかる、おもいみる。④おしやる、おしおとす、しりぞける。⑤せめる、なじる。

古訓 〔名義抄〕推 オス・トフ・ユヅル・タヅヌ・キル・ツク・オモミレバ・ウツ・ムラガル・タヅネ・ハカル・ヒラク・タガフ・ナホ・アク・カヽル・スツ・スク・オシハカル 〔字鏡集〕推 ヲシハカル・タガフ・タヅネ・ツタフ・ハカル・ヒラク・ヲモンミレバ・カヽル・トフ・ユヅル・ウツル・スヽム・タヅヌ・スツ・ナヅ・アク・キル・ツラヌ・オス・ウツ・アカル・ハカシ・ヲシムラク・タラカル(ス)

語系 推thuəi、椎diuəi は声義近く、推排に用いるところを椎という。摧・催dzuəi も声近く、摧は「擠す」、催は「相擣つ」と訓する字。ただし推の字義は隹thuəi と最も関係が深く、惟jiuəi の字義と重なるところがある。

【推移】移り変わる。〔史記、屈原伝〕漁父曰く、夫れ聖人は、物に凝滯(こだわり、なずむこと)せず、能く世と推移す。

【推衍】おしひろめる。〔漢書、公孫賀等伝賛〕所謂鹽鐵議なる者は、始元中に起る。～宣帝の時に至り、汝南の桓寛次公、～鹽鐵の議を推衍し、條目を增廣し、其の論難を極め、數萬言を著はす。

【推恩】恩愛を他に及ぼす。〔孟子、梁恵王上〕故に、恩を推せば以て四海を保つに足り、恩を推さざれば、以て妻子を保つこと無し。

【推求】尋ね求める。〔斉民要術、八、作醬法〕昔漢の武帝、夷を逐うて海濱に至る。香氣有るを聞くも、物を見ず。人をして推求せしむるに、乃ち是れ漁父、魚腸を坑中に造り、堅土を以て之れを覆ひ、香氣上達す。～取りて之れを食らひ、以て滋味と爲す。～蓋し魚腸醬なり。

【推究】おしきわめる。〔北史、蘇綽伝〕(六条詔書、五)賞罰中らざれば、則ち人手足を措く所無し。則ち怨叛の心生ず。是を以て先王之れを重んじ、特に戒愼を加ふる者は、察獄の官をして、精心悉意、根源を推究せしめんと欲す。

【推挙】人をひき立てる。〔史記、韓長孺伝〕安國、人と爲り大略多し。～財に貪嗜なれども、推擧する所は皆廉士にして、己より賢なる者なり。

【推賢】賢人を推薦する。〔国語、晋語四〕夫れ趙衰は三たび讓りて義を失はず。讓は賢を推し、義は德を廣む。德廣く賢至らば、又何をか患へん～と。乃ち～佐たらしむ。

【推原】本原をとう。宋・陸游〔草堂〕詩 浩歌陌上、君怪しむ無かれ 世譜推原するに、楚狂よりす

【推敲】詩文の字句を練る。〔唐詩紀事、四十、賈島〕島～驢に騎りて詩を賦し、僧は推す月下の門の句を得たり。推を改めて敲と作さんと欲し、手を引きて推敲の勢を作し～覺えず大尹韓愈に衝たれり。乃ち具さに言ふ。愈曰く、敲字佳なりと。遂に轡を竝べて詩を論ずること久之しくす。

【推奨】推挙。唐・杜甫〔秋日荊南述懐三十韻〕詩 昔、推奬の分を承く 挺生(傑出した)の材に匪ざるを愧づ

【推譲】人を推し、自らは譲る。〔荘子、刻意〕仁義忠信を語り、恭儉に推讓し、脩むるを爲すのみなるは、此れ世を平らかにするの士、教誨の人、遊居の學者の好む所なり。

【推心】誠心を人に託する。〔後漢書、光武帝紀上〕降る者猶ほ自ら安んぜず。光武、其の意を知り、～乃ち自ら輕騎に乘りて、部陣を按行す。降る者更と相ひ語りて曰く、蕭王(光武)、赤心を推して人の腹中に置く。安くんぞ投死(致死)せざるを得んやと。是れに因りて皆服す。

【推進】人をおし進める。〔三国志、呉、妃嬪、呉主権歩夫人伝〕夫人、性、妒忌せず。推進する所多し。故に久しく愛待せらる。

【推擠】おしのける。宋・蘇軾〔毛令方尉と西菩寺に遊ぶ、二首、一〕詩 推擠せらるるも、去らざること已に三年 魚鳥依然として、我が頑を笑ふ

【推薦】推挙。〔後漢書、朱穆伝〕穆、家に居ること數年。在朝の諸公、相ひ推薦すること有る者多し。是に於て徵めして尚書に拜す。

【推戴】主として仰ぐ。〔三国志、魏、曹爽伝〕初め爽、(司馬)宣王の年德竝びに高きを以て、恆に之れに父事し、敢て專行せず。(何)晏等が進用せらるるに及んで、咸な共に推戴す。

【推択】人を選抜する。〔史記、淮陰侯伝〕始め布衣爲りし時、貧にして行無し。推擇せられて吏と爲ることを得ず。又生を治め商賈すること能はず。常に人に從ひ、寄して食飮す。

【推重】尊敬する。〔世説新語、軽詆〕王太尉(衍)、眉子(王玄)に問ふ、汝が叔(王澄)は名士なるに、何を以て相ひ推重せざると。眉子曰く、何ぞ名士にして、終日妄語すること有らんやと。

【推輓】車を後ろから推し、前から輓く。おしすすめる。〔左伝、襄十四年〕衞君(亡命中の衛侯)必ず(国に)入らん。夫の二子の者、或いは之れを輓き、或いは之れを推す。入ること無からんと欲するも、得んや。

【推服】おし立て尊敬する。晋・陶潜〔晋の故西大将軍長史孟府君(嘉)伝〕(郭)遜の從弟立、亦た才志有り。君と時を同じうし、譽を齊しうするも、每に推服す。

【推歩】天文暦数。〔後漢書、楊厚伝〕祖父春卿、圖讖の學を善くす。～(子の)統父の遺言に感じ、服闋り、～先法を學習し、又同郡の鄭伯山に就いて、河洛書及び天文推步の術を受く。

【推誉】ほめすすめる。〔春渚紀聞、二、劉仲甫国手棋〕

(仲甫)少くして此の伎を好み、忽ち解すること有るに似たり。人の推譽に因りて、國手に達するを致せり。

【推論】おし広めて論ずる。〔孔子家語、致思〕賜(子貢の名)願はくは(斉楚～兵を交ふるとき)賜、縞衣し白冠を著け、其の閒に陳説し、利害を推論して、國の患を釋かん。

↑推圧 抑えつける/推按 調べあげる/推委 なげやり/推引 推挙する/推寅 推演する/推演 推衍する/推懐 ま心をおし及ぼす/推劾 推問吟味する/推覈 取り調べる/推陥 おして陥れる/推勘 事情を調査する/推帰 帰着する/推寄 人に心を許す/推鞫 訊問する/推及 おし及ぼす/推咎 とがめる/推窮 推究する/推許 認め推す/推極 極める/推襟 推心/推敬 推服する/推撃 うつ/推激 励ます/推謙 推譲/推言 推論する/推考 推察する/推行 実施する/推校 推考する/推較 比較する/推轂 進める/推策 めどぎでうらなう/推察 推測する/推算 推し数える/推辞 辞退する/推手 えしゃく/推述 宣揚する/推升 任用する/推尚 尊ぶ/推称 推奨する/推尽 推究する/推訊 訊問する/推尋 問う/推成 罪をおしきわめて獄訟を立件する/推誠 推心/推斥 排斥する/推析 計算/推迹 追迹する/推説 推論する/推尊 推尚する/推堕 おし落とす/推度 推測する/推断 推定する/推治 推問する/推知 推察する/推致 推薦する/推定 推考し論定する/推排 排斥する/推挽 推輓する/推病 仮病/推覆 調べあげる/推分 配分に安んずる/推変 推移/推奉 推尚する/推本 推源/推摩 推測する/推磨 臼挽く/推命 運勢占い/推明 究明する/推問 吟味する/推与 譲る/推理 予測する/推量 推察する/推暦 推歩

↓恩推・鞠推・究推・察推・邪推・選推・善推・相推・排推・輓推・免推・類推

常【酔】11 人〔醉〕15 1064 スイ よう

篆文

形声 旧字は醉に作り、卒声。卒に粹(粋)・萃の声がある。〔説文〕十四下に「卒なり。卒をふるなり。其の度量を卒ふるも、亂に至らざるなり」と会意に解するが、卒に碎(砕)・倅など散乱の意もあり、酒によって儀容を失う意であろう。心に分別を失うほどものに傾倒することを、心酔という。

訓義 1 よう、酒によう。2 ふける、心うばわれる、まよう。

古訓 〔名義抄〕酔 ヱフ・ヨロコブ

語系 酔 tziuət、悴・顇・踤 dziuət は声義近く、酔とは酔いくたびれて、足もとも危ない状態をいう。

【酔歌】酔って歌う。唐・杜甫〔蘇端・薛復の筵にて、薛華に簡(手紙)せる酔歌〕詩 座中の薛華、善く醉歌す 歌辭、自ら風格の老ゆるを作す

【酔臥】酔って眠る。〔史記、高祖紀〕酒及び色を好み、常に王媼・武負に從ひて、酒を貰る。醉臥するとき、武負・王媼、其の上に、常に龍有るを見て、之れを怪しむ。

【酔漢】酔っ払い。〔開元天宝遺事、天宝下、酔語〕張曲江(九齢)、常に賓客に謂ひて曰く、李林甫の、事を議するや、醉漢の語の如し。用ふべきに足らずと。

【酔眼】酒に酔ったときの眼。宋・陸游〔興を遣る〕詩 醉眼本と輕んず、千古の事 釣竿新たに賜ふ、一灘の秋

【酔顔】酒に酔った顔。唐・白居易〔潯陽宴別〕詩 暮景、行色を牽く 春寒、醉顏を散ず

【酔客】酒に酔った人。〔三国志、魏、徐邈伝〕時に禁酒を科す。邈、私かに飲みて沈醉に至る。校事趙達、問ふに曹事(官事)を以てす。邈曰く、聖人に中れりと。～太祖甚だ怒る。～鮮于輔進みて曰く、平日醉客、酒の淸き者を聖人と爲し、濁れる者を賢人と爲すと謂ふ。邈、性脩愼なり。偶たま醉言せるのみと。

【酔狂】酒に酔いしれる。唐・白居易〔酔中、楊六兄弟に留別す〕詩 春初、手を携ふれば、春深散 日として、花閒に醉狂せざるは無し

【酔吟】酔って歌う。〔唐書、白居易伝〕官に居り、輒ち病もて去り、遂に功名を立つるの意無し。～東都居る所の履道里に、沼を疏し樹を種ゑ、石樓を香山に構へ、八節灘を鑿ち、自ら醉吟先生と號し、之れが傳を爲る。

【酔後】酔ったのち。唐・李白〔侍郎叔に陪して洞庭に遊ぶ、酔後三首、一〕詩 今日、竹林の宴 我が家の賢侍郎 三杯、小阮(姪)を容れ 醉後、淸狂を發す

【酔語】酔後の他愛ない話。宋・蘇軾〔劉莘老〕詩 了に慍喜(喜怒)を見ず 子し豈に眞に可人(よい人物)なるか 邂逅、一歡を爲す 醉語、天眞を出だす

【酔昏】酔って心くらむ。〔戦国策、趙四〕便辟左右の近き者、及び夫人優愛孺子、此れ皆能く王の醉昏に乘じて、欲する所を王に求むる者なり。

【酔殺】酔いつぶれる。唐・李白〔侍郎叔に陪して洞庭に遊ぶ、酔後三首、三〕詩 君山を剗却して好し 平鋪(平らかな地)、湘水流る 巴陵、無限の酒 醉殺す、洞庭の秋

【酔醒】酔ったり醒めたり。〔梁書、羊侃伝〕侃、酒を飲むこと能はざるも、賓客交遊を好む。終日獻酬して、其の醉醒を同にす。

【酔草】酔ってかく草書。狂草の類。宋・陸游〔酔中草書～〕詩 賜休、暫く解かる、簿書に圍まるることを 醉草、今年頗る微に入る

【酔態】酔ったさま。唐・白居易〔早春、西湖閑遊～〕詩 野情、世累を遺れ 醉態、天眞に任す

【酔中】酔っている間。唐・杜甫〔飲中八仙歌〕詩 蘇晉、長齋す、繡佛(繡像の仏)の前 醉中、往往にして逃禪を愛す

【酔倒】酔いつぶれる。唐・岑参〔涼州館中、諸判官と夜集ふ〕詩 一生大いに笑ふこと、能く幾回ぞ 斗酒相ひ逢ふ、須らく醉倒すべし

【酔飽】たらふく飲食する。〔後漢書、方術下、左慈伝〕慈、乃ち爲に酒一升・脯一斤を齎し、手自ら斟酌す。百官、醉飽せざる莫し。

【酔貌】酒に酔った顔。唐・白居易〔酔中紅葉に対す〕詩 風に臨む、杪秋の樹 酒に對す、長年の人 醉貌は霜葉の如く 紅なりと雖も、是れ春ならず

【酔眠】酔って眠る。〔宋書、隠逸、陶潜伝〕潛若し先づ醉ふときは、便ち客に語ぐ、我れ醉ひて眠らんと欲す、卿(君)去るべしと。

【酔夢】夢のように酔う。南唐・李煜〔阮郎帰〕詞 東風、水を吹いて、日は山を銜む 春來つて長しへに是れ閒なり 落花は狼藉たり 酒は闌珊たり 笙歌醉夢の閒

↑酔暈 酔いくらむ/酔悦 陶酔する/酔翁 酔老/酔哦 酔歌/酔鬼 むり酒をのませる人/酔魚 酔魚草でしびれた魚/酔郷 快い酔い心地/酔興 酔って浮かれる気分/酔狗 大酒家/酔酗 泥酔する/酔醺 酔う/酔囈 酔語/酔月 月下に酣飲する/酔拳 酒拳/酔戸 上戸/酔紅 酔顔/酔豪 酒豪/酔兀 泥酔する/酔困 深酔いして苦しむ/酔士 酔った人/酔趣 酔い心地/酔書 酔墨/酔唱 酔って歌う/酔粧 酔態/酔心 傾倒する/酔人 酔漢/酔睡 酔眠/酔生 酔ったような不確かな心地でくらす。

それで一生を終えるを夢死という／酔聖　酒中の聖／酔仙　酒仙／酔酡　酔って赤くなる／酔痴　酔い痴れる／酔怒　怒り上戸／酔伴　酒の友／酔寐　酔眠／酔筆　酔墨／酔舞　酔った勢いで舞う／酔別　送別の宴／酔歩　千鳥足／酔朋　酒友／酔眸　酔眼／酔墨　酔って書く／酔迷　酔昏／酔面　酔顔／酔日　酔眼／酔余　酔後／酔容　酔態／酔侶　酔朋／酔臉　酔眼／酔話　酔語

↓淵酔・仮酔・歌酔・酣酔・勧酔・歓酔・狂酔・強酔・極酔・吟酔・荒酔・昏酔・辞酔・取酔・愁酔・宿酔・熟酔・如酔・上酔・乗酔・常酔・心酔・真酔・尽酔・成酔・醒酔・夕酔・先酔・大酔・託酔・致酔・沈酔・泥酔・陶酔・同酔・晩酔・微酔・扶酔・麻酔・乱酔・爛酔・留酔・老酔

【陲】 11 7221 スイ ほとり

篆文 

形声 声符は垂。垂は華葉が垂れて地に及ぶ形。その末端のところをいう。〔説文〕十四下に「危きなり」とあり、岸涯の意とする。字は多く辺陲の意に用いる。神梯の象である𨸏に従うことからいえば、もと聖域をいう字であろう。聖域は容易に近づきがたい危険の地であった。金文の〔曾姫無卹壺〕に「漾陲」という語があり、漾水のほとりをいう。

訓義 [1]ほとり、さかい。[2]あやうい、けわしい。

古訓 〔名義抄〕陲　ホトリ〔字鏡集〕陲　ホトリ・アヤフム

語系 陲・垂・𠂹 zjuai は同声。𠂹は草木の華葉の垂れる形、その地に及ぶを垂という。〔説文〕十三下に垂を「遠邊なり」とし、陲辺の意とする。陲はもと聖地として近づきがたい地の意であるが、のち陲を辺陲の意に用いる。

↓彊陲・塞陲・朔陲・西陲・庭陲・天陲・辺陲・封陲

【棰】 12 4291 スイ タ つえ

篆文 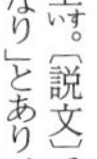

形声 声符は垂。〔説文〕手部十二上に「捶は杖を以て撃つなり」とあり、その杖を棰という。

訓義 [1]つえ、つえでうつ。[2]木の叢生するさま。

【棰敺】杖でうつ。〔南史、蔡興宗伝〕時に帝、毎に朝宴に因りて群臣を棰敺す。驃騎大将軍建安王休仁より以下、～咸く陵曳せらる。唯だ（蔡）興宗のみ、免るることを得たり。

【棰楚】刑杖。しもと。〔漢書、路温舒伝〕臣聞く、秦に十失有りと。其の一尙ほ存す。治獄の吏、是れなり。～夫れ人情、安ければ則ち生を樂しみ、痛しみては則ち死を思ふ。棰楚の下、何をか求めて得ざらん。

↑棰革　杖で鞭うつ／棰策　刑杖／棰杖　刑杖／棰頓　うちなやます

【萃】 12 4440 スイ あつめる

篆文  金文 

形声 声符は卒。卒に粹（粋）・醉（酔）の声がある。〔説文〕一下に「艸の皃なり」とあり、草の乱れ集まる意とする。その中から秀抜のものをえらぶを抜萃という。米穀のえらばれたものを粹という。

訓義 [1]あつめる、あつまる、こまかなものをあつめる。[2]草花のあつまるさま。[3]とまる、まつ。[4]ふき、款冬、ががいも、芄蘭。[5]顇と通じ、やつれる。

古訓 〔名義抄〕萃　アツマル・イタル・トモガラ〔字鏡集〕萃　トモガラ・イタル・アツマル・アツム

語系 萃 dziuət、集 dziəp は声近く、雜（雑）dzəp、揖 tziəp も同系の語。粹 siuət はその中からえらび出されたもので、雑と対待をなす語である。粋は萃と通用する。

↑萃悪　やつれる／萃乎　集まるさま／萃曠　広大なさま／萃蔡　衣ずれの音／萃集　集まる／萃聚　萃集／萃如　集まるさま／萃辱　やつれていたましい／萃萃　積集のさま／萃然　萃如／萃類　同類のものが集まる

↓雲萃・英萃・遠萃・咸萃・群萃・神萃・成萃・叢萃・大萃・屯萃・抜萃・文萃・鱗萃

常 【遂】 12 3830 【遂】 13 3830 スイ とげる ついに みち

篆文  古文  金文  古印璽 

形声 旧字は遂に作り、㒸声。㒸は獣が耳を垂れている形。これを犠牲として軍の進退などをトし、その結果を待って行動を継続することを遂行という。〔説文〕二下に「亡ぐるなり」とするも字義と合わず、〔玄応音義〕に引いて「成るなり」に作る。㒸を〔説文〕二上に「意に從ふなり」とするが、それが遂の字義に近い。金文には㒸を墜（墜）の意に用い、〔𤼈𣪘〕に「追孝して、對へて敢て㒸さず」のように用いる。述（述）も道路で獣を犠牲として進退をトする字で、〔小臣謎𣪘〕に「述に東す」とあり、遂と同義。その道路における呪儀を術（術）という。

訓義 [1]なる、なす、とげる。[2]そのまますすむ、ゆく、のびる、とどく、ついに。[3]きわめる、つくす。[4]みち。[5]みぞ、わたる。[6]邃と通じ、ふかい、とおい。[7]隊と通じ、おちる。[8]ゆごて。[9]鐩と通じ、かがみ。

古訓 〔名義抄〕遂　ツヒニ・トグ・トゲヌ・ヲハル・ヤスシ・アマネシ・トヾム・ハタル・ハタス・ヤシナフ・オフ・トホル・シタガフ・ツクス・ユク・ヨル・ス、ム

声系 〔説文〕に遂声として旞・邃・襚・隧など五字を収める。旞は車に載せる全羽の呪飾。襚は死者の衣。邃は邃遠。隧は塞上の烽隧のところとされるが、もと聖地の「羡道」（地下道）をいう字と考えられる。みな呪的な意味を負う字である。

語系 遂 ziuət、墜 diuət、述・術 djiuət は声義が近い。遂・述は犠牲を用いて進退をトし決する意。そのような呪儀を行う道路を術といい、隧という。遹 jiuət は矛を台上に樹てて遹省を行い、道路を清める呪儀。みな同系の語と考えられる。

【遂古】遠い昔。〔楚辞、天問〕遂古の初　誰か之れを傳へ道へる　上下未だ形はれざるに　何に由りてか之れを考へん

【遂志】志をとげる。魏・李康〔運命論〕行ひ人より高ければ、衆必ず之れを非とす。前監遠からず、覆車、軌を繼げり。然れども志士仁人、猶ほ之れを蹈みて悔いず、之れを操りて失はざるは何ぞや。將に以て志を遂げ、名を成さんとすればなり。

【遂事】きまったこと。〔論語、八佾〕子～曰く、成事は說かず、遂事は諫めず、既往は咎めず。

【遂初】初志をとげる。致仕隠逸のことをいう。〔晋書、孫綽伝〕（綽）少くして高陽の許詢と倶に高尚の志有り。會稽に居り、山水に游放すること十有餘年、乃ち遂初の賦を作りて、以て其の意を致す。

↑遂意　思いをとげる／遂隠　隠居の志をとげる／遂過　過ちを通す／遂願　願いをとげる／遂疑　疑問を解く／遂行　しとげる／遂罪　受罪／遂失　失墜する／遂情　遂志／遂心　遂願／遂進　進む／遂遂　物のさかんに興るさま／遂生　生をとげる／遂成　成就する／遂性　本来の性をとげる／遂節　節を守り通す／遂徳　徳を成就する／遂非　非を通す／遂忿　憤りをもらす／遂亡　滅亡／遂夜　終夜／遂路　四通八達

↓意遂・完遂・既遂・郷遂・決遂・厳遂・功遂・郊遂・自遂・事遂・

伸遂・成遂・物遂・未遂・名遂・容遂

【瘁】 13 0014 スイ やむ うれえる

形声 声符は卒。卒に翠(翠)・醉(酔)の声がある。〔詩、大雅、瞻卬〕に「邦國殄瘁す」とあり、病みつかれ、やぶれ憂える意がある。

訓義 [1]やむ、病みつかれる、やつれる。[2]うれえる、いたむ。[3]やぶれる、いたむ。

古訓 〔名義抄〕瘁 ウレフ・ヤム・ヤブル・カシク

【瘁音】 蕪雑な文辞。晉・陸機〔文の賦〕或いは辭を瘁音に寄せ、言徒だ靡しきのみにして華ならず。妍蚩(美醜)を混へて體を成し、良質を累ねて瑕(病)を爲す。

↑瘁瘖 語が出ぬ/瘁臞 病気で痩せる/瘁景 物寂しい景色/瘁索 物寂しい/瘁志 心がつかれる/瘁摂 病みつかれる/瘁心 心を苦しめる/瘁瘁 憂える/瘁赧 恥じ入る/瘁貌 病みつかれたようす

↓寒瘁・焦瘁・憔瘁・尽瘁・顦瘁・殄瘁・労瘁

常 【睡】 13 6201 スイ ねむる

篆文

形声 声符は垂。垂は花が垂れ下がる形。〔説文〕四上に「坐して寐ぬるなり」とし、字を会意とするが、垂下の意をとるものである。垂声の字は、おおむね亦声である。

訓義 [1]ねむる、いねむりする、坐して眠る。[2]花がつぼむ、花弁がとじる。

古訓 〔名義抄〕睡 ワブル・ミル・カスカニ・ヰネブリ 〔字鏡集〕睡 ミル・ネブル・ヰネブリ・イヌ・カスカニ

【睡臥】 臥して寝る。〔韓非子、外儲説左上〕魏の昭王、官事に與らんと欲す。～(孟嘗)君曰く、王、官事に與らんと欲せば、則ち何ぞ試みに法を習讀せざると。昭王、法を讀むこと十餘簡にして睡臥す。

【睡覚】 眠りからさめる。宋・程顥〔秋日偶成〕詩 閑來、事として從容ならざる無し 睡り覺むれば、東窗、日已に紅なり

【睡酣】 ぐっすり寝こむ。宋・蘇軾〔僕年三十九～又二十年、～之れを追録し以て付過す。二首、一〕詩 寺官官小にして、未だ朝參せず 紅日半窗、春睡酣なり

【睡語】 ねごと。宋・蘇軾〔二月二十六日、雨中熟睡し、晩に至りて強起～此の詩を作る～〕詩 強起、門を出でて行く孤夢猶ほ續ぐべし～明朝、此の詩を看ば 睡語應に讀み難かるべし

【睡媒】 眠気を誘う。宋・陸游〔興を遣る〕詩 酒盃は解せず、愁の敵と爲るを 書卷纔かに開けば、睡媒を作す

【睡魔】 眠気。はらいがたい睡気。宋・李覯〔丘寺丞の示さるる月蝕の詩に答ふ〕詩 一夜、公の月蝕の詩を吟ずるに 睡魔驚き走り、醉魂飛ぶ

【睡味】 ねごこち。宋・陸游〔春日〕詩 春濃やかに日永く、佳處有り 睡味人に著くこと、蜜の甜きが如し

【睡余】 ねざめ。宋・蘇軾〔鶴林・招隱(二寺)に遊ぶ、二首、一〕詩 睡餘、柳花墮ち 目眩しく山櫻然ゆ

↑睡衣 ねまき/睡意 眠気/睡雨 宵ごしの雨/睡鴨 香炉/睡眼 眠気の眼/睡雁 眠る雁/睡起 めざめ/睡郷 夢の国/睡興 睡味/睡響 いびき/睡昏 眠ってとざしているまぶた/睡兀 疲れ寝/睡瞼 眠くてぼんやりする/睡思 睡意/睡熟 熟睡/睡相 居眠り大臣/睡神 睡魔/睡声 いびき/睡醒 めざめ/睡仙 眠り上手/睡袋 寝袋/睡態 寝ざま/睡著 ねつく/睡沈 熟睡する/睡頓 睡兀/睡濃 熟睡する/睡寐 眠る/睡鳧 眠る鴨/睡伏 睡臥/睡仏 臥仏/睡癖 居眠りの癖/睡袍 夜着/睡眠 眠り/睡夢 ゆめ

↓愛睡・引睡・仮睡・花睡・酣睡・鼾睡・喜睡・宜睡・午睡・好睡・昏睡・坐睡・思睡・就睡・熟睡・春睡・寝睡・成睡・醒睡・善睡・耽睡・貪睡・致睡・被睡・美睡・飽睡・眠睡・夜睡・陽睡

【綏】 13 2294 スイ タイ キ たれひも やすんずる

篆文

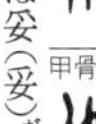

甲骨文

金文

形声 声符は妥(妥)。妥に挼・婑の声がある。妥は女子に上から手を加え、これを安撫する意。〔説文〕十三上に「車中の把るものなり」とあり、〔論語、郷党〕に「車に升るに、必ず正しく立ちて綏を執る」とみえる。車に升るときにもつ垂れひもで、〔儀礼、士昏礼〕に新夫が新婦を迎える親迎のとき、車上から綏を授ける儀礼がある。綏安の意に用い、字はまた綏に作る。食前に、黍・稷・肺を以て尸を祭ることを綏祭といい、キの音でよむ。

訓義 [1]たれひも、車のとりて、車に升るときにとるひも。[2]やすんずる、やすらか。[3]ゆるやか、おそい、とどめる。[4]緌と通じ、車上に建てる旗のたれ毛。[5]垂と通じ、たれる。[6]綏祭は食前にその一部をお供えすること。

古訓 〔名義抄〕綏 ヤスシ・トヾム・オソシ・タル・ユタカニ・カンムリノヒモ・ホ、スゲ・オイカケ/緌 ヲイカケ・フサ

語系 綏・緌 njiuai、蕤 njiuai、垂 zjiuai は声義近く、蕤は草木の華の垂れるさま。緌は冠纓(冠の紐)の垂れるもの。〔礼記、檀弓上〕「喪冠には緌せず」の緌を、また綏に作り、蕤に作り、三者通用することがある。みな垂の語系に属する語である。

【綏安】 安んずる。〔三国志、呉、呉主伝〕(魏の文帝位に即き)權に策命して曰く、～今又君に九錫を加ふ。其れ敬しっんで後命を聽け。君の東南を綏安し、江外を綱紀し、民夷業に安んずるを以て、攜貳(叛く)すること或る無かれ。

【綏集】 安んじ和合する。〔後漢書、西域伝序〕(章帝の建初)二年、～兵を遣はして伊吾の地を守らしむ。時に軍司馬班超、于寘に留まりて諸國を綏集す。

【綏靖】 やすんずる。〔晉書、張軌伝〕軌、令して曰く、吾れ州に在ること八年、區域を綏靖すること能はず。又中州の兵亂に値ひ、秦隴倒懸す。加ふるに寢患委篤(病気が重篤)にして、實に迹を斂め賢に避けんことを思ふ。

【綏定】 安定させる。〔左伝、昭二十六年〕惠王に至りて、天、周を靖んぜず。～則ち晉・鄭有りて、咸く不端を黜け、以て王室を綏定せり。

【綏寧】 安定させる。〔三国志、魏、王基伝〕嘉平以來、累りに內難有り。當今の務めは、社稷(国家)を鎭安し、百姓を綏寧するに在り。未だ宜しく衆を動かし、以て外利を求むべからず。

【綏撫】 安撫。〔三国志、呉、孫瑜伝〕是の時、賓客諸將、江西の人多し。瑜、虛心綏撫し、其の歡心を得たり。

↑綏慰 やすんじ慰める/綏遠 遠方の地をやすんじ治める/綏懐 やすんじなつける/綏勧 やすんじはげます/綏御 やすんじ治める/綏馭 綏御/綏祭 黍・稷・肺を以て、尸に祭る/綏視 平衡よりやや下方に視る/綏肆 ゆるやかにする/綏聚 綏集/綏輯 綏集/綏章 旗先の飾り/綏綏 文文、ぶらぶら歩き/綏世 太平の世/綏旌 垂れ旗/綏静 綏靖/綏接 慰撫する/綏服 五服の一/綏辺 綏遠/綏氓 民をやすんじる/綏民 民をやすんじる/綏宥 撫卹する/綏養 撫養/綏徠 安撫し招致する/綏理 やすんじ治める/綏和 安定する

↓安綏・永綏・咸綏・玉綏・恵綏・交綏・索綏・策綏・授綏・緝綏・

垂綏・正綏・靖綏・妥綏・寵綏・鎮綏・撫綏

【椳】 14 4093 スイ たるき

篆文

形声 声符は衰（衰）。〔説文〕六上に「椽なり。秦にては屋椽と名づく。周には之れを椽と謂ひ、齊・魯には之れを桷と謂ふ」（段注本）とあり、〔釈名、釈宮室〕に「桷～或いは之れを椳と謂ふ」とみえる。

訓義 ①たるき。

【椳桷】たるき。重任の人物。〔世説新語、傷逝〕孝武、山陵（墓葬）の夕、王孝伯（恭）入りて臨む。其の諸弟に告げて曰く、椳桷維れ新たなりと雖も、便ち自ら黍離（亡国）の哀有りと。

【椳題】たるきの先端。〔孟子、尽心下〕堂高數仞、椳題數尺は、我れ志を得るも爲さざるなり。

↑椳桁 たるきと、けた／椳椽 たるき／椳崩 建物が大壊する／椳橑 屋椽

↓華椳・桷椳・交椳・高椳・接椳・千椳・飛椳・文椳

【箠】 14 8810 スイ むち むちうつ

篆文

形声 声符は垂。〔説文〕五上に「馬を撃つ所以なり」（段注本）と馬鞭の意とするが、竹鞭でしもとにも用いる。笞刑のことをまた箠刑ともいう。

訓義 ①むち、竹のむち、竹のふしあるところ。②むちうつ。③笞刑。④捶と通用し、むち。

古訓 〔名義抄〕箠 ブチ

語系 箠・捶tjiuaiは同声。捶は箠の動詞的な語で杖撃をいう。撾toai、揣tshiuai、椎diuaiは声近く、撾・椎は撃つ、揣は捶つと訓する字。みな一系の語である。

【箠殺】うち殺す。〔後漢書、酷吏、董宣伝〕時に湖陽公主の蒼頭（召使い）、白日人を殺す。～宣～因りて之れを格殺す。主卽ちに宮に還りて帝に訴ふ。帝大いに怒り、宣を召し、之れを箠殺せんと欲す。宣叩頭して曰く、～自殺するを得んと請ふと。卽ち頭を以て楹を撃ち、流血面を被ふ。

【箠楚】刑杖。漢・司馬遷〔任少卿（安）に報ずる書〕太上は先を辱かしめず。其の次は身を辱めず。其の次は理色を辱めず。～其の次は木索に關せられ、箠楚を被りて辱めを受く。～最下は腐刑、極まれり。

↑箠策 むち／箠杖 刑杖／箠撻 むちでうつ／箠笞 むち／箠梃 箠杖／箠罵 むちでうち罵る／箠轡 馬を走らせる／箠朴 むちでうつ／箠掠 むちでうつ／箠令 笞刑の令

↓加箠・銜箠・尺箠・杖箠・竹箠・馬箠・轡箠・鞭箠・榜箠

人【翠】 14 1740 〖翠〗 14 1740 スイ かわせみ みどり

篆文

形声 声符は卒。卒に萃・醉（酔）の声がある。〔説文〕四上に「靑羽雀なり。鬱林に出づ」とあって、翠鳥をいう。雄を翡といい、合わせて翡翠という。その羽の色によって、青を翠という。

訓義 ①かわせみ。②みどり、はなだいろ、あお。

古訓 〔名義抄〕翠 ミドリ・アヲシ・カケル 〔字鏡集〕翠 ミドリ・カケル・ソヒ・シヨモ・アヲシ・アヲキハネ

【翠靄】青々とした茂みのもや。唐・子蘭〔河梁晩望、二首、一〕詩 連山の翠靄、沙漵（なぎさ）を籠め 白鳥翩翩として、夕陽に下る

【翠幄】翡翠の羽飾りのあるとばり。貴人の室をいう。〔晋書、劉琨伝〕臣等、祖考以來、世、殊遇を受け、入りては翠幄に侍し、出でては彤管を簪す。

【翠華】翡翠の羽で飾った旗。天子の旗。唐・杜甫〔韋諷録事の宅に曹将軍の画ける馬の図を観る歌〕詩 憶ふ昔、新豐宮に巡幸したまふとき 翠華天を拂つて、來つて東に向ふ

【翠鬟】つややかなまげ。美人の髪。南唐・李煜〔阮郎帰〕詞 珮聲悄として 晩妝殘る 誰に憑りてか翠鬟を整へん 留連する光景、朱顏を惜しむ 黄昏獨り闌に倚る

【翠巌】青々とした巌。唐・李紳〔杭州の天竺・霊隠の二寺～、二首、一〕詩 翠巌幽谷、高低の寺 十里の松風、碧嶂連なる

【翠翹】翡翠の髪飾り。唐・白居易〔長恨歌〕詩 花鈿（花かんざし）、地に委てられて、人の收むる無し 翠翹と金雀と玉搔頭

【翠嶂】青々とした峰。宋・蘇舜欽〔越州雲門寺〕詩 翠嶂環合して、白雲を封じ 中に蕭寺有り、三を隣と爲す

【翠色】青々とした色。唐・李白〔姑熟十詠、慈姥竹〕詩 翠色、波に落ちて深く 虛聲、寒を帶びて早し

【翠苔】みどりの苔。明・楊基〔李花〕詩 江城二月城西の路 誰か惜しむ、柔香の翠苔に滿つるを

【翠黛】まゆずみ。美人。また、遠山の姿。唐・李紳〔淮に入り盱眙に至る〕詩 山は翠黛を凝らして、孤峯迴り 淮は銀花（波）を起して、五兩（船尾の候風、風見鶏）高し

【翠帳】翡翠の羽で飾った帳。〔楚辞、招魂〕翡帷翠帳 高堂を飾る 紅壁沙版 玄玉の梁

【翠微】山気。山の高みのところ。梁・陸倕〔石闕の銘〕偉なる哉か、偃蹇たり、壯なる矣か、巍巍たり。旁ら重疊に映じ、上は翠微に連なる。

【翠輦】天子の乗るてぐるま。唐・令狐楚〔君恩を思ふ〕詩 小苑、鶯歌歇み 長門、蝶舞多し 眼に看す春又去り 翠輦曾て過ぎらず

【翠簾】みどりのすだれ。唐・元稹〔事を憶ふ〕詩 明月庭に滿ちて、池水涤く 桐花は垂れて翠簾の前に在り

【翠瀲】みどりの波うちぎわ。晋・潘岳〔西征の賦〕（乃ち昆明池其の中に有り）華蓮は淥沼に爛かき、靑蕃は翠瀲に蔚げれり。

↑翠衣 緑衣／翠帷 翠幄／翠幃 翠帷／翠蔚 茂る／翠陰 緑陰／翠筠 緑竹／翠羽 翡翠の羽／翠鬱 茂る／翠雲 碧雲／翠影 緑の影／翠煙 緑の煙／翠屋 緑の屋根／翠花 翠のかんざし／翠柯 緑の枝／翠哥 おうむ／翠霞 緑の霞／翠瓦 緑瓦／翠蛾 翠のまゆずみ／翠蓋 翠羽の傘／翠翰 翠羽／翠館 青楼／翠磵 緑の谷／翠観 翠の楼観／翠気 山気／翠虚 青空／翠裾 翠裳／翠禽 緑色の鳥／翠空 碧空／翠閨 青空／翠裾 翠の腰／翠巘 翠巒／翠梧 碧桐／翠釵 翡翠のかんざし／翠粲 衣ずれの音／翠袖 緑の袖／翠松 青松／翠晶 緑水晶／翠裳 緑の裳／翠霄 青空／翠燭 鬼火／翠蕤 翠羽の飾り／翠綏 翠羽の冠飾り／翠旌 翠旆／翠旗 翠羽の旗／翠旃 翠旆／翠蘚 緑苔／翠台 緑瓦の台／翠竹 緑竹／翠鳥 かわせみ／翠鈿 翡翠のかんざし／翠濤 緑波／翠波 緑波／翠髪 黒髪／翠眉 翠黛／翠鬢 緑のびんの髪／翠屏 翠嶂／翠壁 苔むす巌／翠霧 緑の霧／翠毛 翠羽／翠楊 青柳／翠嵐 山色／翠藍 うすはなだ／翠巒 青山／翠柳 青柳／翠緑 あお／翠翎 緑の羽／翠嶺 翠巒／翠輅 皇后の車／翠浪 碧波／翠楼 青楼／翠麓 緑の山のふもと

↓委翠・羽翠・鬱翠・烟翠・寒翠・環翠・含翠・岸翠・巌翠・虚翠・暁翠・空翠・妍翠・光翠・香翠・彩翠・山翠・紫翠・湿翠・朱翠・珠翠・秋翠・織翠・深翠・新翠・水翠・垂翠・青翠・清翠・晴翠・鮮翠・蒼翠・暖翠・点翠・濃翠・晩翠・翡翠・芳翠・抱翠・幽翠・嵐翠・柳翠・緑翠・斂翠

常【穂】15 人[穗]17 2593 ［采］9 2090 スイ ほ

篆文 古印璽

会意 正字は采に作り、爪＋禾。禾穂を摘み采る意。〔説文〕七上に「禾成りて秀あり。人の収むる所以なり。爪禾に從ふ」とし、また穂の字形をあげて惠(恵)声とするが、声が合わない。〔慧琳音義〕に引く〔倉頡篇〕に穗・穟を同訓としており、采・穗・穟は同字異文と考えられる。惠に三隅矛(みつめぼこ)の意があり、禾麦の穂がそのような形に出ていることを、惠の字形によって示したものであろう。金文の惠の字に、上を三穂の形に作るものがあり、繫縛の縛(縛)も、古くは上部に三本の紐が出ている形であった。

訓義 ①ほ、ほさき。②いと飾り。③また采・穟に作る。

古訓 〔和名抄〕穂 加尾(かび)、保(ほ) 〔名義抄〕穂 ヒヅ・ホ／初穂 ハツホ 〔字鏡集〕穂 ホ・ト、ノフ・カイホ・ヒツホ

語系 穗・采・穟ziuətは同声。采は会意。穗は三隅矛のような惠の上部の形をとり、穟は声による字である。

↓一穂・禾穂・花穂・穫穂・岐穂・共穂・香穂・合穂・穀穂・残穂・出穂・垂穂・成穂・積穂・早穂・草穂・滞穂・短穂・断穂・中穂・抽穂・吐穂・稲穂・同穂・二穂・麦穂・晩穂・分穂・芳穂

常【誰】15 0061 スイ たれ

篆文

形声 声符は隹。隹は唯・進(進)・雖などの字義から考えられるように、古い鳥占の俗を示すもので、誰も不特定のものを推測するときの鳥占の俗を示す字であろう。〔説文〕三上に「誰何するなり」(段注本)とあり、誰何とはとがめ問う意である。疑問詞にはその本義とすべきものがなく、他義の字を転用する例が多いが、誰はその人を誰何特定するト法から出たもので、本義に近い字である。

訓義 ①たれ、なにびと。②とう。

古訓 〔名義抄〕誰 タレ・イヅレ・イカムノ／誰何 タレ

語系 誰zjiəi、推thuəiは声義近く、〔説文〕十二上に推を推排の意とするが、推測の意があり、誰と同じく鳥占の俗を背景とするものであろう。

【誰何】(すいか) なに者。また、名を問いただす。漢・賈誼〔過秦論、上〕良將勁弩、要害の處を守り、信臣精卒、利兵を陳ねて誰何す。天下已に定まる。始皇の心に、自ら以爲へらく、關中の固めは、金城千里。子孫帝王、萬世の業なりと。

【誰家】(すいか) たが家。〔楽府詩集、相和歌辞二、蒿里(墓場)〕古辞〕蒿里(墓場)、誰が家の地ぞ 魂魄を聚斂して、賢愚無し

【誰人】(すいじん) たれ。なにびと。唐・白居易〔中秋月〕詩 誰人ぞ、隴外に久しく征戍する 何れの處ぞ、庭前に新たに別離する

【誰昔】(すいせき) むかし。〔詩、陳風、墓門〕夫や良からず 國人之れを知れり 知れども已めず 誰昔より然り

【誰念】(すいねん) 誰が思いかけようか。唐・沈佺期〔獄中に、駕して長安に幸せらるるを聞く、二首、一〕詩 傳へ聞く、聖旨秦京に向ふを 誰か念はん、羈囚せられて、洛城に滯まるを

↑誰呵(すいか) 誰何／誰居(すいきょ) 誰ぞや／誰差(すいさ) 人を選ぶ／誰氏(すいし) なにびと

↓阿誰・何誰・孰誰・尋誰

【誶】15 0064 スイ サイ せめる つげる いさめる

篆文

形声 声符は卒。卒に萃・碎(砕)の声があり、細砕の意がある。〔説文〕三上に「讓むるなり」とあって、人を責め罵る意。〔詩、小雅、雨無正〕「曾ち我が暬御(侍者) 憯憯として日に瘁ふ 凡百の君子 肯へて用て訊ぐること莫し」の瘁・訊は韻に入らず、訊は誶の誤りであろう。

訓義 ①せめる、ののしる。②つげる、いう。③いさめる、とう。④ことばがつまり、いいしぶるさま。

古訓 〔名義抄〕誶 ツグ・クルシブ 〔字鏡集〕誶 ユヅル・ソル・トブラフ・ツグ・クルシ

語系 誶siuət、顇・悴dziuətは声近く、顇・悴はいらだち憂えるさま。そのような状態で人をせめたずねることを誶という。

↑誶喧(すいけん) 口やかましい／誶語(すいご) ののしることば／誶詬(さいこう) せめののしる／誶諑(さいたく) せめそしる／誶罵(すいば) せめののしる

↓衆誶・相誶・朝誶・妄誶・凌誶

【蓫】16 4423 スイ ズイ さがる たれる

篆文

形声 声符は甤。甤は〔説文〕六下に「草木の實、甤甤たるなり。生に從ひ、豨の省聲。讀みて綏の若くす」とするが、字形の立意をえがたい字である。〔詩、衛風、有狐〕に「狐有り綏綏 彼の淇の梁(やな)に在り」とは、狡猾な男が女をねらうさまに擬したもので、長い尾を垂れてぶらぶら歩きすることをいう。その字は或いはもと甤に作り、甤とは長く垂れた尾をいう語であろう。そのように草花の茂り垂れることを蓫という。

訓義 ①草花が垂れる、その花。②さがる、たれる、つらなる。③やすらか、やわらぐ。

古訓 〔字鏡集〕蓫 ハナフサ・ウルハシ・シナフ

【蓫賓】(すいひん) 古楽十二律の七。陰暦五月、仲夏。〔周礼、春官、大司楽〕乃ち蓫賓を奏し、函鍾を歌ひ、大夏を舞ひ、以て山川を祭る。

↑蓫綏(すいすい) 竜のゆきめぐるさま／蓫蓫(すいすい) 草木の茂るさま／蓫鮮(すいせん) 美しくあざやか

↓委蓫・萎蓫・葳蓫・英蓫・纓蓫・冠蓫・含蓫・縮蓫・春蓫・繁蓫・敷蓫・芳蓫・楊蓫

人【錐】16 8011 スイ きり はり

篆文

形声 声符は隹。〔説文〕十四上に「鋭なり」、〔釈名、釈用器〕に「錐は利なり」とあり、尖端の鋭利なものをいう。

訓義 ①きり、はり。②するどい。

古訓 〔和名抄〕錐 岐利(きり) 〔名義抄〕錐 キリ・シハ・マロキリ・ヤサキ

語系 錐thuəi、椎・槌diuəiは声義近く、槌するものを椎、穿つものを錐という。

【錐股】(すいこ) 股を刺す。睡気さまし。〔戦国策、秦一〕乃ち夜、書を發き、陳篋數十、太公陰符の謀を得たり。伏して之れを誦し、簡練して以て揣摩を爲す。書を讀みて睡らんと欲するときは、錐を引いて自ら其の股を刺し、血流れて踵に至る。

【錐矢】(すいし) 小さな矢。〔戦国策、斉一〕帶甲數十萬、~齊車の良、五家の兵、疾きこと錐矢の如く、戰ふこと雷電の如く、解くこと風雨の如し。

【錐刀】(すいとう) 錐や小刀。役立つことの少ないたとえ。魏・曹植〔親親を通ずることを求むる表〕臣伏して自ら思惟するに、豈に錐刀の用無からんや。~竊かに自ら料度するに、朝士に後れざらん。

【錐嚢】(すいのう) ふくろの中の錐。すぐれたものはあらわれるたとえ。〔史記、平原君伝〕夫れ賢士の世に處るや、譬へば錐の嚢の中に處るが若し。其の末、立ちどころに見はる。

↑錐眼(すいがん) 錐のように小さい穴／錐旨(すいし) 錐先のような小見識／錐書(すいしょ) 書物の装訂／錐刃(すいじん) 錐刀／錐尖(すいせん) 錐の先／錐末(すいまつ) 錐の先／錐毛(すいもう) 微細なもの

↓握錐・一錐・円錐・毫錐・鑽錐・針錐・鍼錐・穿錐・卓錐・長錐・鉄錐・刀錐・磨錐・用錐・利錐・立錐

人 **【錘】** 16 8211 スイ ツイ おもり つるす

篆文 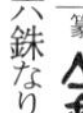

形声 声符は垂。垂は垂下する意がある。〔説文〕十四上に「八銖なり」、前条の錙に「六銖なり」とあり、錙銖・錙錘とは微小のものをいう。またおもりの意に用いて称錘という。稱（称）の初文は爯。爯は称るときのおもりを垂れている形で、冉の部分が下げているおもりの形である。

訓義 ①はかりのおもり、称錘、分銅。②つるす、たれる。③字はまた鎚に作り、うつ、たたく。

古訓 〔新撰字鏡〕錘 斤乃布久利（斤のふぐり）〔名義抄〕錘 ハカリ・オモシ・ハカリノヲモシ

↑錘鍛（すいたん） きたえうつ／錘錬（すいれん） きたえる

↓一錘・鉛錘・玉錘・錙錘・紡錘・鑪錘

【隧】 16 7823 スイ みち あなみち

形声 声符は遂（遂）。遂は㒸（獣牲）を用いて道路を清める除道の儀礼。〔説文〕にこの字を収めず、〔玉篇〕に「墓道なり。地を掘りて通ずる路なり」とし、「或いは䜃に作る」という。いわゆる羨道、墓室に通じる隧道で、そこに獣牲をおいて祀る。道上祭を行うところである。

訓義 ①みち、あなみち、はかみち、羨道。②みぞ、くぼみ、鼓の胴のみぞ。③車の奥ゆき。④墜と通じ、おちる。⑤邃と通じ、ふかい。⑥燧と通じ、烽火台。

古訓 〔名義抄〕隧 オツ・イチノミチ・イチクラ・ミチ〔字鏡集〕隧 ミチ・ホル・オツ・イチノミチ・イチクラ・トホリミチ

語系 隧・隊（隊）・墜（墜）diuət は同声。隊は神梯の象である自の前に、犧牲をおく形。墜は神梯の前の土主に犧牲を供える形で、神の降り立つところの地。隧は羨道を原義とする字であろう。陊・隋・墮（堕）duai は聖所に肉を供える意の字で、その肉をいう。鬌 tuai はつぶれ髪。肉塊をおくような形。みな声義に通ずるところがある。

【隧穴】（すいけつ） 地下の道。〔三国志、魏、東夷伝、高句麗〕其の國の東に大穴有り。隧穴と名づく。十月、國中大いに會し、隧神を迎へ、國に還り、東上して之れを祭り、木隧を神坐に置く。

【隧道】（すいどう（だう）） 墓室に通ずる道。〔晉書、杜預伝〕嘗て～密縣の邢山を過ぐる。～其の冢を造り、山の頂に居く。～其の隧道は、唯だ其の後を塞ぎ、其の前を空にして之れを塡めず。藏に珍寶無く、重深に取らざることを示すなり。

↑隧埏（すいえん） 墓室の道／隧渠（すいきょ） 暗渠／隧戸（すいこ） 墓道の門／隧口（すいこう） 墓道の入口／隧誌（すいし） 墓誌／隧洞（すいどう） 墓道／隧風（すいふう） 大風／隧路（すいろ） 地下道

↓埏隧・烟隧・丘隧・蹊隧・古隧・郊隧・荒隧・鑿隧・障隧・深隧・陬隧・井隧・泉隧・塞隧・大隧・長隧・亭隧・墓隧・陵隧

【燧】 17 9883 スイ ひ たいまつ

篆文  その他 

形声 声符は遂（遂）。〔説文〕十四下に「塞上の亭にて、烽火を守る者なり」とし、〔玉篇〕に、火を日光に採るを金燧、木を鑽りて火を取るを木燧という とする。〔周礼、秋官、司烜氏〕はその法を掌る。古い字形が自・𨸏に従うのは、そのことが神の陟降する聖所において行われるものであったからである。字はまた遂に作り、〔司烜氏〕には夫遂という。

訓義 ①ひ、ひとり、木や日をもってとる。②たいまつ、のろし。③やく、もやす。④字はまた遂に作る。

古訓 〔和名抄〕燧 比宇知（ひうち）〔名義抄〕燧 トブヒ・ヒウチ・ヒキリノヒ／熢燧 トブヒ〔字鏡集〕燧 ヒキリ・ヒノハヽ・ヒキリノヒ・トブヒ・ヒウチ

語系 燧・遂・鐆 ziuət は同声。遂は夫遂・陽燧。氷や鏡で日光を集めて、火を取った。取火のことは聖所で行われたので、字は自・𨸏に従う。鐆は〔説文〕十四上に「陽鐆なり」とあって陽燧。鏡によって火を取るものである。

【燧火】（すいか（くわ）） ひうちで鑽り出した火。〔本草綱目、火、燧火〕（李）時珍曰く、～四時燧を鑽り、新火を取りて、以て飲食の用と爲す。～民の時疾を救ふ所以なり。

【燧人】（すいじん） はじめて火食を教えた伝説上の王。〔中論、上、治学〕太昊、天地を觀て八卦を畫し、燧人、時令を察して火を鑽り、帝軒、鳳鳴を聞きて律を調し、倉頡、鳥跡を視て書を作る。斯れ大聖の學なるか。

【燧象】（すいぞう（ざう）） 火牛の類。〔左伝、定四年〕（呉）五戰して郢（楚の都）に及ぶ。己卯、～鍼尹固、王と舟を同にす。王、燧象を執りて、以て呉の師に奔らしむ。庚辰、呉、郢に入る。

↑燧煙（すいえん） 烽火／燧改（すいかい） 季節により火を改める／燧鏡（すいきょう） 火を取る鏡／燧具（すいぐ） 火うち／燧色（すいしょく） 烽火の光／燧燔（すいはん） のろしをあげる／燧堡（すいほ） 烽火台／燧木（すいぼく） 火を取る木

↓陰燧・炎燧・爟燧・金燧・鑽燧・執燧・取燧・成燧・大燧・亭燧・辺燧・烽燧・木燧・陽燧・烈燧

【雖】 17 6011 スイ いえども

篆文  金文 

会意 口＋隹＋虫。口は𠙵。祝禱を収める器の形。隹は鳥占。祈って神託を求める。これによって示される神意は唯。受諾を意味し、「しかり」の意。それで神聖に関する記述のときに、唯（惟・維）を発語としてそえる。虫は蟲。呪詛の意。この祈りに呪詛が加えられているので、唯に対して停止条件が加えられ、逆接態となって「いえども」となる。〔説文〕十三上に「蜥蜴（とかげ）に似て大なり」と虫の名とするが、その用義例はない。ほとんど「然りと雖も」の意に用いる。

訓義 ①いえども。②これ、ただ。③すなわち、あに、いわんや。

古訓 〔名義抄〕雖 イフ・イヘドモ・コレ・イフ〔字鏡集〕雖 ツクス・タトヒ・イヘドモ・ツクス・タトヒ

↑雖是（すいぜ） もし／雖然（すいぜん） けれども

【顇】 17 0148 スイ やつれる

篆文 

形声 声符は卒。卒に萃・醉（酔）の声がある。〔説文〕九上に「顦顇なり」とあり、疲れてやつれ果てることをいう。〔爾雅、釈詁〕「病なり」も疲弊の意。

訓義 ①やつれる、つかれやつれる。②うれえる、よわる。③また悴・瘁に作る。

古訓 〔名義抄〕顇 カシケタリ・ウレフ・オドロク／顦顇 カシク

＊語彙は悴・瘁字条参照。

【顇奴】（すいど） やつれた奴僕。〔顔氏家訓、治家〕河北の人事は、多く内政に由る。綺羅金翠、廢闕すべからざるも、羸馬顇奴、僅かに充つるのみ。

↓耗顇・顦顇・殄顇

【繸】 18 3823 スイ きょうかたびら

篆文 

形声 声符は遂（遂）。〔説文〕八上に「死人に衣するものなり」とし、〔左伝、襄二十九年〕「楚人、公をして親しく繸せしむ」の文を引く。いわゆる「経帷子」である。〔公羊伝、隠元年〕に、車馬を贈るを賵、貨財を贈るを賻、衣服を贈るを繸ということがみえる。また裞ともいい、経帷子の類である。繸には霊の憑代としての意味があり、旞は出行のとき車に載てる旗である。

訓義 ①きょうかたびら。②人へのはなむけの衣。

語系 繸・旞 ziuət は同声。旞は車上に載てる全羽の呪飾。繸も呪衣である。

【襚服】 死者にきせる衣服。〔後漢書、楊賜伝〕天子素服して、三日朝に臨まず。東園の梓器(葬具)・襚服を贈り、銭三百萬・布五百匹を賜ふ。

↑襚衣 経帷子／襚礼 賻贈／襚斂 納棺

↓加襚・含襚・帰襚・挙襚・衾襚・親襚・致襚・弔襚・賻襚

【邃】 18 3330 スイ ふかい とおい

篆文 

形声 声符は遂(遂)。遂に隧の意がある。〔説文〕七下に「深遠なり」とあり、もと墓室に通ずる羨道の邃遠なることをいう字であろう。のち深い谷を邃谷、奥深い建物を邃宇といい、遠古を邃古のようにいう。

訓義 ①ふかい、奥深い。②とおい、はるかに遠い。③かすか、幽邃。

古訓 〔名義抄〕邃 フカシ・ハルカニ・トホシ・キハム 〔篇立〕邃 ハルカ・トホシ・カスカニ・キハム・スミヤカ・フカシ・ハルカニ・カスム

語系 邃siuət、墜(墜)・隧diuət は声義近く、みな深邃のところで、犠牲を供える意がある。邃は洞窟など、墜は神梯の前の聖地、隧は墓室の羨道における儀礼をいう。

【邃宇】 奥深い建物。晋・陸機〔君子有所思行〕楽府 曲池、何ぞ湛湛たる 清川、華薄を帯ぶ 邃宇、綺牕を列ね 蘭室、羅幕を接らぬ

【邃遠】 奥深く遠い。〔楚辞、離騒〕閨中、既に以て邃遠なり 哲王、又寤らず

【邃奥】 深奥。宋・司馬光〔迂書、釈迂〕古の人、惟だ其の道閎大にして、狭きこと能はざるなり。其の志邃奥にして、邇きこと能はざるなり。其の言崇高にして、庳きこと能はざるなり。

【邃澗】 奥深い渓川。梁・沈約〔桐柏山金庭館碑〕仰ぎて星河を出で、上み倒景(倒影)に參ず。高崖萬沓、邃澗千廻、高きに因りて壇を建て、巖に憑よりて室を考す。

【邃古】 大昔。〔後漢書、班固伝下〕(典引)伊これ邃古よりを考へ、乃ち降りて爰茲に戻るまで、作者(封禅の礼をなす者)七十有四人。

【邃峻】 奥深く嶮しい。〔徐霞客游記、粤西游日記四〕洞、邃峻ならずと雖も、是の山の石質皆靑黝(青黒)、洞石のみ獨り赭し。

【邃密】 奥深く静か。〔晉書、五行志下〕武庫は、帝王威御の器の寶藏する所なり。屋宇邃密、龍の處る所に非ず。是の後七年、藩王相ひ害し、二十八年、果して二胡、神器を僣竊す。二逆皆字して龍と曰ふ。此の表異、證有りと爲す。

↑邃延 冠の上部の縁を深くする／邃淵 奥深い淵／邃閣 奥深い高殿／邃暁 深く理解する／邃厳 奥深く荘厳／邃谷 深谷／邃志 深遠の心／邃室 奥座敷／邃初 遠いむかし／邃深 奥深い／邃世 邃古／邃竹 密竹／邃美 深く美しい／邃僻 奥深くかたよる／邃房 邃室／邃穆 奥深くつつましい／邃冥 深く暗い／邃幽 奥深くかすか

↓委邃・淵邃・閑邃・虚邃・凝邃・高邃・至邃・神邃・深邃・森邃・清邃・静邃・冲邃・沈邃・幽邃・杳邃・寥邃

【騅】 18 7031 スイ あしげ

篆文  金文 

形声 声符は隹。〔説文〕十上に「馬の蒼黑雜毛なるもの」とあり、あしげをいう。〔詩、魯頌、駉〕にその名がみえ、また項羽の〔垓下の歌〕に歌われる、その愛馬の名として知られている。

訓義 ①あしげ、あしげのうま。②あしのめ、くさのめ。

古訓 〔和名抄〕騅 楊氏漢語抄に云ふ、騅馬、鼠色の馬なり 〔名義抄〕騅馬 ニケノムマ／鼠色馬 ニケノムマ 〔字鏡集〕騅 クロウマ

【騅馬】 楚の項羽の愛馬の名。梁・元帝〔玄覧の賦〕樓船を泛べて鬱紆う、霸楚の雄圖を憶ふ。騅馬の逝かざるを悲しみ、鹿逐の長驅を忘る。

↓駿騅・神騅・斑騅

【旞】 19 0823 スイ はた

篆文 

形声 声符は遂(遂)。〔説文〕七上に「導車の載つる所なり。全羽以て允と爲す。允は進なり」(段注本)とあり、車上の旗に羽飾を加えたもの。〔周礼、春官、司常〕に「全羽を旞と爲す」とあって、五彩の全羽を竿頭に著けた。旞は呪飾、憑代の意をもつものであった。

訓義 ①はた、全羽のはた。②天子の旗。

古訓 〔字鏡集〕旞 ハタ

語系 旞・襚ziuət は同声。襚は死者に著せる経帷子の類で、呪衣。遂声の字に隧・墜(墜)diuət があり、隧は墓室に通ずる羨道、墜は神の降り立つ地に、犠牲を供えて祀る意。みな神事に関する語である。

↓羽旞・載旞・綵旞

【雟】 19 2031 スイ シュン こばと

篆文 

形声 声符は隹。〔説文〕四上に「祝鳩なり」とし、或る体として隹を録している。〔爾雅、釈鳥〕に「隹其」という鳥名をあげており、郝懿行の〔義疏〕に、祝鳩と隹其とはもと同音の語であるという。〔広雅、釈鳥〕には、雟とは鶉(うずら)であるという。〔詩、小雅、四牡〕に「翩翩たる者は雟」とみえる。

訓義 ①こばと、じゅずかけばと。②うずら。③字はまた隹に作る。佳其は祝鳩。④隼と通じ、「しゅん」の音でよむ。

↑雟其 祝鳩、こばと

↓青雟・斑雟

【歙】 21 8728 スイ ふく

会意 龠(笛)＋欠。欠は口を開く形。〔周礼、春官、籥師〕には吹を歙に作り、「國子に舞羽・歙籥を教ふることを掌る」とみえる。

訓義 ①ふく、ふえふく、ふきならす。

＊語彙は吹字条参照。

ズイ

【惢】 12 3333 ズイ サ しべ うたがう

篆文 

象形 花蕊の形。心はしべの形。惢はしべの集まる形。〔説文〕十下に「心疑ふなり」とし、瑣の音によむとするが、用例はない。字は花蕊の象形で、蕊の初文であろう。

訓義 ①しべ。②うたがう、まどう。

古訓 〔名義抄〕惢 ウタガフ・ツ、シム・ユ、シ 〔字鏡〕惢 ナブル・ツ、シム・ユ、シ

部首 〔説文〕〔玉篇〕に縈の一字を属し、〔説文〕十下に「垂るるなり」、〔玉篇〕に「聚まるなり、垂るるなり」の二訓がある。いずれも惢を花蕊の象として、その字義がえられる。

↓神惢

【惴】 12 9202 ズイ スイ おそれる うれえる

篆文 

形声 声符は耑。耑に瑞の声がある。〔説文〕十下に「憂懼なり」とあり、憂えおそれることをいう。耑は長髪の巫女の正坐する形。端は立(位)に即

いて、端然として祈る形。顓はつつしみ祈る形。惴とは憂懼の情をもって神に祈ることをいう。

訓義 1おそれる、うれえる。2つつしむ。

古訓 〔名義抄〕惴 ウレフ・オソル・ツ、シム

語系 惴tjiuai、顓tjiuanは声義近く、惴はその心情、顓はそのさまをいう。歂・諯zjiuan、揣tshiuaiも同系の語で、歂は口気を収めて祈る、諯は〔説文〕三上に「數せむるなり」とあり、一に曰く、相ひ讓せむるなり」とあり、揣はおし量る意。みな声義に関連するところがある。

【惴恐】おじおそれる。〔史記、酷吏、寧成伝〕郅都と死す。後、長安の左右宗室、多く暴にして法を犯す。是ここに於て、上寧成を召して中尉と爲す。其の治、郅都に效ふ。其の廉は如かざるも、然れども宗室豪桀、皆、人人惴恐す。

【惴惴】おそれるさま。〔詩、秦風、黄鳥〕維これ此の奄息(人名)は 百夫の特(秀でた人)なり 其の穴(墓)に臨みて 惴惴とし其れ慄おそる

【惴慄】震えおそれる。〔荘子、斉物論〕民は溼しつに寢ぬれば則ち腰疾して偏死するも、鰌は然らんや。木に處れば則ち惴慄恂懼するも、猨猴(猿)は然らんや。三者孰いれか正處なるを知らん。

↑惴畏 おじる/惴駭 おそれ驚く/惴悸 おそれる/惴怯 惴恐/惴懼 おそれる/惴縮 おじる/惴耎 おそれうごめく/惴惕 おそれる/惴栗 惴慄

↓慴惴・沮惴・憂惴

【隋】 12 7422 ズイ ダ さきにく おちる

篆文  古印璽 

会意 自ふ+左+肉(肉)。自は神の陟降する神梯。左は呪具の工をもち、神を迎える意。巫が神梯の前に肉を供え、呪具をもって神に祈る形で、隋はその肉をいう。〔説文〕四下に「裂肉なり」とするが、肉塊の意であろう。〔周礼、春官、守祧〕に「既に祭るときは、則ち其の隋を藏す」とあり、その〔注〕に「尸の祭る所の肺脊黍稷の屬なり」とあり、その余肉を埋めるので墮(隓)といい、その祭儀を隋祭という。

訓義 1さきにく、祭肉、肉塊、尸祭の肉。2うずめる、余肉をうずめる。3たれる、おちる、たれさがる。4くずれる、おこたる。

古訓 〔名義抄〕隋 モシ 〔字鏡集〕隋 スルトナリ

声系 〔説文〕に隋声として隨(随)・橢・隓・惰など十一字を収め、髓を省声の字とする。隓を〔説文〕十四下に隓に作り、俗に隳に作る。隋肉を埋める意ならば、墮の字形がよい。

語系 隋・橢・墮・嫷duaiは同声。橢は楕円、嫷は女のしなやかな姿。隋は大きな肉塊で、ふくよか・しなやか・くずれるなどの派生義がある。惰・隓・鬌tuaiもその声義を承ける字で、鬌は崩し髪の形。みな端正と対待の義をもつ語である。

【隋釁】尸祭に血を薦めて祀る。〔周礼、春官、大祝〕隋釁して、牲を逆むかへ、尸を逆へ、鐘鼓に令す。右(侑)するときも亦た之の如くす。

↑隋祭 墮祭/隋游 惰遊

常 【随】 12 7423 【隨】 16 7423 ズイ したがう

篆文 

形声 旧字は隨に作り、隋声、隋は祭の余肉。〔説文〕二下に「從ふなり」とし、墮(隓)の省声とする。墮は祭肉を埋めて地を祀る下祭の儀礼。神の在る所に従って祀る意。随時随所、神の在るところに従って祀るので、随従の意となる。わが国では「随神」を「神ながら」とよむ。

訓義 1したがう、つきしたがう。2おう、まかせる、つづく。3ことにつれ、ものごとに。4つきそい、とも、したやく。5あし。

古訓 〔名義抄〕隨 シタガフ・ユク・オフ・ナラフ・アシ

語系 隨ziuai、墮duaiは声義近く、神のある所に随って、祭肉を埋める下祭の儀礼を墮という。

【随意】さもあらばあれ。自由に。唐・王昌齢〔重ねて李評事に別る〕詩 吳姫緩舞して、君を留めて醉はしむ 隨意さもあらばあれ、靑楓白露の寒きを

【随駕】駕に従う。お伴をする。唐・朱慶余〔翰林蔣防舍人に上たてまつる〕詩 花を看ては、在處に多く駕に隨ひ 召宴、時として旬に及ばざる無し

【随行】あとについてゆく。従う。〔礼記、王制〕父の齒には隨行し、兄の齒には鴈行し、朋友には相ひ踰こえず。

【随時】時宜に応じる。〔国語、越語下〕夫れ聖人は時に隨ひて以て行ふ。是れを時を守ると謂ふ。天時作おこらざれば、人の客と爲らず。人事起らざれば、之れが始めと爲らず。

【随従】つきしたがう。〔後漢書、孔融伝〕袁術の僭逆は、一朝一夕に非ず。(馬)日磾、隨從し、周旋することと歳を歷へたり。漢の律、罪人と交はり關かはること三日已上ならば、皆應まさに情を知るべしとす。

【随処】いたるところ。〔臨済録、示衆、四〕儞且らく隨處に主と爲れ。立處皆眞ならば、境來るとも回換する(ふり廻される)こと得ざらん。

【随輩】お伴。〔風俗通、過誉〕(汝南の陳茂君、衛修)輩を隨へ、露首して坊中に入る。容止嚴恪、鬚眉甚だ偉なり。太守大いに驚き、覺えず自ら起立し、巾を賜ふ。

【随筆】そぞろ書き。宋・洪邁〔容斎随筆の序〕予れ老去して懶らに習ふ。書を讀むこと多からず。意の之ゆく所、隨ひて卽ち紀錄し、其の後先に因りて、復また詮次すること無し。故に之れに目なづけて隨筆と曰ふ。

【随分】相応に。思うまま。宋・李清照〔鷓鴣天〕詞 如しかず、隨分に樽前に醉ふに 東籬の菊の蕊の黄なるに負そむくこと莫かれ

↑随蔭 父祖の功績により、官職を賜うこと/随縁 因縁による/随宦 父兄の任地に、子弟が共に赴任する/随感 思うまま/随喜 人の善根を喜んで帰依すること/随宜 便宜/随迎 求め望む/随肩 肩随/随後 まきぞえ/随侍 貴人の側に従う/随手 すぐに/随順 仰せに従う/随所 随処/随序 順序に従う/随倡 夫唱婦随/随踵 後につづく/随仗 武器を携帯する/随心 随意/随身 身にもつ/随声 雷同する/随勢 大勢に順応する/随即 すぐ/随逮 応召/随逐 あとを追う/随直 宿直/随丁 従者/随陪 お伴/随伴 同伴/随班 供奉する/随風 順応する/随兵 従兵/随便 随意/随包 客が主人の伴に与える心付け/随封 随包/随来 つれ/随藍 出藍/随鑾 従駕/随鸞 随鑾

↓委随・意随・影随・鴈随・詭随・教随・群随・肩随・行随・順随・倡随・臣随・追随・天随・陪随・伴随・付随・夢随

入 【瑞】 13 1212 ズイ たま しるし めでたい

篆文 

形声 声符は耑たん。耑に惴ずいの声がある。〔説文〕一上に「玉を以て信と爲すなり」とあり、会意とし、〔繫伝〕に耑声とする。〔周礼、春官、典瑞〕に「玉瑞玉器の藏を掌る」とあり、〔注〕に「人の執りて見まみゆるを瑞と曰ひ、神に禮するを器と曰ふ」とあって、瑞を礼見、器を神事に用いるものとする。器はもと明器。もと玉器に呪的な意があり、瑞祥・嘉瑞よりして、のち符信に用いる。

訓義 1たま、しるしのたま。2めでたいたま、めでたい。3使臣のしるし、符信。

古訓 〔和名抄〕瑞 日本紀私記に云ふ、瑞籬、俗に美豆加岐

（みづかき）と云ふ、一に以賀岐（いがき）と云ふ〔名義抄〕瑞 マコト・アラハス・アラハル・アラハニ・オホセノフ・ヨシ・シルス・カナフ・イカキ・ツバビラカ

語系 瑞zjiuai、歂zjiuan、惴tjiuaiはみな耑声。耑は端然として坐して祈る巫の形。その祈る口気を歂といい、憂懼して祈るさまを惴、執るところの玉を瑞という。

【瑞異】めでたくふしぎなこと。〔南方草木状、下、橘〕漢の武帝より、交趾に橘官長一人有り。秩二百石、御橘を貢するを主る。吳の黃武中、交趾の太守士燮、橘十七の實、一蔕を同じうするを獻ず。以て瑞異と爲し、群臣畢く賀す。

【瑞雲】めでたい雲。唐・張籍〔春日早朝〕詩 曉陌（よあけのまち）、春寒うして、朝騎來たり 瑞雲深き處、樓臺を見る

【瑞応】めでたいしるし。〔史記、武帝紀〕其の後、天子の苑に白鹿有り。其の皮は以て幣と爲し、以て瑞應を發し、白金（三品）を造る。

【瑞気】めでたい雲気。唐・韓偓〔南安寓止〕詩 天は函關に近くして、瑞氣屯り 水は吳甸を侵して、晴霞を浸す

【瑞玉】五等の諸侯の執る玉。〔儀礼、覲礼〕侯氏裨冕し、幣を禰（遷主）に釋く。墨車（黒漆塗りの車）に乘り、龍旂・弧韣（旗を張る弓とその袋）を載て、乃ち朝するに瑞玉の繅（しきもの）有るを以てす。

【瑞光】めでたい光。宋・蘇軾〔中秋月を見て子由（蘇轍）に和す〕詩 明月未だ出でず、群山高し 瑞光萬丈、白毫を生ず

【瑞雪】めでたい雪。〔大唐新語、九、諛佞〕則天（武后）の朝に、嘗て三月に降雪あり。鳳閣侍郎蘇味道等、以て祥瑞と爲し、表を草して將に賀せんとす。左拾遺王求禮、之れを止め、～曰く、宰相、陰陽を燮理すること能はず。三月に雪降らしむ。此れ災ひなり～と。擧朝、之れを善しとす。

【瑞節】しるしの玉。〔左伝、文十二年〕不腆（粗末）なる先君の敝器、下臣をして諸これを執事に致し、以て瑞節と爲し、好命を要結せしむ。

【瑞令】天の恩命。〔墨子、非攻下〕禹、親しく天の瑞令を把り、以て有苗を征す。～苗の師大いに亂れ、後乃ち遂に幾かなり。

↑瑞靄 めでたい靄／瑞羽 鳳凰／瑞雨 吉兆の雨／瑞霞 めでたい霞／瑞芽 茶／瑞感 めでたい感応／瑞禽 瑞鳥／瑞圭 割符の玉／瑞景 めでたい景色／瑞慶 慶び／瑞闕 宮門／瑞驗 瑞祥／瑞香 沈丁花／瑞芝 霊芝／瑞日 吉日／瑞獣 吉祥の獣／瑞祥 めでたいしるし／瑞象 瑞徴／瑞色 瑞気／瑞信 めでたい符信／瑞世 盛世／瑞相 吉相／瑞鳥 めでたい鳥／瑞徴 吉兆／瑞典 祥瑞／瑞年 豊年／瑞白 雪／瑞物 瑞祥の物／瑞夢 吉夢／瑞命 瑞令／瑞葉 雪／瑞露 甘露

↓異瑞・応瑞・嘉瑞・賀瑞・奇瑞・詭瑞・吉瑞・慶瑞・五瑞・降瑞・祥瑞・聖瑞・精瑞・奏瑞・天瑞・典瑞・班瑞・符瑞・宝瑞・霊瑞

【綏】 14 2294 ズイ

篆文

形声 声符は委。委に諉・錗の声がある。〔説文〕十三上に「冠に系くる纓なり」とあり、〔礼記、檀弓上〕に「隣に喪有るときは、～喪冠は綏せず」とみえる。華形に結ぶ飾り紐で、呪飾の意があり、縭ともいう。〔爾雅、釈器〕に「縭は綏なり」とみえ、冠纓のみでなく、呪飾として器物に著けることもあった。殷・周の図象に、戈の内（ほぞの部分）に、綏飾を垂らしている例が多い。綏安の意があって、綏と通用するが、綏は車上より垂れて、引いて車に登るときの紐である。

訓義 ①かんむりのひも、かんむりのたれひも、ひも。②はた、旄牛の毛を飾りにつけたはた。③つぐ、つなぐ。④わが国では、おいかけ、ほほすげ、武官の冠の両耳のところにつける剛毛の飾り。

古訓 〔和名抄〕綏 兼名苑に云ふ、綏、一名槃、和名冠乃乎（かうふりのを）、一に云ふ、保々須介（ほほすげ）、又云ふ、於以加介（おいかけ）〔名義抄〕綏 ヲイカケ・フサ〔字鏡集〕綏 フサ・ヲイカケ・ヤシナフ・カフリノヲ

語系 綏・綏njiuaiは同声。綏は〔説文〕十三上に「車中の把るものなり」とあって、革の紐。ともに垂れるもので、垂zjiuaiと声義の近い語である。

【綏綏】物のたれるさま。宋・欧陽脩〔雪〕詩 朝寒稜稜たり、風犯すこと莫かれ 暮雪綏綏として、止みて還た作る

↑綏纓 冠の垂れ紐／綏旌 垂れた旗

↓纓綏・冠綏・紫綏・朱綏・修綏・紳綏・垂綏・翠綏・素綏・端綏・長綏

【蕊】 16 4433 ［蘂］ 20 4490 ズイ はな しべ

形声 声符は惢。惢はしべの形。蕊はその形声の字。道教では香華で荘厳する仙宮を蕊宮、書を蕊書・蕊簡のようにいう。蘂は俗字であるが、一般にその字が用いられる。

訓義 ①ずい、はな、しべ。②むらがり咲く、むらがりはえる。

古訓 〔名義抄〕蕊 シベ・ハナフサ〔字鏡集〕蕊 クサムラ

語系 蕊njiuai、髄（髓）siuaiは声義近く、その中心にあって、生気を発するものをいう。

↑蕊苑 仙苑／蕊簡 道教の書／蕊宮 仙宮／蕊香 花の香り／蕊黄 額に黄色をつける化粧／蕊珠 仙宮の名、仙境をいう／蕊書 道教の書／蕊蕊 くさむら／蕊粉 額につける黄粉／蕊榜 道教で升仙した人の名。のち科挙の合格者の掲示

↓花蕊・含蕊・玉蕊・金蕊・瓊蕊・紅蕊・餐蕊・紫蕊・嚼蕊・拾蕊・青蕊・纖蕊・落蕊・乱蕊・麗蕊

常 【髄】 19 ［髓］ 23 7423 ズイ すね

篆文

形声 旧字は髓に作り、隓（随）声。〔説文〕四下に「骨中の脂なり」とあり、骨の髄をいう。いわゆる脳味噌は脳髄という。わが国では髄をまた「すね」とよむ。

訓義 ①ずい、骨のずい、脳のずい。②ものの中心にある精髄のところ、よいところ、よいもの。③すね。

古訓 〔新撰字鏡〕髓 保祢乃奈豆支（ほねのなづき）〔名義抄〕髓 スネ・ホネノナヅキ〔字鏡集〕髓 スネ・スイノアナ・ホネノスヂ・ホネノナカノアブラ・ホネノナカノアナ・ナヅキ・スヂノアナ

語系 髓ziuai、蕊dziuaiは声義近く、ともにものの中心にあって、その活力をささえるものをいう。

【髄脳】脳みそ。梁・沈約〔内典の序〕或いは鬼神の功を役し、或いは髓腦の力に資る。製、人匠に非ず、寶は合を以て成る。

↑髄海 脳

↓玉髄・筋髄・血髄・骨髄・心髄・神髄・真髄・精髄・石髄・赤髄・脊髄・洗髄・丹髄・透髄・得髄・入髄・脳髄・錬髄

スウ

常 【枢】 8 4191 ［樞］ 15 4191 スウ とぼそ くるる かなめ

篆文

会意 旧字は樞に作り、木＋區（区）。區は多くの祝禱の器をおく秘匿のところ。そこを遮蔽する扉を枢という。〔説文〕六上に「戶樞なり」とし、區声と

するが、區には樞の声がなく、字は会意とみるべきである。門枢の意より、すべて運旋の軸としてはたらくものをいう。

訓義 ①とぼそ、くるる。②動きをつかさどるもの、まんなか、もと、かなめ。③からくり、しかけ。④木の名、やまにれ。

古訓 〔名義抄〕樞 トボソ・ホゾ・トマラ

【枢機】かなめのところ。また、その地位。〔漢書、孔光伝〕凡そ樞機を典ること十餘年、法度を守り、故事を修め、～指の苟合するを希はず。

【枢衡】かなめ。重要な職。〔魏書、韓子熙伝〕竊かに惟ふに、故主太傅清河王、職は樞衡を綜べ、位は論道に居り、忠貞を盡して以て公に奉じ、心膂を竭くして以て國に事ふ。

【枢軸】機関の中軸。かなめの地位。〔儒林公議、上〕范仲淹入りて宰政に參じ、富弼繼ぎて樞軸を秉る。二人、天下の務を以て己の任と爲す。

【枢府】宋代の枢密院。〔帰田録、一〕曹侍中樞府に在り、務めて僥幸を革む。而して中官尤も裁抑せらる。

【枢密】国の枢要機密。〔北史、劉潔伝〕太武、位に卽っく。其の柱石の用有るを奇とし、委ぬるに大任を以てす。～潔、久しく樞密に在り。寵を恃のみて自ら專らにす。帝の心稍と平ならず。

【枢務】重要な政務。唐・白居易〔隠者に寄す〕詩 私かに怪しんで、道旁に問ふ 何人ぞ、復た何の故ぞと 云ふ、是れ右丞相 國に當つて樞務を握れり～昨日は延英(殿)に對(問)せしに 今日は崖州に去ると

【枢要】かなめ。枢務。〔晋書、羊祜伝〕祜、二朝に歴職し、任ぜられて樞要を典どり、政事の損益は、皆諮訪せらるるも、勢利の求め、闘與する所無し。

↑枢掖 宮殿/枢奥 枢秘のところ/枢轄 かなめ/枢管 枢要/枢極 最高の位/枢近 近臣/枢禁 朝廷/枢憲 憲法/枢戸 くるる/枢使 枢密使/枢省 兵部省/枢臣 重臣/枢紐 戸枢/枢庭 枢府/枢秘 枢密の政/枢柄 権柄/枢輔 枢密使

↓運枢・機枢・極枢・近枢・鈞枢・扃枢・戸枢・事枢・神枢・政枢・中枢・天枢・道枢・発枢・秘枢・門枢・要枢・理枢・霊枢

【芻】10 2742 ［蒭］14 4442

スウ ス

かりくさ まぐさ まぐさかう

篆文  甲骨文  金文 

象形 ト文の字形は、又(手)中に両中を挾む形。両手にまぐさをもち、まぐさかうことを示す。〔説文〕一下に「刈りたる艸なり。艸を包束するの形に象る」とするが、草を手中にもつ形である。〔詩、小雅、白駒〕に「生芻一束」とあり、これを神に薦めた。束茅の類で人の形を作るものを芻霊という。〔礼記、檀弓下〕「塗車芻靈は、古より之れ有り。明器の道なり」とみえ、お祓いのかたしろとした。芻蕘とは、采草・采薪の人をいう。字はまた蒭に作る。

訓義 ①かりくさ、まぐさ、ほしくさ。②まぐさかう、牛馬をかう。③わら、まこも。

古訓 〔和名抄〕蒭 加良久佐(からくさ)/蒭靈 日本紀私記に云ふ、久散比度賀太(くさひとかた)〔名義抄〕蒭 クサ・カサ(ラ)クサ/石龍蒭 ウシノヒタヒ〔篇立〕蒭 カレタクサ・クサカリ・カラクサ・クサ

声系 〔説文〕に芻声として犓・趨・雛・縐など九字を収める。後起の字に皺があり、芻のような皮膚の状態をいう。趨は趣と同声で、その意に用いる。

語系 芻・縐・皺 tzhio は同声。縐はちりめんのような小さなひだのある織物。皺も芻の声義を承ける。

【芻豢】まぐさを食う牛馬、穀を食う犬豕の属。祭祀の犧牲とする。〔礼記、月令〕(仲秋の月)是の月や、乃ち宰祝に命じて、犧牲を循行せしむ。全具を視、芻豢を案へ、肥瘠を瞻み、物色を察し、必ず比類し、小大を量り、長短を視、皆度に中らしむ。

【芻議】草野の人の意見。唐・王勃〔絳州上官司馬に上まつる書〕覇略は、近く輿歌(輿人の歌、輿論)に發し、皇圖は、芻議を隔てず。

【芻狗】わらで作った犬。厄払いに用いた。〔老子、五〕天地は不仁、萬物を以て芻狗と爲し、聖人は不仁、百姓を以て芻狗と爲す。

【芻菽】まぐさと豆。〔管子、軽重乙〕請ふ、令を以て諸侯の商賈の爲に客舍を立て、～三乘の者には芻菽有り、五乘の者には伍養有らしめん。天下の商賈、齊に歸すること、流水の若くならん。

【芻蕘】草かりと木樵り。野人。〔詩、大雅、板〕先民、言へること有り 芻蕘に詢ると

【芻米】まぐさと米。人馬の食糧。〔左伝、僖二十九年〕春、介の葛盧來朝し、昌衍(山)の上に舍る。公、(他の)會に在り(て見ず)。之れに芻米を饋る。禮なり。～冬～復た來朝す。

【芻牧】家畜を飼う。〔戦国策、魏一〕大王の地～地、方千里、～然れども廬田廡舍あり、曾ち牛馬を蒭(芻)牧する所の地無し。人民の衆き、車馬の多き、～以て三軍の衆に異なる無し。

【芻秣】まぐさ。〔呉子、治兵〕明らかに險易を知れば、則ち地も馬を輕しとし、芻秣時を以てせば、則ち馬も車を輕しとし、～鋒鋭く甲堅ならば、則ち人も戰ふことを輕しとす。

【芻霊】草をたばねて作った人がた。〔礼記、檀弓下〕塗車芻靈は、古より之れ有り。明器の道なり。孔子、芻靈を爲る者を謂ふ、善しと。俑を爲る者を謂ふ、不仁なり。人を用ふるに殆からずやと。

↑芻禾 枯草/芻芥 草あくた/芻膾 芻豢/芻犧 犧牲/芻廏 まぐさ小屋/芻莖 まぐさ/芻言 芻蕘の言/芻槀 まぐさ/芻莝 切りまぐさ/芻叔 芻菽/芻稍 兵糧/芻樵 兵糧/芻蕘/芻場 牧場/芻食 兵糧/芻薪 まぐさと薪/芻人 芻霊/芻粟 芻食/芻奠 香典/芻豆 馬糧/芻摩 麻衣/芻養 飼料/芻糧 兵馬の糧

↓艾芻・饋芻・斬芻・薪芻・生芻・青芻・積芻・束芻・断芻・伐芻・反芻・芳芻・茅芻・糧芻

常【崇】11 2290

スウ

たかい たっとぶ あがめる

篆文 

形声 声符は宗。〔説文〕九下に「嵬くして、高きなり」とあり、字はまた嵩・崧と通用する。山の崇高の意より、人の徳性の上に移して、尊崇・崇尚のように用いる。

訓義 ①たかい、山がたかい。②たっとぶ、あがめる。③たかくする、みたす、かさねる、あつくする、さかんにする。④大きい、多い。⑤おわる、おえる。

古訓 〔名義抄〕崇 アガム・ケハシ・サカシ・カシヅク・タカシ・タカウス・カサヌ・アツム・アツマル・オホシ・クハフ・ツム・マス・アフグ・タフトシ・タフトブ・タツ・カザル・ヲハル・ムネ・イノル・イハフ・タヾス

語系 崇 dzhiuəm、嵩・崧 siong は声近く、通用する。〔爾雅、釈山〕に「山大にして高きは崧なり」とあり、山には崧高といい、嵩は山の名、崇は尊崇の意に用いる。

【崇阿】 小高い丘。唐・王勃〔滕王閣の序〕驂騑(馬車)を上路に儼にし、風景を崇阿に訪ふ。帝子の長洲に臨んで、仙人の舊館を得たり。

【崇雲】 高い雲。晋・陸機〔猛虎行〕楽府 崇雲は岸に臨んで駭き 鳴條は風に隨つて吟ず

【崇厚】 てあつい。〔詩話総亀後集、譏誚〕蘇東坡(軾)の詩を觀るに、只だ是れ朝廷を譏誚するのみ、殊に溫柔崇厚の氣無し。此れを以て、人故に得て之れを罪す。

【崇高】 けだかい。〔易、繫辞伝上〕法象は天地より大なるは莫く、變通は四時より大なるは莫く、縣象著明なるは日月より大なるは莫く、崇高は富貴より大なるは莫し。

【崇侈】 おごり贅沢をきわめる。〔三国志、魏、高堂隆伝〕彼の二賊(呉と蜀)竝びに無道を爲し、崇侈度無く、其の士民を役し、其の徵賦を重くす。下、命に堪へず、吁嗟日に甚だし。

【崇峻】 高大。〔孔子家語、六本〕夫の釐王は、文武の制を變じて、玄黃華麗の飾を作る。宮室崇峻、輿馬奢侈にして、振ふべからざるなり。

【崇尚】 たっとぶ。〔後漢書、党錮伝序〕武帝より以後、儒學を崇尙す。～石渠分争の論、黨同伐異の說有るに至りて、守文の徒、時に盛なり。

【崇信】 たっとび信ずる。〔三国志、魏、文帝紀〕(詔して曰く)叔世衰亂し、巫史を崇信し、乃ち宮殿の內、戶牖の閒、沃酹せざる無きに至る。甚だしい矣か、其の惑へること。

【崇盛】 あがめる。〔文心雕竜、麗辞〕揚(雄)・(司)馬(相如)・張(衡)・蔡(邕)、麗辭を崇盛してより、～麗句と深采と竝び流しき、偶意と逸韻と倶に發す。

【崇替】 世の興廢盛衰。晋・張華〔雑詩〕永く思ひて崇替を慮かり 慨然として獨り膺を撫づ

【崇麗】 高く美しい。〔封氏聞見記、第宅〕則天(武后)以後、王侯妃主の京城の第宅、日に崇麗を加ふ。～太眞妃(楊貴妃)諸姉妹の第宅、競ひて宏壯を爲せしも、曾ち十年ならずして、皆相ひ次いで覆滅す。

←崇位 高位／崇薀 十分に瀟畜する／崇英 すぐれる／崇遠 高遠／崇演 たっとび広める／崇廈 高屋／崇牙 楽器かけの飾り／崇崖 高い崖／崇閣 高閣／崇岳 高岳／崇簡 選任する／崇鑒 高覧／崇巌 高い巌／崇基 高い壇／崇貴 高貴の身分／崇議 高議／崇極 最高に尊敬する／崇遇 高遇／崇敬 うやまう／崇闕 高大な門／崇軒 高い建物／崇賢 賢をたっとぶ／崇宏 高大／崇岡 高丘／崇曠 高大／崇厳 たっとく厳か／崇酒 なみなみと酒をつぐ／崇秀 高秀／崇崒 高峻／崇奨 尊敬し勧める／崇飾 立派に飾る／崇深 高深／崇邃 奥深い／崇昔 上古／崇絶 高遠／崇阻 高嶮／崇喪 厚喪／崇尊 たっとぶ／崇台 高台／崇重 尊重する／崇朝 終朝／崇特 特秀／崇篤 尊崇／崇拝 たっとぶ／崇邈 高遠／崇閥 門閥／崇班 高位／崇卑 高低／崇武 武をたっとぶ／崇文 文をたっとぶ／崇奉 たっとぶ／崇名 高名／崇墉 高い墻／崇嶺 高山／崇論 高論

↓瀟崇・恩崇・欽崇・功崇・広崇・光崇・信崇・尊崇・登崇・敦崇・隆崇

【崧】 11 2293 スウ たかい

形声 声符は松(松)。松に菘の声がある。〔詩、大雅、崧高〕に「崧高なるは維れ嶽 駿くして天に極たる 維れ嶽、神を降し 甫(呂)と申とを生む」とあり、嶽(岳)は嵩岳、その岳神伯夷は、姜姓四国(甫・申・許・斉)の祖とされる。

訓義 [1]たかい。[2]けわしい、そばだつ。[3]嵩岳をいう。

古訓 〔名義抄〕崧 アガル 〔字鏡集〕嵩・崧 ミネ・タカシ・タケ

語系 崧・嵩siong、崇dzhiuəm は声義に関係があり、高峻の意がある。

←崧岳 嵩山／崧高 高峻／崧山 嵩山／崧峻 高くけわしい

↓高崧

【陬】 11 7724 スウ ソウ すみ むらざと

篆文 

形声 声符は取。〔説文〕十四下に「阪の隅なり」という。𨸏は神梯の象。陬とはその神域をいう。のち僻陬、また陬落の意に用いる。陬落はまた聚落という。

訓義 [1]すみ、くま、ふもと、神域の一部をいう。[2]むら、さと、すみか。

古訓 〔名義抄〕陬 スミカ・マガキ・スム・スミヤカニ・スミ

語系 陬tzio、聚dzio は声近く、聚落を陬落ともいうように、通用することがある。

【陬落】 むらざと。聚落。〔晋書、陶侃伝論〕士行(侃)は、望(家柄)世族に非ず。俗、諸華に異なり。陬落の閒に拔萃し、髦儁の列に比肩す。

←陬遠 辺鄙／陬隅 片すみ／陬月 正月／陬見 偏見／陬僻 片いなか／陬陵 山坂

↓遠陬・遐陬・海陬・巖陬・区陬・江陬・荒陬・山陬・蛮陬・卑陬・僻陬・辺陬・孟陬・林陬

【菘】 12 4493 スウ シュウ とうな

形声 声符は松(松)。松に崧の声がある。〔本草綱目、菜一、菘〕に「卽ち今人呼んで白菜と爲す者なり。二種有り。一種は莖圓厚微靑、一種は莖扁薄にして白し。其の葉は皆淡靑白色なり」とあり、塩漬けにする。〔南史、周顒伝〕に「文惠太子、顒に、菜食は何の味か最も勝されると問ふ。顒曰く、春初の早韮、秋末の晩菘と」と答えたという話がみえる。

訓義 [1]とうな、白菜。

古訓 〔名義抄〕菘 コホネ 〔篇立〕菘 コホネ・タカナ 〔字鏡集〕菘 カラシ・タカナ

←菘芥 からしな／菘菜 とうな

↓温菘・青菘・晩菘

人【嵩】 13 2222 ［崧］ 11 2293 スウ たかい かさむ

篆文 

会意 山＋高。〔説文新附〕九下に「中岳、嵩高山なり」とあり、字はまた崧に作る。〔詩、大雅、崧高〕に「崧高なるは維れ嶽」という嶽(岳)は、嵩山。ト辞に「岳」としてみえ、山上に羊頭の象を加える。岳神伯夷は、牧羊族であった姜姓四国(甫・申・許・斉)の祖神である。

訓義 [1]山の名、嵩岳、嵩高山、また中岳という。[2]たかい、けわしい、そばだつ。[3]国語で、「かさばる」「かさむ」とよむ。

古訓 〔名義抄〕嵩 サカシ・タカシ 〔字鏡集〕嵩 ミネ・タカシ・タケ・ウヤマフ・メヅラシ・トホシ・フト・タケヌ・タケタリ・ナガシ・タカフ・アガム・ムネ・ムカフ・カミ・オゴソカニ・タフトシ

語系 嵩・崧siong と崇dzhiuəm は声義近く、古く岳とよばれていた中岳は、漢の武帝が、崇高山と名づけ、霊帝のとき、また嵩高山と改めたというが、もともと声義の通ずる字である。

【嵩呼】 万歳の声。〔漢書、武帝紀〕(元封元年)親しく嵩高に登る。御史乘屬、廟旁に在る吏卒、咸く萬歲を呼ぶこと三たびなるを聞く。登禮、答へざる罔し。其れ祠官をして、太室の祠を加增せしめよ。～名づけて崇高と曰ふ。

←嵩崖 高いがけ／嵩岳 嵩山／嵩厚 高大／嵩岫 高い山／嵩峻 高峻／嵩巒 高山

↓呼嵩・登嵩・封嵩・望嵩

常【数】13 9844 〔數〕15 5844 スウ ス サク ソク せめる かず かぞえる しばしば しきりに

篆文  金文  詛楚文 

会意 旧字は數に作り、婁＋攴。婁は女子の髪を高く結いあげた形。これに攴を加えて、髪を乱すことを數という。数数として髪が乱れる意。女子を責めるときにその髪をうって乱したので責めることをいい、乱れてばらばらになるので数多い意となり、計数の意となる。〔説文〕三下に「計ふるなり」と。攴に従ひ、婁聲」とするのは、後起の義。字もまた婁声ではない。計数の赴くところは必然であるから、世運や運命をも数という。

訓義 1せめる、うながす。2かず、かぞえる、よみあげる、計数。3数の理、ことわり、さだめ、いきおい。4わざ、はかりごと、てだて。5しばしば、しきりに、はやい、すみやか。6二、三から五、六の概数。

古訓 〔名義抄〕數 カズ・カゾフ・アマタ・コトワリ・コトワル・シバ／\・シルシ・マホル・アマタ、ビ／數奇 サチナシ 〔字鏡集〕數 シバ／\・カゾフ・サム・シバラク・カズ・タビ／\・マホル・シバシ・アマタ・コトワリ・コトワル・アマタ、ビ・サク・シルシ・アマタル

声系 〔説文〕に數声として藪・籔の二字を収める。藪は大沢、藪沢の地をいい、数々として物の多い意であろう。籔は炊簨いで、といだ米をあげるざる。その編みかたが、乱れ髪に似ているのであろう。ゆえに字は數に従う。

語系 數sheok、責tzhekは声近く、責は財物を課して責める意。速（逑）siokは急疾、數をその意に通用することがある。

【数奇】不運。不幸な運命。〔漢書、李広伝〕大將軍（衛青）陰かに上指を受く。以爲へらく、李廣は數奇、單于に當らしむること毋かれ。恐らくは欲する所を得ざらんと。～故に廣を徙さんとす。廣、之れを知りて固辭す。

【数罟】目の細かい網。〔孟子、梁恵王上〕數罟洿池に入らずんば、魚鼈勝げて食ふべからず。

【数行】幾筋も。涙の流れるさまをいう。唐・白居易〔江南に北客を送る～〕詩 故園望斷して、何如せんと欲する 楚水呉山、萬里の餘 今日君に因りて兄弟を訪ふ 數行の郷涙、一封の書

【数数】せわしくする。また、しばしば。〔漢書、李陵伝〕立政等、陵を見て、未だ私語するを得ず。即ち目もて陵に視し、數自ら其の刀環（還の音と通じる）に循ひ、其の足を握り、陰かに之れに諭さし、漢に還歸すべきを言ふ。

【数術】暦法・占卜などの術。〔漢書、武五子、燕刺王旦伝〕旦～人と爲り辯略にして、博く經書雜説を學び、星曆・數術・倡優・射獵の事を好み、游士を招致す。

【数処】数ケ所。処々。唐・宋之問〔司馬道士の天台に遊ぶを送る〕詩 羽客の笙歌、此の地に違る 離筵數處、白雲飛ぶ

【数譲】せめる。〔論衡、答佞〕張儀貧賤にして、往きて歸る。蘇秦之れを堂下に座せしめ、食らはすに僕妾の食を以てし、數讓激怒し、秦に相たらしめんと欲す。儀、忿恨して、遂に西のかた秦に入る。

【数重】幾重にも。〔史記、項羽紀〕項王の軍、垓下に壁す。兵少なく、食盡く。漢軍及び諸侯の兵、之れを圍むこと數重なり。夜、漢軍の四面皆楚歌するを聞く。項王乃ち大いに驚く。

【数量】数や分量。〔周礼、夏官、量人〕凡そ祭祀饗賓に、其の從獻脯燔の數量を制む。

↑数課 数えみる／数学 算数の学／数碁 数年／数器 度量衡の器／数計 数える／数頃 田の広さ数百畝／数闋 歌章数曲／数見 しばしば会う／数口 数人／数刻 しばらく／数四 数箇／数枝 数本の枝／数所 数ケ所／数傷 責め辱める／数仞 仞は八尺／数珠 念珠／数責 責めあげる／数多 あまた／数朶 花幾ふさ／数点 数箇／数罵 責めののしる／数目 めざとくみつける／数目 数量

↓暗数・盈数・加数・回数・概数・函数・奇数・紀数・基数・逆数・級数・窮数・虚数・極数・偶数・係数・計数・件数・限数・現数・戸数・個数・箇数・口数・細数・算数・指数・次数・実数・術数・除数・小数・少数・乗数・常数・正数・整数・全数・素数・総数・多数・大数・対数・代数・単数・丁数・定数・点数・同数・道数・日数・人数・年数・倍数・比数・負数・複数・分数・変数・歩数・無数・名数・命数・目数・黙数・約数・有数・陽数・理数・礼数・暦数

【鄒】13 2742 〔郰〕11 1712 スウ シュウ（シウ）

篆文 

形声 声符は芻。〔説文〕六下に「魯の縣。古の邾婁の國なり。帝顓頊の後の封ぜられし所なり」（段注本）とあり、春秋期の山東の国の名。邾また邾婁ともいい、〔国語、魯語〕に蛮夷の名とする。曹姓の〔邾公釛鐘〕に「陸終の孫、邾公釛」と称しており、顓頊ののちに陸終六子があり、その第五子が曹姓であった。

訓義 1くにの名。2字はまた郰・騶に作る。

語系 鄒・郰tzhioは同声。鄒はまた、郰に作る。邾婁tio-loの合音は鄒に近く、邾婁・邾がその初名であろう。

【犓】14 2752 スウ まぐさかう

篆文 

会意 牛＋芻。芻はまぐさ。〔説文〕二上に「芻莝を以て圈牛を養ふなり」（段注本）とあり、芻の亦声とする。〔玉篇〕に「今、芻に作る」とするが、芻の動詞形とみるべき字であろう。

訓義 1まぐさかう。2まぐさ。

古訓 〔字鏡集〕犓 カヒウシ

【犓豢】飼養の牲畜。〔墨子、天志下〕霜露時ならざるときは、天子必ず且に其の牛羊犬彘を犓豢とし、粢盛酒醴を潔くし爲め、以て禱祠して福を天に祈らん。

↑犓牛 小牛／犓脯 牛の肉

【縐】16 2792 スウ シュウ（シウ） ちぢみ

篆文 

形声 声符は芻。芻はまぐさ。細く長く切った牧草。〔説文〕十三上に「絺の細かきものなり」とあり、細かなしわのある織物、ちぢみをいう。

訓義 1ちぢみ、ちぢみの織物、ちぢむ。2ほそい、こまかい。3あや、ちぢみのあや。

古訓 〔字鏡集〕縐 シヾマル・ホソシ

↑縐絹 粗絹／縐縠 しじら／縐紗 しわの細かいちりめん、紗／縐摺 折り目の傷み／縐絺 ちぢみ／縐紋 折り目のしわ

↓褰縐・襞縐・蒙縐・羅縐

【趨】17 4780 スウ シュ はしる すみやか

篆文 

形声 声符は芻。〔説文〕二上に「走るなり」とあり、走字条に「趨るなり」とあって互訓。〔礼記、曲礼上、注〕に「足を張るを趨と曰ふ」とあり、儀礼のとき、歩より大股に歩く。尊者に道を譲るとき、小走りする歩きかたである。わが国の神事の際の「わしる」にあたるとみてよい。

訓義 1はしる、小走りに歩く、はやくゆく。2ゆく、おもむく、おう。3すみやか、はやい。4趣と通じ、おもむき、うながす、せま

る、つまる。5字はまた趍に作る。

古訓〔名義抄〕趨 ユク・ワシル／趍 ワシル・ネル・ムカフ・オモムク・ウツル・ウナカス・スミヤカニ・サイキル・ハセテ・タガフ・ヨリ・オモフ〔字鏡集〕趨 タガフ・ハシル・ネル・ヨリ・ヒサシ・ウツル・オモフ・サイキル・スミヤカニ・オモムク・トクユク・ムカフ・ハセテ・ワシル・ウナガス

語系 趨・趣tsioは同声。趣に「すみやか」の訓がある。走tzoも声近く、趨・趣は走に近い速歩をいう。

【趨向】すうこう(かう) おもむき向かう。〔旧五代史、唐、張全義伝〕全義、朴厚大度、本を敦くし、實を務む。～荘宗の洛陽に至りしより、趨向する者、皆徑(裏道)に由りて以て恩寵を希ふ。全義、素履(素行)を改めず、誠を盡すのみ。

【趨行】すうこう(かう) 速やかに行く。〔戦国策、趙二〕趙王曰く、～乃ち且に心を變へ慮を易へ、地を剖きて前過を謝し、以て秦に事へんとし、方將に車を約して趨行せんとす。

【趨舍】すうしゃ 取舍。進退。世に出ると退くと。〔史記、伯夷伝〕巖穴の士、趨舍時有り。此の若きの類、名、堙滅して稱せられず。悲しい夫。

【趨翔】すうしょう(しやう) 儀礼の際の歩きかた。たちいふるまい。〔墨子、非儒下〕孔某(丘)、盛容脩飾して以て世を蠱し、弦歌鼓舞して以て徒を聚め、登降の禮を繁くして以て儀を示し、趨翔の節を務めて以て衆に觀す。

【趨走】すうそう 早く走る。〔列子、楊朱〕人は、爪牙は以て守衛に供するに足らず、肌膚は以て自ら捍禦に供するに足らず、趨走は以て利害を逃るるに足らず。毛羽の以て寒暑を禦ぐ無し。

【趨庭】すうてい 家訓をうける。庭訓。〔論語、季氏〕嘗て(子)獨り立てり。鯉(孔子の子)趨りて庭を過ぐ。曰く、詩を學びたるかと。對へて曰く、未だしと。曰く、詩を學ばざれば、以て言ふこと無しと。

【趨拜】すうはい 趨参の礼。〔後漢書、光武十王、東平憲王蒼伝〕蒼、諸王と京師に朝す。月餘、國に還る。～(帝、手詔して曰く)今、列侯の印十九枚を送る。諸王子、年五歳已上、能く趨拜する者は、皆之れを帶びしめよ。

↑趨役 役務に赴く／趨謁 謁見する／趨炎 勢いのあるものにつく／趨学 就学／趨義 義に赴く／趨求 追求する／趨急 急難を救う／趨郷 向かう／趨嚮 趨向／趨競 競い奔る／趨迎 迎える／趨候 参上する／趨参 参上する／趨使 使する／趨廝 走り使い／趨侍 従侍／趨時 時流に迎合する／趨捨 趨舍／趨承 趨参／趨唱 先払い／趨讓 起居の礼儀／趨進 走り赴く／趨趨 足早にゆく／趨世 世俗のことに奔走する／趨勢 成り行き／趨蹌 立ち廻る／趨数 せわしくせまる／趨俗 俗習におもねる／趨熱 権勢におもねる／趨陪 走ってお伴する／趨避 進退／趨附 走り従う／趨赴 走り赴く／趨風 人の前を小走りに通りすぎる／趨辟 先払い／趨弁 かりに間に合わせる／趨歩 小走り／趨奉 こびへつらう／趨鋒 危険を犯して戦う／趨名 名に走る／趨利 利に走る／趨履 行為

↓雲趨・影趨・勧趨・帰趨・起趨・競趨・駆趨・参趨・指趨・疾趨・徐趨・翔趨・進趨・争趨・走趨・追趨・騰趨・拝趨・赴趨・風趨・歩趨・奔趨・来趨・鯉趨

人

【雛】 18 2041 スウ ひな ひなどり

篆文

籀文

甲骨文

形声 声符は芻。〔説文〕四上に「雞子なり」とする。雞子に限らず、鳥のひなをいう。卜文に、鳥のかたわらに芻を加えている字形がある。

訓義 1ひな、ひなどり。2おさなご。3国語で、ひながた、人形の意に用いる。

古訓〔和名抄〕雛 比奈(ひな)〔字鏡集〕雛 ヒナ・トリノコ

【雛鳳】すうほう すぐれた素質のある年少の人。〔唐詩紀事、六十五、韓偓〕(李)義山云ふ。嘗て即席に詩を爲りて相ひ送る。一座盡く驚く。句に老成の風有り。因りて詩有りて云ふ。十歳詩を裁りて走馬成る 冷灰殘燭、離情を動かす 桐花萬里、丹山の路 雛鳳は老鳳(偓の父、瞻)の聲よりも淸し

↑雛鴉 からすの子／雛鶯 うぐいすの雛／雛禽 ひな鳥／雛虎 虎の子／雛児 幼児／雛筍 若筍／雛鼠 小鼠／雛僧 小僧

↓育雛・鵷雛・鶯雛・孤雛・鵠雛・衆雛・新雛・鵲雛・僧雛・雉雛・鳳雛・鵬雛・鸞雛

【騶】 20 7732 スウ うまかい

篆文
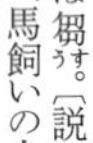

形声 声符は芻。〔説文〕十上に「廏御なり」とあって、馬飼いの人をいう。騎士を騶騎、その従者を騶僕という。騶虞は聖獣とされるが、麟とともに、その実体は明らかでない。

訓義 1うまかい。2騎士。3はしる。4騶虞。

古訓〔字鏡集〕騶 ムマヤ

【騶虞】すうぐ 仁獸。白虎黒文、生草をふまず、自死の肉のみを食うという。〔淮南子、道応訓〕屈商(紂の臣)、乃ち文王を羑里に拘ふ。是に於て、散宜生乃ち千金を以て天下の珍怪を求め、騶虞・雞斯(神馬)の乘、玄玉百珏、大貝百朋、～白虎の文皮千合を得て、以て紂に獻ず。

【騶僕】すうぼく ともまわり。〔唐書、倪若水伝〕班景倩、揚州採訪使より、入りて大理少卿と爲り、(汴)州を過ぎる。若水、郊に餞し、左右を顧みて曰く、班公の是の行、登仙の若し、吾れ騶僕と爲るを得ざるを恨むと。

↑騶駕 乗り物／騶騎 騎士／騶御 御者／騶吾 騶虞／騶哄 前駆／騶使 使者／騶従 供奉／騶唱 騶哄／騶人 先払い／騶卒 下走り／騶奴 従僕／騶童 しもべ／騶導 先払い／騶輿 ともまわり／騶列 儀衛

↓廏騶・群騶・驂騶・前騶・田騶・導騶・発騶・鳴騶・列騶

スベル

【辷】 5 すべる

国字 なめらかなところを、すべるという意味を示すために、辵に平面の形である一を加えた。込(込)・辻なども、同じような造字法である。

訓義 1すべる、なめらか、うつる、しりぞく、おちる、はずす。

古訓〔字鏡集〕辷 フシワヅラフ・ヒキダス・マロブ

スン

常

【寸】 3 4030 スン ソン わずか

篆文

会意 又(又)＋一。又は手指の形、指一本の幅を寸という。拇指と中指をひろげて、手首をそえた形は尺。寸はその十分の一にあたる。〔大戴礼、主言〕に「指を布きて寸を知り、手を布きて尺を知る」という。〔説文〕三下に「十分なり。人の手、一寸を卻くところの動𧖴、之れを寸口と謂ふ」とするが、寸口は脈の大候の存するところで、医術上の用語。尺字条八下に「周の制、寸・尺・咫・尋・常・仞の諸度量は、皆人の體を以て法と爲す」とあり、尋は左右の手を広げた長さ、常は尋を折り返した織物の長さである。わが国

では手指四本をならべた長さは「つか」、「ひろ」は左右の手を伸ばした長さ。尋とひろは同じ長さであるから尋を「ひろ」と訓するが、寸にあたる国語はない。
訓義 [1]すん。[2]わずか、すこし。
古訓 〔名義抄〕寸 キダ／〵・ツダ／〵 〔篇立〕寸 ワヅカ・ツダ／〵・ミジカシ
部首 〔説文〕に寺・將（将）・潯・專（専）・尃・導（導）の六字を屬し、〔玉篇〕に射・尉など三字を加える。字の初形からいえば、みな又に従う字で、寸尺の寸の意をもつものはない。字書の寸部の字も同じ。ただ守らは手中に物のある形の字である。
声系 〔説文〕に忖を寸声とし、「切る」と訓する。村の初文は邨、もと屯声の字である。忖は〔新附〕十下にみえ、忖度することをいう。
【寸陰】わずかの時間。〔淮南子、原道訓〕時は人と游ばず。故に聖人は尺の壁を貴ばずして、寸の陰を重んず。時は得難くして、失ひ易ければなり。
【寸功】わずかな功績。〔史記、李斯伝〕今、扶蘇、將軍蒙恬と、師數十萬を將ゐて、以て邊に屯すること十有餘年なり。進んで前むこと能はず、士卒多く耗へり、尺寸の功無し。乃ち反つて數〻上書直言して、我が爲す所を誹謗す。～其れ劍を賜うて以て自裁せしむ。
【寸心】心。方寸の心。唐・杜甫〔偶題〕詩 文章は千古の事なり 得失、寸心知る
【寸鉄】小さな武器。〔野獲編、釈道、禅林諸名宿〕蓋し、近日叢林の議論、宗門を崇尚し、單刀陣に入り、寸鐵人を殺すことを主とす。
【寸土】わずかな土地。〔宋史、地理志五〕川峡四路～地狹くして腴えたり。民、耕作に勤め、寸土の曠しき無し。歲に三四收、其の獲る所、多く遨遊の費と爲す。踏靑（春の野遊び）・藥市の集、尤も盛んなり。
【寸兵】わずかの武器。兵力。清・侯方域〔太平仁義の効の論〕夜、戸閉ざさず。人、萬里に行くに、寸兵を持せず。太平と謂ふべし。
【寸禄】わずかな俸禄。晉・左思〔詠史、八首、八〕詩 外に望むも寸祿無く 内に顧みるも斗儲無し 親戚還た相ひ蔑み 朋友、日夜疎なり
↑寸意 微意／寸暇 寸時の暇／寸罅 小さなすきま／寸函 寸書／寸柬 寸書／寸閑 寸暇／寸簡 寸書／寸願 わずかな願い／寸晷 寸陰／寸許 少々／寸景 寸晷／寸隙 寸暇／寸口 手首の動脈／寸刻 寸時／寸札 寸書／寸私 いささかの心／寸紙 寸書／寸時 少時／寸尺 少し／寸旬 短い時日／寸書 短い手紙／寸壌 寸土／寸刃 寸鉄／寸寸 ずたずた／寸誠 微衷／寸節 小さな操／寸截 きれぎれ／寸絶 きれぎれに断つ／寸牋 寸書／寸善 小善／寸磔 ずたずたに裂く／寸丹 微衷／寸断 一寸ほどに切り断つ／寸地 寸土／寸衷 心／寸楮 名刺、また短い手紙／寸腸 微衷／寸馬 遠くて馬が小さくみえるほどの景色／寸府 心／寸分 ほんの少し／寸歩 ひと足／寸補 小補／寸眸 眼／寸報 小報告／寸脈 寸口／寸稟 微祿／寸縷 少しの糸／寸裂 寸断
↓一寸・運寸・盈寸・環寸・径寸・原寸・高寸・裁寸・尺寸・積寸・丹寸・長寸・膚寸・分寸・方寸・燐寸

ゼ

常【是】 9 6080 ゼ シ さじ ただしい よい これ この

篆文 籀文 金文

象形 匙の形で、匙の初文。のち是非の意や代名詞などに用いられ、その原義を示す字として匙が作られた。匙は是の形声字である。〔説文〕二下に「直しきなり。日と正とに從ふ」とし、〔段注〕に「天下の物、日より正しきは莫きなり」と説くが、日の部分は先端の杓のところ、下部は止に近い形であるが、その柄。是非の非も、もと非櫛（すきぐし）の象形。これを是非の意に用いるのは、ともに仮借である。
訓義 [1]さじ、匙の初文。[2]実と通じ、ただしい、まこと、よい。[3]此・時と通じ、これ、この。
古訓 〔名義抄〕是 コレ・コ、ニ・カ、ルコト・ヨシ・コトハル・コトハリ・スナハチ・ナホシ・カクノゴトキ・カクノゴトク・タツ 〔篇立〕是 コレ・コ、ニ・ナホシ・カ、ルコト・ヨシ・コトワル・スナハチ・カクノゴトシ・コ、ヲモテ
声系 〔説文〕に是声として禔・諟・寔・匙・題・提など二十三字を収める。禔・諟・寔は是と通用の義があり、神事に関する字であることが注意される。是は、氏と同じく、氏族共餐の儀礼に際して用いられるものであった。
語系 是・氏zjieは同声。氏は劂の初文厥の形に近く、肉を切るナイフ。是はスプーン。いずれも氏族共餐のときに用いる。氏はのち氏族の意となった。祭肉を分かつ脤膰の礼が、血族の間に行われたからである。禔tjie、諟zjie、寔zjiekもみな儀礼に関するものらしく、是も氏族共餐のときの器であったと考えられる。
【是是】是を是とする。〔荀子、修身〕是を是とし非を非とする、之れを智と謂ふ。是を非とし非を是とする、之れを愚と謂ふ。
【是正】誤りを正す。〔後漢書、劉陶伝〕陶、尙書・春秋に明らかにして、之れが訓詁を爲る。三家の尙書及び古文を推し、文字を是正すること七百餘事、名づけて中文尙書と曰ふ。
【是非】善悪。〔礼記、曲礼上〕夫れ禮は、親疏を定め、嫌疑を決し、同異を別ち、是非を明らかにする所以なり。
↑是以 この故に／是故 そこで／是否 是非／是用 この故に
↓因是・求是・国是・自是・社是・如是・真是・誠是・党是・非是・不是・由是

セイ

常【井】 4 5500 常〔丼〕 5 5500 セイ ケイ いど いげた

篆文 甲骨文 金文

象形 井げたのわくの形。〔説文〕五下に「八家一井、構韓（井の垣）の形に象る」とする。篆字は丼に作り、丼中の点を「罋の象なり」と解し、伯益がはじめて井を作ったという起原説話をしるしている。卜文・金文には字を邢という国名に用いるほか、井の形には、人の首足に加える枷の形で、のちの刑となるもの、鋳型のわくの形で、のちの形・型となるもの、陥穽として設けるもので、のちの穽となるものがあり、井は邢・刑・形・型・穽の初文である。〔孟子〕にみえるような井田法は、西周期の資料にその徴証を求めることはできず、文字が生まれた殷代には、もとより存しなかったものである。
訓義 [1]いど。[2]いげた、いげたの形のもの。[3]むら、まち、みち。[4]刑と通じ、刑。[5]丼は、わが国ではどんぶり。
古訓 〔和名抄〕井 四聲字苑に云ふ、井、和名爲（ゐ）。辨色立成に云ふ、桔槹、加名都奈爲（かなづなゐ）〔名義抄〕妙美井 シミヅ 〔字鏡集〕井 ホル・ノリ・トル
声系 〔説文〕に井声として耕（耕）・阱（穽）・荆（刑）など六字を収め、阱・荆を亦声とする。阱の従うところは陥穽、荆の従うところは首枷の形である。

語系 井tzieng、阱（穽）dziengは声近く、いずれも深く垂直に掘りこんだもの。荆（刑）hyengは畳韻の語であるが声遠く、その形は首枷、形は同じであるが声義異なり、別系の語である。

【井鼃】せいあ 井中の蛙。見聞の狭い者にたとえる。〔荘子、秋水〕井鼃の以て海を語るべからざるは、虚に拘せらるればなり。夏蟲の以て冰を語るべからざるは、時に篤しめらるればなり。

【井幹】せいかん いげた。〔荘子、秋水〕吾れ樂しき與か。出でては井幹の上に跳梁し、入りては缺甃（壁瓦）の崖に休ふ。～且つ夫れ一壑の水を擅にし、埳井に跨跱するの樂しみ、此れ亦た至れり。夫子奚ぞ時に來り入りて觀ざるや。

【井渠】せいきよ 地下の溝。〔史記、河渠書〕是に於て、爲に卒萬餘人を發して渠を穿つ。～岸善く崩る。乃ち井を鑿ること深き者は四十餘丈、往往にして井を爲り、井の下相ひ通じて水を行る。～十餘里の閒、井渠の生ずること、此れより始まる。～龍骨を得たり、故に名づけて龍首渠と曰ふ。

【井泉】せいせん いど。いど水。〔礼記、月令〕（仲冬の月）是の月や、～天子、有司に命じて、四海の大川・名源・淵澤・井泉を祈祀せしむ。

【井地】せいち 井田。〔孟子、滕文公上〕夫れ仁政は必ず經界より始む。經界正しからざれば、井地均しからず、穀祿平らかならず。

【井池】せいち 井戸と池水。〔水経注、河水一〕夫人、池に入りて洗浴し出づ。北岸二十歩、東向して手を擧げ樹に攀ぢて太子を生む。太子、地に墮ち、行くこと七歩。二龍、水を吐きて太子に浴せしむ。遂に井池を成す。衆僧の汲養する所なり。

【井田】せいでん 井田法。孟子が理想として説いた田地の制。〔孟子、滕文公上〕方、里にして井す。井九百畝、其の中（央）を公田と爲し、八家皆百畝を私し、同に公田を養ふ。公事畢り、然る後敢て私事を治む。野人を別つ所以なり。

【井辺】せいへん 井戸のあたり。唐・羅隠〔杜陵秋思〕詩 巖畔早涼、紫桂を生じ 井邊疏影、高梧に落つ

【井欄】せいらん いげた。〔晋書、四夷、南蛮、林邑国伝〕貴女賤男、同姓婚を爲し、婦先づ壻を娉す。女嫁ぐの時、迦盤衣を著る。横幅合縫すること井欄の如く、首に寶花を戴く。喪に居るとき、鬢を翦る。之れを孝と謂ふ。尸（屍）を中野に燔く、之れを葬と謂ふ。

【井閭】せいりよ 邑里。閭は二十五家。〔香祖筆記、十二〕嘗て所謂北渚の址に登りしに、則ち群峰屹然として祠上に列し、城郭井閭、皆其の下に在り。

↑井蛙 井鼃／井飲 井水を飲む／井塩 塩井／井屋 農家／井椁 棺槨／井壑 谷の涌水／井坎 涌水／井檻 いげた／井気 井戸の気／井臼 炊事／井魚 井中の魚／井彊 村境／井曲 里巷／井口 井筒／井谷 井戸底／井市 まち／井肆 まち／井室 蔵氷室／井甃 井壁／井牀 いげた／井上 井戸のあたり／井縄 つるべ／井植 井幹／井水 井戸水／井遂 田の区画／井井 井然／井税 井戸の税／井石 井桁石／井渫 井戸さらえ／井然 整然／井台 井筒／井中 井戸の中／井底 井戸の底／井泥 古井戸／井頭 井戸／井陌 まち／井湄 井戸端／井鮒 井中の鮒／井甓 井甃／井畝 井田／井圃 はたけ／井傍 井戸端／井牧 二牧一井／井味 水味／井脈 地下水脈／井邑 邑は四井の地／井闌 いげた／井里 邑里／井廩 井戸と米倉

↓飲井・堙井・塩井・火井・画井・海井・陥井・寒井・丘井・旧井・汲井・郷井・玉井・掘井・古井・枯井・鑿井・四井・市井・修井・浚井・深井・穿井・藻井・塞井・天井・冰井・瓶井・方井・油井・閭井・霊井・露井・廬井

常【世】 5 4471 セイセ よよのなか とし

象形 草木の枝葉が分かれて、新芽が出ている形。新しい枝葉を示す。〔説文〕卉部三上に「三十年を一世と爲す。卉に從ひて、之れを曳長す。亦た其の聲を取るなり」とするが、形も声も異なる。字形は生に近く、生もまた草木枝葉の生ずる形である。金文に世を枻・枼に作る。木には世、草には生の形となる。世をまた葉といい、万世を万葉という。

訓義 ①よ、よよ、よのなか。②とし。③一生、一生涯。

古訓 〔名義抄〕世 ヨ・ヨヽ・ツグ

声系 〔説文〕に世声として呭・泄・抴・紲など九字を収める。世声の字には木の枝葉に関するものがなく、おおむね擬声的な語で、呭は多言、泄は泄水をいう。

語系 世sjiat、葉（枼）jiapは声義近く、枝葉を生じてその完成したものを葉という。呭・泄jiatは、はなし声や水の音などの、ささめくような音をいう。

【世運】せうん 世のなりゆき。漢・班彪〔王命論〕蓋し高祖に在りて、其の興るや五有り。～古今の得失を歷へ、行事の成敗を驗らべ、帝王の世運を稽へ、五者の所謂を考ふ。

【世家】せいか 世禄の家柄。世族。また、〔史記〕の諸侯王の記述の部分。〔孟子、滕文公下〕仲子は齊の世家なり。

【世外】せがい（ぐわい） 俗世の外。〔池北偶談、六、王公の家書〕身在ること有るも、土恩を忘るること無かれ。舌在ること有るも、國事を談ずること無れ。事は身外に在り、身は世外に在り。鷗波萍跡、此の生を寄するに足る。柴車就道、形跡晦ますに宜し。

【世及】せいきゅう（きふ） 父子相承ける。〔礼記、礼運〕今大道既に隱れ、天下を家と爲す。～大人は世及して以て禮と爲し、城郭・溝池、以て固めと爲し、禮義以て紀と爲す。～是れを小康と謂ふ。

【世旧】せいきゅう（きう） 先代以来の古なじみ。唐・李嘉祐〔張惟倹秀才の入挙を送る〕詩 吾が世、舊爲たるを以て 爾が家風を繼ぐを憐れむ

【世業】せぎょう（げふ） 父祖伝来の業。また、世業田。〔旧唐書、食貨志上〕授くる所の田、十分の二を世業と爲し、八を口分と爲す。世業の田、身死するときは、則ち戶を承くる者に便ち之れを授け、口分は則ち官に收入し、更めて以て人に給す。

【世間】せけん この世。世の中。〔史記、李斯伝〕夫れ人生まれて世閒に居るや、譬へば猶ほ六驥を騁せて、決隙（わずかのすきま）を過ぐるがごとし。

【世故】せこ 世の俗事。魏・嵆康〔山巨源（濤）に与へて交はりを絶つ書〕心、煩に耐へずして、而も官事に鞅掌し、機務其の心に纏はり、世故其の慮に繁し。七の堪へざるのことなり。

【世子】せいし 天子・諸侯の世つぎ。〔礼記、内則〕世子生まるるときは、則ち君沐浴して朝服す。夫人も亦た之くの如くす。皆阼階に立ちて西鄉（嚮）す。

【世事】せいじ 世上のこと。〔史記、屈原伝〕上は帝嚳を稱し、下は齊桓を道ひ、中ごろ湯武を述べ、以て世事を刺り、道德の廣崇、治亂の條貫を明らかにし、畢く見さざる靡し。

【世儒】せいじゅ 世上の学者。また、世を指導する儒者。〔論衡、書解〕著作する者を文儒と爲し、經を説く者を世儒と爲す。～世儒は聖人の經を説き、賢者の傳を解き、義理廣博にして、實見せざる無し。

【世上】せじょう（じやう） 世間。宋・陸游〔冬夜読史、感有り〕詩 世上の閑愁千萬斛 一點も眉端に上らしめず

【世情】せじょう（じやう） 世のさま。晋・陶潜〔辛丑の歳七月、赴仮して

江陵に還らんとして、夜、塗口を行く〕詩 閒居三十歳 遂に塵事と冥らし 詩書、宿好を敦うし 林園、世情無し 世人交はりを結ぶに、黄金を須ふ 黄金多からざれば、交はりも深からず

【世人】世間の人。唐・張謂〔長安、主人の壁に題す〕詩 世人交はりを結ぶに、黄金を須ふ 黄金多からざれば、交はりも深からず

【世道】世の中の道。唐・李白〔崔諮議に贈る〕詩 世道、翻覆有り 前期、豫め圖り難し

【世難】世の乱れ。〔三国志、蜀、劉焉伝〕焉、靈帝の政治衰缺し、王室多故なるを覩、～内かに交阯の牧たらんことを求め、世難を避けんと欲す。

【世紛】世累。南朝宋・顔延之〔陶徴士(潛)の誄〕遂に乃ち體を世紛に解き、志を區外に結び、迹を定めて深棲す。～詔有り、徵して著作郎と爲すも、疾と稱して到らず。春秋若干、元嘉四年月日、尋陽縣の某里に卒す。

【世変】世の移り変わり。宋・陸游〔月下小酌〕詩 世變、浩として窮まり無し 成敗、手を翻覆するがごとし

【世法】世の定め。宋・黄庭堅〔書して兪清老に贈る〕米黻元章、揚州に在り。翰墨に游戲し、聲名籍甚、其の冠帶衣襦、多く世法を用ひず。起居語默、略ぼ意を以て行ふ。

【世味】人の世の情味。唐・韓愈〔爽に示す〕詩 人生、但だ此くの如し 其れ實に亦た憐れむべし 吾れ老いて、世味薄し 因循して、留連することを致す

【世務】世の務め。世俗のこと。〔抱朴子、自叙〕廢することと有るに非ざれば、事兼ねて濟らず。世務を絶棄するに非ざるよりは、則ち曷に縁つてか玄靜を修習せんや。

【世網】世の係累。晉・陸機〔洛に赴く道中の作、二首、一〕詩 借問す、子何くにか之く 世網、我が身に嬰かる

【世用】世間の用に役立つ。唐・韓愈〔柳子厚(宗元)墓誌銘〕子厚、前時少年たりしとき、人の爲にするに勇にして、自ら貴重顧藉(顧惜)せず。～故に卒かに窮裔(地の果て)に死して、材は世用と爲らず、道は時に行はれず。

【世乱】乱世。梁・江淹〔雑体詩、三十首、王侍中(粲)の懐徳〕伊れ昔、世亂に値ひ 馬に秣ひて、帝京を辭せり

【世累】俗累。宋・陸游〔夜坐園中、夜分に至る〕詩 漸く秋清に近くして、病の減ずるを知り 盡く世累を捐てて、心平らかなるを覺ゆ

【世路】世わたり。梁・劉峻〔広絶交論〕嗚呼、世路の險巇なること、一に此に至る。太行・孟門(ともに山の名)も、豈に嶄絶と云はんや。

【世論】輿論。〔晉書、庾冰伝〕兄亮は、名德を以て訓を流しき、冰は、雅素を以て風を垂る。諸弟相ひ率ゐて、禮を好まざる莫し。世論の重んずる所と爲る。亮、常に以て庾氏の寶と爲す。

↑世蔭 家柄／世英 英傑／世栄 ほまれ／世縁 俗縁／世界 この世／世患 世の患／世幹 世務の才／世鑒 世の鏡／世規 世のおきて／世機 世わたり／世儀 世規／世議 世評／世局 時局／世兄 同年輩の人の敬称／世系 血筋／世諺 諺／世交 歴代の交際／世婚 歴代の婚姻関係／世才 世智／世士 士人／世嗣 世子／世次 世代／世主 人主／世叔 父の兄弟／世準 手本／世職 世襲の職／世臣 譜代の臣／世箴 世の戒め／世塵 世のうさ／世世 代々／世戚 親戚／世俗 世間／世族 世禄の家／世態 世情／世代 よよ／世沢 余沢／世治 治世／世冑 御曹子／世嫡 嫡子／世哲 太子／世伝 伝世／世途 世わたり／世統 血筋／世徳 積徳／世範 世準／世表 世次の表／世父 伯父／世婦 女官／世譜 系譜／世母 伯母／世模 世準／世門 世家／世誉 世の誉れ／世吏 代々の吏／世慮 俗念／世類 家がら／世禄 世襲の禄秩

↓阿世・一世・永世・奕世・益世・厭世・往世・慨世・蓋世・駭世・隔世・希世・季世・寄世・救世・挙世・驚世・澆世・近世・経世・警世・現世・後世・曠世・傲世・今世・済世・在世・三世・時世・辞世・終世・夙世・宿世・出世・処世・上世・身世・人世・塵世・衰世・盛世・聖世・絶世・千世・先世・前世・早世・創世・俗世・濁世・治世・中世・超世・伝世・当世・遁世・薄世・万世・晩世・避世・百世・浮世・没世・末世・名世・命世・来世・乱世・累世・歴世・列世

常

【正】

5 1010

セイ ショウ(シャウ) ただしい ただす おさ まさに

篆文 古文 甲骨文 金文

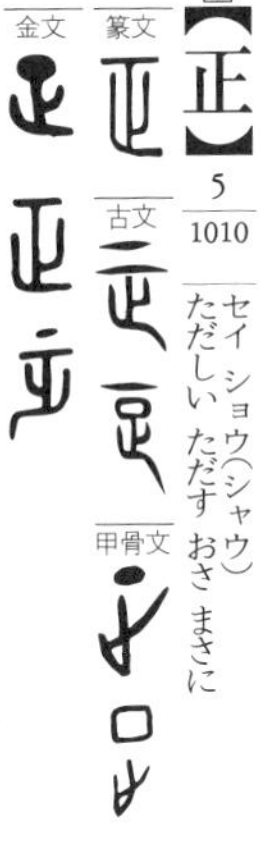

会意 一＋止。卜文・金文の字形は、一の部分を口の形に作り、口は都邑・城郭の象。これに向かって進む意であるから、正は征の初文。征服者の行為は正当とされ、その地から貢納を徵することを征といい、強制を加えて治めることを政という。〔説文〕二下に「是なり。止に從ひ、一以て止まる」とするが、一に従う字ではない。その支配にあたるものを正といい、周初の金文〔大盂鼎〕に「殷の正百辟」という語がみえ、官長たる諸侯の意。官の同僚を「友正」という。征服・征取・政治の意より、正義・中正、また純正・正気の意となる。

訓義 ①せめる、征の初文。②攻めてただす、反する者をただす、ただしい。③征の初文、税をとる。④おさ、かしら、おさめるもの、長官。⑤まつりごと、おさめる。⑥さだめる、平らかにする、ととのえる。⑦もと、はじめ、基本にあるもの。⑧純粋なもの、誤りのないもの。⑨まさに。

古訓 〔名義抄〕正 マサシ・マサニ・カミ・ヲサ／〱シ・タヒラカナリ・ヒル・ヒタフト・シク・ヒトシ・タカシ・シバラク・ト丶ノフ・タヾス・タヾシ・マツリゴト・メヅラシ・キク・トヾム

部首 〔説文〕に正の反文として乏を録し、〔玉篇〕に整など二字を加える。乏は正の反文ではなく、泛死者の象形。これを埋めて葬ることを窆という。

声系 〔説文〕に証・整・政(政)・定・鉦など九字を収める。おおむね正の声義をとるものである。ただ鉦は、その鼓つ音をとるものであろう。

語系 正・征・政・整 tjieng は同声。正は征の初文。正に攴を加えて政となり、また敕(束ねて整える)を加えて整となる。

【正意】正しい心。〔風俗通、声音、琴〕琴の言爲る、禁なり。～夫れ正雅の聲を以て、正意を動感せしむ。故に善心勝ちて、邪惡禁ぜらる。是を以て古の聖人君子、自ら感ずる所以んを愼む。

【正学】正しい学問。〔史記、儒林、轅固生伝〕固の徵せらるるや、薛の人公孫弘も亦た徵せらる。目を側めて固を視る。固曰く、公孫子、正學を務めて以て言へ。曲學以て世に阿ること無かれと。

【正気】天地間の正大の気。宋・文天祥〔正気の歌〕詩 天地に正氣有り 雜然として流形に賦す 下りては則ち河嶽と爲り 上りては則ち日星と爲る 人に于ては浩然と曰ひ 沛乎として蒼冥(宇宙の間)に塞がる

【正奇】正道と奇道。〔老子、五十七〕正を以て國を治め、奇を以て兵を用ひ、無事を以て天下を取る。吾れ何を以て其の然るを知る。此れ(無事)を以てなり。

【正義】正しい道理。〔荀子、儒効〕學問せずして正義無く、富利を以て隆と爲すは、是れ俗人なる者なり。～故に人主、俗人を用ふるときは、則ち萬乘の國亡ぶ。

【正襟】えりをただし、容儀を整える。宋・蘇軾〔赤壁の賦〕蘇子、愀然として襟を正し、危坐して客に問うて曰く、何爲れぞ其れ然るやと。

【正言】はばからずに直言する。〔管子、法法〕人主周密ならざるときは、則ち正言直行の士危し。

【正鵠】弓のまと。ことの要点。〔中庸、十四〕子曰く、射は君子に似たる有り。諸れを正鵠に失するときは、反つて諸れを其の身に求む。

【正笏】笏を正しくもつ。容儀をただす。宋・欧陽脩〔相州昼錦堂記〕大事に臨み、大議を決するに至りては、紳を垂れ笏を正し、聲色を動かさずして、天下を泰山の安きに措く。

【正坐】端坐する。宋・曾鞏〔宝月大師塔銘〕熙寧元年十月、感疾す。癸丑、門人と常に往來する所の學佛の人とを會し、告ぐるに將に終へんとするを以てす。其の夕、沐浴して衣を易へ、正坐して卒す。享年六十有一。

【正朔】正月と朔日。暦。漢・司馬相如〔上林の賦〕倉廩を發いて以て貧窮を救ひ、足らざるを補ふ。～制度を改め、服色を易へ、正朔を革めて、天下と更始を爲さん。

【正史】紀伝体の史書。二十五史。〔隋書、経籍志二〕是より世〻著述有り。皆班（固、漢書）・馬（司馬遷、史記）に擬して、以て正史を爲る。作者尤も廣し。一代の史、數十家に至る。～今、世代に依り、聚めて之れを編し、以て正史に備ふ。

【正始】人倫のはじめである夫婦の道をただす。〔毛詩序〕周南・召南は正始の道、王化の基なり。

【正室】正妻。〔三国志、魏、鍾会伝、裴松之注〕鍾繇、時に老いたり。而れども方に正室を納る。蓋し禮（礼記、曽子問）に云ふ所の、宗子七十と雖も、主婦無きこと無しの義なり。

【正閏】正統と非正統。〔資治通鑑、魏紀一〕（文帝、黄初二年）臣光曰く、～秦、書を焚き、儒を坑にす。漢興り、學者始めて五徳の（相）生・（相）勝を推し、秦を以て、閏位にして木火の閒に在り、霸にして王たらずと爲す。是に於て、正閏の論興る。

【正書】楷書。〔宣和書譜、三、正書叙論〕漢の建初に在りて、王次仲といふ者有り。始めて隷字を以て楷法を作す。所謂楷法なる者は、今の正書是れなり。～降りて三國の鍾繇、～正書の祖と爲る。

【正色】間色に対して青・赤・黄・白・黒の五色をいう。また、顔色をただす。〔公羊伝、桓二年〕孔父、色を正して朝に立つ。則ち人敢て過りて難を其の君に致す者莫し。孔父は義、色に形はると謂ふべし。

【正声】音律にかなった正しい音楽。〔荀子、楽論〕凡そ姦聲は、人を感ぜしめて逆氣之れに應じ、逆氣象を成して亂生ず。正聲は、人を感ぜしめて順氣之れに應じ、順氣象を成して治生ず。

【正静】ただしてもの静か。〔管子、心術下〕正靜失はず、日に其の德を新たにせば、昭らかに天下を知り、四極に通ず。

【正大】堂々として立派。宋・蘇軾〔張文定公（方平）墓誌銘〕世遠く道散じ、志士仁人と雖も、或いは少しく貶して、以て用ひられんことを求む。公獨り邁往の氣を以て、正大の言を行ふ。

【正直】正しい。〔詩、小雅、小明〕爾の位を靖共し 是の正直を好みせよ 神の之れを聽かば 爾の景福を介いにせん
【正統】正しい系統。漢・班固〔典引〕蓋し以て當天の正統に膺り、克讓の歸運を受く。炎上の烈精（火徳）を蓄へ、孔佐の弘陳を蘊むと爾か云ふ。洋洋乎たり若き徳、帝者の上儀なり。

【正道】正しい道。漢・班固〔東都の賦〕小子狂簡、裁する所を知らず。既に正道を聞けり。請ふ、終身にして之れを誦せんと。

【正徳】正しい徳。また、徳をただす。〔管子、君臣上〕治亂は主に在るのみ。故に曰く、主の身は德を正すの本なり。官治は耳目の制なり～と。

【正平】心が正しく平安であること。〔管子、心術下〕凡そ民の生や、必ず正平を以てす。之れを失ふ所以の者は、必ず喜樂哀怒を以てす。

【正法】正しい法。現行の法。〔後漢書、馬援伝〕援、前きに交阯に在り。書を還して之れ（兄の二子）を誡めて曰く、～好んで人の長短を論議し、妄りに正法を是非するは、此れ吾が大いに惡む所なり。

【正名】名をただし、実と一致させる。〔論語、子路〕子路曰く、衞君、子を待ちて政を爲さんとす。子將に奚をか先にせんとすると。子曰く、必ずや名を正さんかと。子路曰く、是れ有る哉、子の迂なるや。奚ぞ其れ正さんと。

【正命】正しい天性。また、天寿。〔孟子、尽心上〕其の道を盡して死する者は正命なり。桎梏（刑を受ける）して死する者は正命に非ざるなり。

【正路】正しい生きかた。〔孟子、離婁上〕仁は人の安宅なり、義は人の正路なり。安宅を曠しうして居らず、正路を舍てて由らず。哀しい哉。

↑正科 正科目／正家 家を整える／正譌 正誤／正牙 政庁／正衙 政庁／正会 元朝の参内／正格 正則／正確 確実／正監 獄官／正諫 諫言／正軌 正規／正機 渾天儀／正議 正論／正客 正賓／正糾 ただす／正兇 元兇／正緊 ほんとう／正系 正統／正経 五経など／正庫 酒蔵／正午 まひる／正誤 訂正／正攻 正攻法／正行 ただしい行い／正号 正名／正子 嫡子／正字 本字／正式 本式／正日 元旦／正邪 是非／正爵 罰杯／正術 正道／正身 身をただす／正真 まことの／正寝 正殿／正賑 救恤する／正人 善人／正正 整う／正生 天性／正性 天性／正籍 本籍／正絶 孤島／正体 本体／正内 正殿／正旦 元旦／正中 まん中／正昼 まひる／正長 君長／正丁 役丁／正定 ただし定める／正嫡 本妻／正殿 表御殿／正徒 正丁／正途 正道／正当 ちょうど当たる／正堂 正殿／正陪 正副／正白 純白／正反 順逆／正犯 主犯／正妃 本妻／正筆 肉筆／正夫 人夫頭／正賦 正税／正風 二南の詩／正服 規定の服／正副 正と控え／正文 本文／正兵 正面攻撃／正聘 正使／正俸 官俸／正房 正寝／正末 立役／正脈 正系／正面 ま向かい／正門 表門／正理 正しい道理／正立 直立／正領 えりをただす／正類 正しい人たち／正臘 冬至の祭

↓殷正・夏正・賀正・雅正・改正・革正・割正・刊正・幹正・元正・奇正・規正・議正・糾正・居正・匡正・矯正・堅正・顕正・厳正・公正・更正・校正・剛正・宰正・三正・持正・叱正・執正・質正・実正・射正・邪正・守正・取正・周正・修正・粛正・純正・醇正・真正・是正・先正・大正・端正・中正・忠正・朝正・直正・訂正・貞正・適正・董正・農正・駁正・反正・批正・不正・補正・方正・法正・養正・里正・履正・廉正

常【生】 5 2510 セイ ショウ（シャウ） はえる うまれる うむ いきる

篆文

金文

象形 草の生え出る形。〔説文〕六下に「進むなり。艸木の生じて土上に出づるに象る」と生・進の音を以て解するが、声義の関

係はない。卜辞の多生は多姓、金文の百生は百姓で、姓の意に用いる。また〔㝬鎛〕に「用って考命彌生ならんことを求む」とあるように、生命の義に用いる。〔㫚鼎〕の「旣生霸」の生を眚の形に作り、目の部分は種の形で、種の発芽の状を示す。生は発芽生成の象を示す字である。すべて新しい生命のおこることをいう。

訓義 ①はえる、うまれる、うまれでる、あらわれる、うむ。②いきる、いかす、いきもの、いのち。③生まれたまま、なま。④おいる、そだつ、おこる、なる。⑤たみ、ひと、なりわい。⑥性と通じ、さが。⑦立役。

古訓 〔名義抄〕生 ナル・ウマル・イク・スヽシ・イヅ・ウム・オフ・ナス・イケリ・ヒオコス・ナル

部首 〔説文〕〔玉篇〕に丰・產(産)・隆(隆)・甤・甡の五字を属する。丰・甤は草木の象、產・隆は生子儀礼に関する字である。

声系 〔説文〕に生声として甠・旌・曐・姓・性・姓など十一字を収める。卜文・金文に生を姓の意に用いることが多い。

語系 生sheng、姓・性sieng は声が近い。姓・性は生来のもので、生の声義を承ける。腥syeng も生肉の意。進(進)tzien は、生の声義において関するところはない。

【生育】(せいいく(ゐく)) 生み育てる。生まれ育つ。〔管子、形勢解〕道なる者は、衆物を扶持し、生育して、各々其の性命を終ふるを得しむる者なり。

【生涯】(しょう(しやう)がい) 一生。唐・杜甫〔韋左相に上る、二十韻〕詩 長卿(司馬相如)、多病久し 子夏、索居すること頻りなり 首を回らせば流俗に驅らる 生涯、衆人に似たり

【生活】(せいかつ(くわつ)) 生きる。くらす。〔漢書、蕭望之伝〕使者至りて望之を召す。望之自殺せんと欲す。~天を卬ぎて歎して曰く、吾れ嘗て位に將相に備はる。年六十を踰え、老いて牢獄に入り、苟くも生活せんことを求むるは、亦た鄙しからずやと。

【生還】(せいかん(くわん)) 生きて帰る。〔後漢書、班超伝〕(班昭上書)故に敢て觸死して、超の爲に哀を求め、超の餘年を匄め、一たび生還して復た闕庭(皇宮)を見るを得しめよ。國をして、永く勞遠の慮無く、西域に倉卒の憂へ無からしめん。

【生気】(せいき) いきいきとした力。〔世説新語、品藻〕庾道季(龢)云ふ、廉頗・藺相如、千載の上の死人と雖も、懍懍として恒に生氣有るが如し。

【生業】(せいぎょう(げふ)) くらし。〔宋書、謝霊運伝〕靈運、父祖の資に因り、生業甚だ厚し。奴僮既に衆く、義故門生數百、山を鑿ち湖を浚へ、功役已むこと無し。山を尋ね嶺に陟り、必ず幽峻に至る。

【生計】(せいけい) くちすぎ。〔陳書、姚察伝〕清潔自ら處り、貲產每に虛し。或いは生計を營むを勸むる有るも、笑つて答へず。親屬に穆ぎ、舊故に篤く、得る所の祿賜、咸く周卹に充つ。

【生訣】(せいけつ) 生別。〔後漢書、班超伝〕(班昭上書)超に書有り、妾と生訣す。恐らくは復た相ひ見ざらんと。妾誠に、超の壯年を以て忠孝を沙漠に竭くし、疲老して則便ち曠野に捐死するを傷む。

【生口】(せいこう) 捕虜。また、奴隷。〔三国志、魏、東夷伝、倭〕男女生口三十人を獻上し、白珠五千・孔靑大句珠二枚・異文雜錦二十匹を貢す。

【生殺】(せいさつ) 生かすか殺すか、その決定権。〔韓非子、八説〕今、生殺の柄、大臣に在りて、而も主令行はるるを得る者は、未だ嘗て有らざるなり。

【生死】(せいし) 生き死に。梁・任昉〔郡の伝舎を出でて、范僕射(雲)を哭す〕詩 懽を結ぶ(交わる)こと三十載 生死、交情を一にす

【生熟】(せいじゅく) なますと、煮つけたもの。〔荘子、天道〕生熟、前に盡きざるに、積斂すること崖り無し。

【生色】(せいしょく) 色つや。〔萍洲可談、一〕王梅運勾、骨立風味有り。朋從之れを目して、風流骸骨と爲す。崇寧癸未、金陵府集に在り、官妓中、極めて痩せたる者有るを見る。府尹朱世英、余に語りて曰く、亦た生色髑髏を識るや否やと。余欣然、王の爲に對を得たり。

【生人】(せいじん) 生きている人。〔西京雑記、六〕幽王の冢~雲母の深さ尺餘なるを得、百餘屍の縱橫相ひ枕藉するを見る。皆朽ちず。唯だ一男子のみ、餘は皆女子、或いは坐し、或いは臥し、亦た猶ほ立つ者有り。衣服形色、生人に異ならず。

【生生】(せいせい) 相生じてやまない。〔易、繫辞伝上〕生生之れを易と謂ひ、象を成す、之れを乾と謂ひ、法に效ふ、之れを坤と謂ひ、數を極め來を知る、之れを占と謂ひ、變に通ずる、之れを事と謂ひ、陰陽測られざる、之れを神と謂ふ。

【生前】(せいぜん) 命あるうち。唐・李白〔行路難、三首、三〕詩 且く生前一杯の酒を樂しまん 何ぞ須ひん、身後千載の名

【生憎】(せいそう) ひとえに恨む。唐・盧照鄰〔長安古意〕詩 生憎す、帳額の孤鸞を繡するを 好取す、門簾の雙燕を帖するを

【生息】(せいそく) 生きる。宋・李覯〔雞を惜しむ詩〕行き行きて飲食を求め 以て生息を助けんと欲す 卵出でて子還た多し 子を養ふに、何ぞ勞役する

【生存】(せいぞん) 生きる。魏・曹植〔箜篌引〕楽府 生存しては華屋に處り 零落(死)しては山丘に歸す 先民、誰か死せざらん 知命、復た何をか憂へん

【生態】(せいたい) 生活のさま。唐・杜甫〔暁に公安を発す〕詩 隣雞野に哭すること、昨日の如し 物色生態、能く幾時ぞ 舟楫眇然として、此より去る 江湖遠く適きて、前期無し

【生知】(せいち) 生まれながらにして知る。〔論語、季氏〕孔子曰く、生まれながらにして之れを知る者は、上なり。學びて之れを知る者は、次なり。困しみて之れを學ぶは、又其の次なり。

【生長】(せいちょう(ちやう)) 生まれ育つ。〔晏子、雑下十〕(橘・枳)葉徒だ相ひ似たるも、其の實、味同じからず。然る所以の者は何ぞや。水土異なればなり。今民、齊に生長して盜まず、楚に入りては則ち盜む。楚の水土、民をして盜を善くせしむる無きを得んや。

【生動】(せいどう) いきいきとしている。〔画史、晋画〕顧愷之の維摩天・女飛仙は、余が家に在り。女史箴の橫卷は、劉有方の家に在り。已上は筆彩生動し、髭髮秀潤なり。

【生年】(せいねん しょう(しやう)ねん) 生まれた年。また、生きているうち。晉・潘岳〔永逝を哀しむ文〕逝日は長くして、生年は淺く、憂患は衆くして、歡樂は尠なし。

【生物】(せいぶつ) 生きもの。〔荘子、人間世〕汝夫の虎を養ふ者を知らざるか。敢て生物を以て之れに與へず。其の之れを殺すことの怒らさんが爲なり。敢て全物を以て之れに與へず。其の之れを決することの怒らさんが爲なり。

【生平】(せいへい) 平生。ふだん。〔史記、留侯世家〕留侯曰く、~今、陛下天子と爲り、而して封ずる所は皆蕭(何)・曹(参)故人の親愛する所にして、誅する所の者は、皆生平の仇怨する所なり。

【生別】(せいべつ) 生き別れ。〔楚辞、九歌、少司命〕悲しきは生別離より悲しきは莫く 樂しきは新たに相ひ知るより樂しきは莫し

【生民】(せいみん) 人類。人民。〔孟子、公孫丑上〕伯夷・伊尹の孔子に於ける、是くの若く班しきかと。曰く、否。生民有りてより以來、未だ孔子有らざるなり。

【生命】(せいめい) いのち。〔戦国策、秦三〕富貴顯榮にして萬物を成理し、萬物各々其の所を得、生命壽長にして、其の年を終へて天傷せず。天下其の統を繼ぎ、~之れを無窮に傳へ、~天地と終始す。

【生滅】(せいめつ しょう(しやう)めつ) 生き死に。変化の速やかなことをいう。南朝宋・謝霊運〔維摩経十譬賛、電〕倏爍として驚電過ぐ 見るべきも逐ふべからず 恆物生滅するの後 誰か復た遲速を覈へん

【生面】いきいきとした顔。精彩。唐・杜甫〔丹青引〕詩 凌煙(閣中の図画)の功臣、顔色少なし 将軍筆を下せば、生面開く

【生来】生まれてからこのかた。宋・陸游〔漁翁〕詩 恨むらくは、渠れ生来書を讀まず 江山此くの如きも、一句無し

【生類】生きもの。〔宋史、食貨志上一〕火田の禁、著はして禮經に在り。~其の或いは昆蟲未だ蟄せず。草木猶ほ蕃げし。輒ち縱ままに原を燎かば、則ち生類を傷ぶらん。~十月の後を須ちて、方めて火を縱つを得しめよ。

【生霊】人類。〔晋書、苻丕載記〕天、喪亂を降し、羌胡夏を猾す。先帝、賊庭に晏駕(崩御)し、京師鞠りて戎穴と爲る。神州蕭條として、生靈塗炭(の苦)に陥る。

↑生衣 かたびら/生意 生気/生員 学生/生翳 かすみ目/生煙 炊煙/生花 鮮花/生果 水菓子/生介 比目魚/生外 世外/生孩 乳児/生獲 生け捕る/生肝 いき肝/生監 生員と監生/生卉 草花/生機 生気/生客 初対面の人/生魚 鮮魚/生姜 しょうが/生薑 生姜/生禽 生け捕る/生擒 生禽/生駒 荒馬/生月 生まれ月/生絹 きぎぬ/生縑 生絹/生言 誹謗する語/生語 生硬な語/生拘 生擒/生硬 未熟/生壙 生前に自己の墓を営む/生剋 五行における相生相剋/生穀 五穀/生魂 魂魄/生妻 若妻/生菜 野菜/生在 生存/生産 生業/生子 少年/生糸 きいと/生祀 生前に祠る/生姿 颯爽とした姿/生師 師弟/生紙 きがみ/生歯 当年子/生資 生活の資/生事 生養/生時 生存中/生識 先見/生質 天性/生日 誕生日/生者 生人/生手 素人/生受 有りがたいこと、拝謝/生臭 腥い/生渋 未熟/生出 出生/生殉 生人を殉葬する/生書 初見の書/生小 幼少/生殖 ふえる/生心 異心/生身 肉身/生辰 誕生日/生芻 刈りまぐさ/生世 生まれる/生成 そだつ/生性 天性/生鮮 鮮肉/生疎 疎遠/生瘡 傷つく/生臊 臭味/生蔵 生壙/生体 生物/生胎 胎子/生啖 生食/生致 生擒/生疔 大きなできもの/生朝 誕生日/生鉄 鋳鉄/生田 新田/生徒 学生/生獰 獰悪なもの/生得 生擒/生魄 生覇、三日月となる/生馬 悍馬/生帛 生絹/生摶 生擒/生縛 生擒/生蕃 野蕃/生碑 生前の碑/生阜 生長する/生俘 捕虜/生覆 覆育する/生風 事を起こす/生捕 捕虜/生母 実母/生放 貸金/生謀 生活の計/生木 なま木/生務 生計/生養 養う/生理 養生の理/生離 生きながら別れる/生慮 生け捕り/生冷 生冷の食/生黎 人民/生路 活路

↓一生・迂生・鬱生・永生・衛生・園生・往生・化生・回生・学生・寒生・寄生・窮生・共生・狂生・教生・愚生・群生・原生・孤生・互生・寤生・好生・更生・幸生・厚生・後生・今生・混生・再生・済生・殺生・残生・史生・死生・資生・自生・滋生・七生・湿生・写生・儒生・終生・衆生・塾生・出生・所生・初生・書生・諸生・小生・植生・殖生・新生・人生・水生・摂生・先生・全生・前生・蘇生・双生・早生・蒼生・簇生・叢生・俗生・族生・続生・存生・他生・多生・対生・胎生・誕生・治生・畜生・長生・天生・転生・倒生・偸生・同生・派生・発生・半生・蔓生・未生・密生・民生・門生・野生・友生・余生・幼生・養生・卵生・利生・陸生・両生・寮生・老生

常【成】6 5320 〖成〗7 5320 セイ ジョウ(ジャウ) なる なす

篆文 古文 甲骨文 金文

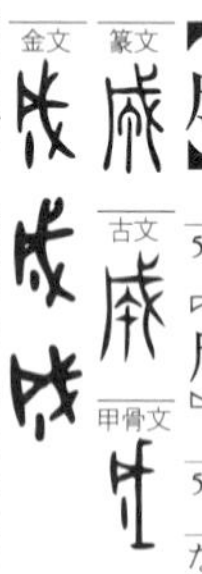

会意 戈+丨。〔説文〕十四下に「就なり。戊に従ひ、丁聲」とするが、卜文・金文の字形は、戈に綏飾としての丨を加える形。器の制作が終わったときに、綏飾を加えてお祓いをする意で、それが成就の儀礼であった。就は凱旋門である京の完成のときに、犬牲を加えて、いわば竣工式を行う意。すべて築造や制作の完成のときには、その成就の儀礼を行ったものである。

訓義 ①なる、しあがる、できあがる、完成する。②なす、しあげる、おえる。③おわる、さだまる、ととのう。④たいらぐ、仲直りする、平和を約する。⑤さばく、裁定する。⑥さだめ、しきたり。⑦誠と通じ、まこと。

古訓 〔名義抄〕成 ナル・ナス・ソナフ・タヒラグ・タヒラカニ・タヒラム・ヤスシ・タヾ・シゲシ・ナダム・ス・シルシ/眞成 マコト・マメヤカ 〔字鏡集〕成 ヲハル・ヒロ・ヨシ・タヒラカ・ワタル・ツク・ナル・アキラカ・ソナフ・マコト・マメヤカ・ヤスシ・ナダム・タヾ・シルシ

声系 〔説文〕に成声として誠(誠)・盛(盛)・宬・城(城)など五字を収める。成は呪飾をつけた戈。これを聖器として用いる意で、盟誓には誠・盛、儀礼には宬、戍守のことには城という。

語系 成・誠・盛・宬・城zjiengは同声。宬は〔説文〕七下に「屋、容受する所なり」とするが、本義未詳の字。呪鎮として成を屋中におく儀礼をいう字であろう。のち明・清の皇室史料室の意に用いる。

【成育】そだてる。〔淮南子、本経訓〕日の冬至を距ること四十六日にして、天は和を含んで未だ降らず、地は氣を懷きて未だ揚らず、~萬殊を斟酌し、衆宜を旁薄して、以て相ひ嘔咐し(あたため)、醞釀して、群生を成育す。

【成家】家を作る。結婚する。また、一家を成す。清・周亮工〔呉冠五に与ふ〕金秀才式祖、侯朝宗(方域)の文を評して曰く、已に自ら家を成せり。惜しむらくは名を得ること差や蚤くして、未だ錬句に暇あらざるのみと。

【成規】前人の軌範。〔三国志、蜀、蔣琬費禕姜維伝評〕蔣琬は方整にして威重有り、費禕は寛濟にして博愛なり。咸な諸葛の成規を承け、因循して革めず。是こを以て、~邦家和一す。

【成器】立派に完成される。〔礼記、学記〕玉琢かざれば器を成さず。人學ばざれば道を知らず。

【成均】古代の大学。〔周礼、春官、大司楽〕成均の灋(法)を掌り、以て建國の學政を治め、國の子弟を合す。

【成勲】功を立てる。〔宋書、劉穆之伝〕昔、晉朝政を失ひ、~天命已に移る。~劉(毅)・孟(昶)の諸公、公と倶に布衣より起り、共に大義を立つ。本もと主を匡けて勳を成し、以て富貴を取らんと欲するのみ。

【成形】一定のできあがった形。〔荘子、斉物論〕一たび其の成形を受くれば、亡びざるも盡くるを待つ。物と相ひ刃し相ひ靡せば(争いもまれる)、其の行き盡くること馳するが如く、之れを能く止むる莫し。亦た悲しからずや。

【成言】約する。誓う。〔楚辞、離騒〕初め既に余と言を成せしも 後ち悔遁して他有り

【成功】功をなしとげる。〔史記、蔡沢伝〕書に曰く、成功の下には、久しく處るべからずと。四子(商君・白起・呉起・大夫種)の禍ひに、君何ぞ處るや。~退いて巖居川觀せば、必ず伯夷の廉れ有らん。

【成算】既定の計画。成功のみこみ。宋・邵雍〔竜門道中の作〕詩 巻舒、我に在りて成算有り 用舍、時に随ひて定名無し 滿目の雲山、倶に是れ樂 一毫の榮辱、驚くを須ひず

【成事】すんだこと。〔論語、八佾〕子~曰く、成事は說か

ず 遂事は諫めず 既往は咎めず。

【成就】 なしとげる。〔論衡、量和〕切瑳琢磨して、乃ち寶器を成す。人の學問知能の成就するは、猶ほ骨象玉石の、切瑳琢磨するがごとし。

【成熟】 よく実る。できあがる。〔白虎通、五行〕六月、之れを林鍾と謂ふは何ぞ。林とは衆なり。萬物成熟して、種類衆多なるなり。

【成書】 書としてまとめる。その書。〔曲洧旧聞、八〕元祐四年三月、銅渾儀新たに成る。蓋し蘇子容の作る所なり。～子容又其の形制を圖とし、著はして成書と爲し、之れを上る。詔して祕閣に藏せしむ。

【成心】 成見。偏見。〔文心雕竜、体性〕各〻其の成心を師とせば、其の異なること面の如し。

【成人】 おとな。また、学徳の成れる人。〔荀子、勧学〕德操ありて然る後に能く定まる。能く定まりて然る後に能く應ず。能く定まり能く應ず、夫れ是れを之れ成人と謂ふ。

【成性】 天性を完成する。〔易、繫辞伝上〕性を成し、存すべきを存するは、道義の門なり。

【成勢】 既存の勢い。〔史記、太史公自序〕道家は無爲、又曰く、爲さざる無しと。～其の術は、虛無を以て本と爲し、因循を以て用と爲す。成勢無く、常形無し。故に能く萬物の情を究む。

【成績】 てがら。よい結果。〔南史、呉喜伝〕巢尙之曰く、喜、沈慶之に隨ひ、累りに軍旅を經たり。性既に勇決、又戰陣に習ふ。若し能く之れに任ぜば、必ず成績有らんと。喜乃ち東討す。

【成俗】 旧俗。また、良俗を作る。〔礼記、学記〕君子如し民を化し俗を成さんと欲せば、其れ必ず學に由らんか。

【成童】 十五歳をこえた少年。〔礼記、内則〕十年出でて外傅に就き、外に居宿し、書計を學ぶ。～十有三年、樂を學び、詩を誦し、勺を舞ふ。成童、象を舞ひ、射御を學ぶ。

【成徳】 立派な徳。〔左伝、成十三年〕不穀(諸侯の自称、楚の共(王)其の(秦の)成德無きを惡む。是こを用て、之れを宣らかにし、以て不壹(不一致)を懲らす。

【成敗】 成功と失敗。〔列子、楊朱〕但だ伏羲已來三十餘萬歲、賢愚好醜、成敗是非、消滅せざる無し。但だ遲速の閒のみ。

【成文】 既成の文章。〔文心雕竜、序志〕其の成文を品評するに及んでは、舊談に同じき者有り。雷同するに非ざるなり。勢ひ自ら異にすべからざればなり。

【成法】 定められた法則。梁・沈約〔恩倖伝論〕漢末喪亂し、魏武(魏の武帝)基を始む。軍中倉卒、權りて九品を立つ。蓋し以て人才の優劣を論ず。世族の高卑を謂ふに非ず。此れに因りて相ひ沿ひて、遂に成法と爲る。

【成務】 つとめをなす。〔易、繫辞伝上〕夫れ易は何爲る者ぞや。夫れ易は開物成務、天下の道を冒ふ。斯くの如きのみなる者なり。

【成名】 名声。〔荀子、非十二子〕成名もて諸侯に況り、以て臣と爲さんと願はざる莫し。是れ聖人の勢ひを得ざる者なり。仲尼・子弓是れなり。

【成命】 天の命。天の定めた命。〔詩、周頌、昊天有成命〕昊天、成命有り 二后(文王と武王)之れを受く

【成立】 なりたつ。成就する。また、成人となる。晋・李密〔情事を陳ぶる表〕臣少くして疾病多く、九歳まで行かず。零丁孤苦して成立に至る。

↑成案 決定案／成衣 したて／成歓 喜ぶ／成毀 成敗／成議 決定の議／成業 成就した仕事／成擒 とりことなる／成矩 法則／成憲 成法／成語 法則となる古言／成壙 葬る／成獄 判決案／成昏 結婚／成婚 成昏／成才 才をなす／成済 成就する／成材 成才／成策 成算／成師 軍を編成し、部署を定める／成相 掛け合いの歌／成章 あやをなす／成誦 暗誦する／成身 自己を完成する／成仁 仁道を成就する／成遂 成就する／成数 完全な数／成聖 完全な聖人／成説 誓いのことば、また定説／成然 安らかなさま／成丁 成年、男子／成道 悟る／成否 成敗／成風 郢正、詩文を添削する／成篇 詩文を作りあげる／成薬 薬を調合する／成礼 礼が備わる／成烈 功業を成す／成労 成功する／成和 和合する

↓育成・演成・化成・開成・完成・既成・期成・九成・曲成・玉成・偶成・形成・結成・功成・肴成・構成・合成・告成・獄成・混成・裁成・財成・作成・削成・鑿成・守成・集成・夙成・熟成・竣成・助成・小成・焼成・釀成・生成・勢成・組成・早成・造成・促成・速成・大成・達成・長成・天成・転成・晩成・弼成・変成・編成・補成・養成・翼成・落成・鼇成・練成・老成

常 【西】 6 1060 セイ サイ にし

篆文

古文

籀文

甲骨文

金文

仮借 卜文・金文の字形は、荒目の籠の形。〔説文〕十二上に「鳥、巢上に在るなり。象形。日、西方に在りて、鳥西す(巣に入る)。故に因りて以て東西の西と爲す」(段注本)とする。方位の字はみな仮借。東は橐(ふくろ)の象形、南は南人(苗族)の聖器として用いる銅鼓の象形で、苗人はその器を南任という。北は相背く形。西の篆文の字形は疑うべく、東西の意に用いるのは仮借である。

訓義 ①あらめのかご。②仮借して方位の名に用い、にし、にしする。③栖(棲)と通じ、すむ、うつりすむ。

古訓 〔名義抄〕西 ニシ 〔篇立〕西 カヘル・クル・ユウベ・アキ・イル・ニシ

部首 〔玉篇〕に栖の一字を属する。栖は〔説文〕重文の棲の異文。

声系 〔説文〕に西声として茜(茜)・洒・垔の三字を収める。垔は西声の字でなく、上部は煙出しの形、土をもって覆い湮ぐ意。

語系 西 syei、茜 tsyən は声近く、茜は夕暁けの色の意を含むものであろう。

【西域】 中国の西方諸国の総称。〔漢書、西域伝序〕西域は孝武の時を以て始めて通ず。本三十六國。其の後稍〻分れて五十餘に至る。皆匈奴の西、烏孫の南に在り。南北に大山有り、中央に河有り。東西六千餘里、南北千餘里。

【西斎】 西の書斎。文人の書斎をいう。〔陳書、文学、蔡凝伝〕凝、～常に西齋に端坐す。素貴名流に非ざるよりは、交接する所罕れなり。

【西施】 春秋期、越の美女。美女の称。〔荘子、天運〕西施、心を病みて其の里に矉す(眉ひそむ)。其の里の醜人、見て之れを美とし、歸りて亦た心を捧へて其の里に矉す。其の里の富人之れを見て、堅く門を閉ぢて出でず、貧人之れを見て、妻子を挈へて、之れを去りて走れり。

【西狩】 西方に狩りする。〔春秋〕の文は、西狩獲麟で終わる。〔公羊伝、哀十四年〕春、西狩して麟を獲たり。何を以て書する。異を記するなり。～孔子曰く、孰爲れぞ來れるや、孰爲れぞ來れるやと。袂を反して面を拭ふ。涕、袍を沾せり。

【西成】 収穫時の秋の治政。〔書、尭典〕分ちて和仲に

命じて西に宅らしむ。昧谷と曰ふ。寅んで納日(入日)を餞り、西成を平秩(弁治)せしむ。

【西窓】西方の窓。婦人の室。唐・李商隠〔夜雨、北(妻)に寄す〕詩 何か當に共に西窓(窗)の燭を翦りて 卻つて巴山の夜雨を話すの時あるべき

【西疇】西側の田地。晋・陶潜〔帰去来の辞〕農人余れに告ぐるに、春の及ぶを以てす。將に西疇に事有らんとすと。

【西東】西・東。東西。宋・蘇軾〔虔州八境図、八首、六〕詩 山水、人を照らして向背に迷ふ 只だ孤塔を尋ねて、西東を認む

【西風】秋風。唐・許渾〔秋思〕詩 琪樹西風、枕簟(たかむしろ)の秋 楚雲湘水、同遊を憶ふ 高歌一曲、明鏡を掩ふ 昨日の少年、今白頭

↑西栄 西側の栄/西掖 中書省/西垣 西掖/西瓜 すいか/西階 賓階/西涯 西の水涯/西岳 華山/西漢 前漢/西気 秋気/西夾 西廂の夾室/西京 長安/西郷 西向/西郊 西の郊外/西膠 学校/西顥 秋の神/西子 西施/西市 都の西の市/西汜 日没の所/西時 白帝の祀所/西序 学校/西昃 ひぐれ/西陲 西の辺境/西枢 枢密/西征 西行/西席 師の席/西台 御史台/西帝 秦帝/西天 インド/西塘 西の堤/西頭 西はずれ/西頓 夕方/西坡 西の堤/西班 学士待制/西蛮 西洋/西蕃 西域/西皮 漆器/西賓 師傅/西僻 西辺の地/西偏 西僻/西圃 孔子廟/西母 西王母/西奔 西走/西溟 西海/西洋 欧米諸国/西雝 辟雍、古の聖地、大学/西落 西戎の部落/西虜 西洋人

↓河西・関西・湖西・江西・山西・城西・水西・征西・泰西・鎮西・東西・南西・洛西・隴西

常【声】7 4027 〔聲〕17 4740 セイ ショウ(シャウ) こえ

篆文

甲骨文

会意 旧字は聲に作り、殸+耳。殸は声(磬石)を鼓つ形。その鼓つ音を聲という。声は磬石を繫けた形である。〔説文〕十二上に「音なり。耳に從ふ。殸聲」という。卜文に声・殸に作り、ときに祝禱を収める器の形である㠯を加えることがあり、磬は神を招くときに鼓つものであった。もと神聴に達する音をいう。

訓義 ①おと、ね、こえ、ひびき。②ことば、おとずれ、うわさ、おしえ。

古訓 〔名義抄〕聲 コヱ・キク・ナ・ラ(ヨ)シ・イラフ・アラハス・オト・ナラス・ノ、シル 〔字鏡集〕聲 ノ、シル・イラフ・アラハス・ナラス・ナル・ヨシ・オト・ツキタリ・ナ・コヱ・キク

声系 〔説文〕に録する殸声六字のうち、聲のみが声異なる。聲は会意字とみるべきである。

【声威】名声畏望。唐・韓愈〔張中丞(巡)伝後叙〕南霽雲の救ひを賀蘭に乞ふや、賀蘭、巡・(許)遠の聲威功績の己の上に出づるを嫉み、肯て師を出だして救はず。霽雲の勇且つ壯なるを愛し、其の語を聽かず、彊ひて之れを留む。

【声音】音楽。〔礼記、郊特牲〕殷人は聲を尙ぶ。臭味未だ成らざるに、其の聲を滌蕩(呼号)す。～聲音の號は、天地の閒に詔告する所以なり。

【声価】評判。〔後漢書、宗室四王三侯、北海靖王興伝〕(子睦)中興の始め、禁網尙ほ闊し。而して睦、性謙恭にして士を好み、千里交結す。名儒宿德よりして、門に造らざる莫し。是れに由りて、聲價益〻廣し。

【声楽】音楽。〔列子、仲尼〕大夫は齊・魯の機(巧)多きを聞かざるか。善く土木を治むる者有り。～善く聲樂を治むる者有り。～群才備はる。

【声気】はげます。鼓舞する。〔左伝、僖二十二年〕三軍は利(優勢)を以て用ひ、金鼓は以て氣を聲す。利にして之れを用ふれば、險に阻するも可なり。聲盛んにして志を致せば、儳(陣立てが不揃い)に鼓するも可なり。

【声伎】歌妓。〔唐書、魏謩伝〕(魏謩上言)陛下即位して、聲色を悅ばず、今に十年なり。～數月以來、稍〻聲伎を意ひ、教坊閱選し、百十未だ已まず。～宗姓育せざるは、寵幸累を爲す。

【声教】上の教化。〔書、禹貢〕東は海に漸り、西は流沙に被び、～聲教四海に訖る。

【声響】声の響き。〔淮南子、泰族訓〕寒暑の燥溼は、類を以て相ひ從ひ、聲響の疾徐は、音を以て相ひ應ず。故に易に曰く、鳴鶴陰に在り、其の子之れに和すと。

【声色】音楽と女色。〔礼記、月令〕(仲冬の月)是の月や、日の短きこと至まり、陰陽爭ひ、諸生蕩く。君子齊戒して、～聲色を去り、耆欲を禁じ、～以て陰陽の定まる所を待つ。

【声調】音調。〔晋書、嵆康伝〕夜分、忽ち客有りて之れに詣る。稱ふ、是れ古人なりと。康と共に音律を談じ、辭致清辯なり。因りて琴を索めて之れを彈じ、廣陵散を爲る。聲調絶倫なり。遂に以て康に授く。仍りて誓つて人に傳へず。

【声聞】評判。〔孟子、離婁下〕苟くも本無しと爲さば、七八月の閒、雨集り、溝澮皆盈つるも、其の涸るること、立ちて待つべきなり。故に聲聞の情(実際)に過ぐるは、君子之れを恥づ。

【声病】詩賦の平仄が整わぬこと。作詩の基本の心得とされた。唐・元稹〔詩を叙して楽天に寄する書〕稹九歲、賦詩を學ぶ。長者往往、其の教ふべきに驚く。年十五六、粗〻聲病を識る。

【声望】名声と人望。〔後漢書、光武十王、東平憲王蒼伝〕蒼、朝に在ること數載、隆益する所多し。而して自ら以へらく、至親にして政を輔け、聲望日に重しと。意に自ら安んぜず、上疏して職を歸さんとす。

【声名】名声。〔中庸、三十一〕是を以て聲名中國に洋溢し、施いて蠻貊に及ぶ。舟車の至る所、人力の通ずる所、～凡そ血氣有る者、尊親せざる莫し。故に天に配すと曰ふ。

【声問】たより。〔漢書、蘇武伝〕武、平恩侯に因りて自ら曰く、前きに匈奴を發する時、胡婦適〻一子通國を產む。聲問來たる有り。願はくは使者に因りて金帛を致し、之れを贖はんと。上焉れを許す。

【声誉】ほまれ。〔後漢書、馮衍伝上〕太原に鎭し上黨を撫し、百姓の歡心を收め、名賢の良佐を樹つ。天下變無ければ、則ち以て聲譽を顯はすに足り、一朝事有るときは、則ち以て大功を建つべし。

【声容】音容。姿と声。宋・蘇軾〔次韻して頓起に答ふ、二首、二〕詩 相ひ逢うて應に覺ゆべし、聲容の似たることを 話せんと欲して先づ驚く、歲月の奔きことを

【声律】五声六律。音楽。〔漢書、礼楽志〕漢興りて、樂家に制氏有り。雅樂聲律を以て、世世大樂官に在り。

↑声韻 音韻/声咽 声をあげて泣く/声冤 冤訴する/声援 応援する/声欬 大評判/声化 感化/声家 詞曲の作者/声華 名声/声歎 せきばらい、謦欬/声喊 喊声/声玩 声色と玩好/声技 声伎/声郷 声調、また評判/声偶 対句/声訓 訓化/声口 口気/声光 声容/声高 大声/声劫 声でおどす/声采 文采/声罪 罪をばらす/声姿 声容/声施 名声が広く伝わる/声詩 楽詩/声実 名実/声称 名声/声章 名声/声声 多くの声/声勢 気勢/声績 好評判/声息 消息/声諾 承諾する/声馳 名声が広まる/声張 大声/声聴 応接の態度/声読 音読する/声布 声馳/声符 音符号/

声芳 名声／声貌 声容／声明 揚言する／声揚 揚言する／声利 名利／声涙 声と涙／声烈 名声

↓蛙声・擲声・悪声・威声・遺声・雨声・音声・家声・笳声・歌声・諧声・喊声・喚声・寒声・歓声・澗声・鼾声・雁声・希声・竒声・寄声・嬌声・金声・軍声・形声・渓声・雞声・五声・哭声・混声・四声・叱声・秋声・銃声・春声・女声・笑声・商声・象声・頌声・簫声・鐘声・上声・新声・人声・仁声・水声・正声・清声・千声・泉声・善声・楚声・双声・大声・嘆声・灘声・男声・鳥声・聴声・砧声・鄭声・霆声・笛声・天声・伝声・怒声・濤声・徳声・谷声・肉声・入声・波声・罵声・吠声・発声・蛮声・飛声・美声・風声・平声・変声・鞭声・砲声・鳳声・謗声・梵声・妙声・民声・無声・名声・夜声・余声・容声・揚声・雷声・乱声・流声・令声・励声・厲声・櫓声・和声

【阱】 7 7520 ［穽］ 9 3055 セイ おとしあな あな

篆文  古文  古印璽 

形声 声符は井。井は陥穽の形。〔説文〕五下に「陷るるなり」とし、亦声とする。重文として、穽と古文とを録し、古文の字は水に従う。〔周礼、秋官、冥氏〕に「阱擭を爲り、以て猛獣を攻め、靈鼓を以て之れを敺つことを掌る」とあって、阱は猛獣を捕獲するために設ける。卜文に、陥穽に獣の陥る象を示すものが多い。𠂤は神の陟降する神梯の象であるから、阱はその聖域を守るために設けられたものであろう。金文には土（社）に従う形の字がある。浅い阱に逆木をうちこんだものを柞鄂という。古文の形を〔説文〕に水に従うものとするが、その形は三人に従うものであろう。

訓義 ①おとしあな、あな。

古訓 〔名義抄〕阱 アナ

語系 阱 dzieng、井 tzieng は声義近く、井は井垣・陥穽・丹井・刑・型の初文として用いられ、もと構木の象。阱は聖所の陥穽をいう。

↑阱擭 獣の陥穽

↓陥阱

常【制】 8 2220 セイ おさえる きる つくる

篆文  古文  詛楚文 

会意 未＋刀。未は枝葉の茂る木の形。その枝葉を切り、幹を治めることを制という。〔説文〕四下に「裁つなり」と裁制の意とし、「未は物の成りて滋味有るもの、裁斷すべきなり。一に曰く、止むるなり」という。〔淮南子、主術訓〕に「猶ほ巧工の木を制するがごときなり」とあり、木を制することが原義。衣に施しては製という。制は枝葉を剪定するので、規制・制定の意となり、制度・制可の意とする。製と通じ、製作の意にも用いる。

訓義 ①きる、たつ。②おさえる、ひかえる、とめる、さばく。③つかさどる、もっぱらにする。④さだめる、おさめる、ただす。⑤さだめ、のり、いいつける、みことのり。⑥製と通じ、つくる、はじめる、こしらえる。

古訓 〔名義抄〕制 トヾム・キハム・コトワル・イム・イマシム・ツクル・キル・ヒク・イサフ・イサム・ツクリ

声系 〔説文〕に制声として製を収める。木には制といい、衣には製という。ともに制作の意に用いる。

語系 制・製 tjiat は同声。制はもと殺（殺）shear、刷 shoat と同系の語であろう。掣 thjiat は後起の字で、制約・制圧の意。整 tjieng は裁制した枝葉を束ね整えることをいい、声義に関係がある。

【制可】 天子の許可。〔史記、秦始皇紀〕博士と議して曰く、～臣等昧死して尊號を上り、～命を制と爲し、令を詔と爲し、天子自ら稱して朕と曰はんと。王曰く、～號して皇帝と曰はん。他は議の如くせよと。制して曰く、可なりと。

【制御】 統治する。控制。漢・賈誼〔過秦論、中〕借もし始皇をして、上世の事を計り、殷周の迹に竝ひ、以て其の政を制御せしめば、後、淫驕の主有りと雖も、猶ほ未だ傾危の患有らざりしならん。

【制刑】 刑罰を定める。〔左伝、昭十四年〕仲尼曰く、叔向は古の遺直なり。國を治め刑を制すること、親に隱げず、三たび叔魚の惡を數へて、末減（軽減）を爲さず。曰く、義なる夫か。直なりと謂ふべし。

【制作】 作る。礼楽制度を定める。〔史記、礼書〕今上（武帝）位に卽き、儒術の士を招致し、共に儀を定めしむるも、十餘年にして就らず。或いは言ふ、古者太平にして、萬民和喜し、瑞應辨く至る。乃ち風俗を采り、制作を定むと。

【制度】 おきて。〔礼記、礼運〕大人は世及して以て禮と爲し、～禮義以て紀と爲し、以て君臣を正し、～以て制度を設け、以て田里を立て、以て勇知を賢び、功を以て己の爲にす。～禹・湯・文・武・成王・周公、此れを由ひて其れ選ばれたり。～是れを小康と謂ふ。

【制令】 おきて。〔戦国策、趙二〕古今俗を同じうせず。～帝王は相ひ襲がず。何の禮にか之れ循はん。～時を觀て法を制し、事に因りて禮を制す。法度制令は、各〻其の宜に順ふ。

【制礼】 礼を定める。〔礼記、礼器〕是の故に先王の禮を制するや、多くすべからず、寡なくすべからず。唯だ其の稱ふのみにす。

↑制圧 力で抑える／制為 作る／制一 一様にする／制科 制挙／制割 分かつ／制器 器を作る／制宜 適宜にする／制義 応試の文／制議 議定する／制挙 科挙の一／制馭 制御する／制芸 八股文／制権 支配する／制限 限界／制獄 裁判／制裁 しおき／制策 対策文／制止 抑制する／制使 勅使／制指 指使する／制詞 お言葉／制謚 謚法／制辞 勅語／制寿 六十歳／制書 勅書／制匠 制作する／制象 法度／制勝 勝つ／制詔 詔勅／制条 おきて／制心 抑制する／制人 人を制する／制数 定法／制節 適度／制銭 官銭／制台 総督／制断 支配する／制治 治める／制置 配置する／制勅 勅語／制定 定める／制覇 覇業を成しとげる／制罰 処罰する／制伏 平定する／制幣 祭幣／制変 応変／制防 防止する／制名 名づける／制命 活殺の権／制約 束縛する／制立 作る

↓圧制・威制・異制・遺制・王制・応制・改制・革制・学制・官制・管制・軌制・規制・儀制・擬制・旧制・脅制・強制・矯制・禁制・軍制・牽制・権制・限制・古制・拘制・控制・劫制・宰制・裁制・索制・自制・時制・承制・称制・条制・職制・新制・聖制・税制・節制・先制・専制・草制・創制・族制・体制・通制・定制・帝制・典制・田制・統制・服制・兵制・幣制・弊制・約制・抑制・立制・礼制

【姓】 8 2521 ［晴］ 12 6502 セイ はれる

篆文 

形声 声符は生。〔説文〕七上に「雨ふりて夜除れ、星見はるるなり」とあり、夜空が晴れること。〔詩、鄘風、定之方中〕に「星みて言に夙に駕す」とある星は姓、夜晴れる意である。〔韓非子、説林下〕「雨ふること十日、夜星れたり」も姓の意。字はまた晴（晴）に作る。

訓義 ①はれる。②星と通じ、星みる。

古訓 〔字鏡集〕姓 ヨルハル、ナリ・ハル・アメノ、チハル・ヨミカヘル

語系 姓(晴)dzieng、星syengは声近く、通用する。晶tziengも星が光る意で、同系の語である。

常 **【姓】** 8 4541 セイ ショウ(シャウ) かばね やから

篆文 甲骨文 金文 詛楚文

形声 声符は生。〔説文〕十二下に「人の生まるる所なり。古の神聖人、母、天に感じて子を生む。故に天子と偁す」(段注本)と、感生帝説話を以て解する。姓の起原が多く神話の形態で語られているからであろう。金文に百生・多生・子姓のように、生・性の字を用いる。卜文の好・姘・姙など、女部の字には、その姓を示すものが多いと考えられる。

訓義 ①かばね、同族の関係にあるもの。②うから、やから、血縁者。③人民、役人。一族の王朝に対する服属が職能的な関係で組織されたため、百姓はまた百官の意となる。

古訓 〔字鏡集〕姓 ハユカム・メヒ

語系 姓・性siengは同声。生shengは声近く、生の出自するところを姓、天に承ける性情を性という。

【姓氏】せいし 姓と氏。姓は女系の組織、氏は男系の一族。〔通志、氏族略序〕三代の前、姓氏分れて二と爲る。男子は氏を稱し、婦人は姓を稱す。～三代の後、姓氏合して一と爲る。

【姓名】せいめい 氏名。〔戦国策、斉六〕齊の閔王の殺に遇ふや、其の子法章、姓名を變じて莒の太史の家の庸夫(傭夫)と爲る。太史敫の女、法章の狀貌を奇とし、以て常人に非ずと爲し、憐れんで常に竊かに之れに衣食せしめ、與に私す。

↑姓系 氏族の系統／姓号 姓／姓字 姓名／姓族 名族／姓望 姓と本貫

↓異姓・易姓・改姓・旧姓・群姓・繋姓・公姓・豪姓・子姓・氏姓・四姓・賜姓・種姓・庶姓・正姓・素姓・宗姓・俗姓・族姓・他姓・大姓・著姓・定姓・土姓・同姓・万姓・百姓・復姓・複姓・分姓・変姓・弁姓・望姓・本姓・名姓・右姓

常 **【征】** 8 2121 〔延〕 9 3130 セイ うつ ゆく とる

篆文 甲骨文 金文

形声 声符は正。正は征の初文。〔説文〕二下に正字を延に作り、「正行なり」とするが、征役・征取をいう字である。正は口(城郭)に向かって進み、攻撃する意で、征の初文。征服して賦貢を徴することを征といい、その支配を行うことを政という。

訓義 ①うつ、せめる、征服する。②とる、とりたてる、賦税をとる、賦税。③ゆく、でかける、遠くへゆく。

古訓 〔和名抄〕征箭 曾夜(そや) 〔名義抄〕征 ユク・ウツ・タ、カフ・サル・オコナフ・チカフ

語系 征・正・政(政)tjiengは同声。みな一系の語。

【征衣】せいい たびごろも。唐・杜甫〔賛上人に別る〕詩 野風、征衣(旅衣)を吹く 別れんと欲すれば、曛黒(日ぐれ)に向ふ

【征役】せいえき 租税と力役。〔周礼、地官、小司徒〕凡そ征役の施舍(恩恵と免除)と、其の祭祀・飲食・喪紀の禁令とを掌る。

【征行】せいこう(かう) 旅ゆく。また、出征する。〔三国志、魏、曹真伝〕眞、征行する毎に、將士と勞苦を同じうす。軍賞足らざれば、輒ち家財を以て班賜す。

【征戍】せいじゅ 駐屯し、守備する。〔後漢書、度尚伝〕時に荊州の兵朱蓋等、征戍役久しく、財賞贍らず、忿恚して復た亂を作し、～三千餘人復た桂陽を攻め、郡縣を焚焼す。

【征人】せいじん 遠く旅する人。民国・魯迅〔日本歌人(土屋文明)に贈る〕詩 春江の好景、依然として在り 遠國の征人、此の際に行く

【征塵】せいじん(ぢん) 旅のほこり。宋・陸游〔剣門道中、微雨に遇ふ〕詩 衣上の征塵、酒痕を雜ふ 遠遊、處として魂を消さざる無し

【征戦】せいせん いくさ。宋・劉子翬〔出郊〕詩 乾坤、征戰久しく 游宦(地方官として出行)、別離多し

【征途】せいと 戦いにゆく道。また、人生。唐・杜甫〔玉華宮〕詩 憂ひ來りて、草を藉いて坐せば 浩歌、涙把(掌)に盈つ 冉冉たる征途の閒 誰か是れ、長年の者ぞ

【征討】せいとう(たう) 服従しないものを伐つ。唐・儲光羲〔効古、二首、二〕詩 婦人は州縣に役せられ 丁男は征討を事とす 老幼、相ひ別離し 哭泣して昏早(晩も晨も)無し

【征馬】せいば 旅ゆく馬。また、戦いに赴く騎馬。〔楽府詩集、近代曲辞一、涼州歌、三首、二〕征馬長く思ふ、青海の北 胡笳夜聽く、隴山の頭

【征伐】せいばつ 征討。〔論語、季氏〕天下道有るときは、則ち禮樂征伐、天子より出づ。

【征帆】せいはん 遠くゆく舟。宋・張先〔離亭宴〕詞 民の愛し比しむこと 春流の断えざるがごとし 更に玉樓の西に上れば 歸雁は征帆と共に遠し

↑征鞍 征馬／征雲 戦雲／征営 不安がるさま／征駕 行軍／征権 徴税／征雁 旅雁／征騎 征馬／征客 旅客／征裘 旅衣／征裾 旅衣／征衫 旅衣／征驂 征騎／征師 出征の軍／征鐘 小褌／征陣 出征／征西 西行／征税 徴税／征船 旅船／征鐸 旅車の鈴／征儔 旅の伴／征伝 伝車／征夫 行人／征賦 徴税／征邁 旅ゆく人／征旅 討伐軍／征路 征途

↓遠征・外征・撃征・孤征・市征・出征・初征・宵征・親征・西征・専征・徂征・長征・南征・力征

常 **【性】** 8 9501 セイ ショウ(シャウ) さが たち うまれつき

篆文

形声 声符は生。〔説文〕十下に「人の陽气、性善なる者なり」という。〔左伝、昭二十五年〕「地の性に因る」、〔孟子、告子上〕「是れ豈に水の性ならんや」のように、生物でなくても、それぞれのもつ本質や属性についてもいう。

訓義 ①さが、たち、うまれつき、もちまえ。②生命、性命。③性情。

古訓 〔名義抄〕性 コ、ロ・タマシヒ・ヒトトナリ・ヒトトナル・コ、ロザシ・ウム 〔字鏡集〕性 コ、ロ・イノチ・スガタ・ウム・コ、ロザシ・ヒト、ナリ・タマシヒ

語系 性・姓siengは同声。生shengも声義近く、ものが固有するものを性といい、人の出自を姓という。性・姓は生の声義を承ける。

【性格】せいかく ひとがら。性質。唐・李中〔張拾遺に献ず〕詩 官資清貴にして、丹墀(宮廷)に近く 性格孤高にして、世の稀とする所

【性偽】せいぎ 天性と人為。〔荀子、礼論〕性なる者は本始材朴なり。僞なる者は文理隆盛なり。～性僞合して、然る後聖人の名一となる。天下の功、是に於て就るなり。

【性急】せいきゅう(きふ) せっかち。〔世説新語、忿狷〕王藍田(述)性急なり。嘗て雞子(卵)を食はんとし、筯(箸)を以て之れを刺すに得ず。便ち大いに怒り、擧げて以て地に擲つ。～仍りて地に下り、屐齒を以て之れを蹍まんとするに、又得ず。瞋ること甚だしく、復た地に於て取りて口中に内れ、齧み破りて卽ち之れを吐く。

【性行】せいこう(かう) 人がらと行為。蜀・諸葛亮〔出師の表〕將軍向寵は性行叔均にして、軍事に曉暢す。～先帝之れを

稱して能ありと曰へり。
【性剛】せいごう(がう) 気がつよい。〔世説新語、規箴〕王夷甫(衍)の婦は郭泰寧(予)の女なり。才拙にして性剛、聚斂して厭あくこと無く、人事に干豫よす。夷甫之れを患うふるも、禁ずること能はず。
【性情】せいじょう(じやう) 本性と心情。唐・韓愈〔原性〕性なる者は生と倶に生ずるなり。情なる者は物に接して生ずるなり。性の品に三有り、～情の品に三有り。
【性命】せいめい 本性。いのち。〔列子、楊朱〕禮義成るときは、則ち名位至る。若もし情に觸れて動き、嗜慾よくに耽ふけらば、則ち性命危ふからん。
【性理】せいり 性命と理気。〔性理大全、性理一、性命〕程子曰く、天の賦する所を命と爲し、物の受くる所を性と爲す。～事物に見あはるるを之れ理と謂ふ。理や性や命や、三者未だ嘗かつて異なる有らず。
【性霊】せいれい こころ。〔南史、文学伝序〕漢より以來、辭人代ごとに有り。大なるは則ち憲章典誥、小なるは則ち性靈を申抒しんじょす。
↑性悪せいあく 人の本性を悪とする説／性解せいかい 穎悟／性学せいがく 性理の学／性気せいき 気質／性義せいぎ 義理／性根せいこん 本性／性識せいしき 意識／性質せいしつ 生まれつき／性実せいじつ 実直／性習せいしゅう 習慣／性術せいじゅつ 心だて／性尚せいしょう 好み／性真せいしん 真率／性善せいぜん 人の本性を善とする説／性体せいたい 本性／性地せいち 性情／性智せいち ちえ／性天せいてん 天性／性度せいど 性質と度量／性能せいのう もちまえ／性分せいぶん 生まれつき／性癖せいへき くせ／性来せいらい 生まれつき／性類せいるい 生類
↓悪性・異性・陰性・活性・感性・慣性・癇性・気性・急性・見性・個性・悟性・剛性・根性・才性・至性・志性・恣性・資性・自性・質性・習性・獣性・醇性・女性・常性・心性・身性・神性・真性・人性・尽性・成性・節性・全性・善性・素性・属性・惰性・体性・耐性・男性・弾性・知性・中性・通性・定性・適性・天性・土性・陶性・同性・特性・徳性・毒性・忍性・熱性・伐性・品性・稟性・父性・賦性・復性・仏性・物性・変性・母性・法性・本性・魔性・慢性・無性・野性・有性・雄性・優性・陽性・養性・理性・両性・霊性・劣性

常【青】8 5022 〔靑〕8 5022 セイ ショウ(シャウ) あお あおい

篆文

古文

金文

【形声】字の初形は生に從い、生せい声。〔説文〕五下に「東方の色なり。木、火を生ず。生丹に從ふ。丹靑の信、言必ず然り」(段注本)とするが、字は形声。丹青は鉱物質のもので変色せず、ゆえに「丹青の信」という。殷墓の遺品に丹を用いたものは、今もなおその色を存しており、また器の朽ちたものは土に印して、花土として残っている。丹や青は器の聖化・修祓のために用いるもので、たとえば靜(静)は力(耜すき)を上下よりもち、これに青を加えて修祓する農耕儀礼をいう字である。
【訓義】①あお、あおい。②青色のもの、みみだま、かべつち、竹のあま皮、かわせみ。③菁と通じ、しげる。
【古訓】〔名義抄〕靑 アヲシ
【部首】〔説文〕に靜、〔玉篇〕にまた䨼こを加える。䨼は丹部の雘わくに対して、青雘をいう。
【声系】〔説文〕に靑声として菁・請(請)・精(精)・倩・靚・彭・靖(靖)など十六字を収める。晴(晴)の初文は姓。彭は青飾。丹飾を彤とうというのに対する語。呪飾として用いることがあり、清・靖の意を含むことがある。
【語系】青 tsyeng、蒼(蒼) tsang は声義近く、その色をいう。清(清)・凊 tsieng、また彭・浄(浄)・靖・靜 dzieng はみな清浄・靖安の意をもつ語である。
【青靄】せいあい 青みのもや。唐・僧処黙〔聖果寺〕詩 古木、青靄叢まあり 遙天、白波浸ひたす
【青雲】せいうん 晴天。高い空。高位・高尚な志などにたとえる。唐・張九齢〔鏡を照らして白髪を見る〕詩 宿昔、青雲の志 蹉跎さたたり、白髪の年 誰たれか知らん明鏡の裏うち 形影自みずから相ひ憐れまんとは
【青眼】せいがん 親愛の情で見る。〔晋書、阮籍伝〕籍又能く青白眼を爲す。禮俗の士を見ては、白眼を以て之れに對す。～(嵆康)乃ち酒を齎もたらし琴を挾さしはさみて造いたる。籍大いに悅び、青眼に見る。是れに由りて禮法の士、之れを疾にくむこと讐かたきの若ごとし。
【青衿】せいきん 青い衿。若者。〔詩、鄭風、子衿〕青青たる子しが衿 悠悠たる我が心 縱たとひ我われ往かざるも 子、寧なんぞ音を嗣つがざる
【青血】せいけつ 鮮血。〔古文真宝、前集、虞美人草〕詩 香魂、夜劍光を逐ひて飛び 青血化して原上の草と爲る 芳心寂寞として、寒枝に寄す 舊曲聞き來つて、眉を斂をさむるに似たり
【青衫】せいさん 青色の上衣。若者や低い身分の者の服。唐・白居易〔琵琶行〕詩 座中、泣なみだ下ること、誰たれか最も多き 江州の司馬、青衫濕うるふ
【青山】せいざん 青々と茂る山。また、墓地。宋・蘇軾〔予われ、事を以て御史台の獄に繫がる。～以て子由(弟の蘇轍)に遺らしむ、二首、一〕詩 是の處、青山骨を埋むべし 他時、夜雨獨り神ここを傷やぶらん
【青史】せいし 歴史。古くは汗青(竹簡)にしるした。唐・杜甫〔鄭十八(賁)に贈る〕詩 古人、日に已に遠きも 青史、字泯ほろびず
【青糸】せいし 青い糸飾り。柳条や黒髪にたとえる。唐・李白〔将進酒〕詩 君見ずや、高堂の明鏡に白髪を悲しむを 朝には青絲の如きも、暮に雪を成す
【青春】せいしゅん 春。また、青年の時。唐・劉長卿〔戲れに題して二小男に贈る〕詩 老容を泣はあせて、白髪を羞ぢんと欲す 兒戲を看る毎に、青春を憶おもふ
【青松】せいしょう 青々とした松。唐・王維〔香積寺を過ぎる〕詩 古木、人逕無く 深山、何いづれの處の鐘ぞ 泉聲、危石に咽むせび 日色、青松に冷ひややかなり
【青条】せいじょう(でう) 緑の枝。唐・李白〔子夜呉歌、四首、一〕詩 秦地の羅敷女らふじょ 桑を採る、綠水の邊ほとり 素手、青條の上 紅妝こうしょう、白日鮮やかなり
【青青】せいせい 青々と茂る。〔文選、古詩十九首、二〕青青たる河畔の草 鬱鬱うつうつたる園中の柳 盈盈えいえいたる樓上の女 皎皎として窻牖そうゆう(窓)に當る
【青草】せいそう(さう) 緑の草。唐・劉長卿〔南渓の常山道人の隠居を尋ぬ〕詩 一路、經行の處 莓苔まいたい、履痕りこんを見る 白雲、靜渚に依り 青草、閒門を閉ざす
【青苔】せいたい 緑のこけ。唐・王維〔輞川集、鹿柴〕詩 空山人を見ず 但だ人語の響くを聞く 返景へんけい(夕日かげ)深林に入り 復また青苔の上を照らす
【青黛】せいたい 青いまゆずみ。唐・白居易〔上陽の白髮人〕詩 小頭の鞋履あいり(靴)、衣裳窄せまし 青黛眉を點かきて、眉細く長し 外人は見ず、見なば應まさに笑ふべし 天寶末年の、時世の粧よそおひ
【青天】せいてん よく晴れた空。唐・韓愈〔崔群に与ふる書〕鳳皇芝草は、賢愚皆以て美瑞と爲し、青天白日は、奴隷も亦た其の清明なるを知る。
【青髪】せいはつ 蒼白の髪。白髪。宋・曾鞏〔程殿丞の朝に還るを送る〕詩 雲の如きの青髮、朝簪ちょうしんを擁ようし 佳譽喧喧けんけんとして、士林を動かす
【青嵐】せいらん 青山の山気。唐・呂温〔裴氏海昏集の序〕海昏に歐山の奇、脩江の清、陽溪の邃すい、陽泉の靈有り。竹洞花塢くわを

仙壇僧舎、雞犬鐘梵、靑嵐白雲の中に相ひ聞え、數百里絶えず。

【青楼】せいろう 青塗りの建物。貴人の家。また、妓楼。唐・杜牧〔懐を遣る〕詩 十年一覺、揚州の夢 占め得たり、靑樓、薄倖の名

↑青蛙 雨蛙/青鴉 からす/青鞋 わらじ/青幄 青い帳/青衣 青色の服/青筠 竹/青雨 青葉の雨/青煙 青い煙/青果 果物/青霞 青い霞/青娥 美少女/青蛾 美少女/青蓋 青蓋車/青閣 朝堂/青漢 青空/青澗 清い澗水/青簡 書籍/青鬟 美人の髪/青巌 苔むす巌/青旂 青旗/青旗 青いはた/青丘 神仙の所/青穹 青空/青宮 東宮/青牛 黒毛の牛/青襟 青衿の学生/青空 青天/青熒 青く光る/青䕶 青の塗料/青梧 梧桐/青皇 東帝/青紅 赤や青の粉飾/青郊 春郊/青紗 青い薄絹/青瑣 宮門/青幘 青い頭巾/青傘 青色の傘/青士 竹/青子 橄欖/青紙 青紙の詔/青瓷 青磁/青紫 高官の色/青詞 道教の祭文/青社 東方の神を祀る社/青箬 竹皮/青珠 青琅玕/青綬 青の印綬/青樹 常緑の木/青書 道家の書/青裳 青黒い衣裳/青緗 青絹/青霄 青空/青神 春の神/青翠 緑したたる樹色/青生 生員/青旌 青旗/青銭 青銅銭/青蟬 ひぐらし/青蘚 青苔/青組 青綬/青蔬 あおな/青葱 茂る/青箱 家学/青驄 白黒の馬/青丹 青の丹/青疇 青田/青蜩 ひぐらし/青泥 封泥に用いる粘土/青簟 青い簟/青田 青い田/青甸 東郊/青奴 竹夫人/青灯 灯火/青棠 ねむ/青塘 青い堤/青藤 杖/青桐 あおぎり/青童 仙童/青銅 からかね/青瞳 光る眼/青犢 青牛/青年 若者/青嚢 印の袋/青馬 あお/青旆 青旗/青白 青白い/青帛 青ぎぬ/青盼 青眼/青幡 青旗/青蕃 茂る/青蘋 浮草/青蕪 草が茂る/青風 草上の風/青楓 青いかえで/青紱 将軍の綬/青碧 青緑色/青編 書籍/青畝 青田/青袍 青衣/青蓬 青いとま/青茅 かりやす/青眸 すずしい目もと/青冥 青天/青盲 明盲/青油 黒漆/青黝 青黒い色/青陽 春/青蠅 あおばえ/青騾 黒らば/青蘿 青いつた/青巒 青山/青鸞 青い鳳皇/青驪 黒毛/青柳 緑の柳/青竜 東方の神/青領 青衿/青緑 濃緑/青林 緑林/青綸 青い印綬/青燐 鬼火/青蛉 とんぼ/青嶺 青山/青霊 東方の神/青黎 青黒の色/青藜 あかざ/青帘 酒旗/青蓮 蓮/青廬 婚礼の控室/青籙 道教の経籍/青臒 青い土

↓鬱青・汗青・眼青・凝青・群青・紺青・殺青・山青・残青・刺青・紫青・純青・松青・翠青・萋青・草青・黛青・丹青・淡青・天青・冬青・踏青・稲青・佩青・麦青・碧青・柳青・緑青・瀝青・碌青

常 **【斉】** 8 [人]〔齊〕 14 0022

セイ シ サイ
ととのう ひとしい つつしむ いむ

篆文

甲骨文

金文

象形 髪の上に、三本の簪笄を立てて並べた形。祭祀に奉仕するときの婦人の髪飾り。祭卓の形である示を加えると齋（斎）となり、斎敬をいう。〔説文〕七上に「禾麥穗を吐きて、上平らかなり」と禾穂の象とするが、髪飾りの整うことをいう字である。簪笄を中央に集める形は參（参）で、簪の「参わり」「参差」として美しい意となる。〔詩、召南、采蘋〕「齊はしき季女有り」の齊を、〔玉篇〕に引いて𪗉に作り、婦人簪飾の姿をいう。殷周期の方鼎を、自名の器に「齋」としるしており、斉に方斉の意がある。訓義の多い字であるが、斉敬の義の引伸義が多い。

訓義 ①そろう、ととのう、髪飾りがととのう。②つつしむ、おごそか、うやうやしい、神につかえる、いむ。③おなじ、ひとしい、正しい。④つとめる、すみやか。⑤まぜあわせる、和する、あんばいする。⑥国の名。

古訓 〔名義抄〕齊 ヒトシ・トヽノフ・カギル・タヾス・ヒロシ・ミチノリ・イタル・シヅカナリ・ヲノヽク・イム・イモヒ・カザルナリ・オロソカナリ・モタリ・マグ・ナル・タヾシ 〔篇立〕齊 カギル・イツクシ・ヒロシ・ヲノヽク・ワタスキ・シヅカナリ・ヒトシ・イム・ミチ・タヾス・ノリ・トキ・イモヰ・トシ

部首 〔説文〕七上に「𪗉は等しきなり」の一字を属するが、𪗉と立意の同じ字で、一家の婦人が、その家廟に奉仕するときの姿をいう。

声系 〔説文〕に齊声として齋・薺・嚌・躋・齍・齎・儕・齌・濟（済）・霽・擠・𪗉など十七字を収める。斉女・斉鼎の意をとるもの以外に、声のみをとるものも多い。

語系 齊 dzyei、齋 tzhiei は声近く、斉敬・斉荘を以て斎く意である。劑（剤）dzyei は齊と同声。方鼎に刻文を加える意で、その盟誓・契約の辞を約剤という。徇 ziuen、捷 dziap も声の通ずるところがあり、それで疾・徇・捷、すなわち捷疾・敏捷の意がある。敏・捷も婦人が髪飾りをつけ、祭事に奔走することをいう語である。

【斉紈】せいがん 斉国産の白絹。〔淮南子、脩務訓〕嘗試みに之れをして芳澤を施し、～阿錫（細縠）を衣き、齊紈を曳き、粉白黛黑し、～冶由（冶妖）として笑ひ、目流眺せしめば、～則ち王公大人の嚴志、頡頏の行有る者と雖も、～其の色を悅ばざる無からん。

【斉給】せいきゅう 気がきく。口ばや。〔荀子、非十二子〕天下の心を兼ね服するには、高上尊貴なるも以て人に驕らず、聰明聖知なるも以て人を窮しめず、齊給速通なるも人に爭ひ先んぜず。

【斉敬】せいけい つつしみ敬う。〔国語、魯語上〕夫れ祀は孝を昭らかにす。各〻齊敬を其の皇祖に致すは、孝を昭らかにするの至りなり。

【斉衰】しさい 喪服の名。麻で作り、裳を縫い合わせる。〔礼記、服問〕凡そ人に見ゆるときは、絰（麻の喪章）を免ること無し。君に朝すと雖も、絰を免ること無し。唯だ公門には齊衰を稅ぐこと有り。

【斉粛】せいしゅく 専心。つつしむ。〔国語、楚語下〕民の精爽にして攜貳（離反）せざる者にして、又能く齊肅衷正にして、～其の聰能く之れを聽徹す。是くの如くんば、則ち明神之れに降らん。

【斉唱】せいしょう 声をそろえて歌う。唐・許渾〔張厚～を送る〕詩 齊しく離歌を唱うて、晩月に愁へ 獨り征棹を看て、秋風を怨む

【斉心】せいしん 心を合わせる。〔文選、古詩十九首、四〕心を齊しうして願ふ所を同じうするも 意を含んで俱に未だ申べず

【斉聖】せいせい つつしみ深く賢い。〔左伝、文十八年〕昔、高陽氏に才子八人有り。～齊聖廣淵にして、明允篤誠なり。天下の民、之れを八愷と謂ふ。

【斉整】せいせい よく整う。〔三国志、魏、鄭渾伝〕轉じて山陽・魏郡の太守と爲る。～魏郡の界に入るに、村落齊整なること一の如し。～明帝之れを聞き、～將作大匠に遷す。

【斉東】せいとう 斉の東辺。田舎。〔孟子、万章上〕舜、瞽瞍（舜の父）を見て、其の容蹙たる有り。孔子曰く、斯の時に於

けるや、天下殆き哉、岌岌乎たりと。～孟子曰く、否。此れ君子の言に非ず。齊東野人の語なり。

【斉年】同年の進士及第者。〔旧唐書、武元衡伝〕始め元衡、(李)吉甫と齊年、又同日に宰相と爲る。～吉甫は先だつこと一年、元衡の生月を以て卒す。元衡は後るること一年、吉甫の生月を以て卒す。吉凶の數、符の會するが若し。

【斉物】万物を平等にみる。老荘の思想。晋・劉琨〔盧諶に答ふる書〕遠くは老荘の齊物を慕ひ、近くは阮生(籍)の放曠を嘉みす。

【斉名】同じほどの名声がある。〔三国志、魏、徐邈伝〕邈の同郡の韓觀(字は)曼游、鑒識器幹有り。邈と名を齊しうす。

【斉明】ものいみする。〔中庸、二十〕齊明盛服し、禮に非ざれば動かざるは、身を脩むる所以なり。

【斉盟】斎戒して盟う。〔左伝、昭元年〕楚、晉に告げて曰く、盟を尋めて未だ退かざるに、魯、莒を伐つは、齊盟を瀆すなり。請ふ、其の(魯の)使ひを戮せんと。

↑斉一 等しい/斉壱 斉一/斉家 治家/斉娥 曲名/斉戒 ものいみ/斉諧 怪異の書/斉喊 喊呼する/斉歓 皆喜ぶ/斉軌 同軌/斉牛 犠牛/斉祛 容儀を正す/斉均 均斉/斉駆 ひとしく走る/斉愚 皆愚か/斉契 心にかなう/斉潔 清める/斉限 きまり/斉厳 おごそか/斉口 同音/斉衡 眉の高さ/斉死 同死/斉歯 ならぶ/斉事 ものいみ/斉疾 迅速/斉車 黄金車/斉舎 忌み小屋/斉首 首の高さ/斉酒 忌み酒/斉宿 斎宿/斉如 つつしむ/斉捷 斉給/斉盛 粢盛/斉正 整える/斉声 斉名/斉斉 つつしむ/斉全 完全/斉疏 喪服/斉楚 整う/斉荘 厳か/斉酎 斉酒/斉等 ひとしい/斉同 同じ/斉眉 眉の高さ/斉備 そろう/斉鑣 斉駆/斉服 祭服/斉祓 はらう/斉民 平民/斉沐 斎戒沐浴/斉慄 恐れる/斉量 斟酌する/斉力 協力する/斉列 整列する/斉和 調味

↓一斉・飲斉・雲斉・叡斉・火斉・均斉・敬斉・絜斉・五斉・羹斉・粛斉・醬斉・上斉・正斉・整斉・天斉・徳斉・不斉・平斉・明斉・六斉・和斉

【恓】 9 9106 セイ なやむ

形声 声符は西。悽・淒に通じ、悽の俗体の字。

訓義 ①なやむ、わずらう。②恓恓は、おちつかぬさま。

＊語彙は悽字条参照。

↑恓惶 なやみあわてる/恓恓 悽悽/恓屑 悩む

常 【政】 9 1814 〔政〕 8 1814 セイ まつりごと

篆文

甲骨文

金文

形声 声符は正。正は他邑を征服すること。これに攴撃を加えて、支配することを政という。〔説文〕三下に「正なり」とする。正は征服、征は征取、政は支配することをいう。金文の〔禹鼎〕に「井(邢)の方を政めよ」、〔毛公鼎〕に「命を敷き政を敷くに雩いて、小大の楚賦(胥賦・賦税)を枏めよ」とあり、政治的経済的な支配を意味するが、ときには〔叔夷鎛〕「朕が三軍を政めよ」のように、軍事・軍政にもいう。

訓義 ①まつりごと、おさめる。②つかさどる、ただす。③おきて、おきてする、とりきめ。④えたち、征役。⑤正と通じ、まさに、まさしく。⑥征と通じ、うつ。

古訓 〔名義抄〕政 マツリゴト・ノリ・ヲサム・アラタム・マサシ・ナリ・セム・サカシ・ウツ・カタシ・タヾス・ノフ・ナル

語系 政・正・征・整・証 tjieng は同声。整は「ととのう」、証は「諫む」と訓し、みな正の声義を承ける。

【政議】正論。〔戦国策、韓二〕韓傀、韓に相たり、嚴遂、君に重んぜらる。二人相ひ害す。嚴遂、政議直指して、韓傀の過ちを擧ぐ。韓傀之れを以て之れを朝に叱す。

【政教】政治と教化。〔礼記、郷飲酒義〕古の禮を制するや、之れを經するに天地を以てし、之れを紀するに日月を以てし、之れを參するに三光を以てするは、政教の本なり。

【政刑】政令と刑罰。〔左伝、隠十一年〕鄭伯～潁考叔を射たる者(公孫閼)を詛せしむ。君子謂ふ、鄭の莊公は政刑を失へり。～邪にして之れを詛するも、將た何の益かあらんと。

【政経】政治の常道。唐・李彭年〔刑法の不便を論ずる表〕二國、常刑を用ひ、俯して嚴典を收むるときは、則ち政經序有り、德、人心に洽し。

【政事】まつりごと。〔詩、小雅、小明〕昔我が往きしとき 日月方に奧(燠)かなり 曷か云に其れ還らん 政事愈蹙れり

【政治】まつりごと。〔漢書、酷吏、厳延年伝〕(府丞)義～上書して、延年の罪名十事を言ふ。～事、御史丞に下さる。按驗するに、此の數事有り。以て延年を結し、怨望して政治を非謗し不道なるに坐して、棄市せらる。

【政術】政治のしかた。〔後漢書、安帝紀〕賢良方正、道術有るの士、政術に明らかに、古今に達し、能く直言極諫する者、各一人を擧げよ。

【政績】政治上の業績。〔後漢書、蔡茂伝〕後に(竇)融と俱に徵され、復た議郎に拜せらる。再び廣漢の太守に遷り、政績の稱有り。

【政体】政治の方法。〔晋書、劉頌伝〕(上疏)凡そ臣の言ふ所は、誠に政體の常なり。然れども古今宜を異にし、遇ふ所同じからず。

【政徳】為政者の徳。〔左伝、襄二十八年〕楚子、將に死せんとす。其の政德を脩めずして、諸侯を貪昧し、以て其の願ひを逞くせんとす。

【政柄】政治の権。〔左伝、昭七年〕諺に曰く、蕞爾たる(小なる)も國なりと。而して三世其の政柄を執る。其の物を用ふること弘く、其の精を取ること多し。其の族又大、馮る所厚し。而して強死せり。能く鬼を爲すも、亦た宜ならずや。

【政変】政治の状勢の変化。清・康有為〔明夷閣詩集の序〕政變に日本に出奔してより、元老大隈伯、爲に適館授餐す。東に居ること半年、館する所を明夷閣と曰ふ。

【政務】政治上のしごと。〔後漢書、班固伝上〕京兆の督郵郭基、孝行州里に著はれ、經學師門に稱せらる。政務の績、絕異の效有り。

【政理】政治。〔管子、重令〕衆を動かし兵を用ひて、必ず天下の政理を爲すは、此れ天下を正すの本にして、霸王の主なり。

↑政機 政治の機微/政権 政柄/政策 政治上の施策/政象 政法/政人 為政者/政枢 政治の枢要/政声 善政の名/政庁 役所/政典 政治の典範/政途 政道/政道 施政の道/政府 中央政庁/政辟 法令/政法 政道/政乱 治乱/政令 法令/政路 政道/政論 政道の論

↓悪政・圧政・為政・王政・苛政・家政・稼政・外政・学政・寛政・議政・虐政・逆政・行政・軍政・刑政・恵政・憲政・荒政・国政・祭政・財政・参政・施政・時政・失政・執政・授政・従政・庶政・頌政・神政・新政・親政・仁政・衰政・斉政・聖政・税政・摂政・専政・善政・大政・治政・知政・致政・朝政・帝政・徳政・内政・農政・幕政・秕政・美政・弼政・布政・賦政・文政・平政・秉政・

弊政・邦政・暴政・民政・明政・乱政・涖政・理政・力政・立政・臨政・廉政

常【星】9 6010 ［曐］17 6010 セイ ほし

篆文

古文

甲骨文

金文

形声 声符は生。正字は晶に従い、曐に作り、晶は星光の象。〔説文〕七上に「萬物の精、上りて列星と爲る」という。參（参）は簪の形で、その初形は晶の形を含み、簪の玉光を示す形であった。

訓義 1ほし、ほしみる。2ゆうべ、よる。3月日、光陰、星宿。4星の如くちる、はやい。5小さな点、ぽち、めあて。6姓と通じ、はれる。

古訓 〔和名抄〕星 保之（ほし）〔名義抄〕星 ホシ・ハル 〔篇立〕星 ヒハレタリ・ホシ 〔字鏡集〕星 ヨハヒホシ・ホシ・ハレタリ

声系 〔説文〕に星声として腥・猩、〔説文新附〕十四下に醒を収めるが、惺は未収。星声はむしろ青（青）声の字と声義の関連があるようである。

語系 星syeng、晶tziengは声義近く、〔説文〕七上に「晶は精光なり」とする。星の初文は晶に従う字であった。參tsəmもも と簪の玉光を示す字である。晴（晴）・精（精）・姓dziengも声義に関係のある字で、星は「萬物の精」、姓は七上は「雨ふりて夜除はれ、星見はるるなり」とあり、晴の初文である。

【星影】（せいえい） 星の光。唐・李白〔白鷺洲に宿し、楊江寧に寄す〕詩 朝に別る、朱雀門 暮に棲む、白鷺洲 波光、海月を搖がし 星影、城樓に入る

【星河】（せいが） 天の川。唐・白居易〔長恨歌〕詩 遲遲たる鐘鼓、初めて長き夜 耿耿たる星河、曙けんと欲する天

【星漢】（せいかん） 銀河。北周・庾信〔哀江南の賦の序〕舟楫、路窮まる、星漢は槎に乘じて上るべきに非ず。風飆、道阻はまる、蓬萊到るべきの期無し。

【星稀】（せいき） 星の光がうすれる。魏・武帝〔短歌行、二首、一〕楽府 月明らかに星稀に 烏鵲南に飛ぶ 樹を繞ること三匝 何れの枝にか依るべけん

【星光】（せいこう） 星の光。唐・李賀〔秦光禄の北征を送る〕詩 天遠くして、星光沒し 沙平らかにして、草葉齊し 風は吹く、雲路の火（烽火） 雪は汚る、玉關の泥

【星行】（せいこう） 星を戴いて行く。〔三国志、魏、三少帝、高貴郷公髦紀〕（甘露二年詔）玄菟郡高顯縣の吏民、反叛す。長の鄭熙、賊の殺す所と爲る。民王簡、熙の喪を負擔して、晨夜星行、遠く本州に致す。忠節嘉みすべし。

【星散】（せいさん） 星のように四散する。明・劉基〔夏夜、台州の城中にて作る〕詩 去年、海賊、元帥を殺し、黎民星のごとく散じて、劫火紅し

【星宿】（せいしゅく） 二十八宿。星座。〔漢書、劉向伝〕向～廉靖にして道を樂しみ、世俗に交接せず、積思を經術に専らにす。晝は書傳を誦し、夜は星宿を觀、或いは寐ねずして旦に達す。

【星象】（せいしょう） ほし。唐・杜甫〔河北諸道の節度入朝すと承聞し、歡喜して口号せる絶句十二首、九〕詩 東は遼水を逾え、北は滹沱 星象風雲、喜びて共に和す

【星辰】（せいしん） ほし。星座。〔孟子、離婁下〕天の高き、星辰の遠きも、苟くも其の故を求めば、千歳の日至（冬至・夏至の日）も、坐して致すべきなり。

【星星】（せいせい） ちらほらするさま。また、白髪のさま。南朝宋・謝靈運〔南亭に遊ぶ〕詩 未だ靑春の好きに厭かざるに 已に朱明（陽）の移るを覩る 慼慼として物に感じて歎き 星星として白髮垂る

【星霜】（せいそう） 歳月。唐・杜甫〔秋日荊南述懐三十韻〕詩 星霜、玄鳥（燕の往来）變じ 身世、白駒（日月の過ぎやすいこと）催す 伏枕、超忽（諦念）に因り 扁舟、往來に任す

【星馳】（せいち） 速く行く。また、多い。唐・王勃〔滕王閣の序〕雄州霧のごとく列なり、俊彩星のごとく馳す。

【星稠】（せいちゅう） 星のように多い。〔宋書、謝霊運伝論〕降りて元康に及び、潘（岳）・陸（機）特り秀づ。～縟旨星のごとく稠く、繁文綺のごとく合す。平臺（梁の孝王）の逸響を綴り、南皮（魏の文帝の遊ぶ所）の高韻を采る。遺風餘烈、事、江右を極む。

【星斗】（せいと） ほし。唐・李白〔清渓の主人に宿す〕詩 簷楹、星斗を挂け 枕席、風水を響かす

【星文】（せいぶん） 星のかがやき。唐・沈彬〔入塞、二首、二〕詩 苦しみて沙門に戰ひ、箭痕に臥す 戍樓閒上に、星文を望む

【星落】（せいらく） 星が流れる。唐・杜甫〔季秋、蘇五弟纓、江楼にて、夜、崔十三評事、韋少府姪を宴す、三首、一〕詩 星は落つ、黄姑の渚 秋は辭す、白帝城

【星流】（せいりゅう） 星が流れるように早い。漢・張衡〔東京の賦〕桃弧棘矢、發する所梟（まと）無し。飛礫雨のごとく散じ、剛癉（鬼）も必ず斃る。煌火馳せて星のごとく流れ、赤疫を四裔に逐ふ。

↑星移 歳月が移る／星緯 星次／星隕 星が流れる／星雨 星が雨のようにふる／星雲 雲状の星／星映 星の光／星翁 天文家／星下 星空の下／星火 流星／星家 占星者／星駕 朝早く出発する／星海 星空／星官 占候官／星冠 道士の冠／星寒 小寒／星眼 美しい眼／星気 占候／星紀 星次／星期 婚礼の日取り／星暉 星の光／星騎 勅使／星居 散在する／星区 星座／星駆 星馳／星衢 星区／星闕 天上の宮／星月 星と月／星工 星家／星査 巨大な筏／星座 星宿／星采 星光／星彩 星光／星歳 歳月／星錯 点在する／星煞 厄運／星粲 星の光／星燦 星粲／星残 星かげが消え残る／星使 勅使／星次 星の宿り／星日 天文／星杓 北斗／星術 占星術／星処 散居／星渚 天の河／星将 大将／星晶 星の光／星飾 婦人の面飾り／星津 星次／星森 列星／星枢 北斗の第一星／星精 星の精／星占 星占い／星疏 星まばら／星速 夜行／星台 役所／星淡 星残／星灘 小灘／星団 星雲／星壇 星祭り／星陳 星駕／星墜 星が流れる／星点 散在する／星躔 星度／星伝 早馬／星度 星の運行／星孛 篲星／星旆 星文の旗／星発 朝発ち／星髪 白髪／星繁 星くずのように多い／星晩 星月夜／星妃 織女星／星飛 星馳／星微 星のようにかすか／星蹕 行幸の路／星鬢 白髪／星布 ばらまく／星赴 星馳／星鶩 星赴／星分 星の分布／星変 星の災異／星鋪 星布／星奔 星馳／星命 推命／星明 星明かり／星滅 星落／星門 軍門／星翳 えくぼ／星羅 星がつらなる／星乱 ばらばらに乱れる／星闌 星の光／星爛 星の光／星離 星羅／星麗 星がならびつらなる／星列 星がならぶ

↓隕星・雨星・衛星・火星・寒星・客星・九星・巨星・暁星・極星・金星・奎星・景星・嘒星・孤星・五星・恒星・歳星・三星・散星・残星・祠星・七星・寿星・衆星・小星・将星・照星・乗星・辰星・晨星・水星・垂星・彗星・瑞星・占星・土星・徳星・孛星・奔星・明星・木星・遊星・妖星・流星・霊星・列星・惑星

常【牲】9 2551 セイ いけにえ

篆文 甲骨文 金文

形声 声符は生。〔説文〕二上に「牛、完全なるなり」とあって、祭祀に用いる犧牲をいう。牲獸には皮毛筋角の完全なものをえらんで用いた。牛の純色なるものを牷、体の全きものを全牷という。特に毛角や角が大事とされ、〔論語、雍也〕に「犂牛（雜毛の耕牛）の子も、騂くして且つ角あらば、用ふること勿からんと欲すと雖も、山川（の神）其れ諸れを舍てんや」とみえる。犧牲はもと生体のまま供えられ、「いけにえ」という。

訓義 [1]いけにえ。[2]腥と通用する。

古訓 〔名義抄〕牲 イケニヘ・アサヤカナリ

語系 牲・生shengは同声。胜・鮏・腥syengも声近く、胜は犬の膏臭、鮏は魚臭、腥は肉の腥臭をいう。神はその臭いによって饗するものとされた。

【牲玉】せいぎょく 犧牲と玉。神にささげ祭るもの。〔国語、魯語上〕長勺の役に、曹劌、戰ふ所以を莊公に問ふ。公曰く、余れ、衣食を民に愛しまず、牲玉を神に愛まずと。

【牲殺】せいさつ 犧牲。〔孟子、滕文公下〕惟だ士は、田無ければ則ち亦た祭らず。牲殺・器皿・衣服備はらざれば、敢て以て祭らず。則ち敢て以て宴せず。

【牲牷】せいせん 皮毛筋角などの完全な犧牲。〔周礼、地官、牧人〕六牲（牛・馬・羊・豕・犬・雞）を牧して、其の物を阜蕃にし、以て祭祀の牲牷を共（供）することを掌る。

【牲体】せいたい 犧牲。〔礼記、燕義〕俎豆・牲體・薦羞、皆等差有るは、貴賤を明らかにする所以なり。

【牲幣】せいへい いけにえと供え物。〔周礼、春官、大祝〕邦國を建つるに、先づ后土に告げ、牲幣を用ふ。～祭號を邦國・都鄙に頒かつ。

【牲牢】せいろう（らう） いけにえ。唐・韓愈〔仏骨を論ずる表〕漢の明帝の時、始めて佛法有り。明帝在位纔かに十八年のみ。其の後、亂亡相ひ繼ぐ。～惟だ梁の武帝のみ在位四十八年、前後三度、身を捨て佛に施し、宗廟の祭に牲牢を用ひず。～其の後竟ひに侯景の逼る所と爲り、臺城に餓死せり。

↑牲鑊せいかく 犧牲を煮る鍋／牲狗せいく 犧牲の犬／牲粢せいし お供え／牲事せいじ 割牲／牲芻せいすう 犧牲の畜／牲俎せいそ 犧牲を載せる器／牲鼎せいてい 犧牲を煮る鼎／牲盟せいめい 血盟／牲用せいよう 犧牲／牲醴せいれい 犧牲と甘酒

↓加牲・割牲・犧牲・牛牲・繫牲・絜牲・犬牲・牽牲・五牲・告牲・三牲・視牲・射牲・省牲・薦牲・大牲・沈牲・特牲・廟牲・烹牲・埋牲・免牲・毛牲・用牲・養牲・六牲・牢牲

常 **【省】** 9 9060 セイ ショウ（シャウ） みる かえりみる さとる はぶく

篆文 古文 金文 甲骨文

形声 卜文・金文の字形は生に従い、生声。〔説文〕四上に中に従う形とし、「視るなり。眉の省に従ひ、中に従ふ」という。〔段注〕に「眉に従ふ者は、未だ目に形はれざるなり。中に従ふ者は、之れを微に察するなり」とするが、中はおそらくもと目の上の呪飾、のち生の声が意識されて中の下部に肥点を加える形となったものであろう。卜辞に王の巡省を卜して、「王省する」に、往來災ひ亡きか」という。金文に「遹省」の語があり、遹は矛を台上に樹てて示威巡察を行う意。古くは眉飾などを施し、あるいは黥目を加えたものであろう。わが国の「など黥ける利目」もその類であろう。巡察することより省察の意となり、省察して除くべきものを去るので省略の意となる。

訓義 [1]みる、めぐりみる、つまびらかにみる。[2]かえりみる、あきらかにする、さとる。[3]あやまちをみる、あやまちをさる。[4]はぶく、さる、へらす、すくなくする。[5]役所、公卿の居る所、禁中、行政の区画名。[6]眚と通じ、わざわい。

古訓 〔名義抄〕省 カヘリミル・ハブク・ヨクス・ハグ、ム・ミヨ・タスク・オボユ 〔字鏡集〕省 ハリ・ヨクス・カヘリミル・タスク・ヨシ・アキラカナリ・ミヨ・ミル・ハグ、ム・ハブク・オボユ

声系 〔説文〕に省声として渻・媘など四字を収める。渻十一上は「少しく減ずるなり」、媘十二下は「減ずるなり」とあって、みな省減の意をとる。

語系 省視のときは省sieng、相siangは声義近く、相は〔説文〕四上に「省視するなり」とあり、視て察することをいう。省略のときは省・渻・媘shengは同声。省視のときと、声を異にして用いた。

【省悟】せいご さとる。〔旧唐書、狄仁傑伝〕初め中宗、房陵に在り。～則天（武后）に復辟の意無し。唯だ仁傑毎に從容奏對し、子母の恩情を以て言と爲さざる無し。則天も亦た漸く省悟し、竟ひに中宗を召還し、復た儲弐（後嗣）と爲せり。

【省耕】せいこう（かう） 耕作のことを巡視する。〔孟子、告子下〕春は耕すを省みて、足らざるを補ひ、秋は斂むるを省みて、給らざるを助く。

【省曠】せいこう（くわう） 省いてあっさりする。南朝宋・顔延之〔陶徵士（潛）の誄〕遂に乃ち體を世紛に解き、志を區外に結ぶ。～心に異書を好み、性は酒德を樂しむ。煩促を簡き棄て、省曠を就し成す。

【省察】せいさつ よく考える。〔漢書、劉輔伝〕（上書）慘急の誅を諫爭の臣に行ひ、群下を震驚し、忠直の心を失はしむ。～臣等竊かに深く之れを傷む。唯だ陛下神を留めて省察せよ。

【省読】せいどく くわしく読む。〔北史、酷吏、田式伝〕赦書、州に到る毎に、式未だ省讀するに暇あらず。先づ獄卒を召して重囚を殺し、然る後に百姓に宣示す。其の刻暴なること此の如し。

【省風】せいふう 風俗をみる。〔左伝、昭二十一年〕夫れ樂は天子の職なり。夫れ音は樂の輿なり。而して鐘は音の器なり。天子、風を省みて以て樂を作り、器以て之れを鍾め、輿以て之れを行ふ。

【省問】せいもん 事情を聞きとどける。〔潜夫論、述赦〕被冤の家、～能く闕（宮城）に至る者、萬に數人も無し。其の省問を得る者、百の一に過ぎず。

【省覧】せいらん よくみて考える。〔後漢書、朱穆伝〕（穆）諫めて曰く、～將軍（梁冀）身尊く事顯はに、德燿窮まり無し。～惟だ省覽を垂れよと。冀納れず。

【省略】しょう（しゃう）りゃく 簡略。大まか。〔史記集解の序〕徐廣、衆本を研核し、音義を爲作る。異同を具列し、兼ねて訓解を述ぶ。粗ぼ發明する所有るも、殊に省略なるを恨む。聊か愚管（管見）を以て、徐氏を增演す。

↑省愛せいあい 割愛する／省易せいい 簡略／省闈しょうい 宮中／省員しょういん 官員／省役せいえき 力役を省く／省改せいかい 考え改める／省魁しょうかい 省試第一／省官しょうかん 館職／省監せいかん 省察する／省刑せいけい 減刑／省決せいけつ 裁決／省見せいけん 恩顧／省元しょうげん 科挙の首席合格者、状元／省減せいげん へらす／省行せいこう 反省する／省候せいこう 伺う／省視せいし 評察／省試しょうし 礼部の試験／省寺しょうじ 役所／省事せいじ 執務する／省釈せいしゃく 罪をゆるす／省恤せいじゅつ あわれむ／省心せいしん 反省する／省審せいしん 省察／省親せいしん 帰省／省素せいそ 簡素／省痩せいそう やせる／省息せいそく 節約／省闥しょうたつ 宮中／省中しょうちゅう 宮中／省庭しょうてい 役所の庭／省筆せいひつ 簡潔の文／省文せいぶん 略字／省墓せいぼ 墓まいり／省方せいほう 巡狩／省門しょうもん 役所の門／省約せいやく 簡約

↓按省・簡省・観省・帰省・倹省・減省・顧省・三省・自省・修省・晨省・深省・尋省・節省・大省・退省・定省・内省・反省・猛省・黙省・問省・約省・覧省・略省

【砌】 9 1762 セイ　みぎり　おりから

篆文

形声 声符は切。〔説文新附〕九下に「階の甃なり」とあり、階下のしき瓦を敷いたところをいう。もと切石を敷いたものであろう。

訓義 ①みぎり。②きざはしの下の、しき瓦を敷いたところ。③階を連ねる石。④かさねる、あぶない。⑤国語で、みぎり、おりからの意に用いる。

古訓 〔名義抄〕砌　ミギリ・アヤシブ・イシハシ・アヤフシ・イキヌ

【砌下】せいか　階の下の甃を敷いたところ。唐・白居易〔冬至の夜〕詩　心灰(冷たさ)は、爐中の火に及ばず　鬢雪(白髪)は、砌下の霜よりも多し

【砌塡】せいてん　きざはしをうずめる。空所を埋める。〔随園詩話、五〕惟だ李義山(商隠)の詩は稍や典故多きも、然れども皆才情を用て驅使し、砌塡に專らならず。

➡砌筠 砌下の竹／砌階 台階／砌塊 ブロック／砌牆 築地／砌城 石垣／砌畳 堆畳／砌水 みぎりの水／砌石 階石／砌台 観賞台／砌末 舞台道具／砌累 堆砌

⬇陰砌・画砌・階砌・危砌・玉砌・錦砌・古砌・残砌・甃砌・畳砌・水砌・静砌・雪砌・霜砌・苔砌・堆砌・台砌・丹砌・破砌・晩砌・文砌・碧砌・瑤砌・流砌

【穽】 9 3055 〔阱〕 7 7520 セイ　おとしあな　あな

篆文　古文

形声 声符は井。〔説文〕五下に字を阱に作り、「陷るるなり」とあり、陷穽をいう。阱は神梯の象である𠂤に従っており、その呪禁として設けたものをいい、穽は卜文に穽中に獣をしるす例があるから、獣穽のための字である。

訓義 ①おとしあな、あな、おとし、わな。②字はまた阱に作る。

古訓 〔名義抄〕穽　アナ・シ丶ノアナ　〔字鏡集〕穽　アナ・アザムク・シ丶ノアナ・イヘ・ホソキ

語系 穽(阱) dzieng、井 tzieng は声義近く、井は井垣。穽もその形に組む。井(刑) hyeng は型の初文。刑は首枷の形、型は鋳型の形。みな、いげたの形を基本とする字である。

【穽鄂】せいがく　おとし穴。鄂は柞鄂。井中にうちこむ逆木。〔国語、魯語上〕穽鄂を設けて、以て廟庖(廟に供える犠牲)を實たすは、功用を畜ふるなり。

➡穽淵 淵におちいる／穽陷 おとし穴／穽井 穽陥

⬇擭穽・坎穽・陷穽・檻穽・機穽・虎穽・阬穽・深穽・設穽

【胜】 9 7521 セイ　なまぐさい

篆文

形声 声符は生。〔説文〕四下に「犬の膏臭きなり」とあり、犬肉のにおいをいう。また鯹・腥と通用する。

訓義 ①なまぐさい、犬肉のにおい。②鯹と通じ、やせる、肉がおちる。③腥と通用する。④おくりものの肉。⑤豚のあまじし。

古訓 〔名義抄〕胜・腥　クサシ・ツクサシ・ナマグサシ・イヌノアブラ・モズノハカミ　〔篇立〕胜　クサキ・ツクサシ・ナマグサシ・イヌノアブラ・モズノハヤシサキ

常【凄】 10 3514 セイ　さむい　すさまじい

形声 声符は妻。〔玉篇〕に「寒きなり」とあって、寒涼の意。氷の寒冷なるをいい、淒と通用する。

訓義 ①さむい、つめたい。②淒と通じ、すさまじい。

古訓 〔名義抄〕凄　サムシ・ヤ丶・スヾシ

語系 凄・淒・悽 tsyei は同声。淒は〔説文〕十一上に「雨雲起るなり」とあり、みな淒涼のさまをいう。凄・淒の両字通用。

＊語彙は淒字条参照。

➡凄哀 哀切／凄黯 暗淡／凄異 不気味／凄豔 悽艶／凄其 寂しい／凄吟 哀吟／凄苦 惨苦／凄惨 悲惨／凄酸 悲惨／凄而 凄其／凄瑟 寂しい／凄寂 もの静か／凄神 惨凄／凄凄 哀しい／凄清 凄涼／凄切 悲涼／凄絶 悽絶／凄然 もの寂しい／凄楚 凄苦／凄爽 爽涼／凄愴 心がいたむ／凄惻 哀しい／凄単 さびしく孤独／凄断 凄絶／凄疼 心がうずく／凄薄 寒涼／凄飄 寒風／凄風 悲風／凄迷 愴茫／凄涼 凄まじい／凄寥 寂寥／凄凜 寒冷／凄冷 うら寂しい／凄戻 いたましくて嘆く／凄零 うらぶれる／凄厲 凄惨／凄惋 哀傷

人【晟】 10 6025 【晠】 11 6025 セイ　あきらか　さかん

篆文

形声 声符は成(成)。〔説文新附〕七上に「明らかなり」とあり、明盛の意がある。

訓義 ①あきらか。②さかん。③ほめる。④めしびつ。

古訓 〔名義抄〕晟　オホシ・ナカ・カヾヤク　〔篇立〕晟　テル・カヾヤク・オホシ・ナカ

人【栖】 10 4196 〔棲〕 12 4594 セイ　すむ　やどる

形声 声符は西。〔説文〕十二上に「西は、鳥、巣上に在るなり。象形」とし、その鳥巣の形。樹上に巣のあることを栖という。棲はその形声の字。

訓義 ①すむ、とまる、やどる。②ねぐら、鳥の巣。③栖栖はおちつかぬさま。

古訓 〔名義抄〕栖・棲　スミカ・スマシム・ヤドル・ス・トリノス・イヒ(ト)マ・イコフ・カスル

＊語彙は棲字条参照。

【栖栖】せいせい　あくせく。〔論語、憲問〕微生畝、孔子に謂ひて曰く、丘(孔子の名)何爲れぞ是れ栖栖たる者ぞ與や、乃ち佞を爲すこと無からんやと。孔子曰く、敢て佞を爲すに非ざるなり。固を疾めばなりと。

➡栖鴉 巣にいる鳥／栖巌 巌室／栖憩 いこう／栖遑 あわただしい／栖鶻 くまたか／栖宿 すむ／栖翔 巣居／栖心 心を安める／栖託 身を寄せる／栖住処／栖遅 世をのがれてやすらぐ／栖遁 隠居する

【眚】 10 2560 セイ　あやまち　わざわい　あやしい

篆文

形声 声符は生。〔説文〕四上に「目病みて翳を生ずるなり」とあり、眼のかすむ病をいう。〔左伝、荘二十五年〕に「日月の眚」という語があり、蝕する意。多く眚災の意に用い、〔書、舜典〕「眚災は肆赦す」とは、過失による罪は罰しないことをいう。〔左伝、僖三十三年〕「吾れ一眚を以て大徳を掩はず」とは、小過の故を以て、大徳の人を失ってはならぬの意。原因不明の疾を眚病という。

訓義 ①あやまち、わざわい。②あやしい、あやしい病。③目にかげができる、病が目にあらわれる。④婿と通じ、やせる、へる。

古訓 〔名義抄〕眚　アキシヒ・アヤニク・アヤマツ　〔字鏡集〕眚　アキシヒ・ワザハヒ・アヤマチ・トガ

【眚災】せいさい　過失による罪。〔書、康誥〕乃ち惟れ眚災にして適爾るものは、既に道りて厥の辜みを極せむるのみにして、時れ乃ち殺すべからず。

【眚病】せいへい　妖気による病。〔漢書、外戚下、孝元馮昭儀伝〕是の歳、孝王薨ず。一男有り、嗣ぎて王と爲る。時に未だ歳に滿たず。眚病有り。太后自ら養視し、數しば禱祠して解けたり(病懈る)。

➡眚愆 減罪する／眚裁 眚災／眚慝 災害／眚目

眼疾／眚礼 省礼／眚沴 災害
↓譽眚・災眚・祥眚・大眚・天眚・白眚・目眚・妖眚

常【逝】10 3230 〔逝〕11 3230 セイ ゆく しぬ

篆文

形声 声符は折。〔説文〕二下に「往くなり」とあり、〔書、大誥〕「昔朕れ其れ逝きしとき」、〔詩、小雅、小弁〕「我が梁に逝くこと無かれ」のような古い用例がある。また〔詩〕に「逝に」という語詞の用法が多い。のち長逝死去の意に用いる。
訓義 1ゆく、さる。2しぬ、みまかる。3さける、まがる、およぶ。4発語、ここに。5誓と通じ、ちかう。
古訓 〔字鏡集〕逝 ユク・イタル・オヨブ・サル・イヌ・イル
語系 逝・噬 zjiat は同声。〔詩、邶風、日月〕「乃ち之くの如き人 逝に古處せず」、〔詩、唐風、有杕之杜〕「彼の君子 噬に肯て我に適け」の逝・噬は同じ語。是 zjie、此 tsie、茲 tzia や斯 sie、鮮 sian も、そのような語詞に用いることがある。
【逝者】ゆくもの。流水。〔論語、子罕〕子、川の上に在りて曰く、逝く者は斯くの如き夫か、晝夜を舍かず。
↑逝去 死ぬ／逝景 歳月がすぎゆく／逝止 行止／逝死 死ぬ／逝水 流水／逝川 流水／逝湍 早瀬／逝没 死ぬ
↓殞逝・永逝・遠逝・急逝・軽逝・孤逝・高逝・魂逝・倏逝・傷逝・神逝・夕逝・川逝・仙逝・遷逝・徂逝・嘆逝・長逝・電逝・夭逝・流逝

【悽】11 9504 セイ いたむ かなしむ すさまじい

篆文

形声 声符は妻。〔説文〕十下に「痛むなり」とあり、悲痛哀傷の意。淒は雲の起こる意であるが、通用することがある。
訓義 1いたむ、かなしむ。2うらむ、あわれむ。3淒と通じ、すさまじい。4凄と通じ、さむい。
古訓 〔名義抄〕悽 イタム・ウラム・アハレブ・カナシブ・サムシ
語系 悽・淒・凄 tsyei は同声。みな声義に通ずるところがある。
【悽豔】さびしさを含んだあでやかさ。唐・沈亜之〔李膠秀才を送る詩の序〕余が故友李賀、善く南北朝樂府の故詞を擇ぶ。其の賦する所、尤も怨鬱悽豔の句多し。
【悽其】心かなしむ。其は助詞。南朝宋・謝霊運〔初めて石首城を発す〕詩 聖を欽ふこと日暮の若く 賢を懷うて亦た悽其たり
【悽惶】かなしみ恐れる。唐・羅隠〔所思に投ず〕詩 顚頽して、長安に何の爲す所ぞ 旅魂窮命、自ら相ひ疑ふ ～ 浮生七十、今三十 此れより悽惶、未だ知るべからず
【悽慘】かなしみいたむ。北周・庾信〔詠懐に擬す、二十七首、二十六〕詩 蕭條として、亭障(塞)遠く 悽慘として、風塵多し 關門、白狄(異族の名)に臨み 城影、黃河に入る
【悽切】たまらなくかなしい。晉・潘岳〔永逝を哀しむ文〕悽切にして欷きを増し、俯仰して涙を揮ふ。孤魂を想うて舊宇を眷み、視ること倏忽として、髣髴たるが若し。
【悽然】いたみかなしむ。〔漢書、外戚上、高祖薄姫伝〕漢王、心に悽然として薄姫を憐れみ、是の日召して、之れを幸せんと欲す。～遂に幸せられて身む有り、歲中に文帝を生む。
【悽楚】かなしみいたむ。〔梁書、張纘伝〕客行に在りて思ひ多く、獨り魂を傷めて悽楚す。
【悽愴】かなしみいたむ。〔礼記、祭義〕霜露既に降る。君子之れを履み、必ず悽愴の心有り。其の寒きの謂ひに非ざるなり。～樂しみて以て來るを迎へ、哀しみて以て往くを送る。
【悽断】きわめてかなしい。悽切。唐・陳子昂〔殷大の蜀に入るを送る〕詩 君を送りて、一たび別れを爲す 悽斷す、故郷の情
【悽惘】かなしみで心がうつろになる。〔世説新語、言語〕袁彦伯(宏)、謝安南(奉)の司馬と爲る。都下の諸人、送りて瀨鄉に至る。將に別れんとして、既に自ら悽惘す。歎じて曰く、江山遼落(遥か)、居然として萬里の勢ひ有りと。
【悽惋】かなしみ嘆く。〔唐書、王起伝〕莊恪太子薨ず。詔して哀冊を爲らしむ。詞情悽惋にして、當世之れを稱す。
↑悽婉 悽艶／悽歌 悲歌／悽懷 嘆きおもう／悽欷 すすり泣く／悽洏 悲涼／悽如 いたましいさま／悽傷 いたみかなしむ／悽戚 いたみ憂える／悽絶 悽切／悽惻 いたむ／悽悼 哀悼する／悽憫 いたみ憂える／悽淚 かなしみ泣く／悽戻 悲涼／悽唳 かなしみ鳴く
↓含悽・慘悽・憯悽・惻悽

【旌】11 0821 セイ はた あらわす

篆文

形声 声符は生。〔説文〕七上に「游車の載する旌なり。析羽もて旄首に注ぐ。士卒を精進する所以なり」とあり、〔周礼、春官、司常〕の文による。游車は木車、狩猟に用いる。その旄飾に羽旞をつける。〔国語、周語上〕に「車服旗章を爲りて、以て之れを旌はす」というように、これを授与して表彰するのに用い、旌表の意とする。

訓義 1はた、はたのしるし、はたの羽飾り。2使者のしるし、使節。3あらわす、ほめる、表彰する、あきらかにする。

古訓 〔名義抄〕旌 アラハス・ハタ・タツ 〔字鏡集〕旌 ホドコス・ハタ・アキラカ・シルス・マトマウシ・アラハス
語系 旌 tzieng、彰(彰)・章(章) tjiang は声近く、旌に旌表の意がある。旌はおそらく姓 sieng と関係があり、姓の徽号をつけることを旌といったのであろう。

【旌鉞】はたと鉞。将軍のしるし。〔魏書、景穆十二王中、任城王澄伝〕澄、(司徒穆)亮に謂ひて曰く、公、外に在りて、旌鉞の既に張るを見て、憂色有り。談論を聞く毎に、此の行を願はず。何ぞ～面背同じからず、事、欺佞に渉る～と。

【旌旗】はた。宋・蘇軾〔赤壁の賦〕其の荊州を破り、江陵を下り、流れに順ひて東するに方りては、舳艫千里、旌旗空を蔽ふ。

【旌顕】世にあらわす。〔後漢書、劉般伝〕楊州の刺史觀恂、般を薦む。國に在りては口に擇言(不当な言)無く、行に怨惡無し、宜しく旌顯を蒙るべしと。顯帝之れを嘉す。

【旌節】使者がもつはた。〔周礼、秋官、小行人〕道路には旌節を用ひ、門關には符節を用ひ、都鄙には管節を用ふ。皆竹を以て之れを爲る。

【旌善】善行を表彰する。〔左伝、僖二十四年〕(介之推)遂に隱れて死せり。晉侯之れを求むるも獲ず。緜上を以て之れが田と爲して曰く、以て吾が過ちを志し、且つ善人を旌はさんと。

【旌帛】賢士を招くはたと、きぬの贈りもの。〔後漢書、逸民伝序〕光武は幽人に側席し、之れを求むること及ばざるが若くす。旌帛・蒲車の徵賁する(求め飾る)所、巖中に相ひ望めり。

【旌表】善行を表彰する。〔晉書、鄭袤伝〕濟陰の太守に轉ず。車を下りて孝悌を旌表し、賢能を敬禮し、庠序(学校)を興立し、後進を開誘す。

【旌命】表彰し、招く。〔晉書、山濤伝〕濤、隱屈を甄拔し、賢才を搜訪し、旌命すること三十餘人。皆名を當時に顯はす。～風俗頗る革む。

【旌門】善行の人を表彰する。〔南史、孝義下、甄恬伝〕數歲にして父を喪ひ、哀感、成人の若き有り。～州將始興王

儈、其の行狀を表し、詔して門閭に旌表し、加ふるに爵位を以てす。

↑旌異 旌表する／旌引 旌召する／旌羽 羽飾の旗／旌延 旌引／旌嘉 表彰する／旌蓋 旗と衣笠／旌旂 はた／旌麾 将軍の旗／旌挙 旌引／旌掲 公示／旌棨 はた／旌戟 旗と戈／旌軒 車旗／旌賢 賢人を表彰する／旌功 功績を旌表する／旌幟 はた／旌車 招賢／旌叙 旌表する／旌招 旗で招く／旌奨 旌門／旌賞 表彰／旌旃 はた／旌擢 旌引する／旌纛 大きな旗／旌徳 有徳を表彰する／旌旆 はた／旌幡 旗幟／旌繁 車馬の飾り／旌幣 礼物／旌蒲 招賢／旌銘 葬送の旗／旌庸 旌功／旌旒 旗と吹き流し／旌閭 旌門／旌労 褒賞する

↓羽旌・華旌・獲旌・干旌・竿旌・旗旌・麾旌・弓旌・挙旌・県旌・載旌・使旌・賜旌・車旌・樹旌・戎旌・旞旌・析旌・双旌・纛旌・旆旌・鳳旌・門旌・蘭旌・立旌・旒旌

【淒】

11 3514

セイ すさまじい さびしい

篆文

形声 声符は妻。〔説文〕十一上に「雨雲起るなり」とあり、風雨のものさびしいさまをいう。悽・凄と声義が近い。

訓義 ①雨雲の起こるさま、すさまじくものさびしいさま、勢いのはげしいさま。②凄と通じ、さむい、つめたい、ひきしまるさま。③悽と通じ、心すさまじいさま。

古訓 〔篇立〕淒 タナビク・キヨシ・スム・シヅカ・サムシ

声系 淒・悽・凄 tsyei は同声。声義近く、淒・凄のさまを心に移して悽という。

*語彙は凄・悽字条参照。

【淒其】 さびしい。其は助詞。宋・汪元量〔満江紅、呉江の秋夜〕詞 一箇の蘭舟 雙桂槳(桂のさお) 流れに順つて東に去る 但だ満目 銀光萬頃 淒其たる風露

【淒切】 悽切。〔周書、王褒伝〕褒、曾て燕歌行を作り、關塞寒苦の狀を妙盡す。元帝及び諸文士、竝びに之れに和し、競ひて淒切の詞を爲る。

【淒絶】 たまらなくかなしい。悽絶。宋・秦観〔長相思〕詞 念ひは秦絃に淒絶に 威は荊賦に深し 相ひ望んで、幾許ぞ愁ひを凝らす

【淒然】 ものさびしい。〔荘子、大宗師〕淒然として秋に似たり。煖然として春に似たり。喜怒は四時に通じ、物と宜しき有り。

【淒風】 寒風。〔左伝、昭四年〕夫れ冰は～其の之れを藏すること周(密)、其の之れを用ふること偏くんば、則ち冬に窈陽(過温)無く、夏に伏陰無く、春に淒風無く、秋に苦雨無し。

【淒涼】 うらさびしい。唐・司空曙〔江陵の臨沙駅楼に題す〕詩 淒涼、多く獨り醉ひ 零落(うらぶれる)、半ば同遊なり

【淒厲】 風が吹きすさぶ。さびしいさま。晉・陶潜〔貧士を詠ず、七首、二〕詩 淒厲として、歳云に暮る 褐を擁して、前軒に曝らす

↑淒哀 ものがなしい／淒異 さびしく不気味／淒雨 冷雨／淒怨 さびしく怨めしい／淒婉 哀婉／淒艶 ものがなしく美しい／淒寒 寒冷／淒緊 身がひきしまる／淒激 強烈／淒酸 悲惨／淒日 秋冷の日／淒辰 さびしい秋の日／淒淒 風雨がすさまじい／淒楚 ものさびしくかなしい／淒愴 さびしくいたましい／淒嘆 わび嘆く／淒断 淒絶／淒悵 悲痛／淒寥 かなしくさびしい／淒凜 寒気がきびしい／淒涙 悲泣／淒朗 爽朗／淒惋 かなしみなげく

↓霜淒・晩淒・風淒・露淒

常【清】

11 3512 〔淸〕 11 3512

セイ シン すむ きよい きよらか きよめる

篆文

形声 声符は靑(青)。〔説文〕十一上に「朖らかなり」とあり、清朗の意とし、また「澂すみたる水の皃なり」と清澄の意とする。澂は澂澈、澄みきった水をいう。

訓義 ①すむ、すみとおる、水がすむ。②きよい、きよらか、きよめる。③あきらか、あざやか。④おさまる、やわらぐ、しずか。⑤のみもの。⑥圊と通じ、かわや。

古訓 〔和名抄〕淸旨 阿岐之比(あきしひ) 〔名義抄〕淸 キヨシ・スメリ・シヅカナリ・ハラフ・イサギヨシ・ヲサム・ス、ム・サムシ・カハヤ

語系 清・凊 tsieng は同声。凊は寒い意。晴(晴)・浄(淨)・瀞・彭 dzieng は声義近く、みな清と通ずる訓義がある。

【清逸】 清新ですぐれる。唐・芮挺章〔国秀集の序〕風雅の後、數千載の閒、詞人才子、禮樂大いに壞る。～務めて聲折を以て宏壯と爲し、勢奔を清逸と爲す。～長太息を爲すべきなり。

【清韻】 さわやかな音。唐・白居易〔官舎小亭の閑望〕詩 風竹清韻を散じ 煙槐綠姿を凝らす

【清雲】 すがすがしい雲。魏・阮籍〔詠懷、八十二首、七〕詩 炎暑惟れ茲の夏 三旬將に移らんと欲す 芳樹綠葉を垂れ 清雲自ら透迤たり

【清越】 澄んで調子が高い。〔礼記、聘義〕夫れ昔者、君子は德を玉に比す。溫潤にして澤あるは仁なり。縝密にして以て栗なる(堅き)は知なり。～之れを叩けば其の聲清越にして以て長く、其の終り詘然たるは樂なり。

【清怨】 もののあわれ。唐・銭起〔帰雁〕詩 瀟湘より何事ぞ、等閒に回る 水は碧に、沙は明らかなり、兩岸の苔 二十五絃、夜月に彈ずれば 清怨に勝へずして、卻つて飛び來るならん

【清婉】 清らかで美しい。〔世説新語、賞誉〕許掾(詢)嘗て簡文(帝)に詣る。爾の夜、風恬しく、月朗らかなり。乃ち共に曲室中の語を作す。襟情の詠は、偏に是れ許の長ずる所なるも、辭寄の清婉なること、平日に逾ぐる有り。

【清遠】 高尚ですぐれる。〔詩品、中、晉の中散嵇康〕託諭清遠にして、良に鑒裁有り。亦た未だ高流たるを失はず。

【清音】 澄んだ音色。晉・左思〔招隠詩、二首、一〕石泉、瓊瑤(玉のように美しいしぶき)を漱ぎ 纖鱗(小魚)、亦た浮沈す 必ずしも絲と竹(管絃の楽器)とのみに非ず 山水に清音有り

【清歌】 清らかに歌う。唐・宋之問〔思ふ所有り〕詩 公子王孫、芳樹の下 清歌妙舞す、落花の前

【清華】 高尚で優美なこと。また、華族。〔南史、到撝伝〕車駕丹陽郡に幸し、宴飮す。撝、舊を恃み、酒後同列を狎侮す。～王晏既に貴く、雅步從容す。又問ひて曰く、王散騎復た何の故に爾かると。晏、先に國常侍爲り。員外散騎郎に轉ず。此の二職は清華の爲さざる所、故に此れを以て之れを嘲る。

【清介】 清らかで世と交わらない。〔人物志、体別〕清介廉潔、節は儉固に在り、失は拘扃に在り。

【清閑】 すがすがしくもの静か。唐・白居易〔潯陽楼に題す〕詩 常に愛す、陶彭澤(潜) 文思、何ぞ高玄なる 又怪しむ、韋江州(応物) 詩情、亦た清閑なり

【清鑒】 すぐれた鑒識の力。〔世説新語、賞誉〕殷中軍(浩)、右軍(王羲之)を道ふ、清鑒貴要なりと。

【清暉】せいき 清らかな光。魏・阮籍〔詠懐、八十二首、十四〕詩 微風羅袂を吹き 明月清暉を耀かす

【清議】せいぎ 清高の論。晉・傅玄〔清遠を挙ぐる疏〕近者魏武、法術を好んで、天下刑名を貴び、魏文、通遠を慕うて、天下守節を賤しむ。其の後綱維攝らず。虛無放誕の論、朝野に盈ち、天下をして復た清議無からしむ。而して亡秦の病、復た今に發す。

【清虚】せいきょ 清らかで淡白。〔漢書、叙伝上〕（班彪の従兄）嗣、～老嚴（荘）の術を貴ぶ。桓生（譚）其の書を借らんと欲す。嗣報じて曰く、夫の嚴子の若き者は、絶聖棄智、修生保眞、清虛澹泊、之れを自然に歸す。～聖人の罔に絓からず～と。

【清狂】せいきょう（きやう） 放逸で反俗的な生きかた。宋・范仲淹〔中元の夜、百花洲にて作る〕詩 南陽の太守、清狂發し 未だ中秋に至らざるに、先づ月を賞す

【清苦】せいく 廉潔で貧しい。〔後漢書、儒林下、包咸伝〕顯宗、咸の師傅の恩有るに、素より清苦なるを以て、常に特に～賞賜す。～咸、皆諸生の貧しき者に散與す。病篤し。帝親しく輦駕臨視す。

【清臞】せいく 清痩。宋・陸游〔張参政の修史を賀する啓〕位、台鼎（大臣）に居りて、山澤清臞の容有り。禮、搢紳に絕ちて、王公驕泰の意無し。

【清勁】せいけい 清らかで強健。〔唐書、虞世南伝〕兄世基と同に學を呉の顧野王に受く。～世基は辭章清勁なること世南に過ぐるも、贍博は及ばず。

【清迥】せいけい 清くはるか。唐・張九齢〔秋夕望月〕詩 清迥、江城の月 流光、萬里同じ 所思、夢裏の如し 相ひ望んで、庭中に在り

【清絜】せいけつ 清潔。潔白。〔漢書、尹翁帰伝〕翁歸、政を爲して刑に任ずと雖も、其の公卿の閒に在りて清絜自ら守り、語、私に及ばず、～行を以て人に驕ること能はず。甚だ名譽を朝廷に得たり。

【清言】せいげん 清談。〔世説新語、文学〕謝鎭西（尚）少き時、殷浩の能く清言するを聞き、故に往きて之れに造る。～神を注ぎ意を傾け、覺えずに流汗面に交はる。

【清厳】せいげん 清廉で厳正。〔冷斎夜話、韓欧范蘇、嗜詩〕范文正公（仲淹）、清嚴にして兵を論ずることを喜ぶ。嘗て好んで韋蘇州（応物）の詩、兵衞畫戟森たり 燕寢、清香を凝らすを誦す。

【清曠】せいこう（くわう） 広くてさわやか。〔宋史、文苑四、蘇舜欽伝〕（舜欽の、友人韓維に報ずる書）終日、應接奔走の勞無し。耳目清曠にして、機關を設けずして以て人を待ち、心安閒にして體舒放なり。

【清秀】せいしゅう（しう） 眉目秀麗。〔魏書、景穆十二王上、済陰王小新成伝〕子の顯和、少くして節操有り。～司徒崔光、之れを見る每に曰く、元參軍は風流清秀、容止閑雅、乃ち宰相の器なりと。

【清淑】せいしゅく 清らかでもの静か。宋・蘇軾〔定恵院の東に寓居す。～海棠一株有り～〕詩 雨中に涙有り、亦た悽愴 月下に人無くして、更に清淑

【清商】せいしょう（しやう） 五音の商の音。清澄の音。〔韓非子、十過〕（平）公曰く、清商は固に最も悲しきかと。師曠曰く、清徵に如かずと。

【清真】せいしん 純真素朴。〔世説新語、賞誉〕山公（濤）阮咸を擧げて吏部郎と爲さんとし、目けて曰く、清眞寡欲にして、萬物も移すこと能はずと。

【清晨】せいしん すがすがしい朝。唐・常建〔破山寺後禅院に題す〕詩 清晨、古寺に入る 初日、高林を照らす 竹逕、幽處に通じ 禪房、花木深し

【清新】せいしん すがすがしく新しい。唐・杜甫〔春日、李白を憶ふ〕詩 白や、詩、敵無し 飄然、思ひ群ならず 清新は庾開府（信） 俊逸は鮑參軍（照）

【清邃】せいすい 清らかで奥深い。〔元史、趙孟頫伝〕孟頫、～詩文清邃奇逸、之れを讀めば、人をして飄飄として塵を出づるの想ひ有らしむ。篆籀分隸、眞行草書も、古今に冠絕せざる無し。

【清節】せいせつ 清い操。〔漢書、王貢両龔鮑伝賛〕春秋列國卿大夫より、漢興りて將相名臣に至るに及ぶまで、懷祿耽寵、以て其の世を失ふ者多し。是の故に清節の士、是に於て貴しと爲す。

【清絶】せいぜつ このうえなく清らか。晉・陸雲〔兄平原に与ふる書、三十五首、十三〕昔、楚辭を讀み、意に大だしくは之れを愛せず。頃日之れを視るに、實に自ら清絕滔滔たり。

【清浅】せいせん 水が清く浅い。宋・林逋〔山園小梅、二首、一〕詩 衆芳搖落して、獨り暄姸 風情を占め盡して、小園に向ふ 疏影横斜して、水清淺 暗香浮動して、月黃昏

【清楚】せいそ すっきりとして美しい。〔鑑誡録、四、蜀門諷〕蔣貽恭は～媚世の諂無く、詠人の才有り。全蜀の士流、畏憚せざる莫し。初めて見るときは則ち言詞清楚、是非を稱せず。後來則ち脣吻張皇し、便ち醜美を分つ。時相に干忤し、数流讁に遭ふ。亦た一慷慨の士なり。

【清旦】せいたん 早朝。清晨。南朝宋・謝霊運〔石室山詩〕清旦、幽異を索め 放舟、坰郊を越ゆ

【清澹】せいたん 淡白で無欲。〔神仙伝、五、薊子訓〕三百餘年、顏色老いず、人之れを怪しむ。～性、清澹を好み、常に閒居して易を讀む。

【清談】せいだん 魏・晉のころ行われた老荘的な談論の風。〔晉書、隠逸、魯褒伝〕（銭神論）京邑の衣冠、講肆に疲勞し、清談を聞くに厭き、之れに對ひて睡寐す。我が家兄を見て、驚視せざる莫し。

【清徹】せいてつ 透きとおるように清らか。〔夢渓筆談、薬議〕嶺南の深山中に大竹有り。水有り、甚だ清徹なり。溪澗中、水皆毒有り。唯だ此の水のみ毒無し。土人、陸行に多く之れを飲む。深冬に至れば、則ち凝結して玉の如し。乃ち天竹黃（薬名）なり。

【清白】せいはく 清く潔いこと。〔楚辞、離騒〕清白に伏して以て直きに死せん 固に前聖の厚しとする所

【清抜】せいばつ 俗気がなくすぐれる。〔詩品、中、晉の太尉劉琨・晉の中郎盧諶〕其の源は王粲に出づ。善く悽戾の詞を爲り、自ら清拔の氣有り。

【清標】せいひょう（へう） すぐれた風采。〔南斉書、孝義、杜栖伝〕賢子の學業清標は、後來の秀なり。

【清貧】せいひん 清廉で貧しい。晉・陶潜〔貧士を詠ず、七首、七〕詩 昔在黃子廉あり 冠を彈いて（出仕して）名州に佐たり 一朝、吏を辭して歸る 清貧略ぼ儔し難し

【清風】せいふう 清らかな風。人物やその作品にも移していう。〔詩、大雅、烝民〕（尹）吉甫、誦を作る 穆として清風の如し 仲山甫、永く懷ふ 以て其の心を慰む

【清穆】せいぼく 清らかでおだやか。晉・陶潜〔農を勧む〕詩 熙熙たる令音 猗猗たる（美しい）原陸（田野） 卉木繁榮し 和風清穆たり

【清明】せいめい 清く明らか。また、清明節。〔東京夢華録、七、清明節〕寒食第三節は、即ち清明の日なり。凡そ新墳は、皆此の日を用て拜掃す。都城の人、郊に出づ。～四野市の如く、往往芳樹の下、或いは園囿の閒に就き、杯盤を羅列し、互ひに相ひ勸酬す。都城の歌兒舞女、遍く園亭に滿つ。

【清夜】せいや さわやかな夜。晉・陶潜〔擬古、九首、七〕詩 日暮れて、天に雲無く 春風、微和を扇ぐ 佳人、清夜を美し 曙に達するまで酣ひ且つ歌ふ

【清誉】せいよ 高潔の名。〔世説新語、黜免〕諸葛宏、西朝に在

りて、少くして清譽有り。王夷甫(衍)の重んずる所と爲る。～後、繼母の族黨の讒する所と爲り、之れを誣ふして狂逆と爲し、將に遠く徙さんとす。～宏曰く、逆は則ち應に殺すべし。狂は何の徙す所ぞと。

【清流】清らかな流れ。また、清廉名節の一派。宋・欧陽脩〔朋党論〕唐の晩年、漸く朋黨の論起る。昭宗の時に及んで、盡く朝の名士を殺し、或いは之れを黃河に投じて曰く、此の輩清流、濁流に投ずべしと。而して唐遂に亡びたり。

【清亮】さわやかで明るい。〔後漢書、袁忠伝〕初平中、沛の相と爲り、葦車に乘じて官に到る。清亮を以て稱せらる。天下大いに亂るるに及び、～忠等、海に浮んで南のかた交阯に投ず。

【清冷】清くすき透る。晋・張協〔七命〕天は清冷(泠)にして霞無く、野は曠朗にして塵無し、重岫に臨んで轡を攬り、石室を顧みて輪を迴らす。

【清麗】清らかでうるわしい。晋・陸機〔文の賦〕或いは藻思(文の構想)綺合して、清麗千眠(光りかがやく)、炳として縟繡の若く、悽として繁絃の若し。

【清廉】正しくて廉潔。〔漢書、王吉伝〕吉より(孫)崇に至るまで、世々清廉に名あり。～餘財を畜積せず。位を去りて家居し、亦た布衣疏食す。

【清漣】清らかなさざ波。南朝宋・謝霊運〔始寧の墅に過る〕詩 白雲、幽石を抱き 綠篠、清漣に媚ぶ

【清話】世ばなれた話。唐・李中〔吉水春暮、蔡文慶処士を訪ひて留題す〕詩 君が清話を戀ふるも、留處し難し 歸路迢迢として、又夕陽

↑清安 安らか／清晏 清安／清夷 太平／清位 高貴な位／清渭 渭水／清意 正しい心／清漪 清漣／清陰 すずしい陰／清宇 清い家／清雨 よい雨／清影 月光／清醳 清酒／清樾 清陰／清宴 雅宴／清筵 清宴／清讌 清宴／清豔 清く美しい／清謳 清歌／清夏 快い夏／清嘉 めでたい／清雅 上品／清愨 すなお／清間 清閑／清漢 天の川／清澗 清渓／清簡 手軽／清玩 清賞の品／清顔 清く確か／清輝 清光／清機 清浄な心／清客 招待客／清穹 青空／清渠 清川／清矯 高尚／清鏡 ます鏡／清響 さえた音／清暁 清旦／清旭 日の出／清琴 琴の音／清禁 宮殿／清襟 清らかな心／清契 清交／清溪 清い谷川／清景 佳景／清磬 磬声／清谿 清渓／清馨 良い香り／清血 青血／清月 澄月／清倹 つづましやか／清健 達者／清賢 清く賢い／清顕 高位／清玄 奥深い／清絃 清琴／清減 清痩／清愿 清愨／清酤 清酒／清悟 清く敏い／清公 公平／清巧 脱俗／清光 清顔／清候 お迎え／清刻 厳刻／清骨 風骨／清溷 かわや／清魂 清い心／清査 徹底調査／清斎 物忌み／清灑 清め／清冊 台帳／清察 見わける／清散 さらり／清算 決済／清士 清節の士／清祀 臘祭／清駛 清流／清耳 清聴／清時 太平の世／清瑟 瑟の音／清実 まめやか／清酌 清酒／清寂 静寂／清酒 よい酒／清衆 僧／清粛 静粛／清熟 熟睡する／清峻 清厳／清雋 清秀／清純 純粋／清淳 清醇／清醇 醇酒／清醑 清酒／清除 清めはらう／清尚 高尚／清宵 清夜／清唱 清歌／清証 無罪の証／清嘯 高い声でうそぶく／清賞 賞玩する／清浄 清め／清心 正しい心／清神 清心／清慎 慎み深い／清審 精審／清粋 純粋／清正 正しい／清声 澄んだ声／清静 安静／清霽 はれる／清脆 清切／清切 厳しい／清川 清い川／清泉 清い泉／清選 高貴／清饌 ご馳走／清輭 清く柔らか／清素 清楚／清壮 清く盛ん／清荘 清厳／清掃 掃除／清漱 口をすすぐ／清操 清節／清霜 白霜／清藻 清麗の文／清樽 酒樽／清退 退隠／清泰 清寧／清台 天文台／清第 貴顕の家／清鐸 風鈴／清濁 清と濁／清脱 清秀／清単 明細書／清淡 あっさり／清湍 早瀬／清湛 清く深い／清譚 清談／清弾 琴瑟／清治 太平／清致 風流／清痴 潔癖症／清徴 清澄の音／清秩 貴族／清茶 緑茶／清沖 和らぐ／清冑 御曹子／清昼 晴れた昼／清衷 清心／清酎 清酒／清重 清厳／清朝 早朝／清澄 澄む／清調 楽曲の一／清澂 清澄／清直 清正／清追 取り立て／清通 人がらがよく、道理にあかるい／清定 よく治まる／清貞 清直／清泥 清い泥／清剔 とりきる／清適 快い／清滌 玄酒／清徹 透きとおる／清天 快晴／清典 上品／清恬 和やか／清奠 お供え／清簟 竹の敷物／清囀 鳥の声／清都 天宮／清蕩 清平／清道 行列の前駆／清寧 清平／清波 清い波／清班 清貴の官／清秘 清安／清弭 平定する／清美 清く美しい／清微 清く微か／清靡 清美／清閟 奥深い／清謐 清らかでものしずか／清蹕 行列の先駆／清飈 清風／清敏 清く敏い／清福 御恵み／清馥 清香／清氛 清らかさ／清芬 清香／清雰 清氛／清平 平静／清盼 好遇する／清弁 明弁／清眸 目もとが清らか／清梵 読経の声／清邁 清くすぐれる／清妙 清秀／清名 清誉／清茂 立派／清門 名門／清問 お尋ね／清約 清簡／清籥 清笛／清予 楽しみ／清容 清姿／清揚 眉目が美しい／清陽 眉目の間／清瀬 清湍／清籟 清らかな音／清覧 御覧／清鑾 鈴の音／清吏 廉吏／清理 治める／清釐 清理する／清慮 御考慮／清涼 涼しい／清羸 清癯／清唳 高くすんだ鶴の声／清厲 清くはげしい／清醴 甘酒／清列 高官／清露 白露／清弄 楽器をかき鳴らす／清和 治世

↓晏清・寅清・飲清・河清・華清・懐清・乂清・郭清・閑清・鏡清・凝清・潔清・顕清・骨清・至清・酒清・秋清・淑清・粛清・神清・邃清・掃清・霜清・太清・忠清・澄清・直清・冰清・風清・穆清・明清・余清・揚清・涼清・廉清

常 【盛】 11 5310 〔盛〕 12 5310 セイ ジョウ(ジャウ) もる さかん

篆文

甲骨文

金文

形声 声符は成(成)。〔説文〕五上に「黍稷、器中に在り。以て祀る者なり」とあり、黍稷を盛る意とする。金文の〔史免簠〕の銘文に「用って稻粱を盛る」とあり、その供薦するところを粢盛という。〔左伝、哀十三年〕に「旨酒一盛」とあって、酒にもいう。簠には大型の器もあり、多く供えて祀るので、盛多・豊盛の意となる。また尊称として盛意・盛旨など、相手の行為につけていう。

訓義 1もりもの、もる、黍稷を盛る。2黍稷をもる器、その粢盛、わん、はち。3もりあげる、かざる、なす。4さかん、おおきい、つよい、しげる、みちる。

古訓 〔名義抄〕盛 サカリニ・サカンナリ・モル・サカユ・ツヽム・モリモノ／合盛 アハセモル

語系 盛・成・誠(誠) zjieng は同声。成は戈に呪飾をつけ、ことの成就を示す形。誠は成約。盛も成の声義を承ける字と思

われる。〔周礼、地官、掌蜃〕に「白盛の蜃を共(供)す」とあり、白成の意。しあげて飾ることをいう。

【盛彊】 勢いが強い。〔唐書、回鶻上、回紇伝〕禮部尙書李絳奏言す。回鶻(ウイグル)盛彊にして、北邊空虛なり。一たび風塵を爲せば、則ち弱卒は抗敵の夫に非ず、孤城は守られざるの地と爲らん。

【盛業】 大事業。梁・劉峻〔弁命論〕商臣(楚の穆王)の惡(父を弑殺)も、盛業は後嗣に光やき、仲由(孔門の子路)の善も、其の結纓(衛の乱に、冠の纓を結んで死す)を息むること能はず。

【盛才】 宏才。〔晋書、王衍伝〕衍、既に盛才美貌有り、明悟神の若し。常に自ら子貢に比す。兼ねて聲名藉甚、當世を傾動す。玄言に妙善にして、唯だ老莊を談ずるを事と爲す。

【盛事】 立派な事業。魏・文帝〔典論、論文〕蓋し文章は經國の大業、不朽の盛事。年壽は時有りて盡き、榮樂は其の身に止まる。二者必死の常期あり。未だ文章の無窮なるに若かざるなり。

【盛色】 美しい顔色。唐・李白〔去婦詞〕詩 幽閨、怨思多く 盛色、十年も無し

【盛飾】 服装を飾る。漢・鄒陽〔獄中より上書して自ら明らかにす〕臣聞く、盛飾して入朝する者は、私を以て義を汚さず。名號を砥厲する者は、利を以て行ひを傷らずと。

【盛衰】 栄枯。〔文選、古詩十九首、十一〕遇ふ所故物無し 焉んぞ速やかに老いざるを得ん 盛衰各〻時有り 身を立つること早からざるに苦しむ

【盛壮】 若くて元気。〔戦国策、燕三〕田光曰く、臣聞く、騏驥は盛壯の時、一日にして千里を馳するも、其の衰ふるに至りては、駑馬も之れに先だつと。

【盛藻】 立派な文章。〔宋書、謝霊運伝論〕建安(後漢末の年号)に至りて、曹氏命を基め、三祖(武帝・文帝・明帝)・陳王(曹植)、咸な盛藻を蓄ふ。甫めて乃ち情を以て文に緯らし、文を以て質に被らしむ。

【盛怒】 激怒する。〔国語、魯語上〕寡君不佞、疆場(国境)の司に事ふること能はず、君をして盛怒し、以て弊邑の野に暴露(宿営)せしむ。

【盛徳】 立派な徳。〔史記、老荘申韓伝〕良賈は深く藏して虛しきが若く、君子は盛德あるも、容貌愚なるが若しと。子の驕氣と多欲と態色と淫志とを去れ。是れ皆子の身に益無し。

【盛年】 壮年の時。晋・陶潜〔雑詩、十二首、一〕盛年、重ねて來らず 一日再び晨なり難し 時に及んで當に勉勵すべし 歳月は人を待たず

【盛名】 名声。〔後漢書、黄瓊伝〕嶢嶢たる(高き)者は缺け易く、皦皦たる(白き)者は汚れ易し。陽春の曲(陽春白雪、名曲)は和する者必ず寡なく、盛名の下、其の實副ひ難し。

【盛門】 豪族。〔晋書、夏侯湛伝〕湛の族、盛門爲り。性頗る豪侈、侯服玉食し、滋(味)を窮め珍を極む。將に沒せんとするに及び、遺命して、小棺薄斂、封樹を修めざらしむ。論者謂ふ、~是れ深く存亡の理に達せりと。

【盛容】 容姿を飾る。〔墨子、非儒下〕孔某(丘)、盛容脩飾して以て世を蠱し、弦歌鼓舞して以て徒を聚め、登降の禮を繁くして以て儀を示し、趨翔の節を務めて以て衆に觀めす。

【盛麗】 みごとに美しい。宋・陸游〔海棠〕詩 誰か道ふ、名花獨り故宮(蜀の燕王の宮)のみと 東城の盛麗、雄を争ふに足る

【盛烈】 功烈。功業。宋・欧陽脩〔相州昼錦堂記〕其の豐功盛烈、彝鼎に銘して弦歌に被らしむる所以の者は、乃ち邦家の光にして、閭里の榮のみに非ざるなり。

↑盛位 高位/盛意 思し召し/盛溢 立派で溢れる/盛陰 陰気が盛ん/盛運 昌運/盛雲 多い雲/盛栄 繁盛/盛宴 盛んな宴/盛筵 盛宴/盛夏 ま夏/盛介 御使者/盛会 盛んな会/盛楽 盛んな楽/盛観 みもの/盛顔 立派な顔/盛気 盛んな気/盛軌 手本/盛貴 高貴/盛誼 厚誼/盛儀 盛んな盛典/盛挙 立派な行為/盛虚 盈虚/盛君 英主/盛勲 盛業/盛坐 盛宴/盛作 大作/盛旨 盛意/盛指 盛旨/盛歯 盛年/盛熾 盛ん/盛事 盛大な事/盛時 盛世/盛主 盛君/盛酒 酌酒/盛秋 秋も中/盛春 春も中/盛暑 ま夏/盛称 ほめる/盛心 好意/盛世 太平の世/盛勢 勢いが強い/盛戚 盛族/盛設 馳走/盛節 高義/盛饌 盛設/盛粧 お化粧/盛装 着飾る/盛族 盛門/盛多 多い/盛大 盛んで立派/盛治 盛世/盛寵 ご寵愛/盛典 盛儀/盛冬 ま冬/盛美 立派で美しい/盛服 正装/盛編 御著作/盛満 みちる/盛明 昌盛の世/盛茂 茂る/盛誉 盛名/盛隆 隆盛/盛流 家がら/盛礼 立派な礼/盛殮 納棺する

↓陰盛・殷盛・栄盛・旺盛・華盛・顔盛・貴盛・強盛・彊盛・権盛・顕盛・豪盛・最盛・斉盛・熾盛・衆盛・昌盛・衰盛・崇盛・声盛・勢盛・全盛・壮盛・荘盛・尊盛・太盛・典盛・徳盛・繁盛・富盛・豊盛・満盛・明盛・茂盛・猛盛・門盛・雄盛・容盛・陽盛・力盛・隆盛・礼盛

【⿰祟又】 12 2794 セイ スイ うらなう

篆文

会意 祟+又(又)。祟は呪霊をもつ獣の形。これを用いて呪詛を加え、あるいは防禦する呪儀を殺・弑という。〔説文〕三下に「楚の人、吉凶を卜問することを謂ひて⿰祟又と曰ふ」とあり、贅の音でよむ。〔儀礼、士冠礼、注〕に「筮は吉凶を問ふ所以なり」とあって、筮と声義の近い字であろう。

訓義 ①うらなう、吉凶をうらなう。

古訓 〔字鏡集〕⿰祟又 ウラナフ

語系 ⿰祟又 **tjiuat**、筮 **zjiat** は声義近く、うらなう意。呪霊をもつ獣を以てするを⿰祟又といい、筮竹を以てするを筮という。

常 【婿】 12 4742 〔壻〕 12 4712 セイ むこ わかもの

篆文

形声 声符は胥。〔説文〕一上に壻を正字とし、「夫なり」と訓し、重文として婿を録する。〔方言、三〕に、東斉では壻を倩の音でよむという。倩に美士の意がある。俗に聟の字に作るが、造字の由来を知りがたい。

訓義 ①むこ、女の夫、女から夫をいう。②わかもの。③とも、同門の友。

古訓 〔名義抄〕壻 ムコ 〔字鏡集〕婿・壻 ムコ・トツグ/聟 ムコ

語系 壻(婿・聟)**sye**、胥・諝 **sia** は声近く、胥・諝とは人の才智有るものをいう。倩 **tsieng** も士の美称。みな同系の語である。

↑婿甥 むこ

↓愛婿・花婿・姉婿・女婿・贅婿・夫婿・僚婿・令婿

人 【惺】 12 9601 セイ ショウ(シャウ) さとる

形声 声符は星。酒の醒めることを醒といい、心の悟ることを惺という。

訓義 ①さとる。②さとし。③しずか。④醒と通用し、さめる。

古訓 〔名義抄〕惺 俗の醒字、ヨロコブ 〔字鏡集〕惺 サトル・ヨロコブ

【惺悟】さとる。〔抱朴子、極言〕安期(生)に問ふに長生の事を以てするに至り、安期之れに答ふること允當なり。始皇惺悟し、世閒の必ず仙道有るを信ず。既に厚く惠遺し、又甘心して不死の事を學ばんと欲す。

【惺惺】心の明らかなこと。また、眼がさめる。宋・陸游〔寐ねず〕詩 困睫(まぶし)日中、常に閉ぢんと欲す 夜闌けて枕上、却つて惺惺

↑惺忪 気づく/惺鬆 ぼんやり/惺然 さめる/惺惚 明らか

【掣】 12 2250 セイ ひく おさえる

形声 声符は制。〔爾雅、釈訓〕に「甹夆は掣曳なり」とあって、人を制して従わせることをいう。また他に干渉して、その自由を妨げ制することを掣肘という。

訓義 1ひく、ひかえる。2おさえる、ひきとめる、なびく。3ぬく、のばす、ぬきとる。

古訓 〔名義抄〕掣 ヒク・サク・ツミサク・ヒキ(サ)ク・ヒカフ〔字鏡集〕掣 ウツ・トル・サク・ヒク・モツ・ツカス・ツクロフ・ニギル・ムラガル・ケヅル・ナガシ・ヒサク・ヒカフ

語系 掣thjiat、制・製tjiatは声義近く、制・製は裁制。木には制、衣には製という。人を牽制するような行為には掣という。

【掣肘】人の肘をおさえて、その行為を妨げる。〔呂覧、具備〕宓子賤、吏二人をして書せしむ。吏方に將に書せんとす。宓子賤、旁らより時に其の肘を掣搖す。吏之れを書すること善からず。~吏甚だ之れを患ひ、辭して歸らんと請ふ。~魯君太息して歎じて曰く、宓子此れを以て寡人の不肖を諫むるなりと。

【掣電】電光。唐・杜甫〔高都護の驄馬行〕詩 五花散じて作す、雲滿身 萬里方に看る、汗、血を流すを 長安の壯兒、敢て騎らず 走過掣電、城を傾けて知る

【掣頓】おしとどめる。〔史記、滑稽伝、褚少孫論〕公卿大臣、皆乳母(武帝の乳母)を敬重す。乳母の家の子孫奴從の者、長安中に横暴し、道に當りて人の車馬を掣頓し、人の衣服を奪ふ。

↑掣曳 妨げる/掣閱 調べる/掣回 取り返す/掣獲 取得する/掣御 制御する/掣牽 ひきおさえる/掣手 掣肘する/掣取 抽き取る/掣袖 掣肘する/掣縦 勝手にする/掣簽 くじ引き/掣顫 ふるえる/掣籤 くじ引き/掣断 ひき切る/掣臂 掣肘する/掣筆 掣肘する

↓鉗掣・揮掣・携掣・牽掣・鉤掣・手掣・電掣・輓掣・飛掣

常 【晴】 12 6502 〖晴〗 12 6502 〔姓〕 8 2521 セイ はれる うららか

篆文 

形声 声符は青(青)。〔説文〕七上に姓を正字とするが、姓は「雨ふりて夜除はれ、星見はるるなり」とあり、昼には晴という。青に青天の意がある。

訓義 1はれる、はれ、雨がやむ。2はれやか、うららか。

古訓 〔名義抄〕晴 ハル・ハレ・ハレタリ〔篇立〕晴 ハレタリ・ソラハル

語系 晴・姓・精(精)dziengは同声。また星syeng、晶tziengもみな声近く、玉のようにすんでかがやくことをいう。

【晴雲】晴天。〔宋史、文苑五、文同伝〕操韻高潔、自ら笑笑先生と號す。詩・文・篆・隷・行・草・飛白を善くす。文彥博、成都に守と爲り之れを奇とし、書を同に致して曰く、與可(文同の字)、襟韻灑落、晴雲秋月の、塵埃到らざるが如しと。司馬光・蘇軾、尤も之れを敬重す。

【晴霞】晴天のけぶり。隋・煬帝〔早に淮を渡る〕詩 淮甸未だ色を分たず 泱漭として晨暉を共にす 晴霞、孤嶼を轉じ 錦帆、長圻(長くつづく岸)を出づ

【晴気】晴天。唐・温庭筠〔敬んで李先生に答ふ〕詩 綠は昏し、晴氣春風の岸 紅は漾ふ、輕綸、野水の天

【晴光】明るい日光。唐・杜審言〔晋陵陸丞の早春遊望に和す〕詩 淑氣、黃鳥を催し 晴光、綠蘋に轉ず

【晴色】晴れたけしき。唐・蘇頲〔~九日幸臨~登高に奉和す、応制。時字を得たり〕詩 曉光、雲外に洗はれ 晴色、雨餘に滋る

【晴天】晴れた空。唐・李白〔落日に山中を憶ふ〕詩 雨後、烟景綠に 晴天、餘霞を散ず

【晴嵐】晴れた日の山気。唐・鄭谷〔華山〕詩 峭仞、聳ゆること巍巍たり 晴嵐、近畿を染む

【晴麗】晴れて麗らか。〔徐霞客游記、粵西游日記三〕發足してより來、已に五日、~閲する所の山川特奇、且つ辰を兼ねて晴麗、卽ち春秋も及ばざるなり。

↑晴靄 晴天のもや/晴陰 晴れと曇り/晴雨 晴れと雨/晴暉 晴光/晴曦 旭光/晴虚 晴れあがった空/晴旭 朝日/晴空 晴天/晴景 好天のながめ/晴軒 晴天の軒/晴暄 晴れて暖かい/晴好 好天/晴昊 青空/晴沙 晴天の沙/晴日 晴天/晴春 晴れた春/晴照 晴光/晴霄 青空/晴霽 晴天/晴雪 雪晴れ/晴川 晴れた川/晴村 晴れた村/晴旦 晴れた朝/晴曇 晴陰/晴明 明るい空/晴夜 晴れた夜/晴巒 晴山/晴和 晴れてのどか

↓陰晴・雨晴・雲晴・花晴・快晴・開晴・暄晴・午晴・沙晴・灑晴・山晴・樹晴・秋晴・春晴・新晴・趁晴・清晴・川晴・旦晴・朝晴・天晴・冬晴・半晴・晩晴・峯晴・夜晴・林晴

人 【棲】 12 4594 〔栖〕 10 4196 セイ すむ とどまる

篆文 

形声 声符は妻。字はまた栖に作り、西声。〔説文〕の西字条十二上に西を鳥が巣の上にある形とするが、もと籠の形。棲・栖ともに形声の字である。〔詩、王風、君子于役〕に「雞、塒に棲まる日の夕」の句がある。〔詩、陳風、衡門〕は賢者退隠の詩とされ、「衡門(かぶき門)の下 以て棲遲すべし」をその退隠の生活を歌うものとするが、その詩は、人目をしのぶ逢引の歌である。〔詩、小雅、北山〕には「或いは棲遲偃仰す」と偃仰の語を加えており、偃仰とは男女相娯しむことをいう。棲とは鳥の止まる意であるが、道家では心を凝らすことを棲神、また棲真という。

訓義 1すむ、とどまる、鳥がねぐらにすむ。2山にすむ、人里はなれたところにすむ。3いこう、やすむ。4すみか、やど、ねぐら。

古訓 〔名義抄〕棲 スミカ・スマシム・ヤドル・ス・トリノス・イヒ(ト)マ・イコフ・カスル〔字鏡集〕棲 オク・ハカル・カヽル・イタム・シヅカナリ・ツドフ・ツヽム・スム・トクラ・トリヰ・カスル・ミテリ・イトマ・ヲク・イコフ・ス・ヤドル・スマシム・スミカ・トリノス

【棲隠】隠棲。隠居。唐・王維〔田家に寓するに丁り、贈る有り〕詩 君が心、棲隱するを尚ぶ 久しく歸路に傍はんと欲す 朝に在りては每に言を爲せしも 解印、果して趣を成せり

【棲宿】宿る。〔列子、湯問〕江浦の閒に麽蟲を生ず。其の名を焦螟と曰ふ。群飛して蚊の睫に集まるも、相ひ觸れず。棲宿して去來するも、蚊覺らざるなり。

【棲神】心を凝らす。〔淮南子、泰族訓〕今夫れ道は、精を内に藏し、神を心に棲ましめ、靜漠恬淡にして、繆(静)を胸中に訟れ、邪氣留滯する所無し。~其の神を居く所の者、其の位を得ればなり。

【棲棲】忙しく、おちつかぬさま。〔漢書、叙伝上〕是を以

て、聖喆（哲）の治は棲棲皇皇（遑遑）として、孔（孔子）席は煖かならず、墨（墨子）突は黔まず。

【棲息】すむ。隠れすむ。唐・韋応物〔裴処士に答ふ〕詩 遺民、精舍を愛す 犢に乘りて青山に入る～況んや子は逸群の士 棲息す、蓬蒿の間

【棲遅】もと、逢引をいう語。のち、のんびり隠居する意に用いる。唐・李賀〔致酒行〕詩 零落して棲遅す、一杯の酒 主人觴を奉ず、客長壽せよと

【棲遁】世を遁れ、隠居する。清・呉偉業〔友人の札もて近況を詢ふを得たり。詩以て之れに答ふ〕詩 道衰へ薄俗にして、棲遁に甘んず 才退き、殘書勘讐に勉む

↑棲烏 ねぐらの鳥／棲雲 隠遁する／棲偃 棲遅／棲禽 ねぐらの鳥／棲憩 家でいこう／棲遑 せわしい／棲魂 心をやすめる／棲竄 棲遁する／棲止 住む／棲志 心を寄せる／棲塒 ねぐら／棲集 とまる／棲処 棲所／棲所 すみか／棲心 棲神／棲真 棲神／棲迹 隠遁する／棲拙 世渡り下手／棲禅 坐禅／棲托 厄介になる／棲託 棲托／棲鳥 宿り鳥／棲泊 宿る／棲伏 在野／棲鳳 鳳が栖む／棲約 質素／棲列 放置する

↓鴉棲・依棲・隠棲・烏棲・雲棲・鶴棲・閑棲・旧棲・共棲・禽棲・窟棲・群棲・雞棲・故棲・高棲・山棲・止棲・宿棲・心棲・水棲・双棲・単棲・同棲・暮棲・夜棲・幽棲・陸棲・両棲・林棲

人

【甥】

篆文 

12 2612 セイ ソウ（サウ） おい むこ

形声 声符は生。〔説文〕十三下に「我を舅と謂ふ者は、吾れ之れを甥と謂ふなり」とあり、〔爾雅、釈親〕の文による。甥は姉妹の子、舅は母の兄弟。ともに女系の呼称である。

訓義 ①おい、姉妹の子、また兄弟の子、外まご。②むこ、姉妹の夫。

古訓 〔和名抄〕甥 乎比（をひ）〔名義抄〕甥 ヲヒ・メヒ

【甥舅】母方のおじと、おい。舅は母の兄弟。〔左伝、昭三十二年〕我が一、二の親昵なる甥舅（諸侯を親しんでいう）、啓處（安居）するに皇あらず、今に十年、戍を勤むること五年なり。余れ一人、日として之れを忘るること無し。

↑甥館 女婿／甥女 めい／甥孫 姉妹の孫／甥姪 おいとめい／甥徒 外甥

↓外甥・舅甥・賢甥・諸甥・孫甥・姪甥・表甥

【菁】

篆文 

12 4422 セイ かぶら しげる

形声 声符は青（青）。〔説文〕一下に「韭の華なり」とあり、また蕪菁（かぶら）などをもいう。菁華は精華の意。

訓義 ①にらのはな。②かぶら、かぶらな。③草の茂るさま。④花の美しいさま。

古訓 〔名義抄〕菁 ニラノハナ・ハナサク・ニラ・アヲシ・ハナ・アヲナ／蔓菁 アヲナ〔字鏡集〕菁 アツマル・ハナサクラ・ニラノハナ・アヲナ・ニラハサミ・アヲシ・ハナ・アヤマツ

語系 菁tzieng、菘siongは声近く、須sioも声が通じ、これらはすべて蕪菁をいう。

【菁華】すぐれて美しいもの。精華。南朝宋・顔延之〔陶徵士（潜）の誄〕世を縣ること浸く遠く、光靈屬かず。菁華をして隱沒し、芳流をして歇絶せしむるに至る。其れ惜しからずや。

【菁莪】人材を教育することをいう。〔詩、小雅、菁菁者莪、序〕菁菁者莪は、材を育するを樂しむなり。君子能く人材を長育せば、則ち天下之れを喜樂す。

【菁菁】草木の茂るさま。〔詩、小雅、菁菁者莪〕菁菁たる者は莪 彼の中沚に在り 既に君子を見 我が心則ち喜ぶ

【菁茅】祭のとき、酒をそそぐちがや。〔韓非子、外儲説左上〕（斉の）桓公大いに怒り、將に蔡を伐たんとす。～仲父（管仲）曰く、必ず已むを得ずんば、楚の菁茅、天子に貢せざること三年なり。君、兵を擧げて、天子の爲に楚を伐つに如かず。

↑菁英 はなぶさ／菁羹 粗菜／菁翠 鮮緑／菁菹 菁の漬物／菁葱 青葱

↓華菁・韭菁・葱菁・冬菁・蕪菁・芳菁・蔓菁・林菁・老菁

【萋】

篆文 

12 4440 セイ サイ しげる

形声 声符は妻。〔説文〕一下に「艸盛んなるなり」とあり、〔詩、大雅、巻阿〕「菶菶萋萋」の句を引く。菁菁・蓁蓁・蒼蒼・菶菶など、みな草木の茂る状態をいう語である。

訓義 ①しげる、草の茂るさま。②うやまい、つつしむさま。

古訓 〔名義抄〕萋 サカリナリ・シゲル〔字鏡集〕萋 サカリナリ・シゲシ・クサノシゲキカタチ

語系 萋tsyei、蒼（蒼）tsang、葱tsong、蓁tzhienは、その声に通ずるところがあり、みな草木のさかんに茂るさまをいう。

【萋且】多いさま。つつしむさま。〔詩、周頌、有客〕萋たる有り、且たる有り 其の旅（供物）を敦琢（立派）にす

【萋萋】草木が生い茂る。唐・崔顥〔黄鶴楼〕詩 晴川、歴歴たり、漢陽の樹 芳草、萋萋たり、鸚鵡洲

【萋斐】美しい文飾。讒言を飾る意に用いる。〔詩、小雅、巷伯〕萋たり斐たり 是に貝錦を成す 彼の人を譖する者亦た已に大甚だし

↑萋翳 茂密／萋毀 中傷する／萋蒿 野雞頭／萋芊 茂盛／萋菲 萋斐／萋菶 茂る／萋迷 深く茂る

↓暄萋・貞萋

人

【貰】

篆文 

12 4480 セイ かす かる ゆるす もらう

形声 声符は世。〔説文〕六下に「貸すなり」とあり、貸す、赦すの意に用いる。〔漢書、高帝紀上〕「酒を貰る」は帳づけ買いをすること。わが国では「もらう」とよむ。貰ったことにするのであろう。

訓義 ①かる、かす。②ゆるす、ゆるめる。③国語で、もらう。

古訓 〔名義抄〕貰 オギノル・ハカセ・ユルス・ユミ・ヒク

語系 貰sjiat、賒sjyaは声義近く、賒は〔説文〕六下に「貰買するなり」とあり、帳づけで受けるものを賒という。

【貰赦】罪を赦す。〔漢書、文三王、梁懐王揖伝〕（梁王）立、惶恐し冠を免ぎ對へて曰く、～當に重誅に伏し、以て海内に視めさるべきに、數しば聖恩を蒙り、貰赦せらるるを得たり。

【貰酒】酒をつけ買いする。〔史記、高祖紀〕壯なるに及んで、試みに（補せられて）吏と爲り、泗水の亭長と爲る。～酒及び色を好み、常に王媼・武負に従ひて、酒を貰る。

↑貰過 過ちを宥す／貰死 免死／貰銭 税金／貰貸 貸借／貰忍 寛恕する

↓赦貰・賒貰・貸貰・忍貰

常

【勢】

篆文 

13 4542 セイ いきおい ちから なりゆき ありさま

会意 埶＋力。埶は藝（芸）の初文で、苗木を植樹する形。それに力（耜の象形字）をそえて深く植えこむ意を示す。〔説文新附〕十三下に「盛力にして權あるなり」と権勢の意とするが、木の生成に勢いのあることを本義とする。〔淮南子、脩務訓〕「各と自然の勢ひ有り」とみえ、もと自然の生成力をいう語であった。

訓義 ①いきおい、ちから、内から出るちから。②さかん、さかん

な力。3なりゆき、ありさま、かたち、かたむき。4むれ、かたまり。5男の性器。

古訓 〔名義抄〕勢 イキホヒ・ヘノコ・オソル・イカメシ・サカユ・フグリ

【勢位】権勢と地位。〔韓非子、難勢〕賢智は未だ以て衆を服するに足らざるも、勢位は以て賢者を詘せしむるに足るなり。

【勢逸】速い勢い。唐・方干〔水墨松石〕詩 添へ來つて勢逸、陰崖黒く 潑ずる處痕輕くして、灌木枯る 地に垂るる寒雲、大漠を呑み 江を過ぎる春雨、全呉に入る

【勢家】権勢の家。〔顔氏家訓、止足〕先祖靖侯(含)、子姪を戒めて曰く、汝の家は書生の門戸なり。世〻富貴無し。今より、仕宦は二千石に過ぐべからず。婚姻は勢家を貪ること勿かれと。

【勢業】身分と事業。〔荀子、王覇〕大は天下を有ち、小は一國を有つに、必ず自ら之れを爲す。~則ち勞苦耗顇、焉れより甚だしきは莫し。是の如くんば、則ち臧獲(下僕)と雖も、肯て天子と勢業を易へざらん。

【勢名】権勢と名誉。〔淮南子、原道訓〕金を山に藏し、珠を淵に藏し、貨財を利とせず、勢名を貪らず。是の故に、~形神氣志、各〻其の宜しきに居りて、以て天地の爲す所に隨ふ。

【勢利】権勢と財利。〔淮南子、脩務訓〕文侯曰く、段干木は勢利に趨らず。君子の道を懷きて窮巷に隱處し、聲千里に施く。寡人敢て軾する(車上より礼する)こと勿からんや~と。

【勢力】威力と権勢。〔漢書、芸文志〕春秋の貶損する所の大人は、當世の君臣にして、威權勢力有り。其の事實、皆傳に形はる。是を以て其の書を隱して宣べず。時難を免れし所以なり。

↑勢圧 押しつける/勢威 威光/勢援 助勢/勢燄 気勢/勢居 権力のある身分/勢況 状況/勢権 権勢/勢交 勢利の交わり/勢豪 勢力者/勢施 権勢の地位/勢蹙 衰勢/勢辱 屈辱/勢人 権力者/勢数 勢いと運/勢籍 勢位/勢族 豪族/勢地 権勢の位/勢重 権勢と高位/勢富 富と力/勢望 威望/勢門 勢家/勢要 権要/勢燿 勢望/勢理 勢いと道理

↓依勢・威勢・運勢・雲勢・火勢・加勢・割勢・気勢・擬勢・弓勢・去勢・居勢・拠勢・虚勢・挟勢・強勢・局勢・軍勢・形勢・権勢・現勢・語勢・攻勢・豪勢・国勢・姿勢・字勢・事勢・恃勢・時勢・実勢・藉勢・手勢・主勢・守勢・助勢・勝勢・状勢・情勢・水勢・衰勢・趨勢・盛勢・専勢・争勢・総勢・多勢・大勢・体勢・退勢・態勢・頽勢・地勢・定勢・敵勢・党勢・騰勢・同勢・任勢・敗勢・非勢・筆勢・病勢・無勢・風勢・文勢・秉勢・優勢・余勢・劣勢

【睛】 13 6502 セイ ひとみ

形声 声符は靑(青)。〔玉篇〕に「目の珠子なり」とあり、ひとみをいう。眼の水晶体の部分。

訓義 1ひとみ、眼。2視力。3睜と通じ、悦ばぬめつき。

古訓 〔新撰字鏡〕睛 万奈古(まなこ) 〔名義抄〕睛 マナコ・ヒトミ 〔字鏡集〕睛 ヒトミ・マナコ・コラス

【睛迷】目がまう。〔洛陽伽藍記、一、景楽寺〕後、汝南王悅、復た之れを修む。~諸音樂に詔して、伎を寺内に逞にせしむ。奇禽怪獸、殿庭に舞抃し、飛空幻惑、世の未だ覩ざる所、~士女の觀る者、目亂れ睛迷ふ。

↓悍睛・魚睛・見睛・虎睛・黒睛・視睛・守睛・嗔睛・双睛・点睛・瞳睛・白睛・猫睛・目睛・曜睛

常

【聖】 13 1610 〔聖〕 13 1610 セイ ショウ(シャウ) ひじり

篆文

甲骨文

金文

会意 旧字は聖に作り、耳+口+壬。〔説文〕十二上に「通なり」と通達の意とし、字を呈(呈)声に従うものとするが、字形と合わず、声もまた異なる。卜文に、壬(人の挺立する形)の上に耳をそえた形に作り、聞の初文。神の声を聞きうる人をいう。口(ㅂ)は祝禱を収める器の形で、その神の声を聞きうる人を聖という。〔左伝、襄十八年〕に、当時神瞽といわれた師曠が、晋と楚とが戦うにあたって、その勝敗をトし、風声を聞いて「南風競はず、死聲多し」と、楚の敗北を予言した話がある。そのようなものが聖者であった。周初の金文〔班段〕に「文王王姒の聖孫」という語がみえ、また金文に「聖なる祖考」や「聖武」「哲聖」など、先人に聖を付していうことが多い。〔詩、小雅、正月〕に「具な予を聖なりと曰ふも 誰か烏の雌雄を知らんや」の句がある。〔論語、述而〕に、孔子は「聖と仁との若きは、則ち吾れ豈に敢てせんや」と述べており、聖は人間最高の理想態とされた。

訓義 1ひじり、聖人、知徳の最もすぐれた人。2さとい、一芸に達した人。3天子。天子に関して敬語としてそえる。4清酒。濁酒を賢という。

古訓 〔名義抄〕聖 ヒジリ・キク・コエ・サカシ・カヨフ・ウム 〔字鏡集〕聖 ヒジリ・コエ・ミカド・カヨフ・ウム・キク・ナガシ

語系 聖sjieng、聽(聴)thyengは声義が近く、聽は聖の右旁に悳(徳)の省文を加えた形。悳は、聖が耳の聡明を主とするのに対して、視ることの明らかなことを主とする字である。耳目の徳を合わせて、聡明という。

【聖意】天子の心。漢・劉歆〔書を移して太常博士を譲む〕若し必ず己を専らにし、殘を守り同門に黨し、道眞を妬み、明詔に違ひ聖意を失し、以て文吏の議に陷るは、甚だ二三の君子の爲に取らざるなり。

【聖君】天子。漢・李陵〔蘇武に答ふる書〕嗟乎、子卿(蘇武)よ、夫れ復た何をか言はん。相ひ去ること萬里、人絶し路殊なる。生きて別世の人爲り、死して異域の鬼と爲らん。~幸ひに故人に謝せよ。勉めて聖君に事へんことを。

【聖敬】聖明にして恭慎の徳。〔詩、商頌、長発〕帝命違はず 湯に至りて齊し 湯の降ること遲からず 聖敬、日に躋る

【聖賢】聖人と賢人。唐・李白〔将進酒〕詩 古來聖賢、皆寂寞 惟だ飲む者のみ、其の名を留むる有り

【聖旨】天子の思し召し。魏・阮籍〔鄭沖の為に晋王に勧むる牋〕明公(晋の文帝)、宜しく聖旨を承け、茲の介福を受け、允に天人に當るべし。

【聖心】聖人の心。〔荀子、勧学〕積土、山を成して風雨興り、積水、淵を成して蛟龍生じ、積善、德を成して、而ち神明自得し、聖心備はる。

【聖人】知徳の最高の人。〔易、乾、文言伝〕同聲相ひ應じ、同氣相ひ求む。水は濕に流れ、火は燥に就く。雲は龍に從ひ、風は虎に從ふ。聖人作りて萬物覩はる。

【聖智】聖と智。〔老子、十九〕聖を絶ち智を棄つれば、民の利百倍す。仁を絶ち義を棄つるときは、民孝慈に復る。

【聖聴】民意を聞く。蜀・諸葛亮〔出師の表〕陛下、誠に宜しく聖聽を開帳し、以て先帝の遺德を光いにし、志士の氣を恢いにすべし。

【聖哲】聖と哲。ともに知徳のすぐれた人。〔楚辞、離騒〕夫れ維れ聖哲の茂行 苟に此の下土を用ふることを得たり

【聖明】すぐれた知徳。天子。魏・曹植〔自試を求むる表〕今陛下、聖明を以て世を統べ、將に文武の功を卒へ、成康

の隆に繼がんと欲す。

【聖猷】皇謨。天子の謀。〔晋書、庾冰伝〕(上疏)俯仰して事に伏すること、今に五年なり。上は聖猷を光賛すること能はず、下は政道を緝熙すること能はず。而るに陛下、之れを遇すること過分、之れに求むること已まず。

↑聖渥 優渥/聖域 聖地/聖裔 聖人の後/聖睿 聖叡/聖叡 聖徳叡知/聖恩 皇恩/聖化 徳化/聖火 神火/聖駕 行幸/聖誨 聖教/聖学 聖人の学/聖鑑 御鑑識/聖顔 天顔/聖輝 聖徳のかがやき/聖儀 御威儀/聖躬 聖体/聖教 聖人の教え/聖業 王業/聖訓 聖教/聖系 王統/聖経 聖典/聖眷 天子の顧寵/聖語 聖人の語/聖功 王業/聖后 聖君/聖宰 賢相/聖裁 聖断/聖作 御製/聖策 勅書/聖姿 御姿/聖思 み心/聖師 孔子/聖嗣 王嗣/聖時 聖代/聖者 聖人/聖主 天子/聖寿 天子の御齢/聖淑 しとやか/聖処 聖域/聖緒 聖業/聖詔 聖勅/聖上 天子/聖臣 賢臣/聖辰 聖代/聖水 神水/聖瑞 聖兆/聖世 大御代/聖制 勅定/聖製 御製/聖籍 聖典/聖節 天長節/聖善 よいお方/聖祚 天位/聖聡 天子の聡明/聖体 王の身/聖代 大御代/聖沢 恩沢/聖旦 聖誕/聖誕 天子の誕辰/聖断 勅裁/聖知 聖智/聖衷 叡慮/聖朝 聖代/聖勅 勅語/聖帝 聖王/聖喆 聖哲/聖徹 明徹/聖典 経書/聖図 聖猷/聖統 王統/聖道 聖人の道/聖徳 聖人の徳/聖範 聖法/聖廟 孔子廟/聖武 聖かつ武/聖謨 聖猷/聖門 聖人の門/聖問 下問/聖諭 詔諭/聖容 聖姿/聖覧 御覧/聖略 聖猷/聖林 孔子廟の林/聖令 勅令/聖霊 神霊/聖暦 宝算

↓亜聖・英聖・睿聖・叡聖・淵聖・往聖・歌聖・画聖・楽聖・希聖・棋聖・剣聖・賢聖・元聖・玄聖・彦聖・降聖・三聖・四聖・至聖・詩聖・酒聖・書聖・紹聖・神聖・真聖・仁聖・斉聖・清聖・絶聖・仙聖・先聖・草聖・聡聖・大聖・誕聖・知聖・通聖・哲聖・文聖・明聖・歴聖・列聖

【腥】 13 7621 ［胜］ 9 7521 セイ なまにく なまぐさい

篆文 

形声 声符は星。〔説文〕四下に「星の見はるる食家なり。肉中をして小息肉を生ぜしむるなり。肉星に從ひ、星は亦聲なり」とあり、小息肉とは小さなつき肉をいう。〔周礼、天官、庖人〕に「膏腥を膳す」とあり、脂肪の多い生肉をいい、臭気の強いものである。〔書、酒誥〕に「腥聞、上に在り」のように、古くから腥臭の意に用いる。しもふり肉は、星に従うことからの転義であろう。

訓義 1なまにく、なまぐさい。2豚のあまじし、つきにく。3きたない、みにくい。4鮏と通じ、魚のなまぐさいことをいう。

古訓 〔名義抄〕腥 クサシ・ツクサシ・ナマグサシ・イヌノアブラ・モズノハカミ

語系 腥(胜)syeng、生shengは声義が近い。生物にはすべて一種の臭気がある。〔説文〕四下に「胜は犬の膏の臭きなり」とし、また「一に曰く、孰(熟)せざるなり」とあって、胜を腥臭の字とする。次条に「臊は豕の膏の臭きなり」とあって、犬豕を区別する。腥・臊はともに悪臭。魚臭を鱻sianといい、鮮sianの初文である。

【腥血】なまぐさい血。元・耶律楚材〔懐古一百韻、張敏之に寄す〕詩 五胡、雲擾擾し 六代、電奔馳す 川谷、腥血流れ 郊原、積屍に厭く

【腥膻】腥肉。唐・杜甫〔白鳧行〕詩 故畦の遺穗、已に蕩盡す 天寒くして歳暮、波濤の中 鱗介の腥膻なるは、素も食らはず 終日飢ゑを忍ぶ、西復た東

【腥臊】なまぐさい。醜穢にたとえる。〔国語、周語上〕國の將に亡びんとするや、其の君は貪冒辟邪、~其の政は腥臊にして、馨香(神に)登らず。

【腥聞】乱政の評判。〔書、酒誥〕庶群も酒を甘しみ、腥聞、上に在り。故に天、喪を殷に降せり。

↑腥汚 汚れる/腥気 なまぐさい/腥魚 生魚/腥膏 腥膻/腥膩 なまぐさく、あぶらこい/腥臭 なまぐさい/腥生 なまもの/腥鯖 さば/腥徳 穢行/腥腐 腐臭/腥風 殺伐/腥氛 妖氛/腥味 腥気/腥穢 けがれる

↓雨腥・膾腥・気腥・魚腥・葷腥・血腥・膏腥・祭腥・臭腥・牲腥・鮮腥・羶腥・草腥・臊腥・乳腥・風腥・聞腥・余腥

常【誠】 13 0365 ［誠］ 14 0365 セイ ジョウ(ジャウ) まこと まごころ

篆文 

形声 声符は成(成)。〔説文〕三上に「信なり」と訓する。〔書、太甲下〕に「鬼神に常享無し。克く誠なるものは享く」とあり、誠信・誠実をいう。言は神に対する誓約、成は戈に呪飾を施して聖化したもので、これを加えて、其の意を誠にすることをいう。

訓義 1まこと、まことにする、神にちかう。2まごころ、純粋な心。3つつしむ、つまびらかにする。4まことに、まことの。

古訓 〔名義抄〕誠 マコト・サネ・マコト・サネ・コトゞク・トモ・ノブ 〔字鏡集〕誠 コトゞク・サネ・マコト・ウラヤム・ウヤマフ・ノブ・トモ

語系 誠・成zjiengは同声。成は呪飾。呪飾を加えて神に誓うことを誠という。

【誠意】心意を誠にする。〔大学、一〕其の心を正しくせんと欲する者は、先づ其の意を誠にす。其の意を誠にせんと欲する者は、先づ其の知を致す。知を致すは、物に格るに在り。

【誠愨】まごころ。〔礼記、檀弓下〕苟くも禮義・忠信・誠愨の心無くして以て之れに涖むときは、固く之れを結ぶと雖も、民其れ解けざらんや。

【誠感】まごころの感応。〔晋書、束皙伝〕郡界大いに旱す。皙、邑人の爲に雨を請ふ。三日にして雨注る。衆、皙の誠感なりと謂ひ、爲に歌を作る。

【誠恐】誠惶。上奏文の末文などに用いる。魏・曹植〔躬を責むるの応詔の詩を上る表〕詞旨淺末にして、采覽するに足らざるも、下情を露はすを貴び、顏を冒して以聞(上奏)す。臣植、誠惶誠恐、頓首頓首、死罪死罪。

【誠実】まごころ。〔旧唐書、韓思復伝〕時に山東に蝗蟲大いに起る。~思復以爲らく、蝗蟲は是れ天災、當に徳を修め之れを禳ふべし。~上疏して曰く、~望むらくは陛下、悔過責躬、~上下同心、君臣一徳、此の誠實を持して、以て休咎(天咎)に答へよ。

【誠心】まごころ。〔荀子、解蔽〕亂國の君、亂家の人も、此れ其の誠心もて、正を求めて以て自らの爲にせざる莫きなり。

【誠荘】まごころがあり、荘重。〔管子、形勢解〕周の文王、誠荘にして斷を事とす。故に國治まる。

↑誠壱 純一/誠貫 誠で一貫する/誠款 まごころ/誠願 誠心より願う/誠偽 真偽/誠謹 慎み深い/誠慊 まごころ/誠言 誠心から言う/誠語 誠言/誠悃 誠心/誠懇 誠意/誠士 誠意の人/誠至 至誠/誠信 まこと/誠盡 誠忠/誠切 親切/誠節 誠で節操がある/誠善 善良/誠素 誠実/誠端 正しい/誠直 正直/誠道 誠の道/誠服 心服/誠勇 真勇/誠烈 正操/誠廉 清廉

↓款誠・帰誠・義誠・潔誠・虔誠・献誠・悃誠・懇誠・至誠・純誠・淳誠・信誠・真誠・推誠・寸誠・精誠・赤誠・拙誠・素誠・存誠・

達誠・丹誠・致誠・忠誠・衷誠・貞誠・熱誠・立誠

人 **【靖】** 13 0512 〔**靖**〕 13 0512 セイ やすんずる

篆文 靖

形声 声符は靑(青)。〔説文〕十下に「立つこと竫(やす)らかなるなり」、また「一に曰く、細き皃なり」という。〔詩、小雅、小明〕に「爾(なんぢ)の位を靖共せよ」とあり、靖安の意。立は儀礼を行う場所。青は聖色、聖化するのに用いる。儀礼の場所を定め靖んずることをいう。

訓義 ①やすんずる、儀礼の場所を聖化する。②やすらか、やすし、やわらぐ、しずか。③つつしむ、つつしみおもう、つつしみはかる、おさめる。④彰(せい)と通じ、かざる、きよめかざる。

古訓 〔名義抄〕靖 シヅカニ・タツ・カマフ・オドロク・ヤスシ・ヤハラカナリ・シヅム・ツバビラカナリ・マサシ・ヲサム・コトワル・ウタガフ・アキナフ

語系 靖・彰・靜(静)dzieng は同声。彰は清飾、靜は力(耒(すき))を清め祓うこと、みな青の声義を用いる。丹・青は聖化のために用いた。

【靖共】(せいきょう) 大切につとめつつしむ。〔詩、小雅、小明〕爾(なんぢ)の位を靖共し 是の正直を好(よみ)せよ 神の之れを聽かば 爾の景福を介(おほい)にせん

【靖献】(せいけん) 自ら臣下の義を尽くす。〔書、微子〕王子出でずんば、我(商)は乃ち顚躋(てんせい)(国が顚覆)せん。自ら靖(はか)りて、人自ら先王に獻ぜん。

【靖難】(せいなん) 兵乱を鎮める。また、明の靖難の変。〔続文献通考、帝系考二、成祖文皇帝〕帝諱(いみな)は棣、太祖の第四子なり。洪武三年、燕王に封ぜらる。建文元年七月、兵を擧げて反し、靖難を以て名と爲し、四年～京師に入り、自立して帝と爲る。

【靖乱】(せいらん) 乱をやすんずる。〔三国志、蜀、張飛伝〕飛～西鄕侯に進封せらる。(先主)策して曰く、朕天序を承け、洪業を嗣奉す。殘を除き亂を靖(やす)んずること、未だ厥(そ)の理を燭(あき)らかにせず。～其れ誕(おほ)いに天威を將(おこな)へ。

↑靖嘉(せいか) 和らぐ／靖匡(せいきょう) ただす／靖恭(せいきょう) 靖共／靖国(せいこく) 国を安んじる／靖綏(せいすい) 静め安んじる／靖辺(せいへん) 辺境を静める／靖冥(せいめい) もの静か／靖領(せいりょう) 悲愴／靖和(せいわ) 和らぎ安んじる

↓安靖・嘉靖・閑靖・献靖・綏靖・清靖・湛靖・恬靖・寧靖・和靖

常 **【精】** 14 9592 〔**精**〕 14 9592 セイ ショウ(シャウ) しらげよね くわしい きよい こころ たましい

篆文 精

形声 声符は靑(青)。〔説文〕七上に「擇ぶなり」とあり、米を択ぶ意とする。〔論語、郷党〕に「食(し)は精を厭(いと)はず」とあり、飯は精白された米をよしとする。のちすべて精美・精良のものをいい、精神をもいう。

訓義 ①しらげる、しらげよね、精米。②くわしい、あきらか、きよい、うつくしい。③正しい、もっぱら、専一、よいもの。④ひかり、はれる、もと。⑤こころ、たましい、まこと。⑥もののけ、ちみ、おにがみ、たま。⑦睛と通じ、ひとみ。

古訓 〔名義抄〕精 マナコ・クハシ・シラグ・ミガク・コマカナリ・ワキマフ・タマシヒ・ヨシ・スグル・マコト・ツヽム・シナフ・スコシ・エラブ・ホソシ・マモル・シヅカニ・ハゲシ／精靈 タマシヒ

語系 精・情(情)dzieng は同声。精は米穀の精、人の心の精爽なるものをまた精という。

【精一】(せいいつ) 専一にする。〔書、大禹謨〕人心惟(こ)れ危く、道心惟れ微なり。惟れ精惟れ一、允(まこと)に厥(そ)の中を執れ。

【精鋭】(せいえい) 精兵。〔後漢書、銚期伝〕及ち閒に因りて光武に說きて曰く、～今更始失政、大統危殆す。海内歸往する所無し。明公、河山の固めに據り、精鋭の衆を擁し、以て萬人の漢を思ふ心に順(したが)はば、則ち天下誰か敢て從はざらんと。

【精華】(せいか(くわ)) 精萃。〔梁書、文学上、庾肩吾伝〕時に謝康樂(霊運)・裴鴻臚(松之)の文に效(なら)ふ者有り。～謝客は吐言天拔、自然に出づ。～裴氏は乃ち是れ良史の才なるも、了(ひつ)に篇什の美無し。是れ謝を學ぶを爲せば、則ち其の精華に屆(いた)らず、～裴を師とせば、則ち其の長ずる所を蔑絶(べつぜつ)す。

【精核】(せいかく) くわしく明らか。漢・馬融〔長笛の賦〕融、既に典雅を博覽し、數術に精核なり。又、性、音を好み、能く琴を鼓し笛を吹く。

【精悍】(せいかん) 気が荒い。〔史記、游俠、郭解伝〕解、人と爲り短小精悍、酒を飲まず。少時陰賊にして、～鑄錢掘冢、固(もと)より勝(あ)げて數ふべからず。

【精鑑】(せいかん) よく鑑識する。〔宋史、儒林四、呂祖謙伝〕嘗(かつ)て陸九淵(象山)の文を讀み、之れを喜ぶも、未だ其の人を識らず。禮部に考試して一卷を得たり。曰く、此れ必ず江西小陸の文ならんと。掲示するに果して九淵なり。人其の精鑑に服せり。

【精気】(せいき) 根元の氣。〔易、繫辞伝上〕精氣物を爲し、遊魂變を爲す。是の故に鬼神の情狀を知る。

【精義】(せいぎ) 奥妙の理を極める。〔易、繫辞伝下〕精義神に入り、以て用を致すなり。利用身を安んじ、以て德を崇(たか)くするなり。此れを過ぐるより以往は、未だ之れを知ること或(あ)らざる。神を窮め化を知るは、德の盛んなるなり。

【精勤】(せいきん) 熱心につとめる。〔後漢書、馮勤伝〕事に在りて精勤、遂に親識せらる。引進する毎に、帝輒(すなは)ち顧みて、左右に謂ひて曰く、佳(よ)き乎(かな)吏やと。

【精勁】(せいけい) すぐれて強い。筆勢。〔山谷題跋、二〕宋儋(そうたん)、筆墨精勁なるも、但だ文詞蕪穢(ぶわい)、其の書を發するに足らず。

【精潔】(せいけつ) 清廉。〔顔氏家訓、帰心〕開闢より已來、不善の人多くして、善人は少なし。何に由りて悉(ことごと)く其の精絜なるを責めんや。

【精巧】(せいこう(かう)) 精妙。技術がすぐれる。宋・欧陽脩〔日本刀歌〕詩 傳へ聞く、其の國大島に居る 土壤沃饒にして風俗好し 其の先徐福(秦の方士)、秦民と詐(いつは)り 藥を採りて淹留し、丱童(くわんどう)老いたり 百工五種、之れと居る 今に至るまで器玩、皆精巧なりと

【精魂】(せいこん) 神霊。唐・李華〔古戦場を弔ふ文〕弔祭至らず、精魂依る無し。必ず凶年有り、人其れ流離せん。嗚呼(ああ)噫嘻(ああ)時か命か、古より斯(か)くの如し。之れを爲すこと奈何(いかん)せん。守ること四夷に在り。

【精彩】(せいさい) 生き生きとした美しさ。〔大唐新語、一〕杜如晦少(わか)くして聰悟、精彩人に絶す。～房玄齡、太宗に聞(ぶん)して曰く、餘人は惜しむに足らざるも、杜如晦は聰明識達、王佐の才なり～と。

【精思】(せいし) 思いをこらす。〔後漢書、張衡伝〕時に天下承平なること日久しく、王侯より以下、踰侈(ゆし)ならざる莫(な)し。衡、乃ち班固の兩都(の賦)に擬し、二京の賦を作り、因りて以て諷諫せんとし、精思傅會(ふくわい)、十年にして乃ち成る。

【精舎】(せいしゃ) 学舎。〔後漢書、党錮、劉淑伝〕遂に隱居し、精舍を立てて講授す。諸生常に數百人。◻(しょう(しやう))じゃ 寺。〔世説新語、棲逸〕康僧淵の豫章に在るや、郭を去ること數十里、精舍を立つ。連嶺に傍(そ)ひ、長川を帶び、芳林軒庭に列(つら)なり、清流堂宇に激す。乃ち閑居研講す。

【精純】(せいじゅん) 純潔。〔顔氏家訓、帰心〕俗の謗(そし)る者、大抵五有り。～其の三は、僧尼の行業、多く精純ならざるを以て、姦慝と爲すなり。

【精神】(せいしん) 天地の精気。人の心神。〔世説新語、傷逝〕支道林、法虔を喪(うしな)ひし後、精神霣喪(うんさう)し、風味轉(うた)た墜(お)ちたり、常(かつ)て人に謂ひて曰く、～冥契既に逝き、發言賞する莫(な)し。中心蘊結(うんけつ)す。余(われ)は其れ亡せんと。却後一年にして、支遂に殞(お)つ。

【精審】精密詳細。〔晋書、范甯伝〕初め甯、春秋穀梁氏の未だ善釋有らざるを以て、遂に沈思積年、之が集解を爲る。其の義精審、世の重んずる所と爲る。

【精粋】えりぬき。純粋。〔漢書、刑法志〕夫れ人は天地の須(貌)に宵(肖)、五常の性を懷き、聰明精粋、有生の最も靈なる者なり。

【精誠】まごころ。唐・白居易〔長恨歌〕詩 臨邛の道士、鴻都の客 能く精誠を以て魂魄を致す 君王展轉の思ひに感ずるが爲に 遂に方士をして慇懃に覓めしむ

【精爽】精神。心。唐・李群玉〔二妃廟に題す〕詩 知らず、精爽何れの處にか歸する 疑ふらくは是れ、行雲秋色の中ならん

【精緻】精密。〔歴代名画記、一、画の六法を論ず〕上古の畫は迹簡にして意澹たり、而も雅正なり。顧(愷之)・陸(探微)の流、是れなり。中古の畫は細密精緻にして、臻麗(至麗)なり。展(子虔)・鄭(法士)の流、是れなり。～今人の畫は錯亂にして旨無し。衆工の迹、是れなり。

【精博】くわしく博い。〔魏書、儒林、刁沖伝〕學は諸經に通じ、偏く鄭(玄)の說を修め、陰陽・圖緯・算數・天文・風氣の書、關綜せざる莫し。當世、其の精博に服す。

【精微】精審微妙なところ。〔中庸、二十七〕君子は德性を尊びて問學に道より、廣大を致して精微を盡し、高明を極めて中庸に道り、故きを溫ねて新しきを知り、敦厚にして以て禮を崇ぶ。

【精敏】すぐれていてさとい。唐・韓愈〔柳子厚墓誌銘〕子厚(宗元)少くして精敏、通達せざる無し。～能く進士の第を取り、嶄然として頭角を見はせり。衆謂へらく、柳氏、子有りと。

【精兵】えりぬきの兵。〔戦国策、燕三〕燕王喜・太子丹等、皆其の精兵を率ゐて、東のかた遼東に保(堡)す。秦の將李信、燕王を追擊す。王急なり。～太子丹を殺し、之れを秦に獻ぜんと欲す。

【精密】きめこまかですぐれる。〔山海経、西山経〕瑾瑜の玉を良と爲す。堅粟精密なり。濁澤にして光有り。～天地鬼神、是れを食し是れを饗す。君子之れを服せば、以て不祥を禦ぐ。

【精妙】くわしくてすぐれる。〔呂覧、本味〕調和の事、～鼎中の變は精妙微纖にして、口言ふこと能はず、志喻すこと能はず。射御の微、陰陽の化、四時の數の若し。

【精明】純粋で清明であること。〔国語、楚語下〕夫れ神は、精明を以て民に臨む者なり。故に物を備ふることを求むるも、豐大なることを求めず。

【精力】持続してことをしあげる力。根氣。また努力する。〔鶴林玉露、甲一、文鑑〕昔、溫公(司馬光)資治通鑑を作る。治道に補有りと謂ふべし。識者尙ほ其の一生の精力を枉費せるを惜しむ。

【精練】熟達する。〔梁書、処士、庾承先伝〕強記敏識、群輩より出ぐる。玄經釋典、該悉せざる靡く、九流七略、咸ごとく精練する所なり。

↑精意 専心／精蘊 深奥／精英 精髄／精叡 精敏／精遠 奥深い／精确 厳密／精確 正しい／精覈 くわしく考える／精幹 手腕／精感 感応／精簡 くわしく選ぶ／精暉 晴光／精綺 精美／精騎 精鋭の騎／精究 精考する／精強 精鋭／精暁 精通する／精苦 刻苦する／精詣 造詣／精慧 聡明／精健 強健／精厳 厳密／精甲 堅甲／精光 輝き／精好 精巧／精洽 精博／精采 精彩／精細 精微／精察 明察／精至 巧緻／精識 すぐれた見識／精悉 詳悉にする／精秀 すぐれる／精熟 精通する／精醇 純熟／精誦 熟読する／精心 専心／精信 まこと／精真 純真／精深 深微／精祲 精気／精慎 慎む／精人 巫者／精進 菜食／精髄 真髄／精整 よく整う／精切 剴切／精選 えりぬき／精鮮 くわしく鮮明／精粗 精と疎／精壮 元気／精卒 精兵／精汰 精選／精択 精選／精断 正断／精致 深致／精忠 純忠／精通 通暁する／精当 確当／精到 精確で周到／精白 潔白／精魄 からだ／精魅 もののけ／精品 精良の物／精夫 酋長／精覆 精査する／精弁 明弁／精本 精善の本／精米 白米／精猛 勇猛／精勇 精鋭／精要 精萃／精曜 精光／精耀 精光／精蘭 仏寺／精理 精微の理／精慮 熟慮する／精良 淳良／精霊 神鬼／精麗 秀麗／精廉 清廉／精錬 精練／精廬 書斎／精朗 輝く

↓惟精・鋭精・炎精・花精・感精・含精・鏡精・玉精・金精・勤精・月精・研精・元精・交精・構精・山精・至精・思精・酒精・受精・授精・出精・神精・真精・水精・枢精・清精・赤精・雪精・専精・丹精・地精・天精・梅精・冰精・不精・無精・木精・妖精・陽精・養精・耀精・励精・霊精・練精・労精

【蜻】 14 5512

セイ こおろぎ とんぼ

篆文 

形声 声符は靑(青)。〔説文〕十三上に「蜻蛚なり」とあり、こおろぎをいう。〔方言、十一〕に「蜻蛚、楚にては之れを蟋蟀と謂ふ」とみえる。蜻蛉はとんぼ。また〔方言、十一〕に「蟬の～文有る者、之れを蜻蜻と謂ふ」とあり、むぎわらぜみをいう。

訓義 ①こおろぎ、やまとすず。②蜻蛉は、とんぼ。③蜻蜻は、むぎわらぜみ。

古訓 〔字鏡集〕蜻 カゲロフ・コホロギ・セミ

【蜻蜓】とんぼ。〔博物志、四、戲術〕五月五日、蜻蜓の頭を西向の戶下に埋め、埋めて三日に至りて食(蝕)せざれば、則ち化して靑眞珠と成る。

【蜻蛚】こおろぎ。〔論衡、変動〕是の故に夏末には蜻蛚鳴き、寒螿(ひぐらし)啼くは、陰氣に感ずればなり。

↑蜻蜻 蟬の一種

常【製】 14 2273

セイ したてる つくる

篆文 

形声 声符は制。〔説文〕八上に「裁つなり」とあり、また制字条四下にも「裁つなり」という。制は木材を切り整えること、製は衣を裁製することをいう。

訓義 ①たつ、衣をたつ、衣をしたてる。②つくる、ものをつくる、詩文をつくる。③きもの、裘。④かたち、かた、すがた、なり。⑤作りかた。

古訓 〔名義抄〕製 ツクル・ツクリ・ツヽ・ム・マス・カフル・ハナツ・サク 〔字鏡集〕製 ツヽ・ム・ツクル・ヨソヒ・コロモタツ・ツム・タツ・サク・ヤブル・ハナツ・マス

語系 製・制tjiatは同声。制は木の枝葉を去って形を整えること、製は衣を裁製することをいう。

【製裁】つくる。〔後漢書、南蛮伝序〕帝に畜狗有り。～名づけて槃瓠と曰ふ。～妻はすに女を以てす。～六男六女あり。～自ら相ひ夫妻となる。木皮を織績し、染むるに草實を以てす。五色の衣服を好み、製裁皆尾の形有り。～衣裳班蘭、語言侏離、好んで山壑に入り、平曠を樂しまず。

【製作】つくる。〔顔氏家訓、文章〕挽歌の辭なる者は、或いは云ふ、古者虞殯の歌なりと。～陸平原(機)、多く死人自ら歎ずるの言と爲す。詩格に既に此の例無し。又製作の本意に乖けり。

↑製錦 錦を織る／製形 造形／製芸 科試に用いる

八股文／製撰せいせん 詩文をつくる／製備せいび 備える／製文せいぶん 作文

↓意製・雅製・官製・既製・擬製・旧製・御製・極製・謹製・燻製・形製・再製・作製・試製・自製・衆製・上製・織製・新製・親製・聖製・精製・剪製・粗製・創製・調製・陶製・特製・剝製・複製・覆製・篇製・仿製・縫製・名製

常【誓】14 5260 セイ ゼイ ちかう つげる つつしむ

篆文

金文

形声 声符は折。〔説文〕三上に「約束するなり」とあり、折声とする。哲もまた折に従う。折は草木を折る意で、誓約する意があるらしく、また矢を用いることもあって、矢を「矢ちかう」とよむ。金文の〔番生𣪘〕に「不顯なる皇祖考、穆穆として克よく厥その德を誓(哲)にし、嚴として上に在り」とみえ、誓を哲の意に用いる。言・口(𠙵)は祝禱や誓約を意味し、誓と哲とは字の立意が同じ。〔倗生𣪘〕に、契約に際して「則ち折す」とあり、これは書券を判つ意であろう。

訓義 ①ちかう、約する、ちぎる。②あきらかにする、いましめる、つげる。③哲・悊と通じ、つつしむ。

古訓 〔名義抄〕誓 チカフ・イノル・ツ、シム

語系 誓zjiatは哲・悊tiatと声義近く、みな折に従う。折は誓約するときの行為で、哲は知、悊は敬と訓する。哲tjiatは昭明と訓し、心を明らかにすることをいう。

【誓言】せいげん 誓い。誓いのことば。〔書、湯誓〕爾誓言に從はざれば、予は則ち汝を孥戮し、赦す攸有ること罔からん。

【誓社】せいしゃ 社に誓う儀礼。〔礼記、郊特牲〕社の爲に田するときは～其の車賦を簡して其の卒伍を歷へ、君親ら社に誓ひて、以て軍旅を習ふ。

【誓命】せいめい 君の戒めの語。〔礼記、郊特牲〕郊(祭)をトするのとき、命を祖廟に受け、龜を禰宮(父廟)に作ふ。～トするの日、王、澤に立ち、親ら誓命を聽くは、教諫を受くるの義なり。

【誓約】せいやく 誓う。〔三国志、蜀、彭羕伝〕(獄中、諸葛亮に与ふる書)昔每に龐統と共に相ひ誓約す。庶はくは足下の末蹤(一番の後ろ)に託し、心を主公の業に盡し、名を古人に追ひ、勳を竹帛(歴史)に載せんと。

↑誓戒せいかい 戒め／誓願せいがん 願かけ／誓死せいし 命がけ／誓詞せいし 誓言／誓衆せいしゅう 衆を戒める／誓書せいしょ 誓文／誓墓せいぼ 墓に誓う／誓盟せいめい 誓い／誓文せいもん 誓いの文／誓要せいよう 誓約

↓戒誓・祈誓・結誓・弘誓・誥誓・言誓・矢誓・死誓・質誓・祝誓・心誓・信誓・宣誓・聴誓・本誓・命誓・盟誓・黙誓・約誓・要誓・立誓

常【静】14 5725 人〔靜〕16 5225 セイ ジョウ(ジャウ) しずか やすらか しずめる

篆文

金文
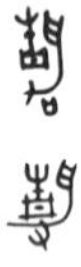

会意 旧字は靜に作り、靑(青)＋爭(争)。靑は青丹、爭は力(耒耜の形。すき)を上下よりもつ形。争奪の争とは同じでない。耜を清めて虫害を祓う儀礼。〔説文〕五下に「審らかにするなり」、〔繫伝〕に「丹青明審するなり」と采色を施す意とするが、耜を修祓する儀礼。これによって耕作の寧静をうることができるとされたのであろう。周初の金文〔班𣪘〕に「東或(国)を靜んず」、後期の〔毛公鼎〕に「大いに從はれて靜らかならず」とみえ、寧静の意に用いる。本来は農耕儀礼として農具を修祓する儀礼であった。粢盛の清らかなことを〔詩、大雅、既醉〕に「籩豆靜嘉」といい、嘉も字形中に力の形を含み、鼓声を加え、祝禱して祓う農耕儀礼をいう字であった。静嘉と合わせて、粢盛の明潔の意とする。竫・靖(靖)・瀞には通用の義がある。斉器の〔国差𦉜〕に「用て旨酒を實たさん。～旨からしめ靜からしめん」とあるのは、瀞の意である。

訓義 ①きよめる、きよい、すむ。②しずか、やすらか、つまびらか。③しずめる、やわらぐ、ととのう、やすむ。④諍と通じ、いさめる。

古訓 〔名義抄〕靜 シヅカナリ・シヅカニ・ヤスム・アキラカ・アヂキナ・オモフ・ヤハラカナリ 〔字鏡集〕靜 アヂキナシ・ハカル・アキラカ・ヤスム・ヤハラカナリ・シヅカナリ・ハカリゴト・オモフ・アキラム

声系 〔説文〕十一上に靜声として瀞を収め、「垢薉無きなり」とする。淨(浄)も声義の近い字である。

語系 靜・瀞・淨dziengは同声。淨を〔説文〕十一上に魯の北城門の池の名とするが、おそらく瀞の省声にして、清浄を本義とする字であろう。

【静一】せいいつ 静かに専心する。〔荘子、刻意〕純粹にして雜へず、靜一にして變らず、淡にして無爲、動くに天行を以てす。此れ神を養ふの道なり。

【静嘉】せいか 清らかで美しい。〔詩、大雅、既醉〕其の告ぐるは維れ何ぞ 籩豆靜嘉なり 朋友攸に攝く 攝くるに威儀を以てす

【静愨】せいかく 安らかでつつましいこと。〔漢書、東方朔伝〕臣聞く、謙遜靜愨ならば、天之れに應を表はし、之れに應ずるに福を以てす。驕溢靡麗ならば、天之れに應を表はし、之れに應ずるに異を以てす。

【静間】せいかん 静かでゆったりしている。楚・宋玉〔楚辞、招魂〕天地四方に 賊姦多し 君が室を像り設け 靜閒にして安し

【静観】せいかん(くわん) 静かに観察する。宋・程顥〔秋日偶成、二首、二〕詩 萬物靜觀するに、皆自得す 四時の佳興、人と同じ 道は通ず、天地有形の外 思ひは入る、風雲變態の中

【静居】せいきょ じっとしている。〔淮南子、天文訓〕秋三月に至れば地氣下藏し、～百蟲蟄伏し、靜居して戸を閉ざす。青女乃ち出で、以て霜雪を降らす。

【静虚】せいきょ 静かでわだかまりがない。〔孔子家語、好生〕舜の君爲るや、～德は天地の若くにして靜虛に、化は四時の若くにして物を變ぜり。

【静坐】せいざ 静かにすわる。〔韓非子、十過〕衞の靈公～夜分にして新聲を鼓する者を聞きて、之れを說ぶ。～乃ち師涓を召して、之れに告げて曰く、～子我が爲に聽きて之れを寫せと。師涓曰く、諾と。因りて靜坐して琴を撫して、之れを寫す。

【静思】せいし 心静かに思索する。〔淮南子、脩務訓〕閒居靜思し、琴を鼓し書を讀み、上古を追觀し、賢大夫を友とし、學問講辯して、日に以て自ら娛しみ、～道の本末を窮め、事の情を究む。

【静清】せいせい 静かで清らか。〔荘子、在宥〕必ず靜必ず淸、女の形を勞すること無かれ。女の精を搖かすこと無れ。乃ち以て長生すべし。

【静寂】せいせき(じゃく) 静かで寂しい。晉・何劭〔雑詩〕靜寂、愴然として歎き 惆悵して出遊して顧る 仰いで垣上の草を視 俯して階下の露を察る

【静躁】せいそう(さう) 静と動。晉・王羲之〔蘭亭集の序〕趣舍萬殊、靜躁同じからずと雖も、其の遇ふ所を欣び、暫く己を得るに當りては、快然として自ら足り、曾ち老の將に至らんとするを知らず。

【静息】せいそく 安らか。梁・陸倕〔石闕の銘〕區宇乂安にして、方面靜息し、役休み務め簡にして、歲阜かに民和らぐ。

【静退】せいたい もの静かでひかえめ。〔晋書、潘尼伝〕性、靜退にして競はず。唯だ勤學著述を以て事と爲す。安身論を著し、以て守る所を明らかにす。

【静聴】静かに聞き入る。晋・劉伶〔酒徳頌〕思ふこと無く慮かること無く、其の樂しみ陶陶たり。兀然として醉ひ、豁爾として醒む。靜かに聽けども、雷霆の聲を聞かず、熟と視れども、泰山の形を覩ず。

【静謐】静かで安らか。〔宋書、礼志一〕(太常馮懐の上疏)況んや今、陛下、聖明を以て朝に臨み、百官虔恭以て事に莅む。朝野虞れ無く、江外靜謐なり。

【静黙】静かにして沈黙を守る。〔管子、宙合〕賢人の亂世に處るや、道の行ふべからざるを知る。則ち沈抑して以て罰を辟け、靜默して以て免るるを俟つ。

【静夜】静かな夜。〔墨子、迎敵祠〕靜夜鼓聲を聞きて譟(譟)ぐは、客の氣を闇むる所以にして、民の意を固くする所以なり。故に時にして譟ぐときは、則ち民疾やまず。

【静慮】静かに思う。〔宋史、蘇轍伝〕陛下即位し、三十四年なり。平居靜慮して、亦た嘗て此に憂ふること有るか、此に憂ふること無きか。臣伏して制策を讀むに、陛下既に憂懼の言有り。

↑静遏 静めとどめる／静安 安静／静晏 静安／静意 心を静める／静域 寺など閑静なところ／静逸 静安／静院 閑庭／静婉 たおやか／静淵 静かで深い淵／静穏 静かで穏やか／静歌 静唱／静境 閑静な境地／静君 隠者／静言 静かに／静厳 静粛／静語 閑談／静功 静坐法／静好 和好／静谷 幽谷／静止 止まる／静舎 精舎／静者 老荘の徒／静修 修養／静粛 静か／静勝 静かな景勝の地／静照 月光／静嘯 静かにうそぶく／静心 心静か／静邃 幽邃／静専 静一／静泰 静安／静昼 昼静か／静寧 静安／静波 小波／静漠 もの静か／静物 植物／静僻 静かな田舎／静養 養生する／静聆 静聴

↓安静・晏静・隠静・雲静・淵静・涵静・閑静・間静・寛静・簡静・希静・虚静・玄静・好静・至静・寂静・主静・守静・秋静・粛静・処静・慎静・綏静・正静・清静・棲静・専静・退静・泰静・湛静・澹静・昼静・澄静・沈静・鎮静・貞静・恬静・動静・寧静・平静・保静・幽静・養静・冷静・廉静・和静

【嘶】 15 6202

セイ いななく むせぶ

形声 声符は斯。〔玉篇〕に「馬鳴くなり」とあり、その嘶く声を写した字であろう。また「噎ぶなり」とあり、しゃがれた、むせぶような声をいう。

訓義 ① いななく、馬がなく。② こえがかれる、しゃがれる。③ むせぶ、むせる、むせび鳴く。

古訓 〔名義抄〕嘶 イバユ・イナ、ク・ウマイナ、ク・ヒ、ラク・コロ、ク・サヘツル・カヒノオトナリ 〔篇立〕嘶 ヒニフク・イナ、ク・コ、ロ(ロ、)ク・イバユ・ヒロク

↑嘶唖 かすれ声／嘶喝 嘶唖／嘶嗌 むせび声／嘶咽 つぶれ声／嘶叫 鳴き叫ぶ／嘶鴻 鳴雁／嘶号 いななく／嘶困 嘶咽／嘶酸 悲鳴／嘶醜 だみ声／嘶嘯 うそぶく／嘶声 馬のいななく声／嘶噪 いななき騒ぐ／嘶譟 嘶噪／嘶囀 曲声／嘶馬 馬がいななく

↓寒嘶・雁嘶・驕嘶・群嘶・鴻嘶・酸嘶・声嘶・長嘶・馬嘶・雄嘶・連嘶

常 【請】 15 0562 〔請〕 15 0562

篆文  簡書 

セイ ショウ(シャウ) こう もとめる うける

形声 声符は青(青)。〔説文〕三上に「謁するなり」とあり、入謁することをいう。情(情)と通用することがあり、〔荀子、成相〕「其の請(情)を明らかにす」、また〔史記、礼書〕「請(情)文俱に盡す」の例がある。

訓義 ① こう、もとめる、面謁することをもとめる、請謁。② ねがう、たのむ、とう。③ うける、ひきうける。

古訓 〔名義抄〕請 コフ・ウク・ネガフ・ス、ム・ウケタマハル・ナル 〔字鏡集〕請 コフ・トフ・ス、ム・モトム・ナル・ウケタマハル・トラフ・ネガフ・ウク

語系 請 tsieng、情 dzieng は声近く、心をこめてねがうことを請というのであろう。

【請纓】投降させる。漢の終軍が長纓を請うて、南越王を服さしめた故事。〔漢書、終軍伝〕軍自ら請ふ、願はくは長纓を受け、必ず南越王を羈ぎ、之れを闕下に致さんと。軍、遂に往きて越王に説く。越王聽許す。

【請益】更に教えを請う。〔礼記、曲礼上〕業を請ふときは則ち起ち、益を請ふときは則ち起つ。

【請謁】貴人に面会を求める。また、請託。〔韓非子、飾邪〕法禁を釋てて請謁を聽かば、群臣は官を上に賣りて賞を下に取る。是を以て利は私家に在り、威は群臣に在り。

【請仮】官吏の休暇願い。〔南史、范泰伝〕時に會稽の世子元顯、權を專らにし、內外百官の請假、復た表聞せず、唯だ元顯を籤するのみ。泰、言ひて以て宜に非ずと爲すも、元顯納れず。

【請間】一人で拝謁する。〔史記、平津侯伝〕(公孫弘)文法吏事に習ひ、又緣飾するに儒術を以てす。～弘、事を奏して不可有るも、之れを庭辯せず。嘗に主爵都尉汲黯と請間す。

【請寄】私事をたのみこむ。請託。〔史記、酷吏、郅都伝〕(郅)都、人と爲り勇にして氣力有り。公廉にして私書を發かず。問遺受くる所無く、請寄聽く所無し。

【請期】婚礼の日取り定め。〔礼記、昏義〕是を以て昏禮には、納采・問名・納吉・納徵・請期に、皆主人廟に筵几し、拜して門外に迎へ、入りて揖讓して升り、命を廟に聽く。

【請讞】下級官吏で扱いがたい案件を、上級機関に回付して審理を求めること。〔後漢書、襄楷伝〕又請讞の煩を避けんと欲し、輒ち疾病に託し、多く牢獄に死せしむ。～死者多くは其の罪に非ず。魂神冤結し、歸訴する所無し。淫厲疾疫、此れよりして起る。

【請託】権力者に私事をたのみこむ。〔後漢書、明帝紀〕今、選擧實ならず、邪佞未だ去らず。權門に請託し、殘吏放手(縱)にし、百姓愁怨す。

【請問】尋ねる。教えを請う。〔史記、汲黯伝〕大將軍(衛青)聞きて愈〻黯を賢とし、數〻國家朝廷の疑はしき所を請ひ問ふ。黯を遇すること、平生に過ぐ。

【請老】隠居を願い出る。〔左伝、襄三年〕祁奚老せんことを請ふ。晉侯、嗣を問ふ。解狐を稱ぐ。其の讐なり。～君子、祁奚を謂ふ。是に於てか能く善を擧げたり。其の讐を稱げて諂と爲さず。其の子を立てて、比すると(身びいき)爲さず。其の偏を擧げて、黨と爲さず。

↑請雨 雨乞い／請暇 官吏の休暇願い／請匄 求める／請願 お願い／請求 求める／請急 請暇／請賕 賄賂を要求する／請訓 指示を求める／請見 請謁／請坐 お席に／請罪 減刑を願う／請旨 勅命をまつ／請室 牢獄／請謝 お礼／請酒 馳走する／請寿 祝杯／請書 招待状／請成 休戦／請奏 上奏／請属 依嘱する／請托 請託／請平 請成

↓干請・勧請・祈請・起請・求請・強請・啓請・堅請・固請・懇請・私請・招請・上請・申請・誠請・奏請・朝請・禱請・普請・聘請・要請・稟請・礼請

【靚】 15 5621

篆文 

セイ よそおう うるわしい

形声 声符は青(青)。〔説文〕八下に「召すなり」とするがその用義例なく、〔広雅、釈詁

二〕に「呼ぶなり」とあって、その字の訓であろう。〔玉篇〕に「装飾なり」とあり、その義に用いる。彡部に「彰は清飾なり」とあって、彰・靚は通用の字である。

訓義 ①よそおう、かざる。②うるわしい、しとやか。③静と通じ、しずか。④請と通じ、よぶ、めす。

古訓 〔名義抄〕靚 オモフ・シヅカナリ 〔字鏡集〕靚 メス・ミル・シヅカナリ・オモフ・ヨバフ・カザル・ヨソホル・ヨソホヒ・オソシ

語系 靚・彰 dzieng は同声。「召す」という訓は、もと廟見の際の靚粧のことからの転義であろう。また請謁の請（請）tsieng と関連する訓であるかもしれない。

【靚妝】美しく化粧する。唐・陸亀蒙〔鄴宮詞、二首、二〕詩 暁日、靚妝す、千騎の女 白櫻桃下、紫綸の巾

【靚装】美しくよそおう。南朝宋・顔延之〔三月三日曲水詩の序〕袂を風山に揚げ、袖を陰澤に擧ぐ。靚装は野を藻どり、袨服は川を縟いろる。

【靚飾】美しくよそおう。〔後漢書、南匈奴伝〕呼韓邪、辭するに臨みて、大いに會す。帝、五女を召して、以て之れに示す。昭君の豐容靚飾、漢宮に光り明かがやく。顧景裴回するに、左右を竦動す。

↑靚衣 美しい衣裳／靚粧 靚妝／靚糚 靚粧／靚深 もの静か

↓豔靚・華靚・閑靚・妍靚・徐靚・妝靚・深靚・荘靚

常【整】16 5810 セイ ととのえる ととのう そろう

篆文  金文 

形声 声符は正。敕は柞薪など不整のものを束ねて整える意。〔説文〕三下に「齊ふるなり」とし、正の亦声とする。金文の〔晋公盆〕に「爾の容を整へ辭めよ」とあり、すべてのものを斉整にすることをいう。

訓義 ①ととのえる、ととのう、そろえる、そろう。②おさめる、ただす、ただしい状態とする。

古訓 〔名義抄〕整 ト、ノフ・ツクロフ・ヨソホヒ・カイツクロフ 〔字鏡集〕整 イマシム・ツクロフ・ナマジヒ・ナマジヒニ・ト、ノフ・ヒトシム・カイツクロフ・タヾス・ヒトシ

語系 整・正 tjieng は同声。敕 tjiak にその原義があり、正の声義を加えてその意を明確にした。

【整厳】しまりがあり、重々しい。〔宋史、馬従先伝〕従先、性、整厳、盛夏と雖も袒跣（かたぬぎし、はだしとなる）せず。晩に佛を學び、預め其の終る時を言ふ。年七十六にして卒す。

【整秀】ととのい秀れる。〔宋史、外国三、高麗伝〕宜しく問學博洽、器宇整秀なる者を得て、召して中書に赴かしめ、試みるに文を以てし、乃ち遣るべし。又遠服なるを以て、其の備はらんことを責めざれ。

【整粛】厳粛で行儀正しい。〔抱朴子、酒誡〕急醉して止まず。～是こに於て～遲重なる者も蓬（転蓬）のごとく轉び、波のごとく攪だれ、整肅なる者も鹿のごとく踊り、魚のごとく躍り、口寒暑に訥なる者も、皆掌を搖かし聲を譜す。

【整飾】ととのえ飾る。〔後漢書、承宮伝〕北單于、使を遣はして、（承）宮を見るを得んことを求む。顯宗勅して自ら整飾せしむ。宮對へて曰く、～臣の狀、醜なり。以て遠に示すべからず。宜しく威容有る者を選ぶべしと。帝乃ち大鴻臚魏應を以て之れに代ふ。

【整斉】まとめととのえる。〔六韜、犬韜、教戦〕太公曰く、凡そ三軍を領するには、金鼓の節有り。士衆を整齊する所以の者なり。

【整頓】よくととのう。〔後漢書、循吏、仇覧伝〕母、覧に詣たりて（その子、陳）元の不孝を告ぐ。覧驚きて曰く、吾れ近日舍を過ぐるに、廬落整頓し、耕耘時を以てす。此れ惡人に非ず。當に是れ教化の未だ至るに及ばざるべきのみ～と。

↑整衣 衣をととのえる／整冠 冠を正す／整笏 笏を正しくもつ／整裁 決断する／整治 治まる／整峻 ととのえる／整厳／整整 よくととのう／整然 ととのう／整飭 ととのえる／整天 一日中／整套 一揃い／整比 ととのえ並べる／整備 ととのえ備える／整密 ゆき届く／整民 治める／整容 美容／整乱 治乱／整理 ととのえ治める／整旅 軍をととのえる／整励 気を励ます／整列 斉列／整勒 治めととのえる

↓完整・閑整・規整・均整・禁整・厳整・裁整・秀整・修整・粛整・峻整・峭整・斉整・精整・端整・調整・不整・補整・方整・遒整

常【醒】16 1661 セイ さめる さとる

篆文 

形声 声符は星。〔説文新附〕十四下に「醉解くるなり」とあり、酒の酔いがさめること。のち、すべて迷誤の解ける意に用いる。酔狂に対して、酒を飲まずしてよく狂うものを、醒狂という。

訓義 ①さめる、酔いがさめる。②めざめる、さとる、迷いがはれる。

古訓 〔名義抄〕醒 サトル・ユルス・サム 〔字鏡集〕醒 サケ（メ）タル・タケナハニノム・サカヤモヒ・エフ

【醒狂】酒を飲まずに狂う。〔漢書、蓋寛饒伝〕許伯～曰く、蓋君には後に至らんと。寛饒曰く、多く我に酌むこと無かれ。我は乃ち酒狂なりと。丞相魏侯笑ひて曰く、次公（寛饒の字）は醒むるも狂なり。何ぞ必ずしも酒のみならんと。

【醒悟】気がついて悟る。〔抱朴子、勖学〕粉黛至れば、則ち西施（呉の美女）も以て麗を加へ、宿瘤（斉の閔王の后、瘤女）も以て醜を藏す。經術深ければ、則ち高才の者は洞達し、鹵鈍の者は醒悟す。

【醒酒】酒の酔いがさめる。唐・杜甫〔鄭広文に陪して、何将軍の山林に遊ぶ、十首、九〕詩 將軍、武を好まず 稚子、總べて文を能くす 酒を醒まさせて、微風入り 詩を聽いて、靜夜分る

【醒酔】醒めると、酔うと。晋・陶潜〔飲酒、二十首、十三〕詩 一士は常に獨り醉ひ 一夫は終年醒めたり 醒と醉と、還た相ひ笑ひ 發言、各〻領せず

【醒睡】めざめると、ねむると。唐・鄭谷〔浯溪〕詩 湛湛たる清江、疊疊の山 白雲白鳥、其の間に在り 漁翁醉うて睡り、又醒めて睡る 誰か道ふ、皇天最も閑を惜しむと

【醒目】めざめている。宋・梅尭臣〔永叔（欧陽脩）酒を贈る〕詩 一日復た一夕 醒目、常に眠らず 窮臘忽ち怪しむべし 雙壺故人より傳ふ

↑醒豁 明白／醒眼 酔いさめ顔／醒寤 めざめ／醒誤 正誤／醒日 酒のさめている日／醒心 めざめている心／醒醒 はっきりしているさま／醒然 めざめているさま／醒薬 気付けの薬／醒亮 心がさめて明らか

↓覚醒・喚醒・眼醒・警醒・孤醒・酒醒・愁醒・初醒・心醒・晨醒・酔醒・睡醒・蘇醒・独醒・半醒・夢醒

【嚌】17 6002 セイ なめる

篆文 

形声 声符は齊（斉）。〔説文〕二上に「嘗むるなり」とし、「周書に曰く、大（太）保、同（酒器）を受け、祭りて嚌む」と〔書、顧命〕の文を引く。口をつけるだけの飲みかたをいう。

訓義 ①なめる、くちをつける。②鳥の声の形容。③うれえる声、多くの声。

古訓 〔名義抄〕嚌 カム・クフ・ナム

↑嚌咨 嘆く／嚌截 美食／嚌嚌 嘆く

↓祭嚌・小嚌・嘗嚌・先嚌・味嚌

【擠】17 5002 セイ サイ おしおとす おす

篆文

形声 声符は齊（斉）せい。〔説文〕十二上に「排するなり」とあり、人を排擠はいせいするをいう。〔左伝、昭十三年〕「小人、老いて子無し。溝壑こうがくに擠おつることを知るのみ」とは、野たれ死にの意。〔広雅、釈詁三〕「推すなり」は、擠し落とすことをいう。

訓義 1おしおとす、おす、おしのける。2おちる、そこなう、くじく。3ほろぼす。

古訓 〔名義抄〕擠 オス・ヒトシ・オシヒラク・ツク・オチイル・ハラフ 〔字鏡集〕擠 オス・ヲトシル・オシヒラク・ヲツ・ヲチイル・ツク・キル・キハム・トル・ハラフ

語系 擠・躋tzyeiは同声。躋は登る。これを墜とすことを擠という。抵tyeiも声義近く、「擠す」と訓する字である。

【擠害】せいがい 陥れ害する。〔元史、阿魯図伝〕別児怯不花、嘗つかて阿魯圖と謀り、脱脱を擠害す。

【擠陥】せいかん 陥れ害する。〔能改斎漫録、十二、記事一〕朝廷、元祐黨籍の人の、直節正論を以て、横よこさまに蔡京・蔡卞さいべん等に擠陥せられしを哀憫あいびんし、因りて下詔して官職を追復し、其の子孫に祿せしむ。

↑擠機せいき ゆがけ／擠摧せいさい くじく／擠洗せいせん 洗い落とす／擠排せいはい 斥ける／擠抑せいよく 抑える

↓陰擠・讒擠・排擠

【篲】17 8817 ［䈗］17 8860 セイ スイ ほうき

篆文 古文

形声 声符は彗せい。〔説文〕又ゆう部三下に「彗は掃竹なり」とある。重文として篲を録し、また䈗を古文彗として収めている。

訓義 1ほうき。2ほうきぼし。3竹の名、篠竹。

古訓 〔名義抄〕篲 ハヽキ 〔篇立〕篲 ソヽキ・ハキ・ハシ

【篲箒】せいそう（さう） 掃除。唐・白居易〔養竹記〕關氏の老に詢とうに、則ち曰く、此れ相國の手植の者なり。相國の館を捐すてしより、他人假居し、是れに由り筐篚きょうひ（草摘み）の者斬り、篲箒の者刈る。

↑篲篠せいじょう 細竹／篲星すいせい 彗星／篲禿せいとく 破れ箒

↓一篲・綺篲・如篲・杖篲・帚篲・満篲・擁篲

【隮】17 7022 セイ サイ のぼる

形声 声符は齊（斉）せい。〔書、顧命〕に「賓階より隮のぼる」とあり、儀場に入ることをいう。自ふは神梯。高きに登ることを躋という。朝隮は虹。「擠おつ」と対待の義をなす字である。

訓義 1のぼる、聖域にのぼる、儀場にのぼる。2上にのぼるもの、にじ。3擠と通じ、おちる、おとす。

古訓 〔字鏡集〕隮 ノボル・クモヰ

語系 隮・躋・擠tzyeiは同声。隮・躋は陞る。聖域に入ることを隮という。擠はおしおとす。隮と対待の義をなすことからいえば、聖域への侵入者を排除する意であろう。

↑隮墜せいつい おちる

↓朝隮

【騂】17 7034 セイ あかうま あかい

篆文 甲骨文 金文

形声 もと騂に作り、声符は𢆉せい。卜文にその字がある。赤黄色の馬、また牛をいう。〔説文新附〕十上に「馬の赤色なるものなり」とあり、犧牲に用いた。〔論語、雍也〕に「犂りし牛（雑毛の耕牛）の子も、騂あかくして且つ角あらば、用ふること勿からんと欲すと雖も、山川（の神）其れ諸これを舍すてんや」とみえる。

訓義 1あかうま、あかうし。2あかい、純赤色、赤黄色。

古訓 〔名義抄〕騂 アカシ

語系 騂・𢆉siuengは同声。𢆉声の字に觲・垟二字があり、觲は角の形容、垟は赤剛土をいう。

【騂犧】せいぎ 赤い純色の犧牲。〔詩、魯頌、閟宮〕享するに騂犧を以てす 是れを饗し是れを宜なへ 福を降すこと既に多し

【騂剛】せいこう（がう） 赤い犧牲。剛は犅、赤い牡牛をいう。〔礼記、明堂位〕殷人は白馬黑首、周人は黃馬蕃鬣はんれふ（赤鬣）、～殷は白牡、周は騂剛なり。

【騂騂】せいせい 弓の調うさま。〔詩、小雅、角弓〕騂騂たる角弓 翩へんとして其れ反せり

【騂牡】せいぼ 犧牲として用いる赤色の雄牛。〔詩、大雅、旱麓〕清酒既に載せ 騂牡既に備はる

↑騂顔せいがん 赤ら顔／騂弓せいきゅう 赤い弓／騂牛せいぎゅう 赤牛／騂駒せいく 赤毛の駒／騂犅せいごう 騂剛／騂牲せいせい 赤毛の牲／騂赬せいてい 赤い色／騂馬せいば 赤黄色の馬／騂旄せいぼう 赤い牛／騂酪せいらく 乳牛／騂驪せいり 赤馬と黒馬／騂騮せいりゅう 赤栗毛

↓紫騂・純騂・犢騂

【臍】18 7022 セイ ほぞ へそ

篆文

形声 声符は齊（斉）せい。〔説文〕四下に「朏臍しせいなり」とあり、へそ。齊をその意に用いることがある。体力の根原は臍の下にあり、これを丹田という。

訓義 1ほぞ、へそ。2へそ状の凸起のもの。3果物のへたの反対側の凹処。4字はまた齊に作る。

古訓 〔篇立〕臍 タフサ・ホゾ・ヘソ

語系 臍・齊dzyeiは同声。通用することがある。

【臍下】せいか へその下。丹田のあるところ。〔雲笈七籤、十一、上清黄庭内景経、脾長章、注〕王曆經に云ふ、下丹田なる者は、人命の根本、精神の藏する所、玉氣の元なり。臍下三寸に在り。

【臍燃】せいねん へその脂がもえる。〔後漢書、董卓伝〕（董卓の）尸を守る吏、火を然もやして卓の臍中に置く。光明、曙に達し、是かの如きこと日を積かさぬ。

↑臍香せいこう 麝香／臍噬せいぜい ほぞをかむ。後悔するも及ばぬたとえ／臍帯せいたい へその緒

↓瓜臍・過臍・磑臍・凝臍・麝臍・噬臍・磨臍

【薺】18 4422 セイ はまびし なずな

篆文

形声 声符は齊（斉）せい。〔説文〕一下に「疾黎しつれいなり」（段注本）とし、「詩に曰く、牆に薺有り」と〔詩、鄘風、牆有茨〕の句を引く。今、字を茨（茨）に作る。疾黎は蒺藜。〔爾雅、釈草〕に「茨は蒺藜なり」とみえる。はまびし。また〔詩、邶風、谷風〕「其の甘きこと薺なずの如し」とは、甘菜をいう。

訓義 1はまびし。2なずな。

古訓 〔和名抄〕薺蒿 於波岐（おはぎ） 〔名義抄〕薺 シロヨモギ・オハギ 〔字鏡集〕薺 ナヅナ・ムハラ・マサ・ヲシロ

↑薺蒿せいこう よめな／薺菜せいさい なずな／薺麦せいばく 薺と麦

↓采薺・楚薺

【瀞】19 3215 ［浄］11 3215 セイ ジョウ（ジャウ） きよい とろ

篆文

形声 声符は靜（静）せい。〔説文〕十一上に「垢薉こうわい無きなり」とあって、水の清澄な意とする。淨（浄）と声義が通ずる。わが国では「とろ」とよみ、波の穏やかなところ。淵瀬をいう。

訓義 1きよい、すむ、いさぎよい。2わが国では、「とろ」という。

古訓 〔名義抄〕瀞・淨 キヨシ・キヨム・イサギヨシ 〔字鏡集〕淨・瀞 キヨシ・イケ・サムシ・スヽシ・イサギヨシ

語系 瀞・淨・靜dziengは同声。声義に通ずるところがある。

【穧】19 2092 セイ かりいね

篆文

形声 声符は齊（斉）せい。齊は穂先の意であろう。〔説文〕七上に「穫刈せしものなり」とあり、かり倒したままで田に残してあるものをいう。〔詩、小雅、大田〕に「此ここに斂をさめざるの穧有り」とみえる。

訓義 ①かりいね、かりたおしたままのいね。②かる、かりつかねる。③一つかね、少ない。④字はまた齊に作る。

古訓 〔名義抄〕穧 イナタハリ・タハリ

↓穉穧・秉穧

【鯖】19 2532 セイ よせなべ にしん さば

形声 声符は青（青）せい。〔西京雑記、二〕に「五侯鯖ごこうせい」というよせ鍋の話がみえる。魚の名としては、にしん。わが国では、青に従う意をとって、さばにあてる。

訓義 ①肉と魚のまぜ煮、よせ鍋。②にしん。③わが国では、さば。

古訓 〔和名抄〕鯖 阿乎佐波（あをさば）〔名義抄〕鯖 アヲサバ・サバ・シヽマ・コロヲ・カセ・ニゴヨシ〔字鏡集〕鯖 アヲサバ・サバ・ニコヨシ・ネコヨシ

↑鯖鰐せいがく 鯖とわに／鯖魚せいぎょ にしん／鯖車せいしゃ 喪車

↓酸鯖・腥鯖・飯鯖

【蠐】20 5012 セイ シ すくもむし

篆文

形声 声符は齊（斉）せい。〔説文〕十三上に「蠐螬なり」とあり、すくもむし。また蝤蠐しゅうせいは、きくいむし。

訓義 ①すくもむし。②きくいむし。

【蠐螬】せいそう すくもむし。〔晋書、孝友、盛彦伝〕母王氏、疾に因り明を失ふ。～婢使ひに至るまで、數々しばしば棰撻すいたつ（むちうつ）せらる。婢、忿恨し、～蠐螬を取りて炙りて之れを飴くらはしむ。母～彦に示す。彦、之れを見て、母を抱きて慟哭し、（気）絶して復また蘇る。母の目豁然くわつぜんとして即ち開き、此れより遂に愈いゆ。

【蠐領】せいりょう きくいむしのような色白のえりくび。〔詩、衛風、碩人〕手は柔荑じうていの如く 膚はだは凝脂の如し 領くびは蝤蠐しゅうせいの如く 齒は瓠犀こさいの如し

↓蝤蠐

【躋】21 6012 セイ のぼる

篆文 金文

形声 声符は齊（斉）せい。〔説文〕二下に「登るなり」と訓し、〔書、微子〕「予は顚躋てんせいせん」の文を引く。今本は「顚隮」に作る。おとすときには擠という。

訓義 ①のぼる、あがる。②ふむ。③おちる。

古訓 〔名義抄〕躋 ノボル・ワタル・ワタル・フム・アグ〔字鏡集〕躋 アグ・イタル・ワタル・フム・ノボル・コユ

語系 躋・隮・擠tzyeiは同声。上方に登るを躋、聖所に登るを隮、そのような聖所に入ることを拒んで排擠することを擠という。隮・擠は対待の義をなす語である。

↑躋升せいしょう のぼる／躋陞せいしょう のぼる／躋致せいち 到達する／躋顚 昇降／躋陟せいちょく のぼる／躋登せいとう のぼる／躋堂せいどう 堂に上る／躋攀せいはん よじのぼる／躋陵せいりょう 登攀する／躋覧せいらん 高所にのぼって眺望する

↓晨躋・阻躋・朝躋・登躋・攀躋

【齎】21 0022 セイ シ もたらす おくる

篆文 古印璽

形声 声符は齊（斉）せい。〔説文〕六下に「持して遺おくるなり」とあり、人に遺贈することをいう。〔周礼、春官、小祝〕に「道齎の奠てんを設く」とあり、神に供え、人に供することをいう。死者とともに埋葬することを、齎送という。

訓義 ①もたらす、あたえる、おくる、わたす。②そなえる、すすめる。③もつ、もちもの。④咨と通じ、なげく、ああ。⑤資と通じ、もたらすもの、おくるもの。

古訓 〔名義抄〕齎 モツ〔字鏡集〕齎 ツク・アタフ・ツヽム・オフ・サヽグ・タマフ・ソナフ・タモツ・モツ・トル・キル

語系 齎・隮・躋tzyeiは同声。聖域に登ることを隮といい、また躋といい、登って供えることを齎という。齊は婦人が祭事に従うときの簪飾しんしょくの形。すべて神事に関して用いる語であった。

【齎酒】せいしゅ 酒を持参する。〔後漢書、方術下、左慈伝〕（曹）操、近郊に出づ。士大夫の從ふ者百許人。慈乃ち爲に酒一升・脯一斤を齎もたらし、手自ら斟酌す。百官醉飽せざる莫なし。操、之れを怪しみ、其の故を尋ねしむ。行きて諸鑪を視る。悉く其の酒脯亡なし。

【齎送】せいそう おくる。〔荘子、列禦寇〕荘子將まさに死せんとす。弟子厚く之れを葬らんと欲す。荘子曰く、吾われ天地を以て棺槨くわんくわくと爲し、日月を以て連璧と爲し、星辰を珠璣しゅきと爲し、萬物を齎送と爲す。吾が葬具、豈に備はらずや。

【齎糧】せいりょう 食糧を持参する。〔史記、大宛伝〕牛十萬・馬三萬餘匹・驢騾・橐它たくだ萬を以て數ふ。多く糧を齎もたらし、兵弩甚だ設く。天下騒動し、傳へて相ひ奉じ宛を伐つ。凡そ五十餘校尉なり。

↑齎貨せいか 貨をもたらす／齎金せいきん 金をもたらす／齎擊せいげき 捧持する／齎嗟せいさ 嘆く／齎材せいざい 資材／齎咨せいし ああ／齎刺せいし 名刺を出す／齎持せいじ 持参する／齎銭せいせん 銭を送る／齎物せいぶつ 物をもたらす／齎米せいべい 米を持参する／齎捧せいぼう 捧持する／齎用せいよう 資用

↓軽齎・財齎・重齎・装齎・約齎

【霽】22 1022 セイ はれる

篆文

形声 声符は齊（斉）せい。〔説文〕十一下に「雨止むなり」とあり、雨後に晴れる意。朝隮ちょうせいは虹。霽れるとき虹が空にのぼりあらわれるので、霽・隮は関係のある字である。

訓義 ①はれる、雨があがる、雲や霧がはれる。②すっきりとする、さっぱりとする。③あたたかでのどか。

古訓 〔新撰字鏡〕霽 日波礼奴（ひはれぬ）〔篇立〕霽 ハル・キル・ヒハレタリ〔字鏡集〕霽 アメヤム・ハル・キル・ハレタリ

語系 霽tzyei、霋tsyeiは声義近く、〔説文〕十一下に「霋之れを霽と謂ふ」とみえる。隮tzyeiも同声。虹を朝隮というのは、雲気が躋のぼる意であろう。

【霽月】せいげつ 雨後の月。ことに光が冴えてみえる。〔宋史、道学一、周敦頤伝〕黄庭堅稱いふ、其の人品甚だ高く、胸懷灑落さいらく、光風霽月の如し～と。

↑霽威せいい 怒りが解ける／霽雨せいう 雨がはれる／霽景せいけい 晴れた景／霽後せいご 雨がはれた後／霽紅せいこう 陶器の釉の色／霽止せいし 雨がやむ／霽日せいじつ 晴れた日／霽青せいせい 陶器の釉の色／霽朝せいちょう 雨後の朝／霽氛せいふん はれ上がりの空／霽明せいめい 清明／霽藍せいらん 陶器の釉の色

↓陰霽・雨霽・佳霽・開霽・暁霽・午霽・光霽・秋霽・春霽・初霽・小霽・清霽・晴霽・夕霽・朝霽・澄霽・天霽・晩霽・風霽・余霽・林霽

【䶒】22 0022 セイ いそしむ ひとしい

篆文

会意 齊（斉）せい＋妻さい。齊は婦人が祭事に従うときの簪飾しんしょくを加えた形。妻も髪飾りを

つけた婦人の姿で、その簪飾は參（参）の字形のように中央に集めて揩しこんである。〔説文〕七上に「等しきなり」とするが、斉等の字には齊を用い、祭事にいそしむ意には齎を用いる。齎の字の従う齊は、齋（斎）の意である。

訓義 ①いそしむ、祭事にいそしむ。②齌と同じく、祭事に従う婦人。③斉と同じく、ひとしい。

古訓 〔字鏡集〕齎 ヒトシ

語系 齎・齊 dzyei は同声。齊は簪飾の高さが揃う形。簪飾の高低あるものは參で、參差という。齎はおそらく齌 dzyei と同字であろう。〔詩、召南、采蘋〕「誰か其れ之れを尸る 齊たる季女有り」の齊は齌に作るべく、齌は〔説文〕十二下に「材なり」とするが、〔広雅、釈詁一〕に「好なり」とあり、斎敬の装いをした「齌しき」季女の意である。

【韲】 23 4410 セイ あえる

形声 声符は齊（斉）の省形。〔釈名、釈飲食〕に「齏は濟なり。諸味と相ひ濟成するなり」とするが、韲は齏と通用し、だいたいは漬物類をいう語である。

訓義 ①あえる、あえもの。②つけもの、しおづけ。

↑韲塩 粗食／韲槽 冗語

【齏】 23 0022 セイ なます あえもの

篆文

形声 声符は齊（斉）。野菜を細く切ってなますとする。韭は細く切りそろえた形。字は韲と声義同じ。〔周礼、天官、醢人〕にみえる「五齊七醢」の齊は齏で、塩もの、〔礼記、曲礼上〕に「飯齊」「醬齊」というものも、みな齏の意である。

訓義 ①なます、あえもの。②くだく、細くきる、まぜる。③しおもの。

古訓 〔名義抄〕齏 アヘモノ

↑齏塩 粗食／齏粉 粉身

ゼイ

【汭】 7 3412 ゼイ くま みぎわ

篆文

形声 声符は内（內）。金文に内を芮伯の芮に用いる。〔説文〕十一上に「水相ひ入るなり」とあって、二水の合するところの水涯をいう。水の入りこんで流れるところである。

訓義 ①ながれこむ、みずあい。②かわのくま、みぎわ。

古訓 〔字鏡集〕汭 ホトリ

語系 汭・枘 njiai は同声。枘の枘鑿相入れるを枘といい、水の相入れるを汭という。みな内の声義を承ける。

↓嬀汭・涇汭・江汭・沙汭・洛汭

【枘】 8 4492 ゼイ ほぞ

会意 木＋内（內）。枘をつける、鑿りこんだところに栓をする意。〔玉篇〕に「柯の枘なり」とあり、枘をさしこむ穴をいう。

訓義 ①ほぞ。②枘のあな。③草木の若芽。

古訓 〔新撰字鏡〕枘 宇太知（うたち）、又、宇豆波利（うつはり）〔名義抄〕枘 ウタチ・フタ

【枘鑿】 枘の端と、ほぞ穴。楚・宋玉〔楚辞、九弁、五〕圜の鑿にして方の枘ならば 吾れ固より其の鉏鋙して入り難きを知るなり

↑枘円 枘が円で鑿が方、はめこみの合わぬもの

↓鑿枘・方枘

【芮】 8 4422 ゼイ めばえ

篆文

金文

その他

形声 声符は内（內）。金文に芮伯の芮を内に作る。〔説文〕一下に「芮芮は艸の生ずる皃なり」とし、汭の音でよむという。また汭・蜹に通用することがある。

訓義 ①めばえ、草のめばえ、そのわかくしなやかなさま。②小さなさま。③汭に通じ、みぎわ。

古訓 〔篇立〕芮 ヲシイデタリ・イヤシ・シロケナシ

語系 芮・汭・蜹 njiai は同声。通用することがある。

【芮草】 若草。〔水経注、夷水〕丹水又其の下を逕へ、積して淵を爲す。淵に神龍有り。旱する毎に、村人芮草を以て淵の上流に投ず。魚則ち多く死す。龍怒り、時に當りて大いに雨ふる。

↑芮温 綿／芮芮 草の芽の細くやわらかいさま

【帨】 10 4821 ゼイ てふき ぬぐう

篆文

形声 声符は兌。兌に税（稅）・説（說）の声がある。〔説文〕七下に「帥は佩巾なり」とあって、帨を帥の重文とするが、帨は女子の用いるもので、帥とは異物である。〔礼記、内則〕に、女子の出生のとき、門の右に帨（佩巾）を係けることをしるしており、帨は女子の象。〔詩、召南、野有死麕〕「我が帨を感かすこと無かれ」とは、男のわるふざけをたしなめる詩である。

訓義 ①てふき、てぬぐい、こしにさげるきれ。②ふく、ぬぐう、手をふく。

古訓 〔名義抄〕帨 ノゴフ・キヨシ・オホフ・マダラカナリ・アキラカナリ

語系 帥に sjiuat と shiuat の二音があり、帨 sjiuat のときは佩巾の意。帨 sjiuat は帨と同声。帨は礼巾をいう。

【帨縭】 てふきと香袋。結婚するときの女のもちもの。唐・韓愈〔崔二十六立之に寄す〕詩 長女當に事に及ぶべし 誰か助けて帨縭を出ださん

↑帨纓 化粧函／帨巾 てふき

↓巾帨・結帨・垂帨・帥帨・綵帨・設帨・佩帨・鞶帨・紛帨・練帨

【脆】 10 7721 〔脃〕 10 7721 ゼイ やわらかい もろい よわい

篆文

会意 正字は脃に作り、肉（⺼）＋色。〔説文〕四下に「小耎にして斷ち易きなり」とあり、「絕の省聲」とするが、絕と関係のある字ではない。色は人を後ろより擁して交わる形。その部分の肉を脆という。肉の柔弱なる意より、脆美の意となる。

訓義 ①やわらかい、肉のやわらかい部分。②もろい、よわい。③こえたやわらかい肉、美しい。

古訓 〔新撰字鏡〕脆 毛呂志（もろし）〔名義抄〕脆 モロシ・ウシロ・ヤハラカナリ 〔字鏡集〕脆 ウルハシ・アヤフシ・ヤハラカ・モロシ・キ（ヤ）ハラカキナリ

【脆怯】 弱くて臆病な者。〔宋史、外国二、夏国伝下〕砲手二百人有り。潑喜と號す。～石を縱つこと拳の如し。漢人の勇者を得て前軍と爲す。～脆怯にして他伎無き者の若きは、河外に遷して耕作せしめ、或いは以て肅州を守らしむ。

【脆弱】 弱くて無力。〔後漢書、列女、董祀の妻の伝〕（悲憤詩、二章、一）（董）卓の衆、來りて東下す 金甲日光に耀く 平土の人、脆弱 來兵は皆胡羌 ～馬邊には男の頭を縣け 馬後には婦女を載す

【脆薄】 気風が軽薄なこと。〔後漢書、循吏、許荊伝〕桂陽の太守に遷る。郡は南州に濱し、風俗脆薄にして學義を識らず。荊、爲に喪紀婚姻の制度を設け、禮禁を知らしむ。～官に卒す。桂陽の人、爲に廟を立て碑を樹つ。

【脆味】柔らかく口あたりのよい食物。〔韓非子、揚権〕夫れ香美脆味、厚酒肥肉は、口に甘くして形（身体）を疾ましめ、曼理皓歯（美女の形容）は、情を説ばしめて精を損す。

↑脆脚　脚気／脆潔　柔らかく清い／脆好　脆弱／脆骨　軟骨／脆促　浮世／脆断　弱くて折れる／脆美　柔らかく美しい／脆亮　清脆

↓甘脆・軽脆・柔脆・清脆・雪脆・耎脆・爽脆・肥脆・美脆

【毳】 12　2071

ゼイ　セツ
にこげ　けがわ　やわらかい

篆文　金文

会意　三毛に従う。〔説文〕八上に「獸の細毛なり」とあり、密生する細毛をいう。〔礼記、内則〕に「羊の泠毛にして毳ある」とあり、毛織の衣服をすべて毳衣という。

訓義　①にこげ、むくげ、はらげ。②けおりもの。③毛皮。④脆と通じ、やわらかい、もろい。⑤橇に通じて、そり。

古訓　〔新撰字鏡〕毳　波良介志（はらけし）、又、知留（ちる）〔名義抄〕毳　マ（ニ）コゲ・カモ　〔篇立〕毳　カモノケ・ニコヤカ・ツ、ゲ・ニコゲ・ホソイト・ソ、ケ

声系　〔説文〕に毳声として膬など四字を収める。膬四下は「耎はらかくして破れ易きなり」とあって、毳の類をいう。

【毳衣】毛織の服。多く北方の族が用いた。〔宣和遺事、後集〕（天輔十七年）小兒三人有り、～弓矢手に在り、跳躍笑語す。皆毳衣跣足なり。近づきて之れを視るに、竝びに三口有り。器中の血を取りて、擧げて頓かに之れを食ふ。

【毳帳】毛織の幕。氈帳。〔唐書、吐蕃伝上〕城郭廬舍有るも、肯へて處らず。毳帳を聯ねて以て居る。大拂廬と號し、數百人を容る。

【毳毛】（まう）細く柔らかい毛。〔周礼、天官、掌皮〕其の毳毛を共（供）し、氈（毛布）を爲りて以て邦の事を待つ。

↑毳褐　僧衣／毳客　僧／毳俗　北方の俗／毳衲　毳褐／毳嚢　皮袋／毳幕　毳帳／毳布　毛布／毳冕　毳服と冕冠／毳袍　毛の長衣／毳簾　毛布のすだれ

↓鵝毳・鶴毳・甘毳・衮毳・采毳・細毳・濡毳・柔毳・氈毳・素毳・霜毳・雉毳・白毳・被毳・美毳・毛毳・翼毳

常【税】 12　2891　〖稅〗 12　2891

ゼイ　タツ　タイ
みつぎ

篆文

形声　声符は兌。兌に帨・説（説）の声がある。〔説文〕七上に「租なり」とあり、また租字条に「田賦なり」とあって、米粟の類を納めさせることをいう。〔春秋、宣十五年〕「初めて畝に稅す」とあり、税率はほぼ一割を原則とした。また脱と通じ、舍き放つ意がある。

訓義　①みつぎ、農作物を税として納める、とりたてる。②脱と通じ、おく、はなつ、とく、ゆるす。③繐と通じ、喪服。④悦と通じ、よろこぶ。

古訓　〔名義抄〕税　クダル・ト、ム・ヤドル・オサム・スツ・チカラ・オホヂカラ・ハナツ・タテマツル・トル・クダク・ヲサフ・クラオロス・ユルス・オロス　〔字鏡集〕税　トル・ハナツ・ト、ム・ヤドル・チカフ・ユルス・クラオロス・オホヤケノモノ・イハフ・マツル・スツ・ヌク・オサム・オロス・カラ・オサフ・オホテ・クダル・イヘタルマ・オホチカラ・ハナテウク・タテマツル・イタス・クダス・ハタル・クダク

語系　税・蛻・脱（脫）thuat は同声。税は蛻脱のように、中身を抜き出す意であろう。敓・奪 duat と声義近く、敓とは「彊取する」こと。説に捝 thuat の声があり、解き脱することをいう。

【税駕】車の馬を解く。世を退く。〔史記、李斯伝〕李斯、家に置酒す。百官の長皆前んで壽を爲し、門廷の車騎、千を以て數ふ。李斯喟然として歎じて曰く、～當今、人臣の位、臣の上に居る者無し。富貴極まると謂ふべし。物極まれば則ち衰ふ。吾れ未だ駕を税く所を知らざるなりと。

↑税課　税／税介　甲をぬぐ／税居　借家／税局　税務署／税銀　税金／税契　権利証書／税驂　税駕／税車　税駕／税鈔　税金／税餉　租税／税租　租税／税息　休息する／税単　徴税令書／税賦　年貢／税服　喪服の一／税物　課税品／税冕　冠をぬぐ／税畝　家田の税／税米　年貢／税斂　税収

↓衣税・印税・科税・苛税・課税・権税・官税・関税・血税・減税・戸税・公税・貢税・国税・穀税・雑税・主税・収税・重税・出税・春税・常税・征税・節税・租税・増税・脱税・担税・徴税・田税・納税・薄税・賦税・無税・免税・郵税・徭税・蠹税

【筮】 13　8810

ゼイ
めどぎ　うらなう

篆文　金文　その他

会意　竹＋巫。竹はめどぎ。〔説文〕五上に「易の卦に用ふる蓍なり」とあり、卜筮をいう。〔世本〕に「巫咸、筮を作る」とあり、巫咸は古の神巫。〔易〕の卦爻の辞に亀卜に関する語があり、筮法は亀卜の法から出たと考えられる。正奇の数を重ねる象数的な卜法があったのであろう。〔左伝、僖四年〕に「筮は短にして龜は長なり」とあり、亀卜が正統のものとされていた。

訓義　①めどぎ、めどぎでうらなう。②うらなう。易の卜法、易筮。

古訓　〔篇立〕筮　ハシ　〔字鏡集〕筮　フェ・ウラ

声系　〔説文〕に筮声として噬・澨の二字を収める。噬二上は「啗ふなり」、澨は土で水をとめる意。噬は啗らうときの擬声語であるらしく、澨ははげしく浸食された水辺をいうものであろう。

【筮人】蓍卜を司る。〔周礼、春官、筮人〕三易を掌り、以て九筮の名を辨ず。一に曰く連山、二に曰く歸藏、三に曰く周易。～以て吉凶を辨ず。

【筮宅】埋葬のとき、墓の位置を卜する。〔礼記、喪服小記〕祔葬（合祀）する者は、宅を筮せず。

【筮卜】卜筮。〔漢書、芸文志〕秦、書を燔くに及び、易は筮卜の事爲り。傳ふる者絶えず。～劉向、中古文易經を以て、施・孟・梁丘の經を校す。～唯だ費氏の經のみ、古文と同じ。

↑筮卦　易象／筮嘉　筮して吉／筮儀　卜法／筮験　卜筮のしるし／筮史　卜者／筮者　筮人／筮択　地を卜する／筮竹　めどぎ／筮問　卜問

↓易筮・卦筮・亀筮・九筮・告筮・策筮・蓍筮・占筮・泰筮・卜筮・予筮・立筮

【蛻】 13　5811

ゼイ
ぬけがら　もぬけ

篆文

形声　声符は兌。兌に帨・税（稅）の声がある。〔説文〕十三上に「蛇・蟬の解く所の皮なり」とあって、脱皮した皮。捝十二上に「解捝なり」とあり、脱皮することをいう。

訓義　①ぬけがら、もぬけのから。②もぬけ、ぬけでる。

古訓　〔新撰字鏡〕蛻　毛奴介加波（もぬけかは）〔字鏡集〕蛻　ヘビノモヌケ・モヌク・ミダル・クチナハノカハ・セミノカラ・セミノモヌケ

語系　蛻・捝・脱（脫）・説（說）thuat は同声。敓・奪 duat は奪う、褫 diai ははぎとる。ぬぐと、ぬがせる。みな同系の語である。

【蛻骨】骨をぬく。魏・曹植〔神亀の賦〕蚰（蛇）は鱗を平皐に折り、龍は骨を深谷に蛻ぐ。亮に物類の遷化する、斯の靈の解殻するかと疑ふ。

↑蛻衣　仙去して衣服だけ残る／蛻委　死ぬ／蛻演　変化する／蛻解　尸解、精神は仙去し、屍のみが残る／蛻殻　脱皮／蛻形　脱皮／蛻質　ぬけがら／蛻迹　ぬ

けがらの迹/蛻蟬(ぜいせん)　空蟬/蛻脱(ぜいだつ)　脱去する/蛻留(ぜいりゅう)　ぬけがらが残る

↓委蛻・牙蛻・坐蛻・三蛻・神蛻・潜蛻・蟬蛻・蛇蛻・地蛻・変蛻・離蛻・竜蛻

【蜹】 14 5412 ［蚋］ 10 5412 ゼイ ぶと

篆文 

形声 声符は芮(ぜい)。〔説文〕十三上に「秦・晉には之れを蜹と謂ひ、楚には之れを蟁(蚊)(ぶん)と謂ふ」(段注本)とあり、ぶとのほかに、蚊をもいう。〔爾雅、釈虫〕の〔釈文〕に「秦人、蚊を謂ひて蜹と爲す」とみえる。〔玉篇〕に「毒を含む蛇なり」とあり、毒蛇をもいう。

訓義 ①ぶと。②か。③毒蛇。

古訓 〔新撰字鏡〕蚋　奴可我(ぬかが)　〔名義抄〕蜹　ダニ・ヌカミ　〔字鏡集〕蜹　カ

【蜹蟻】(ぜいぎ)　ぶとと、あり。〔国語、晋語九〕周書に之れ有り。曰く、怨みは大に在らず、亦た小に在らず～と。蜹蟻蜂蠆(ほうたい)(はちと、さそり)、皆能く人を害す。況(いは)んや君の相をや。

↑蜹序(ぜいじょ)　蚊の類/蜹眥(ぜいせい)　蚊のまなじり、極めて小なるものをいう

↓聚蜹・虫蜹・飛蜹・蚊蜹・脊蜹・蟁蜹・蠅蜹

【噬】 16 6801 ゼイ かむ くらう

篆文 

形声 声符は筮(ぜい)。〔説文〕二上に「啗(くら)ふなり。喙(くら)ふなり」とあり、齧(か)むようにしてくらうことをいう。筮はおそらくその擬声音として用いたものであろう。

訓義 ①かむ、くらう、ついばむ。②逝と通じ、ここに、およぶ。

古訓 〔名義抄〕噬　イフ・ハム・クラフ・カム・フ、ム・ウラナフ・サシクフ　〔篇立〕噬　ウク(ラ)ナフ・クフ・サシクフ・ハム

【噬狗】(ぜいく)　かみ癖のある犬。〔淮南子、説山訓〕将軍は敢て白馬に騎(の)らず。亡(に)ぐる者は敢て夜、炬を掲げず。保する者(保母)は敢て噬狗を畜(か)はず。

【噬嗑】(ぜいこう(かふ))　かみくだいてたべる。〔易〕の卦名。〔易、噬嗑〕噬嗑は亨(とほ)る。獄を用ふるに利(よ)ろし。象(たん)に曰く、頤中(いちゅう)(おとがいの中、口中)に物有るを噬嗑と曰ふ。噬(か)み嗑(あ)はせて亨る。～象に曰く、～先王以て罰を明らかにし、法を勑(とと)のふ。

【噬斉】(ぜいせい)　斉は臍(ほぞ)。臍には口がとどかぬように、後悔しても及ばぬことをいう。〔左伝、荘六年〕鄧國を亡ぼす者は、必ず此の人ならん。若(も)し早く圖(はか)らずんば、後、君、齊(ほぞ)を噬むとも、其れ之れを圖るに及ばんや。

【噬吞】(ぜいどん)　かみつき、呑みこむ。〔旧唐書、忠義下、李源伝〕天寶の季、盜、幽陵に起り、生靈(人民)を振盪(しんとう)し、河洛を噬吞す。

↑噬齧(ぜいけつ)　かむ/噬犬(ぜいけん)　かみくせのある犬/噬食(ぜいしょく)　くらう/噬臍(ぜいせい)　噬斉/噬螫(ぜいせき)　かみ刺す/噬啖(ぜいたん)　くらう/噬搏(ぜいはく)　かみうつ/噬膚(ぜいふ)　はだをかむ、容易なことをたとえる

↓攫噬・狂噬・齧噬・虎噬・哮噬・狠噬・侵噬・善噬・啖噬・抵噬・吞噬・反噬・狼噬

【澨】 16 3811 ゼイ みぎわ きし

篆文 

形声 声符は筮(ぜい)。〔説文〕十一上に「水邊の土を埤增す。人の止まる所の者なり」とあり、川辺に岸を築いて住居地とする意。堤のように防水の用ではないが、岸に土盛りして平地とすることをいう。

訓義 ①みぎわ、きし。②ついじ。③川の名。

古訓 〔篇立〕澨　ワタル　〔字鏡集〕澨　ホシ・ミヅノホトリ

↓海澨・崖澨・西澨・南澨・北澨

【贅】 18 5880 ゼイ むだ しちいれ

篆文 

会意 正字はおそらく敓(ぜい)＋貝。〔説文〕六下に「物を以て錢を質(か)る。敖(がう)貝に從ふ。敖なる者は、猶ほ放のごとし。貝もて當(まさ)に復(ま)た之れを取るべきを謂ふ」(段注本)とする。一度質入れして、うけ出す意とするが、敖は遊傲の意であるから、その会意の字としがたい。字はもと敓に従う字であろう。敓は〔説文〕三下に「楚の人、吉凶を卜問することを謂ひて敓と曰ふ」とし、「讀みて贅(ぜい)の若(ごと)くす」とあって、贅と同音であるという。すなわち敓・贅は同声。贅は敓に従う字であろう。敓は卜問、その費を贅といい、無用のことに財を費やすを贅という。

訓義 ①むだ、よぶん、よけい。②いぼ、こぶ。③つぐ、つづく、かわり。④入りむこ。⑤しちいれ、かた、かたのうけ出し。⑥最と通じ、あつめる。

古訓 〔名義抄〕贅　アザ・ウム・アツム・ツキヌ・サダム・ス、ロ・ムサボル　〔字鏡集〕贅　ウム・ウルフ・ウフ・ナリフスベ・フスベ・ムサボル・サダム・ウカレヒト・エタリ・ツフリ・ツキヌ・アザ・ツム・モトム・ツヾル・アツム・ソヾロ・イボ・サガリフスベ・マリフスベ・ツブサ・モトモ・エタリ

語系 贅tjiuat、質tjietは声近く、贅を質の意に用いるのは、人を質(ち)(人質)とすることから起こったかと思われる。漢代に、貧家の子は出でて贅し、三年贖(あがな)いもどさぬときは奴婢とされた。贅はもと敓tjiatに従う字で、敓は卜問。卜問のことに財を費やすことを贅といい、それが本義である。

【贅言】(ぜいげん)　むだ口。〔近思録、論学〕後の人、～則ち文章を以て先と爲し、平生爲(つく)る所、動(やや)もすれば聖人より多し。然れども之れ有るも補ふ所無く、之れ無きも闕くる所靡(な)し。乃ち無用の贅言なり。

【贅子】(ぜいし)　子を人質とする。〔漢書、厳助伝〕數年、歳比(しきり)に登(みの)らず、民、爵を賣り子を贅するを待ちて、以て衣食を接(つ)ぐ。〔如淳注〕淮南の俗、子を賣りて人に與へ奴婢と作(な)し、名づけて贅子と爲す。三年贖(あがな)ふこと能はざれば、遂に奴婢と爲す。

【贅壻】(ぜいしょ)　入りむこ。聘財無く、妻の家に寄食する者。〔史記、秦始皇紀〕三十三年、諸(もろもろ)の嘗て逋亡(ほばう)(逃亡)せし人、贅壻・賈人を發して、陸梁(嶺南)の地を略取せしむ。

【贅疣】(ぜいゆう(いう))　こぶや、いぼ。無用のもの。〔荘子、大宗師〕彼は生を以て附贅(ふぜい)縣疣(けんいう)と爲し、死を以て疣(くわ)ん(できもの)を決し、癰(よう)(はれもの)を潰(くわい)すと爲す。夫(そ)れ然るが若(ごと)き者は、又惡(いづく)んぞ死生先後の在る所を知らんや。

↑贅衣(ぜいい)　衣を綴る/贅員(ぜいいん)　冗員/贅虧(ぜいき)　むだ損/贅議(ぜいぎ)　むだ口/贅語(ぜいご)　贅言/贅辞(ぜいじ)　むだ口/贅聚(ぜいしゅう)　集める/贅及(ぜいきゅう)　無用の論/贅賸(ぜいじょう)　むだ/贅冗(ぜいじょう)　余分のもの/贅説(ぜいせつ)　贅言/贅叟(ぜいそう)　隠居/贅土(ぜいど)　無用の地/贅肉(ぜいにく)　余分の肉/贅入(ぜいにゅう)　婿入り/贅物(ぜいぶつ)　無用の物/贅文(ぜいぶん)　余分の文/贅弁(ぜいべん)　贅説/贅余(ぜいよ)　余分のもの/贅癰(ぜいよう)　贅疣/贅瘤(ぜいりゅう)　こぶ/贅累(ぜいるい)　連累/贅論(ぜいろん)　贅説/贅話(ぜいわ)　むだ話

↓痤贅・出贅・附贅・駢贅・疣贅・瘤贅

セキ

常

【夕】 3 2720 セキ ゆうべ

篆文 

甲骨文 

金文 

象形 夕の月の形。〔説文〕七上に「莫(く)れなり。月の半ば見ゆるに從ふ」と半月の象とする。卜辞に「卜夕」とよばれるものがあり、王のために毎夕「今夕、田(と)が亡(な)きか」とトしており、わが国平安期の毎日招魂の礼に近い。殷周期には古く朝夕の礼があり、金文に「夙夕(しゅくせき)を敬(つっし)む」という語がみえ、夙夕に政務が行

われた。また大釆・小釆といい、そのとき会食し、同時に政務をとった。その大釆の礼を朝といい、朝政という。〔国語、魯語下〕にも「少釆に月に夕す」とあって、その古儀を伝えている。

訓義 ①ゆう、ゆうべ。②よる、あけがた。③月を迎え祭る礼、ゆうべす。④昔と通じ、昔を夕の意に用いる。

古訓 〔名義抄〕夕 ユフベ・ヨヒ 〔字鏡集〕夕 ユフベ・ヨル・ヨヒ

部首 〔説文〕〔玉篇〕に夜・夢(夢)・夗・夤・姓・外・殀・夢の八字を属し、また多を重夕の意とする。夗は宛然として坐する膝の肉の形。夤・外・殀の従うところはおそらく肉の形、多も肉片を重ねる形で、日夕の夕の意ではない。

声系 〔説文〕穴部七下に「窀は窀穸なり」とあり、長く葬ることをいう。穸が夕声に従うのは、墓(墓)が莫(莫)声に従うのと同じであろう。

語系 夕・汐zyakは同声。朝には潮といい、夕には汐という。昔syak、夜jyakも声近く、同系の語である。それで昔を夕に借用し、疇夕(昨夜)を疇昔のようにいう。

【夕陰】 夕かげ。宋・范仲淹〔岳陽楼記〕遠山を銜み、長江を呑み、浩浩湯湯として、横さまに際涯無く、朝暉夕陰、氣象萬千なり。

【夕暉】 夕陽。唐・韋応物〔河南の李功曹に贈別す〕詩 雲霞、未だ色を改めず 山川、猶ほ夕暉

【夕曛】 夕日の余光。宋・梅尭臣〔金山寺〕詩 呉客、獨り來るの後 楚橈、夕曛に歸る 山形、地の接する無く 寺界、波と分る

【夕照】 夕やけ。唐・李嶠〔晩秋、雨を喜ぶ〕詩 氣滌はれて朝川朗らかに 光澄みて夕照浮ぶ

【夕殿】 夕方の宮殿。唐・白居易〔長恨歌〕詩 夕殿螢飛んで、思ひ悄然たり 孤燈挑げ盡して、未だ眠りを成さず

【夕陽】 夕日。宋・欧陽脩〔酔翁亭記〕已にして夕陽山に在り、人影散亂するは、大守歸りて、賓客從ふなり。

【夕嵐】 夕もや。唐・王維〔輞川集、木蘭柴〕詩 秋山、餘照を斂め 飛鳥、前侶を逐ふ 彩翠、時に分明 夕嵐、處所(定所)無し

【夕麗】 夕やけの美しさ。唐・常建〔西山〕詩 物象、餘淸に歸し 林巒、夕麗を分つ 亭亭として碧流暗く 日入りて孤霞繼ぐ

↑夕靄 夕もや/夕衣 ゆかた/夕飲 夕べの酒/夕氳 夕気/夕映 夕ばえ/夕影 夕かげ/夕煙 夕べの煙/夕餤 夕ばえ/夕花 夕べの花/夕霞 夕がすみ/夕臥 宵寐/夕気 夕かげ/夕輝 夕暉/夕景 夕暮の景色/夕月 夕づき/夕鼓 暮れ時の鼓/夕光 夕かげ/夕紅 夕やけ/夕灑 夕風のそよぎ/夕餐 夕食/夕爨 ゆうげ/夕市 夕べの市/夕室 墓地/夕日 ゆうひ/夕者 昨夜/夕鐘 夕べの時鐘/夕兎 月/夕波 夕なみ/夕霏 夕ぎり/夕寐 夕臥/夕氛 夕気/夕浦 夕べの浜べ/夕暮 夕ぐれ/夕烽 夕べの烽火/夕霧 夕ぎり/夕露 夕べの露/夕浪 夕なみ/夕話 夕べの茶話

↓一夕・佳夕・竟夕・暁夕・昕夕・景夕・元夕・今夕・歳夕・山夕・七夕・秋夕・終夕・宿夕・除夕・晨夕・霽夕・旦夕・昼夕・朝夕・通夕・当夕・日夕・明夕・幽夕

常 【斥】 5 7224 ［㡿］ 9 0024 セキ しりぞける さす ひらく

篆文

象形 正字は㡿。斥は手斧で木を柝く形。〔説文〕九下に㡿をあげ、「屋より卻くなり」とするが、「广に従ひ、屰声」とするその字形解釈による。屰は人(大)の倒形に従い、向こうより来る人を逆える意で、朔(朔)・遡(遡)はその形に従う。それで斥ける意ともなる。柝も㡿に従う字。

訓義 ①しりぞける、おいはらう、こばむ。②さす、おす。③うかがう、ものみ。④ひらく、ひらける、あらわれる。⑤ひがた、きし。⑥柝と通じ、さく。⑦榱と通じ、たるき。

古訓 〔名義抄〕斥 サス・シリゾク・アラハス 〔字鏡集〕斥 キラフ・ミツ・サス・キビシ・ソシル・シリゾク・オホキナリ・トホシ

声系 訴・泝などは朔声。柝は斥と同声。朔声と斥声との間に、声義の別がある。

語系 斥・坼thakは同声。坼は裂く。地割れのように裂けることで、斤斧でものを柝くのと似ている。

【斥遠】 しりぞけ遠ざける。〔後漢書、朱穆伝〕心を公朝に專らにし、私欲を割除し、廣く賢能を求め、佞惡を斥遠せよ。

【斥棄】 捨てさる。〔李娃伝〕生をして百慮を斥棄して以て學に志し、夜をして晝と作さしむ。

【斥言】 明らかにそのことを指していう。〔文心雕竜、比興〕比は則ち憤を蓄へて以て斥言し、興は則ち譬を環らして以て託諷す。

【斥候】 ひそかに敵状をさぐる。〔続資治通鑑、宋紀〕(理宗、嘉熙元年)蒙古の安篤爾、宗王に言ひて曰く、隴西の州縣方に平らぎたるも、人心は猶ほ貳ふと。〜斥候を謹み、巡羅を嚴にす。

【斥疏】 しりぞけうとんずる。〔史記、韓長孺伝〕安國、始め御史大夫及び護軍と爲りしも、後稍く斥疏せられて下遷す。

【斥地】 地をひらく。〔漢書、韋玄成伝〕(劉歆議)孝武皇帝〜北のかた匈奴を攘け、〜西のかた大宛を伐ち、〜單于孤特となり、遠く幕北に遁る。四垂無事にして地を遠境に斥き、十餘郡を起し、〜以て大いに天下を安んず。

【斥逐】 しりぞけ追う。〔史記、秦始皇紀〕西北のかた匈奴を斥逐し、楡中より河に竝ひて以て東し、之れを陰山に屬く。以て三十四縣と爲す。

【斥鹵】 塩分が多く農耕をしがたい地。〔史記、夏紀〕海より岱までは維れ青州なり。〜其の土は白墳、海濱は廣潟、厥の田は斥鹵。

↑斥闉 ふさぐ/斥去 しりぞける/斥遣 放つ/斥譴 しりぞけせめる/斥堠 番所/斥竄 追放する/斥除 しりぞけ除く/斥斥 広大なさま/斥絶 絶交する/斥疎 斥疏/斥退 しりぞけ逐う/斥題 榱の先/斥沢 斥鹵/斥黜 しりぞける/斥土 地を開く/斥売 投げ売り/斥罷 やめる/斥謬 誤りを指摘する/斥兵 斥候/斥免 やめる/斥邏 巡邏する/斥落 しりぞけ落とす/斥蠖 尺取虫

↓湮斥・遠斥・揮斥・広斥・竄斥・指斥・詆斥・叱斥・充斥・攘斥・推斥・遷斥・疏斥・疎斥・退斥・逐斥・黜斥・排斥・非斥・擯斥・貶斥・放斥

常 【石】 5 1060 セキ シャク いし

篆文 金文 甲骨文

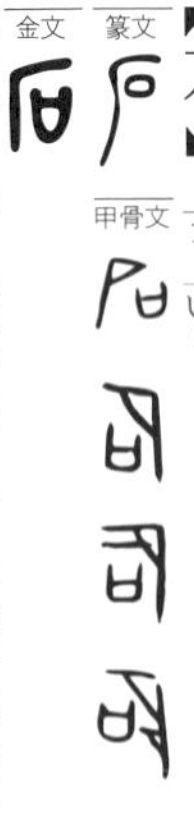

会意 厂+口。厂は崖岸の象。口は卜文・金文の字形によると㠯に作り、祝禱を収める器の形。〔説文〕九下に「山石なり。厂の下に在り。口は象形なり」と口を石塊の形とするが、巖(厳)・巖(巖)の従うところも㠯の形であり、巖は敢(鬯酌)の形)に従っており、儀礼を示す字である。宕は廟、祏は祭卓の示の形に従い、宗廟の主、いわゆる郊宗石室の神主である。啓母石の神話をはじめ、石に対する古代の信仰を伝える資料が多い。

訓義 ①いし、いわ、儀礼の対象とされる石。②石で作ったもの、

石主、石碑、石磬、石鏃、石鍼、砥石。③石の質、堅い、無言、無声。④重さ、禄高、こく。

古訓 〔和名抄〕石 以之（いし）／石鍾乳 以之乃知（いしのち）〔名義抄〕石 イシ・ツチ・アッシ

部首 〔説文〕には〔新附〕の字を加えて五十八字、重文三字、〔玉篇〕には重文を含めて二百七十二字を属する。字数の増加が著しいが、用例をみない字が多い。

語系 石・祏 zjyak は同声、祏は神主（位牌）を石函に蔵する意の字で、石は亦声とみるべきである。柘 zjyak も同声。百二十斤の糧。良二千石というときの石の初文である。

【石火】せきか（くわ） 燧石の光。一瞬の光。唐・白居易〔酒に対す、五首、二〕詩 蝸牛（かたつむり）角上、何事をか争ふ 石火光中、此の身を寄す 富に随ひ貧に随うて、且く歡樂せよ 口を開いて笑はざるは、是れ癡人

【石槨】せっかく（くわく） 石製の棺の外箱。〔荘子、則陽〕（衛の）靈公の死せしとき、故墓に葬らんことをトせるに、吉ならず。沙丘に葬らんことをトせるに、吉なり。之れを掘ること數仞にして、石槨を得たり。

【石棺】せっかん（くわん） 石製の棺。〔史記、秦紀〕周の武王の紂を伐つや、～蜚廉～壇を霍太山に爲りて報ず。石棺を得たり。～死す、遂に霍太山に葬る。

【石匱】せき き 石製のひつ。〔宋史、礼志七〕（汾陰后土）其の后土の壇は、別に方色無し。正坐玉册、玉匱一副、配坐玉册、金匱二副、金泥、金繩。用ふる所の石匱、蓋を幷せて三層、方廣五尺、下層高さ二尺。

【石渠】せき きょ 石を組んだ溝。また、漢の蔵書閣の名。〔三輔黃図、六、閣〕石渠閣は、蕭何造る。其の下に～渠を爲りて、以て水を導く。今の御溝の若し。因りて閣の名と爲す。藏する所は、關に入りて得る所の秦の圖籍なり。成帝に至り、又此に於て祕書を藏す。

【石橋】せっきょう（けう） 石造の橋。〔述異記、上〕秦の始皇、石橋を海上に作り、海を過ぎり、日の出づる處を觀んと欲す。神人有り、石を駈る。去くこと速からず。神人之れを鞭うち、皆流血す。今石橋、其の色猶ほ赤し。

【石渓】せき けい 岩石の間を流れる谷川。唐・王昌齡〔東林廉上人の廬山に帰るを送る〕詩 石溪、流れ已に亂れ 苔徑、人漸く微なり

【石経】せき けい 石刻の経文。太学の門外に立つ。〔後漢書、蔡邕伝〕熹平四年、～奏して六經文字を正定せんことを求む。靈帝之れを許す。邕乃ち自ら碑に書し、工をして鐫刻せしめ、太學の門外に立つ。是に於て、後儒晩學、咸な正を取る。～其の觀視し、及び摹寫する者、車乘日に千餘兩、街陌を塡塞す。〔注に引く洛陽記〕堂前石經四部。本碑凡そ四十六枚。

【石碣】せき けつ 石碑。まるい石碑。〔水経注、済水二〕又西北して清水に入る。城の西北三里に、項王羽の冢有り。半ば許り毀壞するも、石碣尚ほ存す。題して項王の墓と云ふ。

【石鼓】せき こ 鼓形の石に四言の詩を刻する。陝西宝鶏の陳倉にあり、唐代に発見され、孔廟に収めた。いま故宮博物院に収蔵する。〔集古録、一〕岐陽の石鼓、初め前世に稱せられず、唐人に至りて、始めて盛んに之れを稱す。韋應物は以て周の文王の鼓にして、宣王に至りて詩を刻すと爲し、韓退之は直ちに以て宣王の鼓と爲す。

【石刻】せき こく 石に書画を刻する。〔金石索、一〕古者、方を碑と曰ひ、圓を碣と曰ひ、其の山に就きて之れを鑿するを磨崖と曰ひ、亦た石刻と曰ふ。

【石桟】せき さん 石のかけ橋。唐・李白〔蜀道難〕詩 地崩れ山摧けて、壯士死し 然る後、天梯石棧、相ひ鉤連す

【石室】せき しつ 石造の室。洞窟。また、蔵書の所。〔史記、太史公自序〕（父）卒して三歳、遷、太史令と爲り、史記石室金匱の書を紬む。五年にして太初元年に當る。

【石甃】せきしゅう（しう） 石だたみ。唐・李白〔姑熟十詠、桓公井〕詩 石甃、蒼苔冷やかに 寒泉、孤月を湛ふ

【石牀】せきしょう（しやう） 石の寝台。〔西京雑記、六〕魏の襄王の冢は、皆文石を以て槨と爲し、高さ八尺許り、廣狹四十人を容る。手を以て槨を捫ずに、滑液新たなるが如く、中に石牀・石屛風有り。

【石丈】せきじょう（ぢやう） 石丈人。立石を人にみたてていう。〔石林燕語、十〕米芾、詼譎にして奇を好む。～無爲軍に知たり、初めて州廨（役所）に入り、立石の頗ぶる奇なるを見て喜んで曰く、此れ以て我が拝に當るに足ると。～毎に呼んで石丈と曰ふ。

【石心】せき しん 石のように冷徹堅固な心。唐・皮日休〔桃花の賦の序〕余嘗て宋廣平の相爲る、貞姿勁質、剛態毅狀なるを慕ふ。疑ふらくは其の鐵腸石心、婉媚の辭を吐くを解せざらんと。然れども其の文を睹るに、梅花の賦有り。淸便富豔、殊に其の人と爲りに類せず。

【石人】せき じん 石刻の人。〔封氏聞見記、六、羊虎〕秦漢以來、帝王陵前に石麒麟・石辟邪・石象・石馬の屬有り。人臣の墓前に石羊・石虎・石人・石柱の屬有り。皆墳墓を表飾する所以にして、生前の象の如し。

【石苔】せき たい 石むす苔。唐・杜甫〔雨、四首、四〕詩 楚雨、石苔滋く 京華、消息遲し

【石柱】せき ちゅう 墓道に立てる石刻。〔北史、恩幸、趙脩伝〕脩の父を葬るや、百官王公より已下、弔祭せざる無し。酒犢祭奠の具、門街を塡塞す。京師に於て、爲に碑銘・石獸・石柱を制る。皆人の車牛を發して、本縣に傳致す。財用の費、悉く公家よりす。

【石塘】せきとう（たう） 石の堤。〔越絶書、外伝記地伝〕石塘なる者は、越の、軍船を害する所なり。塘の廣さ六十五歩、長さ三百五十三歩なり。

【石洞】せき どう 洞窟。〔述異記、下〕武陵源は呉中に在り。山に他木無く、盡く桃李を生ず。俗に呼んで桃李源と爲す。源上に石洞有り、洞中に乳水有り。世に傳ふ、秦末の喪亂に、呉中の人、此に避難し、桃李の實を食する者、皆仙を得たりと。

【石馬】せき ば 墓道の石刻の馬。唐・杜甫〔玉華宮〕詩 美人、黃土と爲る 況んや乃ち粉黛の假をや 當時、金輿に侍せるは 故物、獨り石馬

【石碑】せき ひ いしぶみ。〔後漢書、儒林伝序〕熹平四年、靈帝乃ち諸儒に詔して、五經を正定し、石碑に刊らしむ。古文・篆・隸、三體の書法と爲し、以て相ひ參檢し、之れを學の門に樹て、天下をして咸く則を取らしむ。

【石縫】せき ほう 石のわれめ。宋・黃公望〔已の画く山水に題す〕詩 夢醒めて、身世知んぬ、何れの處ぞ 穩かに見る、飛泉、石縫の花

【石友】せきゆう（いう） 金石の交わりをする友。晋・潘岳〔金谷の集ひに作る詩〕分（同心）を投じて、石友に寄す 白首（老年）まで歸する所を同じうせん

【石尤】せきゆう（いう） 尤氏に嫁した石氏の女。夫の遠行を怨み、逆風となって沮んだ。唐・陳子昂〔初めて峡に入り風に苦しみ、故鄉の親友に寄す〕詩 寧ぞ知らん、巴峽の路 石尤の風に辛苦せんとは

【石瀬】せき らい 早瀬。石湍。〔楚辞、九歌、湘君〕石瀨は淺淺たり 飛龍は翩翩たり

【石路】せき ろ 石の道。〔洛陽伽藍記、二、正始寺〕（昭徳里）（司農張）倫、最も豪侈爲り。～園林山池の美、諸王も及ぶ莫し。倫、景陽山を造る。自然の若き有り。～高林巨樹は、日月を

して蔽虧せしむるに足り、懸葛垂蘿は、能く風煙を出入せしむ。崎嶇たる石路、壅がるに似て通じ、峥嶸たる澗道、盤紆して復た直し。

↑石堊 石灰/石衣 水苔/石印 石に刻した印/石音 八音のうち、磬の音/石陰 岩陰/石癭 固いこぶ/石液 石油/石苑 石庭/石垣 石がき/石塩 岩塩/石屋 石造の家/石花 鍾乳石/石華 石花/石罅 石のわれめ/石階 石段/石塊 石ころ/石崖 がけ/石磑 石臼/石郭 石の外郭/石槨 石の外棺/石函 石匱/石澗 石の多い谷川/石巌 巌石/石龕 石の厨子/石圻 石の岸/石碕 石圻/石器 石の器物/石磯 荒磯/石臼 石うす/石級 石段/石牛 石で刻った牛、雨乞いに用いる/石魚 化石の魚/石峡 石の峡谷/石囷 石倉/石菌 霊芝/石兄 石丈/石径 石の山道/石逕 石径/石闠 仙女の房/石磬 磬石/石鯨 石造の鯨/石隙 石のわれめ/石闕 石の門闕/石検 封じ石/石鹼 シャボン/石限 石の閘門/石虎 石刻の虎/石交 金石の交わり/石杠 跳石/石矼 石杠/石堠 石碑/石窖 石の穴倉/石子 石ころ/石誌 墓誌/石耳 石たけ/石漆 石油/石主 社稷の主/石絨 石綿/石皴 石の襞/石笋 立石/石筍 石笋/石女 石婦/石匠 石工/石床 石牀/石礁 暗礁/石城 石の城/石燭 石油/石神 鍼治療の秘術/石薪 石炭/石蕊 花ごけ/石髄 鍾乳石/石井 巌井/石泉 石上の流れ/石箭 石のやじり/石礎 礎石/石窗 石の窓/石造 石作り/石鏃 石のやじり/石埭 石の堤/石黛 石墨/石潭 岩淵/石壇 石の壇/石竹 唐撫子/石腸 鉄心/石梯 石段/石堤 石の堤/石砮 石のやじり/石灯 石灯籠/石凍 酒名/石隥 石の山坂/石頭 石のほとり/石磴 石隥/石竇 石穴/石南 石楠花/石楠 石楠花/石乳 鍾乳石/石脳 鍾乳石/石髪 石衣/石盤 石の盤/石婦 うまず女/石文 石刻/石屏 屏風岩/石癖 愛石癖/石砭 石鍼/石峯 石の峯/石房 石室/石墨 石炭・黒鉛/石盆 植木鉢/石磨 石臼/石蜜 氷砂糖/石門 石の門/石郵 石尤風/石蘿 岩上の蔓/石闌 石の欄干/石欄 石闌/石巒 石山/石榴 ざくろ/石梁 とび石/石稜 岩かど/石林 石が林立しているところ/石礫 石ころ/石楼 石の牌楼、石牌坊

↓一石・員石・隕石・殞石・燕石・温石・化石・火石・嘉石・瓦石・怪石・懐石・崖石・刊石・冠石・岩石・巌石・危石・奇石・輝石・巨石・玉石・金石・鈞石・珪石・磬石・撃石・結石・巻石・懸石・玄石・原石・孤石・黄石・鉱石・衡石・礦石・刻石・沙石・砂石・砕石・採石・山石・巉石・矢石・砥石・磁石・蟄石・笋石・消石・硝石・鍼石・水石・燧石・瑞石・泉石・鐫石・礎石・漱石・苔石・堆石・戴石・胆石・竹石・柱石・長石・枕石・珍石・貞石・鉄石・転石・土石・砮石・投石・拝石・肺石・白石・発石・盤石・匪石・布石・文石・片石・舗石・方石・宝石・抱石・木石・盆石・薬石・幽石・落石・乱石・累石・霊石・錬石・蠟石

人

【汐】 6 3712 セキ しお うしお

形声 声符は夕。海潮の朝に来るものを潮、夕に来るものを汐という。また干潮を汐という。

訓義 ①しお、うしお。②ひきしお。

古訓 〔名義抄〕汐 ヒルシホ・シホル 〔字鏡集〕汐 ヒルシホ・ウシホ・シホノヒル・シホル

語系 汐・夕 zyak は同声。夜 jyak も声近く、夕・汐・夜は関連のある語である。

↑汐潮 潮汐

↓海汐・帰汐・残汐・秋汐・潮汐・暮汐・夜汐

【呎】 7 6708 セキ シ フィート

形声 声符は尺。英語の foot にあてる。ヤード・ポンド法の長さの単位で、約三〇・四八センチメートル。呎磅 foot-pound は一ポンドの物量を一フィート上げるエネルギーの単位をいう。また咫尺の咫に用いることがある。

訓義 ①フィート。②咫と通用し、わずか、みじかい、ちかい。

常

【赤】 7 4033 セキ シャク あきらか あか

篆文 古文 甲骨文 金文

会意 大＋火。〔説文〕十下に「南方の色なり。大に従ひ、火に従ふ」とあり、〔段注〕に南方大明の色の意であるという。大は人の正面形。これに火を加えるのは禍殃を祓うための修祓の方法であり、また、さらに攴を加える赦は、赦免を意味する字である。〔周礼、秋官、赤犮氏〕は、火を用いて禍害を防ぐことを掌る。一切を清め終わった心を赤心、一切を失い果てたことを赤貧・赤手のようにいう。

訓義 ①あきらか、あきらかにする、きよめあきらかにする。②あか、あけ、あかいろ、火を加えてあかくする。③はらう、ほろぼす、むなしい。④はだか、むきだし、そのまま。⑤まこと、まごころ。

古訓 〔和名抄〕赤子 知古(ちご) 〔名義抄〕赤 アカシ・オモフ

部首 〔説文〕に赧・赭・赫など、重文および〔新附〕の字を合わせて十四字、〔玉篇〕に十七字を属する。赧は、人の後部に手をさし入れ、赤面する意の字で、愧赧するをいう。

声系 〔説文〕に赤声として赦など三字を収める。赦は赤の声義を承ける字である。

語系 赤 thjyak、朱 tjio は声近く、赤は祓う、朱は聖色を以て清める。赦 sjyak は火で清め、さらに攴を加えて、禍尤をゆるすことをいう。

【赤衣】 赤い衣。また、罪人の服。〔新序、善謀上〕孝公の死するに及び、國人商君を怨み、之れを車裂するに至る。其の患、漸く流れて始皇に至り、赤衣路に塞がり、群盜山に滿つ。

【赤霞】 夕焼け。唐・李白〔乱を経て後将に地を剡中に避けんとし、崔宣城に留贈す〕詩 赤霞、金光を動かし 日足(落日)、海嶠に森たり 獨り萬古の意を散じ 閑かに垂る、一溪釣

【赤脛】 はだかすね。〔山海経、海内経〕北海の内に山有り、名を幽都の山と曰ふ。～大玄の山有り、玄丘の民有り。大幽の國有り、赤脛の民有り。

【赤子】 あかご。人民。下民。〔孟子、離婁下〕大人なる者は、其の赤子の心を失はざる者なり。

【赤日】 かがやく太陽。唐・杜甫〔晩晴〕詩 南天三旬、苦霧開く 赤日照耀、西より來る

【赤心】 誠意。〔後漢書、光武帝紀上〕降る者、更相語りて曰く、蕭王(光武)赤心を推して人の腹中に置く。安んぞ投死せざるを得んやと。是れに由りて皆服す。

【赤地】 地上の作物が何一つない。〔韓非子、十過〕(晋の)平公曰く、淸角得て聞くべきかと。師曠曰く、不可なり。～今、主君の德薄く、以て之れを聽くに足らず。之れを聽かば將た恐らくは敗るる有らんと。～師曠已むことを得ずして之れを鼓す。～晉國大いに旱し、赤地となること三年、平公の身、遂に癃病(老廢)となる。

【赤墀】 赤く塗った土間。宮殿の入口。〔漢書、梅福伝〕願はくは壹たび文石の陛に登り、赤墀の塗に渉り、戸牖の法坐に當り、平生の愚慮を盡さん。時に益亡きも、世に遺すこと有らん。

【赤貧】 極貧。無一物。〔南史、斉宗室、臨汝侯坦之伝〕(坦之の従兄翼宗の)家を檢するに赤貧にして、唯だ質錢の帖子(帳簿)數百有るのみ。

【赤紱】 礼装用の赤いひざかけ。〔三国志、魏、武帝紀〕(建安十九年春)三月、天子、魏公(曹操)の位をして、諸侯王の上に在らしめ、改めて金璽・赤紱・遠遊冠を授く。

【赤立】 樹木などが何もない。金・元好問〔黄華山に游ぶ〕詩 是の時、氣節已に三月 山木赤立して、春容無し

↑赤鴉 太陽/赤烏 神烏/赤雲 赤い雲/赤疫 厄病神/赤瑕 赤玉/赤卉 萌芽/赤気 赤い雲気/赤旂 赤旗/赤驥 駿馬/赤脚 素足/赤窮 赤貧/赤金 銅/赤罽 赤い毛氈/赤血 鮮血/赤幘 赤い髪包み/赤痣 赤あざ/赤幟 赤旗/赤髭 赤ひげ/赤社 南方の社/赤錫 赤銅/赤手 徒手/赤臭 悪人/赤松 古の仙人/赤霄 空やけ/赤縄 縁結び/赤埴 はに/赤身 素裸/赤誠 至誠/赤舄 礼装用の赤いくつ/赤籍 兵籍/赤髯 赤ひげ/赤族 族滅/赤卒 赤とんぼ/赤体 素はだか/赤土 赤地/赤道 太陽の道/赤犮 とり除く/赤眉 前漢末の農民軍/赤市 赤紱/赤芾 赤紱/赤韍 赤紱/赤米 悪米/赤弁 赤とんぼ/赤棒 儀仗棒/赤痢 赤はら/赤鯉 緋鯉/赤駵 赤毛の馬/赤梁 大粟

↓霞赤・眼赤・顔赤・纁赤・紅赤・山赤・石赤・丹赤・地赤・発赤

常 【昔】 8 4460 セキ ジャク ほじし むかし ひさしい きのう

篆文  籀文  甲骨文  金文 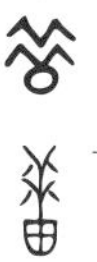

仮借 本義は腊肉で、うす切りの肉片と日に従い、腊の初文。旧昔の意に用いるのは仮借。〔説文〕七上に「乾肉なり。殘肉に從ふ。日以て之れを晞かす。俎と同意なり」とあって、腊の意とする。のち旧昔の字に用い、乾肉には形声字の腊が作られた。時を示す今・曾(曽)・嘗・未などは、もとみな別にその初義があり、副詞とするのは仮借の用法である。

訓義 1ほしにく、ほじし。2夕・夜に仮借して、ゆうべ、むかし、よる、きのう、さきごろ、はじめ、ひさしいの意に用いる。3遣と通じ、まじわる。

古訓 〔名義抄〕昔 ムカシ・イニシヘ・ヨル・サカル・トキ・ツネ・ヒサシ・ヨル/昔曾 ムカシ

声系 〔説文〕に昔声として耤・借・藉・錯など十八字を収める。昔声の字に浅薄なもの、交錯するものなどの意を含むものが多いのは、昔がほし肉の形で、うすく乱れかさなる意をもつからであろう。卜文の耕耤の字にも昔声を加えており、土を細かく起こす意を含む。

語系 昔syak、夕zyak、夜jyakは声が近く、それで腊肉の象である昔を曠夕の意に用いて、曠昔のようにいう。

【昔歳】 去年。〔左伝、宣十二年〕昔歳、陳に入り、今茲鄭に入る。民罷勞せず、君に怨讟無きは、政に經有ればなり。

【昔在】 むかし。〔書、無逸〕周公曰く、嗚呼、我聞くに曰く、昔殷王中宗に在りて、嚴恭寅畏、天命もて自ら度り、民を治めて祗懼し、敢て荒寧せず。肆に中宗の國を享くること七十有五年なりき。

【昔時】 むかし。唐・駱賓王〔易水に人を送る〕詩 此の地、燕丹(太子丹)に別る 壯士、髮、冠を衝っく 昔時、人已に沒す 今日、水猶ほ寒し

【昔日】 むかし。かつて。唐・張籍〔元結を送る〕詩 昔日同に遊ぶ、漳水の邊 如今重ねて說く、恨み綿綿たり 天涯相ひ見て、還た離別す 客路、秋風、又幾年

【昔者】 むかし。〔易、説卦伝〕昔者、聖人の易を作るや、神明を幽贊して蓍を生ず。天を參にし、地を兩にして、數を倚つ。

【昔人】 昔の人。唐・崔顥〔黄鶴楼〕詩 昔人已に白雲に乘じて去り 此の地空しく餘す、黄鶴樓

【昔昔】 夜ごと。〔列子、周穆王〕老役夫有り、～夜は則ち昏憊して熟寐し、精神荒散す。昔昔夢に國君と爲り、～宮觀に遊燕し、～其の樂しみ比無し。覺むれば則ち復た役す。～役夫曰く、人生百年、晝夜各々分る。～何の怨む所あらんやと。

【昔年】 往年。唐・杜甫〔李十二白に寄す、二十韻〕詩 昔年、狂客有り 爾を謫仙人と號す 筆落つれば風雨驚き 詩成りて鬼神泣く

↑昔園 故園/昔賢 前賢/昔言 古人の語/昔彦 前賢/昔酒 久酒/昔樹 旧木/昔愁 旧愁/昔談 古い話/昔夢 過去のこと/昔来 先ごろ

↓往昔・憶昔・懐昔・感昔・古昔・今昔・在昔・自昔・夙昔・宿昔・如昔・誰昔・乃昔・曠昔・通昔・曩昔・遥昔

常 【析】 8 4292 セキ シャク さく わかつ

篆文  甲骨文  金文 

会意 木＋斤。卜文の字形は、手斧で枝を落とす形。〔説文〕六上に「木を破くなり」とし、また「一に曰く、折るなり」という。析薪とは採薪をいう。〔詩〕に採薪の俗を発想とするものが多く、それらは多く祭事・祝頌の詩で、予祝の意をもつものである。

訓義 1さく、木をさく、木をわる。2とく、わかつ、はなつ。3ときあきらめる、ときほぐす。

古訓 〔名義抄〕析 ワカレタリ 〔字鏡集〕析 ヲル・アク・ヒサシ・ヲシキ・ヲヒキ・ワカツ・サク・クダク・カク・ランキ

声系 〔説文〕に析声として晳・淅・蜥の三字を収める。晳は人の色白、淅は米のとぎ汁で、ともに白い意がある。

語系 析syek、折tjiatは字の形義近く、その声にも通ずるところがある。木には析といい、草には折という。折の初形は屮(草)を切る形である。

【析骸】 死骸を焚いて燃料とする。〔左伝、宣十五年〕宋人懼れ、華元をして夜、楚の師に入らしむ。子反の牀に登り、之れを起して曰く、寡君(宋君)～曰く、敝邑、子を易へて食らひ、骸を析きて爨ぐ。然りと雖も、城下の盟は、國を以て斃るる有るも、從ふこと能はざるなり。我を去ること三十里せば、唯だ命を是れ聽かんと。

【析微】 微をわかつ。精細に分析する。〔顔氏家訓、勉学〕其の餘は～豈に備言すべけんや。直だ其の清談雅論、玄を剖き微を析き、賓主往復し、心を娯しませ耳を悅ばすを取るのみ。濟世成俗の要に非ざるなり。

【析理】 事理をわかつ。梁・昭明太子〔文選の序〕論は則ち理を析ちて精微、銘は則ち事を序べて清潤なり。

↑析羽 羽飾り/析翳 虹/析煙 財産分け/析肝 誠心/析義 釈義/析居 分居する/析圭 封建/析骨 析骸/析産 財産分け/析爨 析煙/析字 文字を離合するなぞかけ/析辞 離合のような言葉遊び/析薪 薪とり/析析 風声/析速 析辞が敏速であること/析蕩 分かれ散る/析伐 采薪/析分 分析す

る／析別　離別する／析弁　分析論弁する
↓開析・解析・割析・字析・自析・条析・争析・通析・透析・蕩析・判析・分析・劈析・弁析・剖析・妙析・離析

常
【席】 10 0022　セキ　むしろ　しく

篆文　古文　金文

会意 初形は广＋蓆の形。室中に席を布く意。〔説文〕七下に「藉くものなり」（段注本）とし、字を庶の省に従うとするが、庶は烹炊の象であるから、関係がない。藉は祭藉。神への供薦のものをおく席。長者との席の間は一丈を函れるので、目上への手紙の脇つけには函丈という。

訓義 ①むしろ、上むしろ。②せき、坐席、席次。③宴席、会合、席場。④しく、よる、ひろげる。

古訓 〔名義抄〕席　ムシロ・ヰル・ヨル・シキヰ〔字鏡集〕席　ヰル・ヨル・ユカ・シキヰ・シク・シキヰ・ノブ・ムシロ・ミマシ

声系 〔説文〕一下に席声として蓆を収め「廣多なり」という。広くて多数を容れうる筵席の意である。

語系 席 zyak、藉 dzyak は声近く、もとはみな祭藉をいう。葅（苴）tzia、薦（薦）tzian も同系の語。みな神饌をおくべき祭藉をいう語であった。

【席屋】（せきおく） むしろ造りの簡易な家。〔宋史、滕元発伝〕時に淮南・京東饑う。元發、流民の且に至り、將に蒸くして癘疫を爲さんことを慮り、先づ城外の廢營の地を度り、富室に召諭し、出力して席屋を爲くらしむ。一夕に二千五百間を成し、井竈器用、皆具はる。民至ること歸するが如し。

【席巻】（せきけん） 席を捲くような勢いで攻め取る。〔戦国策、楚一〕張儀～楚王に説いて曰く、～（秦は）主、嚴にして明、將、知にして武、雖だ兵甲を出す無きのみ。常山の險を席巻し、天下の脊を折じかば、天下の後れて服する者、先づ亡びん。

【席藁】（せきこう） わらむしろ。〔史記、呉王濞伝〕呉王の其の軍を弃てて亡ぐるや、軍遂に潰ゆ。～膠西王乃ち祖跣、席藁、飲水して太后に謝す。

【席地】（せきち） 地にむしろしく。晋・劉伶〔酒徳頌〕大人先生といふもの有り。～行くに轍迹無く、居るに室廬無し。幕天席地、意の如く所を縱にす。

【席面】（せきめん） 宴席で主人と相対する。〔容斎五筆、十、斯須之敬〕今、公私の宴會に、主人と對席する者を稱して、席面と曰ふ。古者之れを賓と謂ひ、之れを客と謂ふ。是れのみ。

↑席位　坐位／席下　坐の西／席蓋　喪車／席具　敷物／席隅　坐隅／席研　書斎／席捲　席巻／席後　席の後ろ／席藁　席藁／席次　席上／席所　席上／席書　席上揮毫／席上　その席／席蓐　敷物／席褥　席蓐／席神　神位／席薪　服喪／席勢　勢位／席苫　喪中の席／席薦　しとね／席前　席の前／席端　末席／席豆　祭器／席囊　蓆の袋／席帆　蓆の帆／席辺　席上／席帽　藤の帽／席門　貧しい家

↓帷席・葦席・一席・茵席・越席・宴席・燕席・筵席・臥席・会席・几席・寄席・綺席・議席・客席・空席・欠席・巻席・研席・硯席・孔席・坐席・座席・徙席・賜席・次席・失席・主席・首席・酒席・就席・出席・筍席・上席・褥席・寝席・衽席・正席・苫席・専席・践席・薦席・餞席・前席・即席・他席・退席・奪席・竹席・茶席・着席・枕席・定席・簟席・逃席・同席・陪席・帆席・撫席・文席・辟席・別席・箯席・蒲席・豊席・蓬席・末席・満席・余席・離席・隣席・臨席・列席・聾席

【祏】 10 3126　セキ　いはい　いしびつ

篆文

形声 声符は石。石はもと石室の神主を示す字で、祏の初文。〔説文〕一上に「宗廟の主なり。周禮に郊宗石室有り。一に曰く、大夫は石を以て主と爲す。示石に從ふ。石は亦聲なり」という。社稷や叢社に石を祀ることが多く、墓制にもそれが行われたのであろう。のち石函に木主を収めた。石函をも合わせて祏といい、宗祏という。

訓義 ①いはい、神位。②いしびつ、神主を収める函。

古訓 〔名義抄〕祏　イシムロ〔字鏡〕祏　ヒラク・イハムロ・ヒロシ

語系 祏・石 zjyak は同声。土・申が社（社）・神（神）の初文であるように、石は祏の初文とみてよい。

【祏室】（せきしつ） 神主を収める石函。〔演繁露、一、祏室〕宗廟の神主は、皆石函を設け、諸れを廟室の西壁に藏す。故に祏室と曰ふ。室に必ず石を用ふる者は、火を防ぐなり。

↑祏主　宗廟の神主
↓宗祏

常
【脊】 10 1122　セキ　せ　せぼね

篆文

会意 𠦬＋肉（肉）。𠦬は膂肉。〔説文〕十二上に「背呂なり」とあって同訓。𠦬に従ひ、肉に従ふ」とあり、𠦬十二上にも「背呂なり」とあり、〔儀礼、特牲饋食礼〕に「肺脊を擧ぐ」とあり、脊は正体の尊きものとされた。ものを統貫して、その主となるものを脊梁という。

訓義 ①せ、せなか。②せぼね、骨だって連なるもの。③すじ、すじみち。④みね、みねつづき。

古訓 〔新撰字鏡〕脊　世奈加（せなか）〔和名抄〕脊梁　辨色立成に云ふ、脊梁、世都賀（せつか）、俗に世美禰（せみね）と云ふ〔名義抄〕脊　セナカ〔篇立〕脊　セナカ・ヲサム・ソムク

声系 〔説文〕に脊声として蹐など三字を収める。蹐は跼蹐、背をかがめて小歩することをいう。

語系 脊・蹐・積 tziek は同声。脊呂は骨の重なるところ。積の意を含むものであろう。

↑脊脅　背とわき／脊骨　脊椎／脊杖　背を杖つ／脊髄　脊骨の髄／脊脊　乱れるさま／脊柱　脊骨／脊椎　脊椎骨／脊背　せなか／脊膂　肩肉／脊梁　脊柱／脊僂　駝背／脊令　せきれい

↓屋脊・魚脊・曲脊・屈脊・堅脊・山脊・首脊・躄脊・正脊・折脊・刀脊・登脊

【迹】 10 3030　［蹟］ 17 3530　［速］ 10 3530　セキ　シャク　あと　あしあと　いさお

篆文　籀文　金文　詛楚文

形声 正字は蹟・速に作り、朿・朿の声。朿は責の初文。迹・跡など亦に作るものは、蹟・速の俗字。朿は神聖の表示として樹てる表木。軍の駐屯するところに、祭肉の自（祭肉の形）をおき、朿を樹てたところは師で、軍の駐屯地。〔説文〕二下に迹を正字とし、「歩む處なり。辵に從ひ、亦の聲」とするが、亦は腋の象形字で、声義ともに関係がない。金文に朿の字があり、神聖の表示である朿と、貝とに従う。貝は財貨、そこより賦貢を徴することを責という。金文の〔秦公𣪘〕に「禹責に鼏宅す」の禹責は、文献にいう禹迹。領有支配して賦貢を徴することを成責（成績）、然らざるときは不責・弗責という。速・責・績・蹟は一系の字である。

訓義 ①あしあと、前人のあしあと、前人のいさお。②いさお。領有し、支配し、貢賦をとる、そのいさおし。③あとづける、たずねる、おう。④みち、あとかた。

古訓 〔名義抄〕迹　アト・タヅヌ・トム・タヅネ〔字鏡集〕迹　アト・ヒヅメ・フム・ヌキアシ・ツク・ハカル・タヅヌ・クルマノアト・ムマノアト

語系 迹tziak、賚・債tzhek は声近く、迹はもと遺に作るべき字であった。績tzyek、積はもとその賦貢するところをいい、績は織物、積は農作物である。このような賦貢義務は、人民に債として課せられたものである。

↑迹痕　痕迹／迹索する　追迹する／迹察　追迹調査する／迹象　残されたあとの様子／迹状　行状／迹人　狩猟係／迹盗　盗人を追尾する／迹附　追随する／迹捕　追補する／迹訪　尋訪する

↓悪迹・遺迹・逸迹・禹迹・掩迹・王迹・往迹・晦迹・開迹・軌迹・旧迹・窮迹・行迹・形迹・古迹・故迹・鴻迹・痕迹・削迹・竄迹・事迹・車迹・手迹・縦迹・書迹・勝迹・蹤迹・心迹・神迹・人迹・尋迹・垂迹・聖迹・絶迹・遷迹・前迹・善迹・足迹・息迹・大迹・托迹・治迹・鳥迹・陳迹・追迹・轍迹・蠹迹・韜迹・遯迹・馬迹・発迹・美迹・筆迹・不迹・風迹・屏迹・訪迹・墨迹・昧迹・名迹・滅迹・幽迹・容迹・履迹・涙迹・霊迹・浪迹

常 **【隻】** 10 2040　セキ　ひとつ

篆文

会意 隹+又(又)。隹は鳥。鳥を手にもつ形。〔説文〕四上に「鳥一枚なり。又(手)もて隹を持つに従ふ。一隹を持つを隻と曰ひ、二隹を持つを雙と曰ふ」(段注本)とみえる。卜文・金文には隻を獲の意に用い、卜辞に「羌を隻(獲)んか」、金文に「執訊隻馘」の語がある。のち一隻の意に用い、別に獲(獲)の字が作られた。

訓義 ①とり一羽。②かたわれ、かたかた。③ひとつ、ひとり。④ものを数えるときの助数詞。

古訓 〔名義抄〕隻　ヒトリ・カクル・カタキナシ・ヒトツ・ツガヒ

語系 隻・炙tjyak は同声。両語の間に関係があるかもしれない。小鳥はおおむね鳥炙きとして用いる。

【隻眼】　片目。また、ひとかどの見識。宋・黄庭堅〔文湖州の竹上鸜鵒(ははっちょう)に題す〕文湖州の竹上鸜鵒、曲折して思ひ有り。觀る者能く之れを言はば、渠れの一隻眼を具するを許さん。

【隻句】　一句。片言隻語。陳・江総〔皇太子太学講碑〕鳴鳳の占、兼ぬるに鴻才海富、逸思泉瀉を以てし、毫(筆)を含み紙に落せば、八関の歌謠を動かし、隻句片言、五聲の節奏に諧ふ。

【隻字】　一字。〔元史、欧陽玄伝〕海内の名山大川、釋老の宮、王公貴人の墓隧の碑、玄の文辭を得て以て榮と爲す。片言隻字も、人閒に流傳すれば、咸な寶重することを知る。文章道徳、卓然として世に名あり。

【隻立】　孤立。一人生きる。〔三国志、蜀、郤正伝〕少くして父死し、母嫁するを以て、單煢隻立す。而れども貧に安んじ學を好み、博く墳籍(古典)を覽、弱冠にして能く文を屬る。

【隻輪】　車の一輪。〔公羊伝、僖三十三年〕秦伯將に鄭を襲はんとす。百里子と蹇叔子と諫めて曰く、千里にして人を襲ふ、未だ亡びざる者有らざるなり。~弦高なる者は、鄭の商なり。之れに殽に遇ふ。~然れども晉人と姜戎と、之れ(秦師)を殽に要へ、之れを擊つ。匹馬隻輪も反る者無し。

↑隻影　孤影／隻騎　単騎／隻脚　片足／隻剣　孤剣／隻言　片言／隻語　一語／隻堠　一里塚／隻日　奇数の日／隻手　片手／隻身　単身

↓一隻・影隻

常 **【寂】** 11 3094　**［宋］** 9 3090　セキ　ジャク　しずか　さびしい

篆文

形声 正字は宋あるいは誺に作り、朩声。〔説文〕七下に「人の聲無きなり」(段注本)とし、朩声とする。朩は戚の刃部と、その光が下方に放射するさま。叔はその戚を手にもつ形。宀は廟。鉞頭を廟中において呪鎮とするものであろうが、その静かに光を放つさまをいう。玉座にも鉞頭をおき、王はその鉞頭の形。鉞の柲部に玉を飾り、その光の上射する形は皇。煌かがやく意のある字である。廟中に鉞頭のあるのは、静寂の象である。

訓義 ①しずか、さびしい。②やすらか。

古訓 〔名義抄〕寂　シヅカナリ・シヅマリニタリ　〔字鏡集〕寂　シヅカナリ・シヅマリニタリ・コヱナシ

語系 寂(宋)・啾tzyek は同声。戚tsyek、慼tziuk は声義近く、戚は斧鉞。慼は〔説文〕十下に「憂ふるなり」、啾二上は「啾嘆(寂漠)なり」とあり、関連のある語であろう。

【寂寂】　さびしく、しずか。唐・王維〔寒食、汜上の作〕詩　落花寂寂たり、山に啼く鳥　楊柳靑靑たり、水を渡るの人

【寂然】　ひっそりとしずか。〔易、繫辞伝上〕易は思ふこと无きなり。爲すこと无きなり。寂然として動かず。感じて遂に天下の故に通ず。天下の至神に非ずんば、其れ孰か能く此れに與らん。

【寂寞】　さびしく、しずか。明・帰有光〔容春堂記〕山水の名勝は、必ず寛閑寂寞の地に於てす。而して金馬玉堂、紫扉高閣は、兼ねて有すること能はざるなり。

【寂寥】　さびしく、ものしずか。〔老子、二十五〕物有りて混成し、天地に先だちて生ず。寂たり、寥たり。獨立して改らず、周行して殆からず。以て天下の母と爲るべし。

【寂歴】　ものさびしい。唐・張説〔灉湖山寺〕詩　空山寂歴として、道心生ず　虚谷迢遙たり、野鳥の聲

↑寂淹　ひっそり／寂乎　ものしずか／寂爾　しずか／寂心　幽寂の心／寂静　静寂／寂絶　寂滅／寂動　動静／寂念　しずかな心／寂漠　寂寞／寂謐　ひっそりとしたしずかさ／寂蔑　さびしい／寂昧　奥深い／寂滅　ひっそりと消える／寂默　ものしずか／寂慮　寂心

↓晏寂・円寂・間寂・閑寂・帰寂・虚寂・空寂・玄寂・孤寂・枯寂・午寂・荒寂・示寂・愁寂・蕭寂・常寂・深寂・森寂・清寂・静寂・禅寂・湛寂・沖寂・入寂・冥寂・幽寂・寥寂・淪寂

常 **【惜】** 11 9406　セキ　おしむ

篆文

形声 声符は昔。〔説文〕十下に「痛むなり」とあり、痛惜の意とし、〔広雅、釈詁一〕に「愛しむなり」とあって愛惜の意とする。昔声の字に数しげく乱れる意があり、いくたびも思いかえすような情をいう。

訓義 ①おしむ、いたむ、いとおしむ、かなしむ、めでる。②むさぼる、ものおしみする。

古訓 〔名義抄〕惜　ハナハダ・ヲシム・イタム・アタラシ・オモフ・アヤシ・タバフ・アタラシカル／可惜　アタラ／莫惜　サマラハレ　〔字鏡集〕惜　オモヒナリ・ウシ・マトフ・タフロカス・タチマチ

【惜陰】　時を大事にする。〔晋書、陶侃伝〕常に人に語りて曰く、大禹は聖者なるに、乃ち寸陰を惜しめり。衆人に至りては、當に分陰を惜しむべし。

【惜別】　別れをおしむ。唐・李白〔単父の東楼に秋夜族弟沈の秦に之くを送る〕詩　絲桐、人に感じて絃亦た絶え　滿堂君を送りて皆惜別す

【惜吝】　おしむ。〔史記、越王句践世家〕少弟の如き者に至りては、生まれながらにして我が富めるを見る。堅に乗じ良を驅りて狡兎を逐ふ。豈に財の從りて來る所を知らんや。故に輕ろしく之れを弃て、惜吝する所に非ず。

↑惜哀　哀惜する／惜愛　愛惜する／惜景　時を惜しむ／惜花　落花を惜しむ／惜金　銭を惜しむ／惜護　愛護する／惜恨　痛恨／惜死　命を惜しむ／惜春　春を惜しむ／惜傷　哀惜する／惜生　命を惜しむ／惜閔　惜しみ悲しむ

↓哀惜・愛惜・怨惜・可惜・玩惜・顧惜・弘惜・嗟惜・賞惜・貪惜・珍惜・追惜・痛惜・悼惜・秘惜・宝惜・吝惜・悋惜

常【戚】 11 5320 セキ おの まさかり うれえる したしむ

篆文  金文 

形声 声符は尗。尗は戚の頭部の形⺊に、刃光の下放するさまを加えたもの。尗に戈を加えて、戉戚の象とする。〔説文〕十二下に「戉なり」とあり、鉞の意。〔詩、大雅、公劉〕「干戈戚揚あり」の〔伝〕に、「戚は斧なり。揚は鉞なり」とあり、戚は楽舞に用いた。〔礼記、文王世子〕に「大樂正は、干戚を舞ふこと～を學ふ」、また〔礼記、楽記〕「干戚羽旄」、〔礼記、明堂位〕「朱干玉戚」など、干と戚とを以て武舞を舞う。〔左伝、昭十二年〕に圭玉を削って戚の柲(柄を装着するところ)とする話があり、戚は多く儀器として用いられた。

訓義 ①おの、まさかり、礼器として用いる。②慼・慽と通じ、うれえる、おそれる、いきどおる。③したしむ、みうち、ちかづく。憂戚をともにする意であろう。

古訓 〔名義抄〕戚 シタシ・チカシ・ウレヘ・イタム・シヾム・チカヅク

声系 〔説文〕に戚声として慽など二字を収める。慽十下は「憂ふるなり」とあり、寂寞の意を承ける。寂寞の意は、宋(寂)がその初文である。

【戚愛】 親属や親しい人。清・魏源〔北上雑詩、七首、二〕胡爲れぞ戚愛に別れ 此の萬里の途に登る

【戚旧】 親戚と故旧。〔宋書、袁淑伝〕(上議)上は辰鑒(御心)を説ばせ、下は素言(根拠のない議論)を弭む。以て民を安んじ國を紓やんじ、災を救ひ患を恤ふに足る。則ち宜しく寵貴の上に拔過し、戚舊の右に褒升すべし。

【戚施】 ひきがえる。また、背の曲がった人。〔国語、鄭語〕夫の虢石父は讒諂巧従の人なり。～侏儒(小びと)戚施、寔れ御して側に在るは、頑童を近づくるなり。

【戚戚】 親しむ。また、憂える。晋・陶潜〔五柳先生伝〕黔婁言へること有り、貧賤に戚戚たらず、富貴に汲汲たらずと。其の言を極むるに、茲れ若き人の儔か。酣觴賦詩、以て其の志を樂しむ。無懷氏の民か、葛天氏の民か。

【戚然】 憂え悲しむさま。〔列子、説符〕楊子の鄰人、羊を亡ふ。～楊子戚然として容を變へ、言はずして時を移し、笑はざる者竟日。

【戚容】 憂える姿。〔礼記、雑記下〕子貢、喪を問ふ。子曰く、敬を上と爲し、哀之れに次ぎ、瘠を下と爲す。顏色其の情に稱ひ、戚容其の服(喪の服)に稱ふと。

↑戚意 傷心/戚姻 姻戚/戚家 外戚/戚顔 憂い顔/戚欣 憂楽/戚孼 妾腹/戚眷 眷族/戚嗟 うれえ嘆く/戚咨 うれえはじる/戚者 親戚/戚疎 親疎/戚促 あくせく/戚速 急速/戚族 みうち/戚属 姻戚/戚藩 諸王/戚貌 憂色/戚揚 斧と鉞、征伐の武器/戚里 外戚

↓哀戚・姻戚・縁戚・遠戚・外戚・干戚・喜戚・貴戚・旧戚・休戚・近戚・勲戚・権戚・賢戚・婚戚・至戚・親戚・盛戚・宗戚・帝戚・内戚・悲戚・右戚

【淅】 11 3212 セキ よなぐ かしよね

篆文 

形声 声符は析。〔説文〕十一上に「米を汏ぐなり」とあり、〔広雅、釈詁二〕に「洒ふなり」と訓する。また洗った米をいう。淅淅・淅瀝のように形況の語に用いるのは、もと擬声語であるからである。

訓義 ①よなぐ、とぐ。②かしよね、洗い米。③淅淅は、風や鈴の音。

古訓 〔新撰字鏡〕淅 宇留保須(うるほす) 〔名義抄〕淅 カス・ウルフ 〔字鏡集〕淅 カス・アラフ・スヽク・ウルフ

【淅玉】 米をとぐ。宋・岳珂〔百韵詩〕連雲、美稼を登らせ 淅玉、香秔を飯す

【淅淅】 風雨や鈴の音。清・金農〔緋桃花下、雨を喜ぶ〕詩 忽ち聞く、好雨の淅淅として鳴るを 虚廊、瓦に灑いで天將に曙けんとす

【淅零】 風雨の声などを形容し、淅零零という。金・董解元〔西廂記諸宮調、六〕觸目淒涼たり、千萬種 見る、滴流流たる紅葉 淅零零たる微雨 率剌剌たる西風

【淅瀝】 秋風や雨雪の寂しい音。宋・欧陽脩〔秋声の賦〕異しい哉、初めは淅瀝として以て蕭颯たり。忽ち奔騰して砰湃たり。波濤夜に驚き、風雨驟かに至るが如し。

↑淅灑 寒毛が立つ/淅颯 かすか/淅瑟 かすかでさびしい音/淅水 米のとぎ汁/淅然 寂然/淅米 米をとぐ/淅溜 さびしい風の声

↓接淅

常【責】 11 5080 ［責］ 13 5080 セキ サイ もとめる せめる つとめ

篆文  甲骨文  金文  

形声 正字は責に作り、朿声。〔説文〕六下に「求むるなり」とし、〔繫伝〕に「迫迮して之れを取るなり」という。責はもと賦貢を課することをいう。金文の〔兮甲盤〕に「成周四方の責を政嗣せしめ、南淮夷に至らしむ。淮夷は舊と我が員畮(布・農作物を貢する)の人なり。敢て其の員・其の責・其の進人(奴隷)、其の貯を出ださざること毋かれ」とあり、責は責で、積も同じ意。朿は神聖の表示で占有支配の表示、その地の貢物を責、織物は績、農作物は積、その賦貢が順調に行われることを成績といい、その支配地を遺(迹・蹟)、賦貢の責を負うことを債という。

訓義 ①もとめる、賦貢をもとめる。②とりたてる、せめとる。③せめる、とがめる、しかる、なじる。④つとめ、責務。⑤債と通じ、おいめ、負債。

古訓 〔名義抄〕責 ワザハヒ・セム・コフ 〔字鏡集〕責 セム・モトム・ウヤマフ・コフ・ワザハヒ・トフ

声系 〔説文〕に責声として嘖・積・績など十字を収める。積・績は責の声義を承ける。責求するときの大呼する声を嘖といい、これは擬声語であろう。數(数)くなどと通ずる語である。

語系 責tzhek、謫・讁tek は声近く、謫・讁には罰責の意がある。嘖dzhek はまた讀に作り、責讓(せめる)・責怒の意がある。

【責課】 租税を課する。〔宋史、食貨志上一〕(農田)諸州、各ゝ風土の宜しき所に隨ひ、地の廣狹を量り、土壤の瘠确、種藝に宜しからざる者は、責課することを須ひざれ。

【責讓】 せめる。〔史記、張耳陳余伝〕張耳、陳餘と相ひ見え、陳餘を責讓するに、趙を救ふを肯んぜざりしを以てす。

【責善】 善を行うことを求める。〔孟子、離婁下〕善を責むるは、朋友の道なり。父子善を責むるは、恩を賊ふの大なる者なり。

【責備】 完全を求める。〔淮南子、氾論訓〕夫れ堯・舜・湯・武は世主の隆なるものなり。～然れども堯に不慈の名有り、舜に卑父の謗有り、湯・武に放弑の事有り。～是の故に君子は、備はらんことを一人に責めず。

【責問】 なじり問う。〔史記、李斯伝〕李斯、數ゝ閒を請ひて諫めんと欲す。二世許さず。～二世、李斯に責問して曰く、～夫れ所謂賢人なる者は、必ず能く天下を安んじて、萬民を治む。今身すら且つ利すること能はざるに、將た惡んぞ能く天下を治めんや～と。

↑責家 負債者/責過 督過する/責詰 詰問する/責求 追求する/責究 責める/責咎 罪を責め

る／責躬 身を責め、後悔する／責儆 責めいましめる／責譴 譴責する／責言 難詰する／責戸 債権者／責降 罪を負うて降職する／責詬 責めののしる／責告 訓戒する／責罪 罪を問責する／責実 実を責め求める／責主 債権者／責数 責める／責書 問罪書／責償 賠償を求める／責誚 責めそしる／責辱 責め辱める／責訊 責め問う／責成 功を責め求める／責斥 責めしりぞける／責贓 賄賂を要求する／責治 責罰する／責懲 懲罰する／責怒 叱責する／責任 責任 責めを負う／責罵 責めののしる／責負 責任／責望 責め恨む／責免 引責して辞職する／責要 強制調査／責詈 責めののしる／責賂 賄賂を要求する

↓引責・呵責・苛責・課責・悔責・勘責・詭責・詰責・訓責・譴責・言責・刻責・坐責・塞責・自責・叱責・質責・受責・収責・重責・峻責・職責・切責・諾責・追責・痛責・廷責・逃責・督責・任責・罰責・文責・貶責・面責・免責

【晰】 12 6202 ［晢］ 12 4260 ［晳］ 13 4260

セキ あきらか しろい

篆文 

形声 声符は析。〔玉篇〕に折声の晣を正字とし、晢を重文として録し、「明らかなり」という。また制声の字をも録している。〔説文〕七下に白に従う晳の字があり、「人の色白きなり」という。〔論語〕にみえる曽子の父曽点（點）は、字は子晳、色の黒白によって対待の義をとり、名字とする。晳はのち晢の形に誤記されることが多く、また晰とも混用されるが、晰は日光の昭晰なること、晢・晳は人の色白であることをいう。

訓義 ①あきらか。②晳と通じ、しろい、色白。

古訓 〔名義抄〕晰 アキラカナリ・アキラカニ 〔篇立〕晰 サトル・テラス・アキラカナリ・シラ／〈シ

語系 〔玉篇〕に晰（晢）を「之逝切」tjiat の音とする。折声によむ。析声の晳 syek は晢・晰と異なる字とみるべきである。

↑晰晰 明らか／晰理 分理／晰類 分類

↓昭晰・明晰

【晳】 12 4260

セキ しろい あきらか

形声 声符は析。もと晳に作り、〔詩、鄘風、君子偕老〕に「揚（額ひたひろく）にして且つ晳ろし」とみえ、〔説文〕七下に晳は「人の色白きなり」という。のち多く晳の字に作り、それより晰に通じて、明白・清楚の意に用いる。

訓義 ①しろい、いろじろ。②あきらか、はっきり。

＊語彙は晢・晰字条参照。

↑晳種 白色人／晳人 色白の人／晳晳 あきらかなさま／晳白 色白の人

【腊】 12 7426

セキ ほじし ひもの

篆文 籀文 甲骨文 金文 

形声 声符は昔。昔はほじしの象形で、腊の初文。〔説文〕七上に「昔は乾肉なり」とあり、腊の字を収めていない。昔が夕と通用し、往昔の意となるに及んで、形声字の腊が作られた。〔周礼、天官、腊人〕は、腊肉のことを掌る職である。

訓義 ①ほじし、ほしにく。②ひもの。③昔・昨と通じ、ふるい、ひさしい。

古訓 〔新撰字鏡〕腊 支太比（きたひ） 〔和名抄〕腊 岐太比（きたひ） 〔名義抄〕腊 キタヒ・キタフ・キタヒモフ（ノ）・ヒトモ・テ、〔字鏡集〕腊 ホシタルシ・ホジシ・キタヒモノ・ホシトリ

↑腊魚 ひもの／腊人 天官の属／腊田 枯田／腊毒 大毒／腊肉 乾肉／腊物 ほじし

↓花腊・幹腊・魚腊・枯腊・人腊・肉腊・脯腊・鳳腊・麟腊

【舄】 12 7732 ［舃］ 12 7732

セキ ぬいぐつ かさねぐつ かささぎ

篆文 金文 

象形 礼装用のぬいぐつの形。〔説文〕四上に「鵲なり。象形」とするが、その形とはみえない。金文の賜与に「市舄」を賜う例が多く、市は韍、舄は前の絇の部分に大きな飾りを縫いつけた履である。〔詩、小雅、車攻〕に「赤芾金舄」の句があり、金の飾りを多くつけることがあった。〔周礼、天官、屨人、注〕に「複下を舄と曰ふ」とあって二重底のもの。鵲は〔淮南子、原道訓〕に「鵲の唶唶たる」とあって、その鳴き声から名をえたもの。舄は「舄烏虎帝」といわれるように、舄と烏との字形が近く、烏の形と誤られることがあるが、舄は本来鳥の形ではない。

訓義 ①ぬいぐつ、礼装用のかさねぐつ。②鵲と通じ、かささぎ。③潟と通じ、ひがた、さわ。

古訓 〔名義抄〕舄 クツ 〔字鏡〕舄 クツ、ミシ 〔字鏡集〕舄 クツ・カサヽギ

【舄履】 二重底の礼装用の履。〔隋書、礼儀志六〕皇后及び諸侯夫人の服は皆舄履。三妃・三公夫人已下は、翟衣なれば則ち舄、其の餘は皆屨。舄・履は各〻其の裳の色の如くす。

【舄鹵】 ひがた。地味のやせたところ。斥鹵。〔晋書、食貨志〕青龍元年、成國渠を開き、～汧・洛を引き、舄鹵の地に漑ぐこと三千餘頃、國以て充實す。

↑舄奕 輝く／舄鹹 舄鹵

↓韋舄・遺舄・革舄・玉舄・金舄・朱舄・神舄・赤舄・仙舄・素舄・帝舄・佩舄・文舄・鳳舄・履舄

【跖】 12 6116 ［蹠］ 18 6013

セキ あしうら ふむ

篆文 

形声 声符は石。〔説文〕二下に「足の下なり」とあり、いわゆる脚掌。〔淮南子、説山訓〕に「善く學ぶ者は、齊王の雞を食らふに、必ず其の蹠數十を食らひて後に足るが若し」という話がみえる。蹠は〔説文〕二下に「楚人、跳躍することを謂ひて蹠と曰ふ」とあり、別義の字であるが、音を以て通用する。

訓義 ①あしうら。②ふむ。

古訓 〔新撰字鏡〕跖・蹠 足乃宇良（あしのうら） 〔名義抄〕跖 アナウラ 〔字鏡集〕蹠 アシアト・フム・アナウラ・ケダモノ・アト・ヌスミ・ツマヅク

【跖蹻】 魯の盗跖と楚の荘蹻。ともに大盗。〔史記、游俠伝序〕伯夷は周を醜しとし、首陽山に餓死したれども、文・武は其の故を以て王を貶せられず。跖・蹻は暴戻なれども、其の徒、義を誦すること窮まり無し。～國を竊む者は侯となる。侯の門に仁義存すとは、虚言に非ざるなり。

↑跖距 けづめ／跖空 空にのぼる／跖硬 強弩／跖実 獣類／跖地 地をふむ／跖戻 かがむ

【媳】 13 4643

セキ よめ

形声 声符は息。息に子息の意がある。その妻を媳という。

訓義 ①よめ、子の妻。②兄弟などの妻。③妻子。④既婚の女。

【媳婦】 よめ。〔元史、后妃二、裕宗徽仁裕聖皇后伝〕后、

性孝謹、善く中宮に事ふ。世祖每に之れを稱して、賢德の媳婦と爲せり。

【晳】 13 4260 セキ しろい

篆文 

形声 声符は析。〔説文〕七下に「人の色白きなり」とあり、人の色白をいう。白晳・晳面のようにいう。風土によって色の異なることがあり、〔周礼、地官、大司徒〕に「四に曰く墳衍、～其の民は晳くて瘠す」とみえる。

訓義 1しろい、いろじろ。

【晳白】色白。宋・蔡襄〔勤上人の呉中に帰るを送る〕詩 呉江、水好くして、呉岫（山のくき）は靈なり 呉の人、晳白にして、神氣淸し

【晳面】顔が白い。〔唐書、回鶻下、黠戛斯伝〕人皆長大、赤髮晳面にして、綠瞳なり。黑髮を以て不祥と爲す。黑瞳なる者は、必ず（李）陵の苗裔（末孫）ならんと曰ふ。

↑晳幘 白い歯列び／晳晳 清秀

↓淸晳・白晳

【裼】 13 3622 セキ シャク テイ ひとえ かたぬぐ むつき

篆文 

形声 声符は易。易に蜴・錫の声がある。下着とするひとえの皮衣。衿だけをあらわす。〔説文〕八上に「袒ぐなり」とあり、また袒字条に「衣縫、解くるなり」という。肩はだをぬぐことを袒裼という。〔詩、小雅、斯干〕に、女子が生まれると「載ち之れに裼を衣せしむ」とあり、裼とは褓をいう。褓が保に従うのは、新生の霊を包み守るものだからである。

訓義 1ひとえ、ひとえの皮衣。2かたぬぐ、かたはだをあらわす。3褅と通じ、むつき。

古訓 〔名義抄〕裼 ハダカ・カタヌグ・カサヌ

【裼襲】ひとえと、かさね。〔礼記、楽記〕屈伸俯仰、綴兆（舞者の列位）舒疾（緩急）は、樂の文なり。簠簋俎豆、制度文章は、禮の器なり。升降上下、周還裼襲は、禮の文なり。

↑裼衣 裘の上衣、また袒裼／裼衣 むつき／裼裘 裼衣

↓加裼・裘裼・素裼・袒裼・襢裼・徒裼・覆裼・偏裼・露裼

常【跡】 13 6013 ［迹］ 10 3030 セキ あと あしあと ふむ たずねる

篆文 

籀文 

形声 正字は〔説文〕二下に迹の重文としてあげる速・蹟。迹・跡はその俗字。〔説文〕に「迹は歩む處なり」と歩迹の意とする。字の初形速・蹟の形義によっていえば、朿は神聖な表木で征服支配、貝はその地より徵する賦貢、その徵する織物を績、農穀を積という。その支配の遂行を成蹟という。亦は朿の譌形。本来は政治的意味をもつ字であるが、のち、あしあとの意に用いる。

訓義 1あと、あしあと、あしうらのあと。2ふむ。3あとづける、たずねる。

古訓 〔名義抄〕跡 アトツク・タヅヌ 〔字鏡〕跡 フム・タヅヌ・アト 〔字鏡集〕跡 ツク・ヒヅメ・ヌキアシ・クルマノアト・アト・ムマノアト・フム・ハヤル

語系 跡・迹は速 **tzyak** の俗字。また、責・債 **tzhek**、積 **tziek**、績 **tzyek** も声近く、もと一系をなす語で、賦貢の意をもつ字であった。

＊語彙は迹字条参照。下接語のみ、慣用の例をあげる。

↓遺跡・玩跡・奇跡・軌跡・旧跡・古跡・口跡・行跡・航跡・痕跡・罪跡・史跡・事跡・失跡・手跡・獣跡・書跡・勝跡・証跡・蹤跡・心跡・真跡・人跡・尋跡・塵跡・垂跡・聖跡・占跡・戦跡・踪跡・足跡・鳥跡・追跡・轍跡・犯跡・秘跡・筆跡・斧跡・墨跡・名跡・門跡

【摭】 14 5003 ［拓］ 8 5106 セキ ひろう とる

篆文 

形声 声符は庶。庶に蹠・席（庶の省に従う）の声がある。〔説文〕十二上に正字を拓とし、「拾ふなり。陳・宋の語なり」とし、重文として摭を録する。ものを拾い集めるときには、採摭・攟摭の字を用い、拓はいま開拓・拓本の意に用いる。

訓義 1ひろう、とる、ひろいとる。2拓はいま声義の異なる字として用いる。

古訓 〔名義抄〕摭 ヒロフ・トル 〔字鏡集〕摭 ヒロフ・サ、ク・トル

【摭取】ひろいとる。漢・趙岐〔孟子題辭〕今諸の解する者、往往摭取して之れを說く。其の說文、又乖異して同じからざること多し。

【摭拾】ひろい集める。唐・柳宗元〔斐瑾崇豊二陵集礼後序〕開元の制禮より、大臣諱避して國恤章を去り、山陵の禮、遂に執る所無し。～是れに由りて累世の山陵、皆殘缺を摭拾し、倫類を附比するのみにして、已に乃ち斥去す。其の後能く徵する莫し。

↑摭華 摘句／摭採 採摭／摭拭 拭きとる／摭說 飾言／摭稲 二毛作／摭入 拾いとる／摭羅 すべてけずりとる

↓掎摭・窮摭・捃摭・攟摭・鉤摭・采摭・採摭・収摭・拾摭

人【碩】 14 1168 セキ おおきい さかん

篆文 

金文 

形声 声符は石。〔説文〕九上に「頭大いなり」と大頭の意とする。頁は儀容を整えた人の姿。金文の字形によると石を拜する形であるらしく、石はいわゆる郊宗石室の類。そのような聖所を拜する人の形とみられる。〔詩、邶風、簡兮〕にみえる「碩人」を〔伝〕に「大德なり」、また〔詩、小雅、白華〕の〔箋〕に「妖大の人なり」とする。碩はもと神事にあずかる人をいう語であろう。

訓義 1おおきい、頭が大きい、儀礼に従うときの人の姿。2さかん、みちみちた、みめよい。3かたい、とおい。

古訓 〔名義抄〕碩 オホキナリ・オホイナリ・オツ・ネガノ・アツキ・ヨシサラニ 〔字鏡集〕碩 ネガフ・オツ・ヨル・アツシ・サダム・ヨシ・サラニ・ネガハクハ・オホイナリ

語系 碩・石・祏 **zjyak** は同声。祏は宗廟の主。石もその石室をいう字であろう。みな一系の語である。

【碩学】大学者。鴻儒。〔後漢書、儒林伝論〕夫れ書理に二無し、義歸、宗有り。而して碩學の徒も、之れを從す或る莫し。故に通人は其の固を鄙しむ。又（揚）雄の所謂、譊譊（さわがしい）の學、各々其の師に習ふものなり。

【碩言】大言。出まかせ。〔詩、小雅、巧言〕蛇蛇たる碩言は 口より出づ 巧言は簧の如し 顏之れ厚し

【碩儒】大儒。大学者。晋・范寧〔春秋穀梁伝集解の序〕漢興りてより以來、瓌望（名望）碩儒、各々習ふ所を信べ、是非紛錯し、準裁定むる靡し。故に父子異同の論、石渠分爭の說有り。

【碩人】立派な人。婦人にもいう。〔詩、衛風、碩人〕碩人（嫁ぎくる衛侯夫人）敖敖たり（人立ちさわぐ） 農郊に說る

【碩鼠】大鼠。搾取する領主にたとえる。〔詩、魏風、碩鼠〕

碩鼠、碩鼠 我が麥を食らふこと無かれ 三歲女に貫ふるも 我を肯て德とすること莫し

【碩大】容姿のすぐれること。〔詩、陳風、沢陂〕美なる一人有り 碩大にして且つ儼たり、寤寐に爲すこと無く 輾轉(寝がえり)し伏枕す

【碩德】大德。〔晋書、隠逸、索襲伝〕索襲は～敦煌の人なり。～敦煌の太守陰澹、奇として造り、日を經て反るを忘る。出でて歎じて曰く、索先生、碩德名儒、眞に以て大義を諮るべしと。

【碩老】徳望の高い老人。〔晋書、劉寔伝〕寔、清素の操を體し、不渝(渝らざる)の潔を執る。車を懸け(隠居し)、告老すること二十餘年、浩然の志、老いて彌〻篤し。國の碩老、邦の宗模と謂ふべし。

↑碩果 大きな果物／碩画 大計／碩岸 魁梧／碩勲 大功／碩恵 大恵／碩賢 大賢／碩彦 名士／碩公 名臣／碩才 大才／碩材 大才／碩策 遠謀／碩士 賢士／碩志 大志／碩師 大儒／碩宿 老大家／碩俊 俊賢／碩女 賢女／碩匠 巨匠／碩臣 大臣／碩生 学者／碩壮 碩大／碩膚 大どか／碩輔 賢輔／碩茂 茂盛／碩望 衆望／碩謀 大謀／碩慮 よい思慮／碩量 大器量

↓耆碩・広碩・鴻碩・材碩・博碩・肥碩・豊碩

【耤】 14 5496 ［藉］ 18 4496

セキ シャ たがやす かりる かす

篆文 甲骨文 金文

形声 声符は昔。〔説文〕四下に「帝耤、千畝なり」とあり、耤田の意とする。また「古は民を使ふこと、借るが如し。故に之れを耤と謂ふ」とするが、卜文の字形は、耒に足をかけて踏み耕す形で、象形の字。金文に昔声を加える。昔は腊、乾いた薄い肉片で、踏藉した土の状がそれに近い。耤声の字にみなその義を含む。藉田は神饌とするための天子親耕の礼に発するもので、卜辞に「王は其れ觀耤せんか」、また金文の〔令鼎〕に、「王、大いに諆の田に耤農す」とみえ、親耕の礼のあったことが知られる。〔詩、周頌、載芟〕、また〔詩、周頌、噫嘻〕に歌うところもその礼で、この二篇は廟歌である。本来神事的なもので、共同耕作の形態をとるものであったが、西周晩期の宣王のとき廢して行われず、〔国語、周語上〕にこれを諫めて、その古礼が詳しく記述されている。

訓義 ①たがやす、帝藉をたがやす、親耕の田。②かりる、かす。③藉と通じ、とりたて。また、しきもの。

古訓 〔新撰字鏡〕耤 藉の字なり 〔字鏡集〕耤 カル

声系 〔説文〕に耤声として藉・籍(籍)の二字を収める。籍は簿書。昔は腊で薄い肉片。みな薄く平らかなものの意を含む。

語系 耤・藉・籍 dzyak は同声。耤田はのち藉田としるし、耤の字はあまり用いられることがない。

【耤友】友人にかす。〔漢書、游俠、郭解伝〕解、人と爲り靜悍、酒を飲まず。少時、陰賊感槩にして、意に快からざれば、殺す所甚だ衆し。軀を以て友に耤し、仇を報ず。

↑耤田 帝藉千畝

↓帝耤

【蓆】 14 4422

セキ むしろ おおきい

篆文

形声 声符は席。〔説文〕一下に「廣多なり」とあり、〔詩、鄭風、緇衣〕「緇衣の蓆たかなる」による。席は儀礼的な場に用いるもの、蓆は宴席などに用いる広大なものをいうのであろう。それで蓆大・広多の意がある。

訓義 ①むしろ、大きなむしろ。②広い、おおきい。③たくわえる。

古訓 〔字鏡集〕蓆 オホキナリ

語系 蓆・席 zyak は同声。〔説文〕七下に「席は藉くものなり」(段注本)とあり、藉 dzyak、葅 tzia もその声が近い。席・藉・葅は祭藉、蓆はその粗大なものをいう。

【蓆槀】わらの席。宋・蘇軾〔神宗皇帝に上る書〕臣、近ごろ愚賤を度らず、輒ち封章を上つて、買燈の事を言ふ。自ら天威を瀆犯し、罪赦されざるに在るを知る。私室に蓆槀して、以て斧鉞(刑罰)の誅を待つ。

【蓆薦】しきもの。他を奉ずる。〔韓非子、存韓〕韓、秦に事ふること三十餘年、出でては則ち扞蔽(前衛)と爲り、入りては則ち蓆薦と爲る。

↑蓆戸 草屋／蓆号 蓆戸／蓆子 むしろ／蓆棚 かやつり草の茎であんだむしろ、アンペラ／蓆帽 わら帽

↓茵蓆・筵蓆・帖蓆・薦蓆・亭蓆

【蜥】 14 5212 ［蜴］ 14 5612

セキ とかげ

篆文

形声 声符は析。〔説文〕十三上に「蜥易なり」とあり、蜥易はまた蝘蜴に作る。蝘字条に「壁に在るを蝘蜓と曰ひ、艸に在るを蜥易と曰ふ」とみえる。蜴はまた蜴の音によみ、蜥と通用することがある。蜥はまた蜇に作り、蜇螽はきりぎりすをいう。

訓義 ①とかげ、やもり。②蜇と通じ、蜇螽はきりぎりす。

古訓 〔字鏡集〕蜴 トカゲ・ヰモリ

【蜥易】とかげ。やもり。〔方言、八〕守宮、秦・晉・西夏に、之れを守宮と謂ひ、～或いは之れを蜥易と謂ふ。其の澤中に在る者、之れを易蜴と謂ふ。南楚には、之れを蛇醫と謂ひ、或いは之れを蠑螈と謂ふ。

【奭】 15 4003

セキ あきらか

篆文 古文 甲骨文 金文

会意 大＋皕。大は人の正面形。皕は婦人の両乳をモチーフとする文身の文様。死喪のときなどに、朱で加えて呪禁とする。〔説文〕四上に「盛んなり」と訓し、「此れ燕の召公の名なり。讀みて郝の若くす。史篇に名は醜なりと」という。〔書、君奭〕に君奭といい、金文に「皇天尹大保」「公束」の名でみえる。また婦人をいい、卜辞に「大乙の奭妣丙」のように、先公の妣名の上に著けていう。おそらく死喪のときにその文身を加え、その文飾ある人をよんだ語であろう。爽も相似た形象の字で、文飾の爽明をいう。〔詩、小雅、瞻彼洛矣〕「韎韐(ひざあて)奭たる有り」とは、その色の赤く美しいことをいう。

訓義 ①あきらか、あかい、うつくしい。②さかん。③赫と通じ、いかる。

古訓 〔名義抄〕奭 サカンナリ・カメ 〔字鏡集〕奭 サカリナリ・オドロキミル

声系 〔説文〕に皕声として奭・𧰲を収めるが、いずれも皕と声異なる。奭は両乳文身の象。𧰲は入墨するときの傷痛をいう字で、〔説文〕五上に「傷痛なり」という。

語系 奭 sjiak、赤 thjyak は同系の語。奭は朱の文身をいう。赦 sjyak も声近く、赤は火を以て人を修祓する意、赦はまた攴を加えてその罪を祓い許す意。奭も死者を聖化し修祓するために、加えるものであった。

↑奭懌 悦ぶ／奭然 とける

↓酣奭

【慼】 15 5333

セキ うれえる かなしむ

篆文  形声 声符は戚。〔説文〕十下に字を慽に作り、「㥑(憂)ふるなり」、〔広雅、釈詁 一〕に「憂ふるなり」とあり、憂慼の意。戚は戚鉞(まさかり)の象で、その刃光の白きをいい、廟中の鎮めとして用いることを寂という。その静寂に沈んだ情を慼という。

訓義 1うれえる、いたむ。2かなしむ、なげく。3はじる、こころなえる。4戚と通用することがある。

古訓 〔字鏡集〕慼 シタシ

＊語彙は戚字条参照。

【慼慼】 憂え思うさま。戚戚。南朝宋・謝霊運〔南亭に遊ぶ〕詩 慼慼として、物に感じて歎き 星星として、白髪垂る

【慼容】 憂える姿。晋・陸機〔魏の武帝を弔ふ文〕備物を虚器に宣べ、哀音を舊倡に發す。慼容を矯めて以て節に赴き、零涙を掩ひて觴を薦む。

↑慼顔 心配顔／慼言 憂えいう／慼恨 憂え恨む／慼貌 慼容

↓慙慼・悲慼・憂慼

常 【潟】 15 3712 セキ かた ひがた

形声 声符は舄。潟は塩気のある地。また、ひがた。わが国では入江などの、干潮時に沙地となるところをいう。

訓義 1かた、ひがた。2しお地、にがつち。

古訓 〔和名抄〕潟 師説、加太(かた) 〔名義抄〕潟 ウツス・ソヽグ・カタ・トヽム 〔字鏡集〕潟 カタ・シハヽユシ

【潟鹵】 ひがた。あれ地。〔史記、貨殖伝〕太公望、營丘に封ぜらる。地、潟鹵にして人民寡なし。是に於て太公、其の女功(機織りなど)を勸め、技巧を極め、魚鹽を通ず。則ち人物之れに歸し、繦至して(連なり至り)輻湊す。

↓干潟・鹹潟

【瘠】 15 0012 ［膌］ 14 7122 セキ やせる へらす

篆文  古文  形声 声符は脊。脊は背の骨肉のあらわれている形。〔説文〕にこの字を収めず、膌四下に「瘦するなり」とみえる。地味の少ないところを瘠土・瘠地のようにいう。

訓義 1やせる、骨太、骨ぶし。2へらす、はぶく、うすい、少ない。3脊に通じ、せ。

古訓 〔新撰字鏡〕瘠 豆比由(つひゆ) 〔字鏡集〕瘠 ヤス・ツカル・ヤセタリ・ヤマヒ

【瘠土】 やせ地。〔国語、魯語下〕昔、聖王の民を處するや、瘠土を擇びて之れに處らしめ、其の民を勞せしめて之れを用ふ。故に長く天下に王たり。

【瘠鹵】 塩気のあるやせ地。宋・陸游〔甲申、雨ふる〕詩 山陰、湖に決する(あふれる)こと二百歳 坐ろに膏腴(肥沃)をして瘠鹵と成さしむ

↑瘠隘 狭いやせ地／瘠顔 衰顔／瘠弃 やせ衰える／瘠磽 やせ地／瘠軀 痩身／瘠形 やせ形／瘠枯 やせて枯れる／瘠弱 衰弱する／瘠饒 肥瘠／瘠色 衰えた色／瘠衰 やせ衰える／瘠瘁 病み衰える／瘠痩 やせこける／瘠餒 飢える／瘠地 やせ地／瘠田 やせ地／瘠馬 やせ馬／瘠憊 やせつかれる／瘠薄 やせ地／瘠疲 衰弱する／瘠亡 衰亡／瘠立 やせて骨ばかりとなる

↓寒瘠・毀瘠・癯瘠・荒瘠・墝瘠・素瘠・肥瘠・疲瘠・沃瘠・羸瘠

【趞】 15 4480 セキ シャク はやい

篆文  形声 声符は昔。〔説文〕二上に「趞趞なり。一に曰く、行く皃なり」とあり、足どり早く歩く意。趞趞はその形況の語。昔声に細小なるものを重ねる意がある。金文に〔趞曹鼎〕があり、その氏号があった。

訓義 1はやい、はやくあるく。2あるくさま、ゆくさま。3踖と通じ、足ふむようにゆく。

古訓 〔名義抄〕趞 ユク 〔字鏡集〕趞 オコス・ユク

【踖】 15 6416 セキ シャク ふむ つつしむ

篆文  形声 声符は昔。〔説文〕二下に「長脛にて行くなり」という。〔礼記、曲礼上〕に「席を踖むこと毋かれ」とあり、〔爾雅、釈訓〕に「踖踖は敏なり」とみえ、足早にふみ歩く意。趞と声義の近い字である。〔論語、郷党〕「君在すときは、踧踖如たり」とは、足をすくめて歩くような恭敬の状をいう。

訓義 1ふむ、足早にふむ、足早にあるく。2足をすくめる、つつしむ、つつしむさま。

古訓 〔名義抄〕踖 フム／踧踖 カシコマル

↑踖蹐 もがき苦しむ／踖踧 不安で身をかがめる／踖踖 身をかがめる／踖藉 ふむ／踖然 身をつつしむさま

↓蹶踖・踧踖

【磧】 16 1568 セキ かわら す

篆文  形声 声符は責。〔説文〕九下に「水階(渚)に石有る者なり」とあり、石のある河原をいう。また水中に沙の堆積して洲をなすところをいう。

訓義 1かわら。2す。3はやせ、はやせの石の多いところ。4さばく、沙磧。

古訓 〔名義抄〕磧 ウス・オホキナリ 〔字鏡集〕磧 オホイナリ・イサゴ

↑磧沙 沙磧／磧中 沙漠の中／磧漠 沙漠／磧尾 河原／磧礫 河原石／磧路 石ころ道

↓陰磧・雁磧・枯磧・孤磧・広磧・江磧・沙磧・石磧・大磧・灘磧・風磧・平磧・辺磧・幽磧

常 【積】 16 2598 セキ シャク シ つむ かさねる たくわえ

篆文  金文  形声 声符は責。責の初文は賫。朿は神聖の表示、貝は賦徵。支配地より徵収するものを積という。〔説文〕七上に「聚むるなり」とあり、〔詩、周頌、載芟〕に「實りて其の積有り 萬億及び秭」とは、積聚した農作物をいう。金文の〔兮甲盤〕に「四方の賫(責)」という語があり、その項目として貝(帛)・賫・進人・貯をあげている。貝は織物、賫(積)は農作物、進人はいわゆる生口(家内奴隷)、貯は物産の類をいう。賫はのちの積にあたるもので、績は積に対していう語であろう。租徵を完納させることを成績という。その支配地を迹(蹟)、その成果を治迹という。

訓義 1つむ、つもる、かさねる、あつめる。もと貢賦として納めることをいう。2とどこおる、ひさしい、ふるい。3たくわえ、あまり、もうけ。

古訓 〔名義抄〕積 ツム・ツモル・アツム・マモル・オク・イナタハリ・タクハフ・タカシ・ムナシ・イナヅカ・ヒサシ・イナツミ

語系 積 tziek、績 tzyek は声義近く、賦徵として収める農作物を積といい、織物を績という。古くは賫(責)といった。責声の字にその声義を承けるものが多い。

【積愛】 数々の愛情。〔淮南子、人間訓〕夫れ積愛、福を成し、積怨、禍を成す。

【積悪】 悪事をかさねる。〔漢書、董仲舒伝〕積善の身に在るは、猶ほ長ずること日に加益するも、人知らざるがごときなり。積惡の身に在るは、猶ほ火の膏を銷すも、人見ざるがごときなり。

【積陰】 累積した陰気。寒気。〔淮南子、天文訓〕積陽の

熱氣、火を生ず。火氣の精なる者を日と爲す。積陰の寒氣を水と爲す。水氣の精なる者を月と爲す。日月の淫氣、精なる者を星辰と爲す。

【積雨】ながが雨。唐・韓愈〔符、書を城南に読む〕詩 時、秋にして積雨霽れ 新涼、郊墟に入る 燈火稍(次第に)親しむべし 簡編、巻舒すべし

【積殃】(あう) 禍いを重ねる。〔列女伝、賢明、陶の答子の妻の伝〕婦曰く、夫子、能薄くして官大なり。是れを嬰害(害にあう)と謂ふ。功無くして家昌んなり。是れを積殃と謂ふ。

【積恩】永年の恩愛。〔説苑、脩文〕積恩、愛を爲し、積愛、仁を爲し、積仁、靈を爲す。

【積毀】多くのそしり。〔漢書、鄒陽伝〕夫れ孔墨の辯も、自ら讒諛を免るること能はず。～何となれば則ち、衆口、金を鑠かし、積毀、骨を銷せばなり。

【積僞】作為をかさねる。〔荀子、性悪〕今將た禮義積僞を以て人の性と爲さんか。然らば則ち有た曷ぞ堯・禹を尊ばん、曷ぞ君子を貴ばんや。

【積財】財蓄。〔顔氏家訓、勉学〕諺に曰く、積財千萬なるも、薄伎の身に在るに如かずと。伎の習ひ易くして貴ぶべき者は、讀書に過ぐる無きなり。

【積日】年月を重ねる。漢・司馬遷〔任少卿(安)に報ずる書〕之れを下にしては、日を積み勞を累ね、尊官厚祿を取り、以て宗族交遊の光寵を爲すこと能はず。

【積聚】ものをたくわえる。〔韓非子、説林上〕衞人、其の子を嫁せしむ。之れに教へて曰く、必ず私かに積聚せよ。人の婦と爲りて、出ださるるは常なり。其の居を成すは幸ひなりと。其の子、因りて私かに積聚す。其の姑、以て私すること多しと爲して、之れを出す。

【積薪】積薪に坐するは自ら焚く恐れあり、危ういたとえ。また、加上の意に用いる。〔漢書、汲黯伝〕黯、褊心(心狭し)、少望(不満)無きこと能はず。上に見えて言ひて曰く、陛下群臣を用ふること積薪の如きのみ。後來の者、上に居ると。

【積翠】たたなわる山の緑。宋・蘇軾〔王定国蔵する所の烟江畳嶂の図に書す〕詩 江上の愁心、千疊の山 空に浮べる積翠、雲烟の如し

【積雪】降り積もった雪。唐・祖詠〔終南に余雪を望む〕詩 終南、陰嶺秀づ 積雪、浮雲の端 林表、霽色明らかに 城中、暮寒を増す

【積善】善行を積む。〔易、坤、文言伝〕積善の家には、必ず餘慶有り。不善を積むの家には、必ず餘殃(後にまで及ぶわざわい)有り。

【積蓄】儲蓄。かさなり、たまる。唐・李白〔従甥高五に贈別す〕詩 積蓄す、萬古の憤り 誰に向つてか開豁することを得ん 天地は一浮雲 此の身は乃ち毫末

【積土】土をつみ上げる。〔荀子、勧学〕積土山を成せば、風雨興る。積水淵を成せば、蛟龍生ず。

【積徳】徳を積む。〔史記、韓信盧綰伝論賛〕韓信・盧綰は素より積徳累善の世(家)に非ず。一時の權變を徼めて、詐力を以て功を成す。～故に列地南面して、孤と稱するを得たり。

【積年】累年。多年。〔列子、周穆王〕宋の陽里の華子、中年にして忘を病む。朝に取りて夕に忘れ、夕に與にして朝に忘る。～魯に儒生有り、自ら媒して能く之れを治むと。華子の妻子～其の方を請ふ。～而して積年の疾、一朝にして都て除く。華子既に悟り、廼ち大いに怒り、～儒生を逐ふ。

【積敝】積年の弊害。〔後漢書、李固伝〕(順帝)既に困殆より抜け、龍興即位し、天下喁喁として風政を屬望す。積敝の後、中興を致し易し。誠に當に沛然として、善道を思惟すべし。

【積累】つみ重なる。漢・班彪〔王命論〕是れに由りて之れを言へば、帝王の祚は、必ず明聖顯懿の德、豐功厚利、積累の業有りて、然る後、精誠は神明に通じ、流澤は生民に加はる。

↑積痾 持病／積案 案件が累積する／積委 たくわえ／積威 蓄積した力／積鬱 積憂／積雲 層雲／積怨 積もる怨み／積遠 遥かかなた／積惌 積悪／積坳 くぼ地／積塊 大地／積学 修学の功を積む／積壑 深い谷／積黠 積悪／積貫 慣習／積慣 積貫／積気 大気、天／積久 久しく経過する／積極 進取／積愚 衆愚／積勲 積功／積慶 積善／積結 多くの疑点／積月 連月／積欠 累積滞納する／積功 功を積む／積穀 備蓄／積恨 積もる恨み／積歳 多年／積載 多年／積散 集散／積算 累計／積志 年来の志／積識 多識／積習 久習／積集 集積／積愁 積憂／積甃 石だたみ／積襲 累積する／積重 累積する／積潤 浸潤がつづく／積浸 しみこむ／積塵 久塵／積衰 久しく弱る／積瘁 積労／積勢 強まる／積精 力を蓄える／積漸 漸次／積膳 客膳／積素 雪／積倉 積穀／積想 多年の想い／積蔵 貯蔵／積粟 積穀／積賊 古賊／積滞 多く滞る／積代 累世／積恥 久しい辱め／積帙 積み本／積貯 積蓄／積儲 積貯／積漲 大水／積蠹 積悪の賊／積弩 連弩／積怒 積忿／積毒 積怨／積念 積想／積伐 積学をほこる／積微 小を積んで大をなす／積靡 積習／積氷 極北の地／積病 持病／積富 多財／積物 たくわえ／積忿 積もる怒り／積憤 積忿／積弊 積年の弊害／積霧 濃霧／積夜 長夜／積庾 露積み／積憂 積もる憂え／積余 剰余／積壅 久しい間にふさがる／積流 海／積慮 熟考する／積糧 兵糧／積淋 長雨／積礫 いしころの山／積烈 多くの功業／積斂 ながらく収斂する／積潦 大水

↓安積・委積・殷積・鬱積・盈積・怨積・貨積・痞積・久積・居積・厚積・香積・穀積・柴積・歳積・山積・散積・私積・実積・集積・充積・重積・銭積・素積・蔵積・多積・体積・堆積・滞積・地積・蓄積・沖積・著積・貯積・儲積・沈積・陳積・塡積・道積・徳積・年積・憤積・豊積・面積・野積・庾積・余積・容積・壅積・累積・斂積・露積・猥積

人 【錫】 16 8612 セキ シャク シ すず たまう

篆文  金文 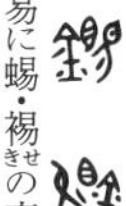

形声 声符は易。易に蜴・裼の声がある。〔説文〕十四上に「銀と鉛との間なり」とあって、すずをいう。金文に易を賜与の意に用い、経籍には多く錫を用いる。易の初形は、爵から酒を注ぐその注ぎ口の形で、爵酒を賜う意。金文の〔曽伯霥簠〕に至って、はじめて錫の字を用いている。

訓義 ①すず。②易・賜と通じ、たまう、爵酒をたまう、あたえる、賜与。③錫杖。④鬄と通じ、かもじ。

古訓 〔新撰字鏡〕錫 奈万利(なまり)〔和名抄〕錫 之路奈万利(しろなまり)〔名義抄〕錫 ナマリ・クロナマリ・アタフ・タマフ・シロナマリ

↑錫嘏 大福／錫鑑 錫の鏡／錫器 錫製品／錫響 錫杖の音／錫衰 喪服／錫祉 賜嘏／錫杖 行者の杖／錫賚 賜う／錫土 賜土

↓永錫・宴錫・鉛錫・恩錫・加錫・挂錫・九錫・金錫・光錫・爵錫・

杖錫・赤錫・卓錫・寵錫・鉄錫・天錫・白錫・飛錫・褒錫・優錫・令錫

常 **【績】** 17 2598 セキ つむ つむぐ つぐ いさおし

篆文 金文 古印璽

形声 声符は責。責の初文は賚。賦貢をいう。五穀の類を貢するを積、布帛の類を貢するを績という。〔説文〕十三上に「緝むなり」と訓し、また緝字条に「績むなり」とあって、互訓。〔兮甲盤〕に「四方の賚(責)」として、貝(帛)・賚(積)・進人・貯をあげているが、貝は織物、積は農作物を賦貢とすることをいう。賦貢がよく納まることを成績といい、その不十分なことを「弗迹」という。文献では「否績」という語にあたる。戦争で敗れることを敗績といった。

訓義 1いとをつむ、いとをうむ、いとをつぐ、つむぐ。2わざ、賦貢すること、賦貢を納めること、その成績。3いさおし、てがら。

古訓 〔新撰字鏡〕績 乎宇牟(をうむ)〔名義抄〕績 ウム・ヲウム・ヤシナフ〔篇立〕績 ウム・ハタル・ナハ・ツムグ・オル・ヌフ・ツグ

語系 績tzyek、積tziek、賚(責)tzhekはみな声義近く、績・積は責の声義を承ける。

【績効】 てがら。功績。〔後漢書、荀彧伝〕(建安)十二年、(曹)操上書して、彧を表して曰く、～其の績效を原ぬるに、高爵を享くるに足る。而るに海内未だ其の狀を喩らず、受くる所、其の功に侔しからず。臣、誠に之れを惜しむ。

【績女】 糸をつむぐ女。宋・陸游〔秋晩、隣曲を閑歩す～〕詩 放翁、病起して、門を出でて行く 績女は籬を窺ひ、牧豎は迎ふ

【績紡】 糸をつむぐ。紡績。〔晋書、良吏、呉隠之伝〕劉裕、車牛を賜ひ、更めて爲に宅を起すも、固辭す。～毎月初め、祿を得るや、裁かに身の糧を留め、其の餘は悉く親族に分ち振ひ、家人績紡して、以て朝夕に供す。時に困絶すること有り。

↑積学 積学/績功 功績/績行 実行する/績織 紡織/績閲 功績/績文 文を綴る/績望 功績と声望/績用 功用

↓偉績・異績・懿績・嘉績・旧績・巨績・業績・勲績・顕績・功績・考績・効績・載績・蚕績・事績・実績・殊績・緝績・庶績・織績・成績・声績・戦績・善績・治績・著績・敗績・丕績・徴績・不績・紡績・名績・夜績・庸績

【螫】 17 4813 セキ さす

篆文

形声 声符は赦。赦の古音は赤に近い。〔説文〕十三上に「蟲、毒を行ふなり」とあり、毒を注いで赤くはれあがることをいう。赦は人に火を加え(赤)、また攴を加えて祓う意であるが、それによって肉が赤く腫れあがり、螫と同じ状態となるのであろう。

訓義 1さす、毒虫がさす。2虫の毒。

古訓 〔名義抄〕螫 サス・サソリ・イラムシ・アリ

語系 赤thjyak、赦・螫sjiakは声義近く、赦・螫は赤の声義を承ける語である。

【螫手】 手をさす。〔史記、田儋伝〕蝮手を螫すときは則ち手を斬り、足を螫すときは則ち足を斬る。何となれば、身に害あるが爲なり。

【螫虫】 毒虫。〔淮南子、説山訓〕山に猛獸有りて、材木之れが爲に斬られず。園に螫蟲有りて、藜藿(あかざと豆)之れが爲に采られず。

↑螫蝎 さそり/螫齧 さし、かむ/螫刺 さす/螫針 蜂の尾などにある針/螫噬 螫齧/螫毒 毒虫がさす/螫乳 蜂蜜

↓喙螫・肆螫・辛螫・噬螫・蠆螫・毒螫・蝮螫

【踖】 17 6112 セキ ぬきあし

篆文

形声 声符は昔。〔説文〕二下に「小歩なり」とあり、ぬきあしさしあし、しのび足で歩くことをいう。

訓義 1ぬきあし、しのびあし。

古訓 〔名義抄〕踖 ヌキアシ・アシウラ・ノボル・ユク〔字鏡集〕踖 アシウラ・スコシアユム・ヌキアシス・ノボル

語系 踖・踳tziekは同声。踧tziuk、蹜shiukは声義近く、みな、しのび足で、足をすくめて歩くことをいう。踧踖のように連用する。

【踖地】 しのび足する。〔詩、小雅、正月〕天をば蓋し高しと謂ふも 敢て局せ(身をかがめ)ずんばあらず 地をば蓋し厚しと謂ふも 敢て踖せずんばあらず

↑踖躬 身をかがめる/踖跼 身をかがめる/踖踖 忍び寄る/踖促 不安なさま/踖滞 滞る/踖駁 雑乱する/踖歩 小歩する

↓局踖・蹩踖・俯踖

人 **【蹟】** 18 6518 ［迹］ 10 3030 セキ あと

篆文 籀文

形声 声符は責。迹と同字。〔説文〕二下に迹を正字とし、「歩む處なり」と訓し、亦声とするが、声が合わない。責の初文は賚。朿は支配を示す聖表示。貝は賦徴。支配地より賦貢を徴収することを賚といい、その行為を遺(迹)、その成果を成績、失敗することを不績という。〔詩、小雅、沔水〕「彼の不蹟を念ふ」は不績の意。支配の及ぶところを迹・蹟という。

訓義 1あと、支配のあと、そのなごり。2賦貢を徴収する、績。3とどまる。

古訓 〔新撰字鏡〕蹟 跡・迹同じ。安止々己呂(あとところ)〔名義抄〕蹟 トホシ・ヒラク・フム・スギタリ・マレラ・ハルカ・ヌキアシ・ヨソ・ウツホナリ・アト・オロソカナリ・スグ・オトロ・ウツシ

語系 蹟(迹・跡)・積tziekは同声。また、績tzyekも声義近く、支配地より納める農作物を積、織物を績という。

＊語彙は迹字条参照。

↑蹟意 筆意/蹟行 止まる/蹟踏 ふむ

↓偉蹟・遺蹟・奇蹟・旧蹟・古蹟・史蹟・事蹟・手蹟・真蹟・聖蹟・陳蹟・秘蹟・筆蹟・墨蹟

【蹠】 18 6013 セキ ショ ふむ あしうら

篆文

形声 声符は庶。〔説文〕二下に「楚人、跳躍することを謂ひて蹠と曰ふ」とあり、〔方言、一〕にも「跳、～楚にては蹠と曰ふ」という。〔広雅、釈詁一〕に「履むなり、行くなり」とあり、また、あし、あしのうらをいう字である。

訓義 1ふむ、ゆく、いたる。2おどる。3あし、あしうら。4つまだつ、そびえる、ねがい、のぞみ。

古訓 〔名義抄〕蹠 アナウラ・アト・フム・ケダモノ・ツマヅク〔字鏡集〕蹠 アシアト・フム・アナウラ・ケダモノ・アト・ヌスミ・ツマヅク

↑蹠空 空をふみ上る/蹠硬 強弩の発射法/蹠実 確実に地をふむ/蹠地 地をふむ/蹠徒 盗蹠の一味のもの/蹠盭 足がただれる

↓遠蹠・鶏蹠・食蹠・千蹠・仙蹠

【蹢】 18 7171 セキ むささび

篆文 

形声 声符は石。〔説文〕十上に「五技鼠なり。能く飛ぶも、屋を過ぐること能はず。能く游ぐも、谷を渡ること能はず。能く穴するも、身を掩ふこと能はず。能く走るも、人に先んずること能はず。此れを之れ五技と謂ふなり」(段注本)とあり、むささびをいう。また〔爾雅、釈獣〕の〔郭璞注〕に「形、大いさ鼠に似る、頭は兎の如く、尾に毛有り、青黄色。好んで田中に在りて、粟豆を食らふ」とあるものは、りすの類。また碩鼠という。

訓義 1むささび。

【鼫鼠】むささび。漢・蔡邕〔勧学篇〕鼫鼠は五能あるも、一技をも成さず。

常【籍】20 8896 〔籍〕20 8896 セキ シャ ふみ かきつけ しるす かりる

篆文 

形声 声符は耤。耤は耕耤。土を耒で起こすこと。昔はその声符で腊肉の形。うすく重なった肉をいう。そのように土を起こすことを耤といい、竹や木をそのように簿片とすることを籍という。これを綴じて簿書とする。〔説文〕五上に「簿書なり」とみえる。〔左伝、昭十五年〕に、晋の図書を掌る籍氏の名がある。秦・漢以後、木簡・竹簡の類が行われ、典籍の重要性に応じて、大中小の定めがあった。

訓義 1ふみ、木簡、竹簡、綴じて書籍とする。2かきつけ、ちょうめん、なふだ。3しるす、かきつける。4藉と通じ、かりる。5耤と通じ、たがやす。6藉と通じ、たとい、もし。

古訓 〔名義抄〕籍 シキヰニス・フダ・フミ・フム・アト・ツカサドル・ヨル 〔篇立〕籍 マジハル・フダ・ヨル・ヤサス・ヤナス/藉 フダ・ヨレテ・ミダリガハシ・カル・ヰシヤ・トル・アヤマツ・ヨル・ハジム

語系 籍・耤・藉dzyakは同声。耤は帝耤千畝、耤田の字。藉は祭藉、神饌を供えるときのしきもの、籍は簿書。草の編まない状態のままを狼藉という。昔声に、薄く小さいものの散乱する意がある。

【籍槀(かう)】わらじきに坐る。自ら罪を請う。〔漢書、元后伝〕車騎将軍(王)音、籍槀して罪を請ふ。商・立・根(兄弟)も皆斧を負ひて質謝す。

【籍在】頼りにする。唐・杜甫〔韋書記の安西に赴くを送る〕詩 夫子欻ちにして通貴 雲泥(上下)相ひ望懸す 白頭、籍在無し 朱紱、哀憐有り

【籍甚】名声が高まる。〔漢書、陸賈伝〕(丞相陳平・太尉絳侯)両人深く相ひ結び、呂氏の謀益〻壊る。陳平乃ち~銭五百萬を以て、賈に遺りて食飲の費と爲す。賈、此れを以て漢廷公卿の閒に游び、名聲籍甚なり。

【籍籍】ちらばる。やかましい。また、籍甚。唐・韓愈〔僧澄観を送る〕詩 借問す、經營するは本何人ぞ 道人澄觀、名籍籍たり~皆言ふ、澄觀は僧徒なりと雖も 公才吏用、當今に無しと

【籍田】宗廟に供える神饌を、天子が親耕する儀礼。〔呂覧、上農〕耕織を務むる所以の者は、以て本教と爲すなり。是の故に天子親ら諸侯を率ゐて、帝の籍田を耕し、大夫士皆功業有り。

【籍没】財産を没収する。〔三国志、魏、王脩伝〕太祖鄴を破り、審配等の家財を籍沒するに、物貲萬を以て數ふ。南皮を破るに及んで、脩の家を閲するに、穀は十斛に滿たず、書數百卷有り。

【籍斂】税の取り立て。〔墨子、節用上〕今天下の政を爲す者、~其の民を使ふこと勞し、其の籍斂すること厚し。民の財足らず、凍餓して死する者、勝げて數ふべからず。

↑籍貫 本籍/籍記 記帳/籍求 戸籍により税を取る/籍財 財産を没収する/籍取 税を取る/籍書 戸籍や枕代わり/籍税 租税/籍設 もし/籍帳 戸籍や土地の原簿/籍図 図書/籍馬 登録の馬/籍賦 賦税/籍圃 籍田の畑/籍誉 盛んな声誉/籍躙 ふみにじる/籍礼 天子籍田の礼/籍録 没収手続き

↓移籍・温籍・宦籍・貫籍・漢籍・鬼籍・貴籍・妓籍・客籍・去籍・軍籍・群籍・経籍・原籍・戸籍・古籍・口籍・国籍・載籍・在籍・削籍・策籍・史籍・市籍・尺籍・書籍・除籍・臣籍・図籍・聖籍・船籍・租籍・僧籍・族籍・属籍・地籍・朝籍・丁籍・典籍・入籍・版籍・秘籍・復籍・仏籍・墳籍・兵籍・篇籍・簿籍・法籍・本籍・名籍・門籍・落籍

【齣】20 2772 セキ こま ひとこま ひとくぎり

形声 戯曲に用いる字で、原字は明らかでない。もと齝に作り、台声であったとする説がある。〔字彙補、齒部〕に「齣は傳奇中一廻するを一齣と爲す。俗に讀んで尺と作す」という。一折・二折という「折」に近い。

訓義 1一こま、一くさり、一くぎり、戯曲の一幕。

↑齣目 折目、幕次第

↓一齣・両齣

セツ

【卩】2 7722 〔㔾〕3 7722 セツ ひざまずく しるし

篆文 

甲骨文 

象形 人の跪坐する形。㔾も同じ。〔説文〕九上に「瑞信なり。國を守る者は玉㔾を用ひ、都鄙を守る者は角㔾を用ひ、山邦に使する者は虎㔾を用ひ、土邦の者は人㔾を用ひ、澤邦の者は龍㔾を用ひ、門關の者は符㔾を用ひ、貨賄には璽㔾を用ひ、道路には旌㔾を用ふ。相ひ合するの形に象るなり」とあり、〔周礼、地官、掌節〕の文による。字を符の半体の形とするものであるが、その形とはみえず、人の跪坐する形で、膝(𠨍)の初文である。食膳に即くことを皀(即)といい、相対して坐するを卿(卿)という。その字形中の卩が、すなわち跪坐する形である。

訓義 1ひざまずく、ひざ。2節の省形として、しるし、瑞信、わりふ、てがた。

部首 〔説文〕〔玉篇〕に令・卲・卮・𠨍・卷(巻)・卻・卸(卸)および卩の反文など、十三字を属する。色・卿・即・危(危)・巽なども、この形を含み、みな跪坐の形である。

声系 〔説文〕に卩声として卹・即など三字を収めるが、卹・即は会意とみるべき字である。

語系 卩(㔾)tzyet、𠨍tsietは声義近く、いずれも膝を屈折する意。卩は全身の形、𠨍はその膝頭の部分をいう。

常【切】4 4772 セツ セチ サイ きる せまる するどい

篆文 

会意 七+刀。〔説文〕四下に「刌るなり」とし、七声とするが、七は骨節の形。膝のような部分をいう。そこを切り離して分解する。〔詩、衛風、淇奥〕「切するが如く磋するが如し」の〔伝〕に、「骨を治するを切と曰ふ」とみえる。切断には殊に注意と技術とを要するので、緊切・切要の意となる。

訓義 1きる、たつ、はなつ、さく。2せまる、ちかづく。3するどい、適切、緊切。4要所、肝要、大事。5つつしむ、つとめる。6ねんごろ、ふかい。7すべて、およそ、おおい、みな。8砌と通じ、みぎり。

古訓 〔名義抄〕切 ニハカニ・セム・サク・タシカニ・チカシ・キ

ル・モク・クヒシバル〔字鏡集〕切　ウレフ・アハネシ・ヒロシ・イソグ・タシカニ・ニハカニ・ネンゴロ・ハヲクヒシバル

語系 切 tsyet、七 tsiet は声近く、七は骨節の象。その部分を切断する。卪（膝）siet は骨節のうち、膝頭の部分をいう。また砌 tsyet は同声。砌は門限。榍 syet、楔 siat もみな門限のところ、家の構造でいえば内外を分かつところに当たる。

【切諫】せつかん　きびしく諫める。〔史記、汲黯伝〕上聞き、乃ち召し拜して中大夫と爲す。數切諫するを以て、久しく内（朝廷）に留まることを得ず。遷されて東海の太守と爲る。

【切響】せつきやう　するどくひびく音。〔宋書、謝霊運伝論〕宮・羽をして相ひ變じ、低昂をして舛ひに節あらしめんと欲せば、若し前に浮聲有るときは、則ち後に切響を須ふ。一簡の内、音韻盡く殊なり、兩句の中、輕重悉く異なる。

【切言】せつげん　きびしく諫める。〔漢書、成帝紀〕朕、鴻業を承けて十有餘年、～帝王の道、日に以て陵夷（衰微）す。意るいは乃ち招賢選士の路、鬱滯して通ぜざるか。～直言の者を擧げて、冀はくは切言嘉謀を聞き、朕の逮ばざるを匡さん。

【切瑳】せつさ　学問や徳行をみがく。〔荀子、大略〕詩に曰ふ、切するが如く瑳するが如く　琢するが如く磨するが如しとは、學問を謂ふなり。

【切至】せつし　ねんごろで行きとどく。〔鶴林玉露、乙三、朱文公帖〕諺に云ふ、人を成せば自在ならず、自在なれば人を成さずと。此の言淺しと雖も、然れども實に切至の論なり。千萬之れを勉めよ。

【切歯】せつし　はがみする。憤り残念がる。〔戦国策、魏一〕是の故に天下の遊士、日夜腕を搤し、目を瞋らせ切齒して、以て從（合従）の便なることを言ひ、以て人主に說かざるは莫し。

【切字】せつじ　反切。両字の頭音尾韻によって、一字の音を示す。〔事物紀原、四、経籍芸文部〕〔筆談に曰く〕又曰ふ、切字は本西域に出づ。漢人、字を訓するに、止だ讀みて某字の如くすと曰ひ、未だ反切を用ひず。然れども古語に、已に二聲合して一字と爲す有り、～如是を爾と爲し、而已を耳と爲し、之乎を諸と爲すの類の如き、西國の二合音に似たり。蓋し切字の原なり。

【切讓】せつじやう　きびしく責める。〔後漢書、陳忠伝〕近ごろ地震を以て司空陳褒を策免（免職）し、今は災異もて、復た三公を切讓せんと欲す。～是非の分を知らば、較然として歸する有るなり。

【切切】せつせつ　胸にせまること。唐・張九齢〔西江夜行〕詩　悠悠として天宇曠く　切切たり故郷の情

【切痛】せつつう　深くかなしむ。〔後漢書、黄瓊伝〕故の太尉李固・杜喬、忠以て直言し、德以て政を輔け、國を念ひて身を亡ぼし、～國議を陳ぶるに坐し、遂に殘滅せらる。賢愚切痛し、海内傷懼す。

【切問】せつもん　熱心に問う。〔論語、子張〕子夏曰く、博く學びて篤く志し、切に問ひて近く思ふ。仁、其の中に在り。

【切要】せつえう　緊要。〔顔氏家訓、勉学〕此の事は經史に偏し。吾亦た鄭重に（くどくど）すること能はず。聊か近世の切要を擧げて、以て汝を啓寤せんのみ。

↑切惟　ひそかにおもう／切雲　高く雲に入る／切慤　懇切／切愕　大いに驚く／切記　牢記する／切議　切論する／切急　緊急／切近　迫切する／切激　激切／切骨　骨に滲む／切嗟　はげしくなげく／切磋　骨や角牙を切り、みがくように、学問や修為にはげむこと　切磋琢磨／切偲　切切とはげむ／切摯　ねんごろに思う／切謝　深く感謝する／切須　切用／切祝　切望／切峻　厳しい／切象　比喩／切情　切々の情／切正　きびしく正す／切責　きびしく責める／切促　きびしく迫る／切嘆　はげしく嘆く／切断　切り離す／切中　まさに理に当たる／切直　きびしく正す／切当　適切／切腹　自殺／切望　強く望む／切磨　切瑳琢磨／切務　急務／切免　免職／切諭　きびしく諭す／切憂　切なる憂い／切用　きわめて必要／切厲　はなはだ烈しい／切論　痛論する

↓哀切・一切・音切・苛切・外切・剴切・确切・簡切・譏切・急切・禁切・緊切・勁切・警切・激切・言切・厳切・懇切・磋切・慘切・心切・深切・親切・声切・淒切・清切・誠切・大切・忠切・直切・痛切・適切・反切・悲切・逼切・摩切・憂切

【尐】 4 9030　セツ　すくない

篆文

象形 少の左文。少は小さな貝などを綴る形で、貨の意。尐はその左文で、左右対称の字。〔説文〕二上に「少なり。小に從ひ、乀聲」とし、「讀みて輟の若くす」とするが、尐は小さな貝を綴る形である。少・尐は小（小貝）を綴る形。〔方言、十一〕に雌蟬の名に用いるという。

訓義 1すくない、小さな貝の綴り。2雌の蟬。

常【折】 7 5202　［斲］ 10 2242　セツ　たつ　おる

金文　篆文　籀文　甲骨文

会意 初形は斲に作り、両屮+斤。両屮（草）を手にもつ形は㧜で、𦵏の初文。斤を加えて草木を折断することを折という。〔説文〕一下に「斷つなり。斤もて艸を斷つに從ふ」とあり、金文の字形と合う。金文に「大巫司誓」を「大無嗣折」に作り、折は誓と声義の通ずる字。草木などを折ることが、誓約に関する行為であった。「矢誓」というときの矢は「矢う」とよみ、その誓の初文は、矢を折る形にしるす。

訓義 1たつ、おる、草木を折りたつことをいう。2ちかう、さだめる。3くじく、かぶる、そこなう、くだく。4なじる、そしる。5くだす、へる、つぐなう。6しぬ、わかじに。7祭壇、葬具（壙中に用いるたな）。8哲と通じ、明らか。

古訓 〔名義抄〕折　クダク・ワル・ヲル・ヘグ・ワヅカニ・ワカツ・ワカル・サダム・タツ・トヾム・キル・ヲサム・ノコル・サク・クジク・カヾマル・ツマビラカニ・ツバビラカニ・アカツ・ツブサニ・ツイヅ・カク

声系 〔説文〕に折声として哲・逝（逝）・誓・悊など十一字を収める。哲は知、悊は敬、折は誓約に関する行為であるから、折声の字に心性に関するものが多い。

語系 折 tjiat、誓 zjiat は声義近く、草木を折ることが誓約の一方法であった。哲・悊 tiat は折の声義を承ける語である。

【折壊】せつくわい　折れくだける。〔晋書、束皙伝〕汲郡の人不準、魏の襄王の墓を盜發す。或いは言ふ、安釐王の冢なりと。竹書數十車を得たり。～大凡七十五篇。七篇は簡書折壞し、名題を識らず。

【折馘】せつくわく　殺して左耳を切る。〔左伝、宣十二年〕攝叔曰く、吾聞く、師を致す（先ず挑戦する）者は、右（車右）は壘（敵塁）に入りて折馘し、俘を執りて還ると。皆其の聞く所を行ひて復る。

【折檻】せつかん　強く諫める意。〔漢書、朱雲伝〕雲、上書して見えんことを求む。公卿前に在り。雲曰く、今、朝廷の大臣、～皆尸位素餐、～臣願はくは尚方斬馬劍を賜ひて、佞臣一人を斷り、以て其の餘を厲まさんと。～上大いに怒る。～御史、雲を將て下さんとす。雲、殿檻に攀ぢ、檻折る。

【折桂】せつけい　科挙の試験に及第すること。〔晋書、郤詵伝〕武帝、東堂に於て會送す。詵に問うて曰く、卿自ら以て何如

と爲すと。詵對へて曰く、臣の賢良對策に擧げられて、天下第一と爲るは、猶ほ桂林の一枝、崑山の片玉のごときのみと。帝笑ふ。

【折獄】せつごく 獄をさばく。〔論語、顔淵〕子曰く、片言以て獄を折むべき者は、其れ由(子路)なるか。

【折枝】せっし 枝を折る。また、按摩する。〔孟子、梁恵王上〕長者の爲に折枝せんとす。人に語りて曰く、我能はずと。是れ爲さざるなり、能はざるに非ざるなり。～王の王たらざるは、是れ折枝の類なり。

【折衝】せっしょう 敵の突撃を挫く。交渉し、かけひきする。〔戦国策、斉五〕臣の聞く所の、攻戰の道は師に非ずとは、～千丈の城も之れを尊俎(宴席)の閒に抜き、百尺の衝も之れを衽席の上に折く。

【折譲】せつじょう(じやう) くじき責める。〔後漢書、呉祐伝論〕呉季英(祐)、人を視ては傷つけんことを畏れ、發言烝烝として、夫の儒者に似たり。而れども懷憤激揚して、權枉を折譲す。又何ぞ壯なるや。

【折辱】せつじょく 辱める。〔史記、項羽紀〕諸侯の吏卒、異時故と繇使屯戍して秦中を過ぎりしとき、秦中の吏卒、之れを遇すること多く無狀なり。秦軍の諸侯に降るに及び、諸侯の吏卒、勝に乘じて、～輕ろがろしく秦の吏卒を折辱す。

【折節】せっせつ 節をまげる。〔戦国策、魏二〕齊・魏、馬陵に戰ひ、齊大いに魏に勝つ。～(恵施曰く)王若し齊に報ぜんと欲するか、則ち因りて服を變じ節を折りて、齊に朝するに如かず。楚王必ず怒らん。～則ち楚必ず齊を伐たん。

【折俎】せっそ 犠牲の脯肉を供する。〔儀礼、郷飲酒礼〕賓、席に升るに西方よりす。乃ち折俎を設く。

【折中】せっちゅう 是非軽重を定める。〔史記、孔子世家論賛〕天子王侯よりして、中國の六藝を言ふ者、夫子(孔子)に折中す。至聖と謂ふべし。

【折衷】せっちゅう 折中。〔論衡、自紀〕上は黄・唐より、下秦・漢より來このかたに臻るまで、折衷するに聖道を以てす。理を通材に析つこと、衡りの平らかなるが如く、鑑みの開くが如し。

【折転】せってん 屈折変化する。清・鄭燮〔画に題す、竹〕(文)與可は竹を畫き、(黄)魯直は竹を畫かず。然れども其の書法を觀るに、竹に非ざる罔し。瘦にして腴、秀にして拔、欹側して準繩有り、折轉して斷續多し。吾が師なる乎、吾が師なる乎。

【折服】せっぷく 屈服する。宋・陸游〔尚書王公(佐)墓誌銘〕公親しく民と語り、冤有る者は其の言を盡すを得しむ。誕謾なる者は一再詰り、皆詞窮して折服し、自ら謂ふ、當に罰を受くべしと。

【折腰】せつよう(えう) 腰をまげる。〔晋書、隠逸、陶潜伝〕潛、歎じて曰く、吾れ五斗米の爲に腰を折ること能はず。拳拳として鄉里の小人に事へんやと。

【折柳】せつりゅう(りう) 柳枝を折って別れる。送別の意。〔三輔黄図、六、橋〕霸橋は長安の東に在り。水に跨して橋を作る。漢人客を送るに、此の橋に至り、柳を折りて別るるものに贈る。

↑折頞 低い鼻／折意 忍耐する／折鋭 鋭気を挫く／折易 辟易する／折閲 損売り／折貨 損失／折角 辱める／折関 関所破り／折簡 短い手紙／折愧 辱める／折拒 峻拒する／折巾 折角の巾／折銀 銀に両替する／折契 契約する／折券 棒引き／折減 減らす／折口 閉口する／折肱 大苦労する／折骨 苦労する／折挫 挫く／折札 折簡／折産 財産を分配する／折算 折り合い／折歯 夭折する／折衄 失敗する／折首 断首／折訟 獄訟の判決をする／折証 立証／折畳 折ってたたむ／折色 代替の物／折牘 贖罪する／折声 ひそひそ声で話す／折税 代納する／折席 別れる／折旋 旋る／折箭 誓約する／折還 めぐりかえる／折租 代納する／折損 損なう／折兌 交換する／折短 夭折する／折断 絶つ／折徴 現金で代納する／折鼎 力不足で失敗する／折跌 つまずき傷つく／折当 質入れ／折頭 割引／折撓 たわむ／折罰 応報を受ける／折半 二分する／折鼻 曲がり鼻／折伏 悪を挫く／折変 換算する／折鋒 下筆の法／折乏 貧乏／折俸 減俸／折北 敗走する／折磨 虐待する／折拉 挫く

↓一折・迂折・紆折・檻折・毀折・逆折・九折・朽折・曲折・玉折・屈折・骨折・挫折・摧折・心折・短折・廷折・楝折・撓折・破折・排折・半折・攀折・百折・面折・夭折・陵折

常

【刹】 8 4290 ［刹］ 9 4290 セツ サツ はたばしら てら

篆文

会意 杀+刀。杀は殺(殺)・弑の字の従うところで、杀(蔡)の初文。祟もその形に近く、いずれも呪霊をもつ獣を殺して祓う意で、もと殺と同義の字であったと思われる。〔玉篇〕に「柱なり」とあり、〔説文新附〕四下にもその訓を収める。のち寺の意に用いるのは、梵語の kṣetra の音訳。旗柱の意に用いるのも、沙門が一法を得れば、幡を建ててそのことを標したことからの転義。また塔上にも舎利ある表示としてこれを建てた。ほとんど仏教の訳語にのみ用いる。

訓義 ①はたばしら、てら、塔。②刹那は、一瞬のとき。

古訓 〔名義抄〕刹 クニ 〔篇立〕刹 ハシラ・クニ

↑刹竿 得法の旗／刹鬼 鬼／刹那 一瞬／刹幡 寺の旗

↓巨刹・金刹・古刹・高刹・寺刹・浄刹・禅刹・僧刹・大刹・表刹・仏刹・梵刹・名刹・羅刹・立刹・霊刹・列刹

【㕞】 8 7724 セツ ぬぐう

篆文

会意 尸+巾+又(又)。尸は人の側身形。その腰に巾を加え、又(手)をそえて、刷う意とする。〔説文〕三下に「飾ふなり」(段注本)とあり、飾(飾)字条七下に「㕞ふなり」とあって、互訓。飾は食するとき巾を帯びる形。

訓義 ①ぬぐう、ふきとる。②きよめる。③字はまた刷に作る。④雪と通用する。

古訓 〔名義抄〕㕞 カミカキ・カムカキ・カウガイ・ミヽクジリ／馬㕞 ウマハタケ／㕞蕩 ハヅクロヒ／㕞毛 アブラビキ 〔字鏡集〕㕞 キヨメ・カミガキ・カイツクロフ・ハタク・ノゴフ・ミヽクジリ・アラフ

＊語彙は刷字条参照。

↑㕞恥 恥をすすぐ

↓奨㕞・照㕞・振㕞・洗㕞・剪㕞・埽㕞

常

【拙】 8 5207 セツ つたない

篆文

形声 声符は出。〔説文〕十二上に「巧ならざるなり」とあり、不器用の意。〔老子、四十五〕に「大巧は拙なるが若し」の語がある。守拙・養拙は高尚な生活態度とされ、芸術の分野においても重要な理念の一つとされた。

訓義 ①つたない、たくみでない、へた。②まずい、にぶい、おとる、役立たぬ、おろか。

古訓 〔名義抄〕拙 ツタナシ・カタクナシ・ニブシ・コロス 〔字鏡集〕拙 ツタナシ・ニブシ・カタクナシ・イツハルコ、ロ・ヨ(コ)ロス

語系 拙 tjiuət、黜 thiuət は声義近く、円滑に対して詰詘なさまのものをいう。

【拙悪】せつあく 拙劣。〔隋書、経籍志一〕隋の開皇三年～異本を捜訪す。書一巻毎に絹一匹を賞し、校寫既に定まれば、本は

即ち主に歸す。是に於て民閒の異書、往往閒〻出づ。～經籍漸く備はる。其の得る所を檢するに、多くは太建(陳)の時の書にして、紙墨精ならず、書も亦た拙惡なり。

【拙宦】役人生活が下手。唐・白居易〔同病の者に寄す〕詩 三十にして、二毛を生じ 早衰、沈痾(不治の病)を爲す 四十にして、七品に官す 拙宦は他に由るに非ず

【拙艱】世渡り下手で苦しむ。晉・潘岳〔閑居の賦〕道有るも、吾れ仕へず。道無きも、吾愚ならず。何ぞ巧智の足らずして、拙艱の餘り有るや。

【拙工】下手な職人。〔孟子、尽心上〕大匠は、拙工の爲に繩墨(墨なわ)を改廢せず。

【拙誠】愚かなようだが、まごころがある。〔説苑、談叢〕智にして私を用ふるは、愚にして公を用ふるに如かず。故に曰く、巧僞は拙誠に如かずと。

【拙速】不備でも速やかに行動する。〔孫子、作戦〕兵は拙速を聞くも、未だ巧にして久しきを睹ざるなり。夫れ兵久しくして、國利する者は、未だ之れ有らざるなり。

【拙朴】飾らず純朴。〔南史、儒林、崔霊恩伝〕少くして篤學、～性拙朴にして風采無し。經を解き理を析つに及んでは、甚だ精致有り。都下の舊儒、咸之れを稱重す。

↑拙医 藪医者／拙易 粗陋／拙騃 愚劣／拙眼 眼識が無い／拙計 つたない策／拙荊 愚妻／拙見 愚見／拙巧 巧拙／拙妻 愚妻／拙射 弓が下手／拙手 下手／拙守 守拙／拙匠 下手な大工／拙掌 書が下手／拙説 口下手／拙僧 愚僧／拙直 愚直／拙惷 愚かでまずい／拙訥 口下手／拙筆 拙書／拙夫 つれあい／拙婦 愚妻／拙謀 拙策／拙樸 拙朴／拙昧 愚か／拙劣 下手／拙陋 浅陋／拙惑 愚かで惑う

↓迂拙・下拙・騃拙・宦拙・頑拙・鳩拙・計拙・蹇拙・言拙・古拙・語拙・工拙・巧拙・才拙・策拙・蚩拙・事拙・持拙・手拙・守拙・醜拙・笑拙・性拙・浅拙・粗拙・蔵拙・智拙・稚拙・駑拙・鄙拙・方拙・樸拙・笨拙・野拙・用拙・慵拙・養拙

常【窃】9 3072 【竊】23 3092 セツ ぬすむ ひそかに

篆文

会意 旧字は竊に作り、穴(穴)＋米＋禼。禼は小さな虫の集まる形。穀中の小虫が穀実を食いあらし、外面からは気づかれないような状態を竊という。ゆえにひそかに盗む意がある。〔説文〕七上に「盜、中より出づるを竊と曰ふ」とし、「禼・廿は皆聲なり。廿は古文疾、禼は古文偰なり」とするが、字は土倉中の穀が蠹食されるさまを示す字である。蠹の初文は東(橐の象形)の中に虫のいる形。嚢中の穀が蠹食されることを蠹といい、倉中の穀が蠹食されることを竊という。

訓義 1ぬすむ、ひそかにとる、ひそかにおかす。2ぬすびと、禄ぬすびと。3ひそかに。4浅に通じ、あさい。

古訓 〔名義抄〕竊 ヒソカニ・ヌスミ・ツ、ム 〔字鏡集〕竊 ヒソカ・ヌスミ・アサシ・アナ・ツ、ム

声系 〔説文〕に禼声として竊・萐の二字を収めるが、萐は声異なる。竊も字の構造からいえば会意、禼の亦声としてよい。

語系 竊 tsyet、禼 siat は声近く、禼は虫が集まりうごめく形。殷の祖神契はまた偰に作り、卜文に禼に作る字形がある。

【窃位】禄ぬすびと。職責を尽くさない。〔論語、衛霊公〕子曰く、臧文仲は其れ位を竊める者か。柳下恵の賢なるを知りて、而も與に立たず。

【窃号】号を僭称する。〔史記、南越伝〕陸賈、南越に至る。王甚だ恐れ、書を爲りて謝し、稱して曰く、～其の東の閩越千人衆、號して王と稱し、其の西の甌駱裸國も亦た王と稱す。老臣妄りに帝號を竊み、聊か以て自ら娯しむのみ。

【窃盗】財物を盗む。〔淮南子、氾論訓〕天下の縣官(天子)の法に曰く、墓を發く者は誅し、竊盜する者は刑すと。此れ執政の司る所なり。

【窃名】その実なくして、名声をえようとする。明・方孝孺〔戇窩記〕世の亂るるは、恆に才を用ひ智を騁する者、馳鶩太だ過ぎ、奇を釣り名を竊み、以て其の君を悅ばしめんとするを以て、卒に無窮の禍ひを致す。而して氣節の士は與からず。

↑窃議 私議／窃拠 不法に占拠する／窃権 権勢を盗む／窃鉤 小盗／窃国 国盗り／窃視 盗み見る／窃疾 盗癖／窃取 盗む／窃書 他人の書を盗用する／窃笑 薄笑い／窃攘 侵犯する／窃勢 権をぬすむ／窃窃 ひそひそという／窃賊 小盗／窃奪 ぬすみ取る／窃聴 盗聴する／窃統 位をぬすむ／窃罵 かげ口／窃犯 盗む／窃鈇 奪権／窃柄 窃権／窃慕 ひそかにしたう／窃眸 盗み見る／窃命 君命をかたり盗む／窃毛 浅毛／窃弄 盗用する／窃禄 禄ぬすびと

↓隠窃・姦窃・抉窃・狗窃・寇窃・竄窃・攘窃・侵窃・僭窃・鼠窃・草窃・勦窃・貪窃・叨窃・盗窃・剽窃

人【屑】10 7722 【屑】9 7722 セツ くず いさぎよい

篆文

形声 声符は肖(肖)。肖は細小の肉。〔説文〕八上に「動作すること切切たるなり」とし、「屑しとせず」のように、否定形に用いることが多い。

訓義 1くず、こな、くだく、くだける。2つとめる、いそしむ、つつしむ、かえりみる。3いさぎよい、いやしくもする、やむをえない。

古訓 〔名義抄〕屑 クダク・クダケ・スナホニ・スクナシ・イタハル・クヅ・モノ、カス・ウヤマフ・イサギヨシ・コト〳〵クニ

声系 〔説文〕に屑声として榍など二字を収める。榍は〔説文〕六上に「限なり」とするが古い用例もなく、楔の俗字であるという。

語系 屑・榍 syet は同声。榍は切・砌 tsyet と声義近く、その系統の語であろう。切断面のように区切りのある意とみられ、屑も切肉の意であろう。肖は切り開いた肉、肖ならば筋肉である。

【屑意】心にかける。〔晋書、謝安伝〕(安)土山に於て墅を營む。樓館林竹甚だ盛んに、～肴饌にも亦た屢〻百金を費やす。世頗ぶる此れを以て譏るも、安、殊に以て意に屑みず。

【屑屑】こまごまとたち働く。拘泥する。〔甌北詩話、一〕(李青蓮の詩)飄然として來り、忽然として去る。雕章琢句に屑屑たらず、亦た鏤心刻骨に勞勞たらず。自から天馬行空、覊勒すべからざるの勢ひ有り。

↑屑雨 細雨／屑越 放漫／屑糗 くず米／屑金 星／屑砕 くず／屑塵 細塵／屑然 屑屑／屑窣 か細い声／屑播 放散する／屑余 くず／屑零 こぼれ

↓芥屑・麴屑・鋸屑・玉屑・金屑・瓊屑・香屑・瑣屑・砕屑・纖屑・蠹屑・氷屑・不屑・木屑

【浙】10 3212 セツ よなぐ

篆文

形声 声符は折。米をよなぐ。また、川の名。〔説文〕十一上に「江水、東のかた會稽山陰に至るを浙江と爲す」とみえる。また、地名。

訓義 1よなぐ。2水名、地名。

↓閩浙・両浙

【偰】11 2723 【契】9 5743 セツ きよい

篆文

形声 声符は契(契)。契に楔の声がある。〔説文〕八上に「高辛氏の子、堯の司徒、殷の

先なり」とあり、文献には多く契に作る。〔詩、商頌、玄鳥〕に、その卵生説話が歌われている。竊（窃）字条七上に离を古文偰とし、卜辞に离と思われる字形がある。〔広韻〕に「浄し」とする訓があるが、連語の用義である。

訓義 ①きよい。②殷の祖神の名、字はまた契・离に作る。

常【接】11 5004 篆文 セツ ショウ（セフ） まじわる ちかづく つづく

形声 声符は妾。妾はもと神に捧げられた女で、神に接するものであった。卜辞に「河の妾」というのは、河神に捧げられた女をいう。〔説文〕十二上に「交はるなり」とみえる。古くは接竈・接神の儀があり、のち人に接引することをいう。〔孟子、万章下〕に「其の交はるや道を以てし、其の接するや禮を以てす」の語がある。

訓義 ①まじわる、あう。②もてなす、ちかづく。③ふれる、つらなる、つづく。④捷と通じ、すみやか、はやい。⑤帀と通じ、あまねし、ゆきわたる。⑥臿と通じ、さす、さしこむ。

古訓 〔名義抄〕接 トル・マジハル・ツク・ミチビク・ヲサム・ナラス・イラフ・ツイデ・タヤスシ・ツヾク・エラブ・トモガラ

語系 接tziap、妾tsiapは声義近く、妾が神につかえ接することを接という。妾は額に聖化のための入墨を加えた女で、神に捧げられた徒隷。翣shiapも妾に従い、棺の羽飾りとして辟邪に用いるもの。これには悪邪を隔てる意がある。

【接引】ひき入れて会う。〔宋書、張敷伝〕少くして盛名有り。高祖（劉裕）見て之れを愛し、以て世子中軍參軍と爲し、數〻接引せらる。

【接近】近い。晉・向秀〔思旧の賦〕余れ、嵇康・呂安と居止（住処）接近す。其の人竝びに不羈の才有り。然れど嵇の志は遠くして疎、呂の心は曠くして放なり。其の後各〻事を以て法せらる。

【接遇】もてなす。〔史記、屈原伝〕屈原～入りては則ち王と國事を圖議して、以て號令を出だし、出でては則ち賓客を接遇し、諸侯に應對す。

【接見】ひき入れてあう。引見。〔儀礼、喪服〕諸侯の大夫、時を以て天子に接見す。

【接踵】くびすを接する。連続する。〔戦国策、秦四〕夫れ韓・魏の父子兄弟、踵を接して秦に死する者、百世（累世）なり。本國殘なはれ、社稷壞れ、宗廟隳る。

【接壌】地続き。〔漢書、武帝紀〕（元狩元年）日者には淮南・衡山、文學を修め、貨賂を流にし、兩國接壤して、邪説に怵はれ、簒弑を造す。此れ朕の不德なり。

【接戦】相接して戦う。〔漢書、匈奴伝上〕單于～漢の大將軍と接戰すること一日、會〻暮れて大風起る。漢兵、左右翼を縱ちて、單于を圍む。～遂に獨り壯騎數百と、漢の圍みを潰りて、西北に遁走す。漢兵、夜之れを追ふも得ず。

【接対】対面して応待する。〔周書、韋夐伝〕居る所の宅、林泉に枕帶す。夐、琴書を對翫し、蕭然として自ら樂しむ。時人號して居士と爲す。其の閑素を慕ふ者、酒を載せて之れに從ふ或るに至る。夐～歡を盡し、接對して倦むことを忘る。

【接待】待遇。〔三国志、呉、陳表伝〕表、戰士の力を得んと欲し、意を傾けて接待す。士皆愛附し、用命を爲すことを樂しむ。

【接武】武は歩。一歩ずつ相接して歩く。〔礼記、曲礼上〕堂上には武を接し、堂下には武を布く。

【接聞】直接聞く。〔漢書、芸文志〕論語は、孔子、弟子時人と應答し、及び弟子相ひ與に言ひて、夫子（孔子）に接聞するの語なり。

↑接意 意を承ける／接茵 同席する／接援 接引する／接屋 屋を列ねる／接駕 迎駕／接会 会合する／接界 接壌／接換 つぎ木／接歓 歓待する／接客 もてなす／接脚 後継／接給 敏捷にする／接境 境界を接する／接狎 狎れる／接合 連なる／接轂 雑踏する／接済 救済する／接煞 魂迎え／接三 招魂／接翅 同年に科挙に及第する／接手 拱手／接取 受け取る／接受 受ける／接収 受け取る／接仗 交戦する／接触 ふれる／接神 神を降して祭る／接軫 接轂／接刃 斬り合う／接竈 かまどの祭／接続 続く／接着 はりつく／接逓 相継ぐ／接綴 綴り合わせる／接到 受け取る／接納 受け入れる／接伴 接待する／接撫 愛する／接兵 接刃／接容 会う／接聯 連なる

↓引接・延接・応接・恩接・外接・款接・間接・関接・逆接・近接・迎接・交接・収接・順接・承接・触接・深接・親接・声接・待接・直接・内接・反接・賓接・扶接・撫接・密接・面接・容接・溶接・隣接・礼接・連接

【晢】11 5260 ［晣］11 6202 篆文 セツ テツ セイ あきらか さとし

形声 声符は折。〔説文〕七上に「昭晢、明らかなり」とし、「晢明に事を行ふ」（段注本）という〔儀礼、士冠礼〕の文を引く。いま「質明」に作る。〔群経正字〕に〔説文〕の文を「昭晣、晢明なり」の誤りとし、昭晣とは昧爽（夜あけ）の意であるという。字はまた晣に作る。

訓義 ①あきらか、てらす。②さとし。③しろい、ひかる。

古訓 〔名義抄〕晢 アキラカナリ・サトル・テラス・シラ〴〵シ

語系 晢・折tjiatは同声。折は草木を折って誓約のしるしとするもので、誓zjiatと声義が近い。また哲tiatもその系統の語。哲知はまた昭晣の意である。

【晢晢】星の光るさま。〔詩、陳風、東門之楊〕昏以て期と爲せしも 明星晢晢たり

↓昭晢・明晢・目晢

【晣】11 6202 ［晢］11 5260 セツ セイ あきらか

形声 声符は折。晢と字の構成要素は同じであるが、ただ晢のように哲と通用する例がなく、昭晣の意にのみ用いる。

訓義 ①あきらか。

＊語彙は晢字条参照。

【晣晣】あきらかなさま。〔詩、小雅、庭燎〕夜如何 夜未だ艾きず 庭燎（かがり火）晣晣たり

↓近晣・昭晣・明晣

【梲】11 4891 篆文 セツ タツ うだち

形声 声符は兌。兌に説（説）の声がある。〔説文〕六上に「木杖なり」とある。〔爾雅、釈宮〕「梁～其の上楹、之れを梲と謂ふ」とあり、梁上の短柱をいうのは、また別の一義。

訓義 ①うだち、つか。②木杖、つえ。

古訓 〔名義抄〕梲 ウダチ 〔字鏡集〕梲 ツエ・ツカハシラ・ウタテ（チ）・ヒヂキ

↑梲杖 木杖／梲藻 潤色する

↓袖梲・藻梲

【紲】11 2491 ［絏］12 2590 篆文 セツ きずな

形声 声符は世。世に泄の声がある。〔説文〕十三上に「系なり」とし、〔左伝、僖二十四年〕「臣、羈紲を負ふ」の文を引く。羈紲は馬の手綱。〔礼記、少儀〕に「犬には則ち紲を執る」とあり、犬にもいう。獄に繫がれることを縲紲という。紲袢は夏のうすい肌襦袢で、また別義。唐の太宗世民の名を避けて、泄を洩、

紲を絏に作り、その字体の字も用いられている。

訓義 ①きずな、犬馬をつなぐひも。②なわでつなぐ、なわめ。縲紲は囚縛を受けること。③褻と通じ、はだ衣、ふだんぎ。

古訓 〔和名抄〕紲 岐都奈(きづな) 〔名義抄〕紲 ツナグ・ホダシ・キヅナ・ナハ・カケナハ

【紲袢】はだ衣。〔詩、鄘風、君子偕老〕瑳たり瑳たり 其の展(衣)や 彼の縐絺(うすもの)を蒙り 是れを紲袢とす

↑紲羈 しばる/紲食 つなぎ飼う/紲絏 つなぐ

↓銜紲・羈紲・窮紲・係紲・繫紲・拘紲・執紲・受紲・掣紲・縛紲・累紲・縲紲

常 【設】 11 0764 セツ もうける つらねる おく

篆文 

会意 言＋殳。〔説文〕三上に「施陳するなり」と礼器などを陳設する意とし、「言に従ひ、殳に従ふ。殳は人を使ふなり」とする。殳は羽旄(羽で作った呪飾)をもつ形で、誓約や祈禱を示す言に、その呪飾をそえる意とみられ、祭祀の場を設定することを示す字であろう。〔詩、大雅、行葦〕「筵を肆ね席を設く」のように用いる。のち設色・設心・設言など、すべてことを用意することをいう。

訓義 ①もうける、ならべる、つらねる、おく、ほどこす、こしらえる。すべて神事に関する設営のことをいう。②うたげする、ごちそう。③大きい、あわせる。④仮設、もし、たとい、かりに。

古訓 〔名義抄〕設 マウク・タトヒ・ヲサム・モシ・シク・マヌガル 〔字鏡集〕設 ヲサム・ホドコス・カナフ・タトヒ・ノブ・マヌガル・ユルス・マウク・アフ・オク・シク・モシ

語系 設sjiat、施sjiai は声義近く、施に施設・施陳の意がある。殳・几zjio は同声。几は鳥の短尾、几をもつ形は殳、それを呪飾として用いるのが設、神事について設営することをいう。

【設科】(せつか)(くわ) 科条・課程を設ける。〔漢書、儒林伝賛〕武帝の五經博士を立て、弟子員を開き、科を設けて策を射こみ、勸むるに官祿を以てせしより、元始に訖るまで百有餘年、傳業の者寖く盛んに、支葉蕃滋す。一經の說は百餘萬言に至り、大師の衆きは千餘人に至る。蓋し祿利の路然るなり。

【設官】(せつかん)(くわん) 官職を設ける。魏・潘勖〔魏公(曹操)に九錫を冊する文〕遂に許の都を建て、我が京畿を造し、官を設け兆祀して、舊物を失はず。

【設疑】問題を設ける。〔世說新語、文学〕北來の道人、才理を好む有り。林公(支遁)と瓦官寺に相ひ遇ひて、小品(般若経)を講ず。～此の道人、語りて屢疑難を設く。林公の辯答、清析にして、辭氣倶に爽やかなり。

【設教】(せつきよう)(けう) 教えを立てる。〔易、観、彖伝〕聖人、神道を以て教へを設け、天下服す。

【設備】備えて用意する。〔三国志、魏、荀彧伝〕彧、(張)邈の亂を爲すを知り、即ち兵を勒して設備す。

↑設以 もし/設為 作る/設筵 宴を設ける/設刑 刑法を制定する/設計 企画/設険 防備/設言 話す/設弧 男子出生のとき、弧を門の左にかける/設詐 詐計/設斎 とき/設施 施設/設若 もし/設如 もし/設醮 祈禱する/設色 彩色/設心 心配り/設穽 陥れる/設帨 女子出生のとき、帨を門の右にかける/設席 設宴/設饌 膳立て/設題 設問/設置 備える/設儲 準備する/設帳 施設する/設難 設問/設版 防壁/設覆 伏兵/設伏 伏兵/設法 方策/設謀 計策/設問 問題を設定する/設容 形を作る/設慮 配慮する

↓仮設・佳設・架設・開設・既設・鬼設・急設・虚設・供設・建設・公設・私設・施設・従設・常設・新設・創設・造設・増設・拓設・張設・陳設・奠設・付設・布設・敷設・併設・舗設・方設・法設・埋設

常 【雪】 11 1017 〖雪〗 11 1017 セツ ゆき すすぐ

篆文  甲骨文 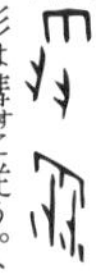

象形 〔説文〕の字形は彗に従う。卜文の字形は雨の下に羽状のものが舞う形であるから、もとは象形の字である。〔説文〕十一下に「凝雨、物を說く(解く)者なり」と、雪を說(說)の音を以て解し、彗声とする。「雪ぐ」の意は、刷や拭と声が通じ、その義をとる。

訓義 ①ゆき、ゆきふる。②刷・拭と通じ、すすぐ、そそぐ、ぬぐう、きよめる、のぞく、ふきとる。③しろい、きよらか。

古訓 〔和名抄〕雪 由岐(ゆき)。日本紀私記に云ふ、沫雪、阿和由岐(あわゆき) 〔名義抄〕雪 ユキ・キヨム・ケタム・ハコブ・ス丶ム・ス丶グ・アラフ/沫雪 アハユキ 〔篇立〕雪 ス丶グ・ノゾク・アキラム・ノゴフ・キヨシ・キヨム・アラハス・キヨマハル・ホユ・ス丶ム

語系 雪siuat、彗ziuat は声近く、雪を彗声の字とすれば、雪との連想があったかもしれないが、卜文の雪は雪片の舞う形で、彗は後起の字であろう。霰sian も声義の関係があり、稷雪・冰雪の雑わり下るものをいう。刷(㕞)shoat、拭sjiak、帨sjiuat はみな拭き清める意の語。雪と声近く、雪をそれらの字の義に用いる。

【雪案】雪明かりの机。晋の孫康が雪明かりで書を読んだ故事。〔琵琶記、三十六〕我が相公、鳳閣鸞臺に居ると雖も、常に螢窗雪案に在り。退朝の暇にも手に批(書類の審査)することを停めず、閒居の際、口に吟ずることを絶たず。

【雪意】雪の気配。清・鄭燮〔浪淘沙、江天暮雪〕詞 雪意瀟湘に滿つ 天淡く雲黃なり 梅花凍折して、老松僵る 惟だ酒家のみ偏に得意なる有り 帘旆(酒旗)飄搖す

【雪怨】(せつえん)(ゑん) 怨みをはらす。〔後漢書、蘇不韋伝〕(伍)子胥、命を逃ると云ふと雖も、強吳に用ひられて闔廬(呉の王の名)の威に憑り、輕悍の衆に因つて、怨みを舊郢(楚の都)に雪ぎたり。

【雪冤】(せつえん)(ゑん) 無実の罪をそそぐ。〔唐書、元稹伝〕(献言)陛下即位して已に一歲、～曾ち未だ一計を獻じ、一言を進めて賞を受けし者有らず。～諫鼓を設け、匭函(武后二年に設置した直訴箱)を置くも、曾ち未だ雪冤決事、察幽の意を明らかにする者を聞かず。

【雪月】雪と月。花とともに賞玩の資とする。唐・白居易〔殷協律に寄す〕詩 五歲優遊、同に日を過し 一朝消散して、浮雲に似たり 琴詩酒伴、皆我を抛ち 雪月花の時、最も君を憶ふ

【雪後】雪余。宋・林逋〔梅花、二首、二〕詩 雪後の園林、纔かに半樹 水邊の籬落(まがき)、忽ち橫枝

【雪恥】恥をそそぐ。雪辱。〔史記、越王句践世家〕(范蠡)書を爲りて句踐に辭して曰く、臣聞く、主憂ふるときは臣勞し、主辱めらるるときは臣死すと。～今既に以て恥を雪ぎたり。臣請ふ、會稽の誅(敗戦の責)に從はんと。

【雪竹】雪になる竹。よく詩画の題材とされる。唐・鄭谷〔進士韋序の挙に赴くを送る〕詩 秋山晚水、吟情遠し 雪竹風松、醉格高し

【雪中】雪の中。雪裏。宋・蘇軾〔写真を何充秀才に贈る〕詩 君見ずや潞州の別駕(唐・明皇の旧職)眼、電の如きを 左手に弓を挂け橫さまに箭を撚る 又見ずや雪中、驢に騎る孟浩然 眉に皺よせて詩を吟じ、肩は山のごとく聳やかすを

【雪泥】雪どけ。宋・蘇軾〔子由(轍)の澠池懐旧に和す〕詩 人生到る處、知んぬ何にか似たる 應に飛鴻の雪

泥を踏むに似たるべし 泥上、偶然に指爪を留むるも 鴻飛びなば、那ぞ復た東西を計らん

【雪天】 雪ぞら。唐・高適〔宋中、劉書記に遇ひ、別るる有り〕詩 寒楚、千里眇かなり 雪天、書開かず 末路終に離別す 強ひて悲哀する能はず

【雪膚】 白い肌。唐・白居易〔長恨歌〕詩 樓閣玲瓏として、五雲起り 其の中、綽約として、仙子多し 中に一人有り、字は太眞 雪膚花貌、參差として是れなり

【雪片】 飛雪。唐・杜甫〔楊五桂州譚に寄す〕詩 梅花、萬里の外 雪片、一冬深し

【雪擁】 雪がとりかこむ。唐・韓愈〔左遷せられて藍関に至り、姪孫湘に示す〕詩 雲は秦嶺に横たはりて、家何くにか在る 雪は藍關を擁して、馬前すまず

【雪裏】 雪の中。唐・岑参〔崔子の京に還るを送る〕詩 君を送る、九月交河の北 雪裏、詩を題して、涙、衣に滿つ

↑雪衣 鶴/雪隠 かわや/雪雲 雪ぐも/雪汚 汚名をそそぐ/雪屋 雪中の家/雪花 雪片/雪華 雪片/雪芽 白茶/雪海 銀世界/雪眼 雪空の陽/雪気 雪意/雪肌 雪のように白い膚/雪輝 雪明かり/雪仇 怨みを晴らして仇討ちをする/雪渓 万年雪の渓/雪景 雪景色/雪減 雪冤/雪骨 梅/雪山 雪のある山/雪釈 雪どけ/雪汁 とけ雪/雪消 雪どけ/雪嶂 雪山/雪氅 白い羽衣/雪色 雪の色/雪辱 恥をそそぐ/雪毳 白い細毛/雪髯 白ひげ/雪素 白い色/雪鼠 白鼠/雪滌 そそぎあらう/雪梅 雪中梅/雪白 まっ白/雪魄 清い心/雪髪 白髪/雪鬢 老人/雪復 雪辱/雪雰 雪もよう/雪壁 白壁/雪峯 雪の嶺/雪明 雪明かり/雪面 白い顔/雪夜 雪の夜/雪余 雪後/雪落 雪がふる/雪履 雪ぐつ/雪嶺 雪山/雪廬 雪中の廬

↓暗雪・雨雪・映雪・花雪・夏雪・賀雪・回雪・鶴雪・浣雪・旧雪・凝雪・玉雪・勁雪・蛍雪・江雪・紅雪・香雪・降雪・黄雪・皓雪・豪雪・細雪・朔雪・山雪・散雪・霰雪・残雪・宿雪・春雪・曙雪・除雪・絮雪・小雪・松雪・霄雪・稷雪・深雪・新雪・吹雪・瑞雪・清雪・晴雪・盛雪・霽雪・尺雪・赤雪・積雪・洗雪・素雪・窓雪・澡雪・霜雪・大雪・堆雪・暖雪・恥雪・冬雪・凍雪・闘雪・白雪・晩雪・披雪・飛雪・被雪・眉雪・微雪・氷雪・鬢雪・負雪・舞雪・風雪・粉雪・片雪・暮雪・防雪・夜雪・野雪・融雪・余雪・乱雪・流雪・凌雪・林雪・弄雪

【渫】 12 3419 セツ チョウ(テフ) さらう さらえる やめる

篆文 

形声 声符は枼。〔説文〕十一上に「除去するなり」とあり、水底の泥などをさらいとる意。枼は木の枝葉の象形、これで清める、散らすの意となる。幾たびもさらえ洗うことをいう。

訓義 ①さらう、さらえる。②きよめる、ちらす、やめる。③けがす。④泄と通じ、もれる。⑤渫と通じ、むしもの。

古訓 〔名義抄〕渫 ホル・サグル・ツキヌ・モラス・ムシモノ 〔字鏡集〕渫 ノゾク・モラス・ホル・サグル・チラフ・ツキヌ

語系 渫 siat は雪(雪) siuat、籗 ziuat と声義近く、みな洗いそそぎ、はき清めることをいう。また刷 shoat、帨 sjiuat もその系統の語。

↑渫悪 邪悪/渫雨 雨漏り/渫雲 散雲/渫血 血しぶき/渫渫 波だつ/渫瀆 あなどる/渫黷 あなどる

↓越渫・汲渫・浚渫・井渫・清渫

【禼】 12 2122 セツ むし

篆文  古文 

象形 小さな虫が集まっている形。竊(窃)は、禼が稟倉中の穀実を食べて、中を空虚とする意。その虫を禼という。〔説文〕十四下に「蟲なり。禸に從ふ。象形。讀むこと偰と同じ」とあり、禸に従う字とする。禸も大小の虫が相蹂躙する形。偰はまた契(契)に作り、殷の祖神の名。文献に契・偰の字を用いる。卜文の禼はその神名かとみられ、〔漢書、古今人表〕にはなお禼の字を用いている。

訓義 ①むし、むしがあつまる。②また契・偰に作り、殷の祖神の名。

声系 〔説文〕に禼声の字として舝・竊の二字を収める。舝は車轄の象形で、禼に従う字ではない。

語系 禼・偰(契) syet は同声。神名としては禼が初文で、契・偰は通用の字であろう。

常【摂】 13 人【攝】 21 5104 セツ ショウ(セフ) ひく とる たすける

篆文 

形声 旧字は攝に作り、聶声。〔説文〕十二上に「引きて持するなり」とあり、衣のすそをとって、整える意の字であろう。訓義多く、摂政・摂生・摂理・摂取など、他より取って、これを保持する意がある。

訓義 ①ひく、ひきよせる、ひきよせてもつ。②とる、とりもつ、かかげる、おさめる、ととのえる。③たすける、ただす、すべる、むすぶ。④やしなう。⑤かわる、かねる。⑥懾と通じ、おそれる、おびやかす。

古訓 〔名義抄〕攝 ヲサム・スブ・スベテ・アツム・カヌ・トル・コソ・オソル・サシハサム・ヤシナフ・カイツクロフ・ツク・ツクロフ・タヾス・カキヲサム 〔字鏡集〕攝 カキヲサム・ヤシナフ・アツム・スブ・ヒキモツ・サシハサム・スベテ・カイツクロフ・タヾス・カヌ・トル・カネ・ツクロフ・ヲサム・オソル・ツクル・ウク

語系 攝 siap、接 tziap は声近く、接は神に接することを本義とする。攝はおそらく神意を受けてこれを保持し、摂受する意であろう。聶 niap、讘 njiap はささやく声、神の囁きを意味する字であろう。

【摂衣】 衣裳をととのえる。魏・王粲〔七哀詩、三首、二〕獨夜、寐ぬること能はず 衣を攝りて、起つて琴を撫す

【摂行】 代行。〔史記、五帝紀〕堯立ちて七十年にして舜を得、二十年にして老し、舜をして天子の政を攝行せしめ、之れを天に薦む。

【摂斉】 前すそをもつ。〔論語、郷党〕齊を攝げて堂に升るに、鞠躬如たり。氣を屏めて息せざる者に似たり。出でて一等を降れば、顏色を逞べて、怡怡如たり。

【摂政】 君主に代わって政治を行う。〔礼記、文王世子〕仲尼曰く、昔者周公、政を攝し、阼(王の位)を踐みて治め、世子(太子)の法を伯禽に抗ぐ。成王を善くする所以なり。

【摂生】 養生。南朝宋・謝霊運〔石壁精舎より湖中を還るの作〕詩 慮澹なれば物自ら輕く 意愜へば理違ふ無し 言を寄す、攝生の客 試みに此の道を用つて推せと

【摂提】 太歳(木星)が寅にある年。〔楚辞、離騒〕帝高陽の苗裔(遠孫) 朕が皇考を伯庸と曰ふ 攝提、孟陬(正月)に貞り 惟れ庚寅、吾以て降る

【摂養】 養生。〔世説新語、夙慧〕晉の孝武、年十二。時に冬天なり。晝日は複衣を箸ず、~夜は則ち茵褥(蒲団)を累ぬ。謝公(安)諫めて曰く、聖體宜しく常有らしむべし。~恐らくは攝養の術に非ざらんと。帝曰く、晝は動き、夜は靜かなりと。

【摂療】 治療。〔魏書、術芸、王顕伝〕世宗、幼より微疾有り。久しくして未だ差愈えず。顯、攝療して效有り。是れに因りて稍や眄識(認められる)を蒙る。

↑摂位 君に代わる/摂威 おどす/摂影 撮影する/摂衛 養生する/摂仮 仮りに王位を摂する/摂官

兼摂／摂御　総理／摂境　修練の場／摂兼　兼摂／摂検　取り調べ／摂魂　招魂／摂賛　助ける／摂斎　摂斉／摂次　順次／摂事　代わって事を治める／摂持　保養／摂主　摂位／摂受　仏教で衆生を救済することをいう／摂収　とり入れる／摂相　輔佐する／摂讋　恐れる／摂進　進む／摂制　控制する／摂然　安らか／摂祚　摂位／摂殿　仮御殿／摂統　総攬する／摂迫　挟まる／摂判　一時兼任する／摂服　縁飾り／摂問　審問する／摂揚　遠く視る／摂理　代行／摂斂　統制する／摂録　取り調べる／摂籙　摂政

↓引摂・下摂・仮摂・管摂・居摂・兼摂・権摂・控摂・収摂・承摂・総摂・代摂・調摂・通摂・統摂・董摂・包摂

【楔】 13 4793 セツ ケツ カツ くさび うつ

篆文 

形声 声符は契（契）。契に偰の声がある。契は契刻。〔説文〕六上に「櫼なり」とあり、前条の櫼に「楔なり」とあって、互訓。両木を連ねるとき、契刻してそこに櫼をうつのである。門の両旁の木を楔といい、拍子木を楔子という。

訓義 1くさび、くさびする。2ほこだち、門の両旁の木。3挈と通じ、うつ、鼓うつ、かきならす。4にわざくら、ゆすらうめ。

古訓 〔名義抄〕楔　エハメ・ニハサクラ・ニハクサ〔字鏡集〕楔　ニハクサ・ニハサクラ・サルトリ

語系 楔（鍥）・栔（契）khyat は同声。刧khet、丯keat は声近く、契刻を加える意。刻（刻）khək もその系統の語で、みな契刻に関している。

【楔子】元曲で序幕。また、間幕の意。〔宋元戯曲史、第十一章〕普通雜劇は大抵四折なり。或いは楔子を加ふ。～四折の外、意未だ盡さざる有るときは、則ち楔子を以て之れを足す。

【楔歯】死者の歯の間に物を入れ支える。〔礼記、檀弓上〕復したまよし、齒を楔さへ、足を綴ね（揃え）、飯せしむる（米と貝を含ませる）とき、～竝びに作つ。

↑楔轂　くさびで締める／楔撃　うち鳴らす／楔繸　死者を棺に収める

↓枷楔・楫楔・櫼楔・木楔

常【節】 13 〖節〗 15 8872 入［節］ 15 セツ ふし しるし みさお

篆文  金文  

形声 声符は即（即）。〔説文〕五上に「竹の約なり」とあり、竹節をいう。〔説文〕に卩を節の初文とするが、卩は人の跪坐する形で、人の膝の部分を強調する字。節は即声。竹約とは竹節。〔鄂君啓節〕は楚の懐王六年、鄂君に与えた車節・舟節で、銅製の節であるが、竹節の形に鋳こまれている。〔周礼、秋官、小行人〕に六節の規定があり、道路・門関・都鄙の管節はみな竹符を用いた。符節によってその行為が規定されているので、節度・節義・節操の意となり、また節侯・節奏など、すべて秩序・法度のある意に用いる。

訓義 1竹のふし、竹節の形をしたわりふ、てがた。2しるし、さだめ、おきて、ならい。3のり、しな。4みさお、礼節。5ほどあい、ころあい、おりふし、とき。6やむ、とまる、とどめる、しまり、かぎる、くぎり。7はぶく、つましい。8祝日。9節旄、はたじるし。

古訓 〔和名抄〕節　布之（ふし）〔字鏡集〕節　ミサヲナリ・カハル・ハカル・フシ・トキナフ・トキ・ワタル・マコト

声系 〔説文〕に節声として櫛（櫛）を収める。一定の間隔をもち、密度のあるものの意であろう。

語系 節・卩 tzyet は同声。〔説文〕九上に卩を「瑞信なり。～相ひ合するの形に象る」とするが、卩は人の跪坐する形。金文に節をみな即声の字に作るが、卩と同声である。

【節飲】節酒。〔晋書、阮孚伝〕其の母は卽ち胡婢なり。～孚を以て長史と爲す。蓬髮飲酒、王務を以て心に嬰けず。～帝謂ひて曰く、卿既に軍府を統ぶ。郊壘に事多し。宜しく節飲すべきなりと。

【節鉞】符節として将軍に与えられる斧鉞。〔孔叢子、問軍礼〕天子、階に當りて南面し、命じて之れに節鉞を授く。大將受く。天子乃ち東面西向して、之れに揖す。御せざることを示すなり。

【節介】固く節義を守る。〔後漢書、逸民、梁鴻伝〕後に業を太學に受く。家貧にして節介を尙ぶ。博覽にして通ぜざる無きも、章句を爲めず。學畢りて、乃ち豕を上林苑中に牧ふ。

【節概】志節気概。唐・韓愈〔柳子厚墓誌銘〕觀察使河東の裴君行立、～節概有り、然諾を重んず。子厚と交はりを結ぶ。子厚も亦た之れが爲に盡せり。竟に其の力に賴れり。

【節義】節操義行。唐・魏徴〔治道を論ずる疏〕之れを信ずること篤からざれば、則ち人或いは自ら疑ふ。人或いは自ら疑ふときは、則ち心に苟且を懷く。心に苟且を懷くときは、則ち節義立たず。節義立たざるときは、則ち名教興らず。

【節倹】倹約。〔史記、晏嬰伝〕節儉力行を以て齊に重んぜらる。既に齊に相となり、食に肉を重ねず、妾は帛を衣ず。其の朝に在るや、～卽ち言を危くす。～此れを以て三世名を諸侯に顯はす。

【節士】節操ある人。〔韓詩外伝、十〕卞莊子、勇を好む。母恙無き時、三たび戰ひて三たび北ぐ。交游之れを非る。～母沒す。～卞莊子曰く、～吾れ之れを聞く、節士は辱を以て生くべからずと。遂に敵に奔り、七十人を殺して死せりと。

【節奏】音の高下緩急。〔礼記、楽記〕樂なる者は心の動なり。聲なる者は樂の象なり。文采節奏は、聲の飾りなり。君子其の本を動かして、其の象を樂しみ、然る後に其の飾りを治む。

【節葬】簡素に葬る。〔墨子、節用中〕古者、聖王、節葬の法を制爲して曰く、衣三領以て肉を朽ちしむるに足り、棺三寸以て骸を朽ちしむるに足る。～死者既に葬り、生者久しく喪して、哀を用ふること毋しと。

【節操】節義を守る。〔韓非子、五蠹〕其の劍を帶ぶる者（俠徒）は、徒屬を聚めて節操を立て、以て其の名を顯はし、五官の禁を犯す。

【節度】さだめ。規定。〔漢書、朱博伝〕官屬多く褒衣大袑（袴）し、節度に中らず。自今、掾史の衣は、皆地を去ること三寸ならしめよ。

【節婦】貞女。晋・傅玄〔秋胡行〕楽府　奈何ぞ秋胡　中道にして邪を懷ふ　此の節婦の　高行巍峩たるを美とす　哀しい哉、愍れむべし　自ら長河に投ず

【節物】四季の風物。唐・盧照鄰〔長安古意〕詩　節物風光、相ひ待たず　桑田碧海、須臾にして改まる　昔時の金階、白玉の堂　卽今唯だ見る、青松の在るを

【節文】節度。〔礼記、坊記〕子云く、～禮は、人の情に因りて之れが節文を爲し、以て民の坊（防）を爲す者なり。

【節旄】使者のしるし。〔漢書、蘇武伝〕武、既に海上に至る。廩食至らず。野鼠を掘りて～之れを食らふ。漢の節を杖つきて羊を牧す。臥起に操持し、節旄盡く落つ。～丁令、武の牛羊を盜む。武復た窮厄す。

↑節下　麾下／節解　骨節を分解する／節諤　直言する／節気　二十四気／節季　時節／節麾　節旄／節級　次第／節句　節日／節限　節約／節減　省く／

節候　時候／節財／節約／節止／節制する／節次／節食／節候／節日／祝祭日／節酒／節飲／節序／節次／節食　減食する／節信　符節／節趨　進止／節制　抑制する／節省／節減する／節宣　養生法／節穿　ふし穴／節喪　短喪／節束　束縛する／節端　幕下／節中　中和／節調　調節する／節鎮　節度使の役所／節年　毎年／節拍　拍子／節符　わりふ／節分　立春の前日／節本　省略本／節約　節倹／節用　無駄を省く／節欲　制欲／節理　すじめ／節略　要略／節量　はかる／節吝　惜しむ／節令　節日

↓握節・異節・音節・仮節・佳節・嘉節・介節・晦節・楽節・管節・関節・環節・気節・奇節・季節・旗節・麾節・儀節・曲節・局節・玉節・筋節・苦節・勁節・慶節・撃節・倹節・限節・絃節・固節・虎節・姱節・五節・抗節・恒節・高節・骨節・裁節・錯節・士節・死節・志節・使節・持節・時節・璽節・執節・守節・朱節・峻節・殉節・純節・遵節・小節・章節・仗節・臣節・尽節・瑞節・制節・旌節・清節・盛節・折節・素節・霜節・多節・大節・誕節・竹節・秩節・忠節・著節・調節・貞節・晩節・品節・符節・武節・風節・伏節・文節・変節・末節・名節・明節・約節・擁節・立節・竜節・亮節・令節・礼節・烈節

【截】14 4325 ［截］15 9325　セツ　たつ　きる

篆文

形声　声符は隹。〔説文〕十二下に字を雀に従う形とし、「斷つなり。戈に従ひ、雀聲なり」とするが、声の関係を以ていえば、隹の形などを誤ったものであろう。高大なものを截って、整斉にする意がある。漢碑には字を截に作る。〔詩、大雅、常武〕「彼の淮浦を截む」の〔伝〕に「治なり」とあり、武力で平定することをいう。

訓義　①たつ、きる、たちきる、きりとる。②さえぎる、はばむ。③ととのえる、おさめる。

古訓　〔名義抄〕截　ワタル・キル・タツ・ヲサム・ト丶ノフ・タ丶カフ〔字鏡集〕截　コロス・ヲサム・ヒトシ・ヲサマル・タ丶カフ・ト丶ノフ・キル・ワタル・タツ

語系　截 dziat の声は雀 tziôk よりも崔 dzuəi に近く、崔に高大の意がある。これを截って整えることをいう語であろう。

【截耳】　再嫁を拒む。〔南史、孝義下、衛敬瑜の妻の王氏伝〕又、霸城の王整之の姉（姊）、嫁して衛敬瑜の妻と爲る。年十六にして、敬瑜亡す。父母舅姑、咸く之れを嫁せしめんと欲するも、誓ひて許さず。乃ち耳を截りて盤中に置き、誓ひと爲す。乃ち止む。

【截然】　明確にする。〔滄浪詩話、詩弁〕故に予れ自ら量度せず、輒ち詩の宗旨を定む。且らく禪を借りて以て喩へを爲し、漢魏以來を推原し、截然として當に盛唐を以て法と爲すべしと謂はん。

【截髮】　客をもてなす。〔晉書、陶侃伝〕鄱陽の孝廉范逵、嘗て侃を過ぎる。時に倉卒にして、以て賓を待つ無し。其の母、乃ち髮を截りて雙髮（かもじ）を得、以て酒肴に易へ、樂飲して歡を極めたり。

↑截句　句を絶つ／截刻　肉刑／截止　打ち切る／截日　即日／截取　切り取る／截截　巧弁のさま／截絶　絶滅する／截奪　追い剝ぎ／截断　切断する／截鐙　あぶみを切る、惜別／截肉　切身／截破　切り破る／截立　分明にする／截流　横流する／截留　さしとめ

↓横截・馘截・割截・斬截・翦截・断截・中截・直截・把截・半截・約截

常【説】14 ［說］14 0861　セツ　ゼイ　エツ　ダツ　とく　よろこぶ

篆文

形声　声符は兌。兌は巫祝（兄）が神に祈り、神意を承けて惝悦の状態にある意で、八の形は神気の降る意。悦（悅）・脱（脫）と声義の通ずるところがある。〔説文〕三上に「説き釋くなり」とし、「一に曰く、談説するなり」というが、普通の談説のことではない。〔周礼、春官、大祝〕の「六祈」の一に「説」があり、神に祈り、神意を承けることをいう。「説す」「説ぶ」の訓があり、税（稅）・悦と通ずる。

訓義　①とく、神につげいのる。②のべる、あげつらう。③さとす、おしえる。④ときあかす、ときほぐす。⑤悦と通じ、よろこぶ、神意がとける、うちとける、たのしむ。⑥税と通じ、おく、とりさる、やどる。

古訓　〔名義抄〕説　トク・ノリ・ヨロコブ・イフ・アラハス・ヤドル・ツグ・コシラフ・ヤシナフ・カス・ヌク・ハヅス・ツギメ・カズ／勦説　サカシラ

語系　説・悦 jiuat、豫（予）jia、懌 jyak は声近く、豫・懌にも悦ぶ意がある。説・脱・税・蛻 thuat には脱去の意があり、また奪・敓 duat も脱して他に移ることをいう。兌 duat に虚脱の意があり、すべてその系統の語である。

【説喜】　満足して喜ぶ。〔漢書、杜鄴伝〕願はくは陛下、精誠を加へ致し、～以て下の心を厭かしめよ。則ち黎庶群生、説喜せざる無からん。

【説客】　遊説の士。〔史記、酈生伝〕酈生、常に説客と爲り、諸侯に馳使す。

【説辞】　言説。〔孟子、公孫丑上〕宰我・子貢は善く説辭を爲し、冉牛（冉耕）・閔子（騫）・顔淵は善く德行を言ふ。孔子は之れを兼ぬ。

【説書】　わが国の講談の類。〔通俗編、俳優、説書〕武林舊事に、百戲社、小説を名づけて雄辯者と爲す。按ずるに、今俗に之れを説書と謂ふ。

【説難】　遊説のむずかしさ。〔韓非子、説難〕凡そ説くことの難きは、吾が知の以て之れを説く有るの難きに非ざるなり。又吾が辯の能く吾が意を明らかにするの難きに非ざるなり。～凡そ説くことの難きは、説く所の心を知りて、吾が説を以て之れに當つべきに在り。

【説鈴】　鈴のような音。小話の類。〔法言、吾子〕書を好むも、諸れを仲尼（孔子）に要めざるは、書肆なり。説を好むも、諸れを仲尼に要めざるは、説鈴なり。

↑説引　いざなう／説懌　悦ぶ／説卦　易十翼の一／説解　説明／説懐　心になつく／説起　説き起こす／説鬼　怪談／説義　釈義／説教　教える／説経　講釈／説剣　剣を外す／説言　いう／説口　自慢する／説載　棺を墓穴におろす／説驂　そえ馬を外す／説士　遊説の士／説史　講釈／説者　論者／説述　陳述する／説咲　談笑する／説頌　へつらう／説色　喜色／説親　縁談／説沢　美しい／説談　談説／説道　いう／説服　悦服する／説法　法話／説夢　寝言／説約　総括する／説諭　さとす／説予　喜ぶ／説楽　悦楽／説理　理を説く／説話　話

↓異説・一説・演説・燕説・往説・横説・臆説・仮説・家説・怪説・解説・概説・学説・姦説・管説・関説・奇説・詭説・却説・逆説・旧説・休説・虚説・曲説・愚説・空説・経説・言説・胡説・贅説・語説・口説・巧説・巷説・高説・講説・再説・細説・錯説・雑説・私説・自説・持説・辞説・実説・遮説・邪説・衆説・所説・緒説・諸説・序説・絮説・舒説・小説・称説・詳説・申説・新説・図説・成説・前説・善説・総説・俗説・紿説・卓説・談説・馳説・珍説・椿説・通説・定説・騁説・伝説・駁説・秘説・謬説・浮説・風説・諷説・仏説・聞説・辟説・僻説・別説・弁説・妙説・妄説・約説・幽説・遊説・要説・邀説・濫説・力説・略説・流説・縷説・論説

【辟】15 2074　セツ　おさめる　つみ

篆文  甲骨文  金文 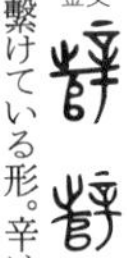

会意 省+辛。省は自肉を上から繫けている形。辛は把手のある曲刀。〔説文〕十四下に「皐なり。辛に從ひ、省聲」とするが、声が異なる。卜文・金文の字形によると、字は辛に従っており、辛は入墨に用いる辛器ではなくて、自肉を切る曲刀である。自肉は祭肉で、脤膰の類。軍に赴くときには、その肉を奉じ、奉ずるものを自(師の初文)、分遣するときは自の一部を携えるので遣(遣)という。それで辥には乂治(治める)の意がある。〔説文〕に「皐なり」とし、〔玉篇〕に「死刑なり」と訓するのは、辥の字義で、辥を罪辟の辟と誤ったものであろう。金文では字は辛(辛)に従い、国名の薛の字に用いる。

訓義 ①おさめる。②つみ、害する。

古訓 〔名義抄〕辥 ウクツク 〔字鏡集〕辥 ツミ

語系 辥・薛・躠siat、跚san、躚sian は音近く、躠は蹣跚(よろめくさま)として行きがたいことをいう。辥は乂治、躠は足を切る意。辥の初文である省ngiat は刖ngiuat と声義が近い。辥は乂・省の声もある字であろうと思われる。

【蕝】 16 4491 セツ セイ

篆文 

形声 声符は絕(絶)。〔説文〕一下に「朝會に茅を束ねて位を表するを蕝と曰ふ」とし、〔国語、晋語八〕「茅蕝を致し、坐を表す」の文を引く。周の成王が諸侯を岐陽に会したとき、諸侯がそれぞれ神位を奉じて、祀所を定めたことをいう。漢の叔孫通が、弟子百余人と緜蕞(儀礼を習う所)を作り、野外で古儀を習ったという緜蕞も、その類のものであろう。蕞は蕝と声義の通ずる字である。

訓義 ①まつりのにわ、茅を束ねてその位次を示す。酒をひたして用いたものであろう。②字はまた蕞と通用する。

語系 蕝tzyuat、截dziat は声義に通ずるところがあり、蕝は束茅の上下を截りそろえてこれを立て、これに酒を灌いで神位とした。蕞tzuat も小さな草の聚まるさまをいう語で、蕝と通用する。

↑蕝儀 諸種の儀礼

↓綿蕝

【薛】 17 4474 セツ かわらよもぎ

篆文  金文 

形声 字はもと辥声に従う。〔説文〕一下に「艸なり」として草名をあげないが、「藾蒿」とよばれるかわらよもぎ。周代に、山東に薛侯の国があったが、金文にその字を辥に作る。省は懸肉の象で自肉(祭肉)。軍を分遣するとき、その肉を辛(刀)で切り頒かつので、もと乂治を意味する字であった。草名とするのは別義であろう。

訓義 ①かわらよもぎ。②はますげ、莎。③周代の薛侯の国、のち姓に用いる。

古訓 〔字鏡集〕薛 ヒコバユ・キワタ

【薛濤】 唐の女詩人。晩年蜀の浣花渓に居り、彩箋を作り、薛陶箋あるいは薛濤箋という。〔資暇集、下〕松花牋は其の來ること舊し。元和の初、薛陶~好んで小詩を製り、其の幅大なるを惜しみ、~之れを狹小にせしむ。~特り名づけて薛陶牋と曰ふ。

【褻】 17 0073 セツ ふだんぎ けがれる なれる

篆文  金文 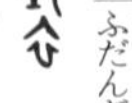

形声 声符は埶。埶は金文では邇近の邇の意で、その初文。〔説文〕八上に「私服なり」とあり、ふだん着をいう。また〔詩、鄘風、君子偕老〕「是れを褻袢とす」の句を引く。いま紲袢に作る。褻に邇近の意があり、金文の〔毛公鼎〕に「朕が褻事」とあり、〔詩、小雅、雨無正〕「曾ち我が暬御」というのと近い。褻黷・褻瀆・褻狎の意に用い、また便器をもいう。

訓義 ①ふだんぎ、はだぎ、したぎ。②けがれる、いやしい。③なれる、ちかづく、あなどる。④便器。

古訓 〔和名抄〕褻器 今按ずるに俗語、虎子、於保都保(おほつぼ)/清器 師乃波古(しのはこ) 〔字鏡〕褻 ナレタリ・カサヌ・キヌ・ケ 〔字鏡集〕褻 ケコロモ・カサヌ・キヌ・ナズラフ・シヅカナリ・ウフ・マト・ナレタリ・ヨシ・キ、テ・ウク・ワザ・ツネニ・ヲサム・ユタカナリ・ナリハヒ

語系 褻・暬・媟siat は同声。暬は〔説文〕七上に「日に狎習して、相ひ慢るなり」とあり、褻と同義。媟も嫚戯をいう。褻・暬は執声の字とは声義が異なる。埶は蓺(藝)に植樹する形、執は手に械を加えた形である。

【褻衣】 ふだん着。〔礼記、喪大記〕疾、病(重篤)なるときは、外內皆埽ふ。~寢ぬるに北牖の下に東首し、牀を廢し、褻衣を徹し、新衣を加ふ。~男女服を改め、纊(新綿)を(鼻に)屬けて以て絕氣を俟つ。

【褻翫】 なれもてあそぶ。宋・周敦頤〔愛蓮の説〕予れ獨り蓮の淤泥より出でて染まず、清漣に濯はれて妖ならず、~香遠くして益〻清く、亭亭として淨く植ち、遠く觀るべくして、褻れ翫ぶべからざるを愛す。

【褻御】 近侍の人。〔国語、楚語上〕几に倚りては誦訓の諫有り、寢に居りては褻御の箴有り。

【褻瀆】 なれけがす。〔白虎通、社稷〕社稷は中門の外、外門の內に在り。~中門の內に置かざるは何ぞ。之れを敬して、褻瀆せざることを示すなり。

【褻露】 はだか。まるだし。〔水経注、温水〕(儋耳)民、徒跣を好み、耳は廣垂以て飾りと爲す。男女褻露なりと雖も、以て羞と爲さず。~常に黑を以て美と爲す。離騷の所謂玄國なり。

↑褻越 無作法/褻汚 けがす/褻器 おまる/褻戯 褻翫する/褻居 居間/褻近 近幸の人/褻幸 褻近/褻狎 褻近/褻視 軽視/褻昵 親狎の人/褻臣 近臣/褻人 褻臣/褻饌 平常の食事/褻尊 冒瀆する/褻寵 褻近の人/褻袢 内衣/褻侮 侮弄する/褻服 平常服/褻嫚 褻慢/褻慢 あなどる/褻味 脂のこい食事/褻濫 軽慢/褻陋 野卑

↓燕褻・私褻・猥褻

【歠】 19 1768 セツ のむ すする

篆文 

形声 声符は叕。〔説文〕八下に「㱃むなり」とあり、前条の㱃に「歠するなり」とあって互訓する。歠は流歠、すすり飲みする飲みかたで、叕はそのすすりこむ音である。〔礼記、曲礼上〕に「流歠すること毋かれ」とあって、非礼のこととされた。〔孟子、滕文公上〕に「粥を歠りて、面は深墨」というのは、服喪中のことである。

訓義 ①のむ、すする、すすりのむ。②のみもの。③かゆをすする。

古訓 〔篇立〕歠 モノスヽル・ス(ヽ)ル・スフ・ノム

語系 歠・啜thjiuat は同声。叕・綴tiuat は糸などを綴連する意。なやみつづけることを惙tiuat という。歠・啜はすすりつづけることで、また擬声語である。

【歠菽】 菽(豆)粥をすする。〔晋書、隠逸、翟荘伝〕人物に交はらず、耕して而る後に食らふ。語、俗に及ばず。惟だ弋釣を以て事と爲す。~端居篳門(しおり戸)、菽を歠り水を飲む。

↑歠醢 肉汁を飲む/歠粥 粥をすする

↓飲歠・夕歠・大歠・熱歠・餔歠・流歠

常 **【舌】** 6 2060 ゼツ した ことば

篆文  甲骨文 

象形 口中より舌が出ている形。卜文の字形は舌端が分かれている。〔説文〕三上に「口に在りて言ひ、味を別つ所以の者なり」(段注本)とし、また「干口に從ふ。干は亦聲なり」とするが、形も声も異なる。〔段注〕に「言は口を犯して之れを出だし、食は口を犯して之れに入る」と干犯の義を説くが、拘泥の説である。〔六書略〕に「吐舌の形に象る」とするのがよい。卜文の聞・歓には、口舌の形をそえている。

訓義 1した。2ことば。3器物の、舌状に出ているところ。

古訓 〔和名抄〕舌 之多(した) 〔名義抄〕舌 シタ

部首 〔説文〕に舓など二字を属し、〔玉篇〕には八字。三舌を並べて「古文、話なり」とする字がある。〔康熙字典〕に舍(舍)・舒・辞・館(舘)などの字をこの部に属するが、舌とはまったく関係のない字である。

声系 〔説文〕に舌声として恬・銛など五字を収める。恬はおそらく西声。簟席に安んずる意。銛は臿の属。みな舌声と関係がない。また活・括・話の従うところは昏の略形。昏は刳劂(彫刻刀)の形に従う字である。

語系 舌djiat、咄tuatは声近く、舌を出すようなしぐさを咄という。みな擬声的な語である。

【舌耕】 学問の講義でくらす。〔拾遺記、六、後漢〕(賈逵)門徒の來り學ぶもの、萬里を遠しとせず。或いは子孫を襁負し、門側に舍す。~贈獻の者、積粟倉に盈つ。~世に所謂舌耕なり。

【舌短】 舌が短く、言語不明瞭。〔鶏肋編、上〕秦觀の子、湛、大鼻にして蕃人に類す。而して柔媚舌短、世之れに目づけて嬌波斯と爲す。

【舌端】 弁舌。〔韓詩外伝、七〕君子は三端を避く。文士の筆端を避け、武士の鋒端を避け、辯士の舌端を避く。詩に曰く、我が友敬せよ 讒言其れ興らんと。

↑舌挙 ことばが窮する/舌言 口先の語/舌根 舌の根/舌人 通訳/舌尖 舌端/舌戦 論戦/舌輭 舌が滑らか/舌談 話/舌敝 話し疲れ/舌弊 舌敝/舌弁 弁舌/舌鋒 鋭い論調/舌本 舌根/舌論 口論

↓鸚舌・乾舌・鴂舌・巻舌・鼓舌・口舌・巧舌・喉舌・讒舌・歯舌・雀舌・収舌・柔舌・冗舌・饒舌・鐸舌・長舌・重舌・吐舌・掉舌・毒舌・訥舌・佞舌・筆舌・奮舌・弁舌・妙舌・木舌・捫舌・揺舌・両舌

常 **【絶】** 12 **〖絕〗** 12 2791 **［㡭］** 14 2217 ゼツ たつ たえる はなはだ

篆文  古文  金文 

形声 声符は色。色に肥の声がある。〔説文〕十三上に「斷絲なり。糸に從ひ、刀に從ひ、卪に從ふ」とあり、〔段注〕に卪声の字とするが、字は明らかに色に従う。金文に字を㡭に作り、〔説文〕に古文としてその字形を録する。絶は色糸の意であろうが、染色のため脆弱となることがある。またその色の絶妙の意がある。おそらく㡭に代わって、のち、その字が行われたものであろう。

訓義 1たつ、糸がきれる、たちきれる。2たえる、ことがとだえる。3つきる、へだたる、ふさぐ。4すてる、なくす、とぼしい。5死ぬ、かれる、おわる。6わたる、すぎる、とおい。7はなはだ、もっとも、このうえなく、きわまる。

古訓 〔名義抄〕絶 タユ・タツ・スグレタリ・ワタル・カツテ・メグル・モトモ・ステ、ノ氣絶 スベナシ 〔篇立〕絶 アシキヌ・スグル・ノボル・ハナハダシ・ホロブ・メグル・イトマク・タツ・カツテ・ワタル・タユ・ヨル・ステ、・タル・スグレタル・タエン

声系 〔説文〕に絶声として蕝を収め、また脃を絶の省声の字とする。別に虫部に㡭声の字があり、もとその両系の字があったのであろう。

語系 絶(㡭)dziuat、斷(断)・剸duanは声義近く、糸などの切断をいう字。截dziat、切tsyetも同系の語であるらしく、これは切断をいう語である。

【絶異】 甚だすぐれる。〔後漢書、銚期伝〕長八尺二寸、容貌絶異、矜嚴にして威有り。~光武駕を趣らせて出づ。百姓聚り觀、諠呼して道に滿つ。~期、騎馬奮戟するに、~衆皆披靡す。

【絶意】 希望をすてる。思い絶つ。〔漢学師承記、七、汪中〕容甫、勞心の故を以て、~夜、寐を成さず。是を以て朝考に與らず、意を仕進に絶つ。

【絶域】 遠隔の地。絶境。漢・李陵〔蘇武に答ふる書〕昔先帝、陵に歩卒五千を授け、出でて絶域を征せしむ。五將道を失ひ、陵のみ獨り遇ひて戰ふ。~天漢の外に出で、強胡の域に入る。

【絶纓】 冠の紐を断つ。〔説苑、復恩〕楚の莊王、群臣に酒を賜ふ。~燈燭、滅す。乃ち人、美人の衣を引く者有り。美人援きて、其の冠纓を絶つ。~王~左右に命じて、~皆其の冠纓を絶去せしむ。

【絶学】 中絶して伝わらぬ学問。〔漢書、韋賢伝、班彪論賛〕漢、亡秦絶學の後を承け、祖宗の制、時に因り宜を施す。元・成より後、學者蕃滋す。

【絶壑】 深く険しい谷。唐・杜甫〔早秋苦熱~〕詩 南のかた青松の絶壑に架するを望む 安んぞ赤脚もて層冰を踏むことを得ん

【絶技】 絶妙の技。〔後漢書、方術下、華佗伝〕李將軍といふ者有り。妻病み、佗を呼びて脉(脈)を視しむ。~佗曰く、死胎枯燥し、勢ひ自ら生きずと。人をして之れを探らしむるに、果して死胎を得たり。~佗の絶技は、皆此の類なり。

【絶境】 外界と隔絶したところ。晉・陶潛〔桃花源記〕自ら云ふ、先世、秦時の亂を避け、妻子邑人を率ゐて此の絶境に來り、復た出でず~と。

【絶響】 世に伝えられぬ名曲。〔抱朴子、広譬〕聴者は興亡を遺音の絶響に料り、明者は機理を玄微の未だ形はれざるに覿る。

【絶群】 抜群。〔後漢書、隗囂伝〕帝(光武)報ずるに手書を以てして曰く、~蒼蠅の飛ぶは數歩に過ぎざるも、卽ち驥尾に託して以て絶群なるを得。

【絶険】 きわめてけわしい。〔詩、小雅、正月〕屢爾の僕を顧み 爾の載を輸さざれ 終に絶險を踰ゆるも 曾ち是れを意とせず

【絶後】 前後に例がない。空前絶後。〔法書要録、八〕(書断、中、神品)後漢の杜度、~章草を善くす。~張芝喜びて學び、轉た其の巧を精にす。超前絶後、獨歩無雙なりと謂ふべし。

【絶口】 いっさい口にしない。〔泊宅編、九〕王通、隋末に白牛溪に隱れて教授す。學者常に數百人。唐の將相、王・魏の如き輩、皆其の門人なり。既に顯にして口を絶して其の師を道はず。此れ何の理ぞや。

【絶交】 交遊を絶つ。〔後漢書、魯丕伝〕性、沈深好學、孳孳として倦まず。遂に交游を杜絶し、候問の禮に答へず。

士友常に此れを以て之れを短るも、丕、欣然として自得す。

【絶好】(ぜっこう) すぐれてよい。〔史記、呂不韋伝〕呂不韋、邯鄲の諸姫の、絶好にして善く舞ふ者を取りて、與に居る。身める有るを知る。~乃ち遂に其の姫を獻ず。姫自ら身める有るを匿す。大期の時に至りて、子政(始皇)を生む。

【絶唱】(ぜっしょう) すぐれた詩歌。〔宋書、謝霊運伝論〕夫の平子(張衡)の艶發の若き、文、情を以て變ずる。絶唱高蹤、久しく嗣響無し。

【絶勝】(ぜっしょう) 絶景の地。唐・韓愈〔早春水部張十八員外に呈す、二首、二〕詩 最も是れ一年、春好き處 絶勝なり花柳、皇都に滿つ

【絶人】(ぜつじん) 人なみすぐれる。〔後漢書、黄允伝〕黄允~儁才を以て名を知らる。(郭)林宗、見て謂ひて曰く、卿、絶人の才有り、偉器を成すに足る。然れども道を守ること篤からざれば、將ど之れを失はんとするを恐ると。

【絶世】(ぜっせい) 世に並ぶものがない。〔漢書、外戚上、孝武李夫人伝〕夫人の兄(李)延年、~歌舞を善くす。~延年、上に侍し、起つて舞ひ、歌うて曰く、北方に佳人有り 絶世にして獨立す 一顧すれば人の城を傾け 再顧すれば人の國を傾く

【絶俗】(ぜつぞく) 世事をすてる。また、遠く世俗をこえる。〔後漢書、劉陶伝〕(上疏)竊かに故の冀州刺史南陽の朱穆・前の烏桓校尉、臣の同郡の李膺を見るに、皆履正清平、貞高絶俗なり。

【絶頂】(ぜっちょう) 山頂。唐・杜甫〔望岳〕詩 胸を盪かして層雲生じ 眥を決す、歸鳥の入るに 會ず當に絶頂を凌ぎ 一たび衆山の小なるを覽るべし

【絶倒】(ぜっとう) 驚いて倒れる。感嘆し、また悲喜の甚だしいときのさま。〔晋書、衛玠伝〕琅邪の王澄、高名有り。推服する所少なし。玠の言を聞く毎に、輒ち嘆息絶倒す。故に時人之れが語を爲して曰く、衛玠談道して、平子(王澄)絶倒すと。

【絶筆】(ぜっぴつ) 絶命の際の筆蹟。絶妙の筆蹟。また、書き収める。晋・杜預〔春秋左氏伝の序〕麟鳳五靈は、王者の嘉瑞なり。今、麟出づるも其の時に非ず。~筆を獲麟の一句に絶つ者は、感ずる所にして起る。固より終りを爲す所以なり。

【絶壁】(ぜっぺき) きり立つようながけ。唐・李白〔蜀道難〕詩 連峰、天を去ること尺に盈たず 枯松倒さまに挂かつて、絶壁に倚る

【絶望】(ぜつぼう) 望みを絶つ。漢・蔡邕〔陳太丘(寔)の碑文〕會たま黨事に遭ひ、禁固せらるること二十年、~時に年已に七十、遂に丘山に隱る。~大將軍何公(進)・司徒袁公(隗)、前後招辟するも、~先生曰く、絶望すること已に久し。巾を飾ひて期(死)を待たんのみと。

【絶妙】(ぜつみょう) はなはだすぐれる。〔北斉書、鄭述祖伝〕述祖能く琴を鼓す。自ら龍吟十弄を造る。云ふ、嘗て人の琴を彈ずるを夢み、寤めて寫し得たりと。當時以て絶妙と爲せり。

【絶無】(ぜつむ) 全く無い。宋・蘇軾〔神宗皇帝に上る書〕過ちを改めて吝まず、善に從ふこと流るるが如し。此れ堯・舜・禹・湯の勉強して力行せし所にして、秦・漢以來の絶無にして僅かに有る所なり。

【絶命】(ぜつめい) 死ぬ。〔明史、方孝孺伝〕孝孺、慨然として死に就く。絶命詞を作りて曰く、天、亂離を降す 孰か其の由を知らん~忠臣憤りを發し 血涙交流る 此れを以て君に殉ず 抑又何をか求めん

【絶滅】(ぜつめつ) 滅ぼす。漢・劉歆〔書を移して太常博士を譲む〕今聖上、德、神明に通じ、~明詔を下して左氏の立つべきや不やを試む。~而るに肯て試みず、猥りに誦せざるを以て之れを絶たんとし、以て餘道を杜塞し、微學を絶滅せんと欲す。

【絶倫】(ぜつりん) なみはずれ。〔漢書、匡衡伝〕長安の令楊興、(楽陵侯史)高に說きて曰く、~平原の文學匡衡は材智餘り有り、經學絶倫なり。但だ朝廷に階無きを以て、~遠方に在り。將軍誠に召して莫府に置かば、學士歙然として仁に歸せん。

【絶麗】(ぜつれい) 非常に美しい。漢・揚雄〔劉歆に答ふる書〕雄、郎と爲るの歲、自ら奏す、少くして學ぶことを得ず。而れども心に沈博絶麗の文を好む。願はくは三歲の奉を受けず、且く直事の徭を休脫して、肆心廣意、以て自ら克く就さんと。

↑絶愛 この上なく愛する/絶悪 悪を絶つ/絶遠 極遠/絶豔 この上なく美しい/絶佳 絶美/絶瑕 美玉/絶雅 この上なく雅びやか/絶海 遠海/絶格 高格/絶冠 冠絶する/絶澗 遠い谷/絶巌 危巌/絶気 死ぬ/絶奇 奇絶/絶棄 すてきる/絶伎 絶技/絶裾 ふりきる/絶叫 大声/絶業 中絶の業/絶極 極遠/絶垠 天辺/絶句 四句の詩/絶景 佳景/絶芸 絶技/絶嶮 絶険/絶絃 親しい知己の死/絶江 水渡り/絶高 極高/絶国 絶遠の国/絶穀 穀絶ち/絶才 非凡の才/絶細 きわめて微細/絶塞 遠塞/絶祀 亡国/絶事 中断/絶殊 殊絶/絶衆 非凡/絶峻 絶高/絶緒 絶嗣/絶笑 大笑い/絶蹤 隠遯する/絶色 絶世の美人/絶食 断食/絶塵 脱俗/絶水 流れをおしわたる/絶迹 隠れる/絶足 高足/絶息 死ぬ/絶族 縁切れ/絶続 断続する/絶体 命がけ/絶対 無条件/絶大 この上なく大きい/絶代 空前/絶嘆 絶賞する/絶地 極遠/絶致 絶景/絶儔 絶倫/絶腸 断腸/絶調 好調/絶島 遠くはなれた孤島/絶等 抜群/絶特 特絶/絶漠 沙漠を横断する/絶幕 絶漠/絶邈 絶遠/絶比 無比/絶轡 駿足/絶美 絶佳/絶品 逸品/絶編 稀書/絶亡 滅亡/絶貌 絶色/絶密 極秘/絶脈 死ぬ/絶洋 絶海/絶理 無理/絶流 流れをおしわたる/絶粒 絶穀/絶糧 食糧が欠乏する/絶力 力が絶倫/絶類 抜群

↓哀絶・萎絶・纓絶・豔絶・横絶・佳絶・隔絶・闊絶・冠絶・気絶・奇絶・稀絶・機絶・義絶・拒絶・禁絶・空絶・継絶・敻絶・決絶・険絶・懸絶・交絶・高絶・告絶・根絶・才絶・三絶・七絶・遮絶・謝絶・殊絶・秀絶・愁絶・峻絶・峭絶・勝絶・凄絶・悽絶・淒絶・清絶・精絶・阻絶・壮絶・勦絶・卓絶・断絶・中絶・超絶・殄絶・杜絶・途絶・廃絶・邈絶・屛絶・放絶・乏絶・妙絶・泯絶・問絶・幽絶・陽絶・離絶

セン

常 【千】 3 2040 セン ち

篆文

甲骨文

金文

形声 声符は人。卜文・金文は、人の下部に肥点を加えて、人と区別する。〔説文〕十部三上に「十百なり。十に從ひ、人に從ふ」と会意に解するが、〔繫伝〕には人声とする。金文に「萬年」を「萬人」としるす例があって、人を年の意に用いる。人にその声もあったのであろう。卜文に二千・三千を、人の下部に二横画・三横画を加えてしるす例があるので、千が人声に従う字であったことは疑いがない。

訓義 [1]せん。数のせん、ち。[2]ちたび、おおい。[3]芊に通じ、草のしげるさま。

古訓 〔名義抄〕千 チ、ヽ／一千 ヒトチ、ヾ／且千 ——トチ、ヾバカリナリ

声系 〔説文〕に千声として年など三字を収める。年の初形は禾の下に人をしるしている。禾形のものを戴いて舞う人の形

で、禾は稲魂おそらく祈年の舞であろう。その舞う女を委・季という。年はもと年穀の意であった。

語系 千・仟・阡 tsyen は同声。仟は〔説文〕未収の字。〔漢書、食貨志上〕に「仟伯の得」の語があり、千銭をいう。阡は〔説文新附〕十四下に「路の～南北なるを阡と爲す」とあり、東西を陌というのに対する語で、数の意味はない。

【千金】 大金。高価。〔史記、劉敬・叔孫通伝論賛〕語に曰く、千金の裘は一狐の腋に非ざるなり。臺榭の榱は一木の枝に非ざるなり。三代の際は一士の智に非ざるなりと。信なる哉か。

【千鈞】 一鈞は三十斤。極めて重いもの。〔漢書、枚乗伝〕夫れ一縷の任を以て、千鈞の重きを係く。上は無極の高きに縣け、下は不測の淵に垂る。甚だ愚かなるの人と雖も、猶ほ其の將に絶えんとするを哀しむことを知るなり。

【千古】 大昔。大昔以来。明・李贄〔蔵書、世紀列伝総目〕始皇帝は、自ら是れ千古の一帝なり。

【千歳】 千年。遠い年月。〔晋書、慕容雲載記〕慕容氏の世衰へ、河閒虐暴にして、～亂を思ふ者、十室の（うち）九なり。此れ天、亡ぼすの時なり。～機運邂ひ難し、千歳の一時なり。公焉ぞ辭することを得んや。

【千載】 千年。千歳。晋・袁宏〔三国名臣序賛〕夫れ萬歳も一期、有生の通塗なり。千載に一遇するは、賢智の嘉會なり。之れに遇へば、欣ぶこと無き能はず、之れを喪ふときは、何ぞ能く慨くこと無からんや。古人の言、信に情有る哉。

【千山】 多くの山々。唐・宋之問〔端州駅に至り、杜五審言・沈三佺期の～壁に題せるを見て、慨然として詠を成す〕詩 逐臣北地に嚴譴を受け 調せられて南中に到り毎に相ひ見んと 豈に意はんや、南中（嶺南の地方）、岐路多し 千山萬水、鄕縣を分たんとは

【千秋】 千年。清・趙翼〔赤壁〕詩 千秋の人物、三分の國 一片の山河、百戰の場

【千丈】 きわめて広大。また、長いもの、深いものにいう。〔韓非子、喩老〕天下の難事は必ず易に作り、天下の大事は必ず細に作る。～千丈の隄（堤）も、螻蟻（あり）の穴を以て潰え、百尺の室も、突隙（煙突）の烟を以て焚く。

【千乗】 兵車千。一車に七十五人が属する。小国をいう。〔孟子、梁恵王上〕萬乘の國、其の君を弑する者は、必ず千乘の家なり。千乘の國、其の君を弑する者は、必ず百乘の家なり。

【千仞】 仞は八尺。きわめて高いこと。また深いこと。〔荘子、秋水〕東海の鱉～海を告げて曰く、夫れ千里の遠きも、以て其の大を擧ぐるに足らず、千仞の高きも、以て其の深を極むるに足らず。

【千年】 長い年月。永遠。晋・陶潜〔挽歌の詩に擬す、三首、三〕詩 幽室一たび已に閉ざせば 千年復た朝あらず 千年復た朝あらず 賢達も柰何ともする無し

【千変】 無限に変化する。唐・司空図〔李生に与へて詩を論ずる書〕蓋し絶句の作は、詣極に本づくも、此の外に千變萬狀、神なる所以を知らずして、自ら神なり。豈に容易ならんや。

【千万】 千と万。多数。無限。漢・蔡邕〔上始めて元服を加ふ、群臣と寿を上まつる表〕令月吉日、始めて元服を加へらる。～臣等、踴躍鳧藻（喜び）に勝へず。謹んで牛一頭・酒九鍾を奉じ、稽首再拜して、千萬の壽を上る。陛下茲の吉福を享けよ。～詩に曰く、～令聞忘まず 萬壽無疆と。

【千憂】 多くの憂え。唐・杜甫〔水会渡〕詩 舟に入れば、已に千憂 巘に陟れば、仍ほ萬盤

【千里】 遥か。遠い。〔青箱雑記、七〕陳文恵公、未だ時に逢はず。嘗て詩を作りて曰く、千里の好山に、雲乍ち斂まり 一樓の明月に、雨初めて晴ると。

【千慮】 いろいろ考える。〔晏子、雑下十八〕嬰之れを聞けり、聖人千慮するも、必ず一失有り。愚人千慮すれば、必ず一得有りと。

➡千鎰 万金／千衛 多くの護衛／千億 多数／千家 多数の騎／千戸／千澗 多くの谷／千巌 千岩／千騎 多数の騎／千斤 重い／千軍 多くの軍／千計 数千／千頃 広い田／千言 多言／千戸 多くの家／千缸 千の酒壺／千劫 永劫／千差 多くの差、千差万別／千祀 千年／千思 千々の思い／千駟 千乗／千七 二毛の隠語／千室 千戸／千日 一千日／千社 一万五千戸／千戸／千種 ちぐさ／千樹 多くの木／千愁 千憂／千緒 多くのことがら、千緒万端／千鍾 数千石／千觴 千杯／千状 さまざまの姿、千状万態／千尋 ちひろ／千声 多くの声／千尺 百丈／千石 千石百二十斤／千足 むかで／千朵 多くの花／千態 千状／千代 千世／千重 ちえ／千張 千枚／千度 ちたび／千人 多数／千念 千思／千佰 阡陌／千帆 多くの帆船／千般 さまざまのこと／千百 いくたび多数の人／千廡 千屋／千夫 千人／千聞 も聞く／千兵 衆兵／千片 ちひら／千篇 多数の詩文／千畝 広い田／千峯 多くの峯々／千眠 光り輝くさま／千門 千戸／千縷 多くの糸筋／千齢 千年／千錬 みがきあげる、千磨／千廬 多くの武人の宿衛

⬇盈千・億千・秋千・十千・数千・直千・当千・万千・百千

常 【川】 3 2200 セン かわ ながれ

篆文 甲骨文 金文

象形 水の流れる形。〔説文〕十一下に「貫穿して通流する水なり」とあり、穿の声を以て説く。〔詩、大雅、雲漢〕に焚・薫（薫）・聞・遯と韻しており、それが古音であろう。仮名の「つ・ツ」の字源と考えられている字である。

訓義 ①かわ、ながれ。②川の流れるところ、川原、みち。③穿と通じ、尾竅。

古訓 〔和名抄〕川 加波（かは）〔名義抄〕川 カハ 〔字鏡集〕川 カハ・ナガル・トホル・ツラヌク

部首 〔説文〕〔玉篇〕に巠・巟・巤・㠯・巛・邕・𡿧・侃・州の九字を属する。巠は織物のたて糸をかけた形。巟・巤・𡿧は頭毛の象。侃の従うところは、古くは彡の形であった。㠯は祝誓の器である曰を水で瀆す形。川流の意に従うものは邕・𡿧・州の三字のみである。邕は水害で閉ざされた邑で、「雝ぐ」意。𡿧は川流が塞がれて溢流する水災の象で、災の初文。州は川の中洲である。

声系 〔説文〕に川声として、巡（㳜）・訓・順・馴・紃・軕の六字を収める。順の金文は渉（涉）に従い、瀕の字形にしるされている。川声の字は、声義において通ずるところがある。

語系 川・穿 thjiyuen は同声。順 djiuen、巡 ziuen も声の近い字で、順は水に臨んで拝する形、巡は水辺をめぐる形。いずれも神事に関する字であろう。

【川原】 水の流れる広野。唐・陳子昂〔晩に楽郷県に次る〕詩 川原、舊國に迷ひ 道路、邊城に入る 野戍、荒煙斷え深山、古木平らかなり

【川光】 川面の光。唐・岑参〔林臥〕詩 遠峯、雨色を帯び 落日、川光を搖かす

【川谷】 川と谷。〔礼記、祭法〕山林・川谷・丘陵の、能く雲を出だし、風雨を爲し、怪物を見はすを、皆神と曰ふ。天下を有つ者は、百神を祭る。

【川上】 川のほとり。〔論語、子罕〕子、川の上に在

りて曰く、逝く者は斯の如き夫か、晝夜を舍かず。

【川色】川面の光。唐・劉禹錫〔三月三日、楽天〜と洛に汎んで禊飮（曲水の宴）し、各〻十二韻を賦す〕詩 川色、晴れて猶ほ遠く 鳥聲、暮に棲せんと欲す

【川沢】川と沢。〔逸周書、大聚〕夏三月、川澤に網罟を入れず。以て魚鼈の長ずることを成す。且つ以て農力を幷せ、男女の功を執成す。

【川塗】川すじ。晉・陶潛〔始めて鎮軍參軍と作りて、曲阿を経るとき作る〕詩 我が行、豈に遙かならざらんや 登降すること千里餘 目は川塗の異なれるに倦み 心は山澤の居を念ふ

【川路】川すじ。水路。唐・孟浩然〔武陵に舟を泛ぶ〕詩 武陵、川路狹く 棹を前めて、花林に入る

↑川阿 川のくま/川域 流域/川界 川のほとり/川海 河海/川潰 河水が決潰する/川岳 河と岳/川壑 川と谷/川漢 天の川/川澗 谷川/川気 川の気/川渠 みぞ/川境 川ぞいの地/川曲 川のくま/川禽 水鳥/川径 川ぞいの道/川谿 谷川/川決 決潰/川竭 水涸れ/川源 水源/川口 河口/川后 河伯/川行 川の流れ/川衡 川沢の官/川涘 岸べ/川室 蚕室/川壌 川の土/川岑 山沢/川浸 水溜りの地/川地 流域/川坻 岸/川亭 河宿/川途 川塗/川瀆 大小の川/川湄 みぎわ/川阜 川と丘/川北 四川省の北部/川游 川遊び/川容 川の姿/川壅 流れが塞がる/川流 川の流れ/川梁 やな/川霊 川の神

↓滎川・河川・回川・巨川・谷川・山川・支川・小川・逝川・晴川・疏川・大川・百川・沃川

常

【仙】5 2227 ［僊］13 2121 セン やまびと

篆文 

形声 声符は山。正字は僊に作り、䙴声。䙴は死者を輿にして他に遷す形。〔釈名、釈長幼〕に「老いて死せざるを仙と曰ふ。仙は遷なり。遷りて山に入るなり」といい、山に入って仙となる意とするが、仙は後起の字。僊とはもと死者を殯葬の板屋に移し、その風化を待って、遷して葬るもので、䙴の上部は、その髑髏の状、下は坐跪する形。収は輿に載せて遷す意である。

訓義 1やまびと、仙道を修めた人、よすて人。2超俗の人。

古訓 〔名義抄〕僊・仙 ヒジリヒト・マフ／神仙 ―ノイキボトケ 〔字鏡集〕仙・僊 ヒジリ・マフ・ヒト・ウツル・サル・マツ

【仙家】仙人の住む家。〔海内十洲記、元洲〕元洲は北海の中に在り。地、方三千里。南岸を去ること十萬里。上に五芝（五種の仙草）玄澗有り。澗水は蜜漿の如し。〜此の五芝を服するも、亦た長生不死を得。亦た仙家多し。

【仙客】仙人。仙遊の人。唐・許渾〔重ねて飛泉観に遊び、〜宿竜池に題す〕詩 仙客歸らず、龍も亦た去る 稻畦、長へに滿ちて、此の池乾く

【仙郷】仙人の世界。〔長生殿、定情〕願はくは此の生終ひに溫柔に老いん 白雲仙郷を羨まず

【仙才】超凡の才。〔滄浪詩話、詩評〕人は言ふ、太白（李白）は仙才、長吉（李賀）は鬼才なりと。然らず。太白は天仙の詞、長吉は鬼仙の詞のみ。

【仙心】神仙の思想。〔文心雕竜、明詩〕乃ち正始（魏の年号）道を明らかにするに及んで、詩は仙心を雜ふ。何晏の徒、率ね浮淺多し。唯だ嵇（康）の志は清峻、阮（籍）の旨は遙深なり。故に能く標す。

【仙道】道術。〔捜神記、一〕前周の葛由は蜀の羌人なり。〜一旦木羊に乗りて蜀中に入る。蜀中の王侯貴人、之れを追うて綏山に上る。綏山に桃多し。峨眉山の西南に在り、高きこと極まり無し。之れに随ふ者復た還らず。皆仙道を得たり。

【仙人】仙道をえた人。〔史記、秦始皇紀〕徐市等上書して言ふ、海中に三神山有り。〜仙人之れに居る〜と。〜是に於て徐市を遣はして、童男女數千人を發し、海に入りて仙人を求めしむ。

↑仙衣 仙人の衣/仙幃 仙境/仙宇 仙境/仙掖 宮殿/仙液 温泉/仙媛 仙女/仙娥 仙女/仙駕 仙人の駕/仙界 仙境/仙階 仙宮/仙鶴 仙人の乗る鶴/仙楽 仙界の楽/仙寰 仙郷/仙翰 宸翰/仙期 死期/仙去 仙人となって世を去る/仙居 仙人の居/仙境 仙郷/仙馭 仙鶴/仙禽 仙鶴/仙窟 仙居/仙桂 月桂樹/仙訣 仙道の秘訣/仙闕 宮殿/仙源 仙境/仙姑 仙女/仙骨 脱俗の相/仙差 仙槎/仙槎 仙人の乗る筏/仙子 仙人/仙姿 脱俗の姿/仙質 仙骨/仙手 名手/仙術 神仙の術/仙氅 鶴氅/仙仗 天子の儀仗/仙職 天子の詞臣/仙逝 仙去する/仙跡 仙人の跡/仙蹟 仙跡/仙籍 仙人の籍/仙饌 賜饌/仙鼠 こうもり/仙族 神仙の族/仙村 仙境/仙台 尚書省/仙丹 仙薬/仙虫 蟬/仙牒 仙籍/仙洞 仙人の居/仙婆 みこ/仙蹕 車駕/仙品 逸品/仙夫 仙人/仙法 仙術/仙凡 仙と俗/仙門 天子の宮門/仙薬 神薬/仙遊 仙人の遊び/仙輿 天子の乗輿/仙容 仙人の姿/仙霊 神仙/仙路 仙境の路/仙郎 仙人/仙録 仙籍/仙籙 仙道の書

↓学仙・求仙・詞仙・詩仙・酒仙・昇仙・上仙・神仙・水仙・酔仙・謫仙・痴仙・天仙・登仙・飛仙・幽仙・遊仙・霊仙・老仙

常

【占】5 2160 セン うらなう しめる

篆文 

甲骨文 

会意 卜+口。卜は卜兆の形。口は𠙵で、祝詞の器。神に祈って卜し、神意を問うことを占という。〔説文〕三下に「兆を視て問ふなり」とあり、会意とする。その卜占の辞は、のち神託にふさわしい神聖な形式、韻文で示されることが多く、卜筮の書である〔易〕の爻辞は、多く有韻である。

訓義 1うらなう。2たずねる、しらべる、はかる、みる。3かきつける、いいつける。4まもる、しめる、もつ、もっぱらにする。5覘と通じ、うかがう。

古訓 〔名義抄〕占 ウラ・シメス・ワキマフ・ウラナフ・シム

声系 〔説文〕に占声として苫・㓵・黏・帖・覘・沾・點（点）・坫など二十四字を収める。玷を〔説文〕四下に㓵に作り、〔詩、大雅、抑〕「白圭の㓵けたる」の句を引く。占声の字は店の声でよむことが多い。

語系 占tjiam、覘thiamは声近く、覘は卜兆の部分を伺う意であろう。その卜兆の部分は、點tyamといったのであろう。

【占験】占ってためす。事実とあう。〔後漢書、崔駰伝〕（崔）篆、〜辭し歸りて仕へず、〜滎陽に客居し、門を閉ぢて潛思し、周易林六十四篇を著はし、用つて吉凶を決する所多し。

【占候】自然の変異によって、吉凶を卜う。〔論衡、自然〕然らば則ち氣變の見はるるは、殆ど自然なり。變は自ら見はれ、色は自ら發す。占候の家、因りて以て言ふなり。

【占兆】亀卜。〔三国志、魏、東夷伝、倭〕其の俗、擧事行來に云爲する所有れば、輒ち骨を灼いて卜し、以て吉凶を占ふ。先づ卜する所を告ぐ。其の辭は令龜の法の如く、火坼（灼いたひびわれのさま）を視て兆を占ふ。

【占夢】夢占い。〔詩、小雅、正月〕彼の故老を召して 之れに占夢を訊ふ 具に予れを聖なりと曰ふも 誰か烏の雌

雄を知らんや
↑占雲 雲気占い／占応 うらかた／占気 占雲／占亀 亀卜／占抶 抶有する／占訣 卜いの秘法／占歳 豊凶の卜い／占事 事を卜う／占謝 お礼／占術 卜法／占食 卜兆／占親 縁者／占人 卜者／占星 星占い／占筮 卜筮／占租 祖税を自己申告する／占奏 奏上する／占測 占う／占対 応答する／占堆 好所を独占する／占坼 亀卜／占断 占有する／占繇 卜兆の辞／占天 占気／占田 田土を占有する／占吐 口上／占年 占歳／占拝 拝礼／占騙 だます／占墓 風水によって墓地を選定する／占歩 占天／占卜 卜う／占有 独占する／占領 土地を奪取する
↓雨占・雲占・易占・嘉占・玩占・雞占・献占・口占・史占・掌占・星占・兆占・鳥占・天占・独占・兵占・卜占・夢占・夜占

常【先】 6 2421 セン さき まず

篆文

甲骨文

金文

会意 之＋人。之は趾の形。人の趾先をいう。趾を人の上にしるすのは、見・望（朢）・聞の初形が目や耳を人の上に加える形に作るのと同じ。その主とする行為を示す方法で、先は先行の意。〔説文〕八下に「前進するなり」と先・前（前）の畳韻を以て訓する。前進の前は、もと趾指の爪を切る意で、剪の初文。前の初文は歬で、歬は洗の初文。舟（盤）で止（趾）を洗う意である。先は先行。卜辞に先行を卜する例が多く、もと除道のために人を派遣することをいう。先行のために、羌族のような異族、あるいは供人と呼ばれる生口（奴隷として献上されたもの）の類を用いた。のち騎馬の俗が行われるようになって、先馬走・先駆という。先後は前後と同じく、時間にも場所にもいう。

訓義 1さき、まえ。2さきだつ、さきがけ。3むかし、以前。4死者、先祖。5さきぶれ、まえぶれ、てびき。6まず、さきに、はやく、つとに、おいこす。

古訓 〔名義抄〕先 サキ・マヅ・サキダツ・ハヤク・ハジメ・ス、ム

部首 〔説文〕に兟を属し、〔玉篇〕になお侁の異文を属する。兟を〔説文〕八下に「進むなり」とし、〔玉篇〕に兟兟を衆多の意とする。〔詩、周南、螽斯〕「螽斯の羽 詵詵たり」の詵詵を〔三家詩〕に甡甡に作り、〔広雅、釈詁三〕に「甡甡は多なり」と訓するのと同義。

声系 〔説文〕に先声として跣・侁・兟・駪・洗など九字を収める。兟兟は侁侁・駪駪にも作り、衆多の意に用いる。

語系 先syən、前（歬）tzian は声義近く、先は足の趾先、外から帰って趾先を清めるのを歬（洗の初文）、清めのため爪を切るのを前（歬＋刀、剪の初文）、湔は洗の繁文という関係である。

【先覚】さきに道の自覚に達した人。〔孟子、万章上〕天の此の民を生ずるや、先知をして後知を覺さしめ、先覺をして後覺を覺さしむ。

【先駆】さきがけ。また、行列の前導。〔史記、孟子伝〕（騶衍）燕に如く。昭王、彗（箒）を擁して先驅し、請ひて弟子の座に列して業を受け、碣石の宮を築き、身親ら往きて之れを師とす。

【先見】さきのことを予見する。〔北斉書、張瓊伝〕（子）忻～功を以て魏平陽公主に尙す。～瓊、常に其の太だ盛んなるを憂ふ。～而るに忻、豪驗放縱、遂に公主と情好協はず。尋いで武帝の害する所と爲る。時、瓊の先見を稱す。

【先賢】古の賢人。〔礼記、祭義〕先賢を西學に祀るは、諸侯の德を教ふる所以なり。

【先後】あとさき。〔大学、一〕物に本末有り、事に終始有り。先後する所を知れば、則ち道に近し。

【先公】亡父。また、先君。魏・武帝〔春祠令〕今、廟に事するること有れば、解履して上殿す。是れ先公を尊んで王命を替て、父祖を敬して君主を簡んずるなり。故に吾れ敢て解履上殿せざるなり。

【先考】亡父。また、先君。唐・張九齢〔追贈祭文〕孤子九齢、謹んで弟某等を遣はし、謹んで淸酌醢脯庶羞の奠を以て、敢て昭らかに先考先妣の靈に告ぐ。

【先師】昔の賢人。また、老師。亡師。〔漢書、眭弘伝〕先師董仲舒言へること有り、繼體守文の君有りと雖も、聖人の受命を害せずと。

【先唱】先だっていう。首唱。〔淮南子、原道訓〕柔弱なる者は、生の幹なり。堅強なる者は、死の徒なり。先んじて唱ふるは、窮まるの路なり。後れて動くは、達するの原なり。

【先進】先輩。先行・先任の人。上位の人。〔論語、先進〕先進の禮樂に於けるや、野人なり。後進の禮樂に於けるや、君子なり。如し之れを用ふれば、則ち吾れは先進に從はん。

【先人】祖先。亡父。また、昔の人。〔管子、大匡〕鮑叔曰く、先人言へる有り。曰く、子を知るは父に若くは莫く、臣を知るは君に若くは莫しと。

【先世】前代。また、祖先。晉・陶潛〔桃花源記〕自ら云ふ、先世、秦時の亂を避け、妻子邑人を率ゐて此の絶境に來り、復た出でず。遂に外人と閒隔すと。

【先正】前代の賢臣。〔書、文侯之命〕亦た惟れ先正、克く左右して厥の辟に昭事せり。

【先生】年長者。父兄。また、教師。〔礼記、曲礼上〕先生に侍坐するとき、先生問へば、終りて則ち對ふ。業（学業）を請ふときは則ち起ち、益（再び問う）を請ふときは則ち起つ。

【先聖】古の聖人。〔礼記、文王世子〕凡そ始めて學を立つる者は、必ず先聖・先師に釋奠す。

【先祖】家系の初代。また、歴世の先人。〔顔氏家訓、止足〕先祖靖侯（含）、子姪を戒めて曰く、汝の家は書生の門戸（読書の家）なり。世と富貴無し。自今、仕宦は二千石に過ぐべからず。婚姻は勢家を貪ること勿れと。吾れ終身服膺し、以て名言と爲すなり。

【先達】先輩。唐・韓愈〔于襄陽に与ふる書〕韓愈、謹んで書を尙書閣下に奉ず。士の能く大名を享け、當世に顯はるる者は、先達の士の、天下の望を負へる者、之れが前を爲す有らざる莫し。

【先哲】先賢。漢・張衡〔思玄の賦〕先哲の玄訓を仰ぎ、彌と高しと雖も違はず。

【先登】先陣。一番乘り。〔韓非子、内儲説上〕乃ち令を下して曰く、明日且に亭を攻めんとす。能く先登する者有らば、之れを國大夫に仕ひ、之れに上田上宅を賜はんと。人爭うて之れに趨く。是に於て亭を攻め、一朝にして之れを拔く。

【先導】道案内。〔楚辞、遠遊〕豐隆（雲神）を召して先導せしめ 大微（天宮）の居る所を問ふ

【先輩】年齢・地位の上位の人。唐・劉禹錫〔歌者米嘉栄に与ふ〕詩 近來の時世、先輩を輕んず 好んで髭鬚を染めて、後生に事ふ

【先鋒】先陣。先軍。〔漢紀、高帝紀二〕項王齊を伐ち、身自ら版築を負ひて、以て士卒の先と爲る。大王宜しく悉く淮南の衆を擧げて、身ら先鋒と爲るべしと。

【先民】古代の民。〔書、召誥〕古の先民有夏を相るに、天迪つて從ひて子とし保んじたり。

【先憂】天下に先だって憂える。宋・范仲淹〔岳陽楼記〕然らば則ち何れの時にして樂しまんや。其れ必ず天下の憂ひに先だちて憂へ、天下の樂しみに後れて樂しむと曰はんか。

【先例】 前例。〔梁書、袁昂伝〕禮に明據無しと雖も、乃ち事に先例有り。～君、禮の歸する所を問ふ。謹んで以て諮白す。
【先路】 先聖の道。〔楚辞、離騷〕騏驥に乗りて以て馳騁せて 來たれ、吾れ夫の先路に道びかん
↑先意 あらかじめ察する／先引 案内／先景 疾走する／先塋 先祖の墓／先河 はじめ／先格 古式／先軌 旧規／先君 先帝／先決 まず決する／先厳 亡父／先古 上古／先故 先代／先后 先王／先行 前行／先蚕 養蚕の神／先士 古人／先子 亡父／先志 志を第一とする／先祀 先祖の祀／先次 はじめ／先識 先見／先室 先妻／先日 過日／先儒 昔の儒者／先緒 遺業／先倡 首唱／先蹤 事蹟／先秦 秦の始皇帝以前／先親 亡父／先炊 炊母の神／先声 前ぶれ／先醒 先覚／先代 前代／先沢 先人の恩／先知 予知する／先朝 前朝／先天 生得／先頭 まっ先／先道 先導／先入 予断する／先年 往年／先農 田祖／先馬 前駆／先発 先唱／先妣 亡母／先非 前非／先鞭 先着する／先偏 戦車で突入する／先務 急務／先銘 生前に作る墓誌／先猷 先人の道／先容 推挙する／先霊 祖霊／先烈 遺烈／先輅 先路／先壟 先祖の墓
↓機先・居先・古先・後先・最先・在先・事先・取先・推先・祖先・争先・帥先・率先・奪先・聘先・民先・優先

入【尖】 6 9043 ［纎］ 21 4395
セン
くさび とがる するどい さき

会意 小＋大。先端が尖っていることを示す。六朝以後に用例がみえる。もと纎に作り、楔をいう。

訓義 ①くさび。②とがる、するどい、ほそい。③さき、とがったさき。

古訓 〔名義抄〕尖 スルドナリ・トガル・ヒトシ 〔字鏡集〕尖 トガレリ・スルドナリ・サキ・ホソシ・チヒサシ・ソロトナリ・トシ・ヲロカナリ

↑尖鋭 するどい／尖穎 新穎／尖角 三角頭巾／尖額 峻峯／尖新 最新の流行／尖尖 尖鋭／尖纎 尖細／尖端 先端／尖頂 とがった峯／尖薄 軽薄／尖鼻 とがり鼻／尖兵 哨兵／尖峯 尖岑／尖鋒 屠殺刀／尖量 盛りあげ
↓王尖・孤尖・合尖・山尖・指尖・觜尖・舌尖・塔尖・頭尖・肺尖・眉尖・鼻尖・筆尖・峯尖・葉尖・嶺尖

【舛】 6 2520
篆文 
セン シュン
そむく

会意 夊＋午。左右の足が外に向かって開く形。〔説文〕五下に「對ひて臥するなり」とするが、左右相違って進みえない形で、乖誤の意。〔荘子、天下〕に「惠施多方にして、其の書五車。其の道舛駮」とあり、相矛盾することをいう。舛の反文は址、發（発）の従うところ。字はまた蹐・僢に作る。足の交錯し、みだれることをいう。

訓義 ①そむく、たがう、もとる。②まじわる、いりまじる。③蹐と通じ、みだれる。

古訓 〔名義抄〕舛 タガフ・タガヒニ・コト〳〵・ツハクム 〔字鏡集〕舛 アヒソムク

部首 〔説文〕に舞（舞）・舝の二字を属し、〔玉篇〕になお舝の異体字を加える。舞は古くは無に作り、舞はその繁文。舝は車舝の象形で、舛に従う字ではない。

声系 〔説文〕五下に次の舜（舜）部の舜を蔓地連華の象形とし、また舛の亦声とする。舜はおそらく古神像の象形。神像が几に坐して、その両足を垂れる形に象るものであろう。

語系 舛 thjiuan、蠢 thjiuan、惷 thiong、蹐 sjiong、鬊 sjiuan は声近く、集まりもつれるような状態をいう。春はもと屯に従い、屯 duan と声近く、春声の字に屯難・屯頓の意がある。それで舛乖（そむく）の意をも含むのである。

【舛駮】 雑然としていて、まとまりがない。〔荘子、天下〕惠施多方にして、其の書五車。其の道舛駮にして、其の言や中らず。

↑舛斡 めぐる／舛倚 かたより／舛訛 誤る／舛逆 逆らう／舛互 たがう／舛午 交錯する／舛忤 たがう／舛誤 誤る／舛混 まじる／舛差 誤り／舛錯 錯乱する／舛雑 まじる／舛殊 たがう／舛謬 誤る／舛濫 舛雑／舛戻 誤り／舛漏 もれる／舛和 みだれる
↓訛舛・乖舛・壞舛・差舛・錯舛・疏舛・煩舛・蕪舛・紛舛

【阡】 6 7224
篆文 
セン
あぜ はかみち

形声 声符は千。〔説文新附〕十四下に「路の東西なるを陌と爲し、南北なるを阡と爲す」とあり、あぜみちの意。秦の商鞅が阡陌を開いて富強を致したというのは、条里的な大規模の開墾を試みたという意であろう。のち墓道の意に用い、北宋の欧陽脩に〔滝岡阡表〕の文がある。

訓義 ①あぜ、あぜみち、あぜの南北のみち。②はかみち。③芊に通じ、草のしげるさま。

古訓 〔新撰字鏡〕阡 知万太（ちまた）〔名義抄〕阡 ミチ・タ、ミチ・ナハテ・タテシノミチ／阡陌 トモカクモ 〔篇立〕阡 タチマチ・タ（テ）シノミチ・ナハテ・ミチ・ワタル・タ、サマ・チマタ

【阡陌】 あぜ道。〔史記、秦紀〕（孝公）十二年、咸陽を作爲し、冀闕を築き、秦徙りて之れに都す。諸小郷聚を幷せ、集めて大縣と爲し、縣ごとに一令、四十一縣。田を爲めて阡陌を開く。

【阡表】 墓道に立てる碑。宋・欧陽脩〔滝岡阡表〕嗚呼、惟れ我が皇考崇公、吉を瀧岡に卜するの六十年、其の子脩、始めて克く其の阡に表す。敢て緩やかにするに非ざるなり。蓋し待つこと有りしなり。

【阡眠】 遥かなさま。また、草木の茂るさま。晋・陸機〔洛に赴く道中の作、二首、一〕詩 山澤、紛として紆餘（めぐり）林薄（森の茂み）、杳として阡眠たり

↑阡阡 茂るさま／阡畝 あぜと田
↓横阡・廻阡・旧阡・新阡・長阡・通阡・度阡・東阡・陌阡・表阡・林阡・連阡

【吮】 7 6301
篆文 
セン シュン
すう なめる

形声 声符は允。允に夋の声がある。〔説文〕二上に「欶ふなり」とあり、口をはなさず、少しずつ吸いつづけることをいう。字はまた舌に従うことがあり、舌で巻いて吸う意。

訓義 ①すう、すいつづける。②なめる、ねぶる。

古訓 〔名義抄〕吮 スフ・ウルフ・ノムト・ノムトフヱ

【吮疽】 できものをすう。〔史記、呉起伝〕起の將爲るや、士卒の最下の者と、衣食を同じうす。～卒に疽を病む者有り、起、爲に之れを吮ふ。卒の母、聞きて之れを哭す。～母曰く、～妾、其の死所を知らず。是こを以て之れを哭するなりと。

【吮瘡】 吮疽。唐・白居易〔七徳の舞〕詩 血を含み瘡を吮ひて、戰士を撫す （李）思摩（磬の瘡を病む）、奮呼して、死を效さんことを乞ふ

↑吮吸 吸い取る／吮血 血を吸う／吮取 吸い取

る／吮墨 筆に墨を含ませる／吮癰 吮疽
➡引吮・飲吮・徐吮・嗽吮

【夾】 7 4003 セン かくす

篆文 

会意 大＋両入。大は人の正面形。その両腋にものをかくす形。〔説文〕十下に「盗竊して物を褱かくすなり。亦（腋）に持する所有るに從ふ」とあり、「俗に蔽人俾夾と謂ふは是れなり」（段注本）と、当時の俗語を録している。陝・閃と声義が通ずる。

訓義 ①かくす、腋の下にものをかくす。

声系 〔説文〕に夾声として、陝など二字を収める。

語系 夾・陝・閃 sjiam は同声。深 sjiam、探 tham も声近く、夾・閃の字とは対転をなす語とみられる。

参考 夾は腋の下に人を挟さしむ形。夾の両入は、人の反文ともみられる字形である。

【次】 7 3718 ［涎］ 10 3214 セン エン よだれ うらやむ

篆文  籀文 

会意 水＋欠。欠は人が口を開く形。〔説文〕八下に「慕欲の口液なり」とあり、涎の初文。重文に両水に従う形の字があり、金文の盜（盗）の字はその形に従う。

訓義 ①よだれ。②うらやむ、ほしがる。③流れるさま、つらなるさま。

古訓 〔名義抄〕次 アクテ（チ）・クチノアセ

部首 〔説文〕〔玉篇〕に羨・盜など三字を属する。盜はおそらく血盟の盤に水を加えて濁し、これを罵ってその盟誓を破る意で、盗とは盟誓の離叛者をいう。〔石鼓文〕には盜を両水に従う形に作る。

語系 次（涎）・羨 zian は同声。羨には羨涎のほかになお羨道の意があり、墓上祭を行うことをいう。

＊語彙は涎字条参照。

➡次衣 よだれかけ

【芊】 7 4440 セン しげる

篆文 

形声 声符は千。〔説文新附〕一下に「艸盛んなるなり」とあり、〔広雅、釈訓〕に「芊芊は茂るなり」という。芊芊・芊眠のように連用する。

訓義 ①しげる、草がさかんにしげる。②青々としたさま、草木の相まじるさま。③茜と通じ、あかね。

古訓 〔名義抄〕芊 ハナス、キ・ス、キ・ナマキ・サカリナリ 〔篇立〕芊 スシ・サカリナリ・ハナス、キ・シゲル

【芊芊】せんせん 美しく茂る。〔列子、力命〕齊の景公、牛山に游ぶ。北のかた其の國城を望み、流涕して曰く、美なる哉、國や、鬱鬱芊芊たり。若何ぞ滴滴として、此の國を去りて死せんや。

【芊眠】せんみん 草の茂るさま。また、光彩のあるさま。清・惲敬〔南田先生家伝〕冰、字は淸于。～寫生芊眠蘊藉、粉を用ふること精絶なり。～吟詩作書を以て老いたり。

➡芊蔚 茂る／芊瞑 ほの暗い／芊綿 茂る／芊麗 綺麗

【叀】 8 5073 セン つつしむ

篆文  金文  古文  甲骨文 

象形 ものを橐に入れた形。橐の底がなく、上下を結ぶ形は東、橐はその形声の字。叀に手を加えて固く締めることを專（専）といい、まるめることを團（団）、囊に入れて懸けることを繫という。〔説文〕四下に「小しく謹むなり。幺の省に從ひ、中に從ふ。中は財わかに見ゆるなり。田は謹む形に象る」（段注本）とするが、字形は底のある橐の形にすぎない。別に古文二字を録し、〔説文通訓定声〕にその字形によって、牽と同意の字であろうという。〔玉篇〕に「今、專に作る」とするように、專の初文とみるのがよい。橐に一まとめにする形。専一の意よりして専謹の意となる。

訓義 ①つつしむ、専一。②ふくろに入れる、かける、たばねる。

部首 〔説文〕に叀を部首とし、惠（恵）・疐の二字を属する。金文に叀を惠の意に用い、「叀冏」「叀雝」のように用いる。また「明祀を惠しむ」「政德を惠しむ」のように惠を敬謹の意に用いる。「小しく謹むなり」の訓は、字の初義に由来するものであろう。疐は、〔説文〕四下に馬の鼻綱の形とするが、卜文の字形は若い苗木を植えこむ形で、金文に「晙く疐まりて位に在り」のように用いる。叀とは関係のない字である。

【𢦏】 8 8345 セン たつ きる

篆文  甲骨文 

会意 戈＋二人。二人の首を截る意。〔説文〕十二下に「絶つなり」とし、また「一に曰く、田器なり」として、その音を咸とする。字は殲滅の殲の初文。一人の首を截るを伐、二人を𢦏という。多数の人を一時に殲滅する意である。

訓義 ①たつ、きる、さす。②銛と通じ、すき。

声系 〔説文〕に𢦏声として韱など二字、また韱声として殲・纖（纎）など十一字を収める。殲滅の意と纖細の意と、その両系の語がある。

語系 𢦏 tziam、斬 tzheam は声近く、ともに斬滅の意。芟 sheam は草を芟夷するをいう。殺（殺）sheat は芟と声が近い。また塹・槧 dzam は斬系の語。〔説文〕に𢦏に「田器なり」とするのは芟、その字はのちまた斬に作る。銛 siam も田器、すきをいう。

＊語彙は殲字条参照。

【戔】 8 5350 セン サン そこなう すくない

篆文 

会意 戈＋戈。両戈の象で、相戦うことをいう。〔説文〕十二下に「賊なふなり」とあって、相残賊する意。戰（戦）は單（単。盾の象形）と戈とに従い、戔は両戈相接することをいう。鬭（闘）の初文は鬥で、手で格闘する形。のち斲を加えるが、斲は盾と斤（斧鉞）の形である。

訓義 ①そこなう、多くそこなう。②やぶる、つきやぶる。

古訓 〔名義抄〕戔 オホシ・ツモル・ヲサム・アタ・イタム 〔篇立〕戔 イタム・ウチハラフ・ヌスヒト・ツモル・ヒト・ケヅル・ヌク

声系 〔説文〕に戔声として踐（践）・殘（残）・箋・棧（桟）・賤・淺（浅）・綫・錢（銭）など十九字を収める。おおむね薄小、また薄小のものを重ねる意をもつ字である。

語系 戔・𣦼・殘 dzan は同声。𣦼は残穿。禽獣の食するところの余りを殂という。財貨においては薄小のものを賤 dzian といい、水には淺 tsian という。錢 tzian は銭貨。みな戔の声義を承ける語である。

【沾】 8 3116 セン テン うるおう ぬれる そえる

篆文 

形声 声符は占。占に坫・點（点）の声があり、その声では小さなある部分をいうことが多い。〔説文〕十一上に「益すなり」とし、〔段注〕に添（添）と同義にして添をその後起の字とするが、多くは沾濡の意に用いる。〔広雅、釈詁二〕に「益すなり」とあり、溢れて次第に他を沾濡する意である。

訓義 ①うるおう。②あふれる、あふれてこぼれぬらす、ぬれる。

③添と通じ、そえる、ます、くわえる。
古訓 〔名義抄〕沾 ウルフ・ウルホス・キヨシ・ヌラス 〔篇立〕沾 ヲサム・キヨシ・ウルホス・シタツ・ウルフ・ケガス・アツカル
声系 〔説文〕に沾声として霑など三字を収める。霑は雨によって沾濡することをいう字である。
語系 沾・霑tiam、瀸tziam は声義近く、瀸は〔説文〕十一上に「漬すなり」と訓する。また浸（浸）・寖tziam、漸dziam もみな濡れる意があり、じわじわとしみこむような状態をいう。

【沾衣】せんい 衣服をぬらす。漢・司馬遷〔任少卿（安）に報ずる書〕斯の恥を念ふ毎に、汗の未だ嘗て背に發して、衣を沾さずんばあらざるなり。

【沾汗】せんおかん よごす。〔三国志、魏、武帝紀注に引く曹瞞伝〕太祖、人と為り佻易にして威重無し。～人と談論する毎に、戯弄言誦し、盡く隠す所無し。歡悦大笑するに及び、頭を以て杯案中に沒し、肴膳皆巾幘（頭巾）を沾汗するに至る。其の輕易なること此の如し。

【沾臆】せんおく 胸をぬらす。唐・杜甫〔江頭に哀しむ〕詩 人生情有り、涙、臆を沾す 江水江花、豈に終に極まらんや

【沾襟】せんきん えりをぬらす。唐・白居易〔慈烏夜啼〕詩 夜夜、夜半に啼く 聞く者爲に襟を沾す 聲中告訴するが如し 未だ反哺の心を盡さずと

【沾濡】せんじゅ うるおう。漢・揚雄〔長楊の賦〕今、朝廷純仁にして、道に遵ひ義を顯はし、書林を幷せ包ぬ。～普天の覆ふ所、沾濡せざる莫し。

【沾袍】せんぽう（ばう） 衣の胸もとを濡らす。〔公羊伝、哀十四年〕春、西狩して麟を得たり。～孔子曰く、孰爲れぞ來れるや、孰爲れぞ來れるやと。袂を反して面を拭ふ。涕袍を沾せり。

⬆沾渥 ぬれる／沾恩 恩をこうむる／沾漑 うるおう／沾巾 泣く／沾衿 泣く／沾灑 泣く／沾漬 ぬれる／沾識 辱知／沾湿 ぬれる／沾潤 うるおう／沾賞 受賞する／沾辱 はずかしめる／沾酔 泥酔する／沾錫 恩賜／沾沾 自得するさま／沾染 染まる／沾漸 流布する／沾背 恥じる／沾補 おぎなう／沾賚 沾錫

【疝】 8 0017 セン はらいた

篆文 

形声 声符は山。〔説文〕七下に「腹痛なり」とあり、腹部のさしこむような痛みのある病をいう。〔素問、長刺節論〕に、便通をえない病であるとする。
訓義 ①はらいた、せんき、腹部の筋肉痛。
⬆疝気 はらいた／疝癪 癪気／疝癖 疝気病み
⬇湧疝

【秈】 8 2297 セン うるち

形声 声符は山。〔本草綱目、穀一、秈〕に「秈も亦た粳の屬の、先づ熟して鮮明なる者、故に之れを秈と謂ふ。種は占城國よりす。故に之れを占と謂ふ。俗に黏に作る者は非なり。～高仰の處にも、倶に種うべし。其の熟すること最も早し。～赤白二色有り、粳と大同小異なり」という。
訓義 ①うるち。
古訓 〔字鏡集〕秈 イネ
⬆秈種 うるち種／秈粟 うるち粟／秈稲 わせ
⬇早秈・霜秈

【孨】 9 1744 セン つつしむ よわい

篆文  その他 

会意 三子に従う。〔説文〕十四下に「謹むなり。三子に従ふ」という。字は多く孱弱の意に用いる。〔史記、張耳陳余伝〕「孱王」の〔韋昭注〕に「仁謹の貌なり」、〔孟康注〕に「冀州の人、懦弱なるを謂ひて孱と爲す」、また〔服虔注〕に「弱小の貌なり」とみえる。多く孱の字を用いる。
訓義 ①つつしむ。②よわい、みなしご。③あつまる。
古訓 〔名義抄〕孨 ヒトリ 〔篇立〕孨 ヒトリ・ミナシゴ・アハレフ・カナラフ
部首 〔説文〕〔玉篇〕に孱など二字を属する。孱は〔説文〕十四下に「迮きなり。一に曰く、呻吟なり」とし、〔玉篇〕に「愞弱なり」とあり、孱弱を本義とする字である。
声系 〔説文〕に孨声として僝・孱の二字を収める。僝八上は「具ふるなり」、孱は「迮なり」と訓する。迮は迫迮。小さく弱いものが一所に集まり、迫迮をおそれるさまをいう字であろう。

常 【宣】 9 3010 セン のべる あきらか

篆文  甲骨文  金文 

会意 宀＋亘。宀は廟屋。亘は半円形にめぐるものをいうことが多い。〔周礼、考工記、車人〕に「半矩、之れを宣と謂ふ」とみえる。〔説文〕七下に「天子の宣室なり」とあり、〔史記、賈生伝〕に「孝文帝、方に釐（祭祀の余肉）を受けて宣室に坐す」とあり、未央殿の前正室の名で、儀礼を行うところであったらしい。〔淮南子、本経訓〕に、紂が宣室で殺されたことがみえ、金文の〔虢季子白盤〕に、虢氏が玁狁を伐ち、献馘醜の礼を行い、「王、周廟に格り、宣榭に爰に郷（饗）す」とあり、ここに馘醜（敵将の首）を献じた。また射儀なども、この宣榭で行われている。宣室の名は、室を半矩の形にとるその室の構造に由来するものであろう。
訓義 ①室の名、宣室。②のべる、のたまう、みことのり、みことのりたまう。③あきらか、あかす、しめす。④とおる、とおす、つくす。⑤ゆるやか、ちらす、ひろめる。⑥恂と通じ、まこと。
古訓 〔名義抄〕宣 ノブ・シク・アマネシ・ホドコス・アキラカナリ・オホセゴト・シメス・アラハス・スクナシ・ヒロシ・ウヤマフ・ノタマハク・ノタブ・ノベリ
声系 〔説文〕に亘声の字として宣、また宣声の字として愃を収めるが、喧・萱（萲）などの字は未収。亘声のものには垣・桓の両音の系統のものが多く、宣声の字は宣一字であるから、宣は会意とするのがよい。
語系 宣siuan、旋ziuan は声義近く、めぐる意がある。徇ziuen、巡（巡）ziuan もその系統の語であろう。ゆえに宣に宣撫・宣明などの意がある。

【宣化】せんか（くわ） 恩徳を以て民を導く。〔漢書、董仲舒伝〕今の郡守・縣令は民の師帥なり。流れを承けて宣化せしむる所なり。故に師帥賢ならざれば、則ち主德宣べず、恩澤流れず。

【宣言】せんげん 公然という。揚言する。〔史記、田単伝〕田單乃ち城中の人をして、食するごとに必ず其の先祖を庭に祭らしむ。飛鳥悉く城中に翔舞し、下りて食す。燕人之れを怪しむ。田單因りて宣言して曰く、神來り下りて我に教ふと。

【宣告】せんこく あまねく告げる。〔史記、周紀〕康王、位に卽き、徧く諸侯に告げ、宣べ告ぐるに文・武の業を以てし、以て之れを申ね、康誥を作る。

【宣旨】せんし 勅命。勅語。〔宋書、柳元景伝〕是に於て衆心乃ち安んじ、是れに由りて克く捷つ。上、丹陽の尹顔峻を遣はして、宣旨慰勞せしむ。

【宣示】せんじ 明らかに知らせる。〔左伝、昭九年〕（晋）文より以來、世衰德有り。宗周を暴蔑して、以て其の侈りを宣示す。諸侯の貳ふも亦た宜ならずや。且つ王の辭直なり。子其れ之れを圖れ。

【宣榭】せんしゃ 周廟の施設。金文〔虢季子白盤〕王、周廟

に各(格)り、宣榭に爰に郷(饗)す。王曰く、白父、孔だ顯にして光又りと。王、乘馬を易ふ。是れを用て王を左(佐)けよと。～易ふに戉(鉞)を用てす。用て蠻(蛮)方を政(征)せよと。

【宣読】せんどく よみあげる。〔北史、王粛伝〕(王)誦、詔書を宣讀するに、言制抑揚あり、風神疎秀なり。百僚傾屬し、歎美せざる莫し。

【宣撫】せんぶ 使者を派遣して安撫する。〔続資治通鑑、元紀〕(泰定帝、泰定二年)九月戊申朔、天下を分ちて十八道と爲し、使を遣はして宣撫せしむ。詔して曰く、～其の政績尤異なる～者有らば、具さに名を以て聞せよと。

【宣布】せんぷ 広く知らせる。〔周礼、秋官、布憲〕邦の刑禁を憲らかにすることを掌る。正月の吉、旌節を執りて、以て四方に宣布し、～四海に達せしむ。

【宣明】せんめい 明らか。公明。〔荀子、正論〕上なる者は下の本なり。上、宣明ならば則ち下、治辨し、上、端誠ならば則ち下、愿愨なり。上、公正ならば則ち下、易直なり。

【宣揚】せんよう(やう) 世にあらわす。〔漢書、匡衡伝〕臣衡、材駑(おろか)にして、以て善義を輔相し、德音を宣揚する無し。

↑宣威 威を示す/宣慰 地方を宣撫する使者/宣引 引見する/宣飲 衆飲/宣鬱 憂さ晴らし/宣遠 説き広める/宣下 下詔/宣究 布き広める/宣教 説伝導する/宣弘 教義を広める/宣洽 広くゆきわたらせる/宣講 講演する/宣差 勅使/宣紙 画宣紙/宣賜 下賜/宣室 古の獄名/宣赦 罪を赦される/宣述 説き述べる/宣召 召見する/宣招 召見する/宣昭 宣明する/宣称 述べる/宣章 あきらかにする/宣情 言情/宣省 巡察する/宣聖 孔子/宣誓 述べ誓う/宣説 宣述する/宣戦 戦争を宣言する/宣著 宣明する/宣暢 明らかに述べる/宣通 ゆきわたる/宣哲 明哲/宣展 宣暢/宣伝 いいふらす/宣頭 詔勅/宣導 明らかにし導く/宣播 広める/宣髪 半白/宣付 下付する/宣募 募集する/宣報 知らせる/宣命 詔命/宣耀 かがやかす/宣流 流布する/宣力 尽力する/宣露 あらわす/宣労 慰労する

↓院宣・究宣・口宣・孔宣・広宣・述宣・承宣・詔宣・尽宣・正宣・託宣・勅宣・伝宣・髪宣・不宣・布宣・敷宣・賦宣・文宣・明宣・流宣・労宣

常【専】 9 囚〔專〕 11 5034

センタン
まるめる うつ もっぱら

篆文

甲骨文

会意 旧字は專に作り、叀＋寸。叀は橐の上部を括った形。寸は手。專は橐の中にものを入れ、これを手で摶ってうち固める意。その丸くうち固めたものを團(団)という。〔説文〕三下に「六寸の簿なり」とメモ用の手版の意とし、また「一に曰く、專は紡專なり」という。いわゆる紡塼で、糸をつむぐのに用いる。ものをうち固めることを摶といい、丸めたものを團、土をやき固めたものを塼という。

訓義 1まるめる、うつ、うちまるめる。2土をまるめて作った紡塼、つむぐ、いとまき。3うちかためる、一つとする。4もっぱら、ひとしい、みちる、まかせる。5ほしいまま、ほしいままにする、かって、ひとり、わたくし、わがまま。6まじらぬ、ひたすら、あつい、ひとえに。7まるい、まわる。8六寸の簿。

古訓 〔和名抄〕專 日本紀私記に云ふ、專領、多宇女乎佐女(たうめをさめ)、今按ずるに、俗に老女を呼んで專と爲す 〔名義抄〕專 モハラ・ホシイマ、ニ・ヒトリ・タウメ・タカシ/專領 タウメヲサメヨ

声系 〔説文〕に專声として團・傳(伝)・摶・轉(転)など十二字を収め、塼は未収。古くは專を用い、紡塼を專といった。

語系 專・團・摶・漙 duan は同声。もと土などをうち固めるときの擬声語であろう。屯 duan は縁飾りの糸を固く結んだ形で、丸くて固い状態のものをいう。頓 tuan もその系統の語。土を丸めるを專、糸を結ぶを屯、語として両者は親縁の関係にある。

【専一】せんいつ 集中する。〔史記、太史公自序〕道家は人をして精神專一ならしむ。～其の術爲るや、～指、約にして操り易く、事少なくして功多し。

【専経】せんけい 経学に専念する。〔南史、王倹伝〕宋の孝武、文章を好み、天下悉く文采を以て相ひ尚ぶ。專經を以て業と爲すもの莫し。倹、弱年にして便ち意を三禮に留め、尤も春秋を善くす。

【専決】せんけつ 一人できめる。専断。〔魏書、陽固伝〕尚書令高肇、外戚の權寵を以て、朝事を專決す。～王畿の民庶、勞弊益甚だし。固、乃ち南・北二都の賦を作る。

【専権】せんけん 権力を独占する。〔韓非子、孤憤〕今、國を有つ者、地廣く人衆しと雖も、然れども人主壅蔽(事実をふさぎとざす)せられ、大臣權を專らにせば、是れ國、越と爲るなり。

【専攻】せんこう 専門に研究する。唐・韓愈〔師の説〕是の故に、弟子必ずしも師に如かずんばあらず、師必ずしも弟子より賢ならず。道を聞くに先後有り、術業に專攻有り。是くの如きのみ。

【専恣】せんし わがまま。〔漢書、外戚下、孝哀傅皇后伝〕定陶の共王太后、孔郷侯晏と同心合謀し、恩に背き本を忘れ、專恣不軌にして、至尊と稱號を同じうす。～誖逆無道なり。

【専心】せんしん 心を集中する。〔孟子、告子上〕今夫れ弈(博弈)の數爲る、小數(瑣末な事)なれども、專心致志せざれば、則ち得ざるなり。

【専制】せんせい 専権独断。清・黄遵憲〔病中、夢を記す。述べて梁任父(啓超)に寄す、三首、三〕嗚呼專制の國 今既に四千歲 豈に謂はんや、余が身に及んで 竟に能く國會を見んとは

【専征】せんせい 王命による征討。晋・陶潜〔子に命く〕詩 桓桓たる長沙(陶侃) 伊れ勳あり、伊れ德あり 天子我に疇む 南國を專征せしむ

【専政】せんせい 専制の政治。〔後漢書、申屠剛伝〕平帝の時、王莽政を專らにし、朝に猜忌多し。

【専対】せんたい 一人で応待する。〔論語、子路〕詩三百を誦するも、之れに授くるに政を以てして達せず、四方に使して專對すること能はずんば、多しと雖も、亦た奚を以て爲さん。

【専断】せんだん 専決。〔史記、儒林、董仲舒伝〕步舒、長史に至る。節を持して淮南の獄を決せしむ。諸侯に於て擅に專斷して報ぜず、春秋の義を以て之れを正す。天子皆以て是と爲す。

【専任】せんにん もっぱら任ずる。〔礼記、月令〕(孟秋の月)天子、乃ち將帥に命じ、士を選び兵を厲がしめ、桀俊を簡練し、有功に專任し、以て不義を征せしむ。

【専門】せんもん 特定の経書・学科を修める。宋・陸游〔曽文清公詩稿に跋す〕西漢の時に方り、專門名家の師、衆きは千餘人に至る。然れども能く後世に見はるる者は寡なし。揚子(雄)、惟だ一の侯芭あるのみ。～故に識る者は、千人と謂ふとも多しと爲さず。一人も少なしと爲さず。

↑専愛 ひたすら愛する/専為 専恣/専意 専心/専壱 専一/専員 専任/専科 専門の学/専家 専門家/専愨 誠実/専学 専門の学/専気 専心/専居 独居/専業 専学/専愚 ひたすらにおろか/専固 固執する/専差 特使/専殺 ほしいままに殺す/専司 係員/専此 手紙の末文、要々/専志 専心/専思 専念する/専祠 特祠/専車 車にいっぱいにする/専修 専攻/専習 専攻/専城 城

主／専場 独壇場／専勢 専権／専誠 誠心誠意／専精 専一／専擅 ほしいままにする／専属 つきき
り／専寵 専愛／専直 専一／専独 専行／専念
専心／専柄 専権／専弁 一手で扱う／専房 専
寵／専務 専任／専有 独占する／専欲 きまま／専
利 利益を独占する／専戮 専殺／専弄 独占する
↓気専・騎専・自専・静専・貞専

【拴】 9 5801 セン えらぶ つなぐ

形声 声符は全（全）。〔隷釈、漢の堂邑の令、費風の碑〕に「牧守拴功」の句があり、詮功の意。あきらかにし、えらぶことをいう。

訓義 1えらぶ、あきらかにする。2近世語として、つなぐ、しばる、くくる、むすぶなどの意に用いる。

↑拴束 しばる／拴通 貫く／拴縛 しばる

常【染】 9 3490 セン そめる そまる しむ しみる けがす

篆文 

会意 水＋朶。朶は木の枝葉のしだれている形。木の枝葉をたわめて水に漬け、染色をする。〔説文〕十一上に「繒を以て染めて色を爲す」とあり、〔周礼、天官、染人〕に染草の法をしるしている。古くは染料に多く草木を用いた。

訓義 1そめる、そまる、色をつける、色をしませる。2しむ、しみる、うつる。3けがす、よごれる、色がつく。4荏染、しなやかなさま。

古訓 〔名義抄〕染 ソム・ニラグ 〔篇立〕染 ニラグ・ケガシテ・ナラヒテ・ソム・シヅム

声系 〔説文〕に染声として㶚・媣の二字を収める。㶚は濡染の意。媣は姸黠をいう。

語系 染・㶚・媣njiamは同声。濡njioと声義が近い。

【染翰】 筆に墨を含ませる。晉・潘岳〔秋興の賦の序〕是に於て翰を染たし紙を操り、慨然として賦す。時に秋なり。故に秋興を以て篇に命なづく。

【染毫】（がう） 染翰。〔古画品録、顧駿之〕神韻氣力は前賢に及ばざるも、精微謹細は往哲に過ぐる有り。～天和し氣爽やかなるの日、方はじめて乃ち毫を染む。樓に登りて梯を去り、妻子も見ること罕まれなり。宋の大明中、天下敢て競ふ莫なし。

【染髭】 髭ひを染める。〔輟耕録、二、染髭〕中書丞相史忠武王（天沢）、髭髯已に白し。一朝にして、忽ち盡ことごとく黑し。世皇之れを見て驚きて問うて曰く、史拔都、汝の髯ひ、何ぞ乃ち更あらためて黑きやと。對こたへて曰く、臣、藥を用もって之れを染めたる故なり。～報效の心、疇昔（以前）に異ならざるのみと。

【染濡】 詩や画をかく。宋・蘇軾〔将まさに終南に往かんとし、子由（轍）の寄せらるるに和す〕詩 惟だ翰墨を將もって染濡を留めば 絕はなはだ勝る、醉倒して娥眉（妓女）に扶けらるるに

↑染愛 愛情／染韋 染めた皮／染羽 羽飾り／染汚 けがれ／染纈 色どり／染感 感染する／染薫 移り香／染戸 染屋／染古 古めかす／染工 染色工／染采 色染め／染糸 染め糸／染指 試食する／染漬 伝染する／染疾 罹病／染鬚 染髭／染習 習慣／染尚 自筆を交換する／染色 染物／染繒 染め絹／染逮 連坐／染筆 潤筆／染服 僧衣／染累 連累／染惑 惑う

↓愛染・汚染・浣染・感染・翰染・揮染・旧染・薫染・再染・習染・織染・浸染・荏染・沾染・遷染・漸染・伝染・捺染・媒染・累染

常【泉】 9 2623 セン ゼン たるみ いずみ わきみず ぜに

篆文 

甲骨文 

象形 崖の下から水が流れ落ちる形。〔説文〕十一下に「水原なり。水の流出して川を成す形に象る」という。〔爾雅、釈水〕に、濫泉は涌き水、沃泉は落ち水、氿泉は穴から出る水とする。泉は岩の間から水が流れ落ちる形で、原がその全体形。原は源の初文。王莽のとき貨泉の字とし、貨泉を「白水（泉）眞人（貨）」とよんだ。

訓義 1たるみ、いずみ、わきみず。2ぜに。

古訓 〔篇立〕泉 イヅミ・フカシ・ナガシ

部首 〔説文〕〔玉篇〕にともに部首とし、〔玉篇〕に原をこの部に加え、「今、源に作る」という。次に灥部があり、原は灥の略に従う字。〔説文〕に𩖘はを泉部の字として録するが、この字は金文にみえ、繁泉という地名の合文と考えられる。

語系 泉dziuan、川・穿thjyuanは声近く、みな川流の意。もと同系の語である。

【泉下】 黄泉。死後の世界。唐・熊孺登〔寒食野望〕詩 冢頭種うること莫なかれ、花有るの樹を 春色は泉下の人に關せず

【泉水】 わき水。〔詩、邶風、泉水〕毖ひたる彼の泉水 亦た淇きに流る 衞に懷おもふ有り 日として思はざる靡なし

【泉声】 泉の流れる音。唐・張祜〔恵山寺に題す〕詩 泉聲、池に到りて盡き 山色、樓に上りて多し

【泉石】 山水の景色のよいところ。その景をたのしむ。〔唐書、隠逸、田游巌伝〕高宗、嵩山すうざんに幸し、～親しく其の門に至る。游巖、野服して出でて拜す。儀止謹樸なり。帝～謂ひて曰く、先生比このごろ佳なるや否やと。答へて曰く、臣は所謂いはゆる泉石膏肓くわう、煙霞痼疾こしつなる者なりと。

【泉池】 池水。唐・柳宗元〔潭州楊中丞の作る東池戴氏堂記〕戴氏は泉池を以て宅居と爲し、雲物を以て朋徒と爲し、幽を攄のべ粹を發ひらき、日ゞ之れと娛たのしむ。則ち行は宜しく益ゞ高く、文は宜しく益ゞ峻たかく、道は宜しく益ゞ懋さかんなるべし。

【泉布】 古代の貨幣。〔漢書、食貨志下〕壹ひとたび錢を易かふる每に、民用もって業を破り、大いに刑に陷る。（王）莽～乃ち更に其の法を輕くし、私ひそかに泉布を鑄作する者は、妻子を沒入して官の奴婢と爲す。

↑泉韻 泉声／泉貨 かね／泉窩 墳墓／泉壑 谷間の泉／泉眼 泉の穴／泉郷 黄泉／泉響 泉声／泉金 かね／泉扃 墓門／泉原 泉源／泉源 泉の源／泉谷 泉壑／泉壌 黄泉／泉井 わき井戸／泉途 黄泉／泉刀 かね／泉幣 貨幣／泉脈 地下の水脈／泉門 墓門／泉流 わき水／泉路 よみじ

↓淵泉・温泉・貨泉・甘泉・寒泉・澗泉・檻泉・九泉・汲泉・玉泉・渓泉・原泉・源泉・鉱泉・酒泉・神泉・深泉・井泉・清泉・石泉・池泉・鉄泉・刀泉・盗泉・湯泉・飛泉・布泉・沸泉・噴泉・野泉・幽泉・湧泉・流泉・林泉・冷泉・霊泉・醴泉・洌泉・漏泉

【洊】 9 3414 ［瀳］ 20 3412 セン いたる しきりに

篆文 

形声 声符は存。〔説文〕水部十一上に「瀳は水至るなり」とあり、洊と同字。また薦（荐）・荐と通じ、「しきりに」とよむ。

訓義 1いたる、水いたる。2しきりに、ひきつづき。

古訓 〔名義抄〕洊 シキリ・オヨソ 〔篇立〕洊 ミヅノイタル・シキリニ

【洊至】 しきりに至る。〔続資治通鑑、元紀〕（世祖、始元二十八年）秋七月～民怨みて盜發おこり、天怒りて地震ひ、水災洊りに至る。～宜しく（葉）李を斬りて、以て天下に謝すべし。

↑洊歳 連年／洊畳 しきりに／洊臻 しきりに至る／洊迫 しきりに迫る／洊保 特別に任用する／洊密 重なる／洊歴 経歴する

↓飲洊・歳洊・雷洊・流洊

常【洗】 9 3411 セン あらう

篆文 

形声 声符は先。先は足のさき。それをあらうを洗という。〔説文〕十一上に「足を洒ふなり」とあり、卜文では、先の字の上に水滴を加えている形がある。盤中の水で趾(止)を洗うことを前(歬+刀)といい、「湔ふ」「揃ふ」の前(前)はその意。古い時代には旅から帰ると、まず足を洗い清め、他の地で附著した邪気を祓う儀礼があった。杜甫の〔彭衙行〕に、「湯を煖めて我が足を濯ひ 紙を剪りて我が魂を招く」とあって、魂振りの古俗を伝えている。

訓義 1あらう、足の指先を洗う、あらいおとす。2きよめる、あざやか、いさぎよい。3こぼし、たらい。

古訓 〔名義抄〕洗 アラフ・スマス・ヲサム・キヨシ・ウスシ

語系 洗・洒 syən は同声。〔説文〕十一上に「洒は滌ふなり」とあり、滌は修禊、みそぎをすることである。

【洗眼】 眼を洗い、くわしく見る。宋・梅尭臣〔河南受代前一日、(謝)希深に詩を示す〕詩 眼を洗ひて舊書を看る 怡然として宇内を忘る

【洗甲】 武器を洗い、戦いをやめる。唐・杜甫〔兵馬を洗ふ〕詩 安くんぞ壯士、天河を挽き 甲兵を淨め洗うて、長へに用ひざるを得ん

【洗耳】 汚れたことを聞いて、耳を洗い清める。〔高士伝、上、許由〕堯、天下を許由に譲らんとす。~由、是に於て遁れて中岳潁水の陽、箕山の下に耕す。終身天下を經するの色無し。堯、又召して九州の長と爲さんとす。由、之れを聞くことを欲せず。耳を潁水の濱に洗ふ。

【洗児】 生まれて三日、あるいは一月して、児を洗う俗。〔資治通鑑、唐紀三十二〕(玄宗、天宝十載正月)甲辰、祿山の生日なり。~上、後宮の歡笑するを聞き、其の故を問ふ。左右、貴妃の、三日祿兒(安禄山)を洗ふを以て對ふ。上自ら往きて之れを觀て喜ぶ貴妃に、洗兒金銀錢を賜ふ。

【洗爵】 杯を洗う。〔淮南子、泰族訓〕盃を滌ひて食ひ、爵を洗ひて飲み、盥ひて後に饋むるは、以て少を養ふべきも、以て衆を饗すべからず。

【洗心】 心を洗い清める。〔易、繫辞伝上〕聖人此れを以て心を洗ひ、退きて密かに藏れ、吉凶民と患ひを同じうす。~其れ孰か此れに與らんや。古の聰明叡知、神武にして殺さざる者か。

【洗塵】 遠来の人を歓迎接待する。〔通俗編、儀節、洗塵〕元典章、至元二十一年、~送路洗塵に因り、人の禮物を受くることを得ざれ。按ずるに、凡そ公私、遠人の初めて至るに値ひ、或いは飲を設け、或いは物を餽る、之れを洗塵と謂ふ。今猶ほ此の語有り。

【洗雪】 恥をそそぐ。〔後漢書、段熲伝〕百年の逋負(敗戦)を洗雪し、以て忠將の亡魂を慰む。功用顯著なり。朕甚だ之れを嘉みす。

【洗濯】 洗いそそぐ。唐・杜甫〔夏夜の歎〕詩 何に由りてか、一たび洗濯せん 熱を執りて、互ひに相ひ望む 竟夕、刁斗(昼は炊飯、夜はどらに用いる)を撃つ 喧聲、萬方に連なる

【洗滌】 洗いそそぐ。また、赦免。唐・元稹〔剣南東川節度使を弾奏する状〕又、元和二年正月三日の赦文に准じ、今日より已前、大逆緣坐のもの、竝びに與に洗滌せらる。

【洗腆】 鄭重にもてなす。〔書、酒誥〕奔走して厥の考、厥の長に事へ、肇めて車牛を牽き、~厥の父母に孝養せしめよ。厥の父母も慶しとして、自ら洗腆して、致すに酒を用ってせん。

【洗盪】 洗い流す。〔顔氏家訓、序致〕年十八九にして、少しく砥礪することを知るも、習ひ自然の若くにして、卒に洗盪し難し。

【洗兵】 武器を洗う。戦いをやめる。晉・左思〔魏都の賦〕兵を海島に洗ひ、馬を江洲に刷ぐ。振旅(凱旋)輷輷として、反旆(旗)悠悠たり。

【洗沐】 髪を洗い、身を清める。休暇日。〔史記、鄭当時伝〕孝景の時、太子舍人と爲る。五日の洗沐毎に、常に驛馬を長安の諸郊に置き、諸故人を存ひ、賓客を請謝し、夜以て日に繼ぎ、其の明旦に至る。常に偏からざらんことを恐る。

【洗練】 心を洗い、性を養う。〔宋書、顧覬之伝〕(定命論)豈に靈府(心)を澡雪し、神宅(精神)を洗練し、道に據りて心と爲し、德に依りて慮と爲す~に若しかんや。

↑洗胃 改心する/洗熨 のしあて/洗冤 冤をそそぐ/洗漑 あらう/洗刮 旧悪を暴露する/洗肝 改心する/洗潔 清める/洗悟 さとる/洗刷 洗冤/洗城 城中を殲滅する/洗浄 清める/洗石 軽石/洗然 さっぱりとするさま/洗足 足を清める/洗汰 洗い去る/洗貸 赦免する/洗脱 清め除く/洗剔 洗い去る/洗抜 清める/洗目 洗眼/洗浴 ゆあみ/洗煉 洗練/洗鍊 洗練

↓一洗・澣洗・盥洗・姑洗・刷洗・浄洗・水洗・設洗・雪洗・梳洗・澡洗・濯洗・滌洗・杯洗・筆洗・兵洗・磨洗・沐洗・沃洗

常【浅】 9 【淺】 11 3315 セン サン あさい

篆文  金文 

形声 旧字は淺に作り、戔声。戔に薄いものを重ねる意がある。〔説文〕十一上に「深からざるなり」とあり、水の浅い意。それよりすべて浅少の意に用い、浅知・浅薄のようにいう。

訓義 1あさい、水があさい。2すくない、うすい、まばら、みじかい。3おろか、あさはか、あさまし。

古訓 〔新撰字鏡〕浅 阿佐之(あさし)〔名義抄〕淺 アサシ〔篇立〕淺 アサシ・ウスシ

語系 淺 tsian、俴 dzian は声義近く、〔説文〕八上に「俴は淺なり」とみえる。〔詩、秦風、小戎〕に「俴駟孔だ群し」とは、馬に薄金の介札を施したままで、甲衣を用いないことをいう。濺 tzian は水をそそぐ。淺の動詞的な語であろう。

【浅近】 見識が浅く、俗っぽいこと。〔抱朴子、博喩〕英儒碩生は、細辯を淺近の徒に飾らず、達人偉士は、皎察を流俗の中に變へず。

【浅見】 見識が浅い。〔史記、五帝紀論賛〕其の表見する所、皆虛ならず。~好學深思、心に其の意を知るに非ざれば、固より淺見寡聞の爲に道ひ難きなり。余~其の言の尤も雅なる者を擇ぶ。

【浅斟】 すこしだけ酒を飲む。宋・陸游〔秋雨、感を書す〕詩 牀頭の小甕、今朝熟す 又隣翁を喚んで、共に淺斟す

【浅人】 あさはかな人。〔随園詩話、四〕猶ほ之れ交はりを論ずるがごとし。深人は交はり難しと謂ふも、淺人も亦た正に交はり難きを知らず。

【浅水】 浅瀬。唐・司空曙〔江村即事〕詩 釣り罷んで歸來し、舟を繫がず 江村月落ちて、正に眠るに堪へたり 縱然一夜、風吹き去りて 只だ在り、蘆花淺水の邊

【浅浅】 水の疾く流れるさま。〔楚辞、九歌、湘君〕石瀬は淺淺たり 飛龍は翩翩たり

【浅俗】 凡俗。卑俗。〔抱朴子、広譬〕高世の器は、淺俗の能く識る所に非ざるなり。

【浅短】 浅くて劣る。〔顔氏家訓、雑芸〕古は、大博を爲すには則ち六箸(六白六黒、十二棊)、小博には則ち二熒(又瓊という)、今曉る者無し。比世に行ふ所は、一熒十二棊、數術淺短にして、翫ぶべきに足らず。

【浅智】あさはかな智慧。〔呂覧、精諭〕淺智者の爭ふ所は、則ち末なり。此れ白公の（葉公子高に攻められて）法室に死する所以なり。

【浅薄】あさはか。〔洛陽伽藍記、二、秦太上君寺〕齊土の民、風俗淺薄にして、虚論高談、專ら榮利に在り。～是を以て京師の謠語に曰ふ、獄中に繫囚無く、舍内に青州（斉人）無しと。

【浅劣】あさはか。明・張居正〔司馬王西石に答ふる書〕公の高明なるを以て、自ら能く徑ちに眞詣に造る。僕の淺劣なる如き、公の教へに因りて、亦た益〻深省を加ふるなり。

【浅露】あさはか。〔論衡、超奇〕夫の陸賈・董仲舒の若き、世事を論說するに、意由りして出で、外に假取せず。然れども淺露にして見易く、之れを觀讀する者、猶ほ傳記と曰ふ。

【浅陋】あさはかで劣る。〔漢書、儒林、孔安国伝〕世に傳ふる百兩篇なる者は、東萊の張霸に出づ。二十九篇を分析合して、以て數十と爲し、又左氏傳・書敍を采りて、首尾を爲作す。凡そ百二篇。篇或いは數簡、文意淺陋なり。

↑浅靄 うすもや／浅痍 軽傷／浅飲 浅酌／浅甌 ほうろく／浅学 学が少ない／浅愚 おろか／浅隙 わずかなすきま／浅欠 浅少／浅言 鄙言／浅紅 淡紅／浅黄 あさぎ／浅黒 うす黒い色／浅才 短才／浅識 浅知／浅酌 浅斟／浅儒 陋儒／浅術 未熟な術／浅処 浅瀬／浅笑 微笑／浅情 薄情／浅深 深浅／浅拙 つたない／浅黛 うすい眉／浅知 浅智／浅衷 微衷／浅白 うす白／浅微 かすか／浅膚 浅近／浅聞 寡聞／浅弊 浅劣／浅碧 水色／浅謀 浅計／浅末 あさはか／浅夢 浅い夢／浅毛 うす毛／浅慮 軽薄な考え／浅量 少量

↓学浅・危浅・機浅・虚浅・近浅・軽浅・荒浅・才浅・資浅・術浅・深浅・水浅・清浅・粗浅・疎浅・卑浅・微浅・浮浅・膚浅・蕪浅・平浅・偏浅・褊浅・凡浅・庸浅・俚浅・陋浅

人 **【穿】** 9 3024 セン うがつ あな

篆文

古印璽

会意 穴（穴）＋牙。牙を以て穴をあける意。〔説文〕七下に「通るなり。牙の穴中に在るに従ふ」とあり、鼠などが穿穴することをいう。〔詩、召南、行露〕に「誰か鼠に牙無しと謂ふ 何を以てか我が墉を穿てる」という。塚を発いて盗むことをも穿という。

訓義 ①うがつ、ほる、あなをあける。②とおる、つらぬく、やぶる。③あな、つかあな。④きる、はく、つける。

古訓 〔名義抄〕穿 ホル・アナトホル・ウガツ・ツラヌク・カヨフ・アナホル

語系 穿・川 thjyuan は同声。〔説文〕十一下に川を「貫穿して通流する水なり」と訓している。

【穿鑿】むりに探り求める。うがちあける。〔西京雑記、六〕哀王の冢、鐵を以て其の上に灌ぐ。穿鑿すること三日にして、乃ち開く。黃氣の霧の如き有り。人の鼻目に觸れて、皆辛苦して入るべからず。兵を以て之れを守る。七日にして乃ち歇む。

↑穿屋 屋根をうがつ／穿過 通りぬける／穿豁 うがちぬく／穿貫 つらぬく／穿渠 溝を掘る／穿掘 うがち掘る／穿穴 穴を掘る／穿結 結び合わす／穿孔 孔をあける／穿甲 着甲する／穿行 通す／穿兀 うがつ／穿札 甲を身につける／穿耳 耳孔をあける／穿牆 牆をうがち破る／穿心 中軸／穿鍼 針を通す／穿錐 逆書き／穿井 井戸をほる／穿石 石に穴をあける／穿担 かつぐ／穿通 貫通する／穿蹄 馬蹄を傷つける／穿徹 つらぬき通す／穿破 つき破る／穿鼻 鼻骨に穴をあける／穿弊 破る／穿壁 壁に穴をあける／穿窆 塚穴／穿夜 徹夜／穿窬 こそ泥／穿踰 穿窬／穿用 着服する／穿墉 穿牆／穿籬 穿牆／穿連 連結する／穿廊 廻廊／穿漏 あばらや

↓貫穿・蟻穿・孔穿・細穿・鑿穿・耳穿・石穿・節穿・鼠穿・虫穿・破穿・排穿・履穿

【苫】 9 4460 セン とま こも むしろ

篆文

形声 声符は占。〔説文〕一下に「蓋ふなり」とあり、苫葺きの意。〔儀礼、既夕礼、記〕に「倚廬に居り、苫に寢ね、塊を枕とす」とあり、臥席に用いた。わが国で、苫屋とはわび住居をいう。

訓義 ①とま、こも、むしろ。②おおう、とまや。③やぶれる。

古訓 〔和名抄〕苫 止万（とま）〔名義抄〕苫 トマ・フク・ユガム〔篇立〕苫 ネムコロ・トマ・フク・フネノトマ

語系 苫sjiam、黏njiam は声近く、かさね合わせて相著く意のある語であろう。

【苫塊】父母の喪に、苫席し土枕を用いる。〔礼記、喪大記〕父母の喪には、倚廬（喪屋）に居り、塗らず。苫（席）に寢ね、凷（塊）に枕す。

【苫蓋】とま。みの。〔左伝、襄十四年〕來れ、姜戎氏。昔～乃の祖吾離、苫蓋を被り、荊棘を蒙して、以て我が先君に來歸せり。

【苫席】こも。むしろ。喪者の用いるもの。晋・潘岳〔寡婦の賦〕錦茵（錦のしとね）に易ふるに苫席を以てし、羅幬に代ふるに素帷を以てす。

↑苫宇 草廬／苫褐 草衣／苫蓑 みの／苫次 苫席／苫茨 茅葺き／苫壤 喪中／苫廬 喪屋

↓蓋苫・蓑苫・寝苫・草苫・茅苫

人 **【茜】** 9 4460 〔茜〕 10 4460 〔蒨〕 14 4422 セン あかね あか

篆文

形声 声符は西。〔説文〕一下に「茅蒐なり」とあり、あかね草をいう。〔詩、鄭風、東門之墠〕の〔陸疏〕に、一名地血、斉では茜、徐州では牛蔓というとみえる。〔説文〕前条の蒐（蒐）に、「茅蒐、茹藘（あかね草）なり」（段注本）とあり、人血の生ずるところであるという。根が赤く、染料とする。〔万葉集〕に「茜さす紫」「茜さす日」のように用いる。

訓義 ①あかね。②あか、あかねいろ。③字はまた倩に作る。④倩と通じ、すぐれる。

古訓 〔和名抄〕茜 阿加爾（あかね）〔名義抄〕茜 アカネ・アケ

語系 茜（倩）・綪 tsyan は同声。〔説文〕十三上に「赤き繒なり」とあり、茜をもって染めたものを綪という。青赤色、紫に近い色である。

↑茜意 秀抜の趣／茜旗 茜色の旗／茜金 牡丹／茜裙 紅裾／茜罽 茜色の毛氈／茜紅 絳紅色／茜衫 赤い服／茜袖 紅袖

↓彩茜・紫茜・藍茜

【倩】 10 2522 セン セイ みめよし やとう

篆文

形声 声符は青（青）。〔説文〕八上に「人の美字なり」（段注本）とあり、人の美好の意で、男の字に用いた。漢の蕭望之・東方朔はいずれも字を曼倩という。曼は眉目の清きもの、倩は口もとのよろしきものの意。東斉では壻を倩とよんだ。士の美称とすることがある。

訓義 ①みめよし、口もとよし、うるわし。②男の字に用いる。③請と通じ、やとう。④国語で、「つらつら」とよむ。

古訓 〔名義抄〕倩 ツラ/\・アトフ・アツラフ・トモ・カル・モトム・アザヤカナリ・シタリ・ヤトフ・タチマチ

語系 倩tsieng、壻syeは声近く、胥・諝siaも同系の語。胥・諝は人の才知あるものをいう。

↑倩影 月かげ/倩僱 やとわれる/倩粧 美しくよそおう/倩人 雇い人/倩倩 美しいさま/倩盼 愛らしい

↓盼倩

【剗】 10 5250 セン サン けずる かる ほろぼす

形声 声符は戔。戔に薄く削られたものの意がある。〔広雅、釈詁三〕に「削るなり」とあり、剗鋤のように用いる。

訓義 1けずる、平らかにする、そぐ。2かる、きりとる。3ほろぼす、かりつくす。

古訓 〔名義抄〕剗 ケヅル・トホル・セキ・スク 〔字鏡集〕剗 ヤスリ・ケヅル・キル・ナラシ・ナラス・ハラフ

語系 剗・鏟tsheanは同声。剗は鏟の古文。鏟は名詞に用いる。翦(剪)tzian、劗dzuanも声近く、翦は斉断、劗は剪髪をいう。

【剗削】 とり除く。〔資治通鑑、唐紀九〕(太宗、貞観五年)二月甲辰詔す。諸州、京觀有る處は、新舊を問ふこと無く、宜しく悉く剗削し、土を加へて墳と爲し、枯朽を掩蔽し、暴露せしむること勿かるべし。

【剗除】 すき除く。滅ぼす。〔唐書、虞世南伝〕帝(太宗)曰く、~秦の始皇は六國を剗除し、隋の煬帝は四海の富を有ち、卒に驕りを以て敗る。吾れ何ぞ戒めざるを得んやと。

【剗鋤】 すき平らげる。宋・梅尭臣〔儼上人の粋隠堂〕詩 十年、戸を出でず 世事、皆剗鋤す 時に車馬の游無し 香を焚いて坐して書を讀む

【剗滅】 ほろぼす。漢・揚雄〔劇秦美新〕始皇~古文を剗滅し、語を刮り書を焼き、禮を弛くし樂を崩し、民の耳目を塗ぐ。

↑剗穢 悪草をかる/剗刈 かりとる/剗棄 廃棄する/剗刷 かり集める/剗釈 かり除く/剗尽 とり払う/剗絶 斬絶する/剗汰 廃除する/剗奪 独占する/剗地 地ならしする/剗薙 かりなぎとる/剗滌 かり除く/剗髪 髪を切りそろえる/剗祓 お祓いする/剗平 ならす/剗襪 足袋はだし

↓裁剗・除剗・編剗

常【扇】 10 7222 〔扇〕 10 3022 セン とびら おうぎ

篆文 

会意 戸(戸)+羽(羽)。羽は両翅のあるものをいう。〔説文〕十二上に「扉なり」とあり、翅声の字とするが、〔唐本説文〕に会意とするのがよい。〔礼記、月令、注〕に、木を用いるものを闔、竹葦を用いるものを扇とする。また団扇をいう。いまいう扇は折り畳み式で、もと「摺畳扇」といった。人をおだてることを扇動といい、のち搧の字を用いる。

訓義 1とびら、あみど。2うちわ、おうぎ。3あおる、おこす。4さかん、はやい。5かざし、日よけのおおい。

古訓 〔和名抄〕扇 阿布岐(あふき) 〔名義抄〕扇 アフキ・サハガシ・オドロク・シタガフ・タスク・トビラ・トシ・アフグ/團扇 ウチハ

声系 〔説文〕に扇声として傓・煽の二字を収める。傓はまた煽に作る。〔説文〕八上に「傓は熾盛なり」とみえる。

語系 扇・傓・煽・蝙sjianは同声。蝙ははげしく羽を揺かす蠅。傓・煽は扇の後起の字である。

【扇蓋】 きぬがさ。儀仗用のもの。〔唐書、賈餗伝〕再び京兆尹に遷る。~大和九年上巳、百官に詔して曲江に會せしむ。故事に、尹は門より歩して入り、御史に揖すと。餗、自ら矜大にして、扇蓋を徹せず、騎して入る。~坐して奪俸せらる。

【扇繖】 儀仗用の長柄のうちわと、きぬがさ。〔南史、梁宗室下、蕭泰伝〕泰、州に至り、便ち偏く人丁を發し、腰輿扇繖等の物を擔はしむ。士庶に限らず、之れを爲すを恥づる者には、重ねて杖責を加ふ。~是に於て、人皆亂を思ふ。侯景至るに及び、人戰ふ心無し。乃ち先づ覆敗す。

【扇翣】 儀仗に用いる長柄の団扇。〔古今注、上、輿服〕雉尾扇は殷世に起る。~周制に以爲へらく、王后夫人の車服・輿車に翣有り。即ち雉羽を緝めて扇翣と爲し、以て風塵を障翳するなり。

【扇動】 あおりたてる。〔三国志、蜀、許靖伝〕(曹操に与ふる書)袁術の、命に方ひ族を圮り、群逆を扇動し、津塗四塞するに迫られ、心を北風に縣くと雖も、行かんと欲するも由靡し。

【扇面】 扇子。おうぎ。〔晋書、周顗伝〕(王)敦、素より顗を憚る。顗を見る毎に、輒ち面熱す。復た冬月なりと雖も、扇面の手休むを得ず。

【扇揚】 たかめあきらかにする。唐・柳宗元〔国子司業陽城遺愛碣〕昔、公の來るや、仁風扇揚し、暴慠も面を革め、柔懦も立つ有り。

【扇惑】 おだてまよわす。〔晋書、石季竜載記上〕安定の人侯子光、弱冠にして姿儀に美なり。自ら佛太子と稱す。大秦國より來る。當に小秦國に王たるべしと。~赤眉、之れを信敬し、妻すに二女を以てし、轉た相ひ扇惑す。

↑扇影 おうぎの影/扇掩 おうぎでおおう/扇恩 扇風/扇赫 火勢が盛ん/扇結 結束する/扇子 おうぎ/扇市 五月の市/扇肆 おうぎや/扇車 唐箕/扇箑 扇子/扇墜 おうぎのしず/扇簟 おうぎと竹席/扇蕩 扇動する/扇頭 おうぎの先/扇馬 去勢した馬/扇発 起こす/扇板 門板/扇扉 とびら/扇舞 おうぎの舞/扇風 あおぐ/扇払 あおぐ/扇柄 団扇の柄/扇誘 誘惑する/扇揺 扇動する/扇耀 扇揚する/扇烈 あおぎつよめる/扇和 附和する

↓一扇・羽扇・掩扇・歌扇・画扇・紈扇・揮扇・麈扇・旧扇・挙扇・金扇・銀扇・軍扇・絹扇・戸扇・闔扇・綵扇・繖扇・秋扇・障扇・畳扇・素扇・繒扇・団扇・竹扇・翟扇・鉄扇・冬扇・白扇・披扇・舞扇・門扇・揺扇・羅扇・輪扇

【旃】 10 0824 〔旜〕 19 0821 セン はた これ

篆文 

金文 

形声 字はもと冉に従い、冉声。のち亶・丹に従う。〔説文〕七上に「旗の曲柄なるものなり。士衆を旃表する所以なり」という。曲旃は大夫の用いるもの。〔周礼、春官、司常〕に「通帛を旜と爲す」とあり、通帛とは大赤、画飾のない赤旗である。金文にも〔麦尊〕に「侯、赤旂舟に乘る」、また〔番生殷〕に「朱旂旜」を賜う例がある。旜が旃の初文。〔詩、魏風、陟岵〕に「上はくは旃れを愼めや」のように、旃を「これ」の意に用いる。〔左伝〕によると、それは晋の地の方言である。「之焉」の合音にあたるものであろう。

訓義 1はた、柄のまがったはた、画をかかない赤旗。2氈と通じ、とばり、けおりもの。3これ。

古訓 〔名義抄〕旃 ユク・タハム・コレ・ホドコス 〔字鏡集〕旃 コレ・ホドコス・コレヨリ・ハタ・タハム

語系 旃(旜)tjian、丹tanは声が近い。金文には旜としるしており、亶tanの声。旦も同声。氈tjianも声が近く、旦朱の意を含むかと思われる。旃は卜文に冉njiamに従う形に作る。

【旃茵】 毛織物のしきもの。〔塩鉄論、塩鉄取下〕旃茵の

上に坐し、圖籍の言を安(按)じ、易然たる若きは、亦た歩渉する者の難きを知らず。

【旃裘】毛織の服。〔史記、匈奴伝〕其れ漢の繒絮を得ば、以て草棘の中に馳せよ。衣袴皆裂敝せん。以て旃裘の完善なるに如かざるを示せ。漢の食物を得ては、皆之れを去り、以て湩酪の便美なるに如かざるを示せ。

【旃旌】はた。旌は五采の羽飾りあるもの。〔左伝、定四年〕康叔に分つに、大路・少帛・綪茷の旃旌・大呂(鐘)、殷民の七族～を以てし、～聃季に土を授け、陶叔に民を授け、命ずるに康誥を以てし、殷の虚に封ず。

↑旃旝 はた／旃席 毛織の敷物／旃帳 北方族の穹廬／旃旆 はた／旃表 示す／旃旄 はたぼこ／旃毛 毛織物／旃蒙 太歳乙の年

↓華旃・画旃・曲旃・建旃・戎旃・旌旃・丹旃・門旃・流旃

常【栓】10 4891 〔栓〕10 4891 セン つめ

形声 声符は全(全)。〔広雅、釈器〕に「釘なり」、〔玉篇〕に「木丁なり」とあり、器の蓋に用いるせんをいう。全はおそらく歙の初文の歙は、その形に従う。蓋の爪が器口を塞ぐ形のものは今、歙(歙)の初文の歙は、その形に従う。

訓義 ①せん、つめ、きくぎ。②わん。③とかき。

古訓 〔和名抄〕栓 岐久岐(きくぎ)〔名義抄〕栓 キクギ 〔篇立〕栓 キクハ・キクギ・キクヘ

↓活栓・密栓

【栴】10 4894 セン せんだん

形声 字はもと旃に従い、旃声。栴檀はインド・東南アジア原産の香木。赤・紫・黒・白の諸種がある。

訓義 ①せんだん。

古訓 〔名義抄〕栴檀 セムダム 〔字鏡集〕栴 ウメ

↑栴檀 梵語 candana の音訳語、せんだん

【涎】10 3214 〔次〕7 3718 〔㳄〕16 3818 セン ゼン エン よだれ

篆文  籀文 

会意 正字は次。水＋欠。〔説文〕八下に「慕欲の口液なり」という。欠は口を開く形。涎はその形声の字。口液をいう。

訓義 ①よだれ。②羨望の意、ほしがる、うらやむ。③つらなり垂れる、ながれるさま。

古訓 〔名義抄〕次 アクテ(チ)・クチノアセ／涎 ヨタリ・ツハキ・ハナタリ

部首 〔説文〕次部に羨・盜(盗)を属する。

声系 〔説文〕に次声の字なく、羨声二字を収める。

語系 次(涎・㳄)・羨 zian は同声。また延(延)・衍 jian、沿(沿) jiuan も声近く、あふれて伝い流れるものをいう。

参考 金文の盗は水を二つ並べて欠を加えており、下部は血盟の盤。血盟の盤に水を入れ、罵詈を加えてその盟誓を破棄する意。盗とは涎を垂らして物を欲するものでなく、盟誓を汚し離叛する者、亡命者をいうのが原義であった。

＊語彙は次字条参照。

↑涎衣 よだれかけ／涎滑 ねばり／涎水 よだれ／涎滴 よだれ／涎篆 蝸牛のあとのねばり／涎沫 つばき／涎蝣 なめくじ／涎流 垂涎

↓池涎・蝸涎・饞涎・香涎・垂涎・堕涎・吐涎・蔓涎・流涎・竜涎

【牷】10 2851 セン いけにえ

篆文 

形声 声符は全(全)。〔説文〕二上に「牛の純色なるものなり」とあり、〔周礼、地官、牧人〕に「凡そ時祀の牲には、必ず牷物を用ふ」とみえる。牷物とは犠牲として完全なもの。〔春秋、成七年〕に、郊祭に用いる牛の角が、鼠にかじられて損傷があり、二度も廃してとりかえたという記録がある。

訓義 ①いけにえ、いけにえとして牲体の完全なもの。②牛の純色なるもの。

語系 牷・全 dziuan は同声。全の声義をとる。

↑牷犠 いけにえ／牷物 純色の牛

↓犠牷・柔牷・牲牷

【荃】10 4410 セン ソン からしあえ

篆文 

形声 声符は全(全)。〔説文〕一下に「芥脃なり」とあり、からしあえをいう。〔楚辞、離騒〕に「荃、余が中情を察せず」とあり、〔楚辞、九章、抽思〕の「數しば蓀の多怒なるを惟ふ」の蓀と同じく、香草の名であるが、〔楚辞〕においては、その巫祝集団の指導者をよぶ名に用いる。

訓義 ①からしのあえもの。②香草の名。③蓀と通じ、楚の巫祝の指導者。④筌と通じ、うえ。⑤絟と通じ、ほそぬの。

古訓 〔名義抄〕荃 カウバシ 〔篇立〕荃 カウバシ・ハメ

語系 荃 tzhiuan、蓀 suən、尊(尊) tzuən は声近く、〔楚辞〕にその指導者を荃・蓀とよんでいるのは、尊の意であろう。

【荃蕙】香草の名。〔楚辞、離騒〕蘭芷は變じて芳しからず 荃蕙は化して茅と爲る

【荃蹄】伏籠と、わな。獲物を捕る手段。筌蹄。〔荘子、外物〕荃なる者は魚(を捕る)に在る所以なり。魚を得て荃を忘る。蹄なる者は兎に在る所以なり。兎を得て蹄を忘る。言なる者は意に在る所以なり。意を得て言を忘る。

↓嘉荃・蕙荃・紅荃・香荃・芳荃・忘荃

【荐】10 4424 セン むしろ しきりに

篆文 

形声 声符は存。〔説文〕一下に「薦席なり」(段注本)とあり、草を編んで席としたもの。〔左伝、襄四年〕に「戎狄は荐居す」とみえる。経籍は「仍りに」の意に用いる。薦と通用する。

訓義 ①むしろ、しきむしろ。②くさ、くさが再びはえる。③しきりに、しばしば、あつまる。

古訓 〔名義抄〕荐 シキリ・カサス・カサナル・アツマル・カス・ホシマ、〔字鏡集〕荐 ホシマ・カサス・カサリ・アツマル・シキリナリ・フタツ・シキリ・カス

語系 荐・薦(薦) tzian は同声。薦席の意と、また「しきりに」という副詞に用いる。苴・葙 tzia は茅藉、また藉 dzyak は祭藉。いずれも神事に用い、同系の語である。

【荐居】水草を求めて移動する。〔左伝、襄四年〕戎に和するは五利有り。戎狄は荐居し、貨を貴びて土を易んず。土、買ふべし。一なり。

↑荐饑 饑饉続き／荐更 反復／荐至 荐臻／荐処 荐居／荐仍 しきりに／荐食 侵食／荐蓁 荐臻／荐臻 しきりにくる

【訕】10 0267 セン サン そしる

篆文 

形声 声符は山。〔説文〕三上に「謗るなり」とあり、理由なく人を誹謗することをいう。〔荀子、大略〕に「諫むること有るも、訕ること無し」とみえる。

訓義 ①そしる、上をそしる。

古訓 〔名義抄〕訕 ソシル・オク・ナイガシロ 〔字鏡集〕訕 オク・ソシル・クジク・ナイガシロ・ツクム

語系 訕shean、剗tshean、剪tzianは声近く、ものを剗除するように人をそしることを訕という。

↑訕議 論難する／訕疵 そこなう／訕笑 譏笑する／訕上 上をそしる／訕薄 軽んずる／訕謗 そしる

↓怨訕・訐訕・譏訕・廷訕・誹訕・謗訕

人 **【閃】** 10 7780 セン ひらめく

篆文 

会意 門＋人。〔説文〕十二上に「頭を門中に闚ふなり」とあり、のぞき見の意とする。人影の出入するような状態をいうのであろう。

訓義 1ひらめく、みえかくれする。2のぞく、うかがう、身をかわす。

古訓 〔名義抄〕閃 ミル・ノゾク・ウカガフ・アカラサマ

語系 閃sjiam、覘(佔)thiamは声義近く、門中を伺うを閃という。闚thiamもおそらく声義の通ずる語で、不意にうかがう意であろう。

【閃閃】 きらきらと光る。〔世説新語、容止〕斐令公(楷)、儁れたる容姿有り。一旦疾有り、困に至る。惠帝、王夷甫(衍)をして、往きて看しむ。～王、出でて人に語りて曰く、雙眸閃閃として、巖下の電の若し。精神挺動するも、體中故より小や惡しと。

↑閃影 ひらめく影／閃開 身をかわしてよける／閃光 ぴかりと光る／閃挫 くじく／閃在 かわす／閃灼 かがやく／閃爍 閃光がかがやく／閃鑠 閃爍／閃揄 へつらう／閃揄 閃揄／閃電 閃光

↓一閃・回閃・眼閃・闚閃・倏閃・電閃・微閃・風閃

【陝】 10 7423 セン

篆文 

形声 声符は夾。〔説文〕十四下に「弘農の陝なり。古の虢國、王季の子の封ぜられし所なり」とあり、地名。東遷ののち、周公と召公とがその東西を分治した。〔詩、周南〕〔詩、召南〕は、その二公分陝の地の詩である。

訓義 1地名、弘農陝県。2陝西の略称。

【陝輸】 きまりのないさま。〔後漢書、列女、曹世叔の妻の伝〕(女誡、第五)若し夫れ動靜輕脫、視聽陝輸し、入りては則ち亂髮壞形、出でては則ち窈窕として態を作す。～此れを心を専らにし色を正すこと能はずと謂ふ。

常 **【旋】** 11 0828 セン めぐる かえる たちまち

篆文  甲骨文  金文 

会意 㫃＋疋。疋は足をかえして旋る形。〔説文〕七上に「周旋するなり。旌旗の指麾するなり」とあり、旗をめぐらして指麾する意とする。周旋とは戦場を馳駆する意で、〔左伝、僖二十三年〕「君と周旋せん」とは、戦場で角逐することをいう。のち斡旋の意に用いる。旋はもと反転、両者の間を奔走することをいう。

訓義 1めぐる、めぐらす、旗をめぐらす。2かえる、まがる、うねる。3たちまち、すみやか。4ゆばり。5鐘かけ。

古訓 〔名義抄〕旋 メグル・ユバリマル・ホシイマヽ・カヘル／旋子 モトホリ／旋花 ハヤヒトクサ 〔字鏡集〕旋 カヘル・マフ・メグル・ホシイマヽ・ウツ・ヤ、・ユバリマル・モトホリ

声系 〔説文〕に旋声として漩・鏇など四字を収める。漩は回泉、鏇は圜鑪。湯中をめぐらす温酒の器をいう。

語系 旋・漩・鏇ziuanは同声。みな旋転する意がある字である。

【旋帰】 めぐりかえる。〔文選、古詩十九首、十九〕客行、樂しと云ふと雖も 早く旋歸するに如かず 戸を出でて獨り彷徨す 愁思當に誰にか告ぐべき

【旋曲】 まがりめぐる。〔列子、湯問〕造父之れ(御)を學び、三日にして其の巧を盡す。～内は中心に得、外は馬の志に合す。是の故に能く進退は繩(正)を履み、旋曲は規矩に中り、道を取り遠を致して氣力餘り有り。誠に其の術を得たり。

【旋転】 めぐりまわる。〔論衡、説日〕儒者は論じて曰く、天は左旋するも、日月の行は天に繫からず、各自旋轉すと。

【旋流】 うずまき流れる。晉・孫綽〔天台山に遊ぶの賦〕靈溪を過ぎて一たび濯ぎ、煩想を心胸より疏く。遺塵を旋流に蕩ひ、五蓋(善心を蓋う五悪)の遊蒙を發らく。

↑旋斡 めぐる／旋暈 めまい／旋淵 深淵／旋圜 うねる／旋温 温酒／旋花 昼顔／旋渦 渦巻き／旋回 めぐる／旋廻 旋回する／旋璣 渾天儀／旋眩 めまい／旋胡 胡旋舞／旋踵 めぐる／旋軫 車をめぐらす／旋旋 やや／旋虫 鐘かけ／旋濘 泥沼／旋旆 軍を反す／旋反 かえる／旋避 しりごみする／旋飈 つむじ風／旋風 つむじ風／旋辟 逡巡する／旋毛 つむじ／旋律 メロディー

↓斡旋・渦旋・回旋・凱旋・環旋・規旋・旗旋・璣旋・急旋・左旋・周旋・虫旋・天旋・転旋・般旋・飄旋・便旋・螺旋・来旋・労旋

【痊】 11 0011 セン いえる

形声 声符は全(全)。〔玉篇〕に「病、瘳ゆるなり」とあり、病のいえる意。

訓義 1いえる、いやす。

古訓 〔字鏡集〕痊 イユ・ヤマヒイユ・ノゾク・ヤム・ヤマヒ

↑痊安 いえる／痊可 快復する／痊除 いえる／痊平 平復する／痊愈 快癒／痊癒 痊愈／痊和 平復する

↓医痊・歓痊・克痊・微痊・病痊・理痊

【笘】 11 8860 セン チョウ(テフ) むち ふだ

篆文 

形声 声符は占。〔説文〕五上に「竹を折りたる箠なり」とあり、笞をいう。また「潁川の人、小兒の書寫する所を名づけて笘と爲す」とあり、書写に用いる書版をいう。〔左伝、昭十九年〕にみえる斉の孫書は字は子占。占はおそらく笘、書笘であろう。

訓義 1むち。2たけのふだ。また觚という。

語系 笘tyiap、帖thiapは声近く、竹簡によるものを笘、布を用いるものを帖という。笘にまたsiamの声があり、その声は籤tsiamに近い。籤は笘の細小なるものをいう。籤tzianもこの系統の語であろう。

↓書笘・竹笘

常 **【船】** 11 2746 **〔船〕** 11 2746 セン ふね

篆文  金文 

形声 声符は㕣。〔説文〕八下に「舟なり」とし、「鉛の省聲」といい、〔段注本〕〔説文通訓定声〕には㕣声とする。㕣・船は古く同声であった。〔釈名、釈船〕に「船は循なり。水に循ひて行くなり」とし、循声を以て解する。〔越絶書、呉内伝〕に「越人、船を謂ひて須慮と爲す」とあり、わが国の「シュラ、シュッシュッシュ」の「シュラ」は、もと舟形のそりをいう語であろう。

訓義 1ふね。2ものを載せるもの。

古訓 〔名義抄〕船 フネ／水脈船 ミヲヒキノフネ／苫船 フナヤモヒ 〔字鏡集〕船 フネ・イタル

語系 船・㕣・沿(㳂)jiuanは同声。沿の声義と関係があるとすれば、沿海の航路に用いる船の意となる。〔釈名、釈船〕に「循なり」とする循ziuan、また巡(廵)ziuanも船と声近く、巡回用の船をいう語であろう。

【船舸】 ふね。〔宋書、沈攸之伝〕賦斂嚴苦、徵發すること度無し。船舸を繕治し、器甲を營造す。夏口に至りしより、便ち異圖有り。六年～進んで鎮軍將軍と號す。

【船艦】せんかん　軍船。〔三国志、呉、周瑜伝〕瑜の部将黃蓋曰く、今寇は衆く我は寡なし。與に久を持し難し。然れども（曹）操の軍の船艦を觀るに、首尾相ひ接す。燒きて走らすべきなりと。

【船行】せんこう（かう）　船たび。〔三国志、魏、東夷伝、倭〕又裸國、黑齒國復た其の東南に在る有り。船行一年にして至るべし。

【船上】せんじょう（じやう）　船上の人。〔晋書、庾亮伝〕（蘇）峻、勝に乘じて京都に至る。～軍、未だ陣するに及ばず。士衆甲を棄てて走る。亮、小船に乘りて西奔す。亂兵相ひ剝掠し、～船上咸く色を失ひ、散ぜんと欲す。亮、容を動かさず。

【船神】せんしん　ふなだま。〔北戸録、鶏骨卜〕南方逐除（鬼やらい）の夜、將に船を發せんとするに及び、皆鷄を殺し、骨を擇びて卜を爲す。古法を傳ふるなり。占吉なれば、卽ち肉を以て船神を祀り、呼びて孟公孟姥と爲す。其の來ること尙し。

【船人】せんじん　舟人。〔後漢書、方術下、徐登伝〕嘗て水に臨みて度ることを求むるに、船人之れに和せず。（趙）炳、乃ち張蓋して其の中に坐し、長嘯して風を呼び、流れを亂りて濟る。是に於て百姓神服す。從ふ者歸するが如し。

【船渡】せんと　渡し舟。〔宋史、河渠志五〕（滹沱河）熙寧中、～創めて浮梁を繫ぐるも、增費數倍す。～請ふ、歲の八九月は易ふるに版橋を以てし、四五月に至りて、～權りに船を用つて渡さん。

【船楼】せんろう　船のやぐら。〔三国志、呉、劉基伝〕（孫）權、大暑の時、嘗て船中に於て宴飲す。船の樓上に於て雷雨に値ふ。權、蓋を以て自ら覆ひ、又命じて基に覆はしむ。餘人は得ざるなり。其の待たるる（優待される）こと此くの如し。

↑船運　舟ではこぶ／船塢　ドック／船価　舟賃／船家　舟人／船貨　舟の積荷／船岸　舟場／船渠　ドック／船橋　舟はし／船軍　海軍／船舷　ふなばた／船工　船頭／船載　舟荷／船子　ふなこ／船師　船頭／船車　舟と車／船手　かこ／船楫　舟とかじ／船檝　船楫／船匠　舟大工／船檣　帆柱／船乗　舟と車／船場　舟着場／船信　舟の便り／船隻　舟／船戦　水戦／船倉　船ぐら／船窓　舟の窓／船装　船飾り／船柁　かじ／船中　船内／船長　船頭／船丁　舟のり／船底　舟ぞこ／船灯　舟の灯／船頭　船首／船舶　舟／船筏　舟筏／船板　船いた／船尾　とも／船標　船の印／船夫　水夫／船埠　はとば／船文　あと波／船歩　はとば／船篷　舟のとま／船路　航路／船艫　とも

↓運船・曳船・河船・舸船・回船・艦船・汽船・檥船・客船・漁船・軍船・繫船・賈船・工船・綵船・車船・酒船・舟船・商船・上船・乗船・戦船・装船・造船・大船・釣船・停船・鉄船・渡船・灯船・撑船・同船・難船・破船・配船・廃船・泊船・舶船・帆船・風船・兵船・便船・母船・方船・舫船・篷船・夜船・郵船・用船・傭船・楼船

【罨】11 1071 ［𨘢］16 7744　セン　うつる　のぼる

篆文 
古文 
金文 

会意　死屍の形＋収（廾）。〔説文〕三上に字を𨘢に作り、「高きに升るなり」とし、囟声とするが、声が合わない。囟は死者の鬼頭。鬼頭の坐する（㔾）人を、前後の人が両手で輿にして他に遷す意で、おそらく一時殯屋に収めるのであろう。その風化を待って葬る複葬の俗があった。死を僊化といい、神僊の思想より羽化登仙の意を生じて、「高きに升る」という。もと葬法に関する字。僊・遷（䙴）の初文。神位を遷すことを遷座という。すべて神事に関して用いる字であった。

訓義　①うつる、うつす。②のぼる、遷化する。

古訓　〔字鏡集〕罨・𨘢　ウツル・カハル・サル・カヘル・トル・ヤスシ

声系　〔説文〕に罨声として遷・僊など三字を収める。足部〔新附〕二下に躚があり、「蹁躚」は盤旋して登天する姿をいう。

語系　罨・遷 tsjian は同声。僊・躚 sjian も声近く、みな遷化・登僊（仙）のことをいう語である。

人【釧】11 8210　セン　くしろ　うでわ

篆文 

形声　声符は川。〔説文新附〕十四上に「臂の環なり」とあり、うでわをいう。わが国の古代には、男女ともに「くしろ」を用いた。もと辟邪、魂振りの意をもつものであった。

訓義　①くしろ、うでわ。②車の金物。

古訓　〔新撰字鏡〕釧　久自利（くじり）、又、太万支（たまき）〔名義抄〕釧　ヒヂマキ・タマキ・タマ、キ・ヒヂノカザリ・カムサシ・カサムキ・タ、ラ

語系　釧・川 thjyuan は同声。紃 djiuan は〔説文〕十三上に「圜采なり」とあって、まるうちの飾り紐である。釧・紃はみなめぐらして用いるもの。

↓鐶釧・玉釧・金釧・銀釧・釵釧・繞釧・臂釧・宝釧・腕釧

【偏】12 2322　セン　さかん

篆文 

形声　声符は扇（扇）。〔説文〕八上に「熾盛なり」とし、「詩に曰く、豔妻偏んに方に處る」と〔詩、小雅、十月之交〕の句を引く。今本に字を煽に作る。〔漢書、谷永伝〕に「閻妻嬌扇」とあるのは〔三家詩〕によるもので、扇が初文。のち偏に作り、熾盛の義によって煽となるが、〔説文〕〔玉篇〕に煽を収めない。

訓義　①さかん。②字はまた、煽に作る。

古訓　〔新撰字鏡〕偏　止比良（とびら）〔篇立〕偏　サカユ〔名義抄〕偏　カトキ・トビラ・サカユ

語系　偏・扇・煽 sjian は同声。魋 sjien と声近く、もと神威を発するような状態をいう語であろう。

【孱】12 7724　セン　よわい　つつしむ

篆文 
金文 

形声　声符は孨。〔説文〕十四下に「迮なり。～孨の、尸の下に在るに從ふ」という。〔繫伝〕に尸を屋の象とし、〔句読〕に一大人と三小児の象とする。孨に孱弱の意があり、獣の子が、その親のもとにあつまっておそれている形とみてよい。〔大戴礼、曾子立事〕に「君子博く學びて、孱みて之れを守る」とあり、孨と同義に用いる。尸は家の象ではないから、「迮し」は本訓とはしがたい。

訓義　①よわい、おとる、小さい。②つつしむ、おそれる、うめく。③せまい、せまる。

古訓　〔名義抄〕孱　アラハニ・アキラカニ・ミル・ヒトシカラズ・ウチカヘス〔字鏡集〕孱　アキラカ・アラハニ・ミル・アツマル・ウチカヘンス・ツラヌ・ヒトシカラズ・ヲロカナリ

声系　〔説文〕に僝・潺の字は未収。僝は聚まる。孱を人に施した字である。潺は水流の潺湲たるをいう。小波の集まるさまをいう字であろう。

↑孱顔　巉巌。山のけわしいさま／孱肌　柔はだ／孱愚　おろか／孱瑣　細小／孱質　ひ弱い／孱弱　か弱い／孱蹙　窘迫する／孱孱　おそれる／孱懦　怯懦／孱鈍　おろか／孱微　卑賤／孱夫　卑怯者／孱昧　愚昧／孱庸　凡庸／孱羸　弱い／孱陋　卑陋

↓虚孱・愚孱・体孱・病孱・羸孱・老孱

人【揃】12 5802　セン　きる　そろえる　そろう　さする

篆文

形声 声符は前（前）。前は足指の爪を切る意で、揃の初文。〔説文〕十二上に「搣するなり」という。搣には祓除の意があり、〔急就篇、三〕「沐浴揃搣」とは、沐浴し、髪をすき、剪爪して身を清めることをいう。〔儀礼、士喪礼〕「蚤揃すること他日の如し」とは、生前のように爪を剪り、鬚を切りそろえる意である。

訓義 1きる、たつ。2そろえる、そろう。3さする、もむ。4翦と通じ、ほろぼす。

古訓 〔名義抄〕揃 ソロフ・ノゴフ・ムシル・コク 〔字鏡集〕揃 ホロブ・ノゴフ・ソゴ（ロ）フ・コク・ソヽル・ムシル

語系 揃・前・剪 tzian は同声。盤水で足を洗うことを歬（洗の初文）といい、刀を加えて爪を切ることを前（剪の初文）といい、手を加えてものをそろえることを揃という。みな一系の語である。

↑揃壊 損壊する／揃刈 切りそろえる／揃平 そろえて刈る／揃撲 滅ぼす／揃搣 按摩／揃落 滅ぼす

↓摧揃・自揃

【湔】 12 3812 セン あらう そそぐ けがす

篆文

形声 声符は前（前）。前は趾を洗い、その爪を切る意の字。〔説文〕十一上に「水名」とするほか「手もて之れを瀚ふ」とし、〔広雅、釈詁二〕に「洒ふなり」とする。趾さきを先、これをあらうを洗、爪切るを前（剪）、あらうを湔という。

訓義 1あらう、あらいきよめる。2そそぐ、そそぎあらう。3けがす、よごす。4剪と通じ、きる、のぞく。

古訓 〔名義抄〕湔 アラフ 〔篇立〕湔 スヽグ・ソヽグ

語系 湔・濺 tzian は同声。濺は水を濺ぐ意で、必ずしも修祓的なものではない。洒・洗 syən も声近く、洒は〔説文〕十一上に「滌ふなり」とあり、洗滌の意。滌は修禊のために滌うことをいう。

【湔浣】 洗い清める。〔史記、扁鵲伝〕上古の時、醫に兪跗有り。病を治すに湯液（水薬）・醴灑（酒）・鑱石（砭針）・撟引～を以ひず。～乃ち皮を割き肌を解き、～腸胃を湔浣し、五臓を漱滌し、練精して形を易ふ。

【湔灑】 洗いすすぐ。〔説苑、敬慎〕憂患は忽せにする所に生じ、禍は細微に起る。汚辱は湔灑し難く、敗事は復た追ふべからず。

【湔洗】 すすぎ洗う。〔後漢書、方術下、華佗伝〕先づ酒を以て麻沸散を服せしめ、既に酔ひて覺ゆる所無し。因りて腹背を刳破し、抽割積聚す。若し腸胃に在るときは則ち断截湔洗し、疾穢を除去し、既にして縫合し、傅くるに神膏を以てす。四五日にして創愈え、一月の閒に皆平復す。

↑湔衣 洗衣／湔澣 洗う／湔洒 湔灑／湔除 洗いのぞく／湔裳 厄払い／湔雪 清める／湔汰 洗い去る／湔抜 祓う／湔祓 湔抜／湔磨 清める

↓一湔・洗湔・濯湔

【牋】 12 2305 ［箋］ 14 8850 セン かきつけ かみ

形声 声符は戔（戔）。戔に薄く重ねるものの意がある。片は木片・木簡をいう。異体の箋は竹簡。〔玉篇〕に「表なり」とあり、牋奏に用い、その文体を牋という。また書簡の用紙を牋という。箋と同字。用義上の慣例があり、箋注のときには箋という。

訓義 1かきつけ。2上表の文体。3かみ、書札。

古訓 〔名義抄〕牋 フダ 〔篇立〕牋 アラハス・フムダ 〔字鏡集〕牋 カミ・アラハス・シルシ・フムダ

＊語彙は箋字条参照。

【牋翰】 紙と筆。〔旧唐書、文苑中、賀知章伝〕知章～草・隷の書を善くす。好事の者、其の牋翰を供す。毎紙數十字に過ぎざるも、共に傳へて之れを寶とす。

【牋記】 官庁で用いる書簡体の文。〔文心雕竜、書記〕公幹（劉楨）の牋記は、麗にして規益あり。子桓（曹丕、典論論文）論ぜず。故に世の共に遺るる所なり。

【牋書】 官庁の文書。〔宋書、劉穆之伝〕穆之、内に朝政を總べ、外に軍旅に供す。～賓客輻輳し、求訴百端なり。内外の諮稟、堦に盈ち室に滿つ。目に辭訟を覽、手に牋書に答ふ。耳は聽受を行ひ、口に竝びに酬應し、相ひ參涉せず、皆悉く贍擧す。

【牋奏】 上奏の文。〔後漢書、順帝紀〕初めて郡國をして孝廉を擧げしめ、年四十以上なるを限る。諸生の章句に通じ、文吏の牋奏を能くするものは、乃ち選に應ずることを得しめよ。

↑牋賀 上賀／牋簡 文書／牋檄 ふれ文／牋毫 紙筆／牋札 手紙／牋紙 用箋／牋素 紙と絹／牋訴 訴状／牋草 草稿／牋牒 文書／牋表 表章

↓花牋・詩牋・上牋・便牋・附牋・用牋

【筅】 12 8821 セン ささら

形声 声符は先（先）。鍋や釜を洗うささらの類をいう。わが国では、茶器の茶筅の字に用いる。

訓義 1ささら。2茶筅。3狼筅は細竹を組み、上に利刃をつけた防禦用の兵器。隊伍の周辺の藩籬として用いる。

↑筅帚 ささら

↓浄筅・茶筅・狼筅

【筌】 12 8810 セン うえ ふしづけ

形声 声符は全（全）。細い竹を編んで作った魚をとる漁具。うえ。兎を捕る蹄と合わせて、筌蹄という。字はまた荃に作る。

訓義 1うえ。2ふしづけ。

古訓 〔和名抄〕筌 宇倍（うへ） 〔名義抄〕筌 ウヘ 〔篇立〕筌 ウクヱ・ウヘ・トル・ウベモテ、宇倍（ウヘ）、ウヲトルモノ

＊語系・語彙は荃字条参照。

【筌蹄】 手段。筌蹄。〔文心雕竜、論説〕夫の論の體爲るを原ぬるに、然否を辨正する～所以なり。乃ち百慮の筌蹄にして、萬事の權衡なり。

↑筌意 含意／筌魚 捕魚／筌拾 収録する／筌緒 遺法に従う／筌蹏 筌蹄

↓漁筌・言筌・繩筌・真筌・蹄筌・忘筌・冥筌・幽筌

【僉】 13 8088 セン みな ともに

篆文

会意 亼＋兕。亼は令・命の字の上部と同じく、神事に従うものが用いる礼冠の形。兕は二兄の形。兄は祝告の器（𠙵）を捧げて祈る人。二人相並んで祈る。ゆえに「みな」「ともに」の意となる。〔説文〕五下に「皆なり。亼に従ひ、吅に従ひ、从に従ふ」とするが、兄の字形を上下に分つべきでない。一人祝禱して神意を待つを令といい、その神託を命といい、二人相祝禱するを僉といい、二人舞踏して神意を楽しませることを巽（巽）・選（選）という。

訓義 1みな、ともに、ことごとく。2えらぶ、えらびとる。3おおい、おびただしい、すぎる。4からさお。連架して穀をうつもの。

古訓 〔名義抄〕僉 ミナ・オナジ・コトゞク 〔字鏡集〕僉 アマネシ・コトゞク・ミナ・オナジ・ミル・シク・ミナフ

声系 〔説文〕に僉声として譣・劒・檢（検）・儉（倹）・驗（験）・險（険）など十七字を収める。古劒銘に、僉を劒の意に用いる。譣は〔説文〕三上に「問ふなり」と訓し、神意を問う意の字である。

語系 僉 tsiam、占 tjiam は声近く、占は卜占によって、僉は祝禱によって神意を問うことをいう。また巽 suən、選 siuan、僎 dzhian は舞楽して神を楽しませる意で、ほぼ同系の語とみられる。

↑僉押 連名の花押／僉議 合議／僉載 雑報／僉事 官名／僉属 僉望／僉簿 名簿／僉望 衆人が期待する／僉謀 みなで合議する／僉名 連名

【剸】13 5230 ［膞］27 2260 セン きる さく たつ

篆文 

形声 声符は專(専)。〔説文〕九上に正字を膞に作り、「截るなり。首に從ひ、斷に從ふ」とし、また剸をあげ、「或いは刀に從ひ、專聲」とする。もと断首をいう字で、それより、切断の意となる。

訓義 ①きる、首をきる。②たつ、さく、肉を切りさく。③専と通じ、もっぱら、ほしいまま。

古訓 〔名義抄〕剸 キル・サク 〔字鏡集〕剸 スクフ・タツ・キル・ケヅル・シノブ・ヒトシ・ナマシヒ

語系 膞(剸)・斷(断)・段duan は同声。段は分段をなすように断截することをいう。剬tjiuan は〔説文〕四下に「斷つこと齊しきなり」とあり、また一本に「斷首なり」とあって、剸と同義とする。また絕(絶)dziuat、截dziat も声義近く、一系の語。

↑剸剡 鋭くそぐ／剸劇 さばく／剸決 専決／剸行 専行／剸車 車いっぱい

↓裁剸・親剸・纖剸・操剸・断剸・独剸

【尟】13 4972 ［尠］13 6982 セン すくない

篆文 

会意 正字は尟に作り、是＋少。尠は甚＋少。〔説文〕二下に「是少なきなり。尟なきも俱に存するなり」とするが、文に誤脱があるらしく、文意が定かでない。是は匙の象形字で、匙の初文。酌むことの少なき意である。俗に尠に作る。甚は鍋を火にかけて烹炊する意。これに酌むを斟といい、斗は斗杓。その斟むこと少なきを尠という。尟・尠いずれも、酌むことの少なきをいう字である。

訓義 ①すくない、酌むことがすくない。②鮮と通用する。

古訓 〔名義抄〕尠・尟 スクナシ・イサ、カニ 〔字鏡集〕尠・鮮 スクナシ・ウルハシ・ヨシ・イサ、カニ・アサヤカナリ・キラ／＼シ・アキラカ

語系 尠(尟)・鮮sian は同声。鮮は小鮮。その字に「罕れなり。少なし。寡なし」の訓があるのは、鮮字の訓ではなく、鮮・尟同声により、尟の義と通用したものである。

【尠少】 非常に少ない。〔易林、恒之賁〕馬を販ぎて牛を買ふ。俱に空しきに會ひて休む。利得尠少にして、留連して憂ひを爲す。

↑尠疇 類が少ない

常【戦】13 人［戰］16 6355 セン たたかう たたかい いくさ おののく そよぐ

篆文  甲骨文 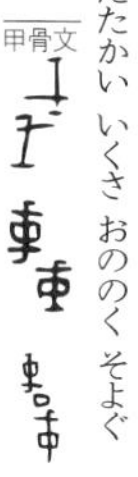 金文 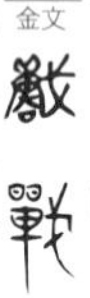

会意 旧字は戰に作り、單(単)＋戈。單は盾の上部に羽飾りのある形。左に盾をもち、右に戈を執って戦う。〔説文〕十二下に「鬪ふなり」とし、單声とするが、單は隋円形の盾で、羽飾りなどをつけた。狩の初文は獸(獣)。獸は單と犬と、狩りの成功を祈る祝詞の器の形(口)の会意字。戦と狩りとは、古くは相似た態勢で行われた。顫と声が同じく、おののく、そよぐの意にも用いる。

訓義 ①たたかう、うちあう、せめあう、いくさをする、たたかい、いくさ。②おののく、わななく、ふるう。③そよぐ。

古訓 〔名義抄〕戰 タ、カフ・ヲノ、ク・タフル・オヅ・オソル・フルフ・ソヨメク・ワナ、ク

語系 戰・顫tjian は同声。憚dan、怛tat も声に通ずるところがあり、戰をそれらの意に通用する。

【戰酣】 激戦中。〔淮南子、覧冥訓〕魯陽公、韓と難を搆ふ。戰酣にして日暮る。戈を援りて之れを撝けば、日之れが爲に反ること三舍なり。

【戰艦】 軍船。大型の兵船。唐・李白〔永王東巡の歌、十一首、七〕詩 戰艦森森として、虎士を羅ね 征帆一一、龍駒を引く

【戰兢】 おそれつつしむ。〔詩、小雅、小旻〕人は其の一を知るも 其の他を知る莫し 戰戰兢兢として 深淵に臨むが如く 薄冰を履むが如し

【戰血】 戦争による流血。明・高啓〔金陵の雨花台に登りて大江を望む〕詩 前には三國、後に六朝 草は宮闕に生じて、何ぞ蕭蕭たる 英雄時に乘じて割據を務む 幾度の戰血ぞ、寒潮に流る

【戰攻】 戦争する。〔韓非子、八説〕孝を修め、欲寡なきこと曾(参)・史(鰌)の如きも、曾・史戰攻せずんば、則ち國何ぞ利せん。

【戰國】 戦力ある国。〔戦国策、燕一〕天下の戰國七、而して燕、弱きに處る。獨り戰ふことは則ち能はず。附する所有れば、則ち重からざる無し。

【戰士】 兵士。〔後漢書、孔融伝〕孤(曹操)人臣と爲り、進んで海内を風化すること能はず、退いて德を建て人を和すること能はざるも、然れども戰士を撫養し、身を殺して國の爲にし、浮華交會の徒を破るは、計餘り有り。

【戰死】 戦って死ぬ。〔史記、大宛伝〕貳師後に行く。軍、食に乏しきに非ず、戰死するもの多きこと能はず。而れども將吏貪つて、多くは士卒を愛せず、之れを侵牟し、～物故するもの衆し。

【戰車】 兵車。〔戦国策、秦一〕大王の國～田は肥美に、民は殷富に、戰車萬乘、奮擊百萬、沃野千里、蓄積饒多にして、地勢形便なり。

【戰勝】 勝いくさ。〔礼記、聘義〕勇敢・強有力なるも、之れを禮義・戰勝に用いずして、之れを爭鬪に用ふるものは、則ち之れを亂人と謂ふ。

【戰場】 戦った場所。唐・杜甫〔復た愁ふ、十二首、三〕詩 萬國、尚ほ寇を防ぐ 故園、今若何 昔歸りしとき、相ひ識るもの少なり 早く已に戰場多し

【戰陣】 いくさの備え。戦法。〔淮南子、人間訓〕仁義の事には、忠信を厭はず。戰陣の事には、詐偽を厭はず。君其れ之れを詐らんのみ。

【戰戰】 おそれつつしむ。〔詩、小雅、小宛〕惴惴たる小心 谷に臨むが如し 戰戰兢兢として 薄冰を履むが如し

【戰地】 戦場。〔孫子、虚実〕孫子曰く、凡そ先づ戰地に處りて敵を待つ者は佚し(安らか)、後れて戰地に處り、戰に趨く者は勞す。故に善く戰ふ者は、人を致して、人に致されず。

【戰鬪】 戦い。〔左伝、昭二十五年〕哀に哭泣有り、樂に歌舞有り。喜に施舍有り、怒に戰鬪(鬭)有り。

【戰伐】 戦争。〔史記、亀策伝〕王者諸疑を決定するに、參ずるに卜筮を以てし、斷ずるに蓍龜を以てす。～蠻夷氐羌、～疑ひを決するの卜有り。～國、俗を同じうせざるも、然れども皆以て戰伐攻擊し、兵を推し勝ちを求むべし。各く其の神の、以て來事を知るを信ずればなり。

【戰法】 戦争のしかた。〔司馬法、定爵〕凡そ戰ひの道は、既に其の氣を作こし、因りて其の政を發し、之れに假すに色を以てし、之れを道くに辭を以てし、懼るるに因りて戒め、～敵を踏み地を制するに、職を以て之れに命ず。是れを戰法と謂ふ。

【戰慄】 おそれおののく。〔戦国策、楚四〕襄王之れを聞き、

顔色變作し、身體戰慄す。是に於て、乃ち執珪を以て之れ（荘辛）に授けて陽陵君と爲し、淮北の地を與ふ。

【戦塁】とりで。清・査慎行〔漳河を渡る〕詩 天は曠野に垂れて、名都壯んなり 路は中原に入りて、戰壘多し

↑戦意 戦う気力／戦雲 戦争の気配／戦役 戦争／戦格 逆茂木／戦獲 俘獲／戦汗 冷汗／戦記 戦記／戦悸 動悸がうつ／戦機 戦いはじめる時機／戦騎 騎兵／戦況 戦いの情況／戦局 形勢／戦勲 戦功／戦眩 めまい／戦後 戦いの後／戦功 てがら／戦事 軍事／戦守 攻守／戦術 作戦／戦将 将軍／戦捷 戦勝／戦傷 戦いで傷つく／戦讐 恐怖／戦状 戦況／戦色 恐怖心／戦心 戦意／戦陣 軍陣／戦塵 戦いの騒ぎ／戦船 軍船／戦卒 兵卒／戦端 開戦／戦図 戦地／戦動 動き出す／戦馬 軍馬／戦敗 敗戦／戦備 軍備／戦筆 筆勢／戦鼙 軍の太鼓／戦簿 功名帳／戦鋒 軍の勢い／戦没 戦死／戦容 戦況／戦庸 戦功／戦栗 戦慄／戦力 兵力

↓悪戦・一戦・厭戦・応戦・火戦・会戦・海戦・開戦・合戦・敢戦・酣戦・観戦・棋戦・騎戦・義戦・逆戦・休戦・急戦・距戦・禦戦・苦戦・撃戦・激戦・血戦・決戦・股戦・交戦・好戦・抗戦・混戦・作戦・策戦・参戦・死戦・実戦・車戦・主戦・守戦・舟戦・終戦・緒戦・水戦・征戦・聖戦・拙戦・接戦・舌戦・宣戦・善戦・速戦・大戦・対戦・挑戦・挺戦・停戦・転戦・督戦・内戦・難戦・熱戦・敗戦・搏戦・反戦・筆戦・百戦・不戦・奮戦・歩戦・防戦・謀戦・卜戦・夜戦・野戦・勇戦・乱戦・力戦・陸戦・臨戦・冷戦・歴戦・連戦・論戦・和戦

【搧】 13 5302 セン うつ あおぐ あおる

形声 声符は扇（扇）。〔通俗編、雑字〕に「今、手を以て面を批つを謂ひて搧と曰ふ」とみえる。今は搧動の意に用いる。

訓義 1うつ。2あおぐ。3搧動する、人をそそのかす、あおる。

↑搧箱 鞴揚の器／搧打 うつ／搧動 煽動する／搧風 あおぐ／搧惑 誘惑する

常

【煎】 13 8033 セン いる につめる

篆文

形声 声符は前（前）。〔説文〕十上に「熬るなり」とあり、〔玉篇〕に「火もて乾かすなり」とあって、いりつけることをいう。のち煎茶・煎薬のように用いる。

訓義 1いる、いりつける。2にる、につめる。3漬けて味つけする。4へる。

古訓 〔和名抄〕煎汁 加豆乎以路利（かつをいろり）。〔箋注〕今俗に謂ふ所の堅魚煮取りは卽ち是れなり 〔名義抄〕煎 イル・ニル 〔字鏡集〕煎 ニル・カハク・イリカハカスナリ・イル

↑煎塩 塩をにつめる／煎灼 いりつけ／煎蒸 むす／煎心 心配／煎茶 煎じ茶／煎調 煮つけ／煎湯 煎じる／煎督 矢の催促／煎悩 焦心／煎迫 急迫／煎靡 ただらす／煎逼 急迫する／煎服 煎じ薬／煎沸 煮沸／煎餅 せんべい／煎薬 煎じ薬／煎和 煮つけ

↓香煎・熬煎・愁煎・焦煎・微煎・炮煎・烹煎・焙煎・錬煎

常

【羨】 13 8018 セン ゼン エン うらやむ あまり

篆文

形声 声符は次。次は涎の初文。〔説文〕八下に「貪欲なり」と訓し、字を次と羑の省に従うとするが、字の形義を説くところがない。墓壙の羨道の意もあり、また羨余の意もあることからいえば、羨道で犠牲を供えて祭り、その余肉を人に頒つことと関係のある字であろう。次には唾して汚す意があり、盜（盗）とは血盟を唾して汚し、その盟約に離叛する者をいう。

訓義 1うらやむ、ほしがる、したう。2あまり、あまる、おおい。3よこしま、まがる。4延に通じ、はかみち、羨道。5婘と通じ、よわい。

古訓 〔名義抄〕羨 アタフ・ホム・コフ・ネガフ 〔字鏡集〕羨 ウラヤム・ホム・ノブ・ネガフ・ヒク・コフ・アマル・アタフ・ミチ・ヒキイル・ス、ム・コヒネガフ

語系 羨・次・涎 zian は同声。垂涎・羨望の意がある。餘（余）jia に羨余の意があり、余肉のときは羨 jian の音でよむ。

【羨余】あまり。余分。唐・白居易〔秦中吟、十首、重賦〕詩 昨日、殘りの稅を輸はひ 因りて官庫の門を窺ふ 繒帛は山の如く積まれ 絲絮は雲の似く屯まる 號して羨餘の物と爲し 月に隨ひて至尊に獻ず 我が身上の暖を奪ひ 爾が眼前の恩を買ふ

↑羨愛 愛慕する／羨溢 余分／羨盈 羨余／羨贏 余分／羨穫 余利／羨語 冗語／羨耗 過不足／羨楽 うらやむ／羨財 余財／羨殺 うらやむ／羨爾 うらやむ／羨除 墓道／羨息 羨余／羨粟 余穀／羨田 余田／羨道 墓道／羨慕 うらやむ／羨望 うらやむ／羨漫 散漫／羨門 墓道／羨欲 ほしがる／羨禄 余禄

↓溢羨・栄羨・盈羨・贏羨・艶羨・企羨・仰羨・欽羨・歆羨・敬羨・慶羨・健羨・清羨・多羨・嘆羨・慕羨・漫羨・余羨・陽羨

常

【腺】 13 7623 セン

形声 声符は泉。泉を液汁の分泌する意に用いたものであろう。医学の用語として作られた文字。〔中華大字典〕に「動物體中の皮膜細胞の變性して液汁を分泌するの處、日本の生理學家、之れを腺と謂ふ」とあり、わが国で作られた字であるが、中国でも用いる。

訓義 1せん。

↑腺病 腺の腫張する病

↓汗腺・胸腺・頸腺・唾腺・乳腺・涙腺

常

【詮】 13 0861 セン そなわる あきらか

篆文

形声 声符は全（全）。〔説文〕三上に「具はるなり」とあり、言説の備わることをいう。〔呉越春秋、王僚使公子光伝〕に「斯の義を詮かにせよ」という語があり、詮議して明らかにすることをいう。

訓義 1そなわる、十分に論ずる。2あきらかにする、さとす。3あきらかなみち、のり。

古訓 〔名義抄〕詮 ツブサニ・アキラカナリ・アラハス・マタシ 〔字鏡集〕詮 エラブ・アキ・タヒラカ・ソナフ・アラハス・アキラカ・マタシ・ツブサニ

語系 詮 tsiuan、譔 dzhian は声義近く、譔は〔説文〕三上に「專ら教ふるなり」とするが、神に申す語をえらびそろえる意であろう。巽（巽）は神事にいう語である。〔集韻〕に「詮は擇言なり」とあり、詮・譔は声義の近い語である。

【詮次】えらんで順序だてる。晉・陶潛〔飲酒二十首の詩の序〕既に醉ふの後、輒ち數句を題して自ら娛しむ。紙墨遂に多く、辭に詮次無し。聊か故人に命じて之れを書せしめ、以て歡笑と爲さんのみ。

↑詮義 義を明らかにする／詮擬 詮衡する／詮議 評議する／詮言 詮義の言／詮較 比較する／詮衡 えらぶ／詮釈 訓解する／詮証 明かす／詮筆 文章／詮論 詮義

↓空詮・言詮・所詮・真詮・評詮・名詮・妙詮・霊詮

【詹】 13 2726 セン タン くどくどしい たる

篆文
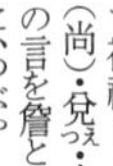

会意 字の初形は厂(かん)+八(八)+言。金文の〔国差罎(こくさたん)〕の罎の従う字形によって考えると、字は厂と八と言とに従う。厂は厂(厳)、厳下のところで祝禱し、そこに神意の彷彿として下る形(八)を示す。尚(尚)・兌(えつ)・容の字形に含まれる八は、みな神気の象。その呪誦の言を詹という。〔荘子、斉物論〕「小言は詹詹(せんせん)たり」のように、つぶやくような声をいう。〔説文〕二上に「多言するなり。言に従ひ、八に従ひ、户(き)に従ふ」とする。譫言(うわごと)のような呪誦の意である。すべて数の多いこと、濃厚でないものを詹という。

訓義 1くどくどしくいう、くどくどしい、多言。2たる、たす、おおい。3いたる。4瞻と通じ、みる。

古訓 〔名義抄〕詹 イタル 〔字鏡集〕詹 イタル・ヒサシ

声系 〔説文〕に詹声として瞻・膽・檐・儋・擔・黵・憺・澹など十字を収める。重沓して数の多いことをいう語が多い。

【詹詹】(せんせん) くどくどしい。〔荘子、斉物論〕大知は閑閑(ゆるやか)たり、小知は閒閒(分別ずき)たり。大言は炎炎(正大)たり、小言は詹詹たり。其の寐(い)ぬるや魂交はり、其の覺むるや形開き、與(とも)に接して構を爲し、日に心を以て鬪ふ。

↑詹諸(せんしょ) 月中の蛙

↓不詹

【跣】 13 6411 セン はだし すあし ふむ

篆文

形声 声符は先(せん)。先は趾(あし)の先を主とする人の形。〔説文〕二下に「足、地に親(ちか)づくなり」とあり、徒跣をいう。跣・親は畳韻の訓。〔礼記、喪大記〕に「主人の出づるや、徒跣す」とあるのは死喪のときの礼。先は先行の礼、徒跣を以てその地を践(ふ)む意で、反閇(へんばい)など、地霊に対する呪儀には、徒跣であることを必要とした。

訓義 1はだし、すあし。2ふむ。

古訓 〔新撰字鏡〕踱跣 阿奈於止(あなおと)、又、波太志(はだし) 〔名義抄〕跣 ハダシ・ユク・スアシ/徒跣 アシノクビ・フム・ハダシ 〔字鏡集〕跣 フム・スアシ・ユク・アシヒク・ハダシ

語系 先syən、跣・洗syənは声義近く、先は先行の礼。徒跣してゆき、終わってその足を洗うことを弃tzian(止(あし)と舟・盤)、その爪切ることを前(剪)tzianといい、みな一連の儀礼である。践(踐)dzianも声近く、これは地霊を安んずる践土(せんど)の儀礼をいう。

【跣行】(せんこう) はだしでゆく。降服の儀礼。〔戦国策、斉五〕魏王、之れ(天子の位)に處(を)る。是(ここ)に於て齊・楚怒り、諸侯齊に奔る。齊人魏を伐ち、其の太子を殺し、其の十萬の軍を覆(くつがへ)す。魏王大いに恐れ、跣行して兵を國に按(とど)め、東のかた齊に次(やど)る。然る後、天下乃ち之れを舍(ゆる)す。

↑跣脚(せんきゃく) はだし/跣子(せんし) 平底の履/跣足(せんそく) はだし/跣脱(せんだつ) 跣足/跣跗(せんぷ) すあし/跣歩(せんぽ) 跣行/跣露(せんろ) 跣足

↓踝跣・驚跣・行跣・赤跣・祖跣・徒跣・裸跣・露跣

常 【践】 13 〔踐〕 15 6315 セン ふむ おこなう

篆文

形声 旧字は踐に作り、戔(せん)声。戔に薄いものを重ねる意があり、足あとの連続することをいう。〔説文〕二下に「履(ふ)むなり」とあり、履践し実行する意である。〔説文〕二下にまた「後(せん)は迹なり」とあり、行部二下にも戔声にして同訓の語がある。いずれも道路で行われる践土の儀礼を示すものであろう。〔書、召誥〕「王、朝(あした)に周より歩して則ち豐に至る」のように、重要な儀礼には「朝に歩して」赴くのが礼であった。わが国の反閇(へんばい)という地霊を鎮(しず)める儀礼は、古い践土の礼の形式を伝えているものであろう。

訓義 1ふむ、ふみつける、ふみしずめる、ふみおさえる。2ゆく、あるく、わたる、のぼる。3おこなう、ふみおこなう。4したがう、ならぶ。5跣と通じ、はだし。6残・翦と通じ、きる、きりころす。

古訓 〔字鏡集〕践 フム・カヘル・ノボル・シタガフ・スアシ・ヨシ・スクナシ・ホドコス・ハダシ・アサシ・ヲトル

語系 践dzian、躔dianは声義近く、〔説文〕に「躔(てん)は践むなり」とあり、獣迹などに従う意。輾nianも声通じ、輾(てん)はまた轢性(せいれき)の意に用いる。車を出すときの呪儀である。

【践修】(せんしゅう) 履行する。〔書、微子之命〕爾(なんぢ)惟(こ)れ厥(そ)の猷(はかりごと)を践修し、舊(ひさ)しく令聞有り。

【践阼】(せんそ) 阼は東側の主人の階段。即位。〔礼記、文王世子〕成王、幼にして阼に涖(のぞ)むこと能はず。周公相(たす)けて阼を践み治め、世子の法を伯禽(はくきん)に抗(あ)ぐ。~成王過ち有るときは、則ち伯禽を撻(むち)つ。成王に世子の道を示す所以(ゆゑん)なり。

【践履】(せんり) ふむ。〔詩、大雅、行葦〕敦(たん)たる彼の行葦 牛羊践履すること勿(なか)れ 方(まさ)に苞(しげ)り方に體し 維(こ)れ葉、泥泥たり

↑践位(せんい) 即位する/践運(せんうん) めぐり運/践汚(せんお) けがす/践窺(せんき) 試みる/践極(せんきょく) 践阼/践屨(せんく) 歩む/践形(せんけい) 身の機能/践言(せんげん) 実行する/践行(せんこう) 実践する/践更(せんこう) 経歴/践蹂(せんじゅう) 蹂躪する/践信(せんしん) 信を守る/践政(せんせい) 執政/践勢(せんせい) 勢いをもつ/践躋(せんせい) ふみ登る/践石(せんせき) 馬乗石/践席(せんせき) 席につく/践藉(せんせき) ふむ/践祚(せんそ) 践阼/践苔(せんたい) 苔をふむ/践陟(せんちょく) のぼる/践翟(せんてき) 立后/践土(せんど) 反閇(へんばい)/践統(せんとう) 即位する/践踏(せんとう) ふむ/践年(せんねん) 歴年/践伐(せんばつ) 剪伐する/践冰(せんぴょう) 渡氷/践墨(せんぼく) 守法/践滅(せんめつ) 剪滅する/践約(せんやく) 履行する/践涖(せんり) 事に臨む/践躐(せんりょう) ふむ/践礼(せんれい) 守礼/践歴(せんれき) 経験する/践列(せんれつ) 列ぶ

↓越践・行践・更践・高践・試践・実践・蹂践・升践・踵践・乗践・身践・侵践・深践・超践・徒践・登践・蹈践・騰践・必践・游践・履践・累践・歴践

【遄】 13 3230 セン すみやか しばしば

篆文

金文

形声 声符は耑(たん)。耑に歂・顓(せん)の声がある。〔説文〕二下に「往来すること數(すみ)やかなるなり」とあり、〔爾雅、釈詁〕に「疾なり。速なり」という。〔詩、鄘風、相鼠〕は悪徳の領主を呪詛する詩で、「胡(なん)ぞ遄(すみ)やかに死せざる」という呪詛の語がある。急湍の水勢のように、急疾の意となった。

訓義 1すみやか、すみやかにゆく。2しばしば、しげくする。

古訓 〔名義抄〕遄 トシ・ハヤシ・ハヤク・スミヤカニ・スミヤカナリ・トホシ・タチマチニ・イヤシ・トヾム・カツ〳〵

語系 遄zjiuanと湍thuan、灘thanは声近く、湍・灘はともに水勢の急疾なるをいう。また喘thjiuanは口気の急なること、歂zjiuanもその意。耑声の字にその義を含むものが多い。

【遄死】(せんし) 早く死ぬ。〔詩、鄘風、相鼠〕鼠を相(み)るに體有り 人にして禮無し 人にして禮無くんば 胡(なん)ぞ遄やかに死せざる

【遄疾】(せんしつ) すみやか。〔世説新語、方正〕阮光祿(裕)、山陵(成帝陵)に赴き、都に至るも、殷(浩)・劉(尹)の許(もと)に往かず。事を過して便(すなは)ち還る。諸人、相ひ與(とも)に之れを追ふ。既に亦た時流の必ず當(まさ)に己を逐ふべきを知り、乃ち遄疾にして去る。

↑遄急(せんきゅう) 急速/遄行(せんこう) 速やかに行く/遄迅(せんじん) 速やか/遄水(せんすい) 急流/遄征(せんせい) 遄行/遄飛(せんぴ) 疾飛/遄邁(せんまい) 疾行する/遄流(せんりゅう) 急流

【僎】 14 2728 セン そなえる かず

篆文
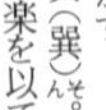

形声 声符は巽(そん)(巽(そん))。巽は二人並んで、神前で舞う形。舞楽を以て神に供することをいう。ゆえに神に薦めるものを僎・饌という。〔説文〕八上に「具(そな)ふるなり」とあり、具は貝を薦める意。二人並び舞うので数の意

となり、また選ぶ意となる。

訓義 1そなえる、神前にそなえる。2そなえるものをえらぶ、かず、かずをそろえる。3つくる。撰と通用する。

古訓 〔名義抄〕僎 エラブ 〔字鏡集〕僎・僝 ソナフ・ミル・ソネム・シメス・シリゾク・ツヽシム・エラム・ツブサニ

参考 〔論語、先進〕「三子者の撰に異なり」の撰は、〔釈文〕に「撰、鄭(玄)は僎に作る。讀みて詮と曰ふ。詮の言たる、善なり」という。善なる者をえらんで、供える意。僎 dzhian は詮 tzhian と声近く、かつ〔説文〕三上に「詮は具はるなり」とあって、僎と同訓である。供牲を牷といい、みな神に薦める意をもつ語である。

↓介僎

【僝】14 2724 ［僝］11 2724 セン サン そなえる ののしる

篆文

形声 声符は孨。〔説文〕八上に字を僝に作り、「具ふるなり」と訓し、孨声。僎と声義の同じ字であるが僎は舞容を以て神に献ずる意で、形義のえやすい字である。孨は孨弱で字の形義をえがたいが、〔書、尭典〕にも「功を僝はす」とあって、古くからみえる字である。また、ののしり悪む意があり、あるいはそれが本義であろう。

訓義 1そなえる。2ののしる。3あらわす。

古訓 〔名義抄〕僝 ツブサニ・ソナフ・シリゾク・ソネム・ミル・シメス・ヒトシ 〔字鏡集〕僎・僝 ソナフ・ミル・ソネム・シメス・シリゾク・ツヽシム・エラム・ツブサニ

【僝功】 功をあらわす。〔書、尭典〕帝曰く、疇れか咨あ、予が采に若はんと。驩兜曰く、都あ、共工、方く鳩めて功を僝はすと。

←僝工 僝功／僝事 事を成す／僝弱 懦弱／僝僽 にくみ罵る／僝陋 陋弱

【僭】14 2526 ［僣］14 2526 セン シン おかす たがう そしる

篆文

形声 声符は朁。朁は兓(簪)を、祝禱を収める器(曰)の上に加えて、人を呪詛する意。〔説文〕八上に「假るなり」、〔玉篇〕に「儗ふなり」とあって、僭上の意とする。〔詩、小雅、鼓鍾〕「雅を以てし南を以てし籥を以てして僭はず」とあり、節度や次序を誤ることを僭という。譖毀してその節度を破る意で、それより僭上・僭越の意となる。僣は狡猾をいう字であるが、潛(潜)の例によって僭を僣に作ることがある。狡猾の僣は、ほとんど用いることのない字である。

訓義 1おかす、たがう、そしる、呪詛する。2おごる、なぞらえる。3まことがない、みだれる。

古訓 〔新撰字鏡〕僭 奈須良不(なずらふ)〔名義抄〕僭 アヤマチ・タガフ・シバ／＼・ヒトシ・ヌスミ・セム・アリ・ヲコル 〔篇立〕僭 アガル・ヒトシ・カリス・ヌスミ・トガ・タガフ・ナズラフ・ヲコル・シバ／＼

語系 僭 tsəm、譖 tzhiəm は声義近く、譖は〔説文〕三上に「愬ふるなり」とあり、もと神に訴えて呪詛する意。朁・僭 tsəm もみな譖訴の意を含む。簪や櫛の類は、わが国でも古く呪詛に用いたことがある。

【僭越】 身分をこえる。〔魏書、孝文五王、清河王懌伝〕諒に天尊地卑、君臣道別なるを以て、宜しく漸を杜ぎ萌を防ぎ、相ひ僭越すること無からしむべし。

【僭偽】 身分をこえる。〔後漢書、孔融伝〕是の時、荊州の牧劉表、職貢を供せず、多く僭偽を行ふ。遂に乃ち天地を郊祀し、乗輿に擬斥す。

【僭擬】 天子のまねをする。〔晋書、宣帝紀〕(嘉平元年)今大将軍(曹)爽、顧命を背棄し、國典を敗亂す。內は則ち僭擬し、外は威権を専らにす。

【僭逆】 身分をこえ、上に逆らう。漢・陳琳〔呉の将校部曲に檄する文〕昔、袁術、僭逆して王誅将に加はらんとす。則ち廬江の大守劉勳、先づ郡を擧げて、國家に還歸す。

【僭侈】 身分不相応におごる。〔塩鉄論、授時〕故に民饒かなるときは則ち僭侈、富めるときは則ち驕奢なり。坐して委蛇し、起つて非を爲す。

【僭窃】 位をぬすむ。〔唐書、芸文志一〕上古三皇五帝以來の世次、國家の興滅終始、僭竊僞亂に至りては、史官備はれり。

【僭忒】 上をおかし、たがう。〔書、洪範〕臣にして福を作し威を作し、玉食する有らば、其れ而の家に害あり、而の國に凶あり。人用て側頗僻し、民用て僭忒せん。

【僭乱】 上下の秩序をみだす。〔書、呂刑〕上下罪を比するに、辭を僭亂すること無かれ。行はれざるを用ふること勿かれ。惟れ察し惟れ法つり、其れ之れを審克せよ。～諸罰を輕重するに權有り。

【僭礼】 身分をこえた礼。〔礼記、郊特牲〕諸侯の、宮縣して祭るに白牡を用てし、～冕して大武を舞はしめ、大路に乘るは、諸侯の僭禮なり。

←僭位 僭上／僭溢 僭越／僭儗 僭擬／僭君 僭主／僭号 僭主が尊号をいう／僭傲 僭奢／僭差 僭忒／僭詐 詐る／僭雑 乱れる／僭恣 勝手／僭奢 僭侈／僭主 僭擬の主／僭称 僭号／僭断 独裁／僭忝 辱める／僭慢 僭上し慢る／僭妄 非礼／僭逾 僭越／僭濫 身分を乱す

↓華僭・姦僭・欺僭・驕僭・奢僭・尚僭・上僭・踰僭・優僭

【塼】14 4514 ［甎］16 5131 セン かわら

形声 声符は専(專)。專は橐の中のものをたたいて固くまるめる意。土を固めて焼いた瓦の類を塼といい、字はまた甎に作る。墓所を営むときに多く用い、漢代の瓦塼の類が多く出土する。画塼や、また文字を刻したものがある。

訓義 1かわら、しきがわら。2紡塼、つむ。3団と通じ、まるい。

古訓 〔新撰字鏡〕塼 甓甎なり、加波良(かはら)〔名義抄〕塼 カハラ・ツチクレ・マロガシ 〔字鏡集〕塼 カハラ・ツチクレ・マロガシ・ヲカハラ・メカハラ

語系 塼 tjiuan は〔説文〕未収。專字条三下に「一に曰く、專は紡專なり」とあって、專を塼の字義に用いる。專・團(団)・摶 duan はみなうちかためる意があり、同系の語である。

【塼塔】 瓦塼で築いた塔。陳・徐陵〔東陽双林寺傅大士碑〕乃ち九層の塼塔を起す。形相歸然として、六時に虔拜す。

【塼甓】 かわら。〔晋書、孝友、呉逵伝〕合門死する者十有三人。～家極めて貧窘なり。冬も衣被無し。晝は則ち傭賃し、夜は塼甓を焼く。晝夜山に在りて、未だ嘗て休止せず。～期年にして、七墓、十三棺を成す。

←塼位 朝廷の席次／塼塗 泥固め／塼土 塼塗

↓瓦塼・方塼・紡塼

【嫥】14 4544 セン うつくしい もっぱら

篆文

形声 声符は専(專)。〔説文〕十二下に「壹なり」、また壹(壱)字条十下に「嫥壹なるなり」(段注本)とあって、嫥を「専一」の字とする。また「一に曰く、嫥嫥なり」とあるのは、〔玉篇〕にみえる「愛すべきの皃なり」の意で、それが字の初義であろう。専一の義には、古書にはみな専の字を用いている。

訓義 1うつくしい、愛らしい。2もっぱら。

語系 嫥 tjiuan、嬋 zjian は声義近く、うつくしい意。嫥嫥というのは、嬋媛というのと似て、ともに形況の語である。

↑婷婷 美しい

【戩】 14 1365 セン ほろぼす さいわい

篆文

形声 声符は晉（晋）。〔説文〕十二下に「滅ぼすなり」とし、「詩に曰く、實に始めて商を戩ぼす」と〔詩、魯頌、閟宮〕の句を引くが、今本は剪に作る。晉は鏃を鋳こむ鋳型の形で、一時に多くの鏃を鋳出するものであるから、「ことごとく」「つくす」の意があり、それで戩滅の意ともなり、また〔詩、小雅、天保〕「爾をして戩く穀からしむ」のように用いる。その〔伝〕に「戩は福なり」とするが、穀（穀）が穀善の義である。

訓義 1ほろぼす。2つくす、ことごとく、すべて。3さいわい、しあわせ。

古訓 〔字鏡集〕戩 サイハヒ

語系 戩・翦tzianは同声。𢦏・殲tziamは声近く、翦は羽を切りそろえること、𢦏・殲は人頭を並べて断つこと。戩をその義に用いるのは音を以て通用するものであろう。

【戩穀】 すべてよし。〔詩、小雅、天保〕天、爾をして戩く穀からしむ

↑戩吉 多吉／戩寿 寿福を求める／戩福 めでたい

↓降戩・祓戩

【漩】 14 3818 セン めぐる

篆文

形声 声符は旋。旋にめぐる意がある。〔説文〕十一上に字を旋の省声に従う形とし、「回泉なり」と訓する。淵十一上には「回る水なり」とあり、その回旋するものを漩という。

訓義 1めぐる、水がめぐる。2うずまく、うずまき。

古訓 〔字鏡集〕漩 フカシ

↑漩渦 渦巻き／漩洄 逆流する／漩紋 渦巻き／漩流 回流する

【煽】 14 9382 セン あおる さかん

篆文

形声 声符は扇（扇）。〔説文新附〕十上に「熾盛なり」とあり、〔詩、小雅、十月之交〕「豔妻煽んに方に處る」の句を引く。字はまた扇・傓に作り、煽は後起の字。いま煽動の字にこれを用いる。

訓義 1あおる、火をあおる。2そそのかす、おだてる。3さかん、火勢がさかん。

古訓 〔名義抄〕煽 サカリナリ・サカユ 〔字鏡集〕煽 サカリナリ・モユ・ナカラカナリ・サカエ

語系 煽・扇・傓sjianは同声。煽・傓は火勢を煽って盛んにすることをいう。みな扇の声義を承ける。

＊語彙は扇字条参照。

↑煽行 煽動する／煽熾 あおりたてる／煽造 あおる／煽動 おだてる／煽揚 煽動する／煽惑 惑わす

↓驕煽・駆煽・鼓煽・交煽・構煽・息煽・波煽・揺煽・連煽

常 【箋】 14 8850 ［牋］ 12 2305 セン はりふだ

篆文

形声 声符は戔。戔に薄くて重なるものの意がある。〔説文〕五上に「表に識す書なり」とあり、題簽の意。牋と声義の同じ字であるが、牋は牋奏の意に用い、またその文体の名。箋は箋注・附箋の類をいい、用義上の区別がある。

訓義 1はりふだ、ふだ、かみ。2ふみ、てがみ。3注解をつける、箋注。4名札。

古訓 〔名義抄〕箋 フダ・エラブ 〔字鏡集〕箋 シルシ・カミ・アラハス・フムタ・エラブ

語系 箋tzian、籤tsiamは声義近く、附箋の字に籤を用いることがある。

＊語彙は牋字条参照。

【箋注】 本文の解釈。箋釈。唐・韓愈〔施先生（士丐）墓銘〕古聖人の言は、其の旨密微なり。箋注紛羅し、是非を顚倒す。先生の講論を聞くに、客の帰るところを得るが如し。

↑箋咏 詩箋／箋紙 用箋／箋釈 注釈／箋牘 便箋

↓一箋・雲箋・花箋・華箋・寄箋・巾箋・金箋・紅箋・香箋・采箋・彩箋・詩箋・題箋・短箋・飛箋・便箋・附箋・別箋・用箋

【綫】 14 2395 ［線］ 15 2693 セン いと

篆文 古文

形声 声符は戔。戔に浅小なるものの意がある。〔説文〕十三上に「縷なり」とあり、いとすじをいう。また古文として線を録する。〔玉篇〕に「以て衣を縫ふべきなり」とあり、縫糸の意。

訓義 1いと、いとすじ。2ぬいいと。3字はまた線に作る。

古訓 〔名義抄〕綫・線 イト・イトスヂ・ヌヒキヌ・イトヨル 〔篇立〕綫 ヌヒキヌ・イトスヂ 〔字鏡集〕綫 イトアハス・ヌキ

【綫索】 消息をさぐる。〔清文献通考、刑一〕（順治十三年）商民の下海交易の禁を嚴にす。諭を奉ずるも、海逆未だ勦さず。必ず姦民の暗に綫索を通じ、資するに糧物を以てするもの有らん。

【綫縷】 細い糸。唐・杜甫〔竜門閣〕詩 長風、高浪を駕し 浩浩として太古よりす 危途、中ごろ縈盤す 仰ぎ望めば綫縷垂る

↑綫画 線描き／綫脚 縫目／綫金 鉱脈／綫香 線香／綫児 眼線／綫車 糸車／綫条 糸すじ／綫装 綴本／綫頭 事端／綫麻 大麻／綫民 スパイ／綫溜 狭い流れ

人 【銑】 14 8411 セン

篆文

形声 声符は先。〔説文〕十四上に「金の澤ある者なり」とあり、鉄の光沢あるものをいう。また鐘の口縁の部分を銑といい、〔周礼、考工記、鳧氏〕に「兩欒（口の両辺の角）、之れを銑と謂ふ」とみえる。また〔説文〕に「一に曰く、小鑿なり」という。

訓義 1つやのあるかね、精鉄。2小さなのみ。3鐘の口辺の両角。4弓の両端の金飾り。

古訓 〔名義抄〕銑 カナカス・コガネ・カナハズノユミ 〔篇立〕銑 カネノツ、ミ・カネヒカリ・カネクサリ

↑銑樹 美しい鉄柱／銑銭 鍋銭／銑鉄 ずく

↓金銑・鐘銑・瑶銑・鎏銑・鏐銑

【銓】 14 8811 セン はかり えらぶ

篆文

形声 声符は全（全）。全は金属を一定の型に鋳こんだもので、金はその全に金属塊をそえた形。〔説文〕十四上に「稱なり」（段注本）とあり、はかりに用いる称量、すなわち分銅をいう。そのさおを衡、重量をはかることを銓衡、審査選択を加えることを銓考・銓択、官位の次序などを定めることを銓次という。

訓義 1はかり、はかりの分銅。2はかる、はかりえらぶ。3たいら、たいらか。4かんな。

古訓 〔名義抄〕銓 ハカリ・ハカル・サトル・カラハカリ・アキラカニ・アラハナリ 〔字鏡集〕銓 アラハナリ・ソナフ・サトル・ハカル・ハカリ・ナラフ・アキラカニ・エラブ

【銓衡】 はかる。また、人をえらぶ。梁・任昉〔范尚書（雲）の為に、吏部封侯を譲る第一表〕夫れ銓衡の重きは、諸の隆替（盛衰）に關す。遠く惟へば則ち哲のみ。帝（堯）に在りても猶ほ難しとす。

【銓次】 えらんで次第する。〔晋書、外戚、羊琇伝〕琇、性豪侈にして、費用復た齊限無し。～窮窘の徒、特り能く振恤す。選用多く意を得たる者を以て先に居き、銓次の理を蠹さず。

【銓叙】 銓次。〔晋書、江灌伝〕簡文帝、引きて撫軍從事中郎と爲す。後、吏部郎に遷る。時に謝奕、尚書爲り。銓敍允らず。灌、毎に正を執りて從はず。奕、託するに他事を以てし、之れを免ず。黜を受くるも怨む色無し。

【銓綜】 銓衡する。〔大唐新語、七、知微〕隋の吏部侍郎高構、典選銓綜す。房玄齡・杜如晦に至り、愕然として正視すること良や久しく、降階抗禮し、延いて内齋に入れ、食を共にす。

【銓度】 はかる。〔国語、呉語〕夫れ戰ひは智を始めと爲し、仁之れに次ぎ、勇之れに次ぐ。智ならざれば則ち民の極を知らず、以て天下の衆寡を銓度する無し。

↑銓引 選任する／銓疑 疑問を明らかにする／銓考 しらべる／銓校 銓考する／銓材 選材／銓授 選授／銓序 銓叙する／銓選 選任する／銓総 銓綜／銓汰 選別する／銓廷 吏部／銓判 判定する／銓品 銓次／銓別 選別する／銓補 銓授する／銓謨 はかる／銓量 はかる／銓録 選任する

【銛】 14 8216 セン カツ すき もり

篆文

会意 金＋舌。舌は刮の従うところで、もと𠯑に作る字。剞劂（把手のある彫刻刀）を以て祝告の器（𠙵）を傷つける意象の字。銛は鋭い刃をもつもので、すき・もりをいう。〔説文〕十四上に「臿の屬なり。金に從ひ、舌の聲。讀みて棪の若くす。桑欽は讀みて鎌の若くす」（段注本）とする。声符の音が合わないので、諸説を生ずるのであろうが、もと𠯑に従う字で、その音もあり、断割の意に用いる。鋭利の意。〔広雅、釈詁二〕に「利なり」とあり、賈誼の〔屈原を弔ふ文〕に「莫邪（古の名剣）を鈍しと爲し、鉛刀を銛しと爲す」とみえる。

訓義 ①すき。②はさきがするどい、もり。③おの。④たつ、たちきる。

古訓 〔名義抄〕銛 キル・ケヅル・トシ・キハ・トル 〔篇立〕銛 トル・ノコギリ・キサス・ウツル・ケヅル・ハルカ・トシ・スキ・キル

↑銛鋭 鋭い／銛鍔 鋭刃／銛鉤 利鉤／銛達 鋭い／銛刀 利刀／銛鈍 利鈍／銛兵 利兵／銛鋒 鋭鋒／銛利 鋭利

↓剣銛・毫銛・鋒銛・銋銛

常 【銭】 14 〔錢〕 16 8315 セン すき ぜに

篆文

形声 旧字は錢に作り、戔声。戔に薄くて重なるものの意がある。〔説文〕十四上に「銚なり。古の田器なり」とあり、〔詩、周頌、臣工〕は神事的な農事を歌うものであるが、「乃の錢鎛を庤へよ」とあり、銭は剗削のための農具である。のち貨銭をその器の形に作り、通貨の名となった。刀形のものを刀幣という。

訓義 ①すき。②ぜに、銭貨。③とりたて、わりあて、税。④盞と通じ、酒肴。

古訓 〔名義抄〕銭 ゼニ 〔字鏡集〕銭 ゼニ・サス

語系 銭 tzian、淺（浅）tsian は声近く、犂耕が深く耕す方法であるのに対して、銭鎛は浅く耕し草切るをいう。

【銭愚】 守銭奴。〔南史、梁宗室上、臨川靖恵王宏伝〕宏、性錢を愛す。百萬一聚し、黃牓もて之れを標へし、千萬一庫、一紫標を懸く。此の如きもの三十餘閒。～豫章王綜、宏の貪吝なるを以て、遂に錢愚論を爲る。其の文、甚だ切なり。

【銭穀】 貨幣と穀物。財物。〔漢書、元帝紀〕（初元元年）九月、關東の郡國十一に大水あり、饑ゑて、或いは人相ひ食む。旁郡の錢穀を轉じて、以て相ひ救ふ。

【銭神】 財貨を神とする。〔晋書、隠逸、魯褒伝〕好學多聞、貧素を以て自立す。元康（の変）の後、綱紀大いに壞る。褒、時の貪鄙なるを傷み、乃ち姓名を隱して錢神論を著はし、以て之れを刺る。～褒仕へず。其の終る所を知る莫し。

【銭刀】 かね。貨幣。漢・卓文君〔白頭吟〕楽府 男兒、意氣を重んず 何ぞ錢刀を用ふることを爲さん

【銭布】 ぜに。〔管子、山至数〕君、令を百姓に下して曰へ、民富むときは、君與に貧しき無く、民貧しきときは、君與に富む無し。故に賦に錢布無く、府に藏財無く、貲は民に藏すと。

【銭物】 財物。〔後漢書、皇甫嵩伝〕吏に、事に因りて賂を受くる者有り。嵩、更に錢物を以て之れに賜ふ。吏、慙を懷き、或いは自殺するに至る。

【銭癖】 金銭を惜しむ性癖。吝嗇癖。〔晋書、杜預伝〕時に王濟、相馬を解し、又甚だ之れを愛す。而して和嶠は頗ぶる聚斂す。預、常に稱ふ、濟に馬癖有り、嶠に錢癖有りと。

↑銭引 紙幣／銭貨 ぜに／銭貫 銭さし／銭眼 銭孔／銭義 廁の神／銭局 造幣局／銭荒 通貨が減少する／銭荘 両替／銭鎛 すき／銭緡 銭貫／銭文 銭の刻文／銭卜 銭占い／銭面 銭の無字面／銭鑪 銭の鋳造炉

↓悪銭・一銭・宴銭・荷銭・貨銭・姦銭・偽銭・義銭・吉銭・醵銭・金銭・軍銭・古銭・庫銭・口銭・工銭・賽銭・散銭・餐銭・紙銭・謝銭・借銭・守銭・酒銭・税銭・蔵銭・息銭・多銭・大銭・鋳銭・長銭・賃銭・刀銭・投銭・銅銭・半銭・飛銭・百銭・緡銭・布銭・賦銭・米銭・母銭・俸銭・民銭・無銭・傭銭・料銭・礼銭・連銭

【颭】 14 7121 セン そよぐ なみだつ

篆文

形声 声符は占。〔説文新附〕十三下に「風吹きて浪動くなり」とあり、風がそよぎ、波だつことをいう。

訓義 ①そよぐ、風そよぐ。②ゆれる、うごく、なみだつ。

【颭颭】 風のそよぐさま。漢・劉歆〔遂初の賦〕迴風育として、其れ飄忽たり。迴りて颭颭として、之れ冷冷たり。

↓霞颭・旗颭・高颭・風颭・幔颭・浪颭

【儃】 15 2021 セン タン たたずむ

篆文

形声 声符は亶。亶に擅・壇・邅の声がある。〔説文〕八上に「儃何なり」とあり、〔段注〕に「儃何」とは「儃回」の意であるという。それならば、邅と同義の字である。邅は順次にめぐり、高く築くものであるから、邅回の意を生ずるのであろう。

訓義 ①たたずむ、たちもとおる。②めぐる、まわる。③但と通じ、ただ。

古訓 〔字鏡集〕儃 トシ・イカンゾ・ナゲク・スミヤカ・オソル

【儃佪】 たちもとおる。〔楚辞、九章、渉江〕漵浦に入りて余れ儃佪し 迷うて吾が如く所を知らず 深林杳として以て冥冥たり 乃ち猨狖（猿）の居る所なり

↑儃回 儃佪／儃儃 悠然としたさま／儃佇 たたずむ／儃僈 自恣のさま／儃漫 儃僈

↓佪儃

【墠】 15 4615 セン タン

篆文

形声 声符は單（単）。單にまた戰（戦）の声がある。〔説文〕十三下に「野土なり」とあり、〔段注〕に「野なる者は郊外なり。野土なる者は、野に於て地を治め艸を除く」という。土はもと社（社）の初文。野外の祭場と

すべきところ、壇と声義が近い。
訓義 ①まつりのにわ、野外のまつりのにわ。②草を除ききよめる。③壇と通じ、祭場。④坦と通じ、ひろくたいらか。
古訓 〔名義抄〕墠 ツチハルク・ク(タ)ヒラム 〔篇立〕墠 マチ
【墠帷】地を掃って祭場を設ける。〔公羊伝、宣十八年〕(公孫帰父、晋より還り)墠帷し、君(宣公)を哭して踊(哀哭の礼)を成し、介に反命(復命)し、是より走りて齊に之く。
↑墠場 野外の祭場
↓除墠・壇墠・置墠・祧墠・方墠・立墠

【嬋】 15 4645 セン あでやか

篆文 

形声 声符は單(単)。單に蟬・禪(禅)の声がある。〔説文新附〕十二下に「嬋娟は態あるなり」とあり、また嬋媛ともいう。〔楚辞、離騒〕に「女嬃の嬋媛なる」とあり、女嬃は女巫。嘆き、訴える姿態などをいう。
訓義 ①あでやか、しなやか。②うちなびくさま、心引かれるさま。
古訓 〔名義抄〕嬋 ヨシ・タヲヤカナル 〔字鏡集〕嬋 ヒソカナリ・タヲヤカナリ・ヨシ
語系 嬋媛(媛)zjian-hiuan は畳韻の連語。娟には kiuan と iuan の二音がある。みな形況の語である。
【嬋媛】あでやかで心ひかれるさま。〔楚辞、九章、哀郢〕心嬋媛として懷を傷ましめ 眇として其の蹠む所を知らず
【嬋娟】あでやかなさま。唐・白居易〔井底に銀瓶を引く〕詩 嬋娟たる兩鬢、秋蟬の翼 宛轉たる雙蛾、遠山の色 笑つて戲伴に隨ふ、後園の中 此の時、君と未だ相ひ識らず
↑嬋嫣 嬋媛/嬋妍 嬋娟/嬋連 身内/嬋聯 連なるさま
↓婉嬋・修嬋

人【撰】 15 5708 セン サン そなえる えらぶ つくる

形声 声符は巽(巽)。巽は神前の舞台で、二人並んで舞楽する形。〔説文〕十二下に選(選)を収め、撰を手部に録入しないが、撰は供撰で舞楽を献ずる意。選はその舞容の選々たるをいう。〔易、繫辞伝下〕「以て天地の撰に體す」とは、天地によって供与せられるものをいう。のち選別・撰述の意に用い、また算に通用することがある。

訓義 ①そなえる、そなわる。②えらぶ、とる、さだめる。③籑・纂と通じ、のべる、つくる、あつめる。④算と通じ、かぞえる。

古訓 〔名義抄〕撰 エラブ・カゾフ・カズ・ウツ・ノブ・サラフ・ソナフ・ヲサム 〔字鏡集〕撰 カズ・カゾフ・エラブ・タモツ・ソナフ・ウツ・ノブ・サラフ・ヲサム・ツクル
語系 撰 tzhian、選 siuan、僎 dzhian、巽 suan は巽に従う一系の字。巽は二人選々として舞う形。これを以て神に献ずる。膳羞のときは饌という。また籑 dzhiuan、纂 tzuan と声近く、籑とは具食をいう。算 suan と声が通じ、数える意に用いる。

【撰次】選定編次。〔後漢書、趙岐伝〕南匈奴・烏桓・鮮卑反叛す。～擢んでて、并州刺史に拜せらる。岐、邊を守るの策を奏せんと欲するも、未だ上るに及ばず。會ゝ黨事に坐して免ぜらる。因りて撰次して、以て禦寇論を爲る。

【撰集】編集する。〔後漢書、蔡邕伝〕其の漢事を撰集するも、未だ錄して以て後史に繼がれず。適ゝ靈紀及び十意を作り、又諸列傳四十二篇を補せるも、李傕の亂に因り、湮沒して多く存せず。著はす所の詩・賦・碑・誄・銘～章表・書記凡そ百四篇、世に傳へらる。

【撰述】著述。〔宋書、自序〕史臣(沈約)少くして頗ぶる學を好む。～常に以へらく、晉氏の一代、竟に全書無しと。年二十許、便ち撰述の意有り。泰始の初め～勅有りて賜許せらる。～撰する所の書、凡そ一百二十卷。

【撰定】書をえらび定める。〔貞観政要、崇儒学〕太宗、又、儒學に門多く、章句繁雜なるを以て、(顏)師古に詔して、國子祭酒孔穎達等諸儒と、五經の疏義を撰定せしむ。凡そ一百八十卷。名づけて五經正義と曰ひ、國學に付して施行す。

【撰文】詩文をえらぶ。南朝宋・謝靈運〔魏の太子鄴中集の詩に擬す、八首の序〕文を撰して人を懷ひ、往に感じて愴みを增す。

【撰録】えらびしるす。〔南史、王韶之伝〕父偉之、少くして志尚有り。當世の詔命表奏、輒ち手自ら書寫す。太元・隆安の時の事、大小悉く撰錄す。

↑撰擬 撰定する/撰辞 辞を作る/撰輯 撰集/撰序 撰次する/撰叙 撰次する/撰進 撰上する/撰続 続撰/撰著 撰述する/撰碑 碑文を作る
↓演撰・改撰・刊撰・官撰・御撰・共撰・刪撰・纂撰・私撰・自撰・修撰・抄撰・詳撰・新撰・杜撰・精撰・著撰・勅撰・特撰・余撰・論撰

常【潜】 15 3516 【潛】 15 3416 セン くぐる もぐる ひそむ ひそかに

篆文 
古印璽 

形声 旧字は潛に作り、朁声。朁は祝禱を収める器の曰の上に、簪をおいて、ひそかに呪詛し、譖毀を加える呪儀を示す。ひそかに行為する義があり、水を潜行することを潜という。〔説文〕十一上に「水を渉るなり。一に曰く、藏るるなり。一に曰く、漢水を潜と爲す」という。漢水に、伏流するところがある。人に知られずに行動することを潜行・潜伏のようにいい、ものに没頭することを沈潜という。

訓義 ①くぐる、もぐる。②ひそむ、かくれる、ひそかに。③ふかい、ふち。

古訓 〔和名抄〕潜女 加豆岐米(かづきめ) 〔名義抄〕潜 クヾル・シヅム・カクル・ヒソカニ・ク、ル・トホル・カヨフ・フカシ・カヅク・カナカキ・カフシ・ヤウヤク・イヤ
【潜逸】隠逸の人。晉・桓温〔譙元彦(秀)を薦むる表〕諸これを故老に訪ひ、潛逸を搜揚す。～竊かに聞く、巴西の譙秀は、操を植つること貞固、德を抱きて肥遯(隱居)し、清渭の波を揚ぐと。

【潜隠】隠居する。漢・蔡邕〔郭有道(泰)の碑文〕爾して乃ち衡門に潛隱し、朋を收め誨へに勤め、童蒙焉れに賴り、用て其の蔽を祛る。

【潜晦】隠居。漢・蔡邕〔太尉楊賜の碑〕操清く行ひ朗らかに、幽閑に潛晦し、州郡の命に答へず。大將軍の府に辟され、已むことを得ずして之れに應ず。

【潜懐】ひそかに思う。唐・姚鵠〔将に蜀に帰らんとして、恩地僕射に留献す、二首、二〕詩 應に憐れむべし、節に死するも門效無きを 永歎して潛かに懷ふ、轉蓬(風に飛ぶ蓬)に似たるを
【潜居】隠れて住む。〔後漢書、李恂伝〕武威の太守に遷る。後、事に坐して免ぜらる。步して鄉里に歸り、山澤に潛居し、草を結んで廬と爲す。～會ゝ西羌反畔し、～執獲する所と爲る。羌、素より其の名を聞き、之れを放遣す。

【潜行】水中をもぐる。また、ひそかに行く。〔戦国策、秦一〕襄主～占兆し、～張孟談を使せしむ。是に於て潛行して出で、智伯の約に反して兩國(韓・魏)の衆を得、以て智伯の國を攻め、其の身を禽にして、以て襄子の功を成せり。

【潜蛟】淵深くひそむみずち。宋・蘇軾〔赤壁の賦〕其の

聲嗚嗚然として、怨むが如く慕ふが如く、泣くが如く訴ふるが如く、～幽壑の潜蛟を舞はしめ、孤舟の嫠婦(夫を失った女)を泣かしむ。

【潜竄】(せんざん) ひそみかくれる。〔梁書、沈約伝〕父璞は淮南の大守なり。璞、元嘉の末に誅せらる。約、幼にして潜竄し、赦に會ひて免ぜらる。

【潜志】(せんし) 専心する。〔後漢書、陶謙伝〕(趙)昱、～己を清くし、惡を疾み、潜志好學、親友と雖も之れを見るを得ること希なり。人と爲り、耳邪聽せず、目妄視せず。

【潜心】(せんしん) 専心する。〔晋書、庾峻伝〕太常鄭袤、峻を見て大いに之れを奇とし、擧げて博士と爲す。時に莊・老を重んじて、經史を輕んず。峻、雅道の陵遅(衰微)せんことを懼れ、乃ち心を儒典に潜め、～經始を發明し、凝滯を申暢す。

【潜精】(せんせい) 精神を集中する。〔後漢書、班固伝上〕固、彪の續ぐ所の前史(漢書)未だ詳ならざるを以て、乃ち潜精研思、其の業を就さんと欲す。

【潜匿】(せんとく) ひそみかくれる。唐・李白〔下邳の圯橋を経て、張子房を懐ふ〕詩 滄海に壯士を得て 秦を椎す、博浪沙 韓に報じて成らずと雖も 天地皆振動す 潜匿して下邳に遊ぶ 豈に智勇に非ずと曰はんや

【潜躍】(せんやく) 水中にもぐり、また飛び上がる。唐・張若虚〔春江花月夜〕詩 鴻雁長く飛んで光度らず 魚龍潜躍して、水、文を成す

【潜竜】(せんりょう/せんりゅう) 水にひそむ竜。英傑がまだ世に出ないとき。〔易、乾、初九〕潜龍なり。用ふること勿かれ。〔文言伝〕世を遯れて悶ふること无く、是とせられずして悶ふること无し。

↑潜運 ひそかに動く/潜翳 ひそむ/潜淵 淵にひそむ/潜演 地下の水脈/潜涵 ひそむ/潜感 感通する/潜逵 地下道/潜暉 かくれ日/潜擬 なぞらえる/潜虬 潜蛟/潜牛 海牛/潜虚 隠逸/潜魚 水中の魚/潜蛩 蟋蟀/潜形 形を隠す/潜計 密計/潜結 密約/潜見 隠見する/潜候 かくれてうかがう/潜在 内にひそむ/潜伺 潜候/潜徙 ひそかに移る/潜識 ひそかに識る/潜収 ひそかに盗む/潜女 あま/潜蹤 ぬき足/潜神 心をひそめる/潜深 深くひそむ/潜水 潜没する/潜声 ひそひそ声/潜勢 潜在力/潜跡 匿れる/潜然 こっそり/潜踪 失踪する/潜潭 深いふち/潜蟄 地中にひそむ/潜聴 ひそかに聞く/潜通 内通する/潜邸 即位前の居/潜図 密謀/潜徳 世にあらわれない徳/潜頓 贓品を依託する/潜入 忍び入る/潜波 微波/潜璞 土中の珠/潜避 かくれる/潜夫 世捨て人/潜伏 かくれる/潜兵 伏兵/潜謀 密謀/潜没 もぐる/潜鱗 潜魚/潜霊 神霊

↓陰潜・隠潜・淵潜・晦潜・形潜・思潜・心潜・深潜・沈潜・逃潜・韜潜・幽潜・竜潜

【潺】 15 3714 セン

篆文 

形声 声符は孱(せん)。孱に孱弱なものの意がある。〔説文新附〕十一上に「水聲なり」とあり、潺潺・潺湲のように連語として用いる。小流をいう擬声語である。

訓義 1 みずのおと、さらさらと流れる音。2 潺湲(せんえん)。涙の流れるさま。

古訓 〔名義抄〕潺 ナガル・ヤリミヅ・サヽラナミ 〔篇立〕潺 ナガル・フカシ・サヽラナミ・ヤリミヅ

【潺湲】(せんかん/くわん) さらさらと水の流れる音。〔楚辞、九歌、湘夫人〕荒忽として遠く望み 流水の潺湲たるを観る ☒(せんえん) 涙の流れるさま。〔楚辞、九歌、湘君〕横流する涕、潺湲たり 君を隠み思うて陫側す

【潺潺】(せんせん) 水のさらさらと流れる音。宋・欧陽脩〔酔翁亭記〕山行六七里、漸く水聲の潺潺たるを聞く。兩峯の閒に瀉ぎ出づる者は、釀泉なり。峯回り路轉じて亭有り。～醉翁亭なり。

↑潺沄 潺湲/潺淙 せせらぎ/潺潀 潺淙/潺流 潺湲

↓淙潺・潨潺・幽潺

【璇】 15 1818 〔璿〕 18 1116 セン

篆文 

形声 声符は旋(せん)。美しい玉。字はまた璿に作り、〔説文〕一上に「美玉なり」とする。〔書、舜典〕「璿璣玉衡を在らかにす」を、漢以後は多く「璇璣玉衡」に作る。璇璣玉衡は渾天儀、また北斗七星をいう。

訓義 1 たまの名。2 星の名、北斗第二星。

古訓 〔字鏡集〕璇・璿 ヨキタマ

＊語彙は璿字条参照。

↑璇花 雪/璇瑰 玉/璇蓋 玉の車蓋/璇璣 渾天儀/璇穹 澄みわたった空/璇玉 朱の玉/璇閨 芳閨/璇室 玉の室/璇珠 美玉/璇除 玉階/璇霄 仙境/璇枢 北斗第二星/璇台 玉の台/璇図 版図/璇弁 瓊弁

↓璣璇・玖璇・枢璇・仙璇・瑶璇

【箭】 15 8822 セン やや やだけ やがら

篆文  金文 

形声 声符は前(前)(せん)。〔説文〕五上に「矢なり」とあり、矢竹をいう。また矢の通名に用いる。字はまた晉(晋)と通用する。晉はもと晉に作り、鏃を鋳こむ鋳范の形である。

訓義 1 や、やだけ、しのだけ、やがら。2 すごろくのさい。3 晋と通じ、すすむ。

古訓 〔和名抄〕箭 夜(や) 〔名義抄〕箭 ヤ/征箭 ソヤ/赤箭・鬼箭 オトオドシ・カミノヤガラ

語系 箭tzianと晉tzienとは声が近い。箭はやがらを主とし、晉は鏃の鋳型の形で、鏃を主とする字。〔釈名、釈兵〕に「箭は進なり」とする。進(進)tzienも同系の語である。

【箭幹】(せんかん) やがら。〔礼記、月令〕(季春の月)是の月や、工師に命じ、百工に令して、五庫の量、金鐵・皮革・筋・角齒・羽・箭幹・脂膠・丹漆を審らかにし、良からざるもの或る毋からしむ。

【箭笄】(せんけい) 服喪のとき、篠竹を笄として用いる。〔礼記、喪服小記〕(父母の喪に)箭の笄して喪三年を終ふ。齊衰(尊者の服)三月と、大功(卑者の服)と同じき者は、繩屨す。

【箭書】(せんしょ) やぶみ。〔宋史、雷有終伝〕官軍、城を圍む。箭を射る毎に招誘す。～箭書を得るも、(張)錯、悉く之れを焚く。

【箭鏃】(せんぞく) やじり。〔後漢書、西域、西夜国伝〕一名漂沙、洛陽を去ること萬四千四百里。～勝兵三千人。地に白草を生ず。毒有り。國人煎にて以て藥と爲し、箭鏃に傅く。中たる所卽ち死す。

【箭瘢】(せんぱん) 矢きずのあと。漢・蔡琰〔胡笳十八拍〕楽府 塞上の黄蒿、枝枯れ葉乾きたり 沙場の白骨に、刀痕箭瘢あり 風霜凜凜として、春夏も寒し

↑箭衣 射者の衣/箭羽 矢の羽/箭括 矢はず/箭竿 やがら/箭榦 やがら/箭眼 城のやぐらなどの矢窓/箭決 ゆがけ/箭笴 えびら/箭匣 矢箱/箭櫜 やがら/箭矢 矢/箭袖 射者の衣/箭篠 矢竹/箭神 矢の神/箭水 水時計/箭端 やだめ/箭竹 矢竹/箭籌 矢数とり/箭筒 矢筒/箭筩 箭筒/箭頭 矢の根/箭服 えびら/箭房 矢袋/箭萌 初筍/箭楼 城門のやぐら/箭漏 水時計

↓火箭・架箭・快箭・弓箭・急箭・挟箭・響箭・暁箭・棘箭・鏑箭・

勁箭・書箭・篠箭・石箭・折箭・叢箭・帯箭・大箭・断箭・竹箭・長箭・鉄箭・伝箭・弩箭・刀箭・毒箭・抜箭・飛箭・卜箭・鳴箭・流箭・漏箭

常 **【線】** 15 2693 ［綫］ 14 2395 セン いと いとすじ

篆文  古文 

形声 声符は泉。正字は綫に作り、戔声。線は古文。〔説文〕十三上に「綫は縷なり」とあり、〔玉篇〕に「以て衣を縫ふべし」とあって、縫糸をいう。〔周礼、天官、縫人〕に「王宮の縫線の事を掌る」とみえる。

訓義 1いと、いとすじ、ぬいいと、よりいと。2細長のものをいう。

古訓 〔新撰字鏡〕線 糸与留(いとよる) 〔名義抄〕線 イト・ヌヒキヌ・イトヨル 〔篇立〕線 イトヨル・ヨリイト・イトアハス・ヌヒキヌ・イト

【線縷】 糸。ぬい糸。唐・白居易〔繡婦歎〕詩 針頭も解かず、愁眉の結べるを 線縷も穿ち難し、涙臉(涙眼)の珠

↑線鞋 紐つきの履/線画 素描/線脚 縫い目/線雞 去勢した雞/線香 せんこう/線索 手掛かりを求める/線車 糸くりの枠/線人 探偵/線装 表装/線賊 賊の手引き役/線麻 大麻/線流 細い流れ/線路 鉄路

↓暗線・衣線・緯線・一線・沿線・架線・回線・界線・外線・割線・幹線・基線・脚線・曲線・琴線・錦線・経線・罫線・光線・紅線・混線・支線・死線・視線・実線・車線・斜線・重線・切線・接線・雪線・戦線・全線・前線・走線・側線・脱線・単線・断線・直線・汀線・鉄線・点線・電線・導線・熱線・波線・破線・配線・伏線・複線・保線・縫線・傍線・本線・無線・有線・流線・稜線・涙線・路線

【翦】 15 8012 ［剪］ 11 8022 セン きる さく つくす

篆文 

形声 声符は前(前)。前は趾ゆびの爪を剪り揃える意。〔説文〕四上に「羽、生ずるなり」とするが、その用義例はない。〔玉篇〕に「齊斷するなり」とあり、羽を剪り揃える意の字である。〔詩、魯頌、閟宮〕に「實に始めて商を翦る」は殲滅の意であろう。字はまた剪に作る。

訓義 1きる、きりそろえる。2さく、たつ。3戩・殲と通じ、つくす、ころす、ほろぼす。

古訓 〔名義抄〕翦 キル・ト、ノフ・ワル・ツキヌ 〔字鏡集〕翦 マダラハ・ト、ノフ・ヤブル・タヒラカ・サル・キル・ツクス・サク・ツトム・コホス・ノゾク・ハサム・ツキヌ・ワル・タツ

語系 翦・前(剪)・戩 tzian は同声。剗 tshean は声義近く、剗削することをいう。劗 dzuan は鬋髪を切りそろえること。殲 tziam は翦と声近く、〔詩、魯頌、閟宮〕の「商を翦る」とは、商を殲滅することをいう。

【翦夷】 うち平らげる。晉・劉琨〔段匹磾と盟ふ文〕今日既に盟ふより後は、皆忠を盡し、節を竭くし、以て二寇を翦夷せん。難を磾に加ふる有らば、琨必ず救はん。難を琨に加ふる有らば、磾も亦た之の如くせん。

【翦裁】 裁ち切り、整える。〔甌北詩話、五〕坡公(蘇東坡)尤も翦裁に妙なり。工巧と雖も纖佻に落ちざるは、其の才分の大なるに由るなり。

【翦除】 除去する。〔後漢書、張玄伝〕兵を引きて還りて都亭に屯し、次を以て中官を翦除し、天下の倒縣を解き、海内の怨毒に報いよ。

【翦截】 たち切る。梁・陸倕〔石闕の銘〕歴代の規謨、前王の典故、芟夷(むだ枝を刈りこみ)翦截し、允に厥の中を執らざる莫く、以て象闕(宮殿)の制と爲す。

【翦剔】 きり除く。〔北史、斉紀、幼主〕婦人皆翦剔して、以て假髻を著け、之れを危邪(斜)にす。狀、飛鳥の如し。南面するに至りて、則ち髻心正に西す。始め宮内より之れを爲し、四遠に被る。天意、元首翦落し、危側し、當に西走すべしと曰ふが若し。

【翦屠】 きり殺す。唐・李華〔古戦場を弔ふ文〕此の苦寒に當りて、天、強胡に假し、殺氣を憑陵して以て相ひ翦屠し、徑ちに輜重を截り、横に士卒を攻む。都尉新たに降り、將軍復た沒す。

【翦伐】 きり倒す。唐・韓愈〔宜城駅記〕(昭王井有り)井の東北數十歩に、楚の昭王の廟有り。舊時の高木萬株有り、多く其の名を得ず。歴代敢て翦伐する莫し。尤も古松・大竹多し。

【翦髪】 髪を切る。〔晋書、四夷、西戎、焉耆国伝〕洛陽を去ること八千二百里。～其の俗、丈夫は翦髮し、婦人は襦を衣、大袴を著く。婚姻は華夏に同じ。貨利を好み、姦詭に任ず。

【翦滅】 殲滅。〔左伝、成二年〕齊侯曰く、余姑く此れを翦滅して朝食せんと。馬に介せずして、之れに馳す。

↑翦禾 稲刈り/翦刈 刈りとる/翦扞 扞ぐ/翦棄 切り棄てる/翦逆 平定する/翦径 追い剝ぎ/翦刻 切り刻む/翦栽 翦裁/翦綵 切り絵/翦削 けずる/翦鑿 けずりほる/翦刷 清める/翦紙 切り紙/翦字 紙切り字/翦弱 削弱/翦取 切り取る/翦商 殷を滅ぼす/翦傷 傷つける/翦翦 浅薄なさま/翦爪 爪を切り取る、犠牲の法/翦草 草切り/翦喪 滅ぼす/翦啄 ついばむ/翦奪 脱落する/翦断 切断する/翦竹 竹を切り取る/翦定 平定する/翦刀 鋏/翦灯 夜談/翦破 打ち破る/翦覆 滅ぼす/翦払 切り払う/翦平 うち平らげる/翦闢 切り開く/翦落 落髪/翦乱 平定する/翦理 翦定する/翦戮 斬り殺す/翦柳 すり/翦綹 すり/翦林 伐採する

↓夷翦・開翦・砕翦・細翦・裁翦・刪翦・除翦・誅翦・剔翦・披翦・俘翦

【賤】 15 6385 セン やすい いやしい

篆文 

形声 声符は戔。戔に薄小なるものの意がある。〔説文〕六下に「賈少なきなり」とあり、貴に対して、財貨の薄小・粗悪なものをいう。貴は貝を両手で奉ずる形である。

訓義 1やすい、ねがやすい。2おとる、いやしい、さげすむ。3身分がひくい。4にくむ、すてる。

古訓 〔名義抄〕賤 イヤシ・ミジカシ・ヤスシ 〔字鏡集〕賤 イヤシ・ヤスシ・スクナシ・ミジカシ・アタヒスクナシ

声系 濺は〔説文〕未収。〔史記、廉頗藺相如伝〕に「頸血を以て大王に濺ぐことを得ん」とみえる字で、さっと濺ぐというほどの意である。

【賤役】 いやしい仕事。〔列子、黄帝〕周の宣王の牧正、役人梁鴦といふ者有り。能く野禽獣を養ふ。～虎狼・鵰鶚の類と雖も、柔順ならざる者無し。～王～毛丘園をして之れ(其の術)を傳へしむ。梁鴦曰く、鴦は賤役なり。何の術ありて以て爾に告げん。

【賤軀】 つまらぬ私。漢・李陵〔蘇武に与ふ、三首、一〕詩 長く當に此れより別るべし 且く復た立ちて斯須す 晨風の發するに因りて 子を送るに賤軀を以てせん

【賤行】 いやしい行為。〔戦国策、斉六〕管仲をして終に窮抑し、幽囚せられて出でず、慙恥して見えず、年を窮め壽を沒へしめば、辱人賤行爲るを免れざりしならん。

【賤儒】 つまらぬ儒者。〔荀子、非十二子〕其の衣冠を正し、

其の顔色を齊へ、嗛(謙)然として終日言はざるは、是れ子夏氏の賤儒なり。

【賤臣】身分の低い臣。〔史記、老荘申韓伝〕申不害は京人なり。故と鄭の賤臣、術を學びて以て韓の昭侯に干む。昭侯用つて相と爲し、～國治まる。～申子の學は黄老に本づき、刑名を主とす。著書二篇、號して申子と曰ふ。

【賤人】身分のない者。〔礼記、曲礼上〕君命じて召すときは、賤人と雖も、大夫・士必ず自ら之れを御ふ。

【賤隷】召使い。賤役の者。晉・傅咸〔奢を禁ずる上書〕古者には后妃にして乃ち殊飾有り。今の婢妾は綾羅を被服す。古者は大夫にして乃ち徒行せず。今の賤隷は、輕に乗り肥を驅る。

↑賤易 軽蔑する／賤鬻 安売り／賤汚 卑賤／賤悪 にくむ／賤価 安価／賤賈 廉価／賤穫 奴婢／賤簡 賤易／賤棄 しりぞける／賤妓 妓女／賤技 いやしい技／賤業 卑賤の業／賤近 卑近／賤荊 愚妻／賤芸 賤技／賤工 拙工／賤降 誕生日／賤才 愚才／賤士 微賤の人／賤子 やつがれ／賤市 安売り／賤事 俗事／賤室 愚妻／賤質 賤性／賤者 賤人／賤售 安売り／賤酬 値引き／賤小 卑小／賤妾 妻の自称／賤称 卑称／賤職 卑職／賤斥 いやしみ、すてられる／賤息 愚息／賤俗 卑俗／賤卒 兵卒／賤内 愚妻／賤値 安価／賤売 安売り／賤微 賤小／賤貧 貧賤／賤品 安物／賤侮 軽侮する／賤夫 賤人／賤俘 俘虜／賤房 家内／賤貿 安売り／賤末 微賤／賤民 下賤／賤吏 小役人／賤累 家族／賤劣 卑賤／賤老 拙老／賤陋 賤劣／賤穢 卑穢

↓簡賤・貴賤・窮賤・下賤・軽賤・減賤・孤賤・困賤・散賤・少賤・疎賤・側賤・卑賤・菲賤・鄙賤・微賤・貧賤・野賤・庸賤

常 **【遷】** 15 〔遷〕15 3130 セン うつる うつす かわる

篆文 
古文 
金文 

形声 声符は䙴。䙴は死者を殯するために板屋に収め、その風化を待って葬うことを示し、そのために屍を遷すことを遷という。〔説文〕二下に「登るなり」と登僊(仙)の意とするが、神仙の意に用いるのは後起の義。もと葬送の礼に関する字であった。国都は宗廟のある地であるから、都を移すことを遷都といい、国都を棄てて他に大去することをも遷という。〔穀梁伝、荘十年〕に「遷とは亡ぶるの辭なり」とみえる。のち、此れより彼に及ぶことをみな遷という。

訓義 1うつる、うつす、屍を殯宮にうつす。2くにうつし、みやこがえ。3かわる、はなれる、うごく、しりぞく。4ときをうつす。

古訓 〔名義抄〕遷 ウツル・ウツス・カハル・サル・カヘル・メグル・シリゾク・アラタム・ナカハ 〔字鏡集〕遷 シリゾク・メグル・カヘル・サル・トル・カハル・ウツル・ウツス・ヤスシ・アラタム

語系 遷・䙴tsian は同声。䙴は遷屍、他に遷すことを遷という。僊・躚 sian は声義近く、僊は登僊(仙)、その蹁躚として登るさまを躚という。

【遷移】移る。〔後漢書、袁紹伝上〕今、賊臣亂を作し、朝廷遷移す。吾れ歷世寵を受く。志、力命を竭くして、漢室を興復せんとす。

【遷延】逡巡する。楚・宋玉〔神女の賦〕是に於て珮飾を搖かし、玉鸞を鳴らし、衣服を整へ、容顏を斂む。女師を顧みて太傅に命じ、歡情未だ接せざるに、將に辭し去らんとす。遷延して身を引き、親附すべからず。逝くに似て未だ行かず。

【遷化】死ぬ。また、遷改。魏・文帝〔典論、論文〕日月上に逝き、體貌下に衰へ、忽然として萬物と遷化す。斯れ志士の大痛なり。

【遷改】うつりかわる。唐・戎昱〔張駙馬に贈別す〕詩 一朝、譴を負うて丹闕(宮城)を辭し 五年、罪を待つ、湘江の源 冠冕(役人としての生活)凄涼、幾たびか遷改す 眼に看る、桑田の變じて海を成すを

【遷客】流され人。唐・李白〔史郎中欽と、黄鶴楼上に笛を吹くを聴く〕詩 一たび遷客と爲りて、長沙に去る 西のかた長安を望むに、家を見ず

【遷善】善に移る。〔孟子、尽心上〕王者の民は皞皞如たり。～民、日に善に遷りて、而も之れを爲せしむる者を知らず。

【遷謫】流される。唐・白居易〔琵琶行の序〕予れ、出でて官たること二年、恬然として自ら安んずるも、斯の人の言に感じ、是の夕始めて遷謫の意有るを覺ゆ。因りて長句の歌を爲りて、以て之れに贈る。

【遷鼎】革命。遷都。〔左伝、桓二年〕武王、商(殷)に克ち、九鼎を雒邑(周都の洛邑)に遷す。義士猶ほ或いは之れを非る。

【遷転】転任。〔三国志、呉、陸凱伝〕今、州縣の職司、或いは政に莅むこと幾くも無くして、便ち徴召して遷轉す。新を迎へ舊を送り、道路に紛紜(混雑)す。財を傷り民を害すること、是に於て甚だしと爲す。

【遷怒】やつあたり。〔論語、雍也〕顏回といふ者有り。學を好む。怒りを遷さず、過ちを貳びせず。

【遷変】変遷。〔晋書、礼志下〕周末崩離し、賓射宴饗の則、復た能く行ふこと罕なり。冠婚飲食の法、又遷變多し。

↑遷易 うつりかわる／遷鶯 世に出る／遷訛 かわる／遷回 めぐる／遷革 うつりあらたまる／遷隔 遠くへだたる／遷居 移居する／遷喬 昇進する／遷国 国遷り／遷削 降職する／遷竄 放逐する／遷徙 移る／遷次 宿がえ／遷舎 宿がえ／遷授 昇任する／遷就 こじつけ／遷逡 逡巡する／遷除 昇任する／遷臣 遷流の臣／遷神 遷座／遷進 昇任する／遷人 流人／遷逝 死ぬ／遷斥 うつし逐われる／遷絶 死ぬ／遷染 感化する／遷殂 死ぬ／遷宅 移居／遷逐 放逐する／遷秩 昇進する／遷黜 左遷される／遷調 転任する／遷陟 昇任する／遷擢 昇任する／遷都 都遷り／遷拝 昇任する／遷廟 廟に合祀する／遷祔 合葬する／遷復 もどる／遷窆 改葬する／遷補 補任／遷貿 かわる／遷民 移民／遷滅 滅ぼす／遷渝 かわる／遷吏 遷臣／遷流 貶逐される／遷虜 強制移住／遷歴 官歴

↓斡遷・延遷・鶯遷・下遷・化遷・喬遷・高遷・左遷・三遷・時遷・叙遷・升遷・推遷・超遷・転遷・播遷・変遷・流遷・累遷・屢遷

常 **【選】** 15 〔選〕16 3730 セン そろう えらぶ

篆文 
古印璽 

形声 声符は巽(巽)。巽は神前の舞台で、二人並んで揃い舞をする形。これを神に献ずることを撰という。〔説文〕二下に「遣はすなり」と、選と遣の畳韻を以て訓するが、巽・選は神に対する行為であり、神に供えることを饌という。〔詩、斉風、猗嗟〕「舞へば則ち選ふ」とは舞いそろうさま。それより、すぐれる、えらぶなどの意となる。〔説文〕に「一に曰く、擇ぶなり」(段注本)とあり、のちその義に用いる。

訓義 1そろう、ととのう、ひとしい、舞いそろう。2よい、すぐれる。3えらぶ、かぞえる。4やる、おくる、つかわす。5旋と通じ、はやい、めぐる。

古訓 〔名義抄〕選 エラブ・スグレタリ・トヽノフ・ヒトシ・シバラ

ク・カゾフ・イル・キス〔字鏡集〕選 セッ・エラブ・イル・カゾフ・スグレタリ・カズ・スミヤカ・シバラク・ト、ノフ

語系 選siuan、巽suanは声義近く、巽は〔説文〕五上に「具なるなり」とし、僎dzhianも同訓。舞人の数の備わることをいう。その舞う姿を選といい、選選という。旋ziuanも声義近く、旋とは軍の運旋することをいう。

【選賢】賢人をえらび任ずる。〔礼記、礼運〕大道の行はるるや、天下を公と爲し、賢を選び能を與ひ、信を講じ睦を脩む。故に人、獨り其の親を親とせず、獨り其の子を子とせず。

【選叙】官にえらび任ずる。〔晋書、隠逸、范喬伝〕元康中、詔して廉讓沖退、履道寒素の者を求め、資を計らずして以て選敍に參ぜしむ。～時に張華、司徒を領し、天下の擧ぐる所、凡そ十七人。

【選択】えらび用いる。〔墨子、尚同上〕夫れ天下の亂るる所以の者を明らかにするに、政長無きに生ず。是の故に天下の賢なる者を選擇して、可なる者をば立てて天子と爲す。

【選徒】徒卒をかぞえる。〔詩、小雅、車攻〕之の子于に苗(狩)りす 徒を選ふること囂囂たり

【選練】えらびきたえる。〔淮南子、道応訓〕越王句踐、呉と戰ひて勝たず。國破れ身亡び、會稽に困しむ。心を忿らし膽を張り、氣は湧泉の如く、甲卒を選練し、火に赴くこと滅えたるが若し。

↑選閲 えらぶ／選学 文選の学／選官 人を詮衡する官／選揀 選抜する／選間 しばらく／選簡 えらぶ／選擬 起案する／選具 具わる／選建 選任する／選言 択言／選考 考試によってえらぶ／選差 選遣する／選才 選抜する／選刷 えらぶ／選試 試験してえらぶ／選次 次第する／選事 選官／選取 えらぶ／選首 第一に選任されたもの／選授 選任される／選集 選び集める／選充 選任する／選除 選任する／選勝 名勝をたずね遊ぶ／選場 試験場／選職 人選をする官／選進 選献／選人 人選び／選推 選進する／選愞 よわい／選曹 選官／選卒 精兵／選擢 選抜する／選任 選び任ずる／選舞 舞う／選文 文をつくる／選兵 精兵／選補 選任する／選鋒 精兵／選用 選び用いる／選楼 文選楼／選録 選択し収録する

↓英選・改選・魁選・官選・揀選・簡選・決選・厳選・互選・公選・更選・高選・再選・私選・自選・殊選・充選・招選・上選・新選・人選・推選・清選・盛選・精選・銓選・擢選・抽選・勅選・当選・特選・徳選・入選・抜選・比選・被選・補選・邦選・妙選・民選・明選・優選・預選・落選

【檐】 16 4726 セン とばり ほろ

形声 声符は詹。〔玉篇〕に「帷なり」とあり、帷を下ろした車を檐車という。また、衣の上に羽織るもの、えりなどをもいう。

訓義 ①とばり。②ほろ。③襜と通じ、衣の前を蔽うもの。④衣の上に羽織る。⑤えり、えりのきれ。

古訓 〔字鏡集〕檐・襜 カタヒラ

↑檐帷 帷を垂れた車。身分ある人／檐幌 ほろ／檐車 婦人の車

↓下檐・褰檐・行檐・高檐・絳檐・車檐・垂檐・丹檐・彤檐

【舁】 16 7744 ［罨］ 11 1071 セン うつる のぼる

篆文

古文

会意 囟＋臼＋廾。囟に四手を加えている形。〔説文〕三上に「舁は高きに升るなり」とし、囟声とするが、声が合わず、形義もえがたい。字はまた罨に作る。囟は頭骨の象。下に卩(屍体の坐する形)を加えて、屍体を示す。四手を加えて屍を遷し、埋葬することをいう。遷化というときの遷(遷)の初文。道家では、遷化してその霊は天に登るとされた。

訓義 ①うつる、うつす、うつし葬る。②のぼる、天にのぼる、登僊。③字はまた罨に作る。

声系 〔説文〕に罨声として遷・僊など三字を録する。遷・僊はともに遷化の意をもつ字である。

【憸】 16 9808 セン かたよる ねじける

篆文

形声 声符は僉。〔説文〕十下に「憸詖なり。上に憸利するは佞人なり」とあり、こざかしいねじけ人をいう。〔広雅、釈詁一〕に「強なり」というのは、あながちの意であろう。

訓義 ①かたよる、ねじける。②へつらう、とりいる、こざかしい。③あながちにする、むりじい。

古訓 〔字鏡集〕憸 ト、ノフ・カタマシ・ヘハ(ツ)ラフ

【憸巧】奸佞でこざかしい。〔唐書、韋渠牟伝〕渠牟、人と爲り佻躁、志向浮淺、～特だ憸巧を用つて、帝の意に中つるのみ。

【憸邪】陰険邪悪。唐・陸贄〔三奏量移官状〕高論しては則ち(李)林甫の陰邪を痛嫉し、密網には則ち林甫の弊法を習行す。憸邪、蠹を爲し、乃ち斯に至る。

【憸人】奸佞の人。蜀・諸葛亮〔兵軍要誡〕枝葉彊大、比居同勢、各〻朋黨を結び、憸人を競進す。此れ有りて去らざる、是れを敗徵と謂ふ。

【憸薄】奸佞浮薄。〔唐書、姦臣上、李林甫〕(其の壻、張)博濟も亦た憸薄自ら肆にし、戸部郎中と爲る。～供擬豐侈なるも、～有司敢て言はず。

↑憸猾 狡猾／憸言 佞言／憸士 憸人／憸柔 陰険／憸壬 憸佞／憸佞 陰険でおもねる／憸民 憸人／憸諛 憸佞／憸利 陰険でわる賢い

↓姦憸・凶憸・険憸・傲憸・昏憸

【擅】 16 5001 セン ゼン ほしいまま

篆文

形声 声符は亶。亶に饘・氈の声がある。〔説文〕十二上に「專らにするなり」とあり、專(専)と声義近く、専断・専有の意がある。

訓義 ①ほしいまま、ほしいままにする。②しめる、ひとりしめる。③禅と通じ、ゆずる。

古訓 〔名義抄〕擅 モハラ・ホシイマ、

【擅行】専行。〔呂覧、貴生〕夫れ耳目鼻口は生の役なり。～生に害あれば則ち止む。～耳目鼻口、擅行することを得ず、必ず制する所有り。之れを譬ふれば官職の若し。擅爲するを得ず。必ず制する所有り。此れ貴生の術なり。

【擅権】専権。〔史記、陸賈伝〕呂太后の時、諸呂を王とす。諸呂、權を擅にし、少主を劫やかし、劉氏を危くせんと欲す。

【擅恣】ほしいまま。〔後漢書、荀淑等伝論〕漢は中世より以下、閹豎(宦官)擅恣なり。故に俗、遂に遁身矯絜、放言するを以て高しと爲す。士の此れを談ぜざる者有れば、則ち芸夫・牧豎のみとして、之れを叫呼す。

【擅場】一人舞台。唐・杜甫〔冬日、洛城の北に玄元皇帝(老子)廟に謁す〕詩 畫手、前輩を看るに 呉生遠く場を擅にす

【擅譲】禅譲。天子の位を譲る。〔荀子、正論〕世俗の説を爲す者曰く、堯舜は擅讓すと。是れ然らず。天子なる者は勢位至尊にして、天下に敵する無し。夫れ誰にか譲ること有らん。

【擅朝】朝政を専らにする。〔周書、竇毅伝〕魏の孝武の初め、～時に齊の神武、朝を擅にす。毅、慨然として主に殉ずるの志有り。

【擅美】 美をほしいままにする。〔宋書、謝霊運伝論〕(司馬)相如は工みに形似の言を爲し、二班(班彪・班固)は情理の說に長じ、子建(曹植)・仲宣(王粲)は氣質を以て體と爲す。竝びに能を摽し美を擅にし、獨り當時に映ず。

➡擅愛 専愛/擅為 自恣/擅管 独占/擅議 勝手に論じはかる/擅強 勝手/擅国 擅政/擅殺 専殺/擅自 勝手/擅事 専断/擅制 専制/擅政 専政/擅勢 専権/擅専 勝手/擅断 専断/擅寵 専愛/擅逞 跋扈する/擅賦 私税/擅兵 兵権を掌握する/擅柄 専権/擅便 自己主張する/擅命 勝手に命ずる/擅利 利益を独占する

⬇豪擅・恣擅・自擅・専擅・独擅・雄擅

【暹】16 3630 セン すすむ

形声 声符は進(進)。〔広韻〕に「日の光進むなり」とあり、宋の王安石〔平甫の舟中、九華山を望むに和す、二首、二〕の詩に「峨然たり九女の鬟(まげ) 争うて出だす、一鏡匳 臥して送る、秋月の沒するを 起きて看る、朝日の暹むを」のような用例がある。

訓義 ①すすむ、日がのぼる。②暹羅は、国名。

古訓 〔名義抄〕暹 ス、ク・アキラカナリ・エラブ・メグル・トル〔字鏡集〕暹 ス、ム・ナガシ・テラス・ユタカ・アキラカナリ・メグル・トル・ス、ク・ノボル

➡暹羅 国の名、今のタイ国

【燀】16 9685 セン タン かしぐ

篆文 

形声 声符は單(単)。單に闡・戰(戦)の声がある。〔説文〕十上に「炊ぐなり」とあり、炊事すること。〔左伝、昭二十年〕「之れを燀ぐに薪を以てす」という。火のさかんなさまをいう。

訓義 ①かしぐ、たく。②もやす、もえる。③さかん、かがやく。④あたたか、あつい。

古訓 〔名義抄〕燀 アツシ・ツクス・カシク 〔篇立〕燀 アツシ・イヒカシク 〔字鏡集〕燀 カシク・タク・ヒノテ・ツクス・アツシ

➡燀威 威を揚げる/燀赫 輝く/燀業 業績/燀熱 熱い/燀耀 輝く

⬇威燀・炎燀・火燀・災燀

【甎】16 5131 〔塼〕14 4514 〔磚〕16 1564 セン かわら

形声 声符は專(専)。專はかたくまるめることをいう。土をかため、焼成して瓦としたものを塼・磚といい、敷瓦を甎という。

訓義 ①かわら、しきがわら。②れんが。

古訓 〔篇立〕甎 カザルカハラ・メカハラ 〔字鏡集〕甎 マロシ・カハラ・ヲカハラ・ツチクレ

＊語彙は塼字条参照。

➡甎位 群臣列位/甎瓦 敷瓦/甎墻 煉瓦塀/甎砌 敷瓦路/甎石 敷瓦/甎壁 煉瓦壁/甎房 煉瓦建て/甎縫 煉瓦の重ね

⬇花甎・級甎・硯甎・古甎・構甎・焼甎・層甎・陶甎・範甎・布甎・方甎・銘甎・累甎

常 【薦】16 4422 〔薦〕17 4422 セン すすめる そなえる しきりに

篆文  金文 

会意 艸+廌。廌は解廌、神判のときに用いる神羊。〔説文〕十上に「獸の食する所の艸なり。廌に從ひ、艸に從ふ。古は神人、廌を以て黃帝に遺る。帝曰く、何をか食らひ、何くにか處ると。曰く、薦を食らひ、夏は水澤に處り、冬は松柏に處る」という語を載せる。金文の字形に、艸中に廌をおく形があり、白茅を以て犧牲を包み薦める意であろう。〔周礼、天官、籩人〕に「凡そ祭祀には、其の籩の薦羞の實を共(供)す」という語があり、まだ飲食しない初物を薦、他を羞という。供薦の意より、薦進の意となる。荐と通用し、副詞に用いる。

訓義 ①すすめる、そなえる、たてまつる、神にささげる。②そなえもの、おそなえ。③しく、しきもの。④いたる、すすむ。⑤よもぎの一種、こも。⑥荐と通じ、しきりに。

古訓 〔和名抄〕薦 古毛(こも) 〔字鏡集〕薦 クサ・コモ・ノブ・フサク・アク・コモフサ・タテマツル・ス、ム・ムシロ・カサス(ヌ)

語系 薦 tzian、葅(苴) tzia、また藉 dzyak、席 zyak は声近く、これらはみな茅藉・祭藉としてその上に犧牲をおき、神に薦めるためのもの。いわゆる白茅屯束の用に供するもので、祭藉として敷き、神に薦めるもの。進(進) tzien、祭 tziat も声義の関係があり、神に進めて祭ることをいう。また巽(巽) suan、僎 dzhian、選(選) siuan も一系をなす語で、巽・僎は神に具えそなえる、選は神前で二人拝舞することをいう。薦には藉くもの、薦めるものの意がある。なお荐 tzian、臻 tzhen と通じて、しきりに、いたるの意に用いる。

【薦延】 薦めて用いる。〔漢書、陳湯伝〕(議郎耿育の上書)今、國家素より、文帝の累年節儉富饒の畜(蓄)無く、又武帝の薦延梟俊、禽敵の臣無し。獨り一陳湯有るのみ～と。書奏す。天子、湯を還せしも、長安に卒す。

【薦挙】 推挙する。〔後漢書、孔融伝〕融、(北海)郡に到り、～吏民の黃巾の誤る所と爲りし者、男女四萬餘人を鳩集し、更めて城邑を置き、學校を立て、儒術を表顯し、賢良鄭玄・彭璆・邴原等を薦擧す。

【薦臻】 しきりに至る。〔詩、大雅、雲漢〕天、喪亂を降し饑饉薦りに臻る

【薦達】 推挙して昇進させる。宋・欧陽脩〔観文殿大学士～晏公神道碑銘〕公旣に善を樂しみて、稱して人を知ると爲す。士の朝に顯はるる者、公の薦達する所多し。

【薦誉】 推挙しほめる。唐・韓愈〔柳子厚墓誌銘〕儁傑廉悍、議論今古に證據し、經史百子に出入し、～名聲大いに振ひ、一時皆慕ひて之れと交はる。諸公要人、爭うて我が門下に出でしめんと欲し、口を交へて之れを薦譽す。

➡薦引 推薦状/薦函 推薦状/薦祼 お祭/薦居 引っ越し好き/薦享 お供えして祭る/薦饗 薦享/薦献 祭享/薦賢 進賢/薦言 薦める/薦瘥 多難/薦至 薦臻/薦祀 お供えして祭る/薦事 供して養う/薦藉 しく/薦羞 お供え/薦書 推薦書/薦蓐 敷物/薦信 誠言/薦紳 高官の礼装/薦寝 枕をすすめる/薦新 初物を供える/薦数 しばしば/薦牲 供牲/薦席 むしろ/薦然 怒るさま/薦草 茂草/薦擢 薦挙/薦枕 添い寝/薦陳 陳列/薦奠 祭献/薦導 薦めて用いる/薦櫝 推薦状/薦抜 薦挙/薦罰 賞罰/薦聞 奏聞する/薦辟 特任/薦壁 降服の礼/薦籩 お供え/薦保 保証/薦脯 肉を供える/薦奉 お供え/薦揚 薦挙/薦酹 酒で祭る/薦礼 薦典/薦論 人物を論じて薦める

⬇引薦・殷薦・謁薦・嘉薦・享薦・供薦・貢薦・祭薦・首薦・称薦・推薦・席薦・奏薦・追薦・登薦・拝薦・壁薦・奉薦・褒薦・論薦

【氈】17 0211 セン けおり もうせん

篆文 

形声 声符は亶。亶に擅・嬗の声がある。〔説文〕八上に「撚りたる毛なり」とあり、毛織の敷物などをいう。北方の諸族は大氈帳をめぐらして集会

場とし、ときには千人を容れるものがあったという。その幕舎を氈幄といい、その君を氈裘の君などという。

訓義 ①けおり、けむしろ、もうせん。②旃と通じ、はた。

古訓 〔新撰字鏡〕氈 加毛（かも）〔和名抄〕氈 賀毛（かも）。〔箋注〕天武紀、氈、於利加毛（おりかも）〔篇立〕氈 カモケ・ウルシカモ・クツノ〳〵キ 〔字鏡集〕氈 ケノユカ・カモノケ・カモ・ウハシキ・ナ（ケ）ノムシ（ロ）

語系 氈・顫tjianは同声。顫に顫動の意があり、羊毛をひねって旋毛の状となるところからの命名であろう。旋ziuan、繎njian、薦（薦）tzianも声義に通ずるところがある。繎はねじれ糸、薦は敷物。

【氈幄】氈帳。〔宋書、後廢帝紀〕齊王～潛かに廢立を圖る。～七月七日、（後廢帝）昱、露車に乘り、～晩に新安寺に至り、曇度道人に就きて飲酒し、醉ひて夕に扶けられて仁壽殿に還り、東阿氈幄の中に臥す。～王敬則～等二十五人、謀りて共に昱を取る。

【氈屋】氈帳。〔南史、夷貊下、西域、滑国伝〕城郭無し。氈屋を居と爲し、東向して戸を開く。其の王金牀に坐し、～妻と竝に坐して客に接す。

【氈裘】毛氈と皮裘。〔戦国策、趙二〕大王誠に能く臣に聽かば、燕は必ず氈裘狗馬の地を致し、齊は必ず海隅漁鹽の地を致し、楚は必ず橘柚雲夢の地を致し、韓・魏は皆封地湯沐の邑を致さしむべし。

【氈帳】フェルトの天幕。〔顔氏家訓、帰心〕凡そ人の信ずるは、唯だ耳と目とのみ。耳目の外は、咸な疑ひを致す。～昔、江南に在りしとき、千人の氈帳有るを信ぜざりき。河北に來るに及んで、二萬斛の船有ることを信ぜざりき。皆實驗なり。

↑氈案 毛氈の牀／氈廈 氈堂／氈蓋 氈幄／氈冠 羅紗の帽／氈郷 北狄／氈巾 羅紗の帽子／氈罽 毛織毛氈／氈条 毛布／氈城 大氈帳／氈褥 毛織の蒲団／氈毳 毛織物／氈席 氈褥／氈毯 毛氈／氈堂 大氈帳／氈襪 毛の足袋／氈筆 羊毫の筆／氈房 氈帳／氈帽 氈巾／氈幕 氈帳／氈簾 毛布の簾／氈炉 こたつ／氈廬 氈帳

↓衣氈・花氈・佳氈・臥氈・裘氈・細氈・戎氈・青氈・白氈・幕氈・綿氈・毛氈

【篿】17 8834 セン タン

篆文

形声 声符は專（専）。〔楚辞、離騒〕に「藑茅と筳篿とを索り 靈氛に命じて余が爲に之れを占はしむ」とあり、筳篿とは竹を折って卜う楚人の卜法をいう。〔説文〕五上に「圜き竹器なり」とあり、團（団）の声でよむとするが、専声で用いる字である。

訓義 ①竹卜。②円い竹かご。

↓折篿・楚篿・筳篿・靈篿

常【繊】17 人〔纖〕23 2395 セン いと ほそい こまかい

篆文

形声 旧字は纖に作り、韱声。韱は殲滅、多くの人の首を戈ではねる形。韭を加えて、細密に切る意となり、糸に施して細い糸をいう。〔説文〕十三上に「細きなり」とあって、糸すじの細いもの。纖維のほか、すべて纖細なものをいう。

訓義 ①ほそいいと、ほそい。②こまかい、ささやか、しなやか、かぼそい、つつましやか。

古訓 〔名義抄〕纖 ホソシ・マカリ・スクカナリ・ソヒヤカナリ 〔字鏡集〕纖 チヒサシ・ヒソカニ・スクナシ・ヒソヤカ・マリ、カ・ホソシ・マサリカナリ・ヌク・マカリ・ソヒヤカナリ

語系 纖・孅siamは同声。孅は〔説文〕十二下に「兌細なり」（段注本）とみえる。攕sham十二上は「好手の皃なり」とあって、ほっそりとした手をいう。その手をまた纖手といい、纖纖と形容する。

【纖雲】軽雲。晉・傅玄〔雑詩〕纖雲、時に髣髴たり 渥露（しとどなる露）、我が裳を沾す 良時停景無し 北斗忽ち低昂す

【纖翳】かすかなくもり。〔世説新語、言語〕司馬太傅（道子）、齋中に夜坐す。時に天月明淨にして、都べて纖翳無し。太傅歎じて以て佳と爲す。

【纖芥】わずかなもの。微塵。〔陳書、虞寄伝〕悉く委するに心腹を以てし、任ずるに爪牙を以てし、胸中豁然として、曾ち纖芥無し。

【纖巧】精緻。〔新書、瑰瑋〕民、完堅を弃て、雕鏤纖巧を務め、以て高きを相ひ競ふ。

【纖毫】きわめてわずか。漢・潘勖〔魏公（曹操）に九錫を冊する文〕君、國の均を秉り、色を正して中に處り、纖毫の惡も抑退せざる靡し。

【纖妍】やせがたで美しい。〔魏書、崔浩伝〕浩、纖妍潔白にして、美婦人の如し。而れども性敏達にして謀計に長じ、常に自ら張良に比す。

【纖悉】微細なところまでゆきとどく。〔文心雕竜、総術〕昔陸氏（機）の文の賦は、號して曲さに盡すと爲す。然れども纖悉を汎論するも、實體未だ該はらず。

【纖弱】細く弱い。〔歴代名画記、七、南斉〕謝赫、～點刷精研にして、意、形似に存す。～氣運精靈に至りては、未だ生動の致を窮めず、筆路纖弱にして、雅壯の懷ひに副はず。

【纖手】ほっそりとした手。〔文選、古詩十九首、二〕盈盈たる樓上の女 皎皎として牕牖（窓）に當る 娥娥たる紅粉の粧ひ 纖纖として素手を出だす

【纖塵】微塵。唐・張若虚〔春江花月夜〕詩 江天一色、纖塵無し 皎皎たり、空中の孤月輪

【纖微】微細。〔漢書、張安世伝〕安世、尊は公侯爲り、食邑萬戸。然れども身に弋綈（黒い粗服）を衣き、～內、產業を治め、纖微を累積す。

【纖利】細く鋭い。〔歴代名画記、十、唐朝下〕白旻～花鳥に工みなり。鷹鶻（たかと、はやぶさ）は觜爪纖利にして、甚だ其の趣を得たり。旻は歌を善くし、常に醉酣して闋（うたの一ふし）を歌ひ、便ち書きて自ら娛しむ。

【纖麗】こまかく美しい。晉・陸機〔演連珠、五十首、四十六〕臣聞く、形を影に圖すれば、未だ纖麗の容を盡さず。火を灰に察すれば、洪赫の烈を覩ずと。是を以て道を問ふは、其の人に存す。

↑纖阿 月の御者／纖埃 微塵／纖悪 微悪／纖維 糸すじ／纖影 かげり／纖鋭 纖利／纖婉 纖豔／纖豔 こまやかで美しい／纖瑕 微瑕／纖歌 清唱／纖介 纖芥／纖弓 纒足／纖鉅 細大／纖曲 行き届く／纖形 細身／纖隙 わずかなすきま／纖穴 小穴／纖月 三日月／纖孼 めばえ／纖健 細く強い／纖枯 枯枝／纖垢 少しの垢／纖刻 細刻／纖縠 細絹／纖罪 微罪／纖指 細い指／纖疵 小疵／纖質 小才／纖秀 纖麗／纖柔 しなやか／纖冗 瑣細／纖条 細い枝／纖茸 びっしりと茂る／纖嗇 吝嗇／纖縟 纖細で華麗／纖身 やせ形／纖人 気の弱い人／纖毳 細い毛／纖屑 末節／纖纖 こまやか／纖繒 かとり／纖仄 細巧／纖足 纒足／纖佻 軽薄／纖刀 ほそみ／纖佞 ねじけ人／纖魄 三日月／纖薄 浮薄／纖眉 蛾眉／纖美 纖豔／纖靡 細好／纖末 細小／纖密 細密／纖妙

纖巧／纖毛せんもう むくげ／纖冶せんや 纖豔／纖約せんやく 纖細／纖葉せんよう 細い葉／纖腰せんよう 細い腰／纖羅せんら うすぎぬ／纖柳せんりゅう 細い柳／纖流せんりゅう 細流／纖吝せんりん 大けち／纖綸せんりん 釣糸／纖鱗せんりん 小魚／纖論せんろん 細論／纖惑せんわく 小惑

↓玉纖・洪纖・毫纖・至纖・穠纖・尖纖・微纖・粉纖

【鑯】 17 8315 セン やまにら ほそい

篆文 

形声 声符は𢦏せん。〔説文〕七下に「山韮やまにらなり」とあり、字は艸に従うこともある。また纖(纖)と通用する。

訓義 ①やまにら。②ほそい。

古訓 〔字鏡集〕鑯 ホソシ

【餞】 17 8375 セン はなむけ おくる

篆文 

形声 声符は戔せん。〔説文〕五下に「去るものを送る食なり」(段注本)とあって、送行の宴をいう。〔詩、邶風、泉水〕「禰いで(地名)に飲餞す」の〔伝〕に「祖(出行の祭)して軷ばつしゃ(出発式)す。其の側に飲酒するを餞と曰ふ」とあって、魂振り的な意味で行われるものであった。すべて迎えることを賓といい、送ることを餞という。

訓義 ①はなむけ、うまのはなむけ。②おくる、旅ゆく人をおくる、酒食もて送る。

古訓 〔新撰字鏡〕餞 馬乃鼻牟介(うまのはなむけ)〔名義抄〕餞 オクリ・ムマノハナムケ・イツハル

語系 餞dzhiam、進(進)tzien は声近く、〔爾雅、釈詁〕に「餞は進なり」とみえる。進は鳥占とりうらによって進行をトすることをいう。薦(薦)tzian、祭tziat も声に通ずるところがあり、餞がもと儀礼として行われたものであることが知られる。

【餞筵】せんえん 送別の宴。唐・白居易〔蘇州に別る〕詩 餞筵猶ほ未だ收まらざるも 征棹停とどむべからず 稍すこしく煙樹の色を隔て 尚ほ絲竹の聲を聞く

【餞行】せんこう(かう) 餞筵。〔宋書、劉敬宣伝〕元興元年、(父)牢之、南のかた桓玄を討つ。(司馬)元顯、征討大都督爲たるも、日夜昏酣こんかんす。牢之、驟しばしば門に詣いたるも、相ひ見まみゆることを得ず。帝出でて餞行し、方はじめて公の坐に遇へるのみ。

【餞送】せんそう 餞筵して送る。〔唐書、隠逸、賀知章伝〕天寶の初め、病みて夢に帝居に游び、數日にして寤さむ。乃ち道士爲たりて鄉里に還らんことを請ふ。詔して之れを許す。～帝、詩を賜ひ、皇太子百官餞送す。

【餞別】せんべつ 餞行。〔梁書、王珍国伝〕永明の初め、桂陽內史に遷り、～境內肅淸なり。任を罷やめて都に還り、路、江州を經ふ。刺史柳世隆、渚に臨みて餞別す。珍國の還裝の輕素なるを見て、乃ち歎じて曰く、此れ眞に良二千石と謂ふべきなりと。

【餞路】せんろ 餞別。〔唐書、外戚、楊国忠伝〕帝臨幸するに、必ず五家に徧あまねくし、賞賚(賜与)貲計せず。出づるに賜有るを餞路と曰ひ、返りて勞有るを輭脚なんきやくと曰ふ。

↑餞飲せんいん 餞宴／餞宴せんえん 餞筵／餞酌せんしゃく 別れの杯／餞春せんしゅん 送春／餞席せんせき 送別の席

↓慰餞・寅餞・飲餞・宴餞・恩餞・迓餞・供餞・贶餞・傾餞・迎餞・言餞・郊餞・降餞・詩餞・賜餞・受餞・出餞・勝餞・盛餞・祖餞・送餞・寵餞・追餞・野餞・予餞・留餞・臨餞・礼餞・労餞

常 【鮮】 17 2835 セン あたらしい あざやか すくない

篆文  金文 

形声 声符は羊よう。羊は羴せんの省略形。また魚にも鱻せんの形があり、ともに腥臭の意。〔説文〕十一下に「魚の名なり。貉はく國に出づ。魚と羴の省聲に従ふ」という。新鮮のものは、また腥臭のあるものである。鮮少の意は尟せんと音の通用する訓である。

訓義 ①なまうお、なまざかな、なまにく。②あたらしい、あざやか。③よい、うるわしい、いさぎよい。④尟と通じ、すくない、まれ。

古訓 〔名義抄〕鮮 ヨミス・ヨシ・アザヤカニ・アザヤカナリ・ウルワシ・アキラカニ・アザラケキ・アザラケシ・イヤシ・スクナシ・ホソミ・キラ〳〵シ・キヨシ

声系 〔説文〕に鮮声として癬など二字を収め、蘚は未収。苔蘚の字は癬との連想によるものであろう。

語系 鮮・尟(尠)sian は同声。尟は尟じに容れること少なき意。尠は鍋より酙むこと少なき意。

【鮮衣】せんい 華美な服。〔漢書、酷吏、尹賞伝〕長安中の輕薄の少年惡子を雜擧し、市籍無く、商販を務と作なして、鮮衣凶服し、鎧扞がいかんを被かうむり、刀兵を持する者、悉ことごとく之れを籍記し、數百人を得たり。賞～分行收捕し、～其の餘は盡ことごとく次を以て虎穴中に內いれ、～覆おほふに大石を以てす。

【鮮血】せんけつ まっかな血。唐・李商隠〔行きて西郊に次やどる作、一百韻〕詩 我は願ふ、此の事の爲に 君前に心肝を剖ひらき 叩頭して鮮血を出だし 滂沱ぼうだとして紫宸を汚さんことを

【鮮妍】せんけん あざやかで美しい。唐・白居易〔悟真寺に遊ぶ詩、一百三十韻〕寶堂三門を豁ひらき 金魄(月)其の前に當る 月と寶と相ひ射て 晶光鮮妍を爭ふ 人を照らして、心骨冷やかに 竟夕、眠ることを欲せず

【鮮好】せんこう(かう) あざやかで美しい。〔風俗通、正失〕王陽、儒生にして寒賤よりすと雖も、然れども車馬衣服を好み、極めて鮮好と爲す。而れども金銀文繡ぶんしゅうの物無し。遷徙して處を去るに及び、載する所囊衣のうい(ふくろに入れた衣類)に過ぎず。

【鮮少】せんしょう(せう) 少ない。唐・韓愈〔李愿の盤谷に帰るを送る序〕太行の陽みなみに盤谷有り。盤谷の閒、泉甘く土肥ゆ。草木藂茂し、居民鮮少なり。～或いは曰ふ、是の谷や、宅幽にして勢阻はげしく、隱者の盤旋する所なりと。友人李愿、之れに居る。

【鮮新】せんしん 新鮮。唐・杜甫〔崔氏の東山草堂〕詩 愛す、汝が玉山草堂の靜かなるを 高秋の爽氣、相がたひに鮮新

【鮮腆】せんてん 尊大にかまえる。宋・蘇軾〔留侯論〕是の故に倨傲きょがう鮮腆して、深く之れを折くじく。彼、其の能く忍ぶ所有りて、然る後以て大事を就なすべし。

【鮮美】せんび あざやかで美しい。晉・陶潛〔桃花源記〕武陵の人、捕魚を業なりはひと爲す。溪に緣そひて行き、路の遠近を忘る。忽ち桃花の林に逢ふ。岸を夾はさしはさみて數百步、中に雜樹無く、芳草鮮美、落英繽紛ひんぷんたり。

【鮮媚】せんび あざやかで美しい。〔法書要録、二、智永題右軍楽毅論〕陶隱居云ふ、大雅吟・樂毅論・大師箴等、筆力鮮媚にして、紙墨精新なりと。

【鮮肥】せんぴ 新しい良肉。唐・白居易〔微之に和する詩、二十三首、三月三十日の四十韻に和す〕聖賢(酒)清濁に醉ひ 水陸鮮肥に飫あく

【鮮明】せんめい はなやかで美しい。〔後漢書、任光伝〕南陽宛の人なり。～漢兵、宛に至りしとき、軍人、光の冠服の鮮明なるを見て、衣を解かしめ、將まさに殺して之れを奪はんとす。光祿勳劉賜の適たまたま至るに會あひ、～乃ち救ひて之れを全うす。

【鮮麗】せんれい あざやかで美しい。〔北史、隋文帝紀〕(開皇七年冬十月)癸亥、蒲州に幸し、丙寅、父老を宴す。上しゃう歡を極めて曰く、此の閒の人物、衣服鮮麗、容止閑雅、良まことに仕官の鄉、陶染して俗を成すに由るなりと。

↑鮮羽せんう 美しい羽／鮮雲せんうん 白雲／鮮栄せんえい 美しい花／鮮豔せんえん 鮮麗／鮮花せんか 美しい花／鮮活せんかつ いきいきとした／鮮希せんき きわめてまれ／鮮規せんき 小さい／鮮輝せんき 美しくかがやく／鮮魚せんぎょ 新しい魚／鮮絜せんけつ 清らか／鮮潔せんけつ 鮮絜／鮮肴せんこう 鮮魚／鮮耗せんこう 減る／鮮彩せんさい あざやかな色／鮮妝

清らかな装い／鮮浄　清らか／鮮色　あざやかな色／鮮食　鮮肉／鮮飾　明飾／鮮盛　きわだつ／鮮腥　なまぐさい／鮮腊　ほじし／鮮白　まっ白／鮮薄　すこし／鮮卑　鮮卑族の帯鉤／鮮膚　美しい肌／鮮服　あざやかな衣／鮮文　美しい模様／鮮扁　きよらか／鮮茂　盛茂／鮮儷　類が少ない

↓殷鮮・嘉鮮・魚鮮・空鮮・紅鮮・香鮮・小鮮・新鮮・生鮮・晴鮮・腥鮮・精鮮・浅鮮・霜鮮・澄鮮・蕃鮮・肥鮮・碧鮮・芳鮮・明鮮

【濺】 18 3315 セン そそぐ

形声 声符は賤。そそぎかけてぬらすことをいう。〔史記、廉頗藺相如伝〕に「相如請ふ、頸血を以て大王に濺ぐことを得ん」とあり、血がほとばしり、ふりかかるような状態をいう。

訓義 ①そそぐ、かける、はねかける。②ながれる、疾く流れる。

古訓 〔名義抄〕濺　チル・ソヽグ・アサハヤカニ／濺水　アサハヤカナルミズ　〔字鏡集〕濺　アサハヤカニ・ソヽグ・アサシ・チル

【濺濺】 流水の音。〔楽府詩集、横吹曲辞五、木蘭詩、二首、一〕爺孃の女を喚ぶの聲を聞かず　但だ聞く、黄河の流水、鳴ること濺濺たるを

【濺涙】 涙をそそぐ。唐・杜甫〔春望〕詩　時に感じては、花にも涙を濺ぎ　別れを恨みては、鳥にも心を驚かす

↑濺血　血しぶき／濺瀑　急雨／濺沫　しぶき／濺浪　しぶき

↓雨濺・血濺・水濺・雪濺・湯濺・飛濺

【燹】 18 1180 セン ひのび

篆文

会意 豩＋火。〔説文〕十上に「火なり」とし、豩声とする。豩に二音あり、いずれも燹の声とあわず、字は会意とみるべきである。豳の金文の字形は豩と火とに従い、燹と同構の字であるが、豳は地名に用い、別に燹に作る字があることから考えると、豳・燹は犧牲を焚く祭儀に関する字。燹は焼き狩りをする意の字であろう。戦火のため野が燎けることなどをもいう。

訓義 ①ひ、のび。②焼き狩り。③戦火。

↓残燹・兵燹・烽燹

【璿】 18 1116 ［璇］ 15 1818 セン

篆文

形声 声符は睿。睿に濬の声がある。睿はもと容に従う字である。〔説文〕一上に「美玉なり」とし、「春秋傳に曰く、璿弁玉纓」と〔左伝〕の文を引く。いま〔左伝、僖二十八年〕に「瓊弁玉纓」に作る。〔書、舜典〕に「璿璣玉衡を在らかにして、以て七政を齊ふ」とあり、「璿璣玉衡」とは渾天儀をいう。

訓義 ①たまの名。②北斗第二星。③字はまた璇に作る。

古訓 〔篇立〕璿　タマ　〔字鏡集〕璿・璇　ヨキタマ

＊語彙は璇字条参照。

↑璿扆　玉扆／璿璣　渾天儀／璿宮　玉宮／璿玉　美玉／璿珠　美玉／璿族　王族／璿墀　殿階／璿図　版図／璿弁　馬冠

【瞻】 18 6706 セン みる

篆文

形声 声符は詹。〔説文〕四上に「臨み視るなり」とあり、瞻仰・瞻望など、遠く遥かに望み、また見めぐらす意がある。〔詩、衛風、淇奥〕「彼の淇奥を瞻るに　綠竹猗猗たり」と青く茂る竹を視るという祝頌の発想は、〔万葉集〕の「～見る」「見れど飽かぬ」という魂振りの発想と同質のものである。〔詩〕では「瞻彼～」という定型の発想をとる。

訓義 ①みる、みはるかす、みあげる、みおろす、みめぐらす。②贍と通用することがあり、たる。

古訓 〔名義抄〕瞻　ミル・マホル・マモル・マハル・ユタカナリ

語系 瞻・占tjiamは同声。覘thiamも声義が近い。占・覘は占卜的な意を含む語であり、瞻に呪的な行為としての意味があることは、〔詩〕の「瞻彼～」という発想形式からも知ることができる。

【瞻卬】 仰ぎみる。瞻仰。〔詩、大雅、雲漢〕昊天を瞻卬すれば　嘒たる其の星有り

【瞻顧】 かえりみる。互いに様子をみる。〔後漢書、皇甫規伝〕陛下、八年の中、三たび大獄を断め、～再び外臣を誅す。～群臣口を杜し、前害を鑒畏し、互ひに相ひ瞻顧して、肯て正言するもの莫し。

【瞻視】 みる。〔論語、尭曰〕君子は～威ありて猛からず。～君子、其の衣冠を正しくし、其の瞻視を尊くして、儼然たり。人望みて之れを畏る。斯れ亦た威ありて猛からざるにあらずや。

【瞻省】 孝養する。〔後漢書、胡広伝〕時に年已に八十なるも、心力克く壯なり。繼母堂に在り、朝夕瞻省す。傍らに几杖無く、言ふに老と稱せず。

【瞻望】 見めぐらし、遠く望む。〔詩、邶風、燕燕〕之の子于に歸ぐ　遠く野に送る　瞻望するも及ばず　泣涕、雨の如し

↑瞻依　父母／瞻逸　ゆたかですぐれる／瞻謁　朝見の礼／瞻観　みる／瞻企　企望する／瞻窺　うかがい視る／瞻敬　仰ぎみる／瞻迎　歓迎する／瞻見　遠望する／瞻察　しらべる／瞻思　仰慕する／瞻侍　仰ぎつかえる／瞻謝　拝謝する／瞻巡　巡視／瞻徇　情にほだされる／瞻渉　博く覧る／瞻矚　仰ぎ視る／瞻送　見送る／瞻対　朝廷で奏対する／瞻遅　まつ／瞻眺　遠く望む／瞻睇　仰望する／瞻拝　拝顔する／瞻聞　見聞する／瞻眄　みる／瞻慕　仰慕する／瞻奉　かしずく／瞻養　十分に養いつかえる／瞻覧　観覧する／瞻礼　拝礼／瞻恋　慕う／瞻弄　眺め遊ぶ

↓歓瞻・観瞻・仰瞻・具瞻・傾瞻・顧瞻・視瞻・眺瞻・傍瞻・民瞻・遥瞻

人 【蟬】 18 5615 セン ゼン せみ

篆文

形声 声符は單（単）。單に禪（禅）・闡の声がある。〔説文〕十三上に「旁を以て鳴く者なり」とあり、胸を振動させて鳴く。蟬連・蟬脱・蟬噪など、その生態よりしていう語が多い。

訓義 ①せみ。②つづく、つらなる、のびる。③戰と通じ、おそれる。

古訓 〔新撰字鏡〕蟬　世比（せび）　〔名義抄〕蟬　セミ

語系 蟬zjian、振・震tjian、脣djiuan、戰（戦）tjianは声近く、みな振動の意のある語。蟬はその鳴きかたより、その名をえたものであろう。

【蟬吟】 蟬の声。宋・蘇軾〔渓陰堂〕詩　白水滿つる時、雙鷺下り　綠槐高き處、一蟬吟ず

【蟬声】 蟬吟。隋・薛道衡〔夏晩〕詩　流火、稍や西に傾き　夕影、曾城に遍し　高天、遠色澄み　秋氣、蟬聲に入る

【蟬噪】 蟬のやかましくなく声。唐・韓愈〔士を薦む〕詩　齊・梁と陳・隋と　衆作、蟬噪に等し

【蟬鬢】 蟬の羽のようにうすくすいた髪。梁・元帝〔顔園の故閣に登る〕詩　妝成りて蟬鬢を理め　笑ひ罷んで蛾眉を斂む　衣香しくして、歩の近きを知り　釧動きて、行の遅きを覺ゆ

【蟬鳴】 蟬の声。梁・元帝〔後園の作、迴文詩〕花餘、戯鳥に拂はれ　樹密にして鳴蟬を隱す（鳥戯れて餘花を拂ひ　蟬鳴きて密樹に隱る）

【蟬聯】 つらなりつづく。〔梁書、王筠伝〕沈少傅約、人に

語りて云ふ。吾れ少かくして百家の言を好み、身づから四代の史を爲くれり。開闢より已來、未だ爵位蟬聯し、文才相ひ繼ぐこと、王氏の盛んなる如き者有らずと。

↑蟬衣 蟬のぬけがら／蟬羽 うすい羽／蟬媛 纏綿としたさま／蟬化 羽化／蟬殼 蟬のぬけがら／蟬冠 御史冠／蟬鬢 蟬鬢／蟬娟 美しいさま／蟬紗 うすもの／蟬翅 蟬の羽／蟬珥 冠飾／蟬蛻 蟬殼／蟬脱 蟬のぬけがら／蟬蜩 せみ／蟬佩 冠帯／蟬腹 空腹／蟬冕 蟬珥／蟬翼 蟬の羽／蟬連 蟬聯

↓暗蟬・冠蟬・寒蟬・銜蟬・含蟬・驚蟬・玉蟬・金蟬・孤蟬・高蟬・細蟬・残蟬・珥蟬・秋蟬・新蟬・噪蟬・貂蟬・蜩蟬・晩蟬・鬢蟬・鳴蟬・乱蟬

【襜】 18 3726 ［裧］ 9 3725 セン ひざかけ まえかけ

篆文 

形声 声符は詹。〔説文〕八上に「衣の蔽前なり」とあって、蔽膝、ひざかけをいう。〔詩、小雅、采緑〕「終朝に藍を采るも 一襜に盈たず」とあり、予祝としての草摘みを歌う。願かけして一定量の草摘みをし、その草をひざかけに収めるのである。

訓義 1ひざかけ、まえかけ、まえだれ。2衣のわきした。3幨と通じ、車のとばり。

古訓 〔字鏡〕襜 マヘダレ・カイツロフ・ミダレ 〔字鏡集〕襜 ハカマ・ユルク

語系 襜thjiamは詹・瞻tjiamと声近く、詹は多言、祝禱の辞をいう。詹声の字に多い、めぐらす、あまるなどの意があり、襜とは衣の裾の、ゆたかな部分をいう。

【襜幄】 車の四方にたれる幕。〔新序、雑事五〕天子、闉闕(宮城)の中～に居り、襜幄を出でずして天下を知る者は、賢なる左右有るを以てなり。

【襜帷】 帷を垂れた車。身分ある人。唐・王勃〔滕王閣の序〕都督閻公の雅望、棨戟遙かに臨む、宇文新州の懿範、襜帷暫らく駐まる。

【襜襜】 盛服のさま。〔説苑、雑言〕子路、盛服して孔子に見ゆ。孔子曰く、由(子路の名)よ、是の襜襜たる者は何ぞや～と。子路趨りて出で、服を改めて入る。蓋し自如たり。

↑襜衣 短衣／襜裙 すそ／襜幌 ほろ／襜襦 はだぎ／襜如 襜襜／襜裳 はかま／襜被 ひざかけ／襜蔽 矢石を防ぐ用具／襜褕 ひとえの衣服、ひざかけ

↓金襜・貂襜・布襜

【顛】 18 1188 セン ソン まう

篆文 

会意 二頁に従う。頁は神事に従う人の礼装した姿。神殿の舞台で並び舞う人の姿は巽(巺)、並び立って祭る姿は顛。それで顛・巽は声義の近い字である。〔説文〕九上に「選具するなり」、また巽字条五上に「具はるなり」、僎字条八上に「具はるなり」とするが、これらはみな二人並んで神事に従い、あるいは舞楽する意。神に供薦することを撰、その供薦するところを饌という。

訓義 1まう、そろいまう。2そなえる、神にそなえる。

古訓 〔字鏡集〕顛 ツブサナリ

語系 〔説文〕九上に、巽字の従う二卩の形に「巽、此れに従ふ。闕」とし、丌部五上の顛に従う字を〔易〕の巽の字として、その両字を区別するが、巺・顛dzhiuanは同声、立つものは顛、坐跪する形は巺である。顛は巽・選(選)の字と声義が通ずる。

【顓】 18 2128 セン うやうやしい おろか もっぱら

篆文 

形声 声符は耑。耑に遄の声がある。耑の上部は髪をまげに結んだ形。下部は大と同じく、人の正面して腰かける形。巫祝が端然として坐を占めている形である。頁は礼貌。神事に従うときの人の形。〔説文〕九上に「頭、顓顓として謹む皃なり」とするが、その義に用いた例がない。顓蒙は愚民、顓決は専決で専の意。古帝王に顓頊の名があり、頊を〔説文〕に「頭、頊頊として謹む皃なり」とし、顓と同訓とする。〔荘子、天地〕の「頊頊然として自得せず」とは、茫然として自失するさまをいう。

訓義 1うやうやしい、巫覡がつつましくひかえている形。2おろか、形ばかりうやうやしいもの。3専と通じ、もっぱら。

古訓 〔名義抄〕顓 モハラ 〔字鏡集〕顓 モツパラ・クビ

語系 顓tjiuan、惴tjiuaiは声義が近く、惴は憂懼することをいう。顫tjianは緊張のあまりふるえる意。みな同系の語である。專(専)duanと声近く、かりて専らの意に用いる。

【顓顓】 無知愚直のさま。〔漢書、賈捐之伝〕駱越の人、父子川を同じうして浴し、相ひ習ふに鼻飲を以てす。禽獸と異なる無し。～顓顓として獨り一海の中に居る。霧露氣溼、毒草・蟲蛇・水上の害多し。～之れを棄つるも惜しむに足らず。

【顓蒙】 おろか。〔漢書、揚雄伝下〕(法言、目)天、生民を降すこと、倥侗顓蒙なり。情性を恣にして、聰明開かず。諸れに理を訓ぐ。學行第一を譔くる。

【顓門】 専門。一家の学。〔漢書、儒林、厳彭祖伝〕顏安樂と俱に眭孟に事ふ。～孟死す。彭祖・安樂、各と門を顓らにして教授す。是れに由りて公羊春秋に顏・嚴の學有り。

↑顓家 専門の家／顓己 勝手／顓愚 愚か／顓決 専決／顓恣 専恣／顓制 専制／顓政 専政／顓断 専断／顓童 顓蒙／顓判 専決／顓房 ご寵愛／顓民 人民

【旜】 19 0821 ［旃］ 10 0824 セン はた

篆文  金文 

形声 声符は亶。〔説文〕七上に「旃は旗の曲柄なるものなり。士衆を旃表する所以なり」とし「周禮に曰く、通帛を旃と爲す」と〔春官、司常〕の文を引き、旃の或る体として旜を録する。通帛とは一色の帛で作るもの。周では赤を用いた。

訓義 1はた。2字はまた旃に作る。

＊語彙は旃字条参照。

【僉】 19 8888 セン ふだ

形声 声符は僉。もと竹札をいう。籤と通用して、書札・名札の意に用いる。

訓義 1ふだ、かきふだ、なふだ。

語系 僉・籤tsiamは同声。僉を籤の意に通用し、ほとんどその義に用いる字となった。

↑僉押 署名／僉記 しるす／僉掲 張り出し／僉子 附箋／僉字 署名／僉書 署名／僉署 署名／僉題 題僉／僉注 箋注／僉貼 附箋／僉訂 調印／僉名 署名／僉約 調印

【羶】 19 8051 ［羴］ 18 8055 セン くさい

篆文  甲骨文 

会意 正字は羴に作り、三羊に従う。〔説文〕四上に「羊の臭なり」とし、重文として羶を録し、亶声。羴は羊の相群する象で、羼四上は「羊相ひ厠はるなり」と訓する。鱻は魚臭、羴は羊臭。魚肉の臭いには膻といい、羊臭には羶という。

訓義 1くさい、羊のにおい、なまぐさい。2木のにおい、かおり。

古訓 〔名義抄〕羶・羴 クサシ・アザヤカナリ・ナマグサシ 〔字鏡集〕羴 ヒツジノカサキ・ヒツジノクサ／羶 アザヤカナリ・ナマグ

サシ・クサシ・ヒツジノアブラ

部首 〔説文〕〔玉篇〕に羴を部首とし、羼一字を属する。

語系 羴(羶)・鮮(鱻) sjian は同声。〔説文〕十一下に鮮を羴の省声とする。羴・鱻は羊臭・魚臭をいう。

【羶香】生臭いにおい。〔周礼、天官、内饔〕王及び后世子膳羞の割亨煎和の事を掌る。～腥臊羶香の食らふべからざる者を辨つ。

【羶肉】なまぐさい羊の肉。漢・李陵〔蘇武に答ふる書〕獨坐愁苦、終日覩る無し。但だ異類の韋鞲(皮の臂衣)毳幙(氈帳)、以て風雨を禦ぎ、羶肉酪漿、以て飢渇に充つるを見るのみ。

↑羶葷 臭肉臭菜／羶血 腥血／羶根 羊肉／羶膩 脂物／羶食 腥い食物／羶腥 腥い／羶臊 腥い肉／羶慕 仰慕する／羶腴 腥い肥肉／羶穢 汚臭

↓葷羶・膏羶・生羶・腥羶・慕羶

【蟺】 19 5011 セン タン みみず じがばち

篆文

形声 声符は亶。〔説文〕十三上に「夗蟺なり」、〔玉篇〕に「蚯蚓なり」とあって、みみずをいう。また土蜂(じがばち)・鱓(うなぎ)、蟬、また鼉と通じて、わにの類をいう。

訓義 ①みみず。②うねる、うねるもの。③鱓と通じ、うなぎ。④じがばち。⑤蟬と通じ、せみ。⑥鼉と通じ、わにの一種。

古訓 〔新撰字鏡〕蟺 波知乃子(はちのこ) 〔名義抄〕蟺 メグル・ミ、ズ・ハチノコ 〔字鏡集〕蟺 モヌケ・メグル・ミ、ズ

↑蟺蜎 奥深いさま／蟺蛻 蟬蛻／蟺蜂 土蜂

↓蜿蟺

【蟾】 19 5716 セン ひきがえる

形声 声符は詹。〔爾雅、釈魚〕「蟾諸」の〔郭璞注〕に「蝦蟆に似て、陸地に居る」とあり、ひきがえるをいう。また月中に蟾蜍がいるというので月の異名とし、月が水を生むというので硯水の器とする。

訓義 ①ひきがえる。②月、月光。③水入れ、水を注ぐもの。

古訓 〔名義抄〕蟾・蟾蜍 ヒキ 〔字鏡集〕蟾 ヒキ・ヒキガヘル

【蟾宮】月宮。月中の桂を折るは、科挙に合格する意。〔酔思郷、王粲登楼〕元曲(第二折)寒窗書劍、十年の苦 指望す、蟾宮に桂枝を折るを

【蟾桂】月。唐・李賀〔巫山高〕詩 古祠、月に近くして、蟾桂寒し 椒花紅を墜す、溼雲の間

【蟾硯】水差し。硯。宋・范成大〔復た蟾硯を以て龔養正に帰る〕詩 水に渇して雙蟾、海の闊きを窺ひ 雲を出でて孤月、星を照らすこと稀なり

【蟾蜍】ひきがえる。月中に居るという。転じて、月。清・金農〔東岡臥病〕詩 蟾蜍兩歳、秋林を照らす 忽忽として奚ぞ堪へん、百感の侵すに

【蟾酥】がまの油。〔本草綱目、虫四、蟾蜍〕(蟾酥采治) 李時珍曰く、蟾酥を取ること一ならず。或いは手を以て眉棱を捏へ、白汁を油紙上及び桑葉上に取り、～或いは蒜及び胡椒等の辣物を以て口中に納るるときは、則ち蟾身、白汁出づ。竹の篦を以て刮下す。

↑蟾影 月光／蟾円 満月／蟾眼 硯／蟾輝 月光／蟾窟 月／蟾月 月／蟾光 月光／蟾彩 月光／蟾枝 月の桂／蟾諸 蟾蜍／蟾精 月／蟾兎 月／蟾魄 月／蟾盤 月／蟾輪 月

↓寒蟾・玉蟾・金蟾・銀蟾・桂蟾・秋蟾・新蟾・清蟾・仙蟾・素蟾・明蟾・夜蟾・涼蟾・老蟾

【譔】 19 0768 セン のべる つくる そなわる

篆文

形声 声符は巽(巽)。巽に僎・選(選)の声がある。巽は神前の舞台で、二人並んで舞う形。舞楽を献ずることを僎、舞うさまを選、供薦することを撰、その奏する語を譔という。〔楚辞、大招〕に「魂よ歸り徠たりて 譔を歌ふを聽け」とあるのが字の原義。〔説文〕三上に「專ら教ふるなり」とは專(専)・譔の畳韻による訓であるが、字の本義でない。巽声の字は、もと神事に関し、神に献ずる意を含むものであった。

訓義 ①のべる、ほめる、たたえる、神をたたえる。②つくる、よくいう、そなわる、うつくしい、ことなる。③もっぱらいう、おしえる。

古訓 〔字鏡集〕譔 ヲシフ

語系 譔 tziuan、專 tjiuan の声近く、〔説文〕に譔を「專謹」の意を以て解するが、譔と專とは、字義としての関係はない。顚 dzhiuan、僎 dzhian、また巽 suən、選 siuan はともに声近く、譔もその系列の語である。

【譔述】文章を作る。唐・白居易〔伝法堂碑〕師既に歿するの後、予出でて南賓郡に守たり。遠く譔述を託せられ、今に迨びて成る。～其の文、繁を避けず。

↑譔言 善言

↓歌譔・構譔・論譔

【鬋】 19 7222 セン かみ きる

篆文

形声 声符は前(前)。前は趾を洗い(湔)、その爪を剪り揃える意。髪を鬋り揃えることを鬋という。〔説文〕九上に「女の鬢を垂るる皃なり」とするが、〔礼記、曲礼下〕に「蚤鬋せず」とあって、手足の爪を切ることを蚤、髪を切り揃えることを鬋という。

訓義 ①かみ、たれがみ。②きる、きりそろえる、そる。

古訓 〔名義抄〕鬋 カミキル 〔字鏡集〕鬋 キル・カミキル

語系 鬋・前・剪・揃 tzian は同声、みな前の声義を承ける一系の語であり、ことによって区別する。

【鬋髪】髪をきる。〔説苑、善説〕夫れ服事は、何ぞ以て士の行を揣るに足らんや。昔者荊(楚)は長劍危冠爲りしも、令尹子西出で、齊は短衣して遂溝の冠なるも、管仲・隰朋出で、越は文身鬋髮なるも、范蠡・大夫種出で、西戎は左衽にして椎髻なるも、由余亦た出でたり。

↑鬋茅 かやを切る

↓劗鬋・修鬋・垂鬋・盛鬋・爪鬋・曼鬋

【孅】 20 4345 セン ほそい かよわい

篆文

形声 声符は韱。韱に細小の意がある。〔説文〕十二下に「兌細なり」(段注本)とあり、しなやかで纖細であることをいう。

訓義 ①こまかい、ほそい、ちいさい。②かよわい、しなやか。③纖と通用する。

古訓 〔篇立〕孅 ワカヤカ、シテ 〔字鏡集〕孅 ワカヤカ・ホソシ・シナ

＊語彙は纖字条参照。

【孅介】極めて細微。〔漢書、宣元六王、楚の孝王劉囂伝〕楚王囂、素より行ひ孝順仁慈、國に之きてより以來、二十餘年、孅介の過ちも未だ嘗て聞かず。朕甚だ之れを嘉みす。

【孅弱】よわよわしい。漢・司馬相如〔上林の賦〕靚糚刻飾、便嬛綽約、柔橈嫚嫚、嫵媚孅弱なり。

↑孅妍 美しい／孅悉 精悉／孅嗇 惜しむ／孅趨 おもねる態度／孅孅 微小

【譫】 20 0766 セン うわごと たわごと

形声 声符は詹。詹は崖下などの匿れたところでひそかに神に祈るときの、小言でつぶやくような祈りをいう。譫はその意の形声字。詹の繁文とみてよい字である。〔素問、熱論〕に「食を欲せずして譫言す」とあり、高熱でうわごとをいう意である。

訓義 ①うわごと、たわごと。②おしゃべり。

語系 譫・詹 tjiam は同声。詹は祝禱の語。譫は意味のわからぬ語。また讘 njiap という語があり、聶は小声でささやく意。讘は〔説文〕三上に「多言なり」とみえる。

↑譫言 たわごと／譫語 譫言／譫妄 でたらめ

【贍】 20 6786 セン

たす すくう ゆたか おおい

篆文 

形声 声符は詹。詹はひそかに神に祈り、声のくだくだしいこと。詹声の字に、多くて余りある意をもつものが多い。〔説文新附〕六下に「給たすなり」とあり、贍卹・贍救のように用いる。すべて十分なことをいう。

訓義 ①たす、たる、たすける、にぎわす。②ゆたか、おおい。③字はまた儋に作る。

古訓 〔名義抄〕贍 ニギハフ・ヨロコブ・タスク・ムカフ・ユタカナリ・オホカリ 〔字鏡集〕贍 ミチハロシ・モテ・オホシ・アマネシ・タスク・オホカリ・ニギハフ・アキタル・ユタカナリ・ヨロコブ・ムカフ

【贍逸】せんいつ ゆたかですぐれる。〔南史、宋、臨川烈武王道規伝〕鮑照～文辭贍逸。嘗て古樂府を爲り、文、甚だ遒麗なり。～河清頌を爲る。其の序甚だ工みなり。～(劉)義慶之れを奇とし、帛二十匹を賜ふ。尋いで擢んでて國侍郎と爲す。

【贍給】せんきゅう(きふ) 不足をたし与える。〔後漢書、安帝紀〕(永初元年秋九月)癸酉、揚州五郡の租米を調して、東郡・濟陰・陳留・梁國・下邳・山陽に贍給す。

【贍恤】せんじゅつ めぐみ救う。〔後漢書、順帝紀〕(永建六年)詔して曰く、連年灾潦(水害)あり、冀部尤も甚だし。比ごろ實傷を蠲除し、窮匱を贍恤するも、而も百姓猶ほ業を弃て、流亡絶えざる有り。

【贍富】せんぷ ゆたか。〔晋書、王接伝〕接、學博通なりと雖も、特に禮傳に精し。常に謂ふ、左氏は辭義贍富、自ら是れ一家の書なりと。～時に祕書丞衞恆、汲冢書を考正す。未だ訖へずして難に遭ふ。～接、遂に其の得失を詳らかにす。

↑贍遺 贈り物／贍育 助け育てる／贍郁 贍文／贍鬱 贍文／贍雅 博雅／贍学 博学／贍救 救卹する／贍護 面倒をみる／贍宏 豊富／贍済 贍救する／贍私 利己／贍辞 贍文／贍卹 贍恤する／贍助 贍救する／贍縟 文辞が繁密であること／贍振 多智／贍通 博通／贍美 富麗／贍敏 十分で速い／贍文 文才が豊かであること／贍聞 博聞／贍腴 ゆたか／贍用 贍給／贍麗 富麗

↓宏贍・豪贍・饒贍・振贍・賑贍・清贍・精贍・博贍・美贍・敏贍・富贍・文贍・豊贍・優贍

【闡】 20 7750 セン

ひらく あきらか あらわす

篆文 

形声 声符は單(単)。單に嬋・禪(禅)の声がある。〔説文〕十二上に「開くなり」とし、〔易、繫辞伝下〕「幽を闡かにす」の語を引く。それより古い用例のない字である。

訓義 ①ひらく、あける、ひろめる。②あきらか、あきらかにする、あらわす。③おおきい、ゆるやか。

古訓 〔名義抄〕闡 ヒラク・アク・ヒロシ 〔字鏡集〕闡 アク・オホキナリ・アラハス・ヒラク・アキラカ・ヒロシ

語系 〔説文〕に單声の字二十七字を収めるが、その声義を以て統貫の義をうることは困難である。闡 thjian、戰(戦) tjian は声が近い。單 tan は羽飾りのある盾の象形であるから、闡はあるいは戦闘の行為に関し、楯を以て門をおしひらく意であるかもしれない。

【闡究】せんきゅう(きう) きわめ明らかにする。〔宋史、律暦志十四〕淳熙の間、建安の布衣蔡元定、律呂新書を著はす。朱熹、其の超然遠覽、其の獨見を奮ひ、～機要を管括し、精微を闡究するを稱す。

【闡弘】せんこう 明らかにし弘める。〔後漢書、方術上、謝夷吾伝〕(第五)倫、司徒と作るに及び、班固をして文を爲り、夷吾を薦めしめて曰く、～德量績謀は伊(尹)・呂(尚)・管(仲)・晏(嬰)の任有り、道奧を闡弘するは、史蘇・京房の倫に同じ。

【闡幽】せんゆう(いう) 隠微なるものを明らかにする。〔易、繫辞伝下〕夫れ易は、往を彰らかにして來を察し、而して微を顯らかにして幽を闡らかにす。

【闡揚】せんよう(やう) 明らかにする。〔晋書、孫楚伝〕(上言)戰勝攻取の勢、幷兼混一の威は、五伯の事、韓(信)・白(起)の功のみ。禮を制し樂を作り、道化を闡揚するは、甫めて是れ士人筋力を出だすの秋なり。伏して願はくは、陛下狂夫の言に擇べ。

↑闡繹 あきらかにし、のべる／闡諧 宣和／闡緩 声緩やか／闡校 しらべただす／闡済 成就する／闡証 明かす／闡拓 ひらく／闡幷 領有する／闡明 あきらかにする

↓遐闡・恢闡・開闡・弘闡・昭闡・推闡・日闡・不闡

【騸】 20 7332 セン

形声 声符は扇(扇)。古い字書に見えず。〔旧五代史、唐郭崇韜伝〕「嘗て從容として(魏王)繼笈に白して曰く、～宜しく盡く宦官を去り、士族を優禮すべし。唯だに閹寺(宦官)を疏斥するのみならず、騸馬にも復た乘るべからず」とあり、〔新五代史〕に字を扇に作る。樹の主根を截る栽培法をもいう。

訓義 ①去勢する。②樹の主根を截る。

【殲】 21 1325 セン

ころす みなごろし つきる

篆文 

形声 声符は韱。𢦏は多くの人の首を一度に伐る意で、殲の初文。〔説文〕四下に「微盡にするなり」と細密にする意とするが、多く殲滅の意に用いる。

訓義 ①ころす、みなごろし、みなごろしにする。②ほろぼす、つきる。

古訓 〔名義抄〕殲 ホロブ・ホロボス・ツクス・コロス

語系 殲・𢦏 tziam、戩 tzian は声義近く、戩は〔説文〕十二下に「滅ぼすなり」とあり、殲滅の意。殘(残) dzan も同系の語で、ものを残滅することをいう。

【殲夷】せんい みなごろし。〔剪灯新話、永州野廟記〕神兵の降伐を致せるが爲に、族を擧げて殲夷せられ、巣穴傾蕩し、冤苦罵に甚だし。

【殲滅】せんめつ 全滅。〔後漢書、王允伝〕允、性、剛棱疾惡、初め董卓の豺狼なるを懼れ、故さらに節を折りて之れを圖る。卓既に殲滅し、自ら謂へらく、復た患難無からんと。

↑殲傷 死傷する／殲奪 滅ぼす／殲敵 敵を滅ぼす／殲蕩 掃蕩する／殲剝 殲傷する／殲亡 滅ぼす／殲撲 殲滅する／殲戮 殲滅する

↓剋殲・師殲・歯殲・身殲・尽殲・殄殲・半殲

【羼】 21 7725 セン

まじわる せりあう

篆文 

形声 声符は羴。羴は羊の臭いをいう。〔説文〕四上に「羊相ひ厠はるなり」という。他物が入りまじることを羼入という。

訓義 ①まじる、まじわる、他物がまじわる。②せりあう、きそい

あう、あらそう。
【古訓】〔名義抄〕羼 ヒツジノキサヤ 〔字鏡集〕羼 ヒツジノキサヤ・マジル・クツ
【語系】羼tshian、竄tsyuanは声義近く、羼は羊が追いたてられて一所に逃げこみ集まること、竄は逃げこみひそむことである。それで羼入することをまた竄入という。
➡羼雑 まじる／羼廁 混雑する／羼入 まじる／羼補 竄改する／羼名 名をかくす／羼和 混入する

【蘚】 21 4435 セン こけ

【形声】声符は鮮。陰地や崖に生ずる蘚苔をいう。唐以後の詩文にみえる。六朝期には苔といい、梁の江淹の〔雑詞、構象台〕に「苔蘚生じて石戸を繞る」の句がある。
【訓義】①こけ。
➡蘚暈 輪状のこけ／蘚花 こけの花／蘚崖 こけむす崖／蘚径 こけの径／蘚痕 こけの痕／蘚室 草庵／蘚牆 こけの垣／蘚苔 こけ／蘚磴 こけむす磴／蘚駁 蘚紋／蘚瘢 こけの痕／蘚斑 蘚紋／蘚碑 こけのむした碑／蘚壁 こけのむした壁／蘚紋 こけの模様
⬇陰蘚・玉蘚・金蘚・古蘚・紫蘚・秋蘚・牆蘚・水蘚・青蘚・石蘚・積蘚・蒼蘚・苔蘚・断蘚・碑蘚・碧蘚・木蘚・野蘚・幽蘚・緑蘚・老蘚

【鐫】 21 8012 セン のみ きる

篆文
【形声】声符は雋。〔説文〕十四上に「木を穿つなり」とあり、木を穿つのみをいう。また「一に曰く、石を琢するなり」とあり、〔方言、二〕に「琢するなり。晉・趙にては之れを鐫と謂ふ」とみえ、玉石についてもいう。降職の意などにも用いる。
【訓義】①のみ、きり。②きる、きざむ。③うがつ、える、えぐる。④しりぞける、降職、貶謫。
【古訓】〔名義抄〕鐫 ヱル 〔字鏡集〕鐫 キサケカタナ・ヱル
【鐫琢】みがきあげる。〔宣和書譜、十二、行書六〕(岑宗旦)酒を得ては輒ち酔酣し、長哦揮酒、以て眞の樂しみと爲す。其の詩を作る、意を以て主と爲し、語言を鐫琢するに在らざるのみ。故に渾金璞玉の若し。見る者貴ぶべきことを知る。
➡鐫印 板刻／鐫肝 苦心する／鐫級 罪によって流される／鐫金 金にほりこむ／鐫刻 刻みつける／鐫譙 詰責する／鐫切 切磋する／鐫説 ねんごろに諫める／鐫汰 淘汰する／鐫題 題記／鐫斲 削りほる／鐫謫 鐫級／鐫黜 しりぞけられる／鐫罰 しりぞけ罰せられる／鐫喩 親切にすすめさとす／鐫鏤 ほり刻む／鐫勒 銘刻を加える
⬇玉鐫・金鐫・細鐫・鑱鐫・雕鐫・磨鐫

【饌】 21 8778 〔籑〕 23 8873 セン そなえる たべもの

篆文
【形声】声符は巽(巽)。巽に僎・選(選)の声がある。巽は神前の舞台で二人並んで舞楽を献ずる形。〔説文〕五下に「食を具ふるなり」とあり、神饌を供することをいう。〔説文〕に籑を正字とするが、籑は算声。神饌を供する意からすれば、饌が正字である。籑はのち多く集の意に用いる。
【訓義】①そなえる、神にそなえる、神に献ずる、神饌。②たべもの、めし。③つらねる、あつまる。
【古訓】〔篇立〕饌 ソナフ・ヨキクヒモノ
【語系】饌(籑)dzhiuan、譔dzhianは声近く、籑集して書を作ることを譔という。戩tzianも声近く、戩にも集め求める意がある。
【饌具】食器。〔孔子家語、致思〕魯に儉嗇なる者有り。瓦鬲にて食を煮て、～之れを土型に盛り、以て孔子に進む。孔子之れを受け、悅ぶこと、大牢の饋を受けたるが如し。～曰く、～吾れ饌具の厚きが爲を以てするに非ず。其の厚きを食せしめ、我焉れを思ふを以てなりと。
➡饌雅 ご馳走／饌饋 食事／饌所 食堂／饌珍 珍味／饌賓 もてなす／饌餔 食事
⬇佳饌・華饌・嘉饌・饋饌・玉饌・具饌・午饌・酒饌・羞饌・常饌・神饌・清饌・盛饌・珍饌・撤饌・飯饌・美饌・豊饌

【癬】 22 0015 セン たむし ひぜん

篆文
【形声】声符は鮮。〔説文〕七下に「乾瘍なり」とあり、かさの生ずる皮膚病。疥癬をいう。癬は蘚と同系の語。蘚は石などに附著する苔で、容易に除きがたいものである。
【訓義】①たむし、ひぜん。②かさ、かさのあるよう。
【古訓】〔和名抄〕癬 俗に云ふ、錢加佐(ぜにかさ)〔名義抄〕癬 ゼニカサ 〔字鏡集〕癬 ゼニカサ・カ・ルヤマヒ・カレカサノヤマヒ
【語系】癬・蘚sianは同声。〔釈名、釈疾病〕に「癬は徙なり」とあり、字はまた徙sie声に従う字に作る。遷(遷)tsianは徙遷の意のある字。癬・疥蘚もその意を含む語であろう。
➡癬疥 ひぜん／癬琴 虫食い琴／癬瘡 かさ／癬駁 斑点
⬇疥癬・頑癬・白癬・皮癬

【躚】 22 6113 〔蹮〕 18 6111 セン まう めぐる

篆文
【形声】声符は遷(遷)。䙴は屍を殯屋に遷す意。その風化を待って葬る。霊位を遷すことを遷といい、のち登僊(仙)の説を生じて、その登僊するさまを躚という。字はまた蹮に作る。〔説文新附〕二下に「蹁躚は旋りて行くなり」とみえる。
【訓義】①まう、まうさま。②めぐる、よろめく。
【古訓】〔名義抄〕躚 アルク／躚蹁 マフ 〔字鏡集〕躚 ユサフル・アクル
【語系】躚sian、跚sanは声義近く、蹁躚・蹣跚としてあるくさまをいう。蹁躚byen-sianに対して、蹣跚buan-san、辟薛pick-siatのような形況の連語がある。みな舞うさまをいう語である。
【躚躚】舞うさま。晉・左思〔蜀都の賦〕長袖を紆らせて、屢く舞ふ。翩躚躚として、以て裔裔たり。
⬇翩躚・蹁躚

【顫】 22 0118 セン ふるえる

篆文
【形声】声符は亶。〔説文〕九上に「頭、定まらざるなり」(段注本)とあり、頭がふるえること、手足がわななくような状態となることをいう。
【訓義】①ふるえる、わななく。②おどろく、おちつかぬ。③よく鼻がきく、かぎわける。
【古訓】〔字鏡集〕顫 ハタカ・オゴク・ワナヽク
【顫動】ふるわす。〔宣和画譜、一、鄭法士〕善く顫筆を爲し、衣服手足、木葉川流なる者を見るに、皆勢ひ顫動するが若し。
➡顫恐 恐れる／顫微 ゆらゆら／顫筆 戦筆
⬇寒顫・驚顫・手顫・胆顫・掉顫

【饘】 22 8071 セン かゆ かたがゆ

篆文
【形声】声符は亶。亶に膻・氈の声がある。〔説文〕五下に「糜なり」とあり、かゆをいう。〔左伝、昭七年〕に、孔子の先世正考父の盤銘と称するも

のを載せ、「是ごに饘し是に鬻(かゆ)し、以て余が口を餬す」という語がある。ただ先秦の金文銘に、この種の鍼戒風のものはない。饘はかたがゆ、鬻はうすがゆ。饘はまた糊ともいう。

訓義 1かゆ、かたがゆ、あつがゆ。2たべもの。

古訓 〔新撰字鏡〕饘 加由(かゆ)〔名義抄〕饘 カタカユ・カユ

語系 饘・䭞 tjian は同声。䭞 tjiuan も声が近く、䭞・䭞はやわらかで動くものの意がある。炊飯に対して、形の固定しないかゆを饘という。

【饘粥】 こいかゆと、うすいかゆ。〔晋書、天文志上〕五諸侯五星~南三星を天樽と曰ふ。饘粥を盛れて、以て貧餒に給することを主る。

↑饘酏 饘粥/饘蔬 粥と野菜/饘酎 粥と酒

↓餬饘・羹饘・新饘・粗饘・蔬饘・朝饘・麦饘・粱饘・醴饘

【籤】 23 8815 セン ためす しるし くじ

篆文

形声 声符は韱。韱に細く長いものの意がある。〔説文〕五上に「驗すなり」とあって、神意を問うおみくじの類をいう。神社などで詩句形式のものを用い、籤詩という。簽と通じ、竹札の意にも用いる。

訓義 1ためす、うらなう、おみくじ。2しるし、かずとり。3くじ、くし、竹を細く鋭くさいたもの。4するどい、つらぬく。5簽と通じ、竹札をいう。

古訓 〔名義抄〕籤 シルシ・ホソシ・タケノクシ 〔字鏡集〕籤 シルシ・ツラヌク・タケノクシ・ホソシ

語系 籤 tsiam、䉥 tziam は声近く、ともに削って末端の尖鋭なものをいう。讖 tshiam は〔説文〕三上に「驗なり」とあって、籤と同訓。未来を予知することを讖といい、籤はその予言をした細長い竹札や紙などをいう。

【籤詩】 神籤に詩句で吉凶をしるしたもの。〔老学庵筆記、二〕射洪陸使君廟、杜子美(甫)の詩を以て籤と爲す。~予、蜀に在り。~僧則華を遣はし、往きて籤を求めしめ、遺興の詩を得たり。

↑籤函 書籍/籤記 箋記/籤訣 籤詩/籤語 予言の語/籤師 顧問役/籤軸 書籍/籤帖 附箋/籤爪 竹の串で手足の爪を刺す刑/籤題 題簽/籤帙 題簽/籤廚 書画をおく棚/籤籌 水時計/籤滕 書物入れのふくろ/籤筩 神籤を入れる筒/籤表 逮捕状/籤票 籤表/籤名 署名

↓韻籤・牙籤・疑籤・朱籤・書籤・題籤・竹籤・抽籤・典籤・当籤・投籤・排籤・漏籤

【籑】 23 8873 セン サン そろえる あつめる

篆文

形声 声符は算。〔説文〕五下に「食を具ふるなり」とあり、膳羞を具備することをいう。〔説文〕は別体として饌を録し、「籑、或いは巽に從ふ」という。算は数の備わるもの、巽(巽)は舞の備わるものである。膳羞のときには饌、撰集のときには籑を用いることが多い。

訓義 1食を具備する、そろえる。2食をおくる。3撰・譔と通じ、編集する。4字はまた饌に作る。

古訓 〔名義抄〕籑 古の饌の字なり

＊語彙は饌字条参照。

【韆】 24 4153 セン ぶらんこ

形声 声符は遷(遷)。遷は屍を従うし、霊の遷徙する意。登僊のさまを蹁躚という。鞦韆はぶらんこ。もと北方族の遊戯であった。のち中国に入り、宮中女子の遊戯となった。鞦はもと馬のしりがいをいう。字はまた秋千に作る。

訓義 1ぶらんこ、鞦韆。

古訓 〔名義抄〕鞦韆 ユサバリ 〔字鏡集〕韆 ムナカイ

↓鞦韆

【鱣】 24 2031 セン テン こい

篆文 籀文

形声 声符は亶。〔説文〕十一下に「鯉なり」とあり、その一種であるらしい。また、かじきに似た大魚。別に鱓と通じ、うみへびをいう。

訓義 1こい、こいの一種。2かじきに似た大魚。3うみへび。

古訓 〔名義抄〕鱣 ナマヅ・ムナギ 〔字鏡集〕鱣 コイ・スヾキ・オホコイ・ウナギ・ヲウイヲ

【鱣鯨】 かじかや鯨。大魚。漢・賈誼〔屈原を弔ふ文〕彼の尋常の汚瀆を、豈に能く夫の吞舟の巨魚を容れんや、江湖に横たふの鱣鯨、固より將に螻蟻に制せられんとす。

【鱣堂】 講堂。〔後漢書、楊震伝〕冠雀、三鱣魚を銜へ、飛びて講堂の前に集まる有り。都講、魚を取りて進めて曰く、蛇鱣(へびと、うみへび)なる者は、卿大夫の服の象なり。數三なる者は、三台に法るなり。先生此より升らんと。年五十、乃ち始めて州郡に仕ふ。

↑鱣鮪 鯉としび/鱣魚 海蛇/鱣序 学校

【鸇】 24 0712 セン はやぶさ

篆文 籀文

形声 声符は亶。〔説文〕四上に「鸇風なり」とあり、はやぶさをいう。籀文の字形は廛声に従うが、その声に用いることはない。また隼ともいう。亶声・隼声にみな急疾の意がある。鳩や燕雀などの小鳥を襲う猛禽である。

訓義 1はやぶさ。2たかべ、はしたか、とび。

古訓 〔新撰字鏡〕鸇 太加戸(たかべ)〔名義抄〕鸇 タカベ・ハシカタ(タカ)〔字鏡集〕鸇 クマタカ・タカ・ハシタカ

【鸇視】 貪欲な見かた。魏・陳琳〔呉の将校部曲に檄する文〕董卓の亂を作せしより、以て今に迄るまで、將に三十載ならんとす。其の間豪桀縱横、熊據虎跱す。~其の餘、鋒捍特起、鸇視狼顧、梟雄爲るを爭ふ者、勝げて數ふべからず。

【鸇鷂】 はしたかと、はやぶさ。〔列子、天瑞〕鷂の鸇と爲り、鸇の布穀(ふふどり)と爲り、布穀久しうして復た鷂と爲る。~萬物皆機より出でて、皆機に入る。

↓饑鸇・鷙鸇・青鸇・赤鸇・蒼鸇・霜鸇・老鸇

【鱻】 33 2733 セン あたらしい

篆文 金文

会意 三魚に従う。〔説文〕十一下に「新魚の精なり。三魚に從ふ。變らざる魚なり」とあり、〔段注〕に精(精)とは鯖で、五侯鯖(よせ鍋)であるという。三羊を羴といい、羊臭の意。三魚を鱻といい、鮮の初文。鱻はまた鮮に作る。魚臭をいう字。肉には腥という。鮮少の意は尟(尠)と通用の義。

訓義 1あたらしい、なまうお、なまもの。2字また鮮に作り、すくない。

古訓 〔名義抄〕鱻 ヒラク・アザヤカナリ 〔字鏡〕鱻 アザヤカナリ・ナマス 〔字鏡集〕鱻 ヒラク・アザヤカナリ・コイヲ・スクナシ

【鱻薨】 肉の生物と乾物。〔周礼、天官、獻人〕魚物を辨ち、鱻薨を爲さしめ、以て王の膳羞に共(供)す。

↑鱻羽 魚と雁/鱻餐 魚の料理/鱻食 魚鼈の類の食事

↓魚鱻・薨鱻・蔬鱻・亨鱻

ゼン

【冄】 4 7755 ［冉］ 5 5044 ゼン たれる しなやか

篆文

甲骨文

金文

象形 飾り紐や毛の垂れる形。衰（衰）は衣襟のところに冄を加えている形で、死喪のとき、麻の衰経を加える。その衰経の形と同じ。〔説文〕九下に「毛冄冄たるなり」と毛の垂れる形とするが、髥にも冄というように、すべて糸状の垂れるものをいう。

訓義 ①毛や糸の垂れるかたち、喪章に用いるものは衰。②しなやか、よわい、たれる。③ゆく、すすむ、あやうい。④亀甲のふち。

部首 〔説文〕〔玉篇〕ともに部属の字がない。〔玉篇〕に「行なり、進なり、侵なり」の訓がある。

声系 〔説文〕に冄声として訷・繟・聃・姌など十字を収め、髥を亦声とする。冄に冄毛の意がある。

語系 冄（冉）・髥・姌 njiam は同声。冄は髥の象形とみてよい。姌は、しなやかで丈長きさま。訷・痹も同声。訷は詹 tjiam と声近く、ともに多言の意。詹がその本字であろう。〔説文〕七下に、痹は「皮剝がるるなり」とするも、その籀文は戻に従い、戻は赧においては肉の柔腝なるところを示し、赧とはそのところをまさぐる意。しなやかでふくよかなところをいう。

【冄弱】 声が長く細くつづくさま。晋・成公綏〔嘯の賦〕或いは冄弱にして柔撓に、或いは澎濞として奔壮なり。

【冄冄】 しなだれるさま。また、ときのうつろうさま。晋・陶潜〔飲酒、二十首、十九〕詩 遂に介然の分を盡し 衣を拂つて田里に歸る 冄冄として星氣流れ 亭亭として復た一紀（十二年）

↑冄鐮 偽物

常 【全】 6 8010 〔全〕 6 8010 ゼン まったし すべて

篆文

古文

象形 〔説文〕に古文として録する形によると、佩玉の形かと思われる。〔説文〕五下に字を仝に作り、「完きなり。入に従ひ、工に従ふ」とし、全については「玉に従ふ。純玉を全と曰ふ」とする。古文の形は佩玉に綏飾を加えたものであろう。金はよく似た字形であるが、もと銅塊などをいう語で、その形に鋳こんだものであろう。全の左右に、その銅塊の形を黒点で加えている。

訓義 ①まったし、全体、全体がそなわる形、佩玉の形であろう。②すべて、すべてととのう、そろう、たもつ、おさまる。

古訓 〔名義抄〕全 マタク・マタシ・コゾテ・モハラ・ツカサ・ヨシ 〔字鏡〕全 タカシ・ツブサニ・ヨシ・マタシ・モハラ・マタク・ハフク

声系 〔説文〕に全声として牷・詮など九字を収める。牷は純色の牛、全も佩玉の純色なるものであろう。

語系 全・牷 dziuan は同声。他の全声の字はおおむね詮 tsiuan の声である。

【全帰】 完全な身でかえす。〔礼記、祭義〕父母全くして之れを生み、子全くして之れを歸すは、孝と謂ふべし。

【全寿】 天寿を全うする。〔韓非子、解老〕禍害無ければ則ち天年を盡す。～事理を得ば則ち必ず功を成す。天年を盡せば則ち全にして壽、必ず功を成せば則ち富にして貴なり。

【全真】 自然の性を全うする。魏・嵆康〔幽憤詩〕志は樸を守るに在り 素を養ひ眞を全うせん

【全人】 全徳の人。〔荘子、庚桑楚〕夫れ天に工にして人に俍き者は、唯だ全人のみ之れを能くす。

【全性】 天性を全うする。〔淮南子、覧冥訓〕夫れ全性保眞、其の身を虧かず。遭急迫難にも、精、天に通ず。

【全盛】 盛りを極める。唐・劉希夷〔白頭を悲しむ翁に代はる〕詩 言を寄す、全盛紅顔の子 應に憐れむなるべし、半死白頭の翁 此の翁白頭、眞に憐れむべきも 伊れ昔、紅顔の美少年

【全徳】 全人。〔荘子、天地〕天下の非譽も、益損すること無し。是れを全徳の人と謂はん哉。我之れを風波の民と謂ふ。

↑全羽 羽の全体／全額 総額／全完 完全／全局 全局面／全玉 完全な玉／全軀 無傷な身／全具 完備する／全形 全体／全景 一望の景色／全鐲 すべて免れる／全渾 完全／全済 救いきる／全書 完書／全整 完整／全節 節を守る／全然 すべて／全体 全身／全智 完全な智／全套 全部／全班 全員／全備 完備／全豹 全体の美しさ／全幅 一篇布幅いっぱい／全文 全篇／全璧 完璧／全篇 一篇の中／全滅 みな滅びる／全免 一切を免除する／全面 全体にわたる／全門 一門／全愈 全快／全用 無駄なし／全略 全智略／全力 渾身の力

↓安全・瓦全・完全・曲全・健全・十全・身全・成全・輙全・万全・不全・保全・両全

【戻】 6 7724 〔戻〕 5 7724 ゼン よわい やわらかい

篆文

会意 尸＋叉（叉）。〔説文〕八上に「柔皮なり」とあり、〔段注〕に「大徐は戻に作りて曰く、或いは叉に従ふと。小徐は戻に作りて曰く、或いは叉に従ふと。疑ふらくは、叉に従ふを是と爲す」とするが、理由をのべていない。赧は戻に従い、〔説文〕十下に「面慙ぢて赤きなり」という。戻は人の後部に手を加える形。柔腝のところに触れるので、面慙・愧赧の意となる。耎声の字と声義が通じる。

訓義 ①よわい、やわらかい。②耎・腝・臑と声義が通じる。

古訓 〔字鏡集〕戻 ヨハシ・コトワリ

語系 戻（戻）・甍・耎 njiuan は同声。甍は獣の臥す形で、瓦はそのふぐり、柔腝の部分をいう。戻はその柔腝のところにふれる意。腝・臑は耎の繁文。〔説文〕のいう「柔皮」とは「皮を柔ぐ」ではなく、柔皮の部分をいう。赧の形義によって、戻の形義を知るべきである。

【肰】 8 7323 ゼン

篆文

古文

会意 肉（肉）＋犬。犧牲として用いる犬肉。〔説文〕四下に「犬肉なり」とし、「讀みて然の若くす」という。古文の字形に火を加えたものがあり、それならば然と同形である。犬牲は上帝百神を祀るに用いる。類（類）は禷の初文で祭天の名であるが、米と犬とに従い、頁はそれを拝する形。神がその祭を歆ける意である。神が犬牲に満足することを猒（厭、満足）といい、猒の初文。

訓義 ①いぬにく。②犬牲をもって祭る。然の初文。

古訓 〔字鏡集〕肰 イヌノシ、

声系 〔説文〕に肰声として然、また然声として燃など六字を収める。〔説文〕は肰字条古文のほかに、別に然字を録している。

語系 肰・然 njian は同声。爇 njiuat は草などを加えて焼く意。撚・繎にねじる意があり、然声の字には熱する意と撚れる意をもつものが多い。

常 【前】 9 8022 〔前〕 9 8022 ［歬］ 10 2144 ゼン つめきる すすむ まえ さき

篆文

甲骨文

金文

会意 正字は歬、あるいは歬に刀を加えた形。止＋舟＋刀。止

は趾ゆび。舟は盤。盤中の水で止を洗って、刀で爪を剪り揃えるのである。前は趾指の爪を切る意の字であるが、前後の意から前進、また往昔などの意となる。〔説文〕二上に「行かずして進む。之れを歬と曰ふ。止の舟上に在るに從ふ」と歬を舟行の意とするのは、盤形の舟を舟船、また趾の形を行止の止と誤解したもので、前系列の字の形義が理解されていない。〔史記、蒙恬伝〕に「公旦（周公）自ら其の爪を揃り、以て河に沈む」とあって、爪切ることは修祓の儀礼。その爪を河に投ずるのは、自己犠牲としての意味をもつことであった。喪礼のときにも、蚤（爪切り）・鬋（髪切り）をする俗があった。

訓義 ①つめきる、爪をきりそろえる、旅立ちの前や帰還のとき行う。②すすむ、まえ、さきだつ。③あらかじめ、みちびく。④さき、以前、むかし、もと。⑤剪・揃と通じ、きる、そろう。

古訓 〔名義抄〕前 マヘ・サキ・ス、ム・トシ・ノボル・ハジメ・スナハチ・カナフ・マヅ

声系 〔説文〕に前（歬）声として翦・剪・鬋・箭・煎・湔・揃など十字を収める。おおむね前の声義を承ける字である。

語系 前・剪・翦 tzian は同声。剗 tshean、劗 dzuan も声義近く、剗は草などを剗除する、劗は劗髪のように用いる字である。

【前規】前例。〔宋書、良吏伝序〕世祖、統を承くるに及び、制度奢廣、犬馬は菽粟を餘し、土木に綈繡を衣き、前規に追陋して、更に正光・玉燭・紫極の諸殿を造り、～嬖女幸臣に、賜、府藏を傾く。

【前駆】行列の先がけ。〔詩、衛風、伯兮〕伯や殳（長いほこ）を執りて 王の爲に前驅す

【前賢】前代の賢人。晋・陸機〔豪士の賦の序〕巍巍の盛、仰いで前賢に邈るかに、洋洋の風、俯して來籍（将来の史籍）に冠たらん。

【前言】前賢の残した語。〔易、大畜、象伝〕天、山中に在るは大畜なり。君子以て多く前言往行を識し、以て其の徳を畜ふ。

【前古】むかし。往昔。〔後漢書、西域伝論〕西域風土の載、前古未だ聞かざるなり。漢の世張騫～班超～終に能く功を西遐に立て、外域を羈服す。

【前功】今までの成果。〔戦国策、西周〕今、韓・魏を破る。～公の功甚だ多し。今又秦の兵を以ゐて塞を出で、兩周を過ぎり、韓を踐みて梁を攻めんとす。一たび攻めて得ざれば、前功盡く滅せん。公、病と稱して出でざるに若かざるなり。

【前行】すすむ。前鋒。また、従前の行為。〔荀子、議兵〕武王の紂を誅するや、甲子の朝を以て、而る後之れに勝つに非ざるなり。皆前行素より脩むるなり。此れ所謂仁義の兵なり。

【前事】前にあったこと。〔史記、秦始皇紀〕野諺に曰く、前事の忘れざるは、後事の師なりと。

【前日】かつて。昨日。一昨日。唐・白居易〔（劉）夢得に贈る〕詩 前日君家に飲み 昨日王家に宴し 今日我が廬を過よる 三日に、三たび會面す

【前車】前にゆく車。〔漢書、賈誼伝〕鄙諺に曰く、～前車の覆へるは、後車の誡なりと。～秦世の亟やかに絶えし所以、其の轍跡見るべきなり。

【前緒】父祖の遺業。魏・鍾会〔蜀に檄する文〕今、主上は聖德欽明にして、前緒を紹ぎ隆んにし、宰輔は忠肅明允にして、王室に劬勞す。

【前上】前列の上方。〔詩、邶風、簡兮〕簡たり簡たり 方に將に萬舞せんとす 日の方に中するとき 前上の處に在り

【前人】昔の人。先祖。〔書、大誥〕前人（文王）の受命を敷め、茲に大功を忘（亡）はざらん。

【前聖】昔の聖人。〔楚辞、離騒〕心を屈し、志を抑へ 尤めを忍んで詬を攘ふ 清白に伏して以て直きに死せん 固に前聖の厚うする所なり

【前川】前方の川。唐・李白〔廬山の瀑布を望む、二首、二〕詩 日は香爐を照らして、紫烟を生ず 遙かに看る、瀑布の前川に挂かるを

【前代】前の時代。民国・章炳麟〔国故論衡、中、弁詩〕余れ以爲へらく、古者に禮樂未だ興らず、則ち前代に因襲すと。

【前程】ゆく先の道のり。唐・孟浩然〔舟子に問ふ〕詩 夕に向うて舟子に問ふ 前程復た幾多ぞと 灣頭、正に泊するに堪へたり 淮裏、風波足る

【前頭】前面のところ。唐・白居易〔杪秋独夜〕詩 紅葉、樹飄へりて風起るの後 白鬚、人立す、月明の中 前頭に更に蕭條（もの寂しい）の物有り 老菊、衰蘭、三兩叢

【前輩】先輩。〔甌北詩話、八〕（元遺山の詩）同時の李冶（劉鋳）稱ふ、其の～樂府は則ち清雄頓挫、俗を用つて雅と爲し、故を變じて新と作し、前輩不傳の妙を得たりと。

【前慮】事前に考える。〔戦国策、魏一〕（蘇子曰く）前慮定まらずんば、後に大患有らん。～大王誠に能く臣に聽き、六國從（縱）親し、專心幷力せば、則ち必ず強秦の患無からん。

【前烈】先人の遺烈。〔晋書、文帝紀〕（景元四年冬十月）惟ふに公の功は前烈に邁ぎたり。而して賞は舊式に闕く。百辟於邑（憂慮）し、人神同に恨む。～茲の玄土を錫ひ、苴くに白茅（ちがや）を以てす。爾の國家を建て、以て永く魏室に藩となれ。

【前路】ゆく先。唐・高適〔董大に別る、二首、一〕詩 千里の黄雲、白日曛くる 北風雁を吹いて、雪紛紛たり 愁ふること莫かれ、前路に知己無きを 天下、誰人か君を識らざらん

↑前悪 旧悪／前引 先導／前因 因縁／前陰 陰部／前楹 殿前の円柱／前鋭 鋭先／前衛 前方の守備／前縁 かねての因縁／前恩 旧恩／前呵 先払い／前科 過去の罪科／前過 過去の過ち／前覚 先覚の人／前岸 向こう岸／前銜 官職記名／前軌 前例／前騎 先駆／前戯 前時の戯れ／前却 進退／前訓 先訓／前勲 先功／前軍 先鋒／前渓 前方の谷／前月 先月／前愆 前過／前験 前兆／前彦 前賢／前好 旧好／前構 先人の業／前恨 旧怨／前歳 前年／前山 前方の山／前史 旧史／前此 さきに／前志 旧記／前時 以前／前式 古法／前識 先見／前失 旧過／前室 前妻／前儒 先儒／前秀 前賢／前秋 去秋／前修 前賢／前溲 小便／前鞦 むながい／前春 去春／前宵 前夜／前蹤 先蹤／前身 前世の身／前進 すすむ／前綏 車の綱／前騶 先払い／前世 前の世／前夕 昨夜／前迹 旧迹／前跡 前迹／前占 予兆／前走 先払い／前第 首席で合格する／前達 先達する／前談 前の話／前知 予知／前逐 すすんで逐う／前秩 旧俸／前儔 前人／前兆 予兆／前庭 前栽／前提 先行の条件／前哲 先賢／前轍 先例／前途 ゆくて／前登 先登／前闘 進みたたかう／前任 先任／前年 先年／前非 前の過ち／前蹕 先払い／前婦 先妻／前忿 旧怨／前鋒 先鋒／前盟 旧盟／前面 前方／前尤 前過／前遊 以前の遊び／前猷 前代の謀／前良 先哲／前例 先例／前列 前の列／前聯 律詩の第三・四句／前輅 前車／前労 前功

↓以前・雨前・筵前・花前・階前・眼前・巌前・空前・軒前・見前・現前・午前・最前・在前・参前・事前・膝前・従前・承前・牀前・

食前・燭前・神前・酔前・生前・箭前・尊前・直前・庭前・馬前・風前・仏前・蔽前・墓前・没前・面前・目前・門前・夜前・林前・霊前・楼前

【耎】 9 1043 ゼン よわい やわらかい

篆文

会意 而＋大。而は髪を切って髡とし、結髪しない形。大は人の正面形。耎は巫祝の正面形。而に従う形を、〔説文〕九下に「罪、髡に至らざるなり」とし、また偄八上に「弱なり」、儒に「柔なり」とあり、みな一系の字。需は金文に雩に作る形の字があり、その天は髡頭の人。需は雨乞い、儒はそのような巫祝の徒から出ている。〔説文〕十下に「稍しく前大なり」とするが、その意が明らかでなく、耎・需の系列の字によってその義を考えるべきである。

訓義 ①よわい、やわらかい。②しりぞく、ちぢむ。③蝡と通じ、うごめく。

古訓 〔名義抄〕耎 ヤハラカニ 〔字鏡集〕耎 ウタガフ・ハヾカル・ウラサブ・ヨキカタチ・ヤハラカナリ・マス

声系 〔説文〕に耎声として腝・偄・媆・蝡など十四字を収める。偄は弱、媆は好、蝡は蠕動することをいう。

語系 耎・媆・蝡・⿱耎瓦・㞋 njiuan は同声。⿱耎瓦は〔説文〕三下に「柔韋なり」とあり、獣皮の意であるが、瓦はふぐりの形。ゆえに柔韋の意がある。また、然・繎 njian は声近く、熱をかけて柔らかとなり、ねじける意がある。

↑耎弱 よわい/耎脆 よわい/耎懦 懦弱/耎梯 縄梯子/耎輪 安車

【善】 常 12 8060 〔譱〕 20 8066 ゼン よい ただしい

篆文 金文

会意 正字は譱に作り、羊＋誩。羊は羊神判に用いるもので、解廌、誩は両言で原告と被告の当事者。この当事者が盟誓ののち神判を受け、その善否を決するのである。〔説文〕三上に「吉なり。誩に從ひ、羊に從ふ。此れ義・美と同意なり」とするが、義・美は犠牲として供するものについていうもので、羊神判をいう善とは立意が異なる。敗訴者の解廌は、その人（大）と、自己詛盟の𠙵の器蓋をはずした凵とを、合わせて水に投じ、その穢れを祓った。その字は灋で法の初文。廌を略して、のち法の字となる。勝訴した解廌の胸に、心字形の文飾を加えて神寵に感謝する。その字は慶。善・慶・灋（法）は羊神判に関する一連の字。のち神意にかなうことをすべて善といい、また徳の究極をいう語となった。

訓義 ①よい、ただしい、神の意にかなう、さいわい。②ほめる、すぐれる、たくみな。③なかよくする、したしむ、うるわしい。

古訓 〔名義抄〕善 ヨシ・ヨミス・ホム 〔篇立〕善 ヨシ・ホム・ヨミス・タクミ・ユク 〔字鏡集〕善 オホイナリ・ヨシ・ヨミス・オホシ・ノゴフ・ホム

声系 〔説文〕に善声として膳・繕など六字を収める。繕は善と通用して修治の意がある。

語系 善・膳・繕 zjian は同声。膳はおそらく饌（籑）dzhiuan と同じ系列の語であろう。

【善悪】よしあし。〔楚辞、離騒〕世、幽昧にして以て眩曜す 孰か云ふ、余の善惡を察すと

【善学】よく勉強する。〔礼記、学記〕善く學ぶ者は、師逸して功倍し、又從つて之れを庸（功）とす。善く學ばざる者は、師勤めて功半ばに、又從つて之れを怨む。

【善馭】上手な御者。漢・東方朔〔七諫、謬諫〕當世豈に騏驥無からんや 誠に王良の善馭無し

【善教】よく教える。〔礼記、学記〕善く歌ふ者は、人をして其の聲を繼がしむ。善く教ふる者は、人をして其の志を繼がしむ。

【善言】立派なことば。〔荘子、徐無鬼〕狗は善吠を以て良と爲さず。人は善言を以て賢と爲さず。

【善賈】よい買手。〔論語、子罕〕子貢曰く、斯に美玉有り。匵に韞めて諸れを藏せんか、善賈を求めて諸れを沽らんかと。

【善交】人と立派に交わる。〔論語、公冶長〕晏平仲、善く人と交はる。久しうして之れを敬す。

【善行】よい行為。〔老子、二十七〕善行には轍迹無く、善言には瑕讁（欠点）無し。善數には、籌策を用ひず。善閉には、關楗無きも開くべからず。

【善哉】よきかな。ほめる語。〔左伝、昭十六年〕孺子（若者）善き哉、吾望むこと有り。

【善士】立派な人物。〔孟子、万章下〕天下の善士は斯に天下の善士を友とす。天下の善士を友とするを以て未だ足らずと爲し、又古の人を尙論す。～是を以て其の世を論ず。是れ尙友なり。

【善柔】媚びて誠意がない。〔論語、季氏〕便辟（要領のよい人）を友とし、善柔を友とし、便佞（人ざわりのよい人）を友とするは、損なり。

【善戦】戦上手。〔孫子、形〕昔の善く戰ふ者は、先づ勝つべからざる（自己の備え）を爲し、以て敵の勝つべき（隙）を待つ。

【善人】善徳の人。〔論語、述而〕子曰く、善人は吾得て之れを見ざるも、恆有る者を見るを得ば、斯ち可なり。

【善美】善と美。〔論語、八佾〕子、韶（舜の楽）を謂ふ。美を盡せり。又善を盡せりと。武（武王の楽）を謂ふ。美を盡せり。未だ善を盡さずと。

【善謀】すぐれた謀。〔左伝、文七年〕人に先んじて人の心を奪ふこと有るは、軍の善謀なり。

【善游】泳ぎ上手。〔荘子、達生〕仲尼曰く、善く游ぐ者の數かに能くするは、水を忘るればなり。

↑善衣 晴着/善医 良医/善意 好意/善淫 多淫/善謳 歌上手/善佳 よい/善家 良家/善歌 善謳/善懐 もの思い/善覚 さとる/善酣 酒好き/善諫 よい諫め/善気 好意/善喜 喜び/善騎 乗馬上手/善偽 善悪/善御 善馭/善驚 驚きやすい/善訓 善教/善計 良計/善後 後始末をする/善佐 良佐/善歳 豊年/善策 良策/善師 戦い上手/善謚 善い贈り名/善字 好字/善辞 美辞/善射 弓の上手/善収 好収穫/善修 修徳/善終 天寿を全うする/善処 よく対処する/善書 善本/善将 良将/善祥 吉祥/善心 良心/善神 よい神/善診 よい診察/善瑞 善祥/善声 美声/善性 よい性質/善政 良政/善迹 善行/善績 善迹/善銭 良銭/善薦 よいお供え/善俗 良俗/善待 善い待遇/善貸 寛大/善治 善政/善嘲 けなし好き/善田 良田/善図 良計/善徳 美徳/善佞 たくみにおもねる人/善馬 良馬/善敗 成敗/善否 善悪/善風 追風/善服 美服/善弁 巧弁/善没 もぐり上手/善本 精本/善民 良民/善名 令名/善門 慈善家/善薬 良薬/善吏 良吏/善良 よい/善隣 よいお隣/善類 善人の仲間

↓一善・嘉善・改善・完善・勧善・偽善・吉善・好善・詐善・最善・至善・思善・次善・慈善・守善・修善・十善・宿善・小善・賞善・彰善・上善・親善・仁善・粋善・寸善・性善・旌善・責善・積善・遷善・択善・追善・独善・伐善・不善・友善・揚善・良善・令善・廉善

【喘】 12 6202 ゼン あえぐ

篆文 

形声 声符は耑。耑に遄・顓の声がある。〔説文〕二上に「疾く息するなり」とあり、擬声的な語である。歂字条八下に「口气引くなり」とあって、気の出入のときの声をいう。

訓義 ①あえぐ、いきぎれする、いきぎれする病、ぜんそく。②ささやく、せきこみながらいう。③にわかに、あわただしい。

古訓 〔和名抄〕喘 阿倍岐(あへぎ)〔名義抄〕喘 アヘグ・アヘギ・イキツク・アク・シハイキス・イキツキ・ナヤム

語系 喘thjiuan、歂zjiuan は声義近く、ともに気息の急疾であることをいう。湍thuan、遄zjiuan もみな速やかの意があり、一系の語である。

【喘汗】 あえいで、汗が流れる。宋・蘇舜欽〔王順山に往きて暴雨雷霆に値ふ〕詩 霹靂飛び出だす、大壑の底 烈火黑霧、相ひ奔趨す 人皆喘汗して樹を抱いて立つ 紫藤翠蔓、皆焦枯す

【喘喘】 息切れしてあえぐ。〔荘子、大宗師〕俄かにして子來に病有り、喘喘然として將に死せんとす。其の妻子、環りて之れに泣く。子犁往きて之れを問うて曰く、叱、避けよ。化を怛かす无かれと。

【喘息】 ぜんそくの病。また、一呼吸の間。〔後漢書、張綱伝〕廣陵の賊張嬰等の衆數萬人、~揚・徐の閒に寇亂す。~綱、~徑ちに嬰の壘に造る。~(嬰泣きて曰く)荒裔の愚人、~魚の釜中に遊ぶが若とし、喘息須臾の閒のみ~と。~面縛歸降す。

↑喘噎 むせぶ／喘呀 口をあける／喘欬 せき／喘嚇 荒い息／喘喝 喘呼／喘気 息切れ／喘急 息切れ／喘呼 あえぎどなる／喘嗽 あえぎ、せきする／喘乏 息切れ／喘沫 あわをふく／喘鳴 うがいなどで、のどを鳴らす

↓呀喘・臥喘・咳喘・汗喘・窮喘・荒喘・残喘・息喘・憊喘・微喘・余喘

常 【然】 12 2333 ゼン ネン もえる しかり しかれども

篆文  金文 

会意 肰+火。肰は犬肉。犬肉を焼いて、その脂が燃える意で、燃の初文。〔説文〕十上に「燒くなり。火に從ひ、肰聲」とするが、犬の肉を焼く意で、天を祀る祭儀などに用いた。卜辞に犬牲を燎いて天を祀る祭儀があり、文献にいう類(𩔖)・禷にあたる。類は米と犬と頁とに従い、天を祀る礼。天神は犬牲を燎く臭いによって、その祭儀を享けるとされた。「しかり」「しかれども」は通用の訓であるが、その本義ではない。また形況の語の接尾語に用い、突然・端然のようにいう。

訓義 ①もえる、肉がもえる、やく、燃の初文。②しかり、しかれども、しこうして。③すなわち、しかればすなわち。④かくなる、かくなす、うべなう、よろし。⑤是と通じ、これ、この。⑥如・而・爾・焉などと通じ、形況の語の接尾語。

古訓 〔名義抄〕然 シカナリ・シヅカナリ・コタフ・オノヅカラ・タカシ・ホシイマ、・ウク・ウケタマハル・シカリ・シカモ／自然 オノヅカラ／然者 サラバ〔字鏡集〕然 ヤク・ユルス・シカモ・シカナリ・シヅカナリ・コタフ・シカリ・タカシ・ホシイマ、・ウク・ウケタマハル・オノヅカラ

声系 〔説文〕に然声として撚・繎など六字を収める。撚・繎は火熱によってゆがみよじれることをいう。

語系 然・肰njian、耎njiuan は声義が近く、肰は犬の柔らかな肉。耎も柔腝の意がある。肰を焼くを然といい、燃は然の繁文。爇njiuat は草を加えて焼く意。然の接続の用法や形況語の用法は如・而njia、若(若)njiak、爾njiai と通用するもので、然の本義ではない。

【然疑】 惑って決しがたいこと。〔楚辞、九歌、山鬼〕山中の人、杜若を芳とし 石泉を飲み、松柏に蔭ふ 君、我を思へども、然疑作るならん

【然犀】 犀角を燃やして暗処を照らす。〔晋書、温嶠伝〕武昌に旋り、牛渚磯に至る。水深測るべからず。世に云ふ、其の下に怪物多しと。嶠、遂に犀角を燬きて之れを照らす。須臾にして、水族の火を覆ふを見るに、奇形異狀なり。

【然臍】 へそをやく。〔後漢書、董卓伝〕乃ち卓を市に尸らす。天時(気候)始めて熱し。卓素より充肥なり。脂、地に流る。尸を守る吏、火を然やして卓の臍中に置く。光明曙に達し、是くの如きこと日を積ぬ。

【然諾】 承諾する。唐・張謂〔長安主人の壁に題す〕詩 世人、交はりを結ぶに、黄金を用ふ 黄金多からざれば、交はり深からず 縦令ひ然諾して暫らく相ひ許すとも 終ひに是れ、悠悠行路(行きずり人)の心

【然否】 事実かどうか。〔史記、老子荘申韓伝〕或いは曰く、儋は即ち老子なりと。或いは曰く、非なりと。世、其の然否を知る莫し。老子は隱君子なり。

↑然火 もやす／然可 同意する／然炬 松明／然許 許諾する／然膏 然脂／然脂 あぶらをもやす／然乃 しかる後／然燭 燭をともす／然石 石炭／然然 自然のさま／然炭 すみ／然頂 頭頂に灸をする／然灯 灯をともす／然納 納得／然眉 焦眉の急／然腹 然臍／然明 照明／然炉 いろり

↓啞然・曖然・薆然・藹然・靄然・渥然・安然・晏然・暗然・闇然・黯然・夷然・依然・怡然・唯然・洟然・殷然・隠然・蔚然・鬱然・慍然・翳然・奄然・宛然・偃然・婉然・淵然・晻然・厭然・嫣然・閹然・汪然・怏然・盎然・滃然・嘔然・蓊然・果然・譁然・呀然・俄然・介然・快然・恢然・傀然・塊然・嵬然・魁然・愾然・慨然・蓋然・画然・廓然・劃然・赫然・確然・霍然・駭然・愕然・戛然・聒然・豁然・闊然・完然・莞然・敢然・款然・欲然・渙然・間然・煥然・懽然・讙然・驩然・危然・喟然・毅然・虧然・巋然・巍然・仡然・屹然・岌然・翕然・璆然・歙然・居然・遽然・叫然・悦然・矜然・噭然・皦然・嚮然・凝然・翹然・顒然・嶷然・听然・忻然・欣然・訢然・窘然・嶔然・吁然・瞿然・懼然・具然・空然・偶然・詘然・歘然・醺然・炯然・迥然・恵然・夐然・罄然・闃然・欠然・決然・傑然・闕然・蹶然・孑然・涓然・軒然・眷然・喧然・歉然・顕然・泫然・眩然・巌然・儼然・固然・公然・抗然・昂然・哄然・恍然・訇然・浩然・耿然・皎然・溘然・較然・皜然・鏗然・敖然・傲然・慠然・警然・囂然・轟然・兀然・忽然・昏然・渾然・洒然・灑然・索然・嘖然・颯然・雑然・惨然・粲然・潸然・燦然・嶄然・弛然・自然・哆然・颸然・灼然・釈然・綽然・嚼然・終然・脩然・愁然・柔然・粛然・蹙然・蹴然・恂然・純然・昭然・悚然・悄然・愀然・竦然・翛然・蕭然・聳然・仍然・森然・粋然・萃然・翠然・井然・凄然・悽然・整然・寂然・戚然・屑然・截然・全然・爽然・淙然・愴然・蒼然・錚然・騒然・鏘然・躁然・惻然・卒然・猝然・率然・泰然・隤然・頽然・卓然・踔然・怛然・脱然・坦然・淡然・湛然・赧然・端然・澹然・断然・惆然・悵然・超然・挺然・的然・倜然・惕然・適然・趯然・恬然・塡然・靦然・徒然・当然・陶然・蕩然・同然・洞然・突然・沛然・霈然・泊然・漠然・藐然・邈然・判然・泛然・斐然・賁然・靡然・必然・漂然・飄然・眇然・渺然・泯然・閔然・愍然・憫然・憮然・怫然・艴然・忿然・紛然・憤然・奮然・平然・炳然・呆然・厖然・忙然・懵然・穆然・勃然・本然・翻然・昧然・慢然・漫然・未然・緬然・惘然・猛然・默然・捫然・攸然・油然・幽然・悠然・逌然・猶然・杳然・窅然・窈然・遥然・曄然・翼然・犖然・爛然・慄然・隆然・亮然・寥然・漻然・瞭然・凜然・羸然・纍然・冷然・厲然・歴然・漣然・朗然

【甏】13 4471 ゼン シュン なめしがわ やわらかい

篆文 古文 籀文

象形 上部は獣頭。瓦形のところは獣体、瓦は牡器の形。獣皮を裏からみた形。〔説文〕三下に「柔韋なり」とし、字形を「北に從ひ、皮の省に從ひ、夐の省聲」とするが、北に従う意を説かず、声も異なり、全く字形を失している。北の部分は両耳の形である。また「讀みて耎の若くす」という。〔説文〕八上に「㞐は柔皮なり」とあり、甏の古文の字形はこの㞐に近い。〔周礼、考工記、鮑人、注〕に「需は讀んで䋘耎の耎と爲す」とあって、需・耎の音近く、甏とは濡沢柔耎の皮で、髀の間・腋の下などの柔らかいところをいう。

訓義 ①なめしがわ。②やわらかいかわ、皮のやわらかいところ、やわらかくつやのあるところ、やわらかい。③狩りの革袴に用いる。

古訓 〔字鏡集〕甏 ヤハラカナルカハ

語系 甏・㞐 njiuan は同声。〔説文〕の甏字の古文に、㞐と思われる字形をあげている。㞐は人の背後より胯間に手を入れる形。愧赧の赧はその形に従い、それによって愧赧する意を示す。牡獣のその部分を甏という。

常 【禅】13 囚〔禪〕17 3625 ゼン まつる ゆずる

篆文

形声 声符は單(単)。單に闡・蟬の声がある。〔説文〕一上に「天を祭るなり」とあって、封禅のことをいう。〔詩、周頌、時邁〕の〔箋〕に「巡守・告祭とは、天子、邦國を巡行し、方岳の下に至りて封禪するなり」とあり、〔大戴礼、保傅〕に「泰山に封じ、梁甫(泰山の支峰)に禪す」という。禅とは、祭壇である墠を設けて、天を祭る祭儀をいう。禅譲によって位をうるとき、その礼を行うので、禅譲の意となる。

訓義 ①まつる、天をまつる。②ゆずる。天子の位を譲りうけるときその礼を行う。禅譲。③仏教の語で禅、jhāna の音訳語、静慮の意。しずか。

古訓 〔新撰字鏡〕禪 志豆加尓(しづかに)、又、由豆留(ゆづる)〔名義抄〕禪 ユヅル・マツリ・シヅカナリ・シケシ・ホシイマヽニ

語系 禪 zjian、墠 zjian は声近く、字義にも関係があろう。天を祭るとき、土壇を築き、その壇を墠という。壇 tan は〔説文〕十三下に「宗廟の主を盛るる器なり」とあり、これによっていえば、墠とは神主をおく壇のことであろう。

【禅位】天子の位を譲る。〔史通、疑古〕堯典の序に又云ふ、將に位を遜らんとして、虞舜に譲ると。孔氏(安国)注に云ふ、堯、子丹朱の不肖なるを知る。故に禪位の志有りと。汲冢瑣語を按ずるに云ふ、舜、堯を平陽に放つと。

【禅閣】禅寺。禅堂。〔洛陽伽藍記、一、景林寺〕禪房一所有り。～禪閣虛靜、隱室凝邃、嘉樹牖を夾さしみ、芳杜堦を匝る。朝市と云ふと雖も、想は巖谷に同じ。靜行の僧、其の内に繩坐す。

【禅寂】静思冥想。唐・杜甫〔夜、許十一の詩を誦するを聴き、愛して作有り〕詩 許生は五臺の賓 業白(善業)石壁を出づ 余れも亦た粲可(僧名)を師とするも 身猶ほ禪寂に縛せらる

【禅譲】天子の位を譲る。〔後漢書、逸民伝論〕古者隱逸、其の風尚し。穎陽に耳を洗うて、禪讓を聞くを恥ぢ(許由)、孤竹(伯夷・叔斉)長く飢うるも、周の粟を食らふを羞づ。

【禅心】さとりを得た禅定の心。唐・李頎〔璿公の山池に題す〕詩 片石孤峯に色相を窺ひ 淸池皓月、禪心を照らす

【禅榻】坐禅をする牀。唐・杜牧〔酔後、僧院に題す〕詩 今日、鬢絲、禪榻の畔 茶煙輕く颺がる、落花の風

↑禅庵 禅僧のいおり/禅衣 僧衣/禅意 禅心/禅院 禅寺/禅宇 禅寺/禅悦 悟りを得た法悦/禅宴 坐禅/禅化 遷り変わり/禅家 禅宗の人/禅関 禅法の関門/禅観 禅定の行/禅規 戒律/禅機 悟脱の機/禅客 参禅の人/禅宮 寺/禅句 禅家がその心境を示す句/禅窟 禅庵/禅偈 禅家がその心境を示す頌偈/禅扃 禅寺の門/禅源 本覚/禅語 禅者の語/禅坐 坐禅/禅刹 仏寺/禅師 和尚/禅室 禅房/禅衆 僧衆/禅書 禅家の書/禅牀 禅榻/禅杖 坐禅の杖/禅定 坐禅/禅真 仏像/禅制 禅譲の詔/禅棲 出家/禅祖 達磨/禅祚 禅譲/禅代 世代わり/禅灯 法灯/禅堂 禅寺/禅道 禅法/禅那 禅定/禅板 坐禅のとき用いる板/禅扉 禅房/禅病 妄想/禅文 禅譲の詔/禅房 禅堂/禅鋒 禅機/禅味 禅の趣/禅理 本覚/禅侶 禅僧/禅寮 僧房/禅林 禅院

↓安禅・居禅・悟禅・坐禅・座禅・参禅・受禅・修禅・真禅・伝禅・逃禅・登禅・入禅・破禅・廃禅・封禅・問禅・夜禅・律禅・老禅

常 【漸】14 3212 ゼン ひたす すすむ ようやく

篆文 その他

形声 声符は斬。〔説文〕十一上に水名とするが、字の本義は〔書、顧命〕「疾大いに漸む」のように、水にひたり、次第に浸潤することをいう。〔詩、衛風、氓〕「車の帷裳を漸す」のように、水につかって濡れることが原義。それで「ようやく」の意となる。

訓義 ①ひたる、ひたす、つかる、ぬれる。②ぬれひろがる、すすむ、うつる。③ようやく、やがて、おもむろ。④ひさしい、そまる、おわる、つきる。⑤もののきざし。

古訓 〔名義抄〕漸 ウタヽ・イタル・ウルフ・ソヽグ・ヤウヤク・ハジメ・クダル・ツクル・ツエタリ・ヒタス・スヽム/漸々 スコブル〔篇立〕漸 アハツ・ツイデ・ヤウヤク・ヨシ・ハジム・ウルホス・イタル・ハジマル・スヽム・ユ(キ)ヨシ・ソヽグ・ウスラグ・ツエタリ・ウルフ・ソクル・ヤヽ・ウタヽ

語系 漸 dziam、浸(浸)・寖 tziam は声義近く、ともに浸潤の意。沾・霑 tiam も声義が近い。みな沾濡浸漬して、その濡染の次第に広まることをいう。その染まりはてることを染 njiam という。

【漸漬】感化。〔史記、礼書〕子夏の、門人の高弟なるよりして、猶ほ出でては紛華の盛麗なるを見て說び、入りては夫子の道を聞いて樂しむ。二者心に戰ひ、未だ自ら決すること能はずと云へり。而るを況んや中庸より以下、失教に漸漬し、成俗に被服するをや。

【漸染】次第にそまる。〔三国志、魏、文帝紀注に引く(漢)献帝伝〕漢の德の衰へしより、漸染すること數世、桓・靈の末、皇極建たず。

↑漸洳 湿地/漸及 波及する/漸次 次第に/漸習 漸漬/漸滫 尿浸し/漸潤 ぬらす/漸洳 ぬかるみ/漸将 次第にすすむ/漸浸 漸漬/漸進 ゆっくり進む/漸尽 次第に尽きる/漸積 たまる/漸冉 次第に/漸漸 徐々に/漸大 増大する/漸導 感化/漸靡 次第に従う/漸苞 茂る

↓滋漸・浸漸・西漸・積漸・大漸・沾漸・東漸・萌漸

【髯】14 7255 〔髥〕15 7255 ゼン ひげ ほおひげ

篆文

形声 声符は冄。〔説文〕九上に頿を正字として「頰の須なり」とし、〔釈名、釈形体〕に

「頰の耳旁に在るを髥と曰ふ。口に隨ひて動搖すること髥髥然たるなり」という。冄字条九下に「毛冄冄たるなり」とあって、冄は毛の象形である。

訓義 1ひげ、ほおひげ。

古訓 〔篇立〕髥 ヒゲ・シモツヒゲ・ヒゲノカミ 〔字鏡集〕髥 ヒゲ・ツラノケ

語系 髥・冄・姌njiamは同声。〔説文〕に冄は「毛冄冄たるなり」、姌十二下は「弱長の皃なり」とあり、髥はその冄冄として長く垂れるひげをいう。

【髥鬚】ほおひげと、あごひげ。羊を髥鬚参軍とよび名するので、のち主簿職をいう。〔古今注、中、鳥獣〕羊、一名、髥鬚主簿。

↑髥閹 髥宦官/髥口 つけひげ/髥耏 ほおひげ/髥髥 ひげ男/髥蘇 蘇東坡/髥奴 ひげ/髥夫 髥面/髥竜 皇帝/髥鬣 胡人のひげ/髥麗 立派なひげの人

↓握髥・虬髥・掀髥・銀髥・胡髥・紅髥・皓髥・髭髥・鬚髥・松髥・垂髥・哀髥・青髥・赤髥・雪髥・双髥・蒼髥・霜髥・多髥・長髥・怒髥・白髥・美髥・捫髥・羊髥・竜髥・緑髥

【蝡】15 5113 ［蠕］20 5112 ゼン うごめく

篆文 

形声 声符は耎ぜん。〔説文〕十三上に「動くなり」とあり、前をあげ、後ろを進めて爬行はこうすることをいう。字はまた蠕に作る。耎・需に従う字に、声義に通ずるものが多く、ともに懦弱・蠕動の意がある。

訓義 1うごめく、すこしうごく。2虫がうごくさま。

古訓 〔字鏡集〕蝡 モ、ホドキ・ウゴク・ミヽズ

語系 蝡・㬉・甍njiuanは同声。㬉・甍は髀間の肉の柔らかく感じやすいところをいう。

↑蝡行 うごめきゆく/蝡蠢 うごめく/蝡蝡 うごめくさま/蝡蛇 木蛇/蝡動 うごめきゆく

↓惴蝡

常【膳】16 7826 ゼン そなえもの

篆文 

形声 声符は善ぜん。〔説文〕四下に「具そなはりたるの食なり」とあり、饍と同訓。饍は神饌を供える意。牲肉は宰がこれを宰割し、膳夫がこれを供した。金文に膳夫を善夫に作り、〔大克鼎〕の作器者である克氏にも善夫克の器などを伝える。

訓義 1そなえもの、神へのそなえもの。2そなえる、すすめる。3料理する、調理する。4食膳、美食、くらう。

古訓 〔名義抄〕膳 ソナフ・カシハデ・イヒモノ・ヨシ・ソナヘモノ 〔字鏡集〕膳 ヤク・ヨシ・イロフ・ソナヘモノ・クヒモノ・カシハデ・キラタム・トヽノフ・ソナフ・クフ・ソナヘ

語系 膳zjian、饌・饍dzhiuanは声近く、みな神饌としてそなえるものの意であった。

【膳献】供献するもの。〔周礼、天官、宰夫〕凡そ賓客を朝覲會同するに、牢禮の灋(法)を以てす。其の牢禮・委積・膳獻・飲食・賓賜の飱牽と其の陳數とを掌る。

【膳羞】食膳。飲食のもの。〔越絶書、外伝記地伝〕東郭外南小城は、句踐の冰室なり。~欒野の衢に射し、犬を若耶に走らせ、石室に休謀し、冰廚に食らふ。~一に曰く、冰室なる者は、膳羞を備ふる所以なりと。

↑膳飲 飲食/膳饎 食料/膳葷 辛野菜/膳宰 大膳係/膳食 食事/膳祖 飯炊婆/膳堂 食堂/膳夫 大膳係/膳服 衣食/膳脯 食物/膳房 台所

↓飲膳・加膳・客膳・供膳・饗膳・御膳・肴膳・賜膳・弐膳・侍膳・主膳・酒膳・羞膳・食膳・盛膳・蔬膳・廚膳・珍膳・徹膳・典膳・内膳・配膳・陪膳・奉膳・庖膳・饔膳・醴膳

常【繕】18 2896 ゼン つくろう

篆文 

形声 声符は善ぜん。〔説文〕十三上に「補ふなり」とあって、補修を加えることをいう。〔左伝、成十六年〕「甲兵を繕ととのふ」、〔漢書、息夫躬伝〕「干戈かんを繕修す」のように、武器についていうことが多い。性を養うことを繕性、ことを筆録することを繕録という。

訓義 1つくろう、おぎなう、おさめる、なおす。2そなえる、あつめる、まとめる。

古訓 〔名義抄〕繕 ムシル・ツクル・ウツス・ツクロフ・ツヾル・トル・シツラフ・ツタフ・ナラス・ヲサム・ヨシ・シルス・トヽノフ・タスク・ヨクス

語系 繕・善zjianは同声。善は神判によってもつれを解決すること。繕は善の声義を承ける字とみてよい。

【繕完】完全に修理する。〔左伝、成元年〕冬、臧宣叔、賦を脩め繕完して守備を具へしむ。

【繕写】整えて清書する。漢・劉向〔戦国策を上たてまつる叙〕其の事は春秋以後に繼ぎ、楚漢の起るに訖いたるまで、二百四十五年閒の事なり。皆定むるに殺靑(簡礼)を以て書し、繕寫すべからしむ。

【繕性】性を養い治める。〔荘子、繕性〕性を俗學に繕をさめて以て其の初めに復かへらんことを求め、欲を俗思に滑みだして以て其の明を致さんことを求む。之れを蔽蒙へいもう(道理にくらい)の民と謂ふ。

↑繕営 つくろう/繕工 つくろい直す人/繕甲 甲を直す/繕守 整え守る/繕修 つくろう/繕生 繕性/繕治 補修する/繕兵 武器を修補する/繕補 つくろい補う/繕理 修理する/繕録 謄写する

↓営繕・興繕・修繕・葺繕・飾繕・増繕・典繕・督繕・補繕

【蠕】20 5112 ［蝡］15 5113 ゼン ジュ うごめく

篆文 

形声 声符は需じゅ。〔説文〕十三上虫部に「蝡ぜんは動くなり」とあり、蠕は同声。蠕・蝡の関係は懦・愞の関係と同じく、その異文とみてよい。蠕は虫のうごめくさまをいう。

訓義 1うごめく、うごく。2虫のゆくさま、虫のはうさま。

＊語彙は蝡字条参照。

【蠕蠕】うごめく。唐・李賀〔感諷、五首、一〕詩 越婦、未だ織作せざるに 呉蠶、始めて蠕蠕たり

↑蠕行 爬行する/蠕蠕 北方族の名/蠕虫 爬虫/蠕動 うごめく

センチメートル

【糎】15 センチメートル

国字 米メートル＋厘センチ。メートルの百分の一。三分三厘にあたる。大砲の口径をいうときには、珊を用いることがある。〔中華大字典〕に「法國フランスの度の名なり。我が營造尺の三分の二釐り四毫がう爲たり」とみえる。

訓義 1センチメートル。

ソ

【咀】8 6701 ソ かむ

篆文 

形声 声符は且そ。〔説文〕二上に「含味するなり」とあり、咀嚼そしゃくし玩味することをいう。〔詩品、上、晋の平原相陸機〕「英華を咀嚼す」とは、その精粋をとって身につけることをいう。

訓義 ①かむ、かみわける、あじわう。②くすりをつくる。③くう、くらう。

古訓 〔新撰字鏡〕咀 久不(くふ) 〔名義抄〕咀 クフ・カム・ナム・クラフ／咀嚼 カミハム 〔字鏡集〕咀 ナゲク・ウレフ・ナグサム・ナム・クラフ・カム・クフ

語系 咀dzia、嚼dziôkはともに咀嚼するときの音をとる擬声語であろう。且声の字は多くて、その通義を得がたいが、鉏・助・耡dzhiaはすき、土に強く鉏をうちおろすときの擬声語であろう。

【咀嚼】よくかみこなす。玩味する。唐・孟郊〔懊悩〕詩 前賢死して已に久しきも 猶ほ咀嚼の閒に在り

↑咀華 粋をとる／咀嚾 かみくらう／咀齧 かみくだく／咀茹 かみくらう／咀噍 咀嚼／咀咀 もぐもぐとたべる／咀啖 くらう／咀啜 飲食する／咀呑 のみこむ／咀片 錠剤／咀味 玩味する／咀薬 薬をのむ

↓涵咀・含咀・吟咀・噍咀・吐咀・微咀

【姐】 8 4741 ソ シャ はは あね

篆文 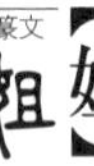

形声 声符は且。〔説文〕十二下に「蜀の人、母を謂ひて姐と曰ひ、淮南にては之れを社と曰ふ」とみえる。なお「讀みて左の若くす」(小徐本)とあり、方言としての音が多かったのであろう。また虘声・差声に作る字がある。

訓義 ①はは。②あね。③女の通称。④色白、みめよし、女のすがた。妓女の名の下につける、瑩姐・楊姐など。

古訓 〔篇立〕姐 オコル・ヲクル

↑姐姐 太后

↓阿姐・姊姐・小姐・寵姐・乳姐

【徂】 8 2721 〔⿺辶且〕 9 3730 〔⿺辶虘〕 15 3130 ソ ゆく しぬ さきに

篆文  籀文 

形声 声符は且。〔説文〕二下に字を⿺辶且に作り、「往くなり」と訓する。〔方言、一〕に、秦・晋にては逝(逝)、斉にては徂、宋・魯にては適(適)というとする。〔詩、大雅、桑柔〕「西より東に徂く」、〔詩、衛風、氓〕「我が爾に徂きしより」など、他の地域でも徂を用いており、徂が通語であったとみてよい。重文に⿺辶虘があり、金文にも且を戲に作る例がある。また殂と通用する。

訓義 ①ゆく、おもむく。②しぬ。③さきに、はじめて。

古訓 〔名義抄〕徂 ユク・イヌ・ハジム・タヒラカナリ

語系 徂・殂dzaは同声。殂は〔説文〕四下に「往くなり。死するなり」とあり、殂落・崩殂の意に用いる。逝zjiatも声義近く、また死去の意に用いる。

【徂歳】年がすぎる。往年。唐・韓愈〔杜侍御に陪して湘西の両寺に遊び、独宿して題する有り～〕詩 旅程、淹留を愧ぢ 徂歳、荏苒を嗟く

【徂逝】死ぬ。また、遠く行く。漢・曹昭〔東征の賦〕通衢の大道に遵はん、捷徑を求めて誰にか從はんと欲する。乃ち遂に往きて徂逝す、聊か目を游ばしめて、魂を遨ばしめん。

【徂落】天子の死。崩殂。〔孟子、万章上〕堯典に曰く、二十有八載、放勳(堯)乃ち徂落す。百姓、考妣(父母)を喪ふが如し。

↑徂音 足音／徂師 出征軍／徂茲 往年／徂謝 去りゆく／徂生 余年／徂征 出征する／徂川 流水／徂遷 ゆき移る／徂喪 死ぬ／徂没 死ぬ／徂旅 徂師

↓雲徂・影徂・炎徂・歳徂・日徂・秋徂・神徂・風徂・奔徂・夜徂

【沮】 8 3711 ソ ショ はばむ ふせぐ やぶれる

篆文  甲骨文 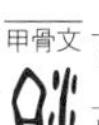

形声 声符は且。〔説文〕十一上に「水名」とするが、もと沮洳の地、すなわち低湿の地をいう。そのため交通が沮害されるので、沮止・沮敗のようにいい、勢いのそがれることを沮喪という。

訓義 ①しめり地、湿地、しめる。②はばむ、ふせぐ、とめる、とどまる、さまたげる、そしる。③やぶれる、くずれる。④徂と通じ、ゆく、おもむく。

古訓 〔名義抄〕沮 ヤブル・トヾム・トヾマル・ヤム・クヅル・ミヤビカニ・ハヾム・ツヽカル・ヤウヤク・ウルフ

語系 沮・岨dziaは同声。水には沮といい、山には岨という。阻tzhiaは険阻の意とされるが、阻は神の陟降する神梯である自(阜)の象に従い、その聖域を守ることをいう。

【沮遏】おしとどめる。阻止する。唐・韓愈〔張中丞伝後叙〕(張巡・許遠)一城を守り、天下を捍ぎ、千百盡きんに就なんとするの卒を以て、百萬、日に滋すの師と戰ひ、江淮を蔽遮し、其の勢ひを沮遏す。天下の亡びざる、其れ誰の功ぞや。

【沮壊】崩れこわれる。〔説苑、正諫〕木梗、土耦人に謂ひて曰く、子の先は土なり。子を持して以て耦人と爲せり。天、大いに雨ふり、水潦竝び至るに遇はば、子必ず沮壊せんと。應へて曰く、吾が沮るるは、乃ち吾が眞に反るのみ～と。

【沮議】議論の邪魔だてをする。〔唐書、陸贄伝〕所謂小人なる者は、～蓋し趨向狭促、議を沮むを以て衆を出づと爲し、自ら異とするを不群と爲し、小利に趣きて遠圖に昧し。

【沮散】心がくじけ四散する。〔三国志、魏、毌丘倹伝〕淮南の將士、家は皆北に在り。衆心沮散し、降る者相ひ屬ぐ。惟だ淮南新附の農民のみ、之れが用を爲す。

【沮洳】下湿の地。沮洳場は牢獄。宋・文天祥〔正気の歌〕詩 嗟しい哉、沮洳の場 我が安樂の國と爲る 豈に他の繆巧有らんや 陰陽も賊ふこと能はず

【沮喪】失望落胆する。〔旧五代史、唐、荘宗紀八〕李嗣源、已に汴に入る。帝、諸軍の離散せるを聞き、精神沮喪し、～命じて師を旋さしむ。

【沮抑】はばみ抑える。宋・陳亮〔廷対策〕二十年來、道德性命の學一たび興り、文章政事、盡く廢するに幾し。其の說既に偏れり。而して有志の士、蓋し嘗て之れを患苦し、十年の閒、群起して之れを沮抑するも、未だ其の偏りを止め、其の僞を去ること能はず。

↑沮怨 じゃまだて／沮潰 沮壊／沮害 はばむ／沮礙 さえぎる／沮毀 沮害する／沮索 尽きる／沮止 はばむ／沮訾 そしる／沮衄 はばみ敗る／沮慴 恐れはばむ／沮色 不満なようす／沮惴 恐れる／沮洳 沮洳の地／沮胆 胆をつぶす／沮短 そしる／沮敗 はばみ敗る／沮廃 すてる／沮誹 沮訾／沮斃 敗死する／沮乱 みだす

↓怨沮・毀沮・窘沮・慚沮・事沮・色沮・破沮・排沮・謗沮

【泝】 8 3214 〔溯〕 13 3712 〔遡〕 14 3730 ソ さかのぼる

篆文 

形声 声符は斥。字はまた溯・遡(遡)に作り、朔(朔)声。〔説文〕十一上に「⿰氵⿱屰斥は、流れに逆らひて上るを⿰氵⿱屰斥洄と曰ふ」とあり、泝はその省形の字。また傃と通じ、向かう意。

訓義 ①さかのぼる、流れに逆らって上る、ゆく。②向かう、迎える。

古訓 〔名義抄〕泝・遡・溹 サカノボル・ムカフ 〔字鏡集〕泝・傃・溹・遡 サカノボル・サカサマニナガレノボル・ホトリ・サム

シ・ウヅマク・ムカフ
＊語彙は遡字条参照。

【泝游】流れをさかのぼる。〔爾雅、釈水〕流れに逆らひて上るを泝洄と曰ひ、流れに順ひて下るを泝游と曰ふ。

↑泝沿　川を上下する／泝洄　さかのぼる／泝源　さかのぼる／泝然　寒けがするさま／泝測　さかのぼり訪う／泝追　溯追／泝流　さかのぼる

常【狙】8 4721　ソ ショ　さる ねらう

篆文 

形声 声符は且。〔説文〕十上に「玃の屬なり」とし、「一に曰く、狙は犬なり。暫らく人を齧む者なり」とあり、猿と犬との両類をあげる。〔荘子、斉物論〕の朝三暮四の話にみえる猿飼いは、狙公とよばれている。のち狙伺の意に用いるのは、覰・索と通用の義である。

訓義 ①さる。②わるがしこい、ねらう、いつわる。③いぬ。

古訓 〔篇立〕狙 サル・ヲソ

語系 狙・覰 dzia は同声。覰は伺い見ることをいう。索 sheak も声が近く、索求の意がある。

【狙害】人を伺い害する。〔唐書、姦臣下、盧杞伝〕小しく已に忤ふものは、死地に傅かしめずんば止まず。～其の狙害隱毒、天下痛憤せざる無し。杞の、君に得たるを以て、故に敢て言はず。

【狙撃】ひそかにねらい撃つ。〔史記、留侯世家〕秦の皇帝の東游するや、(張)良、客と秦の皇帝を博浪沙中に狙撃し、誤って副車に中つ。

【狙公】猿飼い。〔荘子、斉物論〕狙公芧を賦ちて曰く、朝は三、莫に四にせんと。衆狙皆怒る。曰く、然らば則ち朝は四、莫に三にせんと。衆狙皆悅ぶ。名實未だ虧けずして、喜怒用を爲す。

【狙詐】すきをうかがってたくらむ。〔漢書、諸侯王表序〕秦、勢勝の地に據り、狙詐の兵を騁せ、山東(関東)を蠶食し、壹切(すべて)勝を取る。

【狙伺】狙う。明・宋濂〔莆田黄処士墓銘〕初め郡南に僻壤有り。盜常に狙伺して、以て行旅を剽ふ。處士、廬を構へ僧を棲ましめ、夜は則ち燈を燃き曙に達す。盜散去せり。復た貧死の者に棺を施し、三年にして二百餘に至る。

↑狙猿　さる／狙喜　だまされて喜ぶ／狙候　ねらい伺う／狙猴　さる／狙獷　猛犬／狙発　ねらい撃つ／狙杙　猿をつなぐ

↓猿狙・群狙・巧狙・衆狙

常【阻】8 7721　ソ　けわしい はばむ なやむ たのむ

篆文 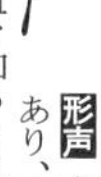

形声 声符は且。〔説文〕十四下に「險なり」とあり、〔周礼、夏官、司険〕に「周く其の山林川澤の阻を知る」とあって、往来の困難なところ、要害のところを管理した。阻は𠂤に従い、𠂤は神の陟降する神梯。水に沮、山に岨、聖所には阻という。

訓義 ①けわしい、あやうい。②はばむ、へだつ、さまたげる、とめる。③なやむ、うれえる、くるしむ。④たのむ、かためとする。

古訓 〔名義抄〕阻 サガシ・ハルカナリ・ナヅム・ナヤマシ・トヾム・ウチハヤシ・アフ・ハジム・ウタガフ・ハヾム・クダク・ヤブル・ウク・カフ・ヘダツ・タノム・ヨル・ケハシ・ナヤム／阻脩 ヘダ、リナガシ

語系 阻 tzhia は沮・岨 dzia と声近く、一系の語。

【阻隘】狹險。〔史記、孫子伝〕暮に當に馬陵に至るべし。馬陵は道狹くして、旁らに阻隘多く、兵を伏すべし。乃ち大樹を斫り、白げて之れに書して曰く、龐涓此の樹下に死せんと。

【阻険】けわしい。険阻。〔漢書、武帝紀〕(元光五年)夏、巴蜀を發して南夷道を治め、又、卒萬人を發して、雁門の阻險を治む。

【阻深】けわしく遠い。漢・司馬相如〔巴蜀に喩す檄〕皆風に嚮ひ義を慕ふ～も、道里遼遠にして、山川阻深、自ら致すこと能はず。夫れ順はざる者は已に誅せられ、善を爲す者未だ賞せられず。故に中郎將を遣はし、往きて之れを賓せしむ。

【阻絶】交通がはばまれる。〔三国志、蜀、許靖伝〕會蒼梧諸縣の夷・越蠭起し、州府傾覆す。道路阻絶し、～老弱竝に殺さる。

【阻難】険阻。〔六韜、犬韜、武鋒〕阻難狹路は擊つべし。亂行は擊つべし。心怖るるは擊つべし。

↑阻阨　阻隘／阻遏　はばみとめる／阻遠　阻深／阻害　妨げる／阻礙　さえぎる／阻隔　へだてる／阻艱　阻難／阻飢　飢えなやむ／阻嶮　嶮阻／阻止　妨げる／阻脩　阻遠／阻塞　はばみふさぐ／阻滞　とどこおる／阻顚　死ぬ／阻撓　妨げる／阻兵　兵を恃む／阻攔　阻止する／阻遼　阻遠

↓遏阻・運阻・艱阻・巖阻・危阻・迴阻・逕阻・険阻・峻阻・深阻・世阻・多阻・天阻・道阻・難阻・妨阻・幽阻・壅阻

【阼】8 7821　ソ　きざはし

篆文 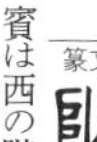

形声 声符は乍。〔説文〕十四下に「主の階なり」とあり、主人が堂に升るときの東の階段。賓は西の階段より升る。天子即位のとき、この阼階より升るので、践阼という。〔礼記、曲礼下〕に「阼を踐みて祭祀に臨む」とみえる。

訓義 ①きざはし、堂の東階、主人の升るところ。②天子の升るところ、即位を践阼という。

古訓 〔字鏡集〕阼 ハシ

語系 阼(祚)・胙 dza は同声。みな神事に関する字。乍声の意味するところは明らかでない。

【阼階】主人が升る階段。最も古い形式では、即位継体の儀礼は、前王の霊の媒介者である太保が、阼階を用いた。〔書、顧命〕太保、介圭を承け、上宗、同瑁(酒杯)を奉じて、阼階より隮る。

↑阼席　主人の席／阼俎　祭時の肉

↓在阼・進阼・践阼・壇阼・当阼・登阼・廟阼

【俎】9 4741　ソ　そなえもの まないた

篆文 

金文 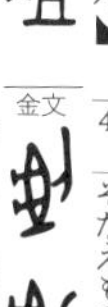

会意 両肉片＋且。且は俎の形。且の上に大きな祭肉をおく形は宜。金文に「⿰阝尊宜」という語があり、饗宴を献ずることをいう。〔説文〕十四上に「禮俎なり。半肉の且上に在るに従ふ」とあり、〔礼記、玉藻〕に三俎・五俎、〔儀礼、士昏礼〕に匕俎従設のことがみえる。宴会のことを樽俎という。

訓義 ①お供え、牲肉などをそなえる台。②まないた、調理台。

古訓 〔和名抄〕俎 末奈以太(まないた)〔名義抄〕俎 マナイタ・ヤブル〔字鏡集〕俎 クダク・マナイタ・サダム

語系 俎 tzhia、且・苴・葅 tzia は声義近く、みな神饌をおくきものや台をいう。藉 dzyak はそれを敷くことをいう。

【俎簋】祭器。俎には肉、簋には黍稷を盛る。〔周礼、春官、小史〕史、書を以て、昭穆の俎簋を敍す。

【俎実】俎上のお供え。〔春秋、定十四年〕天王、石尚をして、來りて脤を歸らしむ。〔公羊伝〕脤とは何ぞ。俎の實なり。腥には脤と曰ひ、熟には燔と曰ふ。

【俎豆】祭祀の供えもの。豆はたかつき。〔論語、衛霊公〕衛の靈公、陳(陣)することを孔子に問ふ。孔子對へて曰く、俎

豆の事は、則ち嘗って之れを聞けり。軍旅の事は、未だ之れを學ばざるなりと。明日遂に行る。

↑俎几 俎/俎距 俎の中央の横木/俎壺 酒肉/俎胾 俎肉/俎羞 お供え/俎尊 尊俎/俎味 俎実

↓越俎・嘉俎・牛俎・魚俎・雑俎・尸俎・祝俎・升俎・折俎・薦俎・素俎・尊俎・樽俎・陳俎・鼎俎・刀俎・登俎・肺俎・燔俎・盤俎・賓俎・列俎

【殂】 9 1721 ソ しぬ

篆文  古文 

形声 声符は且。且に徂往の意がある。〔説文〕四下に「往くなり。死するなり」とあり、〔書、舜典〕に「帝(舜)乃ち殂落す」とみえ、貴人の死をいう。古文の字形は乍に従う。金文に殂に作る字があり、また死をいう字であろう。

訓義 ①しぬ。②ゆく。

古訓 〔名義抄〕殂 シヌ・ホロブ・ソコナフ 〔篇立〕殂 シヌ・ホロブ・ソコナフ

語系 殂・徂 dza は同声。ともに、ゆく、死ぬの意がある。乍 dza も同声であるので、金文に殂を殂に作る例がある。

【殂落】 天子が崩ずる。〔書、舜典〕二十有八載、帝乃ち殂落す。百姓、考妣(父母)を喪へるが如し。三載、四海のうち八音を遏密す。

↑殂隕 死ぬ/殂殞 死ぬ/殂謝 死ぬ/殂逝 死ぬ/殂没 死ぬ/殂夭 夭死

↓崩殂

常【祖】 9 3721 囚〔祖〕 10 3721 ソ せんぞ おや

篆文  甲骨文  金文 

形声 声符は且。卜文・金文に且を祖の字に用いる。〔説文〕一上に「始廟なり」とあり、始祖の意とする。郭沫若に且を男子の性器の象とする説があるが、且は俎几の形であり、その上に大臠の肉をおくを宜、肉片を列するを俎といい、薦俎の器であることは明らかである。且に徂・殂・送終の意があり、〔儀礼、既夕礼〕「有司、祖の期を請ふ」とは、死者を送る飲餞の期を請う意。また祖道・祖餞は旅立つ人を送る礼をいう。先祖の意より、ことの起源、また規範をそこに求める意となる。

訓義 ①先祖、遠つ親、その家系のはじめの人。②おや、おおじ、父の父、祖父。③みたまや。④もと、はじめ、おこり。⑤のっとる、ならう、規範とする。⑥死者をおくる、道祖神をまつる、旅立つ人をおくる。

古訓 〔和名抄〕祖父 於保知(おほぢ)/祖母 於波(おば) 〔名義抄〕祖 オホヂ・アラハル・アラハス・タウトム・ホノカ・コノム・フリ・ハジメ・ハジム・トヽム・ツム・トホシ/上祖 トホツオヤ/祖父 オホヂ/祖母 オバ

語系 祖 tza、且 tzia、徂・殂 dza は声近く、おそらくゆくものを送るという基本義をもつ語の系列に属するものであろう。

【祖筵】 送別の宴。〔全唐詩話、五〕(盧渥) 監察御史に遷る。詔書疊りに至り、士族之れを榮とす。陝郊に赴任するに及び、居守の分司朝臣より以下、互ひに祖筵を設け、洛城之れが爲に一たび空し。

【祖饋】 死者を送る祭。南朝宋・顏延之〔宋の文皇帝の元皇后哀策文〕惟れ元嘉十七年七月二十六日、大行皇后顯陽殿に崩ず。粤に九月二十六日、將に長寧陵に遷座せんとす。～皇帝親ら祖饋に臨み、躬ら宵載(祖祭の礼)を瞻る。

【祖旧】 父祖や旧故の人。〔管子、牧民〕民を順ふるの經は、鬼神を明らかにし、山川を祇み、宗廟を敬し、祖舊を恭ふに在り。

【祖師】 一派の学の創始者。〔漢書、外戚下、定陶の丁姬伝〕哀帝の母なり。易の祖師丁將軍(寬)の玄孫。～丁氏侯たる者凡そ二人、大司馬一人、將軍・九卿・二千石六人～丁・傅、一・二年の閒を以て暴かに興り尤も盛んなり。

【祖述】 前人の業にもとづいて述べる。晋・杜預〔春秋左氏伝の序〕古今、左氏春秋を言ふ者多し。今其の遺文の見るべき者十數家。大體轉た相ひ祖述するも、進んでは爲に經文を錯綜して、以て其の變を盡すことを成さず。退いては丘明の傳を守らず。～通ぜざる所有れば、皆、沒して說かず。

【祖餞】 送別の宴。祖筵。〔後漢書、文苑下、高彪伝〕時に京兆の第五永、督軍御史と爲り、使して幽州を督す。百官～長樂觀に祖餞す。議郎蔡邕等、皆詩を賦す。彪乃ち獨り箴を作る。

【祖帳】 祖道祭の幕。祖筵の意に用いる。唐・杜審言〔崔融を送る〕詩 祖帳、河闕に連なり 軍麾(軍旗)、洛城を動かす

【祖道】 道祖神を祭り、平安を祈る。〔漢書、劉屈氂伝〕貳師將軍李廣利、兵を將ゐて出でて匈奴を擊たんとす。丞相祖道を爲し、送りて渭橋に至り、廣利と辭決す。

【祖武】 祖の遺業。武は足跡。梁・沈約〔懐旧詩、九首、王融を傷む〕眷みて言に祖武を懷ひ 一簣(もっこ)峰を成さんことを望む

【祖竜】 秦の始皇帝をいう。〔史記、秦始皇紀〕(三十六年)秋、使者關東より、夜、華陰平舒道を過ぐ。人有り、璧を持ちて使者を遮りて曰く、～今年祖龍死せんと。使者其の故を問ふ。因りて忽ち見えず。其の璧を置きて去る。

↑祖意 手本としてならう/祖飲 祖筵/祖宴 祖筵/祖翁 祖父/祖花 記念樹/祖駕 葬車/祖期 祖饋の時/祖居 原籍/祖君 祖父/祖訓 祖の遺教/祖公 祖父/祖考 亡父祖/祖構 模倣する/祖国 本国/祖載 祖饋/祖山 祖先の墓地/祖祠 祖廟/祖式 手本としてならう/祖執 祖父の友/祖習 奉習/祖尚 手本/祖上 遠祖/祖神 道祖神/祖席 祖宴/祖籍 原籍/祖先 先祖/祖送 祖餞/祖喪 送葬/祖贈 祭献/祖沢 祖先が使用しその手沢のついたもの/祖竹 親竹/祖鬯 祖饋の酒/祖禰 父祖の廟/祖奠 祖饋/祖徳 先祖の徳/祖衲 僧衣/祖妣 亡祖母/祖父 父の父/祖別 餞送/祖邦 祖国/祖本 最初の刊本/祖離 送別/祖礼 祖祭の礼/祖霊 祖の霊

↓遠祖・開祖・外祖・楽祖・教祖・敬祖・芸祖・元祖・皇祖・高祖・始祖・師祖・宗祖・出祖・先祖・曽祖・尊祖・太祖・乃祖・田祖・曩祖・馬祖・鼻祖・父祖・仏祖・物祖・文祖・六祖・烈祖

【胙】 9 7821 ソ ひもろぎ たまう むくいる

篆文 

形声 声符は乍。〔説文〕四下に「祭の福肉なり」とあり、祭の余肉を頒つことをいう。〔左伝、僖九年〕に「王、宰孔をして齊侯に胙を賜はしむ」とあり、異姓の諸侯に与えられることは殊寵とされた。〔周礼、春官、大宗伯〕に「脤膰の禮を以て、兄弟の國を親しましむ」とあり、もと同族共餐の儀礼に起原するものであった。

訓義 ①ひもろぎ、祭肉のおさがり。②福肉として分かつ、さいわい、さいわいする。③たまう、たまもの、むくいる。④国を建てる、社稷。⑤阼と通じ、きざはし。

古訓 〔名義抄〕胙 ヒボロギ

語系 胙・祚・阼 dza は同声。〔詩、大雅、既酔〕「永く胙胤を錫ふ」の胙は、祚の通用義。それぞれ通用の関係にある。

【胙俎】 主人の俎。〔周礼、天官、膳夫〕凡そ王の祭祀に、賓

客食するときは則ち王の胙俎を徹す。

【胙土】報償として土田を与える。〔左伝、隠八年〕天子徳を建て、生に因りて以て姓を賜ふ。之れに土を胙りて、之れが氏を命ず。

↑胙階 主人の升る階段／胙肉 祭の余肉／胙余 胙肉

↓嘉胙・祭胙・賜胙・受胙・神胙・薦胙・致胙・廟胙・福胙・分胙・豊胙・余胙

【梳】 10 4091 ソ くし くしけずる

篆文

形声 声符は㐬。〔説文〕六上に「髮を理むるものなり」とあり、すきぐしをいう。〔急就篇、三、注〕に「櫛は大にして麤、髩を理むる所以の者、之れを疏と謂ふ」とあって、疏通の意をとる。疏比・比疏ともいう。比はおそらく〔史記、匈奴伝〕にみえる比余。その語は古く金文にもみえ、玉器であったらしい。

訓義 ①くし、すきぐし。②くしけずる。③かく、かきとる。

古訓 〔新撰字鏡〕梳 久志(くし)〔名義抄〕梳 クシ・ケヅル

語系 梳・疏(疏)(疎)shiaは同声。粗tsaは声近く、みな疏緩・粗略の意。櫛比に対して稀疏の意をもつ。比は蟣虱を去るものをいう。

【梳洗】髮をくしけずり、顔を洗う。化粧。唐・韓偓〔笑ひを忍ぶ〕詩 官様の衣裳、浅畫の眉 晩來梳洗して、更に相ひ宜し

↑梳雲 くしけずる／梳裹 婦人／梳盥 梳洗／梳具 髮の道具／梳子 髮の道具／梳櫛 くしけずる／梳帚 歯ぶらし／梳妝 化粧／梳剃 理髮／梳頭 梳髮／梳髮 くしけずる／梳比 くし／梳文 くしめ／梳篦 くし／梳沐 梳洗／梳理 髮を整える／梳掠 くしけずる／梳攏 髮をすく

↓髻梳・瓊梳・紅梳・釵梳・櫛梳・妝梳・粧梳・晨梳・爬梳・慵梳

【疽】 10 0011 ソ できもの

篆文

形声 声符は且。〔説文〕七下に「久癰なり」(小徐本)とあり、悪性の腫瘍。今の癌などにあたるものであろう。〔史記、項羽紀〕に、項羽と訣れた范増が、帰郷の途中「疽、背に發して死せり」とあり、〔注〕に「骨に附く癰なり」とみえる。

訓義 ①ふきでもの、できもの、悪性のできもの。②かゆい、かゆい病。

古訓 〔篇立〕疽 アヲシ・カサ 〔字鏡集〕疽 モレモノ・アヲシ・カサ・ヲモハシ

↑疽腫 悪性の疽／疽瘡 できもの、かさ／疽腸 悪心をいだく／疽囊 悪心をいだく／疽疣 できもの／疽癰 悪疽 疽腫

↓潰疽・壞疽・結疽・痩疽・吮疽・脱疽・発疽・癰疽

常 【租】 10 2791 ソ みつぎ かりしろ

篆文

形声 声符は且。〔説文〕七上に「田賦なり」とあり、田租をいう。金文に且を租の義に用いる例がある。もと薦俎の料として農穀を納めさせ、それがのち租税となった。

訓義 ①みつぎ、ねんぐ。②かりしろ。③儲と通じ、たくわえる、つむ。④作と通じ、なす、はじめる。

古訓 〔名義抄〕租 ツム 〔字鏡集〕租 オホチカラ・カシヅク・ツム

語系 租tza、且・苴tziaは声近く、薦苴の料として納付する農穀を租という。

【租貢】年貢。〔呉越春秋、越王無余外伝〕少康、禹の祭の祀を絶たんことを恐れ、乃ち其の庶子を越に封じ、號して無余と曰ふ。余、始めて封を受けしとき、人民山居す。鳥田の利有りと雖も、租貢纔かに宗廟祭祀の費に給するのみ。

【租調】租は田租、調は家業の税。〔資治通鑑、唐紀三〕(高祖、武徳二年)初めて租庸調の法を定む。丁毎に租二石・絹二匹・綿三兩。茲れより以外は、横ほしいままに調斂すること有るを得ず。

【租入】租税収入。唐・柳宗元〔捕蛇者の説〕永州の野に異蛇を產す。黑質にして白章なり。～其の始め、大醫、王命を以て之れを聚め、歳ごとに其の二を賦す。能く之れを捕ふること有る者を募り、其の租入に當つ。永の人、爭ひて奔走す。

【租賦】年貢と賦貢。〔漢書、武帝紀〕(元封)五年冬、行きて南のかた巡狩して～虞舜を九嶷に望祀し、～尋陽より江に浮び、～遂に北のかた琅邪に至る。～詔して曰く、～其れ天下に赦し、幸する所の縣は、今年の租賦を出だす毋からしめよと。

【租徭】租と徭役。〔旧唐書、李抱真伝〕土瘠せ賦重く～以て軍士を養ふ無し。戸の丁男を籍し、三に其の一を選び、材力有る者には其の租徭を免じ、～農の隙に則ち分曹角射せしむ。

↑租委 納税／租屋 借家／租価 貸賃／租課 賦税／租界 治外の域／租額 年貢／租金 租税の金／租銀 借賃／租契 賃貸借の証書／租絹 年貢の絹／租穀 年貢の穀物／租借 借り入れ／租銖 売上税／租芻 田賦／租税 年貢と税／租籍 租税／租秩 税収／租賃 賃借／租田 小作田／租費 借賃／租布 租調／租米 年貢米／租奉 租料／租庸 租は田租、庸は役務として公役に服すること／租料 小作米／租禄 年貢

↓官租・欠租・蠲租・減租・公租・貢租・催租・歳租・市租・収租・出租・除租・征租・税租・地租・徴租・田租・不租・賦租・米租・本租・免租・輸租・庸租

常 【素】 10 5090 ソ しろぎぬ もと もとより

篆文 金文

象形 糸を染めるとき、束の上部の結んだ部分が白く染め残される。その部分を素という。糸の上部は、その結んだところ。〔説文〕十三上に「白の緻き繒なり。糸と垂とに從ふ。其の澤あるを取るなり」とするが、垂に従う字ではない。染め残されたところが本来の色であるので、すべて手を加えない以前の状態をいう。

訓義 ①しろ、しろぎぬ、むじ。②もと、もとのいろ、もとの状態。③もとより、まえから、あらかじめ、つね。④たち、本来の性質、まこと、ただしい、すなお。⑤むなしい、いたずら、何も加えない、無位。

古訓 〔名義抄〕素 キヌ・シロシ・カナフ・モトヨリ・ムナシ・ワヅラフ・ミサホナリ・スナホニ・キオツ 〔字鏡集〕素 キヌ・キオツ・キヨシ・ワヅラフ・ムナシ・モト・アヅカル・タヾシ・カナフ・ミサホナリ・ヲキヌノ・スナホニ・シロシ・モトヨリ

部首 〔説文〕に䋈・緩など五字を属し、〔玉篇〕に彝の字を加える。䋈緩はのち綽綰に作り、緩やかにする意。彝は鶏を羽交いに締めて鶏血をとる象形の字であるから、素の字形を含むものではない。素に従う字は、もと染色に関する字であった。

語系 素sa、索sheakは声近く、素は糸を染めるとき、その糸束の上部を結んで漬す。索はその結ぶところに横木をつけ、ねじて索縄とすることをいう。

【素衣】白衣。凶事にも服する。〔礼記、曲礼下〕大夫・士、國を去るときは、竟を踰ゆるとき、壇位を爲くり、國に郷かつて哭し、素衣・素裳・素冠し、縁を徹さる。

【素位】その地位に即し、安んずる。〔中庸、十四〕君子は其の位に素して行ひ、其の外を願はず。

【素謁】そえつ　身分のない貧素の人たちの語らい。斉・孔稚珪〔北山移文〕秋桂、風を遺り、春蘿、月を罷ふ。西山の逸議を騁せ、東皐の素謁を馳す。

【素懐】そかい(くわい)　日ごろの思い。唐・王維〔瓜園の詩〕素懐、青山に在り　白雲の屯るに値ふが若し　回風、城西の雨　返景、原上の村

【素願】そがん(ぐわん)　平生からの願い。〔晋書、隠逸、宋纖伝〕少くして遠操有り。沈靖にして世と交はらず、酒泉の南山に隱居す。～年八十、篤學にして倦まず。～上疏して曰く、～今命を終ふるに當り、乞ふ素願の如くせよと。遂に食らはずして卒す。

【素旧】そきゅう(きう)　ふるなじみ。〔後漢書、逸民、厳光伝〕司徒侯霸、光と素舊なり。～霸、(光の)書を得て之れを封奏す。帝笑ひて曰く、狂奴の故態なりと。

【素琴】そきん　飾りのない琴。〔宋書、隠逸、陶潜伝〕潛、音聲を解せず。素琴一張を畜ふるも、絃無し。酒適有る毎に、輒ち撫弄して、以て其の意を寄す。

【素餐】そさん　官禄におり、無為徒食の意に用いる。本来は質素の生活の意であろう。楚・宋玉〔楚辞、九弁、六〕竊かに詩人の遺風を慕ふ　願はくは志を素餐に託せん

【素士】そし　無位無官。〔晋書、皇甫方回伝〕永嘉の初、～亂を荊州に避く。閉戸閑居し、～南土の人士咸く之れを崇敬す。刺史陶侃、之れを禮すること甚だ厚し。侃、之れを造る毎に、素士の服を著き、門を望み輒ち下りて進む。

【素車】そしゃ　飾りのない車。凶事に用いる。〔史記、高祖紀〕秦王子嬰、素車白馬、頸に係くるに組を以てし、皇帝の璽・符・節を封じ、軹道の旁らに降る。

【素手】そしゅ　白くしなやかな手。〔文選、古詩十九首、二〕娥娥たる紅粉の粧ひ　纖纖として素手を出だす　昔は倡家の女為り　今は蕩子の婦と爲る

【素秋】そしゅう(しう)　秋。唐・杜甫〔秋興、八首、六〕詩　瞿唐峡口、曲江の頭　萬里風煙、素秋に接す

【素書】そしょ　手紙。尺素の書。〔古楽府、飲馬長城窟行〕兒を呼んで鯉魚を烹にしむ　中に尺素の書有り　長跪して素書を讀む　書上竟に何如

【素尚】そしょう(しやう)　高尚な宿志。〔南史、王曇首伝〕王曇首は太保弘の弟なり。幼にして素尚有り。兄弟財を分つとき、曇首は唯だ圖書を取るのみ。

【素心】そしん　飾らぬ心。南朝宋・顔延之〔陶徴士(潛)の誄〕有晉の徵士、尋陽の陶淵明は南嶽の幽居者なり。弱にして弄を好まず、長じて實に素心なり。～文は指の達するを取る。

【素族】そぞく　普通の家柄。〔南斉書、高帝紀下〕(建元四年三月詔)吾れは本と布衣素族、念ふに此に到らざらん。時の來るを藉るに因りて、遂に大業を隆んにせり。

【素波】そは　白波。漢・武帝〔秋風の辞〕詩　樓舡を泛べて汾河を濟り　中流に橫たはりて素波を揚ぐ

【素貧】そひん　もともと貧しい。〔漢書、揚雄伝賛〕家素より貧し。酒を耆む。人、其の門に至るもの希なり。時に好事の者、酒肴を載せて從つて游學する有り。鉅鹿の侯芭、常に雄の居に從ひ、其の太玄・法言を受く。劉歆も亦た嘗て之れを觀たり。

【素服】そふく　白絹の服。喪服。〔礼記、郊特牲〕皮弁素服して祭り、素服して以て終りを送る。

【素封】そほう　所領もなく、富が諸侯に匹敵する者。〔史記、貨殖伝〕今、秩祿の奉、爵邑の入無くして、樂しみ之れと比する者有り。命けて素封と曰ふ。

【素樸】そぼく　素朴。飾らぬ。〔荘子、馬蹄〕至德の世、同に禽獸と居り、族りて萬物と竝ぶ。惡んぞ君子・小人を知らんや。～是れを素樸と謂ふ。

【素養】そよう(やう)　平生から養う。〔漢書、李尋伝〕馬、歷(櫪)に伏せずんば、以て道に趨くべからず。士、素養せずんば、以て國に重かるべからず。

【素練】それん　白いねり絹。唐・杜甫〔鷹を画く〕詩　素練、風霜起る　蒼鷹、畫き作すこと殊なり

↑素堊　白堊/素帷　白い幕/素意　宿志/素一　純朴/素隠　索隠/素羽　白羽/素雲　瑞雲/素蘊　もとよりの教養/素栄　白い花/素影　月かげ/素艶　白い花/素王　無冠の王/素娥　常娥/素官　卑官/素冠　喪冠/素館　旧宅/素簡　簡素/素紈　白ぎぬ/素顔　すがお/素几　凶事の机/素気　秋気/素肌　白い肌/素旗　白旗/素輝　月光/素祇　蛇神白帝/素仇　前からの仇敵/素業　旧業/素錦　白地の錦/素襟　本心/素屨　凶事のくつ/素契　契合の心/素景　素影/素蜺　白虹/素霓　白い虹/素結　仲よし/素月　皓月/素軒　喪車/素検　倹素/素絢　白に彩る/素絹　白絹/素縑　白かとり/素瞼　白い顔/素故　旧交/素交　旧交/素光　白い光/素行　平素の行い/素侯　素封/素構　宿構/素毫　筆/素彩　素光/素材　材料/素幘　白い冠物/素札　ふみ/素飡　素餐/素粲　白米/素糸　白い糸/素志　素心/素瓷　白陶/素歯　皓歯/素肆　前から習い慣れていること/素地　きじ/素辞　飾らぬ語/素識　旧知/素室　寒門/素質　本来の質/素修　素養/素粧　淡化粧/素裳　白い裳/素情　本心/素色　白色/素食　素餐/素身　処士/素親　旧なじみ/素人　普通の人/素誠　ま心/素毳　白虎/素石　白石/素昔　ふだん/素雪　白雪/素節　中秋/素賤　貧賤/素蟾　月/素饌　精進料理/素髯　白いひげ/素膳　素饌/素繒　素縑/素足　白い足/素飧　素餐/素湍　白波/素端　凶礼の服/素朝　あけがた/素白　清白/素魄　月/素髪　白髪/素幡　白旗/素描　画のしたがき/素膚　白い肌/素幅　きぬ地/素冕　白い冠/素抱　かねての抱負/素望　声望/素木　白木/素朴　素樸/素明　白く明るい/素面　すめん/素門　寒門/素約　旧約/素友　旧友/素誉　名声/素来　本来/素里　故郷/素履　質素/素流　素門/素廉　さっぱり/素論　高尚な論

↓華素・雅素・愨素・寒素・閑素・簡素・紈素・虚素・軽素・潔素・倹素・謙素・元素・後素・皓素・縞素・緇素・色素・質素・宿素・純素・細素・情素・心素・尺素・太素・道素・徳素・貧素・平素・抱素・朴素・要素・養素

常 【措】 11 5406　ソ　サク　おく

篆文

形声　声符は昔。昔に錯の声がある。〔説文〕十二上に「置くなり」とは赦すこと。すべて、そのような状態に処置することをいう。

訓義　1 おく、すえる、ほどこす。2 やすんずる、はからう。3 まぜる、あげる、なげる、さしこむ。

古訓　〔名義抄〕措　オキテケリ・オク・アク・オキドコロ・ホドコス・シテケリ　〔字鏡集〕措　ヤスシ・ホドコス・オキテナ(ケ)リ・オク・カクス・タチマチ・オキドコロ・ハナツ・シテケリ・アク

語系　措・錯tsakは同声。〔説文〕十四上に「錯は金涂(鍍金)なり」とするが、措と声義通用し、〔論語、為政〕「直きを擧げて、諸れを枉れる(上)に錯く」、〔史記、周紀〕「刑錯きて、四十餘年用ひず」のように用いる。昔syakは乾肉。乾肉を重ね合う形で、ものの錯綜する意がある。

【措意】そい　留意。〔雲麓漫鈔、三〕泰山の篆、讀むべきは惟だ二世の詔五十許字有り。始皇の刻辭は、皆謂ふ、已に亡びたりと。

～所謂五十許字なる者は、南面の稍平なる處に在り。人の常に摹する所、其の三面は殘缺し、人措意せず。

【措辭】ことばを用いる。詩文の語の配置。魏・曹植〔楊徳祖(修)に与ふる書〕昔、尼父(孔子)の文辭は人と通流するも、春秋を制るに至りては(子)游・(子)夏の徒も、乃ち一辭をも措くこと能はず。

【措大】貧寒の士をいう。〔五雑組、物部三〕今人秀才を以て措大と為す。措なる者は醋なり。蓋し寒酸の味を取る。而して婦人の妬となる者、俗に亦た之れを吃醋と謂ふ。何の義なるかを知らず。

【措置】処置する。安んずる。〔後漢書、光武十王、東平憲王蒼伝〕陛下～降りて下臣に禮し、每に讌見を賜ふ。～臣惶怖し、戰慄し、誠に自ら安んぜず。會見する每に、踧踖として措置する所無し。此れ～臣子を安んずる所以に非ざるなり。

↑措画 処置／措口 いう／措止 始末する／措施 施行する／措詞 措辞／措手 着手する／措心 用心する／措身 身を安んじる／措足 安処する／措廃 すてる／措筆 下筆する／措辦 処置する／措斂 聚斂する

↓改措・規措・挙措・刑措・失措・廃措・繁措

常【粗】 11 9791 ソ あらごめ あらい ほぼ

篆文 **形声** 声符は且。〔説文〕七上に「疏なり」とあり、粗米をいう。すべて粗大・粗悪なものをいう。疏(疏)・麤と声義において通じる。

訓義 ①あらごめ、精白しないままの米。②あらい、おおまか、おおきい、わるい。③ほぼ、おおよそ、あらまし。

古訓 〔新撰字鏡〕粗 阿良々(あらら)〔名義抄〕粗 アラカジメ・ホボ・アシラフ・アラ〳〵・カタラフ・ホノカ・オホイナリ〔字鏡集〕粗 マジラフ・カタラフ・ホノカ・アラウシテ・アラ〳〵・アラカジメ・ホボ・アラシ・オロソカ・オホイナリ

語系 粗・麤 tsa、疏(疎) shia は声義近く、粗は粗米、麤は鹿がばらばらに走るさま、疏は歯かずの少ないくし。それぞれ字源を異にするが、もと同系の語である。

＊語彙は麤字条参照。

【粗豪】軽率で豪気。唐・白居易〔四十五〕詩 行年四十五 兩鬢半ば蒼蒼たり 清瘦、詩は癖を成し 粗豪、酒は狂を放にす

【粗醜】みにくい。〔三国志、魏、方技、管輅伝〕容貌粗醜、威儀無くして酒を嗜む。飲食言戲、非類を擇ばず。故に人多く之れを愛するも敬せず。

【粗厲】あらくはげしい。〔礼記、楽記〕夫れ民は～哀樂喜怒の常無く、感に應じ物に起りて動き、然る後心術形はる。是の故に～粗厲猛起、奮末廣賁の音作りて、民剛毅なり。

↑粗悪 わるい／粗衣 粗末な衣／粗悍 手荒い／粗給 ほぼ足る／粗愚 愚鈍／粗糠 くず米／粗獷 粗暴／粗忽 軽率／粗才 粗人／粗雑 ぞんざい／粗食 粗飯／粗人 粗忽者／粗拙 拙劣／粗饌 粗膳／粗疏 粗忽／粗粗 あらまし／粗壮 元気／粗燥 粗忽／粗糙 あらい／粗俗 粗野／粗率 軽率／粗大 おおまか／粗淡 おおあじで、うすい／粗茶 粗末な茶／粗通 ほぼ判る／粗飯 粗食／粗鄙 粗野／粗浮 軽薄／粗服 粗衣／粗放 粗雑／粗樸 素朴／粗暴 乱暴／粗笨 あらい／粗末 ぞんざい／粗猛 粗暴／粗野 ぶこつ／粗略 かりそめ／粗糲 悪米／粗劣 低劣／粗鹵 やぼ／粗陋 粗悪／粗漏 ておち

↓精粗

常【組】 11 2791 ソ くみひも くむ くみ

篆文 金文 **形声** 声符は且。〔説文〕十三上に「綬の屬なり。其の小なる者は、以て冕の纓と為す」とあり、組紐の類。呪飾として用いることがあった。〔礼記、玉藻〕に「玄冠、朱組の纓は、天子の冠なり」より以下、諸侯・士に至るまで、冠纓に用いる組の定めを記している。組紐の意より、すべて組成・組織するものをいう。

訓義 ①くみひも、うちひも、ひらひも。②くむ、くみあわす、くみ。③くみする、仲間となる。

古訓 〔篇立〕組 クム・クミス

語系 組 tza、苴 tzia は声近く、苴は草を編んで祭藉とするものをいう。糸を組んで呪飾とするものを、組という。

【組纓】冠のくみひも。〔墨子、公孟〕昔者、楚の荘王、鮮冠組纓、絳(縫)衣博袍、以て其の國を治めて、其の國治まる。

【組繫】くみひも。〔儀礼、士喪礼〕幎目(面にかける巾)には緇(黒布)を用ふ。方尺二寸、䞓裏にして、組繫を著く。

【組紃】ひらひもと、まるひも。〔顔氏家訓、治家〕河北の婦人、織紝(繒帛をおる)・組紃の事、黼黻(ぬいとり)・錦繡・羅綺(うす絹)の工、大いに江東に優れり。

【組織】ひもを組み、はたを織る。全体を作りあげる。〔文心雕竜、詮賦〕麗詞雅義、符采相ひ勝ること、組織の朱紫を品り、畫繪の玄黄を著くるが如し。～此れ賦を立つるの大體なり。

【組帳】ひもでかけたとばり。魏・嵇康〔兄秀才公穆、軍に入る、詩十九首を贈る、十五〕閑夜肅清にして 朗月軒を照らす 微風袿(うちかけ)を動かし 組帳高く褰ぐ 旨酒尊(樽)に盈つるも 與に交歡する莫し

【組練】よろいかぶと。組甲と被練。〔左伝、襄三年〕春、楚の子重、吳を伐つ。～鄧廖をして、組甲三百・被練三千を帥ゐて、以て吳を侵さしむ。

↑組帷 組帳／組綦 くつのひも／組甲 よろい／組綬 印のひも／組就 色紐／組繡 ぬいとり／組紝 織る／組成 組織する／組総 ふさ／組珮 組帯と珮玉／組紱 組綬／組冕 組綬と冠冕／組旒 刺繡した旗／組麗 華美

↓華組・改組・解組・銜組・綦組・璣組・結組・綵組・雑組・纂組・朱組・織組・垂組・尺組・縫組・履組・綸組・麗組

人【疏】 12 1011 〔疏〕 11 1011 〔疎〕 12 1519 ソ ショ とおる うとい あらい

篆文 **形声** いま常用漢字に疎を用いるが、正字は疏。ともに疋声。疋は延。爻はあらめの模様。疏は延の爻に代えて、梳(あらい櫛)の充を加えた形。〔説文〕十四下に「通ずるなり」とあり、疏通の意と、疏野の意とに用いる。疏野は粗野。字はまた疎に作り、疏・疎は同字であるが、上疏・疏通には疏、疎略・疎忽には疎を用いる。字に慣用上の相違があるが、いま同字として扱う。

訓義 ①とおる、あらい目のところをとおる、両者の間をさわりなくする、とおす。②のぞく、ひらく、わかれる。③うとい、うとんずる、とおい、まばら、まれとなる。④あらい、大きい、そまつ。⑤疋に通じ、あし、はだし。⑥俗に疎に作る。

古訓 〔和名抄〕疏 辨色立成に云ふ、疏瓦、都々美加波良(つつみかはら)〔名義抄〕疏 ヒラク・ウトシ・ウトムズ・ソネム・ツミ・ヲサム・シタガフ・トホシ・ノゾク・ホル・オロソカニ・オロソカナリ・ヒロシ・ヒロム・ケヅル・ウタ、・スル・エル・シル・ワカツ・シルス・マド・カヨフ・ツク・ホル〔字鏡集〕疏・疎 シル・ホル・シルス・トホル・フクロフ・トホシ・スカス・エル・ノゾク・ウトシ・コト

ハル・ヒラク・ワカツ・カンガフ・ウツヲ(ロ)ナリ・ウカヾフ・ソネム・シタガフ・フサグ・ヒロシ・ケヅル・ハラフ・マコト・ツク・コトハル・カヨフ・オソシ・オホ(ロ)ソカナリ・ツクロフ・ワカツ・ヨソ・スル・クル・スカタ(ス)・エレリ・ヲサム・ムス・マドカ

語系 疏(疎)・梳 shia は同声。粗 tsa も声義が近い。疏略・疏忽は粗と通用の義で、その義には慣用として疎を用いる。
＊語彙は疎字条参照。

【疏悪】あらくてわるい。〔漢書、溝洫志〕河の決するは率ね常に平原・東郡の左右に於てす。其の地形下くして、土疏惡なればなり。

【疏雨】まばらな雨。宋・蘇軾〔恵山に遊ぶ、三首、二〕詩 薄雲、山を遮らず 疏雨、人を濕さず

【疏影】まばらな影。宋・林逋〔山園小梅、二首、一〕詩 疏影横斜し、水清淺 暗香浮動して、月黄昏

【疏遠】平生交わりの少ない人。〔論衡、累害〕歡べば則ち相ひ親しみ、忿れば則ち疏遠なり。疏遠怨恨ならば、其の行ひを毀傷す。

【疏越】音をゆるやかにする。越は瑟の底の穴。〔礼記、楽記〕樂の隆んなるは、音を極むるに非ざるなり。～清廟の瑟は、朱絃ありて疏越に、壹倡して三歎するは、遺音有る者なり。

【疏豁】からりと広い。宋・陸游〔新堂〕詩 湖上、新堂の氣、疏豁 三面の嵐光、翠潑するが如し

【疏闊】おおまか。〔三国志、魏、崔林伝〕林、議して曰く、周官の考課を案ずるに、其の文備はれり。～以爲へらく、今の制度は、疏闊と爲さず。惟だ一を守りて失ふ勿きに在るのみと。

【疏緩】ゆるやか。〔北史、蘇威伝〕江表(江左・江東)は晉より已來、刑法疏緩にして、代族貴賤、相ひ陵越せず。

【疏棄】うとんじ棄てる。〔神仙伝、三、趙瞿〕癩病を得て將に死せんとす。～家人爲に一年の糧を辨じ、之れを送りて深山の石室中に置く。～忽ち石室前に兩人有るを見る。～曰く、宿業多罪にして、此の惡疾に嬰かり、既に疏棄せらる～と。

【疏狂】世事にうとく、常規に外れる。唐・白居易〔代りて書する詩一百韻、微之(元稹)に寄す〕疏狂は年の少きに屬す 閑散は官の卑きが爲なり

【疏奏】条項を分かって奏する。〔後漢書、張奮伝〕(上表)比年登らず、人用って飢匱す。～夙夜憂懼するも、章奏は心を敍ぶる能はず。願はくは中常侍に對して疏奏せん。

【疏通】道理がよく通ずる。〔礼記、経解〕孔子曰く、其の國に入りて、其の教へ知るべきなり。其の人と爲りや、溫柔敦厚なるは、詩の教へなり。疏通知遠なるは、書の教へなり。廣博易良なるは、樂の教へなり。

【疏宕】自由で闊達。〔北史、薛憕伝〕憕、早く父を喪ひ、家貧し。躬ら耕して以て祖母を養ひ、暇有れば則ち文籍を覽る。疏宕不拘なるも、時人未だ之れを奇とせざるなり。

【疏蕩】おおらかで勢いがある。宋・蘇轍〔枢密韓太尉に上る書〕太史公(司馬遷)天下を行り、四海の名山大川を周覽し、燕趙閒の豪俊と交游す。故に其の文疏蕩にして頗ぶる奇氣有り。

【疏薄】うとんずる。〔論衡、累害〕凡そ人の操行、交友を愼擇する能はず、同心なるときは恩篤きも、異心ならば疏薄となる。

【疏比】くし。〔急就篇、三、注〕櫛の大にして麤、鬢を理むる所以の者、之れを疏と謂ふ。～小にして細、蟣蝨(しらみや、のみ)を去る所以の者、之れを比と謂ふ。

【疏放】おおまか。唐・白居易〔渭村退居～一百韻〕詩 疏放、千慮を遺れ 愚蒙、一方を守る

【疏明】ものの道理が明らかになる。申し開き。また、開けて明るくなる。宋・張耒〔局中晩坐〕詩 高林の晩葉、漸く疏明 雨過ぎて、長安萬屋靑し

【疏略】おろそか。〔貞観政要、論悔過〕深く恨むらくは、早く此の書を見ず、行ふ所太だ疏略なりしを。但だ自ら咎め、自ら責むるを知るのみ。

➡疏穢 けがれをはらう/疏畏 敬遠する/疏佚 ものぐさ/疏引 解説する/疏音 無沙汰/疏韻 淡雅/疏解 申し開き/疏懐 世外の情/疏懈 怠慢/疏外 のけものにする/疏隔 離れる/疏簡 粗雑/疏玩 うとんじ、なぶる/疏頑 頑鈍/疏記 箇条書きにする/疏稀 少ない/疏客 疏遠な客/疏挙 列挙する/疏愚 おろか/疏虞 おちど/疏決 通す/疏傑 疏挺抜/疏愆 うかつな誤り/疏戸 あばらや/疏曠 疏闊/疏傲 横着/疏忽 軽率/疏衰 喪服/疏細 疏密/疏鑿 通す/疏散 ばらばら/疏食 粗食/疏趾 雉/疏失 失策/疏写 そそぐ/疏置 兎あみ/疏釈 注釈/疏秀 秀朗/疏浚 さらえる/疏書 弁明書/疏少 稀少/疏縦 なげやり/疏冗 無用/疏条 条陳/疏状 疏書/疏親 親疏/疏水 水道/疏数 疏密/疏斥 疏外/疏戚 親疏/疏拙 拙い/疏絶 絶交/疏舛 誤り/疏賤 疏遠で賤しい/疏髯 うすひげ/疏疏 盛服のさま/疏麤 粗末/疏痩 やせこける/疏鬆 あらい/疏躁 軽薄/疏族 遠い親戚/疏属 疏族/疏惰 おこたる/疏怠 疏惰/疏達 疏暢/疏脱 とり逃す/疏誕 世にうとい/疏緻 疏密/疏竹 疎竹/疏注 注釈/疏暢 ゆきわたる/疏陳 上疏して陳述する/疏逖 疏遠/疏徹 疏達/疏廃 疏棄/疏髪 薄い髪/疏尾 文末/疏敏 通敏/疏布 あら布/疏附 親しむ/疏蕪 蕪雑/疏屏 透かし屏風/疏僻 片田舎/疏闢 疏通/疏篷 粗いとま/疏朴 飾らない/疏末 うとい/疏密 繁簡/疏名 連名/疏妄 無知/疏莽 粗雑/疏網 ざる法/疏野 下品/疏紕 ゆがむ/疏庸 拙劣/疏糲 粗食/疏嬾 ものぐさ/疏理 事理を疏明する/疏籬 やれ垣/疏亮 疏朗/疏涼 涼しい/疏櫺 れんじ窓/疏簾 粗いすだれ/疏陋 浅陋/疏朗 朗らか/疏漏 手おち/疏鏤 すきぼり/疏論 条論

➡諫疏・稀疏・綺疏・義疏・空疏・決疏・献疏・交疏・抗疏・講疏・自疏・手疏・書疏・章疏・上疏・情疏・親疏・牋疏・麤疏・草疏・奏疏・注疏・披疏・扶疏・敷疏・分疏・弁疏・密疏

常 【疎】 12 1519 ソ ショ うとい

形声 声符は疋。もと疏(疏)の俗字。のち、あらい、まばら、うといの意にこの字を用いることがあるが、上疏・疏通の意には用いることがない。束はものを束ねる意。その結束の疏緩なることをいう字であろう。梁の簡文帝の詩〔初秋〕に「疎螢」、〔論衡、非韓〕に「交黨疎絶す」のように用いる。束ねることの疎緩であることから、疎遠・迂疎の意となる。

訓義 1あらい、ゆるやか、まばら。2とおい、いやしい。3うとい、おろか。

古訓 〔字鏡集〕疎 エレリ・ウトシ・コトハル・トホル・シル・ホル・スカス・ヒラク・トヲ(ホ)シ・ツク・ノゾク・ツクロフ・ワカツ・カムガフ・ハラフ・ウツヲ(ロ)ナリ・カヨフ・ヲソシ

語系 疎(疏)・梳 shia、粗 tsa は声義近く、疎略・疎忽などには疎を用いることがある。
＊語彙は疏字条参照。

【疎簡】粗雑。〔後漢書、竇武伝〕兄の子紹、～性疎簡奢侈、武毎に數ゞ切厲し相ひ戒むるも猶ほ覺悟せず。乃ち上書して紹の位を退けんことを求む。～是れに由りて紹～敢

て違犯する莫し。

【疎忌】そき うとんじ忌む。〔南史、陳宗室諸王、長沙王叔堅伝〕母は本と呉中酒家の婢なり。～政、大小と無く、悉く叔堅に決し、權、朝廷を傾く。後主是れに由り之れを疎忌す。～陰かに人をして其の厭魅（呪詛）を造らしめ、木を刻して偶人と爲す。

【疎野】そや 下品。礼式に合わない。〔顔氏家訓、音辞〕李季節（槩）音韻決疑を著はす。時に錯失有り。陽休之、切韻を造る。殊に疎野と爲す。

【疎林】そりん 木のまばらな林。清・査慎行〔南郡の城楼に登る〕詩 天寒うして、落日、千群の馬 葉盡きて、疎林、萬點の鴉

↑疎虞 おろそか／疎蛍 まばらな蛍／疎嫌 うとましい／疎絶 仲が絶える／疎麤 粗末／疎緻 精粗／疎蕩 おおまか／疎籬 あらいまがき

↓迂疎・過疎・外疎・寒疎・間疎・寛疎・簡疎・頑疎・稀疎・空疎・蕭疎・森疎・親疎・生疎・拙疎・扶疎・密疎・離疎・林疎

【菹】 12 4411 ［葅］ 17 4410 ソ ショ つけもの

篆文 

形声 声符は沮。〔説文〕一下に「酢菜なり」とあり、つけもの。〔説文〕にまた別体として葅などをあげる。しおからの類をもいう。

訓義 ①つけもの。②しおから、ししびしお。③苴と通じ、かれ草。④草のはえている沢、沮沢。字はまた葅に作る。

古訓 〔新撰字鏡〕菹 須々保利（すすほり）〔篇立〕菹 ノム・ニラキ

【菹醢】そかい しおづけ。また、塩漬けの刑。〔楚辞、離騒〕后辛（殷の紂王）の（賢人を）菹醢にする 殷宗（殷の王室）用て長からず

↑菹稭 あらごも／菹膾 塩漬け／菹菜 野菜／菹醬 味噌／菹薪 柴／菹人 草刈り／菹沢 草沢／菹戮 菹醢／菹笠 萱笠／菹漏 しめり

↓菜菹

常 【訴】 12 0263 ［愬］ 14 8733 ソ うったえる

篆文 

形声 声符は斥。斥の初文は㡿。ゆえに字はまた愬に作る。〔説文〕三上に「告ぐるなり」とあり、上訴することをいう。告訴するので譖毀の意を含む。〔論語、顔淵〕「膚受の愬へ」とは、かけこみ式の哀訴をいう。ただ訴訟のときには、愬ではなく訴を用いる。

訓義 ①うったえる、さばきをもとめる。②つげる、そしる、不平をいう。

古訓 〔名義抄〕訴 ウタヘ・タノシブ・タノシム・ネガフ・ヨロコブ／愬 ウタフ・ウタヘ・ウレフ・ムカフ・ホム・ノブ

語系 訴・泝 syôk は同声。流れに逆らって上るを泝といい、人意に逆らって告訴することを訴という。

【訴怨】そえん（えん） 怨み訴える。〔後漢書、宦者、単超伝〕（徐）璜の兄の子宣、下邳の令と爲り、暴虐尤も甚だし。～汝南黄浮、～即ち宣の罪を案じて棄市し、其の尸を暴らして以て百姓に示す。郡中震慄す。璜、是に於て帝に訴怨す。帝大いに怒る。

↑訴冤 無実を訴える／訴毀 讒言する／訴告 告訴する／訴詞 訴状の文／訴状 訴訟の書／訴牒 訴状

↓哀訴・怨訴・冤訴・応訴・往訴・起訴・泣訴・公訴・控訴・号訴・強訴・嗷訴・告訴・獄訴・讒訴・自訴・愁訴・訟訴・勝訴・上訴・譖訴・請訴・嘆訴・牒訴・追訴・通訴・提訴・敗訴・反訴・赴訴・密訴・免訴・面訴

【詛】 12 0761 ソ のろう そしる ちかう

篆文 詛楚文 

形声 声符は且。〔説文〕三上に「詶ふなり」とあり、詶は呪詛の意。〔書、無逸〕に「詛祝」、〔書、呂刑〕に「詛盟」の語があり、詛盟とは自己詛盟、神に誓ってその誓いに違うときは、自ら定めた罰に服することをいう。〔詩、小雅、何人斯〕に「此の三物を出だして 以て爾を詛す」とあって、呪詛には供物を提供した。〔左伝〕に詛盟のことが多くみえ、近出の〔侯馬盟書〕によってその実際を知りうる。宋代出土の〔詛楚文〕は、秦の昭襄王が楚王を呪詛するための石刻の文である。詛を祓うことを祝（祝）という。〔左伝、昭二十年〕「其の善祝と雖も、豈に能く億兆人の詛に勝たんや」とあり、衆人の詛には勝ちがたいものとされた。

訓義 ①のろう、そしる、神かけてのろう。②ちかう、神かけてちかう。③はばむ。

古訓 〔新撰字鏡〕詛 乃呂不（のろふ）〔名義抄〕詛 トゴフ〔篇立〕詛 ノロフ

語系 詛 tzhia と詶 tjiu、祝・呪 tjiuk は声近く、呪詛の意がある。譸 tiu、禱 tu もその系列の語。みな祈ることをいう語である。

【詛祝】そしゅう（しう） のろいのる。〔左伝、襄十七年〕宋の皇國父、大宰と爲り、平公の爲に臺を築き、農功を妨ぐ。～築く者謳ふ。～子罕曰く、宋國區區（小国）たるに、詛有り祝有るは、禍ひの本なりと。

【詛盟】そめい 神に誓って約する。〔書、呂刑〕民興ちて胥ひ漸き、泯泯棼棼（乱れるさま）として信に中ること罔く、以て詛盟を覆る。

↑詛詈 のろいののしる

↓怨詛・厭詛・呪詛・祝詛・衆詛・大詛・巫詛・謗詛・盟詛

常 【酢】 12 1861 ソ サク むくいる す

篆文 金文 

形声 声符は乍。〔説文〕十四下に「醶なり」、前条に「醶は酢漿なり」、また酸字条に「酢なり」とみえる。献酬のとき返杯することを酢爵といい、〔書、顧命〕「璋（玉器の名）を秉りて以て酢す」、〔詩、大雅、行葦〕「或いは獻じ或いは酢す」のようにいう。神に対しては報祭、客に対しては献酬の礼となる。字はまた醋に作る。

訓義 ①むくいる、返杯する、神にむくいてまつる。②す、こんず、すい。

古訓 〔名義抄〕酢・醋 ス、鄙語に云ふ、カラサケ・ムクユ・スシ

語系 酢 dzak、醋 tsak は声近く、通用の字。醋は〔説文〕十四下に「客、主人に酌むなり」とあり、この字を酬醋の本字とするが、酢の字を慣用する。

【酢敗】そはい 酒がすっぱくなる。〔列仙伝、酒客〕酒客は梁の市上の酒家の人なり。酒を作るに常に美にして、售りて日に萬錢を得たり。過ち有りて之れを逐ふ。主人の酒、常に酢敗して貧窮す。

↑酢爵 客の返杯／酢漿 かたばみ草／酢餾 こしき

↓塩酢・裸酢・献酢・交酢・酬酢・梅酢・賓酢

【酥】 12 1269 ソ

会意 酉（酒）＋禾。禾は和の意であろう。牛や羊の乳から作った飲み物。〔玉篇〕に「酪なり」とあり、酪は濃い乳汁をいう。また酒の異称。

訓義 ①乳製の飲み物。②酒、酒の隠語。③酥のようなものをたとえていう。

古訓 〔名義抄〕酥 ソ

【酥酒】そしゅ 酒の名。晉・王羲之〔鷹嘴帖〕鷹の嘴爪、炙りて麝

香を入れ、酥酒を煎て一盞之れを服するときは、痔瘻（悪質の痔）を治するに驗有り。

【酥酡】古代インドの酪製品。〔法苑珠林、一一二〕諸天に珠器を以て酒を飲む者有り。受くるに酥酡の食を用ってす。色觸香味、皆悉く具足す。

↑酥胸 乳白の胸／酥潤 うるおう／酥脆 柔らか／酥灯 仏灯／酥湯 酥汁／酥軟 柔らか／酥乳 酥汁／酥髪 美髪／酥蜜 酥と蜜／酥油 酥の油／酥融 柔らか／酥酪 乳製の飲み物／酥腕 白い腕

↓花酥・寒酥・牛酥・凝酥・玉酥・紅酥・香酥・春酥・新酥・駝酥・氷酥・浮酥・瑶酥・酪酥・流酥

常【塑】13 8710 〔塐〕13 8710 〔塑〕13 4519 ソ でく

形声 声符は朔（朔）。また塐に作り、素声。木骨に土を塗り固め、着色して塑像とする。いわゆる泥塑人。焼成を加えていないので、また素に従う。仏教・道教の盛行によって尊像の需要がふえ、塑像が行われた。古くは土偶。殷の帝乙が、土偶を以て神像を作り、これを辱めたという話がある。

訓義 ①でく、神像、土をこねて作る、泥塑。②字はまた塐に作る。

古訓 〔篇立〕塑 エハル

↑塑工 でく作り／塑像 泥塑／塑人 でく／塑土 土人形／塑仏 泥塑の仏像

↓絵塑・小塑・彫塑・泥塑・復塑

人【楚】13 4480 ソ しば むち くるしむ

篆文

甲骨文

金文

形声 声符は疋。〔説文〕六上に「叢木なり。一名、荊なり」とあって、叢木（にんじんぼく）を本義とする。〔詩、周南、漢広〕「言に其の楚を刈る」、〔詩、王風、揚之水〕「束楚を流さず」、〔詩、小雅、楚茨〕「楚楚たるものは茨」など、荊棘の類をいう。これを以て鞭笞とするので、またむちの意となる。西周中期の金文〔㸚𣪘〕に「王の南征に從ひ、楚荊を伐つ」とあって楚荊を連言しており、楚をまた荊ということもあった。〔春秋〕には、荘公以前は荊、僖公以後は楚という。巫俗のさかんなところで、のち〔楚辞〕の文学がその地に生まれた。

訓義 ①にんじんぼく、とげのある灌木、しば、ばら。②むち、しもと。③うつ、いたむ、くるしむ、かなしむ。④疋に通じ、つらなる。⑤楚楚、茂る、うつくしい。⑥国の名。

古訓 〔名義抄〕楚 イタム・タカシ・カヽル・ウソ（ツ）・スハヘ・ヰル 〔篇立〕楚 カヽル・イヤシ・シタシ・タカシ・タシナム・イタム・シモト

【楚雨】楚地の雨。宋・蘇軾〔楽著作の野歩に次韻す〕詩 楚雨、還た昏らし、雲夢澤 呉潮到らず、武昌宮

【楚雲】楚雲湘雨は、男女の情をいう。唐・唐彦謙〔無題、十首、三〕詩 楚雲湘雨、陽臺に會す 錦帳芙蓉、夜に向って開く

【楚越】相反するもの。遠隔の地にたとえる。〔荘子、徳充符〕仲尼曰く、其の異なる者よりして之れを視れば、肝膽も楚越なり。其の同じき者よりして之れを視れば、萬物皆一なり。

【楚歌】楚地のうた。その歌調。〔史記、項羽紀〕項王の軍、垓下に壁す。兵少く食盡く。漢軍及び諸侯の兵之れを圍むこと數重。夜、漢軍の四面皆楚歌するを聞く。項王乃ち大いに驚きて曰く、漢皆已に楚を得たるか。是れ何ぞ楚人の多きやと。

【楚狂】楚の狂者。〔論語、微子〕楚狂接輿、歌ひて孔子を過ぎりて曰く、鳳や鳳や 何ぞ德の衰へたる 往く者は諫むべからず 來たる者は猶ほ追ふべし 已みなん、已みなん 今の政に從ふ者は殆しと

【楚水】楚地の川。唐・賈至〔李侍郎の常州に赴くを送る〕詩 雪晴れ雲散じて、北風寒し 楚水呉山、道路難し

【楚声】楚地の歌。〔漢書、礼楽志〕又房中祠樂有り、高祖の唐山夫人の作る所なり。～高祖、楚聲を樂しむ。故に房中樂は楚聲なり。

【楚楚】あざやか。美しい。〔詩、曹風、蜉蝣〕蜉蝣（かげろう）の羽 衣裳、楚楚たり 心の憂ふる 於に我れ歸處せん

【楚撻】むちうつ。〔顔氏家訓、教子〕凡そ人、子女を教ふる能はざる者は、～其の顔色を傷り、楚撻して其の肌膚を慘ましむるに忍びざるのみ。

【楚扑】しもとでうつ。〔北史、劉昶伝〕昶、犬馬を好み、武事を愛す。～天性褊躁、喜怒恆ならず。威忿するに至る毎に、楚扑特に苦だし。南士を引待しては、禮足ざること多し。此れに緣りて人、畏避せんことを懷ふ。

↑楚烏 はしぶとがらす／楚館 妓楼／楚顔 憂え顔／楚棘 いばら／楚吟 楚歌／楚潔 清らか／楚志 憂える心／楚詞 楚辞／楚囚 楚国の囚人、他郷にある囚人／楚辱 屈辱／楚捶 むちうつ／楚切 哀切な声／楚惻 悲しむ／楚竹 斑竹／楚鳥 杜鵑／楚痛 苦しみ／楚毒 酷刑／楚焞 亀卜を灼く火／楚挽 挽歌／楚俘 楚囚／楚夢 雲夢沢／楚腰 細腰／楚謡 楚歌／楚瀝 楚の酒／楚弄 哀調の楽

↓哀楚・夏楚・刈楚・冠楚・含楚・窮楚・翹楚・苦楚・荊楚・激楚・三楚・酸楚・辛楚・薪楚・箠楚・凄楚・清楚・束楚・惻楚・痛楚・披楚・榜楚・蒙楚

【鼠】13 7771 ソ ねずみ

篆文

象形 ねずみの形。〔説文〕十上に「穴蟲の總名なり」とあり、いたち・もぐらの類を含めての名とする。篆文は歯を主とする形であるが、卜文は頭と須の形で、その特徴をとらえている。〔詩、小雅、雨無正〕「鼠思泣血」、〔詩、小雅、正月〕「鼠憂して以て痒む」は、いずれも癙思・癙憂の意であるが、鼠の生態よりして癙字が作られたのであろう。

訓義 ①ねずみ。②ねずみのようないむべきもの。③癙と通用し、うれえる。

古訓 〔和名抄〕鼠 禰須美（ねずみ）〔名義抄〕鼠 ネズミ・オホキナリ 〔篇立〕鼠 ネズミ・ムサ、ビ 〔字鏡集〕鼠 ムサ、ビ・オホキナリ・ネズミ・モ、・カクル・ウレフ

部首 〔説文〕に鼬・など十九字、〔玉篇〕に鼦・鼯などを加え、すべて五十七字を属する。

【鼠思】心配する。〔詩、小雅、雨無正〕鼠（癙）思泣血し 言として疾まざる無し

【鼠窃】こそ泥。〔史記、叔孫通伝〕秦の時、文學を以て徵せらる。～陳勝山東に起る。～叔孫通前みて曰く、～此れ特だ群盗、鼠竊狗盗なるのみ。何ぞ之れを齒牙の閒に置くに足らん。

【鼠盗】鼠裁判。〔史記、酷吏、張湯伝〕鼠、肉を盜む。其の父怒りて湯を笞うつ。湯、窟を掘り、盜鼠及び餘肉を得、鼠を劾して掠治す。～訊鞫論報（求刑）、～獄磔を堂下に具ふ。其の父～其の文辭を視るに、老獄吏の如し。

↑鼠疫 ペスト／鼠駭 びくつく／鼠技 無用の技／鼠耗 附加税／鼠獄 鼠盗／鼠竄 かくれる／鼠子 ののしる語／鼠市 鼠からくり／鼠矢 鼠の糞／鼠将 猫／鼠壌 細土／鼠遁 鼠竄／鼠輩 小人ばら／鼠璞 鼠の乾物／鼠尾 筆／鼠負 わらじ虫／鼠婦 鼠負／鼠目

欲深いかお／鼠量 下戸／鼠狼 いたち
↓蝟鼠・隠鼠・偃鼠・屋鼠・火鼠・黠鼠・乾鼠・窮鼠・狗鼠・熏鼠・狐鼠・鼯鼠・黒鼠・飼鼠・社鼠・雀鼠・首鼠・碩鼠・蒼鼠・賊鼠・貂鼠・田鼠・腐鼠・伏鼠・捕鼠・犂鼠・両鼠・礼鼠・老鼠

【愬】 14 8733 ［訴］ 12 0263 ソ サク うったえる

篆文

形声 声符は朔（朔）さく。訴と同義の字で、〔説文〕三上に訴の別体の字としているが、訴は告訴・訴訟など訟獄の意に用い、愬は情を以て告げる意に用いる。〔詩、邶風、柏舟〕「薄しばらく言ここに往き愬うったへて 彼の怒りに逢へり」とみえる。〔易、履、九四〕に「虎の尾を履ふむ。愬愬さくさくたらば終ついに吉なり」とは、恐懼のさまをいう。

訓義 ①うったえる、つげる、わるくいう、つげぐちする。②なげく、かなしむ、うれえる。

古訓 〔名義抄〕愬 ウタフ・ウタヘ・ウレフ・ムカフ・ホム・ノブ〔字鏡〕愬 ウレソフ・シコツ・ウタフ・ウレフ・モノロ・ヽ（ホル）

＊語彙は訴字条参照。

【愬愬】さくさく おそれるさま。〔易、履、九四〕虎の尾を履ふむ。愬愬たらば終に吉なり。象しやうに曰く、愬愬たらば終に吉なりとは、志、行はるるなり。

↑愬苦そく 訴苦／愬告そこく 告訴／愬訟そしよう 訴訟／愬怒さくど おそれ怒る／愬風さくふう 風に向かう

↓往愬・譖愬・赴愬

【蒩】 14 4491 ソ ショ こも つけもの

篆文

形声 声符は租そ。〔説文〕一下に「茅藉なり」とし、「禮に曰く、諸侯を封ずるに土を以てし、蒩には白茅を以もちふ」と〔周礼、地官、郷師〕の文に拠っていう。祭るとき白茅をしきものとした。その祭藉をいう。また、菹そに通じて、つけもの、蒩そに通じて、どくだみをいう。

訓義 ①こも、茅かやのしきもの、祭事のしきもの、どくだみ。②菹と通じ、つけもの。また、草の茂る沢。③蒩と通じ、また苴しよに作る。

古訓 〔字鏡集〕蒩 チ

↑蒩館そかん 祭藉とその筐こは／蒩圃そほ どくだみ畑

↓芸蒩・承蒩・茅蒩

常 【遡】 14 3730 〖遡〗 14 3730 ［遡］ 13

［溯］ 13 3712 ［泝］ 8 3214 ソ さかのぼる

篆文

形声 声符は朔（朔）さく。〔説文〕十一上に泝を正字とし、重文として遡を出しているが、二形ともに行われており、ただ慣用を異にするところがある。水流に遡るときには泝を用いるが、時間的に遡るばあい、たとえば法律の効力がその発布以前に遡って及ぶようなときには遡及といい、泝は用いない。

訓義 ①さかのぼる、流れをさかのぼる、以前にさかのぼる。②むかえる、むかう、のぼる、ゆく。③愬と通じ、うったえる。

古訓 〔名義抄〕遡・泝 ムカフ・サカノボル 〔字鏡集〕遡・泝 サカノボル・サカサマニナガレノボル・ホトリ・サムシ・ウヅマク・ムカフ

【遡洄】そかい（くわい） こぎ上る。〔詩、秦風、蒹葭〕遡洄して之れに従はんとすれば 道、阻そにして且つ長し

【遡原】そげん 本源に遡る。〔文体明弁、原〕古體に非ずと雖も、然れども其の本始に遡原し、用を當今に致すは、則ち誠に少かくべからざる者有り。

【遡江】そこう（かう） 江を遡る。〔漢書、揚雄伝上〕楚・漢の興るや、揚氏江上を遡りて、巴の江州に處をる。

【遡游】そゆう（いう） こぎ上る。〔詩、秦風、蒹葭〕遡游して之れに従はんとすれば 宛ゑんとして水の中央に在り

↑遡及そきゆう 前にさかのぼる／遡行そこう さかのぼる／遡波そは 逆波／遡風そふう 向かい風／遡流そりゆう さかのぼる

【蔬】 15 4411 ソ ショ なやさい

篆文

形声 声符は疏（疏）そ。疏に疏大の意がある。〔説文新附〕一下に「菜なり」という。〔礼記、曲礼下〕に「稻を嘉蔬かそと曰ふ」とあり、穀実をもいう。〔論語、述而〕「疏食しそを飯くらひ水を飲み、肱を曲げて之れを枕とす」の疏は蔬と通用の義。また粗に通じる。

訓義 ①な、やさい、あおもの。②粗・疏と通じ、あらい。

古訓 〔名義抄〕蔬 クサビラ 〔篇立〕蔬 クサビラ・アザミ・サカンナリ・ヒロク

語系 蔬・疏shiaは同声。粗tsaも声義が近い。みな疏緩・粗大の意をもつ語である。

【蔬食】そしそしよく 野菜。粗食。〔白虎通、喪服〕既に虞ぐ（埋葬後の祭）しては、寢いぬるに席有り。蔬食して水を飲み、朝あしたに一哭し、夕に一哭するのみ。

【蔬筍】そじゆん 野菜とたけのこ。精進料理。〔益公題跋、九〕予われ往きさきに（王）龜齡きれいと同もとに道山に在り。～乃ち廬山に來り、數詩を讀むに、皆蔬筍を食らひ、葛藤かつとうを帯ぶ。

↑蔬果そか 野菜と果物／蔬畦そけい 野菜畑／蔬菜そさい 野菜／蔬菽そしゆく 菜と豆／蔬茹そじよ ゆで野菜／蔬膳そぜん 野菜ばかりの粗食／蔬藪そそく 野菜／蔬奠そてん 粗奠／蔬飯そはん 蔬食／蔬圃そほ 野菜畑／蔬糲それい 野菜と粗米

↓園蔬・家蔬・嘉蔬・寒蔬・灌蔬・魚蔬・畦蔬・肴蔬・菜蔬・山蔬・餐蔬・秋蔬・春蔬・進蔬・青蔬・薦蔬・百蔬・野蔬

【駔】 15 7731 ソ ソウ（サウ） あらい なかがい

篆文

形声 声符は且そ。〔説文〕十上に「壯馬なり」とし、また「一に曰く、駔儈そくわいなり」（段注本）とあり、仲買人をいう。〔淮南子、氾論訓〕に「段干木だんかんぼくは晉國の大駔なり」とあり、大親分の意。馬の仲買で巨富を積んだのであろう。

訓義 ①よいうま、つよいうま。②あらい、おおきい。③なかがい、すあい。

古訓 〔字鏡集〕駔 トキムマ・アラシ

語系 駔・粗tsaは同声。駔と粗とは通用の例もあり、声義が近い。駔儈の人には、粗豪の人が多かったのであろう。

【駔儈】そかい（くわい）そうかい（さうくわい） 仲買人。伯楽はくらく。〔唐書、王君廓伝〕少わかくして孤貧。駔儈と爲り、行無し。善く盜む。～大業の末、兵を聚めて盜を爲さんと欲す。

↑駔華そか 華やか／駔会そかい 駔儈／駔工そこう 劣工／駔疾そしつ 悍馬／駔駿そしゆん 駿馬／駔琮そそう 分銅の玉

↓儈駔・巨駔・乗駔・桀駔・吏駔

【穌】 16 2239 ［甦］ 12 1550 ソ よみがえる

篆文

会意 魚＋禾か。〔説文〕七上に「禾若を把取するなり」とあり、散乱したものをかき集める意とする。〔広雅、釈詁一〕に「取るなり」、また「滿つるなり」とあり、また〔広雅、釈言〕に「寤（寤）さむるなり」とあるのは蘇生の意である。字はまた甦に作り、更生に従う。後の造字と考えられる。金文に魚の頭の部分に小さく木を加える形のものがあり、国族の名に用いる。のちの蘇（蘇）にあたり、蘇の初文とみてよい。木はおそらく桂荏けいじんの類で、魚を一時蘇生させうるものであろう。

訓義 ①よみがえる、いきる、いきかえる。②かきあつめる、あつめてとる。

古訓 〔名義抄〕穌・甦 ヨミガヘル 〔字鏡集〕穌 ヨミガヘル・ヨ

コタハル

声系 〔説文〕に穌声として蘇を収める。蘇は桂荏、紫蘇の類。おそらく蘇生の義と関係あるものであろう。

語系 穌・蘇・甦saは同声。甦は穌・蘇の異文。梁の武帝〔浄業の賦の序〕に「蒼生甦息す」とみえる。

↑穌活 復活／穌舒 しげる／穌息 蘇る

常 **【礎】** 18 1468 ソ いしずえ

篆文 

形声 声符は楚。〔説文新附〕九下に「磌なり」とあり、柱下におく石をいう。建物の礎石の意より、すべてのものの基礎となり、それを支えるものをいう。

訓義 [1]いしずえ、柱下の基石。[2]もののささえ、基礎。

古訓 〔新撰字鏡〕礎 豆女石(つめいし)〔名義抄〕礎 ツミイシ・ツメイシ・イシズヱ

↑礎業 事業の基礎／礎材 礎石／礎磌 礎石／礎石 土台石／礎舃 礎石／礎柱 柱礎／礎盤 土台石

↓階礎・壊礎・亀礎・基礎・玉礎・残礎・石礎・柱礎・鎮礎・定礎・文礎・方礎

人 **【蘇】** 19 4430 〔蘇〕 20 4439 ソ しそ くさかり よみがえる

篆文  金文   古印璽 

形声 声符は穌。〔説文〕一下に「桂荏なり」とあり、紫蘇の類。蘇息・蘇生の意に用いる。金文に国族の名として穌を用い、魚の上部に小さく木を加える形に作る。桂荏などの刺激で、その生気を保たせるのであろう。

訓義 [1]しそ、いぬえ、くさ。[2]よみがえる、生きかえる、息づく、さめる。[3]くさかり、たきぎ。[4]疏と通じ、うとい。

古訓 〔名義抄〕蘇 イヌエ・ヌカエ・ヨミガヘル・イク・サトル・ニル・ヨロコブ・ヲサム・クサカリ・アマシ・サム・ノラエ／水蘇 イヌエ〔字鏡集〕蘇 サトル・ニル・ヨミガヘル・ツチスリ・ハタ・イク・ヨロコブ・クサカリ・アマシ・タワム・エ・サム・ヌカエ・ヲサム・イヌエ・クサキ

語系 蘇・穌・甦saは同声。〔書、仲虺之誥〕「予が后を徯つ。后來らば其れ蘇らん」、また〔淮南子、時則訓〕「蟄蟲始めて振蘇す」のように、蘇生・寤覚の意に用いる。甦は更生の意による後起の字である。

【蘇活】(そかつ(くわつ)) よみがえる。〔捜神記、十五〕河間郡に男女有り。私かに悦びて相ひ配適するを許す。尋いで男、軍に従ひ、積年歸らず。女～尋いで病みて死す。其の男、戍より還り～之れを哭し哀を盡さんと欲すも其の情に勝へず。遂に冢を發いて棺を開く。女卽ち蘇活す。

【蘇息】(そそく) 息つく。〔後漢書、樊準伝〕準、冀州に使す。～部に到りて、倉を開き食を稟ち、生業を慰安す。流人咸く蘇息することを得たり。

↑蘇援 探索する／蘇枋 黄の染料／蘇合 香の名／蘇坐 東西対坐する／蘇世 よみがえる／蘇生 復活する／蘇醒 蘇生／蘇蘇 不安なさま／蘇軟 軟弱／蘇復 恢復する／蘇油 蘇合の油

↓采蘇・紫蘇・樵蘇・屠蘇・来蘇・流蘇

【齟】 20 2771 〔䶥〕 26 2171 ソ かむ

篆文 

形声 声符は且。〔説文〕二下に䶥を正字とし、「齬齒なり」とあり、䖑声。上下の歯がよくかみあわないことを齟齬という。畳韻の擬声語である。

訓義 [1]かむ。[2]くいちがう。

古訓 〔名義抄〕䶥 マサシ／齟齬 ナヤマシ〔篇立〕齟 カム・クヒ／䶥 マサシ

語系 齟齬tzha-ngiaはかみあわぬ意。山勢の突兀たるを嵯峨tshiai-ngaiというのと同じく、形況の語である。

【齟齬】(そご) くいちがう。唐・韓愈〔竇秀才に答ふる書〕愈少くして駑怯、他藝に於て、能く自ら度るに努力すべき無し。又時事に通ぜずして、世と多く齟齬す。

↑齟嚼 咀嚼

【麤】 33 0021 〔粗〕 11 9791 〔麄〕 15 8021 ソ あらい

篆文  甲骨文 

会意 三鹿に従う。〔説文〕十上に「行くこと超遠なるなり」とあり、鹿のよく走る意とする。麗字条にも「旅びて行くなり」とあって、鹿には群行の性があり、ただ羊のように一団とならず、競って奔るところから、麤雑・麤笨の意があり、粗と通用する。卜文に二鹿に従う字がある。

訓義 [1]あらい、はなれる、とおい、大きい。[2]粗と通じ、ほぼ、あらまし。

古訓 〔名義抄〕麤 アラシ・オロソカナリ・フトシ〔字鏡集〕麤 ヲロソカ・オホイナリ・アラシ・フトシ

語系 麤・粗tsaは同声。疏(疏)(疎)・梳shiaも声義が近い。粗は粗穀、梳はあらめの櫛である。

＊語彙は粗・疏字条参照。

【麤穢】(そあい) あらくてけがれる。〔国語、周語上〕國の將に亡びんとするや、其の君、貪冒辟邪、淫泆荒怠にして、麤穢暴虐なり。

【麤獷】(そこう(くわう)) あらあらしくわるい。〔南史、陳宗室諸王、南康愍王曇朗の子方泰伝〕方泰、少くして麤獷、諸惡少年と群聚し、游逸すること度無し。

【麤豪】(そごう(がう)) あらあらしく強い。唐・杜甫〔青絲〕詩 青絲白馬、誰が家の子ぞ 麤豪、且らく風塵を逐ひて起る

【麤醜】(そしゅう(しう)) みにくい。魏・応璩〔雑詩、三首、三〕少壯、面目澤し 長老、顏色麤なり 麤醜は人の惡む所 拔白して、自ら洗蘇せん

【麤疏】(そそ) おおまかで粗忽。魏・嵇康〔山巨源(濤)に与へて交はりを絶つ書〕足下、舊より吾が潦倒麤疏にして、事情に切ならざるを知る。

【麤茶】(そちゃ) 粗末な茶。宋・黄庭堅〔四休居士詩の序〕太醫孫君昉、～自ら四休居士と號す。～曰く、麤茶淡飯、飽けば卽ち休む。補破遮寒、暖なれば卽ち休む。三平二滿(日々平穏)、過ぐれば卽ち休む。貪せず妬とせず、老いて卽ち休むと。

【麤飯】(そはん) 粗食。宋・陸游〔秋夜〕詩 老病龍鍾(やつれ病むさま)、城に入らず 濁醪(濁り酒)麤飯、餘生を餞ぐる

【麤暴】(そぼう(ばう)) 乱暴。〔三国志、魏、武文世王公、東海定王霖伝〕霖、性麤暴にして、閨門の內、婢妾の閒、殘害する所多し。

【麤猛】(そもう(まう)) 粗豪。〔後漢書、董卓伝〕性、麤猛にして謀有り。少き嘗て羌中に遊び、盡く豪帥と相ひ結ぶ。後～野に耕す。諸豪帥、來りて之れに從ふ者有れば、卓、爲に耕牛を殺し、與に共に宴樂す。～是れに由り健俠を以て名を知らる。

【麤略】(そりゃく) 粗忽。〔英雄記、丁原〕丁原～人と爲り麤略にして、武勇有り、騎射を善くす。～警急有れば、寇虜を追ひ、輒ち其の前に在り。

【麤糲】(それい) あら米。玄米。〔戦国策、韓二〕嚴仲子～聶政の爲に語りて曰く、～聞く、足下、義甚だ高しと。故に直だ百金を進むる者は、特だ以て丈人麤糲の費と爲し、以て足下の驩に交はらんのみ。豈に敢て以て求むる有らんやと。

↑麤悪 粗悪／麤官 武官／麤狂 粗放／麤才 粗才／麤人 無作法な人／麤粗 あらあらしい

↓豪麤・細麤・精麤・疏麤

ソウ

【卅】 4 4400 ［𠦃］ 6 4044 ソウ(サウ) みそ

篆文

甲骨文

金文

会意 十を三つ合わせた形。〔説文〕三上に「三十なり。幷せたるなり」という。卜文・金文には卅の形に作る。〔馬王堆漢墓帛書、戦国縦横家書〕にも「卅萬の衆」という表記がある。

訓義 ①三十、みそ。

古訓 〔名義抄〕𠦃 ミソ

語系 卅 sap は三十 sam-zjiep の合音。廿 njiep が二十 njiei-zjiep の合音であるのと同じである。

【叉】 4 7740 ソウ(サウ) つめ

篆文

甲骨文

象形 手指（又）の間に爪のあることを示す。〔説文〕三下に「手足の甲なり」とみえる。〔荀子、大略〕に「利を争ふこと叉甲の如くなれば、而ち其の掌を喪はん」という諺がある。字はまた蚤に作り、〔礼記、曲礼下〕「大夫・士、國を去るときは～蚤鬋す」とあり、そのときは居喪の礼に従うのである。

訓義 ①つめ、つめきる。②字はまた爪・蚤に作る。

語系 叉・爪・抓 tzheu、搔 su はみな声義近く、叉・爪は同字、搔・抓はその動詞としての字である。

常 【双】 4 7744 ［雙］ 18 2040 ソウ(サウ) ならぶ ふたつ

篆文

会意 旧字は雙に作り、雔を持つ形。又（又）は手。〔説文〕四上に「隹二枚なり」とあり、二物にして一対となるものをいう。一隹をとる字は隻。双は双手・双闕のように用い、並ぶものがないことを「国士無双」のようにいう。

訓義 ①ならぶ、つがい、そろい。②ふたつ、ならぶ、そろう。③たぐい、なかま。

古訓 〔名義抄〕雙 ナラブ・フタリ・フタツ・ツカフ・アフ・ヲトロフ 〔篇立〕雙 ナラブ・アフ・フタツ・ツガヒ・ツガフ・ヲドロク

部首 部首は雔。雙・讎は雔に従う。雔は二隹相対する形で、讎はおそらくその鳥占によって獄訟のことを決する意であろう。雔は卜占に関係のあることと思われる。

声系 〔説文〕十下に愯を収め、「懼るるなり」と訓し、雙の省声とする。その字はまた悚・聳に作り、遑遽の意がある。

【双環】 一対の環玉。魏・繁欽〔定情詩〕何を以てか拳拳を致さん 臂に綰ぐ雙金環 何を以てか慇懃を致さん 指に約す、一雙の銀

【双鬟】 両側に結んだ髪。唐・陳鴻〔長恨歌伝〕方士、簪を抽き扉を叩く。雙童女有り、出でて門に應ず。方士造次（突嗟）に未だ言ふに及ばず。而して雙鬟復た入る。

【双闕】 宮門。唐・衛万〔呉宮怨〕詩 曉氣晴れ來る、雙闕の間 潮聲夜落つ、千門の裏

【双鉤】 書の運筆法。拇指と食指・中指をかけて運筆する。魏・文帝〔友人に答ふる書〕累紙の命、兼美の貺を獲、他は既に善を備ふ。雙鉤尤も妙なり。

【双袖】 左右の袖。袂。唐・岑参〔京に入る使に逢ふ〕詩 故園東に望めば、路漫漫 雙袖龍鍾（涙にぬれる）として、涙乾かず

【双声】 上下二字の発声子音が同じであるもの。〔陔余叢考、二十三、双声畳韻〕雙聲疊韻は六朝に起る。～皮日休の雜體詩の序に曰く、詩に云ふ、蝃蝀東に在り、鴛鴦梁に在りと。雙聲の始めなりと。

【双棲】 雌雄ともに棲む。晋・潘岳〔悼亡詩、三首、一〕彼の翰林（高い林）の鳥の 雙棲一朝にして隻（一羽）なるが如し

【双飛】 雌雄がつれだって飛ぶ。〔文選、古詩十九首、十二〕雙飛の鷰（燕）と爲りて 泥を銜んで君が屋に巣つくらんことを思ふ

【双鬢】 左右の髪。清・鄭燮〔賀新郎、西村感旧〕詞 只だ青山の還た是れ舊なる有り 恐らくは青山 我が今、昨に非ずして 雙鬢減じ 壯心の弱まりしことを笑ふならん

【双眸】 両眼。〔世説新語、容止〕裴令公（楷）、儁れたる容姿有り。一旦疾有りて、困しむに至る。惠帝、王夷甫（衍）をして往きて看しむ。～曰く、雙眸閃閃として、巖下の電の若しと。

【双鯉】 手紙。〔古楽府、飲馬長城窟行〕客、遠方より來る 我に雙鯉魚を遺る 兒を呼んで鯉魚を烹しむるに 中に尺素の書有り

【双涙】 両眼の涙。梁・何遜〔閨怨、二首、一〕詩 竹葉、南窗に響き 月光、東壁を照らす 誰か知らん、夜獨り覺め 枕前に雙涙滴したるを

↑双鴉 あげまき／双燕 一対の燕／双蛾 眉／双角 あげまき／双関 対句を重ねる構成法／双翰 両翅／双眼 両眼／双脚 両足／双魚／双鯉／双翹 左右の翼／双勾 双鉤／双行 両行／双翅 左右の翼／双日 偶数の日／双手 もろ手／双書 二重の封書／双槳 二つのかい／双親 両親／双数 偶数／双生 双子／双尖 玉の簪／双扇 両扉／双線 合わせ糸／双全 両全／双層 二層／双涕 両涙／双瞳 重瞳／双扉 両扉／双美 一対の美／双表 墓表／双舞 二人舞／双璧 一対の璧玉／双目 両眼／双葉 二葉／双靨 両えくぼ／双翼 左右の羽／双六 すごろく／双立 双び立つ／双林 寺／双輪 両輪

↓一双・少双・畳双・成双・隻双・飛双・無双

【帀】 4 1022 ［匝］ 5 7171 ソウ(サフ) めぐる あまねし

篆文

象形 帯をめぐらす形。〔説文〕六下に「周るなり」とし、字形を「反之に従ふ」とする。之は趾の形で、之往の義。往反によって周帀の意を示すものとするが、〔漢書、高帝紀上〕「宛城を圍むこと三帀」とあり、ぐるぐる巻きにする意である。字はまた匝に作るが、匝は俗字。

訓義 ①めぐる、めぐらす。②あまねし、一そろい。

古訓 〔名義抄〕帀 メグル／周帀 ―トメグレリ 〔字鏡集〕帀 アマネシ・メグル・―トメグル

部首 〔説文〕〔玉篇〕に、師などの字を属するが、師は帀に従う字ではない。師の初形は脤肉の象である𠂤に、フォーク形の曲刀を刺す形で、その脤肉を頒かって軍を派遣する意の字である。

↑帀筵 満坐／帀月 満一ケ月／帀洽 あまねくする／帀旬 一旬

↓廻帀・環帀・三帀・四帀・周帀・繞帀・数帀・百帀

常 【爪】 4 7223 ソウ(サウ) つめ

篆文

象形 鳥獣などの長爪の形。〔説文〕三下に「丮るなり。覆せる手を爪と曰ふ」とする。手下にかくされている長爪をいう。金文に「爪牙」の語がみえるが、その爪は叉の形にかかれている。しいて分別すれば、爪は鳥爪、叉は掌中にかくされている獣爪の形であろう。

訓義 ①つめ。②つめかく、つめきる。③爪の形のもの、かぎ、こはぜの類。

古訓 〔和名抄〕爪 豆米（つめ）〔名義抄〕爪 ツメ

部首 〔説文〕〔玉篇〕に孚・爲(為)など三字を収める。孚は俘の初文。また爲は象を使役する形の字。いずれももと又(手)に従う字で、爪の意を含むものではない。

語系 爪・叉・抓tzheu、搔su は声義近く、爪・叉は名詞、抓・搔は動詞に用いる。叉はまた蚤に作る。

【爪牙】爪と牙。身を守るもの、防ぐもの、たたかうもの。〔列子、楊朱〕人は、爪牙は以て守衞に供するに足らず、肌膚は以て自ら捍禦するに足らず。

↑爪印 爪痕/爪角 爪と角/爪距 爪とけづめ/爪痕 爪のあと/爪士 武臣/爪子 愚かな子/爪嘴 爪とくちばし/爪杖 まごの手/爪翦 爪切る

↓牙爪・琴爪・虎爪・紅爪・鴻爪・指爪・手爪・揃爪・鳥爪・猛爪・鷹爪・利爪・竜爪

常 【壮】 6 3411 人〔壯〕 7 2421

ソウ(サウ) ショウ(シャウ)
さかん つよい

篆文  金文 

形声 旧字は壯に作り、爿声。〔説文〕一上に「大なり」とし、〔方言、一〕に「秦・晉の閒、凡そ人の大なるもの、之れを奘と謂ひ、或いは之れを壯と謂ふ」とみえる。〔説文〕に爿の字はみえないが、爿に従う字には版築の版木の形と、また牀に従う形との二系がある。ただ壯・將(将)の従うところは、この二系に属するものとみえず、殷金文に多くみえる形の図象から出ているものであろう。銘文の内容によって考えると、は王子の後、いわば親王家の身分を示す図象とみられ、王朝の軍政の執行者であった。壯はそのような特定身分の集団を將いるものであり、將はその指揮官、壯はその年齢階層的なよびかたであったと思われる。〔礼記、曲礼上〕「人生まれて～三十を壯と曰ふ」とあり、〔広雅、釈詁二〕に「健なり」という。健兒の類であろう。士は鉞頭を儀器とする意で、戦士階級をいう。

訓義 ①さかん、つよい、いさましい、大きい。②大きい男、戦士、としざかり、としわか、三十歳。③戕と通じ、きずつく。

古訓 〔和名抄〕壯 日本紀私記に云ふ、壯士、多計歧比都(たけきひと)〔字鏡集〕壯 オホキナリ・カタドル・サカリ・スガタ・カタチ・ツヨシ・タケシ

声系 〔説文〕に壯声として莊(荘)・裝(装)・奘など四字、また將声の諸字を収める。〔説文〕にいま爿字を脱し、〔玉篇〕も片部の次に直ちに牀部をおくが、もと「反片を爿と爲す。讀みて牆の若くす」とする一条があり、次に片・爿を合わせた形の鼎をおく編次であったのであろう。ただ壯・將の従うところはその形ではなく、形図象の系統に属し、莊・裝などはその声義をうけるものと考えられる。

語系 壯・莊・裝tzhiang は同声。壯健・厳荘の意をもつ語である。奘・奘dzang は同声。妄彊・駔大の意をもつ語で、壯・莊の転義の字であろう。

【壮意】壯志。〔後漢書、馬援伝〕岸を穿ちて室と爲し、以て炎氣を避く。賊の升險鼓譟する每に、援輒ち足を曳き以て之れを觀る。左右其の壯意を哀れみ、之れが爲に流涕せざる莫し。

【壮観】立派ながめ。偉觀。漢・張衡〔東京の賦〕天子乃ち三揖の禮以て之れを禮す。穆穆焉たり、皇皇焉たり、濟濟焉たり、將將焉たり。信に天下の壯觀なり。

【壮健】若くて元気。唐・杜甫〔遣興、三首、三〕詩 昔、洛陽に在りし時 親友相ひ追攀す～回首す、酒を載するの地 豈一日の還ること無からんや 丈夫壯健なるを貴ぶ 慘戚として朱顏に非ず

【壮語】意気のさかんな語。〔白雨斎詞話、三〕西堂(尤侗)の詞曲、名を一時に擅にするも、然れども皆佳なるを見ず。～小令は最も可ならず。～長調は稍や可、壯語は綺語よりも工みなり。

【壮佼】若くて美しい。宋・欧陽脩〔本論、中〕今八尺の夫、被甲荷戟、勇三軍を蓋ふ。然れども佛を見ては則ち拜し、佛の說を聞きては則ち畏慕の誠有る者は何ぞや。彼誠に壯佼なるも、其の中心茫然として守る所無くして然るなり。

【壮歳】壯年。宋・陸游〔月夜、小舟を湖中に泛かべ、三更にして乃ち帰る〕詩 壯歲の功名、汗馬に慚づ 暮年の心事、沙鷗に許す

【壮士】意気の豪壮なる者。〔戦国策、燕三〕荊軻～前みて歌を爲りて曰く、風蕭蕭として、易水寒し 壯士一たび去つて、復た還らず

【壮志】さかんな志。唐・李白〔襄陽の旧遊を憶ひ、馬少府巨に贈る〕詩 朱顏、君未だ老いず 白髮、我先づ秋なり 壯志、蹉跎たることを恐る 功名、雲の浮ぶが若し

【壮心】壮烈な思い。魏・武帝〔歩出東西門行、土不同〕楽府 老驥(老馬)櫪(かいばおけ)に伏するも 志は千里に在り 烈士暮年 壯心已まず

【壮盛】若くて元気。〔戦国策、燕三〕今太子、(田)光の壯盛の時を聞き、吾が精の已に消亡せるを知らず。～善き所の荊軻、使ふべきなり。

【壮図】壮大な企て。晉・陸機〔魏の武帝を弔ふ文〕雄心は弱情に摧け、壯圖は哀志に終り、長算は短日に屈し、遠迹は促路に頓まる。

【壮夫】立派な男。魏・曹植〔楊徳祖(修)に与ふる書〕辭賦は小道のみ。～昔、揚子雲(雄)は先朝執戟の臣のみ。猶ほ稱ふ、壯夫は爲さざるなりと。～豈に徒だ翰墨を以て勳績と爲し、辭賦もて君子と爲さんや。

【壮猷】壮図。〔詩、小雅、采芑〕方叔、元老 克く其の猷を壯にす

【壮容】壮者の姿。〔後漢書、方術下、華佗伝〕養性の術に曉らかに、年且に百歲ならんとして、猶ほ壯容有り。時人以て仙と爲す。

【壮厲】励みたつ心。〔晋書、姚泓載記〕人情挫辱せらるれば、則ち壯厲の心生じ、政教煩苛なれば、則ち苟免の行立つ。上の下を化するは、風の草を靡かすが如し。

【壮麗】壮大で美しい。晉・孫綽〔天台山に遊ぶの賦〕天台山は、蓋し山嶽の神秀なる者なり。～山海の瓌富を窮め、人神の壯麗を盡す。

【壮烈】さかんではげしい気象。宋・文天祥〔正気の歌〕詩 或いは出師の表と爲り 鬼神も壯烈に泣く

↑壮偉 すぐれる/壮懐 壮志/壮悍 強い/壮気 壮意/壮毅 壮猛/壮騎 勁騎/壮巨 壮大/壮彊 強い/壮思 壮懐/壮歯 壮年/壮事 壮大な事/壮者 壮年の人/壮制 大規模/壮節 節操/壮絶 壮烈/壮卒 壮丁/壮胆 胆勇/壮丁 若者/壮年 三、四十歳の人/壮髪 ひたいの髪/壮美 壮麗/壮武 勇武/壮猛 勇猛/壮陽 盛んな陽気/壮齢 壮年

↓偉壮・英壮・完壮・巨壮・強壮・彊壮・驍壮・健壮・広壮・宏壮・高壮・剛壮・豪壮・才壮・歯壮・充壮・少壮・清壮・盛壮・勢壮・丁壮・貞壮・肥壮・悲壮・美壮・文壮・勇壮・雄壮・幼壮・老壮

常 【早】 6 6040

ソウ(サウ)
はやい あさ つとに

篆文 

仮借 匙の象形。早晩の字に仮借して用いる。〔説文〕七上に「晨なり。日の甲上に在

るに従ふ」とするが、字形として意味をなさない。字は匙の象形で、これに柄の部分をつけると是となる。是は匙の初文。〔石鼓文、作原石〕の草（草）の字を、〔呉人石〕に是に従う形に作る。のち仮借して早晩の早、早急の意に用いる。

訓義 ①はやい、あさはやい、あさ。②すみやか、いそぐ、つとに。③皁と通じ、どんぐり。④字はまた蚤に作る。

古訓 〔名義抄〕早 ハヤク・ハヤシ・ツトニ・スミヤカニ・スミヤカナリ・トシ・ニハカ・アシタ・ツトメテ・ヲサナシ・ヤハラカニ・マヅ

声系 〔説文〕に早声として草を収める。〔周礼、地官、大司徒〕「早物」は「草物」の意。〔釈文〕に字を皁に作る。草は「草斗櫟実」、帛を染めて黒色とするもので、皁がその本字。草木の草は、艸がその初文であり、本字である。

【早寒】そう（さう）かん　早く寒くなる。〔晋書、郗超伝〕超、又策を（桓）溫に進めて曰く、～北土は早寒、三軍裘褐する者少なし。恐らくは以て冬を渉るべからざらん～と。溫從はず。果して枋頭の敗有り。

【早起】そう（さう）き　早起き。〔通俗編、時序〕早起三朝なれば、一（日の）工に當る。

【早計】そう（さう）けい　早合点。〔荘子、斉物論〕丘や、何ぞ以て之れを知るに足らん。且つ女も亦た太だ早計なり。卵を見て時夜（鶏のとき告げ）を求め、彈を見て鴞炙（小鳩の焼肉）を求む。

【早歳】そう（さう）さい　若年。宋・陸游〔憤を書す〕詩　早歳那ぞ知らん世事の艱きを　中原北望して氣、山の如し

【早春】そう（さう）しゅん　春浅く。唐・花蕊夫人徐氏〔宮詞、百六十六首、二十七〕詩　早春の楊柳、長條を引く　岸に倚より堤に沿うて、一面高し

【早世】そう（さう）せい　わかじに。唐・韓愈〔十二郎を祭る文〕吾れ上に三兄有りしも、皆不幸にして早世せり。先人の後を承くる者は、孫に在りては惟だ汝、子に在りては惟だ吾のみ。兩世一身、形單に影隻なり。

【早成】そう（さう）せい　早くおとなびる。夙成。〔三国志、蜀、諸葛瞻伝〕（諸葛）亮～兄瑾に與ふる書に曰く、瞻、今已に八歳、聰慧愛すべきも、其の早成を嫌ふ。重器と爲らざるを恐るるのみと。

【早知】そう（さう）ち　早くから知る。〔宋書、沈攸之伝〕攸之晩にして讀書を好み、～史・漢の事、諳憶する所多し。常に歎じて曰く、早に窮達の命有るを知れり。恨むらくは、十年書を讀まざりしことをと。

【早朝】そうちょう（さうてう）　朝早く。また、早朝の政務。唐・白居易〔長恨歌〕詩　春宵短きに苦しみ、日高くして起く　此れより君王、早朝せず

【早年】そう（さう）ねん　若年。〔宣和書譜、三〕（顔真卿）蓋し自ら早年の書有り。千佛寺の碑は、已に歐（陽詢）・虞（世南）・徐（師道）・沈（約）、暮年の筆と相ひ上下す。中興以後に及んで、筆力迥かに前と異なり。亦た其の得る所の者、愈〻老するなり。

【早晩】そう（さう）ばん　朝暮。先後。また、早かれおそかれ。いずれ。唐・李白〔長干行、二首、一〕詩　早晩、三巴に下らん　預め書を將つて家に報ぜん

【早涼】そうりょう（さうりやう）　初秋。唐・沈佺期〔蘇員外味道～贈らるるに酬ゆ〕詩　小池、殘暑退き　高樹、早涼歸る

↑早鴉　明け鳥／早晏　早晩／早秧　早苗／早夏　初夏／早寡　若後家／早霞　朝霞／早臥　早寝／早衙　朝礼／早駕　早出／早鰥　若やもお／早恵　早慧／早行　早出／早粳　わせ／早興　早起き／早婚　若い結婚／早作　早起き／早爨　朝食／早日　以前／早秀　早咲き／早秋　初秋／早就　早成／早熟　わせ／早出　早立ち／早晨　早朝／早膳　朝食／早達　早い出世／早旦　早朝／早潮　朝潮／早天　よあけ／早発　早立ち／早眠　早寝／早霧　朝霧／早夜　夙夕

↓及早・歳早・尚早・晩早

常 【争】 6 2750 　入【爭】 8 2050 　ソウ（サウ）　あらそう

篆文

会意 旧字は爭に作り、杖形のものを両端より相援いて争う形。〔説文〕四下に「引くなり」とし、字形を𠬪（両手）と厂とに従うとするが、両手の間にあるものは杖形の棒。爰と相近く、爰は援引の意、争は相争うことをいう。

訓義 ①あらそう、ひく、ひきあう、とりあう、たたかう。②きそう、くらべる、あげつらう。③諍と通じ、いさめる、おさめる。④いかで、いかでか。

古訓 〔名義抄〕爭 アラガフ・イカゾ・ナンゾ・アラソフ・キホフ・イソク　〔字鏡集〕爭 キホフ・ウラフ・ウタフ・アラソフ・ヒク・イソフ・ナンゾ・イカンシテカ・イカデカ・マサシ・イソク・イカゾ・アラガフ・サラニ・イカンゾ・ウルハシ

声系 〔説文〕に爭声として諍・靜（静）・淨（浄）など十一字を収める。靜の従うところは相争う爭と異なり、耒耜（すき）をもつ形で、その耒耜に青飾を加えて清める農耕儀礼を示す字。淨などはその靜と関係のある字と思われる。

【争競】そうきょう（さうきやう）　競争する。漢・張衡〔東京の賦〕是の時七雄竝びに爭競し、相ひ高ぶるに奢麗を以てす。楚は章華を前に築き、趙は叢臺を後に建つ。

【争権】そう（さう）けん　主導権をあらそう。〔漢書、昭帝紀〕初め（上官）桀・（子）安父子、大將軍（霍）光と權を爭ひ、之れを害せんと欲す。～上輒ち怒りて曰く、大將軍は國家の忠臣、先帝の屬する所なり～と。

【争衡】そうこう（さうかう）　優劣をあらそう。〔三国志、呉、孫策伝〕（孫）權を呼び、佩びしむるに印綬を以てし、謂ひて曰く、江東の衆を擧げて、機を兩陳（陣）の閒に決し、天下と衡を爭ふは、卿は我に如かず。賢を擧げ能に任じ、各〻其の心を盡さしめ、以て江東を保んずるは、我は卿に如かずと。

【争心】そう（さう）しん　あらそう心。〔左伝、昭十年〕凡そ血氣有るものは皆爭心有り。故に利は強ふべからず。義を思ふを愈れりと爲す。

【争臣】そう（さう）しん　諫争の臣。〔孝経、諫争章〕昔者、天子に爭臣七人有るときは、無道なりと雖も、天下を失はず。諸侯に爭臣五人有るときは、無道なりと雖も、其の國を失はず。

【争奪】そう（さう）だつ　奪いあらそう。〔礼記、礼運〕信を講じ睦を脩む、之れを人の利と謂ふ。爭奪相ひ殺す、之れを人の患と謂ふ。故に聖人の～爭奪を去る所以は、禮を舍てて何を以てか之れを治めん。

【争利】そう（さう）り　利をあらそう。〔戦国策、秦一〕臣（張儀）聞く、名を爭ふ者は朝に於てし、利を爭ふ者は市に於てすと。今三川・周室は天下の市朝（市場と朝廷）なり。而るに王焉に爭はず、顧つて戎狄を爭はんとす。王業を去ること遠し。

【争論】そう（さう）ろん　論争する。〔戦国策、秦五〕秦王、中期（秦の弁士の名）と爭論して勝たず。秦王大いに怒る。～（或ひと）中期の爲に秦王に說きて曰く、此れ悍人なり。～桀・紂に遇はば、必ず之れを殺せしならんと。秦王、因りて罪せず。

↑争意　あらそう心／争引　諫争する／争贏　勝ちをあらそう／争角　あらそう／争気　負け嫌い／争窺　すきをうかがう／争譏　そしる／争議　争論する／争駆　競争する／争語　争論する／争功　功をあらそう／争光　光を競う／争差　誤り／争執　争論する／争守　攻守／争訟　訴訟／争進　競い進む／争先　順番をあ

らそう／争端　あらそいのはじめ／争馳　競争／争逐　あらそい追う／争長　争先／争闘　闘争／争鬧　口あらそい／争覇　覇をあらそう／争罵　ののしりあう／争譬　先陣あらそい／争赴　競い赴く／争騖　追逐する／争弁　争論／争名　名を競う／争盟　盟主となることをあらそう／争乱　世の乱れ／争戾　もとる／争烈　功をあらそう／争鹿　覇をあらそう

↓諫争・起争・競争・軍争・係争・喧争・交争・好争・抗争・訌争・疾争・政争・先争・戦争・善争・廷争・挺争・党争・闘争・内争・忿争・紛争・分争・兵争・面争・力争・論争

【艸】 6 2244 ソウ(サウ) くさ

篆文 

会意 両屮に従う。〔説文〕一下に「百卉なり。二屮に従ふ」とあり、下文の卉字条一下に「艸の總名なり」とみえる。屮・艸・卉・茻のように、繁簡の字がある。草(艸)は草斗、櫟の実をいう字である。のち草の字を用いる。

訓義 ①くさ。

古訓 〔字鏡集〕艸 クサ・ハジム・イヤシ

部首 〔説文〕艸部に四百四十五字、重文三十一字、〔新附〕十三字を収める。〔玉篇〕に「凡そ一千五十四字」とあり、ほぼ倍加している。〔大漢和辞典〕の所収字は二千をこえている。

語系 艸 tsu は雜(雑) dzəp、叢 dzong と声義近く、艸雜のように連用することがある。

＊語彙は草字条参照。

人【宋】 7 3090 ソウ おる

篆文・甲骨文・金文 

会意 宀＋木。〔説文〕七下に「居るなり。宀に従ひ、木に従ふ。讀みて送の若くす」とするが、その用例はない。字の初形は宀に従うものではなく、卜文・金文の宋と思われる字形は、木の上を覆う形に作っている。〔礼記、郊特牲〕に「喪國の社は之れに屋す」とあり、これを勝社という。宋は亡殷の後であるから、木に屋する字を用いたのであろう。

訓義 ①おる、すまい。②勝社の形、亡国の社には屋する定めであった。③国の名。

古訓 〔名義抄〕宋　ヰル・ヲリ・ユク・キノイラ、〔字鏡集〕宋　キノイラ、・サル・ヲリ・テキ・ヰル・ヒトリ・ユク

【宋襄】 宋襄の仁。〔十八史略、春秋戦国〕宋の襄公、諸侯に霸たらんと欲し、楚と戰ふ。公子目夷、其の未だ陳(陣)せざるに及んで之れを擊たんと請ふ。公曰く、君子は人を阨に困しめずと。遂に楚の敗る所と爲る。世〜以て宋襄の仁と爲す。

【宋人】 亡国の遺民として、愚人の例に用いる。〔孟子、公孫丑上〕宋人に、其の苗の長ぜざるを閔へて、之れを揠く者有り。〜曰く、今日病れたり。予苗を助けて長ぜしむと。其の子趨りて行きて之れを視れば、苗則ち槁れたり。

↑宋槧　宋刊／宋株　守株

【抓】 7 5203 ソウ(サウ) かく つまむ

形声 声符は爪。〔広雅、釈詁二〕に「搔くなり」とあり、爪たてて搔くこと、また爪先でものをつまむことをいう。

訓義 ①かく、つまむ。②つめる、つねる。③かきさく。④いま、捜す意に用いる。

古訓 〔名義抄〕抓　カク・サス・ツメ・ケヅル・カツラ・カラム、〔篇立〕抓　サス・ケヅル・ツメ・ヒネル・カク・ツム・カツラ

↑抓彩　福引き／抓取　択ぶ／抓周　誕生一年目に、玩具で性格を試みること、試児／抓賊　賊を捕らえる／抓破　爪でかき破る／抓縛　抓賊

↓攫抓・虎抓

【皁】 7 2640 ソウ(サウ) くろ しもべ かいばおけ

象形 とち・いちいなど、どんぐり・栗の実の象形。栗はいがの中に実のある形。その実を皁といい、皁斗という。〔釈名、釈采帛〕に「皁は早なり。日未だ出でざる時、早く起きて物を視るに皆黑し。此の色之の如きなり」とするが、早は匙の象形。早夙の意に用いるのは仮借。皁斗の色よりして黒褐色をいい、衣服などにその色を用いる農夫牧豎をいい、また槽櫪の槽と声が通じて、うまやの意となる。〔説文〕一下に「草は草斗、櫟の實なり。一に曰く、象斗なり」(段注本)とあり、皁がその初文。徐鉉等に白に従うとする説があるが、全体が象形で、皁斗の象である。

訓義 ①栗・どんぐりなどの実、皁斗。②くろ、あかぐろ、褐色。③褐色の仕事着をつけるもの、農夫、馬飼い。④槽と音が通じ、かいばおけ、うまや。⑤早と通じ、はやい。

古訓 〔名義抄〕皁　クロシ・ウマフネ、〔字鏡集〕皁　クロシ・クロキイロ・ムマフネ

【皁斗】 どんぐりの類。〔周礼、地官、大司徒〕其の植物は皁物に宜し。〔注〕皁物は柞・栗の屬なり。今世閒に柞の實を謂ひて皁斗と爲す。

【皁白】 黒衣と白衣。また、黒白。〔後漢紀、桓帝紀上〕(李)膺、(鍾)覲に謂ひて曰く、孟軻は以爲へらく、人にして是非の心無きは人に非ざるなりと。弟、是に於て何ぞ太だ皁白無きやと。

【皁隷】 下僕の類。〔左伝、昭七年〕天に十日有り、人に十等有り。下、上に事ふる所以なり。故に王は公を臣とし、公は大夫を臣とし、大夫は士を臣とし、士は皁を臣とし、皁は輿を臣とし、輿は隷を臣とし、隷は僚を臣とし、僚は僕を臣とし、〜以て百事を待つ。

↑皁衣　黒衣／皁役　下僕／皁莢　さいかち／皁裙　うこうのとり／皁絹　黒絹／皁紗　黒の薄絹／皁桟　うまや／皁漆　黒いうるし／皁人　下吏／皁製　黒衣／皁繒　黒絹／皁頭　足軽の頭／皁纛　大軍旗／皁囊　上書を入れる黒い袋／皁班　小役人・捕り手など／皁皮　黒い皮革／皁布　黒い布／皁物　皁斗の類／皁袍　黒い上衣／皁帽　黒い帽子／皁游　黒い吹き流し／皁吏　小吏／皁履　黒くつ／皁領　黒いえり／皁輪　黒い車輪、貴族の車／皁櫪　うまや

↓衣皁・緣皁・驥皁・緇皁・台皁・駑皁・服皁・方皁・輿皁・櫪皁

常【走】 7 4080 ソウ はしる おもむく さる

篆文・金文 

象形 人が手を振って走る形。〔説文〕二上に「趨るなり」と訓し、次条の趨に「走るなり」と互訓。字形を「夭止に従ふ」とするが、全体を象形とみてよい。金文や〔詩、周頌、清廟〕にみえる「奔走」は祭祀用語。趨も儀礼の際の歩きかたをいう。わが国では「わしる」という。出幸の先駆を先馬走という。

訓義 ①はしる、かける。②おもむく、ゆく、むかう。③さる、出る、しりぞく、にげる。④はしり使い。自己の謙称に用いる。

古訓 〔名義抄〕走　ハシル・ユク・オモムク、〔字鏡集〕走　ハス・イタル・サル・ハシル・オモムク・ユク

部首 〔説文〕に八十四字、重文一字、〔玉篇〕に百五十六字を属する。おおむね形声の字である。

語系 走 tzo、足 tziok は声義近く、走が動詞であろう。趨・趣 tsio も同系の語である。

【走舸】(そうか) 早船。〔三国志、呉、周瑜伝〕乃ち蒙衝鬭艦數十艘を取り、實たすに薪草を以てし、膏油もて其の中に灌ぎ、裹むに帷幕を以てす。～又豫め走舸を備へ、各〻大船の後に繫ぐ。

【走狗】(そうく) 猟犬。〔史記、越王句践世家〕范蠡遂に去る。齊より大夫種に書を遺りて曰く、蜚鳥盡きて良弓藏せられ、狡兔死して走狗亨らる。越王は～樂しみを與共にすべからず。子何ぞ去らざると。

【走集】(そうしゅう(しふ)) 要地。宋・李格非〔洛陽名園記の跋〕洛陽は天下の中に處り、殽・黽の阻を挾み、秦・隴の襟喉に當り、趙・魏の走集に當る。蓋し四方必爭の地なり。

➡走謁 拝謁する／走火 失火／走价 走り使い／走海 海を渡る／走戟 戈使い／走犬 走狗／走作 逸脱する／走索 綱渡り／走竄 遁走する／走死 逃亡死／走使 召使い／走謝 参上して謝罪する／走胥 小吏／走書 飛脚／走心 離心／走水 流水／走趨 足早や／走卒 召使い／走肉 役立たず／走避 逃避する／走筆 走り書き／走伏 逃匿する／走文 行文／走報 急報する／走亡 逃走する／走北 逃げる／走奔 逃げる／走免 脱走する／走利 利に走る／走令 伝令／走路 逃げ道

⬇逸走・遠走・快走・潰走・滑走・却走・狂走・競走・驚走・群走・軽走・継走・疾走・縦走・出走・迅走・趨走・脱走・馳走・追走・逃走・独走・遁走・背走・敗走・発走・反走・帆走・飛走・歩走・亡走・暴走・北走・力走

【帚】 8 1722 ソウ(サウ) シュウ(シウ) はく ほうき

篆文

金文

甲骨文

象形 箒の象形。箒はその形声の字。〔説文〕七下に「糞する所以なり」(段注本)とし、「又(手)の巾を持するに從ふ。冂内を埽ふ。古者少康、初めて箕帚・秫酒を作る。少康は杜康なり。長垣に葬る」という起原説話をしるしている。卜文の字は象形。下部の巾は戈の柄端と同じく、石突きの形で、巾に従うものではない。〔玉篇〕にも「糞穢を掃除するなり」という。これを奉じて寝(寑)の初文は甯に作り、帚はもと廟中を清めるもの。廟事につかえるものは婦(婦)。卜辞では帚をそのまま婦の字に用いる。

訓義 1はく、はらう、きよめる。2ほうき、箒は帚の繁文。

古訓 〔名義抄〕帚 ハヽキ

➡帚姑 ほうき卜い／帚星 彗星／帚払 掃う／帚柄 ほうきの柄／帚卜 ほうき卜い

⬇下帚・加帚・箕帚・持帚・掃帚・稷帚・竹帚・提帚・敗帚・敝帚・奉帚・放帚・落帚

【㚇】 9 2224 ソウ すくむ

篆文

象形 上部は凶。凶懼のことがあり、足をすくめる人の形。〔説文〕五下に「足を斂むるなり」とし、「鶺鴒は醜、其の飛ぶこと㚇」と〔爾雅、釈鳥〕の文を引き、鳥の飛ぶさまとする。これと字形の似ている夋は、ム(耜の頭)を擬人化して祀るもので、また畟は田神の像。この例によって考えると、㚇は一種の神像であると考えられる。〔石鼓文、作原石〕の艘は、凶の部分を甶(鬼頭)の形に作る。それが字の初形であるらしく、㚇はおそらく鬼頭の神像で、畏懼すべきものとされたのであろう。

訓義 1すくむ、足をすくめる、そのたたずまい。2総と通じ、あつめる。

古訓 〔字鏡集〕㚇 アツマル・モトモ

声系 〔説文〕に㚇声として稯など七字を収める。㚇声の通義を得がたいが、夋と声近く、峻鋭の意があるようである。

語系 㚇tzong、夋tsiuen は字形近く、夋は耜の頭の神像、㚇は鬼頭の神像、その声にも通ずるところがある。

【奏】 常 9 5043 ソウ かなでる すすめる もうす

篆文

古文

会意 奉の上部＋夭の省文。〔説文〕十下に「奏進するなり。夲に従ひ、廾に従ひ、屮に従ふ。屮は上進の義なり」とし、また夲字条十下に「進み趣くなり」とする。〔詩、商頌、那〕の〔鄭箋〕に「奏鼓とは堂下の樂を奏するなり」とあり、もと奏楽の意。次条の皋字条に「登謌を奏と曰ふ」とあり、歌にも奏という。両手で奉ずる形をとるものは、笙のような吹奏の器であるらしく、もと神に奏するものであった。夭も両手を以て奉ずる形。のち楽歌に限らず、尊貴の人に申すことを奏という。

訓義 1かなでる、神をかなでる、神前にかなでる、神前に歌をすすめる、すすめる。2もうす、神前にもうす、尊貴の人にもうす。3申し文、奏状。4おもむく、むかう、なす。

古訓 〔字鏡〕奏 マウス・ス、ム 〔字鏡集〕奏 マツ・フミ・ス、ム・タテマツル・オクル・マウス・キカシム・ユタカ・ユルス

部首 〔説文〕〔玉篇〕に部首を夲とし、暴・奏・皋などを属する。暴・皋は風雨に暴されて皋白となった獣屍の象。奏は奏楽の字であるから、形義とも関係のない字である。夲は獣屍の下体の象。用例もなく、部首ともしがたい字である。

声系 〔説文〕十一上に奏声として湊を収める。湊は「水上の、人の會する所なり」という。奏に諸楽合奏の意がある。輳は〔説文〕未収の字。車馬の輻輳する所をいう。

語系 奏tzo、湊tsok は声義近く、湊は奏の声義を承ける。聚・冣dzio、叢dzong、族dzok もみな集まり合する意があり、同系の語と考えられる。

【奏案】(そうあん) 意見を奏する。〔後漢書、何敞伝〕敞、又(太尉宋)由に説きて曰く、～惟だ明公のみ獨見の明を運らし、昭然として疑ふ勿し。敞、見る所に勝へず。請ふ、獨り奏案すと。由乃ち許す。

【奏劾】(そうがい) 上奏弾劾する。〔晋書、傅玄伝〕奏劾すること有る毎に、或いは日暮に値ふときは白簡を捧じ、簪帶を整へ、竦踊して寐ねず。

【奏請】(そうせい) 上奏して裁可を請う。〔漢書、彭越伝〕呂后、其の舍人をして、越復た反を謀ることを告げしむ。廷尉、奏請す。遂に越の宗族を夷す。

【奏稟】(そうひん) 上奏。〔宋史、職官志一〕大事奏稟し、旨を得たる者を畫黄と爲し、小事擬進し、旨を得たる者を錄黄と爲す。

【奏聞】(そうぶん(そうもん)) 上奏以聞する。〔後漢書、安帝紀〕(元初二年五月詔)三司の職は、內外を是れ監す。既に奏聞せず、又擧正すること無し。天災至重、欺罔の辠大なり。

➡奏蔭 奏請恩蔭により官職を授けられること／奏可 裁可／奏賀 賀詞を奏上する／奏凱 戦勝を奏上する／奏記 上奏文／奏議 上奏の意見書／奏啓 上奏する／奏闋 楽が終わる／奏讞 訴訟につき上奏する／奏工 成功を報告する／奏功 奏工／奏稿 上奏の草稿／奏裁 上奏して裁決を仰ぐこと／奏参 奏劾／奏事 上奏／奏捷 奏功／奏章 上奏の文／奏摺 上奏の書／奏上 上奏する／奏審 奏讞／奏牋 奏牘／奏薦 特任／奏疏 上疏の文／奏対 奉答する／奏弾 奏劾／奏刀 料理／奏当 判決を上申する／奏牘 上奏の書／奏舞 舞を奏する／奏辟 特任する

↓案奏・劾奏・楽奏・合奏・間奏・議奏・協奏・競奏・金奏・讌奏・交奏・讒奏・執奏・重奏・序奏・章奏・上奏・条奏・進奏・吹奏・趨奏・節奏・疏奏・弾奏・庭奏・伝奏・独奏・内奏・納奏・繁奏・表奏・稟奏・誣奏・敷奏・賦奏・覆奏・聞奏・奉奏・密奏・面奏・連奏

常【相】 9 4690 ソウ(サウ) ショウ(シャウ) みる たすける かたち

篆文 甲骨文 金文
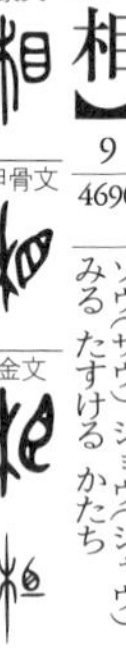

会意 木＋目。〔説文〕四上に「省視するなり」とあって、見ることを本義とする。〔詩、大雅、棫樸〕に「其の相を金玉にす」、〔詩、大雅、桑柔〕に「其の相を考へ愼む」とあって、本質が外にあらわれる意であろう。〔詩〕の発想に、樹木の繁茂するさまを瞻ることが、祝頌の意をもつ魂振り的行爲として歌われており、見ることが対者との呪的な交渉に入る方法とされた。相もそのような古代の呪儀を背景とする字であろう。〔書、召誥〕「惟これ太保(召公奭)、周公に先んじて宅(居るべきところ)を相る」は、相地相宅のことであるが、これも古くは呪儀としての行為であろう。

訓義 ①みる、みさだめる、くわしくみる。②たすける、おさめる、えらぶ。③かたち、すがた、ありさま。④たすけあう、たがいにする、せわする、あいてする。⑤きねうた、かけあいうた。

古訓 〔名義抄〕相 アフ・ニル・ミル・カタチ・タガヒニ・トホシ・ハゲム・トブラフ・イフ・ヲサム・ハカル・タカシ・マサ・スケ・ミチビク・ツチシロ 〔字鏡集〕相 マサ・ヲサム・タカシ・タガヒニ・ミチ・タスク・ハカル・ミル・ニル・アル・ミテ・ツチシロ・ヒク・スケ・マサリガホ・アヒミル・カタチ・マコト・ミチビク・トブラフ・ハゲム・アフ・キク・イフ・コモゴモ

声系 〔説文〕に相声として箱・想・湘・霜の四字を収め、〔新附〕に緗を加える。想は相の声義を承ける字であろう。

語系 相siang、省siengは声義近く、省は視る、相は省視と訓する字である。省の初形は目の上に呪飾を加え、その支配する地を巡省視察する意。視るという呪的行為によって、圧服支配する意を含む字である。相は樹木を視る意で、魂振りとしての意をもつ字であろう。

【相愛】 あい愛する。〔戦国策、斉三〕或ひと～曰く、君の舍人と爲りて、內、夫人と相ひ愛しむは、亦た甚だ不義なり。君其れ之れを殺せと。(孟嘗)君曰く、貌を睹て相ひ悅ぶは人の情なり。其れ之れを錯きて、言ふ勿かれと。

【相軋】 あい争う。〔荘子、庚桑楚〕賢を擧ぐれば則ち民相ひ軋り、知に任ずれば則ち民相ひ盜む。之の數物は、以て民を厚うするに足らず。

【相規】 互いにただす。明・王守仁〔教条、竜場の諸生に示す〕諸生此に相ひ從ふこと甚だ盛んなり。恐らくは能く助くることを爲す無からん。四事を以て相ひ規し、聊か以て諸生の意に答へん。

【相国】 宰相。〔漢書、百官公卿表下〕高帝元年、沛の相蕭何、丞相と爲る。九年、丞相何、遷りて相國と爲る。

【相剋】 五行相生の対。木土水火金の順で、土は水に、水は火に勝つ。〔李衛公問対、中〕兵は詭道なり。故に～之れを文るに術數、相生相剋の義を以てす。其の實、兵の形は水に象る。地に因りて流れを制す。此れ其の旨なり。

【相思】 あい思う。〔世説新語、簡傲〕嵆康、呂安と善し。一たび相ひ思ふ毎に、千里駕を命ず。

【相識】 知人。〔左伝、襄二十九年〕(呉の公子季札)鄭に聘す。子產を見て、舊より相ひ識るが如し。之れに縞帶を與ふ。子產、紵衣を獻ず。

【相宅】 地を相する。〔書、洛誥〕公、敢て天の休を敬せずんばあらず。來りて宅を相る。

【相知】 あい知る。〔楚辞、九歌、少司命〕悲しきは生きながら別離するより悲しきは莫く 樂しきは新たに相ひ知るより樂しきは莫し

【相忘】 彼我一体となる。〔荘子、大宗師〕魚は江湖に相ひ忘れ、人は道術に相ひ忘る。

【相門】 大臣の家筋。〔史記、孟嘗君伝〕文(孟嘗君)聞く、將門に必ず將有り、相門に必ず相有りと。

↑相異 たがいに異なる／相違 たがいにたがう／相因 因襲する／相於 あい親しむ／相悪 あい憎む／相王 王佐／相応 応和／相憶 あい思う／相学 人相の学／相姦 私姦／相看 会う／相嵌 嵌入する／相感 感じあう／相関 関連する／相器 宰相の器／相旧 旧知／相偶 結婚／相君 宰相／相形 人相をみる人／相契 契合する／相見 対面する／相顧 あい顧みる／相互 お互い／相狎 狎れあう／相差 違い／相坐 連坐する／相殺 差し引き／相参 参会する／相視 人相をみる人／相似 似る／相璽 丞相の印／相疾 あい悪む／相者 介ぞえ／相襲 うけ継ぐ／相従 嫁入り／相術 人相をみる法／相仍 うけ継ぐ／相乗 あい加乗する／相親 親近／相人 人相をみる人／相生 木火土金水。木は火を生み、火は土を生む(相剋の対)／相声 声色／相属 後に続く／相続 うけ継ぐ／相存 消息をたずねあう／相対 対立する関係／相度 度りみる／相当 等しい／相馬 馬の相を見る／相婆 宰相の妻／相反 矛盾する／相半 各半／相飯 含玉／相板 笏トい／相府 宰相府／相風 風見鶏／相聞 消息／相片 写真／相墓 墓相を見る／相法 相人の法／相報 報酬／相貌 容貌／相撲 すもう／相面 相人／相優 戯れあう／相与 親しみあう／相羊 逍遥する／相佯 相羊／相儷 並ぶ／相恋 相思／相和 楽府曲の一、民謡の相聞歌が多い

↓亜相・位相・異相・家相・観相・奇相・吉相・形相・卿相・険相・賢相・国相・骨相・宰相・事相・色相・実相・首相・諸相・将相・丞相・真相・瑞相・世相・聖相・占相・宅相・地相・内相・人相・皮相・貧相・傅相・福相・仏相・物相・変相・輔相・方相・無相・名相・面相・様相・良相・林相

常【荘】 9 〔莊〕 11 4421 人〔荘〕 10 4421 ソウ(サウ) ショウ(シャウ) おごそか さかん

篆文 古文 金文

形声 旧字は莊に作り、壯(壮)声。壯に盛大の意がある。〔説文〕一下に「上の諱なり」として、説解を加えていない。後漢の明帝の諱。当時莊姓の人は、その諱を避けて厳と改め、厳助・厳安のようにいった。金文に字を𦽊に作り、ときに祝禱の器である𠙵を加える。〔毛公鼎〕に「唯これ天𦽊いに厥の命を集す」とあり、𦽊は将大の意。また〔虢季子白盤〕に「戎工(軍事)に𦽊武なり」とは、その厳荘なることをいう。宋器の〔趩亥鼎〕に荘公を𦽊公としるしているので𦽊が荘と声近く、おそらくその初文とみてよいであろう。𦽊の従う爿は、將(将)・壯の爿と同じく、殷器の図象から出て、のち將・壯の字となった。〔説文〕古文の字形は艸に従わず、もと厳荘の意の字であろう。

訓義 ①おごそか、うやうやしい、ただしい、つつしむ。②さかんなさま、ととのうさま。③草のおいしげるさま。④むらざと、いなか、別墅、しもやしき。⑤六達のみち。

古訓 〔名義抄〕荘 カザル・ヨソホヒ・チマタ 〔字鏡集〕荘 ウツクシヒ・ホシキマ丶・チマタ

語系 荘・壯・裝(装) tzhiang は同声。おごそかに飾り、壮大を致すことを裝という。

【荘敬】そう(さう)けい おごそかでうやうやしい。〔礼記、楽記〕禮を致し、以て躬を治むるときは則ち莊敬なり。莊敬なれば則ち嚴威なり。

【荘潔】そう(さう)けつ おごそかで清らか。〔魏書、酷吏、高遵伝〕文史に涉歷し、頗ぶる筆札有り。～形貌莊潔、音氣雄暢、常つて太祝令を兼ぬ。～俯仰の節を爲すに、粗ぼ儀矩に合ふ。

【荘飾】そう(さう)しょく 飾りたてる。〔南史、后妃上、宋潘淑妃伝〕帝好んで羊車に乘り、諸房を經ふ。淑妃毎に莊飾し、帷を褰げて以て候ち、幷せて密かに左右をして、鹹水を以て地に灑がしむ。帝、戶に至る每に、羊輒ち地を甜めて去らず。～此に於て、愛、後宮を傾く。

【荘缶】そう(さう)ふ 荘子の妻が死んだとき、荘子は缶を鼓って歌ったという故事。晉・潘岳〔悼亡詩、三首、一〕寢息、何れの時にか忘れん 沈憂、日に盈積す 庶幾はくは、時に衰ふる有らんことを 莊缶、猶ほ擊つべし

↑荘園 別荘/荘稼 農作物/荘課 小作料/荘毅 気高端厳/荘客 小作人/荘戸 小作人/荘厳 端正な人/荘士 端正な人/荘粛 端厳/荘静 もの静か/荘地 荘田/荘重 重々しい/荘佃 荘客/荘奴 小作人/荘賓 小作人/荘民 村民/荘吏 小作頭/荘栗 おごそか/荘麗 雄麗

↓威荘・官荘・義荘・旧荘・漁荘・厳荘・康荘・山荘・色荘・粛荘・誠荘・村荘・端荘・別荘・旅荘・老荘

常 【草】 9 4440 〔草〕 10 4440 〔艸〕 6 2244

ソウ(サウ)
くさ あらい いやしい

篆文  石鼓文 

形声 声符は早。〔説文〕一下に「草斗、櫟の實なり」とし、また「一に曰く、斗の子に象る」とする。櫟の実で染めて黒色となるを皁といい、その字と解するものであろう。草は艸の俗字。また草味・草稿・草書・草次などの意に用いる。

訓義 1くさ、くさむら、くさはら。2あれくさ、あらい、そまつ、いやしい。3創と通じ、はじめ、はじめる。4つくる、したがき、はしりがき。5皁と通じ、とちのみ、どんぐり。

古訓 〔和名抄〕草 久佐(くさ) 〔名義抄〕草 クサ・ハヤシ・ハヤク・ハジム・ハジメ・マレナリ

語系 草 tsu、早 tzu は声近く、また懆 tsô、夙 suk、悤 tsong もその系統の語。創 tshiang と通じ、創始・草創の意に用いる。

【草鞋】そう(さう)あい わらじ。草鞋銭は餞別。宋・范成大〔催租行〕詩 牀頭の慳嚢(へそくり袋)、大なること拳の如し 撲破すれば、正に三百錢有り 堪へず、君と一醉を成すに 聊か復た君の草鞋の費を償せしむ

【草庵】そう(さう)あん 草ぶきのいおり。唐・寒山〔寒山詩、一二三〕鳥語、情堪へず 其の時草庵に臥す 櫻桃は紅きこと爍爍 楊柳は正に毿毿たり

【草衣】そう(さう)い 粗衣。貧士。また隠者。〔世説新語、政事注に引く王隠の晋書〕(鄭沖)淸虛寡欲、喜んで經史を論ず。草衣縕袍、以て憂ひと爲さず。

【草屋】そうおく(さうをく) わらや。〔三国志、魏、東夷伝、韓〕居處、草屋土室を作る。形、冢の如し。其の戶は上に在り。家を擧げて共に中に在り。

【草芥】そう(さう)かい くさと、あくた。ごみくず。晉・夏侯湛〔東方朔画賛の序〕出づるも休顯(立派)とせず、賤なるも憂戚せず。萬乘(国王)に戲るること寮友の若く、儔列(同列)を視ること草芥の如し。

【草間】そう(さう)かん 草の中。魏・王粲〔七哀詩、三首、一〕出門、見る所無し 白骨、平原を蔽ふ 路に飢ゑたる婦人有り 子を抱きて草間に棄つ 顧みて號泣の聲を聞くも 涕を揮つて獨り還らず

【草径】そう(さう)けい 草の茂るこみち。唐・杜甫〔復た愁ふ、十二首、四〕詩 身は覺ゆ、省郎とし在るを 家は須まつ、農事に歸るを 年深くして、草徑荒るるならん 老いて柴扉を失はんことを恐る

【草行】そうこう(さうかう) 草原をゆく。〔晋書、謝玄伝〕餘衆、甲を棄てて宵に遁ぐ。風聲鶴唳を聞くも、皆以て王師已に至ると爲し、草行露宿、重ぬるに飢凍を以てし、死する者十のうち七八なり。

【草藁】そうこう(さうかう) 下がき。原稿。〔史記、屈原伝〕懷王、屈原をして憲令を造爲せしむ。屈平、草藁を屬り未だ定めず。上官大夫、見て之れを奪はんと欲す。

【草書】そう(さう)しょ 書法の一。くずしがき。漢・趙壹〔非草書〕夫れ草書の興るは、其れ近古に于けるか。～蓋し秦の末、刑峻網密、官書煩冗、戰攻竝び作る。軍書交ゝ馳せ、羽檄分飛す。故に隷草を爲る。急速に趣けるのみ。

【草聖】そう(さう)せい 草書の名手。唐・杜甫〔飲中八仙歌〕詩 張旭三杯、草聖傳ふ 帽を脱し頂を露はす、王公の前 毫を揮ひて紙に落せば、雲煙の如し

【草窃】そう(さう)せつ 小盜。〔書、微子〕殷は小大、草竊姦宄を好まざる罔し。～今、殷は其れ淪喪せん。

【草蔬】そう(さう)そ 野菜。〔後漢書、郭太伝〕(茅)容、雞を殺して饌を爲る。(郭)林宗謂へらく、己の爲に設くと。既にして以て其の母に供し、自らは草蔬を以て客と同飯す。林宗起ちて之れを拜す。

【草草】そうそう(さうさう) あわてる。唐・白居易〔初めて官を貶せられて、望秦嶺を過ぎる〕詩 草草に家を辭して後事を憂ひ 遲遲として國を去つて前途を問ふ

【草創】そうそう(さうさう) はじめる。また、その草稿。漢・司馬遷〔任少卿(安)に報ずる書〕亦た以て天人の際を究め、古今の變を通じ、一家の言を成さんと欲す。草創未だ就らざるに、會たま此の禍ひに遭ふ。

【草沢】そう(さう)たく 草原や沼地。〔戦国策、秦四〕韓・魏の父子兄弟、～秦に死する者と百世なり。本國殘なはれ、社稷(土地の神と穀物の神)壞たれ、宗廟隳られ、～骨を草澤に暴らし、頭顱僵仆し、境に相ひ望む。

【草堂】そうどう(さうだう) 草廬。〔老学庵筆記、一〕杜少陵(甫)成都に在りて兩草堂有り。一は萬里橋の西に在り。一は浣花に在り。皆、詩中に見ゆ。

【草鄙】そう(さう)ひ いなか。〔戦国策、趙三〕鄭同、北のかた趙王に見ゆ。趙王曰く、子は南方の博士なり。何を以てか之れに教へんとすると。鄭同曰く、臣は南方草鄙の人なり、何ぞ問ふに足らん。

【草茅】そうぼう(さうばう) いなか。在野。宋・李覯〔袁州学記〕俗化の厚き、靈・獻(後漢末の王)に延び、草茅の危言(正言)する者、首を折らるるも悔いず、功烈主を震はす者も、命を聞きて兵を釋く。

【草昧】そう(さう)まい 世のはじめ。〔易、屯、彖伝〕天造草昧、宜しく侯を建つべきも、寧からず。

【草莽】そうもう(さうまう) 草むら。いなか。〔左伝、昭十二年〕昔我が先王熊繹、荊山に辟在し、篳路(竹編みの車)藍縷(ぼろの衣)、以て草莽に處る。山林を跋涉して、以て天子に事ふ。

【草木】そう(さう)もく 草や木。数ならぬもの。〔唐書、高倹竇威伝

賛〕高・竇は外戚姻家に緣よると雖も、然れども自ら才猷を以て天子に結び、～諸これを事業に見あはせり。古來賢豪、興運に遭はず、～草木と倶に腐ちたる者、咤ふに勝ふべけんや。

【草履】わらぐつ。〔唐書、五行志一〕文宗の時、呉・越の間、高頭草履を織る。纖きこと綾縠の如く、前代に無き所なり。履は下物なり。～蓋し陰斜闒茸、泰侈の象なり。

【草隷】草書と隷書。晉・潘岳〔楊荊州(肇)の誄〕多才豐藝にして、強記洽聞なり。～草隷兼ねて善くし、尺牘は必ず珍とせらる。

【草廬】草庵。茅屋。蜀・諸葛亮〔出師の表〕先帝、臣の卑鄙なるを以てせず、猥りに自ら枉屈して、三たび臣を草廬の中に顧み、臣に諮るに當世の事を以てせり。

↑草薉 草穢/草穢 雑草/草案 草稿/草意 草書の法/草纓 罪人の凶冠に用いるもの/草架 建物の設計/草臥 ねござ/草荄 草の根/草屩 草履/草蹻 草屩/草棘 荒野/草駒 仔馬/草屨 わらぐつ/草屐 わらぐつ/草袴 短袴/草寇 小盗/草索 草のなわ/草市 野市/草次 いそぎのとき、造次/草舎 わらや/草酌 小宴/草宿 野宿/草蹙 あわてる/草詔 草制/草裳 粗衣/草擾 乱れる/草食 粗食/草蓐 草のしとね/草褥 草蓐/草制 詔書の草案/草席 ござ/草苫 とま/草船 厄払いとして流す舟/草楚 茂み/草蘇 煎じ薬/草叢 やぶ/草賊 小盗/草卒 にわか/草率 草卒/草地 草原/草亭 草屋/草店 わらや/草斗 とちの実/草馬 牝馬/草茇 わらや/草靡 なびく/草服 草衣草冠/草法 草書の法/草房 わらや/草本 下書き/草野 いなか/草萊 荒れ草の生いしげる地/草濫 はじめ/草立 創立/草略 粗略/草笠 草の笠/草料 まぐさ/草寮 わらや/草露 草上の露/草驢 牝驢

↓穢草・煙草・嘉草・海草・艾草・甘草・寒草・起草・菫草・勁草・結草・萱草・諼草・枯草・香草・採草・細草・雑草・山草・芝草・詩草・秋草・宿草・春草・除草・章草・水草・寸草・生草・青草・奏草・汀草・毒草・嫩草・披草・百草・腐草・芳草・豊草・牧草・本草・蔓草・茂草・野草・薬草・緑草・霊草・露草

常 【送】 9 3830 〖迗〗 10 3830 ソウ おくる

篆文

籀文

金文

形声 声符は关。关は両手でものを奉じて献ずる形。〔説文〕二下に「遣るなり」と訓する。金文の〔毛公鼎〕に「女に兹の关を易ふ」とあって、关は迗の初文。佚字条八上に「送るなり。～呂不韋曰く、有侁氏、伊尹を以て女に佚す」とあって、媵の意に用いる。关を〔玉篇〕に火種を奉ずる意とするが、盤(舟)にいれて贈るものを朕といい、媵・賸は女・貝を以て贈ることをいう。朕はもと朕の形に作り、盤中のものを奉ずる意である。

訓義 ①おくる、おくりものをおくる、ささげる、たまう、いたす。②みおくる、おくりだす。

古訓 〔名義抄〕迗 オクル 〔字鏡集〕迗 オクル・ヤル

語系 迗song、佚jiengは声近く、佚は賸jiengと同声。〔説文〕八下に「朕は我なり。闕」とし、その字形を説かないが、媵・賸の字形によって、盤を以て贈る意の字であることが知られる。

【送疫】えやみ送り。〔後漢書、礼儀志中〕臘に先だつこと一日、大儺す。之れを逐疫と謂ふ。～百二十人を侲子と爲し、皆赤幘皁製、大鼗(ふり太鼓)を執る。～方相と十二獸とを作りて儛ひ、～炬火を持ち、疫を迗りて端門を出づ。

【送往】死者を送り弔う。〔礼記、祭義〕樂は以て來を迎へ、哀は以て往を迗る。

【送還】送りかえす。〔後漢書、党錮、李膺伝〕羌虜～數出で、～百姓屢其の害を被る。膺の、邊に到りしより、皆風を望んで懾服し、先に掠する所の男女、悉く塞下に迗還せり。

【送窮】貧乏神を送り出す。〔天中記〕池陽の風俗、正月二十九日を以て窮九と爲し、屋室の塵穢を掃除し、之れを水中に投ず。之れを迗窮と謂ふ。

【送迎】送り迎え。唐・章孝標〔長安秋夜〕詩 池塘、煙未だ起らず 桑柘、雨初めて晴る 歲晚、香醪(香りのよい酒)熟す 村村、自ら迗迎す

【送行】旅する者を見送る。唐・杜甫〔新安の吏〕詩 況んや乃ち王師の順なるをや 撫養、甚だ分明なり 行を迗るも、泣血すること勿れ 僕射(郭子儀、時に左僕射)、父兄の如し

【送死】父母の死を送る。〔礼記、礼運〕後聖作る有り。～其の麻絲を治め、以て布帛を爲る。以て生を養ひ死を送り、以て鬼神・上帝に事ふ。皆其の朔めに從ふなり。

【送葬】のべのおくり。〔礼記、曲礼上〕喪を迗るには徑に由らず。葬を迗るには塗潦(どろ道と水たまり)を辟けず。

【送老】晩年を送る。唐・杜甫〔秦州雑詩、二十首、十四〕萬古、仇池の穴 潛かに小有天に通ず ～何れの時にか、一茅屋 老を迗らん、白雲の邊り

↑送意 見送る心/送宴 送別の宴/送眼 目送する/送鬼 鬼を祓う/送逆 送迎/送繳 納入する/送敬 お礼/送訣 お別れ/送遣 遣る/送語 伝語する/送歳 送年/送終 送死/送春 春を送る/送声 はやしの詞/送誠 帰順する/送喪 会葬する/送竈 竈祭/送任 人質の子/送年 年越し/送梅 五月雨/送殯 会葬する/送聘 結納を送る/送別 見送りする/送亡 送喪/送末 結尾/送命 送死/送目 目送/送吏 送迎の役/送離 送別/送礼 進物/送路 送別/送臘 年越し

↓移送・運送・遠送・押送・回送・歓送・還送・饋送・急送・遣送・護送・厚送・後送・郊送・資送・随送・餞送・祖送・葬送・装送・漕送・贈送・託送・馳送・追送・逓送・転送・伝送・拝送・配送・発送・搬送・赴送・返送・奉送・目送・輸送・郵送・陸送

常 【倉】 10 8060 ソウ(サウ) くら

篆文

甲骨文

金文

象形 穀物などをおさめる廩倉の形。〔説文〕五下に「穀の藏なり。倉黃として取りて之れを藏む。故に之れを倉と謂ふ」とあり、倉黃・倉卒の意を以て解するが、倉は藏(蔵)とその声が近い。また字形について「食の省に從ふ。口は倉の形に象る」とするが、食(食)は𣪘(食器)の形に従うもので、倉とは関係がない。また、いま字を入部に属するが、理由のないことである。字は器上に梱包した穀物をおき、これを覆蓋する形。のち高床の建物となった。〔説文〕に藏字未収。〔周礼、考工記、匠人、注〕に「囷は圜倉なり」とあり、倉を方形の穀倉と解するものであろう。

訓義 ①くら、穀物を入れるくら。②蔵と通じ、おさめる。③ひとや。④倉黃・倉卒は、にわか、あわてる。

古訓 〔和名抄〕倉 久良(くら)/校倉 阿世久良(あぜくら) 〔名義抄〕倉 クラ・ホロブ・モロシ/秀倉 ホクラ

声系 〔説文〕に倉声として瑲・蒼(蒼)・蹌・愴・滄・凔・鎗など

十字を録する。瑲・鎗は金玉の声で擬声語。蒼・愴・滄・滄などは色など感覚的なものを示す字であるが、金玉の声とも無関係でない。

語系 倉tsang、藏・臟（臓）dzangは声義通じ、五臟は古くは五倉・五藏とするした。倉は清澄の感をもつ語で、靑（青）もその意に近く、また、倉声の蒼tsang、愴tshiang、瑲tshiang、滄tshiangは、靑声の靑tsyeng、菁tzieng、精（精）dziengと対応するような関係にある。ゆえに蒼・青はその義近く、もと同じ語系であろう。

【倉頡】そう（さう）けつ 黄帝の臣の名。文字の制作者であるという。蒼頡。漢・許慎〔説文解字叙〕黄帝の史倉頡、鳥獣蹏迒（蹄や爪あと）の迹を見、分理の相ひ別異すべきを知り、初めて書契を造る。

【倉庫】そう（さう）こ くら。米ぐら。〔国語、晋語九〕晉陽の圍に～（趙）襄子出でて曰く、吾れ何くに走らんかと。從者曰く、～邯鄲の倉庫、實ちたりと。襄子曰く、民の膏澤を浚ひて、以て之れを實たし、又因りて之れを殺さんとす。其れ誰か我に與せん～と。

【倉皇】そうこう（さうくわう） あわてふためく。南唐・李煜〔破陣子〕詞 最も是れ倉皇として廟を辭するの日 教坊猶ほ別離の歌を奏し 淚を垂れて宮娥に對ふ

【倉粟】そう（さう）ぞく くらの食糧。〔史記、貨殖伝〕秦の敗るるや、豪傑皆爭ひて金玉を取る。而して任氏獨り倉粟を窖にす。～民、耕種することを得ず。米石、萬に至る。而して豪傑の金玉、盡く任氏に歸す。任氏此れを以て富を起せり。

【倉卒】そう（さう）そつ にわかに。急遽。漢・李陵〔蘇武に答ふる書〕嗟乎、子卿（蘇武）よ。人の相ひ知るは、相ひに心を知るを貴ぶ。前書倉卒として、未だ懷ふ所を盡さず。故に復た略ぼ之れを言はん。

【倉頭】そう（さう）とう 蒼い頭巾の者。召使い。〔漢書、蕭望之伝〕（王）仲翁、出入するごとに倉頭・廬兒（官府の賤役）を從へ、車を下り門に趨むひ、傳呼すること甚だ寵あり。

【倉廩】そう（さう）りん 穀物ぐら。〔管子、牧民〕倉廩實ちて則ち禮節を知り、衣食足りて則ち榮辱を知る。

↑倉海 滄海／倉官 倉庫係／倉急 大急ぎ／倉怳 失意のさま／倉困 米倉／倉庚 黄鶯／倉黄 倉皇／倉惶 倉皇／倉斛 官の桝／倉穀 倉の穀／倉史 倉頡／倉胥 倉役人／倉書 倉庫係／倉猝 倉卒／倉儲 備蓄／倉蠹 悪い番人／倉奴 俗人／倉府 くら／倉米 くら米／倉簿 出入簿／倉忙 多忙／倉茫 ひろびろとして果てがない／倉庾 米倉／倉吏 倉役人

↓営倉・開倉・官倉・義倉・困倉・禁倉・京倉・空倉・軍倉・穀倉・社倉・書倉・神倉・積倉・船倉・儲倉・土倉・頭倉・農倉・米倉

【叟】 10 7740 ［叜］ 9 3040 ソウ（サウ） シュウ（シウ） としより

篆文 籀文 甲骨文

会意 正字は叜に作り、宀＋火＋又（又）。宀は廟屋。又は手。廟中に火を秉る形。それは家の長老の職とするところであるから、また長老の意となる。〔説文〕三下に「老なり。又に從ひ、灾に從ふ。闕」とする。叜を灾（災）・又に分かっては、字の形義をえがたいはずである。祭祀は神秘のことであるから、夜を徹して行われ、そのとき火を持つ者が、祭儀の進行を司った。日常の居室では、童子が燭を秉ったことは、〔礼記、檀弓上〕〔管子、弟子職〕などにみえている。

訓義 1としより、おきな、長老。2老人の敬称。3叟叟は、米をとぐ音。4漢代の蜀の名、叟の音でよんだ。

古訓 〔和名抄〕叟 於岐奈（おきな）〔名義抄〕叟・叜 オキナ〔字鏡集〕叟 ヲイタリ・オキナ／叜 オキナ

声系 〔説文〕に叟声として痩（瘦）・捜（搜）・嫂など九字を収める。廋は〔説文〕未収の字であるが、〔論語、為政〕に「人焉んぞ廋さんや」という。捜はさがす、廋はかくす、対待の語である。叟はもと叜に作り、火を秉ってものを捜す意がある。

語系 叟・傁・嫂suは同声。叟は長老・年長者、傁はその繁文、嫂は兄の妻。家にあって家廟を守るものは嫂であった。

【叟叟】そうそう（さうさう） 米をとぐ音。〔詩、大雅、生民〕之れを釋ぐこと叟叟たり 之れを烝すこと浮浮たり

↑叟倫 いなか爺／叟兵 蜀の兵

↓迂叟・漁叟・愚叟・瞽叟・山叟・耆叟・樵叟・傖叟・智叟・釣叟・田叟・白叟・北叟・漫叟・野叟・路叟・老叟

【奘】 10 2443 ソウ（サウ） ショウ（シャウ） おおきい さかん

篆文

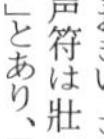

形声 声符は壯（壮）。〔説文〕十下に「駔、大なり」とあり、〔唐写本〕に「大駔」、〔爾雅、釈言〕に「駔なり」、〔玉篇〕に「大なり、盛んなり」と訓する。駔は〔説文〕十上に「壯馬なり」（段注本）という。〔方言、一〕に、秦・晋（陝西・山西）の間では、人の大なるものを奘、また壮とよぶという。大駔といえば、大親分というほどの意である。

訓義 1おおきい。2さかん、すこやか。

古訓 〔名義抄〕奘 カザル・ヨソフ〔字鏡集〕奘 カザル・ヨソフ・オヽイカナリ・サカリナリ

語系 奘dzang、壯tzhiangは同声。人の壯健なるものを奘という。殷金文にみえる図象によく似た字形である。また奘dzangは同声で、犬をいう。

↑奘細 巨細／奘腰 大腰

常 【挿】 10 ［插］ 12 5207 ソウ（サフ） さす さしはさむ はさむ

篆文

形声 旧字は插に作り、臿声。臿はすき。土中にものを植えこむことをいう。〔説文〕十二上に「刺して内るるなり」（段注本）とみえる。田植えを挿秧、花の髪飾りを挿花という。

訓義 1さす、さしこむ、さしはさむ。2すき。3荷い棒。4とる、になう。

古訓 〔名義抄〕插 サシハサム〔字鏡集〕插 サシイル・サシハサム・カザシ・スキ・カナヘリ

語系 插・臿（鍤）tsheapは同声。臿は鍬。手鍬で種などをうえこむことをいう。

【挿秧】そうおう（さふあう） 稲の苗をうえる。〔五雑組、地部一〕齊・晉・燕・秦の地、水去の處有らば、皆水田を作すべし。～水田は地を犂きて浸種するより、插秧し、草を薅り、～夏より秋に訖るまで、一息も暇逸を得ること無し。其の收穫も亦た倍す。

【挿花】そうか（さふくわ） 髪に花を插す。宋・辛棄疾〔定風波、暮春漫興〕詞 少かき日の春懷は、酒の濃かなるに似たり 花を插きし、馬を走らせ、千鍾に酔ふ

【挿架】そうか（さふか） 棚におく。蔵書。〔還魂記、延師〕我年將に半ばならんとす。性、書を喜み、牙籤（書帙）の架（書架）に插すもの、三萬餘なり。

【挿釵】そうさ（さふさ） かんざしをさす。〔夢粱録、二十、嫁娶〕如し新人、意に中る時は、即ち金釵を以て冠髻の中に插すを、名づけて插釵と曰ふ。若し意の如くならざれば、則ち綵緞二匹を送る。之れを壓驚（慰安）と謂ふ。

【挿萸】そうゆ（さふゆ） ぐみをつける。唐・王維〔九月九日、山東の兄弟を憶ふ〕詩 獨り異鄕に在りて異客と爲る 佳節に逢ふ每に倍ます親を思ふ 遙かに知る、兄弟高きに登る處 遍く茱萸を插はさんで、一人を少くならん

↑挿羽 羽飾り／挿画 さし絵／挿口 さし出口／挿刺

荷い棒／挿枝 さし木／挿嘴 挿口／挿蒔 うえる／挿手 参加する／挿箭 挿口／挿柳 寒食の俗／挿話 エピソード

↓秧挿・架挿・釵挿・斜挿・笑挿・争挿・摘挿・乱挿

常【搜】10 5704【搜】13 5704 入［搜］12［捜］12 5304 ソウ（サウ） シュウ（シウ） さがす

篆文

形声 正字は捜に作り、叟そう声。叟は廟中に火燭を執る形。廟祭のとき火を執るものは氏族の長老たる人で、その人を叟という。また暗中にものを探すときに火燭を執るので、捜索の意となる。〔説文〕十二上に「衆おほき意なり」とする。〔詩、魯頌、泮水〕「束矢其れ捜おほし」の例があるが、おそらく聚・蒐（蒐）しゅうの声の義であろう。また「一に曰く、求むるなり」とあり、捜求が字の本義である。

訓義 ①さがす、もとめる、たずねる。②えらぶ、しらべる、かぞえる。③そなわる、おおい。

古訓 〔名義抄〕捜・捜 サグル・アサル・アナグル・トル・モトム 〔字鏡集〕捜・捜 サグル・エラブ・モトム・アナグル・ヒラク・アツマル・カス・アサル・トル・ナブル

語系 捜shiu、叟（叜）suは声義近く、索sheakは索縄の字であるが、索を捜索のために用いることもあったのであろう。蒐shiu、聚dzioはあつめる。〔説文〕に捜を「衆おほき意なり」と訓するのは、その義である。

【捜求】そうきゅう（さうきう） 探し求める。〔後漢書、王充伝注に引く抱朴子〕時人、蔡邕の異書を得たるかを嫌うたがひ、～其の帳中の隱處を捜求し、果して論衡を得、數卷を抱き持ち去る。邕、之れに丁寧にして曰く、唯だ我爾なんと之れを共にせん。廣むる勿かれと。

【捜句】そう（さう）く 詩句を求める。唐・李中〔青渓の米処士の幽居に宿す〕詩 寄宿す、溪光の裏 夜は涼し、高士の家～靜慮同もとに句を捜し 神しん（こころ）を清すませ旋かへつて茶を煮る

【捜検】そう（さう）けん さがしとりしらべる。〔明史、選挙志二〕監門を巡綽じゅんしゃくし、懷挾くわいけふ（カンニング用のものをかくしもつ）を捜檢す。倶に定員有り。各ゝ其の事を執る。

【捜索】そう（さう）さく さがしもとめる。〔漢書、西域下、渠犂伝〕（武帝の詔）且つ匈奴、漢の降る者を得ば、常に提掖ていえきし捜索して、問ふに聞く所を以てす。

【捜集】そうしゅう（さうしふ） さがし集める。〔南史、梁宗室下、安成康王秀伝〕秀、意を學術に精くはしくし、經記を捜集す。學士平原の劉孝標を招き、類苑を撰えらしむ。書未だ畢をはるに及ばざるに、已すでに世に行はる。

【捜剔】そう（さう）てき 掃はらい除く。唐・柳宗元〔零陵三亭記〕零陵縣の東に山麓有り。泉、石中に出づ。～乃ち牆藩を發ひらき、群畜を驅り、沮洳そじょ（ぬかるみ）を決疏し、山麓を捜剔す。萬石林の如く、積坳せきあう池を爲す。～清風自おのづから生じ、翠煙自ら留まる。

【捜訪】そうほう（さうはう） たずねさがす。〔晋書、山濤伝〕冀州、俗薄く、相ひ推轂すいこくする無し。濤、隱屈を甄抜けんばつし、賢才を捜訪し、旌命せいめいすること三十餘人、皆名を當時に顯はせり。

【捜羅】そう（さう）ら さがして網羅する。〔書旧続聞、三〕本朝、五季の後を承け、復また字書の稱かなふべきもの無し。太宗皇帝に至りて、始めて法書を捜羅し、備つぶさに蒐ことごとく求訪す。

↑捜括 さがす／捜景 探勝／捜抉 あばく／捜聚 捜集する／捜輯 捜集する／捜身 身柄の検査／捜尋 さがす／捜剿 根絶する／捜捉 とらえる／捜探 さがす／捜摘 拾い出す／捜討 捜訪／捜爬 ひき出す／捜捕 とらえる／捜掠 掠取する／捜牢 掠取する

↓解捜・究捜・窮捜・周捜・精捜・千捜・博捜・旁捜・冥捜・幽捜

常【桑】10 7790 ソウ（サウ） くわ

篆文

象形 桑の葉の茂る形。その全体象形の字。〔説文〕六下に「蠶かひこの葉を食らふ所の木なり。叒じゃく木に從ふ」という。叒は〔説文〕六下に「榑桑ふさう叒木なり」とあり、字はまた若（若）木に作る。日が東方のこの木より昇るとされる神木であるが、桑とは関係がない。ただ若の卜文の字形は巫が手をかざして舞う形で、いくらか似たところがある。養蚕のことはすでに殷代に行われ、卜辞には蚕示さんじ（蚕の神）を祀ることがみえる。また大きな桑の葉の上に、蚕の繭まゆ作りの形をしるしたものもある。古く桑林は歌垣の場所でもあり、のち採桑女を主題とする文学が生まれた。

訓義 ①くわ、くわの木。②くわつむ、くわとる。

古訓 〔新撰字鏡〕桑 久波乃木（くはのき）〔和名抄〕桑 久波（くは）〔名義抄〕桑 クハフ（ノ）キ 〔字鏡集〕桑 クハ・クハノキ

【桑海】そう（さう）かい 滄海が変じて桑田となる。滄桑の変。〔太平広記、六十に引く神仙伝、麻姑〕麻姑まこ自ら說きて云ふ、接侍してより以來、已に東海三たび桑田と爲るを見たり～と。

【桑間】そう（さう）かん 衛の濮水のほとり。その楽を桑間濮上の音という。〔礼記、楽記〕桑間濮上ぼくじやうの音は、亡國の音なり。其の政は散じ、其の民は流る。

【桑戸】そう（さう）こ 桑の木の枝を扉とする家。貧家。〔戦国策、秦一〕且つ夫それ蘇秦は、特ただ窮巷掘門、桑戸棬樞けんすう（木の枝をまげて戸樞とする）の士なるのみ。伏軾ふくしょく撙銜そんかんして、天下に横歴す。

【桑弧】そう（さう）こ 桑の木の弓。〔礼記、内則〕國君の世子生まるるときは、君に告げ、～宿齊し、朝服し～射人、桑弧・蓬矢六を以て、天地四方を射る。

【桑梓】そう（さう）し 桑と梓あずさ。家の敷地にうえるので、故郷の意にも用いる。魏・陳琳〔袁紹の為に予州に檄す〕梁の孝王は先帝（献帝）の母昆（同母弟）にして、墳陵尊顯なり。桑梓松柏も猶ほ宜しく肅恭すべし。而るに（曹操）～親しく臨みて發掘す。

【桑竹】そう（さう）ちく 桑と竹。晋・陶潜〔桃花源記〕復また行くこと數十歩、豁然くわつぜんとして開朗、土地平曠にして屋舍儼然たり。良田美池、桑竹の屬有り。

【桑中】そう（さう）ちゅう 〔詩、鄘風〕の篇名。淫靡の俗を歌うとされる。〔桑中、序〕桑中は奔はしるることを刺そしるなり。衞の公室淫亂にして、男女相ひ奔り、～政散じ、民流れて止とどむべからず。

【桑田】そう（さう）でん 桑畑。唐・盧照鄰〔長安古意〕詩 節物風光、相ひ待たず 桑田碧海（桑海、滄桑の変）、須臾しゅゆにして改まる

【桑麻】そう（さう）ま 桑と麻。また、蚕織。晋・陶潜〔園田の居に帰る、五首、二〕詩 時に復また墟曲の中 草を披ひらいて共に來往す 相ひ見て、雜言無し 但ただ道いふ、桑麻長ぜりと 桑麻日に已に長じ 我が土日に已に廣し

【桑門】そう（さう）もん 僧。〔魏書、釈老志〕諸ゝの其の道に服する者、則ち鬚髮を剃落し、～律度に遵したがひ、相ひ與ともに和居し、治心修淨、行乞して以て自ら給す。之れを沙門と謂ひ、或いは桑門と曰ふ。亦た聲相ひ近し。總べて之れを僧と謂ふ。皆胡言なり。

【桑楡】そう（さう）ゆ 桑と、にれ。日の沈む所の木。夕方。晩年。唐・王勃〔滕王閣の序〕北海賒はるかなりと雖も、扶搖ふえうして接すべし。東隅（日出の所）已すでに逝けども、桑楡（日の入る所）晩おそきに非ず。

【桑林】そう（さう）りん 殷の湯王が旱ひでりのとき祈ったところ。また、その楽。〔墨子、明鬼下〕燕の祖有るは、齊の社稷しゃしょく有り、宋の桑林有り、楚の雲夢うんぼう有るが當ごときなり。此れ男女の屬あつまりて觀る所なり。

↑桑域 故国／桑陰 しばらくの間／桑園 桑畑／桑秧

桑の苗木／桑眼 桑葉の芽／桑弓 桑弧／桑公 桑の仙人／桑穀 妖祥／桑柴 桑の薪／桑蚕 養蚕／桑主 桑の位牌／桑薪 桑柴／桑葚 桑の実／桑枢 桑戸／桑疇 桑畑／桑年 桑の字を分解して卉・木とし、四十八歳とする／桑婦 採桑女／桑封 桑の木で作った位牌／桑濮 桑間濮上／桑野 桑原／桑落 晩秋

↓宜桑・給桑・窮桑・空桑・枯桑・公桑・耕桑・穀桑・采桑・柴桑・山桑・蚕桑・梓桑・種桑・秋桑・柔桑・春桑・女桑・神桑・親桑・田桑・農桑・扶桑・苞桑・老桑

【牂】 10 2825 ソウ(サウ) めひつじ あやしい

篆文 

形声 声符は爿。〔説文〕四上に「牝羊なり」（段注本）とあり、〔爾雅、釈畜〕に「羊、牡は羒、牝は牂なり」、また〔広雅、釈嘼〕に「呉羊～其の牝の～挑はめて三歳なるを牂と曰ふ」とみえる。「牂牂」とは盛壮の意であるから、爿は壯(壮)の省声であろう。盛壮の意よりして、妖祥の意をえたようである。

訓義 1めひつじ、成長したためひつじ。2牂牂は、さかんなさま。3あやしい。

【牂雲】そう(さう)うん 妖雲。〔晋書、天文志中〕妖氣。一に曰く、虹蜺。～二に曰く、牂雲。狗の如くにして赤色、長尾。亂君と爲し、兵喪と爲す。

【牂柯】そう(さう)か 舟つき場。牂牁。〔履斎示児篇、二十一、字説、集字二〕牂柯なる者は、船を繫ぐ杙なり。楚、夜郎を伐ち、船を且蘭の岸に椓す。因りて以て其の地に名づく。

↑牂牂 盛大なさま／牂羊 母羊

↓羝牂・敦牂・牝牂・炮牂・牧牂

【笊】 10 8823 ソウ(サウ) ざる

形声 声符は爪。割り竹で編んだざる。手爪を開いた形に作る。米をとぐざるを笊籬という。

訓義 1ざる。2鳥の巣穴。

古訓 〔和名抄〕笊籬 楊氏(漢語)抄に云ふ、无岐須久比(むぎすくひ) 〔名義抄〕笊籬 ムギスクヒ 〔字鏡集〕笊 ザル・ムギスクヒ・マガキ

語系 笊・爪・叉 tzheu は同声。みな長爪の形に従う。

↑笊籬 ざる

【蚤】 10 7713 ［蚤蟲］ 16 7713 ソウ(サウ) のみ

篆文 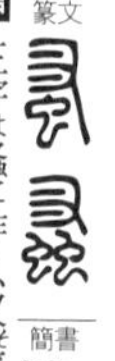 簡書 

形声 正字は蚤に作り、叉声。〔説文〕十三下に「人を齧む跳ねる蟲なり」という。蚤はその略字。早と通用し、〔国語、越語下〕に「蚤晏」というのは早晏の意。また、爪切ることをいう。

訓義 1のみ。2早と通じ、つとに、はやい。3爪と通じ、つめ、ほぞ。

古訓 〔新撰字鏡〕蚤 乃弥(のみ) 〔名義抄〕蚤 ノミ・ハヤク・ツメ・ツメキル

声系 〔説文〕に蚤声として騷(騒)・慅・搔など六字を収める。騷・慅・搔はみな蚤によって起こる動作をいう。

語系 蚤 tzu、騷・慅・搔 su は声義に通ずるところがあり、騷は擾、慅は動、搔は括。みな蚤の声義を承け、搔痒の動作をいう。

＊語彙は早字条参照。

【蚤蝨】そう(さう)しつ のみと、しらみ。〔韓非子、説林上〕子圉、孔子の君に貴ばれんことを恐れ、因りて太宰に謂ひて曰く、君已に孔子を見ば、亦た將に子を視ること、猶ほ蚤蝨のごとくならんとすと。

【蚤莫】そう(さう)ぼ 朝早くと、ゆうぐれ。ときの早晩。〔礼記、少儀〕君子に侍坐するとき、君子欠伸(あくび)し、笏(しゃく)を運らし、劍首を澤び、屨を還らし、日の蚤莫を問はば、退かんことを請ふと雖も可なり。

↑蚤晏 ときの早晩／蚤牙 爪牙／蚤起 早起き／蚤興 早起き／蚤甲 指の爪／蚤歳 早年／蚤作 早起き／蚤死 早死に／蚤実 早く実る／蚤晨 早朝／蚤世 早死に／蚤成 夙成／蚤先 先見／蚤揃 爪髪をきり整える／蚤鬋 蚤揃／蚤達 若くて出世する／蚤知 先見／蚤朝 早朝／蚤晩 早晩／蚤暮 早暮／蚤亡 早死に／蚤没 早死に／蚤夜 夙夜／蚤予 早く備える／蚤涼 早涼

【崢】 11 2275 ソウ(サウ) けわしい

形声 声符は爭(争)。崢嶸は山の高くけわしいさま。また寒気のきびしいさまなどにもいう。

訓義 1けわしい、たかくけわしい。2きびしい、状態がきびしい。

古訓 〔名義抄〕崢嶸 ―トタカシ・―トタカク・サガシ・タカシ・ハルカ 〔字鏡〕崢 タカシ・サカシ 〔字鏡集〕崢 タカクケハシキカタチ

【崢嶸】そうこう(さうくわう) 高くけわしい。きびしくさかん。すぐれる。また、深遠のさま。〔楚辞、遠遊〕下、崢嶸として地無く 上、寥廓として天無し

↑崢崢 高峻

↓嶢崢・霄崢・陵崢

常【巣】 11 人［巢］ 11 2290 ソウ(サウ) すすくらう あつまる

篆文  金文 

象形 木の上の鳥の巣に、雛のいる形。〔説文〕六下に「鳥、木上に在るを巢と曰ふ」とあり、その穴中に在るものを窠・窟という。木上に人が棲むことを巣居という。

訓義 1す、すつくる、すくらう。2すみか、すまい。3あつまる、むらがる。

古訓 〔和名抄〕巢 須(す)と訓む。一に云ふ、須久布(すくふ) 〔名義抄〕巢 ス・スクフ・トリノス

声系 〔説文〕に巢声として摷・繅・勦など八字を収める。摷十二上は「拘擊するなり」、繅は繭糸を紡ぐ、勦十三下は「勞するなり」と訓する字。おおむね営巣のさまより、その意をえている字である。

語系 巢・轈 dzheô は同声。轈は兵車上に櫓を設けて敵状を察するもの。勦(剿)・摷 tziô も声近く、剿(剿)は截絶、摷は拘擊を加えることで、また剿絶の意。巣ごとにとることをいう。

【巣居】そう(さう)きよ 樹上にすむ。〔戦国策、趙一〕三國の兵、晉陽城に乘じて遂に戰ふ。三月、拔くこと能はず。因りて～晉水を決して之れに灌ぐ。晉陽を圍むこと三年、城中巢居して處り、釜を懸けて炊ぎ、財食將に盡きんとして、士卒病羸す。

【巣窟】そう(さう)くつ す。かくれが。〔蘇氏演義、下〕結草蟲、一名結葦、好んで草木に於て、草葉を屈折して巢窟と爲す。處處に之れ有り。

【巣穴】そう(さう)けつ 鳥獣のす。すまい。〔抱朴子、譏惑〕上帝、混然たるの甚だ陋しきを悼み、巢穴の鄙しむべきを愍れむ。故に棟宇を構へて以て鳥獸の群を去り、禮數を制して以て等威の品を異にす。

【巣林】そう(さう)りん 林に巣つくる。〔荘子、逍遥遊〕鷦鷯(みそさざい)深林に巢ふも、一枝に過ぎず。偃鼠河に飲むも、腹を滿たすに過ぎず。

↑巣飲 樹上で飲酒する／巣窩 巣窟／巣菜 もやし／巣車 櫓のある車／巣書 小さな書斎／巣燧 太古の世／巣棲 隠居する／巣藪 盗賊の巣窟

↓葦巣・営巣・燕巣・架巣・危巣・寄巣・帰巣・旧巣・鳩巣・故巣・

枯巣・構巣・作巣・托巣・鳥巣・泥巣・伐巣・攀巣・病巣・風巣・覆巣・焚巣・蜂巣・野巣・卵巣・林巣

【悤】11 2633 ［怱］9 2733 ［匆］5 2742

ソウ あきらか いそがしい

篆文 金文

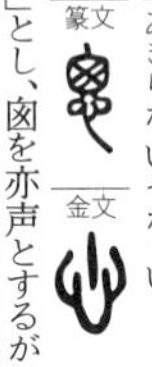

形声 声符は囪。〔説文〕十下に「多遽にして悤悤たるなり」とし、囪を亦声とするが、囪は窓の形。怱遽の意には匆・怱を用いる。悤は聡明。金文に玉器の「蔥衡」の蔥を、心の形にしるし、もと聡明をいう字であろう。怱をまた略して匆に作ることがある。

訓義 ①あきらか、さとい。②怱と通じ、いそがしい、あわてる、にわか。

古訓 〔名義抄〕悤 イソガハシ・タヾス・イソグ・シバ〳〵・ヤスシ

声系 〔説文〕に悤声として蔥・聰（聡）・總（総）など十字を収める。蔥は通孔で窓、聰は明察の意がある。總は総合、綜と声義が近い。

語系 悤tshongと囪tshengは声が近い。匆は悤の俗字。早tzu、草（草）tsuと声近く、怱遽はその通用の義。

＊語彙は聡字条参照。

【悤悤】いそがしい。せわしい。唐・張籍〔秋思〕詩 復た恐る悤悤にして說き盡さざることを 行人、發するに臨んで、又封を開く

【悤忙】あわただしい。唐・杜甫〔新婚の別れ〕詩 暮に婚して、晨に別れを告ぐ 乃ち太だ悤忙なること無からんや

↑悤遽 にわかで、あわただしい／悤卒 倉卒／悤明 聡明

常【掃】11 5702 〖埽〗11 5702 ［埽］11 4712

ソウ（サウ） はく

篆文 甲骨文 金文

形声 旧字は埽に作り、帚声。〔説文〕七下に帚を掃の字とし、掃を収めていない。帚は卜文では婦（婦）の初文。〔説文〕十三下に埽を掃の字とするが、経籍にはみな掃を用いる。〔詩、豳風、東山〕に「穹室を洒埽す」とあり、〔周礼、夏官、隷僕〕に「五寢の埽除糞洒の事を掌る」とみえる。掃とはもと寝廟を洒掃することで、〔韓非子、難三〕に「宗廟をして掃除せられず、社稷をして血食せざらしむ」とは、国の滅亡することをいう。寝（寢）とは廟の正寝、帚は鬯酒（鬯草で香りをつけた酒）を灌そいで清める意で、寝は古くは㝲と書かれ、あるいは𡪢に従う字であった。掃除の除は、神の陟降する聖域を、余（大きな針）で除い、祓い清めて塗絶することをいう。

訓義 ①はく、はらう、はらいきよめる。②そうじする、のぞく。③とる、すっかりなくする。④なする、かすめる、ふるう。

古訓 〔名義抄〕掃 ハキクヅ・ハラフ・シヅム 〔字鏡集〕掃 ハキクヅ・ハラフ・ノゾク・ハク・シハ（ヅ）ム

語系 掃（埽）su、帚tjiuは声近く、帚はもと鬯酒をそそいで祓い清める意。詶・祝（祝）tjiuは帚と同声で、のろう意がある。それも祓うことの一つの方法であった。

【掃径】こみちを掃除する。客を迎える。唐・杜甫〔晩晴、呉郎、北舍に過ぎらる〕詩 竹杖、頭を交へて拄へ 柴扉、徑を掃ひて開く

【掃灑】水をそそぎあらう。〔越絶書、外伝記宝剣〕此の劍を造りしの時に當り、赤菫の山破れて錫を出だし、若耶の溪涸れて銅を出だし、雨師掃灑し、雷公擊橐し（ふいごに風を送り）、蛟龍鑪を捧じ、天帝裝炭せり。

【掃除】清める。〔国語、斉語〕戎士は陳妾の餘りを待ち、優笑前に在り、賢材後に在り。～宗廟の掃除せず、社稷の血食せざるを恐る。敢て問ふ、此れを爲むること若何と。

【掃清】はらい清める。唐・李白〔永王東巡歌、十一首、十〕詩 帝、賢王を寵して楚關に入らしむ 江漢を掃清して始めて、應に還るべし

【掃地】地を清める。〔礼記、郊特牲〕郊の祭は、長日の至（冬至）を迎ふるなり。～地を掃ひて祭るは、其の質に於てするなり。器に陶匏を用ふるは、以て天地の性に象るなり。

【掃蕩】一掃する。〔晋書、劉琨伝〕（元帝の令）豺狼毒を肆にし、荐りに社稷（国家）を覆へす。～是を以て王位に居り、以て天下に答ふ。庶はくは、以て克く聖主を復し、讎恥を掃蕩せんことを。

↑掃夷 平らげる／掃溉 渠の掃除／掃興 興ざめ／掃逕 掃径／掃洒 はらい、そそぐ／掃済 滅ぼす／掃刷 はらう／掃愁 憂さ晴らし／掃拭 ぬぐう／掃塵 はらい／掃定 平定する／掃庭 庭の掃除／掃滌 はらい洗う／掃盪 掃蕩する／掃眉 眉画き／掃拚 清める／掃墓 墓参／掃滅 平定する／掃門 お訪ね

↓一掃・帰掃・揮掃・駆掃・絜掃・渾掃・洒掃・灑掃・清掃

常【曹】11 5560 ［𣍘］20 5560

ソウ（サウ） つかさ ともがら

篆文 甲骨文 金文

会意 正字は𣍘に作り、㯥＋曰。東は橐の初文。㯥は〔説文〕六上に「㯥」として、その声義を欠く字であるが、𣍘の字形によっていえば、裁判の当事者がそれぞれ提供するものを橐に入れて並べる形。〔周礼、秋官、大司寇〕によると、束矢鈞金を出す定めであった。曰は盟誓を収める器で、自己詛盟をして獄訟が開始される。これを両造という。〔大司寇〕に「兩造を以て民の訟を禁ず。束矢を朝に入れしめて、然る後に之れを聽く。兩劑（契約・盟誓）を以て民の獄を禁ず。鈞金を入れしめて、三日にして乃ち朝に致し、然る後に之れを聽く」と規定している。〔説文〕五上に「獄の兩曹なり。廷の東に在り。㯥に從ふ。曰に從ふ。事を治むる者なり」とするが、〔説文〕は㯥と曰の形義を理解していない。㯥はいわゆる両造にして束矢鈞金を入れる橐の形、曰は自己詛盟としての誓約を入れる器である。曹はもと裁判用語。法曹を原義とし、のち官署のことに及ぼして分曹・曹司のようにいう。

訓義 ①つかさ、獄訟のつかさ、法曹。②ともがら、かかり、官の同僚。③つれ、むれ、多くの人たち。

古訓 〔名義抄〕曹 トモガラ・チカヅク・ムラガル・ムラ・ツカサ・カフル・ナムヂ 〔字鏡集〕曹 チカヅク・トモニ・テヅカラ・カサヌ・ムラ・トモガラ・ヤブル・スナハチ・ムカシ・ムラガル・ヒヽニ・オモシ・ナムヂ・ツカサ

声系 〔説文〕に曹声として遭（遭）・槽・糟・漕など十五字を収める。これらのうちに、法曹の意を承ける字はないようである。

語系 曹dzuと造（造）dzukは声が近い。造は神に告げ訴える意。神に対して造といい、獄訟のことを曹という。なお橐thakも、声に通ずるところがある。

【曹偶】仲間。〔史記、黥布伝〕麗山の徒數十萬人、布皆其の徒の長・豪桀と交通す。廼ち其の曹偶を率ゐ、亡げて江中に之き群盜と爲る。

【曹史】属吏。〔唐書、劉祥道伝〕（上疏）且つ掖省は崇峻、王言は祕密、尙書は政の本、人物の歸する所。專ら曹史を責むるも、理未だ盡さざる有り。宜しく稍しく之れを革むべし。

【曹務】分曹の事務。〔隋書、百官志下〕尙書省、～凡

そ三十六侍郎。曹務を分司し、禁省に直宿すること、漢の制の如し。

↑曹幹 幹事職／曹伍 仲間／曹好 衆人に好まれる／曹司 役人の詰所／曹主 主人／曹署 官署／曹属 属吏／曹党 群党

↓尉曹・我曹・官曹・義曹・軍曹・功曹・獄曹・侍曹・爾曹・若曹・汝曹・田曹・当曹・東曹・分曹・兵曹・法曹・民曹・列曹

常【曽】 11 人【曾】 12 8060

ソウ
こしき かさねる かつて すなわち

篆文 金文

象形 旧字は曾に作り、甑の形で、甑の初文。八（八）は湯気のたちのぼる形。〔説文〕二上に「詞の舒やかなるなり」とし、「すなはち」という承接の語とする。それで字形について「八に従ひ、曰に従ひ、四聲」と口気の意とする解を試みているが、金文の字形によって明らかであるように、甑の象形字。釜甑をいう。ゆえに累層するものの意に用いる。「かつて」「すなはち」など副詞的に用いるのは仮借。曽は曾の俗字である。

訓義 1こしき、甑の初文。2かさねる、かさなる、たかい。3すなわち、かつて、なんぞ。

古訓 〔名義抄〕曾 ムカシ・カツテ・スナハチ・カサヌ・カサナル・コレ・ソノカミ 〔字鏡集〕曾 モトヨリ・ヘタリ・カサナル・カツテ・ムカシ・スナハチ・ヲモシ・ソノカシ（ミ）・イニシヘ

声系 〔説文〕に曾声として𣊽（贈）・層（層）・甑・增（増）など十四字を収める。釜甑はかさねて蒸す器であるから、つみ重ね、加える意がある。曾声の字に、その声義を承けるものが多い。

語系 曾・增tzəng、層dzəngは声義近く、增・層には累増の意がある。甑tziəngは鬵ziəmとともに蒸し器。朁・憯・慘（惨）tsəmは副詞としての曾dzəngと声近く、みな「すなわち」とよむ。〔詩〕にその用義例がある。

【曽陰】 かさなりあうかげ。梁・江淹〔冠軍建平王に従ひて廬山の香炉峯に上る〕詩 日は長沙の渚に落ちて 曾陰、萬里に生ず

【曽雲】 かさなりあう雲。晉・陸機〔文の賦〕浮藻聯翩として、翰鳥（高く飛ぶ鳥）の繳（いぐるみ）に纓かり、曾雲の峻きより墜つるが若し。

【曽経】 かつて。唐・盧照鄰〔長安古意〕詩 借問す、簫を吹いて紫煙に向ふを 曾經舞を學んで、芳年を度りき

【曽累】 かさなりあう。楚・宋玉〔高唐の賦〕惟れ高唐の大體は、殊に物類の儀比すべき無く、巫山赫くして其れ疇ひ無く、道互折して曾累す。

↑曽加 またその上に加える。架上／曽崖 高い崖／曽穹 天／曽頮 豊かな頮／曽山 高山／曽思 再三思う／曽祖 祖父の父母／曽孫 ひまご／曽潭 深淵／曽遊 前遊

↓已曽・何曽・悉曽・昔曽・未曽

【淙】 11 3319 ソウ

篆文

形声 声符は宗。〔説文〕十一上に「水聲なり」とあり、水の流れる音、水声を写した語。

訓義 1水のおと、水の流れるさま。2水の早く流れるさま、たき。3水のそそぐさま、水流の合するさま。

古訓 〔名義抄〕淙 ナル・ソヽグ・ナガル

【淙淙】 水の流れる音。唐・高適〔還山吟を賦し得て沈四山人に送る〕詩 石泉淙淙として、風雨の若し 桂花・松子、常に地に滿つ

↑淙汩 水声／淙潈 水声／淙鑿 浸蝕する／淙泉 流泉／淙潺 水声／淙然 水声／淙琤 水声／淙潨 瀑布

↓哀淙・暁淙・懸淙・春淙・石淙・潺淙・琤淙・飛淙・夜淙・流淙

常【爽】 11 4003

ソウ（サウ）
あきらか さわやか たがう

篆文 金文

会意 大＋㸚。大は人の正面形。㸚は胸の左右に加える文身の文様。婦人の死喪のとき、その屍に邪悪なる霊が憑くことを祓うために、乳房をモチーフとする朱の文身を加えた。爽・奭・爾はみなその意象を示す字で、爽明・美麗の意がある。〔説文〕三下に「明らかなり」と訓し、字形について、㸚を窓の交疏麗明の形としているが、それでは大の形を説くことができない。金文に字を昧爽、また爽変の意に用いる。卜文に「武丁の爽、妣辛」のようにいう例が多く、もとは先妣につけていう字であった。

訓義 1あきらか、うつくしい。貴婦人の死に、胸に加えた朱の文身、その美しさをいい、またその人をいう。2さわやか、あかるい、すぐれる。3喪と通じ、たがう、あやまち、まどう、やぶる。

古訓 〔名義抄〕爽 タガフ・ミダリ・アキラカナリ・タケシ・サク・サハヤカナリ・アラハス・イサギヨシ・コヽタシ

声系 〔説文〕に爽声として鷞など二字を収める。

語系 爽shiangは喪sangと声近く、〔書、仲虺之誥〕に「用て厥の師を爽はしむ」のように通用の例がある。喪失の意より、差忒（たがう）の意を生じたのであろう。

【爽気】 爽秀の気。〔世説新語、豪爽〕桓宣武（温）、蜀を平らぐ。參僚を集めて李勢殿に置酒す。～桓、既に素より雄情爽氣有り。～爾の日音調英發、古今の成敗は人に由り、存亡は才に繫かることを敍す。其の狀磊落、一坐歎賞す。

【爽秀】 聡明。〔唐書、方技、李淳風伝〕淳風、幼にして爽秀、群書に通じ、歩天曆算に明らかなり。～渾天儀を制り、前世の得失を詆摭（批判）し、法象書七篇を著はし、之れを上る。

【爽神】 心をさわやかにする。唐・常建〔琴を聴き、秋夜、寇尊師に贈る〕詩 一指、指ごとに法に應じ 一聲、聲ごとに神を爽やかにす

【爽然】 さわやか。また、茫然とする。〔池北偶談、十八、梅詩〕一日、予曰く、扁舟洞庭を去り 落日松江に宿す。此れ誰れの語ぞと。愚山（施閏章）曰く、韋蘇州（応物）・劉文房（長卿）なるかと。予曰く、乃ち公の鄉人梅聖兪（尭臣）なりと。愚山爲に爽然たること久し。

【爽達】 心明らかで事理に通ずる。唐・柳宗元〔天爵論〕剛健の氣、人に鍾まるを志と爲す。之れを得る者は、運行して大なるべし。～純粹の氣、人に注まるを明と爲す。之れを得る者は、爽達して先覺す。

【爽徳】 失徳。〔国語、周語上〕昔、昭王、房に娶り、房后と曰ふ。實に爽德有り。丹朱に協ふ。

【爽籟】 簫声など。唐・王勃〔滕王閣の序〕爽籟發して、淸風生じ、纖歌凝つて、白雲遏まる。

【爽朗】 さわやかで明るい。梁・昭明太子〔陶靖節（潜）集の序〕其の文章不群、辭彩精拔、跌宕昭彰、獨り衆類を超え、抑揚爽朗にして、之れより京いなる莫し。

↑爽快 快い／爽塏 高台の地／爽言 情理にたがう言／爽悟 悟る／爽口 美味／爽行 誤った行い／爽颯 快い風／爽失 あやまりたがう／爽儁 優れる／爽節 秋／爽忒 あやまりたがう／爽抜 優れる／爽侮 侮る／爽邁 優れる／爽約 違約／爽利 発／爽惑 あやまり惑う

↓英爽・開爽・奇爽・競爽・高爽・豪爽・颯爽・秀爽・遒爽・粛爽・俊爽・駿爽・蕭爽・神爽・森爽・清爽・精爽・疏爽・澄爽・昧爽・雄爽

常【窓】11 3033 ［窗］12 3060 ［牕］15 2603

ソウ(サウ)
まど

篆文  古文 

形声 正字は窗に作り、囱声。〔説文〕囱字条十下に「牆に在るを牖と曰ひ、屋に在るを囱と曰ふ。象形」とし、重文として窗を出している。窓はその異体の字。悤は「多遽悤悤（いそがしい）」の意で、また匆・怱に作る。窓が心に従う理由はなく、窓の形である囱に従う。窗が字の正形である。字はまた窓枠の意を含めて、牕に作る。

訓義 ①まど。②てんまど、けむりだし。

古訓 〔和名抄〕窗 末度（まど）〔名義抄〕窗・窓・牕 マド／天窓 アタマ 〔字鏡集〕窗・牕 マド・ケブリダシ

部首 窓の初文は囱。〔説文〕に囱を部首として悤を属しており、〔玉篇〕には怱（悤、俗字。悤、古文）を加える。

声系 〔説文〕に囱を窗の初文とし、悤声として窻・聰（聡）・總（総）など十一字を収める。

語系 囱・窻tsheng と悤・聰 tshong とは声が近い。窻牖と聡明と、その義に通ずるところがある。囱の形はまた囧に作り、明（朙）は朙、月光が窓に入る形。そこが神明を迎えるところであった。

【窓間】そう(さう)かん まどべり。窓と窓の間。〔南史、斉廃帝東昏侯紀〕是に於て大いに諸殿を起す。～又別に潘妃の爲に～三殿を起し、皆帀飾するに金壁を以てす。其の玉壽（殿）中には、飛仙帳を作り、四面繡綺し、窗閒には盡く神仙を畫く。

【窓戸】そう(さう)こ まど。〔魏書、祖瑩伝〕好學耽書、晝を以て夜に繼ぐ。父母、其の疾を成さんことを恐れ、之れを禁ずるも止むる能はず。～衣被を以て窗戸を蔽塞す。～内外の親屬、呼んで聖小兒と爲す。

【窓紗】そう(さう)さ うす絹のカーテン。〔冷斎夜話、四、舒王の女〕詩有り、舒王に寄せて曰く、西風入らず、小窗紗 秋氣應に憐れむべし、我が家を憶ふを

【窓前】そう(さう)ぜん 窓さき。〔程氏遺書〕周茂叔、窗前の草、除去せず。之れを問ふに云ふ、自家の意思と一般なりと。

【窓牖】そうゆう(さうイう) まど。〔文選、古詩十九首、二〕盈盈たる樓上の女 皎皎として牕牖に當る

【窓櫺】そう(さう)れい まどの格子。元・薩都剌〔竹枝詞〕詩 湖上の美人、玉箏を弾じ 小鶯飛び度りて、窗櫺に縁る

↑窓帷 カーテン／窓幃 窓帷／窓縁 窓ぶち／窓下 窓の下／窓架 窓のわく／窓外 窓の外／窓格 窓格子／窓檻 窓の欄干／窓眼 窓格／窓誼 同窓の学友の情／窓月 窓の月光／窓軒 窓／窓紙 紙ばりの窓／窓達 窓のある小門／窓闥 窓達／窓灯 窓の灯／窓梅 窓先の梅／窓扉 窓の扉／窓辺 窓べ／窓望 窓／窓簾 窓のすだれ

↓隔窓・学窓・寒窓・綺窓・虚窓・夾窓・琴窓・蛍窓・軒窓・舷窓・午窓・交窓・獄窓・紗窓・山窓・詩窓・車窓・繡窓・書窓・粧窓・深窓・静窓・石窓・船窓・疎窓・鉄窓・天窓・同窓・南窓・風窓・碧窓・暮窓・篷窓・北窓・明窓・幽窓・蘿窓・涼窓・緑窓

常【創】12 8260 ［刅］8 5300

ソウ(サウ)
きず はじめる つくる はじめ

篆文  金文 

形声 声符は倉。〔説文〕四下に刅を正字とし、「傷つくなり。刃に從ひ、一に從ふ」とし、重文として創を録する。いま創傷の字に創を用いる。創始の意には、刅がその初文と考えられる。刅は鋳型を刀で割く形。鋳型を外して制作のものをとり出すので、創出の意となる。刅・創・刅はもとそれぞれ立意のある字で、刅は創傷、創はその形声の字、刅が創出の意を示す字である。いま創を創傷・創始の両義に用いる。

訓義 ①きず、きずつける、きずつく。②はじめる、つくる、はじめ。③こりる。

古訓 〔名義抄〕創 ハジム・コロス・サク・キル・コバム〔字鏡集〕創 イタム・サク・キル・キズ・ハジム・ヤブル・ツク・ハゲシ・コハシ・コロス・キルキズ・キヅツク・コバム

語系 創（刅）・瘡・愴tshiang、傷・慯・殤 sjiang は声義が近い。創は刅・刅の形声の字、瘡・愴は創傷の意を承ける。傷はもと創傷の意ではなく、昜は昜（陽、玉光）を蓋って、その魂振りの機能を損傷する意。声義は近いが、字義の由来するところの異なる字である。

【創痍】そう(さう)い きりきず。〔漢書、淮南厲王長伝〕高帝、霜露を蒙り、風雨に沫はれ、矢石に赴き、野戰攻城、身に創痍を被る。～艱難危苦甚だし。

【創意】そう(さう)い 新しい考え。〔論衡、超奇〕孔子、史記を得て以て春秋を作る。其の立義創意、襃貶賞誅に及んでは、復た史記に因らざる者は、眇思自ら胸中より出づればなり。

【創鉅】そう(さう)きょ 深いきず。父母の喪。〔礼記、三年問〕創の鉅いなる者は、其の日久しく、痛みの甚だしき者は、其の愈ゆること遲し。

【創業】そうぎょう(さうげふ) 事業をはじめる。国を建てる。〔唐書、房玄齢伝〕帝（太宗）曰く、玄齢は我に從つて天下を定め、～創業の難きを見る。（魏）徵は我と天下を安んじ、～守文の易からずと爲すを見る。～守文の難き、方に公等と之れを愼まんと。

【創制】そう(さう)せい 制度を作る。明・方孝孺〔河南の僉事湯侯を送る序〕天、人主を佑けて、之れをして、創制立政、以て悠久の業を開かしむ。

【創造】そうぞう(さうざう) 創作する。〔封氏聞見記、文字〕按ずるに此の書の隷れは、春秋の前に在り。但だ諸國或いは用ひ、或いは用ひず。程邈其の省易にして、時に便有るを觀る。故に脩改して獻ず。創造に非ざるなり。

【創定】そう(さう)てい はじめて定まる。〔後漢書、曹褒等伝論〕漢初、天下創めて定まり、朝制文無し。～是こを以て、賈誼・（董）仲舒・王吉・劉向の徒、懷憤歎息して已む能はざる所なり。

【創物】そう(さう)ぶつ 物を創作する。〔周礼、考工記、総目〕知る者は物を創り、巧なる者は之れを述ぶ。之れを守ること世々なる、之れを工と謂ふ。

【創立】そう(さう)りつ 創作。〔陳書、孫瑒伝〕己に處すること又率易。～巧思人に過ぐ。起部尙書と爲り、軍國の器械、創立する所多し。

↑創夷 創痍／創淫 出血／創乂 懲りる／創艾 創乂／創基 基を開く／創鉅 創鉅／創見 創出の見／創痕 傷痕／創作 はじめて作る／創残 生き残り／創始 始める／創出 創作／創傷 きず／創刃 刀傷／創世 天地開闢／創設 新設／創撰 杜撰／創楚 悲傷／創痛 傷の痛み／創統 創業／創毒 損傷／創瘢 創痕／創闢 ひらく／創弁 開業

↓開創・寒創・咬創・重創・傷創・刃創・草創・懲創・刀創・独創・被創

常【喪】12 4073

ソウ(サウ)
しぬ もうしなう ほろぼす

篆文 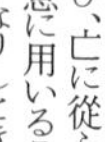 金文 

会意 哭＋亡（亡）。哭は祝禱を収めた器（口）を並べて、犬牲を加え、哀哭する意。亡は死者。〔説文〕二上に「亡なり。哭に從ひ、亡に從ふ。～亡は亦聲なり」とするが、亡声ではない。葬の意に用いることがあり、金文の〔卯殷〕に「不淑（不幸、死亡）なりしとき、我が家の寀（朱）を取りて、用って喪（葬）せしめたり」とみえる。天災にも「奕喪」「降喪」のようにいう。また喪失の意に用い、卜辞に「喪家」「喪師」のことをトする例がある。亡命者を喪人といい、すべて死喪の礼を以て遇した。

訓義 ①しぬ、も、もにつく。②うしなう、なくする、ほろぼす。③すてる、にげる。

古訓 〔名義抄〕喪 ホロブ・ウシナフ・ミダル・モス・モシヌ 〔篇立〕喪 ウス・ウシナフ・モ・モス・ウクル・ミダル・ホロブ・シヌ・シナム・スツ・ホロブ・モヤ

語系 喪sang、葬（葬）tzangは声義が近い。金文には「昧爽」を「昧喪」に作る。爽shiangも声近く、「喪師」を「爽師」ともいう。

【喪家】そう（さう）か 喪のある家。また、主家を失う。〔史記、孔子世家〕鄭人、或いは子貢に謂ひて曰く、東門に人有り、～纍纍として喪家の狗の若しと。子貢、實を以て孔子に告ぐ。孔子欣然として笑つて曰く、～然る哉、然る哉と。

【喪紀】そう（さう）き 喪事。〔周礼、天官、獣人〕凡そ祭祀・喪紀・賓客には、其の死獸・生獸を共（供）す。

【喪具】そう（さう）ぐ 葬式道具。〔礼記、檀弓上〕喪具は、君子具ふることを恥づ。

【喪元】そう（さう）げん 首をうしなう。戦死する。〔孟子、滕文公下〕志士は溝壑に在ることを忘れず、勇士は其の元を喪ふことを忘れず。

【喪祭】そう（さう）さい 喪礼と祭。〔礼記、昏義〕夫れ禮は冠に始まり、昏に本づき、喪祭に重くし、朝聘に尊くし、鄉射に和らぐ。此れ禮の大體なり。

【喪志】そう（さう）し 志を失う。〔書、旅獒〕人を玩べば德を喪ひ、物を玩べば志を喪ふ。志は道を以て寧く、言は道を以て接はる。

【喪事】そう（さう）じ 喪礼のこと。〔史記、絳侯周勃世家〕勃、薄曲（蚕薄）を織るを以て生と爲す。常に人の爲に簫を吹きて、喪事に給す。

【喪人】そう（さう）じん 喪中の人。〔三国志、魏、東夷伝、倭〕其の行來渡海し、中國に詣るに、恒に一人をして、～衣服垢汚、肉を食らはず、婦人を近づけず、喪人の如くせしむ。之れを名づけて持衰と爲す。

【喪明】そう（さう）めい 失明する。〔礼記、檀弓上〕子夏、其の子を喪ひて其の明を喪ふ。曾子之れを弔うて曰く、吾れ之れを聞けり。朋友明を喪ふときは、則ち之れを哭すと。曾子哭す。子夏も亦た哭す。

【喪礼】そう（さう）れい 喪儀の礼。〔周礼、春官、大宗伯〕凶禮を以て邦國の憂ひを哀しみ、喪禮を以て死亡を哀しみ、荒禮を以て凶札（疫厲）を哀しむ。

↑喪冠 喪の冠／喪気 気抜け／喪期 喪の期／喪器 喪具／喪柩 葬礼の柩／喪狗 喪家の狗／喪屨 喪のくつ／喪荒 饑饉で死亡する／喪国 亡国／喪算 喪の期／喪死 弔祭／喪師 敗軍／喪資 葬儀の費用／喪失 失う／喪室 妻と死別する／喪車 送葬の車／喪主 喪の施主／喪傷 滅失する／喪心 失心／喪身 身を亡ぼす／喪神 喪心／喪精 喪心／喪沮 気落ち／喪葬 葬礼／喪庭 霊堂／喪奠 お供え／喪服 喪の服／喪覆 崩れる／喪亡 みだれほろびる／喪命 死ぬ／喪滅 滅びる／喪浴 湯かん／喪乱 世の乱れ

↓国喪・除喪・心喪・沮喪・阻喪・送喪・大喪・達喪・短喪・凋喪・得喪・敗喪・輓喪・服喪・臨喪

入 【惣】 12 2733 ［揔］ 12 5703 ソウ ス すべて あう

形声 正字は揔に作り、怱声。惣はその形を誤った俗字。〔中華大辞典〕に「揔の譌字なり」とみえる。揔は〔玉篇〕に「合ふなり」とあり、總（総）・傯とも通用する字である。倥傯は忙しくて苦しむ意。

訓義 ①すべて、あつめる、みな。②あう、ひきいる。③すすめる、おしやる。④傯と通じ、くるしむ。

古訓 〔名義抄〕揔 スベテ・トル・フサナル・フサヌ・ツラヌ・スブ・アツマル・ト丶ノフ・ミナ

語系 惣（揔）・怱（悤）・總・傯（傯）tzongは同声。雑然として集まるものを叢dzong、雜（雑）dzəpという。

【棗】 12 5090 ソウ（サウ） なつめ

篆文 

会意 朿＋朿。〔説文〕七上に「羊棗なり。重朿に從ふ」という。〔爾雅、釈木〕に棗の十一名をあげ、その中に羊棗の名がある。棗は神饌として用い、また婦人が舅姑に会うときの礼物として、棗脩を持参する定めであった。脩は細長く切った乾肉で、わが国の「のし」にあたる。棗は棘と字の要素は同じであるが、声義ともに異なる別の字である。

訓義 ①なつめ、なつめの木。②あか、なつめいろ。

古訓 〔和名抄〕棗 奈都米（なつめ）〔名義抄〕棗 ナシ・ナツメ・スミヤカ／酸棗 サネブト

【棗核】そう（さう）かく なつめのたね。〔後漢書、方術下、王真〕孟節、能く棗核を含み、食らはざること五年十年に至るべし。又能く結氣して息せず、身動搖せず、狀、死人の若くして、百日半年に至るべし。

【棗脩】そうしゅう（さうしう） なつめと、ほし肉。〔左伝、荘二十四年〕男の贄（贈りもの）は、大なる者は玉帛、小なる者は禽鳥、以て物を章はすなり。女の贄は、榛栗棗脩に過ぎず。以て虔みを告ぐるなり。

【棗脯】そう（さう）ほ なつめと、ほし肉。棗脩。〔史記、封禅書〕太一、其の用ふる所は、雍の一時の物の如く、醴（あま酒）・棗脯の屬を加ふ。

【棗栗】そう（さう）りつ なつめと栗。〔礼記、昏義〕夙に興きて、婦、沐浴して以て見えんことを俟つ。質明（よあけ）に、贊（介添え）婦を舅姑に見えしむ。婦、笲（竹器）棗栗・段脩（重ねた乾肉）を執りて、以て見ゆ。

↑棗紅 なつめの赤い実／棗槊 なつめの戈／棗子 なつめの実／棗児 なつめの実／棗仁 なつめの核／棗本 なつめの版木／棗騮 赤馬／棗林 なつめの林

↓火棗・乾棗・酸棗・桑棗・樗棗・肉棗・羊棗・梨棗

入 【湊】 12 3513 ソウ あつまる みなと

篆文 

形声 声符は奏。奏は奏楽。諸楽を合奏するので、湊集の意がある。〔説文〕十一上に「水上の人の會まる所なり」とみえる。水陸より物資の集まることを、輻湊という。

訓義 ①あつまる、港にあつまる、舟があつまる。②みなと、ふなつきば。③いたる、おもむく、すすむ、きそう、むかう。

古訓 〔名義抄〕湊 ミナト・アツマル

語系 湊・輳・簇tsokは同声。聚dzio、叢dzongも声に通ずるところがあり、集まり群れることをいう。

【湊理】そうり 腠理。肌のきめ。〔文心雕竜、養気〕刃をして發して新たなるが如く、湊理滯ること無からしむ。胎息の萬術に非ずと雖も、斯れ亦た氣を衞るの一方なり。

↑湊会 あつまる／湊学 向学／湊巧 好都合／湊集 あつまる／湊聚 湊集／湊成 あつまり成る／湊泊 船泊まり
↓殷湊・交湊・指湊・津湊・臻湊・相湊・叢湊・題湊・瑱湊・波湊・繁湊・福湊・輻湊・奔湊・流湊

【琮】 12 1319 ソウ

篆文 

形声 声符は宗。〔説文〕一上に「瑞玉、大いさ八寸、車釭に似たり」とあり、外八角にして中円の形状の瑞玉。天地四方を祭るとき用いる六器の一。〔周礼、春官、大宗伯〕に「蒼璧を以て天に禮し、黄琮を以て地に禮す」という。また聘礼のとき、后を享するに用いる。兵符として用いることがあり、そのときには半璧を用いるのであろう。

訓義 ①たまの名、瑞玉の一。天地四方を祭る方器のうち、地を祭るもの。②聘礼に用いる玉器。③兵符に用いる玉器。④外族の貢玉。

古訓 〔篇立〕琮 タマ・タマナリ

↑琮花 美しい花／琮璜 宝玉／琮璽 玉璽／琮琤 玉石の音／琮璧 礼器
↓加琮・享琮・黄琮・駔琮・大琮・瑑琮・平琮・璧琮・用琮

常 【痩】 12 人〔瘦〕 15 0014 〔瘐〕 14 0014

ソウ
やせる ほそい

篆文 

形声 声符は叟。叟に長老の意がある。〔説文〕七下に「瘐は臞するなり」とあり、老齢の人は痩臞、また病んでやせることを痩という。篆文の字形は、叟の初形である叜に従う。叜とは、祭時に廟中に火を執る長老の人をいう。

訓義 ①やせる。②ほそい、ほっそりとする。

古訓 〔名義抄〕痩 ヤス・ツカル

【痩鶴】 ほっそりした鶴。宋・蘇軾〔子由(蘇轍)～雷琴を借りて旧曲を記すと報ぜらるるに次韻す〕詩 應に仙人の樹に依りて聽く有るべし 空しく痩鶴をして風に舞ひて騫ばしむ

【痩懼】 心配でやせ細る。〔漢書、張安世伝〕時に霍光の子禹、～反を謀る。～其の女孫敬は、霍氏外屬の婦爲り。～安世痩懼、顏色に形はる。

【痩勁】 痩硬。筆力ある書法。〔苕渓漁隠叢話後集、二十七〕(東坡二)(黄)魯直云ふ。黄庭經～小字殘缺する者は、云ふ、是れ永禪師の書なりと。既に刓缺し、亦た眞僞を辨じ難し。差や大なる者は是れ吳通微の書、字形差く長くして、痩勁筆圓、徐浩の書に勝れり。

【痩硬】 細くて強い。唐・杜甫〔李潮の八分小篆の歌〕詩 嶧山の碑、野火に焚く 棗木の傳刻、肥くして眞を失ふ 苦縣の光和(年間、蔡邕の老子碑)尙ほ骨立す 書は痩硬を貴び、方に神に通ず

【痩削】 やせこける。〔梁書、賀琛伝〕(高祖の口授)朕、房室を絶つこと三十餘年、～三更に出でて事を理む。～日に常に一食。～昔、要(腰)腹十圍に過ぎたるに、今の痩削は裁かに二尺餘。舊帶猶ほ存す。妄說を爲すに非ず。

【痩瘠】 やせこける。〔北史、張彝伝〕母の憂(死)もて任を解かる。彝、居喪過禮、葬を送りて平城より家に達するまで、千里步して從ひ、車馬に乘らず。顏貌痩瘠す。當世之れを稱す。

【痩長】 細く長い。〔夢渓筆談、書画〕徐鉉、小篆を善くす。～筆鋒直下、倒側せず。故に鋒、常に畫中に在り。～鉉、嘗て自ら謂ふ、～凡そ小篆は痩にして長きを喜ぶと。

↑痩夏 夏やせ／痩軀 痩身／痩臞 痩懼／痩瘻 やせる／痩涓 細流／痩減 やせる／痩篁 細い竹／痩骨 痩軀／痩妻 細君／痩詩 清談の詩／痩弱 虛弱／痩松 やせた老松／痩人 痩身／痩瘁 やせ衰える／痩生 やせた人／痩石 峭削の石／痩雪 雪解け／痩愞 やせこけ／痩藤 藤杖／痩馬 やせ馬／痩薄 やせて薄い／痩病 病み衰える／痩容 痩身／痩羸 弱る／痩劣 弱る
↓鶴痩・飢痩・癯痩・枯痩・山痩・詩痩・松痩・清痩・石痩・瘠痩・梅痩・肥痩・疲痩・病痩・面痩・涼痩・羸痩・老痩

常 【葬】 12 4444 〔塟〕 13 4444

ソウ(サウ)
ほうむる

篆文  甲骨文 

会意 茻+死。死は風化した残骨の象である歺を拝する形。茻は原野。その叢中に屍をすて、風化を待って骨を収め葬るのであるから、葬は複葬を意味する字とみてよい。〔説文〕一下に「藏するなり」と畳韻の字を以て訓する。また字形について「死の茻中に在るに從ふ。其の中に一あるは、之れを薦むる所以なり」というが、一を含む字形ではない。〔孟子、滕文公上〕に、「蓋し上世嘗て其の親を葬らざる者有り。其の親死するときは、則ち擧げて之れを壑に委つ」とみえるが、西方では一時板屋に納める俗があったようである。その風化の期間が、殯(かりもがり)の礼となった。

訓義 ①ほうむる、ほうむり。②かりもがりする。

古訓 〔名義抄〕葬 ハウブル・ツカ・カクス・ハカ 〔字鏡集〕葬 ツカ・ハカ・ハラフ・カクス・オクル・ハフル

語系 葬tzang、喪sangは声義が近い。藏(藏)dzangは同声の字であるが、その字はもと臧dzangに作り、虜囚の徒を神に献ずる儀礼を示す字である。

【葬具】 葬式道具。〔荘子、列禦寇〕吾は天地を以て棺槨と爲し、日月を以て連璧と爲し、星辰を珠璣と爲し、萬物を齎送と爲す。吾が葬具、豈に備はらずや。何を以て此れに加へんや。

【葬堂】 死者を葬る場所。〔渓蛮叢笑、葬堂〕一人屍を背ひ、箭を以て地を射、箭の落つる所を穴と定む。～骨を發して出だし、易ふるに小函を以てし、或いは崖屋に架し、或いは大木に掛け、風霜に剝落するも、皆置きて問はず。葬堂と名づく。

【葬埋】 埋葬。〔荀子、礼論〕故に葬埋は敬しみて其の形を葬し、祭祀は敬みて其の神に事ふ。

【葬礼】 葬儀の礼。〔後漢書、皇后下、桓帝鄧皇后紀〕后の母宣を封じて長安君と爲す。～宣卒す。賵贈葬禮、皆后母の舊儀に依る。

↑葬器 葬具／葬儀 葬礼／葬虞 葬と虞祭／葬師 葬儀屋／葬式 葬礼／葬術 葬法／葬所 埋葬の地／葬場 葬儀場／葬送 葬儀／葬薶 葬埋
↓営葬・火葬・仮葬・会葬・改葬・渇葬・合葬・還葬・帰葬・倹葬・厚葬・国葬・殉葬・助葬・神葬・水葬・遷葬・送葬・喪葬・大葬・鳥葬・土葬・同葬・陪葬・薄葬・祔葬・風葬・副葬・卜葬・本葬・埋葬・慢葬・密葬・羸葬・留葬・礼葬・斂葬

常 【装】 12 人〔裝〕 13 2473

ソウ(サウ) ショウ(シャウ)
よそおう

篆文 

形声 旧字は裝に作り、壯(壮)声。〔説文〕八上に「裹むなり」とあり、外にまとう意。衣裳や装飾として、上に加えるものをいう。

訓義 ①よそおう、外からおおう、つつむ、つかねる。②したくする、みじたくする、よういする、もたらす。③かざる、さいくする。④おさめる、のせる、いれる。⑤なり、まねする、にせる。

古訓 〔名義抄〕装 ヨソホヒ・ツカヌ・ウラ・カザル・ヨソフ
語系 装・妝・粧 tzhiang と橡・象 ziang は声義近く、〔広雅、釈言〕に「装は橡なり」、〔説文〕八上に「橡は橡飾なり」（段注本）とあって、装飾の意。

【装具】そう(さう)ぐ 化粧・装飾の品。〔後漢書、皇后上、光烈陰皇后紀〕明帝、性孝愛、追慕已む無し。～帝、席前より御牀に伏し、太后の鏡奩中の物を視て、感動悲涕し、脂澤装具を易へしむ。

【装厳】そう(さう)げん しよう(しやう)ごん 厳か。また、衣裳などを整える。〔後漢書、劉寛伝〕夫人、寛を試みて恚らしめんと欲し、朝會に當りて装嚴已に訖るを伺ひ、侍婢をして肉羹を奉じ、飜して朝衣を汙さしむ。～寛神色異ならず～曰く、羹、汝の手を爛きしかと。

【装潢】そうこう(さうくわう) 装幀。表具の紙。〔西渓叢語、下〕齊民要術に装潢紙の法有りて云ふ、蘗汁（きはだの汁）を浸して潢（表具の紙）を入る。凡そ潢紙、白を減ずるときは便ち是よし、染むるときは則ち年久しくして色暗し。蓋し染黄なり。

【装飾】そう(さう)しよく 飾る。〔後漢書、逸民、梁鴻伝〕孟氏に女有り。狀、肥醜にして黑し。～鴻、聞きて之れを娉す。～嫁するに及んで、始めて以て装飾して門に入る。七日にして鴻答へず。～乃ち更めて椎髻を爲し、布衣を著け、操作して前む。

【装銭】そう(さう)せん 旅費。〔後漢書、明帝紀〕（永平五年）是の歲、邊人の內郡に在る者を發遣す。装錢人ごとに二萬を賜ふ。

【装束】そう(さう)ぞく 衣裳。身じたく。〔世説新語、排調〕桓大司馬（温）雪に乘じて獵せんと欲す。～眞長（劉惔）其の装束の單急なるを見て問ふ、老賊此れを持して何を作さんと欲すると。桓曰く、我若し此れを爲さずんば、卿が輩、亦た那ぞ坐談することを得んと。

【装囊】そうのう(さうなう) 旅行用の囊。唐・杜甫〔蘇四徯に贈る〕詩 乾坤、寬大なりと雖も 適く所、装囊空し

↑装印 印刷の装幀／装演 演劇／装駕 旅仕度／装虛 噓まね／装遣 衣裳飾り／装甲 武装／装行 旅仕度／装匣 荷函／装載 積荷／装資 仕度金／装車 装駕／装傷 偽傷／装帖 張りつけ／装身 装束／装睡 狸寝入り／装齎 身のまわり／装船 出船／装送 嫁入り道具／装橐 装囊／装旦 おやま／装池 装潢／装治 旅装／装置 しかけ／装褫 表装がえ／装著 着飾る／装訂 装釘／装釘 製本／装揑 うそを作りあげる／装備 用具着装／装褾 表装／装誣 誣告する／装扮 仮装／装呆 ボケまね／装佯 よそおう／装斂 納棺する

↓衣装・仮装・改装・外装・偽装・儀装・艤装・客装・急装・軍装・軽装・厳装・行装・資装・戎装・重装・女装・新装・正装・盛装・船装・束装・促装・速装・男装・塗装・倒装・表装・褾装・負装・武装・服装・扮装・変装・弁装・舗装・包装・洋装・略装・旅装・礼装・和装

常

【僧】13 人〔僧〕14 2826 ソウ そうりょ

篆文 

形声 声符は曾（曽）。梵語 saṃgha の音訳、僧伽を略した語。〔説文新附〕八上に「浮屠道人なり」とあり、浮屠は仏と同じ音訳の語。仏道を得た人をよぶ名。漢訳では衆、和合衆という。

訓義 1 そう、そうりょ。2 合衆。

古訓 〔名義抄〕僧 カ（ヤ）ハラグ・ネムコロ・サトル 〔篇立〕僧 モロ〱・ネンゴロ・ヤハラカナリ・ト、ノフ・ムナシ

↑僧庵 僧尼の庵／僧衣 けさ／僧院 寺／僧宇 寺／僧家 僧／僧訶 獅子／僧旂 僧の旗／僧巾 僧の頭巾／僧戸 僧房／僧刹 寺／僧社 寺／僧舎 寺／僧麈 払子／僧衆 僧徒／僧雛 小僧／僧俗 出家と在家／僧徒 僧たち／僧堂 寺／僧道 僧侶と道士／僧尼 男女の僧／僧趺 趺坐法／僧服 僧衣／僧房 寺／僧門 仏家／僧律 僧尼の法／僧侶 僧徒／僧廬 僧庵／僧臘 僧寿

↓悪僧・異僧・画僧・怪僧・学僧・客僧・狂僧・吟僧・愚僧・群僧・孤僧・高僧・豪僧・山僧・師僧・詩僧・住僧・小僧・雛僧・聖僧・拙僧・禅僧・俗僧・尼僧・伴僧・番僧・蕃僧・病僧・梵僧・名僧・野僧・役僧・游僧・妖僧・老僧

【勦】13 2492 ソウ（サウ） ショウ（セウ） つかれる ころす

篆文 

形声 声符は巢（巣）。〔説文〕十三下に「勞るるなり。春秋傳に曰く、安んぞ民を勦らすことを用ひん」と〔左伝、昭九年〕の文を引く。力はすきの象形字。農事に疲れることをいう。剿と通じ、ころす意にも用いる。

訓義 1 つかれる、つからす。2 つかいきる、つくす。3 剿と通じ、たつ、たちきる。4 剿と通じ、ころす、つくす、かすめる。

古訓 〔名義抄〕勦 イタハル・タツ・ツクス・ツキヌ・キル 〔字鏡集〕勦 タツ・イタル・コハシ・ツクス・タカシ

語系 勦・剿・剿 tziô は同声。剿は〔説文〕四下に「絶つなり」とあり、全滅する意。剿はまた剿に作り、巣のまま取ることをいう。

【勦殺】そう(さう)さつ ほろぼす。みな殺しにする。〔金史、古里甲石倫伝〕日者に軍を遣はして、潛かに敵壘を擣ち、石州の兵五百を分ち、權りに方山に屯し、土寇を勦殺せんと欲す。

【勦除】そうじよ(さうぢよ) 消滅する。殺し除く。〔南史、文学、祖皓伝〕意に府君を奉戴し、兇逆を勦除せんと欲す。遠近の義徒は、自ら當に投赴すべし。

【勦窃】そう(さう)せつ ぬすみとる。〔漢学師承記、二、江艮庭〕本朝に至り、閻（若璩）・惠（周惕）兩徵君の著はす所の書、乃ち能く其の（偽古文尚書）作僞の迹、勦竊の原を發く。

【勦説】そう(さう)せつ 他人の説をぬすみとって使う。〔礼記、曲礼上〕勦說すること毋かれ。雷同すること毋かれ。必ず古昔に則り、先王を稱せよ。

【勦絶】そう(さう)ぜつ たちほろぼす。〔書、甘誓〕有扈氏、五行を威侮し、三正を怠棄す。天用つて其の命を勦絶す。

【勦民】そう(さう)みん 民をつかれさせる。〔左伝、宣十二年〕河に及び、鄭既に楚と平ぐ（和平する）と聞き、桓子還らんと欲して曰く、鄭に及ぶこと無かれ。民を勦らしむること、焉んぞ之れを用ひん。楚歸りて動くも、後るからざらんと。

【勦滅】そう(さう)めつ みな殺しにする。〔六部成語、兵部〕勦滅、賊匪を把りて、勦殺し滅盡し了る。

↑勦合 かすめとり、あつめる／勦剛 すばやくてつよい／勦兒 健児／勦取 とりつくす／勦襲 ぬすみとる／勦捷 すばやい／勦浄 さっぱりとする／勦尽 殺しつくす／勦截 きり殺す／勦殄 ほろぼす／勦屠 ほろぼす／勦討 うちほろぼす／勦匪 匪賊を掃蕩する／勦撫 掃蕩と安撫／勦捕 とりつくす／勦撲 うちほろぼす／勦掠 かすめとる

↓脚勦・心勦・清勦

【喿】13 6090 ソウ（サウ） さわぐ かしましい

篆文 

金文 

会意 品＋木。口は祝禱を収める器（𠙵）の形。これを木の枝に多くつけ、神に捧げて祈る。〔説文〕二下に「鳥の群鳴するなり」と鳥の声に解するが、口を以て鳥を示すことはない。喿は祝禱の声のさかんなことを示し、噪・譟・操などはこれに従う。喿また字を喪の意に用い、通用することがある。

訓義 1 さわぐ、かしましい、かしましくいのる。2 譟と通じ、さわぐ。

古訓 〔名義抄〕喿 サハグ 〔篇立〕喿 サハグ・サハガシ

【声系】〔説文〕に喿声として譟・燥・懆・操・繰など十二字を収める。憂・擾の意をもつものが多く、愁訴することを示す喿の声義を承けるものであろう。

【語系】喿・噪・譟sô、嘈dzô は声義近く、嘈は呼噪する声をいう。懆tsô は、その憂える心情をいう語である。

↑喿名 盛名

【嫂】13 4744 ［嫂］12 4344 ソウ(サウ) あによめ

篆文 

【形声】正字は㛐に作り、叜声。叜は廟中に火をかざしもつ意で、夜祭を指導する長老の人をいい、叟の初文。〔説文〕十二下に「兄の妻なり」とあり、〔爾雅、釈親〕「女子、兄の妻を謂ひて㛐と為す」とあるによる。兄の妻は家廟につかえる人で、男子の叟にあたり、ゆえに嫂という。

【訓義】①あによめ。②女子の尊称。

【古訓】〔名義抄〕㛐・嫂 ヨメ

【語系】㛐・叜su は同声。ともに長老・老人に対する尊厳の称として用いる。もと祭事を司る人をいう。

↓家嫂・寡嫂・兄嫂・敬嫂・妻嫂・事嫂・孀嫂・盗嫂・養嫂

常【想】13 4633 ソウ(サウ) おもう

篆文 

【形声】声符は相。〔説文〕十下に「冀思するなり」とあり、その形容を思いうかべることをいう。その人を慕う意がある。〔周礼、春官、眡祲〕の十煇の法の一に想があり、〔鄭司農注〕に「雜氣、形想すべきに似たる有り」とみえる。のち想念の意に用いる。

【訓義】①おもう、おもいうかべる、おもいしたう、ねがう、おもいめぐらす。②かんがえ、おもわく。

【古訓】〔名義抄〕想 オモフ・オソル／想像 オモヒヤレ〔字鏡集〕想 コヒ・オモフ・オソル

【語系】想・相siang は同声。象・像ziang と声義近く、その形相によって、像似のことを想う意である。

【想見】思い起こす。おしはかる。〔史記、孔子世家論賛〕詩（小雅、車舝）に之れ有り、高山は仰ぎ 景行は行くと。至る能はずと雖も、然れども心、之れに鄉（嚮）往す。余れ、孔氏の書を讀み、其の人と爲りを想見す。

【想象】おしはかる。〔列子、湯問〕伯牙善く琴を鼓し、鍾子期善く聽く。伯牙琴を鼓し、志高山に登るに在れば、鍾子期曰く、善い哉、峩峩として泰山の若しと。～伯牙～歎じて曰く、善い哉～志の想象すること、猶ほ吾が心のごとし～と。

【想像】想象。南朝宋・謝霊運〔江中の孤嶼に登る〕詩 靈を表はすも、物賞すること莫く 眞を蘊むも、誰か爲に傳へん 崑山の姿を想像し 區中の緣に緬邈たり

【想到】思い及ぶ。唐・劉禹錫〔李戸部侍郎～の闕に帰るを奉送す〕詩 想到す、金閨に稱籍せらるるを待つを 一時驚起して、風儀を見る

【想望】慕い思う。〔後漢書、文苑下、趙壹伝〕趙壹～體貌魁梧、身の長け九尺、美須（鬚）豪眉、之れを望むに甚だ偉なり。～（羊）陟、乃ち（司徒）袁逢と共に之れを稱薦す。名、京師を動かし、士大夫其の風采を想望す。

↑想因 悩みの種／想憶 思いふける／想思 慕い思う／想念 考え／想聞 想望する／想慕 したう／想料 おしはかる

↓逸想・遠想・仮想・回想・懐想・感想・観想・奇想・旧想・虚想・凝想・翺想・欣想・欽想・空想・懸想・幻想・構想・思想・詩想・心想・随想・静想・着想・長想・追想・発想・放想・奔想・妙想・無想・夢想・冥想・瞑想・妄想・默想・予想・理想・連想

【愴】13 9806 ソウ(サウ) いたむ かなしむ

篆文 

【形声】声符は倉。〔説文〕十下に「傷むなり」、〔広雅、釈詁二〕に「怨むなり」、〔広雅、釈詁三〕に「悲しむなり」とみえ、心傷み悲しむをいう。

【訓義】①いたむ、かなしむ。②搶と通じ、みだれる。

【古訓】〔名義抄〕愴 イタム・ウレフ・ウラム・アハレブ・イタマクハ・イタムラクハ

【語系】愴・瘡・創tshiang、傷・慯・殤sjiang は声義近く、ともに創傷によって悲しむ意がある。惻tshiək も痛傷の意で、この系統の語である。

【愴怳】失意してかなしむ。楚・宋玉〔楚辞、九弁、一〕愴怳懭悢として 故きを去りて新しきに就く

【愴然】いたみ悲しむさま。魏・陳琳〔呉の将校部曲に檄する文〕周（泰明）・盛（孝章）の門戸は、宰み無くして戮（死刑）を被り、遺類流離して林莽に湮沒す。之れを言へば愴然を爲すべし。

【愴愴】心かなしむさま。魏・呉質〔思慕詩〕愴愴として殷憂（憂え）を懷き 殷憂、居るべからず 徙倚して坐する能はず 出入歩して踟躕す（たちもとおる）

【愴悢】かなしむ。漢・班昭〔東征の賦〕時これ孟春の吉日、～乃ち趾を擧げて輿に升り、夕に予れ偃師（地名）に宿す。遂に故きを去りて新しきに就き、志愴悢として悲しみを懷く。

↑愴矣 いたむ／愴焉 いたむ／愴恨 うらむ／愴思 哀思／愴恤 憂傷／愴情 傷心／愴心 哀しむ心／愴神 愴心／愴凄 悽愴／愴楚 悲惨／愴惻 悲しむ／愴怛 いたむ／愴囊 乱れあわただしい／愴慮 愴思／愴惋 いたみうらむ

↓哀愴・感愴・空愴・摧愴・惨愴・酸愴・楸愴・悄愴・悽愴・楚愴・惻愴・悲愴・余愴

【慅】13 9703 ソウ(サウ) さわぐ

篆文 

【形声】声符は蚤。蚤に騒ぐ意がある。〔説文〕十下に「動くなり」とは騒動する意。〔爾雅、釈訓〕に「慅慅は勞なり」とあり、疲れる意。懆と通じ、憂える意がある。

【訓義】①さわぐ、さわぎうごく。②つかれる、さわぎつかれる。③懆と通じ、うれえる。④蚤と通じ、はやい。⑤澡と通じ、あらう。

【古訓】〔字鏡集〕慅 オソロシ・サハガシ・イタム・タノシブ・アハレブ・カナシブ・ウレフ

【慅慅】憂える。心わずらわす。宋・王安石〔王濬賢良の松泉に酬ゆ、二首、一、松〕詩 赤松（子、仙人）復た自ら特操無し 上下するに烟に隨ふ、何ぞ慅慅たる

↑慅嬰 洗い古した冠のひも／慅兮 憂えるさま／慅愪 不安がる

【搔】13 5703 ソウ(サウ) かく

篆文 

【形声】声符は蚤。〔説文〕十二上に「刮くなり」（段注本）とあり、蚤は爪、爪で搔く意がある。失意のときの動作で、〔詩、邶風、静女〕に「首を搔いて踟躕す（うろつく）」の句がある。

【訓義】①かく、ひっかく、かきむしる、むしる。②慅・騷と通じ、うごく、さわぐ、みだる。③爪・叉と通じ、つめ。

【古訓】〔名義抄〕搔 カラム・カク 〔篇立〕搔 サイホイル・カク〔字鏡集〕搔 カラム・カク・ツクロフ・サイカク・ホイル・マソク

【語系】搔su、爪tzheu は声義近く、爪は名詞、搔は動詞という関係。そのむずかゆさを瘙su という。

↑搔首 頭をかく／搔擾 さわぐ／搔屑 ものさびしい／搔翦 爪を切り、ひげをそる／搔頭 頭を搔く、失意のさま／搔動 さわぎたてる／搔把 かきとる／搔爬

搔把／搔背(そうはい) 背をかく／搔摩(そうま) かく／搔痒(そうよう) 搔癢／搔癢(そうよう) かゆいところをかく

↓窃搔・爬搔・抑搔

【搶】 13 5806 ソウ(サウ) つく

形声 声符は倉(そう)。倉は槍の省文。槍で搶(つ)く、つきさすことをいう。搶攘(そうじょう)はみだれる。また呉・楚の方言で、帆に風をはらむことをいう。

訓義 1つく、つきさす、つきあたる、つきやぶる、とどく。2あらそいとる、とびかすめる。書法の一、斜めにはねだす。3あつまる。4みだれる、搶攘。5帆をはる、帆が風はらむ。

古訓 〔名義抄〕搶 ホコ・フグシ・キル・オフ／弄搶 ホコトリ〔字鏡集〕搶 フグシ・オク・ホコ・キル・トシ・ツク

【搶楡】そう(さう)ゆ 楡(にれ)の枝に飛ぶ。非力のたとえ。〔荘子、逍遥遊〕蜩(ちょう)(せみ)と鷽鳩(がくきゅう)(小ばと)と、之れを笑つて曰く、我(われ)決起して飛び、楡枋(ゆぼう)を搶(つ)くも、時に則ち至らずして、地に控(お)つるのみ。

↑搶捍(そうかん) はやく走るさま／搶去(そうきょ) 強奪する／搶劫(そうきょう) かすめ取る／搶嘴(そうし) 口出しする／搶攘(そうじょう) さわぎ乱れる／搶攘(そうじょう) さわぎ乱れる／搶奪(そうだつ) 奪う／搶地(そうち) 地をついて、なげく／搶白(そうはく) 叱りつける／搶風(そうふう) 帆に風をはらむ／搶掠(そうりゃく) かすめ取る／搶擄(そうりょ) かっ払う

↓攙搶

【椶】 13 4294 ［棕］ 12 4399 ソウ シュ しゅろ

篆文 

形声 声符は夋(そう)。〔説文〕六上に「栟櫚(へいろ)なり」とあり、椶櫚(しゅろ)。「萆(みの)を作るべし」とあり、その樹皮を蓑とし、また器に編んで用いた。

訓義 1しゅろ。2字はまた棕に作る。

古訓 〔名義抄〕椶櫚 シユウロ、上、カラタチ〔篇立〕椶 スロノキ

↑椶衣(そうい) 椶櫚の皮／椶冠(そうかん) 椶櫚の帽子／椶魚(そうぎょ) 椶櫚の実／椶轎(そうきょう) 椶櫚の輿／椶糸(そうし) 椶櫚の毛／椶帚(そうしゅう) 椶櫚のほうき／椶筍(そうじゅん) 椶櫚の実／椶縄(そうじょう) 椶櫚のなわ／椶扇(そうせん) 椶櫚の団扇／椶毯(そうたん) 椶櫚の織物／椶竹(そうちく) 椶櫚竹／椶榻(そうとう) 椶櫚の長いす／椶皮(そうひ) 椶櫚の皮／椶払(そうふつ) 椶櫚の毛ぼうき／椶輿(そうよ) 椶櫚の車／椶笠(そうりゅう) 椶櫚の笠

↓寒椶・枯椶・漆椶・剝椶・編椶

【歃】 13 2778 ソウ(サフ) すする

篆文 

形声 声符は臿(そう)。臿はすきを土中にさしこむ形。歃は脣をあてて、すすることをいう。これは音させてすする意。また〔説文〕八下に「歠(すす)るなり」とあり、「春秋傳に曰く、歃りて忘る」と〔左伝、隠七年〕の文を引く。歃血して誓うこと、いわゆる血盟をいう。また揷(挿)と通用する。

訓義 1すする、吸う。2血をすする、血盟。3挿と通用し、さしこむ。

【歃血】そう(さふ)けつ 血をすする、血をすすって誓う。〔孟子、告子下〕葵丘の會に、諸侯、牲を束(つか)ね載書するも、血を歃らず。～曰く、凡そ我が同盟の人、既に盟(ちか)ふの後、言、好(よしみ)に歸せんと。

【歃盟】そう(さふ)めい 血盟。〔戦国策、魏三〕(孟嘗君、趙王に説きて曰く)今、趙、魏を救はずんば、魏、秦と歃盟せん。是れ趙、強秦と界(さかひ)を爲すなり。

↑歃会(そうかい) 歃盟の会／歃辞(そうじ) 歃盟の辞

↓再歃・同歃・盟歃

【滄】 13 3816 ソウ(サウ) さむい うみ

篆文 

形声 声符は倉(そう)。〔説文〕十一上に「寒きなり」と滄熱相対する語とし、〔列子、湯問〕にも「滄滄涼涼」の語がある。滄冷の義はもと凔に作る字。のち蒼青の意よりして滄海・滄流のように用いる。

訓義 1さむい、凔がその本字。2みずのいろ、うみ。

古訓 〔名義抄〕滄 サムシ〔篇立〕滄 ウミ〔字鏡集〕滄 サムシ・スヾシ・サム・ウミ

語系 滄tsang、凔tshiangは声義近く、色や寒冷の感覚は蒼(蒼)tsangと関係があろう。また玲瓏(れいろう)の音を瑲tshiangという。

【滄瀛】そう(さう)えい 滄海。明・黄洪憲〔山海関〕詩 長城の古堞(こてふ)、滄瀛に俯す 百二の河山、上京を擁す

【滄海】そう(さう)かい 大海原。宋・蘇軾〔赤壁の賦〕蜉蝣(ふいう)を天地に寄す、渺(べう)たる滄海の一粟のみ。

【滄桑】そう(さう)そう(さう) 滄海が桑田となる。有為転変。〔太平広記、七に引く神仙伝、王遠〕麻姑(まこ)自ら説きて云ふ、接待以來、已に東海の三たび桑田と爲るを見たり。向(さき)に蓬萊に到りしに、又水往日(むかし)より淺し。～豈に將(はた)復た陵陸と爲らんとするかと。

【滄波】そう(さう)は 青々とした波。斉・王倹〔褚淵の碑文〕棹(さを)を鼓すれば、則ち滄波振蕩(しんたう)し、旗を建つれば、則ち日月蔽(おほ)ひ虧(か)く。

【滄茫】そうぼう(さうばう) 青々として広い。唐・皇甫冉〔陸鴻漸(羽)の越に赴くを送る〕詩 迢遞(てうてい)たり、風日の閒 滄茫として、洲渚(しうしよ)晩る

【滄溟】そうめい(さう) 大海。梁・簡文帝〔昭明太子集の序〕夫(か)の嵩(すう)・霍(くわ)(ともに山名)の峻(たか)き、以て其の高きを方(くら)ぶる無く、滄溟の深き、其の大を比ぶる能はざるが若(ごと)し。

【滄浪】そうろう(さうらう) 青い水の色。また、水名。〔孟子、離婁上〕孺子(じゅし)有り、歌うて曰く、滄浪の水清(す)まば 以て我が纓(えい)(冠のひも)を濯(あら)ふべし 滄浪の水濁らば 以て我が足を濯ふべしと。

↑滄淵(そうえん) 滄海／滄熱(そうねつ) 寒暑／滄湄(そうび) 海べ／滄流(そうりゅう) 深い流れ

↓清滄

【腠】 13 7523 ソウ きめ

形声 声符は奏(そう)。腠理は皮膚のきめ。〔韓非子、喩老〕に「扁鵲(へんじゃく)、蔡の桓公に見(まみ)ゆ。立つこと閒(しばら)く有りて、扁鵲曰く、君、疾有り、腠理に在り。治めずんば、將(まさ)に恐らくは深からんとす」とあり、病理の上で重要なものとされた。

訓義 1きめ、皮膚のきめ。2字はまた奏に作る。

古訓 〔名義抄〕腠 シヽ・ワキ／腠理 シヽワキ〔篇立〕腠 ハダヘノシワ・シヽワキ〔字鏡集〕腠 ハダヘ・シヽ・カハヘ

↑腠会(そうかい) 集まる

↓営腠・進腠・膚腠

【葱】 13 4433 ［蔥］ 15 4433 ソウ ねぎ あお

篆文 

金文 

形声 声符は悤(そう)。正字は蔥に作り、悤(そう)声。〔説文〕一下に「菜なり」とあり、ねぎをいう。本白を白、末青を袍という。青が一般であるから葱青という。金文に佩玉を「蔥衡(そうかう)」といい、蔥は玉色の意であろう。

訓義 1ねぎ、あおねぎ。2あおいろ。3がま。

古訓 〔新撰字鏡〕蔥 支比留(きひる)〔和名抄〕蔥 岐(き)。〔箋注〕按ずるに今俗に爾伎(ねぎ)と呼ぶ。又、爾不加(ねぶか)と呼ぶ。～又、比止毛之(ひともじ)と呼ぶ。即ち一文字なり。單に岐(き)と呼ぶを以てなり〔名義抄〕葱 キ・ナギ・ニラ・ヒル・ツキ・アヲシ／冬葱 フユキ／水葱 ナギ〔字鏡集〕葱 キ・アサヤク・スヾムシロ・ウスアヲイロ・ヒル・アヲキ・アヲシ・ミラ・ニラ・ナギ

語系 葱tsong、蒼(蒼)tsang、靑(青)tsyengは同系の語。彭

dzieng はその色の美しさをいう。

【葱韭】(そうきゅう(きう)) ねぎと、にら。〔荘子、徐無鬼〕徐無鬼、武侯に見ゆ。武侯曰く、先生、山林に居り、芧栗を食らひ、葱韭に厭き、以て寡人を賓くること久しい矣夫な。今老せる邪か。其れ酒肉の味を干めんと欲する邪～と。

【葱衡】(そうこう(かう)) 青い色の佩玉。〔礼記、玉藻〕一命は緼韍幽衡(黒い色の佩玉)、再命は赤韍幽衡、三命は赤韍葱衡なり。

【葱葱】(そうそう) 青々と茂る。さかんなさま。〔後漢書、光武帝紀論〕王莽の位を簒ふに及び、～後、望氣の者～使して南陽に至り、遙かに春陵の郭を望見し、唶きて曰く、氣佳き哉か、鬱鬱葱葱然たりと。

↑葱蔚 盛んに茂る／葱鬱 葱蔚／葱犗 藉田の牛／葱薤 ねぎとにら／葱珩 葱衡／葱黄 浅い萌黄／葱根 白根／葱菜 ねぎ／葱針 ねぎの苗／葱翠 青々と茂る／葱青 葱芊／葱芊 青々と茂る／葱倩 葱芊／葱楚 茂る／葱白 うす藍／葱碧 青色／葱蒙 濃霧／葱緑 浅緑／葱霊 輜重車／葱曨 くもり／葱籠 こんもりと茂る

↓鬱葱・寒葱・香葱・山葱・春葱・水葱・青葱・籠葱

入 【蒼】 13/4460 〔蒼〕 14/4460 ソウ(サウ) あお あおい しげる

篆文  古印璽 

形声 声符は倉。〔説文〕一下に「艸の色なり」とあり、水には滄という。蒼蒼とは草木の繁茂する深い青さをいう。

訓義 ①あおい、草があおい。②しげる。

古訓 〔名義抄〕蒼 アヲシ・シロシ・ス、ケタリ 〔篇立〕蒼 ミドリ・アヲシ・ナモミ・イサギヨシ 〔字鏡集〕蒼 シロシ・アヲシ・ミドリ・ナモミ・ス、ケタリ

語系 蒼 tsang、葱 tsong は声近く、葱は浅い青色をいう。青(青) tsyeng、彰 dzieng も同系の語。彰は彤と同じく、その色の美しいことをいう。

【蒼煙】(そう(さう)えん) 蒼茫とした煙。唐・陳子昂〔峴山懐古〕詩 野樹、蒼煙斷え 津樓、晩氣孤なり

【蒼崖】(そう(さう)がい) 草の茂る崖。唐・杜甫〔北征〕詩 猛虎、我が前に立つ 蒼崖、吼ゆる時裂く

【蒼顔】(そう(さう)がん) 老人の顔。宋・欧陽脩〔酔翁亭記〕蒼顔白髮、其の閒に頽然たる者は、太守醉へるなり。

【蒼穹】(そう(さう)きゅう) 青空。〔梁書、高祖三王、邵陵王綸伝〕(世祖に与ふる書)唯だ應に剖心嘗膽、泣血枕戈、蒼穹に感誓し、宗祀に憑靈し、晝謀夕計、共に匡復を思ふべし。

【蒼勁】(そう(さう)けい) 老熟のうちに力強さがある。蒼老挺抜。〔隠居通議、三、莆陽老艾〕(林光朝)大概直だ是れ一博洽の儒。醇正の作、尤も經に深き者なり。其の蒼勁の處は、淺學の能く及ぶに非ず。

【蒼頡】(そう(さう)けつ) 黄帝の臣。文字の制作者であるという。倉頡。〔淮南子、本経訓〕昔者蒼頡の書を作るや、天、粟を雨らし、鬼、夜哭す。

【蒼秀】(そうしゅう(さうしう)) 茂り秀でる。〔徐霞客游記、游天台山日記〕筋竹嶺を過ぐ。嶺旁に短松多く、老幹屈曲し、根葉蒼秀、倶に吾が閶門盆中の物なり。

【蒼翠】(そう(さう)すい) あお緑。〔老学庵筆記、二〕英州の石山～に數家有り。專ら石を取りて以て生を爲す。其の佳なる者は、質溫潤蒼翠、之れを叩けば、聲金玉の如し。然れども匠者頗ぶる之れを閟す。

【蒼生】(そう(さう)せい) 人民。〔晋書、王衍伝〕山濤～之れ(王衍)を送りて曰く、何物の老嫗ぞ、寧馨(かくの如き)兒を生める。然れども天下蒼生を誤る者は、未だ必ずしも此の人に非ずんばあらずと。

【蒼然】(そう(さう)ぜん) 茂るさま。暮れゆくさま。唐・柳宗元〔始めて西山を得て宴游する記〕蒼然たる暮色、遠くよりして至り、見る所無きに至るも、猶ほ歸ることを欲せず。心凝り形釋け、萬化と冥合す。

【蒼蒼】(そうそう(さうさう)) 茂るさま。空のすみわたるさま。〔荘子、逍遥遊〕天の蒼蒼たるは、其の正色なるか。其れ遠くして至極する所無ければか。其の下を視るや、亦た是の若くならんのみ。

【蒼苔】(そう(さう)たい) 青苔。唐・郎士元〔精舎寺に題す〕詩 蒼苔の古道、行くこと應に遍かるべし 落木寒泉、聽くこと窮まらず

【蒼天】(そう(さう)てん) 天。大空。〔詩、王風、黍離〕我を知る者は 我が心憂ふと謂ふ 我を知らざる者は 我何を求むると謂ふ 悠悠たる蒼天 此れ何人ぞや

【蒼頭】(そう(さう)とう) 青頭巾の兵士。〔戦国策、魏一〕今竊かに聞く、大王の卒、武力二十餘萬、蒼頭二十萬、奮撃二十萬、斯徒十萬、車六百乘、騎五千匹ありと。～越王勾踐～に過ぐること遠し。

【蒼旻】(そう(さう)びん) 青空。唐・孟郊〔李觀に贈る〕詩 願はくは君、高風を語り 余が爲に蒼旻に問へ

【蒼茫】(そうぼう(さうばう)) うすぐらく、はるか。唐・王維〔山居即事〕詩 寂寞として、柴扉を掩ひ 蒼茫として、落暉に對す

【蒼莽】(そうぼう(さうばう)・そうもう(さうまう)) 青くひろやか。〔韓詩外伝、四〕管仲曰く、所謂天とは、蒼莽の天に非ざるなり。王者は百姓を以て天と爲す。

【蒼蠅】(そう(さう)よう) 青蠅。小人どもにたとえる。宋・欧陽脩〔蒼蠅を憎む賦〕蒼蠅、蒼蠅、吾れ爾の生爲たるを嗟く。～幸ひに人の畏れを爲さず、胡ぞ人の喜びを爲さざるや。

【蒼涼】(そうりょう(さうりやう)) 蒼勁にしてものさびしい。〔甌北詩話、九〕(呉梅村の詩)臨江參軍・松山哀・圓圓曲・茸城行の諸篇、～題既に鄭重、詩も亦た沈鬱蒼涼、實に傳ふべきの作に屬す。

【蒼老】(そうろう(さうらう)) 年経てさびれる。宋・陸游〔雲門寿聖院記〕兒爲たりし時、山中に往來す。今三十年なり。屋益き古く、竹樹益き蒼老にして物色益き幽奇、予も亦た白髮有ること久し。

↑蒼靄 蒼いもや／蒼鬱 こんもりと茂る／蒼雲 蒼い雲／蒼淵 深い淵／蒼猿 老猿／蒼華 髮が半白となる／蒼海 青海原／蒼極 青空／蒼黔 人民／蒼古 古色がある／蒼皇 あわてる／蒼黄 青黄色／蒼惶 蒼皇／蒼顥 大空／蒼黒 青黒い／蒼山 青山／蒼隼 はやぶさ／蒼松 青松／蒼岑 青山／蒼雪 薄青い雪／蒼蘚 青苔／蒼髯 白いひげ／蒼鼠 老鼠／蒼卒 にわかに／蒼竹 緑竹／蒼帝 春帝／蒼波 青い波／蒼皤 半白の髮／蒼馬 白馬／蒼白 青白／蒼髮 半白の髮／蒼蕪 青草／蒼氓 蒼生／蒼民 青人草／蒼冥 蒼天／蒼溟 蒼茫／蒼巒 青山／蒼黎 百姓／蒼嶺 青い峰

↓鬱蒼・穹蒼・昊蒼・黄蒼・深蒼・青蒼・天蒼・彼蒼・旻蒼・莽蒼・老蒼

【蛸】 13/5912 ソウ(サウ) ショウ(セウ) たこ あしたかぐも

篆文 

形声 声符は肖(肖)。〔説文〕十三上に「堂蜋の子なり」とあって、かまきりの子とする。〔爾雅、釈虫〕には蠨蛸、あしたかぐもとし、〔本草綱目〕に海蛸子をたことする。みな足の長いものに名づける。

訓義 ①たこ。②あしたかぐも。③かまきりのこ。

古訓 〔新撰字鏡、享和本〕螵蛸 伊比保牟志利(いひぼむしり)、又、阿志万支(あしまき)、又、阿志加良女(あしがらめ)、又、於保地不久利(おほぢふぐり) 〔名義抄〕海蛸子 タコ／蠨

蛸 アシタカノクモ〔篇立〕蛸 タコ・アシマトヒ・クモ・イホウシリ〔字鏡集〕蛸 アシタカクモ・ハマノハラムシ・イホシリ・タコ

語系 蛸・肖（肖）・小 siô、梢（梢）・稍 sheô は声義近く、末の細く長いものをいう。蠨蛸の蠨 syô も同系の語である。

↓蠨蛸・蟏蛸

【嗽】 14 6708 ソウ せく すすぐ

形声 声符は欶。欶は口をすぼめる意。〔玉篇〕に「咳嗽するなり」とあり、せきこんで、しわぶくことをいう。〔釈名、釈飲食〕に「嗽は促なり。口を用って急促にするなり」とあり、口をすぼめて吸う意。

訓義 1 せく、せきする、しわぶく、しわぶき、むせる。2 くちすすぐ、うがい。3 すする、すう。

古訓 〔名義抄〕嗽 スフ・ノム・シハブキ・シハブク・クチス、グ・ウガヒス／嗽獲 ─トハオトシテ

【嗽吮】 すう。〔漢書、佞幸、鄧通伝〕文帝嘗て癰を病む。鄧通、常に上の爲に之れを嗽吮す。～太子入りて疾を問ふ。上、太子をして癰を齰ましむ。太子～色、之れを難る。已にして通の嘗て上の爲に之れを齰みしを聞き、～心に通を恨む。

↑嗽飲 飲む／嗽咳 せきする／嗽口 口をすすぐ／嗽声 しわぶき声／嗽喘 せきこむ／嗽薬 うがい薬

【嗾】 14 6803 ソウ そそのかす

篆文

形声 声符は族。〔説文〕二上に「犬を使ふ聲なり」とあり、〔左伝、宣二年〕「公、夫の獒（犬）を嗾す」の文を引く。他にも哨・屬のようなよびかたもあって、みな犬をそそのかすそのよび声を写した、擬声的な語である。

訓義 1 そそのかす、犬をそそのかす、けしかける。2 人にすすめる、人をそそのかす。

語系 嗾 su、屬（属）zjiok tjiok、哨 tsio は声近く、そそのかし、けしかけるときの語である。

↓使嗾

【嘈】 14 6506 ソウ（サウ） やかましい

形声 声符は曹。〔玉篇〕に「聲なり」とあり、擬声的な語。

訓義 1 かまびすしい、やかましい。2 声が騒々しい、さわがしい。

古訓 〔名義抄〕嘈 カマビスシ〔字鏡集〕嘈 カマビスシ・コヱ

【嘈嘈】 声がひきつづいて、やかましい。唐・白居易〔琵琶行〕詩 大絃は嘈嘈として、急雨の如く 小絃は切切として、私語の如し

↑嘈音 雑音／嘈喝 さわがしい／嘈嗷 やかましい／嘈囂 かまびすしい／嘈啐 やかましい／嘈嚇 鼓うつ音／嘈雑 やかましい／嘈囋 声がやかましい／嘈唼 さえずる／嘈然 やかましい／嘈嘲 あらそいさわぐ／嘈乱 さわぐ

↓嗷嘈・豪嘈・啾嘈・啁嘈・嘲嘈

常 **【層】** 14 人 **〔層〕** 15 7726 ソウ かさなる たかどの

篆文

形声 初文。層は曾（曽）。曾は甑（こしき）の〔説文〕八上に「重屋なり」とあり、重層の家をいう。すべて累層をなすものを、層楼・層雲のようにいう。

訓義 1 かさなる、かさなる建物、たかどの。2 だん、だんをなすもの。3 たかい。

古訓 〔新撰字鏡〕層 志奈（しな）、又、塔乃己志（たふのこし）〔和名抄〕層 塔乃古之（たふのこし）〔名義抄〕層 シナ・カサヌ・シキル・タフノコシ・コシ・タカシ／層構 カサネカマヘタリ

語系 層・曾 dzəng、增（増）tzəng は声義近く、甑が上下重なる器であるように、すべて上下に累増するものをいう。

【層雲】 八重雲。宋・范仲淹〔南京書院題名記〕然らば則ち文學の器、天成一ならず、～或いは層雲よりも峻く、或いは重淵よりも深し。

【層巖】 重なりあう巖。〔水経注、巨馬水〕涞水又南して藏刀山下を逕ふ。層巖壁立し、直上して霄を干し、遠く崖側を望むに積刀の若き有り。

【層構】 幾層もの建物。魏・韋誕〔景福殿の賦〕大廈の穹崇（アーチ形の高い天井）を瞻るに、層構を結んで高く驤る。

【層榭】 高いうてな。〔淮南子、精神訓〕高臺層榭は、人の麗しとする所なり。而れども堯は樸桷（たるき）斲らず、素題（塗らず）枅（横木）せず。

【層城】 崑崙の最高所。〔水経注、河水一〕三成を崑崙丘と爲す。崑崙說に曰ふ。崑崙の山三級。下を樊桐と曰ふ。一名板松。二を玄圃と曰ふ。一名閬風。上を層城と曰ふ。一名天庭。是れを太帝の居と謂ふ。

【層畳】 うち重なる。清・姚鼐〔入山〕詩 丁東たる（水の落ちる音）石溜、巖幽より出で 層疊たる嵐光、樹上に明らかなり

【層層】 幾層にも重なる。唐・陳羽〔歩虚詞、二首、二〕詩 樓殿層層たり、阿母の家 崑崙山頂、紅霞を駐む

【層冰】 厚い氷。唐・杜甫〔高都護の驄馬行〕詩 腕促まり蹄高く、鐵を踣むが如し 交河、幾たびか層冰を蹴って裂く

【層巒】 たたなわる山。梁・呉均〔周参軍に酬ゆ〕詩 沈雲、喬樹に隠れ 細雨、層巒を滅す

【層楼】 幾層もある楼。斉・王融〔三月三日曲水詩の序〕飛觀は神行し、虛檐は雲構す。離房乍ち設け、層樓閒ま起る。

↑層阿 重なる岡／層楹 高い柱／層崖 幾重にも高いがけ／層閣 高殿／層観 高楼／層穹 大空／層級 長い階段／層空 大空／層軒 高い檐／層廝 重なりあう／層次 重なる順序／層出 幾重にも重なりあう／層霄 大空／層台 高いうてな／層塔 幾層もの高い塔／層濤 しき波／層壁 高いがけ／層峯 層巒／層累 幾重にも重なる／層浪 しき波

↓一層・下層・階層・外層・基層・軒層・交層・高層・鉱層・重層・峻層・上層・深層・翠層・石層・炭層・断層・地層・塔層・半層・表層・油層・稜層

【愡】 14 9603 **「惚」** 12 9703 ソウ きそう

形声 声符は悤。〔抱朴子、自叙〕に「官府の間に愡恫す」とあって、出進の途を競い争うことをいう。得ようと思っても、容易にえがたい意がある。また多忙なことを倥愡という。惚は俗字。悤声を忽・忩に作る例が多い。

訓義 1 きそう、きそいあらそう、えがたいものをあらそう。

古訓 〔名義抄〕愡倅 サハガシ

語系 愡 tzong、爭（争）・諍 tzheng は声近く、愡には意をえずして競い争う意がある。

↑愡惺 心がさえる／愡倅 さわがしい／愡恫 志をえないさま

↓倥愡

人 **【槍】** 14 4896 ソウ（サウ） ショウ（シャウ） やり つく

篆文

形声 声符は倉。〔説文〕六上に「歫なり」とあり、歫字条二上に「一に曰く、搶くなり」とみえる。また〔唐写本説文〕に「一に曰く、槍もて推攘するなり」

とあり、動詞にも用いる。推攘は搶攘、みだすことをいう。

【訓義】①やり。②つく。③みだす。

【古訓】〔名義抄〕槍　ウツキ　〔篇立〕槍　ホコ　〔字鏡集〕槍　ホコ・ウツキ・ツク

【語系】槍・創・瘡tshiangは同声。創・瘡は槍による傷害の意であろう。創始の創は刱、鋳型を解いて器を作り出す意で、別系の語である。

↑槍刈　草刈り器／槍杆　槍の柄／槍幹　槍杆／槍戟　槍とほこ／槍傷　槍きず／槍攘　乱れる／槍唐　のこぎり／槍柲　槍の柄／槍壘　矢来／槍纍　槍をたてならべたとりで

↓火槍・拐槍・旗槍・麾槍・交槍・手槍・短槍・長槍・挺槍・鉄槍・刀槍・標槍

人【漕】 14 3516 ソウ(サウ)　はこぶ　こぐ

篆文

【形声】声符は曹。〔説文〕十一上に「水にて轂を轉ぶなり」（段注本）とあり、水運を漕、陸運を転という。また「一に曰く、人の乘る所、及び船なり」とあり、〔段注〕に「人の乘る所の車、及び船なり」と車の字を補う。車や舟で輸送することをもいう字である。

【訓義】①はこぶ、水運ではこぶ。②こぐ。③ふね。

【古訓】〔名義抄〕漕　コグ・ミダル・フネ　〔篇立〕漕　カハナガシ・コグ・サラ・フネ

【語系】漕・槽dzuは同声。舟を槽にみたてて、漕運の意としたものであろう。

【漕渠】運河。〔史記、河渠書〕齊人水工徐伯をして表せしめ、悉く卒數萬人を發し、漕渠を穿つ。三歲にして通ず。通じて以て漕するに、大いに便利なり。其の後、漕稍ゝ多く、渠下の民、頗ぶる以て田に溉ぐことを得たり。

【漕船】運ぶ船。〔漢書、溝洫志〕後三歲、河果して館陶～に決し、兗・豫に泛溢し、～凡そ四郡三十二縣に灌し、水居の地十五萬餘頃、深き者三丈、壞敗～四萬所。～河南以東の漕船五百艘を發し、民を徙すこと～九萬七千餘口。

【漕転】輸送する。〔史記、平準書〕山東の粟を漕轉して、以て中都の官に給すること、歲ごとに數十萬石に過ぎず。

【漕輓】舟車で運ぶ。〔史記、留侯世家〕關中は～東は諸侯を制す。諸侯安定するときは、河渭天下に漕輓して、西は京師に給し、諸侯變有るときは、流れに順ひて下り、以て委輸するに足る。此れ所謂ゆる金城千里、天府の國なり。

↑漕運　水運／漕耗　め減り米／漕溝　漕渠／漕司　転運使／漕使　漕司／漕事　水運／漕倉　漕米の倉／漕粟　運漕の米／漕撫　運送する／漕米　漕運の米／漕舫　廻船／漕輸　漕運する／漕糧　輸漕の米

↓引漕・運漕・回漕・海漕・開漕・競漕・航漕・船漕・転漕・東漕・南漕・晩漕・力漕

人【漱】 14 3718 ソウ　ソク　すすぐ

篆文

【形声】声符は欶。〔説文〕十一上に「口を盪ふなり」とあり、くちすすぐことをいう。〔礼記、曲礼上〕「諸母には裳を漱はしめず」とは、手もみ洗い、またすすぎ洗いの意である。

【訓義】①くちすすぐ、うがい。②あらう、すすぐ、すすぎあらう。

【古訓】〔名義抄〕漱　スヽグ・クチスヽグ・トホル・ウガフ・アラフ・スフ・ホガラカナリ・アキラカナリ・サカリ

【語系】漱・涑so sokは同声。涑は〔説文〕十一上に「澣ふなり」と訓する字。それに欠を加えて、漱とした。また速（速）sokも同声。手早くすすぎ洗いするを涑といい、速の義がある。

【漱玉】泉流が玉声のように聞こえる。晉・陸機〔招隠詩〕山溜、何ぞ冷冷たる　飛泉、鳴玉を漱ぐ　哀音、靈波に附し　頽響、曾曲に赴く

【漱石】石に口すすぐ。負けおしみで、強弁することをいう。〔世説新語、排調〕孫子荊（楚）～隠れんと欲す。王武子（済）に語るに、～誤つて漱石枕流と曰ふ。王曰く、流れは枕すべきも、石は漱ぐべけんやと。孫曰く、流れに枕する所以は、其の耳を洗はんと欲すればなり。石に漱ぐ所以は、其の齒を礪かんと欲すればなりと。

【漱滌】あらう。〔史記、扁鵲伝〕臣聞く、上古の時、醫に兪跗有り。病を治するに～腸胃を湔浣し、五臟を漱滌し、練精して形を易ふ～と。

【漱流】流れに口すすぐ。〔三国志、蜀、彭羕伝〕伏して處士緜竹・秦宓を見るに、～枕石漱流、吟詠緼袍、仁義の途に偃息し、浩然の域に恬淡たり。高概節行、眞を守りて虧けず。

↑漱浣　すすぎ洗う／漱澣　すすぎ洗う／漱盥　口すすぎ手洗う／漱口　口すすぐ／漱刷　すすぎ洗う／漱酒　酒を飲む／漱潤　潤色する／漱洗　すすぎ洗う／漱濯　すすぎ洗う

↓澣漱・盥漱・含漱・浄漱・晨漱・清漱・澡漱・吐漱

【瑲】 14 1816 ソウ(サウ)

篆文

【形声】声符は倉。〔説文〕一上に「玉聲なり」とあり、「詩に曰く、攸革、瑲たる有り」（段注本）と〔詩、周頌、載見〕の句を引く。〔詩〕はいま「鞗革、鶬たる有り」に作り、「鞗革」は金文にいう「攸勒」にあたる。それにつけた鈴が瑲瑲として鳴ることをいう。

【訓義】①玉のなる音。②鈴のなる音。③金石のふれてなる音、楽の音。④字はまた鏘・鎗・鶬などに作る。

【古訓】〔字鏡集〕瑲　タマノコヱ

【瑲瑲】金玉の音。鈴の音。〔詩、小雅、采芑〕八鸞瑲瑲たり　其の命服を服し　朱芾斯れ皇らかなり　瑲たる葱珩有り

【稯】 14 2294 ソウ　たば

篆文

【形声】声符は㚇。〔説文〕七上に「布の八十縷なるを稯と爲す」とするが、糸には緵（総）という。禾ならば四十把、〔儀礼、聘礼、記〕に「四秉（一秉十六斛）を筥（六十四斛）と曰ひ、十筥を稯と曰ふ」とあって、四十秉、六百四十斛にあたる。

【訓義】①禾のたば、四十秉。②布、縦糸八十本の布。③字はまた總に作り、緵に作る。④稯稯は、集まる。

【箒】 14 8822 ［帚］ 8 1722 ソウ(サウ)　ほうき

【形声】声符は帚。帚がその初文。箒は俗字。帚はト文では婦（婦）の字に用いる。帚を手にもつ形は𠬶、寝廟の寝（寢）はその形に従い、鬯酒（におい酒）を灌いで、廟中を清めた。箒は後出の字で、〔中華大字典〕に、「帚の或る字なり。帚は説文に糞する（掃除する）なり。竹の名なり」とみえる。

【訓義】①ほうき。②そうじする。③ほうき竹。

【古訓】〔名義抄〕箒　ハヽキ

【語系】箒tjiu、掃（埽）suは声義近く、名詞と動詞という関係である。もとは寝廟を掃除すること。除も聖所を清め祓うことを意味する字であった。

↑箒篲　ほうき

【粽】 14 9399 ［糉］ 15 9294 ソウ　ちまき

篆文

【形声】声符は宗。〔説文新附〕七上に字を糉に作り、「蘆の葉もて米を裹むなり」とあり、

嵏声。ちまきをいう。〔続斉諧記〕に、五月五日は屈原が汨羅に投身した日であるので、楚人はこの日竹筒に米を入れ、水に投じて祭ったが、常に蛟竜に奪われるという神示があり、「楝の葉を以て其の上を塞ぎ、綵絲を以て之れを纏ひ」、蛟竜の害を避けて献ずることになったという。

訓義 [1]ちまき。[2]字はまた糭に作る。

↑粽茭　ちまき／粽子　ちまき

↓解粽・香粽

[人]

【綜】 14 2399　ソウ　へ いとかけ すべる

篆文 

形声 声符は宗。〔説文〕十三上に「機の縷るなり」とあり、〔唐写本玉篇〕に「機の縷は絲を持して交はる者なり」の文がある。〔列女伝、母儀、魯の季敬姜伝〕に「推して往き、引きて來らしむるる者は綜なり」とあり、経と緯とを織りなすものであるから、錯綜といい、綜括・綜合という。

訓義 [1]へ、いとかけ。[2]すべる、あつめる、くくる、おさめる、まじえる。

古訓 〔和名抄〕綜 閉（へ）〔名義抄〕綜 へ・スブ・スベテ・ナラフ・フサヌ・イトアハス・モテアソブ・ツムグ・ムツブ・キヌタリ・ヲサム〔字鏡集〕綜 スベタリ・ホソシ・イト・へ・ナラ・フサヌ・ナラフ・ナラム・ツムグ・カサヌ・アハス・ムツブ・キメタリ・モテアソブ・マナブ・ヲサム・ツ、ム・スフ・クム

語系 綜tzuən、奏tzo、また總（総）tzongも声義近く、楽音を合わせることを奏、糸を聚束することを綜・総という。

【綜覈】かく　綜合して考える。〔後漢書、左雄伝〕（上疏）降つて宣帝に及び、仄陋より興り、名實を綜覈し、時の病ふる所を知る。

【綜括】（くわつ）　まとめる。〔唐書、姚思廉伝〕詔して魏徴と共に梁・陳書を撰せしむ。思廉、謝炅・顧野王等諸家の言を采り、推究綜括して、梁・陳二家の史を爲り、以て父の業を卒ふ。

【綜実】じつ　事実をあわせ考える。〔風俗通、皇覇、五伯〕（宋の）襄公、徳を度り力を量らず、名を慕ひて實を綜べず、～軍を覆し身を残ひ、終に僇笑せらる。

【綜析】せき　綜合と分析。〔後漢書、蔡邕伝〕（釈誨）精を重淵に沈め、志を高冥に抗げ、無外を包括し、無形を綜析すること、其れ已に久し。

【綜摂】せつ　すべ整える。〔梁書、沈約伝〕外觀傍覽は尙ほ全人に似たるも、形骸力用は相ひ綜攝せず。

【綜覧】らん　全体をまとめてみる。〔晋書、儒林、韋謏伝〕（韋謏）雅より儒學を好み、著述を善くす。群言祕要の義に於て、綜覽せざる無し。

【綜練】れん　ひろく精通する。〔晋書、葛洪伝〕洪、（鮑）玄の業を傳へ、兼ねて醫術を綜練す。凡そ著撰する所、皆是非を精覈し、才章富贍なり。

↑綜緯　まとめる／綜核　まとめる／綜貫　綜括する／綜観　綜覧する／綜計　総計／綜校　綜核する／綜合　まとめる／綜事　まとめる／綜緝　あつめる／綜制　世話する／綜達　会通する／綜治　綜合しおさめる／綜物　まとめる／綜務　総務／綜理　まとめおさめる

↓該綜・貫綜・甄綜・錯綜・銓綜・通綜・畢綜・弁綜・苞綜

[常]

【総】 14 2893　【總】 17 2693　［物］ 12 2733　［揔］ 12 5703　ソウ　あつめる すべる ふさ すべて

篆文 

形声 旧字は總に作り、悤声。〔説文〕十三上に「聚めて束ぬるなり」とあり、糸の末端を結んで、まとめることをいう。〔釈名、釈首飾〕に「總は束髮なり」、また〔急就篇、三、注〕に「總は絲縷を以て之れを爲す。髮を束ぬる所以なり」という。〔儀礼、喪服〕「布總」の〔注〕に「總は束髮なり」とあり、幼童のあげまきを「総角」、さかやきを剃らぬことを「総髪」というなど、多く結髪の語に用いる。集めて総ふ状にすることをいう。糸を縦横に交えて織成するものは綜、糸の末端を結んでとめる形は屯、へり飾りすることを純という。

訓義 [1]あつめる、すべる、まとめる。[2]むすぶ、つかねる、くくる。[3]ふさ、たば、もとゆい。[4]いとかず。[5]みな、すべて。

古訓 〔和名抄〕總 布散（ふさ）〔名義抄〕總 フサ・フサック・ヌヒメ

語系 總tzong、統thongは声義近く、糸をまとめることをいう。充は大腹の象で、太く一本にまとめることを統という。稯・椶・騣tzongは同声。稯は布の八十縷なるもの、椶は棕櫚、騣は馬鬣。みな細い糸や毛の状態のものを合わせる意がある。

【総丱】（くわん）　あげまき。童髪。童児。〔顔氏家訓、勉学〕梁朝、皇孫以下、總丱の年、必ず先づ學に入れ、其の志尙を觀る。出身（仕官）已後、便ち文史に從ひ、略ぼ業を卒ふる者無し。

【総御】ぎよ　すべ治める。〔三国志、魏、武帝紀評〕太祖は運籌演謀、宇内を鞭撻す。～矯情任算、舊惡を念はず、終に能く皇機を總御し、克く洪業を成す者は、惟だ其の明略最も優れたればなり、抑も非常の人、超世の傑と謂ふべし。

【総裁】さい　全体を定める。〔魏書、高允伝〕太祖記は前著作郎鄧淵の撰る所。先帝記及び今記は、臣と（崔）浩と同に作る。然れども浩は綜務多きに處り、總裁するのみ。

【総集】（しふ）　全体を集める。また、別集（個人の詩文集）に対して、多数の作者・作品を集録したものをいう。〔隋書、経籍志四〕總集なる者は、建安の後、辭賦轉た繁く、衆家の集、日に以に滋廣なるを以て、晉代の摯虞、～詩賦より下、各と條貫を爲し、合して之れを編み、謂ひて流別と爲す。

【総摂】せつ　全体をおさめる。〔鬼谷子、本経陰符〕九竅十二舍なる者は、氣の門戶、心の總攝なり。生まれながらにして之れを天に受く、之れを眞人と謂ふ。～之れを知る、之れを聖人と謂ふ。

【総総】そう　多いさま。〔楚辞、九歌、大司命〕紛として總總たる九州　何ぞ壽夭の予に在る

【総統】とう　全体をまとめる。〔三国志、蜀、諸葛亮伝〕是に於て、亮を以て右將軍と爲し、丞相の事を行はしむ。總統する所、前の如し。

【総督】とく　全体を統督する。〔漢書、叙伝下〕昭・宣業を承け、都護を是れ立つ。城郭を總督すること、三十有六。朝貢を修奉し、各と其の職を以てす。

【総髪】はつ　あげまき。総角。晋・陶潜〔戊申の歳六月中、火に遇ふ〕詩　總髮より孤介を抱き　奄ち四十年を出づ　形迹、化に憑りて往くも　靈府長く獨り閑かなり

【総攬】らん　すべて掌握する。〔三国志、蜀、諸葛亮伝〕將軍は既に帝室の冑にして、信義四海に著はる。英雄を總攬し、賢を思ふこと渴するが如し。

【総領】（りやう）　すべ治める。〔漢書、魏相伝〕宣帝始め萬機を親らし、厲精治を爲す。～而して相、衆職を總領し、甚だ上の意に稱ふ。

↑総意　全体の意見／総一　統一する／総角　あげまき／総核　綜考する／総括　まとめる／総管　軍政官、督軍／総監　総監督／総観　総攬する／総亀　もの知り／総計　合計／総弁　児童の年／総綱　大綱／総合　綜合する／総雑　乱雑／総収　収束する／総緝　集める／総戎　統帥／総帥　統帥／総政　総

管／総率　率いる／総体　全体／総批　総評／総務　事務の全般をまとめる／総目　全体の目次／総要　綱要／総理　総領／総論　全体の論／総和　総体

↓該総・括総・監総・笄総・兼総・参総・悉総・出総・親総・専総・銓総・統総・納総・繁総・紛総・覧総

人

【聡】 14 1813 〔聰〕 17 1613 ソウ　さとい　きく

篆文 

形声 旧字は聰に作り、悤声。悤は聰の初文。〔説文〕十二上に「察なり」とあり、明察をいう。金文の〔大克鼎〕に「厥の心を悤襄にす」とあり、悤の字を用いている。

訓義 ①さとい、みみさとい、あきらか。②きく。

古訓 〔名義抄〕聰　トシ・ミヽトシ・キク・サトル・サトシ・アキラカナリ

語系 聰・悤tshongは同声で、悤は聰の初文。聽(聴)thyengも同系の語で、耳のさときことをいう。

【聡睿】さとくかしこい。〔中庸、三十一〕唯だ天下の至聖のみ、能く聰明睿知にして、以て臨むこと有るに足り、～文理密察にして、以て別つこと有るに足ると爲す。

【聡慧】聰睿。〔後漢書、李固伝〕(梁)冀、(質)帝の聰慧なるを忌み、後患を爲さんことを恐れ、遂に左右をして鴆を進めしむ。帝、苦煩すること甚だし。～固、尸に伏して號哭す。

【聡警】さとくすばやい。〔梁書、江蒨伝〕蒨～幼にして聰警、書を讀みて目を過ぐれば、便ち能く諷誦す。～尚書に通じ、高第に擧げらる。

【聡思】さとく思慮深い。〔三国志、魏、方技、杜夔伝〕夔、鐘律を善くし、聰思人に過ぐ。絲竹八音、能くせざる所靡し。～夔、總統研精、～先代の古樂を紹復するは、皆夔より始まるなり。

【聡哲】すぐれてさとい。晉・陸機〔弁亡論、上〕名賢を賓禮するは、張昭、之れが雄爲たり。豪俊に交御するは、周瑜、之れが傑爲り。彼の二君子は、皆弘敏にして多奇、雅達にして聰哲なり。

【聡明】かしこい。〔書、皐陶謨〕天の聰明は、我が民の聰明に自り、天の明畏は、我が民の明畏に自る。上下に達す。

↑聡鋭　聡敏／聡叡　聡睿／聡穎　聡慧／聡黠　悪賢い／聡鑒　明察／聡恵　聡慧／聡警　機警／聡悟　さとい／聡察　明察／聡俊　聡慧／聡雋　さとく、すぐれる／聡昭　さとく明らか／聡達　さとい／聡智　さとい／聡聴　明察／聡敏　明敏／聡弁　弁才／聡了　さとい／聡亮　さとく明らか／聡令　聡明怜悧／聡朗　聡明

↓恵聡・至聡・神聡・宸聡・聖聡・多聡・帝聡・天聡・明聡

常

【遭】 14 3530 〔遭〕 15 3530 ソウ(サウ)　あう

篆文 

形声 声符は曹。曹は裁判の当事者。相対する二人相並ぶ意がある。〔説文〕二下に「遇ふなり」とあり、期せずして会うことをいう。運命的な出会いを遭遇という。

訓義 ①あう、めぐりあう。②めぐる、めぐりゆく。③受身に用いて、らる。

古訓 〔名義抄〕遭　アフ

語系 遭tzu、曹dzuは声近く、曹は裁判の当事者。相対するような状態で遭遇することを遭という。

【遭遇】めぐりあう。漢・孔融〔禰衡を薦むる表〕陛下(漢の武帝)睿聖にして、纂ぎて基緒を承け、厄運に遭遇して、日の仄くに勞謙す。

【遭際】めぐりあう。〔夢渓筆談、人事一〕狄青、樞密使と爲る。狄梁公(仁傑)の後、梁公の畫像及び告身十餘通を持ち、青に詣りて之れを獻ずるもの有り。～青之れを謝して曰く、一時の遭際なるに、安んぞ敢て自ら梁公に比せんやと。

【遭難】困難にあう。〔後漢書、光武帝紀下〕(建武六年)六月辛卯、詔して曰く、～今、百姓難に遭ひ、戸口耗少す。而るに縣官吏職、置く所尚ほ繁しと。～是に於て～吏職減損し、十に其の一を置く。

【遭逢】めぐりあう。宋・文天祥〔零丁洋を過ぎる〕詩 辛苦遭逢、一經より起る 干戈落落たり、四周星

【遭乱】乱にあう。南朝宋・謝霊運〔魏の太子の鄴中集詩に擬す、八首、王粲の序〕家は本と秦川貴公の子孫なり。亂に遭ひて流寓し、自ら傷情多し。

【遭離】であう。晉・袁宏〔三国名臣序賛〕元首經略し、股肱力を肆くさざるは莫し。遭離同じからず、迹に優劣有り。

↑遭運　遭遇／遭殃　遭難／遭火　火災にあう／遭凶　悲運にあう／遭困　窮困する／遭災　災難にあう／遭讒　讒言にあう／遭時　好運／遭囚　拘禁される／遭辱　辱めを受ける／遭値　人の値遇にあう／遭命　運命／遭厄　遭難／遭戮　殺される／遭歴　遭逢

↓周遭・逢遭

人

【噌】 15 6806 ソウ(サウ)　こえ

形声 声符は曾(曽)。〔玉篇〕に「噌吰、市人の聲なり」とあり、市井のやかましい声をいう。わが国では味噌の字に用いる。また未醬とするすることがある。

訓義 ①こえ、やかましいこえ。

古訓 〔篇立〕噌　ミダリガハシ

【噌吰】市井のやかましい声。また、鐘鼓の音。漢・司馬相如〔長門の賦〕玉戸を擠して、以て金鋪を撼かせば、聲噌吰として、鍾の音に似たり。

↓泓噌・味噌

【嶒】 15 2876 ソウ(サウ)　けわしい

形声 声符は曾(曽)。曾に重なる意がある。

訓義 ①けわしい。②山が高くけわしい、石山のかたち。

↑嶒峨　高くけわしい／嶒嶷　高くけわしい／嶒嶸　高くけわしい／嶒嶄　高くけわしい／嶒峻　高くけわしい／嶒稜　高くけわしい

↓峻嶒・陵嶒

常

【槽】 15 4596 ソウ(サウ)　かいばおけ　おけ

篆文 

形声 声符は曹。〔説文〕六上に「嘼(獣)の食器なり」(段注本)、また〔玉篇〕に「馬槽なり」とあり、かいばおけをいう。

訓義 ①かいばおけ、かいおけ。②おけ、ふね、さかぶね。③とい、かけい。④みぞ。

古訓 〔名義抄〕槽　ムマフネ・フネ・サカフネ・シキイタ　〔字鏡集〕槽　サカフネ・コウ・シキイタ・ハマノ(フ)ネ・フネ／樎　サカフネ・コシキ

語系 槽・漕dzuは同声。槽は舟形の馬槽。漕運に用いる舟も同形で、槽の省文に従う字である。

【槽櫪】かいばおけ。〔後漢書、馬援伝〕今は歸老せん。更に頭を低れて、小兒曹と槽櫪を共にして食らひ、肩を併せて身を怨家の朝に側めんや。

↑槽牙　臼歯／槽戸　養豚所／槽歯　奥歯／槽廠　馬小屋／槽船　小舟／槽碓　米舂き器／槽矛　木のほこ／槽坊　槽房／槽房　酒蔵

↓官槽・金槽・行槽・歯槽・水槽・清槽・石槽・池槽・茶槽・豬槽・馬槽・伏槽・分槽・滿槽・薬槽・浴槽

【樔】 15 4299 ソウ(サウ) やぐら

篆文 

形声 声符は巢(巣)。〔説文〕六上に「澤中に守る艸樓なり」とあり、狩り場の沢を見張る望楼をいう。

訓義 1やぐら、狩り場のやぐら。2罺と通じ、すくいあみ。3巣と通じ、鳥巣。4剿・勦と通じ、たつ、たちきる。

古訓 〔篇立〕樔 スカシノキ 〔字鏡集〕樔 ス

↑樔処 巣居/樔絶 絶える

↓高樔・登樔

【潨】 15 3713 ソウ あつまる

篆文 

形声 声符は衆。〔説文〕十一上に「小水、大水に入るを潨と曰ふ」とあり、衆水が大水に合流することをいう。〔詩、大雅、鳧鷖〕に「鳧鷖潨に在り」、〔伝〕に「潨は水の會ふところなり」とみえる。〔広雅、釈丘〕に「厓なり」という。字はまた淙に作る。

訓義 1あつまる、あつまりそそぐ、大川に合流する。2みずあい、水の落ちあうところ、そのきし。3水の流れる音。4字はまた淙に作る。

古訓 〔名義抄〕潨 ミヅアヒ・ミナアヒ 〔篇立〕潨 ナミ・ミヅアヒ

【潨然】 水声。唐・柳宗元〔鈷鉧潭記〕則ち其の檻を延くし、其の泉を高きところに行らして、之れを潭に墜とすに、聲有ること潨然たり。尤も中秋、月を觀るに宜しと爲す。

↑潨潺 水声/潨潨 水の流れる音/潨流 合流

【瘙】 15 0013 ソウ(サウ) かさ かゆい

形声 声符は蚤。蚤は搔の意。かきあとのかさをいう。〔広雅、釈詁二〕に「創なり」とあり、創は槍きず。みな皮膚を破り、かさを生ずることをいう。

訓義 1かゆい、かゆみ。2きず、きずあと、かきあと。3かさ。

古訓 〔篇立〕瘙 ハタケ

↑瘙痒 かゆみ/瘙癢 瘙痒

↓疥瘙

【瘡】 15 0016 ソウ(サウ) かさ できもの

形声 声符は倉。創と通用し、創は刀創。その傷あとを瘡、傷あとのかさを瘡疥・瘡疹という。

訓義 1かさ、できもの。2きず、きずあと。3そこなう。

古訓 〔和名抄〕瘡 加佐(かさ) 〔名義抄〕瘡 カサ・キズ・キズツク・キズドコロ

語系 瘡・創・愴 tshiang、傷・慯 sjiang は声義近く、創・傷、愴・傷は通用する字である。〔玉篇〕に「瘡は瘡痍なり」とあり、瘢痕をいう。

＊語彙は創字条参照。

【瘡痍】 きず。きずあと。〔塩鉄論、国病〕殘賊を誅滅し、～居民肆然として復た安し。然れども其の禍、累世復せず、瘡痍今に至るも未だ息まず。故に百宮尙ほ殘賊の政有り。

【瘡腫】 できもの。〔後漢書、章帝八王、済北恵王寿伝〕(済北王)次、九歳にして父を喪ふ。至孝なり。～焦毀過禮、草廬土席、衰杖身に在り。頭は枇沐(くしけずり、洗うこと)せず、體に瘡腫を生ず。

【瘡癤】 できもの。ぐりぐり。〔本草綱目、草四、苦芺〕(李)時珍曰く、～今、浙東の人、清明の節に其の嫩苗を采りて之れを食らふ。云ふ、一年瘡癤を生ぜずと。

【瘡瘢】 きずあと。〔後漢書、馬廖伝〕傳に曰く、吳王劍客を好んで、百姓に創瘢多く、楚王細腰を好んで、宮中に餓死多しと。

↑瘡夷 瘡痍/瘡痏 きずあと/瘡科 皮膚科/瘡家 皮膚科/瘡痂 かさ/瘡疥 できもの/瘡口 傷口/瘡痕 傷あと/瘡刺 さしきず/瘡疵 きず/瘡疾 かさ/瘡傷 きず/瘡疹 できもの/瘡蘚 くさ/瘡痛 傷の痛み/瘡毒 梅毒/瘡疣 いぼ/瘡瘍 できもの/瘡癘 かさ

↓金瘡・刀瘡・凍瘡・痘瘡・疱瘡・皰瘡・面瘡

【瞍】 15 6704 ［瞍］ 14 6304 ソウ

篆文 

形声 声符は叟。もと叜に従い、叜声。〔説文〕四上に「瞍は目無きなり」、〔玉篇〕に「眸子無きを瞍と曰ふ」とあり、盲目をいう。

訓義 1めしい。2やせる、くずれる。3叟と通じ、おきな。

古訓 〔新撰字鏡〕瞍 目志比(めしひ)

【瞍矇】 めしい。〔国語、周語上〕瞽は曲を獻じ、史は書を獻じ、師は箴し、瞍は賦し、矇は誦す。

↓瞽瞍

常【箱】 15 8896 ソウ(サウ) はこ

篆文 

形声 声符は相。〔説文〕五上に「大車の牝服なり」とあって、車上の荷受けの箱をいう。また農穀を収めるものをいい、〔詩、小雅、甫田〕「乃ち千斯倉を求め 乃ち萬斯箱を求む」とは、豊作を祈る意である。

訓義 1はこ。2車のにうけ。3米ぐら。4廂と通じ、わきべや。

古訓 〔名義抄〕箱 ハコ・トコ・クルマノトコ 〔篇立〕箱 ハコ・クルマ・クラ

語系 箱・廂 siang は同声。廂は廟の東西の廂。車箱の形に似ている。倉 tsang、藏(蔵) dzang も声近く、方形の、物を容れるところをいう。

↑箱櫃 はこ/箱笈 はこ/箱筥 はこ/箱篋 はこ/箱匣 はこ/箱囊 箱と袋/箱奩 はこ/箱籠 かご

↓筐箱・巾箱・高箱・漆箱・車箱・書箱・青箱・倉箱・万箱・方箱・両箱

【粽】 15 9294 ［粽］ 14 9399 ソウ ちまき

篆文 

形声 声符は㚇。〔説文新附〕七上に「粽は蘆の葉もて米を裹つむなり」とあり、もち米を茅・蘆・菰などの葉に包んで蒸したもの。端午の節句の日に作る。〔続斉諧記〕に「屈原、五日に汨羅に投ず。楚人之れを哀しみ、此の日に至り、竹筒子を以て米を貯へ、水に投じて、以て之れを祭る」とその起源説話をしるしている。

訓義 1ちまき。2字はまた粽に作る。

古訓 〔新撰字鏡〕粽・粽 知万支(ちまき) 〔名義抄〕粽・粽 チマキ 〔字鏡〕粽・粽 チマキ

↑粽茭 ちまき/粽子 ちまき

↓果粽・裹粽・解粽・角粽・巧粽・作粽・雑粽・食粽・楚粽・縛粽・蜜粽

【蔟】 15 4423 ソウ ソク サク まぶし あつまる

篆文 

形声 声符は族。族は氏族旗のもとに族人が集まって、矢を以て誓う族盟の儀礼を示す。ゆえに集まる意がある。〔説文〕一下に「蠶を行る蓐なり」とあって、まぶしをいう。簇は簇集、蔟もその意に用いる。ともに簇集を本義とする字である。

訓義 1あつまる。2まぶし。3やす。

古訓 〔名義抄〕蔟 アツマル・トル・エラブ 〔篇立〕蔟 アツム・ヲ

ヒイテタリ

語系 蔟・簇・湊・輳 tsok は同声。族 dzok、奏 tzo に集まる意がある。聚・冣 dzio、叢 dzong も同系の語。藪 so も草水の茂り集まるところをいう。

【蔟蚕】蚕のまぶし。唐・白居易〔陶潜の体に効ふ詩、十六首、四〕蔟蠶、北堂の前 雨冷やかにして絲を成さず

【蔟蔟】むらがり集まるさま。〔敦煌曲子詞集、中、浣溪沙〕一架の嫺藤、花蔟蔟たり 雨微微たり

↓叉蔟・蚕蔟・柴蔟・上蔟・太蔟・登蔟

【諍】 15 0265 ソウ(サウ) いさめる うったえる

篆文 

形声 声符は争(爭)。争は物の上下を執り、たがいに争う形。〔説文〕三上に「止むるなり」とあり、諫止することをいう。また争い訴える意。

訓義 1いさめる、とめる。2うったえる。3あらそう。

古訓 〔名義抄〕諍 アラソフ・シヅカニ・ヒソカニ 〔字鏡集〕諍 ヒソカニ・ヒク・メス・シヅカニ・アラソフ・ヲサム

語系 諍・争 tzheng は同音。〔広雅、釈詁四〕に「諍は諫なり」とみえる。訟(訟)ziong も声義近く、公廟の前で争うことを訟といい、贊頌することをまた頌(頌)ziong という。〔山海経、大荒東経〕の「靖人」を〔列子、湯問〕に「諍人」に作る。靖(靖)dzieng もまた声義に通ずるところがある。

【諍気】争い勝とうとする気性。〔韓詩外伝、四〕問ふ者には告げず、告ぐる者には問ふこと勿れ。諍氣有る者には、與に論ずること勿れ。必ず其の道に由りて至り、然る後に之れに接す。

【諍人】伝説上の細小の人。〔列子、湯問〕東北の極に人有り、名づけて諍人と曰ふ。長け九寸。

↑諍議 争論／諍辞 争言／諍訟 訴訟／諍臣 諫争の臣／諍治 諫止する／諍能 才能をきそう／諍論 争論

↓諫諍・苦諍・廷諍・忿諍・紛諍・勃諍・面諍

常 【踪】 15 6319 ［蹤］ 18 6818 ソウ あと

篆文 

形声 声符は宗。字はまた蹤に作り、同字とされるが、踪は「踪迹」のように用いる後起の字。字書にはみえぬ字である。

訓義 1あと、あしあと、人のゆくて。2あとをつける。

＊語彙は蹤字条参照。

↑踪影 あとかた／踪由 由来

【噪】 16 6609 ソウ(サウ) さわぐ

形声 声符は喿。〔説文〕二下に喿を鳥の群鳴する意とするが、喿は多くの祝禱の器(𠙵)を木の枝に結びつけて神に祈る意。その祈る声を噪という。〔玉篇〕に「呼噪するなり」とあり、諠噪の意である。

訓義 1さわぐ、やかましい、さわがしい。2とりがなく。

古訓 〔名義抄〕噪 サハカシ・ホユ・コワタカ・カヤ・イキ・ノナクゾ・カト・オト

語系 噪・譟 sô、懆 tsô は声義近く、呼噪して哀訴する心情を懆という。

↑噪蛙 蛙のなく声／噪音 騒音／噪聒 やかましい／噪吟 やかましくなく／噪喧 やかましくさわぐ／噪呼 さけぶ／噪嗾 けしかける

↓叫噪・競噪・群噪・喧噪・呼噪・号噪・蟬噪・叢噪・啄噪・鳥噪

【懆】 16 9609 ［慅］ 13 9703 ソウ(サウ) うれえる

篆文 

形声 声符は喿。喿は木の枝に多くの祝禱の器(𠙵)を結びつけて祈る形で、その祝禱の声が喧しいことをいう。〔説文〕十下に「愁へて安からざるなり」とし、〔詩、小雅、白華〕「子を念ふこと懆懆たり」の句を引く。〔詩、陳風、月出〕「舒として夭紹たり 勞心慘たり」は、慘(慘)では韻に合わず、懆の字を用いるところである。

訓義 1うれえる、こころむすぼれる。2うごく、おきる。3むさぼる。

古訓 〔名義抄〕懆 ウレフ・イタム・アハレブ・カナシブ・サハガシ・オソロシ・タノシブ

語系 懆 tsô、噪・譟 sô は声近く、呼噪して神に訴えるその心情を懆という。

↑懆懆 憂えるさま／懆動 さわぐ

常 【操】 16 5609 ソウ(サウ) とる あやつる みさお

篆文 

形声 声符は喿。喿は多くの祝禱の器(𠙵)を木の枝につけて祈る意。〔説文〕十二上に「把持するなり」という。その祝禱を操って、一心に祈る意であろう。〔詩、鄭風、遵大路〕「大路に遵つて 子の袪を摻執す」の〔正義〕に〔説文〕を引いて、摻を「斂むるなり」と訓するが、今の〔説文〕にその字はなく、摻は操の別体の字である。魏の曹操の名を避けて、懆を慘(慘)、操を摻の形に改め、のち別体の字として行われるようになった。

訓義 1とる、もつ、かたくもつ。2あやつる、つかう。3みさお、こころざし、節度、節操。4おもむき、風致、風趣。5楽曲の名。

古訓 〔名義抄〕操 ミサヲ・コ、ロバセ・トル・ホナモツ・アヤツル・コ、ロザシ・アヤツリ・タスク・カムカフ／心操 コ、ロバセ／操行 コ、ロバセ 〔字鏡集〕操 ホソ・ニキモツ・アヤマツ・ミサヲナリ・カイカヘス・タヌクス・アナツル・モツ・ナル・コ、ロザシ・コ、ロバセ・アヤツル・カスカフ

【操業】操行。梁・劉潜〔江侍中の為に士を薦むる表〕伏して見るに、鎭北府水曹參軍濟陽の江興、～身を立つること貞白、操業清廉。頗ぶる書記に渉り、彌いよ刀筆に閑ふ。

【操觚】文を作る。觚は四角の木で筆記の具。晉・陸機〔文の賦〕或いは觚を操りて以て率爾たり。或いは毫(筆)を含みて邈然たり。

【操行】志行。〔史記、伯夷伝〕近世に至るが若き、操行不軌、專ら忌諱を犯すも、終身逸樂富厚にして、累世絶えず、～余れ甚だ惑ふ。

【操持】操守するところ。唐・李商隠〔漫成五章、二〕詩 李(白)・杜(甫)の操持、事略ぼ齊し 三才(天地人)の萬象、共に端倪す

【操舎】守り持つことと、放しすてること。〔孟子、告子上〕孔子曰く、操れば則ち存し、舍つれば則ち亡し。出入時無く、其の郷を知る莫しとは、惟れ心の謂ひなるかと。

【操守】操持。〔唐書、裴度伝〕度、退然として纔かに中人なるも、神觀邁爽、操守堅正、占對を善くし、既に功有り。名、四夷に震ふ。

【操尚】品行が高い。〔三国志、魏、邴原伝〕少くして管寧と倶に、操尚を以て稱せらる。～黄巾起り、原、家屬を將つて海に入り、鬱洲山中に住む。～遂に遼東に至る。

【操心】心術を守る。〔孟子、尽心上〕人の德慧術知有る者は、恆に疢疾(災患)に存す。獨り孤臣孽子の其の心を操ること危く、其の患を慮ること深し。故に達す。

【操筆】文を作る。〔晋書、郗超伝〕凡そ超の交はる所の友は、皆一時の秀美なり。寒門後進と雖も、亦た抜きて之れを友とす。死するの日に及んで、貴賤筆を操りて誄を爲る者、四十餘人。

【操矛】矛をとる。〔後漢書、鄭玄伝〕任城の何休、公羊學を好み、遂に公羊墨守・左氏膏肓・穀梁廢疾を著はす。玄乃ち墨守を發し、膏肓を鍼し、廢疾を起す。休見て歎じて曰く、康成、吾が室に入り、吾が矛を操りて、以て我を伐つかと。

【操履】操行。〔宋書、武三王、江夏文献王義恭伝〕(上表)竊かに南陽の宗炳を見るに、操履閑遠、思業貞純なり。節を丘園に砥き、賓を盛世に息む。貧約にして苦しむも、内に改情無し。

↑操衣 制服／操意 立意／操演 稽古する／操戈 戈をとる／操介 節操／操琴 琴をならす／操絃 調絃／操作 はたらく／操宰 大臣／操舟 舟をこぐ／操習 操練する／操檝 舟をこぐ／操縦 操りうごかす／操術 扱う術／操刃 刀をとる／操制 支配する／操節 操守／操撾 奏曲／操柁 かじとり／操典 教本／操刀 刀をつかう／操瓢 乞食する／操柄 執権／操袂 舞う／操防 示威演習／操刺 勇猛なさま／操練 練兵／操労 労働する／操弄 もてあそぶ

↓雅操・改操・奇操・儀操・曲操・琴操・賢操・高操・士操・志操・執操・殊操・情操・心操・清操・節操・体操・貞操・徳操・稟操・風操・幽操・立操・厲操・烈操

【澡】 16 3619 ソウ(サウ) あらう すすぐ

篆文 

形声 声符は喿。〔説文〕十一上に「手を洒ふなり」とあり、さわさわと音たてて洗う意であろう。澡沐の意。湯屋を澡堂という。

訓義 [1]あらう、すすぐ。[2]おさめる。

古訓 〔名義抄〕澡 ス、グ・テアラフ・クチス、グ・キヨシ・ワタル・ミヅガメ・サクツ・ウガフ・アラフ 〔字鏡集〕澡 テアラフ・ミヅガメ・ツクロフ・アラフ・フカシ・ス、グ・クチス、グ・ソ、グ・ワタル・キヨシ・サクツ・ウカフ

語系 澡・蚤tzuは同声。璪・瘙も同声。澡は搔suと声義近く、搔はその動作、澡はその水音に近い。

【澡盥】口をすすぎ手をあらう。〔東観漢記、傅俊伝〕王尋等を陽關に迎撃す。上、手を以て水を飲み、鬚眉の塵垢を澡盥し、俊に謂ひて曰く、今日罷倦甚だし～と。

【澡身】身をあらい清める。魏・嵆康〔幽憤詩〕義、直なりと曰ふと雖も 神、辱められ志沮まる 身を滄浪(水)に澡ふも 豈に云に能く補はんや

【澡雪】あらいすすぐ。〔荘子、知北遊〕老聃曰く、汝、齋戒して而の心を疏瀹し、而の精神を澡雪し、而の知を掊撃せよ。

【澡浴】身をあらう。〔三国志、魏、東夷伝、倭〕其の死するや、棺有るも槨無く、土を封じて冢を作る。～已に葬りて、擧家水中に詣りて澡浴すること、以て練沐の如くす。

↑澡尉 湯のし／澡漑 洗う／澡鑵 手杓／澡灑 洗う／澡室 浴室／澡洗 洗う／澡漱 洗う／澡盥／澡濯 洗う／澡堂 浴室／澡徳 身を清め、徳をうける／澡盤 たらい／澡粉 化粧する／澡盆 湯ぶね／澡麻 白い麻／澡沐 沐浴する／澡練 洗いすすぐ

↓灌澡・身澡・濯澡・沐澡

【艘】 16 2744 ソウ(サウ) ふね

形声 声符は叟。左思の〔呉都の賦〕に「萬艘を渾めて既に同ふ」とあり、舟をかぞえるのに用いる。漢魏以後に至ってみえる字である。

訓義 [1]ふね。[2]舟をかぞえる語。

古訓 〔名義抄〕艘 ハシフネ 〔篇立〕艘 ハフシフネ・カズ

↑艘海 大船／艘楫 舟のかい

↓客艘・巨艘・軽艘・征艘・船艘・戦艘・万艘

【艙】 16 2846 ソウ(サウ) ふなぐら

形声 声符は倉。船の荷を積むところ、また船室をいう。船のデッキを艙板・艙面・艙頂、船底の積荷するところを艙底、甲板への昇降口を艙口という。宋の陸游〔舟中、暁に賦す〕の詩に「斜に分つ、半艙の月 満載す、一篷の霜」とあるものが、古い用例であろう。

訓義 [1]船の貨物を積むところ、船倉。[2]船室。

↑艙間 船室／艙底 船倉／艙房 船室

↓一艙・半艙

【輳】 16 5503 ソウ あつまる

形声 声符は奏。車輪の矢が轂に集まることをいう。その状を輻輳といい、転じて物が一所に会聚することをいう。

訓義 [1]車の矢が軸に集まる。[2]一所に会聚し集中する。[3]舟の集まるを湊といい、通用することがある。

古訓 〔名義抄〕輳 アツマル 〔篇立〕輳 ヤ・アツマル 〔字鏡集〕輳 アツマル・クルマノヤ・ミナト

【輳泊】舟が湊に集まる。接近する意に用いる。〔芸苑巵言、一〕儼儀曰く、～盛唐の諸公は、惟だ興趣に在り。羚羊挂角、跡の求むべき無し。故に其の妙處は透徹玲瓏、輳泊すべからず。空中の音、相中の色、水中の月、鏡中の象の如く、言盡くる有るも、意窮まり無しと。

↑輳況 迎合する／輳遇 あう／輳巧 遇然に合う／輳合 集まる／輳集 集合する／輳積 積聚／輳隊 集合した隊／輳輓 輸送する

↓輻輳

【錚】 16 8215 ソウ(サウ)

篆文 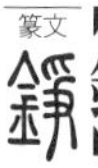

形声 声符は爭(争)。〔説文〕十四上に「金聲なり」とあり、金属のふれる音をいう。

訓義 [1]かねのおと、金属のふれあう高くすんだ音。[2]かね、鉦。[3]はりきったさえた音、すぐれたもの。

古訓 〔名義抄〕錚 タテ

語系 錚・琤tzheng、鏘tziangは声義近く、ともに金玉のふれあう音を示す擬声語である。

【錚錚】金属や玉のふれあう音。すぐれたものにたとえる。〔後漢書、劉盆子伝〕徐宣等叩頭して曰く、～今日降ることを得て、猶ほ虎口を去りて慈母に歸するがごとし～と。～帝曰く、卿は所謂鐵中の錚錚、傭中の佼佼たる者なりと。

↑錚然 金玉の声／錚鎗 玉声

↓鏗錚

常

【燥】 17 9689 ソウ(サウ) かわく

篆文 

形声 声符は喿。〔説文〕十上に「乾くなり」とあり、乾燥することをいう。乾燥することによって堅固となるので、燥勁という。心のいらいらする状態を燥灼という。

訓義 [1]かわく、かわかす。[2]こげる、かたまる。[3]たかくかわいた地。

古訓 〔新撰字鏡〕燥 保須(ほす)、又、可和久(かわく)、又、加留(かる) 〔名義抄〕燥 カハク・モユ・ウルホス

語系 燥sô、懆tsôは声近く、心がやけつくような不安な状態にあることを懆という。

【燥涸】かわきかれる。〔晋書、庾翼伝〕山南の諸城は、秋冬に至る毎に、水多く燥涸し、運漕功を用ふること、實に艱阻と爲す。

【燥剛】かわいて堅い。宋・李覯〔袁州学記〕厥の土は燥剛、厥の位は陽に面し、厥の材は孔だ良し。瓦甓黝堊丹漆、擧な法を以てす。

【燥溼】乾湿。〔淮南子、原道訓〕匈奴の穢裘を出だし、干越の葛絺を生ずるは、各ゝ急とする所を生じて、以て燥溼に備へ、各ゝ處る所に因りて、以て寒暑を禦ぎ、竝びに其の宜しきを得。物、其の所に便なり。

【燥灼】心がやける。焦慮。唐・符載〔襄陽の樊大夫に上る書〕上は以て尊長に供養すること無く、下は以て孤稚を撫字する無し。彷徨燥灼し、内熱すること疾の如し。

【燥吻】口がかわき、ことばが出ない。晉・陸機〔文の賦〕始めには燥吻に躑躅し、終りには濡翰に流離す（すらすら出る）。

↑燥火 烈火／燥渇 心がやけ口がかわく／燥悍 暑熱／燥気 あせる／燥急 焦燥／燥勁 燥剛／燥刷 汗ふく／燥子 こま切れ肉／燥熱 炎熱／燥脾 爽快／燥筆 枯筆／燥暴 粗暴／燥莽 大あわて／燥葉 枯葉／燥烈 猛烈

↓乾燥・暵燥・炙燥・僵燥・枯燥・口燥・高燥・焦燥・舌燥・土燥・風燥・吻燥

【甑】 17 8161 ［䰝］ 22 1826 ソウ こしき

篆文

籀文

形声 声符は曾（曽）。曾は甑の初文。〔説文〕十二下に「甗なり」とみえる。青銅器の甗には、上下の器がはなれているものと、上下の器が連なり、その間に蒸気を通す十字形の穿を設けるものとがある。蒸し器として用いた。下部が鬲形をなしているので、字はまた䰝に作る。

訓義 ①こしき。②炊器。

古訓 〔名義抄〕甑 コシキ

語系 甑tziəng、鬵ziəm は声義近く、鬵は〔説文〕三下に「大釜なり。一に曰く、鼎の大上小下、甑の若くなるものを鬵と曰ふ」とあり、甑と同系の器である。增（増）tzəng、層（層）dzəng は、曾（甑）が上下を重ねる器であるから、重層の意をとる語である。

【甑塵】こしきに塵がたまる。極貧の生活。〔後漢書、独行、范冉伝〕字は史雲〜市に賣卜す。黨人の禁錮に遭ひ、〜乃ち草室を結びて居る。止る所單陋、時に粮粒盡くること有るも、窮居自若たり。〜閭里之れを歌うて曰く、甑中に塵を生ず、范史雲〜と。

↑甑垢 こしきのあか／甑中 酷暑／甑箄 こしきの底板／甑釜 こしきと釜／甑盆 こしきと鉢

↓荷甑・瓦甑・晨甑・炊甑・堕甑・土甑・破甑・飯甑・釜甑・覆甑・盆甑

【矰】 17 8846 ソウ いぐるみ や

篆文

形声 声符は曾（曽）。〔説文〕五下に「隿射の矢なり」とあり、いぐるみをいう。その象形字は叔、形声の字は繳。繳と合わせて矰繳という。〔周礼、夏官、司弓矢〕に「矰矢・茀矢は諸れを弋射に用ふ」とみえる。

訓義 ①いぐるみ。②や、みじかいや。

古訓 〔名義抄〕矰 ヤ

語系 矰・罾tzəng は同声。罾は魚網、矰は弋射の糸でからめてとるもの。矰はまた繒dziəng と通用することがある。繒は織りものをいう。

【矰繳】いぐるみ。〔史記、留侯世家〕戚夫人泣く。上曰く、我が爲に楚舞せよ、吾れ若が爲に楚歌せんと。歌に曰く、鴻鵠高く飛び 一擧千里〜矰繳有りと雖も 尙ほ安くに施す所あらんと。

【矰弋】いぐるみ。〔荘子、応帝王〕且つ鳥は高く飛びて、以て矰弋の害を避く。

↑矰尉 いぐるみと網／矰矢 いぐるみ／矰隿 矰弋／矰羅 いぐるみと網

↓弓矰・施矰・繳矰・素矰・飛矰・避矰・微矰・弋矰・利矰

【簇】 17 8823 ソウ ささだけ むらがる あつまる

形声 声符は族。族に族集の意があり、また簇の声がある。〔史記、律書〕に「正月なり。律は泰簇に中る。泰簇とは、萬物の簇生するを言ふなり」とみえる。〔白虎通、五行〕に字を太簇に作り、「簇なる者は湊なり」という。簇はささだけをいう。〔説文〕には未収。〔玉篇〕に矢金・小竹の両訓があり、矢金とは鏃をいう。

訓義 ①ささだけ。②むらがる、あつまる。③やじり。

古訓 〔名義抄〕簇 トル 〔字鏡集〕簇 シヒシ・トル

語系 簇・蔟・湊・輳tsok は同声。族dzok と声近く、族は氏族の構成員である軍士が、氏族旗の下に集まって、矢を以て誓約する意の字。奏は合奏で、また湊集の意がある。

【簇簇】むらがり連なる。唐・韓愈〔祖席、前字（韻）〕詩 野晴れて、山簇簇 霜曉けて、菊鮮鮮

↑簇金 金飾り／簇錦 美文／簇坐 車坐／簇蚕 蚕のまぶし／簇射 集中射撃／簇酒 酒集め／簇集 集める／簇聚 簇集／簇仗 簇輦／簇新 斬新／簇生 叢生する／簇拍 急な調子／簇箔 養蚕のまぶし／簇擁 おしよせる／簇輦 護衛

↓一簇・花簇・紅簇・山簇・攢簇・市簇・太簇・乱簇

【糟】 17 9596 ソウ（サウ） かす もろみ

篆文

籀文

形声 声符は曹。〔説文〕七上に「酒の滓なり」とし、曹声。籀文として醩をあげる。棘は曹五上の篆文を𣍘に作り、その省文。米を主として糟に作り、酒を主として醩に作る。〔周礼、天官、酒正〕の〔注〕に「泲したるを清と曰ひ、泲まざるを糟と曰ふ」とあり、もとは醇熟したままの酒をいう。酒を漉した残りのものを粕という。のち、粕を含んだもろみのままのものを糟といい、糟粕と連称し、今はその意に用いる。

訓義 ①もろみ、酒の醇熟したもの。②かす、酒をしぼったのちのかす。③ものかす、朽廃した役に立たぬもの。

古訓 〔新撰字鏡〕糟粕 阿万加須（あまかす）〔和名抄〕糟 賀須（かす）〔名義抄〕糟 カス 〔篇立〕糟 アマカス・カス・ヌカ 〔字鏡集〕糟 カス・アケ（マ）カス・サケカス

【糟蟹】かすづけの蟹。重陽の日に用いる。宋・楊万里〔糟蟹の賦、小序〕江西の趙漕子直、糟蟹を餉る。風味勝絶なり。此の賦を作りて、以て之れを謝す。

【糟麴】酒のかすと、こうじ。宋・蘇軾〔子由（弟、轍）の杉竹を種うに次韻す〕詩 糟麴、神有り、熏すれども醉はず 雪霜、健を誇りて、巧みに相ひ沾す

【糟丘】酒のかすを積んで丘を作る。酒におぼれることをたとえる。〔韓詩外伝、四〕桀、酒池を爲り、以て舟を運らすべし。糟丘は以て十里を望むに足る。而して牛飲する者三千人なり。

【糟糠】かすと、ぬか。貧しい生活をいう。〔後漢書、宋弘伝〕時に帝の姉湖陽公主、新たに寡なり。帝〜弘に謂ひて曰く、諺に言ふ。貴となりては交を易へ、富みては妻を易ふとは、人の情なるかと。弘曰く、臣聞く、貧賤の知（友）は忘るべからず、糟糠の妻は堂を下さずと。

【糟漿】そうしょう(さうしやう) かすと、しる。また、酒。〔列子、楊朱〕(子産に)兄有り、公孫朝と曰ふ。～朝、酒を好む。～朝の室や、酒を聚むること千鍾。麴を積みて封を成す。望門百歩にして、糟漿の氣、人の鼻を逆ふ。

【糟食】そうしょく(さうしよく) 粗末な食事。〔後漢書、桓鸞伝〕少くして操行を立て、縕袍糟食、盈餘を求めず。世の濁れるを以て、州郡多く其の人を非とす。

【糟隄】そうてい(さうてい) かすを積んで堤とする。酒におぼれることをいう。〔韓詩外伝、二〕昔者、桀、酒池・糟隄を爲り、靡靡(淫靡)の樂を縱にす。

【糟粕】そうはく(さうはく) 酒をしぼったあとのかす。つまらないもの。〔淮南子、道応訓〕君の讀む所の者は、何の書ぞ。～是れ直だ聖人の糟粕なるのみ。

【糟魄】そうはく(さうはく) 酒をしぼったあとのかす。つまらないもの。〔荘子、天道〕古の人と、其の傳ふべからざることとや、死せり。然らば則ち君の讀む所の者は、古人の糟魄のみなる夫。

【糟醨】そうり(さうり) 酒のかすと、しる。〔楚辞、漁父〕衆人皆醉はば、何ぞ其の糟を餔らひて、其の醨を歠らざる。

↑糟淹 かす漬けとしお漬け/糟甕 酒かめ/糟瓜 かす漬けの瓜/糟害 ふみつけいためる/糟朽 朽廃する/糟牀 酒をしぼる器具/糟践 浪費する/糟踏 糟践/糟頭 愚かもの/糟蹋 糟践/糟肉 かす漬けの肉/糟坊 酒造りの家

↓圧糟・醬糟・麴糟・丘糟・去糟・挫糟・酒糟・樹糟・焦糟・食糟・新糟・清糟・楚糟・帯糟・買糟・白糟・肥糟・餔糟・用糟・醨糟・臘糟

【繅】 17 2299 〔繰〕 19 2699 ソウ(サウ) くる

篆文 

形声 声符は巢(巣)。〔説文〕十三上に「繭を繹りて絲と爲すなり」とあり、繭から糸を繰りとることをいい、繰も同じ字。繅の異文に、喿・參(参)・蚤に従う字があるが、からんだ糸を繰りとるのは繅が本字。また飾りひも、組みひもなどの意に用いる。

訓義 ①いとくる。②冠のたれひも、ひもかざり。③玉を敷くしきもの。

古訓 〔名義抄〕繅・繰 クル 〔字鏡集〕繅・繰 アソブ・ヲスヂ・クル・マユヒク・イトスヂ

【繅藉】そうせき(さうせき) 玉を敷くもの。皮に五采を加える。〔周礼、春官、典瑞〕鎮圭を執るに、繅藉五采五就して、以て日に朝す。

↑繅演 おしひろめる/繅繭 まゆの糸くり/繅糸 繅/繅車 糸繰り車/繅席 繅藉

↓繭繅・蚕繅・糸繅・抽繅

【罾】 17 6060 ソウ よつであみ

篆文 

形声 声符は曾(曽)。〔説文〕七下に「魚网(網)なり」とあり、〔漢書、陳勝伝〕の〔顔師古注〕に「形、繖蓋を仰がせたるが如くにして、四維もて之れを擧ぐ」とあり、よつであみをいう。

訓義 ①よつであみ。②あみをかける。

古訓 〔字鏡集〕罾 アミ・イヲトルアミ

↑罾罟 漁網/罾笱 よつであみと、筌/罾繳 よつであみと弋/罾人 漁者/罾船 漁具/罾網 漁網/罾弋 よつであみと、いぐるみ/罾梁 よつであみとやな

↓挙罾・魚罾・漁罾・軽罾・施罾・守罾・垂罾・釣罾・投罾・破罾・晩罾

【臊】 17 7629 ソウ(サウ) あぶら なまぐさい

篆文 

形声 声符は喿。〔説文〕四下に「豕の膏の臭きなり」とあり、豚や犬の膏を膏臊といい、その臭いを腥臊という。

訓義 ①あぶら、豚や犬のあぶら。②あぶらのにおい、なまぐさい。③いま、恥じる意に用いる。

古訓 〔名義抄〕臊 ナマグサシ・アサシ・アブラクサシ 〔字鏡集〕臊 アサル・アブラクサシ・ナマグサシ・キノアラクサキ

↑臊悪 生臭い/臊気 臭気/臊子 こま切れ肉/臊死 死ぬほどはずかしい/臊臭 臊気/臊声 醜聞/臊鼠 いたち/臊肉 なまぐさい肉/臊皮 ひやあせするほどはずかしい

↓膏臊・山臊・腥臊・羶臊

【螬】 17 5516 ソウ(サウ) きくいむし

篆文 

形声 声符は曹。正字は䗬+蚰の形で、䗬は曹の初文。〔説文〕十三下に「蠐螬なり」とあり、糞土の中に棲息するこがねむしの幼虫。また、きくいむし、かみきりむしの幼虫をもいう。

訓義 ①きくいむし。②こがねむしの幼虫。③かみきりむしの幼虫。

古訓 〔篇立〕螬 スクモムシ

↓蠐螬

【蹌】 17 6816 ソウ(サウ) ショウ(シャウ) よろめく

篆文 

形声 声符は倉。〔説文〕二下に「動くなり」とする。〔詩、斉風、猗嗟〕に「巧趨、蹌たり」、また〔書、益稷〕に「鳥獸蹌蹌す」とあって、歩む姿、舞う姿にいう語である。蹌踉はよろめくさまで、もと形況の語であろう。

訓義 ①うごく、よろめく。②すみやかに歩く、ゆるく舞う。③蹡と通じ、はしる。

古訓 〔名義抄〕蹌 オゴク・ウゴク・ホトバシル・ウクツク・ヲヅリ・ヲドル 〔字鏡集〕蹌 ウツク・ウクツク・ヲツク・ウゴク・ホトバシル・ヲドル

語系 蹌・蹡(䠀)・牄 tsiang は同声。蹡は〔説文〕二下に䠀に作り、「行く皃なり」、牄五下は「鳥獸來りて食する聲なり」とあって、足早にたち動くさまの語である。相羊 siang-jiang はいくらかゆっくりした歩きかたをいい、同系の語である。

【蹌蹌】そうそう(さうさう) 静かに歩む。〔唐摭言、二、恚恨〕(王冷然、御史高昌宇に与ふる書)僕の君を怪しむこと、甚だしきこと久し。～明公～豈に天下の公侯の浅深を窺ふを畏れざるか。綠袍を著け、驄馬に乗り、蹌蹌として色を正さば、誰か敢て直言せん。

↑蹌捍 馬を疾駆する/蹌跪 趨りつまずく/蹌揚 舞う/蹌踉 よろめくさま

↓趨蹌・踉蹌

【鍤】 17 8217 ソウ(サフ) すき

篆文 

形声 声符は臿。臿はすき。鍤はその繁文。〔釈名、釈用器〕に「鍤は插なり。地に插して土を起すなり」とみえる。〔説文〕十四上に「衣を郛げる鍼なり」とあり、まちばりの意とするが、それは別義。縫う針をもいう。

訓義 ①すき。②まちばり、ぬいばり。③臿を杵をつく形とみて、うすつく。

古訓 〔字鏡集〕鍤 スキ

↓荷鍤・揮鍤・挙鍤・鉏鍤・築鍤・畚鍤・耒鍤・連鍤

常

【霜】 17 1096 ソウ(サウ) しも

篆文 

形声 声符は相。〔説文〕十一下に「喪なり」と畳韻を以て訓する。〔釈名、釈天〕に「霜は喪なり。其の氣慘毒にして、物皆喪するなり」とあり、当時の

音義説である。〔説文〕にまた「物を成す者なり」とあり、〔詩、秦風、蒹葭〕「白露、霜と爲る」の〔伝〕に「白露凝戻して霜と爲り、然る後、歳事成る」とある文によるものであろう。

訓義 ①しも、しもをむすぶ。②とし、歴年。③白いもの、鋭いもの、はげしいもの、きびしいもの。④ほろぶ、うしなう。

古訓 〔和名抄〕霜 之毛（しも）〔名義抄〕霜 シモ

【霜威】霜の厳しさ。〔晋書、索綝伝〕（劉）曜～曰く、孤恐る、霜威一たび震はば、玉石倶に摧けんことを。

【霜華】白い霜。白髪にたとえる。清・周亮工〔友に示す〕詩 戰瘢（戦傷）、燈前に向つて看ること莫かれ 恐らくは霜華を惹いて霜毛に上らん

【霜気】霜のきびしさ。斉・孔稚珪〔北山移文〕其の始めて至るや、～風情、日に張り、霜氣秋に横たふ。或いは幽人の長く往くを歎き、或いは王孫の遊ばざるを怨む。

【霜暁】霜のおりた早朝。宋・蘇軾〔登州海市〕詩 歳寒うして水冷やかに、天地閉づ 我が爲に蟄を起し、魚龍を鞭うつ 重樓翠阜、霜曉に出づ 異事、驚倒す、百歳の翁

【霜後】霜のおりたのち。唐・周朴〔梁道士を送る〕詩 晩花霜後に落ち 山雨夜深うして寒し

【霜樹】霜をうけた木。唐・杜牧〔長安秋望〕詩 樓は霜樹の外に倚り 鏡天、一毫無し 南山と秋色と 氣勢兩つながら相ひ高し

【霜刃】白刃。唐・賈島〔剣客〕詩 十年、一劍を磨く 霜刃、未だ嘗て試みず

【霜雪】霜や雪。厳寒。〔史記、貨殖伝〕弋射漁獵、晨夜を犯し、霜雪を冒し、阬谷に馳せ、猛獸の害を避けざるは、味を得んが爲なり。

【霜操】烈しい節操。〔南斉書、高逸、沈驎士伝〕沈驎士～年七十を踰え、業行改むること無し。元嘉以來、聘召仍りに疊なるも、玉質踰いよ潔く、霜操日に嚴し。～竝びに就かず。

【霜天】霜のおりる空。唐・杜甫〔季秋江邨〕詩 素琴、暇日に將ひる 白首、霜天を望む

【霜鬢】白髪。白い鬢の毛。唐・高適〔除夜の作〕詩 旅館の寒燈、獨り眠らず 客心何事ぞ、轉た悽然 故郷今夜、千里を思ふ 霜鬢明朝、又一年

【霜毛】白い毛。白髪。唐・韓愈〔張十一功曹に答ふ〕詩 君が詩を吟じ罷んで、雙鬢を看るに 斗ち覺ゆ、霜毛の一半加ふるを

【霜葉】紅葉。唐・杜牧〔山行〕詩 車を停めて坐ろに愛す、楓林の晩 霜葉は二月の花よりも紅なり

【霜露】露、霜。〔戦国策、趙二〕蘇秦、李兌に説きて曰く、～蘇秦、家貧にして親老ゆ。罷車駑馬も無く、～塵埃に觸れ、霜露を蒙り、～日に百にして舍し、外闕に造り、前に見えて口づから天下の事を道はんことを願ふ。

↑霜衣 白衣／霜檐 霜おくのき／霜柯 霜おく枝／霜鶴 白鶴／霜鍔 白刃／霜簡 弾劾書／霜鬟 白髪／霜菊 霜おく菊／霜禽 冬の鳥／霜閨 秋閨／霜剣 白刃／霜憲 御史台／霜根 霜柱／霜妻 やもめ／霜霰 霜とあられ／霜柹 ほし柿／霜鬚 白いひげ／霜序 晩秋／霜鐘 冬の鐘／霜晨 霜のきびしい暁／霜髯 白いひげ／霜蔬 冬菜／霜台 御史台／霜柝 冬夜の拍子木の音／霜蹄 駿足／霜砧 冬のきぬたの音／霜髪 白髪／霜眉 白い眉／霜旻 冬空／霜鬢 霜鬢／霜楓 紅楓／霜蓬 白髪／霜夜 しも夜／霜野 霜枯れ／霜林 霜おく林／霜烈 厳霜

↓寒霜・暁霜・凝霜・経霜・剣霜・厳霜・江霜・行霜・降霜・皓霜・傲霜・秋霜・夙霜・粛霜・春霜・初霜・晨霜・新霜・清霜・石霜・雪霜・庭霜・天霜・犯霜・繁霜・微霜・氷霜・鬢霜・風霜・履霜・流霜・陵霜

人【叢】18 3214 ［菆］16 4414 ［藂］18 4423

ソウ
くさむら むらがる あつまる

篆文

形声 声符は取。取は馘耳。馘耳を聚めることを聚という。丵は掘鑿の器。高低のそろわぬ意がある。丵と取とを合わせて、叢の声義を考えることができる。〔説文〕一三上に「聚まるなり」とあり、叢生の草をいう。すべて叢聚して成るものを叢という。

訓義 ①くさむら、しげみ。②むらがる、あつまる。③おおい、すべて。④こまかい、くだくだしい。⑤悤と通じ、にわかに。

古訓 〔名義抄〕叢 アツマル・クサムラ 〔篇立〕叢 ムラガル・アツマル・クサムラ

声系 〔説文〕に叢声として叢を収める。草の叢生するさまをいう。

語系 叢・叢 dzong は同声。族・簇・湊 tsok も声義に通ずるところがあり、みな湊集の意がある。

【叢菊】群がり咲く菊。唐・杜甫〔秋興、八首、一〕詩 叢菊兩たび開く、他日の涙 孤舟一へに繫ぐ、故園の心

【叢棘】牢獄。〔易、習坎、上六〕係ぐに徽纆（大縄）を用つてし、叢棘に寘く。～凶なり。

【叢脞】くだくだしい。〔書、益稷〕元首叢脞なる哉、股肱惰る哉、萬事墮る哉。

【叢祠】茂みの中の社。〔史記、陳渉世家〕閒かに呉廣をして、次る所の旁らの叢祠の中に之かしめ、夜、篝火し、狐鳴して呼びて曰く、大楚興らん、陳勝王たらんと。卒、皆夜驚き恐る。

【叢社】茂みの中の社。〔呂覧、懐寵〕其の叢社大祠の、民の廢することを欲せざる所の者を問ひて、之れを復興し、曲さに其の祀禮を加ふ。

【叢生】生い茂る。宋・呂祖謙〔臥游録〕吾れ昔少年の時、居る所の書室、前に竹柏有り、雜花叢生す。滿庭の衆鳥、其の上に巢くらふ。

【叢蘭】咲き茂る蘭。〔帝範、二、去讒〕叢蘭茂らんと欲して、秋風之れを敗り、王者明ならんと欲して、讒人之れを蔽ふ。此れ姦佞の危きなり。

【叢林】茂み。また、寺院。宋・王安石〔張子野の竹林寺に次韻す、二首、一〕詩 澗水横斜して、石路深し 水源窮まる處に、叢林有り

↑叢穢 草むら／叢委 積み上げる／叢倚 群れる／叢雲 むら雲／叢翳 茂み／叢淵 淵叢／叢豔 美しく咲きみだれる／叢夥 多い／叢薈 草むら／叢巌 岩群／叢劇 忙しい／叢巧 小術／叢錯 雑多／叢雑 雑多／叢攢 群れる／叢残 残余／叢集 集まる／叢聚 集まる／叢蹂 混雑する／叢書 叢集の書／叢帖 集帖／叢萃 集まる／叢積 積もる／叢説 集説／叢湊 集まる／叢談 お話／叢竹 やぶ／叢冢 群墓／叢沓 雑多／叢薄 草むら／叢芳 群芳／叢木 叢樹／叢茂 茂る／叢莽 草むら／叢擁 密集する／叢論 論集／叢話 叢談

↓淵叢・寒叢・灌叢・攢叢・神叢・深叢・新叢・榛叢・数叢・草叢・断叢・談叢・竹叢・芳叢・樸叢・幽叢・林叢・論叢

【繒】18 2896 ［綷］13 2094

ソウ
きぬ

篆文

籀文

形声 声符は曾（曽）。〔説文〕一三上に「帛なり」とあり、〔文選、雪の賦、李善注〕に引く〔字林〕に「帛の揔名なり」とみえる。繒帛のように連言することが多い。〔説文〕に籀文とし

て絆を加え、「籀文繒、宰の省に従ふ。楊雄以爲へらく、漢律に、宗廟を祠るに、丹書して告ぐるなり」と揚雄説を引く。繒帛に丹書して祀る。辛は騂(牸、赤色)の従う辛と同じく、赤色の意で、繒とはおそらく別義の字であろう。また矰に借用することがある。

訓義 ①きぬ、きぬの総称。②丹書して神を祠るきぬ。③矰と通用し、いぐるみ。

古訓 〔名義抄〕繒 カトリ・キヌカサ 〔篇立〕繒 キヌカサ・カサ・カトリ

↑繒紈 かとり/繒綺 あやぎぬ/繒錦 錦織り/繒屨 きぬのくつ/繒縑 かとり/繒纊 絹と、わた/繒綵 色絹/繒繳 いぐるみ/繒繡 ぬいとり/繒絮 繒纊/繒扇 絹扇/繒楮 布と紙/繒帛 きぬ/繒布 絹布/繒服 絹服/繒袍 きぬの綿入れ/繒綾 高低のあるさま/繒綸 いぐるみと釣糸/繒練 練り絹/繒楼 美しい帛で飾りたてた楼

↓續繒・金繒・錦繒・呉繒・好繒・紅繒・絳繒・細繒・書繒・績繒・素繒・粗繒・霜繒・丹繒・白繒・販繒・布繒・服繒・文繒・碧繒・縵繒・裂繒・練繒

【鎗】 18 8816 ソウ(サウ)

篆文  金文 

形声 声符は倉。〔説文〕十四上に「鐘聲なり」とあり、次条に「鎗は鎗鏓なり」とあり、鎗鏓とは鐘声をいう。〔玉篇〕に「金聲なり」とあり、玉声には瑲という。その音を形況する字。

訓義 ①かねの音。②三足の器、また酒器。③瑲と通じ、玉声。④鋳器の鎔液。⑤槍と通じ、やり。⑥火銃。⑦字はまた鐺に作り、あしがなえ、かま。

古訓 〔新撰字鏡〕鎗 由加奈戸(ゆかなへ) 〔名義抄〕鎗 アシカナヘ・アシナベ・ユカナベ・サスナベ・オホカナヘ 〔篇立〕鎗 アシナベ・アシカマ・アシカナヘ・ナベ

↑鎗金 金蒔絵/鎗銀 銀蒔絵/鎗口 銃口/鎗然 金属の楽器の音/鎗鎗 鐘鼓の音/鎗刀 銃剣

↓鎧鎗・鏗鎗・茶鎗・酒鎗・錚鎗・長鎗・鼎鎗・薬鎗

常【騒】 18 人〔騷〕 20 7733 ソウ(サウ) さわぐ

篆文 

形声 旧字は騷に作り、蚤声。〔説文〕十上に「擾るるなり。一に曰く、馬を摩くなり」とあり、搔の字義をとる。〔楚辞、離騷〕の「離騷」は「騷れへに離ふ」の意。離は罹、騷は慅の通用義である。

訓義 ①さわぐ、たちさわぐ、さわぎみだれる。②うごく、うごきまわる。③かく、こする。④慅と通じ、うれえる、なげく。⑤臊と通じ、なまぐさい。⑥〔離騷〕を祖とする詩賦の様式の名。

古訓 〔名義抄〕騷 サハグ・ウレヘ 〔篇立〕騷 サハグ・ナヅ・ウゴク 〔字鏡集〕騷 ウレフ・ウツ・ナヅ

語系 騷・慅 su は同声。慅は〔広雅、釈詁四〕に「愁ふるなり」、〔説文〕十下に「動くなり」と訓する字。愁 dzhiu、懆 tsô は声義近く、懆は〔説文〕十下に「愁へて安からざるなり」と訓する字である。

【騷客】 詩人。元・黄庚〔東山翫月図に題す〕詩 騷客、髯を掀りて詩を賦して去り 山童、月を踏んで琴を攜へて來る

【騷擾】 さわぎみだれる。〔漢書、叙伝上〕王氏(莽)の貴、朝廷を傾擅す。能く號位を竊むも民に根かず。~十餘年の閒、外内騷擾し、遠近俱に發し、~咸な劉氏を稱す。

【騷人】 離騷風の詩賦の作者、詩人。梁・昭明太子〔文選の序〕屈原~淵に臨んで懷沙の志有り、澤に吟じて憔悴の容有り。騷人の文、茲れよりして作る。

【騷動】 みだれさわぐ。〔史記、酈生伝〕兩雄倶には立たず。楚・漢(項羽と劉邦)久しく相ひ持して決せず。百姓騷動し、海內搖蕩す。農夫は耒を釋て、工女は機を下る。

【騷離】 憂えて心離れる。〔国語、楚語上〕私欲弘侈ならば、則ち德義鮮少なり。德義行はれずんば、則ち邇き者は騷離し、遠き者は距違せん。

↑騷雅 楚辞と、大雅・小雅/騷瑟 寂しい/騷屑 風が涼しい/騷然 騒がしい/騷騷 いそがしいさま/騷体 離騷の様式の作品/騷壇 詩壇/騷乱 乱れ

↓繹騷・狂騷・驚騷・喧騷・詩騷・蕭騷・震騷・楚騷・荘騷・賦騷・風騷・紛騷・離騷・牢騷

常【繰】 19 2699 〔繅〕 17 2299 ソウ(サウ) くる あやつる

篆文 

形声 声符は喿。〔説文〕十三上に「帛の紺の色の如きものなり。或いは曰く、深繒(紺)なり」とあり、紺青の色をいう。また「繰る」とよみ、わが国では「繰人形」のように用いる。糸を操るという意に用いたのであろう。

訓義 ①あお、ふかいあお、こん。②あおいきれ。③かとりのきぬ、あや。④繅と通じ、くる、くりとる。⑤わが国では、あやつる。

古訓 〔名義抄〕繰 クル 〔字鏡集〕繰 アソブ・ヲスヂ・クル・マユヒク・イトスヂ

語系 繰 tziô、繅 sô は声近く、繅は〔説文〕十三上に「繭を繹りて絲と爲すなり」という。「繰る」は繅の訓を以て用いたものであろう。

【繰糸】 糸をくる。唐・李白〔荊州歌〕詩 荊州麥熟して 繭、蛾を成し 絲を繰りて君が頭緒の多きを憶ふ

↑繰纓 凶服の冠飾/繰演 推衍する/繰繭 糸くり/繰車 糸くり車

↓紺繰・山繰・糸繰

【藪】 19 4444 〔籔〕 21 8844 ソウ やぶ

篆文 

形声 声符は數(数)。數は女子の編みあげた髪をうち乱す意で、数々としてみだれる形。そのような状態に草木の茂るところを、藪という。〔説文〕一下に「大澤なり」とあり、湿原の意とする。〔周礼、夏官、職方氏〕に九州の大沢の名をあげており、〔説文〕はそれによって九州の藪名をあげている。〔爾雅、釈地〕に、別に十藪の名がある。藪沢の地は狩り場として、公の管理に属した。

訓義 ①さわ、湿地。②やぶ、茂み。③かりば。

古訓 〔和名抄〕藪 夜布(やぶ) 〔名義抄〕藪 オドロ・ノラ・ヤブ 〔篇立〕藪 カツラ・ヤブ・マガキ・オドロ

語系 藪 so、叢 dzong は声義近く、湿地の叢を藪という。聚 dzio、簇 tsok も同系で、あつまる意。草の小なるものは芻 tzhio、また数々として乱れるものは數 sheok、みな声義に関係のある語である。

【藪沢】 草木のおい茂る湿地帯。〔礼記、月令〕(仲冬の月)山林藪澤、能く蔬食を取り、禽獸を田獵する者有らば、野虞之れを敎道す。

↑藪淵 淵藪/藪屋 茅屋/藪牧 牧畜の地

↓淵藪・巖藪・原藪・郊藪・荒藪・山藪・神藪・浸藪・談藪・焚藪・幽藪・萊藪・林藪

常【藻】 19 4419 〔藻〕 20 4419 〔藻〕 18 4419 ソウ(サウ) も あや

篆文  

形声 正字は藻に作り、巢(巣)声。巢は細い木の枝を組み、あやなす

意。〔説文〕一下に「水艸なり」とし、重文として藻を録する。藻が通行の字である。水藻の文様のような美しさから、藻麗の意となり、文彩・文章に関して、文藻・才藻という。

訓義 ①も、水藻。②あや、かざる、えがく。③美しい詩文。④五色の糸、五色の玉。⑤美しさを定める、品藻。

古訓 〔和名抄〕藻 毛(も)、一に云ふ、毛波(もは) 〔名義抄〕藻 モ・モハ・ウルハシ・マダラカニ/海藻 ニギメ/滑藻 アラメ/凝海藻 コルモハ・コ、ロフド/神馬藻 ナノリソ 〔字鏡集〕藻 モ・ハモ・ウルハシ・マダラカニ

【藻詠】そう(さう)えい 詩文を作る。北魏・高允〔宗欽に答ふ、十三章、十一〕詩 千載曠遊して、茲の一遇に遘ふ 藻詠風流、鄙心已に悟れり

【藻火】そう(さう)か(くわ) 古代礼服の文様。〔書、益稷〕予れ古人の象を觀て、日・月・星辰・山・龍・華蟲(雉)を會(絵)と作し、宗彝・藻・火・粉米・黼黻は、絺繡するに五采を以て彰らかに五色を施し、服を作らんと欲す。

【藻思】そう(さう)し 文の構想。文才。晋・陸機〔文の賦〕或いは藻思綺合して、清麗千眠(光りかがやく)、炳として縟繡の若く、悽として繁絃の若し。

【藻飾】そう(さう)しょく 飾る。〔晋書、嵆康伝〕身の長七尺八寸、詞氣美しく、風儀有るも、形骸を土木にして自ら藻飾せず、人以て龍章鳳姿と爲す。

【藻井】そう(さう)せい 水藻の模様を画いた天井。魏・何晏〔景福殿の賦〕繚らすに藻井を以てし、編むに綷疏(雕りこんで五采を施す)を以てす。

【藻棁】そう(さう)せつ うだちに水草の模様をえがく。〔論語、公冶長〕子曰く、臧文仲は蔡(諸侯が用いる卜亀)を居き、節(柱を承ける木)を山(形)にし、棁(うだち)に藻せり。何如ぞ其れ知ならん。

【藻麗】そう(さう)れい あやがあり、美しい。〔三国志、蜀、楊戯伝〕(秦子勑を賛す)司農の性才、敷述允に章らかなり。藻麗の辭理、斐斐として光有り。

↑藻蔚 文辞が美しい/藻雅 文雅/藻絵 彩色/藻繢 彩色/藻翰 美文/藻鑑 鑑識がある/藻鏡 藻鑑/藻玉 五色の玉/藻絢 美しい飾り/藻采 文彩/藻質 美質/藻藉 文彩/藻舟 画舫/藻繡 文繡/藻仗 儀仗/藻縟 繁飾/藻文 あや/藻抃 舞楽/藻密 精密/藻厲 飾りたてる/藻練 錬磨する/藻朗 麗朗

↓藴藻・詠藻・睿藻・華藻・海藻・翰藻・綺藻・魚藻・玉藻・芹藻・珪藻・才藻・采藻・詞藻・辞藻・縟藻・水藻・井藻・盛藻・摛藻・天藻・徳藻・品藻・蘋藻・浮藻・風藻・文藻・黼藻・鳳藻・緑藻・麗藻

【鏘】 19 8714 ソウ(サウ) ショウ(シャウ)

形声 声符は將(将)。〔広雅、釈訓〕に「鏘鏘は盛んなり」とあり、金玉の音・玉佩の音・行歩容貌のさかんなさまをいう。また水声などをもいう。

訓義 ①金玉の音、すんだ音。②すぐれてさかんなさま。③字はまた瑲に作る。

古訓 〔新撰字鏡〕鏗鏘 金石聲、加奈不(金石の声、かなふ) 〔名義抄〕鏘 ユラメク・サカリ・カナヘリ・タカシ・ナラス/鏘々 タカシ・ナル・カネノウハフ/鏗鏘 ユラメク・ツグ 〔字鏡集〕鏘 スヾノコヱ・カマビスシ・タカシ・ナル・サカリ・ナラス・ユラメク・カナヘリ

【鏘鏘】そうそう(さうさう) 金玉の音。さかんなさま。また、鳳凰の声。〔左伝、荘二十二年〕之れを占ふ。曰く、吉なり。是れを、鳳皇于に飛び、和鳴すること鏘鏘たりと謂ふ。有嬀の後、將に姜に育はれんとす。五世其れ昌んにして正卿に竝ばん。

↑鏘金 金声/鏘然 金玉の音/鏘洋 ほめ慕う

↓寒鏘・玉鏘・金鏘・鏗鏘・凄鏘・清鏘

【顙】 19 7198 ソウ(サウ) ひたい

篆文 

形声 声符は桑。〔説文〕九上に「頟なり」とあり、頟は額。〔方言、十〕に中夏は頟、東斉では顙というとする。〔儀礼、士喪礼〕「主人、拜して稽顙す」の注に「頭、地に觸れて容無し」という。金文には「𩒨(稽)首」といい、稽顙の語はない。稽顙とは頓首・叩頭の礼をいう。

訓義 ①ひたい、ぬかずく。②あたま、いただき。③ほお。

古訓 〔名義抄〕顙 ヒタヒ・ホガラカナリ・カシラ・ヒタヒヒロシ 〔字鏡集〕顙 ヒタヒヒロシ・ホガラカナリ・ヒザマクラ・カシラ・カウベ・ヒタヒ

↑顙汗 額の汗/顙子 のど。北人の語

↓稽顙・広顙・高顙・拝顙・隆顙

【鬷】 19 1224 ソウ かま

篆文 

形声 声符は㚇。〔説文〕三下に「鬴(釜)の屬なり」(段注本)とみえる。また緵・總(総)と通じ、あつまる。

訓義 ①かまの類。②あつまる。③地名、族名。④奏と通じ、すすむ。

古訓 〔名義抄〕鬷 カズ・スベテ 〔字鏡集〕鬷 カス・カナヘ・スベテ

【鬷仮】そうか すすみいたる。〔詩、商頌、烈祖〕既に戒め既に平らぐ 鬷み假りて言無し 時に爭ふ有ること靡く 我が眉壽を綏んじ 黃耇(長寿)無疆ならん

↑鬷嘏 鬷仮

【鯫】 19 2734 ソウ セン シュ ざこ

篆文 

形声 声符は取。〔説文〕十一下に「白魚なり」とあり、みごい。また小魚をいう。人に及ぼして小人をいう。

訓義 ①みごい。②ざこ。③ちいさい、つまらぬ。④謙称に用いる。⑤ひらき魚。

古訓 〔名義抄〕鯫 カラカコ 〔字鏡〕鯫 加良加支(からかき) 〔字鏡集〕鯫 マサメ

【鯫生】そうせい(しゅせい) つまらぬ者。また、鯫姓の者ともいう。〔史記、項羽紀〕張良曰く、誰か大王の爲に此の計を爲す者ぞと。曰く、鯫生、我に說きて曰く、關を距ぎて諸侯を內るる毋くんば、秦の地、盡く王たるべしと。故に之れに聽けりと。

↑鯫鮑 ひらき魚

【孀】 20 4146 ソウ(サウ) やもめ

形声 声符は霜。夫に死別した妻、寡婦をいう。寡は廟中で喪に服する人の姿で、鰥寡という語は金文にも〔詩〕〔書〕にもみえるが、孀は〔淮南子、原道訓・脩務訓〕に孤孀の語がある。

訓義 ①やもめ。

古訓 〔名義抄〕孀 ヤモメ

↑孀娥 やもめ/孀居 寡居/孀閨 寡婦の室/孀姑 孀老/孀孤 寡婦と孤児/孀妻 孀婦/孀雌 やもめ/孀節 寡婦の節を守る/孀単 孀居/孀婦 やもめ/孀嫠 寡婦/孀老 老寡婦

↓遺孀・孤孀

【譟】 20 0669 [噪] 16 6609 ソウ(サウ) さわぐ よろこぶ

篆文 

形声 声符は喿。喿は多くの祝禱の器(𠙵)を木の枝に著けて祈る形。〔説文〕三上

に「擾るるなり」とあり、喧噪する意。さわぎたてて神に祈ることをいう語である。

訓義 ①さわぐ、かまびすしい。②よろこぶ。③なく、なきさけぶ。④つつみうつ、おと。

古訓 〔名義抄〕譟 マホル 〔字鏡集〕譟 ヨブ・トヾム・モシ・ミダリガハシク・マホル・イタル

語系 譟・噪sôは同声。噪は〔説文〕未収。〔玉篇〕に「呼噪するなり」とあって、群呼することをいう。二字はもと同字であろう。騷（騒）suも同系。[疒+喿]suはまた瘙に作る。

【譟詐】多弁で偽る。〔韓非子、説疑〕此の五者は、明君の疑ふ所なり。～此の五者を去れば、則ち譟詐の人、敢て北面して談立（立談）せず。文言多く、實行寡くなくして、法に當らざる者、敢て情を誣ひて以て談説せず。

↑譟譁 やかましい／譟讙 譟譁／譟急 せわしく騒がしい／譟狂 狂譟／譟鼓 鼓譟する／譟聚 聚まり騒ぐ／譟擾 やかましくさわぐ

↓譁譟・叫譟・狂譟・驚譟・群譟・喧譟・呼譟・鼓譟・聚譟・跳譟・怒譟

【躁】 20 6619 ［趮］ 20 4680

ソウ（サウ） はやい あわただしい さわぐ

篆文

形声 声符は喿。〔説文〕二上に字を趮に作り、「疾きなり」という。喿は多くの祝禱の器（口）を木の枝に著けて、やかましく祈る意。字はまた躁に作り、〔広雅、釈詁一〕に「疾きなり」とあり、あわてさわぐさまをいう。

訓義 ①はやい、あわただしい。②さわぐ、うごく。③てあらい、わるがしこい。④燥と通じ、かわく。

古訓 〔新撰字鏡〕躁 佐和久（さわく）〔名義抄〕躁 ウゴク・ウゴカス・サハク・サハカシ・ミダル 〔字鏡集〕躁 サハカシ・ウゴカス・トシ・ミダル・ハヤシ・サハク

語系 躁（趮）・懆tsô、譟・噪sôは声義近く、喧騒のうちに憂懼の状を含む語である。

【躁競】勢位を求めあらそう。〔顔氏家訓、省事〕世の躁競して官を得んとする者を見るに、便ち謂ふ、索めざれば何ぞ獲んと。知らず、時運の來らば、求めずとも亦た至るなり。

【躁擾】せわしくいらだつこと。〔漢書、食貨志下〕（王）莽、性躁擾にして、無爲なること能はず。興造する所有る毎に、必ず古に依り經文を得んと欲す。

【躁人】せっかちな人。〔易、繋辞伝下〕吉人の辭は寡なく、躁人の辭は多し。善を誣ふるの人は、其の辭游し（ぐらつき）、其の守を失ふ者は、其の辭屈す。

【躁静】動と静。晋・潘岳〔秋興の賦〕春臺の熙熙たるに登り、金貂の烱烱たるを珥（耳飾り）にす。苟に趣舍の塗を殊にする、庸詎ぞ其の躁靜を識らん。

【躁憤】おちつかず怒りやすい。〔宋史、世家一、南唐李氏伝〕（李）景、既に淮南の地を失ひ、頗る躁憤し、其の大臣宋齊丘・陳覺・李徵古を惡み、皆之れを殺せり。

【躁忙】せわしくあわてる。清・鄭燮〔偶然の作〕詩 嗚呼、文章は古より造化に通ず 息心下意して、躁忙すること毋れ

↑躁易 軽躁／躁気 気短か／躁虐 暴虐／躁急 性急／躁狂 狂気じみている／躁怯 せわしくて臆病／躁勁 気が強い／躁健 躁勁／躁作 無作法／躁恣 気まま／躁疾 性急／躁心 いらだち／躁進 気ぜわしい／躁率 軽率／躁脱 まぬけ／躁怒 気ぜわしく怒りやすい／躁剽 躁勁／躁忿 躁憤／躁暴 粗暴／躁妄 軽率／躁悶 もだえる／躁欲 欲どしい／躁戻 躁虐／躁烈 躁勁／躁露 あけすけ

↓果躁・簡躁・狂躁・矜躁・驕躁・軽躁・剛躁・焦躁・静躁・疏躁・煩躁・敏躁・浮躁

【囃】 21 6001

ソウ（サフ） はやし

形声 声符は雜（雑）。雜は五彩の相交わる意。囃は舞をたすけるはやしの声をいう。〔正字通〕に「囃は嘈囃、喧しきなり」とあり、種々の楽器ではやしを入れる意。また擬声語として用いる。わが国では〔字鏡集〕にその字を録し、「囃」の音を加えているが、訓を入れていない。

訓義 ①はやし、舞のはやし。②はやす、はやしたてる。

↓嘈囃・乱囃

【竈】 21 3071 ［竈］ 18 3071 ［灶］ 7 9481

ソウ（サウ） かまど

篆文

金文

形声 声符は鼀の省文。〔説文〕七下に黽に従う竈を正形とし、「炊竈なり」という。〔段注本〕に「周禮に、竈を以て祝融を祠る」の文を補う。〔左伝、昭二十九年〕の〔疏に引く賈逵注〕に「句芒は戸に祀り、祝融は竈に祀り、蓐收は門に祀り、玄冥は井に祀り、后土は中霤（雨だれ落ち）に祀る」とみえる。祝融は火神。竈神は老婦。年末に家族の功過を携えて升天し、上帝に報告するというので、おそれられた。竈の上部は穴ではなく、蓋に空気抜けのあながある形。金文の〔秦公鐘〕に「下國を竈有す」とあり、その字形が確かめられる。竈有は奄有の意である。

訓義 ①かまど、かまどの神、かまどのまつり。②造と通用し、造次の語に用いる。

古訓 〔和名抄〕竈 加万（かま）〔名義抄〕竈・竈 カマ・カマド 〔字鏡集〕竈・竈 カマド・カマ・カツテ

語系 竈tsôは鼀tziukに従う字。造（造）dzukと声近く、〔周礼、春官、大祝〕の六祈の一つに造があり、〔注〕に「故書、造を竈に作る。杜子春、竈を讀んで造次の造と爲す。書亦た或いは造に爲る」とみえる。

【竈鬼】かまどの神。〔史記、武帝紀〕上、幸する所の王夫人有り。夫人卒す。少翁、方術を以て、蓋し夜、王夫人及び竈鬼の貌を致せりと云ふ。天子、帷中より望見す。

【竈君】かまどの神。〔戦国策、趙三〕復塗偵、君に謂ひて曰く、昔日、臣、夢に君を見たりと。君は曰ふ、子、何を夢みたると。曰く、夢に竈君を見たりと。君、忿然として色を作す。

【竈神】かまどの神。〔後漢書、陰興伝〕宣帝の時、陰子方といふ者あり。至孝にして仁恩有り。臘日晨炊するに、竈神の形見はる。子方再拝して慶を受く。家に黄羊有り、因りて以て之れを祀る。是れより已後、暴かに巨富に至る。

↑竈煙 かまどの煙／竈王 竈神／竈屋 台所／竈戸 塩やき／竈觚 かまどの額／竈公 竈神／竈妾 炊事婦／竈人 料理人／竈税 塩税／竈台 へっつい／竈地 製塩の地／竈突 煙突／竈煤 すす／竈婢 炊事婦／竈墨 すす／竈爺 竈神／竈燎 かまどの火

↓烓竈・毀竈・減竈・祭竈・祠竈・炊竈・井竈・丹竈・廚竈・沈竈・陶竈・破竈・薬竈・窰竈・霊竈

【籔】 21 8844

ソウ ざる やぶ

篆文

形声 声符は數（数）。數は編みあげた女の髪をうち乱す意。あらく編んだ状態のものを

いう。〔説文〕五上に「炊きものの䉛なり」とあり、前条に「䉛は米を漉ふ籔なり」という。細い竹で細かく編んだざる。また窶籔は、婦人が頭上に物を載せて運ぶときの台座で、環状の竹器。やぶは、和訓。

訓義 ①ざる。②十六斗を籔という。③窶籔。④藪と通用し、やぶ、くさむら。

古訓 〔字鏡集〕籔 オモノシタミ

↑籔箕　米あげざる

↓窶籔

【驄】 21 7633　ソウ　あしげ　あおうま

篆文 

形声 声符は悤。〔説文〕十上に「馬の青白雑毛なるものなり」とあり、あしげの馬。

訓義 ①あしげ、あおうま、青白の相雑じる毛色の馬。

古訓 〔新撰字鏡、享和本〕驄 阿乎支馬（あをきうま）〔名義抄〕驄 ミダラヲノウマ〔字鏡集〕驄 ヲソキムマ・アヲムマ・ミダラヲノムマ

【驄馬】 あおうま。唐・陳子昂〔祀山烽樹に題し、喬十二侍御に贈る〕詩 漢庭、巧宦榮え　雲閣、邊功を薄んず　憐れむべし、驄馬の使　白首、誰が爲にか雄なる

↓花驄・玉驄・紅驄・黄驄・乗驄・青驄・鉄驄・老驄

【鯵】 22 2332〔鱢〕 24 2639　ソウ（サウ）　あじ

篆文 

形声 正字は鱢に作り、喿声。〔説文〕十一下に「鮏臭なり」とあり、鮏とは魚の臭いをいう。魏の武帝（曹操）の名を避けて、喿を參（参）と改め、鯵の字形となった。わが国で、「あじ」とよむ。

訓義 ①海魚の一。②わが国では、あじ。

古訓 〔新撰字鏡〕鱢 阿知（あぢ）〔和名抄〕鱢 阿知（あぢ）〔字鏡集〕鱢 アヂ・クサシ

語系 鱢（鯵）・臊 sô は同声。臊は豕の膏の臭い、鯵は魚臭をいう。肉に腥臊といい、魚には鯹鱢という。

【雥】 24 2021　ソウ（サフ）　むらがる

篆文  甲骨文 

会意 三隹に従う。〔説文〕四上に「群鳥なり。三隹に従ふ」とあり、三隹を以て鳥の群がる意をあらわす。

訓義 ①群がる。②群鳥。

古訓 〔名義抄〕雥 ムラトリ〔篇立〕雥 ムラトリ・アツマル・ムラトル

部首 〔説文〕に部首とし、雧など二字を属する。雧は集の初文。

ゾウ

常【造】 10 3430〔造〕 11 3430　ゾウ（ザウ）　いたる　つくる

篆文　古文　金文 

会意 字の初形は艁・⿱宀艁に作り、艁は舟＋告（告）。舟は盤の形。告は木の枝に祝禱を収める器（𠙵）をつけて神に訴え祈る意。わが国の申し文にあたる。盤中に供えものを薦め、申し文をつけてささげ、神のいたるのを迎えることを造という。⿱宀艁は廟前でその儀礼を行う意。造は艁・⿱宀艁の省文に従う字である。〔説文〕二下に「就るなり」と訓するが、就は訓義多く、「就る」「就く」などとよむ。〔説文〕に造を告声とするが、造は字の初形でなく、古文として録する艁の省文に従う。金文の〔令彝〕に「用て王の逆造に饗す」とあり、逆造は出入の意。〔礼記、王制〕「禰（父廟）に造す」は祭名。〔麦尊〕「終に用て德を造す」は成就の意。〔頌鼎〕「新造（⿱宀艁）の貯」は新しく屯倉を設営する意。造字の初義は、ほとんどすでに金文の用義のうちにみえる。字は草（草）・曹に通用することがあり、造次・両造のようにいう。

訓義 ①いたる、いたす、いのる、つげる。②はじめる、はじめ、つくる。③なる、おわる。④祭の名、父廟をまつる。⑤にわか。⑥遭と通じ、あう。

古訓 〔名義抄〕造 ツクル・イタル・ツク・スナハチ・トブラフ・ナジル・ハジメ・ハジム・スム・ナリ・ホコル・タメニ・ミカラニ・ナラブ・ナル・ナス・アヘリ／造次 ニハカニ・スミヤカニ

語系 造 dzuk、就 dziuk は声義が近い。造の初文は艁・⿱宀艁に作り、盤中にものを供えて告祭する意。成功を報告するときもその儀礼を用いる。就は軍門としての京が完成し、犬牲を供えて落成する意である。草 tsu も音近く、造次は草卒の意。曹 dzu は法曹、獄の当事者を両造という。

【造為】 つくる。〔越絶書、外伝記宝剣〕此の劍を造りし時に當り、～雨師掃灑し、雷公擊槖し、蛟龍鑪を捧じ、天帝裝炭し、太一下觀し、天精之れに下る。歐冶乃ち天の精神に因り、其の伎巧を悉くし、大刑（形）三、小刑二を造爲す。

【造意】 犯罪の首唱者。〔晋書、刑法志〕唱首先言するもの、之れを造意と謂ひ、二人對議するもの、之れを謀と謂ひ、～三人之れを群と謂ふ。

【造化】 万物を創造する。天地のはたらき。〔淮南子、精神訓〕夫れ造化者の物を攫援するや、譬へば猶ほ陶人の埴を埏ねるがごときなり。

【造形】 形を作る。〔詩品、総論〕五言は文詞の要に居る。～豈に指事造形、情を窮め物を寫し、最も詳切爲る者なるを以てにあらずや。

【造詣】 いたる。また、学問・技芸の奥所に通じる。宋・朱熹〔何叔京に答ふる書、四〕易說の序文、敬しんで大賜を拝せり。三復研味、前賢造詣の深き、踐履の熟せるを想見す。

【造言】 作りごとをいう。〔周礼、地官、大司徒〕郷の八刑を以て萬民を糾す。一に曰く、不孝の刑。～七に曰く、造言の刑。

【造語】 つくりごとをいう。〔荘子、盗跖〕爾、作言造語して、妄りに文武を稱し、枝木の冠を冠り、死牛の脅（あばら）の皮を帶び、多辭繆說して、耕さずして食らひ、織らずして衣る。

【造作】 ものを作る。漢・楊脩〔臨淄侯（曹植）に答ふる牋〕又嘗て、執事の牘を握り筆を持ち、造作する所有るを親ら見しに、誦を成して心に在り。書を手に借るが若く、曾て斯須も少しく思慮を留めず。

【造次】 草卒のとき。とっさ。〔論語、里仁〕君子は食を終ふる閒も仁に違ふこと無し。造次にも必ず是に於てし、顚沛（非常の難儀）にも必ず是に於てす。

【造端】 発端。はじめ。〔中庸、十二〕君子の道は、端を夫婦に造む。其の至れるに及びてや、天地に察らかなり。

【造反】 謀叛。〔野獲編、叛賊〕（妖人趙古元）古元造反し、神器を窺伺す（うかがう）。乃ち其の名を改めて趙趕朱と曰ひ、意、且ど將に革命を圖らんとす。

【造謗】 そしる。〔史記、秦始皇紀〕私學して相ひ與に法教を非るの人、令下るを聞けば、則ち各〻其の學を以て之れを議し、～取（趣）を異にして以て高しと爲し、群下を率ゐて以て謗りを造す。～之れを禁ずること、便なり。

【造立】 建立する。〔宋書、文五王、竟陵王誕伝〕誕、第舍を造立し、工巧を窮極す。園池の美、一時に冠たり。多く才力の士を聚めて、之れを第内に實たす。精甲利器、上品に非ざる莫し。

↑造悪　悪事をする／造営　営造／造謁　面謁する／造闕　進謁する／造焉　憂えるさま／造釁　事端を招く／造玄　玄の境に至る／造構　作る／造獄　獄訟を起す／造罪　罪を犯す／造始　事のはじめ／造舟　舟橋／造就　成就する／造飾　偽り飾る／造人　成就の人／造成　しあげる／造請　伺候する／造設　設ける／造説　立説する／造然　造焉／造耑　事をはじめる／造朝　進謁する／造第　作邸／造微　微妙の境にいたる／造氷　葬礼の氷／造誣　事を誣いる／造物　造化／造邦　建国／造訪　訪ねる／造謀　謀略／造昧　草昧／造謡　謡言を流す

↓営造・改造・贋造・偽造・急造・虚造・建造・巧造・構造・興造・再造・私造・修造・醸造・深造・新造・製造・繕造・創造・鍛造・築造・鋳造・肇造・天造・捏造・変造・密造・模造・乱造・濫造・両造

常【像】14　2723　ゾウ(ザウ)　ショウ(シャウ)　ヨウ(ヤウ)　にる　かたち

篆文

形声 声符は象。〔説文〕八上に「似るなり」(段注本)と訓し、また「讀みて養字の養の若くす」という。〔楚辞、九章、懐沙〕「志の像有らんことを願ふ」、〔九章、橘頌〕「置きて以て像と爲さん」のように、〔楚辞〕に用例が多い。

訓義 1にる、にせる。2かたち、かたどる。3すがた、ようす。4のり、てほん。5したがう。

古訓 〔名義抄〕像　カタチ・カタドル・カタハサム・カタシロ・マ(ニ)タリ・ノトル・オモヒヤル／想像　オモヒヤル　〔篇立〕像　イタル・ニタリ・ヤル・カタチ・カタドル・カタシロ・ウツス・オモヒヤル

語系 像ziang、養(養)jiangは声が近い。また樣(様)jiangは声義近く、ともに法象の意に用いる。

*語彙は象字条参照。

↑像意　存分／像形　かた／像型　かた／像姑　少年俳優／像座　坐像／像賛　画像の賛／像似　似る／像生　造花／像片　写真／像貌　容貌／像類　かたどる

↓映像・影像・画像・絵像・龕像・虚像・胸像・玉像・偶像・群像・形像・幻像・現像・骨像・坐像・座像・残像・実像・寿像・肖像・心像・神像・図像・聖像・石像・塑像・想像・尊像・彫像・泥像・銅像・仏像・木像・立像・霊像

常【増】14　入〔增〕15　4816　ゾウ　ます　ふえる　くわえる　かさねる

篆文

金文

形声 旧字は增に作り、曾(曽)声。曾は甑の初文で、こしきから湯気のあがる形。〔説文〕十三下に「益すなり」という。甑は上下二器の重なるもので、層累の意がある。増は増大・増加の意に用いる。

訓義 1ます、ふえる、くわえる、かさねる。2おおい、ゆたか。3たかい。

古訓 〔名義抄〕增　マス・マサル・クハフ・カサヌ・カサナル・タカシ・スナハチ

語系 增・曾tzəngは同声。曾は甑tziəngの初文である。層(層)dzəngは層累。みな曾の声義を承ける語。

【増益】加える。〔史記、礼書〕叔孫通、頗ぶる増益減損する所有るも、大抵皆秦の故を襲ぐ。

【増加】ふえる。〔史記、酷吏、杜周伝〕廷尉及び中都官の詔獄に、逮ふること六七萬人に至り、吏の增加する所は十萬餘人なり。

【増減】増損。〔後漢書、劉隆伝〕是の時、天下の墾田多く實を以てせず、又戸口の年紀、互いに增減有り。(建武)十五年、州郡に詔下して其の事を檢覈せしむ。刺史太守、多く平均ならず。

【増広】拡張する。〔三輔黄図、二、漢宮〕甘泉宮は一に雲陽宮と曰ふ。始皇二十七年に作る。～漢の武帝の建元中、之れを增廣し、周回一十九里、中に牛首山有り。長安を去ること三百里。

【増飾】加えて飾る。清・姚鼐〔左伝補注の序〕彼の儒者は親しく孔子の學を承け、以て其の徒に授く。言も亦た約なるのみ。烏んぞ後人の增飾、是くの若く多きなるを知らんや。

【増損】増減。改める。〔史記、呂不韋伝〕集論して以て八覽・六論・十二紀、二十餘萬言を爲る。～號して呂氏春秋と曰ふ。咸陽の市門に布き、千金を其の上に懸け、諸侯の游士賓客を延く。能く一字を增損する者有らば、千金を予へんと。

【増累】つみかさなる。ふえる。〔説苑、反質〕侯生曰く、～今陛下、奢侈にして本を失ひ、淫泆にして末に趨く。宮室臺閣、連屬增累し、珠玉重寶、積襲して山を成せり。～婦女倡優、數巨萬人なり。

↑増溢　溢れる／増援　加勢する／増強　補強する／増修　増改する／増城　層城／増殖　ふえる／増進　すすむ／増截　増減／増多　ふやす／増大　ふえる／増秩　加俸する／増添　ふやす／増氷　層氷／増補　補充する／増奉　増俸する／増瀾　しき波

↓加増・急増・激増・歳増・修増・漸増・逓増・倍増・累増

【慥】14　9403　ゾウ(ザウ)　せわしい　たしかに

形声 声符は造(造)。造の初文は艁・䑩に作り、廟前に盤(舟)に入れたものを供えて祈る意。慥とはその心情をいう字であろう。〔中庸、十三〕に「君子胡ぞ慥慥爾たらざらん」とあり、ひたすらに言行の相応ずることを求める意である。わが国では「たしかに」とよむ。

訓義 1せわしい、せわしく求める。2まことあるさま。3国語で、たしかに。

古訓 〔字鏡集〕慥　イソガシ・スミヤカ

【慥慥】篤実なさま。〔中庸、十三〕足らざる所有らば敢て勉めずんばあらず。餘り有らば敢て盡さず。言には行を顧み、行には言を顧みる。君子胡ぞ慥慥爾たらざらん。

↑慥然　まことあるさま

常【憎】14　入〔憎〕15　9806　ゾウ　にくむ　はばかる

篆文

形声 声符は曾(曽)。〔説文〕十下に「惡むなり」とあり、憎悪の意。〔礼記、曲礼上〕「愛して其の惡を知り、憎みて其の善を知る」の語がある。

訓義 1にくむ、きらう。2はばかる。

古訓 〔名義抄〕憎　ニクム・ソネム

↑憎愛　愛憎／憎怨　怨む／憎悪　にくむ／憎忌　きらう／憎毀　そしる／憎嫌　きらう／憎忤　逆らう／憎恨　恨む／憎疾　憎悪する／憎嫉　にくみねたむ／憎妒　そねむ／憎妬　そねむ／憎煩　にくみわずらう／憎慢　あなどる／憎憐　愛憎

↓愛憎・怨憎・可憎・忌憎・好憎・情憎・生憎・背憎

【臧】14　2325　ゾウ(ザウ)　よい　おさめる　しもべ

篆文

籀文

甲骨文

金文

形声 声符は爿。〔説文〕三下に「善なり」とあり、〔詩、邶風、雄雉〕に「何を用つて臧からざらん」のように用いる。字の原義

は臧獲の臧。もと俘虜をいう語であろう。臣は神の徒隷としてつかえる臣僕。臧はその臣僕に聖器である戕を加えて祓う意で、すでに清められたのちに神に捧げられる。ゆえに臧善の義となったのであろう。卜文に、臣に戈を加える形、また金文・古陶文に、戕と祝告の器である𠙵を加えた形の字がある。

訓義 1よい、はらいきよめたもの。2おさめる、よくする。3しもべ、神の臣僕、亡奴をいう。4蔵と通じ、おさめる、かくす。5贓と通じ、かくす。

古訓 〔名義抄〕臧 ヨミス・オサフ・ヤハラカナリ・ヨシ

声系 〔説文新附〕一下に蔵(藏)があり、臓(臟)は蔵に従う。徐鉉の案語に、〔漢書〕に蔵をすべて臧としるしており、蔵は後起の字であるという。

語系 臧・蔵dzang、贓tzangは声義の近い字。臧は臧獲、俘虜などを奴隷化したものである。臣は俘虜などの異族、これを聖器で清めて用いた。贓は賄賂として贈るものであるが、もとは償贖として行うことであった。

【臧汚】ぞうお(ざうを) 賄賂。〔後漢書、徐璆伝〕五郡の太守及び屬縣の臧汚有る者を奏し、悉く徵して案罪す。威風大いに行わる。

【臧獲】ぞうかく(ざうくわく) しもべ。奴婢。漢・司馬遷〔任少卿(安)に報ずる書〕且つ夫れ臧獲婢妾も、由ほ能く引決す。況んや僕の已むを得ざるをや。

【臧穀】ぞう(ざう)こく 臧獲。〔荘子、駢拇〕臧と穀と二人相ひ與に羊を牧し、倶に其の羊を亡ふ。臧に奚をか事とせると問へば、則ち筴を挾みて書を讀み、穀に～問へば則ち博塞(賽)して以て遊べりと。二人の者事業同じからざるも、其の羊を亡ふに於ては均しきなり。

【臧匿】ぞう(ざう)とく かくまう。〔漢書、元后伝〕紅陽侯立の父子、姦猾亡命を臧匿す。賓客群盜を爲すも、司隷・京兆皆阿縱して、擧奏して法を正さず。

【臧否】ぞう(ざう)ひ 善悪。批判する。〔晋書、阮籍伝〕籍、禮教に拘はらずと雖も、然れども言を發すること玄遠にして、口に人物を臧否せず。

↑臧去 収蔵する／臧罪 収賄罪／臧聚 臧獲／臧物 収賄の物／臧貶 褒貶する／臧僕 従駕のしもべ／臧命 亡命者をかくまう／臧賄 賄賂を受ける

↓允臧・偕臧・否臧

常【蔵】14 〔藏〕18 4425 人［藏］17

ゾウ(ザウ) くら かくす たくわえる

篆文 

形声 旧字は藏に作り、臧声。〔説文新附〕一下に「匿すなり」と訓する。徐鉉の案語に「漢書に通じて臧を用ふ。字の艸に従ふは、後人の加ふる所なり」という。〔礼記、檀弓上〕に「葬なる者は藏なり。藏なる者は、人の見るを得ざることを欲するなり」と、葬の義を以て説く。俘囚を祓うときには、死葬の礼を加えることがあるので、臧獲の臧の字説として、参考することができよう。蔵には古い字形がなく、その艸に従う意を確かめがたい。倉と声義の関係があるようである。

訓義 1かくす、おさめる、ひそむ。2たくわえる、いだく。3くら。4ふかい、おくぶかい。5臓と通じ、はらわた、ぞうき。

古訓 〔名義抄〕蔵 カクル・カクス・ヲサム・ツヽム・タヾ・ヨシ・クラ・トラフ／白地蔵 カクレアソビ

声系 臓(臟)は蔵声であるが、後起の字。古くは五臓に蔵の字を用いた。

語系 蔵・臧・臓dzang、贓tzangは声義近く、臧はおそらくは古い時代には贓物として授受されることがあったのであろう。倉tsangは穀物などを収蔵するところ。臓も収蔵の意を承ける語であろう。

【蔵垢】ぞう(ざう)こう 恥をしのぶ。魏・嵆康〔幽憤詩〕大人は含弘にして 垢を蔵し恥を懷く

【蔵竄】ぞう(ざう)ざん かくれる。〔三国志、魏、司馬朗伝〕兵難日に起り、州郡鼎沸す。郊境の內、民、業に安んぜず、居産を捐棄して、流亡蔵竄す。

【蔵書】ぞう(ざう)しょ 収蔵の書。〔唐書、芸文志一〕蔵書の盛んなること、開元より盛んなるは莫し。其の著錄の者、五萬三千九百一十五卷なり。

【蔵拙】ぞう(ざう)せつ 拙劣をかくす。〔隋唐嘉話、下〕梁の常侍徐陵、齊に聘せし時、～其(魏収)の文集を收錄して以て陵に遺り、之れを江左に傳へしむ。陵、速やかに江を濟りて之れを沈む。～陵曰く、吾れ魏公の爲に拙を蔵すと。

【蔵蓄】ぞう(ざう)ちく たくわえ。宋・蘇軾〔寄傲軒〕詩 東坡、無邊の春 方寸、盡く蔵蓄

【蔵匿】ぞう(ざう)とく かくまう。〔漢書、游俠、原渉伝〕哀・平の閒より、郡國處處に豪桀有り。～西河の漕中叔、皆謙退の風有り。王莽居攝、豪俠を誅鉏(鋤)し、名ざして漕中叔を捕へんとするも、得る能はず。～莽、(強弩将軍孫)建の蔵匿するかと疑ふも、～遂に得ざるなり。

【蔵鋒】ぞう(ざう)ほう 筆鋒をあらわさずに書く。〔法書要録、三〕(唐・徐浩、論書)用筆の勢、特だ蔵鋒を須ふ。鋒若し蔵せずんば、字に則ち病ひ有り。

↑蔵隠 隠れる／蔵火 埋み火／蔵蓋 かくしおおう／蔵奸 悪心をいだく／蔵姦 悪人をかくまう／蔵機 機用を心にもつ／蔵去 収蔵する／蔵弆 蔵去／蔵嬌 蓄妾／蔵形 形を隠す／蔵光 才をかくす／蔵昂 気宇高大／蔵窖 窖蔵する／蔵室 くら／蔵収 蓄える／蔵身 身を安んずる／蔵跡 隠れる／蔵怒 心のうちで怒る／蔵魄 埋葬する／蔵否 善悪／蔵府 府庫／蔵伏 隠れる／蔵埋 埋葬する／蔵名 名を匿す／蔵用 能をかくす／蔵六 亀

↓愛蔵・隠蔵・蘊蔵・架蔵・家蔵・蓋蔵・含蔵・久蔵・旧蔵・居蔵・巻蔵・庫蔵・行蔵・死蔵・私蔵・自蔵・守蔵・収蔵・所蔵・深蔵・尽蔵・潜蔵・退蔵・蓄蔵・貯蔵・儲蔵・珍蔵・内蔵・秘蔵・備蔵・封蔵・伏蔵・腹蔵・覆蔵・壁蔵・包蔵・宝蔵・鋒蔵・埋蔵・密蔵・留蔵

常【臓】18 7425 〔臟〕22 7425 人［臟］21

ゾウ(ザウ) はらわた

形声 旧字は臟に作り、藏(蔵)声。五臓六腑、内臓をいう。古くは蔵を用い、臓腑を蔵府といった。のち臓を用いる。

訓義 1はらわた、内臓。2字はまた蔵に作る。

語系 臓・蔵dzangは同声。倉tsangと声義近く、臓は精気をたくわえるものとされた。それで古くは蔵府といった。

【臓腑】ぞう(ざう)ふ 五臓六腑。〔晋書、芸術、仏図澄伝〕天竺の人なり。～自ら云ふ、百有餘歳。～能く鬼神を役使す。腹旁に一孔有り。～孔中より光を出だす。～又嘗て齋する時、平旦に流水の側に至り、腹旁の孔中より五臓六府を引き出だし、之れを洗ひ、訖りて還た腹中に内る。

↑臓器 臓腑

↓肝臓・五臓・心臓・腎臓・膵臓・滌臓・吐臓・内臓・肺臓・脾臓・六臓

常【贈】18 人〔贈〕19 6886

ゾウ ソウ おくる

篆文 

形声 声符は曾(曽)。〔説文〕六下に「玩好相ひ送るなり」と手遊びのものを相送る意と

する。〔周礼、春官、男巫〕に「冬、堂贈す」とあって、堂贈は古い祭儀の名。〔杜子春注〕に「堂贈とは疫を逐ふを謂ふなり」、また〔周礼、春官、占夢〕に「季冬、王の夢を聘ふ。吉夢を王に獻ず。王拜して之れを受く。乃ち四方に舍萌(釈菜して祭る)して、以て惡夢を贈る」とあり、贈とは悪夢や悪疾を他に移し送ることをいう。これを玩弄の器に移して遺棄することもあって、「玩好相ひ送る」という訓を生じたのであろう。もとは厄払いの呪儀であった。死者におくるものを賻贈といい、これも本来は祓邪の意をもつものであったと思われる。金文の〔段𣪘〕に、冬祭の蒸の次の日に、曾の祭が行われており、のちの堂贈にあたるものであろう。

訓義 ①おくる、ものをおくる。②つかわす、おう、おくりやる、おいはらう。③とむらう、悪邪をはらいやる。④おくりもの。

古訓 〔篇立〕贈 ムツブ・オクル・オクリモノ 〔字鏡集〕贈 オクル・マス・ムツブ

語系 贈dzang、賸djiangは声義近く、賸は〔説文〕六下に「物相ひ增加するなり。一に曰く、～送るなり。副ふるなり」とあって、物を送ることをいう。朕は盤(舟)中のものを捧げる形。貝はもと財貨というよりも、祓邪の呪器であった。

【贈遺】おくりもの。〔貞観政要、政体〕山東の村落、行客の經過する者、必ず厚く供待を加へ、或いは時に贈遺すること有り。

【贈貺】おくりもの。〔世説新語、文学〕庾闡始めて揚都の賦を作る。～庾公(亮)賦の成るを聞きて、看んことを求め、兼ねて之れに贈貺す。

【贈言】善言をおくる。〔説苑、雑言〕子路將に行かんとし、仲尼に辭す。曰く、汝に贈るに車を以てせんか、言を以てせんかと。子路曰く、請ふ、言を以てせんと。

【贈諡】死後におくり名を贈る。〔魏書、韓子熙伝〕子熙儉素にして貧に安んじ、常に退靜を好む。～尋卒す。遺戒して贈諡を求めず。其の子、遵奉すること能はず。遂に干謁(面謁して求める)に至る。

【贈襚】死者の服を贈る。〔荀子、大略〕賻賵は生を佐くる所以なり。贈襚は死を送る所以なり。死を送るも尸を柩するに及ばず、生を弔ふも悲哀するに及ばざるは、禮に非ざるなり。

【贈送】別れに贈る。〔漢書、西域下、烏孫国伝〕漢の元封中、江都王建の女細君を遣はして公主と爲し、以て妻はす。～贈送すること甚だ盛んなり。烏孫昆莫(王号)、以て右夫人と爲す。

【贈儺】鬼やらい。〔旧唐書、職官志三〕太卜令は卜筮の法を掌る。～吉凶を定むる所以なり。～歳の季冬の晦、侲子(童子)を帥ゐて宮中に入り、堂贈大儺す。

【贈賻】葬儀のときの贈物。〔儀礼、既夕礼〕死を知るものは贈り、生を知る者は賻る。

【贈別】送別。別れのとき贈る。唐・杜牧〔贈別二首、二〕詩 多情は卻つて似たり、總べて情無きに 唯だ覺ゆ、尊前笑ひの成らざることを

【贈賵】車馬衣服の類を贈って、葬事を助ける。〔三国志、魏、管寧伝〕年十六にして父を喪ふ。中表(内外の親戚)其の孤貧なるを愍れみ、咸く共に贈賵す。悉く辭して受けず、財に稱ひて以て送終す。

【贈賄】わいろ。古くは、礼物として贈ることをいう。〔左伝、昭五年〕宴に好貨有り、飧(食事)に陪鼎(二の膳)有り、入るに郊勞(出迎え)有り、出づるに贈賄(餞別)有り。禮の至りなり。

↑贈位 死後に位を追贈する／贈貽 贈る／贈官 贈位／贈餽 贈り物／贈玉 陪葬の玉をおくる／贈行 餞別／贈号 諡号を贈る／贈死 死者への手向け／贈賜 賜う／贈恤 恵み下さる／贈助 救援する／贈序 送別の文／贈贐 はなむけ／贈錫 賜与／贈呈 呈上する／贈答 礼物のやりとり／贈品 贈り物／贈封 封号を贈る／贈与 与える／贈労 ねぎらう

↓遺贈・雅贈・寄贈・貺贈・恵贈・顕贈・持贈・受贈・親贈・寵贈・追贈・堂贈・賻贈・分贈・捧贈・賵贈・賄贈

【贓】 21 6385 ゾウ(ザウ) かくす まいない

簡書

形声 声符は臧。〔玉篇〕に「藏するなり」とあり、賄賂を受けること、また盗んで蔵匿しているものをいう。臧は臧獲、異族の俘虜(臣)を、聖器の戕で清めて、家内奴隷としたもの。古くはこれを贈物としたのであろう。のち賄賂・贓物の意となる。

訓義 ①かくす、かくし蔵するもの。②まいない、わいろ、わいろを受ける。③盗品。

古訓 〔字鏡集〕贓 カタマシ・カクス・カクル・クラ

【贓汚】賄賂などの汚行。〔三国志、魏、武帝紀〕光和の末、黃巾起る。～遷りて濟南の相と爲る。國に十餘縣有り。長吏多く貴戚に阿附し、贓汚狼藉なり。是に於て其の八を奏免す。淫祀を禁斷し、姦宄逃竄し、郡界肅然たり。

【贓物】賄賂。〔三国志、魏、司馬芝伝〕芝曰く、夫れ刑罪の失、失は苛暴に在り。今贓物先に得て、而る後に其の辭を訊く。若し掠(治)に勝へざれば、或いは誣服するに至らん。

【贓吏】収賄を犯した役人。唐・韓愈〔水陸運使韓侍御の所治に帰るを送る序〕(振武の軍吏、饑を告ぐ)至れば則ち贓罪の吏九百餘人を出だし、其の桎梏(かせ)を脫し、耒耜(すき)と牛とを給し、其の傍らの便近の地を耕し、以て負ふ所を償はしむ。

【贓穢】収賄や不正行為。〔三国志、呉、潘濬伝〕年未だ三十ならず。～時に沙羨の長、贓穢して脩まらず。濬、之れを按殺す。一郡震竦す。

↑贓貨 賄賂／贓害 賄賂によって人を誣陥する／贓官 贓吏／贓金 収賄／贓估 収賄の額／贓罪 収賄の罪／贓私 収賄／贓証 収賄の証／贓状 収賄の事実／贓盗 盗む／贓派 なすりつける／贓罰 収賄の罪／贓犯 収賄の罪／贓品 贓物／贓墨 収賄／贓埋 贓害／贓濫 賄賂をえて不正をはたらく／贓利 収賄の物

↓姦贓・坐贓・受贓・犯贓

ソク

【夨】 3 2743 ソク ショク かたむく

篆文

甲骨文

金文

象形 人が頭を傾けている形。手をあげて舞う形は笑・若(若)。祝詞の器(𠙵)をささげて舞う形は吳(呉)。これらの字はみな夭屈して舞う巫女を示す字。〔説文〕十下に「頭を傾くるなり」とあり、また夭字条十下に「屈するなり」という。みなわが国でいう「かぶく」さまをいう字である。

訓義 ①かたむく、かたむきまう。

古訓 〔篇立〕夨 ミル・コモル・カクル 〔字鏡集〕夨 カシラヲカタブク

部首 〔説文〕に吳(呉)など三字、〔玉篇〕に別に三字を加える。吳のほかはほとんど用例のない字である。夨・夭は人の正面形である大の変化形で、舞い、屈む形である。

語系 夨・仄・昃・側tzhiakは同声。みな傾仄の意をもつ語である。

【仄】 4 7128 ソク ショク かたむく ほのか いやしい

篆文  籀文 

会意 厂＋人。〔説文〕九下に「側傾なり。人の厂下に在るに従ふ」とあり、人の身をそばめる姿勢をいう。籀文の字は矢に従っており、それならば矢声をとる字である。また〔逸周書、周祝解〕に「日の中するや仄す」とする。人影が傾く形は、夜の字の従うところで、日中のことではない。

訓義 1かたむく、そばだつ、身をすくめる。2ほのかに、かすかに。3いやしい。4側と通じ、かたわら。5四声のうち平声を除き、上・去・入の声をいう。

古訓 〔名義抄〕仄 イヤシ・カタブク 〔字鏡集〕仄 イヤシ・セマル・ツタナシ・クヤシ・カクス・カタブル・セク、マル・コモル・ソバダツ・カクル・カクレ

声系 〔説文〕に仄声として昃を収め、日が西方に在り、人影の傾側する意とする。

語系 仄・側・矢・昃tzhiək は同声。仄・矢・昃は人の傾側する形。側は則に従い、則は鼎（略して貝）の側に刀を加えて、鼎銘を刻し、法則とする意。鼎側の意を人に移して傾側の意とする。

＊語彙は側字条参照。

【仄微】 低い身分。〔旧五代史、周世宗紀論賛〕世宗頃らく仄微に在り。尤も韜晦（世間からかくれる）に務む。天命屬する有るに及んで、鴻業を嗣守す。～神武雄略、乃ち一代の英主なり。

【仄聞】 ほのかに聞く。〔漢書、賈誼伝〕（屈原を弔ふ文）恭しく嘉惠（天恩）を承けて、罪を長沙に竢つ。仄かに聞く、屈原自ら汨羅（水名）に沈めりと。

【仄目】 目をそばめてみる。〔漢書、息夫躬伝〕躬、既に親近せられ、數進見して事を言ふ。論議避くる所亡し。衆、其の口を畏れ、之れを見て仄目す。躬から上疏して、公卿大臣を歴詆す。

【仄陋】 いやしい身分。魏・曹植〔七啓〕然れども主上猶ほ沈恩の未だ廣からざるを以ひ、聲教の未だ厲からざるを懼る。英奇を仄陋に采り、皇明を巖穴に宣ぶ。

↑仄影 扇の名／仄径 小路／仄行 脇をゆく／仄室 側室／仄日 夕日／仄声 四声のうち、上・去・入の声／仄席 側席／仄道 小路／仄媚 媚びる／仄歩 身をすくめて歩く

↓偃仄・危仄・詭仄・傾仄・蹇仄・反仄・平仄・偪仄・幽仄

常【即】 7 7772 旧〔卽〕 9 2772 ソク つく すなわち

篆文  甲骨文  金文 

会意 旧字は卽に作り、皀＋卩。皀は𣪘の初文。𣪘は文献に簋に作り、盛食の器。皀の上に蓋を加えると、食（食）の字となる。卩は人の跪坐する形。食膳の前に人が坐する形は卽、すなわち席に即く意。左右に人が坐するときは鄉（郷）、饗（饗）・嚮の初文。〔説文〕五下に「食に卽くなり」とする。〔段注〕に卩を節度・節食の意とするが、卩の声義をとる字ではない。すべてその位置に即き、その任に即くことをいう。遅滞なくそのあとで行動するので、即時の意となる。

訓義 1つく、位や席につく。2いたる、ちかづく、したがう。3ちかい、ただちに。4則と通じ、すなわち、あるいは、もしなどの副詞に用いる。

古訓 〔名義抄〕卽 モシ・ツク・ツタフ・スナハチ・アヅカル・ナカバ・オモムク

声系 〔説文〕に卽声として節（節）など二字を収める。節は竹のふしの部分。卩をその形にみたてたのであろう。

【即位】 天子・諸侯がその位に即く。〔春秋、桓元年〕元年春、王の正月、公、位に即く。

【即今】 ただ今。唐・杜甫〔百憂集行〕詩 即今倏忽、已に五十 坐臥只だ多く、行立少なし

【即死】 その場ですぐに死ぬ。〔後漢書、東夷、挹婁伝〕弓の長さ四尺、力、弩の如し。矢には楛を用ふ。長さ一尺八寸。青石を鏃と爲す。鏃に皆毒を施す。人に中れば卽ち死す。

【即事】 その場のこと。多く詩題に用いる。唐・王維〔山居即事〕詩 寂寞として柴扉を掩ひ 蒼茫として落暉に對す

【即世】 死ぬ。〔国語、楚語下〕子西、朝に歎ず。～曰く、闔廬能く吾が師を敗れり。闔廬世に卽けるも、吾れ聞く、其の嗣（夫差）又焉れより甚だしと。吾是こを以て歎ずと。

【即席】 その場。〔梁書、蕭介伝〕初め高祖、後進二十餘人を招延し、置酒して詩を賦せしむ。臧盾詩の成らざるを以て罰酒一斗、～顔色變ぜず。言笑自若たり。介、翰を染めて便ち成る。文、加點する無し。高祖兩つながら之れを美めて曰く、臧盾の飲、蕭介の文は、卽席の美なりと。

【即物】 事物に即して考える。宋・朱熹〔大学章句、五〕所謂知を致すは物に格るに在りとは、言ふこころは、吾の知を致さんと欲せば、物に卽きて其の理を窮むるに在るなり。

↑即筵 着席する／即刑 刑を受ける／即景 眼前の景／即決 直ちに決定する／即結 落着する／即刻 即時／即此 これだけ／即使 もし／即時 すぐ／即日 その日／即叙 秩序を正す／即真 即位／即政 政務につく／即阼 即位する／即答 すぐ答える／即便 早速／即命 即世／即目 目にふれる／即夜 その夜／即令 もし

常【束】 7 5090 ソク つかねる たばねる たば

篆文  甲骨文  金文 

象形 束薪の形。〔説文〕六下に「縛るなり。囗木に従ふ」とする。金文に「帛束」「絲束」「矢五束」などの語があり、一定数のものを束ねて一束とした。また束髮・束帯など、整えて結ぶことをいう。まとまることを結束といい、行動については終束という。

訓義 1つかねる、たばねる、つかねたたば。2あつめる、あつめてむすぶ。3ちぢむ、せまい、しめる、つつしむ。

古訓 〔名義抄〕束 ツカヌ・ツカム・トダル 〔篇立〕束 ツヽム・サハク・シバル・チギル・ツカヌ・トヽノフ・カタム・ツカサ・ユフ

声系 〔説文〕に束声として速（速）・欶など六字を収める。束声の字に、緊速の意をもつものが多い。

【束矢】 矢たば。〔周礼、秋官、大司寇〕兩造を以て民の訟を禁ず。束矢を朝に入れしめて、然る後に之れを聽く。

【束脩】 一束のほし肉。入門のときの礼物とする。〔論語、述而〕子曰く、束脩を行ふより以上は、吾れ未だ嘗て誨ふること無くんばあらず。

【束芻】 束ねたまぐさ。神にささげ、神馬の料とした。〔詩、小雅、白駒〕皎皎たる白駒 彼の空谷に在り 生芻一束 其の人、玉の如し

【束帯】 朝服をいう。〔論語、公冶長〕孟武伯問ふ、～（公西）赤は何如と。子曰く、赤や、束帶して朝に立ち、賓客と言はしむべきも、其の仁を知らざるなりと。

【束帛】 礼物として用いる反物。〔漢書、儒林、申公伝〕魯に歸り、退居して家に教ふ。終身、門を出でず。復た賓客を謝す。獨り王命之れを召せば乃ち往く。～上、使をして束帛に璧を加へ、安車蒲を以て輪を裹み、駟に駕して申公を迎へしむ。

【束縛】 しばる。〔甌北詩話、一〕（李青蓮の詩）青蓮（李白）集中、古詩多く律詩少なし。五律は尙ほ七十餘首有るも、

七律は只だ十首のみ。蓋し才氣豪邁、全て神を以て運らす。自ら格律對偶に束縛せられ、雕繪の者と長を争ふを屑しとせず。

【束髪】成童となる。〔大戴礼、保傅〕古は年八歳にして出でて外舍に就き、小藝を學び、小節を履む。束髮して大學に就き、大藝を學び、大節を履む。

↑束意　心をおちつける／束躬　身をひきしめる／束錦　礼物／束繫　つなぐ／束検　拘束する／束載　車の荷／束手　無為／束修　束脩／束装　装束する／束身　束躬／束紳　束帯する／束薪　薪の束／束素　細腰／束楚　小枝の束／束布　一束の布／束脯　束脩／束腰　帯／束聯　連結する

↓裹束・閣束・羈束・矜束・局束・窘束・結束・巻束・拘束・収束・集束・純束・装束・纏束・縛束・幣束・約束・要束・絡束・斂束

常【足】7　6080　ソク　スウ　あし　たる　たす

篆文　甲骨文　金文

象形　膝の関節より足趾に至るまでの形。〔説文〕二下に「人の足なり。下に在り。止口に從ふ」と会意とするが、口の部分は膝蓋骨の形である。卜文に「足たる」の字には疋を用い、「帝は雨を足らしめんか」のようにいう。金文に「疋すく」の疋を、足の形にしるしている。足・疋・疋の形は甚だ近く、みな止に従う。足・疋には古く通用の例がある。

訓義　1あし、あしくび。2ものの下部、下基の部分、ね、もと、ふもと。3ふむ、とまる、とどまる。4たる、たす、そなわる、よしとする、みたす。5すぎる、十分すぎる。

古訓　〔名義抄〕足　アシ・フモト・ユク・タス・アク・ユタカノリ・タンヌ・トヾム・エタリ・マサル・ミホ・ナル・アキタル・タル

声系　〔説文〕に足声として促・浞・捉を収める。

語系　足 tziok、走 tzo は声義の近い語。捉 tzhok、促 tsiok はその動作を示す語である。

【足下】あしもと。また、同輩の人に対する敬称。〔後漢書、蓋勳伝〕董卓、少帝を廢す。～勳、書を與へて曰く、～足下小醜、何を以て此れを終へん。賀する者門に在るも、弔ふ者廬に在らん。愼まざるべけんやと、卓、書を得て、意に甚だ之れを憚る。

【足恭】丁寧すぎる。〔論語、公冶長〕子曰く、巧言令色足恭は、左丘明之れを恥づ。丘も亦た之れを恥づ。

【足心】土ふまず。また、満足する。〔墨子、親士〕安居無きに非ざるなり。我に安心無きなり。足財無きに非ざるなり。我に足心無きなり。

【足力】足の力。〔列子、黄帝〕華胥氏の國（理想的な夢の世界）は弇州の西、台州の北に在り。齊國を斯ること幾千萬里なるを知らず。蓋し舟車足力の及ぶ所に非ず。神游するのみ。

↑足衣　たび／足意　足心／足音　あし音／足額　満額／足共　足恭／足繭　足のたこ／足財　十分な財／足止　満足する／足趾　あし／足疾　足の疾／足充　充足する／足牀　坐榻／足剰　余る／足色　純一／足尽　完全／足成　補成／足迹　あしあと／足跡　足迹／足多　立派／足智　多謀／足纏　脚絆／足備　足り備わる／足跗　足の甲／足歩　歩む／足本　完本／足用　十分役立つ／足容　足恭／足履　くつ／足炉　足あぶり

↓逸足・雨足・饜足・裹足・快足・跂足・驥足・休足・挙足・翹足・禁足・具足・啓足・高足・鼇足・財足・山足・駛足・饒足・折足・雪足・節足・洗足・跣足・贍足・側足・蛇足・濯足・知足・長足・鼎足・趺足・纏足・土足・投足・頭足・頓足・跛足・不足・補足・忘足・発足・満足・余足・累足・斂足

常【促】9　2628　ソク　サク　せまる　うながす

篆文

形声　声符は足。人の背後に迫る意で、行為を促す意となる。〔説文〕八上に「迫るなり」とあり、督促・促進のように用いる。それより短促の意となる。

訓義　1せまる、ちかづく。2うながす、せく。3せわしい、いそがしい、さびしい。4つつしむ。

古訓　〔名義抄〕促　モヨホス・ウナガス・チカヅク・スミヤカナリ・チカシ・ツヾマル・ミジカシ・セム・セマル・セメトル・ワヅカニ・モヨホル（ス）〔字鏡集〕促　セマル・セメトル・チカヅク・スミヤカニ・ミジカシ・ツ、ム・アラハス・ワヅカニ・セム・カナラズ・チカシ・ウナガス・モヨホス・スミヤカ・ツヾマル

語系　促 tsiok、趣・趨 tsio、速（遬）sok はみな声義に通ずるところがあり、走 tzo と同系の語である。

【促急】きびしくせめる。また、せっかち。〔論衡、言毒〕夫れ毒は太陽の熱氣なり。人に中るや、人毒せらる。～太陽の地は人民促急なり。促急の人は口舌毒を爲す。故に楚・越の人は促急捷疾にして、人と談言するに口唾人を射る。

【促坐】つめて坐る。〔史記、滑稽、淳于髡伝〕日暮酒闌にして、尊を合へて促坐し、男女席を同じうし、履舄交錯し、杯盤狼籍にして、堂上の燭滅す。主人、髡を留めて客を送る。～此の時に當り、髡の心最も歡び、能く一石を飲む。

【促装】急いで旅仕度する。南朝宋・謝霊運〔初めて郡を去る〕詩　恭みて古人の意を承け　促やかに装ひて柴荊（田舍の家）に反へらんとす

【促促】あわただしい。魏・文帝〔曹蒼舒の誄〕惟れ人の生、忽として朝露の若し。促促たる百年、亹亹として（時の過ぎるさま）行暮す。矧んや爾既に夭え、十三にして卒す。何ぞ天に辜ありて、景命遂げざる。

【促迫】せめたてる。催促する。唐・杜甫〔戯れに（王宰の）画ける山水図に題する歌〕詩　十日に一水を畫き　五日に一石を畫く　能事相ひ促迫するを受けず　王宰始めて肯て眞跡を留む

↑促韻　急な調子／促駕　速やかに行く／促管　急調子の笛声／促機　はたおり虫／促遽　急遽／促狭　せまくるしい／促膝　坐席がこむ／促衿　窮屈なえりくび／促窘　せまくるしい／促声　促音／促席　坐席を近づける／促寿　短命／促織　はたおり虫／促節　急な調子／促中　心がせまい／促柱　琴の調子を早める／促調　急な調子／促轡　馬を早める／促齢　短命／促路　行き詰まり

↓急促・倨促・局促・紘促・催促・歳促・切促・督促・迫促・煩促・逼促・命促

常【則】9　6280　［鼎刂］15　2220　ソク　のり　のっとる　すなわち

篆文　古文　籀文　金文

会意　正字は鼎刂に作り、鼎＋刀。鼎側に刀を加えて銘文として刻する意。叙任や賜賞など、重要なことは鼎銘に刻して記録し、あるいは約剤とした。約剤は契約書、剤の初文劑はもと齎に従う字で、齎とは方鼎をいう。円鼎に刻したものを則、方鼎に刻したものを剤という。鼎銘に刻するところは規範とすべきものであるから、定則・法則の意となる。また承接の語に用い、金文には行為の儀節の間に加えて「鼎刂ち拜す」「鼎刂ち誓ふ」のようにいう。またものを分別していうときにも用いる。

訓義　1ほる、銘文にほる。2のり、のっとる、ならう、規範とす

る。3約束、約剤と同じ。4件・条と同じ意。一くだり。5すなわち、そのときは、それは、もし。

古訓〔名義抄〕則 スナハチ・ノトル・ノリ・ナズラフ〔字鏡集〕則 スナハチ・タツトブ・ナズラフ・ノリ・カツテ

声系〔説文〕に則声として側・惻・測など八字を収める。旁側と法則・則定の意をもつものがある。

語系 則tzək、側tzhiək は声近く、鼎銘を則といい、鼎銘のあるところを側という。準則して測ることを測という。

【則闕】その人が無ければ則ち欠く。三師三公の位をいう。〔唐書、百官志一〕(三師三公)太師・太傅・太保各〻一人、是れを三師と爲す。～皆正一品。三師は天子の師法とする所、職を總ぶる所無し。其の人に非ざれば則ち闕く。

【則傚】手本とする。〔詩、小雅、鹿鳴〕德音孔だ昭らかなり 民を視ること恌からず 君子是れ則り是れ傚ふ

↑則欠 則闕／則效 則傚／則象 ならう／則声 いや咳払い／則天 天にのっとる／則度 のり／則微 いやしい身分／則法 のっとる／則例 定例

↓遺則・学則・規則・儀則・旧則・教則・極則・憲則・原則・古則・校則・細則・準則・常則・垂則・正則・総則・通則・定則・鉄則・天則・典則・内則・罰則・反則・犯則・付則・補則・法則・本則・民則・模則・立則・礼則・麗則

常

【息】 10 2633 ソク いき いこう やむ そだつ

篆文  金文 

会意 自+心。自は鼻の象形字。鼻息で呼吸することは、生命のあかしである。〔説文〕十下に「喘ぐなり」とするのは、気息の意。〔荘子、大宗師〕に「眞人の息するや踵を以てし、衆人の息するや喉を以てす」とあり気息の法は養生の道とされた。生息・滋息(ふえる)の意に用いる。また〔戦国策、趙四〕に「老臣の賤息」という語があって、子息をいう。

訓義 1いき、いきする。2いこう、やすむ、やむ、ねぎらう。3そだつ、のびる、ひろがる。4こども。5とまる、きえる、ほろびる、すてる。6終助詞、思と同じように用いる。

古訓〔名義抄〕息 イコフ・イキ・ヤスム・ヤム・イキドホル・ムナシ・ヲフ・キユ・イタハル・オコス・オコル・ムヤス・アヤマル・オソル・カヘル・トヾム・トヾマル・ナゲク・オモフ・ヤスシ・ネヤ(コナリ)・ウル・ウフ／消息 アリサマ

声系〔説文〕に息声として熄・熄など四字を収める。止息の意をもつものがある。

語系 息・熄siək は同声。熄に畜火・滅火の両義がある。息に止息・滋息の意があるのと同じ。

【息偃】安息。休む。〔後漢書、陳蕃伝〕永康元年、帝崩じ、竇后臨朝す。～蕃、書を以て之れ(諸尚書)を責めて曰く、～今帝祚未だ立たず、政事日に蹙まる。諸君柰何ぞ荼蓼の苦(王の死)を委てて、息偃して牀に在るや～と。

【息肩】肩の荷を下して休む。一息入れる。〔左伝、昭二十六年〕(公孫朝)齊の師に告げて曰く、孟氏は魯の敝室なり。成を用ふること已甚だし。忍ぶること能はざるなり。請ふ、肩を齊に息めんと。齊の師、成を圍む。

【息耗】消長。増減。〔論衡、弁祟〕孔子曰く、死生命有り、富貴天に在りと。～古の圖籍を案ずるに、～家人の產を治むる、貧富の息耗、壽命の長短、各〻遠近有り。

【息女】自分の娘。〔史記、高祖紀〕呂公曰く、臣少くして好みて人を相し、人を相すること多し。季の相に如くは無し。願はくは季、自愛せよ。臣に息女有り。願はくは季の箕帚の妾(妻)と爲さんと。

↑息意 絶意／息胤 子孫／息陰 息影／息影 休息する／息宴 休む／息燕 息宴／息穏 安穏にする／息禍 息災／息駕 車を停める／息機 世離れ／息休 休む／息饗 慰労する／息言 無言／息交 絶交する／息災 無事／息止 終息する／息除 除く／息壌 息土／息心 安心する／息人 息民／息銭 利息／息喘 あえぐ／息土 肥沃の土／息馬 牧場／息婦 子婦／息兵 休戦する／息望 絶望する／息脈 脈搏／息民 民を休める／息滅 絶滅する／息悒 憂悶する／息養 休養する／息利 利子／息慮 放念

↓安息・晏息・宴息・偃息・燕息・慨息・気息・帰息・休息・居息・脅息・愚息・姑息・子息・止息・滋息・終息・瞬息・消息・生息・栖息・棲息・絶息・喘息・蘇息・大息・太息・退息・嘆息・窒息・長息・吐息・寧息・蕃息・鼻息・屛息・閉息・遊息・利息・留息・令息

常

【捉】 10 5608 ソク サク とる とらえる

篆文 

形声 声符は足。〔説文〕十二上に「搤むなり」とし、「一に曰く、握るなり」という。搤・握はみな畳韻の訓。促は後ろより追う意。これに及ぶを捉という。把捉の意である。

訓義 1とる、とらえる。2にぎる、つかむ。

古訓〔名義抄〕捉 トル・トラフ・カラム・ホシマヽ・イタル・ヒク・ノゴフ・トヽノフ〔字鏡集〕捉 トヽノフ・ホシマヽ・トル・ニギル・トラフ・ノゴフ・ウツ・メグラス・イタス・ヒク・サク・カラム

声系 捉tzhok と搤ek、握eok は声義に通ずるところがあり、捉は追及して把捉すること、搤は縊めつけること、握はたたみこむようにしてつかむことで、それぞれ相似た動作をいう。

【捉月】水底の月をとらえる。〔容斎随筆、三、李太白〕世俗多く言ふ、李太白、當塗の采石(江)に在り、酔に因りて、舟を江に泛べ、月影を見、俯して之れを取らんとし、遂に溺死す。故に其の地に捉月臺有りと。～乃ち俗傳の良に信ずるに足らざるを知る。

【捉髪】握髪。急いで起つ。〔淮南子、氾論訓〕此の時に當りて、一饋にして十たび起ち、一沐にして三たび髪を捉り、以て天下の民を勞す。

↑捉活 生け捕り／捉裾 裾をとる／捉雞 馳走する／捉撮 つまむ／捉搦 からめとる／捉手 握手／捉取 捕らえる／捉生 生け捕り／捉拿 捕らえる／捉鼻 鼻をつまんで不快を示す／捉捕 捕らえる／捉弄 なぶる

↓擒捉・勾捉・守捉・把捉・捕捉

【涑】 10 3519 ソク ソウ すすぐ

篆文 

形声 声符は束。〔説文〕十一上に「瀚ふなり」とし、また「河東に涑水有り」という。山西夏県の涑水郷は宋の名臣司馬光の出身地で、世に司馬光を涑水先生といった。〔玉篇〕に「生練を濯ふなり」とあり、生糸を濯うことをいう。

訓義 1すすぐ、また漱に作る。2あらう、すすぎあらう、生糸をあらう。3水名。

古訓〔字鏡集〕涑 スヽグ・クチス・ヽグ・ユサメ・アマネシ

常

【速】 10 3530 〔逨〕 11 3530 〔遬〕 15 3730 ソク すみやか はやい まねく

篆文  古文  籀文  金文  古印璽 

形声 声符は束。〔説文〕二下に「疾やかなり」とあり、重文と

して遬など二字を加える。金文に諫の字があり、人名に用いる。また〔叔家父簠〕に「以て諸兄を速く」、〔詩、小雅、伐木〕「以て諸父を速く」、〔詩、召南、行露〕「何を以てか我を獄に速く」など、祭事や獄訟に招く意に用いる。また〔大盂鼎〕に「罰訟を敏しみ諫む」とあり、束声に束ねて緊束する意がある。

訓義 1すみやか、はやい、とし。2まねく、めす、よぶ、きたす。3つつしむ。4数と通じ、しばしば。

古訓 〔名義抄〕速 スミヤカニ・メス・ヨシ・マネク・サソフ・トシ・ハヤシ・イックシ・ヨバフ・ツク・キタル・イタル

語系 速siok、促tsiokは声義に通ずるところがあり、趣tsioにも急疾の意がある。數(数)sheokも速疾の意に用い、速を數の義にも用いる。

【速朽】早く朽ちる。〔礼記、檀弓上〕昔者、夫子(孔子)宋に居りしとき、桓司馬の自ら石椁を爲り、三年にして成らざるを見る。夫子曰く、是の若きは、其れ靡れり。死しては、速やかに朽つるの愈されるに如かずと。

【速疾】速い。〔後漢書、党錮、李膺伝〕張讓の弟朔～貪殘無道、乃ち孕婦を殺すに至る。～膺其の狀を知り、～即ち之れを殺す。讓、冤を帝に訴ふ。～膺對へて曰く、～今臣、官に至りて已に一旬を積めり。～意はざりき、速疾の罪を獲んとは。

【速成】早成。早熟。〔論語、憲問〕闕黨(闕の町)の童子、命(応待)を將ふ。～子曰く、～益を求むる者に非ざるなり。速成を欲する者なりと。

【速達】早く高位に達する。梁・任昉〔范尚書(雲)の為に吏部封侯を讓る第一表〕先志忘れず、愚臣是れ庶ふ。且つ去歳冬初、國學の老博士たるのみ。今茲首夏、將に冢司に亞がんとす。(車)千秋の一日九遷、荀爽の十旬遠至と雖も、之れを微臣に方ぶるに、未だ速達と爲さず。

【速断】速やかに決する。〔宋書、王僧綽伝〕建立の事は、仰ぎて聖懷に由る。臣謂へらく、唯だ宜しく速やかに斷むべし。稽緩すべからず。當に斷むべくして斷めざれば、反つて其の亂を受けん。

↑速怨 招怨/速咎 とがめを招く/速決 速断/速厳 速装/速辜 速咎/速効 すぐ効く/速刻 すぐ/速死 急死/速就 速成/速捷 すばやい/速迅 早い/速戦 急戦/速装 急な旅立ち/速即 即刻/速速 粗陋のさま/速度 速さ/速賓 客を招く/速夭 夭逝/速福 福を招く/速忙 急忙

↓淹速・音速・加速・快速・急速・高速・早速・時速・疾速・駿速・神速・迅速・拙速・遅速・敏速・風速

常 【側】 11 2220 ソク かたわら ほのか

篆文  金文 

形声 声符は則。則は鼎側に銘刻を施すことをいう。〔説文〕八上に「旁らなり」とあり、人に施して人の旁ら、また傾仄の状態をいう。

訓義 1かたわら、そば、わき、へり、まわり。2かたがわ、かたむく、そばだつ、そばめる。3仄と通じ、ほのか、かすか。4いやしい、ひくい、ひとり。

古訓 〔新撰字鏡〕側 太知毛止保留(たちもとほる)〔名義抄〕側 ホトリ・カタハラ・ソバタツ・ソバム・ホノカニ・カクル・カタブク・ソル・カタマカル・ソノカミ・ツタフ・スミ・ミツ/反側 トコカヘリ

語系 側・仄・昃・夨tzhiakは同声。仄・昃は人影の傾くこと、夨は傾側して舞う形。みな一系の語。

【側傾】傾き危うい。魏・文帝〔彈棊の賦〕乃ち夫の變化の理、屈伸の形を詳觀するに、～或いは暇豫して安存し、或いは窮困して側傾す。

【側肩】肩をすぼめる。〔史記、孟嘗君伝〕君獨り夫の朝に市に趣く者を見ずや。明旦、肩を側めて門を爭うて入る。日暮の後、市朝を過よる者、臂を掉ふも顧みず。朝を好みて暮を惡むに非ず。期する所の物、其の中に亡ければなり。

【側耳】耳をすます。漢・李陵〔蘇武に答ふる書〕涼秋九月、塞外草衰へ、夜寐ぬること能はず。耳を側てて遠く聽くに、胡笳互ひに動き、牧馬悲鳴す。吟嘯して群を成し、邊聲四もに起る。

【側室】旁側の室。妾。〔輟耕録、九、陰府弁詞〕李子昭～の側室刁氏、娠める有り。妻之れを怒り、箠撻して苦楚して晝夜息めず。～身遂に亡ぶ。數日ならずして鬼怪百出、妻奇疾を得たり。

【側身】身をそばめる。漢・張衡〔四愁詩、四首、一〕我が思ふ所は太山に在り 往きて之れに從はんと欲するも、梁父(山名)艱し 側身東望して涕翰を霑す

【側席】服喪中の席。また、賢者のために席を避ける。〔後漢書、逸民伝序〕光武、幽人に側席し、之れを求むること及ばざるが若くす。

【側聴】立ち聞き。また、ほのかに聞く。南朝宋・顔延之〔夏夜、從兄の散騎車長沙に呈す〕詩 側かに風の木に薄るを聽き 遙かに月の雲を開くを睇る

【側頭】頭を傾ける。また、頭をあげる。唐・杜牧〔郡斎独酌〕詩 三千の宮女、頭を傾けて看る 相ひ排して踏み砕く、雙明璫(耳飾り)

【側微】卑賤。〔書、舜典序〕虞舜側微なり。堯、之れが聰明なるを聞き、將に位を嗣がしめんとして、諸難に歴試す。舜典を作る。

【側聞】ほのかに聞く。仄聞。漢・賈誼〔屈原を弔ふ文〕恭しく嘉惠を承けて、罪を長沙に俟つ。側かに聞く、屈原自ら汨羅に沈めりと。

【側弁】冠を傾ける。〔詩、小雅、賓之初筵〕是れ曰に既に醉ひては 其の郵を知らず 弁を側くること之れ俄たり 屢しば舞ふこと傞傞たり

【側目】目をそらす。〔戦国策、秦一〕(蘇秦)將に楚王に説かんとして、路、洛陽を過よる。父母之れを聞き、～郊迎すること三十里。妻側目して視、傾耳して聽き、嫂(兄嫁)蛇行匍伏し、四拜自ら跪きて謝す。

【側陋】卑賤。側微。〔東観漢記、応奉伝〕應奉、武陵の太守と爲る。學校を興し、側陋を擧げ、政、遠邇(遠近)に稱せらる。

↑側艶 側麗/側屋 傍らの家/側臥 横臥する/側寒 浅寒/側躬 身を構える/側近 身近/側径 わき路/側行 さけて行く/側視 側目/側酌 独酌/側臣 近臣/側声 仄声/側足 足をそばめてゆく/側息 一息/側跌 倒れる/側匿 おじけかくれる/側僻 賤しい/側帽 帽を傾ける/側面 横顔/側門 くぐり/側笠 笠を傾ける/側麗 すらりと美しい

↓危側・欹側・君側・傾側・険側・舷側・坐側・山側・船側・家側・道側・反側・卑側・陛側・僻側・片側・偏側・旁側・帽側・路側

【惻】 12 9200 ソク いたむ かなしむ

篆文 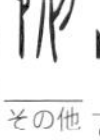 その他 

形声 声符は則。〔説文〕十下に「痛むなり」とあり、事情を推測して、痛み悲しむことをいう。

訓義 1いたむ、かなしむ。2うれえる、あわれむ。3側と通じ、狭くつまる。

古訓 〔名義抄〕惻 イタム・ネタム・イタハラシム・イマシム・タシ

ナム・カクル

語系 惻・測 tshiək は同声。側 tzhiək は声が近い。また憯・慘（惨）tsəm も声義に通ずるところがある。

【惻隠】 あわれみいたむ心。〔孟子、公孫丑上〕今、人乍ち孺子の將に井に入らんとするを見ば、皆怵惕（驚き危ぶみ）惻隱の心有り。

【惻然】 かなしみあわれむ。〔漢書、薛宣伝〕乃者群盜橫恣にして、吏民を殘賊す。朕、惻然として之れを傷む。～咎、君に繇るなり。

【惻愴】 いたみかなしむ。晉・棗拠〔雑詩〕玄林、陰氣結び 風ふかざるに自ら寒涼なり 顧瞻して情感切なり 惻愴して心哀傷す

【惻惻】 悲しみ傷む。唐・杜甫〔李白を夢む、二首、一〕詩 死別、已に聲を吞む 生別、常に惻惻たり 江南瘴癘（悪癘）の地 逐客（李白を指す）、消息無し

【惻塞】 狭まり塞がる。充塞する。〔敦煌変文集、降魔変文〕或いは大身を現はして、虛空を惻塞し、或いは小身を現はして、猶ほ芥子の如し。神通變化、十八般を現はす。

【惻怛】 いたみかなしむ。〔漢書、文帝紀〕（後二年）匈奴和親す。詔して曰く、～今朕～萬民を憂苦し、之れが爲に惻怛して安んぜず。～故に使者を遣はし、～以て朕が志を單于に諭さしむ。

【惻痛】 いたみかなしむ。〔論衡、明雩〕病の必ず治むべからず、之れを治むるも益無きを知るも、～猶ほ卜筮して祟りを求め、醫を召し藥を和する者は、惻痛慇懃、驗有らんことを冀へばなり。

↑惻焉 惻然／惻悽 惻怛／惻切 甚だいたむ／惻楚 惻痛／惻悵 いたみなげく／惻動 いたみ悲しむ／惻憫 いたみ憂える／惻容 憂い顔

↓隱惻・懇惻・傷惻・心惻・仁惻・悽惻・楚惻・愴惻・悲惻・憫惻

常 【測】 12 3210 ソク はかる

篆文 

形声 声符は則。則に準則の意がある。〔説文〕十一上に「深さの至る所なり」とあり、水深を測ることをいう。のち測量・測候・測定、また推測する意。

訓義 1はかる。2おしはかる、考える、知る。3きわめる、つくす。

古訓 〔名義抄〕測 ハカル・タバカリ・フカシ・ミチ・ホトリ・カゾフ 〔字鏡集〕測 フカシ・タバカル・ハカル・ワタル・ホトリ・ヒロクフカシ・ミチ・カズフ

【測意】 推測する。〔荀子、賦篇〕弟子不敏、此れを之れ陳べんことを願ふ。君子辭を設く。請ふ、之れを測意せん。曰く～風を友とし雨を子とす。冬日は寒を作し、夏日は暑を作す。廣大にして精神、請ふ之れを雲に歸せんと。

【測験】 はかりしらべる。〔斉東野語、十四、館閣観画〕渾儀臺に登りて銅渾儀を觀る。紹興の閒、内侍邵諤の爲る所なり。～此の器凡そ二、一は司天臺に留め、一は此に留めて以て測驗に備ふ。

【測候】 天文・気象の観測。〔宋書、律暦志下〕乾象（天文）の弦望（三日月と十五夜）定數、景初（魏暦）の交度周日、測候精ならずと謂ふに匪ざるも、遂に乃ち乘除翻謬（計算違い）す。斯れ又曆家の甚失なり。

【測度】 はかる。〔礼記、礼運〕欲惡は心の大端なり。人は其の心を藏くし、測度すべからざるなり。美惡皆其の心に在りて、其の色に見はれず。

【測量】 地の広狭・高低などをはかる。〔漢学師承記、三、銭大昕〕京師に在りて、同年の長洲褚寅亮、全椒の吳朗と九章算學、及び歐羅巴の測量・弧三角の諸法を講明す。

↑測景 日の観測／測恩 深い恩／測揆 はかる／測算 計算／測字 字占い／測識 確かめる／測地 測量／測定 はかり定める／測天 天文観測／測歩 測量

↓景測・億測・憶測・臆測・観測・揆測・窺測・計測・検測・識測・実測・推測・精測・探測・天測・不測・歩測・目測・予測

【熄】 14 9683 ソク ショク きえる

篆文 

形声 声符は息。息に息止の意がある。〔説文〕十上に「畜火なり」と埋み火の意とするが、〔孟子、告子上〕に「今の仁を爲す者は、猶ほ一杯の水を以て、一車薪の火を救ふがごときなり。熄まざれば則ち之れを水、火に勝たずと謂ふ」とあるように、火が消える意。

訓義 1きえる、火をけす。2埋み火、火をいこう。3ほろぼす、やむ。4字はまた、息に作る。

古訓 〔名義抄〕熄 ヤム 〔字鏡集〕熄 ヤム・ヒノキユル

↑熄灯 消灯／熄滅 消滅

↓終熄・殄熄・閉熄

ゾク

常 【俗】 9 2826 ゾク ならわし いやしい

篆文 

金文 

形声 声符は谷。谷は谿谷の谷ではなく、容・欲・浴の従うところの谷である。〔説文〕八上に「習はしなり」と習俗の意とし、〔玉篇〕にも「習安なり」とみえる。〔周礼、天官、大宰〕「禮俗以て其の民を馭む」の〔注〕に「禮俗は昏姻喪紀、舊より行ふ所なり」とみえる。金文に俗を欲の意に用いる例があり、欲とは神に祈って、その神容のあらわれることを欲する意である。そのような一般的な信仰や、儀礼のありかたを俗という。谿谷の谷とは字原を異にし、谿谷の谷は谷口の象で、口の部分は凵の形に作る。

訓義 1ならわし、ならい、世のならい。2世のつね、世のなみのこと。3いやしい、ひくい。

古訓 〔名義抄〕俗 ヨヲトコ・ウム・ヤブル・ナラヒ・アルジ・トコロ／凡俗 タヾヒト・ワロヒト

語系 俗 ziok、欲・浴 jiok、また容 jiong は一系をなし、神容に接することを欲して、沐浴して清める儀礼に関しており、谿谷の谷 kok とは、声義ともに異なる語である。

【俗学】 世俗な学。〔荘子、繕性〕性を俗學に繕めて、以て其の初めに復らんことを求め、欲を俗思に滑して、以て其の明を致さんことを求む、之れを蔽蒙（道理にくらい）の民と謂ふ。

【俗客】 世の平凡な人。唐・杜甫〔解悶、十二首、五〕詩 李陵・蘇武は是れ吾が師 孟子の論文、更に疑はず 一飯、未だ曾て俗客を留めず 數篇、今見る、古人の詩

【俗諺】 世のことわざ。晉・陶潜〔龐参軍に答ふる詩の序〕俗諺に云ふ、數面すれば親舊と成ると。況んや情の此れに過ぐる者をや。

【俗士】 俗物。〔三国志、蜀、諸葛亮伝注に引く襄陽記〕劉備、世事を司馬德操に訪ふ。德操曰く、儒生俗士は豈に時務を識らんや。時務を識る者は俊傑に在り。此の閒自ら伏龍・鳳雛有りと。

【俗子】 俗人。〔雞肋編、上〕王逸少（羲之）鵝を好む。曹孟德（操）に梅林救渴の事有り。俗子乃ち鵝を呼んで右軍と爲し、梅を曹公と爲す。

【俗事】 世俗の事。〔世説新語、品藻〕王黃門（徽之）兄弟三人、倶に謝公（安）に詣る。子猷（王徽之）・子重（王操之）は多く俗事を說ふ。子敬（王献之）は寒溫するのみ。～謝公曰く、吉人の辭は寡なく、躁人の辭は多し～と。

【俗状】 俗悪なさま。斉・孔稚珪〔北山移文〕芰製(ひしとはちすの衣)を焚きて荷衣を裂き、塵容を抗げて俗状を走らす。

【俗情】 世俗の情。晋・陶潜〔辛丑の歳七月〜江陵に還らんとして、夜、塗口を行く〕詩 詩書、宿好を敦うし 林園、俗情無し

【俗人】 世俗の人。〔大唐新語、六、挙賢〕狄仁傑、兒爲りし時、門人に害を被る者あり。縣吏就きて之れを詰す。〜仁傑堅坐して讀書す。〜曰く、黃卷の中、聖賢備さに在り。猶ほ未だ對接せず。何ぞ俗人に偶して見るに暇あらんやと。

【俗説】 世俗の間に伝えられる説。〔池北偶談、談異四、天医〕俗説に雷部、人を撃つときは、必ず天醫有りて之れに隨ふ。或いは誤り撃つときは、則ち旋た之れを活かすと。近ごろ〜二人同行して雷に遇ひ、皆殪死す。其の一人怳忽として一比丘(尼)を見、〜則ち生く。比丘亦た見えずと。

【俗物】 凡俗の人。〔世説新語、排調〕嵆(康)・阮(籍)・山(濤)・劉(伶)、竹林に在りて酣飲す。王戎後れて往く。步兵(阮籍)曰く、俗物已に復た來りて人意を敗ると。王(戎)笑ひて曰く、卿が輩の意も、亦た復た敗るべきかと。

【俗吏】 凡庸な役人。〔漢書、賈誼伝〕風を移し俗を易へ、天下をして心を回らし道に鄉はしむるは、類ね俗吏の能く爲す所に非ざるなり。

【俗流】 俗士の輩。清・顧炎武〔孫徵君(奇逢)孟冬を以て夏峰に葬る〜〕詩 俗流、聲華を騖するも 實を考ふるに皆凡庸なり

【俗累】 世俗の煩わしいこと。明・唐順之〔興国州同知徐公墓誌銘〕官を罷めて家す。又貧しきも恬如たり。〜閒なれば則ち諸孫に句讀を課し、俗累を斥けて、一も心に挂けず。

➡俗埃 俗事/俗医 やぶ医者/俗院 寺の宿房/俗韻 俗調/俗縁 世俗の縁/俗化 教化/俗歌 俗謡/俗界 俗世間/俗解 世間/俗寰 俗世界/俗眼 俗見/俗間 世間/俗気 俗臭/俗忌 世の忌みごと/俗境 俗界/俗計 世俗の計/俗見 世俗的な考え/俗言 世俗の語/俗骨 凡骨/俗才 世才/俗材 俗物/俗字 俗体の字/俗耳 世間のうわさ/俗手 平俗な技/俗臭 下卑たようす/俗書 俗悪の書/俗心 俗情/俗塵 世俗のけがれ/俗世 俗世間/俗僧 生ぐさ坊主/俗態 俗悪なさま/俗智 世俗の智恵/俗腸 俗情/俗套 世俗のしきたり/俗念 俗情/俗輩 俗流/俗鄙 鄙俗/俗筆 俗悪な筆迹/俗賓 俗客/俗夫 俗人/俗氛 俗気/俗本 通俗本/俗務 世俗のつまらぬしごと/俗野 野卑/俗用 俗事/俗謡 民謡/俗慮 世俗的な心/俗陋 俗悪/俗論 俗説

➡異俗・違俗・遺俗・易俗・汚俗・雅俗・帰俗・棄俗・毀俗・譏俗・旧俗・郷俗・矯俗・驚俗・曲俗・軽俗・還俗・古俗・故俗・国俗・在俗・時俗・殊俗・習俗・真俗・塵俗・随俗・世俗・成俗・政俗・聖俗・絶俗・僧俗・頹俗・脱俗・超俗・通俗・低俗・蠹俗・土俗・道俗・篤俗・薄俗・反俗・蛮俗・凡俗・末俗・民俗・庸俗・里俗・俚俗・離俗・流俗・良俗・礼俗・陋俗

常

【族】 11 0823 ゾク やから あつまる

篆文

甲骨文

金文

会意 㫃+矢。㫃は氏族旗。矢は矢誓し、誓約に用いるもの。氏族旗のもとで誓約する族人をいう。〔説文〕七上に「矢鋒なり。之れを束ぬること族族たり」と鏃を束ねる意で、族集のさまをいうとするが、鏃はのちの形声字で、族の初義ではない。族は矢誓の族盟に参加するもので、氏族軍、その構成者をいう。金文の〔毛公鼎〕に「乃の族を以ゐて、王の身を干吾(敔)せよ」とあり、軍を派遣するときには、〔明公簋〕「唯れ王、明公に命じ、三族を遣はして東或(国)を伐たしむ」のようにいう。また族集の意となる。

訓義 [1]やから、みうち、うから。[2]家すじ、ともがら、たぐい。[3]あつまる、むらがる、おおい。[4]鏃と通じ、やじり。[5]一族を滅ぼす、族滅。[6]嗾と通じ、そそのかす、けしかける、せまる。

古訓 〔名義抄〕族 ヤカラ・タネ・エダ・ソフ・コハシ・アカフ・シフ 〔篇立〕族 ヤカラ・アマタ・トモガラ・エダ・ウチ・コハシ

声系 〔説文〕に族声として蔟・鏃・嗾など四字を収める。おおむね族の声義を承ける字である。

語系 族 dzok は聚 dzio、叢 dzong と声義通じ、みな叢聚の意がある。また簇・湊 tsok もその系統の語である。

【族夷】 一族を皆殺しにする。〔史記、田儋伝〕使、還り報ず。高皇帝迺ち衞尉酈商に詔して曰く、齊王田橫即し至るとも、人馬從者、敢て動搖する者有らば、族夷を致さんと。

【族人】 同宗の人。遠い親族。〔礼記、大伝〕君は族を合するの道有り。族人は其の戚(族属の親)を以て君に戚づくことを得ず。位あればなり。

【族姓】 同族同姓の関係。〔左伝、襄三十一年〕公孫揮は能く四國の爲(典故習俗)を知りて、其の大夫の族姓・班位・貴賤・能否を辨つ。

【族属】 一族。親族。〔礼記、大伝〕同姓は宗に從ひて族屬を合し、異姓は名を主として際會を治む。名著かにして、男女別有り。

【族望】 名望ある門族。〔事物紀原、二、公式姓諱部、族望〕筆談に曰く、士人氏族を以て相ひ高しとするは、古より之れ有り。〜魏氏より、人物を銓總するに氏族を以てするも、亦た專ら門地に任ぜず。唯だ四夷は則ち全て以て貴賤を爲す。〜後魏、中原に據り、此の俗遂に中國に盛んなり。

【族滅】 一族皆殺し。〔史記、匈奴伝〕貳師(李広利)乃ち解いて引き歸る。單于と連戰すること十餘日。貳師、其の家巫蠱を以て族滅せらると聞き、因りて衆を幷せて匈奴に降る。來り還るを得し者は、千人に一兩人のみ。

【族類】 同族の者。〔戦国策、秦四〕夫れ韓・魏の父子兄弟〜秦に死する者と百世なり。本國殘はれ、社稷壞れ、宗廟隳られ、〜父子老弱、係虜して路に相ひ隨ひ、〜族類離散し、流亡して臣妾と爲り、海内に滿てり。韓・魏の亡びざるは、秦の社稷の憂ひなり。

➡族姻 姻戚/族貫 本籍/族居 集居する/族挙 族居する/族兄 三従兄/族系 家筋/族罪 三族ともに処刑する/族殺 族滅/族子 同族の子/族死 族滅/族嗣 後継/族叔 叔父/族食 一族ともにくらす/族親 親族/族世 氏族の代々/族生 群がって生じる/族戚 一族の人/族誅 族滅/族長 氏族の長/族弟 一族中の弟輩にあたる年齢の者/族党 旅類/族譜 同族の系譜/族父 伯叔父/族法 家族法/族約 一族の盟約/族落 同族の集落/族厲 廃絶の家

➡異族・一族・姻族・羽族・王族・家族・華族・介族・冠族・寒族・貴族・九族・旧族・巨族・挙族・魚族・梟族・彊族・血族・眷族・語族・公族・皇族・高族・豪族・国族・三族・士族・支族・氏族・種族・聚族・親族・水族・世族・盛族・戚族・絶族・賤族・素族・疏族・疎族・宗族・他族・泰族・鼎族・同族・閥族・蛮族・匪族・品族・部族・分族・敝族・別族・邦族・望族・民族・名族・毛族・門族・右族・類族

常

【属】 12 7722 〔屬〕 21 7722 ゾク ショク つらなる つくまかす

篆文 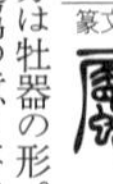

会意 旧字は屬に作り、尾＋蜀。尾は牝獣、蜀は牡器を主とする牡獣の形で、虫の部分は牡器の形。尾と虫と、牝牡相屬なるを屬という。ゆえに連屬の意となる。〔説文〕八下に「連なるなり」とし、蜀声とするが、蜀は獨（独）・歜の従うところで、単なる声符ではない。歜は牡器を毆つ形で歜去、去勢することをいう。すべて連屬し、附属する関係にあることを属という。

訓義 ①つらなる、つづく、牝牡相連なる。②つなぐ、むすぶ、つづる。③ちかづく、およぶ、つく、つける。④たのむ、ゆだねる、まかす、うべなう、かこつける、すすめる。⑤なかま、ともがら、たぐい。⑥てした、けらい、つかさ。⑦たまたま、さきに、さきごろ、このごろ。

古訓 〔名義抄〕屬 ツク・トモガラ・トモ・ツラヌク・ツドフ・ツラナル・アタル・オヨブ・アフ・コノゴロ・ハジメ・タグヒ・アツム・イマシ

声系 〔説文〕に屬声として斸など三字を収め、〔玉篇〕にはまた囑（嘱）を収める。矚は〔慧琳音義〕に引く〔説文〕にみえ、おそらく逸文であろう。

語系 屬・囑 tjiok は同声。注（注）tjio は声義の近い字。矢を弓につがえることを注といい、酒を杯につぐことを屬という。

【屬意】 心をよせる。〔後漢書、党錮、李膺伝〕陳蕃の太尉を免ぜらるるに及んで、朝野意を膺に屬す。荀爽、其の～禍ひを致さんことを恐れ、節を屈して、以て亂世に全からしめんと欲す。

【屬言】 つづることば。梁・任昉〔蕭揚州（子顕）の為に士を薦むる表〕居に塵雜無く、家に賜書有り。辭賦清新にして、屬言玄遠なり。

【屬稿】 原稿を作る。唐・司馬貞〔史記索隠の序〕其の屬稿には、先づ左氏・國語・世本・戰國策・楚漢春秋、及び諸子百家の書に據り、而る後經傳に貫穿し、古今に馳騁し、～各〻一國一家の事を成さしむ。

【屬纊】 綿で気息の有無をためす。〔礼記、喪大記〕疾、病い（重篤）なるときは、～男女、服を改め、纊（新しい綿）を屬けて、以て絶氣を俟まつ。

【屬詩】 詩を作る。漢・厳忌〔哀時命〕志、憾恨して逞ここからず 中情を杼のべて詩を屬くる

【屬耳】 盗み聞き。また、注意して聞く。〔東観漢記、馬援伝〕援～人と爲り明白、進對に嫺ひ、尤も善く前事を述ぶ。～皇太子・諸王の聞く者、耳を屬け、倦むことを忘れざる莫なし。

【屬辞】 文辞を連ねる。〔礼記、経解〕屬辭比事（事実に適合する）は、春秋の教へなり。～屬辭比事して亂れざるは、則ち春秋に深き者なり。

【屬対】 対句。〔唐書、文芸中、宋之問伝〕魏の建安の後、江左に汔り、詩律屢〻變ず。沈約・庾信に至りて、音韻を以て相ひ婉附し、屬對精密なり。之問・沈佺期に及んで、又靡麗を加ふ。～號して沈宋と爲す。

【屬綴】 文をつらねる。著作する。宋・宋祁〔張尚書（詠）行状記〕屬綴すること有る毎ごとに、輒ち庭樹の槁枝に據りて瞑し、苟くも篇を終へざれば、未だ嘗て舍に就かず。

【屬文】 文章を作る。〔漢書、賈誼伝〕賈誼～年十八、能く詩書を誦し、文を屬くるを以て、郡中に稱せらる。～文帝、召して以て博士と爲す。

【屬望】 期待する。〔隋書、煬帝紀上〕上、學を好み、善く文を屬くる。沈深嚴重にして、朝野望みを屬す。～上、尤も自ら矯飾し、當時稱して仁孝と爲す。

【屬目】 注目する。〔漢書、蓋寛饒伝〕寛饒曰く、多く我に酌むこと無かれ。我は乃ち酒狂なりと。～坐する者、皆屬目して之れを卑下す。

【屬鏤】 名剣の名。〔左伝、哀十一年〕王～之れ（伍子胥）に屬鏤の剣を賜ひ、以て死せしむ。將に死せんとして曰く、吾が墓に檟を樹うるよ、檟は（棺）材とすべきなり。呉は其れ亡びんか。

【屬和】 和して歌う。楚・宋玉〔楚王の問に対ふ〕客に郢中に歌ふ者有り。其の始めに曰く、下里の巴人と。國中の屬して和する者數千人、～其の陽春・白雪（高雅な曲の名）を爲すや、國中の屬して和する者、數十人に過ぎず。

↑屬引 連続する／屬員 下役／屬垣 盗みぎき／屬怨 怨みをもつ／屬厭 あきる／屬懐 遠く思う／屬官 下役／屬観 注目する／屬行 随行する／屬国 服屬国／屬佐 下役／屬志 期待する／屬思 構想／屬茨 屋根をふく／屬疾 虚病／屬車 従車／屬者 近ごろ／屬酒 酒をすすめる／屬聚 集まる／屬従 従う／屬心 嘱望する／屬草 草稿を作る／屬曹 下役／屬託 嘱託／屬聴 属耳／屬任 任せる／屬付 たのむ／屬附 つき従う／屬婦 妾／屬聞 近頃の話／屬辟 二重棺／屬命 頼る／屬臾 謹む／屬遊 群遊／屬頼 頼る／屬吏 下役／屬慮 思案／屬僚 下役／屬寮 属僚／屬累 かこつける／屬令 戒める／屬連 連なる／屬路 沿道

↓姻属・掾属・下属・家属・外属・官属・帰属・羈属・近属・金属・軍属・係属・繫属・血属・眷属・圏属・婚属・支属・私属・耳属・従属・所属・心属・親属・戚属・専属・疎属・族属・率属・尊属・直属・徒属・同属・内属・配属・卑属・付属・附属・部属・服属・分属・本属・奔属・与属・僚属・寮属・隷属・連属

人

【粟】

12 1090

ゾク こくもつ あわ

篆文 

籀文 

甲骨文 

象形 穀の実のある形。〔説文〕七上に字を㮚に作り、「嘉穀の實なり。卣に從ひ、米に從ふ」とし、籀文の字形は三卣に従う。音読みのときは、五穀の総称として用いる。

訓義 ①こくもつ、こくもつのみ、あわ、もみ、つぶ。②五穀の総称。③食糧、かて、ふち。④とりはだ。

古訓 〔和名抄〕粟 阿波（あは）〔名義抄〕粟 アハ・ニタ・ス、シ・ツ、シム・マグサ

語系 〔説文〕に「孔子曰く」として、「粟の言爲たる、續なり」とあり、粟 sok、續（続）dziok の畳韻を以て解する。声義の上からいえば、また族 dzok、聚 dzio と関係がある語であろう。

【粟秩】 扶持。〔説苑、正諫〕晉の平公、樂を好み、其の賦斂を多くし、城郭を治めず。曰く、敢て諫むる者有らば死せんと。國人之れを憂ふ。～咎犯～其の五指を詘す。～其の一指を申のべて曰く、～四なり。民に饑色有るに、馬に粟秩有り、五なり～と。平公曰く、善しと。

【粟飯】 くろ米の粗飯。〔宋書、宗慤伝〕鄉人庾業、家甚だ富豪なり。方丈の膳、以て賓客を待つ。而るに慤至るとき、設くるに菜葅粟飯を以てす。客に謂ひて曰く、宗は軍人なり。粗食を噉ふに慣れたりと。慤、飽を致して去る。

【粟粒】 もみつぶ。唐・杜牧〔阿房宮の賦〕釘頭の磷磷たるは、庾に在るの粟粒よりも多し。

↑粟金 小粒の金／粟散 ちりぢりになる／粟粥 粟がゆ／粟陳 穀物があり余ってくさる／粟土 よい畑／粟麦 あわとむぎ／粟膚 鳥肌／粟米 もみと米／粟文 粟状の文様／粟慄 鳥肌

↓握粟・嘉粟・官粟・給粟・収粟・菽粟・鋤粟・銭粟・倉粟・蔵粟・貯粟・陳粟・稲粟・発粟・秕粟・府粟・腐粟・賦粟・米粟・秣粟・輸粟・廩粟・糲粟

常【続】13 〔續〕21 2498 ゾク ショク つぐ つづく つらなる

篆文  古文 

形声 旧字は續に作り、賣と声。賣は𧶠の省文。〔説文〕十三上に「連なるなり」と訓し、古文として賡をあげているが、これは「賡續」のように連用するが別の字である。續は糸の連続することをいう。

訓義 ①つぐ、つづく、つなぐ、つらなる。②つぎなわ、いと。③贖と通じ、つぐなう。

古訓 〔名義抄〕續 ツグ・ツラヌ・ツムグ・ツグノフ 〔篇立〕續 ツラヌ・サキ・トヅ・ツムグ・ワキ・タスク・ウム・ネヤ・トヂツ

【続弦】ぞくげん 弦を張りなおす。改めて娶る。梁・王僧孺〔姫人の為に自ら傷む〕詩 斷弦、猶ほ續ぐべし 心去りては、最も留め難し

【続貂】ぞくちょう（てう） 封爵を濫授する。悪を以て美につぐ。〔晋書、趙王倫伝〕諸黨皆卿將に登り、竝びに大封に列し、其の餘～咸ごとく超階越次す。～朝會毎に貂蟬（冠冕の飾り）坐に盈つ。時人之れが諺を爲りて曰く、貂足らず、狗尾續ぐと。

【続魄】ぞくはく 招魂。魂ふりの俗。〔荊楚歳時記〕三月三日、士民竝な江渚池沼の閒に出で、流杯曲水の飲を爲す。～按ずるに韓詩に云ふ、唯れ溱と洧（水名）と 方に洹洹たり 唯れ士と女と 方に蕑を秉ると。注に謂ふ、今三月、桃花水の下、以て招魂續魄し、歳の穢れを祓除すと。

【続鳧】ぞくふ 鴨の短い脛をつなぐ。自然の理にそむく。〔荘子、駢拇〕鳧脛短しと雖も、之れを續ぐときは則ち憂ふ。鶴脛長しと雖も、之れを斷つときは則ち悲しむ。

↑続継 再娶する／続後 続く／続行 継続する／続刻 続刊／続骨 接骨／続魂 続魄／続嗣 あとをつぐ／続室 再娶／続世 世代を継承する／続成 継続し完成する／続娶 再娶／続然 補う／続短 短を補う／続断 断続する／続母 継母／続命 命を繋ぐ

↓永続・継続・更続・後続・膠続・纘続・嗣続・持続・緝続・紹続・相続・存続・断続・補続・陸続・縷続・連続

常【賊】13 〔賊〕13 6385 ゾク そこなう ころす わるもの

篆文  金文 

会意 正字はもと鼎に従い、鼎＋戎。金文にはその字形に作る。鼎銘を戈で刊りとり、其の鼎銘を無効とする行為をいう。〔説文〕十二下に「敗るなり。戈に従ひ、則の声」とする。則はもと鼎に作り、鼎の銘刻をいう。もしその声をとるならば、鼎の省声というべきである。金文の〔散氏盤〕に「余に、散氏を心に賊とすること有らば、則ち爰（鍰、罰金）千、罰千ならん」という盟約の辞があり、そのような盟約にそむき、これを廃棄することを賊という。盗（盜）も血盟の盤中に次（よだれ）を加えて汚し、その盟約をけがし、盟約から離脱する行為を示す字。盗賊とはただ財宝を掠めとる小盗の類ではなく、盟誓に違背する反逆的行為をいう。

訓義 ①そこなう、やぶる。鼎銘を毀損し、その盟誓に離反する。②ころす、ぬすむ、しいたげる、そしる。③わるい、わるもの、あだ、かたき。

古訓 〔名義抄〕賊 ヤブル・ウツ・ヌスム・ヌスミ・カミ・アタ／海賊 カイゾク／木賊 トクサ／烏賊 イカ 〔字鏡集〕賊 ソコナフ・ヤブル・ヌスム・ヌスミ・アタ・カツ・ウツ

語系 賊 dzək、則 tzək は声近く、則は鼎側に加える銘刻。それを削りとって害することを賊という。〔説文〕に則を貝に従う字とするのは、誤りである。

【賊害】ぞくがい 傷つけ害なう。〔漢書、吾丘寿王伝〕周室衰微するに至るに及んで、～知者は愚を陷れ、勇者は怯を威し、苟しくも勝を得るを以て務めと爲し、義理を顧みず。故に機變械飾、相ひ賊害する所以の具、勝げて數ふべからず。

【賊虐】ぞくぎゃく そこない、虐げる。〔書、泰誓中〕惟れ受（紂）の罪は桀に浮ぎ、元良を剝喪し、諫輔（忠諫し、輔佐する臣）を賊虐す。

【賊殺】ぞくさつ ころす。〔史記、李斯伝〕天子故無くして不辜（無実）の人を賊殺す。此れ上帝の禁なり。

【賊心】ぞくしん 他を害する心。〔管子、明法解〕明主なる者は法度の制有り。～故に詐僞の人、其の主を欺くことを得ず。嫉妬の人、其の賊心を用ふることを得ず。讒諛の人、其の巧を施すことを得ず。

【賊臣】ぞくしん 謀叛人。〔史記、趙世家〕後十三年、魯の賊臣陽虎、來り奔る。趙簡子、賂を受け、厚く之れを遇す。

【賊人】ぞくじん 謀叛人。〔左伝、昭七年〕晉の大夫、范獻子に言ひて曰く、衞、晉に事へて睦を爲すに、晉、禮せず。其の賊人を庇ひて、其の地を取る。故に諸侯貳ふ。～是れ諸侯を絶つなりと。

【賊盗】ぞくとう（たう） 盗賊。〔管子、七法〕百匿（百官の匿）は上威を傷り、姦吏は官法を傷り、姦民は俗教を傷り、賊盗は國衆を傷る。

【賊乱】ぞくらん ことをそこない、乱す。〔荀子、非十二子〕今の所謂士仕する者は、汚漫なる者なり、賊亂なる者なり、恣睢なる者なり、貪利なる者なり。～禮義無くして、唯だ權勢を之れ嗜む者なり。

↑賊営 賊の陣／賊下 残賊／賊魁 賊の首領／賊猾 狡猾なもの／賊奸 わるもの／賊気 悪気／賊器 凶器／賊牛 凶悪／賊姦 わるもの／賊渠 賊魁／賊刑 刑殺する／賊警 賊寇警報／賊豪 劣筆／賊髠 くそ坊主／賊塞 賊の本拠／賊子 賊人／賊手 賊の手中／賊主 賊首／賊首 賊の首領／賊豎 賊徒／賊衆 賊徒／賊傷 傷つける／賊帥 賊魁／賊性 残忍な性格／賊勢 賊の勢い／賊贓 盗品／賊誅 賊として誅殺する／賊徒 賊の仲間／賊蠹 危害／賊頭 賊魁／賊禿 くそ坊主／賊忍 残忍／賊輩 賊徒／賊匪 出没する盗賊／賊夫 賊人／賊氛 賊勢／賊兵 賊軍／賊鋒 賊勢／賊本 禍根／賊吏 悪役人／賊虜 賊ども／賊倫 乱倫／賊壘 賊営／賊戾 残虐

↓陰賊・隠賊・海賊・外賊・猾賊・奸賊・義賊・逆賊・凶賊・俠賊・寇賊・劫賊・豪賊・国賊・山賊・残賊・讒賊・女賊・戕賊・水賊・鼠賊・大賊・蠹賊・奴賊・党賊・討賊・盗賊・破賊・馬賊・匪賊・平賊・民賊・癘賊・老賊

【鏃】19 8813 ゾク やじり

篆文 

形声 声符は族。族に族集の意がある。〔説文〕十四上に「利きなり」、〔玉篇〕に「箭の鏃なり」とみえる。〔呂覧、貴卒、注〕に「鏃矢は輕利なり」とあり、〔説文〕は軽利の矢とする意であろう。族字条七上に「矢鋒なり」と訓し、鏃の初文と解しているが、族とは族盟、それよりして族集の意となる。

訓義 ①やじり、やさき。②するどい。③すき。

古訓 〔名義抄〕鏃 ヤサキ・ヤジリ・ゼニツラ 〔篇立〕鏃 ヤサキ・ツルキ・ヤジリ・ゼニツラヌク・サシツラヌク

【鏃矢】ぞくし やじり。〔史記、五宗世家〕淮南王、反を謀りし時、（膠東の康王）寄、微かに其の事を聞き、私かに樓車・鏃矢・戰守の備へを作し、淮南の起るを候つ。

【鏃鏃】ぞくぞく 新しくてめだつ。〔世説新語、賞誉〕謝鎮西（尚）、敬仁（王脩）を道ふ、文學鏃鏃として、能く新ならざること無しと。

↑鏃新 斬新
↓遺鏃・羽鏃・金鏃・骨鏃・矢鏃・石鏃・箭鏃・短鏃・鉄鏃・飛鏃・鋒鏃・芒鏃・没鏃

ソツ

常【卒】8 0040 ソツ シュツ しぬ おわる ついに

象形 衣の襟をかさねて、結びとめた形。死者の卒衣をいう。死没するとき、死者の衣の襟もとを重ね合わせて結び、死者の霊が迷い出るのを防ぐのである。〔説文〕八上に「人に隷して事を給する者の衣を卒と爲す。卒衣とは題識有る者なり」という。受刑者などが服役するときの、法被のような仕事服と解するものであるが、卒の原義は死卒、死喪のときの儀礼を示すものであるから、終卒また急卒の意に用いる。

訓義 1しぬ、おわる、つきる。2ついに、にわか。3萃・率・悉と通じ、あつまる、ことごとく。

古訓 〔名義抄〕卒 ヲハル・ウス・ツヒニ・ヤム・シタガフ・シヌ・スデニ・コト〳〵ク・ニハカニ・イクサ・ツクル・トル／列卒 ノカリコ／赤卒 アカエムバ 〔字鏡集〕卒 ヲハリ・ヲハル・ハジメ・スデニ・コト〳〵ク・ツクス・オホシ・シヌ・ヲフ・シタガフ・ウス・ヤム・サス・ニハカニ・ツヒニ・トル・イクサ・タチマチ・ヲス・ナガク・モロ〳〵・トク（ホ）シ・トシ

声系 〔説文〕に卒声として誶・𣨛・猝・碎（砕）・悴・醉（酔）など二十字を収める。𣨛は卒の繁文。他には急卒や砕靡の意をもつものが多い。

語系 卒・𣨛 tziuət は同声。顇・悴・瘁 dziuət は卒の声義を承け、𣨛は死𣨛、顇・瘁は顦顇して病み憂えることをいう。

＊語彙は率字条参照。

【卒業】 仕事を終える。学業をとげる。〔漢書、儒林、施讎伝〕讎、童子爲りしとき、田王孫に従ひて易を受く。後讎、長陵に徙る。田王孫博士と爲る。復た従ひて業を卒ふ。

【卒伍】 周の兵制。五人を伍、百人を卒という。〔周礼、夏官、諸子〕國子の倅（副倅、かいぞえ）を掌る。～若し兵甲の事有るときは、則ち之れに車甲を授く。其の卒伍を合せ、其の有司を置き、軍法を以て之れを治む。

【卒荒】 荒れて尽きる。〔詩、大雅、召旻〕天篤く喪を降し 我を饑饉に瘨ましめ 民卒く流亡し 我が居圉（国中）卒く荒す

【卒哭】 服喪中、最後の哭礼。〔礼記、雑記下〕士は三月にして葬り、是の月や卒哭す。大夫は三月にして葬り、五月にして卒哭す。諸侯は五月にして葬り、七月にして卒哭す。

【卒爾】 にわかに。〔遊仙窟〕清音咷叨し、片時にして則ち梁上に塵飛び、雅韻鏗鏘として、卒爾にして則ち天邊に雪落つ。

【卒乗】 戦車と兵卒。〔左伝、隠元年〕大叔完聚し、甲兵を繕め卒乗を具し、將に鄭を襲はんとす。～京、大叔段に叛く。～大叔、共に出奔す。

【卒然】 いきなり。だしぬけに。〔孟子、梁恵王上〕孟子、梁の襄王に見ゆ。～（王）卒然として問うて曰く、天下惡くにか定まらんと。

【卒徒】 兵卒。また、労役に服する者。〔塩鉄論、復古〕卒徒は縣官に衣食し、鐵器を作鑄し、給用甚だ衆けれども、民に妨げ無し。

【卒暴】 にわか。唐・杜甫〔雨〕詩 前雨は卒暴なりしを傷む 今雨は容易なるを喜ぶ

【卒隷】 兵卒。また、労役の者。〔漢書、刑法志〕秦の若きは、～武を窮め詐を極め、士民附かず。卒隷の徒、還た敵讎と爲りて、猋起す。

↑卒騎 軍馬／卒遽 にわか／卒乎 忽ち／卒更 交替兵／卒歳 一年中／卒作 徒役／卒士 士卒／卒史 書記／卒死 死ぬ／卒使 小者／卒而 卒爾／卒爵 杯をのみほす／卒章 文章の終わり／卒正 隊長／卒卒 大慌てのさま／卒中 中風／卒長 隊長／卒瘏 皆病む／卒倒 失神する／卒読 読了する／卒年 卒歳／卒迫 急ぐ／卒兵 兵卒／卒崩 崩れはてる／卒旅 部隊

↓鋭卒・騎卒・遽卒・勁卒・軽卒・甲卒・獄卒・士卒・弱卒・戍卒・従卒・将卒・臣卒・匆卒・走卒・草卒・倉卒・逞卒・徒卒・敗卒・番卒・兵卒・歩卒・僕卒・輸卒・邏卒・吏卒

【捽】11 5004 ソツ シュツ つかむ とる

形声 声符は卒。〔説文〕十二上に「頭髮を持つなり」とあり、髮をつかむことをいう。また、相向かう、すりあわせる意がある。

訓義 1つかむ、とる、髮をつかみもつ。2むかいあう、あいあたる。3する、すりよせる。4すりあう音、草にすれる音。

古訓 〔名義抄〕捽 トル・サグル・ユルク・サシハサム

【捽引】 髮をつかんでひきずる。〔孔子家語、五刑解〕其の大罪有る者、～跪きて自裁す。君、人をして捽引して之れを刑殺せしめざるなり。

【捽髪】 髪をつかむ。〔淮南子、氾論訓〕孝子の親に事ふる、顏を和らげ體を卑くし、帶を奉げ履を運らす。其の溺るるに至りてや、則ち其の髮を捽みて拯ふは、敢て驕り侮るに非ず。以て其の死を救はんとすればなり。

↑捽抴 捽引／捽拽 捽抴／捽急 倉卒／捽胡 頸すじをつかむ／捽兀 傲岸にふるまう／捽茹 野菜をひきぬく／捽捽 ものがすれあう音／捽搏 なげつける／捽拔 ひき抜く／捽挽 ひき据える／捽滅 撲殺する／捽抑 髪をつかんでひき据える

↓擒捽・牽捽・交捽・摧捽・手捽・捷捽

常【率】11 0040 〖率〗11 0040 ソツ シュツ リツ ひきいる したがう おおむね

象形 糸束をしぼる形。糸束の上下に小さな横木を通し、これを拗じて水をしぼる形。〔説文〕十三上に「鳥を捕る畢なり。絲罔（網）に象る。上下は其の竿柄なり」と鳥網の形とするが、その義に用いた例がない。糸束をひき絞る形で、卜文・金文には左右に水点を加えている。金文に「率く」「率ふ」の義に用いる。しぼり尽くすので、率尽・率従の意となる。

訓義 1ひきいる、すべる、しぼりつくす。2したがう、よる。3ことごとく、みな、おおむね。4おさめる、ならう、もちいる。5卒と通じ、にわかに。6律と通じ、さだめ、きまり。

古訓 〔名義抄〕率 オホムネ・シタガフ・コト〳〵クニ・ツヒニ・ニハカニ・ヲコナフ・ミチビク・ヒク・ヒキヰル・モトホル・ヰル・イサナフ・コゾリテ・シカシナガラ・アラシ・マカス・シヅカナリ・カゾフ・ヲフ／率爾 ニハカニ・ユクリナシ

声系 〔説文〕に率声として𨓆など四字を収める。𨓆 二下 は「先道するなり」とあり、率は𨓆従してゆくことをいう。

語系 率・𨓆 shiuət は同声。卒 tziuət も声近く、通用の義がある。率の声は、もと擬声的な語であろう。

【卒易】そつい　率直。〔陳書、孫瑒伝〕自ら居處すること、頗ぶる奢豪に失す。庭院穿築、林泉の致を極む。～己に處すること卒易、名位を以て物に驕らず。
【卒意】そつい　思いのままに。〔晋書、阮籍伝〕時に意に卒ひて獨り駕し、徑路に由らず、車迹の窮まる所、輒ち慟哭して反る。
【卒爾】そつじ　思いたつまま。晋・陶潛〔斜川に遊ぶ詩の序〕遙かに靈山を想うて、嘉名を愛する有り。欣び對ひて足かず、卒爾として詩を賦す。
【卒性】そつせい　自然の性情に従う。〔中庸、一〕天の命を之れ性と謂ふ。性に卒ふを之れ道と謂ふ。道を脩むるを之れ教と謂ふ。
【卒先】そつせん　まっ先。〔晋書、顧栄伝〕（殷祐の牋）榮、躬ら矢石に當り、衆の爲に卒先す。
【卒然】そつぜん　にわかに。漢・東方朔〔非有先生論〕今先生卒然として高擧し、呉の地に遠集す。將に以て輔治することあらんとするか。
【卒土】そつど　地の限り。〔詩、小雅、北山〕溥天の下　王土に非ざる莫く　率土の濱　王臣に非ざる莫し
【卒導】そつどう(だう)　ひきい導く。〔列女伝、母儀、魏の芒慈母の伝〕慈母、禮義の漸を以て、八子を率導し、咸な魏の大夫・卿士と爲り、各々禮義を成せり。
【卒舞】そつぶ　みな舞う。〔書、益稷〕夔曰く、於予れ石を撃ち石を拊てば、百獸率な舞ふと。
【卒由】そつゆう(いう)・しゅつゆう(いう)　したがいよる。〔詩、大雅、仮楽〕愆らず　忘れず　舊章に率由す
【卒略】そつりゃく　おおまか。粗略。〔甌北詩話、六〕（陸放翁の詩）東坡（蘇軾）～其の詩多く卽席卽事、隨手應付の作、～故に詞を遣ること、或いは率略有り、押韻亦た生硬なる有り。
【卒厲】そつれい　ひきいはげます。〔三国志、呉、諸葛恪伝〕（弟に与ふる書）又弟の在る所、賊と犬牙相ひ錯はる。今の時に當りて、軍具を整頓し、將士を率厲せよ。
↑率下　領導／率化　帰順／率勧　勧める／率己　律己／率義　義にしたがう／率計　計算／率詣　軽率／率口　すらすら／率示　示範／率事　行事／率従　従う／率循　従う／率順　従う／率将　ひきいる／率常　大抵／率心　任心／率真　率直／率素　簡素／率多　おおむね／率直　思うまま／率貞　正に従う／率天　普天／率任　任性／率薄　倹約／率筆　敗筆／率普　率溥／率溥　国中／率服　服従／率分　同種の量器の割合の関係／率勉　ひきい勉める／率法　率分の法／率履　礼に従う／率領　引率する／率礼　順礼／率励　率厲
↓引率・確率・簡率・躬率・軽率・効率・高率・周率・遵率・将率・奨率・真率・親率・大率・通率・定率・統率・督率・能率・利率・領率

【窣】　13　3040　ソツ　にわか

篆文 

形声　声符は卒。卒に突然の意がある。〔説文〕七下に「穴中より卒かに出づるなり」とあり、突然の意。
訓義　[1]にわか、にわかにあらわれる。[2]勃窣は、ゆるやかにゆくさま。
古訓　〔名義抄〕窣　アナ・ハラフ
【窣磕】そつかい　急な物音。〔太平広記、四二六に引く斉諧記、呉道宗〕東陽郡太末縣の呉道宗、少くして父を失ひ、母と居る。未だ婦を娶らず。一日、道宗他に適く。隣人、屋中窣磕の聲を聞き、窺ふに其の母を見ず、但だ烏斑虎の屋中に在るのみ。
↑窣雲　浮雲／窣颯　風の声／窣静　幽寂／窣窣　風の声／窣地　突然／窣堵　卒塔婆
↓鬱窣・勃窣・摩窣

ソマ

【杣】　7　そま

国字　山と木とに従う。木の茂った山。山の木。またその材を扱う人をいう。〔和名抄〕に「功程式に云ふ、甲賀杣、田上杣。杣は曾万と讀む」とあり。〔箋注〕にいう、「功程式は今傳本無し。～杣字は皇國の造る所の會意字にして、漢字に非ず。然れども既に寶龜十一年西大寺資財帳、及び延暦廿三年太神宮儀式帳に見ゆ。～又按ずるに曾万は蓋し山中に樹木を殖ゑ、造屋の材を採るの處と爲す。～是の處に至りて材を採る者を杣人と曰ふ。～今俗に材を採るの人を呼んで曾万と爲すは、轉訛せるなり」。今も地域によって、その語を用いるところがある。
訓義　[1]そま。
古訓　〔和名抄〕杣　曾万（そま）と讀む。出づる所、未だ詳らかならず　〔名義抄〕杣　ソマ

ソン

常【存】　6　4024　ソン　ゾン　ある　いきる　ながらえる　おもう　とう

篆文 

会意　才＋子。才は榜示の木。木に祝禱の器である𠙵をつけた形は才。在の初文で、神がここに在り、その占有支配する意を示す。その聖化の儀礼によって、生存が保障されることを存という。〔説文〕十四下に「恤ひ問ふなり」とあり、才声とするが声が合わず、〔段注本〕に在の省文に従うとする。才は在の初文である。在は才と士に従い、士は鉞頭の象。才にさらに聖器の鉞を加えた形で、存在はほとんど同義に用いる。
訓義　[1]ある、神聖なものとしてある。[2]いきる、いきながらえる、たもつ、とどまる、やすらか。[3]おもう、とう、みる、いたる。[4]荐と通じ、すすめる、そなえる。
古訓　〔名義抄〕存　アリ・トヾム・イク・ノコル・マシマス・メグム
声系　〔説文〕に存声として荐など二字を収める。荐はまた薦（薦）に作る。
【存慰】そんい(ゐ)　たずね慰める。魏・応瑒〔五官中郎将（曹丕）の建章台の集ひに侍する詩〕和顏、既以に暢やかに　乃ち肯て細微を顧みる　詩を贈りて存慰せらる　小子の宜しき所に非ず
【存心】そんしん　心を存し、本性を養う。〔孟子、離婁下〕君子の、人に異なる所以の者は、其の心を存するを以てなり。君子は仁を以て心を存し、禮を以て心を存す。
【存神】そんしん　存心。〔後漢書、馮衍伝下〕（顕志の賦）德と道と、其れ孰れか寶なる、名と身と、其れ孰れか親しき。山谷に陂りて閒處し、寂寞を守りて神を存せん。
【存想】そんそう(さう)　想念。〔論衡、訂鬼〕凡そ天地の閒に鬼有り。人死して、精神之れと爲るに非ざるなり。皆人の思念存想の致す所なり。之れを致すは何に由るや。疾病に由るなり。
【存否】そんぴ　安否。〔左伝、宣二年〕之れに食はしむ。其の半ばを舍く。～曰く、宦する（故郷を出て仕える）こと三年なり。未だ母の存否を知らず。今近し。請ふ以て之れを遺らんと。
【存撫】そんぶ　安撫。漢・司馬相如〔巴蜀に喩す檄〕陛下位に卽き、天下を存撫し、中國を安集し、然る後に師を興し、兵を出し、北のかた匈奴を征す。
【存亡】そんぼう(ばう)　死生。また、国の存滅。〔孟子、離婁上〕三代の天下を得るや仁を以てし、其の天下を失ふや不仁を以てす。國の廢興存亡する所以の者も、亦た然り。

【存没】生死。南朝宋・顔延之〔始安郡より都に還り～巴陵の城楼に登りて作る〕詩 萬古、往還を陳らね 百代、起伏を勞す 存没、竟ひに何人ぞ 烱介(かがやく操)明淑に在り

【存目】著録に書名のみを存する。〔四庫全書総目提要、凡例〕其の書、歴代著録すと雖も、實に一の取るべき無きは、～陶潜の聖賢群輔録の如き、～則ち亦た斥けて目のみを存す。

【存問】安否を問う。〔史記、武帝紀〕天子親しく五利(将軍、欒大)の第に如く。使者存問し、給する所道に連屬す。～是に於て天子又玉印を刻し、天道將軍と曰ふ。

【存養】(やう) 心を存し、本性を養う。〔孟子、尽心上〕其の心を存し、其の性を養ふは、天に事ふる所以なり。

【存立】長らえる。たちゆく。〔魏書、傅永伝〕父母竝びに老い、飢寒すること十數年、其の人事に強め、力を勠はせて傭丐(乞食)するに賴りて、以て存立することを得たり。晩に乃ち召され、治禮郎を兼ね、長安に詣る。

↑存愛 愛する／存安 安んずる／存案 記録する／存活 くらす／存款 預金／存義 義を守る／存救 救う／存眷 憐れむ／存候 見舞う／存査 存案／存済 救済する／存在 ある／存祀 祀る／存肆 練習／存賜 存恤／存謝 存亡／存卹 存恤／存恤 存恤／存恤 憐れむ／存潤 存恤／存処 存安／存剰 余剰／存生 存命／存続 続く／存蓄 貯蓄／存儲 保管／存念 思う／存覆 かばう／存命 命長らえる／存労 労らう／存録 記録

↓愛存・安存・依存・異存・慰存・遺存・一存・永存・温存・既存・共存・具存・恵存・見存・現存・厳存・儼存・残存・思存・自存・実存・所存・心存・生存・長存・道存・撫存・並存・併存・保存・亡存・黙存・両存

【忖】 6 9400 ソン はかる おもう

篆文 

形声 声符は寸。寸に忖・刌・村の声がある。寸は手の指四本を並べた長さの一本分で、はかる意がある。心をもっておしはかる意。〔説文新附〕十下に「度るなり」とあり、〔詩、小雅、巧言〕に「他人心有り 予之れを忖度す」とみえる。

訓義 ①はかる、おしはかる。②おもう。③刌と通じ、きる、わる。

古訓 〔名義抄〕忖 ハカル・オモフ・ハカリミレバ・ハカラフ 〔字鏡〕忖 ハカル・ハカリミル・ハカラフ・オモフ・オモハカル

【忖度】おしはかる。〔後漢書、皇后下、順烈梁皇后紀〕私かに自ら忖度するに、日夜虚劣にして、復た群公卿士と共に相ひ終竟すること能はず。

↑忖沙 粗俗／忖思 思う／忖想 考える／忖測 忖度／忖念 思う／忖料 推想する／忖量 忖度

常 【村】 7 4490 〔邨〕 7 5772 ソン むら いなか

篆文 

形声 声符は寸。寸に忖・刌の声がある。正字は邨に作り、会意。屯に屯集の意がある。〔説文〕六下に邨を地名とし、〔広韻〕に「野なり」と田野の意とする。村落をいう。

訓義 ①むら、むらざと、いなか。②ひなびる、いなかめく。

古訓 〔新撰字鏡〕村 牟久乃木(むくのき) 〔名義抄〕村 ムラ・サト 〔篇立〕村 ムクノキ・ムラ

語系 村(邨)tsuən、屯duən は声近く、屯はへり飾り。糸を集めて作るので、屯集の意がある。

【村煙】村の煙。唐・崔国輔〔范浦に宿す〕詩 村煙、海霧に和し 舟火、江星に亂る

【村塢】(を) 村落。小堤をめぐらした村。唐・杜牧〔村行〕詩 春半、南陽の西 柔桑、村塢を過ぐ

【村翁】(をう) 村の老人。唐・杜甫〔古跡に詠懐す、五首、四〕詩 古廟の杉松に、水鶴巣くひ 歳時、伏臘(夏冬の祭)に、村翁走る

【村家】いなかや。元・張可久〔人月円、山中書事〕曲 數間の茅舍 書、萬卷を藏し 老を村家に投ず 山中何事ぞ 松花に酒を醸もし 春水に茶を煎る

【村墟】村落。唐・高適〔田家に寄宿す〕詩 村墟日落ちて、行人少なり 醉後心無くして、路岐を怯る

【村郊】(かう) 城外の村。唐・唐彦謙〔陶淵明の貧士の詩に和す、七首、六〕詩 村郊、父老多し 面垢、頭蓬(髪の乱れたさま)の如し

【村舍】いなかや。宋・陸游〔成都歳暮～小酌して興を遣る〕詩 身は野僧に似て、猶ほ髮有り 門は村舍の如くにして、強ひて官と名づく

【村疎】家のまばらな村。唐・杜甫〔朝、三首、二〕詩 村疎にして黃葉墜ち 野靜かにして白鷗來たる

【村中】村中の人。晉・陶潜〔桃花源記〕便ち要へて家に還り、酒を設け、雞を殺して食を作る。村中、此の人有るを聞き、咸な來たりて問訊す。～問ふ、今は是れ何の世ぞと。

【村店】村の店や。清・鄭燮〔漁父、本意〕詞 宿雨新たに晴れて、江氣涼し 濕烟初めて破れ、柳絲黃なり 才かに上巳、又清明 桃花村店、酒瓶香し

【村童】村のこども。梁・丘遅〔旦に漁浦潭を発す〕詩 村童忽ち相ひ聚り 野老時に一たび望む

【村落】むらざと。〔貞観政要、政体〕山東の村落、行客の經過する者、必ず厚く供待を加へられ、或いは時に贈遺有り。

【村閭】(りよ) むらざと。〔旧唐書、玄宗紀上〕(開元十八年六月閏)禮部奏して、千秋節に休假三日、村閭社會に及ぶまで、竝びに千秋節に就かしめ、～然る後坐飲せんことを請ふ。

【村路】村のみち。唐・李群玉〔友に寄す、二首、一〕詩 野水晴山、雪後の時 獨り村路を行き、更に相ひ思ふ

【村醪】(らう) どぶろく。民国・郭沫若〔行路難〕詩 我に在りて竝べて奢求無し 若し村醪有らば 何ぞ醇酒を須ひん

↑村娃 田舎娘／村庵 茅屋／村宇 田舎家／村謳 村の歌／村歌 俚歌／村郭 村鎮／村学 村の学校／村漢 田舎者／村頑 粗野／村気 田舎風／村耆 村翁／村鬼 悪たれ／村妓 田舎芸者／村戯 社戯／村居 村の住居／村郷 郷村／村業 農業／村径 村の小径／村県 いなか／村言 卑語／村原 淳朴／村戸 田舎の家／村酤 村醪／村公 村の長者／村巷 村道／村豪 村の分限者／村際 村外れ／村賽 村の祭／村殺 野暮／村司 村長／村市 村の市／村寺 村の寺／村酒 田舎酒／村豎 村童／村儒 田舎学者／村樹 村の木／村書 俗書／村墅 別荘／村庄 村落／村釀 どぶろく／村神 村の神／村人 村びと／村酔 大酔／村正 村長／村前 村外れ／村荘 別荘／村叟 村翁／村装 田舎風／村俗 村の習俗／村鎮 村ざと／村渡 村の渡場／村頭 村外れ／村碑 村の石碑／村鄙 いなか／村夫 田舎者／村婦 村の女／村辺 村外れ／村樸 樸実／村野 村ざと／村謡 俚謡／村里 いなか／村伶 村役者／村鹵 おろか／村魯 おろか／村壚 居酒屋／村老 村の父老／村郎 田舎者／村壟 うね

↓煙村・遠村・寒村・旧村・魚村・漁村・郷村・古村・孤村・江村・荒村・山村・水村・町村・農村・分村・弊村・僻村・遥村・離村・隣村

【拵】 9 5404 ソン よる こしらえる

【形声】声符は存。〔集韻〕に「据る」「插む」の訓がみえるが、用例はほとんどない。

【訓義】①よる。②国語で、「こしらえる」「かこう」とよむ。

【古訓】〔名義抄〕拵 カコフ

常【孫】 10/1249 ソン まご

【会意】子＋系。系はおそらく呪飾として加える糸飾り。祖祭のとき、尸となる子に加えたものであろう。〔説文〕十二下に「子の子を孫と曰ふ。子に從ひ、系に從ふ。系は續なり」と系続の意とする。卜文・金文の字形は、子の頭部に糸飾りをつけている形である。〔礼記、祭統〕に「夫れ祭の道、孫は王父（祖）の尸と爲る」、また〔礼記、曲礼上〕「禮に曰く、君子は孫を抱きて、子を抱かず」とあり、孫が尸となる定めであった。
【訓義】①まご、子の子、祖父の尸たるもの。②血すじのもの、子孫、後裔。③ひこばえ、小さなもの。④遜と通じ、したがう、のがれる。
【古訓】〔和名抄〕孫 無麻古（むまご）〔名義抄〕孫 ムマゴ・ヒコ／曾孫 ヒコ／玄孫 キシハゴ／離孫 ムマゴヲヒ・ムマゴメヒ〔字鏡集〕孫 ワラハ・ウマゴ・ヒコ
【声系】〔説文〕に孫声として遜・愻の二字を収める。いずれも随順の義をもつ字である。
【孫呉】孫武と呉起。春秋期の兵法家。また、兵法。蜀・諸葛亮〔後の出師の表〕曹操の智計は人に殊絶す。其の兵を用ふるや、孫呉に髣髴たり。
↑孫卿 荀子／孫子 子孫／孫枝 ひこえ／孫児 児孫／孫辞 遜辞／孫譲 ゆずる／孫心 順従の心／孫孫 末孫／孫遁 遁れる
↓雲孫・裔孫・王孫・外孫・玄孫・公孫・孝孫・皇孫・子孫・耳孫・児孫・慈孫・従孫・仍孫・曽孫・嫡孫・長孫・天孫・内孫・抱孫・末孫・令孫

常【尊】 12/8034 〔尊〕 12/8034 ［𢍜］ 12/8044

ソン
さかだる たっとぶ とうとぶ とうとい

【会意】正字は𢍜に作り、酋＋廾。酋は酒気が酒器の上にあらわれている形。上部の八（八）は酒気の発する意。金文の字形は𢍜・⿰阝𢍜に作り、酒器を両手で捧げ、これを神前におく形。〔説文〕十四下に「酒器なり。酋に從ふ。廾は以て之れを奉ず」という。尊は𢍜を略して、一手（寸）に従う形。字を尊卑の意に用いるのは、尊爵を賜うことによって、位階の次第が定められたからである。

【訓義】①さかだる、さかだるをささげる。②たっとぶ、とうとぶ、とうとい、うやまう、おもんずる。③たかい、おもい。④尊ぶべき人、尊者。

【古訓】〔名義抄〕尊 タフトシ・タカシ・オモシ・ウヤマフ〔篇立〕尊 アヤム・タカシ・タウトシ・マサシ・カシヅク・マムト
【声系】〔説文〕に尊声として遵（遵）・蹲など十字を収める。樽・罇は尊の繁文とみてよく、酒器。遵・蹲は舞う動作をいう語で、選（選）と声義が近い。

【尊位】尊貴の位。〔史記、老荘申韓伝〕千金は重利、卿相は尊位なり。子獨り郊祭の犧牛を見ずや。之れを養食すること數歳、衣するに文繡を以てし、以て大廟に入る。是の時に當りて、孤豚爲らんと欲すと雖も、豈に得べけんや。

【尊異】特に尊び待遇する。〔三国志、魏、荀攸伝〕攸、曾て病む。世子（曹丕）病を問ひ、獨り牀下に拜す。其の尊異せらるること、此くの如し。

【尊貴】高貴の身分。〔南史、斉武帝諸子等伝論〕夫れ帝王の子弟、尊貴に生長す。情僞の事、耳目に經ず。卓爾たる天悟、自ら懷抱を得と雖も、孤寡を識と爲す。陋なる所猶ほ多し。

【尊敬】敬う。〔礼記、曲礼上〕尊敬する所に侍坐するときは、席を餘す（離れる）こと毋かれ。

【尊賢】賢を尊ぶ。〔中庸、二十〕仁は人なり。親を親しむを大と爲す。義は宜なり、賢を尊ぶを大と爲す。親親の殺、尊賢の等は、禮の生ずる所なり。

【尊顕】尊貴となり、名を顯す。〔漢書、高帝紀下〕（十一年二月詔）賢士大夫、肯て我に從ひて游ぶ者有らば、吾れ能く之れを尊顯ならしめん。

【尊厳】尊く厳か。〔荀子、致士〕師術に四有り。而して博習は焉れに與らず。尊嚴にして憚らるる、以て師と爲るべし。～微を知りて論ず、以て師と爲るべし。

【尊号】尊称とする号。〔史記、高祖紀〕高祖微細より起り、亂世を撥めて之れを正に反し、天下を平定す。～尊號を上りて高皇帝と爲さん。

【尊爵】高貴の位。〔孟子、公孫丑上〕夫れ仁は天の尊爵なり。人の安宅なり。之れを禦むるもの莫きに不仁なるは、是れ不智なり。

【尊尚】たっとぶ。清・王先謙〔続古文辞類纂の序〕惜抱（姚鼐）、方（苞）・劉（大櫆）を繼ぎ、古文學を爲めしより、天下相ひ與に其の文を尊尚して、桐城派と號ふ。

【尊盛】位高く、勢いがさかん。〔漢書、霍光伝〕宣帝、民閒に在りてより、霍氏の尊盛を聞き知ること日久し。內に善きこと能はず。光薨じ、上始めて朝政を躬親らす。

【尊俎】祭祀に用いる酒肉。のち、宴席の意。〔戦国策、斉五〕千丈の城も、之れを尊俎の閒（宴席での話し合い）に抜き、百尺の衝（要衝）も、之れを衽席（安坐して交渉）の上に折く。

【尊重】尊び重んずる。〔漢書、蕭望之伝〕望之・（少傅周）堪、本と師傅を以て尊重せらる。上（孝元帝）位に卽き、數しば宴見せられ、治亂を言ひ、王事を陳ぶ。

【尊父】他人の父の敬称。〔顔氏家訓、風操〕凡そ人と言ふに、彼の祖父母・世父母・父母及び長姑を稱するに、皆尊の字を加へ、叔父より以下には、則ち賢の字を加ふるは、尊卑の差なり。

↑尊畏 畏敬／尊意 貴意／尊彝 礼器／尊栄 栄達／尊王 王室を尊ぶ／尊翁 尊父／尊屋 貴家／尊駕 大駕／尊官 高官／尊翰 尊書／尊顔 尊容／尊客 貴賓／尊教 お教え／尊君 ご尊父／尊兄 友の敬称／尊公 尊君／尊歯 敬老／尊賜 拝賜／尊事 つかえる／尊慈 母堂／尊者 貴人／尊酒 樽酒／尊称 敬称／尊章 夫の父母／尊上 母堂／尊攘 尊王攘夷／尊親 尊び親しむ／尊崇 尊敬／尊勢 尊盛／尊戚 貴戚／尊前 樽前／尊像 お姿／尊族 目上の親族／尊大 傲る／尊台 あなた様／尊寵 ご寵幸／尊年 老年／尊卑 貴賤／尊府 尊父／尊幂 樽の覆い／尊慕 慕う／尊貌 尊容／尊面 尊顔／尊門 お宅／尊誉 名誉／尊容 お姿／尊慮 貴慮／尊礼 敬礼

↓一尊・家尊・犠尊・居尊・金尊・至尊・師尊・自尊・慈尊・釈尊・酒尊・上尊・推尊・崇尊・達尊・長尊・追尊・天尊・独尊・卑尊・匏尊・罍尊

人【巽】12 〔巽〕12 7780 ソン そなえる したがう たつみ

篆文 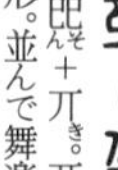 古文 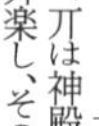

会意 巳巳(そん)+丌(き)。丌は神殿の前の舞台。巳巳は二人並んで舞楽する形。並んで舞楽し、その舞楽を以て神に献ずる意で、撰の初文。〔説文〕五上に「具(そな)はるなり」とし、巳巳声とする。巳巳については〔説文〕九上に「二卪(せつ)なり。巽は此れに従ふ。闕」とし、その形義について説くところがない。丌上に二人舞楽して供するので、そのことを撰、舞人を僎、舞容を選選(選選)、膳羞を供えることを饌という。〔易、巽〕にみえる巽順は、字の本義ではなく、遜と通仮してその義を用いるものであろう。

訓義 ①そなえる、神前にそなえる、神前に舞楽する。②ふむ、ちらす。③遜と通じ、したがう、つつしむ、うやうやしい。④八卦の一。方位において、たつみ(東南)にあたる。

古訓 〔名義抄〕巽 タツミ・シタガフ

声系 〔説文〕に巽声として選・譔・僎など、五字を収める。饌は〔説文〕五下に籑に作る。巽声の字はおおむね巽の声義を承ける。

語系 巽・遜 suən は同声。遜・遁 duən も遜と声義が近い。〔易、巽〕に巽を巽順とするのは、遜順の意である。

【巽与】(そんよ) 人にゆずる。〔論語、子罕〕巽與の言、能く說(よろこ)ぶこと無からんか。之れを繹(たづ)ぬるを貴しと爲す。

↑巽維(そんい) 東南/巽二(そんじ) 風神/巽令(そんれい) 詔令

【飧】12 2823 〔飱〕13 1823 ソン めし ゆうげ もてなし

篆文 

会意 夕+食(食)。夕は肉(肉)の省文。〔説文〕五下に「餔(ほ)なり。夕食に従ふ」と晩餐の意とする。粲・餐と通用することがある。朝を饔(よう)というのに対して、夕食をいう。古くは二食。饔が正食で、飧にはその残余を用いた。〔詩、鄭風、緇衣〕に「還(すみや)かに予(われ)子(し)に粲を授けん」の〔伝〕に餐とし、〔釈文〕に飧の字をあげている。字はまた飱に作り、歺(がつ)は残骨の象で、餐と形義が近い。

訓義 ①めし、ばんめし、ゆうげ。②にたもの、熟食。③しるかけ、茶漬け。④もてなし、食をすすめる。

古訓 〔名義抄〕飧 餐なり クラフ・ナム・クフ・ハム・モノクフ

語系 飧(飱)・餐・粲 tsan は同声。粲は稲米の量をいう字であるが、餐・飧の義に通用する。

【飧饔】(そんよう) 食事。朝食を饔という。〔周礼、天官、外饔〕外饔は外祭祀の割亨を掌る。～凡そ賓客の飧饔・饔食の事も、亦た之(かく)の如し。

↑飧菊(そんきく) 菊を食う/飧牽(そんけん) 牲肉/飧粥(そんしゆく) かゆ/飧銭(そんせん) 給食費

↓一飧・寓飧・魚飧・三飧・盛飧・素飧・蔬飧・晩飧・饔飧

常【損】13 5608 ソン そこなう へる うしなう

篆文 

会意 手+員(えん)。〔説文〕十二上に「減るなり」とし、員声の字とするが、声が異なる。孔門の閔損は字(あざな)は子騫(しけん)。騫は蹇足(けんそく)。員はもと圓(円)の初文で円鼎の意であるから、損とはその鼎足などを損する意であろう。それより増損・損益の意となった。

訓義 ①そこなう、いためる、かける。②へる、うしなう。③よわる、つかれる。④おさえる、そしる。

古訓 〔名義抄〕損 オトス・ソコナフ・ソコナハル・オホフ・スツ〔字鏡集〕損 オトス・スクナシ・カケタリ・カコツ・スツ・オホフ・オヒコト

語系 損・遜・愻 suən は同声。損に抑損・損己のような語があり、遜順の義と近い。

【損益】(そんえき) 増減。得失。〔論語、為政〕子張問ふ、十世知るべきや。子曰く、殷は夏の禮に因る。損益する所知るべきなり。

【損壊】(そんかい) いたみやぶれる。〔後漢書、烏桓伝〕光武の初め、烏桓、匈奴と兵を連ねて寇を爲す。～五郡の民庶、家ごとに其の辜(災い)を受け、郡縣損壞し、百姓流亡するに至る。

【損棄】(そんき) すてる。〔淮南子、精神訓〕夫(そ)れ人主の、其の國家を殘亡し、其の社稷(しやしよく)を損棄し、身は人の手に死し、天下の笑ひと爲る所以(ゆゑん)は、未だ嘗(かつ)て非欲の爲にするに非ずんばあらず。

【損耗】(そんこう)(かう) へらす。〔漢書、東方朔伝〕今規(はか)りて以て苑と爲す。～上(かみ)は國家の用に乏しく、下は農桑の業を奪ひ、成功を棄てて敗事に就き、五穀を損耗す。是れ其の不可なる、一なり。

【損膳】(そんぜん) 食事をへらす。〔史記、平準書〕胡の降る者、皆縣官(県の長官)に衣食す。縣官給(た)らず。天子乃ち膳を損(へ)らし、～御府の禁藏を出だして、以て之れを贍(た)す。

【損敗】(そんぱい) 破損。〔顔氏家訓、治家〕濟陽の江祿、書を讀みて未だ竟(を)はらざれば、急速有りと雖も、必ず卷束整齊なるを待ちて、然る後起(た)つことを得。故に損敗無く、人其の求め假ることを厭(いと)はず。

【損友】(そんゆう)(いう) ためにならぬ友人。〔論語、季氏〕益者三友、損者三友あり。～便辟(べんぺき)(要領のよい男)を友とし、善柔(人ざわりがよい男)を友とし、便佞(べんねい)(へつらい人)を友とするは、損なり。

↑損盈(そんえい) 損益/損改(そんかい) 改める/損害(そんがい) 損失/損已(そんき) 自己抑制/損気(そんき) 健康を害する/損毀(そんき) こわす/損隳(そんき) 破れる/損恵(そんけい) 恵与する/損欠(そんけつ) 欠ける/損減(そんげん) 減る/損失(そんしつ) 損する/損消(そんしよう) 減る/損傷(そんしよう) 傷む/損辱(そんじよく) はずかしめる/損神(そんしん) 傷神/損人(そんじん) そしる/損省(そんせい) 減らす/損瘦(そんそう) 瘦せる/損奪(そんだつ) とる/損絀(そんちゆつ) 退ける/損徹(そんてつ) とり去る/損年(そんねん) 若くいう/損貶(そんぺん) おとす/損挹(そんゆう) 心持ちをおさえる/損抑(そんよく) 抑制する/損爛(そんらん) いためる/損穢(そんわい) よごす

↓盈損・益損・加損・棄損・毀損・虧損・欠損・謙損・減損・耗損・降損・差損・招損・傷損・衰損・折損・増損・破損・貶損・磨損・約損・挹損・抑損

【僔】14 2824 ソン あつまる うずくまる

篆文 

形声 声符は尊(尊)(そん)。〔説文〕八上に「聚(あつ)まるなり」とし、「詩に曰く、僔沓(たふ)背憎」と〔詩、小雅、十月之交〕の句を引く。〔毛詩〕に「噂沓」に作るが、おそらく噂沓、聚まってうわさ話をする意であろう。〔左伝、僖十五年〕に「僔沓」に作る。僔沓は連語であるから、字の原義はむしろ蹲踞(そんきよ)の義によって求めるべきであろう。

訓義 ①あつまる。②うずくまる、かしこまる、うやうやしい。③噂と通じ、うわさ話をする。

古訓 〔篇立〕僔 アツマル・シリウゴト・キタナシ

【僔沓】(そんとう)(たふ) 集まってうわさ話をする。〔左伝、僖十五年〕詩(小雅、十月之交)に曰く、下民の孼(わざは)ひは 天より降るに匪(あら)ず 僔沓背憎 職(ひた)らに競ふこと人に由る、と。

↑僔夷(そんい) うずくまる/僔僔(そんそん) 聚まるさま

【愻】14 1233 ソン したがう

篆文  金文 

形声 声符は孫(そん)。〔説文〕十下に「順(したが)ふなり」とし、〔書、舜典〕「五品(人倫)愻(したが)はず」の文を引く。今本は愻を遜(そん)に作る。〔論語、衛霊公〕「孫以て之れを出だす」のように、孫を用いることが多い。

訓義 ①したがう。②ゆずる。
古訓 〔名義抄〕愻 シタガフ
語系 愻・遜・損suən は同声。愻は順、遜は遁、損は減。みな遜順の意をもつ語である。

常 **【遜】** 14 3230 ［遜］ 13 ソン のがれる したがう ゆずる

篆文

形声 声符は孫。〔説文〕二下に「遁るるなり」とあり、〔爾雅、釈言〕に「遯るるなり」とみえる。古くは遜逃の意に孫を用い、〔春秋、荘元年〕「夫人、齊に孫る」のようにいう。遜逃の意より、遜順の意となった。

訓義 ①のがれる、さる。②したがう。③ゆずる、へりくだる。

古訓 〔名義抄〕遜 シタガフ・ウヤマフ・ノガル・サル・ニグ・トホシ・ユヅル／避遜 イナビマウス 〔篇立〕遜 ノガル・シタガフ・サル・ヨヂハシル・ナル・シリゾキ・ツヽシム・トホシ・ユヅル

語系 遜・愻・損suən は同声。声義に通ずるところがある。

【遜位】 位を譲る。〔後漢書、献帝紀〕(建安)二十五年春正月庚子、魏王曹操薨ず。子丕、位を襲っぐ。～冬十月乙卯、皇帝、位を遜り、魏王丕、天子と稱す。帝を奉じて山陽公と爲す。

【遜言】 丁寧にいう。〔唐書、三宗諸子、景倹伝〕性矜誕、使酒縱氣、～中書に至り、宰相王播・崔植～を慢罵す。吏、爲に遜言して厚く謝す。

【遜志】 志をおさえる。〔書、説命下〕惟れ學びて志を遜り、時に敏なるを務むれば、厥の修乃ち來たる。

【遜辞】 丁寧なことば。〔漢書、韓王信伝〕(韓増)人と爲り寬和にして自ら守る。溫顏遜辭を以て、上に承け下に接し、意を失ふ所無し。

【遜遁】 徵命をのがれる。〔後漢書、儒林上、楊倫伝〕倫、前後三たび徵せらるるも、皆直諫して合はざるを以て、既に歸り、門を閉ぢて講授し、自ら人事を絶つ。公車復た徵するも、遜遁して行かず。

【遜敏】 つつましくて、事に敏。〔呂覧、士容〕客の、田駢に見えんとする者有り。被服は法に中り、進退は度に中り、趨翔閑雅、辭令遜敏なり。

↑遜愧 はじる／遜恭 恭しい／遜原 謹み深い／遜荒 僻隠／遜坐 席を譲る／遜謝 謝罪／遜順 譲りしたがう／遜譲 譲る／遜色 劣る様子／遜席 遜坐／遜迹 隠居／遜遜 信実のさま／遜退 謙退する／遜悌 譲る／遜遯 譲りのがれる／遜媚 へつらう／遜避 退譲する／遜服 服従する／遜容 謙虚な態度

↓恭遜・敬遜・謙遜・言遜・辞遜・多遜・陳遜・不遜・廉遜

人 **【噂】** 15 6804 ソン うわさ

篆文

形声 声符は尊(尊)。〔説文〕二上に「聚りて語るなり」とあり、うわさ話をいう。〔詩、小雅、十月之交〕に「噂沓」という語があり、〔釈文〕に〔説文〕を引いて「僔は聚るなり」とする。〔三家詩〕に字を僔に作る。噂沓は噂噂沓沓、口やかましいさまをいう擬声語である。

訓義 ①あつまっていう、やかましい。②うわさ、うわさばなし。

古訓 〔篇立〕噂 モノカタリ・カタラフ 〔字鏡集〕噂 カシカマシ・カタラフ

語系 噂・僔・劗tzuən は同声。噂は聚まって話する、僔は聚まる、劗は減らす意。いずれも尊貴の意を含むものはない。

【噂議】 あつまり議論する。〔南斉書、武十七王、竟陵文宣王子良伝〕頃この郊郛以外、科禁嚴重なり。～且つ田月登るに向として、桑時至れるを告ぐ。士女呼嗟して、噂議を生じ易し。

【噂沓】 口やかましくいう。〔詩、小雅、十月之交〕噂沓背憎 職ひたらに競ふこと人に由る

↑噂競 争論する／噂噂 口やかましい

【墫】 15 4814 ソン シュン まう

篆文

形声 声符は尊(尊)。〔説文〕十三下に「士の舞ふなり」(段注本)とあり、「墫墫」とはその舞うさまをいう。〔爾雅、釈訓〕に「坎坎、墫墫は喜ぶなり」とみえる。字はまた蹲に作る。

訓義 ①まう、おとこが舞う、おとこ舞。②字はまた蹲に作る。

古訓 〔篇立〕墫 ヨロコブ

人 **【樽】** 16 4894 ［罇］ 18 8874 ソン たる さかだる

形声 声符は尊(尊)。尊は酒尊。木製のたるを樽、甕かめの酒樽を罇という。樽俎とは酒食の席をいう。

訓義 ①たる、さかだる。②木の茂るさま。

古訓 〔新撰字鏡〕樽 己弥加(こみか) 〔名義抄〕罇 モタヒ 〔字鏡集〕樽 サケウツハモノ・アツム・アフ・アツマル

＊語彙は尊字条参照。

【樽酒】 酒。唐・杜甫〔春日李白を憶ふ〕詩 渭北、春天の樹 江東、日暮の雲 何れの時か、一樽の酒 重ねて與に細やかに文を論ぜん

【樽前】 酒樽の前。唐・杜牧〔張好好(妓女)の詩〕身外、塵土に任せ 樽前、歡娯を極む 飄然たる集仙(殿)の客 諷賦、(司馬)相如を欺く

【樽俎】 酒食の器。また、宴席。〔荘子、逍遥遊〕庖人庖を治めずと雖も、尸祝(はふりたち)樽俎を越えて之れに代らず。

↑樽榼 酒樽／樽酌 飲酒／樽畔 樽前／樽篚 酒食／樽罍 酒樽

↓彝樽・飲樽・瓦樽・犧樽・金樽・空樽・酒樽・牲樽・瓢樽・芳樽・罍樽

【蹲】 19 6814 ソン うずくまる かがむ

篆文

形声 声符は尊(尊)。〔説文〕二下に「居するなり」(段注本)とあって、蹲踞することをいう。起って舞うことを蹲蹲というのは、腰をすえて舞う形が、蹲に近いからであろう。

訓義 ①うずくまる、かがむ。②舞うさま、足をあつめて舞う。③あつまる。

古訓 〔名義抄〕蹲 ウヅクマリ・シリウタク・アツマル・シリゾク・モタヰ／蹲踞 ウヅクマリヰル

語系 蹲dzuən、巽(巽)suən は声義近く、巽は神前で二人拝舞する形。その舞うさまを選(選)siuən という。蹲は酒席などで、腰をかがめて戯れ舞うさまをいう。

【蹲夷】 うずくまり、足を出して坐る。〔抱朴子、刺驕〕世人戴叔鸞(安道)・阮嗣宗(籍)の傲俗自放なるを聞き、見て大度なりと謂ひて～之れを慕學し、或いは項を亂し頭を科はし、或いは裸袒蹲夷す。～此れ蓋し左衽(夷)の爲す所なり。

【蹲踞】 うずくまる。〔後漢書、東夷、倭伝〕俗皆徒跣、蹲踞を以て恭敬と爲す。

【蹲循】 ひざまずき従う。宋・晁補之〔岱祠に謁す、即事〕詩 覺えず馬を下りて拜す 僮奴も亦た蹲循す 迺ち知る、正直の理 冥頑をして敦からしむるに足るを

【蹲蹲】 起って舞うさま。〔詩、小雅、伐木〕坎坎として我に鼓し 蹲蹲として我に舞ふ

↑蹲倨 蹲踞／蹲行 行止／蹲坐 跪坐する／蹲足 跪坐する／蹲伏 跪伏する／蹲法 蹲鋒／蹲鋒 書法、筆を軽くとめる

↓虎蹲・石蹲・鳳蹲・竜蹲

【鐏】20 8814 ソン いしづき

篆文 

形声 声符は尊（尊）。〔説文〕十四上に「柲（柄）下の銅なり」とあり、矛や槍の柄の末端に装着した金具、いしづき。〔釈名、釈兵〕に「矛～下頭を鐏と曰ふ。地に鐏入するなり」という。その底平なものを錞・鐓という。

訓義 ①いしづき、先の尖ったいしづき。②また樽・尊と通用する。たる。

↑鐏俎 樽俎／鐏罍 樽と罍（酒器）

入【鱒】23 2834 ソン ます

篆文 

形声 声符は尊（尊）。〔説文〕十一下に「赤目魚なり」とあり、〔詩、豳風、九罭〕に「九罭（細かい網）の魚 鱒魴」とみえる。赤目細鱗の魚である。今のますならば、大魚である。〔逸文肥後国風土記〕に「鱒魚」を献ずる旨の記載がある。

訓義 ①ます。②泥にくぐる魚。

古訓 〔和名抄〕鱒 万須（ます）〔名義抄〕鱒 マス・ウルハシ・メアカシ・ナ、コ

タ

常【他】5 2421 タ ほか よそ

金文  古印璽 

形声 声符は也。也はもと它に作り、他をまた佗とすることがある。他とは他人をいう。金文に「自也邦」とあり、自他邦の意。他は不特定の対象であるから、〔玉篇〕に「誰なり」という。経籍には古く也・它の字を用いた。〔詩、小雅、鶴鳴〕「它山の石 以て玉を攻むべし」のようにいう。漢碑には他がみえ、它を用いる例はない。他の従う也は、匜の象形、它は蛇の象形で、由るところの異なる字である。

訓義 ①ほか、よそ、ほかのひと、他人。②ことなる、よこしま、ふたごころ。③かれ、あれ、たれ。

古訓 〔名義抄〕他 ヒト・カシコ・アダシ・ホカ・アタリ 〔篇立〕他 ヒト・ホカ・コトナリ・カシコ・カレ・アタリ・アダシ・クヅレタリ・カタハラ

【他意】ふたごころ。異志。〔漢書、戻太子劉拠伝〕久之しくして巫蠱の事多く信ならず。上、太子の惶恐して他意無きを知る。～上、太子の無辜（無実）なるを憐れみ、乃ち思子宮を作る。

【他技】他の技能・技芸。〔書、秦誓〕如し一介の臣有り、断断猗として他技無く、其の心休休焉として其れ能く容るる有り。～以て我が子孫を保んぜば、黎民も亦た職に利有らん哉。

【他郷】よその土地。唐・王勃〔蜀中九日〕詩 九月九日、望郷臺 他席他郷、客を送るの杯

【他言】他にもらす。かげぐち。〔漢書、文帝紀〕（二年五月詔）今法に誹謗訞言の罪有り。～吏以て大逆と爲す。其の他言する有らば、吏又以て誹謗と爲す。

【他故】他の理由。特別の原因。〔大戴礼、礼察〕此れ佗（他）の故無きなり。湯武の取舍を定むること審らかにして、秦王の取舍を定むること審らかならざればなり。

【他国】他の国。〔孟子、尽心下〕齊を去るや、淅を接して行く。他國を去るの道なり。

【他事】余事。唐・韓愈〔雪を詠じて張籍に贈る〕詩 賞玩、他事を損す 歌謠、我が才を放にす

【他日】以前。それから後の日。〔論語、季氏〕他日、又獨り立てり。鯉（孔子の子）趨りて庭を過ぐ。曰く、禮を學びたるかと。對へて曰く、未だしと。禮を學ばざれば、以て立つ無しと。鯉退きて禮を學ぶ。

【他人】他の人。〔詩、小雅、巧言〕他人、心有り 予れ之れを忖度す

【他年】往年。また後年の意にも用いる。唐・杜甫〔存没口号、二首、一〕詩 玉局（道観）他年、無限の笑ひ 白楊今日、幾人か悲しむ

【他物】他のもの。〔漢書、東方朔伝〕上嘗て～守宮を盂下に置き、之れを射てしむ。～朔～曰く、～是れ守宮に非ずんば、即ち蜥蜴（とかげ）ならんと。～復た他物を射てしむるに、連りに中る。輒ち帛を賜ふ。

【他方】別のところ。唐・杜審言〔崔融に贈る、二十韻〕詩 十年、俱に薄宦 萬里、各〻他方

【他類】類の異なるもの。〔論衡、乱竜〕磁石の針を引くは、皆其の眞是を以てし、他類を假らず。他類は肖似するも、掇取すること能はざる者は何ぞや。氣性異殊にして、相ひ感動すること能はざればなり。

↑他義 別の意味／他議 他評／他竟 他郷／他家 他人の家／他計 別の計／他語 別の語／他士 他人／他志 異心／他視 よそみ／他時 他日／他出 外出／他所 よそ／他心 他意／他誰 たれ／他他 交わる／他端 他の計／他腸 他心／他能 他の才能／他邦 他国／他慮 他の考え

↓愛他・異他・言他・自他・聴他・排他・利他

【它】5 3071 タ ダ へび ほか ［蛇］11 5311

篆文 

象形 頭の大きな蛇の形で、蛇の初文。〔説文〕十三下に「虫なり。虫に從ひて長し。冤曲垂尾の形に象る」とし、「上古、艸居して它を患ふ。故に相ひ問ひて、它無きかといふ」とあり、のち「恙無きか」というのと同じ語である。卜辞に災禍の有無を問うて「壱亡きか」、また「父乙は王に壱するか」のように、祟と同じ意に用いる。祟は呪霊をもつ獣の象形字。壱・祟いずれも、その呪霊によって災禍を加えうるものと考えられた。字はまた也・它に作り、它は金文や古籍に、他の初文として用いる。

訓義 ①へび、まむし。②ほか、よそ。

部首 〔説文〕に部首とするも、部属の字なく、蛇を它の重文として加える。また〔玉篇〕に螭の異文を、多声の字として加えている。

声系 〔説文〕に它声として、佗・沱・鉈など九字を収める。佗は負荷、沱は旁流する溜り水、鉈は短矛。みな、まるくふくれた形のものをいう。它がとぐろを巻く形への連想があるのであろう。

語系 它thai、蛇djyaiは声義近く、它は蛇の初文。它をのち他thaiの意に用いて、声義が分化した。

＊語彙は他字条参照。

【它山】他の山。〔詩、小雅、鶴鳴〕它山の石 以て玉を攻むべし（他人の言動が手本となる）

【它比】正律によらず、判決例を引用すること。〔漢書、刑法志〕今大辟の刑千有餘條、律令煩多にして、百有餘萬言なり。奇請（例外処置）它比、日に以て益〻滋し。明習する者、由る所を知らざるに自る。

↑它意 他意／它贏 あまり／它界 他の場所／它岐 多岐／它故 他の事情／它志 ふた心／它時 他日／它日 他日／它所 他所／它心 二心／它腸 ふた心／它人 他人／它年 他年／它門 別姓

常【多】6 2720 タ おおい まさる あまる

篆文 

古文 

甲骨文 

金文 

会意 夕＋夕。夕は肉の形。多は多肉の意。〔説文〕七上に「重ぬるなり。重夕に從ふ。夕なる者は、相ひ繹ぬるなり、故に多と爲す」と夕・繹の畳韻を以て解する。また「重夕を多と爲し、重日を疊と爲す」といい、多・疊を夕・日を重ねる意とするが、多は多肉、疊は玉を多く重ねる意。宜の初文は、俎上に多（肉）をおいて廟前に供える意。疊はそれに玉飾を加える形である。宜の初形は、卜文・金文においては多に従う。牲薦の肉の多いことから、のちすべて繁多・豊富の意となる。

訓義 ①おおい、お供えの肉が多い。②まさる、おおきい、すぐれる、あまる。③ほめる、多とする、ありがたくおもう。

古訓 〔名義抄〕多 オホシ・オホクハ・ソコバク・マサル 〔篇立〕多 オホシ・カサヌ・ナマメカシ・ウツ・オモシ・オホカリ・アマタ・フトシ・イクバク・マサル・ヒロシ・モロ／＼

部首 〔説文〕に夥・𡖍など三字、〔玉篇〕に別に二十五字を加えるが、すべて形声字である。夥は〔説文〕七上に「齊にては多きを謂ひて夥と爲す」とし、〔玉篇〕には「楚人、多きを謂ふなり」とする。果とは外皮のないものであるから、夥とは大きな肉塊をいう語であろう。

声系 〔説文〕に哆・趍・移・宜・侈など十八字を収める。宜を〔説文〕七下に多の省声とするが、会意の字。多声の字には、繁多の意をもつものが多い。

語系 多tai、朶tuaiは声近く、朶は花葉が朶朶として垂れる形。墮（隋・陊）duaiも声近く、大きな肉塊が陊陊として崩れようとする意。多くのものが重なり合い、崩れようとするさまをいう語である。

【多飲】たいん 多く飲む。〔淮南子、説林訓〕敖倉（敖山の穀倉、常備倉）に近き者、之れが爲に多飲せず。江河に臨む者、之れが爲に多飯せず。腹を滿たすを期するのみ。

【多感】たかん 感傷しやすい。唐・杜牧〔初春感有り、歙州邢員外に寄す〕詩 聞く、君も亦た多感なりと 何れの處にか闌干に倚る

【多岐】たき えだ道が多い。〔列子、説符〕大道は多岐なるを以て羊を亡ひ、學者は多方なるを以て生を喪ふ。

【多芸】たげい 技能が多い。〔書、金縢〕惟れ爾の元孫某（武王）、厲虐の疾に遘ふ。若し～責を天に有せば、旦（周公の名）を以て某の身に代へよ。予は仁して考（孝）の若く、能ち多材多藝にして、能く鬼神に事ふ。

【多見】たけん 多くみて学ぶ。〔論語、為政〕多く見て殆きを闕き、愼みて其の餘を行へば、則ち悔い寡なし。

【多言】たげん ことばが多い。おしゃべり。〔老子、五〕多言なれば數窮す。中を守るに如かず。

【多故】たこ 多難多事。〔史記、陳丞相世家論贊〕呂后の時に及んで、事多故なり。然れども（陳）平、竟に自ら脫し、宗廟を定め、榮名を以て終へ、賢相と稱せらる。豈に始めを善くし終りを善くする（ゆえ）ならずや。

【多幸】たこう（かう） 幸いが多い。〔左伝、宣十六年〕善人、上に在れば、則ち國に幸（倖）民無し。諺に曰く、民の多幸は、國の不幸なりと。

【多恨】たこん 多く恨みなげく。梁・王僧孺〔春日、郷友に寄す〕詩 旅心已に多恨 春至るも尙ほ群を離る～何れの時か憫默せざらん 是の日最も君を思ふ

【多才】たさい 才能が多い。唐・朱慶余〔李侍御の蕃に入るを送る〕詩 遠使、雙節に隨ひ 新官、外臺に屬す 戎裝、武を好むに非ず 書記、本と多才

【多財】たざい 金持ち。魏・阮籍〔詠懷、八十二首、六〕詩 膏火は自ら煎熬す 多財は患害を爲す

【多士】たし 多くの人材。〔詩、大雅、文王〕濟濟たる多士 文王以て寧し

【多子】たし 王子身分の集団名。〔書、洛誥〕其れ大いに殷の獻民を惇く典し、亂めて四方の新辟と爲り、周の恭先と作れ。～予（周公）旦は、多子と御事とを以ゐて、前人の成烈を篤くし、其の師を答せ、周の孚先と作らん。

【多思】たし 多情。唐・銭起〔江行無題、一百首、七十七〕詩 江草、何ぞ多思なる 冬にも靑くして、尙ほ洲に滿つ

【多事】たじ 面倒が多い。〔荘子、天地〕堯曰く、男子多ければ則ち懼れ多く、富めば則ち事多く、壽なれば則ち辱多し。

【多時】たじ 長い間。前蜀・韋荘〔女冠子、二首、二〕詞 昨夜夜半 枕上に分明に夢に見たり 語ること多時 舊に依りて桃花の面 頻りに柳葉の眉を低る

【多識】たしき 多く識る。博識。〔唐書、褚遂良伝〕帝悅んで曰く、人の身を立つる、以て學無かるべからず。遂良は所謂多識の君子なる哉と。

【多謝】たしゃ 厚く礼をのべる。南唐・李煜〔柳枝〕詞 多謝す、長條の相ひ識るに似たるを 強ひて煙穗を垂れて、人の頭を拂ふ

【多少】たしょう（せう） どれほど。多寡。唐・孟浩然〔春暁〕詩 春眠、曉を覺えず 處處に啼鳥を聞く 夜來風雨の聲 花落つること知んぬ（知らんや）多少ぞ

【多情】たじょう（じやう） 心に思うことが多い。宋・蘇軾〔念奴嬌、赤壁懷古〕詞 故國に神遊ぶ 多情應に我を笑ふべし 早く華髮を生ずるを 人閒夢の如し 一尊、還た江月に酹がん

【多心】たしん 気が多い。〔漢書、陳平伝〕漢王、平を召して問うて曰く、吾れ聞く、先生魏に事へて遂げず、楚に事へて去る。今又吾に從つて游ぶ。信なる者、固より多心なるかと。

【多銭】たせん 金銭が多い。〔韓非子、五蠹〕鄙諺に曰く、長袖善く舞ひ、多錢善く賈ふと。

【多多】たた 多い。多いほど。〔史記、淮陰侯伝〕上嘗て問うて曰く、我の如きは能く幾何に將たると。信曰く、陛下は能く十萬に將たるに過ぎずと。上曰く、君に於ては何如と。曰く、臣は多多にして益〻善きのみと。

【多態】たたい さまざまな態度をとる。〔淮南子、主術訓〕上多故なれば、則ち下多詐、上多事なれば、則ち下多態、上煩擾なれば、則ち下定まらず。

【多端】たたん 多事。〔晋書、芸術伝序〕法術紛として多端、變態諒に一緒に非ず。眞、存すと雖も、僞も亦た憑る。聖人は怪力亂神を語らず。良に以有るなり。

【多智】たち 知恵者。〔史記、樗里子伝〕秦の惠王の弟なり。～滑稽多智、秦人號して智囊と曰ふ。

【多難】たなん 困難が多い。唐・杜甫〔楼に登る〕詩 花は高樓に近くして、客心を傷ましむ 萬方多難にして、此に登臨す

【多年】たねん 久しい年月。唐・白居易〔長恨歌〕詩 漢皇色を重んじて傾國を思ふ 御宇多年求むれども得ず 楊家に女有り、初めて長成し 養はれて深閨に在り、人未だ識らず

【多能】たのう 才能が多い。〔論語、子罕〕夫子は聖者なるか、何ぞ其れ多能なるやと。～子～曰く、～吾れ少きとき賤しかりき。故に鄙事に多能なり。君子は多ならんや。多ならざるなり。

【多半】たはん 大かた。過半。唐・方干〔孫百篇の天台に遊ぶを送る〕詩 更に仙花と靈鳥と有り 恐らくは君、多半は未だ名を知らざらん

【多聞】たぶん 見聞を多くする。〔論語、為政〕子曰く、多く聞きて疑はしきを闕き、愼んで其の餘を言へば、則ち尤寡なし。

【多病】たへい 病気がち。唐・杜甫〔登高〕詩 萬里悲秋、常に客（旅人）と作り 百年多病にして、獨り臺に登る

【多弁】たべん よく弁舌する。〔史記、滑稽、淳于髡伝〕滑稽多辯、數〻諸侯に使し、未だ嘗て屈辱せられず。

【多方】たほう（はう） 多端。多方面。〔荘子、天下〕惠施多方にして、其の書五車、其の道舛駁（雜然として不純）、其の言中らず。

【多門】 政令が各所から出る。〔左伝、襄三十年〕公子侈り、大子卑しく、大夫敖り、政、門多くして、以て大國に介まる。能く亡ぶること無からんや。

【多欲】 欲が深い。〔孟子、尽心下〕其の人と爲り多欲ならば、存する者有りと雖も、寡なし。

【多力】 有力な者。〔戦国策、韓一〕今王之れを兩用せば、其の多力なる者は、內に其の黨を樹て、其の寡力なる者は、外に權を籍らん。群臣~其の地を裂かば、則ち王の國必ず危からん。

↑多哇 淫声／多婬 多情／多雨 雨がち／多衍 はびこる／多応 おおむね／多夥 多い／多学 多く学ぶ／多奸 奸才／多患 心配が多い／多艱 困難が多い／多忌 多く忌みきらう／多技 多芸／多疑 疑い深い／多虞 多患／多恵 恵みが多い／多元 多様／多祜 多幸／多口 多弁／多行 よい行い／多材 多才／多采 多く美しい／多歳 長年／多嘴 多弁／多次 何度も／多辞 多言／多疾 多病／多衆 大衆／多大 多くの／多貪 貪る／多知 多識／多人 大勢の人／多般 多様／多辟 諸侯／多忙 忙しい／多望 嘱望する／多面 多方面／多様 さまざま／多礼 丁寧

↓殷多・過多・夥多・幾多・許多・最多・雑多・滋多・衆多・聚多・少多・饒多・数多・盛多・煩多・繁多・褒多・滅多

【佗】 7 2321 タ ダ になう ほか

篆文 

金文 

形声 声符は它。它は蛇がとぐろを巻く形。そのようにふくらみのある形のものをいい、水の溢流して池をなすものを沱、衣の袖を袉、緩く紐を曳くを拕という。〔説文〕八上に「負何するなり」とあり、背に袋などを負うことをいう。馬に負わせるを駝といい、俗にまた駄に作る。佗佗とは、ゆとりのある、ゆたかな姿。他と通用する。わが国では侘と誤って、わぶ、わびのように用いる。

訓義 1になう、荷を負う。2ゆたか、あまる。3やすらか、うつくしい。4くわえる、ひく、とどまる。5よこしま。6他と通用し、ほか、他のもの。7国語で侘と誤用し、わび、わびる、さび、わびしい。

古訓 〔名義抄〕侘・佗 ハク・ワブ・ホロブ 〔字鏡集〕佗 カレ・アラハス・タレ・コトナリ

語系 佗dai、他thaiは声近くして通用する。沱dai、池dieはもと声義の近い語であった。

＊語彙は他字条参照。

【佗佗】 おちついて、ゆたかなさま。〔詩、鄘風、君子偕老〕君子と偕に老いんと 委委たり、佗佗たり(古く委ゝ佗ゝとしるす、委佗委佗の意)

↑佗志 異心／佗日 他日／佗傺 茫然と立ちすくむ／佗人 他人／佗年 他年／佗背 僂者／佗髪 乱れ髪／佗負 負荷／佗方 他方

↓笑佗・憐佗

常 【汏】 7 3413 〔汏〕 6 3413 タ タイ にごる よなげる

形声 声符は太。波だつこと。水で洗いわけることを淘汰・洮汰、沙礫をえらびわけることを沙汰という。泰と声義が通じ、奢ることを汏侈という。

訓義 1にごる。2なみ、なみだつ、あらいわける。3よなげる、うるおす。4すぎる。5泰と通じ、なめらか、すべる、おごる。

古訓 〔名義抄〕汏 ユル・ス、ク・キヨシ・ナミ・タガフ・アラフ・オツ・ユスル・スグ 〔字鏡集〕汏 トバシル・スグ・ス、グ・キヨシ・アラフ・ナミ・タガフ・ソ、ル・オツ・ユル・ユツル

語系 〔説文〕十一上に泰の古文を太に作り、汏は泰と声が近い。汏・泰(太)thatは同声。大・汏datは同声。汏は「淅瀾する なり」とあり、米をあらい、ねやすことをいう。汏にもその意がある。

【汏簡】 えらぶ。宋・張耒〔无咎に贈る~、八首、二〕詩 醫肱は三折を待ち 劍鐵は百錬を要す 君が古青銅を磨して 汏簡して明辨に寄す

【汏侈】 身分不相応のおごり。〔左伝、昭二十年〕汏侈無禮、已甚だしきは、亂の在る所なり。

↑汏棄 汏去／汏虐 虐待する／汏去 ふるい去る／汏金 沙金とり／汏沙 よなぐ／汏肆 奢る／汏除 除く／汏斥 汏去／汏絶 ことわる／汏選 えらぶ／汏然 奢るさま／汏択 えらぶ／汏兵 兵をえらぶ／汏流 濁る

↓簡汏・撃汏・沙汏・精汏・洗汏・銓汏・滌汏・洮汏・淘汏・蕩汏

【侘】 8 2321 〔侂〕 8 2021 タ タク ほこる

篆文 

形声 声符は宅。正字は侂に作り、〔説文〕八上に「寄なり」とあり、乇声。乇は古文の宅。言部三上にまた「託は寄なり」とあって、二字同訓。〔玉篇〕に〔論語、泰伯〕「以て六尺の孤を託すべく」を引いて、字を侂に作る。乇は卜占の法を示す字であるらしく、神の託言を得ることを託といい、その寄託を誇ることを侘という。

訓義 1ほこる。2佗と通じる。

古訓 〔篇立〕侘 タシナム・ワブ・ワビシ・ホロシク・クルシ・ホロブ 〔字鏡集〕侘 ワブ・ホロブ・ウル・カス

【侘傺】 茫然として立ちすくむさま。〔楚辞、離騒〕忳と鬱邑して、余れ侘傺す 吾れ獨り此の時に窮困す

【拕】 8 5801 〔拖〕 8 5301 タ ダ ひく ゆるめる

篆文 

甲骨文 

形声 正字は拕に作り、它声。〔説文〕十二上に「拕は曳くなり」、〔広雅、釈詁 一〕に「引くなり」とあり、またひきぬくことから、放つ、ゆるめるなどの意となる。

訓義 1ひく、ぬく。2はなつ、ゆるめる。3うばう、なげうつ、くだく。4佗と通じ、くわえる。

古訓 〔名義抄〕拖 トル・カチ・スクフ・ハサム・カ、マル・カシコマル

↑拖曳 ひく／拖延 延引する／拖涎 蝸牛／拖欠 遅滞／拖鉤 綱引き／拖紫 紫衣／拖舟 舟曳き／拖紳 朝服／拖進 曳きずる／拖船 曳き船／拖帯 曳行する／拖泥 泥をかぶる／拖纏 くくる／拖杷 麦かき／拖髪 乱れ髪／拖累 連累

【咤】 9 6301 〔吒〕 6 6201 タ しかる したうち

篆文 

形声 声符は宅。宅に侘の声がある。〔説文〕二上に字を吒に作り「噴るなり」とし、乇声とする。〔玉篇〕に吒・咤を同字として収める。舌をうちならす擬声の語で、舌うちをともなう行為をいう。

訓義 1しかる。2舌うちする、舌うちしてたべる。3かなしむ、はげしくかなしむ。4ほこる。5宅と通じ、神を祭る酒爵をおく。

古訓 〔名義抄〕咤 ツ・シタウチ・ツイバム 〔字鏡集〕咤 ニブシ・ツイバム・ツ・シタウチ・イカル・ヒク

↑咤呼 どなる／咤叉 乳児が手を拱く／咤叱 しかりつける／咤食 舌うちして食う／咤嘆 嘆く／咤咄 どなる

【垜】 9 4719 〔垛〕 9 4719 タ ダ

篆文 

形声 声符は朶。朶は秀と同じく、枝頭に花の垂れる意。〔説文〕十三下に「門堂の孰(塾)

なり」(段注本)とあり、門の両脇の小牆を垜頭(だとう)という。
訓義 [1]門の両脇のへや。[2]積みあげた土、かべ。[3]あづち、射垜。
古訓 〔名義抄〕垜 アムツチ 〔字鏡集〕垜 アヅチ・タ、リ
↑垜駄(だた) 駄荷/垜的(たてき) まと/垜楼(たろう) やぐら

【陊】 9 7722 タ おちる
篆文 
形声 声符は多(た)。〔説文〕十四下に「落つるなり」、〔広雅、釈詁一〕に「壊(やぶ)るるなり」、〔玉篇〕に「小崩なり」とあり、少しく崩落することをいう。字はまた陊・墮(堕)に作り、隋と同系の語。
訓義 [1]おちる、くずれる、すこしくずれおちる。[2]やぶれる。
古訓 〔名義抄〕陊 ヲチル 〔篇立〕陊 ヲツ・クヅル・フス 〔字鏡集〕陊 ヲチイル・ヤブル・ヲツ
語系 陊・隋・墮duaiは同声。隓tuaiと声義近く、同系の語。
↑陊落(たらく) 落ちる
↓傾陊・陂陊

【爹】 10 8020 タ ちち
形声 声符は多(た)。〔広雅、釈親〕に「父なり」とあり、〔梁書、太祖五王、始興王憺伝〕に「始興王は民の爹なり。人の急に赴くこと、水火の如し」とみえる。
訓義 [1]ちち。[2]男の尊称、官長、長老の人に対して用いる。
古訓 〔字鏡集〕爹 チ、
↑爹娘(たじょう) 父母/爹爹(たた) 父/爹媽(たぼ) 父母

【詑】 12 0361 タ あざむく
篆文 
形声 声符は它(た)。〔説文〕三上に「沇州(えんしゅう)にては、欺くを謂ひて詑と曰ふ」とあり、人を軽んじ欺くことをいう。
訓義 [1]あざむく、いつわる。[2]うぬぼれる、したりとおもう。[3]かろんずる。
古訓 〔字鏡集〕詑 アザムク・イツハル・タブラカス
↑詑語(たご) 欺きいう

【酡】 12 1361 タ ダ あからむ
形声 声符は它(た)。〔玉篇〕に「酒を飲みて朱顔となる皃なり」とあり、酔いのあらわれるさまをいう。〔楚辞、招魂〕に「美人既に酔ひて 朱顔、酡たり」とあり、その酔容を見ては、死者も蘇ることが期待されたのであろう。
訓義 [1]あからむ、顔あからむ、酔いかかる。[2]酔う、ほてる。
古訓 〔字鏡集〕酡 サケ
【酡顔】(たがん) 酔顔。酒ほてりの顔。唐・元稹〔(白)楽天の酔を勧むるに酬ゆ〕詩 沈機、神境に造(いた)る 必ずしも楞伽(りょうが)(経)を悟らず 酡顔、童貌に返る 安(いづ)くんぞ丹砂成すを用ひん
【酡酥】(だそ) 乳酒。唐・岑参〔玉門関、蓋将軍歌〕詩 燈前、侍婢、玉壺に瀉(そそ)ぐ 金鐺(きんとう)亂點す、野酡酥
↑酡紅(だこう) 酔瞼/酡然(たぜん) 酔顔
↓顔酡・酔酡・酥酡・微酡

[人] **【詫】** 13 0361 タ ほこる あざむく わびる
形声 声符は宅(たく)。宅に侘(た)の声がある。宅は占卜に関する字で、寄託する意がある。誇る、欺く意。わが国ではのち、かこつ、わびるなどの意に用いる。「侘(わ)び」の字義を、詫にも及ぼしたものであろう。
訓義 [1]ほこる。[2]あざむく。[3]おどろき、あやしむ。[4]つげる。[5]国語で、かこつ、わびる。
古訓 〔新撰字鏡〕詫 伊乃留(いのる)、又、久留不(くるふ)、又、阿止戸(あとへ) 〔篇立〕詫 ハカリゴト・ワザウラ・ツク・ヨス・タク・ホコル・クルフ
語系 詫・乇thakは同声。乇(たく)はものに託して神託をうる方法を示す字。言に従い、宀(べん)(廟)に従う字であるから、もとは神に祈り、神託を得る方法であったらしく、〔新撰字鏡〕に、「禱る、詛(の)る、伊乃留(いのる)」とあるものは、おそらく古訓であろう。のち、ものに託して人を欺き驚ろかす意の字に用いる。
↑詫異(たい) 怪しむ/詫誇(たこ) 誇る/詫絶(たぜつ) 不審

【躱】 13 2729 タ みずから かわす
形声 声符は朶(だ)。〔玉篇〕に「躱身(身自らする)なり」とあり、それが古義であろうが、のち身を避けてかわす意に用いる。朶は花枝の垂れるさまで、しなやかに動く意がある。
訓義 [1]みずから、みずからする。[2]かわす、さける、いなす。
古訓 〔名義抄〕躱 ミ
↑躱開(たかい) 避ける/躱学(たがく) サボる/躱閃(たせん) 逃げる/躱避(たひ) 回避する/躱懶(たらん) 不精

【鉈】 13 8311 タ ほこ なた
篆文 
金文 
形声 声符は它(た)。〔説文〕十四上に「短矛なり」とあり、矛刃の短いものをいう。它は蛇のとぐろを巻く形、鉈はずんぐりとした刃形のもので、わが国ではなたをいう。
訓義 [1]ほこ、短い矛、矛刃の短くまるいもの。[2]わが国では、なた。

【撾】 16 5703 タ カ(クヮ) うつ たたく ばち
形声 声符は過(過)(か)。もと鼓をうつ音をいう語で、タの音でよむことが多い。
訓義 [1]うつ。[2]たたく、なぐる。[3]ばち。
古訓 〔新撰字鏡〕撾 豆久(つく) 〔名義抄〕撾・撻 ウツ・シバラク 〔字鏡集〕撾 ウツ・ツ、ミウツ
【撾婦】(たふ) 妻を奪う。〔三国志、魏、武帝紀〕(令)聞く、冀州の俗、父子部を異にし、更(こもごも)相ひ毀誉(きよ)すと。昔直不疑、兄無きに、世人之れを盗嫂と謂ひ、第五伯魚、三たび孤女を娶りて、之れを撾婦翁と謂ふ。～此れ皆白を以て黒と爲すなり。
↑撾乖(たかい) 操る/撾撃(たげき) うつ/撾鼓(たこ) 鼓うつ/撾殺(たさつ) 撲殺する/撾捶(たすい) 鞭うつ/撾撻(たたつ) うつ/撾築(たちく) うつ/撾撓(たどう) うつ/撾破(たは) うち破る
↓鼓撾・参撾・恣撾・初撾・晨撾・数撾・操撾・停撾・夜撾・乱撾

ダ

[常] **【打】** 5 5102 ダ テイ チョウ(チャウ) うつ たたく
篆文 
形声 声符は丁(てい)。丁は釘の頭の形。釘の頭をうちつける意。〔説文新附〕十二上に「撃つなり」とする。のち動詞の上につけて打聴・打量のように用いる。わが国の「うち聞く」「うち興ずる」というのに近い。
訓義 [1]うつ、うちつける、たたく。[2]動詞の上につけて、接頭語的に用いる。[3]国語では、いくらか力を加えるような行為にひろく用いる。田をうつ、水をうつ、針をうつなど。
古訓 〔名義抄〕打 ウツ 〔字鏡集〕打 タ、ク・ウツ
語系 打・丁tyengは同声。丁は釘の頭の象形字。その頂をうつ意。頂tyengも同声で、丁頭の意より、頭頂をいう。
【打起】(だき) おこす。唐・金昌緒〔春怨〕詩 黄鶯兒を打起して 枝上に啼かしむる莫(なか)れ 啼く時、妾の夢を驚かせ 遼西に到るを得ざらしめん
【打鬼】(だき) 鬼やらい。追儺。〔燕京歳時記、打鬼〕本(もと)西域の佛法にて、～即ち古者(いにしへ)九門觀儺(くわんだ)の遺風、亦た以て不祥を禳除(じやうぢよ)する所以(ゆゑん)なり。打鬼に至る毎(ごと)に、各喇嘛(らま)僧等、諸天神將に扮演し、以て邪魔を驅逐す。

【打毬】だきゅう（きう） けまり。〔荊楚歳時記、正月〕打毬、鞦韆の戲を爲す。〔注〕劉向の別録を按ずるに曰く、寒食の蹴鞠は黄帝の造る所、本と兵勢なり。或いは云ふ、戰國より起ると。案ずるに、鞠と毬とは同じ。古人蹋蹴して以て戲を爲す。

【打魚】だぎょ 網をうって魚を捕る。宋・汪元量〔湖州歌、九十八首、十七〕詩 手中の明鏡、船上に抛ち 半ば篷窓を掲げて、打魚を看る

【打拳】だけん 拳でうつ。〔鶴林玉露、丙二、論事任事〕諺に云ふ、拳を喫するは何ぞ似かん、拳を打つの時にと。此の言鄙なりと雖も、實に至論と爲す。

【打鼓】だこ 鼓をうつ。宋・姜夔〔鷓鴣天〕詞 家を移して徑ちに入る藍田縣 急急に船頭、打鼓催す

【打耗】だこう（かう） 鬼やらい。〔演繁露、六、臘鼓〕湖州の土俗、歳の十二月、人家多く鼓を設けて之れを亂れ撾つ。晝夜停めず、來年正月半ばに至りて乃ち止む。～此れを打耗と名づく。～鬼の祟りを警去するを言ふなり。

【打棍】だこん 毬を棒でうつ遊び。唐・李紳〔三川の守を拜す詩の序〕里巷比ごろ惡少多し。皆免帽散衣、聚まりて群鬪を爲す。或いは肩を差べ、追繞して大毬を撃つ。里言に之れを打棍諳論と謂ふ。

【打諢】だこん ふざけからかう。劇中では道化役がする。〔道山清話〕劉貢父（攽）言ふ、介甫（王安石）の字説を見る毎に、便ち待ちて打諢すと。

【打坐】だざ 結跏趺坐して冥想する。宋・文天祥〔遺興、二首、二〕詩 笑ふこと莫かれ、道人の空しく打坐するを 英雄も收斂すれば便ち神仙

【打春】だしゅん 春を迎える。〔燕京歳時記、打春〕立春先一日、～春場に至りて春を迎ふ。立春の日、禮部春山寶座を呈進し、順天府、春牛圖を呈進し、～春牛を引きて之れを撃つを打春と曰ふ。是の日、富家多く春餠を食らふ。

【打槳】だしょう（しやう） 櫓や櫂をつかう。唐・曹松〔将に関に入らんとして、行きて湘陰に次る〕詩 打槳、天連なりて晴水白く 燒田、雲隔たりて、夜山紅なり

【打破】だは うちやぶる。宋・楊万里〔春夜睡ること無く、思慮紛紛たり〕詩 堪へず、萬慮の中腸を攪すに 愁城を打破して、醉鄉に入らん

【打量】だりょう（りやう） はかる。測量する。〔宋史、兵志四〕但だ爭訟侵暴の處有るときは、幷びに打量を行ふ。

➡打囲 狩猟する／打印 捺印／打噎 しゃくり／打下 殴打／打架 争う／打開 きり開く／打壊 こわす／打勘 査問／打急 至急／打恭 敬礼する／打緊 緊要／打虎 なぞ／打行 やくざ／打降 打行／打稿 草稿作り／打閧 さわぐ／打詐 難くせ／打殺 殺す／打算 みこみ／打死 殺す／打手 強腕／打酒 押し入り芸者／打趣 なぶる／打醮 祈禱する／打杖 戦う／打診 診察する／打睡 眠る／打銭 賭博／打擲 なぐる／打貼 買収する／打典 賄賂をおくる／打点 しらべる／打黏 貼る／打罵 罵倒する／打敗 敗ける／打麦 麦うち／打盤 渦巻／打碑 拓本をとる／打標 表彰する／打扮 扮装する／打撲 うつ／打網 投網／打門 門を叩く／打鑼 どらをうつ／打擂 相撲をとる／打拉 ひしぐ／打話 対話

⬇殴打・強打・軽打・撃打・拳打・好打・散打・痛打・麦打・鞭打・撲打

【朶】 6 1790 ［朵］ 6 7790 ダ しだれる えだ うごかす

篆文

象形 枝先の花が垂れて動く形。〔説文〕六上に「樹木垂るること朶朶たり。木に從ひ、象形。此れ𥝌と同意なり」とあり、𥝌は穂の秀でる形。朶の上部は秀の下部と同じく花房の形で、秀は穀類の花をいう。その垂れ動くさまが、獣が食を求めて顎を動かすのに似ているので、食べたいようすをすることを朶頤という。

訓義 1しだれる、しだれるえだ、しだれるはな。2うごく、うごかす。3えだをとる、ひく。

古訓 〔名義抄〕朶 エダ・コズヱ 〔篇立〕朶 トブサ・エダ・モトエダ

声系 〔説文〕に朶声の字として、⿱竹朶など三字を収める。⿱竹朶は箠、細くてたわむ意をとる。

語系 朶tuai、多tai、また墮（隋・陊）duaiは声近く、多は重ねた肉、墮はその重ねた肉が崩れようとするさまで、花枝の垂れうごくさまと相似た状態をいう。同じ語系とみてよい。

【朶頤】だい ものを食べようとする。欲する。清・趙翼〔孫介眉太守、～鰱魚（たなご）の頭羹を食らふに招かる。戲れに為に歌を作る〕詩 朶頤、且く我が哎咀（食う）を快くす 碎首、那ぞ他の苦惱を顧みん

【朶雲】だうん たれる雲。字の美しさ、人の手紙をいう。〔唐書、韋陟伝〕常に五采牋を以て書記を爲す。侍妾をして之れを主らしめ、～陟は唯だ署名するのみ。自ら謂ふ、書する所の陟の字、五朶雲の若しと。時人之れを慕ひ、郇公の五雲體と號す。

➡朶翰 朶雲／朶子 首飾り／朶朶 枝葉や花の垂れるさま／朶殿 東西の堂／朶廊 東西の廊／朶楼 東西の楼

⬇一朶・雲朶・花朶・冠朶・幾朶・五朶・釵朶・歯朶・耳朶・千朶・纖朶・双朶・鈿朶・半朶・両朶

【兌】 7 8021 ［兊］ 6 8021 ダ エツ タイ エイ よろこぶ かえる

篆文

甲骨文

金文
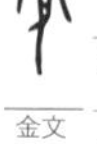

会意 八（八）＋兄。兄は巫祝。祝詞を入れた器（𠙵）を戴く人の形。八はその上に神気の彷彿として下る意を示す。そのとき巫祝は神がかりとなり、脱我・忘我の状態となる。その惝怳の状態を悦（悦）という。〔説文〕八下に「説ぶなり」と訓し、字を㕣声とするが、字は兄に従う字である。惝怳の状態にあることを示す字であるから、脱（脱）・悦・説（説）などは兌に従う。

訓義 1よろこぶ。2われを失う、脱する。3とおる。4かえる、ひきかえる。5易卦の一、方位は西。

古訓 〔名義抄〕兌 ヨロコブ・ニシ

声系 〔説文〕に兌声として説・敓・脱・税（税）・閲（閲）・蛻・鋭など十七字を収める。おおむね兌の声義を承ける字である。

語系 兌・奪（敓）duatは同声。説・脱・税・挩thuat、また羍・太thatは声近く、羍は子羊が脱然として生まれ落ちる形で、そのさまを達（達）という。太は汏と同じく、水でゆすり洗う意。みな声義に通ずるところがあり、一系の語である。

➡兌運 官米を輸送する／兌音 鐘声／兌換 両替／兌款 為替／兌給 支払い／兌銀 両替／兌条 手形／兌銭 両替／兌租 小作料／兌付 支払い／兌便 唐の切手／兌利 鋭い

⬇開兌・商兌・折兌・佞兌・孚兌・遊兌・和兌

常【妥】 7 2040 ［㝘］ 7 2040 ダ やすらか おだやか

篆文

甲骨文

金文
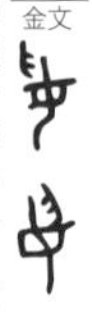

会意 爪＋女。爪は手。女の上に手を加えて、これを綏んずる形。〔説文〕未収、〔段注本〕十二下に補入して、「安んずるなり。爪女に従ふ。㝘と安とは同意」とする。〔爾雅、釈詁〕に「安坐するなり」とするが、〔儀礼、少牢饋食礼〕に「祝、主人、皆拝して尸を妥んず」のように、儀礼としての行為を意味する語であった。安適の状態とする意に用いる。

訓義 ①やすんずる、やすらか、おだやか。②堕と通じ、おちる、くだる、くずれてくだる。③安坐する、とまる。

古訓 〔名義抄〕妥 ヰル・スエテ・アキラカ・ヤム・ヤスシ・トヾム

声系 〔説文〕に妥声として綏・挼など四字を収める。綏はまた緌に作り、呪飾としての意がある。

【妥安】おだやか。〔唐書、韋雲起伝〕臣愚以爲へらく、兵を戢め農を務め、關中の妥安、士氣の餘飽を待ち、然る後討伐を議するに若かず。

【妥視】君を視るときの礼。〔礼記、曲礼下〕天子には、視ること給(えりもと)より上らず、~國君には妥(綏)視(給の上あたり)し、大夫には衡(平衡)視す。

【妥帖】穏当。晉・陸機〔文の賦〕或いは妥帖して施し易く、或いは岨峿して安からず。

↑妥役 腕きき/妥議 妥当な論/妥協 話し合い/妥結 合意/妥実 確実/妥綏 妥安/妥善 妥当/妥妥 安らか/妥怗 妥帖/妥貼 妥帖/妥尾 垂尾

↓安妥・花妥・帖妥・貼妥・平妥

【沱】 8 3311 ダ タ

篆文  金文 

形声 声符は它。它は水のふくらみ、曲流のかたちで、池の初文。水が溢流して、別の流れとなるのを、沱という。〔説文〕十一上に「江の別流なり。嶓山の東に出で、別れて沱と爲る」と水名に解するが、もとは池と同源の字。池はそのようにして作られるからである。また、大雨や涙を形容する語として用いる。

訓義 ①水がわかれながれる、分流する、溢流する、旁流する。②いけ。池と同源の字。③涕が流れるさま。④大雨のさま。⑤水名。

古訓 〔名義抄〕沱 タヽフ・アマネシ・ヒロシ・ナガル・ソヽグ・ヨル・ワカレル・シルツク・ハビコル

【沱若】涙がはげしく流れるさま。〔易、離、六五〕涕を出だすこと沱若たり。戚むこと嗟若たり。吉なり。

↑沱汜 分流/沱茶 碗形の団茶

↓河沱・江沱・潜沱・頽沱・巴沱・滂沱

人 【陀】 8 7321 ［阤］ 8 7821 ダ ななめ くずれる

金文  簡書 

形声 声符は它。它は蛇の象形の字で、委曲の意がある。〔広雅、釈詁二〕に「衺なり」、〔玉篇〕に「陂陀は、険阻なり」とあり、屈曲して平らかでないことをいう。〔説文〕十四下の「阤は小崩なり」「陊は落つるなり」と同系の語。連語として委陀といい、同系の連語が多い。

訓義 ①ななめ、まわりくねる、けわしい。②くずれる、おちる。③がけ、きし。

古訓 〔名義抄〕陀 オツ・クヅル・アハクル・カタクヅレ 〔字鏡集〕陀・阤 ヤブル・オツ・サカシ・カタクヅシ・クヅシ

語系 陀・沱 dai は同声。沱は溢流して沼沢をなすもの。陊(陏・墮) duai は土が崩れ落ちる意。みな邪曲・陂陀の意をもつ語である。

↑陀螺 こま/陀羅 こま

↓韋陀・逶陀・頭陀・陂陀・盤陀・仏陀・弥陀

【拏】 9 4750 ［挐］ 10 4650 ［拿］ 10 8050 ダ ナ もつ とらえる

篆文 

形声 声符は奴。〔説文〕十二上に「牽引するなり」、また、挐字条に「持つなり。一に曰く、誣ふるなり」(段注本)とあり、この二字は同字として扱われることがある。拏はまた俗に拿に作り、その字形を用いることも多い。

訓義 ①もつ、とる。②とらえる、つかむ、さおさす。③もむ、まぜる、みだる。④人を誣いる。

古訓 〔名義抄〕拏 ヒク・ヒコヅラフ・トル・アタル・カサヌ・ミダル・トラフ・タヾス・ヒコシロフ・アサハル・シリ

【拏雲】雲をとらえる。高挙の志をいう。唐・李賀〔致酒行〕詩 少年の心事、當に雲を拏ふべし 誰か念はん、幽寒にして坐して嗚呃するを

【拏空】空をかく。宋・陸游〔大雪歌〕詩 千年の老虎、獵り得ず 一箭横穿して、雪皆赤し 拏空死を争ひて、雷吼を作す 山林を震動し、崖石を裂く

↑拏訛 ゆすり/拏獲 捕獲する/拏攫 つかみあう/拏究 捕縛して糾問する/拏闘 闘争する/拏把 つかむ/拏捕 逮捕する

↓攫拏・挼拏・撐拏・騰拏・紛拏・兵拏・扼拏

【娜】 10 4742 ダ ナ しなやか

形声 声符は那(那)。娜娜・阿娜のように、しなやかな意の形容に用いる。唐以後の用例がある。

訓義 ①しなやか、たおやか。②ゆるやか、おもむろ。

古訓 〔名義抄〕嫋娜 タハム 〔篇立〕娜 タヒヤカニ・ナマメク・タヲヤカナリ・シナヤク・マヽハハ・フタメ・ヨキカホ 〔字鏡集〕娜 ヨキカホ・シナヤク・ソロヤカニ・ナマメク・フタメ・マヽハヽ・カホヨシ・タワヤカナリ・ソビヤカス・ヨシ・ホカ・シオヤカナリ

語系 娜 nai、乃 nə は声近く、この系列の音にしなやかの意があり、その双声、畳韻の語が多い。

【娜娜】しなやかにゆれるさま。宋・梅尭臣〔韻に依りて、永叔(欧陽脩)子、履(陸経)の冬夕小斎の聯句の寄せらるるに和す〕詩 到れる時、春怡怡たり 萬柳、枝娜娜たり 定めて應に人の折りて贈れるなるべし 只だ恐る、絮の已に墮つるを

↓婀娜・嫋娜・裊娜・夭娜

【拿】 10 8050 ［拏］ 9 4750 ダ ナ もつ とらえる

篆文 

形声 正字は拏に作り、奴声。拏は〔説文〕十二上に「牽引するなり」とあり、〔正字通〕に「罪人を拘捕するを拏と曰ふ。俗に拿に作る」という。

訓義 ①もつ、とる。②とらえる、ひく。

＊語彙は拏字条参照。

↑拿翁 ナポレオン/拿解 護送/拿獲 逮捕する/拿究 捕らえてといつめる/拿手 握手/拿送 護送/拿追 捕らえる/拿捕 逮捕する/拿問 拿究

【挪】 10 5702 ［挼］ 10 5204 ダ ナ もむ

形声 声符は那(那)。挼の俗字として、元以後の近世語に用いる。

訓義 ①もむ、さする。②うつす。③さける、よける。

古訓 〔字鏡集〕挪 ウツル

↑挪移 流用する/挪抄 もむ/挪撮 集める/挪動 移る/挪補 流用する/挪用 流用する

↓移挪・揄挪

【挼】 10 5204 ［捼］ 11 5204 ダ キ ズイ おしおとす

篆文 

形声 声符は妥(妥)。妥は女を上から抑える形。〔説文〕十二上に「摧(推)すなり」とし、「一に曰く、兩手もて相ひ切摩するなり」(段注本)という。二徐本は字を捼に作るが、声義ともに挼

とするのがよい。おしおとし、おさえるようにする意。また隋と通じ、食物を祭ることをいう。

訓義 1おす、おしおとす、おさえる、くじく。2隋と通じ、食物を祭る、挼祭。

古訓 〔名義抄〕挼 アサル・ナヅ・モム 〔篇立〕挼 トル

常【唾】11 6201 ［涶］11 3211 ダ つば つばはく

篆文

形声 声符は垂。垂は枝端の華が垂れて地に達する形で、落ちる意がある。〔説文〕二上に「口液なり」とあり、つばをいう。重文として涶を録する。唾棄・唾手のように用いる。

訓義 1つば、つばき。2つばはく、つばきする。3しかる、ののしる、こばむ。

古訓 〔和名抄〕唾 都波岐（つばき） 〔名義抄〕唾 ツバキ・ス、ル・ハク

語系 唾（涶）thuai、吐 tha は声近く、唾はくことと吐とも似た動作である。唾棄・吐瀉のように用いるが、そのときの声をとる擬声語であろう。

【唾棄】 さげすむ。唐・李商隠〔行きて西郊に次りて作る、一百韻〕詩 控弦二十萬 長臂皆猿の如し～五里に一たび馬を換へ 十里に一たび筵を開く～公卿は嘲叱（あざけり、しかる）に辱められ 唾棄せらるること、糞丸の如し

【唾壺】 たんつぼ。〔世説新語、豪爽〕王處仲（敦）、酒の後毎に輒ち、老驥（老馬）櫪（かいばおけ）に伏するも 志は千里に在り 烈士暮年 壯心已まず（魏の武帝、歩出夏門行、楽府中の句）を詠じ、如意を以て唾壺を打つ。壺口盡く缺けたり。

【唾手】 ことをはじめる。容易になしうる。清・魏源〔聖武記、一〕先づ山海關を取らば、則ち關外の諸城、唾手して得べし。此れ攻心扼吭の法なり。

【唾罵】 つばかけて罵る。〔宋史、胡銓伝〕（高宗に上る封事）王倫は本と一狎邪の小人、市井の無頼のみ。～專ら詐誕を務め、天聽を欺罔し、驟かに美官を得たり。天下の人、切齒唾罵す。

【唾面】 顔につばして辱める。〔唐書、婁師徳伝〕其の弟代州に守となる。～之れに事に耐ふることを教ふ。弟曰く、人、面に唾する有らば、之れを絜きめんのみと。師徳曰く、未だし、～正に自ら乾かしめんのみと。

↑唾壬 たんつぼ／唾液 つば／唾涎 つば／唾血 吐血／唾視 いやしむ／唾耳 ささやく／唾汁 つば／唾掌 唾手／唾津 つば／唾沫 つば／唾余 言説の余

↓嗤唾・咳唾・欬唾・乾唾・含唾・棄唾・驚唾・口唾・珠唾・祝唾・笑唾・涕唾・反唾・零唾

人【舵】11 2341 ［柁］9 4391 ダ かじ

形声 声符は它。字はまた柁に作る。它は蛇。左行右行して進むものである。舵は方向舵をいう。

訓義 1かじ、かじとる。

古訓 〔和名抄〕舵 漢語抄に云ふ、柁、船尾なり。和語に云ふ、太以之（たいし）、今按ずるに、舟人挾杪を呼んで柂師と爲す、是れなり。〔箋注〕太以之（たいし）は卽ち當藝斯（たぎし）の轉なり。今俗に加遲（かぢ）と呼ぶもの、是れなり 〔字鏡集〕舵 コフネ

語系 舵（柁）dai、拕（拖）thai は声義近く、拕は曳く意。曳・枻 jiat、引 jien も声義に関係があり、みな左右に動かして進む意がある。

↑舵工 船頭／舵公 船頭／舵手 舵とり／舵盤 方向盤／舵輪 輪船

↓操舵・把舵

人【雫】11 1023 ダ ダン しずく

会意 雨＋下。古い字書にみえず、遼の幽州の僧行均の編した〔竜龕手鑑〕に訓義を加えず、「俗、奴寡・奴寛の二反」とする。〔万葉集〕には滴（滴）・液・瀝を「しづく」と訓するが、雫の字はみえない。〔和漢三才図会、芸器、倭字〕に清の呉任臣の〔続字彙補〕にみえるとするが訓義がなく、「雫、～倭にては涓滴の字と爲す」とあって、わが国での用法のようである。

訓義 1国語で、しずく。

常【堕】12 7410 ［墮］15 7410 ［隓］13 7421 ダキ おちる こぼつ やぶれる

篆文

形声 旧字は墮に作り、隋声。〔説文〕十四下に正字を隓とし、「城自を敗るを隓と曰ふ」とし、隳廃の意とする。隋は神の陟降する聖梯の前に、多くの牲肉を盛りあげるように供える意。その重ねたものが崩れおちることを墮という。隓は両左に従い、左は呪具としての工をもつ形であるから、それは呪詛を加える意の字であろう。隳廃の意は、おそらくその字の義であろう。墮にダ・キの両音があるとするのは疑わしく、墮が墮落、隓は隳廃の意であったかと思われるが、みな同字とされている。

訓義 1おちる、くずれる、肉塊がくずれる。2やぶれる、こぼつ、まける。3惰と通じ、やめる、おこたる。

古訓 〔名義抄〕墮 コボル・コボツ・ヤブル・アヤフシ・オツ・オチル・マク・トガ・オコタル／隳 フム・クツガヘル・スツ・ヤブル・シク・コボツ／隓 スツ 〔字鏡集〕墮 スタル・オチル・モシ・クツガヘス・コボス・ヲコタル・マク・オツ・アヤフシ・スツ・モノウシ

語系 墮（隋・陊）duai は同声。また髽 tuai、墜（隊）diuət、隤 duəi も声近く、みなおちることをいう。髽はつぶれ髪、隤は壊隤、崩れおちる意で、みな一系の語である。

【墮壞】（くわい） こぼつ。〔史記、秦楚之際月表序〕秦既に帝と稱す。兵革の休まざるを患ふるは、諸侯有るを以てなり。是に於て尺土の封無く、名城を墮壞し、鋒鏑を銷かし、豪桀を鉏し、萬世の安きを維ぐ。

【墮髻】 つぶれ髪。片崩しの髪型。唐・白居易〔書に代ふるの詩一百韻、微之（元稹）に寄す〕風流、墮髻を誇り 時世、啼眉（描眉）を闘はす

【墮指】 寒さで指をおとす。唐・李華〔古戦場を弔ふ文〕堅冰、鬚に在り、鷙鳥も巣に休ふ。～繒纊（軍衣）温きこと無く、指を墮し膚を裂く。

【墮替】 衰える。〔中論、下、暦数〕周徳既に衰へ、百度墮替し、暦數紀を失ふ。故に～春秋に之れを譏る。其の傳に曰く、禮に非ざるなりと。

【墮落】 落ちる。〔漢書、宣帝紀〕朕惟ふに、耆老の人、髮齒墮落し、血氣衰微す。～今より以來、諸々年八十以上は、誣告し人を殺傷するに非ざれば、佗は皆坐せしむること勿れ。

【墮涙】 なみだを流す。〔晉書、羊祜伝〕襄陽の百姓、峴山の祜の平生游憩の所に、碑を建て廟を立て、歳時に饗祭す。其の碑を望む者、流涕せざる莫し。杜預、因りて名づけて墮涙の碑と爲す。

↑墮懈 怠る／墮業 さぼる／墮局 陥れる／墮倪 長たるむ／墮闕 かける／墮祭 尸を祭る／墮山 狭の山／墮弱 惰弱／墮怠 怠る／墮胎 おろす／墮地 生まれる／墮墜 落ちる／墮顚 禿頭／墮突 突き破る／墮廃 すたれる／墮慢 怠る／墮民 乞食／墮窳 無力／墮容 なまけた姿／墮嬾 なまける／墮楼 楼上から投身する

↓遺墮・下墮・解墮・懈墮・陷墮・危墮・傾墮・指墮・齒墮・推墮・酔墮・星墮・雪墮・損墮・怠墮・頽墮・謫墮・墜墮・顚墮・飄墮・窳墮・鱗墮・涙墮

常【惰】12 9402 ［憜］15 9402 ［媠］12 4442 ダ おこたる

篆文  古文 

形声 正字は憜に作り、隋声。〔説文〕十下に「敬しまざるなり」とし、媠の省声（段注本）とする。媠は隓と同字で、隋・憜とは声が異なる。隋は裂肉。〔周礼、春官、大祝〕に「隋釁」のことがしるされており、裂肉を聖所に埋め、酒をそそぐ血祭の法をいう。大きな裂肉を重ねるので、その形が崩れるように、姿勢の崩れた、謹みのないさまを媠といい、嬾媠の意となる。

訓義 1おこたる、なまける。2つつしみのないさま、なまる。3つかれる。

古訓 〔名義抄〕惰 オコタル 〔字鏡集〕惰 オコタル・ユタカ・モノウシ・ナヤシフ・イタム・ヤスシ／媠 ウルハシ・ヨシ

語系 惰（憜・媠）・鬌 tuai は同声。朶 tuai も同声。朶は枝端の花のしだる形。みな垂れて崩れおちるような状態をいう語である。

【惰解】怠る。〔新書、礼容語下〕成王、質仁聖哲、能く其の先を明らかにし、能く其の親を承け、敢て惰懈せず、以て～民人を敬ふ。

【惰棄】なげやりにする。〔左伝、成十三年〕命を受けて以て師を求め、將に社稷を是れ衞らんとして、君命を惰棄す。亡びずして何をか爲さん。

【惰倦】なまける。〔晏子、問上六〕仲尼（孔子）居處惰倦、廉隅不正（修）なるときは、則ち季次（公晳哀）・原憲侍す。氣鬱して疾み、志氣通ぜざるときは、則ち仲由（子路）・卜商侍す。

【惰傲】怠り傲る。〔左伝、襄二十八年〕蔡侯～鄭に入る。鄭伯之れを享するに、不敬なり。子產曰く、蔡侯は其れ免れざらんか。～小國に君として大國に事へ、惰傲して以て己が心と爲すと。

【惰肆】なまけて仕放題にする。〔宋史、隠逸上、何群伝〕群嘗て言ふ。今の士、語言說易、擧止惰肆なる者は、其の衣冠、古の嚴なるに如かざればなりと。因りて古の衣冠を復せんことを請ふ。

【惰偸】なまける。宋・陸游〔道宮に雨を謝する疏〕官吏の惰偸なるに由り、政刑の疵癘を致す。驕陽（暑熱）害を作し、零雨時ならず。

【惰游】なまけ遊ぶ。〔三国志、魏、王朗伝注に引く魏名臣奏〕舊時の虎賁羽林五營の兵及び衞士、幷せ合して且に萬人ならんとすと雖も、或いは商賈惰游の子弟、或いは農野謹鈍の人なり。

【惰容】怠るさま。〔後漢書、張湛伝〕光武、朝に臨み、或いは惰容有るときは、湛、輒ち其の失を陳諫す。常に白馬に乘る。帝、湛を見る每に、輒ち言ふ、白馬生、且に復た諫めんとすと。

↑惰気 いやき／惰儀 惰容／惰倪 眺めまわす／惰忽 なおざり／惰奢 贅沢／惰弱 しまりがない／惰食 徒食／惰心 なまけ／惰怠 怠る／惰廃 うっちゃる／惰貧 乞食／惰民 乞食／惰眠 ねそべる／惰力 惰性／惰劣 惰弱

↓委惰・懈惰・怯惰・矜惰・驕惰・勤惰・倦惰・救惰・肆惰・柔惰・怠惰・頽惰・痴惰・恬惰・偸惰・廃惰・貧惰・放惰・窳惰・遊惰・慵惰・嬾惰

人【楕】13 4492 ［橢］16 4492 ダ こおけ だえん

篆文 

形声 正字は橢に作り、隋声。〔説文〕六上に「車笭中の橢橢たる器なり」とあり、車箱の左右に備えておく細長い形の桶をいう。小判型の桶であるから、その形を橢円という。

訓義 1車にそなえる小さなおけ、小おけ。2だえん、だえん形のもの。3細長い器。

語系 橢 tuai、隋 duai は声義近く、隋は聖所に供えた裂肉。重ねた肉のなだれるような形。その形は細長く、橢円に近い。

【橢円】長円形。小判形。〔春秋繁露、三代改制質文〕郊宮明堂を制す。內員（圓）外橢、其の屋は倚靡（形不定）なる員橢の如し。

↓鋭橢・角橢・順橢・壁橢

常【駄】14 7433 ［馱］13 7433 ダ のせる

篆文 

形声 正字は馱に作り、大声。〔説文新附〕十上に「物を負ふなり」とあり、馬の背に駄載することをいう。駄載して運ぶ賃金を、駄賃という。

訓義 1うまのに、つみに、くらに。2のせる、つむ、はこぶ。3にうま。4荷数の助数詞。

古訓 〔新撰字鏡〕駄 尓於保須（におほす）〔名義抄〕駄・馱 ニオヒウマ 〔字鏡集〕駄 モノオフウマ・ニオヒムマ

語系 駄（馱）・佗・駝 dai は同声。佗は〔説文〕八上に「負何するなり」とあり、馬など畜類に駄載することを、また佗という。它は蛇頭で、膨らみのある形。膨らんだ荷を負うことを佗という。橐駝（らくだ）は〔漢書、匈奴伝上〕に「橐佗」に作り、駄載する意の名である。

【駄背】背にのせる。宋・王禹偁〔烏啄瘡驢歌〕詩 我が爲に背に馱す、百卷の書 皮を穿ち脊を露はにして、痕は腹に連なる

↑駄運 駄して運ぶ／駄騎 駄馬／駄載 駄荷／駄馬 荷馬

↓下駄・雪駄・象駄・逓駄・馬駄・無駄・驢駄

【嶞】15 7477 ダ タ

篆文 

形声 声符は隋。隋はしどけなく形が崩れる意があり、隋長の意がある。そのような山容をいう。〔爾雅、釈山〕に「巒なる者は嶞」、また〔説文〕九下に「山の嶞嶞たる者なり」とあり、山に從ひ、憜の省聲。讀みて相ひ推落するの墮の若くす」（段注本）という。〔詩、周頌、般〕「嶞山喬嶽」の〔伝〕に「嶞山は、山の嶞嶞として小なる者なり」とあり、嶞嶞は狭長のさまをいう。

訓義 1高い山、せまくて長い山。2崩れるような小さな山、やせた山。

古訓 〔字鏡集〕嶞 ヤマ

【嶞山】小さくつづく山々。〔詩、周頌、般〕於皇いなる時れ周 其の高山に陟れば 嶞山喬嶽 允に河を翕すが猶し

↑嶞嶞 狭く長くつづく山なみ

【駝】15 7331 ダ タ らくだ だちょう

形声 声符は它。它は溢流した水溜りで、ふくれたものをいう。〔方言、七〕に「凡そ驢馬馲駝を以て物を載する者、之れを負他と謂ふ」とあり、こぶのあるらくだ。馲駝は橐駝、橐はふくろ。ふくろ状のこぶある馬の意。駝鳥は頭も身も膺も蹄も、みな橐駝に似ているので、同じく駝という。背にこぶがあるので、

くぐせの意とし、駄と通じて積荷をいう。

訓義 1らくだ。2だちょう。3くぐせ。4背に物をのせる、荷をのせて運ぶ。

古訓 〔名義抄〕駝 ウサギマ・ノブ・シロシ／駱駝 ラクダノムマ

↑駝雞 駝鳥／駝鼓 鼓の名／駝載 駝荷／駝翔 飛ぶ／駝騁 はやく馳せる／駝馬 らくだ／駝背 駝荷／駝負 駝載／駝羊 アルパカ

↓画駝・奇駝・牛駝・金駝・乗駝・駞駝・槖駝・巴駝・白駝・野駝・騾駝・駱駝・弄駝

【懦】 17 9102 ダ ジュ よわい ゆるい おとる

篆文

形声 声府は需。需に孺・儒の声がある。〔説文〕十下に「駑弱なり」（段注本）とし、また「柔なり」とする訓があったようである。需は雨乞いをする巫祝の形。耎も需と声義の近い字で、懦弱の意がある。需・耎の字に含まれている而の形は、頭を髡にした巫祝の形。その人を耎といい、雨乞いする儀礼を需といい、巫祝から出て儀礼に携わる者を儒という。

訓義 1よわい、やわらか、ゆるやか。2おとる、つたない。

古訓 〔名義抄〕懦 ヨワシ／愞 ツタナシ

語系 懦nuai、耎・愞・嫨njiuanはみな而に従い、その声義を承ける字である。㞋・軟njiuanも同声。㞋は人の後ろより胯間に手を入れる形で、皮膚の最も柔らかいところ。偄nuan、嫩nuanも声義近く、みな柔弱の意があり、これらは一系をなす語とみてよい。

【懦闇】 弱くて愚か。〔韓非子、難四〕臣の忠詐は、君の行ふ所に在り。君明にして嚴ならば、則ち群臣忠に、君懦にして闇ならば、則ち群臣詐る。

【懦響】 弱く低い音。晉・陸機〔猛虎行〕楽府 急絃に懦響無く 亮節、音を爲し難し

【懦弱】 弱い。無気力。〔左伝、昭二十年〕夫れ火は烈し。民望みて之れを畏る。故に死するもの鮮なし。水は懦弱なり。民狎れて之れを翫ぶ。則ち死するもの多し。

【懦夫】 無気力な男。〔孟子、万章下〕故に伯夷の風を聞く者は、頑夫（かたくなな男）も廉に、懦夫も志を立つる有り。

↑懦尫 痩弱／懦怯 卑怯／懦衿 文弱な学生／懦襟 無気力／懦愚 懦闇／懦弛 怠る／懦者 卑怯者／懦脆 脆弱／懦孱 軟弱／懦退 しりごみ／懦鈍 無気力でおろか／懦軟 柔弱／懦薄 薄弱／懦靡 懦弱／懦品 無用のもの／懦庸 劣弱／懦劣 無気力

↓畏懦・怯懦

【髿】 19 7222 ダ タ

篆文

形声 声符は㙍。㙍は隋の省文。隋は盛りあげた祭肉が垂れて、形が崩れること。そのような崩れ髪を髿という。〔説文〕九上に「髮隋つるなり」とみえる。また幼児の髪のそり残し、すずしろ。〔広雅、釈詁三〕に「墮つるなり」、〔広雅、釈詁二〕に「落つるなり」とあるのは、毛が堕ちる意。

訓義 1髪の形の崩れ、崩れ髪。2髪が美しい。3すずしろ。4堕と通じ、おちる。

古訓 〔名義抄〕髿 ス、シロ 〔字鏡集〕髿 ミヅラ・ス、シロ

【髿翦】 生まれて三月の末に髪を翦り、すずしろをのこす。幼児のとき。〔梁書、武帝紀上〕京邑に移檄す。獨夫（東昏侯）天常を擾亂し、君德を毀棄す。～虐を髿翦の年に挺き、險を髫丱（幼童）の日に植つ。

↓委髿・斜髿・翦髿・髫髿

【糯】 20 9192 ダ もちごめ もち

形声 声符は需。需に懦の声がある。〔説文〕七上に「稬、沛國、稻を謂ひて稬と曰ふ」とあり、糯は稬と声義が近い。また秫字条に「稷の黏る者なり」とあるのも、もち米をいう。

訓義 1もちごめ。2もち。

古訓 〔名義抄〕糯 モチノヨネ

↑糯粟 もちあわ／糯稲 もちいね／糯米 もち米

【儺】 21 2021 ダ ナ おにやらい おだやか

篆文

形声 声符は難（難）。難に魌（難の省声）の声がある。〔説文〕八上に「行くに節有るなり」（段注本）とするのは、〔詩、衛風、竹竿〕「巧笑の瑳たる 佩玉の儺たる」の〔伝〕に「儺とは、行くに節有るなり」とあるのによる。〔段注〕にそれを字の本義とするが、それは阿儺・猗儺などの形況の連語に用いるときの用義である。〔論語、郷党〕「郷人儺す」、〔周礼、春官、占夢〕「難（儺）して毆疫す」とは、季節の移るときなどに鬼やらい、あるいは修祓することをいう。儺とはこの儺疫を本義とする字である。墓道で行う道上祭を禓といい、また儺ともいう。

訓義 1おにやらい、除疫。2おだやか、たおやか、しずかに歩むさま。

古訓 〔名義抄〕儺 オニヤラヒ・オニヤラフ・タ、ヤラフ・ナ 〔篇立〕儺 ツ、キ・オモヤクハス・タミヤラヒ・オニヤラヒ・ナホヤラヒ・オニ

語系 儺・魌naは同声。魌は〔説文〕九上に「鬼を見て驚く詞なり」とあり、〔段注〕に「奈何」の合声であるとする。おそらく儺の異文で、鬼を見て驚くよりも、鬼を驚かせるかけ声であろう。

【儺鼓】 追儺に用いる太鼓。宋・劉克荘〔湘潭道中、即事、二首、二〕詩 儺鼓鼕鼕として廟門を匝る 憐れむべし、楚俗の今に至るまで存するを

【儺儺】 鬼やらいの声。〔楽府雑録、駆儺〕方相四人を用ふ。戴冠し及び面具し、黄金を四目と爲す。熊裘を衣き、戈を執り盾を揚げ、口に儺儺の聲を作して、以て除逐するなり。

↑儺禦 鬼やらい／儺神 追儺の神／儺声 追儺の声／儺逐 鬼やらい／儺舞 追儺の舞／儺祓 鬼やらい／儺礼 大儺

↓猗儺・郷儺・駆儺・行儺・興儺・歳儺・時儺・春儺・贈儺・追儺

【魌】 21 2421 ダ ナ

篆文

形声 声符は莫。莫は難（難）の省形。難に儺の声がある。〔説文〕九上に「鬼を見て驚く詞なり。鬼に從ひ、難の省聲。讀みて詩の、福を受くること儺からざらんやの若くす」とあり、儺に作るものは〔三家詩〕〔毛詩〕は那（那）に作る。〔段注〕に「魌を奈何の合聲と爲す。凡そ驚く詞に那（なんぞ）と曰ふ者は、卽ち魌の字なり」というが、奈・何は軽い疑問詞とみてよい。儺は鬼やらい。魌は鬼を逐う声であろう。〔玉篇〕に「魌は疫癘の鬼を驚かし毆るなり」とするのがよい。

訓義 1鬼をみておどろくことば。2儺と通じ、鬼やらい。3鬼やらいのことば。

古訓 〔字鏡集〕魌 オドロク

語系 魌・儺naは同声。儺は〔説文〕八上に「行くに節有るなり」（段注本）とし、〔詩、衛風、竹竿〕「佩玉の儺たる」の句を引くが、阿儺の義は仮借、儺祭をいう語。その声を魌という。

【驒】 22 7635 ダ タ タン テン まだらうま

篆文

形声 声符は單（単）。〔説文〕十上に野馬の属とし、また「一に曰く、驒馬、靑驪白鱗、

文は黿魚(鰐)の如し」(段注本)とあって、いわゆる連銭葦毛の馬をいう。〔詩、魯頌、駉〕は、神馬を飼う牧場のことを歌うもので、「驒有り、駱有り」の句がある。駱は白色、黒鬣尾の馬をいう。

【訓義】①まだらうま、とらげ。②野馬の属。③嘽と通じ、つかれあえぐ。

【驒騱】てんけい 野馬の属。〔史記、匈奴伝〕其の畜の多き所は則ち馬・牛・羊、其の奇畜は則ち橐駞・驢贏・駃騠・騊駼・驒騱なり。

【驒驒】たんたん 馬の疲れあえぐさま。〔漢書、叙伝下〕漢武、神を勞し、遠を圖りて甚だ勤む。王師驒驒として、誅を大宛に致す。～城郭を總督すること、三十有六。

↑驒奚てんけい 驒騱

【黿】 25 6671 ダ タン わに

篆文  甲骨文  金文 

【形声】声符は單(単)たん。〔説文〕十三下に「水蟲なり。蜥易(とかげ)に似たり。長さ丈所ばかり」(段注本)とあり、わにをいう。また〔古本〕に「皮は以て鼓を冒おおふべし」とあって、鼓に用いた。〔詩、大雅、霊台〕に「黿鼓逢逢ほうほう」の句がある。殷の青銅鼓に蛇腹の地文を附するものがあり、黿鼓に擬したものであろうと思われる。〔山海経、中山経〕に「江水～黿多し」とあり、古くは江水の下流に多く棲息していたのであろう。

【訓義】①わに、わにの一種。②また鱓だんに作る。鱓はうみへびの類。

【古訓】〔新撰字鏡〕黿 海加米(うみがめ)〔名義抄〕黿 オホカメ〔字鏡集〕黿 カメ

【黿鼓】だこ わにの皮を張った鼓。〔詩、大雅、霊台〕黿鼓逢逢 矇瞍もうそう(瞽師、楽官)公に奏す

↑黿蛟だこう わにと、みずち／黿鳴だめい わにの声

↓駆黿・竜黿・江黿・蛟黿・潜黿・白黿・鳴黿・霊黿

タイ

常 【太】 4 4003 ［泰］ 10 5013

タイ タ ダイ

おおきい ふとい はなはだ

篆文  古文 

【形声】声符は大たい。〔説文〕水部泰字条十一上に「滑らかなり」とあり、その古文として太の字形をあげている。泰は水の上に、人を両手でおしあげている形で、人を水没から救い、安泰にする意。大の下の点は、水の省略形とみてよい。もと泰と同義の字であるが、のちその副詞形、また修飾語的な用義の字となった。〔玉篇〕大部に太を録して「甚なり」といい、副詞とする。古い時期には大・太を厳密に区別することがなく、金文に大宗・大子・大室・大廟・大史の字は、すべて大に作る。漢碑には大守・大尉をまた太守・太尉としるすことがあり、太守の例が多く、ほぼその慣用字となる。太・泰はもと一字、大・太・泰は声義近く通用の字であるが、それぞれ慣用を異にするところがある。

【訓義】①おおきい、ふとい。②はなはだ、はなはだしい。

【古訓】〔名義抄〕太 フトシ・モト・ハナハダシ・イト・エタ・イカラシ・イカバカリ〔字鏡集〕太 イカラシ・イカバカリ・ハナハダシ・ユタカナリ・モト・イト・エタ・フトシ・フモト

【声系】汰・駄はもと汏・馱に作り、それが本字。汰・駄は、大を太に作ることから派生した俗字である。

【語系】太・泰thatは同字同音。大dat、誕(誕)danと声近くして通用する。〔説文〕の徐鉉注に「本音、他達切」とあり、それが太・泰の音にあたる。

【参考】〔説文〕又(又)部三下に「叏は滑らかなり」とあり、「泰は滑らかなり」と同訓。〔詩、鄭風、子衿〕の「挑たり達たり」を叏字条に引いて叏達に作る。躊躇し往来する意の双声の語。泥沙を簸揺してすすぎ洗う、沙汰・淘汰というのと同系の語。〔説文通訓定声〕に「泰・太・汰・汏の四形は、實は同字なり」というのが正しい。太と大との慣用例については、邵瑛の〔説文解字群経正字〕にその詳論がある。

【太尉】たいい(ゐ) 秦官。周の司馬に当たる。〔礼記、月令〕(孟夏の月)太尉に命じて桀俊を賛たすけし、賢良を遂すすめ、長大を擧げ、爵を行ひ、祿を出だす。

【太一】たいいつ 根原の道。〔荘子、天下〕(関尹、老聃)之れを建つるに常無有を以てし、之れを主とするに太一を以てし、濡弱謙下を以て表と爲す。

【太陰】たいいん 純陰のとき。〔史記、天官書〕北方は水なり。太陰の精、冬を主つかさどる。

【太易】たいえき 太極未分の時。〔列子、天瑞〕太易有り、太初有り、太始有り、太素有り。太易なる者は、未だ氣を見ざるなり。太初なる者は、氣の始めなり。

【太学】たいがく 大学。漢の武帝が五経博士をおき、弟子員五十人を補した。〔後漢書、光武帝紀上〕(建武五年冬十月)初めて太學を起す。車駕、宮に還り、太學に幸し、博士弟子に賜ふこと、各〻差有り。

【太楽】たいがく 楽官。〔通典、職官、太常卿〕太樂署、周官に大司樂有り。成均の法を掌る。～樂舞を以て國子に教ふ。秦・漢に～太樂令及び丞有り。

【太虚】たいきょ 宇宙の根原の氣。晉・孫綽〔天台山に遊ぶの賦〕太虛遼廓れうくわくとして閡かぎり無く、自然の妙有を運めぐらす。

【太極】たいきょく 宇宙を構成する根原のところ。〔易、繫辞伝上〕易に太極有り、是れ兩儀(陰陽)を生ず。兩儀、四象を生じ、四象、八卦を生ず。

【太空】たいくう 大空。宋・蘇軾〔喜雨亭記〕一雨三日、繄これ誰たれの力ぞ。～之れを天子に歸す。天子曰く、然らずと。之れを造物に歸す。造物自ら以て功と爲さず。之れを太空に歸す。太空冥冥として、得て名づくべからず。吾われ以て吾が亭に名づく。

【太玄】たいげん 虚無の道。魏・嵇康〔兄秀才公穆(喜)軍に入る。詩十九首を贈る、十四〕目に歸鴻を送り 手に五絃を揮ふるふ 俯仰自得して 心を太玄に遊ばしむ

【太古】たいこ 大昔。〔荀子、正論〕太古は薄葬、棺の厚さ三寸、衣衾三領、葬田田かりするを妨げず。故に掘らざるなり。亂今、厚葬飾棺、故に扫がうつなり。

【太息】たいそく 深くためいきして嘆く。〔楚辞、九歌、湘君〕靈を揚ぐること未だ極まらず 女、嬋媛せんえんとして余が爲に太息す

【太半】たいはん 大部分。宋・葉適〔故吏部侍郎劉公(弥生)墓誌銘〕開禧二年冬、虜、國を擧げて入寇し、～鹵掠りょりゃくするも獲る所無し。既にして大雪數尺、凍饑とうきして太半死し、皆引き去る。

【太陽】たいよう(やう) 日。魏・曹植〔洛神の賦〕遠くして之れを望めば、皎として太陽の朝霞に升のぼるが若ごとく、迫りて之れを察みれば、灼しゃくとして芙蕖ふきょ(蓮)の淥波りょくはを出づるが若し。

【太牢】たいろう(らう) 牛・羊・豕の三牲。〔大戴礼、曾子天円〕諸侯の祭に、牛には太牢と曰ふ。大夫の祭に、牲羊を少牢と曰ふ。士の祭に、牲特豕を饋食きしょくと曰ふ。

↑太乙たいいつ 北辰の神／太翁たいおう 曽祖父／太河たいか 黄河／太簡たいかん 粗末／太鈞たいきん 造物者／太公たいこう 祖父／太后たいこう 天子の母／太昊たいこう 伏犠／太羹たいこう 肉汁／太剛たいごう 剛にすぎる／太歳たいさい 木星／太山たいざん 泰山／太子たいし 王の嫡子／太始たいし 元始／太室たいしつ 祖廟／太上たいじょう 太古のとき／太寝たいしん 祖廟／太甚たいじん はなはだ／太素たいそ 物質の始め／太簇たいそう 六律の

一／太太 奥様／太痴 大愚／太沖 太虚／太婆 祖母／太璞 原始の素朴／太廟 祖廟／太平 盛世／太朴 太璞／太満 はなはだ驕慢／太無 虚無／太爺 知事／太隆 盛世

【自】 6 2777 タイ シ にく

篆文 甲骨文 金文

象形 軍が出征するときに奉ずる祭肉の形で、師の初文。卜文・金文に師の字として用いる。〔説文〕十四上に「小自(阜)なり。象形」とあり、徐鉉注に「今、俗に堆に作る」という。自を大阜、自を小阜の形とするものであるが、自は神の陟降する神梯の象で、堆阜とは関係のない字である。おおむね神祇の関係に用いる。自は脤肉の象であるから、おおむね軍事に用いる。軍の拠点を餗といい、脤肉を安置する所。建物ならば官・館。軍の行動には追・遣という。〔周礼、春官、大祝〕〔礼記、王制〕に、大師を興すときの祭祀と、その受脤の礼が詳しく記されている。

訓義 1にく、祭肉、軍の出征のときに奉ずる脤肉。2堆と音が通じ、つちくれ。

古訓 〔字鏡集〕自 ツチクレ

部首 〔説文〕〔玉篇〕に𠂤・官の二字を属する。𠂤は辥の初文。自肉を懸繋し、辛(曲刀)で肉を削ぐ意で、災禍をいう。官は脤肉を安置する所で、これを守るものを軍官という。また〔説文〕は𠂤を自部十四下に属するが、𠂤は自肉を携える形で、遣(遣)の初文。軍を派遣することをいう。

声系 〔説文〕に自声として歸(帰)・追(追)・帥(帨)の三字を収める。歸は軍の帰還の礼を示す会意字。追は追撃、帥はもと軍帥をいう。〔説文〕に帥を佩巾の意とするのは、帨の字義である。自系の字は、もとみな軍事に関している。

語系 自(堆)tuaiがもし自の古音であるならば、朶tuai、多taiなどと声近く、多は重ねた肉、朶は枝端の花の垂れる形で、うち重なり、垂れる意をもつ語であろう。自は追tuaiのように軍事行動に関する字で、脤肉の肉塊の象。肉の垂れ崩れるさまを隋duaiという。

【汏】 6 3413 タイ よなげる あらう

篆文 甲骨文

形声 声符は大。〔説文〕十一上に「淅𣿀するなり」とあり、淅字条に「米を汏ふなり」、𣿀字条に「淅ふなり」とみえる。〔広雅、釈詁二〕に「洒ふなり」、〔玉篇〕に「洗ふなり」とするが、本義はゆりあらう意。また〔広雅、釈水〕に「波なり」の訓がある。泰の隷書の字体に、この形に作るものがある。

訓義 1よなげる、米をあらう、米をとぐ。2あらう、そそぐ。3なみ、なみだつ。4大と通じ、はなはだ、おごる、たかぶる。5泰と通じ、なめらか、やすらか。

古訓 〔名義抄〕汏(汰) ユル・ス、ク・キヨシ・ナミ・タカフ・アラフ・オツ・ユスル・スク 〔字鏡集〕汏 ユル

参考 汏はゆるくゆすり洗う意で、淅米を本義とし、汰は汰奢・汰侈、身分にすぎた贅沢をいう。

常 【体】 7 2523 【體】 23 7521 タイ テイ からだ かたち もと

篆文 金文

形声 旧字は體に作り、豊声。豊は來母、舌頭音で、端・透(透)・定母と旁紐の関係にあり、音が転ずる例が多い。賴(頼)・獺・留・籀、また离・離など、その例である。〔説文〕四下に「十二屬を總ぶるなり」とあって、肢体の全体をいう。〔周礼、天官、内饔〕に「體名肉物を辨ず」、〔儀礼、公食大夫礼〕に「體を載す」とあって、もと牲体をいう字であろう。のち人の行為に移して、体得・体験のようにいう。

訓義 1からだ、骨つきのからだ、犠牲。2かたち、ありさま、形状、すがた。3もと、もちまえ、さが。4形と質の全体。5ことわり、のり、のっとる。6みずからする、したしくする、したしむ。7おこなう、身につける。

古訓 〔名義抄〕體 スガタ・カナフ・サトル・ワカツ・ヤハラカナリ／身體 スガタ 〔字鏡集〕體 スガタ・カタチ・ミ・カナフ・ミヅカラ・ケガス・モト・キミ・サトル・アラハス・ワヅカニ・ワク・ヤハラカナリ・ワカツ

【体意】 文章の様式と旨意。晋・摯虞〔文章流別論〕昔、班固、安豐戴侯頌を爲り、史岑、出師の頌・和熹鄧后頌を爲る。魯頌と體意相ひ類するも、文辭の異なるは、古今の變なり。

【体解】 支体を分かつ極刑。支解。〔楚辞、離騒〕體解せらるると雖も、吾猶ほ未だ變せず 豈に余が心の懲らすべけんや

【体格】 作品の骨組と品格。〔詩式、二、三良詩〕陳王(陳思王曹植)～王粲、二詩、體格高逸、才藻相ひ隣し。

【体気】 骨組と精気。魏・文帝〔典論、論文〕孔融は體氣高妙にして、人に過ぐる者有り。

【体行】 自ら実行する。漢・班固〔典引〕徳の本を體行するは、正性なり。吉に逢ひ辰に丁るは、景命(大命)なり。順命以て制を創め、因定以て神を和らぐ。

【体裁】 詩文のすがた。〔宋書、謝霊運伝論〕爰に宋氏に逮び、顔(延年)・謝(霊運)聲を騰ぐ。靈運の興會摽擧、延年の體裁明密、竝びに軌を前秀に方べ、範を後昆に垂る。

【体式】 体裁。法式。〔文心雕竜、体性〕事義の淺深、未だ其の學に乖くことを聞かず。體式の雅鄭(正俗)、其の習に反する有ること鮮なし。各〻成心を師とせば、其の異なること面の如し。

【体質】 からだつき。〔晋書、宗室、南陽王保伝〕保、體質豐偉、嘗て自ら稱ふ、重さ八百斤なりと。睡を喜び、痿疾あり、婦人を御すること能はず。

【体制】 詩文の構成。魏・嵆康〔琴の賦の序〕八音の器、歌舞の象、歷世の才士、竝びに之れが賦頌を爲る。其の體制風流、相ひ襲がざる莫し。

【体勢】 形勢。唐・王勃〔滕王閣の序〕鶴汀鳧渚は、島嶼の縈廻を窮め、桂殿蘭宮は、岡巒の體勢に列らなる。

【体製】 詩文のくみたて。〔滄浪詩話、詩弁〕詩の法に五有り。曰く體製、曰く格力、曰く氣象、曰く興趣、曰く音節。

【体度】 すがた。ようす。〔顔氏家訓、文章〕古人の文、宏材逸氣、體度風格、今を去ること實に遠し。但だ緝綴すること疎朴にして、未だ密緻と爲さざるのみ。

【体道】 道を身につける。〔荘子、知北遊〕夫れ道を體せる者は、天下の君子の繫る所なり。

【体認】 体験して認識する。宋・張載〔張子語録、後録下〕大抵心と性情とは、一に似て二、二に似て一。此の處、最も當に體認すべし。

【体物】 物と一体化する。〔中庸、十六〕子曰く、鬼神の德爲るや、其れ盛んなるかな。之れを視れども見えず、之れを聽けども聞えず、物に體して遺すべからず。

【体貌】 体格と姿。〔後漢書、文苑下、趙壹伝〕體貌魁梧、身の長け九尺、美須(鬚)豪眉、之れを望むに甚だ偉なり。才を恃みて倨傲、鄉黨の擯くる所と爲る。

【体面】 体裁。名誉。明・張居正〔松江兵憲蔡春台に答ふ〕僕、上は國家の體面を惜しみ、下は朋友の爲に怨業を消せんと欲す。公の有道の君子なることを知る。故に敢て以て聞す。

【体用】 本体とその作用。〔大学章句、五〕力を用ふること

久しくして、一旦豁然として貫通するに至りては、則ち衆物の表裏精粗、到らざるは無く、吾が心の全體大用、明らかならざるは無し。

【体要】(えう) 要点を主とする。〔書、畢命〕政は恆有るを貴び、辭は體要を尚ぶ。

【体例】 全体の組織と細則の規定。〔晉書、李重伝〕革法創制は、當に先づ利害を開塞するの理を盡し、擧げて之れを錯くべし。體例を大通し、否滯無からしむるは、亦た未だ易からざるの故なり。

↑体会 会得／体幹 からだ／体局 人柄／体軀 からだ／体刑 身体刑／体形 かたち／体系 全体の組織／体験 経験／体元 天地の元気を身につける／体玄 玄妙の理を識る／体語 反切語／体資 資質／体悉 体認／体仁 仁徳を身につける／体性 からだ／体操 運動／体沢 身のつや／体知 体験して知る／体統 大要／体念 体認／体魄 肉体／体範 模範／体表 儀表／体附 近づく／体膚 身体髪膚／体法 法を守る／体理 原理／体量 器量／体力 肉体的な力

↓異体・遺体・一体・液体・下体・卦体・歌体・解体・合体・気体・肌体・基体・客体・球体・巨体・玉体・今体・近体・軀体・具体・形体・継体・古体・固体・個体・五体・国体・支体・肢体・姿体・屍体・詩体・字体・自体・失体・実体・弱体・主体・重体・書体・上体・常体・心体・身体・人体・正体・生体・成体・政体・牲体・絶体・全体・草体・総体・俗体・大体・団体・治体・通体・定体・天体・統体・同体・胴体・童体・軟体・肉体・女体・破体・媒体・病体・風体・物体・文体・別体・変体・母体・法体・無体・面体・容体・裸体・立体・律体・略体・老体

常【対】 7 〔對〕 14 3410 タイ ツイ うつ むかう こたえる

篆文 甲骨文 金文

会意 旧字は對に作り、丵+土+寸。丵は掘鑿などに用いる器。これで土を撲ち堅めることを對という。版築の作業は、両版の間に土を入れ、これを撲ち堅めて造成するもので、撲もその器を手にもつ形。鄭州の殷の都城の城壁の一部が遺存するが、その版築は一層ごとに土を撲ち堅めたもので、その撲った杵状の痕迹が残されている。〔説文〕三上に正字を口に従う形とし、「譍ふること方無きなり。～漢の文帝以爲へらく、責對して面言ふは、多くは誠對に非ず。故に其の口を去りて、以て士に從ふなり」(段注本)とするが、卜文・金文の字はみな土に従う。金文に多く「對揚(こたえる)」の意に用いるのは、版築のとき、両者相対して土を撲つことからの転義であろう。その恩寵・休賜に奉答する意の語である。

訓義 ①うつ、あげる、土をうつ。②むかう、あたる、あう、あいて、つい。③こたえる、あわせる、たぐえる、むかえる。

古訓 〔名義抄〕對 トグ・コタフ・ムカフ・タグヒ・カサヌ・カタキ・アタル・オモフ・アフ／一對 ヒトクサリ・ヒトカサネ 〔篇立〕對 アタル・サハリ・マウス・カサヌ・モノフク・コタフ・サカリ・ホガラカ・ムカフ・キラフ・アフ・アダ・カタキ

声系 〔説文〕に對声として懟など三字を収める。懟は怨む。憝と声義が通じる。敦にも撲つ意がある。

【対飲】 向かいあって飲む。唐・杜甫〔客至る〕詩 盤飧市遠くして、兼味無く 樽酒家貧にして、只だ舊醅のみ 肯へて隣翁と相ひ對して飲まんか 籬を隔てて呼取して、餘杯を盡さしむ

【対雨】 雨を眺める。宋・范成大〔衡州に泊す〕詩 客裏仍ほ哦ふ、對雨吟 夜來の星月、曉に還た陰る 空江、十日、春事無し 船は衡陽に到つて、柳色深し

【対越】(ゑつ) 対応する。明・文徵明〔冬夜読書〕詩 千古の精神、對越するが如く 一燈の風雨、正に相ひ忘る

【対勘】 両者をつき合わせて考える。〔夢渓筆談、象数二〕門發くの後、司天の占狀方めて到る。兩司の奏狀を以て對勘し、以て虛僞を防ぐ。近歲は皆是れ陰かに相ひ計會し、符同して寫奏す。

【対句】 二句が対偶をなすもの。〔滄浪詩話、詩法〕對句の好きは得べし。結句の好きは得難し。發句の好きは、尤も得難し。

【対偶】 相手。夫婦。また、修辞法の対句。〔甌北詩話、十二〕(七言律)漢・魏以來、尙ほ散行多く、對偶を尙ばず。謝靈運の輩、始めて對屬を以て工と爲してより、已に律詩の爲に端を開けり。

【対月】 月に向かう。唐・李白〔将進酒〕詩 人生意を得ては須らく歡を盡すべし 金樽をして空しく月に對せしむること莫かれ

【対講】(かう) 向きあって講義する。〔後漢書、劉寬伝〕縣に行く每に亭傳に止息し、輒ち學官祭酒、及び處士諸生を引き、經を執りて對講す。

【対坐】 向かいあって坐る。唐・王建〔秋夜対雨、石甕寺二秀才に寄す〕詩 對坐して書を讀み、卷を終ふるの後 自ら衣被を披いて、僧房を掃く

【対策】 漢代の官吏登用試験。策問に対こたえる文。〔史記、公孫弘伝〕太常、徵す所の儒士をして、各々對策せしむること百餘人。(公孫)弘の第は下に居る。策奏す。天子、弘の對を擢んでて第一と爲す。～拜して博士と爲す。

【対酌】 向きあって飲む。唐・李白〔山中幽人と対酌す〕詩 兩人對酌して、山花開く 一杯一杯、復た一杯

【対酒】 酒に向かう。魏・武帝〔短歌行、二首、一〕楽府 酒に對ひては當に歌ふべし 人生、幾何ぞ 譬へば朝露の如し 去る日苦だ多し

【対牀】(しやう) 牀をならべる。親友などをいう。宋・蘇軾〔劉寺丞の余姚に赴くを送る〕詩 中和堂後、石楠樹 君と對牀して、夜雨を聽く

【対面】 顔を合わせる。唐・杜甫〔茅屋秋風の破る所と為るの歌〕詩 南村の群童、我が老いて無力なるを欺き 忍んで能く對面して、盜賊を爲す

【対揚】(やう) 恩寵にこたえる。〔詩、大雅、江漢〕(召伯)虎、拜して稽首し 王の休(賜)に對揚して 召公の考(毀、祭器)を作る 天子萬壽ならんことを

↑対弈 囲碁／対応 相応ずる／対捍 抗争する／対岸 向こう岸／対眼 見合う／対顔 会う／対碁 対局する／対局 碁をうつ／対耦 つれあい／対景 景色をみる／対向 向かいあう／対峙 対立／対膝 対坐する／対質 対決／対称 二人称／対象 目的物／対照 比較／対審 対決する／対待 対立／対談 対話／対敵 敵手／対当 相当／対等 同等／対答 答える／対頭 敵手／対匹 対耦／対立 相対するという関係としてある／対聯 対句／対論 二人で討論する／対話 話し合う

↓一対・応対・佳対・詭対・偶対・作対・辞対・酬対・召対・条対・正対・静対・接対・絶対・専対・善対・奏対・相対・属対・待対・置対・敵対・反対・名対・面対・問対

【岱】 8 2377 タイ

篆文

形声 声符は代。〔説文〕九下に「大山なり」(段注本)とあり、太山また泰山ともいう。東方の聖山で泰宗として祀られ、古代には天子封禅の礼が行

われた。秦の始皇帝がその礼を行って碑を立て、その明拓が残されている。

【訓義】①たいざん。②おか、やま。③大きい。

【古訓】〔名義抄〕岱 シ、ノヌタ 〔字鏡〕岱 トムレ・ヤマ

【岱嶽】泰山。〔淮南子、墬形訓〕中央の美な者に岱嶽有り。以て五穀桑麻を生じ、魚鹽出づ。

【岱宗】泰山。〔書、舜典〕歳の二月、東のかた巡守して岱宗に至る。柴して山川に望秩し、肆に東后を覲る。時月を協せ、日を正だむ。

↑岱委 玉の精／岱陰 泰山の北／岱淵 東海／岱赭 岱の赤土／岱斗 泰斗／岱表 泰山の南／岱廟 泰山の廟。封禅を行うところ／岱輿 海中の仙山／岱嶺 泰山

↓海岱・翠岱・東岱・封岱・望岱

【抬】

8 5306 タイ チ うつ かつぐ

【形声】声符は台。竹で作ったむちを笞といい、笞でうつことを抬という。

【訓義】①うつ、むちでうつ。②擡と通じ、あげる、かつぎあげる、になう。

【古訓】〔名義抄〕抬 ミヤビカニ

↑抬去 連れ去る／抬挙 推薦する／抬写 一字上げて書く／抬投 掲げる／抬頭 抬写

【隶】

8 5013 タイ およぶ あたえる

篆文

【会意】尾の下部＋尹(手)。獣尾を捕らえもつ形。〔説文〕三下に「及ぶなり」とし、「又と尾の省とに従ふ。又(手)もて尾を持つ者は、後より之れに及ぶなり」(段注本)といい、逮及の意とする。隷の字形によっていえば、隷は祟と隶とに従い、禍殃を他に転移する呪儀であるらしく、その転移を受けたものを隷という。

【訓義】①およぶ。②あたえる、禍殃をうつす。③あまり。

【古訓】〔新撰字鏡〕隶 逮ぶの字なり 〔字鏡集〕隶 オヨブ

【部首】〔説文〕〔玉篇〕に隷など二字を属する。隷は〔説文〕三下に「附箸するなり」と訓するが、禍殃を他に転移する意で、転移を受けたものは、神の徒隷とされた。

【声系】〔説文〕に隶声として、逮(逮)・殔・肆など七字を収める。殔は埋む、肆は肆陳の意。みな犠牲を用いることを示す字で、隶の字義を承ける。

入

【苔】

8 4460 〔苔〕 9 4460 ［菭］ 12 4416

タイ こけ みずごけ

篆文

【形声】声符は台。〔説文〕一下に正字を菭に作り、「水衣なり」とあり、治声とする。苔衣の石にあるものを石濡、瓦にあるものを屋遊、瓦牆にあるものを垣衣、地にあるものを地衣、その密生したものを苔筵という。国語では苔筵といい、〔万葉集〕にみえる。

【訓義】①こけ、みずごけ。

【古訓】〔和名抄〕苔 水衣なり、古介(こけ)〔名義抄〕苔 コケノリ・ミノリ・ミル／水苔 カハナ／紫苔 スムノリ・ムラサキノリ

【苔衣】こけ。宋・林逋〔翠微亭〕詩 秋階、松子(松かさ)響き 雨壁、苔衣上る

【苔堦】苔むしたきざはし。宋・楊万里〔秋雨歎十解、七〕詩 簷牙半點、能くすること多少ぞ 滴りは苔堦に入りて、一寸青し

【苔磯】苔むす磯。唐・鄭谷〔擢第後、蜀に入り、～路に海棠を見る～〕詩 上國誇ることを休めよ、紅杏の豔なるを 深溪自ら照らす、綠苔磯

【苔径】苔むすこみち。唐・王昌齢〔東林の廉上人の廬山に帰るを送る〕詩 石溪、流れ已に亂れ 苔徑、人漸く微なり

【苔痕】苔のあと。唐・劉禹錫〔陋室の銘〕苔痕、階に上りて綠に、草色、簾に入りて靑し。

【苔砌】苔むした石だたみ。唐・冷朝陽〔柏巌寺に宿す〕詩 秋色、苔砌に生じ 泉聲、梵宮に入る

【苔石】苔むした石。唐・張九齢〔故の刑部李尚書の荊谷集会〕詩 苔石、人に隨つて古く 煙花、酒に寄りて酣なり。

【苔蘚】こけ。梁・江淹〔雑三言、五首、構象台〕詩 苔蘚生じて、石戸を繞り 蓮花舒びて、池梁を繡る

【苔碑】苔むす碑。陳・張正見〔行きて季子廟を経ふ〕詩 野藤、沸井を侵し 山雨、苔碑を濕す

↑苔茵 苔むしろ／苔筵 苔茵／苔碣 苔碑／苔紙 水苔の紙／苔鬚 長く伸びた苔／苔甃 苔碑／苔上 苔の上／苔色 苔の色／苔青 苔の青緑色／苔席 苔筵／苔綫 苔紙／苔銭 銭苔／苔磚 苔むす瓦／苔点 苔所々／苔脯 海苔

↓衣苔・海苔・寒苔・旧苔・錦苔・古苔・香苔・春苔・浄苔・新苔・水苔・翠苔・青苔・砌苔・石苔・践苔・蘚苔・蒼苔・点苔・嫩苔・碧苔・緑苔

常

【待】

9 2424 タイ まつ

篆文

金文

侯馬盟書

【形声】声符は寺。寺に峙・特・等の声がある。〔説文〕二下に「竢つなり」とあり、待ちうけていて用意する意。卜文に「彳止し」、金文に「彳止く」のように彳止を用いており、それよりして待が分化したのであろう。金文の〔邾公牼鐘〕に「分器を是れ寺つ」は持、また〔石鼓文、田車右〕に「秀弓寺射す」とは、射を待つ意である。

【訓義】①まつ、まちうける。②ふせぐ、そなえる、もてなす、あてにする。

【古訓】〔名義抄〕待 マツ・ミル・ナゾラフ・ソナフ・トゞム・マネ(チ)キル・アカシ 〔字鏡集〕待 ミル・アヤシ・マツ・マナ(チ)キル・ソナフ・サブラフ・ナズラフ・トゞム

【声系】〔説文〕に待に従う字として偫を収める。「待つ」と訓する字である。

【語系】待 da、偫 dia は声義近く、同訓の字。俟・竢 zia、等 təng も、それぞれ待つと訓する字である。

【待賈】買い手をまつ。〔論語、子罕〕子貢曰く、斯に美玉有り。匵に韞めて諸れを藏せんか、善賈を求めて諸れを沽らんかと。子曰く、之れを沽らん哉、之れを沽らん哉。我は賈を待つ者なりと。

【待遇】もてなす。〔涑水紀聞、九〕世衡～羌屬を撫養し、親しく其の帳に入り、人の歡心を得たり。～寇至れば、屢々之れを破る。部落、待遇すること家人の如し。

【待賢】賢人を礼遇する。〔晋書、段灼伝〕(上表)秦～穆公より始皇に至るまで、皆能く心を待賢に留め、遠く異士を求む。～四方の雄俊、踵を繼いで至る。故に能く世々強國と爲れり。

【待罪】官吏として在職する。謙称。〔桃花扇、帰山〕老夫、罪を錦衣に待つこと、多く年所を歷たり。門戸黨援、何れの代か之れ無からん。

【待制】唐の官名。京官五品以上の者が輪番で宿直し、顧問に備えた。〔事物紀原、法従清望部、待制〕唐の永徽五年十二月五日、許敬宗に詔して、每日武德殿に待制せしむ。此れ始めて待制の名有り。

【待漏】参内の時刻を待つ。〔唐国史補、中〕舊、百官早く

朝し、必ず馬を望仙建福門外に立つ。宰相、光宅車坊に以て風雨を避く。元和の初、始めて待漏院を置く。

↑待価 待賈／待問 時間待ち／待期 時を待つ／待機 備える／待客 接待／待月 月の出を待つ／待差 叙任待ち／待字 処女／待次 叙任待ち／待時 待機／待終 臨終／待除 叙任待ち／待承 歓待する／待詔 詔を待つ／待等 待つ／待補 候補／待望 待ち望む／待慢 冷淡にする／待命 沙汰待ち／待要 つもり／待養 保養／待禄 待除

↓応待・客待・款待・歓待・期待・虐待・遇待・厚待・終待・招待・接待・善待・相待・寵待・停待・特待・薄待・賓待・奉待・優待・留待・礼待

常【怠】 9 2333 タイ おこたる

篆文  金文 

形声 声符は台。台は厶（耜の形）を供えて祈る儀礼を示し、怡ぶ意のある字。〔説文〕十下に「慢るなり」とあり、怠慢の意とする。諸経注には「懈る」「嬾る」「壊る」などの訓があり、懈怠することをいう。

訓義 1おこたる、なまける、ゆるむ。2あなどる、あきる。3おとろえる、くずれる、あやうい。

古訓 〔名義抄〕怠 オコタル・ユルス・ユルナリ・ハナル・タユム／怠荒 スサビ 〔字鏡集〕怠 オコタル・ユルス・ハナル・タユム・ヤハラカ・ノコス

語系 怠də、怡ʎiəは声近く、同じく心的な状態をいうが、方向が異なる。詒・駘・殆dəは怠と同声で、この系統のものには不徳の意が多い。

【怠懈】 気がゆるむ。〔漢書、高帝紀上〕秦の將、果して連和せんと欲す。沛公、之れを許さんとす。張良曰く、此れ獨り其の將叛せんと欲するのみ。恐らくは其の士卒從はざらん。其の怠懈するに因りて、撃つに如かずと。～秦軍を撃ち、大いに之れを藍田の南に敗る。

【怠棄】 怠りなげやりにする。〔書、甘誓〕王曰く、嗟、六事の人、予、汝に誓告せん。有扈氏、五行を威侮し、三正を怠棄す。天用て其の命を勦絶す。今予惟れ恭しんで天の罰を行ふ。

【怠倦】 なまける。〔後漢書、鄭玄伝〕（馬）融の門徒四百餘人、～玄、門下に在り、三年見ゆることを得ず。乃ち高業の弟子をして玄に傳授せしむ。玄、日夜尋誦し、未だ嘗て怠倦せず。

【怠荒】 怠りなおざりにする。〔礼記、曲礼上〕君子に侍坐するとき、～側聽（盗み聞き）すること毋れ。噭應（声高に返事）すること毋れ。淫視（流し目）すること毋れ。怠荒すること毋れ。

【怠敖】 怠りあそぶ。〔孟子、公孫丑上〕今國家閒暇なりとせん。是の時に及んで般樂（大いに楽しむ）怠敖せば、是れ自ら禍を求むるなり。

【怠色】 怠るようす。〔五代史、一行、石昂伝〕家に書數千巻有り。喜んで四方の士を延く。士、遠近と無く、多く昂に就きて學問す。其の門下に食する者、或いは累歳なるも、昂未だ嘗て怠色有らず。

【怠惰】 なまける。〔商君書、墾令〕刑を重くして其の罪を連ねば、則ち褊急の民鬭はず、很剛の民訟せず、怠惰の民游ばず、費資の民作らず。

【怠廃】 なげやりにして事を廃する。宋・曾鞏〔滄州～に移する劄子〕蓋し其の善を歌ふ者は、其の嚮慕興起の意を興し、其の怠廢久しくし難きの情を防ぐ所以なり。

【怠慢】 怠りなおざりにする。〔顔氏家訓、教子〕父子の嚴は、以て狎るべからず。骨肉の愛は、以て簡にすべからず。簡なれば則ち慈孝接せず、狎るれば則ち怠慢生ず。

↑怠安 安逸／怠厭 なおざり／怠解 怠懈／怠疑 まぬけ／怠工 怠業／怠傲 怠敖／怠忽 なおざり／怠散 怠る／怠弛 怠る／怠恣 気まま／怠肆 放縦／怠息 なまけ休み／怠堕 怠惰／怠沓 侮る／怠偸 怠る／怠放 なまけ放題／怠嫚 怠慢／怠礼 失礼

↓過怠・解怠・懈怠・緩怠・戯怠・驕怠・勤怠・倦怠・惓怠・荒怠・昏怠・浸怠・衰怠・堕怠・惰怠・偸怠・疲怠・慢怠

人【殆】 9 1326 タイ あやうい ほとんど

篆文 

形声 声符は台。歹は残骨の形。〔説文〕四下に「危きなり」とあり、危殆の意。危害に殆づく意で、また「殆ど」という副詞によむ。幾（幾）にも「幾し」「幾ど」という訓がある。いずれも、古い呪儀を示す字と思われる。

訓義 1あやうい、やぶれる。2おそれる、うたがう。3つかれる、くずれる。4ちかづく、ほとんど、ねがわくは、必ず。5怠と通じ、おこたる。

古訓 〔名義抄〕殆 アヤフシ・ホトホド・マヌカル・オドロク・オコタル・ヤブル・ヤウヤク・チカシ・アヤマチ・オヨブ 〔字鏡集〕殆 オコタル・ヤブル・ヤウヤク・アヤマチ・オヨブ・マヌカル・アヤフム・ハジメ・ホトホト・アヤフシ・チカ〳〵・ヒサク・オドロク

【殆哉】 危ういかな。〔大学、十〕人の技有るは、媢疾して之れを惡み、人の彥聖なるは、之れに違ひて通ぜざらしむ。寔に容るること能はず、以て我が子孫黎民を保んずること能はず。亦た曰に殆い哉。

↑殆危 危険／殆其 ほとんど／殆庶 ちかい

↓往殆・危殆・幾殆・欺殆・困殆・辱殆・疲殆

【炱】 9 2380 タイ すす

篆文 

形声 声符は台。〔説文〕十上に「灰、炱煤なり」、〔玉篇〕に、「炱煤、煙塵なり」とあって、すすをいう。

訓義 1すす。2くろいいろ。

古訓 〔新撰字鏡〕炱 波比（はひ）、又、知利比治（ちりひぢ）〔和名抄〕炱煤 須々（すす）〔名義抄〕炱煤 ス、〔字鏡集〕炱 ス、

【炱朽】 古びて朽ちる。〔唐書、儒学中、馬懐素伝〕是の時、文籍盈漫、皆炱朽蟫斷（ずたずたとなり）、籤幐（書帙）粉舛す。～即ち懷素を祕書監に拜す。

【炱煤】 すす。暗黒。唐・皮日休〔太湖詩、投竜潭〕氣涌きて炱煤を搆ち 波澄みて純漆を掃ふ

↓煙炱・煤炱

【玳】 9 1314 ［瑇］ 12 1515 タイ たいまい

形声 声符は代。瑇の俗字。たいまい。鼈甲。

訓義 1たいまい。2字はまた瑇に作る。

＊語彙は瑇字条参照。

【玳筵】 たいまいの筵。宋・朱熹〔鷓鴣天、江檻〕詞 酒闌にして、江月雕檻に移り 歌罷んで、江風玳筵を拂ふ

↑玳宴 玳筵／玳検 書帙の簽／玳軸 玳瑁の軸／玳簪 鼈甲のかんざし／玳席 玳筵／玳斑 鼈甲の斑文／玳瑁 鼈甲

【祋】 9 3724 タイ ほこ

篆文 

会意 示＋殳。殳は呪飾としての羽旄をもつ形。〔説文〕三下殳部にこの字を収め、「殳なり」と訓し、示声とするが、声が異なる。殳は「杸を以て人を

殊ろすなり」、また殺六下は「軍中の士、持つ所の殳なり。~司馬法に曰く、羽を執り殺を從ふ」と、〔司馬法〕の佚文を引く。殺字条にまた「或いは說ふ」として、「城郭市里に高く羊皮を縣けて、當に入るべからざるして入らんと欲する者有るときは、暫く下して以て牛馬を驚かすを、殺と曰ふ」とあり、〔周礼、地官、司市〕に「凡そ市に入るときは、則ち胥(吏)鞭度を執りて門を守る」というのと同じく、度とは殳をいう。羊皮を懸けることは、〔周礼、春官、大宗伯〕に「疈辜を以て、四方百物を祭る」というのにあたり、城市の九門に磔禳する儀礼をいう。殺は呪飾をつけた殳を以て、聖所を守る意であろう。〔周礼、地官、司市、注〕によると、殺には丈尺を施すのであるという。〔段注〕に殺を、咄と同じく驚かす詞と解しているが、むしろはらい清める意を含むかと思われる。

訓義 ①ほこ、羽飾りのあるほこ。呪杖として用いる。②城門に羊皮をかける竿。はらい清めるために用いる。③叱りとどめる声。

古訓 〔字鏡集〕殺 ホコ

【殺殳】ほこ。漢・馬融〔広成頌〕殺殳狂擊し、頭陷り顱碎く。獸、狻はることを得ず、禽、瞥みることを得ず。

↑殺祤 軍の祈り/殺杖 ほこ

↓戈殺

常
【耐】 9 1420 タイ たえる

篆文 

会意 而+寸。〔說文〕九下に正字を耏に作り、耐をその重文として錄するが、両字は別義の字として用いられる。耏は、「罪あるも髡に至らざるものなり」、耐は「諸法度の字は寸に從ふ」とされるが、耐は忍耐の意に用いる。〔礼記、礼運〕「故に聖人耐く天下を以て一家と爲す」とあり、漢碑の〔督郵斑碑〕に「遠きを柔らげ、爾きを而くす」とあって、而と通用する。而・耐・能は声近くして通用する字である。

訓義 ①ひげをおとす、ひげをおとす刑。②たえる、しのぶ、よくする、あたる。③のり、法度。

古訓 〔名義抄〕耐 タフ・シノブ・オサフ・ツ、ム・ナダム 〔字鏡集〕耐 ヤマメ・ヨシ・タフ・オサフ・オヨブ・ナマジヒ・タヘタリ・シノブ・メグム・ヤマズ・ツ、ム・ナムタ・オサム

語系 耐・能・乃 nə は同声。忍 njiən、任 njiəm や而 njiə、寧(甯)nyeng とも声が通じ、通用することがある。

【耐可】むしろ~すべし。能可・寧可。唐・李白〔秋浦歌、十七首、十二〕詩 耐ろ明月に乘じ 花を看て酒船に上るべし

【耐罪】ひげ切りの刑。軽罪。二歳刑以上。〔漢書、伍被伝〕朔方の郡、土地廣美なり。民の徙る者、以て其の地を實すに足らず。~郡國の豪桀、及び耐罪以上を徙し、赦令を以て除かん。

【耐煩】辛抱する。魏・嵆康〔山巨源(濤)に与へて交はりを絶つ書〕心、煩に耐へずして、而も官事に鞅掌し、機務其の心に纏はり、世故其の慮に繁し。

↑耐火 耐熱/耐寒 寒さをしのぐ/耐久 長もち/耐実 牢固/耐辱 忍辱/耐心 忍耐/耐任 我慢する/耐面 婦人の顔剃り/耐用 使える/耐冷 耐寒

↓罪耐・忍耐

常
【胎】 9 7326 タイ はらむ はじめ

篆文 

形声 声符は台。台は厶(耜の象形)に祝禱の器の𠙵を加えて聖化する儀礼で、生産をはじめるときの儀礼である。〔說文〕四下に「婦孕みて三月なるなり」とあり、また胚字条に「婦孕みて一月なるなり」とあり、合わせて胚胎という。不は草木の実がつき膨らむ形。〔詩、周南、芣苢〕は子求めの意をもつ草摘み歌で、芣苢(おおばこ)は胚胎の音と通じ、子求めの意となる。

訓義 ①はらむ、みごもる。②なかご、はらごもりのもの。③はじめ、もと、おこり。④やしなう。

古訓 〔名義抄〕胎 ハジメ・ハジム・フトコロ・ハラム・ハラゴモリ・ヤシナフ・カタヒ

【胎育】胎児中の教育。胎教。〔太平御覧、四四七に引く魏・文帝の典論〕或ひと、周の成王を漢の昭帝に方ぶる者有り。余れ以爲へらく、周氏は聖考の作を體し、氣は賢妣の胎教を稟く。~夫の孝昭は、父は武王に非ず、母は邑姜に非ず。體、聖を承けず、化、胎育せず。保に仁孝の徳無く、佐に隆平の治無し。

【胎教】胎児中の教育。〔大戴礼、保傅〕古者胎教、王后之れを腹ごること七月にして宴室に就く。太史、銅を持して戸左に御し、太宰、斗を持して戸右に御す。~太子生まれて泣く。太師銅を吹きて曰く、聲、某の律に中ると。太宰曰く、滋味某(時味)に上ると。然る后に名を卜ふ。

【胎生】胎内で発育して生まれる。〔荘子、知北遊〕萬物は形を以て相ひ生ず。故に九竅なる者は胎生し、八竅なる者は卵生す。

【胎息】道家の呼吸法。腹式呼吸の類。〔後漢書、方術下、王真伝〕年且に百歳ならんとす。之れを視るに面に光澤有り、未だ五十ならざる者に似たり。自ら云ふ、周流して五岳名山に登り、悉く能く胎息胎食の方を行ふ。~房室を絶たずと。

【胎髮】うぶげ。胎毛。〔酉陽雜俎、六、芸絶〕南朝に姥(老女)の善く筆を作るもの有り。蕭子雲、常に書に用ふ。筆心に胎髮を用ふ。

↑胎衣 えな/胎気 胎養/胎禽 鶴/胎具 かた/胎骨 なかご/胎児 胎中の児/胎珠 貝の中の玉/胎性 天性/胎中 胎の内/胎動 胎児の動き/胎内 胎中/胎盤 えな/胎婦 みもち/胎胞 えな/胎蚌 胎珠/胎毛 胎髮/胎孕 はらむ/胎養 育てる/胎卵 胎生と卵生

↓営胎・禍胎・鶴胎・含胎・玉胎・結胎・元胎・刳胎・子胎・珠胎・獣胎・聖胎・象胎・脱胎・奪胎・竹胎・天胎・胚胎・抱胎・剖胎・蚌胎・有胎・夭胎・卵胎

【迨】 9 3330 タイ およぶ ねがう

形声 声符は台。逮(逮)と同声。〔爾雅、釈言〕に「及ぶなり」とあり、〔詩、召南、摽有梅〕に「其の吉なるに迨べ」という句がある。まにあう、今のうちにの意。

訓義 ①およぶ、いたる、至るをまつ。②ねがう。

古訓 〔名義抄〕迨 オヨブ・イタル・カタシ・オヨバヌカ

語系 迨・逮 də は同声。台はものをはじめるときの儀礼。隶は禍殃を他に及ぼす儀礼を示す字である。

【迨及】及ぶ。唐・韓愈〔裴相公の為に官を譲る表〕苟くも耳目の聞知する所、心力の迨及する所、少しく政理に關するものは、輒ち以て陳聞す。

↑迨至 いたる

常
【退】 9 3730 〖退〗 10 3730 〔復〕 10 2624 タイ しりぞく

篆文 
古文 
金文 

会意 正字は復に作り、日(皀の略形)を持ち去る意で、撤饌することをいう。神に供えたものをさげるのが、原義であった。〔說文〕二下に「復、卻くなり。彳・日・夊に從ふ」(段注本)とし、また衲・退を錄して「復、或いは內に從ふ。退、古文は辵に從ふ」とする。退はその古文の形にあたる。〔說文〕にまた

「一に曰く、行くこと遲きなり」という。〔段注〕に「日日遲曳」の義とするが、字は撤饌の象に從う。金文の〔塱盨〕に「進退」の語があり、その退は𣪘（食器）の器形に従っている。また儀礼のとき、逡遁して避けることを退くという。退は儀礼の際の行為を示す字である。軍の進退のときには彖を用いる。獸牲を用いてトうもので、進むことを遂（㒸）、退くことを彖という。古くは軍礼のときと儀礼のときとで、進退の用字に区別があった。

訓義 ①ひく、さがる、まかる、供えたものをひきさげる、撤饌。②しりぞく、しりごみする、かえる。③へらす、やめる。④しりぞける、おう。⑤褪と通じ、さめる、あせる。

古訓 〔名義抄〕退 シリゾク・マカル・カヘル・ヤム・イソグ・ヲトス〔字鏡集〕退 シリゾク・ヲトス・ヤム・マカル・サル・カヘル・イソグ・イタル

語系 退（復・衲）thuət、褪thuən は声義近く、褪は物の解け、色調の減退することをいう。

【退隠】世を退く。〔史記、楽毅伝〕紂の時、箕子用ひられず、～商容達せず。～二子退隱す。故に紂、桀暴の累を負ひ、二子は忠聖の名を失はず。何となれば、其の憂患を盡せばなり。

【退休】官をやめる。〔鶴林玉露、甲四、誠斎退休〕楊誠齋（万里）～年未だ七十ならず、南溪の上に退休す。老屋一區、僅かに風雨を庇ふ。

【退居】世を退く。〔荘子、天道〕此れを以て下に處るは、玄聖素王の道なり。此れを以て退居して閒游せば、江海山林の士も服せん。

【退屈】世をしりぞく。宋・黃庭堅〔仰山簡和尚真贊〕耋老にして精明、豐肉にして神清、和同して濁らず、退屈して陵されず。是れを大雅の士と謂ふ。惜しい乎、其の諸これを朝廷に發せざること。

【退思】退き思う。〔左伝、宣十二年〕（荀）林父の君に事ふるや、進んでは忠を盡さんことを思ひ、退いては過ちを補はんことを思ふ。社稷（国家）の衞なり。

【退脩】退いて徳を修める。〔左伝、僖十九年〕文王、崇（国名）徳の亂れたるを聞き、之れを伐つ。軍三旬なるも降らず。退いて教へを脩めて復た之れを伐つ。壘に因りて降る。

【退讓】謙讓。〔漢書、游俠、郭解伝〕遂に解を族（滅）す。是れより後、俠者極めて衆し。～關中長安の樊中子、～東陽の陳君孺、俠爲りと雖も、恂恂として退讓君子の風有り。

【退食】朝廷から家に帰って食事する。〔詩、召南、羔羊〕公より退食す 委蛇たり、委蛇たり

【退朝】退出する。〔左伝、昭二十八年〕梗陽の人、獄有り。～賂ひするに女樂を以てす。～魏戊、閻沒・女寬に謂ひて曰く、主（魏献子）賄（受賂）せざるを以て、諸侯に聞ゆ。～吾子必ず諫めよと。皆許諾し、退朝して庭に待つ。

【退避】避ける。〔漢書、張禹伝〕禹（帝舅、陽平侯王）鳳と、竝びに尚書を領し、内自ら安んぜず。數しば病もて上書して骸骨を乞ひ（辞職を願う）、鳳を退避せんと欲す。上報じて曰く、～朕が意に違ふこと無かれと。

【退筆】禿筆。廃筆。宋・蘇軾〔柳氏の二外甥、筆跡を求む、二首、一〕詩 退筆山の如きも、未だ珍とするに足らず 讀書萬卷、始めて神に通ず

【退老】老いて隠居する。魏・李康〔運命論〕其の徒子夏、～家に退老す。魏の文侯之れを師とし、西河の人、肅然として德に歸す。

↑退安 退休／退位 王位を退く／退嬰 消極的／退役 退職／退遠 追放する／退悔 後悔する／退官 退職／退間 間居／退却 退く／退去 たち退く／退行 後退する／退紅 淡紅色／退耕 帰農／退散 散去する／退士 隠士／退志 隠退の志／退守 退き守る／退処 引退する／退色 色があせる／退職 退任／退身 隠退／退静 引きこもる／退席 退坐／退然 しとやか／退素 素直／退走 却走する／退蔵 智を隠す／退息 退休／退損 退抑／退惰 怠る／退潮 落潮／退転 退く／退匿 退隠／退遁 退避する／退敗 敗退／退廃 やめる／退班 退朝／退伏 隠居／退歩 引き返す／退保 保守／退北 敗北／退約 倹約／退抑 おさえひかえる

↓引退・隠退・間退・斷退・窮退・擊退・謙退・減退・後退・辞退・進退・衰退・趨退・静退・請退・斥退・早退・脱退・知退・朝退・撤退・転退・遁退・敗退・廃退・罷退・貶退・勇退・抑退・乱退

常 【帯】10 入〔帶〕11 4422 タイ おび おびる

篆文 

象形 鞶帯に巾を帯びている形。巾は礼装に用いる前かけ。〔説文〕七下に「紳なり。男子は鞶帶、婦人は帶絲。佩を繫くるの形に象る。佩には必ず巾有り」という。男女の帯にはいずれも佩巾を繫けるので、その形をも含めた象形の字である。

訓義 ①おび。②おびる、まとう、めぐらす、まつわる、からむ。③身につける、かざる。

古訓 〔名義抄〕帶 ハク・オビタリ・メグラス・オビク〔篇立〕帶 メグラス・メグル・オビシム・オビタリ・ヲ・アツカル・ヨリヒ〔字鏡集〕帶 ハク・ヲビタリ・ツク・ヲビ・メグル・ヲビク・メグラス

声系 〔説文〕に帶声として蔕・遰・滯（滞）など七字を収める。みな帯の声義を承ける字である。

語系 帶tat、厲liat は声義に通ずるところがあり、〔方言、四〕に「厲、之れを帶と謂ふ」とあり、〔広雅、釈器〕も同じ。厲とは大帯の垂れるもので、また鞶厲ともいう。〔詩、小雅、都人士〕の〔鄭箋〕に「厲は當に裂に作るべし」とあって、裂がその古音であった。すなわち、裂帛をいう。

【帯囲】腰まわり。〔列女伝、母儀、魏の芒慈母の伝〕前妻の中子、魏王の令を犯し、死に當す。慈母、憂戚悲哀して、帶圍、尺を減ぜり。

【帯雨】雨を帯びる。唐・杜甫〔螢火〕詩 風に隨ひて、幔を隔てて小さく 雨を帶びて、林に傍うて微なり

【帯河】河をめぐらす。〔後漢書、文苑上、杜篤伝〕（論都の賦の序）時に遭ひて都を制す。厥の邑を常にせず。～或いは阻阨を弃去し、務めて平易に處り、或いは山に據り、河を帶ぐらし、六國を幷呑す。

【帯経】経書を携えもつ。〔漢書、兒寛伝〕業を孔安國に受く。貧にして資用無し、～時に行きて賃作するに、經を帶びて鉏き、休息するときは輒ち讀誦す。

【帯月】月光をあびる。晉・陶潛〔園田の居に帰る、五首、三〕詩 晨に興きて、荒穢を理め 月を帶びて、鋤を荷なうて歸る

【帯剣】剣を帯びる。〔史記、秦紀〕簡公六年、吏をして初めて劍を帶びしむ。

【帯甲】よろいをつけた兵。〔戦国策、斉一〕齊は地、方二千里、帶甲數十萬。粟は丘山の如く、齊車の良、五家の兵、疾きこと錐矢の如し。

【帯鉤】おびがね。〔列子、力命〕管夷吾、小白（斉の桓公）と莒に戰ひ、道に射て小白の帶鉤に中つ。～遂に管仲を召し、～任ずるに國政を以てす。號して仲父と曰ふ。桓公遂に霸たり。

【帯索】おびなわ。卑しいみなり。〔列子、天瑞〕孔子、太山に遊び、榮啓期の、郕の野を行くを見る。鹿裘帶索、琴を

鼓して歌ふ。

【帯笑】笑顔。唐・李白〔清平調詞、三首、三〕詩 名花傾國、兩ながら相ひ歡ぶ 長へに君王の笑ひを帶びて看ることを得たり

【帯仗】兵仗をもつ。〔南斉書、武十七王、魚復侯子響伝〕少くして武を好み、西豫に在りし時、自ら帶仗左右六十人を選ぶ。皆膽幹有り。

【帯刀】帯剣。〔隋書、礼儀志七〕周の武帝の時、百官燕會に並びに刀を帶びて座に升る。開皇の初めに至るも、舊式に因襲し、朝服登殿に亦た解かず。十二年〜始めて制して、〜劍履倶に脱す。

【帯累】連累。〔通俗編、交際、帯累〕司馬光の姪に與ふる帖に、曹侍中の兒、侍中に帶累し、隨州に貶せらる。

↑帯回 つれ帰る/帯芥 小さいとげ/帯郭 城外/帯環 佩環/帯魚 魚袋/帯金 おび金/帯挈 身にもつ/帯胯 帯鉤/帯江 帯水/帯持 佩びる/帯綬 佩綬/帯羞 羞らう/帯職 兼職/帯斉 そろう/帯箭 矢を帯びる/帯絰 麻帯/帯同 同行する/帯佩 佩びる/帯赴 同行する/帯兵 武器を携帯する/帯麻 服喪の帯/帯領 率いる

↓衣帯・韋帯・葦帯・一帯・映帯・縈帯・温帯・下帯・拐帯・葛帯・冠帯・寒帯・緩帯・玉帯・巾帯・衿帯・襟帯・裙帯・携帯・亙帯・縞帯・艻帯・釵帯・妻帯・緇帯・所帯・繞帯・紳帯・簪帯・靭帯・世帯・草帯・束帯・地帯・熱帯・佩帯・貝帯・博帯・鞶帯・皮帯・付帯・包帯・繃帯・麻帯・腰帯・絡帯・連帯・練帯

常【泰】10 5013 〔太〕4 4003 タイ やすらか ゆたか おおきい はなはだ

篆文  古文 

会意 大＋収＋水。大は人の正面形。収は左右の手。水中に陥った人を両手で助けあげる形で、安泰の意とする。〔説文〕十一上に「滑らかなり」とし、「廾に從ひ、水に從ふ。大の聲なり」とするが、大は廾を加える対象で人。泰はまた略して太に作る。大・太・泰は通用するところがある。

訓義 1やすらか、やすし、ゆたか、ゆるやか。2おおきい、おごる、たかぶる。3なめらか。4はなはだ。

古訓 〔名義抄〕泰 ユタカ・ヨシ・ナメル・ヤスシ・ハナハダシ・ユタカナリ・オホイナリ 〔字鏡集〕泰 ヨシ・ユタカ・ヤメル・カタ・ユルス・カヨフ・ハナハダ・ユタカナリ・ヤスシ・オホイナリ

語系 泰（太）that、大dat は声義近く、通用するところがある。

【泰阿】古の宝剣の名。〔越絶書、外伝記宝剣〕歐冶子・干將、茨山を鑿ち、其の溪を洩くして鐵英を取り、鐵劍三枚を作爲す。一を龍淵と曰ひ、二を泰阿と曰ひ、三を工布と曰ふ。

【泰羹】五味を整えない粗羹。〔淮南子、詮言訓〕俎の生魚を先にし、豆の泰羹を先にするは、此れ皆耳目に快からず、口腹に適せざるも、先王之れを貴ぶ。本を先にして末を後にすればなり。

【泰然】おちついていて動揺しないさま。〔金史、顔盞門都伝〕門都、性忠厚謹愨、營壁を安置して、尤も能く愼密なり。敵の忽ち來ること有り、矢石前に至ると雖も、泰然自若たり。

【泰斗】泰山北斗。泰山は第一の名山。北斗は指標となる星。第一人者。〔唐書、韓愈伝賛〕愈沒してより、其の言大いに行はれ、學者之れを仰ぐこと、泰山北斗の如しと云ふ。

【泰平】太平。治まる世。〔史記、秦始皇紀〕（碣石門刻石銘）皇帝威を奮ひ、德は諸侯を幷はせ、初一泰平、城郭を墮壞し、川防を決通す。

【泰厲】王が群姓のために立てた七祀の一。〔礼記、祭法〕王、群姓の爲に七祀を立つ。曰く司命、曰く中霤、曰く國門、曰く國行、曰く泰厲、曰く戶、曰く竈。

↑泰一 太一神/泰宇 天下/泰運 泰平の運/泰亀 卜亀/泰元 天/泰玄 玄妙の理/泰古 太古/泰侈 おごり/泰畤 太一の祭場/泰初 太初/泰辰 泰運/泰甚 甚だしい/泰西 西洋/泰清 天/泰盛 盛ん/泰筮 易筮/泰折 祭地の壇/泰素 太初/泰壇 天壇/泰治 太平/泰通 治世/泰適 安らか/泰東 大東/泰半 太半

↓安泰・休泰・窮泰・矜泰・驕泰・侈泰・奢泰・升泰・清泰・静泰・屯泰・恬泰・道泰・寧泰・否泰・平泰・豊泰・隆泰

常【堆】11 4011 タイ ツイ おか うずたかい

形声 声符は隹。〔説文〕十四上に𠂤を正字とし、「小𠂤（阜）なり」と訓し、その象形とするが、𠂤は師の初文で脤肉の象。大臠の肉の折れ重なる形。また自は神の陟降する神梯の象で、陟降の字はもと自に従う形であった。〔説文〕に𠂤を堆の初文とするのは誤りである。

訓義 1おか、小さなおか。2うずたかい、土をもりあげる。

古訓 〔名義抄〕堆 ヲカ・キシ・ツチクレ・ツムレ・ウヅタカシ・アクカ・アツム・ウツム・ノブ・タカシ

語系 堆tuəi、墩tuən は声義近く、堆は聚土、墩は平地に土のあるところをいう。隹・敦に特別の意味がないとすれば、両者はもと擬声的な語であろう。

↑堆鴉 黒いまげ/堆盈 一杯/堆陥 坐ったまま/堆埼 砂岸/堆沙 沙が積もる/堆愁 積愁/堆石 積み石/堆積 たまる/堆雪 積雪/堆阜 小阜/堆累 重なる

↓魁堆・香堆・高堆・沙堆・書堆・翠堆・成堆・青堆・雪堆・土堆・肉堆・葉堆

【紿】11 2396 タイ あざむく

篆文  古印璽 

形声 声符は台。〔説文〕十三上に「絲勞るるときは即ち紿し」という。それが本義であるが、詒と通用して、疑う、欺くの意に用いる。〔穀梁伝、僖元年〕「公子の紿くことを惡む」のような例が多い。

訓義 1よわる、糸が古くなってよわる。2ゆるい、まとう。3詒と通じ、うたがう、あざむく、いつわる。

古訓 〔名義抄〕紿 アザムク・ウタガフ 〔字鏡集〕紿 イツハリ・ウタガフ・ヲサヌク・アザムク・ウカ・フ

語系 紿・詒də は同声。詒とは相欺詒することをいう。殆・怠・駘dəも同声で、一系の語である。

常【袋】11 2373 〔帒〕8 2322 タイ ふくろ

篆文 

形声 声符は代。〔説文新附〕七下に帒を録して「囊なり」とあり、〔説文〕七下に「幐は囊なり」とあるのと同訓。幐・帒・袋はもと同じ語であろう。橐（ふくろ）は古くは東の形で、東がその象形字であった。袋は〔隋書、食貨志〕に「乾薑を進むるに、布袋を以て之れを貯ふ」とあり、隋・唐以後に用いられる字である。

訓義 1ふくろ、ふくろに入れる。

古訓 〔新撰字鏡〕帒 己志不久呂（こしふくろ） 〔名義抄〕帒 フクロ 〔字鏡〕袋 ツ・ム・イル・フクロ

↓鞋袋・魚袋・夾袋・琴袋・剣袋・甲袋・香袋・沙袋・飯袋・皮袋・布袋・風袋・麻袋・郵袋

常【逮】11 3530 〔逮〕12 3530 タイ およぶ とらえる

篆文 石鼓文 古印璽

形声 声符は隶。隶は呪霊のある獣の尾を捕らえ持つ形。これによって禍殃を他に移すので、逮ぶ、逮ぼす意があり、その転移を受けたものを隷という。祟がその呪獣の形で、祟と同じ。逮はのち逮捕の意に用いる。〔説文〕二下に「唐逮、及ぶなり」とするが、唐逮の語義が明らかでなく、〔段注〕にも「蓋し古語ならん」という。逮捕の義は、漢以後に至ってみえる。

訓義 1およぶ、およぼす。2あずかる、くみする。3おう、とらえる、おくる。

古訓 〔名義抄〕逮 オヨボフス・イタル・ウ・トク・ユク・コボル・コボス 〔篇立〕逮 オヨブ・サル・ノガル・エタリ・ウヤマフ・ユヅル・シタガフ・オヨベリ・コホル・ウルナリ・イタル・ユク

【逮及】 およぶ。〔後漢書、鄧騭伝〕臣等遠見に逮及するの慮無しと雖も、猶ほ戒懼を庶幾するの情有り。常に母子兄弟、内に相ひ勅厲す。

【逮繫】 獄につながれる。〔漢書、刑法志〕齊の太倉の令淳于公、罪有りて刑に當る。詔獄して、長安に逮繫す。淳于公、男無く五女有り。～其の少女緹縈、～上書して曰く、～妾願はくは沒入せられて官婢と爲り、以て父の刑罪を贖ひ、自ら新たにするを得しめんと。

【逮治】 捕らえてしらべる。〔漢書、王莽伝下〕鉅鹿の男子馬適求等、～莽を誅せんことを謀る。～莽、三公大夫を遣はし、黨與を逮治せしめ、郡國の豪傑に連及すること數千人。皆誅死す。

【逮捕】 罪によって捕らえる。〔史記、絳侯周勃世家〕人の上書して、勃の反せんと欲するを告ぐるもの有り。廷尉に下す。～勃を逮捕して、之れを治せしむ。～吏稍之れを侵辱す。～絳侯既に出でて曰く、吾嘗て百萬の軍に將たり。然れども安んぞ獄吏の貴きを知らんやと。

↑逮鞫 逮治/逮係 逮繫/逮坐 逮治/逮事 生時に事える/逮縛 逮繫/逮夜 夜になる

↓引逮・下逮・及逮・収逮・詢逮・追逮・徳逮・捕逮・訪逮・連逮

【釱】 11 8413 タイ テイ あしかせ

篆文 金文

形声 声符は大。〔説文〕十四上に「鐵鉗なり」とあり、鉄製のかせ。踏脚鉗といい、足に加えるかせをいう。

訓義 1あしかせ、あしかせする。2軑と通じ、轂にきせる金。

古訓 〔名義抄〕釱 カナキ・クビカシ・アカカリ 〔字鏡集〕釱 カナキ

↓玉釱

常 【替】 12 5560 〔㬱〕 14 0060 タイ テイ テツ すてる かわる

篆文 金文

会意 正字は㬱に作り、竝＋曰。〔説文〕十下に「廢するなり。一偏下る。竝に從ひ、白聲」とし、また「或いは兟に從ひ、曰に從ふ」とあり、㬱・替の二体とする。また「或いは曰に從ふ」という。竝は獄訟のとき二人相並ぶ形で、曰はそのとき行う自己詛盟を収めた器を示す。神に誓約し、たがうときは神罰を受ける意。その敗者は替廢して棄てられるので、廃棄の意となる。〔左伝、僖七年〕「君の盟、替てられたり」、〔国語、晋語三〕「君の冢嗣、其れ替ぼされんか」のように用いる。のち交替・隆替の意に用いる。

訓義 1すてる、すたる、やめる、さる、のぞく。2ほろぼす、あらためる、おとろえる。3かえる、とりかえる。4おこたる、ゆるむ。

古訓 〔名義抄〕替 カハリ・カハル・カフ・スタル・スツ・トヾマル・ナハル・ナク・タガフ・スクル・ヤム・オシフ・ホム・キユ・コレ

【替懈】 すてて怠る。〔北夢瑣言、八〕（裴相公坦）夫れ世の祿を干むるもの、先づ名第を資り、既に得たるの後は、替懈せざるもの鮮なし。文學に篤く、賓實を省顧するものに非ざるよりは、～安んぞ能く斯に及ばん。

【替人】 交替の人。〔唐書、文芸上、杜審言伝〕審言、病甚だし。宋之問・武平一等、何如を省候す。答へて曰く、～久しく公等を壓したるも、今且に死せんとす。固より大慰なり。但だ替人を見ざるを恨むのみと。

↑替移 改変/替解 替懈/替壊 やぶる/替換 交代/替死 身代わり/替身 身代わり/替托 横死する/替漏 すきま

↓嬖替・献替・交替・興替・衰替・崇替・堕替・頽替・代替・廃替・抑替・隆替・陵替・淪替

【瑇】 12 1515 〔玳〕 9 1314 タイ トク たいまい

形声 声符は毒。また玳に作り、瑇を玳の音でよむ。たいまい。

訓義 1たいまい、鼈甲。2字はまた玳に作る。

＊語彙は玳字条参照。

↑瑇筵 玳筵/瑇席 玳席/瑇瑁 鼈甲

常 【貸】 12 2380 タイ トク かす ゆるやか

篆文

形声 声符は代。〔説文〕六下に「施すなり」、〔広雅、釈詁三〕に「予ふるなり」とあって、施与の意とする。貸とは、代わってそのことを行うことをいう。

訓義 1かす、かしてあたえる。2ゆるやかにする、ゆるやか。3貣と通じ、かりる。4忒と通じ、たがう。

古訓 〔新撰字鏡〕貸 伊良須（いらす） 〔名義抄〕貸 カス・カル・ヲギノル・クル・イタス 〔字鏡集〕貸 カス・イタス・カル・カヘテ・イル・ヲギノル・ホドコス

語系 貸・貣・忒thəkは同声。貣は〔説文〕六下に「人に従つて物を求むるなり」とあり、施貸と対待の義。〔荀子、儒效〕に「行貣して食す」というのは、乞食行の意である。忒は「忒ふ」、貸をその意に用いるときは、トクの音でよむ。

【貸救】 施し救う。漢・蔡邕〔太尉喬玄碑〕又饉荒に値ひ、諸郡饑餒す。公、倉廩を開き、以て其の命を貸救す。主る者、舊典を以て、宜しく先づ請ふべしとす。公曰く、若し先づ請はば、民已に死せんと。

【貸施】 ほどこす。〔韓非子、八説〕草を辟き粟を生ずること能はずして、貸施賞賜を勸むるは、能く民を富ますことを爲す者にあらざるなり。

【貸賦】 滞納の租税。〔史記、平準書〕陛下膳を損し用を省き、禁錢（宮中用の少府の銭）を出だして以て元元（人民）を振ひ、貸賦を寬くするも、民齊しくは南畝に出でず。商賈滋ます衆く、貧者は畜積有ること無し。

↑貸仮 かす/貸駭 昏愚/貸減 減免/貸子 利子/貸除 つけ買い/貸借 かしかり/貸帖 貸付帳/貸贍 にぎわす/貸与 かす

↓恩貸・仮貸・寛貸・乞貸・給貸・原貸・質貸・赦貸・借貸・賑貸・請貸・転貸・賦貸・優貸・容貸・稟貸

常 【隊】 12 7823 〔隊〕 12 7823 タイ ツイ おちる くみ

篆文

会意 旧字は隊に作り、𨸏＋㒸。𨸏は神の陟降する神梯。その前に犠牲としての㒸（獣）をおく形。神の降り立つところを示す字で、〔説文〕十四下に「高きより隊つるなり」とするが、神の降り立つところを示す字で、隊の下に土主の形を加えた墜（墜）は地の初文。隊はまた墜の初文である。金文の〔㸚毀〕に「對へて敢て㒸さず」、〔彔伯㦰毀〕「肇ぎて㒸さず」のように、㒸を隊・墜の意に用いる。㒸・隊・墜はいわゆる古今の字。〔説文〕に隊を収めていない。

【訓義】①ち。墜の初文。神の降りたつところ。②おちる、地におちる。③おとす、うしなう。④むれ、くみ、つら、つらなる。

【古訓】〔名義抄〕隊 ヲツ・ホシイマヽ・イチノミチ 〔字鏡集〕隊 タムロ・ヲツ・ホシイマヽ・ウス・ミガク・イチノミチ

【声系】〔説文〕に墜を収めず隊声として鐆など二字を収める。鐆は陽鐆、字はまた燧に作り、聖火をとるときに用いる。

【語系】隊・墜・隧 diuat は同声。墮(墮)・隋 duai と声近く、みな落ちる意がある。隤 duai、頽 tuai も声近く、崩れる状態をいう。

【隊失】ついしつ 失墜する。〔漢書、王莽伝上〕群臣奏して言ふ。～周公權(かり)に居攝(きょせつ)して、則ち周道成り、王室安し。居攝せざれば、則ち周の天命を隊失せんことを恐る。

【隊率】たいそつ 部隊の統率者。〔史記、張丞相伝〕申屠丞相嘉なる者は、梁の人なり。材官蹶張(けつちょう)(多力)なるを以て、高帝に從ひて項籍を撃ち、遷りて隊率と爲り、黥布(げいふ)を撃つ軍に從ふ。

↑隊伍 たいご 部隊/隊主 たいしゅ 隊長/隊長 たいちょう 隊伍の長/隊列 たいれつ 兵隊の列

↓一隊・横隊・楽隊・艦隊・騎隊・軍隊・行隊・支隊・衆隊・縦隊・除隊・小隊・仗隊・陣隊・全隊・大隊・入隊・部隊・分隊・兵隊・編隊・歩隊・本隊・聯隊

【廌】 13 0022 ［廌］ 13 0022 タイ チ かいたい

篆文 甲骨文 侯馬盟書

【象形】神判のときに用いる神羊の形。〔説文〕十上に「解廌(かいたい)は獸なり。牛に似て一角。古者(いにしへ)訟を決(さだ)むるとき、不直なる者に觸(ふ)れしむ。象形」(段注本)とあり、羊神判が行われた。〔玉篇〕にも「牛に似て一角」とするが、〔墨子、明鬼下〕に羊神判の詳しい記述がある。豸(ち)は廌の側身形を写したもので、解廌はまた解豸(かいち)ともいう。神判に勝利をえた廌の胸には、心字形の文彩を加えた。その字は慶。勝訴を慶ぶ意。敗れた廌は、その人(大)と、自己詛盟の器の蓋をとり去って(凵(きょ))、これらを合わせて水に投ずる。その字は灋(ほう)で、のち廌を略して法となる。灋は金文に廃棄の廃の意に用いる。これを水に流しすてて、大祓いをする。のち法官の冠に解廌の象を加え、解豸冠といった。

【訓義】①かいたい、神判に用いる神羊。②のり、法則。

【古訓】〔名義抄〕廌 ノボル・タツ・スヽム 〔字鏡集〕廌 イタル・ノボル・タツ・スヽム・スクフ・コモ・ヌノ

＊語彙は豸字条参照。

↓解廌・獬廌・黒廌・貂廌

常【滞】 13 人［滯］ 14 3412 タイ テイ とどこおる とどまる

篆文

【形声】声符は帶(帯)(たい)。〔説文〕十一上に「凝(とどこほ)るなり」とあり、凝滞することをいう。転じて滞留・遅滞の意となる。〔楚辞、漁父〕に「聖人は物に凝滞せず能(よ)く世と推移す」の句がある。

【訓義】①とどこおる、とどまる、つかえる。②ぐずつく、なずむ、しぶる、こだわる。③こる、こりかたまる。④ひさしい。

【古訓】〔名義抄〕滞 トヽコホル・トヾム・タユム・ヒサシ・マタシ・イル・オコス・オソシ

【滞淫】たいいん 滞留する。魏・王粲〔七哀詩、三首、二〕荊蠻(けいばん)は我が郷に非ず 何爲(なんれ)ぞ久しく滯淫する

【滞淹】たいえん 久しく滞る。宋・蘇軾〔子由(蘇轍)の杉竹を種うるに次韻す〕詩 先生坐して待つ、淸陰の滿つるを 空しく人人をして滯淹を歎かしむ

【滞獄】たいごく 裁判が長びく。〔梁書、太祖五王、始興王憺伝〕民の辭訟する者、皆前に立ちて符教を待つ。俄頃(がけい)にして決し、曹に留事無く、下に滯獄無し。民益(ますます)悦ぶ。

【滞穂】たいすい 落ち穂。〔詩、小雅、大田〕彼に遺秉(いへい)有り 此れに滯穗有り 伊(こ)れ寡婦(くわふ)の利なり

【滞拙】たいせつ 世渡り下手。唐・王湾〔晩夏、馬嵬卿叔池亭即事。京都の一、二の知己に寄す〕詩 滯拙、隱淪(いんりん)を懷(おも)ひ 之れを書して良友に寄す

【滞想】たいそう はれやらぬ思い。唐・符載〔寄せて于尚書に贈る書〕小生何人(なにびと)ぞ、此の珍重に當る。～凝襟(ぎょうきん) 滯想、茲(ここ)れよりして泄露(せつろ)す。

【滞泥】たいでい 拘泥する。宋・朱熹〔石子重に答ふ、十二首、七〕國材は苦學最も念ふべし。恨むる所は、駁雜(ばくざつ)滯泥にして、自ら受用する處無し。

【滞留】たいりゅう 停滞。〔荀子、王制〕財物粟米を通流して、滯留有ること無く、相ひ歸移せしめば、四海の內、一家の若(ごと)くならん。

【滞累】たいるい 積もり重なった累(わずら)い。束縛。晋・王羲之〔奉法帖〕此の故に塵垢を蕩滌(とうでき)し、滯累を研遣す。盡せりと謂ふべし。以て復(ま)た加ふる無し。

↑滞遺 たいい 残る/滞下 たいか 下痢/滞貨 たいか 売れ残り/滞礙 たいがい 妨げ/滞客 たいきゃく 貧苦の人/滞久 たいきゅう 久しい/滞固 たいこ 凝滞/滞在 たいざい 滞留/滞財 たいざい 蓄財/滞思 たいし 滞想/滞積 たいせき 滞財/滞疾 たいしつ 宿痾/滞訟 たいしょう 滞獄/滞塞 たいそく ふさがる/滞念 たいねん 滞想/滞納 たいのう 納税がとどこおる/滞沛 たいはい 水がわく/滞魄 たいはく 幽魂/滞憤 たいふん 憤りがたまる/滞務 たいむ 事務が停滞する/滞悶 たいもん 余憤

↓委滞・鬱滞・延滞・淹滞・礙滞・陥滞・閑滞・久滞・窮滞・凝滞・窘滞・稽滞・結滞・蹇滞・濡滞・渋滞・積滞・遅滞・蓄滞・沈滞・停滞・頓滞・廃滞・壅滞・流滞・留滞・淪滞

人【碓】 13 1061 タイ うす からうす ふみうす

篆文

【形声】声符は隹(すい)。隹に堆・隋(た)の声がある。〔説文〕九下に「舂(つ)く所以(ゆゑん)なり」(段注本)とあって、ふみうすをいう。のち牛や水車を利用する方法が行われた。舂は両手で杵(きね)を舂く形。それに対してからうすとよばれた。

【訓義】①うす、からうす、ふみうす。②うすつく。③椎と通じ、つち。④堆と通じ、おか。

【古訓】〔新撰字鏡〕碓 宇須(うす)〔和名抄〕碓 賀良宇須(からうす)〔名義抄〕碓 クマ・カラウス・ウス〔字鏡集〕碓 ツク・ウス・カラウス

【語系】碓 tuai、椎 diuai は声義近く、撃つものを異にするが、相似た動作をいう語である。

【碓顙】たいそう 臼のようなひたい。〔呉越春秋、王僚使公子光伝〕公子光～勇士專諸(せんしょ)を得たり。～(伍)子胥(ししょ)、因りて其の貌を相(み)するに、碓顙にして深目、虎膺(胸)にして熊背。

↑碓屋 たいおく 臼つき場/碓機 たいき 臼つき/碓臼 たいきゅう うす/碓梢 たいしょう からうす/碓舂 たいしょう 臼つく/碓声 たいせい 臼をひく音/碓頭 たいとう きね/碓擣 たいとう 臼つく/碓房 たいぼう 碓屋

↓臼碓・渓碓・舂碓・水碓・践碓・碾碓・踏碓・野碓

常【態】 14 2133 タイ すがた わざ

篆文

【形声】声符は能(たい)。〔説文〕十下に「意なり」とし、能と心との会意字とするが、能・耐(たい)と通用する。〔楚辞、離騒〕に「修能(しゅうたい)」の語があり、佩と韻し、態字の義。また態に詐態の意があって嬌媚の態をいい、国語では「わざと」とよむ。

【訓義】①すがた、かたち、さま。②しぐさ、ようす。③わざがある、才能がある。④国語で、わざと、わざわざの意に用いる。

【古訓】〔新撰字鏡〕態 保志支万々尓(ほしきままに)〔名義抄〕態 ワザ・サマ・スガタ・イコフ・ツカフ・ツカフマツル〔字鏡

態 サマ・カナフ・スガタヨシ・カタチ・ワザ・アシキマ、・コ、ロ

語系 態tə、能・耐nə は声近く、また能を態に通用することがある。

【態色】たいしょく ようすぶる。〔史記、老荘申韓伝〕吾れ(老子)之れを聞く、～君子は盛德あるも、容貌愚なるが若しと。子の驕氣と多欲と、態色と淫志とを去れ。是れ皆、子の身に益無し。

【態臣】たいしん おもねって寵をうける臣。〔荀子、臣道〕内は民を一ならしむるに足らず、外は難を拒がしむるに足らず。～然れども巧便佞說にして、善く寵を上に取る。是れ態臣なる者なり。

【態度】たいど ふるまい。ようす。〔荀子、修身〕容貌・態度・進退・趨行、禮に由るときは則ち雅、禮に由らざるときは則ち夷固僻違、庸衆にして野なり。

↑態詐たいさ 巧欺／態姿たいし 姿態／態状たいじょう ありさま／態勢たいせい ようす／態貌たいぼう すがた

↓異態・逸態・含態・奇態・偽態・擬態・旧態・狂態・嬌態・形態・交態・詐態・姿態・事態・時態・実態・殊態・修態・羞態・醜態・重態・状態・常態・哀態・酔態・世態・生態・千態・俗態・多態・痴態・動態・万態・媚態・百態・風態・変態・本態・野態・幽態・容態・庸態・様態・老態・陋態

【腿】 14 7723 タイ はぎ もも

形声 声符は退(退)た。〔玉篇〕に「脛なり」とするが、股をも含めていう。その骨は大腿骨、しりのまわりを腿湾、むこうずねを腿腕という。「うちあわせ」とは、ももの内側、ふとものところをいう。

訓義 ①はぎ、ふくらはぎ、すね。②もも、ふともも。③俗語で牡器。

古訓 〔和名抄〕腿 宇智阿波勢(うちあはせ)〔名義抄〕腿 ウツモ、・モ、・ツフ、シ・ウチアハセ

↑腿脚たいきゃく 脚力／腿胯たいこ 大腿／腿肚たいと ふくらはぎ／腿褃たいとう 袴下／腿湾たいわん しりのまわり／腿腕たいわん むこうずね

↓下腿・小腿・大腿

【颱】 14 7321 タイ たいふう

形声 声符は台た。モンスーン地帯に吹く季節的な暴風。二百十日前後に起こる。〔荘子、逍遥遊〕の巻頭にみえる扶揺風は、颱風の現象をかりて写したものであろう。扶揺の合音は飄、つむじ風である。

訓義 ①たいふう。

古訓 〔名義抄〕颱 スズシキカゼ 〔篇立〕颱 ウゴカス・シヅカ・ヒルガヘル

参考 颱の字は中国の古い字書にみえず、〔正字通〕に颶ぐの字がみえ、颶風とよばれていたのであろう。アジア東南の海上に生ずる暴風である。わが国の〔篇立〕にその字がみえているが、なお颱風の意であるかどうか疑わしい。

【蔕】 15 4422 タイ テイ へた

篆文 

形声 声符は帯(帶)た。〔説文〕一下に「瓜當なり」とあり、瓜が蔓に連なるところ。へた、ほぞという部分。そこから、根ざし、連なる意となる。

訓義 ①へた、ほぞ。②つらなる、ねざす、ねもと。③とげ、小さなとげ。④字はまた蔕に作る。蔕は実のなるところをいう。

古訓 〔名義抄〕蔕 ホゾ・シカシ・ホシ・ホゾツラ・サカユ 〔字鏡集〕蔕 シゲシ・ホル・サカユ・ハナブサ・ホゾ・タル・ホゾツナ

【蔕芥】たいかい 小さなとげやあくた。小さな妨げ、さわり、滞礙たいぎょう。宋・蘇轍〔七代論〕此の時に當りて、天下以て指麾して遂に定むべし。何ぞ江南の、以て夫の吾が心を蔕芥するに足らんや。

↓花蔕・果蔕・芥蔕・艾蔕・危蔕・玉蔕・固蔕・根蔕・残蔕・翠蔕・霜蔕・緑蔕

【褪】 15 3723 タイ トン ぬぐ あせる

形声 声符は退(退)た。本音は吐困の切で、「とん」の音。遯と同声であるので、もとは遯声の字であろう。遯は逃遁・脱去の意をもつ字である。詞曲などにみえる。いまは褪に作り、退声を以てよむ。

訓義 ①ぬぐ、衣をぬぐ、衣をぬぎおろす。②あせる、色あせる。③ちる、花がちる。④しりぞく、いれかわる。

【褪英】たいえい 色あせた花びら。〔剪灯余話、田洙、薛濤に遇ふ聯句記〕褪英、雨澗に浮び 殘蕊、風潮に漾ただよふ

↑褪手たいしゅ 袖手／褪色たいしょく 色あせる／褪淡たいたん 淡薄／褪落たいらく ぬける

【隤】 15 7528 タイ くずれる おちる なやむ

篆文 

形声 声符は貴き。字はまた頹・穨に作り、もと禿と声の字であろう。〔説文〕十四下に「下り墜つるなり」とあり、〔唐写本玉篇〕に「隊墜下」に作る。〔詩、周南、巻耳〕「我が馬、虺隤たり」の「虺隤くわいたい」は畳韻の連語。穨たいと通用し、穨の声義が隤に移ったものであろう。

訓義 ①くずれる、おちる、くずれおちる。②ゆるやか、なだらか、ななめ。③つまずく、なやむ、やむ。④のこす、わすれる。

古訓 〔名義抄〕隤 ツユ・クヅル・ヲツ・コボル・ヤブル・ノゴフ・コボツ・クツガヘル

語系 隤・穨・頹duai は同声。墮(堕)・隋duai は声近く、同じく崩れて落ちる意がある。

【隤然】たいぜん 柔順なさま。〔易、繫辞伝下〕夫れ乾は確然として人に易を示す。夫れ坤は隤然として人に簡を示す。爻は此れに效ふ者なり。象は此れに像かたどる者なり。

↑隤雲たいうん 崩れ雲／隤陥たいかん 陥る／隤岸たいがん 崩れた岸／隤牆たいしょう やれ垣／隤瘁たいすい 崩れる

↓虺隤・壊隤・岸隤・傾隤・崔隤・顚隤・隆隤

【駘】 15 7336 タイ はずれる おろか

篆文 

形声 声符は台た。〔説文〕十上に「馬の銜くつわ脱するなり」とする。用をなさぬような鈍馬をいう。すべて気のきかぬ意に用いる。

訓義 ①はずれる、くつわが外れる。②おろか、のろま、にぶい。③ふむ、あしふむ。

古訓 〔新撰字鏡〕駘 豆加礼馬(つかれうま)、又、亂れ馬なり 〔名義抄〕駘 ニブウマ・フム 〔字鏡集〕駘 ニブキムマ・ウソキムマ・ヌルシ・フム

語系 駘・儓də は同声。儓だいは遅鈍の意。銜を脱する意は登・鐙・蹬tang と関係があり、乘(乗)djiəng、騰(騰)dəng もその系統の語であろう。

【駘銜】たいかん くつわを外す。〔後漢書、崔寔伝〕數世より以來、政に恩貸多し。馭は其の轡たづなを委すて、馬は其の銜を駘はずす。四牡横奔し、皇路險傾す。

【駘藉】たいせき ふみにじる。〔後漢書、馮衍伝上〕天下王莽の害に離あふこと久し。～田疇蕪穢わいとなり、疾疫大いに興り、災異蜂起す。是ここに於て江湖の上、海岱の濱、風騰がり波涌き、更こも相ひ駘藉す。

【駘蕩】たいとう(たとう) とりとめもなく広い。のどか。魏・阮籍〔詠懐、八十二首、六十八〕詩 遙かに顧みて天津を望み 駘蕩として我が心を樂しましむ

↑駘騃たいがい 馬進まず／駘背たいはい 老寿

↓哀駘・銜駘・策駘・駑駘・蕩駘・鞭駘・羸駘

【儓】 16 2421 タイ ダイ しもべ けらい

形声 声符は臺。〔方言、三〕に「農夫の醜稱なり。南楚にて、凡そ庸賤を罵りては、之れを田儓と謂ふ」とあり、〔広雅、釈詁一〕に「臣なり」という。〔左伝、昭七年〕に「天に十日有り、人に十等有り」として、「王は公を臣とし、公は大夫を臣とし、大夫は士を臣とし、士は皁を臣とし、皁は輿を臣とし、輿は隷を臣とし、隷は僚を臣とし、僚は僕を臣とし、僕は臺を臣とす」とあって、臺は第十等、〔玉篇〕にこの文を引いて臺を儓に作る。奴僕の泛称として用いる。

訓義 ①しもべ、けらい。②みにくい、にぶい、おろか。

↑儓儗 愚鈍

↓重儓・田儓・輿儓

【憝】 16 0833 タイ うらむ にくむ わるい

篆文 

形声 声符は敦。〔説文〕十下に「怨むなり」とあり、〔書、康誥〕に「憝みざる罔し」「元惡大憝」などの語がある。〔逸周書、世俘解〕「凡そ憝ちたる國九十有九國」は、敦伐の意。敦とは撃つことをいう。對（対）・懟にで、両者対応の関係にある。「うつ、うらむ」の訓があり、敦・憝も「うつ、うらむ」と訓する字

訓義 ①うらむ、にくむ。②わるい、わるもの。

古訓 〔名義抄〕憝 ニクマル・アタ・ウラム 〔字鏡集〕憝 ソネム・ニクム・アタ・ウラム・ニクマル

↑憝国 国を伐つ／憝伐 討つ／憝獠 うつけ

↓怨憝・巨憝・元憝・夙憝・大憝

【頽】 16 2128 ［穨］ 19 2528 タイ くずれる すたれる おとろえる

篆文 

形声 声符は禿。〔説文〕八下に正字を穨に作り、「禿げたる皃なり」とあり、頽齢の人の顔容をいう。頽唐・頽廃など、みな姿容を失ったさまをいう。

訓義 ①くずれる、すたれる、おとろえる、おちる、ゆるむ、うすらぐ、顔容がおとろえる。②かたむく。③したがう、ながれる。

古訓 〔名義抄〕頽 クヅル・カタブク・ヲツ・オドロク・アハクル・クツガヘル・アハツ／頽然 コ、ロヨク

語系 頽・穨・隤 duəi は同声同義。墮（堕）・隋 duai も声義が近い。鬌 tuai は崩し髪。みな崩れてその姿容を失うようなさまをいう。

【頽雲】 崩れかかる雲。晋・傅玄〔初学記、一五に引く西(正)都の賦〕新聲を奏し、祕舞を理む、飄回風轉、流采文を成す。脩袖連娟として、長裾繽紛たり。赴くこと翔龍の若く、降ること頽雲の若し。

【頽垣】 くずれた垣。南朝宋・武帝〔作楽山に登る〕詩 壞草、故國を淩ぎ 拱木、頽垣に秀づ

【頽簷】 くずれたのき。あばらや。唐・白居易〔張十八の訪宿して贈らるるに酬ゆ〕詩 落然たり、頽簷の下 一話して、夜、晨に達す

【頽顔】 衰顔。唐・駱賓王〔紫雲観に於て道士に贈る〕詩 祇だ應に玉醴を傾くべし 時に頽顔を寄することを許せ

【頽闕】 くずれ欠ける。〔水経注、汝水〕澧水又東して葉公廟の北を逕ふ。廟前に公子高諸梁の碑有り。舊と秦・漢の世、廟道に雙闕几筵有りしも、黄巾の亂に殘毀き、頽闕す。魏の太和景初中、令長、舊宇を修飾せり。

【頽絶】 衰えたえる。〔南斉書、王融伝〕伏して惟ふに、陛下窮神盡聖、～玄綱を頽絶に拯ひ、至道を澆淳(末世)に反す。區寓(世間)の儀形、齊民の先覺なる者と謂ふべし。

【頽然】 深く酔うさま。宋・孔平中〔兄長(武仲)五詩を寄す。依韻して和して寄する詩、～五首、一〕詩 憶ふ、昔西のかた山下園を尋ね 芙蓉香裏、酔うて頽然たり

【頽堕】 くずれおちる。宋・欧陽脩〔河南府司録張君(尭夫)墓表〕飲酒すること終日なるも、亂れず。醉ふと雖も、未だ嘗て頽墮せず。之れと居る者、其の德に服さざるは莫し。

【頽唐】 くずれおちる。〔世説新語、容止〕時人、目す。夏侯太初(玄)は、朗朗として日月の懷に入るが如く、李安國(豊)は、頽唐として玉山の將に崩れんとするが如しと。

【頽波】 くずれおちる波。衰運。唐・李白〔古風、五十九首、一〕詩 揚(雄)・(司)馬(相如)、頽波を激し 流れを開くこと、蕩として垠り無し

【頽敗】 衰える。〔大学章句の序〕周の衰ふるに及んで、賢聖の君作らず、學校の政脩まらず。教化陵夷し(衰え)、風俗頽敗す。

【頽廃】 廃れる。〔後漢書、翟酺伝〕明帝の時、辟雍始めて成り、太學を毀たんと欲す。太尉趙憙以爲へらく、太學・辟雍、皆宜しく兼ね存すべしと。～頃者頽廢し、園採芻牧の處と爲るに至る。

【頽暮】 暮年。南朝宋・謝霊運〔永初三年七月十六日、郡に之かんとして初めて都を発つ〕詩 辛苦誰か情を爲さん 遊子、頽暮に値へり

【頽放】 礼法にとらわれずふるまう。〔宋史、陸游伝〕范成大、蜀に帥となり、游、參議官と爲る。文字を以て交はり、禮法に拘せられず。人、其の頽放なるを譏る。因りて自ら放翁と號す。

【頽齢】 衰年。晋・陶潜〔九日閑居〕詩 酒は能く百慮を祛ひ 菊は解きて頽齢を制す

↑頽倚 もたれる／頽運 衰運／頽壞 こわれる／頽気 落胆する／頽虧 崩れる／頽欠 かける／頽乎 頽然／頽散 散らばる／頽思 沈思／頽爾 頽然／頽如 頽然／頽牆 頽垣／頽勢 衰勢／頽雪 なだれ／頽塞 塞がる／頽惰 怠る／頽墜 崩落する／頽替 頽廃／頽年 老年／頽剝 はがれる／頽圮 崩れる／頽靡 崩れる／頽風 暴風／頽弊 衰える／頽坌 廃屋／頽陽 落日／頽落 崩れる／頽陵 衰え弱る／頽漏 雨もり

↓雲頽・壞頽・傾頽・崔頽・衰頽・巔頽・年頽・敗頽・廃頽・老頽

【鮐】 16 2336 タイ ふぐ

篆文 

形声 声符は台。〔説文〕十一下に「海魚なり」とあり、〔段注〕に「鮐は亦た侯鮐と名づく。即ち今の河豚なり」という。〔方言、一〕に「老なり」とあり、老人の膚に河豚のようなしみを生ずるので、老人のことを鮐背・鮐老という。

訓義 ①ふぐ。②ふぐのようなしみ、老人。

古訓 〔名義抄〕鮐 ウラ・サメ・フク／鮐皮 ツヒキハケ 〔字鏡集〕鮐 フクヘ・サメウヲ・ヒヲ 〔字鏡集〕鮐 ウラサメ・サメ・ウラ・フクヘ

【鮐背】 ふぐの背のように斑文ができる。老人。唐・柳宗元〔膏肓を愈やす賦〕善く命を養ふ者は、鮐背鶴髮にして童兒を成す。

↑鮐肌 しみ／鮐魚 ふぐ／鮐稚 老幼／鮐文 しみ／鮐老 老人

↓耇鮐・鯸鮐

入 **【黛】** 16 2333 〔黱〕 17 7923 ［黱］ 22 タイ まゆずみ

篆文 

形声 声符は代。〔説文〕十上に字を黱に作り、「眉に畫くなり」という。〔釈名、釈首飾〕に「黛は代なり。眉毛を滅して之れを去り、此の畫を以て其の處に代ふるなり」とするが、もと黱に作る字であった。觥は盤

（舟）によってものを奉ずる形。黛のような化粧法は、もと神事の際に行われたものであろう。

訓義 ①まゆずみ、まゆがき。②かきまゆ、ひきまゆ、女のまゆ。③こい青色。

古訓 〔新撰字鏡〕黛 万与加支（まよかき）〔和名抄〕黛 万由須美（まゆすみ）〔名義抄〕黛 クロシ・マユスミ・ハグロメツク・マユカキ 〔字鏡集〕黛 サト・クロシ・マユスミ・フカクアヲキイロ・クロシ・マユツクル

【黛黒】 くろいまゆずみ。〔楚辞、大招〕粉は白く黛は黒く芳澤を施す

【黛色】 まゆずみの色。遠山。唐・王維〔華岳〕詩 天に連なりて黛色かと疑ひ 百里、靑冥に遙かなり 白日之れが爲に寒し 森沈たり華陰城

【黛青】 黛色。唐・岑参〔劉相公中書の江山画障〕詩 粉白、湖上の雲 黛靑、天際の峯

【黛眉】 かきまゆ。晉・左思〔嬌女詩〕明朝（早朝）梳臺を弄し 黛眉、掃迹に類す

【黛墨】 まゆずみ。〔古列女伝、続、梁鴻の妻〕鴻曰く、今、綺縞を衣き、黛墨を傅くるが若きは、鴻の願ふ所に非ざるなりと。妻曰く、竊かに夫子の堪へざるを恐ると。～乃ち粗衣に更め、推髻（括り髪）して前む。

【黛面】 まゆずみを施した顔。〔唐書、吐蕃伝上〕父母の喪に居りては、斷髮・黛面・墨衣す。既に葬りては、吉（平常のさま）とす。

【黛螺】 眉墨と螺髻。南唐・李煜〔長相思〕詞 雲（髪）一緺 玉一梭 淡淡たる衫兒（上衣） 薄薄たる羅 輕く顰そむ、雙黛螺

【黛緑】 まゆずみのいろ。唐・韓愈〔李愿の盤谷に帰るを送る序〕粉白黛綠の者、屋を列ねて閒居し、寵を妬みて負恃し、妍を爭ひて憐を取る。

↑黛鬟 黒髪／黛痕 まゆあと／黛樹 遠樹

↓鉛黛・開黛・凝黛・巧黛・紅黛・香黛・残黛・秀黛・秋黛・羞黛・愁黛・春黛・翠黛・青黛・晴黛・濃黛・眉黛・払黛・粉黛・緑黛・斂黛

常 【戴】 17 4385 タイ いただく

篆文 

形声 声符は𢦏。𢦏は古くdz tzの声であった。〔説文〕三上に「物を分ちて增益を得るを戴と曰ふ」とあって、頂戴加上の意である。異に分異の意を認める字説であるが、異は鬼頭神異のもので、これを翼戴することを戴という。𢦏には、呪飾を加えて聖化する意がある。

訓義 ①いただく、おしいただく、のせる。②あがめる、よろこぶ、うける。③ふえる、加える、おおう。

古訓 〔名義抄〕戴 イタヾク・ウヤマフ 〔字鏡〕戴 タウトシ・イタヾク・スナハチ・カサヌ・ハジム・ニナフ・カツク・トシ・スケ・トフ・タツ 〔字鏡集〕戴 イタヾク・タテマツル・スナハチ・ツカフ・オホフ・ウケタマハル・タフトシ

【戴冠】 冠をいただく。〔韓詩外伝、二〕（雞の）首に冠を戴く者は文なり。足に距を傅くる者は武なり。敵前に在りて敢闘する者は勇なり。食を得て相ひ告ぐるは仁なり。夜を守りて時を失はざるは信なり。

【戴勝】 髪飾り。〔山海経、大荒西経〕人有り、戴勝虎齒、豹尾有りて穴處す。名を西王母と曰ふ。此の山に、萬物盡く有り。

【戴盆】 頭に盆をのせる。漢・司馬遷〔任少卿（安）に報ずる書〕僕以爲へらく、盆を戴きては何を以て天を望まん（事は両全せず）。故に賓客の知を絶ち、室家の業を亡ひ、日夜、其の不肖の才力の思竭し、一心職を營むに務め、以て主上に親媚することを求めたり。

↑戴角 角を生やす／戴眼 上眼／戴気 コロナ／戴仰 あおぐ／戴月 夜行／戴肩 肩を怒らす／戴幘 卑賤の身分／戴日 拝日／戴情 感謝する／戴星 早出／戴白 白髪／戴目 邪視／戴翼 たすける／戴笠 貧乏

↓依戴・憶戴・荷戴・感戴・推戴・頂戴・負戴・奉戴・抱戴・捧戴・銘戴・擁戴・翼戴

【擡】 17 5401 タイ うごかす もたげる

形声 声符は臺。〔広雅、釈詁一〕に「動かすなり」、〔玉篇〕に「動かし振ふなり」、また〔広韻〕に至って「擡げ擧ぐるなり」とあって、擡頭のように用いるのはかなり後の用義である。〔名義抄〕などに「もたぐ」の訓がある。字は俗に抬に作る。

訓義 ①うごかす、ゆする、ふるう。②もたげる、あげる。

古訓 〔名義抄〕擡 モタグ・タヽク・アグ・ヒク・ウゴカス・サクル・フルフ 〔字鏡集〕擡 モタグ・アグ・トル・ヒク・ウゴカス・ウゴキフルフ・タヽク・サクル・フルフ・カク

【擡挙】 もちあげる。推擧。唐・白居易〔霓裳羽衣歌〕詩 研媸優劣、寧んぞ相ひ遠からんや 大都は只だ人の擡擧するに在り

【擡写】 上奏文などで王室に関する語を改行し、一、二格上から書く。擡頭。〔清国行政法汎論、皇室〕擡寫とは、臣下の章奏、及び一般の文書中、凡そ皇室・天地・陵寢等に關繫の字樣は、他の字樣と平行抄寫せず、必ず次行上位に於て、一格或いは二、三格を擡頭し、以て抄寫するを謂ふ。

【擡頭】 擡写。〔経解入門、科場解経程式〕經解は策と同じからず。通體皆擡頭無し。其の擡頭する者は、乃ち御纂・欽定等の書を引くときのみ。然れども此の書を引くに、且つ須らく三擡すべし。

↑擡轎 かごをかく／擡鎗 火縄銃

↓転擡

【薹】 18 4410 タイ あぶらな

形声 声符は臺。また芸薹・薹芥といい、あぶらな。また、かさすげ。乾かして笠を作る。野菜などの花茎の伸びたものをもいう。

訓義 ①あぶらな。②かさすげ。③とう、とうがたつ。

古訓 〔篇立〕薹 ヲチ

↑薹芥 あぶらな／薹菜 薹芥／薹草 薹芥／薹笠 すげ笠

↓韭薹・蒜薹

【魋】 18 2021 タイ ツイ しゃぐま さいづちまげ

篆文 

形声 声符は隹。隹に碓・椎の声がある。〔爾雅、釈獣〕に「魋は小熊の如くにして、竊毛にして黃なり」とあり、俗に赤熊とよばれるもの。また神獣とする説がある。椎と通じ、椎頭髻をいう。

訓義 ①しゃぐま、赤熊。②神獣。③さいづちまげ。

古訓 〔字鏡集〕魋 ケモノ、ナ

【魋顔】 おでこ。〔史記、蔡沢伝〕唐擧、孰視して笑うて曰く、先生曷鼻（上向き鼻）・巨肩・魋顏～膝攣（まがりひざ）なり。吾れ聞く、聖人は相あらずと。殆ど先生なるかと。

【魋結】 さいづちまげ。〔史記、陸賈伝〕陸生至る、尉他、魋結箕倨して、陸生を見る。

↑魋翕 魋顔／魋髻 魋結

【蠆】 19 4413 タイ さそり

篆文 

甲骨文 

金文 

象形 さそりの形。〔説文〕十三上に「毒蟲なり。象形」とし、また蚰(こん)に従う字形を録する。〔詩、小雅、都人士〕に「彼の君子の女 巻髮、蠆の如し」とあり、当時さそり型の髪型が流行していたのであろう。

訓義 ①さそり。②水蠆は、やまめ。③蔕と通じ、とげ。

古訓 〔名義抄〕蠆芥 アクタハカリ 〔篇立〕蠆 サスムシ・ハチ

声系 〔説文〕に蠆声として癘・犡など四字を収める。癘・犡はいまその字形で用いられているが、〔説文〕の字形はすべて蠆に従う。ただその声はおおむね厲(れい)の声である。

↑蠆芥(かい) とげ/蠆尾(び) さそりの尾。猛毒がある

↓水蠆・蝮蠆・蠭蠆・蟊蠆

【鐓】 20 8814 〔錞〕 16 8014 タイ いしづき

篆文 金文

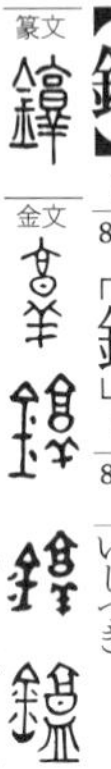

形声 声符は敦(たい)。〔説文〕十四上に「矛戟(ぼうげき)の柲(ひ)下の銅鐏(どうそん)なり」とあり、次条に「鐏は柲下の銅なり」とあり、ほこの柄の末端にはめこんだ金具をいう。字はまた錞に作る。

訓義 ①いしづき。②たれる。③つち、椎。④字はまた錞・墩に作る。

古訓 〔篇立〕鐓 ニクキ・サキ

↓戟鐓・淬鐓

【靆】 24 1573 タイ ダイ くもる

形声 声符は逮(たい)。〔玉篇〕に「明らかならざる皃(かたち)なり」とあり、雲がたなびいて、日を蓋(おお)うことをいう。靉靆(あいたい)は雲のさかんなさま。靉靆と連語にして用いる。

訓義 ①くもがなびく、くもる。②明らかでない、ぼんやり。③老眼鏡。

古訓 〔名義抄〕靉靆 クモル 〔篇立〕靆 クモル・クラシ 〔字鏡集〕靆 クラシ・クモル・タナビク

↓靉靆

ダイ

人 【乃】 2 1722 ダイ ナイ すなわち なんじ もし

篆文 古文 籀文 甲骨文 金文

象形 おそらく弓の弦をはずした形であろう。〔説文〕五上に「詞を曳(ひ)くことの難きなり」とし、「气(き)の出だし難きに象る」とするが、そのようなことを象形的に表現しうるものではない。弓弦を外してゆるめた形のままであるから、そのままの状態をいう。すなわち因仍(いんじょう)が字の原義。それを語気の上に移して、副詞的な語として用いる。それは緩急の辞にも、難易の辞にも用いる。すべて状況によってその用義が定まるので、順接としては「すなわち」、逆接としては「しかるに」、時に移しては「さきに」の意となる。二人称の名詞には、本来その字がなく、近似の音によって女・汝・而・爾・乃・戎・若(若)などの音系の字を用い、このうち女・而・爾・乃は金文にもみえ、乃は多くその所有格に用いる。乃を承接の辞に用いることも、すでに金文にみえている。「もし」という仮定の用法は〔孟子、公孫丑上〕「乃ち願ふ所は、則ち孔子を學ばん」のような例があり、これも若・如と声近く、仮借してその義に用いるものであろう。

訓義 ①そのまま、弓弦を外したまま。②すなわち、しかるに、かえって、はじめて、さきには、ゆえに。③なんじ、なんじの。④もし、むしろ。

古訓 〔名義抄〕乃 イマシ・スナハチ・ミツ・ナムチ・シキリ/乃者 コノコロ/無乃 ムシロ・スナハチ/乃往 ムカシ 〔篇立〕乃 スデニ・スナハチ・カナシビニ・イマ・イマシ・ナムチ・ユ、シ 〔字鏡集〕乃 スナハチ・イマ/\・ユク・オホキナリ・イマシ・セキハナレガタシ

声系 〔説文〕に乃声として艿・鼐・仍・扔・孕など七字を収める。孕の従うところは人の側身形で、胎孕を示す字。鼐は鼎上を蓋(おお)う形であろうが、大きな鼎の意に用いる。乃にはゆるんで大きくふくらむ意があるようである。

語系 乃nə、而njiəは声に通ずるところがあり、代名詞・承接の語として同じように用いる。順接にも逆接にも用いる語である。代名詞の儞nəは秦人の語とされるものであるが、乃と同声である。

参考 乃は承接の語として、文勢によって種々のニュアンスをもつものであり、王引之の〔経伝釈詞〕に「是(ここ)に」「然る後」「則ち」「其れ」「是れ」「方(まさ)に」「裁(わず)かに」「若(も)し」「寧(むし)ろ」「之れを異(あや)しむの詞なり」「轉語の詞なり」「乃・如も亦た轉語の詞なり」「乃・若も亦た轉語の詞なり」「乃・若は發語の詞」「發聲なり」の諸義をあげ、その用例を列している。

【乃翁】(だいおう) 汝の父。また、父が子に対して用いる一人称。宋・陸游〔児に示す〕詩 王師、北のかた中原を定むる日 家祭、乃翁に告ぐることを忘るること無(なか)れ

【乃後】(だいご) 汝の子孫。子孫。〔書、蔡仲之命〕克(よ)く勤めて怠ること無く、以て憲を乃後に垂れよ。

【乃公】(だいこう) 一人称。〔漢書、張良伝〕(張)良曰く、誰か陛下の為に此の計を畫(かく)する者ぞ。陛下の事去らんと。~漢王、食を輟(や)め哺を吐き、罵(ののし)つて曰く、豎儒(じゅじゅ)、幾(ほと)んど乃公の事を敗らんとすと。

【乃至】(ないし) ~から~まで。〔戦国策、趙二〕天下の卿相、人臣乃至布衣の士、大王の行義を高賢とせざるは莫(な)し。皆教へを奉じて、忠を前に陳(の)べんことを願ふの日久し。

【乃誠】(だいせい) 誠心。晉・劉琨〔勧進表〕犬馬憂國の情に勝(た)へず。~是(ここ)を以て其の乃誠を陳(の)べ、之れを執事に布く。

【乃昔】(だいせき) そのむかし。魏・阮籍〔鄭沖の為に晋王に勧むる牋〕故に聖上、乃昔以來の禮典舊章を覽(み)、國を開きて光(おお)いに宅(を)るに、茲(こ)の太原を顯(あき)らかにす。

↑乃今(だいこん) このごろ/乃時(だいじ) 先ごろ/乃者(だいしゃ) 以前/乃父(だいふ) 父の自称/乃郎(だいろう) そなた

↓欸乃

常 【大】 3 4003 ダイ タイ おおきい さかん すぐれる

篆文 甲骨文 金文

象形 人の正面形に象る。〔説文〕十下に「天は大なり。地は大なり。人も亦た大なり。故に大は人の形に象る」という。〔老子、二十五〕「道は大なり。天は大なり。地は大なり。王も亦た大なり」による。金文の大保(たいほ)関係の器に、大を特に図象化して、すぐれた体格の様式にしるされており、そのことは大保が最高の聖職者であったことと関係があろう。

訓義 ①人の尊称、聖号として用いた。②おおきい、ひろい、ながい。③さかん、すぐれる、たっとい。④あまねく、ゆたか、とむ、こえる。⑤はなはだしい。

古訓 〔名義抄〕大 オホキナリ・オホイサ・フトシ・ヒタスラ・カタチ 〔字鏡集〕大 フトシ・オホキナリ・ハナハダ・ヒタスラ・カタチ・オホイサ・ユタカ・カミ

部首 〔説文〕に夾・奄・夸・契(契)など十七字を属し、〔玉篇〕にはすべて五十六字に及ぶ。〔説文〕に別に「他達切」の音を与える大の部があり、そこに奕・奘・臭・奚・耎など七字を属するが、これらのうち臭(こう)を除いて他は、みな大に従う字で、別の部とする理由はない。臭は臯(こう)と同字、獸屍が暴(さら)されている形で、

暴がその繁縟の形の字である。

声系〔説文〕に大声として太（泰）・羍など七字を収める。太は泰の省形で、大に従う字ではない。羍は母羊が子羊を生み落としている形。大は母羊を後ろからみて、その胯間を主とするもので、人の正面形である大の形に従うものではない。

語系 大 dat、泰（太）that は声義近く、通用することがある。誕（誕）dan は誕大・虛誕の意のある字。

【大阿】（たいあ） 古代の名剣の名。〔戦国策、韓一〕韓卒の劍戟～龍淵・大阿は、皆陸に馬牛を斷ち、水に鵠鴈を擊つ。敵に當りては卽ち堅甲を斬る。

【大哀】（たいあい） この上ない哀しみ。〔荘子、斉物論〕終身役役として其の成功を見ず。苶然として疲役して其の歸する所を知らず。哀しまざるべけんや。～其の形化し、其の心之れと然り。大哀と謂はざるべけんや。人の生くるや、固より是くの若く芒たるか。

【大悪】（たいあく） 非常の悪事。〔公羊伝、隠十年〕外に於ては、大惡は書するも、小惡は書せず。

【大威】（たいい（ゐ）） 大きな威力。〔戦国策、斉六〕吾れ聞く、小節に傚ふ者は、大威を行ふこと能はず。小恥を惡む者は、榮名を立つること能はずと。

【大一】（たいいつ） 極大。〔荘子、天下〕至大は外無し。之れを大一と謂ふ。至小は內無し。之れを小一と謂ふ。無厚は積むべからず。其の大いさ千里。

【大隠】（たいいん） 世を捨てはてた人。晉・王康琚〔反招隠詩〕小隱は陵藪に隱れ　大隱は朝市に隱る　伯夷は首陽（山）に竄れ　老聃は柱史に伏す

【大化】（たいか（くわ）） 大いなる徳化。〔漢書、匡衡伝〕道德京師に弘いにして、淑問（令名）疆外に揚ぐ。然る後、大化成るべく、禮讓興るべきなり。

【大廈】（たいか） 大家屋。漢・王褒〔四子講徳論〕千金の裘は、一狐の腋（わきの皮）に非ざるなり。太平の功は、一人の略（図計）に非ざるなり。大廈の材は、一丘の木に非ざるなり。

【大雅】（たいが） 詩経の詩。小雅に対していう。唐・李白〔古風、五十九首、一〕詩　大雅、久しく作らず　我衰へなば、竟に誰か陳べん

【大戒】（たいかい） 大きな叛くべからざる法則。〔荘子、人間世〕仲尼曰く、天下に大戒二有り。其の一は命なり。其の一は義なり。～天地の閒に逃るる所無き、之れを大戒と謂ふ。

【大塊】（たいかい（くわい）） 大地。〔荘子、大宗師〕夫れ大塊、我を載するに形を以てし、我を勞するに生を以てし、我を佚するに老を以てし、我を息はしむるに死を以てす。

【大覚】（たいかく） 大悟。〔荘子、斉物論〕覺めて而る後に、其の夢なることを知るなり。且つ大覺有りて、而る後、此れ其の大夢なることを知るなり。

【大観】（たいかん（くわん）） 大局から見る。雄大なながめ。宋・范仲淹〔岳陽楼記〕予れ夫の巴陵の勝狀を觀るに、洞庭の一湖に在り。遠山を銜み、長江を呑み、浩浩湯湯として橫に際涯無く、朝暉夕陰、氣象萬千なり。此れ則ち岳陽樓の大觀なり。

【大帰】（たいき） 再び出ることがない。離縁。死。〔荘子、知北遊〕紛乎宛乎として、魂魄將に往かんとし、乃ち身之れに從ふ。乃ち大歸なるか。

【大機】（たいき） 重大なきっかけ。〔三国志、魏、武帝紀〕（荀）彧以爲へらく、（袁）紹、衆を悉くして官渡に聚まり、（曹）公と勝敗を決せんと欲す。公、至弱を以て至彊に當る。若し制すること能はずんば、必ず乘ずる所と爲らん。是れ天下の大機なり。

【大義】（たいぎ） 人倫の最も正しい道。〔易、家人、彖伝〕男女正しきは、天地の大義なり。家人、嚴君有りとは、父母の謂ひなり。～家を正して天下定まる。

【大疑】（たいぎ） 重大な疑問。〔書、洪範〕汝則ち大疑有るときは、謀りて乃の心に及び、謀りて卿士に及び、謀りて庶人に及び、謀りて卜筮に及べ。

【大議】（たいぎ） 重大な問題。〔漢書、董仲舒伝〕仲舒家に在り。朝廷に如し大議有るときは、使者及び廷尉張湯をして、其の家に就きて、之れを問はしむ。其の對（対冊）、皆明法有り。

【大逆】（たいぎゃく） 臣子の道に叛く。〔漢書、楊惲伝〕惲～臣子の義を盡さずして、妄りに怨望し、稱引して訞惡の言を爲す。大逆不道、請ふ、逮捕して治せんと。～免して庶人と爲す。

【大去】（たいきょ） 国遷り。〔穀梁伝、荘四年〕紀侯、其の國を大去す。大去とは、一人をも遺さざるの辭なり。～齊侯之れを滅ぼすも、滅と言はず。

【大愚】（たいぐ） 真の愚かもの。〔荘子、天地〕其の愚を知る者は、大愚に非ざるなり。其の惑を知る者は、大惑に非ざるなり。大惑なる者は、終身解らず。大愚なる者は、終身靈ならず。

【大計】（たいけい） 三年毎に官吏の成績を監査する。〔周礼、天官、大宰〕三歲に則ち群吏の治を大計し、之れを誅賞す。

【大慶】（たいけい） めでたい。晉・王羲之〔十七帖、六〕足下今年政に七十なる耶か。體氣常に佳なるを知る。此れ大慶なり。想ふに復た懃ろに頤養を加ふるならん。

【大賢】（たいけん） すぐれた賢者。〔孟子、離婁上〕天下道有るときは、小德は大德に役せられ、小賢は大賢に役せらる。～斯の二者は天なり。

【大言】（たいげん） よいことば。また、大ぼら。〔史記、高祖紀〕蕭何曰く、劉季固より大言多く、成事少なしと。高祖因りて諸客を狎侮し、遂に上坐に坐す。

【大悟】（たいご） 大いに悟る。〔後漢書、王常伝〕（劉）伯升、常を見て說くに合從の利を以てす。常、大悟して曰く、王莽は簒弑、天下を殘虐す。～今劉氏復興し、卽ち眞主なり～と。～遂に常と深く相ひ結びて去る。

【大巧】（たいこう（かう）） ものの上手。〔老子、四十五〕大直は屈まれるが若く、大巧は拙なるが若く、大辯は訥なるが若し。

【大荒】（たいこう（くわう）） 荒遠の地。また、空。宋・蘇軾〔潮州韓文公廟碑〕鈞天人無く、帝悲傷す　謳吟下招して、巫陽を遣はす　犦牲雞卜、我が觴（酒杯）を羞すむ　公少くも留まらず、我が涕滂たり　翩然被髮して、大荒より下れ

【大獄】（たいごく） 重大な犯罪事件。〔唐書、王鉷伝〕（李）林甫、方に大獄を興し、東宮を撼かし、己に附かざる者を誅す。鉷の險刻にして、動かすに利を以てすべきを以て、故に之れに倚より、鷙擊狼噬せしむ。鉷の摧陷する所、多く不道に抵る。

【大指】（たいし） 大体の要旨。〔史記、汲黯伝〕黯は黄老の言を學ぶ。官を治め民を理め、清靜を好み、丞史を擇びて之れに任ず。其の治、大指を責むるのみ。

【大事】（だいじ） 祭祀や戎事をいう。〔左伝、成十三年〕國の大事は祀と戎とに在り。祀に執膰（祭肉を頒かつ礼）有り、戎に受脤有り。神の大節なり。

【大赦】（たいしゃ） 国の慶事により、一斉に恩赦を行う。〔漢書、宣帝紀〕（地節二年）夏四月、鳳皇、魯郡に集り、群鳥之れに從ふ。天下に大赦す。

【大衆】（たいしゅう） 衆人。〔礼記、月令〕（孟春の月）是の月や、～麛（獣の子）をとること毋く、卵をとること毋く、大衆を聚むること毋く、城郭を置くこと毋く、骼（残骸）を掩ひ、胔（残肉）を埋めしむ。

【大醜】（たいしゅう（しう）） 大きな恥辱。また、敵酋。唐・柳宗元〔淮夷を平らぐるの雅（詩）を献ずるの表〕方城（篇名）は（李）愬に守ることを命ずるなり。卒に蔡に入りて、其の大醜を得、以て淮右を平らぐ。

【大醇】（たいじゅん） すぐれて純粋であること。唐・韓愈〔読荀〕孟氏は醇乎として醇なる者なり。荀（子）と揚（朱）とは、大醇

にして小疵あり。

【大匠】(たいしょう) 名工。〔孟子、告子上〕羿の人に射を教ふるや、必ず彀(的)に志す。學者も亦た必ず彀に志す。大匠の人に誨ふるや、必ず規矩を以てす。學者も亦た必ず規矩を以てす。

【大勢】(たいせい) 大局の趨勢。清・侯方域〔朋党論、上〕嘗つて天下の大勢に就いて之れを觀るに、門戸同じからざれば、風氣も亦た異なり。

【大節】(たいせつ) 大事の際の節度。〔論語、泰伯〕曾子曰く、以て六尺の孤(幼少の君)を託すべく、以て百里の命を寄すべし。大節に臨んで奪ふべからず。君子人か、君子人なり。

【大儺】(だいだ) 歳末の鬼やらい。〔呂覧、季冬〕有司に命じて大儺し、旁磔(犠牲をはりつけ)し、土牛を出り、以て寒氣を送る。

【大体】(だいたい) 要領。あらまし。〔夢渓筆談、書画〕大體、(董)源及び巨然の畫筆は、皆宜しく遠く觀るべし。其の用筆、甚だ草草(簡略)なり。近く之れを視るときは幾ど物象に類せず。遠く觀るときは、則ち景物粲然として、幽情遠思、異境を覩るが如し。

【大端】(だいたん) あらまし。また、重要なことの端緒。〔礼記、礼運〕飲食男女、人の大欲存す。死亡貧苦、人の大惡存す。故に欲惡なる者は、心の大端なり。

【大知】(たいち) すぐれた知。〔中庸、六〕舜は其れ大知なる與か。舜は問ふことを好み、好んで邇言(身近な言)を察す。～其れ斯れを以て舜と爲す乎か。

【大通】(たいつう) 大道。〔荘子、大宗師〕仲尼～曰く、何をか坐忘と謂ふと。顏回曰く、肢體を墮り、聰明を黜け、形を離れ知を去り、大通に同ず。此れを坐忘と謂ふと。

【大度】(たいど) 大きな度量。〔史記、高祖紀〕常に大度有り。家人の生産作業を事とせず。

【大統】(だいとう) 王統。〔史記、伯夷伝〕典職數十年、功用既に興り、然る後に政を授く。天下は重器、王者は大統、天下を傳ふること、斯くの若く之れ難きを示すなり。

【大纛】(だいとう)(たう) み旗。王使の旗。宋・欧陽脩〔相州昼錦堂記〕然らば則ち高牙大纛も、公の榮と爲すに足らず。桓圭袞冕も、公の貴と爲すに足らず。

【大同】(だいどう) 太古。平等の世。〔礼記、礼運〕大道の行はるるや、天下を公と爲し、賢を選び能に與し、信を講じ睦を脩む。故に人は獨り其の親を親とせず、獨り其の子を子とせず。～謀閉ぢて興らず、盜竊亂賊も作らず。～是れを大同と謂ふ。

【大道】(たいどう・だいどう(だう)) 人類のふむべき道。〔老子、十八〕大道廢れて仁義有り。智慧出でて大僞有り。六親和せずして孝慈有り。國家昏亂して忠臣有り。

【大徳】(だいとく) すぐれた徳。〔礼記、学記〕大德は官せず、大道は器ならず、大信は約せず。

【大漠】(たいばく) 広大な沙漠。〔後漢書、竇憲伝〕(班固、燕然山銘)玄甲日に耀き、朱旗天に絳く、遂に高闕に陵り、鷄鹿に下り、磧鹵を經、大漠を絶る。～然る後、～蕭條萬里、野に遺寇無し。

【大風】(たいふう) はげしい風。漢・高祖〔大風歌〕詩 大風起つて、雲飛揚す 威、海内に加はつて、故郷に帰る 安くにか猛士を得て、四方を守らしめん

【大分】(たいぶん) おおよその定め。寿命など。〔南史、隠逸上、陶潜伝〕疾患より以來、漸く衰損に就く。親舊遺れず、毎に藥石の救せらるる有るも、自ら大分の將に限り有らんとするを恐るるなり。

【大方】(たいほう)(はう) 地。大法。大道。〔荘子、秋水〕河伯始めて其の面目を旋らし、洋を望み、(海)若に向ひて歎じて曰く、～吾れ子の門に至るに非ずんば、則ち殆かりしならん。吾、長く大方の家に笑はれんと。

【大鵬】(たいほう) 巨大な鵬。〔荘子、逍遥遊〕鵬の背、其の幾千里なるを知らざるなり。怒んで飛ぶ。其の翼、垂天の雲の若し。是の鳥や、海運るときは、則ち將に南冥に徙らんとす。南冥とは天池なり。

【大名】(たいめい) 名声。〔史記、陳渉世家〕壯士、死せずんば即ち已む。死せば即ち大名を擧げんのみ。

【大邑】(たいゆう)(いふ) 都。〔書、康誥〕惟れ三月、哉生魄、周公初めて基し、新大邑を東國の洛に作らんとし、四方の民、大いに和會す。

【大勇】(たいゆう) 真の勇。〔孟子、公孫丑上〕吾れ嘗つて大勇を夫子に聞けり。自ら反(顧)して縮からずんば、褐寬博(卑服の人)と雖も、吾惴れざらんや。自ら反して縮からば、千萬人と雖も吾往かん。

【大猷】(たいゆう)(いう) 大謀。大道。〔詩、小雅、巧言〕秩秩たる大猷 聖人之れを莫む

【大戮】(たいりく) 死罪。〔後漢書、党錮、范滂伝〕古の善に循ふ者は、自ら多福を求む。今の善に循ふ者は、身大戮に陷る。身死するの日、願はくは滂を、首陽山側(伯夷の死処)に埋めよ。

【大略】(たいりゃく) あらまし。また、すぐれた智略。〔史記、酈生伝〕沛公慢にして人を易るも、大略多し。

【大礼】(たいれい) 重大な礼。〔史記、項羽紀〕大行は細謹を顧みず。大禮は小讓を辭せず。

【大厲】(たいれい) 悪霊。〔左伝、成十年〕晉侯、大厲を夢む。被髮地に及び、膺を搏ちて踊る。

【大麓】(たいろく) 山麓の茂み。舜が治績を示したところ。のち、官名に用いる。〔書、舜典〕大麓に納るれば、烈風雷雨にも迷はず。帝曰く、～乃の言、績とすべきを厎すこと三載なり。～汝帝位に陟れと。

【大論】(たいろん) 高論。〔申鑒、雑言下〕大論を聞かざれば、則ち志宏からず。至言を聽かざれば、則ち心固からず。唐虞を上世に思ひ、仲尼を中古に瞻る。

↑大安 安らか／大位 王位／大意 あらまし／大員 大官／大陰 地／大雨 豪雨／大雩 旱の祭／大運 天運／大雲 盛雲／大瀛 大海／大役 大工事／大閲 軍の検閲／大円 天／大衍 易筮の數五十／大遠 極遠／大翁 船頭／大屋 高大な家／大哥 長兄／大家 名家／大過 大きな過ち／大駕 天子の車駕／大会 多く集まる／大悔 痛恨／大海 大うみ／大壊 大崩れ／大概 あらまし／大壑 海／大喝 どなる／大旱 ひでり／大函 貴翰／大姦 大悪人／大患 大病／大寒 立春の前／大漢 大男／大簡 簡略すぎる／大艦 大船／大銜 大官／大願 大事な願い／大気 空気／大忌 大災／大期 生み月／大逵 大通り／大毀 衰える／大器 大人物／大諱 王の死／大饑 大凶作／大儀 重大な儀礼／大誼 大義／大吉 大いに吉／大噱 大笑い／大虐 大残虐／大咎 大禍／大急 至急／大挙 大勢かかる／大虚 空／大共 大法／大俠 親分／大貺 大賜／大饗 盛大な賜饗／大業 立派な業／大曲 宋代の歌曲／大局 大勢／大極 太極／大昕 夜あけ／大衾 寝具／大鈞 造化／大禁 国禁／大矩 大地／大虞 大憂／大空 天空／大君 天子／大訓 よい教え／大勲 抜群の功／大群 多数／大刑 重計／大恵 大恩／大経 常道／大絜 清める／大潔 大絜／大献 献捷／大権 王権／大憲 大法／大譴 大罪／大限 寿命／大戸 大酒飲み／大古 大昔／大呼 大声／大公 公平／大功 九月の服喪／大行 崩御／大孝 至孝／大侯 弓の

的／大較 あらまし／大綱 根本／大羹 肉汁／大豪 豪傑／大谷 大渓谷／大国 強大な国／大恨 痛恨／大蜡 臘の祭／大坐 あぐら／大才 高才／大災 大災害／大采 朝日を拝する礼／大栽 大災／大菜 海藻／大材 大才／大罪 重罪／大錯 大錯誤／大冊 大きな本／大札 大疫／大纖 きぬがさ／大子 太子／大旨 大要／大使 王の使者／大姉 姉上／大始 太始／大視 雄視／大胾 大きな肉片／大肆 大恣／大次 旅先の御座所／大慈 慈悲／大室 祖廟の室／大社 国の冢社／大舎 大屋／大榭 大きな台榭／大嚼 むさぼりくらう／大首 巨頭／大趣 大旨／大儒 大学者／大樹 大木／大酋 酋長／大溲 大便／大蒐 大がかりな春の猟／大讐 大敵／大戎 元戎／大熟 豊作／大率 大略／大潤 大雨／大初 原初／大書 大字でかく／大暑 ま夏の暑さ／大小 大きさ／大称 大秤／大笑 大笑い／大捷 大勝／大勝 大勝利／大詔 詔令／大丞 冬祭／大食 大食い／大辱 大戮／大侵 大饑饉／大信 まこと／大浸 大水／大秦 ローマ帝国／大晨 夜明け／大祲 大侵／大寝 正寝／大震 大地震／大親 至親／大人 有徳者／大祟 大たたり／大酔 泥酔する／大隧 大きな地下道／大数 定命／大成 しあがる／大声 大ごえ／大制 大法／大政 国政／大眚 大罪／大聖 至聖／大感 大憂／大磧 砂原／大雪 大ゆき／大川 大きな川／大泉 大銭／大遷 遷都／大全 完璧／大漸 危篤／大宗 本宗／大倉 官倉／大喪 王の葬儀／大駔 仲買人／大藪 広大な狩場／大則 重い契約／大息 深いため息／大族 豪族／大賊 大悪賊／大憝 大悪人／大沢 大きな沢／大胆 度胸／大壇 天壇／大地 広い地／大恥 大はじ／大致 おおむね／大智 明智／大痴 大馬鹿／大儲 大利／大庁 大きな座敷／大冢 大きな墓／大朝 諸侯が参朝する／大潮 満潮／大寵 殊寵／大痛 大哀／大氏 大抵／大抵 おおかた／大庭 外朝／大堤 長堤／大禘 郊祭／大適 かなう／大耋 大年寄り／大典 大礼／大篆 秦の籀篆／大佃 王の狩猟／大斗 酒杓／大肚 大腹／大都 おおむね／大奴 奴隷頭／大刀 大たち／大盗 大盗人／大竇 大穴／大得 大利／大内 宮中／大難 大厄／大任 重仁／大熱 大暑／大年 高年／大波 巨濤／大拝 宰相を任命する／大盃 大杯／大敗 大負け／大禖 子授け神／大白 金星／大帛 大白冠／大舶 大船／大璞 大きな璞玉／大半 過半／大版 築牆の版／大藩 雄藩／大比 大計／大庇 かばう／大批 多数の／大被 夜着／大尾 終わり／大筆 貴筆／大病 重病／大賓 貴賓／大夫 部課の長／大父 祖父／大婦 長男の嫁／大部 浩瀚な書冊など／大廡 大廈／大福 大幸／大文 大文章／大兵 大軍／大柄 大権／大聘 三年に一度の聘問／大蔽 大蔽害／大辟 死刑／大変 非常の事／大篇 雄篇／大弁 雄弁／大舗 大きな店／大拇 親指／大暮 死／大邦 大国／大宝 至宝／大舫 もやい舟／大烹 ご馳走／大礟 大砲／大防 大隄／大謀 大きな謀／大北 大敗／大本 根本／大奔 大敗走／大満 傲る／大夢 うつし世／大霧 濃霧／大命 天命／大明 日月／大蒙 極遠の地／大冶 鋳鉄／大爺 伯父／大約 おおよそ／大猶 大猷／大憂 大きな憂い／大洋 大海／大欲 大きな欲／大賚 大賜／大乱 騒乱／大理 大治／大律 大法／大慮 遠謀／大量 大度量／大僚 大官／大力 強力／大倫 人倫／大戻 大罪／大例 範例／大烈 大業／大輦 王の手車／大斂 納棺の礼／大臠 大きな切身の肉／大路 大輅／大輅 乗輿／大牢 太牢／大潦 大水／大禄 高禄／大惑 深い惑い

↓偉大・衍大・遠大・過大・拡大・郭大・寛大・巨大・強大・極大・夸大・誇大・広大・弘大・洪大・高大・細大・最大・至大・自大・事大・重大・小大・甚大・正大・盛大・絶大・措大・粗大・壮大・増大・尊大・多大・著大・長大・椽大・斗大・特大・博大・莫大・肥大・尾大・尨大・膨大・雄大・老大

常 **【代】** 5 2324 ダイ タイ かわる よ

篆文 

形声 声符は弋。代に古く忒の声があり、職(職)部の韻に入ることが多い。〔説文〕八上に「更るなり」と更代の意とし、心部の忒字条十下に「更るなり」とあって同訓。代・忒の字の従う弋は、おそらくもと朩に作る字で、朩は戚の初文。その朩(戚)を呪器として、更改の呪儀を行うことを代といい、忒というのであろう。ゆえにともに更改の意がある。更改の意をもつ更(更)・改・變(変)は、すべてその呪的な方法を示す字で、みな攴に従い、その呪器を殴つ意を示す。毅改のような呪儀も同じ。代は朩(戚)による呪儀で、これによって禍殃を改め、他に転移させることができた。そのように代替することから、代理・更代の意となる。世代の義も、更代からの引伸義であろう。

訓義 ①かわる、いれかわる。②かわるがわる、みがわり。③世代がかわる、よ。

古訓 〔名義抄〕代 ヨ・ヨヽ・カフ・カハル・カハル〳〵・シロ／代々 ヨヽ／更代 カハル〳〵

声系 〔説文〕に代声として岱・忒の二字を収める。忒十下は「常を失ふなり」とあり、忒と声義の同じ字である。

語系 代dək、遞(逓)dyekは声近く、逓次交替の意がある。迭(迭)dyetも声近く、その義に用いる。代は戚、遞は虎皮、失は巫女がエクスタシーの状態で舞う形。みな呪的な転移の方法に関する要素を含む字である。

【代工】天の為すことを代わって行う。〔書、皐陶謨〕庶官を曠しうすること無かれ。天工に、人其れ之れに代れるのみ。

【代耕】耕作する代わりに、禄を受ける。〔孟子、万章下〕下士と庶人の官に在る者とは、禄を同じうす。禄は以て其の耕に代ふるに足るなり。

【代講】代わって講義する。〔南史、文学、紀少瑜伝〕年十九、始めて太學に遊ぶ。～博士東海の鮑皦、雅より相ひ欽悦す。時に皦、疾有り、少瑜に代講せんことを請ふ。少瑜既に玄言に妙に、談吐を善くす。

【代謝】次々と移りかわる。唐・孟浩然〔諸子と峴山に登る〕詩 人事、代謝有り 往來、古今を成す 江山、勝跡を留め 我が輩復た登臨す

【代序】次々と交替する。〔楚辞、離騒〕日月忽として其れ淹まらず 春と秋と、其れ代序す

【代代】世々。唐・張若虚〔春江花月夜〕詩 人生代代、窮まり已むこと無し 江月年年、祇に相ひ似たり

【代筆】人に代わって書く。宋・袁燮〔国家宜しく政刑を明らかにすべきを論ずる劄子〕場屋代筆の罰は、先朝の甚だ嚴にする所。罪は背を鞭つに至り、終身齒とせず。禁防陵夷(衰微)せしより、肆行し忌む無し。

↑代価 値段／代換 とり換える／代間 世間／代匱 代用／代語 方言／代行 代理／代興 代わり興る／代哭 葬儀の哭き役／代子 世子／代死 身代わり／

代舎 客舎／代叙 代序／代償 つぐない／代奏 代理として奏上する／代替 代わり／代田 休耕／代馬 胡地の馬／代弁 代理／代面 舞楽面／代輸 代わって租税を納める／代用 代わりに使う／代労 代人

↓異代・一代・永代・易代・奕代・希代・今代・近代・現代・古代・交代・更代・後代・曠代・時代・重代・初代・承代・昭代・上代・世代・聖代・盛代・絶代・千代・先代・前代・当代・同代・年代・万代・末代・明代・累代・歴代・列代

常 **【台】** 5 2360 〔臺〕 14 4010 ダイ タイ うてな だい

篆文  金文 

会意 旧字は臺に作り、高の省形＋至。〔説文〕十二上に「觀の四方にして高き者なり。至に從ひ、之に從ひ、高の省に從ふ。室・屋と意を同じうす」と、三字みな至に従うことをいう。室字条七下・屋字条八上に「至り止まる所なり」と解するが、至は矢を放って占地し、そこに建物を営む意で、占地の方法を示す。高はみな神明の居る神聖な所で、臺もそのような建物である。高は下部がアーチ状をなす楼門形式の建物、臺の字の上部の、〔説文〕が之と解する部分は、屋上に加える禾形の呪飾で、卜文の高・京の屋上に、この種の呪飾を加えている例が多い。殷の紂王の「鹿臺」、楚の荘霊の「章華臺」など、壮麗な台観の造営が行われ、そのような台観は神明の寄るところとされた。いま台をその略字とするが、台はムに祝禱の器の口を加えて生産を祈る胚胎の儀礼、また台は怡系統の語で、臺とは系統を異にする字である。

訓義 ①うてな、台観、楼形式の高殿。②だい、ものをおく台、高くて平らかなところ、そのような地勢のところ。③つかさ、役所、朝廷、台閣、高官への敬称。④みささぎ、御陵。⑤儓と通じ、しもべ、こもの、やっこ。⑥薹と通じ、すげ。

古訓 〔和名抄〕臺 宇天奈(うてな) 〔名義抄〕台 ワレ・トシ・ヤシナフ・シタガフ／臺 ウテナ 〔字鏡集〕臺 イヘ・ウテナ・ヒラキ・ハシラ

声系 〔説文〕十二下に臺声として嬯を収め、「遅鈍なり」と訓する。臣儓の儓と同字。至賤の徒隷をいう。

参考 台はいま臺の常用字とするが、もとは異なる字。清の黄生の〔字詁〕に「台臺」の一条があり、台を敬称に用いるのは三台(三公)の意にとるものであり、臺は執権の職、御史臺の意であるから、臺を敬称に用いるのは誤りであるという。敬称として冠するものには、台を用いるのがよい。

【台閣】 尚書省。また、宮掖。〔後漢書、仲長統伝〕(昌言、法誡篇)光武皇帝、數世の權を失ふを慍み、彊臣の命を竊むを忿り、枉を矯むること過直、政下に任ぜず。三公を置くと雖も、事臺閣に歸す。此れより以來、三公の職、員(数)に備はるのみ。

【台観】 たかどの。〔新序、雑事二〕隆冬烈寒、士短褐も完からず、四體蔽はざるに、君の臺觀には、帷幔錦繡、風に隨ひて飄飄として敗る。

【台榭】 うてな。〔左伝、哀元年〕夫差は次りに臺榭陂池有り、宿に妃嬙嬪御有り。～民を視ること讐の如く、之れを用ふること日に新たなり。

【台亭】 うてなと、あずまや。唐・杜甫〔江外草堂に寄題す〕詩 臺亭、高下に隨ひ 敞豁、淸川に當る 惟だ會心の侶有り 數しば能く釣船を同にす

【台笠】 薹すげ笠。〔詩、小雅、都人士〕彼の都人士 臺笠緇撮す(黒布で髪を包む)

【台隷】 しもべ。〔宋書、恩倖伝序〕周・漢の道、智を以て愚を役し、臺隸參差として、用つて等級を成せり。魏・晉以來、貴を以て賤を役し、士庶の科、較然として辨有り。

↑台苑 台と苑／台下 貴下／台格 法令／台官 尚書／台翰 貴翰／台顔 尊顔／台教 高教／台憲 御史／台候 お伺い／台獄 御史台の獄／台札 貴翰／台察 ご賢察／台琖 杯の台／台使 宮中の使者／台省 尚書省／台城 禁城／台尊 長官／台駘 汾水の神／台地 高台／台秩 高官／台長 御史中丞／台朝 朝廷／台奴 しもべ／台盃 杯の台／台盤 食卓／台僕 しもべ／台囿 台苑

↓簃台・雲台・観台・鏡台・玉台・金台・瓊台・香台・高台・三台・燭台・寝台・崇台・尊台・池台・亭台・土台・灯台・登台・舞台・砲台・輿台・瑶台・蘭台・輪台・霊台・蓮台・輦台・楼台・鹿台

【奶】 5 4742 〔嬭〕 17 4142 ダイ うば はぐくむ

金文 

形声 声符は乃。もと嬭に作り、嬭は〔広雅、釈親〕に「母なり」という。

訓義 ①はは、うば。②はぐくむ、授乳する。

＊語彙は嬭字条参照。

↓奶奶 婦人の敬称

【柰】 9 4090 〔奈〕 8 4090 ダイ ナイ ナ からなし なんぞ

篆文  甲骨文 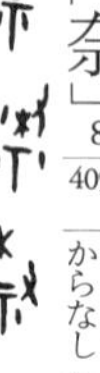

形声 声符は示。ただ声が合わず、声の由るところが知られない。卜文に柰・叔の字があるが、ともに別の字である。〔説文〕六上に「柰果なり」(段注本)とあって、からなしをいう。〔書、召誥〕に「柰何ぞ」とあり、「如何」と同じ語。奈は俗字である。

訓義 ①からなし。②いかん、いかんぞ、いかんせん、なんぞ。

古訓 〔名義抄〕柰 カラナシ 〔篇立〕奈 ムラガル・イカン・チカシ・ナントモス・スケ／柰 ヲフ

声系 〔説文〕三下に隷を柰声の字とするが、その篆文の字形は祟に従い、その祟をなす呪獣の尾をもつ形である。「附箸するなり」と訓し、その祟を他に転移することをいう。その転移されたものを神の徒隷とした。ただ柰と祟とは声義においてわたるところがなく、隷を柰声とする〔説文〕の説は、後起の字形によって誤り説くものである。ただ奈が大に従うのは意味のあることと思われ、奈 nat は大 dat とともに舌頭音、いわゆる旁紐の字である。

語系 柰 nat、如 njia は声近く、〔礼記、曲礼下〕「柰何ぞ社稷を去るや」は如何と同義。那(那) na も同系の語で、「なんぞ」とよむ。〔経伝釈詞〕に「那は柰何の合聲なり」という。

＊語彙は奈字条参照。

【柰何】 なぜ。どうして。〔書、召誥〕嗚呼、曷ぞ其れ、柰何ぞ敬まざる。天、既に大邦殷の命を遐終(終結)す。

【柰河】 三途の河。〔宣室志、四〕(董観、死す)行くこと十餘里にして一水に至る。廣さ數尺ならず。流れて西南す。～(僧霊)習曰く、此れ俗に所謂柰河なり。其の源は地府に出づと。觀、即ち其の水を視る。皆血にして腥穢近づくべからず。

↓何柰・嘉柰・甘柰・杏柰・紫柰・朱柰・赤柰・丹柰・白柰・碧柰・蜜柰・無柰

【迺】 10 3130 〔廼〕 9 1140 ダイ ナイ すなわち

篆文  古文  金文  甲骨文 

象形 字の初形は、卣形のものを、その下部を包んでおく形。卣は酒器。もと瓠瓢の形で、古くは自然に醱酵したものを、

神酒として供えたのであろう。のち秬鬯（香をつけた酒）を用いて、金文には「秬鬯一卣」のようにいう。金文にまた、「廼」という副詞に用い、「廼ち賜ふ」「廼ち許す」のように用いる。〔説文〕五上に卤を録し、「驚く聲なり。乃の省に從ひ、西聲」とし、「或いは曰く、卤は往くなり。讀みて仍（仍ち）の若くす」という。〔唐写本玉篇〕に「迺は說文古文の卤なり」とあり、〔説文〕乃部に卤を録して「气の行く皃なり」とし、「讀みて攸の若くす」とみえる。廼・迺は〔説文〕にみえないが、卜文・金文に卤の字があり、早くから副詞に用いられている。

訓義 ①おどろく声。②ゆく、いたる、とおい。③乃と通じ、すなわち、はじめて、なんじ。

古訓 〔名義抄〕廼 スナハチ・ナムヂ・トホシ・ウツル・タノシブ・ユク・シメ 〔篇立〕廼 スナハチ・ハジメ・タノシム・ユク・ナグサム・ナムヂ・ウツル・トホシ 〔字鏡集〕廼 ヤスシ・ナムヂ・スナハチ・ハジメ・オホキナリ・ナヲシ・タノシブ・ユク・シメ・ヒキハナル・カタシ・ウツル

語系 廼・乃 na は同声。而 njia も声近く、これらの字の間に通用の関係がある。

↑迺翁 乃翁／迺公 乃公／迺今 如今／迺在 僅か／迺日 その日／迺者 このごろ／迺父 乃翁

常

【第】 11 8822 ダイ テイ しだい やしき ただ

篆文

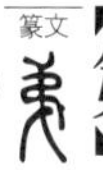

形声 声符は弟の省文。弟は〔説文〕五下に「韋束の次弟なり」とあり、韋でものを束ねる形。第は竹簡をそのように次第して綴ることをいう。それで序列・品第の意となる。邸の意に仮借し、また副詞の「ただ」に用いる。命令的にそれを選択するとき、また仮設の意がある。

訓義 ①しだい、ついで、竹簡を順序よく綴る。②次第の順、第一・第二。③しな、しなの高低、品第。④合格する、及第する、品第に入る。⑤邸と通じ、やしき。⑥但と通じ、ただ。

古訓 〔名義抄〕第 ツイヅ 〔字鏡集〕第 サイハヒ・シバラクハナル・ツイヅ・ヲク・タヾ・イヘ

語系 第 dyei は但 dan、徒 da、特 dək、直 diək と声近く、みな副詞の「ただ」の意に用いる。また邸 tyei は〔説文〕六下に「屬國の舍なり」とあり、宿宅をいう。第を通仮して、その義に用いる。

【第一】 最上。〔史記、蕭相国世家〕位次を奏するに及び、皆曰く、平陽侯曹參、身七十創を被り、城を攻め地を略し、功最も多し。宜しく第一なるべしと。～帶劍、履のまま上殿することを賜ふ。

【第館】 やしき。南朝宋・范曄〔宦者伝論〕府署第館、都鄙に基列し、子弟支附し、州國に過半なり。

【第観】 第宅と楼観。〔後漢書、馬防伝〕防の兄弟貴盛にして、奴婢各〻千人已上、資產巨億、皆京師の膏腴美田を買ひ、又大いに第觀を起し、連閣道に臨み、街路に彌亙す。

【第舎】 やしき。〔後漢書、梁冀伝〕冀、乃ち大いに第舍を起し、（妻、孫）壽も亦た街に對して宅を爲くり、土木を殫極し、互ひに相ひ誇競す。

↑第宇 官邸／第屋 邸宅／第下 貴下／第家 世家／第行 排行／第次 次第／第室 やしき／第宅 やしき／第秩 官秩／第内 邸内／第品 品第／第名 家柄の次第／第目 品第／第門 邸の門／第令 役所の使

↓下第・科第・家第・開第・官第・館第・起第・及第・旧第・居第・公第・甲第・高第・次第・私第・失第・升第・上第・城第・大第・治第・邸第・擢第・登第・入第・美第・品第・府第・譜第・別第・名第・門第・落第・里第・列第

【鼐】 15 1722 ダイ かなえ

篆文

形声 声符は乃。〔説文〕七上に「鼎の絶だ大なる者なり」とあり、〔爾雅、釈器〕の文による。〔説文〕にまた「魯詩説」を引いて、小鼎とする説を録する。鼎の甚だ大なるものといえば、〔旨鼎〕にいう「鬻牛鼎」の類であろう。鬻は煮る。〔博古図〕に録する〔大師望毀〕に「鬻彝」の名がみえる。

訓義 ①かなえ、大きなかなえ。②小さなかなえ。

【鼐鼎】 大小の鼎。〔詩、周頌、糸衣〕堂より基に徂き 羊より牛に徂き 鼐鼎と鼒と

人

【醍】 16 1668 ダイ さけ

篆文

形声 声符は是。是に題の声がある。〔説文新附〕十四下に「醍醐は酪の精なる者なり」とあり、また醍には「清酒なり」という。普通には醍醐と連用する。醍は赤色の酒とも、また一夜作りの味の薄い酒ともいう。

訓義 ①さけ、あかいさけ、すんださけ、一夜作りの酒。②醍醐。

古訓 〔名義抄〕醍 サケ・ヱフ 〔字鏡集〕醍 ヱフ・ヨフ・サケ

【醍醐】 酪で作った飲み物。〔唐書、穆寧伝〕（寧の子）兄弟、皆和粹、世、珍味を以て之れに目づく。贊は俗少なし。然れども格有り、酪と爲す。質は美にして入多し、酥と爲す。員を醍醐と爲し、賞を乳腐と爲すと云ふ。

↑醍盎 赤酒と葱白の酒／醍酒 一夜作りの酒

↓斉醍・粢醍

【餒】 16 8274 ［餧］ 17 8274 ダイ うえる

篆文

形声 声符は妥（妥）。〔説文〕五下に正字を餧に作り、「餓うるなり」という。〔玉篇〕に「飢うるなり」とあり、衣食に窮することを凍餒という。餒を餧に作るのは、綏を緌に作るのと同じく、妥と委とを互易する字。〔説文〕には妥字を収めないが、この字は本来妥声とすべき字である。

訓義 ①うえる、かつえる。②くさる、あざる、魚や肉がくさる。

古訓 〔名義抄〕餒 ウウ・タクハフ・トモシ 〔篇立〕餒 クサシ・クラフ・ヱフ・クヒモノ・トモシ・ウウ・カフ・ウヱタリ

【餒棄】 飢え棄てられる。〔隋書、儒林伝論〕劉焯は道、縉紳に冠たり。～劉炫は學、實に通儒。～竝びに道亞生知なるに、時我に與みせず、或いは纔かに下士に登り、或いは溝壑に餒棄せらる。惜しい矣か。

【餒虎】 飢えた虎。〔史記、信陵君伝〕今難有り、他端無くして秦軍に赴かんと欲するは、譬へば肉を以て餒虎に投ずるが若し。

【餒士】 不遇の人。唐・孟郊〔隠士〕詩 山野に餒士多く 市井に飢人無し

【餒死】 飢え死に。〔漢書、谷永伝〕百姓財竭き力盡き、愁恨天に感じ、災異婁〻降り、饑饉仍りに臻る。流散冗食、道に餒死するもの、百萬を以て數ふ。

【餒病】 飢えて病む。〔孔子家語、困誓〕孔子陳・蔡の閒に於て厄に遭ひ、糧を絶つこと七日、弟子餒病す。孔子絃歌す。～明日、厄より免る。

↑餒餓 飢える／餒鬼 飢えをもたらす鬼／餒饉 餓死／餒魂 祭られぬ魂／餒才 貧才／餒敗 腐敗する／餒腹 空腹／餒斃 餓死する

↓哀餒・萎餒・羸餒・寒餒・鬼餒・飢餒・饑餒・救餒・魚餒・困餒・大餒・凍餒・貧餒・豊餒・飽餒・乏餒

【嬭】 17 4142 ［奶］ 5 4742 ダイ うば はぐくむ

金文

形声 声符は爾。爾に瀰の声がある。〔広雅、釈親〕に「母なり」とあり、また乳・乳母をもいう。奶はその俗字。

訓義 ①はは。②ちち、授乳するもの、うば。③はぐくむ。④あね。⑤女のあざな。

古訓 〔名義抄〕嬭 チオモ・ヌノコト 〔字鏡集〕嬭 シタガフ・ハヽ・チオモ

↑嬭媼 乳母／嬭牙 乳歯／嬭食 乳／嬭嬭 女の敬称／嬭婆 乳母／嬭母 乳母／嬭油 バター／嬭闌 乳あて

【嬯】 17 4441 ダイ タイ にぶい おろか

篆文 

形声 声符は臺。〔説文〕十二下に「遅鈍なり」とあり、〔段注〕にいまの癡(痴)というのと同じとする。金文の〔叔徳毀〕に「臣嬯十人」を賜うことがみえ、〔左伝、昭七年〕に「僕・臣・臺」など十等の徒隷の名をしるしている。字はまた儓に作り、嬯とは女奴をいう。

訓義 ①にぶい、おろか。②女奴。

古訓 〔名義抄〕嬯 オソシ 〔字鏡集〕嬯 ニブシ・オソシ

語系 嬯・駘は同声。駘は駑馬。嬯にも遅鈍の意があり、女奴をいう。

常 【題】 18 6180 ダイ ひたい しるす

篆文  古印璽 

形声 声符は是。是に醍の声がある。〔説文〕九上に「頟なり」とあり、また定ともいう。〔礼記、王制〕に「雕題交趾」、〔楚辞、招魂〕に「雕題黑齒」とみえ、古く南方には額に入墨し、お歯黒を用いる俗があった。額は顔の中央正面のところであるから、室の中央正面に掲げるものを題額、書冊には題署という。そのほか題字・題目のように用いる。

訓義 ①ひたい、あたま、かしら、さき。②正面にしるす、あらわす、かきつける、しるし。③表題、題目、問題、課題、そのことの主となるもの、主題。④しなさだめ、品題。⑤題と通じ、みる、あきらかにする。

古訓 〔名義抄〕題 ヒタヒ・ハシ・ヌカ／平題 イタツキ 〔篇立〕題 アラハス・カク・ヌカ・シルシ 〔字鏡集〕題 ツバヒラカニ・サトル・アラハナリ・アラハス・シルシ・ミル・カク・ヒタヒ

語系 題dye、定dyengは声近く、定を題額の意に用いることがある。また、頂tyeng、顚・巓tyen、天thyenは声義近く、一系をなす語である。

【題額】 額に題書する。〔尚書故実〕(智)永、往きに呉興の永福寺に住む。積年書を學び、～人來りて書を覓め、竝びに題額を請ふ者市の如し。

【題詩】 物に題して詩を作る。また、詩を物に書きしるす。唐・白居易〔王十八(全素)の山に帰るを送り、仙遊寺に寄題す〕詩 林閒に酒を暖めて紅葉を燒き 石上に詩を題して綠苔を掃ふ

【題字】 書物の初めや石碑上部などに記す文字。唐・許渾〔秋日、行きて関西に次る〕詩 紫陌、秦山近く 靑楓、楚樹遙かなり 還た(劉)長卿の志に同じうし 字を題して河橋に滿つ

【題辞】 書物の初めにその大旨を示す文辞。漢・趙岐〔孟子題辭〕孟子題辭なる者は、孟子の書の本末指義、文辭に題號する所以の表なり。

【題跋】 書物や碑帖・書画の題辞や跋文。〔夢渓筆談、楽律一〕唐の昭宗、華州に幸し、齊雲樓に登り、～菩薩蠻辭三章を作る。～今此の辭の墨本、猶ほ陝州の一佛寺中に在り。～曾て之れを一見したるに、後人の題跋多く、巨軸に盈ちたり。

【題払】 品定め。評判。〔後漢書、党錮伝序〕桓・靈の閒に逮び、～處士橫議し、遂に乃ち名聲を激揚し、互ひに相ひ題拂し、公卿を品覈し、執政を裁量す。婞直の風、斯に於て行はる。

【題壁】 壁に詩文などを書きしるす。〔旧唐書、隠逸、王績伝〕嘗て躬ら東皐に耕す。故に時人、東皐子と號す。或いは酒肆を經過し、動もすれば數日を經へ、往往壁に題して詩を作り、多く好事者に諷詠せらる。

【題目】 品評。題識。標目。試問。また、詩文の題。宋・楊万里〔紅錦帯花〕詩 後園初夏、題目無し 小樹微芳、也た詩を得たり

↑題衣 衣に書く／題詠 題を定めて詩を作る／題緘 緘箋の字／題記 題識／題刻 刻石／題識 題跋／題署 簽署／題序 詩文の制作の次第などを前後に加える文。題跋／題染 題を定めて作る／題簽 表題／題湊 幾重にも棺木を重ねる／題柱 柱にかく／題破 主題を道破する／題表 標榜／題評 品評／題品 品定め／題名 名を記す

↓課題・画題・改題・解題・顔題・戯題・議題・旧題・御題・偶題・外題・詩題・主題・宿題・書題・設題・探題・離題・内題・難題・発題・表題・標題・品題・分題・封題・牓題・本題・無題・名題・命題・問題・留題・録題・論題・話題

タク

【乇】 3 2071 タク

篆文 

象形 草の葉が伸びて、その先端がものに寄りかかる形。〔説文〕六下に「艸の葉なり。垂る穗に從ふ。上は一を貫き、下に根有り。象形」とする。字の用例はなく、〔易、解、象伝〕「雷雨作りて、百果艸木皆甲宅す」とある宅を、この字の用例とする説もあるが、甲宅は甲坼の意。乇が宅・亳など、建物に関する字の要素となること、また託・抔・吒のように呪祝に関する意があることなどからみて、乇は草の葉などによる占卜の方法を示すものであろうと考えられる。

訓義 ①くさのは。②託と通じ、よる、よりそう。

声系 〔説文〕に乇声として吒・託・亳・秅・宅・奼・詫・侘など十一字を収める。托は侂の俗字。〔玉篇〕に〔論語、泰伯〕「以て六尺の孤を託すべく」の託を侂に作る。〔広雅、釈詁三〕に「侂は寄なり」とあり、聖所に寄托する意の字であろう。託は神託の意。これらの字によって、乇の原義を考えることができる。

参考 〔段注〕に〔説文〕を「艸華の皃」に改むべしとする。秀の字形にふくまれる乃の部分と同じとするものであるが、乇は宅・亳など、建物の奠基に関して占卜する意の字であり、その託寄する所を求める意の字であろう。

常 【宅】 6 3071 タク おる すまい

篆文  古文  甲骨文  金文 

形声 声符は乇。〔説文〕七下に「人の託居する所なり」とするが、廟中にあって行う儀礼をいう字であろう。卜辞に「三帚(婦)は新寢に宅らんか」「今この二月、新寢に宅らんか」という例があり、寢に宅ることをトする。〔詩、大雅、文王有声〕「是の鎬京に宅る」、〔書、康誥〕「亦た惟これ王を助けて天命を宅む」のように用い、また〔儀礼、士喪礼〕に葬居をトすることを「宅を筮す」という。卜辞に寝廟に宅ることをトするものは、廟所にあって神の憑依を受け、神託を得るためであろう。

訓義 ①おる、すむ、やすんずる、はか、もと神聖の居るところをいう。②すまい、やしき。③はかる。

古訓 〔名義抄〕宅 イヘ・イヘセリ・スム・ヲリ・ホシイマンマ／光宅 ミチヲリ

語系 宅deak、託・侘・仛thakは声義が近い。乇は神託を受ける方法を示す字。神の憑依を受けるために聖所に宿ることを宅といい、死後の居をも宅という。託は神託、侘は〔説文〕八上に「寄するなり」とあり、仛は〔広雅、釈詁四〕に「依るなり」という。みな憑依することに関係のある語であろう。

【宅宇】 すまい。〔雲仙雑記、八、王維居輞川地不容塵〕王維の輞川に居るや、宅宇既に廣く、山林亦た遠し。性淨潔を好み、地浮塵を容れず。

【宅居】 すまい。〔漢書、淮南厲王長伝〕夫れ大王、千里を以て宅居と爲し、萬民を以て臣妾と爲す。此れ高皇帝の厚德なり。

【宅舍】 すまい。〔三国志、蜀、姜維伝〕姜伯約（伯約は維の字）、上將の重きに據り、群臣の右に處り、宅舍弊薄、資財餘り無し。～清素節約、自ら一時の儀表なり。

【宅憂】 喪に居る。〔書、説命上〕王、憂（喪）に亮陰に宅ること三祀、既に喪を免ずるも、其れ惟だ言はず。群臣咸な王を諫めて曰く、～臣下、令を稟くる攸罔しと。

↑宅屋 家／宅家 天子／宅基 家の土台／宅揆 執政／宅券 宅地券／宅眷 家族／宅庫 家財／宅子 官邸／宅者 退休者／宅心 心におく／宅神 家の神／宅人 住人／宅地 敷地／宅兆 墓地／宅第 邸宅／宅土 国土／宅圃 やしき／宅房 家／宅里 むらざと／宅裏 屋敷内

↓安宅・奄宅・遠宅・屋宅・火宅・家宅・官宅・館宅・起宅・帰宅・寄宅・旧宅・居宅・区宅・窟宅・故宅・広宅・光宅・市宅・私宅・自宅・借宅・住宅・新宅・仁宅・笟宅・拙宅・相宅・大宅・定宅・邸宅・第宅・転宅・廛宅・田宅・貧宅・弊宅・別宅・卜宅・本宅・列宅・廬宅

人 【托】 6 5201 タク おす うける たのむ

形声 声符は乇。乇は〔説文〕六下に草葉の垂れている形とするが、その枝葉を支え托するところがある形で、おそらくそれによって神の憑依を受け、神託を承ける意であろうと思われる。のち依託の意となる。

訓義 ①おす。②うける。③たのむ、まかせる。

古訓 〔字鏡集〕托 サ、フ・オス・オサフ・サフ・ヲカス

↑托意 寄意／托蔭 庇蔭／托興 寄興／托故 かこつけ／托子 茶托／托辞 かこつけ／托宿 寄宿／托処 身をよせる／托身 身をよせる／托台 茶台／托鉢 乞食行／托盤 茶托／托病 病気を口実にする／托命 托身／托頼 たよる

↓仮托・茶托・落托

常 【択】 7 〖擇〗 16 5604 タク えらぶ やぶれる

篆文

金文

形声 旧字は擇に作り、睪声。睪に斁・鐸の声がある。睪は獣屍が風雨に暴されて、その形が斁解しくずれている形。暴されてばらばらとなった形は暴、色がぬけて白くなった形は皋（臯）、くずれている形は睪である。そのうち用うべきところをえらびとるので、斁・釋（釈）・擇・繹の字は睪に従う。〔説文〕十二上に「柬び選ぶなり」、〔玉篇〕に「簡び選ぶなり」と訓する。金文に「其の吉金を羼ぶ」とあって、睪の下に廾を加えており、擇の初文。釋迦の字を釈・尺のように略するので、擇・釋を択・釈のようにしるすが、尺声とは関係がない。

訓義 ①えらぶ、えらびとる、よりわける。②斁と通じ、やぶれる、くずれる。

古訓 〔和名抄〕擇 辨色立成に云ふ、擇食、豆波利（つはり）。楊氏説同じ 〔名義抄〕擇 エラブ・ハナツ／採擇 トリエラブ 〔字鏡集〕擇 ハナツ・ヒク・エラブ・トル

声系 〔説文〕に擇声として蘀を収める。蘀は草木の皮葉のやぶれて地に墜ちたもの。竹皮のときには籜という。

【択郷】 住む地をえらぶ。〔荀子、勧学〕君子居るに必ず鄉を擇び、遊ぶに必ず士に就く。邪僻を防ぎて、中正に近づく所以なり。

【択言】 語をえらぶ。また、えらびすてるべきことば。〔後漢書、馬援伝〕龍伯高は敦厚周愼、口に擇言無く、謙約節儉、廉公にして威有り。吾れ之れを愛し之れを重んず。汝が曹の、之れに効ならはんことを願ふ。

【択交】 交友をえらぶ。唐・白居易〔寓意詩、五首、三〕乃ち知る、交はりを擇ぶことの難きを 須らく人を知るの明有るべし

【択行】 えらびすつべき行為。〔孝経、卿大夫章〕口に擇言無く、身に擇行無し。言天下に滿ちて口過無く、行天下に滿ちて怨惡無し。

【択臣】 臣下をえらぶ。〔左伝、昭十一年〕子を擇ぶは、父に如くは莫く、臣を擇ぶは、君に如くは莫し。

【択地】 住む地をえらぶ。〔荘子、人間世〕其の親に事ふる者は、地を擇ばずして之れに安んず。孝の至りなり。～其の奈何ともすべからざることを知りて、之れに安んずること命の若くするは、德の至りなり。

【択友】 友をえらぶ。〔大戴礼、主言〕孔子曰く、上、老を敬するときは、則ち下益〻孝なり。上、齒に順ふときは、則ち下益〻悌なり。～上、賢に親しむときは、則ち下、友を擇ぶ。～此れを七教と謂ふ。七教とは治民の本なり。

↑択位 位をえらぶ／択吉 択日／択君 君をえらぶ／択賢 賢をえらぶ／択才 才をえらぶ／択士 択人／択日 日をえらぶ／択処 択地／択人 人をえらぶ／択壻 壻えらび／択選 選択／択善 善をえらぶ／択能 択才／択筆 筆えらび／択婦 嫁えらび／択米 米をよる／択良 択善／択隣 卜隣

↓簡択・差択・採択・詳択・慎択・推択・精択・銓択・選択・揚択

常 【沢】 7 〖澤〗 16 3614 タク さわ うるおす つや

篆文

古印璽
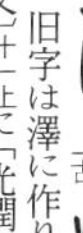

形声 旧字は澤に作り、睪声。睪に擇（択）・鐸の声がある。〔説文〕十一上に「光潤なり」とあり、〔玉篇〕に「水停まるを澤と曰ふ」の語を加える。〔風俗通、山沢〕に「水草交錯の處」とし、水沢をいう。〔礼記、玉藻〕に「父の書を讀むこと能はず。手澤存するのみ」とあり、手のふれたよごれをいう。その本を「手沢本」という。

訓義 ①さわ、湿地、水と草の交わるところ。②うるおう、うるおす、しめり、めぐみ、なさけ。③つや、よごれ、てあか、しる、あせ。④択と通じ、えらぶ。⑤釈と通じ、とける。

古訓 〔和名抄〕澤 水草の交を澤と曰ふ。佐波（さは）／澤 人の髮恆に枯悴す。此れを以て濡澤せしむるなり。俗に脂綿の二字を用ふ。阿布良和太（あぶらわた）と云ふ 〔名義抄〕澤 ウルホシ・アブラワタ・サハ・ウツクシイ・メグム・ヨロコブ・モム・ホドコス・ミヅノオリ・シボル・キヨシ・シル・シタラカナリ・マミレ・アラフ・ナダラカナリ・ハラカナリ 〔字鏡集〕澤 シル・キヨシ・マミ

ル・アラフ・サハ・アブラワタ・ウツクシイ・ウルホス・ヒカリ・タヅヌ・ヨロコブ・ホドコス・シボル・メグル・ナメラカナリ

語系 澤deak、濯(濯)diôkは声義に通ずるところがあり、濯濯は美しくかがやくようなさま、沢とは光潤をいう。

【沢国】 沼沢の多いところ。唐・曹松〔己亥の歳、二首、一〕詩 澤國の江山、戰圖に入る 生民何の計ぞ樵蘇(生活)を樂しまん 君に憑む、話すること莫かれ封侯の事 一將功成りて、萬骨枯る

【沢潤】 恵みがゆきわたる。〔書、畢命〕三后心を協せ、同じく道に厎り、道洽く政治まらば、澤世民を潤し、四夷の左衽、咸な賴らざる罔し。

【沢畔】 さわのほとり。〔楚辞、漁父〕屈原既に放たれて 江潭に游び 行く澤畔に吟ず 顏色憔悴し 形容枯槁せり

【沢梁】 沢に設けて魚をとるやな。〔孟子、梁恵王下〕昔者文王の岐を治むるや、耕す者は九の一(の税)、仕ふる者は祿を世々にし、關市は譏(取り調べ)して征(課税)せず、澤梁には禁無く、人を罪するに孥(家族連累)せず。

【沢鹵】 塩気を含む低地。〔史記、河渠書〕(鄭国)渠、就る。用つて塡閼(泥づまり)の水を注ぎ、澤鹵の地四萬餘頃を漑ぐ。

➡沢衣 汗とり/沢雨 恵みの雨/沢器 美器/沢魚 沢の魚/沢虞 水沢の官/沢湖 湖沼/沢湿 湿地/沢手 手でもむ/沢濡 うるおす/沢浹 恩が及ぶ/沢地 沼沢の地/沢田 水田/沢陂 池の堤/沢風 雨風/沢物 恵む/沢陵 山沢

⬇遺沢・雨沢・王沢・恩沢・嘉沢・滑沢・乾沢・顔沢・恵沢・慶沢・口沢・光沢・膏沢・済沢・施沢・脂沢・慈沢・手沢・濡沢・潤沢・沼沢・色沢・仁沢・水沢・聖沢・贅沢・川沢・藪沢・池沢・霑沢・徳沢・肥沢・福沢・芳沢・野沢・余沢・耀沢・蘭沢・麗沢・林沢・烈沢

常 **【卓】** 8 2140 タク さじ たかい すぐれる

篆文  古文  金文 

象形 早(匙)の大きなもので、卓大・卓高の意を表わす。〔説文〕八上に「高きなり、早匕を卓と爲し、匕卪を卬と爲す。皆同義なり」とするが、会意とする意が明らかでない。早はスプーン。是(匙)はその柄の長く大きなもの、卓はその勺の部分が大きなもの。ゆえに卓に高大の意があり、のち卓出・卓異の意となる。

訓義 ①さじ、大きなさじ、勺の部分の大きなさじ。②たかい、一方がたかい、たつ、大きい。③すぐれる、ことなる、まさる、さかしい。④焯と通じ、あきらか。⑤つくえ、卓子。

古訓 〔新撰字鏡〕卓 日太介奴(日たけぬ)〔名義抄〕卓 スグル・タチマチ・タツ・タカシ・サカシ/卓犖 コエスギタリ〔字鏡集〕卓 タカシ・チカシ・アヤシム・ヌスミ・スグル・タチマチ

声系 〔説文〕に卓声として趠・踔・倬・掉など十三字を収める。おおむね卓異、また不安定な状態をいう語である。

語系 卓・倬teôk、踔・趠・逴theôkは声義に通ずるところがある。また超thiô、逖thyek、迢dyoはみな高遠の意をもつもので、一系の語とみられる。

【卓異】 すぐれる。〔後漢書、安帝紀〕(永初五年)賢良方正、道術有り、政化に達し、能く直言極諫するの士、各々一人、及び至孝衆と卓異なる者を擧げ、幷びに公車に詣らしめよ。

【卓偉】 すぐれる。〔三国志、呉、張温伝〕溫、實に心に他情無し。~但だ年紀尙ほ少く、鎭重尙ほ淺し。而れども赫烈の寵を戴き、卓偉の才を體す。臧否(善悪)の譚を亢げ、褒貶の議を效す。

【卓逸】 すぐれる。〔世説新語、文学〕(習鑿歯)病中に於て猶ほ漢晉春秋を作る。品評卓逸なり。

【卓越】 すぐれる。宋・蘇軾〔李方叔に答ふる書〕長箋を辱くなうし、~感慰深し。古賦近詩を惠示せらる。詞氣卓越、意趣凡ならず、甚だ喜ぶべきなり。但だ微しく冗に傷る。後の當に稍々之れを收斂すべし。

【卓詭】 卓異。〔後漢書、独行、向栩伝〕性、卓詭不倫(不群)、恆に老子を讀む。狀、學道(行者)の如く、又狂生に似たり、被髮を好み、絳綃頭(赤い頭巾)を著く。

【卓行】 すぐれた行い。明・方孝孺〔蜀の三守賛、張公詠〕豈に惟だ善政、古人に配すべきのみならんや。卓行危言、世の名臣爲り。

【卓爾】 高くすぐれるさま。〔論語、子罕〕顏淵喟然として歎じて曰く、~罷めんと欲するも能はず、既に吾が才を竭くせり。立つ所有りて卓爾たるが如し。之れに從はんと欲すと雖も、由末きのみ。

【卓識】 すぐれた見識。宋・李綱〔潘子賤竜図に与ふる書〕爲に其の繁蕪を剪り、粗々條理を成し、卓識博聞の士を得て、相ひ與に講習し、磨礱淬勵し、其の是なるを證し、其の非なるを黜け、其の未だ至らざる所を增增せんことを思ふ。

【卓絶】 傑出する。〔三国志、魏、管寧伝〕寧、淸高恬泊、跡を前軌に擬し、德行卓絶、海内に偶無し。~誠に宜しく束帛、璧を加へ禮を備へて徵聘すべし。

【卓然】 傑出するさま。唐・杜甫〔飲中八仙歌〕詩 焦遂(平生は口吃、訥弁)五斗、方に卓然 高談雄辯、四筵を驚かす

【卓卓】 卓然。〔世説新語、容止〕人有り、王戎に語りて曰く、嵇延祖(紹)は、卓卓として野鶴の雞群に在るが如しと。答へて曰く、君未だ其の父(康)を見ざるのみと。

【卓抜】 傑出する。〔世説新語、政事注に引く孫統の存誅敍〕(虞)存、幼にして卓拔、風情高逸なり。衞軍長史・尙書吏部郎を歷たり。

【卓犖】 傑出する。〔世説新語、任誕注に引く何法盛の中興書〕(王)徽之、卓犖不羈、傲達を爲さんと欲し、聲色を放肆にすること頗ぶる過度なり。

➡卓衣 テーブルかけ/卓帷 卓衣/卓逸 卓遠/卓遠 遠方/卓冠 冠首/卓軌 高行/卓傑 傑出/卓見 卓識/卓午 正午/卓峙 そばだつ/卓綽 ゆとり/卓爍 かがやく/卓殊 卓異/卓出 傑出/卓説 卓論/卓踔 卓遠/卓筆 すぐれた筆跡/卓躒 卓犖/卓論 すぐれた論

⬇英卓・奇卓・座卓・殊卓・峭卓・食卓・清卓・超卓・倒卓・特卓

【坼】 8 4213 タク さく

篆文 

形声 声符は斥。斥に柝の声がある。〔説文〕十三下に「裂くるなり」とあり、旱魃などで地の裂ける意とする。斥の正形は㡿。順に対して逆、むりな状態になることをいう。

訓義 ①さく、さける、かわいてさける。②ひらく、わかれる。③さけめ、われめ。

古訓 〔新撰字鏡〕坼 佐介女(さけめ)、又、比波留(ひはる)〔名義抄〕坼 サク・ヒハル・ヒク・ハナツ・ワカツ・ヒラク

【坼副】 われさける。難産。〔詩、大雅、生民〕先づ生まるること達(羊の子が生まれる)の如し 坼けず副けず 菑ひ無く害すること無し

【坼裂】 われさける。〔後漢書、五行志四〕(元初)六年二月乙巳、京都・郡國四十二、地震ふ。或いは地坼裂し、水涌き、城郭、民の室屋を壞敗し、人を壓す。冬、郡國八、地震ふ。

↑坼罅　すきをあける／坼壊　坼裂／坼岸　岸が崩れる／坼兆　卜兆／坼剖　坼副
↓開坼・亀坼・焦坼・離坼

【拆】 8 5203 ［坼］ 8 4213 タク さく

形声 声符は斥。斥に柝・坼の声がある。拆はまた坼に作り、さけ開くことをいう。〔詩、大雅、生民〕「拆けず副けず」の〔唐石経〕に、その字を坼に作る。

訓義 ①さける、ひらく。②そこなう、きずつく。③柝と通じ、さく。

【拆字】 字形を分解して説く。〔陔余叢考、三十四、測字〕少時、一の拆字する者を見れり。一人踉蹌として來り、其の父の病を問ふ。手に隨ひて一字を拈得す。術者曰く、一なる者は生字の盡(末筆)、死字の初なり、汝の父殆ど起たざらん。問ふ、汝の父の生年云何と。其の子曰く、丁丑に生まれたり、牛に屬すと。術者曰く、然らば則ち爾の父死せざらん。牛に一畫を加ふるときは、則ち生字なりと。

↑拆閲　披見／拆開　開封する／拆毀　こわす／拆書　披見する／拆封　開封する／拆裂　さける

常 【拓】 8 5106 ［摭］ 14 5003 タク セキ ひろう ひらく

篆文

形声 声符は石。石に宕・妬との声がある。〔説文〕十二上に「拾ふなり。陳・宋の語なり」とし、異文として摭をあげている。摘(摘)字条十二上に「果樹の實を拓ふなり」とあって、摘と訓義が近い。拓にはまた開拓・拓植の意がある。墨拓の拓は、強くたたく意であろう。

訓義 ①ひろう、おりとる、とる、うける。②ひらく、ひろげる、おしひろめる。③うつ、たたく、たたいて拓本をとる、いしずり。

古訓 〔名義抄〕拓　ヒラク・サ、ク・ヒロフ・トル　〔字鏡集〕拓　サ、ク・ヒラク・オフス・ヒロフ・トル

【拓定】 平定する。〔世説新語、軽詆〕桓公(温)都を(洛陽に)遷し、以て拓定の業を張らんと欲す。孫長樂(綽)上表して、此の議を諫むること甚だ理有り。桓、表を見て心服するも、其の異を爲すを忿る。

【拓本】 石刷り。〔法帖譜系、雑説上〕(臨江戯魚堂帖)元祐の閒、劉次莊、家藏の淳化閣帖十卷を以て堂上に摹刻す。卷尾篆題を除去し、釋文を増す。故家藏する所は、往年の拓本なり、猶ほ典型有るがごとし。近ごろ拓する所の者は、字多く刓缺し、亦た補換して新たに刻する者有り。

【拓落】 失意不遇のさま。広大でとりとめもないさま。また、しまりのないさま。〔唐才子伝、二、高適〕少くして性拓落、小節に拘せられず。常科に預かることを恥ぢ、迹を博徒に隱せり。才名、便ち遠し。後、有道に擧られ封丘の尉を授かる。

↑拓宇　拓境／拓開　開拓／拓境　新しい境地を開く／拓荒　開荒／拓殖　開拓／拓世　創業／拓跡　新しい世をひらく／拓地　開拓／拓土　土地を拓く／拓辺　拓境／拓墨　拓本
↓恢拓・開拓・外拓・干拓・魚拓・手拓・修拓・伝拓・摸拓・落拓

【柝】 9 4293 ［㯥］ 20 4599 タク さく ひらく ひょうしぎ

篆文

形声 声符は斥。斥に坼の声がある。斥の正形は㡿。不自然な逆の状態を示し、柝とは木の裂けることをいう。〔説文〕六上に「判つなり」とあり、木を両分する意。それで撃柝(拍子木)の意に用いる。撃柝の柝の正字は㯥で、その声符は橐。〔説文〕に「夜行りて撃つ所の者なり」とあり、拍子木をいう。〔左伝、哀七年〕「魯の撃柝、邾に聞ゆ」とあり、遠くまで聞こえる音であった。㯥はほとんど用例のない字である。

訓義 ①さく、ひらく。②ひょうしぎ、夜廻り。

古訓 〔名義抄〕柝　サク・クダク・ヲル・カク・ヒサシ

↑柝居　分家／柝撃　撃柝／柝声　拍子木の音／柝封　開封
↓哀柝・寒柝・関柝・金柝・撃柝・厳柝・鼓柝・烽柝・鳴柝・夜柝

【倬】 10 2124 タク おおきい たかい

篆文

形声 声符は卓。卓に高大の意がある。〔説文〕八上に「箸大なり」とし、「詩に曰く、倬たる彼の雲漢」と〔詩、大雅、雲漢〕の句を引く。

訓義 ①たかい、おおきい。②焯と通じ、あきらか、いちじるしい。③踔と通じ、こえる、まさる。

古訓 〔名義抄〕倬　オホキナリ　〔篇立〕倬　ハカラス・オホキナリ　〔字鏡集〕倬　アキラカ・オホキナリ

【倬詭】 すぐれていて、異彩がある。晋・左思〔魏都の賦〕山川の倬詭、物産の魁殊(立派で珍しい)に至りては、或いは名奇にして稱せられ、或いは實異にして書すべし。

↑倬爾　卓爾／倬峭　理想とする所が高い／倬立　卓立する
↓昭倬・雄倬

人 【啄】 10 ［啄］ 11 6103 タク ついばむ くちばし

篆文

形声 声符は豖。豖にうちたたく意がある。〔説文〕二上に「鳥の食らふなり」とあって、嘴でつつき、ついばむことをいう。啄啄はその声。もと擬声語である。

訓義 ①ついばむ、嘴でたたく、かむ。②くちばし。③たたく音。

古訓 〔新撰字鏡〕啄　久不(くふ)、又、波牟(はむ)、又、須不(すふ)〔和名抄〕啄　都伊波牟(ついばむ)〔名義抄〕啄　ツイバム・ツイクフ・テラツ、キ　〔字鏡集〕啄　ハム・ツイバム

語系 啄teok、噣tiokは声義近く、味tioもその系統の語。噣は喙、味は鳥口をいう。

【啄害】 かんで傷つける。〔楚辞、招魂〕虎豹九關(天門を守る獣)下人を啄害す

【啄啄】 戸をたたく音。鳥がついばむ音。唐・韓愈〔嗟哉董生行〕詩　家に狗乳有り、出でて食を求む　雞來りて其の兒に哺す　啄啄として、庭中に蟲蟻を拾ふ　之れに哺するも食はず、鳴聲悲し

↑啄撃　嘴でつつく／啄食　ついばむ／啄蚌　しぎ／啄木　きつつき
↓一啄・鸛啄・飲啄・饑啄・呼啄・鳥啄・剝啄・俛啄・鳴啄・粒啄

常 【託】 10 0261 タク よせる たのむ まかせる かこつける

篆文

形声 声符は乇。〔説文〕三上に「寄するなり」と寄託の意とする。乇・宅は廟中で神託を受ける意であるらしく、それで託は寄託・付託・仮託の意となる。のち託興のように用いるが、もとは神意を伺って神託を受ける意であろう。

訓義 ①よせる、よる、たよる、たのむ。②つく、ゆだねる、まかせる。③かこつける、まぎらす。

古訓 〔名義抄〕託　ツク・ヨル・ワサウフ(ラ)・オコル　〔篇立〕託　ハカリゴト・ワザウラ・ホコル・ツク・クルフ

語系 託・侂・任thakは同声。宅deakは声義近く、卜辞に「廟中に宅る」ことを卜する例があり、それによって神託をえたものと思われる。侂は「寄するなり」、託・任は「依るなり」と訓する字。いずれも神霊が依附して、お筆先のように託言することを示す字と考えられる。

【託意】 詩文に心を寄託する。〔晋書、劉琨伝〕琨の詩は託意非常、幽憤を攄べ暢らかにす。

【託寄】まかせる。〔晋書、張華伝〕帝、華に問ふ、誰か後事を託寄すべき者ぞと。對へて曰く、明德至親、齊王攸に如く莫しと。既に上の意の在る所に非ず、微しく旨に忤ふが爲に、閒言遂に行はる。乃ち華を出だして持節と爲す。

【託興】興趣にまかせる。宋・蘇轍〔兄軾の獄に下るが為に上つる書〕頃年、杭州に通判となり、密州に知たるに及んで、日に物に遇ふ毎に、興に託して歌詩を作爲し、語或いは輕しく發す。

【託孤】孤児を託する。〔論語、泰伯〕以て六尺の孤（幼君）を託すべく、以て百里の命（方百里の国の運命）を寄すべし。大節に臨んで奪ふべからず。君子人か、君子人なり。

【託疾】病気にかこつける。〔晋書、陶侃伝〕江州刺史華軼、～（陶）臻を以て參軍と爲す。軼、元帝と素より平ならず。臻、難の作ることを懼れ、疾に託して歸る。

【託付】付託。依頼。蜀・諸葛亮〔出師の表〕命を受けて以來、夙夜憂歎し、託付の效あらずして、以て先帝の明を傷つけんことを恐る。

↑託蔭 おかげ／託援 求援／託咎 罪をなする／託寓 ことよせる／託故 かこつける／託交 交わりを結ぶ／託子 茶托／託事 託故／託宿 寄宿／託処 託居／託承 後事を引き受ける／託心 結託する／託身 託生／託生 命を託する／託足 寄留／託大 威張る／託諷 託意／託病 託疾／託夢 夢にかこつける／託名 名義をかりる／託喩 託諷／託頼 おかげ

↓依託・委託・仮託・寄託・擬託・矯託・結託・自託・承託・嘱託・信託・神託・請託・宣託・庇託・付託・諷託

【涿】 11 3113 タク したたる うつ みがく

篆文  甲骨文 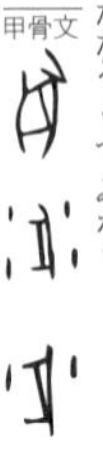

形声 声符は豖。豖にうちたたく意がある。〔説文〕十一上に「流下する滴なり」とあり、〔唐写本玉篇〕に「流下する滴涿なり」に作る。雨滴の擬声語として解するものである。〔周礼、秋官、壺涿氏〕は水中の虫を除くもので、「炮土の鼓を以て之れを敺ち、焚石を以て之れに投ず」とあり、石灰などで害虫を殺すのである。

訓義 ①したたる、水のしたたる音。②うつ。③琢と通じ、みがく。④しり。

古訓 〔字鏡集〕涿 シタヽル

語系 涿teok、濁diokは声が近く、〔周礼、秋官、壺涿氏〕の涿をまた獨（独）dokに作ることがある。

【涿摩】玉石をみがく。琢磨。〔隷釈、三、漢、張公神道碑〕惟れ和平元年正月、～運びて綦陽に置き、刊鑿涿摩し、左右の闕を立て、神道を表はす。

【涿鹿】山名。また、古代に額に入墨する刑。〔酉陽雑俎、八、黥〕尚書刑德攷に曰ふ、涿鹿とは人の頞に鑿するなり～と。鄭（玄）云ふ、涿鹿黥、世に之れを刀墨の民と謂ふ。

↑涿弋 城門上の矢防ぎ

入【琢】 11 入［琢］ 12 1113 タク みがく かざる

篆文 

形声 声符は豖。豖にうちたたく意がある。〔説文〕一上に「玉を治むるなり」とあり、琢磨することをいう。玉には琢といい、石には磨という。

訓義 ①みがく、玉をみがく、玉をうちみがく。②かざる、みがきかざる。

古訓 〔名義抄〕琢 ミガク 〔字鏡集〕琢 ミガク・タマミガク

語系 琢teok、琱・雕tyuは声義近く、〔説文〕九上に「彫は琢文なり」とあり、治玉を琢、刻文を加えることを琱・雕という。

【琢玉】玉をみがく。〔漢書、董仲舒伝〕夫れ素より士を養はずして賢を求めんと欲するは、譬へば猶ほ玉を琢せずして、文采を求むるがごときなり。故に士を養ふの大なる者は、太學より大なるは莫し。太學なる者は、賢士の關はる所なり。

【琢磨】玉や石をみがきあげる。〔詩、衛風、淇澳〕匪たる有る君子 切するが如く 磋するが如く 琢するが如く 磨するが如し

↑琢句 推敲する／琢刻 飾る／琢削 彫刻／琢飾 磨き飾る／琢切 切磋琢磨

↓巧琢・刻琢・採琢・細琢・切琢・鐫琢・敦琢・彫琢・雕琢・追琢・磨琢

【⿰豖攴】 12 1124 タク うつ たたく

篆文 

会意 豖＋攴。豖は獣の牡器を敺って去勢する意。⿰豖攴はその去勢の法を示す字である。〔説文〕三下に「撃つなり」とするが、去陰のために撃つことをいう。斀と声義近く、斀は蜀（獣の牡器）を撃つ形の字である。

訓義 ①うつ、たたく、牡器を敺って去勢する。②たたくおと。

古訓 〔字鏡集〕⿰豖攴 ウツ

語系 豖thiok、⿰豖攴teok、斀tiokは声義近く、豖は獣の牡器に⿰豖攴撲を加える意、⿰豖攴はその行為を示す。斀は獣の牡器を示す蜀に攴を加える形。獣には配匹をえないものが多く、それを獨（独）という。

↑⿰豖攴撃 うつ／⿰豖攴撲 うつ

【椓】 12 4193 タク たたく うつ

篆文 

形声 声符は豖。豖は豕の牡器をうつ形。〔説文〕六上に「撃つなり」とあり、木を以て撃つことをいう。

訓義 ①たたく、うつ。②うったえる、切にうったえる。③斀と通じ、去陰の刑。④宦者、閹宦。⑤啄と通じ、ついばむ。

古訓 〔和名抄〕椓撃 漢語抄に云ふ、阿比（あひ） 〔名義抄〕椓 アヒクヒ・ウツ 〔篇立〕椓 クヒウツ

【椓撃】大きな槌。〔和名抄、調度部〕纂文に云ふ、齊人、大槌を以て椓撃と爲す。

↑椓陰 宮刑／椓毀 うってこわす／椓竅 陰刑／椓譖 そしる／椓喪 傷つける／椓壁 壁にうつ／椓弋 杙をうつ／椓杙 椓弋

↓昏椓・抱椓・約椓

【逴】 12 3130 タク とおい はるか

篆文 

形声 声符は卓。〔説文〕二下に「遠きなり」、〔方言、二〕に「驚くなり」という。〔説文〕にまた「一に曰く、蹇なり」とは、踔・趠と通用の義。

訓義 ①とおい、はるか。②こえる、とびこえる。③ゆくさま、あしなえのゆくさま、あしなえ。④おどろく、おどろきはしる。⑤燭と通じ、てらす。逴竜は燭竜。

古訓 〔名義抄〕逴 トホシ／逴躒 ―トコエスキタル 〔篇立〕逴 ツクス・トホシ 〔字鏡集〕逴 トホシ・ツクス・オドロク

↑逴越 卓越／逴遠 遼遠／逴見 識見／逴行 遠行／逴絶 遠くへだてる／逴逴 遥かなさま／逴邁 豪邁／逴犖 卓犖／逴躒 超える

↓掀逴・超逴・騰逴・淩逴

【斲】 14 7212 ［斵］ 16 5711 タク チョク きる ちりばめる

篆文 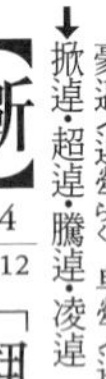

会意 左偏は刳りのある盾の形。斤は盾に彫飾を加える意。〔説文〕十四上に「斫るなり」とし、重文として斵を録する。畫（画）は画

盾。斲は画盾を執る形であるが、盾に彫飾を加える意としたのであろう。鬪（闘）の初形は斲に従っているが、闘うためには斲の方がふさわしい形である。本来は斲も干戈を執って闘う意の字であるかもしれない。盾は部族や氏族・家門によって形状・彫飾も異なり、干戈の干は方形の盾、鹵や單（単）はおそらく円・楕円の盾、斲の従うところは刳りを加えたものであろう。方形の盾に文飾を加えたものは周（周）・彫（彫）・畫で、繁縟な飾りを加えたものと思われる。

訓義 ①きる、けずる。②える、ちりばめる。

古訓 〔和名抄〕斲木 好んで樹中の蠹を食らふ者なり、天良豆豆木（てらつつき）〔名義抄〕斲 ヌク・ケヅル・キル 〔字鏡集〕斲 ケヅル・クダク・ウツ・サク・ヨル・ナツク・ワタリ・ミル・タツ・カル・キル・シル

声系 〔説文〕に斲声として鬪など二字を収める。門とは格闘の形。斲はおそらく干戈の形。戰（戦）が單（盾）と戈とに従う形であるのと、同じ意であろう。

語系 斲・椓 teok は同声。斫 tjiak、斮 tzheak も切りつける意で、同系の語とみてよい。

【斲削】 きりけずる。あつかう。〔荀子、儒効〕人、耨耕を積みて農夫と爲り、斲削を積みて工匠と爲る。～工匠の子、事を繼がざる莫し。

【斲雕】 文飾を去る。〔史記、酷吏伝序〕漢興り、觚（方）を破りて圜と爲し、雕を斲りて朴と爲す。網は呑舟の魚を漏らすも、吏治烝烝（よく治まる）として姦に至らず、黎民艾安なり。

【斲鼻】 鼻先のものを切る。運斤。〔荘子、徐無鬼〕郢人、堊もて其の鼻端を慢ること蠅翼の若し。匠石をして之れを斲らしむ。匠石、斤を運らして風を成し、聽せて之れを斲る。堊を盡せども、鼻傷つかず。郢人、立ちて容を失はず。

【斲輪】 車輪を作る。〔荘子、天道〕輪を斲ること徐なれば則ち甘くして固からず、疾なれば則ち苦くして入らず、徐ならず疾ならざるは、之れを手に得て心に應ず。～數、其の閒に存する有り。

↑斲割 さく／斲金 断金／斲喪 いためる／斲彫 斲雕／斲破 きり破る／斲敗 うちこわす／斲木 啄木／斲目 削りめ／斲礲 みがく

↓巧斲・刻斲・彫斲・斧斲・撲斲・礲斲

【礫】 15 1569 タク はりつけ さく

篆文

形声 声符は石。〔説文〕の石声とするものに橐・拓・袥・蠹などの声があるが、声符を偏に用いるのは異例のことである。桀は木の上の左右に人を磔にする形。〔説文〕五下に「辜するなり。桀に從ひ、石聲」とする。〔爾雅、釈天〕に「祭風を磔と曰ふ」とあり、〔注〕に「今、俗に大道中に當りて狗を磔す。云ふ、以て風を止むと」とあり、祭って後にその牲を披磔し、風に散ずるのである。この祭風の俗は、風に乗じて侵入する風蠱に対して、その邪気を祓う方法であった。埋蠱に対しては、伏瘞という方法がとられた。

訓義 ①はりつけ。②くるまざき、牛ざき。③さく、ひらく、解く。④はらう、蠱をはらう。⑤犠牲を裂いて祭る、祭風。⑥永字八法の一。右下に引いてひらく。

古訓 〔新撰字鏡〕磔 死身平市尓保度己須（死身を市にほどこす）〔名義抄〕磔 ヱル 〔篇立〕磔 ハル・ヒラク・ハク

語系 磔 tak、斲・椓 teok は声義近く、うちさくような行為をいう。斮 tzheak はすねを切る。斫 tjiak は切りさくことをいう。

【磔刑】 披磔の刑。〔漢書、景帝紀〕（中）二年春二月、～磔を改めて棄市と曰ひ、復た磔すること勿からしむ。

【磔雞】 雞を磔して不祥をはらう。〔宋書、礼志一〕舊時歲旦、常に葦茭（葦の綱のしめ縄）桃梗（桃人、邪気をはらう）を設け、雞を宮及び百寺門に磔し、以て惡氣を禳ふ。

【磔尸】 屍をさらす。〔漢書、云敞伝〕夜、血を以て（王）莽の門に塗り、～以て莽を懼れしめんと冀ふ。～事發覺し、～死する者百餘人。（呉）章、坐して要（腰）斬せられ、尸を東市門に磔す。

【磔攘】 牲を裂いて祓う。〔礼記、月令〕（季春の月）國に命じて九門に難（儺）し、磔攘して以て春氣を畢へしむ。

↑磔格 竹声／磔梟 さらし首／磔犬 犬の皮を磔にする／磔罪 磔刑／磔殺 はりつけ／磔禳 磔攘／磔誅 凌遅死／磔暴 さらし者／磔裂 車裂きの刑

↓梟磔・剖磔・車磔・波磔・破磔・披磔・風磔・副磔・分磔・旁磔

【諑】 15 0163 タク うったえる そしる

形声 声符は豖。豖に、うち、せめる意がある。〔方言、十〕に「諑は愬ふるなり。楚以南にては、之れを諑と謂ふ」とあり、〔楚辞、離騒〕に「謠諑」の語がみえる。〔広雅、釈言〕に「訴ふるなり」、〔広雅、釈詁 一〕に「責むるなり」とする。

訓義 ①うったえる、うったえせめる。②そしる、いつわりそしる。③字はまた椓に作る。

古訓 〔字鏡集〕諑 ウタヘセム

↓巧諑・謠諑

【踔】 15 6114 タク ふむ とぶ こえる

篆文

形声 声符は卓。卓は大きな匙の形で、高大の義があり、また一本足で高低があり、不安定の意がある。〔説文〕二下に「踶むなり」とあり、踶の字の従う是も、匙の象形である。片足でとびとびするような状態を踸踔という。

訓義 ①ふむ。②とぶ、こえる。③はしる、とびとびする。④たかい、とおい。⑤あしなえ。⑥卓と通じ、すぐれる。

古訓 〔名義抄〕踔 ナヘク・コユ・ツク・シリゾク・フム

語系 踔・逴 theôk、卓・倬 teôk はみな卓の声義を承ける字。趠 thyôk、躍（躍）jiôk、超 thiô、跳 dyô も声義近く、みな同系の語である。

【踔遠】 はるかに遠い。〔史記、貨殖伝〕上谷より遼東に至るまで、地踔遠にして人民希なり。

【踔絶】 甚だしくすぐれる。卓絶。〔漢書、孔光伝〕竊かに國家の故事を見るに、尙書、久次を以て轉遷す。踔絶の能有るに非ざれば、相ひ踰越せず。

【踔厲】 すぐれた議論。唐・韓愈〔柳子厚（宗元）墓誌銘〕儁傑廉悍、議論今古に證據し、經史百子に出入し、踔厲風發、率ね常に其の座人を屈せしむ。

↑踔然 卓然

↓掩踔・趨踔・卓踔・踸踔・騰踔・勇踔

【橐】 16 5090 タク ふくろ ふいごう

篆文

形声 声符は石。石に宕・拓の声がある。石を除いた字の初形は東。東は上下を括り結んだふくろの形で、東がのち方位の東西の義に専用されるようになって、原義を保存するために石声を加えた橐が作られた。〔説文〕六下に「囊なり」とあり、〔詩、大雅、公劉〕の〔釈文〕に引く〔説文〕に「底無きを囊と曰ひ、底有るを橐と曰ふ」とみえる。橐の初形東の字形を以ていえば、底無きものが東（橐）であろう。その〔毛伝〕には橐を小、囊を大とする。

訓義 ①ふくろ、小さいふくろ、底のないふくろ。②ふご、もっこ、衣嚢、書嚢。③橐籥、ふいごう。

古訓 〔名義抄〕橐 フクロ・ナツメ 〔篇立〕橐 オビブクロ

声系 〔説文〕に橐声として櫜・蠹の二字を収める。櫜は撃柝の

析の正字。蠹を〔説文〕十三下に木に従う字とみて「木中の蟲なり」とするが、橐の中の虫が橐の中のものを蠹食する意の字である。

語系 橐thak、東tongは声近く、東は橐の初文。のち用義が分かれ、音にも区別が生じたのであろう。

【橐耜】もっこと、すき。〔荘子、天下〕禹、親自ら橐耜を操り、天下の川を九雜す。腓に胈(柔毛)無く、脛に毛無く、甚雨に沐し、疾風に櫛り、萬國を置む。

【橐饘】衣嚢と、かゆ。〔左伝、僖二十八年〕(晋)衛侯を執へ、之れを京師に歸り、諸れを深室に寘く。甯子、橐饘を納るることを職る。

【橐籥】ふいごう。〔老子、五〕天地の閒は、其れ猶ほ橐籥のごときか。虛にして屈きず、動きて愈いよ出づ。

↑橐笥 荷物/橐佗 らくだ/橐駝 らくだ/橐橐 杵うつ音/橐中 嚢中/橐嚢 袋/橐筆 筆記具/橐負 背負い袋

↓荷橐・空橐・鼓橐・行橐・垂橐・盛橐・装橐・竹橐・筆橐・布橐

【斀】

17 6114 タク うつ

篆文 

会意 蜀+攴。蜀は獣の牡器。虫の部分がその形。尾は牝獣。牝牡相属することを属(屬)という。斀はその牡器をうつ形で、牡器を椓破することをいう。また牡器を縊って去勢することを𠜱という。去勢のことは犠牲を清める方法としても行われたらしく、その牲を吉𠜱という。𠜱は斀の異文で、椓撃にかえて切り取るのであろう。斀を刑罰の一として人に及ぼすこともあり、〔書、呂刑〕に刖・劓・斀・黥の名をあげている。女子には宮という。

訓義 ①うつ、牡器をうって去勢する、去勢。②椓・豛と通用し、たたく。

古訓 〔名義抄〕斀 ハツル 〔字鏡集〕斀 ハツル・サリカクル

語系 斀tiok、豛teokは声義近く、豖thiokは豛を加えた獣。みな去陰のことを示す字である。

↑斀陰 去勢

常【濯】

17 【濯】17 3711 タク あらう すすぐ

篆文  その他 

形声 声符は翟。翟は鳥が羽ばたきする形。〔説文〕十一上に「澣ふなり」とみえ、鳥が水に羽ばたきするように、すすぎ洗いをする意。〔孟子、離婁上〕に「滄浪の水淸まば 以て我が纓(冠の紐)を濯ふべし 滄浪の水濁らば 以て我が足を濯ふべし」という船歌を載せている。濯い清めた状態を、濯濯という。

訓義 ①あらう、すすぐ。②きよらか、あきらか、うつくしい。③こえる、おおきい。

古訓 〔名義抄〕濯 アラフ・スヽグ・アム・カハアム・カ、ヤク

語系 濯diôk、滌dyukは声義近く、滌は小笹などで背を流し清めて滌う意。漱・涑sokも洗い清めることをいい、漱・涑は手で口すすぐことをいう。

【濯纓】冠の紐を洗う。清く生きる。漢・李陵〔蘇武に与ふ、三首、二〕詩 嘉會、再びは遇ひ難し 三載を千秋と爲す 河に臨んで長纓を濯ふ 子を念ひて、悵として悠悠たり

【濯濯】清らか。つやつや。肥える。〔孟子、告子上〕牛山の木、嘗て美なりき。其の大國に郊するを以て、斧斤之れを伐る。～是こを以て彼の若ごく濯濯たるなり。～是れ豈に山の性ならんや。

↑濯衣 洗った衣/濯漑 すすぐ/濯澣 あらう/濯盥 すすぐ/濯錦 錦を洗う/濯禊 みそぎ/濯蠲 清める/濯洒 すすぐ/濯洗 洗濯/濯漱 洗う/濯澡 清める/濯足 世のけがれを洗う/濯滌 洗う/濯沐 洗う

↓雨濯・浣濯・澣濯・盥濯・灌濯・薫濯・灑濯・洗濯・湔濯・澡濯・滌濯・盪濯・祓濯・沐濯・沃濯

【謫】

18 0062 【讁】22 0063 タク つみする ながす

篆文 

形声 声符は啇。〔説文〕三上に啻に従う形に作り、「罰するなり」と訓し、謫責の意とする。啻は啇の初形。〔左伝、昭七年〕「自ら謫を日月の災に取るなり」とは、天譴をいう。啻は卜文では禘の初文で、帝を祀る意。ゆえに天譴を謫というのであろう。のち流謫の意に用いる。

訓義 ①つみする、せめる、とがめる、しかる、天のとがめ。②ながす、遠くへうつす。

古訓 〔新撰字鏡〕謫 伊豆波留(いつはる)、又、阿佐牟久(あざむく)〔名義抄〕謫 イツハル・カナフ・カタキナリ/讁 ツミセラル・セメ・セム 〔字鏡集〕謫 ツミ・ツミセラル・カナフ・カタキナリ・セムル・イカル・イツハル・セラル

声系 讁は適(適)の声。讁は古い字書にみえない字であるが、〔詩、邶風、北門〕「室人交ごも偏く我を讁む」、〔国語、周語中〕「秦の師必ず讁有らん」のように古くから用いられている字である。

語系 謫tek、責tzhekは声義が近い。〔詩、邶風、北門、箋〕に「讁は譴なり」、〔国語、斉語、注〕に「讁は譴責なり」とあって同訓。もと天譴をいう語であろう。

【謫過】罪によって流される。唐・柳宗元〔韋中立の師道を論ずるに答ふる書〕僕、謫過より以來、益ます志慮少なく、南中に居ること九年、脚氣の病を增し、漸く閙がしきを喜ばず。豈に呶呶たる者をして、早暮、吾が耳に咈り、吾が心を騷がしむるべけんや。

【謫居】貶謫の生活。唐・劉禹錫〔康将軍の訪はるるを喜ぶ〕詩 謫居愁寂、幽棲に似たり 百草門に當りて、茅舍低し

【謫徙】罪によって辺地に貶謫する。〔史記、南越伝〕秦～略ぼ楊・越を定め、桂林・南海・象郡を置き、謫を以て民を徙し、越と雜處せしむ。

【謫戍】罪人を移して辺境を守備する。〔漢書、鼂錯伝〕(当世急務二事)秦の戍卒、其の水土に能はず、戍する者邊に死し、輸する者道に僨る。秦の民の行らるること、棄市に往くが如し。因りて謫を以て之れを發し、名づけて謫戍と曰ふ。

【謫仙】天上の仙界から降された人。〔唐書、文芸中、李白伝〕往きて賀知章を見る。知章其の文を見て歎じて曰く、子は謫仙人なりと。玄宗に言ひ、金鑾殿に召見せらる。～帝、食を賜ふ。

【謫発】誤りをせめたてる。〔列子、力命〕四人相ひ與もに世に游び、胥な志の如くして、窮年相ひ謫發せず。

【謫罰】過ちを罰する。〔論衡、調時〕鬼神の人を罪過するは、猶ほ縣官(王)の民を謫罰するがごときなり。

↑謫官 左遷/謫宦 左遷/謫咎 とが/謫去 左遷/謫譴 配流する/謫降 左遷/謫遷 左遷/謫卒 謫戍/謫堕 落魄/謫置 左遷/謫夢 配所の夢

↓遠謫・禍謫・遐謫・刑謫・譴謫・竄謫・遷謫・天謫・配謫・貶謫・冥謫・流謫・論謫

【擿】

20 4454 タク おちば

篆文 

形声 声符は擇(択)。擇に殬と(破れる)の意がある。〔説文〕一下に「艸木、凡そ皮葉の地に落ち隊つるを擿と爲す」とあり、「詩に曰く、十月隕擿」とあり、〔詩、豳風、七月〕の句を引く。〔広雅、釈木〕に「落つるなり」とあり、落葉をいう。〔詩、鄭風〕に〔擿兮〕という女の誘引の詩がある。

訓義 ①おちば、枯れ落ちる。②あしの葉。③籜蓆(たくせき)、おもだか。
古訓 〔名義抄〕籜 コノハヲツ
↓隕籜・紫籜

【鐸】21 8614 タク おおすず かね ふうりん

篆文

金文

形声 声符は睪(えき)。睪に擇(択)(たく)、殬(と)の声がある。〔説文〕十四上に「大鈴なり。軍法に、五人を伍と爲し、五伍を兩と爲す。兩の司馬、鐸を執る」とあり、〔周礼、夏官、大司馬〕の文による。金鈴木舌を木鐸といい、文事には木鐸、武事には金鐸を用いた。殷代の鐃(どう)、列国期の句鑃(こうたく)は器制の似たものであるが、ともに柄を下にして樹(た)てて鼓するもので、鈴の類ではない。

訓義 ①おおすず、すず。②かね。③ふうりん。

古訓 〔名義抄〕鐸 オホスズ・ヌリテ・ユヒマキ 〔篇立〕鐸 オホスズ・カク・ユヒカケ

【鐸鐃】(たくどう)(だう) 大鈴と、どら。唐・柳宗元〔嶺南節度饗軍堂記〕乃ち十月甲子、克(よ)く成る。公命じて新堂に饗せしむ。〜鼓には鼖晉(ふんしん)を以てし、金には鐸鐃を以てす。公、監軍使と、上賓を肅(すす)む。

【鐸舞】(たくぶ) 雜舞の名。〔隋書、音楽志上〕舊三朝設樂、〜第一、相和五引を奏す。第二、衆官入る。俊雅を奏す。第三、皇帝入閤、皇雅を奏す。〜十八、鐸舞を設く。〜四十九、皇帝興(た)つ。皇雅を奏す。

↑鐸語(たくご) 教令の語/鐸刃(たくじん) 南方の毒ぬりの槊(ほこ)/鐸鈴(たくれい) 鈴

↓金鐸・鼓鐸・執鐸・車鐸・鉦鐸・振鐸・大鐸・銅鐸・鐃鐸・風鐸・秉鐸・宝鐸・木鐸・鳴鐸・鈴鐸

【籜】22 8854 タク たけのかわ

形声 声符は擇(択)(たく)。睪(えき)は獣屍の殬解(とかい)(ときほぐれる)の形。擇は殬(と)と通じ、やぶれくずれるものの意がある。筍の緑籜をいう。

訓義 ①たけのかわ。②草の名。

古訓 〔和名抄〕籜 箏上の大皮なり、箏の宇波加波(うはかは) 〔名義抄〕籜 タケノウハカハ・コノハ

【籜冠】(たくかん)(くわん) 竹皮の冠。〔南史、明僧紹伝〕僧紹〜栖霞寺を建てて之れに居る。高帝〜仍(よ)りて竹根の如意(にょい)、筍籜冠を賜ふ。隱者以て榮と爲せり。

【籜竜】(たくりょう) たけのこ。唐・盧仝〔男抱孫に寄す〕詩 丁寧に汝に囑託す 汝籜龍を活(かい)すや不(いな)や

↑籜解(たくかい) 皮をぬぐ/籜屩(たくきゃく) 竹の皮の草履/籜筍(たくじゅん) 竹の子

↓解籜・紫籜・筍籜・新籜・竹籜・嫩籜・飄籜・風籜・竜籜・緑籜

ダク

【疒】5 0010 ダク やまい

篆文
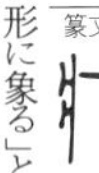

象形 牀上に人が臥している形。〔説文〕七下に「倚(よ)るなり。人の疾病有るとき、倚箸する形に象る」とする。卜文の疾字形は、人が牀上にあってもがき苦しむ形で、ときに小点を加えるものがあるのは、発汗を示すものであろう。牀に依箸する形とはしがたい。

訓義 ①やまい、やむ、やみくるしむ。②よる、もたれる。

古訓 〔字鏡集〕疒 ヤマヒ・ヨル

部首 〔説文〕疒部に百二字を録し、〔玉篇〕には二百七十二字を収め、二倍半以上にふえている。

声系 〔徐箋〕に匿(匿)(とく)と同声にして、その隷変の字とし、また〔説文通訓定声〕に疾(しつ)と同声とするが、ともに確かでない。疒をそのまま用いる例はない。

常【諾】15 0466 〔諾〕16 0466 ダク こたえる うけがう ゆるす

篆文

甲骨文

金文

形声 声符は若(若)(じゃく)。若は諾の初文で、のち諾の声義が分岐した。〔説文〕三上に「譍(こた)ふるなり」とあり、次条に「譍(おう)は言を以て對(こた)ふるなり」とみえる。譍は應(応)と同源の字で、心部の應は膺と同じく雁(よう)に従う。雁は雁の初文。鷹の初文も雁に従い、雁は鷹を抱く形。鷹狩りは古く「誓(うけ)ひ狩り」として行われたもので、これによって神意の反応を確かめるものであった。雁に従う字は、みなその儀礼に関する字である。若は若い巫女が両手をかざし、歌舞してエクスタシーの状態に入り、神意を承ける意。神の応諾するところを諾という。甲骨文に若を諾の意に用いる。応諾はいずれも神意を問い、確かめる行為をいう。〔礼記、玉藻〕に「父命じて呼ぶときは、唯(い)して諾せず」とあり、唯という返事は速やかにして恭、諾は緩やかにして慢。すべて逆らわずに意のままに従うことを「唯唯諾諾」という。

訓義 ①こたえる。②うけがう、ゆるす。神がうけがい、ゆるす。③よろしい、はい。④わかる、諒解する、承知する、したがう。⑤さとる、自ら知る。⑥承認のかきはん。

古訓 〔名義抄〕諾 ムベナフ・シタガフ・コタフ 〔篇立〕諾 ウケカヘニス・シタガフ・ムカフ・ウベナフ・ウタフ・コタフ

語系 諾nak、若njiakはもと同じ語。若が多義化し、本来の神の応諾の意を示すために諾が作られた。

【諾已】(だくい) わかった、承知した。万事終り。〔公羊伝、僖元年〕嘻(ああ)、此れ奚斯(けいし)の聲なり、諾已(諾せり)。

【諾諾】(だくだく) 何でも従いうけがう。〔史記、商君伝〕千人の諾諾は、一士の諤諤(がくがく)なるに如かず。

↑諾唯(だくい) 応諾/諾否(だくひ) 承知と不承知

↓一諾・応諾・快諾・許諾・謹諾・敬諾・受諾・宿諾・承諾・然諾・内諾・服諾・黙諾

常【濁】16 3612 ダク タク にごる

篆文

金文

形声 声符は蜀(しょく)。蜀に鐲(だく)・擉(たく)の声がある。〔説文〕十一上に斉の水名とするが、字は清濁の意に用いる。蜀は牡獣の性器を示す字で、その配匹をえないものを獨(独)という。それで濁はもと陰液をいう字であろうかと思われる。水の清濁のことよりして、正否の意に用い、清に反することを濁世・濁政のようにいう。

訓義 ①にごる、よごれる、けがれる。②みだれる、ただしからぬ。

古訓 〔名義抄〕濁 ニゴル/濁酒 モロミ 〔篇立〕濁 ニゴル・フスボル

語系 濁diok、溽njiokは声義近く、溽に濃厚・潤溽の意がある。

【濁穢】(だくあい) にごりやけがれ。〔史記、屈原伝〕自ら濯淖(たくとう)汙泥の中なるを疏(うと)んじ、濁穢を蟬蛻(ぜんぜい)し、以て塵埃(じんあい)の外に浮游す。

【濁晦】(たくかい)(くわい) 昏冥。宋・曽鞏〔多雨〕詩 嗟(ああ)江の濱、地に雨多し 冬雷收まらず、蟄戸(ちつこ)を開く 陰氣濁晦、化して霧と爲る 或いは山に雲となり、礎(ふもと)に水となる

【濁酒】(だくしゅ) にごり酒。魏・嵇康〔山巨源(濤)に与へて交はりを絶つ書〕時に親舊と闊(くわつ)を敍し、平生を陳說す。濁酒一盃、彈琴一曲、志願畢(を)はる。

【濁世】(だくせい) 乱れた世。〔史記、平原君虞卿伝論賛〕平原君は

翩翩たる濁世の佳公子なり。然れども未だ大體を睹ず。

【濁流】 濁った流れ。奸悪の徒。宋・欧陽脩〔朋党論〕昭宗の時に及んで、盡く朝の名士を殺し、或いは之れを黄河に投じて曰く、此の輩清流、濁流に投ずべしと。而して唐遂に亡びたり。

【濁浪】 にごった波。唐・徐夤〔酔うて邑宰南塘の屋壁に題す〕詩 萬古清淮、遠天を照らす 黄河の濁浪は、相ひ關せず

【濁醪】 にごり酒。梁・江淹〔恨みの賦〕夫の中散（嵇康）の獄に下るに及んで、神氣激揚し、濁醪夕に引き、素琴晨に張る。秋日蕭索として、浮雲光無し。

↑濁汚 けがれ/濁河 黄河/濁涇 涇水/濁溷 けがれ/濁水 濁り水/濁声 だみ声/濁政 悪政/濁俗 乱れた風俗/濁富 不義の富/濁欲 貪欲/濁吏 汚吏

↓汚濁・晦濁・愚濁・五濁・垢濁・混濁・渾濁・溷濁・滓濁・塵濁・酔濁・世濁・声濁・清濁・貪濁・重濁・澄濁・泥濁・白濁・穢濁

タコ

人 【凧】 5 たこ いか

国字 風の省形と巾とに従う。紙鳶・紙鴟などにあたる。江戸期の人情本〔春色梅児誉美〕などにみえる。

訓義 ①たこ、いかのぼり。

タツ

【奎】 9 4050 タツ こひつじ

篆文 

象形 大＋羊。大は母羊、その後ろからみた形。その胯間から小羊が生まれ落ちるさまで、その容易であることをいい、達（逹）の初文とみてよい。〔説文〕四上に「小羊なり」、〔玉篇〕に「生まるるなり」とあり、羊子の生まれるさまをいう。〔詩、大雅、生民〕「先づ生まるること達の如し」とある達は奎の意。一気にやすやすと生まれることをいう形容の語である。

訓義 ①こひつじ。②こひつじが生まれる。

声系 〔説文〕二下に奎声として達を収め、「行きて相ひ遇はざるなり」という。〔詩、鄭風、子衿〕「挑たり達たり」の〔伝〕に「挑達は往來相ひ見る貌なり」とする。挑達は身軽なさまをいう双声の連語で、達の原意を示す例とはしがたい。

語系 奎・達that、脱（脫）thuat は声近く、奎・達は脱然として子羊の生まれるさまをいう。

【挩】 10 5801 タツ とく

篆文 

形声 声符は兌。兌に脱（脫）の声がある。〔説文〕十二上に「解挩なり」とあり、解きのぞくことをいう。

訓義 ①とく、のぞく、はらう。②のこす、わすれる。③うつ、うちなやます。④脱と通じ、のがる。

↑挩殺 うち殺す

【窋】 10 3077 タツ チュツ かくれる いわや

篆文 

会意 穴（宀）＋出。〔説文〕七下に「物の穴中に在る皃なり」とし、出声とするが、出は屈の従うところと同じく、獣尾が屈曲して外にあらわれている形。窋とは獣の住む岩窟をいう。窟と形義において通ずる字である。

訓義 ①かくれる、穴にかくれる、獣が穴にかくれる。②いわや。③うつろ、むなしい。

【窋室】 いわや。〔呉越春秋、王僚使公子光伝〕公子光、甲士を窋室中に伏せ、酒を具して王僚を請ふ。～母曰く、光、心氣怏怏として、常に愧恨の色有り。愼まざるべからずと。

↑窋窣 出かかる

【敓】 11 8824 タツ ダツ うばう ぬすむ

篆文 

会意 兌＋攴。〔説文〕三下に「彊ひて取るなり」と奪取の意とする。兌は巫祝（兄）が祈ってエクスタシーの状態となる意。兄の上に彷彿として神気の下るさま。奪は衣中の隹（鳥）が脱去する意で、霊が鳥形霊となって逸出しようとする意。敓は兌に攴を加えるのであるから、その惝怳の状を破り奪う意となるのであろう。〔説文〕に〔書、呂刑〕「敓攘矯虔」という語を引くが、今本は「敓攘」を「奪攘」に作る。

訓義 ①うばう、ぬすむ。②奪と声義が通じる。

古訓 〔名義抄〕敓 ツフ・ムハフ

語系 敓・奪duat は同声。脱（脫）・挩・蛻thuat はみな脱去の意。褫diai、拕dai も褫脱・脱解の意があり、同系の語である。

【敓攘】 奪う。〔聖武紀、七〕内地の敓攘・越貨・鬬狠の事、一として花門（回紇）に出でざる無し。

↑敓魄 心奪う

常 【達】 12 3430 〔逹〕 13 3430 タツ とおる およぶ

篆文  金文 

形声 声符は奎。〔説文〕二下に「行きて相ひ遇はざるなり」とするのは、〔詩、鄭風、子衿〕「挑たり達たり」の句意をとるものであろうが、達は通達の意。奎は羊の子が脱然として生まれる形。〔詩、大雅、生民〕「先づ生まるること達の如し」とは奎の意である。達は辵に従って往来通達の意。すべて情意の通達することを達という。

訓義 ①とおる、つらぬく。②およぶ、いたる、とどく。③さとる、かなう。④すすむ、あまねくする、ゆきつく、とどける。⑤つね、おおやけ、不変。⑥おおきい、わがまま、のがれる。

古訓 〔名義抄〕達 イタル・コホス・トホル・トホス・カナフ・ヤル・タツ・ミチ・ツカハス・ツブサニ・ナラス・ユク・カヨハス・サトル/洞達 ―ト、ホレリ・―ト、ホリヒラケタリ

声系 〔説文〕に達声として撻を収める。儀礼に反するようなときに、その背を撻つことが行われた。長い鞭笞を加える意であるが、もと擬声語であろう。

【達意】 意を達する。〔史記、滑稽伝序〕禮は以て人を節し、樂は以て和を發し、書は以て事を道ひ、詩は以て意を達す。

【達学】 学の奥義に達する。〔後漢書、班固伝上〕弘農の功曹史殷肅は、達學洽聞、才能絶倫、詩三百を誦す。使を奉じて專對せん。

【達観】 みとおす。あまねくみる。〔書、召誥〕周公、朝に洛に至り、則ち新邑の營を達觀す。

【達見】 道理のあるところをみとおす。〔三国志、呉、呉主権伝〕魏の文帝踐阼し、～（孫）権に策命して曰く、～君、天資忠亮、～深く曆數を覩、廢興を達見す。～朕甚だ嘉みす。今君を封じて呉王と爲し、～君に璽綬・策書～を授く。

【達才】 通達の才。唐・賈公彦〔周礼の廃興を序す〕李成皇帝に至りて、達才通人の劉向の子歆、祕書を校理し、始めて列序して錄略に著はすことを得たり。

【達士】 通達の人。〔漢書、蕭望之伝〕（上疏）朝に争臣無くんば、則ち過ちを知らず。國に達士無くんば、則ち善を聞かず。

【達志】 志を達する。〔礼記、王制〕五方の民、言語通ぜず、嗜欲同じからざるも、其の志を達し、其の欲を通ず。東方を寄と曰ひ、南方を象と曰ひ、西方を狄鞮と曰ひ、北方を譯

と曰ふ。
【達辞】たつじ　どこでも通用する語。〔春秋繁露、精華〕詩に達詁無く、易に達占無く、春秋に達辭無し。變に從ひ義に從ひ、一以て仁人に奉ず。
【達識】たつしき　達見。晉・袁宏〔三国名臣序賛〕夫れ仁義は明らかにせざるべからず。則ち時宗其の致を擧ぐ。生理は全からざるべからず。故に達識其の契を攝る。相ひ與に道を弘む。豈に遠からずや。
【達者】たつしや　事理に通達した人。〔左伝、昭七年〕吾れ聞く、將に達者有らんとす。孔丘と曰ふ。聖人の後なり。～我若し沒するを獲ば、必ず説と何忌とを夫子に屬けて、之れに事へて禮を學ばしめ、以て其の位を定めよ。
【達人】たつじん　達者。〔左伝、昭七年〕聖人は明德有る者なり。若し世に當らずとも、其の後必ず達人有らん。今其れ將た孔丘に在るか。
【達生】たつせい　人生のことに達する。南朝宋・謝霊運〔斎中読書〕詩　萬事、竝びに歡び難し　達生、幸ひに託すべし
【達制】たつせい　万民に通ずる制度。〔三国志、呉、呉主権伝〕夫れ三年の喪は、天下の達制、人情の極痛なり。賢者は割哀して以て禮に從ひ、不肖者は勉めて之れを致す。
【達尊】たつそん　万民に通じて尊ぶべきもの。〔孟子、公孫丑下〕天下に達尊三有り。爵一、齒一、德一なり。
【達道】たつどう　人のふむべき普遍的な道。〔中庸、二十〕天下の達道五、之れを行ふ所以の者三。曰く、君臣なり、父子なり、夫婦なり、昆弟なり、朋友の交はりなり。
【達徳】たつとく　人が常に行うべき徳。〔中庸、二十〕知・仁・勇の三者は、天下の達德なり。
【達能】たつのう　能ある者を薦める。〔漢書、張安世伝〕嘗て薦むる所有り、其の人來りて謝す。安世大いに恨む。以爲へらく、賢を擧げ能を達するに、豈に私謝有らんやと。絶えて復た通ずることを爲す勿からしむ。
【達理】たつり　理を悟る。〔荘子、秋水〕道を知る者は必ず理に達す。理に達する者は必ず權（変）に明らかなり。權に明らかなる者は、物を以て己を害せず。
【達礼】たつれい　普遍の礼制。〔礼記、檀弓下〕北方に葬り、北首するは、三代の達禮なり。
【達論】たつろん　道理にかなった論。魏・曹植〔呉季重（質）に与ふる書〕夫れ君子にして音樂を知るは、古の達論なり。之れを通にして蔽はると謂ふ。

↑達官　高官／達宦　栄達／達鑑　明察／達眼　明識／達義　至極の義／達教　普遍の教え／達暁　夜あかし／達賢　明賢／達言　至言／達孝　至孝／達材　達才／達視　見通す／達曙　よく知りさとる／達心　明達／達成　成就／達声　大声／達政　達治／達喪　喪の通制／達聡　聡明／達旦　夜があける／達知　明達／達治　明治／達度　大度量／達筆　能筆／達摩　仏弟子のだるま／達明　夜明けとなる／達要　顕要／達練　練達／達老　通達の老人

↓意達・英達・栄達・下達・豁達・宦達・窮達・暁達・賢達・顕達・高達・曠達・四達・識達・夙達・熟達・俊達・上達・進達・先達・薦達・送達・聡達・速達・調達・暢達・通達・伝達・到達・特達・任達・配達・博達・八達・発達・敏達・布達・聞達・放達・旁達・妙達・明達・利達・練達

【靼】

14 4651　［韃］22 4051　タツ　なめしがわ

篆文 
古文 

形声　声符は旦。旦に怛の声がある。〔説文〕三下に「柔革なり」とあり、なめしがわをいう。なお古文として韃の字をあげる。

訓義　1 なめしがわ。2 なめす、やわらかい。3 韃靼は、北狄の族名。

古訓　〔名義抄〕靼　ウツ　〔篇立〕靼　チカラカハ・ヤハラカナルカハ・ミツヲカハ・カハ

↓韃靼

【撻】

16 5403　タツ　うつ　むちうつ

篆文 
古文 
金文 

形声　声符は達（達）。〔説文〕十二上に訓義を著けず「郷飲酒に、不敬を罰するとき、其の背を撻つ」と〔儀礼、郷飲酒礼〕の文を引く。〔郷射礼〕にも、射者に過誤あるとき、これを撻つとする規定がある。撻つときには鞭笞のように長いものを用いる。重文の古文の字が虍に従うのは、何らかの儀礼、特に軍礼の際の行為を示すものであろう。

訓義　1 うつ、むちうつ。2 うちいましめる、こらす。3 駾と通じ、はやい。

古訓　〔名義抄〕撻　ウツ・シバラク　〔字鏡集〕撻　モツ・スサミ・シバラク・ハコ・アク・トル・トホソ・ニギル・ウツ

【撻撃】たつげき　うつ。〔漢書、吾丘寿王伝〕秦、天下を兼ね、～甲兵を銷かし、鋒刃を折る。其の後、民、耰鉏（すきくわ）箠梃（むちと棒）を以て相ひ撻撃し、法を犯すもの滋と衆く、盜賊勝へず。
【撻市】たつし　市中でうつ。公開処刑。〔書、説命下〕其の心の愧恥すること、市に撻たるるが若し。
【撻辱】たつじよく　むちうって辱める。〔晋書、潘岳伝〕孫秀～狡黠自ら喜ぶ。岳、其の人と爲りを惡み、數と之れを撻辱す。秀、常に忿りを銜む。～秀、遂に岳～を誣ひ、～之れを誅し、三族を夷にす。
【撻笞】たつち　むちうつ。〔白虎通、下、五刑〕刑は大夫に上らざる者は、禮に據るに大夫の刑無ければなり。或いは曰く、撻笞の刑なりと。
【撻罰】たつばつ　むちうち罰する。唐・元稹〔旱災、自ら咎めて七県の宰に貽る〕詩　誅求と撻罰と　乃ち逡巡せざること無からんや
【撻戮】たつりく　うち辱め、殺す。〔周礼、地官、胥〕其の坐作出入の禁令を掌る。～凡そ罪有る者は、撻戮して之れを罰す。

↑撻脛　すねをうつ／撻訊　拷問する／撻楚　むちうつ／撻伐　伐つ／撻尾　帯の下端を垂らす

↓恚撻・受撻・捶撻・楚撻・笞撻・鞭撻・朴撻・戮撻

【闥】

21 7730　タツ　もん

篆文 

形声　声符は達（達）。〔説文新附〕十二上に「門なり」とあり、特に宮中の小門をいう。〔詩、斉風、東方之日〕「彼の姝なる者は子　我が闥に在り」の〔毛伝〕に「門の内なり」、〔釈文〕に引く〔韓詩章句〕に「門屏の閒を闥と曰ふ」とみえる。門屏は築地、また奥まった室などをいう。

訓義　1 もん。2 門の内、門塀の間。3 奥まった室。4 達と通じ、早いさま。

古訓　〔名義抄〕闥　トラフ　〔字鏡集〕闥　オシヒラク・ワキト・トラフ・カドノウチ・コカト

↑闥爾　速いさま

↓戻闥・家闥・華闥・階闥・宮闥・禁闥・閨闥・瓊闥・皇闥・閤闥・四闥・紫闥・繡闥・重闥・省闥・椒闥・邃闥・仙闥・帝闥・殿闥・排闥・披闥・房闥・門闥・幽闥

【韃】

22 4453　［撻］16 5403　タツ　ダツ　うつ　むちうつ

形声　声符は達（達）。撻と同字。また韃靼のときの慣用音はダツ、単に韃ともいう。

訓義 ①撻と同じく、うつ、むちうつ。②韃靼。
古訓 〔篇立〕韃 ウツ
↑韃靼 北狄の族名
↓鞭韃

ダツ

【妲】 8 4641 ダツ タン

篆文 

形声 声符は旦。旦に怛の声がある。〔説文新附〕十二下に「妲己、紂の妃なり」とみえる。有蘇氏の女で己姓。紂はこの妲己に惑うて淫楽にふけり、殷滅亡の因をなしたと伝えられる。
訓義 ①あざな、女のあざな。②妲己、殷の紂王の妃。③とりとめもない。
↑妲語 とりとめもない語
↓妹妲

【怛】 8 9601 ダツ いたむ

篆文 

形声 声符は旦。旦に妲の声がある。〔説文〕十下に「憯むなり」とし、〔詩、衛風、氓〕「信誓すること怛怛たり」を引く。いま「旦旦」に作り、怨・岸・泮・宴・晏と韻する。〔詩、斉風、甫田〕に「勞心怛怛たり」とあり、これは「桀桀」と隔句韻。〔説文〕はこの句を引くべきである。
訓義 ①いたむ、うれえる、かなしむ。②にくむ、うらむ。③おどろく。
古訓 〔名義抄〕怛 ヤスム・カナシブ・アハレブ・タヒラケシ・オドロク・オホイナリ・オソル・イタム・タケシ・イタル
語系 怛 tat、憚 dan は声近く、ともに忌憚の意がある。戰(戦)・顫 tjian は、それが態度にあらわれることで、声義に通ずるところがある。

【怛化】 死に臨んだ人をおどろかす。〔荘子、大宗師〕俄にかにして子來、病有り。喘喘然として將に死せんとす。其の妻子、環りて之れに泣く。子犂、往きて之れを問ひて曰く、叱し、避けよ。化を怛かすこと無かれと。

【怛惕】 心をいためる。〔史記、文帝紀〕夫れ久しく難を結び兵を連ぬ。中外の國、將た何を以てか自ら寧んぜん。今朕~之れが爲に怛惕して安からず。未だ嘗て一日も心に忘れず。

【怛悼】 かなしみいたむ。漢・司馬遷〔任少卿(安)に報ずる書〕僕竊かに自ら其の卑賤なるを料らず、主上の慘愴怛悼するを見、誠に其の款款の愚を效さんと欲す。
↑怛傷 かなしむ/怛然 驚くさま/怛怛 憂えるさま/怛惋 なげく
↓駭怛・驚怛・惶怛・慘怛・憯怛・傷怛・惻怛・忡怛・痛怛・惙怛・忉怛

常 【脱】 11 7821 〖脫〗 11 7821 ダツ タツ タイ ぬぐ ぬけだす

篆文 

形声 声符は兌。兌に兌・敓の声がある。兌は巫祝(兄)が祈ってエクスタシーの状態にあることをいう。ゆえに「悅ぶ」「脫す」の意がある。〔説文〕四下に「肉を消へらして臞するなり」とするが、心身の脱落することをいう語である。敓・奪と声義が通ずる。蟬蛻のときは脱、脱脱とはその舒緩のさまをいう。
訓義 ①ぬぐ、とく、はなれる。②ぬけだす、まぬがれる。③やせる、ぬける、ぬけおちる。④奪と通じ、うばう。⑤虫がぬけかわる。脱脱は、ゆるやかなさま。
古訓 〔名義抄〕脱 マヌガル・ノガル・ハナル・ユルス・ハグ・オツ・ヌグ・アヤマツ・モル・ハツル・カヘル・タツ・トホル・ハナツ・モシ・オトス・トク 〔字鏡集〕脱 ユルス・ノガス・マヌガル・サトル・ヲフ・アヤマツ・ハツル・ハナル・ハグ・モシ・モル・トク・カヘル・タフ・トホル・オトス・ハナツ・ヌグ・タツ
語系 脱・稅(税)thuat は同声。奪 duat は声義近く、また褫diai、拕 dai にもみな褫奪・解脱の意があり、これらは一系の語である。

【脱易】 軽率。〔宋史、周湛伝〕湛、人と爲り脱易にして、威儀少なし。然れども善く弩を射る。屋を隔つと雖も、亦た的に中つると云ふ。

【脱簡】 編簡の一部がなくなる。〔漢書、芸文志〕劉向、中古文を以て歐陽、大小夏侯三家の經文を校するに、酒誥の脱簡一、召誥の脱簡二あり。

【脱誤】 文字の脱落や誤字。〔後漢書、安帝紀〕謁者劉珍、及び五經博士に詔して、東觀の五經・諸子・傳記・百家藝術を校定し、脱誤を整齊し、文字を是正せしむ。

【脱稿】 原稿をかきあげる。宋・張端義〔貴耳集自序〕古人に入耳著心の訓有り。又貴耳瞠目の說有り。前錄の已に灰となるを悵み、斯の集の稿を脫するを喜ぶ。

【脱灑】 脱俗。唐・寒山〔寒山詩、二七五〕只だ錢財を愛しむが爲に 心中脫灑ならず 他の高道の人を見ては 卻つて嫌つて誹謗して罵る

【脱屣】 草履をぬぐ。惜しまずにすてる。梁・昭明太子〔陶靖節(潛)集の序〕唐堯は四海の主なるに、汾陽(汾水の北に世を隱れる)の心有り。子晉(王子喬)は天下の儲(霊王の太子)なるに洛濱(に遊ぶ)の志有り。之れを輕んずること、屣を脫するが若し。

【脱身】 逃げだす。〔史記、項羽紀〕沛公則ち車騎を置き、身を脫して獨り騎る。

【脱然】 すっきりする。病が治る。〔公羊伝、昭十九年〕樂正子春の疾を視るや、復た一飯を加ふれば、則ち脫然として愈ゆ。復た一飯を損すれば、則ち脫然として愈ゆ。

【脱素】 質朴。〔後漢書、独行、向栩伝〕性、卓詭不倫、恆に老子を讀み、狀、學道の如く、又狂生に似たり。~特に徵されて到り、趙の相を拜す。~時人謂へらく、其れ必ず當に脫素從儉すべしと。而れども栩、更めて鮮車に乘り、良馬に御す。世其の始め僞なるを疑ふ。官に到るに及び、略ぼ文書を視ず。舍中蒿萊(雑草)を生ず。

【脱俗】 世俗を脱する。また、出家。民国・蘇曼殊〔断鴻零雁記、十章〕余脫俗してより今に至るまで、遇ふ所の師傅、~均しく殷殷として愛を垂る。

【脱胎】 道教で、凡胎を脱する法。また、他人の詩文より作品を作ること。清・銭謙益〔読杜小箋、上〕班(固)の賦(西都の賦)に建武革命の事を序すること幾ど二百言、此の詩(杜甫、行いて昭陵に次る)二十字を以て隱括して、遺詞無し。古人脫胎換骨の妙、最も宜しく深く味はふべし。

【脱帽】 謝罪・表敬。また、豪放を示す。唐・杜甫〔飲中八仙歌〕詩 張旭三杯、草聖傳ふ 帽を脫し頂を露はす、王公の前 毫を揮ひて紙に落せば、雲烟の如し

【脱落】 ぬけおちる。唐・韓愈〔十二郎を祭る文〕吾れ今年より來、蒼蒼たる者は、或いは化して白となり、動搖する者は、或いは脫して落ちぬ。

【脱略】 ぞんざい。〔史通、雑説上〕漢書東方朔傳、委瑣煩碎、諸篇に類せず。且つ其の亡沒の歲時及び子孫の繼嗣を述べず。正に司馬相如・司馬遷・揚雄傳と相ひ類す。其の傳體を尋ぬるに、必ず曼倩(朔)の自敘ならん。但だ班氏脫略、故に世之れを知る莫し。

【脱漏】 もれる。遺漏。南朝宋・裴松之〔三国志注を上る表〕(陳)壽の書、銓敘觀るべし。事多く審正、誠に游覽の苑囿、近世の嘉史なり。然れども失は略なるに在り。時に脫漏

する所有り。

↑脱衣 衣をぬぐ/脱遺 忘れる/脱逸 逸脱/脱穎 鋭い錐先がふくろからぬけ出る/脱捐 棄てる/脱解 ぬき解く/脱殻 殻をぬぐ/脱監 脱獄/脱帰 逃げ帰る/脱棄 すてる/脱却 免れる/脱去 逃走する/脱形 やせる/脱剣 帯剣を解く/脱袴 袴をぬぐ/脱光 日蝕/脱藁 脱稿/脱褌 褌をぬぐ/脱蹤 屣をぬぐ/脱躧 脱屣/脱似 酷似する/脱爾 粗末/脱出 脱却する/脱生 生まれ替わり/脱折 ぬける/脱走 にげる/脱粟 玄米/脱脱 ゆるやか/脱兎 速く逃げだす/脱白 脱身/脱剝 はがす/脱膊 肩ぬぐ/脱繆 誤脱/脱謬 誤脱/脱文 文が欠落する/脱騙 かたり/脱陽 腎虚/脱乱 誤脱/脱爛 ばらばら/脱離 脱去する/脱籠 籠ぬけ

↓遺脱・逸脱・穎脱・簡脱・虚脱・解脱・軽脱・高脱・渾脱・残脱・失脱・洒脱・清脱・蟬脱・疎脱・躁脱・超脱・跳脱・通脱・透脱・得脱・擺脱・剝脱・免脱・爛脱・離脱・漏脱

常 【奪】 14 4034 ダツ とる うばう うしなう

篆文  金文 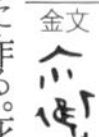

会意 大＋隹＋寸。金文の字形は、衣中に隹を加え、下から手でもつ形に作る。死喪のとき、衣中に呪器を加える儀礼があり、哀・衰（衰）・袁・襄・褱などはその呪儀を示す字。奪は鳥形の霊が脱去しようとし、それを留める儀礼を示すものであろう。〔説文〕四上に「手に隹を持ち、之れを失ふなり。又奞に従ふ」（段注本）という。奞字条に「鳥、毛羽を張りて自ら奮ふなり」と鳥が奮飛しようとするさまと解するが、金文の字形は、衣中に隹のある形。奮も魂振りの意をもつ字であろう。

訓義 ①とる、とらえる、鳥形霊として脱出しようとする霊をとらえる。②うばう、せまりとる、うちとる、かすめとる。③うしなう、なくする、さる。

古訓 〔名義抄〕奪 ムバフ 〔字鏡集〕奪 イカル・ミダル・ヤスシ・トル・アラソフ・ウバフ

語系 奪・敓duatは同声、脱（脫）・蛻・捝thuatも声義が近い。褫diai、拕daiも脱解・褫奪の意をもつもので、一系の語である。

【奪移】 うばって他へ移す。〔後漢書、献帝紀論〕傳に稱ふ、鼎の器爲たる、小なりと雖も重し。故に神の寶とする所は、奪移すべからずと。

【奪気】 気をそぐ。〔孫子、軍争〕故に三軍も氣を奪ふべく、將軍も心を奪ふべきなり。是の故に朝氣は鋭く、晝氣は惰り、暮氣は歸す。故に善く兵を用ふる者は、其の鋭氣を避け、其の惰歸を撃つ。

【奪志】 志操をかえさせる。〔論語、子罕〕三軍も帥（指揮官）を奪ふべきなり。匹夫も志を奪ふべからざるなり。

【奪情】 喪中に出仕を命ずる。〔周書、王謙伝〕特に殊寵を加へ、乃ち謙に柱國大將軍を授く。情禮未だ終らざるを以て、固辭して拜せず。高祖、手詔奪情し、爵庸公を襲がしむ。

【奪席】 席をうばう。〔後漢書、儒林上、戴憑伝〕帝、群臣の能く經を說く者をして、更ミ相ひ難詰せしめ、義通ぜざる有れば、輒ち其の席を奪はしむ。～憑、遂に坐を重ぬること五十餘席。

【奪胎】 作りかえ。〔冷斎夜話、一〕（黄）山谷云ふ。其の意を易へずして其の語を造す、之れを換骨法と謂ふ。其の意を窺入して之れを形容する、之れを奪胎法と謂ふ。

【奪袍】 人の栄誉をうばう。〔唐書、文芸中、宋之問伝〕武后洛南龍門に游び、從臣に詔して詩を賦せしむ。左史東方虬、詩先づ成り、后、錦袍を賜ふ。之問俄傾（にわか）にして獻ず。后、之れを覽て嗟賞し、更めて袍を奪ひて以て賜ふ。

【奪倫】 音のととのうことをみだす。秩序を乱す。〔書、舜典〕八音克く諧ひ、倫を相ひ奪ふこと無くんば、神人以て和せん。

↑奪哀 奪情/奪還 とり戻す/奪却 うばいとる/奪錦 人の栄誉をうばう。奪袍/奪取 うばいとる/奪囚 囚をうばう/奪攘 盗む/奪扇 奪錦/奪胆 奪気/奪褫 剝ぎとる/奪魄 失神させる/奪服 奪情/奪柄 失権/奪俸 減俸/奪目 目をくらます/奪与 与えること、うばうこと/奪予 与奪/奪掠 掠奪/奪略 奪取する/奪礼 奪情/奪労 免官されて労役に服する

↓移奪・意奪・枉奪・気奪・詭奪・脅奪・彊奪・矯奪・傾奪・攻奪・強奪・豪奪・詐奪・削奪・簒奪・収奪・襲奪・侵奪・占奪・争奪・損奪・胆奪・偸奪・剝奪・魄奪・与奪・抑奪・掠奪・略奪

【獺】 19 4728 ダツ かわうそ

篆文 

形声 声符は賴（頼）。賴は舌頭來母の音で、その音は他の舌頭音に転ずることが多い。〔説文〕十上に「小狗の如きものなり。水居して魚を食らふ」とあり、〔玉篇〕に「猫の如し」という。〔礼記、月令〕「孟春の月、～獺、魚を祭る」とあり、食する前に陳列するという。詩文を作るときに、多く典故を並べたてることを獺祭という。

訓義 ①かわうそ。

古訓 〔和名抄〕獺 水獣、乎曾（をそ）。〔箋注〕今俗に加波宇曾（かはうそ）と呼ぶ 〔名義抄〕獺 ヲソ 〔字鏡集〕獺 ヲソ・カハヲソ

語系 賴latが獺thatとなるのは、豊lyeiが體（体）tyeiとなるのと同じく、舌頭音の転じたものである。

【獺穴】 かわうその住む穴。〔淮南子、繆称訓〕鵲巣（かささぎの巣）は風の起る所を知り、獺穴は水の高下を知る。

【獺祭】 かわうそが魚を陳べる。そのように、詩文を作るときに、多くの典故の語をならべることをたとえる。〔五総志〕唐の李商隱、文を爲るに多く書史を檢閲し、左右に鱗次し堆集す。時に謂ひて獺祭魚と爲す。

【獺皮】 かわうその皮。〔後漢書、南蛮伝序〕（槃瓠の後）號して蠻夷と曰ふ。外は癡（おろか）、内は黠（わるがしこい）、～邑の君長有り。皆印綬を賜ひ、冠するに獺皮を用ふ。

【獺婦】 かわうそは、猿を妻にするという。〔埤雅、釈獣、猨〕舊說に、猨鳴いて、獺之れを候ふと。故に東晳の發蒙記に曰く、獺は猨を以て婦と爲すと。

↑獺褐 獺皮の衣/獺傘 蓮の葉

↓海獺・山獺・水獺・野獺・梁獺

タン

常 【丹】 4 7744 タン にあか

篆文  古文   金文  甲骨文 

象形 丹井に丹のある形。丹は朱砂の状態で出土し、深い井戸を掘って採取する。〔説文〕五下に「巴越の赤石なり。丹井に采るに象る。、は丹の形に象る」という。〔史記、貨殖伝〕に、蜀の寡婦の清が、丹穴を得て豪富をえたことをしるしている。〔書、禹貢〕に、荊州に丹を産することがみえる。金文の〔庚贏卣〕に「丹一柝」を賜うことがみえ、聖器に塗るのに用いた。甲骨文の大版のものには、その刻字の中に丹朱を加えており、今も鮮明な色が残されている。〔抱朴子、仙薬〕には、丹を

仙薬とする法をしるしている。丹には腐敗を防ぐ力があり、古く葬具にも用いられ、殷墓からは、器が腐敗し、その朱色が土に残された花土の類が出土する。

訓義 1に、あか、あかくぬる。2まごころ。

古訓 〔和名抄〕丹 邇(に)〔名義抄〕丹 アカシ/渥丹 アックツケタルニ/丹雘 ニヌリ・イロドル/牡丹フカミクサ 〔字鏡集〕丹 ニ・アカシ

部首 〔説文〕に雘・彤の二字を属する。靑(青)系統のものは、丹から派生した字。

語系 丹tan、旃(旜)tjianは声近く、旃はいわゆる絳帛。軍門にこれを用い、また軍使に用いた。

参考 わが国では丹にといい、その採取の地を丹生という。その職掌者の奉ずる丹生系の神社も多く、その分布によって、丹生氏の活動のあとを知ることができる。

【丹堊】丹ぬりの壁。〔古今注、上、都邑〕闕は觀なり。古、門毎に兩觀を其の前に樹つ。～其の上は皆丹堊、其の下には皆雲氣・仙靈・奇禽・怪獸を畫く。

【丹扆】御座の後ろに立てる赤い屛風。〔旧唐書、敬宗紀〕李德裕、丹扆箴六首を獻ず。上、深く之れを嘉し、學士韋處厚に命じ、其の答詔を優にせしむ。

【丹楹】赤く塗った柱。唐・李紳〔呉門を過ぎる、二十韻〕詩 朱戸、千家の室 丹楹、百處の樓

【丹鉛】朱と白。校訂に用いる。〔漢学師承記、六、盧文弨〕東原(戴震)と交はり善し。始めて心を漢學に潛め、讐校(本文の校訂)に精し。歸田後二十餘年、勤めて丹鉛を事とし、老に垂なんとするも衰へず。

【丹艷】あかくつややか。宋・梅堯臣〔十一月八日、圃人の小桃花を献ずるに和す、二絶、二〕詩 丹艷已に灰管(候気の管)に先んじて動く 人力と栽培とに由らず

【丹霞】日の出没するときの陽光で、赤くみえる雲気。魏・文帝〔芙蓉池の作〕詩 丹霞、明月を夾み 華星、雲間に出づ 上天、光彩を垂る 五色、一に何ぞ鮮やかなる

【丹魚】赤い魚。〔水経注、丹水〕水、丹魚を出だす。夏至に先だつこと十日、夜之れを伺へば、魚水側に浮ぶ。赤光上照すること火の如し。～其の血を割きて以て足に塗らば、以て水上を歩行すべし。

【丹闕】宮闕。〔敦煌曲子詞、献忠心、三首、三〕詞 聖明の主に朝し 丹闕を望む 歩歩涙して 衣襟に滿つ

【丹沙】水銀と硫黄との化合物。仙薬。〔史記、武帝紀〕少君、上に言ひて曰く、竈を祠らば則ち物を致す。物を致さば丹沙化して黄金と爲すべく、～以て飲食の器と爲さば、則ち壽を益さん～と。

【丹漆】丹を加えたうるし。〔後漢書、祭祀志上〕(梁)松、上疏して之れを爭ふ。以爲へらく、～受命中興、宜しく當に特異にして、以て天意を明らかにすべしと。～時に印工、玉牒を刻すること能はざるを以て、丹漆を用つて之れを書せんと欲す。～書は方石を刻したる中に祕す。

【丹書】秘書。河図洛書の類。〔大戴礼、武王践阼〕師尚父を召して、焉れに問うて曰く、黄帝顓頊の道存するか、意るいは亦た忽として見るを得べからざるかと。師尚父曰く、丹書に在りと。

【丹心】赤心。宋・文天祥〔零丁洋を過ぎる〕詩 人生、古より誰か死無からん 丹心を留取して、汗靑(歴史)を照らさん

【丹靑】赤と青。絵具。絵画。まごころ。不変のもの。簡札。歴史の書。宋・文天祥〔正気の歌〕詩 皇路、清夷に當りては 和を含んで明庭に吐く 時窮しては節乃ち見はる 一一丹靑に垂る

【丹誠】誠心。〔三国志、魏、陳思王植伝〕(上疏、親戚を存問するを求む)出でては華蓋に從ひ、入りては輦轂に侍し、聖問に承答し、左右に拾遺するは、乃ち臣の丹誠の至願にして、夢想を離れざる者なり。

【丹墀】赤く塗った庭。〔宋書、百官志上〕(尚書郎)事を明光殿に奏す。殿は胡粉を以て壁に塗り、古賢烈士を畫き、丹朱を以て地に色す。之れを丹墀と謂ふ。

【丹篆】丹書の篆文。神仙の書。唐・杜牧〔朱道霊に贈る〕詩 劉根(後漢)の丹篆、三千字 郭璞(晋)の靑囊(道書を収める)、兩卷の書

【丹田】へその下。〔雲笈七籤、十二、黄帝外景経上〕廬間に呼吸して、丹田に入る。～丹田の中、精氣微なり。

【丹葩】赤い花。晋・左思〔招隠詩、二首、一〕白雪、陰岡に停り 丹葩、陽林に曜ふ

【丹筆】刑事判決の書。〔初学記、二十に引く謝承の後漢書〕盛吉、廷尉と爲る。冬節に至る毎に、罪囚當に斷ずべし。妻は夜燭を秉り、吉は丹筆を持ち、夫妻相ひ對し、垂泣して罪を決す。

【丹楓】紅楓。唐・李商隠〔楚宮を過ぎる〕詩 巫峽、迢迢たり、舊楚宮 今に至るまで、雲雨、丹楓暗し

【丹鳳】勅書。後趙の石虎が、勅書を朱鳳の口に含ませたことからいう。唐・戴叔倫〔司空拾遺に贈る〕詩 闕を望んで未だ承けず、丹鳳の詔 門を開いて空しく對す、楚人の家

【丹醴】仙人の酒。〔拾遺記、十、洞庭山〕靈洞有り。～中に異香芬馥、～衆女霓裳、～來りて採藥の人を邀ふ。～(餞するとき)之れに丹醴の訣を贈る。

↑丹帷 赤いとばり/丹羽 赤い羽/丹烏 月中の烏/丹雲 赤い雲/丹英 赤い花/丹栄 赤い花/丹穎 彤管/丹掖 宮門/丹液 長生薬/丹崖 赤い崖/丹壑 赤い谷/丹干 丹砂/丹矸 丹砂/丹款 まごころ/丹巌 赤い巌/丹旂 赤旗/丹旗 赤旗/丹曦 太陽/丹丘 仙人の居/丹邱 丹丘/丹棘 忘憂草/丹経 仙書/丹雞 赤毛の雞/丹穴 丹砂の穴/丹血 赤い血/丹訣 丹法/丹瞼 朱瞼/丹絃 朱絃/丹甲 赤い鎧/丹紅 あか/丹虹 赤い虹/丹鴻 しらみ/丹悃 赤誠/丹懇 赤誠/丹砂 丹沙/丹彩 赤く塗る/丹剤 丹薬/丹冊 丹書/丹芝 霊草/丹脂 べに/丹幟 赤旗/丹室 朱塗りの室/丹赭 赤土/丹若 ざくろ/丹朱 あか/丹詔 勅書/丹裳 朱の裳/丹霄 赤い空/丹忱 赤誠/丹脣 あかいくちびる/丹寸 丹心/丹井 丹砂の井/丹赤 赤心/丹粟 丹砂/丹台 丹丘/丹竹 朱竹/丹柱 丹楹/丹衷 赤心/丹頂 鶴/丹旐 葬旗/丹鼎 丹薬のかなえ/丹土 に/丹洞 仙境/丹毒 丹毒菌/丹府 誠心/丹粉 赤絵具/丹陛 御所/丹碧 丹青/丹房 道教の寺観/丹薬 仙薬/丹葉 紅葉/丹溜 仙薬/丹侶 道士/丹輪 月/丹楼 朱塗りの楼/丹雘 朱色の土

↓渥丹・霞丹・金丹・朱丹・神丹・青丹・赤丹・仙丹・飛丹・碧丹・服丹・牡丹・流丹・煉丹・鍊丹

常 【旦】 5 6010 タン よあけ あさ あした

篆文

金文

象形 金文の字形は、雲上に日が半ばあらわれる形。〔説文〕七上に「明なり。日の一上に見はるるに從ふ。一は地なり」とするが、日が雲を破って出る形である。金文の廷礼冊命をしるすものに「旦に王、大室に各る」というものが多く、重要な儀礼は旦・昧爽・昧辰のように、早朝に行われた。それで政を朝ともいい、朝政の語がある。

訓義 1よあけ、あさ、あした、あけがた。2あける、あかす。3戯

劇の女形、おやま。

古訓 〔名義抄〕旦 アシタ・アキラカナリ・アケヌ・アカツキ・ツトメテ・ウルハシ

部首 〔説文〕〔玉篇〕に曁をその部に属する。〔説文〕七上に「日頗しく見ゆるなり」と訓する字である。

声系 〔説文〕に旦声として但・怛・坦・亶など十三字を収めるが、朝旦の意をもつ字はない。

語系 旦・丹 tan は同声。旦は日の出の象で、丹朱の意をもつのであろう。国語の「あけ」と同じ。

【旦雨】(たんう) よあけの雨。〔新論、類感〕感應必ず自然の數に類す。是を以て、～旦に且に雨ふらんとするや、寸雲未だ布かざるに蟻蚓移る。

【旦雲】(たんうん) 朝雲。美人をいう。梁・何思澄〔南苑に美人に逢ふ〕詩 洛浦に迴雪かと疑ひ 巫山、旦雲に似たり

【旦起】(たんき) 早起き。〔後漢書、宋室四王、斉武王縯伝〕伯升(光武の長兄縯)遂に進みて宛を圍み、自ら柱天大將軍と稱す。王莽～大いに震懼し、～天下の郷亭をして、皆伯升の像を塾に畫き、旦起して之れを射しむ。

【旦日】(たんじつ) 夜明け。明朝。〔史記、項羽紀〕沛公既に咸陽を破ると聞き、項羽大いに怒りて～曰く、旦日士卒を饗し、爲に沛公の軍を撃破せんとすと。

【旦夕】(たんせき) 朝夕。〔南史、隠逸上、陶潜伝〕汝旦夕の費(炊事など)、自ら給するを難しと爲さん。今此の力(召使い)を遣はし、汝の薪水の勞を助けしむ。此れも亦た人の子なり、善く之れを遇すべし。

【旦旦】(たんたん) 毎朝。毎日。〔孟子、告子上〕人に存する者と雖も、豈に仁義の心無からんや。其の、其の良心を放つ所以の者、亦た猶ほ斧斤の木に於けるがごときなり。旦旦にして之れを伐らば、以て美を爲すべけんや。

【旦暮】(たんぼ) 朝夕。やがて。まもなく。宋・葉適〔母杜氏墓誌〕吾が疾は、旦暮に愈ゆるに非ざるなり。而して汝の謀りて以て養ふ所の者は、千里の外に在り。汝去れ、徒らに我を守るも益亡し。

➡旦会(たんかい) 元日の朝会／旦気(たんき) 早朝の気／旦飢(たんき) 朝飢／旦月(たんげつ) 月旦／旦昏(たんこん) 朝夕／旦時(たんじ) 夜明け／旦正(たんせい) 早朝の気／旦昔(たんせき) 旦夕／旦昼(たんちゅう) ひるま／旦朝(たんちょう) 朝／旦潮(たんちょう) 朝潮／旦那(だんな) 施主／旦晩(たんばん) 旦暮／旦晡(たんぽ) 朝夕／旦望(たんぼう) 朔と望／旦明(たんめい) 夜明け

⬇一旦・元旦・吉旦・詰旦・暁旦・旭旦・月旦・穀旦・今旦・歳旦・朔旦・城旦・晨旦・震旦・正旦・清旦・早旦・爽旦・待旦・東旦・日旦・復旦・平旦・晡旦・毎旦・昧旦・明旦

常 【但】 7 2621 タン かたぬぐ ただ

篆文 

形声 声符は旦。〔説文〕八上に「裼ぐなり」とあり、「一に曰く、徒なり」(小徐本)という。徒は「ただ」。字はまた袒・襢に作り、〔詩、鄭風、大叔于田〕に「襢裼して虎を暴にす」と襢を用いる。

訓義 1かたぬぐ。2ただ、ひとり、いたずらに、むなしく。3しかれども、しかし、なお。4誕と通じ、いつわる、ほしいまま。

古訓 〔名義抄〕但 タヾシ・タヾニ・ツタナシ・ニフシ・ミナ・トモ・シカル・ヌグ

語系 但・袒・襢 dean は同声。袒は衣縫の解けることをいう。副詞としては徒 da、特 dak、直 diak はみな声が近く、その声を以て通用する。

➡但可(たんか) すべからく／但割(たんかつ) 料理／但書(たんしょ) 但し書き

人 【坦】 8 4611 タン たいらか ひろやか やすらか

篆文 

形声 声符は旦。〔説文〕十三下に「安らかなり」とあり、地が平坦であること。〔論語、述而〕「君子は坦として蕩蕩たり」のように、心のやすらかなことをもいう。

訓義 1たいらか、ひろやか、おおきい。2やすらか、あきらか。

古訓 〔名義抄〕坦 タヒラカニ・タヒラカナリ・アキラカニ・アキラカナリ・オホキナリ・ヤスシ・ニハ・トシ・アラハス

【坦易】(たんい) おだやか。〔明史、楊守謙伝〕守謙、坦易にして城府(心にかまえて、人をうけ入れぬ態度)無し。下を馭するに恩恵多し。

【坦迤】(たんい) なだらかに連なる。〔世説新語、言語〕林公(支道林)東陽の長山(相連なること三百余里)を見て曰く、何ぞ其れ坦迤なるやと。

【坦懐】(たんかい(くわい)) 仲よくする。〔宋書、張永伝〕時に蕭思話、彭城に在り。(南譙王、劉)義宣、二人の相ひ諧緝せざることを慮り、思話に書を與へて、永と坦懐することを勸む。

【坦然】(たんぜん) たいらかなさま。漢・阮瑀〔曹公の為に書を作りて孫権に与ふ〕若し能く～以て赤心を效し、用て前好を復せば、則ち江表の任、長く以て相ひ付し、高位重爵、坦然として觀るべし。

【坦率】(たんそつ) 率直で飾らない。唐・杜甫〔将に呉楚に適かんとして、章使君に留別す～〕詩 常に恐る、性坦率にして 身を失ふこと杯酒の爲なることを

【坦腹】(たんぷく) ねころぶ。〔晋書、王羲之伝〕郗鑒、門生をして女婿を(王)導に求めしむ。～歸りて鑒に謂ひて曰く、王氏の諸少竝びに佳し。～惟だ一人東牀に在り、坦腹して食す～と。～乃ち羲之なり。

➡坦気(たんき) 平気／坦牀(たんしょう) 娘むこ／坦坦(たんたん) 平坦／坦衷(たんちゅう) 坦率／坦直(たんちょく) 率直／坦途(たんと) 平坦な道／坦蕩(たんとう) 広やか／坦平(たんへい) 平坦／坦歩(たんぽ) 安歩／坦謾(たんまん) 平遠／坦露(たんろ) あらわす

⬇夷坦・険坦・地坦・平坦

常 【担】 8 5601 〔擔〕 16 5706 〔儋〕 15 2726 タン になう たすける

篆文 

形声 正字は儋に作り、詹声。詹に澹・膽(胆)の声がある。〔説文〕八上に儋は「何なふなり」とあり、擔はその俗字、担はその略字である。別に担の字について、〔玉篇〕に「担は拂ふなり」「擔は負ふなり」、〔広雅、釈詁二〕に「儋は助くるなり」、〔釈詁三〕に「撃つなり」と訓している。

訓義 1になう、おう、かつぐ。2ひきうける、たすける。3一荷、量の名。

古訓 〔名義抄〕擔 ニナフ・オフ・ミダル 〔篇立〕擔 アタル・ミダル・ニナフ・モタス

参考 列国期の青銅器に鐪とよばれる壺状の容器があり、量器としても用いられていた。

【担石】(たんせき) 一担一石の食料。微量のものをいう。〔後漢書、宣秉伝〕得る所の祿奉は、輒ち以て親族を収養す。其の孤弱なる者には、田地を分與し、自らは擔石の儲へ無し。

【担糞】(たんぷん) 肥桶かき。〔夢渓筆談、人事二〕林逋、杭州孤山に隠居す。～常に人に謂ひて曰く、逋、世間の事、皆之れを能くす。唯だ擔糞と著棊(碁をうつ)とを能くせずと。

➡担架(たんか) 病人を運ぶ／担荷(たんか) 荷物／担閣(たんかく) 後れる／担擱(たんかく) 担閣／担笈(たんきゅう) 遊学／担子(たんし) 担ぐ輿／担受(たんじゅ) 引き受ける／担当(たんとう) になう／担頭(たんとう) かずく／担任(たんにん) 受け持つ／担嚢(たんのう) 袋を担ぐ／担板(たんばん) うつけ／担負(たんぷ) 負う／担免(たんめん) 宥す／担憂(たんゆう) 憂える

⬇加担・荷担・重担・負担・分担・満担

常【単】9 入〔單〕12 6650 タン セン ゼン たて ひとつ つくす

篆文  甲骨文  金文 

象形 楕円形の盾の形。上に二本の羽飾りをつけている。古くは軍事にも狩猟にも盾を用いたので、戰(戦)は單+戈、狩の初文は獸(獣)で單+犬を要素としている。従って字の本義は、たて。ただその義に用いることがなく、戰・獸の字形によってそのことが知られるだけである。〔説文〕二上に「大なり」と訓し、字を「吅單に從ひ、吅の亦聲」とするが声も合わず、字形をも説きえずして「闕」という。また〔段注〕に「大言なり」の誤りとするが、その用義例はない。〔詩、大雅、公劉〕に「其の軍三單」とあり、一隊を単、三単を軍とする。もと軍事に関する語であったことが知られる。〔逸周書、大明武解〕「老弱單處す」の〔注〕に「單處とは、保障無きを謂ふ」とあり、特に防衛の施設のないところで、大盾を並べて身を守るような状態をいうのであろう。〔越絶書、越絶呉内伝〕に「之れを單に致す。單とは堵なり」とあることが注意される。それで単独・単一の意となる。

訓義 ①たて、大きなたて。②ひとつ、ひとえ、ひとり、うすい。③大きい、大きいかたち。④すべて、つくす。⑤亶と通じ、まこと、あつい、ただ。

古訓 〔和名抄〕單衣 比止閉岐奴(ひとへきぬ)〔名義抄〕單 ヒトヘニ・フルフ・スルツニ(ミ)・ヒトヘナリ・ヒトヘ・ウスシ・コトゞク

声系 〔説文〕に單声として禪(禅)・殫・憚・戰・彈(弾)など二十七字を収める。禪と殫と両系の声がある。

【単衣】ひとえ。〔池北偶談、談異四、浦回子〕洞中に二黒猿有り。我を見て手を執り、甚だ歡ぶ。~飲ますに瓢水を以てす。淸甘なること醴の如し。~饑ゑず寒えず。雪天に單衣を著くべし。

【単家】寒門。〔梁書、楊公則伝〕湘の俗、單家賂を以て州の職を求む。公則至りて、悉く之れを斷つ。辟引する所は、皆州郡の著姓なり。

【単寒】貧寒の家。〔後漢書、文苑下、高彪伝〕家本と單寒、彪に至りて諸生と爲り、太學に遊ぶ。

【単極】極め尽くす。〔後漢書、崔瑗伝〕瑗、士を愛し賓客を好む。盛んに肴膳を脩め、滋味を單極し、餘產を問はず。居常は蔬食菜羹のみ。

【単行】一人でゆく。〔後漢書、方術上、李郃伝〕和帝位に即き、使者を分遣す。皆微服單行し、各々州縣に至り、風謠を觀採す。

【単鉤】執筆法の一。〔書学捷要、上、執筆〕(握管)大指上節骨の下端に力を用ひて捺へ、食指は中指の旁らに著け、中指は筆を鉤して下に向ふ。名づけて揭筆と爲す。此れは是れ單鉤なり。

【単辞】一方的な申し立て。証拠のない主張。〔後漢書、朱浮伝〕永平中、人の單辭、浮の事を告ぐる者有り。顯宗大いに怒り、浮に死を賜ふ。

【単弱】一人で援けがない。〔漢書、西域上、鄯善国伝〕祖(餞)して之れを遣る。王~請ひて曰く、身、漢に在ること久しく、今歸るも單弱なり、前王に子の在る有り、恐らくは殺す所と爲らん。

【単処】垣だけで守る。〔逸周書、大明武解〕城を隳り溪を湮め、老弱單處す。其の謀乃ち離く。

【単身】一人。〔後漢書、循吏、孟嘗伝〕故の合浦の太守孟嘗、~單身病と謝し、壟次に躬耕し、景を匿し采を藏し、華藻を揚げず。

【単尽】尽きる。〔説苑、反質〕今陛下、奢侈にして本を失ひ、淫泆にして末に趨る。~黔首(人民)匱竭し、民力單盡するも、尚ほ自ら知らず。

【単席】一枚の敷物。また、一重の席。〔礼記、礼器〕鬼神の祭には、單席にす。

【単擡】改行して一字上げて書く。〔清国行政法汎論、皇室、擡写〕頭を擡ぐること一格なるを、稱して單擡と曰ひ、二格なるを雙擡と曰ひ、三格なるを三擡と曰ふ。

【単刀】要所に直接に向かうことを、単刀直入という。〔滄浪詩話、詩弁〕(学詩の工夫)之れを久しうして自然に悟入す。~之れを向上一路と謂ひ、之れを直截根源と謂ひ、之れを頓門と謂ひ、之れを單刀直入と謂ふなり。

【単独】ひとり。身よりのない者。〔後漢書、安帝紀〕(元初六年二月)其れ人の尤も貧困・孤弱・單獨なる者に穀を賜へ、人ごとに三斛。

【単老】年老いて身よりのない者。梁・武帝〔南郊に祠る恩詔、四〕凡そ民に單老孤稚、自ら存する能はざる有らば、主者郡縣、咸く收養を加へよ。

↑単閼 卯の歳/単位 数の基準/単一 単独/単于 匈奴の王の称号/単影 孤影/単音 母音/単舸 一隻の早舟/単寡 少ない/単介 ひとり/単款 落款/単簡 名刺/単軌 狭い路/単跪 片膝をつく礼/単騎 一騎/単均 平均/単衾 ふすま一枚/単窶 貧困/単軍 孤軍/単煢 孤独/単竭 尽きる/単子 ひとり/単肩 右下がり/単言 一言/単孤 孤児/単厚 信厚/単耗 尽きる/単轂 一車/単衫 ひとえ/単糸 片糸/単師 孤軍/単舟 孤舟/単純 純一/単少 少ない/単心 心を尽くす/単数 奇数/単棲 孤棲/単誠 誠/単疏 粗末/単率 軽率/単単 ひとり/単艇 単舸/単伝 一人だけが伝授する/単特 ひとり/単破 零落/単薄 せまる/単被 単衾/単微 孤弱/単扉 片扉/単兵 単軍/単斃 斃れる/単弁 一重の花びら/単紡 片糸/単本 単行本/単名 一字名/単立 孤立する/単羸 孤弱/単露 まるはだか

↓衣単・影単・簡単・形単・煢単・孤単・三単・食単・伝単・門単

【彖】9 2723 タン シ はしる

篆文 

象形 獣の形。〔説文〕九下に「豕走るなり」(段注本)、〔玉篇〕に「豕走り悦ぶなり」とするが、おそらく獣が遁走する形であろう。遯逃の遯を遂に作る例が〔漢書、匈奴伝賛〕などにみえる。〔易、彖伝〕の彖は、別の一義である。

訓義 ①はしる、獣がはしる、はしりのがれる。②断に通じ、さだめる、易の一卦の義を定める辭。

部首 〔説文〕に彖を部首とし、「讀みて弛の若くす」とあり、式視の切。𢑚を「豕走るなり」として通貫の切とする。〔玉篇〕に彑部に彖を属し「他亂の切、才なり、豕走り悦ぶなり」とあり、すべて解を異にしている。彖は彖声の字によって、その声義を考えるべきである。

声系 〔説文〕に彖声として瑑・邍(原の初文)・篆・椽・掾・緣(縁)など十字を収める。邍は原隰の地において、狩猟をするときの儀礼を示す字で、彖に従う字ではない。彖声の字には、おおむね周辺をめぐる意がある。

語系 彖thuan、斷(断)duanは声義近く、易の〔彖辞〕は斷の義をとるものであろう。

【彖辞】易の卦爻の辭。〔易経本義、乾〕元亨利貞は、文王繫くる所の辭、以て一卦の吉凶を斷む。所謂彖辭なる者なり。

【彖伝】易の十翼の一。〔史記、孔子世家〕孔子晩にして易を喜み、彖・繫・象・説卦・文言を序す。易を讀みて韋編三たび絶ゆ。曰く、我に數年を假さんか、是の若くんば、我、易に於て則ち彬彬たりと。

常【炭】9 2228 〔炭〕9 2228 タン すみ もえさし

篆文 

会意 山＋厂＋火。〔説文〕十上に「木を焼くの餘なり。火に従ひ、岸の省聲」とするが、厂は崖下の炭を焼く所の意であろう。〔淮南子、時則訓〕に「季秋の月、～草木黄落す。乃ち薪を伐りて炭と爲す」とみえる。〔抱朴子、至理〕に「炭と爲さば則ち億載なるも敗せざるべし」とあり、炭素化することによって長期の保存にたえることが知られていた。

訓義 1すみ、木炭。2もえさし、黒ずむ。3はい。

古訓 〔和名抄〕炭 樹木、火を以て之れを焼く。仙人嚴青の造りし者なり。須美（すみ）〔名義抄〕炭 スミ・アラスミ／和炭 ニコスミ・カチスミ

声系 〔説文〕九下に「屵は岸高なり」とあり、部首字。〔小徐本〕に炭を屵声とするが声が異なり、大徐の岸の省声説とともに、通じがたい説である。

【炭火】すみび。〔韓非子、内儲説下〕文公の時、宰臣炙を上る。髮之れを繞る。文公宰人を召して之れを譙む。～宰人頓首再拝して請ひて曰く、死罪三有り。～肉を切りて肉斷れたるに髮斷れず。臣の罪一なり。木を援き臠を貫くに髮を見ず。臣の罪二なり。～炭火盡く赤紅して炙熟するに、髮焼けず。臣の罪三なり。

【炭炉】木炭をやく炉。〔楽府詩集、清商曲辞一、子夜四時歌七十五首、冬歌十七首、八〕炭爐却つて夜寒し 重抱、疊褥に坐す

↑炭灰 炭と灰／炭金 暖房費／炭敬 冬の賄賂／炭墼 たどん／炭薪 炭と薪／炭筆 炭ふで／炭盆 火鉢

↓灰炭・褐炭・官炭・黒炭・骨炭・熾炭・蜃炭・薪炭・石炭・積炭・洗炭・泥炭・塗炭・呑炭・煤炭・氷炭・負炭・木炭・練炭・鑪炭

【眈】9 6401 タン ねらう

篆文 

形声 声符は冘。冘に耽・酖の声がある。〔説文〕四上に「視ること近くして志遠きなり」とあり、遠くからねらうことをいう。〔易、頤、六四〕に「虎視眈眈たり」とはねらう意。

訓義 1ねらう、ねらいみる、遠くからねらう。2みおろす、ようすをみる。

古訓 〔名義抄〕眈 フカシ

↑眈眈 みおろす

【耑】9 2222 タン セン ただしい はし

篆文 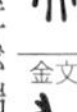 金文 

象形 若い巫女が端然と坐する形。〔説文〕七下に「物初めて生ずるの題なり。上は生ずる形に象り、下は其の根に象るなり」とし、草木初生の象とする。字は而に従い、而は髮を髡にした巫女の正面形。上部は髮飾りをつけている形である。共感呪術として、巫祝の徒を敺つことがあり、微（微）・徵（徵）はその側身形に従う。微は敵の呪詛を「微くする」、徵は懲らす意。耑に従う字は、若い巫女の姿と解するとき、おおむねその声義を説くことができる。耑の字形は、列国期の〔義楚耑〕〔徐王耑〕の耑（觶）にみえる。

訓義 1みこ、若いみこが端然として坐する形、ただしい。2はし、末端、はじめ、こぐち。3専と通じ、もっぱら。

古訓 〔名義抄〕耑 シタミ 〔字鏡集〕耑 チヒサシ・スヱ

部首 〔説文〕〔玉篇〕に部首とするが、その部に属する字はない。〔玉篇〕に「廣雅に云ふ。耑は末なり、小なりと。今、端と爲す」とあり、端の初文とする。

声系 〔説文〕に耑声として瑞・喘・遄・歂・顓・端・揣など二十字を収める。端は巫祝がその位置（立）を占めて端然として坐する形。儀式を司会する聖職者の位置は、左上にあったと考えられる。ゆえに端緒・末端の意を生ずる。耑声の字には、おおむね耑の声義を含むようである。また〔説文〕に段を耑の省声とするが、段は鍛冶の字で、耑とは何の関係もない。

↑耑意 専心／耑家 専門家／耑倪 端緒／耑候 お伺い／耑此 以上／耑緒 端緒

常【胆】9 7621 〔膽〕17 7726 タン きも きもだま こころ

篆文 

形声 旧字は膽に作り、詹声。胆はその略字で旦声。〔説文〕四下に「肝を連ぬるの府なり」とあり、肝臓の右にあって胆汁を分泌する器官。胆略・胆勇など、ここに智勇の力があるとされた。また心胆という。

訓義 1きも、胆臓。2きもだま、気魄、こころ。

古訓 〔和名抄〕膽 以（い）〔名義抄〕膽 イ・キモ・ユタカナリ

【胆寒】肝をひやす。宋・楊万里〔黄巣磯を過る〕詩 黄巣磯と白沙灘と 只だ是れ名を聞くのみにして、已に膽寒し

【胆気】大胆で気力があること。〔後漢書、光武帝紀上〕諸將既に累捷を經て、膽氣益す壯かんにして、一もて百に當らざる無し。

【胆水】古い坑道の水。〔五雑組、地部一〕凡そ古坑に水有る處を膽水と曰ひ、水無き處を膽土と曰ふ。膽水は以て銅を浸すべく、膽土は以て銅を煎るべし。

【胆大】大胆。〔旧唐書、方伎、孫思邈伝〕膽は大ならんことを欲し、心は小ならんことを欲す。智は圓ならんことを欲し、行は方ならんことを欲す。

【胆斗】胆が斗のように大きい。〔三国志、蜀、姜維伝注に引く世語〕維、死するの時剖かれたるに、膽、斗の如く大なりき。

【胆勇】胆力と勇気。〔明史、周遇吉伝〕公等皆紈袴の子、豈に大敵に當るに足らんや。何ぞ無事の時に於て膽勇を練り、異日の用を爲さずして、徒だ廩祿を糜やすことを爲さんや。

【胆略】胆力と智略。〔三国志、呉、呂蒙伝〕公瑾（周瑜）は雄烈、膽略人を兼ぬ。遂に孟德（曹操）を破り、荊州を開拓す。

【胆力】きもったま。〔人物志、流業〕蓋し人流の業十有二あり。～膽力衆に絶れ、材略人に過ぐる、是れを驍勇と謂ふ。白起・韓信是れなり。

↑胆液 胆汁／胆虚 小心／胆決 勇決／胆識 勇気と見識／胆戦 ふるえる／胆顫 胆戦／胆喪 たまげる／胆智 勇気と才智／胆破 胆落／胆薄 小心／胆落 落胆／胆量 度胸／胆裂 胆落

↓肝胆・義胆・剛胆・豪胆・魂胆・嘗胆・心胆・精胆・喪胆・大胆・斗胆・破胆・披胆・放胆・勇胆・落胆

【站】10 0116 タン テン たつ たたずむ えき

形声 声符は占。占に店・沾の声がある。〔広韻〕に「俗に獨り立つことを言ふ」とあり、直立する意。また宿駅の意や、そのことに従う人をいう。

訓義 1たつ、一所にたつ、たたずむ、とどまって動かないさま。2えき、やど、宿場。3杯をのせる台。

古訓 〔字鏡集〕站 ヒトリタツ

↑站枷 足かせ／站戸 駅夫／站在 立ちどまる／站赤 元代の宿場／站船 官船／站隊 軍列／站頭 宿

場／站夫　駅夫／站立　立ちどまる／站路　駅路／站籠　罪人を立たせ、首だけ出るおりのかご
↓駅站・軍站・車站

【聃】 10 1715 タン みみたぶ
篆文 
形声 声符は冄。冄に坍の声がある。〔説文〕十二上に「耳、曼いなるなり」とあって、耳たぶの大きいことをいう。老子、名は聃。〔礼記、曾子問〕「吾れ諸れを老聃に聞けり」の〔注〕に「老聃とは古の壽考者の號なり」とあり、〔史記〕には姓は李、名は耳、字は聃であるという。〔説文〕に字をまた耼に作る。
訓義 ①みみたぶ、大きなみみたぶ、たれ下がったみみたぶ。②老子の字。
語系 聃 tham は耽 tam と声近く、耽もまた〔説文〕十二上に「耳大いに垂るるなり」と訓する字である。

入【耽】 10 1411 タン みみたぶ たのしむ ふける
篆文 
形声 声符は冘。冘に沈・酖の声がある。〔説文〕十二上に「耳大いに垂るるなり」とあり、儋耳の意で、儋と通用する。〔淮南子、墬形訓〕の「夸父耽耳」は、耳が肩まで垂れていたという。また耽楽の意は媅・酖と通用の義。虎視耽耽の字は眈。
訓義 ①みみがたれる、大きなみみたぶ。②酖と通じ、たのしむ、たしなむ、あそぶ、ふける。
古訓 〔名義抄〕耽 フケル 〔字鏡集〕耽 オホヽル・オモネル・タノシブ・フケル・ネガフ
語系 耽・媅・湛・酖 tam は同声。沈 diam も声義近く、すべてものに沈湎することをいう。

【耽意】 うちこむ。〔三国志、蜀、郤正伝〕少くして～單煢隻立す。而れども貧に安んじ學を好み、博く墳籍（典籍）を覽る。～性榮利に澹（淡）にして、尤も文章に耽意す。
【耽悦】 悦びふける。〔後漢書、种岱伝〕伏して故の處士种岱を見るに、淳和にして理に達し、詩書を耽悦し、富貴も其の慮を回らすこと能はず、萬物も其の心を擾すこと能はず。
【耽翫】 甚だ好む。〔晋書、皇甫謐伝〕遂に仕へず。典籍を耽翫し、寢と食とを忘る。時人、之れを書淫と曰ふ。
【耽誤】 ふけり誤る。〔金史、五行志〕童謠有りて云ふ。青山轉じ 山の青きを轉ず 耽誤し盡す 少年の人と。蓋し是の時、人皆兵と爲り、山谷に轉鬭し、戰伐休まず。當に老いに至るべきを言ふなり。
【耽思】 思いふける。晉・陸機〔文の賦〕其の始めや、皆收視反聽し、耽思傍訊、精八極に騖せ、心萬仞に遊ぶ。
【耽酒】 酒にふける。唐・杜甫〔官定まりて後戲れに贈る〕詩 耽酒、微祿を須ち 狂歌、聖朝に託す
【耽書】 読書にふける。唐・李商隠〔桂林より使を江陵に奉ずる途中、感懷して尚書に寄献す〕詩 佛に佞しては、將に傳を成さんとし 書に耽りては、或いは淫に類す
【耽湎】 耽溺する。〔隋書、煬帝紀下〕至る所、唯だ後宮と流連耽湎し、惟れ日も足らず。姥媼を招迎し、朝夕共に醜言を肆にす。又少年を引き、宮人と穢亂せしめ、不軌不遜、以て娛樂と爲す。
【耽楽】 楽しみふける。〔書、無逸〕生きては則ち逸し、稼穡の艱難を知らず、小人の勞を聞かず、惟だ耽樂に之れ從ふ。時れより厥の後、亦た克く壽しき或る罔く、或いは十年、或いは七八年、或いは五六年、或いは四三年なり。
↑耽愛　溺愛／耽淫　淫楽／耽飲　酒淫／耽栄　名に耽る／耽懐　耽思／耽学　学に耽る／耽玩　耽翫／耽研　専研／耽古　好古癖／耽好　耽愛／耽荒　ふける／耽昏　沈湎／耽嗜　深く好む／耽耳　垂れ耳／耽習　習いふける／耽尚　愛好／耽色　色好み／耽禅　禅三昧／耽耽　奥深い／耽溺　おぼれる／耽読　よみ耽る／耽槃　耽楽／耽味　体得／耽欲　縦欲／耽淪　沈溺／耽惑　迷う
↓淫耽・玩耽・久耽・荒耽・心耽・深耽・楽耽

【袒】 10 3621 〔但〕 7 2621 タン はだぬぐ ほころびる
篆文 
形声 声符は旦。〔説文〕八上に正字を但とし「裼ぐなり」という。或いは袒に作る。但はのち多く副詞「ただ」に用い、袒裼の意には袒を用いる。同意を示すときには左袒、自ら罪を請うときには袒跣する。受刑者は右をぬぎ、徒跣であった。また〔説文〕八上に「袒は衣縫解くるなり」とあり、その義にはのち綻を用いる。
訓義 ①はだぬぐ、かたはだぬぐ、袖まくる。②加勢する、謝罪する。③ほころびる、とける、ひらく。
古訓 〔名義抄〕袒 ハダカ・ヌグ・アラハル・アラハス・トホシ・アラハ 〔字鏡集〕袒 ハダカ・アラハス・シヅカナリ・トホシ・ヌグ・アラハナリ・ホシイマヽ・カタヌグ
語系 袒 dean、但 dan は声近く、もと同字。綻・組 dean は同声、綻は補綴すること、組もほころびを縫う意である。

【袒括】 喪礼のとき、肩はだをぬぎ、髪を括る。〔礼記、檀弓上〕主人既に小斂（霊安室に安置）し、袒して括髪す。
【袒割】 牲を割く。〔礼記、楽記〕三老五更を大學に食し、天子袒して牲を割き、醤を執りて饋り、爵を執りて酳い、冕して干を總る。
【袒肩】 肩をぬぐ。唐・李華〔衢州竜興寺故律師体公碑〕江南の律範、端嚴第一なり。衲衣袒肩、跣足行乞す。
【袒幘】 頭に冠をつけないこと。〔漢書、五行志中之上〕成帝、鴻嘉・永始の閒、好んで微行を爲し出游す。～〔選従〕多きは十餘に至り、少なきは五六人、皆白衣袒幘、刀劍を帶持し、或いは小車に乘り、～或いは皆騎し、市里郊壄に出入す。
【袒裼】 はだぬぐ。〔孟子、公孫丑上〕爾は爾爲り、我は我爲り。我が側に袒裼裸裎す（裸となる）と雖も、爾焉んぞ能く我を浼さんや。
【袒跣】 はだをぬぎ、はだしとなる。謝罪。〔史記、呉王濞伝〕軍遂に潰ゆ。～膠西王乃ち袒跣して、藳に席し、水を飲み、太后に謝す。
【袒縛】 はだをぬぎ、面をしばる。降服の儀礼。〔史記、宋微子世家〕周の武王、紂を伐ちて殷に克つ。微子乃ち其の祭器を持して軍門に造り、肉袒面縛す。
【袒免】 左肩をぬぎ、冠をとる。喪中の服装の一。〔儀礼、喪服〕朋友皆他邦に在るときは袒免し、歸れば則ち已む。
【袒踊】 はだをぬぎ、踊躍する。死喪の礼。〔隋書、地理志下〕（荊州）其の死喪の紀、被髮袒踊無しと雖も、亦た號叫哭泣するを知る。始め死するや、即ち屍を中庭に出だし、～斂し畢り、送りて山中に至り、十三年を以て限と爲し、先づ吉日を擇び、改めて小棺に入る。
【袒裸】 はだか。〔宋史、外国七、流求国伝〕旁らに毗舍邪國有り。語言通ぜず、袒裸して盱睢（目を見張り、ふるまう）す。殆ど人類に非ず。
【袒露】 はだをぬぐ。〔北斉書、王昕伝〕武帝、或いは時に袒露し、近臣と戲狎す。昕を見る毎に、即ち冠を正し、容を斂む。
↑袒胛　はだをぬぐ／袒左　左袒／袒飾　長袍／袒肉　袒露／袒膊　はだをぬぐ／袒臂　袒膊／袒褊　寸足らず／袒右　右肩をぬぐ
↓左袒・肉袒・偏袒・右袒・裸袒

【啖】 11 6908 タン くらう かむ

篆文

形声 声符は炎。炎に淡・談の声がある。〔説文〕二上に「噍み啖らふなり」とあり、貪るように食らうことをいう。〔論衡、論死〕に「敗亂の時、人相ひ啖食す」とあり、漢代の史書に、人が相啖らうことがしばしば記されている。啖は勢いよく舌を鳴らして食らう意の擬声語。歯切れのいい調子でみえをきることを、啖呵という。

訓義 1くらう、むさぼりくらう、舌をならしてくらう。2かむ。3あざむく、くわせる。

古訓 〔名義抄〕啖 クラフ・ハム・イフ・スフ・フヽム 〔字鏡集〕啖 スフ・クラフ・ネブル・クフ・ハム・アタフ・フクム

語系 啖・餤・談dam は同声。啖・餤は啖食、談は言説のとき、強く舌をうごかす擬声語である。

↑啖呵 痰火/啖嚙 かむ/啖咋 くらう/啖嚼 かむ/啖嘗 賞味/啖食 貪り食う/啖噬 呑みこむ/啖啖 貪り食う

↓健啖・虎啖・齕啖・食啖・咀啖

【啗】 11 6707 タン くらわす

篆文

形声 声符は臽。臽に諂・讇の声がある。〔説文〕二上に「食らはしむるなり」とあり、〔説文通訓定声〕に「啖と微しく別あり。自ら食らふを啖と爲し、人に食らはしむるを啗と爲す」という。〔史記、高祖紀〕「酈生・陸賈をして、往きて秦將に説かしめ、啗らはすに利を以てす」のように用いる。

訓義 1くらわす、くわせる。2たぶらかす、あざむく。3ふくむ、くらう。

古訓 〔名義抄〕啗 フクム・クヽム・ハム・クラフ・フヽム 〔篇立〕啗 クラフ・ネブル 〔字鏡集〕啗 スフ・クラフ・ネブル・クフ・ハム・アタフ・フクム

↑啗含 口中にふくんで食う/啗齧 かむ/啗嚼 かみ食う/啗噬 呑み食う/啗飯 めしを食う

【探】 常 11 5709 タン さぐる さがす たずねる

篆文

形声 声符は罙。罙に探の声がある。罙の初形は穴中に火をかざして、ものを照らし探る意。〔説文〕十二上に「遠く之れを取るなり」という。もと隠れたものを求める意であるから、さぐる、うかがう、たずねるの意となる。また幽冥の理を考えることなどをいう。〔易、繫辞伝上〕に「賾を探り、隱れたるを索む」の語がある。

訓義 1さぐる、さがす、さぐりとる。2うかがう、こころみる、たずねる。3遠くとる、きわめる。

古訓 〔名義抄〕探 サグル・トル・スル・ソシル 〔字鏡集〕探 クジル・スル・サグル・トル

語系 探・撢tham は同声。撢は覃声。覃は壺状の器中に深くものを蓄えている形で、これを探るようにして取り出す意。探は穴中を照らし探る意。その状況に似たところがある。

【探意】 真意をさぐる。〔魏書、礼志二〕兩漢の淵儒、魏・晉の碩學、咸な斯の文に據りて以て朝典と爲す。然れども持論に深淺有り、析義に精浮有り。故に傳記一なりと雖も、探意乖舛せしむ。

【探韻】 不作意に詩の韻を定めて詩を作る。題下に「某字を得たり」のようにいう。応制の詩などに多い。〔西宮記、九〕九日、宴す。王卿の文を屬る者、韻を探る。

【探花】 花見。また、科挙廷試の第三合格者。〔夢粱録、三〕天顔親しく三魁を覩み、名姓資次を排定す。～第一は状元及第と名づけ、第二は榜眼と名づけ、第三は探花と名づく。

【探丸】 暗殺の担当をきめる。〔漢書、酷吏、尹賞伝〕閭里の少年群輩、～相ひ與に丸を探りて彈と爲し、赤丸を得たる者は武吏を斫り、黑丸を得たる者は文吏を斫り、白き者は治喪を主る。

【探奇】 奇勝を求めて遊ぶ。〔春在堂随筆、十〕(袁随園紀游冊)蓋し世俗の祝壽は、必ず逢九逢十の年に於てす。先生兩年の出游は、皆壽を避くるの計と爲す。其の中に一詩を載せて云ふ、到る處探奇、地主に逢ふ 人の壽を作すを避けて、天涯に走ると。

【探騎】 斥候の騎兵。唐・張喬〔塞上〕詩 雪晴れて、探騎迴り 月落ちて、鳴弦を控く

【探究】 しらべきわめる。唐・元行沖〔釈疑〕黨錮の獄起り、師門道喪はる。康成(鄭玄)竄伏の中に於て、紛拏(混乱した)の典を理め、志探究に存するも、咨諏する所靡し、而も猶ほ緝述して疲れを忘る。

【探険】 危険を避けずにしらべる。唐・僧鸞〔李粲秀才に贈る〕詩 隴西の輝用(李粲の字)は眞の才子 奇を搜し險を探ること、倫比無し

【探源】 源をさぐる。宋・張九成〔辛未閏四月即事、三首、三〕詩 馬を相するには、須からく骨を相すべし 水を探りては、須らく源を探るべし

【探采】 さがし求めて、采用する。〔隋書、経籍志一〕(経の序)武帝、太史公を置く。～司馬談父子、世々太史に居り、前代を探采し、軒皇より斷じて、孝武に逮び、史記一百三十篇を作る。

【探賾】 奥深いところをさぐる。〔易、繫辞伝上〕賾を探り、隱れたるを索め、深きを鉤り遠きを致し、以て天下の吉凶を定む。

【探賞】 景勝をもとめ楽しむ。宋・梅堯臣〔綺翁の斉山寺に遊ぶに和す〕詩 在昔探賞すること猶ほ數ふべし 深景秀句、今傳ふるを得たり

【探知】 さぐり知る。〔李衛公問対、上〕太宗曰く、高麗、數々新羅を侵す。朕、使を遣はし諭さしむも、詔を奉ぜず。將に之れを討たんとす、如何と。靖曰く、蓋蘇文(高麗の軍務相)を探知するに、自ら兵を知るを恃む。～故に命に違へり。

【探籌】 抽籤。〔後漢書、胡広伝〕順帝、皇后を立てんと欲す。貴人の寵有る者四人、建つる所を知る莫し、探籌して神定を以て選ばんと欲す。

【探湯】 熱湯に手を入れる。深く戒め懼れる。晉・傅玄〔班氏の詩に和す〕詩 秋胡、此の婦(道で戯れた採桑の婦)を見て 惕然として探湯を懷ふ

【探頭】 頭を出す。宋・趙抃〔鴈蕩を出でて常雲峰を回望す〕詩 遊ぶこと名山に遍くして、未だ肯て休せず 征車已に發して、尙ほ回眸す 高峰亦た情思多きに似たり 百里依然として、一たび探頭す

【探囊】 囊中のものをさがす。容易。〔五代史、南唐世家、李煜〕(李)穀曰く、中國吾れを用ひて相と爲さば、江南を取ること囊中の物を探るが如き爾のみと。周師の淮を征するに及んで、穀に命じて將と爲し、以て淮南を取らしむ。

【探歴】 景勝を探しめぐる。唐・韓愈〔南山詩〕前年、譴謫せらるるに遭ひ 探歴して、邂逅することを得たり

↑探閲 さぐり閲す/探看 さぐり看る/探窺 さぐる/探求 さがす/探窮 探究する/探抉 あばく/探虎 向こう見ず/探候 伺う/探査 しらべる/探索 さがす/探察 伺う/探使 探偵/探刺 偵察する/探取 多くとる/探春 探花/探尋 尋ねる/探測 はかる/探題 詩題を分かつ/探偵 忍び/探擿 探抉/探討 探し尋ねる/探馬 探騎/探梅 梅

見/探報 諜報/探望 見舞う/探幽 幽奥をさぐる
↓闚探・窮探・険探・鉤探・試探・手探・深探・捜探・登探・幽探

常 **【淡】** 11 3918 タン あわい うすい

篆文 

形声 声符は炎。炎に啖・談の声がある。〔説文〕十一上に「薄き味なり」とあり、〔管子、水地〕に「五味の中なり」とあって、味のうすいことをいう。また色や状態について、すべて淡薄なことをいう字である。澹と通用するが、澹は澹蕩としてゆれ動くことをいう。

訓義 ①あわい、うすい。②あっさり、さっぱり。③そまつ、不十分。④澹と通じ、水がゆれうごく、ただよう。

古訓 〔名義抄〕淡 アハシ・アハタス・シヅカナリ・スサマジ・ミテリ・ホシイマ、ナリ 〔字鏡集〕淡 アハタス・ホシイマ、ナリ・シヅカナリ・イロフ・スサマジ・イロ・アハサス・ミテリ・シヅカ

語系 淡・澹・憺dam は同声。澹は「水動くなり」、憺は「安し」、淡をそれらの意に用いることがある。

【淡雲】(たんうん) うす雲。宋・蘇軾〔寒食の夜〕詩 沈麝(名香の名)燒かず、金鴨(香炉)冷やかに 淡雲月を籠めて、梨花を照らす

【淡煙】(たんえん) 淡靄。宋・陸游〔繡川駅に題す〕詩 白首即今、萬里に行き 淡煙舊に依りて、孤舟を送る

【淡交】(たんこう(かう)) 君子の交わり。〔荘子、山木〕君子の交はりは淡きこと水の若く、小人の交はりは甘きこと醴の如し。君子は淡にして以て親しみ、小人は甘くして以て絶ゆ。

【淡光】(たんこう(くわう)) あわい光。唐・李賀〔河南府試十二月楽詞、十二月〕詩 日脚淡光、紅灑灑たり(寒々としている) 薄霜銷えず、桂枝の下

【淡愁】(たんしゅう(しう)) そこはかとない愁い。唐・杜牧〔夜雨〕詩 點滴、寒夢を侵し 蕭騷ぎて淡愁を著く

【淡粧】(たんしょう(しやう)) うす化粧。宋・蘇軾〔湖上に飲み、初め晴れて、後雨ふる、二首、二〕詩 西湖を把りて西子(西施)に比せんと欲す 淡粧濃抹、總べて相ひ宜ろし

【淡静】(たんせい) もの静か。〔後漢書、張衡伝〕才、世に高しと雖も、驕尙の情無し。常に從容淡靜にして、俗人に交接することを好まず。

【淡素】(たんそ) あっさり。宋・真徳秀〔蝶恋花〕詞 是れ東君の淡素を嫌ふこと莫からんや 花に問へども、花又嬌として語無し

【淡泊】(たんぱく) あっさりして無欲。〔東観漢記、鄭均伝〕尙書を治め、黄老を好む。淡泊無欲、清靜自ら守り、游宦を慕はず。

【淡墨】(たんぼく) うすずみ。宋・黄庭堅〔淡墨碑銘に跋す〕古人、蘭亭敍・孔子廟堂碑を作るに、皆一淡墨本を作る。蓋し古人の用筆、廻腕の餘勢を見る。深墨本の若きは、但だ筆中の意を得るのみ。

【淡冶】(たんや) あっさりとして美しい。〔宣和画譜、山水二、郭熙〕熙、後山水畫論を著はして言ふ、遠近淺深、風雨明晦、四時朝暮の同じからざる所、則ち春山は淡冶にして笑ふが如き有り。

↑淡靄 うすもや/淡易 平常/淡遠 高遠/淡雅 おくゆかしい/淡簡 淡雅/淡月 おぼろ月/淡乎 あっさり/淡古 古淡/淡紅 うす紅/淡爾 あっさり/淡寂 もの静か/淡酒 独酌/淡粥 汁粥/淡如 淡爾/淡食 無塩食/淡水 まみず/淡青 うす緑/淡晴 晴れ上がる/淡然 淡泊/淡淡 あっさりとしたさま/淡竹 くれ竹/淡蕩 のんびり/淡白 淡泊/淡薄 冷ややか/淡漠 淡泊/淡飯 粥/淡碧 うす緑/淡味 うす味/淡約 簡約/淡冷 冷淡/淡話 何気ない話

↓雅淡・簡淡・古淡・枯淡・曠淡・惨淡・清淡・粗淡・疏淡・疎淡・澹淡・恬淡・濃淡・平淡・冷淡

【蛋】 11 1713 **[蜑]** 13 1213 タン あま たまご

形声 字はもと蜑に作り、延(延)声、延に誕(誕)の声がある。南方の少数族で蛋家・蛋戸とよばれ、舟を家とするものがある。わが国ではそのような海人を「あま」とよび、蛋の字をあてた。また卵を蛋、鶏卵を鶏蛋という。卵の黄身を蛋黄、白身を蛋白という。

訓義 ①あま、海人、南方の海洋族。②たまご、鳥の卵。③糊塗蛋のように、下につけて人を罵る語。

古訓 〔字鏡集〕蛋 アマ

【蛋戸】(たんこ) あまの家。蛋家。宋・蘇軾〔(程)正輔表兄の博羅に至るを追餞す～〕詩 舟を艤す、蜑戸龍岡の窟 置酒す、椰葉桄榔の間

【蛋丁】(たんてい) 労役に供される蛋民。〔宋史、高宗紀八〕(紹興二十六年)冬十月閏月丙午、廉州の貢珠を罷め、蛋丁の自ら便するを縱す。

↑蛋円 楕円/蛋家 蛋人の家/蛋黄 卵黄/蛋市 蛋人市/蛋白 卵白/蛋蛮 蛋戸

↓鶏蛋

常 **【貪】** 11 8080 タン ドン むさぼる

篆文 

会意 今+貝。今は器物の蓋栓の形。器中に物を蔵して、用いることがないのを貪という。〔説文〕六下に「物を欲するなり」とし、今声とするが、声が合わず、他の物を欲するというよりも、出し惜しみする意である。〔方言、一〕に「晉・魏、河内の北にては、惏を謂ひて殘と曰ひ、楚にては之れを貪と謂ふ」という。〔史記、賈生伝〕に「貪夫は財に徇ふ」とみえる。

訓義 ①むさぼる、おしむ。②探と通じ、さぐる。

古訓 〔名義抄〕貪 ムサボル・ネガフ

語系 貪tham、餮(飻)thyat は声近く、饕餮は獣名の連語。楚の語「於菟」(虎)と声義の関係があると思われ、殷周青銅器に見られる饕餮文は虎の展開紋であろう。饕餮には貪欲の意があるとされている。飻は〔説文〕五下に「貪るなり。～春秋傳に曰く、之れを饕飻と謂ふ」とあり、飻は餮の異文。〔左伝、文十八年注〕に「財を貪るを饕と爲し、食を貪るを餮と爲す」という。

【貪愛】(たんあい) 他人の恵みをむさぼる。〔左伝、僖十四年〕災ひを幸ひとするは不仁なり。愛を貪るは不祥なり。隣を怒らすは不義なり。

【貪汙】(たんお(を)) 欲深く、行いが汚れる。〔漢書、酷吏、尹賞伝〕諸子に戒めて曰く、～一たび軟弱、任免に勝へざるに坐し、終身廢棄せられ、赦さるる時有る無きは、其の羞辱、貪汙臧に坐するよりも甚だし。

【貪騃】(たんがい) 欲ばりと愚か者。唐・独孤及〔洪州大雲寺銅鍾銘〕是に於て其の音を聆けば、貪騃も善に遷り、聾盲も方を知る。識浪安らかに流れ、地獄も清涼ならん。

【貪玩】(たんがん(ぐわん)) 存分に楽しむ。唐・李嶠〔早に苦竹館を発す〕詩 水石の奇を貪玩し 川路の渺かなるを知らず

【貪競】(たんきょう(きやう)) 欲深く争う。南朝宋・謝霊運〔初めて郡を去る〕詩 或いは貪競に優ると雖も 豈に達生と稱ふに足らんや

【貪残】(たんざん) 欲深くむごい。魏・陳琳〔袁紹の為に予州に檄す〕載籍を歷觀するに、無道の臣、貪殘酷烈なること、(曹)操に於て甚だしと爲す。

【貪人】(たんじん) 欲ばり。〔詩、大雅、桑柔〕大風隧たる有り 貪人、類(善人)を敗る 聽言(順従の語)には則ち對へ 誦言(諫言)には醉ふが如し

【貪生】(たんせい) ひたすらに生きようとする。〔荘子、至楽〕荘子楚に之き、空しき髑髏の～形有るを見る。～因りて之れに問

うて曰く、夫子は生を貪り理を失ひ、此れと爲れるか。

【貪多】 多くを貪る。唐・韓愈〔進学解〕多きを貪り、得ることを務め、細大捐てず。膏油を焚やきて、以て晷（あした）に繼ぎ、恒に兀兀として、以て年を窮む。

【貪溺】 貪欲のため溺れる。〔顔氏家訓、養生〕夫れ生を養ふ者は、先づ須らく禍を慮るべし。～石崇、服餌（服薬）の徵（延年）を冀ひ、貪溺を以て禍を取る。

【貪叨】 貪欲でむごい。〔潜夫論、班禄〕周室微にして五伯作るに及び、六國弊れて暴秦興る。義理に背いて威力を尙び、典禮を滅して貪叨を行ふ。

【貪佞】 むさぼりおもねる。漢・李陵〔蘇武に答ふる書〕妨功害能の臣、盡く萬戸侯と爲り、親戚貪佞の類、悉く廊廟の宰と爲る。子すら尙ほ此くの如し。陵、復た何をか望まんや。

【貪夫】 欲ばり。〔史記、伯夷伝〕賈子（誼）曰く、貪夫は財に徇ひ、烈士は名に徇ふ。

【貪婪】 貪欲。〔楚辞、離騒〕衆皆競進して貪婪なり 憑みつれども、求索に猒かず

【貪吝】 多欲でけち。〔世説新語、言語注に引く続晋陽秋〕（殷）仲文、～性甚だ貪吝、多く賄賂を納め、家に千金を累ぬるも、常に足らざるが若し。

【貪狼】 狼のように貪欲。〔漢書、董仲舒伝〕秦に至りては則ち然らず。～帝王の道を憎み、貪狼を以て俗と爲す。

↑貪悪 貪汙／貪淫 むさぼる／貪花 好色／貪苛 貪虐／貪貨 貨をむさぼる／貪禍 貪欲の禍／貪獪 むさぼり貪悪／貪官 貪吏／貪看 みとれる／貪覬 むさぼり望む／貪賕 収賄／貪漁 むさぼりあさる／貪黠 欲深く、わる賢い／貪權 權をむさぼる／貪賈 貪欲な商人／貪口 貪食／貪狡 貪詐／貪刻 貪酷／貪酷 きびしくむさぼる／貪詐 むさぼりいつわる／貪私 貪利／貪恣 思うままにむさぼる／貪嗜 むさぼり耽る／貪食 食べあさる／貪心 慾心／貪睡 寝坊／貪惜 貪客／貪争 貪競／貪贓 賄賂をむさぼりとる／貪俗 貪慾の俗／貪濁 貪悪／貪蠹 悪吏／貪沓 むさぼる／貪饕 貪慾／貪忍 貪虐／貪杯 酒好き／貪鄙 むさぼりいやしい／貪愎 貪恣／貪慕 深く慕う／貪放 貪恣／貪冒 むさぼる／貪没 貪戻／貪昧 むさぼる／貪名 名をむさぼる／貪諛 貪佞／貪欲 慾が深い／貪慾 貪欲／貪楽 楽をむさぼる／貪惏 貪婪／貪懶 安逸をむさぼる／貪吏 貪慾な役人／貪利 利をむさぼる／貪悋 貪吝／貪悋 貪吝／貪戾 むさぼりそむく／貪廉 清濁／貪猥 貪鄙／貪穢 貪汙

↓奸貪・強貪・激貪・慳貪・嗔貪・多貪・痴貪・叨貪・沓貪・狼貪

【郯】 11 9782 タン

篆文

形声 声符は炎。炎に淡の声がある。〔説文〕六下に「東海縣、帝少昊の後の封ぜられし所なり」とあり、春秋のとき郯子国があった。〔左伝、昭十七年〕郯子が魯にきたとき、鳥の名を以て諸官に任じたという、その国の伝統について語っており、鳥トーテムの俗があったようである。

訓義 ①国の名、春秋の郯子国。②姓。

【酖】 11 1461 タン チン ふける どくざけ

篆文

形声 声符は冘。冘に耽・眈・枕の声がある。〔説文〕十四下に「酒を樂しむなり」とあり、酖は酒に酖溺することをいう。〔詩、大雅、抑〕に「酒に荒湛す」とあって、酖・湛は同意。また鴆毒の酒をいう。

訓義 ①ふける、酒にひたる。②鴆毒の酒、毒殺。③湛・媅と通用し、たのしむ。

古訓 〔字鏡集〕酖 フケル・サケヲネガフ

語系 酖・媅・湛・耽 təm は同声。沈 diəm も声義近く、すべて沈湎・耽溺する意に用いる。

【酖殺】 酖毒で殺す。〔漢書、霍光伝〕王莽の子男、忽侍中、揚語して曰く、帝崩ぜしとき、忽、常に左右に在り。安くんぞ遺詔して三子（金日磾・上官桀・霍光）を封ずる事を得ん～と。光之れを聞き、切に王莽を讓む。莽、忽を酖殺す。

【酖毒】 鴆の毒。酒に加える。また、害毒。〔左伝、閔元年〕宴安は酖毒なり。懷ふべからざるなり。

↑酖酒 鴆毒の酒／酖酖 たのしむ／酖沈 ふける

【媅】 12 4441 タン たのしむ

篆文 金文

形声 声符は甚。甚に堪・湛の声がある。〔説文〕十二下に「樂しむなり」とあり、〔爾雅、釈詁〕の文による。湛・耽・酖と通用する。甚は火に鍋をかけてよく煮こむ意の字で、また過甚をいう。

訓義 ①たのしむ。②湛・酖と通用する。

古訓 〔名義抄〕媅 フケル 〔篇立〕媅 タノシム

語系 媅・耽・湛・酖 təm は同声。沈 diəm も声義近く、みな耽溺・沈湎の意がある。

【湍】 12 3212 タン セン はやせ はやい うずまく

篆文

形声 声符は耑。〔説文〕十一上に「疾き瀬なり」とあり、〔玄応音義〕に引く〔説文〕にはなお「淺水、沙上を流るるを湍と曰ふ」とみえる。〔淮南子、説山訓〕に「湍瀬の流」という語があり、早瀬の意。その急なるものは激湍、またその回流する水をいう。水名のときにはセンの音でよむ。

訓義 ①はやせ、急流。②はやい、すみやか。③うずまく、めぐる。

古訓 〔名義抄〕湍 ソヽグ・セ・ハヤシ・トシ 〔字鏡集〕湍 トホル・ソヽグ・ハヤセ・セキ・ハヤキミヅ・ハヤシ・トシ・セ・トキミヅ

語系 湍 thuan、遄 zjiuan は声近く、遄やかに流れる水を湍という。灘 than、瀨（瀬）lat も声義の関係のある字で、みな水流の急疾なるところをいう。團（団）・摶 duan とも声義の通ずるところがあり、〔孟子、告子上〕「性は猶ほ湍水のごときなり」の〔注〕に「湍水は圜なり」とあり、縈ぐる水をいう。勢いによって回流する意である。

【湍悍】 水勢がはやく強いこと。〔史記、河渠書〕禹以爲へらく、河の從りて來る所の者は高く、水湍悍にして、以て平地を行き難く、數〻敗を爲すと。乃ち二渠を斷ち、以て其の河を引く。

【湍水】 速く渦まく流れ。〔孟子、告子上〕告子は曰く、性は猶ほ湍水のごときなり。諸れを東方に決すれば、則ち東に流れ、諸れを西方に決すれば、則ち西に流る。

↑湍激 早瀬／湍決 決潰する／湍険 危うい瀬／湍沙 はまべ／湍駛 水が走る／湍疾 速い流れ／湍瀉 急に注ぐ／湍渚 早瀬の渚／湍怒 激湍／湍瀑 たきつせ／湍瀬 早瀬／湍流 早瀬／湍滝 たきつせ

↓回湍・急湍・驚湍・軽湍・激湍・懸湍・江湍・洪湍・峻湍・水湍・逝湍・清湍・長湍・飛湍・浮湍・風湍・碧湍・崩湍・奔湍・揚湍・流湍

入【湛】 12 3411 タン チン シン しずむ たのしむ ふける

篆文 古文 金文

形声 声符は甚。甚に堪・媅の声がある。〔説文〕十一上に「沒

するなり」とあり、沈と声義が近い。金文の〔毛公鼎〕に「家、艱に湛めり」とあり、それが字の本義。媅・耽の諸字と通用し、その義に用いることがある。

訓義 ①しずむ、ふかくしずむ、すむ。②たのしむ、おぼれる、ふける、ひたす。③やすらか、ゆるやか。

古訓 〔名義抄〕湛 タ、フ・シリゾク・タノシ・タノシビ・フカシ・アマネシ 〔篇立〕湛 タ、フ・シヅカナリ

語系 湛・媅 təm は同声。媅は〔説文〕十二下に「樂しむなり」と訓する字。耽・酖 təm と声義に通ずるところがある。

【湛恩】たんおん 厚恩。魏・夏侯玄〔皇胤の賦〕時は維れ孟秋、和氣淑清、良辰既に啓け、皇子誕生す。爾乃ち愷悌の明詔を發し、湛恩の豐沛を振ふ。

【湛兮】たんけい 深く静かなさま。〔老子、四〕湛兮として存する或るに似たり。吾れは誰れの子なるかを知らず。帝の先なるに象たり。

【湛静】ちんせい やすらかで静か。〔漢書、匡衡伝〕(上疏)蓋し聰明疏通なる者は大察に戒め、寡聞少見の者は雍蔽に戒め、～湛靜安舒なる者は後時に戒め、廣心浩大なる者は遺忘に戒む。

【湛寂】たんせき 奥深くものしずか。唐・太宗〔大唐三蔵聖教の序〕今妙道凝玄、之れに遵ひて其の際を知る莫く、法流湛寂にして、之れを挹むも其の源を測る莫し。

【湛然】たんぜん 水をたたえて、静かなさま。〔捜神記、二十〕數日ならずして、果して大雨あり。大石中、一井を裂開するを見る。其の水湛然たり。龍、蓋し此の井を穿ちて、以て報ぜしなり。

【湛湛】たんたん 湛然。また、露おくさま。〔詩、小雅、湛露〕湛湛たる露 陽に匪ざれば晞かず

【湛溺】たんでき／ちんでき おぼれる。〔漢書、霍光伝賛〕光、不學亡術にして大理に闇く、～女を立てて后と爲し、盈溢の欲に湛溺し、以て顚覆の禍ひを增す。

【湛冥】たんめい／ちんめい 奥深い。幽玄。唐・呉筠〔高士詠、五十首、厳君平〕詩 漢皇、遺逸を擧げ 多士咸な已に寧し 至德拔くべからず 嚴君、獨り湛冥

【湛湎】ちんめん 耽溺する。〔漢書、五行志下之下〕永始元年九月丁巳晦、日之れを食する有り。谷永、京房の易占を以て對へて曰く、～酒に湛湎し、君臣別たず。禍、内に在りと。

【湛楽】たんらく 遊楽にふける。〔詩、小雅、北山〕或いは湛樂して酒を飲み 或いは慘慘として咎を畏る

↑湛溢 溢れる／湛飲 耽飲する／湛掩 掩われる／湛旱 水旱／湛患 長い病／湛歓 よろこびにふける／湛祠 水を祀る／湛熺 蒸し米／湛熾 湛熺／湛饎 湛熺／湛酒 酒にふける／湛潤 浸潤／湛身 沈身／湛靖 沈静／湛漸 沈潜する／湛滞 沈滞する／湛濁 沈泥／湛澹 やすらか／湛碧 水の碧／湛没 沈没／湛密 綿密／湛沔 湛湎／湛露 露しとど

↓旱湛・酒湛・深湛・清湛・浮湛

常 【短】 12 8141 タン みじかい おとる そしる

篆文 

形声 声符は豆。豆は頸部の短い器である。〔説文〕五下に「長短する所有るときは、矢を以て正と爲す」とあり、矢で長短をはかる意とする。短は短い矢。それより短小の意となり、また優劣の意に用いる。動詞として、人の短所をそしることをいう。

訓義 ①みじかい、ひくい、すくない。②おとる、たりない、おろか。③そしる、おとしめる。

古訓 〔名義抄〕短 ヒキビト 〔字鏡〕短 アヤマツ・タラハス・スクナシ・ソシル・ミジカシ・ハヂ・ヒマ・トガ 〔字鏡集〕短 ソシル・ハヂ・アヤマツ・トガ・ミヂカシ・ツタナシ

【短悪】たんあく／たんお(を) そしる。〔漢書、陳平伝〕燕王・盧綰反す。上、樊噲をして、相國の將兵を以ゐて、之れを撃たしむ。既にして行く。人、噲を短惡する者有り。高帝怒る。～卽ち反接(後ろ手に縛り)して檻車に載せ、長安に詣らしむ。

【短衣】たんい 裾の短い衣。〔史記、叔孫通伝〕叔孫通、儒服す。漢王之れを憎み、廼ち其の服を變へ、短衣を服せしむ。楚の製なり。漢王喜ぶ。

【短韻】たんいん(ゐん) 短い詩文。晉・陸機〔文の賦〕或いは言を短韻に託し、窮迹に對むひて孤り興る。

【短詠】たんえい 短詩。唐・杜甫〔狂歌行、四兄に贈る〕詩 樓頭に酒を喫し、樓下に臥す 長歌短詠、還た相ひ酬ゆ

【短歌】たんか 短い詩。魏・文帝〔燕歌行、二首、一〕楽府 短歌微吟、長くすること能はず 明月皎皎として、我が牀を照らす

【短褐】たんかつ 短い粗衣。晉・陶潜〔五柳先生伝〕短褐穿結し、簞瓢屢しば空しけれども晏如たり。

【短気】たんき 気落ち。落胆。晉・王羲之〔桓公帖〕仁祖(謝尚)の廾六日の問を得たるに、疾更に委(痿)篤すと。深く憂ふべし。當今、人物眇然たり。而して艱疾此の若し。人をして短氣せしむ。

【短晷】たんき 日が短い。晉・潘岳〔秋興の賦〕何ぞ微陽の短晷なる、涼夜の方に永きを覺ゆ。

【短檠】たんけい 低い燭台。唐・韓愈〔短灯檠歌〕詩 一朝富貴にして、亦た自ら恣なり 長檠餤ほの高く、珠翠を照らす 吁嗟、世事然らざる無し 牆角、君看よ、短檠の棄てらるるを

【短窄】たんさく 短く狭い。唐・杜甫〔酔時の歌〕詩 杜陵の野客、人更に嗤ふ 褐を被て短窄、鬢(髪)絲の如し

【短日】たんじつ 冬の日。また、前途少なし。宋・范成大〔廛居して久しく山を見ず～〕詩 人生意の如くならず 十事、常に六七 身今況んや遲暮(老年)なるをや 長算、短日に屈す

【短章】たんしょう(しやう) 短い詩文。南朝宋・顔延之〔五君詠、劉参軍(霊)〕詩 頌酒、短章なりと雖も 深衷、自ら此に見はる

【短簫】たんしょう(せう) 短い簫の笛。〔晋書、楽志上〕官の司樂、～其の短簫の樂有る者は、則ち所謂王師大捷、軍中をして凱歌せしむる者なり。

【短短】たんたん 日が短い。唐・李白〔短歌行〕詩 白日、何ぞ短短たる 百年、苦だ滿ち易し

【短髪】たんぱつ 短い髪。老年。唐・杜甫〔郭中丞兼太僕卿の隴右の節度使に充てらるるを奉送す、三十韻〕詩 隨肩(少し後に従う)して漏刻に趨き 短髮、簪纓(官途)を寄す

【短鬢】たんびん 短い髪。老年。宋・陸游〔舟にて樊江を過ぎ、民家に憩ひて食を具ふ〕詩 蕭蕭たる短鬢、秋初めて冷やかに寂寂たる空村、歲しきりに饑う

【短兵】たんぺい 短い武器。〔史記、季布伝〕丁公、項羽の爲に高祖を彭城の西に逐窘す。短兵接し、高祖急なり。

【短篇】たんぺん 短い詩文。〔文心雕竜、神思〕阮瑀は鞍に據りて書を制し、禰衡は食に當りて奏を草す。短篇なること有りと雖も、亦た思ふことの速やかなるなり。

【短命】たんめい 若死に。〔論語、雍也〕顏回といふ者有り。學を好めり。怒りを遷さず。過ちを貳びせず。不幸、短命にして死せり。今や則ち亡し。

【短陋】たんろう 身長が低く、顔が醜い。〔後漢書、馮勤伝〕兄弟、形皆偉壯なるに、唯だ勤の祖父偃のみ、長七尺に滿たず、常に自ら短陋なるを恥づ。

↑短暗 愚か／短景 短日／短垣 低い垣／短懐 浅慮／短角 短い角笛／短学 浅学／短簡 寸楮／短期 短い期間／短軀 短身／短計 愚計／短頸 猪くび／短見 浅見／短剣 短刀／短狐 短弧／短弧 水中の怪物の名／短袴 短い袴／短後 武夫の衣／短工 臨時雇い／短棍 棍棒／短蓑 短い蓑／短札

寸楮／短至 冬至／短視 近眼／短辞 短言／短鬚 短い鬚／短醜 短陋／短筍 若筍／短処 短所／短所 欠点／短書 手紙／短小 小柄／短牆 短垣／短世 短命／短生 短命／短折 短命／短拙 拙劣／短淺 寸楮／短祚 在位短年／短促 せまる／短長 長短／短程 近距離／短艇 小舟／短笛 短い笛／短刀 あいくち／短脰 猪くび／短僮 小童／短牘 寸楮／短筆 拙筆／短夫 臨時雇い／短服 短衣／短屏 短牆／短篷 小舟／短夢 浅い夢／短夜 みじか夜／短籬 低垣／短略 拙計／短慮 浅慮

↓棄短・毀短・愚短・計短・景短・才短・訾短・修短・醜短・浅短・長短・日短・梟短・蔽短・夜短・庸短・陋短

【覃】 12 1040 タン うまい ふかい おおきい

篆文  古文  金文 

象形 壺状の器中に、ものを満たしている形。〔説文〕五下に「長味なり」、〔広雅、釈詁二〕に「長きなり」とあり、長期にわたって味つけし、醇熟する意であろう。古文の字形は鹵に従っており、塩づけのようにして貯蔵することをいう。ゆえに覃久・覃深の意となり、覃久とは遠きに及ぶことをいう。

訓義 1うまい、うまい味、ふかい味。2ふかい、ふかくこもる、しずか、ゆきわたる。3ながい、おおきい、およぶ、のびやか。4撢・探と通じ、さぐる。5剡と通じ、するどい。

古訓 〔名義抄〕覃 オヨブ・ヒト、ナル・トシ・ハフクサ・フカシ 〔字鏡集〕覃 フカシ・アカシ・オヨブ・ヒト、ナル・ノブ・アヂハヒ・トシ・ハフ

声系 〔説文〕に覃声として嘾・瞫・潭・醰など十七字を収める。嘾は含深、瞫は深視、潭は潭水、醰は〔説文〕十四下に「酒味苦きなり」とあって、みな覃の声義を承ける字である。

語系 覃・潭 dam は同声。深 sjiam、湛 tam は声義近く、深は深くものをさぐり、湛は深く水に没する意。みな覃・深の意において通ずる。浚・濬 siuen は甚 zjiam と声近く、これらも一系の語であろう。

【覃恩】 恩を及ぼす。特賜・恩赦。宋・司馬光〔覃恩を論ずる劄子〕朝廷豫め先づ明らかに指揮を降し、今歳行ふ所の明堂の禮に、更に覃恩轉官せざることを言ひ、中外をして悉く知らしめ、以て幸を徼むる者の望取進止を絶つべし。

【覃及】 及ぶ。ひき及ぼす。〔詩、大雅、蕩〕内、中國に奰り 鬼方に覃及す

【覃思】 深く思う。〔後漢書、鄭玄伝〕(子を戒むる書)今我爾に告ぐるに老を以てし、爾に歸するに事を以てし、將に閑居して以て性に安んじ、思ひを覃めて、以て業を終へんとす。

【覃精】 潜心する。〔明史、顧憲成伝〕姿性絶人、幼にして即ち聖學に志有り。削籍里居するに及んで、益と覃精研究し、力めて王守仁(陽明)の、善無く惡無きは心の體なりの説を闢く。

↑覃愛 汎愛／覃奥 深奥／覃祺 平安／覃恵 恩恵を施す／覃慶 慶典／覃研 深研／覃耜 鋭いすき／覃心 潜心／覃覃 ひろがるさま／覃鬯 のびやか／覃被 普及する／覃敷 普及する

↓遠覃・恩覃・下覃・遐覃・葛覃・慶覃・潤覃・深覃・勢覃・湛覃・幽覃

【赧】 12 4734 タン ダン はじる あからめる

篆文 

会意 赤＋㞋。㞋は〔説文〕八上に「柔皮なり」と訓する字で、人の背後からその恥部に手を加えている形。〔説文〕十下に「面慙ぢて赤きなり」とあり、愧赧・赤面の意。〔説文〕にまた「周、天下を赧王に失ふ」とあり、字義を知って赧王と名づけたものか、不審である。

訓義 1はじる。2あからめる、かおをあからめる。3おそれる。

古訓 〔名義抄〕赧 ハヂ・アヤシ・オモテアカム 〔字鏡集〕赧 アカシ・アカム・オモテアカム・オモテノシバラク・オモテル・ハヅ・ハヂ／赧 アカム・オモネル・オモテノシバラク・ハヅ

【赧愧】 はじて顔をあからめる。〔太平御覧、八八三に引く幽明録〕阮徳如、嘗て廁に於て一鬼を見る。～徐ろに笑ひて之れに語りて曰く、人は言ふ、鬼は憎むべしと。果して然りと。鬼、赧愧して退く。

【赧然】 はじるさま。〔韓詩外伝、十〕楚丘先生、～往きて孟嘗君を見る。孟嘗君曰く、先生老いたり。春秋高し。遺忘多からん～と。楚丘先生曰く、～我をして～正辭を出だし、諸侯に當らしめんか、吾れ乃ち始めて壯ならんのみ～と。孟嘗君赧然として、汗出でて踵に至る。

【赧赧】 はじて顔を赤らめるさま。〔孟子、滕文公下〕子路曰く、未だ同じからずして言ふ。其の色を觀るに赧赧然たり。由(子路)の知る所に非ざるなりと。

↑赧汗 はじて冷汗をかく／赧顔 赤面／赧作 はじる／赧怒 はじ怒る／赧面 赤面する／赧容 赧色

↓懐赧・顔赧・愧赧・慚赧・羞赧・踈赧・情赧・嘆赧

【亶】 13 0010 タン セン テン まこと あつい つくす

篆文 

象形 下部は建物の下壇、上部は稟蔵の形で、神倉の象。〔説文〕五下に「穀多きなり」とし、旦声とするが、旦は基壇の形であろう。その部分をまた壇という。〔詩、小雅、常棣〕「亶に其れ然るか」の〔伝〕に「信なり」とあり、誠信の意に用いる。單(単)と通用し、〔詩、周頌、昊天有成命〕「厥の心を單す」を〔国語、周語下〕に引いて亶に作る。「單す」の訓もある字である。

訓義 1まこと、まことに。2ゆたか、あつい、てあつい、おおきい。3つくす。4澶に通じ、やむ。5但に通じ、ただ。6襢に通じ、かたぬぐ。7屯亶は、ゆきなやむ。

古訓 〔名義抄〕亶 マコト・アツシ・タヾ・オホカリ 〔字鏡集〕亶 アツシ・オホイナリ・マコト・タヾ・オホシ・ノブ

声系 〔説文〕に亶声として膻・檀・顫・擅・壇など、十七字を収める。基亶の意のほか邅回する意をもつ字がある。擅は専、声の仮借によるものであろう。

語系 亶・單 tan は同声。声義の通ずる字で、大なり、尽す、信なり、厚なりなどの訓がある。癉(憚) dan、癉 tan も同義の字。但 dan も声近く、その意にも用いる。

↑亶翔 とびめぐる／亶誠 まこと／亶亶 坦坦

【嘆】 13 〔嘆〕 14 6403 〔歎〕 15 4758 タン なげく いたむ

常 入

篆文 

形声 声符は莫。莫に歎の声があり、嘆・歎はもと声同じく通用の字。〔説文〕二上に「歎きを呑むなり」とし、歎の省声。また「一に曰く、太息するなり」とあって、深く嘆息することをいう。歎は〔説文〕八下に「吟ずるなり」とあって詠歎の意とするが、莫は飢饉のとき巫を焚く形で、嘆・歎はともに悲嘆を示す字である。

訓義 1なげく、うめく、いたむ。2うたう、たたえる、ほめる。3よろこぶ。

古訓 〔名義抄〕嘆 ナゲク・ホム 〔字鏡集〕嘆 ナゲキ・オホイキ・ホム

語系 嘆・歎 than は同声。〔説文〕八下に「歎は吟ずるなり」とあ

り、〔玉篇〕も同じ。〔広雅、釈詁二〕に「嘆は吟ずるなり」とあり、嘆・歎は同訓、もと同義の字であろう。
＊語彙は歎字条参照。

【嘆駭】 驚き感嘆する。〔唐書、郭震伝〕薛稷・趙彦昭と同に太學生爲り。家嘗て資錢四十萬を送る。會たま縗服の者有りて、～自ら言ふ、五世未だ葬らず。願はくは假りて以て喪を治めんと。元振（震）擧げて之れに與ふ。～稷等嘆駭す。

【嘆感】 感嘆する。宋・王令〔月に対ひて満子権を憶ふ〕詩 篇成るも、奴婢の若し 氣骨終に凡践 置棄して復た収めず 嘆感退きて自ら旋へる 起ちて君が寄せし詩を探り 兀坐、諷すること百遍す

【嘆惜】 なげきおしむ。〔河岳英霊集、中、王昌齢〕奈何ぞ晩節、細行を衿らず、謗議沸騰し、遐荒に垂歴し、知音の者をして嘆惜せしむる。

【嘆息】 なげく。ためいきをする。唐・李白〔古風、五十九首、十二〕詩 清風、六合に灑ぎ 邈然として攀づべからず 我をして長く嘆息し 巖石の閒に冥棲せしむ

【嘆惋】 おどろきなげく。〔聊斎志異、俠女〕方に悽然として之く所を詢はんと欲す。女、一閃電の如くにして、瞥爾の閒、遂に復た見えず。生、嘆惋して木立し、魂魄を喪ふが若し。

↑嘆噫 なげく／嘆怨 うらむ／嘆嘉 感嘆／嘆気 ためいき／嘆嘻 なげく／嘆仰 嘆慕／嘆哭 なく／嘆嗟 なげく／嘆思 思い嘆く／嘆詞 感動詞／嘆辞 嘆詞／嘆称 ほめる／嘆傷 悲しむ／嘆賞 ほめる／嘆声 ためいき／嘆絶 ほめちぎる／嘆羨 羨む／嘆訴 哀訴／嘆咤 怒る／嘆吒 嘆咤／嘆涕 なく／嘆悼 いたむ／嘆美 ほめる／嘆愍 なげく／嘆慕 慕う／嘆挹 なげく

↓哀嘆・永嘆・詠嘆・怨嘆・慨嘆・駭嘆・感嘆・愧嘆・泣嘆・驚嘆・仰嘆・欣嘆・欽嘆・寤嘆・浩嘆・嗟嘆・三嘆・賛嘆・讃嘆・慙嘆・咨嘆・自嘆・愁嘆・称嘆・賞嘆・窃嘆・絶嘆・息嘆・長嘆・悲嘆・慕嘆・憂嘆・惋嘆

【痰】 13 0018 タン

形声 声符は炎。炎に啖・淡の声がある。咳に伴って出る粘液。胸につまって苦しいことがある。

訓義 1たん、たんの病。2痰飲は慢性胃カタル。

古訓 〔名義抄〕痰 ツバキ 〔字鏡集〕痰 ツバキ・ムネシバル・イキル・ヤマヒ・ヤム

↑痰盂 痰壺／痰涎 痰とよだれ／痰火 喘息／痰缶 痰壺／痰癇 痰飲／痰気 喘息／痰喘 喘息／痰沫 痰涎／痰迷 癲癇／痰壅 痰づまりで気絶する

↓喀痰・去痰・祛痰・除痰

【摶】 14 5504 タン セン うつ まるめる あつめる

篆文

形声 声符は專（専）。專に漙・團（団）の声がある。專は底のある橐の中にものを入れ、外からうちたたいて砕き、団めることをいう。擊（撃）はその橐をうつ形である。〔説文〕十二上に「圜くするなり」、〔一切経音義、十四に引く通俗文〕に「手もて團めるを摶と曰ふ」とあり、うちまるめる意。圜よりも團の方が字義にあう。手でまるめて団子にすること。土をうち固めたものを摶、握り飯を摶飯という。

訓義 1まるめる、うちまるめる。2かためる、つける、むすぶ、あつめる。3専と通じ、もっぱら、ほしいままにする。4たばねる、たば。鳥百羽。

古訓 〔名義抄〕摶 マロカシ・マロカス・ネヤス・ウツ 〔篇立〕摶 トモヒク・ウチシバル・アツシ・ニギル・マロカス・カタシ・ユル・ツカム・ウツ・トル・モトム・サヽク

語系 摶・專・團duanは同声、傳（伝）diuan、轉（転）tiuanも同系の語で、円くして転じやすく、他に伝わり及ぶことをいう。

【摶沙】 砂をまるめる。散りやすくもろいもの。宋・蘇軾〔二公再び和し、亦た再び之れに答ふ〕詩 親友も摶沙の如く 手を放てば還た復た散ず

【摶食】 指でまるめて食べる。仏者の法。陳・徐陵〔長干寺衆食碑〕菩薩應化、咸く色身を同じうし、諸佛淨土、皆摶食を爲す。

【摶摶】 うち堅めたもの。北周・庾信〔思旧の銘〕所謂天なるか、乃ち蒼蒼の氣を曰ふ。所謂地なるか、其の實摶摶の土なり。

【摶土】 土をまるめる。〔太平御覧、七十八に引く漢・応劭の風俗通〕天地開闢し、未だ人民有らず。女媧、黃土を摶めて人を作る。劇務にして、力、供するに暇あらず、乃ち絙を泥中に引縄し、擧げて以て人と爲す。～貧賤凡庸なる者は絙の人なり。

【摶飯】 飯をまるめる。〔礼記、曲礼上〕飯を共にするときは、手を澤さず。飯を摶むること毋れ、放飯すること毋れ、流歠すること毋れ。

↑摶一 専一／摶垸 製陶／摶気 守気／摶空 旋空／摶結 団結／摶埴 陶器作り／摶心 専心／摶人 土をまるめて作った人／摶精 専精／摶治 瓦作り／摶泥 粗陶／摶飛 まき風／摶風 風をうち、気流に乗る／摶謎 なぞかけ／摶躍 飛躍／摶揺 風に乗る／摶力 結集／摶弄 玩弄

↓雲摶・控摶・上摶・風摶・鵬摶

【漙】 14 3514 タン

篆文

形声 声符は專（専）。專に摶・團（団）の声がある。專は底のある橐の中にものを入れてうつ意で、擊（撃）はそのことを示す字。うち固めてまるくするので團は專に従う。〔説文新附〕十一上に「露の皃なり」とあり、〔詩、鄭風、野有蔓草〕に「零露漙たり」とは、露を結ぶことをいう。

訓義 1まるいつゆ、つゆがむすぶ。2まるい。

古訓 〔字鏡集〕漙 アマネシ・オホキナリ・ツユ

語系 漙・專・團・摶duanは同声。まるめられたものをいう。轉（転）tiuanは車輪などがまろぶこと。

【漙漙】 露の多いさま。宋・欧陽脩〔夜、風声を聞きて感有り～〕詩 清霜、忽として以て飛び 零露亦た漙漙たり

↓露漙

常 【端】 14 0212 タン セン ただしい まこと はし いとぐち

篆文

形声 声符は耑。耑は端然として坐する巫女の形。その上部は長髪のなびく形。立は人の立つところ。儀式の場所や位を示す。所定の地位に端然として坐する巫女の形より、端正の意となり、心正しくまことの意となる。儀場における巫祝の位置は、殷の婦好墓から出土した図象銘をもつ器物の配列の位置から考えると、亜形銘をもつものがいわゆる左上、上位の左端に位置している。それではしの意となるが、そこから数えはじめるので、またはじめの意となる。〔説文〕十下に「直なり」とあるのは端正の意。〔礼記、祭義〕「以て其の位を端す」、〔礼記、礼器〕「天下の大端に居る」のように用いる。喘と通用することがある。

訓義 1ただしい、ただしくすわる、ただしいすがた、ただす。2まこと、まっすぐ、ただしい心。3はし、はた、すえ、はて。4はじめ、

いとぐち、きざし、もと、かしら。5 喘と通用し、あえぐ。

古訓 〔名義抄〕端 ウルハシ・アラハル・ナホシ・ハシ・ヘリ・ホトリ・スミヤカ・ケサニ・オモフ・カザル・ウヘ・ウツクシ/端坐 ウルハシクヰル・ヒトリヰ/端出之縄 シリクヘナハ/無端 スヾロニ

語系 端・褍tuanは同声、褍は〔説文〕八上に「衣の正幅なるものなり」、〔玉篇〕に「正幅の衣なり」とあり、朝服である端衣をいう。〔左伝、昭元年、服虔注〕に「禮衣、端正にして殺無し」とは、その正幅を用いる意。褍は端の声義を承け、また端衣という。

【端衣】 祭祀のときの礼服。〔荀子、哀公〕夫れ端衣玄裳、絻(冕)して路(車)に乘る者は、志、葷を食らふに在らず。斬衰菅屨、杖して粥を啜する者は、志、酒肉に在らざるなり。

【端委】 周の礼服。〔左伝、昭元年〕禹微かりせば、吾は其れ魚ならんか。吾と子と、弁冕端委して、以て民を治め、諸侯に臨むは、禹の力なり。

【端一】 純一で正しい。魏・応瑒〔文質論〕夫れ質なる者は端一、玄靜儉嗇、深化利用、清泰を承け、平業を御し、軌量に循ひ、成法を守る。

【端雅】 端正。唐・杜甫〔韋大夫の晉に之くを哭す〕詩 臺閣、黃圖の裏 簪裾、紫蓋の邊 尊榮、眞に忝めず 端雅、獨り翛然たり

【端崖】 はて。〔荘子、天下〕謬悠の說、荒唐(でたらめ)の言、端崖無きの辭を以て、時に恣縱にして儻せず。

【端愨】 誠実。〔荀子、修身〕治氣養心の術は~愚款端愨ならば、則ち之れを合するに禮樂を以てし、之れを通ずるに思索を以てす。

【端居】 ふだん。平生。〔梁書、傅昭伝〕終日端居し、書記を以て樂しみと爲し、老ゆと雖も衰へず。博く古今を極め、尤も人物を善くす。

【端拱】 正しく手をこまねく姿勢。また、無為にして治まる意。〔晉書、隱逸、張忠伝〕永嘉の亂に泰山に隱れ、恬靜寡欲、清虛服氣、~冬は則ち縕袍(綿入れ)、夏は則ち帶索、端拱すること、尸の若し。

【端倪】 ことの始末を明らかにする。唐・韓愈〔高閑上人を送る序〕天地事物の變、喜ぶべく愕くべきもの、一に書に寓す。故に(張)旭の書、變動すること猶ほ鬼神のごとく、端倪すべからず。

【端午】 五月の節句。〔荊楚歳時記〕五月五日、之れを浴蘭節と謂ふ。四民竝びに蹋百草の戲有り。艾を採りて以て人を爲り、門戶の上に懸け、以て毒氣を禳ふ。菖蒲を以て~酒に泛ぶ。〔杜公瞻注〕今、之れを浴蘭節と謂ふ。又之れを端午と謂ふ。

【端厚】 行いが正しく、穏和なこと。〔旧唐書、薛放伝〕放、進士の第に登る。性、端厚にして言寡なく、是非に於て甚だしくは意に繫けず。

【端坐】 きちんと坐る。唐・王維〔化感寺に遊ぶ〕詩 誓ひて清梵(梵の修行)末に陪し 端坐して無生を學ばん

【端緒】 はじめ。いとぐち。〔後漢書、百官志五〕凡そ賊發する有り、主名立たざるときは、則ち推索行尋し、姦宄を案察し、以て端緒を起す。

【端正】 容姿が整う。〔史記、儒林、公孫弘伝〕博士官の爲に弟子五十人を置く。~太常、年十八已上にして、儀狀端正なる者を擇び、博士弟子に補す。

【端靜】 心が正しく穏和。〔周書、蘇綽伝〕夫れ所謂清心なる者は、~乃ち心氣をして淸和にし、志意をして端靜ならしめんと欲す。

【端然】 礼儀正しいさま。〔荀子、非十二子〕譽に誘はれず、誹りに恐れず。道に率ひて行ひ、端然として己を正し、物に傾側されず。夫れ是れを之れ誠の君子と謂ふ。

【端荘】 容姿が整い、堂々としている。宋・蘇軾〔子由(蘇轍)の書を論ずるに次韻す〕詩 端莊にして流麗を雜へ 剛健にして婀娜を含む

【端重】 整っていて、堂々としている。〔益公題跋、九、(黄)山谷の発願文に跋す〕此の書、河陽の李彥將の家に藏す。豪勁端重、~今已に石に刻せり。~然れども傳ふべき者は、位置形勢のみ。

【端直】 正しい。〔楚辞、九章、渉江〕苟に余が心の端直なる 僻遠と雖も何をか傷まん

【端的】 はたして。たしかに。唐・李中〔紹明上人の毘陵に之くを送る〕詩 回期、端的なりや否や 千里、路悠悠たり

【端匹】 布帛。唐制では六丈を端、四丈を匹とする。〔資治通鑑、唐紀五十四〕(憲宗、元和五年)朝廷亦た師の久しく功無きを以て、~悉く諸道の行營の將士を罷めしめ、共に布帛二十八萬端匹を賜ふ。

【端冕】 古代の礼服。〔礼記、楽記〕魏の文侯、子夏に問うて曰く、吾れ端冕して古樂を聽けば、則ち唯だ臥せんことを恐れ、鄭・衞の音を聽けば、則ち倦むことを知らず。敢て問ふ、古樂の彼の如きは何ぞやと。新樂の此くの如きは何ぞやと。

【端方】 方正。唐・韓愈〔冬、官に殷侑を薦むる状〕殷侑、亮直著名、朴厚端方、倫比を見ること少なし。~敢て舉げずんばあらず。

【端容】 整って厳かなようす。〔隋書、后妃伝序〕煬帝の時、后妃嬪御、婦職を釐むること無く、唯だ端容麗飾、陪從醼遊するのみ。帝又典故を參詳し、自ら嘉名を製し、之れを令に著はせり。

【端麗】 上品で美しい。〔後漢書、皇后紀序〕洛陽鄉中に於て良家の童女、~姿色端麗にして、法相に合する者を閱視し、載せて後宮に還り、可否を擇び視て、乃ち用つて登御す。

↑端偉 端正で威厳がある/端懿 純正/端華 端正で美麗/端介 方正/端楷 正楷/端厓 端崖/端涯 はて/端確 正確/端簡 端荘/端揆 宰相/端凝 荘重/端嶷 荘重/端隅 片すみ/端勁 謹勁/端渓 端硯/端潔 いさぎよい/端月 正月/端言 正言/端原 由来/端厳 おごそか/端五 端午/端行 正行/端衰 喪の上衣/端士 方正の人/端志 正志/端辞 正言/端膝 端坐/端日 元旦/端実 誠実/端首 端緒/端秀 正秀/端粛 端厳/端書 細楷/端如 端然/端序 端緒/端身 身を正す/端信 正信/端審 明らか/端人 端士/端斉 正斉/端誠 正誠/端節 節を正す/端箭 すがめ/端漸 端緒/端操 正操/端端 整う/端貞 ただしい/端拝 拱手/端平 公平/端末 はし/端蒙 太歳乙の年/端門 宮城の正門/端右 尚書省の長官/端由 縁由/端陽 端午/端立 正しく立つ/端良 よい/端諒 端誠

↓異端・一端・雲端・簷端・下端・開端・起端・極端・釁端・玄端・更端・郊端・毫端・左端・四端・事端・愁端・序端・上端・杖端・城端・尋端・席端・舌端・先端・尖端・戦端・争端・造端・多端・大端・途端・万端・尾端・眉端・鼻端・筆端・百端・平端・兵端・鋒端・芒端・発端・末端・無端・両端・話端

常 【綻】 14 2398 ［䋎］ 10 3621 タン ほころびる ぬう

形声 声符は定。正字は袒に作り、旦声。〔礼記、内則〕に「衣裳綻裂す」とあって、綻は古くから用いられている字であるが、古い字書にみえない。字はまた袒・綻に作る。〔説文〕八上に「袒は衣縫解くるなり」とあり、綻の初文。袒はのち袒裼(はだぬぐ)の意となり、綻が衣縫解くる意の字となった。

訓義 ①ほころびる、ぬいめがとける。②ぬう、つづる。③花がひらく、さく。④袒と同じ。袒はかたはだをぬぐ。

古訓 〔名義抄〕綻 ホコロブ／袒 カタヌグ・アラハ〔字鏡集〕綻 ホコロブ・フクロ

【綻花】花咲く。唐・李山甫〔風〕詩 飄樂遞香、日に随ひて在り 綻花開柳、年を逐うて新たなり

↑綻線 縫目がほころびる／綻破 ほころびる／綻裂 裂ける／綻露 あらわれる

↓衣綻・花綻・吹綻・断綻・破綻・梅綻・氷綻・補綻

【褖】 14 3723 タン

形声 声符は彖。褖衣は赤く縁をとった黒の衣裳。また王后の服、黒衣で裏に白色の紗を用いる。

訓義 ①喪服に表衣として用いる服。②王后の服。

【髧】 14 7241 タン たれがみ

形声 声符は冘。冘に酖の声がある。〔詩、鄘風、柏舟〕の「髧たる彼の両髦」の〔伝〕に「髧は両髦の貌なり」とあり、左右の垂れ髪のたれるさまをいう。幼少のときの髪形である。

訓義 ①かみのたれるさま。②うない髪、うない。

古訓 〔名義抄〕髧 ウナヰ〔字鏡集〕髧 タレカミ

【髧髦】たれがみ。童髪。宋・劉克荘〔夢を記す〕詩 父兄我に誨ふ、髧髦の初め 老いて名を成さず、鬢髮疏なり

【儋】 15 2726 〔擔〕 16 5706 〔担〕 8 5601

タン セン になう こがめ たす

篆文 

形声 声符は詹。〔説文〕八上に「何なり」とあり、肩に担ぐことをいう。擔(担)の正字であるが、のち多く擔の字を用いる。

訓義 ①になう、かつぐ。②かめ、こがめ、もたい、二石の量。③贍と通じ、たす、たすける。

古訓 〔篇立〕儋 ニナフ

【儋石】小禄。儋は二石。担石。〔魏書、景穆十二王中、任城王元澄伝〕始めて洛邑に就きしとき、居に一椽の室無く、家に儋石の糧を闕く。

↑儋耳 北極の国の名／儋人 広東儋州の人

【噉】 15 6804 タン くらう

形声 声符は敢。〔説文〕の敢声十一字のうち、この音の字がなく、噉の正字は啖、また啗に作る。〔説文〕二上 啖字条に「噍み啖ふなり。～一に曰く、噉ふなり」という。また啗字条に「食らはしむるなり」とあり、「徒濫切」という附音と異なる。啖が正字、噉・啗も同声によむ字である。

訓義 ①くらう。②むさぼる。

古訓 〔名義抄〕啖・噉 クラフ・ハム・イフ・スフ・フヽム／啗 フクム・クヽム・ハム・クラフ・フヽム

＊語彙は啖字条参照。

【噉蔗】甘蔗をかみしめる。〔世説新語、排調〕顧長康(愷之)甘蔗を噉ふに、先づ尾より食らふ。人、所以を問ふ。云ふ、漸く佳境に至ると。

【噉名】名誉をむさぼる。〔世説新語、排調〕簡文、殿上に在りて行く、右軍(王羲之)、孫興公(綽)と後に在り。右軍、簡文を指さし、孫に語りて曰く、此れ噉名の客なりと。簡文顧みて曰く、天下、自ら利齒兒(歯の強い人)有りと。

↑噉飲 飲食／噉粥 粥をすする／噉食 食事／噉噬 食用とする／噉飯 食事

【憚】 15 9605 タン タ はばかる いむ おそれる いかる

篆文  金文 

形声 声符は單(単)。〔説文〕十下に「忌み難るなり」とし、「一に曰く、難るなり」とする。〔左伝、昭十三年〕「之れを憚すに威を以てす」とあり、受身だけでなく、能動の意もある。彈殺のような悪邪を祓う法とも関係のある語であろう。〔楚辞、招魂〕「君王親しく發して、青兕を憚れしむ」とあり、彈射によって憚れさせることをいう。

訓義 ①はばかる、いむ、おそれる、なやむ、うやまう。②いかる、おそれさせる。③おどす、おびやかす、おいはらう。④やむ、つかれる、おびえる、あやぶむ。⑤怛と通じ、いたむ。⑥単と通じ、おおきい。

古訓 〔名義抄〕憚 イカル・ハヾカル・ハヾム・カタシ・オボカス・オボク・アシカル・オソル・カヨフ・イタムル〔字鏡集〕憚 ムツカシ・カタシ・ハヾム・カヨフ・アシカル・イタハル・オドロク・ハヾカル・サキ・オソル

語系 憚・彈(弾) dan は同声。また怛 tat、戰(戦)・顫 tjian は声義の関係のある語で、怛は驚き恐れる意、戰・顫は慄えおののく意である。

【憚畏】恐れはばかる。〔史記、呉王濞伝〕呉王濞、地を削らるること已む無きを恐れ、～事を擧げんと欲す。念ふに諸侯與に計謀するに足る者無し。膠西王勇にして氣を好み兵を喜み、諸齊皆憚畏すと聞き、～膠西王を誂はしむ。

【憚赫】威勢がおそろしい。〔荘子、外物〕任公子、大鉤巨緇(釣糸)を爲り、～會稽に蹲し、竿を東海に投ず。～期年にして魚を得ず。已にして大魚之れを食らひ、巨鉤を牽く。～聲、鬼神に侔しく、千里に憚赫す。

【憚避】はばかり避ける。〔唐書、后妃上、則天武后伝〕是に於て(長孫)無忌・(褚)遂良を逐け、踵ぎて死徙せしめて、寵煽赫然たり。～已に志を得ては、即ち威福を盜み、施施として憚避する無し。

【憚勞】労を惜しむ。〔左伝、哀二十年〕今、君、難に在り。無恤(人名)敢て勞を憚らざるも、晉國の能く及ぶ所に非ざるなり。

↑憚悪 恐れ悪む／憚改 直さない／憚忌 忌む／憚懾 はばかる／憚人 瘽む人／憚悇 貪欲／憚難 はばかる／憚煩 うるさい／憚服 畏服する／憚漫 和らぐ

↓畏憚・回憚・危憚・忌憚・疑憚・驚憚・敬憚・厳憚・猜憚・懾憚・讐憚・心憚・深憚・尊憚・内憚・忿憚・憂憚

人 【歎】 15 4758 〔⿰鷬欠〕 26 4758 〔嘆〕 14 6403

タン うたう たたえる なげく

篆文  籀文 

形声 籀文の字形は⿰鷬欠に作り、もと難(難)を声符とする字で、嘆(嘆)と同声。𦰩は飢饉のとき巫を焚く形であるから、もとなげき、愁訴する意の字であるが、〔説文〕八下に「吟ずるなり」とし、吟詠の意とする。のち嘆と通用し、同義に用いる。

訓義 ①うたう、たたえる、ほめる。②なげく、うめく、いたむ。

古訓 〔名義抄〕歎 ナゲク・ホム〔字鏡集〕歎 ホム・ナゲク・タカシ

語系 歎・嘆 than は同声。〔説文〕二上に「嘆は歎きを吞むなり」と口に従う意を以て解するが、口は祝告して祈る意。両字同義に用いる。

＊語彙は嘆字条参照。

【歎異】すばらしいとほめる。〔南史、徐摛伝〕摛、文體既に別れ、春坊盡く之れを學ぶ。宮體の號、斯より始まる。帝之れを聞きて怒り、摛を召して將に誚責を加へんとす。

見るに及びて應對明敏、～帝甚だ歎異を加ふ。

【歎慨】(たんがい) かなしみなげく。〔史記、屈原伝〕(懐沙の賦)曾ねて唫(吟)じ恆に悲しみ、永く歎慨す。世既に吾を知る莫し、人心は謂るべからず。

【歎愕】(たんがく) 驚嘆する。〔後漢書、文苑下、趙壹伝〕(河南の尹、羊)陟、明旦、大いに車騎を從へ、奉謁して壹に造る。～壹獨り柴車草屛、其の傍らに露宿す。陟を前に延き、車下に坐せしむ。左右、歎愕せざる莫し。

【歎恨】(たんこん) 残念がる。明・李贄〔読史、楊升庵集〕前にして生まれたる者は、猶ほ後生に待つ有るを冀ふ。後にして生まれたる者は、又毎に時に後れたることを歎恨す。

【歎嗟】(たんさ) 嘆息する。梁・何遜〔秋夕、従兄寘南に仰贈す〕詩 弦を撫するも歡娛乏しく 觴に臨んで獨り歎嗟す
【歎賞】(たんしょう(しやう)) 感心してほめる。〔老残遊記、二〕正に歎賞して絕えざるに在り。忽ち一聲の漁唱を聽く。

【歎逝】(たんせい) ときの過ぎゆくのを嘆く。晉・陸機〔文の賦〕四時に遵ひて以て逝くことを歎き、萬物を瞻て思ふこと紛たり。

【歎息】(たんそく) なげく。ためいきする。晉・范甯〔春秋、穀梁伝集解の序〕漢興りてより以來、瓌望碩儒、各ゝ習ふ所を信じ、是非紛錯し、準裁定むる靡し。故に父子異同の論、石渠(石渠閣、漢の学問所の名)分争の說有り。～誠に君子の歎息する所なり。

【歎伏】(たんぷく) 感服する。〔後漢書、文苑下、禰衡伝〕(黄)祖の長子射～嘗て衡と俱に遊び、共に蔡邕作る所の碑文を讀む。射、其の辭を愛し、還た繕寫せざりしを恨む。衡曰く、吾一覽すと雖も、猶ほ能く之れを識(記憶)す～と。因りて書して之れを出す。～歎伏せざる莫し。

【歎服】(たんぷく) 感服する。〔後漢書、独行、戴封伝〕其の年大いに旱す。封、禱請するも獲る無し。乃ち薪を積みて其の上に坐し、以て自ら焚かんとす。火起りて大雨暴かに至る。是に於て遠近歎服す。

【歎憤】(たんぷん) なげき憤る。〔後漢書、宦者、孫程伝〕江京(等)～遂に大尉楊震を枉殺し、皇太子を廢して濟陰王と爲す。～中黄門南陽の王康、～太子の廢せられしより、常に歎憤を懷く。

【歎誉】(たんよ) 感心してほめる。魏・応璩〔百一詩、三首、一〕文章國を經せず 筐篋に尺書無きに 等にを用てか才學ありと稱せられ 往往にして歎譽せらる
↑歎愛(たんあい) めでる/歎詠(たんえい) 詠嘆/歎怨(たんえん) うらむ/歎嘉(たんか) 感嘆/歎憾(たんかん) うらむ/歎気(たんき) ためいき/歎奇(たんき) めずらしがる/歎喟(たんき) なげく/歎賛(たんさん) ほめる/歎咨(たんし) なげく/歎思(たんし) 思い嘆く/歎傷(たんしょう) 悲しむ/歎誦(たんしょう) 愛誦/歎絶(たんぜつ) ほめきる/歎羨(たんせん) うらやむ/歎悼(たんとう) いたむ/歎美(たんび) ほめる/歎慕(たんぼ) したう/歎悒(たんゆう) なげく/歎揚(たんよう) ほめる/歎惋(たんわん) おどろきなげく
↓哀歎・愛歎・永歎・詠歎・怨歎・嘉歎・慨歎・駭歎・感歎・愧歎・欣歎・欽歎・吟歎・敬歎・寤歎・嗟歎・坐歎・三歎・讃歎・愁歎・称歎・傷歎・頌歎・賞歎・凄歎・絶歎・長歎・悲歎・俯歎・撫歎・憤歎・慕歎・遊歎・憂歎・余歎・惋歎

【潭】 15 3114

篆文  金文 

タン シン
ふかい ふち

形声 声符は覃(たん)。覃は久しく器中にものを封じて、熟成することをいう。覃の初形は鹵の形に従い、鹵は塩鹵、塩を用いてつけこむことであるから、覃久の意があり、潭には沈・深の意がある。〔説文〕十一上に潭を水名とするが、〔広雅、釈水〕に「淵なり」、〔楚辞、九章、抽思、注〕に「楚人、淵を名づけて潭と曰ふ」とみえる。

訓義 1 ふち、たに、ふかい水。2 ふかい、ふかくする。3 きよい、はげしい、あらう。

古訓 〔和名抄〕潭 布知(ふち) 〔名義抄〕潭 フチ・フカシ 〔字鏡集〕潭 フチ・フカシ・ソコ・カクル

語系 潭・覃 dəm、深 sjiəm は声近く、濬 siuən、潯 ziəm もまた同系の語。みな水の深いことをいう。

【潭影】(たんえい) 深い淵の色。唐・王勃〔滕王閣〕詩 閒雲潭影、日に悠悠 物換り星移り、幾秋をか度る
【潭淵】(たんえん(ゑん)) 深いふち。晉・左思〔魏都の賦〕巖岡潭淵ありて、蠻を限り夷を隔つるは、峻危の窮なり。
【潭奥】(たんおう(あう)) 奥深いところ。晉・郭璞〔爾雅の序〕夫れ爾雅なる者は、詁訓の指歸を通じ、詩人の興詠を敍する所以なり。～誠に九流の津涉、六藝の鈐鍵、學覽の者の潭奧、摛翰(執筆)の者の華苑なり。
【潭壑】(たんがく) 深い谷。唐・孫逖〔楊法曹の括州を按ずるを送る〕詩 潭壑、星使に隨ひ 軒車、春色を繞る 儻し琪樹の人を尋ねば 爲に報ぜよ、長く相ひ憶ふと
【潭上】(たんじょう(じやう)) 淵のほとり。唐・李頎〔東京、万楚に寄す〕詩 了然たる潭上の月 我が胸中の機に適へり
【潭心】(たんしん) 深い淵の底。唐・柳宗元〔嶺南江行〕詩 山腹雨晴れて、象跡を添へ 潭心日暖かにして、蛟涎長し
【潭深】(たんしん) 深い淵。淵博の学。唐・許渾〔淮南王相公～の瓜洲別業に游ぶ～に和す〕詩 巢鶴去るの時、雲樹老い 臥龍歸る處、石潭深し
【潭水】(たんすい) 淵の水。唐・李白〔汪倫に贈る〕詩 桃花潭水、深さ千尺 汪倫の我を送るの情に及ばず
【潭潭】(たんたん) 奥深いさま。深く広いさま。また、鼓声。宋・欧陽脩〔黄牛峡祠〕詩 潭潭たる村鼓、溪を隔てて聞ゆ 楚巫歌舞して、神を送迎す
【潭中】(たんちゅう) 淵の中。唐・柳宗元〔小丘の西の小石潭に至る記〕潭中の魚百許り、頭皆空に遊びて依る所無きが若し。日光下澈し、影、石上に布く。佁然として動かず、俶爾として遠く逝く。
↑潭澳(たんおう) 淵のくま/潭澗(たんかん) 深い渓水/潭思(たんし) 深思/潭湫(たんしゅう) 深い池/潭渚(たんしょ) 深浅/潭石(たんせき) 淵中の石/潭沱(たんだ) 波だつ/潭底(たんてい) 淵の底/潭府(たんぷ) 深い淵/潭瀹(たんやく) 水が揺れ動く
↓淵潭・寒潭・閑潭・空潭・禊潭・古潭・孤潭・江潭・黒潭・山潭・湫潭・湘潭・深潭・青潭・清潭・石潭・池潭・中潭・澄潭・碧潭・竜潭・緑潭

【緞】 15 2794

篆文 

タン ドン
どんす

形声 声符は段(だん)。〔説文〕五下は韋部に属する⿰韋段(だん)を「履の後の帖(はりきれ)なり」とし、その或る体として緞を録する。〔段注〕に「今俗以て錦繡段の段と爲す」とは、緞帳の意。

訓義 1 くつのかかとのはりきれ。2 どんす。

↑緞子(どんす) どんす織り/緞帳(どんちょう) どんすの幕

常 【誕】 15 0264 〔誕〕 14 0264

タン
いつわる あざむく おおきい うまれる

篆文  籀文  金文 

形声 声符は延(延)(えん)。延に蜑(蛋)(たん)の声がある。〔説文〕三上に「詞誕(おおい)なるなり」とあり、虚誕・妄誕の言をいう。誕辰の意に用いるのは、〔詩、大雅、生民〕「誕に厥の月を彌へ 先づ生まるること達の如し」の「誕」に「生まるる」を連ねて成語としたものである。

訓義 ①いつわる、あざむく、うそをいう。②おおきい、でたらめ、ほしいまま。③まことに、ここに、発語。④うまれる、そだてる。

古訓 〔名義抄〕誕 サカル・イツハリ・イツハル・ウム・ウマル・オホイナリ・ヨコタハル 〔字鏡集〕誕 ナガル・ウマル・ヨコタハル・マコト・オホキニ・イツハル・オホイナリ・サカル・サカレル

語系 誕dan、大dat は声義に通ずるところがあり、泰・太that も同系の語である。みな大きい意をもつ語である。

【誕育】 生み育てる。〔三国志、魏、武帝紀〕(魏公と為す策命)乃ち天衷を誘ひ、丞相を誕育し、我が皇家を保乂し、弘く艱難を濟へり。朕實に之れに賴る。今將に君に典禮を授けんとす。

【誕淫】 大いに淫楽する。〔史記、魯周公世家〕多士(尚書の篇名)に稱して曰く、～今の後嗣王紂に在りて、誕いに厥の佚を淫にし、天及び民の從ふとを顧みず。其の民皆誅すべしと。

【誕譎】 とりとめもないうそ。〔唐書、張宿伝〕張宿は本寒人。～張茂宗の尉に薦むるに因り、邸中に出入することを得、誕譎敢言す。

【誕傲】 気ままでおごる。〔顔氏家訓、文章〕古より文人多く輕薄に陷る。～王粲は率躁にして嫌はれ、孔融・禰衡は誕傲にして殞すことを致し、～阮籍は無禮敗俗、嵇康は物を凌いで、凶に終ふ。

【誕詐】 だます。〔荀子、君道〕符節を合し契券を別つ者は、信を爲す所以なり。上、權謀を好めば、則ち臣下百吏、誕詐の人、是れに乘じて、而る後に欺く。

【誕辞】 でたらめ。〔後漢書、王充等伝論〕清靜を貴ぶ者(道家)は、席上(儒家)を以て腐議と爲し、名實を束ぬる者(名家)は、杜下(老子)を以て誕辭と爲す。

【誕縦】 放誕。自在。梁・沈約〔梁の武帝集の序〕我が皇、誕縱天よりし、生知御に在り。淸明內に發し、外典に疎通す。爰に始めて貴遊し、篤く經術に志す。

【誕生】 生む。生まれる。〔後漢書、皇后紀下〕(陳夫人)春秋の義、母は子を以て貴しとす。～今沖帝の母虞大家、質帝の母陳夫人、皆聖皇を誕生するも、未だ稱號有らず。～以て先世に述遵し、後世に垂示する無きなり。

【誕蕩】 でたらめ。〔唐書、叛臣下、喬琳伝〕少くして孤苦、學に志して進士の第に擢きんでらる。性、誕蕩にして、禮檢無し。～四州の刺吏を歷へ、治、寬簡、事を親らせず。

【誕放】 思うままにする。〔唐書、隠逸、賀知章伝〕知章、晩節尤も誕放なり。里巷に遨嬉し、自ら四明狂客、及び祕書外監と號す。醉ふ每に輒ち辭を屬り、筆、書することを停めず、咸な觀るべき有り。未だ始めより刊飭せず。

【誕命】 大いに天命を受ける。〔後漢書、光武帝紀賛〕光武、命を誕いにし、靈貺自ら甄らかにす。

➡誕意 あざむく／誕瓦 女子を産む／誕欺 あざむく／誕幻 でたらめ／誕言 虚言／誕語 大ぼら／誕姿 立派な姿／誕日 誕生日／誕章 大憲章／誕辰 誕生日／誕信 虚実／誕性 生まれつき／誕聖 天子誕生／誕静 静まる／誕馬 ひき馬／誕弥 生み月／誕漫 広大／誕謾 でたらめ／誕妄 でたらめ／誕略 大略

⬇華誕・快誕・恢誕・寛誕・奇誕・詭誕・欺誕・虚誕・狂誕・矜誕・誑誕・矯誕・愚誕・慶誕・譎誕・幻誕・夸誕・光誕・皇誕・荒誕・降誕・豪誕・散誕・縦誕・信誕・生誕・聖誕・疎誕・天誕・任誕・背誕・博誕・不誕・浮誕・放誕・妄誕

【憺】 16 9706 タン

篆文 

やすらか たのしむ しずか

形声 声符は詹。〔説文〕十下に「安らかなり」とあり、〔楚辞、九歌、東君〕に「觀る者憺しみて歸ることを忘る」、〔楚辞、九歌、山鬼〕「靈脩に留まりて、憺しみて歸ることを忘る」など、〔楚辞〕に用例が多い。〔説文〕の次条に「怕は爲すこと無きなり」とあり、憺怕とは安静であることをいう。のち澹泊の意に用いる。

訓義 ①やすらか、さだまる。②たのしむ。③しずか。④うごく、おそれる。

古訓 〔名義抄〕憺 ヤスシ・イタム・シヅカナリ・タヒラカナリ 〔字鏡〕憺 シタ、カナリ・ヤスシ・タヒラカナリ・シヅカナリ・タヒラカ

【憺畏】 おそれる。〔唐書、諸夷蕃将、黒歯常之伝〕凡そ軍に涖むこと七年、吐蕃憺畏し、敢て邊を盜まず。

【憺憺】 憂える。〔楚辞、九章、抽思〕悲しみ夷猶(ためらう)して、進まんことを冀ふも 心、怛傷すること憺憺たり

➡憺乎 安らか／憺折 畏服／憺然 安らか／憺怕 あっさり

⬇威憺・温憺・玄憺・惨憺・恬憺

【殫】 16 1625 タン

篆文 

つきる たおれる やむ

形声 声符は單(単)。〔説文〕四下に「殛盡するなり」とあり、古くは單をその義に用いた。〔荀子、宥坐〕「以て之れを單すこと能はず」とみえる。〔呂覧、本味〕に「智を殫し、力を竭す」の語がある。

訓義 ①つきる、つくす。②たおれる、たおす。③やむ。

古訓 〔名義抄〕殫 キハム・ツクス・ツキヌ・コト〴〵ク・ツキヌ・ハヾカル・キハム・ツクス 〔字鏡〕殫 メグム・コト〴〵ク・メグム

【殫求】 あまねくさがす。〔漢学師承記、六、孔広森〕君の書局に入るや、～乃ち忠甫の識誤(宋、張淳の儀礼識誤)・德明の釋文(唐、陸元朗の経典釈文)を取り、殫く家亥の差(似た字の誤り)を求め、鴻都(漢の蔵書の所)の舊に復せんことを期す。互ひに相ひ參檢し、頗ぶる整齊有り。

【殫極】 つくしきわめる。〔後漢書、梁冀伝〕大いに第舍を起し、壽(妻、孫寿)も亦た街に對ひて宅を爲り、土木を殫極し、互ひに相ひ誇競す。

【殫竭】 つきはてる。宋・范仲淹〔陝西河北の和守攻備の四策を奏す〕(陝西守策)陝西久しく大兵を屯し、供費殫竭す。兵を減ずるときは則ち守備足らず、減ぜざれば則ち物力已に困しむ。

【殫残】 すべて滅ぼす。〔荘子、胠篋〕斗を掊き衡を折りて、民爭はず。天下の聖法を殫殘して、民始めて與に論議すべし。

【殫亡】 つきはてる。唐・韓愈〔石処士を送る序〕方今、寇、恆(州)に聚り、師其の疆を環る。農は、耕收せず、財粟殫亡す。吾が處る所の地は、歸輸の塗なり。治法征謀、宜しく出だす所有るべし。

【殫慮】 思慮をつくす。〔宋史、李綱伝論〕李綱の賢を以て、靖康・建炎の間に、力を畢くし慮を殫すを得しめ、之れを撓むること或る莫くば、～宋豈に南渡の偏安を爲すに至らんや。

➡殫均 平均／殫見 見つくす／殫心 心をつくす／殫神 殫心／殫尽 なくす／殫智 智をつくす／殫褚 財をつくす／殫微 弱まる／殫乏 乏しくつきる／殫滅 殫亡／殫悶 もだえる／殫力 力をつくす

⬇駭殫・窮殫・財殫・戚殫・塗殫・疲殫

【澹】 16 3716 タン

篆文 

うごく しずか やすらか

形声 声符は詹。〔説文〕十一上に「水搖くなり」とあり、水が静かにゆれ動くことをいう。〔広雅、釈詁一〕に「安らかなり」とあって、淡と声義が近いが、「澹淡」という語もあり、淡は淡味、澹は安静の意である。

訓義 ①うごく、しずかにうごく、水がゆれうごく。②しずか、や

すらか、おちつく、さだまる。③淡と通じ、うすい、あわい、あっさり。
古訓〔名義抄〕澹 シヅカナリ・タゞヨハス・タ、フ・シタム・アラフ・ホシイマ、・アハシ〔字鏡集〕澹 シヅカナリ・タゞヨフ・シタム・アラフ・タゞヨハス・アハシ・ホシイマ、・ミヅノウゴク・ミヅノウゴクカタチ
語系 澹・淡・憺 dam は同声。澹は水が揺く、淡は淡味、憺は安静の意。それぞれ語義に通ずるところがある。
【澹雲】うす雲。唐・杜甫〔院中の晩晴に西郭の茅舍を懐ふ〕詩 幕府、秋風、日夜淸し 澹雲、疎雨、高城を過ぐ
【澹灩】水のきらめくさま。唐・柳宗元〔南亭に遊びて夜還り、志を叙す、七十韻〕詩 積翠、澹灩に浮び 始めて疑ふ、靈鼇の負へるかと
【澹月】あわい光の月。金・元好問〔橫波亭〕詩 疏星澹月、魚龍の夜 老木淸霜、鴻雁の秋
【澹乎】しずかでおちついたさま。漢・賈誼〔鵩鳥の賦〕其の生は浮ぶが若く、其の死は休するが若し。澹乎として深泉の靜かなるが若く、泛乎として繫がざるの舟の若し。
【澹辭】口才多弁。〔漢書、東方朔伝〕上～問ふ。～董仲舒・夏侯始昌・司馬相如～の倫、皆辯智閎達、～先生自ら視て、何れに比するやと。～曰く、～臣朔不肖なりと雖も、尙ほ此の數子の者を兼ぬと。朔の進對澹辭、皆此の類なり。
【澹如】しずかでおちついたさま。澹乎。〔晉書、王導伝〕劉隗の事を用ふるに及んで、導、漸く疏遠せらる。眞に任じ分を推し、澹如たり。有識咸な導の善く興廢に處するを稱す。
【澹然】しずかで安らか。〔五雜組、人部一〕余れ、高壽の人を見るに、多く能く精神を養ひ、妄りに之れを用ひず、其の心澹然として、營求する所無し。
【澹澹】水がゆれただようさま。しずかで安らかなさま。唐・杜牧〔樂遊原に登る〕詩 長空澹澹として、孤鳥沒し 萬古銷沈して、此の中に向ふ
【澹蕩】のどやか。駘蕩。唐・李白〔古風、五十九首、十〕詩 齊に倜儻の生有り 魯連特に高妙 吾れも亦た澹蕩の人 衣を拂つて同調すべし
【澹漠】澹泊でものしずか。〔明史、儒林一、黃淳耀伝〕名士爭うて聲利を務む。獨り澹漠自ら甘んじ、徵逐(名利を逐う)を事とせず。
【澹泊】あっさりして無欲なこと。〔漢書、叙伝上〕夫の嚴子(荘周)の若きは、絕聖棄智、生を修め眞を保ち、淸虛澹泊、之れを自然に歸す。

↑澹遠 淡遠/澹艶 淡雅で清麗/澹雅 淡雅/澹懐 寡欲/澹兮 澹平/澹足 みち足る/澹淡 ただよう/澹宕 澹蕩/澹薄 澹泊/澹泛 うす暗い/澹味 淡味/澹冶 淡麗/澹瀁 ただよう/澹瀲 さざなみ
↓暗澹・黯澹・雲澹・煙澹・遠澹・虛澹・香澹・曠澹・慘澹・純澹・淳澹・淸澹・沖澹・澄澹・恬澹・濃澹・平澹・幽澹・瀲澹・籠澹

【醓】16 1461 タン ひしお
形声 声符は酖。酖は酒に漬ける意。醓は〔釈名、釈飲食〕に「醢(しおから)の汁多き者を醓と曰ふ。醓は瀋(しる)なり。宋・魯の人、皆汁を謂ひて瀋と爲す」、また〔広雅、釈器〕に「醓は醬なり」とあり、水分の多いしおからをいい、〔玉篇〕に「酷なり。酸なり」という。
訓義 ①ひしお、ししびしお。②しおから、水分の多いしおから、肉醬。③こいさけ。④す。
古訓〔名義抄〕醓 ヒシヲ
【醓醢】ししびしお。しおから。〔詩、大雅、行葦〕醓醢以て薦む 或いは燔き或いは炙る 嘉殽脾臄(脾臓・脣肉) 或いは歌ひ或いは咢(鼓)す

【癉】17 0015 タン やむ つかれる おこり
篆文 
形声 声符は單(単)。單に「殫くす」意がある。〔説文〕七下に「勞れ病むなり」とあり、心力をつかい果たすことをいう。〔詩、大雅、板〕「下民卒く癉む」、〔書、畢命〕「善を彰はし惡を癉ます」など、古い用例がある。おこりや黃疸の類をいう。
訓義 ①やむ、なやむ、なやます。②つかれる、つかれくるしむ、くるしむ。③おこり、おうだん、しびれる。④いかる。
古訓〔字鏡集〕癉 ワヅラフ・ヤマヒ・ヤム
語系 癉 tan、⿸疒亶 dan は声義近く、〔礼記、緇衣〕に「善を章はし惡を⿸疒亶ます」とあって、〔書、畢命〕の癉の字を⿸疒亶に作る。⿸疒亶は中風をいう。
【癉惡】悪人をなやます。〔書、畢命〕嗚呼、父師よ、～往かん哉、淑慝(善悪)を旌はし別ち、厥の宅里を表はし、善を彰はし、惡を癉まし、之れが風聲を樹てよ。
【癉熱】黃疸。〔漢書、嚴助伝〕南方は暑溼にして、夏に近づけば癉熱あり。暴露水居し、蝮蛇蠚生し、疾癘多く作る。兵～病に死する者什の二三なり。
↑癉瘧 熱病の一/癉疾 熱病/癉疽 悪瘡/癉暑 癉熱
↓黄癉・火癉・剛癉・脾癉・風癉・陽癉・労癉

【禫】17 3124 タン もあけ
篆文 
形声 声符は覃。〔説文〕一上に「除服の祭なり」とあり、二十五ヶ月の喪を終え、一ヶ月隔てて二十七ヶ月めに喪明けの祭をする。〔儀礼、士虞礼〕に「期(一年)にして小祥し、～又期にして大祥し、～月を中てて禫す」とみえる。
訓義 ①もあけ、二十七ヶ月めのもあけの祭。
古訓〔字鏡集〕禫 ミソ
↓縞禫・終禫・神禫・練禫

【膻】17 7021 タン セン はだぬぐ
篆文 
形声 声符は亶。〔説文〕四下に「肉膻するなり」とあり、肩肌をぬぐこと。また「詩に曰く、膻裼して虎を暴にす」と〔詩、鄭風、大叔于田〕の句を引く。いま〔詩〕に「襢裼」に作る。
訓義 ①はだぬぐ。②羴と通じ、なまぐさい、肉臭いことをいう。
古訓〔名義抄〕膻 ツクサシ・ツカル〔字鏡集〕膻 ツクサシ・ナマグサシ・カタヌグ・ツカル
↑膻気 なまぐさい/膻腥 膻気/膻裼 肌ぬぐ/膻穢 けがれ

【襌】17 3625 タン ひとえ
篆文 
形声 声符は單(単)。〔説文〕八上に「衣重ねざるなり」とあり、ひとえの衣。〔釈名、釈衣服〕に「襌衣とは裏無きを言ふなり」とみえる。
訓義 ①ひとえ。②うすい衣、はだぎ。③あわせ、綿入れぬ衣。④殫と通じ、つきる。
古訓〔名義抄〕襌 カタビラ・スマシモノ・チヒサキモノ・ヒトヘ〔字鏡〕襌 カタビラ・スマシ・シタノハカマ・ユヅル・ヒトヘキヌ
【襌衣】ひとえ。〔漢書、蓋寬饒伝〕初めて拜せられて司馬と爲る。未だ殿門を出でざるに、其の襌衣を斷ち、短くして地を離れしめ、大冠を冠し長劍を帶び、躬ら士卒の廬室を案行し、其の飲食居處を視る。
↑襌縚 黒の単衣/襌襦 単衣

【賺】17 6883 タン レン すかす うる

篆文 賺

形声 声符は兼（兼）。兼に廉（廉）の声がある。〔説文新附〕六下に「重買なり。錯るなり。貝に従ひ、廉聲」とし、「佇陥切」の附音がある。のち字は賺に作り、だまして高くものを買わせることをいう。

訓義 ①すかす、だます、だまして高くうる。②あざむく、たぶらかす。③うる、もうける。

古訓 〔字鏡集〕賺・賺 ウル・スカス・マジフ

語系 賺deam、誕（誕）dan は声近く、ともにたぶらかす意がある。

↑賺詐 あざむく／賺殺 だます／賺得 だまし取る／賺騙 だます／賺誘 あざむく／賺利 もうけ

常 【鍛】 17 8714 タン きたえる たたく

篆文 鍛

形声 声符は段。段は鍛の初文。〔説文〕十四上に「小冶なり」とあり、鍛冶のことをいう。〔周礼、考工記、段氏〕は鍛練して鏄器を作ることを掌る。鎔鋳とちがって、薄片をうって器を作る。段はその薄片をうつ形である。

訓義 ①きたえる、うちきたえる。②たたく、きねでうつ、うちやぶる。③ほじし、ほした肉。④といし。

古訓 〔新撰字鏡〕鍛 奈夜須（なやす）〔名義抄〕鍛 ウツ・キタフ・トロモス・カタメ・ネヤス・ナヤス／鍛冶 カヂ

語系 鍛tuan、段・斷（断）duan は声近く、鍛とは小薄片に切断したものをうちきたえることをいう。

【鍛脩】ほじし。〔穀梁伝、荘二十四年〕男子の贄は羔鴈雉腒（雉の乾肉）、婦人の贄は棗栗鍛脩なり。

【鍛竈】刀を鍛えるかまど。〔晋書、阮籍嵆康等伝論〕鍛竈に臨みて、迴らさず（人を顧みず）、廣武（山）に登りて、長歎（長嘯）す。則ち嵆の琴、響を絶し、阮の氣徒だ存す。

【鍛錬】金属を鍛える。詩句の表現をねる。また、罪に陥れる。〔後漢書、韋彪伝〕忠孝の人、心を持すること厚きに近し。鍛錬の吏、心を持すること薄きに近し。

↑鍛金 鍛冶／鍛工 かじや／鍛甲 甲をきたえる／鍛矢 鋭い矢／鍛者 鍛工／鍛石 といし／鍛錫 錫を加えた剣／鍛鉄 鉄をきたえる／鍛刀 刀剣をきたえる／鍛磨 きたえ磨く／鍛冶 金鉄をうって器を作る／鍛練 鍛錬

↓堅鍛・好鍛・善鍛・鋳鍛・椎鍛・百鍛・冶鍛・夜鍛・薬鍛・利鍛

【餤】 17 8978 タン すすめる くらう

形声 声符は炎。炎に淡・談の声がある。〔詩、小雅、巧言〕に「盜言孔だ甘し 亂、是こを以て餤む」の〔伝〕に「進むなり」とあり、もと甘食貪啗、くらわせる意。啖と同声、通用の字。

訓義 ①すすめる、くらわせる。②もち、肉を巻きこんだもち。③啖と通用する。

古訓 〔名義抄〕餤 ス、ム〔字鏡〕餤 タテマツル・ス、ム・ユモチヰ

人 【簞】 18 8850 タン かたみ めしびつ

篆文 簞

形声 声符は單（単）。〔説文〕五上に「笥なり。～漢の律令に、簞は小筐なりと」、また笥字条五上に「飯及び衣の器なり」とみえる。円なるを簞、方なるを笥という。〔論語、雍也〕に「一簞の食」、〔孟子、梁恵王下〕に「簞食壺漿」の語がある。大きな竹器は筐、簞は櫛入れや、〔左伝、哀二十年〕「一簞の珠」のように、宝石箱などに用いた。

訓義 ①かたみ、竹であんだ小さなはこ、竹の化粧箱、衣裳箱。②めしびつ。③ひさご。

古訓 〔新撰字鏡〕簞 太加介（たかけ）〔名義抄〕簞 ツ、・イヒモルケ〔篇立〕簞 アシノウツハモノ・シタミ・カタミ〔字鏡集〕簞 イヒモルケ・ハコ・アシノウツハモノ・カタミ

語系 簞・匰tan は同声。匰は〔説文〕十二下に「宗廟の主を盛るる器なり」とあり、位牌を入れる器。匚は簠・簋の金文がその形に従うように、竹器の意である。

【簞壺】簞食壺漿。飲食の物を携える。宋・蘇軾〔西新橋〕詩 父老喜んで雲集し 簞壺、空攜無し 三日飲するも散せず 殺し盡す、西村の雞

【簞食】竹の器に食を入れる。〔左伝、宣二年〕宣子（趙盾）首山に田し、翳桑に舍る。靈輒の餓ゑたるを見、～之れが爲に食と肉とを簞にし、諸れを橐に寘きて、以て之れに與ふ。

【簞笥】飯食をいれる器。〔礼記、曲礼上〕凡そ弓劍・苞苴（魚肉や果物のつつみ）・簞笥を以て人に問る者は、操りて以て命を受くること、使（者）の容の如し。

【簞飯】竹器の飯。〔越絶書、荊平王内伝〕漁者、～乃ち其の簞飯を發し、其の壺漿を清めて食はしむ。曰く、亟やかに食して去れ。追ふ者をして子に及ばしむる毋かれと。（伍）子胥曰く、諾と。～漁者～自刎して江水の中に死せり。

【簞瓢】簞食瓢飲。瓢飲は瓢を器として飲む。晋・陶潛〔五柳先生伝〕環堵（方丈の狭い家）蕭然として、風日を蔽はず。短褐穿結し、簞瓢屢しば空しけれども、晏如たり。

【簞醪】ひさごに入れた濁酒。〔三略、上略〕昔者良將の兵を用ふるや、簞醪を饋る者有り。諸れを河に投ぜしめ、士卒と流れを同にして飲む。夫れ一簞の醪は、一河の水に味つくること能はざるも、三軍の士、爲に死を致さんことを思ふ。

↑簞瓶 飯器と水器

↓一簞・盈簞・荷簞・空簞・珠簞・瓢簞

【襢】 18 3021 タン テン はだぬぐ

形声 声符は亶。〔爾雅、釈訓〕に「襢裼は肉袒なり」とあり、袒と声義が同じ。肌を外にあらわすことをいう。また白布、展と通じ、赤のちりめんをいう。

訓義 ①はだぬぐ、かたぬぐ。②あらわす、覆いをとる。③白布、無地。④展と通じ、赤いちりめんの衣、丹縠の衣。⑤旃と通じ、旗の曲柄。

古訓 〔名義抄〕襢 カタヌグ〔字鏡〕襢 ハダカ〔字鏡集〕襢 アラハス・シヅカナリ・ハダカ・トホシ・ヌグ・アラハナリ・ホシイマ、・カタヌグ

↑襢衣 王后の服／襢裼 はだぬぎ

【壜】 19 4613 ［罎］ 22 8673 タン ドン びん かめ

形声 声符は曇。〔玉篇〕に「甒の屬なり」とあり、酒器として用いる。唐の許渾〔夜、駅楼に帰る〕の詩に「窗下に棋を覆して、殘局在り 橘邊に酒を沽ひて、半壜空し」の句がある。わが国では硝子製のびん、酒器以外にも用いる。

訓義 ①びん。②さかがめ。

古訓 〔名義抄〕壜 モタヒ〔字鏡集〕壜 ツイヒキ・ツ、ミ・モタヒ

↓酒壜・石壜

【譚】 19 0164 タン ダン かたる おおきい

形声 声符は覃。覃に深くものを蔵する意がある。〔荘子、則陽〕に「夫子何ぞ我に王を譚らざる」とあり、一本に字を談に作る。譚・談は通用の字。談は談話、譚は物語の意に用いる。

訓義 ①かたる、とく、はなす。②誕と通じ、おおきい、かたる、いつわる、あざむく。③覃と通じ、のびる。④談と通じ、ものがたり。

古訓 〔新撰字鏡〕譚 伊豆波利（いつはり）、又、阿佐牟久（あ

ざむく）〔名義抄〕譚　セム・ミダル・ホコル・フカシ・シヅカ・サトル・タカム〔字鏡集〕譚　ホコル・シヅカナリ・オホキナリ・ミダル・フカシ・カタム・サトル・セム・シヅカニ

語系　譚dam、誕（誕）danは声義近く、譚はいくらか虚誕のことを含んだ物語性のある話をいう。

【譚思】ものごとを深く考える。漢・班固〔賓の戯れしに答ふ〕劉向、籍を司りて、舊聞を辨章し、揚雄、思ひを譚ふかくして、法言・太玄あり。

↑譚海　物語集／譚笑　談笑／譚叢　物語集／譚譚　深沈としたさま／譚論　談論／譚話　お話

↓奇譚・綺譚・談譚

【鐔】20　8114　タン　ジン　つば　つかがしら

篆文

形声　声符は覃たん。〔釈名、釈兵〕に「劍～其の旁鼻びを鐔と曰ふ。鐔は尋なり、帶の貫尋する所なり」とあって、尋じん声の字とする。〔説文〕十四上に「劍鼻なり」とあり、剣口の旁出するもの。また小剣をいう。

訓義　1つば、つかがしら、剣鼻。2小剣。3地名、氏名。

古訓　〔名義抄〕鐔　ツミバ・タチノツバ〔篇立〕鐔　タチノツバ・ツミハツス・タチノセメ

【黮】21　6431　タン　ジン　くろい

篆文

形声　声符は甚じん。甚に湛たんの声がある。〔説文〕十上に「桑葚じんの黒きなり」と、桑の実の黒い意とする。それならば甚は亦声となる。〔詩、魯頌、泮水〕「我が桑黮を食らふ」の黮は、葚の意である。

訓義　1くろい、まっくろ、深黒。2葚と通じ、桑の実。

古訓　〔名義抄〕黮　ツクロシ・クロム・クロシ・シヅカ・トモガラ・ツシメリ・アカラサマ

【黮闇】暗い。まっくら。宋・陸游〔入蜀記、六〕（二十三日）清水洞に泊す。洞極めて深く、後門は山後より出づ。但だ黮闇にして、水其の中を流る。能よく入る者鮮すくなし、歳旱かんに雨を祈るときは、頗すこぶる應有り。

↑黮黮　まっ黒

↓晻黮・黯黮・黔黮・桑黮・面黮

【攤】22　5001　タン　ダ　ひらく

篆文

形声　声符は難（難）なん。難に灘たんの声がある。〔説文新附〕十二上に「開くなり」とあり、書冊を披いたままおくことを攤書という。〔広雅、釈詁三〕に「按おさふるなり」とあり、静かに披く動作をいう。

訓義　1ひらく、書帙をひらく、ひろげる。2ゆるやかにする、おさえる。

古訓　〔名義抄〕攤　モム・オス・ハラフ〔篇立〕攤　スツ・ウツ・モム

【攤書】書物をひらいてならべる。清・龔自珍〔己亥雑詩、八十四〕詩　白面の儒冠、已に津しんを問ふ　生涯只だ羨む、五侯の賓　蕭蕭せうせうたる黄葉、空村の畔ほとり　攤書、閉戸の人有るべし

↑攤開　開く／攤還　分割払い／攤館　賭場／攤戯　賭場／攤銭　攤銭／攤控　俸給を削減する／攤場　賭場／攤銭　銭賭博／攤派　分担する／攤配　分配する／攤飯　午睡

↓花攤・均攤・設攤・分攤・門攤

人【灘】22　3011　タン　ダン　せ　みぎわ　なだ

篆文

形声　声符は難（難）なん。難に攤たんの声がある。〔説文〕十一上に「水濡れて乾くなり」という。水中の沙堆の意であるらしく、〔説文〕には〔詩、王風、中谷有蓷ゆうたい〕の「暵かんとして其れ乾く」の暵を、灘の字として引いている。〔新撰字鏡〕に「菸えん（しおれる）なる皃なり」と〔毛伝〕の文、また「水濡れて乾くなり」と〔説文〕の文を引き、「又、暵謁と爲す」という。字は多く水涯・奔流の意に用いる。

訓義　1せ。2す、みぎわ。3なだ、水の奔流するところ、そのさま。4ぬれたものがかわく。

古訓　〔新撰字鏡〕灘　加波良久世（かはらくせ）、又、和太利（わたり）、又、加太（かた）〔名義抄〕灘　セ

語系　灘than、湍thuanは声義近く、湍とは疾く流れる瀬をいう。遄zjiuanも急疾の意。瀨（瀨）latは水が沙上を流れるところをいう。

【灘響】だんきやう　急流の音。唐・呉融〔懐ひを書す〕詩　灘響忽ち高し、何いづれの處にか雨ふる　松陰自おのづから轉じて、遠山晴る

【灘子】だんし　川岸で舟を牽く男。宋・范成大〔愛雪歌〕詩　棹夫、蓑みのを披ひらきて白鳳を舞ひ　灘子、綵さく（ひきづな）を挽ひきて、素虬きう（白いみづち）を拖ひく

【灘上】だんじやう　洲のほとり。唐・岑参〔漁父〕詩　扁舟、滄浪の叟そう　心は滄浪と淸し～朝には灘上に從ひて飯し　暮には蘆中に向つて宿す

【灘声】だんせい　急流の音。梁・元帝〔巫山高〕楽府　灘聲は下りて石に濺そそぎ　猿鳴は上りて風を逐ふ

【灘船】だんせん　篷のない運搬船。〔夢粱録、河舟〕又大灘船有り。湖州市の、諸舗米及び跨浦橋の柴炭、下塘の甎瓦せんぐわ・灰泥等の物～を搬載するに係る。

【灘頭】だんとう　洲のほとり。宋・文天祥〔零丁洋を過ぎる〕詩　皇恐くわうきよう灘頭、皇恐を説き　零丁れいてい洋裏、零丁を歎く

↑灘塩だんえん　塩田の塩／灘河だんか　急流／灘戸だんこ　製塩業者／灘沙だんさ　なぎさの泥地／灘師だんし　水先案内／灘地だんち　灘沙

↓河灘・旧灘・急灘・峡灘・曲灘・沙灘・小灘・水灘・晴灘・石灘・浅灘・長灘・風灘・碧灘・暮灘・野灘

ダン

常【団】6　人〔團〕14　6034　ダン　まるい　あつまり　かたまり

篆文

金文

形声　旧字は團に作り專（専）せん声。專に摶・漙たんの声がある。專は橐ふくろの中にものを入れ、これをうち固めて、まるい形とする意。その外にさらに円形を加えて、その意を示した。〔説文〕六下に「圜ゑんなり」とあり、〔字林〕には「圓なり」に作る。圜は環状のもの、圓（円）は円鼎の意で、みなまるい意の字であるが、團にはうって一丸とする意がある。それで団子・団結・団欒の意に用いる。形のまるいものについていう。

訓義　1まるい、まろぶもの。2あつまり、まるくあつまる。3かたまり、まるくかたまる。4人のあつまり、くみ、くみをなすもの。5摶・漙と通じ、うつ、まろめる。

古訓　〔名義抄〕團　マロナリ・アツマル・クロシ・マロガス・マドカニ・マドカナリ〔字鏡〕團　マロガス・クボシ・イチジルシ・ウチワ・アキラカニ・ニギル・マドカナリ・マロナリ・アツマル・クロシ

語系　團・摶duanは同声。專は叀けい（橐ふくろ）の中のものをうつ形。摶はその動作、團はそのまろめた結果を示す字である。

【団円】だんゑん　まるい。家族がむつまじく楽しむ。演劇の収束。よい結末。大団円。唐・李羣玉〔湖寺、清明の夜、懐を遣おくる〕詩　久しく飢寒に向つて弟妹を抛なげうつ　毎つねに時節に因りて團圓を憶おもふ

【団結】だんけつ　集まり組織を作る。宋・蘇軾〔弓箭社の条約を増修することを乞ふ状、二首、二〕澶淵せんゑんの講和（遼との和議）より以來、百姓自ら相ひ團結して弓箭社を爲つくる。家業の高下を論ぜず、戸ごとに一人を出だし、～弓を帯びて鋤き、劍を佩びて樵す。

【団坐】車坐。〔東京夢華録、十、除夕〕是の夜、禁中の爆竹山呼(万歳の声)、聲、外に聞ゆ。士庶の家、爐を圍みて團坐し、旦に達するまで寐ねず。之れを守歳と謂ふ。

【団雪】ひとかたまりの雪。唐・白居易〔春を惜しむ。李尹に贈る〕詩 芳樹、花團團ること雪のごとく 衰翁、鬢撲つこと霜のごとし

【団扇】うちわ。梁・武帝〔団扇歌〕楽府 手中の白團扇 浄きこと秋の團月の如し

【団団】まるいさま。漢・班婕妤〔怨歌行〕楽府 新たに齊の紈素を裂く 皎潔、霜雪の如し 裁して合歡の扇と爲す 團團として明月に似たり

【団茅】草廬。金・元好問〔李周卿に別る、三首、三〕詩 溪光、淡きこと冰の如く 山骨、浄きこと玉の如し 懷ふ我が同心の人 團茅、深竹に住するを

【団欒】家族がむつまじく楽しむ。宋・陸游〔冬日〕詩 笑ふに堪へたり、此の翁の幽獨に慣るるを 卻つて嫌ふ、兒女の團欒を話するを

↑団鶴 鶴が舞いあそぶ模様/団魚 すっぽん/団玉 円玉/団光 円月の光/団黄 茶の名品/団歳 除夜の集まり/団衫 婦人の上衣/団社 組合/団集 団結/団焦 草庵/団瓫 羽うちわ/団臍 めすがに/団堕 托鉢/団体 集団/団茶 団子茶/団転 ころがる/団頭 組合長/団飯 お結び/団標 草舎/団瓢 草舎/団保 隣組/団竜 団茶の一/団領 まるえり/団練 義勇兵

↓一団・楽団・疑団・軍団・劇団・月団・財団・師団・集団・船団・炭団・蒲団・粉団・防団・旅団・露団

常

【男】

7 / 6042

ダン

おとこ きみ

篆文

甲骨文

金文

会意 田＋力。力は耒の象形。田と農具の耒(力)とを組み合わせて、耕作のことを示す。男はもとその管理者をいう語で、のち五等の爵号の一となった。〔説文〕十三下に「丈夫なり。田に從ひ、力に從ふ。男は力を田に用ふるを言ふなり」とするが、力は筋力の意ではない。周初の金文〔令彝〕に「諸侯、侯・田・男に四方の命を舍く」とあって、男は外服諸侯の一であり、農地の管理者をいう。男女を連称することは、列国期に至ってみえる。〔詩、小雅、斯干〕は室寿ぎの歌で、男女の出生のことを歌う。詩篇では、男女は士女と対称するのが普通であった。金文では男を一夫・二夫のように数え、これが農夫の称で、これを統轄するものを大夫という。

訓義 ①おとこ、おとこのこ、むすこ、わかもの。②五等の爵の一、きみ。③任と通じ、になう。

古訓 〔名義抄〕男 ヲノコ・ヲノコゴ・ヲ

部首 〔説文〕に部首とし、舅・甥の二字を属し、〔玉篇〕に嫐の字を加える。嫐は嬈の俗字で、仏典に用いられ、〔隋書、経籍志〕にその字がみえる。

語系 男 nəm、農 nuəm は声近く、男とは農の管理者をいう。西周金文には「五夫」「衆一夫」「臣一夫」「人五夫」のようにいい、「男一人」のようにいう例はない。

【男子】おとこ。〔礼記、喪大記〕疾病なるとき~纊(綿)を屬けて以て絶氣を俟つ。男子は婦人の手に死せず、婦人は男子の手に死せず。

【男児】おとこ。丈夫。唐・韓愈〔張中丞(巡)伝後叙〕城陷る。賊、刃を以て脅し、巡を降さんとす。巡屈せず。~又(南)霽雲を降さんとす。雲未だ應ぜず。巡、雲を呼んで曰く、南八、男兒死せんのみ。不義の爲に屈すべからずと。

【男色】美貌の男子を寵愛する。〔漢書、佞幸伝賛〕柔曼の意を傾くるは、獨り女德のみに非ず、蓋し亦た男色有り。~而して董賢の寵、尤も盛んに、父子竝びに公卿と爲る。~然れども進むに道に繇らず、位其の任に過ぎ、能く終り有ること莫し。

【男丁】徴用される男の役夫。〔隋書、食貨志〕男女年十六已上、六十に至るまでを丁と爲す。~六十六は課を免ず。女は嫁する者を以て丁と爲し、若し室に在る者は、年二十乃ち丁と爲す。其の男丁は、毎歳の役、二十日に過ぎず。

↑男陰 男の陰部/男君 妾婦の夫/男覡 男巫/男根 陽茎/男贄 男の礼物/男爵 五等の爵の一/男戎 兵士/男女 男と女/男妾 男めかけ/男娼 かげま/男飾 男装/男寵 男色/男弟 弟/男巫 男みこ/男服 九服の一

↓貴男・宜男・次男・庶男・成男・善男・息男・多男・嫡男・長男・丁男・童男・美男・百男

常

【段】

9 / 7744

ダン タン

だん きたえる わかつ

篆文

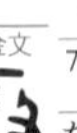

金文

会意 段石の形＋攴。鍛冶の素材をうって薄片とし、器を鍛冶するもので、鍛の初文。〔説文〕三下に「物を椎するなり」とあり、椎でうち鍛えることをいう。鄭の公孫段、字は子石。名と字と相対し、段石の意を用いる。分段の意があり、段階の意に用いる。

訓義 ①段石、鍛冶する材質のもの、層をなしている。だん。②段石をうつ、うちきたえる、かためる、かたまり。③うってわかつ、こわけする、段々とする。④きざはし、階段、段々。⑤しな、階層。⑥わが国では六間を一段。地積三百六十歩、のち三百歩。

古訓 〔名義抄〕段 キル・ツタキル・ハシ・ムラ・クダリ・ツタ/\

声系 〔説文〕に段を「耑の省聲」とするが、左偏は段石の象形。〔説文〕に段声として緞・碬・鍛など四字を収める。碬は「厲石」にして段がその初文、鍛は鍛冶を加えることをいう。

語系 段・斷(断)・剸 duan は同声。段は段石を切り出して椎を加え、鍛冶することをいう。また絕(絶) dziuat、截 dziat も声の関係があり、剬 tjiuan も切り出すことをいう。鍛 tuan はそれを鍛冶する意である。

【段段】きれぎれ。前蜀・韋荘〔乞彩牋の歌〕詩 手に金刀を把りて、綵雲を擘く 時に秋天の碧を翦破する有り 紅霓をして段段に飛ばしめず 一時に驅して上る、丹霞の壁

【段落】文章の章・節のきれめ。民国・劉師培〔文説〕蘇(軾)の檀弓(礼記の篇)を評し、歸(有光)の史記を評せしより、五色もて標記し、各々段落を爲す。

↑段階 次序/段子 部分/段氏 鍛工/段脩 ほじし/段匹 反物/段疋 段匹/段聯 段落と脈絡

↓一段・下段・階段・格段・後段・算段・手段・初段・上段・前段・大段・尾段・疋段・分段・別段・両段

常

【断】

11 / 2272

〔斷〕

18 / 2272

ダン

たつ きる ことわる

篆文

古文

会意 旧字は斷に作り、㡭の反文＋斤。〔説文〕十四上に「截るなり」とあり、斤と㡭とに從ふ。㡭は古文絕なり」(段注本)とあり、機にかけている糸の断絶した形である㡭と、斤とに従う。絶(絶)は染糸が弱って切れる意。斷は斤を加えて切断する意。それより断絶・断定・断罪などの意に用いる。また断橋・断雲など、断絶し、残破するものをもいう。

訓義 ①たつ、たちきる、きりはなす。②すてる、やめる、ことわる。③きめる、さだめる、はからう、思いきる。④わかれる、はなれる。

5 ととのえる、ひとしくする。

古訓 〔名義抄〕断 サダム・コトハル・タツ・ハカル・タエヌ・ムナシ・ヤム・キル・タヾス・ムマヤ・カギル・ウソフク・コトハリ・コトハル・ケヅル

語系 断・剸・段 duan は同声。また截 dziat、絕 dziuat、剬 tjiuan はみな声が近く、きりたつ意がある。剸の本字は「斷首」の二字を合わせた形で、もと断首をいう。〔説文〕の附音は tjiuan で剬と同じ。みな一系の語である。

【断遏】たちさえぎる。晋・陸雲〔車茂安に荅ふる書〕海浦を斷遏し、曲限を隔截し、潮に隨つて進退し、蜯(どぶがい)を采り魚を捕る。鱣鮪(ちょうざめ)赤尾、鯷鮆比目、名を紀すべからず。～眞に東海の俊味、肴膳の至妙なり。

【断雲】ちぎれ雲。唐・韓偓〔夏夜〕詩 夜久しくして雨休み風又定まる 斷雲流月却つて斜明

【断煙】孤煙。清・鄭燮〔蝶恋花、晩景〕詞 一片の靑山、古渡に臨む 山外の晴霞、漠漠として殘雨を收む 流水遠天、波、乳の如し 斷煙飛んで、斜陽に上り去る

【断火】寒食。〔芸文類聚、四に引く鄴中記〕幷州の俗、冬至後百五日、介子推の爲に火を斷ち、冷食すること三日、乾粥を作る。今の糗是れなり。

【断簡】文書の断片。唐・李紳〔南梁行〕詩 追思感歎、却つて昏迷 霜鬢愁吟、曉雞に到る 故篋、歲深くして斷簡を開き 秋堂、月曙けて遺題を掩ふ

【断岸】きりたった崖。宋・蘇軾〔後の赤壁の賦〕江流聲有り、斷岸千尺。山高く月小に、水落ち石出づ。曾ち日月の幾何ぞ、而ち江山復た識るべからず。

【断棄】見すてる。〔書、盤庚中〕乃の祖、乃の父、乃ち汝を斷棄して、乃の死を救はざらん。

【断疑】疑いをときはらす。〔易、繫辞伝上〕聖人は以て天下の志を通じ、以て天下の業を定め、以て天下の疑ひを斷む。

【断橋】落ちた橋。唐・張祜〔杭州孤山寺に題す〕詩 斷橋、荒蘚澀し 空院、落花深し

【断獄】判決する。〔墨子、明鬼下〕此の二子の者、訟すること三年にして獄斷まらず。～乃ち二人をして一羊を共し、齊の神社に盟はしむ。

【断魂】魂がきえいる。明・高啓〔夜雨江館、懐ひを写す、二首、一〕詩 靑燈畫角、黃昏の雨 客と梅花と倂に斷魂す

【断酒】酒の醸造を禁止する。また、酒を断つ。唐・白居易〔蘇庶子に答ふ〕詩 偶と關東の使と作り 重ねて洛下の遊に陪す 病來、酒を斷ちしより 老去、愁ひを禁ずべし

【断章】詩篇の一部をきりとり、原詩の意と関係なく用いる。〔左伝、襄二十八年〕詩を賦するに章を斷つ。余れ求むる所を取るのみ。

【断織】機の上の織りかけの糸を切る。断機。〔列女伝、母儀、鄒の孟軻の母の伝〕孟母、刀を以て其の織を斷る。孟子懼れて其の故を問ふ。孟母曰く、子の學を廢するは、吾が斯の織を斷るが若ごときなり～と。

【断截】切りはなす。〔漢書、谷永伝〕今陛下～改めて昌陵を作る。～人の冢墓を發き、骸骨を斷截し、尸柩を暴揚す。百姓財竭き、力盡く。愁恨天に感じ、災異婁降る。

【断絶】たちきる。魏・文帝〔雑詩、二首、一〕飛ばんことを願ふも、安くにか翼を得ん 濟らんと欲するも、河梁無し 風に向ひて長く歎息す 我が中腸を斷絶す

【断然】明確に。宋・蘇洵〔欧陽内翰(脩)に上る第一書〕孟子の文は、語約にして意盡く。～韓子(愈)の文は長江大河の如し。～執事(脩)の文は紆餘委備。～此の三者は皆斷然自ら一家を爲すの文なり。

【断送】費やす。葬る。唐・韓愈〔興を遣る〕詩 一生を斷送するは、惟だ酒有るのみ 百計を尋思するに、閒なるに如かず

【断続】とだえ、また続く。唐・太宗〔魏徴の葬を望送す〕詩 哀笳、時に斷續し 悲旌、乍ち舒卷す 望望として、情何ぞ極まらん 浪浪として、涙空しく泫つ

【断断】専ら。〔書、秦誓〕如し一介の臣有り、斷斷猗として他技無く、其の心休休焉として能く容るる有らば～黎民亦た、職に利有らん哉。

【断腸】はらわたが断ちきれるようなかなしみ。唐・李白〔清平調、三首、二〕詩 一枝の穠豔、露にも香を凝らす 雲雨巫山、枉げて斷腸す

【断碑】壊れ折れた碑。宋・黄庭堅〔病起、荊江亭即事、十首、五〕詩 楊綰(唐、大暦中の執政)朝に當りて、天下喜ぶ 斷碑零落して、秋風に臥す

【断臂】腕を切る。宋・欧陽脩〔尚書工部郎中欧陽公墓誌銘〕是れより先、京師歲旱す。浮圖の人、臂を斷りて雨を禱る有り。官爲に寺を龜山に起す。京師の王公大人よりして、皆禮もて之れに下る。其の勢ひ、四方を傾動す。

【断編】きれぎれの文章。〔宋史、欧陽脩伝〕好古嗜學、凡そ周・漢以降の金石遺文、斷編殘簡も一切綴拾し、異同を研稽し、說を左に立つ。～之れを集古錄と謂ふ。

【断蓬】転蓬。唐・王涯〔塞下曲、二首、一〕詩 塞晩、每に愁ふ、殘月の苦ゆるを 邊愁、更に斷蓬を逐うて驚く

【断夢】消えた夢。夢中に目ざめる。宋・陸游〔九月二十五日、雞鳴前に起きて、旦を待つ〕詩 斷夢妨げず、枕上に尋ぬるを 孤愁、還た天涯に客たるに似たり

【断爛】きれぎれの残片。〔宋史、王安石伝〕春秋の書を黜けて、學官に列せしめず。戲れに目して、斷爛の朝報(公報)と爲すに至る。

【断例】法の準則とすべきもの。〔晋書、杜預伝〕賈充等、律令を定めて既に成る。預、之れが注解を爲る。乃ち之れを奏して曰く、法なる者は蓋し繩墨の斷例、窮理盡性の書に非ざるなり。故に文約にして、例直なり。

↑断案 結論／断雨 残雨／断纓 絶纓／断冤 冤罪／断猿 子を失った断腸の猿／断轅 ながえを折る／断恩 恩を絶つ／断崖 がけ／断割 割き絶つ／断弃 断棄／断金 固い友情／断句 句切り／断刑 刑の裁定／断契 証書を截半してもつ／断決 決定する／断縑 絵ぎれ／断言 明言する／断限 くぎり／断絃 妻の死／断乎 断然／断語 断定の語／断交 絶交／断行 敢行／断肱 断臂／断港 堀どめ／断綆 離縁／断鴻 孤鴻／断轂 轂たち／断骨 断腸／断罪 所断する／断察 裁定する／断斬 切る／断死 決死／断私 私欲をすてる／断指 指を切る／断趾 足切りの刑／断澌 尽きる／断事 ことを裁定する／断辞 裁定の辞／断食 絶食／断手 工事が終わる／断首 斬首／断種 去勢／断囚 死刑／断袖 男色／断脩 ほじし／断訟 裁判／断制 裁治／断席 同席せず／断剸 切断する／断線 糸切れ／断渡 川どめ／断頭 断首／断髪 髪を切る／断鼻 鼻切り／断峰 峻峰／断霧 残霧／断命 死ぬ／断面 こぐち／断目 失明／断絡 断続／断流 流れをおし渡る／断路 通行止め／断壟 切り立った丘

↓雲断・英断・横断・臆断・果断・科断・隔断・割断・敢断・間断・鞫断・叫断・金断・禁断・撃断・決断・弦断・絃断・裁断・斬断・遮断・縦断・処断・宸断・診断・吹断・寸断・声断・制断・悽断・聖断・切断・節断・截断・占断・専断・速断・続断・中断・腸断・聴断・勅断・土断・独断・内断・判断・臂断・不断・普断・武断・蓬断・無断・明断・油断・勇断・雄断・予断・両断・壟断

常【弾】12 人〔彈〕15 1625

ダン はじく うつ たま ただす ひく

篆文 

形声 声符は單（単）。〔説文〕十二下に「丸を行るなり」とし、重文の字形について「或いは弓の丸を持するに從ふ」とあって、小丸を弾く意とする。卜文に、弦に丸をそえたもの、また弓弦を断続する形にしるすものがあり、弓弦を弾く形のものは、古く行われた弾劾の法を示すものであろう。卜辞に「羌五十を彈せんか」とあるのは、犠牲として羌人を祓う方法であろう。弓弦には種々の呪的な用法があったようである。

訓義 1はじく、弓弦でたまをはじく、弓弦をはじく、うつ。2たま、はじくたま。3ただす、せめる、はらう。4絃をひく、かきならす、楽器をひく。

古訓 〔名義抄〕彈 ハジク・シラク・シラブ・ツクス・マロナリ・タヾス／ベシ・ヒク・コトワル・ツルウチ・シバル

語系 彈・憚・僤dan は同声。憚は〔説文〕十下に「忌み難るなり」、僤は「疾むなり」と訓し、みな弾劾に関する字であろう。殫tan もおそらく弾劾によって、敵を「殄尽」する意であろう。

【弾圧】だんあつ おさえる。力でおさえこむ。梁・何遜〔七召〕乃ち壁上の眞辭、枕中の祕要の若きは、神氣を彈壓し、靈妙を吐納す。既に醜を變じて以て妍を成し、亦た老を反して少と爲す。

【弾劾】だんがい 官吏の不正を糾弾する。〔晋書、阮孚伝〕蓬髪飲酒、王務を以て心に嬰けず。～嘗て金貂を以て酒に換へ、復た所司に彈劾せらる。帝之れを宥す。

【弾冠】だんかん 冠の塵をはじきはらう。〔楚辞、漁父〕新たに沐する者は必ず冠を彈き 新たに浴する者は必ず衣を振ふ

【弾丸】だんがん はじき玉。〔塩鉄論、塩鉄取下〕昔商鞅の秦に任ぜらるるや、人を刑すること菅茅を刈るが若く、師を用ふること彈丸の若し。

【弾棊】だんき おはじきの類。〔後漢書、梁冀伝〕少くして貴戚と爲り、逸游自ら恣にす。性、酒を嗜み、挽滿・彈棊・格五・六博・蹴鞠・意錢の戲を能くす。又臂鷹走狗・騁馬闘雞を好む。

【弾弓】だんきゅう 弓弦をならす。〔唐書、百官志四上〕鋪（門の鍵）を捉り、更を持する者、晨夜に行人有るときは、必ず問ふ。應へざれば、則ち弓を彈じて之れに嚮かふ。復た應へざれば、則ち旁射す。

【弾鋏】だんきょう（けふ） 剣のつかをたたきならす。〔戦国策、斉四〕（馮諼）居ること頃く有りて、復た其の鋏を彈じて歌ひて曰く、長鋏歸來らんか 出づるに車無しと。左右皆之れを笑ふ。

【弾琴】だんきん 琴をかなでる。唐・王維〔輞川集、竹里館〕詩 獨り坐す、幽篁の裏 彈琴復た長嘯す 深林、人知らず 明月來つて相ひ照らす

【弾弦】だんげん 弦楽器をひく。晋・左思〔蜀都の賦〕羽爵（杯）執り競ひ、絲竹乃ち發す。巴姫（蜀の女）弦を彈き、漢女節を撃つ。

【弾指】だんし 指をはじく。強い感情を示す。中国・郭沫若〔抗日戦争四十周年を紀念す、浣渓沙〕詞 彈指す、光陰四十年 蘆溝（橋）の曉月、將に船の如くならんとす 風に乘じ、共に濟りて明天を待たん

【弾射】だんしゃ 弾丸をはじく。指摘する。〔宋書、五行志一〕呉の風俗、相ひ驅るに急を以てし、言論彈射、刻薄を以て相ひ尚ぶ。三年の喪に居る者、往往にして毀を致して、以て死するもの有り。

【弾正】だんせい 不正をただす。〔升庵詩話、四〕近刻の玉臺新詠、及び樂府詩集に、狄香を改めて秋香と爲すは、大いに謬る。呉中、近日古書を刻するに、妄改の例此くの如し。一一之れを彈正すること能はず。

【弾治】だんち 弾正して治める。〔唐書、儒学下、元行沖伝〕開元の初め、太子詹事を罷め、出だされて岐州刺史と爲り、關内按察使を兼ねしむ。自ら、書生にして彈治の才に非ざるを以て、固辭す。

【弾力】だんりょく 弓を弾く力。〔酉陽雑俎、五、詭習〕張芬、～曲藝、人に過ぐ。力七尺の碑を舉げ、雙輪の水碓を定む。常に福感寺に於て鞠を趯らせるに、高さ半塔に及ぶ。彈力五斗なり。

↑弾違 弾正／弾雨 急雨／弾機 ばね／弾徽 弾琴／弾議 そしり／弾詰 糾弾する／弾禁 禁止／弾撃 はげしくうつ／弾剣 弾鋏／弾毫 揮毫する／弾骨 頭骨の杯で酒を飲み誓う／弾坐 連坐する／弾子 たま／弾糸 弾弦／弾詞 物語歌／弾事 弾劾する／弾瑟 瑟弾き／弾邪 不正をただす／弾準 はかる／弾唱 弾き歌う／弾舌 念誦／弾倹 理屈をこねる／弾奏 弾劾上奏する／弾兌 両替／弾黜 しりぞける／弾的 芸妓／弾駁 弾劾する／弾拍 かき鳴らす／弾抨 弾劾する／弾墨 弾劾文／弾涙 涙をふるう

↓畏弾・快弾・街弾・丸弾・揮弾・議弾・糾弾・巨弾・虚弾・挟弾・鋏弾・撃弾・指弾・馳弾・実弾・銃弾・善弾・奏弾・着弾・敵弾・肉弾・拍弾・爆弾・放弾・砲弾・報弾・防弾・妙弾・鳴弾・連弾

常【暖】13 6204 〔暖〕13 6204 ［煖］13 9284

ダン ケン ノン あたたかい あたためる

篆文 

形声 声符は爰。爰に暖の声がなく、〔説文〕十上に煖を録し、「溫かなり」とあり、暖と声義が同じ字である。暖はまた暄と同字とみられる。煖は〔礼記、楽記〕に「之れを煖むるに日月を以てす」とあって、許袁の反。すなわち暄の声で、その異文。声を以ていえば、煗が温暖の字にあたる。〔説文〕に暖・暄の字がなく、それらは後起の字である。

訓義 1あたたか、あたたかい、あたためる。2やさしい、ぬくもり、やわらか。

古訓 〔新撰字鏡〕煖 阿太々牟（あたたむ）、又、和可須（わかす）〔名義抄〕暖 アタヽカナリ〔篇立〕暖 アタヽカナリ・アラハス・カケヌ・ユルナリ〔字鏡集〕暖 アケヌ・アタヽカナリ・アラハス・クラシ

語系 暖・煖・煗・渜nuan は同声。渜は温湯をいう。赧nan も声義の近い語である。〔広雅、釈詁三〕に「煖は煗かなり」とあり、みな一系の語である。

【暖靄】だんあい 春霞。宋・陳造〔盱眙の王使君に陪し、東遊す、四首、四〕詩 疏煙は暖靄に横たはり 碧溜（青い水）は晴沙に漱ぐ

【暖雲】だんうん あたたかい雲。唐・杜牧〔残春、独り南亭に来り、因りて張祜に寄す〕詩 暖雲は粉の如く、草は茵の如し 獨り長堤を歩むも、人を見ず

【暖煙】だんえん あたたかいもや。春霞。唐・鄭谷〔曲江の春草〕詩 花落ちて、江堤に暖煙簇まり 雨餘の草色、遠く相ひ連なる

【暖寒】だんかん 酒で身をあたためる。唐・白居易〔戯れに賈常州の酔中二絶句に和す、二首、二〕詩 越調の管は吹く、客を留むるの曲 呉吟の詩は送る、暖寒の杯

【暖気】だんき あたたかさ。晋・張華〔雑詩、三首、一〕衾を重ぬるも暖氣無く 纊を挾むも冰を懷くが如し 伏枕、遙昔（夕）を終へ 寤言、予れに應ふる莫し

【暖坑】だんこう（かう） オンドル。〔旧唐書、東夷、高麗伝〕冬月、皆長坑を作り、下に熅火を燃やし、以て暖を取る。

【暖香】春の香り。唐・杜牧〔洛中、二首、二〕詩 風は柳帶を吹きて、晴綠を搖がし 蝶は花枝を遶りて、暖香を戀ふ
【暖講】聴講者を酒食でねぎらう。〔嬾真子、一〕溫公の崇福に任ぜらるるや、春夏は多く洛に在り、秋冬は夏縣に在り。毎日本縣の從學の者十許人と書を講ず。～公、五日毎に一暖講を作す。
【暖翠】春の山色。宋・黃庭堅〔東坡の壺中九華に追和す〕詩 人有りて、夜半に山を持ち去り 頓かに浮嵐暖翠の空しきを覺ゆ
【暖熱】あたたかさ。唐・顧況〔宜城（柳渾、宜城県伯）、琴客（愛妾の名）を放つの歌〕詩 南山、闌干の千丈の雪 七十にして、人（の身）に非ずんば暖熱ならず
【暖房】引っ越しなどのお祝い。〔陔余叢考、四十三、暖房〕俗禮に所謂暖壽・暖房なる者有り。生日前一日、親友、具を治めて過飲するを、暖壽と曰ふ。新たに居を遷す者、隣里酒食を送りて過飲するを、暖房と曰ふ。
【暖流】温泉。唐・越王李貞〔聖製、温湯を過ぎるに奉和す〕詩 坎德（地）、溫液を疏し 山隈、暖流を派す
【暖炉】いろり。唐・白居易〔歳除の夜、酒に對す〕詩 醉うて香枕に依りて坐し 慵くして暖爐に傍うて眠る
↑暖衣 あたたかい衣／暖屋 新居祝い／暖鞾 あたたかい靴／暖赫 暑い／暖閣 暖房の室／暖褐 暖衣／暖眼 青眼／暖孝 出棺前の宴／暖紅 太陽／暖絲 柳条／暖耳 耳かくし／暖日 あたたかい日／暖姝 媚びる／暖寿 誕生祝い／暖処 あたたかい所／暖色 あたたかい色／暖霽 雨後の暖／暖席 あたたかい席／暖殿 新殿祝い／暖婆 ゆたんぽ／暖風 あたたかい風／暖瓶 魔法瓶／暖帽 冬帽／暖飽 飽食暖衣／暖簾 のれん
↓雨暖・温暖・花暖・寒暖・軽暖・妍暖・暄暖・香暖・柔暖・春暖・晴暖・冬暖・風暖・飽暖・冷暖・炉暖・和暖

【煗】13 9183 ［煖］13 9284

ダン ナン あたたかい あためる

篆文

形声 声符は耎。耎に偄の声がある。〔説文〕十上に「盈かなり」（段注本）とあり、盈は火にかけてものを温め、器中に温熱の気が回流する形。〔呂覧、仲春紀〕に「煗氣早く來るときは蟲螟害を爲す」とあり、煗は煖・暖（㬉）の正字。今は暖の字を以て行われる。
訓義 1あたたか、あたたかい、あたためる。2ぬくもり、やわらか。
古訓 〔名義抄〕煖 アタ、カナリ／煗 ヤハラカナリ 〔字鏡集〕煗 アタ、カナリ 〔篇立〕煗 テラス・ヒノヒカリ・アキラカナリ
語系 煗・暵・渜 nuan は同声。暵は日の温暖、渜は温湯をいう。煖・暖 nuan も同声。その異文とみてよい。㬉 nan も〔説文〕七上に「盈かなり」（段注本）とあって同義。みな一系の語である。
＊語彙は暖字条参照。
↑煗衣 暖衣／煗煙 春霞／煗檐 日の当たるのき／煗屋 暖屋／煗骸 ぬくもる／煗閣 暖房／煗気 陽気／煗坑 オンドル／煗香 春の香り／煗羹 あつもの／煗耳 耳かくし／煗酒 酒の燗／煗寿 暖寿／煗然 あたたか／煗喪 葬式の前夜の宴席／煗煖 あたたか／煗痛 お見舞／煗風 暖い風／煗炉 いろり

常【談】15 0968

ダン かたる はなす はなし

篆文 古印璽

形声 声符は炎。炎に淡・啖の声がある。〔説文〕三上に「語るなり」とあり、日常的な談話をいう。譚・誕（誕）と声義近く、通用することがある。

訓義 1かたる、ものがたりする。2はなす、はなし。3たわむれはなす、からかう、あざける。4譚・誕と通じ、おはなし。

古訓 〔名義抄〕談 カタル・カタラフ・モノガタリ・ソシル・モドク・アトラフ・ハタス
語系 談・啖 dam、誕 dan は声近く、談・啖は口の使いかたが似ており、ともに擬声的な語であろう。譚 dəm も声義が近い。誕に大、覃には深の意があり、ともに物語や作り話の類をいう。

【談詠】語り、また詠ずる。〔晉書、庾亮伝〕殷浩の徒、秋夜に乘じ、往きて共に南樓に登る。俄かにして覺えざるに、亮至る。諸人將に起ちて之れを避けんとす。亮徐ろに曰く、諸君少らく住まれ。老子此の處に於て、興復た淺からずと。便ち胡牀に據り、浩等と談詠して坐を竟ふ。

【談讌】語りあい。宴する。魏・武帝〔短歌行、二首、一〕楽府 陌を越え阡を度り 枉げて用つて相ひ存ふ 契闊（久し振りに）談讌し 心に舊恩を念ふ
【談義】道理のことを論ずる。〔南史、張裕伝〕（張）鏡、少くして光祿大夫顏延之と隣居す。顏、談義飲酒、喧呼することを絶えず、鏡は靜默にして、言聲無し。後、鏡、客と談ずるに、～辭義清玄なり。延之、心服す。

【談戲】冗談をいってふざける。〔世説新語、簡傲〕阮（籍）、王（戎）に謂ひて曰く、偶ま二斗の美酒有り、當に君と共に飲むべし。彼の（劉）公榮は預かる無しと。二人交觴酬酢し、公榮遂に一桮をも得ず。而れども言語談戲、三人異なる無し。

【談経】経書の義を論ずる。宋・楊万里〔蜀士張之源の二子の～西帰するを送る〕詩 大兒は十二、氣已に老す 句を覓め經を談じて、人絶倒す
【談玄】玄理を論ずる。〔世説新語、容止〕王夷甫（衍）、容貌整麗にして、談玄に妙なり。恆に白玉柄の麈尾を把るに、手と都べて分別無し。

【談言】はなすことば。〔史記、滑稽伝序〕天道恢恢、豈に大ならずや。談言微にして中る、亦た以て紛を解くべし。

【談古】古事を談ずる。〔顔氏家訓、勉学〕多く士大夫を見るに、～飽食醉酒、忽忽無事、此れを以て日を銷し、此れを以て年を終ふ。～公私の宴集に、談古賦詩、塞默低頭し、欠伸するのみ。

【談士】遊説者。〔史記、日者伝〕公、夫の談士辯人を見るか。～言必ず先王を稱し、語必ず上古を道ふ。～多言誇嚴、此れより大なるは莫し。

【談事】用向きを話す。〔晉書、王猛載記〕遂に華陰山に隱る。～桓溫、關に入る。猛、褐を被て之れに詣り、一面して當世の事を談ず。蝨を捫りて言ふ。旁らに人無きが若し。

【談麈】議論のとき手にもつ払子。麈尾を用いる。宋・黃庭堅〔次韻して公定を奉送す〕詩 毎に來りて談麈を促す 風は生ず、庭竹の枝
【談書】古典などを論ずる。〔南史、明山賓伝〕七歳にして能く名理を言ふ。～齊の明帝、學を重んぜず。（江）祏に謂ひて曰く、聞く、山賓、書を談じて輟めず、何ぞ官に堪へんやと。遂に用ひず。

【談助】話のたね。〔後漢書、王充伝注に引く袁山松の書〕充作る所の論衡、中土未だ傳ふる者有らず。蔡邕、呉に入りて始めて之れを得、恆に祕玩して以て談助と爲せり。

【談笑】話したり笑ったりする。〔史記、滑稽、優孟伝〕故と楚の樂人なり。長け八尺。多辯にして、常に談笑を以て諷諫す。

【談屑】話のたねがつぎつぎと絶えないこと。〔晉書、胡毋輔之伝〕（王澄の人に与ふる書）彥國（輔之）、佳言を吐くこと、鋸の木屑の如く、霏霏（雪の降るさま）として絶えず。誠に後進の領袖爲り。

【談宗】清談の第一人者。〔晉書、阮脩伝〕王衍は當時の

談宗たり。自ら以へらく、易を論じては略ぼ盡せり。然れども未だ了らざる所有り。之れを研ふるも、終に悟ること莫きなりと。

【談叢】 多くの人が集まって話をする。その場所。〔梁書、昭明太子伝〕(哀冊)時才を總覽し、英茂を網羅し、學は優洽を窮め、辭は繁富に歸す。或いは談叢を擅にし、或いは文囿と稱す。

【談藪】 話題が豊富であること。〔晋書、裴頠伝〕樂廣、嘗て頠と淸言し、理を以て之れを服せしめんと欲す。頠は辭論豐博、廣は笑ひて言はず。時人、頠を謂ひて、言談の林藪と爲せり。

【談柄】 話のたね。唐・韋絢〔劉賓客嘉話録の序〕中山の劉公二十八丈、～卿相の新語、異常の夢話～を劇談す。～今悉く當時日夕の話する所に依りて之れを錄し、復た編次せず。號づけて劉公嘉話錄と曰ふ。之れを好事に傳へ、以て談柄と爲すなり。

【談余】 談話のすんだあと。唐・皮日休〔円載上人の日本国に帰るを送る〕詩 講殿の談餘、賜衣を著け 椰帆卻返す、舊禪扉

【談理】 老・荘などの理を論じる。〔晋書、嵆康伝〕康、善く理を談じ、又能く文を屬る。其の高情遠趣、率然として玄遠なり。

【談論】 さかんに論じる。〔三国志、蜀、劉琰伝〕其の(劉備)宗姓にして、風流有り。談論を善くするを以て、～遂に隨從周旋し、常に賓客と爲る。

【談話】 話をする。晋・潘岳〔秋興の賦の序〕僕は野人なり。偃息するは、茅屋茂林の下に過ぎず、談話するは、農夫田父の客に過ぎず。

↑談筵 談話の席/談議 相談/談客 論客/談語 話をする/談交 交際する/談講 講話/談次 話のついで/談商 相談/談説 話す/談談 語りあう/談吐 談論/談賓 話相手/談弁 語る/談鋒 鋭い議論

↓譏談・佳談・雅談・怪談・街談・閑談・歓談・奇談・綺談・戯談・虚談・極談・空談・偶談・軍談・群談・劇談・玄談・言談・語談・口談・巷談・高談・講談・懇談・坐談・座談・雑談・史談・師談・示談・時談・手談・衆談・小談・商談・縦談・冗談・常談・政談・清談・盛談・静談・相談・対談・珍談・通談・鼎談・吐談・内談・破談・美談・筆談・文談・放談・漫談・謾談・面談・妄談・夜談・幽談・遊談・雄談・余談・俚談・良談・猥談

常【壇】 16 4011 ダン ところ

篆文 

形声 声符は亶。亶は土壇の上に廩倉などの建物のある形で、壇の初文。〔説文〕十三下に「祭の壇場なり」(段注本)とあり、祭祀の儀場として設けたところをいう。土を盛りあげたところは壇、土を平らかにしたところは場。場は墓室に通ずる羨道をもいい、壇もまた祀壇の意に用いる。壇場とはもと神聖な儀礼の場所をいう語であった。〔書、金縢〕に「三壇を爲る」とあり、太王・王季・文王の祭壇をいう。

訓義 ①だん、さいだん。土をもりあげたところ、建物の基盤となるところ。②儀式を行うところ、にわ、ば、ところ。③たいらか、ひろい。

古訓 〔名義抄〕壇 ニハ・トコロ・ハシ・アキラカナリ 〔篇立〕壇 ニハ・サカヒ・ツク・ミギリ・トコロ 〔字鏡集〕壇 アキラカナリ・マツリノトコロナリ・ツキ・ヒトヘ・ニハ・トコロ・ハシ

【壇位】 土を盛った壇。〔礼記、曲礼下〕大夫士、國を去るときは、竟を踰ゆるとき壇位を爲り、國に鄕ひて哭し、素衣・素裳・素冠す。

【壇壝】 行幸の際の止宿所。〔周書、武帝紀上〕(天和二年三月)丁亥、初めて郊丘壇壝の制度を立つ。

【壇宇】 祭祀の建物。〔水経注、溱水〕下に神廟有り。阿くまに背き、流れに面し、壇宇虛肅なり。

【壇場】 式典の場所。〔史記、淮陰侯伝〕(蕭)何曰く、王、素より慢にして禮無し。今大將を拜(任命)すること、小兒を呼ぶが如きのみ。～王必ず之れを拜せんと欲せば、良日を擇び、齋戒して壇場を設け、禮を具へて乃ち可ならんのみと。

【壇席】 壇のある席。殊遇。〔後漢書、方術上、樊英伝〕天子乃ち英の爲に壇席を設け、公車令をして導き、尙書をして奉引せしむ。几杖を賜ひ、待つに師傅の禮を以てし、延きて得失を問ふ。

【壇墠】 祭礼の場所。〔礼記、祭法〕天下に王有り。地を分ち國を建て、都を置き邑を立て、廟祧壇墠を設けて之れを祭り、乃ち親疏多少の數を爲す。是の故に王は七廟～を立つ。

【壇列】 誓言する場所に人々を列する。〔国語、呉語〕王乃ち壇列に之き、鼓して之れを行り、軍に至る。有罪の者を斬りて、以て徇ふ。

↑壇域 聖域/壇畤 祀所/壇社 祭壇/壇靖 道場/壇宅 宅基/壇兆 壇場/壇坫 会盟の場所/壇土 糞土/壇堂 殿堂/壇廟 天壇など/壇曼 高く広い

↓壝壇・雩壇・雲壇・演壇・花壇・歌壇・戒壇・楽壇・坎壇・杏壇・教壇・金壇・吟壇・劇壇・降壇・講壇・柴壇・斎壇・祭壇・三壇・祠壇・詞壇・詩壇・升壇・崇壇・清壇・聖壇・石壇・設壇・仙壇・泰壇・築壇・天壇・登壇・俳壇・封壇・仏壇・芬壇・文壇・霊壇・論壇

人【檀】 17 4091 ダン せんだん まゆみ

篆文 

形声 声符は亶。〔説文〕六上に「檀木なり」(段注本)とあり、まゆみ。梵語の音訳の字に用いることが多く、檀那・檀越・檀林のような語がある。

訓義 ①せんだん、梅檀の木。②まゆみ。③仏教語で、施す意。

古訓 〔新撰字鏡〕檀 旃檀なり。加良梨(から梨)〔和名抄〕檀 末由美(まゆみ)〔名義抄〕旃檀 セムダム・マユミ・カザル・モハラ・ホシイマヽ・ホドコス 〔篇立〕檀 モハラ・ヒトリ・ホシイマヽ・マユミ・ホドコシ

【檀越】 施主。梵語 dāna-pati の音訳。檀那 dāna ともいう。梁・沈約〔斉禅林寺尼浄秀行状〕乃ち七十の檀越を得たり。供果を設け、食は皆精げたり。

【檀龕】 梅檀の木で作った仏壇。唐・白居易〔蘇州重玄寺碑文〕設ひ人有りて、貝葉の上に書き、檀龕の中に藏むるも、堅きに非ず、久しきに非ず。蠟もて空に印するが如し。

【檀口】 うす紅の唇。唐・張祜〔黄蜀葵花〕詩 奈んともする無し、美人の閑かに把りて嗅ぐを 直だ疑ふらくは、檀口の中心に印するを

【檀車】 堅強な車。〔詩、小雅、杕杜〕檀車は幝幝たり 四牡は痯痯たり 征夫遠からず

【檀板】 拍子をとる板。拍板。宋・林逋〔山園小梅、二首、二〕詩 幸ひに微吟の相ひ狎るべき有り 須ひず、檀板の金尊に共するを

【檀郎】 夫や主人をいう。美男の人。晋の潘安は姿儀秀美、小字を檀奴といった。唐・羅隠〔七夕〕詩 應に傾くべし、謝女(謝安の姪道蘊、王凝之の妻となる、才弁聡識の人であった)の珠璣の篋 盡く寫す、檀郎の錦繡の篇

↑檀暈 うす赭/檀桓 きはだの根/檀君 朝鮮の始祖/檀香 旃檀/檀柘 弓材/檀脣 美人のくちびる/檀施 布施/檀那 布施する人/檀木 まゆみ/

檀欒 竹の茂み／檀林 寺
↓椅檀・槐檀・香檀・黄檀・黒檀・紫檀・斫檀・樹檀・梅檀・沈檀・伐檀・白檀・緑檀・林檀・霊檀・櫟檀

【餪】 18 8173 ダン

形声 声符は耎。耎に煗の声がある。〔玉篇〕に「女に餽るなり」とあり、女が嫁して三日後に、宴して食膳をおくる風があった。

訓義 ①嫁した女に食事をおくる。②嫁して三日目の宴食。

【餪女】 女が嫁してのち、三日目の贈り膳。〔北戸録、二、食目〕媆女、字林に曰く、女に饋るなり。～證俗音に云ふ、今、女嫁して後三日に食を餉るを謂ひて、餪女と爲すと。

チ

【夂】 3 2740 チ くだる

篆文 

象形 歩の倒文である夅の上の部分。上から降るときの後足で、降(降)は神梯を下る形である。〔説文〕五下に「後より至るなり」とし、「人の兩脛、後より之れを致す者有るに象る」というが、平面のところを歩く形ではない。喬木に神霊の降ることを夅といい、その神を迎えることを逢、また霊気のただようことを逢々という。夂を単独に用いることはない。

訓義 ①くだる。②おくれる、後からついてくる。

部首 〔説文〕に夆・夅・夅・夃、および夂の反文をこの部に属する。〔玉篇〕も同じ。夃は盈の初文とみるべき字。夂の反文の字は、音はカ(クヮ)、〔説文〕五下に「跨歩なり」と訓し、「冎は咼に従ふ」とするが、冎は咼に注口を加えた形で、夂とは関係のない字である。

語系 夂tiei、夊tshiue、亍thiok、辵thiakはみな声が近く、躑躅のような擬声語と、一系をなすものであろう。

常【地】 6 4411 〔埊〕 10 2210 〔墬〕 15 7810

チ ジ(ヂ) とち つち

篆文 

籀文 

金文 

侯馬盟書 

形声 声符は也。也に池・馳の声がある。字の初文は墜(墬)に作り、その字は会意。神梯を示す自の前に、犬牲などをおき、土(社)神を設けて、陟降する神を祀るところ。神の降りたつことを隊(隊)という。墬はのち墜落の意となり、墬に代わる形声の字として地が作られた。〔説文〕十三下に「元气初めて分れ、輕清にして昜(陽)なるものは天と爲り、重濁して侌(陰)なるものは地と爲る。萬物の陳列する所なり」(段注本)とあって、地と陳(陳)の双声によって訓している。〔経籍纂詁〕にあげる「底なり。大なり。諟なり。諦なり。施なり。易なり。土なり」などの訓も、音の関係を以て訓するものであるが、本義は神の降り立つところをいう。〔説文〕に籀文として墬をあげるが、墬は隊声で声が異なり、土部の〔説文新附〕にあげる墜が、地の初文であろう。金文に墬の初文を隊・家に作る。地には異体の字が多く、埊は則天武后の新字十九字の一で山・水・土を合わせたもの、他に〔新撰字鏡〕に上古文二字、古文三字を録し、〔竜龕手鑑〕にも埊を含めて古文三字を録している。

訓義 ①とち。②つち。③ところ。④くに。⑤場所、立場、身分。⑥下地、生地、地質。

古訓 〔名義抄〕地 トコロ・ソコ・タヾ・タヾシ・タヘタリ・ヤスシ・クツガヘル・ヤブル／地震 ナヰ／白地 アカラサマ／埊 古の地の字なり。則天作る

語系 地dietと乁diaiは声近く、乁は〔説文〕十二下に「流るるなり」とあり、後ろに遠く引く貌。乁・池・馳・阤diaiは同声。髢dyekはかもじ、施sjiaiは旗のなびく形。みななびくような、起伏や出入りのあるものをいう語である。

【地衣】 敷物。毛氈の類。また、苔。唐・白居易〔紅線毯〕詩 地は寒を知らざるも、人は煖かなるを要す 人の衣を奪うて、地衣と作すこと少かれ

【地維】 大地をつなぐ綱。〔淮南子、天文訓〕昔共工、顓頊と帝爲らんことを争ひ、怒りて不周の山に觸れ、天柱折れ、地維絶ゆ。天は西北に傾き、～地は東南に滿たず。

【地緯】 地の道。晋・左思〔魏都の賦〕日は雙び麗かず、世には兩帝あらず。天は經(たていと)し、地は緯(よこいと)す。理に大歸有り。

【地芥】 ちりあくた。〔漢書、夏侯勝伝〕常に諸生に謂ひて曰く、～經術苟くも明らかならば、其の靑紫を取ること、俛して地芥を拾ふが如きのみ。學經明らかならざれば、歸耕するに如かずと。

【地気】 大地の氣。〔礼記、月令〕(孟冬の月)是の月や、天子始めて裘す。有司に命じて曰く、天氣上騰し、地氣下降し、天地通ぜず、閉塞して冬を成せと。百官に命じて、謹みて蓋藏せしむ。

【地祇】 土地の神。〔抱朴子、金丹〕余、諸道士に問ふに神丹金液の事、及び～天神地祇を召すの法を以てせるに、了に一人の之れを知る者無し。

【地久】 大地は永遠にある。唐・白居易〔長恨歌〕詩 天長く地久しきも、時有りて盡く 此の恨み、綿綿として盡くる期無からん

【地穴】 大地の穴。〔水経注、渭水中〕(杜陽)山北に杜陽谷有り。地穴有り、北入し、又極たる所を知らず。天柱山の南に在り。

【地載】 大地が万物を載せる。〔左伝、襄二十九年〕德至れる哉、大いなり。天の幬はざる無きが如く、地の載せざる無きが如し。

【地軸】 大地をめぐらす軸。〔博物志、一、地〕地下に四柱有り、四柱の廣さ十萬里。地に三千六百の軸有り、犬牙して相ひ擧ぐ。

【地上】 大地の上。唐・李白〔静夜思〕詩 牀前、月光を看る 疑ふらくは是れ地上の霜かと

【地図】 山川・都邑・国郡などを図にしるしたもの。〔戦国策、趙二〕臣竊かに天下の地圖を以て之れを案ずるに、諸侯の地は秦に五倍せり。

【地大】 土地が広大。〔老子、二十五〕道は大なり、天は大なり、地は大なり、王も亦た大なり。

【地坼】 地が裂ける。〔後漢書、五行志四〕順帝の陽嘉二年六月丁丑、雒陽の宣德亭の地坼く。長さ八十五丈。～時に李固、對策して以爲へらく、陰類專恣し、將に分離の象有らんとすと。

【地徳】 大地の徳。〔管子、問〕國を理むるの道、地德を首めと爲す。君臣の禮、父子の親、萬人を覆育するは、～具さに之れを地に取る。

【地盤】 羅針盤。方位盤。地殼。また、建物の基礎。〔朱子語類、十四〕大學は是れ身を脩め人を治むる底の規模なり。人の屋を起すが如く相ひ似たり。須からく先づ箇の地盤を打つべし。地盤既に成らば、則ち擧げて之れを行ふべし。

【地表】 大地の表面。南朝宋・謝荘〔月の賦〕若し夫れ、氣、地表に霽れ、雲天末に斂まるときは、洞庭始めて波だち、木葉微く脱つ。

【地物】 その地に生ずるもの。〔国語、周語下〕之れを天神

に度れば、則ち非祥なり。之れを地物に比ぶれば、則ち非義なり。

【地文】地上の山川地勢。〔荘子、応帝王〕郷に吾れ之れに示すに地文を以てす。萌乎（茫乎）として震かず、止まらず。

【地平】地が治まる。〔書、大禹謨〕帝曰く、兪り。地平らかにし天成り、六府三事、允に治まり、萬世永く頼らん。時れ乃の功なりと。

【地変】地上の異変。〔漢書、翼奉伝〕人氣内に逆へば、則ち天地を感動す。天變は星氣日蝕に見はれ、地變は奇物震動に見はる。

【地望】地位と名望。宋・陳亮〔又呂東萊を祭る文〕惟れ兄、天資の高、地望の最、學力の深、心事の偉、一として具はらざる無し。

【地脈】山なみ。地下水。また、地坑。〔北堂書鈔、一五八に引く晉・周処の風土記〕太湖中に包山有り。山下に洞穴有り。地中を潛行し、通ぜざる所無し。之れを洞庭地脈と謂ふ者なり。

【地輿】大地。万物を載せる。〔淮南子、原道訓〕天を以て蓋と爲し、地を以て輿と爲す。四時を馬と爲し、陰陽を御と爲す。

【地籟】地上に生ずる音声。風の音など。〔荘子、斉物論〕地籟は則ち衆竅是れのみ。人籟は則ち比竹是れのみ。敢て天籟を問ふ。

【地利】地勢上の利。〔孟子、公孫丑下〕天の時は地の利に如かず。地の利は人の和に如かず。

【地理】地の秩序。〔易、繫辞伝上〕仰ぎては以て天文を觀、俯しては以て地理を察す。是の故に幽明の故を知る。始を原ね終りに反る。故に死生の說を知る。

【地力】土地の生産力。〔韓非子、五蠹〕其の境内の治を嚴にし、其の法禁を明らかにし、其の賞罰を必にし、其の地力を盡して、以て其の積を多くし、其の民の死を致さしめ、以て其の城守を堅くす。

【地霊】大地の霊。また、すぐれた地。唐・王勃〔滕王閣の序〕物華天寶、龍光は牛斗の墟を射、人は傑に地は靈にして、徐孺、陳蕃の榻を下す。

【地炉】地下に設けた暖炉。オンドル。唐・岑参〔玉門関蓋将軍歌〕詩 軍中事無く、但だ歡娛す 暖屋繡簾、地爐紅なり

↑地位 身分／地異 地変／地域 境域／地蝡 みみず／地円 地球／地下 地中／地架 台／地界 境界／地喙 深淵／地涯 地の果て／地角 辺隅／地殼 地表／地雁 流星／地示 地祇／地紀 地維／地基 土台／地宜 地の性に合う／地球 世界／地峡 細い陸地／地境 境界／地均 課税法／地禁 通行止め／地垠 地の果て／地区 区域／地窟 穴ぐら／地形 地勢／地契 土地証書／地景 景色／地血 茜草／地券 土地の権利書／地険 険阻／地郊 祭地／地紘 地維／地貢 土地税／地溝 溝状の地／地獄 苦悩の所／地骨 石／地棍 やくざ／地際 地の果て／地財 穀物など／地産 五穀／地市 埋葬品の多い陵墓／地志 地誌／地誌 地方の地理誌／地実 地産／地守 山沢の官／地訟 土地争い／地神 地祇／地震 地のゆれ／地制 土地制度／地征 地租／地勢 地形／地精 土地の精／地籍 家柄／地仙 地上の仙人／地銭 地代／地租 土地税／地俗 土俗／地碓 唐臼／地著 土地の人／地中 地下／地冑 家柄／地丁 たんぽぽ／地底 地下／地点 ある場所／地動 地震／地慝 土地の害／地肺 浮島／地比 遠近の地／地皮 地面／地痞 地まわりのやくざ／地符 地上にあらわれる祥瑞／地賦 地租／地歩 地位／地畝 田地／地宝 土地の生産する財／地保 要害／地味 土地の肥瘠／地面 地表／地約 地契／地妖 地異／地絡 地脈／地裂 土地がさける／地老 長久／地牢 地下牢／地防 地脈／地籙 道教の呪符

↓委地・意地・苑地・遠地・下地・外地・廓地・割地・閑地・鹹地・危地・基地・貴地・客地・窮地・境地・極地・錦地・空地・隙地・見地・巻地・故地・耕地・高地・忽地・采地・祭地・削地・産地・散地・死地・失地・湿地・実地・灼地・斫地・除地・勝地・壌地・心地・侵地・親地・陣地・寸地・井地・生地・聖地・整地・尺地・斥地・赤地・席地・接地・戦地・潜地・素地・掃地・堕地・宅地・沢地・拓地・擲地・天地・転地・田地・土地・当地・投地・動地・入地・任地・配地・驀地・蛮地・蕃地・美地・分地・平地・僻地・別地・辺地・墓地・封地・没地・本地・満地・門地・余地・輿地・要地・落地・楽地・立地・略地・両地・量地・領地・緑地・霊地・裂地・路地・露地

常

【池】 6 3411 チ いけ ほり

篆文 

形声 声符は也。也に地の声がある。〔説文〕十一上に「陂なり」（段注本）とあり、堀池をいう。〔西都の賦、李善注〕に引く〔説文〕に、「城に水有るを池と曰ふ」とあって、城池の意とする。字形よりいえば、水流がはみ出て旁流し、そのまま停蓄したことを示す字である。

訓義 ①いけ、ためいけ。②ほり、みぞ。③うみ。④縁飾り。

古訓 〔和名抄〕池 伊介（いけ）〔名義抄〕池 イケ・ツリス 〔字鏡集〕池 ツラヌ・イケ・ミゾノト・マルナリ

語系 池dieと地diet、阤diaiは声近く、みな邪行して、陂陀たる状態のものをいう。也声の字に、その義をもつものが多い。

【池苑】池と庭園。唐・白居易〔長恨歌〕詩 歸り來れば、池苑、皆舊に依る 太液（池）の芙蓉、未央（宮）の柳

【池閣】池に臨んだ楼閣。〔後漢書、光武十王、東平憲王蒼伝〕帝～皇太后に從ひて掖庭池閣を周行し、乃ち陰太后の舊時の器服を閲し、愴然として容を動かす。乃ち命じて五時の衣各一襲を留めしむ。

【池魚】池中の魚。晉・潘岳〔秋興の賦〕夙に興き晏く寢ね、寍きを底すに遑匪らず。譬へば猶ほ池魚籠鳥の、江湖山藪の思有るがごとし。

【池榭】池のほとりの建物。〔宋史、張斉賢伝〕司空を以て致仕す。～洛に歸り、裴度の午橋荘を得たり。池榭松竹の盛有り。日に親舊と、其の閒に觴詠す。

【池沼】池と沼。晉・石崇〔思帰引の序〕前は清渠に臨み、百木萬株に幾し。流水舍下を周り、觀閣池沼有り。多く魚鳥を養ふ。

【池上】池のほとり。池頭。斉・謝朓〔郡内の高斎に閒望して呂法書に答ふ〕詩 日出でて、衆鳥散じ 山暝くして、孤猿吟く 已に池上の酌有り 復た此の風中の琴あり

【池心】池の中心。前蜀・李珣〔酒泉子、四〕詞 秋月嬋娟 皎潔なる碧紗の窗の外 花を照らし竹を穿ち、冷沈沈として 池心に印す

【池水】池の水。晉・王羲之〔人に与ふる書〕張芝、池に臨みて書を學ぶに、池水盡く黑し。

【池台】池と高台。〔世説新語、豪爽〕晉の明帝、池臺を起さんと欲す。元帝許さず。帝、～一夕中に池を作る。～今の太子西池、是れなり。

【池亭】池辺のあずまや。唐・欧陽詹〔秋月の賦〕其の色や、林巒の卉物を潤し、其の影や、江湖の亂流を瑩らす。

【池塘】池のつつみ。元・羅公福〔春日田園雑興〕詩 池塘見說らく、新草の生ずるを 已に吟魂の夢に入りて招くを許す

【池頭】池のほとり。宋・楊万里〔晩涼散策、二首、一〕詩 飯餘浴し罷んで、涼を趁うて行く 偶ゝ憩ふ、池頭最小の亭

【池畔】池のほとり。唐・王建〔賈島に寄す〕詩 曲江池畔、時時に到る 鸕鷀の、雨後に飛ぶを愛するが爲なり

【池辺】池のほとり。唐・賈島〔李凝の幽居に題す〕詩 鳥は宿る、池邊の樹 僧は敲く、月下の門

【池文】池の波紋。唐・皮日休〔報恩寺の水閣に宿す〕詩 池文、月を帶びて、金簟(簟席)を鋪き 蓮朶(花)、風を含みて、玉杯を動かす

↑池雨 池にふる雨／池園 池苑／池荷 池の蓮／池館 池のある館／池岸 池の岸／池籞 養魚場／池隍 城の池／池潢 池／池塹 堀／池子 池塘／池泉 池と泉／池氈 縁ある毛氈／池沢 さわ／池潭 池の深み／池中 池の中／池堤 池塘／池田 苑中の田／池島 池中の島／池風 池上をわたる風／池紼 棺の紐

↓飲池・苑池・園池・塩池・洿池・坎池・寒池・盥池・翰池・玉池・禊池・硯池・広池・宏池・溝池・鑿池・酒池・浚池・沼池・城池・青池・清池・晴池・穿池・丹池・亭池・天池・島池・肉池・陂池・美池・方池・墨池・満池・瑶池・浴池・竜池・涤池・林池・臨池・蓮池

【豸】 7 2022 チ タイ けもの

篆文

象形 獸の形。神判に用いる神羊を解豸といい、また解廌という。廌の省略形ともみられる字形である。〔説文〕九下に「獸の長脊にして、行くこと豸豸然として、司(伺)殺する所有らんと欲するの形なり」とする。〔爾雅、釈虫〕に「足有る、之れを蟲と謂ひ、足無き、之れを豸と謂ふ」とするが、豸は獸の側身形で、明らかに足をしるしている。廌は豸の全形であろうと考えられ、法の初文灋は廌に従う。灋は神判に敗れた人(大)を、その自己詛盟の器(𠙵)の蓋を除き(𠙴)、敗訴者の神羊(廌)とともに水に流し、廃棄する意。金文には灋を廃棄の意に用いる。

訓義 1けもの、かいたい(解廌・獬廌)、かいち(解豸・獬豸)。2ながむし、はうむし。

古訓 〔篇立〕豸 ケダモノカキ・ケダモノ・ケ 〔字鏡集〕豸 ケダモノ・カタクツシ・トク

部首 〔説文〕に豹・貀・貉・貍など十九字、〔新附〕に貓を加える。〔玉篇〕にすべて六十五字を属する。

語系 豸豸然の豸dieiは夂tieiと声近く、夂は足を引く形。豸豸然もそのような歩きかたをいう。

【豸冠】獬豸冠。司法官の法服に用いる冠。〔後漢書、輿服志下〕法冠~或いは之れを獬豸冠と謂ふ。獬豸は神羊、能く曲直を別つ。楚王嘗て之れを獲たり。故に以て冠と爲す。

↑豸史 御史／豸繡 豸の刺繡／豸簪 法冠／豸豸 かがむ／豸虫 はう虫／豸班 司法官／豸範 尊顔

↓解豸・獬豸・蟄豸

【坻】 8 4214 チ テイ シ なかす なぎさ きし

篆文

形声 声符は氐。氐は氐(剞劂、彫刻刀)を以て、底部を平らかに削りとる意。〔説文〕十三下に「小渚なり」とみえる。〔詩、秦風、蒹葭〕は水神祭祀の歌謡で、水神の移動するさまを「宛として水の中坻に在り」と歌う。中洲をいい、渚・岸の意にも用いる。重文の二字は、ほとんど用いることがない。

訓義 1なかす、小さなしま。2なぎさ、きし。3さか、がけ、とまる。4にわ、場。5建物の基礎。

古訓 〔新撰字鏡〕坻 左加(さか) 〔名義抄〕坻 ミマ・ミギハ 〔篇立〕坻 サカ・ヲツ 〔字鏡集〕坻 ヲソシ・ヲカ・ナギサ・ニハ

【坻鄂】宮殿の基礎。階段。魏・何晏〔景福殿の賦〕疏柱の汩越たる(明るいさま)を羅ね、坻鄂の鏘鏘たるを肅つつむ。

【坻岸】渚の小高いところ。唐・柳宗元〔永州竜興寺東丘記〕今の所謂東丘なる者は、~外棄の地なり。余得て合はせ、以て堂の北陲に屬ぬ。凡そ坳窪坻岸の狀、其の故を廢する無し。

【坻伏】かくれ伏す。〔左伝、昭二十九年〕官、其の業を宿くせば、其の物乃ち至る。若し之れを泯弃せば、物乃ち坻伏し、鬱湮して育せず。

↑坻崿 坻鄂／坻京 収穫が多い／坻場 堆土／坻隤 山崩れ／坻頽 山崩れ

↓涯坻・丘坻・山坻・渚坻・坂坻・隆坻・臨坻

常 【治】 8 3316 チ ジ(ヂ) おさめる まつりごと

篆文

形声 声符は台。台に笞の声がある。台は耜(すき)の形である厶(㠯)に、祝禱の器である𠙵をそえて祓い清める意。〔説文〕十一上に川の名とするが、本義は治水。すべて条理に従って、ことを治めることをいう。

訓義 1おさめる、水を治める、洪水を治める。2正しくする、平らかにする、定める。3世を治める、まつりごとをする、まつりごと、つかさどる、政庁のある所。4心をおさめる、身をおさめる。5ととのえる、なおす、なす、たすける。

古訓 〔名義抄〕治 ヲサム・ハル・タモツ・ヒラク・ホル・マツリゴト・ヲサノ〳〵シ・ツクロフ・ハラフ・ウルハシ・ミガク・キヨシ・アキラカニ 〔字鏡集〕治 イユ・ウルハシ・マツリゴト・ヒラク・ハラフ・オサメシ・オサマル・ツクロフ・ハル・オサム・ツクル・イキック・ミヅノイデテマカル・ホル・ミガク・キヨシ・タモツ・アキラカ・コトハリ

【治安】治まって安定している。〔史記、文帝紀〕古者、殷・周の國を有つや、治安なること皆千餘歳。古の天下を有つ者、焉れより長きは莫し。此の道を用ふればなり。嗣を立つるに必ず子とするは、從りて來る所遠し。

【治化】教化して治める。〔魏書、李先伝〕太祖(李)先に問うて曰く、天下何の書か最も善き~と。先對へて曰く、唯だ經書のみ有り。三皇五帝、治化の典、以て王者の神智を補ふべしと。

【治強】国が治まり兵が強い。〔韓非子、五蠹〕治強は謀を爲し易く、弱亂は計を爲し難し。

【治教】政治と教化。〔周礼、地官、司市〕市の治教政刑、量度禁令を掌る。次敍を以て地を分ち、市を經し、以て陳肆辨物して市を平にす。

【治経】経学を修める。〔宋史、儒林二、孫復伝〕復、胡瑗と合はず。太學に在りて、常に相ひ避く。瑗、經を治むること復に如しかず。而して諸生を教養することは、之れに過ぐ。

【治国】国を治める。〔大学、一〕古の、明德を天下に明らかにせんと欲する者は、先づ其の國を治む。其の國を治めんと欲する者は、先づ其の家を齊ふ。

【治獄】罪を審理する。〔漢書、景帝紀〕後元年春正月、詔して曰く、獄は重事なり。~獄を治むる者をして、寬を先にすることを務めしめんと欲すと。

【治産】家業。くらしを立てる。〔韓非子、六反〕今、家人の產を治むるや、相ひ忍ぶに飢寒を以てし、相ひ強ふるに勞苦を以てす。

【治事】政務を執る。〔史記、曹相国世家〕惠帝、相國(曹參)の事を治せざるを怪しむ。~參曰く、~高帝と蕭何と、天下を定め、法令既に明らかなり。今陛下垂拱し、參等職を

守り、遵ひて失ふ勿し。亦た可ならずやと。

【治象】ちしょう(しゃう) 法令。〔周礼、天官、大宰〕治を邦國の都鄙に布く。乃ち治象の灋(法)を象魏(城門)に縣け、萬民をして治象を觀しむ。

【治詳】ちしょう(しゃう) 細かいことまでつとめる。〔荀子、王覇〕其れ國を治むるに道有り。～夫の日を貫ねて治すること詳しく、一日にして曲さに別つが若きは、是れ夫の百吏官人をして爲さしむ所べし。

【治人】ちじん 人を治める。〔礼記、祭統〕凡そ人を治むるの道、禮より急なるは莫し。禮に五經(吉・凶・軍・賓・嘉)有り。祭より重きは莫し。

【治世】ちせい よく治まる世。〔荀子、儒效〕姦事姦道は治世の棄つる所、亂世の從服する所なり。

【治生】ちせい 生活する。〔史記、淮陰侯伝〕始め布衣爲りし時、貧にして行無し。～又生を治めて商賈すること能はず。常に人に從ひて、寄して食飲す。

【治績】ちせき 政治の成績。〔三国志、蜀、鄧芝伝〕先主～與に語り、大いに之れを奇とす。～在る所清嚴、治績有り、入りて尙書と爲る。

【治装】ちそう(さう) 旅支度をする。〔戦国策、斉四〕是に於て車を約へ装を治め、券契を載せて行く。

【治体】ちたい 治めかた。政治の綱領。〔周書、王褒伝〕褒、器局有り。雅より治體を識る。既に累世江東に在りて、宰輔と爲る。

【治定】ちてい よく治まる。〔三国志、魏、高柔伝〕治定の化は禮を以て首と爲し、撥亂の政は刑を以て先と爲す。～掾は淸識平當、憲典に明らかなれ。

【治点】ちてん 文章をなおす。〔北史、李徳林伝〕軍書羽檄(伝令の書)、朝夕頓かに至る。一日の中、動もすれば百數を逾ゆ。或いは機速競發し、數人に口授す。文意百端なるも、治點を加へず。

【治道】ちどう(だう) 政治のしかた。世を治める道。〔史記、文帝紀〕上曰く、古の天下を治むるや、朝(廷)に進善の旌、誹謗の木(投書箱)有り。治道を通じ、諫むる者を來す所以なり。

【治任】ちにん 荷物を整理する。旅支度。〔孟子、滕文公上〕昔者孔子の沒するや、三年の外、門人、任を治めて將に歸らんとし、～相ひ嚮かひて哭す。

【治病】ちびょう(びやう) 病気をなおす。〔淮南子、繆称訓〕聖王は以て民を治め、造父は以て馬を治め、醫駱は以て病を治む。

材を同じうして、各ゝ自ら取る。

【治平】ちへい 世が治まり、平和であること。〔晏子、諫上七〕故に愛する所を明らかにして、賢良衆く、惡む所を明らかにして、邪僻滅ぶ。是を以て、天下治平にして、百姓和集す。

【治兵】ちへい 軍を訓練する。出陣に際し、閲兵する。〔左伝、僖二十七年〕楚子、將に宋を圍まんとす。子文をして、兵を睽に治めしむ。

【治弁】ちべん よくことを処理する。〔韓非子、孤憤〕其の修士は且ち精絜を以て身を固め、其の智士は、且ち治辯を以て業を進む。

【治方】ちほう(はう) 国を治める方法。〔荀子、成相〕請ふ、相を成して、治の方を言はん。君論に五有り、約にして以て明らかなり。

【治本】ちほん 国を治める根本。〔新論、九流〕法は～其の術は罰を明らかにするに在り。討陣整法、誘善懲惡、軌度に順がはしめ、以て治本と爲す。～風俗刻薄、嚴にして恩少なし。

【治民】ちみん 民を治める。〔書、無逸〕天命もて自ら度り、民を治むるに祇懼して、敢て荒寧せず。

【治名】ちめい よく治めるという評判。〔三国志、魏、梁習伝〕累りに乘氏・海西・下邳の令に轉じ、所在治名有り。

【治乱】ちらん 治と乱。宋・欧陽脩〔朋党論〕夫れ興亡治亂の迹、人君爲たる者、以て鑒みるべし。

【治理】ちり 治まる。〔荀子、君道〕然る後に分職を明らかにし、事業を序し、材を抜き能を官せば、治理せざること莫し。

【治療】ちりょう(れう) 病気をなおす。〔北斉書、李密伝〕母の患積年にして、名醫の治療を得たるも愈えざるに因り、乃ち經方を精習し、洞く針藥に曉らかにして、母の疾除くことを得たり。

↑治衣 衣の手入れ／治育 育てる／治河 治水／治苛 苛政／治家 家をととのえる／治己 修養／治気 養心／治宜 時宜の政／治躬 修身／治御 統治／治彊 治強／治禁 禁令／治具 法令／治軍 軍政／治験 調べる／治言 治政の言／治厳 旅装をととのえる／治行 治績／治忽 治乱／治最 治績第一／治罪 裁判／治市 市場の役人／治糸 糸作り／治者 統治者／治茸 屋根葺き／治書 書物係／治署 役所／治妝 化粧する／治掌 管掌／治禳 お祓い／治飾 表面を飾る／治心 修心／治身 修身／治水 水害対策／治成 成績／治声 政治の評判／治政 政治／治迹 治績／治喪 葬送をいとなむ／治朝 政庁／治邸 家敷作り／治第 治邸／治典 法典／治佃 新田／治度 料理／治賦 賦税／治捕 捕縛し訊問する／治牧 政治／治務 政務／治命 遺命／治問 訊問する／治愈 なおる／治要 歳計／治略 政治の方法

↓安治・医治・営治・化治・家治・外治・官治・鞠治・求治・灸治・窮治・教治・県治・験治・厳治・考治・興治・根治・宰治・在治・芟治・賛治・至治・志治・自治・主治・修治・人治・水治・成治・政治・整治・全治・善治・繕治・退治・達治・懲治・討治・湯治・統治・道治・徳治・内治・難治・不治・布治・文治・平治・弁治・捕治・邦治・法治・民治・明治・養治・吏治・理治・掠治・療治

常 【知】 8 8640 チ しる さとる つかさどる

篆文 

会意 矢+口。矢には矢誓の意があり、誓約のときに用いた。口は祝詞を収める器の ∀(さい)。神かけて誓うことで、これによって相互の意思を確認する意である。〔説文〕五下に「詞なり」、また智字条四上に「識る詞なり」とあり、〔段注〕に知・智は同訓であるべきであるという。智は知に更にその誓書を加えた字である。〔玉篇〕に「識るなり、覺るなり」と訓するのは、動詞とする意であろう。〔左伝、襄二十六年〕「子產、其れ將に政を知らんとす」は司る意。知事・知県のように用いる。

訓義 1しる、あきらかにしる。2さとる、みわける、わかる。3つかさどる、おさめる、しらせる、したしむ。4ききしる、おぼえる。5ちえ、ちしき。6しりあい。

古訓 〔名義抄〕知 シル・トモニ／不知 イサ 〔字鏡集〕知 サトリ・ナラフ・トモガラ・イカンデ・トモ・シル・サトル

声系 〔説文〕に知声として智、また智声として四字を収める。知・智tieは同声。知は動詞的に用いる。

＊語彙は智字条参照。

【知音】ちいん よく音を知る。親友。魏・文帝〔呉質に与ふる書〕昔、伯牙、絃を鍾期に絶ち、仲尼(孔子)、醢(ししびしお)を子路に覆へす。知音の遇ひ難きを痛み、門人の逮ぶ莫きを傷む。

【知雨】ちう 雨を予知する。〔論衡、変動〕天且に雨ふらんとするときは、商羊起ちて舞ふ。～商羊は雨を知るの物なり。天且に雨ふらんとせば、其の一足を屈め、起ちて舞ふ。

【知覚】ちかく さとる。〔後漢書、杜詩伝〕初め禁網尙ほ簡なり。但だ璽書のみを以て兵を發し、未だ虎符の信有らず。詩、上疏して曰く、～如し姦人の詐僞する有るも、由りて知覺する無からん～と。

【知己】ちき 己を知る人。〔史記、刺客、予譲伝〕士は己を知る者の爲に死し、女は己を說ぶ者の爲に容る。と。～我必ず爲に讐を報じて死せん。

【知幾】ちき 機微を予見する。〔易、繫辞伝下〕子曰く、幾を知るは其れ神か。～幾は動の微にして、吉の先づ見はるる者なり。

【知遇】ちぐう 才知を認められて優遇される。〔晋書、阮裕伝〕（裕）弱冠にして太宰の掾に辟さる。大將軍王敦、命じて主簿と爲し、甚だ知遇せらる。

【知慧】ちけい 聰明。〔孔子家語、執轡〕草を食ふ者は善く走りて愚、～肉を食ふ者は勇毅にして悍、氣を食ふ者は神明にして壽、穀を食ふ者は知慧にして巧、食はざる者は死せずして神なり。

【知見】ちけん 知識。見解。明・李贄〔史綱評要、宋神宗皇帝〕介甫（王安石）の病は、人情に近からざるに坐す。故に君實（司馬光）の明快の言も、聞えざるが如し。然れども豈に但だ介甫のみならんや。凡そ稍しく知見有る者は、倶な是くの如し。

【知言】ちげん 表現の真意を知る。〔孟子、公孫丑上〕敢て問ふ、夫子惡くにか長ぜると。曰く、我、言を知る。我善く吾が浩然の氣を養ふと。

【知巧】ちこう（かう） 器用。こざかしいたくらみ。〔商君書、去彊〕國、力無くして知巧を行ふ者は、必ず亡ぶ。

【知交】ちこう（かう） 友人。〔呂覧、節喪〕野人の聞無き者は、親戚・兄弟・知交に忍びて、以て利を求む。

【知行】ちこう（かう） 知と行。〔伝習録、上、語録五〕知は是れ行の主意にして、行は是れ知の功夫、知は是れ行の始めにして、行は是れ知の成なり。若し會得する時は、只だ一箇の知を說くも、已に自ら行の在る有り。

【知士】ちし 才智の人。〔荘子、徐無鬼〕知士は思慮の變無くんば則ち樂しまず、辯士は談說の序無くんば則ち樂しまず。

【知識】ちしき 智識。〔漢学師承記、六、紀昀〕少くして奇穎。書を讀み、目を過ぎれば忘れず。夜、暗室の内に坐するに、二目爍爍として電光の如し。～知識漸く開くに比び、光卽ち斂まれり。

【知者】ちしや 道理を知る人。〔論語、子罕〕知者は惑はず、仁者は憂へず、勇者は懼れず。

【知人】ちじん 人物を見わける。〔書、皐陶謨〕人を知るは則ち哲なり。能く人を官にす。

【知性】ちせい 本性を知る。〔孟子、尽心上〕其の心を盡す者は、其の性を知る。其の性を知らば、則ち天を知る。其の心を存し、其の性を養ふ。天に事ふる所以なり。

【知足】ちそく 足るを知る。〔老子、四十六〕罪は欲すべきより大なるは莫く、禍は足るを知らざるより大なるは莫く、咎は得んと欲するより大なるは莫し。故に知足を知りて足れりとせば、常に足る。

【知能】ちのう 知力のはたらき。〔荀子、栄辱〕材性知能は、君子小人も一なり。榮を好み辱を惡み、利を好み害を惡むは、是れ君子小人の同じき所なり。其の之れを求むる所以の道～は、則ち異なり。

【知微】ちび もののきざしを知る。〔易、繫辞伝下〕幾は動の微にして、吉の先づ見はるる者なり。～君子は微を知り、彰を知り、柔を知り、剛を知る。

【知名】ちめい 有名。〔史記、淮陰侯伝〕項梁の、淮を渡るに及び、（韓）信、劍に杖ついて之れに從ふ。戲下（麾下）に居るも、名を知らるる所無し。項梁敗れ、又項羽に屬す。～漢王の蜀に入るや、信、楚を亡げて漢に歸す。未だ名を知らるるを得ず。

【知命】ちめい 天命を知る。五十歳。〔論語、為政〕四十にして惑はず。五十にして天命を知る。

【知略】ちりやく 智謀と策略。〔漢書、伍被伝〕（淮南）王曰く、夫の蓼太子は、知略不世出にして、常人に非ざるなり。以爲ふに漢廷の公卿列侯は、皆沐猴（猿）にして冠するが如きのみ。

【知慮】ちりよ 思慮。〔荘子、天下〕愼到は知を棄て己を去る。～是と非とを舍つれば、苟くも以て免るべし。知慮を師とせず、前後を知らず、魏然（不動のさま）たるのみ。

【知類】ちるい 区別し軽重を知る。〔礼記、学記〕比年に學に入り、～七年、學を論じ、友を取るを視る。之れを小成と謂ふ。九年、類を知りて通達し、強立して反らず、之れを大成と謂ふ。

↑知印 承認印／知院 知枢密院の職／知我 知己／知会 通知／知解 さとる／知感 感知する／知旧 旧友／知暁 さとる／知契 知友／知計 智謀／知権 権謀を知る／知故 旧知／知更 時計番／知詐 詐り／知止 知足／知事 地方長官／知悉 熟知する／知照 照会／知新 温故知新／知政 司政／知待 知遇／知通 明知通達／知徹 知通／知道 知る／知否 知るや否や／知非 誤りをさとる／知変 変化を知る／知弁 弁才／知友 友人／知遊 友人／知了 さとる／知力 知能

↓諳知・英知・叡知・覚知・奸知・姦知・関知・機知・久知・旧知・慧知・見知・賢知・故知・巧知・後知・狡知・告知・困知・才知・察知・四知・至知・識知・周知・習知・熟知・承知・上知・辱知・神知・真知・新知・世知・生知・聖知・精知・先知・浅知・相知・存知・探知・致知・通知・独知・頓知・認知・不知・聞知・弁知・報知・未知・無知・明知・予知・理知・良知・領知

【胝】 9 7224 チ シ テイ たこ まめ

篆文 

形声 声符は氐。〔説文〕四下に「腄なり」、前条に「腄は瘢胝なり」とあり、かかとのたこ、胝はたこ、まめ。手足の強く使ったところの皮膚が、堅く厚くなったところをいう。

訓義 ①たこ、まめ。②鳥の胃袋。③牲体。④わが国では、あかぎれに用いる。まめ、たこを繭という。

古訓 〔新撰字鏡〕胝 手豆牟（てつむ）〔名義抄〕胝 スクム／皸胝 ヒヾ・アカヽリ

【胝肩】ちけん 肩にまめができる。明・宋濂〔瞿員外墓誌銘〕凡そ負販する者には、必ず多く其の直（値）を給す。家人怪しみて其の故を問ふ。府君曰く、彼れ胝肩繭足、以て升合の利を求む。吾れ之れと較ふに忍びんやと。

↑胝攣 肉がかがむ

↓重胝・瘢胝・胼胝・累胝

常 【値】 10 2421 チ あう あたる もつ おく あたい

篆文 

形声 声符は直。直に置の声がある。〔説文〕八上に「措くなり」とあり、〔段注本〕に「持つなり」の誤りとする。〔詩、陳風、宛丘〕「其の鷺羽を値つ」の〔毛伝〕に「持つなり」とあるのによるが、この値は植の仮借である。〔説文〕にまた「一に曰く、逢遇するなり」（小徐本）とあり、「値う」意。直は人を直視する意で、その威力を徳という。値は値遇。その相匹敵することから、対価・等価の意となる。

訓義 ①あう、あたる。②おく、もつ、たてる。③直と通じ、あたい、ただ。

古訓 〔名義抄〕値 アタル・アフ・アツ 〔字鏡集〕値 タツ・ヌク・スフ・スツ・アラハス・ヲシム・オク

語系 値・直diəkは同声。直は徳（德）・悳təkと同系の字で、いずれも目に呪飾をつけてものを視る形。目の呪力を示し、ものを直視すること、すなわち遇う意である。持diəは声近く、置

tjiək、寘tjiekもその声を以て通用する。みな同系の語である。

【値遇】 であう。唐・韓愈〔秋懐詩、十一首、十一〕鮮鮮たる霜中の菊 既に晩きに何を用って好からん 揚揚として芳を弄する蝶 爾の生も還た早からず 運窮まりて兩つながら値遇し 婉孌死して相ひ保つ

↑値日 当番／値宿 宿直／値当 値段／値年 一年交代／値班 当番／値理 担当理事

↓価値・時値・数値・相値・遭値・対値・適値

常 【恥】 10 1310 ［耻］ 10 1111 チ はじ はじる

篆文 

会意 耳＋心。〔説文〕十下に「辱づるなり」とし、耳声とするが、会意の字。ものに恥じる心は、まず耳にあらわれるものである。俗に耻に作るのは誤形。

訓義 ①はじ、はじる、やましい。②はずかしめる。

古訓 〔名義抄〕恥 ハチ・ハヅ・タ、シ

【恥懼】 はじおそれる。唐・柳宗元〔顧十郎に与ふる書〕其の或いは少かくして恥懼することを知り、世人の己を非るを恐るるや、則ち中を矯めて以て外を貌る。

【恥辱】 はじ。はずかしめ。〔論語、学而〕恭、禮に近ければ、恥辱に遠ざかる。

↑恥恚 恥じ怒る／恥慨 恥じなげく／恥愧 恥じる／恥怍 恥じる／恥嘆 恥じなげく／恥憤 恥じいきどおる

↓栄恥・悔恥・愧恥・懐恥・嬌恥・厚恥・詬恥・羞恥・讐恥・宿恥・小恥・深恥・雪恥・大恥・知恥・忍恥・報恥・無恥・有恥・廉恥

【眙】 10 6306 チ イ みつめる

篆文 

形声 声符は台。台に治の声がある。〔説文〕四上に「直視するなり」、〔方言、七〕に「逗まるなり。～西秦にては之れを眙と謂ふ」とみえる。「逗まる」とは注視の意。また〔字林〕に「驚き視る貌」とする。地名のときは盱眙とよむ。

訓義 ①みる、みつめる。②地名、盱眙。

古訓 〔篇立〕眙 イタル・ミル 〔字鏡集〕眙 ナホクミル・オドロク・タフトシ

【眙駭】 驚き見る。〔唐書、杜伏威伝〕海陵の賊趙破陣、～伏威を引きて幕に入らしむ。置酒して悉く酋首を召して高會す。伏威、突きて破陣を斬る。衆、眙駭して救ふに及ばず。

【眙愕】 驚き見る。〔鉄囲山叢談、五〕後、熙陵實錄を讀み、太平興國七年の事を書するを見る。某月甲子、海門の採珠場、眞珠五千斤を獻ず。皆徑寸なる者なり。爲に卷を掩うて眙愕す。

↑眙視 直視／眙伏 驚き服する／眙目 瞠目

↓愕眙・自眙・竦眙・停眙・瞪眙・瞠眙

常 【致】 10 1814 チ いたす おくる きわめる おもむき

篆文  金文 

会意 字の初形は到に作り、至＋人。〔説文〕五下に「送り詣るなり」とし、会意とする。至は矢の到達点。そこに人が到る意。金文の〔曶鼎〕に「用って茲の人を到す」とあり、致送の意に用いる。ただ到るのではなく、そこに赴き行為する意を含む字であろう。〔左伝、文六年〕「諸れを竟（境）に送致す」とあるのが字の古義。転じて召致の意に用いる。致仕・致政も、職を辞し官を送り返す意。篆文の字形は文・攴でなく、夊に従う形で、夊は歩して赴く意。占地のために矢を放って、その到達点に赴き、そこでことをはじめる意であろう。その境位に達することであるから、心の到り達するところを雅致・趣致のようにいう。

訓義 ①いたる、いたす、占地したところにおもむく。②おくる、おくりとどける、ものをおくる、ことをつたえる。③まねく、めす。④きわめる、おしきわめる、ゆきつく、つくす、極致。⑤おもむき、ようす、風情。

古訓 〔名義抄〕致 イタス・ムネ・ユク・ヨシ・イタル

声系 〔説文〕に致声として撴・緻を収める。撴は刺す、緻は緻密の意。致の声義との関係は明らかでないが、周密に刺す意があるのであろう。

語系 致tiet、至tjietは声義近く、召致することを致という。厎tjiei、抵tyeiにも、致・至の訓がある。また臻tzhenも声義に通ずるところがあり、同系の語である。

【致意】 心を伝える。〔戦国策、趙二〕夫れ服に制せらるるの民は、與に心を論ずるに足らず。俗に拘せらるるの衆は、與に意を致すに足らず。故に勢、俗と化し、禮、變と俱にするは、聖人の道なり。

【致雨】 雨を降らせる。〔後漢書、明帝紀〕（永平十八年夏四月）二千石は分かちて五岳四瀆に禱り、郡界の名山大川、能く雲を興し雨を致す者有らば、長吏各〻絜齋禱請して、嘉澍（時雨）を蒙らんことを冀へ。

【致遠】 遠きを究める。〔易、繫辞伝上〕賾（奥深い道理）を探り、隱れたるを索め、深きを鉤り遠きを致し、以て天下の吉凶を定むるは、～蓍龜より大なるは莫し。

【致詰】 つきつめ、きわめる。〔老子、十四〕之れを視れども見えず、名づけて夷と曰ふ。之れを聽けども聞えず、名づけて希と曰ふ。之れを搏うてども得ず、名づけて微と曰ふ。此の三者は致詰すべからず。故に混じて一と爲る。

【致敬】 敬意を表する。〔後漢書、劉焉伝〕（建安）十三年、曹操自ら將に荊州を征せんとす。（焉の子）璋、乃ち使を遣はし致敬す。

【致賢】 賢者を召致する。〔漢書、蕭何伝〕大王、漢中に王となり、其の民を養ひて以て賢人を致し、巴蜀を收用し、還りて三秦を定めば、天下圖るべきなり。

【致効】 身をささげる。〔魏書、外戚下、高肇伝〕家、重恩を荷ふ。國の爲に致效するは、是れ其の常節なり。

【致告】 つつしんで告げる。〔詩、小雅、楚茨〕工祝致告す 徂きて孝孫に賚ふ

【致斉】 祭祀の前に清める。致齋。〔礼記、祭義〕内に致齊し、外に散齊す。齊するの日、其の居處を思ひ、其の笑語を思ひ、～齊すること三日にして、乃ち其の爲に齊する所の者を見るがごとし。

【致仕】 官職をやめる。〔公羊伝、宣元年〕古の道、人心に即かざれば、退きて致仕す。

【致志】 専念する。〔孟子、告子上〕今夫れ弈（博弈）の數爲るや、小數（小技）なるも、心を專らにし志を致さざれば、則ち得ざるなり。

【致事】 致仕。〔礼記、曲礼上〕大夫、七十にして事を致す。若し謝することを得ざれば、則ち必ず之れに几杖を賜ひ、役に行くには婦人と以にす。

【致書】 手紙を送る。唐・杜甫〔秋日、阮隱居（昉）、薤三十束を致す〕詩 隱者、柴門の内 畦蔬、舍を繞りて秋なり 盈筐（かご一杯）露薤を承く 書を致して求むることを待たず

【致身】 身命をささげる。〔論語、学而〕父母に事へて能く其の力を竭くし、君に事へて能く其の身を致し、朋友と交はり言ひて信有り。

【致知】 知をおし極める。〔大学、一〕其の心を正しくせんと欲する者は、先づ其の意を誠にす。其の意を誠にせんと欲する者は、先づ其の知を致す。知を致すは物に格るに在り。

【致養】 養う。養育する。〔易、説卦伝〕坤なる者は、地なり。萬物皆養を致す。故に坤に致役すと曰ふ。

↑致哀(ちあい) 哀を極める／致役(ちえき) 役する／致悪(ちお) にくむ／致函(ちかん) 手紙を出す／致刑(ちけい) 処刑する／致好(ちこう) 好む／致行(ちこう) よく行う／致孝(ちこう) 孝行／致控(ちこう) 訴える／致国(ちこく) 国を譲る／致斎(ちさい) 致斉／致札(ちさつ) 致函／致士(ちし) 士を招く／致死(ちし) 殺す／致思(ちし) 思う／致師(ちし) 挑戦する／致贄(ちし) 面謁する／致謝(ちしゃ) 謝意を表わす／致勝(ちしょう) 勝利する／致政(ちせい) 致仕する／致精(ちせい) 精緻／致贈(ちそう) 贈り物をする／致治(ちち) 治める／致定(ちてい) 治める／致奠(ちてん) 供物／致度(ちど) 風度／致罰(ちばつ) 処罰する／致膰(ちはん) 祭肉をわける／致富(ちふ) 富む／致福(ちふく) 致膰／致平(ちへい) 治まる／致聘(ちへい) 定親／致法(ちほう) 治罪／致味(ちみ) ご馳走／致密(ちみつ) 緻密／致民(ちみん) 民を招く／致命(ちめい) 身をなげ出す／致用(ちよう) 役立つ／致力(ちりょく) 力をつくす／致礼(ちれい) 礼をつくす／致禄(ちろく) 致仕／致和(ちわ) 和順

↓異致・一致・逸致・引致・運致・遠致・佳致・雅致・格致・合致・奇致・羈致・興致・曲致・局致・極致・屈致・景致・堅致・巧致・高致・坐致・思致・詞致・辞致・殊致・馴致・書致・召致・招致・情致・深致・生致・清致・精致・絶致・送致・大致・通致・美致・必致・筆致・布致・風致・文致・幽致・誘致・拉致・力致・立致

【侍】 11 2424 ［峙］ 9 0024 チ まつ そなえる

篆文

形声 声符は待(たい)。〔説文〕八上に「待つなり。人に従ひ、待に従ふ」とあり、待の繁文ともみられる字である。〔国語、周語中〕に「而(なんぢ)の場功を収め、而の畚挶(ほんきよく)を侍(たくは)へよ」とあり、儲備の意。その字はまた峙に作る。

訓義 1まつ。2たくわえる、そなえる。

古訓 〔名義抄〕侍 マウク 〔字鏡集〕侍 ツブサナリ・ミル・マツ・マウク

語系 侍 dia は儲 zjia と声義近く、〔説文〕八上に「儲は侍(なそ)ふるなり」とみえる。待 də、峙・持 dia、等 təng も声近く、字義に通じるところがある。

↓儲侍

【离】 11 0042 ［螭］ 17 5012 チ リ

篆文

象形 冠飾をもつ獣の形に象り、螭(ち)の初文。〔説文〕十四下に「山神なり。獣の形。禽頭に従ひ、厹(じう)に従ひ、屮(てつ)に従ふ」(段注本)とし、別に「猛獣なり」とする欧陽喬の説を引く。下部は二虫相交わる形で、いわゆる蟠螭(ばんち)に近い。西周の銅器に、〔頌壺(しょうこ)〕など、華麗な蟠螭文を飾るものがある。

訓義 1やまのかみ、山神の獣。2竜形の獣、螭獣。3猛獣。

古訓 〔字鏡〕离 アキラカナリ・ウラフ・ミナミ 〔字鏡集〕离 ミナミ・ウラヤミ・タケキケダモノ

声系 〔説文〕に离声として離・摛・縭・螭など六字を収める。螭は蟠螭、縭は祝い紐で、离状に結んだもの、摛(ち)は結滞を解く意。みな离の声義を承ける字である。

【笞】 11 8860 チ むち たたく せめる

篆文

形声 声符は台(い)。台に治(ち)の声がある。〔説文〕五上に「撃つなり」とあり、刑罰の一に笞杖を用いるものがあり、笞刑という。鞭を用いるので「鞭笞(べんち)」ともいい、また労役刑であるので「徒刑(づけい)」ともいう。

訓義 1むち、むちうつ。2たたく、刑罰としてむちを用いる。3せめる、罪状をせめて白状させる。

古訓 〔和名抄〕笞 唐令に云ふ、笞(杖)。大頭二分、小頭一分半。之毛度(しもと) 〔名義抄〕笞 シモト・サ、ク・ウツ 〔字鏡集〕笞 ハコ・ウツ・シモト・サ、ク・フリコ

【笞撃】(ちげき) むちでうつ。〔魏書、閹官、王遇伝〕榮利に競ひ、勢門に趨求す。趙脩の寵せらるるや、遇、往還宗奉し、～之れが爲に第宅を監作するや、本旨に增し、作人を笞撃し、嗟怨せざる莫(な)し。

【笞杖】(ちじょう(ぢやう)) 杖でうつ。〔唐律疏義、一、笞刑〕劓(ぎ)(鼻切り)に當る者は笞三百。此れ卽ち笞杖の目、未だ區分有らず。笞撃の刑は刑の薄き者なり。

【笞辱】(ちじょく) むちうち、辱める。〔唐書、哥舒翰伝〕翰、人と爲り嚴にして恩少なし。軍行に未だ嘗(かつ)て士の飢寒を卹(れう)へず。民の椹(じん)(葚、桑の実)を啗(くら)ふ者有れば、痛く之れを笞辱す。

【笞臀】(ちでん) しりたたき。〔陔余叢考、二十七、笞臀〕文帝肉刑を除き、笞を以て劓刖(げつ)に代ふ。後、笞數多きを以て、反つて死するもの多し。景帝乃ち笞數を遞減(ていげん)し、～當(まさ)に笞すべき者は臀(しり)を笞(う)ち、人を更(か)ふるを得ること毋(な)からしむ。

【笞督】(ちとく) むちでせめたてる。〔漢書、尹翁帰伝〕坐(ざ)を斫(き)らしめ、～程(規定の量)に中(あた)らざれば、輒(すなは)ち笞督す。極(はなは)だしき者は、鈇(ふ)(おの)を以て自剄(けい)して死するに至る。

【笞掠】(ちりゃく) むちうち拷問する。〔淮南子、時則訓〕(仲春の月)有司に命じて、囹圄(れいぎょ)(牢獄)を省(はぶ)き、桎梏(しっこく)(かせ)を去り、笞掠すること毋(な)く、獄訟を止めしむ。

↑笞刑(ちけい) むちうつ刑／笞詬(ちこう) 笞辱／笞髡(ちこん) 刑罰／笞罪(ちざい) 笞刑／笞殺(ちさつ) むちでうち殺す／笞叱(ちしつ) むちうち罵る／笞捶(ちすい) むちうつ／笞責(ちせき) 拷問／笞撻(ちたつ) むちうつ／笞怒(ちど) 怒りむちうつ／笞罵(ちば) 笞辱／笞背(ちはい) むちで背をうつ／笞罰(ちばつ) 笞刑／笞鞭(ちべん) むち／笞墓(ちぼ) 墓をうって、死者を辱しめる／笞法(ちほう) 笞刑／笞搒(ちぼう) 笞撃／笞撲(ちぼく) むちうつ

↓捶笞・撻笞・怒笞・督笞・鞭笞・搒笞・掠笞

【智】 入 12 8660 チ ちえ さとい

篆文 古文 金文 甲骨文

会意 字の初形は矢(し)＋干(かん)＋口。矢と干(盾)とは誓約のときに用いる聖器。口は𠙵(さい)その誓約を収めた器。曰(えつ)は中にその誓約があることを示す形。その誓約を明らかにし、これに従うことを智という。知に対して名詞的な語である。〔説文〕五下に「知は詞なり」、〔玉篇〕に「知は識(し)るなり」とあり、智には〔説文〕四上に「識る詞なり」とするが、詞の意が明らかでない。また字を白部に属するのも誤りである。〔墨子〕に知と通用し、「智る」のように用いている例が多い。

訓義 1ちえ、ちしき。2しる、さとる、さとい、さかしい、さとし。3はかりごと。

古訓 〔名義抄〕智 サトシ・サトル・サカシ・トシ・トモ 〔字鏡集〕智 サトシ・トモ・サカシ・サトル・シル・ヒト、ナル

声系 〔説文〕に智声として四字を収めるが、ほとんど用例のない字である。

語系 智・知 tie は同声。知は動詞的な語である。

＊語彙は知字条参照。

【智計】(ちけい) 巧みな謀。蜀・諸葛亮〔後の出師の表〕曹操は智計、人に殊絶す。其の兵を用ふるや、孫呉(孫子と呉子)に髣髴(はうふつ)たり。

【智慧】(ちけい) かしこいちえ。〔老子、十八〕大道廢(すた)れて仁義有り。智慧出でて大僞有り。

【智故】(ちこ) 心をはたらかす。智巧。〔淮南子、原道訓〕夫(そ)れ鏡水の形と接するや、智故を設けざれども、方圓曲直、逃(のが)るること能はざるなり。

【智巧】(ちこう(かう)) 心をはたらかす。智故。〔韓非子、揚権〕聖人の道は、智と巧とを去る。智巧去らざれば、以て常と爲し難し。

【智士】(ちし) 智者。晉・陸機〔豪士の賦の序〕夫(そ)れ我の自ら我とするは、智士も猶ほ其の累に嬰(かか)れり。物の相ひ物とするは、

昆蟲も皆此の情有り。

【智者】知慧ある人。〔史記、淮陰侯伝〕廣武君曰く、臣聞く、智者も千慮に必ず一失有り。愚者も千慮すれば、必ず一得有りと。

【智術】才智と謀。〔韓非子、孤憤〕智術の士は必ず遠見にして明察なり。明察ならずんば、私を燭らすこと能はず。能法の士は必ず強毅にして勁直なり。勁直ならずんば、姦を矯むること能はず。

【智数】はかりごと。〔世説新語、仮譎〕范玄平、人と爲り好んで智數を用ふ。而れども時に數（謀計）多きを以て失すること有り。

【智達】才智あり。通達。〔三国志、魏、陳思王植伝注に引く文士伝〕（丁）廙、嘗て從容として太祖に謂ひて曰く、臨菑侯（曹植）天性仁孝、自然に發す。而して聰明智達は、其れ殆ど庶幾きか。

【智能】才智と能力。〔管子、君臣上〕是の故に有道の君は、其の德を正して以て民に涖み、智能聰明を言はず。智能聰明なる者は、下の職なり。

【智囊】ちえ袋。〔史記、樗里子伝〕名は疾、秦の惠王の弟なり。惠王と異母。～滑稽多智、秦人號けて智囊と曰ふ。

【智謀】才智のあるはかりごと。〔韓非子、五蠹〕上古は道德を競ひ、中世は智謀を逐ひ、當今は氣力を爭ふ。

【智勇】智恵と勇気。唐・李白〔下邳の圯橋を経て張子房（良）を懐ふ〕詩 韓に報じて成らずと雖も 天地皆振動す 潛匿して下邳に遊ぶ 豈に智勇に非ずと曰はんや
【智略】智謀。〔漢書、劉徳伝〕黃老の術を修め、智略有り。少き時、數〻事を言ふ。～武帝之れを千里の駒と謂ふ。

【智慮】智謀。〔荀子、栄辱〕志意は脩を致し、德行は厚を致し、智慮は明を致す。是れ天子の、天下を取る所以なり。

【智力】知恵のはたらき。才智と勇力。漢・班彪〔王命論〕神器は命有り、智力を以て求むべからざるを知らず。悲しい夫。此れ世の亂臣賊子の者の多き所以なり。

↑智黯 愚か/智意 智恵/智睿 知恵/智牙 親知らず/智鑒 みわける/智器 才器/智偽 悪知恵/智局 智能/智愚 賢愚/智計 智謀/智恵 智慧/智譎 悪知恵/智策 策略/智算 智計/智思 知恵/智識 知識/智将 才智の将/智燭 明智/智臣 智謀の臣/智刃 智力/智性 理性/智叟 賢い老人/智通 通達の人/智度 智局/智徳 智と徳/智弁 才智と弁舌/智量 計謀
↓叡智・奸智・姦智・奇智・棄智・機智・矜智・愚智・慧智・賢智・故智・巧智・狡智・才智・術智・上智・飾智・神智・仁智・世智・聖智・積智・浅智・多智・大智・頓智・任智・凡智・妙智・無智・明智・用智・理智・礼智

常
【遅】12 〔遲〕16 3730
チ おそい おくれる まつ

篆文 籀文 甲骨文 金文

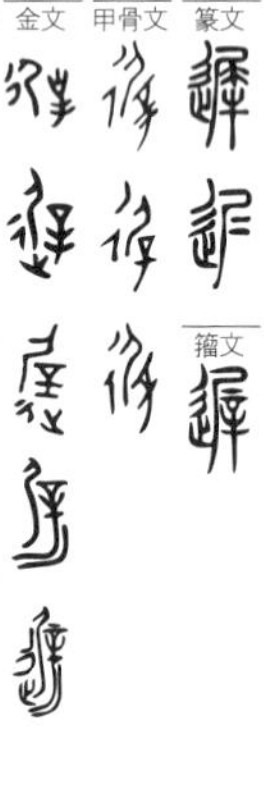

形声 旧字は遲に作り、犀声。犀に墀・稺の声がある。金文の字形は遅に作り、屖がその声。〔説文〕二下の重文にも、その字形のものが残されている。〔説文〕にまた「徐行するなり」と訓し、〔詩、邶風、谷風〕「道を行くこと遲遲たり」の句を引く。金文の〔嗣子壺〕に「屖（遅）として康淑」の句があり、徳が充ちて舒緩なるさまをいう語であろう。
訓義 1 ゆるやか、おだやか、おもむろ。2 おそい、ゆるい、のろい、にぶい、ひさしい、おくれる。3 まつ、のぞむ、ころ、ころおい。
古訓 〔名義抄〕遅 ヲソシ・ヌルシ・シメヤカナリ・マツ・コロホヒ・ヤウヤク・オモフ・ネガフ・ムカフ・オクレヌ・ウルハシ／遅々 ウラ〳〵
語系 遲diei、徲dyeiは声義近く、徲は〔説文〕二下に「久しきなり」と訓する字。邌・犂lyeiは定母のdと來（来）母のlと通ずることがあり、〔倉頡篇〕や〔説文〕二下に「邌は徐なり」、また〔広雅、釈詁四〕に「遲きなり」とあって同義の語。〔史記、南越伝〕の「犂旦」を〔漢書、南粤王伝〕に「遲旦」に作り、声が通じる語であった。
【遅廻】たちもとおる。南朝宋・鮑照〔放歌行〕楽府 夷世（太平）逢ふべからず 賢君信に才を愛す～今、君何の疾ひありて 路に臨んで獨り遲廻する
【遅緩】のろい。〔後漢書、孔融伝〕（曹操に報ずる書）性、既に遲緩、人と傷ふ無し。
【遅疑】ためらう。唐・白居易〔陶潜の体に効ふ詩、十六首、十五〕是を以て達人の觀 萬化、一途を同じうす 但だ未だ生死を知らず 勝負兩つながら何如 遲疑して未だ知らざるの間 且らく酒を以て娯しみと爲さん
【遅誤】遅滞する。〔元典章、礼部四、学校、儒学〕（科挙条制、皇慶二年十一月）所在の官司、開試の日期を遲誤するときは、監察御史・肅政廉訪司、糾彈治罪す。
【遅日】春の日。唐・杜審言〔湘江を渡る〕詩 遲日、園林に昔遊を悲しむ 今春、花鳥、邊愁を作す 獨り憐れむ、京國の人南竄せられ 湘江の水の北流するに似ざるを
【遅速】緩急。〔左伝、僖三十三年〕子、若し戰はんと欲せば、則ち吾れ退き舍らん。子、濟りて陳（陣）せよ。遲速は唯だ命のままなり。然らずんば、我を紓くせよ。師を老らせ財を費やすとも、亦た益無からん。
【遅滞】はかどらない。〔雑纂、上、遅滞〕新婦の客に見ゆる、窮漢（貧人）の醵率（わり勘）、貧家の嫁娶、謁致仕官、孕婦の行歩する。
【遅遅】ゆっくりする。宋・范質〔児姪を誡む、八百字〕詩 灼灼たる園中の花 蚤く發き還た先づ萎む 賦命疾徐有り 靑雲力めて致し難し 遲遲たる澗畔の松 鬱鬱として晩翠を含む
【遅鈍】のろま。〔三国志、呉、宗室、孫奐伝〕（孫）權歎じて曰く、初め吾れ其の遲鈍なるを憂へしに、今軍を治するに、諸將能く及ぶ者少なし。吾憂無しと。
【遅暮】次第に老いる。清・金農〔展研（硯）銘〕老いて齒無きを笑ふこと莫かれ、曾て萬里の路を行けり。蹇や蹇や、何ぞ遲暮を傷まん。
【遅明】夜明け。〔史記、衛将軍驃騎伝〕漢軍因りて輕騎を發して、夜之れを追ふ。大將軍の軍、因て其の後に隨ふ。匈奴の兵亦た散走す。遲明、行くこと二百餘里、單于を得ず。頗る首虜萬餘級を捕斬す。
【遅留】まちとどまる。〔晋書、唐彬伝〕王濬と共に呉を伐つ。～彬、賊冦の已に殄き、孫晧の將に降らんとするを知り、～疾と稱して遲留し、以て競はざるを示す。
↑遅延 おくれる/遅淹 とどまる/遅回 遅廻/遅久 おそい/遅駃 遅速/遅騫 遅鈍/遅光 春光/遅疾 遅速/遅熟 成熟する/遅徐 ゆっくり/遅拙 下手/遅早 早晩/遅想 のろい/遅数 遅速/遅怠 緩漫/遅日 遅明/遅佇 ためらう/遅重 鈍重/遅頓 遅鈍/遅晩 おくれる/遅莫 遅暮/遅慢 緩慢/遅予 遅疑/遅陽 夕陽/遅立 佇立する/遅魯 愚か
↓依遅・逶遅・淹遅・懐遅・虚遅・巧遅・舒遅・棲遅・拙遅・疎遅・凌遅・陵遅

【黹】 12 3222 チ ぬいとり

篆文 金文

象形 巾にぬいとりを加えた形。蔽膝(膝かけ)などに用いる。〔説文〕七下に「箴縷もて紩ひしたる所の衣なり」とし、丵の省に従う字とする。丵は掘鑿の器で、鑿の字の従うところ。黹の上部は帯に連なるところの形で、鑿とは関係がない。衣裳に黼黻(ぬいとり)を施す意で、黹はその黼黻の象。〔詩、小雅、采菽〕の〔箋〕に、「黼黻とは絺衣を謂ふなり」とあり、絺も刺文のあるものをいう。

訓義 [1]ぬいとり、ぬいとりしたきぬ。[2]衣さす。

古訓 〔字鏡集〕黹 コロモツヾル

部首 〔説文〕に黼・黻など五字、〔玉篇〕になお一字を加える。みな五采の刺文を加えるものをいう。

声系 〔説文〕に黹声として襹一字を収める。

語系 黹・襹tiei、紩・緻diet は声近く、紩は刺す意の動詞、緻はその状態をいう語である。

常 【痴】 13 〔癡〕 19 0018 チ おろか くるう

篆文

会意 旧字は癡に作り、疒+疑。疑は人が後ろを顧みてたち迷う意で、神思足らず、疑惑猶予して決しがたいことをいう。その病的な状態にあるものを癡という。〔説文〕七下に「慧ならざるなり」とし、疑声とするが、声が異なる。〔淮南子、俶真訓〕に「癡狂」という語があり、狂的な状態をいう。後世の文人に、自ら好んで詩痴・書痴のように称する人が多い。痴は俗体の字である。

訓義 [1]おろか、のろい。[2]くるう。

古訓 〔名義抄〕癡 カタクナ・オロカニ・オロカナリ・カタクナシ・オサナシ・キズ 〔字鏡〕癡 オロカナリ・ヲコクル・カタクナシ・ハカナシ・イトケシ・カタマシ・エカハラ 〔字鏡集〕癡 カメハラ・ヲサナシ・ヤム・キズ・アタクチ・イトケナシ・ヲサカニナリ・カタクナシ・タユム

【痴獃】 おろか。大晦日の夜、子供が賢くなることを願う「売痴獃」の俗が、宋代にあった。宋・范成大〔臘月村田楽府、十首、九、痴獃を売る詞〕詩 除夕更闌するも、人睡らず 厭禳鈍滯して、新歳を迎ふ 小兒呼び叫んで長街を走る 云ふ、癡獃有り、人を召して買はしむ

【痴騃】 おろか。〔周礼、秋官、司刺〕三赦を惷愚と曰ふ。〔注〕惷愚とは、生まれながらにして癡騃童昏なる者なり。

【痴黠】 おろかで悪賢い。〔世説新語、文学注に引く文章志〕桓溫云ふ、顧長康(愷之)の體中、癡黠各〻半ばす。合して之れを論ずれば、正に平平たるのみ。

【痴漢】 ばか者。〔北史、裴謁之伝〕少くして志節有り。直言を好む。文宣末年昏縱、朝臣の言有る者罕なり。謁之、上書正諫し、言甚だ切直なり。文宣將に之れを殺さんとし、白刃頸に臨む。謁之、辭色變せず、帝曰く、癡漢何ぞ敢て此くの如きと。

【痴頑】 頑愚。〔五代史、雑、馮道伝〕契丹、晉を滅ぼす。道、又契丹に事へ、耶律德光に京師に朝す。~德光之れを誚りて曰く、爾は是れ何等の老子ぞと。對へて曰く、無才無德、癡頑の老子なりと。德光喜んで、道を以て太傅と爲す。

【痴狂】 気がふれる。〔淮南子、俶真訓〕夫れ人の天に受くる所の者、~其の情一なり。或いは神明に通じ、或いは癡狂を免れざる者は何ぞや。其の制を爲す所の者、異なればなり。

【痴児】 愚かな児。唐・杜甫〔百憂集行〕詩 癡兒、未だ父子の禮を知らず 叫怒して、飯を索めて門東に啼く

【痴人】 愚かな人。唐・白居易〔酒に対す、五首、三〕詩 富に隨ひ貧に隨ひ、且く歡樂せよ 口を開いて笑はざるは、是れ癡人

【痴絶】 底ぬけの痴。〔晋書、文苑、顧愷之伝〕俗に愷之に三絶有りと傳ふ。才絶・畫絶・癡絶なり。

【痴顛】 痴頑顛狂。清・石濤〔八大山人の大滌草堂図に題す〕詩 時有りて、客に對して癡顛を發し 佯狂して李酒、靑天を呼ぶ 須臾にして大醉、千紙に草す 書法畫法、前人の前

【痴鈍】 愚鈍。宋・蘇軾〔王仲甫哀辞〕詩 笑ふに堪へたり、東坡癡鈍の老 區區として猶ほ記す、刻舟の痕

【痴肥】 肥えて愚か。〔南史、沈昭略伝〕性狂儁、~嘗つて醉ひて、~王景文の子約に逢ひ、目を張りて之れを視て曰く、汝は是れ王約なるか、何ぞ乃ち肥えて癡なると。約曰く、汝は沈昭略なるか、何ぞ乃ち瘦せて狂なると。

【痴物】 愚か者。罵る語。〔五代史、唐臣、盧程伝〕莊宗大いに怒り、郭崇韜に謂ひて曰く、朕誤つて此の癡物を相とし、敢て予が九卿を辱しめたりと。趣やかに自盡せしめんとす。

【痴癖】 愚かしい癖。宋・范浚〔~盧仝の体に効ふ〕詩 一生の癡癖、門長く扃ざせり 兩耳に聞かず、鶗鴂(もず)の聲

【痴迷】 狂気。痴妄。清・鄭燮〔花品の跋〕金樽檀板、疎籬密竹の間に入り、畫舸銀箏、綠若紅蕖の外に在り。癡迷特に甚だしく、惆悵絶はだ多し。

➡痴愛 過度の愛/痴迂 愚か/痴雨 長雨/痴愚 愚か/痴骨 愚かの質/痴子 愚人/痴蠢 愚鈍/痴笑 ばか笑い/痴情 溺愛/痴心 愚かな心/痴拙 愚鈍/痴銭 家賃/痴想 妄想/痴態 愚かなさま/痴濁 のろま/痴虫 ばか者/痴妬 妬忌/痴突 勇猛/痴潑 凶暴/痴福 まぐれの幸い/痴呆 ぼけ/痴笨 遅鈍/痴妄 うつけ/痴立 呆然/痴累 厄介者/痴話 おのろけ

⬇音痴・外痴・黠痴・頑痴・狂痴・嬌痴・驕痴・愚痴・詩痴・書痴・情痴・清痴・絶痴・大痴・妬痴・白痴・肥痴・墨痴・弄痴

常 【稚】 13 2091 〔穉〕 15 2794 〔穉〕 17 2795 チ わかい

篆文

形声 正字は穉に作り、屖声。屖に遲(遅)の声がある。〔説文〕七上に「穉は幼き禾なり」とあり、またおくてのものをいう。字はまた稚に作る。

訓義 [1]わかい、いとけない、おさない。[2]おそい、おくて。[3]小さい禾。

古訓 〔名義抄〕稚 イトキナシ・ヲサナシ・ワカイネ・ノコル・ワカシ・チヒサシ・スクナシ/穉 チヒサシ・ユウヘ・イナムラ・イナモト・イナクキ・ワカシ

【稚子】 幼い子。晋・陶潜〔帰去来の辞〕乃ち衡宇を瞻み、載ち欣び載ち奔る。僮僕(召使い)歡び迎へ、稚子門に候つ。

【稚歯】 若年。〔列子、楊朱〕(公孫)穆、色を好む。~穆の後庭、比房數十、皆稚齒婑媠(美女)たる者を擇びて、以て之れを盈たす。

【稚年】 幼年。魏・嵇康〔養生論を難ずるに答ふ〕人、少より長に至るまで、降殺好惡、盛衰有り。或いは稚年の樂しむ所、壯にして之れを棄て、始めの薄しとする所、終にして之れを重んず。

➡稚稼 おそうえ/稚艾 老少/稚顔 幼顔/稚気 幼なげ/稚弱 幼弱/稚酒 新酒/稚少 幼小/稚拙 幼く下手/稚孫 幼孫/稚態 あどけない/稚童 子供/稚嫩 わかい/稚乳 乳児/稚筆 遅筆/稚婦 弟の嫁/稚昧 幼昧/稚幼 幼稚/稚竜 筍/稚齢 幼年/稚老 老弱

⬇嬰稚・孩稚・嬌稚・驕稚・孤稚・児稚・衆稚・柔稚・壮稚・長稚・

髫稚・丁稚・童稚・年稚・耄稚・蒙稚・幼稚・老稚

【絺】 13 2492 チ くずぬの かたびら ぬいとり

篆文 

形声 声符は希。希に郗の声がある。〔説文〕に希字を収めず、楊樹達の〔積微居小学述林〕に希を絺の初文とする。爻形の部分がその織目にあたる。絺は〔説文〕十三上に「細葛なり」とあり、その布目の粗いものを綌という。絺綌は多く祭服に用いた。また、夏のふだん着。

訓義 ①葛ぬの、細い葛ぬの。②かたびら。③黹と通じ、ぬいとり。

古訓 〔篇立〕絺 ムスブ・クズヌノ 〔字鏡集〕絺 ホソキカヅラ・ムスブ・クズヌク(ノ)

【絺衣】 かたびら。〔史記、五帝紀〕一年にして居る所聚を成し、二年にして邑を成し、三年にして都を爲す。堯乃ち舜に絺衣と琴とを賜ふ。

【絺綌】 葛布のかたびら。〔論語、郷党〕君子~暑に當りては、袗の絺綌、必ず表(上衣)して之れを出だす。

↑絺帷 葛布のとばり/絺巾 葛布/絺裘 夏冬の服/絺纊 葛布と綿/絺索 混雑/絺繡 彩色のぬいとり/絺素 白く細い葛布/絺紵 細葛の布/絺服 葛の服/絺冕 細葛の冕

↓夏絺・葛絺・紈絺・袞絺・軽絺・細絺・繡絺・暑絺・袗絺・緆絺・繊絺・粗絺・単絺・紵絺・被絺

常 【置】 13 6071 チ おく ゆるす はなす

篆文 

形声 声符は直。直に値の声があり、また植てるものの意がある。〔説文〕七下に「赦すなり。网直に從ふ」と会意に解する。正直なるものに誤って网(網)を加える形で、それを赦すべしとする意であろう。前条の罷に、「賢能有りて网に入り、卽ち貫して之れを遣はすことを言ふ」(段注本)とあるように、誤って捕らえた正直者を赦す意とするが、そのような字の構造はありえない。字はかすみ網などをしかけておく意であろう。〔呂覧、異用〕に「湯(殷の祖王)、祝りて網する者の、四面に置くを見る」とあるのが、字の初義である。のち設置・所置・放置の意となる。

訓義 ①おく、しかけておく、もうける、すえおく、たてる。②さしおく、ひかえる、のこす、とどめる。③ゆるす、はなす、とく、やすんずる。④うまつぎ、駅をおく。

古訓 〔字鏡集〕置 スウ・イタル・アラハス・ヲシム・ユルス・スツ・タツ・ヌク

語系 置tjiək、寘tjiek は声近く、寘にも「おく」という訓がある。眞(真)は行路の人の屍体、それを祀屋に入れて祀ることをいう。また値diək は〔説文〕八上に「措くなり」とあり、これも「措置」のように連用する字である。

【置臬】 日影観測の柱を立てる。梁・陸倕〔石闕銘〕乃ち~圭を陳ね、臬を置き、星を瞻み、地を揆り、表門を興復し、華闕を草創す。

【置質】 臣下となり物を献上する。〔呂覧、執一〕今日質を置きて臣と爲れば、其の主安に重し。今日璽を釋きて官を辭せば、其の主安に輕し。

【置辞】 申し開き。〔史記、絳侯周勃世家〕人、上書して、勃反せんと欲すと告ぐる者有り。廷尉に下し、~勃を逮捕して之れを治(吟味)せしむ。勃恐れ、置辭することを知らず。吏稍や之れを侵辱す。

【置酒】 酒宴。〔史記、高祖紀〕未央宮成る。高祖大いに諸侯群臣を朝せしめ、未央前殿に置酒す。高祖玉卮を奉じ、起ちて太上皇の壽を爲す。

【置錐】 錐を立てるほどの地。狭い地。〔荘子、盗跖〕堯・舜天下を有つも、子孫置錐の地無し。湯・武立ちて天子と爲るも、後世絶滅す。

【置対】 対論する。漢・劉歆〔書を移して太常博士を譲むの序〕哀帝、歆をして五經博士と其の議を講論せしむるに、諸儒博士或いは置對することを肯んぜず。歆、因りて書を太常博士に移して、之れを責讓す。

【置伝】 駅伝。はや馬。〔升庵経説、置郵伝命〕漢制、四馬高足を置傳と爲す。皆君と大夫との乘る所。其の行くこと安舒、故に遲からざるを得ず。

【置郵】 駅伝。はや馬。〔孟子、公孫丑上〕德の流行は、置郵して命を傳ふるよりも速やかなり。

↑置怨 怨みをとく/置議 論議/置却 すておく/置給 渡す/置遣 つかわす/置言 諫言する/置設 設置/置想 設想/置亭 宿場/置逓 置郵/置弁(辨) 用意/置弁(辯) 反駁する/置法 立法/置問 究問する/置立 設立

↓安置・位置・駅置・開置・供置・僑置・建置・拘置・裁置・処置・常置・設置・措置・装置・停置・転置・伝置・倒置・配置・廃置・備置・標置・布置・鶩置・並置・別置・放置・郵置・留置

【雉】 13 8041 チ きじ たいらげる つらねる

篆文 金文 古文 甲骨文

形声 声符は矢。矢に彘の声がある。〔説文〕四上に「十四種有り」として各地の雉の名をあげ、中に「東方を甾と曰ふ。北方を稀と曰ふ」など、東西南北の雉の異名をあげている。卜辞にみえる四方風神が、すべて鳥形とされる神話と関係があり、鸍字条にもその類の記載がある。雉を陳列の意に用いるのは矢陳、また城郭の長さを雉を単位として数えるのは、堵・墀と同系の語として用いるものであろう。〔説文〕に収める重文の字形は、弟に従うものとされているが、卜文に矢に繳みを加えた形のものがあり、その譌形であろうかと思われる。

訓義 ①きじ、きぎす。②城郭の大きさの単位、かき。③牛のはな綱。④薙と通じ、なぐ、はらう、たいらげる。⑤陳と通じ、つらねる。

古訓 〔和名抄〕雉 野雞なり。岐々須(きぎす)、一に云ふ、岐之(きじ)〔名義抄〕雉 キヾス・キジ・タフル

語系 雉・薙(鬀)thyei は同声。薙にまたthyek の声があり、鬄・鬍thyek と同声で、なぎそる意がある。

【雉経】 首をくくって死ぬ。縊死。〔国語、晋語二〕驪姫、申生を見て之れを哭す。~驪姫退く。申生乃ち新城の廟に雉經す。

【雉扇】 雉の羽を飾った扇。雉尾扇。唐・王建〔元日早朝〕詩 左右、雉扇開き 蹈舞、分れて庭に滿つ

【雉堞】 城のひめがき。城壁。唐・司空曙〔南原に漢宮を望む〕詩 荒原、空しく漢宮の名のみ有り 衰草茫茫として、雉堞平らかなり

【雉兎】 きじと兎。それを捕る猟師。〔孟子、梁恵王下〕文王の囿(狩場)は方七十里。芻蕘(柴刈り)の者も往き、雉兔の者も往く。民と之れを同にす。民以て小と爲すも、亦た宜ならずや。

【雉媒】 おとりの雉。唐・元稹〔雉媒〕詩 置いて芳草の中に在り 翻つて同族を誘はしむ

↑雉噫 嘆く声/雉妓 よたか/雉翹 雉の羽/雉雞 きじ/雉子 きぎす/雉壇 血盟/雉尾 きじの尾/雉奔 逃げる/雉門 宮城の五門の一/雉盧 博戯

↓画雉・基雉・宮雉・山雉・射雉・蒼雉・台雉・翟雉・百雉・野雉・勇雉・楼雉

入
【馳】 13 7431 チ はせる おもむく

篆文 

形声 声符は也。也に池・地の声がある。〔説文〕十上に「大いに驅るなり」とあり、疾駆することをいう。転じて馳心・馳弁・馳名のように用いる。

訓義 1はしる、はせる。2おもむく、おう、すすむ。3つたわる、ひろまる。4きそう、あらそう、ほしいままにする、ほどこす。

古訓 〔新撰字鏡〕馳 於保三由支(おほみゆき) 〔名義抄〕馳 ハス・トシ・ハシル・オホミユキ・ミチ

語系 馳dai、ㄟdiai は声義近く、ㄟは〔説文〕十二下に「流るるなり」とあり、なびくような状態をいう。施jiai は旗が風になびくことをいう。

【馳景】 日が早くすぎる。年月のたつのが早い。〔楽府詩集、舞曲歌辞四、晋、白紵舞歌詩、二〕齊倡、舞を獻じ 趙女は歌ふ 義和景を馳せて、逝きて停まらず

【馳駅】 駅伝。〔宋書、劉勔伝〕勔、常珍希に書を與へ、勸めて虜に反せしむ。～勔、馳驛して以聞(上奏)す。太宗大いに喜び、珍希を以て使持節と爲す。

【馳競】 はせきそう。梁・昭明太子〔陶靖節(潜)集の序〕嘗て謂へらく、能く淵明の文を觀る者有らば、馳競の情遣れ、鄙吝の意祛はる。貪夫も以て廉なるべく、懦夫も以て立つべし。

【馳駆】 走りまわる。ほしいままにする。〔詩、大雅、板〕天の渝びを敬しみ 敢て馳驅すること無かれ

【馳檄】 檄文を送る。〔後漢書、孔融伝〕時に黃巾、數州に寇す。～融、北海の相と爲る。融、郡に到り、士民を收合し、兵を起し武を講じ、檄を馳せ翰を飛ばせ、州郡を引謀す。

【馳車】 早い車。〔孫子、作戦〕凡そ用兵の法、馳車千駟、革車千乘、帶甲十萬、千里饋糧す。～日に千金を費やし、然る後十萬の師擧ぐ。

【馳射】 騎馬にて射る。〔戦国策、趙二〕張儀～曰く、～弊邑(秦)恐懼懾伏し、甲を繕へ兵を厲き、車騎を飾り、馳射を習ひ、力田積粟、四方の內を守り、～敢て動搖せず。

【馳驟】 馬を走らせる。〔荘子、馬蹄〕伯樂に至るに及んで、～之れを飢ゑしめ之れを渴せしめ、之れを馳せ之れを驟せ、之れを整へ之れを齊へ、前に橛飾の患有り、後に鞭筴の威有り。而して馬の死する者、已に過半なり。

【馳説】 自説をとく。遊説。〔史記、十二諸侯年表序〕太史公曰く、儒者は其の義を斷め、馳說する者は其の辭を騁するも、其の終始を綜ぶるを務めず。～譜牒は獨り世謚(おくり名)を記す。

【馳走】 車馬を走らせる。〔史記、呂后紀〕朱虛侯、節信(符節)を奪はんと欲す。謁者肯へんぜず。朱虛侯則ち從ひて與に載り、節信に因りて馳走し、長樂衞尉呂更始を斬る。

【馳騁】 馬を走らせる。〔楚辞、離騒〕騏驥に乘りて以て馳騁して 來れ吾れ夫の先路を道びかん

【馳伝】 四頭立ての駅馬車。〔史記、孟嘗君伝〕(秦の)昭王、後に孟嘗君を出せるを悔い、之れを求めしむるに、已に去れり。卽ち人をして、馳傳して之れを逐はしむ。

【馳道】 馬を走らせる道。〔漢書、賈山伝〕(至言)(秦)馳道を天下に爲る。東は燕・齊を窮め、南は吳・楚を極め、江湖の上、瀕海の觀、畢く至る。道の廣さ五十步、三丈にして樹う。

【馳突】 はげしく突進する。唐・杜甫〔青坂(唐敗戦の地)を悲しむ〕詩 黃頭の奚兒(奚族の兵)日に西に向ふ 數騎弓を彎いて、敢て馳突す

【馳騖】 走り回る。活躍する。〔史記、李斯伝〕學已に成り、～西のかた秦に入らんと欲す。～辭して曰く、～今秦王、天下を吞み帝と稱して治めんと欲す。此れ布衣馳騖の時、游說者の秋なり～と。

【馳弁】 雄弁。漢・班固〔賓の戯れに答ふ〕辯を馳すること濤波の如く、藻を摛ぬること春華の如しと雖も、猶ほ殿最(功労)に益無きなり。

【馳名】 名声が遠くへ及ぶ。晋・張協〔七命〕楚の陽劍は歐冶の營む所、～或いは名を馳せて秦を傾け、或いは夜飛んで吳を去る。是こを以て、功、萬載に冠たり。威、無窮に曜かやく。

【馳猟】 車馬を走らせて狩する。〔史記、秦始皇紀〕嫪毒、封ぜられて長信侯と爲る。～宮室車馬衣服、苑囿馳獵、毒に恣にせしむ。

↑馳函 急ぎの書/馳暉 太陽/馳騎 馬をかる/馳義 義に赴く/馳俠 遊俠/馳詣 はせ至る/馳迎 走り迎える/馳結 慕う/馳志 馳心/馳使 急使/馳駛 走る/馳翔 走り飛ぶ/馳情 馳心/馳心 心をはせる/馳神 馳心/馳声 名声をはせる/馳爽 散りとぶ/馳湍 早瀬/馳年 歳月が速い/馳念 心配する/馳奔 奔馳する/馳命 奔命/馳流 急流

↓羽馳・競馳・駆馳・交馳・高馳・載馳・疾馳・車馳・心馳・神馳・声馳・星馳・舛馳・箭馳・騁馳・電馳・背馳・飛馳・騖馳・奔馳・流馳

【摛】 14 5002 チ のべる しく ひらく

篆文 

形声 声符は离。离は虫の相連なる形。それを引きはなすことを摛という。〔説文〕十二上に「舒ぶるなり」とあり、ものをひろげ、連ねることをいう。

訓義 1のべる、しく、はる。2ひらく、ひろげる。

古訓 〔名義抄〕摛 ノブ・トル・トラフ・ヒロフ・ノキ

語系 摛・离・螭thiai は同声。离・螭は虫の連なる形、蟠螭の状をいう。そのような状態につらねひらくことを摛という。

【摛翰】 文を作る。晋・郭璞〔爾雅の序〕夫れ爾雅なる者は、詁訓の指歸を通じ、詩人の興詠を敍する所以なり。～誠に九流の津涉、六藝の鈐鍵、學覽の者の潭奧、摛翰の者の華苑なり。

【摛詞】 文を作る。晋・郭璞〔方言の序〕九服の逸言を攷へ、六代の絕語を標し、摛詞の指韻を類し、途を乖にして致を同じうするを明らかにす。

【摛藻】 文を作る。宋・林逋〔茂才馮彭年に寄す〕詩 如きの摛藻の妙無し 惜しむ所は、賞音の稀なることを

↑摛豔 美文/摛華 摛藻/摛辞 摛詞/摛章 摛文/摛布 布きのべる/摛文 文を作る/摛鏤 鏤刻

↓錦摛・離摛

【疐】 14 4080 [疐] 15 4080 チ テイ うえる とどまる へた つまずく

篆文 

甲骨文 

金文 

象形 若木の根を包みこんで植える形。下部はその根の形。植えこんで、それが定着することをいう。〔説文〕四下に「礙げられて行かざるなり。叀に従ふ。引きて之れを止むるなり。叀なる者は、馬の鼻を叀ぐが如し。冂に従ふ。此れ牽と同意なり」(段注本)という。牽は牛に穿鼻を施して牽く意の字であるが、疐とは全く意象の異なる字で、馬に鼻綱を使うこともない。字は全体が象形。苗木の定着することから、止まる意となる。金文の〔秦公毀〕に「畯く疐まりて天に在り」、また〔秦公鐘〕に「畯く疐まりて位に在り」のように用いる。花果のへたは堅く定着するものであるから、疐をその意に用い、〔礼記、曲礼上〕「士には之れを疐す」とあり、瓜のへたを取ることをいう。天子にはへたを取り八つ切り、国君には四つ切りする定めであっ

た。「躓く」意に用いるのは、へたのようなものに躓く意で、躓がその形声字である。
訓義 1うえる、うえこむ。苗木をうえる形。2とどまる、根がかたまる。3へた、花果のへた。4つまずく、ふむ、たおれる、さえぎる、とめる。
古訓 〔和名抄〕疐 棗李の類、皆疐有り。保曾(ほぞ)。今按ずるに、蔕の字と通ず 〔字鏡集〕疐 ツマヅク・ヒヅメ・セム
声系 〔説文〕に疐声として嚔を収める。嚔は気息がさえぎられて、「くさめ」をする意の字である。
語系 疐・嚔tiei、躓・窒・庢tiet は声近く、窒・庢は礙げ止められる意で疐と近く、その噴出するものは嚔、礙るものにふれて倒れることを躓という。
↓徐疐・跋疐

【蜘】 14 5610 チ くも

篆文 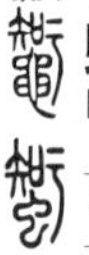

形声 声符は知。〔説文〕十三下に「鼅は鼅鼄、鼄蝥なり」(段注本)とあり、くもをいう。いま蜘蛛の字を用いる。
訓義 1くも。
古訓 〔名義抄〕蜘蛛 クモ・アシタカクモ 〔字鏡集〕蜘 クモ
【蜘蛛】くも。〔宋名臣言行録、九之二、王禹偁〕一日、太守、席上に詩句を出だす。鸚鵡は能く言ふも、争んぞ鳳に似んと。坐客未だ對するもの有らず。文簡、之れを屛間に寫す。元之(禹偁)其の下に書す。蜘蛛は巧なりと雖も、蠶に如かずと。
↑蜘網 くもの網

【墀】 15 4715 チ ぬる きざはし

篆文 

形声 声符は犀。犀に遲(遅)・穉の声がある。〔説文〕十三下に「涂りたる地なり」、また「禮に、天子は赤墀(赤い漆食)にす」とあり、〔漢官儀〕に「殿上を丹墀と曰ふ」とみえる。漢の未央宮は青瑣丹墀、後宮は玄墀彤庭であったという。
訓義 1ぬる、つちぬる、漆食でぬりつめる。2きざはし、きざはしの上の空地。
古訓 〔名義抄〕墀 ニハ・アカキツチ・サク・ハサマル 〔篇立〕墀 ヌル・カベ・ミチ・ハシ・アカキツチ・ニハノツチ 〔字鏡集〕墀 ニハ・シマ・サク・ハサマル・ニハノミチ・アカツチ
↑墀砌 石だたみの庭／墀廡 ひさし
↓堦墀・階墀・玉墀・軒墀・玄墀・香墀・青墀・赤墀・丹墀・彤墀・幽墀・瑶墀

【徲】 15 2725 チ ひさしい

篆文 
甲骨文 
金文 

形声 声符は犀。犀に墀・遲(遅)の声がある。〔説文〕二下に「久しきなり」とし、「讀みて遲の若くす」とあり、遅と声義同じ。〔広雅、釈訓〕に「徲徲は往來するなり」という。
訓義 1ひさしい、まつ。2おくれてくる。3遅と通用する。
古訓 〔字鏡集〕徲 ヒサシ
語系 徲dyei、遅diei は声義近く、徲には遅れるものを久しく待つ意がある。徛dia、待da も、その系統の語である。
【徲徙】自適遊息する。棲遅の意に用いる。〔隷釈、八、博陵太守孔彪碑〕餘暇に徲徙して 琴を彈じ、磬を撃つ。

【褫】 15 3221 チ はぐ はぎとる ぬぐ

篆文 

形声 声符は虒。虒は虎皮を剝ぎとることをいう。〔説文〕八上に「衣を奪ふなり」とあり、人の衣を褫奪することをいう。官職・身分を剝奪する意に用いる。また心奪われて驚くことを、奪気褫魄という。
訓義 1はぐ、はぎとる、衣をぬがせる。2ぬぐ、ぬぎさる、とりさる。3うばう、とりあげる。
古訓 〔名義抄〕褫 ト、ノフ・ウバフ・トク 〔字鏡集〕褫 コロモサヒハ・ウバフコロモ・ウバフ・トカル・アラハル・メヅラシ・サイハヒ・トク・アバク
声系 〔説文〕に虒声として嗁・遞(逓)・褫・䶵(篪)など十六字を収める。虒は〔説文〕五上に「委虒、虎の角有る者なり」とするが、実態が明らかでなく、字形は虎皮を剝取する形であるから、褫の初文であろう。卜文にも虎に従う字があり、虎皮を虢治する字が多い。
語系 褫diai、奪duat は声義近く、うばう意がある。脱(脱)・蛻thuat は自ら脱する意に用いる。拕dai も力をこめてひき取る意。みな脱解の意がある。
【褫気】勇気を失う。〔後漢書、党錮伝序〕擧、理に中るときは、則ち強梁も氣を褫はれ、片言正に違ふときは、則ち廝臺(賤人)も情を解く。
【褫魄】魂を奪う。驚かせる。唐・孫樵〔王霖秀才に与ふる書〕太原君足下。雷の賦は六千言を踰ゆ。～其の旨意甚だ微、其の辭甚だ奇。駭濤を重溟に觀るが如きも、徒だ褫魄眙目するを知るのみにして、畔岸(涯)を得る莫し。
↑褫革 除名／褫官 解任／褫削 剝奪／褫散 解散／褫職 免職／褫身 脱身／褫氈 ねまき／褫奪 剝奪／褫剝 剝奪／褫皮 皮を剝ぐ／褫落 脱落
↓気褫・摧褫・三褫・貪褫・偸褫・魄褫

【踟】 15 6610 チ たちもとおる

形声 声符は知。踟蹰・踟躇など、二字連文として用いる。
訓義 1たちもとおる、ためらう。2とどまる、ゆきがてにする。
古訓 〔名義抄〕踟蹰 オソシ・タチモトホル・タチヤスラフ 〔字鏡集〕踟 ユキヤラズ・ユキスヽマズ・オソシ
語系 踟蹰(躊)die-dio、躊躇diu-dia は声の近い連文で、たちもとおり、ゆきなやむ状態をいう形況の語。躑躅diek-diɔk、彳亍thiek-thiok も同じ。彳thiek、辵thiak、夂tiei、疐tiet、躓・窒tiet なども、みな声義に関係がある。
【踟蹰】たちもとおる。漢・李陵〔蘇武に与ふ、三首、一〕詩 良時、再びは至らず 離別すること須臾に在り 衢路の側らに屛營し 手を執りて野に踟蹰す
↑踟躊 踟蹰／踟佇 躊躇／踟躇 躊躇

【魅】 15 2521 チ

篆文 

形声 声符は失。失に秩・帙の声がある。〔説文〕九上に「厲鬼なり」とあり、孟春・孟秋・季冬に陰陽の気が交わるとき、疫病をもたらす神であるという。また魑魅をいう。〔玉篇〕に「魑鬽の類なり」とみえる。
訓義 1えやみのかみ、季節の代わるときにえやみをもたらす神。2魑と通じ、魑魅。
↓神魅

【篪】 16 8821 ［䶵］ 27 8221 チ ふえ

篆文 

形声 声符は虒。正字は䶵に作り、龠(ふえ)に従う。〔説文〕六上に「管の樂なり」とし、重文として篪を録する。竹管一尺四寸、七孔あるいは八孔の横笛である。
訓義 1ふえ、ちのふえ、横笛。2竹の名。
古訓 〔名義抄〕篪 シタミ・カタミ 〔篇立〕篪 ツチフエ 〔字鏡

集〕篪 シラブ・ナル・ハフ

【篪壎】 ちの笛と土笛。調子を合わせる。〔詩、小雅、何人斯〕伯氏、壎を吹き 仲氏、篪を吹く 爾と貫なるが如し 諒に我を知らず

↑篪竹 竹の名／篪韶 ちの笛と、ふり鼓

↓応篪・雅篪・塤篪・笙篪・吹篪・調篪・鳴篪

常 【緻】 16 2894 チ こまかい ぬう つづれ

篆文 

形声 声符は致。〔説文〕新修十九文の一で、徐鉉が補入したもの。糸部十三上に「密なり」と訓し、緻密の意。漢代には致密という語があり、致の字を用いていることが多い。〔広雅、釈詁四〕に「補ふなり」、〔玉篇〕に「紩衣を縫補するなり」とあって、字は縫補を意味する。

訓義 ①こまかい、こまかくぬう、おぎなう。②ぬう、衣をぬう。③つづれ、つづる。

古訓 〔新撰字鏡〕緻 支比志(きびし)〔名義抄〕緻 キビシ・ツヾル・ヌフ・イロキビシ 〔篇立〕緻 シキモノ・キビシ・ヲキヌヒ・イロヌノ 〔字鏡集〕緻 キビシ・シゲシ・ネンゴロ・ヌフ・ツヾル・ヲキヌヒヌノ

語系 緻diet、摰tiet は声近く、摰は刺す、緻は刺して補修する意。紩diet は「縫ふ」と訓し、これも刺し縫いをすることをいう。黹tiei は黼黻を加えること、ぬいとり・かざり縫いをする意である。

【緻密】 きめこまかい。ゆきとどく。〔太平御覧、七四二に引く東観漢記〕複道、風寒多し。～多く帷帳を取り、東西完く窓を塞ぎ、皆緻密ならしむ。

↑緻細 細緻

↓円緻・堅緻・工緻・巧緻・細緻・周緻・潤緻・詳緻・清緻・精緻・疎緻・湊緻・密緻・理緻

【螭】 17 5012 チ みずち

篆文 

形声 声符は离。离は二虫の相交わり連なる形。〔説文〕十三上に「龍の若くにして黄。北方にては之れを地螻と謂ふ」とし、また「或いは云ふ、角無きを螭と曰ふ」とする。司馬相如の〔上林の賦〕に「赤螭青虬」、揚雄の〔解難〕に「翠虬絳螭」とあって赤色の竜。竜身にして鱗あり、虎を食うという。虬はみずち。ㄐは、ものの糾纏する形である。

訓義 ①みずち、雨竜、赤い竜。②竜の子、竜の雌。③魑に通じ、山神。獣形の神。④猛獣。

古訓 〔字鏡集〕螭 タツ・ミヅチ

語系 螭・离・摛thiai は同声。离・螭は虫の相交わる形。摛はそのように連ね舒べる意の動詞。

【螭虎】 みずちと虎。勇猛の士。漢・班固〔燕然山を封ずる銘〕維れ永元元年秋七月、有漢の元舅を車騎将軍竇憲と曰ふ。～兵を朔方に治め、鷹揚の校(将)、螭虎の士、爰に六師を該ふ。

【螭蛟】 みずち。水中の竜。清・黄遵憲〔箱根に遊ぶ、四首、一〕詩 輿人(かごかき)、裸國より出づ 皮綳、龜兆裂く 螭蛟、滿身を繡り 橫胸、絳襪(赤いむねあて)を施す

【螭頭】 螭首の飾り。〔唐書、百官志二〕(門下省)起居舍人を置き、左右に分侍し、筆を秉り宰相に隨ひて入殿す。～則ち香案を夾んで殿下に分立す。第二螭首に直たり、墨を和し筆を濡す。～時に螭頭と號ふ。

【螭陛】 螭首の飾りのある宮殿の階段。宋・張耒〔楚に寓して楊補之の官舍に題す〕詩 一たび螭陛を辭して、天涯に走むく 客路悠悠として、歳華老いたり

【螭魅】 山中の怪物。〔左伝、宣三年〕昔、夏の方に徳有るや、遠方は物を圖し、～鼎を鑄て物に象り、～民をして神姦を知らしむ。故に民、川澤山林に入るも、不若(妖怪)に逢はず、螭魅罔兩も、能く之れに逢ふ莫し。

↑螭衣 王侯の服／螭雲 雲竜／螭坳 螭頭のところ／螭駕 王駕／螭亀 墓碑／螭首 螭頭／螭鈕 螭形の印鈕／螭盤 蟠螭／螭文 螭竜文／螭竜 みずち

↓坳螭・怪螭・虬螭・驚螭・玉螭・蛟螭・驤螭・神螭・赤螭・白螭・蟠螭・盤螭・文螭・奔螭・竜螭・霊螭

【齝】 20 2376 チ シ

篆文 

形声 声符は台。台に治の声がある。〔説文〕二下に「吐きて嚼むなり」、〔爾雅、釈獣〕に「牛には齝と曰ふ」とあり、反芻することをいう。

訓義 ①反芻する。②牛羊麋鹿の類が草を食う。

古訓 〔名義抄〕齝 ニケカム・ニゲ

【魑】 21 2021 チ おに もののけ すだま

篆文 

形声 声符は离。离は二虫の相交わり連なる形。〔説文新附〕九上に「鬼の屬なり」とあり、晉の王嘉の〔拾遺記、五、前漢上〕に、漢の太上皇の名剣のことを記して、「此の物、名づけて匕首と爲す。其の利なること儔し難し。水には虬龍を斷ち、陸には虎兕を斬る。魑魅罔兩も、能く之れに逢ふ莫し」とあって、魑魅は山川の怪、山獣の形に似たもの、山鬼の類をいう。罔両はまた蝄蜽に作る。虫は竜形のものをいう。

訓義 ①おに。②もののけ、すだま。③山沢の怪、山林の怪。

古訓 〔和名抄〕魑 鬼の類なり。須多万(すだま)〔名義抄〕魑 スダマ・ヤマコ 〔篇立〕魑 ヤマコ・ヤマノカミ 〔字鏡集〕魑 ヤマコ・ヲニ・ヤマノカミ・スダマ

【魑魅】 すだま。山川の怪。〔漢書、王莽伝中〕敢て井田の聖制を非り、法を無みし衆を惑はす者有らば、諸れを四裔(四方の果て)に投じ、以て魑魅を禦がしむること、皇始祖考虞帝(舜)の故事の如くせん。

↓魌魑・禦魑・荒魑・投魑・妖魑

【躓】 22 6218 チ シツ つまずく たおれる

篆文 

形声 声符は質。〔説文〕二下に「跲くなり」とあり、〔詩、豳風、狼跋〕に「載ち其の尾を躓む」とあってつまずく意。老いた狼は、前に胡を踏み、後に尾につまずき、進退に窮するので、狼跋の意とする。

訓義 ①つまずく、さえぎるものにさわる。②たおれる、つまずいてたおれる。③しくじる、失敗する。④とまる。⑤胝と通じ、あしだこ、まめ。

古訓 〔名義抄〕躓 ツマヅク・セム 〔字鏡〕躓 ツマヅク・セム・ヒヅメ

語系 躓・窒・庢tiet は同声。疐・嚔tiei は声近く、疐は木の根を包んで植え、根づかせる形で、固く定着し、滞る意がある。嚔はくさめ、おしとどめられたものが、勢い強く噴出する。勢いでつまずき倒れることを躓といい、窒・庢は塞ぎとめる意。跌・迭(迭)dyet は足をふみたがえて倒れかかる意。みな一系の語である。

【躓礙】 失敗して進退に窮する。〔晋書、葛洪伝〕(抱朴子内篇の序)夫れ僬僥(小人の国)の步を以て、夸父(巨人の名)の蹤を企及す。近才の躓礙する所以なり。

【躓頓】 つまずきたおれる。難儀する。〔晋書、庾翼伝〕(上表)調借する所の牛馬、來處皆遠し。～並に羸瘠多く、以て涉路し難し。加ふるに冬に向ふを以てし、野草漸く枯る、往反二千、或いは容に躓頓すべし。輒便ち事に隨って籌量

↑躓閡(ちりやうし)し、權(かり)に此の擧を停めん。
躓閡(ちがい)　躓礙／躓蹶(ちけつ)　つまずく／躓踣(ちこう)　つまずく／躓士(ちし)　貧士／躓顛(ちてん)　つまずきたおれる／躓仆(ちぶ)　つまずきたおれる／躓踣(ちぼく)　躓仆
↓坎躓・窮躓・蹶躓・蹇躓・困躓・屯躓・顚躓・倒躓・頓躓・馬躓・跋躓・奔躓

【黐】 23 2012 チ とりもち ねばる

形声 声符は离(ち)。离は二虫の相交わり連なる形。〔広雅、釈詁四〕に「黏(とりもち)なり」とあり、鳥や虫の類をとる。鳥をとるを離といい、離とは鳥が黏に離(かか)ることをいう字である。虫の類には黐という。

訓義 ①とりもち、もち、木膠。②ねばる、ねばりつく。

古訓 〔和名抄〕黐 鳥を黏(ね)んずる所以(ゆゑん)なり。毛知(もち)〔名義抄〕黐 モチ〔字鏡集〕黐 モチ・トリノキモチ

【黐竿】(ちかん) とりもち竿。〔容斎随筆、十三〕鷓鴣(こしゃ)性、潔を好む。獵人、茂林の間に於て地を淨掃し、稍(すこ)しく穀を上に散ず。禽、往來行游し、且つ步し且つ啄(ついば)む。則ち黐竿を以て之れを取る。

↑黐樹(ちじゅ)　もちの木／黐粘(ちでん)　とりもち
↓粘黐

チク

【竹】 常 6 8822 チク たけ

篆文

金文

象形 竹の葉に象る。〔説文〕五上に「冬生の艸なり。象形。下垂する者は箁箬(ほうじゃく)なり」とあり、箁箬とは竹箆をいう。字形は竹葉を示すものとみてよい。

訓義 ①たけ。②たけのふえ、管楽。③たけのふだ、竹簡。④藩と通じ、緑竹。

古訓 〔和名抄〕竹 草なり。一に云ふ、草に非ず、木に非ずと。多介(たけ)〔名義抄〕竹 タケ

部首 〔説文〕竹部の字は百四十四字、別に簃・筠など、〔新附〕の五字がある。〔玉篇〕には五百六字を録する。

声系 〔説文〕に筑(筑)・篤・竺およびその系列字を竹声の字とするが、必ずしも竹声ではない。たとえば篤は竺に従い、竺は毒と通用する字で、篤・毒は声義の通ずる字である。

語系 竹・筑 tiuk は同声。〔釈名、釈楽器〕に「筑、竹を以て之れを鼓す」とあり、〔太平御覧、五七六に引く楽書〕に「左手を以て之れを扼(やく)し、右手に竹尺を以て之れを撃つ」とその法をいう。筑の従う竹は、その竹尺であろう。

【竹院】(ちくいん) 竹の植込みのある書院。唐・李渉〔鶴林寺の僧舎に題す〕詩 竹院を過ぎりて、僧に逢ひて話すに因り 又得たり、浮生半日の閑

【竹陰】(ちくいん) 竹の茂みの陰。唐・岑参〔楚国寺を観る～〕詩 鐘を鳴らす竹陰の晩 水を汲む桐花の初

【竹雨】(ちくう) 竹に降る雨。宋・陳師道〔王子安の至日に和す、三首、三〕詩 百年忙裏に盡き 萬事醉間に來たる 竹雨深くして晩に宜ろし 江梅半ば開かんと欲す

【竹園】(ちくえん) 竹の園生。のち皇族の意に用いる。〔史記、梁孝王世家注に引く括地志〕兎園、～西京雑記に云ふ。梁の孝王の苑中、落猿巖・栖龍岫～有り～と。俗人言ふ、梁の孝王の竹園なり。

【竹外】(ちくがい) 竹林のあたり。藪の外。宋・蘇軾〔恵崇春江晩景、二首、一〕詩 竹外、桃花、三兩枝 春江、水暖かにして、鴨先づ知る

【竹磵】(ちくかん) 谷ぞいの竹。唐・孫逖〔会稽山に登るに和す〕詩 竹磵、山に入りて多く 松崖、天に向つて近し

【竹簡】(ちくかん) 竹札にしるした書。〔晋書、武帝紀〕(咸寧五年)汲郡の人不準、魏の襄王の冢を掘り、竹簡小篆の古書十餘萬言を得て、祕府に藏す。

【竹几】(ちくき) 竹かご。ふとんに入れて涼をとり、またひじかけなどに用いる。竹夫人。唐・白居易〔閑居〕詩 綿袍(めんぱう)、兩膝を擁し 竹几、雙臂(さうひ)を支ふ

【竹簣】(ちくき) 竹を編んだもっこ。〔夢渓筆談、異事〕一老婦、物を啖(く)らひて飽くことを知らず。～蒸餅を以て之れに啖らはしむ。一竹簣、約百餅を盡す。猶ほ饑うること已まずと稱ふ。

【竹刑】(ちくけい) 竹簡にしるした刑法。〔左伝、定九年〕鄭の駟歂(しせん)、鄧析(とうせき)を殺して、其の竹刑を用ふ。

【竹逕】(ちくけい) 竹林の中の小径。唐・常建〔破山寺後の禅院に題す〕詩 清晨、古寺に入り 初日、高林を照らす 竹逕、幽處に通じ 禪房、花木深し

【竹光】(ちくこう) 竹林の光。元・呉師道〔夏夜江上〕詩 屋を繞(めぐ)りて、清江、竹萬竿 水風、蕭瑟(せうしつ)として、竹光寒し

【竹斎】(ちくさい) 竹林中の書斎。唐・劉滄〔元叔上人の上党に帰るを送る〕詩 此(ここ)より去りて寂寥(せきれう)、舊跡を尋ぬれば 蒼苔は徑に滿つ、竹齋の秋

【竹使】(ちくし) 竹使符。漢代、郡守に与えた信符。〔史記、文帝紀〕(三年)九月、初めて郡國守相に與へて、銅虎符・竹使符を爲(つく)る。

【竹枝】(ちくし) 竹の枝。また、民謡の一。〔楽府詩集、近代曲辞三、竹枝〕竹枝は本(もと)巴渝(はゆ)に出づ。唐の貞元中、劉禹錫(りうしやく)、沅湘に在り。俚歌(りか)の鄙陋なるを以て、乃ち騷人の九歌に依りて、竹枝新辭九章を作る。數里の中、兒之れを歌ふ。

【竹樹】(ちくじゅ) 竹林と樹木。宋・李格非〔洛陽名園記の後に記す〕其の池塘竹樹は、兵車蹂蹴(じうしゆう)し、廢して丘墟と爲り、高亭大榭は、烟火焚燎(ふんれう)して、化して灰燼と爲れり。

【竹書】(ちくしょ) 竹簡。〔晋書、束晳伝〕太康二年、汲郡の人不準、魏の襄王の墓を盜發す。或いは言ふ、安釐王の冢なりと。竹書數十車を得たり。～晳、著作に在り、～疑ひに隨ひ分釋し、皆義證有り。

【竹牀】(ちくしょう) 竹製の牀几。唐・張籍〔元八の紗帽を遺れるに答ふ〕詩 黑紗の方帽、君の邊に得たり 山前に對して、竹牀に坐するに稱(かな)へり

【竹色】(ちくしょく) 竹の色。唐・杜甫〔滕王亭子、二首、二〕詩 古牆、猶ほ竹色 虛閣、自ら松聲

【竹石】(ちくせき) 竹と石。〔南史、袁粲伝〕郡南の一家に、頗(すこ)ぶる竹石有り。粲、率爾(そつじ)として步して往き、亦た主人に通ぜず、直ちに竹所に造(いた)り、嘯詠(せうえい)して自得す。

【竹素】(ちくそ) 竹簡素絹。詩文や書籍をいう。晋・張協〔雑詩、十首、九〕眞を養うて無爲を尙(たつと)び 道勝るときは、陸沈を貴ぶ 思ひを竹素の園に遊ばしめ 辭を翰墨(かんぼく)の林に寄せん

【竹亭】(ちくてい) 竹林中の亭。唐・韋応物〔夜、流蛍に対して作る〕詩 月暗く、竹亭幽(かす)かに 螢光、席を拂ひて流る

【竹刀】(ちくとう) 竹の小刀。〔酉陽雑俎、十八、広動植之三、木篇〕祁連(きれん)山上に仙樹の實有り。～其の實、棗(なつめ)の如し。竹刀を以て剖(さ)けば、則ち甘し。鐵刀もて剖けば、則ち苦し。

【竹馬】(ちくば) たけうま。〔晋書、殷浩伝〕(桓)温、既に雄豪を以て自ら許し、毎(つね)に浩を輕んず。～温、人に語りて曰く、少時吾(わ)れ浩と竹馬に騎(の)る。我棄てて去れば、浩輒(すなは)ち之れを取れりと。

【竹帛】(ちくはく) 竹素。歴史。〔墨子、明鬼下〕古は聖王必ず鬼神を以て有りと爲し、其の鬼神に務むること厚し。又後世の子孫、知る能はざるを恐る。故に之れを竹帛に書し、後世の子孫に傳遺し、～之れを盤盂(ばんう)(青銅の礼器)に琢(たく)し、之れを金石に鏤(ほ)る。

【竹柏】(ちくはく) 竹と柏とは落葉せず、忠貞にたとえる。南朝宋・

顔延之〔陽給事(瓚)の誄〕(陽瓚)拳猛沈毅、溫敏肅良なり。彼の竹柏の、雪を負ひ霜を懷くが如し。

【竹扉】ちくひ 竹の扉。唐・李咸用〔隠者の居に宿す〕詩 竹扉、月を掩ひ難く 巖樹、雲を延き易し

【竹筆】ちくひつ 竹の穂の筆。〔嬾真子、一〕古の筆は多く竹を以もちふ。今の木匠用ふる所の木斗竹筆の如し。故に其の字、竹に從ふ。又或いは毛を以てす。

【竹報】ちくほう(はう) 家からの手紙。〔酉陽雜俎、続十、支植下〕童子寺の竹。衞公(李德裕)言ふ、北都(太原)には惟だ童子寺に竹一窠有るのみ。纔かに長さ數尺。相ひ傳ふ、其の寺の綱維(僧)、毎日竹の平安を報ずと。

【竹木】ちくぼく 竹と木。〔漢書、地理志下〕巴蜀・廣漢は本も南夷なり。~土地肥美にして、江水沃野、山林竹木、疏食果實の饒かなる有り。

【竹裏】ちくり たけ藪の中。唐・李白〔姑熟十詠、謝公宅〕詩 竹裏、人聲無し 池中、虛月白し

【竹竜】ちくりょう 攻城用の兵器。〔五代史、死節、劉仁贍伝〕世宗壽州を攻む。~方舟を以て礮(砲)を載せ、淝河の中流より其の城を撃つ。又巨竹數十萬竿を束ね、上に版屋を施し、號して竹龍と爲す。甲士を載のせて、以て之れを攻む。

【竹林】ちくりん 竹の林。〔晋書、嵇康伝〕與もに神交する所の者は、惟だ陳留の阮籍、河内の山濤、其の流に豫かる者は河内の向秀、沛國の劉伶、~遂に竹林の游を爲す。世に所謂ゆる竹林の七賢なり。

【竹露】ちくろ 竹の葉の露。唐・孟浩然〔夏日、南亭にて辛大を懷おもふ〕詩 荷風、香氣を送り 竹露、淸響滴したる

【竹楼】ちくろう 竹材で作った楼。宋・王禹偁〔黄州に新たに建つる小竹楼記〕碁を圍むに宜しく、子聲(石をおろす音)丁丁然たり。投壺に宜しく、矢聲錚錚然たり。皆竹樓の助くる所なり。

↑竹庵 竹亭/竹椅 竹椅子/竹筠 竹のはだ/竹韻 風竹の声/竹影 竹の影/竹塢 竹の堤/竹屋 竹蓋/竹芽 笋/竹蓋 竹ぶき/竹閣 竹材の楼閣/竹竿 竹ざお/竹間 藪の中/竹幹 竹の矢/竹関 竹の門/竹館 幽居/竹姫 竹几/竹魚 さより/竹巾 竹笠/竹箘 竹/竹君 竹/竹径 竹逕/竹研 竹の硯/竹軒 竹宇/竹筧 かけひ/竹工 竹細工/竹杠 竹竿/竹香 竹の香り/竹笱 竹のふご/竹縆 竹の綱/竹篁 竹林/竹根 竹の根/竹簀 すのこ/竹冊 竹簡/竹子 筍/竹矢 竹の矢/竹紙 竹のすき紙/竹笥 竹箱/竹寺 竹林寺/竹蒻 竹のいかだ/竹筍 筍/竹梢 竹枝/竹杖 竹の杖/竹錐 筆/竹青 竹筠/竹節 竹のふし/竹笘 竹の札/竹箭 竹の矢/竹籖 竹槍/竹疏 竹まばら/竹帚 竹箒/竹荘 竹亭/竹叢 竹やぶ/竹孫 孫竹/竹蛇 竹の根/竹胎 筍/竹籜 筍の皮/竹筯 竹箸/竹汀 竹の茂る汀/竹釘 竹の釘/竹簟 竹の敷物/竹田 竹やぶ/竹奴 竹几/竹筒 竹づつ/竹榻 竹の臥牀/竹坡 竹塢/竹杷 くま手/竹牌 矢よけ/竹符 竹使符/竹膚 竹の皮/竹風 竹を吹く風/竹箙 竹の箙/竹米 竹の実/竹篾 竹の皮/竹鞭 竹の根のむち/竹圃 竹林/竹簠 方形の竹籠/竹萌 筍/竹房 竹亭/竹卜 竹卜い/竹牖 竹の窓/竹輿 竹のこし/竹葉 竹の葉/竹絡 竹籠/竹籃 竹かご/竹籬 竹垣/竹笠 竹の笠/竹梁 竹の梁/竹簾 竹のすだれ/竹籠 竹かご、川よけの岸をまもる蛇籠

↓花竹・画竹・寒竹・旧竹・荊竹・孤竹・呉竹・篁竹・細竹・糸竹・弱竹・種竹・秀竹・脩竹・小竹・松竹・湘竹・青竹・筮竹・石竹・疎竹・蒼竹・霜竹・叢竹・孫竹・庭竹・破竹・爆竹・斑竹・美竹・符竹・風竹・匏竹・墨竹・良竹・緑竹・涙竹

【豖】 8 1023

篆文 

チク チョク タク たたく ゆきなやむ

象形 豕たぶを椓くたして去勢する形。〔説文〕九下に「豕、足を絆くりて、行くこと豖豖たるなり」と、豚のよちよち歩きの意とする。豥字条三下に「撃つなり」とあり、また斀字条三下に「去陰の刑なり」とあって、豖と声義同じ。斀は牡獣を去勢することをいう。〔書、呂刑〕「椓黥」の〔鄭玄注〕に「椓は破陰なり」とあり、豖がその初文。〔説文〕のいう「豖豖」とは彳亍の声を以て解したものであるが、豖は椓して去陰することを示す字である。

訓義 ①たたく、うつ、うって去勢することをいう。②彳亍(躑躅)の音と通じて、ゆきなやむ。

声系 〔説文〕に豖声として琢(琢)・啄(啄)・豥・椓・冢・涿の六字を収める。おおむね豥撃を加える意の字。冢は豥殺した犠牲を加えて墓冢とする意で、その家廟として祀るものを家という。冢は行路の行き倒れのために作るものであった。

語系 豖thiok は斲・椓・豥・啄・琢 teok と声義が近い。斲たくは剞くりのある盾を刻む意。豥たくは椓撃去陰。みな強く豥撃を加える意で、一系の語である。

↑豖豖 ゆきなやむさま、躑躅と同じ

常【畜】 10 0060

篆文  金文 

チク キュウ(キウ) キク たくわえる やしなう

会意 玄げん+田。玄は糸たばの形。田はその糸たばを染める鍋なべの形。その染め汁に糸を久しく漬けて、染色する。久しく漬けて色を深くすることを、停畜という。〔説文〕十三下に「田の畜なり。淮南子に曰く、玄田を畜と爲す」とする。〔段注〕に「淮南王説」であろうというが、玄田に別つだけでは、字義を説きがたい。金文の字形は、明らかに糸を染めるために、鍋に停畜する形である。〔周礼、考工記、鍾氏〕は染色のことを掌る。その字は緟しょうに作るべく、金文の字形は纕しょうに作る。左偏の夤らは架糸の象。旁の東は橐たく(ふくろ)の初文。中に糸たばを入れる。田は染め汁を入れた鍋の形。〔考工記、鍾氏〕に「三入を纁くんと爲し、五入を緅しと爲し、七入を緇しと爲す」とあって、次第に色を深める。金文に纕を緟続しょうぞくの意に用い、〔説文〕十三上に「緟は増益するなり」とするが、もと色についていう語であった。畜に三音あり、チクは停畜積聚、キクは飼養、キュウは獣畜の意である。

訓義 ①たくわえる、つむ、つみかさねる、とどめる。②やしなう、かう、かいそだてる。③家畜、けもの。

古訓 〔名義抄〕畜 ケダモノ・ヤシナフ・タクハフ・チウク・イル

声系 〔説文〕に畜声として蓄(蓄)・稸など四字を収める。蓄は〔説文〕一下に「積むなり」とあり、停畜の意を承ける字。また稸には、蓄積・積聚の意がある。

語系 畜・蓄・稸 xiuk は同声。蓄は蓄積。稸は〔一切経音義〕に引く〔倉頡篇〕に「聚なり。積なり」とあって、禾穀の類を積聚することをいう。また畜に thiuk の声があり、育(育) jiuk と声が近い。〔詩、邶風、日月〕に「我を畜やしなひて卒をへず」とあり、育と同義の用法である。

【畜愛】ちくあい(きくあい) 愛し養う。〔説苑、敬慎〕大功の效は、賢を用ふるに在り。~(晋の)文公、~中國の微なるを憫はあれみ、咎犯・先軫~に任じ、百姓を畜愛す。

【畜怨】ちくえん(ゑん) 心に含んで怨む。〔淮南子、繆称訓〕施すこと薄くして望むこと厚く、怨みを畜へて患無き者は、古今未だ之れ有らざるなり。

【畜蠱】(ちくこ) 呪詛に用いる虫を飼う。〔宋史、太祖紀一〕(乾徳二年夏四月)永州諸縣民の蠱を畜ふ者三百二十六家を、縣の僻處に徙(うつ)し、復(ま)た郷に齒(し)(仲間扱い)せざらしむ。

【畜財】(ちくざい) 財を畜える。〔三国志、魏、高柔伝〕(柔の上疏)財を畜へ穀を積みて、憂患の虞(おそれ)有る者は、未だ之れ有らざるなり。

【畜生】(ちくしょう(しやう)) 鳥獣の類。また、人を罵っていう。〔隋書、后妃、宣華夫人陳氏伝〕上(しゃう)、疾に仁壽宮に寢す。夫人と太子と、同(とも)に疾に侍す。～太子の逼(せま)る所と爲る。～夫人泫然(げんぜん)として曰く、太子、禮無しと。上恚(いか)りて曰く、畜生、何ぞ大事を付するに足らん～と。

↑畜穢(ちくあい) 久しい間のけがれ／畜玩(ちくがん) 飼い楽しむ／畜狗(ちくく) 飼い犬／畜犬(ちくけん) 畜狗／畜穀(ちくこく) 穀物を貯蔵する／畜止(ちくし) 止まる／畜積(ちくせき) 蓄積／畜聚(ちくしゅう) 集積／畜獣(ちくじゅう) 家畜／畜妾(ちくしょう) 妾もち／畜牲(ちくせい) 牛羊など犧牲に供するけもの／畜粟(ちくぞく) 家畜と穀物／畜怒(ちくど) 積怒／畜肉(ちくにく) 獣の肉／畜髪(ちくはつ) 髪を生やす／畜憤(ちくふん) 積憤／畜牧(ちくぼく) 牧畜／畜民(ちくみん) 民を養う／畜養(ちくよう) やしなう

↓家畜・稼畜・鬼畜・牛畜・禽畜・五畜・耕畜・財畜・貲畜・聚畜・獣畜・人畜・貯蓄・長畜・放畜・牧畜・養畜・六畜

常【逐】10 3130 〔逐〕11 3130 チク おう あらそう はしる

篆文

甲骨文

金文

会意 豕(し)+辵(ちゃく)。豕は獣。獣をおうことを逐といい、軍をおうことを追という。〔説文〕二下に「追ふなり」と訓し、豖(ちく)の省声とするが、豕は豛(た)くして犧牲とする獣の形で、逐うべきものではない。追(追)は自に従い、自は軍行のとき奉ずる脤肉の象。追逐と連用するが、それぞれ追うところを異にする字である。

訓義 ①おう、けものをおう。②あらそう、きそう、もとめる。③はしる、はしらせる、しりぞける。④したがう、うつる。

古訓 〔名義抄〕逐 シタガフ・オフ・オヒック 〔字鏡集〕逐 キホフ・シタガフ・スミヤカ・カフ・オフ・オヒカク・オヒウツ・ハシル

【逐一】(ちくいつ・ちくいち) ひとつずつ。残らず。宋・蘇轍〔諸路の役法～を論ずる状〕近日、夔州等路の文字、相ひ繼いで申到し、旋(たちま)いで已に逐一進呈し施行す。

【逐疫】(ちくえき) 疫払い。〔後漢書、礼儀志中〕臘(ろう)(冬至後第三の戌の日)に先だつこと一日、大いに儺(だ)(疫払い)す。之れを逐疫と謂ふ。

【逐客】(ちくかく・ちくきゃく) 他国からの遊説者を追放する。〔史記、李斯伝〕臣聞く、吏、逐客を議すと。竊(ひそ)かに以爲(おも)へらく、過(あやま)てりと。

【逐句】(ちくく) 句ごとに。〔輶軒語、語学〕訓なる者は順なり。其の語氣に順ひて、之れを解するを謂ふ。此れ逐句解釋なる者なり。

【逐日】(ちくじつ) 太陽を追う。〔列子、湯問〕夸父(こほ)、力を量らず、日影を追はんと欲し、之れを隅谷の際に逐ふ。～道に渴して死せり。其の杖を棄つ。～鄧林を生ず。

【逐臣】(ちくしん) 追放された臣。唐・宋之問〔端州駅に至り、～慨然として詠を成す〕詩 逐臣(流謫の臣)北地に嚴譴を承(う)け 謂(おも)へらく、南中に到りて毎(つね)に相ひ見んと

【逐電】(ちくでん) 電光のように速い。宋・朱熹〔米元章(芾)の帖に跋す〕米老の書、天馬の銜(くつばみ)を脱し、風を追ひ電を逐ふが如し。範するに馳驅(ちく)の節を以てすべからずと雖も、要は自ら痛快なるを妨げず。

【逐北】(ちくほく) 敗走の敵を追う。〔荘子、則陽〕蝸の左角に國する者有り、觸氏(しょくし)と曰ひ、蝸の右角に國する者有り、蠻氏(ばんし)と曰ふ。時に相ひ與(とも)に地を争ひて戰ひ、伏尸(ふくし)數萬、北(に)ぐるを逐ひ、旬有五日にして而る後に反る。

【逐鹿】(ちくろく) 天下を争う。〔史記、淮陰侯伝〕秦、其の鹿を失ひ、天下共に之れを逐ふ。是(ここ)に於て高材疾足の者、先づ焉(これ)を得たり。

↑逐夷(ちくい) 塩から／逐韻(ちくいん) 押韻／逐影(ちくえい) 日の光をおう／逐殃(ちくおう) 災いを祓う／逐款(ちくかん) 逐条／逐奇(ちくき) 奇を追う／逐起(ちくき) 追いつめる／逐棄(ちくき) 放逐する／逐去(ちくきょ) 追い払う／逐窘(ちくきん) 逐条／逐月(ちくげつ) 毎月／逐件(ちくけん) 逐条／逐項(ちくこう) 逐条／逐字(ちくじ) 一字毎に／逐次(ちくじ) 次第に／逐射(ちくしゃ) かけごと／逐除(ちくじょ) 逐疫／逐条(ちくじょう) 一条毎に／逐食(ちくしょく) 食漁り／逐進(ちくしん) 競進する／逐勢(ちくせい) 勢いにつく／逐斥(ちくせき) 追放する／逐漸(ちくぜん) 漸次／逐争(ちくそう) 争奪する／逐走(ちくそう) 追迹／逐追(ちくつい) 追走／逐兎(ちくと) 逐鹿／逐得(ちくとく) 追捕／逐年(ちくねん) 年毎に／逐罷(ちくひ) 罷免／逐貧(ちくひん) 貧乏神をはらう／逐擯(ちくひん) 逐斥／逐夫(ちくふ) 離縁の夫／逐捕(ちくほ) 追捕／逐放(ちくほう) 放逐する／逐奔(ちくほん) 追迹する／逐末(ちくまつ) 商業／逐利(ちくり) 利を追う／逐涼(ちくりょう) 納涼

↓角逐・棄逐・競逐・駆逐・攻逐・竄逐・襲逐・斥逐・争逐・馳逐・黴逐・追逐・捕逐・放逐・北逐

人【筑】12 8811 〔筑〕12 8811 チク きずく

篆文

会意 竹+巩(きょう)。〔説文〕五上に「竹を以(もち)ふる曲、五弦の樂なり」とし、「竹に從ひ、巩に從ふ。巩は之れを持するなり。竹は亦聲なり」とするが、諸書に引くものに異文が多い。巩は工具をもつ形であるから、筑はおそらく築(築)の初文であろう。〔書、金滕〕に「凡そ大木の偃(ふ)する所、盡(ことごと)く起(た)てて之れを築く」の〔釈文〕に、築を筑に作る。竹は竹籠の類で、築土・築墻のために用いる意であろう。

訓義 ①きずく、工具を用いて築きかためる。②がっき、五絃の楽器。

古訓 〔名義抄〕筑 ツク

声系 〔説文〕に筑を竹の亦声、築を筑声とするが、筑・築はおそらくもと同字。筑を楽器の名に用いるのは後起の義であろう。筑は萹筑(へんちく)(うしぐさ)。筑は竹に従わないが、同声である。

↓琴筑・撃筑

常【蓄】13 4460 〔蓄〕14 4460 チク たくわえる やしなう

篆文

形声 声符は畜(ちく)。畜は染色鍋(田の形)に糸束(玄の形)を漬(ひた)して染色する意。久しく停畜して染めることをいう。〔説文〕一下に「積むなり」とあり、草を積聚する意。積は禾穀を積みあげること。合わせて蓄積という。

訓義 ①たくわえる、あつめる、つむ。②畜と通じ、やしなう。

古訓 〔名義抄〕蓄 タクハフ・ツム・ヤシナフ 〔篇立〕蓄 タクハフ・カサヌ 〔字鏡集〕稸 タクハフ・アツム・モチ・ツム

語系 蓄・畜・稸 xiuk は同声。稸(きく)は〔一切経音義〕に引く〔倉頡篇〕に「聚なり、積なり」とみえる。のち蘊蓄(うんちく)のように用いる。

【蓄鋭】(ちくえい) 鋭気を養う。唐・杜甫〔北征〕詩 伊洛、掌(たなごころ)を指して收めん 西京も拔くに足らず 官軍深く入らんと請ふ 鋭を蓄へ倶(とも)に發すべし

【蓄賈】(ちくこ) 買いだめする商人。〔管子、国蓄〕歲に凶穰有り、故に穀に貴賤有り。～然れども人君治する能はず。故に蓄賈をして游市し、民の給(た)らざるに乘じて、其の本を百倍ならしむ。

【蓄積】(ちくせき) たくわえ。〔戦国策、秦一〕蘇秦～秦の惠王に說きて曰く、大王の國、～田は肥美、民は殷富、戰車萬乘、奮擊百萬、沃野千里、蓄積饒多、地勢形便、此れ所謂(いはゆる)天府、天下の雄國なり。

【蓄蔵】(ちくぞう(ざう)) たくわえ。貯蔵。〔史記、貨殖伝〕陶、睢陽～其の俗、猶ほ先王の遺風有り。重厚にして君子多く、稼穡(かしょく)を好む。山川の饒(ゆた)かさ無しと雖も、能く衣食を惡しくして、其の

蓄藏を致す。

【蓄髪】 髪を伸ばす。〔漢学師承記、四、武億〕諭すに佛の異端爲り、人心を害し、風俗を壞る～を以てす。～僧尼其の説を解せずと雖も、然れども其の誠に感じ、皆蓄髪還俗す。

【蓄禄】 俸禄。〔墨子、尚賢上〕爵位高からざれば、則ち民敬せず。蓄祿厚からざれば、則ち民信ぜず。政令斷ならざれば、則ち民畏れず。

➡蓄意 積思／蓄育 育てる／蓄毓 育てる／蓄泄 集散する／蓄怨 怨みを積む／蓄火 火種／蓄家 富家／蓄艾 乾した艾／蓄菜 貯蔵の菜／蓄財 蓄積／蓄志 積志／蓄聚 ためる／蓄縮 畏縮する／蓄殖 ふやす／蓄怒 積怒／蓄念 久念／蓄憤 積憤／蓄謀 久謀／蓄牧 牧畜／蓄養 積養／蓄力 力をたくわえる

⬇蘊蓄・涵蓄・含蓄・旨蓄・私蓄・資蓄・積蓄・素蓄・蔵蓄・貯蓄・儲蓄・停蓄・備蓄・糧蓄・累蓄

常【築】16 〔築〕16 8890 チク きずく

篆文  古文  金文 

形声 声符は筑（筑）。筑は工具を執って、土を聚め築くことで、版築の法などをいう。〔説文〕六上に「擣くなり」、また擣字条十二上に「築くなり」とあって互訓。〔左伝、宣十一年〕に「畚築」の語があり、畚で土を入れ、これを杵で擣き固めることをいう。

訓義 ①きずく、つきかためる、うちかためる、塀牆の類をつくる。②きね、つち。

古訓 〔名義抄〕築 ツク 〔字鏡集〕築 フサグ・ヤク・ツク・キヅク

語系 築 tiok、筑 tiuk は声義近く、築は筑の繁文とみてよい字である。

【築営】 設営。梁・簡文帝〔従軍行〕楽府 雲中の亭障、羽檄驚き 甘泉の烽火、通夜明らかなり 貳師將軍、新たに營を築き 嫖姚校尉、初めて出征す

【築室】 家を建てる。〔詩、小雅、斯干〕妣祖を似ぎ續ぎ室を築くこと百堵 其の戸を西南にす 爰に居り爰に處り 爰に笑ひ爰に語る

【築牆】 版築によって牆を作る。〔墨子、耕柱〕譬へば牆を築くが若く然り。能く築く者は築き、能く壤(土)を實す者は壤を實し、能く欣(掀)ぐる者は欣ぐ。

【築城】 城を作る。〔楽府詩集、雑曲歌辞十五、唐、張籍、築城曲〕馬暠の中華古今注に曰く、秦の始皇三十二年、讖書を得たり。云ふ、秦を亡ぼす者は胡なりと。乃ち蒙恬をして胡を撃ち、長城を築きて、以て之れに備へしむと。

【築礎】 基礎を作る。〔輟耕録、八、双硯堂〕周待制月巖先生、～義塾を創めて以て後進を淑くせんと欲し、礎を築かんとし、～雙硯を獲たり。

【築治】 作りあげる。〔越絶書、外伝記地伝〕山陰大城は范蠡の築治する所なり。今傳へて之れを蠡城と謂ふ。陸門三、水門三なり。

➡築蓋 家を建てる／築建 建築／築構 構築／築作 築造／築山 つき山／築舎 新築／築障 築塀／築壇 壇を作る／築底 徹底／築邸 新築／築第 築邸／築捺 堤を修理する／築版 版築／築補 補修する／築房 新築／築埋 埋葬する／築塁 塁を築く

⬇営築・架築・改築・挙築・構築・修築・新築・創築・造築・増築・版築・畚築

【矗】24 4011 チク シュク しげる まっすぐ

会意 三直に従う。高くそびえ立つさまをいう。司馬相如の〔上林の賦〕「崇山矗矗」は山のそびえ立つさま、謝霊運の〔山居の賦〕「直陌、矗として其れ東西す」は真っ直ぐに長いさまをいう。

訓義 ①しげる、しげりたつ。②まっすぐ、ただしい、そろう。③長く高い、まっすぐのびる、そびえる。④ひとしい、ひろい、たいら。

古訓 〔名義抄〕矗 ナホシ・ト、ノホル・ヒトシ

➡矗削 削立する／矗竪 直立する／矗聳 聳える／矗然 聳えるさま／矗矗 高峻のさま

⬇雲矗・高矗・斜矗・上矗

チツ

【帙】8 4523 チツ ふまき ふくろ

篆文 

形声 声符は失。失に秩・紩の声がある。〔説文〕七下に「書衣なり」、〔玉篇〕に「小さき嚢なり」とあり、書帙をいう。書冊の表紙に黄、帙に緗色を用いることが多いので、黄巻・緗帙のようにいう。

訓義 ①ふまき、ふみぶくろ。②ふくろ、ふぶくろ。③書物。

古訓 〔名義抄〕帙 ツ、ム 〔字鏡集〕帙 ツ、ム・コフクロ・フミフクロ

語系 帙・紩 diet は同声。紩は〔説文〕十三上に「縫ふなり」と訓し、迭いちがいに刺す意である。帙は重ね合わせて包みこむものをいう。

➡帙衣 書帙／帙子 折本

⬇案帙・遺帙・巻帙・旧帙・啓帙・散帙・残帙・書帙・緗帙・籤帙・典帙・展帙・披帙・縹帙・篇帙・編帙・余帙・緑帙

【挃】9 5101 チツ テツ いねかる

篆文 

形声 声符は至。至に銍・窒の声がある。銍は禾を穫る短い鎌、その鎌で禾を穫るときの音を挃という。〔説文〕十二上に「禾を穫る聲なり」とみえ、〔詩、周頌、良耜〕「之れを穫ること挃挃」の句を引く。〔広雅、釈詁二〕に「刺すなり」とあり、刺突の意がある。

訓義 ①いねかる、いねかるおと。②さす、つく、うつ。③なげる。④しばる。

古訓 〔名義抄〕挃 ノゴフ・アシ・トル・オク・ツク・フセク 〔篇立〕挃 ニギル・ホタル・アシカシ 〔字鏡集〕挃 ノゴフ・アシカシ・オク・アク・トル

➡挃手 手をひく／挃頭 頭をうつ

⬇撞挃・勇挃

常【秩】10 2593 チツ つむ ついでる ととのえる

篆文 

形声 声符は失。失に帙・紩の声がある。〔説文〕七上に「積む皃なり」（段注本）とし、〔詩、周頌、良耜〕「之れを積むこと秩秩たり」の句を引くが、今本は「栗栗」に作る。〔詩、小雅、賓之初筵〕「賓の初めて筵する左右秩秩たり」とは、威儀を整えて並ぶさまをいう。

訓義 ①つむ、順次につみあげる。②順序をつける、ついでる、ついで。③ととのえる、大小・尊卑・高下を定める。④禄秩。禄稟をいう。

古訓 〔字鏡〕秩 ノリ・シナツキ・ツム・ミナ・ウク 〔字鏡集〕秩 ツキ・シフ・サトル・ツヒニ・ツム・シナ・ノリ・ホトウク

語系 秩秩・棣棣・逮逮（逮逮）diet-diet は同声。〔詩、邶風、柏舟〕「威儀棣棣」を〔礼記、孔子間居〕に「威儀逮逮」に作り、同声の形況の語である。また同篇に「威儀遅遅」の語もみえ、遅遅（遅遅）diei-diei も同系の語である。

【秩祀】 祭祀の秩序。〔孔叢子、論書〕高山五嶽、其の差を定め、秩祀視ふる所あり。～牲幣の物、五嶽は三公に視

へ、小名山は子男に視ふ。
【秩次】 高下の次第。〔後漢書、百官志五〕屬官、縣・邑・道毎に大なる者は令一人を置く、千石。其の次は長を置く、四百石。～侯國の相、秩次、亦た之くの如し。
【秩酒】 有秩者(老臣)に酒を賜う。〔周礼、天官、酒正〕凡そ秩酒有る者は、書契を以て之れを授く。
【秩禄】 俸禄。〔史記、衛将軍驃騎伝〕驃騎将軍(霍去病)の秩祿をして、大將軍(衛青)と等しからしむ。是れより後、大將軍青、日に退き、驃騎は日に益ゝ貴し。大將軍の故人門下を擧げて、多く去りて驃騎に事へ、輒ち官爵を得たり。
↑秩序 ついで/秩叙 禄位を定める/秩薪 定量の薪/秩然 整然/秩膳 常の美食/秩粟 扶持米/秩秩 秩然/秩典 礼の定め/秩服 衣食給与/秩俸 秩禄/秩米 扶持米/秩満 任期満了/秩礼 礼の秩序
↓位秩・栄秩・恩秩・官秩・咸秩・旧秩・顕秩・厚秩・降秩・爵秩・常秩・職秩・進秩・増秩・天秩・典秩・品秩・平秩・俸秩・望秩・名秩・礼秩・禄秩

常 【窒】 11 3010 チツ テツ ふさぐ つまる

篆文  古印璽 

形声 声符は至し。至に姪・絰ての声がある。〔説文〕七下に「塞ぐなり」とあり、塞は呪具の工を以て塡塞して、邪霊を封ずることをいう。墓壙の羨道を窒皇といい、皇は隍、地下の通道をいう。窒が至に従うのは、室・臺(台)が至に従うのと同じく、矢を以てその設営の場所をトする意であろう。矢の到達するところを至という。金文の室には銍に従う字があり、その呪儀を示す字形である。
訓義 ①ふさぐ、あなをふさぐ、ふさぎとめる。②つめる、つまる、とじこめる、中にみちる。③庢と通じ、ささえる。
古訓 〔名義抄〕窒 フサグ・メフサグ・フカシ・フセグ
語系 窒・庢 tiet は同声。庢は〔説文〕九下に「礙ぎり止むるなり」とあり、窒とほとんど同義の語である。
【窒礙】 さまたげ。障害。宋・蘇轍〔北使還りて北辺の事を論ずる箚子、五道、一〕詳しく利害を講ぜしめ、如し窒礙無くんば、乞ふ、早く施行を賜はらんことを。
【窒皇】 墓壙の羨道。また、墓門。〔左伝、宣十四年〕楚子之れを聞き、袂を投じて起つ。屨は窒皇に及び、劍は寢門の外に及べり。
【窒欲】 欲望をふさぐ。〔易、損、象伝〕山下に澤有るは損なり。君子以て忿りを懲め欲を窒ぐ。
↑窒郁 憂えをおさえる/窒閡 閉塞する/窒計 計を塞ぐ/窒士 不遇な文人/窒阻 阻滞/窒相 旧七月/窒息 息づまる/窒塞 閉塞する/窒滞 ふさがり滞る/窒惕 恐れる/窒抑 抑遏する/窒慾 窒欲/窒戾 禍を防ぐ
↓堙窒・穹窒・繫窒・懲窒・鼻窒

【蟄】 17 4413 チツ チュウ(チフ) かくれる とじこもる

篆文 

形声 声符は執し。〔説文〕十三上に「藏かるるなり」とあり、虫蛇の類が冬ごもりすることをいう。伏蟄の終わることを啓蟄という。〔左伝、桓五年〕「凡そ祀は啓蟄して郊す」とあり、そのとき蟄雷が蟄虫を驚かせるのであるという。家居して世に出ぬことを、蟄居という。
訓義 ①かくれる、冬ごもりする。②とじこもる。③蟄蟄は、多くのものがしずかに集まるさま、擬声語。
古訓 〔名義抄〕蟄 コモル・カクル・ウルフ 〔篇立〕蟄 ツナグ・コモル・ヒシグ 〔字鏡集〕蟄 スゴモル・ムシコモル
語系 蟄・㷖 diəp は同声。㷖は「下入なり」と訓する字。入 njiəp も声義の近い字で、みな低いところにかくれる意がある。
【蟄獣】 冬眠する獣。〔周礼、秋官、穴氏〕蟄獸を攻むることを掌る。各ゝ其の物を以て之れを火やき、時を以て其の珍異皮革を獻ず。
【蟄蟄】 多くのものがしずかに集まる。〔詩、周南、螽斯〕螽斯の羽(はたおり)の羽 揖揖たり(その羽音) 宜なり爾の子孫 蟄蟄たり
【蟄虫】 地中で越冬する虫。〔礼記、月令〕(孟春の月)東風凍を解き、蟄蟲始めて振く。魚、冰に上り、獺、魚を祭り、鴻雁來る。
【蟄伏】 虫が地中で越冬する。〔淮南子、天文訓〕秋三月(季秋)に至れば、地氣下藏し、乃ち其の殺(伐の気)を収め、百蟲蟄伏し、靜居して戸を閉ざす。青女乃ち出で、以て霜雪を降らす。
【蟄雷】 初雷。春雷。唐・杜荀鶴〔友人の、山居水閣に題せらるるに和す、八韻〕詩 君が詩句に和す、吟聲大なり 蟲豸之れを聞いて、蟄雷と謂はん
↑蟄悪 悪を隠す/蟄居 閉居する/蟄戸 蟄虫の穴/蟄蔵 穴籠り/蟄竜 伏竜
↓永蟄・解蟄・久蟄・驚蟄・啓蟄・深蟄・潜蟄・冬蟄・発蟄・蟠蟄・伏蟄・閉蟄・幽蟄

【豑】 20 5812 チツ ついでる

篆文 

会意 豊れ＋弟い。豊は醴酒、弟は次第。〔説文〕五上に「爵の次第なり」とし、〔書、堯典〕「東作を平豑す」の文を引く。今本は「平秩」に作り、〔周礼、鄭注〕に「辨秩」、また〔史記〕に引いて「便程」に作る。豑が秩序の秩の本字。秩は秩禄の意である。
訓義 ①爵の次第、位の順序。②ついでる、ついで。
語系 豑 diet、弟 dyei は声義近く、弟は韋皮を次第して治める意。その次第の意を賜爵に及ぼして豑という。

チャ

常 【茶】 9 4490 〔茶〕 10 4490 チャ サ タ ちゃ

形声 茶は古い字書にみえず、その初文はおそらく荼とであろう。〔爾雅、釈木〕に「檟かは苦茶なり」、その〔釈文〕に「茶は茗めいの類なり」という。茶は唐の陸羽の〔茶経〕にその由来・産地・製法・飲用の法などが詳記され、宋・元以来、士人の愛用するものとなった。わが国では茶道として発達し、風雅の一とされている。
訓義 ①ちゃ、ちゃのは、おちゃ。②小茶は美少女。③また荼に作る。
古訓 〔篇立〕茶 ヲ、トチ・ネンゴロ
【茶園】 茶畑。唐・白居易〔香炉峯下に新たに草堂を置く、即事。～〕詩 巖に架して茅宇を結び 壑を斸り て、茶園を開く
【茶塩】 茶と塩。課税の対象とされた。〔元史、世祖紀四〕詔して、四川の民力困弊せるを以て、茶鹽等の課税を免ぜしむ。
【茶煙】 茶をわかす煙。唐・杜牧〔禅院に題す〕詩 觥船一棹すれば、百分(万事)空し 十歳の青春、公に負かず 今日鬢絲(白髪)禪榻の畔 茶煙輕く颺がる、落花の風
【茶甌】 茶釜。唐・朱慶余〔劉補闕の秋園寓興の什に和す、十首、九〕詩 積潤苔紋厚く 迎寒薺の葉稠し 閒來、古書を尋ぬ 未だ茶甌を執ることを廢せず
【茶芽】 茶の若芽。〔夢渓筆談、雑誌一〕茶芽、古人之れ

を雀舌・麥顆と謂ふ。其の至りて嫩らかなるを言ふ。

【茶会】ちやかい(くわい)　茶の会。〔萍洲可談、一〕太學生、路毎に茶會有り。輪する日、講堂に集りて茶す。畢く至らざる者無し。因りて以て、鄉里の消息を詢問す。

【茶客】ちやかく　茶あきんど。宋・林逋〔無為軍〕詩 酒家の樓閣、風に搖ぐ旆(はた)　茶客の舟船、雨に簇まる檣(帆柱)

【茶具】ちやぐ　茶道具。〔封氏聞見記、六、飲茶〕楚の人陸鴻漸(羽)、茶論を爲り、茶の功效と竝びに煎茶炙茶の法を說き、茶具二十四事を造り、都統籠を以て之れを貯ふ。遠近傾慕し、好事の者、家ごとに一幅を藏す。

【茶鼓】ちやこ　寺僧に茶時を知らせる鼓。宋・林逋〔西湖春日〕詩 春煙、寺院に茶鼓を敲ち　夕照、樓臺に酒旗を卓くす

【茶肆】ちやし　茶の店。〔夢粱録、十六、茶肆〕汴京の熟食店、名畫を張掛す。觀る者を勾引し、食客を留連せしむる所以なり。今杭城の茶肆も亦た之の如し。

【茶事】ちやじ　茶に関すること。唐・皮日休〔茶中雜詠の序〕(北)周より已降、國朝に及ぶ茶事、竟陵子陸季疵(羽)、之れを言ふこと詳らかなり。然れども季疵以前、茗飲と稱する者、必ず渾べて以て之れを亨る。

【茶仙】ちやせん　茶中の仙。唐・杜牧〔春日、茶山に病みて酒を飲まず。因りて賓客に呈す〕詩 誰か知らん、病太守　猶ほ茶仙と作ることを得るを

【茶鼎】ちやてい　茶釜。唐・皮日休〔茶中雜詠、茶鼎〕詩 立ちては菌蠢の勢ひを作し　煎にては潺湲の聲を爲す

【茶顛】ちやてん　茶に淫する。陸羽をいう。宋・蘇軾〔江晦叔に次韻す、二〕詩 歸り來つて又見る、茶顛の陸(羽)　多病仍ほ逢ふ、酒を止むる陶(潜)

【茶湯】ちやとう(たう)　湯茶。〔夢粱録、十六、茶肆〕夜市、大街に車擔もて浮舖(屋台)を設くる有り。茶湯を點じ、以て遊觀の人に便す。

【茶道】ちやどう(だう)　茶技。〔封氏聞見記、六、飲茶〕常伯熊といふ者有り。鴻漸(陸羽)の論に因りて廣く之れを潤色す。是に於て茶道大いに行はる。

【茶瓶】ちやへい　茶びん。〔夢粱録、十六、茶肆〕巷伯街房、自ら茶瓶を提げ、門に沿うて茶を點ずる有り。

↑茶靄　茶煙／茶引　茶税の証明／茶盂　茶盆／茶宴　茶会／茶花　山茶花／茶果　茶と果物／茶菓　茶と菓子／茶課　茶税／茶鍋　茶の鍋／茶海　茶の道／茶磑　茶臼／茶角　茶の招待状／茶榷　茶の専売税／茶褐　赤黒の色／茶旗　茶屋の旗／茶器　茶道具／茶技　茶の飲みかた／茶儀　寸志／茶脚　茶柱／茶臼　茶うす／茶巾　茶ふきん／茶軒　茶屋／茶戸　茶商／茶壺　茶つぼ／茶香　茶の香り／茶綱　献上の茶／茶座　茶席／茶市　茶の市場／茶匙　茶さじ／茶室　妓楼／茶社　茶坊／茶酒　茶と酒／茶粥　濃汁茶／茶食　茶菓子／茶神　陸羽を尊んでいう／茶水　茶用の水／茶炊　茶沸かし／茶船　茶托／茶筅　茶たて／茶僧　茶匙／茶槍　茶の芽／茶槽　茶うす／茶竈　煎茶のかま／茶托　茶碗の台／茶茶　少女の称／茶点　茶と点心／茶鐺　煎茶の鍋／茶囊　茶袋／茶焙　ほいろ／茶飯　食事／茶板　茶鼓／茶毗　火葬／茶瓢　茶さじ／茶風　茶あたり／茶圃　茶畑／茶舗　茶店／茶坊　茶屋／茶房　茶席／茶磨　茶臼／茶茗　茶／茶羅　茶ふるい／茶寮　茶室／茶令　茶席の掟／茶礼　結納／茶炉　茶の炉／茶滷　濃い茶汁／茶楼　茶館／茶籠　茶かご／茶話　茶のみ話／茶盌　茶碗／茶碗　茶のみ

↓喫茶・紅茶・酒茶・新茶・製茶・煎茶・磚茶・粗茶・団茶・点茶・番茶・焙茶・抹茶・無茶・名茶・銘茶・緑茶

チャク

【辵】　7　2080　チャク　はしる　こえる

篆文

会意 彳＋止。彳は小径、止は趾、歩行する意。〔説文〕二下に「乍ち行き、乍ち止まるなり」とするが、止は徃く意である。彳部・辵部の金文の字には、彳・辵を用いるものがあり、遣(遣)・追(追)・遙・遺(遺)には彳に従うもの、また後・復・御(御)に辵に従う形に作るものがある。〔説文〕にまた「讀みて、春秋公羊傳に、階を辵えて走ると曰ふが若くす」とあり、今本は辵を躇に作る。階を上るとき、一足ずつ揃えて上ることを拾級、左右を一段ずつ上るのを歴階、その歴階をこえることを辵(躇)という。いまわが国の神社や、特定の儀礼のときに拾級を用いるが、それはもと中国の古法である。

訓義 1はしる。2こえる。3彳亍、ゆきつとまりつする。

古訓 〔篇立〕辵　ハシル・ユキ・トゞム

部首 〔説文〕に百八字、重文三十一字、〔新附〕十三字。〔玉篇〕にはすべて二百五十五字を属する。うちに徒の字を含むが、徒は辵部に属し、土声の字である。

語系 辵・躇 thiak、亍 thiok は声近く、躑 diek、躅 diok も同系の語。踟 die、躕 dio は「たちもとほる」、彳亍・躑躅・踟躕はみな行きなやむことをいう形況の語である。

↑辵辵　ゆき走るさま

常【着】　12　8060　［著］　13　4460　チャク　きる　つける　つく

形声 正字は著に作り、者(者)声。者に堵・楮の声がある。附着のときにはチャク、字形も着を用い、著明・著作の著と区別して用いる。漢碑にすでに着の字形がみえる。いま慣用により、著と区別して標出する。

訓義 1きる、身につける、きもの。2つく、いたる、到着する。3著の俗字。著の諸義にも用いる。

古訓 〔名義抄〕著　ツマヅク・ノブ・タツ・キル・ハク・トゞマル・キタル・ツク・オク・ナル・アツマル・ワタイル　〔字鏡集〕著　ケカル・ツラヌク・アツマル・ノブ・クルフ・キル・トゞマル・ハク・キタル・ハウ・ツク・ワタル

＊語彙は著字条参照。

↑着衣　衣服／着意　留意する／着眼　注目／着実　確実／着手　始める／着色　彩色／着用　身につける／着落　落着

↓愛着・安着・延着・横着・帰着・決着・結着・固着・膠着・失着・執着・祝着・沈着・定着・土着・到着・撞着・頓着・粘着・発着・漂着・附着・逢着・瞞着・密着・悶着・癒着・落着・恋着

常【嫡】　14　4042　［嫡］　14　4042　チャク　テキ　むかいめ　つま　よつぎ

篆文

金文

形声 声符は啇。啇は帝を祀る祭儀を示す啻(禘)の字で、その祭儀を執行しうるものは、帝の直系者であることを要した。のち字は分かれて禘と嫡となり、禘はその祭儀、嫡はその執行者の身分をいう。嫡は嫡妻、〔説文〕十二下に「孎なり」、次条に「孎は謹むなり」とみえる。周初の金文〔小盂鼎〕に周王・武王・成王を「啻(禘)祀」することがみえる。嫡は正嫡・正夫人、その子を嫡子・嫡嗣という。

訓義 1むかいめ、正夫人、つま。2よつぎ。3つつしむ。

古訓 〔新撰字鏡〕嫡　牟加比女(むかひめ)、又、毛止豆女(もとつめ)／嫡母　万々波々(ままはは)　〔名義抄〕嫡　モトツメ・ヒトノメ・ムカヒメ　〔篇立〕嫡　イマメ・ムカヒメ・モトノメ　〔字鏡集〕嫡　ムカヒメ・モトノメ・ツク・トツキ・マサシ

【声系】〔説文〕に啇(啻)声として適(適)・蹢・謫・敵(敵)・滴(滴)・摘(摘)・嫡・鏑など十一字を収める。啇(啻)は禘祀を示す字。帝の嫡系として、それに「適ない」「敵たる」もので、適・嫡はその声義を承ける。別に滴・鏑のように、まるくつぶらなもの、またうつ音を形容する意に用い、正嫡の意にあたらぬものには、その系列の語が多い。

【嫡子】てきし ちゃくし 正妻の生んだ長男。〔左伝、僖二十四年〕(趙)盾を以て才なりと爲し、固く公に請ひて以て嫡子と爲し、其の三子をして之れに下らしむ。

【嫡嗣】てきし あとつぎ。〔東観漢記、下邳恵王衍伝〕前の太子卬、頑凶にして道を失ひ、大辟(死刑)に陷る。是の後、諸子更ゝ相ひ誣告し、今に迄るも嫡嗣未だ定まる所を知らず。朕れ甚だ之れを傷む。

【嫡室】てきしつ ちゃくしつ 正殿。また、正夫人。〔三国志、蜀、先主甘皇后伝〕沛の人なり。先主〜納れて以て妾と爲す。先主數ゝ嫡室を喪ふ。常に内事を攝し、〜後主を産む。

↑嫡位 世子/嫡裔 正系/嫡妻 本妻/嫡庶 嫡子と庶子/嫡妾 正妻と妾/嫡孫 嫡子の孫/嫡男 嫡子の男子/嫡長 総領/嫡嫡 嫡流/嫡派 正統/嫡配 正妻/嫡父 実父/嫡婦 嫡子の妻/嫡流 正統

↓元嫡・世嫡・正嫡・長嫡・家嫡・廃嫡・立嫡

チュ

【邾】 9 2792 チュ

篆文 

形声 声符は朱。〔説文〕六下に「江夏縣なり」とあり、湖北の地。周の邾国は山東の鄒に在り、魯の附庸国であった。邾婁ともいう。

【訓義】①地名。②周の国名、鄒・邾婁ともいう。

【蛛】 12 5519 〔鼄〕 19 2571 チュ くも

篆文 

形声 声符は朱。正字は鼄に作る。蜘蛛は、くも。

【訓義】①くも。②字はまた鼄に作る。

【古訓】〔和名抄〕蜘蛛 久毛(くも) 〔名義抄〕蜘蛛 クモ・アシタカクモ/蝪蛛 クモ

【蛛糸】ちゅし くもの糸。唐・盧綸〔崔侍御の早秋臥病、情を書して寄せらるる〜に酬ゆ〕詩 寂寞として琴を罷むれば、風、樹に滿つ 幾多の黄葉、蛛絲に落つ。

↑蛛螫 蛛にさされた毒害/蛛煤 くもの巣のかかる荒廃したさま/蛛網 くもの巣/蛛羅 蛛網

↓齏蛛・餓蛛・垂蛛・蜘蛛・壁蛛・網蛛

【牏】 13 2802 チュ ユ

篆文 

形声 声符は俞。俞に偸・揄の声があり、牏はその短音。〔説文〕七上に「牆を築く短版なり」とあり、「讀みて俞の若くす。一に曰く、紐の若くす」という。版築に用いる板の小さなもの、それで牆を作る。

【訓義】①かきを築くときの短いそえ板、ついひじいた。②窬と通じ、厠のものを通す穴、くそつぼ。③したぎ、はだじゅばん。

【古訓】〔名義抄〕牏 ツイヒヂイタ 〔篇立〕牏 ハイオホヒ・ツイタチノヒヂイタ 〔字鏡集〕牏 ツイヒヂ・ツヒヂイタ・ツイカキ

【牏厠】ちゅし 便器。また、中衣。〔石林詩話、中〕蘇子瞻(軾)、石建(漢の万石君)方に欣ぶ牏厠を洗ふを(戊寅の歳の上元に追和すの詩)〜漢書に據るに、牏厠は本と厠牏、蓋し中衣なり。

↓厠牏

チュウ

人【丑】 4 1710 チュウ(チウ) うし

篆文 甲骨文 金文 

象形 指先に力を入れて曲げ、強くものを執る形。又(手)の字形の、爪を立てている形である。〔説文〕十四下に「紐なり。十二月、萬物動きて事を用ふ。手の形に象る。時に丑を加ふ。亦た手を舉ぐるの時なり」とするが、いうところが明らかでない。十二支の丑として字義を解するものであるが、十二支に用いるのは仮借義。糸を強くしめることを紐といい、印璽のつまみを鈕という。また衄は鼻を強く殴って鼻血を出すことをいう。みな指に力を加える意がある。金文の叔の字は尗(戚)と丑とに従う。また肘は肘に力を入れる意で、寸はおそらく丑の省略形であろう。明の徐渭の〔南詞叙録〕に、醜の省文であるという。

【訓義】①つめたてる、かたくもつ、むすぶ、とざす。②うし、十二支の一。③はじめ、やしなう。④演劇の道化役、ちゃり役。

【古訓】〔字鏡集〕丑 ウシ

【部首】〔説文〕に𦙍・羞の二字を属し、𦙍 十四下 は「肉を食らふなり」、羞は「進め獻ずるなり」とあって、ともに肉を薦める意。丑 十四下 にものを強く把持する意がある。〔玉篇〕には膰の初文をこの部に収める。番は釆と田に従い、釆は獣爪、田はその掌の形である。

【声系】〔説文〕に丑声として羞・衄・狃・紐・鈕など、その派生字を含めて十五字を収める。丑の声義を承けるものが多い。

【語系】丑 thiô は叉・爪 tzheu、搔 su など、指爪に関する語と声が近い。また躑躅 dick-diok は足指に力の入る状態をいい、また同系の語である。

【丑座】ちゅうざ 唐の宰相牛僧孺をののしる語。〔東軒筆録、二〕(丁晋公)其の令威の裔なるを以て、好んで仙鶴を言ふ。故に但だ呼んで鶴相と爲す。猶ほ李逢吉の、牛僧孺を呼んで、丑座(牛宰相)と爲すがごとし。

【丑肉】ちゅうにく 牛肉。〔宣室志、朱峴女〕夜叉曰く、牛なる者は田疇を耕す所以、生人の大本爲り。苟くも其の肉を食らはざる者は、則ち上天之れを佑けんと。〜祝りて曰く、某願はくは終身丑肉を食らはざらんと。

↑丑角 東北/丑月 十二月/丑児 役者/丑満 道化のひげ

↓建丑・丁丑

常【中】 4 5000 チュウ なか うち あたる

篆文 甲骨文 古文 籀文 金文 

象形 旗竿の形。卜文・金文には、上下に吹き流しを加えたものがあり、中軍の将を示す旗の形。〔説文〕一上に「而なり」、〔繫伝〕に「和なり」とするが、宋本に「內なり」とするものがあり、而は內(内)の誤字であろう。また字形について「口と丨とに従ふ。上下通ずるなり」とするが、卜辞では中を中軍の意に用いる。「中に立のぞまんか」とは、中軍の将たる元帥として、その軍に涖む意であろう。元帥とする者を謀る意であろうと思われる。すべて中央にあって中心となり、内外上下を統べ、中正妥当をうることをいう。〔説文〕に収める字形はすべて凵に従うが、それは史(史)・事の従うところで、旗竿の象ではない。旗竿には偃游(吹き流し)のほかに、旗印をつけた。

【訓義】①なか、中央、三軍の元帥のいる中軍。②なかほど、なかがわ、うち。③こころ、からだ、はらわた。④たいらか、ただしい、ひとしい。⑤投壺の算を入れる器。⑥あたる、的中する、あう。⑦なる、成功する、及第する。⑧あいだ、へだてる。

古訓 〔名義抄〕中 ウチ・ナカ・アタル・ヤブル・ナカコ・ナカゴロ・アツ・アヒダ・ソコナフ・タガヒニ・アフ・ナカバ・トホス・トホル・ヘダツ／就中 ナカニツイテ・ナカムヅクニ

声系 〔説文〕に中声として盅・仲・衷・忠・忡・沖など七字を収める。盅は〔老子、四〕「道は沖にして之れを用ふ」の〔傅奕本〕に、沖を盅に作る。中声には、なか、うち、みつるなどの義をもつものが多い。

語系 中・衷 tiuəm、仲 diuəm は声近く、仲は主として親族称謂として用いる。督・裻 tuk も声近く、督は督脈、一身の中央にあるもの、裻は衣の背筋の縫目。衣の中縫をまた督縫という。

【中阿】山のくま。民俗の行事などのある聖所。〔詩、小雅、菁菁者莪〕菁菁たる者は莪 彼の中阿に在り 既に君子を見る 樂しみて且つ儀有り

【中央】まんなか。〔荘子、天下〕我、天下の中央を知る。燕の北、越の南、是れなり。

【中華】中国の自称。華は文化。〔北斉書、高昂伝〕時に鮮卑共に中華の朝士を輕んず。唯だ昂に憚服す。高祖、三軍に申令する毎に、常には鮮卑語なるも、昂若し列に在るときは、則ち華言を爲す。

【中懐】心のうち。漢・蘇武〔詩、四首、二〕幸ひに絃歌の曲有り 以て中懷を喩ふべし 請ふ、遊子の吟を爲さん 冷冷として一に何ぞ悲しき

【中外】国の内外。〔史記、文帝紀〕夫れ久しく難を結び兵を連ぬるときは、中外の國、將た何を以てか自ら寧んぜん。～以て朕が意を單于に諭さしめよ。

【中饋】家の食事。〔顔氏家訓、治家〕婦は中饋を主とす。惟だ酒食衣服の禮を事とするのみ。國は政に預らしむべからず。家は蠱(災)を幹さしむべからず。

【中経】詩・周礼・儀礼を中経とする。また、宮中秘蔵の経書。〔隋書、経籍志一〕魏の祕書郎鄭默、始めて中經を制し、祕書監荀勗、又中經に因り、更に新簿を著はし、分ちて四部と爲し、群書を總括す。

【中元】旧七月十五日。盆。〔歳華紀麗、三、中元〕孟秋の望、中氣の辰、道門の寶蓋、獻ずること中元に在り。釋氏の蘭盆、此の日に盛んなり。

【中原】国なか。中国。宋・陸游〔児に示す〕詩 王師北のかた中原を定むる日 家祭、乃翁に告ぐることを忘るること無かれ

【中行】軍制上の中軍。古く、左・右と中行とに分かった。また、中正の道。〔論語、子路〕中行を得て之れに與せずんば、必ずや狂狷か。狂者は進みて取り、狷者は爲さざる所有り。

【中国】国都のうち。また、中つ国。外国に対していう。〔書、梓材〕先王既に勤めて明徳を用ひ、～庶邦丕いに享く。皇天既に中國の民と、厥の疆土とを先王に付したまへり。

【中坐】座中。また、会半ば。〔後漢書、郭太伝〕(黄)允聞きて其の妻夏侯氏を黜遣す。婦～曰く、～一たび親屬を會し、以て離訣の情を展べんと乞ふと。～婦、中坐にして、袂を攘うて、允の隱匿せる穢惡十五事を數め、言ひ畢りて、車に登りて去る。

【中使】宮中よりの使者。〔後漢書、宦官、張讓伝〕凡そ詔して徵求する所、～號して中使と曰ふ。州郡を恐動し、多く賕賂を受く。

【中傷】讒言する。〔後漢書、楊秉伝〕秉へ、因りて(中常侍侯)覽～を奏して曰く、～其の阿諛して容を取る者には、則ち公に因りて褒擧し以て私惠に報じ、心に忤逆する者有れば、必ず事を求めて中傷し、其の凶忿を肆にすと。

【中情】心のうち。〔楚辞、離騒〕衆は戸ごとに説くべからず 孰か云ふ、余の中情を察すと

【中心】まん中。また、心中。〔詩、王風、黍離〕行き邁くこと靡靡たり 中心醉へるが如し

【中朝】内朝。宮中。〔邵氏聞見録、三〕(王)安石、高科にして文學有りと雖も、本と遠人(撫州臨川)なり。未だ中朝の士大夫の服する所と爲らず。乃ち深く韓・呂二家兄弟に交はる。

【中庭】なか庭。宋・張先〔木蘭花〕詞 中庭の月色、正に清明 無數の楊花、過ぎて影無し

【中道】中庸の道。途中。〔論語、雍也〕力足らざる者は、中道にして廢す。今、女は畫れり。

【中風】中気。身体がしびれる。〔漢書、叙伝上〕家は本と北邊、志節忼慨。～上、(班)伯を徵す。～道にて中風を病む。既に至り、～賞賜甚だ厚し。數年なるも、未だ起つこと能はず。

【中分】半分にわける。〔史記、項羽紀〕項王乃ち漢と約し、天下を中分す。

【中庸】中正、過不及がない。〔論語、雍也〕子曰く、中庸の徳爲るや、其れ至れる矣乎。民(能くするもの)鮮なきこと久し。

【中立】中正の立場に立つ。〔中庸、十〕君子は和して流れず。強なる哉、矯たり。中立して倚らず。強なる哉、矯たり。

【中流】流れの中央。〔史記、周紀〕武王、河を渡る。中流にして、白魚躍りて王の舟中に入る。武王、俯して取りて、以て祭る。

【中霤】室の中央。霤の落ちるところ。亞形の地下住居の中央の凹所。〔礼記、郊特牲〕家には中霤を主とし、國には社を主とす。

【中和】中正で調和があること。〔中庸、一〕喜怒哀樂の未だ發せざる、之れを中と謂ふ。發して皆節に中る、之れを和と謂ふ。～中和を致して、天地位し、萬物育す。

↑中衣 祭服／中意 気に入る／中闈 宮中／中飲 半酔半醒／中隠 閑職に身を寄せる／中衛 近衛／中筵 宴席／中河 河中／中夏 中華／中家 中流の家／中額 合格数／中浣 月の中の十日／中間 中ごろ／中澣 中浣／中気 中風／中逵 四通八達／中畿 王畿／中宮 皇后／中虚 心／中区 世間／中矩 規にあたる／中空 中虚／中裙 肌着／中軍 本陣／中閨 閨中／中堅 中軍／中戸 中流の家／中冓 閨中／中谷 谷間／中壼 宮中の女房部屋／中才 凡才／中歳 平年作／中斎 書斎／中材 中才／中産 中流の財／中餐 午餐／中子 次子／中止 途中でやめる／中旨 帝意／中試 合格する／中時 ひるどき／中軸 中心／中実 まこと／中酒 酒宴中／中寿 八十歳／中州 中国／中洲 川中のす／中秋 仲秋／中宿 二泊／中春 仲春／中旬 月の中十日／中書 宮中の文書／中暑 中熱／中症 中風／中宵 中夜／中霄 中空／中殤 若死に／中城 本丸／中夕 中夜／中昔 中古／中絶 中断／中宗 中興の主／中倉 内府／中蔵 内臓／中第 及第する／中単 中衣／中断 中止／中知 普通の才／中智 中知／中腸 心／中直 正しい／中弟 長弟／中廷

途中／中適 正しい／中天 大空／中途 途中／中土 中国／中祭 内祭／中毒 毒当たり／中頓 休憩する／中熱 暑気当たり／中廃 中止／中半 半分／中飯 午餐／中婢 小女／中微 中ごろ衰える／中表 いとこ同志のよびかた／中品 中等／中府 内府／中婦 女官／中傅 宦官／中伏 真夏／中腹 山の中程／中保 媒介／中鋒 筆鋒の直下する書法／中民 中流の民／中冥 夕暮れ／中夜 夜半／中野 野の中／中林 林の中／中路 途中

↓意中・雲中・億中・火中・渦中・画中・懐中・寒中・環中・眼中・巌中・忌中・客中・宮中・居中・胸中・禁中・区中・空中・軍中・最中・侍中・執中・術中・暑中・掌中・城中・心中・人中・折中・喪中・卒中・的中・土中・道中・南中・日中・熱中・腹中・房中・夢中・命中・連中

常
【仲】 6 2520 チュウ なか

篆文  金文 

形声 声符は中。〔説文〕八上に「中なり」とあり、仲子の意。兄弟の順序は、殷では大中小、周では伯仲叔季という。もと中に作り、卜辞では中軍の中と区別して、中軍の中には上下に偃遊(吹き流し)の形を加える。篆文の字が凵に従うのは誤りである。

訓義 ①なか、中。兄弟の順序において、なか。②また、中に作り、通用の例が多い。

古訓 〔名義抄〕仲 ナカ・ナカノ

語系 仲 diuəm、中・衷 tiuəm は声近く、みな中なるものの意がある。督・裻 tuk も声義の関係があり、督は督脈にして身の中央の経脈、裻とは背の衣縫にして衣の中央の縫いめをいう。仲は親族称謂のほか、〔詩、秦風、黄鳥〕「子車仲行」、〔礼記、月令〕「仲春の月」のように、場所や時の中央・中間にあるものをいう。

【仲雅】 中の爵。魏・文帝〔典論、酒誨〕荊州の牧劉表、南土を跨有し、子弟驕貴、竝に酒を好む。三爵を爲くり、大を伯雅と曰ひ、次を仲雅と曰ひ、小を季雅と曰ふ。

【仲父】 功臣を尊んでいう。斉の管仲にはじまる。〔荀子、仲尼〕(桓公)管仲の能く以て國を託するに足るを見るや、～立てて以て仲父と爲せども、貴戚之れを敢て妬む莫し。

↓季仲・伯仲

常
【虫】 6 5013 〔蟲〕 18 5013 チュウ キ むし

篆文 

会意 正字は蟲に作り、三虫に従う。〔説文〕十三下に「足有るもの、之れを蟲と謂ふ。足無きもの、之れを豸と謂ふ。三虫に從ふ」という。豸は貍・貓の従うところで、明らかに足があり、〔説文〕のいうところは逆である。〔荘子、在宥〕「災ひ、草木に及び、禍ひ、止蟲に及ぶ」の止は豸の仮借。蟲は蛇や昆虫類、また羽毛鱗介のものを含めていうこともある。いま略字として用いる虫は別の字で、本音はキ、まむしをいう。

訓義 ①むし。②虫はまむし。③羽毛鱗介の総名に用いる。

古訓 〔和名抄〕蟲 无之(むし) 〔篇立〕蟲 ムクメク・ムシ

部首 〔説文〕に虫・蚰・蟲の三部があり、蟲部に蠱など四字を属する。その部にはまた蝨・蚍・蜚など別体の字として加えており、これによっていえば、この三部の間に厳密な区別があるわけではない。

声系 〔説文〕に蟲声として融など四字を収める。その字はみな融のように、蟲の省声に従うとするが、融は会意字とみるべきである。釜鬲の外に蟲がこぼれるように溢れ、器中のものがすでに融解していることを示す。

語系 蟲 diong、動 dong は声義近く、蟲とは蠢動するものをいう。

【虫気】 虫による病。〔史記、倉公伝〕病蟯、之れを寒溼に得たり。寒溼の氣、宛(鬱)篤して發せざれば、化して蟲と爲る。～是れ蟲氣なり。

【虫書】 虫形を飾りに加えた書。鳥と合わせて鳥虫書という。漢・許慎〔説文解字叙〕爾れより秦の書に八體有り。一に曰く大篆、二に曰く小篆、三に曰く刻符、四に曰く蟲書。

【虫声】 虫の声。民国・鄭孝胥〔六月十五日夜、月下〕詩 風穿ち、月は透る海藏樓 坐は蟲聲に近くして、已に秋に似たり

【虫蛇】 蛇。〔芸文類聚、七十四に引く晋の索靖の書勢〕蓋し草聖の狀爲るや、婉として銀鉤の若く、漂として驚鸞の若く、～蟲蛇蚴虯、或いは往き或いは還る。

【虫豸】 虫類。〔漢書、五行志中之上〕凡そ草物の類、之れを妖と謂ふ。～蟲豸の類、之れを孼と謂ふ。孼は則ち牙孼なり。～人に及ぶ、之れを痾と謂ふ。痾は病の貌なり。

【虫篆】 鳥虫の書。〔陳書、顧野王伝〕長じて遍く經史を觀、精記嘿(默)識し、天文地理、蓍龜占候、蟲篆奇字、通ぜざる所無し。

【虫螟】 作物の害虫。くきむし。ずいむし。〔礼記、月令〕(仲春の月)夏令を行ふときは、則ち國に乃ち大旱あり。煖氣早く來り、蟲螟害を爲す。

【虫鏤】 虫食い。また、すかし彫りの類。〔東観余論、上、商著尊説〕按ずるに兩器皆皇祐中に之れを得たり。～今此の二尊、形模古質、殊に蟲鏤無し。弟だ獸を以て腹を飾り、雙耳を以て肩を挾むのみ。周の物に比して樸なりと爲す。

【虫籠】 虫かご。〔鶴林玉露、丙六、画馬〕曾雲巣無疑、工みに草蟲を畫く。～曰く、～某少時より草蟲を取り、籠して之れを觀、晝夜を窮むるも厭かず。又其の神の完からざるを恐れ、復た草地の閒に就きて之れを觀る。是に於て始めて其の天を得～と。

↑虫化 蛻化／虫害 虫の害／虫蝎 木喰い虫／虫虺 虫蛇／虫螘 あり／虫蟻 あり／虫垢 愚か／虫蝗 いなご／虫災 虫害／虫兒 おかしら／虫聚 群がる／虫蝕 むしばむ／虫旋 鐘の柄の文様／虫蛆 うじむし／虫霜 作物の害／虫虫 熱のあるさま／虫凋 虫蝕／虫臂 微細／虫文 虫書／虫網 虫羅／虫妖 虫の妖／虫羅 くもの網

↓羽虫・益虫・夏虫・華虫・介虫・害虫・玉虫・吟虫・穴虫・甲虫・狡虫・蝗虫・昆虫・沙虫・三虫・鷙虫・小虫・水虫・生虫・成虫・草虫・螯虫・雕虫・蠹虫・飛虫・螟虫・毛虫・野虫・幼虫・裸虫・鱗虫

【忡】 7 9500 チュウ うれえる

篆文 

形声 声符は中。〔説文〕十下に「憂ふるなり」とあり、「詩に曰く、憂心忡忡たり」と〔詩、邶風、撃鼓〕の句を引く。今、「憂心忡たる有り」に作る。

訓義 ①うれえる、うれえるさま。②字はまた㤝に作る。

古訓 〔名義抄〕忡 ウレフ・オトロフ・イタム 〔字鏡〕忡 ウレフ・イタム・ナゲク・オドロク・シホトハシル

↑忡怛 いたむ／忡忡 憂える／忡悵 嘆く／忡惕 おそれる／忡惙 おそれる

常
【沖】 7 3510 チュウ わきうごく ふかい むなしい おき

篆文  甲骨文  金文  古印璽 

形声 声符は中。〔説文〕十一上に「涌き搖くなり」とあり、水

のわき出るさまをいう語とする。これを沖虚の意に用いるのは盅字の義である。〔老子、四〕の「道は沖」の沖を、〔傅奕本〕に盅に作る。虛器の意。〔書、金縢〕「惟れ予れ沖人、知るに及ばず」とは、幼弱の人をいう。わが国では、水辺を遠くはなれた「おき」をいう。

訓義 ①わく、わきうごく。②ふかい、ふかくひろい。③盅と通じ、むなしい、やわらぐ、ととのう。④僮と通じ、おさない、いとけない。⑤国語で、水の沖べをいう。

古訓 〔名義抄〕沖 ムナシ・フカシ・イタル・ヒヽル・トホル 〔篇立〕沖 フカシ・マサシ・ホガラカニ・ヒロシ・ウツホ・ハルカニ・ハナシ・ツルカ・ツクサカシ 〔字鏡集〕沖 サカシ・フカシ・イタル・ヒヰル・ハルカニ・ヒヽル・ムナシ・ウツホ・マサニ・トホル

【沖虚】淡泊の境地。〔三国志、魏、王粲等伝評〕粲は特り常伯の官に處り、一代の制を興す。然れども其の沖虚德宇は、未だ徐幹の粹なるに若かず。

【沖衿】淡泊な心。沖襟。〔晋書、王湛等伝論〕懐祖(王述)は鑒局夷遠、沖衿玉粹なり。

【沖子】幼子。〔書、召誥〕今、沖子(成王)嗣ぐ。則ち壽耇を遺つること無く、曰に其れ我が古人の德を稽へよ。矧た曰に其れ能く天に稽謀すること有れ。

【沖人】幼弱の人。〔書、金縢〕昔、公、王家に勤勞せるも、惟れ予れ沖人、知るに及ばず。

【沖静】無心でおだやか。魏・文帝〔善哉行〕楽府 比翼雲漢に翔ばば 羅者(網する者)安くにか羈する所ぞ 沖靜自然を得ば 榮華何ぞ爲すに足らん

【沖寂】もの静か。〔江淮異人録、下、江処士〕性、沖寂にして道を好み、能く鬼魅を制す。

【沖退】無心でひかえめ。唐・柳宗元〔厳公貺～を送る詩の序〕吾子、沖退の志を以て、其の趣嚮を端し、淬礪の誠を以て、其の文雅を修めよ。

【沖淡】あっさりする。〔世説新語、政事注に引く名士伝〕王承、字は安期、～沖淡寡欲、循尚する所無し。東海内史に累遷し、政を爲すこと清靜、吏民之れに懷く。

【沖天】天高く上る。晋・孫綽〔天台山に遊ぶの賦〕王喬(仙人)は鶴を控いて以て天に沖し、應眞(僧)は錫を飛ばして以て虚を躡む。

【沖邈】深遠で広大。唐・顔真卿〔右武衛将軍臧公神道碑銘〕沈靜にして言少なく、寛仁にして衆を得たり。奇謀沖邈、英勇、倫に冠たり。

【沖默】淡泊でもの静か。晋・陶潛〔晋の故征西大将軍長史孟府君伝〕(孟嘉)沖默にして遠量有り。弱冠にして儔類咸く之れを敬す。同郡の郭遜、清操を以て名を知らる。～自ら以て及ばずと爲す。

【沖和】おだやかな気。〔列子、天瑞〕清輕なる者は上りて天と爲り、濁重なる者は下りて地と爲り、沖和の氣なる者は人と爲る。故に天地精を含み、萬物化生す。

↑沖闇 幼昧/沖隱 深奥/沖華 奥深く美しい/沖気 天の和気/沖凝 和らぎとけあう/沖眷 天に深い恩/沖旨 勅旨/沖弱 幼弱/沖霄 天に沖する/沖譲 謙譲/沖深 やわらぎゆかしい/沖齔 七、八歳の幼年/沖邃 奥深い/沖爽 爽朗/沖操 謙虚/沖損 謙損/沖澹 沖淡/沖年 幼年/沖眇 年少/沖富 若くゆたか/沖昧 幼く愚か/沖滿 盈虚/沖妙 すぐれる/沖約 無欲/沖融 ふかくみちる/沖溶 みちてゆらぐ/沖靈 霊妙

↓盈沖・淵沖・寛沖・虚沖・空沖・謙沖・処沖・深沖・清沖・太沖・飛沖・幼沖・和沖

【狆】 7 4520 チュウ ちん

形声 声符は中。中国の貴州・雲南地方に住む少数民族の一。布依族。仲家。

訓義 ①仲家。②国語で、ちん、犬の一種。

【狆人】仲家。仲家人。〔雲南遊記〕(雲南夷人種類表、狆人)貴州狆家、苗と同族なり。男子は纏頭短衣跣足、女子は耳に大環を綴るなり。～纏足して履を著く。嗜んで犬鼠を食らふ。風俗朴陋なり。

↑狆家 仲家/狆苗 布依族

常【肘】 7 7420 チュウ(チウ) ひじ おさえる

篆文

形声 声符は寸。寸に紂の声があるが、おそらく丑の省形に従うものであろう。丑は指先に強く力を入れてものを持ち、ひきしめる意をもつ字。〔説文〕四下に「臂の節なり。肉寸に從ふ。寸は手の寸口なり」(段注本)とするが、寸口は手首の脈どころの名で、肘とは関係がない。指先に力を入れるのは丑、ひじに力を加えるのが肘である。

訓義 ①ひじ、かいな、かいなの関節。②ひじでおさえる、おさえる、とめる。③尺度の名。二尺、また一尺五寸ともいう。四肘一弓、三百弓で一里。

古訓 〔新撰字鏡〕肘 比知(ひぢ) 〔名義抄〕肘 ヒヂ・カヒナ・タフサ・ヒヂノフシ

語系 肘 tiu、丑 thiô は声が近い。〔説文〕に疛・紂・酎を肘の省声とするが、本来丑声の字である。

↑肘腋 わき/肘行 肘で進む/肘掣 わきから妨害する/肘腕 うで

↓引肘・盈肘・貫肘・曲肘・屈肘・繫肘・制肘・掣肘・束肘・臂肘・両肘

【侜】 8 2724 チュウ(チウ) たぶらかす おおいかくす

篆文

形声 声符は舟。〔説文〕八上に「廱蔽すること有るなり」とあり、事実をおおいかくして、たぶらかすことをいう。〔詩、陳風、防有鵲巢〕に「誰か予が美(愛人)を侜かす」とあって、譸と声義の通ずる字である。〔書、無逸〕に「民胥ひ譸張して、幻を爲すこと或る無し」とあり、譸張とは相欺くことをいう。譸は禱・籌と同系の語である。

訓義 ①たぶらかす、いつわる、はかる、あざむく。②おおいかくす。

古訓 〔名義抄〕侜 アサムル/譸 アザムク・タレソ・タブラカス 〔篇立〕侜 アサムク

語系 侜・譸 tiu、詶 tjiu は声義近く、詶は〔説文〕三上に「譸ふなり」、譸は「詶ふなり」とあって互訓。祝(祝)・呪 tjiuk、䛆 diu も同系の語。呪祝のことによって、譸張を加えることが多いようである。

【侜張】たぶらかす。〔昌言〕是に于いて淫厲亂神の禮興り、侜張變怪の言起る。

↑侜誑 あざむく/侜佞 黍の神

常【宙】 8 3060 チュウ(チウ) そら

篆文

甲骨文
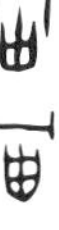

形声 声符は由。由に抽・紬の声がある。〔説文〕七下に「舟輿の極り覆ふ所なり」とあり、地を覆うというほどの意である。〔淮南子、斉俗訓〕に「往古來今、之れを宙と謂ひ、四方上下、之れを宇と謂ふ」とあって、宙を時間、宇を空間の意とするが、字はともに建物の象である宀に従う。〔淮南子、覧冥訓〕の〔高誘注〕に、宇を家の簷、宙を棟梁の意としており、それが字の初義であろう。由は〔説文〕にみえず、字源を確かめが

たいが、おそらく卣がその初文。瓠などが熟して、その果肉が融解し、外殻のみを存する形で、その液を油といい、その外郭を卣とする。また卣のように、外の全体を蓋うものを建物の上に及ぼして、宙と称するのであろう。

訓義 ①家のむね、そら、あめ。②とき、むかしといま。③ひろい、のびる。

古訓 〔名義抄〕宙 オホソラ・イニシヘ 〔篇立〕宙 イニシヘ・サル・ニシ・ヰル・オホソラ・イマウル 〔字鏡集〕宙 ハタス・イタル・ヰル・ワタス・イマ・イニシヘ・オホソラ

語系 宙・冑 diu は同声。冑の金文は冑鍪の下に目をあらわす象形字。外より覆う意の宙と同じく、頭を覆う武具をいう。

【宙合】天地古今を合わせていう。〔管子、宙合〕天地は萬物の橐なり。～宙合の意、上は天の上に通じ、下は地の下に泉し、外は四海の外に出づ。天地を合絡し、以て一裹と爲す。

↑宙宇 時間と空間／宙然 広い／宙表 天外
↓宇宙・窮宙・区宙・上宙・碧宙

常
【忠】 8 5033

チュウ
まごころ まこと ただしい

篆文

金文

形声 声符は中。〔説文〕十下に「敬しむなり」とあり、心を尽くすことをいう。〔論語〕〔左伝〕に多くみえるが、みなその義。〔逸周書、謚法解〕に「身を危うくして上に奉ずるを忠と曰ふ」と忠君の意とするのは、後起の義である。

訓義 ①まごころ、まこと、まことをつくす。②ただしい、つつしむ、かなう。③おもいやり、いつくしむ、こころをつくす、てあつい。④君につかえる、君につくす。

古訓 〔名義抄〕忠 タヾシ・タカシ・マコト・ナホシ・ウヤマフ

【忠愛】心からいつくしむ。〔礼記、王制〕凡そ五刑の訟を聽くには、必ず～其の聰明を悉くし、其の忠愛を致し、以て之れを盡す。

【忠益】真心を以て世に益する。清・侯方域〔予め試策を省す、一〕夫れ古の綴衣（衣服の官）・虎賁（護衛）は皆吉士を擇び、而る後出入起居、非幾（不善の兆し）に陷らず。輔導を愼み、忠益を廣むる所以なり。

【忠恪】まめやかで慎み深い。〔後漢書、皇后上、和熹鄧皇后紀〕公卿百官、其れ勉めて忠恪を盡し、以て朝廷を輔けよ。

【忠肝】忠義の心。〔宋史、儒林八、王応麟伝〕帝、集英殿に御して士を策す。～帝、第七巻を易へて、其の首に寘かんと欲す。應麟之れを讀みて、乃ち頓首して曰く、是の卷、古誼は龜鏡の若く、忠肝は鐵石の若し～と。名を唱ふるに及べば、乃ち文天祥なり。

【忠諫】真心で諫める。蜀・諸葛亮〔出師の表〕志士の氣を恢弘し、宜しく妄りに自ら菲薄なりとし、喩へを引き義を失ひ、以て忠諫の路を塞ぐべからざるなり。

【忠義】君国に真心をつくす。〔後漢書、桓典伝〕獻帝位に即く。三公奏す。典、前に何進と、閹官（宦官）を誅するを謀る。功遂げずと雖も、忠義炳著なり。

【忠勤】真心でいそしむ。〔宋史、虞允文伝〕晩にして時艱に際し、將相に出入すること、二十年に垂んとす。孜孜として忠勤して二無し。

【忠謹】まじめで慎みぶかい。〔漢書、趙充国伝〕張安世、～孝武帝に事ふること數十年、忠謹と謂はる。宜しく之れを全度（放免）すべし。

【忠勳】君に尽くした功。〔後漢書、桓帝紀〕漏刻の閒に、桀逆梟夷（梟首夷滅）せらる。斯れ誠に社稷の祐ひ、臣下の力なり。宜しく慶賞を班ち、以て忠勳に酬ゆべし。

【忠恵】真心で愛する。〔国語、呉語〕越國の中、吾れ、民を寬にして以て之れを子しみ、忠惠以て之れを善くす。～民の欲する所を施し、民の惡む所を去る。

【忠敬】恭しくつかえる。晋・潘岳〔楊荊州（肇）の誄〕伊れ君は臨終にも忠敬を忘れず、牀蓐に寢伏するも、念ひは朝廷に在り。

【忠賢】真心があり、賢い。魏・李康〔運命論〕運の將に隆んならんとするや、必ず聖明の君を生ず。聖明の君には必ず忠賢の臣有り。其の相ひ遇ふ所以、求めずして自ら合ふ。

【忠謇】真心で直言する。〔唐書、魏徴伝〕帝曰く、當今、忠謇貴重、徵に踰ゆるもの無し。

【忠言】忠直の言。〔史記、留侯世家〕忠言は耳に逆らふも、行ひに利あり。毒藥は口に苦きも、病に利あり。願はくは沛公、樊噲の言に聽け。

【忠孝】忠義と孝行。〔唐書、韋陟伝〕永泰元年～忠孝と謚せんと議す。顏眞卿以爲へらく、國に許すと親を養ふとは兩立せず、當に二行を合して謚と爲すべからずと。

【忠厚】真心があり、手厚い。〔荀子、礼論〕禮なる者は、生死を治むるに謹む者なり。～故に生に事へて忠厚ならず、敬文ならざる、之れを野と謂ふ。死を送りて忠厚ならず、敬文ならざる、之れを瘠と謂ふ。君子は野を賤しみ、瘠を羞づ。

【忠告】真心で意見する。〔論語、顔淵〕忠告して之れを善道（導）し、可かざれば止む。

【忠魂】忠義の人の英魂。唐・許渾〔衛将軍の廟に題す〕詩 忠魂を奠らんと欲するも、何れの處にか問はん 葦花楓葉、雨霏霏たり

【忠志】忠義の志。蜀・諸葛亮〔出師の表〕然れども侍衞の臣、內に懈らず、忠志の士、身を外に忘るる者は、蓋し先帝の殊遇を追ひ、之れを陛下に報ぜんと欲すればなり。

【忠実】まめやか。〔史記、李将軍伝論賛〕死するの日に及んで、天下の知ると知らざると、皆爲に哀しみを盡せり。彼は其の忠實の心、誠に士大夫に信ぜられたるなり。

【忠純】ひたすらにまことがある。蜀・諸葛亮〔出師の表〕此れ皆良實にして、志慮忠純なり。是を以て先帝簡拔して、以て陛下に遺したまへり。

【忠恕】まことと、思いやり。〔論語、里仁〕子曰く、～吾が道、一以て之れを貫くと。～門人問ふ～曾子曰く、夫子の道は、忠恕のみと。

【忠臣】忠誠の臣。〔荘子、天地〕孝子は其の親に諛びず、忠臣は其の君に諂はざるは、臣子の盛りなり。

【忠信】真心をつくす。〔易、乾、文言伝〕君子は德に進み、業を修む。忠信は德に進む所以なり。辭を修め其の誠を立つるは、業に居る所以なり。

【忠慎】真心があり、慎み深い。唐・杜牧〔人に代りて周敬復を挙ぐる～状〕綸言（詔書）を西掖に掌り、才、發揮すと稱せらる。密命に內庭に參じ、衆、忠愼を推す。

【忠正】真心があり、正しい。〔漢書、劉向伝〕竊かに聞く、故の前將軍蕭望之等、皆忠正無私にして、大治を致さんと欲して、貴戚尚書に忤らふと。

【忠誠】真心をつくす。忠実で誠意がある。〔漢紀、文帝紀下〕周勃は質樸忠誠なり。高祖以爲へらく、劉氏を安んずる者は、必ず勃ならんと。

【忠節】忠義を守る操が固い。宋・文天祥〔平原〕詩 崎嶇坎坷（不遇）、志を得ず 四朝に出入して、忠節に老いたり

【忠善】真心からの善。〔左伝、襄三十一年〕我れ忠善以て怨みを損するを聞けども、威を作して以て怨みを防ぐことを聞かず。

【忠貞】忠義と貞節。〔左伝、僖九年〕臣其の股肱の力を竭くし、之れに加ふるに忠貞を以てせん。其の濟るは、君の靈なり。濟らずんば、則ち死を以て之れに繼がん。

【忠憤】真心により憤る。〔魏書、儒林、刁沖伝〕沖、儒生なりと雖も、～強禦を畏れず。～世宗の舅司徒高肇、擅恣威權、沖乃ち抗表して其の事を極言す。辭旨懇直にして文義忠憤なり。

【忠朴】真心ですなお。〔史記、貨殖伝〕潁川・南陽は夏人の居なり。夏人は政、忠朴を尙ぶ。猶ほ先王の遺風有り。～秦の末世、不軌の民を南陽に遷す。～今に至るも之れを夏人と謂ふ。

【忠勇】忠義で勇気がある。〔唐書、白居易伝〕居易、上言す、～(李)光顔は、久しく將として威名有り、(裴)度は人と爲り忠勇なり。一面に當つべきは、二人に若しく者無しと。

【忠良】真心で善良。〔書、泰誓上〕今、商(殷)王受(紂)、～忠良を焚炙し、孕婦を刳剔す。皇天震怒し、我が文考(文王)に命じ、肅んで天威を將はしむるも、大勳未だ集らず。

【忠烈】忠義の気象のはげしいこと。唐・杜甫〔北征〕詩 桓桓たる陳將軍 鉞に仗つて忠烈を奮ふ 爾微かりせば人盡く非ならん 今に於て國猶ほ活く

➡忠允 忠実/忠慨 忠憤/忠愨 忠実/忠姦 忠臣と姦臣/忠款 忠誠/忠規 忠謀/忠毅 忠義で心が強い/忠君 君に忠/忠計 忠謀/忠勁 忠毅/忠功 忠勲/忠悃 忠誠/忠懇 実誠/忠邪 忠心と邪心/忠淳 忠順/忠心 真心/忠忱 真心/忠精 真心/忠素 真心/忠直 忠正/忠篤 誠実/忠佞 忠臣と佞臣/忠孚 誠信/忠武 忠勇/忠謨 忠謀/忠謀 忠義の謀/忠僕 良僕/忠亮 忠信/忠廉 忠義廉潔

⬇愚忠・恵忠・敬忠・献忠・孤忠・効忠・純忠・尽忠・旌忠・盛忠・誠忠・大忠・不忠・朴忠・履忠

常【抽】8 5506 〔搯〕15 5106

チュウ(チウ)
ぬく ぬきとる ひく ひきだす

篆文

形声 声符は由。由に宙・紬の声がある。〔説文〕十二上に搯を正字とし、「引くなり」と訓する。〔左伝、哀十一年〕「矢を抽きて、其の馬を策つ」とあり、抜き出して取る意。畱(留)は溜り水の象形字で、搯はそれを抜き出す意であろう。抽はその形声の字である。

訓義 1ぬく、ぬきとる、ひく、ひきだす。2だす、さく。3おさめる、にぎる。4籒と通じ、よむ。

古訓 〔名義抄〕抽 ヌク・ヌキイヅ・ノゾク・ハラフ 〔字鏡集〕抽 ハラフ・ヌキイヅ・ヌキツ・ヒク・ノゾク・カイナラス・イタス・ヌク・サク

声系 〔説文〕に搯声として籒を収める。籒五上は「書を讀むなり」と訓し、抽引の義に近い。

【抽引】ひき出す。〔淮南子、要略〕上は之れを天に考へ、下は之れを地に揆り、中は諸れを理に通ず。未だ玄妙の中を抽引すること能はずと雖も、才かに繁然として以て終始を觀るに足る。

【抽脅】あばらの筋をぬきとる刑。〔漢書、刑法志〕陵夷して戰國に至る。～秦、商鞅を用ひ、～肉刑・大辟を增加す。鑿顚(頭頂を穿つ)・抽脅・鑊亨(湯釜に入れる)の刑有り。

【抽奨】抜擢し推挙する。唐・呂温〔鄭南海に代りて謝する上表〕豈に意はんや、曾ち未だ年を踰えざるに、忽ち抽奬を蒙り、廟に鈇鉞を授けられ、廷に旌旗を賜はんとは。

【抽心】草木が芽を出す。宋・梅尭臣〔師直の早春雪後～に和す〕詩 草凍りて、未だ心を抽かず 松枯るるも、猶ほ節を抱く

【抽簪】冠の簪を抜く。官を辞する。晉・張協〔詠史〕詩 達人は止足を知る 榮を遺つること、忽として無きが如し 簪を抽きて、朝衣を解き 髮を散じて、海隅に歸せん

【抽籤】くじを引く。〔幸蜀記〕初め(王)衍、張惡子の廟に禱り、抽籤して、天に逆ふ者は殃なりの四字を得たり。

【抽腸】腸をぬき出す。〔顔氏家訓、教子〕梁の元帝の時、一學士有り、～暴慢日に滋し。竟に言語擇ばさるを以て、周逖に抽腸釁鼓(牲血を鼓に塗る)せしと云ふ。

【抽刀】刀を抜く。唐・李白〔宣州謝朓楼に校書叔雲に餞別す〕詩 刀を抽き水を断てば、水更に流れ 杯を擧げて愁ひを消せば、愁ひ更に愁ふ

【抽読】抄読する。唐・李頻〔嵩陰の隱者に過る〕詩 架書、抽讀に亂れ 庭果、摘嘗(摘んで試食)すること稀なり

【抽抜】抜擢。〔晉書、荀晞伝〕尙書何綏・中書令繆播・太僕繆胤～皆是れ聖詔して親から抽拔せし所なり。

【抽列】ぬき出して並べる。〔論衡、超奇〕或いは古今を抽列し、行事を紀著す。司馬子長(遷)・劉子政(向)の徒の若き、篇第を累積し、文、萬を以て數ふ。

【抽裂】引き出して裂く。〔魏書、島夷(劉)子業伝〕子業、兵を出だして義恭を誅し、遂に支體を刳剔し、心藏を抽裂し、其の眼睛を挑りて之れを蜜中に投じ、之れを鬼目粽と謂ふ。

➡抽印 抜刷/抽繹 引き出す/抽噎 泣きむせぶ/抽捐 徴税/抽烟 喫烟/抽演 演繹/抽芽 芽生え/抽解 徴税/抽割 抽出する/抽換 抜きかえ/抽剣 抜剣/抽繭 まゆの糸をくりとる/抽匣 引き出し/抽子 巾着/抽矢 矢をぬく/抽糸 つむぐ/抽収 徴収する/抽出 抽き出す/抽緒 緒を引く/抽象 ことがらの本質的な面をぬきだす/抽条 長い枝/抽身 引退する/抽進 抜擢する/抽税 徴税/抽線 糸を引く/抽替 引き出し/抽擢 抜擢/抽斗 引き出し/抽頭 頭はね/抽導 みちびく/抽撥 募集する/抽付 交付する/抽風 けいれん/抽諷 よむ/抽分 抜取り税/抽揚 表わす/抽斂 収斂する

⬇花抽・茎抽・新抽・苗抽・葉抽

常【注】8 3011 〔注〕8 3011

チュウ
そそぐ つぐ つける しるす ときあかす

篆文

形声 声符は主。主に柱(柱)・駐(駐)の声がある。主は燭台の形。〔説文〕十一上に「灌ぐなり」とし、主声とするが、鐙(主の形、ひともし)に油をそそぐ意の字であろう。〔周礼、天官、瘍医〕に「藥を祝ぐ」とあり、祝(祝)は注の同声仮借。また〔荀子、礼論〕「紸纊聽息の時」とは、いわゆる屬纊、死に臨んで気息の有無を纊で確かめるのである。注釈とは釈を屬けること、のち註の字を用いる。

訓義 1そそぐ、つぐ、流しいれる、液状のものをとおす。2つける、くっつける、矢をつがえる。3あつめる、あわせる。4水さし。5しるす、かく、とく、のべる、ときあかす。6噣・咮と通じ、くちばし。

古訓 〔名義抄〕注 ソヽグ・トヾム・モチヰル・ヤハクス・オフ・ツク・イル・ソシル・ナスラク・カヽル／注連 シリクベナハ・シリクヘ

語系 注tjio、屬(属)・矚tjiok は声義が近い。〔儀礼、士昏礼〕「玄酒を酌み、三たび尊に屬っぐ」とあるのは注ぐ意。矚目は注目と同じ。祝tjiu は音を以て通用する。

【注意】 心をとめる。留意。〔史記、田敬仲完世家論贊〕蓋し孔子晩にして易を喜むと。易の術爲たる、幽明にして遠し。通人達才に非ざれば、孰れか能く注意せん。

【注解】 注釈。〔後漢書、儒林上、楊倫伝〕扶風の杜林、古文尙書を傳へ、林の同郡の賈逵、之れが爲に訓を作り、馬融、傳を作り、鄭玄、注解す。是れに由りて、古文尙書遂に世に顯はる。

【注記】 書きしるす。記録。〔後漢書、皇后上、和熹鄧皇后紀〕元初五年、平望侯劉毅、太后の德政多きを以て、早とに注記有らしめんと欲す。

【注脚】 注解。宋・陸九淵〔語録、上〕學苟くも本を知らば、六經は皆我が注脚なり。

【注訓】 本文の間に解釈を加える。梁・陶弘景〔薬総訣の序〕是に於て神農本草、別れて四經三家の說と爲る。～但だ本草の書、歷代久遠にして、既に師受靡く、又注訓無し。～字義殘缺し、之れを是正する莫し。

【注視】 注目する。唐・韓愈〔劉正夫に答ふる書〕夫れ百物、朝夕に見る所の者は、人皆注視せず。其の異なる者を覩るに及んでは、則ち共に觀て是れを言ふ。夫れ文も豈に之れに異ならんや。

【注射】 勢いよく注ぐ。爽やかな弁舌にいう。〔唐書、李泌伝〕員俶といふ者有り。九歲にして坐に升り、詞辯注射す。坐人皆屈す。

【注釈】 注解。清・兪樾〔墨子閒詁の序〕乃ち唐以來、韓昌黎(愈)の外、一人として能く墨子を知る者無し。傳誦既に少なく、注釋も亦た稀なり。樂臺(唐の人)の舊本、久しく流傳を絕つ。

【注書】 書に注解を施す。唐・秦系〔浙東皇甫中丞に寄す〕詩 書に注すれども、時流に向つて說かず 藥を種うるも、空しく道者をして知らしむ

【注疏】 経書の注と疏。〔日知録、十八、十三経注疏〕其の先儒釋經の書、或いは傳と曰ひ、或いは箋と曰ひ、或いは解と曰ひ、或いは學と曰ふ。今通じて之れを注と謂ふ。～其の後儒辨釋の書、名づけて正義と曰ふ。今通じて之れを疏と謂ふ。

【注薬】 薬をつける。〔唐書、孝友、支叔才伝〕母、癰を病む。叔才瘡を吮ひ、注藥す。

↑注委 委任する／注雨 大雨／注下 注ぐ／注夏 夏ばて／注漑 注ぐ／注紀 注記／注冊 登録／注子 銚子／注矢 矢をさす／注耳 聞く／注瀉 注ぐ／注授 記入／注銷 取り消し／注色 履歴書／注心 専心／注籍 注解書／注措 措置／注錯 措置／注想 思う／注定 明記／注同 雷同する／注念 思う／注文 注釈の文／注慕 慕う／注望 矚目／注明 解明／注目 注視／注連 しめ縄／注録 記載／注椀 水入れ

↓引注・雨注・割注・灌注・記注・儀注・脚注・訓注・傾注・懸注・古注・校注・集注・詳注・新注・箋注・選注・側注・点注・転注・伝注・頭注・評注・標注・補注・傍注・奔注・訳注・翼注

【冑】 9／5022 〔冑〕 9／5022 チュウ(チウ) かぶと よろい よつぎ

篆文 金文

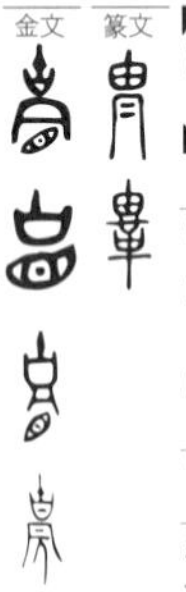

象形 兜の上の、鍪飾をも含めた全体の形。金文の字には下に目を加え、目深く頭に蒙るものであることを示す。〔説文〕七下に「兜鍪なり」とし、由声とするが、由の部分は、鉢型の盔と、その上の鍪飾を合わせた形で、由ではない。金文の〔小盂鼎〕の賜与に「貝冑一」とあり、〔詩、魯頌、閟宮〕にもその名がみえる。〔説文〕肉(肉)部四下に、別に「胤なり」と訓する字があり、由声とする。下部が肉に従うものとすれば別の字であるが、おそらく冑鍪の字の異形であろう。冑胤の義には、〔書、舜典〕〔国語、周語〕など、列国期に入ってからの用例があり、元冑・首子のような語から考えると、冑鍪の義より分岐した用法であろう。いま同じ字として扱う。

訓義 ①かぶと。②よつぎ、あとつぎ、長男。③国語で、よろい。

古訓 〔和名抄〕冑 賀布度(かぶと)〔名義抄〕冑 カブト・タネ〔篇立〕冑 ヨロヒ・タネ・カブト〔字鏡集〕冑 カブト・タネ・ウシロナリ

【冑胤】 子孫。後胤。〔宋書、王微伝〕(従弟僧綽に与ふる書)衣冠冑胤、吾の如き者甚だ多し。才能固より道ふに足らず。唯だ傾側溢詐せざるのみ。

【冑裔】 後裔。〔左伝、昭三十年〕吳は周の冑裔なり。而れども棄てられて海濱に在り。姬(姓)と通ぜず。今にして始めて大にして諸華に比す。光、又甚だ文にして、將に自ら先王に同じからんとす。

【冑子】 嫡子。〔書、舜典〕帝曰く、夔よ、汝に命じて樂を典らしむ。冑子を教へよ。

↑冑科 軍事／冑甲 鎧甲／冑嗣 冑子／冑緒 後代／冑族 名族／冑閥 門閥

↓胤冑・英冑・裔冑・華冑・遐冑・介冑・鎧冑・冠冑・貴冑・甲冑・高冑・支冑・氏冑・世冑・貝冑・名冑・免冑・門冑・余冑

常

【昼】 9／7710 囚〔晝〕 11／5010 チュウ(チウ) ひる

篆文 籀文 金文 その他

会意 旧字は晝に作り、聿+日。日の周囲に小点を以て暈(かげり)を加える。〔説文〕三下に「日の出入して、夜と界を為す。畫の省に從ひ、日に從ふ」とするが、畫(画)を以て晝夜の分界とし、これを劃分するというのは理に反する。時を示す語としては卜文・金文にみえず、籀文・篆文の字形も確かなものとしがたい。もし字の上部が聿に従うものならば、聿は隶と同じく、呪してものを祓う意象の字であるから、日光の暈を祓う法を示すものであるかもしれない。〔周礼、春官、眡祲〕にいう十煇の一である瞢などにあたるものであろう。〔説文〕は晝を畫の部に属するが、畫は方形の楯に雕飾を施した形で、晝と声義の関係を求めがたい。

訓義 ①ひる、ひるま、日中。②正午、ひる時。

古訓 〔名義抄〕晝 ヒル

語系 晝tiu、朝(朝)tiô は声近く、時間的な関連をもつ語であろう。朝は朝日、日を迎える儀礼をいう字。晝も何らか日の儀礼に関する字であろう。

【昼陰】 日中に暗くなる。漢・司馬相如〔長門の賦〕浮雲鬱として、四もに塞がり、天窈窈として、晝も陰くらし。

【昼永】 昼の日長。〔容斎三筆、三、李元亮詩啓〕元亮、亦た詩に工みなり。人閑にして晝の永きを知り 花落ちて春の深きを見る～の如き、皆佳句なり。

【昼臥】 ひるね。〔後漢書、耿弇伝〕時に光武、邯鄲宮に居り、溫明殿に晝臥す。弇、入りて牀下に造り、請閒す。～光武大いに說ぶ。

【昼気】 昼の気。〔孫子、軍争〕三軍も氣を奪ふべく、將軍も心を奪ふべし。是の故に朝氣は鋭く、晝氣は惰り、暮氣は歸る。

【晝晷】 昼の時間。〔宋史、竇貞固伝〕長興二年、令を晝試と改む。貞固、晝晷短く、士の材を盡し難きを以て、復た夜試せんことを奏す。
【晝居】 昼は動かずにいる。〔荘子、山木〕夫れ豐狐文豹は、山林に棲み、巖穴に伏し、～夜行晝居す。～然れども且つ罔羅・機辟(しかけ)の患を免れず。～其の皮、之れが災ひを爲せばなり。
【晝錦】 故郷に錦を飾るたとえ。宋・欧陽脩〔相州晝錦堂記〕公、至和中に在り。嘗て武康の節を以て、來りて相に治す。乃ち晝錦の堂を後圃に作る。
【晝扃】 昼とざす。南朝宋・顔延之〔陽給事(瓚)の誄〕金柝は夜撃ち、和門(軍門)は晝扃ざす。敵を料り難を厭む、時これ惟れ陽生。
【晝日】 日中。〔淮南子、主術訓〕鴟は夜は蚤・蚊を撮り、察、秋毫を分くるも、晝日は顚越(瞋目の意か)するも、丘山を見ること能はず。形性、詭なればなり。
【晝寢】 ひるね。楚・宋玉〔高唐の賦〕昔者、先王嘗て高唐に遊び、怠りて晝寢ぬ。夢に一婦人を見たり。曰く、妾は巫山の女、高唐の客爲り～と。
【晝睡】 ひるね。〔宋史、宗室二、周王元儼伝〕(子、允良)酣寢を好み、日を以て夜と爲す。是れに由り一宮の人、皆晝睡りて夕に興く。
【晝夕】 日夜。〔呉越春秋、越王無余外伝〕禹行きる。十月、女嬌、子啓を生む。啓、生まれて父を見ず。晝夕、呱呱として啼泣す。
【晝蟬】 日中の蟬。梁・呉均〔雜絶句、四首、一〕詩 晝蟬已に念ひを傷ましめ 夜露復た衣を沾ほす
【晝閉】 昼も閉ざす。〔晉書、王弥伝〕彌～衆數萬有り。朝廷制すること能はず。會たま天下大いに亂れ、進んで洛陽に逼る。京邑大いに震ひ、京城の門、晝も閉せり。司徒王衍等、～距守す。
【晝冥】 昼くらくなる。〔淮南子、泰族訓〕天に逆らひて物を暴ぶれば、則ち日月薄蝕し、五星行を失ひ、四時干乖し、晝冥く宵光る。
【晝夜】 夜ひる。〔論語、子罕〕子、川上(川のほとり)に在りて曰く、逝く者は斯くの如き夫か。晝夜を舍かずと。
【晝漏】 昼の時刻。〔漢紀、成帝紀四〕上、素より康壯にして疾病無し。晨に向ひて起きんと欲し、因りて音を失ひて言ふこと能はず。晝漏十刻にして崩ぜり。衆、皆罪を趙昭儀に歸す。

↑晝雨 昼の雨／晝艶 昼の花のかがやき／晝晦 昼冥／晝間 ひるま／晝輝 昼の光／晝景 昼の光／晝行 昼行く／晝昏 昼冥／晝餐 午餐／晝試 昼の試験／晝繡 昼錦／晝昃 午後／晝食 午餐／晝水 昼の流れ／晝晴 昼間晴れる／晝静 日中の静けさ／晝短 日が短い／晝長 日永／晝暑 昼暑い／晝霾 昼風が吹きあれて、土がふる／晝寐 ひるね／晝餔 昼食／晝暮 日夜／晝眠 ひるね／晝瞑 昼の眠り／晝盲 昼目が見えぬ／晝霧 昼の霧／晝明 昼明かり／晝遊 昼行く
↓永晝・炎晝・昏晝・残晝・深晝・正晝・清晝・静晝・日晝・徹晝・白晝・分晝・平晝・麗晝

常【柱】 9／4091 〔柱〕 9／4091 チュウ はしら

篆文 

形声 声符は主(主)。主に注(注)・駐(駐)の声がある。主は燭台の形。直立してその上端に炷がある。柱は木の直立するもの。〔説文〕六上に「楹なり」、また楹に「柱なり」とあって互訓。盈に盈満の意があり、円柱をいう。柱は角・円のいずれにも用いる。〔新撰字鏡〕に「死なり」の訓があり、わが国では死者を一柱、二柱と数えたからである。

訓義 ①はしら、はしらのようにささえるもの、ものの中心にあって機能するもの。②みき、さお。③たつ、ささえる、たかい。④琴の絃を支えるもの、ことじ。⑤たがう、ふさぐ、そしる。

古訓 〔和名抄〕柱 波之良(はしら)。功程式に云ふ、束柱、豆賀波師良(つかはしら)。楹なり 〔名義抄〕柱 ハシラ・コトヂ・ツク・タツ・サヽフ・サシタツ 〔字鏡集〕柱 タツ・サシタツ・ツクツヱ・コトヂ・ハシラ・フセク・サヽフ

語系 柱・住(住)dioは主tjio、駐tioと声義の関係があり、主は直立し、停留して上を支える意をもつ語。

【柱下】 殿柱のもと。そこで執務する柱下の史。御史。〔漢書、東方朔伝賛〕首陽(伯夷、山下に餓死)を拙と爲し、柱下(柱下の史、老子)を工と爲す。飽食安歩して、仕を以て農に易かふ。
【柱後】 法官の用いる冠。柱後恵文冠。〔漢書、張敞伝〕梁國は大都、吏民凋敝す。且らく當に柱後恵文を以て、之れを彈治すべきのみ。
【柱臣】 国の柱石とすべき重臣。〔後漢書、劉陶伝〕(李膺)戎馬を掌るに及び、威、朔北に揚がる。斯れ實に中興の良佐、國家の柱臣なり。
【柱石】 礎。柱石ともすべき人。〔漢書、元后伝〕(王商)內、行ひ篤く、威重有り。位、将相を歷たり。國家柱石の臣なり。
【柱礎】 礎石。〔晉書、四夷、西戎、大秦国伝〕城邑有り。～屋宇皆珊瑚を以て棁楄(うだちと、ますがた)と爲し、琉璃を牆壁と爲し、水精を柱礎と爲す。
【柱聯】 左右の柱に題する聯語。〔甲乙剩言、友人〕李獻吉の、天淸くして障塞禾黍を收め 日落ちて溪山馬群散ずを寫して、柱聯と爲す。

↑柱衣 柱かくし／柱幹 支えとなる中心／柱史 老子をいう／柱質 柱礎／柱杖 手杖／柱帖 楹聯／柱然 立つ姿／柱天 天柱／柱棟 柱石と棟梁／柱頭 柱端／柱楣 柱と梁／柱斧 水晶の斧
↓倚柱・円柱・華柱・画柱・角柱・綺柱・虬柱・琴柱・撃柱・膠柱・鼇柱・支柱・瑟柱・朱柱・繡柱・石柱・礎柱・双柱・箏柱・題柱・丹柱・雕柱・天柱・銅柱・氷柱・抱柱・門柱

【紂】 9／2490 チュウ(チウ) しりがい

篆文 

形声 声符は寸。寸はおそらく丑の省形で、肘と同声。指をまげ、強く引きしめる意がある。〔説文〕十三上に「馬の緧なり」とし、肘の省声とするが、丑の省略形とみるのがよい。殷の最後の王である帝辛の諡とされるが、〔書、無逸〕に「殷王受の迷亂」とあり、他の諸篇にも「商王受」とあるので、受がその名、紂は音借の字である。

訓義 ①うまのしりがい。②殷王の名。

古訓 〔字鏡集〕紂 ウマノアシホタシ

語系 紂diu、受zjiuは声近く、紂はその仮借音。〔逸周書、諡法解〕に「殘忍にして善を捐つるを紂と曰ふ」、〔呂覽、功名、注〕に「仁を賤しみ累多きを紂と曰ふ」とするが、いずれも紂の字義に関しないことである。

↑紂棍 驢馬の後ろにつける横木
↓桀紂

人【紐】 10／2791 チュウ(チウ) ひも むすぶ つまみ

篆文 

形声 声符は丑。丑は指先に強く力を入れて、ものを執る形。〔説文〕十三上に「系なり。一に曰く、結びて解くべきものなり」とあり、組紐、あるいは結んだものをいう。印のつまみは指先で扱うものであるから、その

つまみを紐・鈕という。また反切音の子音の部分を紐、母音の部分を韻という。たとえば干（古寒の切。kan）の子音kは見紐、anは韻で、元韻に属する。古音の語頭子音を古紐という。

【訓義】①ひも、くみひも、つけひも。②むすぶ、つかねる、よる、ねじる。③印のひも、印のつまみ、つまむ。

【古訓】〔和名抄〕紐子 楊氏漢語抄に云ふ、紐子、比毛（ひも）〔名義抄〕紐 ヒモ・ムスブ 〔字鏡集〕紐 ムスブ・ヒボ・クヒナハ・ナフ・ナハノイト・ツナヌ・ナハナフ・カムハタ・ツナグ

【紐情】（ちゅうじょう（ちうじやう）） 心が結ばれてとけぬ。〔清異録、女行、黒心符〕房簀（ばうさく）（寝室）の閒、夜以て日に繼ぎ、纏愛（てんあい）紐情、牢として抜くべからず。

【紐約】（ちゅうやく（ちうやく）） 帯の交結する所をおさえて、紐で結ぶ。〔礼記、玉藻〕弟子は縞帯（かうたい）す。幷（なら）びに紐約するに、組を用ふ。

↑紐過（ちゅうか） ひねる／紐結（ちゅうけつ） 結ぶ／紐住（ちゅうじゅう） 握る／紐星（ちゅうせい） 北極星／紐捽（ちゅうそつ） 捕らえる／紐帯（ちゅうたい） 関連／紐捏（ちゅうでつ） 捏造する

↓解紐・亀紐・結紐・古紐・鎖紐・絢紐・蟠紐・傍紐

常【衷】 10 0073 チュウ うち こころ まこと ただしい

篆文  金文 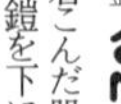

【形声】声符は中（ちゅう）。〔説文〕八上に「裏（うち）の褻衣（せつい）なり」とあり、衣裳の下に着こんだ肌着をいう。〔左伝、襄二十七年〕「甲を衷（うち）にす」とは、鎧を下に着こんで、かくすことをいう。内にあって外にあらわれないもの、それで衷情・衷心・衷誠のように、心に関して用いる。折衷とは折中の意である。

【訓義】①うち、なか、ころものした、はだぎ、したぎ。②こころ、まごころ、まこと。③中と通じ、ただしい、よい、ほどよい。

【古訓】〔字鏡〕衷 イタム・コヽロ・フトコロ・カナ・ヨシ 〔字鏡集〕衷 アタル・ヨシ・コヽロ・カサス・オホフ・マサシ

【語系】衷・中 tiuəm、仲 diuəm は声義近く、通用の例がある。督・裻 tuk も声義の関係のある語で、督は身体の中央にある督脈、裻（とく）は衣の中縫。みな中央・内部の意があり、一系の語である。

【衷款】（ちゅうかん（くわん）） まごころ。陳・徐陵〔陳主の為に～和親を論ずる書〕刑名既に肅（つつし）み、國歩還（ま）た康（やす）し。希（ねが）はくは親隣を篤くし、敬（つつし）んで衷款を開かん。若（も）し二境交歡せば、倶（とも）に多福を饗（う）けん。

【衷甲】（ちゅうこう（かふ）） 鎧をかくし着る。〔左伝、襄二十七年〕将（まさ）に宋の西門の外に盟はんとす。楚人（そひと）、衷甲す。～固く甲を釋（と）かんことを請ふ。（楚の）子木曰く、晉・楚、信無きこと久し。利を事とするのみ。苟（いやし）くも志を得ば、焉（いづく）んぞ信有るを用ひんと。

【衷心】（ちゅうしん） 心から。〔三国志、蜀、法正伝〕初め孫權、妹を以て先主に妻（めあ）はす。～侍婢百餘人、皆親しく刀を執りて侍立す。先主入る毎に、衷心常に凜凜（りんりん）たり。

【衷誠】（ちゅうせい） まごころ。〔陳書、虞寄伝〕（陳宝応を諫むる書）策名して質（ち）を委し、自ら宗盟に託す。此れ將軍の妙算遠圖（えんと）、衷誠に發する者なり。

↑衷衣（ちゅうい） 下着／衷懐（ちゅうかい） 衷心／衷曲（ちゅうきょく） 内心／衷情（ちゅうじょう） 衷心／衷忱（ちゅうしん） 衷心／衷腸（ちゅうちょう） 衷心

↓虚衷・苦衷・愚衷・私衷・宸衷・清衷・聖衷・折衷・天衷・微衷・和衷

常【酎】 10 1460 チュウ（チウ） こいさけ さけ かもす

篆文 

【形声】声符は寸。寸は丑（ちゅう）の省略形であろう。〔説文〕十四下に「三たび重ねたる醇酒（じゅんしゅ）なり」とあり、芳醇な濃い酒をいう。〔説文〕になお、「明堂月令に曰く、孟秋、天子酎を飲む」とあり、その成るや、天子が試飲し、宗廟に薦める。漢代に酎金の制があり、諸侯からその祭酒料を徴収した。

【訓義】①こいさけ、三度かもした酒。②かもす。③祭酒、その酒を以て祭る。

【古訓】〔和名抄〕酎 三重の釀酒なり。漢語抄に云ふ、豆久利加倍世流佐介（つくりかへせるさけ）〔名義抄〕酎 ツクリカヘセルサケ／酎酒 ツクリカヘセルサケ 〔字鏡集〕酎 ツクリカヘセルサケ・シルサケ・サケツクル・カシヅク・サケ・クリ

【酎飲】（ちゅういん） 宴飲する。〔楚辞、招魂〕酎飲して歡を盡し 先故を樂しましめん 魂よ、歸り來つて 故居に反（かへ）れ

【酎金】（ちゅうきん） 祭酒料として諸侯より献じる金。〔史記、平準書〕酎に至り、少府、金を省（み）る。列侯、酎金に坐して、侯を失ふ者百餘人。

【酎酒】（ちゅうしゅ） 重ねてかもした酒。祭酒に用いる。〔後漢書、礼儀志上の注に引く丁孚の漢儀〕酎金律は、文帝の加ふる所なり。正月の旦を以て酒を作り、八月に成る。酎酒と名づく。因りて諸侯をして助祭貢金せしむ。

↑酎買（ちゅうばい） 購買

↓飲酎・温酎・菊酎・献酎・玄酎・貢酎・醇酎・焼酎・嘗酎・醸酎・神酎・清酎・芳酎・名酎

【啁】 11 6702 チュウ（チウ） チョウ（テウ） トウ（タウ） なく たわむれる

篆文 

【形声】声符は周（しゅう）。周に雕（ちょう）・綢（ちゅう）の声がある。〔説文〕二上に「啁嘐（てうかう）なり」とあり、鳥などがせわしく鳴く声をいう。擬声的な語である。

【訓義】①鳥などのなく声、大きな声、小さな声、さえずる。②あざける、ほらをふく、ことばが多い。③調と通じ、たわむれる、からかう。

【古訓】〔名義抄〕啁 アザケル・モチカフ／嘲啁 アザケル・タハブル・ト・ノフ・サヘヅル

【語系】啁 deô、譸 tiu は声近く、詶 tjiu や呪・祝（祝）tjiuk も同系の語で、たわむれあざける意がある。

【啁啾】（ちゅうしゅう（ちうしう）） 楽器の音。また、鳥のさえずる声。唐・王維〔黄雀痴〕詩 大なるに到つて啁啾して解（よ）く游颺（いうやう）し 各自、東西南北に飛ぶ

【啁噍】（ちゅうしょう（ちうせう）） 鳥が悲しげに鳴く。〔荀子、礼論〕小なる者は燕爵（雀）に至るも、猶ほ啁噍すること頃（しば）らくする有りて、然る後に能（よ）く之れを去る。

【啁唧】（ちゅうしょく（ちう）） 虫の声。元・虞集〔至治壬戌八月十五日、楡林にて月に対す〕詩 草樹、風起らず 蛩螿（きようてう）、絕（た）えて啁唧す

【啁哳】（とうたつ（たう）） 鳥などのさわがしい声。楚・宋玉〔楚辞、九弁、一〕鴈（がん）、廱廱（ようよう）として南に遊（ゆ）き 鶤雞（こんけい）（大きな雞）、啁哳して悲鳴す

↑啁譃（ちゅうぎゃく） あざけりからかう／啁笑（ちょうしょう） 嘲笑する／啁嘈（とうそう） かまびすしい

↓詼啁・戯啁・善啁・談啁・嘲啁・嘐啁

【惆】 11 9702 チュウ（チウ） いたむ

篆文 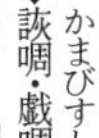

【形声】声符は周（しゅう）。周に綢（ちゅう）の声がある。〔説文〕十下に「失意なり」とあり、思うにまかせぬなげきをいう。

【訓義】①思うにまかせぬ、失意。②なげく、かなしむ、いたむ。③もとる。

【古訓】〔名義抄〕惆 ウレフ・アハレブ・アハツ

【惆悵】（ちゅうちょう（ちうちやう）） いたみかなしむ。晉・陶潛〔帰去来の辞〕既に自ら心を以て形の役と爲す。奚（なん）ぞ惆悵として獨り悲しまん。

↑惆焉（ちゅうえん） 嘆く／惆恨（ちゅうこん） 恨む／惆然（ちゅうぜん） 失意／惆愴（ちゅうそう） いたむ／惆惕（ちゅうてき） 恐れる／惆惋（ちゅうわん） 嘆く

人【紬】 11 2596 チュウ（チウ） つむぎ つむぐ

篆文 【紬】 形声 声符は由。由に抽・宙の声がある。〔説文〕十三上に「大絲繒なり」、〔急就篇、二、注〕に「纍繭の緒を抽引して、紡ぎて之れを織る」とあり、つむぎ織りをいう。糸粗く、厚くて強い布である。

訓義 1つむぎ、つむぎおり。2糸をつむぐ、つづる、ひく、あつめる。3いとぐち。4抽と通用する。

古訓 〔名義抄〕紬 ツムギ・オホイト・ツグ・ヌキツ

【紬繹】(ちゅうえき) いとぐちを引き出す。〔漢書、谷永伝〕建始三年冬、日食地震、同日に倶に発す。~永を挙げて公車に待詔せしむ。對へて曰く、陛下~身を飭へ 政を修め、~明詔を下し、~燕見紬繹して、以て咎愆を求む。

↑紬引 抽引/紬次 次序する/紬緝 つむぐ/紬績 つむぐ/紬段 紬緞/紬緞 綢緞/紬被 賤衣/紬布 つむぎ/紬綿 絹綿

↓絓紬・黄紬・山紬・白紬・碧紬

入 【厨】 12 7124 〔廚〕 15 0024 〔厨〕 14 7124 チュウ くりや

篆文 形声 正字は廚に作り、尌声。〔説文〕九下に「庖屋なり」とあり、調理場をいう。料理人を廚人・庖人という。廚・厨はその異文。西周金文にみえる善夫は膳夫。善夫職の作品には鬱然たる大器が多く、天子の命を出納する重臣の器がある。廚はまた櫃(ひつ)の類をいい、書冊の類を収めた。のち廚子という。

訓義 1くりや、台所。2街道筋の飲食店、たてば。3料理人。4はこ、ひつ。

古訓 〔和名抄〕廚 久利夜(くりや) 〔名義抄〕廚 クリヤ 〔字鏡集〕廚 ツカサドル・クリヤ・ヤ

語系 廚・幮dioは同声。〔説文〕の「庖屋」はあるいは「庖幄」であろう。幮は帳。庖廚はそのような形式のところであった。

【廚煙】(ちゅうえん) 台所からたちのぼる煙。唐・権徳輿〔石甕寺〕詩 廚煙、半ば白雲を逐うて飛び 書に當りて、老僧來りて灌頂す

【廚下】(ちゅうか) 台所。唐・王建〔新嫁娘詞、三首、三〕詩 三日廚下に入り 手を洗ひて羹湯を作る 未だ姑の食性を諳んぜず 先づ小姑をして嘗めしむ

【廚司】(ちゅうし) 料理人。〔雲仙雑記、三、薛家士風〕成都の薛氏の家、士風甚だ美なり。廚司、半瓠を以て杓と爲す。子孫食に就き、蝦羹・肉臠は一たび之れを取る。

【廚食】(ちゅうしょく) 食事。〔宋史、職官志十二〕内外の官に添支料銭有り、職事官に職銭・廚食銭有り。

【廚人】(ちゅうじん) 料理人。〔戦国策、燕一〕代王と飲す。陰かに廚人に告げて曰く、~熱歠を進め、即ち因りて斗を反して之れを撃てと。~代王の脳、地に塗れたり。

【廚中】(ちゅうちゅう) 台所。〔説苑、尊賢〕廚中に臭肉有れば、則ち門下に死士無し。~君輕んずる所の財を用ふる能はずして、士の重んずる所の死を致さんと欲するも、豈に難からずや。

【廚帳】(ちゅうちょう(ちゃう)) 宴会のため野外に設営する台所の幕。〔晋書、良吏、呉隠之伝〕隠之、將に女を嫁がしめんとす。(謝)石、其の貧素なるを知り、~乃ち廚帳を移して、其の經營を助けしむ。

【廚廩】(ちゅうりん) 台所と米蔵。唐・王季友〔韋子春に寄す〕詩 雀鼠、晝夜無し 我が廚廩の貧しきを知る

【廚冷】(ちゅうれい) 台所がわびしい。貧しい生活。唐・白居易〔(劉)夢得の貧居詠懐~に酬ゆ〕詩 廚冷やかにして、鳥を留めて屋に止まらしむること難く 門閑にして、雀の與めに羅を張るべし

↑廚園 廚と菜園/廚屋 台所/廚寒 廚冷/廚櫃 鼠入らず/廚饎 台所/廚宰 料理人/廚爨 炊事/廚士 料理人/廚子 料理人/廚師 料理女/廚車 料理車/廚処 廚房/廚娘 料理人/廚銭 料理費/廚饌 料理/廚膳 食膳/廚丁 料理人/廚刀 庖刀/廚婢 廚娘/廚費 料理費/廚夫 料理人/廚府 台所/廚婦 料理女/廚兵 調理番/廚庖 台所/廚房 台所/廚養 御膳係/廚吏 炊事係/廚料 廚銭/廚簏 竹はこ

↓衣廚・一廚・監廚・空廚・軍廚・行廚・斎廚・酒廚・充廚・書廚・食廚・僧廚・中廚・天廚・登廚・貧廚・庖廚・坊廚

入 【註】 12 0061 チュウ ときあかす しるす

形声 声符は主(主)。主に注(注)・柱(柱)の声がある。〔広雅、釈言〕に「疏なり」とあり、解説してその義を疏明することをいう。また〔広雅、釈詁二〕に「識すなり」とあり、注記する意。古くは注の字を用いた。

訓義 1ときあかす、とく、ときあかし。2しるす。

古訓 〔名義抄〕註 シルス・トク・サトシ

＊語彙は注字条参照。

↑註脚 注解/註冊 登記簿

↓解註・義註・脚註・訓註・自註・集註・箋註・撰註・疏註・伝註・頭註・分註・傍註

【鈕】 12 8711 チュウ(チウ) つまみ ぼたん

篆文 古文 形声 声符は丑。丑は指先に力を入れてものを執る形。〔説文〕十四上に「印鼻なり」とみえる。器物の蓋や印璽のつまみのところをいう。古くは紐の字を用い、のち鈕を用いる。その飾りによって螭虎鈕・亀鈕・蟠蛇鈕のようにいう。諸蛮には多く蟠蛇鈕の類を与えた。

訓義 1つまみ、印のつまみ、印鼻。2とって、環鈕。3ボタン(釦)。4杻と通じ、かせ。

↑鈕口 釦穴/鈕孔 鈕口/鈕鉤 こはぜ/鈕子 ボタン/鈕枢 宝器

↓印鈕・鉗鈕・亀鈕・玉鈕・鎖鈕・璽鈕・瑞鈕

篆文 【稠】 13 2792 チュウ(チウ) チョウ(テウ) しげる おおい こまやか

形声 声符は周(周)。周に雕・綢の声がある。周は雕飾を施した方形の盾の形で、文様の周密なる意。〔説文〕七上に「多きなり」、〔玉篇〕に「密なり」とあり、禾穀の多く実ることをいう。すべて密集し、多い意に用いる。また調(調)と通じ、調適の意に用いる。

訓義 1しげる、禾穀がしげる。2おおい、ゆたか。3こまやか、あつまる。

古訓 〔名義抄〕稠 キビシ・シゲシ・ヒトシ・オホシ・オホカリ 〔字鏡集〕稠 キヨシ・キビシ・カハル・アツム・オホカリ・トシ・シゲシ

語系 稠diu、周tjiuは声近く、周は雕盾の雕飾の周密なるもの。稠はその声義を承け、禾穀の盛多なることをいう。

【稠畳】(ちゅうじょう(ちうでふ)) 多くのものが重なりあう。南朝宋・謝霊運〔始寧の墅に過る〕詩 巖峭嶺しくして、嶺稠疊し 洲縈りて、渚連綿たり

【稠穰】(ちゅうじょう(ちうじやう)) 農作が多い。人が多い。〔水滸伝、五十二回〕高唐州は城池小なりと雖も、人物稠穰にして、軍廣く糧多し。敵を輕んずべからず。

【稠人】(ちゅうじん(ちうじん)) 多くの人。〔三国志、蜀、関羽伝〕先主、二人(関羽・張飛)と、寝ねては則ち牀を同じうし、恩兄弟の若し。稠人廣坐には侍立すること終日、先主に随つて周旋し、艱険を避けず。

【稠直】(ちゅうちょく(ちう)) 多くてまっすぐ。唐・白居易〔老を歎く、三首、二〕詩 我に一握の髪有り 梳理すれば何ぞ稠直なる 昔

は玄雲の光に似たり 今は素絲の色の如し

↑稠雲 密雲／稠夥 多い／稠雑 雑多／稠庶 多い／稠縟 繁密／稠濁 濁り乱れる／稠綴 連なりあう／稠適 調和する／稠沓 稠密／稠密 こみあう

↓陰稠・雲稠・禾稠・花稠・稀稠・山稠・人稠・星稠・疎稠・繁稠・民稠・葉稠

【誅】 13 0569 チュウ うつ ころす せめる

篆文  金文 

形声 声符は朱。朱に咮の声がある。〔説文〕三上に「討つなり」とあり、誅滅することをいう。殊にも殊殺の意があり、声義が通ずる。誅責の意のほかに、苛斂誅求のようにもいう。

訓義 ①うつ、ころす、ほろぼす、つみする。②きりはらう、おさめる。③もとめる、せめる、せめもとめる。

古訓 〔名義抄〕誅 コロス・ツミ・ウツ・セム・セメ・ツミナフ・ワカル・ミツ

【誅夷】 うち平らげる。魏・陳琳〔袁紹の為に予州に檄す〕絳侯・朱虚は、兵を興し怒りを奮ひ、逆暴を誅夷して、太宗を尊立す。

【誅意】 動機のよからぬことを責める。〔後漢書、霍諝伝〕諝聞く、春秋の義、情を原ねして過ちを定め、事を赦して意を誅せむと。

【誅逆】 逆徒を攻め滅ぼす。〔韓詩外伝、一〕宋人、昭公を殺す。～(晋の)靈公乃ち師を興して之れに從ふ。宋人之れを聞き、儼然として感説し、晉國日に昌んなり。何となれば則ち、其の逆を誅し、順を存するを以てなり。

【誅求】 きびしく課税をとりたてる。〔左伝、襄三十一年〕敝邑褊小にして大國に介まるるを以て、誅求時無し。是こを以て敢て寧居せず。

【誅殛】 罪し殺す。〔三国志、呉、陸抗伝〕皆當世の秀穎、一時の顯器にして、～従容位に列す。而れども竝びに旋つて誅殛を受け、～或いは荒裔に投棄せらる。

【誅譴】 誅責。〔後漢書、馬武伝〕帝、功臣を制御すと雖も、毎に能く回容(かばい救う)し、其の小失を宥す。～故に皆其の福祿を保ち、終ひに誅譴せらるる者無し。

【誅殺】 罪し殺す。〔韓非子、外儲説右上〕堯、天下を舜に傳へんと欲す。鯀～曰く、不祥なる哉か。孰れか天下を以て之れを匹夫に傳へんやと。堯聽かず。兵を擧げて、鯀を羽山の郊に誅殺す。

【誅鉏】 すべてを求め罪する。〔漢書、酷吏、田延年伝〕先齊の諸田(田氏)なり。～出でて河東太守と爲る。～豪彊を誅鉏し、姦邪敢て發せず。

【誅責】 罪を責める。〔後漢書、鍾離意伝〕帝(顯宗)性褊察、好んで耳目隱發を以て明と爲す。～朝廷悚慄せざる莫く、爭うて嚴切を爲し、以て誅責を避く。唯だ意のみ獨り敢て諫爭す。

【誅絶】 罪あるものを滅ぼす。誅滅。〔漢書、揚雄伝賛〕揚子の書、文義至深、論聖人に詭はず。～諸儒或いは譏りて以爲へらく、雄は聖人に非ざるに經を作る。猶ほ春秋呉・楚の君の、僭號して王と稱するがごとし。蓋し誅絶の罪なりと。

【誅伐】 攻めあう。〔三略、中〕世亂るるときは則ち叛逆生じ、王澤竭くるときは則ち盟誓も相ひ誅伐す。

【誅滅】 罪あるものを滅ぼす。〔戦国策、中山〕願はくは大王、臣の愚計を覽て、～其の恐懼を撫し、其の憍慢を伐ち、無道を誅滅し、以て諸侯に令せば、天下は定むべし。

【誅斂】 苛斂誅求。貨財を貪りとる。宋・蘇舜欽〔詣匭疏〕今又府庫匱竭し、民に蓋藏鮮くなし。誅斂科率、殆ど虚日無し。三司の計度經費、祖宗の時に二十倍せり。

↑誅訶 叱る／誅誡 誡め滅ぼす／誅刈 誅殺／誅虐 虐げ殺す／誅索 誅求する／誅斬 誅殺／誅残 誅殺／誅竄 死刑と流刑／誅死 誅殺／誅鋤 誅鉏／誅傷 罰する／誅賞 賞罰／誅讓 誅責／誅斥 誅逐／誅翦 誅殺／誅断 誅殺／誅逐 誅竄／誅屠 誅殺／誅廢 誅斥／誅罰 死刑とする／誅斃 誅殺／誅辟 誅罰／誅放 誅竄／誅僇 誅戮／誅戮 罪によって殺す／誅流 誅竄／誅論 死刑とする

↓枉誅・加誅・坐誅・受誅・征誅・天誅・逃誅・伐誅・筆誅・伏誅・濫誅

【輈】 13 5704 チュウ(チウ) ながえ

篆文  籀文 

形声 声符は舟。〔説文〕十四上に「轅なり」とあり、〔釈名、釈車〕に「輈は句なり。轅の上句なる者なり」とみえる。ながえの直なる部分が轅、その先端の、上に句曲して馬に連なるところを輈という。転じて車をいう。

訓義 ①ながえ。②くるま。③輈張は、おどろきおそれるさま。

古訓 〔新撰字鏡〕輈 車乃長江(くるまのながえ)〔和名抄〕輈 奈加江(ながえ)〔名義抄〕輈 ナガエ／輈張 ─トタチコハル〔字鏡集〕輈 コハル・ナガエ

↑輈人 轅作り／輈張 驚き恐れる、剛情／輈転 周流する

↓安輈・華輈・画輈・回輈・曲輈・行輈・衡輈・旋輈・双輈・汰輈・停輈・転輈・比輈・服輈・文輈・良輈・梁輈

【綢】 14 2792 チュウ(チウ) まとう

篆文 

形声 声符は周(周)。周に惆の声がある。〔説文〕十三上に「繆ふなり」、〔広雅、釈詁四〕に「纏ふなり」とあり、まきつけてくることをいう。

訓義 ①まとう、まきつける。②くる、しばる。③つつむ、つつみこむ。④こまかい、おおい。⑤どんす。⑥稠と通じ、多い。

古訓 〔名義抄〕綢 クル・マク・マトヘリ〔字鏡集〕綢 クルマク・シヅカ・ヒロシ・アヤ・イトマク・マツヘリ・マツフ・マク

【綢直】 髪が多くて長く垂れる。〔詩、小雅、都人士〕彼の君子の女 綢直なる如の髪

【綢繆】 まとわる。つづく。多い。また、むつみあう。漢・李陵〔蘇武に与ふ、三首、二〕詩 行人、往路を懷ふ 何を以てか我が愁ひを慰めん 獨り盈觴の酒のみ有り 子と綢繆を結ばん

↑綢絹 つむぎ／綢固 稠固／綢緞 絹織物／綢緻 緻密／綢密 緻密

【馽】 14 7150 ［縶］ 17 4490 チュウ(チフ) ほだす

篆文 

会意 馬＋中。中は馬足に縄をかけた形。〔説文〕十上に「馬足を絆するなり」(段注本)とあり、或る体として縶を録している。縶は執の声。

訓義 ①ほだす、馬の前足をつなぐ、ほだし、きずな。②つなぐ、つなぎとどめる。③字はまた縶に作る。

古訓 〔新撰字鏡〕馽 保太之(ほだし)〔名義抄〕馽 ホダス

常【鋳】 15 入［鑄］ 22 8414 チュウ(チウ) いる いこむ

篆文  甲骨文  金文 

形声 正字は鑄に作り、壽(寿)声。壽に疇・躊の声がある。

〔説文〕十四上に「金を銷かすなり」とあり、鋳かして鋳作することをいう。金文の字はもと象形的に鎔鋳の状を示す字であったが、のち壽声を加える形声の字となった。

訓義 1いる、いこむ。2さび。3祝と通じ、いのる。

古訓 〔名義抄〕鑄 イモノ・イル・ワカス・ネヤス・ユミカナ・カナシト 〔篇立〕鑄 イモノ・ワカイテイル・チリハム・イル

語系 鑄tjiu、濤du、翻・疇diu は声近く、みな波だち、うねるようなさまをいう語である。

【鋳金】ちゅう(ちう)きん 金属のものを鋳て作る。〔周礼、考工記、栗氏〕凡そ鑄金の狀、金(銅)と錫と黑濁の氣竭き、黃白之れに次ぐ。黃白の氣竭き、靑白之れに次ぐ。靑白の氣竭き、靑氣之れに次ぐ。然る後鑄るべきなり。

【鋳作】ちゅう(ちう)さく 鋳こんで作る。〔抱朴子、論仙〕外國にて水精椀を作る。實に是れ五種の灰を合して、以て之れを作る。今交・廣に、多く其の法を得て之れを鑄作する者有り。

【鋳錯】ちゅう(ちう)さく 錯誤。錯は治玉の鑢。〔資治通鑑、唐紀八十二〕(昭帝、元祐三年)(朱)全忠、魏に留まること半歲、～(魏の)蓄積之れが爲に一空。～(羅)紹威之れを悔いて、人に謂ひて曰く、六州四十三縣の鐵を合するも、此の錯(誤と通ず)を爲す能はざるなりと。

【鋳銭】ちゅう(ちう)せん 貨幣を鋳造する。〔漢書、貢禹伝〕今、漢家の錢を鑄るや、～山を攻りて銅鐵を取り、一歲に功十萬人已上。中農七人に食す。是れ七十萬人、常に其の飢ゑを受くるなり。

【鋳兵】ちゅう(ちう)へい 武器を鋳作する。〔左伝、僖十八年〕楚子之れに金を賜ふ。既にして之れを悔い、之れと盟ひて曰く、以て兵を鑄ること無からんと。

【鋳冶】ちゅう(ちう)や 鋳造する。〔漢書、西域下、亀茲国伝〕長安を去ること七千四百八十里。～勝兵二萬一千七十六人。～能く鑄冶す。鉛有り。

↑鋳貨 造幣／鋳官 造幣官／鋳工 冶工／鋳爍 鋳とかす／鋳人 人材を養成する／鋳鍛 鋳冶／鋳鉄 鉄を鋳る／鋳幣 銭の鋳型／鋳鎔 鋳とかす／鋳貨／鋳様 銭の鋳型／鋳鎔 鋳とかす

↓改鋳・官鋳・金鋳・鼓鋳・更鋳・私鋳・新鋳・泉鋳・盗鋳・陶鋳・銅鋳・冶鋳・鎔鋳

常 【駐】 15 7031 〔駐〕 15 7031 チュウ とどまる

篆文

形声 声符は主(主)。主に注(注)・柱(柱)の声がある。主は燭台に火主のある形。直立し、停止するものの意がある。〔説文〕十上に「馬立つなり」とあり、軍を留めることを駐兵、使者を留めることを駐劄という。

訓義 1とどめる、馬をとどめる、たちどまる、とどまる。2一定の所に滞在する。

古訓 〔名義抄〕駐 トヾム・トヾマル・タツ・ヤスム・タチマチ・ウマタツ 〔篇立〕駐 トヾム・タチマチ・サ、フ・ヤスム・タツ・タチトヾマル 〔字鏡集〕駐 サ、フ・トヾマル・タチマチ・タチトヾマル・トヾム

語系 駐tioと住(住)dio、逗doは声義近く、住・逗に留止の意がある。豆は直立した、安定のよい器である。

【駐駕】ちゅうが 天子の車駕を駐めるところ。〔後漢書、霊帝紀〕(光和三年)二月、公府駐駕の廡、自ら壞る。

【駐顔】ちゅうがん 顔容をとどめる。〔神仙伝、三、劉根〕次は乃ち草木諸藥、能く百病を治す。虛を補ひ顏を駐め、穀を斷ち氣を益し、能く人をして死せざらしむ。上は數百歲、下は卽ち其の稟くる所を全ふすべし。

【駐札】ちゅうさつ 任地で執務する。〔元史、順帝紀十〕少保禿魯を以て陝西行中書省左丞相と爲し、本省駐札し、本部及び～各校の軍馬を總べしむ。

【駐車】ちゅうしゃ 車を駐める。〔漢書、朱博伝〕博は本武吏なり。～刺史行部と爲るに及び、吏民數百人、道を遮りて自ら言ひ、官寺盡く滿つ。～博、車を駐めて決遣し、四五百人、皆罷りて去ること神の如し。

【駐蹕】ちゅうひつ 駐駕。〔旧唐書、太宗紀下〕(貞観十九年六月)(高麗の別将高)延壽等、其の衆を以て降る。因りて幸する所の山に名づけて、駐蹕山と爲し、石に刻して功を紀せり。

【駐兵】ちゅうへい 軍をとどめて駐留する。〔後漢書、劉虞伝〕程緒、免冑して前すんで曰く、公孫瓚、過惡有りと雖も、罪名未だ正さず。～兵を駐めて、武を以て之れに臨むに如かず～と。

【駐輦】ちゅうれん 駐駕。〔唐書、柳公権伝〕(行)幸に未央宮に従ふ。帝(文宗)駐輦す。～公權、數十言を爲くりて賀を稱ふ。～天子甚だ悅ぶ。

↑駐営 駐留／駐駅 滞留／駐気 屏息する／駐魂 心を残す／駐在 駐札／駐札 使臣が駐在する／駐劄 駐札／駐錫 僧が行脚の途中、滞留する／駐守 駐屯／駐足 止まる／駐泊 泊まる／駐歩 止まる／駐防 駐在軍／駐鑾 駐輦／駐留 駐在する

↓延駐・久駐・暫駐・少駐・常駐・進駐・停駐・屯駐・馬駐・微駐・遥駐・留駐

【儔】 16 2424 〔儔〕 14 2722 チュウ(チウ) なかま とも

篆文

形声 声符は壽(寿)。壽に疇・躊の声がある。〔説文〕八上に「翳すなり」、〔玉篇〕に「隠蔽するなり」とあるのは幬の字義で、儔の訓ではない。〔玉篇〕にまた「侶なり」とあり、儔侶の意。〔段注〕に疇を儔侶の字とし、儔をその義に用いるのは唐初以後のことであるとするが、漢代の辞賦に疇・儔両字の用例がある。𠷎は疇の初文。したがって、儔を𠷎としるすことがある。疇は田疇、幬は隠蔽する意の字である。

訓義 1なかま、とも、つれ、たぐい。2幬と通じ、かざす、おおう、かさ。3たれ、たれか。

古訓 〔名義抄〕儔 トモ・トモガラ・タグヒ・ツク・ヒトシ・タクラフ・カクル・ナラブ 〔字鏡集〕儔 トモ・タグヒ・ヨル・ツク・タクラフ・トモガラ・ナラブ・ヒトシ・ハカル・カクル

語系 儔・疇diu、讎・醻zjiuは声近く、通用することがある。〔書、洪範〕「洪範九疇」、〔国語、斉語〕「人と人と相ひ疇す」、〔荀子、勧学〕「草木疇生す」など、古くは多く疇を用いる。耕すときに、その田疇を同じうする意であろう。雔は双鳥、讎は儔匹の意。善が羊神判において当事者が羊を提供するように、讎は隹(鳥)を提供して鳥占によって争うものであろう。醻は献酬の意。譸tiuも声近く、〔説文〕三上に「詶なり」とあり、相呪詛することをいう。

【儔匹】ちゅう(ちう)ひつ 仲間。同伴者。梁・何遜〔族人秣陵の兄弟に贈る〕詩 羈旅、儔匹無く 形影自ら相ひ親しむ

【儔侶】ちゅう(ちう)りょ 仲間。魏・嵆康〔兄秀才公穆、軍に入る。詩を贈る、十九首、二〕詩 鴛鴦于に飛ぶ 肅肅たる其の羽 ～邕邕として和鳴し 儔侶を顧眄す 俛仰慷慨し 優游して容與す

【儔倫】ちゅう(ちう)りん 仲間。〔論衡、自紀〕年漸く七十、時、懸輿(隠居)すべし。～髮白く齒落ち、日月踰き邁く。儔倫彌よ索き、恃頼する所鮮なし。～乃ち養性の書、凡そ十六篇を作る。

【儔類】ちゅう(ちう)るい 仲間。晋・陶潜〔晋の故征西大将軍長史孟府君(嘉)伝〕沖默にして遠量有り。弱冠にして、儔類咸く之れを敬ふ。

↑儔擬 並べる／儔伍 同輩／儔策 計謀／儔人

伴／儔比 同列／儔与 仲間／儔儷 仲間／儔列 同 衆人／儔儻 仲間／儔輩 同輩／儔伴 同
仲間
↓寡儔・罕儔・結儔・故儔・吾儔・失儔・酒儔・絶儔・比儔・匹儔・平儔・朋儔・侶儔・良儔

【幬】 17 4424 チュウ(チウ) とばり たれまく おおう

篆文 金文

形声 声符は壽(寿)。壽に疇・躊の声がある。〔説文〕七下に「禪の帳なり」とあり、几帳の類をいう。蚊帳のことを幬帳という。〔説文〕八上の儔に「翳ざすなり」とあり、幬の動詞形としている。

訓義 ①とばり、ひとえのとばり。②たれまく、かざし。③おおう、車のこしきをおおう革。

古訓 〔名義抄〕幬 トバリ・カタビラ

語系 幬・儔・翿 diu は同声。儔・翿とは「翳すなり」とあって、同訓。翿は翳して舞う羽である。

【幬帳】かや。〔梁書、良吏、孫謙伝〕身を居くこと倹素、～冬には則ち布被莞席(がまの席)、夏日には幬帳無きも、夜臥するに未だ嘗て蚊蚋有らず。人多く異しむ。年九十を踰ゆるも、強壮なること五十の者の如し。

↑幬茵 かやと、しきもの／幬革 轂上の革／幬察 明察／幬覆 おおう

↓衾幬・軽幬・素幬・丹幬・単幬・蚊幬・羅幬

【盩】 17 4810 チュウ(チウ) うつ

篆文 金文

会意 幸＋攴＋血。幸は手械、血は歃血。盟誓して、その約に違うものを撃つことをいう。〔説文〕十下に「引きて撃つなり。㚔支して血を見るに從ふ」とする。血は血盟・盟誓の法を示す。字はいま皿に従う。〔呂覧、節喪〕に「民の利に於けるや、～血を渉り、肝を盩きて以て之れを求む」とあり、肝を抽出する意に用いるが、字の初義としがたい。金文の〔史頌𣪕〕に「王、宗周に在り。史頌をして蘇(国の名)を省せしむ。灋(法)友・里君・百生、隅(部属)を帥ゐて成周に盩ふ」とあり、王室の省察に対して、服従の誓約を行ったことをいう。文献には、盩厔のような地名のほか、ほとんど用例がない。

訓義 ①うつ、ひきうつ、盟約にたがう者をうつ。②山のくま。盩厔は山のくま、水曲の地であるという。③抽と通用し、ぬく、ぬき出す。

参考 盭は盩に従う字で、違戻の意がある。〔漢書、張耳陳余伝賛〕に「何ぞ郷には慕用することの誠にして、後には相ひ背くことの盭れるや」とあり、盭は盩の幸(手械)に糸の呪飾を加えた形であろう。

↑盩肝 肝をぬく／盩電 躁急／盩戾 乖戻

【縶】 17 4490 ［馽］ 14 7150 チュウ(チフ) きずな ほだす とらえる

篆文

形声 声符は執。正字は馽に作り、馬足に中を加えた形で、馬に羈束を加える意。〔説文〕十上に「馬足を絆するなり」(段注本)とみえる。〔詩、小雅、白駒〕「之れを縶ぎ之れを維ぐ」、〔詩、周頌、有客〕「言に之れに縶を授け 以て其の馬を縶ぐ」は、前王朝の客神が、白馬に跨って参向する儀礼を歌うもので、これに縶を授けるのは、降服のときの模擬儀礼である。

訓義 ①きずな、きずなでつなぐ、ほだす。②とらえる、つらねる、つらなる。

古訓 〔名義抄〕縶 ユフ・シバル・ツナグ・トラフ・ホダス

語系 縶(馽)・蟄 dyəp は同声。執 tjiəp は声義近く、執は手械を加える形、蟄は足をつなぐ意。馬のときには馽の字形となり、一般に繫ぎとめることを縶といったのであろう。

【縶維】つなぎとめる。晉・殷仲文〔罪釁ありて尚書を解く表〕既に之れに惠するに首領(を保つこと)を以てし、復た之れを引くに縶維を以てす。～乞ふ、職とする所を解き、罪を私門に待たん。

【縶拘】つなぎとめる。唐・韓愈〔張十八と同に阮歩兵(籍)の一日復た一夕に効ふ〕詩 富貴は自ら縶拘せらる 貧賤も亦た煎焦す

↑縶羈 ほだす／縶韁 たづな／縶囚 囚繫／縶縛 拘捕

↓維縶・羈縶・拘縶・受縶・身縶・幽縶

【鍮】 17 8812 チュウ(チウ) トウ しんちゅう

形声 声符は俞。俞に偸・揄の声がある。〔玉篇〕に「鍮石、金に似たるなり」と金に似た石の名とする。自然銅の精なるもの、また銅を煉成して成るものがあるという。今の真鍮は、銅に亜鉛を加えた合金である。

訓義 ①しんちゅう。

古訓 〔字鏡集〕鍮 トラカセハ

【鍮石】しんちゅう。〔演繁露、七、黄銀〕今世の鍮石を言ふ者、太原産する所を最と爲す。～蓋し自然の鍮にして、盧甘石の煮錬を經ざる者なり。故に～赤銅と云はずして黄銀と云ふ。

↓真鍮

【疇】 19 6404 ［𠷎］ 12 1762 チュウ(チウ) うね たぐい

篆文 甲骨文

形声 声符は壽(寿)。壽に鑄(鋳)・籌の声がある。字の初形は𠷎、すなわち田疇の象に従っており、𠷎が疇の初文である。〔説文〕十三下に「耕治の田なり。田𠷎に従ふ。耕田の溝の詰詘(曲がりくねる)するに象るなり」(段注本)という。のち壽を声符とする字となった。古くは誰、また疇類の義に用いた。疇類の義には、のち儔の字を用いる。

訓義 ①うね、た、田一井、はた、さかい。②つちかう、ふさぐ。③儔と通じ、たぐい、ひとしい。④酬と通じ、むくいる。⑤曩と通じ、さきの。⑥発声的に用いる、たれ。

古訓 〔名義抄〕疇 ウネ・ムカシ・ヒトシ・ムクユ・ナラフ・タクラフ・タグヒ・クラブ・トモガラ・トブラフ・タレ

語系 疇・儔 diu は同声。田疇を同じうするものをまた疇といい、儔匹の意がある。讎 zjiu も声義に通ずるところがあり、相讎対することから、また儔匹の意に用いる。

【疇日】過ぎさった日。〔梁書、陳伯之伝〕暮春三月、江南草長ず。雜花生樹、群鸎亂飛す。故國の旗鼓を見て、平生を疇日に感ず。

【疇人】世襲の業をつぐもの。のち、歴算家をいう。〔史記、暦書〕周室微へ、陪臣政を執り、史は時を記さず、君は朔を告げず。故に疇人の子弟分散す。

【疇昔】かつて。前日。疇は発声の語。宋・蘇軾〔後の赤壁の賦〕其の姓名を問ふも、俛して答へず。嗚呼、噫嘻、我、之れを知れり。疇昔の夜、飛鳴して我を過りし者は、子に非ずや。

【疇類】なかま。〔管子、枢言〕七日食らはざれば、國に士無からん。十日食らはざれば、疇類無く、盡く死せん。

【疇隴】はたけ。魏・曹植〔丁儀に贈る〕詩 黍稷 疇隴に委てらる 農夫安くにか穫る所あらん

↑疇官 世襲の官／疇古 往古／疇合 糾合／疇

時 うね道／疇賞 酬賞／疇辰 往日／疇夕 昨夜／疇代 同時代／疇土 田地／疇答 酬答／疇徳 酬徳／疇曩 前日／疇輩 なかま／疇匹 たぐい／疇阜 原野／疇畝 田畝／疇庸 酬功／疇量 量る

↓盈疇・九疇・畦疇・荒疇・春疇・新疇・翠疇・青疇・先疇・田疇・範疇・沃疇・良疇・林疇

【籀】 19 8856 ［籒］ 21 8856 チュウ(チウ) よむ

篆文

形声 正字は籒に作り、擂声。擂は〔説文〕十二上に「引くなり」とし、抽はその別体の字。〔方言、十三〕に「抽は讀むなり」、〔詩、鄘風、牆有茨〕の〔伝〕に「讀は抽なり」とあって、読む意に用いる。畱(留)は溜り水の象形。それを抽き流すことを擂という。籀は〔説文〕五上に「書を讀むなり」とあり、抽・擂と同訓。〔史記、太史公自序〕に「史記を紬む」とあり、紬も同訓の字である。〔逸周書、世俘解〕に「史佚をして書を天號に繇ましむ」とあり、繇の正字は䌛、字はまた由に作る。䌛は占卜の意味を紬繹すること、たぐり出しよみとる意である。〔史籀篇〕の初句「大史籀書」は、王国維の説に「大史、書を籀む」とよむべく、「大史籀の書」とよんで、その字体を「籀文」「籀書」とするのは、誤りであるという。〔説文〕に「籀文」として録する字は西周後期の金文に近く、秦の大篆はその系列に属しており、のちやや省簡を加えて小篆となった。

訓義 ①よむ、書をよむ、卜兆をよむ。②籀文、大篆ともいう。古代の書体。③繇・抽と通じ、よむ。

古訓 〔篇立〕籀 フミツクル・フミヨム

語系 籀・繇(䌛)・紬 diu は同声。繇は占卜の意を紬繹する、紬は糸をつむぐ意。擂・抽 thiu はともに抽引の意があり、みな一系の語である。

【籀書】(ちゅう(ちう)しょ) 書体の一。周の宣王の太史籀の作るところというが、西周後期の文字が秦に伝承された書体。漢・許慎〔説文解字叙〕尉の律に、學僮十七已上、始めて試み、籀書九千字を諷せしめ、乃ち史と爲るを得。

↑籀繹 抽繹／籀演 演繹／籀篆 籀書／籀読 通読／籀文 籀書

↓古籀・篆籀

【籌】 20 8864 チュウ(チウ) かずとり かず はかる はかりごと

篆文

形声 声符は壽(寿)。壽に儔・疇の声がある。〔説文〕五上に「壺の矢なり」とあり、投壺(矢なげ)の数とりに用いるもの。また射儀にも用い、一般の計算にも用いた。計算の意から、計画・策謀の意となる。

訓義 ①かずとり、投壺の矢かずをかぞえる、かず。②はかる、はかりごと。③くじ、くじとりのくじ。

古訓 〔名義抄〕籌 カズ・カゾフ・ハカリゴト・カハラク 〔篇立〕籌 ハカリゴト・カゾフ・ハカラフ・カズ

語系 籌・紬・籀 diu は同声。みな引きよせてよむ意がある。数をよみ数える筴を籌という。

【籌画】(ちゅうかく(ちうくわく)) はかりごと。〔漢書、王莽伝上〕臣莽、實に奇策異謀無し。太后の聖詔を奉承するも、之れを下に宣ぶるは、什の一を得ること能はず。群賢の籌畫を受くるも、上りて以聞(上奏)するは、什の伍を得ること能はず。

【籌議】(ちゅう(ちう)ぎ) 計画し、相談する。〔周書、蘇亮伝〕亮、機辯有り、善く談笑す。太祖甚だ之れを重んず。籌議する所有れば、率ね多く旨に會す。

【籌策】(ちゅう(ちう)さく) はかりごと。たくらみ。〔老子、二十七〕善行には轍迹無く、善言には瑕讁(欠点)無し。善數には籌策を用ひず。

【籌算】(ちゅう(ちう)さん) 計算。〔漢書、貨殖、卓氏伝〕蜀の卓氏の先は趙人なり。鐵冶を用て富む。～鐵山に即きて鼓鑄し、籌算を運らせて、滇・蜀の民に賈り、富は童八百人に至る。田池射獵の樂しみ、人君に擬す。

【籌略】(ちゅう(ちう)りゃく) 計謀。〔梁書、太祖五王、蕭範伝〕範、學術無しと雖も、籌略を以て自ら命ず。奇を愛し古を翫び、文才を招集す。

↑籌帷 軍略／籌運 計謀をめぐらす／籌幹 才略／籌款 金の工面／籌局 棋局／籌計 はかりごと／籌決 議決／籌国 国家の大事を謀る／籌筴 商策／籌策／籌子 計算の道具／籌思 考慮する／籌策 相談／籌餉 軍費の調達／籌賑 救済の方法／籌度 はかる／籌馬 数とり／籌備 調達／籌筆 計画／籌辺 辺塞防備の方法／籌辨 金銭の調達／籌謨 計略／籌謀 はかりごと／籌慮 籌謀／籌暦 暦算

↓遺籌・一籌・運籌・遠籌・牙籌・画籌・機籌・挙籌・暁籌・軍籌・計籌・献籌・行籌・更籌・坐籌・算籌・酒籌・輸籌・唱籌・上籌・神籌・深籌・箭籌・籤籌・探籌・辺籌・余籌・良籌

【譸】 21 0464 チュウ(チウ) のろう はかる

篆文

形声 声符は壽(寿)。壽に儔・疇の声がある。〔説文〕三上に「詶ふなり」とあり、次条に「詛は詶ふなり」とあり、呪詛して禱ることをいう。〔書、無逸〕に「民胥ひ譸張して、幻を爲すこと或る無し」とあり、〔伝〕に「誑かすなり」とみえる。

訓義 ①のろう。②はかる、あざむく、たぶらかす。③字はまた侏・侜と通用する。

古訓 〔名義抄〕譸 誑語、アザムク・タレソ・タブラス

語系 譸・侜 tiu は同声。譸を〔詩〕〔爾雅〕に侜に作り、〔爾雅、釈訓〕に「侜張は誑すなり」とみえる。また詶 tjiu、呪・祝(祝) tjiuk も声義近く、呪祝を加えることを譸という。禱 tu、詶 diu も同系、詶は〔説文〕に「詶ふなり」、〔玉篇〕に「祝るなり」とあり、みな一系の語である。

【譸張】(ちゅうちょう(ちうちやう)) たぶらかす。唐・韓愈〔宰相に上る書〕其の著はす所は、皆六經の旨を約して文を成す。～妖淫諛佞、譸張の說、其の中に出づる所無し。

【躊】 21 6414 チュウ(チウ) ためらう

形声 声符は壽(寿)。壽に儔・疇の声がある。躊躇・躊躕・踟躕など、みな双声の連語。彳亍・躑躅と同じく、擬声的に状況を示す語である。

訓義 ①ためらう、たちもとおる。②とどまる。

古訓 〔名義抄〕躊 タチモトホル・タチヤスラフ／躊躇 タチヤスラフ

語系 躊 diu、躕・跦 dio、踟 die、躇 dia、また躑・蹢 diek、躅 diok はその入声音、彳 thiek、亍 thiok、辵 thiak もみなゆきなやみ、たちもとおるときのさまをいい、同系の語である。

【躊躇】(ちゅう(ちう)ちょ) ためらう。また、ゆったりとおちつく。〔荘子、養生主〕庖丁～曰く、～刀を提げて立ち、之れが爲に四顧し、之れが爲に躊躇滿志し、刀を善ひて之れを藏むと。文惠君曰く、善い哉、吾れ庖丁の言を聞いて、養生を得たりと。

↑躊躕 ためらう／躊竚 躊躇

【躕】 22 6014 チュウ チュ ためらう

形声 声符は廚。躕躇・踟躕のように連用する。躊躇というのと同じ、みな、そのさまをいう形況の語である。躊字条参照。

作る。

訓義 ①ためらう。②もとおる、ゆきもとおる。②字はまた跦に作る。

古訓 〔名義抄〕跦・躕、踟躕 タチヤスラフ・オソシ

↑躊躇 ためらう/躕躇 ためらう

↓踟躕・躊躕

チュツ

【茁】 9 4490 チュツ ジュツ(ヂュツ) おけら

篆文

形声 声符は朮。〔説文〕一下に「山薊なり」とあり、白朮。おけらをいう。〔広雅、釈草〕に「白茁は牡丹なり」とあり、〔広雅疏証〕に〔名医別録〕を引いて「芍薬、一名白朮」という。

訓義 ①おけら。②白茁、芍薬、牡丹。

【絀】 11 2297 チュツ かがむ ぬう しりぞける あかい

篆文

形声 声符は出。〔説文〕十三上に「絳なり」、次条に「絳は大赤なり」とするが、絀にはその義の用例はなく、黜の義に用いる。出は屈の字の従うところで屈尾の象。ゆえに屈し退く意がある。また紩と通じ、縫うことをいう。

訓義 ①かがむ。②ぬう、ぬいめ。③黜と通じ、しりぞける。④絳に通じ、あかい。

古訓 〔名義抄〕絀 ヌフ・アカシ・シリゾク 〔篇立〕絀 アカシ・ヌフ・シリゾク・ヌヒメ・ユツヰテ 〔字鏡集〕絀 トヾム・ヌフ・アカシ・アカイロ

語系 絀 tiuət、黜 thiuət は声義近く、黜は貶下の意。紩 diet は声近く、絀をまた縫紩の意に用いる。

【絀臣】 追放の臣。逐臣。〔法言、淵騫〕仲尼(孔子)無くんば、則ち西山の餓夫(伯夷)と、東國の絀臣(柳下恵)と、惡くんぞ聞えんや。

【絀約】 しりぞけられて窮困する。〔荀子、賦篇〕仁人は絀約せられ、敖暴は擅彊なり。天下幽險にして、世英を失はんことを恐る。

↑絀贏 減損する/絀遣 しりぞけて逐う/絀塞 困厄する/絀陟 黜陟する/絀乏 困乏する

↓贏絀・削絀・抑絀

【黜】 17 6237 チュツ おとす しりぞける のぞく

篆文

形声 声符は出。出に絀の声がある。〔説文〕十上に「貶し下すなり」とあり、〔書、舜典〕に「幽明を黜陟す」とみえる。人材を進退することを黜陟という。

訓義 ①おとす、くだす。②しりぞける、おう、はなつ。③のぞく、さる、やめる。④そこなう、へらす、たつ。

古訓 〔名義抄〕黜 サル・ス、ム・ツタナシ・シリゾク 〔字鏡集〕黜 シリゾク・タエタリ・ハナツ・ツタナシ・クダル・サル・ス、ム・ユク

語系 黜 thiuət、陟 tiək は進退の意の聯語。絀 tiuət は黜とほとんど同じ語である。

【黜遠】 遠く追放する。〔左伝、襄十三年〕世の治まるや、君子は能を尚んで其の下に讓り、小人は力を農くして以て其の上に事ふ。是こを以て上下禮有りて、讒慝は黜遠せらる。

【黜棄】 退け棄てる。〔宋史、牛冕伝〕眞宗、宰相に語りて曰く、冕、素より純善にして、黜棄せらるること久し。量る に宜しく甄敍すべしと。

【黜削】 官位を奪い退ける。唐・李商隠〔濮陽公の為に罰俸を謝するの状〕昔、漢は盗を捕ふること嚴ならざるを以て、猶ほ黜削を加ふ。晉は姦を發くこと無狀なるを以て、亦た科條を峻くす。

【黜辱】 退け辱められる。〔後漢書、列女、曹世叔の妻の伝〕(女誡)戰戰兢兢として、常に黜辱せられて以て父母の羞を增し、以て中外の累いを益さんことを懼る。

【黜斥】 退け棄てる。〔論衡、自紀〕今、吾子世を涉りて落魄し、仕ふること數しばにして黜斥せらる。～徒だ幽思して文を屬り、美言を著記するも、何ぞ身に補はんや。

【黜責】 責め退ける。〔後漢書、王丹伝〕其の輕黠にして游蕩して、業を廢し患を爲す者には、輒ち其の父兄に曉して、之れを黜責せしむ。

【黜陟】 功によって官を進退する。〔書、舜典〕三載、績を考へ、三考して幽明を黜陟す。

【黜罰】 退け罰する。唐・柳宗元〔薛存義を送るの序〕若の直(給与)を受け、若の事を怠り、又若の貨器を盜まば、則ち必ず甚だ怒りて之れを黜罰せん。今、天下多く此れに類せり。

【黜否】 無能を退ける。〔晉書、紀瞻伝〕今四海一統、～漸く簡樸を尙び、則ち貪夫競はず。賢を尊び否を黜け、則ち不仁者遠ざかる。

【黜放】 退け放逐する。〔晉書、殷浩伝〕浩、黜放せらるると雖も、口に怨言無し。神(心)を夷らかにし、命に委ね、談詠すること輟めず。

↑黜華 華やかさをしりぞける/黜革 免職/黜遣 黜放逐する/黜升 黜陟/黜退 黜放/黜廃 黜棄/黜剝 黜削/黜慢 退けあなどる/黜免 免職/黜落 黜斥する

↓棄黜・糾黜・譴黜・減黜・降黜・左黜・削黜・竄黜・陞黜・賞黜・斥黜・責黜・廃黜・罷黜・屏黜・貶黜・放黜・褒黜・免黜・抑黜

チュン

【迍】 8 3530 チュン ゆきなやむ

形声 声符は屯。屯は織物の縁の糸端を括り束ねる形。縁を総飾りすることを純という。迍は進行の止まる意。〔易、屯、六二〕「屯如たり、邅如たり」の屯は迍の意。屯邅は迍邅としるすのがよい。

訓義 ①ゆきなやむ、とどまる。②たちもとおる。

古訓 〔名義抄〕迍々 ウレフ・メグル/迍邅 ウチハヤシ 〔篇立〕迍 ウチハヤシ・メグル

語系 迍・屯 duən は同声。迍は〔玉篇〕に「迍邅なり」とあり、邅 dian も声義の近い語である。

【迍邅】 ゆきなやむ。唐・韓愈〔汝州盧郎中と侯喜を薦むるを論ずる状〕適ま其の人自ら家事有るにより、迍邅坎坎す。

【迍敗】 不幸な境涯。〔文心雕竜、史伝〕勳榮の家は、庸夫と雖も飾を盡し、迍敗の士は、令德と雖も常に嗤はる。

【迍否】 易の二卦の名。困厄の卦。〔旧唐書、陸贄伝〕今、時は迍否に遭ひ、事は傾危に屬す。尤も宜しく懼思し、以て自ら貶抑すべし。

【迍厄】 不幸な災厄。〔北斉書、楊愔伝〕頻りに迍厄に遭ひ、艱危を冒し履む。一飧の恵には酬答必ず重くし、性命の讐は、捨てて問はず。

↑迍遘 困難にであう/迍災 災難/迍塞 行き塞がり/迍滞 滞留する/迍迍 遅緩のさま/迍難 禍難

↓遘迍・賤迍

チョ

【宁】 5 3020 チョ たくわえる

篆文  甲骨文  金文 

象形 物を貯蔵する箱の形。貯の初文。貯はもと、宁の中に貝を加える字形であった。〔説文〕十四下に「物を辨ち積むものなり」とするが、蓋をする方形の匱の形である。卜文に中に貝を加える形、金文に戈を加える形があり、それらのものを収めた。のち貝を加えた貯は、動詞に用いる。門宁の義は、〔国語、楚語上〕や礼書などにみえ、後起の義とみられる。

訓義 1たくわえる、はこ。2佇と通じ、とまる、たたずむ。3大門と正門の間、門屏・門塾の間。政を聴く場所、また著ともいう。門宁。

声系 〔説文〕に宁声として貯・紵など七字を収めるが、佇・竚・苧などの字がみえない。〔康熙字典〕には二十数字を収める。おおむね宁の声義を承ける字である。

語系 宁声と著(著)声との間に通じるものが多い。宁 dia、著 tia は声近く、ともに停蓄する意がある。

【宁立】 門屏の間に立つ。〔礼記、曲礼下〕天子宁に當りて立ち、諸公東面し、諸侯西面するを朝と曰ふ。

↑宁位 天子が朝政をみるときの場所/宁人 門番/宁僚 朝官

↓依宁・扆宁・庭宁・堂宁・門宁

【佇】 7 2322 〔竚〕 10 0312 チョ たたずむ まつ

篆文 

形声 声符は宁。宁は貯。ものを収蔵する箱の形。〔説文新附〕八上に「久しく立つなり」という。宁に門屏の意があり、ものかげに佇立することをいう。

訓義 1たたずむ、とどまる、久しく立つ。2まつ、まちのぞむ。3宁・貯と通じ、つむ、たくわえる。

古訓 〔名義抄〕佇 タ丶ズム・マツ・トヾマル・トヾム・ツモル・ネガフ・サフラフ・タクハフ・ウカヽフ・ヤスラフ・マレナリ・ノゾム・ヒサシ・ノリ・ハムベリ・タテリ・トナフ/延佇 タチモトホル

【佇見】 たたずんで見る。唐・李嶠〔薛大夫の辺を護るに餞す〕詩 佇み見る、燕然(山の名)の上 毫(筆)を抽きて武功を頌せん

【佇軸】 待ち望んで思いあぐむ。斉・王融〔竟陵王(蕭子良)の為に隠士劉虬に与ふる書〕僕、夙に閒襟を養ひ、長く出槩を慕ふ。～固より已に佇軸深衷、筐を退路に傾くる者なり。

【佇念】 たたずみ念う。南朝宋・鮑照〔観漏の賦〕天涯を望みて佇念し、雄劍を擢きて長歎す。

【佇眄】 たたずんで見る。晉・陸機〔承明に於て作りて士竜(弟の雲)に与ふ〕詩 途を分つ、長林の側 袂を揮ふ、萬始亭 佇み眄みて遐景を要め 耳を傾けて餘聲を玩ぶ

【佇立】 たたずむ。〔詩、邶風、燕燕〕之の子于に歸ぐ 遠く于に之れを將る 瞻望するも及ばず 佇立して以て泣く

↑佇結 待ちこがれる/佇眷 佇眄/佇思 佇念/佇想 佇念/佇眙 佇見/佇遲 待ち望む/佇望 佇見

↓延佇・企佇・久佇・凝佇・傾佇・眷佇・宵佇・遅佇・躊佇

【苧】 9 4420 チョ からむし

形声 声符は宁。麻の一種。その皮を用いて縄を作り、布を織る。〔天工開物、上、夏服〕に「凡そ苧麻は土として生ぜざる無し。～色に青黄兩様有り。每歲兩刈する者有り。三刈する者有り。績して當暑の衣裳帷帳と爲す」とあり、その製法を詳述している。

訓義 1からむし。2みくり。3紵と通用する。

古訓 〔名義抄〕苧 カラムシ・カラムシノヲ 〔字鏡集〕苧 ヲ・カラムシ・カラムシノヲ

↑苧衣 かたびら/苧子 麻の実/苧綏 頭巾/苧蒲 苧と蒲、笠/苧麻 からむし

↓葛苧・萱苧・荊苧・栽苧・桑苧・剝苧・漂苧・麻苧

入【猪】 11 4426 入〔猪〕 12 4426 〔豬〕 16 1426 チョ いのしし

篆文 

形声 正字は豬に作り、者(者)声。者に著(著)・褚の声がある。〔説文〕九下に「豕にして三毛叢居なる者なり」という。〔段注本〕に「叢居」を「叢尻」にして、一孔に三毛を生ずる意であるとする。犀もまた一孔三毛であるという。

訓義 1いのしし。2ぶた、いのこ。

古訓 〔和名抄〕猪 一名彘、兼名苑に云ふ、一名豕、井(ゐ) 〔名義抄〕野猪 クサヰナギ 〔字鏡集〕猪 ヰ・ヰノシシ

【猪狗】 豚や犬。宋・蘇軾〔孟徳伝の後に書す〕人有り。夜、外より歸り、物の其の門に蹲まる有るを見、以て猪狗の類と爲し、杖を以て之れを撃つ。卽ち逸し去る。山下月明の處に至れば、則ち虎なりき。

【猪溷】 豚小屋。〔論衡、吉験〕北夷の橐離國王の侍婢娠む有り。～曰ふ、氣の大いさ雞子の如き有り、天より下る。我、故に娠む有りと。後、子を產みて猪溷の中に捐つ。猪、口氣を以て之れを噓き、死せず。

【猪突】 猪が突進する。勢いの鋭いこと。〔漢書、食貨志下〕匈奴、侵寇すること甚だし。(王)莽、大いに天下の囚徒人奴を募り、名づけて豬突豨勇と曰ふ。～豬突豨勇を發してより、後四年、漢兵、莽を誅す。

↑猪牙 小舟/猪癇 てんかんの一/猪頸 猪首/猪子 子豚/猪屎 薬用の草/猪蕁 あさざ/猪水 たまり水/猪胆 猪の肝/猪蹄 豚の蹄/猪頭 財神を祀る/猪豚 豚/猪肉 豚肉/猪毛 小豚の剛毛/猪熊 熊/猪欄 豚小屋/猪苓 猪屎

↓偃猪・豭猪・豪猪・伏猪・野猪・養猪

【紵】 11 2392 チョ いちび

篆文 

形声 声符は宁。〔説文〕十三上に「䊵(あさ)の屬なり。細き者を絟と爲す。布白くして細きを紵と曰ふ」(段注本)とあり、上質の麻布をいう。祭衣に用いることが多く、〔周礼、天官、典枲〕の職は、その生産を管理するものである。

訓義 1ほそあさぬの、いちびで作る。いちび。2字はまた苧に作る。

古訓 〔新撰字鏡〕紵 氏豆久利(てづくり) 〔和名抄〕紵 唐式に云ふ、紵布三端、今按ずるに、麻紵の紵、俗に麻布の二字を用ふ。阿佐沼乃(あさぬの)と云ふ。是れなるか 〔名義抄〕紵 テヅクリノヌノ・アサヌノ・ヌノ 〔字鏡集〕紵 テヅクリ・アサ・アサヌノ・タツ・ヲウム・ヌノ・ヌキ・テヅクリヌノ

【紵衣】 麻の衣。〔左伝、襄二十九年〕呉の公子(季)札來聘す。～子產を見て、舊も相ひ識るが如し。之れに縞帶を與ふ。子產、紵衣を獻ず。

【紵絮】 麻くずの綿。〔史記、張釈之伝〕從行して、霸陵に至る。～上(文帝)、～意、慘悽悲懷し、顧みて群臣に謂ひて曰く、嗟乎、北山の石を以て椁と爲し、紵絮を用ひて斮へ陳ね、漆を其の閒に蔡くれば、豈に動かすべけんやと。左右皆曰く、善しと。

【紵布】 麻布。〔南史、夷貊上、海南諸国、林邑国伝〕古貝は樹の名なり。其の華成る時、鵝毳の如く、其の緒を抽き、

之れを紡ぎて以て布と作す。布は紵布と殊ならず。
↑紵縞 麻布と絹／紵絺 麻布と細かい葛布／紵麻 真麻
↓葛紵・綺紵・黴紵・夾紵・給紵・縞紵・細紵・青紵・雪紵・素紵・絺紵・白紵・麻紵・綾紵

常【著】11／4460 〔著〕13／4460 入〔著〕12

チョ チャク
つく つける あきらか あらわす いちじるしい

篆文 

形声 声符は者（者）。者は堵・書の字の従うところで、堵は呪符としての書を埋めて、邪霊の侵入を防ぐ堵垣、その呪符の文を書という。その書によって、呪的な力をそこに附著させるので、「著く」の意となる。その呪力が著明であることから顕著の意となり、著作の意となる。着と同字であるが、その慣用を異にするので、いま着と項目を別にして扱う。〔説文〕には未収。〔広雅、釈詁四〕に「明らかなり」、〔玉篇〕に草の名とする。著作の字に箸を用いることがあるが、それは匙箸の字。秦・漢の碑銘に著の字がみえている。

訓義 1つく、つける、身につける、そえる、ほどこす。2めだつ、あらわれる、あきらか、あらわ。3いちじるしい、しるし。4あらわす、かきしるす。5さだめる、ひさしい、おく、たくわえる。6宁と通じ、門屏の間、にわ。

古訓 〔名義抄〕著 キル・ツク・ハク・アラハス・シルス・クル・ワタイル 〔字鏡集〕著 ケガル・アラハス・アキラカナリ・ツラヌク・アツマル・シルシオケリ・ノブ・ツクル・シルス・クルフ・キル・トヾマル・ハシ・ハク・キタル・ハウ・ツク・ワタイル

語系 著tia、堵・都（都）taは声義近く、堵をめぐらしたところは都。その堵中には呪符としての書を著けて、呪力を附著する。その呪力の著明であることをまた著という。章（章）・彰（彰）tjiangにもまた彰明の意がある。

【著衣】 衣服を著る。著衣鏡は姿見。晋・張敞〔東宮旧事〕皇太子、妃を納る。著衣大鏡有り、尺八寸。

【著意】 留意する。宋・蘇軾〔中秋の月、子由（弟の轍）に寄す、三首、三〕詩 天公自ら著意す 此の會、那ぞ輕んずべけん 明年、各〻相ひ望み 俯仰せん、今古の情

【著眼】 目をつける。注目する。宋・蘇軾〔秦少游（観）、夢に発殯す～〕詩 塗車、芻靈（明器の類）、皆假設 著眼細やかに看て、君誤ること勿れ

【著見】 はっきり見える。〔漢書、息夫躬伝〕閒者災變息まず、盜賊衆多なり。兵革の徵、或いは頗ぶる著見す。未だ將軍、惻然として深く以て意と爲すを聞かず。～天下安しと雖も、戰ひを忘るれば必ず危し。

【著作】 書を著わす。著述。〔論衡、書解〕著作する者を文儒と爲し、經を說く者を世儒と爲す。二儒の世に在る、未だ何れを優れりと爲すを知らず。～世儒當時に尊しと雖も、文儒の書に遭はざれば、其の跡傳はらず。

【著実】 まじめ。確実。唐・張説〔陸公（孝斌）神道碑〕公～簡にして禮に中り、易にして達節。篤學勵行、著實に聲を飛ばす。文史の者、其の淵府を宗とし、德行の者、其の牆仞を仰ぐ。

【著手】 手をつける。ことを始める。〔晋書、杜預伝〕今兵威已に振ふ。譬へば竹を破るが如く、數節の後、皆刃を迎へて解く。復た著手する處無きなり。

【著述】 書を著わす。漢・班固〔賓の戯れに答ふの序〕永平中、郎と爲りて祕書を典校す。專ら志を儒學に篤うし、著述を以て業と爲す。或ひと、譏るに功無きを以てす。～故に聊か復た應ふ。

【著書】 著述。〔史記、老荘申韓伝〕（韓）非、人と爲り口吃にして道說する能はず。而れども善く書を著はす。

【著色】 彩色する。宋・蘇軾〔王晋卿蔵する所の著色山、二首、一〕詩 縹緲たる營丘、水墨の仙（李成） 浮空出沒す、有無の閒 爾來一變して風流盡く 誰か見ん、將軍（李思訓）著色の山

【著地】 地につく。唐・王建〔人を送る〕詩 白日、西に向って沒し 黃河、復た東流す 人生、足、地に著けり 寧ぞ四方に遊くを免れん

【著莫】 しみつく。とらえる。宋代の俗語。宋・邵雍〔洛陽春吟、八首、四〕詩 光陰肯へて略ぼ從容たらず 九十日の春、還た又空し 多少の落花、著莫する無し 半ばは流水に隨ひ、半ばは風に隨ふ

【著聞】 世に知られる。〔後漢書、逸民、高鳳伝〕鳳、年老いるも、志を執りて倦まず、名聲著聞す。～身を漁釣に隱し、家に終ふ。

【著名】 名が知られる。〔漢書、鄒陽伝〕呉王濞、四方の游士を招致す。陽、呉の嚴忌・枚乘等と倶に呉に仕へ、皆文辯を以て名を著はす。

【著明】 明らか。〔易、繫辞伝上〕法象は天地より大なるは莫なく、變通は四時より大なるは莫く、縣象著明なるは、日月より大なるは莫し。

【著録】 簿籍にのせる。著書撰録。〔後漢書、儒林上、張興伝〕梁丘易を習ひて、以て教授す。～既にして聲稱著聞し、弟子遠きよりして至る者、著錄するもの且に萬人ならんとす。

【著論】 書を著わし論ずる。〔漢書、東方朔伝〕指意放蕩、頗ぶる復た詼諧。辭數萬言なるも、終に用ひられず。朔、因りて著論し、客の己を難ずるを設け、位の卑きを用て自ら慰諭す。

↑著安 書翰の末語／著位 定位／著花 花が咲く／著脚 立つ／著屐 下駄ばき／著稿 草稿／著式 格式／著称 名声／著心 専心／著姓 家柄／著積 儲え／著績 功績／著節 名節／著説 著作／著撰 著作／著然 顕著／著想 工夫／著定 著位／著底 底につく／著白 明白／著摸 著莫／著筆 落筆／著粉 化粧／著鞭 むちをあてる／著密 緻密／著目 着眼／著落 落着／著力 力を出す／著令 命令

＊下接語は着字条参照。著の例のみあげる。

↓遺著・合著・旧著・共著・顕著・雑著・自著・昭著・章著・彰著・拙著・撰著・編著・名著・明著・論著

常【貯】12／6382

チョ
たくわえる

篆文  甲骨文  金文 

形声 声符は宁。宁は収蔵する箱の形。卜文には宁の中に貝をしるすものがあり、その字は貯。金文には宁の中に戈をしるすものがあり、宁は匱（ひつ）のような形の箱であろう。〔説文〕六下に「積むなり」とあって、貯積の意。財貨を貯、農穀を積という。金文の〔兮甲盤〕に「厥の進人、厥の貯」とあり、淮夷が周に対して、進人（生口）と貯（賦貢）を貢納していたことが知られる。〔頌鼎〕に「成周の貯」という語があり、これは屯倉のような収納庫であろう。

訓義 1たくわえる、おさめる、おく、つむ。2貢賦、貢納、その収蔵の庫。3たな、みせ。

古訓 〔名義抄〕貯 タクハフ・タクハヘ・ヲサム・イル・ツム 〔字鏡集〕貯 ツク・ツム・イル・カクス・ツモル・タクハフ・ムサボル・ヲサム・サカリ

語系 貯tia、儲zjiaは声義が通じ、宁は収納の箱。儲字に含ま

れる者（者）は、堵中に呪符の書を収めることをいう。

【貯金】（ちょきん）金をたくわえる。〔録異記、八、墓〕墓中に玉を貯ふるときは、則ち草木滋潤、金を貯ふること多きときは、則ち草木焦枯す。

【貯粟】（ちょぞく）穀物を不必要に貯蔵する。〔公羊伝、僖三年〕（陽穀の会に、斉の）桓公曰く、谷を障ぐこと無かれ。粟（穀物）を貯ふること無れ。樹子（嗣子）を易ふること無れ。妾を以て妻と為すこと無れと。

【貯儲】（ちょちょ）たくわえる。唐・韓愈〔符、書を城南に読む〕詩 金璧、重寶なりと雖も 費用、貯儲し難し 學問は之れを身に藏す 身在るときは、則ち餘り有り

↓貯穀 蓄積／貯粟／貯聚 蓄積／貯水 水をためる／貯積 蓄積／貯蔵 たくわえる／貯蓄 ためる／貯満 みちる／貯糧 貯粟／貯廊 庁舎の後屋

↓涵貯・庫貯・私貯・盛貯・積貯・発貯・苞貯・満貯・留貯・糧貯

【楮】

13／4496 ［柠］9／4392 チョ こうぞ かみ

篆文

形声 声符は者（者）。者に著（著）の声がある。〔説文〕六上に「穀なり」とあり、穀桑・楮桑ともよばれるものである。桑科の落葉喬木。その樹皮で紙を作る。紙質がよいので紙幣に作り、楮鈔・楮幣という。書にも用いる。

訓義 1こうぞ。2かみ。3さつ、紙幣、おかね。

古訓 〔新撰字鏡〕楮 加地乃木（かぢのき）〔名義抄〕楮 カヂノキ・ハキ 〔字鏡集〕楮 カヂ／柠 サクラ・カヂ・サイ・カヂノキ・トチ

【楮冠】（ちょかん（くわん））こうぞの葉を冠とする。〔韓詩外伝、一〕原憲、魯に居る。～子貢、肥馬に乘り、輕裘を衣き、～往きて之れを見る。原憲、楮冠黎杖して門に應ず。

【楮幣】（ちょへい）紙幣。〔宋史、列女、曽氏の婦晏伝〕寇、寧化縣を破る。～晏乃ち黄牛山傍に依り、自ら一砦を爲る。～又楮幣を遺りて、以て五砦の義丁を勞す。

【楮墨】（ちょぼく）紙墨。文筆にしるす。清・李漁〔閑情偶寄、詞曲上、音律〕其の楮墨筆硯、己に同じき物に非ざれば、他人より假（借）るが如き有り。耳目心思、效用能はず、到る處、人に掣肘せられん。

↑楮英 紙／楮貨 紙幣／楮君 紙／楮券 紙幣／楮穀 こうぞ／楮祭 紙銭をやく／楮策 書冊／楮紙 こうぞの紙／楮鈔 紙幣／楮銭 楮幣／楮帛 祭の紙銭／楮葉 楮の葉

↓旧楮・筐楮・玉楮・縑楮・毫楮・尺楮・新楮・寸楮・敗楮・白楮・別楮・片楮・老楮

【摴】

14／5102 チョ のべる ちょぼ

篆文

形声 声符は雩。雩に樗の声がある。〔説文新附〕十二上に「舒ぶるなり」という。摴博・摴蒲（賭博）の字に用いる。

訓義 1のべる。2ちょぼ、博戯の一つ。3字はまた樗に作る。

【摴蒲】（ちょぼ）博戯の一つ。樗蒲。三百六十駒を以て争う戯。その法は伝わらない。〔晋書、后妃上、胡貴嬪伝〕帝嘗て之れと摴蒲（蒱）し、矢を爭ひ、遂に上の指を傷つく。

↑摴博 摴蒲

【褚】

14／3426 チョ わたいれ

篆文

形声 声符は者（者）。者に楮・箸の声がある。〔説文〕八上に「卒なり」と隷卒の意とするが、褚はわたいれ、隷卒の服するものであるから、また隷卒の意となる。また「一に曰く、装なり」（段注本）とあり、著衣の義であるという。別に褚幕・衣嚢の意がある。儲と通用する。

訓義 1わたいれ。2褚衣をきる者、赤い衣、隷人。3おおい、たれぎぬ。4ふくろ、衣裳ぶくろ。5著と通じ、よそおう。6儲と通じ、たくわえる。

古訓 〔名義抄〕褚 コロモイル、ツヽミ・フクロ・ヌノ 〔字鏡〕褚 コロモイル、フクロナリ・ツヽミ・フクロ

↑褚衣 綿入れ／褚伍 隊伍／褚橐 衣裳の袋／褚嚢 褚橐／褚幕 棺の覆い

↓衣褚・解褚・旧褚・玉褚・傾褚・縑褚・縞褚・毫褚・嚢褚・敗褚・白褚・剝褚・布褚・片褚・方褚・麻褚

【樗】

15／4192 チョ ぬるで

篆文

形声 声符は雩。雩に摴の声がある。〔説文〕六上に「木なり。其の皮を以て松脂を裹む」とし、「讀みて華の若くす。檴、或いは蒦に從ふ」とするが、声義が合わず、〔段注本〕にいうように、この説解は樺字条に加うべきものであろう。樗はぬるで、雑木である。わが国では、おうちにあてる。

訓義 1ぬるで、ごんずい、臭椿をいう。2散木、雑木。3摴と通じ、摴蒲、ちょぼ。4わが国で、おうち。

古訓 〔篇立〕樗 ヌルデ

【樗牛】（ちょぎゅう（ぎう））樗木と犛牛。大にして無用のもの。〔荘子、逍遥遊〕吾れに大樹有り、人之れを樗と謂ふ。其の大本は擁腫（こぶだらけ）して縄墨に中らず、其の小枝は巻曲して規矩（ぶんまわしと、定規）に中らず。～今夫の犛牛は、其の大いさ垂天の雲の若し。～而れども鼠を執ふること能はず。

↑樗鉛 無用のもの／樗朽 無用のもの／樗鶏 はたおり／樗繭 樗蚕／樗材 不才／樗散 不才／樗醜 不肖／樗博 博戯／樗蒲 樗蒲／樗木 無用の木／樗櫟 不才

↓寒樗・散樗・薪樗・椿樗

常

【箸】

15／8860 ［筯］13／8812 チョ チャク はし たる

篆文 詛楚文

形声 声符は者（者）。者に楮の声がある。〔説文〕五上に「飯の攲なり」とあり、のち筯の字を用いて、匕筯のようにいう。

訓義 1はし、食事のはし。2たる、たけづつ。3字はまた筯に作る。4著と通じ、つく、あきらか、門屛。

古訓 〔名義抄〕箸 ハシ 〔字鏡集〕箸 アラハス・ハシ・スヂ・コブラカヘリ

↑箸作 著述／箸述 述作／箸撰 著書／箸筩 箸立て／箸鞭 むちを加える／箸籠 箸かご／箸論 論述

↓火箸・金箸・擊箸・犀箸・匙箸・食箸・象箸・竹箸・投箸・匕箸

人

【儲】

18／2426 チョ そなえる たくわえる

篆文

形声 声符は諸（諸）。諸は者（者）声。者に著（著）の声がある。〔説文〕八上に「偫ふるなり」とあり、儲積することをいう。諸は多くの祝告・呪符をいい、諸多集積の意がある。

訓義 1そなえる、たくわえる、たくわえ。2そえる、ひかえる。3あとつぎ、もうけのきみ。4国語で、利益がある、もうける。

古訓 〔名義抄〕儲 マウク・マウケ・タクハフ・スマフ・ソナフ

語系 儲 tjia、諸 tjya、署 zjia、また積・餘（余）・與（与）jia はみな同系の語で、うちに蓄え、予備する意がある。

【儲位】（ちょい（ゐ））太子の位。〔南史、梁、元帝諸子、愍懐太子方矩伝〕承聖元年十一月丙子、立ちて皇太子と爲る。儲位に升るに及んで、群下に昵狎し、好んで微服を著く。

【儲価】かけね。〔孔子家語、相魯〕魯の六畜を鬻ぐ者、之れを飾るに儲價を以てす。孔子の政を爲すに及び、則ち～三月にして則ち牛馬を鬻ぐ者儲價せず、羊豚を賣る者、飾を加へず。

【儲君】世嗣。〔後漢書、鄭衆伝〕太子儲君、外交の義無し。漢に舊防有り。蕃王宜しく私かに賓客に通ずべからず。～犯禁觸罪は、正を守りて死するに如かず。

【儲跱】たくわえ。〔後漢書、陳忠伝〕使者の過ぐる所、～儀禮上僭、～人を發して道を修め、亭傳を繕理し、多く儲跱を設け、徵役度無し。

【儲積】たくわえ。〔後漢書、安帝紀〕（元初五年詔）比年（連年）豊穰を得と雖も、尙ほ儲積に乏し。而れども小人慮無く、久長を圖らず、嫁娶送終に紛華靡麗なり。

【儲備】備蓄。〔梁書、張弘策伝〕高祖、海內の方に亂るるを覩、匡濟の心有り、密かに儲備を爲す。謀猷の及ぶ所は、惟だ弘策のみ。

↑儲闈 東宮/儲胤 太子/儲擬 備蓄/儲宮 東宮/儲元 太子/儲后 儲君/儲穀 儲備の米/儲嗣 太子/儲弍 太子/儲峙 たくわえ/儲偫 たくわえ/儲聚 積集/儲胥 儲積/儲書 蔵書/儲銭 たくわえの銭/儲蓄 貯蓄/儲儲 無頓着のさま/儲邸 くら/儲嫡 よつぎ/儲妃 太子の妃/儲副 よつぎ/儲米 儲穀/儲与 ゆったりする/儲利 利益/儲両 世嗣/儲糧 食糧貯蔵/儲廩 米倉
↓贏儲・戒儲・宮儲・軍儲・庫儲・公儲・皇儲・国儲・斎儲・歳儲・私儲・資儲・戎儲・倉儲・帝儲・斗儲・東儲・兵儲・余儲・立儲・留儲・糧儲

【攄】 18 5103 チョ のべる

形声 声符は慮。字はまた通じて摴に作り、捈に作る。声を以ていえば捈がもっとも近い。〔広雅、釈詁四〕に「舒ぶるなり」、また〔広雅、釈詁一〕に「張るなり」、〔玉篇〕に「擬するなり」の訓がある。
訓義 ①のべる、しく。②はる、ならべる、ちらす。③ひろう。④なぞらえる。
古訓 〔名義抄〕攄 ノブ・オモヒハカル・ヒロフ・イフ 〔字鏡集〕攄 ワタル・オモハカル・ノブ・トモ・ヒロフ・イフ
【攄武】武威をのべる。晉・陸機〔漢高祖功臣頌〕爾の徒を率ゐて 王に征に從はしむ 威を龍蛻（河北の地名）に振ひ 武を庸城（湖北の地名）に攄ぶ
↑攄意 意をのべる/攄懐 懐いをのべる/攄書 講説する/攄頌 頌辞
↓気攄・志攄・憤攄・竜攄

【瀦】 19 3416 チョ みずたまり ためいけ

篆文 

形声 声符は豬。〔説文新附〕十一上に「水の亭まる所なり」とあり、水の停蓄するところをいう。
訓義 ①みずたまり、ためいけ。②たまる。
古訓 〔名義抄〕瀦 トタエ・ミヅタム 〔字鏡集〕瀦 ミヅクム・トタヘ・ミヅノト、マルトコロ
↑瀦泄 瀦溉/瀦淤 泥溜り/瀦溉 池水による灌漑/瀦水 溜り水/瀦藪 さわ/瀦蓄 停蓄/瀦漲 満水/瀦潦 停蓄の水
↓堰瀦

【躇】 20 6416 〔躍〕 19 6716 チョ ふむ ためらう

篆文 

形声 声符は著（著）。〔説文〕二下に躍に作り、屠声。「峙躍して前まざるなり」とあり、躊躇・彳亍などと同じ語。階段を左右の足を揃えず、一足ずつで升ることを「階を躇える」といい、儀礼のときには非礼のこととされた。
訓義 ①ふむ。②ためらう、たちもとおる。③こえる、わたる。
古訓 〔名義抄〕躊躇 タチヤスラフ 〔字鏡集〕躇 タチモトホル・フミニジル
語系 躇 dia、踟 die、峙 dia、躊 diu、躕・跦 dio はみな声近く、躑 diek、躅 diok、彳 thiek、亍 thiok、辵（躇）thiak はその入声音。みな行きなやみ、たちもとおることをいう擬声語である。
【躇階】階をこえて進む。〔公羊伝、宣六年〕（霊公、之れを殺さんと欲す）趙盾之れを知り、階を躇えて走る。靈公～獒（犬名）を呼び、之れを屬はしむ。
↑躇跱 躊躇する/躇足 停まる/躇躊 徘徊する/躇躕 徘徊する/躇蹈 足ぶみする/躇歩 地をふむ
↓踟躇・躊躇・躕躇

チョウ

【刁】 2 1712 チョウ（テウ） みだれる わるい だます

象形 字の初形が知られず、字形によって説くことをえないが、字はおそらく卣と同じく、草木の実の垂れる形であろうと思われる。卣は〔説文〕七上に「艸木の實、垂るること卣卣然たり。象形」とあり、瓢のような形、また栗の字の上部はその形に従う。その形の簡略にして、草の実の乱れ下るのを刁刁というのであろう。〔方言、十三〕に「（銚の）升（緣）無き、之れを刁斗と謂ふ」とあり、〔郭璞注〕に「小鈴を謂ふなり」とあって、どらのような形の器であろう。杜甫の〔夏夜の歎〕の詩に「竟夕、刁斗を撃ち 喧聲萬方に連なる」とあって、よほどやかましいものであったらしい。〔洞天清禄集〕に「大抵刁斗は、世用ふる所の柄有る銚子の如く、一人の食を炊くに宜し」とあり、本来行軍の際の炊事用のものである。「たぶらかす」意は侜・調などの仮借義であろう。
訓義 ①行軍の際の炊事用の鍋、飯盒。②どら、軍中で飯盒をどら代わりに使う。③刁刁は、ぶらぶらゆれる、みだれる。④わるがしこい、だます。⑤なべ。⑥国語で、十二支のとら。
語系 刁刁 tyu-tyu、卣卣 dyu-dyu は声が近く、卣卣は草木の実が垂れ動く形。吊（弔）tyôk も声義が近い字。悪賢くだます意は、おそらく侜 tjiu、調（調）dyô の仮借通用の義であろう。
【刁刁】風が静まりそよぐ。〔荘子、斉物論〕冷風は則ち小和し、飄風は則ち大和す。厲風濟めば、則ち衆竅虛と爲る。而獨り之れが調調（ざわめき）の刁刁たるを見ずや。
【刁斗】軍行用の飯盒。どら代わりにする。〔史記、李将軍伝〕出でて胡を撃つに及び、（李）廣、行くに部伍行陣無し。善水草屯に就き舍止し、人人自ら便し、刁斗を撃ちて以て自ら衛らず。
↑刁悪 奸悪/刁怪 古怪/刁猾 狡猾/刁姦 欺き姦す/刁悍 兇悍/刁頑 ずるくて、かたくな/刁詐 健 傲慢/刁棍 悪漢/刁唆 そそのかす/刁詐 欺く/刁訟 訴訟好き/刁騷 乱髪/刁徒 悪党/刁難 妨害する/刁蛮 野蛮/刁婦 奸婦/刁風 陋風/刁民 奸民/刁劣 卑劣
↓撃刁・調刁・斗刁・鳴刁・夜刁

常 【弔】 4 1752 チョウ（テウ） とむらう いたむ あわれむ

篆文 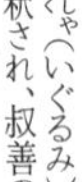

象形 繳しゃ（いぐるみ）の形。金文の字は従来叔と釈され、叔善の意に用いるが、それは仮借義。〔説文〕八上に「終りを問ふなり」と弔問の意とし、字形

を「人と弓とに従ふ」とする。また「古の葬る者、厚く之れに衣するに薪を以てす。故に人ごとに弓を持ち、會して禽を敺つなり」（段注本）とあり、〔小徐本〕にはなお「弓は蓋し往復弔問するの義なり」と弓に従う義を説く。古くは屍を草野に棄て、その風化を待って骨を拾うので、弓を携えてゆき弔うと解するものであるが、繳の象形字である弔を、叔の音に仮借したもので、古い文献にみえる「不弔」は「不淑」の意。〔詩、小雅、節南山〕の「昊天に弔まれず」は、「昊天に淑しとせられず」の意である。「とむらう」はおそらく迅（いたる）の用義で、〔詩、小雅、天保〕「神の弔る」の義より転じたものであろうが、のちおおむねその義に用いる。迅は〔説文〕二下に「至るなり」と訓する。

訓義 ①いたる、とむらう。②繳の象形で、いぐるみ、のち繳（弔の形声字）を用い、弔をいぐるみの義に用いることはない。③いたむ、あわれむ、なげく。④淑・俶と通じ、よし、よしとする。⑤吊・釣と通じ、つる。

古訓 〔名義抄〕弔 トブラフ・トフ・イタル

声系 〔説文〕に弔声として迅・盄など三字を収める。迅は「至るなり」、盄五上は「器なり」と訓するが、金文に「不弔」をまた「不盄」に作り、弔と同じく淑の意に用いる。

語系 弔 tyôk、淑 zjiuk は声近く、俶 thjiuk も同系の語。金文の「不弔」「不盄」は〔詩〕の「不弔」「不淑」という語にあたり、「不淑」とは人の死をいう。

【弔慰】（ちょうい（てうゐ））喪中の人をとむらい慰める。〔梁書、文学上、劉昭伝〕祖伯龍、父の憂（喪）に居り、孝を以て聞ゆ。宋の武帝、〜往きて弔慰せしむ。

【弔客】（ちょう（てう）きゃく）弔問の人。〔三国志、呉、虞翻伝注に引く翻別伝〕生きては與に語るべき無く、死しては青蠅を以て弔客と爲さん。天下に一人己を知る者あらしめば、以て恨みざるに足る。

【弔喭】（ちょう（てう）げん）弔問。〔世説新語、任誕〕阮歩兵（籍）、母を喪ふ。裴令公（楷）、往きて之れを弔ふ。阮方に醉ひ、髮を散じて牀に坐し、箕踞して哭せず。裴至り、下りて地に席して哭し、弔喭し畢りて便ち去る。

【弔古】（ちょう（てう）こ）往古を悲しむ。唐・賈島〔孟協律に寄す〕詩 我に弔古の泣有り 泣かずして路岐に向ふ 涙を揮ひて暮天に灑ぐ 滴したりは著く、桂樹の枝

【弔祭】（ちょう（てう）さい）霊をとむらい祭る。唐・李華〔古戦場を弔ふ文〕弔祭至らず、精魂依る無し。必ず凶年有りて、人其れ流離せん。

【弔祠】（ちょう（てう）し）とむらい祭る。〔史記、秦紀〕昭襄王卒す。〜韓王、衰絰して入りて弔祠す。諸侯、皆其の將相をして、來りて弔祠し、喪事を視しむ。

【弔襚】（ちょう（てう）すい）王が喪礼の衣服などを贈る。〔漢書、景帝紀〕王薨ずるときは、光祿大夫を遣はして、弔襚祠賵（飲食・車馬を贈る）し、喪事を視しめ、因りて嗣子を立つ。

【弔生】（ちょう（てう）せい）遺族を慰める。〔荀子、大略〕賻賵は生を佐くる所以なり。贈襚は死を送る所以なり。死を送りて柩尸に及ばず、生を弔して悲哀に及ばざるは、禮に非ざるなり。故に〜犇喪百里、賵贈事に及ぶは、禮の大なり。

【弔喪】（ちょうそう（てうさう））弔問。〔礼記、曲礼上〕喪を弔して賻（助財）すること能はざれば、其の費やす所を問はず。

【弔伐】（ちょう（てう）ばつ）民をあわれみ救う。弔民伐罪。〔晋書、慕容垂載記〕弔伐の義は、先代の常典なり。今方に中原を平らぐ。宜しく綏懷するに德を以てすべし。

【弔問】（ちょう（てう）もん）遺族をとむらい慰める。〔後漢書、東夷、高句驪伝〕死して之れを撃つは、義に非ざるなり。宜しく弔問を遣はし、因りて前罪を責讓し、赦して誅を加へず、其の後善を取るべし。

【弔礼】（ちょう（てう）れい）弔喪の礼。〔周礼、春官、大宗伯〕荒禮を以て凶札を哀しみ、弔禮を以て禍裁を哀しむ。

↑弔意 哀悼の意／弔賀 慶弔／弔旗 半旗／弔儀 弔悼の儀／弔橋 吊橋／弔頸 首つり／弔唁 弔喭／弔拷 吊り責め／弔哭 とむらい泣く／弔災 慰問／弔死 弔葬／弔詞 弔辞／弔事 助葬／弔辞 弔文／弔恤 とむらいあわれむ／弔書 弔辞／弔傷 哀悼／弔水 水害見舞い／弔睛 つりあがった眼／弔贈 香奠／弔朶 婦人の首飾り／弔壇 祭壇／弔梯 昇降機／弔奠 香奠／弔桶 つるべ／弔愍 弔恤／弔贈／弔撫 撫恤／弔服 喪服／弔文 死者をとむらう文／弔民 弔伐／弔名 みだりに名を求める／弔臨 往きとむらう／弔労 労を慰める

↓哀弔・吉弔・泣弔・恵弔・敬弔・慶弔・献弔・自弔・誅弔・追弔・不弔・赴弔・賵弔・臨弔

常【庁】5 人〔廳〕25 0023 チョウ（チャウ） やくしょ

形声 旧字は廳に作り聽（聴）声。庁は丁声。古く廷・庭といったところで、そこで事を聴き、裁判を行った。官府の政務を執る役所をいう。〔玉篇〕に「客廚なり」とあり、客間の意とする。

訓義 ①やくしょ、治官・聴事のところ。②客間、応接間。③家、宮中。④役所のある行政区。⑤古くは聽に作り、六朝以後、廳に作る。

古訓 〔和名抄〕廳 賓を延く屋なり。日本紀私記に云ふ、万都利（まつり）、古度々乃（ことどの）〔名義抄〕廳 マツリゴト・マツリゴトドノ 〔篇立〕廳 マツリゴト・マツリゴトノヤドリ 〔字鏡集〕廳 マツリゴトノヤ・マツリ・マラウドノクリヤ

語系 廳・聽 thyeng は同声。庭（庭）・廷（廷）dyeng と声近く、庭・廷は儀礼の場、廳・聽は聴治のところで役所をいう。

【庁宇】（ちょう（ちゃう）う）役所の建物。〔魏書、李崇伝〕府寺（役所）初めて營り、頗ぶる亦た壯美なりしも、然れども一たび造りて、今に至り更に修繕せず。廳宇凋朽し、牆垣頽壞す。

【庁事】（ちょう（ちゃう）じ）役所。私邸の庭先。宋・陸游〔入蜀記、四〕州治（庁舎）陋なること甚だし。廳事僅かに數客を容るべきのみ。

【庁堂】（ちょうどう（ちゃうだう））役所。大広間。〔魏書、楊播伝〕播の家世と純厚、竝びに義讓に敦く、昆季相ひ事ふること、父子の如き有り。〜兄弟旦には則ち廳堂に聚り、終日相ひ對し、未だ曾て内に入らず。

【庁壁】（ちょう（ちゃう）へき）役所の壁。〔宋史、范旻伝〕己の奉を割きて藥を市ひ、以て病者に給す。愈ゆる者千計ばかり。復た方書（医術の書）を以て石に刻し、廳壁に置く。民之れに感化す。

↑庁屋 庁舎／庁額 役所の扁額／庁舎 庁屋／庁尊 上司／庁頭 守衛長／庁房 客室

↓槐庁・外庁・官庁・寒庁・閑庁・郡庁・県庁・公庁・後庁・斎庁・正庁・政庁・退庁・大庁・都庁・登庁・内庁・廃庁・府庁・便庁・簿庁・邑庁

常【兆】6 3211 〔兆〕8 3310 チョウ（テウ） うらかた きざし かず

篆文

古文

象形 亀卜の灼けたわれめの形。〔説文〕三下に正字を兆に作り、「龜を灼きて坼けたるなり。卜・兆に従ふ。象形」とあり、〔説文〕二上に「八は、分るるなり」とあり、別の初文。兆は亀版中央の千里縫を界として、左右対称に灼く形。卜はその一鑽一灼の形。左右に排して兆となる。卜兆によってことを予兆し、またその兆証とする。別に数に用い、万・億・兆を十進法で数えた。

訓義 ①うらかた、亀卜のうらかた、うらなう。②きざし、はじめ、しるし。③かぎり、くぎり、地域。④祭祀を行う。⑤塋域、葬域、墓域、祭壇、卜して定めた地域。⑥かず、十億。

古訓 〔名義抄〕兆 キザス〔字鏡集〕兆 シルス・ハジメ・ハジム・ウラナフナリ・ワカツ・キザス・カタチ

声系 〔説文〕に正字を𠧞に作り、兆をその古文とする。兆声として咷・逃(逃)・跳・誂・眺・窕など二十二字を収める。卜灼のとき、はじけて裂けるので、そのはずんだ勢いの意をもつものが多く、擬声的な語が多い。

語系 兆(𠧞)dió、卲zjiô は声義近く、卲は〔説文〕三下に「卜問なり」とあり、兆を求めることをいう。

【兆域】(ちょういき) 墓地。墓域。〔周礼、春官、冢人〕公墓の地を掌る。其の兆域を辨ちて、之れが圖(地図)を爲くる。先王の葬は中に居り、昭穆を以て左右と爲す。

【兆億】(ちょうおく) 多くの人民。億兆。〔墨子、明鬼下〕人民の衆きこと兆億、侯これ厥その澤陵に盈つ。然れども此れを以て鬼神の誅を圍ぐこと能はず。

【兆基】(ちょうき) もとい。また、墓地。〔儀礼、士喪礼〕筮する者、～南面して命を受く。命じて曰く、哀子某、其の父某甫の爲に、宅を筮ひ、茲の幽宅兆基を度る。後難有ること無かれと。

【兆見】(ちょうけん) きざしがあらわれる。また、予見。〔淮南子、要略〕得失の變、利病の反を兆見す。人をして妄りに勢利に沒せず、事態に誘惑せられざらしむる所以の者なり。

【兆祀】(ちょうし) はじめて祀る。〔礼記、表記〕子曰く、后稷の祀は、富へ易きなり。～其の祿、子孫に及ぼす。詩(大雅、生民)に曰く、后稷兆めて祀り 罪悔無きを庶ひ 以て今に迄ると。

【兆数】(ちょうすう) うらかた。〔論衡、寒温〕夫れ寒溫の急舒に應ずるは、猶ほ兆數の令問に應ずるがごとし。外は相ひ應ずるが若きも、其の實は偶然るのみ。～夫れ天道は自然、自然は無爲なり。

【兆占】(ちょうせん) うらない。〔漢書、王莽伝上〕陛下、天の洪範を奉じ、心、寶龜に合す。元命を膺受し、豫め成敗を知り、咸く兆占に應ず。是れを配天と謂ふ。

【兆民】(ちょうみん) 万民。〔書、呂刑〕一人慶有らば、兆民之れに賴る。其の寧きこと惟れ永からん。

↑兆卦 易の卦/兆形 きざしの現われ/兆献 祭奠/兆古 太古/兆候 きざし/兆始 はじめ/兆庶 兆民/兆祥 兆候/兆象 うらかた/兆人 兆民/兆姓 兆民/兆端 発端/兆朕 きざし/兆眹 きざし/兆物 万物/兆類 万物/兆黎 兆民

↓億兆・佳兆・卦兆・嘉兆・姦兆・基兆・機兆・亀兆・吉兆・丘兆・休兆・凶兆・形兆・啓兆・郊兆・祥兆・祲兆・瑞兆・占兆・前兆・体兆・宅兆・壇兆・徵兆・朕兆・敗兆・萌兆・夢兆・予兆・乱兆

【弔】 6 6022 〔弔〕 4 1752 チョウ(テウ) つるす

篆文 

象形 正字は弔。弔は繳(いぐるみ)の初文。〔字彙〕に吊を弔の俗字とするが、吊を弔の意に用いることはない。銭一串を俗に一吊という。吊案は調案の意で、音を以て通ずる。

訓義 ①つるす。②銭一串。③調と通じて用いる。④弔の俗字。

古訓 〔名義抄〕弔 トブラフ・トフ・イタル

＊語彙は弔字条参照。

【町】 7 6102 常 チョウ(チャウ) テイ あぜ うね まち

篆文 

形声 声符は丁。〔説文〕十三下に「田の践む處を町と曰ふ」とあり、あぜ道をいう。〔段注〕に践(踐)を衍字とするが、「田處」では意をとりがたい。田土の区画の意に用い、わが国では町村の字とする。

訓義 ①あぜ、うね。②田間のみち、さかい。③田、田の区画、田の広さ。④国語で、まち。

古訓 〔和名抄〕町 末知(まち)〔名義抄〕町 マチ・ナハテ

【町畦】(ていけい) あぜ。宋・葉適〔衢州雑興、二首、二〕詩 百年の囹圄(獄舎)、蓬蒿荒れ 萬里の耕桑、町畦に接す

【町疃】(ていたん) 農家のまわりの空地。〔詩、豳風、東山〕町疃は鹿場となり 熠燿(蛍火)は宵に行く 畏るべからざるなり 伊れ懷ふべきなり

↑町町 平地のさま

↓畦町・成町・接町

【耴】 7 1211 チョウ(テフ) たれみみ

篆文 

象形 耳たぶが大きく垂れている形。〔説文〕十二上に「耳垂るるなり。耳に從ひて下垂す。象形」という。〔左伝〕に鄭の公孫耴、字は子耳、また魯の叔孫耴、字は子張といい、張は張耳の意である。

訓義 ①耳がたれる、たれみみ。②字はまた輒に作る。

古訓 〔篇立〕耴 カマビスシ

声系 〔説文〕に耴声として銸・輒など四字を収める。両耳朶のような形のものをいうことが多い。

語系 耴・銸tiapは同声。聑tyamも声義の関係があり、聑は耳を少しく垂れるさまをいう。銸は金ばさみ、また毛抜きのように、左右より挟みとるもの、鉆thiamはその金銸をいう字である。

【佻】 8 2221 チョウ(テウ) かるい おろか

篆文 

形声 声符は兆。〔説文〕八上に「愉しきなり」とあるのは、下文に「詩(小雅、鹿鳴)に曰く、民を視ること佻(恌)からず」を引くことからも、〔爾雅、釈言〕「偷しきなり」の意であるらしく、軽佻・佻巧であることをいう。跳と声義の近い字である。

訓義 ①かるい、はやい、かるくてはやい、かるがるしい。②おろか、いやしい。③挑と通じ、いどむ。④兆・肇と通じ、はじめる。

古訓 〔名義抄〕佻 イヤシ・カロシ・タケシ・トモ・ユク・シム

語系 佻thyô、偷thoは声近く、偷とは「苟且」また「偷薄」、軽率なことをいう。盗(盜)dôもまた声義に通じるところがある。

【佻険】(ちょうけん) 軽薄で陰険。〔唐書、鄭注伝〕注の妻の兄魏逢、尤も佻險なり。注を贊けて姦を爲す。數顧眛し、率更令と爲る。

【佻巧】(ちょうこう) うわべを飾って軽薄。〔楚辞、離騒〕雄鳩の鳴き逝くも 余れ猶ほ其の佻巧なるを惡む

【佻㒓】(ちょうたつ) 足早に往来するさま。挑達。唐・羅鄴〔蔣子文伝〕蔣子文は廣陵の人なり。酒を嗜み色を好み、佻㒓度無し。

【佻脱】(ちょうだつ) 軽薄でものにかまわぬ。〔世説新語、文学注に引く語林〕(殷)浩、佛經に於て了せざる所有り。故に人を遣はして林公(支道林)を迎へしむ。～王右軍(羲之)之れを駐めて曰く、～若し佻脱にして合はざれば、便ち十年保つ所を喪はん。須らく往かざるべしと。

【佻佻】(ちょうちょう) 軽薄で得意なさま。〔詩、小雅、大東〕佻佻たる公子 彼の周行(広道)を行く

↑佻易 軽薄/佻佼 佻巧/佻志 軽薄な心/佻窃 ぬすむ/佻戦 挑戦/佻然 す早い/佻躁 軽はずみ/佻且 軽薄/佻薄 軽薄/佻悍 軽悍/佻浮 軽薄/佻勇 軽佻驍勇/佻剽 軽薄

↓姦佻・愚佻・軽佻・儇佻・猜佻・躁佻

【岧】 8 2260 チョウ(テウ)

形声 声符は召。召に迢の声がある。山の高いさまをいう。また沼と通用する。

訓義 1たかい、山の高いさま。2そばだつ、けわしい。3迢と通じ、とおい。

古訓 〔字鏡集〕岧 ヤマ

【岧嶢】ちょうぎょう（てうげう） 山が高くそびえるさま。〔水経注、河水五〕魏氏、玄武觀を芒垂に起す。張景陽（協）の玄武觀の賦に所謂ゆる高樓特起、竦跱すること岧嶢、～千里の淸飇を延くものなり。

↑岧岧ちょうちょう 山の高いさま／岧直ちょうちょく 高峻

常 **【長】** 8 7173 チョウ（チャウ） ながい かしら たけ たっとぶ

篆文 古文 甲骨文 金文

象形 長髪の人の形。氏族の長老を意味する。〔説文〕九下に「久遠なるなり。兀に從ひ、匕に從ふ。兀なるものは高遠の意なり。久しければ則ち變化す。亾聲」とし、字の上部を亡（亾）の形とするが、上部は長髪の形。下部は人の側身形。長髪は長老の人にのみ許されたもので、部族を代表する者であった。徴（徵）は長髪の人を殴つ形で、この人をうち懲らしめることは、その部族に対して懲罰を与える意味があった。徴と字形の近い微（微）は巫祝者を撃つ形で、その呪力を「微くする」ために殴つ呪的行為をいう。長髪・長老の意より、長久・首長などの意となる。

訓義 1ながい、ながいかみ。2長髪の人、長老、首長、かしら。3時間的に、また距離的に、ながい、とおい。4ふかい、大きい、すぐれる、まさる。5たけ、としたける、としかさ、ふける、おとな。6すすむ、そだつ、やしなう。

古訓 〔名義抄〕長 ナガシ・ヒト、ナル・ヒト、ナリ・タ†タカシ・ナガサ・タケ・オトナヅク・ヲサ・マス・マサル・トホシ・ツネ・オク・スグル・ワキマフ／長生 ヒト、ナリ／身長 ミノタキ・ミノナガサ 〔字鏡集〕長 オホシ・トホシ・マサシ・ワタル・メヅラシ・カマル・マス・ナガシ・ツネ・ヒサシ・タケ・ヒト〳〵シ・ヲサ・ヲサ〳〵シ・ヒト、ナル・クハフ・アマル・タケクハフ・ヲトナ・ナツク・タキタカシ・トホル・スグル・タハシ・ナガシ・マサル・ヲトナヅク・タケクラブ・ナガサ・ワキマフ

部首 〔説文〕に肆（肆）など三字、重文三、また〔玉篇〕に別に十字を加える。みなそれぞれ形声の字である。

声系 〔説文〕に長声として韔・帳・悵・張などの字を収める。長の声義を承けるものが多い。

語系 長diang、暢thiang は声義近く、暢に条暢・暢達・茂盛の意がある。冢tiong も声近く、冢に長大の意があり、その義において通用する。張・漲・脹・帳tiang にはみな張大の意があり、湯thang、蕩dang もその系統に属する語である。

【長育】ちょういく（ちやうゐく） 養いそだてる。〔詩、小雅、蓼莪〕父や我を生み 母や我を鞠ふ 我を拊（撫）し我を畜ひ 我を長じ我を育す

【長纓】ちょうえい（ちやうえい） 冠の長いひも。〔漢書、終軍伝〕南越、漢と和親せんとす。乃ち軍を遣はして南越に使ひせしむ。其の王を說きて、入朝せしめんと欲す。～軍自ら請ふ、願はくは長纓を受けん。必ず南越王を羈ぎ、之れを闕下に致さんと。

【長煙】ちょうえん（ちやうえん） たなびくもや。宋・范仲淹〔岳陽楼記〕或いは長煙一空、皓月千里、浮光金を躍らせ、靜影璧を沈め、漁歌互ひに答ふ。此の樂しみ何ぞ極まらん。

【長憶】ちょうおく（ちやうおく） 長くおもう。唐・李白〔金陵城西楼、月下の吟〕詩 解道す（わかる）「澄江、淨きこと練の如き」（謝朓の詩句）を 人をして、長く謝玄暉（朓）を憶はしむ

【長夏】ちょうか（ちやうか） 夏の日長。宋・蘇軾〔司馬君実（光）の独楽園〕詩 花香、杖履を襲ひ 竹色、杯斝を侵す 樽酒、餘春を樂しみ 棋局、長夏を消す 洛陽、古士多し 風俗猶ほ雅に爾し

【長歌】ちょうか（ちやうか） 長篇の歌。また、声長にうたう。唐・李群玉〔沅江の漁者〕詩 長歌一曲すれば、煙靄深し 滄浪に歸去せんとするに、綠波遠し

【長欷】ちょうき（ちやうき） いつまでもすすり泣く。宋・蘇轍〔韓宗弼を送る〕詩 歲月一たび逝きて、空しく長欷す 交遊去り盡して、將た誰にか依らん

【長跪】ちょうき（ちやうき） 恭しくひざまずく。〔史記、留侯世家〕父曰く、我に履かしめよと。良業に爲に履を取れり。因りて長跪して之れに履かしむ。

【長裾】ちょうきょ（ちやうきょ） 長い裾。立派な服。〔後漢書、循吏、仇覧伝〕枳棘は鸞鳳の棲む所に非ず。百里（県令）は豈に大賢の路ならんや。今日、太學に長裾を曳き、名譽を飛ばすは、皆主簿（仇覧）の後なるのみ。

【長鋏】ちょうきょう（ちやうけふ） 柄の長い剣。〔戦国策、斉四〕（馮諼）居ること頃く有りて、柱に倚り、其の劍を彈じ、歌うて曰く、長鋏、歸來らんか 食らふに魚無しと。左右以て告ぐ。孟嘗君曰く、之れに食らはしむること、門下の魚客に比せよと。

【長吁】ちょうく（ちやうく） 長嘆する。〔宋史、鄭俠伝〕東北の流民、～羸瘠愁苦、身に完衣無し。～俠、（王）安石の諫むべからざるを知り、悉く見る所を繪き、圖と爲して奏疏す。～神宗反覆して圖を觀、長吁すること數四。袖にして以て入る。

【長駆】ちょうく（ちやうく） 遠く馬を走らせる。〔史記、秦紀〕徐偃王、亂を作す。造父、繆（穆）王の御と爲り、長驅して周に歸る。一日千里にして、以て亂を救ふ。

【長空】ちょうくう（ちやうくう） うちつづく大空。唐・杜牧〔楽遊原に登る〕詩 長空澹澹として、孤鳥沒す 萬古銷沈して、此の中に向ふ

【長裙】ちょうくん（ちやうくん） 長いすそ。〔後漢書、五行志一〕建安中、男子の衣は好んで長躬を爲して、下甚だ短く、女子は好んで長裙を爲して、上甚だ短し。時に益州の從事莫嗣、以て服妖と爲す。

【長鯨】ちょうげい（ちやうげい） 大きな鯨。唐・杜甫〔飲中八仙歌〕詩 左相（李適之）日興（毎日の酒興）に、萬錢を費やす 飲むこと、長鯨の百川を吸ふが如し

【長剣】ちょうけん（ちやうけん） 長いつるぎ。〔荘子、盗跖〕子、甘辭を以て子路に說きて之れに從はしめ、子路をして其の危（高）冠を去り、其の長劍を解き、教へを子に受けしむ。

【長恨】ちょうこん（ちやうこん） 長くうらむ。唐・白居易〔拙詩を編集して一十五巻を成す～〕詩 一篇の長恨（歌）風情有り 十首の秦吟（秦中吟）は正聲に近し

【長策】ちょうさく（ちやうさく） 長いむち。また、良計。〔史記、主父偃伝〕中國を靡弊して、心を匈奴に快くするは、長策に非ざるなりと。秦の皇帝聽かず。遂に～暴兵露師すること十有餘年。

【長日】ちょうじつ（ちやうじつ） 夏の日。〔資治通鑑、唐紀六十五〕（宣宗、大中十二年）冬十月、～令狐綯、李遠を杭州刺史に擬す。上曰く、吾聞く、遠の詩に云ふ、長日惟だ消す、一局棊と。安くんぞ能く人を理めんと。綯曰く、詩人此れに托して高興を爲すのみ。未だ必ずしも實に然らずと。

【長者】ちょうじゃ（ちやうじや） 年輩の人。謹厚な人。〔史記、高祖紀〕懷王の諸老將皆曰く、項羽は人と爲り慓悍猾賊、～諸の過ぐる所、殘滅せざる無し。～今遣るべからず。獨り沛公は素より寬大の長者なり。遣るべしと。

【長袖】ちょうしゅう（ちやうしう） 長い袖。〔韓非子、五蠹〕鄙諺に曰く、長袖善く舞ひ、多錢善く賈ふと。

【長書】(ちよう)(ちやうしよ) 戦国策の別名。漢・劉向〔戦国策の序〕中書の本號、或いは國策と曰ひ、或いは國事と曰ひ、或いは短長と曰ひ、或いは事語と曰ひ、或いは長書と曰ひ、或いは修書と曰ふ。

【長嘯】(ちようしよう)(ちやうせう) 長くうそぶく。〔晋書、阮籍伝〕籍、嘗て蘇門山に於て孫登に遇ひ、與に～商略せんとするも、登皆應ぜず。籍、因りて長嘯して退く。半嶺に至りて、聲の鸞鳳の若きの音有るを聞く。～乃ち登の嘯なり。

【長上】(ちようじよう)(ちやうじやう) 目上。〔孟子、梁恵王上〕王、如し～入りては以て其の父兄に事へ、出でては以て其の長上に事へば、梃を制して、以て秦・楚の堅甲利兵（利刃）を撻たしむべし。

【長城】(ちようじよう)(ちやうじやう) 万里の長城。〔史記、蒙恬伝〕秦已に天下を幷す。乃ち～長城を築き、地形に因り、用て險塞を制す。臨洮より起り、遼東に至る。～師を外に暴さすこと十餘年。

【長生】(ちよう)(ちやうせい) 長命。〔荘子、在宥〕女の形を勞すること无かれ。女の精を搖がすこと无かれ。乃ち以て長生すべし。

【長征】(ちよう)(ちやうせい) 遠征。唐・王昌齢〔出塞、二首、一〕詩 秦時の明月（関）、漢時の關 萬里長征、人未だ還らず 但だ龍城に飛將在らしめば 胡馬をして陰山を度らしめず

【長逝】(ちよう)(ちやうせい) 遠行。また、死。漢・司馬遷〔任少卿（安）に報ずる書〕是れ僕、終已に憤懣を舒べて以て、左右に曉すことを得ず。則ち長逝者の魂魄私恨、窮まること無からん。

【長舌】(ちよう)(ちやうぜつ) おしゃべり。〔詩、大雅、瞻卬〕婦に長舌有るは 維れ厲ひの階なり

【長蛇】(ちよう)(ちやうだ) 大蛇。また、悪党をたとえる。〔後漢書、張綱伝〕專ら封豕長蛇、其の貪叨を肆にすることを爲し、好貨に甘心し、縱恣なること底無し。

【長大】(ちよう)(ちやうだい) せたけが大きい。〔史記、淮陰侯伝〕淮陰屠中の少年に信を侮る者有り。曰く、若、長大にして好んで刀劍を帶ぶと雖も、中情は怯ならんのみと。之れを衆辱す。

【長亭】(ちよう)(ちやうてい) 長い道程の駅。唐・李白〔菩薩蛮〕詞 玉階空しく佇立す 宿鳥歸り飛ぶこと急なり 何れの處ぞ、是れ歸程 長亭、更に短亭

【長程】(ちよう)(ちやうてい) 長い旅程。唐・羅鄴〔行きて次る〕詩 終日の長程、復た短程 一山行き盡して、一山靑し

【長天】(ちよう)(ちやうてん) 広いそら。唐・王勃〔滕王閣の序〕落霞孤鶩と齊しく飛び、秋水長天と共に一色。

【長道】(ちようどう)(ちやうだう) 大道。〔詩、魯頌、泮水〕彼の長道に順ひ此の群醜（淮夷）を屈せしむ

【長年】(ちよう)(ちやうねん) 年長。長生。晋・陸機〔歎逝の賦〕嗟人生の短期なる、孰か長年を能く執らん。

【長髪】(ちよう)(ちやうはつ) 長い髪。髪をのばす。〔三国志、魏、東夷伝、韓〕其の瀆盧國は、倭と界を接す。十二國に亦た王有り。其の人、形皆大、衣服絜淸、長髮なり。亦た廣幅細布を作す。法俗特に嚴峻なり。

【長飛】(ちよう)(ちやうひ) 遠飛。唐・張若虚〔春江花月夜〕詩 鴻雁長く飛んで、光度らず 魚龍潛躍して、水、文を成す

【長悲】(ちよう)(ちやうひ) 長く悲しむ。南朝宋・鮑照〔舞鶴の賦〕馴養を千齡に守り、長悲を萬里に結ばん。

【長風】(ちよう)(ちやうふう) 遠くまで吹く風。〔宋書、宗慤伝〕叔父炳、高尚にして仕へず。慤、年少の時、炳、其の志を問ふ。慤曰く、願はくは、長風に乘じて萬里の浪を破らんと（大業を成すのにたとえる）。

【長物】(ちよう)(ちやうぶつ) 余分。〔晋書、王恭伝〕（王忱）恭の坐する所の六尺の簟を見、忱、其の餘有りと謂ひて、因りて之れを求む。恭輒ち以て送る。遂に薦上に坐す。忱聞きて大いに驚く。恭曰く、吾れ平生長物無しと。

【長編】(ちよう)(ちやうへん) 短篇に対していう。また、編年・件別の史料集。〔四庫提要、史、編年類〕（司馬）光、（資治）通鑑を修するの時、先づ長編を成せり。

【長暮】(ちよう)(ちやうぼ) 常夜。死の世界。〔文選、古詩十九首、十三〕下に陳死（死後久しい）の人有り 杳杳として長暮に卽く 黄泉の下に潛寐して 千載永く寤めず

【長命】(ちよう)(ちやうめい) 長生き。唐・白居易〔偶吟自ら慰め、兼ねて（劉）夢得に呈す〕詩 且つ喜ぶ同年、七旬に滿つるを 衰病を嫌ふこと莫く、貧を嫌ふこと莫し 已に海内有名の客と爲り 又占む、世間長命の人

【長夜】(ちよう)(ちやうや) 長い夜。〔史記、鄒陽伝注に引く寧戚の飯牛歌〕昏より牛に飯して、夜半に薄る 長夜曼曼として、何れの時にか旦けん

【長揖】(ちようゆう)(ちやういふ) 拱手の礼。拝礼の簡略なもの。〔史記、酈生伝〕酈生入りて則ち長揖し、拜せず。～曰く、必ず徒を聚め、義兵を合し、無道の秦を誅せんとせば、宜しく倨して長者を見るべからずと。

【長幼】(ちようよう)(ちやうえう) 年長と年少。〔礼記、経解〕鄉飲酒の禮は、長幼の序を明らかにする所以なり。

【長楽】(ちよう)(ちやうらく) 長く楽しむ。北周・庾信〔小園の賦〕草に憂ひを忘るる意無く、花に樂しみを長うする心無し。鳥何の事ありて酒を逐はん、魚何の情ありて琴を聽かん。

【長流】(ちようりゆう)(ちやうりう) 大河。漢・張衡〔帰田の賦〕仰いで纖繳（いぐるみ）を飛ばし、俯して長流に釣す。矢に觸れて斃れ、餌を貪りて鉤を呑む。

【長老】(ちようろう)(ちやうらう) 学徳ある人。また、老年の人。〔漢書、文帝紀〕今歲の首め、時ならず。人をして長老を存問せしむ。又布帛・酒肉の賜無くんば、將た何を以てか天下の子孫を佐け、其の親に孝養せしめんや。

↑長陰 とこやみ、大喪などにいう／長雨 なが雨／長役 久しい間の役務／長円 楕円／長筵 盛宴／長遠 はるかに遠い／長簷 長いのき／長柯 長い枝／長臥 死／長哦 長吟／長駕 遠く行く／長喙 冗舌／長懐 永懐／長竿 長い竿／長患 久病／長酣 いつまでも飲む／長閑 のどか／長漢 天の河／長饑 久しい間うえる／長鬐 長いたてがみ／長技 得意わざ／長久 久しい／長巨 巨大／長噓 吐息／長歔 長泣き／長笻 長い杖／長蹻 高脚技／長吟 長歌／長軀 長身／長衢 大通り／長兄 総領／長計 長久の計／長脛 長いすね／長頸 長いくび／長戟 長い戈／長決 永訣／長傑 傑物／長橛 大きな門橛／長見 卓見／長言 緩くいう／長語 くどく言う／長公 長子／長江 揚子江／長行 遠行／長庚 金星／長鉤 熊手／長号 長くなく／長毫 長い毛／長哭 痛哭／長嗟 長嘆／長才 高才／長妻 丈高い妻／長斎 精進／長材 良材／長財 多財／長算 良計／長塹 長堀／長鑱 長いすき／長子 長男／長至 夏至／長思 長く思う／長耜 長いすき／長事 兄としてつかえる／長辞 長い訣れ／長爵 高爵／長主 明君／長鬚 長いひげ／長寿 長命／長襦 長襦袢／長洲 うちつづくすはま／長終 長生／長術 長計／長俊 賢い／長所 よい所／長庶 庶長子／長少 長幼／長松 丈の高い松／長宵 長夜／長条 長い枝／長縄 長い縄／長飾 虚飾／長心 養心／長身 長身の人／長紳 丈高い／長進 大帯／長人 進歩／長帥 統帥／長率 長帥／長酔 長酔い／長世 永世／長星 彗星／長慼 長い憂

い／長絶 永く絶える／長川 大川／長箋 長文の附記／長髯 長いほほひげ／長祖 高祖／長租 小作料を予納する／長楚 いらぐさ／長嫂 兄嫁／長想 長く思う／長槍 長い槍／長息 長大息／長存 長生き／長蛇／長帯 長い帯／長短 長さ／長嘆 長息／長談 ながい話／長汀 長い渚／長弟 兄弟／長堤 長い堤／長隄 長堤／長笛 なが笛／長図 長計／長徒 久しい間の役務／長途 遠路／長塗 長途／長灯 長提灯／長男 長子／長坂 大きな坂／長班 小使い頭／長眉 長い眉／長寐 永眠／長縻 厚禄／長府 大蔵／長阜 長い丘／長婦 兄嫁／長廡 長い廂／長兵 刀槍など、長い武器／長柄 長い柄／長袂 長いたもと／長別 永遠に別れる／長篇 長い詩文／長眄 遠く望む／長浦 長汀／長没 不遇／長民 人物の長／長眠 死／長鳴 ラッパ／長阨 長い苦しみ／長雄 親分／長憂 長い憂い／長養 生い育てる／長吏 県吏／長霤 うけどい／長慮 遠謀／長齢 高齢／長暦 長期の暦／長路 遠路／長蘆 伸びた蘆

↓駅長・延長・家長・会長・喙長・学長・頎長・議長・久長・渠長・挟長・局長・君長・耆長・師長・滋長・社長・首長・寿長・酋長・庶長・助長・少長・宵長・消長・上長・冗長・伸長・身長・深長・生長・成長・総長・増長・村長・隊長・短長・昼長・亭長・天長・特長・年長・悠長・雄長・優長・夜長・立長・霊長・漏長

【卣】 9 2160 チョウ(テウ)

篆文  籀文 

象形 〔説文〕七上に「艸木の實、垂るること卣卣然たり。象形」とし、「讀みて調の若くす」といい、「籀文は三卣を卣と爲す」としてその字形を録する。しかし字はその声義を以て用いることがなく、〔古今韻会挙要〕に字を卣の古文とし、〔段注〕にその説をとり、卣の隷変を卣であるとする。〔群経正字〕にも、卣を由の初文とする説がある。〔説文〕には卣・由を収めないが、卣は卣と最も字形が近い。酒器として用いる卣のト文・金文の字形は、卣とほとんど異なるところがなく、その形は壺瓢の実に近い。酒器の卣はその形から出たもので、壺瓢の実が熟して油化したものが由、その外殻を存して器となったものが卣である。すなわち卣・卣・由はもと一系をなすもので あり、声義ともに同系に属するものとみてよい。

訓義 1みのたれるかたち。2壺瓢などの実の形。3卣の初文。

古訓 〔字鏡集〕卣 キノミ

部首 〔説文〕に栗・粟の二字、〔玉篇〕にその異文をも合わせて七字を属する。ただ壺瓢の実と栗・粟の類とは甚だ形も異なり、同系の字とはしがたい。

声系 〔説文〕に卣声として、逌など五字を収める。その音は卣と同声で、卣声に従うものとすべきである。

語系 卣・調(調)・刁 dyô は同声。刁刁・調調は、そよ風に吹かれてものの揺れるさまを形容する語である。卣も壺瓢の類の揺れ動くさまで、調調とはおそらく卣卣の意であろう。

常【挑】 9 5201 チョウ(テウ) トウ(タウ) たわめる いどむ かかげる

篆文 

形声 声符は兆。兆は卜兆。卜兆を灼いて、そのはじけ裂ける意から、勢いよくはずむような状態をいう。〔説文〕十二上に「撓むなり」とあり、手で強く力を加えることを挑、また足で力を加えることを跳という。

訓義 1たわめる、まげる、みだす、ゆする。2いどむ、いざなう、さそう、おびきだす。3かかげる、になう、うつ、さらう、せまる、えぐる。4佻と通じ、かるい、はやい、もてあそぶ。

古訓 〔名義抄〕挑 カヽグ・クシル・ナク・タスク・ヲサム・メグル・ハラフ・イトナム・シタヽム・サル・イドム・ソク・クダク・クビル・キヅナ・アク・タマサカ・カイカヘス・シリゾク・トル

語系 挑・跳・誂 dyô は同声。挑は挑戦。言を以て呼びかけいどむ口合戦を誂という。提 dye、擲・擿 diek はみな同系の語で、力をこめてもち、これをうち、投擲することをいう。

【挑刮】えぐりとる。唐・陸亀蒙〔襲美先輩の呉中苦雨に奉酬す、一百韻〕詩 毫(筆)を抽きて更に唱和す 劍戟相ひ磨戛す 何れの大をか包羅せざらん 何れの微をか挑刮せざらん

【挑取】強引にいどみとる。〔後漢書、陳亀伝〕大將軍梁冀、龜と素より隙(不仲)有り。其の、國威を沮毀し、功譽を挑取し、胡虜の畏るる所と爲らざるを譖る。

【挑戦】いどみ戦う。〔史記、項羽紀〕項王、漢王に謂ひて曰く、~願はくは漢王と挑戰して、雌雄を決せん~と。~漢王笑つて謝して曰く、吾は寧ろ智を鬭はすも、力を鬭はすこと能はずと。

【挑達】足早に歩きまわる。〔詩、鄭風、子衿〕挑たり達たり 城闕に在り 一日見ざれば 三月の如し

【挑剔】えぐりとる。書法では、強くはねる筆勢をいう。〔続書譜、真〕挑剔する者は、字の歩履、其の深實なるを欲す。~顔(真卿)・柳(公権)に至りて、始めて正鋒もて之れを爲す。正鋒には則ち飄逸の氣無し。

【挑擲】はずみをつけて回す。宋・梅尭臣〔孫端叟の蚕具十五首に和す、紡車〕詩 蠶月、必ず紡績し 絲車方に挑擲す 燈下、絡緯(くだまき)鳴き 林端、河漢(天の川)白し

【挑刀】刀をふりまわす。〔晋書、張昌伝〕本と義陽の蠻なり。~武力人に過ぐ。~絳頭毛面、挑刀走戟、其の鋒當るべからず。

【挑灯】灯をかかげる。唐・岑参〔邯鄲客舎の歌〕詩 邯鄲の女兒、夜、酒を沽る 客に對ひて燈を挑げ、誇らかに錢を數ふ 酩酊して酔ふ時、日正午 一曲の狂歌、壚上に眠る

↑挑空 うがつ／挑挖 挑空／挑引 誘惑／挑花 刺繍／挑牙 牙簽、象牙で作った書名の札／挑筋 割勢／挑抉 えぐる／挑唆 そそのかす／挑試 試みる／挑織 編む／挑選 選ぶ／挑敵 敵にいどむ／挑動 挑唆／挑撥 いどむ／挑匕 さじ／挑揀 えらぶ

↓軽挑・針挑・担挑・目挑

【昶】 9 3623 チョウ(チャウ) ながい

篆文  金文 

会意 日＋永。〔説文新附〕七上に「日長きなり」とあり、〔広雅、釈詁二〕に「通るなり」とみえる。暢と声義の通じる字である。

訓義 1ながい、日がながい、久しい。2とおる、のびる、およぶ、あきらか。3暢と声義が通じる。

古訓 〔篇立〕昶 ノブ

語系 昶・暢 thiang は同声。暢達の意で通用する。

【苕】 9 4460 チョウ(テウ) えんどう

篆文 

形声 声符は召。召に超・貂の声がある。〔説文〕一下に「艸なり」とあり、のえんどうをいう。〔爾雅、釈草〕に「陵苕なり」とあり、今の凌霄花、のうぜんかずらである。また超に通じ、超遠の意に用いる。

訓義 1えんどう、のえんどう。2のうぜんかずら。3芀に通じ、あしのほ。4超に通じ、超遠。

古訓 〔名義抄〕茗 アサカホ／陵茗 マカヤキ 〔字鏡集〕茗 アサガホ・アシノハ

【茗栄】えんどうの花。〔史記、趙世家〕(武霊王)大陵に遊ぶ。他日、王、夢に處女を見る。琴を鼓して歌ふ。詩に曰く、美人熒熒たり 顏は茗の榮の如し 命なる乎、命なる乎 曾ち我を嬴とする無しと。

➡茗穎 茗の穂／茗華 茗の花／茗嶢 高峻／茗帯 草帯／茗茗 超遠のさま／茗亭 高峻のさま

⬇葦茗・栄茗・香茗・旨茗・翠茗・青茗・美茗・編茗・蘭茗・陵茗

【沼】 9 3730 チョウ(テウ) はるか とおい

篆文 

形声 声符は召。召に超・髫の声がある。〔説文新附〕二下に「沼遰たるなり」とあり、遠く遥かなことをいう。

訓義 1はるか、とおい。2超と通じ、こえる。

古訓 〔名義抄〕沼 トホシ・ハルカナリ・コユ／沼遰 —トハルカナリ

語系 沼dyô、超thiôは声義が近い。また逴theôk、逖thyekはその系統の語。遙(遥)jiô、遼(遼)lyô、また遰diatや沼遰の遞(遞)dyekなども一類の語となしうる。

【沼遠】はるかに遠い。唐・孟雲卿〔古別離〕詩 君が行、本と沼遠 苦樂良に保ち難し 宿昔、同衾を夢む 憂心常に傾倒す

【沼沼】遠くはるか。〔文選、古詩十九首、十〕沼沼たる牽牛星 皎皎たる河漢(天の川)の女(たなばたひめ) 纖纖として素手を擢き 札札として機杼を弄す

【沼遰】はるかに隔たる。〔水経注、易水〕鄰岸高深、左右百歩に二釣臺有り。參差として交峙し、沼遰として相ひ望み、更に佳觀と爲す。

【沼遥】遠く遥か。唐・張説〔滬湖山寺〕詩 空山寂歴として、道心生ず 虛谷沼遙たり、野鳥の聲

➡沼越 高遠／沼嶢 高峻／沼遰 沼遞／沼邈 遥遠

【倀】 10 2123 チョウ(チャウ) くるう たおれる

篆文 

形声 声符は長。〔説文〕八上に「狂ふなり」とし、また「一に曰く、仆るるなり」(段注本)とあって、人の顚狂することをいう。倀鬼とは、虎に食われて虎に憑りつく霊となるもので、中島敦の〔山月記〕中に登場する霊の類である。

訓義 1くるう。2たおれる。3あざむく。字はまた譸・譸に作る。

古訓 〔名義抄〕倀 タフレタリ

【倀鬼】虎に食われ、虎に憑りつく霊。唐・裴鉶〔馬拯伝〕此れは是れ倀鬼なり。虎に食はれし所の人なり。虎の爲に前に呵道(露払い)するのみ。

【倀䰰】虎についた人の霊。〔聴雨紀談、倀䰰〕人或いは不幸にして虎口に罹かるや、其の神魂散せず、必ず虎の役する所となり、之れが爲に前導す。～倀とは鬼の愚者と謂ふべし。

【倀倀】迷うさま。〔礼記、仲尼燕居〕國を治めて禮無きは、譬へば猶ほ瞽の相(扶持の人)無きがごときか。倀倀乎として、其れ何くにか之かん。

⬇鬼倀・虎倀・崩倀・盲倀

【冢】 10 3723 〔塚〕 13 4713 チョウ つか

篆文 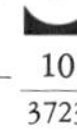

金文 

象形 豛殺した牲を埋めて、上に土を盛りあげた墳墓の形で、塚(塚)の初文。わが国では多く塚の字を用いる。冢は〔説文〕に勹部九上に属し、「高墳なり」とし、豖声とするが、上部は冢牲を覆う形で、勹でも冖でもない。それに屋を架したものは家である。塚は冢の形声字。〔周礼、春官、冢人〕は「公墓の地を掌る」とあり、国君の兆域と、その封丘や喪祭の器などのことを管理する。

訓義 1つか。犧牲を埋め、土を盛りあげた高大な墓。墳。2やしろ、冢社、大社。3大きい、高い、いただき。4長男、長子、嫡子。5塚は俗字。

古訓 〔名義抄〕冢 ツカ・イタシ・イタ、ク／塚 ツカ・トク

語系 冢(塚)tiong、長tiangは声近く、ともに「大なり」と訓する。長は長老、冢は冢社を本義とする字である。

【冢塋】墓域の地。〔後漢書、桓栄伝〕榮卒す。帝親自ら服を變へ、喪に臨みて送葬し、冢塋を首山の陽に賜ふ。

【冢園】墓域。〔史記、斉悼恵王世家〕天子、齊を憐み、悼惠王の冢園の郡に在るが爲に、臨菑の東、悼惠王の冢園を環れる邑を割き、盡く以て菑川に予へ、以て悼惠王の祭祀を奉ぜしむ。

【冢君】大君。君長。〔書、泰誓上〕王曰く、嗟我が友邦冢君、越び我が御事庶士、明らかに誓ひを聽け。

【冢宰】百官の長。〔論語、憲問〕君薨ずるときは、百官己を總べて、以て冢宰に聽くこと三年。

【冢祀】先祖を祀る。〔左伝、閔二年〕大子は冢祀社稷の粢盛を奉じて、以て朝夕君の膳を視る者なり。故に冢子と曰ふ。

【冢嗣】あとつぎ。晋・陸機〔魏の武帝を弔ふ文の序〕其の、冢嗣に顧命し、四子に貽謀する所以を觀るに、經國の略既に遠く、隆家の訓亦た弘いなり。

【冢社】大社。〔司馬法、仁本〕偏く諸侯に告げて、有罪を彰明し、乃ち皇天上帝、日月星辰に告げ、后土四海の神祇、山川冢社に禱り、乃ち先王に造る。

【冢樹】墓域の木。〔六韜、虎韜、略地〕人の積聚を燔くこと無かれ。人の宮室を壞つこと無かれ。冢樹社叢は伐ること勿かれ。降る者は殺すこと勿かれ。得るも戮すこと勿かれ。

【冢上】墓上。〔史記、孔子世家〕孔子、魯の城北泗上に葬らる。弟子皆服すること三年、三年の心喪畢り、相ひ訣れて去る。～唯だ子貢のみ、冢上に廬すること凡そ六年、然る後に去る。

【冢側】墓の側。〔梁書、処士、何点伝〕園内に卞忠貞の冢有り。點、花卉を冢側に植ゑ、飲む毎に、必ず酒を擧げて之れに酹ぐ。

【冢田】墓地。〔後漢書、儒林下、高詡伝〕建武十一年、大司農に拜せらる。朝に在りて、方正を以て稱せらる。十三年、官に卒す。錢及び冢田を賜ふ。

【冢土】大社。土は社の初文。〔詩、大雅、緜〕廼ち冢土を立つ 戎醜(軍旅)の行く攸

【冢墓】墓。〔史記、田単伝〕單、又反閒を縱ちて曰く、吾れ、燕人の、吾が城外の冢墓を掘り、先人を僇しめんことを懼る。寒心を爲すべしと。

【冢廬】墓域で喪に服する廬。〔漢書、游俠、原渉伝〕渉の父、哀帝の時、南陽の太守爲り。～渉の父死するに及んで、南陽の賻送を讓還し、喪を冢廬に行ふこと三年。是れに繇り、名京師に顯はる。～衣冠之れを慕ひて輻輳す。

➡冢胤 世子／冢槨 墓と棺／冢卿 重臣／冢壙 墓守／冢臣 大臣／冢人 公墓の官／冢子 世子／冢司 宰相／冢舎 墓室／冢宅 墓／冢地 冢塋／冢弟 皇弟／冢嫡 嫡子／冢婦 皇太子職／冢木 嫡妻／冢嫡 嫡子／冢弼 皇太子職／冢婦 嫡妻／冢木 冢樹

⬇蟻冢・丘冢・旧冢・古冢・孤冢・荒冢・高冢・山冢・守冢・寿冢・

青冢・石冢・発冢・筆冢・文冢・蔽冢・野冢・路冢

【凋】 10 3712 チョウ(テウ) しぼむ いたむ おちる

篆文 

形声 声符は周(周)。〔説文〕十一下に「半ば傷むなり」とあり、周声とする。周は彫飾のある盾の形。凋んだ葉には、その稠密な彫文のように、一面に葉脈がうき出るので、氷結のときのさまとあわせて、凋落・凋弊の字とする。すべて皺の生ずるようなさまをいう。

訓義 [1]しぼむ、草花などがしおれる。[2]いたむ、なえる、おちる、そこなう。[3]彫・雕と通じ、える、ほる。

古訓 〔名義抄〕凋 シボム・カル・オトロフ・ヲツ 〔字鏡集〕凋 シボム・ホロブ・オトロフ・ヲツ・チカラツクルカタチナリ

語系 凋・琱・彫(雕)tyuは同声。周tjiuは彫盾の象。稠dʰiuはその雕文の図象を禾穀に及ぼして、稠密の意とする。葉が枯れてその葉脈にあらわれるものを凋という。

【凋隕】ちょういん 死ぬ。晋・潘岳〔懐旧の賦〕余十二にして、父の友東武の戴侯楊君(肇)に見ゆるを獲、始めて名を知られ、遂に之れに申ぬるに婚姻を以てす。而して道元・公嗣(楊の二子)、亦た世親の愛を隆んにす。不幸短命にして、(楊)父子凋隕す。

【凋罄】ちょうけい 乏しくなり尽きる。〔梁書、武帝紀上〕聖明、運を肇め、厲精惟れ始む。戎を纘ぐと曰ふと雖も、殆ど創革に同じ。且つ淫費の後、繼ぐに師を興すを以てす。鉅橋・鹿臺(古の府庫の名)、凋罄すること一ならず。

【凋枯】ちょうこ 枯れしぼむ。唐・李白〔擬古、十二首、七〕詩 世路、今太行 車を迴らして、竟に何くにか託せん 萬族、皆凋枯す 遂に少くも樂しむべき無し

【凋瘵】ちょうさい 衰え病む。唐・王勃〔広州宝荘厳寺舎利塔碑〕昔者萬人疾疫せるとき、神農、草を鞭ちて之れを救ひ、四維(地上)凋瘵せるとき、夏禹、木を刊りて以て之れを除きたり。

【凋索】ちょうさく 衰えつきる。〔楽府詩集、舞曲歌辞四、晋、白紵舞歌詩、二〕百草凋索して、花は英を落し 蟋蟀(こおろぎ)牖に吟き寒蟬鳴く

【凋残】ちょうざん 衰えそこなわれる。〔後漢書、樊準伝〕準、上疏して曰く、～被災の郡、百姓凋殘す。恐らくは賑給の能く贍たすに勝ふる所に非ざらん。～尤も困乏の者は～徙置せしめんと。太后之れに從ひ、悉く公田を以て貧人に賦與す。

【凋傷】ちょうしょう しぼみ傷む。唐・杜甫〔秋興、八首、一〕詩 玉露凋傷す、楓樹林 巫山巫峽、氣、蕭森たり

【凋尽】ちょうじん 衰え尽きる。〔三国志、魏、(劉)廙伝注に引く劉廙別伝〕明賢の者は得難し。況んや亂弊の後、百姓凋盡す。士の存する者も、蓋し亦た幾くも無し。

【凋悴】ちょうすい 凋衰。〔顔氏家訓、文章〕席毗～劉逖を嘲りて云ふ、君が輩の辭藻、譬へば榮華の若し。～豈に吾が徒の千丈の松樹の、常に風霜有り、凋悴すべからざるに比せんやと。劉、之れに應へて曰く、既に寒木有り、又春華を發せば、何如んと。

【凋喪】ちょうそう 衰えうせる。晋・陸機〔門有車馬客行〕楽府 親友、零落多し 舊齒、皆凋喪す

【凋落】ちょうらく 凋零。また、死ぬ。晋・陸機〔歎逝の賦の序〕昔毎に長老の平生同時の親故を追計するを聞くに、或いは凋落して已に盡き、或いは僅かに存する者有り。

【凋零】ちょうれい しぼみ落ちる。また、死ぬ。〔邵氏聞見録、十〕文潞公(彦博)嘗て曰く、～一時の交游、凋零して殆ど盡く。接する所は皆邈然たる少年にして、與に舊事を論ずべき者無し。

↑凋瘁 なえる／凋寡 減少／凋匱 乏しい／凋窶 弱る／凋欠 壊れる／凋竭 尽きる／凋厳 厳冬／凋槁 枯れる／凋困 窮困／凋惨 惨ましい／凋散 凋落／凋謝 散る／凋衰 しぼむ／凋瘁 凋悴／凋逝 死ぬ／凋瘠 衰える／凋疏 まばら／凋霜 霜枯れ／凋墜 凋落／凋年 暮年／凋疲 凋弊／凋弊 衰える／凋亡 消える／凋林 霜林

↓栄凋・枯凋・後凋・早凋・霜凋・冬凋・晩凋・葉凋・零凋

【晁】 10 6011 チョウ(テウ) あさ

形声 声符は兆。字はまた朝(朝)・鼂に作る。鼂は〔説文〕十三下に「匽鼂なり。讀みて朝の若くす。楊雄説に、匽鼂は蟲名なりと。杜林以て朝旦と爲すは是に非ず」とする。朝と通用することが多い。姓氏に用い、〔通志、氏族略、三〕に、「名を以て氏と爲す」者の一として、「晁氏、亦た朝に作り、亦た鼂に作る。姫姓。王子朝の後なり。朝亦た晁に作る。一に云ふ、衞の太夫史晁の後なりと」という記述がある。わが国の安倍仲麻呂は、唐にあるとき晁衡と称した。

訓義 [1]あさ。[2]虫の名。

↑晁采 玉の名

【朓】 10 7221 チョウ(テウ) みそかづき

篆文 

形声 声符は兆。〔説文〕七上に「晦にして月西方に見ゆる、之れを朓と謂ふ」とあり、〔広雅、釈詁一〕に「疾なり」という。晦には月がみえないものであるから、何か異状な状態をいうようである。

訓義 [1]みそかづき。[2]月がかたむく、はやくすすむ。[3]あらわれる、きざし。

古訓 〔字鏡集〕朓 ツコモリノツキミル

参考 肉部の朓は〔説文〕四下に「祭なり」とあり、肉を供えて祭る意。形と音は同じであるが、別の字である。

↓晦朓・月朓・昃朓

【鬯】 10 2271 チョウ(チャウ) においざけ においぐさ

篆文 

甲骨文 

金文 

象形 香りをつける鬱草を、酒壺にひたしている形。その酒を鬱鬯という。〔説文〕五下に「秬を以て鬱艸を釀す。芬芳の服する攸、以て神を降すなり。凵に從ふ。凵は器なり。中は米に象る。匕は之れを扱ふ所以なり」とするが、卜文・金文はそのように分解しうる字形ではない。卜辞に「鬯六卣」「鬯卅」などの語があり、金文には「秬鬯一卣」を賜与する例が多い。〔周礼、春官〕に「鬯人」「鬱人」の職があり、秬鬯のことを掌る。

訓義 [1]においざけ、鬯酒。[2]においぐさ、鬱金草。[3]韔と通じ、弓袋。[4]暢と通じ、のびる。

古訓 〔名義抄〕鬯 香草なり／鬯弓 ユミヲユ・フクロニス 〔字鏡集〕鬯 黒黍の酒なり。クロニス

部首 〔説文〕〔玉篇〕に鬱・爵(爵)・䰞など四字を属する。䰞はまた秬に作る。爵の卜文形は鬯に従わず、もと器の象形。金文の後期に至って鬯を含む形に作るものがある。

【鬯弓】ちょうきゅう 弓を袋におさめる。〔詩、鄭風、大叔于田〕抑に掤を釋き 抑に弓を鬯にす

【鬯圭】ちょうけい 鬱鬯をそそぐ玉器。神を降し迎える。〔国語、魯語上〕(臧)文仲、鬯圭と玉磬(楽器)とを以て、齊に如き、糴(かいよね)することを告げて曰く、～以て弊邑を救ひ、能く職に共(供)せしめよ～と。齊人、其の玉を歸して、之れに糴を予ふ。

【鬯酒】ちょうしゅ におい酒。祭祀に用いる。〔詩、大雅、江漢〕

秬鬯、一卣。〔箋〕王、召（伯）虎に賜ふに、鬯酒一罇を以てし、以て其の宗廟を祭り、其の先祖に告げしむ。

【鬯浹】ちょうしょう（ちやうせふ） 香りがひろくゆきわたる。唐・楊嗣復〔権載之文集の序〕和聲順氣、廊廟より發して、幽遐（奥深くはるか）に鬯浹せしむ。

↑鬯遂 成長／鬯然 暢然／鬯草 鬱金草／鬯達 暢達／鬯通 暢通／鬯茂 暢茂

↓鬱鬯・祼鬯・秬鬯・条鬯・薦鬯・匕鬯・明鬯・流鬯

常 **【帳】** 11 4123 チョウ（チャウ） とばり まく ちょうめん

篆文 

形声 声符は長。〔説文〕七下に「張れるものなり」とあり、張りめぐらすものをいう。牀上などに用いた。

訓義 1とばり、はりめぐらす。2まく、まんまく、陣幕。3葬所、葬儀のところ。4まくなどを数える助数詞。5ちょうめん、帳簿。6張と通じて用いる。

古訓 〔名義抄〕帷帳 カタビラ・トバリ／几帳 キチヤウ

語系 帳・張・漲・脹tiangは同声。みな、はりひろがる意がある。暢thiangは伸張・暢達の意。掌tjiangも広がるものの意をもつ語であろう。

【帳幄】ちょう（ちやう）あく 帷帳。陣幕。〔後漢書、臧洪伝〕城に登り兵に臨み、主人の旗鼓を觀る毎に、帳幄を瞻望し、故友の周旋に感ず。弦を撫し矢を搦り、涕流の面を覆ふを覺えず。

【帳扆】ちょう（ちやう）い とばりと、ついたて。〔魏書、邢巒伝〕先皇、深く古今を觀、諸の奢侈を去り、服御質を尙び、雕鏤を貴ばず。～乃ち紙絹を以て帳扆と爲し、銅鐵を轡勒と爲すに至る。

【帳帷】ちょう（ちやう）い（ゐ） とばり。魏・曹植〔車帷を作る表〕人を遣はして鄴に至り、上黨の布五十疋を市ひ、車上の小帳帷を作らんと欲するも、謁者（賓謁を司る取次ぎ役）聽さず。

【帳飲】ちょう（ちやう）いん 郊野にとばりを張り、送別の宴を催す。〔晋書、石崇伝〕下邳に鎭す。崇に別館有り、河陽の金谷に在り。一名梓澤。送る者都を傾け、此に帳飲す。

【帳影】ちょう（ちやう）えい とばりのかげ。唐・杜牧〔青雲館に題す〕詩 雲は帳影に連なりて、蘿陰に合し 枕は泉聲を遶りて、客夢涼し

【帳下】ちょう（ちやう）か 帳の下。幕営。〔史記、樊噲伝〕樊噲、營外に在り。事の急なるを聞き、乃ち鐵盾を持し、入りて營に到る。營衞、噲を止む。噲直ちに撞きて入り、帳下に立つ。

【帳鉤】ちょう（ちやう）こう 幕舎の組みがね。〔南斉書、崔祖思伝〕漢文（帝）、上書の嚢を集めて、以て殿帷を爲り、～劉備、帳鉤の銅を取り、錢を鑄て、以て國用に充つ。

【帳前】ちょう（ちやう）ぜん 帳の前。梁・何遜〔衡山侯の為に婦に与ふる書〕帳前の微笑、涉想猶ほ存す。幄裏の餘香、風に從ひ且く歇む。

【帳中】ちょう（ちやう）ちゅう とばりの中。〔史記、項羽紀〕項王、則ち夜起ちて、帳中に飲す。～乃ち悲歌忼慨し、自ら詩を爲る。～歌ふこと數闋、美人之れに和す。項王、泣數行下る。

【帳殿】ちょう（ちやう）でん 行在。唐・宋之問〔登封に扈従する途中の作〕詩 帳殿、鬱として崔嵬 仙遊實に壯なる哉～谷暗くして千騎出で 山鳴りて萬乘來る

【帳内】ちょう（ちやう）ない 帳中。〔南斉書、紀僧真伝〕上出でて新亭に頓まる。僧眞をして、千人を領し、帳内に在らしむ。

【帳房】ちょう（ちやう）ぼう 軍用の張幕。蒙古包。〔元史、百官志三〕尙舍寺は～行在の帷幙帳房、陳設の事を掌る。

【帳幕】ちょう（ちやう）まく 幕舎。唐・李宣遠〔塞下の曲〕詩 帳幕、遙かに水に臨み 牛羊、自ら山を下る

【帳裏】ちょう（ちやう）り とばりのうち。唐・杜牧〔人を送る〕詩 鴛鴦の帳裏、芙蓉暖かに 泣を低たる、關山、幾萬重 明鏡半邊、釵一股 此の生、何れの處か相ひ逢はざらん

↑帳弈 平帳／帳外 帳の外／帳額 帳の飾り／帳御 帳と衣／帳衾 帳と衣／帳鞲 帳鉤／帳冊 帳簿冊／帳司 会計／帳室 帳房／帳宿 幕舎／帳籍 戸籍／帳簿 計算簿／帳幔 帳と幕／帳門 帳の門

↓帷帳・維帳・雲帳・王帳・牙帳・開帳・隔帳・寒帳・几帳・記帳・綺帳・虛帳・錦帳・空帳・軽帳・孤帳・洪帳・絳帳・沙帳・紙帳・手帳・繡帳・戎帳・牀帳・綃帳・翠帳・毳帳・籍帳・氈帳・祖帳・台帳・幬帳・通帳・斗帳・緞帳・撥帳・布帳・符帳・武帳・蚊帳・夜帳・羅帳・冷帳・廬帳

常 **【張】** 11 1123 チョウ（チャウ） はる ひろげる

篆文  詛楚文  古印璽 

形声 声符は長。〔説文〕十二下に「弓の弦を施すなり」とあり、〔段注〕に「弦を攱く」の誤りであるという。長は長大にする意。〔礼記、雑記下〕に「一張一弛は文武の道なり」とあり、緩急の宜しきを得ることをいう。

訓義 1はる、ゆみのつるをはる、はりひろげる。2ひろげる、ひらく、つらねる、ほどこす。3大きくする、のばす、つよめる、さかんにする。4たぶらかす、あざむく。

古訓 〔名義抄〕張 ハル・ヒラク・ヤドル・マサル・マク・オホイナリ・アザムク／軜張 タチコハル／張里 ムマグスシ 〔篇立〕張 アクロナリ・マサル・ハル・ヒル・ヒラク・ヒコクルナリ 〔字鏡集〕張 ユミハル・ハル・ツネニ・ヤドル

語系 張・漲・脹tiangは同声。水の満つるを漲、腹のふくれるを脹という。暢thiangは、伸暢の意。掌tjiangも声近く、手をひろげ掌握する意がある。

【張飲】ちょう（ちやう）いん 幕中で宴飲する。〔史記、高祖紀〕（高祖）乃ち去らんとす。沛中、縣を空しうして、皆邑西に之きて獻ず。高祖復た留止し、張飲すること三日。

【張本】ちょう（ちやう）ほん 事の起こり。のちの展開を叙述するため、伏線を設けること。〔左伝、隠五年、杜預注〕晉内、相ひ攻伐するも、亂を告げず。故に書せず。傳、其の事を具して、後の晉事の張本と爲す。

【張目】ちょう（ちやう）もく 目を見ひらく。〔史記、廉頗藺相如伝〕左右、相如を刃せんと欲す。相如、目を張りて之れを叱す。左右皆靡く。是に於て秦王懌ばず。爲に一たび缻を擊つ。

【張羅】ちょう（ちやう）ら 網をはる。〔戦国策、東周〕之れを譬へば、羅を張る者の如し。鳥無きの所に張るも、則ち終日得る所無からん。多鳥の處に張らば、則ち又鳥を駭かさん。必ず有鳥無鳥の際に張りて、然る後能く多く鳥を得ん。

↑張宴 宴を開く／張乖 怪僻／張解 弁解／張楽 奏楽／張弓 弓を張る／張狂 狂暴／張弧 張弓／張口 開口／張皇 拡大する／張施 開張／張睛 目を見張る／張設 設ける／張胆 勇を振るう／張陳 陳設／張眉 興奮する／張榜 掲示／張網 網をはる

↓一張・乖張・恢張・拡張・虛張・緊張・弧張・誇張・更張・高張・弛張・施張・鴟張・主張・伸張・設張・増張・惆張・輈張・譸張・怒張・奮張・膨張・雄張

常 **【彫】** 11 7222 〖彫〗 11 7222 ［雕］ 16 7021

チョウ（テウ） ほる かざる

篆文 

会意 周（周）＋彡。周は彫飾のある盾の形。彡はその彫飾の美をいう。〔説文〕九上に

「琢文なり」とあり、玉を琱琢する意とするが、周はもと雕盾の象。のちすべて琱琢を加えることをいい、〔論語、公冶長〕に「朽木は雕るべからず」とみえる。金文の〔休盤〕に「戈琱㦸」を賜与することがみえ、戈に彫飾を加えたものをいう。字はまた雕に作る。

訓義 1ほる、もようをほる、かたちをほる。2きざむ、える、ちりばめる、かざる。3凋に通じ、しぼむ、いたむ。4琱に通じ、玉にほる。5字はまた雕に作る。6彫啄は、ついばむ。

古訓 〔新撰字鏡〕雕 恵留(ゑる) 〔名義抄〕雕 ヱル・シリゾク・オトロフ・ヤブル・シボム・イタム・ツクハム 〔字鏡集〕彫 シホル・ヤブル・キザム・カル・チリバム・オトロフ・アカシ・ヱル・シリゾク

語系 彫(雕)・琱 tyu、琢(琢) teok は声義近く、琱琢することをいう。周 tjiu は彫盾。盾には繁縟な文様を加えた。稠 diu は稠密。禾穀の茂ることをいう。また木葉などは凋弊によって皺が生ずるので、凋 tyu という。みな一系の語である。

＊語彙は雕字条参照。

【彫戈】(ちょうか(てうくわ)) 彫飾した戈。〔国語、晋語三〕(晋の恵)公、韓簡をして挑戰せしむ。～(鄭の)穆公、彫戈を衡にして、出でて使者を見て曰く、～寡人將に親ら見えんとすと。

【彫華】(ちょうか(てうくわ)) 美しく彫られた花模様。陳・徐陵〔玉台新詠の序〕加ふるに天精の開朗、逸思の彫華を以てす。文章を妙解し、尤も詩賦に工みなり。

【彫弓】(ちょうきゅう(てう)) 彫りを施した弓。漢・枚乗〔七発〕夏服の勁箭を右にし、烏號の彫弓を左にす。

【彫玉】(ちょうぎょく(てう)) 玉をちりばめる。漢・司馬相如〔子虚の賦〕楚王、乃ち馴駮の駟に駕し、彫玉の輿に乘る。

【彫刻】(ちょうこく(てう)) 彫りきざむ。〔法言、問道〕或ひと問ふ、衆形を彫刻する者は天に匪ざるかと。曰く、其の彫刻せざるを以てなり。如し物刻して之れを彫らば、焉ぞくにか力を得て諸れを給せんと。

【彫残】(ちょうざん(てう)) 凋残。零落する。晋・劉琨〔盧諶に答ふる詩一首、並びに書〕國破れ家亡び、親友も彫残す。杖を負ひて行く吟ずれば、則ち百憂俱に至る。

【彫傷】(ちょうしょう(てうしやう)) いたみそこなう。〔三国志、魏、文帝紀注に引く魏書〕帝、初め東宮に在りしとき、疫癘大いに起り、時人彫傷し、帝深く感歎す。

【彫牆】(ちょうしょう(てうしやう)) かきに彫飾する。〔書、五子之歌〕其の二に曰く、訓に之れ有り。内に色荒を作し、外に禽荒を作し、酒を甘しとし、音を嗜み、宇を峻くし牆に彫る。此に一有るときは、未だ亡びざるもの或らず。

【彫飾】(ちょうしょく(てう)) 彫刻して飾る。漢・張衡〔応間〕質は文を以て美しく、實は華に由りて興る。器は彫飾に頼りて好を爲し、人は輿服を以て榮と爲す。

【彫瘁】(ちょうすい(てう)) 疲れ衰える。〔三国志、蜀、譙周伝〕時に軍旅數しば出で、百姓彫瘁す。周、尚書令陳祇と、其の利害を論じ、退いて之れを書す。之れを仇國論と謂ふ。

【彫琢】(ちょうたく(てう)) 玉をみがく。〔孟子、梁恵王下〕今此に璞玉有らんに、萬鎰と雖も、必ず玉人をして之れを彫琢せしめん。

【彫虫】(ちょうちゅう(てう)) 虫の蝕するようにほる。文章を飾る意。〔法言、吾子〕或ひと問ふ、吾子、少にして賦を好みたるかと。曰く、然り、童子の彫蟲篆刻なりと。俄にして曰く、壯夫は爲さざるなりと。

【彫文】(ちょうぶん(てう)) 飾り彫り。〔晋書、武帝紀〕(泰始八年)二月乙亥、彫文綺組、非法の物を禁ず。

【彫鏤】(ちょうる(てう)・ちょうろう(てう)) ほりちりばめる。〔後漢書、皇后上、和熹鄧皇后紀〕冰紈綺縠、金銀珠玉、犀象瑇瑁、彫鏤翫弄の物、皆絶えて作らず。

【彫励】(ちょうれい(てう)) 励み修める。〔三国志、魏、陳思王植伝〕植、性に任せて行ひ、自ら彫勵せず。飲酒節あらず。文帝之れを御するに術を以てし、情を矯めて自ら飾る。

【彫麗】(ちょうれい(てう)) 飾って美しい。〔潜夫論、務本〕今學問の士、好んで虛無の事を語り、爭うて彫麗の文を著はし、以て世に異とせられんことを求む。

↑彫雲 彩雲／彫楹 えり柱／彫琰 彫玉／彫几 彫飾の机／彫綺 美しく奢侈／彫璣 玉飾／彫偽 飾り偽る／彫絢 美しく飾る／彫枯 凋枯／彫章 ほり飾る／彫尽 しぼみ尽くす／彫衰 凋衰／彫萃 凋瘁／彫鐫 ほる／彫俎 彫飾のまないた／彫喪 死ぬ／彫騒 老残／彫俗 弊俗／彫啄 ついばむ／彫斲 ほる／彫飭 かざる／彫瑑 える／彫篆 篆刻／彫兵 疲兵／彫敝 いたみ弊れる／彫弊 彫敝／彫亡 いたみ亡びる／彫落 凋落／彫竜 竜をほり飾る

↓楹彫・巧彫・後彫・漆彫・霜彫・虫彫・兵彫・鏤彫

【悵】 11 9103 チョウ(チャウ) いたむ うらむ なげく

篆文

形声 声符は長。〔説文〕十下に「望み恨むなり」とあり、悵望の意とする。倀は狂い顚れる意。そのような心意を悵という。惆と声義が近い。

訓義 1いたむ、うらむ、なげく。2ぼんやりする。

古訓 〔名義抄〕悵 ウラム・ウレフ・カタヒク・ノゾム・カナシブ・イタム 〔字鏡〕悵 イタム・カタヒク・フルナリ・ナゲク・カナシビ・サマヨフ・フルフ・フ(ク)ルフ・ウレフ・イタヒラ

語系 悵・倀 thiang は同声。惆 thiu は声近く、惆悵は双声の連語。怊 thiô も同系の語である。

【悵怳】(ちょうきょう(ちやうきやう)) 失意のためぼんやりする。晋・潘岳〔悼亡詩、三首、一〕悵怳として存すること或るが如く 周遑として忡へて驚き惕づ

【悵恨】(ちょうこん(ちやう)) うれえてかこつ。〔史記、陳渉世家〕耕を輟めて壟上に之き、悵恨すること久之くして曰く、苟し富貴なるも、相ひ忘るること無からんと。庸者笑つて應へて曰く、若庸耕を爲す、何ぞ富貴ならんと。

【悵然】(ちょうぜん(ちやう)) なげくさま。楚・宋玉〔神女の賦〕寐ねて之れを夢み、寤めて自ら識らず。罔として樂しまず、悵然として志を失ふ。

【悵悵】(ちょうちょう(ちやうちやう)) 失意してなげく。宋・李清照〔金石録、後序〕靖康丙午(元年)の歲に至つて、～金寇の京師を犯すを聞き、四顧茫然たり。盈箱溢篋、且つ戀戀し、且つ悵悵し、其の必ず己の物爲らざるを知る。

【悵望】(ちょうぼう(ちやうばう)) なげき望む。唐・杜甫〔詠懐古迹、五首、二〕詩 悵望して、千秋に一たび涙を灑ぎ 蕭條として、異代時を同じうせず

【悵惘】(ちょうもう(ちやうまう)) なげきあきれる。明・呉承恩〔囲碁の歌、鮑景遠に贈る〕詩 棋を能くして、處處に雄長を爭ふ 一旦君に遇ひて、皆悵惘(罔)す

【悵惋】(ちょうわん(ちやう)) なげき残念がる。〔書断、三、高正臣〕高、嘗て人に一屛障を書くことを許す。時を逾えて未だ獲ず。其の人出でて淮南に使す。別るるに臨んで、大いに悵惋す。

↑悵怏 なげきうれえる／悵悔 なげき悔む／悵懐 心を痛める／悵慨 なげきかなしむ／悵如 悵然／悵惜 嘆惜する／悵想 悵懐／悵悒 憂えかなしむ／悵恋 かなしみ慕う

↓感悵・驚悵・結悵・惆悵・怊悵

常 【眺】 11 6201 チョウ(テウ) ながめる

篆文 形声 声符は兆。〔説文〕四上に「目正しからざるなり」とは、目の逃ろぐことをいう。〔礼記、月令〕「(仲夏の月)以て高明に居るべく、以て遠く眺望すべし」とあり、多く遠望する意に用いる。

訓義 1ながめる、遠くみる。2みる、察する。3まじろぐ、きょろつく。4逃と通じ、にげる。

古訓 〔新撰字鏡〕眺 与己目(よこめ)、又、比加目(ひがめ)、又、須加目(すがめ)〔名義抄〕眺 ミル・ヤム・ニラム・アキラカニ・カヘリミル・ヨコメ・ヒガメ・スガメ〔字鏡集〕眺 アキラカニ・ノゾム・マナジリ・ノゾミル・ヤム・ミル・ニラム・カヘリミル

語系 眺・覜・朓 thyôは同声。覜は諸侯が三年ごとに朝聘することで、視る意。朓は晦となり、月が西方に遠くみえることをいう。〔説文〕は眺を逃(逃)dôと通じて目逃の意とするが、むしろ迢dyô、超thiôに近い語であろう。

【眺矚】 遠くながめる。〔世説新語、軽詆〕桓公(温)洛に入る。淮泗を過ぎり、北境を践ゆ。諸僚属と平乗楼に登り、中原を眺矚す。慨然として曰く、遂に神州をして陸沈し、百年丘墟たらしむと。

【眺望】 遠く見渡す。宋・劉克荘〔賀新郎、唐伯玉の奏稿に跋す〕詞 但だ一片 丹心故の如し 頼ひに越臺の眺望に堪ふる有り 那の中原 已に平安なること莫きや否や 風色悪しく 海天暮る

↑眺瞻 眺めみる/眺覧 見渡す

↓延眺・遠眺・遐眺・閑眺・仰眺・吟眺・顧眺・高眺・賞眺・登眺・伏眺・遊眺・遥眺・流眺・臨眺

【祧】 11 3221 チョウ(テウ) みたまや

篆文 形声 声符は兆。天子七廟、大廟一、三昭三穆、以下昭穆に合わせて順次に上の昭穆に遷す。〔説文新附〕一上に「遷廟なり」とみえる。〔広雅、釈天〕に「先祖を祭るなり」とあり、廟祧(みたまや)壇墠(祭場)を設けて祭ることをいう。

訓義 1みたまや、昭穆にのぼらせるみたまや。2遷主を太廟に蔵すること。3祭の名。

古訓 〔字鏡集〕祧 トホキハカ・ヒラク・ミツ

↑祧師 礼儀の官/祧主 廟主/祧遷 廟の昭穆を順次に上に遷す/祧祖 緒を承ける/祧廟 祖廟/祧祊 祖廟

↓合祧・主祧・序祧・承祧・昭祧・宗祧・廟祧・穆祧

【窕】 11 3011 チョウ(テウ) ひろやか しとやか

篆文 形声 声符は兆。兆は卜兆。ゆるやかにまがる意がある。〔説文〕七下に「深く肆極まるなり」とあり、深遠のところをいう。〔詩、周南、関雎〕「窈窕たる淑女」のように用いる。

訓義 1ふかくひろい、おくぶかい、ひろやか。2のびやか、しとやか、しずか。3みめよい、うつくしい、あでやか。4佻と通じ、かるい、かろやか。

古訓 〔名義抄〕窕 フカシ・ヒロシ・カロシ・サビシ・タヲヤカナリ・クツログ〔字鏡集〕窕 シヅカナリ・タヲヤカナリ・タハヤカナリ・クツログ・サビシ・フカシ・トホシ・カロシ・ヨシ

語系 窈窕は連語として用いる。窕dyô、挑dyô、佻thyôは、しなやかに動く意がある。窈yuは幽yu、奥(奧)uk、杳yôの声に近く、窈窕とあわせて幽遠の意となる。

【窕言】 美しいことばで欺く。〔韓非子、難二〕李兌曰く、語言辯にして～義に度らざる、之れを窕言と謂ふ。山林澤谷の利無くして入ること多き者、之れを窕貨と謂ふ。君子は窕言を聴かず、窕貨を受けず。

【窕邃】 奥深い。魏・阮籍〔東平の賦〕其の居處、壅翳蔽塞し、窕邃にして章らかならず。倚るに陵墓を以てし、帶ぶるに曲房を以てす。

【窕冶】 なまめかしく美しい。妖冶。〔荀子、礼論〕其の文飾を立つるや、窕冶に至らず。

↑窕貨 いわれのない財貨/窕利 窕貨

↓軽窕・霄窕・杳窕・窅窕・窈窕・遥窕

【釣】 常 11 8712 〔釣〕 11 8712

チョウ(テウ) つり つる とる もとめる

篆文 形声 旧字は釣に作り、勺(勺)声。勺は刁より転じた形であろう。刁は釣針の形。〔説文〕十四上に「魚を鉤するなり」という。鉤は釣針、句曲の義をとる字である。

訓義 1つり、つる、つり針で魚をつる、つりたれる。2とる、もとめる。

古訓 〔和名抄〕釣 都利(つり)〔名義抄〕釣 ツリ・ツリス〔篇立〕釣 クサリ・ツリカク・マガル・カギ・ヒトシ〔字鏡集〕釣 ツリ・ツル・ツリノエ・イヲノワタ/釣魚 ツリス・ツリ・イヲノツリ

語系 釣tyô、繳tjiakは声近く、繳はいぐるみ。矢に糸をつけ、鳥の羽にからませるもので、釣魚の法と似ている。繳の初文は弔(叔)tyôkで、その象形。吊は弔の俗字とされ、これもつり垂れる意。みな同系の語である。

【釣翁】 釣りする翁。唐・杜牧〔杜秋娘詩〕鉤(帯鉤)を射て、後に父と呼ぶ(斉の桓公と管仲) 釣翁(太公望呂尚)は、王者の師たり

【釣竿】 つりざお。唐・杜甫〔孔巣父の～江東に游ぶを送り、兼ねて李白に呈す〕詩 詩巻長く留む、天地の間 釣竿拂はんと欲す、珊瑚の樹

【釣磯】 釣りをする磯。唐・駱賓王〔釣磯応詰文〕余、三伏の辰を以て行き、七里瀬に至る。此の地は即ち新安江口なり。厳子陵の釣磯有り。澄潭、至りて清く、洞澈にして底を見る。

【釣餌】 餌でつる。〔孔叢子、公儀〕今徒らに高官厚祿を以て釣餌するも、君子に信用の意無し。公儀子の智、魚鳥の若ごくならば可なり。然らずんば則ち彼将に終身君の庭を躡まざらん。

【釣人】 つりびと。清・王士禎〔真州絶句、五首、四〕詩 江干(江のほとり)、多くは是れ釣人の居 柳陌 菱塘、一帯疎なり 好し是れ、日斜めに風定まるの後 半江の紅樹、鱸魚を賣る

【釣台】 釣りする台。各地に遺跡が多い。斉・謝朓〔伏武昌の、孫権の故城に登るに和す〕詩 釣臺に講閲に臨み 樊山に廣讌(盛宴)を開く

【釣徒】 釣り人。〔唐書、隠逸、張志和伝〕江湖に居り、自ら煙波釣徒と稱す。～釣を垂るるに餌を設けず。志、魚(を取る)に在らざればなり。

【釣名】 虚飾によって名声を求める。〔管子、法法〕釣名の人に賢士無く、釣利の君に王主無し。～賢人の行ひ、王主の道は、其の已むこと能はざる所なればなり。

【釣弋】 釣りと狩り。〔論語、述而〕子、釣して綱せず。弋(いぐるみ)して宿(巣)を射ず。

↑釣家 釣りを業とする人/釣舸 釣り舟/釣奇 奇貨探し/釣魚 つり/釣橋 吊橋/釣碣 巌上の釣り人/釣戸 釣家/釣鉤 釣りばり/釣師 釣り人/釣車 竿の糸巻/釣者 釣り人/釣繳 釣り糸/釣舟 釣り人の舟/釣船 釣り舟/釣叟 釣翁/釣艇 釣り舟/釣緡 釣り糸/釣篷 釣りのとま舟/釣誉 名声を求める/釣利 求利/釣

笠（ちょうりゅう） 釣客の笠／釣綸（ちょうりん） 釣り糸
↓磯釣・漁釣・好釣・耕釣・蓑釣・舟釣・垂釣・沈釣・墜釣・屠釣・投釣・独釣・晩釣・弋釣

常【頂】 11 1128 チョウ（チャウ） いただき いただく

篆文 籀文 金文
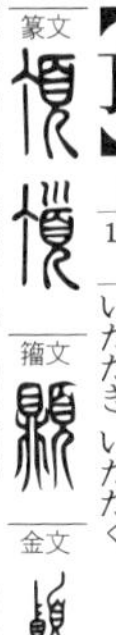

形声 声符は丁（ちょう）。丁は釘の平頭のところ。すべて頭頂の平らかな部分をいう。〔説文〕九上に「顚（てん）なり」とするが、顚は顚倒の字。山頂を巓（てん）というので、その意とするのであろう。頂戴は仏教の語である。

訓義 ①いただき、頭のいただき。②かしら、こうべ、うえ。③上にのせる、いただく。④国語で、いただく、うける、もらいうける。

古訓 〔名義抄〕頂 ウヘ・イタヾク・イタヾキ 〔字鏡集〕頂 イタヾキ・カミ・カシラ

語系 頂・丁 tyeng は同声。顚・巓 tyen も同声。〔説文〕九上に顚を「頂なり」とし、頂と互訓するが、眞（真）は顚倒者の象。顚はそれを埋めて拝する字であるから、顚頭拝首の意である。天 thyen は頂の声に近く、人の頭の象。また定 dyeng は額（ひたい）、題 dye もまた額をいう。みな頭の上の部分をいう一系の語である。

【頂兕】ちょうき（ちやうき） 他人の罪をかぶって死ぬ。〔閲微草堂筆記、五〕甚だしい哉（かな）、治獄の難きこと。而して命案（殺人事件）尤も難し。頂兕といふ者有り。甘んじて人の爲に代りて死せり。

【頂踵】ちょうしょう（ちやう） 頭の上と、かかと。〔孟子、尽心上〕墨子は兼愛す。頂を摩して（すり減らし）踵（かかと）に放（いた）るも、天下を利するときは之れを爲す。

【頂替】ちょうたい（ちやうたい） かえ玉。〔明律、刑、訴訟〕若し官吏故（ことさら）に平人を將（もつ）て他人の軍役に頂替する者は、故出入の罪を以て論ず。

【頂戴】ちょうだい（ちやうだい） おし頂く。〔唐摭言、十、海叙不遇〕張倬は柬之の孫なり。嘗（かつ）て進士に擧げられしも落第す。登科記（進士合格者の名簿）を捧げ、之れを頂戴して曰く、此れ卽ち千佛名經なりと。

【頂天】ちょうてん（ちやうてん） 天を頂く。頂天立地は、大地をふまえて立つ、堂々たる人の意。〔元曲、趙氏孤児〕但だ我韓厥（かんけつ）は是れ、一個頂天立地の男兒なり。

【頂門】ちょうもん（ちやうもん） 頭上。清・章学誠〔丙辰劄記〕惠士奇謂ふ、非聖の書を讀まざる者は、善く書を讀むに非ずと。此れ專退自封を爲すの學究に對して、頂門の針（急所に対する鍼療）と作（な）すべし。

【頂礼】ちょうらい（ちやうらい） 仏教の最敬の礼。梁・沈約〔南斉文恵太子の為の礼仏願疏〕伏膺（ふくよう）して伽藍精舍に下拜し、足を繞（めぐ）りて頂禮す。百神警衞し、萬福具（とも）に臻（いた）る。會（すなは）ち信宿（再宿）せずして、聖躬和愈（ゆ）す。

↑頂額（ちょうがく） ひたい／頂換（ちょうかん） すりかえ／頂凶（ちょうきょう） 頂兕／頂缸（ちょうこう） 濡れ衣／頂罪（ちょうざい） 身代り受刑／頂子（ちょうし） 清代の礼帽の上につける玉／頂手（ちょうしゅ） 併合する／頂珠（ちょうしゅ） 頂子／頂上（ちょうじょう） 頂点／頂心（ちょうしん） 頂点／頂針（ちょうしん） 頂門の一針／頂選（ちょうせん） 第一候補／頂代（ちょうだい） 頂替／頂端（ちょうたん） 最上部／頂巓（ちょうてん） 頂上／頂頭（ちょうとう） 頂上／頂馬（ちょうば） 先駆／頂拝（ちょうはい） 頂礼／頂批（ちょうひ） 欄外に批評をかく／頂筆（ちょうひつ） 朝見のとき筆を耳にさす／頂補（ちょうほ） 頂選／頂冒（ちょうぼう） 名義借り／頂名（ちょうめい） 名儀を詐称する／頂老（ちょうろう） 歌舞の女

↓雲頂・鋭頂・円頂・革頂・鶴頂・灌頂・高頂・骨頂・山頂・峭頂・翠頂・絶頂・丹頂・天頂・塔頂・攀頂・峰頂・摩頂・滅頂・露頂・巓頂

常【鳥】 11 2732 チョウ（テウ） トウ（タウ） とり

篆文 甲骨文 金文

象形 鳥の全形。その省形は隹（すい）。〔説文〕四上に「長尾の禽（きん）の總名なり。象形。鳥の足は匕（ひ）に似たり。匕に從ふ」とするが、字の全体が象形である。隹を短尾の鳥とするが、雉翟が隹に従うことからいえば、鳥・隹の別は尾の長短にあるのではない。卜文では神聖鳥のとき、鳥の象形字を用いることが多い。島と通用し、またその音で人畜の牡器をいい、賤しめ罵る語に用いる。

訓義 ①とり。②鳳凰。③島と通用する。④人畜の牡器。罵る語として用いる。

古訓 〔名義抄〕鳥 トリ

部首 〔説文〕に百十五字、重文十九字、新附四字、〔玉篇〕にすべて四百二十字を属する。おおむね形声の字。なかに隼・難（難）など、隹に従う重文をもつものがある。

【鳥歌】ちょうか（てうか） 鳥の声。宋・欧陽脩〔豊楽亭遊春、三首、一〕詩 緑樹交（こもごも）加へ、山鳥啼く 晴風蕩漾（たうやう）し、落花飛ぶ 鳥歌ひ花舞ひ、太守醉ふ 明日酒醒むれば、春已に歸らん

【鳥喙】ちょうかい（てうくわい） 鳥の嘴。鳥喙の相。〔呉越春秋、句践伐呉外伝〕越王の人と爲り、長頸鳥喙、鷹視（ようし）狼歩、患難を與共（とも）にすべきも、共に樂に處（を）るべからず。

【鳥紀】ちょうき（てうき） 鳥を徽号とする。鳥官。〔左伝、昭十七年〕我が高祖少皞摯（し）の立つや、鳳鳥適々（たまたま）至る。故に鳥に紀す。～鳳皇氏は歷正なり。玄鳥氏は分を司る者なり。伯趙氏は至を司る者なり。

【鳥語】ちょうご（てうご） 鳥の声。また、蛮族の語。〔後漢書、南蛮西夷伝論〕其の化の行はるるに及んでは、則ち緩耳（くわんじ）（儋耳）雕脚（てうきやく）（足に文身する）の倫、獸居（穴居）鳥語の類、～内屬せざる莫（な）し。

【鳥散】ちょうさん（てうさん） 鳥がとび立つ。斉・謝朓〔東田に遊ぶ〕詩 魚戯れて、新荷動き 鳥散じて、餘花落つ

【鳥觜】ちょうし（てうし） 鳥のくちばし。茶の名。唐・鄭谷〔峡中に茶を嘗む〕詩 呉僧漫（みだ）りに說く、鴉山好しと 蜀叟誇ることを休（や）めよ、鳥觜の香（かんば）しきことを

【鳥獸】ちょうじゅう（てうじう） 鳥やけだもの。〔左伝、成十一年〕郤犫（げきしう）來聘す。婦を聲伯に求む。聲伯、施氏の婦を奪ひて、以て之れに與ふ。婦人曰く、鳥獸すら猶ほ儷（れい）（匹）を失はず。子將（は）た若何（いかん）せんとすと。曰く、吾は死亡する能はずと。婦人遂に行（さ）る。

【鳥声】ちょうせい（てうせい） 鳥の鳴く声。北周・庾信〔春の賦〕新年の鳥聲、千種に囀（さへづ）り、二月の楊花、路に滿ちて飛ぶ。河陽一縣、併（すべ）て是れ花なり。金谷（園）從來、滿園の樹。

【鳥迹】ちょうせき（てうせき） 鳥の足あと。漢・許慎〔説文解字叙〕黄帝の史蒼頡（さうけつ）、鳥獸蹏迒（ていかう）の迹を見、分理の相ひ別異すべきを知り、初めて書契を造る。

【鳥爪】ちょうそう（てうさう） 鳥のような爪。〔南唐書、方術伝〕女冠耿先生、鳥爪玉貌、宛然神僊なり。保大中、金陵に遊び、道術修練を以て事と爲す。元宗召見して之れを悅び、常に臥内に止む。

【鳥葬】ちょうそう（てうさう） 屍を鳥食にまかせる。今もチベットにその俗がある。〔南史、夷貊上、海南諸国、扶南国伝〕國俗、居喪には則ち鬚髮（しゅはつ）を剃除す。死者に四葬有り。水葬は則ち之れを江流に投じ、火葬は則ち焚きて灰燼（くわいじん）と爲し、土葬は則ち之れを瘞埋（えいまい）し、鳥葬は則ち之れを中野に棄つ。

【鳥籀】ちょうちゅう（てうちう） 鳥虫書。〔文心雕竜、練字〕倉頡（さうけつ）（字書の名）なる者は、李斯の輯（あつ）むる所にして、鳥籀の遺體なり。

【鳥啼】ちょうてい（てうてい） 鳥の声。宋・韓維〔滍城〕詩 荒城、蘿蔦（らてう）（つた、かずら）合し 表裏、寸土無し 但だ鳥啼の聲を聞くも鳥啼の處を見ず

【鳥篆】ちょうてん（てうてん） 鳥虫書。篆体に鳥虫の態を飾りとして加えた書。〔後漢書、蔡邕伝〕本（もと）頗（すこ）ぶる經學を以て相ひ招くも、後諸々尺牘（せきとく）を爲（つく）る者、及び工（たく）みに鳥篆を書する者、皆引

召を加へ、遂に數十人に至る。～悉く除して郎中・太子舍人と爲す。

【鳥道】 鳥しか飛べないような険しい山路。唐・李白〔蜀道難〕詩 西のかた太白に當つて鳥道有り 以て峨眉の巓を横絶すべし

【鳥飛】 鳥が飛ぶ。唐・李華〔古戦場を弔ふ文〕黯として慘悴し、風悲しみ日曛る。蓬斷え草枯れ、凜として霜晨の若し。鳥飛んで下らず、獸挺つて群を亡ふ。

【鳥卜】 鳥でトう。〔隋書、西域、女国伝〕歳の初めに人を以て祭る。～祭畢りて山に入りて之れを祝る。一鳥有り、～其の腹を破りて之れを視、粟有るときは則ち年豐かなり。～之れを鳥卜と謂ふ。

【鳥鳴】 鳥が鳴く。〔詩、小雅、伐木〕木を伐ること丁丁たり 鳥鳴くこと嚶嚶たり

➡鳥羽 鳥の羽／鳥烏 烏／鳥雲 浮雲／鳥囮 おとり／鳥窠 鳥の巣／鳥官 鳥紀／鳥漢 のろま／鳥瞰 俯瞰／鳥気 腹立ち／鳥戯 古代の運動技、五禽戯／鳥挙 鳥のように飛ぶ／鳥強 粗野／鳥言 鳥語／鳥罟 鳥あみ／鳥工 飛行術／鳥子 卵／鳥雀 小雀ら／鳥舟 鳥形の舟／鳥書 鳥形の飾りをつけた装飾体の書／鳥章 鳥の文様／鳥人 鳥漢／鳥星 朱鳥七宿／鳥栖 鳥のねぐら／鳥逝 早くゆく／鳥占 鳥卜／鳥巣 鳥の巣／鳥囀 鳥鳴／鳥媒 おとり／鳥網 鳥あみ／鳥旟 鳥の文様をつけた旗／鳥弋 空を飛ぶ／鳥浴 鳥の水浴み／鳥羅 霞網／鳥乱 粗雑／鳥路 一直線／鳥弄 鳥声／鳥哢 鳥声／鳥籠 鳥かご

➡愛鳥・乙鳥・雲鳥・益鳥・越鳥・花鳥・鵞鳥・介鳥・怪鳥・海鳥・害鳥・客鳥・寒鳥・翰鳥・巌鳥・羈鳥・旧鳥・窮鳥・嬌鳥・驚鳥・禁鳥・禽鳥・玄鳥・候鳥・黄鳥・山鳥・鷙鳥・時鳥・雀鳥・朱鳥・宿鳥・蜀鳥・水鳥・翠鳥・瑞鳥・雛鳥・成鳥・征鳥・青鳥・棲鳥・夕鳥・庭鳥・啼鳥・白鳥・飛鳥・蜚鳥・放鳥・鳳鳥・猛鳥・野鳥・幽鳥・夭鳥・陽鳥・雷鳥・留鳥・霊鳥・哢鳥・籠鳥

入 【喋】 12 6409 チョウ(テフ) しゃべる

形声 声符は枼。枼に蝶・牃の声がある。〔玉篇〕に「便語するなり」とあって、淀みなく話す意。〔史記、匈奴伝〕に「喋喋佔佔」とあり、多言のさまをいう。喋盟は血をすすって誓う意で血盟。蹀に仮借することがある。

訓義 1しゃべる、よくしゃべる、多口、利口。2すする、血をすする。3血が流れるさま。4蹀と通じ、ふむ。

古訓 〔字鏡集〕喋 フクム・フクメリ

語系 喋thyap、唼tzapは声義近く、喋血は唼血。また蹀dyapは同声。枼は葉のひらひらするさまをいう。

【喋血】 流血。流血をふむ。〔漢書、文帝紀〕大臣遂に人をして代王を迎へしむ。～皆曰く、漢の大臣～謀詐多し。～今已に諸呂を誅し、新たに京師に喋血す。大王を迎ふを以て名と爲すも、實に信ずべからず～と。

【喋喋】 淀みなくしゃべる。〔漢書、張釈之伝〕豈に此の嗇夫(鄙夫)の、喋喋として利口捷給(口早にいう)なるに效はんや。～臣、天下風に隨つて靡き、口辯を爭ひ、其の實を亡はんことを恐る。

【喋盟】 血をすすって盟う。〔説苑、権謀〕趙簡子、成何・渉他をして、衛の靈公と剸澤に盟はしむ。靈公、未だ喋盟せず。

➡喋呫 多言／喋呷 集まり啄む／喋囁 私語

➡囁喋・唼喋・噂喋・繁喋

【堞】 12 4419 〔堞〕 16 4419 チョウ(テフ) ひめがき

篆文 

形声 声符は枼。枼に蝶・牒の声がある。字はもと葉(葉)に従い、〔説文〕十三下に「堞は城上の女垣なり」とあり、〔釈名、釈宮室〕に「城上の垣、～或いは堞と名づく。其の重疊の義を取るなり」とみえる。

訓義 1ひめがき。2正字は堞に作る。

古訓 〔篇立〕堞 ケハシ・カキツク 〔字鏡集〕堞 カキ・ツキ

➡堞塁 城塁／堞楼 城楼

➡高堞・城堞・雉堞・陴堞・粉堞

常 【塚】 12 4713 〔塚〕 13 4713 〔冢〕 10 3723 チョウ つか

篆文 
金文 

形声 声符は冢。冢は塚の正字。〔説文〕九上に「冢は高墳なり」とあり、高く土を盛りあげた墳墓の意。〔周礼、春官、冢人〕に「公墓の地を掌る」とあり、次に墓大夫の職を列している。塚は冢の俗字、塚は塚の常用字。塚は唐代の文献以後にみえる。塚は冢の上に屋舎を設けることもあって、塚舎という。

訓義 1つか、犠牲を埋め、土を盛りあげた高大な墓。

古訓 〔名義抄〕塚 ツカ・トク／冢 ツカ・イタシ・イタヾク 〔字鏡集〕塚 ツカ・トク

語系 塚(冢)tiong、長diangは声近く、冢・長にはともに長大の意がある。語彙としては冢を用いることが多く、冢には長大の意を含むが、塚はもっぱら塚墓の意にのみ用いる。

＊語彙は冢字条参照。

【塚上】 つかの上。唐・李賀〔許公子鄭姫歌〕詩 相如(漢の司馬相如)塚上、秋柏を生ず 三秦、誰か是れ、情を言ふ客ぞ

➡塚舎 屋根を架した塚

➡高塚・隣塚

【旐】 12 0821 チョウ(テウ) はた

篆文 

形声 声符は兆。〔説文〕七上に「龜蛇四游、以て營室(星宿)に象る。游游として長し。㫃に従ひ、兆聲」という。亀蛇は玄武。北方の象。その図を描いた吹き流し四旒をつける。県鄙にゆくときに用い、また喪柩に用いる。

訓義 1はた、亀蛇を描いた長いはたあしの黒旗。

古訓 〔名義抄〕旐 ハタ

【旐旟】 はた。旟は隼の図を描いた旗。〔詩、小雅、無羊〕牧人乃ち夢む 衆と維れ魚と 旐と維れ旟と 大人之れを占ふ 衆と維れ魚とは 實に維れ豐年なり 旐と旟とは 室家溱溱(繁栄)たり

➡旐翣 喪葬の旗／旐旌 はた

➡夢旐

常 【朝】 12 4742 〔朝〕 12 4742 チョウ(テウ) あさ あした まつりごと

篆文 
甲骨文 
金文 

会意 屮+日+月(月)。屮は上下に分書、その屮間に日があらわれ、右になお月影の残るさまで、早朝の意。〔説文〕七上に収め、「旦なり。倝(旗)に従ひ、舟聲」とするのは、篆文の字形によって説くもので、字の初形でない。金文には右に水に従う形が多く、潮の干満、すなわち潮汐による字形があり、その水の形が、のち舟と誤られたもので、倝の形ではなく、倝は旗竿に旗印や吹き流しをそえた形で、朝とは関係がない。殷には朝日の礼があり、そのとき重要な政務を

決したので、朝政といい、そのところを朝廷という。朝は朝夕の意のほかに、政務に関する語として用いる。暮（暮）の初文である莫（莫）も、上下の艸間に日の沈む形である。

訓義 ①あさ、あした、よあけ。②あさのまつりごと、まつりごと。③朝廷、朝政に参加する、朝廷を問う、天子に謁見する、めす、拝する。④治朝の期間、王朝。⑤字はまた鼂・晁に作る。

古訓 〔名義抄〕朝 トモガラ・アツマル・ミカド・ミヤコ・ツカウマツル・トキ・アシタ・ツカフ・ナル・トモ・ツトメテ／早朝 アサマツリゴト／終朝 ヒネモスニ

声系 〔説文〕に朝声として廟を収めるが、声が異なる。また潮（潮）字を淖十一上に作り、「水、海に朝宗するなり」というが、淖は朝の初文である。

【朝衣】 朝服。朝廷の正服。〔孟子、公孫丑上〕伯夷は其の君に非ざれば事へず、其の友に非ざれば友とせず。～惡人の朝に立ち、惡人と言ふこと、朝衣朝冠を以て塗炭に坐するが如し。

【朝隠】 高位にあって隠士の心を守る。〔法言、淵騫〕或ひと問ふ。柳下惠は朝隱なる者に非ずやと。曰く、君子は之れを不恭と謂ふ。

【朝雨】 朝ふる雨。唐・王維〔元二の安西に使するを送る〕詩 渭城の朝雨、輕塵を浥す 客舍靑靑として、柳色新たなり

【朝雲】 朝の雲。楚・宋玉〔高唐の賦〕昔者、先王嘗て高唐に遊び、～夢に一婦人を見る。～去るとき辭して曰く、妾は巫山の陽、高丘の阻に在り。旦には朝雲と爲り、暮には行雨と爲る。

【朝宴】 朝廷の宴。〔三国志、魏、明帝紀注に引く（王沈の）魏書〕帝、生まれて數歲にして岐嶷の姿有り。武皇帝之れを異しみ、～朝宴會同ある每に、侍中近臣と、竝びに帷幄に列せしむ。好學多識、特に意を法理に留む。

【朝家】 朝廷。王室。宋・陸游〔估客の蔡州より來たる者有り。感悵すること弥日、二首、二〕詩 百戰して元和に、蔡州を取る 如今、胡馬淮流に飲かふ 和親は古より長策に非ず 誰か朝家と此の憂ひを共にせん

【朝霞】 朝もや。魏・曹植〔洛神の賦〕遠くして之れを望めば、皎として太陽の朝霞に升るが若く、迫りて之れを察れば、灼として芙蕖の淥波を出づるが若し。

【朝賀】 参内して祝う。漢・王褒〔四子講德論〕日逐（外国の名）、國を擧げて德に歸し、單于、臣と稱して朝賀す。

【朝会】 百臣が朝廷に会する儀式。〔晋書、恭帝紀〕元熙元年春正月壬辰朔、改元す。山陵（安帝陵）の未だ厝せざるを以て、朝會せず。

【朝気】 朝の爽やかな気。〔孫子、軍争〕是の故に朝氣は鋭く、晝氣は惰り、暮氣は歸る。故に善く兵を用ふる者は、其の鋭氣を避け、其の惰歸を擊つ。此れ氣を治むる者なり。

【朝暉】 朝の光。宋・范仲淹〔岳陽楼記〕遠山を銜み、長江を吞み、浩浩湯湯として、橫に際涯無く、朝暉夕陰、氣象萬千なり。

【朝菌】 一日で枯れるという菌。はかないものにたとえる。〔荘子、逍遥遊〕朝菌は晦朔を知らず、蟪蛄（けら）は春秋を知らず。

【朝観】 諸侯が謁見する礼。〔周礼、春官、大宗伯〕春見を朝と曰ひ、夏見を宗と曰ひ、秋見を覲と曰ひ、冬見を遇と曰ひ、時見を會と曰ひ、殷見を同と曰ふ。

【朝見】 謁見する。〔史記、秦始皇紀〕（趙）高、二世の怒りて、誅の其の身に及ぶことを恐れ、乃ち病と謝して朝見せず。

【朝光】 朝の光。〔宋史、律暦志三〕五更五點の後、鼓を發して曰く、朝光發す。萬戶開き、群臣謁せよ。～食時辰なり。六樂を登め、八珍を薦めよ。～日、酉に入る。群動息みぬ。扃守を嚴にせよと。

【朝三】 朝三暮四。詐術をいう。〔荘子、斉物論〕狙公（猿飼い）芧（とちの実）を賦ちて曰く、朝は三、莫は四にせんと。衆狙皆怒る。曰く、然らば則ち朝は四、暮に三にせんと。衆狙皆悅ぶ。

【朝日】 朝の日。魏・曹植〔雑詩、六首、一〕高臺、悲風多し 朝日、北林を照らす 之の子、萬里に在り 江湖迥かにして且つ深し

【朝夕】 朝と夕。また、朝夕の出仕。〔詩、小雅、雨無正〕邦君諸侯 肯へて朝夕する莫し

【朝宗】 諸侯が天子に拝謁する。〔周礼、春官、大宗伯〕賓禮を以て邦國を親しむ。春見を朝と曰ひ、夏見を宗と曰ふ。

【朝霜】 朝の霜。はかないものにたとえる。晋・陸機〔短歌行〕楽府 高堂に置酒し 悲歌して觴に臨む 人壽幾何ぞ 逝くこと朝霜の如し

【朝朝】 毎朝。唐・孟浩然〔王侍御維に留別す〕詩 寂寂として、竟に何をか待つ 朝朝、空しく自ら歸る

【朝廷】 王が政務をとる所。〔孟子、公孫丑下〕朝廷は爵に如くは莫く、鄕黨は齒（年齢）に如くは莫く、世を輔け民に長たるは、德に如くは莫し。

【朝班】 宮廷の席次。官僚の列。唐・杜甫〔秋興、八首、五〕詩 一臥、滄江、歲晚に驚く 幾回か靑瑣（宮門）、朝班に點（点検）ぜられし

【朝聘】 諸侯が天子に朝見する。〔墨子、尚同中〕古、國君諸侯、春秋を以て來り、天子の廷に朝聘し、天子の嚴教を受け、退いて國を治む。

【朝野】 朝廷と民間。官民。〔後漢書、杜喬伝〕是れより先、李固廢せらる。內外氣を喪ひ、群臣側足して立つ。唯だ喬のみ、色を正して回撓する所無し。是れに由りて海內歎息し、朝野瞻望す。在位數月、地震を以て免ぜらる。

【朝陽】 朝日。山の東側の陽を受けるところ。〔詩、大雅、巻阿〕鳳皇鳴けり 彼の高岡に 梧桐生ず 彼の朝陽に 菶菶萋萋 雝雝喈喈たり

【朝来】 朝から。南唐・李煜〔烏夜啼〕詞 林花謝し了る、春の紅 太だ忽忽たり 奈ともする無し 朝來の寒雨 晩來の風

【朝露】 朝つゆ。はかないものにたとえる。〔漢書、蘇武伝〕（李陵）因りて武に謂ひて曰く～人生朝露の如し、何ぞ久しく自ら苦しむこと此の如くなる。～子卿（蘇武の字）尚ほ復た誰の爲にするや。

➡朝靄 朝もや／朝位 朝班／朝威 御稜威／朝意 王旨／朝烏 明烏／朝映 朝ばえ／朝栄 朝のうちに花さく／朝謁 朝見／朝煙 朝靄／朝恩 朝廷の恩沢／朝華 朝さく花／朝萼 早出勤／朝駕 朝発ち／朝晦 朝夕／朝開 朝咲き／朝寒 あさ寒／朝起 早起／朝飢 朝の欲望／朝規 官規／朝貴 貴紳／朝儀 朝廷の儀礼／朝曦 朝日／朝議 廟議／朝宮 御所／朝享 大廟の礼／朝鏡 朝の化粧／朝饗 大廟の礼／朝旭 朝日／朝槿 むくげ／朝吟 朝歌う／朝敬 朝見／朝鶏 朝ときをつげる／朝闕 宮闕／朝眷 朝廷のご恩／朝権 王権／朝憲 朝規／朝譴 お咎め／朝行 朝発ち／朝貢 入貢／朝綱 官紀／朝昏 朝夕／朝朔 朔日を迎える礼／朝衫 朝衣／朝山 山川の拝／朝旨 王意／朝使 朝廷の使／朝寺 役所／朝次 朝班／朝事 廟祭／朝滋 朝露が多い／朝餌 朝食／朝従 お供／朝序 朝列／朝茹 朝食／朝升 にじ／朝妝 朝

の化粧／朝章　国憲／朝餉　朝食／朝鐘　暁鐘／朝臣　官吏／朝晨　あさ／朝紳　貴紳／朝酔　朝酒／朝生　朝のうちに生まれる。朝生夕死／朝成　朝のうちに成る、朝成暮毀／朝声　朝の声／朝政　政治／朝晴　朝晴れ／朝隮　朝のにじ／朝霽　朝霽れ／朝籍　官吏の籍／朝雪　朝の雪／朝膳　朝食／朝爽　朝の爽やかさ／朝飧　朝食／朝帯　朝服の帯／朝代　王朝の世代／朝旦　あさ／朝廚　朝食／朝聴　天聴／朝酲　二日酔い／朝天　参朝／朝典　典憲／朝奠　朝の祭／朝登　官吏に登用される／朝堂　政堂／朝暾　朝日／朝拝　拝謁／朝発　朝発ち／朝飯　朝食／朝晩　朝夕／朝風　朝かぜ／朝服　礼服／朝氛　朝の気／朝柄　朝権／朝晡　朝夕／朝餔　朝夕／朝暮　朝夕／朝謨　廟謨／朝梵　朝の梵唄／朝邁　朝発ち／朝眠　朝寝／朝霧　暁霧／朝命　勅命／朝明　朝明け／朝沐　朝の沐髪／朝飫　朝食／朝饔　朝食／朝嵐　朝の山気／朝礼　朝の礼拝／朝嶺　朝の山／朝列　朝班／朝満　朝の時刻

↓晏朝・異朝・一朝・王朝・花朝・会朝・外朝・帰朝・熙朝・詰朝・挙朝・皇朝・国朝・今朝・歳朝・在朝・参朝・市朝・私朝・終朝・晨朝・崇朝・清朝・聖朝・先朝・早朝・退朝・旦朝・治朝・天朝・登朝・内朝・入朝・廃朝・本朝・明朝・翌朝・来朝・六朝・両朝・良朝・臨朝・歴朝・列朝

【琱】 12 1712 チョウ(テウ) ほる みがく

篆文  金文 

形声 声符は周(周)。周に稠・凋の声がある。周は彫飾を施した盾の形。〔説文〕一上に「玉を治むるなり」とあり、玉に彫琢を加えることをいう。金文の〔琱生毀〕の琱は、周の上に小さく玉を添えており、彫飾を加えるものが玉であることを示している。治玉のことは琢という。〔説文〕にまた「一に曰く、石、玉に似たり」という。

訓義 ①ほる、玉をきざみ彫る。②玉をみがく、みがきあげる。③玉に似た石。

古訓 〔名義抄〕琱 ヱル 〔字鏡集〕琱 ミガク・ヱル

語系 琱・彫(彫)・雕 tyu は同声。周 tjiu は声近く、周は彫盾の象。それを玉に施して琱という。琢(琢) teok は 㲉して彫飾を加えることをいう。みな一系の語である。

【琱戈】 刻鏤を施した戈。金文の賜与にもみえる。〔漢書、郊祀志下〕是の時、美陽に鼎を得て之れを獻ず。～中に刻書有り、曰く、王、尸(夷)臣に命ず。此の栒邑を官めよ。爾に旂鸞黼黻琱戈を賜ふと。

【琱琢】 文様を彫刻する。〔漢書、東方朔伝〕二人(蜚廉・悪来)皆詐僞、巧言利口、以て其の身を進め、陰かに琱琢刻鏤の好を奉じ、以て其の心を納る。

【琱文】 彫刻の文様。〔漢書、王莽伝下〕九廟～殿皆重屋、～銅薄櫨を爲り、飾るに金銀琱文を以てし、百工の巧を窮極す。～卒徒の死する者萬數なり。

【琱鏤】 ほりちりばめる。〔抱朴子、博喩〕朽爛の材は、琱鏤の飾りを受けず。

【琱麗】 美しくほり飾る。〔北史、閻毗伝〕(閻毗)技藝を以て東宮(のちの文帝)に侍し、數しば琱麗の物を以て、悦を東宮に取る。是れに由り甚だ親待せらる。

↑琱鞍　玉飾のくら／琱弓　彫飾の弓／琱鐫　彫刻／琱琢　彫飾／琱輿　玉飾のこし／琱輦　玉車

人【脹】 12 7123 チョウ(チャウ) ふくれる はれる

形声 声符は長。長に張大の意がある。腹部の鼓張するをいう。また張を借用することがあり、大小腸の意に用いることもある。腹水がたまることを脹満という。

訓義 ①ふくれる、はりだす。②はれる。③張と通用して、はる。④腸と通用して、はらわたの意に用いる。

古訓 〔名義抄〕脹 ハラフクル・フクレタリ／脹肚 フクロ・ハラワタコハル 〔篇立〕脹 フクル・ハラハル・ハラフクル・ワキ

語系 脹・張・漲・帳 tiang は同声。みな張大の意がある。また暢 thiang、腸 diang も同系の語。長は長髪、昜は、台上の玉光が、遠く下方に及ぶことをいう字である。

【脹満】 腹がふくれて一杯になる。宋・梅堯臣〔雍丘に雨に遇ふ〕詩 水を飲むも、徒らに脹滿するのみ 渇喉、殊に未だ濁かず 搖逢、已に煩倦 汗額、常に乾かず

↑脹肚　腹が張る／脹飽　満腹／脹悶　胸がつかえる

↓鼓脹・病脹・腹脹・膨脹

【貂】 12 2726 ［鼦］ 18 7771 チョウ(テウ) てん

篆文 

形声 声符は召。召に超・苕の声がある。〔説文〕九下に「鼠の屬なり。大にして黄黑、胡の丁零國に出づ」とあり、その尾は古く冠飾に用いた。字はまた鼦に作る。

訓義 ①てん。②字はまた鼦に作る。

古訓 〔名義抄〕黒貂 フルキ 〔篇立〕貂 イヌノゴトキナリ・フルキ

【貂蟬】 貂尾と蟬羽。冠飾に用いる。その清高の義をとり、君子の徳に象るという。〔後漢書、輿服志下〕武冠、一に武弁大冠と曰ふ。～侍中・中常侍には黄金の璫を加へ、蟬を附して文と爲し、貂尾を飾りと爲す。之れを趙惠文冠と謂ふ。

↑貂衣　貂服／貂羽　貂毛／貂冠　貂尾飾りの冠／貂裘　貂の裘／貂錦　軍衣／貂狐　良裘／貂行　高位／貂毫　毛筆／貂寺　宦者／貂扇　貂尾扇／貂鼠　てん／貂丁　貂狩り／貂璫　中常侍の冠に黄金の璫を加える／貂袍　貂服／貂帽　貂冕／貂毛　貂尾

↓宮貂・金貂・狐貂・黒貂・紫貂・珥貂・垂貂・青貂・続貂・大貂・豊貂・名貂

常【貼】 12 6186 チョウ(テフ) テン はりつける はる おぎなう

篆文 

形声 声符は占。占に帖の声がある。〔説文新附〕六下に「物を以て質と爲すなり」とあり、〔南史、孝義上、公孫僧遠伝〕に「貧にして以て葬する無し。身自ら隣里に販貼す」という「販貼」とは、前借りして働く意である。上に貼り足して補筆することをもいい、唐代では詔勅の文を改めることを貼黄といった。貼りつけるときは貼付という。

訓義 ①かたにおく、かたにおいて前借りする、前借。②はりつける、補う、なおす。③つける、かさねる、ほどよくする。④薬の包みを数える語。

古訓 〔字鏡集〕貼 モト・タイ

語系 貼・帖 thiap は同声。また貼・添 thyam も声近く、帖に添えて貼付することを貼という。

【貼黄】 唐代、詔勅の文を改めることをいう。〔石林燕語、三〕唐制に、敕を降して更改する所有れば、紙を以て之れに貼る。之れを貼黄と謂ふ。～今は～黄紙を以て、別に後に書す。乃ち之れを貼黄と謂ふ。

【貼子】 貼子詞。宋代、佳節に宮中の壁間に詞臣の作品を掲示した。〔文体明弁、貼子詞〕按ずるに貼子詞とは、宮中黏貼の詞なり。古此の體無し。何れの時に起るかを知らず。第だ宋の時、令節に遇ふ毎に、則ち詞臣に命じ、詞を撰り

て以て進めしめ、諸を閣中の戸壁に黏り、以て吉祥を迎ふ。

【貼書】(ちょう(てふ)しょ) 公文書制作の助手。〔金史、曹望之伝〕望之還た言ふ。乞ふ、諸路の胥吏を汰し、其の半ばを減ずべし。詔胥吏は故の如くせんと。是に於て始めて貼書を用ふるを禁ずと云ふ。

【貼職】(ちょう(てふ)しょく) 兼職。〔宋史、職官志二〕凡そ直館直院には則ち主館職を設く。他官を以て之れを兼ぬる者は、之れを貼職と謂ふ。

【貼身】(ちょう(てふ)しん) 販貼。召使い。〔雞肋編、下〕古の所謂媵妾なる者、今の世俗、西北にては名づけて祇候人と曰ひ、或いは左右人と云ふ。～浙人は呼んで貼身と爲す。～江南に又横門と云ふ。尤も笑ふべしと爲す。

【貼夫】(ちょう(てふ)ふ) 密通者。〔雞肋編、中〕兩浙の婦人～皆其の私通を縱す者、之れを貼夫と謂ふ。公然と出入し、以て怪と爲さず。寺に近き居人の如き、其の貼する所の者は、皆僧行の者なり。多きは四、五有るに至る。

【貼墨】(ちょう(てふ)ぼく) 経書中の一行の前後を伏せて読ませる試験法。宋・蘇軾〔学校の貢挙を議する状〕貢擧の法、～今議者の變改せんと欲する所は、數端に過ぎず。～或いは經生朴學を罷め、貼墨を用ひずして、大義を攷へんと欲す。

↑貼改 修改／貼近 親近／貼合 吻合する／貼耳 聞き耳／貼実 切実／貼写 貼書／貼射 茶の専売／貼助 補助／貼心 知己／貼親 親近／貼然 安らかなさま／貼妥 妥当／貼補 修補

↓熨貼・穩貼・掲貼・装貼・典貼・販貼・補貼

常 **【超】** 12 4780 チョウ(テウ) こえる とおい おどる

篆文 

形声 声符は召。召に迢・貼の声がある。〔説文〕二上に「跳ぶなり」とあり、超越・超遠のように用いる。世外に超然たるを超世・超俗という。

訓義 ①こえる、とおくこえる。②とおい、はるか、すぎる、まさる。③おどる、のぼる、あがる、たかい。④惆と通じ、うれえる。

古訓 〔名義抄〕超 コユ・カロシ・スグ・ヨギリ・フム・トホシ・ヲドル・ホシイマヽ／超超 ―トホノカナリ 〔字鏡集〕超 カロシ・ヨギリ・ユク・スグ・ヨシ・トホシ・ヲドル・コユ・フム・ホシイマ、

語系 超thiô、跳dyôは声近く、跳躍して越えることを跳という。卓teôk、踔theôkはその高くあがるさま。また迢dyô、遼(遼)lyôは、迢遠・遼遠の意である。

【超逸】(ちょう(てう)いつ) 高くすぐれる。〔南史、隠逸下、阮孝緒伝〕乃ち高隱傳を著はす。上は炎皇より、天監の末に終る。斟酌して分ちて三品と爲し、言行超逸にして、名氏傳はらざるを上篇と爲す。

【超軼】(ちょう(てう)いつ) 速やかに走りすぎる。〔荘子、徐無鬼〕天下の馬は、成材(天性の才)有るも、卹きが英(若)く失るが若く、其の一(本心)を喪へるが若し。是くの若き者は、超軼絶塵して、其の所を知らず。

【超越】(ちょう(てう)えつ) 遠くこえる。晋・干宝〔晋紀総論〕大は其の尊を極め、小は其の要を錄す。機事の失、十に恆に八、九。世族貴戚の子弟、陵邁超越して、資次(本来の順序)に拘はらず。

【超遠】(ちょう(てう)えん) 遥か。〔楚辞、九歌、国殤〕出でては入らず、往きて反らず 平原忽として、路超遠なり 長劍を帶び、秦弓を挾み 首身離ると雖も、心懲りず

【超距】(ちょう(てう)きょ) 飛び上がる。古代練武の技。〔管子、軽重丁〕男女壯なるに當り、扶輦推輿、樹下に相ひ睹みて、戲笑超距し、終日歸らず。

【超群】(ちょう(てう)ぐん) 抜群。唐・張喬〔龐百篇の青陽県尉に任ぜらるるを送る〕詩 都堂、公試の日 詞翰、獨り超群

【超詣】(ちょう(てう)けい) 造詣抜群。〔世説新語、文学〕諸葛宏、年少かきとき、肯へて學問せず。始めて王夷甫(衍)と談じ、便ち已に超詣たり。

【超悟】(ちょう(てう)ご) 明悟。〔晋書、芸術、鳩摩羅什伝〕(姚)興、嘗て羅什に謂ひて曰く、大師聰明超悟、天下二莫し。何ぞ法種をして少しく嗣がしめざると。遂に伎女十人をして、逼りて之れを受けしむ。爾後僧坊に住まず。～諸僧多く之れに效ふ。

【超曠】(ちょうこう(てうくわう)) 広大で明らか。南朝宋・顔延之〔陶徴士(潛)の誄〕詩を賦して歸來し、高蹈して獨り善くす。亦た既に超曠にして、適くとして心に非ざる無し。

【超忽】(ちょう(てう)こつ) 遥か。唐・駱賓王〔久しく辺城に戍して、京邑を懷ふ有り〕詩 關山、暫し超忽たり 形影、艱虞(艱苦)を歎ず

【超乗】(ちょうじょう(てう)) 車に飛び乗りする。勇を示す。〔左伝、僖三十三年〕秦の師、周の北門を過ぐる。左右、冑を免ぎて下り、超乘する者三百乘なり。

【超世】(ちょう(てう)せい) 時代をこえる。〔三国志、魏、武帝紀評〕太祖、籌を運らし謀を演べ、宇内を鞭撻し、～克く洪業を成せり。～抑も非常の人、超世の傑と謂ふべし。

【超絶】(ちょう(てう)ぜつ) はるかにすぐれる。魏・文帝〔弾棊の賦〕惟れ彈棊の嘉巧なる、邈かに超絶して其れ儔ひ無し。上智の弘略を苞ね、允に微を貫きて幽局を洞くす。

【超遷】(ちょう(てう)せん) 順序をこえて官位を進める。〔史記、賈生伝〕詔令、議下る毎に、～賈生盡く之れが對を爲す。～孝文帝之れを說び、超遷して、一歲の中に太中大夫に至る。

【超然】(ちょう(てう)ぜん) 世俗をこえるさま。〔老子、二十六〕是を以て、聖人は終日行ふも輜(軽)と重とを離れず。榮觀有りと雖も、燕處して超然たり。

【超脱】(ちょう(てう)だつ) 世俗をこえる。宋・劉克荘〔湖南江西道中、十首、五〕詩 今より詩律應に超脱し 新たに瀟湘を吸ひて、肺腸に入るべし

【超超】(ちょうちょう(てうてう)) 卓越するさま。〔世説新語、言語〕王(衍)曰く、～張茂先(華)の史(記)・漢(書)を論ずるは、靡靡として聽くべし。我と王安豐(戎)と、延陵(季札)・(張)子房を說くは、亦た超超として玄著なりと。

【超等】(ちょう(てう)とう) 等輩をこえる。〔管子、法禁〕故に敢て等を超え官を踰え、利を漁り功を蘇り、以て其の君に順ふことを取る莫し。

【超放】(ちょうほう(てうはう)) 衆にすぐれ、自在なこと。〔金史、文芸下、趙渢伝〕渢の正書體は、顏(真卿)・蘇(軾)の行草を兼ね、諸家の體を備ふ。其の超放は、又楊凝式に似たり。當に蘇(軾)・黄(庭堅)伯仲の閒に處るべし。

【超邁】(ちょう(てう)まい) 群をこえてすぐれる。〔元史、劉因伝〕三歲、書を識り、日に千百言を記し、～六歲、詩を能くし、七歲、文を屬り、筆を落せば人を驚かす。甫めて弱冠にして、才器超邁たり。

【超妙】(ちょうみょう(てうめう)) 特にすぐれている。宋・范成大〔呉船録、上〕牛心寺に入る。～寺に唐畫の羅漢一板有り。筆跡超妙、眉目津津として、人と語らんと欲す。～今此の板を見て、乃ち楞伽の源流の自る所を知る。

↑超異 優れる／超過 こえる／超階 超遷／超格 非凡／超豁 ゆるす／超奇 ふしぎ／超伍 超等／超歳 超年／超次 超等／超若 忽然／超授 超遷／超出 超越／超升 超遷／超昇 超遷／超勝 殊勝／超奨 超遷／超驤 高く上がる／超人 絶倫／超迹 超俗／超俗 脱俗／超卓 卓出する／超逴 高く超える／超擢 超遷／超達 超俗／超儔 絶倫／超渡 わたる／超度 こえる／超登 超遷／超騰 飛躍／超任 超遷／

超年　越年／超拝　超任／超抜　傑出する／超補　超任／超凡　非凡／超緬　遥か／超踰　こえる／超揺　不安／超遥　遥か／超倫　絶倫

↓遠超・夐超・孤超・功超・高超・出超・上超・遷超・騰超・独超・入超・飛超

人【牒】13 2409　チョウ(テフ)　ふだ　かきもの

篆文 

形声 声符は枼。枼に喋・蝶の声がある。枼は木の葉。木の葉のようにひらひらするものをいう。〔説文〕七上に「札なり」とあり、竹簡・木簡の類をいう。〔論衡、量知〕に「竹を截りて筒と爲し、破りて以て牒と爲し、筆墨の跡を加へ、乃ち文字を爲す」とあり、紙が生産される以前は、おおむねこの種のものであった。書状・書類の意に用いて、牒状・牒牘という。

訓義 1ふだ、木や竹の薄片、文書をしるすのに用いた。2かきもの、官の文書、通牒、辞令、記録、証明、上申書、訴訟の書類など。3系譜、誓約書、名簿など。

古訓 〔新撰字鏡〕牒　布弥太（ふみた）〔篇立〕牒　コラス・タ、ム〔字鏡集〕牒　タ、ム・フンタ・マウス

語系 牒dyap、葉（葉）jiapは声近く、ひらひらするような薄片のものをいう。また札tzheatもこの系統の語である。

【牒書】書きつける。〔漢書、薛宣伝〕始め高陵の令楊湛、～貪猾不遜なり。～（宣）陰かに其の罪臧を求め、具さに受取する所を得、～乃ち手自ら牒書し、其の姦臧を條す。

【牒籍】典籍。書物。〔論衡、自紀〕是の故に罕に發するの迹は、牒籍に記し、希に出づるの物は、鼎銘に勒す。～千里殊跡、百載異發す。

【牒訴】訴状。唐・陸亀蒙〔南涇漁父〕詩　今年川澤旱し　前歳、山源潦めす　牒訴已に庭（朝）に盈ち　之れを聞くこと禽の噪ぐに類す

【牒牘】文書。公文書。〔論衡、超奇〕夫れ鴻儒は有ること希に、文人は比びに然り。將相長吏、安んぞ貴ばざるべけん。豈に徒だ其の才力を用つて、文に牒牘に游ぶのみならんや。

↑牒案　公文書／牒挙　上申書／牒照　僧尼の免許／牒状　通牒／牒送　通牒／牒譜　譜牒／牒文　公文書／牒報　報告書

↓按牒・移牒・家牒・戒牒・官牒・簡牒・記牒・玉牒・軍牒・獄牒・史牒・書牒・条牒・詮牒・族牒・勅牒・陳牒・通牒・逓牒・度牒・符牒・譜牒・文牒・編牒・簿牒

常【腸】13 7622 ［膓］15 7822　チョウ(チャウ)　はらわた　こころ

篆文 

形声 声符は昜。昜に暢の声がある。〔説文〕四下に「大小の腸なり」とあり、字はまた脹に作ることがある。心を心腸といい、悲痛の甚だしいことを断腸という。膓は俗字。

訓義 1ちょう、はらわた。2こころ、おもい。3字はまた脹に作る。

古訓 〔名義抄〕腸　ハラ・ハラワタ・オモフ・オモヒ・コ、ロ・クソブクロ〔篇立〕腸　ハラワタ・オモヒ・コ、ロ・ユハシ・ユハコシ・シリクスネ・オ、ヒ・フトワタ・ミナハタ・ハラ

語系 腸・長diangは同声。暢thiangは声義近く、伸長の意がある。脹・張tiangはふくれ、長大の意で、また同系の語である。

【腸胃】胃腸。〔韓非子、解老〕（人は）腸胃を以て根本と爲す。食らはざれば則ち活くること能はず。是こを以て欲利の心を免れず。

【腸断】悲痛の極まること。〔捜神記、二十〕臨川東興に人有り、山に入りて猿の子を得たり。～其の母便ち搏頬（頬をふくらませ、悲しむ）して人に向ひ、～悲喚し、自擲して死す。此の人、腸を破りて之れを視るに、寸寸に斷裂せり。

↑腸荒　あわてる／腸骨　心／腸絶　断腸／腸肚　はら／腸秘　便秘／腸腹　はら／腸澼　下痢／腸癖　下痢／腸癰　腸のはれもの

↓胃腸・餓腸・肝腸・浣腸・灌腸・饑腸・魚腸・驕腸・空腸・刳腸・枯腸・腔腸・剛腸・思腸・詩腸・愁腸・繡腸・小腸・心腸・腎腸・寸腸・洗腸・俗腸・大腸・断腸・中腸・衷腸・直腸・鉄腸・屠腸・熱腸・肺腸・腐腸・盲腸・捫腸・幽腸・羊腸・爛腸

【覜】13 3611　チョウ(テウ)　みる

篆文 

形声 声符は兆。〔説文〕八下に「諸侯三年にして大いに相ひ聘するを覜と曰ふ。覜は視るなり」（段注本）という。〔周礼、春官、大宗伯〕に「時聘を問と曰ひ、殷覜を視と曰ふ」とあり、三年殷覜の礼をいう。

訓義 1みる。2諸侯が三年に一度天子に謁する礼。3眺と通用し、ながめる。

古訓 〔名義抄〕覜　ミル・ノゾム

【覜観】諸侯が三年に一度朝観すること。〔周礼、春官、大宗伯〕春見を朝と曰ひ、～秋見を覲と曰ひ、～殷覜を視と曰ふ。

【覜聘】殷覜時聘。〔周礼、春官、典瑞〕以て覜聘す。〔注〕大夫衆く來るを覜と曰ひ、寡なく來るを聘と曰ふ。

↑覜望　眺望

↓殷覜・享覜・存覜・朝覜・聘覜・偏覜

【誂】13 0261　チョウ(テウ)　いどむ　たわむれる　からかう

篆文 

形声 声符は兆。兆は卜兆。灼かれてはげしく裂ける形で、外に強く刺激する意がある。〔説文〕三上に「相ひ評びて誘ふなり」とあり、挑と声義が近い。また調（調）とも通じて、調戯の意がある。わが国では「あつらう」と訓み、のち人に物を依頼する意となった。

訓義 1いどむ、さそう。2たわむれる、からかう。3佻と通じ、はやい。4わが国で、「あつらう」とよむ。

古訓 〔名義抄〕誂　アツラフ・コシラフ〔字鏡集〕誂　アツラフ・コシラフ・ヨブ

語系 誂・挑dyôは同声。ひとを呼誘し、相挑発することをいう。召diô、招tjiôは招呼すること。調dyô、詶tjiuは調弄する意で、また声義が通じ、同系の語とみてよい。

↑誂越　軽く不安定な音／誂戯　ふざける／誂撃　からかう／誂弄　もてあそぶ

常【跳】13 6211　チョウ(テウ)　トウ(タウ)　とぶ　はねる　おどる　つまずく

篆文 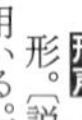

形声 声符は兆。兆は卜兆の走り裂ける形。〔説文〕二下に「蹶くなり」とするが、跳出・跳躍の意に用いる。不法を犯して思うままに行動することを、跳梁という。

訓義 1とぶ、おどる、はねる。2つまずく。3はしる、にげる。4挑と通じ、いどむ。

古訓 〔新撰字鏡〕跳躁　阿加久（あがく）〔名義抄〕跳　ヲドル・ホトバシル・ツム・アシウラ・タ、ク・アツチ・ハタラク・ヲヅク〔字鏡〕跳　シル・タチハシル・コユ・ホトバシル・フム・カタマシ・ミチタ、ク〔字鏡集〕跳　タチバシル・アツチ・ハタラク・ヲヅク・タ、ク・ミチフス・ヲドル・ホトハシ・コユ・フム・カタアシ・アシウチ

語系 跳・誂dyôは同声。逃（逃）do、超thiôも声義近く、超出の意。卓teôk、踔theôk、また躍（躍）jiôkは跳躍することをいい、みな同系の語である。

【跳駭】驚いてとび逃げる。楚・宋玉〔高唐の賦〕（水）奔揚踊して相ひ擊ち、雲のごとく興りて聲、霈霈たり。猛獸驚いて跳駭し、妄りに奔走して馳せ邁く。

【跳丸】弾丸とばし。雑戯の一。〔三国志、魏、王粲伝注に引く(魚豢の)魏略〕時に天暑熱、(曹)植、～水を取りて、自ら澡ひ訖り、粉を傅っく。遂に科頭拍袒、胡舞五椎鍛、跳丸撃劍し、俳優の小說數千言を誦し訖る。

【跳月】苗族・彝族の歌垣。月明の夜、男女が跳舞し歌う。〔丹鉛総録、二十四、瑣語芦笙吟〕河邊、跳月の歌 人をして玄髮を皤からしむ

【跳脱】腕環。魏・繁欽〔定情詩〕何を以てか契闊(慰労)を致さん 腕を繞る、雙跳脱

【跳擲】はね跳ぶ。〔宋史、謝絳伝〕開封府の判官言ふ。蝗、田野に亘り、邪郭に坌入し、官寺に跳擲して、井堰皆滿つと。

【跳刀】刀をふりまわす。〔晉書、王濬伝〕左右の人、皆跳刀し大呼して云ふ、要らず當に陛下の爲に、一たび死戰して之れを決すべしと。

【跳盪】急襲する。〔唐書、百官志一〕矢石未だ交へざるに、堅を陷れ衆を突き、敵因りて敗れたる者を、跳盪と曰ふ。

【跳馬】馬技の一。〔東京夢華録、七、駕、宝津楼に登るとき、諸軍、百戲を呈す〕或いは手を用って鐙袴を握定し、身を以て後鞦(しりがい)より來往する、之れを跳馬と謂ふ。

【跳白】小さな漁船。〔広東新語、鱗語、漁具〕跳白なる者とは船なり。其の製小にして、僅かに一人を受く。～乃ち二白板を船旁に張り、其の梆を鳴らす。魚、白板を見、輒ち驚眩して網に入る。

【跳躍】とびはねる。〔淮南子、脩務訓〕夫れ馬の草駒爲たるの時、跳躍して蹏を揚げ、尾を翹げて走る。人、制すること能はず。

【跳梁】とびはねる。〔荘子、秋水〕吾れ樂しい與か。出でては井幹(井げた)の上に跳梁し、入りては缺甃(欠けた瓦)の崖に休ふ。

↑跳越 飛びこす/跳歌 踏歌/跳去 逃走する/跳趫 善走/跳駆 疾駆/跳行 他の行より一字あげてかく/跳高 高跳び/跳疾 疾走する/跳出 跳行/跳縄 縄跳び/跳心 動悸/跳身 跳躍する/跳神 降神の舞/跳然 跳ぶさま/跳走 逃走する/跳槽 転職/跳躂 鬼踊り/跳虫 蚤/跳天 天までとびはねる/跳騰 跳躍する/跳読 抄読する/跳板 とび板/跳舞 ダンス/跳風 空を踏む/跳噴 噴騰する/跳奔 奔逃する/跳沫 しぶき/跳踉 跳梁する

↓距跳・魚跳・驚跳・駒跳・群跳・虎跳・高跳・波跳・籧跳・飛跳

常 **【徴】** 14 囚[徵] 15 2824 チョウ チ めす しるし あらわれる

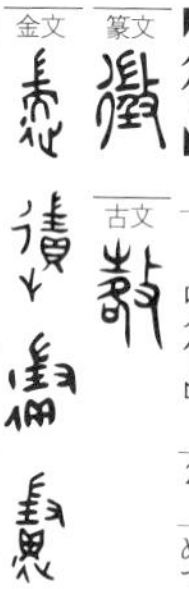

会意 旧字は徵に作り、彳(てき)+𡈼(ちょう)+攴(ぼく)。彳(道路)において、𡈼(長髪の人)を攴(殴)つ形。長髪の人は長老とも、また巫女とも解されるが、要するにすぐれた呪的能力をもつもの。これを殴って、敵方に対する懲罰的な行為として、味方の要求するところを徵し、あわせて懲罰を加える行為をいう。その効果のあらわれることを徵験という。これと同じ方法で、若い巫女を殴つことを微(微)といい、これは敵方の呪力を微くすることを目的とする。また同じ意味で、髑髏を殴つことを徼といい、その呪霊を刺激して徼める意である。徵・微・徼はみな相似た呪的行為を意味する字である。〔説文〕八上に徵を「召すなり」とし、微の省に従う字で、「微に行ひて而も聞達する者は、即ち徵すなり」(段注本)とするが、隠微の義を承けるものではなく、徵・微・徼は同種の呪儀をいう。徵は懲(懲)の初文。もと敵を懲らしめる行為であった。

訓義 ①こらしめる、もとめる、めす、めしよせる、とりたてる。②しるし、あかし、あかしをもとめる、あかしをたてる、といただす。③あらわれる、あらわす、明らかにする、つまびらか。④なる、なす、結果。⑤澂と通じ、きよめる、すむ。

古訓 〔名義抄〕徵 シルス・シルシ・ヤム・ハタル・アラハス・メス・モトム・ナス・ナル・タヾス・トヾム・モヨホス・シキス・セム・イマシム・タフトシ・トガ・カス/徵遂 ハヾメオモフ 〔字鏡集〕徵 トヾム・シキル・ハタス・コラス・タヾス・モヨホス・アラハス・ケヤシ・シルシ・モトム・トガ・ヨシ・ナル・メス・ヤム・セム・タフトシ・アキラカ・イマシム・スク・カス・サス

声系 〔説文〕に徵声として懲を収め、また澂を徵の省声とする。澂はまた澄に作る字である。

語系 徵・證(証)tjiəng、懲diəngは声義近く、徵は長髪の人を殴って徵求するところを求め、その徵験を求める意。その心意に及ぼすことを懲という。

【徵引】徵任。また、書を引用する。〔孫子叙録〕按ずるに十三篇の外、又問答の辭の諸書の徵引に見ゆる者有り。蓋し(孫)武未だ闔閭を見ざりし時、十三篇を作りて、以て之れを干む。

【徵役】徵発して使う。〔三国志、魏、華歆伝〕上疏して曰く、～聞くが如くんば、今年徵役して頗ぶる農桑の業を失ふ～と。

【徵応】しるし。〔漢書、叙伝上〕蓋し高祖に在りて、其の興るや五有り。一に曰く、帝堯の苗裔なり。二に曰く、體貌奇異多し。三に曰く、神武徵應有り。四に曰く、寬明にして仁恕。五に曰く、人を知りて善く仕使す。

【徵会】召集する。〔後漢書、張奐伝論〕中官(宦官)世と盛んにして、～四海の内、切齒憤盈せざる莫し。～陳蕃・竇武、義を奮ひ、謀を草じめ、天下に徵會す。名士有識の、共に聞く所なり。

【徵求】徵集する。〔穀梁伝、桓十五年〕古者、諸侯時に天子に獻ずるに、其の國の有る所を以てす。故に辭讓すること有るも、徵求すること無し。車を求むるは、禮に非ざるなり。

【徵拠】証拠。〔宋書、范曄伝〕上、重ねて遣問して曰く、卿と謝綜・徐湛之・孔熙先と逆を謀る。～徵據見存するに、何ぞ實に依らざると。

【徵挙】民間より徵用する。〔後漢書、劉愷伝〕愷、性、篤古、處士を尊ぶ。徵擧有る毎に、必ず巖穴(の士)を先にす。論議引正、辭氣高雅なり。

【徵君】官に召されて応じない人。〔後漢書、黃憲伝〕初め孝廉に擧げられ、又公府に辟さる。友人其の仕を勸む。～暫く京師に到りて還り、竟に就く所無し。～天下號して徵君と曰ふ。

【徵験】しるし。応験。〔稽神録、拾遺、建州狂僧〕建州に僧有り。其の名を知らず。常に狂人の如し。其の言動する所、多く徵驗有り。

【徵士】官に召されて応じない人。徵君。〔陔余叢考、三十六、徵君徵士〕學行有るの士にして、詔書の徵召を經ふるも仕へざる者を徵士と曰ひ、之れを尊稱しては則ち徵君と曰ふ。～後魏の高允、徵士頌を作る。～皆、允と同徵の者なり。

【徵集】召し集める。〔文心雕竜、練字〕宣・成二帝に及び、小學(文字学、その研究者)を徵集す。張敞は正讀傳業を以てし、揚雄は奇字纂訓を以てす。

【徵召】召し出す。〔漢書、元帝紀〕今不良の吏、小罪を覆案し、徵召證案し、不急の事を興し、以て百姓を妨

げ、一時の作を失はしむ。

【徵招】 徵召。また、古楽の名。〔孟子、梁惠王下〕是に於て始めて興發し、足らざるを補ひ、大師(楽官長)を召して曰く、我が爲に君臣相ひ說ぶの樂を作れと。蓋し徵招・角招是れなり。

【徵逐】 往来し交わる。唐・韓愈〔柳子厚墓誌銘〕平居里巷に相ひ慕悅し、酒食游戲、相ひ徵逐し、～生死相ひ背負せざるを誓ふも、～一旦小利害の、僅かに毛髮の比の如きに臨めば、反眼して相ひ識らざるが若し。

【徵発】 夫役や物資を徵集する。〔漢書、刑法志〕孝武位に卽くに至るに及び、外は四夷の功を事とし、內は耳目の好を盛んにし、徵發煩數にして、百姓貧耗し、窮民法を犯す。

【徵賦】 租税を徵収する。〔荘子、漁父〕故に田荒れ、室露はれ、衣食足らず、徵賦屬かず、妻妾和せず、長少序無きは、庶人の憂ひなり。

【徵聘】 礼を以て招く。〔後漢書、黃瓊伝〕是れより先、處士を徵聘するに、多く望(声望)に稱はず。李固、素より瓊を慕ふ。乃ち書を以て之れを逆(迎)遺す。～瓊至り、卽ち議郞に拜す。

【徵辟】 朝廷より徵召する。〔後漢書、儒林下、蔡玄伝〕學、五經に通ず。門徒常に千人、其の著錄する者、萬六千人。徵辟せらるるも竝な就かず。順帝特詔もて徵し、議郞に拜し、五經の異同を講論せしむ。甚だ帝の意に合ふ。

【徵命】 朝廷のお召し。〔後漢書、荀爽伝〕幼にして好學、年十二、能く春秋・論語に通ず。～遂に經書に耽思し、慶弔も行はず、徵命にも應ぜず。

【徵用】 徵庸。〔後漢書、淳于恭伝〕禮待甚だ優なり。其の薦むる所の名賢、徵用せられざる無し。進對して政を陳ぶるに、皆道德に本づく。帝之れと言ひ、未だ嘗て善と稱せずんばあらず。

【徵庸】 召し出して用いる。〔書、舜典〕舜、生まれて三十にして徵庸せられ、三十位に在り。

↑徵科 賦税／徵怪 あやしいきざし／徵勧 勧善懲悪／徵還 召還する／徵候 兆候／徵債 取り立て／徵辞 申し立て／徵収 取り立て／徵書 証書／徵祥 吉兆／徵償 賠償を要求する／徵色 色に出る／徵信 あかし／徵訊 訊問する／徵瑞 嘉瑞／徵声 五音の一／徵迹 蹤迹／徵兆 前兆／徵調 調達する／徵拜 授官／徵抜 選ぶ／徵表 きざし／徵憑 証拠／徵赴 出頭する／徵符 前兆／徵兵 兵を徵集する／徵募 招募／徵輸 徵収する／徵要 証拠／徵令 徵命／徵斂 徵収する／徵賄 収賄

↓奇徵・吉徵・休徵・咎徵・宮徵・効徵・取徵・寿徵・庶徵・商徵・詔徵・象徵・瑞徵・清徵・追徵・特徵・納徵・敗徵・表徵・符徵・聘徵・変徵・夢徵・明徵

人 【暢】 14 5602 〔暘〕 14 6602 チョウ(チャウ) のびる やわらぐ

篆文 

形声 声符は昜。昜に暘の声がある。昜は陽光。台上に玉(日)をおき、下方にその放射する陽光をそえる。その光は魂振りの力があり、陽の気を生ずる。申は電光の象。合わせて生気の伸暢する意とする。〔説文〕にこの字なく、田部十三下に暘を録し、「生ぜざるなり」という。その〔徐鉉注〕に「今俗に別に暢に作るは、是に非ず」とあり、暢を暘の俗字とする。〔段注〕に「義の相ひ反して相ひ生ずる者なり」と反訓を以て解するが、そのような反訓はありえない。〔義証〕に「不生」を「才生」の誤りとし、「當に才かに生ずに爲るべし」とし、艸部一下に暘に従って「蕩、艸茂るなり」と訓する字があることを指摘しているが、暢は「才かに生ずる」義ではない。〔孟子、滕文公上〕に「草木暢茂す」とあり、茂盛を本義とする字である。

訓義 ①のびる、のびやか。②そだつ、ながい、とどく、ゆきとどく、達する。③やわらか、やわらぐ、おだやか。④鬯と通じ、鬯酒。

古訓 〔名義抄〕暢 ノブ・カヨフ・カヨヒアリク 〔字鏡集〕暢 カヨフ・ノボル・ノガル・マウス・オヨブ・オダヒカ・トホル・マサ・ノブ

語系 暢・蕩thiangは同声。昜・陽jiangも声義が近い。暢とは陽光によって暢茂することをいう。

【暢飲】 愉快に酒を飲む。元・耶律楚材〔黃華老人の、獻陵の呉氏成趣園に題する詩に和す〕詩 悠然として、菊を把つて南山を見 東籬に暢飲して、重九(重陽)に酔ふ

【暢鬱】 茂る。明・許讚〔華山の賦〕禾稼は時を過ぎて暢鬱することを得ず。草木は候を驀えて姸英なることを得ず。

【暢愜】 のびやかで快い。唐・李商隱〔滎陽公の為に浙東大夫に与ふる啓〕越水稽峰、乃ち天下の勝概なり。桂林孔穴、夢中の舊遊を爲す。遐かに風姿を想うて、暢愜せざる無し。

【暢月】 旧暦十一月。〔礼記、月令〕(仲冬の月)地氣沮泄する、是れを天地の房を發くと謂ふ。諸蟄則ち死し、民必ず疾疫す。～命けて暢月と曰ふ。

【暢叙】 情をのべる。晉・王羲之〔蘭亭集の序〕絲竹管絃の盛んなること無しと雖も、一觴一詠、亦た以て幽情を暢敍するに足れり。

【暢然】 心のびやか。〔荘子、則陽〕舊國舊都、之れを望めば暢然たり。丘陵草木の緡ふこと、之れに入ること十の九ならしむと雖も、猶ほ之れ暢然たり。

【暢達】 のびやかにゆきとどく。明・宋濂〔東陽の馬生を送る序〕東陽の馬生君則、太學に在ること已に二年。流輩甚だ其の賢なるを稱す。～生、鄉人の子なるを以て余に謁え、長書を譔りて以て贄と爲す。辭甚だ暢達なり。

【暢適】 心に適なってのびやか。宋・陸游〔居室の記〕休息は氣血を調節することを取る。必ずしも寐ぬることを成さず。讀書は性靈を暢適することを取る。必ずしも卷を終へず。

【暢茂】 草木が勢いよく茂る。〔孟子、滕文公上〕堯の時に當りて、～洪水橫流し、天下に氾濫す。草木暢茂し、禽獸繁殖す。五穀登らず、禽獸人に偪る。

↑暢懐 のびやか／暢気 呑気／暢好 快い／暢洽 のびやかにゆきとどく／暢轂 兵車／暢遂 伸びる／暢暢 和楽する／暢通 暢洽

↓威暢・悦暢・遐暢・酣暢・閑暢・懽暢・休暢・協暢・暁暢・曲暢・欣暢・洽暢・柔暢・舒暢・条暢・情暢・進暢・宣暢・調暢・布暢・敷暢・明暢・茂暢・雄暢・理暢・流暢・朗暢・和暢

【漲】 14 3113 チョウ(チャウ) みなぎる

形声 声符は長。長に長大の意がある。水がわきおこり、みなぎりみちることをいう。古い字書にみえず、六朝期の頃から用いられる。

訓義 ①みなぎる、みちあふれる。②わきあがる、わきおこる、みちしお。③物価があがる。

古訓 〔名義抄〕漲 ミナギル・タ、ヘリ・ナミダツ・ナミ・ミダル・アラフ・フカシ・ウカブ・ヨゴス 〔字鏡集〕漲 タ、ヘタリ・ナミ・オホミヅ・タヾヨフ・ミナギル・トヾム・ミチ・ナミダツ・シタル・アラフ・フカシ・ウカブ・ヨミス・タ、フ

【漲痕】 水の溢れ出たあと。宋・蘇軾〔李世南画く所の秋景に書す、二首、一〕詩 野水參差として、漲痕に落つ 疎林攲倒して、霜根を出だす

↑漲溢 溢れる／漲潰 決潰する／漲進 発展す

る／張水　張溢／張潮　満潮／張天　天にみなぎりわたる／張濤　みなぎる／張満　満ちる／張落　升降する／張潦　みなぎる

↓雨張・遠張・寒張・気張・収張・秋張・春張・初張・清張・夕張・積張・川張・灘張・怒張・泛張・晩張・微張・暴張・溟張・野張・余張

【粻】14 9193　チョウ(チャウ)　かて

篆文

形声　声符は長。〔説文新附〕七上に「食米なり」、〔爾雅、釈言〕に「糧なり」とあり、食糧をいう。〔詩、大雅、崧高〕「以て其の粻を峙へ　式て其の行を遄やかにす」のように、主として軍糧をいう。また餦と通用する。

訓義　1かて、食糧。2餦と通じ、あめ。

入【肇】14 7850　〔肈〕14 3850　〔肁〕14 3350　チョウ(テウ)　はじめ　はじめる

篆文　金文

会意　戸(戶)＋聿＋攴。戸は神戸。聿は書。神戸の扉を啓いて、祝禱の書を見ることを肇という。神意を承け、それによってことをはじめる意である。それでことを「肇め」、また継承する意に用いる。金文に「肇緟」という語があり、再命して承継することをいう。金文には肇・啓(啓)ともに戈に従って肈・啓に作ることがあり、戈はその神戸を守る意と考えられる。〔詩、大雅、江漢〕に「戎公(軍事)に肇敏す」とあるのも、肇緟して敏む意であろう。〔説文〕三下に「撃つなり」と訓し、字を肇の省声に従うとする。戈部十二下に肈を録して「上の諱なり」(和帝の名)とする。肈は李舟の〔切韻〕にも「撃つなり」とあり、肇・肈を別の字とするが、金文には「肇緟」にまた肈を用いており、同字とみてよい。また〔説文〕戸部十二上に「肁は始めて開くなり」とあり、それが肇字の義。肁・肇・肈の三形は、もと同字とみてよい字である。

訓義　1はじめ、はじめる、はじめをつぐ。2ひらく、神戸をひらく。3はかる、ただす。4うつ。5兆と通じ、兆域の意とする。

古訓　〔篇立〕肇　ハジメ　〔字鏡集〕肇　ハジメ・ハカル・ナガシ・ハジメテ

声系　肁・肇・肈を〔説文〕におのおの別の字とするが、もと同字。攴は啓く、戈は守る意で加えた。

語系　肇・肈・肁 diô は同声。金文の「肇緟」の肇を、それぞれの字形に作る例がある。

【肇域】　領域を定める。肇は兆。〔詩、商頌、玄鳥〕邦畿千里　維れ民の止まる所　彼の四海を肇域し　四海來假たり

【肇基】　基礎をつくる。〔書、武成〕嗚呼、群后、惟れ先王邦を建て土を啓く。公劉、克く前烈を篤うし、大王に至りて、王迹を肇基す。

【肇釁】　争いをはじめる。釁はすき。陳・徐陵〔陳公を九錫に冊する文〕孫盧、釁を肇め、越貊災ひを爲す。番部、阽危し、勢ひ將に淪殄せんとす。公の赤旗の指す所、祅壘洞開し、白羽纔かに撝せば、兇徒粉潰す。～此れ又公の功なり。

【肇啓】　はじめてことをひらく。唐・李夷吾〔受田～に対ふる判〕五土、宜を異にし、三農是れ務む。井田肇めて啓き、税畝斯に均し。

【肇国】　建国。〔書、酒誥〕乃の穆たる考文王、國を肇めて西土に在り。

【肇敏】　つとめる。〔詩、大雅、江漢〕予を小子と曰ふこと無かれ　召公(奭)を是れ似つぐなり　戎公(戎功、軍事)に肇敏し　用つて爾に祉ひを錫たふ

↑肇禍　肇釁／肇建　創建／肇歳　年初／肇始　ことを始める／肇秋　初秋／肇緒　端緒／肇制　創制／肇創　肇始／肇造　創造／肇端　発端／肇定　はじめ定める／肇判　天地のはじめ／肇闢　はじめ開く／肇邦　肇国／肇謀　謀をはじめる／肇乱　乱す

入【蔦】14 4432　〔蔦〕15 4432　チョウ(テウ)　つた　つたかずら

篆文

形声　声符は鳥。〔説文〕一下に「寄生する艸なり」(段注本)とあり、寄生する草の類をいう。〔詩、小雅、頍弁〕に「蔦と女蘿と　松柏を施る」とあり、女蘿は「ひめかずら」、ともに蔓草である。〔詩、周南、樛木〕に「南に樛木(枝の垂れた木)有り　葛藟之れに纍ふ」とあり、その姿は吉祥とされ、祝頌詩や恋愛詩の発想に多く用いられている。

訓義　1つた、つたかずら。2ほや、ほよ。

古訓　〔新撰字鏡〕蔦　保与(ほよ)　〔名義抄〕蔦　ホヤ　〔字鏡集〕蔦　ツタ・ホヤ・クワイ

語系　蔦 tyô は肉 dyu と声近く、肉は〔説文〕七上に「艸木の實、垂るること肉肉然たり」とあって、瓢の類がぶらさがる形。つたのまとい垂れる形と似ており、声義の近い語であろう。

【蔦蘿】　つたかずら。唐・薛逢〔独孤処士の村居に題す〕詩　林巒戸に當りて、蔦蘿暗し　桑柘、村を繞りて、薑芋肥ゆ

↓松蔦

【蜩】14 5712　〔蛁〕12 5714　チョウ(テウ)　せみ

篆文

形声　声符は周(周)。周に凋・琱の声がある。〔説文〕十三上に「蟬なり」とあり、〔方言、十一〕に「蟬、楚にては之れを蜩と謂ふ」と楚の方言とするが、〔詩、豳風、七月〕に「五月鳴蜩」とあり、〔詩、大雅、蕩〕にもみえるから、広く行われた語である。ただ〔荘子〕には、その用例が多い。

訓義　1せみ。2字はまた蛁に作る。

古訓　〔篇立〕蜩　ヒグラシ・セビ　〔字鏡集〕蜩　ヒグラシ・セミ

↑蜩甲　蟬蛻／蜩蛻　せみのぬけがら／蜩蟬　せみ／蜩螗　せみ／蜩沸　喧しい／蜩翼　蟬の羽／蜩梁

↓夏蜩・寒蜩・金蜩・枯蜩・残蜩・秋蜩・青蜩・蟬蜩・螗蜩・馬蜩・茅蜩・鳴蜩

【趙】14 4980　チョウ(テウ)　はやい　こえる

篆文　金文　侯馬盟書
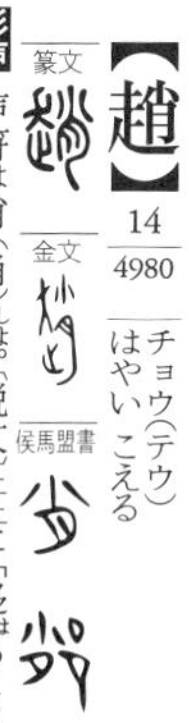

形声　声符は肖(肖)。〔説文〕二上に「趍ること趙なり」(段注本)とするが、〔穆天子伝、二〕「北征趙行」の〔注〕に「猶ほ超騰のごとし」とあって、軽捷であることをいい、超と声義が近い。戦国期、山西の国名に用いた。

訓義　1はやい、すみやか、すばしこい。2超と通じ、こえる。3おそい。

古訓　〔名義抄〕趙　ワシル・ハシル・スコシ・ヒサシ・ヨロコバシム

語系　趙 diô、超 thiô は声義近く、超は〔説文〕二上に「跳ぶなり」と訓する。逃(逃) dô もその系統の語であろう。

【趙可】　可し。趙は発語。照・着などと同じ用法。〔通俗編、三十三、語辞、趙〕十國春秋に、天福の末、浙地の兒童

聚り戯るるに、動もすれば趙字を以て語助と爲す。得を云ふに則ち趙得と曰ひ、可と云ふに則ち趙可と曰ふ。

↑趙行 疾行／趙日 南方の日／趙小 細小

【輒】 14 5101 チョウ(テフ) すなわち

篆文 

形声 声府は耴。耴は耳の垂れる意。〔説文〕十四上に「車の兩輢（おおい）なり」とあり、車輿の両旁のひさしが、耴の形に似ているのでいう。「すなわち」という語詞の用法は、仮借義である。

訓義 ①くるまのひさし。②すなわち、たちまち、ただちに、もっぱら。

古訓 〔名義抄〕輒 タヤスク・スナハチ・アト・ウタヽ・タマ〳〵・ホシイマ、

語系 輒 tiap は牒・蹀 dyap と声近く、ひらひらするようなものをいう。蝶 thyap もその意。

【輒然】 直立して動かないさま。〔荘子、達生〕齊（齋）すること七日にして、輒然として吾が四枝（肢）形體有ることを忘る。

↑輒肆 任意／輒時 すぐに／輒爾 任意／輒莫 さもあらばあれ／輒用 便用

【銚】 14 8211 チョウ(テウ) なべ すき ほこ

篆文 

形声 声符は兆。〔説文〕十四上に「溫器なり」とあり、ものを温める鍋の類。また「一に曰く、田器なり」とは、すきの意。また酒器を銚子という。

訓義 ①なべ、かま。②すき。③ほこ。④かる、けずる。

古訓 〔和名抄〕銚 辨色立成に云ふ、銚子、佐之奈閉（さしなべ）。俗に佐須奈閉（さすなべ）と云ふ〔名義抄〕銚 ヌシ・カリ・サスナベ〔字鏡集〕銚 サスナベ・サシナベ・ヌシ・カリモ

語系 銚 dyô、莜 dyu は声義近く、莜は〔説文〕二下に「田を耘る器なり」（段注本）とあり、同種の器である。兆ははねかえし、攸は條、筋つけることをいう。

【銚耨】 すきと、くわ。〔管子、禁蔵〕銚耨を推引して、以て劍戟に當つ。～故に耕器具はれば則ち戰器備はり、農事習はば則ち攻戰巧みなり。

↑銚鋭 盌／銚鎒 銚耨／銚鎛 すきと、くわ／銚鳌 銚子

↓銀銚・石銚・湯銚・銅銚・粉銚・薬銚

常 **【嘲】** 15 6702 チョウ(テウ) あざける

篆文 

形声 声符は朝（朝）。〔説文新附〕二上に「謔るなり」、〔玉篇〕に「言もて相ひ調するなり」とあって、調弄することをいう。調（調）はまた啁と通用し、三字みな同義に用いる。

訓義 ①あざける、からかう、たわむれる。②字はまた調・啁と通用する。

古訓 〔新撰字鏡〕嘲・啁 相ひ戯調するなり。惠留（ゑる）〔名義抄〕嘲・啁 アザケル・タハブル・トヽノフ・サヘヅル

語系 嘲 zjiô、調・啁 dyôk、詶 tjiu は声義近く、みな調戯の意をもつ語である。

【嘲咍】 あざけり笑う。宋・王安石〔王微之の高斎に登るに和す、二首、二〕詩 使君の新篇は、韻險絕 登眺の感悼、嘲咍に隨ふ

【嘲諧】 戯弄。唐・韓愈〔霊師を送る〕詩 酒を飲んで、百觴（盞）を盡し 嘲諧して、思ひ逾いよ鮮やかなり 時に花月に醉ふ有り 高唱、淸くして且つ縣かなり

【嘲戯】 あざけり戯れる。魏・文帝〔典論、論文〕孔融は體氣高妙、人に過ぐる者有り。然れども論を持すること能はず。理、詞に勝へず、以て雜ふるに嘲戲を以てするに至る。

【嘲謔】 ふざける。宋・梅尭臣〔諸韓及び孫曼叔と同に、晩に西湖に遊ぶ、三首、二〕詩 嘲謔して夕を覺えず 馬に跨がつて、月中に歸る

【嘲笑】 あざけり笑う。〔魏書、尉地干伝〕地干、機悟にして才藝有り。～尤も嘲笑を善くす。世祖、其の人の擧措（ふるまい）に效ふを見て、忻悅して自ら勝ふる能はず。甚だ親愛せられ、軍國の大謀に參ず。

【嘲難】 あざけり非難する。〔三国志、呉、薛綜伝注に引く江表伝〕費禕の呉に聘し、陛見す。～酒酣にして、禕と諸葛恪と、相ひ對して嘲難す。

【嘲風】 風に嘯く。〔警世通言、王嬌鸞、百年の長恨〕憶ふ昔、淸明佳節の時 君と邂逅して相知と成る 嘲風弄月、來往を通ず 撥動す、風情無限の思ひ

【嘲謗】 あざけりそしる。〔宋史、文苑一、宋白伝〕陳彭年、進士に擧げらるるも、輕俊にして嘲謗を喜む。（宋）白、其の人と爲りを惡み、之れを黜落す（おしのける）。彭年、憾む。

【嘲弄】 あざけりなぶる。〔三国志、呉、韋曜伝〕（孫）皓、饗宴する每に、日を竟へざる無し。～又酒後に於て、侍臣をして公卿を難折せしめ、嘲弄侵克し、私短を發摘して、以て歡と爲す。～曜以爲へらく、～佳事に非ざるなりと。

↑嘲詼 嘲弄する／嘲譏 あざけりそしる／嘲噱 嘲笑する／嘲訽 ざれ話／嘲訕 嘲譏する／嘲嗤 嘲笑する／嘲諢 嘲笑する／嘲啾 鳥の声／嘲誚 嘲訽する／嘲哂 嘲笑する／嘲斥 あざけり退ける／嘲哳 嘲啾／嘲啁 おどけ／嘲嘲 あざけり戯れる／嘲調 嘲笑する／嘲罵 ののしる／嘲排 嘲斥する／嘲撥 嘲笑する／嘲擯 嘲排する／嘲諷 諷刺する／嘲詈 嘲罵する

↓解嘲・詼嘲・喜嘲・戯嘲・狂嘲・吟嘲・群嘲・献嘲・指嘲・自嘲・笑嘲・善嘲・談嘲・謗嘲

常 **【潮】** 15 3712 〔潮〕 15 3712 ［淖］ 11 3414 チョウ(テウ) うしお しお

篆文  金文 

形声 声符は朝（朝）。朝の金文の字形には、月（月）を水にかえた形、潮水を示すものがある。〔説文〕十一上に正字を淖に作るが、金文の字形はそれに近く、朝の字の異文で、また潮の初文。「水、海に朝宗するなり」と朝宗の意を以て解し、朝の省文に従うとする。潮汐は朝夕の意をとるもので、潮は朝宗とは関係がない。

訓義 ①うしお、しお、海水。②しおの流れ、潮流。③そそぐ、うるおう。

古訓 〔新撰字鏡〕潮 志保美豆（しほみづ）〔和名抄〕潮 海水。宇之保（うしほ）〔名義抄〕潮 ウシホ・アサシホ・シホ〔字鏡集〕潮 シホ・ミナツ・カハク・ウシホ・アサシホ・フカシ・ヤハラク・ヒチリコ

語系 潮（淖）diô、朝 tiô は声義近く、金文の朝には潮水を示す形のものがある。濤 du は大波。潮汐とは朝夕の海水の状をいう語である。

【潮気】 潮の気。元・周権〔相逢吟〕詩 寒夜、潮氣白く楚樹、晴烏早し

【潮痕】 潮のよせた痕。唐・杜牧〔漁父〕詩 煙影、蘆岸を侵し 潮痕、竹扉に在り

【潮信】 潮どき。元・周権〔郭外〕詩 地暖かにして、梅花早く 天寒くして、潮信遲し

【潮水】 うしお。〔楚辞、九章、悲回風〕霜雪の俱に下るを悲しみ 潮水の相ひ撃つを聽く

【潮声】海潮音。宋・蘇軾〔孔長源(延之、孔子四十七世の孫)挽詞、二首、二〕詩 潮聲夜半、千巖響き 詩句明朝、萬口傳ふ

【潮勢】潮の勢い。〔就日録〕(銭塘江潮の説)浙江は南は纂風よりし、北は嘉興よりし、山を夾みて水闊く、下に沙潭有り、南北之れに亙らなる。洪波を隔礙し、潮勢を遏す。

【潮汐】朝夕の潮の干満。〔宋史、河渠志七〕(常州水)江口繚より、日毎に潮汐沙を帶びて塡塞し、上流に游泥淤積し、流洩通ぜず。

【潮波】海の波。〔列子、湯問〕渤海の東に～大壑有り。～其の中に五山有り。～五山の根、連著する所無し。常に潮波に隨つて、上下往還す。～之れを帝に訴ふ。

【潮満】みち潮。唐・沈佺期〔巫山高〕詩 月は明らかなり、三峽の曙 潮は滿つ、九江の春

【潮来】潮がさす。唐・杜牧〔桐江の隠者に寄す〕詩 潮去り潮來る、洲渚の春 山花は纈の如く、草は茵の如し

【潮流】潮の流れ。宋・梅尭臣〔淮上雑詩、六首、六〕落日看る已に昏る 漁燈遠く相ひ向ふ 夜闌けて、天轉た寒し 坐して潮流の漲るを待つ

↑潮音 潮ざい/潮海 潮の流れる海/潮涸 干潮/潮候 潮時/潮膩 湿度/潮湿 潮の湿気/潮潤 潮の湿気/潮長 満潮/潮漲 あげ潮/潮蕩 大波/潮平 満潮/潮落 ひき潮

↓暗潮・海潮・干潮・寒潮・観潮・狂潮・江潮・高潮・残潮・思潮・主潮・秋潮・春潮・順潮・上潮・信潮・晨潮・新潮・赤潮・早潮・退潮・晩潮・風潮・暮潮・奔潮・満潮・夜潮・落潮

常【澄】15 3211 ［澂］15 3814 チョウ すむ

篆文 形声 声符は登。〔説文〕に澄を収めず。澂字条十一上に「清むなり」、次条の清(清)に「朖かなり。澂める水の皃なり」とあって澂・清を互訓する。漢碑には、澂清の字をみな澄に作る。水の澄清の意より、すべて清澄・透明な状態のものをいう。

訓義 ①すむ、水がすむ。②きよらか、あきらか。③字はまた澂に作る。

古訓 〔名義抄〕澄・澂 スム・キヨシ・タヽフ

語系 澂diang、湛tamは声義近く、湛は〔説文〕十一上に「沒するなり」と訓するが、湛深・深安の意がある。澈diatも声義近く、〔玉篇〕に「水澄むなり」とあり、澂澈は双声の連語。

【澄窨】酒を穴蔵にしまう。〔清異録、四、酒漿〕雍都は酒海なり。～光祿大夫韋炳、致仕して(梁・劉・皇)三家の酒を取り、攪合して澄窨して、之れを飲む。遂に雍都第一と爲す。

【澄瑩】すみきった明るさ。明・高啓〔擬古、十二首、十〕詩 君は綆上の瓶の如く 妾は井底の泉の若し 汲引の恵みを垂れずんば 澄瑩、徒らに年を終へん

【澄江】清く澄んだ川。斉・謝朓〔晩に三山に登り、還りて京邑を望む〕詩 餘霞、散じて綺と成り 澄江、靜かなること練の如し

【澄高】高く澄む。晋・陶潜〔従弟敬遠を祭る文〕水濱に三宿して、川の界に樂飲す。靜月澄みて高く、溫風始めて逝く。

【澄心】心を澄ませる。〔淮南子、泰族訓〕凡そ學者、能く天人の分を明らかにし、治亂の本に通じ、澄心清意以て之れを存し、其の終始を見ば、知略と謂ふべし。

【澄清】澄みきって清らか。宋・蘇軾〔六月二十日夜、海を渡る〕詩 雲散じ月明らかにして、誰れか點綴する 天容海色、本と澄清

【澄寂】澄んで静か。唐・権徳輿〔病に臥し、恵上人～の訪はるるを喜ぶ～〕詩 心源暫らく澄寂 世故方に紏紛たり 終に當に師輩を逐ふべし 巖桂、香りの氳芬たるを

【澄爽】澄んで爽やか。〔晋書、陸機伝論〕夫の陸機・陸雲を觀るに、～風鑒澄爽、神情俊邁、文藻宏麗、當時に獨歩す。言論慷慨、終古に冠たり。

【澄潭】水の澄んだ淵。唐・杜甫〔野老〕詩 漁人の網は、澄潭の下に集り 估客の船は、返照に隨つて來る

【澄澹】静かで澄む。唐・司空図〔李山に与へて詩を論ずる書〕王右丞(維)・韋蘇州(応物)は、澄澹精緻にして、格、其の中に有り。豈に道學に妨げんや。

【澄渟】水が流れずに澄んでいる。〔水経注、河水二〕東のかた玉門陽關を去ること一千三百里、廣輪四百里、其の水澄渟し、冬夏減ぜず。

【澄徹】澄みとおる。金・段成己〔中秋の夕、封生仲堅・衛生行之、酒と詩とを携へて過ぎらる。各々韻に依りて以て答ふ、二首、二〕詩 夜涼しく、河漢(天の川)靜かにして以て聲無し 澄徹して天は開く、萬里の晴

【澄波】清らかな波。宋・黄庭堅〔減字木蘭花、施州を去ること二十里〕詞 山雲彌漫し、道を夾みて、旌旗聯らなりて復た斷ゆ 萬事茫茫たり 澄波を分付して、爛腸に與へん

【澄碧】清く緑色にすむ。〔徐霞客游記、滇游日記、七〕蓋し此の中に二龍潭有り。～此の下を香米龍潭と爲す。～其の潭大いさ數十畝、淵然として澄碧なり。

【澄明】澄んで明るい。梁・元帝〔烏棲曲、四首、二〕楽府 月華は璧に似て、星は珮の如し 流影澄明たり、玉堂の内

【澄朗】澄んで明らか。宋・柳永〔夜半楽〕詞 豔陽たる天氣 煙細く風暖かなり 芳郊は澄朗にして 閒らく凝佇す 漸く妝ふ點亭台 參差たる佳樹

【澄醪】清んだ濁り酒。気抜けの酒。晋・劉琨〔盧諶に答ふ〕詩 澄醪には觴(杯)を覆せ 絲竹には塵を生ず 素卷啓く莫く 幄に談賓無し

↑澄意 澄心/澄漪 清波/澄瀛 澄んだ池/澄淵 澄んだ淵/澄廓 清く広い/澄鑒 明鑒/澄暉 清光/澄空 清空/澄察 明察/澄酒 清酒/澄晴 晴れ渡る/澄靖 清く安らか/澄静 清く静か/澄泉 清泉/澄洗 澄む/澄鮮 清く鮮やか/澄汰 淘汰する/澄濁 清濁/澄湛 清浄/澄天 晴天/澄邈 清く遥か/澄旻 秋空

↓淵澄・泓澄・気澄・虚澄・心澄・神澄・清澄・渟澄・天澄・風澄・平澄・明澄・廊澄

人【蝶】15 5419 ［蜨］14 5518 チョウ(テフ) ちょう

篆文 形声 声府は枼。枼に喋・牒の声がある。枼は葉(葉)の初文。枼に薄くてひらひらするものの意がある。〔説文〕十三上に蜨を正字とし、「蛺蜨なり」という。

訓義 ①ちょう。②字はまた蜨に作る。

古訓 〔名義抄〕蛺・蝶 蛾の類なり、ア(カ)ハヒラコ 〔字鏡集〕蝶 カタマリフセリ・カゲロフ・テフ

語系 蝶thyap、牒・蹀dyapは声近く、枼にうすくひらひらするものの意がある。蹀は足繁く蹈むことをいう。

【蝶舞】蝶が舞いたわむれる。唐・杜審言〔春日、江津游望〕詩 鳥啼いて、幾處にか移る 蝶舞ひて、亂れて相ひ迎ふ 忽ち歎ず、人皆濁れるに 堤防、水至つて清きを

【蝶夢】夢に胡蝶となる。〔荘子、斉物論〕昔者、荘周夢に胡蝶と爲る。～俄然として覺むれば、則ち蘧蘧然として周なり。知らず、周の夢に胡蝶と爲れるか、胡蝶の夢に

周と爲れるかを。

【蝶翎】蝶の羽。唐・温庭筠〔春日野行〕詩 蝶翎に朝粉盡き 鴉背に夕陽多し

↑蝶羽 蝶の羽／蝶影 蝶の姿／蝶使 男女の間をとりもつたとえ／蝶黛 蛾眉／蝶魄 胡蝶の夢／蝶粉 唐の宮妝

↓花蝶・寒蝶・狂蝶・戯蝶・蛺蝶・胡蝶・黄蝶・秋蝶・春蝶・双蝶・逐蝶・冬蝶・飛蝶・舞蝶・粉蝶・夢蝶・迷蝶・冶蝶・幽蝶・遊蝶・乱蝶

常【調】15 0762 〔調〕15 0762

チョウ(テウ)

ととのえる ととのう やわらぐ あざむく しらべる

篆文 

形声 声符は周（周）。周に稠・凋の声がある。周は彫飾のある方形の盾の形。その文様が一面に施されているので、稠密の意がある。〔説文〕三上に「龢（和）するなり」（段注本）とあって、調和の意とする。〔詩、小雅、車攻〕に「弓矢既に調ふ」とあり、ものが和適の状態にあることをいう。それでまた和合の意となる。嘲・啁と通じて、あざむく意に用いることがある。また徴と通じ、徴取の意に用いる。

訓義 ①ととのえる、ととのう、ほどよい、そろう。②やわらぐ、かなう、あう。③あざむく、あざける、からかう。④しらべる、しらべ、音調。⑤徴と通じ、とる、めす、えらぶ。⑥朝に通じ、あさ。

古訓 〔名義抄〕調 ト、ノフ・シラブ・シラベ・エラブ・アシタ 〔字鏡集〕調 アフ・ウラフ・ト、ノフ・ツキ・エラブ・モトム・アシタ・ワタル

語系 調・啁 dyô、嘲 zjiô、詶 tjiu は声義近く、詶とは呪詛を加えることをいう。刁 dyô も声近く、〔荘子、斉物論〕「而獨り之れが調調（ざわめき）の刁刁たるを見ざるや」の調調・刁刁は、風に吹かれてものの揺れ動くさま。そのような状態が、また調戯の意ともなるのであろう。

【調役】布帛の貢ぎ物と夫役。〔晋書、良吏、竇允伝〕清尚自ら修む。～政を爲すに勤め、田蠶を勸課し、調役を平均にし、百姓之れに頼る。

【調音】楽器の音律をととのえる。〔淮南子、氾論訓〕耳に清濁の分を知らざる者は、音を調せしむべからず。心に治亂の源を知らざる者は、法を制せしむべからず。

【調諧】そろえととのえる。〔史記、礼書〕耳は鐘磬を樂しむ。之れが爲に八音（金・石・糸・竹など）を調諧して、以て其の心を蕩かす。

【調気】気息をととのえる。唐・白居易〔春に負く〕詩 病來、道士調氣を教へ 老去、山僧、坐禪を勸む 孤り春風楊柳の曲に負きて 去年斷酒して、今年に到る

【調飢】朝の飢え。朝の欲望。〔詩、周南、汝墳〕未だ君子を見ざれば 惄として調飢の如し

【調戯】からかい戯れる。〔晋書、熊遠伝〕（上疏）陛下、上に憂勞するも、群官未だ戚容（憂え）を下に同じうせず。會同有る每に、務むること調戲酒食するに在るのみ。

【調謔】からかう。晋・孫楚〔笑の賦〕遲重なるは則ち陸沈の如く、輕疾なるは則ち水の漂ふ如く、徐疾なるは其の口頰に任かす。～信に天下の笑林、調謔の巨觀なり。

【調訓】やわらげ教える。〔後漢書、劉愷伝〕股肱元首（君臣）、鼎足し（相助け）て職に居り、陰陽を協和し、五品（五常の教え）を調訓す。

【調絃】楽器の絃の張りを調える。南朝宋・謝霊運〔燕歌行〕楽府 調絃、促柱（琴柱をしめる）、哀聲多し 遙夜、明月、帷屛を鑒らす

【調護】守る。〔甌北詩話、三〕（韓昌黎の詩）風雅を主持するを以て、己が任と爲す。故に氣類を調護し、後進を宏奬し、往往にして餘力を遺さず。～其の友誼に於ける、亦た最も篤し。

【調馴】鳥獣などをならす。〔史記、秦紀〕大費拜受し、舜を佐けて鳥獸を調馴す。鳥獸多く馴服す。是れを伯翳と爲す。

【調笑】からかう。漢・辛延年〔羽林郎〕楽府 昔、霍家の姝有り 姓は馮、名は子都 將軍の勢に依倚して 調笑す酒家の胡（女）を

【調節】ととのえる。唐・白居易〔策林十九、游堕を息む〕王者は、其の貴賤を平均し、其の重輕を調節し、百貨を通流し、四人（人民）を交利せしむ。然る後、上に乏用無く、下も亦た阜安なり。

【調達】ととのい通ずる。〔詩品、上、晋の黄門侍郎張協〕巧みに形似の言を構ふること、潘岳よりも雄に、太沖（左思）よりも靡し。風流調達し、實に曠代の高手なり。

【調鼎】鼎で調理する。宰相の職にたとえる。唐・孟浩然〔都下に、辛大の鄂に之くを送る〕詩 未だ調鼎の用に逢はず 徒だ濟川の心有り 予も亦た機を忘るる者 田園、漢陰に在り

【調調】風にゆれ動くさま。〔荘子、斉物論〕冷風には則ち小和し、飄風には則ち大和す。厲風濟めば、則ち衆竅虛と爲る。而獨り之れが調調の、刁刁たるを見ざるや。

【調度】ととのえはかる。また、徴税。〔後漢書、桓帝紀〕（延熹九年詔）比歳登らず、民に飢窮多し。～其れ大司農をして、今歳の調度徴求、及び前年調する所未だ畢らざる者を絶ち、復た收責する勿からしめよ。

【調発】物資を徴発する。〔漢書、王莽伝中〕今、（廉）丹・（史）熊、～諸郡の兵穀を調發し、復た民に訾し（貲財）して、其の十の四を取る。

【調補】選び任ずる。〔漢書、匡衡伝〕衡、策に甲科に射たれるも、令（条令）に應たらざるを以て、～調せられて平原の文學に補せらる。

【調薬】薬を調合する。調剤。〔淮南子、泰族訓〕扁鵲の藥を貴ぶ所以は、其の病に隨つて藥を調ふるを貴ぶに非ず。其の脈血を摩息（脈をみる）して、病の從よりて生じる所を知るを貴ぶなり。

【調利】よい状態で機能する。〔淮南子、泰族訓〕機樞調利し、百脈九竅、順比せざるは莫し。其の居る所の神なる者、其の位を得ればなり。

【調理】和適するようにととのえる。〔荘子、天運〕夫れ至樂なる者は、～之れに應ずるに自然を以てし、然る後に四時を調理し、萬物を太和す。

【調弄】からかう。また、楽器をかきならし楽しむ。唐・方干〔段処士の琴を弾ずるを聴く〕詩 幾年か調弄す、七條の絲 元化分功、十指知る

【調和】ほどよくなる。〔淮南子、泰族訓〕伊尹、天下の治まらざることを憂へ、五味を調和し、鼎俎（鍋とまな板）を負ひて行く。五たび桀（王）に就き、五たび湯（王）に就く。

↑調格 格調／調侃 嘲笑する／調換 取り替え／調間 ひま／調翰 おとり／調鬼 欺く／調欺 欺く／調議 評議／調協 加勢する／調均 ならす／調琴 琴ひく／調遣 遣わす／調口 味つけ／調貢 貢ぎ物をおくる／調唆 教唆する／調試 ならす／調習 ならす／調集 召集する／調序 楽律／調誚 戯弄する／調燮 和らげる／調斉 調える／調整 整える／調選 栄転／調奏 しらべ／

調息 呼吸法／調誕 うそ／調治 療治／調暢 暢達／調停 和解／調適 適う／調撤 転免／調任 転任／調馬 馬を調教する／調白 ごまかす／調犯 悪口をいう／調布 貢布／調賦 貢ぎ物／調味 味つけ／調用 転任／調養 療養する

↓哀調・逸調・音調・歌調・雅調・快調・諧調・格調・楽調・気調・基調・協調・強調・均調・琴調・口調・古調・語調・好調・高調・才調・色調・失調・殊調・順調・常調・情調・新調・正調・声調・租調・単調・長調・徴調・低調・適調・同調・不調・風調・変調・歩調・乱調・論調・和調

【賬】 15 6183 チョウ(チャウ) ちょうぼ

形声 声符は長。帳簿の帳の俗字。簿記の意に用いる。

訓義 [1]ちょうぼ、帳簿、記帳。[2]帳の俗字。

↑賬単 伝票／賬物 品物／賬簿 帳簿／賬房 帳場／賬目 帳簿上

【髫】 15 7260 チョウ(テウ) たれがみ

篆文

形声 声符は召。召に迢・超の声がある。〔説文新附〕九上に「小兒の垂るる結(髮)なり」とあり、幼年のときを垂髫、乳歯のおちる時期を髫齔という。

訓義 [1]たれがみ。[2]たれがみのとし、うない。

古訓 〔新撰字鏡〕髫 女佐之(めさし)〔和名抄〕髫髮 宇名井(うなゐ)。俗に垂髮の二字を用ふ〔名義抄〕髫 モト、リ・メサシ

【髫歳】(ちょう(てう)さい) 垂れ髪の年。幼年。〔北史、柳遐伝〕遐、幼にして爽邁、～髫歳にして便ち成人の量有り。篤く文學を好み、動やもすれば規矩に合ふ。

【髫歯】(ちょう(てう)し) 髫歳。唐・李揆〔恭懿太子哀冊文〕深仁廣孝、芸を蘊み章を含む。秀なること孩笑に發し、惠なること髫歯に彰はる。

【髫齔】(ちょう(てう)しん) 髫歳。齔は乳歯がぬけかわること。〔後漢書、董卓伝〕卓、遂に車服を僭擬す。～是に於て、宗族內外、竝びに列位に居り、其の子孫、髫齔に在りと雖も、男は皆侯に封ぜられ、女は邑君と爲る。

【髫年】(ちょう(てう)ねん) 垂れ髪の年。髫歳。唐・張喬〔江上に進士許棠に逢ふ〕詩 且に髫年の志を了へんとす 沙鷗、未だ群すべからず

【髫髮】(ちょう(てう)はつ) 垂れ髪。その年齢。〔後漢書、伏湛伝〕(杜詩の湛を薦むる疏) 髫髮にして志を厲まし、白首なるも衰へず。實は以て王室を先後するに足り、名は以て遠人に光示するに足る。

↑髫丱 幼童／髫兒 幼童／髫稚 幼童／髫童 幼童／髫辮 お下げ／髫齡 幼稚／髫童 髫歳

↓玄髫・初髫・齔髫・垂髫・双髫・童髫・撫髫・髦髫

【諜】 16 0469 チョウ(テフ) まわしもの うかがう

篆文

形声 声符は枼。枼に喋・蝶の声がある。〔説文〕三上に「軍中の反閒するものなり」とあり、間諜をいう。〔周礼、秋官、掌戮〕に「賊諜を斬殺して、之れを搏つことを掌る」とあり、古くから行われたことである。〔左伝〕に間諜を用いる話が多く、〔孫子〕にも「用間」の一篇がある。また便僻の意があり、身軽に行動することをいう。系譜などをしるす諜記、またその牒記を次第する意にも用いる。

訓義 [1]まわしもの、しのび、間諜、スパイ。[2]うかがう、さぐる、うかがいしらせる。[3]牒と通じ、系譜の類。[4]偞と通じ、しなやか。

古訓 〔新撰字鏡〕諜 伊久佐乃宇加々比(いくさのうかがひ)〔篇立〕諜 ウカヾフ・ツギ・イクサノウカヾヒ・ヤスム

【諜記】(ちょう(てふ)き) 系譜や諡号の記録。〔史記、三代世表序〕余、諜記を讀むに、黄帝以來、皆年數有り。其の曆譜諜、終始五德の傳を稽ふるに、古文咸な同じからず、乖異す。

【諜報】(ちょう(てふ)ほう) 密かに機密を知らせる。〔宋史、理宗紀三〕(淳祐七年詔) 淮安主簿周子鎔、久しく北に俘となり、數と蠟書を遣はして、邊事を諜報す。今遂に生還せり。～優與升擢すべし。

↑諜候 間諜／諜者 スパイ／諜人 間諜／諜賊 スパイ／諜諜 おしゃべり

↓間諜・遣諜・瑞諜・偵諜・伝諜・譜諜・烽諜・防諜

【蹀】 16 6419 チョウ(テフ) ふむ

形声 声符は枼。枼に喋の声がある。枼は葉(葉)の初文。木の葉のように、ひらひらする状態のものをいう。〔広雅、釈詁一〕に「履むなり」とあり、小足でばたばたするような歩きかたをいう。蹀蹀・蹀躞はその形況の語である。

訓義 [1]ふむ。[2]小足に歩く、ばたばたする、あしぶみする、とびあるく。

古訓 〔新撰字鏡〕跳蹀 阿加久(あがく)〔名義抄〕躞蹀 アガク・ホトバシル・フム・アガキハシル・アガル／蹀 アガク〔字鏡集〕蹀 フム・アガク

語系 蹀蹀 dyap-dyap、蹀躞 dyap-syap は小走りするさまをいう形況の語である。

【蹀躞】(ちょう(てふ)しょう) 小走り。行きなやむ。南朝宋・鮑照〔行路難に擬す、十八首、六〕楽府 丈夫、世に生まれ、會ふこと幾時ぞ 安んぞ能く蹀躞して、羽翼を垂れん

↑蹀虛 空に登る／蹀血 血をふむ／蹀蹈 蹀躞／蹀足 蹀蹀／蹀蹀 小走り／蹀馬 舞馬／蹀舞 舞踏／蹀歩 足拍子

↓細蹀・蹂蹀・躞蹀・躡蹀・足蹀・蹋蹀・馬蹀・連蹀

【雕】 16 7021 ［鵰］ 19 7722 チョウ(テウ) わし きざむ

篆文 籀文

形声 声符は周(周)。周に啁・琱の声がある。〔説文〕四上に雕を正字とし、「鷻(わし)なり」と訓し、鷻字条四上に「雕なり」とあって互訓。〔玉篇〕に「鷲なり。能く草を食らふ」とみえる。一名鶚、雕鶚という。また彫と通用し、雕刻・雕題のように用いる。周は彫飾のある盾の形。その文彩あるものを彫(彫)という。彫が彫刻の本字である。木の葉が枯れて、その葉文があらわれることを凋という。

訓義 [1]わし。[2]彫と通じ、きざむ、える、ほる、ちりばめる。[3]凋と通じ、しぼむ。

古訓 〔新撰字鏡〕雕 惠留(ゑる)〔名義抄〕雕 ヱル・キザム・クマタカ〔篇立〕雕 ミガク・ヱル・アカシ・シボム・キカム〔字鏡集〕雕 シロキミヅトリ・ホト、ギス・クマタカ・カヤクキ・ヱル・ワシ・オホワシ・キザス

語系 雕・彫 tyu は同声。啄(啄)・豥・琢(琢) teok は声近く、雕は豥殺する鳥の意であろう。

【雕繢】(ちょう(てう)かい) 美しい繡い。〔南史、顔延之伝〕(顔)延之、嘗て鮑照に、己と(謝)靈運との優劣を問ふ。照曰く、謝の五言は、初めて發ける芙蓉の如く、自然にして愛すべし。君の詩は錦を鋪き繡を列ぬるが若く、亦た雕繢滿眼なりと。

【雕弓】(ちょう(てう)きゅう) 彫飾した弓。漢・司馬相如〔子虛の賦〕烏號の雕弓を左にし、夏服(箙)の勁箭を右にす。陽子驂乘し、孅阿御と爲る。

【雕朽】(ちょう(てう)きゅう) 朽木に彫刻する。効果のないことにたとえる。〔論語、公冶長〕宰予、晝寢ぬ。子曰く、朽木は雕るべからず。糞土の牆は杇るべからず～と。

【雕巧】ちょうこう(てうかう) みごとな彫飾を加える。〔南斉書、東昏侯紀〕馬乘の具に錦繡を用ふる處、雨の沾濕する所と爲るを患ふ。綵珠を織り雜へて覆蒙と爲し、諸〻の雕巧を備ふ。～左右五百人、常に以て自ら隨ふ。奔走往來し、略〻暇息せず。

【雕削】ちょう(てう)さく 彫飾を加える。〔文心雕竜、物色〕近代より以來、文は形似を貴ぶ。～故に巧言切狀、之れを印泥に印するが如し。雕削を加へずして、毫芥を曲寫す。

【雕牆】ちょうしょう(てうしやう) かきに文様をきざむ。無用の費をついやす。〔後漢書、王符伝〕(浮侈篇)昔晉の靈公、多く賦するに雕牆を以てす。春秋に以て不君と爲す。華元・樂擧、厚く文公を葬る。君子以て不臣と爲す。

【雕飾】ちょうしょく(てう) 彫り飾り。〔後漢書、西南夷、莋都夷伝〕肅宗の初、～是の時、郡尉の府舍に皆雕飾有り。山神海靈、奇禽異獸を畫き、以て之れを眩燿す。夷人益〻畏憚す。

【雕青】ちょう(てう)せい 入墨。〔夷堅志、丁三、謝花六〕吉州太和の民謝六、盜を以て家を成す。擧體雕青す。故に人目けて花六と爲し、自ら稱して靑師子と曰ふ。凡そ盜を爲すこと數十發、未だ嘗て敗れず。官師の捕に名ある者踵接するも、然れども施施したる(歩きまわる)こと自如たり。

【雕題】ちょう(てう)だい 額に入墨する。〔礼記、王制〕南方を蠻と曰ふ。雕題交趾、火食せざる者有り。

【雕琢】ちょう(てう)たく 玉を磨き、えりつける。〔荀子、礼論〕雕琢刻鏤、黼黻文章は、目を養ふ所以なり。

【雕虫】ちょうちゅう(てう) 虫の蝕するように彫る。文章を飾る。〔隋書、李德林伝〕經國の大體の如きに至りては、是れ賈生(誼)・晁錯の儔なり。雕蟲の小技は、殆ど相如(司馬)・子雲(揚雄)の輩なり。

【雕篆】ちょう(てう)てん 修飾的な詩文。〔宋史、王存伝〕年十二、親を辭して師に江南に從ひ、五年にして始めて歸る。時に學者方に雕篆を尙ぶ。獨り古文數十篇を爲る。鄉老の先生之れを見て、自ら以て及ばずと爲す。

【雕板】ちょう(てう)ばん 木版。版木。〔書林清話、書に刻板有るの始め〕唐柳玭家訓序に據るに云ふ、中和三年癸卯夏～、旬休に書を重城の東南に閱す。其の書、陰陽雜記・占夢・相宅・九宮五緯の流、多し。又字書小學有り。率ね雕板印紙、浸染して曉るべからず。是れを書に刻板有るの始めと爲す。

【雕文】ちょう(てう)もん 文様を刻して装飾とする。〔管子、法法〕明君の宗廟を制する。～宮室臺榭を爲るは、以て燥溼寒暑を避くるに足るのみ。其の大を求めず。雕文刻鏤を爲すは、以て貴賤を辨つに足るのみ。其の觀を求めず。

【雕輦】ちょう(てう)れん 彫飾を加えたてぐるま。〔晋書、芸術、仏図澄伝〕(石)季龍、位を僭し、都を鄴に遷すに及び、心を傾けて澄に事ひ、(石)勒を重ずる有り。書を下して、澄に衣するに綾錦を以てし、乘するに雕輦を以てす。

【雕鏤】ちょうろう(てうろう)・ちょうる(てうる) 彫りちりばめる。〔後漢書、五行志一〕光祿勳の吏舍の壁下に、夜、靑氣有り。之れを視るに玉鉤玦各〻一を得たり。鉤、長さ七寸二分、玦周り五寸四分、身中皆雕鏤す。此れ靑祥なり。

↑雕鞍 飾った鞍／雕楹 彫りのある柱／雕絵 雕繢／雕肝 肝に銘じる／雕悍 猛鷙／雕幾 緣飾り／雕脚 脚の入墨／雕金 金鏤り／雕軒 飾り車／雕壺 飾り壺／雕鑿 ほる／雕字 刻字／雕漆 蒔絵／雕謝 枯れ散る／雕章 彫飾／雕縟 雕靡／雕人 彫刻師／雕鐫 ほり刻む／雕塑 ほりもの／雕像 人物の像／雕俗 浮華の俗／雕柱 ほりのある柱／雕雕 昭らか／雕被 飾る／雕靡 細工物／雕敝 凋み衰える／雕卵 贅沢／雕欄 飾り欄干／雕竜 竜の彫飾／雕梁 彫刻した梁／雕麗 華麗

↓楹雕・玉雕・巧雕・刻雕・漆雕・鐫雕・鵰雕・琢雕・虫雕・篆雕・鷹雕・鏤雕

【鞗】 16 2825 チョウ(テウ) ジョウ(デウ) ユウ(イウ) たづな

金文

形声 声符は攸。攸は條(条)の省文。〔詩、小雅、蓼蕭〕「鞗革沖沖たり」の〔釈文〕に「鞗は徒彫の反」とするが、鞗は〔説文〕にみえず、〔説文〕金部十四上「鋚は鐵なり。一に曰く、轡首の銅なり」とするものがそれであろう。金文や〔石鼓文〕に「鞗勒」という語がみえ、これが「鞗革」にあたる字である。「鞗勒」は金文の車服賜与形式の文に習見するもので、詩の「鞗革」も、「鞗勒」という語としてよむべきである。いまいちおう従来の字書の解説により、鞗を鞗勒とする解を加えておく。鞗を鞗勒とすることについては、たとえば馬瑞辰の〔毛詩伝箋通釈〕等に、すでにその説がある。

訓義 ①たづな。②鋚勒は、轡首の飾り。

古訓 〔名義抄〕鞗 クサリ

【鞗革】ちょう(てう)かく・ゆう(いう)ろく 馬の轡首の飾り。鋚勒。金文には攸勒としるすことが多い。金文〔呉方彝〕王、史戊を乎び、呉に冊命せしむ。～秬鬯一卣・玄衮衣・赤舄・金車・桒較・畫轉・金甬・馬四匹・攸勒を易(賜)ふ。

【嬥】 17 4741 チョウ(テウ) ジョウ(デウ) おどる あでやか かがい

篆文

形声 声符は翟。翟に藋・糶の声がある。〔説文〕十二下に「直好の皃なり」、また「一に曰く、嬈なり」とあり、嬈字条に「擾れて戲弄するなり」とあって、その字はまた嬲に作る。嬥は歌垣に歌舞すること。左思の〔魏都の賦〕に「或いは明發にして嬥歌す」、その〔李善注〕に「巴子、謳歌して相ひ引牽し、手を連ねて跳歌するなり」とあり、巴蜀より西南アジアの広い地域にわたって、のちまでもその俗が盛んであった。〔万葉集〕では「かがひ」に「嬥歌」「嬥歌會」の字をあて、「かがふ嬥歌に」のようにいう。

訓義 ①おどる、あでやかにおどる。②あでやか、うつくしい。③かがい。④とりかえる。

古訓 〔新撰字鏡〕嬥 不介留(ふける)、又、己乃牟(このむ)、又、祢加不(ねがふ)〔名義抄〕嬥 ネガフ・コノム・フケル〔篇立〕嬥 フケル・コノム〔字鏡集〕嬥 コノム・ユク・ムキカヘル

語系 嬥・擢dyôkは同声。躍(躍)jiôkも声が近い。翟は鳥が羽をあげる形、擢は人が手をあげ、また躍は足をあげて踊ることをいう。そのようにして歌舞することを嬥という。

↑嬥歌 かがい／嬥換 交換／嬥嬥 美しいさま

常【聴】 17 人〔聽〕 22 1413 チョウ(チャウ) テイ きく おさめる ゆるす まかせる

篆文

甲骨文

金文

会意 旧字は聽に作り、耳＋壬＋德(徳)の旁。壬は人の挺立する形。挺立する人の上に、大きな耳を加え、耳の聡明なことを示す。聡明の徳をいう字。金文には耳と𠙵(祝詞の器の形)とに従う字があり、神に祈り、神の声を聞きうることをいう。聖(聖)は、聴の字の徳に代えて、𠙵を加えたもの。神の声を聴きうる者を聖という。〔説文〕十二上に「聆くなり」とし、壬声とするが、壬は人の挺立する形で、声ではない。神の声を聴きうるものが聖であり、その徳を聽といった。聖はおおむね神瞽

こしんであった。
訓義 ①きく、神の声をきく、ききとる。②ききおさめる、うける、したがう、ゆるす、まかせる。③さだめる、おさめる、さばく。④庁と通じ、役所。
古訓 〔名義抄〕聴 キク・ユルス・コトハル・ウケタマハル 〔字鏡集〕聴 ユルス・キク・ウケタマハル・コトハル・タツ
語系 聴・廳(庁) thyeng は同声。廷(廷) dyeng は廳と声義近く、その金文の字形は、中廷の土主に鬯酒(におい酒)を灌いで神霊をよび降す灌鬯の儀礼を示す。神を降して、そこで神の声を聴き、神意を察して政治を行った。そのことを聴・聰(聡)といい、その所を廳という。聰 tsong、聖 sjieng もまた、そのことと関係のある語である。

【聴雨】ちょう(ちゃう)う 雨音をきく。元・虞集〔(趙)子昂の春江聴雨図に題す〕詩 憶ふ昔、江湖に雨を聴いて眠り 翩翩たる歸雁、春前に度りしを

【聴決】ちょう(ちゃう)けつ 訴訟を裁決する。〔風俗通、皇覇、六国〕(召公)郷亭に舍らず、棠樹の下に止まり、訟を聴き獄を決す。百姓各〻其の所を得たり。

【聴言】ちょう(ちゃう)げん 自分の心に従うへつらいの語。〔詩、大雅、桑柔〕聴言には則ち對へ 誦言には醉ふが如し 其の良を用ふるに匪ず 覆つて我をして悖らしむ

【聴講】ちょうこう(ちやうかう) 講義をきく。〔世説新語、言語〕劉尹、桓宣武(温)と共に禮記を聴講す。桓云ふ、時に心に入るの處有り。便ち咫尺玄門なるを覺ゆと。劉曰く、此れ未だ至極に關せず。自から是れ金華殿の語(御前講義)なりと。

【聴察】ちょう(ちやう)さつ きき裁く。〔周礼、秋官、郷士〕其の獄訟を聴き、其の辭を察す。

【聴事】ちょう(ちやう)じ 申し立てをきき、裁く。〔漢書、宣帝紀〕(地節二年)群臣をして封事を奏するを得しめ、以て下情を知る。五日に一たび事を聴く。

【聴取】ちょう(ちやう)しゅ きき入れる。ききとる。清・王士禎〔悼亡詩、二十六首、二十三〕藥罏經卷、生涯を送る 禪榻春風、兩鬢華なり 一語君に寄せん、君聴取せよ 兒女をして蘆花(粗衣)を衣しむること不かれ

【聴従】ちょう(ちやう)じゅう きき入れ従う。〔左伝、昭十三年〕小國之れを言ひ、大國之れを制す。敢て聴從せざらんや。

【聴訟】ちょう(ちやう)しょう 訴えごとをきく。裁判する。〔論語、顔淵〕子曰く、訟を聴くは、吾れ猶ほ人のごときなり。必ずや訟無からしめんか。

【聴政】ちょう(ちやう)せい 政務をとる。〔左伝、僖九年〕宋の襄公卽位す。公子目夷を以て仁と爲し、左師と爲して以て政を聴かしむ。是に於て宋治まれり。

【聴断】ちょう(ちやう)だん 事をきき、裁く。〔漢書、厳助伝〕(陛下)南面して聽斷し、天下に號令す。四海の內、響應せざる莫し。

【聴治】ちょう(ちやう)ち 政務をとる。〔周礼、地官、師氏〕凡そ祭祀・賓客・會同・喪紀・軍旅・王擧には、則ち從ふ。聽治にも亦た之くの如し。

【聴冰】ちょう(ちやう)ひょう 川の氷のはり具合をしらべる。〔太平御覧、九〇九に引く伏滔の北征記〕河冰厚さ數尺にして、冰始めて合す。車馬未だ過ぎず、狐の先づ行くを須つ。此の物、善く水を聽き、聲無くんば乃ち過ぐ。

【聴命】ちょう(ちやう)めい 命をきき従う。〔礼記、祭義〕孝子の祭るや、～其の禮を盡して過失せず、進退必ず敬しみ、親しく命を聴きて則ち之れをせしむる或るが如くす。

【聴用】ちょう(ちやう)よう きき入れて用いる。〔詩、大雅、抑〕我が謀を聽用せば 庶はくは大悔無からん

【聴覧】ちょう(ちやう)らん 政務をみる。〔南斉書、明帝紀〕上初め疾有りしも、聽覽を輟むること無く、祕して傳へず。寢疾甚だ久しきに及び、～外始めて之れを知る。身に絳衣を衣き、服飾皆赤く、以て厭勝(まじない)と爲せり。

↑聴允 ゆるす／聴熒 疑いまどう／聴瑩 ききとどける／聴熒／聴覚 聞くはたらき／聴許 ききとどける／聴侯 うかがう／聴獄 聴訟／聴罪 罪に服する／聴視 聞見／聴失 誤審／聴者 きき手／聴受 聞き入れる／聴衆 きき手／聴順 従う／聴松 松風をきく／聴雪 雪の音をきく／聴説 聞く／聴朝 政務を処理する／聴徹 聞き取る／聴濤 波の音をきく／聴任 任せる／聴納 承知する／聴聞 聞く／聴容 聴許する／聴聆 きく

↓玩聴・凝聴・謹聴・敬聴・傾聴・公聴・細聴・視聴・上聴・信聴・聖聴・静聴・側聴・諦聴・天聴・難聴・拝聴・俯聴・風聴・傍聴・妄聴・夜聴・来聴・覧聴

【韔】 17 4153 チョウ(チャウ) ゆみぶくろ

篆文 

形声 声符は長。韋は韋皮、なめし皮。〔説文〕五下に「弓衣なり」とあり、〔詩、小雅、采緑〕に「言に其の弓を韔にす」とみえる。〔詩、秦風、小戎〕に「虎韔」の語があり、虎皮の弓袋をいう。金文に𩏑の字がみえ、韔の象形字で、その初文。また「天命を恵𩏑す」のように、張大の意に用いる。
訓義 ①ゆみぶくろ。②張と通じ、はる、おおいにする。
古訓 〔新撰字鏡〕韔 不久呂(ふくろ) 〔名義抄〕韔 ユミフクロ
語系 韔 thiang、張 tiang はみな長 diang の声系の字。韔の初文は𩏑で、張と同じく弓の関係の字である。

↓弓韔・棨韔・虎韔・交韔

常 【懲】 18 人 【懲】 19 2833 チョウ こらす こらしめる とどめる

篆文 

形声 声符は徵(徵)。徵は長髪の人を殴って、徵求し、徵責する意の共感呪術を行うことを示す字で、懲罰の意がある。長髪の人は、おそらく長老たる巫術者であろう。〔説文〕十下に「忿らすなり」とあり、前条の忿に「懲らすなり」とあって互訓。忿は乂の声義を承ける字で「乂む」の意。徵と字形の近い微(微)は女巫の媚女を殴つことを示す共感呪術を示し、「微くする」、敵の呪力を微弱にする意である。
訓義 ①こらす、こらしめる、こりる。②とどめる、とめる、やめる。③いましめる、おそれる、くるしむ。
古訓 〔名義抄〕懲 コル・コロス・ハタル・オソル・イマシム・トヾム・ハジメ・ヲサマル・コリコリテ
語系 懲 diang、徵 tjiang は声義近く、共感呪術を行うことを徵、その目的とするところを懲という。誅 tjio も声近く、懲には誅責を加える意がある。

【懲悪】ちょうあく 悪をこらしめる。〔左伝、成十四年〕春秋の稱は、微なるも顯、志るすも晦、婉にして章を成し、盡して汙ならず、惡を懲らして善を勸む。聖人に非ざれば、誰か能く之れを脩めん。

【懲戒】ちょうかい いましめこらす。漢・蔡邕〔故太尉喬公廟碑〕禁錮すること終身。財賂非法の物を沒入して、以て帑藏に充て、群下を懲戒す。

【懲艾】ちょうがい こらしめる。〔漢書、丙吉伝〕客或いは吉に謂ひて曰く、君侯漢の相と爲り、姦吏其の私を成すも、然れども懲艾する所無しと。吉曰く、夫れ三公の府を以て、案吏の名有るは、吾れ竊かに陋とすと。後人吉に代わるも、因りて以て故事と爲す。公府吏を案ぜざるは、吉より始まる。

【懲羹】ちょうこう(かう) あつものに懲りる。羹に懲りて齏を吹くと

いう諺がある。〔晉書、汝南王亮等伝序〕漢祖勃興し、爰に斯の弊を革む。是に於て子弟を分ち王とし、功臣を列建す。～然れども矯枉すること過直にして、羹に懲りて韲を吹く。土地封疆、往古に踰越す。

【懲創】こらす。創もこらす。〔書、呂刑〕罰懲は死に非ず。〔疏〕聖人の、刑罰を制するは、罪過を徵創する所以にして、人をして死せしむるを要むるに非ざるなり。

【懲罰】こらしめ罰する。〔魏書、西域、于闐伝〕其の刑法、人を殺したる者は死す。餘罪は各〻輕重に隨つて之れを懲罰す。

【懲忿】いかりをとどめる。〔易、損、象伝〕君子以て忿りを懲め、欲を窒ぐ。

↑懲役 刑罰として労役を課する／懲改 こりて改める／懲乂 懲艾／懲咎 懲艾／懲革 懲改／懲勧 懲悪勧善／懲懼 こりておそれる／懲警 警める／懲罪 懲罰／懲止 こりてとめる／懲示 警告する／懲処 処罰／懲責 自責／懲治 こらしめ導く／懲窒 防止する／懲毖 こりてつつしむ／懲貶 左遷する／する懲膺 こらす

↓科懲・勧懲・刑懲・罰懲・褒懲・膺懲

【鼂】18 6071 チョウ(テウ) うみがめ あさ

篆文  古印璽 

形声 篆文の字形は上部が皀に従っており、皀声。〔説文〕十三下に「匽鼂なり。讀みて朝の若くす」とあり、もと海亀をいう字であるが、朝(朝)に仮借して用いることが多い。〔楚辭、天問〕に「鼂飽」、また〔楚辭、九章、哀郢〕に「甲の鼂」のように用いる。楊樹達は字を旦声とし、旦によって朝の意に用いるとするが、金文の字形は旦に従うものとみえない。字は俗にまた晁に作る。阿倍仲麻呂は唐名朝衡、また晁衡に作る。〔広韻〕に「海邊の沙中に生まる。肉甚だ美にして膏多し」とあり、甲は玳瑁に類するという。

訓義 ①うみがめ。②朝と通じ、あさ、あした。

【鼂飽】朝のまぐわい。〔楚辭、天問〕妃匹を閔ひて合するは 厥の身を是れ繼がしめんとす 胡爲れぞ嗜むこと味を同じうせざるに 鼂飽を快しとする

【寵】入 19 3021 〔寵〕19 3021 チョウ ロウ いつくしむ めぐむ

篆文  金文 

会意 宀+龍(竜)。〔説文〕七下に「尊居なり」とあり、广部九下に「龐は高屋なり」と相対する訓である。寵とは神寵をいう。〔詩、商頌、長発〕に「天の龍を何ふ」とあるのは、寵栄の意。〔説文〕に字を龍声とするが、金文には龏、龔(恭)のように、竜を神像として奉ずる形の字があり、寵・龐はその祀所をいう字であろう。ただ〔老子、十三〕「寵辱驚くが若し」を〔馬王堆本甲本〕に龍、〔乙本〕に弄に作ることからいえば、龍・弄の声があったことが知られる。

訓義 ①神聖な居、竜形の神を祀るところ。②たっとい、あがめる、ほまれ、はえ。③いつくしむ、神寵をうける、めぐむ。④愛する、おごる。

古訓 〔名義抄〕寵 ウツクシブ・アハレブ・ヰル・タフトブ・オモフ・イイハヒ・サカユ

【寵愛】寵幸。気にいり、愛する。唐・白居易〔長恨歌〕詩 後宮の佳麗、三千人 三千の寵愛、一身に在り

【寵栄】尊栄を受ける。晉・庾亮〔中書令を讓る表〕夫れ富貴寵榮は、臣の忘るる能はざる所なり。刑罰貧賤は、臣の甘んずる能はざる所なり。

【寵遇】格別に恩遇する。〔後漢書、文苑上、黄香伝〕位に在りて薦達する所多し。寵遇甚だ盛んなり。議する者、其の倖に過ぐることを譏る。

【寵幸】寵遇。〔史記、鼂錯伝〕景帝位に卽き、錯を以て內史と爲す。～寵幸、九卿を傾く。

【寵厚】恩遇が厚い。〔晉書、陸玩伝〕(玩、重ねて表す)臣、遇を受くること三世、恩隆かんに寵厚し。豈に敢て職事の勞を辭し、沖讓の譽を求めんや。

【寵子】いとし子。〔說苑、復恩〕兩僮子の、青白衣を衣て君前に侍する有り。(田)子方曰く、此れ君の寵子なるかと。(魏の)文侯曰く、非なり。其の父、戰ひに死せり。此れ其の幼孤子なり、寡人之れを收むと。

【寵賜】恩寵として賜う。〔三国志、呉、士燮伝〕(士)壹、時に馬凡そ數百匹を貢す。(孫)權、輒ち書を爲りて、厚く寵賜を加へ、以て之れを答慰す。

【寵授】顧寵して官位を与える。〔南史、劉懐敬伝〕帝、舊恩を以て、懷敬累りに寵授せられ、會稽太守に至る。時に以て速やかなりと爲す。

【寵奨】恩寵をうけほめられる。唐・韓偓〔乙丑の歳九月、～四十字を書す〕詩 旅寓して江郊に在り 秋風、正に寂寥 紫泥、寵奬虛し 白髮、已に漁樵

【寵辱】恩寵と屈辱。〔老子、十三〕之れを得て驚くが若く、之れを失ひて驚くが若くなる、是れを寵辱に驚くが若くすと謂ふ。

【寵存】恩を以て慰める。〔晉書、傅玄伝〕諸〻疾病有り、百日に滿つるも差えざるは、宜しく職を去らしめ、其の禮秩を優にして之れを寵存し、既に差えて後更に用ふべし。臣、職を朝に廢せず、國に曠官の累無きは、此れ王政の急なり。

【寵待】寵遇。〔三国志、魏、曹爽伝〕明帝、東宮に在りしとき、甚だ之れを親愛す。位に卽くに及び、散騎侍郎と爲り、～散騎常侍を加へ、武衞將軍に轉じ、寵待殊なる有り。

【寵擢】寵遇を以て擢任する。〔資治通鑑、唐紀三十三〕(玄宗、天宝十三載)(安禄山)上に華清宮に見え、泣きて曰く、臣は本と胡人、陛下寵擢して此に至る。(楊)國忠の疾む所と爲り、臣死すること日無からんと。

【寵嬖】寵愛の人。〔拾遺記、九、晉時の事〕宮人の寵嬖する者と共に、媟服(下着)を解きて宴戲し、日夜に彌る。名づけて淸嬉浴室と曰ふ。

【寵命】恩寵ある命。晉・李密〔情事を陳ぶる表〕今臣は亡國の賤俘、至微至陋なり。過つて拔擢を蒙り、寵命優渥なり。

【寵霊】恵福を与える。〔左伝、昭七年〕今君若し玉趾を步して、辱く寡君(我が君)を見、楚國に寵靈し、以て蜀の役を信にし、君の嘉惠を致さば、是れ寡君既に貺を受くるなり。何ぞ蜀を之れ敢て望まん。其の先君鬼神も、實に之れに嘉賴せん。豈に唯だ寡君のみならん。

【寵禄】恩寵と俸禄。〔左伝、隠三年〕驕奢淫泆は、自りて邪なる所なり。四者の來るは、寵祿過ぐればなり。

↑寵渥 寵愛／寵位 尊位／寵異 寵愛／寵育 愛育／寵引 寵愛／寵恩 恩寵／寵姫 愛妾／寵寄 委託／寵貴 寵位／寵給 寵賜／寵恵 寵恩／寵敬 恩寵と敬愛／寵孽 佞臣／寵眷 寵愛／寵顧 寵眷／寵光 恩徳／寵私 私愛／寵昵 気に入り／寵爵 尊爵／寵主 公主／寵習 親近／寵妾 愛妾／寵賞 恩賞／寵臣 気に入り／寵信 寵任／寵人 倖臣／寵籍 ご恩／寵贈 寵賜／寵秩 寵禄／寵任 寵用／寵抜 寵擢／寵眄 寵眷／寵命 恩寵の命／寵沐 寵愛／寵要 顕要／寵媵 寵妾／寵賚 寵賜／寵利

寵禄／寵賂　寵利／寵労　慰労／寵惑　気に入って溺愛する
↓愛寵・逸寵・栄寵・恩寵・嘉寵・外寵・貴寵・旧寵・休寵・求寵・居寵・矜寵・近寵・君寵・啓寵・敬寵・孳寵・怙寵・私寵・慈寵・失寵・取寵・殊寵・寿寵・受寵・盛寵・褻寵・争寵・尊寵・天寵・妬寵・内寵・拝寵・負寵・嬖寵・褒寵・優寵・利寵・隆寵・霊寵

人【鯛】19 2732 〔鯛〕19 2732 チョウ(テウ) たい
篆文

形声 声符は周（周）。周に彫（彫）・調（調）の声がある。〔説文〕十一下に「骨の耑、脆きなり」という。魚骨の端のやわらかいところをいうとするが、その用例はみえない。鯛は棘鬣魚といわれ、骨やひれの強い魚である。

訓義 ①うおのほね、そのやわらかいこと。②たい、また棘鬣魚という。

古訓 〔新撰字鏡〕鯛 多比（たひ）〔和名抄〕鯛 多比（たひ）〔名義抄〕鯛 タヒ

【鵰】19 7722 チョウ(テウ) わし
籀文

形声 声符は周（周）。周に凋・雕の声がある。〔説文〕隹部四上に「雕は鷻（わし）なり」とあり、その籀文として鵰を録している。鵰は鷹に似て大、鷙悍多力、わしをいう。

訓義 ①わし。②字はまた雕に作る。

古訓 〔名義抄〕鵰 ワシ・オホワシ・クマタカ 〔字鏡集〕鵰・雕 ワシ・クマタカ・エル・オホワシ

【鵰鶚】わし。唐・杜甫〔厳八（武）閣老に奉贈す〕詩 聖に扈ひて、黄閣に登る 明公獨り妙年 蛟龍、雲雨を得 鵰鶚、秋天に在り

↑鵰悍 凶猛／鵰鶏 鶚／鵰鷙 わし／鵰隼 はやぶさ／鵰坊 鷹狩場

【鰈】20 2439 チョウ(テフ) かれい
篆文

形声 声符は枼。枼に蝶・牒の声がある。〔説文新附〕十一下に「比目魚なり」とあり、かれい。〔爾雅、釈地〕に「東方に比目魚有り。比せずんば行かず。其の名、之れを鰈と謂ふ」とみえる。

訓義 ①かれい。②たなご。

↑鰈域 東海、古朝鮮／鰈海 東海、鰈域／鰈鶼 東海の比目魚、南方の比翼鳥

【齠】20 2776 チョウ(テウ) おさない

形声 声符は召。召に超の声がある。〔韓詩外伝、一〕に「男は八月にして齒を生じ、八歳にして齠齒す。～女は七月にして齒を生じ、七歳にして齔齒す」とあり、齠齔とは、歯の抜けかわる七、八歳の頃をいう。

訓義 ①歯がぬけかわる。②おさない、幼少。③髫と通じ、幼児の髪、お下げ。

【齠齔】幼年。七、八歳。〔三国志、魏、崔琰伝注に引く世語〕（孔）融の二子、皆齠齔。融、收（捕）せらる。（左右）顧みて二子に謂ひて曰く、何を以て辭（弁解）せざると。二子倶に曰く、父すら尙ほ此くの如し。復た何の辭する所ぞと。以爲へらく、必ず倶に死すと。

↑齠歳 幼年／齠歯 乳歯／齠耋 幼老／齠年 幼児／齠髪 垂れ髪／齠容 幼姿
↓玄齠

【糶】25 2791 チョウ(テウ) うりよね
篆文

形声 声符は翟。翟に嬥・藋の声がある。〔説文〕六下に「穀を出だすなり」とあり、糴は買い入れ、糶は払い下げ。穀価を安定させるために、常平糶糴の法が行われた。低落したときに一時買い上げ、高騰したときに放出する政策である。

訓義 ①うりよね、米をうる、放出する。②国語で、せり、せりうり。

古訓 〔名義抄〕糶 ヒサグ・カフ 〔篇立〕糶 カラヒサゴ・カフ

語系 糶thyôk、糴dyôk は畳韻の語。出穀と入穀と対待の語をなし、双声の連語である。

↑糶出 糶米／糶貸 米の貸し出し／糶糴 常平法／糶買 糶糴／糶米 米の放出
↓官糶・勧糶・貴糶・穀糶・市糶・私糶・振糶・尽糶・盗糶・騰糶・販糶・平糶

チョク

【亍】3 1020 チョク とまる
篆文

象形 行は十字路の平面形。その字を折半して彳と亍とする。字としての用例はないが、部首字。〔説文〕二下に「歩して止まるなり」という。彳亍は躑躅の語にあてたもので、よちよちと歩くことをいう形況の語である。

訓義 ①とまる、たたずむ。②少し、あるく、右足。左足は彳。

古訓 〔字鏡集〕亍 アユミトヾマル

語系 亍thiok、躑・躅diek は声近く、みな躑躅のような形況の語として用いる。躑字条参照。

常【直】8 4071 チョク チ あう あたる ただしい なおい ただちに ただ
篆文　古文　金文

会意 省＋乚。省は目に呪飾を加え、巡察することをいういわゆる省察である。乚は隔てる意であろうと思われる。〔説文〕十二下に「正しく見るなり。十目に從ふ」とする。〔大学、六〕の「十目の視る所、十手の指す所、其れ嚴かなる乎」の語によって解するものであろうが、目の上は省・德（徳）の字と同じく、呪飾とみるべきである。心部十下に「悳は外には人に得、内には己に得るなり」とあり、その重文の字は、本条の古文の字と似ている。悳は金文に德の字として用いる。直は目の呪力を示すもので、「値ふ」意となり、価値の意となる。但と声近く、ただの意に用いる。

訓義 ①あう、目でみる。値の初文。②あたる、むかう、はべる、とのい。③ただしい、なおい、すなお、よい。④あたい、ね、ねうち、また値を用いる。ただちに、すぐ。⑤但と通じ、ただ。⑥たて、まっすぐ。⑦飾と通じ、へりかざり。

古訓 〔名義抄〕直 ナホシ・アタヒ・スクム・トノヰ・タヾ・タヾチニ・アタル・ミル・タヾシ 〔篇立〕直 アタル・タヾ・サダカニ・アタヒ・ミル・マコト・ナホシ・ヒトヰ・ヒヽチニ・タヾニ・タヾシ

声系 〔説文〕に直声として殖・植・値・悳・埴など七字を収める。置を网に從う会意の字とするが、置は置網の意であるから、「网を植てる」意で、植の省声に従う形声字とみるべきであろう。

語系 直・値diək は同声。直をまた値の意に用いることが多い。副詞の「ただ」の意の、特dək、獨（独）dok、徒da、但dan など、みなその系統の語である。

【直音】同音の字で音を示す。〔直斎書録解題、三〕春秋直音三卷。～學者或いは音切に通ぜざるを以て、故に毎字切脚の下に於て、直ちに其の音を注す。～服虔・如淳・文穎の輩、

漢書音義に於て見るべし。
【直諫】ちよくかん 忌憚なく諫める。漢・枚乘〔書を上りて呉王を諫む〕忠臣重誅を避けず、以て直諫す。則ち事に遺策無く、功、萬世に流つふ。
【直議】ちよくぎ 率直に論議する。〔新書、輔佐〕秉義立誠、以て上の志を翼け、直議正辭、以て上の行ひを持し、天下の患を批だし、諸侯の過ちを匡糾す。
【直言】ちよくげん 率直にいう。〔史記、文帝紀〕賢良方正、能く直言極諫する者を擧げて、以て朕の逮ばざるを匡せ。因りて各く其の任職を飭めよ。
【直行】ちよくこう(かう) 正しく行う。〔史記、屈原伝〕屈平、道を正しくし行ひを直くし、忠を竭くし智を盡し、以て其の君に事ふ。讒人之れを閒す。窮すと謂ふべし。～能く怨むこと無からんや。
【直視】ちよくし 正視。〔文選、古詩十九首、十四〕郭門を出でて直視すれば 但だ丘と墳とを見るのみ 古墓は犁かれて田と爲り 松柏は摧かれて薪と爲る 白楊、悲風多し 蕭蕭として人を愁殺す
【直書】ちよくしよ そのままに記す。晉・杜預〔春秋左氏伝の序〕盡して汙(紆曲)せず、其の事を直書す。文を具し意を見はす。～齊侯獻捷の類、是れなり。
【直情】ちよくじよう(じやう) 感情のままに行動する。〔礼記、檀弓下〕直情にして徑行する者有り。戎狄の道なり。
【直性】ちよくせい 一本気。魏・嵆康〔山巨源(濤)に与へて交はりを絶つ書〕足下傍通、可多くして怪少なし。吾れ直性にして狹中(心挟く)、堪へざる所多し。偶と足下と相ひ知れるのみ。
【直切】ちよくせつ 正直でねんごろ。梁・劉峻〔広絶交論〕朱益州は彝敍(人倫)を汨し、謨訓(正しい教え)を粵こえ、直切を捶ち、交游を絶てり。
【直前】ちよくぜん まっすぐ進む。〔漢書、外戚下、孝元馮昭儀伝〕建昭中、上、虎圏に幸し、獸を鬭はしめ、後宮皆坐す。熊、佚して圏を出づ。～左右の貴人傅昭儀等、皆驚き走る。馮倢伃、直前して熊に當りて立つ。左右、熊を格殺す。
【直致】ちよくち そのまま表現する。〔詩品、上、晉の平原の相陸機〕規矩を尙び、綺錯を貴ばず。直致の奇を傷ぶる有り。然れども其の英華を咀嚼し、膏澤に厭飫する(十分に足る)は、文章の淵泉なり。
【直筆】ちよくひつ 事実をそのまま憚らずに書く。〔史通、曲筆〕古來、唯だ直筆を以て誅せられしを聞くも、曲詞を以て罪を獲たるを聞かず。

【直方】ちよくほう(はう) 公平で正しい。〔後漢書、楊震伝論〕延光の閒、震、上相と爲り、直方を抗げて以て權枉に臨み、公道を先にして、身名を後にす。王臣の節を懷き、任ずる所の體を識ると謂ふべし。遂に累葉載徳、宰相を繼踵す。
【直諒】ちよくりよう(りやう) 公正で誠意がある。〔論語、季氏〕直きを友とし、諒を友とし、多聞を友とするは、益なり。
【直廬】ちよくろ 宿直する殿舍。晉・傅咸〔桑樹の賦、序〕世祖、昔中壘將軍爲りしとき、直廬に於て桑一株を種う。今に迄るまで三十餘年なり。其の茂盛すること衰へず。

→直衛 宿衛／直下 落下／直覚 直観／直偽 正と偽／直兄 竹杖／直系 正系／直硬 一徹／直鉤 直針／直士 正しい士／直史 直筆の史／直指 正指する／直事 当直／直辞 正言／直日 宿直日／直柔 すなお／直宿 宿直／直峭 正聳える／直聳 聳える／直上 まうえ／直縄 正しい／直心 まごころ／直臣 直諫の臣／直進 直前／直遂 直道／直声 直言／直清 直く清らか／直截 簡明／直銭 値段／直属 下属／直置 ただこ／直陳 直叙する／直披 親展／直眉 怒った眉／直朴 質朴／直面 当面／直訳 逐字訳／直喩 比喩／直立 正しく立つ／直亮 直諒／直路 まっすぐな道

↓紆直・介直・奸直・簡直・狂直・強直・曲直・禁直・謹直・愚直・勁直・狷直・伉直・硬直・鯁直・剛直・司直・質直・実直・宿直・純直・準直・正直・峭直・縄直・垂直・誠直・切直・疏直・卒直・率直・端直・忠直・貞直・挺直・当直・日直・平直・秉直・方直・朴直・夜直・亮直・諒直・廉直

常【勅】9 5492 〔敕〕11 5894

チョク
ただす いましめる みことのり

篆文

金文

会意 束+力。束は禾や木の類を束ねる意。力は耒(すき)の象形。敕の俗体とされ、いま常用漢字表に勅を敕の字として用いるが、勅と敕とはもと別の字であり、金文にその両系の字がある。〔説文〕敕字条三下に「誡むるなり。地に臿すを敕と曰ふ。攴に従ひ、束聲」とする。束は束薪、これを敺って揃える意で、金文の字形は多く柬に従う。柬は橐の中にもののある形で、敕とはものを整えることをいう。整は敕に従う字である。金文に「敏諫」「諫罰」の語があり、諫はまた敕に作る。〔秦公毀〕に「萬民を是れ敕す」という。勅は金文の人名にみえるのみで、その用義を知りがたい。力(耒)を清める儀礼を意味する字のようである。〔説文〕に「地に臿す」とは、束の字義と誤るものであろう。勅はのち敕字の義に用いる。いま勅・敕を同一の字として扱う。

訓義 1ただす、ととのえる、ととのう。2いましめる、つげいましめる、つげる。3みことのり、おしえる。4つつしむ、おさめる。5飭と通じ、ととのえる。

古訓 〔名義抄〕敕・勅 ト、ノフ・オホセコト・ノタマフ・ツ、シム・シタガフ・ノリ・マフ・イマシム・ナマジヒ・タ、ス・カタシ 〔字鏡集〕敕・勅 ノタマフ・マコト・スミヤカ・イタハル・ト、ノフ・カウブル・イマシム・トキ・マ、ム

語系 敕thiak・飭sjiakは声近く、修飭の意において通用する。

【勅戒】ちよくかい つつしみ戒める。〔文心雕竜、詔策〕敕戒恆誥には、則ち筆、星漢(銀河)の華を吐き、治戎燮伐(和らげ討つ)には、則ち聲、洊雷(鳴りつづける雷)の威有り。
【勅旨】ちよくし 王の詔旨。〔唐書、百官志二〕(中書省)凡そ王言の制に七有り。～五に曰く敕旨、百官の奏請施行には、則ち之れを用ふ。
【勅使】ちよくし 帝の使者。〔晉書、何無忌伝〕無忌曰く、桓氏(玄)強盛なり～と。～無忌、～義兵を擧げて京口を襲ふ。無忌僞りて傳詔服を著け、敕使と稱す。城中、敢て動く者無し。
【勅撰】ちよくせん 王命を奉じて編纂する。欽定。〔中国小説史略、二〕淸の乾隆中、四庫全書總目提要を敕撰す。紀昀を以て其の事を總べしめ、小説に于ては別ちて三派と爲す。論列する所は、則ち舊志を襲ぐ。
【勅牒】ちよくちよう(てふ) 王言の制の一。〔唐書、百官志二〕(中書省)凡そ王言の制に七有り。～七に曰く敕牒、事に隨ひて制を承け、舊に易はらざるときは、則ち之れを用ふ。皆宣署申覆し、然る後に行ふ。
【勅諭】ちよくゆ 戒めさとす。また、勅してさとす。陳・徐陵〔貞陽侯の為に、重ねて王太尉(僧弁)に与ふる書〕敕諭分明にして、信誓殊に重し。
【勅令】ちよくれい 戒める。また、詔命。〔宋史、哲宗紀二〕章惇等、新修敕令式を進む。惇、帝前に讀む。其の閒に、元豐の無き所にして、元祐の敕令を用ひて修立する者有り。帝曰く、元祐も亦た取るべき有るかと。～對へて曰く、其の善なる者を取ると。

↑勅意 勅旨/勅誡 勅戒/勅喚 勅召/勅勧 勧戒/勅躬 自戒/勅許 お許し/勅教 勅命/勅暁 敕してさとす/勅警 勅していましめる/勅憲 詔勅/勅語 綸言/勅黄 勅書/勅差 勅使/勅裁 親裁/勅劄 勅書/勅賜 王命にて賜う/勅書 詔令/勅身 勅躬/勅信 勅使/勅正 勅して正す/勅葬 勅認の葬礼/勅断 勅裁/勅頭 状元をいう/勅牓 勅賜の門牓/勅本 国子監の刊本/勅命 王命/勅問 御下問/勅厲 勅して励ます

↓違勅・遺勅・戒勅・誡勅・匡勅・教勅・謹勅・警勅・検勅・口勅・自勅・手勅・修勅・準勅・承勅・詔勅・申勅・神勅・進勅・制勅・聖勅・宣勅・帝勅・天勅・伝勅・批勅・奉勅・密勅

【捗】 常 10 5102 チョク ホ おさめる はかどる

形声 声符は歩(歩)。また、陟の省声。「攄る」「亂草を収む」「打つ」などの訓が字書にみえるが、用例はほとんどない。わが国では「進捗」のように「捗る」意に用いる。

訓義 1とる、おさめる。2うつ。3国語で、はかどる。

↓進捗

【陟】 10 7122 チョク のぼる すすむ たかい

篆文 古文 甲骨文 金文

会意 𨸏+歩(歩)。𨸏は神の陟降する神梯の象。〔説文〕十四下に「登るなり」とあり、もと神霊の陟降することをいう。陟ることを陟といい、降下することを降という。夅は歩の倒文。〔詩、周頌、閔予小子〕「庭に陟降す」とは、神を迎える中廷に、神霊が降下する意。〔詩、大雅、文王〕に「文王陟降して 帝の左右に在り」とは、文王の霊が帝所に陟ることをいう。卜辞にも「祖甲に陟せんか」「祖乙に陟告せんか」という辞がある。のち、高所に陟ること、地位を高めることをもいう。

訓義 1のぼる、神梯をのぼる。帝所にのぼる、天にのぼる、天に往来する。2たかい、たかくのぼる。3位をすすめる、位を高くする、すすむ。

古訓 〔名義抄〕陟 スヽム・ノボル・タヾシ・タカシ・シリゾク・ヨル 〔篇立〕陟 ワタル・スヽム・スタル・タカシ・ノボル

声系 〔説文〕に陟声として騭を収める。〔説文〕十上に「牡馬なり」とするが、〔爾雅、釈詁〕に「陟るなり」とあり、陟の声義を承ける字である。天馬のような考えかたがあったのかもしれない。

語系 陟 tiək、登・隥 təng は声義が近い。騰(騰) dəng、乘(乘) djiəng も同系の語。升・陞・昇 sjiəng は升の声義をとり、升は斗勺の形。神に「升める」意があり、昇献のことから、同系の語となった。

【陟恪】 上帝のところに登りいたる。恪は格。〔左伝、昭七年〕秋八月、衛の襄公、卒す。~王、郕の簡公をして、衛に如きて弔し、且つ襄公に追命せしめて曰く、叔父(襄公)~陟恪して、我が先王の左右に在り、以て上帝に佐事せよ~と。

【陟岵】 山そばに登る。〔詩、魏風、陟岵〕彼の岵に陟りて 父を瞻望す 父は曰ふ、嗟予が子よ 行役して、夙夜已むこと無からん 上はくは旃れを愼めや

【陟降】 神霊が天に往来する。〔詩、大雅、文王〕有周不いに顯らかに 帝命不いに時(承)けたり 文王陟降して 帝の左右に在り

【陟罰】 昇任と処罰。賞罰。蜀・諸葛亮〔出師の表〕宮中府中は倶に一體爲り。臧否(善悪)を陟罰するに、宜しく異同あるべからず。

【陟方】 巡守。〔書、舜典〕舜、生まれて三十にして徵庸せられ、三十位に在り、五十載にして陟方し、乃ち死せり。

↑陟巘 山に登る/陟升 昇る/陟陞 登る/陟配 王を廟に収めて祀る

↓降陟・載陟・昇陟・進陟・絀陟・黜陟・登陟・遊陟

【飭】 13 8872 チョク つつしむ ととのえる ただしい

篆文

会意 飤+力。力は巾の形より誤ったもの。飭は食事のとき、人が巾を帯びる意。〔説文〕十三下に「堅きを致すなり」とし、字を人と力に従い、食(食)の声とするが、飤が食の初文。巾を加えて、これを以て拭い清める意。〔説文〕は力を義符とみて、堅強を以て解したものであろうが、力の篆形は巾とよく似ている。拭き清める意より、整飭の意となり、すべて身辺を整斉にすることをいう。〔詩、小雅、六月〕「戎車既に飭ふ」のように武備や器具などにもいう。敕(勅)と声義に通ずるところがあり、〔説文〕に「飭は讀みて敕の若くす」という。飭の本字である飾(飾)は、また別の字として用いられている。

訓義 1ぬぐう、きよめる、おさめる、ととのえる。2勅と通じ、つつしむ、うやまう、ただしい、いましめる、おしえる。

古訓 〔名義抄〕飭 トヽノフ 〔字鏡集〕飭 ツヽシム

語系 飭・拭 sjiək は同声。飭の初文は飾に作り、食事の際にナプキンを佩びる形、拭はその形声の字とみてよい。また敕 thiək は声を以て通じ、敬勅・修整などの意は、その通用義とみるべきであろう。

【飭身】 身をつつしむ。〔漢書、叙伝下〕平津(公孫弘)斤斤として、晩に金門(金馬門)に躋る。既に爵位に登り、祿賜して賢を頤ふ。布衾疏食、儉を用ひ身を飭む。

【飭正】 ととのえ正す。〔漢書、谷永伝〕夫妻の際は、王事の綱紀、安危の機、聖王の愼みを致す所なり。昔、舜、二女(娥黄・女英)を飭正し、以て至德を崇ぶ。

【飭令】 法令を整える。〔韓非子、飭令〕令を飭ふるときは、則ち法遷らず。法平らかなれば、則ち吏に姦無し。法已に定まれば、善言を以て法を售らず。

【飭厲】 いましめ励ます。〔漢書、循吏、文翁伝〕蜀地の辟陋にして蠻夷の風有るを見、文翁之れを誘進せんと欲す。乃ち郡縣の小吏の、開敏にして材有る者張叔等十餘人を選び、親自ら飭厲し、遣はして京師に詣り、業を博士に受けしめ、或いは律令を學ばしむ。

↑飭帰 終わりをつつしむ/飭躬 躬をつつしむ/飭禁 ただし禁止する/飭原 戒めつつしむ/飭査 ただし明らかにする/飭差 派遣する/飭催 催促する/飭材 活材/飭政 政をつつしむ/飭朴 文と質と/飭力 尽力する/飭励 はげます

↓戒飭・誡飭・規飭・匡飭・謹飭・具飭・敬飭・警飭・謙飭・厳飭・修飭・整飭・祓飭・約飭

【躅】 20 6612 チョク たちもとおる

篆文

形声 声符は蜀。〔説文〕二下に「蹢躅なり」とあり、蹢躅はおぼつかなく歩くさまをいう。

訓義 1たちもとおる、ゆきなやむ。2ふむ、ゆく。3あと、行為のあと。

古訓 〔名義抄〕躅 アト・ヲトル 〔字鏡集〕躅 アト・ヲトル・ツヽジノハナ・ツマヅク

↑躅蹐 小走り/躅足 足ずり/躅躅 おぼつかなくあるく/躅躑 躑躅/躅天 滔天/躅陸 跳躍する/躅路 みち

↓遺躅・逸躅・遐躅・奇躅・軌躅・蹢躅・継躅・巡躅・塵躅・前躅・

蹢躅・躑躅・芳躅・遊躅・余躅・鸞躅

チン

常【沈】7 3411 チン シン ジン(ヂン) しずむ かくれる しずか

篆文 甲骨文 金文

形声 声符は冘。冘に枕・鴆の声がある。〔説文〕十一上に「陵上の滈まれる水なり」とし、滈字条に「久雨なり」とあって、久雨による溜り水の意とする。また「一に曰く、濁黕なり」とあって、水底の泥土をいう。卜文の沈の字形は、水間に牛や羊を加えた形に作り、これは川沢を祀るときに、犠牲を沈める意で、沈は沈薶を本義とする字である。薶は埋、埋牲をいう。のち形声の字となり、冘声を用いるが、冘は枕、横たわる意である。水底に沈み横たわることをいう。姓のときはシンとよむ。

訓義 [1]しずむ、しずめる、犠牲を沈める、水中に入る。[2]かくれる、ひそむ。[3]おちぶれる、くだる、さがる。[4]しずか、おちつく、やすらか、ふかい。[5]ふける、かまける、久しくつづく、ふかくかさなる。[6]湛と通じ、しずむ、おぼれる、ふける。

古訓 〔名義抄〕沈 シヅム・ヤドル・ツク・トヾム・ヲツ／沈中 ナカゴロ 〔篇立〕沈 トヾム・クダル・ミツ・ヒル・シヅム・ウカブ・フカシ・イル・ヒタス

声系 冘声の字に訦・眈・枕・忱・耽・紞・酖などがあり、沈む意と横たわる意とがある。

【沈痾】 ながわずらい。明・帰有光〔呉三泉に与ふる書、八〕彌年沈痾、一日の強健なること無し。學荒落し、坐して歳月の去るを視、惴惴焉として失隊する所有るを恐る。

【沈圧】 世に埋もれる。宋・陸游〔東坡(蘇軾)の陳令挙を祭る文に跋す〕東坡の～賢良陳公を祭る、辭指最も哀し。～士、奇材絶識を抱き、沈壓擯廢せられ、少しも一、二をも出だすことを得ず、則ち其の肝心、凝りて金石と爲り、精氣去りて神明と爲る。亦た烏んぞ怪しむに足らんや。

【沈佚】 佚楽におぼれる。〔史記、楽書〕陵遲(哀微)して、以て六國に至り、流沔沈佚、遂に往いて返らず。身を喪ひ宗を滅ぼし、國を秦に幷せらるるに卒はる。

【沈飲】 深酒する。〔唐書、文芸中、李白伝〕既に長じて岷山に隱る。～更に任城に客と爲り、孔巣父・韓準・裴政・張叔明・陶沔と徂徠山に居り、日に沈飲し、竹溪の六逸と號す。

【沈鬱】 思念の深いこと。漢・劉歆〔揚雄に与へて方言を求むる書〕子雲(揚雄)澹雅の才、沈鬱の思ひに非ずんば、經年鋭精、以て此の書を成すこと能はず。良に勤めたりと爲す。

【沈雲】 垂れこめる雲。晉・陸機〔行思の賦〕飄風の習習たるに託し、沈雲の靄靄たるを冒す。

【沈遠】 おちついていてゆかしい。〔魏書、于烈伝論〕烈、氣概沈遠、任を艱危の際に受け、柱石の質有り。禦侮(侮りを禦ぐ)の臣に殆かし。

【沈雅】 おちついていて穏雅。〔晋書、伏乞乾帰載記〕乾歸は國仁の弟なり。雄武英傑、沈雅にして度量有り。

【沈酣】 深くひたる。〔琵琶記、蔡宅祝寿〕蔡邕、六籍に沈酣し、百家を貫串す。

【沈毅】 沈着剛毅。〔後漢書、祭肜伝〕肜、性沈毅内重。自ら詐かれて功無きを恨み、出獄數日にして、歐血して死せり。～遼東の吏人、爲に祠を立て、四時に奉祭す。

【沈吟】 深く心に思う。魏・武帝〔短歌行、二首、一〕楽府 青青たる子が衿 悠悠たる我が心 但だ君の爲の故に 沈吟して今に至る

【沈酗】 酒におぼれる。〔書、微子〕我(紂王)は用て酒に沈酗し、用て厥の徳を下に亂敗す。殷は小大とも、草竊姦宄を好まざる罔し。

【沈痼】 ながわずらい。また、旧癖。宋・范成大〔初めて大峨に入る〕詩 煙霞(山川の遊)の沈痼、醫すことを須ひず 此れを去つて眞に汗漫(はてしない放浪)の期を同じうせん

【沈厚】 おちついて穏やか。沈重。〔唐書、李靖伝〕靖、參議する毎に、恂恂として言ふこと能はざるに似たり。沈厚を以て稱せらる。

【沈思】 深く思念する。梁・昭明太子〔文選の序〕事は沈思に出で、義は翰藻(詩文)に歸す。故に夫の篇什と、雜へて之れを集む。遠く周室より、聖代に迄る。都べて三十巻と爲す。

【沈深】 おちついて思慮深い。〔史記、刺客、荊軻伝〕其の人と爲り、沈深にして書を好む。其の游ぶ所の諸侯、盡く其の賢豪長者と相ひ結ぶ。

【沈酔】 酔いつぶれる。南朝宋・顔延之〔五君詠、五首、阮歩兵(籍)〕詩 沈醉、埋照(才徳をかくす)に似たり 寓辭(心を託した詩)、託諷に類す。

【沈正】 おちついて公正。〔唐書、李乂伝〕乂、沈正方雅、治體を識る。時に宰相の器有りと稱せらる。～兄尚一、～弟兄同に一集を爲し、李氏花萼集と號く。

【沈潜】 心をひそめる。清・姚鼐〔老子章義の序〕天下の道は一のみ。賢者は大を識り、不賢者は小を識る。賢者の性に、又高明沈潛の分有り。行きて各〻其の樂しむ所を善しとす。

【沈滞】 留滞する。〔後漢書、儒林、尹敏伝〕(尹)、図讖を校し)、其の闕文に因りて之れを增して曰く、君に口無し(尹の字)、漢の輔と爲らんと。～帝深く之れを非とし、竟に罪せずと雖も、而れども亦た此れを以て沈滯す。

【沈着】 おちつきがある。沈重。清・鄭燮〔濰県署中、舍弟墨に与ふ、第五書〕文章は沈着痛快を以て最と爲す。左史(左伝)・莊(周)・(離)騷・杜(甫)の詩・韓(愈)の文、是れなり。是の他の一枝一節の好處は、六君子の本色に非ず。

【沈沈】 深々としてしずか。宋・蘇軾〔春夜〕詩 春宵一刻、値千金 花に清香有り、月に陰有り 歌管樓臺、聲細細 鞦韆院落(中庭)、夜沈沈

【沈痛】 悲痛。南朝宋・謝霊運〔廬陵王墓下の作〕詩 悽を含んで廣川に泛び 涙を灑いで連崗を眺む 眷みて言に君子を懐ふ 沈痛、中腸に結ぶ

【沈溺】 溺れる。〔韓非子、説疑〕卞隨・務光・伯夷・叔齊～此の十二人の者は、或いは窟穴に伏死し、或いは草木に槁死し、或いは水泉に沈溺す。～先古聖王、皆臣とすること能はず。

【沈没】 水中に沈む。〔三国志、魏、東夷伝、倭〕今、倭の水人、好んで沈沒して魚蛤を捕る。文身は亦た以て大魚水禽(の害)を厭ふ。

【沈湎】 耽溺する。〔書、泰誓上〕今、商王受(紂)～沈湎して色を冒し、敢て暴虐を行ひ、人を罪するに族(族滅)を以てし、人を官するに世を以てす。～忠良を焚炙し、孕婦を刳剔す。

【沈勇】 沈著で勇気がある。〔漢書、陳湯伝〕湯、人と爲り沈勇にして大慮有り。策謀多くして奇功を喜ぶ。城邑山川に過ぎる毎に、常に登望す。

【沈雄】 おちついていて雄健。〔甌北詩話、五〕(蘇東坡の詩)少陵(杜甫)出塞の詩、落日大旗を照らし 馬鳴いて風蕭蕭たりと。字句の外に別に幽・燕(河北の古名)、沈雄の氣有り。

【沈憂】 深い憂い。魏・曹植〔雑詩、六首、二〕毛褐、形(身)を掩はず 薇藿(ぜんまいと、豆の葉。粗食)常に充たず 去り去りて、復た道ふこと莫からん 沈憂、人をして老いしむ

【沈抑】 抑えかくす。〔管子、宙合〕賢人の亂世に處するや、道の行ふべからざるを知る。則ち沈抑して以て罰を辟け、靜默にして以て免るるを俟つ。〜故に曰く、大賢の德は長しと。

【沈淪】 沈み埋もれる。宋・司馬光〔華星篇〕詩 豐城の古劍、沈淪すること久し 匣中、夜半、雙龍吼ゆ 乃ち知る、神物自ら藏せず 紫氣、依稀として（遠くほのかに）斗牛（の星）に見ゆ

↑沈痾 長わずらい／沈委 弱り衰える／沈懿 深沈／沈淫 久しく浸る／沈湮 おちぶれる／沈殞 おちぶれる／沈隠 沈み隠れる／沈菀 気持ちが沈みふさがる／沈禜 水に犠牲を沈めて祭る／沈翳 沈隠／沈冤 冤罪になやむ／沈婉 おちついておくゆかしい／沈汚 汚れる／沈果 沈着果断／沈臥 久しく病臥する／沈悍 沈毅／沈陥 おちいる／沈機 沈着大度／沈玉 川の祭／沈研 研究に没頭する／沈健 沈雄／沈辜 沈埋して山川四方を祀る／沈香 香木の名／沈困 貧窮におちいる／沈昏 昏蒙／沈猜 深く疑う／沈祠 川の祭／沈滓 水底のおり／沈漬 水に浸る／沈摯 沈実／沈実 沈着実直／沈詳 丁寧／沈情 安心する／沈身 投身／沈浸 ひたる／沈審 沈詳／沈水 沈む／沈粋 純一／沈邃 深遠／沈静 冷静／沈寂 ひっそり／沈跡 沈隠／沈漸 沈潜する／沈濁 にごる／沈湛 心静か／沈嘆 沈痛／沈澹 淡白／沈著 沈着重厚／沈顚 おちぶれる／沈頓 挫ける／沈年 多年／沈痗 沈痾／沈浮 浮沈する／沈伏 沈隠／沈璧 河に祈る／沈謀 深く謀る／沈朴 朴実／沈墨 沈黙／沈密 おちついて慎密／沈眠 熟睡する／沈迷 迷う／沈冥 ひっそり／沈綿 沈痾／沈湎 沈湎／沈黙 無言／沈乱 酒色などにおぼれ乱れる／沈慮 熟慮する／沈寥 心寂しくなる／沈鱗 水中の魚／沈和 穏和／沈惑 おぼれ惑う

↓気沈・祈沈・撃沈・自沈・升沈・消沈・銷沈・浸沈・深沈・水沈・泥沈・投沈・爆沈・浮沈・勇沈・幽沈・抑沈・陸沈

常 【枕】 8 4491 チン シン まくら ねむる

篆文 

形声 声符は冘。冘に沈・鴆の声がある。冘は人が枕して臥している形。〔説文〕六上に「臥するとき、首に薦く所以の者なり」（段注本）という。〔詩、唐風、葛生〕は挽歌、「角枕粲たり」と、棺中の人を歌っている。

訓義 ①まくら、まくらする。②ねむる、ふす、安んずる。③のぞむ。④よこたえる、さまたげる、くびにあてる。

古訓 〔和名抄〕枕 万久良（まくら）〔名義抄〕枕 マクラ・サ、フ・ヨル・シゲシ〔字鏡集〕枕 マクラ・シケ・ヨル・ノゾム・サ、フ・シゲシ

語系 枕tiəm、沈diəm は声近く、ともに横たわる意がある。耽təm は耳たぶの垂れる形。紞təm は、冕冠の横に垂れて、耳を塞ぐものをいう。

【枕戈】 戈を枕とし、変に備えて眠る。〔世説新語、賞誉注に引く晋陽秋〕劉琨、親舊に與ふるの書に曰く、吾れ戈を枕として旦くるを待つ。志、逆虜を梟（首）せんとす。常に祖生（逖）の吾れに先んじて鞭を著けんことを恐るるのみと。

【枕塊】 土くれを枕とする。親の喪に服する。〔儀礼、既夕礼〕倚廬に居り、苫に寢ね、塊を枕とし、絰帶（麻の帯）を説がず、哭すること晝夜時無し。喪事に非ざれば言はず。

【枕骸】 折り重なった死骸。唐・李華〔古戦場を弔ふ文〕漢、匈奴を撃ちて、陰山を得たりと雖も、枕骸野に遍くして、功、患を補はず。

【枕格】 刑罰の法。責め木の上に枕させる。〔淮南子、覧冥訓〕身は格を枕として死す。〔高誘注〕民の役賦畢へざる者を収め、之れを格（木組み）上に搒ち、下ることを得しめず、枕格して死す。

【枕肱】 手枕。〔論語、述而〕子曰く、疏食を飯らひ、水を飲み、肱を曲げて之れを枕とす。樂しみ亦た其の中に在り。不義にして富み且つ貴きは、我に於て浮雲の如し。

【枕痕】 顔の枕のあと。唐・司空図〔狂題、十八首、二〕詩 世間第一、風流の事 借り得たり、王公玉枕の痕

【枕藉】 折り重なって寝る。宋・蘇軾〔赤壁の賦〕肴核既に盡きて、杯盤狼籍たり。相ひ與に舟中に枕藉して、東方の既に白めるを知らず。

【枕障】 枕屏風。唐・李白〔巫山枕障〕詩 巫山の枕障、高丘を畫く 白帝城邊、樹色秋なり

【枕上】 枕べ。唐・岑参〔春夢〕詩 枕上片時、春夢の中 行き盡す、江南數千里

【枕石】 石に枕し、世を逃れる。魏・武帝〔秋胡行、二首、二〕楽府 石に枕し、流れに漱ぎ 泉に飲みて沈吟す

【枕席】 寝具。安眠。また、媾歓。楚・宋玉〔高唐の賦の序〕妾は巫山の女なり。高唐の客と為る。君が高唐に遊ぶを聞く、願はくは枕席を薦めん。

【枕頭】 枕もと。南唐・林楚翹〔菩薩蛮〕詞 簟（席）滑らかにして、枕頭移り 鬢蟬（蟬形の髪飾り）狂ひて飛ばんと欲す

【枕嚢】 括り枕。宋・陸游〔余年二十の時、嘗て菊枕の詩を作り、頗ぶる人に伝ふ。今秋偶と復た菊を采り、枕嚢を縫ひ、悽然として感有り、二首、一〕詩 黃花を采り得て、枕嚢と作す 曲屏、深幌、幽香を閟ざす 喚び回へす四十三年の夢 燈暗くして、斷腸を説くに人無し

【枕畔】 枕もと。〔開元天宝遺事、天宝上、金籠蟋蟀〕秋時に至る毎に、宮中の妃妾輩、皆小金籠を以て蟋蟀（こおろぎ）を捉へ、籠中に閉し、之れを枕函の畔に置き、夜其の聲を聽く。庶民の家、皆之れに效ふ。

【枕屏】 枕屏風。枕障。宋・欧陽脩〔沈遵に贈る〕詩 時有りて醉倒して、谿石に枕す 青山白雲、枕屏を爲す 花閒百鳥、喚べども覺めず 日落ちて山風、吹きて自ら醒む

【枕辺】 まくらもと。枕頭。唐・権徳輿〔崔山人の草堂に題す〕詩 世人の車馬、處を知らず 時に歸雲の枕邊に到る有り

【枕流】 水を枕にする。強弁のたとえ。〔世説新語、排調〕孫子荊（楚）、年少き時、隱れんと欲し、〜誤りて石に漱ぎ流れに枕せんと曰ふ。〜孫曰く、流れに枕する所以は、其の耳を洗はんと欲す。石に漱ぐ所以は、其の齒を礪かんと欲すと。

↑枕痾 病臥する／枕干 楯を枕にする／枕函 枕の箱／枕巾 枕カバー／枕衾 寝具／枕琴 琴を枕にする／枕経 書物を枕にする／枕甲 甲を枕にする／枕山 山に住む／枕疾 病臥する／枕書 書物を枕にする／枕水 水に臨む／枕草 草を枕にする／枕側 近く臨む／枕帯 近接する／枕檀 檀香の枕／枕簟 枕席／枕秘 枕中の秘書。道術の書／枕腕 細書の法

↓安枕・一枕・臥枕・角枕・寒枕・酣枕・客枕・旧枕・玉枕・金枕・衾枕・孤枕・午枕・香枕・高枕・粲枕・秋枕・就枕・繡枕・春枕・正枕・清枕・石枕・薦枕・側枕・長枕・被枕・伏枕・方枕・抱枕・木枕・幽枕・留枕

常 【珍】 9 1812 チン たから めずらしい

篆文 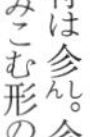

形声 声符は㐱。㐱に趁の声がある。卜文に貝を包みこむ形の字があり、もと象形の字であった。箱に収めた形のものを貯という。〔説文〕一上に「寶な

り」とあり、珍貴のものをいう。のち珍異・珍怪のものをもいい、〔書、旅獒〕に「珍禽奇獸」の語がある。玉器は魂振りの器として用いられ、そのような器を珍玩という。

訓義 1たから、たからもの。2めずらしい、美しくまれなもの。3たっとぶ、よろこぶ、重んずる。4おいしい食事。

古訓 〔名義抄〕珍 タカラ・メヅラシ・メヅラカナリ・ウルハシ・ヨシ・タフトム・タクハフ 〔篇立〕珍 メヅラシ・ヨロコブ・タカラ・タムトフ・アヤシ・タクハフ 〔字鏡集〕珍 タフトム・タカラ・ヨシ・カサヌ・ヨロコブ・アヤシ・タフトシ・メヅラカナリ・タクラフ・ウルハシ・メヅラシ

語系 珍tiən、琛thiəm は声義近く、〔詩、魯頌、泮水〕に「來りて其の琛を獻ず」とみえる。美宝をいう。玉を献ずることには、魂振り的な意味があるとされた。貯tia は貝を器に収める意。玉を収める珍と、双声の語である。

【珍愛】ちんあい 珍しく思い、大切にする。宋・陸游〔吏部郎中蘇君(玭)墓誌銘〕文を屬るに體制有り、筆法簡遠なり。其の尺牘は、尤も時の珍愛する所と爲り、往往にして藏去す。

【珍異】ちんい 珍しく、貴重なもの。〔晋書、何劭伝〕驕奢簡貴なること、亦た父(何曽)の風有り。~食は必ず四方の珍異を盡す。一日の供、錢二萬を以て限と爲す。~然れども優游自足、權勢を貪らず。

【珍菓】ちんか(くわ) 珍しい果物。金・元好問〔臨錦堂記〕嘉花珍菓、靈峯玉湖、往往にして在り。其の中に堂あり。之れに名づけて臨錦と曰ふ。

【珍貨】ちんか(くわ) 珍しい財宝。〔唐書、高崇文伝〕成都に入るや、師、大逵に屯し、市井移らず。珍貨山の如きも、秋豪の犯すこと無し。

【珍怪】ちんかい(くわい) 奇異なもの。〔公羊伝、昭三十一年〕(顏夫人に)子有り。之れを盱と謂ふ。盱、幼にして、皆之れを愛す。~珍怪の食有れば、盱必ず先づ足ることを取る。

【珍玩】ちんがん(ぐわん) 珍しい賞翫の物。魏・文帝〔王朗に与ふる書、三〕孫權重ねて使を遣はして臣と稱し、明珠百筐、黃金千鎰、馴象二頭~を奉貢す。其の他の珍玩、舟に盈ち航に溢れ、千類萬品なり。

【珍卉】ちんき 珍しい花。清・納蘭性徳〔金山の賦〕珍卉葩を含んで露に笑ひ、虬枝(曲った枝)葉を接して風に吟ず。

【珍奇】ちんき 珍しいもの。〔晋書、陶侃伝〕媵妾數十、家僮千餘、珍奇寶貨、天府よりも富めり。

【珍貴】ちんき 珍しく、貴い。〔三国志、魏、荀彧伝注に引く孔融の韋端に与ふる書〕意はざるに、雙珠、近ごろ老蚌より出で、甚だ之れを珍貴す。

【珍器】ちんき 珍しい器物。〔戦国策、燕二〕齊王逃遁して莒に走り、僅かに身を以て免る。珠玉財寶、車甲珍器、盡く收めて燕に入る。

【珍玉】ちんぎょく 珍しい玉。〔国語、魯語下〕仲尼曰く、~古者同姓に分つに珍玉を以てす。親を展ずるなり。異姓に分つに遠方の職貢を以てす。服を忘るること無からしむるなり。

【珍禽】ちんきん 珍しい鳥。〔書、旅獒〕犬馬は、其の土性に非ざれば畜はず。珍禽・奇獸は、國に育はず。遠物を寶とせざれば、則ち遠人格る。

【珍珠】ちんじゅ 珍しい珠玉。〔戦国策、秦五〕君の府には珍珠寶玉を藏し、君の駿馬は外廏に盈ち、美女は後庭に充つ。王の春秋高し。一日山陵崩れ(王死し)、太子事を用ひば、君、累卵よりも危し。

【珍羞】ちんしゅう(しう) 珍しい料理。〔後漢書、霊帝紀〕(中平元年冬十一月)詔して太官の珍羞を減ず。御食は一肉、廏馬は郊祭の用に非ざるは、悉く出だして軍に給せしむ。

【珍獣】ちんじゅう(じう) 珍しいけもの。〔山海経、海内北経〕林氏國に珍獸有り。大きさ虎の若くにして、五采畢く具はり、尾は身よりも長し。名づけて騶吾と曰ふ。之れに乘れば、日に行くこと千里なり。

【珍説】ちんせつ 風変わりな話。〔荀子、正名〕知者は道を論ずるのみ。小家珍說の願ふ所は、皆衰へん。

【珍重】ちんちょう 大切にする。また、書翰語として、自愛を求める語。唐・劉禹錫〔劉駙馬、水亭に暑を避く〕詩 盡日逍遙して、煩暑を避く 再三珍重せよ、主人翁

【珍簟】ちんてん 立派なたかむしろ。斉・謝朓〔郡に在りて病に臥し、沈尚書に呈す〕詩 珍簟、夏室を淸くし 輕扇、涼颸(涼しい風)を動かす

【沈秘】ちんぴ 珍しい秘宝。明・文徴明〔楊凝式の草書に跋す〕標綾上に曲脚封、竝びに閟生葫蘆印有り。是れ常て覃氏に入る。蓋し(賈)似道枋國(宰相)の御府、珍祕は、多く私家に歸せり。

【珍物】ちんぶつ 珍しい物。珍味。〔周礼、天官、内饔〕王及び后世子の膳羞の割亨、煎和の事を掌る。~百羞醬物珍物を選び、以て饋を俟ち、后及び世子の膳羞に共(供)す。

【珍宝】ちんぽう(ばう) 珍しい宝物。〔史記、項羽紀〕沛公(劉邦)の左司馬曹無傷、人をして項羽に言はしめて曰く、沛公、關中に王たらんと欲し、子嬰をして相爲らしめ、珍寶は盡く之れを有せりと。

【珍木】ちんぼく 珍しい木。唐・張九齢〔感遇、十二首、四〕詩 矯矯たる珍木の巓 金丸(弾)の懼れ無きを得んや

【珍味】ちんみ 珍しい料理。〔博物志、一、五方人民〕水產を食する者は、龜・蛤・螺・蚌、以て珍味と爲す。其の腥を覺えざるなり。陸畜を食する者は、狸・兎・鼠・雀、以て珍味と爲す。其の膻を覺えざるなり。

【珍薬】ちんやく 妙薬。〔論衡、無形〕物の變は氣に隨ふ。~又神草珍藥を得て、之れを食して變化するに非ず。人の受くる所の眞性なり。~時に遭ひて變化するは、天の正氣に非ず。人の受くる所の眞性なり。

【珍麗】ちんれい 珍しく美しい。〔後漢書、皇后上、和熹鄧皇后紀〕立てて皇后と爲す。辭讓する者三たびす。~是の時方國貢獻し、競ひて珍麗の物を求む。后の卽位せしより、悉く禁絕せしむ。

↑珍瑋 珍しくすぐれたもの/珍禾 珍しい穀物/珍華 珍美の花/珍嘉 珍しくよいもの/珍瑰 珍しい玉/珍感 ありがたく感謝する/珍翰 墨宝/珍皮 珍しい蔵品/珍既 手厚い贈りもの/珍圭 瑞節/珍肴 珍しい肴/珍貢 珍しい献上物/珍旨 美味/珍侈 贅沢/珍事 思わぬこと/珍滋 美味/珍饈 珍蔵/珍什 珍しい器/珍書 稀本/珍祥 珍しい瑞祥/珍賞 珍玩の品/珍縟 多彩/珍新 珍しい/珍瑞 瑞祥/珍惜 珍重する/珍鮮 め新しい/珍善 珍しく立派なもの/珍膳 珍羞/珍蔵 宝蔵/珍投 珍しい贈り物/珍美 珍しく美しい/珍品 珍しい物/珍符 珍祥/珍幣 珍宝/珍墨 珍しい書画/珍本 稀覯の書/珍腴 珍味/珍用 珍品

↓嘉珍・懐珍・貴珍・兼珍・献珍・貢珍・山珍・至珍・時珍・七珍・殊珍・珠珍・袖珍・掌珍・常珍・水珍・膳珍・酎珍・廚珍・重珍・寵珍・土珍・八珍・別珍・宝珍・陸珍

常 【朕】 10/7823 〔朕〕 10/7823 「舩」 12/2843

チン ヨウ
われ きざし

篆文

甲骨文

金文

会意 正字は舩に作り、舟＋关。关は両手でものを奉ずる形で、送（送）はその字に従う。〔説文〕八下に「我なり」とし、また「闕」とあって、字の形義を不明としている。我は代名詞で、その字はもと鋸の象。代名詞に用いるのは仮借。朕を代名詞に用いるのも、おそらく仮借の義。盤中のものを奉ずるのは、賸るためであり、賸の声義が朕の初義であろうと思われる。卜辞に王位継承の順位者を示す語として子・余・我・朕があり、特定の身分称号であったが、それらがそのままのち、代名詞となった。金文に朕を一人称所有格に用い、朕吾・余朕のように複用する例がある。また金文には周初の〔㚇毀〕に「朕が福盟を卲らかにし、朕く天子に臣へん」のように、代名詞以外の用法もある。朕兆のように、もののきざしの意とするのは、おそらく眹字の誤用であろう。〔荘子、斉物論〕「眞宰有るが若きも、特り其の眹を得ず」とあり、朕兆の意である。〔周礼、春官、序官、瞽矇〕の〔注〕に「目眹無きもの、之れを瞽と謂ふ」の眹が、その字である。朕の本音はヨウ。古くは一人称の所有格に用いた。朕とよんで天子の自称とするのは、秦の始皇帝にはじまる。〔史記、秦始皇紀〕に「臣等昧死して尊號を上る。～天子自ら稱して朕と曰ふ」とみえる。

訓義 ①われ、古く一人称、所有格に用いることが多い。②天子一人の称、秦の始皇帝にはじまる。眹の音でよむ。③眹と通じ、きざし、朕兆。④舟や函甲の縫目。

古訓 〔名義抄〕朕 ワレ 〔字鏡集〕朕 ワレ・キザス

声系 〔説文〕に朕声として賸（賸）・滕・賸・勝（勝）など十二字を収める。

語系 朕の本音はおそらく賸jiangで、朕は賸の初文。滕dang、媵jiang、勝sjiangはみなその系列の音である。朕字条参照。

【朕躬】わが身。〔書、湯誥〕爾善有らば、朕れ敢て蔽はず。罪、朕が躬に當らば、敢て自ら赦さず。惟だ簡ぶこと、上帝の心に在り。

【朕兆】きざし。唐・温岐〔再生檜の賦〕勝負を朕兆に窮め、休祥を邦國に慕めん。

↑朕垠 きざしとその形／朕迹 朕垠／朕蹟 朕迹

↓兆朕・無朕

人 **【砧】** 10 1166 チン きぬた

篆文

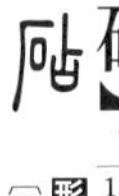

形声 声符は占。占に站・沾の声がある。〔説文新附〕九下に「石拊なり」とあり、きぬた。布帛をのせてたたき、つやを出すための石の台。

訓義 ①きぬた、きぬたをうつ台。②字はまた碪に作る。③藁砧、わらうちいし。

古訓 〔名義抄〕砧 イタル・キヌタ・カナシキ・カラウス・ツクリイシ／砧礎 キヌイタ・カナシキ

【砧杵】きぬたうつ。唐・韋応物〔楼に登る、王卿に寄す〕詩 數家の砧杵、秋山の下 一郡の荊榛、寒雨の中

【砧声】きぬたの音。金・元好問〔短日〕詩 短日、砧聲急なり 重雲、雁影深し 風霜、晩節を侵し 天地、歸心に入る

↑砧韻 きぬたの音／砧几 俎板／砧基 地積の帳簿／砧響 きぬたの音／砧礩 砧鑕／砧鑕 人斬り台／砧石 衣をうつ石の台／砧板 砧几／砧斧 処刑の台と斧／砧面 きぬた

↓藁砧・秋砧・刀砧

常 **【陳】** 11 7529 チン つらねる のべる ひさしい

篆文

古文

金文

会意 自＋東。東は橐の象形字。神の陟降する神梯（自）の前に、多くの橐を陳設して祀る形。〔説文〕十四下に「宛丘なり。舜の後、嬀満の封ぜられし所なり」とし、「自に従ひ、木に従ひ、申の聲なり」とするが、申声説は古文の形によっていうもので、字の本形ではない。金文に塦・敶の二形があり、田斉の陳氏は塦、舜の後である陳・蔡の陳は敶に作る。すなわち〔説文〕のいう陳は金文の敶にあたる。塦は聖所の社（土）前に東（供える橐）をおく形。敶はその橐を撃つ形を加えたもの。多く陳ねるので陳列・陳設の意となり、そのまま陳設しておくので陳久・陳腐の意となったのであろう。〔墨子、号令〕にみえる「陳表」を〔墨子、雑守〕に「田表」に作り、陳と田とは古く同声であった。それで斉の陳氏をまた田氏という。ただ金文では田斉諸侯の器をすべて塦侯としるしており、塦がその本姓である。

訓義 ①つらねる、神前に陳設する、ならべる、ほどこす、おく。②おおい、多くのべる、陳述する、ときあかす。③ふるい、ひさしい、ふるめかしい。④古く田と音が通じ、斉の陳氏を田斉という。

古訓 〔名義抄〕陳 ノブ・フルシ・カクミチ・タ・ヒサシ・ツラヌ・ツラナル・コトバ・シク／横陳 ソヒフス／陳根 フルキネ 〔字鏡集〕陳 アサフ・ツハモノ・ツラネタリ・イサカフ・ハカル・ツラヌ・トク・ヒク・ツラナル・ヒサシ・フルシ・タ、カフ・ノブ・タク・シク・ハカル・サク

語系 陳・陣dienは同声。陣とは兵車などを連ねて陣形を構成することをいう。展tianは展開、また伸展葬をいう字。田dyenは陳と声近く、陳氏の後にして斉に入り、斉侯となったものを、のち田斉といい、姜姓の呂斉と区別する。

【陳閲】ならべてしらべる。〔魏書、神元平文諸帝子孫、穆帝長子六脩伝〕騎を縱つて之れを追ひ、殺傷すること甚だ衆し。帝因りて大いに壽陽山に獵し、皮肉を陳閲す。山、爲に赤に變ず。

【陳言】陳述。また、陳腐の言。唐・韓愈〔李翊に答ふる書〕其の心に取り、手に注ぐに當り、惟だ陳言を之れ務めて去るは、戛戛乎として其れ難い哉。

【陳死】死んで久しい人。〔文選、古詩十九首、十三〕下に陳死の人有り 杳杳として長暮（長い夜、死の世界）に即く 潛かに黄泉の下に寐ね 千載永く寤めず

【陳述】理由などを述べる。〔五代史、韓建伝〕建等～三鎭の兵を以て京師を犯す。昭宗、建等を見て之れを責む。（王）行瑜・（李）茂貞、惶恐戰汗して語ること能はず。獨り建、前みて自ら陳述す。

【陳情】まことの気持ちを訴える。〔楚辞、九章、惜往日〕情を陳べて、以て行ひを白らかにせんことを願ふ 罪過を得んことを意はず

【陳人】古ぼけた人。〔荘子、寓言〕人にして人の道無き、是れを之れ陳人と謂ふ。

【陳迹】過去のこと。晉・王羲之〔蘭亭集の序〕情、事に随ひて遷り、感慨之れに係る。向の欣びし所は、俛仰の間、以に陳迹と爲る。

【陳設】ならべる。陳列。〔後漢書、酷吏、陽球伝〕（球）遷りて司隷校尉と爲り、～（中常侍、王）甫を誅す。～權門之れを聞き、屛氣（おそれてひそむ）せざる莫く、諸々の奢飾の物、皆各々緘滕し、敢て陳設せず。京師畏震す。

【陳説】述べる。晉・劉伶〔酒徳頌〕貴介公子、縉紳處士といふもの有り。吾が風聲を聞き、其の以す所を議し、乃ち袂を奮ひ襟を攘ひ、目を怒らし齒を切し、禮法を陳説して、是非鋒起す。

【陳陳】積み重なって古びる。〔史記、平準書〕漢興りて七十餘年の閒、國家事無く～京師の錢巨萬を累ね、貫（の縄）朽ちて校かるべからず、太倉の粟（穀）、陳陳相ひ因り、充溢して外に露積す。

【陳腐】ちんぷ 古びる。宋・朱熹〔癸未、垂拱奏劄、一〕臣の師に聞く所の者、此くの如し。常人より之れを觀れば、迂闊の陳腐にして、用に切ならざる若きを疑はんも、然れども臣、竊かに以て其の本を正すと爲す。

【陳編】ちんぺん 古い書物。唐・韓愈〔進学解〕陳編を窺ひて盜竊す。然れども聖主誅を加へず、宰臣斥けられざるは、其の幸に非ずや。

【陳列】ちんれつ ならぶ。ならべる。〔漢書、霍光伝〕太后珠襦を被、盛服して武帳中に坐す。侍御數百人、皆兵を持し、期門の武士陛戟し、殿下に陳列す。群臣次を以て上殿す。

【陳論】ちんろん 述べ論ずる。〔晋書、王羲之伝〕頃ごろ陳論する所、毎に允納を蒙る。下をして小しく蘇息するを得、各〻其の業に安んぜしむる所以なり。

↑陳雲 うちなびく雲／陳卦 易の卦を立てる／陳棊 碁をうつ／陳啓 申しあげる／陳見 述べあらわす／陳玄 墨／陳紅 古米／陳根 旧根／陳詞 ことばを述べる／陳詩 詩を列ねる／陳謝 あやまる／陳序 並べる／陳叙 陳序／陳上 申しあげる／陳状 事情を具陳する／陳誠 誠をのべる／陳請 願う／陳跡 昔のあと／陳積 蓄える／陳蹟 古蹟／陳膳 列べた膳／陳訴 のべ訴える／陳奏 奏上する／陳粟 古米／陳敵 布陣して敵に向う／陳椽 営み奔走する／陳発 ひらく／陳布 陳列する／陳聞 申す／陳米 古米／陳弊 古く傷む／陳墨 古墨／陳明 説き明かす／陳葉 朽葉／陳力 尽力する

↓横陳・開陳・極陳・具陳・下陳・堅陳・口陳・弘陳・行陳・鉤陳・汨陳・指陳・肆陳・出陳・条陳・常陳・新陳・薦陳・前陳・疏陳・疎陳・奏陳・置陳・直陳・披陳・布陳・敷陳・平陳・舗陳・面陳・羅陳・縷陳・列陳

【琛】 12 1719 チン シン たま

篆文 

形声 声符は罙。罙は深の省声。〔説文新附〕一上に「寶なり。玉に從ひ、深の省聲」とし、〔爾雅、釈言〕に「寶なり」という。〔詩、魯頌、泮水〕に「憬かなる彼の淮夷、來りて其の琛を獻ず」とあり、この時「元龜象齒大賂南金」を献じている。

訓義 ①たま、たからもの。②字はまた賝に作る。

古訓 〔篇立〕琛 タマノナナリ・タカラ

↑琛貢 貢ぎ物の宝／琛瑞 宝石／琛板 玉製の笏／琛幣 宝玉と布帛の貢物／琛麗 美しい宝物／琛賂 貢ぎ物

↓奇琛・帰琛・貢琛・国琛・献琛・餞琛・致琛・天琛・名琛・輸琛

【趁】 12 4880 チン おう ゆきなやむ

篆文 

形声 声符は㐱。㐱に珍・殄の声がある。〔説文〕二上に「趲は趁ふなり」とし「讀みて塵の若くす」という。また次条に「趲は趁ふなり」とあって互訓。追う意であるが、追いめぐり、ゆきなやむ意を含む。

訓義 ①おう、したがう、おもむく。②ゆきなやむ、たちもとおる。③つけこむ、のりこむ、勢いに乗る。

古訓 〔名義抄〕趁 トム・モトム・フム・タヅヌ・シノグ・スム・トク・トヾム・オフ・ハシル 〔字鏡集〕趁 フム・サハグ・トク・スム・タヅヌ・ハシル・ヒラク・シノグ・スツ・モトム・オフ・トヽム・トム

【趁韻】ちんいん（ゐん） 苦労して押韻する。〔朝野僉載、四〕唐の左衞將軍權龍褱、性褊急なり。常に自ら詩を能くするを矜る。～皇太子宴し、夏日に詩を賦す。嚴霜、白浩浩 明月赤くして團團と。太子～曰く、～此くの如きの詩章、韻を趁へるのみと。

【趁間】ちんかん 機に乗ずる。明・高啓〔摸魚児、自適〕詞 微才を恃むこと莫かれ 高論を誇ること莫れ 閒を趁うて追逐すること莫れ

【趁食】ちんしょく 食を求める。〔癸辛雑識、続集上〕（湖翻）庚寅五月、連雨四十日、浙西の田、盡ごとく沒して遺る無し。～農人皆相ひ與に結隊し、淮南に往きて食を趁ふ。

【趁節】ちんせつ 拍子に合わせる。梁・張率〔白紵歌、九首、一〕楽府の歌兒流唱して、聲淸ならんと欲し 舞女節を趁うて、體自ら輕し

【趁涼】ちんりょう（りやう） 涼意を求める。唐・白居易〔晩庭に涼を逐ふ〕詩 涼を趁うて、行きて竹を繞り 睡を引きて、臥して書を看る

↑趁意 満足する／趁願 満足する／趁機 機会を求める／趁虚 市場で買物をする／趁墟 趁虚／趁口 口任せ／趁市 趁虚／趁旨 仰せの旨を承ける／趁社 村の祭にゆく／趁心 思いのまま／趁勢 好機を求める／趁船 便船に乗る／趁走 追うて走る／趁暖 陽に当たる／趁逐 追随する／趁朝 朝がけて／趁趲 徘徊する／趁拍 調子をあわせる／趁飯 食を求める／趁筆 筆任せ／趁赴 でかける／趁風 機会に乗じる／趁便 幸便に乗じる／趁歩 漫歩する

↓駆趁・跨趁・尋趁

【椹】 13 4491 チン ジン あてぎ さわらぎ

形声 声符は甚。甚に碪の声があり、砧（きぬた）と同じく、木のあて木を椹という。桑の実を桑椹といい、その酒を椹酒という。わが国では「さわらの木」とし、「さわらぎ」とよむ。

訓義 ①あて木、木をわるときの台、また質・櫍という。②くわのみ。③碪・砧と通じ、きぬた。④わが国で、さわら、さわらぎ。

古訓 〔新撰字鏡〕椹 桑の實なり、牟久乃木（むくのき） 〔名義抄〕椹 クハノミ・アテ

語系 椹ziəm、砧・揕tiəm は声近く、同系の語。木には椹、石には砧という。揕は刺撃、また木を斫る音をいう。

【椹質】ちんしつ 切り藁の台。矢の的。門橛。また、首切りの台。〔戦国策、秦三〕（范雎、昭王に献ずる書）今臣の胸、以て椹質に當つるに足らず、要（腰）は以て斧鉞を待つに足らず。豈に敢て疑事を以て王に嘗試みんや。

【椹酒】じんしゅ 桑の実の酒。〔本草綱目、木三、桑〕（李）時珍曰く～、四時月令に云ふ。四月、宜しく桑椹酒を飲むべし。能く百種の風熱を理む。

↓坐椹・射椹・樹椹・桑椹・鉄椹・木椹

入【椿】 13 4596 チン つばき

形声 声符は春。春はもと屯の声であった。椿は落葉喬木で、その香なるものを椿、臭なるものを樗という。〔荘子、逍遥遊〕に「上古に大椿なる者有り。八千歳を以て春と爲し、八千歳を秋と爲す」とあり、また樗を癰腫（こぶ）の多い木であるという。わが国では、椿を分かちよみして春の木とし、「つばき」にあてる。椿事・椿説は、珍字に通用した語である。

訓義 ①ちゃん、ちゃんちん。②つばき。③珍と通じ、珍奇。

古訓 〔新撰字鏡〕椿 豆波木（つばき）〔和名抄〕椿 楊氏漢語抄に云ふ、海石榴なり。豆波岐（つばき）〔名義抄〕椿 ツバキ・ツバキノキ 〔篇立〕椿 タツ・ハチ・ツバキ

【椿萱】ちんけん 父母。椿は大椿、父にたとえる。萱は萱草。〔詩、衛風、伯兮〕「焉くにか諼草を得て 言こに之れを背（裏庭）に樹ゑん」によって母をいう。唐・牟融〔徐浩を送る〕詩 知る君此こを去りて、情偏へに切なるを 堂上の椿萱、雪、頭に滿つ

【椿寿】ちんじゅ 長寿にたとえる。唐・杜甫〔劉峡州伯華使君に寄す、四十韻〕詩 但だ椿壽の永からんことを求めよ 杞天の崩るるを慮ること莫かれ

【椿樹】ちんの木。唐・寒山〔寒山詩、九十六〕人有り椿の樹を把りて 喚んで白栴檀と作す 學道、沙の數より多きも 幾個か泥洹を得たる

↑椿歳 大椿のような長年／椿事 不慮の事／椿舎 父／椿庭／椿庭 父／椿堂 父／椿年 椿寿／椿府 父／椿齢 老年

↓玉椿・香椿・仙椿・大椿・庭椿・霊椿・老椿

常 【賃】 13 2280 チン ジン(ヂン) やとう かりる

篆文 金文

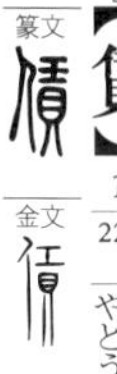

形声 声符は任。〔説文〕六下に「庸ふなり」、〔玉篇〕に「借傭するなり」とあり、賃金を払って人を雇傭することをいう。チンは慣用音。

訓義 1やとう、やとわれる、やとい料、賃金。2かりる。

古訓 〔新撰字鏡〕賃 毛乃々加比(もののかひ)〔名義抄〕賃 ツグノフ・ヤトフ

【賃作】賃仕事ではたらく。〔漢書、兒寛伝〕貧にして資用無し。～時に行きて賃作し、經を帶びて鉏(すき)し、休息するときは輒ち讀誦す。

【賃書】筆耕。〔南史、孝義上、庾震伝〕父母を喪ふ。居ること貧にして以て葬る無し。賃書して以て事を營む。手掌穿つに至り、然る後、葬事濟すことを獲たり。

【賃舂】賃仕事で米をつく。〔後漢書、呉祐伝〕時に公沙穆、來りて太學に遊ぶも、資糧無し、乃ち服を變へて客傭となり、祐の爲に賃舂す。祐與に語りて大いに驚き、遂に共に交はりを杵臼(米つき)の閒に定む。

【賃傭】やとう。やとわれ人。〔史記、欒布伝〕始め梁王彭越、家人(無職)爲りし時、嘗て布と游ぶ。窮困して齊に賃傭し、酒人の保(傭)と爲る。

↑賃金 賃銀／賃銭 賃銀／賃宅 借家／賃舗 貸店舗／賃房 貸間

↓運賃・借賃・租賃・駄賃・僕賃・傭賃

【碪】 14 1461 チン きぬた

形声 声符は甚。甚に媅・湛の声がある。砧と同声で、声義同じ。

訓義 1きぬた。2字はまた砧に作る。

古訓 〔新撰字鏡〕碪 加奈之支乃石(かなしきのいし)〔名義抄〕碪 キヌタ・カナシキ〔字鏡集〕碪 ウチイシ・ツクリイシ・カナシキ・カラウス・キヌイタ・イタル・ツキイシ・キヌタイシ・カナシキイシ・キヌタ

＊語彙は砧字条参照。

↑碪声 砧の音／碪斧 断頭台

【敶】 15 7824 チン つらねる

篆文 金文

形声 声符は陳。〔説文〕三下に「列ぬるなり」、〔広雅、釈詁三〕に「布くなり」とあって、布陳・陳列の意とする。金文では陳・蔡の陳は敶に作り、田斉陳氏の陳は塦に作る。のちその字はともに陳に作る。

訓義 1つらねる。2陳・蔡の陳。

古訓 〔名義抄〕敶 ツラネタリ

【鴆】 15 4702 チン

篆文

形声 声符は冘。冘に沈・枕の声がある。〔説文〕四上に「毒鳥なり」とあり、「一に曰く、運日なり」(段注本)という。蝮を食ってその毒を蔵するもので、羽を酒にひたすと激毒を得るとされた。その毒酒を酖といい、飲めば即死し、その巣の下数十歩の間は、草も生えないという。その毒を解くには、犀角が有効とされた。

訓義 1ちん、毒鳥。3鴆毒、その毒酒を酖という。

古訓 〔名義抄〕鴆 スク・イマタカ〔字鏡〕鴆 ミサゴ

【鴆殺】鴆酒を用いて殺す。〔漢書、高五王、趙隠王如意伝〕(高祖の)九年、立つ。四年にして、高祖崩ず。呂太后、王を徴して長安に到らしめ、之れを鴆殺す。子無くして、絶えたり。

【鴆弑】鴆殺。君を鴆殺する。〔後漢書、質帝紀〕(本初元年六月閏甲申)大將軍梁冀、潛かに鴆弑を行ひ、帝、玉堂前殿に崩ず。年九歳。

【鴆酒】鴆毒の酒。酖酒。〔国語、晉語二〕申生～乃ち曲沃に祭り、福(胙肉)を絳に歸る。公、田りす。驪姫福を受け、乃ち鴆を酒に寘き、堇(烏頭)を肉に寘く。～公、之れを地に祭る。地墳る。申生恐れて出づ。

【鴆毒】鴆の毒。害毒のたとえ。〔韓非子、備内〕唯だ母、后と爲りて、子、主と爲らば、～萬乘を擅にして疑はれざらん。此れ鴆毒扼昧の用ひらるる所以なり。

【鴆媒】なかごとをいう。〔楚辞、離騒〕吾れ鴆をして媒を爲さしむるに、鴆、余れに告ぐるに好からざるを以てす。

↓飲鴆・懐鴆・甘鴆・仰鴆・献鴆・賜鴆・雄鴆

常 【鎮】 18 人 【鎭】 18 8118 チン しずめる おさえる

篆文

形声 旧字は鎭に作り、眞(真)声。眞に塡・瑱の声がある。眞は顚死者の象。飢饉・疫病などで非命に顚れたもので、その呪霊は最も恐るべきものとされ、これを塡め、祠屋に寘き、その瞋りを柔らげ鎮めた。鎮とは鎮魂の意。〔説文〕十四上に「博(すごろく)の壓なり」とあるのは、字の初義ではない。地域の名山は、その地の鎮めとして信仰され、四鎮五岳のようにいう。

訓義 1しずめる、呪霊をしずめる、その地域をしずめ守る。2おさえる、おさえ安んずる、おもし、おもり。3玉器、玉瑞の類、呪鎮に用いる。4地域の名、軍鎮。5塡と通じ、うずめる、ふさぐ。

古訓 〔名義抄〕鎮 カシヅク・シヅム・ヤスシ・サヅク・フセグ・トコシナヘ・オモシ・カタシ・ツネ・カサナル・オク・シキリ・ノリ・ト、ノフ・ツ、シム・マコト・カナヘ／鎮壓 カサナリオソフ／鎮粉 ミヅカネノケブリ／鎮 イモツラフダ

語系 鎭tien、塡・寘dyenは声義近く、塡・寘はともに塡塞の意。邪霊を塡塞して鎮めることをいう。

【鎮圧】しずめ圧服する。〔後漢書、仲長統伝〕(昌言、理乱篇)夫れ亂世は長くして、化世(近世)は短し。亂世には則ち小人貴寵せられ、君子困賤す。君子困賤の時に當りて、高天に跼まり、厚地に蹐むも、猶ほ鎭壓(厭)の禍ひ有らんことを恐るるなり。

【鎮安】しずめ安定させる。〔三国志、魏、王基伝〕嘉平以來、累りに內難有り。當今の務めは、社稷(国家)を鎭安し、百姓を綏寧(安んじ治める)するに在り。

【鎮衛】しずめまもる。魏・曹植〔自ら試みられんことを求むる表〕良を簡び能に授け、方叔・邵虎(周の名臣)の臣を以て、四境を鎭衞せしめ、國の爪牙(勇力の臣)と爲す者は、當れりと謂ふべし。

【鎮圭】瑞玉の名。〔周礼、春官、典瑞〕王、大圭を晉(搢)はさしみ、鎭圭を執り、繅藉(玉を藉くもの)五采五就、以て朝日す(日を拝む)。

【鎮紙】文鎮。〔清異録、文用〕歐陽通、書を善くし、文具を修飾す。～皆就きて名號を刻す。研堂を紫方館と曰ひ、～鎭紙には套子龜・小連城・千鈞史、～芒筆には畦宗郎君と曰ふ。

【鎮守】(ちんじゅ) 安んじ守る。〔後漢書、伏湛伝〕拜して司直と爲し、大司徒の事を行はしむ。車駕、出でて征伐する毎に、常に留まりて鎮守し、群司を總攝す。

【鎮戍】(ちんじゅ) 駐屯して守備する。〔三国志、呉、陸凱伝〕右國史華覈、(陸)禕を表薦して曰く、禕は體質方剛、器幹彊固なり。～夫れ夏口は賊の衝要なり。宜しく名將を選び、以て之れを鎮戍せしむべし。臣竊かに思惟するに、禕より善きは莫しと。

【鎮静】(ちんせい) しずめ安んずる。〔晋書、高崧伝〕(簡文の為に桓温に与ふる書)望實竝び喪はば、社稷の事去らん。皆吾が闇弱にして德信著はれず、群庶を鎮靜し、維城を保固する能はざるに由る。內、心に慚ぢ、外、良友に慙づる所以なり。

【鎮撫】(ちんぶ) しずめ安んずる。〔左伝、文十二年〕秦伯、西乞術をして來聘せしむ。～襄仲、玉を辭して曰く、君、先君の好みを忘れず、魯國に照臨し、其の社稷(国家)を鎮撫し、之れに重ぬるに大器を以てす。寡君敢て玉を辭すと。

↑鎮遏 しずめ止める/鎮慰 しずめる/鎮扞 ふせぐ/鎮捍 ふせぐ/鎮軍 将軍の称/鎮護 鎮撫する/鎮遠 辺境をしずめる/鎮扞 鎮衛/鎮子 文鎮/鎮止 鎮遏する/鎮日 終日/鎮集 大きな村落/鎮常 平生/鎮心 心をしずめる/鎮綏 鎮安/鎮石 おもし/鎮息 鎮心/鎮定 平定する/鎮辺 鎮遠/鎮厭 鎮圧する
↓遠鎮・外鎮・岳鎮・玉鎮・軍鎮・郡鎮・山鎮・四鎮・自鎮・州鎮・重鎮・書鎮・征鎮・地鎮・藩鎮・撫鎮・風鎮・文鎮・兵鎮・辺鎮・方鎮・雄鎮・要鎮

【闖】 18 7732 チン とびだす うかがう

篆文 

会意 門＋馬。〔説文〕十二上に「馬の門を出づる皃なり。馬の門中に在るに從ふ」とするが、むしろ馬が門中に闖入する意であろう。閃と同じ構造法の字である。
訓義 1とびだす、とびこむ、不意に入る。2うかがう、頭を出す。
古訓 〔名義抄〕闖 ウラム・タ、カフ・アラソフ・スク 〔字鏡〕闖 ウマノユク・カイハム 〔字鏡集〕闖 スク・アラソフ・タ、カフ・ウラム・ムマノカドヲイヅル
語系 闖tjiam、閃sjiamは声義近く、閃は「出門の皃」「忽ち有り、忽ち無し」と訓する字である。
【闖子】(ちんし) 暴れん坊。〔明史、黄得功伝〕得功、戰ふ毎に、飲酒數斗、酒酣にして氣益ゝ厲はし。喜んで鐵鞭を以て戰ふ。～軍中呼んで黄闖子と爲す。
【闖将】(ちんしょう) 暴れん坊将軍。〔明史、流賊、李自成伝〕自成乃ち兄の子過と、往きて(高)迎祥(自成の舅、闖王と号す)に從ひ、(張)獻忠(延安の賊、八大王と称す)等と合し、闖將と號す。未だ名有らず。
↑闖進 闖入する/闖然 突出する/闖入 とびこむ/闖門 闖入する

ツイ

常 【追】 9 3730 〔追〕 10 3730 ツイ タイ おう およぶ したがう

篆文 
甲骨文 
金文 

会意 𠂤＋辵。〔説文〕二下に「逐ふなり」とし、𠂤声とする。次条に「逐は追ふなり」と互訓し、逐(逐)を会意とするが、追・逐とも会意である。〔説文〕は𠂤を小𠂤にして堆土の象とするが、𠂤は卜文・金文に師旅の師の字に用い、その初文。軍を派遣するとき、軍社の祭肉を奉じてゆくが、𠂤はその祭肉の象。遣(遣)は𠂤を両手で奉じてゆく形。追とは軍を派遣して追撃することをいう。逐は田猟に用い、獣を逐う意である。また鎚と通用し、うちきたえることをいう。

訓義 1おう、敵をおう、追撃する、追い放つ。2およぶ、追いつく、追いすがる。3したがう。4鎚と通用し、うちきたえる。

古訓 〔名義抄〕追 オフ・シタガフ・ヤラフ 〔字鏡集〕追 オヨボス・スクフ・シタガフ・オクル・カフ・オフ・メス
語系 追tuai、敦tuanはもと声義の近い語であった。〔詩、大雅、棫樸〕「其の章を追琢す」の〔釈文〕に「追は對回の反」とみえ、タイの音。〔詩、周頌、有客〕「其の旅を敦琢す」は彫琢の意。追琢と敦琢とは同じ語である。金文に「敦伐」という語があり、追伐のことをいう。

【追遠】(ついえん) 遠い先祖を祀る。〔論語、学而〕終りを愼み遠きを追へば、民の德厚きに歸す。

【追往】(ついおう) 過去のことを思う。〔荘子、人間世〕來世は待つべからず、往世は追ふべからず。

【追憶】(ついおく) 過去のことを思う。南朝宋・鮑照〔傅都曹の別れに贈る〕詩 栖宿の時を追憶すれば 聲容、心耳に滿つ 落日、川渚寒く 愁雲、天を繞りて起る
【追懐】(ついかい) 往事を思う。〔後漢書、列女、董祀の妻の伝〕名は琰、字は文姬。～胡中に在ること十二年、二子を生む。～後、亂離に感傷し、追懷悲憤して、詩二章を作る。

【追劾】(ついがい) 辞職後に更に告発する。〔後漢書、寇栄伝〕刺史張敬、榮を追劾するに、擅しいままに邊を去るを以てす。詔有りて之れを捕へしむ。榮、逃竄すること數年、～乃ち亡命中より上書す。～帝、章を省みて愈ゝ怒り、遂に榮を誅す。

【追感】(ついかん) 往事のことに感じる。〔後漢書、朱景王杜～伝論〕永平中、顯宗、前世の功臣に追感し、乃ち二十八將を南宮雲臺に圖畫す。

【追歓】(ついかん) 歓楽を追う。唐・白居易〔追歡、遇作〕詩 歡を追ひ樂を逐ひて、閑時少なし 補帖(破れをつくろう)、平生事を得ること遲し
【追記】(ついき) 後に記録する。〔文心雕竜、論説〕仲尼(孔子)微言し、門人追記す。故に其の經目を抑へ、稱して論語と爲す。

【追及】(ついきゅう) 追いつく。〔礼記、檀弓下〕(楚の)工尹商陽、陳弃疾と、呉師を追うて之れに及ぶ。

【追求】(ついきゅう) 追い求める。〔楚辞、九章、惜往日〕介子(介子推)は忠にして、立ちながら枯る(樹を抱いて焼死した) 文君(晋の文公)、寤めて追ひ求む
【追咎】(ついきゅう) すんだことを咎める。晋・王羲之〔殷浩に遺る書〕安西の敗喪を知り、公私惋怛(なげきおそれる)。～其の事に任ずる者は、豈に四海の責を辭することを得んや。往事を追咎するも、亦た何ぞ復た及ぶ所有らん。

【追賜】(ついし) 死後に賜う。〔左伝、襄十九年〕晉侯(鄭の公孫蠆の卒せるが為に)、王に請ふ。王、之れに大路を追賜して以て行はしむ。禮なり。

【追諡】(ついし) おくりなを贈る。〔漢書、平帝紀〕(元始元年六月)孔子の後孔均を褒成侯と爲し、其の祀を奉ぜしむ。孔子に追諡して、褒成宣尼公と曰ふ。

【追述】(ついじゅつ) 過去のことをさかのぼって述べる。魏・武帝〔費亭侯を讓る表〕臣、伏して前後の策命を讀むに、既に臣の庸才微功を錄し、乃ち復た先臣を追述す。幽讃顯揚、～屛營怖懼す。

【追書】(ついしょ) 後に書き入れる。〔春秋、襄元年〕宋の彭城を圍む。〔左伝〕宋の彭城を圍む。(彭城は)宋の地に非ざるも、追書せるなり。

【追蹤】(ついしょう) あとを追う。また、前人にならう。漢・蔡邕〔汝南の周勰の碑〕煥乎たる其の文は、星の布くが如く、確乎

として不抜なることは、山の固きが如く、先緒(前人の業)を追蹤(踪)して、應に度を作すを期すべし。

【追尋】昔のことを思いたずねる。魏・呉質〔元城に在りて魏の太子(曹丕)に与ふる牋〕往者には～皆克く舊職に復せり。前軌を追尋するに、今獨り然らず、亦た異ならずや。

【追随】後に従う。魏・曹植〔公讌詩〕公子(曹丕)、客を敬愛す 宴を終ふるまで疲るることを知らず 清夜、西園に遊び 蓋(車)を飛ばして相ひ追隨す
【追惜】人の死を惜しむ。魏・武帝〔又、荀彧に与へて郭嘉を悼む書〕奉孝(郭嘉の字)を追惜し、心に去ること能はず。其の人、時事兵事を見ること、人に過絶せり。

【追餞】後を追って餞別の宴をする。唐・李白〔族弟単父主簿の凝～を送り、～留飲して之れを贈る〕詩 馬に鞍くす、月橋の南 光、岐路の間に輝く 賢豪相ひ追餞し 却つて棲霞山に到る
【追送】後を追って送る。〔晋書、陶侃伝〕陶侃は～本と鄱陽の人なり。～鄱陽の孝廉范逵、嘗て侃を過ぎる。～其の母乃ち髮を截り、～以て酒肴に易へ、樂飲極歡す。～逵の去るに及んで、侃、追送すること百餘里。

【追贈】死後に官位を贈る。〔後漢書、皇后上、光武郭皇后紀〕后の母郭主薨ず。～使者を遣はして、(后の父)昌の喪柩を迎へ、主と合葬し、昌に陽安侯の印綬を追贈し、諡して思侯と曰ふ。

【追尊】父祖に尊号を贈る。〔史記、趙世家〕(烈侯)六年、魏・韓・趙、皆相ひ立ちて諸侯と爲る。獻子を追尊して獻侯と爲す。

【追琢】金玉を彫刻する。追は鎚、彫る意。〔詩、大雅、棫樸〕其の章(文章、あや)を追琢し 其の相(姿)を金玉にす
【追逐】追いはらう。きそう。また、詩酒などで楽しむ。宋・朱熹〔社日、諸人西岡に集ふ〕詩 今朝、幸ひに休閑なり 追逐して聊か嘻嘻せん
【追悼】生前をしのび、その死をいたむ。〔三国志、魏、武文世王公、鄧哀王沖伝注に引く魏書〕惟れ爾、斯の榮に逮ばず、且つ葬禮未だ備はらず。追悼の懷ひ、愴然として攸つて傷む。

【追念】過去のことを考える。〔史記、匈奴伝〕今天下大いに安く、萬民熙熙たり。朕れと單于と之れが父母爲たり。朕前事を追念するに、薄物細故、謀臣計を失ふも、皆以て兄弟の驩びを離くに足らず。

【追攀】追いすがる。魏・王粲〔七哀詩、二首、一〕復た中國を棄て去り 身を遠ざけて荊蠻に適く 親戚我に對ひて悲しみ 朋友相ひ追攀す
【追尾】後から追う。〔後漢書、西羌、東号子麻奴伝〕萬騎の衆を以て、數千の虜を逐ひ、追尾掩截せば其の道自ら窮せん。人に便に事に利に、大功立たん。

【追捕】追い捕らえる。〔漢書、韓延寿伝〕閭里仟佰に非常有るときは、吏輒ち聞知し、姦人敢て界に入る莫し。其の始めは煩なるが若きも、後、吏に追捕の苦無く、民に箠楚(鞭)の憂ひ無し。皆之れに便安す。

【追慕】先人を思いしのぶ。漢・馬融〔長笛の賦の序〕融～性、音を好み、能く琴を鼓し笛を吹く。～王子淵(褒)・枚乘・劉伯康(玄)・傅武仲(毅)等の簫・琴・笙の頌を追慕するも、唯だ笛のみ獨り無し。故に聊か復た數に備ふ。

【追養】供養する。〔礼記、祭統〕祭は、追養して孝を繼ぐ所以なり。

【追録】追加して記録する。〔漢書、陳湯伝〕(耿育上書)尙ひ望むらくは、國家其の功を追錄し、其の墓に封表して、以て後進に勸めんことを。

【追論】昔のことをさかのぼって論ずる。〔史記、司馬穰苴伝〕齊の威王、大夫をして古者の司馬兵法を追論し、穰苴を其の中に附せしむ。因りて號して、司馬穰苴兵法と曰ふ。

➡追栄 死後に官位などを追贈する／追加 つけたす／追科 追徵する／追悔 後悔する／追勘 追捕して訊問する／追還 追い返す／追睎 追慕する／追騎 騎馬で追撃する／追議 再議／追究 究明する／追享 祖祭／追繳 返上させる／追擒 追捕する／追刑 更に刑を加える／追撃 追い撃つ／追検 再検／追減 減刑／追孝 祖先を祀る／追号 尊号をおくる／追坐 連坐する／追思 追想する／追謝 後に断る／追修 修補を加える／追従 従う／追蹙 追うて迫る／追恤 更に恵む／追胥 捕吏／追叙 過去を語る／追頌 死後にその徳行をほめる／追躡 追迹する／追斥 追い払う／追迹 追う／追善 供養／追訴 訴追／追想 追憶する／追逮 追捕／追奪 死後に剝奪する／追徵 加徵／追趁 追う／追討 追い討つ／追儺 鬼やらい／追認 事後承認／追納 追加して納入する／追配 配祀／追陪 あとに従う／追白 追伸／追迫 後ろからせまる／追福 追善／追補 後補／追放 放逐する／追封 死後に封爵する／追北 敗軍を追う／追奔 追北／追犇 逃げるものを追う／追遊 従遊する／追和 古人の詩に和する
⬇遹追・急追・窮追・高追・訴追・逐追・攀追・風追

常 **【椎】** 12 4091 ツイ スイ つち うつ たたく しい

篆文 

形声 声符は隹。隹に堆・魋の声がある。〔説文〕六上に「撃つ所以なり」(段注本)とあり、また「齊にては之れを終葵と謂ふ」とする。槌と同義。槌で椎撃することをいう。

訓義 1つち。2うつ、つちでうつ。3たたく。4椎髻はもとどり。5しい、しいの木。スイの音でよむ。

古訓 〔和名抄〕椎子 之比(しひ) 〔名義抄〕椎 ツチ・ウツ・シヒ
語系 椎・槌diuai、箠・捶tjiuaiは声義近く、杖・箠の類を以て撃つことを捶という。檛・撾toaiもその系統の語で、撾は馬杖、檛を以て撃つことを撾という。

【椎牛】牛をうち殺す。清・侯方域〔顔真卿論〕河北二十四郡、復た忠臣無し。獨り一魯公(顔真卿)の袂を奮ひて起つ有り。牛を椎して血を歃り(盟い)、號召連結し、以て賊衝を横塞す。

【椎髻】髪を後ろに垂れて椎の形に結ぶ。さいづちまげ。〔史記、貨殖伝〕程鄭は山東の遷虜なり。亦た冶鑄し、椎髻の民(南越)に賈り、富は卓氏に埒し。倶に臨邛に居る。

【椎鑿】つちと、のみ。大工道具。〔荘子、天道〕桓公、書を堂上に讀む。輪扁(車作り)輪を堂下に斲る。椎鑿を釋きて、上りて桓公に問うて曰く、敢て問ふ、公の讀む所の者は、何の言爲るかと。公曰く、聖人の言なりと。

【椎殺】椎でうち殺す。〔史記、信陵君伝〕朱亥、四十斤の鐵椎を袖にして、晉鄙を椎殺す。公子、遂に晉鄙の軍を將ゐ、兵を勒す。

【椎心】むねをうって嘆く。漢・李陵〔蘇武に答ふる書〕何ぞ圖らん、志未だ立たざるに、怨み已に成り、計未だ從はざるに、骨肉刑を受く。此れ陵の、天を仰ぎて椎心して、泣血する所以なり。

【椎拓】拓本をとる。〔漢学師承記、六、孔広森〕又碑板の文字を好み、游歴の至る所、學宮寺觀、巖崖石壁、必ず驂を停めて搜討す。僕劉福といふ者有り。椎拓を善くす。紙墨を攜へて以て從ひ、得る所有れば盡く之れを拓す。

【椎鍛】かなづち。鍛冶する。〔韓非子、外儲説右下〕椎鍛

は、夷らかならざるを平らかにする所以なり。榜檠は、直ならざるを矯むる所以なり。

【椎鈍】愚鈍。明・方孝孺〔采苓先生に与ふる書、一〕某、質性椎鈍、學篤専ならず。行能、取るべき所無し。執事察せず、過りて之れを采る。

【椎破】うちくだく。〔漢書、匈奴伝下〕既に得て復た之れを失ふ。命を辱かしむること、焉れより大なるは莫し。故印を椎破して以て禍根を絶つに如かず。～卽ち斧を引いて之れを椎壞す。

【椎剽】撲殺して掠奪する。〔史記、貨殖伝〕中山は地薄くして人衆し。～民俗懁急、機利を仰いで食らふ。丈夫相ひ聚りて游戯し、悲歌忼慨し、起ちては則ち相ひ隨ひて椎剽す。

【椎埋】撲殺して埋める。〔史記、貨殖伝〕其の閭巷の少年に在りては、攻剽椎埋し、人を劫かして姦を作し、～法禁を避けず、死地に走くこと騖するが如き者、其の實は皆財用の爲のみ。

【椎輪】古代の素朴な車。〔閲微草堂筆記、灤陽消夏録、一〕夫れ漢儒は訓詁を以て專門とし、宋儒は義理を以て相ひ尚ぶ。漢學は粗にして宋學は精なるに似たるも、然れども訓詁に明らかならざれば、義理何に自りて知られん。～未だ既に大輅を成し、椎輪を追斥するを免れず。

↑椎額 さい槌頭／椎紒 椎髻／椎撃 うちたたく／椎結 椎髻／椎鼓 鼓をうつ／椎骨 脊椎骨／椎砕 うちくだく／椎車 椎輪／椎鐘 釣鐘／椎拙 質朴／椎打 椎撃する／椎奪 椎剽／椎塘 臼／椎揚 型うち／椎拍 うちたたく刑具／椎剝 残虐にいためる／椎鄙 魯鈍で鄙俗／椎氷 氷砕き／椎朴 質朴／椎魯 愚鈍／椎陋 愚鈍
↓引椎・金椎・神椎・石椎・脊椎・鉄椎・鈍椎・樸椎・揚椎・雷椎

人
【槌】 14 4793 ツイ タイ つち うつ たたく
篆文 
形声 声符は追（追）。〔説文〕六上に「關東にては之れを槌と謂ひ、關西にては之れを持と謂ふ」とあり、次条に「持は槌なり」と互訓。持は棒槌。蚕棚の柱などをいう。槌は椎と声義の同じ字である。
訓義 ①つち、椎と同じ。棒状のつち。②うつ、たたく、つちでうつ。③蚕棚の柱。④搥と通じ、なげうつ。
古訓 〔名義抄〕槌 サイツチ・クミ 〔字鏡集〕槌 クミ・シヒ・ツチ・ウツ・ミヅノウツハモノ・ヨコツチ・サイヅチ・シヒノキ
語系 槌・椎 diuəi は同声。箠・捶 tjiuəi は声義が近い。箠・檛を以て撃つことを捶・撾という。みな一系の語である。
＊語彙は椎字条参照。
【槌鼓】鼓をうつ。唐・杜牧〔大雨行〕詩 盡く邑中豪健の者を召し 朱盤を闊展して酒場を開く 觥を奔せ鼓を槌ち、聲勢を助く 眼底、纖腰の娘を顧みず
【槌砕】うち砕く。唐・李白〔江夏にして、韋南陵冰に贈る〕詩 我且く君が爲に黄鶴樓を槌砕せん 君も亦た吾が爲に鸚鵡洲を倒却せよ 赤壁に雄を争ふも、夢裏の如し 且く須らく歌舞して、離憂を寛うせん
【槌心】むねをうって嘆く。梁・江淹〔建平王に詣りて上まつる書〕身、木石に非ず。獄吏と伍を爲す。此れ少卿（李陵）の、天を仰ぎ心を槌ち、泣盡きて之れに繼ぐに血を以てする所以なり。
↑槌毀 うちくだく／槌牛 牛をうち殺す／槌撃 たたき撃つ／槌鑿 槌とのみ／槌杵 槌ときね／槌琢 彫琢／槌砧 きぬたの台／槌棒 たたく棒／槌輪 竹や木で作った車
↓金槌・研槌・大槌・鉄槌・木槌

常
【墜】 15 7810 〔墜〕 15 7810 ツイチ おちる おとす うしなう
篆文  甲骨文  金文 
会意 隊（隊）＋土。隊は神の陟降する神梯（𠂤）の前に犧牲をおく形。土は社神。そこに地の神を祀る。ゆえに墜は地の初文。地の義には、のち地を用いる。神の降下するところより墜の意とする。〔説文新附〕十三下に「陊つるなり」とあり、顚隕の意とするが、卜文には神梯より人の落下するさまを示す象形の字がある。金文に「對へて敢て豕さず」とあり、〔国語、晋語二〕「敬しみて命を墜さず」というのと同じ。豕は墜の省文とみるべきである。
訓義 ①おちる、おとす。②うしなう。③地の初文、地。
古訓 〔名義抄〕墜 オツ 〔篇立〕墜 ホシマ、・クヅル・ヲツ・イチマチ
語系 墜・豕・隊 diuət は同声。墮（堕）duai、隤 duai は声近く、墮は〔広雅、釈詁二〕に「落つるなり」、隤は〔説文〕十四下に「下隊するなり」と訓する字で、隊は墜の初文。金文に、豕を墜の義に用いる例がある。
【墜景】落日。晋・陸機〔賈長淵（謐）に答ふ〕詩 王室の亂るる 邦として泯びざる靡し 彼の墜景の如し 曾ち振ふべからず
【墜失】失う。失墜。〔国語、周語上〕庶人工商、各〻其の業を守り、以て其の上に共（供）す。猶ほ其の墜失有らんことを恐る。故に車服旗章を爲りて、以て之れを旌はす。
【墜緒】衰えた事業。唐・韓愈〔進学解〕異端を觝排し、佛老を攘斥し、罅漏を補苴し、幽眇を張皇し、墜緒の茫茫たるを尋ね、獨り旁く捜りて遠く紹ぐ。～先生の儒に於ける、勞有りと謂ふべし。
【墜地】地に落ちる。衰亡する。〔論語、子張〕文武の道、未だ地に墜ちずして人に在り。賢者は其の大なる者を識り、不賢者は其の小なる者を識る。文武の道、有らざること莫し。
【墜落】落下する。〔顔氏家訓、帰心〕星を萬物の精と爲す。～星、墜落すること有りて、乃ち石と爲る。精若し是れ石ならば、光有ることを得ず。性又質重し。何の繫屬する所ぞ。
【墜露】おく露。〔楚辞、離騒〕朝に木蘭の墜露を飲み 夕に秋菊の落英を餐ふ
↑墜逸 散亡する／墜湮 滅失する／墜雨 降雨／墜下 落下する／墜陥 陥落する／墜岸 断岸／墜言 失言／墜死 落ちて死ぬ／墜絮 柳花／墜睫 落涙／墜星 流星／墜胎 堕胎／墜典 廃典／墜亡 喪失する／墜楼 高殿より投身する
↓逸墜・湮墜・隕墜・横墜・潰墜・危墜・棄墜・毀墜・傾墜・撃墜・荒墜・弛墜・失墜・隮墜・頽墜・凋墜・跌墜・天墜・転墜・顚墜・覆墜・崩墜・憂墜・露墜

【縋】 16 2793 ツイ すがる なわ
篆文 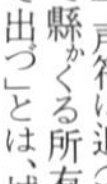
形声 声符は追（追）。〔説文〕十三上に「繩を以て縣くる所有るなり」とあり、〔左伝、僖三十年〕「夜、縋りて出づ」とは、城壁を繩に縋って下りることをいう。
訓義 ①なわをかける、なわにすがる。②なわ、つりなわ。
古訓 〔新撰字鏡〕縋 懸繩、豆利佐乎（つりざを）〔名義抄〕縋 カヽル・フシヅケス・スガル・カナサク 〔字鏡集〕縋 カヽル・スガル・フシヅケ・ヲ・カケナハ

語系 縋diuai、墮（堕）duaiは声近く、ともに降り落ちる意がある。墜diuətもその系統の語である。

【縋城】 城壁を縄ですがりおりる。〔夢渓筆談、人事一〕（胡）則、一饔人（料理人）の鱠魚精ならざるを怒り、之れを殺さんと欲す。其の妻遽かに之れを止む。～則、乃ち之れを捨つ。此の卒、夜、城に縋りて走りて曹翰に投じ、具さに城中の虛實を云ふ。～是の夜、城陷る。

【縋腰】 腰に垂れる。唐・白居易〔春、尽日宴し罷んで、事に感じて独り吟ず〕詩 金帶は腰に縋れて、衫（ぬいとりをした衣）は地に委つ 年年衰へ瘦せて、衣に勝へず

↑縋下 すがって下りる／縋出 縄にすがって外に出る／縋縄 縄かけ／縋登 綱でよじ登る

↓下縋・懸縋・自縋・乗縋・縵縋

【懟】 18 3433 ツイ うらむ うれえる

篆文

形声 声符は對（対）。〔説文〕十下に「怨むなり」とあり、同訓。〔詩、大雅、蕩〕「彊禦に懟多し」、〔書、康誥〕「元惡大憝」の懟・憝は、みな悪戻の徒をいう。

訓義 ①うらむ、うらみいかる。②うれえる、うれえなやむ。③もとる、わるもの。

古訓 〔名義抄〕懟 アダム・ウラム・ウレフ・オロカナリ 〔字鏡集〕懟 アダム・ヲカス・ヲソル・オロカナリ・ウレフ・アク・アヤシ・ウラム

語系 懟diuət、憝duətは声義近く、同系の語。

【懟怨】 うらむ。〔晏子、重而異者三〕君、居處節無く、衣服度無く、正諫を聽かず。事を興すこと已む無く、賦斂厭く無し。～萬民懟怨す。

【懟憾】 うらむ。〔列子、黄帝〕今女先生の門に居ること、曾ち浹時（寸時）ならざるに、懟憾する者再三なり。～虚を履み風に乘ずること、其れ幾ふべけんや。

↑懟険 邪悪／懟恨 うらむ／懟怒 うらみ怒る／懟筆 うらみの文

↓怨懟・困懟・衆懟・多懟・忿懟

【鎚】 18 8713 ツイ タイ つち かなづち

形声 声符は追（追）。〔玉篇〕に「鐵鎚なり」とあり、木製ならば槌という。

訓義 ①つち、かなづち。②うつ、つちうつ、たたく。③錘と通じ、はかりのおもり。④きたえる、みがく。⑤銅。⑥兵器の一。

古訓 〔名義抄〕鎚 カナヅチ・ツチ・ウツ・アカカネ 〔篇立〕鎚 アラ・カナヅチ・キネ・ウツ

↑鎚鑿 つちとのみ／鎚殺 つちでうち殺す／鎚鍛 つちで鍛える

↓鉗鎚・金鎚・豖鎚・鉄鎚・木鎚・揚鎚

ツウ

常 【通】 10 3730 〔通〕 11 3730 〔俑〕 10 2722

ツウ トウ とおる いたる かよう

篆文 金文 甲骨文

形声 声符は甬。甬に桶の声がある。〔説文〕二下に「達するなり」とあり、通達の意。金文に「通祿永命」という語があり、通とは全体にわたり、終始に及ぶことをいう。字はまた俑に作る。

訓義 ①とおる、ゆきわたる。②いたる、およぶ、とどく。③かよう、ゆく、あるく、すぎる。④あまねく、つらなる、もっぱら、ひたすら、すべて。⑤しる、しりつくす、ときあかす。⑥馬のくそ。

古訓 〔名義抄〕通 トホル・カヨフ・ミチ・サトル・スミ・クソ・アマネシ・ユク・トツグ・トモガラ 〔篇立〕通 タフ・タル・ユクスヱ・アマネシ・トホル・トホシ・ミチ・サトル・トツグ・スミ・カヨフ・トモガラ・スグ

語系 通thong、同・洞dongは声義近く、同は筒形、甬は桶形の容器である。空洞にして中の通じるものをいう。

【通遠】 深く通達している。〔晋書、裴秀伝〕尙書令左光祿大夫裴秀は、雅量弘博にして、思心通遠なり。先帝登庸し、前朝に贊事せしめたり。

【通家】 歴代交誼のある家。〔後漢書、孔融伝〕時に河南の尹李膺、簡重を以て自ら居り、妄りに士賓客に接せず。～融、其の人を觀んと欲し、故さらに膺の門に造り、門者に語りて曰く、我は是れ李君通家の子弟なりと。

【通貨】 通用の貨幣。〔管子、軽重乙〕五穀粟米は、民の司命なり。黄金刀布は、民の通貨なり。先王善く其の通貨を制し、以て其の司命を御す。故に民の力盡すべきなり。

【通解】 全体をよく理解する。〔北斉書、馮偉伝〕少かくして李寶鼎に從ひて遊學す。李、其の聰敏を重んず。恒に別意を以て之れに試問するに、通解する所多し。尤も禮傳に明らかなり。

【通義】 普遍の道理。〔孟子、滕文公上〕人に治めらるる者は人を食ひ、人を治むる者は人に食はるるは、天下の通義なり。

【通誼】 普遍の道理。〔漢書、董仲舒伝〕春秋に、一統を大にする者は、天地の常經にして、古今の通誼なり。

【通議】 共同して論ずる。〔後漢書、朱暉伝〕是の時穀貴く、縣官の經用（官費）足らず。朝廷之れを憂ふ。～是に於て諸尙書に詔して通議せしむ。

【通暁】 意味がよくわかる。唐・韓愈〔陳商に答ふる書〕愈白す。惠書を辱うす。語高くして旨深し。三四讀するも、尙ほ通曉する能はず。

【通衢】 四方に通ずる大通り。漢・班昭〔東征の賦〕通衢の大道に遵はん、捷徑（近道の小径）を求めて、誰にか從はんと欲する。

【通顕】 高位に就き栄達する。〔後漢書、応劭伝〕中興の初、應嫗といふ者有り。四子を生みて、寡なり。神光の社を照らすを見て、試みに之れを探り、乃ち黄金を得たり。是れより諸子宦學し、竝な才名有り。瑒に至るまで、七世通顯なり。

【通好】 好誼を結ぶ。〔三国志、呉、三嗣主、孫皓伝注に引く呉録〕晉に使ひす。皓、（張）儼に謂ひて曰く、今南北通好す。君を以て出境の才有りと爲す。故に相ひ屈行すと。

【通行】 往来する。また、広く流布する。〔漢書、王吉伝〕（上疏）今俗吏の民を牧むる所以の者は、禮義科指の世世通行すべき者有るに非ざるなり。獨だ刑法を設けて、以て之れを守るのみ。

【通士】 事理に通じた人。〔荀子、不苟〕上は則ち能く君を尊び、下は則ち能く民を愛し、物至りて應じ、事起りて辨ず。是くの若くんば、則ち通士と謂ふべし。

【通事】 外内を取り次ぐ。通訳。〔癸辛雑識、後集〕（訳者）内外の言を陳說するに、皆此の傳語の人を立てて、以て其の志を通ず。今北方之れを通事と謂ひ、南蕃海船、之れを唐帕と謂ふ。

【通儒】 学識通達の儒者。〔後漢書、賈逵伝〕逵の著はす所の經傳義詁、及び論難百餘萬言。～學者之れを宗とす。後世稱して通儒と爲す。

【通習】 習熟する。宋・蘇轍〔枢密韓太尉（琦）に上

饗きの來たるは、斗升の祿を取る有るに非ざるなり。

【通人】事理に通達している人。〔論衡、超奇〕書千篇以上、萬卷以下に通じ、弘暢雅閑、文讀を審定して、以て教授して人師と爲る者は、通人なり。～夫れ通人は覽見廣博なるも、掇ひて以て論說すること能はず。

【通制】古今に普遍的に通用する法制。〔後漢書、張敏伝〕天地の性、唯だ人を貴しと爲す。人を殺す者は死するは、三代の通制なり。

【通説】一般に承認されている説。南朝宋・顔延之〔又、何衡陽達性論に釈す〕天下、寧ぞ無形の有有らん。～無形の有は既に匠立（形として存在）せず。徒だ支離を謂ひて通說と爲すのみ。

【通喪】貴賤の別のない喪礼。〔論語、陽貨〕夫れ三年の喪は、天下の通喪なり。

【通則】古今に通ずる法則。梁・沈約〔左降を立つる詔〕秩を減じて官に居らしむるは、前代の通則にして、職を貶して左遷するは、往朝の繼軌なり。今より～左降の科を開くべし。

【通塞】窮通。時運の是否。〔易、節、初九、象伝〕戸庭を出でずとは、通塞を知ればなり。

【通俗】世俗にかなう。〔京本通俗小説、馮玉梅団円〕話は通俗を須ちて方めて傳達し、語は必ず風に關して始めて人を動かす。

【通達】ゆきわたる。事理に達する。唐・韓愈〔柳子厚（宗元）墓誌銘〕子厚、少くして精敏、通達せざる無し。其の父の時に逮んで、少年と雖も、已に自ら成人たり。

【通脱】無頓着。あかぬけ。〔宋書、五行志一〕魏の文帝、諒闇（先帝の服喪）に居るの始め、便ち數しば出でて遊獵し、體貌重からず、風尚通脱なり。～天下之れに化し、咸な守節を賤しむ。

【通知】熟知する。〔漢書、李尋伝〕今朝廷、時月の令を忽せにす。諸侍中尚書近臣、宜しく皆月令の意に通知せしむべし。

【通徹】明察。洞徹。〔管子、明法解〕人臣の力、能く君臣の閒を鬲て、美惡の情をして揚聞せず、禍福の事をして通徹せざらしむ。

【通道】普遍の道。〔史記、公孫弘伝〕君臣・父子・兄弟・夫婦・長幼の序、此の五者は天下の通道なり。智・仁・勇、此の三者は天下の通德にして、之れを行ふ所以の者なり。

【通年】年数を前後合わせる。〔史記、衛康叔世家〕恵公立ちて三年にして出亡し、亡すること八年にして復た入る。前と通年して、凡べて十三年なり。

【通敏】事理にさとい。〔漢書、元后伝〕（王鳳の）奢僭此の如し。然れども皆人事に通敏にして、士を好み賢を養ひ、財を傾けて施豫し、以て相ひ高尚にす。

【通謀】謀を通わす。〔淮南子、人間訓〕智伯～韓・魏を從へて、襄子を晉陽に圍む。三國、謀を通じ智伯を禽にして其の國を三分す。此れ所謂人を奪ひて、反つて人の奪ふ所と爲る者なり。

【通問】訪問しあう。〔礼記、曲礼上〕男女雜はり坐せず、～親授せず、嫂叔は問を通ぜず。

【通覧】全般をみる。〔論衡、別通〕亡國の社、其の上に屋し、其の下に柴する者は、天地に絕つを示すなり。春秋の薄社（亡国の社）は周以て戒めと爲す。～人の通覽せざる者は、薄社の類なり。

【通論】事理にあう論。晉・杜預〔春秋左氏伝の序〕仲尼（孔子）は素王、丘明（左氏）は素臣と云ふは又、通論に非ざるなり。

↑通移 通じて移す／通音 音信／通韻 通用の韻／通運 運搬する／通謁 名刺を出す／通仮 音で通用する／通過 通る／通雅 雅正／通豁 豁達／通完 完了する／通姦 姦通／通宦 高官／通患 通弊／通貫 貫く／通款 内通する／通関 関所を開く／通観 通覧する／通軌 通路／通規 通則／通逵 街道／通究 究める／通赇 贈賄する／通渠 みぞ／通共 共通／通勤 通い勤める／通裙 婦人服／通計 総計／通啓 通信／通見 通覧する／通検 全体を検索する／通玄 玄理を知る／通悟 悟る／通庚 釣書き／通狎 狎れる／通侯 列侯／通溝 みぞ／通合 合する／通谷 深い谷／通国 国中／通婚 婚姻を通じる／通才 達才／通済 融通して救う／通材 通才／通財 通済／通察 通見／通算 総計／通史 全体史／通市 交易する／通刺 名刺を出す／通指 指図する／通視 邪視／通室 妻を交換する／通日 終日／通樹 列樹／通緝 広域にわたって捜査する／通準 通則／通書 音信／通署 連署／通宵 夜通し／通称 一般の呼び名／通商 交易／通渉 博く通じる／通常 普通／通情 交情／通信 たより／通神 神に思いが通じる／通性 通有の性質／通睛 邪視／通夕 夜通し／通昔 通夕／通籍 宮門の門札／通接 情事／通贍 十分／通壮 気宇壮大／通漕 漕運／通属 連なる／通率 てがるでさっぱり／通体 全体／通態 通常の状態／通倪 通脱／通旦 徹夜／通智 達智／通牒 通知の書面／通暢 透る／通飭 申し渡し／通天 天に届く／通典 不変の法／通塗 通路／通透 透る／通同 ともに／通洞 洞徹／通徳 不変の徳／通瀆 川／通帛 旗／通比 広く親しむ／通否 通塞／通眉 両眉の間がせまい／通病 通弊／通弊 一般の弊／通蔽 賢者と愚者／通変 変化の理／通弁 通訳／通名 通刺／通明 夜明けまで／通夜 徹夜／通有 普遍／通邑 路が四通八達に通じている都／通幽 幽明の理に通じる／通用 一般に用いる／通利 鋭く洞察する／通理 通明／通流 流通／通亮 明らか／通礼 一般に行われる礼／通例 慣例／通暦 通年／通練 練達する／通路 通行の路／通朗 明らか／通和 和親

↓暗通・円通・淹通・開通・咸通・姦通・貫通・感通・簡通・窮通・共通・暁通・玄通・交通・亨通・四通・私通・神通・精通・全通・疎通・大通・直通・内通・博通・半通・不通・普通・文通・変通・旁通・密通・融通・流通・霊通

常

【痛】 12 0012 ツウ いたむ きびしい

篆文 

形声 声符は甬よう。甬に通（通）つうの声がある。〔説文〕七下に「病なり」とあり、疾痛の甚だしいことをいう。それで痛罵・痛飲など、徹底してことをする意にも用いる。

訓義 [1]いたむ、なやむ、くるしむ、うずく。[2]なげく、かなしむ、おしむ。[3]きびしい、はなはだしい。[4]思い切り、徹底的に、存分に。

古訓 〔和名抄〕痛 通じて膚脈中に在るなり。伊太之（いたし）〔名義抄〕痛 イタム・イタシ・タヘガタシ・ハナハダ／痛乎 イタイカナ 〔字鏡〕痛 イタシ・タヘガタシ・ヒトシ・ヤム・ヤマヒ・イタム

語系 痛・恫thongは同声。恫は〔説文〕十下に「痛むなり」と訓する字。甬は桶、同は筒、ともに通徹の意がある。

【痛飲】大いに飲む。〔夢渓筆談、人事一〕石曼卿、豪飲を喜む。～毎に客と痛飲し、露髮跣足す。械を著けて坐す、之れを囚飲と謂ふ。木杪に飲す、之れを巣飲と謂ふ。～其の狂縱、大卒ね此の如し。～未だ嘗つて一日も醉はずんばあらず。

【痛隠】甚だ悲しむ。〔唐書、劉浹伝〕母、狂易を病み、人を笞掠するに非ざれば安んずること能はず。左右皆亡去す。敦儒（浹の子）、日に疾に侍し、體、常に流血す。母乃ち能く下食す。敦儒怡然として、痛隠を爲さず。

【痛怨】悲しみ怨む。〔後漢書、公孫瓚伝〕（上疏）（袁）紹～國難を恤へず。～割剋無方、百姓を考責し、其の痛怨を爲す。咨嗟せざる莫し。

【痛快】心がさわやか。快い。〔法書要録、一〕（宋の羊欣、古来能書の人名を采る）吳の人皇象、草（書）を能くす。世に沈著痛快と稱す。

【痛感】切実に感じる。〔晋書、温嶠伝〕（四方の征鎮に移告す）賊臣祖約・蘇峻、～凶逆無道にして、～骨肉生きながら離る。天地を痛感せしめ、人心齊一にして、咸く皆切齒す。

【痛愧】大恥。〔魏書、劉昶伝〕昶、啓して曰く、臣の本國不造（不幸）、～萬里奔波、皇闕に投蔭し、天慈に仰頼して首領（首）を存す。然れども大恥未だ雪がず、痛愧心に纏ふ。

【痛毀】てひどくそしる。明・王陽明〔教条、竜場の諸生に示す〕責善】若し先づ其の過惡を暴白し、痛毀極詆し、容るる所無からしめば、彼將に其の愧恥憤恨の心を發し、降りて以て相ひ從はんと欲すと雖も、勢ひ能はざる所有らんとす。

【痛哭】はげしく泣く。〔漢書、賈誼伝〕臣竊かに惟ふに、事勢の痛哭を爲すべき者一、流涕を爲すべき者二、長太息を爲すべき者六有り。

【痛酷】甚だ心を苦しめる。晋・欧陽建〔臨終の詩〕窮達、定分有り 慷慨して復た何ぞ歎かん 上は慈母の恩に負き 痛酷、心肝を摧く 下は憐れむ所の女を顧み 惻惻として心中酸し

【痛恨】甚だしく残念に思う。蜀・諸葛亮〔出師の表〕先帝在せし時、臣と此の事を論ずる毎に、未だ嘗て桓・靈（後漢末の帝）に嘆息痛恨せずんばあらざるなり。

【痛疾】悲しみ苦しむ。〔礼記、問喪〕親始めて死するときは、～夫れ悲哀、中に在り。故に形、外に變ずるなり。痛疾心に在り。故に口、味を甘しとせず、身、美に安んぜざるなり。三日にして斂す。

【痛心】むねをいためる。〔後漢書、袁譚伝〕（劉表の袁譚を諫むる書）王室震蕩し、彝倫（世の秩序）攸て斁る。是を以て智達の士、痛心、骨に入らざる莫く、時人の相ひ忍ぶこと能はざるを傷む。

【痛惜】甚だ残念に思う。〔新書、数寧〕臣竊かに惟ふに、事勢の痛惜を爲すべき者一、流涕を爲すべき者二、長太息を爲すべき者六。其の他、理に倍き道を傷るが若き者は、偏く以て疏擧（条挙）し難し。

【痛切】きびしくて身にしみる。〔漢書、劉向伝〕向、自ら信を上に得るを見て、故常、宗室を顯訟し、王氏及び在位の大臣を譏刺す。其の言多く痛切、至誠に發す。～大夫の官に居列すること、前後三十餘年、年七十二にて卒す。卒後十三歳にして、王氏（莽）漢に代れり。

【痛楚】甚だしく苦しむ。〔後漢書、独行、陸続伝〕是の時楚王英、反を謀り、～（続等）詔獄、考（拷問）に就く。諸吏、痛楚に堪へず、死する者大半なり。唯だ續・（梁）宏・（駰）勳、掠考五毒、肌肉消爛するも、終に異辭無し。

【痛懲】厳しくこらしめる。〔宋史、張永徳伝〕永徳曰く、陛下、封疆を固守せんと欲せば則ち已む。必ず疆宇を開拓し、威、四海に加はらんことを欲せば、宜しく其の失を痛懲すべしと。世宗、枕を地に擲ちて、大呼して善しと稱す。

【痛毒】残酷。また、その苦しみ。〔後漢書、章帝紀〕（元和元年詔）往者の大獄より已來、掠考（拷問）多酷、～其の痛毒を念ふに、怵然として心を動かす。

【痛念】苦痛を思いやる。〔左伝、昭三年、燠休の服虔注〕燠休は、其の痛を痛みて之れを念ふなり。今時、小兒の痛に、父母口を以て之れに就き、燠休と曰ひ、其の痛に代るが若きなり。

【痛罵】てひどくののしる。〔世説新語、方正〕（晋の）武帝、和嶠に語りて曰く、我先づ王武子（済）を痛罵し、然る後之れを爵せんと欲すと。嶠曰く、武子は儁爽、恐らくは屈すべからざらんと。

【痛癢】いたみと、かゆみ。苦しみ。魏・嵇康〔自然好学を難ずるの論〕難に曰く、夫れ口の甘苦に於ける、身の痛癢に於ける、物に感じて動き、事に應じて作る。～此れ必然の理なり。

↑痛禍 はげしい禍害／痛苦 苦痛／痛撃 強く攻撃する／痛言 きびしく論じる／痛傷 深く悲しむ／痛縄 きびしくただす／痛斥 強く排斥する／痛責 きびしく責める／痛絶 きびしくやめる／痛嘆 深く嘆く／痛詆 きびしくそしる／痛悼 深く悼む／痛痺 リューマチ／痛愍 深くあわれむ／痛風 痛痺／痛憤 はげしくいきどおる／痛痒 痛癢

↓哀痛・怨痛・冤痛・脚痛・苦痛・頸痛・劇痛・激痛・酷痛・嗟痛・酸痛・慚痛・歯痛・疾痛・愁痛・傷痛・心痛・陣痛・頭痛・切痛・創痛・惻痛・怛痛・沈痛・鎮痛・疼痛・悼痛・鈍痛・悲痛・病痛・憤痛・抱痛

ツジ

人 **【辻】** 6 つじ

国字 十＋辵。十は東西南北。交叉路をいう。〔台記〕（保延二年十月）に「使部等を遣はし、辻毎に二人を分ち居らしめ、雜人犬馬を通さしめず」とみえる。〔和漢三才図会、芸才、倭字〕に「辻、街衢の字なり。蓋し十は東西南北、辵に從ふ。會意なり」という。辻は神霊の行き通うところとされ、道祖を祭り、辻占などのことも行われた。

訓義 ①つじ、まちつじ、ちまた。

テイ

常 **【丁】** 2 1020 テイ チョウ（チャウ） トウ（タウ） くぎ ひのと あたる

篆文 金文 甲骨文

象形 釘の頭。その頭を平面形の口で示すことがあり、卜文・金文はその字形であった。〔説文〕十四下に「夏時、萬物皆丁實す。象形」とする。「丁實」は丁壮の意であろう。また「丁は丙を承く。人心に象る」とするが、心の象形は心であり、丁はその形でない。〔爾雅、釈魚〕に「魚枕、之れを丁と謂ふ」とする。魚腸を乙、魚尾を丙とするのと一類の説である。十干の第四に用いる。

訓義 ①くぎ、釘の初文。②ひのと、丙丁は五行では火。丙をひのえ、丁をひのとという。③あたる、当と通用する。④さかん、つよい。⑤わかもの、丁壮、公役に供する人、人口、召使い。

古訓 〔名義抄〕丁 ヒノト・アツ・アタル・サカユ・サカリ・ヲトコ・イホノカシラノホネ 〔字鏡〕丁 イホノカシラノホネ・ヨヲロ・カセ・カムカフ・カタキ・アツ・アタル・ヨシ・サカユ・ウツ・カセキ

部首 〔説文〕に部首一字、〔玉篇〕には汀の異文一字を加える。丁の初文であるが、〔説文〕十四上に「釘は錬鉼の黄金なり」とあって、金の板とする。その形は丁に似ており、釘頭の鋳塊であったのであろう。

声系 〔説文〕に丁声として玎・訂・亭・朾・頂・汀・町・釘および成（成）など十二字を録する。成は戉（鉞）に綏飾を加えて器の成るを祝い、その呪飾とする意で、丁形はその綏飾であり、丁声の字ではない。他はおおむね丁の声義を承ける。頂は釘頭を人頂の意に及ぼしたものである。

語系 丁・頂tyengは同声。また巓tyen、天thyen、定dyeng、題dyeはみな声近く、山の巓頂、顔の題額（ひたい）の部分をいう語である。當（当）tang、貞tiengは「あたる」とよむ字。その打つ音を丁丁という。丁丁は擬声語である。

【丁鞵】 底にすべりどめの鋲を打った雨靴。宋・葉適〔呂子陽～を送る～〕詩 時維れ冬、雷數なり 雲雪、常に晝も昏らし 火把、夜色を起し 丁鞵（鞋）、齒痕（靴あと）明らかなり

【丁役】 壯丁としての公役。唐・張籍〔西州〕詩 郡縣、丁役を發し 丈夫各征行す 男を生むも養ふこと能はず 身に姓名有ることを懼る

【丁艱】 親の喪にあう。〔世説新語、仇隟〕藍田（王述）會稽に於て艱に丁り、山陰に停まりて治喪す。右軍（王羲之）代りて郡と爲り、屢出弔することを言ふも、連日果さず。～是に於て彼此の嫌隟（隙）大いに構ふ。

【丁彊】 壯健。〔論衡、無形〕凡そ冀ふべき者は、～白髮復た黑く、齒落ちて復た生ず。身氣丁彊、超乘する（車に飛び乘りする）も衰へざるは、乃ち貴ぶべきなり。

【丁女】 成年の女。〔史記、主父偃伝〕丁男は甲を被り、丁女は轉輸す。苦しみて生に聊んぜず、道樹に自經し、死する者相ひ望む。

【丁壯】 若者。夫役に当たる者。〔鶴林玉露、甲三、前輩志節〕胡忠簡公（銓）、擧子爲りし時、建炎の亂（宋都陥り、南渡）に値ひ、丁壯を團結して以て鄕井を保つ。～乃ち自ら民兵を領して城に入り、固守す。

【丁稚】 若者。〔春明退朝録、上〕呉正肅言ふ、律令に丁推有り。推字、少壯の意に通ぜず。當に是れ丁稚なるべし。唐、大帝の諱を以て之れを避け、其の點畫を損すと云ふ。

【丁当】 佩玉の鳴る音。玎璫。唐・杜牧〔華清宮、三十韻〕詩 神仙、高くして縹渺（遥かにしてかすか）たり 環珮、碎けて丁當たり

【丁寧】 どら。また、ねんごろ。元・倪瓚〔三月一日、松陵より華亭を過る〕詩 竹西の鶯語、太だ丁寧 斜日、山光、翠屏澹し

【丁年】 二十歳。青壯の時。漢・李陵〔蘇武に答ふる書〕丁年、使を奉じ、皓首にして歸る。老母は堂に終り、生妻は帷を去る。此れ天下の希に聞く所、古今未だ有らざる所なり。

【丁部】 図書分類の第四部。経史子集の集。〔隋書、経籍志一〕魏の祕書郎鄭默、始めて中經を制し、祕書監荀勗、又中經に因りて、更めて新簿を著はし、分ちて四部と爲し、群書を總括す。～四に曰く、丁部、詩賦・圖讚・汲冢書有り。

【丁夜】 午前一時より二時間。〔唐書、天文志二〕星變～（太和）九年六月丁酉、昏より丁夜に至るまで、流星二十餘、縱横出沒す。多くは天漢（銀河）に近し。

【丁憂】 父母の喪にあう。〔日知録、十五、丁憂交代〕昔時、有司の父母の憂ひ（死）に丁るを見るに、訃を聞きて喪に奔るに、半月を出でず。近議、必ず交代せしめて、方めて任を離るることを許す。欠庫有りて未だ補はざるに至りては、服闋るも猶ほ歸るを得ざる者有り。

↑丁口 若者／丁香 香木の名／丁黄 青少年／丁妻 中年の妻／丁冊 戸籍／丁算 丁税／丁子 蛙の子／丁字 丁字形／丁実 実る／丁税 人頭税／丁籍 人夫帳／丁銭 人頭税／丁属 人夫／丁中 丁役年齢／丁丁 うつ音／丁冬 丁当／丁東 丁当／丁倒 顚倒する／丁夫 丁役の男／丁賦 人頭税／丁老 壯老

↓役丁・園丁・戸丁・甲丁・獄丁・識丁・初丁・正丁・成丁・征丁・租丁・壯丁・男丁・馬丁・白丁・発丁・符丁・募丁・民丁・輸丁・輿丁・落丁・伶丁・零丁

【壬】 4 2010 テイ ぬきんでる

篆文

甲骨文

象形 ものを高く捧げて立つ人の形。呈（呈）は、祝禱の器（𠙵）を高く掲げて、神に呈示する意の字である。これを捧げて挺立することを壬という。壬は器を鍛冶するときの台の形で、字が異なる。〔説文〕八上に「善なり。人士に從ふ。士は事なり」とし、士人は他よりも挺立して、善を為すものの意とするようであるが、卜文の字形は土上に人の挺立する形である。〔説文〕にまた「一に曰く、物の地より出でて挺生するに象るなり」とし、草木の類のように解するが、廷（廷）・庭（庭）の初文は、土主に対して儀礼を行う形に従う。呈・聖（聖）・望（望）はみな挺立して祝禱し、神意を仰ぐ形、聞の初文も壬上に耳をしるす形であった。神意を知るために、人の挺立する象とみるべきである。

訓義 ①ぬきんでる、たつ、高きを望んでたつ。②よい。

部首 〔説文〕に徵（徴）・望・㸒の三字。〔玉篇〕にさらに重など二字を加える。重を〔説文〕に次部におき、量をその部に属するが、重は橐の重さを示す字で、壬とは関係がない。徵は長髪の人を殴つ形で、巫女を殴つ形の微（微）と同構の字である。

声系 〔説文〕に壬声として呈・廷・巠・聽（聴）の四字、および呈・廷の声に従う字を収める。廷は土主を祀るところで、廟所の中廷をいう。聴・望などの儀礼もそこで行われたのであろう。巠は經（経）の初文。壬とは関係のない字である。

語系 壬thyeng、呈・挺（挺）dyengは声近く、壬は挺立の形、呈は祝禱の器を捧げて挺立する形。挺立して神意を聞くことを聽thyengといい、聞も古くは聽・聖の左旁の形にしるした。よく神意を聞く者を聖という。

【叮】 5 6102 テイ たのむ ねんごろ

形声 声符は丁。〔玉篇〕に「叮嚀は囑付するなり」とあり、人にものを依囑することをいう。丁寧は鐘に類する楽器の名。慇懃の意には叮嚀を用いる。

訓義 ①たのむ、あずける、いいつける。②ねんごろ。③丁寧は楽器の音、その楽器。

古訓 〔名義抄〕叮 トモ・コトニ 〔字鏡集〕叮 叮嚀なり。ツク・トシ・コトニ

【叮寧】 ねんごろ。宋・陸游〔張功父の寄せらるるに和す〕詩 我は荷鋤を以て、事業と爲す 君は高枕を以て、神通を示す 叮寧の一語、宜しく深く聽くべし 筆に信かせて詩を題するも、太だ工みなること勿かれ

【叮嚀】 叮寧。唐・寒山〔寒山詩、二一三〕古より多少の聖ぞ 叮嚀に自ら信ずることを教へたる

↑叮囑 懇願する／叮噹 玉・鈴・琵琶の音／叮鈴 鈴の音

【氐】 5 7274 テイ けずる いたる ひくい

篆文
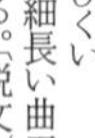

会意 氏＋一。氏は細長い曲刀の形。それで底を削って低平にする。〔説文〕十二下に「至るなり。本なり。氏に從ひ、下に一を著く。一は地なり」（段注本）という。〔説文〕は氏十二下を土崩れの意とし、氐をその土崩れの土を平らかにする意とするものであろうが、氏は曲刀、その曲

刀を以て、底辺を削って低くするので、底・低はみな氏に従う。砥礪の砥も氏に従い、砥石を以て礪ぐ意である。
訓義 1けずる、底をけずる、底をけずり平らかにする。2いたる、底にいたる。3ひくい。4柢と通じ、もと、根のもと。5抵と通じ、おおよそ、おおむね。6邸と通じ、やしき。7氏・羌、夷狄の国。
古訓 〔名義抄〕氐 羌なり、ヲカス 〔字鏡集〕氐 タネ・ムネ・トク・ヲカス・イタル・アハス・モト・エラブ・イサ、カ・アヤマル
部首 〔説文〕〔玉篇〕に同じく三字を属するが、みな用例のない字である。
声系 〔説文〕に氐声として牴・祗・詆・底・厎・抵・坻など二十二字を収める。おおむね低平の意であるが、ときに牴触のように相争う意となるのは、力を以て削平するためであろう。
語系 氐・低・底・抵 tyei は同声。厎(砥) tjiei は砥礪を加えるもので、柔石をいう。至 tjiet、致 tiet、また臻 tzhen はみな声近く、至る、致すの訓がある。
【氐首】低首。低頭する。〔漢書、食貨志下〕縣官大いに空しくして、富商賈～轉轂すること百數、～封君も皆氐首して給を仰ぐ。
【氐賤】値が安い。〔漢書、食貨志下〕其の賈(価)氐賤にして平を減ずる者は、民の自ら相ひ與に市ふことを聽し、以て貴庾(売り惜しみ)する者を防ぐ。
↑氐惆 昏乱する

入
【汀】
5 3112 テイ みぎわ なぎさ たいらか

篆文 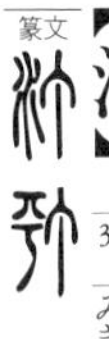

形声 声符は丁。丁は釘の頭の形で、平らかの意がある。〔説文〕十一上に「平らかなり」とあり、字はあるいは平(平)に従う形に作り、洲渚をいう。
訓義 1みぎわ、なぎさ、水ぎわの平地。2たいらか。3小さながれ、ぬかるみ、どろ。
古訓 〔和名抄〕汀 美岐波(みぎは) 〔名義抄〕汀 ミギハ・トゞコホル 〔字鏡集〕汀 ナギサ・ミギハ・トゞ、コホル・ミギハノイサゴ
語系 汀 thyeng、丁 tyeng は声近く、丁には平らかの意がある。
【汀瀅】清らかな小さな流れ。〔抱朴子、極言〕天を干すの木は、旬日の長ずる所に非ず。測られざるの(深い)淵は、汀瀅より起る。
【汀花】みぎわの花。唐・貫休〔春晩、桐江上間望の作〕詩 沙鳥は雲に似て、鐘外に去り 汀花は火の如くにして、雨中に開く
【汀葭】みぎわのあし。唐・陳子昂〔襄河駅浦に宿す〕詩 沙浦、明らかなること月の如く 汀葭、晦きこと秋の若し
【汀曲】みぎわの曲折するところ。南朝宋・謝霊運〔臨海の嶠(高峰)に登らんとし、初めて彊中を発して作る～〕詩 中流にして袂は判かれに就き 去らんと欲するも、情忍びず 顧望して脰(首)未だ悁れざるに 汀曲に、舟已に隱る
【汀沙】渚の砂。〔倩女離魂〕元曲(第二折)只だ見る遠樹寒鴉、岸草汀沙、滿目の黄花、幾縷の殘霞。
【汀洲】中洲。〔楚辞、九歌、湘夫人〕汀洲に杜若を搴り 將に以て遠き者に遺らんとす
【汀渚】なぎさ。唐・陳陶〔冬日暮旅、廬陵に泊す〕詩 江城雪は落ふる、千家の夢 汀渚冰は生ず、一夕の風
【汀柳】渚の柳。唐・李白〔客の呉に帰るを送る〕詩 島花開きて灼灼 汀柳細くして依依たり
【汀鷺】渚のさぎ。唐・賈島〔朱可久の越中に帰るを送る〕詩 汀鷺、潮を衝っきて起ち 船窗、月を過ぎりて虛し
↑汀岸 みぎわ/汀草 水際の草/汀濘 泥水/汀濆 汀渚
↓葦汀・一汀・雲汀・烟汀・遠汀・鷗汀・廻汀・鶴汀・寒汀・曲汀・江汀・沙汀・洲汀・秋汀・春汀・長汀・梟汀・楓汀・遥汀・臨汀・連汀・芦汀・鷺汀

【灯】
6 9182 テイ チン ひ

形声 声符は丁。燈の俗字とされるが、〔玉篇〕〔類篇〕に燈・灯を別の字として録し、〔玉篇〕に「火なり」、〔類篇〕に「烈火なり」という。燈と別義の字であるが、その常用字としても用いる。
訓義 1ひ、もえさかるはげしいひ。

常
【低】
7 2224 テイ ひくい ふす

篆文 

形声 声符は氐。〔説文新附〕八上に「下きなり」とする。氐は曲刀で底辺を削って平らかにする意。氐に低平の意があり、低とは人の姿勢の低いことをいう。
訓義 1ひくい、姿勢を低くする、ふす。2たれる、さがる。3すべて高いものに対して、低いことをいう。
古訓 〔名義抄〕低 カタブク・タル・トシ・ミジカシ・タヒラカニ・トモ・ヒク・トキ 〔字鏡集〕低 ミジカシ・トキ・ヒク・タル・タヒラカ・タレタリ・トモ・ヒラ・トシ・ヲコタル・カタブク
語系 低・氐・柢・底 tyei は同声。厎 tjiei、至 tjiet は声近く、いたる、いたすの訓がある。
【低回】たちもとおる。〔史記、孔子世家論賛〕余れ孔氏の書を讀み、其の人と爲りを想見す。魯に適き、仲尼の廟堂・車服・禮器、諸生時を以て禮を其の家に習ふを觀、余低回して之れに留まり、去ること能はざりき。
【低空】空から垂れる。唐・杜甫〔房太尉(琯)の墓に別る〕詩 他郷、復た行役す 馬を駐めて孤墳に別る 涙に近くして、乾土無く 空に低れて、斷雲有り
【低湿】土地が卑湿である。唐・白居易〔琵琶行〕詩 住むところは湓江に近く、地は低濕(溼) 黄蘆・苦竹、宅を繞りて生ず
【低小】低く小さい。唐・杜甫〔絶句漫興、九首、三〕詩 熟知す、茅齋の絶だ低小なるを 江上の燕子、故に來たること頻りなり
【低唱】小声で歌う。低吟。宋・蘇軾〔趙成伯の家に麗人有り～〕詩 試みに問ふ、高吟すること三十韻なるは 低唱兩三杯なるに、何如ぞや
【低身】身を低める。唐・蕭徳言〔舞を詠ず〕詩 身を低くすれば、玉珮鏘たり 袖を擧げて、羅衣(うすものの衣)を拂ふ
【低頭】頭を下げる。うなだれる。〔独異志、中〕漢の和億、畿の令と爲る。常に一虎の人を害する有り。億、檻を設けしめて二虎を得たり。億曰く、人を害する者は低頭せよと。一虎低頭す。億、之れを殺し、其の一虎は放去せり。
【低眉】伏目になる。唐・白居易〔琵琶行〕詩 眉を低れ、手に信せて、續續と彈ず 說き盡す、心中無限の事
【低迷】ぼんやりする。魏・嵆康〔養生論〕夜分にして坐し、則ち低迷思寢す。內に殷憂(盛んな憂い)を懷くときは、則ち旦に達するも瞑らず。
↑低隘 低く狭い/低音 低い音/低温 低い温度/低下 下落する/低価 安値/低貨 安物/低蛾 低眉/低徊 低回/低鬟 低頭/低顔 謙遜する/低級 下級/低言 ひそひそという/低減 減らす/低仰 高低/低昂 低仰/低手 未熟/低心 心が下る/低垂 垂れる/低声 低い声/低折 腰をかがめる/低銭 悪貨/低顙 低頭して拝する/低黛 低眉/低地 低い地/低潮 潮がひくように衰える/低天 低い空/低伏 平伏する/低腰 へり下る/低劣 拙い/低隴 低いうね/低窪 くぼみ/低矮 低く小さい
↓雲低・下低・花低・鬟低・高低・最低・樹低・潮低・天低

常【呈】7 6010 〔呈〕7 6010 テイ　すすめる　さしあげる

篆文 

会意 旧字は呈に作り、口＋壬。口は祝禱を収める器の𠙵。これを高く掲げて挺立し、神に呈して祈ることをいう。〔説文〕二上に「平らかなり」、〔広雅、釈詁一〕に「解くなり」とするが、その用義例はなく、呈上・露呈などの意に用いる。呈は側身形で、その正面形は𦰩。𦰩は饑饉のときに、巫が𠙵を捧げて、焚殺される形である。

訓義 ①すすめる、みせる、さしあげる。②しめす、あらわす、あらわれる、てらう。③人にさしあげる、おくる。④たいらか。⑤逞と通じ、たくましうする、とおる。

古訓 〔名義抄〕呈　シメス・アラハス・ノブ・ヲシフ・イタル・サトル・タマフ・アソブ・タヒラカニ・トク・シム・ナラフ・アキラカニ・マヽ・ミル・モテアソブ・タヒラカナリ　〔字鏡集〕呈　シム・ナラフ・アキラカニ・タヒラカ・マナブ・シルス・ウバフ・ミル・アソブ・ノブ・マヽ・ミル・アラハス・アタフ・タマフ・トク・ヲシフ・マウス・イタル・タテマツル・シメス

声系 〔説文〕に呈声として逞（逞）・程（程）・聖（聖）など八字を収める。逞二下は「通ずるなり」と訓するが、おそらく過甚の意で、みだりに神に祈り、神を煩わす意であろう。聖は聞の初形に祝禱の器を加えた形であるから、呈声の字ではない。

語系 呈 dyeng、裎 thjeng は声近く、裎は〔説文〕八上に「袒なり」とあり、肩はだを脱いで肌をあらわす意。呈に露呈の意がある。

【呈形】 形を与える。表現する。〔梁書、王筠伝〕（沈）約、郊居の宅に於て、閣齋を造る。筠、草木十詠を爲くり、之れを壁に書す。皆直だ文詞を寫すのみにして、篇題を加へず。沈、人に謂ひて云く、此の詩、指物呈形、題署に假ること無しと。

【呈芸】 技芸を披露する。〔避暑録話、上〕晏元憲公～賓客を喜び、未だ嘗て一日も燕飲せずんばあらず。～稍く闌なはにして、卽ち（歌楽を）罷遣して曰く、汝が曹、藝を呈すること已に徧し。吾も當に藝を呈せんとすと。乃ち筆札を具して、相ひ與に詩を賦す。

【呈文】 文彩をあらわす。唐・王諲〔南至の雲物の賦〕星は珠を連ねて曉くるを候ち、日は璧を合して文を呈す。衆瑞咸く集り、禎祥薦りに至る。

↑呈閲　閲覧に供する／呈臆　思うままにする／呈巻　文書を呈上する／呈見　あらわし示す／呈献　献上する／呈顕　あらわす／呈控　申し立てる／呈告　申し立てる／呈詞　申告書／呈試　試験／呈示　あらわす／呈質　本性が露見する／呈祥　呈瑞／呈称　申し立てる／呈詳　上申文／呈状　上申書／呈身　自薦／呈瑞　瑞祥があらわれる／呈正　訂正をこう／呈政　乞正／呈請　申請する／呈送　上奏する／呈報　届け出る／呈本　献呈の書／呈面　面謁／呈覧　高覧に供する／呈露　あらわす

↓謹呈・形呈・献呈・咨呈・上呈・進呈・贈呈・拝呈・奉呈・来呈・露呈

常【廷】7 1240 〔廷〕7 1240 テイ　にわ　やくしょ　たいらか

篆文 

金文 

形声 声符は壬。金文の字形は、土主を囲んで鬯酒を加える儀礼の場を示すもので、廟所の中廷。土主の傍らに人をしるし、土上に人の立つ形の壬と異なるが、同声によむ。〔説文〕二下に「朝中なり」とあり、冊命賜与の礼などは、その中廷で行われた。のち屋廡の形を加えて庭（庭）となるが、今は屋廡のないところを庭という。

訓義 ①ひろにわ、中廷、政務をとり儀礼を行うところ、朝廷。②やくしょ、政庁、つかさ。③たいらか、廷平。④庭、庭の初文。

古訓 〔名義抄〕廷　ムカフ・サカフ・ヲトル・アフ・マサル・ツヒニ　〔篇立〕廷　ムカフ・マサル・ヲトル・サカフ・ツヒニ・アフ・アタマシクシテ

声系 〔説文〕に廷声として挺（挺）・梃・侹・庭・霆など十三字を収める。挺抜の意をもつ字が多い。

語系 廷・庭・侹 dyeng は同声。侹は〔説文〕八上に「長き皃なり」とみえる。梃・挺 dyeng も同声。霆 dyeng は電 dyen と通転の語で、また挺出の意をも含むものであろう。

【廷尉】 官名。裁判を司る。〔史記、張釈之伝〕廷尉は天下の平なり。一たび傾かば、天下の法を用ふるもの、皆爲に輕重せん。民安くに其の手足を措く所あらんや。

【廷議】 朝議。朝廷で協議する。〔後漢書、桓栄伝論〕（張佚）廷議戚援（親戚の援助）、自ら全德に居るも、意るいは廉足らざるを以てなるか。

【廷試】 科挙。朝廷で行う殿試・朝考。〔明史、選挙志二〕擧人を以て之れを京師に試みるを會試と曰ふ。式に中たる者、天子親しく廷に策するを廷試と曰ひ、亦た殿試と曰ふ。

【廷杖】 官吏に廷上で杖刑を加える。清・銭謙益〔湖広提刑按察司僉事管公行状〕臣、耳目の漸く壅がれんことを恐る。～言官の廷杖を除かざれば、言路終に開くを得ざらん。臣～廷杖を以て諸れを言官に加ふること勿きを願ふ。

【廷辱】 朝廷の満座の中で辱める。〔史記、袁盎伝〕宦者趙同、數しば幸せらるるを以て、常に袁盎を害す。袁盎之れを患ふ。盎の兄の子種、常侍騎と爲る。～盎に說きて曰く、君與に鬪ひて之れを廷辱し、其の毀（人を陥れるような讒言）を用ひざらしめよと。

【廷折】 廷辱。〔唐書、柳範伝〕（範、直言を以て太宗を諫む）帝怒りて、衣を拂つて起つ。～謂ひて曰く、何ぞ我を廷折すると。範、謝して曰く、主、聖なれば臣、直なり。陛下仁明、臣敢て愚を盡さざらんやと。帝乃ち解く。

【廷争】 朝廷にあって争論する。〔隋唐嘉話、下〕徐大理有功、武后の將に人を殺さんとするを見る毎に、必ず法に據りて廷爭す。

【廷対】 朝廷で諮問にこたえる。〔後漢書、邳彤伝〕議者多く言ふ、信都の兵に因りて自ら送り、西のかた長安に還るべしと。彤と廷對して曰く、議者の言、皆非なり。～威重を墮損するは、計の得たる者に非ざるなり～と。

【廷理】 刑法の官。〔韓非子、外儲説右上〕荊の莊王に茅門の法有り。曰く、群臣・大夫・諸公子の入朝するに、馬蹄、霤（雨樋）を踐む者は、廷理其の輈を斬り、其の御を戮せと。

【廷論】 朝廷で弁論する。〔後漢紀、章帝紀下〕上、穀梁を善くす。後、大儒蕭望之等、（公羊・穀梁）二家の同異を廷論し、多く穀梁に從ふ。是れに由り穀梁の學復た興る。

↑廷魁　廷試の首席及第者／廷寄　論旨／廷譏　廷辱／廷儀　朝儀／廷鞫　廷上で審問する／廷見　廷謁／廷叱　廷辱／廷授　親任／廷臣　在廷の臣／廷説　廷上で弁説する／廷疏　面奏する／廷諍　廷争／廷内　宮中／廷弁　廷論／廷吏　宮廷の吏

↓外廷・官廷・宮廷・県廷・在廷・出廷・宸廷・霜廷・退廷・朝廷・内廷・幕廷・辺廷・法廷・明廷

常【弟】7 8022 テイ　ダイ　しだい　おとうと

篆文 

古文 

甲骨文 

金文 

象形 韋皮の紐でものを束ねた形。〔説文〕五下に「韋束の次弟なり。古字の象に従ふ」とあり、次第してものを締結する意。のち兄弟の意に用いる。第は後起の字である。

訓義 ①次第、順序、次第して束ねる。②おとうと、とした、としわか、自己の謙称。③すなお、つつしむ。④悌と通じ、やすらか、たのしい。⑤但と通じ、ただ。

古訓 〔和名抄〕弟 男子後生を弟と爲す。於止宇度(おとうと)〔名義抄〕弟 ヲトウト・ツイデ・シバラク・ヤスシ・ツギ 〔字鏡集〕弟 ヲト・シバラク・ツギ・タヾ・ツイデ・オト丶・サイハヒ・ヤスシ

部首 〔説文〕に罤の一字を属し、〔玉篇〕に第を加える。罤は罘(涙の象形)に従う。鰥(老いて妻無きもの)が罘に従うのと同じ構造法である。〔説文〕五下に「周の人、兄を謂ひて罤と曰ふ」とあり、のち昆を用いて昆弟という。

声系 〔説文〕に弟声として睇・稊・涕・娣・鵜など九字を収める。次第の意をもつ字が多い。

語系 弟・娣・悌 dyei は同声。娣は女弟。兄弟に善きを悌という。遅(遲) diei は同系の語であろう。

【弟共】 弟が兄に恭みつかえる。〔左伝、文十八年〕八元を擧げて、五教を四方に布かしむ。父は義、母は慈、兄は友、弟は共、子は孝なり。

【弟兄】 兄弟。唐・白居易〔長恨歌〕詩 姉妹弟兄、皆土(封侯)に列す 憐れむべし、光彩の門戸に生ずるを

【弟子】 年下。若者。門人。〔史記、儒林、公孫弘伝〕請ふ、舊官に因りて興し、博士官の爲に弟子五十人を置き、~太常、民の年十八已上、儀狀端正なる者を擇びて、博士弟子に補せん。

↑弟敬 弟恭/弟昆 兄弟/弟舍 第舍/弟長 長幼/弟靡 なびく

↓愛弟・家弟・外弟・豈弟・凱弟・季弟・義弟・兄弟・賢弟・孝弟・高弟・昆弟・子弟・師弟・舍弟・従弟・順弟・諸弟・小弟・仁弟・宗弟・遜弟・大弟・長弟・徒弟・不弟・母弟・門弟・友弟・令弟

【杕】 7 / 4493 テイ

篆文

金文

形声 声符は大。大に釱・軑の声がある。〔説文〕六上に「樹の皃なり」とあり、〔詩、唐風、杕杜〕「杕たる杜有り」の〔伝〕に「特りなる貌なり」とあって、一本木のさまをいう。〔玉篇〕に「木の盛んなる皃なり」とあって、茂るさまをいう。

訓義 ①一本立ちの木。②木の茂るさま。③柁と通じ、かじ。

【杕杜】 一本立ちのかたなし。〔詩、唐風〕と〔詩、小雅〕とに〔杕杜〕と題する詩があり、いずれも杕杜を孤独の発想として用いる。〔詩、小雅、杕杜〕杕たる杜有り 其の葉萋萋たり 王事盬むこと靡し 我が心傷悲す

常 【定】 8 / 3080 テイ ジョウ(ヂャウ) さだめる やすらか

篆文

甲骨文

金文

会意 宀+正。〔説文〕七下に「安なり」とあり、安定・安居の意とする。星の定星はまた「営室」ともいい、設営のとき、その星によって方位を定めた。奠と声義が近い。また頲の初文で、題・額(ひたい)の意に用いる。

訓義 ①さだめる、位置をさだめる、設営の方位を定める。②おさまる、やすらか、おだやか。③ただす、きめる、ととのえる。④ひたい。

古訓 〔名義抄〕定 サダム・サダシ・シヅム・ト丶ム・ヤム・マサ・ユビサス・シヘタリ・ヲハリ・マタシ・ヰル・ウヅム・ヤスム・ヒタヒ

声系 〔説文〕に定声として錠、〔玉篇〕に掟を収める。綻は袒の異体の字である。

語系 定 dyeng、奠 dyen は声義近く、奠に奠定の意がある。また寧(寧) nyeng は安と互訓の字。題 dye は題額、定をその義に用いることがある。

【定員】 定則の人数。〔唐書、百官志一〕開元二十六年、又翰林供奉を改めて學士と爲す。別に學士院を置き、專ら内命を掌らしむ。~凡そ其の職に充つる者は、定員無し。諸曹尚書より、下校書郎に至るまで、皆選に與かることを得。

【定価】 一定の値段。また、評価して認める。唐・李白〔韓荊州に与ふる書〕一たび龍門に登れば、則ち聲譽十倍す。所以に龍盤鳳逸の士、皆君侯に收名定價せられんと欲す。

【定格】 一定の基準。〔南史、斉高帝諸子上、予章文献王嶷伝〕宋武以來、州郡の秩俸、及び雜供給は、多く土の出す所に隨ひ、定準有ること無し。嶷、上表して、明らかに定格を立て四方に班下し、永く恆制と爲さんことを請ふ。之れに從ふ。

【定期】 定まった時期。〔梁書、徐勉伝〕僕聞く、古往今來は理運の常數、春榮秋落つるは、氣象の定期なり。人の其の閒に居るは、諸これを逆旅(旅館)に譬たふ。生は寄、死は歸なること、通論に著はる。

【定議】 議論の是非を定める。〔漢書、劉向伝〕(外親をして変事を上らしむる書)漢興す所有らんと欲せば、常に詔問有り。(董)仲舒は世の儒宗爲り。定議は天下に益有り。

【定業】 事業を完成する。梁・任昉〔王文憲集の序〕聖武(斉の高祖)業を定め、王命を肇基す。風雲に寤寐すること、實に人傑に資る。

【定讞】 罪を論定する。また、定論。清・龔自珍〔語録〕千古、晦庵(朱熹)を論ずる者、當に陳同甫の孝宗に對ふるの言を以て、定評定讞と爲すべし。此の外は較ぶるに足らざるなり。

【定交】 交わりを結ぶ。訂交。唐・白居易〔感旧〕詩 平生定交、人を取ること窄し 指を屈すれば、相ひ知るは唯だ五人のみ 四人は先だちて去り、我は後に在り 一枝の蒲柳、衰殘の身

【定策】 天子を擁立する。〔唐書、宦官下、楊復恭伝〕(李茂貞の書に曰く)吾れ荊榛(荊の道)を披き、天子を立つ。既に位を得て、乃ち定策の國老(自らいう)を廢す。門生に負心するを奈何せんと。門生とは天子を謂ふなり。其の不臣、此れに類す。

【定志】 精神を集中する。漢・東方朔〔非有先生論〕寡人(呉王)~體、席に安んぜず、食、味を甘しとせず。目に靡曼の色を視ず、耳に鐘鼓の音を聽かず、虛心定志、流議を聞かんと欲すること、茲に三年なり。

【定情】 結婚。唐・陳鴻〔長恨歌伝〕定情の夕、金釵鈿合を授けて、以て之れを固む。

【定心】 おちついた心。〔管子、内業〕能く正にして能く靜、然る後能く定まる。定心、中に在れば、耳目聰明にして、四枝(肢)堅固なり。以て精の舍と爲すべし。

【定制】 一定の規則。〔後漢書、胡広伝〕(上書)竊かに尚書令左雄の郡擧孝廉を議するを見るに、皆年四十以上を限り、諸生には章句を試み、文吏には牋奏を試むと。~蓋し選擧は才に因り、定制に拘はること無し。

【定省】 親につかえる。〔礼記、曲礼上〕凡そ人の子爲るの禮、冬は溫かくし夏は凊しくし、昏(夕)に定め、晨に省みる。

【定息】 自然に呼吸する。〔史記、扁鵲伝、正義〕人は一呼するに脈行くこと三寸、一吸するに脈行くこと三寸、呼吸定息するに脈行くこと六寸、人一日一夜、凡そ一萬三千五百息、脈行、身に五十周し、漏水下ること百刻。

【定鼎】 都を定める。鼎は王の宝位。〔左伝、宣三年〕昔~桀に昏德有りて、鼎、商に遷る。~商紂暴虐にして、鼎、周に

遷る。～天、明德に祚ひし、底止する所有り。成王、鼎を郟鄏(地名)に定む。

【定評】(ていひやう) 一定の評価。〔五雑組、事部三〕唐より宋初に及び、皆詩賦を以て士を取る。實用に益無しと雖も、人の學問才氣、一覽して見るべし。且つ其の優劣、自ら定評有り。

【定分】(ていぶん) 宿命。生まれつき。〔宋書、顧覬之伝〕覬之常に謂ふ、命を秉ること定分有り。智力の移す所に非ず。唯だ應に己を恭しうして道を守り、天を信じ運に任すべしと。

【定辺】(ていへん) 辺境を平定する。唐・銭起〔戸部李郎中の晋国副節度に充てられて、塞より出づるを奉送す〕詩 始めは願ふ、文もて國を經むることを 俄かに看る、武もて邊を定むるを

【定法】(ていほう) 定められている法。〔夢粱録、二十、嫁娶〕聘禮、富貴の家は、當に三金を備ふべし。～貧富同じからず、亦た其の便に従ふ。此れ定法無きのみ。

【定謀】(ていぼう) 計略を定める。〔宋史、岳飛伝〕(張)所問うて曰く、汝能く幾何に敵すと。飛曰く、勇は恃むに足らず。兵を用ふるは、先づ謀を定むるに在りと。～所、矍然として曰く、君は殆ど行伍中の人に非ずと。

【定名】(ていめい) 名称を定める。〔管子、九守〕名を修めて實を督し、實を按じて名を定む。

【定命】(ていめい) 定められている運命。〔南史、顧覬之伝〕覬之、常に、命を執ること定分有り、智力の移す所に非ず。唯だ應に己を恭しうして道を守り、天を信じ運に任すべしと。～乃ち其の意を以て、弟の子原に命じて、定命論を作らしむ。

【定問】(ていもん) 様子を問い確かめる。〔資治通鑑、晋紀四〕(恵帝、元康元年)(楚王)瑋の兵を興すや、隴西王泰、兵を嚴にして、將に瑋を助けんとす。祭酒丁綏諫めて曰く、～夜中倉猝なり。宜しく人を遣はして參審定問すべしと。

【定理】(ていり) 定まった道理。〔韓非子、解老〕凡そ理なる者は、方圓・短長・麤靡・堅脆の分なり。故に理定まりて、而る後、物、道を得べきなり。故に定理に存亡有り、死生有り、盛衰有り。～常なる者は易はる攸無く、定理無きなり。

【定律】(ていりつ) 定め。規定。宋・蘇軾〔王定国、晋卿の酒を得て相ひ留まりて夜飲するに次韻す〕詩 詩に定律無し、君應に將たるべし 醉に眞鄉有り、我は侯たるべし

↑定位(ていい) 位置を定める／定款(ていかん) 約款／定義(ていぎ) 事物の概念を規定すること／定擬(ていぎ) 議定する／定極(ていきょく) 定止する／定銀(ていぎん) 手附金／定形(ていけい) 一定の形／定計(ていけい) 謀を定める／定見(ていけん) 一定の見解／定検(ていけん) 定則／定限(ていげん) 限度／定功(ていこう) 功を立てる／定考(ていこう) 勤務評定／定購(ていこう) 予約／定婚(ていこん) 婚約／定魂(ていこん) 鎮魂／定産(ていさん) 恒産／定止(ていし) きまり／定視(ていし) 見すえる／定時(ていじ) 定期／定式(ていしき) 一定の法式／定住(ていじゅう) すまい／定準(ていじゅん) 標準／定処(ていしょ) 定居／定章(ていしょう) 規約／定場(ていじょう) みせ場／定色(ていしょく) 顔色を和らげる／定神(ていしん) 安心／定親(ていしん) 婚約／定数(ていすう) 一定の数／定性(ていせい) 常性／定星(ていせい) 営室をつかさどる星／定睛(ていせい) 見すえる／定勢(ていせい) 大勢／定説(ていせつ) 定論／定然(ていぜん) 必定／定僧(ていそう) 禅定の僧／定則(ていそく) 法則／定奪(ていだつ) 可否／定端(ていたん) 定時／定直(ていちょく) 定価／定度(ていど) 規則／定保(ていほ) 保つ／定封(ていほう) 領地定め／定本(ていほん) 校訂本／定約(ていやく) 約定／定量(ていりょう) 一定の量／定礼(ていれい) 結納／定例(ていれい) 常例／定論(ていろん) 動かぬ説

↓安定・一定・雨定・仮定・改定・画定・確定・刊定・勘定・截定・簡定・鑑定・規定・擬定・議定・協定・欽定・決定・建定・検定・限定・固定・公定・考定・更定・肯定・校定・克定・国定・剋定・昏定・査定・裁定・刪定・算定・暫定・指定・手定・修定・初定・所定・神定・新定・審定・人定・推定・綏定・正定・制定・設定・撰定・翦定・選定・禅定・創定・想定・測定・断定・治定・勅定・鎮定・特定・内定・難定・入定・認定・判定・比定・否定・必定・評定・不定・撫定・風定・平定・保定・法定・未定・明定・約定・予定・理定・釐定・略定・論定

常 【底】 8 0024 テイ そこ いたる なんぞ

篆文

金文

詛楚文

【形声】 声符は氐(てい)。氐は曲刀を以て底辺を削ることを示す字。底は削って平らかとなった部分をいう。〔説文〕九下に「山居なり」とするのは、〔段注〕にいうように「止居」の誤り。また「一に曰く、下なり」とあって、低処をいう。

【訓義】 ①そこ、下辺の平らかなところ、低く平らかなところ。②いちばん下の部分、うら、なか、うち。③いたる、およぶ、おる、止まる、つく、定まる、とどこおる。④直・等と通じて、なんぞ、など、疑問副詞に用いる。⑤的と通じ、～的を～底のようにいう。⑥阺(さか)・砥(といし)と通じて用いる。

【古訓】 〔名義抄〕底 ソコ・トヾム・ヰル・トヾコホル・シリゾク・シタシ・モト・ヒトシ・タヒラカニ・タヒラカナリ・イタル・ウラ／底人 ナニビトゾ／大底 オホムネ 〔字鏡集〕底 ソコ・トヾコホル・トヾム・ヰル・サダム・ウラ・シリゾク・ナニ・モト・ヒトシ・イタル・タヒラカナリ・シタシ

【語系】 底・氐・低・柢・邸tyei は同声。氐は曲刀の剞劂(彫刻刀)で底辺を削り平らかにすることで、低平の意があり、氐声の字はおおむねその声義を承ける。

【底蘊】(ていうん) 心の底。本心。〔唐書、魏徴伝〕帝悦びて日に益と親しみ、或いは引いて臥内に至り、天下の事を訪ふ。徵も亦た自ら世に遇はざるを以て、乃ち底蘊を展べ盡して、隱す所無し。

【底下】(ていか) 卑賤。〔陔余叢考、三十八、底下人〕俗に奴僕を稱して底下人と爲す。南史、陳伯之傳に、～建武以後、草澤底下、悉く貴人と成るに吾れ何の罪ありて棄てらると。

【底極】(ていきょく) いたり極まる。〔後漢書、仲長統伝〕(理乱)入りては則ち婦人に耽り、出でては則ち田獵に馳せ、庶政を荒廢し、人物を弃亡し、澶漫(遊び楽しみ)彌流し、底極する所無し。

【底事】(ていじ) なにごと。〔陔余叢考、四十三、底〕江南の俗語に、何物なるかを問ふに底物と曰ひ、何事には底事と曰ふ。唐以來、已に詩詞の中に入れり。～顏師古の匡謬正俗に～曰ふ、此れ本と何等の物ぞと言ふ。～又轉じて訛し、底と爲れるのみ。

【底綏】(ていすい) 安泰にする。〔晋書、武帝紀〕訓典に率順し、四國を底綏し、用つて天休を保ち、我が二皇の弘烈を替つること無かれ。

【底績】(ていせき) 功績をあげる。〔文心雕竜、詮賦〕太沖(左思)・安仁(潘岳)、勳を鴻規に策し、士衡(陸機)・子安(成公綏)、績を流制に底す。

【底滞】(ていたい) 滞る。たまる。晋・陸機〔文の賦〕其の六情底滞し、志往き神(こころ)留まるに及んでは、兀として枯木の若く、豁として涸流の若し。

【底物】(ていぶつ) なにもの。唐・杜甫〔解悶、十二首、七〕詩 性靈を陶冶して、底物をか存す 新詩改め罷めて、自ら長吟す

【底本】(ていほん) 稿本。また、校正に用いる原本。清・段玉裁〔諸同志に与ふる書〕校書の難きは、～其の是非を定むることの難きなり。是非に二有り。曰く、底本の是非。曰く、立説の是非なり。

【底予】(ていよ) 喜ぶ。〔孟子、離婁上〕舜、親に事ふるの道を盡し、瞽瞍(舜の父)豫びを底す。

【底裏】(ていり) 心の奥。漢・揚雄〔劉歆に答ふる書〕謹んで誠を底裏に歸し、敢て信に違はず。

↑底遏(ていあつ) 止める／底案(ていあん) 草稿／底翳(ていえい) 白内障／底居(ていきょ) 定居する／底行(ていこう) 行う／底稿(ていこう) 草稿／底細(ていさい) 仔細／底作(ていさく) 何すれぞ／底冊(ていさつ) 台帳／底止(ていし) いたる／底死(ていし) すべて、全力を尽くして／底須(ていしゅ) 何ぞ必ずしも／底所(ていしょ)

何処/底慎 つつしむ/底靖 安んずる/底石 といし/底節 節義をつくす/底属 服する/底帳 原簿/底定 おちつく/底突 唐突/底寧 安らぐ/底伏 停滞する/底平 安らぐ/底法 方法を確立する/底面 底/底様 どんな/底麗 依附する/底厲 といし/底老 妻をいう隠語/底禄 禄を与える

↓雲底・花底・河底・海底・壑底・坎底・澗底・眼底・巌底・基底・脚底・胸底・筐底・湖底・江底・根底・耳底・酒底・心底・水底・井底・船底・窓底・艙底・足底・潭底・地底・池底・徹底・到底・透底・嚢底・平底・払底・無底・葉底

【帋】 8 2722 テイ たたり

篆文  古文  籀文 

甲骨文 

象形 長毛の獣の形。呪能をもつもので、卜辞に祟りの意に用い、祟の初形と同じ。〔説文〕九下に「脩毫の獣なり。一に曰く、河内の名家なり。彑に従ひ、下は毛足に象る。~讀みて弟の若くす」とあり、重文二を録する。その字は卜文の祟に近く、帋・祟はもと同源の字であろう。

訓義 ①たたり、たたりをなすけもの。②長毛のけもの。③いのこ、たぬきのこ。

部首 〔説文〕〔玉篇〕に彙(蝟)・䵵など四字を属する。䵵は肆の初文。肆は長毛の獣の尾をもつ形で、帋を他に転移する呪儀を示す字である。その帋を移されたものを隷といい、これを奴隷とした。

語系 帋jieiは卜問することをいう㪅tjiuatと声義近く、また放竄の意の竄tsatとも、声義の関連のある字である。

常【抵】 8 5204 テイ シ おす こばむ あたる いたる

篆文 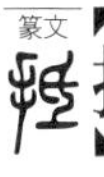

形声 声符は氐。氐は曲刀で、底辺を削り、平らかにする意。〔説文〕十二上に「擠すなり」、また〔広雅、釈詁三〕に「推すなり」とあり、抵抗し、またその抵抗を排する意がある。力を加えて、他にあたることをいう。

訓義 ①おす、おしのける。②こばむ、さからう、抵抗する。③あたる、ふれる、うつ。④いたる、つく。⑤柢と通じ、もと、根柢。⑥擿と通じ、うつ、なげる。⑦詆と通じ、あざむく。

古訓 〔名義抄〕抵 アタル・ミツ・イタル・ウツ・フル・ツキフル・フ・アツ・オホムネ・ヒキサク・モト・ウタチ・サシフル・クサビ・ツラル 〔字鏡集〕抵 アラ/\シ・ハフク・コハシ・ヒキサク・カヘル・アザムク・ナゲウツ・フクル・ウツ・ツク・オホキナリ・イタル・コバム・オホシ・スツ・ツネルフ・ホタル・フル・ミツ・ホツ・アタル

語系 抵・氐tyeiは同声。氐tjiei、致tietは声近く、いたす。擠tzyeiも同系の語で、力を加えて他を排することをいう。推して排する意のある語である。

【抵扞】ていかん こばみさからう。〔塩鉄論、未通〕民猶ほ恩に背き義を棄てて遠く流亡す。~田地日に無く、租賦入らず、縣官(政府)に抵扞す。

【抵陒】ていき 危うく弱いところをうつ。〔漢書、杜周伝賛〕(杜)業、勢ひに因りて抵陒す。朱博を稱し、師丹を毀る。愛憎の議、畏れざるべけんや。

【抵禁】ていきん 禁を犯し法に当たる。〔漢書、匡衡伝〕陛下~愚吏民の法に觸れ、禁に抵るを閔れみ、比年(連年)大赦す。~臣竊かに大赦の後を見るに、~今日大赦し、明日法を犯す。~其の原を改めざれば、~刑猶ほ錯きて用ひざること難し。

【抵梧】ていご くいちがう。〔漢書、司馬遷伝賛〕其の秦・漢を言ふこと、詳らかなり。經を采り傳を摭ふに至りては、數家の事を分散し、甚だ疏略多く、或いは抵梧する有り。~其の是非、頗る聖人に繆る。~此れ其の蔽はるる所なり。

【抵罪】ていざい 罪を犯す。罪に当たる。〔史記、高祖紀〕父老と約す、法、三章のみ。人を殺す者は死し、人を傷つけ及び盜すものは、罪に抵らん。餘は悉く秦法を除去せんと。

【抵死】ていし 死にいたる。死罪とする。〔唐書、裴耀卿伝〕夷州の刺史楊濬、贓を以て死に抵る。詔有りて、杖(刑)六十、古州に流さしむ。

【抵掌】ししょう(しやう) 手をうち勢いこんで話す。〔戦国策、秦一〕(蘇秦)趙王に華屋の下に見說し、掌を抵ちて言ふ。趙王大いに悅び、封じて武安君と爲す。

【抵触】ていしょく ふれる。おかす。唐・唐彦謙〔厳子陵〕詩 嚴陵の情性、是れ眞に狂 三公に抵觸し、帝王に傲る

【抵滞】ていたい 鈍い。唐・白居易〔微之(元稹)重ねて州居を誇る。因りて~寄懐す〕詩 神鬼曾て鞭うつも猶ほ動かず 波濤打つと雖も、如何せんと欲する 誰か知らん、太守、心相ひ似たり 抵滯堅頑、兩ながら餘り有り

【抵敵】ていてき てむかう。抵抗する。〔水滸伝、九十四回〕說ふ、宋江等、兵強く將猛なり。以て抵敵し難し。乞ふ、良將を添へ差はし、鎮守せしめん。

【抵突】ていとつ 迫る。〔後漢書、臧宮伝〕匈奴は利を貪り、禮信有ること無し。窮すれば則ち稽首し、安なれば則ち侵盜す。緣邊其の毒痛を被り、中國其の抵突を憂ふ。

【抵犯】ていはん おかす。〔論衡、弁祟〕世俗禍祟を信ず。~故に世人、愚智賢不肖、人君布衣と無く、皆畏懼信向し、敢て抵犯せず、之れを久遠に歸し、能く分明にする莫し。

【抵冒】ていぼう(ばう) 刑律を犯す。〔漢書、礼楽志〕古より以來、未だ嘗て亂を以て亂を濟はんとして、大いに天下を敗ること、秦の如き者は有らざるなり。習俗薄惡にして、民人抵冒す。

【抵讕】ていらん 欺いてごまかす。〔漢書、文三王、梁懐王揖伝〕(立)誖暴妄行、連りに大辟(大罪)を犯す。~丞相長吏、大鴻臚丞卽きて問ふも、王、病と陽りて抵讕し、置辭驕嫚にして主令に首はず。背畔と異なること亡し。

↑抵瑕 悪口をいう/抵換 交換する/抵几 机をうつ/抵欺 あざむく/抵戯 角抵戯/抵虚 抵頽/抵禦 抵抗/抵隙 虚をつく/抵言 抵欺/抵捂 抵梧/抵抗 反抗する/抵視 注目する/抵償 賠償/抵飾 ごまかす/抵制 拒む/抵兌 引き換える/抵対 対抗する/抵頽 弱みをうつ/抵擲 なげうつ/抵当 担保/抵任 着任/抵排 排斥する/抵頼 抵讕/抵攔 あざむいてごまかす

↓角抵・急抵・轂抵・首抵・大抵・直抵・排抵

【咢】 8 2720 テイ ネイ やすむ

篆文 

象形 台上の皿に血漿のある形。〔説文〕五上に「息を定むるなり」とあり、甹声の字とするが、字が血に従うことからいえば、血を供して祈る儀礼を示す字である。卜辞に風雨を寧んずることをトする例があり、〔周礼、春官、小祝〕に「風旱を寧んず」という儀礼にあたるものであろう。また卜文に、「今夕、王は咢きか」とあり、卜夕の辞にも用い、王身の安寧をトする。寧(寕)の初文とみてよく、寧は廟中で犠牲の心臓の血を用いて祈る儀礼をいう。

訓義 ①やすむ。②息をととのえる。

声系 〔説文〕に寍・寧・甯などの字を収め、字をみな寍声とする。咢は寍・寧の初文とみてよい字である。

常【邸】 8 7772 テイ やしき やど

篆文 

形声 声符は氐。氐に低平の意がある。〔説文〕六下に「屬國の舍なり」とあり、諸侯が都

に参上したときの宿るところ。そこに伝達される政令など官報の類を邸報・邸鈔といった。邸閣はもと軍需のための器物や、食糧を貯蔵する官有の建物、のち旅館や、私人の豪邸などをいう。

訓義 ①やしき、都に朝したときの諸侯の宿舎。②やど、はたご。③くら、官の倉庫。④私人の豪邸、大邸宅。⑤底・柢と通じ、いたる、よりつく。⑥抵と通じ、ふれる。

古訓 〔和名抄〕邸 辨色立成に云ふ、邸家、賣物を停めて賃を取る處(貸倉庫)なり。今按ずるに、俗に津屋(つや)と云ふ、此の類なり 〔名義抄〕邸 店なり 〔字鏡集〕邸 イヘ・クニ

語系 邸・氐・抵tyei、至tjietは声義近く、〔漢書、文帝紀、注〕に「郡國朝宿の舍の京師に在る者、率く邸と名づく。邸とは至るなり」という。もとはおそらく、低平の一区画の称であったらしく、ゆえに荷置の場所をも邸といった。

【邸閣】米などの食糧を貯蔵する建物。のち邸宅の意とする。〔三国志、蜀、後主伝〕十一年冬、亮、諸軍をして米を運び、斜谷口に集めしめ、斜谷の邸閣を治む。

【邸館】やしき。〔魏書、曹宝夤伝〕詔して曰く、~其の資生須ふる所の物、及び衣冠車馬、京に在るの邸館、尚書に付して悉く豫備せしめよと。京師に至るに及んで、世宗之れを禮すること甚だ重し。~兵を請ひて南伐せんとす。

【邸第】やしき。もと諸侯来朝のときの宿泊所であった。〔史記、荊燕世家〕臣、諸侯王の邸第百餘を觀るに、皆高祖一切(同一例)の功臣なり。

【邸宅】やしき。〔東観漢記、十、竇融〕竇氏は一王・兩侯・三公主・四二千石、祖より孫に及ぶまで、官府邸宅相ひ望み、奴婢千數あり。親戚功臣と雖も、與に比を爲す莫し。

【邸店】商店。また、客舍。〔梁書、徐勉伝〕(子の崧を誡むる書)所以に顯貴より以來、將に三十載ならんとし、門人故舊~或いは田園を創闢せしめんとし、或いは邸店を興立せんことを勸むるも、~此の若きの衆事、皆距みて納れず。

【邸報】今の官報の類。〔全唐詩話、二、韓翃〕客、門を叩き急に賀して曰く、員外、駕部郎中知制誥に除せられたりと。翃愕然として曰く、誤りならんと。客曰く、邸報に、制誥に人を闕く。中書兩つ進名せるも從はれず。又之れを請ふ。~曰く、韓翃に與ふと。

↑邸観 邸宅と楼観/邸舎 店や/邸抄 邸報/邸鈔 邸報/邸内 第内

↓外邸・官邸・客邸・旧邸・建邸・公邸・国邸・私邸・寺邸・第邸・治邸・置邸・藩邸・府邸・別邸・本邸・旅邸

常 【亭】 9 0020 テイ チン やど ものみ あずまや

篆文

象形 高と同構の字で、下部がアーチ状の楼門をなしている。〔説文〕五下に「民の安定する所なり。亭に樓有り」とし、「高の省に從ひ、丁聲」とするが、下部は京と同じように門の形。楼は候望と宿舎とを兼ねることがあり、駅亭という。〔漢書、百官公卿表上〕に「十里に一亭」とあり、合わせて二万九千六百三十五亭があるという。〔周礼、地官、遺人〕に「五十里に市有り。市に候館有り。候館に積有り」とあり、賓客・会同・師役の際に用いた。境界に当たって設けるものを寓望という。

訓義 ①やど、しゅくば、えきてい。②ものみ、たかやぐら、たかい。③あずまや、ちん。④停と通じ、とどまる、やしなう。⑤定と通じ、ととのえる、ただしい。⑥底と通じ、いたる。

古訓 〔和名抄〕亭 辨色立成に云ふ、客亭、阿波良夜(あばらや)。亭子、遊息の處の小屋なり 〔名義抄〕亭 タカシ・アカハダカニシテ・ウチナヤム・トヾム・カヨフ・ヤタハカリ・アバラヤ/客亭 アバラ/閑亭 ミヤビカナリ/草亭 アバラヤ 〔篇立〕亭 ウテナ・ヤム・アラハ・タカアシタ・トヾマル・マラウドヰ・トヾム・ハヽナツメ 〔字鏡集〕亭 アカハダカニシテ・タカシ・ヤム・カヨフ・アハラ・トヾム・アタハカリ・ウテナ・ハカリ

声系 停は〔説文新附〕八上に「止まるなり」とあり、渟は〔説文〕未収の字で、停水の意。ともに亭の声義を承ける字である。

語系 亭・停・渟・定dyengは同声。奠dyenも声義近く、奠定することをいう。

【亭育】そだて養う。化育。宋・范仲淹〔小郡を乞ふ表〕少しく有司の責を緩うせよ。儻し形骸未だ頓れず、藥餌功有らば、則ち當に再び驅馳に就き、上亭育に酬ゐん。

【亭宇】うてな。唐・韋応物〔西亭〕詩 亭宇、朝景(朝日)に麗しく 簾牖、暄風に散ず

【亭景】亭のすがた。唐・杜甫〔王侍御に陪して~宴す〕詩 亭景、山水に臨み 村烟、浦沙に對す

【亭閣】たかどの。清・李漁〔閑情偶寄、器玩、屛軸〕峭壁懸崖の下、長松古木の傍ら、亭閣の中、牆垣の隙、皆留題作字すべき者なり。

【亭館】遊息のためのうてな。〔梁書、昭明太子伝〕性、山水を愛す。玄圃に於て穿築して、更めて亭館を立て、朝士名素の者と其の中に遊ぶ。

【亭観】うてな。楼台。〔唐書、馬暢伝〕貲を以て天下に甲たり。~中官往往逼りて取る。暢、畏れて敢て吝まず。以て困窮するに至る。~諸子、室廬の自ら託する無し。奉誠園の亭觀は、卽ち其の安邑里の舊第なりと云ふ。

【亭徼】辺境のものみやぐら。〔史記、平準書〕新秦中、或いは千里に亭徼無し。是に於て北地太守以下を誅し、民をして邊縣に畜牧するを得しむ。官、馬母を假し、三歳にして歸さしむ。

【亭侯】小列侯の食邑。〔三国志、魏、文帝紀〕(黄初)三年~帝の弟~等十一人、皆王と爲る。初めて制し、王の庶子を封じて鄉公と爲し、嗣王の庶子を亭侯と爲し、公の庶子を亭伯と爲す。

【亭候】辺境のものみ。〔後漢書、光武帝紀下〕(建武十二年)驃騎大將軍杜茂を遣はし、衆郡の施(弛)刑を將ゐて北邊に屯し、亭候を築き、烽燧を修めしむ。

【亭寺】宿場の役所。〔後漢書、質帝紀〕夏四月、~丹陽の賊陸宮等、城を圍み、亭寺を燒く。

【亭舍】宿場の旅舍。〔後漢書、第五倫伝〕永平五年、法に坐して徵さる。老小、車に攀ぢ馬を叩き、嗁呼して相ひ隨ふ。日に裁かに行くこと數里、前むことを得ず。倫、乃ち僞りて亭舍に止まり、陰かに船に乘りて去る。

【亭榭】庭園中のうてな。ちん。〔宋史、楽黄目伝〕車駕、洛に幸し、~久しく洛に在り。因りて居を卜す。亭榭竹樹の勝有り。優游として自得す。

【亭鄣】辺塞の要所。〔史記、大宛伝〕王恢、數使して、樓蘭の苦しむる所と爲る。~是に於て、酒泉より亭鄣を列ねて、玉門に至る。

【亭上】亭のほとり。唐・陳子昂〔感遇詩、三十八首、三十四〕朔風、海樹を吹く 蕭條として、邊已に秋なり 亭上、誰が家の子ぞ 哀哀たり、明月の樓

【亭燧】辺塞ののろし台。〔後漢書、西羌、羌無弋爰剣伝〕初め河西を開き、四郡を列置し、道を玉門に通じ、羌胡を隔絕し、南北をして交關することを得ざらしむ。是に於て、障塞亭燧、長城外に出づること數千里。

【亭然】卓立するさま。〔水経注、穀水〕魏の明帝、宣武場上に欄苞虎阱を爲り、力士をして袒裼(肌ぬぎ)して、迭ひに之れと搏たしむ。~(王)戎、七歳にして亦た往きて觀る。虎、間に乘じて欄に薄りて吼ゆ。~觀る者辟易顚仆せざる無し。戎、亭然として動かず。

【亭台】あずまやと展望台。唐・高適〔竇侍御の霊雲南亭

の宴に陪するの詩、~の序〕軍中無事、君子飲食宴樂すること、宜なる哉。~況んや水に舟檝を具へ、山に亭臺を兼ぬ。~胡天一望するに、雲物蒼然たり。

【亭池】あずまやと池。宋・戴復古〔陳与機県尉を湘潭下の摂市に訪ふ、二首、二〕詩 宅は幽くして寺觀に連なり 地は廣くして亭池を帯ぶ

【亭置】宿駅。〔史記、大宛伝注に引く魏略〕大秦は安息・條支の西、大海の西に在り。故俗之れを海西と謂ふ。~其の公私の宮室は重屋を爲し、郵驛亭置は中國の如し。

【亭長】宿場の長。唐・李華〔古戦場を弔ふ文〕亭長、予に告げて曰く、此れ古戰場なり。嘗て三軍を覆へし、往往にして鬼哭す。天陰れば則ち聞ゆと。~秦か漢か、將た近代か。

【亭亭】高く遠い。独立する。久しい。晋・陶潜〔飲酒、二十首、十九〕詩 遂に介然(世と別つ)の分を盡し 衣を拂って田里に歸る 冉冉として星氣流れ 亭亭として復た一紀(十二年)

【亭郵】宿駅。〔説文解字、木部六上〕桓は亭郵の表なり。〔繋伝〕古者、十里に一長亭、五里に一短亭あり。

【亭吏】宿場の役人。〔世説新語、雅量〕褚公(裒)~銭唐亭に投じて住まる。~呉興の沈充、縣令と爲り、~浙江に過ぎる。亭吏、公を驅りて牛屋の下に移す。~(令)便ち牛屋下に於て、刺(名刺)を脩めて公に詣る。

【亭楼】たかどの。唐・孟浩然〔峴山に、蕭員外の荊州に之くを送る〕詩 亭樓、落照に明らかに 井邑、通川に秀づ

↑亭員 亭長/亭院 うてな/亭駅 宿場/亭午 正午/亭公 亭長/亭際 亭の辺り/亭子 ちん/亭次 宿場/亭主 主人/亭沼 亭池/亭障 亭鄣/亭場 塩の専売所/亭燧 のろし/亭伝 宿場/亭当 おちつく/亭畔 亭のほとり/亭父 亭長/亭落 宿場の村/亭立 直立する

↓駅亭・園亭・華亭・街亭・官亭・危亭・旗亭・妓亭・客亭・丘亭・琴亭・古亭・湖亭・郊亭・高亭・山亭・宿亭・小亭・松亭・新亭・水亭・石亭・短亭・池亭・竹亭・築亭・茶亭・長亭・都亭・風亭・辺亭・茅亭・夜亭・野亭・幽亭・郵亭・蘭亭・旅亭・料亭・涼亭・林亭

【剃】 9 8220 ［鬀］ 17 7222 テイ そる

篆文

形声 声符は弟。正字は鬀に作り、髟に従って弟声。〔説文〕九上に「髮を鬄るなり」とあり、剃は鬀の略体に従う字である。

訓義 1そる、髪をそる、ひげをそる。2のぞく、はなす。

古訓 〔和名抄〕剃刀 加美曾利(かみそり)〔名義抄〕剃 ソル、鬀なり/剃刀 カミソリ 〔字鏡集〕剃 カミソル・ケヅル・ソル・ヲサム

語系 鬀(剃)・薙(薙)thyei は同声。鬄 thyek は声義が近い。髢(鬄)dyek、夷jiei も声近く、薙・夷は草を刈りとることをいう。

【剃度】剃髪して出家する。〔旧唐書、高祖紀〕(武徳九年)浮惰の人、苟くも傜役を避けんとして、妄りに剃度を爲し、號を出家に託す。

【剃刀】かみそり。唐・段成式〔僧壁に題す〕詩 僧有り、頰を支へて眉毫を撚る 起ちて夕陽に就きて、剃刀を磨く

【剃髪】髪を落として出家する。〔魏書、房崇吉伝〕乃ち南奔す。崇吉夫婦、路を異にし、剃髪して沙門と爲り、名を僧達と改む。~妻は幽州より南出し、亦た相ひ會することを得たり。

【剃面】顔をそる。やつす。〔顔氏家訓、勉学〕梁朝全盛の時、貴遊の子弟、多く學術無し。~衣を燻らし面を剃り、粉を傅け、朱を施し、~望めば神仙の若くならざる無し。

【剃落】剃髪。〔顔氏家訓、帰心〕内教(仏教)途多し。出家は自ら是れ其の一法のみ。若し能く誠孝心に在り、仁惠を本と爲さば、須達・流水(仏典にみえる二長者の名)、必ずしも鬚髮を剃落せず。

↑剃工 理髪師/剃翦 髪結い/剃頭 出家

常 【帝】 9 0022 ［帝］ 9 0022 テイ タイ あまつかみ みかど

篆文 古文 甲骨文

金文

象形 神を祀るときの祭卓の形。示は一脚の小さな祭卓の形。帝はその下部を交脚とし、その交叉部を締めて安定したもので、その祭卓の形。祀るときに奏する祝詞を収める器の形である口(𠙵)を加えて啇となるが、啇は嫡(嫡)の初文。帝を祀ることは、その嫡系の者に限られていた。〔説文〕一上に「諦なり。天下に王たるの號なり」と審諦の意を以て解し、また字を「二(上)に従ひ、朿聲なり」とするが、そのように分析すべき字形ではない。上天の嫡祖を帝といい、父祖は示といった。卜辞に五示・十示のように、祖を合わせて祀ることがある。金文に「上帝」「皇上帝百神」のようにいうものは、すでに皇天を人格神化する観念があったものであろう。

訓義 1あまつかみ、とおつおや。2みかど、皇帝。3古代の神話的なみかど、五帝。4諦と通じ、あきらか、さだめる。

古訓 〔篇立〕帝 キミ・ミカド・チ、・オホキミ 〔字鏡集〕帝 ミカド・アキラカ・キミ・タヾ

部首 〔説文〕〔玉篇〕は字を上の部に属し、〔篆隷万象名義〕もその例によるが、〔新撰字鏡〕〔類聚名義抄〕は巾部、〔音訓篇立〕は啇(啇)部に属する。字形の理解が失われるとともに、篇立ての法も変化し、〔竜龕手鑑〕では巾部、〔康熙字典〕以後はみな巾部に収めるが、字は巾とは関係がない。

声系 〔説文〕に帝声として禘・啻・諦(諦)・締(締)、また啻声として適(適)・敵(敵)・嫡など十二字を収める。啇は祭卓の帝に祝禱の器の形(𠙵)をそえたもので、啇の初文、卜辞では禘祭の禘の字に用いる。帝に締める意と、帝の直系たるものとの意があり、締は祭卓の下部を締結する意。啇は禘祭を行うべきもので、相当たるものであるから、嫡・適の意となる。滴(滴)・摘(摘)は、小さなまるいものをいう擬声的な語である。

語系 帝 tyai は大きな祭卓の形。卓 teôk は祭事上の大きな匙の形。禘 dyai は帝の動詞形。帝祀をなしうるものを嫡 tyek といい、帝の直系者を意味する。みな同系の語である。

【帝位】天子の位。〔書、舜典〕帝曰く、~乃の言、績とすべきを底すこと、三載なり。汝、帝位に陟れと。舜、德に譲りて嗣がず。

【帝畿】帝都とその周辺。漢・班固〔西都の賦〕六合に横被し、三たび帝畿と成る。周以て龍興し、秦以て虎視す。

【帝宮】天宮。また、都。晋・潘岳〔悼亡詩、三首、三〕誰か帝宮を遠しと謂ふ 路極まりて、悲しみ餘り有り

【帝京】帝都。漢・武帝〔秋風の辞の序〕上、河東に行幸し、后土を祠る。帝京を顧視して欣然たり。中流に群臣と飲燕す。上、歡ぶこと甚だし。乃ち自ら秋風の辭を作る。

【帝郷】天帝・神仙の居。晋・陶潜〔帰去来の辞〕富貴は吾が願ひに非ず、帝郷は期すべからず。

【帝業】王業。唐・章碣〔焚書坑〕詩 竹帛煙銷えて、帝業虚し 關河(関所と河、秦の地)空しく鎖す、祖龍(秦の始皇帝をいう)の居

【帝綱】王業の綱紀。〔晋書、楽志下〕(霊の祥)天、命を降し 宣皇に授く~大舜に繼ぎ 陶唐を佐け 武(魏の武帝)・文(魏の文帝)に讚(纘)ぎ 帝綱を建つ

【帝号】帝の名号。〔史記、秦始皇紀〕宗廟の靈に賴り、六王咸く其の辜に伏し、天下大いに定まる。今、名號更めずんば、以て成功を稱して、後世に傳ふる無し。其れ帝號を議れ。

【帝閽】宮門。また、その門番。〔楚辞、離騒〕吾、帝閽をして關を開かしめんとするも 閶闔(天門)に倚りて予を望むのみ
【帝子】帝の子女。〔楚辞、九歌、湘夫人〕帝子、北渚に降る 目眇眇として予を愁へしむ
【帝師】帝王の師。〔史記、留侯世家〕留侯乃ち稱して曰く、~今三寸の舌を以て、帝者の師と爲り、萬戸に封ぜられ、位、侯に列す。此れ布衣の極みなり。良(張良)に於て足れり。

【帝室】王室。漢・孔融〔禰衡を薦むる表〕鈞天(上帝の宮)の廣樂(広楽九奏の楽)、必ず奇麗の觀有り。帝室皇居、必ず非常の寶を畜ふ。衡等の輩の若きは、多く得べからず。

【帝者】帝たるもの。〔戦国策、燕一〕(昭王)敢て問ふ、國を以て讐に報ずる者は、奈何せんと。郭隗先生對へて曰く、帝者は師と處り、王者は友と處り、霸者は臣と處り、亡國(の主)は役と處る。

【帝所】天帝の居る所。〔史記、趙世家〕趙簡子疾む。五日、人を知らず。~醫扁鵲之れを視る。~居ること二日半、簡子寤む。大夫に語りて曰く、我、帝所に之き、甚だ樂しめり。百神と與に鈞天に游ぶ。廣樂九奏萬舞す。三代の樂に類せず、其の聲、人心を動かすと。

【帝緒】帝業。統一の業。漢・王褒〔四子講徳論〕秦穆に王・由・五羖(大夫)有り。西戎を攘却して、始めて帝緒を開きたり。

【帝城】宮城。唐・王維〔聖製~雨中春望の作に奉和す、応制〕詩 雲裏、帝城、雙鳳闕 雨中、春樹、萬人の家
【帝制】王国の制度。〔史記、南越伝〕皇帝は賢天子なり。今より以後、帝制・黃屋・左纛(みな王の用いるもの)を去らん。

【帝藉】宗廟に粢盛として供えるための親耕の田。〔礼記、月令〕(孟春の月)天子乃ち元日を以て穀を上帝に祈る。乃ち元辰を擇び、天子親ら耒耜(すき)を載せ、~三公・九卿・諸侯・大夫を帥ゐて、躬ら帝藉を耕す。

【帝祚】帝位。〔史記、秦楚之際月表序〕虐戾、秦を滅ぼすは項氏よりし、亂を撥め暴を誅し、海内を平定し、卒に帝祚を踐むは、漢家に成れり。

【帝宅】帝都。〔後漢書、南匈奴伝論〕後、經綸方を失ひしより、畔服一ならず、~降りて後世に及び、翫びて常俗と爲り、神鄉を吞噬し、帝宅を丘墟とするに終る。嗚呼、千里の差、毫端より興る。失得の源は、百世磨えず。

【帝図】帝王の謀。〔旧唐書、外戚、武延基伝〕則天武后、帝圖に臨御し、明目達聰、庶績を躬親らす。~宗枝を構害し、誅夷殆ど盡く。

【帝都】都。唐・李白〔晁卿衡(阿倍仲麻呂)を哭す〕詩 日本の晁卿、帝都を辭す 征帆一片、蓬壺(蓬萊、日本の古称)を遶る
【帝道】帝王の道。〔荘子、天道〕天道運りて積む所無し。故に萬物成る。帝道運りて積む所無し。故に天下歸す。聖道運りて積む所無し。故に海内服す。天に明らかにして、聖に通ず。

【帝徳】天子の徳。〔書、大禹謨〕益曰く、都帝徳廣く運り、乃ち聖、乃ち神、乃ち武、乃ち文なり。皇天眷命して、四海を奄有せしむ。

【帝命】王命。また、天帝の命。〔詩、大雅、文王〕有周不いに顯らかなり 帝命不いに時し
【帝力】帝王の威力。〔帝王世紀、尭〕觀る者歎じて曰く、大なる哉、堯の徳やと。老人曰く、日出でて作し 日入りて息ふ 井を鑿ちて飲み 田を耕して食らふ 帝力何ぞ我に有らんやと。

↑帝禋 禋祀/帝閽 宮門/帝宇 宮城/帝運 王の世運/帝掖 宮城/帝王 みかど/帝化 王化/帝学 帝王の学/帝紀 本紀/帝徽 帝の美徳/帝弓 虹/帝極 北辰/帝君 神/帝系 王系/帝繫 王の世系/帝闕 宮門/帝功 帝業/帝郊 帝郷/帝国 皇帝の国/帝佐 王佐/帝狩 巡守/帝心 上帝の心/帝宸 宮殿/帝世 帝の世系/帝籍 帝藉/帝宗 皇族/帝則 帝制/帝闥 宮門/帝衷 叡慮/帝儲 太子/帝勅 詔勅/帝廷 朝廷/帝庭 帝廷/帝統 帝の世系/帝傅 帝の師/帝服 天子の服/帝墳 三墳五典の書/帝輔 王佐/帝母 国母/帝謨 帝図/帝猷 帝謀/帝容 王の威容/帝陵 御陵/帝綸 帝命/帝霊 上帝/帝輦 王の車駕
↓雲帝・炎帝・義帝・玉帝・今帝・古帝・五帝・后帝・皇帝・女帝・上帝・青帝・聖帝・先帝・大帝・天帝・廃帝・望帝・類帝

【柢】 9 4294 テイ ね ねざす

篆文 

形声 声符は氐。氐に下底の意がある。〔説文〕六上に「木の根なり」とあって、根柢をいう。器物の下基のところを、柢または邸という。
訓義 ①ね、木の根、基礎の部分。②ねざす、もとづく。③抵と通じ、いたる、あたる。
古訓 〔名義抄〕柢 モト・ウタチ・イタル・ソコ・サヲ・サシフル・クサビ 〔字鏡集〕柢 イタル・クヒセ・キノネ・モト・カタブク・サシフル・ソコ・サヲ・ネ・ウタチ
語系 柢・氐・邸・低tyeiは同声。底tjiei、礩tjietも同系の語。礩は柱下の石をいう。
【柢枑】車馬止めのくい。〔遼史、耶律仁先伝〕乃ち車を環らして營と爲し、行馬(駒よけ)を拆きて兵仗を作り、官屬近侍三十餘騎を率ゐて、柢枑の外に陣す。
【柢噬】うちあい、かみあう。〔呂覧、決勝〕諸搏攫柢噬の獸、其の齒角爪牙を用ふるや、必ず卑微隱蔽に託す。此れ勝を成す所以なり。
↑柢蘊 内情/柢梧 柢枑/柢罪 抵罪
↓下柢・固柢・根柢・株柢・萌柢

【牴】 9 2254 [觝] 12 2224 テイ ふれる あたる

篆文 

形声 声符は氐。氐は曲刀を以てものの底辺を削りとる意。〔説文〕二上に「觸るるなり」とあり、獸が頭を下げて、角を以て角牴することをいう。觸(触)字条四下に「牴るなり」とあって互訓。合わせて「牴触」という。字はまた觝・抵に作り、角力を角觝・角抵という。
訓義 ①ふれる、あたる、こばむ、あらそう。②抵と通じ、いたる、あう。③牡羊。④ほぼ、大抵。
古訓 〔名義抄〕觝 ツク/角觝 スマヒ 〔篇立〕觝 フル・スマヒ・ツキ・シラブ
語系 牴・柢・低tyeiは同声。觝dyeiも声義が近い。頭を低くして、相抵ることを牴という。
【牴牾】食いちがう。清・兪樾〔春在堂随筆、一〕論語徵~十卷、日本、物茂卿(荻生徂徠)撰す。~其の大旨、好んで宋儒と牴牾す。然れども亦た朱注の是なるを謂ふ處有り。采るべき者多し。
【牴触】さしさわる。矛盾する。〔清史稿、食貨志一〕各國の國籍法に、地脈系・血脈系有り。卽ち屬地・屬人の兩義

なり。兩義相ひ持すれば、必ず牴觸を生ず。是ここに於て折衷制を採る。

↑牴牾 あらそう／牴梧 牴牾

↓角牴・觳牴・触牴・大牴

常

【訂】 9 0162

篆文

テイ はかる ただす さだめる

形声 声符は丁。〔説文〕三上に「平議するなり」とあり、評議して定めることをいう。訂交は相約すること。また参訂して誤りを正すことをいう。

訓義 ①はかる、相はかる。②ただす、たいらかにする。③さだめる、あやまりをただす。

古訓 〔名義抄〕訂 ハカル 〔篇立〕訂 ハカラフ・ハカル・タヒラク

【訂正】 誤りをただし改める。〔晋書、荀崧伝〕（元帝に上たてまつる疏）其の（劉向・劉歆）書、文清にして義約、諸もろもろ發明する所、或いは是れ左氏・公羊の載せざる所、亦た訂正する所有るに足る。

↑訂譌 正誤／訂頑 頑固な誤りを治す／訂交 交わりを結ぶ／訂盟 同盟を結ぶ／訂約 約定を結ぶ

↓改訂・交訂・更訂・校訂・再訂・修訂・重訂・増訂・評訂・補訂

常

【貞】 9 2180 ［鼑］ 15 2222

テイ とう ただしい まこと あたる

篆文 甲骨文 金文

会意 正字は鼑に作り、卜＋鼎。鼎によって卜問することをいう。〔説文〕三下に「貞は卜問するなり。卜貝に從ふ。貝は以て贄（お供え）と爲すなり」とするが、卜文・金文の字は鼎に從っており、おそらくわが国の「盟神探湯」のような方法か、あるいは鼎中の犠牲のようすによって卜したものであろう。〔説文〕にまた「一に曰く、鼎の省聲なり」とする京房説が引かれていて、字が鼎に従うとする伝承もなおあったのであろう。〔左伝、哀十七年〕「衞侯、貞卜す」、〔国語、呉語〕「貞とふことを陽卜（卜人の名）に請ふ」、また〔周礼、春官、大卜〕「凡そ國の大貞」の〔鄭司農注〕に「貞は問なり」とみえ、卜問の訓は知られていたのである。卜辞には「甲子、卜して㱿（卜人の名）貞とふ」という定式がある。卜問によって神意にかなうことが知られ、それにより貞正の意となる。字はまた偵に作る。

訓義 ①とう、うらなう、ただす。②ただしい、さだまる、よい。③まこと、まごころ。④あたる、神意にかなう。⑤女のただしいみさお。⑥字はまた、偵に作り、とう。

古訓 〔名義抄〕貞 サダシ 〔篇立〕貞 カソカニ・サダカニ 〔字鏡集〕貞 サダカニ・カソカニ・トブラフ・サダシ・マサシ・サダム

声系 〔説文〕に貞声として禎（禎）など四字を収め、また鼎を貞の省声とする。貞はもと鼑に作り、貞はその省文である。

語系 貞tieng、丁tyengは声近く、當（当）tangもその系統の語。みな、あたる、相当たる意のある語である。

【貞一】 心正しく二心のないこと。〔列女伝、貞順、召南の申女伝〕頌に曰く、召南の申女 貞一にして脩容 夫の禮備はらずんば 終つひに肯へて從はず

【貞婉】 操あり、しなやか。〔晋書、列女、愍懐太子妃王氏伝〕貞婉にして志節有り。太子既に廢せられて、金墉に居る。～劉曜、洛陽を陥るるに及び、惠風（妃の名）を以て其の將喬屬に賜ふ。屬、將まさに之れを妻とせんとす。惠風劍を拔いて距ばむ。～屬、遂に之れを害す。

【貞介】 貞潔にして俗に交わらぬ。〔三国志、魏、文帝紀注に引く劉若等百二十人の上書〕烈士は榮名に徇したひ、義夫は貞介を高しとす。蔬食そし瓢飲すと雖も、樂しみ其の中に在り。

【貞愨】 ただしく誠あること。〔風俗通、皇覇五帝〕（顓頊）之れを文かざるに質を以てし、天下をして化を蒙り、皆貞愨を貴ばしむるなり。

【貞榦】 楨榦。牆を築くときの両端の柱とあて板。ものの基本となるもの。〔論衡、語増〕夫それ三公鼎足の臣は、王者の貞榦なり。

【貞堅】 貞節にして堅固。〔旧唐書、高宗紀上〕（麟徳元年九月詔）廣陵郡公宇文孝伯、忠亮心に存し、貞堅志に表あらはる。～年載久しと雖も、風烈猶ほ生ず。宜しく徽章を峻たかくし、式もつて胤冑を旌あらはすべし。

【貞賢】 貞節にして賢い。〔後漢書、郎顗伝〕夫それ十室の邑（村）に、必ず忠信有り。率土その人、豈に貞賢無からんや。未だ朝廷の賞拔する所有るを聞かず。求善贊務、元元（人民）を弘濟する所以に非ず。

【貞士】 貞節の士。〔韓非子、和氏〕和曰く、吾われ刖げ（足斬り）せらるるを悲しむに非ざるなり。夫かの寶玉にして、之れに題なづくるに石を以てし、貞士にして、之れに名づくるに誑きやうを以てするを悲しむ。此れ吾が悲しむ所以ゆゑんなり。

【貞順】 貞節ですなお。〔周礼、天官、九嬪〕婦學の灋（法）のりを掌り、以て九御、婦德・婦言・婦容・婦功を教ふ。〔注〕婦德とは貞順を謂ふ。

【貞醇】 正しくてあつい。唐・韋応物〔雲陽の鄒儒立少府、侍奉して京師に還るを送る〕詩 文を爲つくること頗すこぶる瓌麗くわいれい 稟度ひんど（人柄）自おのづから貞醇

【貞松】 常緑の松。唐・劉希夷〔公子行〕詩 願はくは貞松千歳の古きを作なさん 誰たれか論ぜん、芳槿はうきん（朝顔）一朝の新たなるを

【貞心】 正しく変わらぬ心。晋・何劭〔遊仙詩〕吉士、貞心を懐いだく 物に悟りて遠く託せんことを思ふ 玄雲の際に揚志し 流目して巖石を矚みる

【貞臣】 貞節の臣。〔史記、趙世家〕吾われ吾が言を全うせんと欲す。安いづくんぞ吾が身を全うすることを得ん。且つ夫それ貞臣は、難至りて節見あらはる。

【貞静】 貞節でものしずか。〔後漢書、列女、曹世叔の妻の伝〕清閑貞靜、節を守りて整齊～動靜法有る、是れを婦德と謂ふ。

【貞節】 節操を守る。漢・張衡〔思玄の賦〕伊これ中情の信脩なる、古人の貞節を慕ふ。

【貞専】 正しく誠あること。〔詩、周南、関雎〕窈窕たる淑女〔伝〕后妃に關雎くわんしよの德有り。是れ幽閒貞專の善女、宜しく君子の好匹と爲すべし。

【貞操】 女子の貞節。〔古今注、中、音楽〕杞植、戰ひて死す。妻～聲を抗あげて長哭す。杞の都城、之れに感じて頽くづる。遂に水に投じて死す。其の妹、其の姉の貞操を悲しみ、乃ち爲に歌を作る。

【貞白】 正しく清廉。〔後漢書、第五倫伝〕倫、奉公盡節、～性、質愨しつかく、文采少なく、位に在りて、貞白を以て稱せらる。

【貞婦】 貞節の婦。また、寡婦の嫁がぬ者。〔礼記、喪服四制〕父母の喪に、～三年にして祥（喪明け）す。～禮以て之れを治め、義以て之れを正す。孝子・弟弟・貞婦、皆得て察すべし。

【貞明】 正しく明らか。〔易、繫辞伝下〕天地の道は貞にして觀しめす者なり。日月の道は貞にして明なる者なり。天下の動は夫かの一に貞なる者なり。

【貞良】 正しく誠がある。蜀・諸葛亮〔出師の表〕侍中・尚書・長史・參軍は、此れ悉ことごとく貞良にして、節に死するの臣なり。願はくは陛下、之れを親しみ、之れを信ぜよ。

【貞烈】 貞節を守って雄々しい。唐・杜甫〔八哀詩、贈太子太師汝陽郡王璡〕學を好みて、貞烈を尙たつとぶ 義形あらはれて

は、必ず巾を霑す。

【貞廉】ていれん　正しく潔い。〔荘子、天運〕夫れ孝悌仁義、忠信貞廉は、此れ皆自ら勉めて、以て其の徳を役する者なり。多とするに足らざるなり。

【貞和】ていわ　正しくなごやか。魏・曹植〔漢の二祖の優劣論〕世祖(光武)は乾靈(天の神)の休徳(大徳)を體し、貞和の純精を稟けたり。

↑貞筠　竹／貞確　貞堅／貞軌　忠貞の迹／貞期　太平の世／貞吉　正しく善い／貞休　立派／貞勁　正しく強い／貞潔　正しく清らか／貞固　貞堅／貞志　貞心／貞実　まめやか／貞淑　貞静／貞純　純正／貞女　操ある女／貞信　まこと／貞真　まこと／貞慎　慎み深い／貞人　卜人／貞仁　情深い／貞粋　貞純／貞誠　まこと／貞石　碑石／貞素　飾らぬ／貞端　正しい／貞兆　卜兆／貞直　正しい／貞度　法度／貞特　正しくすぐれる／貞珉　碑石／貞夫　貞直の人／貞符　よい符瑞／貞方　正しい／貞芳　菊／貞木　常緑樹／貞理　正理／貞諒　正しくまことがある

↓安貞・義貞・吉貞・休貞・居貞・堅貞・孤貞・孝貞・士貞・至貞・守貞・女貞・清貞・誠貞・静貞・大貞・泰貞・忠貞・童貞・不貞・婦貞・芳貞・利貞

【酊】 9　1162　テイ　よう

篆文 

形声　声符は丁。〔説文新附〕十四下に「酩酊するなり」とあり、甚だしく酔うことをいう。〔晋書、山簡伝〕に「茗艼して知る所無し」とあり、茗艼は酩酊、当時士人が多くその陶酔境を楽しんだという。

訓義　①よう、よいしれる。②酩酊は、また茗艼に作る。

古訓　〔新撰字鏡〕酩酊　恵比佐万太(古)留(ゑひさまた(こ)る)〔篇立〕酊　サマタル・タハフル・エヒサマタル　〔字鏡集〕酊　エフ・サマタル

語系　酩酊は畳韻の連語。字はまた茗艼に作る。擬態的な語と思われる。

↓酩酊

【娣】 10　4842　テイ　ダイ　いもうと

篆文 

形声　声符は弟。〔説文〕十二下に「女弟なり」とし、弟を亦声とする。前条に「姊は女兄なり」「妹は女弟なり」とあり、妹と同義とする。〔爾雅、釈親〕に「長婦、稚婦を謂ひて娣婦と為す」とあり、同姓異姓を問わず、いずれも年少の女をいう。さらに拡大して、諸侯に嫁する夫人に従う姪娣(めいなど、つきそい)をもいう。その姪娣の間では、年長を姒、年少を娣という。兄弟の妻をも姒娣とよぶことがある。

訓義　①いもうと、同母異母を問わず年少の女をいう。②兄弟の婦を弟婦という。③夫人の嫁に従う衆妾のうち、年少の者をいう。④正妻に対して、妾をいう。

古訓　〔新撰字鏡〕娣　与女(よめ)、又、女比(めひ)〔名義抄〕娣　ヨメ・ヒメ・ヲト・メヒ／娣婦　ヲトヨメ　〔字鏡集〕娣　ヲト、

【娣姒】ていじ　兄弟の妻。〔世説新語、賢媛〕王司徒(渾)の婦は鍾氏の女、～亦た俊才女徳有り。鍾・郝を娣姒と為す。雅もより相ひ親重す。鍾は貴を以て郝を陵がず、郝も亦た賤を以て鍾に下らず。

【娣姪】ていてつ　めいと、いもうと。夫人に従って嫁する者。〔漢書、杜欽伝〕必ず郷挙して窈窕(淑女)を求め、華色を問はず。徳を助け内を理むる所以なり。娣姪缺くと雖も、復た補はず。壽を養ひ、爭ひを塞ぐ所以なり。

↑娣妾　妾／娣婦　弟の婦

↓群娣・従娣・小娣・姪娣・伯娣・良娣・令娣

常【庭】 10　0024　〔庭〕 10　0024　テイ　にわ　ひろま　やくしょ

篆文 

形声　声符は廷(廷)。廷は公宮の中庭、儀礼を行うところで、庭の初文。金文にみえる冊命廷礼の儀礼などは、すべて中廷で行われている。のち屋廡の广を加えて庭となった。〔説文〕九下に「宮中なり」という。のち庭園の意に用いる。

訓義　①にわ、ひろいにわ、儀礼を行うところをいう。②ひろま、宮中の公堂、朝廷。③公堂の庭、大庭。④県庭、役所。⑤字はまた廷に作る。

古訓　〔和名抄〕庭　邇波(には)〔名義抄〕庭燎　ニハビ　〔字鏡集〕庭　ニハ・タヾシ・ナホシ・オホシ・オホキナリ

語系　庭・廷dyengは同声。〔説文〕に庭を宮中、廷を朝中とするが、もといずれも朝廷の儀礼を行う中廷の意。廷は中庭で、もと屋廡のないところであったが、のち广を加えて庭となった。

【庭院】ていいん(ゐん)　屋敷の庭。〔南史、隠逸下、陶弘景伝〕物と遂に絶ち、～唯だ笙を吹くを聴くのみ。特り松風を愛し、庭院に皆松を植う。其の響を聞く毎に、欣然として樂しみを為す。時に獨り泉石に游ぶこと有り。望見する者、以て仙人と為す。

【庭陰】ていいん　庭のひかげ。唐・孟浩然〔大禹寺の義公の禅房に題す〕詩　夕陽、雨足を照らし　空翠(山々の緑)、庭陰に落つ

【庭宇】ていう　屋敷。〔後漢書、陳蕃伝〕蕃、～嘗て一室に閑処し、庭宇蕪穢なり。父の友～蕃に謂ひて曰く、孺子、何ぞ洒埽して、以て賓客を待たざると。蕃曰く、大丈夫の世に処する、當に天下を埽除すべし。安んぞ一室を事とせんやと。

【庭花】ていか(くわ)　庭の花。唐・独孤及〔遠に贈るに和す〕詩　借問す、離居して恨深浅なる　祇だ應に獨り庭花の知る有るべし

【庭柯】ていか　庭木。晋・陶潜〔帰去来の辞〕壺觴(杯酒)を引きて、以て自ら酌み、庭柯を眄みて、以て顔を怡ばす。

【庭訓】ていきん　家庭の教え。〔論語、季氏〕嘗て獨り立てり。鯉趨りて庭を過ぐる。曰く、詩を學びたるかと。對へて曰く、未だしと。詩を學ばざれば、以て言ふこと無しと。〔抱朴子、自叙〕年十有三にして、慈父に背かれ、夙に庭訓を失ふ。

【庭戸】ていこ　入口。門戸。宋・辛棄疾〔沁園春、霊山斉庵賦〕詞　謝家の子弟に似て　衣冠磊落たり　相如(司馬)の庭戸　車騎雍容たり

【庭誥】ていこう(かう)　庭訓の文。〔南史、顔延之伝〕常日、但だ酒店に裸袒挽歌す。～閑居無事なるときは、庭誥の文を為り、以て子弟に訓ふ。

【庭実】ていじつ　貢ぎ物として庭にならべる。〔左伝、宣十四年〕臣聞く、小國の大國に免るるや、聘して物を獻ず。是に於て庭實・旅(陳列の物)百有り。

【庭樹】ていじゅ　庭の木。唐・岑参〔山房春事、二首、二〕詩　庭樹は知らず、人の去り盡すを　春來って還た發く、舊時の花

【庭除】ていじょ(ぢよ)　庭さき。唐・劉兼〔鏡に対す〕詩　風は竹聲を送りて、枕簟を侵し　月は花影に移ろひて、庭除を過ぐる

【庭色】ていしょく　庭のながめ。唐・鄭谷〔荘厳寺休公院に題す〕詩　秋深くして、庭色好し　紅葉、青松に間はる

【庭砌】ていせい　庭の石だたみ。唐・孟郊〔長文上人と李秀才の小山池亭に宿するを喜ぶ〕詩　燈盡るも、語ること盡きず　主人の庭砌幽かなり

【庭前】ていぜん　庭さき。〔荊楚歳時記〕(元旦)雞鳴にして起き、先づ庭前に於て爆竹し、以て山臊(人面猴身、一足の怪物)惡鬼を辟く。

【庭争】ていそう(さう)　廷議で争う。〔史記、公孫弘伝〕朝の會議毎に、其の端を開陳し、人主をして自ら擇ばしめ、肯へて面折庭爭せず。

【庭草】ていそう(さう)　庭の雑草。〔宋書、隠逸、孔淳之伝〕性、山水を好む。游する所有る毎に必ず其の幽峻を窮む。～會稽の太

守謝方明、苦ろに郡に入ることを要むるも、終に肯へて往かず。茅室蓬戸、庭草蕪逕、唯だ牀上に數卷の書有るのみ。

【庭中】屋敷うち。廷中。〔漢書、芸文志〕元始中に至り、天下の小學（文字学）に通ずる者を徵すに、百を以て數ふ。各〻字を庭中に記さしむ。揚雄其の用有る者を取りて、以て訓纂篇を作る。

【庭廡】庭さきのひさし。晉・潘岳〔懐旧の賦〕庭廡を歩して以て徘徊すれば、涕、泫流して巾を霑す。宵よ展轉して寐ねられず、驟〻長歎して以て晨に達す。

【庭燎】庭のかがり火。〔礼記、郊特牲〕庭燎の百あるは、齊の桓公より始まる。大夫の肆夏（古楽の名）を奏するは、趙文子より始まる。

↑庭幃　庭のとばり／庭闈　親もと／庭影　庭の樹陰／庭謁　廷参する／庭筵　庭の席／庭会　朝会／庭階　庭の階段／庭寒　寒い庭／庭閑　しずかな庭／庭議　廟議／庭鞫　取り調べ／庭詰　廷詰／庭炬　庭のたいまつ／庭虚　閑庭／庭教　庭訓／庭空　しずかな庭／庭隅　庭の隅／庭径　庭の小道／庭闃　庭の小門／庭隙　庭／庭決　裁判／庭午　ひる／庭閤　役所／庭壼　宮中／庭際　庭さき／庭参　朝礼／庭質　貢物／庭序　庭と墻／庭訟　裁判／庭牆　庭の土塀／庭上　庭前／庭辱　廷辱／庭心　庭のまん中／庭訊　役所で取り調べる／庭陬　庭の隅／庭趨　庭訓／庭石　にわ石／庭雪　庭の雪／庭磚　しき瓦／庭蔬　庭の野菜／庭竹　庭の竹／庭唐　平らかな道／庭内　庭の中／庭廟　宮廟／庭蕪　庭の雑草／庭風　庭をふく風／庭弁　廷論／庭圃　にわ／庭木　庭樹／庭問　天子の御下問／庭抑　廷上で面折する／庭閾　庭のしきみ／庭旅　庭実

↓盈庭・掖庭・園庭・王庭・家庭・華庭・過庭・階庭・寒庭・閑庭・間庭・宮庭・虚庭・棘庭・禁庭・空庭・径庭・逕庭・闃庭・戸庭・公庭・後庭・校庭・在庭・山庭・私庭・寺庭・樹庭・秋庭・充庭・春庭・小庭・省庭・訟庭・椒庭・宸庭・石庭・前庭・太庭・竹庭・中庭・天庭・内庭・幕庭・半庭・晩庭・不庭・府庭・弗庭・辺庭・北庭・満庭・門庭・来庭

人

【悌】 10 9802　テイ　すなお やすらか

篆文 

形声　声符は弟。弟に弟順の意がある。〔説文新附〕十下に「兄弟に善きなり」とあり、よく兄につかえることをいう。古くは弟を悌の義に用い、〔詩、大雅、旱麓〕「豈弟の君子」は愷悌の意。悌は漢碑に至ってみえる。

訓義　①すなお、したがう。②やすらか、たのしむ。

古訓　〔名義抄〕悌　ヤスシ・シタガフ・イカル・ウレフ　〔字鏡〕悌　ツキヤスシ　〔字鏡集〕悌　イカル・ヨロコブ・ウレフ・シタガフ・ヤスシ

語系　悌・弟dyeiは同声。〔論語、学而〕「其の人と爲りや孝弟」、〔荀子、脩身〕「端愨順弟」など、古くは弟をその義に用いた。漢碑には「愷悌」の字が数見している。

↑悌順　年長によくつかえる／悌弟　悌順／悌睦　睦じい／悌友　仲よし

↓豈悌・愷悌・謹悌・孝悌・仁悌・長悌・不悌・友悌・和悌

人

【挺】 10 5204 〔挺〕 10 5204　テイ　ぬく ぬきんでる

篆文 

形声　声符は廷（廷）。壬は人が挺立している形。〔説文〕十二上に「抜くなり」とあり、挺抜・挺出の意。また挺先・挺直の意がある。

訓義　①ぬく、ひきぬく。②ぬきんでる、ぬけだす。③すぐれる、そびえる。④さき、さきに出る、つき出す。⑤まっすぐ、まっすぐにもつ。⑥直線的にはしる、うごかす、ひきあげる。⑦筳と通じ、かずとりの竹。

古訓　〔名義抄〕挺　ヌク・ヒク・スクフ・ウゴカス・イヅ・タスク・キリハシ・ユルス・ナダム／挺綏　トキユルブ・ホシマヽ　〔篇立〕挺　イタル・ヌク・サシツ・ウゴク・ヨロコブ・キリハシ・ヌキイダス・ユク・タスク・ヌケテタリ　〔字鏡集〕挺　ヌキツ・ホシマヽ・ユルス・キリハシ・ヌク・ヨロコブ・ウゴカス・スクフ・ヒロフ・ナダム・タスク・サシツ・イタス・ヒク・エダ・ユルブ・イヅ・ヌキンズ

語系　挺・梃dyengは同声。梃は杖（杖）。杖・仗diangは声近く、仗は杖の動詞、仗持することをいう。みな一系の語。

【挺解】解け散る。漢・枚乘〔七発〕今夫の貴人の子は、～飲食は則ち溫淳、～衣裳は則ち雜遝、～金石の堅有りと雖も、猶ほ將に銷鑠（融ける）して挺解せんとす。況んや其の筋骨の間に在るをや。

【挺傑】抜群にすぐれる。〔晋書、涼武昭王李玄盛伝〕大兄は英姿挺傑、雄霸の風有り。

【挺剣】剣を抜く。〔戦国策、魏四〕唐且曰く、～若し士必ず怒るときは、伏屍二人、流血五歩、天下縞素（服喪）せん、今日は是れなりと。劍を挺して起つ。秦王色撓み、長跪して之れに謝す。

【挺出】すぐれる。〔三国志、蜀、呂凱伝〕諸葛丞相は、英才挺出す。深く未萌を覩み、遺を受け孤を託せらる。～衆と忌無く、功を錄し瑕を忘る。

【挺身】身を投げ出す。宋・蘇軾〔留侯論〕匹夫は辱しめらるれば、劍を抜きて起ち、身を挺して鬭ふ。此れ勇と爲すに足らざるなり。

【挺然】ひときわぬきんでる。〔南史、柳世隆伝〕幼にして孤、挺然として自立し、衆と同じからず。

【挺争】われさきにと争う。陳・徐陵〔斉尚書僕射楊遵彦に与ふる書〕昔、魏氏の將に亡びんとするや、群凶挺争し、諸賢力を戮はせたり。

【挺直】正直。剛直。漢・班固〔十八侯銘、丞相安国侯王陵〕明明たる丞相、天賦挺直なり。剛德正行にして、枉げず曲げず。

【挺挺】まっすぐ。〔左伝、襄五年〕詩に曰く、周道挺挺たり 我が心扃扃（明察のさま）たり

【挺特】ぬきんでる。〔後漢書、方術上、謝夷吾伝〕（班固の、夷吾を薦むる文）竊かに見るに、鉅鹿の太守會稽の謝夷吾は、東洲より出づ。厥の士は塗泥なるも、英姿挺特、奇偉秀出す。

【挺抜】ぬきんでる。〔文心雕竜、明詩〕袁（宏）・孫（綽）已下、各〻雕采有りと雖も、辭趣揆を一にし、與に雄を爭ふ莫し。所以に景純（郭璞）の仙篇（遊仙詩）を挺抜にして俊と爲す。

【挺立】ぬきんで立つ。〔南斉書、徐孝嗣伝〕幼にして挺立し、風儀端簡なり。八歲、爵を枝江縣公に襲ぐ。

↑挺逸　脱走する／挺確　剛直／挺冠　優れる／挺緩　挺解する／挺胸　おごる／挺秀　優れる／挺舒　のびやか／挺心　心を動かす／挺進　挺身／挺刃　剣をとる／挺生　伸びる／挺節　節を守る／挺戦　先がけ／挺帯　皮帯／挺敵　抵抗する／挺擢　抜擢する／挺茂　生い茂る

↓英挺・奇挺・勁挺・剣挺・秀挺・峻挺・清挺・折挺・超挺・天挺・特挺・標挺・奮挺・茂挺

【涕】 10 3812　テイ　なみだ なく はなじる

篆文 　金文 

形声　声符は弟。〔説文〕十一上に「泣くなり」とあり、〔太平御覧、三八七〕に引いて「鼻液なり」に作る。〔詩、陳風、沢陂〕「涕泗、滂沱たり」の〔伝〕に「目よりするものを涕と曰ひ、

鼻よりするものを泗と曰ふ」とする。罘は涙の象形字。涕はその形声の字である。

訓義 ①なみだ。②なく。③はなじる。

古訓 〔和名抄〕涕涙 目の汁なり。奈美太（なみだ）〔名義抄〕涕 ナミダ・ナムダ・ナク・ハナス、リ・ハナタリ・ス、ハナ・ヨダリ・サケブ／涕涙 ナミダ・ナムダ

語系 涕thyei、涙（淚）liuei、洟jiei はそれぞれ声義の関係があり、泗siet もその系統の語。洟は鼻液、泗もまた鼻よりするものをいう。みな涙の類。

【涕洟】 涙と鼻水。〔礼記、檀弓上〕將軍文子の喪に、既に喪を除きて後、越人來り弔ふ。主人～廟に待ち、涕洟を垂る。子游之れを觀て曰く、～其の動くや、（礼に）中たれりと。

【涕泣】 涙を流してなく。〔史記、刺客、予讓伝〕（予讓）死するの日、趙國の志士之れを聞き、皆爲に涕泣す。

【涕泫】 落涙。宋・蘇軾〔京師に任遵聖を哭す〕詩 耆舊の亡きを聞く每に 涕泫、聲輒ち放つ

【涕泗】 涙と鼻水。唐・杜甫〔岳陽楼に登る〕詩 親朋、一字無く 老病、孤舟有り 戎馬（戦争）關山の北 軒に憑りて涕泗流る

【涕涙】 涙。〔晋書、孝友、王裒伝〕裒、～隱居して教授す。三たび徵され、七たび辟されたるも、皆就かず。墓側に廬し、旦夕常に墓所に至りて拜跪し、柏に攀ぢて悲號す。涕涙樹に著き、樹之れが爲に枯れたり。

【涕零】 涙が落ちる。〔詩、小雅、小明〕彼の共人（恭人）を念ひ 涙零つること雨の如し

➡涕隕 涕零／涕霣 涕隕／涕血 泣血／涕沱 涕泫／涕唾 涙と唾／涕噴 涕洟／涕滂 涕泫／涕漣 さめざめと泣く

⬇哀涕・隕涕・掩涕・横涕・感涕・銜涕・揮涕・泣涕・凝涕・血涕・哭涕・酸涕・収涕・愁涕・出涕・傷涕・拭涕・垂涕・声涕・清涕・双涕・嘆涕・嚏涕・悲涕・鼻涕・憤涕・攬涕・流涕・斂涕

【荑】 10 4453 テイ つばな

篆文

形声 声符は夷。夷に洟・鵜の声がある。〔説文〕一下に「艸なり」とあり、つばなをいう。〔詩、邶風、静女〕「牧より荑を歸る」の〔伝〕に「茅の始生なり」という。また、めばえる、いぬびえなどの意がある。

訓義 ①つばな。②め、めぐむ、めばえる、わかめがでる。③稊と通じ、いぬびえ。④夷と通じ、かりとる。

【荑稗】 いぬびえと、ひえ。實は食用となる。〔孟子、告子上〕五穀は種の美なる者なり。苟しくも熟せずと爲さば、荑稗にも如かず。

➡荑英 若草／荑手 柔手／荑桑 めぐわ

⬇枯荑・柔荑・青荑・丹荑・緑荑

常【逓】 10 【遞】 14 3230 テイ おくる かわる たがいに

篆文

形声 旧字は遞に作り、虒声。虒は虎の皮を剝ぐ形。〔説文〕二下に「更易するなり」とあり、代・迭（迭）・替などと声義が近い。〔呂覧、恃君〕に「遞ひに興り遞ひに廢す」とあって、順次交替することをいう。それより逓伝・逓減のように用いる。もと虎皮を用いて、禍いを他に転移するような呪儀を示す字であったかと思われる。

訓義 ①おくる、次へおくる、つたえる。②かわる、いれかわる、かわりあう。③たがいに、めぐる、さる、遠のく。④駅伝、宿場。

古訓 〔名義抄〕遞 タガヒ・オクル・タガフ・タガヒオフ・サラニ・ムカフ・タガヒニ〔字鏡集〕遞 タガヒ・トホシ・チカフ・オフ・タガヒニ・オクル・ホシマ、

語系 遞dyek、代dək、迭dyet は声義近く、代は弋（朮、戚）の初形）を呪器として禍いを転移すること、迭はエクスタシーの状態を示す失に従う字で、みな代替・転移の意をもつ語である。

【逓衣】 衣服を交替で使う。〔後漢書、独行、李充伝〕家貧にして、兄弟六人、同に食し遞衣す。

【逓過】 わたりゆく。〔旧唐書、高祖二十二子、隠太子建成伝〕高祖曰く、昔、陸賈は漢の臣なるに、尙ほ遞過の事有り。況んや吾れは四方の主、天下を家と爲す。東西の兩宮は、塗路咫尺なり。～勞悲すること無かれと。

【逓減】 順次を以てへらす。〔宋史、真宗紀一〕（咸平四年）五月壬申朔、～京畿の繫囚、罪流以下、一等を遞減し、杖罪は之れを釋さしむ。

【逓興】 かわるがわる興廃する。〔呂覧、恃君〕德衰へ世亂れ、然る後天子は天下を利せんとし、國君は國を利せんとし、官長は官を利せんとす。此れ國の遞ひに興り、遞ひに廢する所以なり。

【逓謝】 代わり移る。晋・束皙〔補亡詩、六首、四〕獸は草に在り 魚は躍りて流れに順ふ 四時、遞ひに謝り 八風、代ゝ扇ぐ

【逓変】 交替し変化する。〔史通、六家〕古往今來、質文遞變す。諸史の作、厥の體を恆にせず。権くして論を爲すに、其の流六（尚書家・春秋家・左伝家・国語家・史記家・漢書家）有り。

【逓補】 順次に補充する。〔史通、書志〕衆史を歷觀するに、諸志の列名、或いは前に略にして後に詳しく、或いは古無くして今有り。闕くる所を遞補すと雖も、各ゝ自ら以て工みと爲す。権くして之れを論ずれば、皆未だ其の最を得ず。

➡逓運 たがいにめぐる／逓易 交換する／逓加 次第に増す／逓角 小荷物／逓互 交替する／逓降 逓減する／逓講 輪講／逓散 分散する／逓次 順次／逓日 一日おき／逓車 駅車／逓酒 廻し飲み／逓信 通信／逓進 順次に進む／逓奏 順次に演奏する／逓送 伝送する／逓代 交代する／逓転 転動する／逓伝 順送り／逓年 年々／逓馬 駅逓／逓廃 順次にすたれる／逓発 逓送する／逓夫 駅卒／逓舗 駅站／逓流 放逐する

⬇駅逓・館逓・急逓・更逓・乗逓・水逓・逐逓・沼逓・伝逓・馬逓・発逓・風逓・郵逓・陸逓

人【釘】 10 8112 テイ のべきん くぎ

篆文

形声 声符は丁。丁は釘の頭の形で、釘の初文。〔説文〕十四上に「鍊鉼の黄金なり」とあって、金ののべ板をいう。また鉼金といい、黄金一斤を鉼という。金文の金の字形に含まれている隋円の扁平の形のものが、その鉼金の形であろう。その形がまた釘頭に似ているので釘という。のち釘の意に用いる。

訓義 ①のべきん、金ののべいた、こがね。②くぎ、くぎうつ、くぎさす。

古訓 〔和名抄〕釘 鐵杙なり。久岐（くぎ）〔篇立〕釘 ナツ・ツラヌ・ウツ・ウガツ・カギ・クギ

語系 釘・丁・靪tyeng は同声。靪は〔説文〕三下に「履下を補ふなり」とあって、靴の皮底の類。すべて平らかにうちのばしたものをいう。

➡釘鞋 靴底の釘／釘鞵 釘鞋／釘靴 釘鞋／釘筋 釘うつ／釘帖 釘とじ／釘頭 釘の頭／釘封 密封する／人相見／釘鉸 金物師／釘坐 珍味／釘住 釘鈴 馬鈴の音／釘牢 堅牢

⬇朽釘・金釘・施釘・帖釘・掣釘・抜釘・布釘・木釘

常【停】 11 2022 テイ とまる いこう さだまる

篆文 

形声 声符は亭。亭は駅亭、宿泊のところで、停留の意がある。〔説文新附〕八上に「止まるなり」とあり、停止の意。

訓義 ①とまる、とどまる。②いこう、やすむ。③さだまる、おちつく。

古訓 〔名義抄〕停 マドヤカナリ・トヾム・トヾマル・トヾ、コホル・ヤム・ヤスム・ヤドル・ヒトシ・ツ、ヰル 〔篇立〕停 サダム・トヾム・ヒトシ・ヤスム・ハツ・ツ、ム・ヘダツ・ヤドル・トヾマル・トヾ、コホル・ツ、ヰル・マドヤカナリ

語系 停・亭・渟 dyeng は同声。亭は駅亭、人の停留するところ。止水を渟という。定 dyeng も同声。亭声の字にも、安定・定息の意を含んでいる。

【停雲】ていうん 流れぬ雲。晋・陶潜〔停雲〕詩 靄靄たる停雲 濛濛たる時雨 八表同に昏らく 平路伊れ阻まる 靜かに東軒に寄り 春醪獨り撫す

【停車】ていしゃ 車をとどめる。唐・杜牧〔山行〕詩 車を停めて坐ろに愛す、楓林の晩 霜葉は二月の花よりも紅なり

【停絶】ていぜつ 職をとどめ、やめる。梁・任昉〔褚諮議蓁の為に、兄に代りて封を襲ぐを譲る表〕陛下、其の丹款を察し、特に停絶を賜へ。然らずんば身を草澤に投じ、苟しくも愚誠を遂げんのみ。

【停滞】ていたい 滞る。〔晋書、虞預伝〕王塗(途)未だ夷らがざるを以て、所在停滞し、送る者年を經へ、永く播植を失ふ。一夫耕さざれば、十夫食無し。

【停蓄】ていちく 知識を蓄える。唐・韓愈〔柳子厚(宗元)墓誌銘〕閑に居りて益と自ら刻苦し、記覽に務め、詞章を爲り、汎濫停蓄、深博にして涯涘無きを爲す。而して自ら山水の閒に肆にす。

【停年】ていねん 定年退職。〔魏書、崔亮伝〕亮乃ち奏して格制を爲り、士の賢愚を問はず、專ら停解の日月を以て斷と爲す。～劉景安、書もて亮を規して曰く、～停年格を爲りて以て之れを限らば、天下の士子、誰れか復た名行を修厲せんやと。

【停留】ていりゅう(りう) とどまる。〔捜神記、十五〕女曰く、～君の容を望むに、必ず是れ賢者ならん。是を以て停留し、左右に依憑せんとすと。

➡停穏 おちつく／停家 退官者／停駕 車をとどめる／停匯 水溜り／停擱 とめる／停緩 おくれる／停刑 刑を停止する／停午 亭午／停驂 駕をとどめる／停思 熟考する／停住 とまる／停蹤 足をとめる／停職 職務を停止する／停矚 立ちどまってながめる／停軫 車をとどめる／停寝 やめる／停水 流れぬ水／停船 船が停泊する／停戦 休戦／停息 休息する／停妥 やすらか／停待 待つ／停断 停止／停駐 とどまる／停佇 たたずむ／停停 静止／停頓 頓挫する／停杯 杯をとめる／停廃 廃止する／停泊 舟が泊まる／停筆 筆をとめる／停放 放置する／停眠 宿る／停免 免除する／停落 村／停立 たたずむ／停潦 水溜り／停霊 埋葬前のお訣れ

⬇安停・雲停・淹停・久停・休停・居停・稽停・少停・息停・中停・調停・沈停

常

【貞】

11 | 2128

テイ うかがう とう

篆文 

形声 声符は貞。貞は貞問。卜占によって神意をうかがうことをいう。〔説文新附〕八上に「問ふなり」とあり、人の耳目によって偵察することをいう。また間といい諜という。〔孫子〕に〔用間〕篇がある。

訓義 ①うかがう、さぐる。②とう、はかる。③まわしもの、偵察者、間諜。

古訓 〔篇立〕偵 ミル 〔字鏡集〕偵 サフラフ・ミル

語系 偵 thjieng、貞 tieng は声義近く、貞は占卜によって神意を問うこと、偵は人の耳目によって実状をうかがうことをいう。

【偵候】ていこう 敵状をうかがう。〔三国志、魏、牽招伝〕招、既に民に戰陳(陣)を教へ、又表して烏丸五百餘家の租調を復し、鞍馬を備へ、遠く偵候を遣らしむ。虜、塞を犯す毎に、兵を勒して迎撃す。

【偵察】ていさつ 偵候。〔後漢書、烏桓伝〕因りて烏桓を上谷・漁陽・右北平・遼西・遼東五郡の塞外に徙し、漢の爲に匈奴の動靜を偵察せしむ。

【偵視】ていし うかがい見る。〔池北偶談、二十、博羅韓氏の女〕忽ち一好女子、幃を搴る。驚きて之れに問ふ。曰く、妾は人に非ざるなりと。～曉くる比、鄉里之れを聞き、競ひて來り偵視す。

➡偵騎 斥候の騎兵／偵査 証拠固め／偵伺 偵察する／偵人 間諜／偵探 探偵／偵知 うかがい知る／偵諜 偵候／偵邏 巡察する

⬇遠偵・探偵・内偵・密偵

【掟】

11 | 5308

テイ トウ(タウ) はりだす おきて

形声 声符は定。〔玉篇〕に「揮張するなり」とあり、規定の条目を張り出すことをいう。道教で掟書をいう。

訓義 ①はりだす、規定をはりだす。②おきて、規定。

古訓 〔篇立〕掟 ツ、ムルナリ・オキテ

【梃】

11 | 4294

テイ つえ ほこ

篆文 

形声 声符は廷(廷)。廷に挺直の意がある。〔説文〕六上に「一枚なり」とあり、木の枝をいう。〔孟子、梁恵王上〕に「梃を制して、以て秦・楚の堅甲利兵を撻たしむべし」とあり、梃を兵仗の意に用いる。〔呂覧、簡選〕にこれを白梃という。

訓義 ①つえ、ほこ、大杖、白梃。②木のえだ。

古訓 〔字鏡集〕梃 ウゴカス・ヨロコブ・イタル・タカシ

語系 梃・挺(挺) dyeng は同声。梃に挺直の意がある。杖(杖)・仗 diang は声近く、梃は依仗すべきものである。

➡梃撃 棒でうつ／梃杖 杖／梃刃 棒と刀／梃楚 棍棒／梃棒 棍棒

⬇鋤梃・箠梃・制梃・直梃・白梃

人

【梯】

11 | 4892

テイ はしご きざはし

篆文 

形声 声符は弟。弟に次第の意がある。〔説文〕六上に「木階なり」とあり、梯子をいう。攻城の具に用い、〔墨子〕に〔備梯〕〔備高臨〕の篇がある。階梯とはてびきの意。蜀道の険を通ずるには、天梯石桟を用いた。

訓義 ①はしご、かけはし。②きざはし、段々。③堺。④よる、てがかり、てびき。

古訓 〔新撰字鏡〕梯 波志(はし) 〔和名抄〕梯 木堦、高きに登る所以なり。加介波之(かけはし) 〔字鏡集〕梯 カケハシ・ハシ・キノハシ・ハナカム・ナク・ヒ

語系 梯 thyei、弟 dyei は声義近く、次第を以て順序づけることをいう。弟は韋皮を束ねる形。木を以て次第をなすものを梯という。

【梯山】ていざん はしごして登る山。〔後漢書、西域伝論〕其の後、甘英～西海に臨み、以て大秦を望む。玉門・陽關を拒る者四萬餘里。～梯山棧谷繩行沙度の道、身熱首痛、風災鬼難の域、備さに情形を寫し、審らかに根實を求めざる莫し。

【梯田】ていでん 段々の山田。宋・范成大〔驂鸞録〕廟を出で、三十里にして仰山に至る。～嶺阪上、皆禾田、層層として上に頂に至るを、梯田と名づく。

【梯梁】ていりょう(りやう) はしごと、はり。唐・元結〔演興、四首、閔嶺

中〕詩 大淵は蘊蘊、絶巘は岌岌たり 梯梁の以て險を通ずるに非ずんば 當に路の入るべき無かるべし

➡梯霞 登仙／梯崖 崖に登攀する／梯級 階段／梯橋 はしご形の橋／梯形 はしご形／梯巘 はしごの道で登攀する／梯索 縄ばしご／梯次 一段ごと／梯衝 攻撃に用いる雲梯衝車／梯仙 高峻をよじて登仙する／梯天 天の高きに登る／梯磴 山坂／梯媒 急坂に登るなかだち／梯乱 乱の起こる段階

⬇雲梯・戒梯・階梯・巌梯・危梯・懸梯・高梯・鉤梯・罪梯・石梯・仙梯・長梯・天梯・登梯・突梯・飛梯・乱梯

【羝】 11 8254 テイ おひつじ

篆文 

形声 声符は氐。〔説文〕四上に「牡羊なり」、〔広雅、釈獣〕に「雄なり」、また〔一切経音義、八〕に「羝は牂羊なり。三歳を羝と曰ふ」とみえる。

訓義 ①おひつじ。②三歳の羊。

古訓 〔字鏡集〕羝 ヒツジ

【羝乳】 牡羊が子を生む。決してありえないことのたとえ。〔漢書、蘇武伝〕絶えて飲食せず。～數日死せず。匈奴以て神と爲し、乃ち武を北海の上に徙し、人無き處に徙し、羝を牧せしむ。羝乳せば、乃ち歸ることを得んと。

➡羝氳 腋気／羝羊 牡羊

⬇取羝・白羝・牧羝

【脡】 11 7224 テイ ほじし

形声 声符は廷(廷)。廷に挺直の意がある。〔礼記、曲礼下〕に「鮮魚には脡祭と曰ふ」とあり、乾物をいう。

訓義 ①ほじし。②まっすぐな魚肉。③牲体の背肉の中央部のところ。背肉の前部を正体とし、中央を脡、後部を横という。また乾肉は屈するものを朐、直なるものを脡という。

➡脡脊 牲の背中の肉／脡直 脡肉／脡脡 まっすぐ／脡脯 まっすぐな肉

⬇魚脡

囚【逞】 11 3630 〖逞〗 11 3630 テイ ほしいまま たくましい

篆文 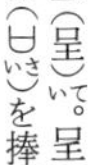 金文 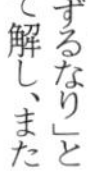

形声 声符は呈(呈)。呈は祝禱を収める器(𠙵)を捧げて、天に向かって祈ることをいう。〔説文〕二下に「通ずるなり」とし、「楚にては疾行を謂ひて逞と爲す」と方言を以て解し、また〔左伝、昭十四年〕「何ぞ欲を逞にせざる所あらん」の文を引く。勝手なことを祈ることを逞という。

訓義 ①ほしいまま、ほしいままにする。②たくましい、たくましくする、きわめる、強く求める。③はやい、とおる。

古訓 〔名義抄〕逞 タクマシ・ノブ 〔篇立〕逞 ツクス・コ、ロヨク・キハマレリ・サトル・タクマシ・ノブ・コ、ロナシ・イタマシ 〔字鏡集〕逞 ノブ・トホル・コ、ロヨシ・トク・ホシイマ、・ツクス・サトル・カヨフ・タシカナリ・タクマシ・トシ・キハマル・トクユク・ウス

語系 逞thieng、盈jiengは声義に通ずるところがあり、〔左伝、昭二十三年〕の「沈子逞」の「逞」を〔公羊伝、昭二十三年〕に「楹」、〔穀梁伝、昭二十三年〕に「盈」に作り、〔左伝、襄十四年〕の「欒盈」を〔史記、晋世家〕に「欒逞」に作る。ともに暢遂の意がある字である。

【逞意】 思うままにする。〔韓非子、外儲説左下〕昔周の成王、優侏儒(小びと)を近づけ、以て其の意を逞しうす。而れども君子と事を斷めたり。是れ能く其の欲を天下に成す。

【逞願】 願望のままに振る舞う。〔左伝、成十六年〕若し吾が願ひを逞にし、諸侯皆晉に叛かば、以て逞にすべし。

【逞志】 志のままに振る舞う。〔左伝、襄二十七年〕令尹將に死せんとす。三年に及ばざらん。志を逞にせんことを求めて信を棄つ。志將た逞にせんや。～信亡くんば、何を以て三に及ばん。

【逞欲】 欲望のままに振る舞う。〔左伝、桓六年〕今民餒ゑたるに、君、欲を逞にす。祝史、矯り擧げて以て祭るも、臣、其の可なるを知らず。

➡逞威 威張りちらす／逞快 思うままに心地よくふるまう／逞奇 奇異をてらう／逞兇 乱暴をはたらく／逞刑 存分に刑罰を加える／逞功 功をあらわす／逞才 才能を発揮する／逞材 逞才／逞残 逞兇／逞施 気ままにする／逞肆 放縦／逞酒 酒を飲みたい放題に飲む／逞縦 放縦／逞心 逞志／逞卒 勇卒／逞能 腕自慢／逞筆 自在に筆をふるう／逞兵 精兵／逞暴 逞虐／逞勇 力自慢／逞慾 逞欲／逞露 かまわず外にあらわす／逞弄 存分に玩ぶ

⬇横逞・驕逞・勁逞・巧逞・好逞・不逞

【啼】 12 6002 テイ なく さけぶ

形声 声符は帝(帝)。〔左伝、荘八年〕「豕、人立して啼く」、〔礼記、喪大記〕「始めて卒す。主人啼く」のように、啼泣することをいう。鳥獣の鳴く意にも用いる。

訓義 ①なく、悲しんでなく。②さけぶ、さけぶようになく。③鳥獣がなく。

古訓 〔新撰字鏡〕啼 保由(ほゆ) 〔名義抄〕啼 ナク・サケブ・ホユ・ナル 〔篇立〕啼 ヲラブ・ナク・サケブ・ホユ

語系 啼dyei、涕thyeiは声義近く、涙(淚)liuei、洟jieiもまた畳韻の語。涕・涙・洟は名詞、啼は多く動詞に用いる。

【啼鴉】 鳴く烏。唐・李賀〔贈らるるに答ふ〕詩 沈香、小像(香炉)に熏し 楊柳、啼鴉を伴ふ

【啼猿】 猿声。唐・高適〔李少府の峡中に貶せられ、王少府の長沙に貶せらるるを送る〕詩 巫峡の啼猿、數行の涙 衡陽の歸雁、幾封の書

【啼鶯】 啼く鶯。鶯声。唐・韋応物〔聴鶯曲〕詩 東方曙けんと欲して、花冥冥たり 啼鶯相ひ喚びて、亦た聽くべし

【啼饑】 飢えに泣く。唐・韓愈〔進学解〕命と仇と謀り、敗を取ること幾時ぞ。冬暖かなるも兒は寒に號き、年豐かなるも妻は饑ゑに啼く。

【啼血】 啼いて血を吐く。唐・李商隠〔杏花〕詩 學ぶこと莫かれ、啼いて血を成すことを 從教夢をして魂に寄らしめよ

【啼哭】 大声で泣く。唐・白居易〔微之(元稹)に寄す〕詩 秦女の笑歌、春にも見えず 巴猿の啼哭、夜、常に聞く

【啼愁】 啼き悲しむ。唐・杜荀鶴〔冬末、長沙の裴侍郎に投ず〕詩 家山一たび離別し 草樹、春暄匝し 夢を吹く風天の角 啼愁す雪嶽の猿

【啼粧】 涙のあとを残したような化粧法。〔後漢書、五行志一〕啼粧(糚)とは、薄く目の下を拭ひて啼處の若くす。～大將軍梁冀の家の爲す所より始まり、京都歙然として、諸夏皆放效(まね)す。

【啼鳥】 鳥のなき声。唐・孟浩然〔春暁〕詩 春眠、曉を覺えず 處處に啼鳥を聞く 夜來、風雨の聲 花落つること、知んぬ多少ぞ

【啼眉】 眉をひそめてなく。唐・元稹〔瘴塞〕詩 瘴塞(南方瘴癘の辺地)の巴山、哭鳥悲し 紅妝の少婦、啼眉を斂む

➡啼眼 涙の眼／啼泣 泣く／啼叫 啼きさけぶ／啼呼 啼きさけぶ／啼号 啼きさけぶ／啼痕 涙痕／啼魂 ほととぎす／啼珠 涙の粒

⬇哀啼・愁啼・深啼・悲啼

常【堤】12 4618 テイ つつみ

篆文  古印璽 

形声 声符は是。是に提・題の声がある。〔説文〕十三下に「凝るなり」とあり、水をとめる意である。字はまた隄に作る。

訓義 ①つつみ、土堤。②とめる、とどこおる、さえぎる、とまる。

古訓 〔名義抄〕堤 ツ、ミ・シタヾル・ハタ・イケ 〔字鏡集〕堤 シタ、ル・イケ・ツ、ミ・ソバ・ハタ・カギリ

語系 堤 tye、隄 dye は声義近く、隄は〔説文〕十四下に「唐なり」とあり、陂塘の意。𠂤は神の陟降するところの神梯の象であるから、陂塘は聖所に設けた土堤をいう。〔説文〕に「滯るなり」という滯(滞) diat も隄と同じ頭音の語で〔説文〕はその音義を用いて訓している。

↑堤囲 堤/堤堰 堤/堤岸 堤の岸/堤障 堤防/堤上 堤の上/堤提 鳥の群飛するさま/堤唐 堤/堤塘 堤唐/堤夫 堤の役夫/堤防 堤

↓堰堤・春堤・長堤・突堤

【幀】12 4128 テイ チョウ(チャウ) かけもの

形声 声符は貞。〔類篇〕に、「張りたる畫繒なり」とあり、竹の枠などに画繪を張りつけて「一幀」といい、のち軸物風の表装を加えることを装幀という。

訓義 ①枠に画繪をはる。②かけもの、軸物。

【幀首】表装の上部。〔還魂記、十四齣、写真〕偶一詩を成し、暗に春色を藏す。幀首の上に題するは何如。

↓一幀・装幀

【彘】12 2771 テイ いのこ ぶた

篆文  甲骨文  金文 

会意 字の初形は豕+矢。彘の字形にもその矢が残されている。もと野猪で、それを射とめた形であろう。〔説文〕九下に「豕なり。後の蹏廢する、之れを彘と謂ふ」とし、矢声とするが、卜文では矢は豕を貫く形にしるされている。「後の蹏、廢す」を〔段注〕に、彘は滯、後足鈍置、行歩蹇劣の意とするが、射とめられて蹟く意であろう。豕字条九下に「彘なり」とあって、互訓している。

訓義 ①いのこ、ぶた。②璏と通じ、剣の柄がしらの玉飾。

古訓 〔名義抄〕彘 ヰノコ 〔字鏡集〕彘 ヰノシ、

語系 彘 diet、豕 sjiei は声近く、猪(猪) tjia も同系の語。〔急就篇、三、顔注〕に「豕は彘の總名なり」とあり、三者は地域によるその異名であろう。

【彘肩】豚の肩肉。〔史記、項羽紀〕項王曰く、壯士なり。之れ彘肩を賜へと。則ち一生彘肩を與ふ。樊噲、其の盾を地に覆し、彘肩を上に加へ、劍を拔き、切りて之れを啗ふ。

↑彘罟 猪を捕る網/彘豪 猪の毛/彘肉 豚肉/彘尾 豚尾/彘鳴 豚の啼く声/彘網 彘罟/彘鬣 猪のたてがみ/彘牢 豚小屋

↓牛彘・犬彘・狗彘・家彘・人彘・田彘・乳彘・烹彘・野彘

常【提】12 5608 テイ さげる もつ

篆文 

形声 声符は是。是に堤・題の声がある。〔説文〕十二上に「挈ふるなり」とあり、提挈することをいう。〔礼記、曲礼下〕に「提ぐる者は帶に當る」とあって、その高さに持つのが作法であった。提携より、提示・提挙の意となり、その綱要を示すことを提要という。

訓義 ①さげる、ひっさげる、たずさえる、たすける。②とる、もつ。③あげる、おこす、かかげる。④あずかる、つかさどる。⑤とって。⑥なげうつ。

古訓 〔名義抄〕提 ヒサグ・ヒサゲ・トル・トフ・ヤスシ・ス、ム・ウツ・アグ 〔篇立〕提 ムラガレトル・スガル・イフ・トンツ・サイハヒ・ヒサゲ・トル・ヒク・ムラガル・アク・ス、ム・イフ・ヤスシ 〔字鏡集〕提 タユ・トル・イフ・ウツ・ヒサゲ・タマフ・ヤスシ・ス、ム・トク・ツム・ムラガレトフ・ヒサグ・アフ

語系 提 dye、擲・擿 diek は声近く、提を投擲の意に用いることが多い。もと同系の語である。

【提掖】たすけみちびく。〔漢書、西域下、渠犂伝〕且つ匈奴、漢の降る者を得ば、常に提掖搜索(所持品を調べる)し、問ふに聞く所を以てす。

【提孩】幼児。唐・韓愈〔符、書を城南に讀む〕詩 兩家各〻子を生む 提孩にして、巧相ひ如し

【提休】あやつり。からくり人形。〔称謂録、傀儡〕案ずるに傀儡は、木人を以て之れを爲し、之れを提るに索を以てす。故に提休と曰ふ。

【提筐】かごをさげる。梁・簡文帝〔湘東王の横吹曲に和す、三首、洛陽道〕楽府 遊童、初めて彈を挾み 蠶妾、始めて筐を提ぐ

【提携】伴う。相助ける。宋・蘇軾〔子由(蘇轍)と同に寒渓の西山に游ぶ〕詩 君と聚散すること、雲雨の若し 共に惜しむ、此の日相ひ提携(攜)するを

【提挈】さげもつ。〔礼記、王制〕軽任(軽い荷物)は幷せ、重任は分つ。班白(老人)の者は提挈せず。君子の耆老は徒行せず。

【提壺】酒壺をさげる。晋・劉伶〔酒徳頌〕止まるときは則ち卮(杯)を操り瓢を執り、動くときは則ち榼(たる)を挈げ壺を提ぐ。

【提耳】耳もとで教える。〔詩、大雅、抑〕面して之れに命ふのみに匪ず 言に其の耳に提す

【提奨】人物をとりたてる。〔北斉書、趙彦深伝〕彦深～溫柔謹愼、～凡そ諸〻の選擧に、先づ銓定せしめ、人物を提奬するに、皆行業を先と爲し、輕薄の徒は、之れと齒せず。

【提觴】杯をあげる。〔韓非子、十過〕師曠、已むことを得ずして、琴を援きて鼓す。一たび之れを奏するに、玄鶴二八有り、～音は宮商の聲に中り、聲、天に聞ゆ。平公大いに説び、～觴を提げて起ち、師曠の壽を爲す。

【提撕】教え導く。〔顔氏家訓、序致〕吾れ今復た此れを爲す所以の者は、敢て物を軌し、世に範とするに非ず。業だ以て門内を整齊し、子孫に提撕するのみ。

【提提】正しくつつましい。提は諟。〔詩、魏風、葛屨〕好人、提提たり 宛然として左に辟く

【提督】軍の長官。〔明史、職官志五〕京營～統ぶるに提督總兵官一員を以てす。

【提筆】筆をとる。宋・王禹偁〔五哀詩、五〕筆を提りて廣場に入り 辭氣斗牛を干す 擢第せられて芸閣に在り事を言ひて冕旒に觸る。

【提封】およそ。あらまし。漢・班固〔西都の賦〕下に鄭白の沃、衣食の源有り。提封(大凡)五萬、疆場綺のごとく分つ。

【提腕】書法。中字を書するときの法。〔翰林要訣、腕法〕提腕、肘は案に著け、手腕を虛提す。

↑提握 手にもつ/提衣 裾をとる/提引 引き上げる/提戈 戈をもつ/提荷 出貨する/提誨 提耳/提学 学政の官/提轄 管理する/提起 提出する/提議 提案する/提究 取り調べる/提供 供給する/提琴 胡琴/提撃 提携する/提擊 なげうつ/提高 高める/提控 牽制する/提綱 提要/提衡 相並ぶ/提示 さし出して示す/提将 助ける/提審

タ行 テイ

裁判する／提訊 喚問する／提訴 訴える／提捽 捕らえる／提挺 抑制する／提擲 擲つ／提頭 改行して一字上げにしるす／提破 説明する／提抜 抜擢する／提備 防備する／提扶 提将／提抱 養育する／提慢 緩やか／提命 提耳／提問 喚問する／提炉 弁当の類

↓孩提・招提・摂提・前提・菩提

【揥】12 5002 テイ テキ こうがい

形声 声符は帝(帝)。帝に締の意がある。〔釈名、釈首飾〕に「揥は摘なり。髪を摘する所以なり」とあり、〔詩、鄘風、君子偕老〕「象の揥」とは象牙の簪をいう。〔広雅、釈詁二〕に「語るなり」、〔広雅、釈詁一〕に「嬈れるなり」とあり、王念孫の〔疏証〕に「嬈れるなり」の訓について、擿・嬥の通仮の訓であるとしている。

訓義 ①こうがい、かんざし。②すてる。③みだれる、たわむれる。

古訓 〔名義抄〕揥 イタル・トル 〔篇立〕揥 サル・ハラフ・コフシ・ウチ・ソル

語系 揥thiekは擿(擿)tyekと声義が近い。擲diekも声近く、揥を擲ての義に用いることがある。擿diekは〔説文〕十二上に「搔くなり」とあり、締(締)dyaiも声義の関係がある。

↓象揥

【棣】12 4593 テイ タイ にわうめ

篆文 

形声 声符は隶。〔説文〕六上に「白棣なり」という。〔詩、小雅、常棣〕「常棣の華 鄂不として韡韡たり」は、華のそろい咲く美しさを、兄弟の親しみ合うのにたとえて歌うもので、兄弟の情を棣鄂という。棣棣は人の威儀あるさまを形容する語。字はまた逮逮に作る。

訓義 ①にわうめ、いくり、白い花のいくり。②逮と通じ、およぶ、とおる。

古訓 〔名義抄〕棣 ムベ 〔篇立〕棣 ウツル・トザシ

語系 棣・逮(逮)diaiは同声。逮は〔説文〕二下に「唐逮、及ぶなり」とみえるが、唐逮は語義不明。棣棣・逮逮は形況の語で、人の威儀のあるさまをいう。

【棣鄂】兄弟の情にたとえる。〔詩、小雅、常棣〕常棣の華 鄂不韡韡たり 凡そ今の人 兄弟に如くは莫し

【棣棣】威儀のあるさま。〔詩、邶風、柏舟〕威儀棣棣として 選ぶべからず

↑棣華 常棣の花／棣萼 兄弟の情にたとえる／棣達 通る／棣通 通る／棣棠 やまぶき／棣友 兄弟の情

↓常棣・青棣・赤棣・唐棣・白棣

【渟】12 3012 テイ たたえる

形声 声符は亭。亭に停まる意がある。古い字書にみえないが、〔史記、李斯伝〕に「渟水を決して之れを海に致す」とあり、古くから用例のある字である。

訓義 ①たたえる、水をたたえる。②たまる、とどまる。③汀と通じ、みぎわ。

古訓 〔名義抄〕渟 トヾム・オチイル・ツヾク・タマル・シヅマル

語系 渟・亭・停dyengは同声。また定dyeng・寧(寧)nyengとも声義に通ずるところがあり、停滞する意がある。汀thyengは、静かな波打ち際をいう。

【渟涵】水が深く溜る。〔徐霞客游記、滇游日記六〕(腰竜洞)水、西崖の足に嵌る。西面闊さ約三丈、南北二面は漸く抱きて縮まし。然れども三面皆絶壁もて之れを環らし、旁竇(横穴)有ること無し。水其の間に渟涵し、儼として月牙(三日月)の魄(光)を抱くが若し。

【渟膏】水の清澄なさま。明・文徴明〔玉女潭山居記〕茲の潭は、寔に首發の潭にして、山半深谷の中に在り。渟膏碧瑩、潔きこと玉の如し。

↑渟淵 深い淵／渟洿 溜り水／渟淤 汚泥／渟泓 深く淀む／渟洄 しずかに洄流する／渟海 深海／渟浸 沢の水／渟水 溜り水／渟蓄 深くたたえる／渟澄 清澈／渟渟 深くたたえた水／渟淖 渟淤／渟泊 停泊する／渟留 渟水／渟潦 積水

↓淵渟・泓渟・涵渟・洪渟・膏渟・泉渟・澄渟・平渟

【睇】12 6802 テイ ながしめ わきみ

篆文 

形声 声符は弟。〔説文〕四上に「目、小しく衺めに視るなり」(小徐本)とあり、情を含んで見ることをいう。〔楚辞、九歌、山鬼〕「既に睇を含んで、又笑ふに宜し」の〔注〕に「微しく眄る貌なり」とあり、ながしめをいう。

訓義 ①ながしめ、ぬすみめ。②わきみ、よこめ。

古訓 〔名義抄〕睇 アカラメ 〔字鏡集〕睇 カタブキミル・ムカヘミル・ヲカス・ミル・ナガメ

【睇睨】ながしめで見る。〔全唐詩話、五、公乗億〕會億、客を送り、馬上に婦人の粗縗(喪服)するを見るに、其の妻に類す。睇睨して已まず。妻も亦た之の如くす。

【睇視】ながしめで見る。〔礼記、内則〕父母舅姑の所に在るときは～敢て噦噫(からえずき、おくび)・嚏咳(くしゃみと、せき)・欠伸(あくび)・跛倚(足をくずす)・睇視せず。敢て唾洟(唾と、鼻すすり)せず。

【睇眄】よこめで見る。魏・阮籍〔詠懐、八十二首、二十七〕詩 玄髪、朱顔を發し 睇眄、光華有り

↑睇観 みる／睇盼 目を動かして見る／睇目 遠く眺める

↓淹睇・遠睇・横睇・下睇・遐睇・回睇・含睇・凝睇・肆睇・邪睇・俛睇・流睇

【稊】12 2892 テイ いぬびえ

篆文 

形声 声符は弟。〔説文〕一下、〔爾雅、釈草〕に字を艸に属する字とするが、のち稊の字が用いられている。いぬびえ。また〔易、大過、九二〕に「枯楊、稊を生ず」とあって、新芽をいう。

訓義 ①いぬびえ、のびえ。②柳の新芽。③荑と通用する。

古訓 〔名義抄〕稊 ハグサ・ヒエ 〔字鏡〕稊 ク、サ・ヒエ・ハクサ・ワナ

【稊稗】ひえ。いぬびえ。つまらぬもの。〔荘子、知北遊〕東郭子、荘子に問うて曰く、所謂道は悪くにか在ると。～荘子曰く、螻蟻に在りと。曰く、何ぞ其れ下きやと。曰く、稊稗に在りと。曰く、何ぞ其れ愈々下きやと。～曰く、屎溺に在りと。東郭子、應へず。

↑稊粃 かす／稊米 いぬびえ

↓異稊・稗稊

常【程】12 2691 〔程〕12 2691 テイ はかる わりあて みち ほど

篆文 

形声 旧字は程に作り、声符は呈(呈)。呈は祝禱の器である口を掲げて、天に祈る形。程は農穀のことを天に祈るのが原義であろう。〔説文〕七上に「品なり」とし、十髪を程、十程を分、十分を寸と、長さの単位をいう字とする。のち程限・程量・程式・程法の意となる。〔荀子、致仕〕に「程なる者は、物の準なり」とあって、程よさをいう。

訓義 ①はかる、ただしくわりあてる。②さだまり、きまり、一定

の量。[3]のっとる、のり。[4]ほど、ほどあい。[5]みち、みちすじ、みちのり。[6]長さの単位。一寸の百分の一。

古訓 〔字鏡集〕程 シナ・ノリ・ミル・タビ・ホド・ノトル・カザル・シメス・チギリ・アキラカナリ・カギル・ハカル

語系 程dieng、定dyengは声義近く、正tjiengも同系の語。程に量度・法式の意があるのは、正・定の語義と通ずるところがあるからである。

【程課】一定量の作業。仕事をわりあてる。〔隋書、天文志上〕上～曰く、景(日影)長の慶は天の祐なり～と。是れに由りて、開皇二十一年を改めて、仁壽元年と爲す。此の後、百工の作役に、竝びに程課を加ふ。

【程限】限界。きまり。唐・呉融〔広利大師に贈る歌〕詩 人を化するには、以て之れを程限すべし 自ら化するには、元も須らく其の志有るべし

【程功】進度をはかる。〔礼記、儒行〕儒に、内稱には親を辟けず、外擧には怨みを辟けず、功を程り事を積み、賢を推して之れを進達し、其の報を望まず。君、其の志を得、苟くも國家を利せば、富貴を求めざる有り。

【程試】規定を設けて試験する。〔後漢書、欒巴伝〕幹吏卑末と雖も、皆課令習讀し、程試殿最(優劣を定める)、能に隨ひて升授せん。

【程式】一定の法式。〔管子、形勢解〕儀法程式無くんば、蜚搖(ぐらつく)して定まる所無し。

【程書】一定量の書類を処理する。宋・范成大〔晩に宣華の旧苑を歩す〕詩 歸り來つて更に了す、程書の債 目眚昏花して、燭穗垂る

【程度】ほどあい。水準。唐・韓愈〔崔立之に答ふる書〕乃ち復た自ら疑うて以爲へらく、試みる所と之れを得たる者と、其の程度を同じうせずと。之れを觀るを得るに及んで、余も亦た甚だしくは愧づる無し。

【程文】考試の文例。また、受験者の奉呈する文。宋・蘇轍〔欧陽文忠公(脩)神道碑〕公の禮部に考試するに及び、亡兄子瞻(軾)、進士を以て稠人(衆人)中に試みらる。公と梅聖兪(堯臣)と、其の程文を得て、以て異人と爲す。是の歲、轍も亦た下第に中る。

↑程期 期限/程巧 呈巧/程才 才を量る/程日 期限/程序 手続き/程典 周の文王が作ったとされる経典/程途 旅程/程品 規約/程墨 程文/程量 程度/程糧 携帯食/程力 力を量る/程露 露呈する/程老 ゆきだおれ

↓駅程・音程・過程・課程・帰程・規程・揆程・期程・客程・去程・工程・行程・航程・高程・算程・訾程・初程・商程・章程・常程・水程・前程・長程・典程・道程・日程・発程・標程・品程・方程・法程・鵬程・夜程・里程・旅程・歴程・路程

【舐】 12 2224 テイ ふれる いたる

篆文 

形声 声符は氐。〔説文〕の牴字条二上に「觸るるなり」とあり、牴触することをいう。舐はその異文。「牴触」はまた「舐触」に作る。頭を低くして敵に抵たるので、字は氐に従う。

訓義 [1]ふれる、さわる。[2]いたる。[3]抵と通じ、うつ、あたる。

古訓 〔和名抄〕舐 漢語抄に云ふ、豆岐之良比(つきしらひ) 〔篇立〕舐 フル・スマヒ・ツキシラフ 〔字鏡集〕舐 カセラヒラ・フル、ナリ・ツキ・ツク・フル・シラツ

語系 舐dyeiは牴・抵・低tyeiと声義近く、頭を低くして、角を以て敵に抵たることを舐という。

＊語彙は牴字条参照。

【舐触】ふれる。つく。〔淮南子、説山訓〕熊羆の動くや、攫搏を以てし、兕牛の動くや、舐觸を以てす。物、其の脩むる所を措きて、其の短を用ふること莫し。

【舐排】おしのける。唐・韓愈〔進学解〕異端を舐排し、佛老を攘斥し、罅漏(欠点)を補苴し、幽眇を張皇す。

↑舐戯 角力/舐拒 防ぐ/舐撃 角で触れて撃つ/舐滞 こだわる/舐拄 支える/舐突 突きかかる/舐轢 突いてひきたおす

↓角舐

【詆】 12 0264 テイ しかる そしる はずかしめる

篆文  金文 

形声 声符は氐。氐は曲刀を以て底部を刳りとる形。そのようにしてものを毀損する意がある。〔説文〕三上に「苛するなり」とあって詆訶する意。話とその構造が似ており、話は舌(昏)に従い、祝告の器(曰)を、曲刀を以て傷つけ破る形に従う。話は誑言、人をそしる言をいう。

訓義 [1]しかる、せめる、そしる、しいる。[2]はずかしめる、あばく。[3]あざむく、いつわる。

古訓 〔名義抄〕詆 ソシル・アザムク 〔字鏡集〕詆 ノリ・コト、モリ・イカル・セム・イサフ・ソシル

語系 詆・呧tyeiは同声。ともに「苛せむ」と訓する字。抵tyeiは同声。擠tzyeiも声近く、みな排擠の意がある。

【詆訶】そしる。けなす。魏・曹植〔楊徳祖に与ふる書〕劉季緒は、才は作者に逮ぶこと能はざるも、好んで文章を詆訶し、利病を掎摭す。

【詆劾】弾劾。〔後漢書、陳忠伝〕數上疏して其の惡を陷成し、遂に大司農朱寵を詆劾す。

【詆毀】そしる。〔宋書、顔延之伝〕(荀赤松奏す)闒茸(小人)に交遊し、麴蘗(酒)に沈迷し、横に譏謗を興し、朝士を詆毀す。

【詆欺】欺く。〔漢書、東方朔伝〕舍人恚りて曰く、朔、擅に天子の從官を詆欺す。當に棄市すべしと。～朔曰く、～乃ち與に隱(語、謎かけ)を爲せるのみと。

【詆訾】そしる。〔史記、老荘申韓伝〕漁父・盜跖、胠篋を作りて、以て孔子の徒を詆訾し、以て老子の術を明らかにす。

【詆辱】そしり辱める。〔宋史、道学三、朱熹伝〕(封事)十數年來、此の二字(道学)を以て天下の賢人君子を禁錮すること、復た昔時の所謂元祐の學術の如き者あり。排擯詆辱、必ず其の身を容るる所無からしめて後已む。此れ豈に治世の事ならんや。

【詆排】そしり斥ける。〔宋史、儒学四、呂祖謙伝〕聲勢浸く長じ、趨附浸く多し。過咎浸積せば、內は則ち陛下の遣(譴)むる所と爲るを懼れて、益と壅蔽せんことを思ひ、外は則ち公議の疾む所と爲るを懼れて、益と詆排を肆にせん。

【詆讕】詐っていいのがれる。〔資治通鑑、隋紀二〕(文帝、開皇十八年)蜀王秀、奏す。史萬歲、賄を受けて賊を縱ち、邊患を生ずるを致せりと。上、萬歲を責む。萬歲詆讕す。上怒り、命じて之れを斬らしむ。

↑詆呵 詆訶/詆娸 そしる/詆訐 あばく/詆挫 そしり挫く/詆疵 詆訾/詆笑 嘲笑する/詆誚 そしる/詆罵 ののしる/詆謗 陰口をいう/詆嫚 侮る

↓訶詆・劾詆・毀詆・譏詆・巧詆・讒詆・嗤詆・醜詆・深詆・嘲詆・痛詆・排詆・誣詆・面詆・力詆

【隄】 12 7628 テイ つつみ

篆文 

形声 声符は是。是に堤の声がある。〔説文〕十四下に「唐なり」、前条に「防は隄なり」とあり、唐は塘、堤防をいう。〔爾雅、釈宮〕に「隄、之れを梁と

曰ふ」とあり、はしをもいう。

訓義 1つつみ、大きなつつみ、どて、きし。2はし。3しきる、かぎり。

古訓 〔名義抄〕隄 ツ、ミ・ツク・イケ・カギリ・カギル 〔字鏡集〕隄 ツク・カギリ・ツ、ミ・ハシ・イケ

【隄上】 堤防の上。唐・劉禹錫〔隄上行、三首、一〕詩 酒旗相ひ望む大隄の頭り 隄下には牆を連ね、隄上には樓 日暮行人、渡るを爭ふこと急なり 槳聲幽軋として、中流に滿つ

【隄防】 つつみ。唐・白居易〔自詠〕詩 簿書を勾檢するに鹵莽多し 隄防の官吏、機關少なし

↑隄堰 堤と堰／隄岸 護岸／隄工 河川の工事／隄閘 隄堰／隄障 隄防／隄川 隄防／隄唐 どて／隄塘 どて／隄封 隄の封土／隄繇 隄防築造の夫役／隄梁 堤と橋

↓花隄・河隄・寒隄・危隄・虛隄・金隄・古隄・護隄・江隄・高隄・沙隄・修隄・新隄・石隄・大隄・長隄・被隄・碧隄・芳隄・楊隄・柳隄

【嗁】 13 6201 テイ なく

篆文 

形声 声符は虒。〔説文〕二上に「號くなり」とある。号字条五上に「痛聲なり」とあり、〔段注〕に「号は嗁くなり。凡そ嗁號の字、古くは号に作る。口部に曰く、嗁は号なりと。今は字は則ち號行はれて号廢す」とするが、号は神に訴えること、號は神聖なものの名號で、「嗁く」意は、後起の義である。嗁は啼と通じ、哀泣の意がある。

訓義 1なく。2かなしみなく。3啼と通用する。

古訓 〔名義抄〕啼・嗁 ナク・サケブ・ホユ

＊語彙は啼字条参照。

【嗁呼】 大声で叫びよぶ。〔後漢書、第五倫伝〕永平五年、法に坐して徵せらる。老小、車に攀ぢ馬を叩き、嗁呼して相ひ隨ふ。日に裁かに行くこと數里なり。

【嗁粧】 愁い顔の化粧法。〔後漢書、梁冀伝〕（梁冀の妻孫）壽、色美にして善く妖態を爲す。愁眉・嗁粧（糚）・墮馬髻・折腰步・齲齒笑を作し、以て媚惑を爲す。

【楨】 13 4198 テイ ねずみもち

篆文 

形声 声符は貞。〔説文〕六上に「剛木なり」とあって木質の固い木の泛称とするが、木名としては木犀科の常緑樹で、ねずみもちをいう。〔山海経、東山経〕に「太山～上に金玉・楨木多し」とみえる。また牆の両端に立てるおや柱をいう。

訓義 1ねずみもち。2牆の両端の親柱。3親柱、たよりとなるもの。4堅い材質の木。

古訓 〔篇立〕楨 コハシ・カタヒク・ヒメツバキ 〔字鏡集〕楨 ハカリカタ・ヒメツムギ・カタキ・トモ・クヒセ・コハシ・カタヒラ・ミヤツコキ

【楨幹】 支え柱。〔後漢書、光武十王、阜陵室王延伝〕九江に行幸し、～乃ち下詔して曰く、昔周の爵封千有八百、而して姬姓半ばに居る者は、王室を楨幹する所以なり。

↑楨固 支柱／楨材 材幹／楨子 画幅／楨臣 棟梁の臣／楨弼 輔弼の臣

↓幹楨・基楨・国楨・女楨・邦楨

【碇】 13 1368 ［矴］ 7 1162 テイ いかり

形声 声符は定。字はまた矴に作る。もと奠に従う字で、奠は奠定、場所を定めておくことをいう。投錨のところを定め、いかりを下ろす。

訓義 1いかり。2いかりをおろす。

【碇宿】 いかりを下ろす。〔東坡志林、一、合浦を過るを記す〕余、海康より合浦に適く。連日大雨、橋梁大いに壞れ、水、津涯無し。～是の日六月晦、月無し。大海中に碇宿す。天水相ひ接し、星河天に滿つ。起坐四顧して太息す、吾れ何ぞ數と此の險に乘ずるや～と。

↑碇石 いかり／碇鉄 いかり／碇泊 とまる

人【禎】 13 3128 人〔禎〕 14 3128 テイ さいわい ただしい

篆文 

形声 声符は貞。貞は卜して神意を問い、神意にあたり、正しい道をうることをいう。〔説文〕一上に「祥ひなり」とあり、〔詩、周頌、維清〕に「維れ周の禎なり」とは吉祥を承けることをいう。

訓義 1さいわい、めでたいしるし。2ただしい、よい。

古訓 〔名義抄〕禎 ヨシ・ツバビラカナリ・サイハヒ 〔字鏡〕禎 ヨシ・サイハヒ・ツバビラカ・シルシ

語系 禎・貞tieng は同声。丁tyeng、當（当）tang は声近く、あたると訓する。また聽（聴）thyeng は神が聞きとどけ、ゆるすことをいう。

【禎祥】 瑞祥。〔中庸、二十四〕國家の將に興らんとするや、必ず禎祥有り。國家の將に亡びんとするや、必ず妖孽（禍殃の祥）有り。

【禎瑞】 吉祥。〔魏書、太宗紀〕神瑞元年春正月辛酉、禎瑞頻りに集たるを以て大赦し、改元す。

【禎命】 めでたい天の命。〔三国志、魏、管寧伝〕張掖郡の玄川溢涌し、激波奮蕩し、寶石圖を負ひ、狀、靈龜に像たり。～太史令高堂隆、上言す。古の皇聖帝の未だ嘗て蒙らざる所、實に有魏の禎命、東序の世寶なりと。事、天下に頒つ。

↑禎異 吉兆／禎祺 吉祥／禎休 慶び／禎石 瑞石／禎泰 安定／禎符 吉兆

↓異禎・嘉禎・休禎・国禎・祥禎・表禎

【筳】 13 8840 テイ いとくだ たけざお

篆文 

形声 声符は廷（廷）。廷に挺直の意がある。〔説文〕五上に「繀を維ける筦なり」とあり、機織りの糸をまきつける管、いとくだをいう。また竹梃。〔玉篇〕に「籠なり」とあり、竹籠。〔方言、六〕に「筳は竟るなり。～楚にては筳と曰ふ」とみえる。

訓義 1いとくだ、はたおりの糸をまきつける管。2たけざお。3木の枝。4かご、竹かご。5おわる、おわり。

【筳篿】 古代の楚の卜法。草木の枝を無作為に取り、それを筮として卜う。〔楚辞、離騒〕藑茅と筳篿とを索り 靈氛に命じて、余が為に之れを占はしむ

↑筳子 糸くだ／筳卜 筳篿

常【艇】 13 2244 〔艇〕 13 2244 テイ ふね こぶね

篆文 

形声 声符は廷（廷）。廷に挺直なるものの意がある。〔説文新附〕八下に「小舟なり」とあり、〔釈名、釈船〕に二百斛（石）以下の舟をいうとする。くり舟の、一・二人乗りのもの。〔淮南子、俶身訓〕「蜀艇」の〔注〕に「一版の舟なり」とみえる。

訓義 1こぶね。2くり舟。

古訓 〔和名抄〕艇 楊氏漢語抄に云ふ、艇、乎夫禰（をふね）、游艇、波師不禰（はしふね） 〔名義抄〕艇 ヲフネ・ツリフネ／游艇 ハシフネ 〔篇立〕艇 コフネ・ハシフネ・フネ・ヲフネ・ツリフネ

語系 艇・梃・侹・挺（挺）dyeng は同声。廷声に従って、すべて狭長の意があり、一系の語である。

【艇子】 舟子。また、小舟。宋・陸游〔古駅〕詩 古驛橋邊、艇子横たふ 毎に羈旅に因りて、幽情に愜ふ

↑艇板 歩み板
↓一艇・越艇・艦艇・汽艇・帰艇・魚艇・競艇・繫艇・舟艇・小艇・蜀艇・漕艇・短艇・端艇・釣艇・放艇・野艇・揺艇

【蜓】 13 5214 テイ やもり とんぼ

篆文 

形声 声符は廷（廷）。廷に挺直の意がある。〔説文〕十三上に「蝘蜓なり」とあり、やもり。蜻蜓は、とんぼをいう。

訓義 [1]やもり、蝘蜓。[2]とんぼ、蜻蜓。[3]にいにいぜみ。

古訓 〔篇立〕蜓 ハチ 〔字鏡集〕蜓 トカゲ・セミ

↓蝘蜓・青蜓・蜻蜓

【髢】 13 7271 ［鬄］ 18 7222 テイ テキ かもじ そる のぞく

篆文 

形声 正字は鬄に作り、易声。易に剔の声がある。髢はその或る体の字で、也声。也に地・他の声がある。〔説文〕九上に「髲なり」とあり、そえ髪をいう。〔詩、鄘風、君子偕老〕に「鬒髪雲の如し 髢を屑しとせず」とあり、ゆたかな黒髪の美しさをたたえる句である。

訓義 [1]かもじ、そえ髪。[2]かもじのようなたれ髪、長い髪。[3]鬄・剔と通じて、そる、のぞく。

古訓 〔字鏡集〕髢 カミ

語系 髢 dyek、鬄 thyek は声義近く、鬄髪はていしたものをまた仮髪（かもじ）として用いる。

↓施髢・随髢・髪髢・髲髢

囚【鼎】 13 2222 テイ かなえ

篆文 甲骨文 金文 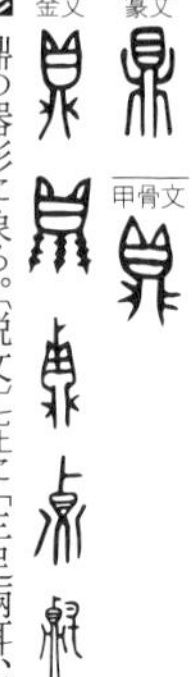

象形 鼎の器形に象る。〔説文〕七上に「三足兩耳、五味を和する寶器なり。昔、禹、九牧の金を収め、鼎を荊山の下に鑄る。山林川澤に入るも、螭魅蝄蜽、能く之れに逢ふもの莫し。以て天の休ひに協承す」とあり、その神怪な文様に、辟邪の呪力があるとされたようである。神聖な彝器として、国家権力の象徴とされ、〔左伝、宣三年〕に、楚の荘王が雒（当時の周都）に臨んで兵を觀し、「鼎の輕重を問ひ」天下を窺う意を示したという話がある。のち、他人の実力を疑い問う意に用いる。鼎はもと烹飪の器。当時の彝器に、器底に燻痕を残しているものがある。

訓義 [1]かなえ、烹飪の器、円鼎・方鼎・分銅鼎などがある。[2]宝器、神器。宝貴の意に用いる、貴顕。[3]三脚のもの、三方分立。[4]当と通じ、あたる、まさに。[5]貞と通じ、ただしい。

古訓 〔和名抄〕鼎 阿之加奈倍（あしかなへ）。三足兩耳、五味を和する寶器なり 〔字鏡集〕鼎 アシガナヘ・マサニ・アヂハヒ・アシナヘ・カナヘ・カマフタ

部首 〔説文〕に鼏（鎡）・鼐・鼒の三字を属し、〔玉篇〕になお鬻の字を加える。鬻は金文に「大鬻鼎」のように用い、煮ることをいう。

語系 鼎 tyeng、貞 tieng は声近く、貞は貞問、卜して神意を問う意。貞の初文は、卜文では鼎に従っており、もと鼎を以て探湯するような卜法があったのであろう。當（当）tang も声近く、鼎と通用することがある。

【鼎革】 易の鼎卦と革卦。易姓革命。〔弇州山人四部稿、一二三、江陵の張相公（居正）に上る書〕乃者には、天地鼎革し、萬類維れ新たなり。

【鼎鑊】 釜いりの刑。宋・文天祥〔正気の歌〕詩 鼎鑊、甘きこと飴の如し 之れを求むるも得べからず

【鼎貴】 顕貴。また、顕貴ならんとする人。〔漢書、賈捐之伝〕捐之、復た石顯を短る。（楊）興曰く、顯は貴に鼎たる。上之れを信用す。今進まんと欲せば、弟だ我が計に從ひ、且く與に合意せよ。卽ち入ることを得んと。

【鼎食】 鼎を列ねて食事する。唐・王勃〔滕王閣の序〕閭閻地を撲つ、鐘鳴鼎食の家あり。舸艦津に迷ふ、靑雀黃龍の舳（とも、へさき）あり。

【鼎新】 旧を改め新とする。唐・顔真卿〔撫州宝応寺律蔵院戒壇記〕願はくは我が皇帝降誕の辰を以て、奏して寶應寺を爲らんとす。～聖恩允許す。是に於て、輪奐を鼎新す。其の興るや勃焉たり。

【鼎俎】 鼎と、まないた。犧牲。お供え。〔周礼、天官、内饔〕王擧ぐるときは、則ち其の鼎俎を陳ね、牲體を以て之れを實たす。

【鼎祚】 帝位。王業。〔南斉書、高帝紀論〕漢高、神武駿聖なるも、～始めより自ら天命を知るに非ず。光武、少公の讖を論ずるを聞くも、亦た特だ一時の笑語のみ。～咸皆な一世の推雄、卒ひに鼎祚を開きたり。

【鼎足】 鼎の三足。相扶持し、また相対峙する関係をいう。〔史記、貨殖伝〕昔、唐人は河東に都し、殷人は河内に都し、周人は河南に都す。夫れ三河の天下の中に在ること、鼎足の若し。

【鼎鼎】 のびやか。盛大なさま。また、月日の過ぎるさま。晋・陶潜〔飲酒、二十首、三〕詩 一生復た能く幾ばくぞ 倏かなること流電の驚くが如し 鼎鼎たり、百年の内 此れを持して、何をか成さんと欲する

【鼎沸】 わきかえる。乱れる。〔漢書、霍光伝〕今群下鼎沸し、社稷（国家）将に傾かんとす。

【鼎立】 鼎の三足のように分立する。〔三国志、呉、陸凱伝〕（上疏）近者漢の衰末にして、三家鼎立す。曹（魏）綱紀を失ひ、晉其の政を有つ。

↑鼎位 大臣／鼎彝 礼器／鼎運 皇運／鼎娥 炊事婦／鼎魁 科挙の首席及第者／鼎角 ひたいが突起すること／鼎簋 礼器／鼎饋 鼎食／鼎業 王業／鼎言 お言葉／鼎鉉 鼎耳／鼎甲 第一／鼎羹 あつもの／鼎坐 三人対坐する／鼎士 力士／鼎司 三公／鼎耳 鼎の両耳／鼎峙 鼎立する／鼎跱 鼎峙／鼎臑 鼎のあつもの／鼎実 鼎中の食／鼎臣 三公／鼎姓 豪族／鼎盛 丁壮／鼎席 宰相の位／鼎族 豪族／鼎鼐 大小の鼎／鼎肉 鼎中の肉／鼎能 無比の能力／鼎分 三分／鼎輔 三公大臣／鼎味 料理／鼎命 鼎祚／鼎銘 鼎に加えた文辞、金文／鼎来 まさに／鼎力 力くらべ

↓彝鼎・夏鼎・九鼎・金鼎・刑鼎・鉶鼎・孔鼎・扛鼎・羹鼎・爨鼎・讒鼎・周鼎・羞鼎・鐘鼎・神鼎・瑞鼎・遷鼎・大鼎・台鼎・鋳鼎・陳鼎・定鼎・撤鼎・陪鼎・方鼎・宝鼎・庖鼎・銘鼎・列鼎・賂鼎

【禘】 14 3022 テイ まつり

篆文 甲骨文 

形声 声符は帝（帝）。帝は上帝を祀る大きな祭卓の形。小さな祭卓は示。示の下部を斜めの木で締めた形が帝。〔説文〕一上に「帝は諦らかにするなり。天下に王たるの號なり」とし、また禘一上には「諦祭なり」という。五歳一禘の祭祀は王者にのみ許されるものとされ、卜辞では上帝や祖先神、また金文では直系の先王を祀るときに禘という。祭卓の形である帝に、祝詞の器の形である口を加えた形は啇で嫡（嫡）の初文。その嫡系の者だけが、禘祀を行うことができた。のち礼制が整って五歳一禘、また〔礼記、王制〕に「礿・禘・嘗・烝」、すなわち

春礿・夏禘のような四時の祭名となった。

【訓義】①まつり、大祭、上帝・祖王を祀る。②時祭、夏の祭。③正月、天子南郊の祭。④廟の昭・穆を定める祭、諦祭、太廟への合同の祭。⑤次第する、順序を定める。⑥諦と通じ、つまびらかにする。

【古訓】〔名義抄〕禘 マツル・アキラカ 〔字鏡集〕禘 アキラカ・マツリ・オホマツリ・マツル・マホル

【語系】禘dyai、帝tyaiは声近く、帝は祭卓の象で、その祭祀対象の上帝をいい、禘はその祭名。これを祭るものを嫡tyekといい、禘と同声の語である。

【禘郊】天子が遠祖と天を祀る祭儀。〔礼記、祭法〕七代の更立つる所の者は、禘郊宗祖、其の餘は變ぜざるなり。

【禘祫】王がその嫡祖を祭る祭儀。大祭。〔唐書、礼楽志三〕禘祫は大祭なり。祫は昭・穆を以て太祖に合食し、禘は以て其の尊卑を審諦す。

【禘嘗】宗廟の大祭と秋の時祭。〔中庸、十九〕郊社の禮、禘嘗の義を明らかにせば、國を治むること、其れ諸れを掌に示(寘)くが如きか。

↑禘楽 禘祭の楽/禘祭 遠祖の祭/禘祀 禘祭/禘礿 夏と春の祭/禘礼 禘祫の礼

↓殷禘・吉禘・饗禘・郊禘・祫禘・始禘・時禘・審禘・大禘・卜禘・礿禘

入【綴】 14 2794 テイ テツ セツ つづる つらなる むすぶ

篆文 

形声 声符は叕(てつ)。叕は糸を綴り合わす形で、綴の初文。〔説文〕十四下に「合はせ箸くるなり。叕に從ひ、糸に從ふ」と会意に解するが、叕の形声字である。前条に「叕は綴聯なり。象形」とみえる。〔戦国策、秦一〕「甲を綴り兵を厲ぐ」の綴甲は、いわゆる「おどし」。叕はその象形。甲衣のみでなく、とばりを綴衣、吹き流しを綴旒という。

【訓義】①つづる、つらねる、つらなる。②つなぐ、とじる、むすぶ、つむぐ。③かざり、糸かざり、へりかざり。④しるし、はたあし。⑤まげる、かがめる、とめる。

【古訓】〔新撰字鏡〕綴 於己奴不(おこぬふ)〔名義抄〕綴 ツラヌ・ツヾル・ツヽム・ツモル・カヾル・ヤ(ア)ム・ヒロフ・トヅ 〔字鏡集〕綴 トヾム・ツヽム・ツラヌ・ツヾル・ツヽマル・ツモル・カヾル・トヅ・ツラヌク・ヒロフ

【語系】綴・叕・掇・餟tiuatは同声。小さなものを連ね綴ることを叕といい、そのような状態で継続される行為に、叕声を用いることが多い。餟はまた醊に作り、酒食を以て連続して祭ることをいう。また、歠thjiuatも同系の語である。

【綴衣】儀礼のとばり。〔書、顧命〕茲に既に命を受けて還り、綴衣を庭に出だす。越に翼(翌)日乙丑、王崩ず。太保~子釗を南門の外に逆かふ。

【綴意】心にとめる。気にする。唐・韓愈〔唐の故の相権公(徳輿)の墓碑〕士を公に薦むる者~即し信ずべからずんば、大官勢人交々言ふと雖も、一も以て意に綴めず。

【綴学】前人の学問をよせ集めるだけで、独創がない学問。〔大戴礼、小弁〕子曰く、唯だ社稷の主のみ、實に忠信を知る。邱(孔子の名)の若きは綴學の徒なり。安くんぞ忠信を知らんと。

【綴集】編集する。晉・郭璞〔爾雅注の序〕是こを以て復た異聞を綴集し、舊説を會粹す。

【綴緝】編集する。梁・任昉〔王文憲(倹)集の序〕是こを用て遺文を綴緝し、永く世範を貽こし、如干(若干)秩(帙)如干巻と爲す

【綴宅】心をおく所。〔淮南子、精神訓〕人、戒形有りて心に損する無く、綴宅有りて精を耗らす無し。~神、将に遠く徙る所有らんとす、孰か其の爲す所を知るに暇あらん。

【綴旒】吹き流し。全体のしるし。〔詩、商頌、長発〕小球大球(大小の法)を受け 下國(諸侯の国々)の綴旒と爲る

↑綴恩 恩を結ぶ/綴言 文を作る/綴甲 おどし/綴行 行列/綴跲 つまずく/綴思 構想する/綴輯 編集/綴述 著述/綴術 天算/綴純 縁飾り/綴叙 述べる/綴接 連系/綴足 足まげ/綴続 連ねる/綴兆 舞位/綴綴 連なるさま/綴文 文を作る/綴慮 構想する/綴連 連ねる/綴輅 金輅

↓羽綴・花綴・牽綴・校綴・構綴・珠綴・拾綴・集綴・緝綴・帽綴・属綴・点綴・比綴・編綴・羅綴・旒綴・連綴・聯綴

【蝃】 14 5714 テイ にじ

形声 声符は叕(てつ)。〔詩、鄘風、蝃蝀〕の〔伝〕に「蝃蝀は虹なり」とみえる。

【訓義】①にじ、蝃蝀。②くも。

【古訓】〔名義抄〕蝃蝀 ニジ

【蝃蝀】虹。〔詩、鄘風、蝃蝀〕蝃蝀東に在り 之れを敢て指さす莫し 女子行有り 父母兄弟に遠ざかる

【醒】 14 1661 テイ よう わるよい

篆文 

形声 声符は呈(てい)。〔説文〕十四下に「酒に病むなり」とあり、悪酔いすることをいう。酩酊する意。〔説文〕にまた「一に曰く、酔うて覺むるなり」とあって、酔い醒めの意とする。

【訓義】①よう、わるよい、ふつかよい。②あきる。③さめる、よいざめ。

【古訓】〔名義抄〕醒 エフ・サカヤモヒ・サマタル 〔字鏡集〕醒 サケ(マ)タル・タケナハニノム・サカヤモヒ・エフ

↑醒解 酔いざめ/醒困 悪酔い/醒魂 酔心地/醒酔 酔う/醒煩 悪酔い/醒夢 酔夢/醒湎 酒の疾

↓解醒・含醒・旧醒・狂醒・濁醒・酒醒・宿醒・春醒・帯醒・朝醒・半醒・煩醒・余醒

常【締】 15 2092 〔締〕 15 2092 テイ むすぶ しめる

篆文 

形声 声符は帝(てい)。帝は大きな祭卓の脚部を交叉して結びつけた形。〔説文〕十三上に「結びて解けざるなり」とあり、締結することをいう。固く相約する意に用いる。

【訓義】①むすぶ、紐をむすぶ。②しめる、ひきしめる、強くしめて結ぶ。③むすぼれる、心がしまる。

【古訓】〔名義抄〕締 ムスブ・タトフ 〔篇立〕締 タトフ・ムスブ・ムスボル・アツム

【語系】締dyai、揥thiekは声義近く、揥に佩飾や揥髪の意がある。滴(適)・鏑tyekは声が近い。丸く結ぼれた形のもの。摘(擿)tyekはその状態でつみとる意。啇声の字に、固くまるく結んだものを意味することが多い。

【締交】交わりを結ぶ。漢・賈誼〔過秦論、上〕諸侯恐懼し、會盟して秦を弱めんことを謀り、珍器重寶、肥饒の地を愛まずして、天下の士を致し、合從締交し、相ひ與に一と爲る。

【締構】建物などを構える。宋・李覯〔虞侍の禁山亭に題す〕詩 嶺上の欄楹、締構新たなり 我來つて登望すれば、倍ます神ここを凝らす

↑締姻 縁組み/締架 構築する/締結 約束する/締好 友好/締合 結合/締婚 婚約する/締素 旧交/締造 作る/締党 結党/締盟 盟約/締約

約束する／締連 連結する
↓交締・深締

【緹】 15 2698 ［衹］ 9 3224 テイ あかぎぬ あか

篆文 

形声 声符は是。是に提の声がある。〔説文〕十三上に「帛、丹黄色なり」、〔広雅、釈器〕に「赤なり」とあり、赤色の繒をいう。

訓義 ①あかぎぬ。②あか、丹黄色、黄赤色。

古訓 〔名義抄〕緹 アカシ・アケ 〔字鏡集〕緹 アケ・アカシ・ニシキ

↑緹衣 赤繒の衣／緹帷 赤い帷／緹竿 赤旗／緹紈 絹物／緹騎 執金吾の騎／緹紫 朱紫／緹繡 赤い刺繡／緹扇 赤い帛の扇／緹組 赤い組みひも／緹繒 赤い帛／緹帙 赤い帙／緹帳 緹帷／緹幕 赤い幕／緹縵 緹幕／緹籥 小笛
↓青緹・赤緹・布緹

入 【鄭】 15 8742 テイ

篆文  甲骨文  金文 

形声 声符は奠。奠は鄭の初文。卜文は奠に作る。〔説文〕六下に「京兆縣、周の厲王の子、友の封ぜられし所なり」という。卜辞に王子名で子奠というものがあり、おそらく鄭州の地を治めたものであろう。鄭州は安陽殷虚以前の故都で、壮大な版築のあとや工房址なども残されている。周の東遷のとき、桓公友が新鄭の地に入り、鄭国に封ぜられた。その地には殷の余裔が多く、鄭の政権との間に、政商分離を約する協定が結ばれた。一種の契約国家であった。

訓義 ①国の名。②鄭重は、ねんごろ、かさなる、しきり。

古訓 〔名義抄〕鄭 ネムコロ・シキリ

語系 鄭dieng、丁tyengは声近く、鄭重を丁重に作り、丁寧の意に用いる。定dyengも声近く、奠はもと奠定を意味する語であった。

【鄭声】 鄭の国の音楽。淫靡な楽であったという。〔論語、衛霊公〕鄭聲を放ち、佞人を遠ざく。鄭聲は淫に、佞人は殆し。
【鄭重】 しばしばする。ねんごろ。唐・白居易〔庾順之、紫霞綺遠を以て贈る。詩を以て之れに答ふ〕詩 千里の故人、心鄭重なり 一端の香綺、紫氛氳たり
↑鄭寧 丁寧

【霆】 15 1040 テイ かみなり いなずま

篆文 

形声 声符は廷（廷）。廷に挺直の意があり、直線的に勢いのはげしいことをいう。〔説文〕十一下に「靁の餘聲、鈴鈴たるなり。萬物を挺出する所以なり」（段注本）というが、挺出の意ではない。また霹靂ともいう。霹靂は電光を発するときの雷鳴、その擬声音である。

訓義 ①かみなり、かみなりのおと、かみなりのとどろき。②いなずま、いなびかり、電光。③ふるう、はためく。

古訓 〔名義抄〕霆 イカヅチ・ハタメク・イナビカリ／霹靂 イナビカリ・イカヅチ

語系 霆dyeng、電dyenは声義近く、電は陰陽激燿の意でその電光をいい、霆はその激燿のときに発する音をいう。直線的で、かつ永く余声を保つので霆という。激燿するときの音は霹靂という。

↑霆駭 遠くとどろく／霆覓 はげしい雷／霆撃 一気にうつ／霆激 激発する／霆震 とどろく／霆奮 とどろきひびきわたる／霆雷 はげしい雷／霆乱 一気に乱れる
↓威霆・駭霆・驚霆・激霆・轟霆・疾霆・春霆・振霆・震霆・迅霆・電霆・冬霆・発霆・飛霆・風霆・奮霆・奔霆・雷霆

【骶】 15 7224 テイ しり しりぼね

形声 声符は氐。〔玉篇〕に「臀なり」とあり、尾骶骨をいう。〔広雅、釈親〕に「背、之れを骶と謂ふ」とするのもその意。

訓義 ①しり、しりぼね、尾骶骨。②背、背骨、背骨の末端。

古訓 〔字鏡集〕骶 セナカ

↓尾骶

【璣】 16 1711 テイ

篆文 

形声 声符は彘。〔説文〕一上に「劍鼻の玉なり」とあり、剣の柄頭の部分の玉飾りをいう。剣を佩びるとき、ここに紐を通した。

訓義 ①鐔の部分の玉飾り。②また、衛ともいう。衛は剣鼻。③また、瑑ともいう。

入 【薙】 16 4441 〔薙〕 17 4441 テイ チ なぐ のぞく そる

篆文 

形声 声符は雉。〔説文〕一下に「艸を除くなり」とあり、〔周礼、秋官、薙氏〕は草を殺すことを掌る。〔礼記、月令〕に、季夏に草を焼薙することがしるされている。薙髪は仏教の用語。髪を切ることは鬄といった。

訓義 ①なぐ、草をきる、草をかる。②のぞく、とる。③そる、髪をそる。

古訓 〔名義抄〕薙 カル 〔篇立〕薙 イコフ・カル・ハラフ

語系 薙・剃thyei、鬄（鬀）thyekは声義近く、草や髪などをかりとることをいう。髢dyekはその髪をかもじに作る意。夷jieiは人をみな殺しにする夷滅の意があり、みな同系の語である。

↑薙器 草刈り器／薙工 理髪師／薙染 出家する／薙度 出家する／薙髪 剃髪する／薙滅 翦滅する
↓耘薙・刊薙・芟薙・劁薙・斬薙・翦薙

常 【諦】 16 0062 〔諦〕 16 0062 テイ タイ あきらか つまびらか まこと

篆文 

形声 声符は帝（帝）。〔説文〕三上に「審らかにするなり」とあって、諦審の意。仏教では「諦観」のようによむ。

訓義 ①あきらか、あきらかにする。②つまびらか、つまびらかにする。③まこと。④啼と通じ、なく。⑤国語では、あきらめる。

古訓 〔名義抄〕諦 アキラカニ・ツマビラカナリ・マコト 〔篇立〕諦 サダカ・アキラカ

語系 諦・禘dyaiは同声。帝tyaiは声近く、〔説文〕に「帝は諦らかにするなり」「禘は諦祭なり」のように通用の関係があるとする。ただ諦審の意は諟・媞dyeと通用の義で、諟は理、媞は十二下には「諦なり」とあって、声義の関係がある。

【諦思】 よく考える。〔三国志、魏、杜畿伝〕民嘗て辭訟し、相ひ告ぐる者有り。畿、親しく見て、爲に大義を陳べ、歸りて之れを諦思せしむ。
【諦視】 よく見る。〔三国志、魏、王粲伝注に引く質別伝〕帝～郭后に命じて、出でて質等を見しむ。帝曰く、卿、仰いで之れを諦視せよと。其の至親なること此の如し。
【諦諟】 明らかにする。〔後漢書、祭祀志下〕禘の言たる、諦なり。昭穆尊卑の義を諦諟するなり。
【諦聴】 よくきく。唐・白居易〔霓裳羽衣歌〕詩 當時乍ち見て、心目を驚かす 凝視諦聽するも、殊に未だ足らず

↑諦号 啼きさけぶ／諦伺 よく伺う／諦当 明らかにし確かめる／諦認 よくみる／諦料 よくはかる
↓安諦・空諦・掲諦・見諦・三諦・信諦・真諦・審諦・聖諦・瞻諦・

俗諦・妙諦・明諦・滅諦・要諦

【赬】16 4138 ［經］14 4131 テイ あか

篆文

形声 声符は貞。〔説文〕十下に「經は赤色なり」とし、その或る体として赬を録する。〔爾雅、釈器〕に「一染、之れを縓と謂ひ、再染、之れを赬と謂ふ」とあり、浅い赤をいう。

訓義 1あか、あさいあか。2字はまた經に作る。

古訓 〔名義抄〕赬 アカシ・ハヂ 〔字鏡集〕赬 ベニ・アカシ

【赬肩】ていけん 肩が重荷で赤らむ。宋・陸游〔蜀を夢む〕詩 赬肩す、郫縣の千箇の酒 照眼す、彭州百馱の花

【赬尾】ていび 魚尾が疲れて赤くなる。労苦にたとえる。〔詩、周南、汝墳〕魴魚赬尾 王室燬くが如し 則ち燬くが如しと雖も 父母孔だ邇し

【赬面】ていめん 臉に紅さす。唐・元稹〔戎人を縛す〕詩 邊頭の大將、健卒を差ぶ 入りて生を抄禽すること、鶻より快し 但だ赬面に逢へば、即ち捉へ來る 半ばは是れ邊人、半ばは戎羯

↑赬羽 赤羽／赬霞 紅霞／赬顔 赭顔／赬紫 朱紫／赬壌 赤土／赬脣 朱脣／赬然 恥じる／赬怒 怒る／赬楯 朱楯／赬膚 赤はだ／赬文 赤色／赬卯 茘枝／赬鯉 緋鯉

↓含赬・肩赬・紫赬・朱赬・童赬・発赬

入【蹄】16 6012 〔蹄〕16 6012 ［蹏］17 6211 ［踶］16 6618 テイ ひづめ わな

篆文

形声 声符は帝(帝)。帝に締める意がある。〔説文〕二下に字を蹏に作り、「足なり」とあり、〔荘子、馬蹄〕に「馬蹄以て霜雪を践むべし」とみえ、ひづめをいう。踶は〔説文〕二下に「躛なり」、次条に「躛は衞るなり」とあって、蹄鉄の意。〔説文〕に蹄を収めないが、蹄が後の常用の字である。また兎を捕る蹄の意に用いる。魚を捕る筌、兎を捕る蹄は、目的のための手段で、これを筌蹄という。

訓義 1ひづめ、馬蹄など。2わな、兎を捕るわな、まるく締めたわな。

古訓 〔新撰字鏡〕蹄 足乃宇良(あしのうら)、又、阿止(あと) 〔和名抄〕蹄 兎を得る所以なり。師說、和奈(わな)／蹄 畜の足下なり、比都米(ひづめ)／蹄 辨色立成に云ふ、護杵なり、比都米(ひづめ) 〔名義抄〕蹄 ヒヅメ・アシ・ホダス・アト・ハシル・ワナ・タチツマヅク・アシスル 〔字鏡集〕蹄 チハフ・シリゾク・アシノシタ・アシノウラ

語系 蹄・蹏・踶dyeは同声同義。蹢tyekも声義が近い。蹏は獣足、踶はその足で踢む意で動詞。啇声の字に締めてまるくまとめた形の意が多く、蹢も蹄の形をいう。

【蹄齧】ていげつ 足でけり、かみつく。〔旧五代史、漢宗室二、湘陰公贇伝〕馮道至る。贇出でて郊迎す。常に乗る所の馬、比ごろ甚だ馴服せるに、是に至りて、馬、蹄齧奔逸し、人、制すべからず。

↑蹄角 蹄と角／蹄齧 蹄齧／蹄迒 蹄のあと／蹄轂 車馬／蹄痕 蹄のあと／蹄子 お転婆／蹄筌 筌蹄／蹄爪 ひづめ／蹄足 獣の足／蹄鉄 金ぐつ／蹄道 獣道／蹄尾 獣類／蹄輪 車馬／蹄窪 蹄のあと

↓円蹄・岐蹄・牛蹄・齧蹄・健蹄・蹇蹄・高蹄・豕蹄・朱蹄・収蹄・獣蹄・乗蹄・新蹄・穿蹄・筌蹄・霜蹄・単蹄・鉄蹄・兎蹄・豚蹄・馬蹄・碧蹄・忘蹄・羊蹄・揚蹄・輪蹄

【嚔】17 6408 ［嚏］18 6408 テイチ くさめ はなひる

篆文

形声 声符は疐。疐は木根を固く結んで、地に定着する形。とどまりさえぎる意がある。〔説文〕二上に「悟りて解する气なり」とあり、げっぷすることをいう。〔玉篇〕に「噴鼻するなり」とは、くさめ。気が滞って、一気に噴出することをいう。わが国では「一そしられ」という。〔詩、邶風、終風〕に「願うて言に則ち嚔す」とあり、その意である。

訓義 1げっぷ、げっぷする。2くさめ、くさめする。3はなひる。4疐と通じ、つまずく。

古訓 〔名義抄〕嚔 ハナヒル 〔篇立〕嚔 シタウツ・ハナヒル 〔字鏡集〕嚔 ハナヒル・スフ・アマス・ヽル

語系 嚔tiaiと躓・疐tietは声が近く、疐は木の根を包んで植えこむこと。かたくて滞る意がある。気の滞って出るものは嚔、足が滞ってものに躓くことを躓という。みな一系の語である。

【嚔咳】ていがい くしゃみと、せき。〔礼記、内則〕父母舅姑の所に在るときは、之れに命ずること有れば、應に唯だ敬對し、進退・周旋、愼齊にす。升降・出入・揖遊するに、敢て噦噫(からえずき、おくび)・嚔咳・欠伸(あくび)・跛倚(足を崩す)・睇視(わきみ)せず。敢て唾洟(つばと、鼻すすり)せず。

【嚔噴】ていふん くしゃみ。〔懶真子、三〕俗說に、人の嚔噴するを以て、人の說く(噂する)と爲す。此れ蓋し古語なり。～漢書藝文志の雜占十八家三百一十卷の內に、嚔耳鳴雜占十六卷あり。

↑嚔跆 つまずく／嚔祝 くさめをした人に対する祓い

↓躭嚔・大嚔・発嚔・噴嚔

【檉】17 4691 テイ かわやなぎ

篆文

形声 声符は聖(聖)。聽(聴)の従うところと同じく、おそらく呈(呈)の声をとるものであろう。〔説文〕六上に「河柳なり」とあり、〔爾雅、釈木〕も同じ。〔爾雅翼、釈木 一〕に「葉細くして絲の如く、婀娜として愛すべし。天の將に雨ふらんとするや、檉先づ氣を起して、以て之れに應ず。故に一に雨師と名づく。音は赬、則ち赤の貞なり。神降りて赤と爲ると云ふ」とみえる。〔詩、大雅、皇矣〕にその木名がみえる。

訓義 1やなぎ、かわやなぎ、かわらやなぎ。2むろのき。

古訓 〔新撰字鏡〕檉 川夜奈支(かはやなぎ)、又、牟呂乃木(むろのき) 〔名義抄〕檉 ムロ 〔字鏡集〕檉 ムロ・ムクノキ・ムロノキ

↑檉陰 柳かげ／檉乳 檉の樹脂／檉柳 河柳

【螮】17 5412 テイ にじ

篆文

形声 声符は帶(帯)。〔説文〕十三上に「螮蝀、虹なり」とあり、蝃蝀と同じ。〔爾雅、釈天〕に「螮蝀、虹なり」とみえる。

訓義 1にじ、螮蝀。また蝃蝀に作る。2虫の名、蛇。3蜂の子。

古訓 〔名義抄〕螮蝀 ニジ 〔篇立〕螮 テウシ・ニジ

【蹏】17 6211 ［蹄］16 6012 テイ ひづめ はしる

篆文

形声 声符は虒。〔説文〕二下に「足なり」、〔釈名、釈形態〕に「蹏は底なり、足は底なり」とあり、蹄をいう。蹄は蹏の別体の字。

訓義 1ひづめ。2はしる、はしるもの、うさぎ。3ふむ。

古訓 〔字鏡集〕蹏・蹄 アシ・ヒヅメ・アシホタシ・ワナ・アト・ハシル

＊語彙は蹄字条参照。

↑蹏嗷 蹄と尻穴、馬の良否を見わけるところ／蹏足 足／蹏馬 暴れ馬／蹏窪 蹄の跡のくぼみ

↓赫蹏・岐蹏・揚蹏

【餟】 17 8774 テイ テツ まつる

篆文 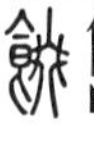

形声 声符は叕。〔説文〕五下に「祭酹なり」とあり酒をそそいで地を祭ることをいう。〔方言、十二〕〔玉篇〕にまた「餽るなり」の訓がある。

訓義 ①まつる、酒を地にそそいでまつる。②おくる、神に食を供える。

古訓 〔字鏡集〕餟 イヅル・オクル

↑餟食 お供え／餟酹 酒を注いで祭る

【騁】 17 7532 テイ はせる

篆文 

形声 声符は甹。甹に甹の声がある。甹は〔説文〕五上に「息を定むるなり」とし、甹の省声に従う字とする。騁は〔説文〕十上に「直馳するなり」とあり、まっすぐに奔馳することをいう。

訓義 ①はせる、馬を走らせる、一直線に走る。②のべる、ほしいままにする。③きわめる、きわまる。④たいらか、はるか。

古訓 〔名義抄〕騁 ハシル・ヤル・ハス・キハム・タヒラカニ／馳騁 ハセハス 〔字鏡集〕騁 ナホクハシル・タヒラカニ・オドロク・キハム

【騁懐】 思いをのべ、ほしいままにする。晋・王羲之〔蘭亭集の序〕是の日や、天朗らかにして氣清く、恵風和暢す。仰いで宇宙の大なるを觀み、俯して品類の盛んなるを察す。目を遊ばせ懷ひを騁せ、以て視聽の娯しみを極むるに足る。信に樂しむべきなり。

【騁志】 志をほしいままにする。魏・王粲〔夷斉を弔ふ文〕己の躬を絜くして以て志を騁せ、聖哲の大倫を愆つ。

【騁望】 馳騁し、遊観する。〔後漢書、循吏伝序〕初め光武、～上林池籞の官を損し、騁望弋獵の事を廢す。其の手迹を以て方國に賜ふ者、皆一札十行、細書して文を成す。

↑騁観 あちらこちらとよく見まわす／騁奇 奇をてらいほこる／騁技 技を示す／騁夸 奢って誇らかにする／騁肆 わがままにふるまう／騁辞 自在にいいまわす／騁神 心を自在にあそばせる／騁藻 自在に文を作る／騁足 思うままに走る／騁馳 疾走する／騁能 能を誇る／騁轡 自在に馬を走らせる／騁鶩 疾走する／騁文 騁藻／騁歩 疾走する／騁謀 計をめぐらす／騁邁 邁進する／騁目 騁望

↓駆騁・巧騁・高騁・時騁・縦騁・馳騁・呈騁・奔騁・遊騁・陵騁

【髢】 17 7222 テイ そる のぞく かもじ

篆文 

形声 声符は弟。〔説文〕九上に「髪を鬄るなり」とし、「大人に髡と曰ひ、小人に髢と曰ふ」とあって、鬄とは顔などを剃ることをいう。のち剃の字を用いる。

訓義 ①そる、そりとる。②のぞく、髪をのぞく。③髢と通じ、かもじ。

古訓 〔名義抄〕髢 ソル 〔字鏡集〕髢 タチカミ・ソル・キル

語系 髢・剃・薙（薙）thyeiは同声。鬄thyekも声義近く、かもじに用いるものを髢dyekという。夷jieiも同系の語。髪には髢、草には薙、人には夷滅という。

＊語彙は剃字条参照。

↑髢剔 髪切る

【鵜】 17 5702 テイ がらんちょう う

篆文 

形声 声符は夷。夷に荑の声がある。〔説文〕四上に「鵜胡、汚澤なり」とあって、がらん鳥。いわゆるペリカン。胡は頷の下にあるたれ肉、袋の類をいう。字はまた鵜に作り、鵜をいう。

訓義 ①がらん鳥、ペリカン。②う、うのとり。

古訓 〔名義抄〕鵜 ウ・ツブリ・ヌエ 〔字鏡集〕鵜 ウノセ・ノセ・ツブリ

↑鵜胡 ペリカン

↓鶖鵜

【鞮】 18 4658 テイ かわぐつ

篆文 

形声 声符は是。是に提・隄の声がある。〔説文〕三下に「革履なり。胡人履きて脛に連なる、之れを絡鞮と謂ふ」（段注本）とあり、革靴をいう。

訓義 ①かわぐつ。②ひとえのぞうり、いとかざりのないくつ。③伝訳、通訳。④鞮と通じ、つよい羽。

古訓 〔字鏡集〕鞮 クツ・ヒトヘクツ

【鞮訳】 異族の語を伝訳する。〔礼記、王制〕五方の民、言語通ぜず、嗜欲同じからず。其の志を達し、其の欲を通ずるもの、東方を寄と曰ひ、南方を象と曰ひ、西方を狄鞮と曰ひ、北方を譯と曰ふ。

↑鞮屨 革靴／鞮鍪 かぶと／鞮鞻 楽官

↓革鞮・狄鞮・銅鞮・履鞮

人 【鵜】 18 8722 テイ がらんちょう う

篆文 

形声 声符は弟。〔説文〕四上に鵜を正字とし、「鵜胡、汚澤なり」とあり、胡はあご肉や袋。ペリカンをいう。鵜をわが国では鵜飼いの鵜に用いる。その鵜の本名は鸕鷀、鸕・鷀ともに黒い鳥の意。中国では、長江の上流に、早くから川鵜による鵜飼いが行われた。

訓義 ①がらん鳥、ペリカン。②う、うのとり。

古訓 〔字鏡〕鵜 ウツフリ・ウ

【鵜鶘】 がらん鳥。ペリカン。〔詩、曹風、候人〕維これ鵜、梁に在り〔疏〕郭璞曰く、今の鵜鶘なり。好んで群飛して水に入り、魚を食らふ。故に洿澤と名づく。俗に之れを呼んで淘河（河ざらえ）と為すと。

【鵜獺】 鵜と、かわうそ。唐・陳陶〔南昌道中〕詩 村翁倚ること莫かれ、横浦の罾 一半の魚蝦、鵜獺に屬す

【鵜翼】 翼を濡らさずに利を得る。小人の朝に在るにたとえる。唐・劉禹錫〔淮南杜相公の為に春衣を賜ふを謝する表〕身に在りて稱はず。鵜翼の譏りを招かんことを恐る。位に居りて功無し。叨りに鶴紋の賜を受けたり。

↑鵜鴂 ほととぎす／鵜梁 其の職位にかなわぬもの、鵜翼

デイ

常 【泥】 8 3711 デイ どろ ぬかるみ なずむ

篆文 

形声 声符は尼。〔説文〕十一上に川の名とするが、字は汚泥の意。〔釈名、釈宮室〕に「泥は邇きなり。邇近なり。水を以て土に沃ぎ、相ひ黏近せしむるなり」とあり、邇近・黏近の意があるという。尼は人の後ろより接する形で、親昵する意があり、泥の黏着する性質よりして、尼声を用いるのであろう。

訓義 ①どろ、どろひじ、ぬかるみ。②なずむ、まみれる、ねばる。③ぬる、けがれる、つく。④ちかづく、ちかい。⑤涅と通じ、くろい、くろむ。

古訓 〔和名抄〕泥 比知利己（ひぢりこ）、一に云ふ、古比知（こひぢ）〔名義抄〕泥 ナク・アツシ・ツチクレ・ミダル・ナヅム・ヌル・ヒヂ・トヾコホル・ヒヂリコ・クリニス・カコツ・コヒヂ・カタシ・ナヤマス／垂泥 クルマノツチハラヒ

語系 泥nyei、脂tjieiは声近く、ともにどろどろした状態にあ

るものをいう。遲（遅）dieiも停滞した状態をいい、同系の語と思われる。

【泥汙】泥。泥んこ。〔後漢書、逸民、高鳳伝論〕伊の人の若きは、志、靑雲の上を陵ぎ、身は泥汙の下に晦る。心名且つ猶ほ顯はれず、況んや怨累することを之れ爲さんや。

【泥孩】土人形。でく。〔老学庵筆記、五〕承平の時、鄜州の田氏、泥孩兒を作り、天下に名あり。態度窮まり無く、京師の工、之れに效ふも能く及ぶ莫し。一對、直十縑（絹）に至る。

【泥牛】立春、春耕のときこれを祀る。唐・張説〔聖製喜雨の賦に奉和す〕越人、泥牛を以て沃（雨）を待ち、胡土、龍を賣るを以て賚を求む。

【泥金】金泥。〔開元天宝遺事、天宝下、泥金帖子〕新進の士才、及第せば、泥金を以て帖子に書して、家書中に附し、用って登科の喜びを報ず。文宗の朝に至りて、遂に寖く此の儀を削る。

【泥古】古になずむ。明・方孝孺〔蜀府に上る箋啓十七首、箋、三〕學術を語りては、則ち古に泥みて通ぜず、才藝を語りては、則ち一を執りて取る無し。擧止疎野にして、言辭贑迂なり。

【泥行】泥道を進む。〔史記、夏紀〕陸行には車に乘り、水行には船に乘り、泥行には橇に乘る。

【泥滓】泥をとかす。にごり。〔歴代名画記、一、画の六法を論ず〕今の畫人は、筆墨を塵埃に混じ、丹靑を其の泥滓に和し、徒だ其の絹素を汙すのみ。豈に繪畫と曰はんや。

【泥掌】こて。〔画継、九、論遠〕郭熙～又新意を出だし、～泥掌を用ひず、止だ手を以て泥を壁に搶っけ、或いは凹、或いは凸、～乾けば則ち墨を以て其の形跡に隨ひ、峰巒林壑を暈成す。

【泥人】雨乞いの土人形。魏・応璩〔広川の長岑文瑜に与ふる書〕宇宙廣しと雖も、陰の以て憩ふ無し。雲漢の詩、何を以て此れに過ぎん。土龍は首を玄寺（道観）に矯げ、泥人は闕里（孔子の廟のある所）に鶴のごとく立つ。

【泥酔】大酔。宋・陸游〔自ら詠ず〕詩 泥醉して醒むること常に少なく 眠りを貪りて起きること獨り遲し 閉門、誰か共に處る 枕藉す、樂天の詩

【泥塑】泥人形。〔程氏外書、伝聞雑記〕明堂先生、坐すること泥塑人の如く、人に接するときは、則ち渾て是れ一團の和氣なり。

【泥滞】なずみ滞る。〔宋書、恩倖伝論〕世祖の鄙近に泥滯する、太宗の愛習に拘攣せらるる、牀笫を紛惑せざらんと欲するも、豈に得べけんや。

【泥中】泥まみれ。〔詩、邶風、式微〕微なり 微なり 胡ぞ歸らざる 君の躬微かりせば 胡爲れぞ泥中に乎いてせん

【泥涂】泥塗。どろ。無価値のもの。宋・范仲淹〔桐廬郡厳先生祠堂記〕先生は、光武の故人（旧友）なり。相ひ尙ぶるに道を以てす。～聖人の淸を得て、軒冕を泥涂にす。天下孰か焉れに加へん。惟だ光武のみ、禮を以て之れに下る。

【泥土】泥。唐・白居易〔長恨歌〕詩 馬嵬の坡下、泥土の中 玉顏を見ず、空しく死せし處

【泥淪】泥水。〔抱朴子、刺驕〕夫れ漢濱の人に非ずんば、明珠を泥淪の蚌に料ること能はず。泣血の民に非ずんば、夜光を重崖の裏に識ること能はず。

【泥潦】ぬかるみ。〔宋史、李肅之伝〕大雨地震あり。官舍民廬推陷す。肅之、泥潦中に出入し、草困を結びて、以て庾粟の暴露せる者を儲へ、茇舍を爲りて、以て民を居らしむ。

➡泥飲 泥酔する／泥淤 どろ／泥海 泥うみ／泥滑 ぬかるみ／泥緘 泥封／泥丸 脳／泥屐 下駄／泥垢 よごれ／泥溝 どぶ／泥痕 泥のあと／泥沙 どろ／泥湿 ぬかるみ／泥首 頓首／泥詔 封泥を施した詔／泥障 泥よけ／泥漿 泥水／泥銭 泥の銭／泥窓 紙の窓／泥像 でく／泥胎 土偶／泥腿 農民／泥塗 泥濘／泥頭 泥首／泥濘 ぬかるみ／泥封 封泥／泥壁 土塀／泥鏝 ぬりごて／泥俑 土偶／泥爛 泥酔する／泥流 泥状の流れ／泥竜 雨乞いの土竜／泥壚 いろり

⬇委泥・印泥・雲泥・汙泥・淤泥・花泥・滑泥・銜泥・金泥・銀泥・拘泥・黃泥・沙泥・朱泥・春泥・塵泥・雪泥・白泥・封泥・壁泥・芳泥

【濔】 17 3112 ［瀰］ 20 3112 デイ ビ ベイ みなぎる

篆文

形声 声符は爾。爾に禰の声がある。〔説文〕十一上に「水滿つるなり」（段注本）とあり、水のみなぎる意。字はまた瀰に作り、瀰漫の意。〔説文新附〕十一上に別に瀰を出して「大水なり」とするが、濔の俗字。

訓義 ①みなぎる、水みなぎる。②もののゆたかなさま、平らかに連なるさま、水のさかんなさま。③字はまた瀰に作る。

古訓 〔字鏡集〕濔・瀰 フカシ・アソブ・ツクス・ミヅノナガル、カタチ

【濔濔】多いさま。柔らかいさま。また、河水のみなぎるさま。〔詩、邶風、新台〕新臺、泚たる有り 河水、濔濔たり

➡濔迆 連なる／濔漫 はびこる

【薾】 18 4422 デイ ジ うつくしい

篆文

形声 声符は爾。爾は胸に文身を施した美しさをいう。〔説文〕一下に「華さくこと盛んなり」とあり、〔詩、小雅、采薇〕「彼の薾たるは維れ何ぞ」の句を引く。花の美しく咲きさかえるさまをいう。

訓義 ①うつくしい、花が咲きほこるさま。②茶と通じ、つかれるさま。

古訓 〔名義抄〕薾 オサフ

語系 薾njiai、彌（弥）miaiは声近く、みな文身の美を示す爾の声義を承ける。瀰・鬡nyeiも爾声。瀰は水が弥漫して満ち流れるさま、鬡は髪が長く美しいことをいう。

人【禰】 19 3122 人［祢］ 9 デイ みたまや

篆文

形声 声符は爾。爾に禰の声がある。〔説文新附〕一上に「親の廟なり」とあり、禰宮をいう。出行のとき、神主として奉ずる廟主をも禰という。祢は異体字。

訓義 ①ちちのみたまや。②みたまや。③かたしろ。④うけつぐ。

語系 禰myei、邇njiaiは声近く、邇に邇近の意がある。父廟は最も近い霊廟である。

【禰祖】父祖の廟。漢・韋孟〔鄒に在りての詩〕既に禰祖を去り 惟れ懷ひ惟れ顧みる 祁祁（衆いさま）たる我が徒 戴負して路に盈つ

【禰廟】父廟。〔左伝、襄十二年〕凡そ諸侯の喪、異姓は外に臨み、同姓は宗廟に於てす。同宗は祖廟に於てし、同族は禰廟に於てす。

➡禰宮 禰廟

⬇維禰・厳禰・公禰・告禰・祭禰・先禰・祖禰・宗禰・尊禰

テキ

【彳】 3 2020 テキ たたずむ

篆文

象形 交叉路を示す行の左半。行を左右、彳・亍に分かつ。彳亍は躑躅、よちよ

ち歩きの意。ゆえに小歩の意とする。〔説文〕二下に字形を「人の脛の三屬相ひ連なるに象る」とするが、十字路の左半の形である。
訓義 ①たたずむ。②すこしあゆむ。③彳亍、よちよちあるき。
古訓 〔名義抄〕彳 タ、ズム・アユム・スクナシ／彳亍 ―トタ、ズム
部首 〔説文〕彳部に三十七字、〔玉篇〕に百十字を属する。限定符としての彳は、外に赴いて行為することを示し、旁字がその初義を示すことが多い。德（徳）・往（往）・彼・得・御（御）は、卜文・金文の字は彳に従わない形であった。彳を単独に用いた例はなく、晋の潘岳〔射雉の賦〕に「彳亍して中ごろ輟む」とその字を用いる。彳亍を躑躅の音に合わせて用いたものであろう。躑躅は擬声語である。
語系 彳thiek、躑diek、亍thiok、躅diok は声近く、彳亍・躑躅はそれぞれ双声・畳韻を以て形況を示す語。躕躇dio-dia、跔躕die-dio、躊躇diu-dia なども、みな同系の語である。
【彳亍】たたずむ。ためらう。明・袁宏道〔初度、戲れに題す〕詩 留まらんと欲するも、色枯槁せり 歸らんと欲するも、心彳亍す

【狄】 7 4928 テキ とおい えびす

篆文  金文 

会意 犬＋火。犬は犬牲。火を加えて災禍を祓う呪儀を示すものであろう。抜（抜）・祓もまた犬に従う。遠くへ祓うので逖遠の意となる。〔説文〕十上に「赤狄なり。本犬種なり。狄の言爲たる、淫辟なり。犬に從ひ、亦の省聲なり」とするが、金文の字は火に従う。金文に「不恭を敷狄す」「淮夷を克狄す」などの語があり、逖遠の地に退けることをいう。狄に狄遠の意があるとすべきである。
訓義 ①とおい、とおざける、はるか。②えびす、北方の族。
古訓 〔篇立〕狄 エビス
声系 〔説文〕に狄声として逖を収め、その古文の字を逷に作る。金文には、狄をそのまま逖遠の字に用いる。
語系 狄・逖・逷thyek、逴・踔theôk、また超thiô、迢dyô は声義近く、みな遠くはるかな意がある。遙（遥）jiô もこの系統の語。狄はまた翟dyôk に仮借して用いることがある。
【狄成】楽曲の早いテンポ。〔礼記、楽記〕流辟・邪散・狄成・滌濫の音作りて、民淫亂なり。
【狄鞮】通訳。〔礼記、王制〕五方の民、言語通ぜず、嗜欲同じからず。其の志を達し、其の欲を通ずるもの、東方を寄と曰ひ、南方を象と曰ひ、西方を狄鞮と曰ひ、北方を譯と曰ふ。
↑狄国 北狄の国／狄人 北狄の人／狄狄 跳躍するさま／狄俘 北狄の俘虜／狄酪 チーズ／狄隷 北狄の俘虜
↓夷狄・桀狄・鬩狄・胡狄・戎狄・赤狄・北狄・撿狄

常【的】 8 2762 〔的〕 8 2762 ［旳］ 7 6702 テキ あきらか まと

篆文 

形声 正字は旳に作り、勺（勺）声。勺に玓・駒の声がある。〔説文〕七上に「明らかなるなり」という。〔淮南子、説林訓〕に「旳旳たる者は獲られ、提提たる者は射らる」とあり、「旳旳」とはめだつことをいう。的はその異体字であるが、のちこの字を用いる。〔玉篇〕に「射の質なり」、〔広雅、釈器〕に「白なり」とあり、射的の的の中心のところをいう。明らかの意より明確・的確の意となる。的皪はかがやく意の畳韻の語である。
訓義 ①あきらか、はっきり。②まと、めあて、かなめ。③まこと、たしかに。④とおい。⑤たかまゆ、女子の額に赤い点を加え、月事を示す。的点、的子。⑥下につけて状態詞とする。底・地などと同じ。
古訓 〔和名抄〕的 万斗（まと）〔名義抄〕旳・的 マト・アタル・ミル・トホシ・マタク・マサシ・アキラカナリ・タシカニ・サダム・ハタ、カナリ 〔字鏡集〕的 イル・タヾシ・マタク・マコト・トホシ・マト・シロシ・マサニ・アキラカ・アナクル・イチジロシ・アキラカナリ・タシカニ・ハタ、カナリ
語系 的（旳）・玓tyek は同声。玓一上は「玓瓅、明珠の色なり」とあって、珠のかがやくさま、的皪と同じ形況の語である。
【的顙】白いひたいの馬。〔易、説卦伝〕震を雷と爲し、龍と爲す。～其の馬に于けるや、善鳴と爲し、馵足（後脚の毛白し）と爲し、作足と爲し、的顙と爲す。
【的対】うまく対句とする。〔帰田録、二〕寇萊公（準）～同列と戲れて云ふ、水底の日を天上の日と爲すと。未だ對有らず。楊大年（億）、適ま來る～に會ふ。因りて其の對を請ふ。大年、聲に應じて曰く、眼中の人は是れ面前の人と。一坐稱して的對と爲せり。
【的皪】明らか。あざやか。宋・蘇軾〔趙令晏崔白の大図、幅径三丈なり〕詩 風蒲半ば折れて、寒雁起ち 竹間的皪として、江梅横たはる
↑的意 真意／的確 正確／的拠 明証／的句 的確の句／的見 的確の見／的言 明言／的稿 定稿／的子 嫡子、また、たかまゆ／的爾 分明／的識 的見／的実 正しい／的準 正しい標準／的証 明証／的是 確実／的然 明らか／的知 確知／的中的畢 あたる／的定 必定／的的 明白／的当 確当／的筆 必定／的筆 真筆／的保 保証／的歴 的皪／的礫 的皪／的盧 的顙／的論 確論
↓画的・格的・徽的・儀的・金的・公的・私的・指的・質的・射的・准的・準的・審的・星的・箭的・端的・知的・中的・発的・表的・標的・目的

人【迪】 8 3530 〔迪〕 9 3530 テキ みち みちびく

篆文 

形声 声符は由。由に笛の声がある。〔説文〕二下に「道なり」とあり、〔書、康誥〕「今、民迪くとして適はざる罔し」、〔書、無逸〕「茲の四人、哲を迪めり」のように、動詞に用いることが多い。
訓義 ①みち、みちびく。②ゆく、ふむ、すすむ、おしえる。③もちいる、なす。④したがう。
古訓 〔名義抄〕迪 イタル・ス、ム・フム・ミチ・マサシ・ミチビク・イフ 〔篇立〕迪 ミチ・マサシ・クダル・ノブ・ス、ム・ミチビク・イフ
語系 迪dyek、道（道）・導（導）・蹈dô は声義近く、ふみ導く意がある。从・從（従）dziong はそれに従う意。もと同系の語であろう。
【迪哲】明哲の道をふむ。〔書、無逸〕周公曰く、嗚呼、殷王中宗よりして、高宗と祖甲と我が周の文王と、茲の四人、哲を迪めり。
↑迪簡 えらぶ／迪戟 ほこ／迪嘗 うける／迪率 従う／迪知 迪哲
↓允迪・訓迪・恵迪・啓迪・由迪

【俶】 10 2724 テキ シュク すぐれる よい はじめ

篆文  金文 

形声 声符は叔。叔に惄・督の声がある。〔説文〕八上に「善なり」とし、また「一に曰く、始めなり」という。〔詩、小雅、大

田」に「俶めて南畝に載とあり」、また〔詩、大雅、既酔〕「令終、俶たる有り」、〔詩、大雅、崧高〕「俶たる城有り」など、卓絶の意にも用いる。俶儻は卓異、人の卓異なるを本義とする字であろう。

訓義 [1]すぐれる、まさる、おおきな。[2]はじめ、はじめる、うごく。[3]淑と通じ、よい、ととのう。

古訓 〔名義抄〕俶 ハジム・サカリニ 〔字鏡集〕俶 アツシ・ハジメ・ウゴク

語系 俶thjiuk、淑zjiukは声近く、〔説文〕十一上に「淑は清く湛むなり」と訓する。俶の本義は倜thyek、卓・倬teôk、踔・逴theôkに近く、俶儻・卓異の義。また〔説文〕に俶を叔声とするも、字は「徒歷反」で、その音が本音であろう。

【俶奇】奇異傑出。〔四庫全書総目、別集二十四、東江家蔵集〕(顧)清、獨力先民の矩矱(法)を守る。波瀾氣焰、未だ俶奇偉麗の觀を極むること能はずと雖も、要は之れを正聲と謂はざれば不可なり。～亦た挺然として翹楚たり。

【俶詭】奇異。〔呂覧、侈楽〕夏桀・殷紂、侈樂を作爲し、大鼓鐘磬管簫の音、鉅を以て美と爲し、衆を以て觀と爲す。俶詭殊瑰、耳の未だ嘗て聞かざる所、目の未だ嘗て見ざる所なり。

【俶献】初物を献ずる。〔儀礼、聘礼〕燕(宴)と羞(膳)とは、俶獻に常數無し。

【俶爾】早く動くさま。倏爾。唐・柳宗元〔小丘の西、小石潭に至る記〕日光下澈し、影、石上に布く。(潭中の魚)、怡然として動かず。俶爾として遠く逝き、往來翕忽、游ぶ者と相ひ樂しむに似たり。

↑俶載 ことを始める／俶始 俶載／俶擾 うごきみだれる／俶辰 良辰／俶遷 遷る／俶然 つつましい／俶装 身仕度／俶儻 卓異／俶落 ことを始める

↓有俶

【倜】 10 2722 テキ チュウ(チウ) すぐれる

篆文 

形声 声符は周(周)。〔説文新附〕八上に「倜儻、不羈なり」とあり、卓異の人をいう。俶と声義同じく、倜儻はまた俶儻に作る。〔荀子、君道〕に「倜然」という語がみえる。

訓義 [1]すぐれる、まさる、ことなる。[2]はる、おおきい。[3]おろか。

古訓 〔名義抄〕倜 タマ〳〵 〔字鏡集〕倜 トモガラ・タマ〳〵

語系 倜thyek、俶thjiukは声義近く通用し、倜儻はまた俶儻に作る。卓・倬teôk、踔・逴theôkと声義近く、みな卓越・超出の意がある。

＊語彙は俶字条参照。

【倜儻】卓異の人。漢・司馬遷〔任少卿(安)に報ずる書〕古者富貴にして名摩滅するもの、勝げて記すべからず。唯だ倜儻非常の人のみ稱せらる。

↑倜詭 詭異／倜唱 でたらめ／倜然 高遠／倜倜 遠いさま

【剔】 10 6220 テキ テイ えぐる とりのぞく そる

篆文 

形声 声符は易。易に惕の声がある。〔説文〕四下に「骨を解くなり」とあり、えぐるようにして解くことをいう。〔書、泰誓上〕に「孕婦を刳剔す」とは、腹を剖いて、胎児を引き出す意である。髪やひげをそるときは鬄という。

訓義 [1]えぐる、えぐりひらく、とりのぞく。[2]骨を解く、ときはなつ。[3]かみをそる。[4]惕と通じ、おそれる。

古訓 〔新撰字鏡〕剔 保夫留(ほぶる) 〔名義抄〕剔 キル・カミキル・ケヅル・モク・ソル・オドロク・アカハダカ・サス 〔字鏡集〕剔 ヲドロク・クシル・ヱル・キク・サス・サケル・ソル・ホフル・カク・キル・アカハダ・カミキル

声系 〔説文〕九上に鬄を髟・刀に従い、易声とするが、剔声とみてよい。易はあるいは獣の形かと思われるが、惕声の例もあり、また鬄もその声である。鬄はまた髢に作り、也にもその声がある。

語系 剔・鬄thyek、剃・薙(薙)thyeiは声義近く、みな削り去ることをいう。夷jieiも夷滅のように用い、根こそぎとり去る意があり、夷と易に声義の通ずる例が多い。

【剔抉】ほじくり出す。唐・韓愈〔進学解〕方今聖賢相ひ逢ひ、治具畢く張る。兇邪を抜去し、俊良を登崇す。～爬羅剔抉、垢を刮り光を磨く。

【剔削】削りとる。唐・杜牧〔杭州新造南亭子記〕(李)子烈、少くして其の地(銭塘)に遊び、委曲其の俗を知る。人を蠹とする者は、其の根節を剔削し、其の脈絡を斷つ。數月ならずして、人隨ひて之れに化す。

【剔除】除去する。〔南史、斉明帝紀〕(建武三年)三月壬午、詔して、車府乘輿に金銀の校飾有る者は、皆之れを剔除せしむ。

【剔灯】灯心をかきたてる。宋・范成大〔暁枕に雨を聞く〕詩 燈を剔りて寒さ件と作り 被(布団)を添へて厚さ埋むるが如し

【剔目】目をえぐる。〔唐書、列女、房玄齢の妻盧の伝〕玄齢微なりし時、病みて且に死せんとす。諉ねて曰く、吾れ病革まれり。君年少し。寡居すべからず。善く後人に事へよと。盧、泣きて帷中に入り、一目を剔りて玄齢に示し、它無きを明らかにす。～玄齢～之れに禮すること終身。

↑剔牙 歯くそをとる／剔去 除き去る／剔紅 漆器の一／剔翦 たち切る／剔禿 狡獪／剔発 あばく／剔髪 剃髪／剔撥 あばく／剔亮 明らかにする

↓割剔・糾剔・抉剔・刳剔・攘剔・翦剔・疏剔・捜剔・挑剔・屠剔・爬剔・撥剔・旁剔・力剔

人 【荻】 10 4428 〔荻〕 11 4428 テキ おぎ

形声 声符は狄。荻はイネ科の多年草。水辺に生ずる。葦よりも節が短く、茅に似ている。

訓義 [1]おぎ。[2]よもぎ、くさよもぎ。[3]あし笛。

古訓 〔新撰字鏡〕葭 蒹葭なり。乎支(をぎ) 〔和名抄〕荻 野王の案に云ふ、荻と藡と相ひ似たるも、一種に非ずと。乎岐(をぎ) 〔名義抄〕荻 ヲギ 〔字鏡集〕荻 ヲギ・アシ

【荻花】おぎの花。唐・白居易〔琵琶行〕詩 潯陽江頭、夜客を送る 楓葉荻花、秋索索たり

【荻蒿】おぎの茎幹。〔戦国策、趙一〕臣聞く、董子(閼安于)の晉陽を治むるや、公宮の垣は皆荻蒿苫楚(荊棘の類)を以て之れを廧(牆)とす～と。～其の堅きことは、則ち箘簬(竹の矢)の勁きも、過ぐること能はざるなり。

【荻筆】おぎを筆とする。〔南史、隠逸下、陶弘景伝〕幼にして異操有り。年四五歳、恒に荻を以て筆と爲し、灰中に畫きて書を學ぶ。

↑荻洲 おぎの茂る洲／荻竹 おぎ／荻苗 おぎの穂／荻浦 おぎの茂る浦／荻簾 おぎのすだれ／荻蘆 おぎと、あし

↓岸荻・枯荻・黄荻・蒿荻・細荻・渚荻・蕭荻・青荻・伐荻・蓬荻・野荻・乱荻・蘆荻

【啇】 11 0022 テキ チャク もと

篆文 

会意 初形は帝(帝)＋口。帝は大きな祭卓の形。口は祝告の𠙵。卜文・金文に啇に作

り、禘祭の禘の初文。嫡祖を祭る。嫡子にして嫡祖を祭ることができるので、啇に正啇の意がある。嫡（嫡）の初文。
訓義 1もと、おおもと。2正統、正系。3嫡の初文。4適と通じ、かなう。
声系 〔説文〕に啇声として適（適）・敵（敵）・嫡など十三字を録する。啇の声義を承けるものには、相当たる、匹敵する、正統なるものの意を含む。啇はまた帝の声義を承ける字である。
語系 啇 thyek と帝 tyai は声が近い。帝は祭卓の下部を交叉して締める形。啇はまとめて摘む、滴るのように用いる。大きな祭卓の意よりその祭る帝の意となり、また帝を祭るものを啇（嫡）という。語義の展開にも、相応ずる所がある。

【惕】 11 9602 テキ おそれる うれえる

篆文

金文

形声 声符は易。易に剔の声がある。〔説文〕十下に「敬しむなり」とするが、〔玄応音義、五〕など諸書に引いて「驚くなり」とするのがよく、おそれる意。〔易、乾、九三〕に「夕に惕若たり。厲けれども咎無し」とみえる。
訓義 1おそれる、おどろく、おじる。2うれえる、いたわる。3つつしむ。
古訓 〔名義抄〕惕 イタム／惕々・切々 オソル・ヲノヽク・アヤフシ 〔字鏡〕惕 ハナツ・アヤフシ・タヒラカ・ヤマシ・ウレフ・ヲソル 〔字鏡集〕惕 イタハル・ヲソル・ヲノヽク・アヤフシ・ワヅラフ・イタム
語系 惕 thyek、惄 nyuk は声義近く、惄は〔広雅、釈詁一〕に「憂ふるなり」、〔釈詁二〕に「傷むなり」、〔爾雅、釈言〕に「思ふ」とみえ、声義の近い語である。
【惕懼】 おそれる。〔呂覧、慎大〕主道重塞し、國人大いに崩る。湯、乃ち惕懼し、天下の寧からざるを憂ひ、伊尹をして往きて曠夏を視しむ。
【惕若】 おそれつつしむ。〔易、乾、九三〕君子終日乾乾（勉強してやまず）、夕に惕若たり。厲けれども咎無し。
【惕然】 おそれる。〔説苑、尊賢〕諸侯兵を擧げて以て齊を伐つ。齊王之れを聞き、惕然として恐る。
【惕息】 おそれて胸さわぐ。漢・司馬遷〔任少卿（安）に報ずる書〕此の時に當り、獄吏を見れば、則ち頭地に槍き、徒隷を視れば、則ち正に惕息す。
【惕惕】 うれえる。〔詩、陳風、防有鵲巣〕誰か予が美（愛人）を侜かす 心焉に惕惕たり
【惕慮】 おそれておもんぱかる。唐・孟郊〔石淙（河南登封の川の名）、十首、九〕詩 懷ひに慽ふこと、已に多しと雖も惕慮未だ整むること能はず
↑惕汗 冷やあせ／惕兢 恐れる／惕驚 恐れおどろく／惕号 恐れ泣く／惕怵 惕懼／惕傷 おそれ悲しむ／惕懾 惕懼／惕心 恐れる／惕喘 あえぐ／惕想 おじる／惕墜 気落ちする／惕慄 ふるえる／惕厲 おそれ危ぶむ
↓畏惕・愧惕・兢惕・驚惕・懼惕・惶惕・慘惕・慚惕・愁惕・怵惕・悛惕・悚惕・震惕・惴惕・夕惕・怛惕・憂惕

常 【笛】 11 8860 テキ ふえ

篆文

形声 声符は由。由に迪（迪）の声がある。〔説文〕五上に「七孔の筩なり」とし、また「羌笛、三孔なり」という。筩ならば洞簫の類である。漢の馬融の〔長笛の賦〕に「其の上の孔を刻りて之れを通洞す」とみえる。由は卣から出た字。瓠瓢の実が油化して、殻のみ存するもの、ゆえに空洞の意となる。それを酒器として用いるものが卣で、瓢簞の形。中の油化したものは油、笛は卣のように、中の空洞化した楽器である。
訓義 1ふえ。2よこぶえ、ながふえ。
古訓 〔名義抄〕笛 フエ／横笛 ヨコブエ／高麗笛 コマブエ／長笛 ナガブエ 〔字鏡集〕笛 ヨコブエ・フエ
【笛吹】 笛を吹く。唐・杜牧〔夜、桐廬に泊す～〕詩 水檻、桐廬の館 歸舟、石根に繫ぐ 笛は吹く、孤戍の月 犬は吠ゆ、溪を隔つる村
【笛声】 笛の音。唐・胡曽〔交河塞下曲〕詩 何れの處か疲兵心最も苦しき 夕陽樓上、笛聲の時
↑笛韻 笛声／笛工 笛作り／笛牀 笛／笛竹 笛用の竹／笛簟 竹の蓆／笛令 笛吹き
↓哀笛・怨笛・遠笛・横笛・笳笛・寒笛・汽笛・漁笛・羌笛・暁笛・玉笛・警笛・孤笛・鼓笛・残笛・笙笛・簫笛・奏笛・箏笛・村笛・短笛・竹笛・長笛・鉄笛・晩笛・風笛・牧笛・明笛・鳴笛・夜笛・野笛・隣笛・蘆笛

【逖】 11 3930 ［逷］ 12 3630 テキ とおい はるか

篆文

古文

形声 声符は狄。狄に逖遠の意がある。金文に「嘼逖」「克逖」のように、遠く征伐・追討する意に用いる。狄は犬牲と火とに従い、邪悪を遠く祓う儀礼を示す字であろう。〔説文〕二下に「遠ざくるなり」とし、古文として逷を録する。逷には剔除の意がある。〔書、牧誓〕は武王が殷の紂王を伐つときの辞で、その属する諸小侯に「逖かなり、西土の人よ」とよびかけている。〔左伝、僖二十八年〕に「王慝を糾逖せよ」とあり、王意に違うものを追放することをいう。金文の「嘼逖」に近く、本来動詞的な語である。
訓義 1とおい、はるか、とおざける。2惕と通じ、うれえる。
古訓 〔名義抄〕逖 サカル・ハルカ・トホシ／逷古文 トホル・サク・トホシ・サカル 〔字鏡集〕逖 トホシ・サカル・サク・スグ・サケブ・トホシ・ハルカ／逷 スグ・スツ・イト・シク・ヲヲシ・トモシ
語系 逖（逷）thyek、逴・踔 theôk は声義近く、逴・踔にも遠・高遠の意がある。超 thiô、迢 dyô もその系統の語で、迢遠をいう。
【逖聴】 はるかに聞く。漢・司馬相如〔封禅文〕伊れ上古の初め、肇めて昊穹の民を生ぜしより、列辟（君）を歴選して、以て秦に迄る。邇きに率ふ者は武（歩）を踵ぎ、逖かに聴く者は風聲あり。
↑逖遠 遥かに遠い／逖出 遠くゆく／逖成 長くみだりがわしい楽声／逖逖 利を求めるさま／逖聞 はるかに聞く／逖慕 はるかに仰ぎ慕う

【馰】 13 7732 テキ

篆文

形声 声符は勺（勺）。勺に的（的）の声がある。〔説文〕十上に「馬の白き顔なり」とあり、「一に曰く、駿なり」という。
訓義 1ひたいのしろいうま。2すぐれたうま、駿馬。3字はまた的に作る。
古訓 〔字鏡集〕馰 コムマ・ヒタシロムマ

常 【摘】 14 5002 〚擿〛 14 5002 テキ つむ とる ゆびさす

篆文

形声 声符は啇。啇は帝（帝）から出た字で締の意があり、まるく結ばれた形のものを滴（滴）・鏑という。摘は指さきで摘みとること。〔説文〕十二上に「果樹の實を拓ふなり」とし、また「一に曰く、指もて之れに近づくるなり」というのは、指摘の意であろう。摘出・摘除のように用いる。揥は字の形義近く、〔詩、鄘風、君子偕老〕「象の揥なり」は象牙の飾りばさみ、髪を摘んで締めるものである。

訓義 ①つむ、つみとる。②つまむ、つまみとる、つまみまるめる。③えらぶ、えらびとる。④ゆびさす、しめす。⑤あばく、あばきだす。⑥擿と通じ、うつ。

古訓 〔名義抄〕摘 トル・ツム・ウツ／摘花 ツヽム・ムシル〔篇立〕摘 ユク・フルフ・トラフ・ツヽシム・ナク・ノゾク・キル・モル・ウツ・ヲリ・ムシル・カケ・マジフ・トル〔字鏡集〕摘 ユビノツメ・サシハサム・ツム・ウゴカス・サク・トル・アラス・ウツ・ツク・ノゾク・ツヽム

語系 摘tyek、揥thiek は声義近く、帝tyai は祭卓の脚部を×形に固く締める形、締（締）dyai はその動詞形。

【摘花】花をつむ。唐・杜甫〔佳人〕詩 花を摘むも髪に挿さず 柏を采りて、動もすれば匊（手のひら）に盈つ 天寒くして、翠袖薄し 日暮、脩竹に倚る

【摘句】詩文の中から句をより出す。唐・李賀〔南園、十三首、六〕詩 章を尋ね句を摘み、雕蟲（虫喰い。詩句の飾り立てにたとえる）に老ゆ 曉月、簾に當りて、玉弓を挂く

【摘索】捜索する。清・黄宗羲〔黄季真先生墓誌銘〕販交買名、破經碎史。叔父曰く、惡んぞ予れ曷ぞ此れを能くせん。吾が經義を祭りて、之れを流水に投ぜよと。黨錮の禍に、摘索して遺す無し。

【摘茶】茶摘み。唐・韓偓〔筆に信す〕詩 石崖に芝を采る叟 鄉俗に茶を摘むの歌 道は伊れ鬱（心が鬱結する）無きに在り 天將た爾を奈何せん

【摘掇】摘み、拾う。唐・元稹〔昼を遣る〕詩 密竹、淸陰有り 曠懷、塵滓無し～掃除して、田地靜かに 摘掇して、園蔬美なり

【摘発】悪事をあばき出す。〔北斉書、高祖十一王、馮翊王潤伝〕神武の第十四子なり。～長ずるに及んで廉愼方雅、吏職に習ふ。隱僞を摘發するに至りては、姦吏も其の情を匿す所無し。

【摘裂】既存の詩文から抜きとる。宋・欧陽脩〔蘇氏（舜欽）文集の序〕時に學者、務めて言語聲偶を以て摘裂し、號して時文と爲して、以て相ひ誇尙す。而して子美獨り其の兄才翁、及び穆參軍伯長と、古謌詩雜文を作爲す。

↑摘印 官職を剝奪する／摘記 摘録／摘抉 あばく／摘菜 菜をつむ／摘載 摘記／摘出 取り出す／摘抄 抄録する／摘将 つまみとる／摘髪 髪を束ねる／摘伏 折服する／摘僻 腰を曲げて礼する／摘芳 花をつむ／摘要 要点を摘記する／摘離 はなす／摘録 摘記する

↓瑕摘・刊摘・譏摘・糾摘・抉摘・甄摘・採摘・摧摘・指摘・捜摘・討摘

常【滴】14 3012 〔滴〕14 3012 テキ しずく したたる

篆文 

形声 声符は啇。啇は帝（帝）・揥・締（締）の系列の字で、まるくまとまった形のものをいう。〔説文〕十一上に「水の注ぐなり」とあって、水滴をいう。滴・滴瀝はその水の音をいう。

訓義 ①しずく。②したたる、したたり。③水滴のように、小さくまるいもの、まるくつややかなもの。

古訓 〔名義抄〕滴 シタヽル・アマツヒ〔篇立〕滴 シタム・アマネシ・ソヽク・シタヽル・シタツ

語系 滴・鏑・蹢・摘（摘）tyek は同声。まるく小さな形のもの。また、その音とも関係がある。締dyai、揥thiek はひきしめまとめる意。同系の語である。

【滴簷】のきにしたたる雨音。唐・徐夤〔雨〕詩 竹に灑ぎて、幾ど春睡の重きに添ひ 簷に滴りて、偏に夜愁の生ずるを遺る（忘れる）

【滴血】血族を弁別する法。俗に、血族者の血は屍骨に入るという。〔陔余叢考、二十七、滴血〕屍を驗するに、滴血の法有り。～按ずるに南史（梁武帝諸子、予章王綜伝）に、～其の屍を出だし、血を瀝ぎて之れを試みるに、既にして徵有りと。～滴血の法は、其れ六朝に起れるか。

【滴滴】水滴がしたたる音。前蜀・閻選〔河伝〕詞 秋雨、秋雨 晝も無く夜も無し 滴滴たり 霏霏たり 暗燈、涼簟 分離を怨む 妖姬 悲しみに勝へず

【滴瀝】雫のしたたる音。〔水経注、涢水〕山下に石門有り。鄣を夾みて、層峻巖高、皆數百許仞。石門に入りて又鍾乳穴を得たり。穴上、素崖壁立す。～凝膏下垂、望むに冰雪に齊し。微津細液、滴瀝として斷えず。

↑滴円 つぶら／滴子 珠垂れ／滴珠 錠銀／滴水 水のしたたり／滴声 したたる音／滴墨 小才／滴溜 したたり／滴緑 潤沢の色／滴露 つゆ／滴漏 漏壺

↓一滴・雨滴・簷滴・凝滴・涓滴・硯滴・細滴・残滴・酒滴・潤滴・書滴・承滴・水滴・翠滴・泉滴・点滴・乳滴・夜滴・余滴・流滴・溜滴・涙滴・瀝滴・連滴・漣滴・露滴・漏滴

【翟】14 1721 テキ きじ

篆文 
金文 

会意 羽（羽）＋隹。〔説文〕四上に「山雉なり。尾の長き者なり」とあり、羽の美しい鳥である。〔爾雅、釈鳥〕に雉の種類十四種をあげ、そのうち四方に配する雉の名があり、卜辞にみえる四方風神のように、雉はもと鳳と同じく、神鳥とされていたことが知られる。〔詩、邶風、簡兮〕に「公庭に萬舞す」「左手に籥（ふえ）を執り 右手に翟を執る」とあって、万舞という神楽舞に用いた。〔周礼、春官、巾車〕〔周礼、天官、内司服〕に、王后の車服に翟羽を飾ることがみえる。厭勝（まじない）として、辟邪の力があるとされたのであろう。

訓義 ①きじ、きじのはね。②翟羽で舞う舞、翟羽で飾った車・服。

古訓 〔名義抄〕翟 アキラカナリ・キジ〔字鏡集〕翟 キジ・ヒナ・アキラカナリ

声系 〔説文〕に翟声として趯・躍（躍）・燿（燿）・濯（濯）・擢・耀など、十字を収める。翟は隹が大きな羽を翹げている形とみてよく、翟声の字はみなその声義を承ける。

語系 翟dyek、狄thyek は声近く、通用することがあり、狄犬を翟犬といい、「褕翟」（王后婦人の服）を、また褕狄に作る。

【翟茀】きじの羽を飾った婦人の車。〔詩、衛風、碩人〕朱幩（朱の轡）鑣鑣（さかんに揺れるさま）たり 翟茀して以て朝す

↑翟羽 きじの羽／翟犬 狄犬／翟車 皇后の車／翟者 音楽を司る官吏／翟尾 きじの尾羽／翟文 きじの羽の模様／翟蔽 翟茀／翟葆 きじの旗飾り

↓夏翟・画翟・翬翟・闕翟・朱翟・繡翟・翠翟・雉翟・天翟・秉翟・野翟・厭翟・褕翟

常【適】14 3030 〔適〕15 3030 テキ セキ タク かなう ゆく まさに たまたま ただ

篆文 
金文 

形声 声符は啇。啇は嫡（嫡）の初文。上帝の子孫として、相敵たる意がある。〔説文〕二下に「之くなり」とあり、主とし、目的とするところに行く意。〔詩、小雅、四月〕「爰くにか其れ適帰せん」のように用いる。また「適と」「適に」「適だ」などの訓がある。

訓義 ①かなう、あたる、目的とする。②ゆく、いたる、おもむく。③敵・嫡と通じ、あいて、あるじ、ぬし、ただしい、ひとり、あだ、かたき。④まさに。⑤啻と通じ、ただ、もし、たまたま。⑥謫と通じ、

せめ、せめる、とが。

【古訓】〔名義抄〕適 ユク・ハジメ・ハジム・アツシ・タマ〳〵・ムカシ・カナフ・ノブ・ヨシ・マサニ・ワヅカニ・サトル・スクナシ・シタシ・ヤハラカニ・アマナフ・スナハチ・トヾム・ヨル・エタリ・アタル・マサシ・シヅカニ・サキニ・ト、ノフ・ヨロコブ・ナグサム・ヤル・マコトニ〔篇立〕適 メグル・モト・タノシミ・アタル・ムカシ・アタフ・コ、ロヨク・アマネシ・マレニ・スナハチ・タマ〳〵・マサカナハシム・カナフ・サキニ・ヨロコブ・ヤヲラカ〔字鏡集〕適 シシ・マサニ・サトル・サイキル・シタガフ・ハジメ・ユク・ト、ノフ・タシ・ムカシ・ノブ・ユク・アツ・ヨシ・ウツス・ナグサム・ハツ・ヨル・ワヅカニ・イトフ・サキニ・ト、ノフ・ヨロコブ・スナハチ・ハジム・シヅカニ・スクナシ・ヤハラカニ・シタガフ・ムカフ・アマナフ・エタリ・アタル・アツシ・マサシ・タマ〳〵・トヾム・サトル・ヨク・メグル・シタフ・マサニ
【語系】適 tjiek、之 tjia は声近く、ゆく意において通じる。啻 sjie と声近く、その字義に通用する。また、適 tyek、敵(敵)dyek、擿 diek、謫・讁 tek もみな同系の語。

【適意】心にかなう。〔世説新語、識鑒〕張季鷹(翰)、齊王の東曹掾に辟めさる。洛に在りて秋風の起るを見、因りて呉中の菰菜の羹、鱸魚の膾を思うて曰く、人生、適意を得るを貴ぶのみ。何ぞ能く數千里に羈宦して以て名爵を要めんと。

【適願】願いにかなう。〔詩、鄭風、野有蔓草〕邂逅(ゆきあう)して相ひ遇はば 我が願ひに適はん
【適帰】身を寄せる。〔史記、伯夷伝〕神農虞夏、忽焉として沒しぬ 我安くにか適歸せん 于嗟徂かん 命の衰へたるかな
【適志】志にかなう。〔荘子、斉物論〕昔者莊周、夢に胡蝶と爲る。栩栩然として胡蝶なり。自ら喩しみて、志に適へる與か。周なるを知らざるなり。俄然として覺むれば、蘧蘧然として周なり。~此れを之れ物化と謂ふ。

【適嗣】あとつぎ。嫡嗣。〔左伝、昭二十六年〕國に外援有り、瀆すべからざるなり。王に適嗣有り、亂るべからざるなり。

【適者】対等の人。〔礼記、雑記上〕大夫、同國の適者に訃ぐるときは、某不祿(死)せりと曰ふ。

【適従】身を寄せる。〔左伝、僖五年〕退きて賦して曰く、狐裘尨茸たり(毛が乱れる) 一國に三公(三君)あり 吾誰にか適從せんと。

【適情】心にかなう。また、欲望にまかせる。〔後漢書、皇后紀序〕爰に戰國に逮び、風憲逾いよ薄し。情に適はしめ欲に任じ、衣裳を顚倒す。以て國を破り身を亡ぼすに至る。

【適性】性情にかなう。晉・張載〔酃酒の賦〕神志を宣御し、氣を導き形を養ふ。憂ひを遺れ患を消し、性に適ひ情に順ふ。

【適然】当然。また、偶然。〔韓非子、顕学〕國法は失ふべからず。而して治むる所は一人に非ざるなり。故に有術の君は、適然の善に隨はずして、必然の道を行ふ。

【適俗】世俗とあう。晉・陶潜〔園田の居に帰る、五首、一〕詩 少きより俗に適ふの韻無く 性、本と邱山を愛す
【適適】あきれて驚くさま。〔荘子、秋水〕(海は)禹の時、十年に九潦あるも、水、爲に益すを加へず、湯の時、八年に七旱あるも、崖、爲に損ずることを加へず。~是こに於て埳井の鼃(蛙)之れを聞き、適適然として驚き、規規然として自失す。

【適莫】親疏、好悪の意。〔論語、里仁〕子曰く、君子の天下に於けるや、適無く莫無し。義に之れ與に比ふ。

【適用】適当として用いる。〔史記、項羽紀〕東陽の少年、其の令を殺し、相ひ聚るもの數千人。長を置かんと欲するも、適用無し。乃ち陳嬰に請ふ。嬰、能くせざることを謝するも、遂に彊ひて嬰を立てて長と爲す。縣中の從ふ者、二萬人を得たり。

【適来】たまたま来る。〔荘子、養生主〕適ま來るは夫子(君)の時なり。適ま去るは、夫子の順なり。時に安んじ順に處り、哀樂入る能はず。

↑適逸 節制する/適応 順応する/適可 適合する/適過 とがあやまち/適宜 適当/適義 義にあう/適興 心にかなう楽しさ/適均 程よい/適孽 嫡庶/適口 口にあう/適郊 郊外にゆく/適合 符合する/適才 適材/適士 上士/適子 嫡子/適徙 遠流/適時 適宜の時/適室 正妻/適戍 罪によって辺防につく/適庶 嫡庶/適心 適意/適寢 正殿/適人 嫁ぐ/適生 たまたま生まれる/適切 適当/適卒 罪によって防人となる/適孫 嫡孫/適体 身にあう/適中 的中/適長 嫡長/適丁 たまたま逢う/適度 丁度/適当 かなう/適統 嫡統/適任 はまり役/適否 適不適/適婦 正妻/適変 応変/適母 嫡母/適味 口にあう/適民 謫民/適薬 有効薬/適欲 節制/適理 合理/適量 適当の量/適例 好適の例/適齢 年頃/適歴 ほどよく分布する
↓安適・意適・栄適・宴適・快適・酣適・閑適・間適・歓適・宜適・好適・自適・時適・首適・順適・舒適・賞適・縦適・情適・心適・神適・正適・清適・切適・暢適・無適・愉適・利適・履適

常 【敵】 15 0824 〔敵〕 15 0824 テキ あたる あいて かたき

篆文
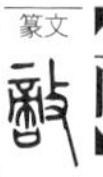
金文

【形声】声符は啇。啇は帝を祀ること。帝を祀ることは帝の嫡系たるもので、相匹敵するものの意がある。これに攴を加えて、敵対者の意とする。〔説文〕三下に「仇なり」とあり、仇にもまた相匹敵する者の意がある。〔詩、周南、関雎〕の「好逑」とは好匹の意。〔国語、周語中〕「禮に在りて、敵には必ず三たび讓る」とは、対等の人をいう。金文に僪に作る字があり、匹敵する人をいう。

【訓義】①あたる、匹敵する、ひとしい、なかま。②あいて、かたき、あだ。③うつ、むかう、はむかう。④こたえる。⑤嫡・適と通じ、ただしい。

【古訓】〔名義抄〕敵 アタル・カタキ・アタ・ヒトシ・ウタシム〔字鏡集〕敵 カタキ・タグフ・ウタシム・ウタ・アタル・ヒトシ・アタム・ムカフ・ウク
【語系】敵 dyek、嫡(嫡)tyek は声義近く、まさしく相当たるものをいう。擿 diek、讁 tek はうち責める意。豰・豕(豕)・椓 teok もうつ意、もと擬声的な語であろう。

【敵愾】怨み怒る敵にたち向かう。〔左伝、文四年〕諸侯、王の愾する所に敵し、其の功を獻ず。

【敵手】同じ力量の対手。唐・杜荀鶴〔棋を観る〕詩 勢ひを得ては侵して遠きを呑み 危きに乘じては劫を打ちて贏つ 時に敵手に逢ふ有り 局に當りて深更に到る
【敵情】敵のようす。〔三略、上〕兵を用ふるの要は、必ず先づ敵情を察し、其の倉庫を視、其の糧食を度り、其の強弱をトし、其の天地を察す。

【敵人】対敵。〔管子、七法〕敵人の政に明らかならざれば、加ふること能はざるなり。敵人の情に明らかならざれば、約すべからざるなり。

【敵地】敵の領域。〔後漢書、呉漢伝〕吾れ諸君と共に險阻を踰越し、千里に轉戰し、所在斬獲して、遂に深く敵地に入り、其の城下に至れり。~成敗の機、此の一擧に在り。

↑敵意 敵対する心/敵営 敵陣/敵怨 怨みに報いる/敵応 敵対する/敵害 敵として害する/敵患 敵襲のおそれ/敵騎 敵の騎兵/敵境 敵地/敵釁 敵としてそむく/敵恵 恩返し/敵衡 互角の力で争

う／敵国 仇敵の国／敵視 仇敵扱い／敵酋 敵方の蛮賊／敵讐 仇敵／敵状 敵情／敵勢 敵軍／敵体 対等のもの／敵対 対抗する／敵台 物見／敵中 敵陣の中／敵頭 敵酋／敵侔 対等／敵虜 敵ども／敵礼 対等の礼／敵楼 物見

↓怨敵・応敵・外敵・愾敵・陥敵・棋敵・仇敵・拒敵・禦敵・強敵・驕敵・勁敵・勍敵・抗敵・攻敵・降敵・寇敵・克敵・索敵・残敵・弱敵・酒敵・讐敵・宿敵・小敵・制敵・政敵・掣敵・素敵・勦敵・大敵・対敵・抜敵・匹敵・不敵・無敵・滅敵・利敵・料敵・隣敵・臨敵

人【擢】 17 5701 テキ タク ぬく ぬきんでる

篆文 

形声 声符は翟。翟は鳥が羽を翹げている形。〔説文〕十二上に「引くなり」とあり、羽を抜きとる意とする。羽をえらびとることを抜擢という。〔戦国策、燕二〕「之れを賓客の中に擢んで、之れを群臣の上に立つ」のように用いる。

訓義 ①ぬく、ひきぬく、ぬきとる、とりさる。②ぬきんでる、そびえる、のびる。

古訓 〔名義抄〕擢 ヌキイヅ・ヌキイデタリ・マサル・ヨロコブ・タル・ノブ・コマヤカニ 〔字鏡集〕擢 ヌケデタリ・トホル・ヌキツ・イタス・ヨコサマ・ヌク・タル・ヨロコブ・コマヤカニ・ノブ・スク・アサル

語系 擢dyek、翟deôkは声近く、翟は鳥が羽を翹げている形。その長く擢んでた羽を抜きとることを擢という。軸diuk、抽thiuにも、中心となるもの、それをぬきとる意があり、同系の語である。

【擢挙】 えらび登用する。〔後漢書、独行、雷義伝〕嘗て善人を擢擧するも、其の功に伐らず。

【擢賢】 賢者を抜擢する。〔後漢書、黄瓊伝〕光武、聖武天挺を以て、統を繼ぎ業を興す。～賢を衆愚の中に擢んで、功を無形の世に書く。

【擢秀】 草木が伸び花さく。また、人物がすぐれる。晉・趙至〔嵇茂斉（蕃）に与ふる書〕吾子（君）、根を芳苑に植ゑ、秀を清流（貴流）に擢んず。葉を華崖に布き、藻を雲肆に飛ばす。

【擢昇】 抜擢して昇任させる。〔旧唐書、馬周伝〕天下に臨む者は、人を以て本と爲す。～古より郡守・縣令、皆賢德を妙選す。宰相に擢昇すること有らんと欲せば、必ず先づ試みるに人に臨ましむるを以てす。

【擢第】 及第。登第。〔隋書、柳謇之伝〕童兒爲りし時、周の齊王憲、嘗て謇之に塗に遇ひ、異として與に語り、大いに之れを奇とす。因りて奏して國子に入れ、明經を以て擢第す。

【擢能】 能あるものを抜擢する。〔新論、薦賢〕昔時人君、奇を囚虜より抜き、能を屠販より擢ぬく。內薦に子を避けず、外薦に讐を避けず。

【擢本】 根を深く張る。〔南史、斉高帝紀〕宅南に一桑樹有り。擢本三丈、四枝を横生す。狀、華蓋に似たり。帝年數歲、好んで其の下に戲る。從兄敬宗曰く、此の樹は汝の爲に生ずと。

【擢用】 抜擢して任用する。清・康有為〔清帝に上る、第六書〕天下の徵士・貢士を召し、咸く對策所に上書せしめ、五日に一見し、旨に稱ふ者は擢用せん。

↑擢引 ぬき出す／擢穎 秀でた穂／擢科 及第する／擢冠 首位／擢削 聳える／擢首 首をあげる／擢授 擢任／擢出 ぬき出す／擢叙 擢任／擢升 擢昇／擢陞 擢昇／擢賞 特賞／擢進 擢昇／擢抽 抽き出す／擢登 擢進／擢任 抜擢して用いる／擢髪 髪をぬく／擢抜 抜擢する

↓引擢・栄擢・横擢・簡擢・挙擢・甄擢・采擢・秀擢・峻擢・召擢・奨擢・賞擢・聳擢・進擢・旌擢・銓擢・遷擢・選擢・薦擢・抽擢・超擢・寵擢・挺擢・登擢・拝擢・抜擢・表擢

【擲】 18 5702 テキ チャク なげうつ

形声 声符は鄭。投擲の意に用いる。古くは擿の字を用いた。ともに投げうつことをいう。

訓義 ①なげうつ、なげつける、なげとばす。②すてる、なげすてる。③はねる、ふるう、とばす。

古訓 〔和名抄〕擲 楊氏漢語抄に云ふ、擲倒、賀倍利宇都（かへりうつ）〔名義抄〕擲 ナグ・ナゲスツ・アカル・ウツ・イシナグ／擲倒 カヘリウツ

語系 擲・擿・躑diekは同声。手足に力のはずみをつける行為をいう。提dye、挺（挺）・梃dyengにも提撃・挺撃の意があって、同系の語である。

【擲下】 なげすてる。また、とびおりる。〔隋書、酷吏、崔弘度伝〕樓に登りて上層に至る。地を去ること四五丈。～弘度曰く、此れ何ぞ畏るるに足らんと。欻然として擲下し、地に至りて損傷無し。

【擲卦】 銭を投げてうらなう。〔通俗編、芸術、擲卦銭〕揮麈錄に、擲卦に錢を以てするは、嚴君平より始まる。唐詩に、井に君平擲卦の錢有りと。

【擲果】 果物を投げる。古くは魂振りとしての習俗であった。〔世説新語、容止注に引く語林〕安仁（潘岳）至りて美なり。行く毎に、老嫗果を以て之れに擲ち、車に滿つ。張孟陽（載）、至りて醜し。行く毎に、小兒瓦石を以て之れに投げ、亦た車に滿つ。

【擲丸】 餅投げ。鬼やらい。〔遼史、礼志六〕正旦、國俗、糯飯を以て白羊の髓に和して餅と爲し、～張（奥部屋）毎に四十九枚を賜ひ、戊夜、各〻帳內の窗中より、丸を外に擲つ。～巫十有二人をして、鈴を鳴らし箭を執り、帳を繞りて歌呼せしむ。～之れを驚鬼と謂ふ。

【擲戟】 戟を投げつける。〔後漢書、呂布伝〕（董）卓～嘗て小しく卓の意を失す。卓、手戟を抜きて之れを擲つ。布、拳捷（すばやく拳を動かす、うちおとす）して、免るることを得たり。

【擲銭】 五枚のカードの遊び、上が黒、下が白。〔五雑組、人部二〕擲錢は小戲と雖も、然れども劉寄奴は能く喝子（かけ声）して盧（全黒）を成し、宋慈聖は側立して仆れず、光獻は盤旋（くるくる舞）すること三日、皆鬼神之れを使せしむる者有るに似たり。

【擲地】 地に投げつける。「擲地金声」は文章の美をいう。〔晉書、孫綽伝〕嘗て天台山の賦を作る。辭致甚だ工みなり。初めて成る。以て友人范榮期に示して云ふ。卿、試みに地に擲うて。當に金石の聲を作すべしと。

↑擲還 返却する／擲棄 なげすてる／擲去 なげすてる／擲金 金をなげすてる／擲梭 機を織る／擲采 采をふる／擲殺 撲ち殺す／擲出 投げ出す／擲縄 縄投げ／擲身 擲下／擲置 なげすてる／擲投 なげとばす／擲倒 とんぼ返り／擲博 擲采／擲盧 擲卦

↓一擲・果擲・棄擲・軽擲・試擲・打擲・跳擲・怒擲・投擲・百擲・奮擲・放擲・拋擲・遥擲

【擿】 18 5003 テキ チャク タク うつ なげる つまむ のぞく

篆文 

形声 声符は適（適）。〔説文〕十二上に「搔くなり。～一に曰く、投ぐるなり」とするが、擿（摘）と声義近く、また擲とも通ずる字である。

訓義 ①うつ、うちつける。②なげる、なげつける。③つまむ、つみとる。④のぞく、とる。⑤かく、かんざしの足でかく、さぐる。

古訓 〔名義抄〕擿　ツム・ナグ・ウツ・コカス・マサシ・フルフ・コク・ノゾク・トル・ト丶ノフ・タヾス・ナブル・カク・サル・ヲシフ・ハサム・ハラフ・ウツム・ツヽシム・キル

語系 擿・擲 diek は同声。提 dye、挺・梃 dyeng も声近く、提擊・梃擊の意がある。勢いよくうつことをいう。手に擿むことを擿 tyek といい、足に勢いづくことを躑 diek という。

【擿釁】てききん　欠点をさがし出す。〔後漢書、陳元伝〕(左氏伝を立つる上疏)違戾凡そ四十五事、～纖微を遺脱するも、指して大尤と爲し、瑕を抉り釁を擿り、其の弘美を掩ふ。所謂小辯、言を破り、小言、道を破る者なり。

【擿抉】てきけつ　あばき出す。〔三国志、呉、歩騭伝〕諸典校、細微を擿抉し、毛を吹いて瑕を求め、重案深詆、輒ち人を陷れて以て威福を成さんと欲す。

【擿校】てきこう　一つ一つ証拠によって調べる。〔三国志、魏、孫礼伝〕今二郡、界を爭ふこと八年、一朝にして之れを決する者は、解書圖畫有りて、尋案擿校するを得べきに緣るなり。

【擿出】てきしゅつ　ひろい出す。〔後漢書、賈逵伝〕臣謹みて左氏の三十事、尤も著明なる者を擿出す。斯れ皆君臣の正義、父子の紀綱なり。

【擿発】てきはつ　悪事をあばく。明・方孝孺〔河南の王僉事に贈る序〕學を勸め、士に禮し、姦を摶ち、強を擊ち、僞嫚(ごまかし)を擿發し、威ありて苛ならず、寬にして弛まず。吏民咸く大いに畏服す。～天子嘉嘆し、善と稱す。

【擿伏】てきふく　隠れた悪事をあばく。〔漢書、趙広漢伝〕郡中の盜賊、閭里の輕俠、其の根株窟穴の在る所、～皆之れを知る。～其の發姦擿伏、神の如し。

【擿弁】てきべん　あばき明らかにする。〔唐書、韋陟伝〕吏部侍郎に遷る。～陟、風采有り。擿辨、伏せざる者無し。黜正すること數百員、銓綜すること、號して公平と爲す。

↑擿姦　悪をあばき出す／擿棄　あばきすてる／擿挙　あばき出す／擿觖　あばき明らかにする／擿語　密告する／擿索　捜索する／擿識　識(予言)を示す／擿尽　あばき尽くす／擿搯　鼓の音／擿罰　責罰する／擿問　詰問する／擿裂　あばきたてる

↓糾擿・鉤擿・指擿・鉄擿・発擿・密擿

【蹢】 18 6012 テキ たたずむ

篆文

形声 声符は啇。啇にまるくまとまったものの意があり、蹢で歩くようなさまを蹢躅という。〔説文〕二下に「蹢躅、足を逗むるなり」(段注本)として、啻声とし、また「足の垢なり」とする賈逵の説を引く。

訓義 1たたずむ、たちもとおる、よちよちあるく。2ひづめ、豚の蹄。3足の垢。4擿と通じ、うつ、なげる。

古訓 〔新撰字鏡〕蹢　宇久豆久(うぐつく)、又、万利古由(まりこゆ)、又、乎止留(をどる)〔名義抄〕蹢　ヒヅメ・クエル〔字鏡〕蹢　タカアシ・アシ・ヒヅメ・ウグツク〔字鏡集〕蹢　ツマヅク・クエル・ハシル・モノモム・ヲドル・タカアシ・ヒヅメ・タチヤスラフ

語系 蹢・躑・擲 diek は同声。勢いやはずみをつけた行為をいう。蹢躅 diek-diok はまた躑躅に作る。行(十字路の形)を左右にわけて彳亍 thiek-thiok ということがある。みな歩む状態をいう形況の連語である。

【蹢躅】てきちょく　足ぶみしてもどかしがる。〔礼記、三年問〕今是れ大鳥獸は、則ち其の群、匹を失喪するときは、月を越え時を踰えて、則ち必ず反巡し、～翔回し鳴號し、蹢躅し踟躕し、然る後に乃ち能く之れを去る。

↑蹢躅　蹢躅

【鏑】 19 8012 テキ やじり かぶらや

篆文

形声 声符は啇。〔説文〕十四上に「矢鏠なり」とあり、鏃に対して鏑矢をいう。鳴鏑はもと匈奴が鹿角を以て作ったという。滴・鏑は小さな丸い形のものをいう。

訓義 1やじり、大きなやじり。2かぶらや、鳴りかぶら。

古訓 〔新撰字鏡〕鏑　矢佐支(やさき)、又、奈利加夫良(なりかぶら)〔名義抄〕鏑　カブラ・カブラヤ・ツルキ・カキ・トガレリ・ヤサキ

↑鏑銜　くつわ／鏑矢　鳴り鏑／鏑箭　鏑矢

↓金鏑・矢鏑・箭鏑・霜鏑・鋳鏑・鉄鏑・破鏑・飛鏑・鋒鏑・鳴鏑・流鏑

【鬄】 20 7222 テキ そる

篆文

形声 声符は剔。剔にとりのぞく、そる意がある。〔説文〕九上に「髮を鬄るなり」とみえる。字はまた剔に作る。

訓義 1そる、ひげそる。2きる、髪切る。3かもじ。

古訓 〔字鏡集〕鬄　カミ

語系 鬄・鬀 thyek は同声。また鬀・剃 thyei も声近く、みな髪や鬚を剃ることをいう。

↑鬄髮　髪を切る

【趯】 21 4780 テキ おどる

篆文

形声 声符は翟。翟は鳥が羽をあげて飛び立とうとする形。〔説文〕二上に「躍るなり」とあり、〔広雅、釈詁一〕に「驚くなり」とみえる。

訓義 1おどる、おどりあがる、羽をひろげてとびたつ。2おどろく、おどろきとびあがる。3はしる、とぶ。

古訓 〔名義抄〕趯　ヲドル・シカリ〔篇立〕趯　ヲドル・シカナリ〔字鏡集〕趯　ツカフ・ヲドル・チカシ・コハシ・シヅカナリ・ツクロフ

【趯然】てきぜん　勢いよくおどりあがる。〔斉東野語、二十〕(山獺、箭毒を治す)獺、性淫、～扼殺して之れを藏す。～毎に婦人をして摩手極めて熱からしめ、取りて掌心に置き、氣を以て之れを呵せしめば、卽ち趯然として動く。蓋し陰氣の感ずる所と爲るの故のみ。

【趯弄】てきろう　雑戯の一。〔東京夢華録、八、六月六日〕～獻ずる所の者、動もすれば萬を以て數ふ。早より百戲を呈拽す。上竿・趯弄・跳索・相撲・鼓板・小唱・～道術の類の如き、色色之れ有り。

↑趯鞠　蹴鞠／趯毬　蹴鞠／趯趯　はねる／趯倒　け倒す

↓鉤趯・涌趯

【糴】 22 8791 テキ かいよね

篆文

形声 声符は翟。〔説文〕五下に「穀を市ふなり」とあり、うりよねを「糶」という。政府が米穀を売買して価格を調節し、また有事の際に備える政策をとった。

訓義 1かいよね、米をかい入れる、買い上げ米。

古訓 〔新撰字鏡〕糴　与祢加不(よねかふ)〔名義抄〕糴　カフ〔字鏡〕糴　ヒサグ

語系 糴 dyôk、糶 thyôk は畳韻・対待の語である。出 thjuət、内(內) nuət が対待をなすのと同じ。糴に糴・糶の二音があり、もとはアクセントによって対待の二語に用いたものであろう。

↑糴価　米の買値／糴貴　米価が高い／糴穀　米の買い上げ／糴貸　収穫米を抵当にして金を借る／糴糶　米の売買／糴糧　穀物の買い上げ

↓遏糴・貨糴・貴糴・乞糴・告糴・穀糴・市糴・私糴・収糴・請糴・

賤糴・買糴・発糴・販糴・平糴・閉糴・輸糴・斂糴・和糴

【覿】 22 4681 テキ みる あう しめす

篆文 

形声 声符は賣。〔説文新附〕八下に「見るなり」とあり、〔儀礼、聘礼〕「賓、束錦を奉じて以て覿えんことを請ふ」とみえる。〔国語、周語中〕に「武は覿すべからず、文は匿すべからず」の語がある。「天罰覿面」のように用いるのは、仏教語である。

訓義 ①みる、あう、まみえる。②しめす。

古訓 〔名義抄〕覿 ミル・シヅカニ 〔字鏡集〕覿 シヅカニ・ミル・ムカフ

【覿見】 会う。面謁する。唐・柳宗元〔盩厔県新食堂記〕兵去り邑荒れ、棟宇傾圮す。～是れに由りて、縣の聯事、離散して相ひ屬かず。凡そ其の官僚、覿見すること或ること罕れなり。

【覿武】 武を示す。〔国語、周語中〕武を覿さば烈(威厳)無く、文を匿さば昭らかならず。

【覿面】 まのあたり。〔陔余叢考、三十一、覿面犯諱〕其の時諱を避くるの嚴なること、大概此くの如し。～故に酬接の時、亦た留意せざるべからざる者有り。古人、門に入りて諱を問ふの禮有る所以なり。

↑覿刑 刑を示す/覿徳 徳を示す

↓遠覿・私覿・請覿・朝覿・披覿・賓覿・傍覿・来覿

【躑】 22 6712 〔蹢〕 18 6012 テキ たたずむ

篆文 

形声 声符は鄭。鄭に擲の声がある。〔説文〕二下に、蹢を蹢躅の字とする。字はまた躑躅に作り、躊躇というのに近い。躑躅をまた「つつじ」の意とするのは、もと羊躑躅の意。馬酔木に馬が酔うように、羊が食あたりして、歩みなずむからであるという。歩みなずむことを、また彳亍という。行を左右に両分した字である。

訓義 ①たたずむ、たちもとおる。②足のあか。

古訓 〔新撰字鏡〕躑・蹢 乎波之利(をばしり) 〔名義抄〕躑コユ・ツマヅク・モノモム・タチヤスラフ/躑躅 タ、ズマフ

語系 躑・蹢 diek は同声。躑躅 diek-diok は彳亍 thiek-thiok と同じく、双声・畳韻の連語。行きなずむさまをいう形況の語である。

【躑跼】 ゆきつもどりつする。梁・沈約〔郊居の賦〕寸心を抱くこと、其れ蘭の如し。何ぞ斯の願ふことの浩蕩たる。歸らん歟を詠じて躑跼し、巖阿を眷みて掌を抵つ。

【躑躅】 ゆきつもどりつする。楚・宋玉〔神女の賦〕長袖を奮ひて、以て衽を正し、立ちて躑躅して安んぜず。

↓号躑・跳躑・躅躑

デキ

【惄】 12 2733 デキ うれえる うえる

篆文 

金文 

形声 声符は叔。叔に俶・督の声がある。〔説文〕十下に「飢餓なり」、また「一に曰く、憂ふるなり」とみえる。〔方言、一〕によると「關よりして西、秦・晉の閒」の方言である。金文に弔に従って思・盄に作る字があり、のちの淑の初文。叔は古くは戚を持つ形であるから、惄はのちの慼にあたる字である。すなわち憂慼の意。惄はそれより分岐して、声義の転じた字であろう。

訓義 ①うれえる、いたむ、なげく。②うえる、かつえる。

古訓 〔名義抄〕惄 ウレフ 〔字鏡〕惄 トモシ・オモフ

語系 〔一切経音義〕に惄を愵の古文とする。惄 nyuk と愵 nyôk とは声義近く、〔広韻〕に「愵は憂ふる貌なり」とみえるが、その字の用例はない。

【惄焉】 思い憂えるさま。〔詩、小雅、小弁〕我が心憂傷す 惄焉として擣つが如し

【惄然】 思い憂えるさま。明・方孝孺〔思親堂記〕人の、親を養ふを見ては、則ち心惄然として曰く、我が親安くに在るや、我何爲れぞ養ふを得ざるやと。徬徨し、蹢躅す。

↑惄惄 憂えるさま/惄灡 憂えもだえる

常 **【溺】** 13 3712 〔休〕 6 2223 デキ ジョウ(デウ) おぼれる しずむ

篆文 

形声 声符は弱(弱)。〔説文〕十一上に水名とする。〔段注〕に、溺没の字は休で、小便の字は尿が本字であるという。尿溺の字は卜文に象形の字があり、のち尿の字となった。〔詩、大雅、桑柔〕に「載ち胥ひ及に溺る」とあって、すでに溺没の字に用いている。

訓義 ①おぼれる、しずむ、ひたす。②ふける、おぼほる。③尿と通じ、ゆばり、小便。

古訓 〔名義抄〕溺 オボホル・ユバリ・ヨハシ・シヅム・タヾヨフ 〔字鏡集〕溺 オボホル・マリカク・タヾヨフ・シヅム・ユバリ・オボル・スホル・トホル・ヨハシ

語系 溺・弱 njiôk、搦 niôk は声義近く、搦はからめるようにしてもつこと。水流にとられることを溺という。

【溺愛】 過度に愛する。〔唐書、高宗紀賛〕武氏(武后)の亂に、唐の宗室、戕殺せられて殆ど盡く。～高宗衽席に溺愛し、履霜の漸を戒めず。毒、天下に流しき、禍を邦家に貽せり。

【溺器】 おまる。便器。〔唐書、文芸中、宋之問伝〕時に張易之等、烝昵せられて寵甚だし。之問と閻朝隱、～傾心媚附す。易之の賦する所の諸篇は、盡く之問・朝隱の爲る所、易之の爲に溺器を奉ずるに至る。

【溺志】 心を奪われる。〔唐書、厳挺之伝〕挺之、交游を重んず。～然れども佛に溺志し、浮屠(僧)恵義と善し。義卒するや、衰服して其の喪を送り、己も乃ち自ら其の塔左に葬らしむ。

【溺情】 感情に流される。〔陳書、孔奐伝〕性耿介、請託を絶ち、儲副(太子)の尊、公侯の重きと雖も、溺情相ひ及ぶと雖も、終に爲に屈せず。

【溺職】 職分を怠り尽くさない。〔史記、酷吏伝序〕是の時に當りて、吏治～武健嚴酷に非ずんば、惡んぞ能く其の任に勝へて愉快せんや。道徳を言ふ者は、其の職を溺るなり。

【溺没】 沈没する。また、没頭する。〔捜神記、四〕河伯、庚辰の日を以て死す。船を治めて遠行すべからず。溺没して返らざればなり。

【溺利】 利におぼれる。〔晉書、宣帝記〕(制)近きを貪る者は、則ち遠きを遺れ、利に溺るる者は、則ち名を傷ぶる。若し己を損して以て人を益せざれば、則ち當に人を禍ひして己に福すべし。

↑溺淫 色に耽る/溺音 音楽にふける/溺鬼 水死者/溺苦 苦しみになやむ/溺袴 袴のなかにもらす/溺壺 便壺/溺死 水死/溺者 おぼれる人/溺酒 深酒/溺溲 小便/溺色 女色におぼれる/溺心 心奪われる/溺信 迷信/溺人 水におぼれる人/溺沈 おぼれ沈む/溺溺 おぼれ没する/溺塗 世俗/溺仏 仏に淫する/溺皿 便器/溺惑 心惑う

↓哀溺・引溺・淫溺・援溺・陥溺・饑溺・救溺・済溺・溲溺・心溺・沮溺・耽溺・貪溺・湛溺・沈溺・漂溺・覆溺・焚溺・没溺・淪溺・惑溺

【滌】 14 3719 デキ ジョウ(デウ) あらう すすぐ のぞく

篆文 

形声 声符は條（条）。條は攸と木とに従い、攸は水で背を流す形。木は草たば、これで洗うのである。滌はその草たばをいい、滌はあらう意となるが、攸の初形にすでに水が含まれており、人の背後の直線がその形。〔説文〕十一上に「洒ふなり」と洗滌の意とするが、もと、みそぎすることをいう。すなわち修禊の意。修は攸（みそぎの形）に、清められたしるしの彡を加えて、修潔の意とする。その心意を悠という。

訓義 [1]あらう、きよめる、みそぎする。[2]すすぐ、あらいおとす。[3]のぞく、はらう、はらいのける、あらいながす。

古訓 〔名義抄〕滌 ス、グ・アラフ・ソ、グ・ハラフ・ウゴカス 〔字鏡集〕滌 ノゾク・アラフ・ソ、グ・ウゴカス・ス、グ・ハラフ

語系 滌dyuk、攸・悠jiuは声義近く、あらい清める意。條dy■はみそぎに用いるもので、束にした草や枝の類。清め終わるこ■とを修siuといった。

【滌器】 器をあらう。〔史記、司馬相如伝〕相如與俱に臨邛に之き、～一酒舍を買ひ、酒を酤る。而して（卓）文君をして爐に當らしめ、相如は身自ら犢鼻褌（まわし）を著け、保庸と雜作し、器を市中に滌ふ。

【滌除】 洗い除く。〔老子、十〕玄覽（心）を滌除して、能く疵（欠陥）無からしめんか。

【滌濯】 洗いそそぐ。〔周礼、春官、肆師〕凡そ祭祀の、日をトし、宿に期を爲すに、其の禮を詔相す。滌濯を眂るにも、亦た之の如くす。

【滌滌】 暑くて枯れあがるさま。〔詩、大雅、雲漢〕滌滌たる山川 旱魃、虐を爲す

【滌蕩】 洗い流す。〔游宦紀聞、三〕王夫人～一絕。石壁に書す。～詩蹟已に漫滅し、獨り太原の二字のみ、石に入りて今に至るも尚ほ存す。～唐より今に及ぶまで、流潦巨浸の漂齧する所、震風凌雨の滌蕩する所、其の幾ばくなるを知らず。而れども墨色爛然、新たなるが如し。

【滌盪】 洗い流す。〔漢書、李尋伝〕今陛下久疾、變異屢數しばなり。天、人に譴告する所以なり。宜しく急に改元易號すべし。～洪水將に出でんとする有らずんば、災火且に起り、民人を滌盪せんとす。

【滌煩】 心を静める。茶の異名。唐・韋応物〔園中の茶生を喜ぶ〕詩 潔性汚すべからず 爲に滌塵煩を飲む 此の物信に靈味 本と山原より出づ

【滌濫】 急テンポの乱れた音楽。〔礼記、楽記〕夫れ民は、～感に應じ物に起りて動き、然る後心術形はる。是の故に、～流辟邪散、狄成（急テンポ）滌濫の音作りて、民、淫亂なり。

【滌穢】 けがれをあらう。晉・張協〔洛禊の賦〕清源に漱ぎて以て穢れを滌ひ、綠藻の纖柯を攬る。素粒を浮かべて以て水を蔽ひ、玄醪（酒）を中河に灑ぐ。

↑滌瑕 疵を直す／滌溉 洗滌する／滌盥 洗う／滌耳 耳を洗い、世俗の穢れを去る／滌場 庭を清める／滌洗 洗う／滌汰 よなぐ／滌暢 きよめて心が伸びやかとなる／滌方 水こぼし／滌慮 滌煩

↓浣滌・澣滌・盥滌・潔滌・削滌・刷滌・浚滌・神滌・清滌・雪滌・宣滌・洗滌・疏滌・掃滌・漱滌・蕩滌・盪滌・平滌・摩滌

テツ

【屮】 3 2240 テツ ソウ（サウ） めばえ くさ

篆文  甲骨文  金文 

象形 若芽がわずかにあらわれる形。〔説文〕一下に「屮木初めて生ずるなり」とあり、徹の音でよむ。このまま屮の字に用いることがある。

訓義 [1]めばえ、めばえる。[2]くさ。

部首 〔説文〕〔玉篇〕に屯・每（毎）・毒・芬・㞢・熏の六字を属する。屯は純縁の象形、每・毒は祭事に従うときの婦人の髪飾りで、その動作を敏捷といい、みな髪飾りの形を含む。その厚化粧なのを毒という。芬は艸（草）に従う字。㞢は𡴎の字の初形はその形に従い、神梯・土主の前で神を迎える陸の字の初形はその形に従い、神梯・土主の前で神を迎える幕舍を列ねた形。熏は橐（ふくろ）の中のものを火で燻する形で、上部は橐の括り口の形。部中の字はすべて屮に従うものがなく、また草木初生の象をとるものはない。

声系 〔説文〕に屮声として疌・㞢の二字を収めるが、音が異なる。疌は妻と同じく、祭祀や儀礼のときの髪飾りをした婦人の側身形で、捷の初文。㞢は軍が派遣されるときに奉ずる脤肉を懸けている形で、孽・孼の字がこれに従う。屮とは声義ともに関係のない字である。

【屮蹻】 わらぐつ。〔漢書、卜式伝〕初め式、郎爲るを願はず。上曰く、吾に羊有り、上林中に在り。子をして之れを牧せしめんと欲すと。式、既に郎と爲り、布衣屮蹻して羊を牧す。歲餘、羊肥息す。

【屮稿】 草稿。〔漢書、董仲舒伝〕仲舒家に居り、其の意を推說し、屮稿（稾）未だ上らず。主父偃仲舒を候ひ、私かに見て之れを嫉み、其の書を竊みて奏す。上、諸儒を召して諸儒に視めす。仲舒の弟子呂步舒、其の師の書と知らずして、以て大愚と爲す。是に於て仲舒を吏に下して死に當す。

↑屮実 草の実／屮茅 在野／屮昧 草昧

【叕】 8 1744 テツ つづる つらねる

篆文 

象形 紐を綴り連ねる形に象る。綴の初文。〔説文〕十四下に「綴り聯ぬるなり。象形」、〔玉篇〕に「連ぬるなり」とする。卜文にその繁縟な形のものがみえる。〔淮南子、人間訓〕に「聖人の思ひは脩く、愚人の思ひは叕し」とあるのは、つづれたものの意であろう。叕は短い糸を連綴することで、叕声の字に掇・惙など「短し」と訓するものが多い。

訓義 [1]つづる、つらねる。[2]みじかい、みじかいものをつづる。

古訓 〔篇立〕叕 ツラヌ

声系 〔説文〕に叕声として啜・剟・惙・掇・輟・綴など十六字を収め、掇は拾取、惙は〔一切経音義、四〕に「短氣の貌なり」という。

語系 叕・綴・掇・惙・餟・醊tiuatは同声。また啜・歠thjiuatも声が近く、すすり飲む意。醊は甲札、しころをいう。

常 【迭】 8 3530 〔迭〕 9 3530 テツ イツ たがいに すぎる

篆文 

形声 声符は失。失に跌・秩の声がある。失は巫女が舞い祈ってエクスタシーの状態にある意。〔説文〕二下に「更迭するなり」とあり、〔詩、邶風、柏舟〕に「日や月や 胡ぞ迭ひにして微くる」とみえる。巫女がたがいに低昂して舞うことから、その意となったものであろう。

訓義 [1]たがいに、かわるがわる。[2]泆と通じ、すぎる、あふれる。[3]佚・軼と通じ、にげる、おかす。

古訓 〔名義抄〕迭 タガヒニ・カハル／〱・タガフ・スミヤカナリ・カハリ・スベル・ヒトシ

語系 迭dyet、遞（逓）dyek、また代dəkは声近く、みな更代する意がある。遞は次第に代わる、代は代替する意。また第dyei、替thieiもこの系統の語とみてよい。

【迭起】 かわるがわる興る。〔荘子、天運〕四時迭ひに起り、萬物循ひて生ず。一盛一衰、文武倫經し、一清一濁、陰陽調和す。

【迭撃】(てつげき) かわるがわる撃つ。〔魏書、崔浩伝〕(上表)昔、漢の武帝、匈奴の強盛なるを患ふ。故に涼州五郡を開き、西域に通じ、～東西迭撃す。

【迭興】(てつこう) 迭起。〔漢書、地理志上〕春秋の時に至り、尚ほ數十國有り。五伯迭ひに興り、其の盟會を總ぶ。陵夷して戰國に至り、天下分れて七と爲り、合從連衡して、數十年を經たり。

【迭宕】(てつとう) 氣性が豪邁で奔放。迭蕩。佚宕。〔南史、文学、劉緩伝〕性、虛遠にして、氣調有り。風流迭宕、名、一府に高し。

↑迭互 交互／迭更 更代／迭歳 累年／迭次 交代で度々／迭日 一日おき／迭代 更代／迭迭 自得のさま／迭等 普通を超える／迭盪 迭宕／迭配 かわるがわる配る／迭変 次第に変移する／迭連 たがいに連なる／迭和 唱和する

↓交迭・更迭

【咥】 9　6101　テツ　わらう かむ

篆文

形声 声符は至。至に姪・絰の声がある。咥は他にキ・キツ・チツ・シ・チのような音があり、みな嘲笑的に笑うときの声である。〔詩、衛風、氓〕に「兄弟知らず 咥として其れ笑はん」というのは、男に欺かれて棄てられた女を、その兄弟たちが罵り笑う意である。噱・唏なども、笑声を形容する語で、声義が相近い。

訓義 ①わらう、大いにわらう。②あざけりわらう。③舌うちする、唇をかむ。④かむ、堅いものをかむ。

古訓 〔名義抄〕咥 ワラフ／咥咥然 ―トヲカシ 〔篇立〕咥 ハナヒル・ワラフ

語系 咥thiet、啜thjiuatは声義近く、咥は嘲笑的に舌うちし、啜は舌うちして嘆き、すすり泣きするをいう。

↑咥噬 かむ／咥然 笑うさま／咥咥 笑うさま

↓訶咥

【垤】 9　4111　テツ　ありづか

篆文

形声 声符は至。至に絰・耋の声がある。〔説文〕十三下に「螘の封なり」とあり、蟻塚をいう。〔呂覧、慎小〕に「山に蹶かざるも、垤に蹶く」という諺がみえる。

訓義 ①ありづか。

古訓 〔新撰字鏡〕垤 阿利豆加(ありづか) 〔名義抄〕垤 アリツカ

【垤堄】(てつげい) 堆土。唐・白居易〔草堂記〕堂の北五歩、層崖積石に據り、垤堄を嵌空し、雜木異草、其の上を蓋覆す。綠陰蒙蒙として、朱實離離たり。其の名を識らざるも、四時一色なり。

↑垤蟻 ありづか

↓壞垤・螘垤・蟻垤・丘垤・荒垤・高垤・衆垤・小垤・阜垤・封垤・隆垤

【姪】 人　9　4141　テツ　めい

篆文　甲骨文

形声 声符は至。至に咥・絰の声がある。〔説文〕十二下に「女子、兄弟の子を謂ふなり」(段注本)とあり、めい。男子ならば甥という。古く諸侯に嫁する婦人には、その至親のものをつきそわせて、姪娣といった。異姓の女を伴うときには媵という。

訓義 ①めい、おい。②つきそい、そばめ。

古訓 〔和名抄〕姪 米飛(めひ) 〔名義抄〕姪 メヒ・ヲヒ・カホヨシ／姪男 ヲヒ／姪女 メヒ 〔篇立〕姪 ヒメ・ハツコ・ウチ・カホヨシ・ヲヒ・ヨシ・タハシ・タハル・タハフル

【姪娣】(てつてい) 周代に、諸侯に嫁する婦人に従う血縁の女。婦人のめいと妹。〔礼記、曲礼下〕國君は卿老・世婦に名いはず。大夫は世臣・姪娣に名いはず。士は家相、長妾に名いはず。

↑姪子 めい／姪女 めい／姪甥 めいとおい／姪男 おい／姪婦 甥の妻

↓愛姪・姑姪・小姪・娣姪

【哲】 常　10　5260　テツ　さとる さとい

篆文　古文

形声 声符は折。〔説文〕二上に「知るなり」とし、折声とするが、金文の字形は、神梯の象である𨸏と斤とに従う。その下に心を加えている形で、その字形は〔説文〕に重文として録するものにもみえる。また金文には悊を用いることが多く「厥の德を悊かにす」「厥の心を淑悊にす」「天子明悊」のようにいう。悊を〔説文〕十下に「敬ふなり」と訓し、哲と別の字として扱うが、おそらくもと一字であろう。〔書、酒誥〕に「殷の先哲王」の語があり、よく神明につかえ、神明に通ずるものをいう語であった。

訓義 ①さとる、さとい、明らか。②知る、神明のことを知る。③さとく賢い、賢哲。

古訓 〔名義抄〕哲 サカシ・カシコシ・サトル・アキラカナリ・モノガタリ／悊 サトル・アキラカナリ・スミヤカニ 〔字鏡集〕哲 サトシ・トシ・サトル・タカシ・シル・アキラカナリ・シム・モノガタリ・カシコシ・スグル、・ヒカリ

語系 哲・悊tiat、晢tjiatは声近く、晢は晢明、昧爽(よあけ)をいう。知・智tieも同系の語であるらしく、知・智はともに矢に従い、神との誓約を意味する語である。

【哲王】(てつおう) 賢明な君。〔書、召誥〕茲れ殷の多先哲王、天に在り。厥の後王後民に越いて、茲れ厥の命に服せり。

【哲兄】(てっけい) 他人の兄をよぶ尊称。賢兄。清・龔自珍〔己亥雜詩、二八〕倘し家書を作りて哲兄に寄せなば 淮陰、重ねて話せん、七年の情

【哲士】(てっし) 賢哲の人。〔東観漢記、田邑伝〕愚聞く、丈夫は故を釋てて圖を改めず、哲士は幸を徼めて危に出でずと。

【哲人】(てつじん) 賢哲の人。〔礼記、檀弓上〕孔子～手を負ひ杖を曳き、門に消搖す。歌ひて曰く、泰山其れ頽れんか 梁木其れ壞れんか 哲人其れ萎まんかと。～蓋し疾に寢ぬること七日にして沒しぬ。

【哲婦】(てっぷ) こざかしい女。〔詩、大雅、瞻卬〕懿厥の哲婦 梟と爲り鴟と爲る 婦に長舌有るは 維れ厲ひの階なり 亂、天より降るに匪ず 婦人より生ず

↑哲艾 賢い老人／哲彦 賢人／哲后 賢君／哲獄 獄訟を明察する／哲思 聡明／哲嗣 令息／哲相 賢相／哲聖 天子／哲夫 賢人／哲茂 賢徳の人／哲命 明教／哲理 玄妙の理

↓英哲・睿哲・叡哲・穎哲・往哲・耆哲・賢哲・才哲・十哲・宿哲・淑哲・俊哲・雋哲・濬哲・聖哲・先哲・前哲・聡哲・邦哲・明哲

【啜】 11　6704　テツ セツ　すすりなく すする くらう

篆文

形声 声符は叕。叕は短いきれぎれのものを連ねる意。〔説文〕二上に「嘗むるなり」とあり、汁気のものを啜することをいう。〔礼記、檀弓下〕「菽を啜ひ水を飲むも、其の歡を盡す。斯れを之れ孝と謂ふ」とは、細かくかんでたべる。〔詩、王風、中谷有蓷〕に「啜として其れ泣く」は、啜り泣く声である。喫茶を古くは啜茶といい、啜るようにして飲んだ。

訓義 ①すすりなく、なく。②すする、なめる、くらう。

古訓 〔新撰字鏡〕啜 奈牟(なむ)、又、阿支比利比(あきひりひ)

ひ)〔名義抄〕啜 ナム・ナメミル・ホム・スヽル・スフ・ハカリゴト/嚽 ノム・スヽル

語系 啜・歠thjiuatは同声。歠はすすり飲み。もと同じ語である。咥thietも声近く、啜り泣く意。

【啜泣】すすり泣く。〔詩、王風、中谷有蓷〕女有り、仳離す(独りぼっち) 啜として其れ泣く 啜として其れ泣く 何ぞ嗟くとも及ばん

【啜羹】羹をすう。〔戦国策、中山〕樂羊、魏の將と爲り、中山を攻む。其の子、時に中山に在り。中山君之れを烹て羹を作り、樂羊に致す。樂羊之れを食らふ。古今之れを稱す。樂羊子を食らひ、以て自ら信にするは、明らかに父を害して以て法を求むるなりと。

【啜菽】豆を食う。〔礼記、檀弓下〕子路曰く、傷ましい哉、貧や。生きては以て養を爲すこと無く、死しては以て禮を爲すこと無しと。孔子曰く、菽を啜らひ水を飲み、其の歡を盡す。斯れを之れ孝と謂ふ~と。

【啜茗】茶を飲む。唐・杜甫〔重ねて何氏を過ぎる、五首、三〕詩 落日、平臺の上 春風、茗を啜るの時 石欄斜めに筆を點じ 桐葉坐して詩を題す

➡啜血 泣血/啜持 だます/啜汁 汁をすする/啜食 すすり食う/啜賺 すかす/啜涕 すすり泣き/啜誘 だます

⬇一啜・飲啜・軽啜・細啜・嚼啜・小啜・嚌啜・長啜・熱啜・餔啜・烹啜・飽啜

【悊】 11 5233 テツ うやまう さとる

篆文  金文 

形声 声符は折。〔説文〕十下に「敬ふなり」とあり、哲字条二上に「知るなり」とあって、両字を別の字とするが、金文の〔大克鼎〕に「天子明悊」「厥の德を淑悊にす」とあって、悊を哲の字義に用いている。もと同じ字であろう。

訓義 ①うやまう。②哲と同じく、さとる。

古訓 〔字鏡〕悊 サトル 〔字鏡集〕悊 サトル・アキラカナリ・カシコシ・ヨロシ

語系 悊・哲tiatは同声。誓tjiatは〔説文〕七上に「昭晰、明なり」とあって、声義が近い。また知・智tieも同系の語で、矢を以て神明に誓う意の字。悊・哲も神明に対する行為と、その心意をいうものであろう。

【惙】 11 9704 テツ うれえる

篆文 

形声 声符は叕。〔説文〕十下に「憂ふるなり」とし、「詩に曰く、憂心惙惙たり」と〔詩、召南、草虫〕の句を引く。〔説文〕にまた「一に曰く、意定まらざるなり」とあり、「惙惙」とはその不安定な心情をいう形況の語である。輟と通用する。

訓義 ①うれえる。②まよいなげく。③つかれる。④輟と通じ、やめる。

古訓 〔名義抄〕惙 ウレフ・ヤスム・トヾム・カツ/〳〵タリ・ツカレタリ

【惙惙】憂えいたむさま。〔詩、召南、草虫〕彼の南山に陟りて 言に其の蕨を采る 未だ君子を見ざれば 憂心惙惙たり

➡惙然 傷むさま/惙怛 憂いなげく/惙頓 疲れる

⬇患惙・危惙・虚惙・癯惙・沖惙・憂惙

【掇】 11 5704 テツ セツ ひろう えらぶ やめる

篆文 

形声 声符は叕。叕は小さなものを綴り合わせる意。〔説文〕十二上に「拾ひ取るなり」とあり、〔詩、周南、芣苢〕に「薄く言に之れを掇る」とは、草摘みをいう。先人の遺事や遺文の残片を拾い集めることを、掇遺・拾掇という。

訓義 ①ひろう、ひろいとる。②えらぶ、よりとる。③輟と通じ、やめる。④剟と通じ、けずる。④綴と通じ、つづる、さす。

古訓 〔名義抄〕掇 ヒロフ・トル・トヾム・ヒク・ハラフ・ツム 〔字鏡集〕掇 ヒロフ・ツヾル・サヽク・ハラフ・ヒク・トル・トク・ツム・トヾム

語系 掇・叕・綴tiuatは同声。啜・歠thjiuatもみな叕声の字。掇・綴は小さなものをとり集め、連綴すること、啜・歠はすするようにして飲食すること。みな一系の語である。

【掇遺】遺文を集録する。〔魏書、礼志四之二〕(景明二年)秦、詩書を燔くに曁び、鴻籍泯滅す。漢氏興りて求め、遺篆を拾綴す。

【掇擷】ひろいつむ。〔詩、周南、芣苢〕芣苢(おおばこ)を采り采る 薄く言に之れを掇る~芣苢を采り采る 薄く言に之れを擷む

【掇取】拾いとる。宋・蘇洵〔韓昭文に上りて山陵を論ずる書〕有司迺ち末世葬送無益の費を以て、先帝休息長養の民を侵削せんと欲す。厚葬の名を掇取し、之れを遺して以て其の盛明を累ねんとす。

【掇拾】拾い集める。〔水経注、滱水〕孌童丱角、弱年女子、或いは單舟菱を採り、或いは疊舸芰(ひし)を折る。長歌陽春~掇拾する者、疲るるを言はず。謠詠する者、自ら(相ひ和す)。~世、之れを謂ひて陽城澱と爲す。

【掇録】えらび記録する。〔三国志、魏、高堂隆伝〕夫れ皇天親無し、惟だ德を是れ輔く。~下に怨歎有れば、掇録して能に授く。此れに由りて之れを觀れば、天下の天下にして、獨り陛下の天下に非ざるなり。

➡掇芥 あくたを拾う/掇去 削りとる/掇采 ひろいとる/掇石 力だめし/掇皮 皮をとる/掇騙 だます

⬇采掇・採掇・手掇・取掇・収掇・拾掇・抄掇・精掇・捜掇・摘掇・裒掇・攬掇

【絰】 12 2191 テツ

篆文 

形声 声符は至。至に咥・姪の声がある。〔説文〕十三上に「喪のとき、首に戴するものなり」とみえる。弔問のとき、頭に弁絰をつけ、服喪のときには、首と腰とに、麻の帯状のものを著ける。これを纓絰という。

訓義 ①あさのおび、服喪のとき首や腰につける。②窒と通じる、ふさぐ。

古訓 〔名義抄〕絰 クビル 〔字鏡集〕絰 アサノオビ・クビル

語系 絰diet、窒tietは声近く、窒は塞、邪辟の意がある。絰とは邪辟のために帯びる麻の縷。縷もまた祓禳のために用いるものであろう。

【絰葛】喪服に用いる麻の帯。〔礼記、檀弓下〕弁し絰葛して葬るは、神と交はるの道なり。

【絰皇】墓門。甬道の入口。〔左伝、荘十九年〕夏六月庚申、(楚の文王)卒す。鬻拳、諸れを夕室に葬り、亦た自殺す。絰皇に葬る。

【絰帯】服喪のとき、首と腰にまく麻の帯。〔左伝、襄十七年〕晏嬰、麤縗斬・苴絰帯・杖・菅屨にして鬻を食らひ、倚廬(喪中にこもる小屋)に居り、苫を寝とし、草を枕とす。

➡絰杖 服喪の絰と杖

⬇纓絰・加絰・葛絰・環絰・髽絰・衰絰・縗絰・首絰・苴絰・帯絰・免絰・冒絰・茅絰・墨絰・麻絰・腰絰

【耋】 12 4410 テツ としより

篆文 

り、衰老の人をいう。**形声** 声符は至。至に姪・絰の声がある。〔説文〕八上に「年八十なるを耋と曰ふ」とあり、衰老の人をいう。〔説文〕は字を至に従うて会意とするが、〔段注本〕に「至聲」とし、形声とするのがよい。

訓義 ①としより。②八十の老人。

古訓 〔篇立〕耋 ヲユ 〔字鏡集〕耋 ヲイイナム

語系 耋・跌 dyet は同声。蹎 tiet も声近く、耋は足もとのよろよろする状態の老人をいう。

【耋艾】(てつがい) 老人。また、老少。唐・韓愈〔南海神廟碑〕歲仍りに大いに和し、耋艾歌詠す。

【耋期】(てつき) 高齢。期は百歳。宋・蘇軾〔張方平に恩礼を加へられんことを乞ふ劄子〕臣竊かに以爲へらく、國の元老、四朝に歴事し、耋期道に稱ひ、天下の服する所と爲る者は、獨り文彥博と方平・范鎭の三人のみ。

【耋老】(てつろう) 高齢の老人。〔左伝、僖九年〕天子、孔(宰孔)をして曰はしむ。伯舅の耋老なるを以て、加勞して一級を賜ひ、下拜すること無からしむ。

↑耋寿(てつじゅ) 老人／耋民(てつみん) 長老／耋耄(てつもう) 高齢者

↓孩耋・耆耋・歯耋・大耋・稚耋・齠耋・耄耋・羸耋・老耋

【跌】 12 6513 テツ つまずく たおれる

篆文 

形声 声符は失。失に迭(迭)の声がある。失は、巫女が狂舞してエクスタシーの状態となることをいう。〔説文〕二下に「踢くなり」、〔玉篇〕に「仆るるなり」とあり、しどろに舞いくずれるさまをいう。

訓義 ①つまずく、かたむく、たおれる。②はしる、こえる。③ほしいまま、たがう。

古訓 〔新撰字鏡〕跌 不牟(ふむ)、又、尓志留(にじる) 〔名義抄〕跌 ツマヅク・タフル・フム・アナウラ・タチトヾマル・タガフ 〔字鏡集〕跌 ノガル・タチトヾコホル・フム・ツマヅク・タフル・タガフ

語系 跌 dyet、疐・蹎 tiet は声義近く、つまずきたおれること。顚 tyen も、蹶いてたおれるような状態をいう。

【跌傷】(てつしょう) つまずき傷つく。〔新語、輔政〕秦、刑罰を以て巢と爲す。故に覆巢破卵の患有り。趙高・李斯を以て杖と爲す。故に傾仆跌傷の禍ひ有り。何ぞや。任ずる所、非なればなり。

【跌宕】(てつとう) 無頓着にふるまう。宋・陸游〔将に江陵を離れんとす〕詩 從來、山水を樂しむ 老に臨んで愈〻跌宕 皇天其の狂を憐れみ 地を擇んで自ら放にせしむ

【跌蕩】(てつとう) 跌宕。また、あわてふためく。〔世説新語、雅量〕夏侯太初(玄)、嘗て柱に倚りて書を作る。時に大いに雨ふる。霹靂(雷)倚る所の柱を破り、衣服焦げて然えたるも、神色變ずること無く、書も亦た故の如し。賓客左右、皆跌蕩して住まることを得ず。

↑跌価(てつか) 価格が低落する／跌蹶(てつけつ) つまずき倒れる／跌誤(てつご) 失敗する／跌兀(てつごつ) 倒れる／跌嗟(てっさ) つまずく／跌坐(てつざ) 尻餅をつく／跌死(てっし) つまずきたおれて死ぬ／跌肆(てっし) 放縦／跌失(てっしつ) 失敗する／跌成(てっせい) 投銭の遊戯／跌銭(てっせん) 銭うらない／跌足(てっそく) つまずく／跌退(てったい) よろける／跌墜(てっつい) つまずき墜ちる／跌踶(てってい) 疾走する／跌倒(てっとう) 転ぶ／跌踢(てっとう) 調子外れ／跌頓(てっとん) 跌倒／跌仆(てっぷ) 倒れる／跌目(てつもく) 出目／跌落(てつらく) 落ちる

↓倚跌・一跌・傾跌・蹉跌・蹔跌・閃跌・側跌・踶跌・顚跌・跋跌・摩跌

【眣】 13 6704 テツ なわて

篆文 

形声 声符は叕。〔説文〕十三下に「兩百(陌)間の道なり。廣さ六尺」とあり、あぜ道の相連なる意。〔礼記、郊特牲〕「郵表眣」の〔注〕に「田畯の、百姓を井間に督約する所以の處を謂ふなり」とあって、田間の道路をいう。

訓義 ①なわて、あぜ。②綴と通用して、つづる。

古訓 〔名義抄〕眣 ナハテ・ホカ 〔字鏡集〕眣 ナハテ・ホカ・アゼ

↓畛眣・田眣・表眣

常【鉄】 13 8513 【鐵】 21 8315 テツ くろがね かたい

篆文  古文 

形声 旧字は鐵に作り、戴声。〔説文〕十四上に「黑金なり」とみえる。戴に黒色の意があり、赤黒の馬を驖という。鉄はその材質が堅剛なものであるから、またその意に用いる。字はまた銕に作る。

訓義 ①てつ、くろがね。②くろ、くろがねいろ。③かたい、つよい。④はもの、武器。

古訓 〔和名抄〕鐵 久路加爾(くろかね)、此の閒、一に爾利(ねり)と訓む 〔名義抄〕鐵 クロガネ・ネリ・カナツチ／鐵精 カネノサビ 〔篇立〕鐵 クロカネ・ネリ・カナツチ

語系 鐵・驖 thyet は同声。〔詩、秦風、駟驖〕に「駟驖孔だ阜いなり」とあり、驖は赤味を帯びた黒色の馬をいう。銕は鐵の異文。夷に鶫・洟の声がある。

【鉄案】(てつあん) 不動の結論。また、確証。〔福恵全書、刑名部〕(孤を欺き産を呑むの事)仍ほ十日の內を限り、領(受取書)を取りて卷に附し、以て鐵案と爲す。

【鉄衣】(てつい) 鉄甲。また、鉄さび。唐・劉長卿〔雑詠、八首、礼部李侍郎に上る、古剣〕詩 鐵衣、今正に澁びあるも 寶刀猶ほ試みるべし

【鉄枷】(てつか) 鉄の首かせ。〔宋史、田錫伝〕獄官の令を案ずるに、枷杻に短長有り、鉗鎖に輕重有り。尺寸斤兩、竝びに刑書に載す。未だ鐵を以て枷を爲る者を聞かず。

【鉄漢】(てつかん) 剛直で不屈な男。〔明史、忠義二、朱裒伝〕武功知縣に遷る。豪強を抑へ、積弊を祛ふ。關中呼んで鐵漢と爲す。

【鉄騎】(てつき) 武装した騎兵。〔後漢書、公孫瓚伝〕(密使をして告げしむ)且く五千の鐵騎を北隰の中に屬まし、火を起して應を爲せ。吾れ當に內より出で、威武を奮揚し、命を斯に決すべし。

【鉄硯】(てつけん) 鉄の硯。〔拾遺記、九、晋時の事〕(晋の武帝)卽ち御前に於て(張華に)靑鐵硯を賜ふ。此の鐵は是れ于闐國の出だす所、獻じて鑄て硯と爲せるなり。麟角筆を賜ふ。麟角を以て筆管と爲す。

【鉄甲】(てつこう) 鉄のよろい。〔呂覧、貴卒〕趙氏、中山を攻む。中山の人に多力なる者あり。吾丘鴻と曰ふ。鐵甲を衣き、鐵杖を操り、以て戰ふ。擊つ所碎けざるは無く、衡く所陷らざる無し。車を以て車に投じ、人を以て人に投ず。

【鉄鎖】(てつさ) 鉄のくさり。〔漢書、王莽伝下〕民、鑄錢を犯すときは、伍人相坐し、沒入して官奴婢と爲す。～鐵鎖を以て其の頸を琅當し(縛る)、傳(車)して鍾官(鋳銭の官)に詣るもの、十萬を以て數ふ。到る者は其の夫婦を易ふ。

【鉄索】(てつさく) 鉄製の綱。唐・韓愈〔石鼓の歌〕詩 金繩鐵索、鎖紐すること壯んに 古鼎水に躍りて、龍、梭を騰ぐ

【鉄心】(てつしん) 強固な意志。宋・蘇軾〔李公択に与ふ、十七首、十一〕僕、本と鐵心石腸を以て公を待つ。何ぞ乃ち爾るや。吾が儕、老い且つ窮すと雖も、道理心肝を貫き、忠義骨髓を塡む。直だ須らく死生の際に談笑すべし。

【鉄石】(てつせき) 堅固なもの。清・石濤〔墨梅冊、其の十〕詩 鐵石の心腸、火を發するが如し 老眼を鍛成して、太だ明を爭ふ 也た知る、一首の詩就り難きを 故に東風をして、努力して傾けしむ

【鉄鎗】てっそう（さう） 鉄の柄のやり。〔五代史、死節、王彦章伝〕人と爲り驍勇、～一鐵鎗を持し、騎して馳突し、奮疾飛ぶが如し。～軍中、王鐵鎗と號す。

【鉄鐺】てっそう（さう） 鉄鍋。〔鉄囲山叢談、六〕于闐國の朝貢使、來朝する毎に、必ず其の寶鐺を携ふ。～實に一鐵鐺なるのみ。蓋し～道、流沙に渉り、三日程を踰ゆるまで水火無し。獨だ其の水を挈へて行くのみ。

【鉄腸】てっちょう（ちやう） 堅固な意志。〔旧唐書、玄宗紀論〕天寶より已還、小人の道長ず。～苟しくも鐵腸石心に非ざれば、安くんぞ惑はざるを得ん。

【鉄椎】てっつい 鉄製のつち。〔史記、留侯世家〕東のかた倉海君に見え、力士を得たり。鐵椎の重さ百二十斤なるを爲る。秦皇帝東游す。良、客と秦皇帝を博浪沙中に狙撃し、誤りて副車に中つ。

【鉄刀】てっとう（たう） 鉄の刀。〔南斉書、劉悛伝〕悛、世祖に啓して曰く、～蒙山下に、～燒鑪四所有り。～甚だ經略すべし～と。上丼びに蒙山銅一片、又銅石一片、平州の鐵刀一口を獻ず。上之れに從ひ、使を遣はし、蜀に入りて錢を鑄しむ。

【鉄馬】てつば 鉄騎。梁・陸倕〔石闕銘〕鐵馬は千群、朱旗は萬里。

【鉄把】てっぱ 鉄製のくまで。武器に使う。〔六韜、虎韜、軍用〕鷹爪方胸の鐵把、柄の長さ七尺以上のもの、三百枚。方胸の鐵叉、柄の長さ七尺以上のもの、三百枚。

【鉄幕】てつばく 鉄の楯を幕のようにめぐらす。〔史記、蘇秦伝〕韓卒の劍戟は皆～龍淵・太阿に出づ。皆陸には牛馬を斷り、水には鵠鴈を截り、敵に當りては、則ち堅甲鐵幕を斬る。

【鉄鉢】てっぱち 鉄の鉢。唐・戴叔倫〔行脚僧に贈る〕詩 木杯、能く水を渡り 鐵鉢、肯て龍を降す 到る處雲榻に棲む 何れの年にか雪峯に臥せん

【鉄兵】てっぺい 鉄製の武器。〔越絶書、外伝記宝剣〕此の時に當りて鐵兵を作り、三軍を威服す。天下之れを聞き、敢て服せざる莫し。此れ亦た鐵兵の神にして、大王に聖德有り。

【鉄砲】てっぽう（ぱう） 小銃。〔海槎余録〕黎俗、二月十日に則ち出獵す。～人犬齊しく奮ひて叫鬧し、～獸驚怖して深嶺に向ふ。～鐵砲一二百、犬幾百隻を持し、密かに大嶺に向ひ、砲を擧げ喊を發し、犬を縱ちて搜捕す。～網に着き、箭に中らざる無し。

【鉄面】てつめん 鉄の面具。鉄面皮。また、剛直にたとえる。〔宋史、趙抃伝〕殿中侍御史と爲り、彈劾して權倖を避けず、聲稱、凜然たり。京師、目づけて鐵面御史と爲す。

【鉄冶】てつや 鉄のふきわけ。〔史記、貨殖伝〕猗頓は盬鹽を以て起る。邯鄲の郭縱、鐵冶を以て業を成し、王者と富を埒しうす。

【鉄驪】てつり 青黒色の馬。〔礼記、月令〕（孟冬の月）天子、玄堂の左个に居り、玄路に乗り、鐵驪に駕し、玄旂を載て、玄玉を服す。

【鉄籠】てつろう 鉄の檻。〔五代史、雑十三、董璋伝〕凡そ唐の戍兵の東歸する者、皆之れを遮留す。其の逃るるを獲たる者は、覆ふに鐵籠を以てし、火もて之れを炙り、或いは肉を刲き、面に釘し、心を割きて啖ふ。

↑鉄鞋 鉄の草鞋／鉄鉞 鉄のまさかり／鉄花 鉄屑の光／鉄課 鉄税／鉄拐 鉄杖／鉄鎧 鉄甲／鉄鑊 鉄のかなえ／鉄缶 鉄の釣瓶／鉄官 製鉄の管理官／鉄冠 御史冠／鉄器 鉄製の器／鉄鋸 のこぎり／鉄橋 鉄の橋／鉄鏡 鉄の鏡／鉄契 鉄券／鉄血 戦争／鉄券 封地の符／鉄研 鉄の硯／鉄剣 鉄の剣／鉄拳 拳骨／鉄圏 かなわ／鉄賈 鉄商人／鉄工 製鉄工／鉄坑 鉄の鉱坑／鉄棍 鉄棒／鉄砂 砂鉄／鉄渣 かなくそ／鉄剤 鉄分の薬／鉄柵 鉄矢来／鉄山 鉄鉱の山／鉄糸 針金／鉄滓 鉄渣／鉄室 鎧甲／鉄尺 かねざし／鉄殳 鉄のほこ／鉄朱 代赭石／鉄銹 鉄さび／鉄鏽 鉄さび／鉄盾 鉄のたて／鉄匠 鍛冶屋／鉄漿 黒の塗料／鉄杖 鉄の杖／鉄縄 くさり／鉄色 赤黒色／鉄鍼 鉄針／鉄人 銅鋳の金人、また剛勇の人／鉄枢 鉄の扉／鉄精 鉄花／鉄仙 強健飄逸の人／鉄船 鉄の船／鉄銭 鉄の銭貨／鉄線 針金／鉄驄 青驪の馬／鉄像 鉄製の像／鉄炭 石炭／鉄柱 鉄柱巻きのある法冠／鉄筋 火箸／鉄砧 かなとこ／鉄碪 かなとこ／鉄槌 金づち／鉄釘 釘／鉄蹄 馬蹄／鉄笛 鉄製の笛／鉄兜 鉄かぶと／鉄筆 印刀／鉄鑣 くつわ／鉄鈇 わら切り／鉄粉 鉄くず／鉄壁 堅城／鉄網 金あみ／鉄門 鉄の門／鉄落 鉄屑／鉄輪 鉄の車輪／鉄例 確実な例／鉄炉 鉄の火炉／鉄牢 監獄／鉄腕 強腕

↓塩鉄・朽鉄・金鉄・鉗鉄・扛鉄・鋼鉄・璆鉄・砂鉄・索鉄・鑿鉄・心鉄・寸鉄・生鉄・製鉄・尺鉄・銑鉄・蘇鉄・鋳鉄・啼鉄・銅鉄・熱鉄・烽鉄

常【徹】15 2824 テツ ならべる とおる

篆文

古文

甲骨文

金文
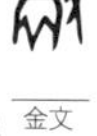

形声 声符は𢿱。𢿱は古くは鬲攴としるし、鬲などの器を陳設する意。その陳設し終わることを徹という。〔説文〕三下に「通るなり」とし、字を「彳に従ひ、攴に従ひ、育に従ふ」と会意に解するが、儀礼のときに鬲や豆など食器の類をならべる意のようである。よって通徹・貫徹の意となり、徹底・徹夜のように用いる。陳列したものを撤去することを撤という。

訓義 ①ならべる、つらねる、すべてならべる。②とおす、とおる、とどく、ゆきわたる。③おさめる、とる、のぞく、くずす、はずす、とりさる。④周の税法。十分の一税。

古訓 〔名義抄〕徹 トホル・イタル・スツ・シリゾク・ヲハル・ケヅル・トル・アキラカ・ヌク・アカル・サハヤカ・アバイテ・コボツ 〔字鏡集〕徹 トル・ヌク・イタル・アシ・アト・ヲサム・トホシ・アキラカ・シリゾク・スツ・アカル・ケヅル・ヲハリ・フカシ・サハヤカ・アバイテ・トホル・ミチ・マカル・コボツ

声系 〔説文〕に徹声として撤を収める。撤はまた勶に作り、〔説文〕十三下に「發するなり」とあるものは、〔左伝、襄九年〕「小屋を徹す」、〔詩、小雅、十月之交〕「我が牆屋を徹す」の徹の本字であろう。もと力を主とする字であった。水の澂澈なるものを澈という。

語系 徹・澈 diat は同声。徹に通達・澄明の意があり、水には澈という。また徹は陳設し終わることをいい、儀礼が終わって器を撤することを撤 diat という。徹・撤は対待をなす語であると思われる。

【徹骨】てっこつ 骨にまでとおる。唐・劉禹錫〔西山の蘭若（寺）にて茶を試みる歌〕詩 悠揚鼻を噴きて、宿酲（二日酔い）散じ 清峭骨に徹りて、煩襟（思いなずむ心）開く

【徹旦】てったん 夜あかし。〔文選、劉孝標、広絶交論の李善注に引く東観漢記、尹敏伝〕尹敏、班彪と相ひ厚し。相ひ與に談ずる毎に、常に晏暮食らはず。晝は即ち冥に至り、夜は旦に徹る。

【徹底】てってい 底まで。十分に達する。〔北斉書、循吏、宋世良伝〕老人丁金剛といふもの有り。泣きて前すみ、謝して曰く、己れ年九十、三十五政を記するも、君は唯だ善治なるのみに非ず、清きことも亦た徹底せり。今賢君を失ふ。民何ぞ濟はれんと。

【徹頭】てっとう すべて。初めから終わりまで。始終。宋・朱熹〔程正思に答ふる書、四〕蓋し聖賢の學は、徹頭徹尾、只だ是れ一個の敬字のみ。

【徹白】てっぱく　すき通るような白さ。〔南史、宋文帝諸子、晋平剌王休祐伝〕素より才能無く、強梁自ら用ふ。～田登るときは就きて白米一斛を求め、米粒は皆徹白ならしむ。若し砕折する者は悉く受けず。

【徹法】てっぽう（ぽふ）　周代の税法。〔孟子、滕文公上〕夏后氏は五十にして貢し、殷人は七十にして助し、周人は百畝にして徹す。其の實は皆什の一なり。〔注、孟子正義〕之れを徹と謂ふ者は、～徹上徹下の謂ひなり。～則ち徹法も亦た想見すべし。

【徹夜】てつや　夜あかし。徹宵。唐・韓偓〔丙寅二月二十二日、撫州如帰館に、雨中諸朝客を懐ふ有り〕詩　薄酒旋ち醒めて、寒くして夜を徹し　好花虚しく謝して、雨、春を藏す

↑徹楽てつがく　楽器をとり除く／徹官てっかん　達官／徹巻てっかん　全巻／徹簡てっかん　完稿／徹鑒てっかん　洞察する／徹暁てつぎょう　徹夜／徹県てっけん　懸けた楽器をとり除く／徹悟てつご　悟りきる／徹侯てっこう　列侯／徹曙てっしょ　夜通し／徹饌てっせん　撤饌／徹膳てっせん　膳をさげる／徹昼てっちゅう　ひねもす／徹貧てっぴん　極貧／徹兵てっぺい　撤兵／徹命てつめい　命を達する

↓一徹・映徹・瑩徹・貫徹・感徹・高徹・皎徹・秀徹・周徹・峻徹・章徹・照徹・深徹・清徹・穿徹・疏徹・通徹・透徹・洞徹・冰徹・平徹・冷徹・朗徹

常 【撤】 15 5804 テツ　とりさげる　のぞく

形声　声符は敨。敨はもと𢿨に作り、鬲（食器）など供薦のものを陳設する意。それを取り下げることを撤という。〔広雅、釈詁一〕に「取るなり」、〔玉篇〕に「剝ぐなり」とするが、もと撤饌のことをいう字である。徹は供饌して陳列すること、それに対して撤饌・撤去することを撤という。撤饌に対して、牆屋を撤するようなときには勶を用いるが、のち徹をその義にも用いる。

訓義　①とりさげる、供えたものをおろす。②ひきあげる、退ける。③とる、ぬぐ、はぐ、のぞく。④おさめる、へらす。⑤徹と通用する。

古訓　〔名義抄〕撤　トホス・マネク・スク・アバク・サル・トル・コボツ・コボル・ウガツ・ヒラク・マカル・マカリス　〔字鏡集〕撤　スツ・トル・サル・コボツ・アバク・マネク・トホス・ハラフ・ツクロフ・ウガツ・シリゾク・ヒラク

語系　撤・徹 diat は同声、義近く、対待の語。供薦の器を陳設することを徹といい、また取り下げて納めることを撤という。ともにもと供薦に関する語である。勶 tjiat もその系統の語とみてよい。

＊語彙は徹字条参照。

【撤毀】てっき　とりこわす。〔唐書、李栖筠伝〕關中、舊と鄭・白二渠を仰ぎて田に漑ぐ。而るに豪戚、上游（流）を壅ぎて磑利（水車の利）を取ること且ど百所、農用を奪ふこと十七。栖筠、皆撤毀せんことを請ふ。

【撤去】てっきょ　とりはらう。〔宋史、趙逢竜伝〕興國・信・衢・衡・袁五州に歴知す。～官に至る毎に、有司例として供張を設く。悉く命じて撤去せしむ。日に蔬飯を具し、公署に坐す。

【撤饌】てっせん　お供え物をさげる。〔礼記、曽子問〕孔子曰く、内喪なれば則ち（加冠の礼を）廢す。外喪なれば則ち冠して醴（酒）せず、饌を徹（撤）して埽し、位に卽きて哭す。

【撤兵】てっぺい　兵を引きあげる。〔三国志、呉、呂蒙伝〕（蒙）遂に病篤しと稱す。權乃ち露檄（無封の布告）して蒙を召し還らしむ。～（関）羽果して之れを信とし、稍く（次第に）兵を撤す。

↑撤囲てっい　囲みを解く／撤回てっかい　取りやめる／撤壊てっかい　とり壊す／撤除てつじょ　とり除く／撤銷てっしょう　取り消す／撤退てったい　ひきあげる／撤任てつにん　免職する／撤廃てっぱい　取り消し／撤免てつめん　罷免／撤離てつり　とりやめて離れる

↓減撤・捨撤・徂撤・廃撤・貶撤・勇撤

【輟】 15 5704 テツ　やめる
篆文 

形声　声符は叕。叕に補綴する意がある。〔説文〕十四上に「車の小しく缺けたるを、復た合する者なり」とあり、車を繕う意。また〔論語、微子〕「耰りて輟めず」のように、休止する意に用いる。

訓義　①車をつくろう、なおす、つづる。②やめる、やすむ、とどめる。

古訓　〔名義抄〕輟　ヤム・トヾマル・トヾム　〔字鏡集〕輟　ヤム・トヾム・ソフ・オコタル・ツク・スツ

【輟業】てつぎょう（げふ）　仕事をやめる。〔後漢書、班超伝〕人と爲り、大志有り。～家貧し。常に官の爲に傭書す。～嘗て業を輟め筆を投じ、歎じて曰く、大丈夫、它の志略無くして、～安んぞ能く久しく筆研（硯）の閒を事とせんやと。

【輟耕】てっこう（かう）　耕す手を休める。〔史記、陳渉世家〕陳勝は陽城の人なり。字は渉。～少き時、嘗て人と傭耕す。耕を輟めて壟上に之き、悵恨すること久之くして曰く、苟し富貴となるとも、相ひ忘るること無からんと。

【輟食】てっしょく　食事を途中でやめる。〔史記、留侯世家〕（良）曰く、～誠に客（酈食其）の謀を用ひば、陛下の事去らんと。漢王、食を輟め哺（口中の食）を吐き、罵りて曰く、豎儒、幾ど而公（我）の事を敗ると。

【輟朝】てっちょう（てう）　政務をみることをとりやめる。〔礼記、曲礼下〕朝を輟めて顧るは、異事有らずんば、必ず異慮有らん。

↑輟学てつがく　学をやめる／輟翰てっかん　筆をおく／輟棄てっき　放棄する／輟休てっきゅう　休止する／輟才てっさい　免職する／輟止てっし　やめる／輟謝てっしゃ　辞謝する／輟手てっしゅ　手をやすめる／輟絶てつぜつ　中断する／輟然てつぜん　急に止める／輟途てっと　中止する／輟筆てっぴつ　筆をとめる／輟流てつりゅう　流れを断つ

↓作輟・暫輟・中輟

【錣】 16 8714 テツ　はり　しころ

形声　声符は叕。〔玉篇〕に「針なり」とあり、針で綴る意。〔淮南子、道応訓〕に「杖策を倒にし、錣上、頤を貫く」とあるのは、馬策の先端につけた金具で、馬を鞭うつことをいう。わが国では、しころ、甲札をいう。

訓義　①はり。②むちさきのかね、むち。③さんぎ、かずとり。④国語で、しころ。

古訓　〔字鏡集〕錣　カズ・チツ

↓引錣・策錣・錯錣・利錣

【饕】 18 1873 テツ テン　むさぼる

形声　声符は殄。〔左伝、文十八年〕に「縉雲氏に不才子有り。飲食を貪り、貨賄を冒る。～天下の民～之れを饕餮と謂ふ」とあり、〔注〕に「財を貪るを饕と爲し、食を貪るを饕と爲す」とあって、三苗をいうとする。饕餮は双声の連語。楚語に虎を於菟というのと関係があるらしく、青銅器のいわゆる饕餮文は、虎の展開文の形である。虎という名は、北方の別系統の語であろう。

訓義　①むさぼる、むさぼり食う。②饕餮、殷・周の青銅器の文様にみえる怪獣紋。

古訓　〔名義抄〕饕　ムサボル

語系　饕 thyat、貪 thəm は声に通ずるところがあり、貪の意を以て解されるが、本来は饕餮 tô-thyat という連語。単用されることのない語である。

↑饕切てっせつ　微動の声／饕饕てっとう　饕餮

↓貪饕・饕饕

【轍】 19 5804 テツ　わだち
篆文 

形声　声符は敨。〔説文新附〕十四上に「車の迹なり」とし、徹の省声とする。金文に𢿨の

字があり、敮はその変化したものであるから、敮声としてよい。〔老子、二十七〕に「善行には轍迹無く、善言には瑕讁(欠点)無し」の語がある。敮声の字に通徹の意があり、その通徹の間に残る車轍の意とする。

訓義 ①わだち、わだちのあと。②あと、あとに残るもの、前例、遺法。

古訓 〔名義抄〕轍 ミチアト・トホル 〔字鏡集〕轍 トホル・アト・トホス・クルマノアト・ミチ

語系 轍・徹 diat は同声。徹に通徹の意がある。また撤 diat は撤去、とり除く意。通徹して、そのあとの存するものを轍という。

【轍跡】てっせき 車のわだちと、馬のあしあと。〔左伝、昭十二年〕昔、穆王、其の心を肆にせんと欲し、天下に周行し、將に皆必ず車轍馬跡有らしめんとす。祭公謀父、祈招の詩を作りて、以て王の心を止む。王、是を以て祇宮に沒することを獲たり。

【轍鮒】てっぷ わだちの水たまりにいる鮒。窮地の者にたとえる。〔荘子、外物〕(荘)周顧視するに、車轍中に鮒魚有り。周、之れに問ひて曰く、鮒魚よ來れ、子何爲る者ぞと。對へて曰く、我は東海の波臣なり。君豈に斗升の水有りて、我を活かさんかと。

【轍乱】てつらん 敗走する車。〔左伝、荘十年〕伏(兵)有らんことを懼る。吾其の轍を視るに亂れ、其の旗を望むに靡く。故に之れを逐へり。

↑轍印てついん 轍迹/轍軌てっき 軌道/轍迹てっせき わだちのあと、轍跡

↓異轍・一轍・改轍・危轍・軌轍・帰轍・毀轍・窮轍・結轍・険轍・古轍・涸轍・広轍・後轍・合轍・失轍・車轍・循轍・斉轍・絶轍・塗轍・当轍・同轍・攀轍・氷轍・覆轍・奔轍・迷轍・来轍・累轍

【驖】 23 7335 テツ くろくりげ

篆文

形声 声符は𢧜(てつ)。〔説文〕十上に「馬の赤黒色なるものなり」とあり、赤黒色の馬。〔詩、秦風、駟驖〕に「駟驖孔だ阜んなり」、〔伝〕に「驪なり」とみえ、くろくりげの馬をいう。鐵(鉄)は黒金。鐵を色の名とする。

訓義 ①くろくりげ。②字はまた𢧜に作る。

↓駟驖

デツ

【苶】 9 4490 デツ つかれる

形声 声符は尓(じ)。尓は爾(じ)の省形。爾に薾・濔(でい)の声がある。〔荘子、斉物論〕「苶然として疲役し、其の歸する所を知らず」の苶を、また薾に作るものがある。ただ薾は花の美盛なるさま、苶は衰え疲れたさまをいう。

訓義 ①つかれる、よわる、おとろえる。②わすれる、茫然とする。

古訓 〔篇立〕苶 イタシラ

【苶然】でつぜん 疲れて弱りきる。宋・王安石〔呂吉甫に答ふる書〕然れども公、壯烈を以て、方めて爲すことを聖世に進め、苶然として衰疾しては、特り毒くることを山林に待つ。趣舍(進退)事を異にしては、則ち相ひ呴するに濕を以てする(水を失った魚が助けあう)は、相ひ忘るるの愈されるに如かず。

↑苶靡でつび 疲れきる

↓萎苶・気苶・衰苶・疲苶

【涅】 10 3611 デツ ネ くろつち どろ

篆文

その他

形声 声符は圼(でつ)。圼は黒土をまるめた形。〔説文〕十一上に「黑土の水中に在る者なり」とし、日(じつ)声とするが、声が異なり、日はその土をまるめた形である。おそらく土を轆轤の台上において、回転させて器形を作る意であろう。仏教語では「涅槃」のように、梵語の音訳語に用いる。

訓義 ①くろつち。②どろ、水底のどろ、しずむ。③くろ、くろめる。④泥をぬる、ふさぐ。

古訓 〔名義抄〕涅 クリ・ハヽ・カル・ソム・ヤム・ハヤル・ツチ・クリニスレドモ 〔字鏡集〕涅 ソム・クリ・クリニス・ハヽ・カル・クリ・ソム・ヤム・クリツチ

【涅墨】でつぼく いれずみ。〔書、伊訓〕臣下匡さざるときは、其の刑は墨とせよ。〔伝〕臣、君を正さざれば、墨刑に服す。其の額を鑿ち、涅するに墨を以てす。

【涅面】でつめん 顔のいれずみ。〔唐書、藩鎮、劉仁恭伝〕天祐三年、(朱)全忠、自ら將として滄州を攻め、長蘆に壁(城壁をめぐり、城攻め)す。仁恭、悉く男子の十五以上なるを發して兵と爲し、其の面に涅して、定霸都と曰ふ。士人は則ち臂に涅して、一心事主と曰ふ。

↑涅汙でつお 墨塗り/涅廁でっし 便所の壁塗り/涅歯でっし おはぐろ/涅字でつじ 入墨/涅手でっしゅ 腕の入墨/涅石でっせき 礬石/涅髪でっぱつ 髪を染める/涅槃ねはん 寂静/涅文でつもん 入墨

テン

常【天】 4 1043 テン あめ そら

篆文 金文 甲骨文

象形 大は人の正面形。その上に大きな頭をつけ、人の巓頂をあらわす。もと人の頭部をいう。〔説文〕一上に「顚なり。至高にして上無し。一大に從ふ」とするが、上部は一ではない。〔易、睽、六三〕に「其の人、天せられ、且つ劓らる」とあるのは、天を動詞に用いるもので、髪を切る刑を意味する。なお天の古義を存する例である。天を神聖とする観念はすでに卜辞にみえ、殷はその都を「天邑商」と称している。また周初の〔何尊〕や〔大盂鼎〕には天室の祭祀や天命の思想がしるされており、〔周書、五誥〕の文は、天命の思想をその政治理念の基本としている。天地は古くは天墜といい、墜(墜)とは天上の神が降下するところに、土(社)を設け、犧牲を供え、これを迎えるところを意味した。すべてのことは、天命によって決する。それで人為の及ばぬことを、すべて天という。

訓義 ①人の頭、巓頂。②あめ、そら、最も高いところ、神ののぼりいますところ。③天体、その運行、気象、天にある太陽。④主宰的な神、造物者、その意思。⑤自然、無為自然、人為をこえたもの。⑥気候、時節、日時、その推移。⑦君、父、夫、よるべきもの。⑧運命、さだめ、天性、世運。⑨髪切りの刑、髡。また、額を斬る刑。

古訓 〔名義抄〕天 アメ・ハルカナリ・タカシ・イタヽク・カタシケシ・ハチハラフ・ヒタヒキラル/天衣 アマノハゴロモ

声系 〔説文〕に天声として呑・忝の二字を収めるが、天の声義と関するところはない。

語系 天 thyen は顚・巓 tyen、頂 tyeng と声近く、みな頂巓のところをいう。また定 dyeng、題 dye も声近く、額の部分をいう。〔易、睽〕の〔釈文〕に引く〔馬融注〕に、「其の額を剠鑿するを天と曰ふ」とみえる。

【天衣】てんい 神仙の衣。縫目がないという。〔太平広記、六十八に引く霊怪集、郭翰〕(郭)翰、仰ぎて空中を視るに、~乃ち一少女なり。明艷絶代、光彩目に溢る。玄綃の衣を衣、霜羅の帔を曳く。~其の衣竝びに縫無し。翰之れに問ふ。翰に謂ひて曰く、天衣、本と針綫の爲に非ざるなりと。

【天威】てんい(ゐ) 天帝。また、天子の威光。〔左伝、僖九年〕(斉の

桓公〕對へて曰く、天威、顏を違らざること咫尺、小白余、敢て天子の命を貪り、下拜すること無くんば、恐らくは下に隕越して、以て天子に羞を遺らん。敢て下拜せざらんやと。

【天意】天帝の意志。〔墨子、天志上〕天意に順ふ者は、兼ねて相ひ愛し、交相ひ利す。

【天運】運命。晋・陶潜〔子を責む〕詩 天運苟くも此の如くんば 且らく杯中の物を進めん

【天雲】空の雲。〔後漢書、独行、諒輔伝〕時に夏、大旱す。～輔、乃ち自ら庭中に暴し、～薪柴を積み、茭茅を聚め、～將に自ら焚かんとす。～天雲晦合し、須臾にして澍雨（程よい雨）あり、一郡沾潤す。

【天淵】空と深淵。〔詩、大雅、旱麓〕鳶飛んで天に戻り 魚、淵に躍る

【天下】全土。この世。〔書、大禹謨〕都、帝德廣運、乃ち聖乃ち神、乃ち武乃ち文。皇天眷命し、四海を奄有し、天下の君と爲さしむ。

【天外】極遠の地。宋・蘇軾〔有美堂暴雨〕詩 天外の黑風、海を吹いて立ち 浙東の飛雨、江を過ぎりて來る

【天涯】極遠の地。唐・杜甫〔野望〕詩 海内の風塵、諸弟隔つ 天涯、涕涙、一身遙かなり

【天漢】天の川。〔詩、小雅、大東〕維れ天には漢有り 監みれば亦た光有り 跂たる（三角形に傾く）彼の織女 終日に七襄（七たび移動）す

【天機】自然のはたらき。心のはたらき。〔荘子、大宗師〕其の耆欲深き者は、其の天機淺し。

【天極】天の枢軸。〔楚辞、天問〕斡維（軸承け）は焉くにか繫かれる 天極は焉くにか加（架）せる

【天鈞】自然の調和。〔荘子、斉物論〕是を以て聖人は、之れを和するに是非を以てし、天鈞に休ふ。是れを之れ兩行と謂ふ。

【天啓】天が導き開く。〔国語、鄭語〕天の啓く所は、十世替らず。夫れ其の子孫、必ず光いに土を啓かん。偪るべからざるなり。

【天鼓】雷。また、雷に似た音。〔史記、天官書〕天鼓は音有ること雷の如きも、雷に非ず。音地に在りて、下地に及ぶ。其の往く所の者は、兵其の下に發す。

【天工】天の職事。また、自然の力。元・趙孟頫〔煙火を放つ者に贈る〕詩 人閒の巧藝、天工を奪ふ 鍊藥、燃燈、清晝に同じ

【天行】天体の運行。〔易、乾、象伝〕天行は健なり。君子以て自ら強めて息まず。

【天才】天賦の才能。〔甌北詩話、二〕（杜少陵の詩）杜（甫）獨り千古（の名）有りと雖も、李（白）の名、終に此れに因りて稍しも減ぜず。讀者、但だ杜は學ぶべきも、李は敢て學ばず、則ち天才及ぶべからざるを覺るなり。

【天際】天のはて。唐・李白〔黄鶴楼に、孟浩然の広陵に之くを送る〕詩 孤帆、遠影、碧空に盡く 唯だ見る、長江の天際に流るるを

【天子】王。〔書、洪範〕天子は民の父母と作る。以て天下の王と爲る。

【天姿】容姿。〔三国志、魏、明帝紀、注〕孫盛曰く、之れを長老に聞く、魏の明帝、天姿秀出、立てる髮は地に垂れ、口吃にして言少なく、而して沈毅にして好く斷ずと。

【天資】生まれつき。〔史記、商君伝論賛〕商君は其の天資刻薄の人なり。～卒に惡名を秦に受く。

【天時】事を成すのによい時。〔孟子、公孫丑下〕天の時は、地の利に如かず、地の利は、人の和に如かず。

【天爵】天から得た爵位。徳。〔孟子、告子上〕天爵なる者有り。人爵なる者有り。仁義忠信、善を樂しみて倦まざるは、此れ天爵なり。公卿大夫は、此れ人爵なり。

【天女】天上の神女。〔魏書、序紀〕聖武帝～山澤に田りす。～美婦人を見る。侍衞甚だ盛んなり。帝異しみて之れに問ふ。對へて曰く、我は天女なり。命を受けて相ひ偶すと。遂に同寢して宿す。～去ること風雨の如し。

【天縦】天がゆるす。天賦。〔論語、子罕〕大宰、子貢に問うて曰く、夫子は聖者なるか。何ぞ其れ多能なるやと。子貢曰く、固より天、之れを縱せり。將ど聖にして、又多能なりと。

【天常】天の常理。〔左伝、哀六年〕夏書に曰く、惟れ彼の陶唐（堯）、彼の天常に帥ひ、此の冀方を有てり。今其の行ひを失ひ、其の紀綱を亂り、乃ち滅びて亡ぶと。

【天壌】天と地。〔戦国策、斉六〕（魯仲連、燕将に遺る書）此の二公（管仲・曹沫）の若き者は～忿恚の心を去りて、終身の名を成す。～業は三王と流を爭ひ、名は天壤と相ひ敝（比）ばん。

【天真】純真。宋・蘇軾〔（黄）天選長官に寄するに和す〕詩 公の詩は南山に擬す 雄拔、千丈峭し 形容、天眞に逼り 邂逅して其の要を識る 藩籬（外囲い、外見）吾れ未だ窺はず 敢て閫奥を窮むるを議せんや

【天人】天事と人事。漢・司馬遷〔任少卿（安）に報ずる書〕亦た以て天人の際を究め、古今の變を通じ、一家の言を成さんと欲す。

【天生】天が生み出す。また、天性。唐・白居易〔長恨歌〕詩 天生の麗質、自ら棄て難し 一朝、選ばれて君王の側らに在り

【天成】自然にして成る。〔宋書、謝霊運伝論〕高言妙句、音韻天成なるに至りては、皆闇に理と合ふ。思ひの至るに由るに匪ず。

【天性】生まれつき。〔荀子、儒効〕楚に居りては楚、越に居りては越、夏に居りては夏となる。是れ天性に非ざるなり。積靡（積習）の然らしむるなり。故に人は注錯を謹み、習俗を愼むを知りて、積靡を大とせば、則ち君子と爲る。

【天全】自然にして完璧。〔鶴林玉露、丙三、拙句〕詩を作るは、惟だ拙句最も難し。至拙は則ち渾然として天全なり。工巧は言ふに足らず。

【天造】自然が生み出す。もののはじめ。〔易、屯、象伝〕天造草昧（はじめでまだ整わない）、宜しく侯を建つべきも、寧からず。

【天地】天と地。上下甚だしく隔たるもの。また、世の中。唐・李白〔山中問答〕詩 桃花流水、窅然として去り 別に天地、人閒に非ざる有り

【天柱】天を支える柱。〔列子、湯問〕共工氏、顓頊と帝爲らんことを爭ひ、怒りて不周の山に觸れ、天柱を折り、地維を絕つ。故に天は西北に傾き、～地は東南に滿たず。

【天衷】天意。天の善意。〔左伝、僖二十八年〕不協の故に、用つて昭らかに盟を爾の大神に乞ひ、以て天衷を誘らかん。

【天誅】天の行う罰。〔墨子、魯問〕我、鄭を攻むるは、天の志に順ふ。鄭人、三世其の父を殺せり。天、誅を加ふ。～我將に天誅を助けんとす。

【天長】天果てなし。悠久なる天。王の誕生日。〔旧唐書、玄宗紀下〕（天宝七年）秋八月己亥朔、千秋節を改めて、天長節と爲す。

【天聴】天帝に聞こえる。〔孟子、万章上〕泰誓に曰く、天の視るは、我が民の視るに自り、天の聽くは、我が民の聽くに自る。

【天梯】天に登る梯子。急坂をたとえる。唐・李白〔蜀道難〕詩 地崩れ山摧けて、壯士死し 然る後に、天梯石棧、

相ひ鉤連す
【天道】天の道理。〔史記、伯夷伝〕或いは～行くに徑に由らず、公正に非ざれば憤を發せざるに、禍災に遇ふ者、勝げて數ふべからざるなり。余れ甚だ惑ふ。儻いは所謂天道、是なるか、非なるか。
【天然】生まれつき。自然のまま。唐・杜甫〔白小〕詩 白小(白魚)も群な命を分つ 天然二寸の魚 細微、水族を霑る 風俗、園蔬に當つ
【天罰】天の罰。〔書、多士〕我乃ち明らかに天の罰を致し、爾を遐逖(遠方)に移さん。
【天府】ゆたかな地。〔戦国策、秦一〕蘇秦～秦の惠王に說きて曰く、大王の國は、～田肥美にして、民殷富、～沃野千里、蓄積饒多にして、地勢形便、此れ所謂天府にして、天下の雄國なり。
【天賦】天与。生まれつき。梁・劉峻〔弁命論〕所謂命なる者は、死生・貴賤・貧富・治亂・禍福。此の十の者は、天の賦する所なり。
【天風】天つ風。空をふきめぐる風。宋・周敦頤〔宋復古と大林寺に遊ぶ〕詩 天風、襟袖を拂ひ 縹緲として身の輕きを覺ゆ
【天分】天性。生まれつき。〔列子、天瑞〕精神なる者は天の分なり。骨骸なる者は地の分なり。～精神、形を離るるときは、各〻其の眞に歸す。
【天文】天界の現象。〔易、賁、彖伝〕(剛柔交錯するは)天文なり。文明にして以て止まるは人文なり。天文を觀て以て時變を察し、人文を觀て以て天下を化成す。
【天辺】天地のはて。清・石濤〔梅竹小幅、四首、三〕詩 渾朴と風流と各〻長を擅にす 橫空と隱逸と、總べて妨げ無し 天邊の皓月、眞に情性 水上の輕煙、渾茫を破る
【天変】天象の異変。〔漢書、劉向伝〕下も幽・厲(西周末の王)の際に至り、～天變上に見はれ、地變下に動く。水泉沸騰し、山谷處を易ふ。
【天歩】自然の推移。また、天運。国運。〔詩、小雅、白華〕天歩艱難なるに 之の子猶しとせず
【天命】天の命。使命。〔論語、為政〕子曰く、吾十有五にして學に志し、三十にして立つ。四十にして惑はず。五十にして天命を知る。六十にして耳順ふ。
【天明】夜明け。唐・文茂〔春日、晁采に寄す、四首、四〕詩 此の夜相ひ思ふも、夢成らず 空しく一夢を懷いて、天明に至る
【天網】天罰。天の法網。〔老子、七十三〕天網恢恢(広大)にして、疏にして失はず。
【天邑】都。殷都を天邑商という。〔書、多士〕予れ一人惟れ德を聽用す。肆に予敢て爾を天邑商に求む。予惟れ率に爾を肆矜す。
【天与】天が与えたもの。〔史記、越王句践世家〕范蠡曰く、～天與取らざれば、反つて其の咎を受く。
【天籟】自然の発する音。〔荘子、斉物論〕女は人籟を聞くも、未だ地籟を聞かず。女は地籟を聞くも、未だ天籟を聞かざる夫か。
【天吏】天の命を受けた治者。〔孟子、公孫丑上〕天下に敵無き者は天吏なり。然り而うして天下に王たらざる者は、未だ之れ有らざるなり。
【天理】自然の道理。天道。〔礼記、楽記〕人、物に化せらるる者は、天理を滅して、人欲を窮むる者なり。
【天路】空高くゆく。唐・王維〔双黄鵠歌、送別〕詩 天路來たる、雙黃鵠 雲上を飛び、水上に宿す 翼を撫して和鳴し、羽族を整ふ
【天禄】天の恩命。天与の福。〔論語、堯曰〕堯曰く、咨、爾舜、天の曆數(定命)、爾の躬に在り。允に其の中を執れ。四海困窮せば、天祿永く終へんと。

➡天位 王位/天一 天宮の星/天乙 天一/天胤 王統/天陰 曇る/天宇 天下/天雨 雨ふる/天媛 織姫/天遠 遠天/天演 進化/天縁 前生の縁/天閹 子のない男子/天応 天の感応/天殃 天の禍/天恩 君恩/天火 自然火/天家 天子/天華 雪/天禍 天の災い/天霞 霞/天河 天の川/天戒 天の戒め/天海 虚空/天界 天空/天階 天の階梯/天解 天意をさとる/天蓋 おおい/天干 十干/天旱 ひでり/天宦 天閹/天寒 冬の寒さ/天監 天の神が照覧する/天鑒 天の神が照覧する/天雁 流星/天顔 玉顔/天気 天候/天紀 天の綱紀/天軌 天路/天晷 日光/天貴 高貴/天器 天性/天驥 天馬/天弓 虹/天休 天の与える幸い/天咎 天のとが/天宮 天の宮殿/天救 天祐/天牛 甲虫/天鏡 月/天業 帝業/天殛 天の与える咎め/天均 天鈞/天垠 天際/天区 天、四方上下/天衢 天の路/天空 大ぞら/天隅 天の一隅/天刑 天が加える刑罰/天恵 天恩/天経 天の道/天景 天気/天慶 天の恩恵/天警 天戒/天黥 あざ/天隙 地割れ/天欠 電光/天闕 皇居/天月 天上の月/天険 自然の要害/天憲 国法/天顕 明白な道/天懸 甚だしく懸絶する/天譴 天の与える咎め/天元 元首/天玄 奥深くらい天の色/天祜 天恵/天顧 天の顧寵/天呉 海の神/天公 天、天子/天江 天の川/天郊 郊祭/天候 天気/天高 高天/天構 天工/天綱 天下の綱紀/天黒 天玄/天骨 天性/天閫 天門/天閽 天門/天災 自然の災い/天財 自然の財/天作 天のわざ/天蚕 てぐす/天産 自然の物産/天賛 天祐/天旨 み心/天志 天の意志/天賜 天の賜物/天璽 御璽/天識 天性/天竺 インド/天疾 先天の病/天質 天性/天日 太陽/天寿 寿命/天授 天与/天書 詔書/天助 天祐/天序 天紀/天章 天文/天霄 大空/天職 天の職分/天心 天の中央/天神 天の神/天翠 空の緑/天瑞 瑞祥/天枢 天の中枢/天数 天命/天声 天の声/天青 天晴/天晴 空が晴れる/天精 星辰/天閃 電光/天阻 天険/天祚 天の与える幸い/天素 生まれつき/天窓 高窓/天聡 天聴/天瘡 天然痘/天藻 天井の模様/天族 王族/天属 肉親/天賊 天意の賊/天尊 尊い天/天体 日月など/天台 鼻/天沢 天恩/天壇 祭天の台/天池 海/天智 天与の智/天墜 天地/天中 天心/天寵 天恩/天帝 上帝/天庭 上帝の廷/天哲 天智/天都 天帝の都/天討 天誅/天動 天の運行/天堂 天宮/天得 天授/天徳 天の徳/天難 天災/天年 寿命/天馬 駿馬/天半 中ぞら/天畔 天辺/天筆 宸筆/天表 天外/天稟 天賦/天符 天瑞/天覆 天が覆う/天福 天祚/天陛 御所の階段/天辟 天子/天氓 人民/天望 招魂/天宝 天与の宝/天報 天の報い/天逢 日よけ/天魔 悪魔/天幕 テント/天民 賢者/天門 宮門/天祐 天の助け/天遊 自在に遊ぶ/天妖 妖祥/天容 天の姿/天陽 陽気/天養 天の養い/天羅 天網/天来 天からの/天覧 御覧/天良 良心/天倫 人倫/天臨 照臨/天癘 天の禍/天歴

天の運行／天漏 雨／天臘 元旦／天和 天の和気／天話 架空の話

↓一天・雨天・炎天・遠天・回天・開天・干天・旱天・寒天・九天・穹天・鏡天・仰天・暁天・極天・跼天・金天・鈞天・玄天・午天・昊天・後天・皇天・荒天・高天・告天・渾天・祭天・在天・参天・秋天・終天・春天・順天・所天・昇天・衝天・上天・震天・人天・水天・垂天・青天・晴天・雪天・先天・早天・蒼天・則天・中天・沖天・長天・滔天・洞天・曇天・配天・半天・晩天・弥天・旻天・普天・溥天・碧天・暮天・報天・摩天・満天・瞑天・遥天・楽天・凌天・涼天・連天・露天

【丙】 6 1060 テン むしろ

篆文  古文 

象形 敷きものの簟席の形。簟の初文。簟はその形声字。〔説文〕三上に「舌の皃なり」とし、舌を出した形とするが、〔広雅、釈器〕に「丙席なり」とするのがよい。〔説文〕にまた「一に曰く、竹上の皮なり」とあり、それを編んだものが丙。宿の字形のうちに丙が含まれており、宿るときの臥席に用いた。

訓義 ①むしろ、竹の皮であんだむしろ。②舌のたれるかたち、舌でなめる。

声系 〔説文〕に丙声として茵を収める。茵は茵席。〔説文〕に丙に他念切 thiəm のほか、竹皮の義の音は沾 thyam、また誓 zjiat の音があるという。茵 diat はその音である。

語系 丙 tyəm・簟 dyəm は声義近く、丙は象形で簟席の形、簟は覃 dəm の声、その形声字である。

【延】 6 1140 テン

篆文  金文 

会意 止＋廴。〔説文〕二下に「安歩延延たるなり」とあり、安歩のさまをいうとする。〔段注〕に「引いて復また止まる、是れ安歩なり」とは、廴を長行安歩、引く意を含むと解するものであるが、廴部に属する廷（廷）・建（建）はみな中廷に関する字で、廴はその儀場を区画する形、歩行に関する字ではない。延は中廷で静かに行動する意である。

訓義 ①しずかにあるく、しずかにあるくさま。②字はまた蚩に従う。

古訓 〔名義抄〕延 トコロ 〔字鏡集〕延 ウツル・ヤスクアユム・トコロ・オコタル

部首 〔説文〕に延を部首とし、延（延）をこの部に属する。

参考 〔説文〕に延は安歩、延は長行、廷は朝中、延は「行く」意とするが、廴に従う字はみな中廷のことに関する語である。

【佔】 7 2126 テン セン みる うかがう

形声 声符は占。占に沾・點（点）の声がある。〔礼記、学記〕にいう「佔畢」は、書物の字面をみること。〔玉篇〕に「字書に云ふ、佔侸は輕薄なり」とあり、その用義がある。

訓義 ①みる、うかがう。②よむ、目を走らせる。③佔侸は軽薄、うわべ。

古訓 〔字鏡集〕佔 カルシ・ウスシ

【佔佔】 ささやく。〔史記、匈奴伝〕嗟、土室の人（漢使をいう）、顧だ～喋喋して佔佔すること無かれ。冠（衣冠）固より何にか當らん。

【佔畢】 簡編の字面だけをみて、文義を解しないこと。明・唐順之〔重修涇県儒学記〕國家建學、宇内に徧し。～習ふ所の者は、章句佔畢に過ぎず、志す所の者は、聲利榮名に過ぎず。

↑佔踞 占拠／佔侸 軽薄の状／佔有 占有

人 **【辿】** 7 3230 テン あるく たどる

会意 山＋辵。〔篇海〕に「緩歩なり」とあり、山路などをゆっくりたどる意。〔西遊記、二十三回〕にその意の用例があり、また〔三国志、魏、鍾会伝〕に会の子の名としてみえる。わが国では近世以来「たどる」とよみ、行くに難渋する意に用いる。

訓義 ①ゆっくりあるく。②たどる、たどりあるく、筋道を考える。

古訓 〔字鏡集〕辿 ウツル・ヤスクアユム・トコロ・オコタル

常 **【典】** 8 5580 テン ふみ のっとる つかさどる

篆文  古文  金文 

会意 冊（冊）＋丌。机上に書冊をおく形。〔説文〕五上に「五帝の書なり。冊の丌上に在るに従ふ。之れを尊閣するなり」という。尊閣は鄭重に擱く意。また「荘都説に、典は大冊なり」という通人説を加えている。〔左伝、昭十二年〕に「三墳・五典・八索・九丘」という古籍の名がみえ、また〔周礼、春官、外史〕に「三皇五帝の書を掌る」とあって、古帝王の書があったという。金文の〔陳侯因脊敦〕に「永く典尚と爲せ」、〔叔夷鎛〕に「其の先舊及び其の高祖に典る」とみえ、先蹤とすべきものがあったのであろう。〔書、周書〕の〔五誥〕や〔詩〕の〔雅・頌〕の諸篇のうちに、儀礼の典範とみられるものがある。典当（担保）のような用例も、金文の〔倗生毁〕に「用って格伯の田を典す」とあって、その文は抵当権の設定を証するためのものであったと思われる。

訓義 ①ふみ、古代のふみ、尊ぶべきふみ。②のり、のりとすべきふみ、のっとる。③つね、みち、おしえ。④ただしい、ととのう。⑤つかさどる、規範をつかさどる。⑥質入れ、担保、抵当。

古訓 〔名義抄〕典 ノリ・ツカサ・ヨシ・ツネ・ヲギノル・ツカサドル・カフ 〔篇立〕典 ツネ・ツバビラカ・ツカサ・マサ・ツカサドル・ヒサシ・クハシ・トル・ヲギノル・ノリ

声系 〔説文〕に典声として腆・倎など五字を収める。腆は〔説文〕四下に「膳を設くること腆腆として多きなり」と腆厚の意とする。〔書、酒誥〕に「自ら洗腆す」とあるのも設膳の意。〔左伝〕に、諸侯自らいうとき「不腆なる敝邑」（僖三十三年）、「不腆なる先君の敝器」（文十二年）のように、「不腆」を謙称として用いることが多い。

語系 典 tyən、奠 dyen、腆 thyen は声義近く、典は儀礼の重要な文献を机上におく形、奠は酒食をおくことをいい、腆は設薦のことをいう。

【典謁】 取次ぎをする人。〔礼記、曲礼下〕士の子を問はれたるときは、長には能く謁を典ると曰ひ、幼には未だ謁を典ること能はずと曰ふ。

【典雅】 正しくて上品なこと。魏・文帝〔呉質に与ふる書〕偉長（徐幹）～中論二十餘篇を著はし、一家の言を成す。辭義典雅、後に傳ふるに足る。此の子を不朽と爲す。

【典拠】 実証の根拠とする文献。晉・范甯〔春秋穀梁伝集解の序〕穀梁傳を釋する者、十家に近しと雖も、皆膚淺末學にして、師匠を經ず。辭理典據、既に觀るべき無し。

【典刑】 不変の法。規範。〔詩、大雅、蕩〕老成の人無しと雖も 尙ほ典刑有り

【典経】 経書。〔晉書、儒林伝序〕有晉、中朝より始まり、江左（江南）に迄るまで、～虛玄を祖述し、闕里（孔子）の典經を擯け、正始の餘論を習ひ、禮法を指して流俗と爲し、縱誕を目するに清高を以てせざる莫し。

【典故】 典礼と故実。しきたり。〔宋史、宋敏求伝〕藏書三萬卷、皆略ぼ誦習す。朝廷の典故に熟し、士大夫疑議あるときは、就きて正す。

【典誥】てんこう(かう) 書経に収める典と誥。古代の詔書。〔漢書、王莽伝中〕莽、群司に策す。~各々策命するに、其の職を以てすること、典誥の文の如し。

【典策】てんさく 儀礼などの古書。〔左伝、定四年〕魯公に分つに、大路大旂~を以てし、~之れに土田陪敦(附庸の地)、~備物典策、官司彝器を分つ。

【典章】てんしよう(しやう) 制度文物。〔隋書、牛弘伝論〕篤く墳籍を好み、學優にして仕ふ。淡雅の風有り、曠遠の度を懷く。百王の損益を採り、一代の典章を成す。漢の叔孫も、尚ふること能はざるなり。

【典掌】てんしよう(しやう) 掌る。〔後漢書、宗室四王三侯、北海靖王興伝〕臨邑侯復、學を好み、文章を能くす。永平中、講學の事有る毎に、輒ち復をして典掌せしむ。班固・賈逵と、共に漢史を述ぶ。

【典常】てんじよう(じやう) 常道。〔易、繫辞伝下〕初め其の辭に率ひて其の方を揆れば、既にして典常有り。

【典籍】てんせき 典故となるべき書籍。書物。〔左伝、昭十五年〕昔、而の高祖孫伯黶、晉の典籍を司り、以て大政を爲せり。故に籍氏と曰ふ。

【典定】てんてい 司り定める。〔後漢書、伏湛伝〕光武位に卽き、湛の名儒舊臣なることを知る。~徵して尙書に拜し、舊制を典定せしむ。

【典範】てんぱん 規範。手本。〔図画見聞誌、叙論〕古の祕畫珍圖、名、意に隨つて立つ。典範には則ち春秋・毛詩・論語・孝經・爾雅等の圖有り。

【典墳】てんぷん 三墳五典。古帝王の書。〔左伝、昭十二年〕左史倚相、趨りて過ぎる。王曰く、是れ良史なり。子善く之れを視よ。是れ能く三墳・五典・八索・九丘を讀むと。

【典謨】てんぼ 書経の尭典・皐陶謨などの篇。晉・陸機〔五等諸侯論〕五等(公・侯・伯・子・男)の制は黄(帝)・唐(尭)に始まり、郡縣の治は秦・漢より創まる。得失成敗、備さに典謨に在り。是こを以て、其の詳得て言ふべし。

【典礼】てんれい 定められた礼式。また、その官。〔礼記、王制〕典禮に命じて、時月を考へ日を定め、律・禮・樂・制度・衣服を同じうして、之れを正さしむ。

【典麗】てんれい 整っていて美しい。〔梁書、文学上、鍾嶸伝〕時に居士何胤、室を若邪山に築く。山、洪水を發し、樹石を漂拔し、此の室のみ獨り存す。(衡陽王)元簡、嶸に命じて瑞室頌を作らしめ、以て之れを旌表す。辭甚だ典麗なり。

→典案 調べ考える/典委 屈曲する/典彝 常典/典鬻 質入れ/典奥 奥深い/典価 担保/典戒 のっとり戒める/典幹 ただす/典教 常訓/典業 常業/典訓 規範としての教え/典型 典刑/典契 抵当権の証書/典芸 六芸/典憲 規範としての法則/典護 監督/典獄 獄官/典妻 妻を質入れする/典冊 辞令/典式 法式/典実 故実/典主 司る/典娶 典妻/典書 重要な書籍/典商 質屋/典職 司る/典身 身売り/典制 司る/典税 質屋の税/典銭 質入れの金/典則 法式/典知 司る/典秩 秩序/典貼 質入れする/典程 規定/典売 買い戻し契約付きの売り渡し/典物 質草/典舗 質屋/典牧 太守/典没 質流れ/典要 常法/典律 規定/典領 司る/典例 定例

→彝典・栄典・恩典・外典・寛典・儀典・旧典・教典・訓典・刑典・経典・慶典・憲典・原典・古典・故典・五典・香典・鴻典・国典・祭典・司典・祀典・字典・事典・辞典・質典・釈典・主典・祝典・出典・掌典・常典・政典・盛典・聖典・先典・綜典・贈典・大典・通典・帝典・特典・内典・不典・仏典・墳典・宝典・法典・明典・礼典・麗典

【坫】 8 4116 テン チン

篆文 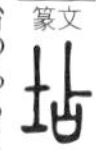

形声 声符は占。占に店の声がある。〔説文〕十三下に「屛なり」とあり、堂隅の物をおく台のあるところをいう。〔玉篇〕に「爵(杯)を反すの處なり」とあり、反坫の意とする。反坫は諸侯が献酬の礼に用いるもので、〔論語、八佾〕に、管仲の家には反坫があり、諸侯の礼を僭するものだと指弾する孔子の語がみえる。

訓義 ①ものおきだい。②献酬の礼のとき、杯をおく台。③堂のすみ、両楹の間。④土塀。⑤埋葬前、かりに屍をおくところ。

→垓坫・高坫・受坫・崇坫・壇坫・反坫

常

【店】 8 0026 テン みせ はたご

形声 声符は占。占に沾・坫の声がある。〔玉篇〕に「爵を反すの坫なり」とあって、坫と同字とする。堂隅に設ける土の台。のち店舗、また旅館の意に用いる。

訓義 ①みせ、たな、みせや。②はたご、やど。③坫と通じ、杯を反す台。

古訓 〔名義抄〕店 タナ 〔篇立〕店 マチ・タナ・チマタ 〔字鏡集〕店 マチ・タナ・ヤドリ・ミセタナ

語系 店・坫 tyam は同声。店の初文はおそらく廛。廛・纏 dian は同声。廛は荷を纏めておく所。店は六朝末以後に至ってその用例がみえる。

【店後】てんご 宿の後ろ。前蜀・韋荘〔内黄県を過ぎる〕詩 雲中の粉堞(白く塗った城のひめ垣)は新城壘 店後の荒郊は舊戰場

【店肆】てんし みせ。みせや。〔魏書、粛宗紀〕七品六品は、祿は代耕するに足る。亦た錮ら店肆に貼して、利を城市に爭ふことを聽るさず。

【店舎】てんしや 旅店。唐・元稹〔連昌宮詞〕詩 初めて過ぐ、寒食一百六 店舍煙無く、宮樹綠なり

【店頭】てんとう 路上の出し店。宋・范成大〔大寧河〕詩 梨棗(なしと、なつめ)從來、內丘を數ふ 大寧河畔、果樹稠し 荊箱擾擾として、街を攔りて賣る 紅皺黃團、店頭に滿つ

【店舗】てんぽ 商店。〔旧唐書、食貨志上〕京城內、文武官僚より、~商旅・寺觀・坊市に至るまで、有る所の私貯の見(現)錢は、竝べて五千貫を過ぐるを得ず。~若し一家の內、別に宅舍店舗等有るものは、貯ふる所の錢は、竝て須らく計用して、此の數に在るべし。

→店家 旅館/店主 店の主人/店帳 宿帳/店店 店なみ/店伴 店員/店房 旅館

→駅店・遠店・開店・寒店・客店・荒店・支店・市店・肆店・書店・商店・村店・邸店・売店・分店・閉店・坊店・茅店・本店・夜店・野店・旅店・露店・楼店

【忝】 8 2033 [㤕] 8 1033 テン はじる はずかしめる かたじけなし

篆文 

形声 声符は天。漢碑の字はみな天に従う。〔説文〕十下に「辱むるなり」とあり、〔詩、小雅、小宛〕に「爾の所生(親)を忝むること無かれ」という句がある。また倎と通用する。国語では「かたじけなし」とよむ。

訓義 ①はじる、はずかしめる。②かたじけなし、かたじけなくする。

古訓 〔新撰字鏡〕忝 波豆(はづ) 〔名義抄〕忝 カタジケナク・ハヅカシム 〔字鏡〕忝 カタジケナシ・ハジ・ハヅカシ

語系 忝 thyam、倎・覥 thyen は声義に通ずるところがあり、倎は〔説文〕十下に「青・徐(山東)にては慙づることを謂ひて倎と曰ふ」とあり、また覥は〔玉篇〕に「慙づる皃なり」とし、みな

同訓である。

【忝汚】辱めけがす。〔三国志、魏、董卓伝注に引く献帝起居注〕凶徳既に彰はれ、淫穢發聞す。神器を損辱し、宗廟を忝汚す。皇太后、教へに母儀無く、統政荒亂す。永樂太后暴かに崩じ、衆論惑ふ。

【忝私】恵む。晋・潘尼〔陸機の出でて呉王の郎中の令と為るに贈る〕詩 昔、子し忝私し 我に蕙蘭を貽れり 今、子し東に徂く 何を以てか旃れに贈らん

【忝窃】かたじけない。唐・杜甫〔長沙に李十一(銜)を送る〕詩 李杜、名を齊しうするも、眞に忝竊なり 朔雲寒菊、倍ゝますます憂ひに離ふ

【忝累】恩義に報い、職責を尽くしがたいおそれ。晋・傅咸〔御史中丞箴の序〕百官の箴しは、以て王の闕を箴しむるなり。余れ、先君の蹤を承け、位を憲臺に竊む。忝累垂翼の責有らんことを懼る。且らく斯の箴を造りて、以て自ら勖勵す。

↑忝官 官を辱める。謙称/忝顔 あつかましい/忝辱 かたじけない

↓愧忝・虚忝・誤忝・幸忝・自忝・知忝・謬忝・不忝・濫忝・累忝・猥忝

【恬】 9 9206 テン やすらか しずか

篆文  古印璽 

形声 声符は舌ぜつ。〔説文〕十下に「安らかなり」とし、舌では声が合わないから「甜の省聲」とするが、おそらくもと㐁に従う字であろう。〔説文〕三下に㐁を舌を垂れる形とするが、字は茵席の象。茵席に安んずる意を恬というのであろう。〔段注本〕に篆字を改めて憪に作っている。

訓義 1やすらか、やすんずる、おちつく。2しずか、おだやか、あっさり。

古訓 〔名義抄〕恬 シヅカニ・シヅカナリ・ヤスシ・ネガフ・オフ・ホ、・ヲノ、ク 〔字鏡〕恬 クル、・シヅカニ・カフ・ヲク・シヅカ・シヅム・ヤスシ

声系 〔説文〕に舌声とするものに括kuat、活huatと恬dyamの両系あるも、いずれも舌djiatと音系が異なる。括・活の従うところは昏で、劂の形に従い、剞削る意があり、恬の従うところは㐁で、茵席の象。三系みな声義の異なる字である。

【恬安】安らか。〔漢書、厳安伝〕貧富相ひ燿らず、以て其の心を和す。心既に和平、其の性恬安なり。恬安にして營はざれば、則ち盜賊銷びん。

【恬逸】安んじ気ままにする。〔国語、呉語〕今大夫、老して又自ら安んじ恬逸せず、處りては以て惡を念ひ、出でては則ち吾が衆を罪す。

【恬簡】もの静かで、つづまやか。〔陳書、蕭乾伝〕容止雅正、性恬簡にして、隸書を善くす。

【恬虚】安らかで無欲。魏・嵆康〔琴の賦〕若し和平なる者之れを聽かば、則ち怡養悅悆し、淑穆玄眞、恬虚にして古を樂しみ、事を棄て身を遺れん。

【恬静】もの静かで無欲。〔後漢書、逸民、法眞伝〕學を好みて常家無く、博く內外の圖典に通じ、關西の大儒爲り。弟子〜陳留の范冉等數百人。性、恬靜寡欲、人閒の事に交はらず。

【恬然】安らか。〔荀子、彊国〕其の朝廷を觀るに、其の朝は閒にして、百事を聽決して留めず、恬然として治無き者の如きは、古の朝なり。

【恬惔】心静かで無欲。〔荘子、刻意〕夫れ恬惔寂寞にして、虛无无爲なるは、此れ天地の平にして、道德の質なり。

【恬蕩】安らかで自由なさま。晋・張華〔励志、九首、六〕詩 心を恬蕩に安んじ 志を浮雲に棲む 之れを體するに質を以てし 之れを彪るに文を以てす

【恬漠】心安らか。漢・賈誼〔鵩鳥の賦〕眞人は恬漠として、獨り道と與に息ふ。智を釋て形を遺れ、超然として自ら喪わる。

【恬敏】心静かでゆきとどく。梁・任昉〔蕭揚州の為に士を薦むる表〕(王僧孺は)理は棲約を尙び、思ひは恬敏を致す。既に筆耕して養を爲し、亦た傭書(筆耕)して學を成す。

【恬和】おだやか。〔世説新語、品藻〕撫軍(晋の簡文帝)孫興公(綽)に問ふ、〜王仲祖(濛)は何如と。曰く、溫潤恬和なりと。

↑恬臥 安臥する/恬豁 心広やか/恬熙 太平/恬嬉 楽しむ/恬娯 楽しむ/恬曠 恬蕩/恬忽 淡泊/恬如 恬然/恬性 静かな性質/恬怠 なまける/恬退 謙遜する/恬泰 安らか/恬淡 恬惔/恬憺 安らか/恬澹 恬淡/恬暢 のびやか/恬適 安らか/恬泊 淡泊/恬謐 恬憺/恬穆 もの静か/恬愉 楽しむ/恬裕 ゆったり

↓安恬・虚恬・神恬・清恬・風恬・養恬

【殄】 9 1822 テン たえる ほろぼす

篆文  古文 

形声 声符は㐱しん。〔説文〕四下に「盡くるなり」とあり、殄滅し尽くすことをいう。㐱は発疹の象であるから、発疹を伴う悪疫によって、多く人が死没することをいう字であろう。

訓義 1たえる、つきる、ほろびる、ほろぼす、しぬ。2やむ、やまい、いたむ。3腆てんと通用し、よい。

古訓 〔名義抄〕殄 ホロブ・タツ・タユ・ヤム・ツクス・アヤフシ・チカシ・ホト／＼・カシク・ヲハル 〔字鏡集〕殄 ツキヌ・タツ・コト／＼ク・ツクル・タユ・ホロブ・カシク・ホトフト・ムカシ・ヲハリ・ヤム・ツクス・アヤフシ

語系 殄dyən、盡(尽)dzienは声義に通ずるところがある。殄は悪疾によって多く死ぬこと、盡は器中のものを洗い尽くすことをいう。

【殄夷】みな殺し。唐・柳宗元〔戸虫を罵る文〕帝の命を俟ちて、乃ち刑を施さん。群邪殄夷し、大道顯明ならん。害氣永く革まりて、人の生を厚うせん。豈に聖且つ神ならずや。

【殄凶】凶賊を滅ぼす。陳・徐陵〔陳公を九錫に冊する文〕高檻層樓、仰いで霄漢(空)を捫る。故に三軍をして勇鋭ならしめ、百戰するも前無し。此の軍糧を承け、遂に凶逆を殄くす。此れ又公の功なり。

【殄瘁】みな疲れ苦しむ。〔詩、大雅、瞻卬〕人の云ここに亡ぶる 邦國殄ことごとく瘁む

【殄殲】滅ぼし尽くす。〔書、泰誓下〕誕ここに爾の衆士を以ひゐて、乃の讎を殄殲せん。

【殄廃】ことごとくすてる。〔史記、周紀〕殷の末孫季紂、先王の明德を殄廢し、神祇を侮蔑して祀らず。商邑の百姓を昏暴す。

【殄戮】殺し尽くす。〔書、召誥〕小民の、非彝(誤り)を淫用するを以て、亦た敢て殄戮して、用つて民を乂めて、若く功有りとすること勿かれ。

↑殄除 とり除く/殄悴 殄瘁/殄顇 殄瘁/殄絶 殄滅する/殄墜 亡ぼしつくす/殄破 亡ぼしつくす/殄敗 亡ぼす

↓湮殄・戡殄・除殄・消殄・殲殄・掃殄・勦殄・誅殄・破殄・暴殄・撲殄・淩殄

常【点】 9 2133 〔點〕 17 6136 テン くろぼし しるし なおす ともす

篆文

形声 旧字は點に作り、占声。占に店・沾の声がある。〔説文〕十上に「小黒なり」とあって、小さな黒点をいう。〔荊楚歳時記〕に、八月十四日、民家では児童の額に朱をつけて病除けとする俗があり、天灸また点額という。わが国のアヤツコに類する俗である。加点し、点炭すること。また点景・点睛・点茶のように用いる。

訓義 ①くろぼし、黒い小点、ほし、ちょぼ。②しるし、くぎりのしるし、きるしるし。③小さい、かすかな、すこし。④けす、なおす、かく、かきこむ。⑤しらべる、かぞえる。⑥よごれ、けがす、しみ、きず。⑦さす、加える、ともす、ふれる、そそぐ。

古訓 〔名義抄〕點 ミル・シリゾク・ヌキツ・サス・シム・ケヅル・カク・オソフ・ケガス 〔字鏡集〕點 シリゾク・カムガフ・オソフ・ヤク・ケヅル・イサキタリ・ケガス・ヌキツ・トム・シルス・サカシ・シム・キズ・カクル・カク・シルシ

語系 點・玷 tyam は同声。玷は玉に小さなきずのあること。沾・覘 thiam も声近く、すべて小さく部分的のことをいう。

【点汙】欠点。〔三国志、呉、韋曜伝〕(孫)皓、更に其の書の垢ごれたるを怪しみ、故らに又曜を詰る。曜對へて曰く、囚(曜)、此の書(呉書)を撰し、實に表上せんと欲す。誤謬有ることを懼れ、數數省讀し、點汙するを覺えず。

【点画】文字を構成する点と線。宋・蘇軾〔鳳翔八観、石鼓の歌〕詩 韓公(愈)古を好むも、生まるること已に遲し 我今況んや又百年の後なるをや 強ひて偏傍を尋ねて、點畫を推すも 時に一二を得て、八九を遺す

【点額】アヤツコ。また、落第。〔水経注、河水四〕爾雅に曰く、鱣は鮪なり。鞏穴を出でて三月、則ち上りて龍門を渡る。渡るを得たるものは龍と爲り、否らざるものは則ち額を點ちて還る。

【点鬼】古人の名や故実を列ねること。〔輟耕録、十四、点鬼録〕文章に事を用ひ、故實を塡塞する、舊くは之れを點鬼錄と謂ふ。又之れを堆垜死屍と謂ふ。

【点景】画面のとりあわせ。〔芥子園画伝、四、点景人物〕山水中、點景の人物諸式、太だ工みなるべからざるも、全て山水と顧眄すること有るを要す。人は山を看るに似たり。山も亦た俯して人を看るに似たり。

【点行】召集点呼する。唐・杜甫〔兵車行〕詩 衣を牽き足を頓して道を攔りて哭す 哭聲は直ちに上りて、雲霄を干す 道旁の過ぐる者、行人に問ふ 行人但だ云ふ、點行頻りなりと

【点竄】詩文の字句を改める。〔梁書、昭明太子伝〕(王筠の哀冊)字に點竄無く、筆、紙を停めず。壯思泉のごとく流れ、清章雲のごとく委ふ。

【点心】おつまみ。〔金華子、雑編下〕姉、方に妝を治むること未だ畢らず、家人、夫人の晨饌を側らに備ふ。姉顧みて其の弟に謂ひて曰く、我未だ湌らふに及ばず。爾且らく點心すべしと。

【点睛】眼睛を加える。画をしあげる。〔歴代名画記、七、梁〕(張僧繇)金陵安樂寺の四白龍、眼睛を點ぜず。~之れを點ぜんことを請ふ。須臾にして雷電壁を破り、二龍雲に乘じ、騰去して天に上る。二龍の未だ眼を點ぜざる者は、見(現)在す。

【点染】そめつける。画く。〔顔氏家訓、雑芸〕武烈太子(梁の元帝の長子)、偏に能く眞(肖像画)を寫す。坐上の賓客、随宜(随意)に點染し、卽ち數人を成す。以て童孺に問ふに、皆姓名を知れり。

【点定】文をしらべて直す。〔晋書、郭象伝〕向秀、舊注の外に於て解義を爲り、奇致を妙演す。~象、~秀の義の世に傳へざるを以て、遂に竊みて以て己の注と爲し、乃ち自ら秋水・至樂の二篇に注し、~其の餘の衆篇は或いは文句を點定せるのみ。其の後、秀の義の別本出でたり。

【点綴】綴り合わせる。宋・蘇軾〔王定国蔵する所の烟江疊嶂図に書す〕詩 使君何くに從りして此の本を得たる 毫末を點綴して清妍を分つ

【点点】はらはらおちる。宋・李清照〔声慢慢〕詞 梧桐は更に細雨を兼ぬ 黃昏に到り 點點滴滴 這の次第怎でか一箇の愁字に了しえん

【点頭】うなずく。〔李衛公問対、上〕太宗曰く、~朕、薛萬徹を用ひん、如何と。靖曰く、~臣之れに教ふるに陣法を以てせるに、點頭服義せざる無し。望むらくは陛下、之れに任じて疑ふこと勿かれと。

【点薬】薬をさす。唐・白居易〔自ら歎ず、二首、二〕詩 二毛曉に落ちて、頭を梳るに懶し 兩眼春昏くして、藥を點ずること頻りなり

↑点易 点竄/点閲 調べよむ/点化 字句を改める/点火 火ともし/点瑕 きず/点勘 校訂する/点喚 点呼/点翰 着筆する/点戯 選曲/点欠 落度/点検 調べる/点絢 彩りをつける/点験 点検する/点査 調べる/点彩 彩りをつける/点在 散在する/点視 検分/点試 点験/点漆 漆のように黒い/点灼 そしる/点充 補充する/点書 句読を加える/点銷 ×点/点鐘 時間/点辱 汚点をつける/点塵 塵がつく/点数 評価値/点正 批正/点青 刺青/点精 点睛/点僉 調べる/点選 しらべて選ぶ/点素 白点/点存 評点して収蔵する/点苔 苔の上に散る/点単 番号/点茶 茶を入れる/点籌 数とり/点滴 しずく/点灯 灯ともす/点湯 湯を出して客を送る/点白 汗す/点拍 拍子をとる/点発 四声の点/点附 批点/点封 封印/点撆 引き筆/点名 点呼/点涴 しみ

↓一点・雨点・円点・汙点・火点・加点・花点・額点・合点・観点・起点・灸点・拠点・極点・句点・訓点・欠点・圏点・黒点・採点・散点・支点・指点・漆点・弱点・朱点・終点・重点・焦点・粧点・進点・塵点・星点・争点・苔点・黛点・地点・読点・特点・得点・難点・白点・斑点・批点・美点・微点・氷点・評点・標点・墨点・満点・盲点・要点・利点・漏点・論点

【玷】 9/1116 〔㓠〕 7/2260 テン かける きず

篆文

形声 声符は占。占に店・沾の声がある。玉の小さな瑕をいう。〔詩、大雅、抑〕に「白圭の玷けたるは 尚ほ磨くべきなり」とあり、〔説文〕四下にその字を㓠に作る。〔三家詩〕のテキストによるものであろう。〔玉篇〕に「詩傳に云ふ、玷は缺くるなり」とあり、〔詩〕は字を玷に作る。

訓義 ①かける、玉がかける、きず。②あやまち、欠点。③けがす、はずかしめる。

古訓 〔名義抄〕玷 キズ・クラキ・カケタリ・カクル

語系 玷(㓠)・點(点) tyam は同声。點は小汚点を加えること。玷は玉の小瑕疵をいう。

【玷汙】汚点。よごれ。〔唐書、文芸上、杜甫伝〕(房)琯は宰相の子。~琯、人情を愛惜し、一たび玷汙せらるるに至る。臣、其の功名未だ就らずして、志氣の挫衄せんことを歎く。

【玷欠】欠点。清・康有為〔大同書、戊部第一章〕若し行ひに玷缺有り、才、國事に供する能はざる者は、則ち男女を論ずる無く、皆公民と爲すことを得ず。

【玷辱】辱める。〔三国志、魏、袁紹伝注に引く謝承の後漢書〕(胡母)班の(王)匡に與ふる書に云ふ、~關東の諸郡、實に(董)卓を嫉むと雖も、猶ほ王命を銜奉するを以て、

敢て玷辱せず。

↑玷穢　欠け汚す／玷瑕　きず／玷傷　傷つける／玷塵くす／玷汚す／玷染　汚す／玷瀆　汚す／玷冒　かたじけな／玷郵　とが／玷漏　過失

↓瑕玷・毀玷・小玷・塵玷・微玷・不玷・無玷・濫玷

常 **【展】** 10 7723 テン のべる ひろげる

篆文 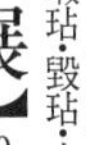

会意 尸＋衣＋㠭。屍衣の襟もとに、呪具の㠭を加えて塡塞し、屍体に邪霊の憑くのを防ぐ意で、もと塡塞を意味した字であろう。塞の初形も㠭に従う字である。また禳う意の襄も、その初形は㠭に従い、さらに祝告の器（𠙵）二器を列ねる形で、展・塞・襄は字の構成に通じるところがある。〔説文〕八上に「轉ずるなり」と展転の意とするが、屍体を改めるための展屍の意。手足を伸ばした形で葬ることを伸展葬という。〔説文〕八上に別に⿴衣㠭字を出して「丹縠（あかいちりめん）の衣なり」とするが、展と同字。㠭は呪禁に用いるもの。丹縠の義は襢がその本字であろう。

訓義 [1]死者の襟もとに塡塞する、呪器をつらねる。[2]のべる、ひろげる、ひらく。[3]しらべる、しらべみる。[4]すすむ、かなう、ただしい。[5]嫥と通じ、まこと。[6]亶と通じ、まこと、あつい、おもい、おもんずる。

古訓 〔名義抄〕展 ノブ・ウヤマフ・ヒラク・ト、ノフ・マコト・メグル・タマキ・ツバヒラカニ・ヒロク／展季 アメス 〔字鏡集〕展 メグル・ヒロク・コ、ロミ・タマキ・ツバビラカニ・イヨ〳〵・メグラス・ト、ノフ・コホロク・ト、ロク・ツラヌ・ミル・ウヤマフ・オモンズ・マコト・チヒサキモノ・アラハナリ・ヒトヘキヌ・ホシイマ、・シケシ・ユルシ・ハタ・カタヌグ

語系 展tian、㠭tyanは声義近く、㠭は巫のもつ呪具の工を集めた形。それを衣中に塡塞するを展という。塡dyen、鎮（鎭）tjienは枉死者を塡塞して祀り、その呪霊を鎮める意の字で、みな死霊に対する行為を意味する字である。

【展巻】書を披いてよむ。唐・陸亀蒙〔襲美の新秋即事三首に和す、次韻三首、二〕詩 閒中に巻を展ぶれば、興亡も小に　酔後に詩を題すれば、點畫粗なり

【展玩】見て楽しむ。〔甌北詩話、小引〕晩年無事なり。諸家の全集を取り、再三展玩し、始めて其の眞の才分、眞の境地を知る。向きの見る所は、猶ほ僅かに十の二、三なるを覺ゆ。因りて竊かに自ら愧悔す。

【展驥】驥足を伸ばす。才能を発揮する。〔三国志、蜀、龐統伝〕統、～縣に在りて治あらず、官を免る。～呉の將魯肅、先主（劉備）に書を遺りて曰く、龐士元は百里の才に非ず。治中別駕の任に處らしめば、始めて當に其の驥足を展ばすべきのみと。

【展叙】のべる。〔三国志、蜀、許靖伝注に引く魏略〕（王朗の許文休に与ふる書）文休足下、～豈に意はんや、三十餘年相ひ見ゆる無きの緣を脫別せんとは。～道初めて開通し、舊情を展敍し、以て聲問を達す。

【展転】ころがる。反復する。ねがえる。唐・李咸用〔山中夜坐、故里の友生に寄す〕詩 展轉して簷前に睡り成らず　一牀の山月、竹風淸し

【展読】披いて読む。宋・秦観〔傅彬老に答ふる簡〕函を發きて展讀し、殆んど手を釋く能はず。高風を欽想し、益と企系を增す。

【展眉】眉をひらく。愁いを除く。唐・白居易〔北客を留む〕詩 即ち須らく分手して別るべし　且らく強ひて眉を展べて歡ぶ

【展墓】墓参。〔礼記、檀弓下〕國を去るときは、則ち墓に哭して而る后に行く。其の國に反りては哭せず、展墓して入る。

↑展謁　拝謁する／展閲　披見する／展開　広がる／展楽　奏楽／展観　並べ覧る／展期　延期する／展敬　拝する／展慶　祝う／展限　延期する／展采　職に供する／展財　殖財／展志　志をのべる／展翅　飛ぶ／展示　みせる／展事　始末する／展謝　陳謝する／展縮　伸縮／展舒　展叙／展笑　笑う／展親　親しむ／展成　整える／展牲　牲を並べてしらべる／展省　展墓／展足　伸足／展脱　逃走する／展拝　叩首する／展抜　罷脱する／展布　陳述する／展佈　ひろげる／展歩　歩む／展望　見遥かす／展奉　謁見する／展放　のびやか／展翼　飛ぶ／展覧　展観／展力　尽力する／展礼　行礼／展軨　発車

↓開展・施展・舒展・伸展・進展・親展・宣展・発展・披展・敷展

【⿰忄典】 11 9508 テン はじる

篆文 

形声 声符は典。〔説文〕十下に「靑・徐（山東）にては慙づることを謂ひて⿰忄典と曰ふ」とあり、〔方言、六〕に「荊・揚・靑・徐の閒」の語とする。

訓義 [1]はじる。[2]あざける。

古訓 〔名義抄〕⿰忄典 ハヅ・アザケル

【⿰忄典墨】恥じて顔色が暗くなる。晉・左思〔魏都の賦〕先生の言、未だ卒らざるに、呉蜀の二客矆焉として相ひ顧み、～⿰忄典墨して謝す。

↑⿰忄典顔　汗顔／⿰忄典愧　赤面／⿰忄典慙　はじる／⿰忄典⿰忄典　はにかむ

↓兢⿰忄典

【淟】 11 3518 テン けがれる

形声 声符は典。〔広雅、釈詁三〕に「濁るなり」、〔広雅、釈訓〕に「淟涊は垢濁なり」とあり、垢よごれなどをいう。

訓義 [1]けがれる、にごる。[2]あかよごれ、よごれる。[3]しずむ、ほろびる。

古訓 〔字鏡集〕淟 ニゴル

語系 淟thyen、澱（淀）dyenは声近く、ともに濁り汚れる意のある語である。

【淟涊】あかよごれ。鮮明でないさま。晉・陸機〔文の賦〕如し機を失ひて後に會せば、恆に末を操りて以て顚に續ぐ。玄黃の袟敍を謬る。故に淟涊にして鮮かならず。

↑淟汩　沈む／淟悴　卑陋／淟然　汚穢のさま／淟濁　濁る／淟涊　沈湎

常 **【添】** 11 3213 〔**添**〕 11 3213 テン そえる くわえる

形声 声符は忝。食事に酒肴を加えることをいい、また添削のように用いる。唐・宋以後に用いる字である。

訓義 [1]そえる、食味をそえる。[2]たす、くわえる。[3]国語で、よりそう意に用いる。

古訓 〔名義抄〕添 ソフ・マス・イル・ソコ（ユ）〔字鏡集〕添 ソフ・ケス・ソユ・マス・クル

語系 添・忝・沾thyamは同声。點（点）tyamも声近く、少しばかりものを加えることをいい、同系の語である。

【添線】冬至後の日々。魏・晋の時、冬至後、宮中で女功の機に一線ずつを加えた。その俗をいう。元・朱徳潤〔十一月二十七日冬至〕詩 日光、繡戸、初めて綫（線）を添へ　雪意、屏山（屛風のような山）、梅を放たんと欲す

↑添案　そえ膳／添加　加える／添価　値上げ／添改　補充し改める／添換　増改する／添翰　そえ状／添簡　添翰／添削　修正する／添竄　添削する／添寿　長寿祝い／添設　増設する／添増　増す／添続　加える／添置　増設する／添注　書き込み／添梯　糸くり／

添附　そえる／添補　補う／添房　結婚祝い／添盆　出生祝い
↓加添・坐添・春添・新添・増添・多添

【甜】 11　2467　テン　あまい　うまい

篆文 **会意** 舌＋甘。〔説文〕五上に「美きなり」と訓し、「舌は甘きを知る者なり」という。張衡の〔南都の賦〕に「酸甜滋味」の語がある。

訓義 1あまい、うまい、なめる。2よく眠る。

古訓 〔新撰字鏡〕甜　阿知万牟（あぢまむ）〔名義抄〕甜　アマシ・ムマシ・アヂマム〔篇立〕甜　アマシ・ナム・アヂマム・ムマシ

【甜甘】　あまくうまい。〔晋書、張天錫伝〕會稽王道子、嘗て西土の出だす所を問ふ。天錫、聲に應じて曰く、桑葚（桑の実）甜甘にして、鴟鴞響（声）を革め、乳酪性を養うて、人に妬心無しと。

【甜酒】　甘味の酒。宋・蘇軾〔岐亭、五首、四〕詩　酸酒は虀湯（野菜汁）の如く　甜酒は密汁の如し　三年、黄州城　飲酒、但だ濕を飲む

【甜雪】　瓜の一種。唐・司空曙〔曲山人の衡州に之くを送る〕詩　白石先生、眉髪光あり　已に甜雪を分つて、紅漿を飲む

↑甜苦　甘苦／甜香　甘い香り／甜睡　熟睡する／甜脆　甘く柔か
↓甘甜・苦甜・黒甜・酸甜・酒甜・爽甜・味甜・密甜

常【転】 11　入〔轉〕 18　5504　テン　まわる　ころぶ

篆文 **形声** 旧字は轉に作り、声符は專（専）。專に團（団）・傳（伝）の声がある。〔説文〕十四上に「運ぶなり」という。專は嚢の中のものをうちかためて円くする意で、叀が嚢の形。專に円転の意がある。車輪を用いて運送することを転という。また回転すること、事態の変化推移することをいう。

訓義 1まわる、めぐる、ころぶ、たおれる。2うつる、かわる、うごく、ゆく。3うたた、いよいよ、かえって。

古訓 〔名義抄〕轉　カヒロク・ハコブ・マク・ヨム・マハス・トコカヘリ・イヨ〳〵・クルハク・カハル・ウツシ・ウグツク・ウタヽ・メグル・マロブ・マロバス／婉轉　メグリメグル・ミヅクロヒス／展轉　トコカヘリ／反轉　クルヘキ／轉側　メグラシソハム

語系 轉 tiuan は團・摶 duan、傳 diuan と声義近く、円いものは摶って転ずることができる。邅 dian も声義近く、すみやかにめぐる意がある。囀は轉と同声。鳥の転ずるような囀りをいう。

【転移】　移動する。〔史記、匈奴伝〕匈奴の俗、人は畜肉を食らひ、其の汁を飲み、其の皮を衣、畜は草を食らひ水を飲み、時に隨ひて轉移す。

【転鬻】　転々として職を求める。〔淮南子、脩務訓〕伊尹は鼎を負ひて湯（王）を干し、呂望は刀を鼓して周に入り、百里奚は轉鬻し、管仲は束縛せらる。孔子に黔突無く、墨子に煖席無し。

【転貨】　物価により売買してもうける。〔史記、仲尼弟子伝〕子貢、廢擧（投機）を好み、時と與にして（物価をみて）貨貲を轉じ、～家に千金を累ぬ。

【転禍】　禍いを転じて福とする。〔戦国策、燕一〕聖人の事を制するや、禍ひを轉じて福と爲し、敗に因りて功を爲す。

【転眼】　一瞬。瞬時。また、目を外す。見まわす。民国・郁達夫〔毀家詩紀、一〕詩　眼を轉ずれば榕城、春暮れんと欲す　杜鵑聲裏、花朝を過ぐ

【転居】　転宅。〔三国志、魏、胡昭伝〕居を渾山中に轉じ、躬耕して道を樂しみ、經籍を以て自ら娯しむ。閭里、敬して之れを愛す。

【転尸】　放置されている屍。〔淮南子、主術訓〕人君、上は天時に因り、下は地財を盡し、中ごろは人力を用ふ。～是の故に生に乏用無く、死に轉尸無し。

【転徙】　移る。自在。〔荘子、大宗師〕堯既已に汝に黥するに仁義を以てし、汝に劓るに是非を以てす。汝將た何を以てか夫の遙蕩恣睢（気まま）、轉徙の塗に遊ばんや。

【転借】　また借り。唐・皮日休〔寒日、書斎即事、三首、三〕詩　公に從ひて未だ怪しまず、多く酒に侵ることを　客を見ては、唯だ書を轉借せんことを求む

【転戦】　移り戦う。〔史記、衛将軍驃騎伝〕單于の子を獲んことを冀ひ、轉戰すること六日。焉支山を過ぐること、千有餘里。

【転遷】　遷る。官を遷る。〔漢書、孔光伝〕竊かに國家の故事を見るに、尚書久次を以て轉遷す。踔絶の能有るに非ざれば、相ひ踰越せず。

【転送】　送りとどける。〔漢書、高帝紀上〕北貉・燕人、來りて梟騎を致し、漢を助く。漢王令を下し、軍士の不幸にして死せる者には、吏、衣衾棺斂を爲り、其の家に轉送せしむ。四方心を歸す。

【転漕】　水陸で物を運ぶ。〔史記、項羽紀〕楚・漢久しく相ひ持して未だ決せず。丁壯は軍旅に苦しみ、老弱は轉漕に罷る。

【転対】　官吏が順次に奏進する制度。〔宋史、礼志二十二〕百官轉對。～百官をして次を以て轉對せしめ、限るに二人を以てす。～復た鞠躬して、自ら奏せしむ。

【転注】　六書の一。段玉裁は互訓と解するが、造字法としては、形声に対して、意符の系列字をさすものかと思われる。漢・許慎〔説文解字叙〕轉注なる者は、建類一首、同意相ひ受く。考・老是れなり。

【転転】　次第に。〔漢書、貢禹伝〕孝文皇帝、綈を衣、革を履と爲し、器に琱文金銀の飾り亡し。後世爭うて奢侈を爲し、轉轉益甚だしく、臣下も亦た相ひ放效す。～甚だ其の宜に非ず。

【転病】　他の類に生まれかわる。〔淮南子、俶真訓〕昔、公牛哀は轉病するや、七日にして、化して虎と爲る。其の兄、戸を掩ひて入り、之れを覘へるに、則ち虎搏ちて之れを殺せり。～其の虎爲るに方りては、其の嘗て人爲りしを知らざるなり。

【転房】　亡夫の弟などに再嫁する。〔元典章、刑部十九〕轉房の俗に至りては、或いは宗派に因り、或いは姓氏不幸にして子無きに因り、之れをして絕を繼がしむ。

【転蓬】　風で飛ぶ蓬。魏・曹植〔雑詩、六首、二〕轉蓬、本根を離れ　飄颻として長風に隨ふ　何ぞ意はん、迴飈に擧げられ　我を吹いて雲中に入らしむ

【転漏】　漏は水時計。寸時。〔漢書、王莽伝上〕（策）朕惟ふに、定國の計は公より宜きは莫し。～轉漏の閒、忠策輒ち建ち、綱紀咸く張る。

↑転韻　換韻／転運　輸送する／転易　かわる／転円　ころがる／転圜　転円／転音　変化した音／転化　かわる／転訛　なまる／転回　まわる／転換　改換する／転関　ろくろ／転丸　たま／転銜　転任／転記　移記／転機　変わりめ／転義　引申の義／転句　絶詩の第三句／転午　昼近く／転向　立場を変更する／転喉　美声／転轂　運搬する／転死　転尸／転屣　移る／転辞　転折の語／転写　又写し／転瞬　瞬き／転睫　一瞬／転餉　運糧／転食　転餉／転身　向きかえ／転世　転生／転折　めぐる

転旋 めぐる／転銭 餞別／転仄 転側／転側 寝返り／転達 伝達／転脱 逃れる／転致 転送する／転置 おきかえ／転呈 伝達する／転灯 走馬灯／転頭 回首／転倒 たおれる／転闘 転戦する／転任 転補／転背 転身／転販 転売する／転盼 ながしめ／転眄 転盼／転変 変化／転補 役がえ／転磨 廻り臼／転迷 迷う／転免 転任と免職／転眄 わき見／転目 転眼／転訳 翻訳／転躍 小躍り／転輸 転運／転用 流用する／転来 帰る／転雷 迅雷／転落 転下する／転流 廻流する／転糧 転餉／転燐 鬼火／転轔 車軸／転捩 転折／転歴 めぐる／転弄 玩弄

↓暗転・移転・一転・紆転・運転・栄転・円転・宛転・横転・回転・気転・規転・機転・逆転・急転・空転・眩転・巧転・好転・自転・迅転・旋転・遷転・漕転・退転・地転・天転・輾転・動転・反転・萍転・変転・蓬転・輪転・流転

【奠】 12 8043 テン テイ そなえる まつる さだめる

篆文 
甲骨文 
金文 

会意 酋＋丌。酋は樽酒、丌は机。台上に酒をおいて、神に供薦することをいう。〔説文〕五上に「置祭するなり。酋に従ふ。酋は酒なり。丌は其の下なり。禮に奠祭有り」（段注本）という。金文に「王命を奠む」「我が邦我が家を奠保す」と、奠定の意に用いる。また〔楚王酓章鐘〕「曾侯乙の宗彝を作りて、之れを西鴋（宮名）に奠く」のようにいう。〔礼記、祭統〕「書を受けて以て歸り、而して其の廟に舍奠す」とあるのは、いわゆる奠祭であろう。また釈奠という。

訓義 1そなえる、そなえてまつる、供え物をする。2おく、定めたところにおく、さだめる。3すすめる、ならべる、ととのえる。

古訓 〔名義抄〕奠 サダム・オク・タテマツル 〔字鏡集〕奠 ノム・ス、ム・マツル・ワタル・ミツ・ウム・サダム・オク・トヾム・コトハリ・タテマツル・マツリ／設奠 マツル

声系 〔説文〕に奠声として鄭・⿸厂奠を録する。卜文・金文に鄭の初文を奠に作る。初文は酉（酉）（酒樽の形）の下に一あるいは二画を加える形であった。

語系 奠・⿸厂奠 dyen は同声。⿸厂奠は「侍う」「重ぬ」と訓する字。また奠定の意とすることがある。

【奠瘞】 地上に祭器をおき、地下に犠牲を埋める。〔詩、大雅、雲漢〕旱既に大甚だし 蘊隆（熱気）蟲蟲たり（むし暑い） 禋祀（天の祭）を殄たず 郊より宮に徂き 上下に奠瘞す 神として宗とばざる靡し

【奠雁】 婚礼や聘礼のとき、雁を贄（贈り物）とする。〔儀礼、士昏礼〕主人升り、西面す。賓升りて北面し、雁（鴈）を奠き、再拜稽首す。

【奠祭】 送葬の祭。〔北史、周宗室、章武公導伝〕華戎の會葬する者萬餘人、路に奠祭し、悲號野を振はす。～大小相ひ與に土を負ひ、墳を成す。高さ五十餘尺、周回八十餘歩。

【奠菜】 野菜を供えて祀る。〔儀礼、士昏礼〕婦入りて三月、乃ち奠菜す。

【奠酬】 返杯せずにおく礼。〔儀礼、士昏礼〕舅姑共に婦に饗するに、一獻の禮を以てす。舅は南洗に洗ひ、姑は北洗に洗ひて、奠酬す。

【奠竁】 墓の中に供えて入れる。竁は墓室の棺の旁ら。〔周礼、夏官、量人〕喪祭・奠竁の俎實（お供え）を掌る。

【奠醊】 酒を注いで祭る。〔後漢書、循吏、王渙伝〕元興元年、病みて卒す。～男女老壯、皆相ひ與に賦斂（負担をわりつけ）し、奠醊を致すもの、千を以て數ふ。

【奠酹】 酒を地に注いで祭る。〔風俗通、十反〕今俱に匍匐（はらばい）號咷す。上奠酹を闕き、下糊口に困しむは、孝道に非ざるなり。

↑奠安 おちつく／奠位 定位／奠楹 死ぬ／奠基 地鎮／奠饋 お供え／奠牛 牛を供える／奠居 定居する／奠享 祭祀／奠献 お供え／奠饌 お供え／奠枕 奠安／奠定 定める／奠鼎 奠都／奠都 都を定める／奠文 祭文／奠牧 地方を治める／奠立 奠定する

↓饋奠・献奠・香奠・祭奠・進奠・牲奠・夕奠・舎奠・釈奠・祖奠・蔬奠・致奠・礼奠

【㠭】 12 1111 テン ふさぐ みる

篆文 

会意 四工に従う。工は左・巫などの字に含まれているもので、工形の呪器。これを重ねて要所を塞ぎ、呪禁とする意で、塞の初形は㠭に従う。死者の衣襟に呪禁として㠭を加える形は展で、また塡塞の意がある。〔説文〕五上に「極巧、之れを視るなり」というが、文義が明らかでない。㠭に従う字によって、その形義を考えるべきである。

訓義 1ふさぐ、ふせぐ、邪気をふせぐ。2みる、あきらかにみる。

部首 〔説文〕〔玉篇〕に塞をこの部に属する。また〔説文〕に展声として𧝑・展を録し、𧝑八上を「丹縠（あかいちりめん）の衣なり」、展八上を「轉ずるなり」と訓するが、𧝑は生者、展は死者に㠭を施している形である。ともに呪具の工を塡塞するもので、神が隠れることを隠（隱）、神の所在を求めることを尋（㝷）という。尋は左右を重ねた字形で、左右とはその尋ねるときのさまをいう。塞・展・𧝑に従う字は、みな㠭の形を含む。

語系 㠭 tyen、𧝑 tian、展 tian は声近く、𧝑・展はともに衣中に㠭を塡塞する形。塡 dyen は〔説文〕十三下に「塞ぐなり」とあり、顚死者を塡塞して、その邪霊を防ぐ意。すべて一系の語である。

【腆】 12 7528 テン てあつい うつくしい おおい

篆文 
古文 

形声 声符は典。〔説文〕四下に「膳を設くること腆腆として多きなり」とあり、供薦することの多い意とする。その不十分なことを不腆、あるいは小腆という。〔書、大誥〕「殷、小腆」、また〔左伝、僖三十三年〕に自国を謙称して「不腆なる敝邑」のようにいう。

訓義 1てあつい、あつい。2うつくしい、よい。3おおい、ゆたか。4ひさしい。5典と通じ、つかさどる。

古訓 〔名義抄〕腆 アツシ・カサヌ・カサナル・オモシ・ヨシ・ウルハシ・ア（マ）カル・イタル

【腆顔】 厚顔。あつかましい。梁・沈約〔王源を奏弾す〕祖曾を販鬻し、以て賈道を爲す。明目腆顔、曾ち愧畏すること無し。

【腆贈】 手厚い贈り物。晉・陶潛〔貧士を詠ず、七首、七〕詩 昔在黄子廉 冠を彈いて（仕官）名州に佐たり 一朝、吏を辭して歸り 清貧略ぼ儔ひ難し～惠孫（人名）一たび晤歎し 腆贈するも竟に酬くる莫し

↑腆愧 はじる／腆儀 贈り物／腆厚 手厚い／腆志 厚意／腆盛 立派／腆然 はにかむ／腆腆 十分な／腆冒 厚顔／腆默 はにかむ／腆養 よく養う

↓加腆・儀腆・小腆・鮮腆・不腆・豊腆

【覘】 12 2661 テン うかがう みる ねらう

篆文 

形声 声符は占。占に點（点）・沾の声がある。占は小さな部分、そこから覘いみることを

覘という。〔説文〕八下に「闚ひ視るなり」（段注本）とあり、〔国語、晋語六〕に「公、之れを覘はしむ」の〔注〕に「微かに視るなり」という。闚も規規、微かに窺いみることをいう。

訓義 ①うかがう、ひそかにみる、みる。②ねらう、ようすをみる。

古訓 〔名義抄〕覘 ウカヾフ・ミル・モトム・ムカフ 〔字鏡集〕覘 ウカヾ、ヒミル・ウカヾフ・モトム・ムカフ・ミル

語系 覘 thiam、閃 sjiam は声義近く、頭を門中に入れて内部を窺うことを閃という。

➡覘窺 覘伺／覘候 さぐる／覘伺 さぐる／覘視 覘候／覘人 人をさぐる／覘探 さぐる／覘知 わかる／覘偵 偵察する／覘報 牒報／覘望 伺望／覘覦 うかがう／覘羅 偵察する／覘覧 うかがう

⬇窺覘・密覘

常 **【塡】** 13 4418 **［窴］** 15 3080

テン チン

ふさぐ うずめる みたす ひさしい

篆文

形声 声符は眞（真）。眞に瀕・闐の声がある。眞は顚屍の象。顚死者ははげしい呪霊をもつものとして恐れられ、その瞋りを柔らげるために、鄭重に塡められ、祀屋に寘き、その霊を鎮めた。塡塞の塞も呪具である珏を充塡して、邪霊を塞ぎ、閉じこめる意である。

訓義 ①ふさぐ、うずめる、とざす。②みたす、加える、つめる。③やすらか、ただしい、久しい。④鼓の音、擬声語。⑤殄と通じ、つきる。⑥瘨と通じ、なやむ、やむ。

古訓 〔名義抄〕塡 ミツ・オソフ・フクル・イロフ・ミガク・ウ（ヅ）ム・ツキヌ・ナヅム・サダム・タ、ス・コ、ロヨシ

語系 塡・窴 dyen は同声。〔説文〕十三下・七下にともに「塞ぐなり」と訓する。眞 tjien、嗔・瞋・謓 thjien はみな眞声の字で眞の声義を承け、瞋恚の意がある。これを愼むを愼（慎）zjien、これを鎮めるを鎭（鎮）tien、瑱 tjian という。みな一系の語である。

【塡隘】 満ちふさがる。〔唐書、文芸中、李邕伝〕人閒其の眉目の瓌異なるを傳ふ。阡陌聚り觀、後生風を望んで内謁し、門巷塡隘するに至る。

【塡委】 いっぱいたまる。漢・劉楨〔雑詩〕職事相ひ塡委し 文墨紛として消散す 翰を馳せて未だ食するに暇あらず 日昃くるるも晏ずるを知らず

【塡溢】 みち溢れる。〔太平広記、三一五に引く風俗通、張助〕傳ふる者過差して、便ち言ふ、此の樹能く盲者をして視るを得しむと。遠近翕然として、互ひに來りて福を請ふ。其の下、常に車馬塡溢し、酒肉滂沱たり。

【塡咽】 ひしめきあう。〔梁書、処士、陶弘景伝〕永明十年、上表して祿を辭す。詔して之れを許し、賜ふに束帛を以てす。發するに及び、公卿之れを征虜亭に祖（宴）す。供帳甚だ盛んにして、車馬塡咽す。咸な云ふ、宋・齊已來、未だ斯の事有らずと。朝野之れを榮とす。

【塡淤】 泥で河水が塞がる。〔漢書、溝洫志〕如し今冬に及ぶも成らざらしめば、來春桃華のとき水盛んにして、必ず羨溢し、塡淤反壞の害有らん。

【塡寡】 困窮する。塡は殄て、尽きる。寡は少ない。〔詩、小雅、小宛〕哀なし、我が塡寡 宜た岸（訟）し、宜た獄す

【塡街】 町にいっぱい。〔南斉書、虞玩之伝〕又生まれて髮を長ぜず、便ち謂ひて道人と爲す。塡街溢巷、是の處皆然り。～竟ひに編戸せず。

【塡壑】 谷を埋める。身を谷にすてられる。〔史記、汲黯伝〕黯、上の爲に泣きて曰く、臣自ら以爲へらく、溝壑に塡められ、復た陛下を見ざらんと。意はざりき、陛下復た之れを收用せんとは。

【塡詞】 楽譜に合わせて作る歌曲。詞・詩余ともいう。〔詞話総亀後集、三十二に引く芸苑〕當時、其の才を薦むる者有り。上（宋の仁宗）曰く、塡詞の柳三變（永）に非ざるを得んやと。曰く、然りと。上曰く、且らく塡詞を去れと。

【塡然】 鼓の音。〔孟子、梁恵王上〕孟子對へて曰く、～塡然として之れに鼓し、兵刃既に接す。甲を棄て兵を曳いて走る。或いは百歩にして後止まり、或いは五十歩にして後止まる。五十歩を以て百歩を笑はば、則ち何如んと。曰く、不可なり。直だ百歩ならざるのみ。是れ亦た走るなりと。

【塡塞】 みちふさがる。〔魏書、恩倖、趙脩伝〕脩の父を葬るや、百僚、王公より以下弔祭せざる無く、酒犢祭奠の具、門街に塡塞す。～財用の費、悉く公家よりす。凶吉の車乘、將んど百兩なり。道路供給、亦た皆官に出づ。

【塡榜】 合格者名の掲示。〔陔余叢考、二十九、塡榜〕今の科場、拆卷塡榜するに、先づ第六名より起すは、蓋し是れ古制なり。

【塡満】 満ち溢れる。〔後漢書、董卓伝〕（董卓死す）士卒皆萬歲を稱し、百姓道に歌舞す。長安中の士女、其の珠玉衣裝を賣り、酒肉を市ひて相ひ慶ぶ者、街肆に塡滿す。

【塡門】 門前に客が多い。〔漢書、鄭当時伝〕翟公、廷尉と爲る。賓客亦た門に塡つ。廢せらるるに及んで、門外、爵羅（雀あみ）を設くべし。

➡塡閼 塡淤／塡安 治まりしずまる／塡盈 充満する／塡衛 鎮守／塡噎 塡咽／塡嵌 象嵌／塡記 補覚え書／塡去 記入する／塡金 金の象嵌／塡闕 補充する／塡戸 塡門／塡巷 塡街／塡冊 記帳する／塡字 字謎の一／塡写 記入する／塡充 補充する／塡書 塡篆／塡塹 堀埋め／塡湊 輻湊する／塡注 書入れ／塡塡 響く音／塡篆 篆刻／塡撫 鎮撫する／塡仆 たおれる／塡服 鎮服／塡編 窮屈／塡補 補充する／塡房 後妻／塡明 注記／塡壅 制圧する／塡膺 胸が塞がる／塡路 街路にあふれる

⬇委塡・淤塡・充塡・装塡・配塡・補塡

【椽】 13 4793

テン

たるき

篆文

形声 声符は彖。彖にまるいものの意がある。〔説文〕六上に「榱なり」とあり、榱と互訓。棟から檐にわたるたるきの木。角材のものは桷、まるきのものを椽という。

訓義 ①たるき、まるいたるき。②はしご、きざはし。

古訓 〔名義抄〕椽 タルキ・ツラヌ・ツカハシラ

語系 椽・瑑・篆 ziuan は同声。瑑は縁辺に彫りめぐらした玉。そのような筆意をもつ字体を篆という。

【椽桷】 たるき。〔三輔黄図、五、台榭〕（通天台）元鳳の閒、自ら毀れ、椽桷皆化して龍鳳と爲り、風雨に從ひて飛び去れり。

【椽燭】 大蠟燭。宋・蘇軾〔武昌西山〕詩 豈に知らんや、白首同に夜直するを 臥して看る、椽燭の高花摧くるを

【椽竹】 竹のたるき。〔後漢書、蔡邕伝注に引く張騭の文士伝〕邕、呉の人に告げて曰く、吾れ昔嘗て會稽の高遷亭を經、屋の椽竹を見る。東閒の第十六は、以て笛と爲すべしと。取りて用ふるに、果して異聲有り。

【椽筆】 たるきのように大きな筆。〔晋書、王珣伝〕珣夢む、人、大筆の椽の如きを以て之れに與ふと。既にして覺む。人に語りて云ふ、此れ當に大手筆の事有るべしと。俄かにして帝崩ず。哀冊謚議し、皆珣の草する所なり。

➡椽杙 くい

⬇簷椽・屋椽・采椽・修椽・飾椽・榱椽・翠椽・疏椽・短椽・竹椽・

笛椽・杙椽

【滇】13 3418 テン

篆文

形声 声符は眞(真)。眞に塡・闐の声がある。〔説文〕十一上に「益州の池の名なり」とあり、四川の滇池をいう。その地はかつて滇零羌の住む地であった。いま雲南の昆明池をいう。その南端の石寨山遺迹からは、古代の青銅器が多く出土し、羌系西南夷の古代文化の一斑を知ることができる。

訓義 ①池の名、四川の池の名。また雲南の池の名、昆明池。②西南夷の名、滇零羌。③水のさかんなさま、大水のさま。

↑滇越 西域の族/滇滇 さかんなさま/滇眠 迷う

↓巴滇

【瑑】13 1713 テン あげぼり

篆文

形声 声符は彖。彖にまるいものの意がある。〔説文〕一上に「圭璧上に起せる兆瑑なり」とあって、玉の縁辺に沿って彫飾のあげぼりを加えることをいう。また佩剣の昭文帯に繋けて帯に夾む環形の玉の名。金文に鞞剢という。その玉は璏、また剣鼻玉ともいう。

訓義 ①あげぼり、玉のあげぼり。②玉縁の彫文飾。

古訓 〔字鏡集〕瑑 ヱル

語系 瑑・椽・篆 zhuan は同声。みな、まるくめぐる意があり、一系の語である。

【瑑圭】王に謁見するときに執る玉。〔周礼、考工記、玉人〕瑑圭璋八寸、璧琮八寸、以て覜聘(謁見の儀礼)す。

【瑑琮】朝聘する所の夫人に献ずる玉。〔周礼、考工記、玉人〕瑑琮八寸、諸侯以て夫人を享す。

↑瑑起 あげぼり/瑑刻 瑑飾/瑑削 彫刻/瑑璧 覜(衆を招く礼)聘(特定の人を招く礼)に用いる玉/瑑文 玉につける刻文/瑑約 車轂の飾り/瑑勒 玉に彫飾する

↓刻瑑・彫瑑

【墊】14 4410 テン チョウ(テフ) ひくい くぼち おちいる

篆文

形声 声符は執。執に蟄・縶の声がある。〔説文〕十三下に「下なり」とあって、低隰の地をいう。〔左伝、成六年〕「民愁ふるときは、則ち墊隘なり」とは、土室にあるような状態で困苦することをいう。

訓義 ①ひくい、土地がひくい、くぼち。②ほる、おちいる、とじこもる。③おぼれる、なやむ、おそれる。④いま、金を立て替える意に用いる。

古訓 〔篇立〕墊 コモル・シヒケタリ・クロム・ワ・(ウ)ルヲス・クダス 〔字鏡集〕墊 カスカナリ・ウルフ

語系 墊 tyam、蟄 diap は声近く、𧡟 diap もまた声が近い。蟄は虫が蟄蔵すること、𧡟は蟄居の状をいう。湛 tam、沈 diam は水中に蔵することをいい、声義に通ずるところがある。

【墊角】一角を折った頭巾。〔後漢書、郭太伝〕身の長け八尺、容貌魁偉、褒衣博帶、郡國に周遊す。嘗て陳・梁の閒に於て、行ゝ雨に遇ひ、巾の一角墊れたり。時人乃ち故らに巾の一角を折り、以て林宗(郭太の字)巾と爲す。

【墊陥】陥る。〔韓詩外伝、一〕飲食衣服、動靜居處、禮に由るときは、則ち和節あり。禮に由らざるときは、則ち墊陷して疾を生ず。

【墊没】沈む。唐・柳宗元〔愚渓対〕西海に水有り。散渙にして力無く、芥を負ふ能はず。之れに投ずれば則ち委靡として墊没し、底に及んで而る後止む。故に其の名を弱水と曰ふ。

↑墊隘 低隰で狭い/墊溺 溺れる/墊附 立て替え/墊沃 水害

↓下墊・昏墊・湿墊・愁墊・頽墊・黷墊

【槙】14 4498 テン こずえ まき 入〔槇〕14

篆文

形声 声符は眞(真)。眞に塡・瑱・顚の声がある。〔説文〕六上に「木の頂なり」とあって、巓頂の意を以て解する。また「一に曰く、仆れたる木なり」というのも、顚倒の意をとるものであろう。わが国では「真木」とよむ。字形を分けてよむもので、柾・椌・椿・萩などと同例である。「まき」はすぐれた木。杉や檜など、神事に用いる木をいう。

訓義 ①こずえ、木のうれ。②たおれた木。③木目がこまかい、根がこむ。縝・塡の意をとるものであろう。④わが国では、まき、いぬまき、また杉・檜の類をいう。

古訓 〔新撰字鏡〕槙 万木(まき) 〔名義抄〕槙 コズヱ 〔篇立〕槙 コズヱ・キノスヱ・スギノキ

語系 槙・稹・縝・鬒 tjien は同声。稹は稠密、縝は緻密、鬒は稠髪。槙は〔広韻〕に「木密なり」とあり、眞声の字にその義がある。

【瑱】14 1418 テン チン みみだま

篆文

形声 声符は眞(真)。眞に塡・鎭(鎮)の声がある。〔説文〕一上に「玉を以て耳に充つるなり」とあり、また耳に従う字を録する。玉には祓邪の力があるとされ、耳の呪飾とする。〔周礼、夏官、弁師〕に玉瑱の制をしるしている。

訓義 ①みみだま、耳の玉飾、充耳、塞耳。②玉の名、鎮圭。③うるわしい、玉の文采。④柱下の石、礎石。⑤みたす、しずめる。

古訓 〔名義抄〕瑱 ミヽフタギ/玉瑱 タマノツミシ 〔篇立〕瑱 ツヽシム・ツミシ・ミヽフタギ・タマラカ 〔字鏡集〕瑱 ミヽフタギ・ツミイシ・マタラク

語系 瑱・鎭 tjien は同声。玉器を以て祓邪とするものを瑱、四方山川に祀るものを鎭という。

【瑱圭】六瑞の一。鎮圭。〔周礼、秋官、小行人〕六瑞を成す。王は瑱圭を用ひ、公は桓圭を用ひ、侯は信圭を用ひ、伯は躬圭を用ひ、子は穀璧を用ひ、男は蒲璧を用ふ。

↑瑱紞 冠冕につける充耳の玉

↓盈瑱・華瑱・環瑱・規瑱・玉瑱・珠瑱・垂瑱・象瑱・碧瑱

【廛】15 0021 テン やしき みせ 〔鄽〕18 0722

篆文

会意 广+畗の省形+土。畗と土との形は量の初文に近く、糧の意とみてよい。〔説文〕九下に「二畝半、一家の居なり」(段注本)とし、井田八家の一廛の意とする。すなわち字形を「广・里・八・土に従ふ」とし、井田九百畝、公田を除いて八百二十畝、八家一井を除いて残り二十畝をまた八で除して二畝半とし、字形のうちにその計算法が示されているとするが、字は广と量とに従い、食糧を一時貯蔵するところをいう。一家の耕田と、その収納の小屋とを合わせて一廛といった。〔孟子、滕文公上〕に「願はくは一廛を受けて氓と爲らん」とみえる。のち市廛の意となり、市場をいう。〔孟子、公孫丑上〕に「市は廛して征せず、法して廛せず」とは、店舗税の他には課税しないことをいう。店はもと反坫の台をいう字であったが、のち廛の意に用いる。

訓義 ①やしき、すまい、小屋。②百畝の田、一廛。③みせ、糧食をおく所。④店舗税。

古訓 〔名義抄〕廛 イチクラ 〔字鏡集〕廛 イチクラ・ツチノミチ・イチノウチ・ノキヰル・イチクラ・イヘ

声系 〔説文〕に廛声として躔・纏の二字を収める。廛は畗状に纏めたものを収納するところ。纏めることを纏、そのように足を包みこむことを躔という。

語系 廛・纏・躔 dian は同声。專(専) tjiuan は声義近く、ものを橐に入れて摶って固め整えることを專といい、うち團めることをいう。括って纏めるのに対して、摶ち固めることを專という。廛と專・摶・團(団)は同系の語である。

【廛閈】村里の門。また、まちみせ。商店街。〔唐書、杜佑伝〕俄かにして嶺南節度使に遷る。佑、爲に大衢を開き、廛閈を疏析し、以て火災を息む。

【廛肆】みせ。〔宋書、謝荘伝〕詔に云ふ、貴戚の利を競ひ、貨を廛肆に興す者は、悉く皆禁制すと。此れ實に允に民聽に愜へり。

【廛宅】いえ。廛は市内、宅は邑内にある農民の居。〔荀子、王制〕州里に順ひ、廛宅を定む。

【廛里】まち。〔宋書、楽志一〕自頃の家ごとに新哇を競ひ、人びと謠俗を尙ぶ。〜典正を排斥し、煩淫を崇長す。〜故に諠醜の製、日に廛里に盛んにして、風味の韻、獨り衣冠に盡く。

↑廛郭 城郊/廛閒 まちなか/廛税 営業税/廛邸 みせ/廛布 役所の倉庫に貨物をあずけおく税/廛舗 みせ

↓陰廛・一廛・園廛・街廛・郊廛・耕廛・市廛・肆廛・征廛・俗廛・都廛・邑廛・里廛・陋廛

【瘨】 15 0018 テン やむ なやむ

篆文

形声 声符は眞(真)。眞に顚の声がある。〔説文〕七下に「病むなり」とあり、〔詩、大雅、雲漢〕「胡寧ぞ我を瘨ましむるに旱を以てす」のように、苦悩の甚だしいことをいう。癲癇のような難病、また癲狂などをいう。

訓義 ①やむ、なやむ、なやみなげく。②てんかん。③気がふれる、くるう。④顚と通じ、倒れる。⑤腹のふくれる病。

↑瘨癇 てんかん/瘨眩 めまい

【碾】 15 1763 テン うす ひく

形声 声符は展。展にひき廻す意がある。碾茶などが行われて作られた字。李商隠〔雑纂、富貴の相〕に「藥を擣き、茶を碾く聲」とみえる。

訓義 ①うす、いしうす。②ひく、うすひく。③すりうす、すりつぶす。④字はまた輾に作る。

古訓 〔名義抄〕碾 キシル・カラウス・スル 〔篇立〕碾 シキル・スリコキ・マコフ・スルウス

【碾磑】ひきうす。また、水車。〔通典、食貨二〕往日、鄭白渠、田四萬餘頃を漑ぐ。今富商大賈、競うて碾磑を造るが爲に、堰き遏められて水を費し、渠流梗澀し、止だ一萬許頃を漑ぐのみ。

↑碾圧 圧殺する/碾軋 圧迫する/碾子 ローラー/碾台 碾盤/碾茶 ひき茶/碾破 きしる/碾盤 挽き臼/碾米 米挽き/碾磨 磨研する/碾末 粉にする

↓水碾・石碾

【寘】 15 3080 テン ふさぐ

篆文

形声 声符は眞(真)。眞に塡・顚の声がある。〔説文〕七下、〔広雅、釈詁三〕に「塞ぐなり」と訓し、〔玉篇〕に「今、塡に作る」とあって、塡と同字とする。眞は顚死者、その呪霊は極めて強力であるから、これを塡め、塡塞し、その霊を鎮め、瞋りを柔らげた。穴に従うのは塡塞の意。霊屋を設けてそこに安置することを「寘く」という。

訓義 ①ふさぐ、ふさぎとめる。②とじこめる、せまい。③陳と通じ、久しい。

古訓 〔名義抄〕寘 マス・オク 〔字鏡集〕寘 フサク

【寘滅】湮没する。塞がりなくなる。〔漢書、溝洫志〕哀帝の初、平當、使して河隄を領す。奏して言ふ、九河今皆寘滅す。經義の治水を按ずるに、河を決し川を深くすること有るも、隄防雍塞の文無し。

↑寘然 みちる/寘赧 ゆるやかな笛の声/寘寘 充足する

【篆】 15 8823 テン てんしょ

篆文

形声 声符は彖。彖にまるいものの意がある。〔説文〕五上に「引書なり」とあり、肥瘠破礫を加えず、筆を引いて均斉の太さでしるす書法の意であろう。西周後期の〔頌壺〕のような金文や、また〔石鼓文〕の書体が秦の大篆となり、さらに整理され標準化されて小篆となった。筆を引いて屈曲纏繞するので、装飾的な字様となり、呉・越の地では一時鳥虫篆のような字様が行われた。のちの篆刻にその系統のものがある。

訓義 ①てんしょ、書体の名。②鐘の口縁の帯状の飾り。③こしきしばり。④印章の字、多く篆文を用いる。

語系 篆・瑑・椽 ziuan は同声。みなまろやかで、纏繞するものの意がある。纏・廛 dian は声義近く、まといめぐらすもの、專(専) tjiuan、摶 duan もまた同系の語で、まるめてうつ意がある。

【篆額】篆書の題額。石碑の上額。〔旧唐書、文苑下、李華伝〕華嘗て魯山の令元德秀の墓碑を爲る。顏眞卿書し、李陽冰篆額す。後人爭うて之れを模寫し、號して四絶碑と爲す。

【篆刻】篆字の印刻。〔明史、文苑三、文徵明伝〕(長子彭・次子嘉)並びに詩を能くし、書畫篆刻に工みに、其の家を世ゝにす。

【篆書】書体の名。大篆・小篆の二種がある。〔漢書、芸文志〕(小学)六體なる者は、古文・奇字・篆書・隷書・繆篆・蟲書なり。皆古今の文字に通知し、印章を摹し、幡信に書する所以なり。

【篆体】篆書。〔魏書、術芸、江式伝〕六世の祖瓊、〜蟲篆・詁訓を善くす。〜世ゝ其の業を傳ふ。〜式、篆體尤も工みなり。洛京の宮殿諸門の板題は、皆、式の書なり。

【篆籀】大篆。晉・左思〔魏都の賦〕篆籀を讐校し、篇章畢く覿はる。

【篆隷】篆書と隷書。〔水経注、穀水〕魏の正始中、又古篆隷三字石經を立つ。〜碑石四十八枚、廣さ三十丈。

↑篆靄 篆煙/篆煙 ゆれ上がる煙/篆蓋 篆字の額/篆款 凹字の篆刻/篆形 篆書の字形/篆香 ゆれ上がる香煙/篆字 篆書/篆章 篆印/篆素 篆字の帛書/篆盤 香盤/篆筆 篆書/篆文 篆書/篆法 篆書の法/篆銘 篆字の銘

↓引篆・陰篆・雲篆・蝸篆・奇篆・玉篆・契篆・香篆・蛟篆・刻篆・朱篆・小篆・秦篆・草篆・大篆・丹篆・虫篆・籀篆・鳥篆・雕篆・繆篆・銘篆・霊篆・隷篆

【諂】 15 0767 [讇] 23 0762 テン へつらう おもねる こびる

篆文
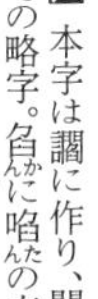

形声 本字は讇に作り、閻声。諂はその略字。臽に啗の声がある。〔説文〕三上に「諛ふなり」とあり、媚び佞ることをいう。

訓義 ①へつらう、おもねる、こびる。②よこしま。

古訓 〔名義抄〕諂 ヘツラフ・アザムク・ウタガフ・ワコト・イツハル・タブロカス・コブル

【諂言】へつらう語。唐・韓愈〔石処士を送る序〕又酌みて祝りて曰く、大夫をして、～佞人を甘受し正士を外敬せしむること無く、諂言を味はしむること無く、惟だ先生に是れ聽き、以て能く成功有らしめよ。

【諂巧】おべっか。〔史記、韋玄成伝〕韋丞相玄成～病死す。～子後を嗣ぐ。其の治、容容（成行きまかせ）、世俗に随ひて浮沈し、諂巧と謂はる。

【諂詐】へつらい欺く。〔唐書、百官志一〕考功郎中、員外郎、各ゝ一人、文武百官の功過を掌る。～一最四善を上上と爲し、～居官諂詐、貪濁の狀有るを下下と爲す。

【諂事】へつらいつかえる。〔後漢書、方術上、樊英伝〕孫陵、靈帝の時、宦人（宦官）に諂事するを以て司徒と爲る。

【諂笑】お世辞笑い。〔孟子、滕文公下〕曾子曰く、肩を脅めて諂笑するは、夏畦（夏の畑仕事）よりも病ると。

【諂媚】へつらいこびる。〔後漢書、袁譚伝〕（審配の献書）何ぞ意はんや、凶臣郭圖、妄りに蛇足を畫き、曲辭諂媚して、懿親を交亂す。

【諂諛】へつらいこびる。〔荀子、修身〕我を非りて當る者は、吾が師なり。我を是として當る者は、吾が友なり。我に諂諛する者は、吾が賊なり。

【諂容】へつらう態度。宋・王禹偁〔待漏院記〕直士抗言せば、我將に之れを黜けんとす。～群吏法を弄して、君怨言を聞かば、諂容を進めて以て之れに媚びんとす。私心慆慆として假寐（うたたね）して坐す。

【諂涙】うそ泣き。唐・張仲方〔贈司徒李吉甫の諡議を駁す〕諂涙瞼に在り、便に遇へば則ち流る。

➡諂阿 おもねる／諂害 諂讒／諂屈 追従する／諂骨 へつらい人／諂讒 へつらいそしる／諂邪 へつらい人／諂臣 佞臣／諂佞 こびる／諂夫 へつらい人／諂慢 へつらい侮る／諂魅 諂惑／諂誉 阿諛する／諂惑 へつらいあざむく

【霑】 16 1016 テン うるおす うるおう ぬれる

篆文

形声 声符は沾。沾に沾濡の意がある。〔説文〕十一下に「雨ふりて霑すなり」とあり、雨に濡れて色がうつることをいう。また、ことが次第に深く及ぶことをいう。

訓義 ①うるおう、うるおす、しめる、ぬれる。②ひたる、ひたす、ゆきわたる、次第に深く及ぶ。

古訓 〔名義抄〕霑 ウルフ・カウフル・キヨシ・ソヽグ・ヒタス〔篇立〕霑 フルキ・カフル・ソヽグ・ウルホス・ヨシ・イサギヨシ・キヨシ・タフトク

語系 霑tiam、沾thyam、漸dziamは声義近く、漸とは次第にひたることをいう。瀸tziam、浸（㑴）・寖tziəmも声義近く、みな次第に沾濡の及ぶことをいう。

【霑渥】あつくうるおう。〔北史、魏太武帝紀〕（太延元年六月詔）去春小旱、東作茂らず。憂勤剋己、靈祇に祈請す。豈に朕の精誠感有るか、何ぞ報應の速やかなる。雲雨震灑し、流澤霑渥す。

【霑汙】けがす。宋・欧陽脩〔蒼蠅を憎むの賦〕尤も赤頭を忌む。號して景迹と爲す。一たび霑汙する有れば、人皆食らはず。

【霑凝】うるおい、かたまる。晉・潘岳〔夏侯常侍（湛）の誄〕日往き月來たり、暑退き寒襲ぐ。零露霑凝し、勁風凄急なり。慘爾として其れ傷み、我が良執（友）を念ふ。

【霑襟】涙がえりをぬらす。〔楚辞、離騒〕茹蕙（香草）を攬りて以て涙を掩へば 余が襟を霑すこと、浪浪たり

【霑漬】ぬれつかる。〔漢書、厳助伝〕今方内、狗吠の警無く、陛下の甲卒をして、死亡して中原に暴露し、山谷に霑漬～せしむ。

【霑潤】うるおう。晉・陸機〔文の賦〕霑潤を雲雨に配し、變化を鬼神に象る。金石に被らしめて德廣く、管絃に流して日に新たなり。

【霑露】つゆ。つゆにぬれる。唐・劉禹錫〔西山蘭若（寺）に茶を試む〕詩 木蘭、露に霑ひて、香微かに似たり 瑤草、波に臨むも、色如かず

➡霑衣 衣をうるおす／霑恩 恩を蒙る／霑化 教化を受ける／霑汗 汗をかく／霑衿 襟をうるおす／霑灑 そそぐ／霑濡 ぬれる／霑酔 泥酔する／霑接 優遇する／霑竊 過分にしていただく／霑足 十分にうるおう／霑貸 恩貸／霑滞 へばりつく／霑被 恩を受ける／霑沐 恩を受ける／霑賚 賞賜される

➡渥霑・恩霑・化霑・巾霑・均霑・潤霑・深霑・仁霑・霜霑・沢霑・泥霑・普霑・乱霑・涙霑・露霑

【靦】 16 1661 ［䩄］ 14 1661 テン あつかましい

篆文

会意 面＋見。〔説文〕九上に「面見るなり。面見に従ふ。見は亦聲なり」とあって、見の声義をとるとするが、見声にその音をとるものはない。また重文として䩄を録する。「面見」は文意が明らかでなく、王念孫や徐灝の説のように、おそらく「人面の皃なり」の誤文であろう。〔詩、小雅、何人斯〕に「靦たる面目有り」の句があり、無恥の状をいう。〔爾雅、釈言〕に「靦は姡なり」、〔説文〕女部十二下に「姡は面靦なり」（段注本）とあり、姡もまた無恥の状をいう。

訓義 ①あつかましい、あつかましいかお、はじしらぬかお。②はじる、おもはゆい。③字はまた姡に作る。

古訓 〔新撰字鏡〕靦 加太奈志（かたなし）〔名義抄〕靦 オモホテル〔篇立〕靦 アツカヒ・ハヅ・オモフ・カタナシ

語系 靦・㥏thyenは同声。〔説文〕心部十下に「靑・徐（山東）に慙を謂ひて㥏と曰ふ」とあり、心に愧じることを㥏、外にあらわれることを靦という。

【靦然】かたなし。愚かなさま。〔国語、越語下〕昔吾が先君、～東海の陂に濱し、黿鼉魚鼈と與に處る。～余、靦然として人面なりと雖も、吾は猶ほ禽獸のごときなり。

➡靦汗 汗顔／靦顔 汗顔／靦愧 赤面する／靦懼 はじおそれる／靦怍 赤面する／靦慙 はじいる／靦腆 汗顔／靦冒 恥じる／靦瞢 靦冒

➡愧靦・慙靦・自靦・負靦

【輾】 17 5703 テン まろぶ ひく

形声 声符は展。展は席を拡げる形。くり広げる意があり、車の半転することをいう。〔詩、周南、関雎〕「輾轉反側す」の〔釈文〕に「呂忱は車展に従ふ」とあり、〔釈文〕に引く「字林」に輾にも作る。〔玉篇〕に「轉なり」とするが、〔詩〕の〔鄭箋〕に「臥して周ならざるを輾と曰ふ」とあり、半転の意とする。水車で臼つく意に用い、その字はまた碾に作る。

訓義 ①まろぶ、くりひろげる、まわす。②車輪でひく、車をまわしてひく、臼つく。

古訓 〔名義抄〕輾 ヒク・メグラス・トミヲ・スル・ニシル・クビキ・キシル／輾然 ニコヽ

【輾転】車輪が一めぐりする。また、寝がえりする。〔詩、周南、関雎〕之れを求めて得ざれば 寤寐に思服す 悠なる哉、悠なる哉 輾轉反側す

➡輾移 改変／輾顧 回顧する／輾然 笑うさま／輾動 転動／輾房 水車小屋／輾轢 車でひく

➡石輾・輪輾

【邅】17 3030 ［僮］15 2021 テン ゆきなやむ めぐる

篆文

形声 声符は亶。［玉篇］に「轉ずるなり。移るなり」とあって、行きなやんで邅回することをいう。［易、屯、六二］に「屯如たり、邅如たり。馬に乗ること班如たり。寇せんとするに匪ず、婚媾せんとするなり」とあり、その爻辞は、古代の略奪結婚を歌う詩句の残片と考えられる。［説文］八上に「僮は僮何なり」とあるのは、「僮佪なり」の誤りであろう。［楚辞］に「邅回」という語が多くみえる。

訓義 ①ゆきなやむ、たちもとおる。②めぐる、うつる、したがう、おう。

古訓 ［新撰字鏡］邅 毛止保留(もとほる) ［名義抄］邅 コユ・オモムク・ウツル ［篇立］邅 イヨ〳〵・ハヤシ・メグル・モトホル・―トナヤマシ・ウツル ［字鏡集］邅 マハル・カタタチ

語系 邅(僮)dian、轉(転)tiuan は声近く、ともにめぐる意がある。また遷(遷)tsjian、旋ziuan も同系の語とみてよい。

【邅回】 めぐりゆく。ゆきなやむ。宋・蘇軾［前韻に次して子由(蘇轍)に寄す］詩 我少くして即ち多難 邅回す、一生の中 百年満たし易からず 寸寸、強弓を彎く 老いたり、復た何をか言はん 栄辱今兩つながら空し

【邅廻】 めぐりゆく。ゆきなやむ。唐・劉禹錫［洛中、陳判官の贈らるるに酬ゆ］詩 潦倒(おちぶれる)の聲名、擁腫(役立たぬ)の才 一生故に多くして、邅廻に苦しむ

↑邅佪 邅廻／邅危 ゆきなやみ困しむ／邅窮 ゆきなやみ困しむ／邅蹇 邅屯／邅如 邅屯／邅屯 ゆきなやむ／邅途 危途

↓回邅・屯邅・迍邅

【簟】18 8840 テン たかむしろ すのこ ござ

篆文 金文

形声 声符は覃。［説文］五上に「竹席なり」とあり、たかむしろをいう。竹の簀の子を簟牀、車上の竹で編んだ方形の文飾のある蔽いを簟茀という。

訓義 ①たかむしろ、すのこ。②ござ。③竹で編んだ車の蔽い。

古訓 ［新撰字鏡］簟 阿牟志呂(あむしろ) ［篇立］簟 アジロ・コモ・アチシロ ［字鏡集］簟 イヒモルケ・ハコ・アシノウツハモノ・カタミ

語系 簟 dyəm、西 tyəm は声義近く、西は茵席の茵の初文で草むしろ。西は象形、茵は形声。簟はたかむしろをいう。

【簟席】 たかむしろ。［荀子、非十二子］奥窔(室の奥)の閒、簟席の上、斂然として聖王の文章具はり、佛然として平世の俗起る。～是れ聖人の勢を得ざる者なり。仲尼・子弓是れなり。

↑簟子 竹席／簟床 簀の子／簟牀 たかむしろ／簟褥 簟牀／簟簟 平らか／簟茀 車の蔽い／簟紋 たかむしろの模様

↓花簟・夏簟・画簟・臥簟・莞簟・玉簟・金簟・衾簟・午簟・漆簟・秋簟・暑簟・牀簟・織簟・清簟・竹簟・長簟・枕簟・珍簟・藤簟・氷簟・碧簟・冷簟

【闐】18 7780 テン みちる

篆文

形声 声符は眞(真)。眞に塡の声がある。［説文］十二上に「盛んなる皃なり」とあり、［詩、小雅、采芑］に「鼓を伐つこと淵淵たり 振旅闐闐たり」とは、軍容の盛んなることをいう。［史記、汲黯鄭当時伝論賛］「賓客門に闐つ」のように用い、混雑することを闐溢という。

訓義 ①みちる、あふれる。②さかんなさま、鼓や車の音などをいう。

古訓 ［名義抄］闐 ミル・ミツ・サカユ・トヾメク ［字鏡集］闐 トヾメク・ミツ・ミテリ・トヾロク・サカユ・サカンナリ

語系 闐・塡・窴 dyen は同声。塡・窴は塡塞、呪霊を封ずるために、眞(顚死者)を塡塞することをいう。闐溢の意があり、中に充溢することを闐という。珏 tyan は塡塞するもの、覃 dyəm に厚覃の意があり、また同系の語である。

【闐闐】 盛んなさま。車馬や鼓の音、雷鳴などをいう。晉・左思［蜀都の賦］車馬、雷のごとく駭き、轟轟闐闐たり。風の流れ雨の散るが若く、數百里の閒に漫がる。

↑闐溢 みち溢れる／闐咽 人がこむ／闐噎 闐咽／闐坑 谷でころげ死ぬ／闐門 門に溢れる

↓喧闐・賓闐

囚【顚】19 4188 テン たおれる さかさま いただき

篆文 その他

形声 声符は眞(真)。眞は匕(化、死者)と県(縣、首の倒形)とに従って、顚死者を意味する。［説文］九上に「頂なり」として頂巓の意とするが、もと顚倒・顚死することをいう。

訓義 ①たおれる、たおす。②さかさま、おちる。③いただき、あたま。④あわてる、うれえる。⑤こころが狂う、まよう。⑥こずえ。③塡と通じ、みみだま。

古訓 ［新撰字鏡］顚 伊太々支(いただき) ［名義抄］顚 イタヾキ・オツ・サカサマニ・クツガヘル・クヅル・タフル／顚墜 イツカヘリオツ ［字鏡集］顚 クヅル・サカサマ・オツ・イタヾキ・クツガヘル・タフル・クツガヘス

声系 巓は顚声。［玉篇］に「山頂、之れを顚と為す」とみえるが、のち山頂には巓を用いる。また［楚辞、九章、惜誦］に「巓越」の語があり、巓を顚落の意に用いる。

語系 顚 tyen、跌 dyet は声義近く、また蹎・疐 tiet もみなつまずき、たおれることをいう。轉(転) tiuan は、たおれてさらに転ずる意がある。また巓 tyen は顚と同声。天 thyen は顚と同義、天は人の頭の象形字。定 dyeng は頭の額の部分、頂 tyeng は頭の上部、題 dye は定(額)と同じ意。みな天頂の意を以て一系をなす語である。

【顚委】 本と末。水源と下流。唐・柳宗元［鈷鉧潭記］山石に抵たり、屈折東流し、其の顚委勢峻、盪撃すること益々暴くして、其の涯を齧む。

【顚飲】 狂い飲み。［開元天宝遺事、天宝上、顚飲］長安の進士鄭愚～等十數輩、禮節に拘はらず、旁らに人無きが若ごし。春時毎に、妖妓三五人を選び、小犢車に乘り、名園曲沼に詣り、巾を藉き形を裸はし、其の巾帽を去り、叫笑喧呼し、自ら之れを顚飲と謂ふ。

【顚隕】 落ちる。［楚辞、離騷］澆(古代の暴君)身に強圉を被服し 欲を縱にして忍びず 日に康娛して自ら忘れ 厥の首用つて夫れ顚隕す

【顚越】 たおれる。不道。［書、盤庚中］乃し不吉不迪(不道)、顚越不恭、暫遇(一時のごまかし)姦宄有らば、我は乃ち劓殄して之れを滅ぼし、遺育～無からしめん。

【顚狂】 反俗のふるまい。清・黄景仁［稚存(洪亮吉)と旧を話す、二首、二］詩 顚狂、落拓、相ひ笑ふことを休めよ 各々天機に任せて、世情を遺れん

【顚僵】 くつがえり、倒れる。宋・欧陽脩［蒼蠅を憎む賦］徒だ蒼頭丫髻(召使い)をして、巨扇もて揮颺せしむるも、咸な頭を垂れて腕脱し、毎に立ちながら寐ねて顚僵す。

【顚隮】 顚落する。［書、微子］父師少師よ、～吾が家耄みるるも、荒ぶるに遜がはんか。今爾予れに指告すること無くんば、顚隮するを若何せん。

【顚跌】 倒れつまずく。宋・曽鞏［撫州顔魯公祠堂記］大

奸に歴忤し、顚跌撼頓、七八たびに至りて、終始死生禍福を以て秋毫の顧慮を爲さざるは、道に篤き者に非ざれば此くの如くなる能はず。

【顚顚】愚かに狂うさま。〔北史、斉文宣帝紀〕功業を以て自ら矜り、～肆に淫暴を行ひ、～或いは形體を袒露し(はだかとなり)、粉黛を塗傅し、散髮胡服し、～刃を抜き弓を張り、市肆を游行す。～婦人に問ひて曰く、天子は何如んと。答へて曰く、顚顚癡癡、何ぞ天子と成さんと。帝乃ち之れを殺す。

【顚倒】たおれる。あべこべ。〔詩、斉風、東方未明〕東方未だ明けざるに 衣裳を顚倒す

【顚頓】つまずき倒れる。〔淮南子、要略〕今學者、聖人の才無くして、而も詳說を爲さずんば、則ち終身混溟の中に顚頓し、昭明の術を覺寤することを知らず。

【顚狽】つまずきうろたえる。〔晋書、王羲之伝〕(庾翼の羲之に与ふる書)吾昔伯英(後漢の張芝)の章草十紙有りしも、江を過ぎるとき顚狽し、遂に乃ち亡失せり。常に妙迹の永く絶ゆるを歎ず。忽ち足下の家兄に答ふる書を見るに、煥として神明の若く、頓に舊觀に還れり。

【顚沛】危急のとき。〔論語、里仁〕君子、終食の間も仁に違ふこと無く、造次(草卒のとき)にも必ず是に於てし、顚沛にも必ず是に於てす。

【顚覆】くつがえる。ことが敗れる。〔書、胤征〕惟れ時の羲和、厥の德を顚覆し、酒に沈亂す。官に畔き次を離れ、俶めて天紀を擾だし、厥の司を遐棄(遠く棄てる)す。

【顚末】一部始終。宋・劉克荘〔重ねて太平陂を修む〕郡の人、名を曾公陂と更め、既に庵して以て公を祠り、復た筆を予れに屬して、顚末を紀さしむ。

【顚連】苦難。宋・張載〔西の銘〕民は吾が同胞、物は吾が與なり。凡そ天下の疲癃殘疾、惸獨鰥寡(やもめ、みなしご)、皆吾が兄弟の、顚連して告ぐる無き者なり。

↑顚崖 崩れた岸／顚危 危い／顚蹶 失敗する／顚眴 めまい／顚実 気力が十分みちている／顚躋 顚隮／顚隋 崩れる／顚頽 崩れる／顚躓 つまずく／顚隊 顚墜／顚波 逆波／顚仆 たおれる／顚没 覆没する／顚冥 惑う／顚毛 頭髪／顚落 落ちる

↓隕顚・雲顚・華顚・救顚・狂顚・刑顚・傾顚・山顚・詩顚・酒顚・樹顚・秀顚・書顚・抄顚・酔顚・草顚・躓顚・茶顚・墜顚・倒顚・動顚・馬顚・白顚・扶顚・風顚

【囀】21 6504 テン さえずる

形声 声符は轉(転)。〔玉篇〕に「鳥鳴くなり」とあり、鳴きつづける鳥の声をいう。

訓義 1さえずる、鳴きつづける。2鳴き声がかわる、声をかえる。

古訓 〔新撰字鏡〕囀 左へ豆留(さへづる)〔名義抄〕囀 サヘヅル・カマビスシ・ヒ、ラク

【囀喉】歌う。のどを振るわせて歌う。〔唐国史補、下〕李衮、歌を善くす。初め江外に於て、名、京師を動かす。崔昭、朝に入るとき、密かに載せて至る。～衮をして弊衣して以て出でしむ。～乃ち囀喉一たび發し、樂人皆大いに驚きて曰く、此れ必ず李八郎ならんと。

↓哀囀・歌囀・改囀・喜囀・急囀・嬌囀・競囀・孤囀・巧囀・縦囀・新囀・悽囀・清囀・百囀・妙囀・幽囀

人

【纏】21 2091 テン まとめる まとう くくる

篆文

形声 声符は廛。廛は橐の中にものを入れてまとめ、それを建物に収納する意。〔説文〕十三上に「繞ぐらすなり」とあり、縄をめぐらしてまとめくくることをいう。次条に「繞は纏ふなり」とあって互訓。繞り歩くことを躔という。

訓義 1まとめる、まとう、まつわる。2くくる、まとめくくる。3めぐらす。4なわ、なわひく。5躔と通じ、ふむ。

古訓 〔名義抄〕纏 マツハル・マトフ・モトホル・ムスブ・トラフ・マク〔字鏡集〕纏 ヤドル・マツハル・メグル・ツ、ム

語系 纏・廛・躔 dian は同声。廛は橐にものを入れて纏める意。東 tong、弢(弓袋)thô、橐 thak はみな橐の意で一系の語である。

【纏裹】まといつつむ。自縄自縛。宋・陸游〔書歎〕詩 人生、春蠶の如し 繭を作りて自ら纏裹す 一朝、眉羽成り 鑽破すること亦た我に在り

【纏牽】まといつなぐ。束縛。晋・左思〔招隠詩、二首、二〕 爵服、常玩無し 好惡、屈伸有り 綬を結びて纏牽を生じ 冠を彈いて埃塵を去る

【纏索】縄につなぐ。牢獄。〔韓非子、説疑〕其の擧ぐる所を觀るに、或いは山林藪澤巖穴の閒に在り、或いは囹圄(牢獄)縲紲纏索の中に在り、或いは割烹芻牧飯牛の事に在り。

【纏足】女子の足を纏束し、歩行を困難にする習俗。〔輟耕録、十、纏足〕道山新聞に云ふ、李後主の宮嬪窅娘、纖麗にして舞を善くす。後主～窅娘をして帛を以て脚を繞らし、纖小屈上して新月の狀を作さしむ。素韈もて雲中に回旋して、凌雲の態有り。～人皆之れに效ひ、纖弓(纏足)を以て妙と爲す。

【纏頭】かずけもの。歌舞などの祝儀に与える。唐・白居易〔琵琶行〕詩 五陵の年少、爭うて纏頭す 一曲、紅綃、數を知らず

【纏綿】心にまとう。晋・陸機〔魏の武帝を弔ふ文〕内顧の纏綿たるを惜しみ、末命の微詳を恨む。

↑纏紆 まとう／纏縈 まとう／纏回 回教徒／纏脚 纏足／纏糾 まとう／纏結 結びつける／纏錯 誤解／纏繞 からむ／纏声 和声／纏束 束ねる／纏袋 胴巻／纏達 歌舞曲／纏縛 しばる／纏迫 せまる／纏挽 挽く／纏絆 まとう／纏約 まとう／纏絡 からむ／纏累 面倒／纏令 唱い物

↓紆纏・雲纏・縈纏・裹纏・糾纏・結纏・行纏・拘纏・香纏・情纏・繞纏・藤纏・縛纏・抜纏・盤纏・包纏・蔓纏・腰纏・連纏

【巓】22 2288 テン いただき おちる

形声 声符は顚。顚は顚倒の意で、顚死者をいう。道家では、死者を顚霊という。のち顚頂をいい、山頂を巓という。

訓義 1いただき、山頂、峰。2顚と通じ、おちる、おとす。

古訓 〔和名抄〕巓 伊太々岐(いただき)〔名義抄〕巓 イタヾキ・ヲツ・タフル・クツガヘル〔字鏡集〕巓 ヲツ・タフル・イタヾキ・クタシ・ヤマノイタヾキ・クツガヘル

語系 巓・顚 tyen は同声。天 thyen は声近く、もと人の顚頂をいう字で、その象形。頂 tyeng も声義が近い。定(額の意)dyeng、題(額の意)dye は頭の前額のところをいう。

【巓疾】頭の疾患。〔素問、宣明五気篇〕邪、陽に入れば則ち狂、邪、陰に入れば則ち痺、陽を搏てば則ち巓疾と爲り、陰を搏てば則ち瘖と爲る。

↑巓一 一様／巓越 顚越／巓崖 高い崖／巓巓 ひたすら／巓倒 たおれる／巓末 顚末／巓霊 霊が昇天する

↓雲巓・崖巓・巌巓・危巓・丘巓・山巓・崇巓・石巓・絶巓・曽巓・蒼巓・標巓・峰巓・陵巓

【躔】22 6011 テン めぐる ふむ わたる やどる

篆文 

形声 声符は㕓。㕓に纏繞、めぐりまとう意がある。〔説文〕二下に「践むなり」とあり、歴行することをいう。日月星辰の運行する軌道を躔度、星宿のあるところを躔次という。

訓義 ①めぐる、へめぐる。②ふむ、ゆく、わたる、うつる。③やどる、おる、いこう。④しるし、あと。

古訓 〔名義抄〕躔 ヤドリ・ヤドル・サル・ヲル・フム・キビス・マトフ・ヤスシ・ヤスム・ユク・ヘテ

語系 躔・㕓・纏 dian は同声。縄をめぐらしてまとい、ものをまとめる意がある。その軌道にそって移動するを躔という。團(団) duan はものをまるめて、まるくする、轉(転) tiuan はそのまるめたものが動きめぐること。旋 ziuan もまためぐる意。みな同系の語である。

【躔次】(てんじ) 天体の運行の軌迹。〔夢渓筆談、象数一〕若し太陽の躔次を用ひざれば、則ち當日當時の日月・五星・支干・二十八宿、皆天行に應ぜず。此れを以て、決らず須らく太陽を用ふべきを知るなり。

【躔度】(てんど) 天体の運行の度数。〔西京雑記、四〕公孫乘、月の賦を爲る。其の辭に曰く、月出でて皦し 君子の光～躔度運行し 陰陽以て正し

↑躔探 探る／躔陛 石段／躔離 日月の軌道

↓移躔・軌躔・経躔・高躔・歳躔・宿躔・星躔・跡躔・霊躔

【癲】 24 0018 ［瘨］ 15 0018 テン くるう

篆文 

形声 声符は顚。顚に顚倒の意がある。〔説文〕七下に「瘨は病なり」とあり、眞(真)声。眞に塡・瑱の声がある。また「一に曰く、腹張るなり」という。〔玉篇〕に「瘨は狂なり」とあり、古くは瘨を用いた。眞は道殣(行き倒れ)の意であるから、顚狂・癲癇が字の初義であろう。

訓義 ①てんかん。②くるう、みだれる。③やむ、なやむ、たおれる。④腹がふくれる病。

古訓 〔名義抄〕癲・瘨 クルフ・タフル／癲狂 モノクルヒ 〔篇立〕癲 モノクルヒ・タフル

【癲鬼】(てんき) 狂気をもたらすたたり。〔隋書、文四子、房陵王勇伝〕時に勇～面縛冤屈を申のべんと請ふも～聞奏するを得ず。勇是に於て樹に升りて大叫し、聲、上に聞ゆ。～(楊)素因りて奏して言ふ。勇、情志昏亂し、癲鬼の著く所と爲り、復た收むべからずと。～素の誣陷經營し、其の罪を構成するは、～類ね皆此の如し。

【癲狂】(てんきょう) もの狂い。放縦にして世を軽んずるふるまい。唐・元稹〔庁前の柏〕詩 我は本も癲狂耽酒の人なり 何ぞ、君と對敵することを爲すを事とせん

↑癲癇 てんかん／癲狗 狂犬／癲眩 昏乱／癲疾 狂気

↓酒癲・拯癲・疲癲・靡癲・瘋癲

デン

常 【田】 5 6040 デン たたつくる かり

篆文  甲骨文  金文 

象形 田の区画の形に象る。卜文では必ずしも方形ではないが、金文では方形に近い。金文にみえる賜与に、「田一田」と「人一人」とが対応する例が多く、その区画は一夫の耕作面積に相当するものであったのであろう。〔説文〕十三下に「陳ぬるなり」と陳列の意とする。陳・田は古音近く、田斉の田は金文では壐に作る。また田に田猟(かり)の意があり、〔詩〕〔書〕には田猟にすべて田を用いる。畋は後起の字である。

訓義 ①た、はたけ。②たつくる、たがやす、うえる。③かり、のち畋に作る。④陳と通じ、つらねる、みちる。⑤形況の語、まるいもの、鼓の音など。

古訓 〔和名抄〕田 太(た)。漢語抄に云ふ、水田、古奈太(こなた) 〔名義抄〕田 タ・トコロ・ミツ・ノフ・カリ／水田 コナタ／白田 ハタケ／陸田 ハタケ／田舎 ヰナカ

部首 〔説文〕は田部に二十九字を属する。その前後の里部、畕部、男部の字もその系列に入る。〔玉篇〕の田部の字は八十一字、その増加が著しい。

声系 〔説文〕に田声として畋・佃・甸の三字を収める。畕は音彊。〔段注〕に「陳陳相ひ因る」の陳で、すなわち田声によむべきであるという。〔玉篇〕は彊の声である。彊の初文であろう。

語系 田・畋・佃 dyen は同声。耕作と狩猟とは、ほとんど同じような生産の方法とされたのであろう。田を陳・塡の声義を以て解する説もあり、陳 dien、塡 dyen は陳列、塡密の意がある。

【田役】(でんえき) 田猟や役務。〔周礼、地官、鼓人〕六鼓、四金の音聲を教ふることを掌る。以て聲樂を節し、以て軍旅を和し、以て田役を正す。

【田園】(でんえん) 田畑。いなか。晋・陶潜〔帰去来の辞〕歸りなん、いざ、田園將に蕪れんとす。

【田翁】(でんおう) いなかおやじ。唐・杜甫〔田父の泥飲するに遭ふ〕詩 田翁、社日(春・秋の村の祭)逼り 我を邀へて春酒を嘗めしむ

【田家】(でんか) 農家。明・沈周〔低田の婦〕詩 君見ずや、田家は苦しき生涯を悔いず 女を生みては還た復た田家に嫁せしむ

【田鶴】(でんかく) 田の中の鶴。唐・劉長卿〔李侍御の鄱陽に貶せらるるを送る〕詩 暮天、江色の裏 田鶴、稲花の中

【田間】(でんかん) 田の中。〔後漢書、王丹伝〕家、千金を累ね、隱居養志、好施にして急を周ふ。每歲農時に、輒ち酒肴を田閒に載せ、勤むる者を候みて、之れを勞す。～邑聚相ひ率ゐ、以て殷富を致す。

【田客】(でんきゃく) 小作人。佃戸。〔晋書、外戚、王恂伝〕魏氏、公卿已下に租牛客戸を給するに、數各ゝ差有り。～貴盛の門には動やもすれば百數有り。又、太原の諸部には、亦た匈奴胡人を以て田客と爲し、多き者は數千あり。

【田社】(でんしゃ) 田の神を祀るところ。魏・曹植〔社頌の序〕田は則ち一州の膏腴、桑は則ち天下の甲第なり。故に此の桑を封じて、以て田社と爲す。

【田舎】(でんしゃ) いなか。〔抱朴子、疾謬〕傾倚申脚の者を以て、妖妍標秀と爲し、風格端嚴なる者を以て、田舎の朴騃(すなおで愚か者)と爲す。

【田主】(でんしゅ) 田の神。〔周礼、地官、大司徒〕其の社稷(土地の神と農耕の神)の壝を設けて、之れに田主を樹う。各ゝ其の野の宜しき所の木を以てし、遂に以て其の社と其の野とに名づく。

【田畯】(でんしゅん) 田官。また、田の神。〔詩、豳風、七月〕我が婦子を同め 彼の南畝に饁す 田畯(田の神)至りて喜(饎)す

【田神】(でんしん) 田の神。宋・梅尭臣〔野田行〕詩 茅旌(茅の旗)、山鬼を送り 瓦鼓、田神を迎ふ

【田祖】(でんそ) 農事を教えた神。神農。先嗇。〔詩、小雅、甫田〕琴瑟鼓を撃ち 以て田祖を御ふ

【田荘】(でんそう) 農家。また、荘園。清・顧炎武〔太虚山人の象譚の後に書す〕嗣位の諸王、又皆深宮の中に生まれ、婦人の手に長ず。廣く田荘を置き、情を酒色に放にせざる無し。

【田叟】(でんそう) 老農。田舎爺。〔後漢書、逸民、韓康伝〕桓帝～安車を以て之れを聘す。～自ら柴車に乘り、～亭に至る。亭長～康の柴車幅巾を見るに及び、以て田叟と爲し、其の牛を奪はしむ。康卽ち駕を釋きて之れを與ふ。

【田宅】(でんたく) 田と居宅。〔史記、平準書〕(卜式)親死す。式～

田宅財物、盡く弟に予ふ。式、山に入りて牧すること十餘歳、羊千餘頭を致し、田宅を買ふ。而して其の弟は、盡く其の業を破りたり。

【田疇】田地。〔左伝、襄三十年〕政に従ふこと一年、輿人之れを誦して曰く、～我が田疇を取りて之れを伍(共有)にす 孰か子產を殺す 吾れ其れ之れを與けんと。三年に及び、又之れを誦して曰く、～我に田疇有り 子產之れを殖せり 子產にして死せば 誰か其れ之れを嗣がんと。

【田田】まるく連なるさま。音の形容など。〔古楽府、江南〕江南に蓮を採るべし 蓮葉、何ぞ田田たる 魚は戲る蓮葉の閒

【田土】田地。〔後漢書、馬援伝〕援、上言す。破羌より以西は、城多くして完牢なり。～其の田土肥壤にして、灌漑流通す。～弃つべからざるなり。

【田畔】田のあぜ道。〔漢書、循吏、召信臣伝〕行きて郡中の水泉を視、溝瀆を開通し、水門提閼(取入口)を起すこと凡そ數十處、～民の爲に均水の約束を作り、石を刻して田畔に立て、以て分爭を防ぐ。

【田夫】農夫。〔礼記、郊特牲〕黃衣黃冠して祭るは、田夫を息はすなり。野夫は黃冠す。

【田父】老農。晉・潘岳〔秋興の賦の序〕僕は野人なり。偃息することは茅屋茂林の下に過ぎず、談話することは農夫田父の客に過ぎず。

【田畝】田畑。耕作。〔書、盤庚上〕惰農自ら安んじ、作勞を昬めず、田畝に服せざれば、越に其れ黍稷有ること罔からん。

【田壄】いなか。〔管子、小匡〕士農工商の四民は、國の石民なり。雜處せしむべからず。～聖王の士を處くや、必ず閒燕に於てし、農を處くや、必ず田壄に就き、工を處くや、必ず官府に就かしめ、商を處くや、必ず市井に就かしむ。

【田弋】かり。弋はいぐるみ。〔周礼、夏官、司弓矢〕田弋には箙矢を充籠(箙中にみたす)し、矰矢(いぐるみ)を共(供)す。

【田猟】かり。〔三国志、呉、張昭伝〕(孫)權田獵する毎に、常に馬に乘りて虎を射る。虎常に突前して馬鞍を攀持す。～乃ち射虎車を作る。方目を爲り、閒に置蓋せず。～時に逸群の獸有り、～權每に手擊して、以て樂しみと爲す。

【田廬】いなかの家。晉・左思〔詠史、八首、一〕詩 左眄して、江湘を澄ましめ 右盼して、羌胡を定む 功成るも、爵を受けず 長揖して、田廬に歸らん

↑田衣 袈裟／田歌 田植え歌／田稼 畑仕事／田課 田賦／田漢 田舍者／田器 農具／田饋 俸禄／田漁 狩と漁／田業 農業／田洫 田の溝／田具 農具／田鷄 殿さま蛙／田犬 猟犬／田券 地券／田原 田野／田戸 小作／田公 農夫／田功 開墾／田耕 耕す／田采 食邑／田作 耕作／田蚕 養蚕／田産 田地／田矢 狩りの矢／田事 田仕事／田時 農時／田車 狩猟の車／田者 農夫／田狩 かり／田収 収穫／田所 田地／田訟 農地訴訟／田塍 あぜ／田燭 田の灯り／田青 たにし／田税 田租／田租 田の課税／田鼠 もぐら／田卒 屯田兵／田儓 百姓／田地 田畑／田畜 田と家畜／田丁 農夫／田彘 いのこ／田奴 農奴／田僮 田作の僮僕／田農 農事／田婆 土穀の神／田表 境界標／田婦 農婦／田賦 田の税／田圃 たはた／田埜 田野／田邑 封地／田遊 かり／田螺 たにし／田萊 荒地／田里 田舎／田閭 村里／田路 木の車／田壟 うね／田禄 扶持

↓隠田・蔭田・芸田・営田・塋田・爰田・園田・塩田・秧田・下田・火田・瓜田・夏田・我田・漑田・間田・帰田・畿田・義田・旧田・均田・頃田・原田・公田・耕田・膏田・墾田・采田・山田・私田・賜田・狩田・蒐田・孰田・春田・乗田・穡田・食田・殖田・神田・新田・水田・井田・青田・藉田・籍田・荘田・桑田・大田・宅田・丹田・炭田・治田・徹田・典田・土田・稲田・耨田・屯田・農田・薄田・班田・肥田・陂田・悲田・美田・苗田・賦田・糞田・甫田・圃田・墓田・牧田・名田・薬田・油田・遊田・畬田・沃田・陸田・良田・力田・鹵田・路田・廬田・禄田

常 【伝】 6 人〔傳〕 13 2524 デン つたえる おくる うつす

篆文 甲骨文 金文

会意 旧字は傳に作り、人＋專(専)。專は橐の中にものをつめこんだ形。これを負って運ぶことを傳という。他に運び伝える意である。〔説文〕八上に「遽なり」とあるのは伝遽。すなわち駅伝形式で運ぶことをいう。金文の〔散氏盤〕に「傳棄」という語があり、遠方に流罪とする意。この金文では、自己詛盟の語として用いる。橐を負って、所払いとなることをいう。〔孟子、万章下〕の「傳質」は、贄(謁見のときの献上物)を負って歴遊し、出仕を求めること。のち伝達・伝習の意に用いる。

訓義 ①つたえる、はこぶ。②おくる、のこす、のちに伝える。③ひろめる、のべる。④うつす、かきつたえる、とりつぐ。⑤やど、やどり、はたご、宿駅、とらえておくる。⑥わりふ、てがた、旅券。⑦古書の注。古義を解きつたえる。⑧伝記、人の生涯の記録。

古訓 〔名義抄〕傳 ツタフ・ワカツ・タノム・アマネシ・イカル・タスク・ツテニオクル・タヾ・ヲシフ 〔字鏡集〕傳 ツタフ・ヲシフ・オクル・カシヅク・アマネシ・タノム・ワカツ・タスク・ツネニ・ツテニ・イタル・タヾ・スヂ・ク、タル

【伝駅】駅伝。陸路。唐・顔真卿〔銀青光禄大夫康使君神道碑録〕(開元)三年、鄉に歸らんことを請ふ。勅書して褒美し、衣一襲、竝びに雜綵等を賜ふ。仍りて傳驛を給し、本州に至らしむ。

【伝家】家に伝える。また、家業を伝える。〔後漢書、鄭玄伝〕之れを禮典に案ずるに、便ち合に家を傳ふべし。今我、爾に告ぐるに老を以てし、爾に歸するに事を以てす。

【伝看】回覧。宋・欧陽脩〔五老の詩を借観し、次韻して謝と為す〕詩 聞說く、優游して唱和多しと 新篇何ぞ惜しまん、盡く傳看するに

【伝奇】唐代の小説。のち雜劇。南曲・諸宮調をいうことがある。〔輟耕録、二十七、雜劇曲名〕稗官廢して傳奇作り、傳奇作りて戲曲繼ぐ。金季・國初の樂府は、猶ほ宋詞の流、傳奇は猶ほ宋の戲曲の變なり。世に傳へて之れを雜劇と謂ふ。

【伝記】書物や記録、一代記など。〔漢書、劉向伝〕傳記行事を采りて新序・說苑凡そ五十篇を著はして、之れを奏す。

【伝空】酒を飲みほす。挙白。〔潜夫論、断訟〕酒徒無行の人を崇聚し、傳空引滿、啁啾罵詈し、晝夜鄂鄂し、慢遊を是れ好む。或いは毆擊して主を責め、死亡に入らしむ。

【伝檄】檄文を伝える。〔史記、淮陰侯伝〕大王職を失ひて漢中に入る。秦の民恨みざる者無し。今大王擧げて東せば、三秦檄を傳へて定むべし。

【伝言】語を伝える。〔史記、絳侯周勃世家〕上～入ることを得ず。是に於て使をして節を持し、將軍に詔げしむ。吾れ入りて軍を勞せんと欲すと。亞夫、乃ち傳言して壁門を開かしむ。

【伝後】後世に伝える。魏・文帝〔呉質に与ふる書〕偉長(徐幹)～中論二十餘篇を著はし、一家の言を成す。辭義典

雅、後に傳ふるに足る。

【伝語】伝言。ことづて。唐・岑参〔京に入るの使に逢ふ〕詩 馬上に相ひ逢うて、紙筆無し 君に憑りて傳語して、平安を報ぜしむ

【伝写】写し伝える。〔晋書、文苑、左思伝〕(三都の賦成る)司空張華見て歎じて曰く、班(固)・張(衡)の流なり~と。是に於て、豪富の家競ひて相ひ傳寫し、洛陽之れが爲に紙貴かし。

【伝車】駅伝の車。宋・文天祥〔正気の歌〕詩 楚囚、其の冠を纓し 傳車して窮北に送らる

【伝授】伝え授ける。〔後漢書、儒林上、楊倫伝〕(光武)中興して~沛國の桓榮、歐陽尚書を習ふ。榮、世〻習ひて相ひ傳授す。東京最も盛んなり。

【伝習】伝え習う。〔旧唐書、儒学下、馮伉伝〕縣中の百姓、猾多し。爲に諭蒙十四篇を著はし、~鄉每に一卷を給し、其れをして傳習せしむ。

【伝述】述べ伝える。〔後漢書、西域伝論〕班勇、其の浮圖を奉じ、殺伐せざるを列すと雖も、精文善法導達の功は、傳述する所靡し。

【伝書】書物として世に伝える。〔荘子、天道〕意の隨ふ所の者は、言を以て傳ふべからざるなり。而れども世は言を貴ぶに因りて書を傳ふ。世之れを貴ぶと雖も、我は猶ほ貴ぶに足らざるなり。

【伝誦】相伝えて誦読する。宋・蘇軾〔范文正公文集の序〕公、天聖中に在りて、~萬言の書を爲りて以て宰相に遺り、天下傳誦す。

【伝食】次々と寄食する。〔孟子、滕文公下〕彭更問うて曰く、後車數十乘、從者數百人、以て諸侯に傳食す。以て泰ならずやと。

【伝心】心で法を伝える。〔唐詩紀事、四十八、裴休〕師(黄檗山の僧、希運)曰く、上乘の印は、唯だ是の一心のみ。更に別法無し。心體一空、萬緣俱に寂す~と。其の後、休之れを錄し、傳心の法要と爲すと云ふ。

【伝神】精神を伝える。〔世説新語、巧芸〕顧長康(愷之)人を畫くに、或いは數年、目精(睛)を點ぜず。人其の故を問ふ。顧曰く、四體妍蚩は、本と妙處に關する無し。傳神寫照、正に阿堵(このもの)の中に在りと。

【伝世】後世に伝える。〔荀子、君道〕(材人)法を尊び分を敬ひ、傾側の心無く、職を守り業に循ひ、敢て損益せず、世に傳ふべきなり。

【伝説】いい伝え。口碑。〔漢書、芸文志〕孝武の世に迄りて、書缺け簡脫し、禮壞れ樂崩る。~是に於て藏書の策を建て、寫書の官を置き、下は諸子傳說に及ぶまで、皆祕府に充つ。

【伝宣】口で伝える。〔後漢書、公孫瓚伝〕專ら姬妾を侍せしめ、其の文簿書記は、皆汲りて之れを上らしむ。婦人をして習ひて大言聲を爲し、數百步に聞えしめ、以て教命を傳宣せしむ。

【伝置】宿駅。駅伝。〔漢書、文帝紀〕務めて繇費を省きて、以て民に便せよ。~太僕の見(現在)馬は、財かに足るを遺し、餘は皆以て傳置に給せよ。

【伝注】経書などの注釈。〔唐書、芸文志序〕六經秦に焚かれてより、復た漢に出づ。~是に於て諸儒章句の學興る。其の後傳注・箋解・義疏の流、轉た相ひ講述し、聖道粗〻明らかなり。

【伝逓】伝えて渡す。〔宋史、選挙志二〕擧人の弊凡そ五、曰く傳義、曰く換卷、曰く易號、曰く卷子出外、曰く謄錄滅裂。~入試の日、一切傳遞することを許さず。

【伝統】王業をつぐ。〔後漢書、東夷、倭伝〕倭は~山島に依りて居を爲し、凡そ百餘國。武帝の朝鮮を滅ぼしてより、使驛(訳)の漢に通ずる者三十許(余)國、國ごとに皆王と稱し、世世統を傳ふ。其の大倭王は邪馬臺國に居る。

【伝道】いい伝え。また、道を教える。宗教を広める。〔周礼、夏官、訓方氏〕四方の政事と、其の上下の志とを道ひ、四方の傳道を誦することを掌る。

【伝芭】祭りに花を交換して舞う。〔楚辞、九歌、礼魂〕禮を成して會鼓し 芭を傳へて代る舞ふ 姱女倡へて、容與たり

【伝播】伝え広がる。〔唐才子伝、高適〕年五十、始めて學び、詩を作ること卽ち工みなり。~一篇已る每に、好事の者、輒ち傳播吟玩を爲す。

【伝聞】伝えきく。〔公羊伝、隠元年〕何を以てか日のならざる。遠ければなり。見る所辭を異にし、聞く所辭を異にし、傳聞する所辭を異にす。

【伝本】世に伝える書。また、拓本。明・倪元璐〔元祐党の碑に題す〕此の碑、崇寧五年に毀碎せられしより、遂に傳本稀なり。

【伝訳】次々に訳を重ねる。〔春秋繁露、王道〕天之れが爲に甘露を下し、朱草生じ、醴泉出で、風雨時あり、嘉禾興り、鳳凰麒麟、郊に遊ぶ。~四夷傳譯して朝す。民情至朴にして文ならず。

【伝臚】殿試者の名を順次下に宣布する。〔香祖筆記、二〕四月初四日殿試、初七日傳臚す。

↑伝位 位を譲る/伝意 心を伝える/伝胤 子孫を伝える/伝下 おふれ/伝火 火をともす/伝訛 誤り伝える/伝柑 上元/伝館 客舎/伝観 回覧する/伝騎 伝令の騎/伝遽 早馬/伝教 伝え教える/伝業 業を伝える/伝形 画像/伝継 承継する/伝呼 ふれる/伝鼓 鼓をうって知らせる/伝国 譲位/伝座 とそ酒/伝催 催促する/伝賛 伝記の論賛/伝尸 肺病/伝屍 肺病/伝質 面会の礼/伝示 伝える/伝舎 宿舎/伝受 伝授する/伝襲 うけつぐ/伝祝 お告げ/伝抄 抄写/伝承 伝襲する/伝称 伝承する/伝唱 伝誦する/伝觴 杯を取り次ぐ/伝乗 乗りつぎ/伝情 意を伝える/伝信 伝える/伝真 肖像/伝進 取り次ぐ/伝訊 召喚し訊問する/伝声 伝言/伝染 うつす/伝箭 矢文/伝禅 譲位/伝疏 注釈/伝送 次々送る/伝単 令状/伝致 届ける/伝灯 法灯/伝売 売り歩く/伝拝 代拝/伝杯 伝觴/伝蹕 先払い/伝布 布き広める/伝佈 伝布/伝諷 伝誦する/伝服 譲り服/伝覆 供述して確認する/伝摹 写す/伝法 伝教/伝烽 のろし/伝馬 駅馬/伝名 名を残す/伝命 おふれ/伝夜 夜警の声/伝与 伝えわたす/伝用 広め使う/伝来 伝わる/伝吏 宿場役人/伝略 略伝/伝流 伝わる/伝留 残る/伝令 伝令使/伝漏 時報

↓遺伝・永伝・駅伝・家伝・訛伝・皆伝・外伝・記伝・久伝・旧伝・急伝・給伝・虚伝・口伝・駆伝・経伝・喧伝・古伝・誤伝・再伝・史伝・書伝・星伝・盛伝・宣伝・相伝・俗伝・置伝・馳伝・逓伝・飛伝・秘伝・必伝・謬伝・評伝・風伝・別伝・流伝・列伝

人 【佃】 7 2620 デン つくりだ こさく

篆文　金文

形声 声符は田。〔説文〕八上に「中なり」というのは、二馬中乗の意。卿の用いる一轅の車をいう。〔左伝、哀十七年〕「(渾)良

夫(人名)、衷甸ちゅうでん両牡に乘る」の衷甸は二馬中乗、いわゆる甸車でんしゃ(狩り用の車)で、狩りなどに用いる。金文の〔克鐘こくしょう〕に、克が巡撫の命を受けて、甸車を賜うことをしるしている。佃はのち小作・小作人の意となる。〔説文〕には甸を五服の甸、佃を甸車の意に用いる。

訓義 ①たがやす、人の田をたがやす、小作人、つくりだ。②かり、かりする、かりする車。

古訓 〔和名抄〕佃 豆久利太(つくりだ) 〔名義抄〕佃 ツクリダ 〔字鏡集〕佃 ツクリダ・ナカ・ツクダ

語系 佃・畋・田・甸 dyen は同声。畋でん・田は狩猟にも用い、甸は甸服の地であるが、また治田納穀の意にも用いる。もとみな一系の語である。

【佃器】でんき 農具。〔後漢書、羊続伝〕安風の賊戴風等、亂を作なす。續、復また之れを撃破し、斬首三千餘級、渠師きょしを生獲す。其の餘の黨輩は原ゆるして平民と爲し、佃器を賦與して農業に就かしむ。

【佃客】でんかく 小作人。佃戸。〔晋書、食貨志〕其の應まさに佃客有るべき者は、官品第一、第二なる者は、佃客五十戸に過ぐる無く、第三品は十戸。

【佃漁】でんぎょ 狩り。獣をとり、魚をとる。〔易、繫辞伝下〕古者いにしへ包犧氏の天下に王たるや、~始めて八卦を作り、~結繩を作なして網罟まうこ(あみ)を爲つくり、以て佃かりし以て漁すなどりす。

【佃戸】でんこ 小作人。佃客。〔五代史、楚世家、周行逢〕家田の佃戸、公の貴きを以て頗すこぶる力農せず、多く勢を恃たのみて以て民を侵す。請ふ、往きて之れを視よ。

【佃作】でんさく 耕作。〔史記、蘇秦伝〕(燕は)南に碣石けっせき・鴈門がんもんの饒ゆたかなる有り、北に棗栗さうりつの利有り、民佃作せずと雖も、棗栗に足る。此れ所謂いはゆる天府なる者なり。

↑佃具でんぐ 農具/佃契でんけい 小作の契約書/佃券でんけん 佃契/佃権でんけん 小作権/佃耕でんこう 小作/佃種でんしゅ 植付け/佃人でんじん 小作人/佃租でんそ 小作料/佃地でんち 耕作する/佃農でんのう 小作農/佃夫でんぷ 小作人/佃僕でんぼく 隷農

↓営佃・就佃・租佃・治佃・班佃・募佃・領佃

【旬】 7 2762 デン いなか おさめる かり

篆文 
金文 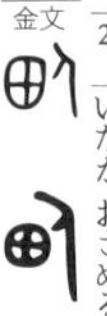

会意 田＋人。〔説文〕十三下に「天子五百里の地なり」とし、字を包(包)うほの省声に従うとするが、金文の字形は田の旁らに人をそえた形で、田野を司る人の意であろう。〔周礼、天官、甸師〕の職にあたる。金文には周初の〔令彝れいい〕に「諸侯、侯・田・男」、また〔大盂鼎だいうてい〕に「殷の邊侯田と殷の正百辟へき」の語があり、田・男はいずれも農耕地の支配・管理者をいう。〔克鐘こくしょう〕に、克が巡撫を命ぜられたとき、甸車を賜うことがしるされており、〔詩、小雅、車攻〕にいう「田車既に好し」も、甸車のことであろう。狩猟にも用いる車であった。

訓義 ①いなか、郊外、遠郊。②天子五百里の地。王城を去る千里の外、幅五百里の地。甸服、九畿の一。③治める、耕作地を治める、耕作地。④耕す、たつくる。⑤狩りする、狩りする車。

古訓 〔名義抄〕甸 ヲク・ツク・ヲサム 〔字鏡集〕甸 カリ・ツク・ヲサム

語系 甸・田・畋・佃 dyen は同声。農耕と畋猟でんりょうとは、もと採取経済的な行為で、それぞれ似た行為であるから、同じ語を用いた。

【甸役】でんえき 王が行う四時の田猟と、その祭祀。〔周礼、春官、司几筵〕甸役には、則ち熊席を設け、漆几しっきを右にす。

【甸畿】でんき 九畿の一。〔周礼、夏官、大司馬〕方千里を國畿と曰ふ。其の外方五百里を侯畿と曰ひ、又其の外方五百里を甸畿と曰ふ。

【甸師】でんし 官名。王の藉田を掌る。〔周礼、天官、甸師〕其の屬を帥ひきゐて、王藉を耕耨かうどうし、時を以て之れを入れ、以て齍盛しせい(祭祀の供物)に共(供)することを掌る。

【甸人】でんじん 公田などを掌る官。〔左伝、成十年〕六月丙午、晉侯麥を欲し、甸人をして麥を獻ぜしむ。

【甸甸】でんでん 車のゆく音。〔玉台新詠、焦仲卿の妻の為に作る〕詩 府吏の馬は前に在り 新婦の車は後に在り 隱隱として何ぞ甸甸たる 俱に大道の口ほとりに會す

【甸徒】でんと 甸より軍役などに徴用する。〔礼記、祭義〕古の道、五十にして甸徒と爲さず。

↑甸宇でんう 境域/甸侯でんこう 甸服の諸侯/甸帥でんすい 田野の官/甸地でんち 郊外/甸農でんのう 近郊の農民/甸服でんぷく 甸畿/甸燎でんりょう 庭燎

↓禹甸・王甸・海甸・郭甸・畿甸・丘甸・区甸・江甸・侯甸・荒甸・郊甸・山甸・大甸・芳甸・邦甸・林甸

【畋】 9 6804 デン たつくる かり

篆文 
金文 
古印璽 

会意 田＋攴ぼく。〔説文〕三下に「田を平らかにするなり」とあり、土をならして、田を作る意とする。〔書、多方〕に「爾なんぢの田を畋をさめよ」とみえる。金文の〔㫚鼎こつてい〕に「厥その田を田たつくれ」と田を動詞に用いる。文献では畋を畋遊・畋猟・畋漁の意に用いることが多い。

訓義 ①たつくる。②かり、かりする。

古訓 〔名義抄〕畋 カル 〔篇立〕畋 カリ・カル

語系 畋・田・甸・佃 dyen は同声。農耕と狩猟とは、もと相近い行為とされ、田・畋はともにその両義に用いる。

【畋漁】でんぎょ 狩猟と、すなどり。〔晏子、問上十〕飲食を節し、畋漁を多くすること無く、以て川澤に偪せまること無からしむ。

【畋遊】でんゆう(いう) 狩りをして遊ぶ。〔五代史、唐太祖家人二、皇后劉氏伝〕京師の賦調充みたず、六軍の士、往往殍うゑ踣たふる。乃ち明年夏・秋の租税を預あらかじめ借る。百姓愁苦して、路に號泣す。莊宗、方まさに后と畋遊に荒すさむ。

【畋猟】でんりょう(れふ) かり。〔老子、十二〕五色は人の目を盲せしめ、五音は人の耳を聾ろうせしめ、五味は人の口を爽たがはしめ、馳騁ちてい畋獵は、人の心をして狂を發せしむ。

↑畋狩でんしゅ かり/畋食でんしょく 耕し食う/畋弋でんよく かり

↓漁畋・郊畋・蒐畋・出畋・翔畋・轂畋

入【淀】 11 3318 「澱」 16 3714 デン テン よど よどむ どろ

篆文 

形声 正字は澱に作り、殿でん声。淀は定てい声。〔説文〕十一上に「澱は滓なり」とあって互訓。また滓に「澱どろなり」(段注本)、泟字条十三下に「澱どろなり」とあって、水底の泥をいう。淀は〔説文〕にみえず、〔玉篇〕に「淺き水なり」とあって、澱と別義の字であるが、声義が近く、通用することがある。〔和名抄〕に「文選、江の賦注に云ふ。澱、淀と古字通ず。淵の如くにして淺き處なり」とあり、〔魏都の賦〕の〔劉逵注〕の文である。わが国では、淀川のことを澱江・澱水のようにいう。

訓義 ①どろ、おり、かす。②よどむ、とどこおる、ふち、あさいふち、よど。

古訓 〔和名抄〕澱 淵の如くにして淺き處なり。與止美(よどみ)と訓む。俗に淀の字を用ひて、與止(よど)と云ふ 〔名義抄〕澱 シタム・ソム・ウルフ・ヨドム・ヨドミ・サムシ・アヰシル・ヨド 〔字鏡集〕淀 ヨド・ヨドミ・アサキミヅ・ス、グ/澱 ソム・シタム・ヨドミ・ヨドム・アヰシル・ウルフ

語系 澱 dyən、滓 tzhiə は声近く、〔説文〕に「滓は澱なり」とあ

って互訓。また滋（滋）tzieも声義近く、黒く染まる意がある。

↑澱汚 おり／澱淤 おり／澱滓 おり／澱塞 塞がる／澱澱 漂うさま／澱粉 穀粉末

↓淤澱・廻澱・巨澱・浅澱・碧澱・藍澱

常【殿】 13 7724 デン テン との やしき しんがり

篆文 

会意 屍＋殳。屍は臀との初文。人が丌（牀几）に腰かけている形で、臀の部分を強調した字。殳はおそらく攴の意。殿は臀たたきの俗を示す字のようである。〔説文〕三下に「撃つ聲なり」とし、〔太平御覧、一七五〕に引く〔説文〕には「堂の高大なる者なり」とみえる。〔詩、小雅、采薇〕「天子の邦を殿む」の〔毛伝〕に「鎮むるなり」とあるのは、動詞の用法であるから、殿字の初義と関係があろう。殿堂の意は臀と関係があるべきではないから、あるいは屭の字義であるかもしれない。〔説文〕八上に屭を「倚るなり」と訓するが、神戸の前に薦腆する意とみられ、その祀所を殿といい、堂というものと思われる。

訓義 ①との、やしき、天子の御所、貴人の住所。②政務を執る所、高大な建物、寺。③臀と通じ、しり、うしろ、しんがり、最後部。④鎮と通じ、しずめる。

古訓 〔和名抄〕殿 度能（との）〔名義抄〕殿 ウツ・トノ・シヅム・ミツ・オクレヌ

声系 〔説文〕に殿声として、澱など三字を収める。臀は屍の異文。屍がその象形字である。

語系 殿・澱dyənは同声。屍（臀）duən、屭・奠dyenは声が近く、殿堂の字は、おそらく屭、薦腆して祀るところをいい、屭が本字であろう。殿に治める意があるのは、鎮（鎮）tjiən、寘dyenと関係があるらしく、寘ても塡塞して鎮めることをいう字である。また敦tuənはたたきうつ意の字で、殿・臀と声が近く、うち治める意がある。

【殿帷】 御殿の垂れ布。〔漢書、東方朔伝〕（文帝）貴きことは天子爲り。富は四海を有てるも、身に弋綈（黒いつむぎ）を衣き、足に革舄を履き、韋（皮）を以て劍を帶び、莞蒲（がま）を席と爲し、～上書の囊を集めて以て殿帷と爲す。

【殿宇】 御殿。〔旧唐書、魏少遊伝〕肅宗、靈武に至る。殿宇御幄、皆宮闈に象る。諸王公主、各〻本院を設く。～肅宗曰く、我此に至るは、本も大事を成さんと欲す。安くんぞ此れを用ふることを爲さんと。有司に命じて稍〻（次第に）之れを去らしむ。

【殿屋】 宮中の建物。〔史記、秦始皇紀〕南は渭に臨み、雍門より以東、涇・渭に至るまで、殿屋複道（渡り廊下）周閣相ひ屬し、得る所の諸侯の美人・鍾鼓、以て之れに充入す。

【殿下】 諸侯貴族の尊称。〔三国志、魏、邢顒伝〕初め太子未だ定まらず。臨菑侯植、寵有り。丁儀等竝な其の美を贊翼す。太祖（曹操）顒に問ふ。顒對へて曰く、庶を以て宗に代ふるは、先世の戒なり。願はくは殿下、深重に之れを察せよと。

【殿階】 御殿の階段。〔唐書、褚遂良伝〕帝將に武昭儀を立てんとす。～遂良曰く、～昭儀は昔先帝に事へ、身、帷第に接す。今之れを立つるは、天下の耳目を奈何とせんと。帝、羞ぢて默す。遂良因りて笏を殿階に致し、叩頭流血す。

【殿閣】 宮殿と楼閣。〔漢書、王莽伝下〕（三年）夏、蝗東方より來り、蜚びて天を蔽ふ。長安に至り、未央宮に入り、殿閣に緣る。莽、吏民を發し、購賞を設けて捕擊す。

【殿喝】 警蹕の声。前者は呵、後者は殿という。〔開元天宝遺事、天宝下、郡神迎路〕張開、荊州の刺史と爲り、郡界に至る。風雨瞑晦にして、面目を辨ぜず。唯だ空中に、殿喝の聲相ひ次する有るを聞くのみ。～曰く、～久しく史君の令名を仰ぐ。故に相ひ率ゐて迎引すと。

【殿館】 御殿の建物。〔後漢書、光武十王、琅邪孝王京伝〕京、莒に都す。好んで宮室を修め、伎巧を窮極す。殿館壁帶、皆飾るに金銀を以てす。

【殿檻】 御殿のてすり。〔漢書、朱雲伝〕上大いに怒る。～御史、雲を將て下さんとす。雲、殿檻に攀ぢ、檻折る。～後、當に檻を治むべきに及び、上曰く、易ふること勿かれ。因りて之れを輯め、以て直臣を旌はさんと。

【殿最】 論功のとき、上功を最、下功を殿という。漢・班固〔賓の戲れに答ふ〕辯を馳すること濤波の如く、藻（文）を摛ぬること春華の如しと雖も、猶ほ殿最には益無きなり。

【殿試】 天子が殿中で行う進士等の試験。〔陔余叢考、二十八、殿試〕唐の武后、天授元年二月、貢擧の人を洛陽に策問し、數日にして方めて畢る。此れ殿試の始めなり。然れども其の制、後世と異なれり。～是の殿試は卽ち考功の試なり。

【殿上】 御殿の内。〔戦国策、燕三〕荊軻、秦王を逐ふ。秦王、柱を還りて走る。群臣驚愕し、～盡く其の度を失ふ。而して秦の法、群臣殿上に侍する者、尺兵をも持することを得ず。諸郎中兵を執り、皆殿下に陳ね、詔有るに非ざれば上るを得ず。～以て軻を擊つ無し。

【殿前】 御殿の前。唐・王昌齡〔殿前曲、二首、一〕詩 貴人の妝梳、殿前に催し 香風は吹いて殿後より入り來る

【殿中】 宮中。〔後漢書、丁鴻伝〕肅宗～五經の同異を北宮白虎觀に論定せしむ。～鴻、才の高きを以て、論難最も明らかなり。～時人嘆じて曰ふ、殿中無雙、丁孝公と。

【殿庭】 御殿の庭。〔三国志、呉、呉範等伝評注〕に引く葛洪の神仙伝〕仙人介象～殿庭中に於て方埳を作らしめ、水を汲みて之れに滿たし、幷びに鉤を求む。象起ちて之れに餌し、綸を埳中に垂る。須臾にして果して鯔魚を得たり。呉王驚喜す。

【殿堂】 御殿。楚・宋玉〔神女の賦〕歩すること裔裔として殿堂を曜らし、忽ち容を改めて、婉として游龍の雲に乘りて翔けるが若し。

【殿罰】 科挙試験の不成績者を罰する。〔宋史、選挙志一〕乾德元年～諸州薦むる所の士の數益〻多し。乃ち周の顯德の制を約し、諸州貢擧の條法、及び殿罰の式を定め、～殿擧の數、試卷に朱書す。

【殿陛】 御殿のきざはし。宋・欧陽脩〔范司諫に上る書〕諫官卑なりと雖も、宰相と等し。～殿陛の前に立ちて、天子と是非を爭ふ者は、諫官なり。宰相は尊くして其の道を行ひ、諫官は卑しくして其の言を行ふ。言行はるれば道も亦た行はるるなり。

【殿本】 清の武英殿官刻本。〔四庫簡明目録標注、一〕清の殿本注疏は、句下に圏を加へ、校刻皆精なり。

↑殿院 侍御史の司るところ／殿衙 官庁／殿角 屋角／殿屎 うめき声／殿挙 受験資格を停止する罰／殿軍 しんがり／殿闕 宮殿／殿後 殿軍／殿舎 御殿／殿省 官庁／殿寝 御殿／殿撰 殿試の最優等の合格者／殿闥 大奥／殿直 宿直／殿廷 宮廷／殿頭 内供奉／殿班 侍直の官／殿廡 御殿のひさし／殿兵 後軍／殿門 宮門／殿闌 御殿の手すり／殿廬 殿外の幕舎／殿廊 渡殿

↓幄殿・帷殿・宴殿・外殿・寒殿・貴殿・綺殿・旧殿・宮殿・金殿・禁殿・錦殿・月殿・御殿・香殿・斎殿・祭殿・三殿・山殿・紫殿・贊殿・社殿・朱殿・升殿・昇殿・上殿・神殿・深殿・寝殿・正殿・夕殿・大殿・帳殿・堂殿・内殿・拝殿・飛殿・舞殿・仏殿・別殿・便殿・宝殿・本殿・夜殿・浴殿・蘭殿・礼殿・霊殿

【鈿】 13 8610 デン かねかざり かいかざり かんざし

篆文 

形声 声符は田。〔説文新附〕十四上に「金華なり」とあり、華(華)は華勝、黄金の髪飾りをいう。金や青貝で器具を飾る螺鈿も古くから行われ、中山王墓や洛陽金村墓からは、豪華な遺品が多く出土している。

訓義 ①かねかざり、かいかざり、金や青貝を飾りとして細工して加える。②かんざし。③首飾り。

古訓 〔新撰字鏡〕鈿 久志(くし)、又、介豆留(けづる)〔名義抄〕鈿 フサグ・チリバム・ケヅル・サラヒ・カネノハナ・ツタフ・カサムシ・カサムス〔篇立〕鈿 フサク・カネノハナ・クシカザル・クハフ・ナツクル・ハタタカラ・タハム・ヌリモノ・ミツ・クツル・チラシモノ

語系 鈿・田dyenは同声。田田はものの崩れ倒れるようなさま。また、まるい蓮の葉が相連なるさまなどをいう形況の語。金華のそのようなさまのものを、鈿という。

【鈿瓔】 金をはめこんで飾った首飾り。唐・白居易〔霓裳羽衣歌〕詩 虹裳、霞帔、歩搖の冠 鈿瓔纍纍として珮珊珊たり

【鈿合】 青貝で飾った香ばこ。唐・白居易〔長恨歌〕詩 唯だ舊物を將つて深情を表はさん 鈿合・金釵、寄せ將て去らしむ

【鈿車】 螺鈿の車。唐・皮日休〔洛中寒食、二首、二〕詩 遠近の垂楊、鈿車に映じ 天津橋影、神霞を壓す

↑鈿椅 螺鈿の椅子/鈿窠 象嵌の模様/鈿胯 鈿帯/鈿盒 鈿合/鈿尺 金粟尺/鈿針 金のかんざし/鈿粟 金粉象嵌/鈿朶 花のかんざし/鈿帯 帯飾り/鈿螺 螺鈿

↓遺鈿・花鈿・玉鈿・金鈿・釵鈿・珠鈿・翠鈿・青鈿・飛鈿・芳鈿・宝鈿・瑶鈿・螺鈿

常 【電】 13 1071 デン いなずま いなびかり

篆文  古文  金文 

会意 雨+申。申は電光の象形で、直線の上下は左と右とに屈折する形にしるされている。いま下右の屈折の形のみが残されている。〔説文〕十一下に「陰陽激燿するなり」とあり、そのときの光を電、その轟きを電霆という。

訓義 ①いなずま、いなびかり、電光。②ひらめく、電光のようにはやい。

古訓 〔名義抄〕電 イナビカリ・イナツルビ・イナヅマ・ヒカリ・ヒラメク・イナタマ

語系 電dyen、霆dyengは声義近く、霆は〔説文〕十一下に「雷の餘聲なり」という。雷の発するときの音は霹靂で、その擬声語。それより長く轟きわたる音を霆という。

【電影】 電光。唐・宋之問〔内題、賦し得たり巫山の雨〕詩 電影、江前に落ち 雷聲、峽外に長し

【電撃】 激しく急襲する。〔六韜、虎韜、軍用〕衝車~横さまに以て敵の輜車騎寇を敗るべし。一名電車。兵法に之れを電撃と謂ふ。

【電光】 稲妻の光。〔初学記、一に引く帝王世紀〕神農氏の末、少典氏、附寶に娶る。大電光の北斗樞星を繞るを見る。郊を照らし、附寶に感じ、孕むこと二十月、黄帝を壽邱に生む。

【電閃】 電光。宋・蘇軾〔子玉郎中の草書を観る〕詩 柳侯、筆を運ぶこと電閃の如し (蕭)子雲は寒悴し、羊欣は儉なり

【電赴】 急速に赴く。〔晋書、閔王承伝〕(閔王承の甘卓に答ふる書)足下若し能く甲を巻いて電のごとく赴かば、猶ほ或いは濟すこと有らん。若し其れ狐疑せば、我を枯魚の肆に求めん。

【電滅】 電光のように消えうせる。晉・傅玄〔四愁詩に擬す、四首、二〕詩 存すること流光の若く忽ちにして電滅す 何為れぞ多く念ひて、獨り鬱結する

↑電火 電光/電赫 かがやく/電頃 瞬間/電戟 鋭鋒/電激 電光のように激発する/電行 速く行く/電采 電光/電策 雷光/電察 高覧/電至 急に至る/電鷙 電撃/電謝 急に去る/電照 明らかに照らす/電燭 電光/電矚 御覧/電迅 迅速/電逝 電のように速く去る/電掣 電光がひらめく/電断 明断/電馳 電光が走る/電霆 電光と雷霆/電発 電気のように激発する/電尾 電光の末/電飛 電光のように速く飛ぶ/電父 雷/電鶩 電飛/電鞭 電光/電母 雷/電邁 電馳/電覧 御覧/電爛 明亮

↓雲電・駭電・感電・眼電・厳電・驚電・駆電・軽電・撃電・激電・紫電・収電・震電・迅電・掣電・閃電・逐電・霆電・飛電・風電・鞭電・放電・奔電・雷電・落電・流電

人 【鮎】 16 2136 デン ネン なまず あゆ

篆文 

形声 声符は占。占に坫・玷の声がある。〔爾雅翼〕に「身滑らかにして鱗無し」とあって、なまずをいう。わが国では、あゆの字に用いる。鮎・年の音が近く、あゆは年魚、それで鮎を借用したものであろう。

訓義 ①なまず。②あゆ。

古訓 〔名義抄〕鮎 アユ〔字鏡集〕鮎 サメ・アユ・ナマズ

【鮎魚】 なまず。〔帰田録、二〕(梅聖兪)其の初、敕を受けて唐書を修むるや、其の妻刁氏に語りて曰く、吾の書を修むるは、猢猻(猿)布袋に入ると謂ふべしと。刁氏對へて曰く、君の仕官に於ける、亦た何ぞ鮎魚の竹竿に上るに異ならんやと。聞く者皆以て善對と為せり。

↓鱣鮎・大鮎

【臀】 17 7722 [𡱂] 8 7721 デン トン しり

篆文 

形声 声符は殿。殿は𡱂を撃つ意の字で、𡱂が臀の初文。臀はその繁文である。〔説文〕八上に「𡱂は髀なり」とあり、臀など異文二を録する。〔国語、周語下〕に、晋の成公の母が「神、其の臀に規くに墨を以てす」と夢みて、その子を黒臀と名づけた話がみえる。臀を撃つ字は殿、また臀にえがくというのは、何らかの民俗的な意味のある行為と思われる。

訓義 ①しり。②そこ、もののそこ。

古訓 〔新撰字鏡〕臀 尻不佐(しりぶさ)〔和名抄〕臀 之利(しり)。俗に云ふ、井佐良比(ゐさらひ)〔篇立〕臀 ヰサラヒ・シリタブラ・シリヰサラヒ・ナマグサシ・シリクスネ

声系 𡱂がその初文。〔説文〕に𡱂声の字として殿、また殿声の字として澱など三字を収める。

語系 𡱂(臀)duən、敦tuənは声義近く、ともにゆたかにもりあがったもの、またそれをたたく音を形容する語である。

↑臀杖 しりたたきの刑杖/臀尖 猪の尻/臀疣 猿の尻/臀癰 尻のできもの

ト

常 【斗】 4 3400 ト とます ます

篆文  金文 

象形 柄のある匕杓の形。その小なるものは升、大なるものを斗という。〔説文〕十四上に「十升なり。象形。柄有り」とあり、その頭の部分が勺(勺)である。北斗七星は、その形が斗に

似ているところから名をえている。穀量をはかる器として用い、十升を斗という。

訓義 ①とます、ます。容量の名、十升。②ひしゃく、ひさご。③北斗星。④たちまち。

古訓 〔和名抄〕斗 禮記注に云ふ、概、俗に度加岐(とかき)と云ふ 〔名義抄〕斗 アト・フス 〔字鏡〕斗 アト・フス、止加岐(とかき) 〔字鏡集〕斗 フス・アト・ハカル・シル

部首 〔説文〕に斛・斝・料・斡・魁・斠・斟・斜および升など十六字、〔玉篇〕には二十二字を属する。斟酌に関するほかは、その形状の意をとるものがある。

声系 〔説文〕木部六上に枓・杓の字があり、「枓とは勺なり」、「杓は枓柄なり」とするが、いずれも後起の形声の字であろう。料は〔儀礼、少牢饋食礼〕にみえる。

【斗牛】(とぎゅう) 斗宿と牛宿。北方の玄武七宿に属する星座。宋・蘇軾〔赤壁の賦〕少焉くして月、東山の上に出で、斗牛の閒を徘徊す。

【斗栱】(ときょう) 柱上のますがた。〔明史、輿服志四〕庶民の廬舍は、洪武二十六年に制を定め、三間五架に過ぎず。斗栱を用ひ、彩色を飾るを許さず。

【斗極】(ときょく) 北斗星と北極星。〔淮南子、斉俗訓〕夫れ舟に乘りて惑ふ者は、東西を知らざるも、斗極を見ては則ち寤る。夫れ性も亦た人の斗極なり。

【斗建】(とけん) 北斗星の柄が指す星宿。〔漢書、律暦志上〕日は其の初に至りて節を爲し、其の中に至りて、斗建の下は十二辰を爲す。其の建を視て、其の次を知る。

【斗斛】(とこく) 斛は十斗。僅少のものをいう。唐・韓愈〔十二郎を祭る文〕吾れ汝と倶に少年なり。以爲へらく、暫く相ひ別ると雖も、終に當に久しく相ひ與に處るべしと。故に汝を捨てて京師に旅食し、以て斗斛の祿を求めたり。

【斗酒】(としゅ) 一斗の酒。〔史記、項羽紀〕項王曰く、壯士なり、之れに巵酒を賜へと。則ち斗巵酒を與ふ。(樊)噲拜謝して起ち、立ちながらにして之れを飲む。項王曰く、之れに彘肩を賜へと。

【斗升】(としょう) 僅かな量。宋・蘇轍〔枢密韓太尉(琦)に上る書〕轍年少にして、未だ吏事に通習する能はず。嚮の來るは、斗升の祿を取る有るに非ず。偶然に之れを得たるも、其の樂しむ所に非ず。

【斗筲】(としょう(せう)) 筲は一斗二升の容量の竹器。器量が狭く小さなたとえ。〔論語、子路〕(子貢)曰く、今の政に從ふ者は何如と。子曰く、噫、斗筲の人、何ぞ算ふるに足らんやと。

【斗食】(としょく) 日給一斗二升。〔漢書、百官公卿表上〕(年)百石以下、斗食有るは佐史の秩、是れを少吏と爲す。

【斗絶】(とぜつ) 斗は絶険。〔後漢書、西南夷、白馬氏伝〕氐人は勇戇抵冒、貨を貪り利に死す。河池に居る。一に仇池と名づく。方百頃、四面斗絶す。

【斗然】(とぜん) 嶮しくそびえる。明・李夢陽〔泰山〕詩 斗然たる一峰の上 信ぜず、萬山の開くを 月は扶桑を抱いて躍り 天は碣石に横たはりて來る

【斗儲】(とちょ) 僅かのたくわえ。晋・左思〔詠史、八首、八〕詩 外に望むも寸祿無く 内に顧みるも斗儲無し 親戚、還た相ひ蔑んじ 朋友、日夜に疎なり 蘇秦、北のかた遊説し 李斯、西のかた上書す

【斗帳】(とちょう(ちやう)) 漏斗状のかや。〔玉台新詠、焦仲卿の妻の為に作る〕詩 紅羅の複斗帳 四角に香嚢垂る 箱簾六七十 綠碧青の絲繩 〜留待して遺施(かたみ)と作す 今に於て會因無し

【斗柄】(とへい) 北斗の柄の部分。〔楚辞、遠遊〕彗星を擥りて、以て旍と爲し 斗柄を擧げて、以て麾と爲す 叛として陸離として、其れ上下し 驚霧の流波に遊ぶ

【斗量】(とりょう(りやう)) 斗で量るほど多い。〔詩藪、雑編、南渡〕南渡の後、江湖の流派、斗量筲計(ふごではかる)なるも、風軌蕩然たり。

【斗糧】(とりょう(りやう)) 僅かな糧。〔戦国策、秦一〕(天下)皆蘇秦の策に決せんと欲す。斗糧を費やさず、未だ一兵を煩はさず、未だ一士を戰はず、〜諸侯相ひ親しむこと、兄弟より賢されり。

【斗祿】(とろく) 斗升の祿。宋・欧陽脩〔鄭革先輩の、第を賜うて南帰するを送る〕詩 試みに問ふ、塵埃斗祿に勤むるは 何ぞ如かん、琴酒雲巖に老ゆるに

↑斗魁(とかい) 北斗四星/斗拱(ときょう) 斗栱/斗胸(ときょう) 胸高/斗検(とけん) 方形の文箱/斗口(とこう) 斗柄/斗山(とざん) 泰山北斗/斗室(としつ) 小室/斗宿(としゅく) 南斗/斗称(としょう) 枡と秤/斗聳(としょう) そばだつ/斗城(とじょう) 小城/斗枢(とすう) 北斗の第一星/斗漱(とそう) 頭陀/斗擻(とそう) 頭陀/斗藪(とそう) 頭陀/斗粟(とぞく) 僅かの粟/斗胆(とたん) 大胆/斗紐(とちゅう) 印章のつまみ/斗躔(とてん) 北斗星/斗頓(とどん) つまずく/斗南(となん) 北斗星以南/斗入(とにゅう) 入り込む/斗抜(とばつ) そばだつ/斗筆(とひつ) 大筆/斗辟(とへき) 僻遠/斗目(ともく) 大きな眼/斗門(ともん) 水門/斗桶(とよう) ます/斗立(とりゅう) そばだつ/斗粮(とりょう) 斗糧/斗暦(とれき) 陰暦

↓威斗・熨斗・運斗・科斗・玉斗・筋斗・高斗・斛斗・星斗・泰斗・抽斗・刁斗・銅斗・南斗・北斗・墨斗・漏斗

常

【吐】 6 6401 ト

篆文

はく だす すてる

形声 声符は土。〔説文〕二上に「寫ぐなり」とあり、吐瀉の意とする。吐き出すときの声を写した字であろう。

訓義 ①はく、はきだす、だす、へど。②そそぐ、すてる。③いう、ことば。

古訓 〔名義抄〕吐 ハク・ツタミ・ハス/吐納 ノタマヒマウス・スツ・イタム 〔字鏡集〕吐 イタム・イタス・ハク・ウツス・スツ・コトツク・ツタミ・タマヒ・ツ、フ・ハス

語系 吐tha、唾thuaiは声義近く、唾は口液、その唾するときの声を写して吐というのであろう。瀉syaは水をそそぐ意。またその声を写した語。

【吐舌】(とぜつ) あえぐ。〔漢書、丙吉伝〕人の牛を逐ふに逢ふ。牛喘ぎて舌を吐いだす。〜吉曰く、〜此れ時氣、節を失ふ。恐らくは傷害する所有らん。三公は陰陽を調和することを典る。〜是を以て之れを問ふと。

【吐納】(とのう(なふ)) 呼吸。道家の術。魏・嵆康〔養生論〕呼吸吐納、服食して身を養ひ、形神をして相ひ親しみ、表裏倶に濟さしむ。

【吐哺】(とほ) 口中の食を吐く。急いで客を迎え、会う。〔史記、魯周公世家〕周公、伯禽を戒めて曰く、〜我一沐に三たび髮を捉り、一飯に三たび哺を吐き、起ちて以て士を待つも、猶ほ天下の賢人を失はんことを恐る。

【吐懣】(とまん) 心のもだえを吐き出す。〔後漢書、章帝紀〕其の先づ至る者は、各々以て發憤吐懣し、略ぼ子大夫の志を聞けり。皆左右に置き、顧問省納せんと欲す。

↑吐握(とあく) 吐哺握髪/吐下(とか) 吐瀉する/吐華(とか) 花が咲く/吐芽(とが) 発芽する/吐款(とかん) 告白する/吐気(とき) 気をはき出す/吐棄(とき) はきすてる/吐逆(とぎゃく) もどす/吐翕(ときゅう) 呼吸する/吐血(とけつ) 血を吐く/吐言(とげん) 言う/吐酸(とさん) おくび/吐辞(とじ) ことば/吐実(とじつ) 告白する/吐瀉(としゃ) はく/吐情(とじょう) 真情を話す/吐食(としょく) 吐哺/吐属(としょく) 話しぶり/吐涎(とせん) よだれをたらす/吐捉(とそく) 吐哺握髪/吐談(とだん) 話す/吐図(とと) 未来記/吐呑(とどん) 呑吐する/吐発(とはつ) 外にあらわれる/吐符(とふ) 吐図/吐沫(とまつ) 泡をふく/吐露(とろ) 吐実

↓欧吐・嘔吐・音吐・駭吐・含吐・銜吐・胸吐・剛吐・辞吐・酔吐・

談吐・呑吐・噴吐・芳吐・霧吐・悶吐

人 **【兎】** 7 2051 ［兔］ 8 1741 ト うさぎ

篆文 甲骨文 金文 石鼓文

象形 正字は兔に作り、うさぎの形。〔説文〕十上に「兔の踞して、其の尾を後にする形に象る」（段注本）という。兔（免）の字形と似ているが、兔の金文の字形は、人が甲を免ぐ形で、別の字である。兎は俗字である。

訓義 ①うさぎ。②字はまた菟に作る。

古訓 〔和名抄〕兔 宇佐岐（うさぎ）〔名義抄〕菟 ウサギ・カクス

部首 〔説文〕に逸（逸）・冤・娩など四字と〔新附〕に一字、〔玉篇〕にまた三字を加える。毚を前の㲋部に属するが、毚は狡兎の跳躍する形。娩の従う兔は、もと分娩のときの姿勢を示すもので、兔とは声義ともに関係がない。

【兎角】とかく 兎の角。世にありえないことのたとえ。民国・章炳麟〔国故論衡、明見〕若し然らば、始なる者は果して知るべからず。卽ち萬論は兎角牛翼の若し。

【兎窟】とくつ 兎の穴。狡兎三穴。〔戦国策、斉四〕馮諼（孟嘗君に謂ひて）曰く、狡兔に三窟有りて、僅かに其の死を免るるを得るのみ。今君、一窟有るのみ。未だ枕を高くして臥するを得ざるなり。

【兎脱】とだつ すばやく走る。明・蘇伯衡〔玄潭古剣歌〕詩 神光兔のごとく脱して、雪、霜を飛ばし 寶龜龍のごとく騰りて、霄漢（天の川）を貫く

➡兎烏とう 月／兎影とえい 月光／兎穎とえい 筆／兎醢とかい 兎の塩漬／兎褐とかつ 兎の毛衣／兎管とかん 筆／兎翰とかん 筆紙／兎客ときやく 孌童／兎径とけい 小道／兎欠とけつ みつくち／兎月とげつ 月／兎毫とごう 筆／兎糸とし 根無しかずら／兎児とじ 兎／兎罝としや 兎網／兎唇としん 兎欠／兎楮とちょ 筆紙／兎魄とはく 月／兎輪とりん 月／兎縷とる 兎糸

⬇烏兎・王兎・銀兎・月兎・蹇兎・玄兎・狡兎・毚兎・蟾兎・脱兎・雉兎・白兎・飛兎・伏兎・木兎

人 **【杜】** 7 4491 ト ズ（ヅ） やまなし ふさぐ もり

篆文 甲骨文 金文

形声 声符は土。〔説文〕六上に「甘棠なり」とあり、赤棠をいう。また杜塞・杜絶の意に用いる。わが国では「もり」とよんで、社のある茂みをいう。

訓義 ①やまなし、あかなし。②ふさぐ、たつ、とじる。③わが国では、もり、やしろ。

古訓 〔新撰字鏡〕杜 毛利（もり）、又、佐加木（さかき）〔名義抄〕杜 フサグ・トヅ・モリ・ユヅリハ・シブシ／杜中 ハヒマユミ〔篇立〕杜 ユヅリハ・トチ・フサク・イユミ・トミ・マユミ・ヤマナシ・モリ・シツシ・サカシ・タスク

語系 杜da、者（者）tjyaは声近く、者は堵ta（お土居）に呪符の書を埋めて、都（都）taの中を守ることをいう。杜に杜絶の意があるのはその義に近く、一系の語である。

【杜宇】とう 蜀の望帝の名。死んで鳥となったという。杜鵑、ほととぎす。晋・左思〔蜀都の賦〕碧は萇弘の血より出で、鳥は杜宇の魄に生ず。

【杜鵑】とけん ほととぎす。唐・杜甫〔杜鵑行〕詩 君見ずや昔日蜀の天子 化して杜鵑と作りて老烏に似たり 寄巣して子を生み、自ら啄せず 群鳥今に至るも、與に雛に哺す

【杜口】とこう 口をふさぐ。〔戦国策、秦三〕（范雎曰く）天下、臣の忠を盡して身蹙るるを見て、是れを以て口を杜ぎ足を裹まん。

【杜康】とこう（かう） 初めて酒を作った人。酒。魏・武帝〔短歌行、二首、一〕楽府 慨きては、當に以て慷くべし 憂思、忘れ難し 何を以てか憂ひを解かん 唯だ杜康のみ有り

【杜絶】とぜつ ふさぎ絶つ。〔後漢書、桓帝紀〕臧吏の子孫は、察擧することを得ず。邪僞請託の原を杜絶し、廉白守道の者をして、其の操を信ぶるを得しむ。各〻所司を明守せよ。

【杜門】ともん 門を閉じて外出しない。〔漢書、司馬相如伝上〕乃ち文君をして盧（炉）に當らしむ。～卓王孫之れを恥ぢ、爲に門を杜ざして出でず。

➡杜隔とかく ふさぎ隔てる／杜諫とかん 諫止する／杜撰ずさん 疎雑な書／杜酒としゅ 酒／杜心としん 絶望する／杜漸とぜん 早く防ぐ／杜黜とちゅつ 排斥する／杜伯とはく さそり／杜魄とはく 杜鵑／杜閉とへい とざす／杜蔽とへい 隔絶する／杜漏とろう 疎漏

⬇杕杜

【肚】 7 7421 ト はら

形声 声符は土。〔広雅、釈親〕に「胃、之れを肚と謂ふ」とあり、〔初学記、十九〕に引く劉向〔列女伝、斉鍾離春〕に「凹頭深目、長肚大節」とあって、大きな腹部をいう。多く白話に用いる。

訓義 ①い。②はら。③物の形体のうち、太鼓腹のように突出する部分。

古訓 〔新撰字鏡〕肚 久曾布久留（くそふくる）〔名義抄〕肚 ハラ・ヒハラ・クソブクロ〔字鏡集〕肚 ハラ・ムカハギ・ハラワタ・セハラ〔篇立〕肚 ムカハギ・ハラ・クソブクロ

【肚皮】とひ 腹中。心の中。黙契。〔新編五代史平話、梁史上〕朱溫道ふ、黃巣の恃む所の者は誰ぞ。尙讓・葛從周の兩人なり。尙讓は小人と肚皮有り。～他をして先づ叛かしめん。

➡肚餓とが 空腹／肚子とし はら／肚臍とせい へそ／肚腸とちょう 腹のうち／肚套ととう 腹あて／肚喃となん 私語／肚囊とのう はら／肚腑とふ 臟腑／肚裏とり 腹のうち

⬇画肚・空肚・大肚・著肚・長肚・腸肚

常 **【妬】** 8 4146 ［妒］ 7 4347 ト ねたむ そねむ

篆文

形声 声符は石。石に宕・橐の声がある。〔説文〕十二下に「婦、夫を妒むなり」とあり、〔段注本〕には字を妬に作る。婦人には妬忌の疾があり、また転じて、人の賢能をにくみ害することをもいう。

訓義 ①ねたむ、やく。②そねむ、うらやみにくむ。

古訓 〔名義抄〕妬 ネタム・ソネム・モノネタミ・ウハナリネタミ・ウラヤム・アラソフ

語系 〔繫伝〕に戶（戸）の声とするが、戶haにその声はない。妬taは、磔tak、蠹taと声近く、その蠹害する心をいう。

【妬害】とがい 嫉妬して陥れる。〔後漢書、皇后下、献帝伏皇后紀〕皇后壽、～陰かに妬害を懐き、禍心を苞藏す。以て天命を受け、祖宗を奉ずべからず。～退いて中宮を避け、它館に遷らしむ。

【妬忌】とき そねみにくむ。晋・干宝〔晋紀総論〕時に先んじて婚し、情に任せて動く。故に皆淫逸の過を恥ぢず、妬忌の惡に拘せられず。

【妬痴】とち 病的なやきもちやき。〔旧唐書、李益伝〕（李益）猜忌多し。妻妾を防閑する（守る）こと、過ぎて苛酷と爲る。～故に時、妬癡を謂ひて李益の疾と爲す。是を以て久之く調せられず。

【妬媢】とぼう（ばう） ねたみあう。〔史記、五宗世家〕憲王の病甚だしきに及んで、諸幸姫常に病に侍す。故に王后も亦た妬媢を以て、常には病に侍せず。輒ち舍に歸る。

➡妬気とき りんき／妬賢とけん 賢を妬む／妬妻とさい 妬婦／妬猜とさい ねたみそねむ／妬殺とさつ 嫉妬深い／妬疾としつ 妬嫉／妬嫉としつ ねたみにくむ／妬心としん 嫉妬／妬譖としん 妬みそしる／妬敵とてき

憎い敵／妬婦とふ りんきの妻／妬紛とふん りんきのもつれ
↓暗妬・悍妬・驕妬・猜妬・讒妬・疾妬・嫉妬・憎妬・痴妬・婦妬

常【徒】 10 2428 ト ズ(ヅ) かち とも いたずらに ただ

篆文 金文 古印璽

形声 初形は辻に作り、土と声。辵ちゃの形をかえて徒となる。〔説文〕二下「辻は、歩して行くなり」とあり、車乗に対して歩行することをいう。装備のない従者・歩卒をいう。装備のないことから、徒手・徒跣のように用いる。副詞の「ただ」「ひとり」の意がある。

訓義 ①かち、かちあるき、徒歩。②とも、従者、歩兵、人夫、しもべ。③仲間、門人、くみ、人々。④からて、素手、素足。⑤いたずらに、むなしく。⑥ただ、ひとり。

古訓 〔名義抄〕徒 イタヅラニ・タヾニ・トモガラ・シリゾク・カチヨリ・ヒトリ・トモ・ムナシク・タグヒ／徒搏 ―トタムナテウチ／徒跣 ハダシ／徒然 ツレヅレナリ／徒御 クルマゾヒ

語系 徒da、黨(党)tangは声近く、黨は同爨どうさんの人、その生活を共にするもの、徒は車乗に従う徒卒、合わせて徒党という。但dan、特dək、直diək、獨(独)dokはみな声近く、「ただ」「ひとり」のような副詞に用いる。

【徒役】とえき 労役に服する者。従者。〔韓非子、顕学〕書策を蔵し、談論を習ひ、徒役を聚あつめ、文學に服して議説す。世主必ず従ひて之れに禮して曰く、賢士を敬ふは、先王の道なりと。

【徒歌】とか 楽器の伴奏のない歌。〔晋書、楽志下〕(子夜歌、鳳将雛歌～)凡そ此の諸曲、始めは皆徒歌なり。既にして之れを管絃に被かうらしむ。

【徒刑】とけい(ずけい) 五刑の一。労役刑。〔旧唐書、刑法志〕笞ち・杖・徒・流・死有り、五刑と爲す。～徒刑に五條あり。徒一年より遞たがひに半年を加へて、三年に至る。

【徒行】とこう(かう) 徒歩。〔論語、先進〕吾われ徒行して以て之れが椁を爲つくらざるは、吾、大夫の後に從ふを以て、徒行すべからざればなり。

【徒杠】とこう(かう) 徒歩でわたる橋。〔孟子、離婁下〕歳の十一月に徒杠成り、十二月に輿梁りやう(車馬の渡る橋)成る。民未だ渉わたることを病うれへざるなり。

【徒坐】とざ 用事なく坐る。〔礼記、玉藻〕徒坐するときは、席を盡さざること尺にす。書を讀み、食するときは、則ち豆と齊ひとしく席を去ること尺にす。

【徒作】とさく 徒役で働く。〔後漢書、桓帝紀〕(建和元年詔)比ごろ陵塋りようえいを起し、時歳に彌歷びれきす。～頃このごろ雨澤沾うるほさず、密雲復また散ず。儻もし或いは茲ここに在るか。其れ陵を徒作する者をして、各々六月を減刑せよ。

【徒爾】とじ ただ。むなしく。唐・王維〔不遇の詠〕詩 人を濟すくひて、然る後に衣を拂ひて去らん 肯あへて徒爾として、一男兒と作ならんや

【徒衆】としゅう 庶民。部下。〔穀梁伝、隠元年〕夏五月、鄭伯、(共叔)段に鄢えんに克かつ。～何を以て殺すと言はざる。段の徒衆有るを見めすなり。

【徒庶】としょ 庶民。〔周礼、地官、大司徒〕大軍旅、大田役には、旗を以て萬民を致し、其の徒庶の政令を治む。

【徒渉】としょう(せふ) 水をかちわたる。唐・白居易〔新豊の折臂翁〕詩 聞道きくならく、雲南に瀘水有り 椒花くわ落つる時、瘴煙しやうえん起る 大軍徒渉するに、水は湯の如し 未だ過ぎざるに、十人に二三死すと

【徒食】としょく 働かずにくらす。〔礼記、王制〕君子の耆老きらうは徒行せず。庶人の耆老は徒食せず。

【徒裼】とせき 素足で肌ぬぐ。〔韓非子、初見秦〕今秦、號令を出だして賞罰を行ふ。～戰を聞きては頓足徒裼し、白刃を犯し鑪炭を蹈ふみ、前に斷死する者、皆是れなり。

【徒跣】とせん すあし。〔後漢書、皇后下、献帝伏皇后紀〕后、被髮徒跣、行ゆくゆく泣きて過訣して曰く、復また相ひ活かすこと能はざるかと。帝曰く、我も亦た、命の何いづれの時に在るかを知らずと。

【徒践】とせん すあし。〔漢書、五行志下之上〕哀帝の建平四年正月、民驚き走る。稾わら或いは椒すう(麻幹)一枚を持ち、傳へて相ひ付與し、詔籌ちうせう(お告げ)を行へと曰ふ。道中相ひ過逢するもの、多きは千數に至る。或いは被髮徒践し、～或いは車騎に乘りて奔馳し、～郡國二十六を經歷して京師に至る。其の夏、京師郡國の民、～歌舞して西王母を祠まつる。

【徒然】とぜん ただそれだけ。漫然。〔後漢書、朱浮伝〕災異の猶ほ見あらはるる者は、豈に徒然ならんや。天道は信誠なり。察せざるべからず。

【徒党】ととう(たう) 同じ目的で結合するもの。〔史記、淮南衡山伝〕(淮南厲王)長、法度を奉ぜず、天子の詔を聽かず。乃ち陰ひそかに徒黨及び謀反ほんむの者を聚あつめ、厚く亡命を養ひ、以て爲す有らんと欲す。

【徒搏】とはく 手でうつ。晋・左思〔呉都の賦〕袒裼たんせき(肌ぬぎ)徒搏、拔距ばっきよ(二人がかりで抑えつけ、ひっぱる)投石の部あり。

【徒歩】とほ 歩行。また、匹夫。〔淮南子、氾論訓〕蘇秦は匹夫徒歩の人なり。～萬乘の主を經營し、諸侯を服諾せしむ。然れども自ら車裂の患くわんを免れず。

【徒与】とよ 仲間。徒党。〔荀子、尭問〕孫卿(荀子)將ほとんど聖なるの心を懷いだき、佯狂やうきやうの色を蒙り、天下に視しめすに愚を以てす。～是れ其の名聲白あきらかならず、徒與衆おほからず、光輝博からざる所以なり。

【徒旅】とりょ ひとり旅。南朝宋・謝霊運〔七里瀬〕詩 孤客、逝湍せいたんに傷み 徒旅、奔峭ほんせうに苦しむ

【徒隷】とれい 罪人の服役する者。漢・司馬遷〔任少卿(安)に報ずる書〕今～圜牆ゑんしやう(獄)の中に幽せらる。此の時に當りて、獄吏を見ては、則ち頭、地を槍っき、徒隷を視ては、則ち正に惕息てきそくす。

【徒労】とろう(らう) むだ骨折り。〔抱朴子、釈滞〕五千文は老子に出づと雖も、～但だ此の經を暗誦するのみにして、要道を得ざれば、直だ徒勞爲たるのみ。

↑徒為とい むだ／徒衛とえい 衛兵／徒居ときよ 徒食／徒御とぎよ 伴衆／徒言とげん むだ言／徒甲とこう 徒卒甲士／徒罪とざい 徒刑／徒死とし むだ死に／徒師とし 歩兵／徒手としゅ すで／徒首としゅ 散髪／徒囚としゅう 囚人／徒従とじゅう 従者／徒処としよ 徒食／徒胥としよ 小役人／徒人とじん 召使い／徒属とぞく なかま／徒卒とそつ 徒兵／徒謫とたく 徒刑と流刑／徒重とちよう 荷役／徒弟とてい 弟子／徒裎とてい 徒裼／徒奴とど 徒隷／徒拏とど とりこ／徒配とはい 徒刑と流刑／徒伴とはん 仲間／徒負とふ 荷負い／徒兵とへい 歩卒／徒法とほう ざる法／徒庸とよう 人夫／徒養とよう 馬卒／徒流とりゅう 徒刑と流刑／徒侶とりよ 従者／徒論とろん 空論

↓悪徒・役徒・学徒・義徒・逆徒・凶徒・群徒・刑徒・黥徒・使徒・師徒・緇徒・廝徒・車徒・酒徒・囚徒・衆徒・胥徒・信徒・人徒・生徒・跣徒・選徒・前徒・僧徒・属徒・賊徒・卒徒・白徒・博徒・叛徒・仏徒・朋徒・暴徒・門徒・傭徒・乱徒

【涂】 10 3819 ト みち ぬる

篆文 甲骨文 金文

形声 声符は余よ。余に途(途)との声がある。〔説文〕十一上に益州の水名とし、また汚字条に「涂ぬるなり」とあって、塗の初文とする。〔説文〕には途の字がなく、〔周礼、夏官、量人〕に「邦國の地と、天下の涂數と、皆書して之れを藏す」とあり、涂にまた

途の用義がある。〔荀子、勧学〕にも「涂巷の人」という語がある。余は把手のある大きな針。これを途に刺して除道を行ったので、その清められた道を途という。
訓義 ①みち、わたる。②ぬる、ぬりこむ、かざる。③そこなう。
古訓 〔字鏡集〕涂 ヌル・ミチ・ツユノアツキカタチ
語系 涂・途・塗da、除dia は声近く、除は除道。塗ることも祓除の一つの方法であったのであろう。唐（唐）dang も声近く、唐は廟中の道をいう。聖所の中であるから、そこも除道したものであろう。道（道）du は首を以て除道した道をいう。
＊語彙は途・塗字条参照。
↑涂軌 みち／涂巷 ちまた／涂数 途の数／涂轍 車のわだちのあと／涂涂 露の多いさま／涂夫 路人
↓堂涂

常【途】10 3830 〖途〗11 3830 ト ズ(ヅ) みち

形声 声符は余。余に涂の声がある。〔玉篇〕に「途路なり」とみえる。古くは涂を用い、卜文に涂に作り、漢碑にもなお「涂陸」のようにいう。余は把手のある針器。これで地を刺して祓除することを除道という。除は聖所の地を祓う意。水に対して行うを涂、道路に対しては途といった。
訓義 ①みち。②字はまた涂に作る。
古訓 〔名義抄〕途 ミチ・アト・ハシ
語系 途・涂・塗da、除dia は声義近く、また唐（唐）dang は廟中の道。みな除道を加えたところをいう。
【途軌】 みち。晋・陸機〔予章行〕楽府 川陸、途軌を殊にす 懿親、將に遠く尋ねんとす
【途次】 途中で宿る。塗次。〔福恵全書、筮仕部、起程〕束装の時、須らく一の行李細單を記すべし。～一一號に照らして開記し、以て途次の取用に便す。
↑途窮 ゆきづまる／途径 道筋／途術 方法／途上 路上／途飾 塗り飾る／途人 行人／途説 路上で聞いたことを、その路上に人にいう。道聴途説／途側 道の傍ら／途炭 塗炭の苦しみ／途中 路中／途程 道程／途轍 車のわだちのあと／途陌 道路／途半 中途／途旁 道の傍ら／途路 道路
↓夷途・畏途・異途・一途・官途・宦途・危途・帰途・覊途・旧途・究途・窮途・遇途・険途・後途・荒途・仕途・使途・失途・首途・殊途・出途・世途・征途・先途・前途・壮途・多途・坦途・中途・長途・騁途・当途・登途・道途・半途・攀途・別途・方途・名途・命途・迷途・冥途・目途・門途・用途・要途・吏途・旅途

【⿱余止】11 8010 ト とめる

甲骨文

会意 余+止。止は趾。余は把手のある大きな針。これを止（趾）に加えるのは、その進退に呪禁を加える意で、杜絶の方法であろう。卜文にみえ、涂・途（途）の初文と考えられる。〔集韻〕に「止まるなり」とみえる。
訓義 ①とめる。②途の初文、みち。

【荼】11 4490 トダ にがな つばな ちゃ

篆文

形声 声符は余。余に途（途）の声がある。〔説文〕一下に「苦荼なり」とあり、〔詩、大雅、桑柔〕に「寧ぞ荼毒を爲す」、〔書、湯誥〕に「荼毒に忍びず」のように、苦毒の意に用いる。のち茶の意に用いるが、そのもとの字は⿰木荼の字であろう。漢の王褒の〔僮約〕に「武都の荼」のことがみえており、また〔三国志、呉、韋曜伝〕に茶を飲む話がある。荼はまた茗といい、〔爾雅、釈木〕「檟は、苦荼なり」の〔郭璞注〕に「冬、葉を生ず。煮て羹飮と作すべし。今早く采りし者を呼んで荼と爲し、晩に取る者を茗と爲す」とみえる。
訓義 ①にがな、けしあざみ。②つばな。③茶。④くるしい、いたむ、荼毒。
古訓 〔新撰字鏡〕荼 於保土知（おほどち）〔和名抄〕荼 於保都知（おほつち）〔名義抄〕荼 オホトチ・ネムコロ 〔字鏡集〕荼 カラシ・ニガナ・オホトチ・ネムコロ
語系 荼da、⿰木荼・茶（茶）dea は声が近い。荼は苦菜。また茅秀（茅の穂）をいう。⿰木荼はまた檟、苦荼といい、字はのち茶に作る。〔詩、邶風、谷風〕「誰か荼を苦しと謂ふ」とあるのは苦菜。〔詩、鄭風、出其東門〕「女有り、荼の如し」は茅秀、女が茅の穂のように多いことにたとえる。このうち飲用に供するものは⿰木荼である。
【荼酷】 苦労の甚だしいこと。〔晋書、謝玄伝〕（上疏）臣、同生七人なるも、凋落して相ひ繼ぎ、惟だ臣一己のみ、孑然として獨り存す。生に在りて荼酷なること、臣の比の如きも無し。
【荼炭】 泥や炭にまみれるような苦しみ。晋・孫楚〔石仲容（苞）の爲に孫皓に与ふる書〕桓・靈（漢末の王）德を失ひ、災釁並び興る。豺狼は爪牙の毒を抗げ、生人は荼炭の艱に陷る。
【荼毒】 苦しみ。〔書、湯誥〕爾萬方の百姓、其の凶害に罹り、荼毒に忍びず、竝びに無辜（無実の罪）を上下の神祇に告ぐ。
【荼壘】 二神、神荼と鬱壘。〔独断、上〕海中に度朔の山有り。上に桃木有り。～東北に鬼門有り、萬鬼の出入する所なり。神荼と鬱壘と、二神其の門に居る。～其の惡害の鬼は、執ふるに葦索を以てし、虎に食はしむ。～臘（歳晩）に先だつ夜、之れを逐除せしむ。
↑荼緩 遅鈍／荼棘 困難／荼苦 苦楚／荼薺 苦菜と甘菜／荼白 白茅／荼毗 火葬にする／荼毘 火葬にする／荼蓼 にがい草
↓甘荼・菫荼・苦荼・神荼・茅荼・蓼荼

常【都】11 4762 人〖都〗12 4762 ト みやこ みやび すべて

篆文

金文

形声 旧字は都に作り、者（者）声。者は祝禱の器である曰を土中に埋める形。聚落をめぐる堰堤に、呪禁として呪符を埋める。その堰堤を堵といい、呪禁の符を書という。その堵をめぐらした城邑を都という。〔説文〕六下に「先君の舊宗廟有るを都と曰ふ」とし、国都・神都をよぶ名とする。金文には斉器〔𦈡鎛〕に「民人都鄙」、〔洹子孟姜壺〕に「人民都邑」のような語があり、鄙・邑はともに壁をめぐらしたところをいう。
訓義 ①みやこ、王城、天子の居る所、国都。②畿内の采地、大都・小都のようにいう。また、諸侯の下邑。③むら、さと。④みやび、みやびやか、さかん、あでやか、美しい。⑤あつまる、大きい、多い。⑥すべて。⑦感動詞、ああ。⑧儲と通じ、たくわえる。
古訓 〔名義抄〕都 スブ・スベテ・カツテ・ミヤコ・ナラフ・オク・コヽロミル・ミヤビカニ・ミヤビカナリ・アック・フット・フツニ・ミナ・ツブサニ・サカンナリ・コトゴトク・ツネ・ナガク／大都 オホムネ・オホヨソ／都廬 シカシナガラ・テラツヽキアヒ
語系 都・堵ta は同声。堵をめぐらした城邑を都という。また京ともいう。城は武装都市、邑は城壁中に人の聚居する意。京は戦場の遺棄死体を塗りこんで作った凱旋門で、もとは軍門を意味した。者tjya の声に従う諸（諸）・儲・藷zjia などには、集合し蓄積する意がある。
【都下】 都のうち。宋・李覯〔葉学士に上る書〕意はざりき、今茲都下に旅食し、而して執事方に省局に在り。門牆伊れ邇し。請見の路有らん。是こを用つて興居（起居）を上

問し、以て願ふ所を適はしめんとす。

【都雅】（とが） おちついてみやびやか。魏・嵆康〔琴の賦〕乃ち閑舒都雅にして、洪纖宜しき有り。～穆として溫柔にして以て怡懌し、婉として順舒にして委蛇たり。

【都会】（とかい（くわい）） 都市。人の集まる所。〔史記、貨殖伝〕邯鄲も亦た漳・河の閒の一都會なり。～夫れ燕も亦た勃・碣の閒の一都會なり。

【都講】（とこう（かう）） 講師。〔後漢書、丁鴻伝〕鴻、年十三、桓榮に從ひて歐陽尙書を受け、三年にして章句に明らかに、論難を善くし、都講と爲る。

【都市】（とし） 城市。まち。〔漢書、食貨志上〕商賈の大なる者は、積貯倍息し、小なる者は、坐列販賣し、其の奇贏（過不足）を操り、日に都市に游ぶ。

【都試】（とし） 官吏登用の試験。〔漢書、韓延寿伝〕延壽、吏と爲り、禮義を上び、古を好んで教化す。～都試講武するに及び、斧鉞旌旗を設け、射御の事を習ふ。～吏民敬畏して、之れに趨鄕す。

【都城】（とじょう（じやう）） 都市。〔後漢書、仲長統伝〕（昌言、理乱）船車賈販、四方に周く、廢居積貯、都城に滿つ。～妖童美妾、綺室に塡ち、倡謳伎樂、深堂に列なる。

【都亭】（とてい） 郡県の公設の亭。〔史記、司馬相如伝〕素より臨邛の令王吉と相ひ善し。～是に於て、相如往きて都亭に舍る。臨邛の令、繆りて恭敬を爲し、日〻に往きて相如に朝す。

【都鄙】（とひ） まちといなか。〔左伝、襄三十年〕子產、都鄙をして章有り、上下に服有り、田に封洫（境界、溝）有り、廬井（井田）に伍有らしむ。

【都門】（ともん） 都城の門。唐・白居易〔長恨歌〕詩 翠華（天子の旗）搖搖として、行き復た止む 西のかた都門を出づること百餘里 六軍發せず、奈何ともする無し 宛轉たる蛾眉、馬前に死す

【都養】（とよう（やう）） 炊事係り。〔漢書、兒寬伝〕郡國の選を以て博士に詣り、業を孔安國に受く。貧にして資用無し。嘗て弟子の爲に都養す。

↑都家 采邑／都魁 土豪／都閑 都雅／都畿 みやこ／都契 要義／都佼 美しい／都合 合計／都纂 総集／都肆 練兵／都場 集合場／都人 都びと／都竈 大きな竈／都図 原籍／都統 総督／都内 内府／都伯 首切り／都凡 すべて／都野 都鄙／都兪 ああ／都盧 ますがた

↓王都・嫺都・旧都・京都・古都・故都・皇都・首都・神都・新都・遷都・大都・帝都・奠都

人

【堵】 12 4416 ト かき ふせぐ

篆文

籀文

金文

形声 声符は者（者）。者に都（都）の声がある。者は呪禁を施したお土居。その土垣を堵といい、その呪符を書といい、その堵をめぐらした聚落を都という。〔説文〕十三下に「垣なり。五版を一堵と爲す」とあり、版築によって城垣を作る。殷の旧都であった鄭州の都城址は、一辺が一・七キロから二キロ、基底三十六メートル、高さ十メートル、上部の幅は五メートルあり、城壁の上も自由に行動しうる広さであった。〔礼記、儒行〕に「環堵の室」というのは、一堵四方、すなわち方丈の室である。

訓義 ①かき、版築によるかき。②かきの広さの単位。一板二尺、五板方城の壁面を一堵という。③ふせぐ、ふさぐ、まもる。④楽器のかけもの。⑤物をさす。阿堵はあの、その。

古訓 〔名義抄〕堵 カキ・ナギサ・クヅル・ヲツ 〔篇立〕堵 スミヤカ・ウフ・スナ・ツク・ヲツ・ミヤコ・サカヤキ

語系 堵・都・闍 ta は同声。みな土垣や門闕によって呪禁をなすところをいう。陼・渚（渚）tjia は声近く、陼とは〔説文〕十四下に「渚の如き者は陼丘、水中の高き者なり」とみえる。

【堵牆】（としょう（しやう）） かき。〔礼記、射義〕孔子、矍相の圃（魯の地）に射る。蓋し觀る者堵牆の如し。

【堵脱】（とだつ） 壁のまま抜きとる。〔鶴林玉露、乙三、東坡書画〕東坡、儋耳に謫せらる。道、南安を經、一寺に於て壁閒に叢竹醜石を作る。甚だ奇なり。韓平原當國のとき、～紙を以て壁に糊し、全て堵脱して、之れを龕して、以て獻ぜしむ。

↑堵垣 かき／堵禦 防ぐ／堵撃 阻撃する／堵墻 堵牆／堵塞 塞ぐ／堵雉 一堵と三堵。城壁の長さや高さ／堵頭 棺材の断面／堵波 塔／堵立 並び立つ／堵列 ずらりと並ぶ

↓阿堵・安堵・按堵・一堵・完堵・環堵・磬堵・周堵・牆堵・築堵・半堵・百堵

【屠】 12 7726 ト ほふる さく ころす

篆文

形声 声符は者（者）。者に都（都）の声がある。〔説文〕八上に「刳くなり」とあり、牛羊などを屠殺することをいう。城市を攻めてその人を皆殺しにすることを「沛を屠る」のようにいう。わが国では切腹を「屠腹」というが、中国では「自刎」のように、首に刃をあてる。

訓義 ①ほふる、さく、ころす。②ほろぼす、みなごろしにする。③牛・羊などをころす。④瘏と通じ、やむ。

古訓 〔和名抄〕屠 楊氏漢語抄に云ふ、屠兒、生を殺し、及び牛馬の肉を屠りて販賣する者なり。屠、保布流（ほふる）と訓む。屠兒、惠止利（ゑとり）〔名義抄〕屠 ホフル・コロス・ヤム 〔字鏡集〕屠 ヤム・ホロブ・コロス・ワカル・ホフル

【屠家】（とか） 屠殺業の家。〔南史、后妃上、宋後廢帝の陳太妃伝〕建康の屠家の女なり。～宮に入り、～二年～以て明帝に賜ふ。始め寵有りしも、一年衰歇し、以て李道兒に賜ふ。尋いで又迎へ還して、廢帝を生む。

【屠割】（とかつ） 屠殺し肉を割く。〔資治通鑑、唐紀三十四〕（粛宗、至徳元載）軍士呼びて曰く、（楊）國忠、胡虜と反を謀ると。～國忠走りて西門内に至る。軍士之れを追殺し、支體を屠割し、槍を以て其の首を驛門外に掲ぐ。

【屠牛】（とぎゅう（ぎう）） 牛を屠殺する。〔新書、制不定〕屠牛坦、一朝に十二牛を解き、芒刃頓けざる者は、排擊する所、剝割する所、皆理に象ればなり。

【屠狗】（とく） 犬を屠る。〔史記、樊噲伝〕舞陽侯樊噲は、沛の人なり。狗を屠るを以て事と爲す。

【屠沽】（とこ） 酒肉をうる。〔淮南子、説林訓〕酒を酤うて酸く、肉を買うて臭きも、然れども酒を酤ひ肉を買ふは、屠沽の家を離れず。

【屠城】（とじょう（じやう）） 城中を全滅する。〔呉子、図国〕此の（軍の練鋭なる者）三千人有らば、內は出でて以て圍みを決すべく、外は入りて以て城を屠るべし。

【屠蘇】（とそ） 正月の薬酒。〔荊楚歲時記〕正月一日～長幼悉く衣冠を正し、次を以て拜賀し、椒柏酒を進め、桃湯を飲み、屠蘇酒を進む。

【屠中】（とちゅう） 屠殺者の仲間。〔史記、淮陰侯伝〕淮陰の屠中の少年に、（韓）信を侮る者有り。曰く、若長大にして好んで劍を帶ぶと雖も、中情怯なるのみと。之れを衆辱す。

【屠釣】（とちょう（てう）） 太公望呂尚をいう。はじめ朝歌で牛を屠り、のち渭浜で釣して、周の文王に見出だされた。唐・杜甫〔傷春、五首、三〕詩 賢は多く屠釣に隱る 王肯へて載せて同に歸らんや

【屠肉】（とにく） 獣肉をさく。梁・武帝〔凡百箴〕伊尹は鼎を負ひ、太公は肉を屠り、甯戚は牛に飯し、傅說は版築す。皆

王霸の師となり、世〻爵祿を受く。～人に貴賤無し。道在れば則ち尊し。

【屠伯】 酷吏。〔漢書、酷吏、厳延年伝〕冬月、屬縣の囚を傳（送）し、會めて府上に論ず。流血すること數里、河南號して屠伯（人殺し）と曰ふ。

【屠販】 肉屋。〔洛陽伽藍記、四、法雲寺〕市の東に通商・達貨の二里有り。里内の人、盡く皆工巧、屠販を生と爲し、資財巨萬、～車馬服飾、王者に擬す。

【屠裂】 屠割。〔後漢書、仲長統伝〕（昌言、理乱）秦政（始皇帝）、幷兼の勢ひに乘じ、虎狼の心を放にし、天下を屠裂し、生人を呑食す。

➡屠潰 つぶす／屠戸 屠家／屠酤 屠沽／屠宰 割烹／屠殺 動物を殺す／屠斬 斬殺する／屠市 肉市場／屠肆 肉屋／屠兒 屠殺者／屠者 屠兒／屠所 屠場／屠身 身を亡ぼす／屠人 屠者／屠勦 滅ぼしつくす／屠剔 解体する／屠刀 肉切り刀／屠毒 殺害する／屠破 殺す／屠博 屠殺と賭博／屠覆 殺し亡ぼす／屠刎 頸をはねる／屠滅 殺し亡ぼす／屠門 肉市／屠戮 殺す

➡禁屠・狗屠・市屠・剪屠・翦屠・浮屠

常【渡】 12 3014 ト わたる すぎる

篆文

形声 声符は度。度は席を手にもって拡げる形。此より彼に及ぶ意がある。〔説文〕十一上に「濟るなり」とあり、水を渡ることをいう。これより渡過する意となる。

訓義 ①わたる、水をわたる、わたり、わたし。②此より彼に及ぶ、すぎる、すごす、こえる。

古訓 〔名義抄〕渡 ワタリ・ワタル・ホトリ 〔字鏡集〕渡 ホトリ・ワタル・スクフ・ユク・サル・ノリ

語系 渡・度dakは同声。席zyak、遮（遮）tjiaも関係のある語であるらしく、これは遮ること。者（者）tjya、堵taがその系統の語である。

【渡江】 江を渡る。〔史記、項羽紀〕籍（項羽）江東の子弟八千人と、江を渡りて西せしも、今一人の還るもの無し。縦ひ江東の父兄、憐れみて我を王とするも、我何の面目ありて之れを見ん。

【渡船】 渡し舟。宋・楊万里〔庚子正月五日暁、大皐渡を過ぐ、二首、一〕詩 渡船、滿板、霜、雪の如し 我が靑鞋の第一痕を印す

【渡頭】 渡しのほとり。唐・劉禹錫〔松滋渡より峡中を望む〕詩 渡頭の輕雨、寒梅に灑ぎ 雲際、溶溶として雪水來る

➡渡越 こえる／渡河 河を渡る／渡海 海を渡る／渡口 渡し場／渡航 渡海／渡子 船頭／渡舟 渡し舟／渡津 渡し場／渡世 世を救う／渡済 水を渡る／渡杯 杯の舟／渡夫 渡し守

➡畏渡・越渡・烟渡・過渡・海渡・寒渡・関渡・急渡・暁渡・径渡・古渡・孤渡・済渡・渉渡・譲渡・津渡・断渡・超渡・刀渡・晩渡・夜渡・野渡・厲渡

【稌】 12 2899 ト いね もちいね うるち

篆文

形声 声符は余。余に途（途）との声がある。〔説文〕七上に「稻なり」とあり、もちいねをいう。祭祀に牛牲を供えるときには、稌をとりそろえることが定めであった。

訓義 ①いね。②もちいね、うるち。

古訓 〔名義抄〕稌 イネ・トミ

➡稌稲 いね

【菟】 12 4441 ト ねなしかずら

形声 声符は兎（兎）。〔爾雅、釈草〕に、「女蘿は菟絲なり」とあり、ねなしかずら。また菟蘆ともいう。

訓義 ①菟糸、ねなしかずら。②菟葵、あさざ。③兎と通じ、うさぎ。④於菟は楚の方言、虎。

古訓 〔篇立〕菟 ウサギ・カクス・ネナシカヅラ

【菟糸】 ねなしかずら。女蘿。〔抱朴子、金丹〕立成丹有り。～又以て菟絲と和すべし。菟絲、是れ初生の根、其の形菟に似たり。

➡菟瓜 烏瓜／菟葵 あさざ

【陼】 12 7426 ト ショ なかす しま なぎさ

篆文

形声 声符は者（者）。者に堵との声がある。〔説文〕十四下に「渚の如き者は陼丘、水中の高き者なり」とあって、中洲の高平なるところをいう。〔爾雅、釈水〕に「小洲を陼と曰ふ」、〔爾雅、釈丘〕に「陼の如き者は陼丘」とみえる。堵は呪符を埋めた垣堤で、陼とは聖所に堰堤をめぐらした意であろう。水中の陼丘はおそらく渚（渚）。そのようなところでは、古く水神の祭祀が行われた。

訓義 ①なかす、す、しま。②なぎさ、はま。③堵と通じ、かき。

古訓 〔名義抄〕陼 ヲカ・カギル 〔字鏡集〕陼 ツカ・ヲカ・ヲトル・カギル

語系 陼・渚tjiaは同声。沚・阯tjiə、洲tjiuは声近く、みな水辺の洲渚のところをいう。〔詩、周南、漢広〕や〔詩、秦風、蒹葭〕は、いずれも水神祭祀の歌謡で、〔詩、秦風〕の詩篇中にみえる渚・州・沚はみな女神のあらわれるところである。

➡陼丘 中洲／陼隄 守りの堤

常【塗】 13 3810 ト ぬる どろ みち

篆文

形声 声符は涂。涂は塗の初文。〔孟子、公孫丑上〕「塗炭に坐す」の〔注〕に「泥なり」とあり、〔説文新附〕十三下も同訓。塗りこめることは、呪禁の方法として用いられることが多く、殯のとき、棺に収めて塗りこめることを塗殯という。途（途）と通用し、「塗歌邑誦」、「道聴塗説」のように用いる。

訓義 ①ぬる、ふさぐ。②どろ、ぬかるみ。③みち。

古訓 〔名義抄〕塗 ヌル・ミチ・マミル・カヘ・ユク・クボツ・クボム・ヒチリコニシテ・ヨクバル

語系 塗・涂・途daは同声。除diaは声義近く、これらにはみな祓除の意がある。余は把手のある大きな針。これを刺したてることが、除道修祓の方法であった。唐（唐）dangは廟中の道の意に用いることがある。

＊語彙は涂・途字条参照。

【塗鴉】 塗りたくった悪筆。唐・盧仝〔添丁に示す〕詩 忽ち來たつて案上に墨汁を翻へす 詩書を塗抹すること、老鴉の如し

【塗歌】 路で歌う。南朝宋・顔延之〔三月三日、曲水詩の序〕帝に類（祭名）するの宮を増ね、神に禮するの館を飭ふ。塗歌邑誦、以て屬車の塵を望むこと久し。

【塗改】 文字をかきかえる。唐・李商隠〔韓碑〕詩 點竄（字句を消し改める）す、堯典・舜典の字 塗改す、清廟・生民の詩

【塗逕】 みち。〔列子、楊朱〕其の游ぶに及びては、山川阻險、塗逕脩遠なりと雖も、必ず之かざる無く、猶ほ人の咫歩を行くがごとし。

【塗次】 途中で宿る。途次。〔宋書、武帝紀中〕軍、留城に次り、張良の廟を經たり。令して曰く、～塗舊沛に次り、駕を留城に佇む。靈廟荒殘し、遺象陳昧なり。迹を撫し

て人を懐ひ、慨然として永歎す。

【塗車】泥で作った車。墓中に入れる。〔礼記、檀弓下〕塗車芻靈(墓中に入れる草人形)は古より之れ有り。明器の道なり。

【塗説】道で聞き、またすぐ道で話す。口耳の学。道聴途説。〔論語、陽貨〕道に聽きて塗に說くは、德を之れ棄つるなり。

【塗像】外を塗った彫像。〔後漢書、陶謙伝〕謙~大いに浮屠寺を起す。~堂閣周回し、三千許りの人を容るべし。黄金の塗像を作り、~浴佛毎に輒ち多く飲飯を設く。~其の食に就き及び觀る者有る且ぼ萬餘人。

【塗炭】泥と炭。困難の中にあることにたとえる。〔後漢書、列女、董祀の妻の伝〕文姫曰く、昔、亡父の賜書四千許卷、流離塗炭、存する者有る罔し。今誦憶する所、裁かに四百餘篇のみと。~是に於て、繕書して之れを送る。文に遺誤無し。

【塗轍】みちすじ。宋・欧陽脩〔大寺丞に与ふる書、十一首、四〕汝昨の文字を寄せしに、舊に比して甚だ進めり。中止するを惜しむべし。~已に塗轍を得たり。以て力めて進むべし。

【塗抹】塗りたくる。〔宋史、姦臣二、蔡攸伝〕或いは曲宴に侍しては、則ち短衫窄袴、靑紅を塗抹し、倡優侏儒を雜へ、多く市井の淫媟謔浪の語を道ひ、以て帝の心を蠱はす。

【塗面】顔面に色を塗る。〔隋書、西域、女国伝〕葱嶺の南に在り。其の國、代ゝ女を以て王と爲す。~男女皆彩色を以て面に塗る。一日の中、或いは數度、之れを變改す。

↑塗遠 遠方/塗汚 けがす/塗屋 土蔵造り/塗軌 軌道/塗墍 泥壁/塗工 左官/塗巷 ちまた/塗采 塗り彩る/塗竄 塗って変改する/塗飾 塗采/塗人 行人/塗沢 塗采/塗泥 ぬかるみ/塗田 水辺の田/塗附 塗りつけ/塗塀 築地/塗輿 漆塗りの車/塗潦 水たまり/塗廩 土蔵

↓堊塗・迂塗・栄塗・画塗・偽塗・義塗・金塗・墐塗・釁塗・銀塗・孤塗・糊塗・巷塗・首塗・殊塗・椒塗・牆塗・塵塗・政塗・塼塗・長塗・泥塗・土塗・当塗・堂塗・道塗・半塗・別塗

【嵞】 13 8077 ト

篆文

形声 声符は余。余に途(途)との声がある。字はまた塗に作る。〔説文〕九下に「嵞は會稽山なり。一に曰く、九江の當嵞なり。民、辛壬癸甲の日を以て嫁娶す」とし、「虞書に曰く、予れ嵞山に娶る」と〔書、益稷〕の文によって説く。〔楚辞、天問〕に「焉んぞ嵞山の女を得て、之れと台桑に通ずる」とあって、その禹の神話は、楚の地にも伝誦されている。

訓義 1山の名、嵞山。2字はまた塗に作る。

【瘏】 14 0016 ト やむ

篆文

形声 声符は者(者)。者に堵の声がある。〔説文〕七下に「病むなり」、〔爾雅、釈詁〕に「病むなり。懼るるなり」とみえる。

訓義 1やむ、やみつかれる。2おそれる。

古訓 〔字鏡〕瘏 ヤミヌ 〔字鏡集〕瘏 ヤミヌ・ヤム・ヤマヒ

【瘏痡】馬もやみ、人もやむ。〔詩、周南、巻耳〕彼の砠に陟れば 我が馬瘏みぬ 我が僕痡みぬ 云何ぞ吁へしき

↑瘏瘁 病みつかれる/瘏毒 毒害

【睹】 14 6406 ト みる あらわれる

篆文 古文

形声 声符は者(者)。者に堵・都(都)の声がある。〔説文〕四上に「見るなり」と訓し、古文として覩を録する。者は堵中に呪禁として呪符の書を埋めている形。そのように陰微なものを、たしかに見届ける意。〔礼記、礼運〕「陰陽を以て端と爲す。故に情睹るべし」のように用いる。

訓義 1みる。2みわける、みあらわす、あらわれる。3字はまた覩に作る。

古訓 〔名義抄〕睹 ミル

語系 睹・賭 ta は同声。未知のものを知り、予測するような行為をいう。

＊語彙は覩字条参照。

【睹微】かすかな状態のものを、いち早くみつける。微を睹て著を知る。〔南史、荀伯玉等伝論〕高帝、淮・兗に牧と作り、將に霸業を興さんとす。崔(祖思)・蘇(侃)、微を睹て著を知り、自ら同に奔走す。

【睹物】思い出の物を見る。物を見て人を思う。〔剪灯余話、秋夕、琵琶亭を訪ふの記〕誠を表はし意を寓す。物を睹て人を思へ。再會は期無きも、願はくは郎、珍重せよ。

↑睹当 わたす/睹聞 親しく見聞する/睹睞 見る

【覩】 16 4661 ［睹］ 14 6406 ト みる しめす

篆文 古文

形声 声符は者(者)。者に堵・都(都)の声がある。〔説文〕四上に睹を正字とし、「見るなり」と訓し、古文として覩を録する。者は堵中に呪禁として呪符の書を埋めている形。そのように陰微なものを見あらわすことをいう字であろう。〔易、乾、文言伝〕「聖人作りて、萬物覩る」、〔礼記、礼運〕「陰陽を以て端と爲す。故に情睹るべし」のように用いる。

訓義 1みる。2しめす、あらわれる。

古訓 〔名義抄〕覩 ミル・イキホヒ 〔篇立〕覩 ミル・モトム・イキホヒ

語系 覩(睹)・賭 ta は同声。睹は旦明。次第に明るくあらわれてくることをいう。

＊語彙は睹字条参照。

↑覩記 見聞/覩事 精通/覩当 収拾

↓窺覩・逆覩・察覩・親覩・先覩・瞻覩・徧覩・旁覩・目覩・預覩

常 【賭】 16 6486 ト かけ かける

篆文

形声 声符は者(者)。者に堵・都(都)の声がある。〔説文新附〕六下に「博簺なり」とあり、賭けごとをいう。

訓義 1かけ、かけごと。2かける、まかせる。3たから。

古訓 〔名義抄〕賭 ミル 〔字鏡集〕賭 ノリモノ・タクハヘ・タカラ・ノリ

語系 賭・睹 ta は同声。特定のもの、未知のものを目睹とする行為をいう。

【賭戯】かけごと遊び。〔南斉書、良政、虞愿伝〕帝、圍碁を好むも、甚だ拙なり。去格七八道、物議共に欺きて第三品と爲す。第一品の王抗と碁を圍み、品に依りて賭戲す。抗、每に之れに饒借す(譲る)。~帝終に覺らず。

【賭郡】郡をかけて碁をうつ。〔宋書、羊玄保伝〕弈棊を善くし、棊品第三なり。太祖、與に郡を賭して戲(対局)す。勝ちて以て宣城の太守に補せらる。

【賭賽】かけて争う。〔魏書、景穆十二王中、任城王澄伝〕特り元澄をして七言連韻を爲らしめ、高祖と往復賭賽し、遂に極歡に至り、夜を際りて乃ち罷む。

【賭書】書の巧拙を争う。〔南斉書、王僧虔伝〕太祖~即位するに及ぶも、篤好已まず。僧虔と賭書し畢る。~曰く、誰をか第一と爲すと。僧虔曰く、臣の書第一、陛下も亦た第一なりと。上笑ひて曰く、卿善く自ら謀を爲すと謂ふべしと。

【賭墅】別荘をかける。〔晋書、謝安伝〕時に苻堅強盛にして、疆場虞れ多し。～（謝）玄入りて計を問ふ。～安、遂に駕を命じて山墅に出で、～玄と棊を圍みて別墅を賭く。安、常には棊、玄に劣るも、是の日玄懼れて～勝たず。
【賭博】かけごと。宋・晏殊〔山亭柳〕詞 家は西秦に住む 賭博して藝、身に隨ふ 花柳の上 鬪尖、新たなり
↑賭局 賭場／賭空 猜拳
↓官賭・戯賭・競賭・決賭・交賭・争賭・朋賭

【斁】
17
6844
ト エキ
やぶる いとう えらぶ

篆文 金文
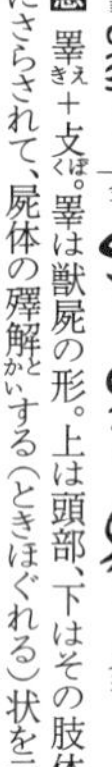

会意 睪＋攴。睪は獣屍の形。上は頭部、下はその肢体。風日にさらされて、屍体の殬解（ときほぐれる）状を示す。これに攴を加えて、敺って分解することを斁という。〔説文〕三下に「解くなり」とあり、また「猒ふなり」「終るなり」の両訓を加える。釋（釈）二上にも「解くなり」とするが、釋は獣爪によって獣屍を裂く意。殬はその残骨。「猒ふなり」の訓は射と通用し、〔詩、大雅、思斉〕「古の人斁はるること無し」、〔詩、周頌、清廟〕「人に射はるること無し」のように、両字を用いる。金文に「皇天昊ふこと無し」と昊を用いる。昊は獣屍の象ともみえ、また矢に従う形の字である。
訓義 1やぶる、おわる、とける。2射と通じ、いとう、おこたる。3択と通じ、えらぶ、とる。4度と通じ、ほどあい。5塗と通じ、ぬる。
古訓 〔名義抄〕斁 イトフ・ヤブル・ヤム・トク・ヌル〔字鏡集〕斁 ヤブル・コヲル・ヌル・ヤム・ヲハリ・イトフ
語系 斁・殬 ta は同声。斁解と殬敗とは同義。敺って斁るを斁といい、その殬敗した残屍を殬という。また斁・繹 jyak の声があり、繹解の意。また射 djyak と声が通じて、「いとふ」と訓する。
【斁敗】やぶれる。明・宋濂〔諸子弁〕（荘子）不幸にして其の書盛んに傳へられ、～遂に禮義陵遲（衰退）し、彝倫斁敗し、卒に人の家國を踣すに至る。亦たに悲しからずや。
【斁倫】人倫をみだしやぶる。〔池北偶談、談故二、朝鮮の疏〕上は先太妃より、下は百官民庶に至るまで、悉く廢君の淫暴無道、斁倫亂紀の罪を擧ぐ。
↑斁遺 廃棄する／斁壊 やぶる／斁耗 損耗する／斁圮 やぶる／斁乱 みだれる
↓厭斁・耗斁・衰斁・堕斁・無斁

【殬】
17
1624
ト エキ
やぶる

篆文

会意 歺＋睪。睪は獣屍の形、歺は残骨の象。獣屍が暴露して、すでに殬解（ときほぐれる）の状態にあることを示す。〔説文〕四下に「敗るるなり」とあり、すべてことの敗壊することをいう。攴を加えて敗ることを斁という。〔詩、大雅、雲漢〕「下土を耗斁す」、〔書、洪範〕「彝倫攸て斁る」のようにいう。
訓義 1やぶる、すたれる。2死ぬ、おわる。
古訓 〔篇立〕殬 イトフ・ヤブル
語系 殬・斁 ta は同声。殬敗・斁解は同義。蠹 ta も同声で、中から虫食いによって殬敗することを蠹という。蠹は橐の中に虫のいる意である。
＊語彙は斁字条参照。

【鍍】
17
8014
ト
めっき

形声 声符は度。〔玉篇〕に「金もて物に鍍るなり」とあり、鍍金をいう。
訓義 1めっき、きんきせ。2ぬる、ぬりつける。
古訓 〔名義抄〕鍍 カラスキ・トロモス・ヌル・モノチリバム〔篇立〕鍍 トロカス・チリバム
【鍍金】金めっき。唐・李紳〔章孝標に答ふ〕詩 假金にして方めて眞金を用って鍍す 若し是れ眞金ならば、金を鍍せず
↑鍍銀 銀めっき
↓金鍍

【蠹】
24
4013
ト
きくいむし むしばむ やぶれる

篆文

会意 橐の省形＋䖵。橐は穀類などを収める橐。その穀実を虫が食いあらすことを蠹食という。〔説文〕十三下に「木中の蟲なり」とあり、すべて内部にあってものを穿食することを蠹という。〔周礼、秋官、翦氏〕に「蠹物を除くことを掌る」とあり、呪禁や毒物の法をしるしている。正体の知られないものであるから、蠱（虫まじ）の類と考えられていたのであろう。
訓義 1むし、きくいむし。2むしばむ、むしくう。3そこなう、やぶれる、みだす。
古訓 〔新撰字鏡〕蠹 乃牟之（のむし）〔名義抄〕蠹 ノムシ・ムシカメタリ〔篇立〕蠹 マジワサ・フムシ・トブムシ・コト・タブロカス・ハマ・マトフ・マジモノ〔字鏡集〕蠹 ツヒヤス・ムシバム・ムシカム・ノンド・ノムシ・スミハムシ・ヤブル・オホムシ
語系 蠹・殬・斁 ta は同声。獣屍の斁敗・殬解するのと、穀実を蠹食するのと、相似たことをいい、同系の語である。
【蠹害】害毒となる。〔後漢書、劉陶伝〕公卿に詔して、謠言（世間の評）を以て、刺史・二千石の民の蠹害を爲す者を擧げしむ。～議郎曹操、上言す。公卿の擧ぐる所は、率ね其の私に黨す～と。
【蠹簡】虫食い本。宋・陸游〔秋興、十二首、四〕詩 一編の蠹簡、靑燈の下 恰も似たり、呉僧夜講の時
【蠹魚】衣服や書物につくしみ虫。宋・徐積〔路朝奉の新居に和す、十五首、五〕詩 童を呼んで袟を解き、飢蝨を捫らしめ 日を趁うて箱を開き、蠹魚を曝さす
【蠹書】書物のしみ虫。虫食い本。唐・韓愈〔雑詩〕古史、左右に散じ 詩書、後前に置く 豈に蠹書蟲に殊ならんや 文字の閒に生死す
【蠹蝕】虫ばむ。唐・杜甫〔病橘〕詩 之れを剖けば蠹く蠹蝕す 采掇宜しき所に爽ふ
【蠹物】ものを害する虫。〔周礼、秋官、翦氏〕蠹物を除くことを掌る。攻禜を以て之れを攻め、莽草（薬物）を以て之れを熏らす。
【蠹編】蠹書。宋・陸游〔雨夜〕詩 雨中更に覺ゆ、淒涼の甚だしきを 一點の殘燈、蠹編を守る
↑蠹役 奸吏／蠹患 蠹害／蠹隙 虫の穴／蠹冊 虫の入った書／蠹聚 やくざ／蠹胥 蠹役／蠹毒 蠹害／蠹犯 悪役人
↓埃蠹・朽蠹・巨蠹・魚蠹・凶蠹・狡蠹・耗蠹・紙蠹・書蠹・除蠹・塵蠹・積蠹・穿蠹・虫蠹・内蠹・曝蠹・邦蠹・民蠹・螟蠹・吏蠹

ド

常
【土】
3
4010
ドト
つち くに ところ

篆文 甲骨文 金文

象形 土主の形。土を饅頭形にたて長にまるめて台上におき、社神とする。卜文にはこれに灌鬯する形のものがあり、社（社）の初文として用いる。〔説文〕十三下に「地の萬物を吐生する者なり」（小徐本）とし、二は地、丨は物の出る形であるとするが、土主を台上におく形である。のち土地一般の意となり、

示を加えて社となった。卜文・金文は土を社の意に用い、社は中山王諸器に至ってみえる。古い社の形態は、モンゴルのオボの形態に近く、中山王器の社の字には土の上に木を加えている。〔説文〕には土を吐との音を以て説くが、〔周礼、考工記、玉人、注〕には「度かるなり」と度どの音を以て説き、〔広雅、釈言〕に「瀉そそぐなり」と瀉やの音を以て説く。土は社神のあるところ、地も古くは墜(墜)に作り、神梯(𠂤)の前に犠牲をおき、社神を祀るところであった。土地一般をいうのは、後起の義である。

訓義 ①土神、つちのかみ、やしろ。②くに、ところ、うぶすな。③つち、つちくれ、ひらち、耕地。④社・杜と通じ、もり。⑤五行の一。

古訓 〔名義抄〕土 ツチ・イシ・トコロ・ヲリ・ハカル・クリ・ワタル・ツチフル・タマ／泥土 コヒヂ／沙土 スヒヂ

部首 〔説文〕の土部に百三十一字、〔新附〕十三字、〔玉篇〕土部の字は三百五十五字で、約三倍に及んでいる。

声系 〔説文〕に土声として社・吐・徒・杜の四字を収める。徒はもと土と辵とに従う字。徒歩の意とされるが、古くは社の従属の意であろう。吐は吐瀉の声を写した字。杜には杜塞の意がある。

語系 土tha、社ziyaは声近く、社は土より分岐した字でもと同源の語。〔公羊伝、僖三十一年〕「諸侯は土を祭る」、〔詩、大雅、緜〕「迺ち冢土を立つ」の土はいずれも社の意。〔説文〕一上に社を「地主なり」とする。土は土主の形、社は地主の意にほかならない。

【土宇】人の住むところ。住民。〔詩、大雅、巻阿〕爾の土宇、昄いに章らかに 亦た孔だ之れ厚し

【土花】土中色。器物が土中で変色する。宋・梅尭臣〔古鑑〕詩 古鑑、荒塚に得たり 土花全て未だ磨かれず

【土灰】土や灰。〔論衡、自紀〕書を垂れて後に示す。惟だ人の性命、長短期有り。～年歴但だ記するも、孰か之れを留めしめん。猶ほ黄泉に入りて、消して土灰と爲るがごとし。

【土芥】泥土や、あくた。〔左伝、哀元年〕國の興るや、民を視ること傷むが如くす。是れ其の福なり。其の亡ぶるや、民を以て土芥と爲す。是れ其の禍なり。

【土怪】土中の怪物。〔国語、魯語下〕(季桓子、仲尼に問うて)曰く、吾井を穿ちて狗を獲たり。何ぞやと。對へて曰く。丘の聞く所を以てせば、羊なり。～土の怪を墳羊と曰ふと。

【土階】土の階段。〔呂覧、召類〕仁節の功爲る、大なり。故に明堂は茅茨(茅ぶき)蒿柱、土階三等、以て節倹を見はす。

【土気】風土の気。気候風俗。〔後漢書、東夷、挹婁伝〕古の粛慎の國なり。～山林の間に處り、土氣極寒、常に穴居を爲し、深きを以て貴しと爲す。大家は九梯を接するに至る。

【土牛】土製の牛。立春に先だち寒気を送る祭に用いる。〔礼記、月令〕(季冬の月)有司に命じて大いに難(儺)し、旁磔(城門に犬牲などを披き磔る)し、土牛を出して、以て寒氣を送る。

【土偶】土人形。でく。〔戦国策、斉三〕今者臣、來りて淄上を過ぎる。土偶人有り、桃梗(木偶人。桃の木で作った人形。悪鬼を祓う)と、相ひ與に語る。

【土窟】土穴。〔晋書、隠逸、孫登伝〕家屬無く、郡の北山に於て土窟を爲りて、之れに居る。夏は則ち草を編みて裳と爲し、冬は則ち被髮して自ら覆ふ。易を讀むことを好み、一絃琴を撫す。

【土圭】日影を観測する器。〔周礼、地官、大司徒〕土圭の灋(法)を以て、土深を測り、日景を正し、以て地の中を求む。日南するときは則ち景短く、暑多し。

【土鉶】土製の汁器。〔韓非子、十過〕昔者、堯の天下を有つや、土簋(飯鉢)に飯し、土鉶に飲む。其の地、南は交趾に至り、北は幽都に至るまで、～賓服せざる莫し。

【土穴】土あな。〔後漢書、盧植伝〕遂に上谷に隠れ、人事に交はらず。～其の子に勅しめて土穴に倹葬せしめ、棺槨を用ひず。體に單帛を附するのみ。著はす所、碑・誄・表・記、凡そ六篇。

【土古】土中色の古銅器。〔洞天清録、古鐘鼎彝器弁〕三等の古銅は、竝びに腥氣無し。惟だ土古新出土のものは、尙ほ土氣を帶ぶ。久しければ則ち否らず。若し僞作の者は、熱摩し手心以て之れを擦れば、銅腥鼻に觸れて畏るべし。

【土豪】地方の豪強。〔宋書、沈演之伝〕自ら呉興の土豪なるを恃のみ、比門義故(一族縁故)、士庶を脅説し、告索すること已む無し。

【土産】土地の産物。唐・白居易〔東南行一百韻～〕詩 飄零すること落葉に同じ 浩蕩たること桴に乗るに似たり 漸く覺ゆ、郷原の異なるを 深く知る、土產の殊なるを

【土室】洞穴。また、地下室。〔後漢書、袁閎伝〕延熹の末、黨事(党錮の禍)將に作らんとす。閎、遂に散髮絶世、迹を深林に投ぜんと欲す。～乃ち土室を築き、～戶を爲らず、牖より飲食を納るるのみ。

【土苴】泥や草。もののかす。〔荘子、譲王〕曰く、道の眞は以て身を治め、其の緒餘以て國家を爲め、其の土苴以て天下を治むと。此れに由りて之れを觀れば、帝王の功は聖人の餘事なり。

【土人】土地の人。本国の人。唐・馬総〔日本の僧空海に贈る、離合詩〕何ぞ乃ち萬里來たる 其の才を衒ふに非ざるべし 學を增ねて元機を助けば 土人も子の如き稀なり

【土地】田野。〔周礼、地官、小司徒〕乃ち土地を經めて、其の田野を井牧にす。九夫を井と爲し、四井を邑と爲し、四邑を丘と爲し、四丘を甸と爲す。～以て地の事に任じて貢賦せしむ。

【土風】土地の風俗。〔後漢紀、明帝紀上〕夫れ民の性は、各々稟くる所有り。其の山川に生まれ、其の土風に習ふ。～土風乖くときは、則ち楚夏音を殊にす。

【土崩】土崩れ。一気に崩れさる。〔淮南子、泰族訓〕武王、左に黃鉞を秉り、右に白旄を操り、以て之れを麾けば、則ち瓦解して走り、遂に土崩して下る。

↑土域 地域／土蚓 みみず／土垣 築地／土圜 土室／土屋 土室／土化 腐朽土／土貨 土産／土歌 民謡／土塊 土くれ／土祇 地の神／土基 土台／土簋 土製の食器／土宜 土産／土儀 土宜／土居 土室／土境 境界／土橋 土ばし／土彊 域内／土狗 土の怪／土軍 土地の兵／土鼓 土製の鼓／土工 焼物師／土公 土地神／土功 土木工事／土坑 オンドル／土寇 土匪／土梗 土偶／土堠 一里塚／土膏 肥土／土質 土の質／土実 土産／土処 土居／土匠 土工／土娼 私娼／土障 土垣／土牆 土塀／土鬆 ぼろ土／土城 土の城／土壌 つち／土色 土の色／土神 土地の神／土性 土質／土塑 泥人形／土葬 埋葬／土俗 風俗／土賊 土匪／土台 土の基台／土断 戸籍整理／土壇 刑場／土稚 美人の土偶／土著 定住者／土珍 特産／土堤 堤／土泥 どろ／土田 田畑／土遁 土木好き／土囊 土俵／土伯 土怪／土薄 瘠地／土蕃 蕃人／土匪 近郷の賊／土缶 ほとぎ／土物 土産／土墳 塚／土兵 土地の兵／土壁 土ぬりのかべ／土木 普請／土民 土著の人／土毛 野菜／土葯 阿片／土櫌 耕す／土劣 その地の無頼漢。土豪劣紳／土牢 土室の牢／土壟 唐臼／土籠 もっこ／土椀 かわらけ

↓埃土・安土・異土・穢土・裔土・王土・下土・化土・花土・懐土・

客士・丘士・郷士・疆士・啓士・故士・后士・荒士・黄士・国士・湿士・爵士・出士・焦士・浄士・壌士・埴士・塵士・水士・寸士・尺士・赤士・瘠士・積士・践士・率士・拓士・摶士・築士・中士・冢士・田士・唐士・陶士・粘士・農士・坏士・肥士・風士・糞士・辟士・辺士・邦士・封士・本士・冥士・沃士・楽士・領士・累士

常【奴】 5 4744 ド ヌ めしつかい やっこ とりこ

篆文  古文  金文 

会意 女＋又（又）。又は手。女子を捕らえて奴婢とする意。〔説文〕十二下に「奴婢、皆古の辠（罪）人なり」とし、「周禮に曰く、其の奴、男子は辠隷に入れ、女子は舂槀に入る」と〔周礼、秋官、司厲〕の文を引く。舂槀は女囚を属するところ。〔周礼、秋官〕に罪隷百二十人、蛮隷百二十人、閩隷百二十人、夷隷百二十人、貉隷百二十人などがあり、犯罪者のほかはおおむね外蕃である。古くは異族の虜囚などを聖所に属して、使役したものであろう。これらを神の徒隷とすることに、宗教的な意味があったものと思われる。

訓義 1めしつかい、やっこ、しもべ。2とりこ、虜囚から奴隷となったものが多い。3いやしいもの、いやしいものにつけていう。4自ら謙遜していう。

古訓 〔和名抄〕奴 豆不禰（つふね）〔名義抄〕奴 ツブニ・ヤツコ・ヤツカリ・ツカヒビト〔字鏡集〕奴 ツカヒビト・ヤツカリ・ヤツコ・ツフネ

声系 〔説文〕に奴声として呶・帑・怒・拏・弩など、十一字を収める。孥・駑などは未収。

【奴畜】 下僕として養育する。〔史記、衛将軍驃騎伝〕其の父、羊を牧せしむ。先母の子、皆之れを奴畜し、以て兄弟の數と爲さず。

【奴才】 凡庸。〔晋書、劉元海載記〕（成都王）穎敗れ、天子を挾んで、南のかた洛陽に奔る。元海曰く、穎吾が言を用ひず、逆つて自ら奔潰す。眞に奴才なり。然れども吾れ其れと言（約）有り、救はざるべからずと。

【奴子】 召使い。梁・武帝〔河中の水の歌〕楽府 頭上の金釵十二行 足下の絲履、五文章 珊瑚に鏡を挂け、爛として光を生ず 平頭の奴子、履箱を擎ぐ。

【奴書】 まね書き。宋・欧陽脩〔筆説書を学んで自ら家を成すの説〕書を學んでは當に自ら一家の體を成すべし。其の、他人を模倣する、之れを奴書と謂ふ。

【奴婢】 男女の召使い。〔漢書、貢禹伝〕諸官奴婢十萬餘人、戲遊して事亡し。良民に稅して、以て之れに給す。歲費五六鉅萬、宜しく免して庶人と爲し、～關東の戍卒に代らしむべし。

【奴僕】 しもべ。〔三国志、魏、楊俊伝〕宗族知故の、人の略する所と爲り、奴僕と作る者、凡べて六家、俊、皆財を傾けて之れを贖ふ。

【奴虜】 捕らえられて奴隷となったもの。〔漢紀、高帝紀二〕漢王、人を侮慢し、諸侯王を罵詈すること、奴虜の如きのみ。吾れ復た見るに忍びず。

【奴隷】 奴僕。奴虜。〔後漢書、西羌、羌無弋爰剣伝〕羌無弋爰剣といふ者、秦の厲公の時、秦の拘執する所と爲り、以て奴隷と爲る。～後亡げ歸るを得たり。

↑奴役 酷使する／奴下 駑下／奴家 女の卑称／奴官 こものの官／奴客 家奴／奴怯 駑怯／奴狗 雇い人夫／奴視 奴僕扱い／奴卒 しもべ／奴輩 しもべ／奴兵 奴隷で編制した兵／奴僇 奴戮／奴戮 家族もろとも殺す

↓閹奴・下奴・黠奴・官奴・鉗奴・狂奴・奚奴・豪奴・黒奴・私奴・女奴・人奴・胥奴・徒奴・童奴・僕奴・庸奴・養奴・狸奴・老奴

常【努】 7 4742 ド ヌ つとめる はげむ

形声 声符は奴。力は耒の象形。農耕に勤労することをいう。漢の〔古詩〕に「努力して餐飯を加へよ」とあり、ものごとにつとめることをいう。国語では、古く「努～なかれ」のような語法があった。

訓義 1つとめる、はげむ。2力をあわせる。3ゆめ、ゆめゆめ。

古訓 〔名義抄〕努 ユメ／＼・コハシ・ツヨシ・ツトム〔篇立〕努 クチヲシ・ユメ〔字鏡集〕努 ツヨシ・ツトム・コハシ

語系 努・弩・拏・怒 na は同声。みな強く力を加えた緊張した状態にあることをいう。

【努眼】 怒った目。〔旧唐書、黄巣伝〕先に謠言有りて云ふ、金色の蝦蟆争うて努眼す。曹州を翻却して、天下反すと。

【努目】 怒眼。〔太平広記、一七四に引く談藪、薛道衡〕小僧に謂ひて曰く、金剛は、何爲れぞ努目なる。菩薩は、何爲れぞ低眉なると。

【努力】 つとめる。〔文選、古詩十九首、一〕棄捐して復た道ふこと勿からん 努力して餐飯を加へよ

↑努嘴 唇で合図する／努膊 手を出して求める／努臂 ひじをのばす

【呶】 8 6704 ド ドウ（ダウ） かまびすしい

篆文 

形声 声符は奴。〔説文〕二上に「讙しき聲なり」とあり、怒声に近いような大声をいう。〔詩、小雅、賓之初筵〕に「載ち號び載ち呶る」とあり、酒宴でやかましくわめき立てることをいう。

訓義 1かまびすしい、やかましい。2字はまた譊に作る。

古訓 〔名義抄〕呶 サケブ／譊 ナマジヒ／譊譊 イフ〔字鏡集〕呶 サケブ・カマビスシ

語系 呶・怒 na は同声。はげしく怒り、どなることをいう。獳 no は声近く、犬がはげしくたける意。同系の語である。

【呶呶】 しゃべる。多言する。やかましい。唐・盧仝〔雪に苦しみて退之に寄す〕詩 病妻の煙眼、涙滴滴たり 飢嬰（お腹をすかしている乳のみご）は乳に哭して、聲呶呶たり

↑呶拏 やかましくさわぐ

↓酣呶・讙呶・諠呶・号呶・大呶・紛呶

【孥】 8 4740 ド こども めしつかい

形声 声符は奴。〔書、甘誓〕〔書、湯誓〕に「予れは則ち汝を孥戮せん」、また〔孟子、梁恵王下〕に「人を罪するに孥せず」とあり、罪を妻子にまで及ぼすことをいう。

訓義 1こども。2しもべ、めしつかい。3妻子。罪を妻子にまで及ぼす。

古訓 〔名義抄〕孥 トリコ〔篇立〕孥 ヒトメ〔字鏡集〕孥 ヒトリコ・コ

語系 孥・奴・帑・拏 na は同声。捕らえて神に供する意があり、孥は古く帑の字を用いた。

【孥戮】 妻子をも殺す。〔書、甘誓〕命を用ひざるものは社に戮せん。予れは則ち汝を孥戮せん。

↑孥属 家属／孥稚 幼児／孥僇 孥戮／孥累 妻子と老少のもの

↓妻孥・収孥・徒孥・養孥

【帑】 8 4722 ド ぬさ おくりもの

篆文 

形声 声符は奴。〔説文〕七下に「金幣の藏する所なり」とあって、金帛の類を収蔵するところをいう。〔詩、小雅、常棣〕「爾の妻帑を樂しましめよ」、〔左伝、文六年〕「其の帑を送る」はともに妻孥の意。孥には古

くは帑の字を用い、神事に供する意があった。

訓義 ①ぬさ、たから。②かねぐら、かねぶくろ。③おくりもの。④孥と通じ、妻孥。

古訓 〔字鏡集〕帑 ヤレヌノ

語系 帑・奴・孥・拏 na は同声。奴はもと神に捧げた徒隷。奴声の字にその義をもつものがある。

【帑金】(どきん) 庫の金。〔清波別志、上〕蘇文忠公(軾)杭州に知たりしとき、私帑金五十兩を以て官緡を助け、城中に病坊一所を置き、安樂と名づく。～三年に千人を醫愈したり。

【帑蔵】(どぞう)(ざう) 官府の倉庫。その収蔵物。〔後漢書、馮緄伝〕時に天下飢饉、帑藏虛盡し、征伐を出す毎に、常に公卿の奉祿を減じ、王侯の租賦を假る。

⬆帑屋 倉庫／帑儈 府庫／帑銀 貯蔵の財／帑庫 くら／帑臧 帑蔵／帑儲 府庫の貯積／帑帛 蔵の織物／帑府 府庫／帑簿 資財帳／帑抹 軍服／帑庾 帑儲／帑戮 孥戮／帑廩 府庫米倉

⬇官帑・禁帑・軍帑・公帑・国帑・妻帑・財帑・私帑・重帑・倉帑・中帑・内帑・府帑・幣帑

【弩】 8 4720 ド おおゆみ いしゆみ

篆文 古印璽

形声 声符は奴。〔説文〕十二下に「弓に臂有る者なり」とし、〔周礼〕の四弩の名をあげている。「臂有り」とは、弩牙を設けて、発射する装置をいう。諸葛孔明は連弩を作り、一時に十矢を発することができた。

訓義 ①おおゆみ、いしゆみ。②声のはげしいさま。

古訓 〔和名抄〕弩 兼名苑注に云ふ、黃帝の造りし者なり。於保由美(おほゆみ) 〔名義抄〕弩 オホユミ 〔字鏡集〕弩 オホユミ・カケテトル・―トカケテトル・カク・トル・ヲ、シ

語系 弩・拏・砮 na は同声。力を加えて強くうごかすものの意がある。

【弩牙】(どが) いしゆみ。〔南斉書、東昏侯紀〕射雉場二百九十六處を置き、翳中の帷帳及び步鄣は、皆袷する(裏地をつける)に綠紅の錦を以てし、金銀もて弩牙を鏤り、瑇瑁もて箭に帖る。

【弩機】(どき) 弩のしかけ。〔呂覧、察微〕夫れ弩機は、差ふこと米(の幅)を以てせば、則ち發せず。

【弩矢】(どし) 弩と矢。〔史記、司馬相如伝〕乃ち相如を拜して中郎將と爲し、節を建てて往き使せしむ。～蜀の太守以下郊迎し、縣令弩矢を負ひて先驅す。蜀人、以て寵(栄)と爲す。

【弩車】(どしや) 弩を乘せる車。〔宋史、魏勝伝〕陣を列するときは、則ち如意車、外に在り、旗を以て蔽障す。弩車は陣門に當る。其の上に床子弩を寘く。～一矢能く數人を射る。

【弩射】(どしや) 弩を射る。〔後漢書、孝明八王、陳敬王羨伝〕寵、善く弩を射る。十發十中、中ること皆處を同じうす。～彊弩數千張有り。～(黃巾の乱に)陳、獨り完きことを得たり。

⬆弩弓 石弓／弩弦 弩弓／弩士 弩射の士／弩師 弩の教官／弩式 弩の方式／弩手 弩士／弩人 弩を作る人／弩箭 弩矢／弩台 弩の発射台／弩団 弩弓の隊／弩弾 弩の弾／弩砲 投石機／弩末 強弩の末／弩力 弩の力

⬇火弩・角弩・機弩・弓弩・彊弩・勁弩・建弩・車弩・神弩・置弩・馬弩・布弩・負弩・伏弩・兵弩・木弩・遊弩・連弩

常 【度】 9 0024 ド トタク はかる ものさし のり わたる

篆文

会意 席の省文＋又(又)。又は手。席をひろげる意。〔説文〕三下に「法制なり」とし、「庶の省聲」とするが、庶の声義とは関係がない。庶は煮炊きする意の字である。〔漢書、律暦志上〕に「長短を度る所以なり」とあり、席の大きさが長短の基準であった。それで測量・度量の意となる。〔左伝、襄二十五年〕「山林を度る」、〔礼記、王制〕「地を度りて以て民を居らしむ」などが古い用法である。のち法制・制度の意となり、また渡と通用する。「はかる」という動詞のときには、タクの音でよむ。

訓義 ①ものさし、めもり、計量の器。②さだめ、きり、ほどあい。③のり、おきて、制度。④はかる、長短をはかる、広さをはかる。⑤わたる、わたす、こえる。⑥くりかえす、たび。⑦宅と通じ、おる。⑧剫と通じ、きる。

古訓 〔名義抄〕度 ワタル・ハカル・タクミ・モロ〳〵・タビ・ミチスグル・ミル・ハカリゴト・ヲリ・ノリ・オク・タス／一度 ヒトタビ 〔字鏡〕度 チカシ・ノリ・ハカリゴト・スグル・ハカル・ミル・タクラフ・ワタル・モロニ・ミチ・ノトル・オク・ヲリ・タビ・ノカシ・アト

声系 〔説文〕に度声として剫・渡など三字を収める。剫 四下は「判つなり」、渡 十一上は「濟るなり」と訓し、みな度の声義を承ける。

語系 度・剫・渡 dak は同声。長短を度って切ることを剫という。

【度越】(どえつ)(ゑつ) こえる。〔漢書、揚雄伝賛〕今揚子の書、文義至深、論は聖人に詭はず。若し時君に遭遇し、更に賢知に閱し、稱善する所と爲らしめば、則ち必ず諸子に度越せん。

【度外】(どがい)(ぐわい) 考慮の外におく。〔東観漢記、光武帝紀〕六年春二月、吳漢、朐城に下る。天下悉く定まる。唯だ獨り公孫述・隗囂のみ、未だ平らがず。帝曰く、此の兩子を取りて度外に置かんと。乃ち諸將を休せしめ、置酒して之れを賞賜す。

【度義】(たくぎ) 義をくらべる。〔書、泰誓上〕力を同じうせば德を度り、德を同じうせば義を度る。

【度曲】(たくきよく) 作曲。曲声を合わせる。〔漢書、元帝紀賛〕元帝材藝多く史書を善くす。琴瑟を鼓し、洞簫を吹き、自ら曲を度し、歌聲に被らしむ。

【度朔】(どさく) 山名。鬼の住む山。〔独断、上〕海中に度朔の山有り、上に桃木有り。蟠屈すること三千里。～東北に鬼門有り、萬鬼の出入する所なり。神荼と鬱壘と、二神其の門に居り、諸鬼を閱領することを主る。

【度詢】(たくじゆん) はかり、とう。〔国語、魯語下〕皇皇者華は、君、使臣に教ふ。曰く、懷ふと每も及ぶ靡し 諏謀度詢 必ず周に咨ると。敢て教へを拜せざらんや。

【度世】(どせい) 世俗をこえる。〔抱朴子、微旨〕玄素の術を知る者は、則ち唯だ房中の術のみ。以て世を度ゆべしと曰ふ。～淺見の家、偶一事を知るのみ～にして、眞を識らざる者なり。

【度厄】(どやく) 厄をこえる。〔太平広記、一に引く神仙伝、老子〕人生各厄會有り。其の時に到りて、若し名字を易へて、以て元氣の變に隨はば、則ち以て延年度厄すべし。

【度量】(どりよう)(りやう) はかり。また、すぐれた人柄。〔抱朴子、逸民〕漢高帝～弘曠恢郭にして、善く恕し容多し。～宜なり、其の布衣を以て四海に君となること。其の度量、蓋し人に過ぐる者有り。

⬆度引 測量／度紀 延年／度規 のり／度揆 はかる／度儀 きまり／度擬 はかる／度矩 規則／度計 はかる／度功 功をはかる／度航 渡航／度索 度朔／度算 数える／度支 財政の官／度詞 譜曲／度渉 渡る／度数 標準の計量／度声 節をつけて歌う／度制 きまり／度僧 得度する／度地 測量／度程 法度／度徳 徳をはかる／度内 心をはかる／度法 法度／度与 与える／度籙 秘伝

⬇偉度・緯度・引度・営度・越度・遠度・王度・億度・臆度・温度・過度・雅度・角度・格度・軌度・規度・揆度・器度・儀度・擬度・議度・究度・曲度・局度・極度・襟度・計度・経度・限度・考度・宏度・高度・衡度・曠度・差度・才度・済度・察度・姿度・揣度・

識度・尺度・準度・初度・商度・常度・制度・性度・節度・則度・測度・忖度・大度・態度・中度・丁度・調度・都度・程度・適度・躔度・得度・徳度・百度・品度・布度・風度・服度・法度・密度・明度・逾度・預度・用度・律度・料度・量度・礼度

常【怒】 9 4733 ド ヌ いかる おこる しかる

篆文  金文  詛楚文 

形声 声符は奴。〔説文〕十下に「恚るなり」とあり、はげしく人を責める心情をいう。〔論語、雍也〕に、孔子が顔回をほめて「怒りを遷さず、過ちを貳びせず」と評している。

訓義 1いかる、いきどおる、おこる。2しかる、せめる、あらそう。3はげしい、あらい、たかぶる。

古訓 〔名義抄〕怒 イカル・ウラム・ハヤル・セム・ハフル 〔字鏡〕怒 イカル・イカラカス・ハヤル

語系 怒・拏・弩・呶 na は同声。はげしく勢いをつけた動作などをいう。

【怒怨】 いさかう。〔古楽府、陌上桑〕耕す者は其の耕すことを忘れ 鋤する者は其の鋤することを忘る 來歸して相ひ怒怨するは 但だ羅浮(女の名)を観るに坐す

【怒気】 怒ったさま。〔呉越春秋、句践伐呉外伝〕(句践)道に鼃(蛙)の腹を張りて怒り～を見て、～即ち之れが爲に軾(礼)す。～曰く、吾が士卒の怒るを思ふこと久し。～今鼃蟲は無知の物なるに、敵を見て怒氣有り。故に之れが爲に軾すと。

【怒号】 激しく叫ぶ。怒呺。〔荘子、斉物論〕夫れ大塊(地)の噫氣、其の名を風と爲す。是れ唯だ作る無し。作れば則ち萬竅怒號す。

【怒張】 誇張した、粗豪のさま。宋・米芾〔海岳名言〕筋骨の說は、柳(公権)より出づ。世人は但だ、怒張を以て筋骨と爲す。怒張せざるも、自ら筋骨有ることを知らず。

【怒濤】 荒波。大波。清・康有為〔日本に過より～大隈・犬養を懐ひ、寄呈す〕詩 夷吾(管仲)出でずんば、蒼生を柰いかせん 問取す、木堂、嘉樹成るかと 萬里東歸して、見る事を得ず 海雲冥冥として、怒濤横たふ

【怒髪】 はげしい怒りで、髪が逆立つ。〔史記、廉頗藺相如伝〕相如、因りて璧を持し、卻立して柱に倚る。怒髪上ちて冠を衝く。

↑怒恚 いかる/怒譴 いかりせめる/怒言 どなる/怒吼 ほえる/怒哮 ほえる/怒詬 ののしる/怒恨 恨む/怒嘖 しかる/怒視 にらむ/怒叱 しかる/怒心 憤り/怒嗔 いかる/怒声 どなる/怒性 怒り性/怒霽 いかり止む/怒譟 いかり騒ぐ/怒漲 大波/怒潮 荒れ潮/怒罵 いかりののしる/怒発 勃発する/怒臂 臂張る/怒憤 憤怒する/怒沫 しぶき/怒目 いかってにらむ/怒容 いかりの形相/怒湧 逆まく/怒雷 迅雷/怒詈 ののしる/怒流 逆浪/怒浪 逆浪/怒滝 たぎつ波

↓威怒・恚怒・鬱怒・怨怒・慍怒・呵怒・赫怒・嚇怒・喜怒・激怒・譴怒・吼怒・虓怒・恨怒・嫉怒・衆怒・乗怒・嗔怒・震怒・盛怒・齎怒・責怒・躁怒・蔵怒・天怒・発怒・百怒・馮怒・憑怒・忿怒・憤怒・奮怒・逢怒・暴怒・勃怒・妄怒・余怒

【砮】 10 4760 ド やじり

篆文 

形声 声符は奴。〔説文〕九下に「砮石、以て矢鏃と爲すべし」(段注本)とし、「夏書に曰く、梁州は砮丹を貢す」と〔書、禹貢〕〔国語、魯語下〕の文を引く。國語に曰く、肅愼氏、楛矢・石砮を貢す」とあるのは、また礪石をいう。

訓義 1やじり、やじりの石、石のやじり。2あらと。

古訓 〔字鏡集〕砮 ト・ハヤト・カサキ

↑砮丹 鏃の石

↓楛砮・石砮・鳥砮・碧砮

【駑】 15 4732 ド のろ のろい おろか

形声 声符は奴。奴に拙才の意がある。〔広雅、釈言〕に「駘なり」とあって、駄馬をいう。また人の魯鈍なものをいう。

訓義 1のろ、にぶいうま、駄馬。2のろい、おろか、おろかしい。

古訓 〔名義抄〕駑 オソシ・オソウマ・ヨワシ

語系 駑 na、駘・嬯 də は声義近く、駘は〔説文〕十上に「馬の銜脱するなり」とするが、駑馬の意。嬯は〔説文〕十二下に「遲鈍なり」とあって、すべて下材をいう語である。

【駑下】 才能のない者。〔史記、李斯伝〕夫れ斯は乃ち上蔡の布衣、閭巷の黔首(人民)なり。上其の駑下なるを知らず、遂に擢んでて此に至る。～物極まれば則ち衰ふ。吾未だ駕を稅く(退官する)所を知らざるなり。

【駑怯】 愚かで気が弱い。〔後漢書、馮衍伝上〕(田邑の報書)僕駑怯なりと雖も、亦た人爲るを欲する者なり。豈に苟しくも生を貪りて死を畏れんや。曲戟頸に在るも、其の心を易へず。

【駑蹇】 駑馬。あしなえ馬。〔漢書、叙伝上〕駑蹇の乘は、千里の塗を騁せず。燕雀の疇は六翮の用を奮はず。～斗筲(器量が狭く小さい)の子は、帝王の重を秉らず。

【駑弱】 愚かで力がない。唐・韓愈〔鱷魚の文〕刺史駑弱なりと雖も、亦た安んぞ肯て鱷魚の爲に低首下心して、～民吏の羞を爲さんや。

【駑鈍】 不才。駑下。蜀・諸葛亮〔出師の表〕庶はくは駑鈍を竭くし、姦凶を攘除し、漢室を興復して、舊都に還さんことを。

【駑馬】 のろまな馬。〔荀子、修身〕夫れ驥は一日にして千里なるも、駑馬も十駕せば、則ち亦た之れに及ばん。

【駑劣】 不才。〔後漢書、段熲伝〕(諸羌反叛す)餘孼(残党)復た起る。～臣庶はくは駑劣を竭くし、伏して節度を待たん。

↑駑闇 愚才/駑鉛 庸劣/駑緩 鈍い/駑頑 愚か/駑驥 駑馬と駿馬/駑朽 無用の材/駑牛 のろま牛/駑愚 愚か/駑才 下才/駑材 駑才/駑散 愚か/駑駿 駑馬と駿馬/駑拙 不才/駑駘 駄馬/駑良 駑馬と駿馬/駑羸 才低く力が弱い/駑猥 悪馬

↓鉛駑・棄駑・愚駑・策駑・罷駑・良駑・羸駑

トウ

常【刀】 2 1722 トウ(タウ) かたな はもの

篆文  甲骨文 

象形 刀の形。〔説文〕四下に「兵なり。象形」とあり、兵とは武器をいう。左右両刃は剣。刀は一刃、上部に握環がある。のち通貨にその形を用いて刀貨・刀幣という。また簡札を削るのに用いたので、書記のことを刀筆の吏という。

訓義 1かたな、はもの。2刀銭、刀幣。3舠と通じ、小舟。

古訓 〔和名抄〕刀 劍に似て一刃なるを刀と曰ふ。大刀、太知(たち)、小刀、賀太奈(かたな) 〔名義抄〕刀 カタナ・フネ/太刀 タチ/小刀子 カタナ 楊氏漢語抄に云ふ、刀子、賀太奈(かたな)/刀子 カタナ/横刀 ヨコハギ/短刀 ノダチ/細刀 ホソダチ/剪刀 モノタチガタナ・ワル/竹刀 アラビエ/削刀 チラシ/刀削 カタナモテケヅレリ 〔字鏡集〕刀 カタナ・ミネ・サク

部首 〔説文〕刀部に六十二字、〔新附〕四字を属し、刃(刄)・刅も同系。〔玉篇〕刀部には百九十六字を属する。

【声系】〔説文〕に刀声として芀・召二字を収め、また召声の字二十四字がある。舠は〔玉篇〕にみえる。召は刀と声義の関係なく、刀形の部分は人の形。神おろしをして神霊の降下する意。招くを召といい、降下することを各という。

【語系】刀・舠toは同声。〔玉篇〕に「舠は小船。形、刀に似たり」という。〔詩、衛風、河広〕「誰か河を廣しと謂ふ 曾ち刀を容れず」というのは、その舟である。

【刀環】刀の柄頭の飾り。〔漢書、李陵伝〕（陵の故人、漢使）立政等、陵を見るも、未だ私語するを得ず。卽目して陵を視、數數自ら其の刀環を循で、其の足を握り、陰かに之れに諭し、漢に還歸すべきことを言ふ。

【刀鋸】刀と鋸。刑具。処刑を受けた人。漢・司馬遷〔任少卿（安）に報ずる書〕如今、朝廷人に乏しと雖も、奈何ぞ刀鋸の餘をして、天下の豪俊に薦めしめんや。

【刀圭】薬をはかる器。刀形で尖端が匙型の玉器。〔抱朴子、金丹〕（神丹）之れを服すること百日ならば仙。～之れを服すること三刀圭なるも、三尸九蟲、皆卽ち消壞し、百病皆愈ゆ。

【刀光】刀の光。唐・崔国輔〔従軍行〕詩 刀光、塞月を照らし 陣色明らかなること晝の如し
【刀刃】刀のは。〔荘子、養生主〕今、臣の刀は十九年、解く所數千牛なり。而して刀刃新たに硎（砥石）より發したるが若し。

【刀俎】刀と俎。料理するもの。〔史記、項羽紀〕樊噲曰く、大行は細謹を顧みず、大禮は小讓を辭せず。如今、人方に刀俎爲り。我は魚肉爲り。何ぞ辭することを爲さんと。～遂に去る。

【刀瘢】刀きず。唐・盧汝弼〔李秀才の辺庭四時怨に和す、四首、四〕詩 朔風雪を吹いて、刀瘢に透り 馬を長城に飲へば、窟更に寒し
【刀筆】簡札を削るのに用いる。〔漢書、張湯伝〕湯、尺寸の功無く、刀筆の吏に起る。陛下幸ひに位を三公に致すも、以て責を塞ぐ無し。

【刀布】古代の銭。刀は刀形の貨。布は布字形の貨。〔管子、国蓄〕珠玉を以て上幣と爲し、黄金を以て中幣と爲し、刀布を以て下幣と爲す。

【刀墨】肉刑。墨刑。〔国語、周語上〕猶ほ散遷懈慢なる有り。著はして刑辟に在り。流して裔土に在り。是こに於てか、蠻夷の國有り、斧鉞刀墨の民有り。

↑刀貨 刀幣／刀魚 たちうお／刀戟 刀とほこ／刀剣 かたな／刀鎌 かま／刀痕 刀きずのあと／刀棍 儀仗／刀槊 刀とほこ／刀札 木竹の簡札／刀子 庖丁／刀室 刀のさや／刀尺 縫物／刀匠 刀工／刀削 刀室／刀鞘 刀室／刀仗 刀杖／刀杖 刀と杖／刀錐 刀ときり／刀泉 銭／刀銭 刀形の銭／刀頭 切先／刀把 刀の柄／刀背 刀のみね／刀笔 刀筆／刀兵 武器／刀柄 刀の柄／刀幣 刀銭／刀鋒 刀の切先／刀芒 切先／刀礪 刀の砥石

↓一刀・鉛刀・貨刀・快刀・懐刀・揮刀・儀刀・牛刀・鎌刀・古刀・執刀・新刀・陣刀・淬刀・錐刀・尺刀・節刀・剪刀・銭刀・奏刀・操刀・霜刀・大刀・帯刀・単刀・短刀・竹刀・抽刀・長刀・剃刀・薙刀・鈍刀・把刀・佩刀・白刀・抜刀・飛刀・宝刀・木刀・磨刀・名刀・容刀・腰刀・利刀・両刀

常 【冬】 5 2730 〔冬〕 5 2730 トウ ふゆ

篆文 古文 甲骨文 金文

【象形】糸を結びとめた形。末端を終結する形で、終（終）の初文。金文に「霝冬（霝終）」のように、終の意に用いる。〔馬王堆帛書、老子〕〔銀雀山漢墓竹簡、孫子兵法、勢〕などにも、終を冬に作る。〔説文〕十一下に「四時盡くるなり」とし、下部は氷の初形をそえた形とするが、卜文・金文は糸を結びとめた形である。

【訓義】①ふゆ。②終の初文、おわり。

【古訓】〔名義抄〕冬 フユ
【声系】〔説文〕に冬声として終・螽など四字を収める。冬は終の初文。のち秋冬の字に用いて、別に終が作られた。

【語系】冬tuam、終tjiuamは声近く、古くは冬を終の意に用いた。四季の名は卜文にみえず、冬を秋冬の意に用いるのは、後起の義である。

【冬温】冬は暖かくする。〔礼記、曲礼上〕凡そ人子爲るの禮、冬は溫かくし夏は凊しくし、昏に（寝席を）定めて晨に（起居を）省みる。

【冬索】冬枯れ。晉・潘岳〔秋興の賦〕冬索きて春敷くに感じ、夏茂りて秋落つるを嗟く。

【冬至】冬の極点の日。〔東京夢華録、十、冬至〕十一月冬至、京師最も此の節を重んず。至貧の者と雖も、～此の日に至りて新衣を更易し、備さに飲食を辨じ、先祖を享祀し、～慶賀往來すること、一に年節の如し。

【冬日】冬の温かい日ざし。慈愛にたとえる。〔左伝、文七年〕趙衰は冬日之日なり。趙盾は夏日之日なり。〔杜預注〕冬日は愛すべく、夏日は畏るべし。

【冬狩】冬の狩り。〔左伝、隠五年〕春の蒐・夏の苗・秋の獮・冬の狩は、皆農隙（農閑の時）に於て、以て事を講ずるなり。

【冬心】孤独な寂しい心。清・龔自珍〔己亥雑詩、二五〇〕誰にか分たん、江湖搖落の後 小屛紅燈、冬心を話せん
【冬蔵】冬に収穫物を貯蔵する。〔墨子、三弁〕農夫は春耕し夏耘り、秋斂めて冬藏す。

【冬冬】鼓をうつ音。鼕鼕。宋・陸游〔二月二十四日の作〕詩 棠梨花開いて、社酒濃やかなり 南村北村、鼓、冬冬たり
【冬風】冬の寒風。〔唐書、侯君集伝〕高昌、不臣なり。～王麴文泰、笑つて曰く、唐は我を去ること七千里、磧鹵千里、水草無く、冬風肌を裂き、夏風は焚くが如し。行賈の至る者、百の一なり。安くんぞ能く大兵を致さんや～と。

【冬嶺】冬山。晉・顧愷之〔神情詩〕春水、四澤に滿ち 夏雲、奇峯多し 秋月、明輝を揚げ 冬嶺、寒松秀づ

↑冬衣 冬服／冬栄 冬の花／冬仮 冬休み／冬花 冬の花／冬学 冬季の学校／冬萼 冬の花／冬官 周礼の冬官、工作の官／冬季 冬期／冬裘 冬のかわごろも／冬禁 冬の禁令／冬月 冬／冬烜 冬暖か／冬冱 冬の寒冷／冬菜 冬の野菜／冬霰 冬のあられ／冬山 冬の山／冬時 冬季／冬岫 冬山／冬集 冬に行われる叙任／冬筍 冬の筍／冬醸 冬にかもした酒／冬節 冬至／冬蔬 冬菜／冬蟄 冬籠り／冬儲 冬の貯え／冬天 冬空／冬服 冬衣／冬眠 冬蟄／冬夜 冬の夜／冬令 冬の政令／冬醪 冬醸／冬瓏 玉のふれあう音

↓越冬・寒冬・季冬・九冬・窮冬・御冬・厳冬・昨冬・三冬・残冬・初冬・杪冬・上冬・烝冬・盛冬・仲冬・丁冬・晩冬・孟冬・立冬・凌冬

【叨】 5 6702 〔饕〕 22 6173 トウ（タウ） むさぼる みだりに

篆文

【形声】声符は刀。本字は饕に作る。叨は〔方言、一〕に「殘なふ

なり」、〔一切経音義、十四〕に「食らふなり」とあり、〔説文〕五下に「饕は貪るなり」とあって、貪食の意。或る体として、叨など二文を録する。叨は饕の俗字であるが、また「みだりに」という用義がある。

訓義 1むさぼる、そこなう。饕の俗字。2みだりに、みだりにする、かたじけなくする。

古訓 〔名義抄〕叨 ムサボル・クラフ・ミダリガハシ・カタジケナシ

【叨叨】とうとう(たうたう) まこと。また、多言のさま。元・呉昌齢〔元雑劇、東坡夢、二〕心地自然に明らかなり。何ぞ必ずしも叨叨として說かん。

【叨沓】とうとう(たうたふ) 貪り怠る。〔唐書、李光顔伝〕初め田縉、夏州を鎮め、叨沓を以て邊隙を開く。

➡叨栄 恩栄をこうむる／叨越 他を侵す／叨恩 恩寵をこうむる／叨窺 ねらう／叨扱 高官をかたじけなくする／叨教 受教／叨受 拝受／叨承 拝承／叨擾 お世話様／叨辱 かたじけなくする／叨窃 叨禄／叨貪 むさぼる／叨忝 かたじけなくする／叨陪 ご同席／叨冒 貪欲／叨味 貪婪／叨名 虚名をうける／叨膺 拝承／叨禄 禄をむさぼる／叨穢 みだりにけがす

⬇貪叨・頻叨・冒叨

【忉】 5 9702 トウ(タウ) うれえる

形声 声符は刀。うれえる。「忉忉」「忉怛」のように、形況の語として用いる。

訓義 1うれえる。2なげく、かなしむ。

古訓 〔名義抄〕忉 ウレヒ 〔字鏡集〕忉 ウレフ・イタム

【忉怛】とう(たう)だつ うれえいたむ。漢・李陵〔蘇武に答ふる書〕異方の樂、秖だ人をして悲しましめ、忉怛を增さしむるのみ。嗟乎、子卿(蘇武)よ。人の相ひ知るは、相ひに心を知るを貴ぶ。

【忉忉】とうとう(たうたう) うれえるさま。〔詩、斉風、甫田〕遠人を思ふこと無かれ 勞心、忉忉たり

➡忉咄 忉怛

⬇遠忉・惨忉

常 ## 【当】 6 9017 〔當〕 13 9060 トウ(タウ) あたる かなう まさに

篆文  金文 

形声 旧字は當に作り、尙(尚)声。尙に堂・棠の声がある。尙は神明を迎える窓。上部の八は神気の下る形。田は田土。もと農耕儀礼を示す字であったと考えられ、新嘗の嘗とも、字形の上で関係がある。嘗は旨に従い、旨は詣るの意。その詣る神を迎えることを頴首といい、金文に、「稽首」に「頴首」の字を用いる。〔説文〕十三下に「田、相ひ値るなり」とは、抵当の意であろうが、その意には古く典を用い、金文の〔倗生毁〕に「格伯の田を典す」のようにいう。當ものちには典当の意にも用いるが、當は古くは嘗と通用することが多い。〔荀子、君子〕「先祖當て賢ならば、子孫必ず顯はる」、〔荀子、性悪〕「當試(嘗試)に君上の勢を去らん」などの例がある。農耕では時宜によって祀ることが行われ、〔管子、宙合〕に「變に應じて失はざる、之れを當と謂ふ」とはその意であろう。時宜にあたること、それよりして時に当たり、所に当たる意となり、当面・順当・相当・当然・当為の意となったのであろう。

訓義 1あたる、むかう、むきあう、あう。2かなう、つりあう、たぐう。3あたいする、ならぶ、なぞらえる。4ただしい、まさに〜すべし、かならず、さだめて。5もし、あるいは、すなわち。6しちぐさ、典当。7そこ、杯の底。

古訓 〔名義抄〕當 マサニ・〜スベシ・アタツル・ツカサドル・ツネ・マホル・ムベ・ムベナリ・マカス・マサシ・ソコ・ムカフ・アツ・カナフ・ナホシ・ハタ／句當 イヒアハス 〔篇立〕當 マホル・ベシ・ツカサドル・ソナヘナホシ・ツネ・マサニ・ソノカミ・コリマカス・スベシ・アツ・ウヘ・マサシ・ムベナリ

声系 〔説文〕に當声として鐺など二字を収める。尙声、嘗声の字にも、声義の関係をもつものがある。

語系 當・襠・擋 tang は同声。襠は両襠衣、一は胸に、一は背に当たる。また袴襠は旁の開いた袴。擋に遮る意があり、李白の〔蜀道難〕「一夫關に當る」は「關を擋る」意。その字はまた攩に作る。丁 tyeng、貞 tieng は声近く、丁は釘の頭。そのうつ音を丁という。鐺 tang は鼓鐘をうつ音である。貞は貞問、トして貞る意。嘗 zjiang は當と通用することがある。黨(党) tang は同声。これらの字の間に声義の関係がある。

【当為】とうい(たうゐ) まさに為すべきこと。〔剪灯余話、泰山御史伝〕觚を操り翰を執る(筆録に従う)は、實に臣子の當爲なり。

【当意】とう(たう)い 心にかなう。元・白樸〔梧桐雨〕(楔子)六宮の嬪御多しと雖も、武惠妃の死したるより後、意に當る者無し。

【当局】とう(たう)きょく 対局者。当事者。〔塩鉄論、刺復〕但だ居る者は、負載の勞を知らず。旁らより議する者は、當局の者と憂ひを異にす。

【当行】とうこう(たうかう) 専門とする人。〔侯鯖録、八〕黄魯直(庭堅)、閒ろの小詞を爲くる。固より高妙なり。然れども是れ當行の家の語ならず。

【当国】とう(たう)こく 執政。〔左伝、襄二年〕是に於て子罕國に當り、子駟政を爲し、子國司馬と爲る。

【当今】とう(たう)こん 現在。〔左伝、襄九年〕秦の景公、〜師を楚に乞ひ、將に以て晉を伐たんとす。楚子、之れを許さんとす。子囊曰く、不可なり。當今、吾れは晉と爭ふこと能はず。〜君其れ之れを圖れと。

【当事】とう(たう)じ 直面する。担当する。〔国語、魯語上〕賢者は、病ひを急として夷(易)を讓り、官に居る者は、事に當りて難を避けず。

【当時】とう(たう)じ 過去のその時。〔宋書、謝霊運伝論〕(曹)子建・(王)仲宣は、氣質を以て體と爲し、竝びに能を標はし美を擅にし、獨り當時に映ず。是こを以て一世の士、各〻相ひ慕習す。

【当日】とう(たう)じつ その日。また、当時。宋・劉克荘〔満江紅、湯侍郎を寿ふ〕詞 曉色朦朧として 佳色在り 黄堂深き處 記し、當日、霓旌(帝王の旗)飛び下り 鸞翔けり鳳翥びしを

【当初】とう(たう)しょ ことのはじめ。唐・鄭嵎〔津陽門〕詩 開元より今に到るまで、十紀(百二十年)を踰えたり 當初の事跡、皆殘穨す

【当世】とう(たう)せい 今の世。〔韓非子、六反〕今の學者は皆書策の頌語を道ひて、當世の實事を察せず。曰く、上民を愛せず、賦斂常に重し〜と。

【当千】とう(たう)せん 一人で千人に当たる。漢・李陵〔蘇武に答ふる書〕客主の形既に相ひ如かず、歩馬の勢ひ、又甚だ懸絶す。疲兵再び戰ひ、一以て千に當る。

【当然】とう(たう)ぜん 必ずそうなる。必ずそうすべきこと。宋・蘇軾〔司馬温公(光)行状〕事を論ずる毎に、必ず人物を以て先と爲し、凡そ進退する所、皆天下の所謂當に然るべき者にして、然る後朝廷清明なり。

【当代】とう(たう)だい 今の王。また、その時代。現代。唐・杜甫〔簡を高三十五(適)使君に奉ず〕詩 當代、才子を論ずるに公の如き復た幾人ぞ 驊騮(名馬の名)、道路を開き 鷹隼(猛禽)、風塵を出づ

【当道】とうどう(たうだう) 政を執る。唐・韓愈〔竇秀才(存亮)に答ふる書〕朝廷賢を求むること及ばざるが如くするの時に當り、當道の者も又皆良司なり。

【当年】とう(たう)ねん 当時。その昔。清・袁枚〔赤壁〕詩 一面の東風、百萬の軍 當年此の處、三分を定む

【当否】とう(たう)ひ　正否。是否。〔韓非子、難二〕今晏子は其の當否を察せずして、太だ多きを以て説を爲す。亦た妄ならずや。～今刑罰を緩くし寛惠を行ふは、是れ姦邪を利して善人を害するなり。

【当面】とう(たう)めん　眼前。また、会う。〔初学記、二十一に引く漢の蔡邕の書〕(銘心)蔡邕の書に曰く、侍中執事、相ひ見ゆること期無し。惟だ是れ筆疏のみ、以て面(会)に當つべし。

【当夜】とう(たう)や　その夜。また、宿直。〔左伝、宣十二年〕内官、序をもて其の夜に當り、以て不虞を待つと。

【当梁】とうりよう(たうりやう)　結婚の忌み年。〔唐会要、八十三、嫁娶〕今時俗、子・卯・午・酉の年を以て、之れを當梁と謂ひ、其の年に婦を娶れば、舅姑相ひ見ずと。蓋し禮に據る所無し。亦た請ふ、禁斷せん。

【当路】とう(たう)ろ　執政となる。〔孟子、公孫丑上〕公孫丑問うて曰く、夫子、路に齊に當らば、管仲・晏子の功、復た許すべきかと。孟子曰く、子は誠に齊の人なり。管仲・晏子を知るのみ～と。

【当鑪】とう(たう)ろ　居酒屋。酒番。〔史記、司馬相如伝〕相如與倶に臨邛に之き、盡く其の車騎を賣り、一酒舍を買ひ、酒を酤る。而して文君をして鑪に當らしめ、相如身自ら犢鼻褌を著け、保庸(傭人)と雜作し、器を市中に滌ふ。

↑当下　即坐／当該　この／当官　在任する／当関　門番／当眼　目前／当期　この期／当御　勤務の順番に当たる／当胸　むながい／当家　その家／当月　その月／当権　執政／当言　直言／当午　正午／当口　即時／当罪　罪に当たる／当室　後つぎ／当処　ここ／当職　職に当たる／当心　胸さき／当税　質屋の税／当夕　今夕／当先　まっ先／当選　選ばれる／当前　当面／当地　この地／当中　中間／当朝　現朝廷／当直　宿直／当天　受命／当途　当路／当塗　当路／当当　漏刻の音／当舗　質屋／当報　処罰／当務　執務／当役　係／当陽　天子が南面する／当膺　当胸／当来　将来／当欄　防ぐ／当理　合理／当令　執政／当盧　当鑪／当壚　当鑪／当顱　馬面につける飾り

↓允当・応当・穏当・過当・該当・敢当・幹当・勘当・均当・勾当・至当・失当・充当・順当・正当・相当・妥当・頽当・担当・丁当・打当・的当・適当・典当・配当・必当・不当・別当・奉当・無当・郎当

常【灯】6 9182　入〔燈〕16 9281　［鐙］20 8211

トウ　ともしび　ひ

篆文

形声　声符は丁。旧字は燈に作り、登声。灯はその通用の字。〔玉篇、大公益会本〕に「燈は灯火なり。燭なり」という。〔説文〕の鐙字条十四上に「錠なり」とあり、前条に「錠は鐙なり」とあって互訓。廟中の灯、助皿の中に燭をおく形式のものをいう。中山王墓出土の十五盞灯、河北満城漢墓出土の長信宮灯などの遺品がある。

訓義　①ともしび、ひ、あかり。②ひともし、燭錠。

古訓　〔和名抄〕燈燭　器照を燈と曰ひ、竪焼を燭と曰ふ。竝びに度毛師比(ともしび)／炷　燈心なり。度宇之美(とうしみ)。音の訛れるなり〔名義抄〕燈　トホモシビ・アブラビ／燈盞　アブラヅキ／燈明　オホミアカシ〔字鏡集〕灯　カヾリビ・トモシビ・タク・トモス・アブラビ

語系　燈・鐙təngは同声。錠tyengも声が近い。礼器の瓦豆に登təngがあり、その形が近く、みな同系の語である。

【灯暗】とうあん　灯かげが暗い。唐・李百薬〔蛍火を詠じ、情人に示す〕詩　窗裏、燈の暗きを憐れみ　階前、月の明るきを畏る

【灯影】とうえい　灯かげ。唐・沈佺期〔夜游〕詩　月華、晝色に連なり　燈影、星光に雜はる

【灯下】とうか　灯火のもと。唐・王維〔秋夜独坐〕詩　雨中、山果落ち　燈下、草蟲鳴く

【灯火】とうか(くわ)　ともしび。唐・韓愈〔符、書を城南に読む〕詩　時、秋にして、積雨霽れ　新涼、郊墟に入る　燈火稍や親しむべく　簡編、巻舒すべし

【灯花】とうか(くわ)　燭のもえかすが花の形に固まったもの。財を得る吉兆という。北周・庾信〔燭に対する賦〕本より知る、雪光の能く紙に映ずるを、復た訝しむ、燈花の今、錢を得るを。

【灯炷】とうしゆ　灯心。〔梁書、諸夷、扶南伝〕復た東のかた漲海を行くこと千餘里、自然大洲に至る。其の上に樹有り、火中に生ず。～其の皮を剝取し、紡績して布と作す。～或いは燈炷と作す。之れを用ふれば、盡くることを知らず。

【灯樹】とうじゆ　高樹のような灯架。〔開元天宝遺事、天宝下、百枝灯樹〕韓國夫人百枝燈樹を置く。高さ八十尺、之れを高山に豎つ。上元の夜、之れに點ずれば、百里皆見え、光明月色を奪ふ。

【灯燭】とうしよく　灯火。〔漢書、外戚上、孝武李夫人伝〕方士齊の人少翁、能く其の神を致すと言ふ。乃ち夜、燈燭を張り、帷帳を設け、酒肉を陳ね、上(武帝)をして他の帳に居らしめ、遙かに好女を望見するに、李夫人の貌の如し。

【灯節】とうせつ　元宵節。〔燕京歳時記、灯節〕十三より以て十七に至る。均しく之れを燈節と謂ふ。～内廷筵宴して烟火を放ち、市肆には燈を張る。

【灯台】とうだい　灯火の台。港湾の灯台は灯塔という。〔唐摭言、四、節操〕孫泰～常て都市に於て鐵の燈臺に遇ふ。之れを市ひ、命じて洗刷せしめしに、卽ち銀なり。泰、亟やかに往きて之れを還せり。

【灯法】とうほう(はふ)　幻術の一。〔杜陽雑編、下〕公主始め疾有り。術士米賨を召して、燈法を爲さしむ。～其の燭方二寸、上に五色の文を被らしめ、巻きて之れを爇く。竟夕盡きず。～餘煙其の上に出で、卽ち樓閣臺殿の狀を爲す。

【灯明】とうめい　灯火の明り。唐・杜甫〔日暮〕詩　石泉、暗壁に流れ　草露、松根に滴る　頭は白し、燈明の裏　何ぞ須ひん、花燼(灯花)の繁きを

【灯輪】とうりん　元宵節の灯を輪形に設ける。〔朝野僉載、三〕睿宗の先天二年正月十五・十六の夜、京師安福門外に燈輪を作る。高さ二十丈、衣するに錦綺を以てし、飾るに金玉を以てし、五萬の盞燈を燃やす。之れを簇むること花樹の如くす。

↑灯宴　正月十五日の宴／灯焰　灯の炎／灯架　灯かけ／灯蛾　火とり虫／灯龕　金灯籠／灯期　上元節／灯檠　灯架／灯檠　灯架／灯語　灯信号／灯光　灯火の光／灯膏　灯油／灯綵　灯飾り／灯盞　油皿／灯山　山形の燭台／灯色　灯光／灯心　灯芯／灯燼　燃えかす／灯穂　灯の炎／灯夕　灯節／灯船　灯綵をつけた舟／灯前　灯の前／灯爆　灯花／灯婢　灯形燭台／灯品　花灯の品類／灯夜　灯節／灯籠　灯入れ／灯椀　油皿

↓行灯・一灯・影灯・花灯・華灯・街灯・学灯・看灯・寒灯・観灯・龕灯・綺灯・魚灯・漁灯・軒灯・献灯・幻灯・古灯・孤灯・光灯・紅灯・香灯・篝灯・紗灯・残灯・枝灯・慈灯・朱灯・書灯・神灯・衰灯・聖灯・智灯・提灯・剔灯・点灯・伝灯・電灯・塔灯・万灯・微灯・風灯・仏灯・宝灯・法灯・明灯・夜灯・野灯・輪灯・列灯

【彤】7 7242

トウ　あかぬり　にぬり

篆文

金文

会意 丹＋彡。丹は丹井の象。水銀からとる丹は変色することがなく、神聖な色とされた。彡はその光彩あることを示す。〔説文〕五下に「丹飾なり」とあり、聖器・儀器には丹漆を加えることがあった。金文の賜与に「彤弓彤矢」というものが多く、黒塗りのものは「旅弓旅矢」という。旅（旅）はもと玄に従って玈に作る。青丹を用いるものを彰という。

訓義 ①あかぬり、あか、にぬり。②あかのうるし。

古訓 〔名義抄〕彤 アカシ

【彤管】朱管。笛。また、筆ともいう。〔詩、邶風、静女〕靜女其れ孌たり 我に彤管を貽る

【彤弓】丹塗りの弓。〔左伝、僖二十八年〕王～晉侯に策命して、侯伯と爲し、之れに大輅の服・戎輅の服・彤弓一・彤矢百・玈弓十・玈矢千～を賜ひて曰く、～敬しつんで王命に服し、以て四國を綏んじ、王慝を糾逖せよと。

【彤史】女官の名。〔詩〕の彤管を彤筆と解して、唐制に彤史二人をおく。〔勝朝彤史拾遺記、一〕彤史なる者は、後宮女官の名なり。其の制、良家の女子の書を知る者を選びて之れに充つ。之れをして宮闈の起居、及び内廷燕褻（日常の生活）の事を記せしむ。

【彤朱】彤は朱紅。朱は深紅。〔漢書、外戚下、孝成趙皇后伝〕後、寵少しく衰ふ。～昭陽舎に居り、其の中庭は彤朱、殿上は髹（髤）漆なり。

【彤墀】丹墀。朝廷。宋・秦観〔孫辛老少監に寄す〕詩 一たび承明（殿）を出でて、七たび麾（指揮の旗）を換ふ 君恩復た彤墀に上るを許さる

【彤庭】丹塗りの庭。朝廷。宋・蘇軾〔次韻して満思復に答ふ〕詩 自ら甘んず茅屋、三間に老いることを 豈に意はんや彤庭、兩班（供奉の官、東西両班）に綴ならんとは

【彤鏤】彫刻し、丹塗りとする。〔左伝、哀元年〕昔、闔廬は食、味を二にせず、居、席を重ねず、室、壇を崇くせず、器は彤鏤せず。

↑彤幃 赤いとばり／彤闈 朱門／彤雲 あかい雲／彤霞 丹霞／彤赫 赤く輝く／彤閣 朱閣／彤几 朱の机／彤輝 赤く輝く／彤軒 赤い軒／彤弧 彤弓／彤彩 赤い光／彤矢 丹塗り矢／彤漆 赤い漆／彤珠 鉄の火玉／彤盾 丹塗り楯／彤裳 赤い裳／彤精 朱の光／彤幨 彤幃／彤丹 あか／彤廷 彤庭／彤殿 朱の御殿／彤陛 朱のきざはし／彤鑾 皇宮の正殿／彤玈 朱と黒／彤盧 彤玈／彤楼 朱楼

↓管彤・珥彤・朱彤・丹彤・髹彤

常 【投】 7 5704 トウ なげる すてる おくる

篆文 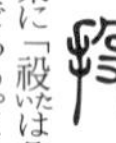

会意 殳＋手。〔説文〕殳字条三下に「杸を以て人を殊すなり」とあって、長さ丈二尺余、車上に植てる杖である。また次条の杸に「軍中の士、持する所の殳なり」とあって、みな兵杖をいう。投字条十二上に「擿つなり」、擿字条に「一に曰く、投なり」とあって、投・擿を互訓とする。殳の上部の几は、〔説文〕三下に「鳥の短羽なり」とあり、殳はその短羽を持つ形。おそらく呪飾に用いたものであろう。杸はその呪飾をつけた杖、その杖で殴ち祓う行為を投という。邪悪のものを遠く四裔に放つことを投という。〔左伝、文十八年〕「諸れを四裔に投ず」という放竄の義が、その原義である。

訓義 ①なげる、すてる、遠くへやる。②おくる、はなつ、はなちやる。③なげだす、無用とする、身を沈める。④合（答）と通じ、あう、かなう、くみする、加わる。⑤むかう、たよる。⑥とまる、いたる。

古訓 〔名義抄〕投 ナグ・イタル・ウツ・スツ・トル・カラム・オク・フルフ・オホフ・ナゲウツ・オモムク・ネムゴロナリ・アラタム 〔字鏡集〕投 ネムゴロ・シタタ・ナク・アラタム・オモムク・ナゲウツ・トル・イル・アフ・タヽク・ウツ・イタル・カラム・トラフ・ウク・ツキ・オホフ・ナグ・シタガフ・ナラフ・カクム・ツク

語系 投do、几・殳・杸zjioは声近く、几は呪羽、几を持つを殳、杖に著けるを杸、これを投じて祓うを投という。設sjiatは呪飾して祈る意であろう。擲・擿diekは呪器を以て擿つ意、謫・讁tekは擿ってその罪を讁める意である。

【投下】投げ下ろす。投身。〔漢書、揚雄伝賛〕（王）莽既に符命を以て自立す。位に即くの後、其の原を絶ちて、以て前事を神にせんと欲す。～治獄の使者來り、雄を収めんと欲す。雄自ら免るること能はざるを恐れ、乃ち閣上より自ら投下す。

【投果】果物を人に投げる。古くは魂振りの行為であった。〔晋書、潘岳伝〕少時常に彈を挾みて洛陽道を出づ。婦人の之れに遇ふ者、皆手を連ねて縈り繞り、之れに投ずるに果を以てす。

【投劾】自ら、弾劾して辞職する。〔後漢書、崔駰伝〕（崔）篆、王莽の時、郡の文學と爲る。～太保甄豐、擧げて歩兵校尉と爲す。篆、辭して曰く、吾れ聞く、～戰陳は儒士に訪はず。此の擧、奚爲れぞ至れるやと。遂に投劾して歸る。

【投閣】閣上より投身する。〔漢書、揚雄伝賛〕閣上より自ら投下し、幾ど死せんとす。～京師之が語を爲りて曰く、惟れ寂寞たり、自ら閣より投ず。爰に清靜にして、符命を作ると。

【投轄】車のくさびを外し、客を留める。〔漢書、游俠、陳遵伝〕遵、酒を耆む。毎に大飲し、賓客堂に滿つ。輒ち門を關し、客の車轄を取りて井中に投ず。急有りと雖も、終に去ることを得ず。

【投閑】閑職につく。唐・韓愈〔進学解〕今先生～文は奇なりと雖も、用を濟さず、行ひは修まると雖も、衆に顯はれず。～動きては謗りを得、名も亦た之れに隨ふ。閑に投ぜられ、散に置かるるは、乃ち分の宜しきなり。

【投棄】投げ棄てる。流罪。唐・沈佺期〔峡山寺の賦の序〕神龍二年夏六月、予れ南裔に投棄せられ、恩を承けて北歸す。山隅に結纜し、精舍に周謁して、之れが賦を爲る。

【投隙】すきに乗ずる。宋・陸游〔雀、粟を啄む〕詩 時に乘じ隙に投じて、自ら才なりと謂はんも 苟しくも得るは、未だ必ずしも汝の福と爲らず

【投壺】矢投げ。壺に投げ入れる遊戯。〔史記、滑稽、淳于髡伝〕男女雜坐し、行酒稽留し、六博投壺、相ひ引いて曹（仲間）と爲す。

【投合】歌曲の調子があう。意気が感じあう。明・袁宏道〔梅客生（国楨）に与ふる書〕家弟、雲中より歸り、口を極めて梅開府の才略蓋世、識見絶倫なるを稱す。且つ意氣投合すること、龐道玄（唐の人）の于（頔）節使に遇へるに減ぜず。

【投竄】流棄。また、身を竄す。〔晋書、庾亮伝〕亮、明日又泥首謝罪し、骸骨を乞ひ、門を闔ぢ山海に投竄せんと欲す。帝～手詔して慰喩す。

【投刺】謁見を求める。〔梁書、処士、諸葛璩伝〕（江祀の璩を薦むる書）璩、貧に安んじ道を守り、禮を悅び詩に敦く、未だ嘗て刺を邦宰に投ぜず。裾を府寺（役所）に曳かず。

【投書】書を送りつける。〔三国志、魏、国淵伝〕時に投書して誹謗する者有り。太祖（曹操）之れを疾み、必ず其の主を知らんと欲す。淵、請うて其の本書を留め、宣露せず。

【投身】身をなげすてる。梁・武帝〔断肉経を唱し竟はる制〕已に身を餓虎に投じ、肉を貿鷹（目の見えぬたか）に割くこと能はず。云何ぞ反つて更に他の身分を噉らはんや。諸僧～各ゝ本寺に還り、宜しく諸小僧尼に告げ、此の意を知らしむべし。

【投簪】冠笄をすてる。官を辞する。斉・孔稚珪〔北山移

文〕昔は聞く、簪を投じて海岸に逸するを。今は見る、蘭を解いて塵纓に縛せらるるを。

【投水】水に投ずる。投身。〔後漢書、宋弘伝〕赤眉、長安に入る。～逼迫して已むことを得ず。行きて渭橋に至り、自ら水に投ず。

【投足】足を出す。足を動かす。唐・韓愈〔科目に応ずる時、人に与ふる書〕如し力有る者、其の窮を哀れみて之れを運轉せば、蓋し一擧手、一投足の勞のみ。

【投地】地に倒れる。〔漢書、外戚下、孝成趙皇后伝〕懟みて手を以て自ら擣ち、頭を以て壁戸の柱を撃ち、牀上より自ら地に投じ、啼泣して肯へて食らはず。～帝も亦食らはず。

【投筆】文事をやめて武に就く。〔後漢書、班超伝〕家貧しく、常に官の為に傭書す。～嘗て業を輟め筆を投じて歎じて曰く、大丈夫～當に～功を異域に立て、以て封侯を取るべし～と。

【投分】投合。よしみを分つ。晉・潘岳〔金谷の集ひに作る詩〕春榮（華）誰か慕はざらん　歳寒、良に獨り希なり　分を投じて石友（金石の交、ここは石崇）に寄す　白首歸する所を同じうせん

【投袂】たもとを振って勢いよく起つ。〔左伝、宣十四年〕楚子、申舟をして齊に聘（使）せしむ。～宋人之れを止む。～楚子之れを聞き、袂を投じて起つ。履は窒皇（軒下）に及び、劍は寢門の外に及び、車は蒲胥の市に及ぶ。

【投命】命をなげ出す。〔呉子、励士〕是を以て、一人の命を投ずるは、千夫を懼れしむるに足る。

【投老】年老いる。晉・王羲之〔安西帖、五〕親疏略ぼ盡きたり。實に老に投るまで、田里骨肉の歡を盡すを得んことを望む。

↑投隕　死ぬ／投裔　辺地に流される／投影　かげがうつる／投謁　遠く来て面会を求める／投淵　淵に身を投げる／投縁　仲よしとなる／投火　火中に入る／投瓜／投果／投河　投水／投角　角突き／投冠　辞職する／投款　誠意をつくす／投間　投閑／投翰　投筆／投艱　苦しめる／投帰　他事をすてて帰る／投寄　送る／投幾　投機／投機　機をみる／投軀　献身する／投軍　入隊する／投契　懇意となる／投瓊　賽投げ／投戟　武器を放棄する／投見　投刺／投険　険に赴く／投繯　縊死する／投行　みずからゆく／投効　志願する／投洽　投合する／投荒　投裔／投降　降参する／投鉤　くじ引き／投稿　原稿を送る／投靠　頼る／投笏　辞職する／投梭　ひじ鉄砲／投策　抽籤する／投子　さい／投死　挺身する／投至　至る／投贄　面会に赴く／投射　利を求める／投首　自首する／投宿　泊まる／投出　投降する／投心　誠心を示す／投進　提出する／投井　投轄／投誠　投心／投跡　跡に従う／投籍　ふみつけにする／投厝　処置／投贈　物を贈る／投体　五体投地／投托　身を寄せる／投釣　釣りする／投逓　逓送する／投擲　投げうつ／投伝　官符をすて、辞職する／投到　出願する／投匿　匿名の書／投拝　投体／投晩　暮れかけ／投畀　投与する／投文　文を送る／投歩　歩く／投暮　投晩／投報　返報する／投奔　かけこむ／投明　暁かけて／投門　入門／投籥　鍵をかける／投与　与える／投卵　卵を投げつける／投綸　魚釣り／投醪　ねぎらう

↓暗投・遠投・梭投・自投・順投・善投・速投・夜投・来投

【抖】 7　5400　トウ　ト　ふるう

形声 声符は斗。〔方言、六〕に「鋪頒は索むるなり。東齊に鋪頒と曰ふは、猶ほ秦・晉（陝西・山西）の抖藪と言ふがごときなり」とあり、ものを振いのけて探すことをいう。抖藪とは抖捜の意。

訓義 [1]ふるう。[2]ふるいさがす、ふるいおとす、ふるいあげる。

古訓 〔名義抄〕抖　ウツ　〔篇立〕抖　ウツ・フルフ

【抖擻】梵語dhūta（頭陀）の訳語。すべての欲望をはらい除く意。乞食に用いる袋を頭陀という。〔法苑珠林、一〇一〕（頭陀）西にては頭陀と云ひ、此にては抖擻と云ふ。能く此の法を行ふときは、即ち能く煩惱を抖擻し、貪着を去離すること、衣の抖擻して能く塵垢を去るが如し。

↑抖去　払い去る／抖顫　振るう／抖然　突然／抖捜　振求める／抖藪　はらいのける／抖動　振るう／抖落　振り落とす／抖乱　振り乱す／抖漏　あばく

常【豆】 7　1010　トウ　たかつき　まめ

篆文

古文

甲骨文

金文

象形 足の高い食器の形。〔説文〕五上に「古、肉を食する器なり」とあり、〔国語、呉語〕に「觴酒・豆肉」の語がある。儀礼のときには数十豆を用いることがあった。いま存するものには春秋期以後のものが多く、「蒸隮豆」「善簠」と銘するものがあり、簠系統の器とされたのであろう。簠は黍稷をいれる器であった。儀礼の際に塩物、ひたし物、飲み物に用い、古い儀礼が失われたのちには、豆は祭器としてのみ用いられた。また、荅に通じ、豆菽をいう。

訓義 [1]たかつき、祭器。[2]そなえもの。[3]さかずきの台。[4]めかた、十六黍を以て一豆とし、六豆を一銖とする。[5]まめ。

古訓 〔字鏡集〕豆　マメ

部首 〔説文〕に梪など五字を属し、また、豊・豐（豊）・豈の諸部を列する。豈字の豆は腰かけの形である。

声系 〔説文〕に豆声として逗・豎・脰・梪・短・頭など十二字を収める。みな太く短い形や状態をいう語である。

語系 豆・梪・頭・脰doは同声。木豆を豆といい、梪はその重文とみてよい。頭は首、脰は項。首や脰の形は豆に近い。侸dioは立つ、豎zjioはたてに立てる、逗doはそのまま止まる意。同dongは筒形の酒杯、筒・胴は同声。みな同系の語である。

【豆区】斉の量名。四升一豆、四豆一区。〔左伝、昭三年〕齊の舊四量は豆・區・釜・鍾あり。～各ゝ其の四を自ひ、以て釜に登（成）る。～陳氏は三量、皆一を登ふ。鍾乃ち大なり。家量を以て貸し、公量を以て之れを收む。

【豆萁】豆がら。魏・曹植〔七歩の詩〕豆を煮るに豆萁を然く　豆は釜中に在りて泣く　本是れ同根に生ず　相ひ煎ること、何ぞ太だ急なる

【豆実】たかつきに入れた供えもの。〔周礼、天官、醢人〕凡そ祭祀には、薦羞の豆實を共（供）し、賓客・喪紀にも、亦た之の如くす。

【豆肉】たかつきに入れた肉。〔国語、呉語〕王曰く、孤の側に在る者、觴酒・豆肉・簞食、未だ嘗て敢て分たずんばあらず～と。（申）包胥曰く、善は則ち善なるも、未だ以て戰ふべからずと。

【豆腐】とうふ。宋・陸游〔二公の事を書す〕（謝諤）晨に興き、豆腐菜羹一釜を烹、偶ゝ肉有れば、則ち縷切して其の中に投じ、客至れば、亦た何人なるかを問はず、輒ち食を共にす。

【豆籩】木製のたかつきと、竹製のたかつき。祭祀・儀礼に用いる。〔書、武成〕丁未、周廟に祀る。邦・甸・侯・衞（諸侯）、駿かに奔走して、豆籩を執る。越に三日庚戌、柴望して、大いに武の成るを告ぐ。

↑豆秧　豆の苗／豆火　小火／豆牙　もやし／豆芽

豆牙／豆角 豆のさや／豆藿 豆の葉／豆莢 さや／豆蘖 黒豆もやし／豆沙 あん／豆查 おから／豆砕 きなこ／豆豉 納豆の類／豆滓 豆糟／豆酒 一斗の酒／豆粥 豆がゆ／豆漿 豆乳／豆醬 味噌豆／豆人 遠景の人／豆屑 きなこ／豆俎 俎豆／豆枕 豆入りの枕／豆乳 大豆から作った飲物／豆飯 豆めし／豆糜 豆がゆ／豆粉 きなこ／豆餅 豆菓子／豆脯 豆腐／豆棚 豆だな

↓献豆・糠豆・祭豆・執豆・羞豆・菽豆・牲豆・薦豆・俎豆・菹豆・竹豆・肉豆・杯豆・飯豆・籩豆

常

【到】 8 1210 トウ(タウ) いたる つく およぶ

篆文 金文

会意 至＋人。金文の字形は到に作り、至と人とに従う。至は矢の到達する所。そこに人が立つ形。〔説文〕十二上に「至るなり」とし、刀声とするが、金文の〔𠂤鼎〕に「用つて茲の人を到す」と致の義に用いる。致送して至ることをいう。至は地をえらぶとき、矢を放って、その至るところをみて定める占地のしかたをいう。

訓義 1いたる、つく、およぶ。2ゆきとどく、きわまる。3あざむく。4倒と通じ、さかさま。

古訓 〔名義抄〕到 イタル

声系 〔説文新附〕八上に到声として倒を録する。位置をかえることから、倒反・顚倒の意となったものであろう。

語系 到 tô、至 tjiet、致 tiet は声義が近い。致の初文は到に作り、到・致はのち自動詞・他動詞に分かれたものと思われる。

【到処】とう(たう)しょ 到るところ。唐・李山甫〔寒食、二首、一〕詩 時に、三點兩點の雨有り 到る處、十枝五枝の花

【到底】とう(たう)てい 結局。宋・張詠〔郝太冲に寄す〕詩 新編、到底、將た何にか用ひん 舊好、如今、更に誰か有る

【到頭】とう(たう)とう 結局。唐・張碧〔農父〕詩 到頭、禾黍は他人に屬す 知らず、何れの處にか妻子を抛てん

【到来】とう(たう)らい そこに来る。唐・杜甫〔万丈潭〕詩 孤雲、到來すること深く 飛鳥も外に在らず

【到老】とう(たう)ろう(らう) 年とる。唐・杜荀鶴〔山中同志に貽る〕詩 君貧しく、我も亦た貧し 善を爲して、隣と爲るを喜ぶ 老に到りて今日の如きも 心の古人に愧づる無し

↑到懸 さかさまに懸かる／到錯 倒錯する／到耳 耳にさからう／到時 その時／到手 入手／到大 のち／到達 到る／到地 ゆきつく／到著 つく／到頂 極限に達する／到任 就任する／到了 至る／到臨 来臨

↓意到・遠到・剴到・看到・還到・興到・懇到・殺到・悉到・周到・辱到・心到・慎到・尋到・精到・先到・想到・着到・筆到・夢到

【匋】 8 2772 トウ(タウ) ヨウ(エウ) やきもの すえもの

篆文 金文

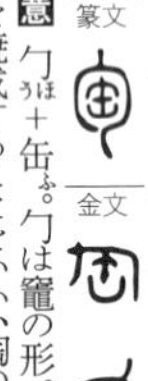

会意 勹＋缶。勹は竈の形。缶は土器のほとぎの形。窯で土器を焼成することをいい、陶の初文。〔説文〕五下に「瓦器なり」とし、包(包)の省声とするが、包は妊娠の象である。寶(宝)の初文には缶が含まれており、寶の声がある。「管鮑の交」で知られる鮑叔は、金文に𩰫叔に作り、斉器の〔鎛〕にその家系を述べて「齊の辟なる𩰫叔の孫、適仲の子なる鎛」といい、鮑叔を「皇祖聖叔」と称している。鮑叔は𩰫叔がその本字。皮革や陶器などの製作で、産をなしたものであろう。

訓義 1やきもの、すえもの。2やきものの竈、瓦がま。

古訓 〔字鏡集〕匋 スヱモノ

声系 〔説文〕に匋声として萄(萄)・騊・陶など四字を収める。萄は葡萄、騊は騊駼、北方の良馬の名。みな音訳の語である。陶は聖所に用いる土器の意であろう。

人

【宕】 8 3060 トウ(タウ) ひろい おおまか ほしいまま

篆文 甲骨文 金文

会意 宀＋石。宀は廟屋。いわゆる郊宗石室で、天子が天地を祭るところ。卜文・金文の字形は𠙵に従う形で、祭祀のことをいう字である。〔説文〕七下に「過ぐるなり。一に曰く、洞屋なり」とし、また汝南の地名とする。洞屋の義は、わが国の「磐座」に近く、それに屋を架したものであろう。その室は宏奥、それで広大、また自由に行動する意となったものであろう。金文に「宕伐」という語があり、また〔穀梁伝、文十一年〕に「長狄弟兄三人、中國を佚宕す」とあり、思うままに跌宕することをいう。

訓義 1ひろい、おおきい、まつりの家。2あらい、おおまか。3すぎる、すみやかにすぎる。4蕩と通じ、ほしいまま、わがまま、しまりがない。5石切り。

古訓 〔篇立〕宕 ウカル・カロシ・ヒロシ 〔字鏡集〕宕 ウカル・ノゾム・ノゾク・トヾム・ウカフ・キタリ・スマフ・タウス・カル〳〵シ・スク・スム・ヌク

語系 宕・蕩 dang は同声。佚宕はまた跌踢に作る。跌・迭(迭) dyet はともに声が近い。

【宕冥】とう(たう)めい 天の奥深いさま。また、暗愚。漢・王褒〔洞簫の賦〕是に於て、乃ち夫の性昧の宕冥にして、生まれながらにして天地の體勢を覩ず、白黑の貌形に闇く、～專ら憤りを音聲に發せしむ。

↑宕逸 宕佚／宕子 放蕩者／宕匠 石工／宕説 浮説／宕滌 洗い流す／宕佚 放蕩／宕跌 放蕩／宕軼 放蕩／宕仆 倒れる／宕邁 豪宕／宕麗 宏麗

↓延宕・驕宕・豪宕・疏宕・佚宕・跌宕・軼宕・浮宕・遊宕・流宕

【弢】 8 1224 トウ(タウ) ゆみぶくろ えびら つつむ

篆文

会意 弓＋屮＋又(又)。屮は弓袋の上部を括った形。〔説文〕十二下に「弓衣なり」とし、屮を垂飾の形としているが、もと橐の括り口である。金文は𢎘に作り、象形。弓袋の中に弓を収めた形。えびらは葡に作り、もと象形。箙の中に矢のある形。箙はその形声の字である。

訓義 1ゆみぶくろ、えびら。2はたぶくろ。3つつむ。

古訓 〔篇立〕弢 ユミブクロ

語系 弢・韜 thô は同声。韜は〔説文〕五下に「劍衣なり」とする。〔広雅、釈器〕に「弓藏なり」とあって、弢と同義に用いる。橐 thak はふくろ。みな同系の語である。

↑弢弓 弓袋と弓／弢光 光をつつみかくす／弢迹 行迹をつつみかくす／弢蔵 外に示さずにかくす／弢斂 深く収める

↓錦弢・伏弢

常

【東】 8 5090 トウ ひがし あずま

篆文 甲骨文 金文

仮借 東はもと橐の象形字で、橐の初文。のち仮借して方位の東の意に用い、本義の橐の意に用いることはない。本義を失った字であるから、仮借とする。〔説文〕六上に「動くなり」と訓するのは、春に蠢動する意とするもので、音義説である。曹はもと二東に従う形で、裁判を求める当事者が、束矢鈞金を橐に入れて提供し、裁判が行われた。東が橐の形で

あることは、そのことからも知られる。〔説文〕に字形を「日の木中に在るに從ふ」とし、榑桑神木の意とするのは誤りである。

訓義 ①ひがし、あずま。②東方の地。③主人、東道(案内)する人。

古訓 〔名義抄〕東 ヒムガシ／東西 ヤマトカフチ 〔字鏡集〕東 ヒムガシ・ハジメ

声系 〔説文〕に東声として棟・重・湅・凍・蝀五字を収める。重・童(童)もその声系に属する。

語系 東tong、橐thakは声近く、東が橐の初文。のち形声字の橐が作られ、語が分岐した。

【東栄】(とうえい) 東のき。〔礼記、喪大記〕復(屋上の魂よばい)するとき、～皆東榮より升り、中屋に危(棟)を履み、北面して三たび號ぶ。

【東瀛】(とうえい) 東の大海。唐・劉禹錫〔漢寿城春望〕詩 知らず、何れの日か東瀛變じ 此の地還た要路の津(渡し場)を成すを

【東園】(とうえん) 東の園。春の園。晋・陶潜〔停雲〕詩 東園の樹 枝條再び榮えたり

【東海】(とうかい) 東方の大海。〔荀子、正論〕語に曰く、淺は與に深きを測るに足らず。愚は與に知を謀るに足らず。坎井の鼃(蛙)は與に東海の樂しみを語るに足らずとは、此れの謂なり。

【東隅】(とうぐう) 東のすみ。また東方。初の時。唐・王勃〔滕王の閣の序〕東隅(日の出る所)已に逝けども、桑楡(日の入る所。晩年)晩きに非ず。

【東皇】(とうこう(くわう)) 東方の神。〔呉越春秋、夫差内伝〕(越王句践十年)東郊を立てて以て陽を祭り、名づけて東皇と曰ふ。西郊を立てて以て陰を祭り、名づけて西王母と曰ふ。

【東郊】(とうこう(かう)) 東方の野。春。東皇を祭る。〔書、君陳〕汝に命じて茲の東郊を尹さしむ。敬めや。

【東皐】(とうこう(かう)) 東の丘。晋・陶潜〔帰去来の辞〕東皐に登りて以て舒ろに嘯き、清流に臨んで詩を賦す。

【東西】(とうざい) 東と西。〔孟子、告子上〕告子曰く、性は猶ほ湍水のごときなり。～人の性の善不善を分つ無きは、猶ほ水の東西を分つ無きがごとし。

【東作】(とうさく) 春の耕作。〔書、堯典〕寅んで出日を賓へ、東作を平秩せしむ。

【東廂】(とうしょう(しやう)) 廂は正堂左右の室。〔爾雅、釈宮〕室に東西廂有るを廟と曰ひ、東西廂無くして室有るを寝と曰ひ、室無きを榭と曰ふ。

【東道】(とうどう(だう)) 東への道。案内者。〔左伝、僖三十年〕若し鄭を舍して以て東道の主と爲し、行李(外交の官)の往來に其の乏困に供せしめば、君も亦た害する所無からん。

【東藩】(とうはん) 東方の属国。藩侯。〔史記、酈生(食其)伝〕臣請ふ、明詔を奉じて齊王に說くを得ば、漢の爲にして東藩と稱せしめん。

【東鄙】(とうひ) 東方の片田舎。〔戦国策、秦三〕范雎曰く、臣は東鄙の賤人なり。～王、臣を羇旅の中に擧げ、事を職らしむ。～王、之れを明誅せば、是れ王の過り擧ぐること、天下に顯はれん～と。

【東風】(とうふう) 東の風。春の風。明・方孝孺〔次韻写懐～十七首、十四〕我と東風と、主賓と作らん 太平の春に負却せしむるに忍びんや 一觴一咏、佳景に酬ゆ 也た未だ他の世上の人に輸らず

【東辺】(とうへん) 東の辺境。また、東方。唐・劉禹錫〔金陵五題、石頭城〕詩 淮水東邊、舊時の月 夜深くして還た女牆(ひめがき)を過ぎりて來る

【東溟】(とうめい) 東海。唐・李白〔古風、五十九首、十一〕詩 黄河、東溟に走き 白日、西海に落つ

【東洋】(とうよう(やう)) 東海。また、日本などをさす。〔本草綱目拾遺、草〕東洋參(人参)は、日本に出づ。～又一種は、高麗・新羅一帶の山島に出づ。

【東来】(とうらい) 東へ向かって来る。唐・王昌齢〔出塞行〕詩 白草原頭、京師を望む 黄河水流、盡くる時無し 秋天曠野、行人絕ゆ 馬首東來するは、知んぬ是れ誰ぞ

【東流】(とうりゅう(りう)) 東流の水。唐・李白〔金陵歌、范宣に送別す〕詩 鍾山龍盤して、走勢來り 秀色横分す、歴陽の樹 四十餘帝、三百秋 功名事跡、東流に隨ふ

【東隣】(とうりん) ひがしどなり。楚の宋玉の〔登徒子好色の賦〕に、東家に美女があるという。唐・李白〔古に効ふ、二首、二〕詩 古より秀色有り 西施と東隣と 蛾眉は妬とすべからず 況んや乃ち其の矉(目をしかめる)に效はんや

↑東夷 東方のえびす／東闈 東宮／東雲 東の雲／東楹 東の軒／東裔 東辺／東崖 東海の崖／東郭 城東／東学 宮東の大学／東壑 東の谷／東観 漢の蔵書の所／東嚮 東向／東旭 朝日／東極 東の果て／東宮 太子の宮／東君 太陽／東京 洛陽／東経 東の経度／東闕 宮城の東門／東施 醜女。西施に対していう／東日 日本／東主 東道の主／東蒐 春の狩り／東塾 東堂／東序 古の大学／東箱 東廂／東上 東方を上位として並ぶ／東津 東の渡し／東窓 東の窓／東第 王侯の邸／東旦 夜あけ／東廚 くりや／東儲 皇太子／東丁 滴の垂れる音／東帝 春の神／東天 暁天／東渡 東に渡る／東頭 東の端／東壁 文学を司る星、図書室／東偏 東鄙／東圃 東の畑／東邦 東国／東面 東向／東牖 東の窓／東籬 東の垣／東籠 ぼろぼろ

↓遠東・河東・郭東・桓東・関東・帰東・居東・極東・近東・湖東・顧東・江東・山東・西東・征東・泰東・大東・雉東・丁東・日東・望東・門東・洛東・籠東

【枓】 8 4490 トウ ト ひしゃく ますがた

篆文

形声 声符は斗。〔説文〕六上に「勺なり」とあり、水を酌む器。斗と通用する。また〔玉篇〕に「枓栱なり」とあって、枓栱、ますがたをいう。

訓義 ①ひしゃく。②ますがた。③斗と通用する。

古訓 〔和名抄〕枓 度賀多(とがた) 〔名義抄〕枓 トガタ 〔字鏡集〕枓 トガタ・トガキ

↑枓栱(ときょう) ますがた

↓柱枓

人 【沓】 8 1260 トウ(タフ) けがす かさなる むさぼる

篆文

会意 水＋曰。曰は祝禱を収めた器。その器に水を加えるのは、その祝禱をけがし、効果を失わせるための行為である。〔説文〕五上に「語多くして沓沓たるなり」といい、水の流れるような多弁の意とするが、それは誻の字義である。〔国語、鄭語〕「其の民は沓貪にして忍なり」の〔注〕に「黷すなり」とあり、沓は祝禱を黷すことを原義とする字である。多言の意は誻、〔荀子、正名〕に「愚者の言は～誻誻然として沸がし」とみえる。

訓義 ①けがす、けがれる、みだす、おかす。②かさなる、くわえる、あう、むさぼる。③ことばが多い。④水がながれる、わきあふれる。⑤もののかさなるさま。⑥鼓の音。

古訓 〔名義抄〕沓 アフ・カサナル・カサヌ・タ丶ム・クラシ 〔字鏡集〕沓 カサヌ・クツ・オモシ・アフ・タ丶ム・クラシ

声系 〔説文〕に沓声として誻など七字を収める。擬声的な語が多い。

語系 沓・誻・碆dəpは同声。沓は祝禱の器にくりかえしくりかえし水を加えてけがし、その祝禱を妨げる意。語を以てそのように行為することを誻という。臼を舂き終わって、また舂きなおすことを碆という。眔dəpは同声。眔は涙の象形。涙を流しつづけることを眔、語の多いことを「譅誻」という。

【沓貪】貪りとる。〔国語、鄭語〕（桓）公曰く、謝（地名）西の九州は、何如んと。（史伯）對へて曰く、其の民は沓貪にして忍なり。因るべからずと。

【沓潮】潮の引き差しが重なる。唐・劉禹錫〔沓潮歌〕詩 屯門積日、回飆無く 滄波歸らず、沓潮を成す

↑沓合 重なる／沓颯 群舞のさま／沓舌 多弁／沓沓 多弁のさま／沓風 中風／沓冒 沓貪／沓茫 はるか／沓来 雑沓する／沓猥 みだりがわしくする

↓会沓・驕沓・合沓・颯沓・雑沓・積沓・甓沓・叢沓・噂沓・貪沓・波沓・紛沓

【舠】 8 2742 トウ(タウ) こぶね

形声 声符は刀。〔詩、衛風、河広〕「誰か河を廣しと謂ふ 曾ち刀を容れず」の刀は舠、一艘の小舟をいう。

訓義 ①こぶね。②大杯。③字はまた刀に作り、䑠に作る。

古訓 〔篇立〕舠 フネ 〔字鏡集〕舠 コブネ

↑舠子 小舟

↓魚舠・漁舠・軽舠・行舠・小舠・征舠・游舠

【洮】 9 3211 トウ(タウ) あらう

篆文 

形声 声符は兆。兆は卜兆がはじけて灼け裂ける形。勢いよく水滴の飛ぶ意で、水であらうことをいう。〔説文〕十一上に隴西臨洮の水名とするが、〔書、顧命〕に「王乃ち水に洮頮す」とあり、王が臨終に及んで、水で手や顔を清めることをいう。米をとぐなどの意にも用いる。

訓義 ①あらう、きよめる、髪洗う、手洗う。②米とぐ、あらいすすぐ。③字はまた淘に作る。

古訓 〔名義抄〕洮 アラフ・ユル・テアラフ／洮頮 テアラヒオモテアラフ

＊語彙は淘字条参照。

【洮沬】手や顔を洗い清める。洮頮。〔漢書、律暦志下〕顧命に曰く、惟れ四月哉生霸（第二週）、王、疾有りて不豫なり。甲子、王乃ち水に洮沬すと。顧命を作る。

【洮汰】洗い清める。淘汰。〔淮南子、要略〕至意を洮汰滌蕩して、之れをして凝竭底滯すること無く、捲握して散ぜざらしむる所以なり。

↑洮盥 洗う／洮洮 人品の高潔なさま／洮米 米をとぐ

常 【逃】 9 3230 〔逃〕 10 3230 トウ(タウ) のがれる にげる さける かくれる

篆文 

形声 声符は兆。兆は卜兆の形で、強くはじけるもの。ゆえに跳ねる意がある。〔説文〕二下に「亡ぐるなり」。また亡字条十二下に「逃ぐるなり」とあって互訓。〔書、牧誓〕「四方の多罪逋逃」とは、亡命者をいう。

訓義 ①のがれる、にげる、さる、まける。②さける、まぬがれる、かくれる、かくす。③めまじろぐ。

古訓 〔名義抄〕逃 ノガル・マク・サル・ホロブ・カクル・ハシル・マヌガル

語系 逃do、遁・遯duənは声義近く、みな遁走することをいう。

【逃逸】逃亡する。〔北史、崔儦伝〕叔義、～洛陽に在り。兄叔仁と錢を鑄い、事發はれ、家を合せて逃逸す。

【逃隠】逃げて隠れる。〔史記、伯夷伝〕説者曰く、堯、天下を許由に讓る。許由受けず、之れを恥ぢて逃隱すと。

【逃嫁】夫を棄てて、他の人に嫁ぐ。〔史記、秦始皇紀〕（三十七年、会稽刻石）妻、逃嫁を爲すときは、子は母とすることを得ず。

【逃瘧】おこりの発作のくるとき、あらかじめ席をはずす。〔唐書、宦官上、高力士伝〕力士、方に功臣閣の下に逃瘧す。（李）輔國、詔を以て召す。力士、趨りて閤外に至る。

【逃去】逃げ去る。〔史記、刺客、荊軻伝〕荊軻、邯鄲に游ぶ。魯句踐、荊軻と博して道を爭ふ。魯句踐、怒りて之れを叱す。荊軻嘿して逃げ去り、遂に復た會はず。

【逃形】姿を隠す。匿れる。宋・蘇軾〔僧潜の贈らるるに次韻す〕詩 道人の胸中、水鏡清し 萬象起滅して、逃形無し

【逃散】逃げ散る。〔唐書、礼楽志十二〕其の後、黄巣の亂に、樂工逃散し、金奏皆亡ぶ。昭宗位に即き、將に郊廟に謁せんとするも、有司、樂縣の制度を知らず。

【逃竄】逃げ隠れる。〔後漢書、寇栄伝〕性矜絜、～延熹中、遂に陷るるに罪辟を以てし、～詔有り、之れを捕へしむ。榮、逃竄すること數年なり。

【逃席】酒席をはずす。唐・元稹〔黄明府詩の序〕一人有り、後れて至り、頻りに語令を犯し、連飛十二觥（罰杯）、其の困に勝へず、逃席して去る。醒めて後、人に問ふに～黄丞なり。

【逃責】借金取りから逃げる。〔漢書、諸侯王表序〕逃責の臺有り。〔注〕服虔曰く、周の赧王、責（債）を負ひ、以て之れを歸す無し。主、責を迫ること急なり。乃ち此の臺に逃る。後人因りて以て之れに名づく。劉德曰く、洛陽南宮の誃臺是れなりと。

【逃禅】世事を逃れて坐禅する。また、禅戒を破る。唐・杜甫〔飲中八仙歌〕詩 蘇晉は長齋す、繡佛の前 醉中往往にして、逃禪を愛す

【逃伏】逃げ隠れる。〔後漢書、宗室四王三侯、安成孝侯賜伝〕兄顯、怨みに報じて人を殺せり。吏、顯を捕へて之れを殺す。信～客を結んで吏に報ず。皆亡命逃伏し、赦に遭ひて歸る。

【逃名】名声を避ける。唐・白居易〔香炉峰下、新たに山居をトし、草堂初めて成る～重題、四首、三〕詩 匡廬は便ち是れ、名を逃るるの地 司馬は仍ほ老を送るの官爲り

【逃禄】禄を受けず、仕官しない。晋・陶潜〔士の不遇に感ずる賦〕彼の達人の善く覺される、乃ち祿を逃れて歸耕す。

↑逃乖 避けのがれる／逃学 学業をおこたる／逃姦 かけおち／逃監 脱獄する／逃帰 にげ帰る／逃刑 罪を逃れる／逃戸 難民／逃行 逃走する／逃荒 飢饉のため故郷をすてる／逃獄 脱獄する／逃辞 逃げ口上／逃臣 逃亡の臣／逃人 落人／逃世 世をのがれる／逃潜 潜匿する／逃蔵 逃げ匿れる／逃俗 逃世／逃脱 脱走する／逃田 田地をすててのがれる／逃匿 逃げ匿れる／逃遁 遁走する／逃遯 逃遁／逃難 避難する／逃牌 逃亡者／逃犯 逃亡者／逃避 避ける／逃兵 脱走兵／逃逋 逃亡者／逃亡 他の地へ逃走する／逃北 逃げる／逃奔 逃走する／逃乱 逃難／逃路 逃走路

↓竄逃・潜逃・追逃・騰逃・遁逃・難逃・逋逃・奔逃・目逃

常 【倒】 10 2220 トウ(タウ) さかさま たおれる しぬ

篆文 

形声 声符は到。到の初文は致に作り、占地のために放った矢の到達点に至る意。そこから引き返すことを倒という。〔説文新附〕八上に「仆るる」とあり、顚倒の意とするが、倒逆を初義とする字。逆は向こうから来る人を逆える意。屰は大の倒形。倒逆の意より顚倒の

意となる。

訓義 [1]さかさま、さかさまにする。[2]たおす、たおれる、ころぶ。[3]しぬ。

古訓 〔名義抄〕倒 タフル・クツガヘル・クツガヘス・サカシ・サカサマ・カタブク・カヘリテ・アフ／潦倒 ホヽケタル・ユヒダル

語系 倒・到tôは同声。アクセントをかえて往反の義としたもので、対待の義をなす語である。

【倒景】とう(たう)えい 下から照りかえす光。宋・蘇軾〔潮州韓文公廟碑〕草木衣被す、昭回の光 李(白)・杜(甫)を追逐して、參はりて翺翔す 汗流れて、(張)籍・(皇甫)湜走り且つ僵る 倒景に滅沒して望むべからず

【倒影】とう(たう)えい 倒景。また、水に映る。宋・柳永〔早梅芳〕詞 芰荷の浦漵 楊柳の汀洲 虹橋の倒影を映ず 蘭舟飛棹 遊人聚散す 一片湖光の裏

【倒戈】とうか(たうくわ) 寝がえる。〔書、武成〕受(紂)其の旅(軍)を率ゐること林の若く、牧野に會す。～前徒、戈を倒にして、後を攻めて以て北ぐ。血流れて杵(盾)を漂はす。戎衣(殷)を一し(殪し)、天下大いに定まる。

【倒臥】とうが(たうぐわ) 寝ころぶ。唐・李賀〔江南弄〕詩 鱸魚千頭、酒百斛 酒中に倒臥すれば南山綠なり

【倒懸】とう(たう)けん 逆さ吊り。苦痛にたとえる。〔孟子、公孫丑上〕今の時に當りて、萬乘の國仁政を行はば、民の之れを悅ぶこと、猶ほ倒懸を解くがごとくならん。～惟だ此の時を然りと爲す。

【倒錯】とう(たう)さく 誤ってことが転倒する。〔列子、周穆王〕秦人逢氏に子有り。～壯なるに及んで迷罔の疾有り。～意の之く所、天地四方、水火寒暑、倒錯せざる者無し。～老聃(老子)曰く、～今天下の人、～同疾の者多し～と。

【倒屣】とう(たう)し くつを逆にはく。あわてる。〔三国志、魏、王粲伝〕時に(蔡)邕、才學顯著、朝廷に貴重せられ、～賓客坐に盈つ。(王)粲の門に在るを聞き、倒屣して之れを迎ふ。粲至る。年既に幼弱、容狀短小なり。一坐盡く驚く。

【倒橐】とう(たう)たく 橐をさかさまにする。あり銭をはたく。宋・陸游〔客思〕詩 家に還りて誰か道ふ、餘俸無しと 倒橐猶ほ堪ふ、釣舟を買ふに

【倒植】とう(たう)ち さかさまに立つ。漢・賈誼〔屈原を弔ふ文〕闒茸(不才)尊顯せられ、讒諛志を得たり。賢聖逆さまに曳かれ、方正倒に植つ。

【倒流】とうりゅう(たうりう) 逆流。〔後漢書、西南夷、滇王伝〕池有り、周回二百餘里、水源深廣、末は更に淺狹、倒流に似たる有り。故に之れを滇池と謂ふ。

➡倒運 不運／倒暈 眉描きの法／倒回 退却する／倒壞 倒れ壊れる／倒灌 逆流する／倒君 暗君／倒挈 とんぼ返り／倒巻 逆巻く／倒県 倒懸／倒言 逆にいう／倒語 倒装法／倒行 逆行する／倒載 逆さ載せ／倒産 逆子／倒床 寝る／倒睫 逆まつげ／倒屧 倒屣／倒心 傾倒する／倒井 激しい雨／倒装 強勢語法の一／倒大 極めて／倒卓 倒立する／倒断 断絶する／倒置 顚置する／倒躓 つまずく／倒底 到底／倒顚 顚倒する／倒頓 大袴／倒敗 失敗する／倒反 のけぞる／倒斃 斃死する／倒落 落ちこむ／倒瀾 頽波／倒履 倒屣／倒立 逆立ち／倒惑 大いに惑う

⬇圧倒・既倒・驚倒・傾倒・蹶倒・昏倒・推倒・酔倒・絶倒・卒倒・打倒・転倒・顚倒・罵倒・反倒・翻倒・潦倒

常 **【党】** 10 9021 **〖黨〗** 20 9033 トウ(タウ) ともがら なかま むら

篆文

形声 旧字は黨に作り、尙(尚)声。尙に堂・當(当)との声がある。尙は神を迎えて祀る窓ぎわの形。八(八)は神気の降る象。黑(黒)は烹炊して黒ずむところ。黨はすなわち神聖な竈突の意。炊爨を共にし、またその祀所を共にする祭祀共同体を原義とし、族党をいう。もと血縁集団より、地縁的な集団、その邑里をも意味する語となった。

訓義 [1]ともがら、やから。[2]なかま、たぐい、くみ、とも。[3]むら、さと、郷党。[4]なかまうち、わたくし、かたよる、おもねる。[5]そば、かたわら、多くの人。[6]儻と通じ、もし、もしくは、たまたま。

古訓 〔名義抄〕黨 トモガラ・ムラガル・ヤシナフ・モト・アタ・トル・アヂハヒ・アツマル・ムツマジ・シタシ・トモ

声系 〔説文〕に黨声として矘・攩二字を収める。矘四上は「目に精無くして直視するなり」、攩十二上は「朋群なり」という。矘はまた瞠に作り、攩は〔広雅、釈詁三〕に「擊つなり」とするのが本訓であろう。儻は〔説文〕未収。〔玉篇〕に「倜儻不羈なり」とし、また「倖なり」と訓する。

語系 黨・攩tang、徒daは声義が近い。徒は党与の人をいう。攩も朋群の意で、相提携する者をいう。

【党引】とう(たう)いん 仲間同志となる。宋・欧陽脩〔朋党論〕臣謂へらく、小人には朋無し～と。～小人の好む所の者は祿利なり。貪る所の者は財貨なり。其の利を同じうする時に當りて、暫く相ひ黨引して以て朋と爲る者は僞なり。

【党禍】とうか(たうくわ) 朋党の禍。漢の党錮、宋の党籍、明の東林など。〔宋史、胡宗愈伝〕哲宗嘗て朋黨の弊を問ふ。對へて曰く、君子は小人を指して姦と爲し、則ち小人は君子を指して黨と爲す。君子は蓋し義と比しむ者なり。陛下能く中立の士を擇びて之れを用ひば、則ち黨禍熄まんと。

【党禁】とう(たう)きん 党人の出仕を禁ずる。〔後漢書、鄭玄伝〕靈帝の末、黨禁解かる。大將軍何進、聞きて之れを辟す。～玄、朝服を受けず、幅巾を以て見ゆ。一宿して逃去す。時に年六十。

【党錮】とう(たう)こ 党人を禁錮する。〔後漢書、党錮伝〕中平元年、黃巾の賊起る。中常侍呂彊、帝に言ひて曰く、黨錮久積、人情怨み多し。若し久しく赦宥せずんば、～變を爲すこと滋大せん～と。～乃ち大いに黨人を赦す。

【党人】とう(たう)じん 仲間。徒党の人。宋・欧陽脩〔朋党論〕後漢の獻帝の時、盡く天下の名士を取り、之れを囚禁し、目けて黨人と爲す。

【党同】とう(たう)どう 是非によらず、仲間を組んで争う。〔後漢書、党錮伝序〕武帝より以後、儒學を崇尙す。～石渠分爭の論、黨同伐異の說有るに至りて、守文の徒、時に盛んなり。

【党附】とう(たう)ふ 仲間となり親しむ。〔顔氏家訓、文章〕古より文人、多く輕薄に陷る。屈原は才を露はし、己を揚げ、～傅毅は權門(大将軍竇憲)に黨附し、班固は父(彪)の史を盜竊す。

【党与】とう(たう)よ 仲間。〔漢書、王莽伝上〕色厲しく、言方し。爲す所有らんと欲すれば、微かに風采を見はし、黨與其の指意を承けて之れを顯奏す。

【党類】とう(たう)るい 仲間。〔後漢書、宦者伝序〕明賢を搆害し、專ら黨類を樹つ。其の更に相ひ援引し權彊に希附する者有り。皆腐身熏子(宦官となるため、去勢する)、以て自ら衒達す。

【党論】とう(たう)ろん 党派的な議論。党派の論。宋・陸游〔兼山先生の易說に跋す〕、二(郭)立之、黨論の起りしより、卽ち程(頤)先生と絕ち、死するも亦た弔祭せず。蓋し愛憎の論なり。～蓋し程氏の易學は、立之父子、實に之れを傳ふ。

➡党援 党引／党魁 党首／党議 党論／党俠 仲間／党言 讜言／党護 朋党の立場で援ける／党巷 邑里／党進 党引／党親 仲間として親しむ／党正 讜正／党籍 党人の名簿／党輩 仲間／党伴 仲間／党里 村里／党旅 仲間たち

↓阿党・悪党・一党・兇党・悍党・偽党・凶党・郷党・群党・結党・錮党・公党・巷党・豪党・左党・妻党・残党・支党・私党・酒党・樹党・聚党・親党・政党・族党・賊党・多党・徒党・比党・不党・父党・附党・偏党・母党・朋党・野党・与党・里党・僚党・郎党

常【凍】10 3519 トウ こおる こごえる

篆文

形声 声符は東(とう)。〔説文〕十一下に「仌(冰)なり」とあり、凍結することをいう。〔礼記、月令〕に「水始めて冰り、地始めて凍る」とあって、水には冰、物には凍という。東は橐(ふくろ)の初形。凍結して一塊の凝結したものとなり、解けぬ状態を凍という。

訓義 ①こおる、こおりつく、凍結する。②こごえる、つめたい、さむい。③凍(とう)と通じ、にわかあめ。

古訓 〔名義抄〕凍 コホル・コホリ・コル・サムシ・サユ・コ、ヒタリ・シミナ・コイタリ／凍死 カンカル 〔字鏡集〕凍 コル・コホリ・シ、ム・サムシ・コヒタリ・ツチノハジメテコホル

語系 凍・東tongは同声。腫tjiongは声近く、凝結して腫(ふく)れた状態となる。一系の語である。

【凍雲】(とううん) 雪模様の雲。寒雲。唐・方干〔冬日〕詩 凍雲、暮色愁ひ 寒日、斜暉(しゃき)淡し

【凍餓】(とうが) うえこごえる。〔孟子、梁恵王上〕彼は其の民時を奪ひ、耕耨(こうどう)して以て其の父母を養ふことを得ざらしむ。父母凍餓し、兄弟妻子離散す。

【凍飢】(とうき) うえこごえる。〔史記、項羽紀〕(宋義)無鹽に至り、飲酒高會す。天寒く大雨あり、士卒凍飢す。～(項羽)晨(あした)に上將軍宋義に朝し、其の帳中に卽き、宋義の頭を斬る。

【凍研】(とうけん) 硯の水がこおる。凍硯。宋・唐庚〔夜坐感懐〕詩 破窗、燈焰走り 凍研、筆鋒遲し

【凍餒】(とうだい) うえこごえる。〔孟子、梁恵王下〕王の臣に、其の妻子を其の友に託して、楚に之(ゆ)きて遊ぶ者有らんに、其の反(かへ)るに比(およ)びて、則ち其の妻子を凍餒せば、則ち之れを如何(いかん)せん。

【凍筆】(とうひつ) 寒気で筆先がこおる。宋・范成大〔南塘冬夜倡和〕詩 寒釭(かんこう)(寒灯)暗からんと欲して、吟方(まさ)に苦しみ 凍筆驅(か)り難く、字更に遒(しま)し

【凍梨】(とうり) こおった梨。老人。〔釈名、釈長幼〕九十を鮐背(たいはい)と曰ひ、～或いは凍梨と曰ふ。皮に斑黒有ること、凍梨の色の如きなり。

【凍裂】(とうれつ) 寒さのため裂ける。漢・司馬相如〔上林の賦〕其の北は則ち盛夏に凍裂の地を含み、冰を渉(わた)り、河を掲(わた)る。

↑凍鴉(とうあ) 寒鴉／凍飲(とういん) 冷酒／凍雨(とうう) ひさめ／凍滑(とうかつ) こおってすべる／凍寒(とうかん) 寒冷／凍饑(とうき) 飢えてこごえる／凍凝(とうぎょう) 凍結する／凍結(とうけつ) こおりつく／凍硯(とうけん) 硯の水がこおる／凍原(とうげん) ツンドラ／凍合(とうごう) 凍閉／凍死(とうし) こごえ死に／凍雀(とうじゃく) 寒雀／凍樹(とうじゅ) 冬枯れの木／凍皴(とうしゅん) 冬のひびわれ／凍傷(とうしょう) しもやけ／凍青(とうせい) 冬青／凍餧(とうだい) 凍餒／凍蟄(とうちつ) 冬眠／凍蝶(とうちょう) 冬の蝶／凍土(とうど) こおった土／凍濘(とうねい) 雪どけ／凍飈(とうひょう) 凍風／凍風(とうふう) 寒風／凍閉(とうへい) こおりつめる／凍黎(とうり) 凍梨／凍凌(とうりょう) 氷／凍稜(とうりょう) つらら／凍醴(とうれい) 冬の酒／凍冽(とうれつ) 寒冽

↓解凍・寒凍・含凍・飢凍・凝凍・噤凍・皸凍・結凍・硯凍・涸凍・残凍・赤凍・餞凍・天凍・凜凍・冷凍

常【唐】10 0026 〔唐〕10 0026 トウ(タウ) ひろい むなしい

篆文 古文 甲骨文 金文 その他

会意 庚(こう)+口。庚は康の従うところで、杵(きね)で脱穀する形。口は祝禱を収める器(𠙵(さい))の形。その前に杵をおいて祈る意。〔説文〕二上に「大言なり」と訓し、〔荘子、天下〕にいう「荒唐の言」にあたる。殷の始祖大乙は、卜辞には「唐」、金文には「成唐」、〔詩〕〔書〕には「湯・成湯」という。〔爾雅、釈宮〕に「廟中の路、之れを唐と謂ふ」とあり、また隄唐(ていとう)・場ともいう。場は祭祀壇場の意で、唐と声義が通じる。それで殷の唐を、のち湯と称するのであろう。唐の古文は暘に作る。

訓義 ①ひろい、大きい、大言、もと祈りのことば。②むなしい、いつわり。③みち、廟中の道、にわ、祭のにわ。④塘と通じ、つつみ、どて。

古訓 〔名義抄〕唐 ムナシ・ミチ 〔篇立〕唐 カラ・ムナシ・オホキニ・イタヅラニ

声系 〔説文〕に唐声として鎕を収める。〔説文〕十四上に「鎕銻(たうてい)、火齊(くわせい)なり」とあり、玫瑰(まいかい)のような玉。雲母に似て、日南に産するという。音訳の語であろう。塘(隄)・糖(糖)は〔説文新附〕にみえる。

語系 唐dang、途(涂)da、除diaは声義近く、道を祓除することを除、その道を途という。唐は廟中の道で、祓い清めた場所の意である。場diangは祭場。昜(よう)は陽光が下に放射する形。その陽光によって祓い清めたところを場という。荒唐の意はおそらく蕩・盪dangと通用するもので、同声である。洸洋の洋jiangも声近く、荒唐・洸洋はまた同系の語であろう。

【唐花】(とうか(たうくわ)) 温室栽培の花。〔居易録談、下〕今京師、臘月(らふげつ)に卽ち牡丹・梅花・緋桃・探春を賣る。諸花は皆暖室に貯へ、火を以て之れを烘(あたた)む。所謂(いはゆる)堂花なり。又唐花と名づくる、是れなり。

【唐帕】(とうはく(たう)) 通訳。〔癸辛雑識、後集、訳者〕訳者の称は、禮記に見ゆ。～今北方には之れを通事と謂ひ、南蕃海舶には之れを唐帕と謂ひ、西方蠻徭(えう)には之れを蒲叉(ほさい)と謂ふ。皆譯の名なり。

↑唐捐(とうえん) 棄てる／唐園(とうえん) 野菜畑／唐茄(とうか) 南瓜／唐窖(とうこう) 温室／唐子(とうし) 迷い子／唐肆(とうし) 馬市／唐疏(とうそ) 唐代に作られた五経の注疏／唐棣(とうてい) にわうめ／唐唐(とうとう) 広大なさま／唐突(とうとつ) 不意

↓浩唐・黄唐・荒唐・頽唐・隄唐

入【套】10 4073 トウ(タウ) かさねる おおう

会意 大+長。長は長髪の形。大はその髪を覆う形で、覆いかさねる、一まとめとすることをいう。〔正字通〕に「凡そ物の重沓(ちょうとう)する者を套と爲す」とみえる。近世以来、用いる字である。

訓義 ①かさねる、上からおおいかさねる、おおう。②ひとそろい、ひとそろいにまとめる。③わな。④ありきたり。

古訓 〔字鏡集〕套 ナガシ

↑套鞋(とうあい) 雨靴／套印(とういん) 重ね刷り／套曲(とうきょく) 組曲／套袴(とうこ) はかま／套語(とうご) 常套の語／套子(とうし) 上の被い／套児(とうじ) 半長靴／套式(とうしき) 定式／套習(とうしゅう) 俗習／套襲(とうしゅう) ありふれたしかた／套中(とうちゅう) わな／套頭(とうとう) 頭巾／套板(とうばん) 色刷り／套文(とうぶん) 常套の語／套用(とうよう) 襲用／套礼(とうれい) 喪が終わって官職にもどるときの、上官に対する礼物／套弄(とうろう) だまし取る／套話(とうわ) 套語

↓一套・外套・旧套・手套・常套・陳套・封套

常【島】10 2772 〔㠀〕14 2777 入〔嶋〕14 トウ(タウ) しま

篆文

会意 鳥の省文+山。山は海中の岩島。〔説文〕九下に「海中に往往山の依止すべきもの有るを島と曰ふ」とあり、鳥(ちょう)声の字とする。海鳥の住む岩島

をいい、その小さいものを嶼という。字はまた島に作り、嶋に作る。

訓義 ①しま、鳥のすむしま。②離れ島、陸地に対していう。

古訓 〔名義抄〕島 シマ

語系 島tô、州・洲tjiuは声近く、海中にあるものを島、水中に居るべきところを州という。わが国では、みな「しま」という。

【島夷】とう(たう)い 海上諸島の異族。のち南夷をいう。〔北史、序伝、李大師伝〕大師、少くして著述の志有り、常に～南北分隔し、南書には北を謂ひて索虜と爲し、北書には南を指して島夷と爲し、～往往實を失ふを以て、常に改正せんと欲す。

【島嶼】とう(たう)しょ 島。唐・李洞〔雲卿上人の安南に游ぶを送る〕詩 鯨は呑む、洗鉢の水 犀は觸る、點燈の船 島嶼、諸國を分ち 星河、一天を共にす

➡島影 島かげ／島居 島住み／島戸 島人／島樹 島の木／島漵 島の浦／島松 島の松／島上 島の上／島勢 島の姿／島浜 島の浜／島風 島かぜ／島民 島人

⬇鬱島・遠島・海島・帰島・漁島・群島・孤島・江島・山島・諸島・神島・絶島・仙島・疏島・波島・配島・半島・浮島・蓬島・離島

常 **【桃】** 10 4291 トウ(タウ) もも

篆文 

形声 声符は兆。〔説文〕六上に「果なり」とあり、桃をいう。〔周礼、夏官、戎右〕「牛耳・桃茢を贊る」とあり、祓禳の呪能があるとされた。神を驚かすおそれがあるので、廟中には用いない。祓邪の儀礼に、桃弧棘矢を用いることが多い。〔詩、周南、桃夭〕は祝頌の詩である。

訓義 ①もも、ももの木。②逃と通じ、のがれる意がある。

古訓 〔和名抄〕桃 毛々(もも)。楊氏漢語抄に云ふ、錦桃なり〔名義抄〕桃 モヽ・モヽノキ／桃人 モヽノサネ

【桃印】とう(たう)いん 夏至の日の厄除け。〔後漢書、礼儀志中〕其の禮、朱索を以て葷菜を連ぬ。～桃印の長さ六寸、方三寸、五色なるを以て、文を書くこと法の如くし、以て門戸に施す。

【桃花】とうか(たうくわ) 桃の花。仙郷にたとえていうことが多い。唐・李白〔山中、問答〕詩 桃花流水、窅然として去り 別に天地の人間に非ざる有り

【桃橛】とう(たう)けつ 桃の木のくい。〔本草綱目、果一、桃橛〕橛は音掘、即ち杙なり。人多く地上に釘ち、以て家宅を鎭む。三載なる者尤も良し。

【桃源】とう(たう)げん 桃源郷。世外の理想郷。清・鄭珍〔初めて茘波に到る〕詩 夷に居りて寥落の意を作す莫かれ 此の閒、便ち恐らくは是れ桃源

【桃弧】とう(たう)こ 桃の弓。棘の矢とともに用いて、祓いをする。〔左伝、昭四年〕其の之れ(蔵氷)を出だすや、桃弧棘矢、以て其の災を除く。

【桃紅】とう(たう)こう 桃花のようなべに色。〔開元天宝遺事、天下、紅汗〕貴妃、夏月に至る毎に、常に輕綃(うすぎぬ)を衣る。～汗出づる有る毎に、紅膩にして香り多し。或いはこれを巾帕(ハンカチ)の上に拭く。其の色桃紅の如し。

【桃梗】とうこう(たうかう) 桃の木で刻した人形。〔晋書、礼志上〕歳旦、常に葦茭・桃梗を設け、雞を宮及び百寺の門に磔し、以て惡氣を禳ふ。

【桃殳】とう(たう)しゅ 桃の木で作った殳。〔韓詩外伝、十〕齊の桓公出で遊び、一丈夫に遇ふ。～桃殳を帶著す。～曰く、～桃の言爲る、亡なり。～故に亡國の社、以て諸侯を戒め、庶人の戒は桃殳に在りと。

【桃樹】とう(たう)じゅ 桃の木。唐・杜甫〔風雨、舟前の落花を看て、戲れに新句を為る〕詩 江上の人家、桃樹の枝 春寒、細雨、疏籬を出づ

【桃杖】とうじょう(たうぢやう) 桃の木の杖。邪気を祓う。〔後漢書、礼儀志中〕臘に先だつこと一日、大儺す。之れを逐疫と謂ふ。～炬火を持ち、疫を送りて端門を出づ。～葦戟桃杖、以て公卿將軍～に賜ふ。

【桃板】とう(たう)ばん 桃の木のふだ。〔荊楚歳時記〕正月一日、桃板を造りて戸に著く。之れを仙木と謂ふ。

【桃符】とう(たう)ふ 桃の木で作った呪符。神荼と鬱壘とを画く。〔荊楚歳時記〕正月一日、～雞を戸に掛くる有り。葦索を其の上に懸け、桃符を其の旁らに插さむあらば、百鬼之れを畏る。

【桃李】とう(たう)り 桃と李。〔史記、李将軍伝論賛〕傳に曰く、其の身正しければ令せずして行はれ、其の身正しからざれば、令すと雖も從はずと。其れ李將軍の謂ひなり。～諺に曰く、桃李言はざるも、下自ら蹊(こみち)を成すと。

【桃林】とう(たう)りん 桃の林。また、地名。〔書、武成〕乃ち武を偃せ文を修め、馬を華山の陽に歸し、牛を桃林の野に放ち、天下に服ひざるを示す。

【桃茢】とう(たう)れつ 桃の木と、あしの穂の帚。邪気を祓うもの。〔礼記、檀弓下〕君、臣の喪に臨むとき、巫祝、桃茢を以てし、戈を執る。之れを惡めばなり。

➡桃園 桃ぞの／桃灰 桃の灰／桃荄 陰陽神／桃核 桃の実／桃弓 桃弧／桃膠 桃の脂／桃子 桃の実／桃菹 桃の漬物／桃脣 美人のくちびる／桃人 桃梗／桃仁 桃核／桃竹 竹の一種／桃伯 桃荄

⬇桜桃・含桃・羌桃・銀桃・胡桃・紅桃・竹桃・偸桃・白桃・碧桃・木桃・夭桃・李桃・霊桃

【疼】 10 0013 トウ いたむ うずく

形声 声符は冬(冬)。〔広雅、釈詁二〕に「痛むなり」とあり、うずくような痛みをいう。痛とは激痛をいう。

訓義 ①いたむ、うずく。②かわいがる。

古訓 〔新撰字鏡〕疼 比々良久(ひひらく)、又、加由之(かゆし)〔名義抄〕疼 ヒヒラク〔字鏡〕疼 ヒ、ラク・ヒルム・カユシ〔字鏡集〕疼 ヤマヒ・ヒ、ラク・イタム

語系 疼duəm、痛・恫thongは声義近く、痛は中からふき出るような痛み、恫は心に憂えいたむことをいう。

【疼腫】とうしょう いたみはれる。晋・王献之〔東近諸帖、八〕獻之白す。承問を奉じたり。近ごろ雪ふり寒く、面の疼腫を患ひ、脚中更に急痛あり。

【疼痛】とうつう うずきいたむ。〔三国志、蜀、関羽伝〕羽嘗て流矢の中つる所と爲り、其の左臂を貫く。後に創癒ゆと雖も、陰雨に至る毎に骨常に疼痛す。醫曰く、矢鏃に毒有り。～骨を刮り毒を去るべし。然る後此の患乃ち除かんのみと。羽便ち臂を伸べ、醫をして之れを劈かしむ。

➡疼愛 溺愛する／疼顧 心にかける／疼死 酷愛する／疼惜 惜しむ／疼疼 疼痛／疼熱 熱愛する／疼痒 痛痒

【罘】 10 6013 トウ(タフ) なみだ みおくる

篆文  甲骨文  金文 

象形 目から涙が垂れている形。涕はその形声字。〔説文〕四上に「目相ひ及ぶなり」とし、字を隶の省に従うとする。遝・逮(逮)はともに「及ぶ」と訓する字であるが、隶は獣尾を執り、その呪儀によって禍いを人に転じ及ぼす意であるから、罘とは関係がない。懐の初文褱は、死者の衣襟の間に罘(涙)を垂れて、その人を懐う意である。老いて妻なきを鰥といい、また兄を罤という。魚は女の象徴。その女に罘するを鰥といい、ま

た弟に眔するものを罤(昆)というのであろう。

訓義 1なみだ。2みおくる、およぶ。

古訓 〔字鏡集〕眔 ノゾミ、ル

声系 〔説文〕に眔声として遝・褱の二字を収める。褱は声異なり、哀・褱・衺(衰)などと同じく会意の字である。

語系 眔・沓・譶dəpは同声。沓は〔説文〕五上に「語多くして沓沓たるなり」とあり、誻・譶と声義が近い。疊(畳)dyapは多く重なる。すべてとめどなく重なる意をもつ語である。

【昜】 10 6012 トウ(タフ) ふむ とぶ

篆文 

会意 曰+羽(羽)。習(習)の倒形とみてよい。習はもと羽と曰とに従い、曰は祝禱を収める器。その上を羽で何度もすって、その呪能を刺激する意である。昜はそれを倒覆する形で、蹋みけがし、その祝禱を妨げることをいう。〔説文〕四上に「飛ぶこと盛んなる皃なり」とあり、上部を冒(冒)の省文と解し、「冒を犯して飛ぶ。是れ盛んなるなり」とするが、その義に用いた例をみない。搨・蹋・闒は、すべておさえふみつける行為をいう。習と同じく、祝禱に対する呪的な行為をいう字である。

訓義 1ふむ、けがす。2とぶかたち。

古訓 〔字鏡集〕昜 トブ・タカクトブ・ソフ

声系 〔説文〕に昜声として蹋・闒など四字を収める。搨は後起の字。みな強くおさえ、しきりにふむ意がある。

語系 昜・蹋thapは同声。闒dapも声義が近い。蹋二下は「踐むなり」、闒十二上は「樓上の戸なり」と訓するが、闒鞠はけまり、闒茸は草のしげり乱れるさま。また沓・踏thapと同声。沓は祝禱の器に水をかけてこれをけがし、祝禱を妨げる意。昜と方法は異なるが、相似た行為をいう。

【荅】 10 4460 トウ(タフ) あずき こたえる

篆文  金文 

形声 声符は合。合に答の声がある。〔説文〕一下に「小尗なり」とあり、尗は菽(まめ)。答と通用することが多く、〔書、洛誥〕「天命に奉荅す」、〔論語、憲問〕「夫子荅へず」のようにいう。〔左伝、宣二年〕「既に合ひて來り奔る」と、合を荅・答の意に用いる。金文の〔陳侯因脊敦〕に「厥の德に合揚(荅揚)す」とあって、古くは合をその義に用いた。〔荘子、斉物論〕に「荅焉」のように形況の語に用いるのは、「嗒焉」の仮借通用の義である。

訓義 1あずき、小豆。2こたえる。3合と通じ、あう、あわせる。4桝の名、一斗六升。5畳と通じ、かさねる、あつい。6嗒と通じ、こころむなしいさま。

古訓 〔新撰字鏡〕荅 宇支奈木(うきなき)〔名義抄〕荅 コタフ・タムカフ・マサル・フセグ 〔篇立〕荅 ウベナヘ・マサル・カンガフ・コタフ 〔字鏡集〕荅 マサル・コタフ・フセグ・タムカフ・イハフ・コマメ・アタル

声系 〔説文〕に荅声として踏など二文を録する。踏は蹋と同じく、蹋む、跳ぶの意がある。

【荅焉】とう(たふ)えん 相忘れるさま。〔荘子、斉物論〕南郭子綦、机に隱りて坐し、天を仰いで噓す。荅焉として、其の耦を喪するに似たり。

↑荅菽 小豆/荅布 粗い布/荅剌 だらり

↓菽荅・麻荅

常 【討】 10 0460 トウ(タウ) うつ たずねる おさめる

篆文 

形声 声符は寸。寸に肘の声がある。〔説文〕三上に「治むるなり」とし、寸は法の意で会意とするが、形声の字とみてよい。〔書、皐陶謨〕「天、有罪を討つ」、〔孟子、告子下〕「天子は討じて伐たず」のように、上より討伐を加える意で、殊・誅と声義が近い。

訓義 1うつ、上より下を伐つ、神意によってうつ。2とりさる、のぞく。3たずねる、神意をとう、さがす、もとめる。4おさめる、ただす。5まじわる、みだれる。

古訓 〔名義抄〕討 タヅヌ・モトム・ウツ・ノゾム・ハナル・ヲサム・サル 〔篇立〕討 タヅヌ・トブラフ・ノブ・モトム・サル・ハカラフ・ヲサム・ウツ・モトメテ・タヾシ 〔字鏡集〕討 ウツ・ヲサム・ハカル・ノゾク・モトム・タヅヌ・コロス・クツス・ノゾム・サル

語系 討thu、殊tjio、誅tjioは声義近く、神意にはかって殺す意。罪あるものを殺すことをいう。紂diuは馬のしりがい。羈束することをいう。

【討繹】とう(たう)えき たずね明らかにする。〔唐書、王燾伝〕母、疾有り。～數しば高醫に從ひて游び、遂に其の術を窮む。因りて學ぶ所を以て書を作り、外臺祕要と號す。討繹すること精明にして、世焉れを寶とす。

【討求】とうきゅう(たうきう) たずね求める。〔顔氏家訓、雑芸〕吾れ嘗て六壬式(雑占の法)を學ぶ。亦た世閒の好匠に値ひ、龍首・金匱～十許種の書を聚め得て、討求するも驗無し。尋いで亦た悔いて罷む。～拘にして忌多く、亦た益無きなり。

【討究】とうきゅう(たうきう) たずねしらべる。〔唐書、韓愈伝賛〕唐興りて、～天下已に定まる。～儒術を討究し、以て典憲を興す。薫醲涵浸すること殆ど百餘年、其の後文章稍稍や述ぶべし。

【討弍】とう(たう)じ 二心あるものを討つ。〔左伝、昭十三年〕諸侯、貳を討つ。則ち盟を尋ぬること有り。若し皆命を用ひば、何の盟をか之れ尋ねん。

【討春】とう(たう)しゅん 春の景色をたずねる。唐・陸亀蒙〔甫里集八、詩題〕闔閭城北に、賣花翁有り。討春の士、往往にして造る。

【討伐】とう(たう)ばつ 賊を伐つ。〔史記、十二諸侯年表序〕是の後、或いは力政し、彊は弱に乘じ、師を興すに天子に請はず。然れども王室の義を挾み、討伐を以て會盟の主と爲り、政、五伯に由る。

【討滅】とう(たう)めつ うち滅ぼす。〔後漢書、鄭太伝〕(董)卓悦ばず。～公業(鄭太)懼れ、乃ち詭詞して更め對へて曰く、～今明公、國の平正を秉り、宦豎(宦官)を討滅せば、忠義克く立たん～と。

【討論】とう(たう)ろん 是否を評論する。〔論語、憲問〕子曰く、命(政令など)を爲るに、裨諶之れを草創し(草稿を作る)、世叔(游吉)之れを討論す。

↑討按 検討する/討掩 囲み討つ/討核 討覈/討覈 しらべ考える/討議 論じあう/討撃 討つ/討研 検討/討源 源を探る/討裁 裁定する/討債 債務の取り立て/討索 討求する/討試 試みる/討襲 たずねうけつぐ/討勝 討景/討情 情状をしらべる/討尋 たずね調べる/討賊 賊を討つ/討度 たずねはかる/討謫 とがめる/討探 探討する/討逐 討ち払う/討擿 しらべあばく/討蕩 掃蕩作戦/討破 討ち破る/討飯 飯をこう/討平 平らげる/討捕 討ち捕らえる/討問 しらべる/討幽 幽景をたずねる/討戮 討ち殺す/討練 練習する

↓按討・研討・検討・征討・捜討・勦討・探討・追討・天討・平討・撲討・幽討・論討

常 【透】 10 3230 【透】 11 3230 トウ シュク とおる もれる すける

篆文 

形声 声符は秀。〔説文新附〕二下に「跳ぬるなり、過ぐるなり」という。古音はシュクで肅と声近く、驚く意であるが、六朝以後、透過の意に用い、音も異なる。

訓義 1はねる、すぎる、とおる、こえる。2もれる、すく、すける、すきとおる。③おどろく、たわむれる、みだれる。
古訓 〔名義抄〕透 スク・スケリ・ツマヅク・タカシ・ノゾク・スヽム・オドル・オドロク・タル・ツイバム・ツクバム・サイキル 〔篇立〕透 オドル・オドロク・ホトバシル・タカシ・スヽム・ナヤマス・ツハクメルカ・ツクバム・サイキル・スカス・イツハム・スクリ・タル・ノゾク・ツマヅク
語系 透thu、超thiô、跳dyôは声近く、超越してすぎる意がある。踰jiô、躍(躍)jiôkも同系の語。
【透空】とうくう 空中をゆく。〔隋書、沈光伝〕幡竿高さ十餘丈、適たま繩の絶ゆるに遇ふ。～光、口を以て索を銜くみ、竿を拍ちて上り、直ちに龍頭に至り、繩を繫ぎ畢はり、手足皆放ち、空を透すぎて下り、掌を以て地に拒あたり、倒行すること數十歩。
【透光】とうこう(くわう) 光が透る。光で透いてみえる。〔夢渓筆談、器用〕世に透光鑑有り。鑑背に銘文有り。凡そ二十字。字極めて古く、能く讀むもの莫し。鑑を以て日光を承くれば、則ち背文及び二十字、皆透りて屋壁上に在り。了了として分明なり。
【透骨】とうこつ 骨にまで透る。〔宋史、姚麟伝〕(兄と)倶に兵間に在り。矢に中あたりて骨に透り、鏃留まりて去らず。彊弩を以て之れを出だし、笑語自若たり。
【透徹】とうてつ すき透る。明らか。〔滄浪詩話、詩弁〕盛唐の諸人は、惟だ興趣に在り。～其の妙處は透徹玲瓏として、湊泊すべからず。
↑透泄 漏れる／透過 とおりぬける／透鏡 レンズ／透暁 悟る／透示 露呈／透爽 爽やか／透底 徹底する／透澈 透徹する／透渡 渡河／透風 風通し／透明 すき透る／透亮 すき透って明らか／透露 すけて顕われる／透漏 免れる
↓寒透・驚透・光透・浸透・滲透・声透・清透・穿透・通透・飛透・奔透・冷透

【鬥】 10 7711 トウ あらそう たたかう

篆文

甲骨文

象形 二人がつかみ合って格闘する形。〔説文〕三下に「兩士相ひ對むかひ、兵杖後に在り。鬥たたかふの形に象る」とするが、卜文の字形は兵杖をもたず、二人が髪をふり乱して格闘する形である。のち声符を加えて鬭(闘)となるが、その正字は斲に従い、斲は盾と斤、すなわち干戈を示す形。厳密にいえば鬥は手格、闘は干戈を執って戦うことをいう。
訓義 ①あらそう、つかみあう。②たたかう。
古訓 〔字鏡集〕鬥 アハス
部首 〔説文〕に鬭・鬨・鬩など九字、また〔新附〕に鬧を加える。みな戦い争うさまをいう。
語系 鬥・闘toは同声。刀tô、抵tyei、對(対)tuatは、みな声義の関係があるものと思われる。

【偸】 11 2822 トウ チュウ(チウ) かりそめ ぬすむ とる

形声 声符は俞ゆ。俞に愉(愉)・鍮の声がある。俞は舟と余とに従う。舟は盤、余は手術刀の形。手術刀で膿血を盤に移し除いて、治癒することができる。ゆえに一時の、かりそめのものをいう。また偸薄・偸盗の意に用いる。
訓義 ①かりそめ、しばらく、一時の。②かるい、まじめでない、かるがるしい。③ぬすむ、ぬすみとる、とる。④儔と通じ、たぐい、ならぶ。
古訓 〔和名抄〕偸 楊氏漢語抄に云ふ、偸兒、沼須比斗(ぬすびと) 〔名義抄〕偸 ヌスミ・ヌスム・ヌスミニ・ヒソカニ・ウスシ・イヤシ・シバラクモ・イヤシクモ・カハル 〔篇立〕偸 カハル・イヤシ・ヌスミ・ウスシ・ヒソカニ・カタマシ・シハラク・イヤシクモ
語系 偸・愉・媮thoは同声。佻thyôは声近く、〔爾雅、釈言〕に「佻は偸なり」とあり、軽薄の意。また盗(盜)dôは声近く、盗窃することをいう。儔diuと声が通じ、〔老子、四十一〕に「建德(健徳)は偸おこたるが若ごとし」という語がある。
【偸安】とうあん 目前の安逸をむさぼる。宋・司馬光〔遺表〕臣竊ひそかに十年以來を見るに、天下言を以て諱と爲し、大臣は祿位に偸安し、小臣は罪戾に苟免す。閭閻の民、憔悴困窮し、控告する所無し。
【偸栄】とうえい 栄禄をぬすむ。〔三国志、呉、張昭伝〕乃ち心を變へ慮を易かへ、以て榮を偸み、容いれられんことを取る若ごときは、此れ臣の能あたはざる所なり。
【偸閑】とうかん 忙中に閑をぬすむ。宋・蘇軾〔次韻して李端叔に答ふ〕詩 西省に隣居して、時に邂逅(偶然会う)す 相ひ逢うて味有るは、是れ偸閑
【偸眼】とうがん ぬすみ見る。宋・林逋〔山園小梅、二首、一〕詩 霜禽下らんと欲して、先づ偸眼す 粉蝶如もし知らば、合まさに斷魂すべし
【偸幸】とうこう(かう) 一時の幸いを求める。〔韓非子、難二〕夫それ功無きを賞せば、則ち民、幸ひを偸みて上に望み、過ちを誅せざれば、則ち民懲こりずして非を爲し易し。此れ亂の本なり。
【偸兒】とうじ 盗人。〔晋書、王献之伝〕夜、～偸人其の室に入る有り。物を盜ること都すべて盡せり。獻之徐おもむろに曰く、偸兒、青氈は我が家の舊物なり。特とくに之れを置くべしと。群偸驚き走にぐ。
【偸取】とうしゅ 一時にむさぼりとる。〔韓非子、難一〕林を焚やきて田かりし、多獸を偸取せば、後必ず獸無からん。詐を以て民を遇し、一時に偸取せば、後必ず復すること無らん。
【偸生】とうせい 生を貪る。偸安。〔逸周書、芮良夫解〕爾なんぢ執政小子、大囏を圖らず、偸生苟安、爵は賄を以て成る。賢智は口を箝かんし、小人は舌を鼓す。
【偸惰】とうだ なおざりにして怠る。〔大戴礼、盛徳〕度量無くんば、則ち小なる者は偸墮(惰)、大なる者は侈靡にして、足ることを知らず。
【偸盗】とうとう(たう) ちゅうとう(ちうたう) 盗人。〔漢書、張敞伝〕京師寖やうやく廢し、長安市に偸盜尤も多し。百賈之れに苦しむ。敞～偸盜の酋長數人を求問し、～一日に數百人を捕へ得たり。
【偸薄】とうはく 軽薄で人情に欠ける。〔後漢書、廉范伝〕蜀郡の大守に遷る。其の俗、文辯を尙たっとび、好んで短長(批判)を相ひ持す。范毎つねに厲はげますに淳厚を以てし、偸薄の説を受けず。
【偸楽】とうらく なまけ楽しむ。〔楚辞、離騒〕惟おもふに夫かの黨人の偸樂なる 路幽昧にして以て險隘なり
↑偸営 業を怠る／偸活 偸生／偸巻 そら読み／偸看 ぬすみ見る／偸間 偸閑／偸漢 盗人／偸去 盗む／偸曲 曲を盗む／偸穴 こそどろ／偸巧 うわべを飾る／偸香 密通／偸刻 偸薄／偸視 ぬすみ看る／偸嘴 盗み食い／偸酒 ぬすみ酒／偸情 密通する／偸食 徒食／偸人 盗人／偸声 七字句を三字、三字のようにして歌う／偸窃 窃盗／偸浅 浅薄／偸俗 偸薄の俗／偸存 偸生／偸懦 偸惰／偸怠 なまけ／偸褫 ぬすみ奪う／偸長 盗人のかしら／偸啼 忍び泣き／偸匿 盗品をかくす／偸入 潜入する／偸慢 偸怠／偸眠 うたた寝／偸盟 野合／偸免 手抜き／偸窳 無雑作／偸諛 へつらう／偸懶 偸怠／偸猥 偸安
↓猿偸・姦偸・強偸・狗偸・群偸・苟偸・寇偸・小偸・鼠偸・惰偸・夜偸

人【兜】 11 7721 トウ ト かぶと

篆文
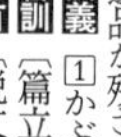

象形 兜をつけた人の形。〔説文〕八下に皃に従う字とし、「兜鍪、首鎧なり」といい、「皃は人の頭に象るなり」とするが、白の部分は甲の本体で鍪、鉢型の鉄甲で古く虎盔とよばれていた部分である。その左右に垂れひさしをつける。両旁を帽（帽）という。殷代の虎盔の遺品が残されている。

訓義 ①かぶと、かぶりもの。②かぶる、かぶりつつむ、かこむ。

古訓 〔篇立〕兜 カ、リヒ・カブト

部首 〔説文〕八下に兜の白を除いた部分を部首とし、「廱蔽なり」と訓し、「讀みて瞽の若くす」とあり、〔段注〕に蠱惑の蠱の意とするが、独立した字の形象とはみえず、またその用義の確かな例もない。兜を全体象形の字とみるべきである。

語系 兜to、冑diu は声義近く、冑は〔説文〕七下に「兜鍪なり」とあって同訓。兜字の白の部分は、冑字の由の部分と同じく、冃の部分は金文では垂れた帽の間から目があらわれている形である。首に垂れたしころのあるものを冑という。ともに頭に戴くものであり、頭doと声義の関係があろう。

【兜子】 坐位だけのかご。〔開元天宝遺事、天宝上、酔輿〕申王、酔ふ毎に、即ち宮妓をして錦綵を將って一兜子を結ばしめ、〜呼んで醉輿と曰ふ。

【兜鍪】 かぶと。〔呉越春秋、闔閭内伝〕（三年）孫子曰く、大王の寵姫二人を得て、以て軍隊の長と爲し、各ゝ一隊を將ゐしめ、三百人をして皆被甲兜鍪して、劍盾を操りて立たしめ、告ぐるに軍法を以てせん。

↑兜裹 包囲する／兜盔 かぶと／兜轎 兜子／兜鞬 皮袋／兜担 兜子／兜肚 頭陀袋／兜搭 惑う／兜嚢 行嚢／兜羅 収拾する／兜絡 網袋／兜攬 独占する／兜零 烽火をもやす籠

常

【悼】 11 9104

トウ(タウ) いたむ かなしむ おそれる

篆文

形声 声符は卓。〔説文〕十下に「懼るるなり」とあり、陳・楚の間の語とする。斉・魯では矜、秦・晋では矜あるいは悼という。〔詩、檜風、羔裘〕「中心是れ悼む」の〔伝〕に「動なり」と訓するのは、衝動を受ける意であろう。〔礼記、曲礼上〕「七年を悼と曰ふ」とは、夭死をいう。

訓義 ①いたむ、かなしむ、あわれむ。②おそれる、心うごく。③夭死をいう。

古訓 〔名義抄〕悼 イタム・オソル・オモフ・ウレフ・ウゴク・ウゴカス・フルフ・カナシブ 〔字鏡集〕悼 オソル・イタム・オモフ・アハレブ・ウレフ・フルフ・ウゴカス・カナシブ・ウゴク

語系 悼dô、掉dyô は声近く、掉は振るいうごかす。動dong と声が近い。心を震掉するような状態を悼という。

【悼恩】 旧恩をおもう。梁・任昉〔王文憲（倹）集の序〕禮闈（尚書省）に出入し、舊館に朝夕す。棟宇を瞻て慕はしきを興し、身名を撫して恩を悼む。

【悼懼】 いたみおそれる。〔後漢書、安帝紀〕（元初二年五月詔）朝廷明らかならず、庶事中を失ひ、灾異息まず、憂心悼懼す。

【悼屈】 不遇をかなしむ。宋・周必大〔蘇子美（舜欽）の四時歌の真迹に跋す〕時を同じうしては、則ち賢を妬み能を嫉み、世を異にしては、乃ち窮を哀れみ屈を悼むは、古今殆ど一律なり。

【悼傷】 いたみかなしむ。〔漢書、外戚下、孝成許皇后伝〕元帝、母恭哀后の位に居ること日淺く、而も霍氏（禹等）の辜に遭ふを悼傷す。

【悼心】 心いたむ。晉・武帝〔呉を伐つの詔〕兵興りてより以來八十餘年、〜死亡流離、和氣を傷害す。朕每に惻然として心を悼ましむ。

【悼歎】 いたみ嘆く。〔後漢書、安帝紀〕京師大いに飢ゑ、民相ひ食む。〜詔して曰く、朕〜百姓をして飢荒し、更ゝ相ひ噉食せしむるに至る。永懷悼歎、淵水に墜つるが若し。

【悼痛】 不幸をなげく。〔漢書、賈誼伝賛〕時に用ひられしめば、功化必ず盛んなりしならん。庸臣の害する所と爲るは、甚だ悼痛すべし。

【悼亡】 死者を悼む。晉の潘岳に〔悼亡詩三首〕あり、特に亡妻をいう。唐・孫逖〔故程将軍妻南陽郡夫人樊氏挽歌〕詩 白日、偕老を期したるに 幽泉忽ち悼亡す

↑悼歌 挽歌／悼恨 悲恨／悼怵 愁えいたむ／悼懾 おそれいたむ／悼逝 昔をいたむ／悼惜 哀悼／悼楚 哀傷痛苦／悼喪 死をいたむ／悼愴 いたみかなしむ／悼息 いたみなげく／悼怛 いたみ哀しむ／悼惕 いたみおそれる／悼念 いたみ思う／悼悲 哀悼する／悼愍 いたみ哀れむ／悼没 悼亡／悼慄 いたみおそれる

↓哀悼・鬱悼・感悼・驚悼・嗟悼・傷悼・深悼・軫悼・震悼・悽悼・怛悼・嘆悼・弔悼・追悼・痛悼・悲悼・憫悼・慕悼・憂悼・憐悼

【掉】 11 5104

トウ(タウ) チョウ(テウ) ふる ふるう ただす

篆文

形声 声符は卓。卓は大きな匙の形で、不安定の意があり、動揺の意がある。〔説文〕十二上に「搖かすなり」とあり、〔左伝、昭十一年〕「尾大掉はず」の語を引く。最後の気力を尽くすことを掉尾という。

訓義 ①ふる、ふるう。②ゆれる、うごく。③ただす、ととのえる。④棹と通じ、さお、さおさす。

古訓 〔名義抄〕掉 ウゴク・ウゴカス・フルフ・サヲ・サク・タヾシ・サヲサス・ウツ・ヲノヽク・ワナヽク

語系 掉dyô、踔・逴theôk、棹deô はみな卓声。屈曲して力をため加える行為をいう。搖（揺）・遙（遥）jiô はそのようにして遠くに及ぶことをいい、掉と逴、搖と遙とは、それぞれ対応する関係にある。

【掉搶】 船頭。帆上げ。〔俗言、一、掉搶〕呉・楚、帆上の風を搶と曰ふ。左右を借りて向前せしむるを謂ふなり。楊都の賦に、艇子搶風、榜人逸浪と。今、舟人の掉搶と曰ふは、是れなり。

【掉頭】 頭をふる。唐・杜甫〔孔巣父の〜江東に游ぶを送り、兼ねて李白に呈す〕詩 巣父、頭を掉つて住まることを肯へぜず 東のかた將に海に入りて、煙霧に隨はんとす

【掉臂】 ひじをふる。〔史記、孟嘗君伝〕君獨り夫の市朝に趣く者を見ずや。明旦には、肩を側てて門を爭うて入り、日暮の後、市朝を過ぐる者、臂を掉ふも顧みず。朝を好み暮を惡むに非ず。期する所の物、其の中に忘ければなり。

【掉尾】 尾をふるう。唐・杜甫〔太子張舍人、織成の褥段を遺らる〕詩 緘を開けば、風濤湧き 中に掉尾の鯨有り

【掉鞭】 鞭をふるう。前蜀・花蕊夫人徐氏〔宮詞、百六十六首、八十四〕詩 聞き得たり、殿前に御馬を調するを 鞭を掉つて横さまに過ぐ、小紅樓

↑掉羽 羽舞／掉鞅 従容としたさま／掉換 交換する／掉謔 戯謔／掉舌 さわやかな弁舌／掉転 回転する／掉蕩 ゆりうごかす／掉動 ゆりうごかす／掉栗 戦慄する／掉慄 戦慄する／掉繚 長くめぐる

↓鞅掉・揮掉・狂掉・傾掉・心掉・振掉・震掉・舌掉・戦掉・擲掉・頭掉・蕩掉・簸掉・尾掉・不掉・揺掉

【掏】 11 5702

トウ(タウ) とりだす する すりとる

形声 声符は匋。近世の語で、掏摸のように用いる。淘鵝はペリカン。そのようにすくい取ることを掏という。

訓義 ①とる、えらびとる、とりだす。②する、すりとる。③搯と通じ、とる、ひきとる。
古訓 〔新撰字鏡〕掏 棺の出づるを掏と曰ふ。抒ぶ、搯るの字なり。撃つ、除く、弥曾波良布(みそはらふ)〔名義抄〕掏 エラブ・ムスブ 〔篇立〕掏 エラブ・サハル
語系 掏 dô、搯 thô は声近く、搯は揞る。揞は縮にかけて引いてとることをいう。搯は同系の語である。
↑掏換 探す／掏児 すり／掏摸 すり

人
【桶】 11 4792 トウ ヨウ ツウ おけ つつ
篆文 
形声 声符は甬。甬に通(通)・痛の声がある。通筒の形のものをいう。〔説文〕六上に「木の方にして六升を受くるもの」とする。方斛というものであろう。〔広雅、釈器〕に「方斛、之れを桶と謂ふ」とする。〔正字通〕には「今、圜器を桶と曰ふ」とみえる。
訓義 ①おけ、量器、六斗を入れる方器。②つつ型のおけ、まるおけ。③水くみおけ。
古訓 〔和名抄〕桶 水を井に汲むの器なり。乎計(をけ)〔名義抄〕桶 ヲケ
語系 桶・同・筒・筩 dong は同声。同は酒器。みな筒の形をした器。筩は断竹、竹筒をいう。
↓汲桶・漆桶・小桶・石桶・斗桶

【淖】 11 3114 トウ(タウ) シャク ドウ(ダウ) どろ やわらぐ
篆文 
形声 声符は卓。〔説文〕十一上に「泥なり」、〔広雅、釈詁三〕に「濁るなり」とあり、泥のような状態をいう語である。〔広雅、釈詁一〕に「溼ふなり」、
訓義 ①どろ、ぬかるみ、どろぬま。②ぬかる、ぬれる、うるおう。③やわらか、やわらぐ。④綽と通じ、しなやか、ゆるやか。⑤淖は、魚の多いさま。
古訓 〔名義抄〕淖 ヒヂリコ・ヤハラグ・カハク
【淖沙】流沙。沙地獄。〔夢渓筆談、弁証一〕越人、淖沙を謂ひて范河と爲し、北人は之れを活沙と謂ふ。予れ、嘗て無定河を過ぎり、活沙を度る。人馬之れを履めば、百歩の外、皆動く。~若し其の一陷に遇へば、則ち人馬駝車、應時(即時)に皆沒す。~此れ卽ち流沙なり。
↑淖陷 泥に陥る／淖乎 うるおう／淖溝 みぞ／淖弱 しなやか／淖淖 魚の多いさま／淖泥 泥／淖濘 泥濘／淖糜 薄粥／淖氷 氷をとかす／淖約 しなやか
↓雨淖・溝淖・阻淖・渟淖・泥淖・塗淖・濘淖・霖淖

【淘】 11 3712 トウ(タウ) あらう よなげる さらう
形声 声符は匋。〔正字通〕に「米を淅ふなり」とあり、米を淘ぐことをいう。沙金などを流し洗いしてよりわけることを淘沙といい、よりわけて棄てることを淘汰という。淘鵝はペリカン。また淘河という。淘は掏と声義が近い。

訓義 ①あらう、流しあらう、ゆりあらう。②よなげる、米をとぐ。③さらう、底をさらう、さらいとる。

古訓 〔字鏡集〕淘 陶同じ。スヱ・フカシ・オモフ・ヨロコブ・スヱモノ・ミガク・トラカス
語系 淘・掏 dô は同声。流しとるようにして取ることをいう。搯 thô はぬきとる意。同系の語である。

【淘河】がらん鳥。鵜鶘。胡はあごの袋。ペリカン。〔爾雅、釈鳥、鵜、郭璞注〕今の鵜鶘なり。好んで群飛し、水に沈んで魚を食らふ。故に洿澤と名づく。俗に之れを呼んで淘河と爲す。

【淘金】沙金をよりわける。〔魏書、食貨志〕漢中に舊く金戸千餘家有り。常に漢水の沙に於て金を淘ぐ。年の終りに總て輸らしむ。

【淘沙】沙金をとる。〔桂海虞衡志、志金石〕峒民、淘沙を以て生と爲す。土を抔ひて之れを出だすに、自然に融結して顆(粒)を成す。大なる者は麥粒の如く、小なる者は麩片の如し。

【淘汰】水で洗いよりわける。明・方孝孺〔白鹿洞規贊〕群經を刮磨し、衆說を淘汰し、其の大中を執り、去取予奪し、遺書孔だ多し。

【淘漉】水でよなげる。〔輟耕録、四、禱雨〕蒙古人の雨を禱る者を見るに、~惟だ浄水一盆を取り、石子數枚を浸すのみ。~然る後密呪を默持し、石子を將て淘漉玩弄す。~良久しくして輒ち雨有り。

↑淘鵝 淘河／淘気 うさ晴らし／淘溝 どぶざらえ／淘瀉 洗う／淘浄 清める／淘真 講唱／淘水 魚をすくい捕る／淘井 井戸ざらえ／淘洗 よなぐ／淘淘 水の流れるさま、滔滔／淘米 米とぎ／淘摸 すり／淘盆 米をとぐ器／淘虜 掠奪する
↓開淘・浄淘・湯淘・冷淘・浪淘

常
【盗】 11 3710 人〔盜〕 12 3710 トウ(タウ) ぬすむ とる
篆文 
金文 
会意 旧字は盜に作り、次+皿。皿はおそらくもと血に作り、血盟の盤。それに次(唾)してこれをけがし、無効とする行為をいう。血盟に離叛し、共同体の盟約から逸脱するもので、〔左伝〕において盗とよばれている者は、みな亡命者であった。魯の僭主的な権力者であった陽虎も、その対立者であった孔子も、亡命中は盗とよばれ、格別の身元保証人がなければ、無籍者であった。〔詩、小雅、巧言〕「君子、盗を信ず」「盗言孔だ甘し」などの句によって、そのような政治的亡命者が、その亡命先で種々の政治的活動をしていたことが知られる。〔左伝、襄十年〕に「群不逞の徒」という語がみえるが、孔子も一時はその徒であった。〔詩、小雅、十月之交〕に「噂沓」という語があり、誹謗の意。沓は祝禱あるいは盟誓の器である曰に水を注ぎ、その書をけがし無効とする行為をいう。血盟の盤に唾し、水をそそぐ行為と似ており、字の立意もそれに近い。〔説文〕八下に「ム(私)かに物を利するなり。次に從ふ。次は皿を欲する者なり」とするが、盗は皿中のものを欲するようなものではなく、政治的な亡命者であった。〔石鼓文〕に㳄に従う形に作る。
訓義 ①ぬすむ、ひそかにとる、約に反してとる。②人の財をとる、ぬすびと。③ひそかに、にげる。
古訓 〔名義抄〕盗 ヌスミ・ヌスミヌ・カ、フ・ヒソカニ／盗人 ヌスビト／竊盗 ミソカヌスビト
語系 盗 dô、佻 thyô、偸 tho は声義近く、佻は佻梁、偸は他にものを輸すこと、盗と合わせて偸盗という。
【盗言】亡命者の無責任な言。〔詩、小雅、巧言〕盗言孔だ甘し 亂、是を用て餤む
【盗取】ぬすみ取る。〔漢書、酷吏、田延年伝〕初め大司農、民の牛車三萬兩を取りて、僦(借り入れ)と爲す。~車ごとに直(借り賃)千錢なり。延年、簿を上るに、僦直、車ごとに二千を詐り増す。凡そ六千萬。其の半を盜取す。
【盗人】ぬすびと。〔荘子、田子方〕古の眞人は、知者も說くことを得ず、美人も濫すことを得ず、盜人も劫かすことを得ず。
【盗竊】ぬすむ。〔礼記、礼運〕大道の行はるるや、天下を公と爲し、賢を選び能を與ふ。~是の故に謀閉ぢて興らず、盜竊亂賊も作らず。故に外戸而ち閉ぢず。是れを大同と謂ふ。
【盗泉】泉の名。山東の洙水に注ぐ。〔淮南子、説山訓〕曾子は廉を立て、盜泉に飲まず。所謂志を養ふ者なり。

【盗賊】とう(たう)ぞく ぬすびと。〔後漢書、宦官、単超伝〕其の後、四侯轉(うた)た横(ほしいまま)なり。～多く良人美女を取りて、以て姫妾(きせふ)と爲し、皆珍飾華侈なり。～兄弟姻戚、皆州に宰とし郡に臨み、百姓を辜較(かく)(搾取)すること、盜賊と異なること無し。

【盗鋳】とうちゅう(たうちう) 貨幣を偽造する。〔漢書、食貨志下〕賈誼諫めて曰く、～令して鑄錢を禁ぜば、則ち錢必ず重く、重ければ則ち其の利深し。盜鑄雲の如く起り、棄市の罪も又以て禁ずるに足らざらん。

【盗摩】とう(たう)ま 貨幣を削りとる。〔史記、平準書〕今半兩錢、法重四銖なるも、姦或いは錢裏を盜摩して、鋊(よく)(銅屑)を取る。錢益ゝ輕薄にして物貴(たか)し。

【盗名】とう(たう)めい 名声をぬすみとる。明・方孝孺〔默山精舍記〕苟(いやし)くも其の道無くして其の位に居るを樂しむは、是れ祿を竊むなり。其の道を以てせずして自ら隱に肆(ほしいまま)にするは、是れ名を盜むなり。

【盗乱】とう(たう)らん ぬすびとと叛乱者。〔論語、陽貨〕君子は義を以て上と爲す。君子、勇有りて義無ければ亂を爲し、小人勇有りて義無ければ盜を爲す。

↑盗案(とうあん) 窃盗事件／盗位(とうい) 位を盗む／盗竽(とうう) 大盗／盗夥(とうか) 泥棒の仲間／盗拐(とうかい) かどわかす／盗械(とうかい) かせ／盗魁(とうかい) 賊の棟梁／盗害(とうがい) 盗賊の害／盗汗(とうかん) 寝汗／盗渠(とうきょ) 盗魁／盗劫(とうきょう) 強盗／盗掘(とうくつ) 墓泥棒／盗窟(とうくつ) 盗賊のかくれが／盗穴(とうけつ) 盗窟／盗犬(とうけん) 泥棒犬／盗寇(とうこう) 盗賊／盗私(とうし) 私通／盗儒(とうじゅ) えせ学者／盗心(とうしん) ぬすみ心／盗贓(とうぞう) 盗んでかくしている品／盗聴(とうちょう) ぬすみ聞き／盗発(とうはつ) 盗掘／盗伐(とうばつ) ひそかに木をぬすみ伐る／盗犯(とうはん) 窃盗罪／盗匪(とうひ) 匪賊／盗剽(とうひょう) ぬすむ／盗物(とうぶつ) 盗品／盗兵(とうへい) ぬすみをはたらく兵／盗騙(とうへん) だましうばう／盗没(とうぼつ) ぬすみ取る／盗掠(とうりゃく) 掠取する／盗弄(とうろう) 盗用

↓姦盗・凶盗・劫盗・狗盗・群盗・寇盗・強盗・残盗・視盗・書盗・小盗・鈔盗・侵盗・窃盗・穿盗・鼠盗・賊盗・大盗・偸盗・剽盗・老盗

人【逗】 11 3130 トウ キ とどまる まがる

篆文

形声 声符は豆(とう)。〔説文〕二下に「止まるなり」とあり、句読(とう)の読点(てん)は逗点の意。曲行の意のときはキの音でよむ。

訓義 1とどまる、とめる。2投と通じ、なげる。3まがる。4もてあそぶ。

古訓 〔新撰字鏡〕逗 久太利(くたり)、又、加奈不(かなふ)〔名義抄〕逗 トヾマル・アタル・カヨフ・マカセナジル・ミチ・ハジム・イル・イタル・ホコル 〔字鏡集〕逗 ホコル・クル・ミチ・ハジム・カヨフ・ナジル・ホウツ・タメラフ・トヾマル・アタル・トヽコホル・トヾム・ヤスラカ・タヅヌ・オフ・イタル・マカス・カナフ・スヽム

語系 逗doは住(住)dio、駐(駐)tioと声近く、とどまる意がある。また投doは同声。通用することがある。

【逗撓】とうどう(だう) 敵におそれてとどまる。〔史記、韓長孺伝〕(王恢曰く)臣固(もと)より還りて斬せらるることを知る。然れども陛下の士三萬人を完うするを得たりと。是(ここ)に於て恢を廷尉に下す。廷尉、恢を逗撓に當(あた)すとし、斬(罪)に當す。～恢之れを聞き、乃ち自殺す。

【逗留】とうりゅう(りう) 一所にとどまる。漢律に敵前逗留の罪があった。〔後漢書、光武帝紀下〕詔して、邊吏の力、戰ふに足らざれば則ち守り、虜(りょ)を追ひ敵を料(はか)るは、拘するに逗留の法を以てせざらしむ。

↑逗引(とういん) 誘う／逗宿(とうしゅく) 留宿／逗笑(とうしょう) 笑わせる／逗著(とうちょ) ひき起こす／逗撓(とうどう) 逗橈／逗薬(とうやく) 投薬する／逗露(とうろ) 顕わす／逗弄(とうろう) かきまわす

↓韻逗・雲逗・津逗・夕逗・朧逗

常【陶】 11 7722 トウ(タウ) ヨウ(エウ) すえもの やきもの やしなう うれえる

篆文 金文

形声 声符は匋(とう)。匋は窯の中に缶(ほとぎ)をおいて焼く形。〔説文〕十四下に「再成の丘なり」とし、〔釈名、釈丘〕に「陶竈(たうさう)の如く然るなり」というが、その上り窯の形が匋である。〔礼記、郊特牲〕「器に陶匏(たうはう)を用ふ」とあって、天帝を祀る郊祭には素焼きのものを用いた。そのような祭器を焼く窯は、聖所に近く設けられるので、神梯の象である阜(ふ)に従って、陶に作る。帝堯陶唐氏の堯(尭)は、素焼きの器を積みあげた形。これに火を加えて焼成するを燒(焼)という。陶・堯は関連のある名である。

訓義 1すえ、すえもの、やきもの。2すえものを作る、その人。3形を作る、形をととのえる、おしえる、教化する。4ただす、やしなう。5窯に通じ、かまど。6鬱陶(うつたう)は、うれえる、心ふさぐ、心にこもる。7外にあらわれる、のびる、よろこぶ、たのしむ、やわらぐ。

古訓 〔名義抄〕陶 スヱモノ・ツクル・スヱ・ウレフ・ヨロコブ・フカシ・ミガク・トラカス

語系 陶・匋du、缶(ふ)jiu、窯(窰)jiôは声義近く、匋は瓦器。陶の初文。缶は瓦器、窯は陶竈。みな一系の語である。

【陶育】とういく(たういく) 養い育てる。〔三国志、呉、諸葛恪伝〕(臧均の上表)爰(ここ)に恪に及んで、王國を生長せしめ、聖化を陶育し、名を英偉に致す。

【陶化】とうか(たうくわ) よく導きそだてる。〔淮南子、本経訓〕天地の合和し、陰陽の萬物を陶化するは、皆、人の氣に乘ずる者なり。

【陶器】とう(たう)き やきもの。〔礼記、月令〕(仲冬の月)乃ち大酋(たいしう)(酒官の長)に命じ、秫稻(じゅつたう)(もちと、あわ。酒の材料)必ず齊(ととの)へ、麴糵(きくげつ)必ず時にし、～陶器必ず良くし、火齊(くわせい)(火加減)必ず得しむ。

【陶漁】とう(たう)ぎょ 焼物や漁業。〔孟子、公孫丑上〕(舜は)人に取りて以て善を爲すを樂しむ。耕稼陶漁より、以て帝と爲るに至るまで、人に取るに非ざる者無し。人に取りて以て善を爲すは、是れ人と善を爲す者なり。

【陶鈞】とう(たう)きん ろくろ。〔漢書、鄒陽伝〕(上書)是(ここ)を以て聖王、世を制し俗を御するに、獨り陶鈞の上に化し、卑辭(ひじ)の語に牽(ひ)かれず。

【陶穴】とう(たう)けつ 穴室。〔詩、大雅、緜〕古公亶父(たんぽ) 陶復陶穴 未だ家室有らず

【陶甄】とう(たう)けん 陶器を作る。万物を化成する。晉・張華〔女史箴〕茫茫たる造化、二儀既に分る。氣を散じ形に流(し)き、既に陶し既に甄す。帝庖羲(はうぎ)に在りて、肇(はじ)めて天人を經(けい)す。

【陶兀】とう(たう)ごつ 酔って狂傲となる。〔晋書、劉伶伝〕伶、陶兀昏放すと雖も、機應差(たが)はず。未だ嘗(かつ)て意を文翰に厝(お)かず、惟だ酒德頌一篇を著はすのみ。

【陶成】とう(たう)せい 養い成就させる。〔法言、先知〕聖人は天下の化を陶成し、人をして士君子の器有らしむるを樂しむ者なり。故に世を遁(のが)れず、群を離れず。

【陶染】とう(たう)せん 感化。〔顔氏家訓、慕賢〕人、少年に在りては、神情未だ定まらず。與(とも)に款狎(くわんかふ)する所、熏漬(くんし)陶染し、言笑擧動、學ぶに心無きも、潛移(せんい)暗化して、自然に之れに似る。

【陶然】とう(たう)ぜん 酔ってうっとりする。晉・陶潛〔時運〕詩 人も亦た言へる有り 心に稱(かな)へば足り易しと 茲(こ)の一觴を揮(ふる)ひ 陶然として自ら樂しむ

【陶鋳】とうちゅう(たうちう) 土器や金物を作る。〔荘子、逍遥遊〕之(こ)の人や、物之れを傷(やぶ)る莫し。～是れ其の塵垢粃糠(ひかう)(かす)も、將(まさ)に猶ほ堯・舜を陶鑄せんとする者なり。孰(いづ)れか肯(あへ)て物を以て事と爲さん。

【陶暢】たのしみ、のびやかとなる。宋・欧陽脩〔梅聖兪の稿後に書す〕人をして之れを讀ましむれば、以て喜ぶべく、以て悲しむべく、陶暢酣適、手足の將に鼓舞せんとするを知らざるなり。

【陶冶】陶鋳。陶成。〔顔氏家訓、文章〕性靈を陶冶し、従容諷諫し、其の滋味に入るに至りては、亦た樂事なり。行ひて餘力有らば、則ち之れを習ふべし。

↑陶鬱 鬱として心がむすぼれる/陶泓 陶硯/陶盎 ほとぎ/陶瓦 瓦器/陶均 陶鈞/陶硯 陶製の硯/陶工 土器作り/陶室 土室/陶者 陶工/陶蒸 陶冶/陶人 陶工/陶酔 快く酔う/陶埏 土をこねる/陶誕 でたらめ/陶土 はに/陶陶 楽しむさま/陶練 陶土をねる/陶錬 陶土をねる

↓鬱陶・鈞陶・薫陶・甄陶・古陶・作陶・埏陶・坏陶・復陶

常 【塔】 12 4416 〔塔〕 13 4416 トウ(タフ) てら

篆文 

形声 声符は荅。〔説文新附〕十三下に「西域の浮屠なり」とあり、梵語 stūpa の音訳の字。塔婆・兜婆ともいう。

訓義 ①とう、てら、塔婆。②おか。③地におちる音。

古訓 〔和名抄〕塔 齊・楚にては塔と曰ひ、揚・越にては龕と曰ふ。一に云ふ、塔下の室なりと 〔篇立〕塔 ナル・ウチカク 〔字鏡集〕塔 物の地に墮つる聲なり。コヽロザシ・ナル

【塔勢】塔のそびえるさま。唐・岑参〔高適・薛拠と慈恩寺の浮図に登る〕詩 塔勢、湧出するが如く 弧高、天宮に聳ゆ 登臨、世界を出で 磴道(石段の路)、虚空に盤る

【塔廟】寺院。〔顔氏家訓、帰心〕豈に井田を罄くして塔廟を起し、編戸を窮しめて以て僧尼と爲さしめんや。皆政を爲して之れを節すること能はざるに由る。～大覺の本旨に非ざるなり。

【塔輪】塔上の輪。唐・李洞〔圭峯の旧隠に登り、薦福棲白上人に寄す〕詩 返照、塔輪の邊 殘霖、滴幾ばくか懸る

↑塔院 寺/塔影 塔の影/塔尖 塔頭/塔然 物の落下する音/塔頂 塔上/塔灯 塔中の灯/塔婆 そとば/塔林 僧の墓/塔鈴 風鐸

↓瓦塔・牙塔・画塔・危塔・鬼塔・旧塔・経塔・金塔・香塔・高塔・寺塔・瑞塔・石塔・仙塔・尖塔・磚塔・曽塔・泥塔・鉄塔・灯塔・破塔・髪塔・飛塔・廟塔・仏塔・宝塔・梵塔・卵塔・立塔

【媮】 12 4842 トウ ユ わるがしこい ぬすむ たのしい

篆文 

形声 声符は兪。兪に偸・愉(愉)の声がある。兪は舟(盤)と余(外科用の曲刀)に従い、余を以て膿血を盤に輸り除く意で、それによって疾が癒え、心が愉しくなる。〔説文〕十二下に「巧黠なるなり」とあり、また偸と声義が近い。一時の僥倖を貪ることをもいう。

訓義 ①わるがしこい、うとんずる、あなどる。②ぬすむ、ごまかす、かりそめに。③愉と通じ、たのしい、たのしむ。

古訓 〔名義抄〕媮 タノシ・タノシビ・ウスシ・モタ・ヨロコブ・ココロヨシ・アナドル・カザル

語系 媮・偸 tho、佻 thyô、盗(盜) dô はみな声義近く、偸薄の意があり、通用の義がある。愉快のときには愉 jio の音でよむ。

【媮快】たのしむ。また、一時をしのぐ。〔漢書、酷吏伝序〕姦軌愈起り～振はざるに至る。是の時に當りて、吏治は救火揚沸の若く、武健嚴酷に非ずんば、惡くんぞ能く其の任に勝へて媮快せしめんや。

【媮居】無能で位をぬすむ。〔国語、晉語三〕國に斯ち刑無くんば、居を媮み生を幸ふ(僥倖する)。厥の貞を更へずんば、大命其れ傾かん。

【媮惰】なまけ怠る。宋・朱熹〔魏元履に答ふ、一〕切に輕易・急迫の心を以て、旦暮の功を求むべからず。又因循媮惰、虚しく光陰を度るべからず。

【媮薄】軽薄。〔晉書、謝安伝論〕文靖(安)、始め塵外に居り、人閒を高謝し、～蕭然陵霞の致有り。～然れども～禮を媮薄の俗に廢し、侈を耕戰の秋に崇くし、～雅道日に淪む。

【媮楽】一時の楽しみを求める。〔楚辞、離騒〕九歌を奏し韶(楽名)を舞ひ 聊か假日に以て媮樂せん

↑媮安 偸安/媮閑 偸閑/媮娯 楽しみ/媮合 迎合する/媮侍 かりそめにたのみとする/媮食 食を貪る/媮生 偸生/媮佞 迎合する/媮靡 媮食靡衣/媮風 軽薄の俗/媮冒 一時の利をむさぼる/媮末 末世の俗/媮窳 怯惰/媮容 迎合する

↓強媮・苟媮

【⿸广俞】 12 0022 トウ ユ おまる

形声 声符は兪。兪にまた偸の声がある。〔玉篇〕に「木槽なり」とあり、おまるに用いる。兪は手術刀で膿汁などを出し、器に移しとる意の字。その器は舟型の盤。おまるもその形であった。

訓義 ①おまる。②きぶね。③庾と通じ、米ぐら。

【愓】 12 9602 トウ(タウ) ショウ(シャウ) ほしいまま あそぶ

篆文 

形声 声符は昜。昜に湯の声がある。昜は台上に玉をおき、その玉光が下に放射する形。古く魂振りの方法であった。〔説文〕十下に「放なり」とあり、蕩と通用する。すべて暢達なることをいう。

訓義 ①ほしいまま、のびやか。②あそぶ、たわむれる。③たいらか、まっすぐ、ひろやか。

古訓 〔名義抄〕愓 イタム・タヒラカナリ・ハナツ・オドロク・ユルナリ・アヤフム・アハレブ・ヲソル・ウレフ・ウヤマフ

語系 愓・蕩 dang は同声。動 dong、暢 thiang と声近く、はげしく動き、のびやかとなることをいう。

↑愓悍 放蕩で強悍/愓愓 すみやかなさま/愓暢 のびやか

常 【搭】 12 5406 〔搭〕 13 5406 トウ(タフ) うつ のせる おおう

形声 声符は荅。宋の林逋の〔胡山小隠〕の詩に「肩に道衣を搭けて歸る」とあり、肩や手にのせる意。いま搭乗・搭載のように用いる。古くは〔北史、李彪伝〕「奴を搭ちて肋(骨)折る」のように用い、擬声的な語であった。

訓義 ①うつ、たたく、うちつける。②のせる、かける、はおる、おおう。③筆法で上から、筆のかかるところ。

古訓 〔名義抄〕搭 カク・ウチカク・トル・オホフ 〔篇立〕搭 オホフ・ツカム・テチカク・ツク・ウチカク・カク・カス

語系 搭・塔(塔) thap は同声。塔は上に積み重ねるもの。そのようにかけることを搭という。

【搭鉤】熊手の類。〔隋書、煬帝紀上〕(大業)五年春正月～己丑、民閒の鐵叉・搭鉤・穳刃の類を制し、皆之れを禁絶せしむ。

↑搭運 分載して運送する/搭架 たな/搭眼 放眼/搭橋 橋かけ/搭護 羊の裘衣、胡衣/搭載 積み込み/搭子 美人/搭嘴 口出し/搭識 知り合う/搭膝 膝かけ/搭写 謄写/搭住 留まる/搭乗 乗りこむ/搭船 乗船/搭対 対抗する/搭転 斡旋する/搭配 取り合わせ/搭伴 道連れ/搭負 負担/搭膊 胴巻き/搭伏 俯伏する

↓斜搭・品搭・摸搭・乱搭

【根】 12 4193 トウ(タウ) チョウ(チャウ) はしら ほこだて

篆文 

形声 声符は長。〔説文〕六上に「杖なり。～一に曰く、法なり」、〔爾雅、釈宮〕「根、之れを楔と謂ふ」の〔注〕に「門の兩旁の木なり」、また〔広雅、釈詁三〕に「止むるなり」とみえる。

訓義 1はしら、長い木。2ほこだて、ぼうだて。3とめる、ささえる、あたる、ふれる。4のっとる、のり、したがう。5橙と通じ、だいだい。6字はまた堂に作る。

古訓 〔新撰字鏡〕根 門与利豆(門のよりど) 〔名義抄〕根 ホコ・ダチ 〔篇立〕根 ホウタチ 〔字鏡集〕根 シタガフ・ハシラ・ホコタテ

【根闑】 門の両旁の木と、中央の短木。〔礼記、玉藻〕君、門に入るときは、介(副)、闑を拂ふ。大夫は根と闑との閒に中る。士の介は根を拂ふ。

【根根】 紘声。唐・李賀〔秦王飮酒〕詩 龍頭(酒杓)酒を瀉そいで、酒星を邀むかふ 金槽(上端の金飾り)の琵琶、夜根根たり

【根撥】 はらいのける。南朝宋・謝恵連〔古冢を祭る文の序〕木を刻して人と爲す。長さ三尺可り、二十餘頭有り。初めて開き見るに、悉く是れ人形なり。物を以て之れを根撥するに、手に應じて灰滅す。

↑根橘 橙橘／根梟 根闑／根子 橙／根触 ふれる

↓中根・払根

常【棟】 12 4599 トウ むね むなぎ かしら

篆文 

形声 声符は東。〔説文〕六上に「極なり」とあり、棟木をいう。これを支える横渡しの木を梁という。

訓義 1むね、むなぎ。2かしら、おさ、中心。

古訓 〔新撰字鏡〕棟 牟祢(むね) 〔和名抄〕棟 无禰(むね) 〔名義抄〕棟 ムネ

語系 棟tong、橦deongは声近く、橦とは〔説文〕六上に「帳の極なり」とあって帷帳を張るもの。蝀tongは同声。螮蝀は虹。その形はまた棟に類している。

【棟宇】 むな木と、のき。〔易、繫辞伝下〕上古、穴居して野處す。後世の聖人、之れに易ふるに宮室を以てし、上棟下宇、以て風雨に待ふ。

【棟楹】 むな木と柱。宋・蘇轍〔光州開元寺重修大殿記〕棟楹峻峙ち、瓦甓緻密なり。

【棟梁】 棟木と、うつばり。重責の人にたとえる。〔三国志、魏、高柔伝〕(上疏)今、公輔の臣、皆國の棟梁にして、民の具に瞻る所なり。

↑棟幹 棟梁の材／棟折 むな木が折れる／棟撓 棟がたわむ／棟桴 むね／棟甍 棟の瓦／棟隆 強い棟木

↓雲棟・楹棟・屋棟・瓦棟・画棟・危棟・結棟・懸棟・孤棟・厚棟・虹棟・高棟・国棟・宰棟・充棟・上棟・折棟・飛棟・複棟・文棟・邦棟・茅棟・甍棟・隆棟・梁棟・累棟・連棟

【棠】 12 9090 トウ(タウ) やまなし かいどう

篆文 

形声 声符は尚(尚)。尚に堂・當(当)との声がある。〔説文〕六上に「牡を棠と曰ひ、牝を杜と曰ふ」とあり、甘棠をいう。〔詩、召南、甘棠〕は、召公がその木蔭で訟事を聴いたことを追慕する詩とされ、裁判のことを棠陰というが、その詩中に聴訟のことはみえない。

訓義 1やまなし、からなし。2かいどう、海棠。3いくり、棠棣。4橖と通じ、はどめ、車どめ。5塘と通じ、どて。

古訓 〔名義抄〕棠 ヤマナシ・アマシ・サス・ツク・ヨル

【棠陰】 召伯聴訟のことから、裁判の意に用いる。〔史記、燕召公世家〕召公、鄕邑を巡行す。棠樹有り、獄政の事を其の下に決す。～民人、召公の政を思ふ。

【棠棣】 常棣。〔詩〕の〔常棣〕は兄弟の情を歌う。兄弟。〔旧唐書、良吏、賈敦実伝〕初め敦頤、洛州刺史と爲る。百姓共に碑を大市通衢に樹つ。敦實の職を去るに及び、復た石に刻して頌美し、兄の碑側に立つ。時人號して棠棣碑と爲す。

↑棠幹 棟梁／棠睡 海棠の姿から連想して、美人の眠りをいう／棠棠 盛んなさま／棠梨 からなし

↓海棠・甘棠・沙棠

【棹】 12 4194 トウ(タウ) タク さお さおさす かい

形声 声符は卓。さおは、古くは櫂といった。棹はもと倚卓、机をいう字である。のち棹を舟を進める櫂の意に用いる。

訓義 1さお、さおさす。2かい。3机、身をよせる台。

古訓 〔和名抄〕棹 旁に在りて水を撥ねるを櫂と曰ふ。字は亦棹に作る。楊氏漢語抄に云ふ、加伊(かい) 〔名義抄〕棹 サヲ・カイ 〔篇立〕棹 サヲ・トゞム・ウツ・カイ

語系 棹・櫂deôは同声。形声字の義によっていえば、棹はしなるもの、櫂はひらひらと動くものの意がある。掉dyô、擢deôkは、それぞれその動詞形にあたる。

＊語彙は櫂字条参照。

【棹歌】 舟うた。漢・武帝〔秋風の辞〕詩 簫鼓鳴りて、棹歌を發す 歡樂極まりて、哀情多し 少壯幾時ぞ、老を奈何せん

【棹声】 櫓声。唐・白居易〔淮を渡る〕詩 春浪、棹聲急に 夕陽、帆影殘る

↑棹謳 棹歌／棹子 卓子／棹舟 舟をこぐ／棹楫 舟／棹卒 かい／棹唱 舟うた／棹槳 かい／棹船 かい／棹頭 船頭／棹夫 船頭／棹郎 船頭

↓一棹・逸棹・海棹・帰棹・急棹・撃棹・孤棹・舟棹・小棹・進棹・停棹・撥棹・晩棹・飛棹・風棹・揺棹・理棹

常【湯】 12 3612 トウ(タウ) ショウ(シャウ) ヨウ(ヤウ) ゆ あらう

篆文  金文 

形声 声符は昜。昜に瑒・暢・傷の声がある。昜は台上に玉をおき、その玉光が下方に放射する形で、玉光を示す。その玉光によって魂振りが行われる。神梯の前におくときは陽、万物に霊気を与える根源の力であり、玉光を瑒という。〔説文〕十一上に「熱き水なり」とあり、熱湯の意とする。湯滌のようにあらう意があり、水勢を「湯湯」という。蕩・盪とはその派生字である。

訓義 1ゆ、いでゆ、ふろ、熱湯。2わかす、たく、にる。3あらう、あらいさる、そそぐ。4ひろい、大きい。5蕩・宕と通じ、ほしいまま。6くすり、煎じ薬。7湯湯は、水勢のさかんなさま。8暘に通じ、日が出る。

古訓 〔名義抄〕湯々 ―トナガル 〔字鏡集〕湯 ユ・ヒタス・ナガル、カタチ

声系 〔説文〕に湯声として盪・簜・蕩・盪を収める。他に蕩の字などがある。盪・瑒は同字。簜は大竹、盪は盪滌、みな光るもの、大きなものの意がある。〔説文〕の昜声の字は三十五字。昜は玉光、その玉光のゆらぐさまをいう。

語系 湯thang、蕩・盪dangは声近く、蕩・盪はそれぞれ湯の状態をいう。〔説文通訓定声〕に、蘇州語では今も熱水で洗うことを「湯湯」というとあり、古語を存するものであろう。湯声の語に、ゆれ動くもの、勢いのさかんなるものの意がある。

【湯熨】 患部を温める治療法。〔韓非子、喩老〕扁鵲曰く、疾の腠理(肌のきめ)に在るは、湯熨の及ぶ所な

り。肌膚に在るは、鍼石の及ぶ所なり。～骨髄に在るは、司命の屬くる所、奈何ともする無きなり。

【湯火】とうか(たうくわ) 熱湯と烈火。〔史記、貨殖伝〕富なる者は人の情性なり。～故に壯士軍に在りて、攻城先登、～前に矢石を蒙り、湯火の難を避けざる者は、重賞の爲に使しめらるるなり。

【湯鑊】とうかく(たうくわく) 煮殺す刑。鑊は大鼎。〔抱朴子、論仙〕夫れ有道者は、爵位を視ること湯鑊の如く、印綬を見ること縗絰(喪章)の如く、金玉を視ること土糞の如し。

【湯谷】ようこく(やう) 日の出る所。暘谷。〔山海経、海外東経〕下に湯谷有り。湯谷の上に扶桑有り。十日の浴する所。～水中に居る。大木有り。九日は下枝に居り、一日は上枝に居る。

【湯湯】しようしよう(しやうしやう) 水勢の盛んなさま。〔書、尭典〕湯湯として洪水方く割ひ、蕩蕩として山を懷ね陵に襄り、浩浩として天に滔り、下民其れ咨く。能くするもの有らば乂めしめん。

【湯泉】とうせん(たう) 温泉。〔水経注、溱水〕又雲水と合ふ。水は縣北の湯泉に出づ。泉源沸湧し、浩氣雲浮、腥物を以て之れに投ずれば、俄頃くにして即ち熱す。其の中、時に細赤魚有りて游ぐ。

【湯池】とうち(たう) 熱湯の城池。堅城。〔漢書、食貨志上〕(賈誼、上に説きて曰く)神農の教へに曰く、石城十仞、湯池百歩、帶甲百萬有るも、粟亡くんば守ること能はずと。是れを以て之れを觀るに、粟なる者は王者の大用、政の本務なり。

【湯沐】とうもく(たう) 湯あみ。沐は髪を洗う。湯沐の料として賜わる邑。〔礼記、王制〕方伯、天子に朝するが爲に、皆湯沐の邑有り。

【湯薬】とうやく(たう) 煎じ薬。〔史記、袁盎伝〕陛下、代に居りし時、太后嘗て病む。三年、陛下睫を交へず(眠らず)、衣を解かず、湯薬は陛下の口に嘗むる所に非ざれば進めず。

↑湯液 煮出し／湯媼 湯たんぽ／湯剤 煎じ薬／湯散 水薬と散薬／湯社 茶会／湯酒 酒の燗／湯粥 かゆ／湯神 茶の湯の神／湯水 湯／湯点 点茶／湯殿 ゆどの／湯桶 上は訓よみ、下は音よみ／湯熱 熱湯／湯婆 湯たんぽ／湯瓶 茶瓶／湯餅 うどん／湯茗 茶の湯／湯麺 うどん／湯邑 湯沐の邑

↓液湯・煙湯・温湯・金湯・香湯・煮湯・銭湯・探湯・茶湯・熱湯・服湯・沸湯・奔湯・薬湯・浴湯・蘭湯・霊湯

常 【痘】 12 0011 トウ ほうそう もがさ

形声 声符は豆。豌豆ほどの大きさの水疱ができるので、疱瘡を豆瘡といい、天然痘とよばれたが、今はほとんど絶滅した。必ず一度はかかるものであったから、痘瘡・天花・百歳瘡・豌豆瘡などの名がある。虜瘡・聖瘡・天

訓義 1 ほうそう、もがさ。

↑痘花 あばた／痘痂 痘花／痘痕 あばた／痘子 あばた／痘神 疱瘡の神／痘疹 疱瘡／痘毒 疱瘡／痘斑 あばた／痘瘢 あばた

↓牛痘・種痘

常 【登】 12 1210 トウ ト のぼる すすめる みのる

篆文

籀文

甲骨文

金文

会意 癶+豆。癶は両足をそろえる形で、出発のときの姿勢。豆は豆形の器。登るときの台とみてよく、登は登位・登高・登進の意。〔説文〕二上に「車に上るなり」という。別に卜文に豆を捧げる形の字があり、これは登薦の意。豆は食器。その字形の上にまた癶(癶)を加えた形のものがあり、〔説文〕五上に「𥫩は禮器なり」とするものがその字であろう。

訓義 1 のぼる、あがる。2 すすめる、そなえる、のせる、のぼせる。3 くわえる、とる、いれる、ます。4 みのる、なる、できる。5 当と通じ、ただちに、そのまま、すぐ。6 しきもの、ふむ。

古訓 〔名義抄〕登 ノボル・タカシ・スナハチ・ナル・サダム・トモ・タツ・ノリ・ノル・ス丶ム・アグ／登降 ノボリクダリ

声系 〔説文〕に登声として證(証)・鐙・隥など八字を収める。證三上は「告ぐるなり」とあって、登告、神に告げる意であろう。

語系 登・𥫩・鐙(燈)teng は同声。登は登薦。𥫩はその礼器。鐙(燈)は瓦豆。錠tyeng は鐙と声近く、〔説文〕十四上に「鐙なり」とあり、足のあるものは鐙、足のないものが錠である。豆・登の声の諸字は豆の器形の意を承けるものが多い。

【登科】とうか(くわ) 科挙の試験に合格する。〔開元天宝遺事、天宝下、泥金帖子〕新進の士才、及第するときは、泥金を以て帖子に書して、家書中に附し、用て登科の喜びを報ず。文宗の朝に至り、遂に寢く此の儀を削る。

【登遐】とうか 崩御。人の死。〔墨子、節葬下〕秦の西に儀渠の國といふ者有り。其の親戚死するときは、柴薪を聚めて之れを焚き、燻上すれば之れを登遐と謂ふ。然る後孝子爲ることを成す。

【登極】とうきよく 即位。〔唐律疏議、律疏を進むる表〕昔周后、極に登り、呂侯、其の茂範を闡く。

【登降】とうこう(かう) 昇降。進退。〔史記、孔子世家〕(晏嬰曰く)今孔子は、容飾を盛んにし、登降の禮、趨詳(翔)の節を繁くし、累世其の學を殫くすこと能はず、當年其の禮を究むること能はず。

【登高】とうこう(かう) 高所に登る。正月人日(七日)、また重陽(九月九日)に登高し故郷を望む古俗があった。〔続斉諧記〕(費)長房、桓景に謂ひて曰く、九月九日、汝の家中に當に災ひ有るべし。宜しく急ぎ去り、～絳囊に茱萸(かわはじかみ、その実)を盛れ、～高きに登りて菊花酒を飲むべし。此の禍ひ除くべしと。

【登歳】とうさい 豊かにみのる。晋・陶潜〔会ること有りて作る詩の序〕登歳(収穫)の功、既に希ふべからず。朝夕の資る所、煙火裁かに通ずるのみ。

【登時】とうじ 即時。直ちに。〔後漢書、方術上、解奴辜伝〕(章)帝、僞りて三人をして之れ(絳衣被髪、火を持ち相ひ随ふこと)を爲さしむ。(寿光)侯、三人を劾す。登時(即時)に地に仆れて、氣無し。

【登渉】とうしよう(せふ) 山に登り水を渉る。〔晋書、苻朗載記〕經籍を耽翫し、手に卷を釋かず。虚を談じ玄を語る毎に、日の將に夕ならんとするを覺えず。山水に登渉して、老の將に至らんとするを知らず。

【登仙】とうせん 仙人となる。〔楚辞、遠遊〕眞人の休德を貴び 往世の登仙を美みす

【登禅】とうぜん 禅譲により即位する。晋・陸機〔賈長淵(謐)に答ふ〕詩 獄訟するに魏を違り 謳歌して晉に適く 陳留(魏主)蕃に歸し 我が皇登禪す

【登台】とうだい 台に登る。〔老子、二十〕衆人は熙熙として太牢を享くるが如く、春、臺に登るが如し。

【登第】とうだい 合格。〔唐書、選挙志上〕吏部之れを試み、登第する者は一階を加へて放選す。其の第せざるは、則ち業を習ふこと初めの如し。

【登壇】とうだん 即位・任命などを行う壇に登る。宋・岳飛〔青泥市寺壁に題す〕詩 雄氣堂堂、斗牛を貫く 誓つて眞節を將て君讐に報ぜん 頑惡を斬除して車駕を還さしめん 問はず、登壇萬戸の侯

【登陟】とうちよく 登る。晋・孫綽〔天台山に遊ぶの賦の序〕始め魑

魅の塗を經へ、卒ひに無人の境を践ふむ。擧世能く登陟すること罕まれに、王者由りて禋祀いん(天帝を祀る祭儀)する莫なし。

【登登】とうとう うつ音。〔詩、大雅、緜〕之れを築くこと登登たり 削ること屢〻しばしばして、馮馮たり

【登堂】とうどう(だう) 学術・才芸がすぐれること。〔漢書、芸文志〕(賦)揚子(雄)~曰く、~如もし孔氏の門人に賦を用ひば、則ち賈誼は堂に登り、(司馬)相如は室に入らん。其の用ひざるを如何いかんせんと。

【登頓】とうとん 登り降り。南朝宋・謝霊運〔始寧の墅を過ぎる〕詩 山行、登頓を窮め 水渉、洄沿を盡す

【登麦】とうばく 麦を供える。〔礼記、月令〕(孟夏の月)農、乃ち麥を登すむ。天子乃ち彘いて(豚)を以て麥を嘗なめ、先づ寢廟に薦すすむ。

【登攀】とうはん よじ登る。唐・李白〔太白峰に登る〕詩 西のかた太白峰に上る 夕陽、登攀を窮む

【登望】とうぼう(ばう) 高所に登り望む。〔漢書、陳湯伝〕湯、人と爲り~沈勇にして大慮有り。策謀多く、奇功を喜このむ。城邑山川を過ぎる毎に、常に登望す。

【登庸】とうよう 人材を挙用する。〔書、堯典〕帝曰く、疇たれか咨ああ、時ここに若したがひて登庸せんと。

【登覧】とうらん 高所から眺望する。宋・蘇轍〔枢密韓太尉(琦)に上たてまつる書〕轍、生まれて十有九年なり。~見る所は數百里の閒に過ぎず。高山大野の登覽して、以て自ら廣くすべき~無し。

【登竜】とうりょう 黄河上流の竜門を登りえた鯉は、化して竜となるという。栄達。〔後漢書、党錮、李膺伝〕膺~、聲名を以て自ら高しとす。士の其の容接を被むかうること有る者、名づけて登龍門と爲す。

【登臨】とうりん 山に登り、水に臨む。〔晋書、阮籍伝〕或いは戸を閉ざして書を視、月を累かさねて出でず。或いは山水に登臨し、日を經て歸ることを忘る。

【登楼】とうろう 高楼に登る。〔晋書、劉琨伝〕琨~、晉陽に在り、嘗かつて胡騎の圍む所と爲ること數重すうちょう。城中窘迫きんぱくして計無し。琨乃ち月に乘じて樓に登り清嘯す。賊之れを聞き、皆悽然として長歎す。

↑登位 位に即く/登雲 雲上に登る/登延 登用する/登衍 豊作/登屋 屋上に登る/登仮 登遐/登歌 堂上で奏歌/登霞 登遐/登槐 宰相の位に登る/登閣 閣に登る/登記 登録記入する/登基 登極/登祇 登山の神/登御 侍る/登献 献上する/登賢 賢者を挙げ用いる/登顕 顕揚する/登閎 高遠/登穀 穀物を供える/登載 記載する/登山 山登り/登仕 出仕する/登日 その日/登車 車に乗る/登舟 船に乗る/登秋 秋の収穫/登熟 みのる/登城 城に登る/登場 場面に上る/登真 登仙/登進 登用する/登稔 みのる/登崇 登用し推尊する/登成 成熟する/登躋 登る/登僊 登仙/登践 登る/登薦 挙げ薦める/登阼 即位する/登祚 即位する/登即 即時/登損 増減/登擢 抜擢して登用する/登帳 記帳/登眺 登望/登朝 出仕する/登丁 伐木の声/登程 旅立ち/登溺 おぼれるのを救う/登天 昇天/登途 旅立ち/登東 用便/登榻 牀に登る/登年 多年/登抜 抜擢/登聞 上聞する/登平 豊年/登簿 登記する/登邁 超越する/登名 氏名を上聞する/登門 参堂/登遊 登り遊ぶ/登用 登庸する/登来 求めて得ること/登良 進賢/登路 登程

↓延登・禾登・遐登・仰登・高登・降登・歳登・秋登・進登・新登・先登・薦登・前登・超登・丁登・年登・麦登・攀登・晩登・飛登・歩登・豊登

常

【等】 12 8834 トウ タイ ひとしい はかる まつ ともがら

篆文

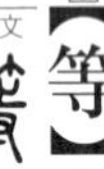

形声 声符は寺じ。寺に待たい・特との声がある。〔説文〕五上に「齊ひとしき簡なり。竹に從ひ、寺に從ふ。寺は官曹の等平なり」と官寺の意を含むとするが、形声とみてよい。〔孟子、公孫丑上〕「百世の後よりして、百世の王を等はかるに、之れに能よく違ふ莫なきなり」、〔周礼、夏官、司勲〕「以て其の功を等はかる」のように、差等をはかる意。もと木簡の大小を整える意であろう。「まつ」の意は、待と通用の義である。

訓義 1ひとしい、ひとしくする、ととのえる。2はかる、大小をはかる、くらべる。3待と通じ、まつ。4等差、貴賤、大小、しな、ともがら、たぐい。5なに、どんな、何等。

古訓 〔名義抄〕等 ラ・ヒトシ・タグヒ・トモガラ/等夷 ヒトシク〔字鏡集〕等 コレ・ナホシ・トモ・ヒトシ・トモガラ・アマネシ・ナシ

語系 等tang、同dongは声義近く、差等をはかってこれを同じうするを等という。また待də、偫dia、俟ziəと声近く、いずれも待つ意に用いる。唐・宋以後、等を待つ意に用いることがある。

【等夷】とうい 同じ身分の仲間。〔史記、留侯世家〕今諸將は皆陛下の故との等夷なり。乃ち太子をして此の屬を將ひきゐしむるは、羊をして狼を將ゐるしむるに異なること無し。肯て用を爲すこと莫からん。

【等威】とうい(ゐ) 身分相当の威儀。〔左伝、宣十二年〕君子小人、物に服章有り、貴に常尊有り、賤に等威有り。禮、逆さかしまならず。

【等閑】とうかん なおざり。無事。唐・白居易〔琵琶行〕詩 今年歡笑し復た明年 秋月春風等閑に度わたる

【等級】とうきゅう(きふ) 差等を設ける。〔商君書、賞刑〕所謂いはゆる刑を壹にすとは、刑に等級無きなり。~國禁を犯し、上の制を亂る者は、罪死ころして赦さず。

【等差】とうさ 等級の序列。〔漢書、游俠伝序〕古者いにしへ、天子は國を建て、諸侯は家を立て、卿大夫より以て庶人に至るまで、各〻等差有り。是ここを以て、民其の上に服事し、下に覬覦きゆ無し。

【等儕】とうせい 仲間。同輩。〔後漢書、仲長統伝〕(昌言、理乱)豪傑の天命に當る者、未だ始めより天下の分なる者有らざるなり。~夫それ或いは曾かつて我の尊長爲たり。或いは曾て我と等儕爲り。

【等頭】とうとう 等閑。唐・元稹〔東川の馬逢侍御の使して回るを送る、十韻〕詩 歎くこと莫かれ、巴の三峡 驚くことを休やめよ、鬢びんの二毛 流年、等頭に過ぎ 人生各〻勞勞す

【等道】とうどう(だう) 何ごと。〔後漢書、文苑下、禰衡伝〕黄祖~大いに賓客を會す。衡の言、遜順じゅんならず。祖慙はぢて乃ち之れを訶かす。衡更に熟視して曰く、死公、等道なにごとを云ふと。

【等類】とうるい ともがら。〔後漢書、陳寔伝〕兒童爲たりしより、戲弄に在りと雖も、等類の歸する所と爲る。~有志好學、坐立に誦讀す。

【等列】とうれつ 順位。同等。〔史記、淮陰侯伝〕(韓信)日夜怨望し、居常鞅鞅あうあうたり。絳(絳侯周勃)・灌(嬰)と等列なるを羞づ。

↑等位 位/等異 差等/等価 同額/等科 同級/等間 等閑/等宜 身分相応/等極 尊卑/等契 符合する/等候 待つ/等殺 等差/等子 微量の秤/等衰 等差/等次 順序/等叙 等次/等身 からだの大きさと同じ/等親 親疎の次/等人 同輩/等斉 等しい仲間/等待 待つ/等耐 待つ/等第 順序/等儔 仲間/等輩 仲間/等伴 仲間/等比 相並ぶ/等分 同じ分量/等別 等級/等流 同輩/等量 同じ分量/等倫 同輩

↓異等・越等・下等・官等・均等・勲等・高等・降等・差等・初等・上等・親等・斉等・儕等・相等・対等・中等・超等・同等・何等・平等・品等・不等・優等・劣等・郎等

常【筒】12 8822 トウ つつ さかずき

篆文 

形声 声符は同。同は筒形の器。〔書、顧命〕に「上宗(官名)、同瑁(酒器)を奉ず」とあって、同は杯の名。筩は〔説文〕五上に「通簫なり」とあり、〔段注〕に洞簫という楽器の名とする。尺八の類である。すべて竹筒をいう。

訓義 1つつ、竹のつつ。2洞簫、尺八の類。3さかずき。

古訓 〔名義抄〕筒 ツ、〔篇立〕筒 ツ、・ケ・タケノツ、

語系 筒・同・洞 dong は同声。同は古く酒爵を意味し、また〔周礼、春官、典同〕に竹の楽器の名とする。筒はその繁文とみてよい。すべて空洞のものをいう。

↑筒瓦 半円の瓦／筒灑 釣具の名／筒子 筒／筒車 水車の一／筒炙 筒炊き／筒竹 竹の筒／筒薬 火薬／筒輪 水車

↓筩筒・円筒・煙筒・気筒・射筒・水筒・穿筒・箭筒・喞筒・竹筒・飯筒・封筒

常【答】12 8860 トウ(タフ) こたえる むくいる

形声 声符は合。〔説文〕一下に「荅は小尗(小豆)なり」とみえ、答の字は未収。〔爾雅、釈言〕に「畣は然りとするなり」とあり、また金文には斉器の〔陳侯因脊敦〕に「厥の徳に合揚(答揚)す」とあって、合・畣が答の初文であった。〔宣賢本、書、洛誥〕に「厥の師に畣ふ」、また〔左伝、宣二年〕「既に合へて來り奔る」のように、文献になおその字を用いる例がある。合は祝禱・盟誓の器に蓋する形で、神明に答揚する意であり、古く荅・畣の声があったものと思われる。

訓義 1こたえる、したがう、しかりとする。2むくいる、かなう。3あたる、ふせぐ、むかう。

古訓 〔名義抄〕答 ハコ

【答貺】下問に答える。魏・呉質〔東阿王(曹植)に答ふる書〕質は小人なり。以て命を承くる無し。又答貺する所、辭醜にして義陋なり。

【答颯】失意のさま。〔南史、鄭鮮之伝〕范泰嘗て衆中に鮮之を譲誚し(責め)て曰く、卿、傅(亮)・謝(晦)と倶に聖主に從ひ、關・洛に功有り。卿乃ち僚首に居る。今日答颯として、人を去ること遼遠なり。何ぞ不肖の甚だしきやと。

【答施】恩に答える。〔三国志、魏、劉廙伝〕(廙)相ひ坐誅するに當る。太祖(曹操)～特に原して問はず。～廙上疏して謝して曰く、～物、天地に答施せず、子、父母に謝生せず、死を以て效すべし。筆を用って陳べ難しと。

【答難】論難に答える。〔唐書、李泌伝〕玄宗の開元十六年、悉く能く佛・道・孔子を言ふ者を召し、禁中に相ひ答難せしむ。員俶といふ者有り、九歳にして坐に升り、詞辯注射し、坐人皆屈す。帝、之れを異とす。

【答拜】答礼する。〔礼記、曲礼下〕君、士に於ては答拜せず。其の臣に非ざれば、則ち之れを答拜す。

【答賦】主人が詩を賦誦し、客がまた賦誦して答える。〔左伝、文四年〕衞の甯武子、來聘す。公、之れと宴す。爲に湛露、及び彤弓を賦す。辭せず、又答(荅)賦せず。公、行人をして私せしむ。

【答揚】恩命にこたえる。〔書、顧命〕周邦に臨み君とし、率ひて大下に循ひ、天下を燮和し、用って文武の光訓に答(荅)揚せよ。

↑答案 回答／答允 同意／答謁 お礼参上／答応 こたえる／答巻 解答／答翰 返書／答記 返書／答言 こたえ／答効 報効する／答賽 お礼参り／答辞 答礼の語／答謝 答礼の辞／答書 返書／答信 返事／答答 竹葉の音／答表 奉答の表／答覆 回答／答弁 回答／答報 返事／答問 こたえる／答揖 答礼／答礼 返礼

↓允答・応答・回答・解答・確答・饋答・戲答・愚答・献答・賢答・口答・自答・手答・酬答・承答・詔答・条答・親答・贈答・即答・速答・対答・直答・勅答・諂答・拝答・批答・筆答・表答・返答・奉答・報答・名答・明答・問答・留答・礼答

常【統】12 2091 トウ すべる

篆文 

形声 声符は充。充は人の腹部の充満する形。集めてふくれる意がある。〔説文〕十三上に「紀なり」とあり、衆糸の合するところをいう。ゆえに統括・系統の意がある。

訓義 1すべる、まとめる、もと。2大すじ、おや糸、たばねる。3のり、基本。4おさめる、したがえる。

古訓 〔名義抄〕統 スブ・ムネ 〔篇立〕統 スベテ・スブ・ムネ・スサメルニ・サダメ・ヲサム・シボル 〔字鏡集〕統 スベテ・ヲサム・スブ・ヌフ・ムネ・ツカサドル

語系 統 thong、總(総) tzong は声義近く、統は衆糸をまとめたところ、總は総ふ状となったところをいう。総べて統括する意。緟 diong は糸をあつめてつつみかさねることをいう。みな一系の語である。

【統一】一つにまとめる。〔漢書、西域伝賛〕西域の諸國、各々君長有り。兵衆も分弱、統一する所無し。匈奴に屬すと雖も、相ひ親附せず。

【統括】まとめる。〔魏書、封軌伝〕(孫)惠蔚、毎に軌を推して曰く、封生の經義に於ける、但に章句の奇とすべきのみに非ず、其の綱格を標明し、大歸を統括するは、吾が如しかざる所の者多しと。

【統紀】基本の法則。〔漢書、董仲舒伝〕臣愚以爲へらく、諸々六藝の科、孔子の術に在らざる者は、皆其の道を絶たん。～然る後統紀一にすべく、法度明らかにすべく、民從ふ所を知らん。

【統御】すべ治める。唐・白居易〔神策軍～等一千九百人に各々上柱国勳を賜ふ制〕朕、統御してより已來、忽忽として念念すること有り。

【統楫】すべ集める。〔漢書、兒寬伝〕陛下躬ら聖德を發し、群元を統楫し、天地を宗祀し、百神に薦禮せば、精神の鄕ふ所、徵兆必ず報あらん。天地竝び應じ、符瑞昭明ならん。

【統承】承継する。〔書、微子之命〕惟れ古を稽ふるに、德を崇び賢に象り、先王を統承す。

【統制】まとめひきしめる。〔唐書、高霞寓伝〕霞寓、悍なりと雖も謀寡なく、統制は尤も善くする所に非ず。～賊の僞り北ぐるに、之れを逐ひ、伏の掩ふ所と爲り、遂に大敗し、才かに身を以て免れたり。

【統攝】すべ治める。〔三国志、蜀、張翼伝〕會々徵せられ、當に還るべし。～曰く、～代人未だ至らず。～豈に黜退の故を以て、公家の務めを廢すべけんやと。是に於て統攝懈らず。

【統屬】所管を治める。〔唐律疏議、二十一、闘訟〕諸佐職及び統屬する所の官、官長を毆傷する者は、各々吏卒の官長を毆傷するの二等を減じ、～死す者は斬す。

【統率】まとめ率いる。〔漢書、西域伝賛〕西域の諸國、～統一する所無し。匈奴に屬すと雖も相ひ親附せず。匈奴～統率して之れと進退すること能はず。漢と隔絶す。

【統治】すべ治める。〔唐書、兵志〕府兵の制は西魏・後周より起りて、隋に備はる。唐興りて之れに因る。～府に郎將・副郎將・坊主・團主有り、以て相ひ統治す。

【統理】すべ治める。〔史記、陸賈伝〕皇帝～天下の為に利を興し害を除き、五帝・三王の業を繼ぎ、中國を統理す。中國の人、億を以て計へ、地、方萬里、～萬物殷富、政一家に由る。～天地剖泮(開闢)より、未だ始めより有らざるなり。

【統類】綱紀秩序。〔漢書、武帝紀〕(元朔元年詔)公卿大夫は、方略を總べ、統類を壹にし、教化を廣め、風俗を美からしむる所なり。

【統論】まとめ論ずる。〔大学、後記〕凡そ傳十章、前の四章は綱領指趣を統論し、後の六章は條目工夫を細論す。～初學に在りて、尤も當に務むべきの急と爲す。

↑統壹 統一する／統貫 統べる／統監 統率し監督する／統觀 全体を観察する／統馭 統御する／統業 帝王の業／統軍 軍を統率する／統系 系統／統計 全体を数的に計算する／統嗣 継統／統緒 端緒／統帥 軍の統帥／統体 全体／統督 治め監督する／統領 全体を指揮する人／統臨 統治する／統和 統べ治める

↓一統・王統・開統・学統・管統・系統・継統・血統・元統・源統・皇統・三統・纂統・旨統・承統・紹統・掌統・人統・垂統・正統・政統・聖統・摂統・祖統・総統・属統・尊統・大統・嫡統・伝統・都統・道統・法統・本統・孟統・流統・両統

人【董】12 4410 〔董〕13 4410 トウ トク ショウ ただす おさめる

形声 声符は重。重に童(童)・橦の声がある。重は橐にものを入れた形。橐の初形は東。〔爾雅、釈詁〕に「正すなり」とあり、〔書、大禹謨〕「之れを董すに威を用ふ」と董正の意とする。〔周礼、春官、大祝〕「振動」の〔注〕に「動は讀んで董と爲す。書も亦た或いは董に爲る。振董とは、両手を以て相ひ撃つなり」とみえる。橐にものを入れ、撃って収まりやすくする意で、撃とは橐を殴つ意。〔方言、十二〕「錮なり」の〔注〕に「堅固にするを謂ふなり」とあるのは、撃ち固めることをいう。のち董督の意となる。

訓義 1ただす。2おさめる、なおす、おちつかせる。3かためる、かたい。4蓮根。

古訓 〔新撰字鏡〕董 田尓在美乃(たにあるみの)〔名義抄〕董 タゞス・シゲシ・スケ 〔字鏡集〕董 ハチスノネ・アハレフ・ヲシフ・アハラフ・シゲシ・タゞス・シナ・スケ

語系 董tong、督tukは声義近く、〔爾雅、釈詁〕に「督は正なり」とあって、董と同訓。動dongは橐(重)の中のものを振動して整える意。その整えることを董という。統thong、總(総)tzongは糸をまとめたばねることをいい、同系の語であろう。

【董正】ただす。〔後漢書、党錮、岑晊伝〕李膺・王暢、其の幹國の器有るを稱す。閭里に在りと雖も、慨然として天下を董正するの志有り。

【董摂】ただしおさめる。〔晋書、陸雲伝〕(陸)機の敗るるや、并せて雲を收む。江統～等上疏して曰く、～直だ機の計慮淺近なるを以て、群帥を董攝し、果を致し敵を殺すこと能はざりしのみ。

【董率】ただしひきいる。晋・陸機〔洛に至り、成都王穎に与ふる牋〕王室多故にして、禍難荐りに有り。～猥りに横授を蒙り、任を外閫に委ねらる。輒ち嚴教を承け、諸軍を董率し、惟だ力を是れ視る。

【董統】ただしすべる。魏・陳琳〔袁紹の為に予州に檄す〕(曹)操は贅閹(宦官)の遺醜にして、本より懿徳無し。～亂を好み禍ひを樂しむ。幕府、鷹揚(王師)を董統し、凶逆を掃除す。

【董董】ものの盛んなさま。唐・柳宗元〔民を賑みる詩〕士は實に蕩蕩たり 農は實に董董たり 工は實に蒙蒙たり 賈は實に融融たり

【董督】ただし取り締まる。〔三国志、蜀、先主伝〕先主、漢帝に上言して曰く、臣、具臣の才を以て上將の任を荷ひ、三軍を董督して、辭を外に奉ずるも、寇難を掃除して、王室を靖匡することを得ず。

↑董一 統一／董役 労役を監督する／董勧 ただし勧める／董作 作業を監督する／董士 督軍／董事 幹事／董理 治める

↓古董・校董・骨董・振董

【衕】12 2122 トウ ちまた まちすじ

篆文

形声 声符は同。同は筒形の酒器。〔説文〕二下に「通街なり」とあり、いわゆる胡同。〔玉篇〕に「下るなり」とあるのは、下痢をいう。〔山海経、北山経〕に「(梁渠の山)鳥有り～名を囂と曰ふ。其の音、鵲の如し。之れを食らへば腹痛を已め、以て衕を止むべし」とみえる。洞の意であろう。

訓義 1ちまた、まちすじ、通り。2くだる、下痢。

古訓 〔名義抄〕衕 トホル・ウルハシ・イタル・チマタ〔字鏡集〕衕 ウルハシ・イタル・タヽル・チマタ・トホル

↓胡衕

【嗒】13 6406 トウ(タフ)

形声 声符は荅。〔玉篇〕に「舐むるなり」とみえるが、古い用例はない。〔荘子、斉物論〕に、忘我のさまをいう形況の語として用いる。

訓義 1こころむなしいさま。忘我の境をいう。2なめる。

古訓 〔字鏡集〕嗒 ムス

↑嗒焉 こころのむなしいさま／嗒爾 嗒焉／嗒然 嗒焉／嗒喪 無心／嗒嗒 冗舌

↓舐嗒

【塘】13 4016 トウ(タウ) つつみ

篆文

形声 声符は唐(唐)。〔説文新附〕十三下に「隄なり」、〔広雅、釈地〕に「池なり」とあり、いま浴槽の意に用いる。

訓義 1つつみ。2いけ、ためいけ。3浴槽。

古訓 〔篇立〕塘 ツヽミ・ツマム 〔字鏡集〕塘 ツヽミ

【塘上】堤上。〔楽府詩集、相和歌辞十、清調曲三、塘上行五解〕鄴都故事に曰く、魏の文帝の甄皇后は、～袁紹の鄴に據り、中子熙の與に、后を娶りて妻と爲す。後、～文帝、時に太子爲り。遂に后を以て夫人と爲す。～文帝死を後宮に賜ふ。終りに臨み詩を爲りて曰く、～と。歌錄に曰く、塘上行は古辭、或いは云ふ、甄皇后造ると。

↑塘堰 ため池／塘園 いけす／塘下 どてした／塘岸 堤／塘池 ため池／塘堤 堤／塘壩 灌漑用の池／塘兵 斥候／塘報 軍事情報／塘漏 堤の穴

↓河塘・寒塘・古塘・江塘・荒塘・春塘・石塘・池塘・堤塘・陂塘・芳塘・蘭塘・柳塘

【幐】13 7922 トウ ふくろ におうぶくろ

篆文

形声 声符は朕。朕に滕・謄(謄)の声がある。〔説文〕七下に「囊なり」とあり、特に香囊をいう。〔玉篇〕に「両頭に物有り、之れを幐擔と謂ふ」とは、ふりわけにして担ぐものをいう。

訓義 1ふくろ。2においぶくろ。3ふりわけ。

古訓 〔篇立〕幐 オヒフクロ・ウチアハセ 〔字鏡集〕幐 フクロ・オヒフクロ・ツヽム

↓書幐・簽幐

【慆】 13 9207 トウ(タウ) よろこぶ みだら

篆文

形声 声符は舀。舀に滔・稻(稲)の声がある。〔説文〕十下に「説ぶなり」とあり、楽しむ意。また、楽しむことがすぎて、あなどる、みだらの意となる。また韜・忒と通じて用いる。

訓義 ①よろこぶ、たのしむ。②みだら、あなどる。③すぎる。④韜と通じ、つつむ。⑤忒と通じ、たがう。⑥慆慆は、ひさしい。

古訓 〔名義抄〕慆 スグ・フサク・カクル 〔字鏡集〕慆 カクル・ヨロコブ・オコル・スグ・ウタガフ・フサク

【慆淫】とう(たう)いん 過度に楽しむ。〔書、湯誥〕凡そ我が造邦、匪彝(不道)に從ふこと無く、慆淫に卽くこと無かれ。各〻爾の典を守り、以て天休を承けよ。

↑慆慆 久しい／慆慢 あなどる／慆濫 放縦

↓淫慆・慢慆

【搗】 13 5702 トウ(タウ) つくうつ たたく

形声 声符は島。字はまた擣に作り、擣がその本字。擣は〔説文〕十二上に「手もて椎つなり」(段注本)とあり、砧をうつような動作をいう。

訓義 ①つく、うつ、たたく。②わが国で、かてて加えての意に用いる。

古訓 〔名義抄〕搗 ツク・カツ・シボル

＊語彙は擣字条参照。

【搗衣】とう(たう)い 衣をうつ。きぬた。〔丹鉛総録、二十、搗衣〕古人衣を擣つに、兩女子對ひ立ちて一杵を執る。米を舂くが如く然り。～嘗て六朝人の畫ける搗衣の圖を見るに、其の制此の如し。

↑搗毀 つきこわす／搗虚 虚を突く／搗子 流民／搗薬 薬をつく／搗乱 みだす

【搨】 13 5602 トウ(タフ) うつ おさめる

形声 声符は㲱。㲱は習(習)の倒文で搨覆の意。覆してうつことをいう。習は祝禱の器(曰)の上をしきりに羽で摺り、刺激を与え、翫ぶ意。更にこれを搨覆するのは、その祝禱や盟約をけがす意がある。字を臨摹(写し書き)することを搨書といい、また搭写という。搭写はまた拓本をとることをいう。

訓義 ①うつ、けがす。②のりとをけがす、呪祝などをおさめる。③おおう、上からうつ。④する、臨摹する、拓本をとる。

古訓 〔名義抄〕搨 ウツ 〔字鏡集〕搨 トリハシル・クダク・ヒシク・トル・ウツ・スル・イタク・オモフ・トリヒシグ・ヲル

語系 搨・搭(搭) thap は同声。かさねてうつ意がある。拓 tjyak は声義近く、これらの字はみな拓本をとる意に用いる。

【搨写】とう(たふ)しゃ 模写。〔歴代名画記、二、画体の工用搨写を論ず〕古時には好んで畫を搨寫す。十に七八を得て、其の神彩筆蹤を失はず。亦た御府の搨本有り。之れを官搨と謂ふ。國朝、内庫～に於て搨寫して輟めず。

【搨本】とう(たふ)ほん 影摹本。また、拓本。〔隋唐嘉話、下〕太宗、秦王爲りし日、搨本を見て驚喜し、乃ち貴價もて市はんとせしも、大王(王羲之)の書せる蘭亭、終に至らず。～武德四年を以て秦府に入る。貞觀十年、乃ち十本を搨して、以て近臣に賜ふ。帝崩じ、～遂に昭陵に祕す。

【搨翼】とう(たふ)よく 羽をすぼめる。魏・陳琳〔袁紹の為に予州に檄す〕方畿の內、簡練の臣、皆頭を垂れ翼を搨め、憑恃する所莫し。

↑搨翅 搨翼／搨書 模写する／搨匠 拓本師／搨帖 拓本／搨染 すり染める／搨文 石摺の字

↓官搨・響搨・細搨・私搨・写搨・伝搨・謄搨・摹搨・翼搨・臨搨

【滔】 13 3217 トウ(タウ) はびこる みちる うごく

篆文

形声 声符は舀。舀に慆・稻(稲)の声がある。舀は臼の中のものをとり出す形。狭い器の中に、ものがあふれるようなさまをいう。〔説文〕十一上に「水漫漫として大いなる皃なり」とみえる。〔詩、大雅、江漢〕に「江漢浮浮たり 武夫滔滔たり」、また〔書、堯典〕「蕩蕩として山を懷ね陵に襄り、浩浩として天に滔る」のように用いる。

訓義 ①はびこる、ひろがる。②みちる、あつまる。③うごく、みだれる。④慆と通じ、おごる、あなどる、うたがう、おこたる。

古訓 〔名義抄〕滔 ハビコル・シヅム・ハルカナリ・ミダリガハシ

語系 滔 thô、掉・跳 dyô は声近く、また搖(揺) jiô もこの系統の語。ものが充満し、勢いづいて揺動することをいう語である。

【滔水】とう(たう)すい はびこる水。〔史記補、三皇紀〕(共工氏)祝融と戰ひ、～怒る。乃ち頭、不周山に觸れ崩づる。天柱折れ、地維缺く。女媧乃ち五色の石を鍊り、以て天を補ひ、鼇(おおがめ)の足を斷ち、以て四極を立て、蘆灰を聚めて以て滔水を止む。～是に於て地平らぎ、天成り、舊物を改めず。

【滔天】とう(たう)てん 水が天にいたる。大悪の勢いをいう。〔晋書、愍帝紀論〕股肱挑戰の秋に非ず、劉石に滔天の勢ひ有り。～兩京、狄に淪み、再駕戎に徂く。

【滔滔】とうとう(たうたう) 水勢のさかんなさま。〔楚辞、九歌、河伯〕子、手を交へて東に行く 美人を南浦に送らんとす 波、滔滔として來り迎へ 魚、隣隣として予れを媵る

【滔蕩】とうとう(たうたう) ほしいまま。〔呂覧、音初〕流辟誂越、慆濫の音出づるときは、則ち滔蕩の氣、邪慢の心感ず。

↑滔瞻 盛多／滔窕 空虚／滔騰 わき上がる／滔風 東風／滔漫 大水／滔漭 大水／滔瀁 蕩漾／滔朗 声が澄む

↓振滔・漫滔

【罩】 13 6040 トウ(タウ) タク

篆文

形声 声符は卓。〔説文〕七下に「魚を捕るの器なり」、〔爾雅、釈器〕に「篧、之れを罩と謂ふ」とあって、魚を捕る籠をいう。篧は竹で編んだかご、雞籠のような形のもの。〔広雅、釈訓〕に「淖淖は衆きなり」とあり、罩と通用する。

訓義 ①うおとりかご。②こめる、とじこめる、おおう。③淖と通じ、多い。

古訓 〔名義抄〕罩 マナ・アミ

【罩罩】たくたく 魚が群がりあそぶさま。〔詩、小雅、南有嘉魚〕南に嘉魚有り 烝然として罩罩たり

↑罩衣 マント／罩甲 外套／罩子 カバー／罩袱 ふくさ

↓篧罩・軽罩・鉤罩・罾罩・網罩・籠罩

【登】 13 2710 トウ たかつき

篆文

会意 祭の上部＋豆。豆に肉を加える形。〔説文〕五上に「禮器なり」とし、肉を豆上に加える形であるという。〔爾雅、釈器〕に「瓦豆、之れを登と謂ふ」とあり、祭事に用いる素焼きの豆である。〔詩、大雅、生民〕「豆に登に」の〔伝〕に「木なるを豆と曰ひ、瓦なるを登と曰ふ」とする。登と字形が似ているが、登は車に上るときのふみ台の上に、足をそろえて立つ形。食器の豆は、そのふみ台の形と似ているが、上に肉をおく形が登、これを以て祭る。これを捧げる形は𢍏である。

訓義 ①たかつき、すやきのたかつき。②肉を供える豆。③字はまた鐙に作る。

古訓 〔名義抄〕登 ノボル・タカシ・スナハチ・ナル・トモ・タツ・

ノリ・ノル・ス、ム・アグ

【榻】 14 4692 トウ(タフ) こしかけ ねだい

篆文 

形声 声符は𦐇。〔説文新附〕六上に「牀なり」とあり、ベッド式の腰かけをいう。不用のときには立てかけておき、これを懸榻という。

訓義 ①こしかけ、ねだい。②わが国では、牛車の轅を支えるしじ。

古訓 〔新撰字鏡〕榻 志持(しぢ)〔和名抄〕榻 之知(しぢ)〔字鏡集〕榻 ヒヂ・ユカ・ナガキトコ

【榻牀】 腰かけ。寝台。唐・張籍〔(韓)退之(愈)を祭る〕詩 出でては則ち轡を聯ねて馳せ 寝ねては則ち榻牀を對す

↑榻倚 腰かけ/榻下 牀の下/榻車 板車/榻床 榻牀/榻然 低いさま/榻直 梃直/榻登 ふみ台/榻板 長椅子/榻布 厚い粗布/榻本 刷本

↓衣榻・移榻・一榻・下榻・臥榻・解榻・寒榻・机榻・虚榻・挽榻・御榻・琴榻・吟榻・賢榻・懸榻・故榻・孤榻・降榻・講榻・坐榻・書榻・牀榻・塵榻・酔榻・石榻・禅榻・対榻・苔榻・短榻・登榻・同榻・独榻・板榻・晩榻・別榻・方榻・放榻・木榻・夜榻・連榻

常 【稲】 14 人【稻】 15 2297 トウ(タウ) いね

篆文 金文 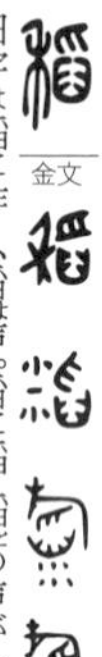

形声 旧字は稻に作り、舀声。舀に滔・慆の声がある。舀は臼の中に手を入れている形。〔説文〕七上に「稌なり」とあり、粘りのあるものを稲、ないものを秔、総称して稲という。金文の簠の銘文に「用て稻粱を盛る」というのが常語で、簠にいれて神饌とした。〔礼記、曲礼下〕に「稻を嘉蔬と曰ふ」とあり、神饌としての名である。

訓義 ①いね、もちいね。②芒のある穀物の総称。

古訓 〔和名抄〕稻 秔稻なり。以禰(いね)/早稻 和世(わせ)/晩稻 比禰(ひね)〔名義抄〕稻 イネ/早稻 ワセ/晩稻 オクテ〔字鏡〕稻 イネ・ホ・ヌカ

【稲雲】 稲の稔りがはるかにつづくこと。宋・范成大〔田舎〕詩 樂しい哉、今歳の事 天末に稻雲黄なり

【稲花】 稲の花。宋・范成大〔新涼夜坐〕詩 江頭一尺、稻花の雨 窗外三更、蕉葉の風

【稲熟】 稲が実る。〔梁書、陳伯之伝〕幼にして膂力有り。年十三四、好んで獺皮冠を著け、刺刀を帶び、隣里の稻熟するを候伺して、輙ち之れを偸み刈る。

【稲穂】 稲の穂。宋・范成大〔竹下〕詩 稻穗、黄にして臥せんと欲し 槿花、紅未だ落ちず

【稲田】 稲をうえた田。〔詩、小雅、白華〕滮池、北に流れ 彼の稻田を浸す

【稲麦】 稲と麦。〔周礼、夏官、職方氏〕正東を青州と曰ふ。~其の利は蒲魚、~其の畜は雞狗に宜しく、其の穀は稻麥に宜し。

【稲米】 米。〔儀礼、士喪礼〕貝三は笲(竹器)に實たし、稻米一豆は筐に實たす。

【稲粱】 稲と、おおあわ。〔詩、唐風、鴇羽〕王事盬むこと靡し 稻粱を蓺うること能はず

↑稲秧 稲の苗/稲稼 いね/稲蟹 稲食う蟹/稲雁 供え物/稲畦 稲田/稲糵 穀芽/稲香 稲の香り/稲藁 わら/稲穀 いね/稲栽 稲の苗/稲収 米の収穫/稲菽 稲と豆/稲稷 米ときび/稲穟 稲の穂先/稲粟 米/稲孫 切株の芽/稲疇 稲田/稲飯 米/稲尾 きび/稲苗 稲の苗/稲芒 稲ののぎ/稲廬 稲小屋

↓秧稲・禾稲・嘉稲・穫稲・宜稲・魚稲・畦稲・秔稲・香稲・黄稲・粳稲・藁稲・穀稲・種稲・秫稲・黍稲・新稲・水稲・薦稲・早稲・飯稲・晩稲・野稲・陸稲・粱稲

【綯】 14 2792 トウ(タウ) なわなう あざなう

形声 声符は匋。〔広雅、釈器〕に「索なり」とあり、なわなうことをいう。索はその象形字。綯は匋に従い、匋は土を練って土器を作ること。そのように撚り縄なうことをいう。

訓義 ①なわなう、あざなう。②なわ、つな、よりいと。

古訓 〔名義抄〕綯 ナウ〔字鏡集〕綯 ナフ・スナハ

↑綯絞 締める/綯首 絞首刑

↓加綯・曲綯・絞綯・索綯・尋綯・布綯・茅綯

【骰】 14 7724 トウ コ さい さいころ

形声 声符は殳。殳は投の省文。投げて勝敗を決するので、もと投子といった。玉または石・骨で作る。

訓義 ①さい、さいころ、すごろくのさい。②股と通じ、もも。

古訓 〔篇立〕骰 アシモト・アシモ、

【骰子】 さいころ。〔五代史、呉越世家、銭鏐〕(景福)二年、越州の董昌反す。昌素より愚にして、事を決する能はず。民の訟に臨み、骰子を以て之れを擲ち、勝つ者を直と爲す。妖人應智・王溫・巫の韓媼等、妖言を以て昌を惑はし、鳥獸を獻じて符瑞と爲す。

↑骰戯 博戯/骰局 博戯/骰盤 双六盤/骰盆 骰盤

↓擲骰

【幢】 15 4021 トウ(タウ) ドウ(ダウ) はた はたぼこ ほろ

篆文 

形声 声符は童(童)。〔説文新附〕七下に「旌旗の屬なり」とあり、〔釈名、釈兵〕に「幢は童なり。其の貌童童然たるなり」と、その形状よりの名とする。儀器としてかざし・おおいに用い、また帷幕のように用い、后妃の車のほろ、車のとばりの類をもいう。また橦と通用し、橦は旗竿。旗竿から垂れる形の旗を幢という。のち多く仏寺の儀式に用いる。

訓義 ①はた、はたぼこ、軍の指揮に用いるはた。②かざし、おおい、車や舟などに用いる。③まく、とばり、車のとばり。④車のほろ、たれぎぬ。⑤橦と通じ、はたざお。

古訓 〔名義抄〕幢 ハタホコ・マロハタ・ヲロカナリ・ホバシラ〔字鏡〕幢(幢) ハタホコ〔字鏡集〕幢 ハタホコ・ハタ・ヲロカナリ・マロハタ

【幢翳】 はたのかざし、車上にたてる。〔晋書、輿服志〕戎車には、四馬を駕す。天子親しく戎する(出征)とき、乗る所の者なり。金鼓・羽旗・幢翳を載つ。

【幢蓋】 はたぼこと、朱のかさ。将軍や刺史の儀制として用いる。晋・潘岳〔馬汧督の誄〕進むるに顯秩を以てし、殊(特例と)するに幢蓋の制を以てす。

【幢将】 禁衛の兵の統率者。〔資治通鑑、宋紀三〕(文帝、元嘉七年)(豆)代田に爵井陘侯を賜ひ、散騎常侍・右衞將軍・領内都幢將を加ふ。〔注〕百人を幢と爲し、幢ごとに帥有るは、柔然の法なり。

【幢節】 儀仗のはた。また、符節。五代・斉己〔金陵の幕中李郎中に寄す〕詩 久しく待つ、尊罍の鐵甕に臨むを 又幢節に従つて金陵に鎮す 精神一隻、秋空の鶴 騷雅千尋、夏井の冰

【幢幢】 羽毛の垂れるさま。めぐるさま。往復して絶えないさま。また、高くこんもりとしたさま。清・王士禎〔龐居士山を望む〕詩 雲煙杳杳として、樹幢幢たり 消息、誰に

憑つてか、老龐を問はん

【幢幡】とう(たう)はん はた。儀仗や指揮に用いる。〔後漢書、礼儀志下〕校尉三百人、皆赤幘にして冠せず、絳科單衣、幢幡を持つ。

↑幢牙 天子や将軍の用いるはた／幢竿 はたざお／幢麾 儀仗のはた／幢棨 はたと、ほこ／幢戟 はたと、ほこ／幢主 はたがしら／幢隊 旗をもつ先頭部隊／幢旛 仏寺の幢幡／幢旟 はた／幢容 車のとばり／幢絡 ほろ／幢流 ふきながし

↓帷幢・雲幢・翳幢・花幢・牙幢・旗幢・麾幢・玉幢・経幢・戟幢・建幢・孤幢・持幢・朱幢・繡幢・神幢・翠幢・青幢・赤幢・節幢・千幢・大幢・帆幢・幡幢・飛幢・葆幢・法幢・宝幢・鸞幢

【惷】 15 5033 トウ(タウ) ショウ おろか くらい

篆文 

形声 声符は舂。〔説文〕十下に「愚かなり」とあり、〔儀礼、士昏礼、記〕に、結納のとき、女の親が、「某の子、惷愚にして、又教ふること能はず」と挨拶することをしるしている。金文に惷の字があり、〔毛公鼎〕に「小大の政を惷しむ」とみえる。惷は愚直というほどの意であろう。〔礼記、哀公問〕に「寡人、惷愚頑冥」とあり、諸侯自らいうこともあった。

訓義 ①おろか、にぶい、くらい。②字はまた戇に作る。

古訓 〔名義抄〕惷 オロカニ・オロカナリ・ツタナシ・カタクナシ・ナブル 〔字鏡集〕惷 オロカ・ウゴク・コヒワヅラフ

語系 惷thjiuən、戇thongは声義が近い。戇は〔説文〕十下に「愚かなり」とあり、惷と同訓。惷は謹信の意であり、戇は神頼みする意。ともに愚直をいう。

【惷愚】とう(たう)ぐ 愚か。〔淮南子、墜形訓〕其の人は翕形短頸、惷愚にして壽なり。

↑惷騃 おろか／惷乎 愚かなさま／惷心 愚心／惷拙 愚拙／惷窒 暗愚／惷婦 愚婦／惷樸 愚直／惷昧 愚昧／惷冥 愚昧

↓騃惷・悍惷・狂惷・愚惷・剛惷・昏惷・癲惷・愎惷

【撐】 15 5904 トウ(タウ) ささえる さおさす

形声 声符は尚(尚)。尚に黨(党)・堂の声がある。字はまた掌に従う。司馬相如の〔長門の賦〕に「離として樓梧として相ひ撐ふ」の、〔文選、李善注〕に引く〔字林〕に「拄ふるなり」とみえる。また舟に棹さすことをいう。

訓義 ①ささえる、ささえもつ。②さおさす、さおさし、すすめる。③力をためる、おす、あく、あきたる。④相あたる。

古訓 〔篇立〕撐 ツキ

【撐拄】とう(たう)しゅ 支える。支えもつ。魏・陳琳〔飲馬長城窟行〕楽府 男を生まば、愼みて擧ぐること莫かれ 女を生まば、哺するに脯(乾肉)を用ひよ 君獨り見ずや、長城の下 死人の骸骨、相ひ撐拄するを

↑撐委 堆積する／撐駕 棹さす／撐拒 抵抗する／撐抉 揭げる／撐持 支える／撐刺 棹さす／撐舌 驚く／撐船 舟に棹さす／撐達 老練／撐腸 満腹／撐拏 つかむ／撐突 突く／撐撥 起こす／撐夫 船頭／撐犂 匈奴の語で天をいう／撐目 眼を見張る

↓肩撐・孤撐・交撐・支撐・双撐

入【撞】 15 5001 〔撞〕 15 5001 トウ(タウ) ドウ(ダウ) シュ つく うつ たたく

篆文 

形声 声符は童(童)。〔説文〕十二上に「丮く擣くなり」とあり、鐘などを擣きならす意。童はおそらく古くは重に作る字で、重は橐の形。橐にまとめて擣くことをいう。〔詩、小雅、鼓鍾〕の鍾は鐘。金文には鐘(鐘)の形を用いている。つくことをまた衝という。

訓義 ①つく、はやくうつ、つきならす。②たたく、たたきならす。③つきさす、つきすすむ。

古訓 〔名義抄〕撞 サス・ツク・ウツ・カネウツ

語系 撞deong、鐘(鍾)tjiongは声義近く、鐘うつことを撞という。舂・摏sjiong、衝thjiongもみな強く撞くことをいう。撞擊の字はすべてもと童とは関係なく、重に従う字であった。童は童僕、顔面に入墨した僕隷をいう。

【撞壊】とうかい(たうくわい) つきこわす。〔晋書、陸納伝〕時に會稽王道子、少年を以て政を專らにし、群小に委任す。納、闕を望みて歎じて曰く、好家居なるに、纖兒之れを撞壊せんと欲するかと。

【撞撃】とう(たう)げき つきうつ。〔三国志、呉、吾粲伝〕天の大風に値ひ、~或いは覆沒沈溺す。其の大船の尚ほ存する者は、水中の生人、皆攀緣號呼す。他の吏士、船の傾沒せんことを恐れ、皆戈矛を以て撞擊して受けず。

【撞車】とう(たう)しや 敵の守備をつき破る装甲車。〔旧唐書、竇建徳伝〕建德、撞車拋石を縦ち、機巧絶妙、四面より城を攻めて之れを陥る。建德、城に入り、先づ隋の蕭皇后に謁し、與に語りて臣と稱す。

【撞鐘】とう(たう)しよう 鐘をうつ。〔左伝、昭二十年〕晏子曰く、~高臺深池、鐘を撞ち女を舞はしめ、民力を斬刈し、其の聚を輸掠す。~神怒り民痛むと。

【撞挃】とう(たう)ちつ つきうつ。〔釈名、釈兵〕殳は殊なり。長さ丈二尺にして、刃無し。車上に撞挃する所有りて、殊離せしむるなり。

【撞蹋】とうとう(たうたふ) つきたおし、ふみつける。〔後漢書、宦者、曹節伝〕朱瑀、事の覺露し、禍の其の身に及ばんことを知り、遂に逆謀を興造し、~省闥を撞蹋し、璽綬を執奪し、陛下を迫脅し、~遂に(陳)蕃・(竇)武及び尹勳等を誅せり。

【撞木】しゅもく 鐘をつく木。〔文献通考、楽十二〕撞木、古者鐘を撞き磬を撃つに、必ず濡木を以てす。上兩堅、相ひ和すること能はざるを以ての故なり。

【撞郎】とうろう(たうらう) 天子自ら郎官をうつ。〔後漢書、鍾離意伝〕明帝~嘗て事を以て郎藥崧を怒り、杖を以て之れを撞つ。~崧曰く、天子は穆穆たり、諸侯は煌煌たり。未だ人君自ら起つて郎を撞つを聞かずと。帝之れを赦す。

↑撞磕 衝突する／撞嚇 強奪する／撞遇 偶然にあう／撞見 撞遇／撞鼓 鼓をうつ／撞舂 うすにつく／撞席 招待なしにおしかける／撞着 矛盾する／撞撞 つく／撞頭 つき当たる／撞擣 つきうつ／撞突 衝突する／撞入 突入する／撞破 つき破る／撞門 門を叩く

↓横撞・撃撞・激撞・杵撞・杖撞・頭撞・突撞・浪撞

入【樋】 15 4793 トウ ひ かけひ みぞ

形声 声符は通(通)。〔集韻〕に「木の名なり」とするが用例がなく、わが国では水を通す「ひ」の意に用いる。かけわたしたものを「かけひ」という。禁中のかわやの掃除人を「樋洗」といった。

訓義 ①ひ、かけひ。②みぞ、ほりこんだ溝。

古訓 〔名義抄〕樋 ヒ 〔篇立〕樋 ヒ・ヒ、ソ

【滕】 15 7923 トウ わく あがる おくる

篆文 

形声 声符は朕。朕に滕・謄(謄)の声がある。朕は盤中のものを捧げて贈る意。〔説文〕十一上に「水、超涌するなり」とあって、水がわき上がることをいう。〔詩、小雅、十月之交〕「百川沸騰す」を、〔玉篇〕に引いて「沸滕」に作る。水が盤中にゆれ動くことから、わき上がる水勢をいう字となったのであろう。

訓義 ①わく、わきあがる、水がわきあがる。②おくる、とどける。③むなしい。

古訓 〔名義抄〕滕 ツタフ 〔字鏡集〕滕 ツタフ・ナメル・ワキアガル・ノブ

声系 藤（藤）は滕声の字であるが、〔説文〕未収。「ふじかずら」はまといながら上がるもので、滕の声義をうける。

語系 滕・縢・螣・騰（騰）・藤 dang は同声。みな、めぐりながら上がる姿勢のものをいう。縢はまとい緘じること、螣は螣蛇、藤は藟の類の総称に用いる。上に登ることを登 tang といい、陟 tiək という。

【滕室】 墓室。〔博物志、七、異聞〕漢の滕公薨ず。東都の門外に葬られんことを求む。公卿送喪するに、駟馬行かず。～跑蹄の下の地に、石室を得たり。銘有りて曰く、佳城鬱鬱、三千年白日を見ん。吁嗟、滕公、此の室に居ると。遂に葬る。

↑滕口 放言する／滕宏 胡麻／滕六 雪の神の名

↓沸滕

常

【踏】 15 6216 ［蹋］ 17 6612

トウ（タフ）
ふむ おさえる

篆文

形声 声符は沓。〔説文〕二下に字を蹋に作り、𦐇声。「践むなり」と訓する。沓は祝禱の器である曰の上に水をそそぎ、その祝禱をけがし無効とする意。また𦐇は習（習）の倒文で、習は曰を羽でしきりに摺って、その呪能を刺激する意。それを倒覆するのは、やはり沓と同じ呪的な行為である。ゆえに踏・蹋は声義の同じ字である。踏むことに本来呪的な意味があって、踏歌・踏青などの民俗が生まれた。

訓義 ①ふむ、ふみおさえる、ふみつける。②ふみすすむ、あるく、ゆく。③ふみだい。④はきもの。⑤たしかめる。

古訓 〔新撰字鏡〕踏 不弥奈豆佐不（ふみなづさふ）〔名義抄〕踏 フム・フミニジル・コユ 〔字鏡集〕踏 ウゴク・タ、ム・フム

語系 踏・蹋 thap、蹀 dyap、躡 niap はみな声近く、足しげくふむことをいう。枼・聶はひらひらと数しげく動く意がある。

【踏歌】 足拍子をつけて歌う民歌。唐・李白〔汪倫に贈る〕詩 李白、舟に乗りて將に行かんと欲す 忽ち聞く、岸上、踏歌の聲

【踏春】 春の野遊び。また、踏青・踏翠ともいう。唐・孟郊〔済源寒食、七首、三〕詩 一日踏春、一百回 朝朝脚を沒して、芳埃を走る

【踏翠】 踏青。踏春。唐・晁采〔春日、夫の長安に之くを送る〕詩 君の遠く別るるを思へば、妾心愁ふ 踏翠、江邊、畫舟を送る

【踏青】 春の野遊び。宋・蘇轍〔歳首の郷俗を記して子瞻（軾）に寄す、二首、一、踏青〕詩 江上、冰消えて、岸草青し 三三五五、踏靑して行く

【踏雪】 雪をふむ。唐・杜甫〔更に題す〕詩 只だ應に初雪を踏むべし 騎馬、荊州を發す 直だ怕る、巫山の雨 眞に白帝の秋を傷ぶらんことを

【踏碓】 足ふみのうす。宋・陸游〔農家の歌〕詩 腰鎌、黃雲に卷き 踏碓、白玉を舂く 八月、租稅畢り 社瓮、醲きこと粥の如し

【踏蹀】 足ふみする。たちもとおる。踊る。〔隋書、五行志上〕（詩妖）周の宣帝、宮人と夜中臂を連ねて踏蹀して歌うて曰く、自ら知る、身命の促まれるを 燭を把つて夜行遊すと。帝、即位三年にして崩ず。

【踏破】 歩きまわる。ふみ破る。宋・黄庭堅〔子瞻（蘇軾）去歳春夏、延英に侍立す。～次韻四首、一〕詩 江沙踏破す、靑鞵の底 却へつて絲絇を結んで、禁庭に侍す

【踏伏】 伏兵を捕らえる。〔酉陽雑俎、四、喜兆〕劉沔、小將と爲る。軍頭、頗ぶる之れを易んず。生を捉へ踏伏する每に、沔、必ず數に在り。前後重創、將に死せんとすること四たびを數ふ。

↑踏雨 雨中を行く／踏槐 科挙を受験する／踏看 踏査する／踏勘 踏査する／踏鞠 けまり／踏蹺 足に結びつける高いはきもの／踏月 月下を散歩する／踏肩 肩がふれあう／踏行 踏査する／踏花 踏査 実地を調査する／踏索 捜索する／踏実 切実／踏車 水車／踏襲 承継する／踏床 ふみ台／踏水 立ち泳ぎ／踏藉 ふむ／踏節 足で拍子をとる／踏践 ふむ／踏蘚 苔をふむ／踏逐 助産／踏潮 朝潮と夕潮とがゆきあたる／踏鎚 唱和する／踏蹄 足拍子／踏灯 元宵看灯／踏踏 蹄の音／踏鐙 馬のあぶみ／踏頓 足拍子をとる／踏白 軍の先鋒／踏臂 ひじがふれあう／踏壁 壁を登る／踏歩 進みゆく／踏芳 踏花／踏謡 踏歌／踏犁 すき

↓脚踏・屐踏・高踏・雑踏・蹴踏・践踏・頽踏・重踏・登踏・騰踏・馬踏・舞踏・乱踏・履踏

【鄧】 15 1712

トウ

篆文　金文

形声 声符は登。〔説文〕六下に「曼姓の國、今、南陽に屬す」とあり、地名としては、山東の魯、河南郾城にその地がある。金文には曼姓の鄧孟の器のほか、鄭鄧伯、媿姓の鄧の器などがある。

訓義 ①古代の周の国の名。②地名。

【霅】 15 1060

トウ（タフ） ヨウ（エフ） ショウ（セフ） ソウ（サフ）
いなびかり かまびすしい はやい

篆文

形声 声符は言。言は讋の省文。〔説文〕十一下に「霅霅、靁電の皃なり」（段注本）とあり、雷鳴と電光とともに発するさまをいう。また「一に曰く、衆言なり」というのは、聶・讘の義である。

訓義 ①いなびかり、雷鳴、雷のとどろき。②かまびすしい、やかましい、多言。③はやい。

古訓 〔篇立〕霅 アレタリ 〔字鏡集〕霅 アメノオト

語系 霅・讋 tjiap は同声。讋は〔説文〕三上に「气を失ひて言ふなり。一に曰く、言止まざるなり」とあり、ともに聶の省声の字であろう。聶は「疾く言ふなり」と訓する字。讘 njiap は声義近く、「多言なり」と訓する。みな同系の語である。

↑霅煜 ひかり輝くさま／霅霅 雷電の光り雨ふるさま／霅爾 雨ふるさま／霅然 散りうせるさま／霅霅 多言のさま／霅曄 すみやかなさま

↓煜霅

【鞉】 15 4251 ［鞀］ 14 4756 ［鼗］ 19 3214

トウ（タウ）
ふりつづみ

篆文　籀文

形声 声符は兆。〔釈名、釈楽器〕に「鞉は導なり。樂を導きて作る所以なり」とする。字はまた鞀に作り、鼗に作る。〔説文〕三下に鞀を正字とし、「鞀遼なり」とあって、鼓声の遠く聞こえる意とするが、〔釈名〕と同じく音義説である。〔周礼、春官、小師〕の〔鄭注〕に「鼗は鼓の如くにして小、其の柄を持ちて之れを搖かす。旁耳還た自ら擊つ」とみえる。

訓義 ①ふりつづみ。②字はまた鞀・鼗に作る。

古訓 〔和名抄〕鼗鼓 不利豆々美（ふりつづみ）〔名義抄〕鼗

鼓 フリツヾミ

↑鞉磬（とうけい） 鞉と磬／鞉鼓（とうこ） ふりつづみ

【懂】 16 9401 トウ さとる しる

形声 声符は董（董）（とう）。懵懂（ぼうとう）は心みだれること。今はさとる意に用いる。

訓義 ①懵懂、心みだれる。②さとる、しる、あきらか。

↑懂行（とうこう） 熟達する／懂事（とうじ） 理解する／懂得（とうとく） 知りつくす／懂礼（とうれい） 礼儀正しい

↓懞懂・懵懂

【曈】 16 6001 トウ よあけ

篆文

形声 声符は童（童）（どう）。〔説文新附〕七上に「曈曨（とうろう）、日明けんと欲するなり」とあって、夜のあけるさまをいう。

訓義 ①よあけ、あけそめる。②ほのぐらいさま。

古訓 〔名義抄〕曈 アケボノ・カヾヤク

【曈曈】（とうとう） 日の上るさま。よあけ。唐・盧綸〔臘日、咸寧王の部曲娑勒の豹を擒するを観る歌〕詩 山頭、曈曈として、日将（まさ）に出でんとし 山下、獵圍（れふゐ）して、初日を照らす 前林に獣有り、未だ名を識（し）らず 将軍、騎を促すも、人聲無し

【曈曚】（とうもう） ほの暗い。唐・紇干兪〔天壇山に登りて海日の初めて出づるを望む賦、三〕浩渺（かうべう）として涯（はて）無く、曈曚として望に在り。高く崢嶸（さうくわう）の頂に居り、下（しも）赫曦（かくぎ）（太陽）の狀を視る。

【曈曨】（とうろう） ほのぼの。うす明かり。晋・陸機〔文の賦〕其の致や、情、曈曨として彌（いよいよ）鮮やかに、物、昭晰（せきせき）として互ひに進む。

↑曈朧（とうろう） 曈曨

入 **【橙】** 16 4291 トウ（タウ） だいだい

篆文

形声 声符は登（とう）。〔説文〕六上に「橘の属なり」とあり、だいだいをいう。その果皮は薬用に、果汁は酢の代用となる。

訓義 ①だいだい。②かぶす。③凳（とう）と通用し、いす、ふみだい。

古訓 〔名義抄〕橙 ハナタチバナ・カラタチ・タチバナ・アベタチバナ・カケハシ・ハシ 〔字鏡集〕橙 ハナタチバナ・タチナシ・カケハシ・クサキ・マヘタチ・タチバナ

【橙蟹】（とうかい（たう）） だいだいの実に蟹の膏（あぶら）を入れた蒸し物。〔山家清供、上、蟹釀橙〕橙は黄熟の大なる者を用ふ。頂を截（き）りて穰（中味）を剜去（ゑんきよ）し、～蟹の膏肉を以て其の内に實（み）たし、～酒醋水（しゆさくすい）を用ひて蒸熟し、醋鹽（さくえん）を用て食に供す。

【橙黄】（とうこう（たうくわう）） 橙の色づく時。宋・蘇軾〔劉景文に贈る〕詩 一年の好景、君須（すべか）らく記すべし 正に是れ、橙黄橘緑（りよく）の時

↑橙子（とうし） だいだい／橙実（とうじつ） だいだいの実／橙樹（とうじゅ） だいだいの木／橙色（とうしょく） 橙黄色／橙紅（とうこう） だいだい色／橙丁（とうてい） だいだいの砂糖煮／橙皮（とうひ） だいだいの皮／橙圃（とうほ） だいだいの畑

↓甘橙・橘橙・金橙・香橙・黄橙・朱橙・秋橙・椒橙・新橙・霜橙・緑橙・縷橙

【橦】 16 4091 トウ（タウ） ショウ ジョウ シュ はたざお

篆文

形声 声符は童（童）（どう）。〔説文〕六上に「帳の柱なり」（小徐本）とあり、旗竿や帆柱をもいう。竿の上で軽技をすることを橦伎といい、漢の瓦当にその類の画が多い。

訓義 ①とばりのはしら、はたざお、ほばしら。②さお、きぎれ。③艟（どう）と通じ、衝車。④木の名。

古訓 〔名義抄〕橦 ハタホコ・ツグ 〔篇立〕橦 ハタホコ・ツキ・ツク・ホハシラ

↑橦華（とうか） 橦の花、つむいで布とする／橦竿（とうかん） 竿の先／橦城（とうじょう） 城を撞きやぶる／橦橦（とうとう） 鼓の音／橦棚（とうほう） 戦車／橦末（とうまつ） 竿の先

↓鉤橦・脩橦・尋橦・翻橦

【燙】 16 3680 トウ（タウ） あたためる

形声 声符は湯（とう）。湯は温湯。更に火を加えて、熱湯を以てものを温めること、酒の燗（かん）などをいう。

訓義 ①あたためる、熱湯であたためる。②酒の燗をする。③手をあたためる。④やく、こてをあてる。

↑燙酒（とうしゆ） 酒の燗／燙斗（とうと） ひのし／燙薬（とうやく） 煎薬

常 **【糖】** 16 9096 〔糖〕 16 9096 〔餳〕 18 8672 トウ（タウ） あめ

篆文

形声 声符は唐（唐）（とう）。〔説文新附〕七上に「飴（あめ）なり」という。〔説文〕五下に「餳（たう）は飴の饊（おこし）に和する者なり」とあり、古くは餳といった。暢（の）びるものの意であろう。飴は餳よりやや柔らかいものをいう。

訓義 ①あめ、乾糖。②砂糖。

古訓 〔新撰字鏡〕糖 阿米（あめ） 〔名義抄〕糖・餹・餳・飴 アメ 〔篇立〕糖 アメ

語系 糖（餹）dang、餳 zyang は声近く、〔広雅・釈器〕に「餹は餳なり」という。〔詩、周頌、有瞽〕の〔鄭箋〕に、餳売りが簫管を吹きながら、街を流して歩くことがみえる。

【糖霜】（とうそう（たうさう）） 白砂糖。〔容斎五筆、六、糖霜譜〕糖霜は古に非ざるなり。歴世の詩人、～亦た一章一句之れを言ふもの無し。唯だ東坡公、金山寺を過ぎる～に云ふ、冰盤琥珀（こはく）を薦むるは、何ぞ似（し）かん、糖霜の美なるに。

↑糖花（とうか） 金平糖／糖漿（とうしょう） 砂糖水、舎利別／糖食（とうしょく） 甘言／糖人（とうじん） あめ細工／糖精（とうせい） 氷砂糖／糖皮（とうひ） ゼリー／糖密（とうみつ） 密砂糖／糖酪（とうらく） 甘い牛乳／糖粒（とうりゅう） 金平糖／糖滷（とうろ） 砂糖水

↓果糖・血糖・乾糖・熬糖・黒糖・砂糖・湿糖・蔗糖・精糖・製糖・粗糖・霜糖・軟糖・乳糖・白糖・薬糖

【縢】 16 7929 トウ しばる なわ ひも ふくろ

篆文 金文

形声 声符は朕（よう）。朕に縢・騰（騰）（とう）の声がある。〔説文〕十三上に「緘（とづ）るなり」とあり、ぐるぐると巻きめぐらすことをいう。〔書、金縢〕の金縢は金櫃（かなびつ）の類。つづらに鍵を施しうるもの。文中に「籥（鍵）を啓（ひら）きて書を見る」とあって、重要な文書は金縢の中に収めた。

訓義 ①しばる、とじる、まきつける。②なわ、ひも、おび、へり。③ふくろ。字はまた幐に作る。④むかばき、きゃはん。

古訓 〔新撰字鏡〕縢 牟加波支（むかばき） 〔名義抄〕縢 ウハツヽミ・カラグ・ツヽム／行縢 ムカバキ 〔字鏡集〕縢 ツヽム・カラグ・ウハツヽミ

語系 縢・滕・幐・騰・藤（藤）dang は同声。めぐりながら上がる姿勢をもつものをいう。滕は沸滕、幐は幐蛇、騰は騰躍、藤は葛藟の類。縢はぐるぐる巻きすることをいう。登 tang、陟 tiək も盤旋して登ることをいう。

【縢嚢】（とうのう（なう）） 負い袋。〔後漢書、儒林伝序〕初め光武、洛陽に遷り還りしとき、其の經牒祕書の之れを載するもの二千餘兩。～董卓の都を移すの際に及び、～宣明・鴻都諸藏の典策文章、競ひて共に剖散（はうさん）し、其の縑帛（けんぱく）圖書、大なるは則ち連ねて帷蓋（ゐがい）と爲し、小なるは乃ち制（つく）りて縢嚢と爲す。

↑縢書（とうしょ） 金縢の書／縢履（とうり） なわぐつ

↓嬴縢・緘縢・綺縢・金縢・啓縢・行縢・緄縢・朱縢・拔縢・封縢・羅縢

【蕩】 16 4412 トウ(タウ) うごく あらう おおきい

篆文 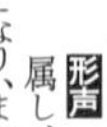

形声 声符は湯。〔説文〕に字を水部十一上に属し、水名とする。湯に盪揺の意があり、蕩滌の意となり、また蕩蕩として広大の意となる。字は昜の声義を承け、昜は陽光が放射しゆらぐ意。それを他に及ぼして湯・蕩のようにいう。

訓義 1うごく、ゆれる。2あらう、あらいのぞく、ながす、ながしさる。3おおきい、ひろい、さかん。4やぶる、ほしいまま。5たいらか、てがる。

古訓 〔和名抄〕蕩 漢語抄に云ふ、蕩子、太波禮乎(たはれを)〔名義抄〕蕩 トラク・トラカス・アソブ・オホイナリ・ユタカニ・ホシイマヽ〔篇立〕蕩 トラカス・ハナフサ・ホシキマヽ・オホイナリ・ヒロシ・アラハル・スヽム・アガリテ・ホシコル

語系 蕩・盪dangは動dongと声近く、揺動の意がある。また愓・惕dangも蕩と同声で、ともに放縦・散逸の意がある。また簜dangは大きな竹をいう。

【蕩佚】おおらかでかまわぬ。〔後漢書、馮衍伝下〕(自論)馮子、～常に道徳の實を務め、當世の名を求めず。杪小の禮を闊略にし、人閒の事に蕩佚す。正身直行、恬然として志を肆にす。

【蕩決】川が決潰する。民国・梁啓超〔述帰、五首、一〕詩 蟻穴一たび之れに乘ずれば 蕩決すること遂に萬里 硠硠たる土崩の勢ひ 史に徴するに、與に比する莫し

【蕩子】放蕩な男。〔文選、古詩十九首、二〕昔は倡家の女爲り 今は蕩子の婦と爲る 蕩子、行いて歸らず 空牀獨り守り難し

【蕩志】奔放の志。宋・蘇軾〔陶(潜)の擬古九首に和す、四〕詩 少年、遠遊を好む 蕩志、八荒を隘しとす 九夷を藩籬と爲し 四海、我が堂を環る

【蕩舟】舟をゆり動かす。〔史記、管蔡世家〕齊の桓公、蔡女と船中に戲る。夫人舟を蕩かす。桓公之れを止むるも止めず。公怒りて蔡女を歸すも、絶たざるなり。蔡侯、怒りて其の弟を嫁せしむ。

【蕩心】放蕩の心。〔玄怪録、一、杜子春〕子春既に富み、蕩心復た熾んなり。自ら以爲へらく、終身復た羈旅せざらんと。肥に乘り、輕を衣、酒徒を會し、～復た治生を以て意と爲さず。

【蕩尽】すっかりなくなる。唐・李漢〔唐吏部侍郎昌黎先生諱は愈の文集の序〕秦・漢以前は其の氣象渾然たり。～後漢・曹魏に至りて、氣象萎薾す。司馬氏(晋)已來、規模蕩盡し、～剽掠僭竊を工みと爲すのみ。文と道と蓁塞す。

【蕩析】離散。〔書、盤庚下〕今我が民、用つて蕩析離居し、定極有ること罔し。

【蕩然】すっかりなくなる。〔後漢書、党錮伝序〕中平元年、黄巾の賊起る。～帝其の言を懼れ、乃ち大いに黨人を赦し、誅徙の家、皆故郡に歸らしむ。其の後黄巾遂に盛んにして、朝野崩離し、綱紀文章蕩然たり。

【蕩駘】のびのびとする。〔晋書、夏侯湛伝〕(抵疑)獨り藝文に雍容し、儒林に蕩駘し、志、著述の業を輟めず、口に雅頌の音を釋かず。

【蕩滌】洗いのぞく。〔漢書、律暦志上〕樂を作る所以の者は、八音を諧へて人の邪意を蕩滌し、其の正性を全うし、風を移し俗を易ふるなり。～五聲和し、八音諧ひて樂成る。

【蕩蕩】広大なさま。盛んなさま。〔書、洪範〕偏無く黨無く、王道蕩蕩たり。黨無く偏無く、王道平平たり。反無く側無く、王道正直なり。

【蕩覆】くつがえし、滅ぼす。魏・文帝〔典論自序〕初平の元、董卓主を殺し、后を鴆(殺)し、王室を蕩覆す。是の時、四海既に困しむ。

【蕩漾】漂いゆらぐ。宋・欧陽脩〔豊楽亭遊春、三首、一〕詩 綠樹交加へ、山鳥啼き 晴風蕩漾して、落花飛ぶ

↑蕩夷 平らか／蕩意 心を洗う／蕩佚／蕩軼 蕩佚／蕩駭 驚く／蕩悍 ほしいままで凶悍／蕩恐 恐れて震え上がる／蕩激 激揚する／蕩検 だらしがない／蕩口 冗舌／蕩汩 大波があれる／蕩魂 驚愕する／蕩産 破産する／蕩散 散佚する／蕩思 蕩心／蕩失 すっかりなくなる／蕩除 はらいのぞく／蕩槳 櫂をこぐ／蕩攘 はらい去る／蕩折 蕩失／蕩船 蕩舟／蕩汏 洗い除く／蕩地 湿原／蕩定 平定する／蕩掉 ゆり動かす／蕩廃 財産を使いはたす／蕩薄 全体にみちわたる／蕩婦 遊女／蕩平 平定する／蕩没 すっかり沈む／蕩摩 はげしくすれあう／蕩滅 消滅する／蕩漭 広々としたさま／蕩宥 ゆるす／蕩揺 ゆり動かす／蕩流 漂流する／蕩惑 ゆらぎ惑う

↓怡蕩・佚蕩・逸蕩・淫蕩・盈蕩・淹蕩・泱蕩・豁蕩・虚蕩・矜蕩・鼓蕩・浩蕩・曠蕩・豪蕩・心蕩・振蕩・震蕩・掃蕩・駘蕩・坦蕩・跌蕩・滌蕩・洞蕩・波蕩・播蕩・板蕩・簸蕩・漂蕩・飄蕩・浮蕩・沸蕩・平蕩・放蕩・茫蕩・翻蕩・莽蕩・遊蕩・揺蕩

【螣】 16 7923 トウ トク へび はくいむし

篆文 

形声 声符は朕。朕に騰(騰)・滕の声がある。〔説文〕十三上に「神蛇なり」とあり、〔荀子、勧学〕に「螣蛇は足無くして飛ぶ」とみえ、〔大戴礼、勧学〕に字を「騰蛇」に作る。秋の害虫を「螟螣」といい、〔詩、小雅、大田〕に「其の螟螣と 其の蟊賊とを去らん～田祖神有り 秉りて炎火に畀へん」の句がある。

訓義 1へび、神蛇の名。よく空を飛ぶという。2はくいむし、いなご、秋の害虫。

語系 螣・騰・滕・縢・藤(藤)dəngは同声。めぐりながら上がる姿勢のことをいう。螣・騰は通用することがある。

【螣蛇】神蛇の名。〔荀子、勧学〕螣蛇は足無くして飛び、鼫鼠(むささび)は五技にして窮す。

↑螣驀 はくいむし

↓虺螣・螟螣

常【頭】 16 1118 トウ ズ(ヅ) あたま かしら ほとり

篆文  金文 

形声 声符は豆。豆は食器。直立して頭を戴く首の形が似ているので、頭という。〔説文〕九上に「首なり」とあり、〔礼記、玉藻〕に「頭の容は直なり」という。人の頭の意より、首領・頭目の意となる。

訓義 1あたま、かしら、こうべ。2いただき、うえ、はじめ。3首領、頭目、上に立つもの。4さき、はし、ほとり、あたり、こぐち。5牛馬などを数える助数詞。

古訓 〔名義抄〕頭 カウベ・カシラ・ホトリ・イタル・カミ〔篇立〕頭 ハシクヒ・ホトリ・カウベ・カミ・カシラ・イタヾキ・スヱ

語系 頭do、首sjiuは声義近く、近似の語。髑髏の髑dokは頭と声近く、人の頭骨をいう語である。

【頭角】他にぬきんでる。唐・韓愈〔柳子厚(宗元)墓誌銘〕子厚、少くして精敏、～少年なりと雖も、已に自ら成人たり。能く進士の第を取り、嶄然として頭角を見はす。

【頭巾】布製のかぶりもの。〔事物紀原、三、冠冕首飾部、頭巾〕古は皁羅(黒のうすもの)を以て頭を裹つむを頭巾と號す。蔡邕の獨斷に曰く、古、幘には巾無し。王莽、頭、禿な

り。乃ち始めて巾を施すと。

【頭鬚】頭髪とひげ。〔後漢書、岑彭伝〕彭に勅する書に曰く、～人足るを知らざるに苦しむ。既に隴を平げて、復た蜀を望む。一たび兵を發する每に、頭鬚爲に白しと。

【頭緒】いとぐち。思い。宋・黄庭堅〔張仲謀（詢）の酺池寺の齋に過ぎるに次韻す〕詩 平生、悲歡の事 頭緒、亂麻の如し

【頭上】頭の上。宋・黄庭堅〔拙軒頌〕頭上に頭を安き、屋下に屋を蓋ふ。畢竟巧者は餘り有り、拙者は足らず。

【頭足】頭と足。「頭足異処」とは、殺されること。〔史記、淮南王安伝〕呉王至りて富貴なるも、事を擧ふこと當らず、身丹徒に死し、頭足處を異にし、子孫遺類無し。

【頭脳】脳。あたま。〔後漢書、酷吏伝序〕（厳）延年、屠伯（殺し屋）の名を受くる、豈に虚ならんや。若し其の彊勢を揣挫（うちくだく）し、公卿を摧勒（縛りあげる）するに、頭脳を碎裂して而も顧みざるは、亦た壯と爲すなり。

【頭髪】頭の髪の毛。〔史記、項羽紀〕（樊）噲、即ち劍を帶び盾を擁し、～遂に入り、帷を披きて西嚮して立ち、目を瞋らして項王を視る。頭髮上指し、目眥（まなじり）盡く裂く。

【頭扁】扁平な頭。〔後漢書、東夷、三韓伝〕耆老自ら言ふ、秦の亡人なりと。～俗、歌舞・飲酒・鼓瑟を憙む。兒生まるるときは、其の頭をして扁ならしめんと欲し、皆之れを押すに石を以てす。

【頭面】頭。顔。魏・嵆康〔山巨源（濤）に与へて交はりを絶つ書〕頭面、常に一月に十五日洗はず。大いに悶癢（かゆい）せずんば、沐ふこと能はず。

【頭顱】頭の骨。〔戦国策、秦四〕社稷壞れ、宗廟隳れ、刳腹折頤し、首身分離し、骨を草澤に暴さし、頭顱僵仆し、境に相ひ望む。

⬆頭衣 かずき／頭暈 めまい／頭翁 お役人さま／頭会 人数／頭盔 かぶと／頭銜 位階／頭頸 くび／頭眩 めまい／頭口 牛馬などの家畜／頭功 首功／頭尻 首尾／頭垢 ふけ／頭項 項目／頭蚕 春蚕／頭児 はじめ／頭虱 毛じらみ／頭主 戸主／頭首 頭／頭酒 一番しぼりの酒／頭食 湯餅／頭人 首領／頭数 家畜の数／頭勢 情勢／頭銭 一銭、また人口税／頭陀 托鉢／頭胎 初産／頭達 官吏が出行するときの先駆の儀仗／頭地 抜群／頭注 上欄の注／頭頂 脳天／頭痛 頭がいたむ／頭疼 頭痛／頭踏 頭達／頭童 禿頭／頭白 白髪／頭帕 首鉢巻／頭批 一番の順位／頭飛 ろくろ首／頭尾 首尾／頭風 頭痛／頭辺 ほとり／頭編 もとどり／頭蓬 乱れ髪／頭目 首領／頭領 かしら

⬇丫頭・案頭・烏頭・簷頭・音頭・花頭・裹頭・回頭・解頭・魁頭・街頭・巻頭・竿頭・貫頭・岸頭・巌頭・魌頭・牛頭・橋頭・渓頭・剣頭・軒頭・原頭・語頭・口頭・叩頭・江頭・鼇頭・黒頭・槎頭・座頭・枝頭・地頭・社頭・塾頭・出頭・初頭・杪頭・梢頭・牀頭・杖頭・城頭・心頭・尽頭・陣頭・石頭・舌頭・先頭・船頭・梳頭・搔頭・蒼頭・擡頭・池頭・枕頭・低頭・釘頭・店頭・纏頭・渡頭・到頭・塔頭・禿頭・年頭・念頭・波頭・馬頭・白頭・帕頭・陌頭・番頭・眉頭・筆頭・仏頭・平頭・劈頭・蓬頭・冒頭・庬頭・没頭・饅頭・毛頭・羊頭・蠅頭・絡頭・竜頭・露頭・楼頭・隴頭・話頭・湾頭

【擣】17 5404 ［搗］13 5702 トウ（タウ） チュウ（チウ） つくうつ たたく

篆文 

形声 声符は壽（寿）。壽に濤・籌の声がある。〔説文〕十二上に「手もて椎つなり」（段注本）とあり、砧で衣を擣つように、手で擣つことをいう。搗は俗字。

訓義 ①つく、手でつく、うつ、たたく、ふれる。②砧をうつ、臼をつく、築く。③さす、よる。

古訓 〔名義抄〕擣 ツク・ウツ・スリコ・シボル／搗俗 ツク・カツ・シボル／擣衣 キヌツクル・キヌウツ 〔字鏡集〕擣 ウツ・シボル・スリコ・タ・ク・カク・ツク・クダク・フルフ

【擣衣】衣をうつ。きぬた。唐・李白〔子夜呉歌、四首、三〕詩 長安一片の月 萬戸衣を擣つの聲

【擣虚】隙をうつ。〔史記、孫子伝〕夫れ雜亂紛糾を解く者は、控捲せず。鬭を救ふ者は、搏撠せず。亢を批ち虚を擣ち、形格（扞格）し、勢ひ禁ずるときは、則ち自ら解くことを爲さんのみ。

【擣碪】きぬたの石。〔述異記、上〕擣衣山、一名靈山。瑯琊郡に在り。山南絶險、巖に方石有り。昔神女有り、是こに於て衣を擣つ。其の石明瑩なり。之れを玉女擣練碪と謂ふ。

【擣薬】薬をつく。唐・李白〔酒を把って月に問ふ〕詩 白兔藥を擣く、秋復た春 嫦娥（月中の女）孤り棲んで、誰と與にか鄰せん

⬆擣毀 うちこわす／擣剉 つき砕く／擣治 擣衣／擣珍 すり肉の料理／擣肉 擣珍／擣帛 帛をうつ／擣練 擣帛

⬇一擣・細擣・磨擣

【檔】17 4996 トウ（タウ） こしかけ

形声 声符は當（当）。〔玉篇〕に「木牀なり」とあり、また、かまち、わくをいう。のち檔案のように用いる。

訓義 ①こしかけ。②かまち、わく、ふち。③檔案、官庁の文書。

古訓 〔篇立〕檔 カラタチ・タラ

【檔案】官庁の文書。〔柳辺紀略、三〕邊外の文字、多く木に書す。往來傳遞する者を牌子と曰ふ。木片を削ること、牌の若きを以ての故なり。存貯すること年久しき者を檔案と曰ひ、檔子と曰ふ。積累すること多く、皮條を貫きて壁に挂くること、檔の若きを以ての故なり。

⬆檔巻 官文書／檔冊 官庁の記録／檔子 簿冊／檔房 記録所

⬇横檔・框檔・高檔・低檔・塡檔

【濤】17 3414 トウ（タウ） なみ おおなみ

篆文  甲骨文 

形声 声符は壽（寿）。壽に擣・禱の声がある。〔説文新附〕十一上に「大波なり」とあり、波うつ音のひびきがとどろくような大波をいう。漢以後に用例がみえる。

訓義 ①なみ、おおなみ。②なみだつ、なみのうつ音。③うしお、海の大波。④米とぐ。

古訓 〔名義抄〕濤 ナミ・カハナミ・アハタツ・タヽフ・フヽム 〔篇立〕濤 ナギサ・タツ・オキアガル・ナミ・タネカス・ナツ・ワク・ミギハ 〔字鏡集〕濤 ナミ・オホナミ・ハタナミ・ハラフ・タツ・カハナミ・フヽム・アハタツ・タヽフ

語系 濤 du、擣 tu は声近く、強い力を加えてうねるもの、またその音を写した語と思われる。潮（潮）diô、朝（朝）tiô も関係があり、朝夕の潮を潮汐という。潮とは朝うちよせる満潮の濤の意であろう。

【濤声】波の音。唐・白居易〔杭州春望〕詩 濤聲、夜、伍員の廟に入り 柳色、春、蘇小（蘇小小、銭塘の名妓）の家に藏す

【濤湧】湧きたつ波。唐・杜甫〔太子張舍人、織成の褥段を遺らる〕詩 客、西北より來り 我に翠織成を遺くれり 緘を開けば風濤湧き 中に掉尾の鯨有り

【濤瀾】大波。宋・陸游〔秋冬の交、雑賦六首、五〕詩 此の心、古井の如し 地の濤瀾を起す無し

【濤滝】波しぶきのたつ波。〔唐書、韓愈伝〕臣の領する所の州は、廣府の極東に在り。海口を過ぎ、惡水を下る。濤瀧壯猛にして、期程を計り難く、颶風・鱷魚、患禍測られず。

↑濤水 大波／濤雪 大波が白く泡立つ／濤頭 波頭／濤波 大波／濤雷 大波のうちよせる音／濤瀬 早瀬

↓雲濤・海濤・観濤・帰濤・狂濤・驚濤・銀濤・鯨濤・江濤・洪濤・秋濤・松濤・翠濤・層濤・怒濤・波濤・風濤・暮濤・望濤・奔濤・翻濤・揚濤・湧濤・瀾濤

【璗】 17 3610 トウ(タウ) こがね

篆文

形声 声符は湯。〔説文〕一上に「金の美なる者、玉と色を同じうす」とし、「禮に、佩刀は、諸侯は璗琫にして璆珌」という文を引く。今の〔礼記〕に見えず、〔詩、小雅、瞻彼洛矣〕「鞞琫珌たる有り」の〔伝〕にその文がみえる。〔爾雅、釈器〕に「黄金、之れを璗と謂ふ」とあって、黄金の色の、殊に鮮かなものをいう。

訓義 1こがね、金色。2字はまた瑒に作る。

古訓 〔名義抄〕璗 コガネ

【璗琫】鞘の上部を、黄金で飾る。〔詩、小雅、瞻彼洛矣〕君子至止 鞞琫有珌 〔伝〕天子は玉琫にして珧珌、諸侯は璗琫にして璆珌。

【璫】 17 1916 トウ(タウ) みみだま

篆文

形声 声符は當(当)。〔説文新附〕一上に「華飾なり」とする。冠飾の玉をいう。〔釈名、釈首飾〕に「耳を穿ちて珠を施すを璫と曰ふ」とあり、みみだま。〔釈名〕にはなお「此れ本と蠻夷の爲す所に出づるなり。蠻夷の婦女、輕浮好走、故に此の璫を以て、之れに錘るるなり。今中國の人、之れに效ふのみ」という。

訓義 1たま、飾りのたま、冠の飾りの玉。2みみだま。3たるきの端に玉を飾る。4丁璫・琅璫は玉声。

古訓 〔名義抄〕璫 コジリ・ミ、ノクサリ 〔篇立〕璫 コジリ・ミ、クサリ・ミ、タリ・ミ、タマキ

【璫珥】耳飾りの玉。〔宋書、良吏、陸徽伝〕金山を歷宰するも、家に寶鏤の飾、連組珠海無く、室に璫珥の珍靡し。

【璫珠】南越の名珠。〔天工開物、十八、珠〕凡そ珠の蚌に在るは、～一邊、光彩微しく鍍金に似たる者、此れを璫珠と名づく。其の値、一顆千金なり。古來明月・夜光といふは、卽ち此れなり。夜光は其の美號、眞に昏夜、光を放つの珠有るに非ざるなり。

↑璫環 椽端の飾り／璫子 罵る語／璫豎 宦官／璫琅 清亮の音

↓華璫・玉璫・金璫・耳璫・珥璫・珠璫・榱璫・貂璫・玎璫・佩璫・璧璫・明璫・鳴璫・瑶璫・琅璫

【盪】 17 3610 トウ(タウ) あらう うごく

篆文

形声 声符は湯。〔説文〕五上に「器を滌ふなり」という。〔論語、憲問〕に「奡(人の名)、舟を盪かす」とあり、舟をゆする意。盪はゆするようにはげしく動かして洗うことをいう。蕩と通用することがある。

訓義 1あらう、ゆすりあらう。2うごく、うごかす、おす。3ゆらぐ、なでる。

古訓 〔名義抄〕盪 アラフ・ウルフ・ソ、ク・オコク・タフトク・トラカス・ス、ム・ウゴカス 〔篇立〕盪 トラカス・ウゴカス・ヒタ、ク・アラフ・ノゾク・ヲコス・ソ、グ・クチス、グ 〔字鏡集〕盪 トク・ウゴカス・ウカス・タ、ヨフ・トラカス・ウルホス・ス、ク・ス、ム・ワラフ・ヒロク・オス・ソ、ク・タフ・ヲコク・ツク

語系 盪・蕩dangは湯thangの声義をとるもので、たぎり動く意がある。動dongも声義が近い。〔広雅、釈詁一〕に「盪は動なり」と訓し、蕩も動くと訓する字。みな蕩揺の意がある。

↑盪穢 よごれを洗いおとす／盪夷 平定する／盪擊 水が激する／盪舟 舟をゆりうごかす／盪失 はなたれて失う／盪除 あらいのぞく／盪尽 蕩尽／盪汰 淘汰／盪盪 広く大きくうごくさま／盪腸 腸を洗う／盪定 平定する／盪滌 洗いのぞく／盪突 唐突／盪泊 ただよう／盪覆 くつがえす／盪滅 盪失

↓激盪・晃盪・敖盪・震盪・推盪・洗盪・駘盪・跳盪・滌盪・騰盪・波盪・飛盪・漂盪・風盪・平盪

【磴】 17 1261 トウ

形声 声符は登。〔玉篇〕に「巖磴なり」とあり、石の坂道をいう。岩山の道。また石橋をもいう。

訓義 1いしざか、岩山の坂道。2石橋。3ます、ふえる、水かさがます。

古訓 〔名義抄〕磴 イシハシ・イハヤ・マス・イハ、シ 〔字鏡集〕磴 アツム・イハヲ・マス

【磴道】石の坂道。唐・岑参〔高適・薛拠と同に慈恩寺の浮図(塔)に登る〕詩 塔勢、湧出するが如く 孤高、天宮に聳ゆ 登臨して世界に出づ 磴道、虚空に盤る

【磴路】石の坂道。宋・陸游〔小築〕詩 羅雀の門庭、俗駕無し 雲に縁る磴路、歸樵有り

↑磴角 石段の角／磴桟 石のかけはし

↓滑磴・巖磴・危磴・曲磴・懸磴・古磴・高磴・荒磴・鑿磴・翠磴・濺磴・青磴・石磴・絶磴・蘚磴・蒼磴・苔磴・天磴・攀磴・風磴・複磴・碧磴・峰磴・霧磴・野磴・幽磴・蘿磴・連磴

【穜】 17 2091 トウ ショウ おくて

篆文

形声 声符は童(童)。〔説文〕七上に「埶うるなり」とし、種字条に「先に穜ゑて、後に孰するなり」とあって、種をおくての字とする。わせを稑といい、穜・稑と相対する。穜は種と通用し、のち、おくての意に用い、種を種芸の意に用いる。

訓義 1種と通用し、おくて。2うえる。3緟と通用し、あつい。4〔広雅、釈詁三〕に「類なり」とあり、種類。

古訓 〔名義抄〕穜 ヲクテ 〔字鏡〕穜 ワセ・ワサヨネ・オクテ

【穜稑】おくてと、わせ。〔周礼、天官、内宰〕上春、王后に詔げ、六宮の人を帥ゐて、穜稑の種を生じて、之れを王に獻ず。

↓生穜・長穜

【螳】 17 5911 トウ(タウ) かまきり

篆文

形声 声符は堂。〔説文新附〕十三上に「螳蜋なり」とあり、〔方言、十一〕に「螳蜋、之れを髦と謂ふ」とみえる。天馬、また巨斧という異名がある。

訓義 1螳蜋、螳螂、かまきり。2字はまた蟷に作る。

古訓 〔名義抄〕螳蜋 イボムシリ／蟷蠰 イボムシリ・カミキリムシ／螳蠰 イボムシリ・カミキリムシ 〔字鏡集〕螳 イボフシリ

【螳怒】螳蜋の怒り。〔荘子、人間世〕汝、夫の螳蜋を知らずや。其の臂を怒らせて以て車轍に當る、其の任に勝へざるを知らざるなり。

【螳蜋】かまきり。〔荘子、山木〕一蟬を覩る。方に美蔭を得て、其の身を忘る。螳蜋翳(前肢をかざす形)を執りて之れを搏つ。得ることを見て、其の形を忘る。異鵲從うて之れを利せんとす。利を見て其の眞を忘る。

↑螳拒 螳怒／螳臂 螳斧／螳斧 螳拒／螳輪 螳怒

常【謄】17 7926 〔謄〕17 7926 トウ うつす うつしとる

篆文 

形声 声符は朕。朕に滕の声がある。〔説文〕三上に「迻し書くなり」、〔玉篇〕に「傳ふるなり」とあって、文書を写して送ることをいう。朕は盤中にものを容れて賸る意。〔左伝〕に会盟などの載書（条約・協定の書）を、周府や盟府に蔵することが多くみえ、当事者間の原本の他に、謄本を官府に送って保管することが行われた。金文に同銘数器を存するものがあり、その器は謄本としての性格をもつものであろうと考えられる。

訓義 ①うつす、うつしとる、かきうつす。②謄本、副本。

古訓 〔字鏡集〕謄 ツタフ

語系 謄dang、佚jiangは声近く、佚は送る意。〔説文〕に矣字を収めないが、矣はものを奉ずる形。奉じて他に赴くを送（送）という。佚は人に従い、媵jiangの初文と考えられる。諸侯の女の嫁するものに従う姪娣（つきそい）の人を、媵という。

【謄写】原本の通り写す。〔宋史、選挙志一〕試巻は～其の巻首郷貫状を去り、別に字號を以て之れを第し、封彌官に付して謄寫校勘せしむ。

【謄搨】しき写し。影摹。宋・蘇頌〔維摩像に題す〕今存する所の者は、蓋し再び謄搨を經たりしならん。然れども氣象超遠にして、彷彿として當時の人物を見るが如く、已だ愛すべし。

【謄本】謄写の本。宋・黄庭堅〔自ら東坡の陶淵明の詩に和するを臨（書）せるに跋す〕此の書～既にして其の本を亡ひ、復た翹叟より借り來り、未だ謄本せず。輒ち～盗去賣與せられたるも、盗事覺はれ、追取して之れを得たり。

【謄録】謄写。〔清史稿、選挙志三〕士子は墨を用ひ、墨巻と曰ふ。謄録には硃を用ひ、硃巻と曰ふ。

↑謄黄 詔書の謄本／謄真 楷書の謄本／謄正 清書／謄繕 繕写／謄造 清書

↓手謄・抄謄・伝謄

【蹈】17 6217 トウ（タウ） ふむ うごく

篆文 

形声 声符は舀。舀に滔・稻（稲）との声がある。舀は臼の中のものをとり出す形。〔説文〕二下に「踐むなり」とあり、足しげくふむことをいう。〔礼記、楽記〕に「手の舞ひ、足の蹈むを知らず」とは、欣喜して雀躍する意。また武王克殷の楽舞とされる大武の舞容は「發揚蹈厲」と形容され、蹈厲には反閉のような呪儀としての意味があった。踏・蹋と声義近く、踏・蹋もそれぞれ呪的な意味をもつ所作であった。

訓義 ①ふむ、あしふむ。②おどる、こおどりする。③ゆく、うごく、わたる。④ふみおこなう、おこなう。⑤悼と通じ、いたむ、やむ。

古訓 〔新撰字鏡〕蹈 不弥奈豆佐不（ふみなづさふ）〔名義抄〕蹈 フム・ウゴク・フミナヅサフ・フム〔字鏡集〕蹈 ウゴク・タ、ム・フム

語系 蹈duは踏thap、慆thô、踔theôkと声義に通ずるところがあり、心の動くことを慆といい、足の動作にあらわれることを蹈・踔という。蹈・踏は通用の例が多い。

＊語彙は踏字条参照。

【蹈火】火をふむ。〔荘子、達生〕至人は潛行するも窒（息）せず、火を蹈むも熱せず。

【蹈海】海に赴く。海に身を投げる。〔史記、魯仲連伝〕彼の秦は、禮義を弃てて首功を上ぶ國なり。～彼れ卽ち肆然として帝と爲り、過ちて政を天下に爲さば、則ち連、東海を蹈んで死する有らんのみ。吾れ之れが民爲るに忍びず。

【蹈習】蹈襲。墨守する。宋・蘇軾〔伊尹論〕後の君子、常を蹈み故を習（襲）ぎ、惴惴焉として天下に免れざらんことを懼る。一たび希闊の行を爲さば、則ち天下群起して之れを誚る。

【蹈襲】古い方法を墨守する。宋・陳師道〔田従先に贈る〕詩 筆を落しては流るるが如く、寧ぞ蹈襲せん 行前（軍行の先頭に立ち）、敵に應じて紛紜を卻く

【蹈刃】刀をふむ。生命を顧みない。〔三国志、呉、黄蓋伝〕蓋、（孫）策及び權に隨ひ、擐甲（着甲）周旋し、刃を蹈み城を屠る。

【蹈藉】ふみにじる。〔三国志、呉、諸葛恪伝〕魏の軍、驚き擾れて散走す。爭ひて浮橋を渡り、橋壞れ絕ゆ。自ら水に投じ、更と相ひ蹈藉す。

【蹈舞】足をふみ舞う。祝賀・拝謝の礼。〔唐書、文芸上、杜審言伝〕武后、審言を召し、將に之れを用ひんとす。問うて曰く、卿喜ぶや否やと。審言蹈舞して謝す。后、歡喜の詩を賦せしむ。

【蹈厲】はげしく舞う。〔礼記、楽記〕賓牟賈、孔子に侍坐す。孔子之れと言ひて、樂に及ぶ。曰く、武（象武の楽）の～發揚蹈厲すること已だ蚤やかなるは何ぞやと。對へて曰く、時の事に及ぶなりと。

↑蹈越 超越する／蹈歌 踏歌／蹈危 難をおかす／蹈義 義を守る／蹈虚 虚空をふむ／蹈凶 凶に陥る／蹈矩 道をふむ／蹈空 蹈虚／蹈隙 すきをうかがう／蹈険 険をおかす／蹈査 実地に調査する／蹈死 死地に赴く／蹈蹂 蹈藉／蹈牀 ふみ台／蹈渉 ふみこえる／蹈踵 蹈襲する／蹈水 泳ぎ渡る／蹈正 正を履む／蹈青 踏青／蹈践 蹈藉／蹈測 蹈査する／蹈敵 敵地にふみ入る／蹈轍 承襲する／蹈騰 ふみこえ、のぼる／蹈難 蹈険／蹈波 困難をおかす／蹈破 ふみこえ／蹈翻 けとばす／蹈氷 蹈険／蹈方 節を守る／蹈躍 足ぶみし、踊る／蹈用 実践する／蹈揚 跳舞する／蹈利 利を求める／蹈履 実行する／蹈流 流れに身を投げる

↓跨蹈・高蹈・襲蹈・蹂蹈・遵蹈・清蹈・践蹈・騰蹈・拝蹈・赴蹈・舞蹈・履蹈・陵蹈

【檮】18 4494 トウ（タウ） チュウ（チウ） きりかぶ おろか

篆文 

形声 声符は壽（寿）。壽に濤・禱との声がある。〔説文〕六上に「檮杌なり、断木なり。～春秋傳に曰く、檮柮」（段注本）とあり、いま、〔左伝、文十八年〕に「檮杌」に作る。檮昧とは無知のさま。〔広雅、釈器〕に「棺なり」という。

訓義 ①きりかぶ。②かたい木。瑞草。③棺。④檮昧は、おろか。

【檮杌】悪木。断木。また、悪獸。凶悪の者。〔左伝、文十八年〕顓頊氏に不才子有り。教訓すべからず。～天下の民、之れを檮杌と謂ふ。⊠また、楚の史書。〔孟子、離婁下〕晉の乘、楚の檮杌、魯の春秋は一なり。

↑檮蓍 瑞草／檮樹 嘉木／檮昧 愚昧

人【櫂】18 4791 ［棹］12 4194 トウ（タウ） タク かい さおさす

篆文 

形声 声符は翟。翟に燿・濯（濯）の声がある。棹と声義同じ。〔説文新附〕六上に「船を進むる所以なり」、また〔釈名、釈船〕に「旁らに在りて水を撥ぬるを櫂と曰ふ」とみえる。

訓義 ①かい、かじ。②さおさす。③舟。④わん。

古訓 〔新撰字鏡〕櫂 木の枝柯の擢長にして殺する者を謂ふなり。加伊（かい）〔名義抄〕櫂 サヲ・サヲキ〔篇立〕棹 サヲ・トヾム・ウツ・カイ・カヂ

語系 櫂・擢・濯dyôkは同声。擢は長羽、濯はゆりあらう意。

櫂はその両義をもつ。みな同系。

＊語彙は棹字条参照。

↑櫂歌 さおさして歌う。舟歌/櫂舟 舟こぐ/櫂唱 舟歌/櫂槳 棹とかい/櫂夫 船頭/櫂郎 櫂夫

↓一櫂・逸櫂・遠櫂・帰櫂・艤櫂・急櫂・去櫂・撃櫂・檄櫂・孤櫂・鼓櫂・舟櫂・楫櫂・征櫂・斉櫂・送櫂・短櫂・停櫂・撥櫂・飛櫂・風櫂・揺櫂・蘭櫂

【簦】 18 8810 トウ さしがさ

篆文

形声 声符は登。〔説文〕五上に「笠蓋なり」とあり、長い柄のある笠、雨傘の類である。

訓義 ①さしがさ、からかさ。②竹。

古訓 〔名義抄〕簦 オホガサ・トリカサ・カサ/大簦 オホカサ

↑簦笠 かさ

↓担簦

常【藤】 18 4423 〔藤〕 19 4423 トウ ふじ ふじかずら

形声 声符は滕。〔玉篇〕に「藟なり」とあるのはふじかずら。〔爾雅、郭璞注〕に、江東で虆をいうとあり、かずらの類。藤花のことは唐以後に至って多い。〔広雅、釈草〕に「藤宏」とあるものは胡麻。

訓義 ①ふじ。②ふじかずら。③籐と通用し、とう。④ごま。

古訓 〔和名抄〕藤 葛に似て大なり。布知（ふぢ）〔名義抄〕藤 フヂ

語系 藤・縢dəngは同声。縢はつづら。まきつけて緘じるもの。藤は蔓生。まきつき上がる性がある。

【藤陰】 藤棚のかげ。唐・韓愈〔春に感ず、三首、一〕詩 偶坐す、藤樹の下 暮春、下旬の間 藤陰已に庇ふべし 落蕊還た漫漫たり

【藤葛】 ふじかずら。〔洛陽名園記、水北胡氏園〕（園は）邙山の麓に在り。～林木薈蔚、烟雲掩映し、高樓曲榭、時に隱れ時に見はる。～之れに名づけて玩月臺と曰ふ。庵有り、松檜藤葛の中に在り。

【藤牀】 藤のこしかけ。唐・白居易〔小台〕詩 六尺、白藤の牀 一莖、靑竹の杖

【藤輪】 藤で編んだ車。唐・杜甫〔王二十四侍御契に贈る四十韻〕詩 長歌、柳癭を敲き 小睡、藤輪に凭る

↑藤衣 葛衣/藤椅 藤椅子/藤花 藤の花/藤架 藤棚/藤閣 藤棚/藤鼓 藤製の鼓/藤宏 ごまの異名/藤紙 古藤の紙/藤纏 まとう/藤杯 藤製の杯/藤牌 藤の楯/藤蘿 ふじかずら/藤籃 藤かご

↓葛藤・寒藤・頑藤・危藤・旧藤・結藤・古藤・交藤・紅藤・荒藤・黄藤・鉤藤・細藤・残藤・紫藤・松藤・垂藤・痩藤・蒼藤・霜藤・白藤・攀藤・蔓藤・幽藤・乱藤・緑藤・老藤

【闒】 18 7712 トウ（タフ）

篆文

形声 声符は曷。〔説文〕十二上に「樓上の戶なり」とあり、〔西京の賦〕にいう飛闥の類であろう。〔広雅、釈室〕に「閭里なり」とあり、その門をいう。闒茸は卑陋の意。

訓義 ①楼上の戸。②むらざと、里門。③闒茸はおろか、いやしい。

古訓 〔字鏡〕闒 ロウノト〔字鏡集〕闒 ワヅラフ

【闒茸】 おろかなもの。小人。漢・賈誼〔屈原を弔ふ文〕烏呼哀しい哉、時の不祥なるに逢へり。鸞鳳伏し竄れて、鴟梟翺翔す。闒茸尊顯せられて、讒諛志を得たり。

↑闒鞠 けまり/闒冗 おろか

常【闘】 18 〔鬪〕 20 7714 〔鬭〕 24 7712 トウ たたかう

篆文

会意 正字は鬭に作り、鬥＋斲。斲は左に盾を執り、右に斤を執って戦う形。鬥は髪をふり乱して手格して争う形。鬭の初文で、卜文にはその字を用いる。合わせて戦闘の意とする。遭遇して相闘う意。戰（戦）は單（盾の形）と戈とに従い、斲と立意の同じ字である。

訓義 ①たたかう、格闘する。②あう、であう、であいたたかう。③あつまる。

古訓 〔名義抄〕闘 タ、カフ・イサカフ・アラソフ/闘競 イサカヒイサカフ〔字鏡集〕闘・鬭 タ、カフ・クラブ・アラソフ・イサカフ・アフ・アハス

語系 鬭・鬥toは同声。鬥は鬭の初文。卜文に鬥に作り、のち斲teokに従う。尌tjioは廚房の字で、鬭に作るものは俗字。いま常用字として闘を用いる。俗に斗toを用いるが、音があう。

【闘蛙】 争っている蛙。〔新論、従化〕越王句踐、勇を好みて闘蛙に揖す。國人之れが爲に命を輕んじ、兵に死する者衆し。

【闘花】 花合わせ。〔開元天宝遺事、天宝下、闘花〕長安の王士安、春時に鬭花す。戴插するに奇花の多き者を以て勝と爲す。皆千金を用て名花を市ひ、庭苑中に植ゑ、以て春時の鬭に備ふ。

【闘角】 屋根の角。唐・杜牧〔阿房宮の賦〕廊腰縵く迴り、詹牙高く啄む。各〻地勢を抱いて、鉤心鬭角、盤盤焉たり、囷囷焉たり。蜂房水渦、矗として其の幾千萬落なるかを知らず。

【闘棊】 棊をうつ。〔史記、封禅書〕（欒）大曰く、～其の使を尊ぶことを致し、然る後（神を）致すべきなりと。是に於て上、小方を驗せしめ、棊を鬭はしむ。棊（石、鶏血と鍼鉄で磁力をつける）自から相ひ觸れ擊つ。

【闘鶏】 鶏を闘わせる。〔戦国策、斉一〕臨淄は甚だ富にして實、其の民竽を吹き瑟を鼓し、筑を擊ち琴を彈じ、鬭雞走犬、六博蹹鞠せざる者無し。～家敦くして富み、志高くして揚る。

【闘士】 戦う気力ある者。〔左伝、僖十五年〕晉侯、秦の師を逆ふ。韓簡をして師を視しむ。復して曰く、師は我より少なきも、鬭士は我に倍せりと。～壬戌、韓原に戰ふ。

【闘志】 戦意。〔六韜、豹略、敵強〕武王曰く、～三軍擾亂し、皆散じて走り、士卒に鬭志無く、將吏に守心無し。之れを爲すこと奈何せんと。

【闘将】 武将。また、一騎うち。〔陔余叢考、四十、闘将〕類要に云ふ。兩陣既に立ち、各〻其の將を以て出でて鬭はしむ、之れを挑戰と謂ふ。王阮亭の池北偶談に謂ふ、古來眞に鬭將の事有り。盡ごとくは稗官の妄說に非ざるなりと。

【闘草】 草合わせ。〔荊楚歳時記〕五月五日、～四民竝びに蹋百草の戲なり。〔注〕卽ち今人鬭百草の戲有るなり。

↑闘引 拘引する/闘羽 鳥の争い/闘艶 闘麗/闘殴 喧嘩する/闘鴨 鴨合わせ/闘舸 競漕/闘歌 歌比べ/闘艦 軍艦/闘牛 牛を格闘させる競技/闘棋 ますがた/闘強 格闘する/闘蛩 虫合わせ/闘具 兵器/闘勁 力くらべ/闘撃 たたかい撃つ/闘鬩 たたかい争う/闘口 口合戦/闘香 香合わせ/闘很 喧嘩する/闘死 戦死する/闘詩 詩合わせ/闘射 弓くらべ/闘獣 獣合わせ/闘訟 争論/闘傷 戦傷/闘臣 闘士/闘船 軍船/闘諍 いさかい/闘象 軍象/闘智 才くらべ/闘茶 茶品くらべ/闘寵 寵愛をあらそう/闘飣 でたらめ/闘牴 角牴/闘怒 激怒/闘牌 カルタ/闘八 天井/

闘班 宮廷の左右の位次／闘品 闘茶／闘富 財くらべ／闘文 文くらべ／闘変 争い乱れる／闘弁 争論する／闘乱 乱れ戦う／闘力 たたかう／闘麗 美しさをきそう／闘腕 腕くらべ

↓暗闘・会闘・戒闘・格闘・敢闘・牛闘・苦闘・駆闘・群闘・鶏闘・決闘・拳闘・健闘・交闘・好闘・死闘・私闘・殊闘・衆闘・訟闘・鼠闘・戦闘・争闘・転闘・搏闘・奮闘・兵闘・来闘・乱闘・力闘・竜闘

【餳】18 8672 ［餹］19 8076 ［糖］16 9096 トウ(タウ) あめ

篆文 

形声 声符は昜よう。昜に瑒・湯とうの声がある。〔説文〕五下に「飴あめに饊おこしを和したる者なり」とみえる。〔説文〕の篆文は易に従うが、〔玉篇〕に字を「徒當切」、また〔慧琳音義、十四〕に「音唐」としており、〔段注〕に篆文を易声の形に改めている。

訓義 1あめ。2字はまた餹・糖に作る。

古訓 〔名義抄〕餳・餹・糖 アメ 〔字鏡〕餳 カム・アメ

＊語彙は糖字条参照。

【餳簫】(とうしょう) 飴売りの笛。チャルメラ。〔詩、周頌、有瞽〕簫管備さに擧ぐ〔箋〕簫は小竹管を編す。今の餳を賣る者の吹く所の如し。

↑餳粥 あめがゆ

↓飴餳・膏餳・黒餳・粥餳・春餳・煎餳・乳餳・売餳・白餳・麦餳

【騊】18 7732 トウ(タウ)

篆文 

形声 声符は匋とう。〔説文〕十上に「騊駼とうと。北野の良馬なり」、また駼字条に「騊駼は馬なり」とみえる。〔爾雅、釈畜〕に「騊駼は馬なり」、〔山海経、海外北経〕に「北海の内に獸有り、其の狀、馬の如し。名づけて騊駼と曰ふ」とあり、野馬にしてその色は青であるという。

訓義 1うま、うまの一種。

古訓 〔字鏡集〕騊 ヨキムマ

↑騊駼 北海の良馬

【鼕】18 4430 ［鼟］25 7714 トウ

篆文 

形声 声符は冬(冬)とう。鼓声をいう。時刻を知らせるのに、鼓をうった。鼟は、〔説文〕五上に「鼓聲なり」とあり、声義は鼕と同じ。その異文とみてよい。

訓義 1鼓の音。

古訓 〔篇立〕鼕 ツ、ミノコヱ

【鼕鼓】(とうこ) 鼓の音。唐・杜牧〔閨情、代りて作る〕詩 遙かに戍樓を望めば、天曉けんと欲し 滿城の鼕鼓、白雲飛ぶ

【鼕鼕】(とうとう) 鼓の音。〔大唐新語、十、釐革〕舊制、京城内の金吾、曉暝に傳呼して、以て行く者を戒む。馬周、封章を獻じ、始めて六街鼓を置く。俗に鼕鼕と號す。公私便とす。

【禱】入 19 3424 ［祷］入 11 トウ(タウ) いのる

篆文  籀文  金文 

形声 声符は壽(寿)じゅ。壽に擣・濤とうの声がある。壽の初形は田疇でんちゅうの形。その田疇の間に、祝禱を収めた器の形である口さいをしるす形のものがト文にあり、もと農穀の豊穣を祈る意であったと思われる。〔説文〕一上に「事を告げて福を求むるなり」とし、告(告)・求・禱は古韻の合する字であるが、田疇の祝告をいう字とすべきである。譸は詶のろう。禱の対待の義をなす字である。

訓義 1いのる、幸いを求める。2まつる、まつりいのる。3馬祭。

古訓 〔名義抄〕禱 イノリ・イノル・コフ 〔字鏡〕禱 イノル・サイハヒ・コフ・マツル

語系 禱tu、疇diuは声近く、田疇において農作を祈ることを禱という。譸tiuは〔説文〕三上に「詶のろふなり」とあり、禱と善悪対待の語である。

【禱祈】(とう(たう)き) いのる。〔後漢書、郎顗伝〕冬より春に渉り、訖ひに嘉澤無し。數しば西風有り、時節に反逆す。朝廷心を勞し、廣く禱祈を爲す。

【禱塞】(とう(たう)さい) 供えて祀る。禱賽。〔史記、封禅書〕水には河と曰ふ。臨晉に祠る。沔べんは漢中に祠り～江水は蜀に祠る。亦た春秋の泮涸はんこに禱塞すること、東方の名山川の如くし、牲は牛犢ぎうとく、牢具珪幣けいへいは各こ異なる。

【禱祠】(とう(たう)し) 祭る。〔礼記、曲礼上〕禱祠祭祀、鬼神に供給するも、禮に非ざれば誠ならず莊ならず。是ここを以て君子は恭敬、～以て禮を明らかにす。

【禱請】(とう(たう)せい) お祈り。〔後漢書、宋均伝〕均、嘗かつて病に寢いぬ。百姓耆老、爲に禱請し、旦夕に起居を問ふ。其の民に愛せらるること此かくの若ごとし。

↑禱雨 雨乞い／禱雩 禱雨／禱求 祈る／禱告 祈る／禱賽 供え祀る／禱祀 祈る／禱祝 祈る／禱書 祈願文／禱禳 お祓い／禱牲 犠牲を供えて祈る／禱戦 戦勝を祈願する／禱念 祈念する／禱福 福を祈る

↓禜禱・旱禱・祈禱・祭禱・斎禱・祠禱・祝禱・頌禱・禳禱・誠禱・請禱・戦禱・致禱・拝禱・密禱・黙禱

【鏜】19 8911 トウ(タウ)

篆文 

形声 声符は堂どう。〔説文〕十四上に「鐘鼓の聲なり」とし、「詩に曰く、鼓を撃つこと其れ鏜たり」と〔詩、邶風、撃鼓〕の句を引く。

訓義 1鐘鼓の音、その擬声語。2鐺とうと通じ、かねさし。

古訓 〔篇立〕鏜 カナワトキ 〔字鏡集〕鏜 ツ、ミノコヱ

【韜】19 4257 トウ(タウ) たちぶくろ ゆみぶくろ

篆文 

形声 声符は舀よう。舀に滔・蹈とうの声がある。〔説文〕五下に「劍衣なり」とし、〔広雅、釈器〕に「弓の藏なり」とあって、弓袋の意とする。弓袋の字に弢とう、また韣しょく・韔ちょうなどがある。〔後漢書、姜肱伝〕に「被を以て面を韜つつむ」とあり、縚とうと同義に用いる。

訓義 1たちぶくろ。2ゆみぶくろ、ゆごて。3つつむ、おさめる。4ゆるやか、ひろい。

古訓 〔名義抄〕韜 タチブクロ・ツヽム・ヲサム・ハバム・ヒロシ・ノリ 〔字鏡〕韜 カクス・ツヽム・オサム・カクル・ヲフクル・タヘタリ・タチフクロ・ヒロシ・クラ

語系 韜・弢thôは同声。韜は剣衣、弢は弓衣。縚thôは同声、韜と通用する。

【韜晦】(とうかい(たうくわい)) かくれる。才智をかくして世に出ない。〔資治通鑑、後周紀五〕(世宗、顕徳六年)上しゃう藩に在り、多く韜晦を務む。位に卽くに及んで、高平の寇を破る。人始めて其の英武に服す。

【韜含】(とう(たう)がん) 修める。〔後漢書、方術上、謝夷吾伝〕(班固の夷吾を薦むる文)英姿挺特、奇偉秀出、才は四科を兼ね、行は九德を包かぬ。～加ふるに少わかくして儒雅を膺むねとし、六籍を韜含するを以て、～占天知地、神と契を合す。

【韜光】(とうこう(たうくわう)) 世の中からかくれる。韜晦。梁・昭明太子〔陶靖節(潜)集の序〕夫それ自ら衒うり自ら媒する者は、士女の醜行なり。忮なそこはず求めざる者は、明達の用心なり。是ここを

以て聖人は光を韜み、賢人は世を遁がる。其の故何ぞや。

【韜蔵】とうぞう(たうざう) おさめかくす。宋・欧陽脩〔仲氏文集の序〕獨り韜藏抑鬱して、久しく伏して顯はれざる者は、蓋し其の苟くも屈して以て世に合はず、故に世も亦た之れを知るもの莫ければなり。豈に知命の君子に非ずや。

【韜筆】とうひつ(たう) 筆をおく。〔晋書、王接伝〕(潘滔に報ずる書)今、世道交ゝ喪はれ、將ど遂に剝亂す。而して識智の士、鉗口韜筆し、禍敗日に深し。火の原を燎くが如し。其れ救ふべけんや。

【韜面】とうめん(たう) 顔をかくす。〔後漢書、姜肱伝〕士の遠く來りて學に就く者三千餘人。~後、徐穉と倶に徵さるるも至らず。桓帝乃ち~畫工をして其の形狀を圖せしむ。肱、幽闇に臥し、被を以て面を韜む。~工竟に之れを見ることを得ず。

↑韜軼 まさる／韜隠 韜蔵／韜涵 つつみひたす／韜奇 韜光／韜弓 弓袋／韜玉 帯び玉／韜形 姿をかくす／韜鈐 兵法の書／韜乎 深くものを蔵するさま／韜世 蓋世／韜声 世に自ら隠れる／韜舌 黙する／韜潜 つつみかくす／韜匿 つつみかくす／韜秘 つつみかくす／韜表 上表文を包む

↓弓韜・玉韜・金韜・剣韜・鈐韜・虎韜・櫜韜・纚韜・戎韜・複韜・六韜・竜韜

【餹】19 8076 〔餳〕18 8672 トウ(タウ) あめ

形声 声符は唐(唐)。〔説文〕五下に「餳は飴に饊を和したる者なり」とあり、餹はその異文。

訓義 ①あめ。②字はまた餳・糖に作る。

古訓 〔名義抄〕餹・糖・餳 アメ

*語彙は糖字条参照。

↑餹饋 あめもち／餹霜 氷砂糖の粉末／餹餔 こなもち

↓滑餹・乾餹・熬餹・霜餹・蜜餹・薬餹

【鼗】19 3214 〔鞀〕14 4756 トウ(タウ) ふりつづみ

篆文 

形声 声符は兆。〔説文〕三下に鞀を正字とし、「鞀遼なり」とあり、ふりつづみをいう。鼗はその異文。鼓に旁耳あり、跳ねて撃つ意であろう。

訓義 ①ふりつづみ。②字はまた鞀に作る。

古訓 〔篇立〕鼗 フリツヽミ・ツヽミ

↑鼗声 鼗の音／鼗鼓 ふりつづみ

【竇】20 3080 トウ トク あな あなぐら

篆文 

形声 声符は賣で、賣の省略形。賣に牘・犢の声がある。〔説文〕七下に「空なり」とあり、〔礼記、月令〕に「竇窖を穿つ」というのは、円坑・方坑を穿つことをいう。ともにあなぐらの意に用いる。閨竇はくぐり戸、貧士の家をいう。

訓義 ①あな、まるいあな、あなぐら。②穴を通す、通り穴、水ぐち。③くぐり戸、貧家。④瀆と通じ、みぞ。

古訓 〔名義抄〕竇 アナ・サグル・ムナシ・イル

語系 竇・瀆・匵・櫝 dok は同声。竇は円坑、瀆は水を引く溝瀆、匵・櫝は匣櫃(はこ)の類。窬 jio は声義近く、門旁の小さなくぐりをいう。

【竇窖】とうこう(かう) 円形と方形のあなぐら。〔礼記、月令〕(仲秋の月)是の月や、以て城郭を築き、都邑を建て、竇窖を穿ち、囷倉を脩むべし。

【竇逕】とうけい 袋露路や小路。脇道。〔伝習録、下〕世の儒者、妄りに竇逕を開き、荊棘を蹈み、坑塹に堕つ。

↑竇窌 穀物保存用の土あな

↓雲竇・嵌竇・巖竇・玉竇・狗竇・窟竇・圭竇・決竇・古竇・鑿竇・水竇・石竇・塞竇・大竇・乳竇・破竇・幽竇

【翿】20 4762 トウ(タウ) かざし はたぼこ

篆文 

形声 声符は壽(寿)。壽に濤・禱の声がある。〔説文〕四上に「翳なり。舞ふ所以なり」とあり、舞人が舞うときのかざしに用いるもの。〔詩、王風、君子陽陽〕に「君子陶陶たり 左に翿を執る」と歌う。旗に飾るものを翿旌といい、また羽葆という。羽飾は邪気を祓うものとされた。

訓義 ①かざし、舞のかざし。②はたぼこ、鬼がしら。字はまた纛に作る。羽葆、羽毛幢。

古訓 〔新撰字鏡〕翿 纛翳なり。舞者の持つ所、羽舞の者を謂ふ〔篇立〕翿 カケル

語系 翿・儔 diu は同声。儔は〔説文〕八上に「翳なり」とあって、翿と同訓。〔玉篇〕以下に儔侶の字とするが、儔侶の字にはもと疇の字を用いた。古くは翿をもつ人を儔といったのであろう。

*語彙は纛字条参照。

【翿旌】とうせい(たう) はたぼこ。白羽朱羽を交えて作る。〔儀礼、郷射礼、記〕君、國中に射るときは、則ち皮樹の中(的)もてし、翿旌を以て獲(中あったことを示)す。

↓旗翿・建翿・鼓翿・旌翿・纖翿・秉翿・鷺翿

常【騰】20 7922 〔騰〕20 7922 トウ あがる のぼる

篆文 

形声 声符は朕。朕に滕の声がある。〔説文〕十上に「傳なり」とあって駅伝の意とし、〔慧琳音義、十二〕に引く〔説文〕に「騰も亦た乘なり」とあり、これも伝乗の意である。一義として、去勢した馬をいう。〔詩、小雅、十月之交〕「百川沸騰す」のように、奔騰の意に用いる。

訓義 ①あがる、おどりあがる。②のぼる、はせのぼる。③こえる、たかまる、すぎる、いきる。④牡馬がさかりはしる。⑤つぎうま、はやうま、駅伝、伝乗。⑥勝と通じ、まさる。⑦騬と通じ、去勢したうま。⑧滕と通じ、わきでる、ふきでる。

古訓 〔名義抄〕騰 アガル・ノボル・ハス・アク・オドロク・ハフ〔字鏡集〕騰 アグ・オドロク・ハフ・ハス・カツテ・アガル・ノボル・ハシル・ヲドル・ツタフ・ワシル・ナク

語系 騰 dəng、乘(乗) djiəng は声義が近く、また升・昇・陞 sjiəng、登・隥 təng にはみなのぼる意がある。騰躍してのぼることを騰という。

【騰雲】とううん わきあがる雲。晋・張協〔雑詩、十首、三〕騰雲は涌煙に似 密雨は散絲の如し

【騰駕】とうが 車に乗り走る。漢・賈誼〔屈原を弔ふ文〕罷牛に騰駕し、蹇驢を驂にす。驥は兩耳を垂れて鹽車に服っけり。

【騰貴】とうき 物価がはねあがる。明・張綱孫〔苦旱行〕詩 五月雨ふらず、六月に至る 農夫天を仰ぎて、涙交ゝ墮つ~如何ぞ、三伏に片雲無き 米價騰貴して、人飢餓す

【騰驤】とうじょう(じやう) とびあがる。唐・杜甫〔韋諷録事の宅に曹將軍の畫ける馬の図を観る、引〕詩 騰驤磊落たり、三萬匹 皆此の圖と筋骨同じ

【騰声】とうせい 名声をあげる。〔宋書、謝霊運伝論〕爰に宋氏に逮んで、顏(延之)・謝(霊運)聲を騰ぐ。靈運の興會標擧、延年の體裁明密、竝びに軌を前秀に方べ、範を後昆に垂る。

【騰藉】とうせき ふみこえる。唐・柳宗元〔興州江運記〕崖谷峻隘、十里百折、重(荷)を負うて上るに、利刃を蹈むが若し。盛秋水潦あり、窮冬雨雪あり。深泥積水、相ひ輔けて害を爲し、顚踣騰藉し、血桟道に流る。

【騰践】とうせん ふみこえる。〔後漢書、光武帝紀上〕城中亦た鼓

誅して出づ。中外勢を合はせ、震呼して天地を動かす。(王)莽の兵大いに潰え、走ぐる者相ひ騰践し、百餘里の間に奔殪す。

【騰馬】 発情した馬。〔礼記、月令〕(季春の月)是の月や、乃ち累牛騰馬を合はせ、牧に遊牝せしむ。犧牲・駒犢は擧げて其の數を書す。

【騰沸】 沸騰する。〔後漢書、荀彧伝論〕遷りて西京に帝たりしより、山東騰沸し、天下の命、倒縣(懸)のごとし。荀君乃ち～其の擧措(行動)を定め、言策を立つるを察し、王略を崇明し、以て國艱を急ふ。

【騰躍】 飛びあがる。〔荘子、逍遥遊〕我騰躍して上るも、數仞に過ぎずして下り、蓬蒿の閒を翺翔す。此れ亦た飛ぶことの至りなり。

【騰踊】 物価が騰貴する。〔史記、平準書〕大農の諸官～貴ければ則ち之れを賣り、賤ければ則ち之れを買ふ。此くの如くせば、富商大賈も、大利を牟る所無し。則ち～萬物騰踊することを得ず。

↑騰逸 高く飛ぶ／騰越 卓絶する／騰猿 木に登る猿／騰化 登仙する／騰翮 高く翔ぶ／騰簡 食鬼の神／騰起 のぼる／騰挙 飛んであがる／騰矯 高くあがる／騰極 即位する／騰駒 走り回る駒／騰空 登空／騰軒 高軒／騰騫 飛騰する／騰言 伝言する／騰呼 喧呼する／騰跨 飛越する／騰口 放言する／騰光 放光／騰黄 神馬／騰根 騰簡／騰射 放射する／騰灼 火の熱が烈しい／騰秀 優れる／騰書 伝書／騰翥 とぶ／騰捷 迅速／騰霄 空に登る／騰上 のぼる／騰籍 騰藉／騰閃 飛閃／騰装 旅装／騰蛇 竜の属／騰趠 騰踔／騰踔 飛び上がる／騰達 栄達する／騰逐 奔逐する／騰超 のぼる／騰蹀 とぶ／騰擲 跳ね上がる／騰天 登天／騰踏 のぼる／騰踢 のぼる／騰騰 さかん／騰突 抵触する／騰頓 頓挫する／騰那 転移する／騰波 大波／騰抜 のぼりあがる／騰翻 ひるがえる／騰布 散布する／騰聞 上聞する／騰榜 かけ札／騰奔 疾走する／騰涌 わきあがる／騰踴 騰貴する／騰淩 騰陵／騰陵 奮躍する／騰厲 たかくあがる

↓架騰・驍騰・掀騰・騫騰・軒騰・跨騰・昂騰・高騰・升騰・上騰・振騰・勢騰・超騰・蹈騰・波騰・蜚騰・猋騰・浮騰・風騰・沸騰・噴騰・暴騰・奔騰・竜騰

【鐙】 20 8211 ［燈］ 16 9281 ［灯］ 6 9182

トウ
ともしび あぶらざら あぶみ

篆文

形声 声符は登。〔説文〕十四上に「錠なり」とあり、前条に「錠は鐙なり」とあって互訓。中に燭をおく油さしをいう。高杯のような形をしており、〔礼記、祭統〕「醴を執るもの、之れを授くるときは鐙を執る」とは、たかつきの跗足のところをもつ意。その跗足のところは、油皿の形に似ている。のち鞍の両辺、あぶみの意に用いる。

訓義 ①ともしび、たかつきの形をした燭台。②あぶらざら、灯の油皿、足のないたかつき。③あぶみ、鞍の両旁のあぶみ、馬鐙。

古訓 〔和名抄〕鐙 阿布美(あぶみ) 〔名義抄〕鐙 アブミ・タツキ／鐙鞴 ミヅヲ

語系 鐙・登・燈(灯)・蹬 tang は同声。豆・梪 do と形近く、その声を承ける。鐙は登の声義をとる字である。

＊語彙は灯字条参照。

【鐙影】 ともしびの火かげ。宋・周密〔繡鸞鳳花犯、水仙花〕詞 幽夢は覺む 涓涓たる清露 一枝の鐙影の裏

↑鐙杖 金銅の弩の柄

↓華鐙・執鐙・馬鐙・明鐙

【籐】 21 8823 ［籘］ 22 8829

トウ
とう とうづる

形声 声符は滕。字はまた籘に作り、滕声。蔓生で竹に似ているので、竹に従う。籐細工に用いる。

訓義 ①とう、とうづる。

↑籐枕 籐製の枕／籐榻 籐の安楽椅子

【譶】 21 0066

トウ(タフ)
はやくち

篆文

会意 三言に従う。〔説文〕三上に「疾く言ふなり。三言に從ふ。讀みて沓の若くす」とあり、早口にしゃべりたてる意。金文の〔𠫑羌鐘〕に「楚京を譶敓す」とあり、譶は廟中に祈禱すること、その祈る語を譶という。呪誦・経文のようにとなえるのであろう。

訓義 ①はやくち。②しゃべりつづける、しゃべりたてる。③諮と声義同じ。

古訓 〔新撰字鏡〕譶 言音訥ならざるなり。加万々志(かまし) 〔名義抄〕譶 ヒヽメク・カマビスシ・トクイフ・タフトシ・カヽシ・サヘヅル・ヒチメク 〔字鏡集〕譶 カマビスシ・ヒチメク・トクイフ・イフ・ハヤキコトバ・ヒヽメク・タフトシ・コト／＼シ・サヘヅル

語系 譶・諮 dap は同声。諮とは〔説文〕三上に「譅諮なり」、〔玉篇〕に「妄りに語るなり」とあって、早口にしゃべりたてる意。霅 djiap、讋 tjiap は声義近く、霅十一下は「衆言なり」、讋三上は「气を失ひて言ふなり～言、止まざるなり」(段注本)とあって、うわごとのようにいいつづけることをいう。みな呪誦の意があり、同系の語である。

↓渋譶

【鐺】 21 8916

トウ(タウ) ソウ(サウ)
くさり

篆文

形声 声符は當(当)。〔説文〕十四上に「鋃鐺なり」とあって、くさりをいう。また鏜と通じ、鐘鼓の声。また鉄でものを貫く、くしさす。また三足の温酒器をいう。

訓義 ①くさり。②鏜と通じ、鐘鼓の声。③くしさし。④三足のかま、温酒器。⑤国語で、こじり。

古訓 〔名義抄〕鐺 アシカナヘ・アシナベ・カナシキ・ミヽカネ・コシリ／鐺子 サスナベ／鋃鐺 クサリ 〔字鏡集〕鐺 ミヽカネ・アシナベ・アシカナヘ・ユク・カネノコヱ・コシリ

↑鐺脚 鐺三足／鐺戸 製塩家／鐺鐺 金声／鐺墨 鍋の墨／鐺鬲 三足鍋

↓茶鐺・鼎鐺・鉄鐺・土鐺・薬鐺・鋃鐺

【儻】 22 2923

トウ(タウ)
すぐれる ほしいまま もし

篆文

形声 声符は黨(党)。〔説文新附〕八上に「倜儻なり」とあり、司馬遷の〔任少卿(安)に報ずる書〕に「唯だ倜儻非常の人のみ稱せらる」とみえ、志の高い人をいう。また「儻ち」「儻し」など、副詞としての用法がある。

訓義 ①すぐれる。②ほしいまま。③あるいは、もしくは、もし、たまたま、たちまち。

古訓 〔新撰字鏡〕儻 太止比(たとひ)、又、介太志(けだし) 〔名義抄〕儻 タマ／＼・タマサカ・モシ・トモ・トモガラ・コヒネガハクハ・アヤシ・ミダリガハシ・ナゾ・イツハル・タスク・ワヅカニ・ケダシ・マトフ・タトヒ・カタチハフ

語系 儻・黨 tang は同声。ときに通用する。倜儻 thyek-tang はまた俶儻に作る。

【儻乎】 うっとりする。〔荘子、山木〕既に彫り既に琢

し、朴に復帰す。侗乎（ぼんやり）として其れ識る無く、儻乎として其れ怠疑（佁儗）す。

【儻然】とう(たう)ぜん　おおまか。〔荘子、天地〕天下を以て之れを誉め、其の謂ふ所を得ると雖も、謷然として顧みず。天下を以て之れを非り、其の謂ふ所を失ふ（失当）も、儻然として受けず。

【儻蕩】とうとう(たうたう)　おおまか。〔漢書、史丹伝〕丹、人と為り～愷弟にして人を愛す。貌、儻蕩にして備はらざるが若きも、然れども心は甚だ謹密なり。故に尤も信を上に得。

【儻儻】とうとう(たうたう)　自適のさま。〔関尹子、一宇〕道は茫茫として知ること無きか、心は儻儻として羈すること無きか、物は迭迭として非とすること無きか。電のごとく逸するか。沙のごとく飛ぶか。

【儻来】とう(たう)らい　たまたま来る。〔荘子、繕性〕今の所謂志を得るとは、軒冕の謂ひなり。軒冕（高位）の身に在るは、性命に非ざるなり。物の儻たま來るは、寄なり。寄は、其の來ること圉ぐべからず、其の去ること止むべからず。

↑儻言　正言／儻使　もし／儻若　あるいは／儻莽　ひろびろ／儻朗　不明なさま／儻論　正論

↓佽儻・倜儻

【饕】 22 6173 ［叨］ 5 6702　トウ（タウ）　むさぼる　とうてつ

篆文  籀文  金文 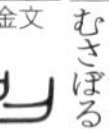

形声 声符は號（号）。字はまた叨に作る。〔説文〕五下に「貪るなり」とあり、貪叨のように熟して用いる。饕は饕餮。餮は殄声。饕も形声の字で、もと音訳の語であろう。饕餮を三苗とする説があり、南方の語であるらしい。古銅器にみえる饕餮文は虎の展開図とみるべきもので、それを呪飾としたものであろう。南方では虎を於兎といい、楚の史記を檮杌といい、また悪獣の名であるという。饕餮と関係のある語と思われる。於兎・饕餮・檮杌は、おそらく同系の語であろう。

訓義 ①むさぼる、食らう、そこなう。②饕餮、悪獣の名。③三苗。苗族をいう。

古訓 〔名義抄〕饕　ムサボル　〔字鏡集〕饕・叨　カムガフ・タヾス・ムサボル・カタジケナシ・ムセブ・ミダリガハシ・クラフ・ミダル・ヲシム

語系 饕餮thô-thyetは双声の連語。餮は貪thəmと声義が近いが、饕餮はもと音訳の語であろう。

【饕貪】とう(たう)たん　貪欲。〔韓非子、亡徴〕饕貪にして饜くこと無く、利に近づき、得ることを好む者は、亡ぶべきなり。

【饕餮】とう(たう)てつ　悪獣の名。古銅器の文様に饕餮文があり、おおむね器の鼻梁を中心とした虎の展開図を用いる。饕餮は虎を文様化したものであろう。〔呂覧、先識〕周鼎に饕餮を著く。首有りて身無く、人を食らひて未だ咽せざるに、害其の身に及ぶ。言を以て報更（償）するなり。不善を爲せば亦た然るなり。

【饕戾】とう(たう)れい　貪戾。漢・蔡邕〔太尉楊秉碑〕上表以聞（上奏）し、上の怒りを啓導す。其の時免ずる所の州牧郡守五十餘人、饕戾を是れ絀け、英才を是れ列し、善否章有り、京夏清肅なり。

↑饕腹　大食

↓貪饕・餮饕・風饕・吏饕・老饕

【戃】 23 9903　トウ（タウ）　ショウ（シャウ）　あわてる

形声 声符は黨（党）。戃怳はうろたえて、思慮を失うさま。また惝と通用する。

訓義 ①あわてる、うろたえる、思慮を失う。②惝と通じ、ぼんやりする。

【戃怳】とうこう(たうくわう)　うっとりする。惝怳。〔続墨客揮犀、二〕黄魯直の草書有り、扇頭子に韋應物の詩を題して曰く、獨り憐む幽草の澗邊に生ずるを～と。郎ち取りて視て戃怳の際に曰く、我猶ほ識らざるに、鬼寧ぞ之れを識るかと。

↑戃慌　戃怳

【纛】 24 5099　トウ（タウ）　はたぼこ　おおはた

形声 声符は毒。翿と声義同じ。纛は旄牛の尾や雉の尾を飾った旗。〔周礼、地官、郷師〕に柩車にこれを植てることがみえ、羽葆幢という。秦・漢以後、天子の車馬に用い、行幸のことを大纛という。

訓義 ①はたぼこ。②おおはた。③舞人のもつ羽。字はまた翿に作る。

古訓 〔名義抄〕纛　カミガキ・オニカシラ　〔字鏡集〕纛　ハタホコ・カミガキ・ハネ・カクス・ミチビク・ウチハ・ネヤス・ハタ

＊語彙は翿字条参照。

↑纛旗　元帥旗／纛斿　毛などがふさふさしたさま

↓牙纛・旗纛・戟纛・建纛・鼓纛・左纛・祭纛・執纛・竪纛・神纛・旌纛・総纛・大纛・風纛・秉纛・右纛・鸞纛・六纛・狼纛

【曭】 25 6903　トウ（タウ）　くらい

篆文 

形声 声符は黨（党）。〔説文〕四上に「目に精無く、直だ視るのみなり」とあり、ぼんやりとみつめる意。曭朗はぼんやりとした状態。

訓義 ①くらい。②ぼんやり、うすあかり。

古訓 〔名義抄〕曭　クル・ユフベ　〔字鏡集〕曭　イフベ・クル・クラシ

【曭莽】とうもう(たうまう)　さだかでない。〔楚辞、遠遊〕時、曖曃として其れ曭莽たり　玄武を召して奔屬せしめ　文昌を後にして行を掌らしむ

【曭朗】とうろう(たうらう)　ぼんやりとして、明らかでない。梁・何遜〔七召〕竹、石に距られて以て衺めに通じ、水、松に韻して響を含む。地寒からざるも蕭瑟たり。月、雲無くして曭朗たり。

↑曭漭　曭莽

【讜】 27 0963　トウ（タウ）

篆文 

形声 声符は黨（党）。〔説文新附〕三上に「直言なり」とあり、善言をいう。

訓義 ①ただしいことば、よいことば。②字はまた譡に作る。

古訓 〔名義抄〕讜　カナフ／譡　ナカコト　〔篇立〕讜　モシ・カナフ　〔字鏡集〕讜　カナフ・ヨキコトバ・ナホキコトバ

【讜議】とうぎ(たうぎ)　正しい議論。〔晋書、羊祜伝〕祜、二朝に歴職す。～勢利の求、關與する所無し。其の嘉謀讜議は、皆其の草を焚く。故に世聞くもの莫し。

【讜言】とうげん(たうげん)　善言。〔漢書、叙伝上〕（班）伯曰く、～詩書淫亂の戒、其の原は皆酒に在りと。上乃ち喟然として歎じて曰く、吾れ久しく班生を見ざりしも、今日復た讜言を聞けりと。

【讜論】とうろん(たうろん)　正論。〔宋史、蘇軾伝〕忠規讜論、挺挺として大節、群臣其の右に出づる無し。

↑讜辞　正言

【戇】 28 0733　トウ（タウ）　コウ　おろか　かたくな

篆文 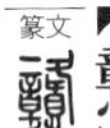

形声 声符は贛。〔説文〕十下に「愚かなり」とあり、前条の「愚は戇かなり」と互訓。〔荀子、議兵〕に「狂惑戇陋」、〔荀子、大略〕に「悍戇にして鬭ふことを好む」とあり、頑愚をいう。もと夅の形を含み、降下する神霊を拝する意の字であったらしく、神頼みする者の愚直・頑

冥の情をいう字であろうと思われる。

【訓義】①おろか、つたない。②かたくな、いっこく。③字はまた惷に作る。

【古訓】〔字鏡集〕戇 ヲロカナリ・カタクナシ・ツタナシ・ナブル・イヤシム
【戇諫】愚直な性で、遠慮なく諫める。〔説苑、正諫〕三諫して用ひられざれば則ち去る。去らざれば則ち身亡ぶ。～故に諫に五有り。一に曰く正諫、二に曰く降諫、三に曰く忠諫、四に曰く戇諫、五に曰く諷諫。

【戇狂】愚かで世に外れる。唐・韓愈〔河南の張員外を祭る文〕貞元十九年～余無能を以て同詔竝時す。君、徳渾剛にして、高きを標し、己れを掲ぐ。～余は戇にして狂なり。～自恃を挾む無し。

【戇愚】愚直。唐・韓愈〔潮州刺史謝上表〕臣、～狂妄戇愚を以て、禮度を識らず、上表して佛骨の事を陳べ、言、不敬に渉る。正名定罪、萬死も猶ほ輕し。陛下、～臣の狂直を恕し、～特に刑章を屈し、臣を以て潮州刺史と爲す。

【戇直】愚直。〔宋史、韓世忠伝〕性、戇直にして勇敢忠義なり。事、廟社に關しては必ず流涕極言す。岳飛の冤獄に、擧朝敢て一語を出だす無し。世忠獨り（秦）檜の怒りに攖かる。

【戇朴】愚かで素朴。〔老学庵筆記、七〕予、幼時先君に侍し、亂を東陽山中に避く。北僧有り、年五十餘。戇朴にして能無し。自ら言ふ、沈相義倫の裔孫なり、遺像及び告身（辞令書）を攜ふと。詔敕甚だ備はれり。

↑戇意 愚かな心／戇窩 愚直な者の家の意、室号に用いる／戇気 愚かな心／戇急 愚かでせっかち／戇言 愚かな言／戇士 愚人／戇人 愚人／戇訥 愚かで口下手／戇鈍 愚鈍／戇鄙 愚鄙／戇忿 愚かで怒りやすい／戇僻 愚直な性癖／戇冥 愚かで道理にくらい／戇陋 愚陋
↓悍戇

ドウ

【仝】5 8010 ドウ おなじ

【会意】人＋工。同の異体字。〔説文〕五下入部の仝（全）と同形の字であるが、漢隷にみえず、道家の用いた後起の字であるという。唐の詩人盧仝はこの字を用い、その〔馬異と交はりを結ぶ詩〕に「昨日の仝は仝じからず、異は自ら異なり」の句がある。また〔明史〕に「仝寅」の名がある。

【訓義】①おなじ。②姓に用いる。

↑仝異 同異

常【同】6 7722 ドウ あつまる おなじ ととのう

篆文

甲骨文

金文

【会意】卜文・金文の字形は、凡（凡）と口とに従う。凡は盤の形で、古く酒盃にも用いた器であろう。口は祝禱を収める器である𠙵の形。会同のとき、酒を飲み、神に祈り誓ったものと思われ、会同の儀礼をいう。またその酒杯の名に用い、〔書、顧命〕は康王即位継体の大礼をしるすものであるが、そのとき新王と、聖職者太保との間に、同・瑁という酒器による献酬が行われている。土主に酒を灌ぐ儀礼を示す興、また灌鬯を意味する釁の字形中に含まれている同が、その酒器である。それは会同盟誓などのときに用いるものであるから「あつまる」意となり、和合・同一の意となる。〔説文〕七下に、この字を重覆を意味する冃部に属し、「合會するなり」と訓し、冃と口との会意とするのは、合議の意とするものであろうが、口は古い字形では祝禱や盟誓をいう。

【訓義】①さかずき。②あつまる、つどう。③おなじ、おなじくする。④ととのう、そろう、ひとしい。⑤ともにする、なかま。

【古訓】〔名義抄〕同 オナジ・ヒトシ・ヒトシウス・アツマル・トノフ・ノリ・カタシ／異同 カタ、ガヒ
【声系】〔説文〕に同声として迵・衕・詷・筒・桐・侗・恫・洞・銅など十四字を収める。筒・洞などは、酒器としての同の形状から、その声義をえたものであろう。

【語系】同 dong は當（当）・黨（党）tang、等 tang と声義近く、ひとし、ととのうなどの意がある。

【同悪】悪事仲間。〔左伝、昭十三年〕同惡相ひ求むるは、市賈（店やでの買物）の如し。何の難きことかあらん。

【同音】同じ音調にする。〔詩、小雅、鼓鍾〕瑟を鼓し琴を鼓し 笙磬音を同じくす
【同懐】同じ心。晋・陸機〔顧彦先の為に婦に贈る、二首、一〕詩 京洛、風塵多し 素衣も化して緇（黒）と爲る 修身、憂苦を悼む 感念す、同懐の子
【同学】ともに学ぶ。唐・杜甫〔秋興、八首、三〕詩 同學の少年、多くは賤しからず 五陵の衣馬、自ら輕肥
【同気】気象のひとしいもの。〔易、乾、文言伝〕同聲相ひ應じ、同氣相ひ求む。～雲は龍に從ひ、風は虎に從ふ。聖人作りて、萬物覩はる。

【同軌】車軌の度がひとしい。同制。〔中庸、二十八〕今天下、車は軌を同じうし、書は文（字）を同じうし、行は倫を同じうす。

【同帰】同じ所に帰着する。〔易、繫辞伝下〕子曰く、天下何をか思ひ、何をか慮らん。天下歸を同じうして塗を殊にし、致を一にして慮を百にす。

【同揆】同じ法則。〔三国志、呉、周魴伝〕夫れ物に感激有り。計、變に因りて生ずるは、古今揆を同じうす。

【同居】同じ家で生活する。〔独異志、中〕唐初、張公藝、九世同居す。高祖、～之れに問ふ、何を以て然るを致すと。公藝筆を執り、唯だ百餘の忍の字を書す。餘は他の言無し。遂に其の門に旌表（表彰）す。

【同契】割符。契る。〔晋書、劉琨伝〕南北迥邈なるも、同契一致、萬里の外、心咫尺に存す。

【同慶】ともに喜ぶ。晋・陸機〔弁亡論、下〕其の安きには則ち黎元（人民）之れと慶を同じくし、其の危きに及んでは、則ち兆庶（万民）之れと患へを共にす。

【同穴】夫婦の契り。〔詩、王風、大車〕穀きては則ち室を異にするも 死しては則ち穴を同じうせん 予れを信ならずと謂はば 皦日の如き有り
【同工】同じ技法。唐・韓愈〔進学解〕上は姚姒（唐虞）の渾渾として涯て無き～に規る。下は荘騒（荘子と離騷）・太史（司馬遷）の錄する所、（揚）子雲・（司馬）相如の、工を同じうするも曲を異にするに逮ぶ。

【同根】兄弟。魏・曹植〔七歩詩〕萁は釜下に在って然え 豆は釜中に在って泣く 本是れ同根に生ず 相ひ煎ること何ぞ太だ急なる
【同志】仲間。〔晋書、王羲之伝〕嘗て同志と、會稽山陰の蘭亭に宴集し、羲之自ら之れが序を爲りて、以て其の志を申ぶ。

【同事】同一の事。また、事をともにする。〔韓非子、孤憤〕死人と病を同じくする者は、生くべからず。亡國と事を同じくする者は、存すべからず。

【同心】心を合わせる。〔易、繫辞伝上〕二人心を同じうせば、其の利きこと金を斷つ。

【同塵】世俗と同じ暮らしかたをする。〔老子、五十六〕其の兌（耳目）を塞ぎ、其の門（口）を閉ぢ、其の鋭（欲望）

を挫き、其の紛（憤怒の情）を解き、其の光を和らげ、其の塵に同ず。是れを玄同と謂ふ。

【同道】（どうどう（だう））同伴。また、その道を同じくする。〔鶴林玉露、乙一、閒居交遊〕古より士の閒居野處する者、必ず同道同志の士の、相ひ興に往還する有り。故に以て自ら樂しむ有り。

【同病】（どうびょう（びやう））同じ病気。〔呉越春秋、闔閭内伝〕子、河上の歌を聞かずや、同病相ひ憐れみ、同憂相ひ救ふ　驚翔の鳥相ひ隨ひて集まり　瀬下の水、因りて復た倶に流る～と。

【同風】（どうふう）風調がならぶ。漢・班固〔両都の賦の序〕孝成の世、論じて之れを錄す。蓋し奏御する者千有餘篇。而る後大漢の文章、炳焉として三代と風を同じうす。

【同文】（どうぶん）同じ文字を用いる。〔史記、秦始皇紀〕法度・衡石・丈尺を一にし、車は軌を同じうし、書は文字を同じうす。

【同盟】（どうめい）盟約を結ぶ。〔左伝、僖九年〕秋、齊侯、諸侯に癸丘に盟ふ。曰く、凡そ我が同盟の人、既に盟ふの後、言は好に歸せんと。

【同門】（どうもん）同じ門下の者。〔文選、古詩十九首、七〕昔我が同門の友　高擧して六翮を振ふ　攜手の好を念はず　我を棄つること遺跡の如し

【同流】（どうりゅう（りう））ともに流れる。傾向を同じうする。〔孟子、尽心上〕夫れ君子は、過ぐる所の者は化し、存する所の者は神、上下天地と流を同じうす。

【同類】（どうるい）同じ種類。仲間。清・黄遵憲〔陸軍官学校開校礼～〕詩　同に亞細亞に在り　昔より隣封輯ぐ～恃む所は各〻富強ならんことを　乃ち能く相ひ輔弼せん　同類争つて奮盟せば　外侮、日に潜匿せん

【同和】（どうわ）ともに和する。〔礼記、楽記〕大樂は天地と和を同じうし、大禮は天地と節を同じうす。

↑同哀　共に哀しむ／同案　会食する／同位　同列／同異　異同／同意　賛成／同一　同じ／同寅　同僚／同雲　雪雲／同宴　会食する／同焉　集まる／同屋　同居／同火　同爨／同科　同級／同官　同職／同感　共感する／同羈　共に旅する／同義　同意／同休　同慶／同魚　やすり／同郷　故郷が同じ／同響　同調／同衾　とも寝／同硯　同学／同伍　仲間／同功　同じ功績／同甲　同年／同好　同じ趣味／同行　同伴／同国　同郷／同座　同席／同采　同じ色／同歳　同年／同載　同行／同罪　同一の罪／同参　同門／同産　兄弟／同爨　共に暮らす／同指　同じ趣旨／同視　同一視する／同廁　まじる／同時　同じ時／同室　共に住む／同疾　同病／同日　同じ日／同車　車に相乗り／同舍　同屋／同舟　舟に相乗り／同住　同居／同宿　共宿／同処　一処／同床　とも寝／同牀　同床／同乗　相乗り／同情　思いやり／同食　会食する／同人　同志／同仁　無差別の愛／同井　隣組／同生　同産／同声　同音／同姓　同族／同棲　同住／同儕　仲間／同席　同じ席／同船　同舟／同然　同様／同宗　同族／同窓　同学／同蔵　夫婦／同族　一族／同体　一体／同断　同様／同疇　仲間／同朝　同じ廷臣／同調　同音／同塗　同じ途／同党　同派／同等　同級／同堂　従父昆弟／同徳　同じ徳性／同内　とも寝／同年　同じ年／同輩　仲間／同犯　共犯／同伴　つれ合う／同班　同じ組／同被　同衾／同品　同じ品類／同父　兄弟／同符　符合／同腹　同産／同母　同腹／同邦　同国／同朋　友人／同胞　はらから／同袍　同袍の友／同房　同室／同瑁　酒礼に用いる爵と玉器／同榜　同年の合格者／同謀　ぐる／同憂　同じ憂え／同侶　友だち／同僚　役仲間／同寮　同僚／同力　合力／同倫　ともがら／同列　同役

↓異同・一同・殷同・会同・共同・協同・玄同・胡同・合同・混同・参同・賛同・上同・斉同・帯同・大同・党同・不同・符同・来同・雷同・類同・和同

【怓】 8 9704 ドウ（ダウ） みだれる

篆文

形声 声符は奴。〔説文〕十下に「亂るるなり」とし、「詩に曰く、以て惛怓を謹め」と〔詩、大雅、民労〕の句を引く。前条に「怋は怓なり」とあり、〔説文〕は怋を用いる。

訓義 ①みだれる。②うれえる。

古訓 〔字鏡〕怓　サハカハシ

【怓怓】（どうどう（だうだう））みだれるさま。明・劉基〔照玄上人詩集の序〕其の玉爲り石爲るを辨ぜずして、惛惛怓怓、此れに倡へて彼に和し、更に相ひ朋附し、轉た相ひ詆訾して、詩の道能よく知る者有る無し。

↓惛怓

【恫】 9 9702 ドウ　トウ　いたむ　おそれる

篆文

形声 声符は同。〔説文〕十下に「痛むなり。一に曰く、呻吟するなり」という。

訓義 ①いたむ。②うめく。③おそれる。④侗・慟と声義が近い。

古訓 〔名義抄〕恫　イタム／恫矜　イタミ・ヤム　〔字鏡集〕恫　イタマシム・イタム

【恫疑】（どうぎ）懐疑しおそれる。〔戦国策、斉一〕亢父の険に徑し、～秦、深く入らんと欲すと雖も、則ち狼顧して、韓・魏の其の後を議せんことを恐るるなり。是の故に恫疑虛猲して、高躍して敢て進まず。

↑恫怨　おそれ怨む／恫悔　後悔する／恫喝　おどす／恫瘝　傷む／恫矜　憂える／恫擾　乱れる

↓心恫・呻恫・憁恫

常 【洞】 9 3712 ドウ　ほら　とおる　ふかい

篆文

形声 声符は同。同に、筒形で中が空虚なものの意がある。〔説文〕十一上に「疾く流るるなり」とあり、水勢によって穿たれたところをいう。奥深い洞窟などの意に用いる。その奥深いところを明察することを洞察という。

訓義 ①ほら、ほら穴。②とおる、つらぬく、いたる。③ふかい、うつろ、むなしい。④はやい、はやく流れる。

古訓 〔和名抄〕洞　保良（ほら）　〔名義抄〕洞　ホラ・トホル・ホガラカナリ・アキラカナリ・トホシ・ツクス・ヌク・ミギリ・ホカラ・トク／洞達　ートトホル　〔字鏡集〕洞　トク・ハヤクナル・トホル・ホラ・ツカル・ノク・ナガル・トホシ・アナ・ミギリ・アキラカナリ・ホガラカナリ・フカクトホシ

語系 洞・同・筩 dong は同声。甬も同じく筒形の器で通（通）thong はその動詞形。洞と声義が近い。透（透）thu は通と声義に通ずるところがある。

【洞壑】（どうがく）ほらあな。深い谷。唐・沈佺期〔岳館〕詩　洞壑、仙人の館　孤峯、玉女の臺

【洞鑒】（どうかん）洞察。深く知る。〔文心雕竜、物色〕然れども屈平能く風騷の情を洞鑒する所以の者は、抑〻亦た江山の助けなるか。

【洞暁】（どうぎょう（げう））洞察。さとる。〔晋書、郭璞葛洪伝賛〕景純（璞の字）通秀、夙に宏材を振ふ。鳥冊（鳥虫の文）を沈研し、龜枚（亀卜）に洞曉す。

【洞口】（どうこう）洞の入り口。明・王守仁〔芙蓉閣、二首、二〕詩　巖下、雲萬里　洞口、桃千樹　終歲、人の來たるもの無し　惟だ

許す、山僧の住むを

【洞視】どうし 透視。超能力。〔北史、芸術上、由吾道栄伝〕洞視を善くす。蕭軌等の江南に敗れしとき、其の日、道栄之れを言ふこと目に見るが如し。其の後、郷人の役に従ひ歸るを得たる者に、敗時の形勢を勘問するに、道栄の說ふ所と符同す。

【洞簫】どうしょう 楽器。尺八の類。宋・蘇軾〔赤壁の賦〕客に洞簫を吹く者有り。歌に倚りて之れに和す。其の聲嗚嗚然として、怨むが如く慕ふが如く、泣くが如く訴ふるが如し。餘音嫋嫋として、絕えざること縷の如し。

【洞然】どうぜん 明らか。さとる。清・顧炎武〔楊雪臣に与ふ〕人苟くも徧く五經を讀み、略ぼ史鑑に通ぜば、天下の事、自ら洞然たるべし。患は聲利の迷はす所と爲りて、悟らざるに在るのみ。

【洞達】どうたつ 深くさとり徹する。魏・嵆康〔卜疑集〕寧ろ老聃(老子)の清淨微妙なるが如くして、玄を守り一を抱かんか。將た莊周の齊物の如く、變化洞達して放逸せんか。

【洞徹】どうてつ すき透る。明らか。〔隠居通議、一、論悟二〕(北人東門老)一日、師某處に往かしむ。正に雪中、既に寒く且つ饑う。因りて屨を結び、忽ち悟る有り。則ち天地萬物を見るに、洪纖曲直、清淨なる琉璃の如く洞徹せざる無く、此れより了に滯礙無し。其れ亦た魏益之(師の名)の學なるか。

【洞天】どうてん 神仙の居る所。〔雲笈七籤、二十七〕十大洞天なる者は、大地名山の閒に處る。是れ上天、群仙を遣はして統治する所なり。

【洞洞】どうどう 誠実のさま。〔礼記、祭義〕孝子の將に祭らんとするや、～洞洞乎、屬屬乎として勝へざるが如く、將に之れを失はんとするが如し。

【洞冥】どうめい 暗きを通し明るくする。晉・陸機〔漢の高祖の功臣の頌〕策を淮陰(韓信)に協せ、迹を蕭公(何)に亞ぐ。文成(張良)師と作り、幽を通じ冥を洞らく。

【洞門】どうもん 洞口。また相対する宮門。〔漢書、佞幸、董賢伝〕將作大匠に詔し、賢の爲に大第を北闕下に起さしむ。重殿洞門、木土の功、技巧を窮極す。柱檻に衣するに綈錦を以てす。

【洞朗】どうろう 明らか。明・唐順之〔葉包庵先生寿序〕先生の、學者の爲に詩を說くや、絲聯髮比、關竅(困難な所)開解し、音節洞朗、學者俯して之れを聽くに、身、殷・周の閒に在りて、猗那(商頌)・關雎(周南)の響きを聆くが如し。

➡洞越 太古の琴／洞屋 壁のない家／洞開 からりと開く／洞学 廬山の白鹿洞の学館／洞豁 ひらける／洞貫 つきぬける／洞感 感応する／洞観 道観／洞疑 懐疑／洞窟 洞穴／洞見 見ぬく／洞戸 連房の戸／洞合 融合する／洞釈 解消する／洞習 熟知する／洞照 明照／洞燭 明燭／洞酔 澄心／洞井 洞穴の井／洞精 洞察する／洞晰 知りぬく／洞僊 仙人／洞池 空池／洞中 洞穴の中／洞聴 明聴／洞蕩 洗いさる／洞盪 腹下り／洞発 早発／洞府 神仙の所／洞闢 ひらく／洞明 洞朗

➡淵洞・花洞・霞洞・貫洞・巌洞・虚洞・空洞・洪洞・荒洞・紫洞・石洞・雪洞・仙洞・潭洞・百洞・風洞・碧洞・幽洞

人 【桐】 10 4792 ドウ トウ きり

篆文  金文 

形声 声符は同。〔説文〕六上に「榮なり」、また榮(栄)字条六上に「桐木なり」とあって互訓。〔説文通訓定声〕に栄は皮白くして実らず、材は琴瑟に適するもので、青桐とは別のものであるという。〔詩、鄘風、定之方中〕に「椅桐梓漆し 爰に琴瑟を伐る」とあり、楚宮に都するとき、これらの木をも植えた。桐人は送葬のときに用いる俑のことで、呪詛のときにも用いた。

訓義 ①きり。②あおぎり。③琴の材、琴。

古訓 〔新撰字鏡〕桐 支利乃木(きりのき)〔名義抄〕桐・青桐 ジャウド 〔字鏡集〕桐 キリ

【桐華】どうか 桐の花。布を織るに用いるという。〔後漢書、西南夷、哀牢伝〕哀牢人は皆穿鼻儋耳、其の渠帥は自ら王者なりと謂ひ、耳皆肩より下ること三寸。～梧桐木華有り。績ぎて以て布と爲す。幅廣五尺、絜白にして垢汙を受けず。

【桐棺】どうかん 桐の木の棺。朽ち易い。〔韓非子、顯学〕墨者の葬るや、冬日は冬服、夏日は夏服、桐棺三寸、喪に服すること三月。世主以て儉と爲して之れに禮す。

【桐梓】どうし 桐とあずさ。良材。〔詩、鄘風、定之方中〕定(星)の方に中(南)するとき 楚宮を作る 之れを揆るに日を以てし 楚室を作る 之れに榛栗 椅・桐・梓・漆を樹う 爰に琴瑟を伐る

【桐人】どうじん 桐の木の木偶。木俑。〔塩鉄論、散不足〕古者に明器は形有りて實無し。～今は厚資多藏、器用生人の如し。～匹夫は貌領(一揃いの衣)無きに、桐人には紈綈を衣しむ。

➡桐音 琴の音／桐魚 雨乞いに用いる桐で作った魚／桐君 琴／桐鼓 太鼓／桐糸 琴の絃／桐杖 母の喪杖／桐薪 桐の薪／桐乳 桐の実／桐煤 桐の煤で作った墨／桐花煙／桐馬 桐の木で作った馬、葬具に用いる／桐油 桐の油

➡椅桐・絃桐・孤桐・胡桐・梧桐・高桐・刻桐・糸桐・紫桐・新桐・井桐・青桐・蒼桐・白桐・碧桐・油桐

常 【胴】 10 7722 ドウ はら ちょう

形声 声符は同。同は筒形の酒器。人体では胴。絃楽器の中心のところをも胴という。

訓義 ①はら、ふといはら、大腸。②どう、からだの幹部、楽器の中央部分。

古訓 〔新撰字鏡〕胴 大腹なり。波良布止志(はらふとし)〔名義抄〕胴 腸なり

➡胴肛 肛門／胴体 からだ／胴部 からだ

常 【動】 11 2412 ドウ うごく

篆文  古文  金文 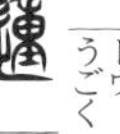 簡書 

形声 声符は重。金文に童(童)を動の意に用いており、もと童声。童の上部は、目の上に入墨した形で僮。下部は東(橐)の形で声符。力は耒の象形。僮僕が耒を執って農耕に従うことをいう。〔説文〕十三下に「作すなり」とあり、耕作する意。〔孟子、滕文公上〕に「終歲勤動す」とあり、勤(勤)も農作に従う意。のちひろく行動・動作の意となる。

訓義 ①うごく、身を動かす、はたらく、つくる。②する、おこなう。③ゆれる、うつる、かわる。④おどろく、さわぐ、まどう、みだれる、あらそう。⑤ややもすれば。

古訓 〔名義抄〕動 オゴク・ウゴク・ヤヽモスレバ・ユク・ツクル・クツログ・サハガシ・ユスル・フルハフ・ウタフ・ホドニ・トヾロカス・ヒヾカス・ソヽノカス・ホト〳〵／搖動 フルヒウゴカセドモ／震動 ツルビウゴク／擧動・動靜 フルマヒ・アリサマ〔篇立〕動 ソヽトモスレバ・ハタラク・ナビク・サワガス・ヤヽモスレバ・イタム・ウゴカス・ナヰ・ユルス・(スル)・アヤマチ・イサム・ヲゴク・ヲドロカス・ホト〳〵

声系 働は動声の字、国字。労働の意に用いる。

語系 動dong、盪・蕩dangは声義近く、盪・蕩はともに「動なり」と訓し、動揺の意。動はもと勤労を主とする字。勤・労(労)

など力に従う字はみな農作をいう。

【動威】天が威を示して戒める。〔書、金縢〕秋大いに熟し、未だ穫せざるに、天大いに雷電して以て風す。～王、書を執りて泣きて曰く、～惟れ予沖人（おさな人）知るに及ばず。今天、威を動かし、以て周公の徳を彰はす～と。王出でて郊す。天乃ち雨ふる。

【動気】動揺する。思いがけぬ行動をする〔孟子、公孫丑上〕志壹らなれば則ち氣を動かし、氣壹らなれば則ち志を動かす。

【動作】ふるまい。〔左伝、襄三十一年〕故に君子は、～容止觀るべく、作事法るべく、德行象るべく、聲氣樂しむべく、動作文有り、言語章有り、以て其の下に臨む。之れを威儀有りと謂ふ。

【動止】ふるまい。〔隋書、経籍志二〕起居注なる者は、人君の言行動止の事を錄記す。

【動色】感動が顔にあらわれる。唐・杜甫〔戲れに双松図を為くらしむる歌、韋偃画く〕詩 天下、幾人か、古松を畫く 畢宏は已に老いたれど、韋偃は少し 筆を絕てば長風、纖末に起り 滿堂色を動かして、神妙を嗟す

【動心】心を動かす。〔孟子、公孫丑上〕孟子曰く、否、我四十にして心を動かさざりき。～是れ難からず。告子は我に先だちて心を動かさざりきと。

【動人】人を感動させる。〔漢書、揚雄伝賛〕凡そ人、近きを賤しみ遠きを貴ぶ。親しく揚子雲の祿位容貌、人を動かすこと能はざるを見る。故に其の書を輕んず。～今揚子の書、文義至深、論、聖人に詭はず。～其の法言は、大いに行はる。

【動静】行止。ふるまい。〔易、艮、象伝〕時止まるべくんば則ち止まり、時行くべくんば則ち行き、動靜其の時を失はず、其の道光明なり。

【動地】世を驚かす。唐・白居易〔李白の墓〕詩 憐れむべし、荒隴窮泉の骨 曾て驚天動地の文有り 但だ是れ詩人、多くは薄命 就中淪落すること、君に過ぐるあらざらん

【動天】天を動かす。〔書、大禹謨〕惟れ德は天を動かす。遠しとして屆らざる無し。

【動盪】ゆり動かす。〔史記、楽書論賛〕故に音樂なる者は、血脈を動盪し、精神を通流し、心を和正にする所以なり。

【動魄】心を驚かす。〔詩品、上、古詩〕其の體、源は國風に出づ。陸機擬する所の十四首、文は溫にして以て麗、意は悲しみて遠し。驚心動魄、一字千金に幾しと謂ふべし。

【動容】立ち居振る舞い。〔孟子、尽心下〕動容周旋の禮に中る者は、盛德の至りなり。

【動揺】ゆらぐ。ゆれる。唐・杜甫〔閣夜〕詩 五更の鼓角、聲悲壯 三峡の星河、影動搖す

【動乱】乱れさわぐ。騒動。〔三国志、魏、張遼伝〕軍中に反を謀る者有り。夜、驚亂して火を起し、一軍盡く擾る。遼～曰く、動くこと勿れ。是れ一營盡く反するならず。必ず變を造す者有り、以て人を動亂せんと欲するのみと。

↑動移 移動する／動員 招集する／動化 感化／動駭 おどろく／動悸 鼓動／動機 はずみ／動挙 挙動／動言 言動／動寤 感悟する／動口 食べる／動工 起工する／動行 動作／動産 家財／動手 収賄／動衆 衆を動かす／動進 進む／動軔 発車／動胆 胆をおどろかす／動聴 傾聴する／動転 さわぐ／動蕩 ゆれ動く／動発 発動する／動筆 運筆／動蹕 発輦／動品 動物／動物 鳥獣虫魚／動兵 開戦する／動変 変動する／動脈 血の陽脈／動目 目をみはる／動問 尋ねる／動用 使う／動溶 ゆれる／動履 挙動／動慮 動心／動輪 発車／動類 動物

↓移動・運動・活動・感動・悸動・機動・挙動・驚動・群動・劇動・激動・言動・鼓動・互動・行動・策動・自動・出動・蠢動・順動・竦動・衝動・心動・振動・震動・生動・声動・扇動・旋動・煽動・蠕動・騒動・他動・胎動・地動・天動・転動・能動・波動・発動・反動・飛動・微動・不動・浮動・変動・萌動・暴動・脈動・鳴動・妄動・目動・躍動・揺動・陽動・雷動・流動・労動

常

【堂】

11
9010

ドウ（ダウ）
たかどの　おもてざしき

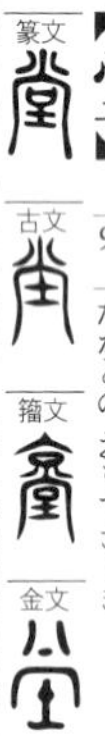

形声 声符は尙（尚）。尙に棠・黨（党）との声がある。尙は向の近くに神を迎えて祀り、そこに神気のあらわれる形。八（八）は神気を示す。土は土壇。土壇のある祀所を堂という。〔説文〕十三下に「殿なり」とあり、古文と籀文とを録する。その字形からみると、明堂のように室のない高台上の建物であったらしく、〔釈名、釈宮室〕に「高顯の貌なり」という。また〔広雅、釈詁四〕に「明なり」とあるのも、高明の意であろう。

訓義 1たかどの、神を迎えるところ、明堂。2たてもの、おもてざしき、正殿、寝殿。3門の両側の室、学堂に用いた。4たかい、あきらか、大きい、さかんなさま。5同祖同族のものをいう。

古訓 〔名義抄〕堂 トノ・ネヤ・イル・トル・タカシ・オホイナリ／堂々 ヨソホヒ

声系 〔説文〕に堂声として鏜など五字を録する。鏜は鐘鼓の声。その声をとる字である。

【堂案】宰相の政務調書。〔唐書、宋璟伝〕張嘉貞、後相と爲り、堂案を閱す。其の危言切議を見て、未だ嘗て聲を失して歎息せずんばあらず。

【堂筵】大講堂。宋・欧陽脩〔吉州学記〕學に堂筵齋講有り、藏書の閣有り、賓客の位有り、游息の亭有り。嚴嚴翼翼、壯偉閎耀なり。

【堂檐】堂ののき。〔旧唐書、礼儀志二〕（明堂）堂檐徑二百八十八尺。周易を按ずるに乾の策二百一十六、易緯に云ふ、年に七十二候有り、合して二百八十八と爲す。故に徑二百八十八尺なり。仰ぎて乾策に叶ふ所以なり。

【堂奥】奥の間。〔燕京歳時記、順星〕（正月）十三日より十六日に至るまで、堂奥より以て大門に至るまで燃燈して之れを照らす。之れを散燈花と謂ふ。又之れを散小人と謂ふ。

【堂下】堂の下方の道。〔孟子、梁恵王上〕王、堂上に坐す。牛を牽いて堂下を過ぐる者有り。王之れを見て曰く、牛何くにか之くと。對へて曰く、將に以て鐘に釁らんとすと。

【堂閣】殿堂楼閣。〔後漢書、陶謙伝〕（笮融）大いに浮屠寺を起す。上に金盤を累ね、下は重樓を爲し、又堂閣周回し、三千許りの人を容るべし。黃金の塗像を作り、衣するに錦綵を以てす。

【堂構】父の基業をつぐ。〔書、大誥〕若に考（父）、室を作らんとして、既に法を底したるに、厥の子乃ち肯て堂つくらず、矧んや肯て構せんや。～厥の考翼、其れ肯て予に後有り、基を棄てずと曰はんや。

【堂上】堂のうち。〔礼記、曲礼上〕堂上には趨らず。玉を執るときは趨らず。堂上には武（足あと）を接し、堂下には武を布く（大股に歩く）。

【堂食】宰相の官庁食事。〔五代史、漢臣、蘇逢吉伝〕逢吉已に貴く、益々豪侈を爲す。謂ひて中書の堂食、食らふべからずと爲す。乃ち家廚に命じて羞（食膳）を進めしめ、日々珍善を極む。

【堂前】堂の前。また、母の尊称。〔宋史、列女、陳堂

前伝〕節操行義、鄕人の敬ふ所と爲り、但だ呼んで堂前と曰ふ。猶ほ私家の其の母を尊ぶがごとし。
【堂贈】どうぞう(だうぞう) 歳暮の厄払い。〔周礼、春官、男巫〕冬、堂贈す。方(位)無く、算(常数)無し。〔鄭玄注〕冬歳終、禮を以て不祥及び惡夢を送る。～其の行必ず堂より始む。
【堂堂】どうどう(だうだう) 威厳があり、立派なさま。清・康有為〔日本国民党領袖佐々友房、撰る所の戦袍日記を贈らる。賦して謝す〕詩 大業未だ濟らずと雖も 至誠、天地を驚かす 堂堂たり、南洲翁(西郷) 明月、此こに砕かる
【堂廡】どうぶ(だうぶ) 座敷と廊下。〔列子、楊朱〕衞の端木叔は、子貢の世(後)なり。～庖廚の下に煙火を絶たず、堂廡の上に聲樂を絶たず。～邑里の餘、乃ち之れを一國に散ず。～其の病むに及んで藥石の儲無く、其の死するに及んで瘞埋の資無し。
【堂老】どうろう(だうらう) 宰相をいう。〔唐国史補、下〕宰相相ひ呼びて元老と爲し、或いは堂老と曰ふ。兩者相ひ呼んで閣老と爲す。
↑堂印 相印/堂宇 殿堂/堂簷 堂のき/堂坳 庭の窪み/堂屋 表御殿/堂音 大声/堂花 温室の花/堂顔 堂額/堂規 家憲/堂隅 室の隅/堂兄 父方のいとこ/堂萱 母/堂子 仏間/堂室 堂と室/堂序 正庁/堂饌 堂食/堂族 親類/堂尊 役人/堂飧 堂食/堂対 庁堂の門楹にかける対聯/堂中 室中/堂涂 堂と門の間/堂途 堂涂/堂塗 堂涂/堂斧 墳墓/堂幅 客間の軸/堂陛 堂と階/堂房 室/堂聯 堂対
↓一堂・宇堂・影堂・幼堂・華堂・画堂・学堂・綺堂・旧堂・虚堂・玉堂・琴堂・空堂・萱堂・孤堂・公堂・孔堂・行堂・宏堂・後堂・高堂・構堂・講堂・金堂・山堂・祠堂・七堂・塾堂・春堂・書堂・升堂・食堂・正堂・聖堂・禅堂・草堂・僧堂・尊堂・壇堂・中堂・庁堂・朝堂・殿堂・東堂・廟堂・仏堂・母堂・法堂・茅堂・北堂・本堂・梵堂・満堂・明堂・浴堂・礼堂・霊堂

【猱】 12 4729 ドウ(ダウ) ジュウ(ジウ) さる てながざる

形声 声符は柔。〔爾雅、釈獣〕に「猱蝯、善く援づ」とあり、てながざるの類をいう。〔詩、小雅、角弓〕に「猱に木に升ることを教ふること毋れ」とあり、〔毛伝〕に「猱は猨の屬なり」とする。楚人が沐猴とよぶものである。たわけて騒がしいことを猱雑という。

訓義 1さる、てながざる。2たわける、たわけてさわぐ。3字はまた夒に作る。

古訓 〔名義抄〕猱 マタ〔篇立〕猱 マタ・サル〔字鏡集〕猱 ケダモノ・ムライヌ・マタ・マク

語系 猱・擾njiuは同声。擾は〔説文〕十二上に「煩はしきなり」とあり、猱と通用する。夒nuは〔説文〕五下に「貪獸なり。一に曰く、母猴なり」とするが、その字は手足をあげて舞うかたち。金文に夒という字があり、酒にみだれることをいう。猱を猱雑の意に用いるのは、夒と通用の義である。

【猱雑】どうざつ(だうざつ) みだりがわしい。〔南唐書、帰明、舒雅伝〕舒雅、姿容秀發。～熙載、一見して疇昔(旧知)の如く、～忘年の交はりを爲す。臥内に出入し、～常に雅と服を易へて燕戲し、侍婢に猱雜す。
↑猱玃 大ざる/猱児 妓女/猱升 猿の木登り/猱狖 猿
↓猿猱・玃猱・戯猱・山猱・捷猱・飛猱

常【童】 12 0010 〔童〕 12 0010 ドウ しもべ わらべ

篆文

籀文

金文

形声 金文の字形は東(橐)に従い、東声。のち重に従う字形があり、重声。里はその省略形。上部の立の部分は、古くは辛と目とに従い、目の上に入墨する意で、受刑者をいう。童は僮の初文。〔説文〕三上に「男の辠有るを奴と曰ふ。奴を童と曰ひ、女を妾と曰ふ」とし、字は辛に従って重の省声であるという。結髪を許されず、それで童髪のものを童という。童幼の義はのちの転義。金文の〔毛公鼎〕に「死めて童せしむること毋れ」とあり、動の意に用いる。童謡はもと童僕の徒の労働の歌。〔左伝〕や〔史記〕〔漢書〕にみえる童謡は、服役者が労働のときに歌ったもので、これを歌占として用いることがあった。わが国の〔天智紀〕などにみえる童謡も、その類のものである。僮は農奴的な身分のものをいう。

訓義 1しもべ、刑余の者、奴隷。2髪を結びあげないもの、わらべ、わらわ、幼童。3山に草がない、はげ山、はげる、牛羊の角なきもの。4おさない、おろか、くらい。

古訓 〔和名抄〕童 和良波(わらは)〔名義抄〕童 ワラハ・カブロ

声系 〔説文〕に童声として僮・撞(撞)・鐘(鐘)など十三字を収める。動を〔説文〕に重声とするが、もと童に従い、動とは耕作に従うものをいう。また衝を童声とするが、もと重に従う字。童と重に従う字形には、ときに互易するものがある。
＊語彙は僮字条参照。

【童騃】どうがい おろかなこども。唐・白居易〔児戯を観る〕詩 童騃には戲樂饒く 老大には憂悲多し
【童冠】どうかん(くわん) 青少年のとき。〔晋書、慕容廆載記〕廆、幼にして魁岸、姿貌美しく、身の長八尺、雄傑にして大度有り。安北将軍張華、雅より人を知るの鑒(めきき)有り。廆、童冠の時、往きて之れに謁す。華、甚だ嘆異す。
【童子】どうじ 幼少の召使い。〔礼記、檀弓上〕曾子、疾に寢ねて病へなり。～童子、隅坐して燭を執る。～曰く、華にして睆たるは大夫の簀(牀)かと。～曾子之れを聞き、瞿然として曰く、呼と。
【童孺】どうじゅ わらべ。宋・胡銓〔高宗に上る封事〕今醜虜は則ち犬豕なり。堂堂たる大國、相ひ率ゐて犬豕を拜するは、曾て童孺の羞づる所なり。而るに陛下、忍んで之れを爲すか。
【童心】どうしん 幼な心。唐・劉禹錫〔周魯儒の挙に赴くを送る詩〕童心、便ち書を愛するの癖有り 手指、今にも餘す、筆を把るの痕
【童齔】どうしん 幼少。齔は乳歯がおちる。〔三国志、呉、虞翻伝注に引く会稽典録〕(徐平)童齔にして名を知らる。翻甚だ之れを愛し、屢と稱歎す。
【童男】どうだん 男の子。〔三国志、呉、呉主伝〕長老傳へて言ふ、秦の始皇帝、方士徐福を遣はし、童男童女數千人を將ゐて海に入り、蓬萊の神山及び仙藥を求めしむ。此の州(亶洲)に止まりて還らず。世と相ひ承けて數萬家有り。
【童僕】どうぼく こもの。召使い。晋・張華〔軽薄篇〕詩 末世、輕薄多し 驕代、浮華を好む 志意既に放逸 貲財も亦た豐奢 被服、纖麗を極め 肴膳、柔嘉を盡くす 童僕、粱肉を餘し 婢妾綾羅を蹈む
【童蒙】どうもう 無知なこども。〔易、蒙、彖〕蒙は亨る。我より童蒙に求むるに匪ず。童蒙より我に求むべきなり。
【童謡】どうよう(えう) 労役者の労働の歌。わざうた。〔国語、鄭語〕宣王の時に、童謠有りて曰く、檿弧(山桑の木の弓)箕服(箕の箙) 實に周國を亡ぼさんと。是こに於て宣王～執らへて之れを戮さしむ。
↑童歌 わらべ歌/童牙 幼少/童孩 子供/童観 狭小の見/童顔 幼な顔/童牛 子牛/童羖 牝羊/童昏 幼くて愚か/童山 禿山/童児 子供/童豎 子供/童女 女の子/童然 まるはげのさま/童稚 幼童/童穉 童稚/童貞 女知らず/童士

禿地／童奴　僮僕／童童　童然／童年　幼年／童馬　こうま／童髪　垂れ髪／童牧　牛かい／童昧　いぬあわ／童蒙／童幼　子供／童容　車の裳幃／童梁　童伶　子役／童隷　召使い

↓河童・歌童・怪童・孩童・学童・丱童・頑童・奇童・牛童・狂童・奚童・狡童・黄童・山童・児童・孺童・女童・小童・樵童・神童・齔童・成童・聖童・仙童・村童・牧童・遊童・幼童・妖童

常【道】12 3830 〔道〕13 3830 ドウ（ダウ） みち　みちびく　いう

篆文  古文  金文 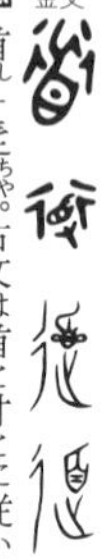

会意 首＋辵。古文は首と寸とに従い、首を携える形。異族の首を携えて除道を行う意で、導く意。祓除を終えたところを道という。〔説文〕二下に「行く所の道なり」とし、会意とするが、首に従う意について説くところがない。途（途）は余を刺して除道すること、路は神を降格して除道すること。道路はまた邪霊のゆくところであるから、すべて除道をする。その方法を術（術）という。術は呪霊をもつ獣（朮）によって祓う意で、邑中の道をまた術という。そのような呪法の体系を道術という。

訓義 ①みち、みちをきよめる、みちびく、ひらく。②とおる、みちゆく、ゆく、かよう。③ことわり、はたらき、てだて、おしえ、道理。④したがう、おこなう、よる、ただしい。⑤いう、かたる。⑥道術、道教、道士、才芸。⑦行政単位。

古訓 〔名義抄〕道　マサシ・イフ・オモハク・ノリ・ヨル・テタツ・トク・コトハル・アサシ・ツネ・トモ・オホシ〔字鏡集〕道　ヨシ・シタガフ・ハジメ・ツネ・アサシ・フム・オモハク・トク・コトハル・テタツ・ミチ・イフ・ノリ・オコナフ・トホル・トモ・マサシ・ツネ・オホシ

声系 〔説文〕に道声として導（導）など二字を収める。金文の道は寸に従う形で、除道して導く意を示す。道・導はもと一字であった。

語系 道・導 du は同声。もと一字であったが、のち分化して名詞と動詞という関係で用いる。

＊語彙は導字条参照。

【道引】 古代の養生術。呼吸法。〔荘子、刻意〕吹呴呼吸、吐故納新、～此れ道引の士、養形の人、彭祖壽考（長寿）者の好む所なり。

【道家】 老荘・黄老の学。〔漢書、芸文志〕道家者流は、蓋し史官に出づ。～清虚以て自ら守り、卑弱以て自ら持す。此れ人に君たる南面の術なり。堯の克く讓り、易の嗛嗛に合ふ。

【道学】 道義の学。また、儒学。宋・朱熹〔中庸章句の序〕中庸は何為れぞ作られしや。子思子、道學の、其の傳を失はんことを憂へて、作れるなり。

【道義】 正しい道。〔易、繫辞伝上〕天地位を設け、易、其の中に行はる。性を成し存すべきを存するは、道義の門なり。

【道殣】 行き倒れ。〔左伝、昭三年〕我が公室と雖も、今亦た季世なり。～庶民罷敝せるに宮室滋〻侈り、道殣相ひ望むも女富溢尤す。

【道芸】 学問と技芸。〔周礼、地官、郷大夫〕三年にして則ち大比す。其の徳行道藝を攷へ、賢なる者能くする者を興す。

【道山】 仙山。死後にゆく所。〔冷斎夜話、七〕東坡（蘇軾）儋耳（南方の地）に遷され、久之くして天下盛んに子瞻（軾）已に仙去すと傳ふ。後七年にして北歸す。～東坡、南昌に至る。太守云ふ、端明（殿学士、軾をさす）已に道山に歸せり。今尙ほ爾く人閒に遊戲するかと。

【道術】 学問技芸。〔荘子、天下〕寂漠にして形无く、變化常无し。～芒乎として何くにか之き、忽乎として何にか適く。～古の道術、是に在る者有り。莊周其の風を聞きて之れを悅ぶ。

【道心】 道を求める心。〔書、大禹謨〕人心惟れ危く、道心惟れ微なり、惟れ精惟れ一、允に厥の中を執れ。～欽しめや、乃の有位を愼み、其の願ふべきを敬修せよ。

【道人】 求道の人。宋・黄庭堅〔元実（范温）の目を病むに次韻す〕詩　道人嘗て恨む、未だ灰（冷却）せざる心を　儒士苦だ愛す、讀書の眼

【道俗】 僧侶と俗人。〔洛陽伽藍記、五、凝円寺〕十二月初、烏場國に入る。～土氣和暖、地方數千里。～薩埵投身（捨身餓虎）の地なり。～土に異花饒く、冬夏相ひ接す。道俗之れを採り、佛に上り供養す。

【道体】 道の本体。清・黄宗羲〔明儒学案自序〕學術の同じからざるは、以て道體の盡くること無きを見はすなり。奈何ぞ今の君子、必ず一途に出でんと欲するや。

【道聴】 聞きかじりで、知ったふりをする。〔論語、陽貨〕子曰く、道に聽きて塗に說くは、德を之れ棄つるなり。

【道統】 聖人の道の伝統。また、特に朱子学における学統をいう。〔宋史、道学三、朱熹伝〕嘗て謂ふ、聖賢道統の傳、散じて方册に在り。聖經の旨明らかならずして、道統の傳始めて晦し。

【道徳】 人倫の道。また、老子の道をいう。〔礼記、曲礼上〕道德仁義、禮に非ざれば成らず。

【道法】 道理法度。〔韓非子、飾邪〕先王、道を以て常と爲し、法を以て本と爲す。本治まる者は名尊し。本亂るる者は名絶ゆ。～道法は萬全なるも、智能は失多し。

【道友】 道を以て交わる人。〔西渓叢語、下〕白樂天、～故との刑部李侍郎と早に道友を結び、藥術を以て事と爲す。詩に云ふ、金丹同に學べるも、都て益無し　水竹隣居すること、竟に成らずと。

【道理】 もののことわり。正道。宋・蘇軾〔李公択に与ふ、十七首、十一〕吾が儕、老い且つ窮すと雖も、道理心肝を貫き、忠義骨髓を塡む。直だ須らく死生の際に談笑すべし。

【道流】 道家者流の思想。斉・孔稚珪〔北山移文〕其の始めて至るや、～空空を釋部に談じ、玄玄を道流に覈ふ。

【道路】 みち。〔周礼、秋官、野廬氏〕國の道路を達し、四畿に至らしむることを掌る。

【道論】 道の論。また、道家の説。〔史記、太史公自序〕太史公（談）、天官を唐都に學び、易を楊何に受け、道論を黄子に習ふ。

↑道衣　道士の服／道意　道心／道院　道観／道嫗　女道士／道檝　街路樹／道化　導く／道冠　道士の冠／道観　道教の寺／道気　道意／道幾　道の幾微／道揆　道理にはかる／道誼　道義／道具　器具／道君　道家の神／道訓　教え／道径　大小の道／道契　道の交わり／道玄　幽玄／道言　道家の言／道姑　女道士／道巷　ちまた／道左　道の東側／道士　方士／道師　道の師／道次　途中／道辞　いう／道者　有道の人／道賒　道路／道釈　道教と仏教／道樹　道路の木／道書　道教の書／道上　道の辺／道場　修行所／道神　道祖神／道枢　道の枢要／道数　道理／道説　いう／道蔵　道書の総集／道側　道ばた／道達　導く／道帙　道書／道中　途中／道程　道のり／道途　みち／道念　道義心／道破　いい尽くす／道拝　跪拝／道伴　道連れ／道畔　道ばた／道費　旅費／道標　道案内／道布　祭の布／道風　道家

風／道服 道士の服／道辺 道ばた／道旁 道ばた／道傍 道旁／道本 道の根本／道味 道の真意／道腴 道味／道諛 へつらう／道里 みちのり／道力 功力／道籙 道家の図符

↓悪道・佚道・遠道・王道・枉道・華道・街道・外道・閣道・学道・喝道・貫道・間道・危道・軌道・鬼道・棊道・詭道・求道・衢道・径道・敬道・芸道・剣道・乾道・権道・古道・故道・公道・弘道・交道・光道・行道・坑道・皇道・香道・黄道・講道・坤道・左道・茶道・載道・参道・桟道・士道・市道・至道・師道・斯道・失道・車道・邪道・守道・儒道・修道・柔道・循道・順道・除道・小道・称道・唱道・樵道・常道・食道・臣道・神道・人道・水道・隧道・世道・正道・成道・赤道・善道・祖道・大道・達道・地道・治道・中道・鳥道・直道・鉄道・天道・伝道・当道・同道・得道・入道・覇道・悖道・廃道・半道・非道・媚道・不道・父道・婦道・武道・複道・仏道・聞道・弁道・歩道・舗道・報道・魔道・妙道・無道・明道・幽道・甬道・要道・陽道・楽道・吏道・履道・両道・糧道・輦道・論道

常

【働】 13 ドウ はたらく つとめる

国字 声符は動。動はもと童(童)に作り、僮僕・農奴の意。働はわが国で作られた字で、労働の意に用いる。〔中華大字典〕に「日本の字なり。吾が國の人、通じて之れを讀むこと動の若し」とみえる。

訓義 ①はたらく、つとめる。②手腕、技術。③機能、作用。

↓稼働・実働・労働

【僮】 14 2021 ドウ めしつかい わかもの

篆文 

形声 声符は童(童)。童は受刑者。目の上に入墨を加え、結髪を許されない。〔説文〕八上に「未だ冠せざるなり」と童子の意とするが、のち童を童子に、僮を僮僕の意に用いる。〔説文〕は童・僮の訓を互易している。

訓義 ①めしつかい、こもの、しもべ。②おろか、くらい。③わかもの、元服前の年少者。

古訓 〔名義抄〕僮 ヤツガレ・ヤツコ・ワラベ・カタイナシ・ツカヒビト・ツク・マツ 〔字鏡集〕僮 ヤツガレ・ヤツコ・ワラハベ・カタクナシ・オロカナ・ツカヒビト・ツク・ワラハ・ナツ

語系 僮・童dongは同声。〔説文〕に僮を童とするが、〔詩、衛風、芄蘭〕に「童子」、〔易、蒙〕に「童蒙」のように用いる。〔左伝〕などに多くみえる「童謠」は僮僕服役の者が歌う労働歌をいう。もと童と通用し、のち童・僮に分岐した字である。

＊語彙は童字条参照。

【僮子】 未冠の年少者。〔史記、循吏、子産伝〕子産～相と爲りて一年、豎子戲狎せず。斑白(白髪まじり)提挈(荷持ち)せず、僮子畔に犂かず。～三年、門、夜關ぢず、道、遺を拾はず。

【僮僮】 さかんなさま。〔詩、召南、采蘩〕被(つけ髪)の僮僮たる 夙夜、公(宮)に在り

【僮僕】 召使い。こものたち。晋・陶潜〔帰去来の辞〕童僕、歡び迎へ、稚子、門に候つ。

↑僮幹 こもの／僮客 僮僕／僮御 僮僕／僮昏 おろか／僮惛 おろか／僮児 小児／僮豎 召使い／僮女 少女／僮然 おろか／僮男 童男／僮奴 しもべ／僮夫 下男／僮婦 匹婦／僮蒙 童蒙／僮矇 童蒙／僮約 奴隷購入の証書／僮謠 童謡／僮隷 しもべ

↓家僮・歌僮・官僮・狂僮・狡僮・山僮・侍僮・田僮・奴僮・童僮・買僮・庖僮・僕僮・妖僮・吏僮

【慟】 14 9402 ドウ なく なげく

篆文 

形声 声符は動。〔説文新附〕十下に「大いに哭するなり」とあり、弔問のとき声をあげ、身をふるわせて泣くことをいう。〔論語、先進〕に「顔淵死す。子(孔子)之れを哭して慟す。從者曰く、子、慟せり」とあり、肉親でなければ、哭するのが礼であった。哭とは、声を呑んで泣くことをいう。

訓義 ①なく、声をあげてなく、なげく、身をふるわせてなげく。②字はまた動・恫に作る。

古訓 〔名義抄〕慟 イタム 〔字鏡集〕慟 サマヨフ・イタム・アハレブ

語系 慟・動dongは同声。痛・恫thong、疼duamは声近く、心の哀痛が甚だしく、心の振悼することを慟という。

【慟懐】 なげきおもう。晋・潘岳〔寡婦の賦〕慟懷することを奈何ぞ、言に山阿に陟る。墓門、肅肅として、脩壟(長い岡)、峨峨たり。

【慟泣】 なげき泣く。〔南斉書、高逸、顧歓伝〕歡、早に孤となる。詩を讀みて哀哀たる父母に至る毎に、輒ち書を執りて慟泣す。學者是れに由りて蓼莪篇を廢して復た講ぜず。

【慟哭】 はげしく大声をあげてなく。清・呉偉業〔円円曲〕詩 慟哭して六軍倶に縞素(喪服)す 冠を衝いて一たび怒れば、紅顔を爲す

【慟絶】 慟哭して気を失う。〔夢渓筆談、人事一〕朱壽昌、～流落貧家、～遂に母の在る所を失ふ。壽昌、哀慕已まず。～長ずるに及び、乃ち官を解きて母を訪ひ、遍く四方に走る。～歴年甚だ多し。忽ち一日河中府に至り、遂に其の母を得たり。相ひ持して慟絶し、行路を感動せしむ。

↑慟恨 哀しみ恨む／慟酔 大酔／慟切 悲痛をきわめる／慟怛 かなしみなげく／慟咷 慟哭／慟悼 嘆き悼む

↓哀慟・一慟・感慟・哽慟・号慟・憯慟・内慟・流慟・惋慟

常

【銅】 14 8712 ドウ あかがね

篆文  金文 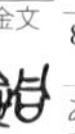

形声 声符は同。〔説文〕十四上に「赤金なり」とあり、周初の〔麦方鼎〕や〔彔毀〕に赤金を賜うことがしるされている。単に金ということもあり、金文に「金を獲たり」といい、〔詩、魯頌、泮水〕に「大賂南金」と称するものは、みな銅をいう。淮夷の地に産する南金は、その質が良好なものであったらしく、古く安徽の方面に独自の青銅器文化があった。兵器にも用いられ、楚王の器に「戰ひて兵銅を獲たり」とあり、それを以て宗廟の器を作ったことをしるしている。

訓義 ①あかがね、どう。②銅製の器、銅器。

古訓 〔和名抄〕銅 赤金なり。阿加々禰(あかがね) 〔名義抄〕銅 アカガネ・カスム 〔篇立〕銅 アカガネ・カタム

【銅印】 銅製の官印。〔漢書、百官公卿表上〕凡そ吏秩比二千石以上、皆銀印青綬、～秩比六百石以上、皆銅印黒綬、～比二百石以上、皆銅印黄綬。～吏員、佐史より丞相に至るまで、十二萬二百八十五人。

【銅器】 青銅の器。〔史記、武帝紀〕少君、上に見ゆ。上に故銅器有り。～曰く、此の器は齊の桓公十年、柏寢(台)に陳ねたりと。已にして其の刻を案ずるに、果して齊の桓公の器なり。一宮盡く駭き、少君を以て神と爲せり。

【銅壺】 水時計。唐・戴叔倫〔早春曲〕詩 博山(炉)雲を吹いて、龍腦香しく 銅壺滴愁ひて、更漏(時がたつこと)長し

【銅鼓】 苗族の古銅器。古く南・南任という。遺器は江南、西南地区から出土する。〔後漢書、馬援伝〕援、騎を好み、善く名馬を別つ。交阯に於て駱越の銅鼓を得て、乃ち鑄て馬式を爲る。

【銅人】青銅の人の像。〔漢書、郊祀志下〕(甘露元年)其の夏、～建章・未央・長樂宮の鍾虡(楽器かけ)の銅人、皆毛を生ず。長さ一寸所。時に以て美祥と爲す。

【銅青】緑青。〔酉陽雑俎、八、黥〕晉令、奴始めて亡ぐるときは、銅青を加ふること墨の若し。兩眼の從に黥す。再び亡ぐるときは、兩頰上に黥す。～皆長さ一寸五分。

【銅船】銅製の船。〔水経注、淹水〕林邑記に曰く、～江中に、越王鑄る所の銅船有り。潮水退く時、人之れを見る者有り。

【銅銭】銅貨。〔史記、平準書論賛〕秦中に至るに及び、一國の幣を二等と爲し、黄金には溢を以て名づけ、上幣と爲し、銅錢には識して半兩と曰ひ、重さは其の文の如く、下幣と爲す。

【銅像】銅の肖像。〔魏書、崔挺伝〕光州の故吏、凶問を聞き、悲感せざる莫し。共に八尺の銅像を城東の廣因寺に鑄て、八關齋を起し、冥福を追奉す。其の遺愛せらるること、此くの若し。

【銅柱】銅の柱。〔後漢書、馬援伝〕嶠南悉く平らぐ。〔注に引く広州記〕援、交阯に到り、銅柱を立て、漢の極界と爲す。

【銅盤】銅の水盤。〔後漢書、方術下、左慈伝〕嘗て司空曹操の坐に在り、操～曰く、今日高會、珍羞略ぼ備はる。少く所は松江の鱸魚のみと。放(元放、左慈の字)～因りて銅盤を求めて水を貯へ、～須臾にして一鱸魚を釣り出す。

【銅符】銅の割符。また、符命。〔漢書、王莽伝上〕巴郡の石牛、～雍の石文、皆未央宮の前殿に到る。臣、太保安陽侯舜等と視る。天風起り、塵冥く、風止む。銅符・帛圖を石前に得たり。

【銅兵】青銅の武器。〔越絶書、外伝記宝剣〕禹穴の時、銅を以て兵と爲し、以て伊闕を鑿ち、龍門を通ず。江を決し河を導き、東のかた東海に注ぐ。

【銅鑼】どら。銅製の楽器。〔東京夢華録、七、駕幸臨水殿観争標錫宴〕小龍船二十隻有り、上に緋衣の軍士各ゝ五十餘人有り。各ゝ旗鼓銅鑼を設く。

【銅竜】水時計。また、蛇口。〔鄴中記〕華林園中、千金隄上に兩銅龍を作り、相ひ向ひて水を吐き、以て天泉池に注ぎ、御溝中に通ぜしむ。三月三日、石季龍及び皇后百官、水に臨みて宴賞す。

↑銅匜 銅の水さし／銅烏 風見鶏／銅花 銅屑／銅荷 銅の燭台／銅貨 銅銭／銅瓦 銅の瓦／銅角 ラッパ／銅活 銅活字／銅官 銅山の官／銅鍰 銅の環／銅鐶 銅鍰／銅匱 銅のひつ／銅儀 渾天儀／銅圭 銅の日圭／銅券 銅符／銅硯 銅の硯／銅坑 銅山／銅鉱 銅の鉱石／銅渾 渾天儀／銅砂 銅花／銅史 漏刻の銅人／銅字 銅活字／銅臭 守銭奴／銅章 銅印／銅鉦 どら／銅鍾 量器／銅色 銅の色／銅池 銅の樋／銅螭 筆牀／銅釘 銅の釘／銅狄 銅人／銅斗 銅の枡／銅沓 銅はり／銅牌 銅の札／銅薄 銅箔／銅鈸 どら／銅板 銅版／銅版 銅の活字版／銅表 銅標／銅粉 銅屑／銅幣 銅貨／銅片 銅の薄板／銅舗 環かけ／銅墨 銅印と黒綬／銅末 銅屑／銅落 銅屑／銅緑 緑青／銅蠡 門環の鋪首／銅輦 太子の車／銅漏 漏壺

↓黄銅・敲銅・金銅・採銅・紫銅・赤銅・熟銅・吹銅・青銅・精銅・善銅・鋳銅・冶銅・練銅・漏銅

常 【導】15 3834 〔導〕16 3834 ドウ(ダウ) みちびく おしえる

篆文  金文 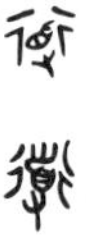 石鼓文 

形声 声符は道(道)。金文に道を首と寸、首を手にもつ形に作り、その字が導の初文であった。〔説文〕三下に「引くなり」(段注本)とあり、導引の意とするが、導引は道家の養生術である。馬王堆出土の帛書にその図がある。古くは除道のために異族の首を携えることがあり、そのように除道することが導、すでに除道を終えたところを道という。外域に通ずる道路は特に邪霊の往来するところであるから、針(余)を地に刺して除道し、その道を途(途)といい、外境のところには梟首(首祭)して祓い、これを邊(辺)といった。卜辞に、羌人に先導を命ずる例が多く、生人をも用いた。

訓義 1みちびく、みちしるべする、さきだつ、ひらく、ゆく。2おしえる、いざなう、さとす、いさめる、おさめる、とげる。

古訓 〔名義抄〕導 ミチビク・ヲサム・ヒク 〔字鏡〕導 ヲサム・ヒケ・シルベ・ヲシフ・ミチビク 〔字鏡集〕導 イフシク・マウス・イハク・マサシ・ミチビク・シタガフ・チホル・ヲサム・ヒク・ヲシフ・ミチ

語系 導・道duは同声。のち名詞と動詞に分化するが、もとは同一の字であった。

【導引】導く。また、道家の養生法。〔慧琳音義、十八〕凡そ人自ら摩し、自ら捏り、手足を伸縮し、勞を除き煩を去るを、名づけて導引と爲す。

【導呵】叱り導く。唐・白居易〔～河南元公(稹)墓誌銘〕(元稹)將に同を去らんとす。同の者幼鰥獨、泣戀して、慈父母に別るるが如く、道を遮りて遏るべからず。詔使導呵揮鞭して～而る後行くことを得たり。

【導択】よりわける。〔後漢書、光武帝紀下〕往年已に郡國に勅し、異味獻御する所有るを得ざらしむ。今猶ほ未だ止まず。徒だに豫養導擇の勞有るのみに非ず、乃ち道上を煩擾し、過所(道筋)を疲費するに至る。～復た受くること勿からしめよ。

【導達】達成する。〔後漢書、西域伝論〕(張騫・班勇)精文善法・導達の功、傳述する所靡し。～其の國は～玉燭和氣、靈聖の降集する所、賢懿の挺生する所なり。

【導諛】へつらう。〔史記、越王句践世家〕吳已に(伍)子胥を殺し、導諛する者衆し。

↑導衍 おしひろめる／導気 導引／導騎 案内の騎／導訓 教える／導迎 迎える／導言 仲人口／導語 指導見出し／導師 主導の僧／導示 示す／導首 指導者／導従 従者／導仗 儀仗／導騶 従者／導泄 流す／導先 先導する／導致 いたす／導服 忌明の祭／導訳 通訳／導誉 誉れを求める／導揚 発揚する／導養 育てる／導翊 助ける／導吏 先駆の吏／導路 道案内

↓引導・化導・呵導・開導・匡導・教導・郷導・嚮導・訓導・賛導・指導・唱導・奨導・先導・宣導・前導・善導・疏導・率導・伝導・補導・輔導・諭導・誘導

【撓】15 5401 ドウ(ダウ) ジョウ(ゼウ) たわむ みだす かがむ

篆文 

形声 声符は堯(尭)。堯に鐃・饒の声がある。〔説文〕十二上に「擾すなり」という。堯は窯に土器を積み重ねておく形。ゆえに撓む意となる。これを窯中に遶らし、高熱を加えて焼く。土器を所狭く並べたてるので、「擾る」という訓を生ずるのであろう。人に及ぼしては嬈といい、猥りがわしいことをいう。

訓義 1たわむ、重さでまがる、きしむ。2みだす、かきみだす、ちらす。3かがむ、よわまる、へる。4揉と通じ、かがむ、たわむ、うごく。5繞と通じ、めぐる、まとう。

古訓 〔名義抄〕撓 タハム・メグル・ツタナシ・スヱ・ヨロシ・ウ

ル・オヤマス・ネヤス・ミダル・ウゴカス・タヲヤカナリ・ヲル・ミダス 〔篇立〕撓 ネヤス・タヲヤカナリ・カリ・メグル・ヨロシ・ネタム・ヲゴカス・スル、・マガル・ミダル・ナヤマス・タハメリ・サカシ

語系 撓nô、繞・遶njiôは声義近く、みな焼成のために土器をめぐらす意で堯の声義を承ける。擾njiuは声義の近い語であるが、憂えによって思いみだれる意である。

【撓屈】 たわめ屈する。〔続資治通鑑、宋紀〕(太宗、淳化元年)牧守、勳舊の武臣多し。貴に倨り下を陵ぐも、(王)濟未だ嘗て撓屈せず。戍卒頗ぶる恣暴不法、夜或いは民舍を焚き盜を爲す。濟、立ろに之れを斬る。

【撓折】 たわめ折る。〔後漢書、袁紹伝〕(州郡に檄する文)(曹)操、豺狼の野心、潛かに禍謀を苞くし、乃ち棟梁を撓折し、漢室を孤弱にし、忠を除き善を害し、專ら梟雄を爲らんと欲す。

【撓節】 節をまげる。〔唐書、柳宗元等伝賛〕(王)叔文は沾沾たる小人、天下の柄(権力)を竊む。~宗元等、節を撓げて之れに從ひ、幸を一時に徼む。~故に賢者疾み、不肖者娼む。~彼若し匪の人に傅っかずんば、~名卿才大夫爲るを失はざるに、惜しい哉。

【撓敗】 敗れる。〔梁書、太宗十一王、南海王大臨伝〕時に張彪、義を會稽に起す。吳の人陸令公~等、大臨に勸めて、走きて彪に投ぜしむ。大臨曰く、彪若し成功せば、我が力に資らざらん。如し其の撓敗せば、我を以て說かん、往くべからずと。

【撓乱】 みだす。〔左伝、成十三年〕晉侯、呂相をして秦に絕たしむ。曰く、~我が保城を伐ち、我が費・滑(邑名)を殄滅し、我が兄弟を散離し、我が同盟を撓亂し、我が國家を傾覆す。

↑撓壞 敗壊する/撓滑 みだす/撓曲 たわめまげる/撓勾 たわめゆがめる/撓鉤 熊手/撓挫 たわめ折る/撓辟 曲辞/撓情 私心/撓退 くじき敗る/撓挑 めぐる/撓直 たわめまげる/撓蕩 ひき流す/撓撓 動く/撓伏 撓屈する/撓法 法をまげる/撓北 撓敗/撓悶 煩悶する/撓抑 抑止する

↓枉撓・回撓・陥撓・危撓・驚撓・曲撓・屈撓・鼓撓・私撓・色撓・柔撓・情撓・侵撓・振撓・折撓・敗撓・煩撓・不撓・膚撓・風撓・利撓

【潼】 15 3011 ドウ トウ くずす

篆文 

形声 声符は童(童)。〔説文〕十一上に水名とし、四川の潼江をいう。潼潼は高いさま。滝潼はうるおうさまをいう。

訓義 ①高いさま。②うるおうさま、くずれる、水で道がくずれる。③潼江。④わが国で、婦人が歯をそめるかね、鉄漿。

↑潼滃 水勢の盛んなさま/潼激 水の勢いが激しい/潼潼 高いさま/潼溶 どろどろとなる

↓滝潼

【鬧】 15 7722 ドウ(ダウ) さわぐ みだれる

篆文 

会意 門+市。〔説文新附〕三下に「靜やかならざるなり」とし、「市門に從ふ」という。市でさわぐ意。

訓義 ①さわぐ、さわがしい。②みだれる、あらそう。③さかん、おおい。

古訓 〔字鏡集〕鬧 カマビスシ・イソガシ・サワガシ

↑鬧宴 宴を騒がす/鬧事 繁雑/鬧熱 繁盛して熱気がある/鬧房 戯婦、新婚の夜に新妻をからかって騒ぐ

↓狂鬧・喧鬧・浩鬧・衆鬧・怒鬧・熱鬧

【瞠】 16 6901 ドウ(ダウ) みる みはる

形声 声符は堂。〔荘子、田子方〕「後に瞠若たり」の〔釈文〕に「直視する貌なり」とする。眼をみはり、驚き見る意。

訓義 ①みる、みはる。②おどろきみる、みつめる。

古訓 〔名義抄〕瞠 ミル

語系 瞠・矘thangは同声。矘は〔説文〕四上に「目に精無く、直だ視るのみなり」とあり、〔説文〕に瞠字未収、おそらく矘がその字であろう。

【瞠眼】 目をみはる。〔宋史、周三臣、韓通伝〕通、性剛にして謀寡なく、言多くして物に忤ひ、威虐を肆にす。衆、之れを韓瞠眼と謂ふ。

【瞠乎】 目を見ひらいて、あきれる。〔漢学師承記、三、銭大昕〕先生の若きは、學、天人を究め、群籍を博綜す。開國より以來、蔚然たる一代の儒宗なり。漢儒を以て之れを擬するに、高密(鄭玄)の下に在り。即ち賈逵・服虔も亦た後に瞠乎たり。況んや賈・服に及ばざる者をや。

【瞠若】 瞠乎。〔荘子、田子方〕顔淵、仲尼(孔子)に問うて曰く、夫子步すれば亦た步し、夫子趨れば亦た趨る。~奔逸絶塵せば、回、後に瞠若たり。~然る所以を知らざるのみ。

【瞠瞠】 みつめるさま。唐・陸亀蒙〔中酒の賦〕意に問はんと欲するも問ふこと無く、夢將に成らんとして成らず。心悄悄として目瞠瞠たり。

【瞠目】 驚いて目をみはる。〔明史、太祖紀一〕時に席、右を向たっぶ。諸將先づ入り、皆右に踞す。太祖故に後れて至り、左に就く。事を視るに比び、剖決すること流るるが如く、衆瞠目して、一語をも發すること能はず。始めて稍稍屈す。

↑瞠愕 驚きみる/瞠視 瞠目する/瞠然 瞠乎/瞠眙 驚きみる/瞠惑 驚き惑う

↓眼瞠

【耨】 16 5194 〔槈〕 14 4194 〔鎒〕 18 8114 ドウ ジョク(ヂョク) くさぎる すき

篆文 

会意 耒+辱。耒はすき、辱は蜃器(貝をうち欠いた器)で、草を刈りとるもの。〔説文〕六上に槈に作り「薅器なり」とし、重文に鎒に作る。〔周礼、天官、甸師〕に「王藉を耕耨す」とあり、耨は除草をいう。〔釈名、釈用器〕に「耨は鋤を以て禾を驅薅するなり」とあり、薅もまた草切ることをいう。

訓義 ①くさぎる、すきとる、くさをのぞく。②のぞく、のぞきさる。③すき。

古訓 〔新撰字鏡〕耨 又、薅の字なり。卉を除くなり。加良須支(からすき) 〔名義抄〕耨 クサギル 〔篇立〕耨 サムヤ・スキ・カヘス

語系 耨no、辱・蓐・縟njiokは声近く、辱は耨器としての辰をもつ形、蓐は陳草の生ずる意、縟は叢生する草の繁縟なる意。これを切るを耨という。

【耨耜】 すきくわ。〔南史、宋武帝紀〕微なりし時、丹徒に躬耕す。受命(即位)に及び、耨耜の具頗や存する者有り。皆命じて之れを藏せしめ、以て後に留む。文帝舊宮に幸するに及び、見て問ひ、左右實を以て答對ふ。文帝色慙づるあり。

【耨鎛】 小さい鍬。〔国語、斉語〕耕すに及んで深く耕し疾やかに之れを耰し、以て時雨を待つ。時雨既に至れば、其の槍刈耨鎛を挾み、旦暮を以て田野に從事す。

↑耨穫 耕作と収穫/耨耕 耕耘/耨除 除草

↓掛耨・学耨・耕耨・墾耨・水耨・鉏耨・銚耨・耒耨

【獰】 17 4322 ドウ(ダウ) わるい わるづよい

形声 声符は寧（寧）ね。寧に儜・檸の声がある。字は古い用例がなく、唐以後に至ってみえる。獳と声義の近い語であろう。

訓義 ①わるい、わるづよい、みにくい。②犬がたける。

古訓 〔字鏡集〕獰 イヌノイカル・ケダモノ

語系 獰neang、獳noは声近く、獳は〔説文〕十上に「怒れる犬の皃なり」とみえる。

【獰悪】どう(だう)あく 凶悪なさま。金・元好問〔張萱四景宮女画記〕一大堂、界畫細整、脊獸獰惡、今時と特り異なり。積雪瓦溝に盈ち、山茶盛んに開いて、高く簷際に出づ。

【獰獷】どうこう(だうくわう) 野蛮。〔五雑組、天部二〕今陰陽家の禁忌、極めて密なりと謂ふべし。～而れども窮村深谷の家は、甲子を知らず。愚冥獰獷の輩は、鬼神を信ぜず。何ぞ嘗て其の禍敗の相ひ仍るを見んや。

【獰暴】どうぼう(だうばう) 凶暴。〔太平広記、三百九に引く博異志、張遵言〕又見る、夜叉の輩六七人、皆兵器を持ち、銅頭鐵額、狀貌惛惡すべし。跳梁企擲し、進退獰暴なり。

↑獰雨 猛雨／獰悍 凶悍／獰鬼 悪鬼／獰醜 凶悪／獰笑 凶悪に笑う／獰飈 烈しい風／獰猛 凶猛／獰目 凶悪な目／獰厲 凶猛／獰劣 頑鈍

↓姦獰・嬌獰・酒獰・鬪獰・騰獰・狼獰

【獳】 17 4122 ドウ

篆文

形声 声符は需。需に臑などの声がある。〔説文〕十上に「怒れる犬の皃なり」、〔玉篇〕に「犬怒るなり」とみえる。

訓義 ①犬がいかりたける。②字はまた獿に作る。③朱獳は獣名、狐に似て魚翼があるという。〔山海経、東山経〕にみえる。

古訓 〔名義抄〕獳 ツカム 〔字鏡集〕獳 イヌノイカル・ケダモノ

↓朱獳

常【瞳】 17 6001 〖瞳〗 17 6001 ドウ ひとみ

形声 声符は童（童）。〔玉篇〕に「目の珠子なり」とあり、眸子をいう。〔淮南子、脩務訓〕に「舜に二瞳子あり、是れを重明（重瞳子）と謂ふ」とあり、また項羽も重瞳子であったという。

訓義 ①ひとみ、まなこ。②瞳焉は、無知のさま。

古訓 〔名義抄〕瞳 マナコ・マナブタ 〔篇立〕瞳 ヒトミ・マナブタ・マナコ

語系 瞳・童dongは同声。はげ山を童山、角のない牛を童牛、すべてなめらかで何もない状態を童という。瞳矇は愚昧無智。聾longは〔説文〕十二上に「聞ゆること無きなり」とあり、これに対して目には瞳という。

【瞳焉】どうえん 無知のさま。〔荘子、知北遊〕齧缺道を被衣に問ふ。被衣曰く、若汝の形を正し、汝の視を一にせよ。天和將に至らんとす。～汝瞳焉として新生の犢の如く、而も其の故を求むる无かれと。言未だ卒らざるに、齧缺睡寐す。被衣大いに說び、行歌して之れを去る。

【瞳子】どうし ひとみ。〔史記、項羽紀論賛〕吾之れを周生に聞くに、曰く、舜の目は蓋し重瞳子なりと。又聞く、項羽も亦た重瞳子なりと。羽は豈に其の苗裔なるか。

【瞳矇】どうもう 無知なもの。〔後漢書、蔡邕伝〕（釈誨）夫夫逸群の才有り、人人優贍の智有り。童子は疑ひを老成に問はず、瞳矇は謀を先生に稽へず。心、守高に恬淡に、意、持盈に爲す無し。

↑瞳孔 ひとみ／瞳神 ひとみ／瞳人 眼中の人／瞳仁 瞳人／瞳睛 ひとみ

↓下瞳・昏瞳・青瞳・双瞳・重瞳・方瞳・明瞳・目瞳・両瞳

【夒】 18 1024 〖猱〗 12 4729 ドウ(ダウ) まう さる

篆文

象形 神事における舞容の象。〔説文〕五下に「貪獸なり。一に曰く、母猴なり。人に似たり」とし、象形とするが、獣や猴の形ではない。その字形は、楽祖として祀られる夒の神像と極めて似ている。夒は〔書、舜典〕に楽祖としてみえ「帝曰く、夒よ、汝に命じて樂を典らしむ」「夒曰く、於予石を撃ち石を拊てば、百獸率な舞ふ」とみえる。𦣻は礼冠を著けた形、左右は舞の手、下は足をあげて舞う形。その冠飾を加えたものが夒である。母猴の解は、猱と通用の義。

訓義 ①まうさま、まう。②猱と通じ、さる、母猴。③貪獸。

声系 〔説文〕に夒声として懮・獶・擾など四字を収める。夒はまた憂と字形近く、擾をまた擾に作る。ともに舞容を写し、思い乱れる意がある。

語系 夒nu、猱njiuは声近く、通用することがある。憂iuは懮njiuと声近く、〔説文〕二上に懮は「牛の柔謹なるなり」とあり、柔の義を以て解する。夒・憂・柔の間に、声義の関係がある。

【檸】 18 4392 ドウ(ダウ)

形声 声符は寧（寧）ね。寧に獰などの声がある。〔広韻〕に「木皮、酒に入れて浸すときは風を治す」とあり、実には芳香があり、果皮からは香油をとり、飲料・薬材とする。檸檬はレモンの音訳語。

訓義 ①レモン。②檸頭は、木のほぞ、呉の方言。

【獶】 18 4124 ドウ(ダウ) ユウ(イウ)

形声 声符は夒。〔玉篇〕に「犬の驚く皃なり」とあり、また猱・夒と通用する。

訓義 ①犬の驚くさま。②犬。③猱・夒と通じ、さる。④たわむれる、みだれる。

古訓 〔字鏡集〕獶 イヌノヲドロクカタチ

↑獶雜 猿まね／獶人 左官

【鐃】 20 8411 ドウ(ダウ) ニョウ(ネウ) どら じんがね かまびすしい

篆文

形声 声符は堯（堯）。堯に撓などの声がある。〔説文〕十四上に「小鉦なり」とし、また「軍法に、卒長は鐃を執る」とあって、軍中に用いるドラの類。殷の楽器に鐃とよばれるものがあり、極めて大型の器。ほとんど江南の山陵地帯より出土。南方諸族との境界に接する地であることから考えると、異族に対する厭勝（まじない）の呪器であり、時に祭祀に用い、平時は埋めていたものであろう。南方族の銅鼓は、ほぼその境界に沿って、最も古い形式のものがあり、また呪器であり、祭器であったものと考えられる。卒長の執るところの鐃は、のちの短簫鐃歌に用いたものであろう。漢に短簫鐃歌十八曲があり、胡人の用いた外来曲に詞を加えたものと思われる。

訓義 ①どら、じんがね、すず。②殷代の楽器、口を上にして用いるが、極めて大型であるから、柄を地に樹てて用いたものであろう。③にょうはち、両手に一面ずつをもち、うち合わせる楽器。④譊と通じ、かまびすしい、みだれる、やかましい。⑤撓と通じ、たわむ。

古訓 〔名義抄〕鐃 トシ・トカリ・ホコル・アツマル 〔字鏡集〕鐃 トカリ・ホツ、ミ・ホツマル・トシ・ホフル

語系 鐃・譊njôは同声。譊は〔説文〕三上に「恚り呼ぶなり」とあり、はげしい声でよぶ意。鐃はせわしく、やかましくたたく楽器の意であろう。殷代の鐃には自名の銘はなく、その形制を以てかりにその名が与えられている。

【鐃歌】どうか(だうか) 鐃を用いる軍楽。〔古今注、中、音楽〕短簫鐃歌は軍樂なり。～漢樂に黄門鼓吹有り。天子の群臣に宴樂する所以なり。短簫鐃歌は鼓吹の一章のみ。亦た以て功有るの諸侯に賜ふ。

【鐃鼓】 鼓の一種。〔桂海虞衡志、志器〕鐃鼓、猺人の樂なり。狀、腰鼓の如し。～亦た皮鞔を以て之れを地に植て、坐して之れを拊つ。
↑鐃吹 鐃歌／鐃鈸 仏教で、両手に一面ずつもち、うち合わせて鳴らす鉢形の銅の楽器
↓金鐃・鼓鐃・執鐃・簫鐃・吹鐃・征鐃・清鐃・鐸鐃・舞鐃・文鐃・鳴鐃

【獿】 21 4124 ［擾］ 18 5104 ドウ(ダウ) みだれる ほえる

篆文

形声 声符は夒。夒を〔説文〕五下に「貪獸なり。一に曰く、母猴なり」とし、獿十上には「獿⿰犭翏なり」、次条に「⿰犭翏は犬獿獿して咳吠するなり」とあって、犬が吠えたてることをいうとする。夒は母猴の象ではなく、舞容の象、獿はその声義を承ける字である。獣が狂うようにさわぎ、ほえたてる意の字と思われる。字はまた擾に作る。銀雀山漢墓出土の竹簡〔孫子兵法、行軍〕に「軍獿（擾）るる者は、將重からざればなり」とみえる。

訓義 [1]みだれる、さわぐ、おどろく。[2]ほえる、ほえたてる。[3]ぬぐう、ぬる。

古訓 〔名義抄〕猱・獿 マタ

語系 夒・獿 nu は同声。憂 iu は声近く、獿・擾をまた獶・擾に作ることがある。憂は服喪の人の象で、悲しんで擾れる意がある。柔 njiu も声義に関係のある語である。

【獿雜】 みだりがわしい。〔礼記、楽記〕今夫れ新樂は、進むも俯し退くも俯し、姦聲にして以て濫れ、溺れて止まらず、及た優侏儒、子女に獿雜し、父子を知らず、樂終りて以て語るべからず。
↑獿人 左官

トウゲ

常 【峠】 9 とうげ

国字 山道の往還をわかつ登りつめたところ。そこに道祖神を祀り、手向けをして行路の安全を祈った。それで字は上下に従う。裃もこれと同じ造字法である。〔和名抄〕に「道神 太无介乃賀美（たむけのかみ）」、〔名義抄〕に「道神 タムケノカミ」とある「タムケ」の字。〔万葉集〕には「多牟氣・多武氣・手向・手祭・供養」などの字を用いる。

[1]とうげ。

トク

【忒】 7 4330 トク かわる たがう うたがう

篆文

形声 声符は弋。〔説文〕十下に「更るなり」とあり、代替するをいう。忒・代はともに弋に従って声義を得ており、弋（いぐるみ）にものを更改する呪力があるとされたのであろう。

訓義 [1]かわる、あらたまる。[2]たがう、たがえる、わるい。[3]うたがう。

古訓 〔名義抄〕忒 サラニ・ウタガフ・タガフ

語系 忒・貣 thək はともに弋（杙）jiək に従う。貣とは〔説文〕六下に「人に從ひて物を求むるなり」とあって、借りることをいう。忒は呪器としての弋の呪力を借り、ものを差忒させて免れる意であろう。〔広雅、釈詁四〕に「忒は差なり」、〔爾雅、釈言〕に「爽は忒なり」とあり、みな「たがふ」と訓する字である。

↑忒殺 甚だ／忒煞 忒殺／忒兒 舌うちする声
↓衍忒・懈忒・忮忒・凶忒・毫忒・差忒・僭忒・爽忒・謬忒

【禿】 7 2021 トク はげ はげる

篆文

象形 禾の実がおちたあとの形。花のある形は秀、実のある形は穆。穆の卜文・金文の字形から実を外すと、禿の形となる。字の本義は、禾の実のおちたもの、核のあるものならば殼（殻）となる。殼は穀実を殴ちおとす形。字の本義は禾の実なきものであるが、人に及ぼして禿髮の意とする。〔説文〕八下に、字を禾と人との会意とし、「髮無きなり。人に從ひ、上は禾粟の形に象り、其の聲を取る」とするが、人に従うものは年の初形である。〔説文〕の解は形声義ともに合わず、また〔王育説〕として、文字の創作者と伝えられる倉頡が「出でて禿人の禾中に伏するを見、因りて以て字を制る」とする説を引くが、俗説にすぎない。禾の虚蔕（実のぬけがら）を禿といい、人に及ぼして禿髮の意とし、また他に及ぼして禿筆・禿山・禿樹のようにいう。〔説文通訓定声〕に、蘇州語で禿頂を秀頂ということを例として、秀・禿の字義の近いことを注意しているが、禿が秀の虚蔕であることに説き及んでいない。

訓義 [1]禾の虚蔕、禾の実のおちたあと、から。[2]はげ、はげる、髮がぬける、毛がぬける。[3]すりきれる、おちつくす、てかてかになる。[4]無帽。[5]国語で、かぶろ、かむろ、童髮。

古訓 〔新撰字鏡〕禿 髮无なし。加夫呂奈利（かぶろなり）〔名義抄〕禿 カブロナリ・カタクナシ・ヲツ 〔字鏡〕禿 カフロ・マロナリ・キヒ・カヒロク・カタクナシ

部首 〔説文〕〔玉篇〕に禿を部首として、穨をその部に属する。字はまた頽に作り、秀穂の頽落することをいう。のち人に及ぼして、顔容の衰えることを頽という。

語系 禿 thuk、秀 siu は声近く、秀のおちたものを禿という。頽（穨・隤）duai も禿に従ってその声義をえている字である。

【禿翁】 禿頭の老人。〔史記、灌夫伝〕武安已に朝を罷め、止車門を出づ。韓御史大夫（安国）を召して載せ、怒りて曰く、長孺（安国の字）と共に一老禿翁なるに、何爲れぞ首鼠兩端なるやと。

【禿巾】 頭巾を用いない。〔後漢書、孔融伝〕（曹操）路粹をして枉狀して融を奏せしめて曰く、少府孔融、～九列（卿）と爲るも、朝儀に遵はず、禿巾微行して、宮掖に唐突す、又前さきに白衣禰衡と跌蕩放言すと。～書奏す。下獄して弃（棄）市す。

【禿毫】 禿筆。宋・范成大〔朋元～二絶を寄せらる。其の韻に次す、二首、二〕詩 狂言の忌諱に棖るるを惜しまざるも 禿毫冰硯、竟に奇無し

【禿髮】 毛髮が落ちる。はげ。宋・沈遼〔慶復允中に寄す〕詩 坐ろに想ふ、故人應に憶ふるべきも 如今禿髮、斑に勝へず

【禿筆】 穂先のすり切れた筆。唐・杜甫〔壁上の韋偃の画ける馬に題する歌〕詩 戯れに禿筆を拈つて驊騮を掃へば 欻ち見る、騏驎の東壁に出づるを

↑禿穎 毛筆／禿豁 禿頭となり、歯がぬける／禿楬 はげ／禿山 はげ山／禿斯 坊主／禿者 禿髮の人／禿樹 落木／禿袖 短衣／禿人 僧／禿瘡 はげかさ／禿蔌 衰髮／禿頂 禿頭／禿丁 僧／禿奴 坊主／禿鋒 禿筆／禿友 禿筆／禿露 秘したものがあらわれる／禿顱 禿頭
↓頑禿・愚禿・酒禿・頂禿・頭禿・髮禿・半禿・斑禿・筆禿・病禿・鬢禿・毛禿・老禿

常 【匿】 10 7171 ［匿］ 11 7171 トク かくれる かくす にげる

篆文

金文

会意 匸＋若（若）。若は巫女が舞い祈る形。匸は秘匿の所。巫女が秘匿の所にあって、ひそかに祈禱することをいう。

〔説文〕十二下に「亡ぐるなり」とし、字を若声とするが、匸部には匽・医など、秘匿のところで呪儀を行うことを示す字が多い。〔爾雅、釈詁〕に「微なり」とあるのは陰微、また〔玉篇〕に「陰姦なり」とみえる。匿れて呪詛などを行う陰姦のことをいう。金文には周初の〔大盂鼎〕に「厥の匿を闢き、四方を匍(敷)有す」とあり、服従しないものは匿を懐くものとされた。〔周礼、地官、土訓〕「地慝」の〔鄭司農注〕に「地生ずる所の惡物、人を害する者、虺蝮の屬の若し」とあり、地妖の類をいう。もと呪的なものをさしていう語である。

訓義 ①かくれる、かくれて祈る。②かくす、さける、にげる。③かすか、ほのか、外にあらわれぬもの。

古訓 〔名義抄〕匿 カクス・カクル・ノガル・ホロブ・ツトム・ケガラハシ・イマシム・ヨコシマ 〔字鏡集〕匿 カタマシ・ノガル・ケガラハシ・ホロブ・イマシム・ツトム・ナカラ・カクル・ユカル・カクス

声系 〔説文〕に匿声の字として暱を収める。字はまた昵に作る。慝は〔爾雅、釈訓〕にみえ、もと匿と同字である。

語系 匿・慝・慝niəkは同声。恧・忸niuəkは声近く、慝・恧・忸はともに慙愧の意がある。暱nietは匿声の字であるが、また昵に作り、尼niei声に従って、また別系の字である。

【匿瑕】 欠点を包みかくす。度量を広くする。〔左伝、宣十五年〕諺に曰く、高下するは心に在りと。川澤汙を納れ、山藪疾を藏し、瑾瑜(美玉)瑕を匿し、國君、垢を含むは、天の道なり。

【匿光】 才徳を包み現さない。晋・陸機〔漢の高祖の功臣の頌〕彭越、時に觀て、迹を戢み光を匿す。人具に爾を瞻る、爾の鷹揚(ことさらに武威を示す)を翼しめ。

【匿情】 真情をかくす。〔漢書、王莽伝上〕嘗て私かに侍婢を買ふ。昆弟或いは頗や聞知す。莽因りて曰く、後將軍朱子元、子無し。~爲に之れを買へりと。卽日婢を以て子元に奉ぜり。其の情を匿し名を求むること、此くの如し。

【匿名】 かくしな。本名を記さない。〔唐国史補、下〕匿名して謗りを造す、之れを無名子と謂ふ。

←匿悪 匿瑕/匿意 匿情/匿役 免役/匿怨 恨みをかくす/匿諱 忌みかくす/匿居 かくれる/匿空 抜け穴/匿戸 無届けの家/匿行 内緒の行い/匿財 隠し財/匿罪 犯罪隠し/匿竄 隠伏/匿笑 忍び笑い/匿心 匿情/匿迹 姿をかくす/匿跡 匿迹/匿知 知を匿す/匿逃 逃げかくれる/匿年 年を偽る/匿避 逃げかくれる/匿伏 潜伏する/匿謀 隠謀/匿耀 匿光/匿糧 年貢隠し/匿路 抜け道

→陰匿・隠匿・掩匿・晦匿・偽匿・竄匿・私匿・自匿・舎匿・飾匿・潜匿・走匿・臧匿・蔵匿・側匿・逃匿・秘匿・避匿・伏匿・服匿・屛匿・蔽匿・辟匿・貶匿・亡匿・悶匿・幽匿・容匿・淪匿

常【特】 10 2454 トク おうし ひとり ただ

篆文 

形声 声符は寺。寺に待・等の声があり、特はその入声の音。〔説文〕二上に「朴特、牛父なり」とあり、牡牛をいう。〔詩、魏風、伐檀〕「胡ぞ爾の庭に縣特有るを瞻る」の〔伝〕に「獸三歳なるを特と曰ふ」とあって、成獣をいう。人に及ぼして人の傑出した者をいい、〔詩、秦風、黄鳥〕に「百夫の特なり」の句がある。副詞として、ただ、ひとりのように用いるのは、独と通用の義である。

訓義 ①おうし、おす、成獣。②一匹の牛、一匹の犠牲。③すぐれる、ぬきんでる、異なる。④たぐい、つれあい。⑤独・直・徒・但などと通じ、ただ、ひとり、ことに。

古訓 〔和名抄〕特 辨色立成に云ふ、特牛、頭の大なる牛なり。俗語に古止比(ことひ)と云ふ 〔名義抄〕特 コトニ・タヾ・マコト・ヒトシ・ヒトリ・タグヒ・オコナフ/特牛 コトヒ 〔字鏡集〕特 サカリナルウシ・タグヒ・ヒトシ・コトニ・コトヒウシ・ウシ・タヾ・ヒトリ・ソコナフ・マコト

語系 特dək、犢dokは声義近く、犢とは子牛、その三歳なるを特という。獨(独)dokは匹のない牡獣で、単独・孤独の意がある。直diək、徒da、但danはその声近く、たがいに通用して「ただ」の意に用いる。

【特異】 ふしぎなこと。〔漢書、劉向伝〕孝昭の時、泰山の臥石自ら立ち、上林の僵柳復た起ち、大星月の如く西行して、衆星之れに隨ふ。此れを特異と爲す。

【特意】 各人の異なる見解。〔荀子、大略〕天下の人、唯だ各〻特意なる哉。然れども共予にする所有り。味を言ふ者は易牙と予にし、音を言ふ者は師曠と予にし、治を言ふ者は三王と予にす。

【特恩】 特別の恩賜。〔旧唐書、懿宗紀〕(咸通五年制)湖南・桂州は、~諸道の兵馬綱運、經過せざる無し。頓にかに逓して供承するに、動やもすれば差配(誤配)多し。凋傷轉た甚だし。宜しく特恩有るべし。

【特起】 崛起する。〔史記、項羽紀〕東陽の少年、其の令を殺し相ひ聚まること、數千人、~少年、(陳)嬰を立てて便ち王と爲さんと欲し、異軍蒼頭特起す。陳嬰の母、嬰に謂ひて曰く、~今暴かに大名を得るは不祥なり~と。

【特牛】 犠牲の牛一頭。〔国語、楚語下〕諸侯は擧ぐるに特牛を以てし、祀るに太牢を以てす。卿は擧ぐるに少牢を以てし、祀るに特牛を以てす。

【特県】 鐘磬を一面だけ懸ける。〔周礼、春官、小胥〕樂縣の位を正す。王は宮縣(四面)、諸侯は軒縣(三面)、卿大夫は判縣(二面)、士は特縣(一面)、其の聲を辨ず。凡そ鍾磬を縣くるに、半ばなるを堵と爲し、全なるを肆と爲す。

【特旨】 天子の特別の思し召し。〔宋史、選挙志三〕從軍以後、軍功を立て、及び人材の衆に出づる者は、特旨もて擢用せらる。

【特祀】 ひとり新死者を祀る。〔左伝、僖三十三年〕凡そ君薨ずるときは、卒哭して祔(合祀)す。祔して主(位牌)を作り、特り主に祀る。

【特殊】 特別異常。唐・柳宗元〔桂州の裴中丞の作れる訾家洲亭記〕人の心目、其れ果して遼絶特殊にして至るべからざる者有るか。蓋し桂山の靈に非ざれば以て瓌觀するに足らず、~公の鑒に非ずんば、以て獨り得ること能はず。

【特出】 すぐれて高い。すぐれて多い。〔水経注、河水二〕朱霞九光は西王母の治むる所、眞宮仙虚の宗とする所、~品物群生、希奇特出、皆此に在り。天人濟濟として、具さに記すべからず。

【特選】 特に選任する。〔後漢書、王允伝〕中平元年、黄巾の賊起る。特に選ばれて豫州刺史に拜せらる。~黄巾の別帥を討撃して、大いに之れを破る。~受降數十萬なり。

【特操】 その人自身の操守。〔荘子、斉物論〕罔兩(ぼんやりした影)景に問うて曰く、曩には子行きしに、今は子止まる。曩には子坐せるに、今は子起つ。何ぞ其れ特操無きやと。

【特徴】 特旨もて徴召する。また、特別のしるし。〔顔氏家訓、後娶〕汝南の薛包、~至孝を以て聞ゆ。~建光中、公車もて特に徵され、至りて侍中を拜す。包、性恬虚、疾と稱して起たず。

【特筆】 とりたてた記述のしかた。〔経学歴史、経学昌明時代〕春秋を作るは孔子の特筆にして、孟子及び兩漢の諸儒よりして、皆異辭無し。

【特立】 ひとり志操を堅持する。唐・韓愈〔伯夷頌〕士の特立獨行し、義に適するのみにして、人の是非を顧みざるは、皆豪傑の士、道を信ずること篤くして、自ら知ること明らかなる

者なり。

↑特簡 特別任用/特技 独特の技/特群 抜群/特肩 三、四歳の獣/特兀 挺立する/特識 独自の見識/特赦 恩赦/特趣 奇趣/特授 特賜/特舟 孤舟/特秀 ひとり秀れる/特将 部将/特勝 殊絶/特賞 特別の賞与/特色 特点/特枢 へそ/特栖 ひとり棲む/特棲 ひとり棲む/特奏 直奏/特創 独創/特貸 特赦/特卓 卓絶する/特達 逸才/特地 ことさら/特長 長所/特定 特に指定する/特典 特別の待遇/特点 特長の所/特特 馬蹄の音/特任 特別の任用/特拝 一人だけ別に拝する/特表 特簡/特別 格別/特放 気まま/特俸 恩俸/特命 特別の恩命/特免 特赦/特有 独有/特宥 特にゆるされる/特揖 人毎に揖する/特来 かねて

↓英特・寡特・介特・怪特・奇特・詭特・軒特・堅特・懸特・孤特・殊特・秀特・峻特・絶特・超特・挺特・独特

常 **【得】** 11 2624 トク うる とる さとる

篆文 古文 甲骨文 金文

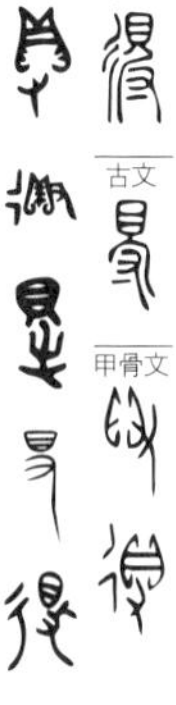

会意 彳+貝+又（又）。彳は行路。又は手。他に赴いて貝貨（財産）を取得することをいう。卜文の字形は貝をもつ形。〔説文〕二下に「行きて得る所有るなり」とみえる。金文に「之れを得たり」というのは獲得の意。〔左伝、定九年〕「凡そ器用を獲るを得と曰ふ」とあり、本来財貨を収奪し、獲得することをいう。また贖と通用し、古くはその義があった。

訓義 1うる、とる、手に入れる、むさぼりとる。2あたる、かなう、とげる。3さとる、わかる、しる。4贖・悳・徳と通じ、あがなう、恩に思う、めぐむなどの意に用いる。5動詞の下に語詞的に加えて用いる、記得、料得など。

古訓 〔名義抄〕得 ウ・ホシイマ、〔字鏡〕得 ホシイマ、・ウ・エタリ

声系 〔説文〕八下に「㝵は取るなり」とあり、字を㝵に作るが、見は貝の誤り。㝵は得の初文。得は金文において贖の意に用いることがある。

語系 得・㝵・悳・德（徳）tək は同声。もと同じ語源の語であろう。賣jiok、贖djiok も声義近く、得はまた贖の意に用いる。

【得意】 心にかなう。〔列子、仲尼〕意を得る者は言無し。知を進（尽）くせる者も亦た言無し。無言を用って言を為すも、亦た言なり。無知を知と為すも、亦た知なり。～斯くの如きのみ。

【得罪】 罪を受ける。〔書、康誥〕凡そ民自ら罪を得。寇攘姦宄して、人を殺し貨を干る。

【得志】 志を達する。〔史記、伍子胥伝〕闔閭既に立ち、志を得たり。乃ち伍員を召して以て行人（官名）と為し、與に國事を謀る。

【得失】 成敗。優劣。利害。善悪。晋・陶潜〔従弟敬遠を祭る文〕於鑠、我が弟、操有り、概有り。～思ひ少なく欲寡なく、執（着）靡く介（片意地）靡し。～心に得失を遺れ、情、世に依らず。

【得実】 訊問して実情を把握する。〔周書、明帝紀〕（武成元年五月詔）魏朝の事、年月既に遠し。～周の天下を有ちしより以來、赦宥を經ふと雖も、事跡の知るべき者は、有司宜しく卽きて推窮すべし。得實の日、但だ其の罪を免せ。

【得所】 得志。適所を得る。〔詩、魏風、碩鼠〕逝に將に女を去り 彼の樂土に適かん 樂土、樂土 爰に我が所を得ん

【得心】 満足する。理解する。さとる。〔夢渓筆談、書画〕予が家藏する所の摩詰（王維）の畫ける袁安臥雪の圖に、雪中の芭蕉有り。此れ乃ち得心應手、意到りて便ち成る。故に造理、神に入り、迥かに天意を得。

【得勢】 位をうる。〔荀子、非十二子〕置錐の地無きも、王公も之れと名を争ふこと能はず。～是れ聖人の勢ひを得ざる者、仲尼・子弓是れなり。天下を一にし、萬物を財（裁成）す。～則ち聖人の勢ひを得る者、舜・禹是れなり。

【得喪】 得失。損得。宋・蘇軾〔任師中挽詞〕詩 人間の得喪、了に憑ること無し 只だ天公の終に倚るべき有り

【得道】 正道を得る。さとる。〔荘子、知北遊〕黄帝曰く、思无く慮无くして、始めて道を知り、處る无く服する无くして、始めて道に安んじ、從る无く道る无くして、始めて道を得と。

【得民】 民心を収める。〔易、屯、初九、象伝〕大いに民を得るなり。〔疏〕屯難の世は、民其の主を思ふの時なり。既に能く貴を以て賤に下る。大いに民心を得る所以なり。

【得名】 名声を得る。〔中庸、十七〕大徳は必ず其の位を得、必ず其の祿を得、必ず其の名を得、必ず其の壽を得。故に天の物を生ずる、必ず其の材に因りて篤くす。

↑得安 安心する/得一 悟る/得嬴 利得する/得過 得罪/得解 赦免される/得閑 閑になる/得間 すき/得挙 挙用される/得業 終業/得極 得中/得君 信任される/得幸 親近される/得采 賭にかつ/得策 上計/得旨 勅許を得る/得時 時宜/得手 取得する/得終 死ぬ/得勝 勝つ/得色 得意顔/得職 就職する/得脱 脱去する/得中 宜を得る/得寵 寵幸される/得度 出家する/得得 自得する/得能 このよう/得利 利益/得理 勝訴する

↓会得・嬴得・獲得・学得・感得・記得・帰得・求得・計得・見得・後得・苟得・購得・自得・写得・取得・収得・拾得・修得・習得・所得・心得・新得・生得・性得・説得・損得・体得・貪得・知得・独得・納得・能得・買得・余得・利得・留得・了得・両得・料得・領得

【悳】 12 4033 トク ただしい

篆文 古文 金文

会意 直+心。〔説文〕十下に「外には人に得、内には己に得るなり」という。〔説文〕には別に德（徳）の字を録しており、悳は徳と同字とみてよく、斉器の〔陳侯因斉敦〕に「厥の悳に合揚（答揚）す」とあり、また〔嗣子壺〕に「屯悳（純徳）を承受す」のように用いる。彳を加えたものは徳。直は呪飾を施した目。この呪飾を加えて巡察し、邪慝を正すことを直といい、その力を悳という。巡察の意を以て彳を加えて徳となった。

訓義 1ただしい、ただす。2もと徳と同じく用いる。

古訓 〔名義抄〕悳 古の徳の字なり

声系 〔説文〕に悳の省声の字として徳を収めている。徳の初形は心に従わず、また彳に従う字であった。もとはいくらか語義に異なるところがあったと思われる。

語系 悳・徳tək は同声、直diək も声義が近い。得tək は財貨についていう語であるが、ときに通用することがある。

参考 字の用例はほとんどなく、〔漢書、賈誼伝〕（上疏して政事を陳ぶ）に「高皇帝、明聖威武を以て天子の位に即き、膏

腴の地を割きて以て諸公を王とし、多き者は百餘城、少なき者も乃ほ三四十縣、悳至りて渥し」とあり、〔顔師古注〕に「悳は古の徳の字なり」とみえる。

【犆】 12 2451 トク ひとり

形声 声符は直。特と通じ、ひとり。また去勢した牛。幘と通じ、へり。

訓義 1ひとり、ひとつ、ひとつひとつ。2去勢した牛。3幘と通じ、へり、縁。

古訓 〔名義抄〕犆牛 コトヒ

↑犆牲 特牲／犆礿 廟別の祭

↓禘犆・礿犆

常【督】 13 2760 トク みる ただす いましめる

篆文 

形声 声符は叔。叔に俶・惄の声があり、督はその転音。〔説文〕四上に「察するなり」と督察の意とし、また「一に曰く、目痛きなり」とするが、痛は病の誤りであろう。〔爾雅、釈詁〕に「正すなり」、〔方言、六〕に「理むるなり」、〔広雅、釈言〕に「促すなり」などの訓がある。叔は尗（戚の頭の部分）を持つ意で、指揮監督を加える意。督察の意を以て目を加える。尗（戚）はおそらく儀器。王は大鉞、士は小鉞の刃部の形、父（父）は斧鉞の斧、みな儀器として督察の意をもつものである。

訓義 1みる、よくみる、監督する、かしら、おさ。2ただす、しらべる、かんがえみる、いましめる、せめる。3ひきいる、うながす、すべる、とりしまる。4篤と通じ、あつい。5叔と通じ、ひろう。6目の疾。

古訓 〔篇立〕督 ヒサシ・タヾス・カミ・シタガフ・ツバビラカナリ 〔字鏡集〕督 ウナガス・シタガフ・ヒサシ・ツバヒラカナリ・タヾス・ニハカ・ミル・サトル

語系 督tuk、董（董）tongは声義通じ、〔爾雅、釈詁〕に「董は正すなり」とあって督と同訓。衣の中縫のところを督縫という。中・衷tiuəmと声義が通じる。

【督過】 過失を督責する。〔史記、項羽紀〕項王曰く、沛公（劉邦）安くにか在ると。（張）良曰く、大王、之れを督過するに意有りと聞き、身を脱して獨り去れり。已に軍に至らんと。

【督課】 課役の遂行を取り締る。〔三国志、呉、呉主伝〕（嘉禾）三年春正月、詔して曰く、兵久しく輟まず、民、役に困しむ。歳或いは登らず。其れ諸逋（課税などの滞納者）を寛くし、復た督課すること勿かれと。

【督察】 監督し、視察する。〔漢書、西域伝序〕屯田校尉始め都護に屬す。都護、烏孫・康居の諸外國の動靜を督察し、變有らば以聞す。安輯すべくんば之れを安輯し、撃つべくんば之れを撃たしむ。

【督責】 ただし責める。〔史記、李斯伝〕（二世に上る書）夫れ賢主なる者は、必ず且に能く道を全うし、督責の術を行はんとする者なり。

【督戰】 戦場で軍を督励する。宋・曾鞏〔明州擬辞高麗送遺状〕（高麗は）唐室に至るに及んで、太宗の英武、李勣の善將を以て、君臣皆東嚮し、身を以て督戰するに至るも、其の一をも抜くこと能はず。

【督趣】 せめ促す。〔漢書、成帝紀〕十二月、山陽の鐵官の徒蘇令等二百二十八人、長吏を攻殺し、庫兵を盜み、自ら將軍と稱す。～丞相長史、御史中丞を遣はし、節を持し督趣逐捕せしむ。

【督笞】 鞭うち責める。〔漢書、丙吉伝〕掖庭の宮婢則、～上書して、自ら嘗て阿保の功有りと陳ぶ。章、掖庭に下して考問せしむ。～吉～曰く、汝嘗て皇曾孫を養ふこと謹まざるに坐して督笞せらる。汝安んぞ功有ることを得ん～と。

【督捕】 督責して捕えさせる。〔北史、宇文貴伝〕蜀人に劫盜多し。貴乃ち任俠傑健の者を召して、署して游軍二十四部と爲し、其れをして督捕せしむ。是れに由りて頗ぶる息む。

↑督役 工事の取締り／督御 監督し治める／督検 取り締る／督催 督促する／督師 大将／督視 監視する／督緝 督捕／督将 大将／督帥 将帥／督正 糾正する／督整 整える／督租 租税を督促する／督促 督趣／督率 率いる／督治 監督し治める／督飭 戒める／督統 統率する／督迫 督促する／督府 都督府／督脈 主脈／督理 監督し治める／督励 ただし励ます／督厲 督励

↓家督・監督・糾督・検督・催督・責督・総督・提督・都督・統督・董督

常【徳】 14 入〔德〕 15 2423 〔悳〕 12 4033 トク ただしい めぐむ

篆文 

甲骨文 

金文 

会意 彳＋省＋心。篆文の字形は悳に従い、悳と声。金文の德はもと心に従わず、のちに心を加える。〔説文〕二下に「升るなり」とあり、陟升の意とする。〔易、剝〕（釈文、董遇本）に「君子、車に德る」、〔礼記、曲礼上〕「車に德り、旌を結ぶ」などの例によるものであろうが、字の本義ではない。〔広雅、釈詁三〕に「得なり」とするのも同音の訓。字は省の初文と近く、省は目に呪飾を加えて省道巡察を行う。彳は諸地を巡行する意。その威力を心的なものとして心を加え、德という。のち德性の意となる。

訓義 1とく、德性、人がら、人德、うまれつき。2ただしい、よい、はたらき、ちから。3めぐみ、めぐむ、ありがたくおもう、さいわい。4登と通じ、のぼる。

古訓 〔名義抄〕德 ノリ・サイハヒ・メグム・トル・オクル・アツシ・ノボル・アツカフ

語系 德・悳tək、直diəkは声義近く、通用の義がある。得təkも同声。また登・隥təngも声近く、通用することがある。

【德音】 やさしいことば。〔詩、邶風、谷風〕德音違ふこと莫くんば 爾と死を同じうせん

【德化】 徳行を以て感化する。〔韓非子、難一〕舜は其れ信に仁なるか。乃ち躬耕して苦に處り、民之れに從ふ。故に曰く、聖人の德化なるかと。

【德義】 道徳と正義。〔左伝、僖二十四年〕心、德義の經に則らざるを頑と爲し、口に忠信の言を道はざるを嚚（やかましく言い争う）と爲す。

【德教】 德による教え。德化。〔孟子、離婁上〕政を爲すは難からず。罪を巨室に得ざれ。巨室の慕ふ所は一國之れを慕ふ。一國の慕ふ所は天下之れを慕ふ。故に沛然として德教四海に溢る。

【德業】 德行と事業。梁・昭明太子〔文選の序〕頌なる者は、德業を游揚し、成功を褒讚する所以なり。

【德惠】 いつくしみ。〔漢書、鼂錯伝〕今陛下人民の衆き、威武の重き、德惠の厚き、令行はれ禁止まるの勢ひ、五伯よりも萬萬（すぐれ）たり。

【德慧】 才德。〔説苑、建本〕河閒獻王曰く、～惟だ學問のみ、以て德慧を廣明にすべきなりと。

【德言】 德教。〔書、康誥〕王曰く、嗚呼封、汝念へや。～乃の文考の、衣（殷）の德言を紹聞せしに遹ひ、往き

て敷く殷の先哲王に求めて、用つて民を保乂せよ。

【徳行】(とくこう)(かう)　徳ある行い。〔論語、先進〕徳行には顔淵・閔子騫・冉伯牛・仲弓。

【徳性】(とくせい)　生得の道徳心。〔中庸、二十七〕故に君子は徳性を尊びて問學に道より、廣大を致して精微を盡し、高明を極めて中庸に道る。

【徳操】(とくそう)(さう)　徳義と節操。〔高斎漫録〕司馬溫公(光)、蘇子瞻(軾)と、茶墨倶に香しきを論ず。～蘇曰く、奇茶妙墨、倶に香し。～譬へば賢人君子、黔晳(黒白)美惡の同じからざるも、其の徳操一なるが如しと。

【徳治】(とくち)　徳を以て治める。〔左伝、僖三十三年〕敬は徳の聚なり。能く敬あらば必ず徳有り。徳以て民を治む。君請ふ、之れを用ひよ。

【徳風】(とくふう)　徳化。〔論語、顔淵〕子、善を欲せば、民善にならん。君子の徳は風なり。小人の徳は草なり。草之れに風を上ふれば、必ず偃す。

【徳望】(とくぼう)(ばう)　人望。名声。〔晋書、桓沖伝〕將相は宜を異にす。自ら以おもふに、徳望は謝安に逮ばずと。故に之れを內相(国内治政担当の相)に委し、四方の鎮扞は以て己の任と爲す。

【徳友】(とくゆう)(いう)　徳を以て交わる友。〔荘子、徳充符〕哀公、異日以て閔子(騫)に告げて曰く、～吾れと孔丘(孔子)とは、君臣に非ざるなり。徳友なるのみと。

↑徳意　恩沢の心／徳宇　器量／徳器　有徳者／徳輝　徳の光／徳誼　徳義／徳挙　徳行／徳刑　徳と刑／徳経　徳の本／徳芸　徳と芸／徳厚　厚徳／徳施　恩施／徳潤　恩沢／徳譲　謙譲／徳心　仁徳／徳人　有徳の人／徳声　仁徳の名／徳政　仁政／徳星　景星／徳祚　幸い／徳沢　めぐみ／徳能　徳芸／徳配　夫人／徳範　徳の手本／徳美　人格／徳本　孝行／徳茂　盛徳／徳誉　徳声／徳容　お姿／徳庸　功徳／徳養　恵養／徳履　徳行／徳令　仁徳の令／徳礼　正徳の礼

↓悪徳・安徳・威徳・偉徳・遺徳・逸徳・陰徳・恩徳・嘉徳・寡徳・懐徳・含徳・逆徳・旧徳・休徳・抝徳・凶徳・享徳・君徳・勲徳・建徳・倹徳・乾徳・元徳・公徳・功徳・広徳・弘徳・考徳・厚徳・高徳・坤徳・昏徳・才徳・三徳・至徳・師徳・耆徳・歯徳・失徳・守徳・酒徳・樹徳・修徳・淑徳・俊徳・峻徳・純徳・淳徳・順徳・女徳・尚徳・昌徳・彰徳・常徳・譲徳・神徳・振徳・進徳・人徳・仁徳・成徳・声徳・旌徳・盛徳・聖徳・碩徳・積徳・爽徳・大徳・達徳・帝徳・天徳・道徳・背徳・悖徳・敗徳・薄徳・菲徳・美徳・不徳・婦徳・武徳・福徳・文徳・報徳・忘徳・民徳・名徳・明徳・有徳・陽徳・養徳・立徳・竜徳・涼徳・累徳・令徳・穢徳

【慝】 15 7133 トク　わるい　わざわい

形声　声符は匿(匿)。匿は女巫が秘匿のところで祈り、ひそかに呪詛を行うことをいう。その邪悪な心を慝という。〔詩、大雅、民労〕「慝を作さ俾むること無かれ」、〔詩、鄘風、柏舟〕「死に之るまで矢つて慝し靡し」のように用いる。〔左伝、荘二十五年〕「慝未だ作らず」の〔杜預注〕に「陰氣なり」とあり、悪気のようなものをいう。〔周礼、夏官、環人〕に「軍慝」、〔周礼、地官、土訓〕に「地慝」、〔周礼、地官、誦訓〕に「方慝」があり、みな妖祥・蠱気の類。「慝く」「慝起する」は国語の用法。また慝は文字の要素は同じであるが、「愧づ」と訓する別の字である。

訓義　①わるい、かくれた悪事。②わざわい、かくれてわざわいする。③よこしま、けがれ、悪行、悪人。

古訓　〔字鏡〕慝　トガ・ノク　〔字鏡集〕慝　ニクム・トガ・アシ・ヨロシ

語系　慝・匿・慝niəkは同声。匿れて呪詛を行うことを慝という。忸niukは慝と字義近く、その字はまた恧に作り、〔説文〕十下に「恧は慙づるなり」と訓している。忸怩niəiもこの系統の語である。

↑慝怨　心に怨む／慝姦　悪人／慝偽　姦偽／慝淑　善悪／慝人　悪人／慝礼　不正の礼

↓引慝・淫慝・隠慝・怨慝・王慝・苛慝・姦慝・凶慝・彊慝・険慝・蠱慝・構慝・差慝・讒慝・淑慝・除慝・情慝・潜慝・地慝・変慝・迷慝・妖慝・穢慝

常 【篤】 16 8832 トク　あつい　くるしむ

篆文

会意　竹＋馬。竹は竺の省文。〔爾雅、釈詁〕に篤・竺をならべ挙げて、「厚きなり」と訓している。竺は毒として棄てる意。篤とは重篤、馬が困弊して、用をなさぬ状態をいう。〔説文〕十上に「馬行きて頓き、遲きなり」とあり、また〔爾雅、釈詁〕に「固きなり」というのは堅篤の意。古くから篤厚の意に用い、〔書、洛誥〕「前人の成烈を篤くす」、〔詩、大雅、公劉〕「篤いかな公劉」、〔礼記、儒行〕「篤行して倦まず」などは、みなその義。これらの用義はおそらく毒と通用するもので、毒にも篤厚の意がある。毒は妻たる婦人が廟祭につかえるために、髪に多く飾りを加える形。その繁縟のさまを毒という。

訓義　①あつい、てあつい、もっぱら、おそらく毒との通用の義。②馬がくるしむ、つかれる、あやうい。

古訓　〔名義抄〕篤　スチ・アツシ　〔篇立〕篤　オソシ・アツシ・マノウクツク・ムマノユク　〔字鏡集〕篤　カタシ・アツシ・トゞム・マヌガル・ツトム・タノム・オソキウマ・ウマノウクツク・アツカル・アツシ

語系　篤tuk、毒dukは声義近く通用する。毒の古文の字形は蓟に作る。亯部の〔説文〕五下に「厚きなり」とし、「亯に従ひ、竹聲。讀みて篤の若くす」とあり、蓟と声義が同じ字であろう。竺tukも〔説文〕十三下に「厚きなり」と訓し、おそらくもと同字であろう。

【篤学】(とくがく)　学につとめる。〔史記、伯夷伝〕聖人作りて、萬物覩はる。伯夷・叔齊、賢なりと雖も、夫子を得て、名益々彰はる。顔淵篤學なりと雖も、驥尾に附して行ひ益々顯はる。

【篤義】(とくぎ)　道義にゆきとどく。魏・曹植〔親親を通ずることを求むる表〕願はくは陛下、沛然として詔を垂れ、諸國に慶問し、四節展ぶるを得しめよ。以て骨肉の歡恩を敍べ、怡怡の篤義を全うせしめよ。

【篤敬】(とくけい)　誠実でつつしみ深い。〔論語、衛霊公〕言忠信、行篤敬ならば、蠻貊の邦と雖も行はれん。

【篤行】(とくこう)(かう)　誠実に行う。〔中庸、二十〕博く之れを學び、審らかに之れを問ひ、愼みて之れを思ひ、明らかに之れを辨じ、篤く之れを行ふ。

【篤厚】(とくこう)　親切で誠実。〔荀子、儒效〕法を行ふこと至りて堅、好んで其の聞く所を脩正す。～上は則ち能く其の隆ぶ所を大にし、下は則ち能く己に若かざる者を開道す。是くの如くんば、則ち篤厚の君子と謂ふべし。

【篤志】(とくし)　専心する。〔論語、子張〕博く學びて篤く志し、切に問ひて近く思ふ。仁、其の中に在り。

【篤実】(とくじつ)　親切で誠実。〔易、大畜、彖伝〕大畜は剛健篤實にして輝光あり。日に其の徳を新たにす。

【篤癃】(とくりゅう)　病弊の特に甚だしい者。〔後漢書、光武帝紀下〕(建武六年春詔)往歳、水旱・蝗蟲、災を爲し、穀價騰躍し、人用つて困乏す。～其れ郡國の穀有る者に命じ、高年・鰥寡・孤獨、及び篤癃～の者に給稟すること、律の如くせよ。

↑篤痾 重病／篤愛 厚く愛する／篤患 重病／篤恭 てあつく慎む／篤謹 てあつく謹む／篤劇 危篤／篤眷 眷愛／篤固 堅固な心／篤顧 愛顧する／篤好 睦まじい／篤孝 至孝／篤疾 重病／篤恕 思いやり／篤信 信じきる／篤慎 てあつく慎む／篤仁 仁愛／篤生 篤性／篤性 篤実の性／篤誠 まご心／篤速 馬蹄の音／篤道 徳行／篤弼 よく助ける／篤病 重病／篤睦 親しむ／篤密 行き届く／篤亮 誠実／篤類 兄弟愛／篤烈 篤固／篤論 重篤の論

↓恩篤・款篤・危篤・謹篤・恵篤・敬篤・厳篤・懇篤・重篤・純篤・醇篤・情篤・仁篤・崇篤・世篤・忠篤・敦篤・礼篤・老篤・論篤

【瀆】 18 3418 トク

みぞ けがれる にごる みだす

篆文

形声 声符は賣。賣に櫝・竇との声があり、細長い形のものをいうことが多い。〔説文〕十一上に「溝なり」、また溝(溝)字条に「水瀆なり」とあって互訓。大川をもいい、江・河・淮・済を合わせて四瀆という。濁・黷とも通用の義がある。

訓義 1みぞ、かわ、水の流れ、大川。2けがれる、にごる、よごれる。3みだす、みだれる、やぶれる。4黷と通じ、あなどる、なれる、軽んじる。

古訓 〔名義抄〕瀆 ミゾ・タマリミズ・ソヽグ・ケガス・ケガル・アツマル

語系 瀆・竇dokは同声。ともに空長のところをいう。竇jioは門旁の小竇、くぐりをいう。こそ泥のたぐいを「穿窬の盗」とよぶ。黷・嬻dokは同声。みな褻黷の意がある。濁deokもその系統の語である。

【瀆告】くどくいう。〔易、蒙〕初筮には告ぐ。再三すれば瀆る。瀆るれば則ち告げず。

↑瀆汚 けがす／瀆貨 財を貪りけがす／瀆溝 みぞ／瀆擾 けがし騒がす／瀆職 汚職／瀆神 神をけがす／瀆褻 けがす／瀆犯 けがし犯す／瀆煩 けがし煩わす／瀆紊 みだす／瀆武 武力を濫用する／瀆分 不倫／瀆嫚 けがし侮る／瀆慢 侮る／瀆乱 けがしみだす

↓陰瀆・禹瀆・汚瀆・河瀆・海瀆・開瀆・岳瀆・貫瀆・灌瀆・旧瀆・江瀆・溝瀆・鑿瀆・四瀆・衆瀆・浚瀆・井瀆・褻瀆・川瀆・大瀆・池瀆・諂瀆・冒瀆・漫瀆

【櫝】 19 4498 トク

はこ ひつ

篆文

形声 声符は賣。賣に瀆・犢との声がある。〔説文〕六上に「匱なり」とあり、木びつをいう。〔広雅、釈器〕に「棺なり」とあり、小棺。〔説文〕にまた「一に曰く、木名。又曰く、大梡なり」とあり、「大梡」は〔段注〕に「木枕」の誤りであるという。櫝櫨は、ろくろをいう。

訓義 1はこ、ひつ。2ひつぎ。3ぜん、ぜんだい。4木の名。5木枕。6松櫝は、やり。7櫝櫨は、水汲みのろくろ。8また匵に作る。

古訓 〔篇立〕櫝 ハコ〔字鏡集〕櫝 ヌク・ハコ

↑櫝丸 矢筒／櫝匵 箱／櫝食 膳料理／櫝蔵 大事にしまう／櫝櫨 ろくろ

【牘】 19 2408 トク

ふだ かきもの てがみ

篆文

形声 声符は賣。賣に瀆・櫝との声がある。賣声のものに細長い形のものをいうことが多く、牘は〔説文〕七上に「書版なり」とあって木簡をいう。書簡をまた尺牘というのは、一尺の木簡を用いたからである。大事は策にしるし、小事には簡牘を用いた。

訓義 1ふだ、かきもの、ふだ、書版。2かきもの、書冊など、木簡にしるしたもの。3てがみ、ふみ。4舂牘は長い竹の楽器。地をたたいてならす。

古訓 〔篇立〕牘 フダ〔字鏡集〕牘 フンダ

語系 牘dok、續(続)dziokは声義近く、細長く、連続するものの意がある。

【牘背】書札の背にかく。冤罪の意に用いる。〔史記、絳侯周勃世家〕人上書して、勃反せんと欲すと告ぐる者有り。廷尉に下す。～吏稍や之れを侵辱す。勃、千金を以て獄吏に與ふ。獄吏乃ち牘背に書し之れに示す。曰く、公主を以て證(弁明)と爲せと。

↑牘書 文書／牘箋 書翰箋／牘尾 書の末尾

↓案牘・盈牘・翰牘・簡牘・觚牘・削牘・詩牘・執牘・書牘・章牘・舂牘・訟牘・尺牘・奏牘・短牘・版牘・筆牘・符牘・文牘・秉牘・篇牘・抱牘・吏牘・累牘

【犢】 19 2458 トク

こうし

篆文

形声 声符は賣。賣に瀆・牘との声がある。〔説文〕二上に「牛の子なり」とあり、また特に作る。

訓義 1こうし。2字はまた特に作る。

古訓 〔名義抄〕犢 コウシ・ウシノコ

語系 犢dok、特dakは声義近く、特は一歳、また三・四歳の獣をいう。通用することがある。

【犢鼻】犢鼻褌はふんどし。〔史記、司馬相如伝〕一酒舍を買ひて酒を酤る。而して文君をして鑪(炉)に當らしめ、相如は身自ら犢鼻褌を著け、保庸(傭い人)と雜作し、器を市中に滌ふ。

↑犢外 野外／犢角 子牛の角／犢子 子牛／犢児 子牛／犢車 牛車／犢廬 小宅

↓臥犢・牛犢・駆犢・駒犢・牽犢・孤犢・羔犢・耕犢・黄犢・舐犢・青犢・騂犢・乳犢・白犢・放犢・抱犢・牧犢・鳴犢・養犢

【韣】 22 4652 トク

ゆみぶくろ

篆文

形声 声符は蜀。蜀に髑・獨(独)との声がある。〔説文〕五下に「弓衣なり」とあり、剣衣を韜と、弓衣を韣という。金文に韔の初文を弖に作り、象形。〔説文〕の次条に「韔は弓衣なり」とみえる。〔詩〕には弓衣に韔の字を用いる。

訓義 1ゆみぶくろ、ふくろ、つつむ。2つかねる、たばねる。

古訓 〔字鏡〕韣 ユミブクロ・ヨシ

語系 韣thjiok、弢・韜thôは声近く、みな弓衣の意に用いる。橐thakはふくろ。上下を結んだ大きな袋。みな一系の語である。

↓弓韣・屈韣・弧韣・櫜韣・刀韣・倒韣

【髑】 23 7622 トク ドク

されこうべ どくろ

篆文

形声 声符は蜀。蜀に韣・獨(独)との声がある。〔説文〕四下に「髑髏、頂なり」とあり、〔玉篇〕に「頭なり」とする。境界の要所に髑髏棚を設けて、これを呪禁とすることは、東南アジアの沿海・諸島にひろく行われていた古俗であるが、古代漢字の形象のうちにも祭梟(首祭)の俗を示すものが多く、縣(県)・放・敫、敫声の諸字、邊(辺)など、みなその俗に関する字である。

訓義 1されこうべ、どくろ、頭の骨。

古訓 〔名義抄〕髑髏 ヒトカシラ・カシラノホネ・トクロ

語系 髑dok、頭doは声近く、枯頭を髑という。また頊dakは〔説文〕九上に「顱なり」とあって頭髗の字。髑髏dok-lo、頊顱dak-laはみな頭顱、首sjiuは頭首をいう。

【髑髏】 されこうべ。〔晋書、赫連勃勃載記〕追奔すること八十餘里。萬計を殺傷し、其の大将十餘人を斬り、以て京觀と爲し、髑髏臺と號す。

【韇】 24 4458 トク ドク やづつ やなぐい

篆文

形声 声符は𧶠。𧶠に瀆・黷の声がある。〔説文〕三下に「弓矢の韇なり」とあり、やづつ、やなぐいをいう。〔儀礼、士冠礼〕に「上韇を抽く」とは、めとぎづつから、めとぎを抽き出す意である。

訓義 ①やづつ、やなぐい。②めどきづつ。③字はまた、韣に作る。

古訓 〔字鏡集〕韇 ヤブクロ

↑韇丸 やづつ。また、めどきづつ。

【韥】 24 4458 トク ドク ゆみぶくろ

形声 声符は𧶠。〔後漢書、南匈奴伝〕に「今、雑繒五百匹・弓鞬韥丸一・矢四發を齎らす」とあり、韥丸は弓袋。字はまた韣に作る。

訓義 ①ゆみぶくろ。②字はまた韣に作る。

古訓 〔字鏡集〕韥 ヤブクロ

【黷】 27 6438 トク ドク けがす

篆文

形声 声符は𧶠。𧶠に瀆・櫝の声がある。〔説文〕十上に「垢を握持するなり」とあり、瀆と声義が近い。黑（黒）は汚濁のもの。為すべからざることをみだりに為すことを黷祭・黷武のようにいう。

訓義 ①けがす、よごす、にごす。②かろんずる、あなどる、なれる、ないがしろにする。③あおぐろいさま。

古訓 〔新撰字鏡〕黷 阿奈止留（あなどる）、又、奈礼太利（なれたり）〔名義抄〕黷 クロシ・ケガス・ニゴル・アナヅル・カウブル・ニギハフ〔字鏡集〕黷 クワシ・ニゴル・カス・アカラシ・ニギハフ・タ、ク・ケガス・アナヅル・クロシ・カウブル

語系 黷・瀆・嬻dokは同声。みな褻し慢る意がある。濁deok、辱njiokは声近く、ともにその義にも用いる。

【黷祭】 みだりに祭る。唐・李徳裕〔窮愁志、禱祝論〕余前に江南に在り、淫祠一千一十五所を毀てり。神に諂り祭を黷さずと謂ふべし。

【黷武】 みだりに武を用いる。〔後漢書、蓋勲伝〕勳曰く、臣聞く、先王は德を燿やかして兵を觀めさずと。今、寇遠きに在りて近陳を設くるは、果毅を昭かにするに足らず、祇だ武を黷さんのみと。

↑黷貨 収賄／黷札 書きちらす／黷職 瀆職／黷誓 違約／黷泄 侮る／黷煩 煩わす／黷慢 侮る

↓畏黷・干黷・玩黷・疑黷・私黷・侵黷・神黷・塵黷・媟黷・褻黷・貪黷・諂黷・煩黷・冒黷・慢黷・乱黷・穢黷

【讟】 29 0066 トク そしる うらむ

篆文

形声 声符は𧶠。𧶠に瀆・黷の声がある。〔説文〕三上に「痛み怨むなり」とあり、〔左伝〕に「怨讟」（宣十二年）、「謗讟」（昭元年）の語がある。〔方言、十三〕に「謗るなり。痛むなり」とあり、誩は相争う当事者。相争って互いに怨痛することをいう。

訓義 ①そしる、うらむ、にくむ。②うらみごと。

古訓 〔新撰字鏡〕讟 伊佐不（いさふ）、又、佐支奈牟（さきなむ）〔名義抄〕讟 ソシル・ウラム・イツハル・ソラゴト・イタム〔字鏡集〕讟 ソシル・イタム・アタム・ソラゴト・ニクム・サクル・サキナム・イツハル・ウラム

語系 讟・黷・嬻dokは同声。みなけがす意がある。𧶠jiokは声近く、衒鬻すること、そらごとで詐り欺くことをいう。

【讟謗】 そしる。〔楚辞、九章、惜往日〕何ぞ貞臣の辜無きに 讟謗せられて尤めらるる

↑讟言 そしり

↓怨讟・玩讟・毀讟・讒讟・誹讟・忿讟・謗讟・謡讟

ドク

常 【毒】 8 5050 ドク トク てあつい そこなう うらむ

篆文 古文

象形 婦人が祭事に奉仕するとき、盛装した姿。結髪して威儀を整えた婦人の姿は妻。髪に飾りをつける。その側身形は疌、その髪に手をそえた形は敏（敏）。敏捷は婦人が祭祀にいそしむ形。その髪飾りが特に繁多であることを毒という。厚化粧し、盛装した姿は簡素に反するので、毒という。〔説文〕一下に「厚きなり。人を害するの艸、往往にして生ず」と毒草の意とし、字を「中に従ひ、毒聲」（段注本）とするが、形声義ともに誤る。毒草の毒はおそらく毒の重文として加えられている古文の蓟、毒をその義に用いるのは仮借義であろう。毒厚が字の初義、しかしのち毒薬の毒の義に用いる。

訓義 ①てあつい。篤と声義が近い。②どく、どくやく、毒草。③そこなう、いためる、ころす。④あらい、むごい、つよい。⑤うらむ、にくむ、いきどおる。

古訓 〔名義抄〕毒 ウレフ・ヤム・ヲサム・ニガシ・ツカフ・イタム〔字鏡集〕毒 ツカフ・ウレフ・ヤム・ヲサム・ニガシ・イタク・ハジム・ウラム・クルシ・クシル・イタク

語系 毒duk、篤tukは声近く、通用することがある。毒は婦人の繁飾の象で、篤厚の意がある。篤は馬が困弊する意であるから、篤厚の意は毒がその本字。毒薬の意は、〔説文〕一下に毒の重文として録する蓟がその本字、毒を用いるのは、同声の仮借義である。

【毒害】 そこなう。害毒。梁・武帝〔周捨に与へて断肉を論ずる勅、四〕既に親しく經教に達し、人の爲に講說す。口に慈悲を稱し、心に毒害を懷く。～言行既に違ふ。即ち詭妄を成す。

【毒気】 毒となるものを発散する。悪気。〔荊楚歳時記〕五月五日、艾を採り、以て人（の形）と爲し、門戸の上に懸け、以て毒氣を禳ふ。

【毒虐】 害ししいたげる。〔後漢書、酷吏、陽球伝〕帝に白して曰く、陽球は故と酷暴の吏、～愆過の人、好んで妄作を爲す。宜しく司隷に在りて、以て毒虐を聘せしむべからずと。

【毒蠱】 禍害をなす虫。蠱気。〔周礼、秋官、庶氏〕毒蠱を除くことを掌る。攻說（呪的方法）を以て之れを禬き、嘉草（薬草）もて之れを攻む。

【毒恨】 ひどくうらむ。〔史記、日者伝〕久之くして～賈誼、梁の懷王の傅と爲る。王、馬より墮ちて薨ず。誼、食らはず、毒恨して死せり。此れ華を務めて、根を絶つ者なり。

【毒殺】 毒を飲ませて殺す。〔漢書、王莽伝上〕（翟義）郡國に移檄して言ふ、莽、平帝を毒殺し、天子の位を攝し、漢室を絶たんと欲す～と。

【毒手】 凶悪な手段。凶手。〔晋書、石勒載記下〕勒、酣讌の老拳を與にす。（李）陽の臂を引きて笑ひて曰く、孤、往日卿の老拳に厭きしも、卿も亦た孤の毒手に飽きしならんと。因りて甲第一區を賜ひ、參軍都尉に拜す。

【毒酒】 毒を入れた酒。〔列子、湯問〕二人疾有り。～扁鵲～曰く、～若し汝の心（臓）を換へなば、則ち善に均しからんと。扁鵲遂に二人に毒酒を飲ましめ、迷死すること三日、胸を剖き心を探り、易へて之れを置き、投ずるに神藥を以てす。既に悟めて初の如し。

【毒瘴】 山川の悪気。南方の瘴癘の氣。唐・杜甫〔空靈

厳に次ぐる〕詩 毒瘴未だ憂ふるに足らず 兵戈邊徼に滿つ

【毒螫】 毒虫がさす。〔史記、律書〕喜べば則ち愛心生じ、怒れば則ち毒螫加ふるは、情性の理なり。

【毒癘】 山川の悪気。南方の瘴癘の気。唐・柳宗元〔捕蛇者の説〕風雨に觸れ、寒暑を犯し、毒癘を呼噓し、往往にして死する者相ひ藉く。

➡毒悪 凶悪/毒燄 悪気/毒殴 はげしく打つ/毒禍 災禍/毒牙 毒ある牙/毒蠚 毒虫/毒卉 毒草/毒虺 まむし/毒菌 毒たけ/毒苦 苦しむ/毒孽 災禍/毒口 毒舌/毒公 とりかぶと/毒剤 毒薬/毒矢 どく矢/毒刺 毒針/毒蛇 毒へび/毒腫 悪性の腫瘍/毒愁 激しい愁い/毒汁 毒液/毒獣 悪獣/毒暑 酷暑/毒女 性病の女/毒心 害心/毒刃 凶刃/毒舌 悪たれ口/毒箭 毒矢/毒賊 苦しめる/毒治 有罪/毒中 中毒/毒虫 毒むし/毒痛 苦痛/毒熱 酷暑/毒罵 悪罵/毒筆 悪意の文/毒蝮 まむし/毒氛 毒気/毒痡 病む/毒霧 悪気の霧/毒薬 劇薬/毒辣 残忍/毒沴 悪気/毒劣 悪劣

⬇陰毒・炎毒・怨毒・懐毒・害毒・姦毒・含毒・虺毒・棄毒・虐毒・凶毒・苦毒・解毒・劇毒・蠱毒・厚毒・惨毒・酸毒・醜毒・除毒・障毒・食毒・身毒・螫毒・箭毒・創毒・胎毒・蠆毒・丹毒・沈毒・疢毒・酖毒・鴆毒・逞毒・天毒・荼毒・蠹毒・梅毒・服毒・猛毒・有毒・余毒・罹毒・流毒・沴毒・烈毒

常 **【独】** 9 / 4523 **〖獨〗** 16 / 4622 ドク トク ひとり ただ

篆文 

形声 声符は蜀。蜀に髑の声がある。〔説文〕十上に「犬相ひ得て鬥ふなり」(段注本)とし、「羊を群と爲し、犬を獨と爲す」とするが、犬も群集を性とするものである。蜀は牡獣の象形。虫の部分は性器。牝獣を尾といい、尾と蜀と相連なることを屬(属)という。牡器を縊取して去勢するを䝤、豛して去勢することを斀という。これらの字形を以ていえば、獨とは牡獣。牡獣は群を離れていることが多い。〔孟子、梁恵王下〕に「老いて子無きを獨と曰ふ」とあり、また人の孤独の意に用いる。

訓義 ①ひとり、一匹の獣、牡獣。②ひとりもの、老いて子無きもの。③ただ、ひたすら、もっぱら。④犬がかみあう。⑤なんぞ、はた、いずれ、むしろ、あに。

古訓 〔名義抄〕獨 ヒトリ・ムカフ・ヨル・ヤモメ

語系 獨 dok、特 dək は声義近く、特も単独の意。徒 da、但 dan、直 diək も声近く、いずれも副詞として通用する。

【独異】 独り異なる。〔漢書、五行志中之上〕夏侯始昌、五經に通じ、善く五行傳を推し、以て族子夏侯勝に傳ふ。～其の傳、劉向と同じ。唯だ劉歆の傳のみ、獨り異なり。

【独往】 独り。自由に遊行する。〔荘子、在宥〕六合に出入し、九州に遊び、獨往獨來する、是れを獨有と謂ふ。

【独覚】 独りめざめる。唐・盧仝〔冬行、三首、三〕詩 上は天子に事へず 下は侯王を識らず 夜半睡り 獨り覺むれば爽氣、心堂に盈つ

【独学】 師に就かずに学ぶ。〔礼記、学記〕獨學にして友無くんば、則ち孤陋にして寡聞なり。

【独看】 独りみる。唐・杜甫〔秋尽く〕詩 雪嶺獨り看る、西日の落つるを 劍門猶ほ阻む、北人の來るを

【独眼】 片目。〔旧五代史、唐、武皇紀上〕武皇、既に長安を収め、軍勢甚だ雄なり。諸侯の師皆之れを畏る。武皇、一目微眇なり。故に其の時號して獨眼龍と爲す。

【独居】 独り居。〔孟子、滕文公上〕昔者、孔子沒して、三年の外、門人～相ひ嚮ひて哭し、皆聲を失し、然る後歸る。子貢反りて室を場(墓前の道)に築き、獨居すること三年、然る後に歸る。

【独見】 独自の見解。〔呂覧、制楽〕禍は福の倚る所、福は禍の伏する所なり。聖人の獨見する所なり。衆人焉んぞ其の極を知らん。

【独語】 独り言。唐・張籍〔薊北旅思〕詩 失意、還た獨語す 多愁、祇だ自ら知る

【独行】 独りゆく。独自に行う。唐・韓愈〔伯夷頌〕士の特立獨行し、義に適するのみにして、人の是非を顧みざるは、皆豪傑の士、道を信ずること篤くして、自ら知ること明らかなる者なり。

【独坐】 独りすわる。唐・王維〔輞川集、竹里館〕詩 獨り坐す、幽篁の裏 琴を彈じ、復た長嘯す 深林、人知らず 明月來つて相ひ照らす

【独酌】 独り酒を飲む。明・劉基〔梅屛に題す、二絶、二〕詩 獨り酌む梅花の下 憐れむ、花の鬢と同じきを 花を折りて、還た鬢に插さし 顚倒して東風を笑ふ

【独宿】 独り寝。〔詩、豳風、東山〕敦たる彼の獨宿 亦た車下に在り

【独笑】 独りほほえむ。〔三国志、蜀、譙周伝〕家貧なれども、未だ曾て產業を問はず。典籍を誦讀し、欣然として獨り笑ひ、以て寢食を忘る。

【独是】 独り自らよしとする。〔旧唐書、忠義上、王義方伝〕天子、三公九卿～を置く。本と水火相ひ濟し、鹽梅相ひ成し、然る後庶績咸な熙まらんことを欲す。風雨交ゝ泰く、亦た獨り是とし獨り非とすべからず、皆聖旨に由る。

【独成】 独り自ら成す。〔荘子、盗跖〕若いは是、若いは非、而の圓機を執り、獨り而の意を成して、道と與に徘徊せよ。

【独醒】 独りさめていて、衆人と異なる。〔楚辞、漁父〕世を擧げて皆濁り、我獨り清めり 衆人皆醉ひ、我獨り醒めたり

【独占】 独り占め。宋・蘇軾〔章七(惇)の出でて湖州に守たるに和す、二首、二〕詩 兩卮(杯)の春酒、眞に羨むに堪へたり 獨り占む、人閒分外の榮

【独擅】 独りほしいままにする。宋・方岳〔感懐、十首、一〕詩 獨り擅ままにす、松風一壑の哀しみ 竹門設けたりと雖いへども、誰が爲にか開かん

【独善】 独り自らを善くする。〔晋書、隠逸、張忠伝〕先生、山林に考槃し(楽しみ)、研精道素、獨善の美は餘り有れども、兼濟の功は未だし。

【独断】 専断。勝手にきめる。〔史記、李斯伝〕明主聖王の能く久しく尊位に處る～所以の者は、異道有るに非ざるなり。能く獨り斷じて督責を審らかにし、深罰を必にすればなり。

【独知】 我ひとり知る。〔韓非子、説林上〕箕子～曰く、～一國皆知らざるに、我獨り之れを知る。吾は其れ危しと。辭するに、醉うて知らざるを以てす。

【独得】 独自。特有。〔京本通俗小説、拗相公〕此の兩個の人は、是れ獨得の見、誰人か敢て信ぜん。

【独夫】 ただの一人の男。〔荀子、議兵〕湯武の～桀・紂を誅すること、獨夫を誅するが若し。故に泰誓に獨夫紂と曰へるは、此れを之れ謂ふなり。

【独歩】 並ぶ者がない。魏・曹植〔楊徳祖(修)に与ふる書〕昔、仲宣(王粲)漢南に獨歩し、孔璋(陳琳)河朔に鷹揚(傑出)す。

【独夜】 独り寝。魏・王粲〔七哀詩、三首、二〕獨夜、寐ぬること能はず 衣を攝りて、起ちて琴を撫す

【独遊】 独り遊ぶ。宋・蘇軾〔甘露寺〕詩 江山、豈に好からざらんや 獨遊、情、闌なり易し

【独楽】 独り自ら楽しむ。宋・蘇軾〔司馬君実(光)独楽

園〕詩 衆と與に樂しむと云ふと雖も 中に獨り樂しむ者有り

【独立】 凡俗をこえて立つ。〔老子、二十五〕物有り、混成す。天地に先だちて生ず。~獨立して改めず、周行して殆からず、以て天下の母と爲るべし。吾れは其の名を知らず。

【独力】 一人の力。宋・黄庭堅〔子瞻(蘇軾)の詩句、一世に妙なり、乃ち云ふ、庭堅の体に効ふと~〕詩 枯松澗壑(谷川)に倒に 波濤の舂撞する所 萬牛挽けども前すまず 公乃ち獨力もて扛ぐ

↑独一 ただ一人/独家 一軒屋/独臥 独り寝/独懐 孤懐/独鶴 孤鶴/独酣 独り飲む/独雁 孤雁/独騎 単騎/独脚 片足/独吟 独り吟詠する/独言 独り言/独戸 独家/独固 操守/独子 孤児/独視 独自の見/独自 独特/独手 片手/独秀 特秀/独処 独居/独唱 首唱/独身 独り身/独寝 独り寝/独酔 独り酔う/独邃 すぐれて深い/独絶 特絶/独専 独擅/独創 独自の創作/独造 独創/独存 独り残る/独釣 孤釣/独鳥 孤鳥/独直 独り宿直する/独適 自分で満足する/独店 一軒屋/独闢 独創/独舗 独店/独木 一本木/独門 一家/独侑 独酌/独謡 独唱/独攬 専掌/独柳 一本柳/独慮 独り考慮する/独梁 丸木橋/独輪 一輪

↓寡独・介独・鰥独・危独・謹独・惸独・煢独・孤独・慎独・専独・単独・抱独・幽独・嫠独

常 【読】 14 【讀】 22 0468 ドク トク トウ よむ かたる

篆文 

形声 声符は賣。賣に瀆・牘との声がある。〔説文〕三上に「書を誦するなり」、また籀字条五上に「書を讀むなり」とあり、声義が近い。〔史籀篇〕の「大史籀書」とは、王国維の説に、「大史、書を籀む」の意であるという。〔穀梁伝、僖九年〕に「書を讀みて牲の上に加ふ」とあり、祝詞や盟誓の文をよみあげることをいう。金文の冊命形式の文は、王が史官にその冊命をよませるのが例で、〔免𣪘〕に「王、作冊尹に書を受け、免に冊命せしむ」とみえる。それが「大史、書を籀む」であった。

訓義 ①よむ、よみあげる。②かたる、とく、よみとる、わかる。③続と通じ、つづく。④搯・籀と通じ、ぬきとる。⑤句読、よみ切りのところに印する。

古訓 〔名義抄〕讀 ヨム・カク・ヌキツ・ソシル・ミル・イヅ・トク・ウク・カゾフ

語系 讀dok、籀diuə は声近く、また誦ziongもこの系統の語。儀礼の書には諷誦の法があった。

【読書】 書をよむ。〔礼記、玉藻〕徒坐するときは、席を盡さざること尺。書を讀み、食するときは、則ち豆(食器)と齊しく、席を去ること尺にす。

【読誦】 書をよみ誦する。〔漢書、兒寛伝〕貧にして資用無し。~時に行きて賃作す。經を帶びて鉏き、休息するときは輒ち讀誦す。

【読奏】 よみあげて奏上する。〔漢書、霍光伝〕太后珠襦を被、盛服して武帳中に坐し、侍御數百人、皆兵を持す。~群臣、次を以て上殿す。~(霍)光、群臣と連名して王に奏す。尚書令、讀奏す。

【読破】 すべて読み終える。唐・杜甫〔韋左丞丈(済)に奉贈す、二十二韻〕詩 甫、昔少年の日 早に觀國の賓に充てらる(都で吏部の試を受ける) 讀書、萬卷を破り 筆を下せば神有るが如し

【読礼】 礼書をよむ。〔礼記、曲礼下〕喪に居りて未だ葬らざるときは喪禮を讀み、既に葬りては祭禮を讀み、喪常に復れば樂章を讀む。

↑読為 よみかえる/読曰 よみかえる/読閲 よむ/読過 よみさる/読画 画中の趣を看取する/読学 学問する/読巻 巻物をよむ/読記 よみかき/読鞫 裁判で調書をよみきかせる/読経 お経を誦読する/読史 史書をよむ/読詩 詩をよむ/読者 よみて/読若 よみかえる/読祝 祭文をよむ/読点 よみの中止点/読法 よみかた/読律 法律書をよむ

↓愛読・暗読・一読・引読・閲読・横読・音読・臥読・快読・解読・緩読・玩読・句読・訓読・誤読・好読・講読・購読・坐読・再読・細読・侍読・疾読・受読・習読・熟読・抄読・省読・誦読・精読・窃読・宣読・素読・奏読・多読・代読・耽読・抽読・聴読・通読・転読・判読・披読・諷読・伏読・偏読・捧読・味読・黙読・夜読・訳読・乱読・濫読・懶読・立読・略読・輪読・朗読

トチ

常 【栃】 9 とち

国字 とちの本字は橡。七葉樹科の落葉喬木である。〔名義抄〕に、他に橡(様)・杼・杤・柠・栩などにその訓がある。杼・栩はくぬぎ。様は橡の実をいう。杤はおそらく柠の誤字。字はまた杤に作る。十千、すなわち万の字をそえたとする説がある。栃の実をまぜて麵を作るとき、こねのばす棒を栃麵棒という。

訓義 ①とち、とちのき、とちのみ。

トツ

【𠫓】 3 4073 トツ うまれる つきでる

篆文 

象形 子の生まれ出る形。〔説文〕十四下に「順ならずして忽ち出づるなり。到子に従ふ」という。子が頭から突出して生まれてくる形である。羊の子の生まれることを羍という。親羊の後ろから、羊の子が生まれおちる形。𠫓・達(達)はいずれもそのさまをいう形況の語である。重文の字形は㐬。𠫓に頭毛を加えた形である。

訓義 ①うまれる、突出してうまれる。②つきでる、勢いよくでる、急に出る。

部首 〔説文〕に部首とし、育(育)・疏(疏)の二字を属する。育は𠫓に肉(肉)を加えた形で、生子を養育することをいう。疏は疋声に従い、疏通して無事に生まれる意。云は雲の象形で、別の字である。〔説文〕に「卽ち易の突字なり」とあり、〔易、離、九四〕に「突如として其れ來如たり、焚如たり」の突(突)を、古本に㐬に作るものがあったのであろう。

語系 𠫓・突thuət、凸duət は声近く、突出するものの意がある。出thjiuət も声義近く、同系の語。

常 【凸】 5 7777 トツ でる でこ なかだか

象形 中央が突出している形。凹と対待の字。〔倉頡篇〕に、穴の下に合を加えて凹、失を加えて凸の字とするが、用例をみない。凹凸は六朝期以後に至って、その用例がある。

訓義 ①でる、つきでる。②でこ、つきでたところ、なかだか、たかい。

古訓 〔名義抄〕凸 アガル・オコス・ツバクム 〔字鏡集〕凸 タカシ・ツバクム・タツ・オコス・オコル・アガル

語系 凸duət は𠫓・突(突)thuət と声近く、また出thjiuət も声が近い。みな突出することをいう。

【凸凹】 でこぼこ。高低。〔神異経、北方荒経〕石湖有り。方千里、岸深くして五丈餘、恆に冰る。~其の湖凸凹無く、平滿にして高下無し。

【凸起】 つき出る。〔抱朴子、登涉〕銅の牝牡を知らんと欲せば、當に童男童女をして、倶に水を以て銅に灌がしむ

べし。~則ち銅自ら分れて兩段と爲る。凸起有る者は、牡銅なり。凹陷有る者は、牝銅なり。

↑凸牙(とつが)　そっぱ/凸眼(とつがん)　でめ/凸出(とつしゅつ)　突出する/凸杯(とつばい)　満盃/凸面(とつめん)　凸起している面/凸露(とつろ)　現れる

↓凹凸・酒凸・醜凸・心凸・前凸・微凸・面凸・窊凸

【吶】7 6402 [㕯] 7 4022 トツ ドツ どもる くちごもる

篆文

甲骨文

その他

会意 正字は㕯に作り、内(内)+口。内は台座の形。口は祝禱を収める器(𠙵)の形。〔説文〕三上に「言の訥となるなり」とし、訥と同義とする。商(商)・矞・裔はみなこの形に従い、台座の上に物を樹てている形で、祝禱に関係のある字である。訥とは、その祈るときの語調をいうものであろう。

訓義 1どもる、くちごもる。2ゆるやかにいう、ききとりにくい、みそかごと。

古訓 〔名義抄〕吶 ヒソカゴト・コトヾモリ 〔字鏡集〕吶 ミソカゴト・コトヾモリ

部首 〔説文〕〔玉篇〕に矞・商を属する。矞もこの部に属すべき字である。矞は台座に矛を樹てて巡撫適省を行う意。商は大きな辛(刑罰権を示す刃器)を樹てる形、もと天意に商る意。裔は上に衣を懸けて先祖を祀り、受霊を行う意で、その末裔の意となる。吶・訥は㕯の声義を承け、その祈る声をいう。

声系 〔説文〕に矞を㕯声とするが、声が合わず、会意。また巂を㕯声とするが、これも声が合わず、上部は冠飾のある鳥の形、下部は台座と祝告の形。鳥を携えて鳥占を行う字である。

語系 吶・㕯・咄 tuət は同声。訥 nuət は声が近い。喦・聶・囁 niap は多言、これに対して吶・訥は難言、言いしぶることをいう。

*語彙は訥字条参照。

【吶喊】(とつかん) ときの声をあげる。〔醒世恒言、李玉英獄中訟冤〕三個の天に轟く大砲を放起し、衆軍一聲に吶喊し、遍地鑼鳴る。

【吶吃】(とつきつ) どもる。〔三国志、呉、韋曜伝〕(孫)晧~曜を詰る。曜對へて曰く、囚(曜自らいう)此の書を撰び、實に表して上らんと欲せしも、誤謬有らんことを懼れ、數數省讀し、覺えず點汚せり。被問して寒戰し、形氣吶吃す~と。

【吶吶】(とつとつ) ゆっくりいう。〔魏書、高允伝〕(游雅曰く)余、高子と遊處すること四十年なり。未だ嘗て其の是非慍喜の色を見ず。亦た信ならずや。高子、内文明にして外柔弱、其の言吶吶、口より出だす能はず。

↑吶口(とっこう)　どもる/吶者(とっしゃ)　口下手/吶鈍(とつどん)　口下手

【咄】8 6207 トツ しかる おどろく はなし

篆文

形声 声符は出。〔説文〕二上に「相ひ謂ふなり」とよびかける意とし、〔漢書、李陵伝〕に「咄、少卿(李陵)よ」とみえる。「咄嗟」は急なことに驚く意。舌うつ擬声語である。「咄咄」はあやしむ、「叱咄」は叱る、しかる声。

訓義 1しかる、しかる声。2おどろく、あわてる、なげく。3よびかける、おいとよぶ。4国語で、はなし、こばなし。

古訓 〔名義抄〕咄 ヤア・ツタナシ・カタラク・アハフク・オレノ・イサフ 〔篇立〕咄 アヒカダシ・ヤ・イサフ・ツタナシ・クフ・アハフク 〔字鏡集〕咄 アラ(ハ)フク・カタラフ・クチツ・ナリ・ツタナシ・イサフ・ハク

語系 咄 tuət、出 thjiuət は声近く、咄は強く息を吐き、また舌うちする擬声語。出の声義を承ける。吶 tuət、訥 nuət は言を出そうとして、語をなさぬような発声をいう。

【咄嗟】(とっさ) 急に。しかる。嘆息する。〔抱朴子、勤求〕夫れ深く九泉の下(黄泉)に入り、長夜極まる罔く、始めて螻蟻(あり)の糧と爲り、終に塵壤と合體す。人をして怛然として心熱し、覺えず咄嗟せしむ。

【咄叱】(とっしつ) 叱る。甚だしく嘆く。〔南史、賊臣、侯景伝〕(王)僧辯逆へ擊ち、大いに之れ(侯子鑒)を破る。景、之れを聞きて、大いに懼れて涕下り、面を覆ひ衾を引きて臥し、~歎じて曰く、咄叱、咄叱、誤りて乃公(汝)を殺せりと。

【咄唶】(とっしゃ) なげく。咄嗟。〔三国志、呉、呂蒙伝〕會蒙、疾發す。(孫)權~數其の顏色を見んと欲するも、又勞動せんことを恐れ、常に壁を穿ちて之れを瞻、小しく能く下食するを見ては則ち喜び、左右を顧みて言笑す。然らざるときは則ち咄唶して、夜寐ぬること能はず。

【咄咄】(とつとつ) 意外なことに、驚きあやしむ声。〔晋書、殷浩伝〕浩、黜放せらると雖も、口に怨言無く、神を夷かにし、命を委し、談詠輟めず。家人と雖も、其の流放の感ひ有るを見ず。但だ終日空に書して、咄咄怪事の四字を作るのみ。

↑咄呵(とっか)　舌うち/咄啐(とっさい)　叱る/咄児(とつじ)　ばか者/咄咤(とった)　咄嗟/咄諾(とつだく)　よし/咄歎(とつちゅう)　無慙/咄罵(とつば)　ののしる

↓呵咄・訶咄・驚咄・苦咄・叱咄・納咄

常【突】8 入[突] 9 3043 トツ つく にわか

篆文

甲骨文

古印璽

会意 旧字は突に作り、穴(穴)+犬。穴は竈穴(かまど)、犬は犬牲。犬の形はもと犮に作り、祓う意。〔春秋、荘六年〕「王人子突、衛を救ふ」とあり、この突が字の初形である。〔説文〕七下に「犬、穴中より暫に出づるなり。犬の穴中に在るに従ふ」とし、また「一に曰く、滑らかなり」という。〔繫伝〕に「犬、穴中に匿れ、人を伺ひ、人之れを意はざるに、突然に出づるなり」とその意を説くが、俗説である。穴は竈の穴。そこは炊爨の聖所であるから、犬牲を以て祀り、それで竈突という。突は煙抜きの部分。それより突出・忽突の意となる。

訓義 1けむり出し、煙突、竈突。2つく、はげしく出る、出るさま、なめらか。3つき出る、高く出る。4だしぬけ、にわかに、きゅうに。5掘と通じ、ほる、うがつ。

古訓 〔名義抄〕突 ツク・ウガツ・モトル・オコル・ホル・フル

語系 突・𠫓・凸 thuət は同声。突は竈。その突出する部分。また出 thjiuət も声義近く、勢いよく出ることをいう。

【突過】(とっか) つき抜ける。〔金史、世戚、徒単思忠伝〕一日、姻戚の公子と近郊に出遊す。醉人有り、弓矢を腰にし、馬に策うちて突過す。諸公子怒りて之れを鞭うたんと欲す。思忠曰く、醉人昏昧、又何ぞ責むるに足らんと。遂に之れを釋す。

【突兀】(とつこつ) けわしく高い。唐・岑参〔高適・薛拠と慈恩寺の浮図(塔)に登る〕詩 塔勢、湧出するが如く 孤高、天宮に聳ゆ 登臨して世界を出で 磴道(石段の道)虚空を盤る 突兀として神州を壓し 崢嶸として鬼工の如し

【突前】(とつぜん) 突進。〔三国志、蜀、馬超伝〕超、其の多力を負み、陰かに突前して曹公(操)を捉へんとす。曹公の左右、~目を瞋らして之れを眄る。超、乃ち敢て動かず。

【突怒】(とつど) 怒りを発する。唐・柳宗元〔鈷鉧潭西の小丘の記〕梁の上に丘有り、竹樹を生ず。其の石の突怒偃蹇として土を負うて出で、爭うて奇狀を爲す者、殆ど數ふべからず。

【突鬢】(とつびん) 鬢の毛が突き出ている。〔荘子、説剣〕吾が王の見る所の劍士、皆蓬頭突鬢、垂冠曼胡(幅広)の纓(冠の紐)、短後の衣、目を瞋らして語難(論難)す。王、乃ち之れを悦ぶ。

↑突軼(とついつ)　突過する/突貫(とっかん)　突過する/突起(とっき)　つき出る/突騎(とっき)　突撃の騎/突杌(とっこつ)　突兀/突忽(とっこつ)　突然/突出(とっしゅつ)　つき出る/突如(とつじょ)　突然/突進(とっしん)　つき進む/突然(とつぜん)　不意に/突猝(とっそつ)　突然/突梯(とってい)　のらくら/突撞(とっとう)　つき当

る/突禿 短髪/突入 突進/突目 出目/突門 城の小門
↓煙突・駻突・隳突・曲突・激突・黔突・豕突・衝突・触突・竈突・痴突・馳突・猪突・直突・抵突・唐突・撞突・排突・冒突・墨突・奔突・陵突

【訥】 11 0462 ［吶］ 7 6402 トツ ドツ いいなやむ どもる

篆文 

形声 声符は内（内）。吶の正字は㕯に作り、会意。訥の従う内は㕯の省形。〔説文〕三上に「言ふこと難きなり」とし、字を会意とする。吶・咄などみな擬声語で、訥も同じ。〔論語、子路〕「剛毅木訥」、また〔論語、里仁〕に、「君子は言に訥」など、訥を美徳とする考えかたがあった。

訓義 1いいなやむ、口がおもい。2どもる、ゆっくりいう。3おそい、おろか。

古訓 〔名義抄〕訥 コトドモリ・オソシ・オボメク・ニブシ 〔字鏡集〕訥 オボメタリ・コトヾモリ・ニブシ・オソシ・ナイガシロ・モノイハズ

語系 訥nuət、咄tuətは声近く、舌をうつようにゆっくりいう意。出thjiuətは抵抗を排して出る意で、同系の語と思われる。

＊語彙は吶字条参照。

【訥言】口べた。寡言。〔論語、里仁〕君子は言に訥にして、行ひに敏ならんことを欲す。

【訥口】訥言。〔史記、李将軍伝〕（李）廣、訥口にして言少なく、人と居るときは則ち地に畫して軍陳を為し、～専ら射を以て戯と為せり。

【訥直】口下手で正直。〔南史、循吏、郭祖深伝〕（封事）飾口利辯は競ひて相ひ推薦せられ、訥直守信は、坐ながらにして埋沒せらる。

↑訥渋 口下手/訥舌 訥言/訥弁 訥言
↓寡訥・口訥・質訥・拙訥・弁訥・木訥・樸訥

トン

常 【屯】 4 5071 トン チュン あつまる たむろする なやむ

篆文 

金文 

象形 織物の縁飾りの形で、純の初文。屯は縁の糸を房飾りのように結んだ形。〔説文〕一下に「難むなり。艸木の初めて生じ、屯然として難むに象る。屮（艸の初生）の一を貫くに従ふ。一は地なり。尾曲がる」とし、〔易、屯、彖伝〕の文を引く。〔易〕によって文を解くものであるが、金文の字形は織物の縁飾りとして、糸を集めて結んだ形。金文に字を「玄衣黹屯」「康右（祐）屯（純）魯」「屯右（純祐）眉壽」のように用い、「黹屯」は「黻純」、縫いとりの縁飾りのあることをいう。織物では織糸を集め束ねて作るので、屯束・屯集の意がある。屯難の義は引伸、字形は草の初生とは関係がない。

訓義 1あつまる、たばねる、つかねる。2へりかざり、糸を集め束ねて、へりかざりとする。3みちる、かたまる、まもる、たむろする。4むすぼれる、なやむ、かたい、おおい。

古訓 〔篇立〕屯 モハラ・ナツク・ムラガル 〔字鏡〕屯 ムラガル・モトル・トハス・アツム・アツマル・クシク・カヽル・カコム・モハラ・タムラ 〔字鏡集〕屯 ウチハヤシ・モヂル・クシク・アツシ・カタシ・アラタム・タヲム・ハジム・タムロ・カヾマル・モトル・アツマル・ムラガル・ツラナル・マロガス

声系 〔説文〕に屯声として春・頓・邨・純・鈍など十三字を収める。みな、まるく集まるなどの意をもつ字である。

語系 屯・純・邨・囤duənは同声。屯は純の初文。冬（冬）も糸端を結んでとめる形で、終（終）の初文。屯と純、冬と終とは同じ関係である。邨は邨集で村の意。囤は屯倉でまるい穀倉。織物を屯・純を以て数え、〔史記、蘇秦伝〕に「錦繡千純」の語がある。村tsuənは邨と声義近く、人の聚居する所をいう。

【屯雲】集まった雲。唐・杜甫〔李十二白と同に范十隠居を尋ぬ〕詩 落景、寒杵を聞き 屯雲、古城に對す

【屯営】軍営。〔三国志、魏、田予伝〕虜を去ること十里にして屯營を結び、多く牛馬の糞を聚めて之れを然やし、他道より引き去る。胡、烟火の絶えざるを見て、尚ほ在りと以為ひて去る。

【屯衛】屯戍する軍営。〔史記、秦始皇紀〕盡く其の材士五萬人を徵し、為に咸陽に屯衛～せしむ。～度（物資）足らず、郡縣に下調す。～七月、戍卒陳勝等、故の荊地に反し、張楚と為す。

【屯居】集団ですむ。〔三国志、呉、諸葛恪伝〕恪、府に到り、乃ち四郡の屬城長吏に移書し、各〻をして其の疆界を保たしめ、明らかに部伍を立て、其の化に從ふ平民は、悉く屯居せしむ。

【屯結】集まり仲間となる。〔後漢書、光武帝紀下〕群盗處處に竝び起り、在所を攻劫す。～郡縣追討し、到れば則ち解散するも、去れば復た屯結す。青・徐・幽・冀の四州、尤も甚だし。

【屯蹇】困難。〔世説新語、賢媛注に引く晋陽秋〕（山）濤～嘗て阮籍・嵆康諸人と忘言の契を箸く。群子の、世に屯蹇するに至りて、濤のみ獨り浩然の度を保つ。

【屯戍】駐屯。〔史記、平準書〕孝文の時に至り、～匈奴數〻北邊に侵盗し、屯戍する者多く、邊粟足らず。～邊に轉粟する者を募りて爵を拜せしむ。爵は大庶長に至るを得しむ。

【屯聚】集まり屯する。〔抱朴子、百里〕在所の司官、～其の貪殘を恣にすること此くの如し。黎庶（人民）亦た安んぞ困毒して離叛せざるを得ん。離叛する者衆ければ、則ち屯聚して群盗と為らざるを得ず。

【屯如】行きなやむ。〔易、屯、六二〕屯如たり邅如たり。馬に乘ること班如たり。寇するに匪ず、婚媾せんとするなり。

【屯躓】つまずき悩む。唐・沈千運〔濮中、懐を言ふ〕詩 一生但だ區區 五十、寸祿無し～棲棲として、人の世を去り 屯躓、日に窮迫す

【屯邅】行きなやむ。晋・左思〔詠史、八首、七〕詩 英雄、屯邅有り 由來古昔よりす 何れの世にか奇才無からん 之れを遺てて草澤に在らしむ

【屯田】駐屯軍に耕植自給させる。〔漢書、西域下、渠犁伝〕武帝初めて西域に通じてより、校尉を置き、渠犁に屯田す。是の時軍旅連りに出で、師行三十二年、海内虚耗す。

【屯難】時勢の困難。〔易、屯、彖伝〕屯は剛柔始めて交はりて、難生ず。～雷雨の動、滿盈す。～天造草昧（はじめで、まだ整わない）、宜しく侯を建つべきも寧からず。

【屯蒙】易の屯卦と蒙卦。世のはじめ。創世の困難をいう。隋・楊素〔薛播州（道衡）に贈る、十四首、一〕詩 在昔、天地閉ざし 品物、屯蒙に屬す

↑屯夷 難易/屯塢 とりで/屯坎 なやむ/屯騎 駐屯の騎兵/屯拠 屯居の拠所/屯苦 困難/屯軍 駐屯軍/屯蹷 つまずく/屯険 困難/屯謇 屯蹇/屯行 群行/屯候 塞の物見/屯耕 屯田/屯困 困厄/屯墾 屯守して開墾する/屯砦 とりで/屯守 屯戍/屯種 屯田/屯集 屯聚/屯住 駐屯/屯宿 駐屯/屯所 駐屯所/屯萃 屯集/屯夕 墓穴/屯窒 屯困/屯駐 駐屯/屯丁 屯

田兵／屯邸 やしき／屯寘 屯遭／屯鈍 遅鈍／屯農 屯田／屯否 危難／屯部 屯所／屯平 難易／屯兵 駐屯兵／屯封 屯田地／屯堡 とりで／屯厄 難儀／屯落 屯兵の村／屯塁 とりで
↓運屯・雲屯・艱屯・居屯・軍屯・険屯・荒屯・耕屯・溝屯・困屯・駐屯・鈍屯・入屯・分屯・兵屯・辺屯・逢屯・列屯

【忳】 7 9501 トン おろか うれえる みだれる

形声 声符は屯。屯にあつまる、かたまるなどの意がある。〔玉篇〕に「悶ゆるなり」、また「亂るるなり」とあり、〔楚辞、離騒〕に「忳と鬱邑して余れ侘傺す」の句がある。忳とは憂悶することをいう。

訓義 ①おろか、おろかなさま、鈍愚の意。②うれえる、心むすぼれる、おもいしずむ。③もだえる、みだれる。④諄と通じ、さとす、つげさとす。

古訓 〔字鏡集〕忳 イキドホル・ミダル・ウレフ

語系 忳 tjiuən、惷・蠢 thjiuən は声近く、惷は惷乱、蠢は擾れ動くことをいう。春は古い字形では屯に従う字であった。また諄 tjiuən は同声、忳をその義に通用することがある。

【忳忳】 おろかに、うれえるさま。〔楚辞、九章、惜誦〕申ねて侘傺して之れ煩惑し 中悶瞀して之れ忳忳たり

↑忳厚 深厚／忳鶩 誠実／忳誠 まごころ／忳愻 楽しまないさま

㊀ **【沌】** 7 3511 トン あつまる ふさがる みだれる

形声 声符は屯。屯にあつまる、かたまるの意がある。沌は水が集まり、にごり乱れるさまをいう。忳・純と通用することがある。

訓義 ①あつまる、水があつまる。②ふさがる、とどまる。③みだれる、にごる。④おろか、くらい。⑤忳と通じ、おろか。⑥純と通じ、純一。

古訓 〔名義抄〕沌 ヒタ、ク・ホトヽ 〔字鏡集〕沌 ホト・ヒタヽク・ナガル

【沌沌】 おろかに、うれえるさま。忳忳。また、水勢のめぐるさま。〔呂覧、大楽〕音樂の由來する所の者遠し。～陰陽變化し、一上一下、合して章を成す。渾渾沌沌、離るれば則ち復た合し、合すれば復た離る。是れを天常と謂ふ。

↓混沌・渾沌・殄沌

【屍】 8 7721 **［臀］** 17 7722 トン デン しり

篆文 

会意 尸＋兀＋几。〔説文〕八上に「屍は髀なり。尸下に兀あり。几に尻(居)するに従ふ」とし、異文二を録する。几の上部は人が几に踞する側身形で、尸の下部は臀肉の形を示したものであるから、全体が象形的な字である。

訓義 ①しり、しり肉。②かすか。

古訓 〔字鏡集〕屍 シリタブラ

【弴】 11 1024 トン チョウ(テウ) ゆみ

篆文 

形声 声符は敦の省文。〔説文〕十二下に「畫弓なり」とあり、漆を塗った弓のことで、儀礼のときに用いる。〔荀子、大略〕に「天子は彫弓、諸侯は彤弓、大夫は黑弓」とあり、彫弓は弴弓。金文に彤弓彤矢・旅(黒)弓旅矢を賜うことをしるす例が多い。みな儀礼用のものである。

訓義 ①ゆみ、朱のうるしをかけた弓、天子の儀礼用のゆみ。②敦・彤と通用することがある。

古訓 〔名義抄〕弴 ユカケ

【弴弓】 天子の朱塗りの弓。〔新論、貴言〕楚の柘は質勁きも、必ず搒檠(ゆだめ)に資りて以て弴弓を成し、人の性は敏なりと雖も、必ず善言に藉りて以て德行を成す。

㊀ **【惇】** 11 9004 トン ジュン あつい まこと つとめる

篆文 

形声 正字は𦏧に従い、𦏧声。𦏧は敦の初文で、烹飪の器。それで純熟の意がある。〔説文〕十下に「厚きなり」と訓し、〔書、洛誥〕に「宗を惇くす」「惇く典む」のように用いる。字はまた敦と通用する。

訓義 ①あつい、ねんごろ。②まこと、まごころ、まめやか。③つとめる、はげむ。

古訓 〔名義抄〕惇 アツシ・ツトム・マコト・サイハヒ 〔字鏡集〕惇 サイハヒ・マコト・ノブ・オホキナリ・アツシ・ツトム

語系 惇・敦 tuən は同声。〔説文〕三下に敦を「怒るなり、詆るなり」と訓するが、〔詩、邶風、北門〕「王事我に敦し」のように敦厚と訓するのが常訓。惇も同義。怨怒の義は憝 duət、その通用の義であろう。

【惇愛】 あつく愛する。〔南斉書、高逸、臧栄緒伝〕榮緒惇く五經を愛し、人に謂ひて曰く、～李(老)・釋の教誡に、竝びに禮敬の儀有りと。因りて至道を甄明し、乃ち拜五經序論を著はす。

【惇誨】 熱心に指導する。漢・班固〔西都の賦〕又天祿・石渠、典籍の府有り。夫の敦誨の故老、名儒師傅に命じて、六藝を講論し、同異を稽合せしむ。

【惇篤】 てあつい。〔国語、晋語四〕夫れ德義は生民の本なり。能く惇篤なる者は、百姓を忘れず。

【惇樸】 惇厚朴実。〔漢書、成帝紀〕(永始三年)春正月己卯晦、日之れを蝕する有り。～其れ部刺史と、惇樸遜讓にして行義有る者、各〻一人を擧げよ。

↑惇愨 まじめ／惇学 勤学／惇謹 つつしみ深い／惇恵 情深い／惇厚 てあつい／惇慎 つつしみ深い／惇素 惇樸／惇大 立派／惇徳 徳をつつしむ／惇惇 純厚なさま／惇任 あつく信任する／惇睦 親しむ／惇裕 誠実で寛厚／惇和 おだやか

↓世惇・風惇

㊁ **【豚】** 11 7123 トン ぶた こぶた

篆文・甲骨文・金文 

会意 肉(肉)＋豕。豕は豚の象形。〔説文〕九下に「小さき豕なり。彖の省に従ふ。象形」とし、また「又(手)の肉を持ちて、以て祠祀に給するに従ふ」と重文の字形を以て説く。卜文・金文の字形は、家の腹部に肉形をそえており、おそらく胎孕のあることを示すものであろう。〔国語、楚語〕に「士に豚犬の奠有り」とみえ、犧牲の最も軽いものである。〔礼記、曲礼下〕に「家には剛鬣と曰ひ、豚には腯肥と曰ふ」とあり、腯肥とはよく肥えたものをいう。彘の卜文の字形は、その体に矢の貫く形で、もと野猪をいう字であろう。

訓義 ①ぶた、こぶた。②祭祀にそなえるぶた、字はまた腯・肫に作る。

部首 〔説文〕に、衞(衛)声の字一字を属するが、用例を見ない字である。

古訓 〔字鏡集〕豚 ヰノコノワタ・シリ・ヰノコ・カタ

声系 〔説文〕に豚声として遯を収める。遁と同声。遁は盾をかざしながら脱し退く意で、遁走をいうものとしては、その方が本字であろう。

語系 豚・臀・屯 duən は同声。臀は臀肉のもりあがることをいい、屯にはあつまりふくれる意がある。みな同系の語とみてよい。

【豚犬】 愚か者。愚かな子にたとえる。〔三国志、呉、呉主

伝注に引く呉歴〕(曹)公(孫権の)舟船器仗、軍伍の整肅なるを見て、喟然として歎じて曰く、子を生まば當に孫仲謀(権)の如くなるべし。劉景升(表)の兒子は、豚犬の若きのみと。

【豚肩】祭にそなえる豚の肩肉。〔礼記、礼器〕晏平仲、其の先人を祀るに、豚肩、豆(肉を盛る器)を掩はず、澣衣濯冠(洗い直した衣冠)を以て朝す。君子以て隘しと爲す。

【豚蹄】豚のひづめ。〔史記、滑稽、淳于髡伝〕今者(このほど)臣東方より來るに、道傍に田に禳る者有るを見る。一豚蹄・酒一盂を操り、祝りて曰く、甌窶(やせ地)なるも篝に滿てよ。汚邪(低隰)なるも車に滿てよ。五穀蕃熟し、穰穰として家に滿てよと。

↑豚解 牲を七体に分つ/豚柵 養豚場/豚児 愚息/豚酒 豚と酒/豚顚 豚の睾丸/豚犢 豚児/豚豚 渾敦としたさま/豚髀 豚のもも肉/豚尾 弁髪/豚卵 豚顚/豚醪 豚酒

↓河豚・豭豚・海豚・騎豚・雞豚・孤豚・江豚・羔豚・蒸豚・土豚・特豚・炮豚・羊豚・養豚

入

【敦】 12 0844 トン タイ うつわ あつい まこと いかる

篆文 金文

形声 正字は𦎫に従い、𦎫声。𦎫は礼器で、盛食の器。毁と同系のものであるが、器蓋同形、蓋を倒さにおけば器と同形となるもので、合わせると球形となる。〔説文〕三下に「怒るなり。詆るなり。一に曰く、誰何するなり」とあり、一曰の義は「孰れか」の意。怒る、詆るの訓は憝字の義。礼器としての敦は列国期に至って行われ、〔斉侯敦〕「齊侯～孟姜の膳敦を作る」のような自名の器が多い。敦厚の義は惇と通用の義。敦を敦伐の意に用いることは周の金文にみえ、〔宗周鐘〕に「王、𦎫伐して其れ至り、厥の都を𦎫伐す」とあり、〔詩、大雅、常武〕「淮の濆を鋪敦す」は「痡𦎫」の意である。

訓義 ①うつわ、礼器の名、器蓋合して球形の器。②惇と通じ、あつい、まこと。③椎と通じ、うつ、せめる、とがめる、せまる。④憝と通じ、いかる、そしる。⑤屯と通じ、あつまる、むらがる。

古訓 〔新撰字鏡〕敦 於己曾加尓(おごそかに) 〔名義抄〕敦 ツトム・ツラナル・ツラヌ・アツシ・アツマル・アツクス・マコト・ヤスシ・カムガフ・ス丶ム・ヲサム 〔字鏡集〕敦 アツカル・カムガフ・マコト・ツラヌ・マサシ・アツシ・アツム・ハカル・ツカル・アツマル・ツトム・ヤスシ・ツラナル・コトハリ・ス丶ム

声系 〔説文〕に敦声として憝など四字を収める。憝はなお敦伐の古意を承ける字であろう。

語系 敦・惇tuən は同声。惇は惇厚の意。追(追)tuəi は敦伐の意と関係があろう。〔周礼、天官、追師、注〕に、追を玉石を琢治する意とし、声義が近い。また椎diuəi、箠・捶tjiuai も同系の語で、みな椎撃することをいう。撾toai、揣tshiuai も声義近く、強くうつことをいう。敦はその椎撃する音の擬声語とも解され、𦎫を殴つ形に作る。敦は器蓋合して円形をなすが、屯duən は合してまるめる意。また一系の語である。

【敦愨】正直。〔荀子、王覇〕百吏法を畏れ繩に循ひて、然る後國常に亂れず。商賈敦愨にして詐無くんば、則ち商旅安く、貨財通じ、國求給らん。

【敦勧】強くすすめる。〔後漢書、韋著伝〕桓帝、公車もて禮を備へて徵す。覇陵に至りて病を稱して歸る。乃ち雲陽山に入り、藥を采りて反らず。有司擧奏して罪を加ふも、帝之れを原す。復た京兆尹に詔して、重ねて禮を以て敦く勸むるも、著、遂に徵に就かず。

【敦厚】温和であつい。〔礼記、経解〕其の人と爲りや、溫柔敦厚なるは詩の教へなり。疏通知遠なるは書の教へなり。

【敦尚】あつく尚ぶ。〔図画見聞誌、六〕高麗國、敦く文雅を尚び、漸く華風に染む。伎巧の精に至りては、他國比ふこと罕なり。

【敦崇】あつく崇ぶ。〔晋書、慕容宝載記〕太子と爲るに及び、砥礪して自ら修め、敦く儒學を崇び、談論に工みに、善く文を屬る。

【敦篤】てあつい。宋・蘇舜欽〔杜誼孝子伝〕誼、性敦篤にして苟くもせず、惟だ信義の在る所のままなり。父母に事へて、其の孝を極む。

【敦睦】情に厚く親しむ。明・方孝孺〔友于堂銘の序〕友于を以て堂に名づくるは、蓋し敦睦に志有る者なり。因りて銘して以て其の美を著はす。

【敦樸】てあつく素朴。〔三国志、魏、董昭伝〕凡そ天下を有つ者、敦樸忠信の士を貴尚し、深く虛僞不眞の人を疾まざる者莫し。其の教へを毀り治を亂し、俗を敗り化を傷るを以てなり。

【敦厲】あつくし、はげます。〔顔氏家訓、勉学〕夫れ六經の指を明らかにし、百家の書に涉るは、縱ひ德行を增益し、風俗を敦厲する能はざるも、猶ほ一藝を爲めて、以て自ら資ることを得ん。

↑敦遺 敬しんで送る/敦悦 深く悦ぶ/敦説 敦悦/敦悪 深く憎む/敦化 教化する/敦雅 上品/敦概 とかき/敦学 よく学ぶ/敦顔 厚顔/敦弓 画弓/敦旧 旧情に厚い/敦圉 いきまく/敦敬 慎み深い/敦原 すなお/敦固 敦貞/敦故 旧情に厚し/敦行 篤行/敦至 行き届く/敦祇 鄭重/敦質 質朴/敦実 篤実/敦淳 敦厚/敦如 重厚/敦信 篤く信じる/敦慎 敬慎/敦仁 仁恵/敦然 渾敦/敦俗 美俗/敦敦 独居のさま/敦大 厚大/敦琢 飾る/敦忠 敦誠/敦貞 情意が貞しい/敦徳 厚徳/敦槃 血盟の器/敦毖 あつく慎しむ/敦敏 まめやか/敦風 敦俗/敦聘 厚聘/敦勉 つとめる/敦慕 深く慕う/敦龐 尨大/敦厖 敦厚/敦朴 敦樸/敦穆 和らぐ/敦密 こまやか/敦諭 懇ろにいう/敦誘 誘導する/敦良 善良/敦礼 厚礼/敦励 深くはげます/敦和 つつしみ深く、なごやか

↓瓦敦・貴敦・玉敦・厚敦・困敦・渾敦・情敦・民敦・旅敦

【腯】 13 7226 トン トツ こえる

篆文

形声 声符は盾。〔説文〕四下に「牛羊には肥と曰ひ、家には腯と曰ふ」とあり、〔礼記、曲礼下〕に牲を供えるとき、「豚には腯肥と曰ふ」とあるのによる。〔広雅、釈詁二〕に「盛んなり」という。

訓義 ①こえる、豚を供えるとき、腯肥という。②さかん。③遁と通用し、のがれる。

↑腯肥 豚/腯膚 肥える

↓家腯・秋腯・肥腯・豐腯

入

【遁】 13 3230 トン のがれる はしる うしなう

篆文

形声 声符は盾。〔説文〕二下に「遷るなり」とし、また「一に曰く、逃るるなり」とあり、〔広雅、釈詁三〕に「避くるなり」の訓がある。〔左伝、僖二十八年〕に「柴を曳きて僞り遁る」とあり、砂塵に紛れて遁走する意。遁とは、盾で防ぎながら退く意であろう。字はまた遯に作る。

訓義 ①のがれる、さける、うつる、にげる、はしる。②かくれる、うしなう。③あざむく。

古訓 〔名義抄〕遁 ノガル・サル・カクル・ハビコル・ヨル・マヌガル・マフ 〔字鏡集〕遁 ノガル・ハシル・シリゾク・アフ・ヨシ・メグ

ル・マヌガル・ハビコル・カクル・カヘル・ホカフ・ニグ・サル

語系 遁・遯 duən は同声。遜 suən は声義近く、〔説文〕二下に「遜は遁るるなり」とあり、また一系の語である。

＊語彙は遯字条参照。

【遁逸】 世をのがれる。〔晋書、隠逸、劉驎之伝〕好んで山澤に游び、志遁逸に存す。嘗て藥を採りて衡山に至り、深く入りて反へることを忘る。

【遁化】 道士の死。唐・顔真卿〔茅山玄靖先生～碑銘〕先生、大暦己酉の歳冬十一月十又四日を以て、茅山紫陽の別院に遁化す。春秋八十有七。門人赴喪して至る者、凡そ數千人なり。

【遁竄】 世をのがれる。〔晋書、皇甫謐伝〕(釈勧論)上に勞謙の愛有り、下に名よばざるの臣有り。朝に聘賢の禮有り、野に遁竄の人有り。

【遁思】 世をのがれる志。〔詩、小雅、白駒〕爾の優游を愼み 爾の遁思を勉めよ

【遁辞】 いいのがれ。〔孟子、公孫丑上〕邪辭は其の離るる所を知り、遁辭は其の窮する所を知る。

【遁世】 世をのがれる。隱棲。〔孔叢子、記義〕孔子、詩を讀みて小雅に及び、喟然として歎じて曰く、吾れ～考槃(衛風の篇名)に於て、世を遁るるの士にして悶へざるを見るなり～と。

【遁迹】 世をのがれる。梁・昭明太子〔陶淵明伝〕時に周續之、廬山に入りて釋惠遠に事へ、彭城の劉遺民、亦た迹を匡山に遁れ、淵明又徵命に應ぜず。之れを潯陽の三隱と謂ふ。

【遁天】 天理に背く。〔荘子、養生主〕老者は之れを哭すること其の子を哭するが如く、少者は之れを哭すること其の母を哭するが如し。～是れ天を遁れ情に倍き、其の受くる所を忘る。古者之れを遁天の刑と謂ふ。

【遁逃】 にげる。〔淮南子、氾論訓〕管仲、公子糾を輔け、遂ぐること能はず。智と謂ふべからず。遁逃奔走して其の難に死せず。勇と謂ふべからず。

➡遁違 逃げ去る/遁佚 遁逸する/遁隠 隠遁する/遁栄 栄誉をすてる/遁居 隠居する/遁形 身をかくす/遁甲 方術の一/遁士 隠士/遁志 遁世の志/遁師 敗軍/遁巡 逡巡する/遁心 叛きのがれる心/遁人 疑心の人/遁節 隠者の節/遁走 逃走する/遁蔵 かくれる/遁俗 隠棲する/遁退 世を退く/遁避 のがれる/遁亡 逃亡する/遁北 のがれる/遁免 免れる/遁楽 逸楽

⬇陰遁・隠遁・火遁・駭遁・驚遁・徙遁・逡遁・水遁・棲遁・潛遁・鼠遁・退遁・逃遁・敗遁・逋遁・奔遁・夜遁・幽遁・離遁

常【頓】 13 5178 トン つまずく たおれる くるしむ

篆文 

形声 声符は屯。屯は織物の縁飾り、すなわち純の初文。糸の端を束ね結ぶ形で、ゆきどまりの意がある。〔説文〕九上に「首を下るるなり」とあり、頓首の礼をいう。〔周礼、春官、大祝〕の九拝のうちに「頓首」があり、坐して頭を地につける礼である。〔左伝、定四年〕に「九たび頓首して坐す」とみえる。頓首の礼はもと死喪・降服の礼。吉礼のときには金文に「拜手䭫(稽)首」「拜䭫首」「䭫首」という。頓挫・頓仆、また急頓の意に用いる。鈍と通じ、鈍愚の意に用いる。

訓義 [1]おがむ、礼する。[2]つまずく、たおれる。[3]やぶる、そこなう、みだれる。[4]くるしむ、つかれる、とどまる。[5]ととのう、とる。[6]とみに、にわかに、急に。[7]屯と通じ、たくわえる、たむろ。[8]鈍と通じ、おろか、にぶい。

古訓 〔名義抄〕頓 ニハカニ・タチマチ・ソバダツ・ヒク・ツクロフ・ヒタフル・ニブシ・クタル・ヤブル・ウヤマフ・オガム 〔字鏡集〕頓 ニブシ・カフス・カタブク・ヒタブル・ヤブル・ソバダツ・ヲサム・ウヤマフ・トヾム・イタル・ヒク・ツクロフ・ニハカニ・ヲカス・タチマチ・メタツ・クダル・ヒク・オガム

【頓挫】 くじける。勢いが急に弱まる。〔太平御覧、五七四に引く明皇雑録〕開元中、公孫大娘といふもの有り、舞劍氣を善くす。僧懷素之れを見て、草書遂に長ず。蓋し其の頓挫の勢ひを壯かんにするなり。

【頓首】 頓首の礼。のち上表や書翰に用いる。唐・柳宗元〔淮夷を平らぐるの雅を献ずる表〕謹みて淮夷を平らぐるの雅二篇を撰る。～庶はくは諸れを後代に施さん。～謹みて昧死再拜して以て獻ず。臣宗元誠恐誠懼、頓首頓首、謹言。

【頓顙】 ぬかずく。頓首。〔隋書、煬帝紀論〕地は三代よりも廣く、威は八紘に振ふ。單于頓顙し、越裳(安南南部の国名)重譯す。

【頓足】 はげしく足ずりする。唐・杜甫〔兵車行〕詩 衣を牽き足を頓み、道を攔りて哭す 哭聲は直ちに上りて、雲霄を干かす

【頓頓】 親しんでむつましいさま。また、毎食。宋・蘇軾〔子由(蘇轍)の瘦せたるを聞く〕詩 五日に一たび見る、花豬の肉 十日に一たび遇ふ、黃雞の粥 土人頓頓、藷芋(いも)を食らふ 薦むるに薰鼠・燒蝙蝠を以てす

【頓伏】 たおれ伏す。〔三国志、魏、王朗伝〕壯にして而る後に役せば、則ち幼者家を離るるの思無く、二毛(白髮)戎(軍)せざれば、則ち老者頓伏の患無し。～十年の後、既に弃する者必ず巷に盈ち、二十年の後、兵に勝ふる者必ず野に滿たん。

【頓踣】 たおれる。唐・柳宗元〔捕蛇者の説〕鄉隣の生、日に蹙まり、其の地の出を殫くし、其の廬の入を竭くすも、號呼して轉徙し、飢渴して頓踣す。

➡頓委 疲れはてる/頓飲 ぐい飲み/頓営 屯所/頓纓 冠をぬぐ/頓棄 やぶれすてる/頓脚 頓足/頓窮 苦しむ/頓僵 倒れる/頓愚 愚か/頓軍 駐屯する/頓悟 悟る/頓死 急死する/頓自 全く/頓時 にわか/頓爾 にわか/頓戍 屯戍/頓所 屯所/頓進 急進する/頓萃 苦しむ/頓顇 苦しむ/頓切 挫ける/頓絶 とどまり絶える/頓然 頓爾/頓息 やむ/頓滞 とどこおる/頓遲 疲れはてる/頓躓 つまずき倒れる/頓著 安置する/頓逓 行軍の接待/頓頭 頓首/頓廃 衰える/頓憊 疲れはてる/頓筆 停筆/頓愍 昏迷する/頓服 一度にのむ/頓弊 頓廃/頓飽 一時に大食する/頓仆 倒れる/頓了 さとる/頓劣 つかれ乏しい

⬇委頓・営頓・撼頓・頑頓・幾頓・毀頓・却頓・虚頓・愚頓・稽頓・牽頓・困頓・止頓・寝頓・衰頓・勢頓・整頓・遅頓・置頓・躓頓・顚頓・倒頓・廃頓・疲頓・兵頓・乏頓・仆頓・踣頓

【墩】 15 4814 トン

形声 声符は敦。〔爾雅、釈丘〕に「丘、一成を敦丘と爲す」とあり、敦丘は墩丘。再成は陶丘、三成は崑崙丘という。〔郭璞注〕に「今江東、地の高堆なる者を呼びて敦と爲す」とあり、〔北堂書鈔、一五七〕に引いて敦を墩に作る。

訓義 [1]平らかに積みあげた土、一成を敦丘という。[2]座具。[3]うつ、しかる。[4]立つ、跪く。

古訓 〔字鏡集〕墩 タヒラカナリ

➡墩子 木石の台/墩台 烽火台/墩堡 墩台

⬇孤墩・高墩・黄墩・沙墩・青墩・大墩

【遯】 15 3130 ［遁］ 13 3230 トン のがれる しりぞく

篆文

形声 声符は豚。〔説文〕二下に「逃るるなり」、〔広雅、釈詁二〕に「去るなり」とあって、遁と声義同じ。〔易、遯〕の爻辞に「嘉く遯る」「肥かに遯る」とあり、また「遯の時義、大なる哉」という。

訓義 ①のがれる、さける。②しりぞく、ゆずる。③あざむく。

古訓 〔字鏡集〕遯 ホカフ・ハビコル・ヨシ・カクル・マヌガル・カヘル・ノガル・スグル・マフ・ハシル・トホシ・ニグ・ワカル・シリゾク・サル

語系 遯・遁duənは同声同義。遁は盾を以て防ぎながら退く意で、遯はその形声字であろう。遜suənも声義近く、同系の語であろう。

＊語彙は遁字条参照。

【遯隠】いん 隠れる。唐・柳宗元〔始めて西山を得て宴游する記〕攀援して登り、箕踞して遨べば、則ち凡そ數州の土壤、皆衽席の下に在り。～千里を尺寸にし、攢蹙累積して、遯隠を得る莫し。

【遯辞】じ いいのがれ。〔後漢書、逸民、戴良伝〕孝廉に擧げらるるも就かず。再び司空府に辟さるるも、彌年到らず。州郡之れに迫る。乃ち遯辭して府に詣るとし、悉く、妻子を將ゐ、～因りて逃れて江夏の山中に入り、優遊して仕へず。

【遯世】せい 世をのがれる。〔後漢書、陳蕃伝論〕遯世を以て義に非ずと爲す。故に屢しば退けらるるも去らず。仁心を以て己の任と爲す。～自ら謂へらく、萬世の一遇なりと。懍懍乎として伊(尹)・(太公)望の業なり。

【遯楽】らく 脱出して楽しむ。〔漢書、五行志中之上〕成帝～好んで微行を爲し出游す。～今陛下、～身を挺して獨り小人と晨夜相ひ隨ひ、烏集して吏民の家に醉飽す。～閔勉(いそいそと)遯樂し、晝夜路に在り。

↑遯心 逃げる気構え

↓隠遯・嘉遯・高遯・逡遯・宵遯・逃遯・肥遯・勉遯・幽遯・遥遯・乱遯・流遯

【曔】 16 6804 トン あさひ

形声 声符は敦。敦は器蓋を合わせて球形となる礼器。旭日が大きくまるい形でのぼるさまを曔という。〔楚辞、九歌、東君〕に「曔として將に東方に出でんとす」とみえる。

訓義 ①あさひの出るさま、あさひ。②あきらか、あかるい。

古訓 〔新撰字鏡〕曔 豆止女天(つとめて)、又、阿志太(あした)〔名義抄〕曔 アタ、カニ・サカナリ〔字鏡集〕曔 サカナリ・アタ、カニ・アケボノ

語系 曔・燉thuən、焞zjiuənは声義近く、燉は〔玉篇〕に「火の盛んなる皃なり」とあり、曔の義を火に移したもの。また焞は〔説文〕十上に「明らかなり」という。

【曔曔】とん 日が明らかでさかんなさま。漢・劉向〔楚辞、九歎、遠遊〕日は曔曔として其れ西に舍り、陽焱焱として復た顧る。

↓海曔・暁曔・初曔・晨曔・清曔・早曔・朝曔

【燉】 16 9884 トン あぶる ふかす

形声 声符は敦。敦は器蓋合して球形となる礼器。日の出るさまを曔という。火色のさかんなさまを燉という。〔玉篇〕に「火の盛んなる皃なり」とみえる。地名の燉煌のほか、燉酒・燉茶のように、あたため、ふかす意に用いる。

訓義 ①火のさかんなるさま、火色。②あぶる、ふかす、むす。

古訓 〔名義抄〕燉 アブル〔字鏡集〕燉 ヒノサカリナルカタチ・アブル

語系 燉・曔thuənは同声。火色のさかんなるを燉といい、陽光のさかんなことを曔という。焞zjiuənにも光明の意がある。

↑燉酒 酒の燗/燉茶 茶を入れる/燉薬 薬湯

↓温燉

ドン

入 【呑】 7 2060 ドン トン のむ のど

篆文

形声 声符は天。〔説文〕二上に「咽なり」とあり、咽喉をいう。呑牛・呑舟のように、まるのみすることをいう。

訓義 ①のむ、のみこむ。②のど、のどもと。

古訓 〔名義抄〕呑 ノム〔字鏡集〕呑 ノンド・ノム

語系 呑than、屯・臀duən、また殿dyənは声が近い。屯はかたまり。かたまりのまま、まるのみするを呑という。殿は臀の初文。肉のもりあがったところをいう。

【呑牛】ぎゅう 気性のさかんなことをいう。宋・王十朋〔潘岐哥〕詩 胸中の氣、已に牛を呑む 眼を開けば、睛光は虎視の如し

【呑恨】こん 恨みを飲む。唐・盧照鄰〔釈疾文、悲夫〕(重に曰く)明鏡窺ふを羞ぢて十年に向んとす。駿馬驅はすることを停めて幾千里ぞ。麟や、鳳や、古より恨を呑むこと已むこと無し。

【呑舟】しゅう 舟を呑みこむ。漢・賈誼〔屈原を弔ふ文〕彼の尋常の汚瀆(小川)、豈に能く夫の呑舟の巨魚を容れんや。江湖に横たふの鱣鯨、固より將に螻蟻に制せられんとす。

【呑食】しょく 呑みこむ。〔後漢書、仲長統伝〕(昌言、理乱篇)秦政(始皇)幷兼の勢ひに乘じ、虎狼の心を放にし、天下を屠裂し、生人を呑食す。

【呑声】せい しのび泣く。唐・杜甫〔江頭に哀しむ〕詩 少陵の野老(杜甫)、聲を呑んで哭す 春日潛行す、曲江の曲

【呑炭】たん 声をつぶす。復讐のため身をやつすことをいう。〔史記、刺客、予譲伝〕豫讓、又身に漆して厲(癘)と爲り、炭を呑んで啞と爲り、形狀をして知るべからざらしむ。～其の妻も識らざるなり。

【呑敵】てき 気性を以て敵にまさる。〔魏書、薛虎子伝〕(上表)直だに戍士に、豐飽の資有るのみに匪ず、國に於て敵を呑むの勢ひ有り。

【呑吐】と 口に呑み、また吐き出す。清・康有為〔箱根の頂に登り、蘆の湯に浴す、二首、二〕詩 登高、東海を望む 白波揚りて浩浩たり 日月の出入する所 大地渺として呑吐す

【呑刀】とう 刀を呑む。奇術の一。清・黄景仁〔献県の汪丞坐中に技を観る〕詩 呑刀吐火、爲さざる無し 運石轉丸、惟だ使せしむる所のままなり

【呑滅】めつ 滅ぼす。漢・劉向〔戦国策の序〕秦の孝公に至りて、～仁義を弃(棄)てて詐譎を用ふ。～後生之れを師とし、遂に相ひ呑滅し、～暴師歳を經へ、流血野に滿つ。

↑呑咽 のみこむ/呑嚥 呑咽/呑気 呼吸法/呑抗 侵略する/呑酸 おくび/呑嚼 かむ/呑蝕 侵略する/呑噬 侵略する/呑舌 舌嚙み/呑象 大気象/呑贓 収賄/呑啖 奪取する/呑納 出入する/呑剝 奪取/呑筆 文思/呑併 併合する

↓奄呑・鯨呑・兼呑・噬呑・吐呑・併呑・幷呑

常 【鈍】 12 8511 ドン トン にぶい なまくら おろか

篆文

形声 声符は屯。屯にまるくかたまる意がある。〔説文〕十四上に「錭なり」、また前条に「錭は鈍きなり」とあり、互訓。鈍刀の意。人に移して魯鈍の意とする。

訓義 ①にぶい、なまくら、鈍刀。②おろか、かたくな。③おそい、ゆるやか。

古訓 〔名義抄〕鈍 ニブシ・オボツカナシ・アキラカニ・ナマリ

［篇立］鈍 ニブシ・ユル、カ・オソシ

【鈍漢】愚か者。清・鄭燮〔随猟詩草、花間堂詩草跋〕學問の二字は、須らく析開して看るべし。學は是れ學、問は是れ問。今人、學有りて問無し。讀書萬巻と雖も、只だ是れ一條の鈍漢のみ。

【鈍器】鈍い刃物。漢・王褒〔聖主、賢臣を得るの頌〕夫れ賢者は國家の器用なり。~故に工人の鈍器を用ふるや、筋を勞し骨を苦しめ、終日矻矻たり。

【鈍惛】おろか。〔淮南子、俶真訓〕志は心と與に變り、神は形と與に化す。~二者代謝舛馳して、各〻其の成形を樂しむ。狡猾鈍惛にして、是非端無し。孰れか其の萌す所を知らん。

【鈍才】才能が乏しい。〔新語、慎微〕心に在るを志と爲し、口に出づるを辭と爲す。~鈍才を砥礪し、文邪を雕琢し、狐疑を抑定し、理順を通塞し、然否を分別す。

【鈍拙】才つたなし。〔顔氏家訓、名実〕一士族有り。~天才鈍拙なるも、家世〻殷厚なり。雅より自ら矜持し、多く酒犢珍玩を以て諸名士に交はる。其の餌を甘しとする者、遞ひに共に吹噓す。

【鈍兵】弱卒。また、鋭利でない兵器。〔戦国策、楚二〕昭常、齊の使に應へて曰く、我、東地を典主し、且つ死生を與にす。五尺より六十に至るまでを悉くし、三十餘萬、弊甲鈍兵、願はくは下塵を承けん。

【鈍弊】にぶらせ弱める。〔国語、呉語〕申胥諫めて曰く、許すべからず。夫れ越は~吾が甲兵を鈍弊し、民人をして離落し、日に以て憔悴せしむ。

【鈍利】器の利鈍。〔韓非子、顕学〕鍛錫を視て青黄（刃の色）を察するも、區（欧）冶も以て劍を必すること能はず。水に鵠雁を撃ち、陸に駒馬を斷てば、則ち臧獲（召使い）も鈍利を疑はず。

↑鈍頑 頑愚/鈍金 なまくら/鈍質 のろま/鈍椎 愚物/鈍馬 駑馬/鈍婦 愚婦/鈍敝 鈍弊/鈍眊 昏昧/鈍僕 愚僕/鈍冥 愚昧/鈍悶 愚昧

↓迂鈍・鉛鈍・頑鈍・朽鈍・愚鈍・蹇鈍・昏鈍・根鈍・才鈍・性鈍・痴鈍・遅鈍・椎鈍・駑鈍・肥鈍・疲鈍・磨鈍・蒙鈍・懶鈍・利鈍・羸鈍・魯鈍・老鈍

【飩】13 8571 ドン トン まんじゅう うどん

形声 声符は屯。屯にまるくまとめる意がある。餛飩は中に餡を入れた蒸し饅頭。わが国では饂飩の字に用いる。本来は餅・饅頭のような形をしたものをいう字である。

訓義 ①まんじゅう、小麦や米をまるめた食料。②わが国では、うどん。

↓饂飩・餛飩

【嫩】14 4844 ［㜛］12 4143 ドン トン わかい よわい やわらかい

篆文

形声 正字は㜛に作り、耎声。〔切韻〕に嫩に作る。耎に煗の声がある。〔説文〕十二下に「㜛は好き皃なり」とあり、徐鉉説として「今、俗に嫩に作るは是に非ず」という。耎は而・需・儒と同系の字で巫祝の象。人部八上の偄に「弱なり」とあり、もと女巫のさまをいう字であろう。

訓義 ①わかい、よわい、しなやか、やわらかい。②みめよい、うつくしい。③わかくさ、わかば、わかいめ。

古訓 〔字鏡集〕嫩 モノウシ・ヤハラク・ヨキカタチ・ヨハシ・ワカシ

語系 嫩（㜛）nuan は㞋・耎・軟 njiuan と声義近く、㞋は胯間を手でまさぐる形。人体の最も柔らかい部分である。耎は巫祝の正面形。㜛はその声義を承ける。偄 nuan も声義近く、みな柔弱の意がある。

【嫩寒】うすら寒さ。明・高啓〔梅花、九首、二〕詩 薄暝の山家、松樹の下 嫩寒の江店、杏花の前

【嫩色】若い芽の色。唐・段成式〔折楊柳、七首、一〕詩 枝枝、影を交へて、長門（宮名）を鎖ざす 嫩色曾つて沾ふ、雨露の恩

【嫩蘂】若い花のずい。唐・杜甫〔江畔に独り歩して花を尋ぬ、七絶句、七〕詩 繁枝、容易に紛紛として落つ 嫩蘂、商量して細細に開け

【嫩晴】雨上がり。宋・楊万里〔春暖、郡圃散策、三首、三〕詩 春禽、處處に新聲を講じ 細草、欣欣として嫩晴を賀す

【嫩涼】微涼。初涼。唐・唐彦謙〔葡萄を詠む〕詩 西園、晩に霽れて嫩涼浮ぶ 尊（樽）を開きて、漫りに葡萄を摘みて嘗む

【嫩緑】若緑。宋・柳永〔西平楽〕詞 正に是れ和風麗日 幾許の繁紅嫩綠ぞ 雅に稱ふ、嬉遊し去ると

↑嫩芽 新芽/嫩語 嬌めかしい声/嫩黄 浅黄/嫩細 しなやか/嫩菜 若菜/嫩枝 若枝/嫩日 あさひ/嫩筍 わか筍/嫩条 若い枝/嫩水 春の水/嫩竹 今年竹/嫩湯 ぬるま湯/嫩風 微風/嫩碧 新緑/嫩約 なま約束/嫩葉 若葉

↓花嫩・軽嫩・黄嫩・柔嫩・新嫩・纖嫩・湯嫩・肥嫩・苞嫩・幽嫩・葉嫩・柳嫩・老嫩

常 【曇】16 6073 ドン タン くもる

篆文

会意 日＋雲。日光が雲にさえぎられる意。〔説文新附〕七上に「雲布くなり」とあり、陸雲の〔愁霖の賦〕に「雲、曇曇として疊結す」と形容の語に用いる。〔説文〕〔玉篇〕にはこの字がみえず、仏典の翻訳語として作られた字である。梵語 dharma を曇摩といい、僧名に曇を冠することが多い。梵字を悉曇という。

訓義 ①くもる、くもり。②国語で、明瞭・光沢を欠くものをいう。

古訓 〔新撰字鏡〕曇 久毛礼利（くもれり）〔名義抄〕曇 クモル・クロキモノ・クロクモ

語系 曇・覃・嘾 dəm は同声。嘾は含深、覃声の字にその義がある。曇は雲が深くとざすことをいう。暖（暖）nuan、[illegible] nan はとじこめて暖気を含む意で、みな一系の語である。

【曇曇】黒くこもるさま。魏・陳琳〔柳の賦〕龍鱗鳳翼、綺錯交〻施す、蔚として曇曇として其れ杳靄たり、翠蓋の葳蕤（羽飾などで美しいさま）たるに象たり。

↑曇花 優曇華

↓優曇・彩曇・悉曇・晴曇

ナ

常 【那】7 1752 ［那］7 1752 ナ ダ うつくしい おおい なんぞ

篆文

形声 旧字は那に作り、もと冄に従って冄声。その転音と考えられる。〔説文〕六下に陝西の地名とする。〔爾雅、釈詁〕に「多きなり」とするが、それは多との通用義であるらしく、字は阿那と連用して、花が美しく、枝がしなやかであることをいう。阿儺・猗儺などにも作り、形況の連語である。那の初形が従う冄は髥の象形字で、多くてしなやかの意がある。また那何のように疑問詞に用い、〔左伝、宣二年〕「甲を棄つるは則ち那ぞ」のようにいう。〔後漢書、逸民、韓康伝〕「公は是れ韓伯休なる那」のように語末の

助詞にも用いるが、これらは仮借の用法である。
訓義 1うつくしい、しなやか、おおい、阿那。2なんぞ、いかん、いかんぞ。3語末の助詞、また指示詞、あの、あれ。
古訓 〔名義抄〕那 ナンゾ・オホシ・ケヅル・カク・ホ、タヲヤカナリ・イカデカ・オヨ、カナリ/阿那 タヲヤカニ 〔篇立〕那 エラブ・ナヅル・サダム・ナゾ・ナツク・カク・ヲリ・イカゾ・イカニ・ツクル・ホ、
声系 那はもと冄声。冄声に髥・姌・聃などの字があり、みな、ながく美しく、しなやかの意がある。
【那何】いかに。いかにせん。唐・斉己〔欧陽秀才の挙に赴くを送る〕詩 煙霄、心一寸 霜雪、路千坡 意に稱うて東歸するの後 交親、喜びを那何せん
【那行】前へ歩みよる。〔老学庵筆記、四〕百官、殿門に入る。閤門輒ち之れを促して曰く、那行せよと。予國を去りて二十七年、復た還る。朝儀寖く同じからざる有り。唯だ此の聲のみ尚ほ存す。
【那豎】美しい若者。〔国語、楚語上〕靈王、章華の臺を爲る。～諸侯と與に始めて升ることを得んことを願ひ、～彊ひて魯侯に請ふ。～富都(容貌都雅)なる那豎をして贊けしむ。
【那辺】どこ。どのあたり。唐・尚顔〔興を言ふ〕詩 江山風月の處 一十二三年 雅・頌、此に在り 浮華、那邊にか致さん
【那裏】どこ。どのへん。〔王粲登楼〕元曲雑劇 我は這の裏にて闌に倚りて望むに 母親は那裏(いづこ)にて門に倚りて悲しむならん
↑那火 彼ら/那個 あの/那庚 如何/那廂 あちら/那能 どんな/那落 奈落
↓阿那・猗那・支那・刹那・禅那・旦那・檀那・不那・無那

常
【奈】 8 4090 ［柰］ 9 4090 ナ ダイ タイ ナイ いかん なんぞ

篆文

形声 正字は柰。〔説文〕六上に「柰は柰果なり」(段注本)とあって果木の名とする。奈はその俗字とされるが、いまの字形には疑問とすべきところがある。声義の上からいえば、那(那)と同じく冄系統の字かと思われるが、確かめがたい。〔広雅、釈言〕に「柰は那なり」とあり、王念孫の〔疏証〕に柰は柰何を単言したものであるという。「那何」はまた「奈何」に作り、〔礼記、曲礼下〕に「奈何ぞ社稷を去るや」「奈何ぞ宗廟を去るや」のようにいう。果木の柰とは別義の字と思われる。
訓義 1いかん、いかんせん。2なんぞ、なんすれぞ。3木の名。4耐と通じ、忍び耐える。
古訓 〔名義抄〕奈 カラナシ 〔篇立〕奈 ムラガル・イカン・チカシ・ヲコタル・ナン・トモス・スケ
語系 奈 nat は如 njia と声近く、「奈何」はまた「如何」に作る。那 na、若(若) njiak も声近く、「那何」「若何」のようにもいう。
【奈何】なぜ。どうして。〔南史、陳後主紀〕蔣山の栢(柏)林、冬月常に醴を采ること多し。後主以て甘露の瑞と爲す。～蔣山の衆鳥、兩翼を鼓ち、以て膺を拊ちて曰く、奈何帝(帝を奈何せん)、奈何帝と。
↑奈河 血の河/奈久 耐久/奈心 忍耐/奈煩 耐煩/奈落 地獄
↓何奈・不奈・無奈

【哪】 10 6702 ナ ダ おにやらい

形声 声符は那(那)。哪哪は鬼やらいのときに、はりあげる声、鬼をおう声。また、那と通用する。
訓義 1おにやらいの声、はりあげて鬼を追う声。2那と通じ、どうして、なんぞ。3語末の助詞。4いま疑問詞、どれ、どの。
↑哪哪 鬼やらいの声/哪裏 どこ

ナイ

常
【内】 4 4022 ［內］ 4 4022 ナイ ダイ うち いれる

篆文

甲骨文

金文

象形 家屋の入口の形。〔説文〕五下に「入るなり」とし、冂と入との会意で「外よりして入るなり」(段注本)とするが、金文の字形は屋形に従い、その入口の形である。金文の冊命廷礼をしるす文に「門に入りて中廷に立つ」を「門に內る」に作るものがあり、入と内とは通用の字。内は名詞的に用いる語であった。

訓義 1うち、なか、あいだ。2いる、いれる、おさめる。3いえ、みうち、こころ。

古訓 〔名義抄〕内 ウチ・シリヘ・ソコ・イル
声系 〔説文〕に内声として芮・商・納・(納)・訥・汭など十字を収める。納・訥と芮・汭と両系の音がある。また商とは、内ではなく台座の形で、商(商)・矞などの字はその形に従い、別系の字である。

語系 内 nuət、納 nəp は声義近く、納は入 njiəp とともに動詞的な語である。人には入といい、物には納という。

【内謁】刺を通じて、面会する。〔漢書、翟義伝〕丞相史、傳舍に在り。(宛の令、劉)立、酒肴を持して丞相史に謁し、對飲未だ訖らず、～須臾にして義至り、内謁して徑ちに入る。立乃ち走り下る。

【内応】内部から外敵と通謀する。〔漢書、高五王、城陽景王章伝〕高后崩ず。趙王呂祿、上將軍と爲り、呂王產、相國と爲る。皆長安中に居り、亂を爲さんと欲す。～朱虛侯・東牟侯、中より大臣と內應を爲し、以て諸呂を誅せんと欲す。

【内外】内と外。内部と外部。〔左伝、襄三十一年〕衞詩(詩、邶風、柏舟)に曰く、威儀棣棣として 選ぶべからずと。君臣上下、父子兄弟、内外大小、皆威儀有るを言ふなり。

【内閣】中央の官署。のち執政の機構をいう。〔両湖塵談録〕我が朝の職官、中書省を革むと雖も、特に内閣を置く。亦た隱然たる宰相なり。

【内学】六経を外学とし、これに対して讖緯・道仙・仏教の学をいう。〔後漢書、方術伝序〕武帝頗ぶる方術を好む。～後、王莽、符命を矯り用ひ、光武に及んで尤も讖言を信ず。～是れより内學を習ひ爲め、奇文を尙び、異數を貴ぶ。

【内挙】身内・縁故の者を推挙する。〔左伝、襄二十一年〕叔向曰く、～祁大夫(奚)は、外より擧ぐるに讐を棄てず、内より擧ぐるに親を失はず。其れ獨り我を遺れんや～と。

【内顧】家事を思う。晉・左思〔詠史、八首、八〕詩 外に望むも寸錄無く 内に顧るも斗儲無し 親戚還た相ひ蔑じ 朋友日夜に疎し
【内攻】内に向って攻め進む。〔唐書、突厥伝序〕病れては則ち(中国の)養を受け、彊ければ則ち内に攻む。中國、羌胡に服役せらるること、且ど千載なり。悲しまざるべけんや。

【内訌】内部の争い。内乱。〔詩、大雅、召旻〕天、罪罟(咎)を降し 蟊賊内に訌む
【内祭】天子が祖先を祀る。〔礼記、祭統〕外祭は則ち郊社是れなり。内祭は則ち大嘗・禘是れなり。

【内旨】内々のご沙汰。〔唐書、孫伏伽伝〕始め伏伽、御史を拜せし時、先づ内旨を被りしも、制未だ出でず。歸りて家に臥し、喜ぶ色無し。頃之くして御史門に造る。～伏伽徐ろに起きて之れを見る。時人、其の量有るを稱せり。

【内視】自ら省察する。〔史記、商君伝〕反聽する(自らに聽く)を之れ聰と謂ひ、内視するを之れ明と謂ひ、自らに勝つを之れ彊と謂ふ。

【内職】宮廷内のこと。また、本職外の仕事。〔礼記、昏

義〕天子は陽道を理め、后は陰徳を治む。天子は外治を聽き、后は内職を聽く。

【内省】自ら省る。〔論語、顔淵〕君子は憂へず、懼れず。～内に省みて疚しからざれば、夫れ何をか憂へ何をか懼れん。

【内寵】お気に入りの側女たち。〔左伝、僖十七年〕齊侯の夫人三、～皆子無し。齊侯内を好み、内寵多し。内嬖の夫人の如き者六人なり。

【内典】内学の書。仏典。〔顔氏家訓、帰心〕内外兩教(仏教と儒教)は、本と一體爲り。～内典の初門に五種の禁を設くるは、外典の仁義禮智信、皆之れと符(合)す。

【内帑】国庫。また、お手許金。宋・葉適〔宝謨閣待制～徐公(誼)墓誌銘〕今鰥寡(独居老人)孤獨(みなしご)、～錢を僦るに得る所無し。～費大いに給らず。内帑は皆三朝恭儉の積なり。陛下幸ひに之れを圖れと。～上、貫餘四萬を賜ふ。

【内熱】心熱。体内に熱気を発する。〔左伝、昭元年〕陰淫には寒疾、陽淫には熱疾あり。～女は陽物にして、晦の時なり。淫すれば則ち内熱し惑蠱の疾を生ず。今君節せず、時あらず。

【内美】心の徳。〔楚辞、離騒〕紛として吾れ既に此の内美有り 又之れに重ぬるに脩能を以てせり

【内命】内旨。密旨。内制。〔唐書、百官志一〕開元二十六年、又翰林供奉を改めて學士と爲し、別に學士院を置き、専ら内命を掌らしむ。

【内乱】国内の乱れ。〔書、多方〕乃ち大いに罰を降し、崇く有夏を亂し、内亂に因甲(狎)し、旅(衆)に靈承すること克はず。

【内裏】宮中。〔旧唐書、宦官、李輔国伝〕代宗位に卽く。輔國と程元振と、定策の功有り、愈〻恣横なり。私かに奏して曰く、大家(王)は但だ内裏に坐し、外事は老奴(我ら)の處置に聽かせよと。代宗、其の不遜なるを怒る。

↑内悪 ひそかに悪意をもつ/内意 内心/内因 内部の原因/内苑 御苑/内宴 宮中の宴/内園 御苑/内燕 内宴/内奥 内部/内屋 奥の室/内家 宮人/内踝 くるぶし/内衙 宮内庁/内間 内偵する/内監 宦官/内翰 翰林学士/内艱 母の喪/内観 内省する/内鑒 反省する/内含 含む/内規 内約/内逆 内奸/内疚 心にやましい/内宮 後宮/内御 女御/内教 婦人の教え/内嚮 内向/内君 夫人/内訓 婦人の教え/内軍 護衛兵/内兄 母方の従兄/内卿 宮内官/内閲 内輪喧嘩/内隙 仲違い/内闕 宮門/内揵 自己抑制/内庫 御物庫/内行 私行/内幸 寵幸/内寇 内乱/内国 国内/内骨 亀の属を外骨といい、鼈の属を内骨という/内査 内偵する/内差 お使い/内参 宦官/内子 夫人/内志 内心/内祀 内祭/内眥 まなじり/内次 門内の控室/内事 内祭/内侍 供奉官/内室 妻/内実 実情/内主 王女/内首 帰服する/内豎 小臣/内助 妻の助け/内恕 思いやり/内称 身内のものを官に推挙する/内訟 自責する/内仗 儀仗/内情 内実/内心 心の中/内寝 奥座敷/内人 宮人/内制 翰林学士/内政 内治/内誠 誠心/内接 接近する/内戦 内乱/内則 家憲/内息 部屋住み/内属 帰服する/内第 内宮/内宅 奥の室/内地 国内/内治 国内の政治/内廚 廚/内庁 奥座敷/内朝 奥御殿/内直 正直/内廷 禁裏/内定 内部で決定する/内庭 内廷/内殿 奥御殿/内難 内部での争い/内班 王宮の吏/内畔 内部で叛く/内府 国庫/内附 帰服/内傅 保母/内侮 内部の侮り/内嬖 内寵/内変 内乱/内墨 書法の一、双鉤して輪廓をとり中に塡墨する法/内密 秘密/内務 内政/内面 内側/内門 宮門/内憂 内部の憂え/内容 実質/内欲 欲望

↓幄内・案内・以内・域内・宇内・家内・臥内・衙内・界内・海内・閣内・管内・関内・期内・畿内・宮内・虚内・境内・疆内・圏内・好内・国内・参内・入内・充内・城内・正内・体内・胎内・大内・治内・庭内・第内・都内・部内・封内・房内・門内・養内・欄内

ナギ

人 【凪】 6 なぎ

国字 風の省形＋止。海面に波たたず、おだやかな状態にあることをいう。朝凪・夕凪のように用いる。「和ぐ」の名詞形。〔万葉集〕には「夕薙」のようにしるしており、凪という字は〔文明本節用集〕などに至ってみえる。凩・凧なども、みな同じ造字法で、風の省文に従う。卜文では風はもと鵬の飛ぶ形に作り、音符として凡(凡)を加え、それがのち風の字となった。

訓義 ①なぎ、なぐ。

人 【梛】 11 〖梛〗 11 〔椥〕 12 なぎ

国字 なぎの木。椥の字源は知られず、〔和名抄〕には匙の俗字として椥をあげている。木名としては漢字では梛を用いる。漢名ではまた竹柏という。

訓義 ①なぎ。

ナツ

人 【捺】 11 5409 ナツ タツ おす おさえる

形声 声符は奈。〔集韻〕に引く〔字林〕に「搦梢する(おさえてはらう)なり」、また〔広韻〕に「手もて按ふるなり」とあり、わが国では印をおすことを押捺という。また織物に文様を型染めすることを捺染という。書法で、斜め右下に筆勢を加えて磔をなすことを、捺という。

訓義 ①おす、おさえる、おさえつける。②かすめる、からめるようにかすめる。③書法で、右下に筆勢を加えることを波磔という。

古訓 〔名義抄〕捺 オス・オサフ・サス・トヾム・ハリ・オソフ 〔篇立〕捺 トヾム・イタス・オス・サス・カナヤキサス

↑捺印 押印/捺抉 おしのける/捺瑟 拍子木/捺染 模様染め/捺鉢 遼の行営/捺落 奈落

↓押捺

ナン

常 【南】 9 4022 ナン みなみ

篆文

古文

甲骨文

金文

象形 釣鐘形式の楽器の象形。古く苗族が用いていた楽器で、懸繫してその鼓面を上から鼓つ。器には底がなく、頸部の四方に鐶耳があり、そこに紐を通して上に繫けると、南の字形となる。殷の武丁期に貞卜のことを掌った貞人に𣪘という人名があり、その字は南を鼓つ形に作る。〔説文〕六下に「艸木、南方に至りて、枝任有るなり」とし、任をしなやかの意に用いるが、苗族が用いた銅鼓は古くは南任とよばれ、いまもかれ

らはその器をNanyenとよぶ。「南任」がその器名である。〔詩、小雅、鼓鍾〕に「雅を以てし南を以てす」とあって、単に南ともよばれた。〔韓詩辥君章句〕に「南夷の樂を南と曰ふ」とみえる。また〔礼記、明堂位〕に「任は南蠻の樂なり」とするが、南任がその正名である。この特徴的な楽器によって、南方を南といい、苗族を南人とよんだ。卜辞に「三南・三羌」のように、西方の羌人と合わせて、祭祀の犠牲に供せられることがあった。犬首の神盤古を祖神とする南人は、羊頭の異種族羌族とともに犠牲とされたが、牧羊族の羌人のように捕獲は容易でなく、卜辞にみえる異族犠牲は、ほとんど羌人であった。南方は一種の聖域と考えられ、〔詩、周南、樛木〕には「南に樛木有り 葛藟之れを纍ふ」のように、南は、一種の神聖感を導く発想として用いられる。

訓義 1みなみ、南方、南人。2鐘に似た楽器、南任、南夷の舞楽。3〔詩〕の二南、周南と召南。その地は江漢の域を含み、当時南方文化と接触する地域であった。

古訓 〔名義抄〕南 ミナミ／指南 シルベ

部首 南は〔説文〕六下に市・孛系統の字として市部に属するが、南は懸繋した楽器の象で、市・孛とは関係がない。孛は蕾のふくらむ形である。

声系 〔説文〕に南声として水部の字一字を収めるが、モンゴルのオルドス方面の水名。また枏の或る体を楠に作る。南nəmは古くは侵（侵）tsiəmの韻。〔詩、小雅、鼓鍾〕では欽・琴・音（音）・僭と韻し、〔詩、邶風、燕燕〕では音・心と韻している。

【南雲】南方の雲。晋・陸機〔親を思ふ賦〕桑梓（故郷）の悠曠（はるか）なるを悲しみ、蒸嘗（季節の祭）の營まざるを愧づ。南雲を指して以て款を寄せ、歸風を望んで誠を效す。

【南裔】南のはて。〔史通、雑説下〕交阯は遠く南裔に居る。越裳の俗なり。敦煌は西域に僻處す。昆戎の郷なり。諸これに人物を求むるに、古より闕載す。蓋し～史官注記の及ぶ能はざる所なり。

【南苑】南側の苑。唐・杜甫〔江頭に哀しむ〕詩 憶ふ、昔霓旌（み旗）、南苑に下り 苑中の萬物、顔色を生ずるを

【南轅】車を南にむける。〔左伝、宣十二年〕子反、右に將たり。將に馬に河に飲ひて、歸らんとす。晉の師既に濟ると聞き、（楚）王、還らんと欲す。嬖人伍參、戰はんと欲す。～令尹（孫叔敖）、轅を南にし旆（旗）を反す。

【南音】南方の楽調。〔左伝、成九年〕（晉侯）之れ（鍾儀）に問うて曰く、南冠して縶がるる者は誰ぞと。有司對へて曰く、鄭人の獻ずる所の楚の囚なりと。之れを稅かしめ、召して之れを弔ふ。～之れに琴を與へしむるに、南音を操る。

【南下】南に進む。漢・賈誼〔過秦論、上〕乃ち蒙恬をして～匈奴を卻かしむること七百餘里、胡人敢て南下して馬を牧せず。

【南陔】南の丘。笙詩の名。佚詩。〔詩、小雅、南陔の序〕南陔は、孝子相ひ戒めて、以て養ふなり。

【南郭】城南。〔南史、王僧祐伝〕（王）儉に詩を贈りて云ふ、汝が家は市門に在り 我が家は南郭に在り 汝が家賓侶饒く 我が家鳥雀多しと。儉、時に聲一代に高く、賓客門に塡てり。

【南磵】南の谷川。唐・柳宗元〔南磵中に題す〕詩 秋氣、南磵に集まる 獨り遊ぶ、亭午の時

【南軒】南ののき。〔後漢書、延篤伝〕朝には則ち（伏）羲・文（王）の易、虞・夏の書を誦し、～夕には則ち内階に消搖し、詩を南軒に詠ず。

【南山】終南山。南山の寿は祝頌の語。〔詩、小雅、天保〕月の恆るが如く 日の升るが如く 南山の壽の如く 騫けず崩れず 松柏の茂るが如く 爾に承くる或らざる無し

【南枝】南の枝。〔文選、古詩十九首、一〕胡馬北風に依り 越鳥南枝に巣くふ 相ひ去ること、日に已に遠く 衣帶、日に已に緩し

【南狩】南巡。〔易、明夷、九三〕明夷る。于きて南狩し、其の大首を得たり。疾く貞にすべからず。象に曰く、南狩の志は、乃ち大いに得るなり。

【南巡】南方に巡狩する。〔書、舜典〕五月、南に巡守して南岳に至り、岱（泰山）の禮の如くす。

【南人】南方の人。〔論語、子路〕子曰く、南人言へること有り、曰く、人にして恆無くんば、以て巫醫と作るべからずと。善い夫。

【南垂】南のはて。〔魏書、食貨志〕西域・東夷、其の珍物を貢し、王府に充つ。又南垂に於て互市を立て、以て南貨を致す。羽毛齒革の屬、遠しとして至らざる無く、神龜正光の際、府藏盈溢す。

【南征】南方を征する。〔孟子、滕文公下〕書に曰く、葛伯餉（農祭のお供え。それを奪った者）に仇す。～湯始めて征するに葛より載む。～東面して征すれば西夷怨み、南面して征すれば北狄怨む。曰く、奚為れぞ我を後にすると。

【南風】南からの風。物を生育させる。〔史記、楽書〕舜、五弦の琴を彈じ、南風の詩を歌ひて、天下治まる。紂、朝歌北鄙の音を爲して、身死し國亡ぶ。舜の道、何ぞ弘きや。紂の道、何ぞ隘きや。

【南畝】南の畑。〔詩、豳風、七月〕三の日（一月）于に耜し 四の日（二月）趾を擧ぐ（耕す） 我が婦子を同め 彼の南畝に饁す 田畯（田の神）至りて喜（饎）す（お供えを受ける）

【南北】南と北。宋・王安石〔明妃曲、二首、一〕詩 君見ずや、咫尺の長門（宮）、阿嬌（漢の武帝の妃陳皇后の幼名）を閉ざすを 人生の失意、南北無し

【南冥】南方の大海。南溟。〔荘子、逍遥遊〕北冥に魚有り。～化して鳥と爲る。其の名を鵬と爲す。鵬の背、其の幾千里なるを知らざるなり。怒んで飛ぶ。其の翼、垂天の雲の若し。是の鳥や、海運るときは、則ち將に南冥に徙らんとす。南冥とは天池なり。

【南面】天子は南面する。〔易、説卦伝〕離なる者は明なり。萬物皆相ひ見はる。南方の卦なり。聖人南面して天下に聽き、明に嚮ひて治む。

【南游】南に旅する。〔史記、仲尼弟子伝〕澹臺滅明は～孔子より少きこと三十九歲。～南游して江に至り、～名を諸侯に施す。孔子之れを聞きて曰く、吾～貌（姿）を以て人を取り、之れを子羽（滅明）に失すと。

↑南夷 南蛮／南院 南庭／南栄 南軒／南園 南苑／南柯 南の枝／南華 荘子の書の別称／南牙 宰相府／南衙 南牙／南岳 衡山／南学 太子の学舎／南冠 楚人の冠／南澗 南の谷川／南徼 南境／南嚮 南向き／南金 荊揚の黄金／南薫 南から吹く薫風／南渓 南澗／南荒 南方荒遠の地／南竄 南方に流す／南至 冬至／南詞 唱書の曲調／南廂 南軒／南澨 南涯／南船 南方では船行が多い、北馬に対していう／南饌 南方の肴／南窗 南の窓／南端 南方のはて／南天 南の空／南渡 南に渡る／南土 南国／南蛮 南の夷人／南藩 南の藩屏／南蔽 南藩／南辺 南の辺境／南圃 南畝／南邦 南国／南奔 南に逃走する／南無 頂礼するときの称号／南溟 南冥／南門 正門／南籥 文王の楽／南離 南方／南隴 南畝

↓江南・朔南・山南・司南・指南・湘南・城南・斗南・図南・日南・嶺南

常【軟】11 5708 ［輭］16 5103

ナン ゼン
やわらか しなやか よわい

形声 正字は輭に作り、耎声。字はまた軟に作り、多くその字を用いる。而は髪を切って髡とした形。耎はその人の正面形で、結髪しない巫祝の姿である。〔説文〕人部八上に「偄は弱なり」「儒は柔なり」とあり、耎に柔弱の意がある。輭はその声義を承け、〔史記、貨殖伝〕に「妻子輭弱」とみえる。軟はおそらく赧の字形から出たもので、戻は人の後ろからその秘部にふれる形。人体において最も柔軟なところである。それで羞じて赧らむことを赧という。

訓義 ①やわらか、しなやか。②よわい、もろい、やさしい。

古訓 〔名義抄〕軟 ヤハラカニ・ヤハラカナリ・シワ・ヨワシ・ヘ、ヤカナリ／軟車 スヽロナルクルマ

語系 軟（輭）・耎・戻 njiuan は同声。偄 nuan、懦 nuai、嫩 nuən、茹 njia はみな声義近く、すべて柔軟・愞弱なものをいう。戻は〔説文〕八上に「柔皮なり」とみえる。

【軟脚】 旅帰りの慰労の宴。〔唐書、外戚、楊国忠伝〕帝常歳十月、華清宮に幸し、春乃ち還る。諸楊の湯沐の館は、宮の東垣に在り。～帝臨幸し、必ず五家に偏くす。～出づるに賜有るを餞路と曰ひ、返るに勞有るを軟脚と曰ふ。

【軟弱】 弱い。〔論衡、気寿〕人の氣を稟くる、或いは充實にして堅強、或いは虛劣にして軟弱なり。～天地の物を生ずる、物遂げざる有り。

【軟舞】 唐代雑舞の一。〔教坊記〕垂手羅・回波樂・蘭陵王～烏夜啼の屬、之れを軟舞と謂ふ。

【軟飽】 酒を飲む。宋・蘇軾〔広州を発す〕詩 三杯軟飽の後 一枕黑甜の餘 〔自注〕浙人、飲酒を謂ひて軟飽と爲す

↑軟茵 若草／軟化 柔軟化／軟滑 やわらかで、なめらか／軟款 温柔／軟監 座敷牢／軟弓 弱弓／軟絹 練り絹／軟言 婉言／軟語 優しい語／軟紅 繁華／軟柔 柔軟／軟熟 柔弱／軟障 とばり／軟塵 色街／軟翠 新緑／軟声 嬌声／軟脆 柔らか／軟節 春／軟懦 柔弱／軟纏 ねだる／軟軟 なよなよ／軟半 半分足らず／軟盤 手運び／軟媚 なまめかし／軟風 微風／軟壁 屏風／軟歩 緩歩／軟輿 安車／軟爛 腐る／軟輪 蒲輪／軟和 柔和／軟話 情話

↓婉軟・温軟・甘軟・嬌軟・軽軟・香軟・硬軟・柔軟・潤軟・清軟・脆軟・舌軟・風軟

【喃】12 6402

篆文 

ナン
くどくどしい

形声 声符は南。〔寒山詩、二十二〕に「仙書一兩卷 樹下に讀むこと喃喃」とあって、擬声的な語である。

訓義 ①くどくどしい、くどくどとかたる。②書をよむ声。③国語で、よびかけの声。のうのう。

古訓 〔新撰字鏡〕喃 女乃加太利須留己恵（女のかたりするこゑ）、又、人乃己恵（人のこゑ）なり 〔名義抄〕喃 物語ラヒスル音

【喃喃】 低い声でくどくどいう。また、鳥の声。前蜀・貫休〔呉越春秋を読む〕詩 今日、雄圖又何くにか在る 野花香徑、鳥喃喃す

↓呢喃

人【楠】13 4492 ［枏］8 4795

篆文 

ナン
うめ くすのき

形声 声符は南。正字は枏に作り、冄声。楠はその俗字。〔爾雅、釈木〕に「枏は梅なり」とし、〔郭璞注〕に「杏に似て實酢し」とみえる。〔注疏〕に引く〔孫炎注〕に「荊州にては梅と曰ひ、揚州にては枏と曰ふ」とするものは、予章に似た大木であるらしい。晋の左思の〔呉都の賦〕に「楠榴の木」とあり、瘤の多い木をいう。わが国ではくすのきをいう。

訓義 ①うめ。②くすのき。

古訓 〔新撰字鏡〕楠 木、文理有りて香し。久須之木（くすの木）。枏は同じ 〔和名抄〕楠 久須乃岐（くすのき） 〔名義抄〕楠 クスノキ／枏 マセカキ・タテキ

【楠木】 楠。〔本草綱目、木部一、楠〕楠木は南方に生ず。黔蜀の諸山、尤も多し。～巨き者は數十圍、氣甚だ芬芳、梁棟・器物と爲すも皆佳なり。

【楠榴】 こぶの多い木。晋・左思〔呉都の賦〕木には則ち楓柙豫樟～楠榴の木、相思の樹。〔李善注に引く劉成曰く〕南榴は木の盤結する者、其の盤節の文尤も好く、以て器を作るべし。

常【難】18 人［難］19 4051

ナン ダン ダ
なやむ なじる かたし むつかしい

篆文 金文 古文 

会意 旧字は難に作り、菓＋隹。〔説文〕四下に「鳥なり」とし、菓声とする。鳥名としては、王紹蘭の〔説文段注訂補〕に、南越の木難また莫難にして金翅鳥、その本名を難というとするが、字はもっぱら難易の意に用いる。菓は金文の字形によると鏑矢の形と火に従っており、火矢の形かとみられ、火矢を以て隹（鳥）をとる法を示す字かと思われる。儺（鬼やらい）の儀礼と関係があり、鳥占に関して、呪的な目的で行われたものであろう。それでなやむ意から、困難の意となった。金文の〔大宰帰父盤〕に「靈命老い難からんことを」のように用いる。

訓義 ①なやむ、なやます、わずらい、うれえ、くるしみ。②せめる、とがめる、なじる。③かたい、むつかしい、なしがたい、こばむ、はばむ、はばかる。④儺と通じ、おにやらい。⑤阿難。草がわかわかしい、茂る、美しい。

古訓 〔名義抄〕難 カタシ・クルシブ・ハヂ・ナヤム・モユ・ウヂハヤシ・ハヾカル・ウレフ・ウム・ムチハヤク・タシナム 〔篇立〕難 カタシ・ハヾカル・ナヤム・ツヽシム・ナヅム・ハヾカリ・ソシル

声系 〔説文〕に難声として攤・儺・戁など五字を収める。攤は熯と通用の字。儺・戁は難の声義を承け、その呪儀に関する字であろう。

【難易】 困難と容易。〔老子、二〕有無相ひ生じ、難易相ひ成り、長短相ひ形はれ、高下相ひ傾き、音聲相ひ和し、前後相ひ隨ふ。

【難解】 わかりにくい。梁・江淹〔銅剣讃〕余れ以爲へらく、古者は語質にして解し難し。今者は語文にして了り易し。

【難義】 難問し討論する。問題を設定して論ずる。〔礼記正義の序〕又、經文を釋かんと欲して唯だ難義を聚むるのみなるは、猶ほ絲を治めんとして之れを棼らすがごとし。手繁しと雖も、絲益ゝ亂る。

【難疑】 問題点を問いただす。漢・趙岐〔孟子題辞〕是に於て、退いて高第の弟子公孫丑・萬章の徒と難疑答問する所を論集し、又自ら其の法度の言を撰して、書七篇～を著はす。

【難詰】 なじり問う。〔後漢書、儒林上、戴憑伝〕正旦朝賀、

百僚事ごとく會す。帝、群臣の能く經を説く者をして、更ゝ相ひ難詰せしめ、義通ぜざる有れば、輒ち其の席を奪ひて、以て通ずる者に益す。憑、遂に坐五十餘席を重ぬ。

【難字】むずかしい字。〔涑水紀聞、十六〕初め韓魏公（琦）揚州に知たりしとき～介甫（王安石）、數ゝ古義を引きて公事を争ふ。其の言迂闊、韓公多く從はず。介甫秩滿ちて去る。會ゝ韓公に書を上まつる者有り。多く古字を用ふ。韓公笑ひて僚屬に謂ひて曰く、惜しい乎、王廷評（安石）の此に在らざること。此の人頗ぶる難字を識れりと。介甫之れを聞き、～是れに由りて之れを怨めり。

【難事】困難。〔韓非子、喩老〕天下の難事は必ず易きより作り、天下の大事は必ず細より作る。

【難色】不満とする態度。〔三国志、魏、方技、杜夔伝〕夔、鐘律を善くし、聰思人に過ぐ。絲竹八音、能くせざる所靡し。～文帝～嘗て夔～等をして、賓客の中に於て笙を吹き琴を鼓せしむ。夔に難色有り。是れに由りて帝意悅ばず。

【難治】治めがたい。〔老子、六十五〕民の治め難きは、其の智多きを以てなり。故に智を以て國を治むるは、國の賊なり。智を以て國を治めざるは、國の福なり。此の兩者を知るは亦た稽式なり。常に稽式を知る、是れを玄德と謂ふ。

【難駁】論駁する。〔陳書、儒林、王元規伝〕梁代の諸儒より、相ひ傳へて左氏の學を爲むる者、皆賈逵・服虔の義を以て杜預を難駁すること凡そ一百八十條、元規引證通析して復た疑滯無し。～四方の～道を請ふ者、常に數十百人。

【難物】厄介者。〔墨子、兼愛中〕天下の士君子は曰く、然り。乃ち兼の若きは則ち善し。然りと雖も、天下の難物于故（迂遠のこと）なりと。

【難問】問題を論難する。〔後漢書、班固伝下〕肅宗雅より文章を好み、固愈ゝ幸せらるるを得たり。～朝廷に大議有れば、公卿に難問し、前に辯論せしむ。賞賜恩寵甚だ渥し。

【難老】長寿を保つ。金文の斉器〔叔夷鎛〕戸（夷）用つて其の寶鎛を鑄る。～用て眉壽を旂む。靈命の老い難からんことを。

↑難謂 ご苦労／難関 困難な点／難艱 困難／難顔 はずかしい／難期 及びがたい／難儀 困難／難局 危局／難極 難詰する／難句 険句／難月 臨月／難険 険阻／難行 行いがたい／難航 航行することが困難である／難処 難所／難所 険所／難勝 堪えがたい／難船 難破／難阻 険しい／難題 困難な問題／難得 えがたい珍奇なもの／難弁 扱いがたい／難保 守りがたい／難民 流民／難路 難所

↓阿難・畏難・火難・家難・禍難・解難・外難・扞難・患難・戡難・艱難・危難・奇難・詰難・急難・救難・凶難・苦難・遇難・剣難・嶮難・蹇難・行難・攻難・後難・克難・国難・困難・災難・済難・作難・至難・七難・受難・恤難・殉難・女難・小難・攘難・水難・綏難・世難・説難・責難・阻難・遭難・賊難・多難・大難・脱難・黜難・屯難・定難・敵難・殄難・荅難・盗難・内難・万難・批難・非難・避難・赴難・無難・兵難・弁難・法難・免難・問難・厄難・憂難・厭難・罹難・臨難・論難

二

【二】常 2 1010 〔弍〕5 4310 〔貳〕12 4380

ニ ジ

ふたつ ふたたび

指事 横線二を以て、数の二を示す。算木を二本ならべた形。卜文・金文は同様の方法で一より四までの数字を示す。〔説文〕十三下に「地の數なり。偶に從ふ」とする。〔易、繫辞伝上〕に「天は一、地は二なり」とあるのによる。古文の字は弍に作り、金文では比例や分数的表示のときにその字を用いることがある。

訓義 ①ふたつ、数字の二。②ふたたび。③二倍にする、わかつ。④ならぶ、たぐう。⑤うたがう、そむく。⑥地の数、陰の数。

古訓 〔名義抄〕二 フタツ・フタリ・フタ、ビ／一二 ツバヒラカニ 〔篇立〕二 シゲシ・カシコシ・ヨシ・タカシ・ミドコロ・カサヌ・タノミ

部首 〔説文〕に亟・恆（恒）・亘・竺・凡（凡）をこの部に属し、〔玉篇〕には亝（齊）のほか、また亙・圍（囲）に従う字などを加える。亟は上下にわたした横の木の間に、人をとじこめる形を基本とし、また亘の上下の線は、垣牆としてめぐらした境界の線で、数字の二の意を含むものではない。

声系 〔説文〕八下に次（次）を二の亦声の字とするが、次は人の咨嗟する形。二はその吐く息の象形。二の古文は弍。その正字は貳（弐）に作るべく、貝は鼎の省形。弋は銘刻を加える刀。同銘のものを作って、正副の二本とする意である。弍声の字であるが、弍はその省形とみてよい。貳に副弐・弐益・弐背の意がある。

語系 二・貳 njiei は同声。数の二のときには二を用い、副弐のときは貳を用いる。貳は銘刻による副弐の約剤（契約書）をいう。のち文書の数字の改竄を防ぐため、貳を用いることが多い。

【二意】二心。〔魏書、太武五王、臨淮王伝〕婦人多幸、生まれて今の世に逢ふ。擧朝、略ゝ是れ妾無し。天下殆ど皆一妻なり。～王公も猶ほ自ら一心なり。已下何ぞ敢て二意あらん。

【二雅】〔詩〕の大雅・小雅。漢・班固〔幽通の賦〕葛は樛木に緜緜たり。南風を詠じて以て綏んずることを爲す。蓋し惴惴として深きに臨む。乃ち二雅の祇しむ所なり。

【二気】陰と陽。〔易、咸、彖伝〕咸は感なり。柔上りて剛下る。二氣感應して、以て相ひ與す。

【二紀】二十四年。一紀十二年。南朝宋・謝霊運〔永初三年七月十六日、郡に之かんとして、初めて都を發つ〕詩 從り來ること漸く二紀にして 始めて歸路に傍ふを得たり 將に山海の迹を窮め 永く賞心の悟を絶たんとす

【二儀】天地。晋・范寧〔春秋穀梁伝集解の序〕二儀の化育を該ね、人道の幽變を贊く。得失を擧げて以て黜陟を彰かにし、成敗を明らかにして以て勸誡を著かにす。

【二更】夜九時から十一時まで。唐・王維〔秋夜独坐〕詩 獨坐、雙鬢を悲しむ 空堂、二更ならんと欲す

【二至】夏至と冬至。〔左伝、昭二十一年〕秋七月壬午の朔、日、之れを食する有り。公、梓愼に問ふ。曰く、是れ何物ぞ、禍福は何爲ぞと。對へて曰く、二至二分（春分と秋分）は、日之れを食すること有るも、災ひを爲さず。～其の他の月には、則ち災ひを爲す～と。

【二豎】病気。不治の病。〔左伝、成十年〕公（晋侯）夢む。疾、二豎子と爲る。～其の一曰く、肓の上、膏の下に居らば、我を若何せんと。醫至る。曰く、疾爲むべからざるなり。肓の上、膏の下に在り～と。公曰く、良醫なりと。

【二桃】斉の晏子が三人の勇士に二桃を贈り、相争うて殺させた故事。蜀・諸葛亮〔梁甫吟〕楽府 問ふ是れ誰が家の墓ぞ 田彊古冶子 一朝讒言せられ 二桃、三士を殺す 誰か能く此の謀を爲せる 國相、齊の晏子

【二南】〔詩〕の周南・召南。〔晋書、楽志上〕孔子曰く、人能く道を弘む。道、人を弘むるに非ずと。周は二南に始まり、風は六代を兼ねたり。

【二柄】君子のもつ賞罰の権。〔韓非子、二柄〕明主の導よ

りて其の臣を制する所の者は、二柄のみ。二柄とは刑・徳なり。

【二毛】(にもう) 白髪まじり。晋・潘岳〔秋興の賦の序〕余れ春秋三十有二、始めて二毛を見る。

↑二衛 左右衛／二価 かけね／二極 両極／二頃 二百畝／二景 日月／二言 虚言／二鼓 二更／二五 陰陽五行／二刻 約一時間／二肆 二列／二象 乾坤／二心 二意／二親 両親／二世 二代／二諾 二つ返事、安請け合い／二端 両端／二致 異なる趣／二天 天とならぶもの、恩人／二篆 大篆と小篆／二図 二心／二妃 娥皇・女英／二夫 両夫／二分 春分と秋分／二酉 蔵書。大酉・小酉の二山の石穴に古書を蔵した

↓爽二・不二・無二

常【尼】 5 7721 ニ ジ(ヂ) ちかづく やすんずる やわらぐ あま

篆文 

会意 人が二人、たがいにもたれあう形。〔説文〕八上に「後ろより之れに近づく」とし、「尸に従ひ、匕聲」とするが声が合わず、人がもたれあう親昵の状を示す字である。色・卬・抑・迎(迎)などみな二人相倚る形で、尼・色・卬はいずれも男女のことを示す字。ゆえに尼声の字に、和らぐ・安んず・愛す・したしむなどの意がある。この字を尼僧の意に用いるのは、最も字の形義にそむくものである。

訓義 ①ちかづく、したしむ、やすんずる、やわらぐ、いこう。②さだむ、とどまる、いこう。③あま、梵語 bhikṣuṇī の音訳語、比丘尼の尼をとる。ṇī は女性語尾。

古訓 〔名義抄〕尼 スナハチ・ヤハラカナリ／尼 アマ

声系 〔説文〕に尼声として柅・泥・昵など六字を収める。怩は〔新附〕の字であるが、「忸怩」の語は〔孟子、万章上〕にみえる。昵・泥はそれぞれそのなずんだ状態をいう語。

語系 尼 niei は昵(暱) niet と声義近く、また邇 njiai も邇近の意。みな親昵の意に用いる。

【尼媼】(じおう) あま。女。〔南史、宋宗室及び諸王上、南郡王義宣伝〕白皙にして美須眉あり。〜腰帯十圍。多く嬪媵を養ひ、後房千餘、尼媼數百。

【尼丘】(じきゅう) 魯の曲阜東南の山。〔史記、孔子世家〕(叔梁)紇、顏氏の女と野合して孔子を生む。尼丘に禱り、孔子を得たり。〜故に因りて名づけて丘と曰ふと云ふ。字は仲尼、姓は孔氏。

↑尼院 尼寺／尼姑 あま／尼師 あま／尼寺 あま寺／尼僧 あま／尼壇 尼の受戒壇／尼父 孔子／尼甫 尼父／尼坊 尼院

↓宣尼・禅尼・僧尼・摩尼・牟尼

常【弍】 6 〖貳〗 12 4380 ニ ジ そえる ふたつ たがう

篆文  金文 

形声 旧字は貳に作り、弍声。〔説文〕に、字を貝部六下に属し、「副益なり。貝に従ひ、弍聲」とし、「弍は古文二なり」という。貝は鼎の省形。鼎銘を刻することを則・劑(剤)といい、円鼎は則、方鼎を劑といい、盟誓・契約を約剤という。弍に従うのは、戈(刀)を以て刻銘し、その副本を作る意、それで副弍・弍益の意となる。〔周礼、秋官、大司寇〕「大史・内史・司會及び六官、皆其の貳を受けて之れを藏す」とは副本の意。〔周礼、天官、酒正〕に「大祭には三貳、中祭には再貳、小祭には壹貳」とは副弍の器をいう。金文の〔琱生𣪘〕に、分数的な表示として「其の貳」「其の參」を用いる例がある。字は盟誓の副弍の意であるが、のち疑弍・違背の意となった。

訓義 ①そえる、ひかえ、副本、副次。②ふたつ、ふたたび、ならぶ、かさねる、あいて。③うたがう、はなれる、かわる、わかれる。④たがう、うらぎる、そむく。

古訓 〔名義抄〕貳 フタコ、ロ・カサヌ・カサナル・ソフ・ヲサム・ウタガフ・スグル・ハナル・ソヒモノ 〔篇立〕貳 カタヒ・ムケ・フタコ、ロ・サカス

語系 貳・二 njiei は同声。二は数詞、貳は副次の意。それで「並ぶ」「疑う」「離る」「違う」「負く」「益す」のような動詞の用法となる。

【弍卿】(じけい) 侍郎の別称。宋・蘇軾〔范純夫に答ふ、十一首、三〕頴に至り半年、始めて此に上問す。懶慢の罪、蹶踖地無し。中間此の書を辱うし、及び貳卿を拝命せられしを承く。亦た深く慶慰す。

【弍行】(じこう) 言行不一致。約束をたがえる。〔詩、衛風、氓〕女や爽はざるに 士は其の行を貳へり 士や極まり罔し 其の德を二三にす

【弍志】(じし) ふた心。〔左伝、宣十七年〕昔者、諸侯の吾が先君に事ふるや、皆逮ばざるが如くなりき。(今は)擧な言ふ、(晋の)群臣は信ならずと。諸侯、皆貳志有り。

【弍心】(じしん) ふた心。〔左伝、宣十二年〕鄭の皇戌、使して晉の師に如きて曰く、鄭の楚に從ふは、社稷の故なり。未だ貳心有らず〜と。

【弍端】(じたん) 勝手な解釈をする。〔漢書、宣帝紀〕法を用ふるに或いは巧心を持し、律を析ち端を貳にし、深淺平ならず、增辭飾非、以て其の罪を成す。〜此れ朕の不明なり。吏の稱はざる、四方黎民、將た何をか仰がんや。

【弍慮】(じりょ) ふた心。〔史記、蔡沢伝〕夫れ公孫鞅の孝公に事ふるや、身を極めて貳慮無く、公に盡して私を顧みず。〜地を攘くこと千里なり。

↑弍過 再び過つ／弍宮 離宮／弍虞 疑う／弍言 異議／弍公 三公の輔佐／弍猜 疑う／弍辞 二言／弍室 別邸／弍車 副車／弍乗 副車／弍情 二心／弍臣 二朝の臣／弍膳 二の膳／弍適 二心／弍偸 かりそめ／弍忒 たがう／弍味 兼味／弍予 疑ってためらう／弍令 副本

↓違弍・介弍・乖弍・間弍・欺弍・疑弍・継弍・挈弍・差弍・再弍・猜弍・参弍・駿弍・端弍・儲弍・配弍・陪弍・伐弍・靡弍・不弍・負弍・副弍・無弍・離弍・立弍

ニオウ

常【匂】 4 におう

国字 韻(韻)の別体の韵を略し、匀の字形を誤り用いたものと思われる。荻生徂徠の〔南留別志〕に、芸の誤用でその字を書き誤ったものとし、その補訂本(著者未詳)に、香の古字である皀を草書にて書きちがえたものとするが、韵の省文とするのがよい。〔名義抄〕に匂・匀の二形をあげている。

古訓 〔名義抄〕匂 カ、ル・アナクル・カホル・ニホフ・マカル／匂 ヒトシ・ニホフ 〔篇立〕匂 カタヒ・ニホフ・アマネシ／匀 アマネシ・ニホフ

ニク

常【肉】 6 4022 〖肉〗 6 4022 〔宍〕 7 3080 ニク ジク ししむら はだ

篆文 

象形 切りとった肉塊の形。〔説文〕四下に「胾肉なり」とあり、大きな一臠の肉をいう。〔釈名、釈形体〕に「肉は柔なり」とあり、その古音は相近い声であった。

訓義 ①にく、しし、ししむら。②からだ、はだ、はだか。③にくづ

く、こえる、ふとる、やわらか。

古訓 〔和名抄〕肉 字は亦た宍に作る。之々（しし）〔名義抄〕肉 シ、・ハダカ

部首 〔説文〕に膜・胎など百四十字、また〔新附〕に五字。〔玉篇〕には四百十七字に及び、〔説文〕の三倍に近い字数である。部中の冑は冑冒をつけて目だけをあらわしている象形の字で肉に従わず、また羸もやどかりの象形で、この部に属すべき字ではない。

声系 〔説文〕に肉声として畜・缶・朒・育（育）などの字を収めるが、朒はまた肭に作る。他は会意字。育の初形は毓で、生子の象。

語系 肉 njiuk は柔・揉・擾 njiu と声近く、また弱（弱）njiôk との関係も考えられる。骨骼に対して、肉は柔弱なるものとされたのである。

【肉角】 肉質の角。麟。漢・揚雄〔劇秦美新〕政に至り～始皇と稱す。～耆儒碩老、其の書を抱いて遠く遜れ、禮官博士、其の舌を巻きて談ぜず。來儀の鳥（鳳）、肉角の獸、狙獷にして臻らず。

【肉眼】 生来の眼。また、凡眼。唐・盧仝〔金鵝山人沈師魯に贈る〕詩 肉眼識らず、天上の書 小儒安くんぞ敢て奧祕を窺はん

【肉刑】 身体刑。〔史記、倉公伝〕少女緹縈～上書して曰ふ。妾の父～今、法に坐して刑に當る。～妾願はくは身を入れて官婢と爲り、以て父の刑罪を贖はん～と。書、聞す。上其の意を悲しみ、此の歳中、亦た肉刑の法を除けり。

【肉食】 美食。〔左伝、荘十年〕曹劌見えんことを請ふ。其の郷人曰く、肉食の者（高官）之れを謀る。又何ぞ閒せんと。劌曰く、肉食の者は鄙し。未だ遠く謀ること能はずと。乃ち入りて見ゆ。

【肉声】 なまの声。〔唐摭言、十〕羅虬、詞藻富贍～廣明庚子の亂後、去りて鄜州の李孝恭に從ふ。籍中に紅兒といふ者有り。肉聲を善くす。～虬、紅兒の歌を請ひて、之れに繒綵を贈る。

【肉袒】 上体の肌をぬぐ。降服・謝罪の礼。〔史記、廉頗藺相如伝〕廉頗之れを聞き、肉袒して荊（いばら）を負ひ、賓客に因りて藺相如の門に至り、罪を謝す。

【肉薄】 相接するほどに迫る。〔宋書、臧質伝〕又衝車を以て城を攻む。城土堅密にして、至る毎に頽落すること數升に過ぎず。虜乃ち肉薄して城に登り、番を分ちて相ひ代り、墜ちて復た升る。

【肉林】 林のような懸肉。〔史記、殷紀〕酒を以て池と爲し、肉を縣けて林と爲し、男女をして倮にて其の閒に相ひ逐はしめ、長夜の飲を爲す。

↑肉塊 肉の塊／肉核 骨／肉郭 銭の外縁／肉冠 とさか／肉肌 肌／肉髻 仏頂／肉好 壁の外部／肉紅 肉色／肉羹 肉を入れたあつもの／肉叉 フォーク／肉山 肉林／肉試 試し斬り／肉脩 肉と乾肉／肉杵 陰茎／肉色 肌色／肉身 生身／肉親 血属／肉人 肥満の人／肉陣 肉屏風／肉痛 疼痛／肉飯 肉交ぜ飯／肉皮 皮膚／肉糜 肉がゆ／肉筆 手がき／肉屏 肉屏風／肉辟 身体刑／肉圃 肉林／肉脯 肉と脯、人体／肉封 駱駝のこぶ／肉磨 健啖家／肉欲 情欲／肉雷 杖刑の音／肉理 肉の筋／肉瘤 こぶ

↓委肉・印肉・果肉・乾肉・肌肉・牛肉・魚肉・筋肉・苦肉・葷肉・血肉・懸肉・膏肉・羹肉・骨肉・祭肉・残肉・脂肉・嗜肉・炙肉・弱肉・朱肉・酒肉・獣肉・黍肉・食肉・贅肉・腊肉・羶肉・争肉・走肉・多肉・豬肉・鼎肉・豆肉・凍肉・膰肉・燔肉・皮肉・肥肉・飛肉・髀肉・炮肉・粱肉・裂肉・臠肉・牢肉

ニチ

常

【日】 4 6010 ニチ ジツ ひ ひる ひかり さきに

篆文 古文 甲骨文 金文

象形 太陽の形。中に小点を加えて、夕とするのと同じ。〔説文〕七上に「實つるなり。太陽の精は虧けず」とするのは、〔釈名、釈天〕の「日は實なり。～月は闕なり」とするのによるもので、音義説である。日と實、月と闕とは、今の音ははるかに異なるが、古音は近く、わが国の漢字音にはなおその古音が残されている。

訓義 ①ひ、太陽。②ひる、ひかり。③ひび、こよみ。④さきに、ひあけて、のちに。

古訓 〔名義抄〕日 ヒ・ヒル・ヒ（サ）キニ・ヤスシ／日者 ヒゴロ・コノコロ／日沒 イリアヒ／日斜 ヒクタチ

部首 〔説文〕に旻・時・早・昏（晋）・昌・㬎など七十字、また〔新附〕の字として暦（暦）など十六字を属し、〔玉篇〕には二百四十字を属する。日部とされる字のうち、早は匙の従うところと同じく、その象形。㬜はもと朁に作り、上部は鏃の鋳笵の形で、曰は銅を流し入れる口。暦は曰に従う字で、両禾は軍門の前で、その功歴を旌表する意の字、昌は晶と同じく星象を示し、その明光をいう。㬎は玉（日の形）の下に白香をつけ神を迎える形。それを拝することを顯（顕）といい、神の顕現を意味する。いずれも日に従う字ではない。

語系 日 njiet と實（実）djiet は声近く、ともに舌音同韻の字で、古く相近いとされたのであろう。實は是 zjie、寔 zjiek 系統の語である。

【日暈】 ひがさ。〔晋書、天文志中〕（十煇）日旁に氣有り。員くして周帀し、内赤く外青きを、名づけて暈と爲す。日暈なる者は、軍營の象なり。

【日影】 日光。〔列子、湯問〕夸父力を量らずして、日影を追はんと欲し、之れを隅谷の際に逐ふ。渴して飲を得んと欲し、赴きて河渭に飲むに、河渭足らず、將に北に走き、大澤に飲まんとす。

【日下】 日光の下。天下。また、都。〔梁書、文学下、伏挺伝〕長ずるに及んで、才思有り。好んで文を屬り、五言詩を爲る。善く謝康樂（霊運）の體に效ふ。父の友人樂安・任昉深く相ひ歎異し、常に曰く、此の子、日下無雙なりと。

【日課】 日々のつとめ。宋・陸游〔悶極まりて作有り〕詩 老人、日課無し 興有れば卽ち詩を題す

【日角】 額の中央が隆起する、貴人の相。〔後漢書、光武帝紀上〕身の長七尺三寸、美須眉あり、大口隆準（鼻柱が高い）、日角あり。

【日記】 日誌。〔老学庵筆記、三〕黃魯直に日記有り。之れを家乘と曰ふ。宜州に至るも猶ほ書くことを輟めず。～高宗此の書の眞本を得て大いに之れを愛し、日に御案に置けり。

【日御】 日。また、太陽の御者。唐・李乂〔初春、太平公主の南荘に幸するに奉和す、応制〕詩 地は東郊に出でて、日御を迴らし 城は南斗に臨んで、雲車を度す

【日月】 日と月。〔史記、屈原伝〕上は帝嚳を稱し、下は齊桓を道ふ。～道德の廣崇、治亂の條貫を明らかにし、畢く見さざる靡し。～此の志を推すに、日月と光を爭ふと雖も可なり。

【日光】 日の光。〔魏書、皇后、孝文昭皇后高氏伝〕后幼にして、曾て夢に堂内に在りて立つ。日光窗中より之れを照らし、灼灼として熱し、后東西に之れを避くるも、光猶ほ斜照して已まず。是くの如きこと數夕、后自ら之れを怪しむ。

【日至】 夏至と冬至。〔孟子、離婁下〕天の高き、星辰の遠

きも、苟しくも其の故を求めば、千歳の日至も坐して致すべきなり。

【日者】占候する人。また、さきごろ。〔後漢書、光武帝紀下〕(建武二十二年)九月戊辰、地、震裂す。制詔して曰く、日者地震ひ、南陽尤も甚だし。～而るに今震裂す。咎め君上に在り。～其れ南陽をして今年の田租・芻稾を輸すこと勿からしめよ。

【日出】日が出る。〔隋書、東夷、倭国伝〕大業三年、其の王多利思比孤、使を遣はして朝貢す。～其の國書に曰く、日出づる處の天子、書を日沒する處の天子に致す。恙無きやと、云云。帝之れを覽て悦ばず。～曰く、蠻夷の書、無禮なる者有り。復た以聞すること勿かれと。

【日進】日に進む。〔易、益、彖伝〕益は動きて巽ひ、日に進むこと疆り无し。天は施し、地は生じ、其の益、方无し。

【日新】日々に新たにする。〔大学、二〕湯の盤銘に曰く、苟に日に新たに、日日に新たに、又日に新たなりと。康誥に曰く、新民を作すと。

【日夕】夕方。また、ひるも夕も。晉・陶潛〔飲酒、二十首、五〕詩 山氣、日夕に佳なり 飛鳥相ひ與に還る 此の中に眞意有り 辯ぜんと欲して、已に言を忘る

【日知】日々に知る。〔論語、子張〕子夏曰く、日に其の亡き所を知り、月に其の能くする所を忘るること無くば、學を好むと謂ふべきのみ。

【日程】一日の旅程。また、日課の予定。〔元史、選挙志一〕(科目)考試～論及び經義・詞賦を以て分ちて三科と爲し、三日の程を作らしむ。

【日辺】日のあたり。唐・李白〔天門山を望む〕詩 兩岸の靑山、相ひ對して出づ 孤帆一片、日邊より來る

【日暮】夕暮。唐・崔顥〔黄鶴楼〕詩 日暮郷關、何れの處か是なる 煙波江上、人をして愁へしむ

【日夜】一日中。〔孟子、告子上〕其の日夜の息する所、雨露の潤す所、萌蘖(ひこばえ)の生ずること無きに非ざるも、牛羊又從つて之れを牧す。是を以て彼の若く濯濯(禿山)たるなり。

【日用】毎日使う。〔易、繫辞伝上〕一陰一陽を之れ道と謂ふ。之れを繼ぐ者は善なり。之れを成す者は性なり。仁者は之れを見て、之れを仁と謂ひ、知者は之れを見て之れを知と謂ふ。百姓は日に用ひて知らず。故に君子の道鮮くなし。～盛德大業、至れる矣哉。

↑日晏 日ぐれ／日闇 日ぐれ／日域 東方／日煜 太陽／日の輝き／日蔭 日かげ／日宇 天下／日烏 太陽／日永 日なが／日映 日光／日翁 太陽／日華 陽光／日晦 日ぐれ／日旰 日ぐれ／日官 暦官／日冠 日暈／日気 太陽の気／日軌 黄道／日晞 夜明け／日晷 日かげ／日暉 日光／日虧 日食／日脚 日あし／日及 木槿／日給 毎日の支給／日馭 太陽の御者／日鏡 太陽／日暁 暁方／日勤 日々の勤め／日禁 忌日／日煦 日照／日曛 日ぐれ／日圭 日時計／日計 日々の会計／日景 日光／日傾 夕ぐれ／日限 日ぎり／日戸 南向き／日午 正午／日後 後ほど／日工 日傭い／日虹 虹／日轂 太陽／日祭 日まつり／日際 日辺／日朔 一日／日子 日附／日糸 太陽の光線／日志 日誌／日祀 日まつり／日施 日斜め／日次 日なみ／日時 日と時刻／日車 太陽／日射 日ざし／日斜 日ぐれ／日升 夜明け／日章 陽光／日晶 陽光／日照 晴れ／日常 日ごろ／日色 日の色／日昃 午後／日食 日蝕／日稷 夕ぐれ／日燭 日光／日辰 日月星辰／日数 日かず／日成 日計／日省 日々に反省する／日逝 日が過ぎる／日精 陽光／日躋 日進／日漸 日進／日仄 日ぐれ／日側 日仄／日戴 日がさ／日旦 あさ／日短 冬至／日端 夜明け／日秩 毎日の食事／日中 正午／日昼 昼／日長 夏至／日朝 参朝／日直 宿直／日昳 日仄／日跌 日仄／日躔 日次／日日 ひび／日晩 日ぐれ／日微 微かな日光／日分 春分と秋分／日表 暦／日晡 日ぐれ／日餔 日ぐれ／日母 太陽／日莫 日ぐれ／日俸 日給／日報 日々の報告／日没 日がくれる／日要 日計／日耀 陽光／日流 流光／日輪 太陽／日廩 日給／日霊 太陽／日麗 晴天／日路 黄道

↓愛日・曖日・晏日・畏日・一日・暈日・永日・映日・翳日・遠日・縁日・往日・佳日・夏日・過日・暇日・晦日・隔日・寒日・元日・忌日・棄日・期日・吉日・旧日・休日・救日・窮日・竟日・皦日・嚮日・旭日・近日・頃日・後日・好日・曠日・剛日・今日・祭日・朔日・残日・至日・視日・時日・社日・射日・斜日・爍日・終日・柔日・出日・春日・旬日・初日・除日・上日・人日・尽日・凄日・夕日・赤日・昔日・節日・前日・即日・他日・旦日・遅日・逐日・中日・昼日・天日・当日・同日・寧日・白日・不日・平日・蔽日・毎日・末日・命日・厄日・余日・翼日・来日・落日・良日・累日・例日・暦日・烈日・連日・臘日

ニュウ

常 【入】 2 8000 ニュウ(ニフ) ジュ いる いれる はいる とおる おくる

象形 室の入口の形。これに屋形を加えたものは内(内)。〔説文〕五下に「內るるなり。上より俱に下るに象るなり」とするが、卜文・金文は木を∧形に組んだ形で、出入口を示す。国語では入内・入御の音がある。

訓義 ①いる、いれる、はいる、おさめる。②とおる、ゆく、おちる。③おくる、かえる、やる、あてる。

古訓 〔名義抄〕入 イル・ハム・シム／一入 ヒトシホ 〔篇立〕入 ヲサム・クル・カナフ・マジル・ウルナリ・マイル・サトシ

部首 〔説文〕に内・糴・全(全)など五字を属する。全は金とともに器の形を示すもので、全はおそらく佩玉の備わる形、金は銅の鋳塊をその形に鋳こんだものであろう。

声系 〔説文〕五下に入声として疌を収める。疌は疌と同字で、敏捷の捷の初文。疌は髪飾りをつけて祭事に奔走する婦人の姿で、妻の下部が走る姿となっている。祭事にいそしむことを敏捷といい、毎(毎)・敏(敏)・繁(繁)・妻・毒・疌・捷など、みなその姿をいう。

語系 入 njiəp は内 nuət、納(納)nəp と声義近く、みな一系の語である。受 zjiu もその系統の語。

【入謁】参上して、おめにかかる。〔史記、酈生伝〕沛公(劉邦)高陽の傳舍に至る。人をして酈生を召さしむ。酈生至りて入謁す。

【入閣】唐・宋には天子が政殿に入ること。明は大学士が文淵閣に入り政務に預かった。〔明史、職官志一〕文淵閣に直して、機務に參預す。閣臣の務に預かるは、此れより始まる。然れども其の時內閣に入る者は、皆編檢講讀の官なり。

【入覲】天子に謁見する。〔詩、大雅、韓奕〕韓侯入覲す 其の介圭を以て 入りて王に覲ゆ

【入寇】外賊が攻め入る。〔双渓雑記〕流賊內亂の時に當り、胡虜侵さず、猶ほ克く支へたるも、設し胡虜をして又大擧して入寇せしめば、李公(東陽)等必ず束手して策

無からん。

【入山】(にゅうざん(にふざん)) 山林に隠居する。唐・韓愈〔宰相に上る書〕彼惟だ山に入るの深からず、林に入るの密ならざるを恐る。其の影響(消息)昧昧として、惟だ人に聞かれんことを恐るるなり。

【入室】(にゅうしつ(にふしつ)) 学問技芸の奥義に達する。〔論語、先進〕子曰く、由(子路)や、堂に升れり。未だ室に入らざるなり。

【入声】(にっしょう(しやう)) 漢字の四声の一。尾韻がk・t・p・f、国字音でフ・ツ・ク・チ・キで終わるものがそれにあたる。〔南斉書、文学、陸厥伝〕平上去入を以て四聲と爲し、此れを以て韻を制し、增減すべからず。

【入城】(にゅうじょう(にふじやう)) 都城に入る。宋・陸游〔書斎の壁に題す〕詩 是の閒の幽事、君知るや否や 怪しむこと莫かれ、秋を經て城に入ること少なるを

【入神】(にゅうしん(にふしん)) 神妙の域に入る。〔易、繫辞伝下〕精義神に入り、以て用を致すなり。利用身を安んじ、以て德を崇くするなり。～神を窮め化を知るは、德の盛んなるなり。

【入対】(にゅうたい(にふたい)) 宮中に入って奏上する。〔夢渓筆談、象数一〕一日驟かに晴れ、炎日赫然たり。予時に事に因りて入對す。上雨期を問ふ。予對へて曰く、雨候已に見えたり。期は明日に在りと。

【入質】(にゅうち(にふち)) 人質を入れる。〔史記、韓世家〕公何ぞ韓の爲に質子を楚に求めざる。楚王、聽して質子を韓に入れなば則ち、～必ず韓は秦・楚に合せりと以はん。

【入朝】(にゅうちょう(にふてう)) 外国・属国の使臣が天子に謁見する。〔漢紀、文帝紀下〕時に梁王來朝す。太子と共に載る。入朝するに、司馬門に下らず。(張)釋之禁止し、入朝することを得ず。

【入破】(にゅうは(にふは)) 唐・宋の大曲において散序・中序・破の三段あり、入破は終曲の急調子の合奏に入ることをいう。唐・白居易〔臥して法曲霓裳を聴く〕詩 朦朧たる閑夢、初めて成るの後 宛轉たる柔聲、入破の時

【入微】(にゅうび(にふび)) 微妙の境に入る。〔晋書、葛洪伝〕(葛洪)著述篇章は班(固)・馬(司馬遷)よりも富み、又玄賾(幽深)を精辯し、析理微に入る。

【入木】(にゅうぼく(にふぼく) じゆぼく) 筆力強健。筆墨が木に染みこむ。〔説郛、八十七に引く書断〕(王羲之)晉帝の時、北郊に祭り、祝版を更む。工人之れを削るに、筆、木に入ること三分なり。

【入浴】(にゅうよく(にふよく)) ゆあみ。〔山海経、海外西経〕女子國、巫咸の北に在り。〔郭璞注〕西海に黄池有り。婦人入浴し、出づれば即ち懷妊す。若し男子を生まば、三歳にして輒ち死す。

↑入院 入庭／入賀 お祝い言上／入会 三年毎に官吏の成績を評定する／入官 任官／入冠 加冠／入眼 見える／入銜 位記を記入する／入去 入る／入見 入朝／入伍 入班／入甲 首席／入貢 朝貢／入子 嫁入り／入手 受領する／入定 禅定／入水 投身／入宅 移転する／入直 宿直する／入頭 入門する／入道 道に入る／入梅 梅雨入り／入班 加入する／入滅 死ぬ／入門 弟子入り／入用 必要／入覧 目につく／入流 品格のある列に加わる／入斂 納棺

↓移入・一入・引入・延入・介入・吸入・悟入・購入・混入・歳入・算入・竄入・収入・出入・侵入・深入・進入・先入・潜入・租入・挿入・直入・闖入・転入・透入・導入・突入・難入・納入・搬入・編入・没入・輸入・乱入・濫入・湾入

常 【乳】 8 2241 〔乳〕 8 2241 ニュウ ジュ ちち やしなう

篆文  甲骨文 

会意 爪(手の指)＋孔。孔は乳子の象。それに手を加えて愛撫している形。卜文の字形は女子が授乳していることを示す象形字で、爪の部分はおそらくもとその毛髪の形であろう。〔説文〕十二上に「人及び鳥の子を生むを乳と曰ひ、獸には産と曰ふ」とし、字形について「孚に從ひ、乙に從ふ。乙なる者は玄鳥(燕)なり。明堂月令に、玄鳥至るの日、高禖に祠りて以て子を請ふ。故に乳は乙に從ふ。～乙は春分に來り、秋分に去る。生を開くの候鳥なり」とあり、その俗は〔礼記、月令〕仲春の月にしるされている。〔説文〕の字説はその俗に附会したものであるが、字は乙に従う形ではない。〔説文〕は母字条十二下に「牧ふなり。女に從ひ、子を褱く形に象る。一に曰く、子に乳するに象るなり」とあり、その一曰の義は、乳の字の解に施すべきものである。

訓義 ①ちち、ちちしる、ちぶさ。②ちちをのます、やしなう。③いつくしむ、そだてる。④子をうむ。

古訓 〔和名抄〕乳 智(ち) 〔名義抄〕乳 チ・ヤシナフ・チノマス 〔篇立〕乳 ワタル・チ・キハマル・イトマ・ヤシナフ

部首 〔説文〕〔玉篇〕ともに乙部に孔・乳を属し、乙を請子の候鳥である乙鳥として、孔・乳の字説を試みているが、孔は生まれた子の髪の一部に剃りを入れる形で、生子儀礼の一、乳は抱いて授乳する形。いずれも乙とは関係のない字である。

語系 乳 njia、奶 nə は声近く、奶は正字を嬭に作り、婦人の尊称。また乳房や乳汁を奶という。

【乳虎】(にゅうこ) 子育て中の虎。〔荘子、盗跖〕盗跖大いに怒り、兩つながら其の足を展げ、劍を案じ目を瞋らし、聲は乳虎の如くにして曰く、丘、來り前め。若の言ふ所、吾が意に順ふときは、則ち生きん。吾が心に逆ふときは則ち死さんと。

【乳婢】(にゅうひ) 乳母。〔晋書、石勒載記下〕黎陽の人陳武の妻、一產に三男一女あり。～勒、書を下して、以て二儀諧暢し、和氣の致す所と爲し、其の乳婢一口・穀一百石・雜綵四十匹を賜ふ。

【乳母】(にゅうぼ) うば。〔史記、滑稽伝、褚少孫論〕武帝少き時、東武侯の母、常に帝を養ふ。帝壯なりし時、之れを號して大乳母と曰ふ。

【乳養】(にゅうよう(やう)) 授乳して育てる。〔後漢書、李固伝〕即位以來十有餘年、聖嗣未だ立たず、群下繼望す。～若し皇子有らば、母自ら乳養し、保妾醫巫に委ねて、以て飛燕の禍(飛燕が成帝の貴人の子を暗殺した事件)を致すこと無かれ。

↑乳医 産婆／乳嫗 うば／乳媼 うば／乳柑 蜜柑の一／乳巌 乳癌／乳気 稚気／乳魚 小魚／乳駒 仔馬／乳子 乳呑み子／乳者 うば／乳酒 ねり酒／乳臭 幼稚なようす／乳粥 乳酪／乳牀 鍾乳洞の石筍／乳人 うば／乳石 鍾乳石／乳姐 うば／乳頭 乳首／乳竇 鍾乳洞／乳洞 鍾乳洞／乳犢 仔牛／乳糜 乳粥／乳腐 牛酪／乳保 うば／乳哺 授乳／乳房 ちぶさ／乳酪 バター

↓牛乳・香乳・字乳・孳乳・授乳・獣乳・鍾乳・新乳・生乳・粉乳・哺乳・母乳・離乳・練乳

ニョウ

常 【尿】 7 7723 〔溺〕 13 3712 ニョウ(ネウ) いばり

篆文  甲骨文 

象形 卜文の字形は人が立って放尿する形。小篆の字形は尾と木とに従い、獣が尿するさまである。卜文では人の前にあるものは尿、後ろにあるものは屎である。尿は古く旋、また溲といった。〔説文〕八下に「人の小便なり」(段注本)とみえるが、「小溲」の誤りであろうと思われる。〔漢書、東方朔伝〕に

「殿上に小遺す」とあり、また溺という。尿は象形字、溺はその形声の字である。

訓義 ①いばり、ゆばり、しと、小便。②くさい。

古訓 〔和名抄〕尿 由波利(ゆばり) 〔篇立〕尿 ユバリ・クサシ

↑尿器 おまる/尿壺 しびん/尿坑 小便の穴/尿牀 遺尿/尿道 尿の排泄管/尿瓶 尿壺/尿布 おしめ/尿流 洩らす

↓遺尿・検尿・屎尿・溲尿・旋尿・排尿・泌尿・糞尿・夜尿・利尿

ニン

常 【任】 6 2221 ニン ジン あたる になう つとめ まかす

篆文 甲骨文 金文

形声 声符は壬。壬は工具。工形のもので、金文の字形は縦の線に中肥のところを加えており、鍛冶するときの台の形であろう。〔説文〕八上に「保つなり」とするが、鍛冶に堪える意。また任載の意に用い、〔礼記、王制〕「輕き任は幷せ、重き任は分つ」は荷物の意、〔詩、大雅、生民〕「是れを任ひ是れを負ふ」は負担・負任の意。そのことに堪える意より、任務・責任の意となり、人に任せることを委任という。

訓義 ①あたる、たえる、よくする。②になう、もつ、いだく、おう、のせる。③にもつ、はこぶもの。④つとめ、しごと、任務、責任。⑤まかす、まかされる、任俠、俠気、ほしいまま。⑥妊と通じ、はらむ。

古訓 〔名義抄〕任 タフ・タヘタリ・オホキナリ・マカス・マ、・ホシイマ、・タモツ・ハラム・アタル・タツ・ヒテ・オフ・アサ・モチヒテ・イダク・アツ

声系 〔説文〕に任声として栠・賃・恁・凭など六字を収める。ものを負戴するほか、任大・柔弱などの意がある。

語系 任・妊 njiəm、忍(忍) njiən は声近く、耐・能 nə もまた声義に通ずるところがある。任に懐抱の意があり、妊は懐胎することをいう。任声の字の荏 njiəm は戎と通ずることがあり、荏叔をまた戎叔といい、胡豆をいう。戎・胡にも大の意がある。

【任意】 随意。〔北史、叔孫俊伝〕初め(長子)俊卒す。明元(魏の太宗)其の妻桓氏に命じて曰く、夫れ生きては既に榮を共にす。沒しては宜しく穴を同じうすべし。能く殉葬する者は、意に任すべしと。桓氏乃ち縊す。遂に合葬す。

【任委】 まかせる。〔周書、王思政伝〕大統の後、思政任委せらると雖も、自ら相府の舊に非ざるを以て、毎に自ら安んぜず。

【任気】 男だて。任俠。〔史記、陳丞相世家〕王陵は故も沛の人なり。～高祖微なりし時、陵に兄事す。陵、文少なく、氣に任せて直言を好む。

【任俠】 男だて。〔史記、孟嘗君伝論賛〕孟嘗君、天下の任俠を招致し、姦人の薛中に入るもの、蓋し六萬餘家なり。

【任賢】 賢者に任ずる。〔書、大禹謨〕賢に任じて貳ふこと勿れ。邪を去りて疑ふこと勿れ。

【任子】 父兄の官位によって、任官を受ける特権。〔漢書、哀帝紀〕(綏和二年)任子の令、及び誹謗詆欺の法を除く。掖庭の宮人の年三十以下は、出だして之れを嫁せしむ。官奴婢の五十以上は、免して庶人と爲す。

【任使】 委任される。〔戦国策、燕三〕荊軻曰く、此れ國の大事なり。臣、駑下にして、任使するに足らざらんことを恐ると。太子前みて頓首す。

【任心】 思うままにする。〔晋書、劉聡載記〕孝成、心に任せて欲を縦にし、婢を以て后と爲し、皇統をして亡絶し、社稷をして淪傾せしむ。

【任性】 本性のままに行動する。〔後漢書、馬融伝〕善く琴を鼓し、好んで笛を吹き、達生任性、儒者の節に拘せられず。居宇器服、多く侈飾を存す。

【任勢】 形勢の推移に任せる。〔孫子、勢〕故に善く戰ふ者は、之れを勢ひに求めて人に責めず。故に能く人を擇びて勢ひに任す。

【任天】 天命にまかせる。〔宋書、顧覬之伝〕(定命論)問うて曰く、～若し數に藉り天に任さば、則ち放情蕩思、訓に拘し範に馴(順)がはば、則ち防慮檢喪ならん。函(甲)矢、用を殊にし、矛戈、適を異にす。雙美の談、豈に能く兩つながら遂げんや。

【任放】 気ままにふるまう。〔世説新語、徳行〕王平子(澄)・胡毋彥國(輔之)の諸人、皆任放を以て達と爲し、或いは裸體なる者有り。樂廣笑ひて曰く、名教の中、自ら樂地(楽境)有り。何爲れぞ乃ち爾かるやと。

↑任運 運任せ/任憶 任意/任官 職に任じる/任幹 才幹の人/任寄 委任する/任器 任幹/任挙 責任を以て推挙する/任教 任他/任事 委任する/任実 わがまま/任所 赴任地/任従 任放/任縦 任従/任情 任放/任職 職に就く/任身 はらむ/任信 信任する/任真 自然のまま/任娠 はらむ/任人 ねじけ人/任制 制止する/任政 委政/任他 ままよ/任達 曠達/任地 任所/任智 任才/任聴 任せる/任能 任才/任憑 任心/任負 になう/任保 担保/任務 つとめ/任免 官の任免/任養 養う

↓委任・一任・解任・外任・帰任・肩任・兼任・後任・自任・辞任・主任・就任・重任・叙任・昇任・常任・信任・新任・責任・専任・選任・前任・大任・退任・代任・担任・停任・適任・転任・背任・負任・赴任・復任・保任・補任・放任・礼任・歴任

常 【妊】 7 4241 [姙] 9 4241 ニン ジン はらむ

篆文 甲骨文 金文

形声 声符は壬。字はまた姙に作る。〔説文〕十二下に「孕むなり。女に從ひ、壬に從ふ」とし、壬の亦声とする。壬部十四下に「壬は人の褢妊の形に象る」とするが、任はその象形ではありえない。壬は工具の工の形。その縦の部分を太くして、鍛冶の台に堪えるものとするので、中太りの意があり、それで妊に懐妊の意がある。

訓義 ①はらむ。②字はまた姙・任に作る。

古訓 〔名義抄〕妊・姙 ハラム

語系 妊(姙)・任 njiəm は同声。任に懐抱の意がある。

【妊娠】 はらむ。〔漢紀、成帝紀二〕后の姉安平侯夫人謁等、后の爲に媚道を求め、後宮の妊娠せる者を呪詛す。

【妊孕】 はらむ。〔異苑、八、胎教〕婦人妊孕して未だ三月に滿たざるとき、婿の衣冠を著け、平旦に井を左より繞ること三匝し、井水に映して詳しく影を觀て去り、返顧すること勿く、婿をして見ること勿からしめば、必ず男を生む。

↑妊娠 妊婦/妊身 妊娠/妊婦 はらみ女

↓懐妊・避妊・不妊・孕妊

常 【忍】 7 〖忍〗 7 1733 ニン ジン たえる しのぶ ゆるす

篆文 金文

形声 声符は刃(刃)。〔説文〕十下に「能くするなり」とあり、忍耐の意。耐・能は古くは同声であった。刃声の字にもその義があるらしく、靭はもと柔皮をいい、強靭の意がある。

訓義 ①たえる、こらえる、よくする、しのぐ。②しのぶ、がまんする。③ゆるす、おさえる。④むごい、平気。⑤靭と通じ、しなやか、しなやかでつよい。

【古訓】〔名義抄〕忍 シノブ・ツヽム・コハシ・オソフ 〔字鏡〕忍 シノブ・タフ・オモフ・コハシ・キミ・キミシク
【声系】〔説文〕に忍声として荵・認（認）を収める。認は辛抱強く追迹して、これを確認する意のある字である。
【語系】忍 njian は任 njiəm と声近く、また耐・能 nə も同系の語。よくたえ忍ぶ意がある。
【忍垢】（にんこう）詬はじをしのぶ。〔荘子、譲王〕湯、将に桀を伐たんとす。～湯曰く、伊尹は何如と。（務光）曰く、強ひて力めて垢を忍ぶ。吾其の他を知らざるなりと。湯遂に伊尹と謀り、桀を伐つ。
【忍辱】（にんじょく）辱めをしのぶ。〔晋書、列女、杜有道の妻厳氏（憲）伝〕（杜）預、秦州の刺史と爲り、誣せられて徴還せらる。憲、預に書を與へて之れを戒めて曰く、諺に曰ふ、忍辱して三公に至ると。～能く之れを忍ばば、三公は是れ卿の坐ならんと。
【忍心】（にんしん）残忍。また、忍耐。唐・白居易〔皇甫十（曙）の早春雪に対すの贈らるるに酬ゆ〕詩 心に忍ぶこと三両日 破齋の人と作ること莫かれ
【忍人】（にんじん）残忍な人。〔左伝、文元年〕楚子、将に商臣を以て大子と爲さんとし、諸れを令尹子上に訪ふ。子上曰く、～是の人や、蠭（蜂）目にして豺聲、忍人なり。立つべからずと。
【忍涙】（にんるい）涙をこらえる。唐・杜甫〔郭中丞兼太僕卿の隴右節度使に充てらるるを奉送す、三十韻〕詩 漸く衰ふるに、那ぞ此に別れん 涙を忍んで、獨り情を含む
↑忍苛（にんか） 残忍／忍詬（にんこう） 忍垢／忍死（にんし） 死に耐える／忍羞（にんしゅう） 忍垢／忍醜（にんしゅう） 忍垢／忍従（にんじゅう） 忍び従う／忍笑（にんしょう） 忍び笑い／忍情（にんじょう） 我慢する／忍讓（にんじょう） 讓る／忍性（にんせい） 欲望に堪える／忍耐（にんたい） 忍ぶ／忍恥（にんち） 忍垢／忍毒（にんどく） 害悪／忍悖（にんはい） もとる／忍暴（にんぼう） 残忍／忍容（にんよう） 容忍
↓隠忍・甘忍・勘忍・堪忍・強忍・堅忍・厳忍・剛忍・猜忍・惨忍・残忍・鷙忍・慈忍・貪忍・能忍・容忍

【您】 11 2733 ニン あなた
【形声】声符は你（儞）に。人称の二人称。なんじ。你よりも鄭重ないいかた。〔七斎瑣録、三〕に「中原音韻に、你と您とは同義、音恁。今、塡詞家、多く此の字を用ふ」という。
【訓義】①あなた、貴下。②你の敬称。

常【認】 14 【認】 14 0763 ［訒］ 10 0762
ニン ジン
みとめる みつける ゆるす
篆文 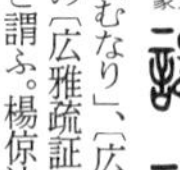
【形声】声符は忍（忍）に。字はもと訒に作り、刃声。〔説文〕三上に「訒は頓むなり」、〔広雅、釈詁三〕に「訒は難むなり」とある。王念孫の〔広雅疏証〕に「荀子正名篇に、是れに外るる者、之れを認と謂ふ。楊倞注に云ふ、認は難なりと。並びに字異なるも義は同じ」という。おそらくもと同じく、のち分化した字であろう。認識とは、旧所有者が遺失の物を発見し、その所有権を主張し立証することをいう。〔三国志、呉、鍾離牧伝〕に、牧が自ら墾田して荒田二十余畝を開き、稲の熟したころ「縣民に之れを識認するもの有り」、牧はそのまま県人にこれを与えたという話がみえる。このころから、認にそのような用義を生じたのであろう。
【訓義】①みとめる、みつける、みきわめる、みさだめる。②もと訒に作り、なやむ、はばかる、いうにしのびない。③ゆるす、ひきうける、承知する。
【古訓】〔新撰字鏡〕認 色を見て知り、聲を聞きて識る皃なり。志留（しる）、又、佐止留（さとる）〔名義抄〕認 トム・キタル・オモフ・ツナグ・モトム・シルス・シルシ・サグル・モロ／＼・タヅヌ。又、訒に作る。トメ・シリテ・ナヤメリ／識認 シリトム／訒 カタムス・カタ／＼〔篇立〕認 モトム・シル・サトル・タツ・シタヽム
【参考】〔万葉集、三八七四〕「射ゆ鹿を認ぐ河邊の和草の身の若かへにさ宿し兒らはも」の「認ぐ」は「繋ぐ」、両者の関係を繋ぐ意で、その関連性を認知することをもいう。
【認禾】（にんか）禾（稲）の所有権を主張する。〔後漢書、承宮伝〕天下の喪亂に遭ひ、～妻子と蒙陰山に之き、力を肆し耕種し、禾黍將に孰せんとす。人、之れを認むる者有り。宮與に計はず、之れを推へて去る。是れに因りて名を顯はす。三府更辟すも皆應ぜず。
【認稲】（にんとう）認禾。〔晋書、隠逸、郭翻伝〕郭翻～貧に居りて業無し。荒田を墾さんと欲し、先だちて表題を立て、年を經るも主無し。然る後乃ち作す。稲將に熟せんとし、之れを認むる者有り、悉く推して之れに與ふ。
【認馬】（にんば）馬の所有権を主張する。〔後漢書、卓茂伝〕時に嘗て出行す。人有り、其の馬を認む。茂～心に其の謬りなるを知るも、嘿解して之れに與ふ。～他日馬主、別に亡ひたる者を得たり。乃ち府に詣りて馬を送り、叩頭して之れを謝せり。茂の性、爭ひを好まざること此くの如し。
↑認確（にんかく） 確認する／認旗（にんき） 将軍旗／認許（にんきょ） 認可する／認罪（にんざい） 自白する／認識（にんしき） 旧所有物の権利を主張する。また、知る／認親（にんしん） 親戚とする／認族（にんぞく） 認親／認諾（にんだく） 承諾する／認知（にんち） 認める／認得（にんとく） わかる／認保（にんぽ） 保証する／認容（にんよう） 認許する
↓確認・誤認・公認・細認・錯認・自認・識認・承認・是認・先認・追認・諦認・否認・妄認・黙認・遥認

ネイ

【佞】 7 2024 ネイ へつらう おもねる よこしま
篆文 
【形声】声符は妄。〔説文〕十二下に字を女部に属し、「巧みに讇ふ高材なり。女と信の省に従ふ」とするが、金文の人名に妄の字があり、妄声の字とみてよい。その字は女の肩のところに符号的に重点を加えた形で、おそらく佞の初文であろう。もと神につかえる才のある女をいう字と思われる。神につかえる才の及ばぬことを不佞といい、春秋期には〔左伝、成十三年〕「寡人不佞」のように、王侯自ら謙称として用いた。のちよく人につかえるものの意となり、諂佞・姦佞の意となる。〔論語、先進〕に「是の故に夫の佞者を惡む」の語がある。
【訓義】①へつらう、おもねる。②口さとい、かしこい。③いつわる、あざむく、よこしま、偽善。
【古訓】〔名義抄〕佞 ヘツラフ・カタム・カタマシ・ミダリガハシ・オコツル・アザムク・イツハル
【佞悪】（ねいあく）邪悪なもの。〔後漢書、爰延伝〕（封事）陛下～積善をして日に熙からしめば、佞惡消殄し、則ち乾災（天の災い）除くべし。
【佞猾】（ねいかつ）口先がうまく、悪賢い。〔後漢書、宦者、侯覧伝〕桓帝の初め、中常侍と爲り、佞猾を以て進む。執（勢）に倚り貪放、貨遺を受納すること、巨萬を以て計ふ。
【佞慧】（ねいけい）口先がうまく、こざかしい。〔三国志、蜀、董允伝〕後主漸く長大となり、宦人黄皓を愛す。皓、便辟佞慧にして、自ら容入せんと欲す。
【佞巧】（ねいこう）巧みにとりいる。〔史記、周紀〕國人皆怨む。（虢）石父、人と爲り佞巧にして諛を善くし、利を好む。王之れを用ひ、又申后を廢し太子を去りたればなり。申侯怒り、繒・西夷・犬戎と與に幽王を攻め、～遂に幽王を驪山の下に殺す。
【佞幸】（ねいこう）気に入り。〔漢書、佞幸伝序〕漢興りて、佞幸の

寵臣、～但だ婉媚を以て貴幸せられ、上と臥起す。公卿皆因りて關說す。

【佞史】 諂びて事実をまげた史書。〔宋史、陸佃伝〕神宗實錄を修撰するを以て、禮部に徙る。數〻史官范祖禹・黃庭堅と爭辨す。大要、多く(王)安石を是とし、之れが爲に晦隱(不利をかくす)す。庭堅曰く、公の言の如くんば、蓋し佞史なりと。佃曰く、盡く君の意を用ひば、豈に謗書に非ずやと。

【佞邪】 とりいってよこしま。〔漢書、成帝紀〕(永始二年十二月詔)萬年は佞邪不忠、毒は衆庶に流る。海內怨望し、今に至るまで息まず。赦令を蒙ると雖も、～其れ萬年を敦煌郡に徙らせ。

【佞宋】 宋版本を溺愛すること。〔前塵夢影録、上〕乾・嘉の時、黃蕘圃翁(丕烈)、每に除夕に於て、家藏の宋本經史子集を布列し、花果名酒を以て之れに酬す。翁自ら佞宋主人と號す。

【佞媚】 媚びへつらう。〔顏氏家訓、文章〕古より文人、多く輕薄に陷る。屈原は才を露はし己を揚げて、君の過ちを顯暴し、宋玉は體貌容冶、俳優に遇せらる。～班固は父の史を盜竊し、～馬季長(融)は佞媚して誚りを得たり。

【佞弁】 おべっか。〔後漢書、楊賜伝〕便辟の性、佞辯の心を以て、各〻豐爵不次の寵を受け、搢紳の徒をして、畎畝(民間)に委伏せしむ。

【佞諛】 へつらいこびる。〔宋書、文九王、始安王休仁伝〕時に廢帝、狂悖無道、群公を誅害す。～太宗及び休仁～を害せんと欲す。休仁計數多く、每に笑調佞諛を以て之れを悅ばしむ。故に推遷せらるることを得たり。

【佞譽】 こびてほめる。唐・柳宗元〔韋中立の師道を論ずるに答ふる書〕今書來たるに、言ふ者皆大いに過ぎたり。吾子は誠に佞譽誣諛の徒に非ざるも、直だ愛せらるること甚だしき故に然るのみ。

↑佞兌 佞悅/佞悅 悅ばせる/佞說 佞悅/佞姦 佞奸/佞給 口上手/佞險 腹黑い/佞言 へつらいいう/佞倖 佞幸/佞才 へつらい上手/佞者 佞人/佞臣 おもねる臣/佞人 おもねる人/佞舌 佞口/佞諂 へつらう/佞惑 へつらい惑わす

↓愛佞・奸佞・姦佞・嬛佞・狂佞・群佞・憸佞・巧佞・狡佞・讒佞・邪佞・柔佞・善佞・貪佞・諂佞・不佞・仏佞・忿佞・弁佞・便佞・諛佞

【盜】 12 3010 ［寧］ 14 3020

ネイ やすらか

篆文 金文 甲骨文

会意 宀＋心＋皿。宀は廟所。皿上に犧牲の心臟をのせて祭り、寧靜を求める儀礼の意。〔說文〕七下に「安らかなり」とし、「心、皿上に在り。人の飲食の器なり。人を安んずる所以なり」と說くが、宀は廟屋。人に對する行爲をいう語ではなく、安寧を祈る意である。〔說文〕には他に寧五上は「願ふ詞なり」、また甯三下は「願ふ所なり」とあり、寧安の字には盜をあてている。卜文・金文には盜・寧(寧)を同義に用い、卜文にはときに丂を加える形のものがある。おそらくもと一字、のちには寧の字を用いる。

訓義 ①やすらか。②ねがう。③なんぞ。

声系 〔說文〕に盜声として寧・甯など五字を収める。盜・寧・甯はもと一字であろう。

＊語彙は寧字条参照。

常 【寧】 14 〖寧〗 14 3020 ［甯］ 12 3022

ネイ やすらか むしろ なんぞ

篆文 金文 甲骨文

会意 宀＋心＋皿＋丂。宀は廟。皿上に犧牲の心臟を載せ、之れを高く揚げている形。〔說文〕五上に「願ふ詞なり。丂に從ひ、盜聲」とするが、もと盜と同字であろう。〔說文〕はまた別に盜・甯を出だし、甯三下にも「願ふ所なり」とあって、祈願の意とする。盜七下に「安らかなり」と訓するが、みな安寧を願い祈る字で、もと同字と考えられる。「むしろ」「なんぞ」は乃などと音が通じ、仮りて用いる用法である。

訓義 ①やすらか、やすんずる、さだまる、おちつく、しずか、ねんごろ。②おとなう、安否を問う、さとがえり、父母の服喪。③而・乃などと通じ、しかるに、はた、すなわち、むしろ、なんぞ、いずくんぞ。

古訓 〔名義抄〕寧 ムシロ・ヤスシ・イカムゾ・ネムコロ・シヅカニ・ツレ〳〵・ヨシ・スナハチ・オモフ・カツテ/丁寧 ネムコロ/無寧 ムシロ/所寧 ヤスム・スルトコロ

声系 〔說文〕に寧声として濘を収め、また未收の字に獰がある。濘は泥、獰は獰猛で、ともに別系の語と思われる。

語系 寧nyeng、而njiə、乃(廼)nəは声近く、通用することがある。王引之の〔経伝釈詞〕に、寧について「願ふ詞なり」のほか「なんぞ、あに、まさに、すなわち、語助」の例をあげる。他にも「それ、あるいは、べし」などの用法がある。

【寧安】 安らか。〔後漢書、和帝紀〕先帝位に卽き、務めて力役を休め、～舊典を探觀し、復た鹽鐵を收め、以て不虞を防備し、邊境を寧安にせんと欲す。而るに吏多く良からず。

【寧吉】 おだやかでよい。〔晋書、禿髮傉檀載記〕趙晁及び太史令景保、諫めて曰く、～比年(連年)、天文錯亂し、風霧時ならず。唯だ德を修め躬を責めば、以て寧吉なるべしと。

【寧居】 のんびり暮らす。〔左伝、桓十八年〕寡君、君の威を畏れ、敢て寧居せず、來りて舊好を脩めしに、禮成るも(魯公)反らず。

【寧渠】 なんぞ。〔史記、張儀伝〕吾が爲に蘇君(秦)に謝せよ。蘇君の時、儀何ぞ敢て言はん。且つ蘇君在るに、儀、寧渠ぞ能くせんや。

【寧馨】 このようなという意の口語。晋・宋以来、多く用いられた。唐・劉禹錫〔日本の僧智藏に贈る〕詩 爲に問ふ中華の道を學ぶ者 幾人の雄猛ぞ、寧馨を得たる

【寧考】 文考。父。金文の文は、字形中に心を加えており、寧とよみ誤られることがあった。〔書、大誥〕恤ひを毖ぐること無かれ。乃の寧考(文考、武王)の圖功を成さざるべからず。

【寧濟】 安んじ救う。〔後漢書、順帝紀〕(永建元年春正月)朕大業を奉承し、未だ寧濟する能はず。～德惠を稽弘し、宿惡を蕩滌し、人と更始せん。其れ天下に大赦す。

【寧歲】 無事平安の年。〔国語、晋語四〕子(公子重耳)の行りしより、晉に寧歲無く、民に成君無し。～晉國を有つ者は、子に非ずして誰ぞ。

【寧日】 おだやかな時。〔魏書、蕭宝夤伝〕邊境を侵犯すること、歲月に滋〻甚だし。或いは小城小戍を攻め、或いは一村一里を掠む。若し小しく相ひ酬答せば、終に寧日無からん。

【寧輯】 安んじおちつかせる。〔宋史、陳韡伝〕韡、忠勤にして國を體し、計慮精審なり。身、討捕の責に任じ、江閩東廣、訖に寧輯を底す。

【寧処】 寧居。〔詩、召南、殷其靁の序〕召南の大夫、

遠行して政に從ひ、寧處するに遑(いとま)あらず。

【寧人】ねいじん　文人。寧は金文の文を誤読したもの。〔書、大誥〕予(われ)其れ曷(なん)ぞ前寧人（前文人、文考）の圖功に于(おい)て、攸(も)って終へざらんや。

【寧静】ねいせい　安らか。〔淮南子、主術訓〕人主の居は、日月の明の如きなり。～是の故に、澹漠(たんばく)（もの静か）に非ざれば、以て德を明らかにすること無く、寧靜に非ざれば、以て遠きを致すこと無し。

【寧息】ねいそく　安らか。休む。〔大唐西域記、三、僧訶補羅国〕其の徒苦行し、晝夜精勤し、寧息するに遑(いとま)あらず。

【寧謐】ねいひつ　安らかに治まる。明・張居正〔上師相徐存斎に答ふる書〕今歳秋防、警無く、朝野寧謐なるは、皆老師の遺(のこ)せし所なり。

【寧楽】ねいらく　安楽。〔墨子、尚賢中〕賢人～君の事に任ず。～是(ここ)を以て、美善は上(かみ)に在り、怨謗(えんぼう)する所は下に在り。寧樂は君に在り、憂慼(ゆうせき)は臣に在り。

【寧乱】ねいらん　乱を治める。〔国語、周語下〕后稷(こうしょく)より以來、亂を寧んじ、文・武・成・康に及びて、僅かに克(よ)く民を安んず。

↑寧晏(ねいあん)　寧安／寧一(ねいいつ)　安定／寧壹(ねいいつ)　寧一／寧宇(ねいう)　寧居／寧盈(ねいえい)　みち足る／寧佳(ねいか)　安らかで好い／寧家(ねいか)　家を安らかに治める／寧嘉(ねいか)　安穏／寧乂(ねいがい)　太平／寧曁(ねいき)　ひま／寧固(ねいこ)　確かにする／寧康(ねいこう)　安らか／寧国(ねいこく)　安国／寧止(ねいし)　安楽／寧集(ねいしゅう)　安集／寧粛(ねいしゅく)　寧静／寧帖(ねいじょう)　安定する／寧神(ねいしん)　安心／寧靖(ねいせい)　寧静／寧泰(ねいたい)　安らか／寧丁(ねいてい)　孤独／寧底(ねいてい)　寧馨／寧平(ねいへい)　安平／寧便(ねいべん)　好都合／寧民(ねいみん)　安民

↓安寧・晏寧・永寧・燕寧・嘉寧・乂寧・咸寧・帰寧・休寧・洪寧・荒寧・康寧・遑寧・告寧・輯寧・綏寧・清寧・静寧・長寧・丁寧・謐寧・不寧・撫寧・保寧・邦寧・無寧・来寧・和寧

【濘】　17　3312　ネイ　デイ　ぬかるみ　どろ

篆文 
甲骨文 

形声　声符は寧（寧）ね(い)。〔説文〕十一上に「滎濘(けいねい)なり」とあり、小さな水のさまとするが、〔広雅、釈詁三〕に「泥なり」とあり、泥濘の意が本義であろう。泥と声義が近い。

訓義　1ぬかるみ、ぬかる、どろ。2小さな水のさま、きよい、きよらか。3ひたす、つかる。

古訓　〔名義抄〕濘　ヌメリ／泥濘　ミゾコル

語系　濘 nyeng、泥 nyei は声義近く、ともに泥濘の状態をいう形況の語であろう。国語の「ぬかる」「ぬかるみ」「どろ」も、その頭音が近い。

↑濘滑(ねいかつ)　ぬめる／濘滞(ねいたい)　ぬかるみ／濘泥(ねいでい)　濘淖／濘溺(ねいでき)　ぬかる／濘淖(ねいどう)　ぬかるみ／濘潦(ねいろう)　泥水

↓洿濘・陥濘・灑濘・深濘・旋濘・汀濘・泥濘・湅濘・淖濘・道濘・老濘

ネツ

【捏】　10　5601　［揑］　12　5701　ネツ　デツ　こねる

形声　声符は圼(でつ)。圼は用例もなく、捏も古くはみえない字である。圼は轆轤(ろくろ)にかけて土器の形を整えることを示す字であろう。〔説文〕十一上に涅(でつ)の字があり、「黑土、水中に在るものなり」とあり、その粘土質のものをとって、器を作る。捏は〔字林〕に「捺(お)さふるなり」、〔集韻〕に「搦(と)らふるなり」というが、土器を捏捺する意であるらしく、任意に整形をすることから、捏造の意となる。字はまた揑に作り、轆轤の台上で壺形の器を作る形。捏はまた抈(げつ)に作り、兒(げつ)声の字であるが、捏・揑は同じ字として扱われる。いまは捏が通行の字である。

訓義　1こねる、にぎる、おさえる、ひねる、みな土器の器形を作ることをいう。2字はまた揑に作る。

語系　捏・涅 nyet は同声。この関係からいえば、捏は涅（水中の黒土）をとって、土器を作る意であろう。古い殷王朝の時代に、東方に灰陶・黒陶の作られた時期があった。

【捏飾】ねっしょく　偽りで飾る。〔漢学師承記、四、王蘭泉〕回(めぐ)りて荊州に至る。方家淵の隄工、尚ほ未だ修補せず。乃ち（知府張）方理の草率(そうそう)捏（揑）飾なることを具奏し、其の職を落さしむ。

↑捏陥(ねっかん)　陥れる／捏虚(ねっきょ)　作りごと／捏控(ねっこう)　誣告する／捏構(ねっこう)　虚構／捏告(ねっこく)　誣告する／捏詞(ねっし)　虚言／捏称(ねっしょう)　詐称／捏侵(ねっしん)　とりこむ／捏成(ねっせい)　土で作る／捏舌(ねつぜつ)　謡言／捏素(ねっそ)　塑像／捏塑(ねっそ)　塑像／捏病(ねつびょう)　仮病／捏稟(ねっぴん)　虚報／捏誣(ねっふ)　誣告する／捏報(ねっぽう)　虚報／捏名(ねつめい)　偽名

常【熱】　15　4433　ネツ　あつい

篆文 

会意　埶(げい)＋火。埶は藝（芸）の正字で、〔説文〕三下に「種(う)うるなり」とあって、種芸の意。熱 十上には「溫なり」と訓し、埶声とするが、声が合わず、「爇(や)く」という字と声義が近い。おそらく草を爇く意であろう。暑熱の意となり、また〔孟子、万章上〕「君に得ざれば則ち熱中す」のように、心的な状態にも移していう。

訓義　1あつい、やく、熱する。2あたたかい、あつさ、のぼせる、ねつ。3勢いのあるさま、はげしいさま、いそがしいさま。

古訓　〔名義抄〕熱　アツシ・ホトホル・アタ、カナリ　〔字鏡集〕熱　アツシ・アタ、カナリ・タクマシ・アツカフ・トホル

声系　〔説文〕に爇(ねつ)を埶(げい)声とするが、熱と同声であるから、爇は熱声とすべきであろう。埶声の字とはすべて声が異なる。炎部十上に燅(ぜん)があり、「湯中に於て肉を爚(や)くなり」とし、字を熱の省文に従うとする。犬肉を炙(や)くを然(ぜん)というので、その系統の語であろう。

【熱気】ねっき　熱さ。〔淮南子、天文訓〕積陽の熱氣は火を生ず。火氣の精なる者を日と爲す。積陰の寒氣を水と爲す。水氣の精なる者を月と爲す。

【熱血】ねっけつ　熱い血。また、心の昂揚した状態をいう。清・呉偉業〔賀新郎、病中感有り〕詞　吾が病は醫藥を將(も)って治し難し　耿耿(かうかう)たる胸中の熱血　待ち灑(そそ)ぎて西風殘月に向はん

【熱羹】ねっこう（かう）　熱いあつもの。清・沈徳潛〔古詩源の序〕漢・魏以下、學者當(まさ)に蒐輯(しうしふ)すべからずと謂ふは、是れ熱羹に懲(こ)りて虀(なます)を吹き、人の噎(むせ)ぶを見て食を廢するがごとし。

【熱酒】ねっしゅ　熱燗。宋・蘇軾〔九日、黄楼にて作る〕詩　薄寒、人に中(あた)りて、老畏るべし　熱酒、腸を澆(めぐ)りて、氣先づ壓す

【熱喘】ねつぜん　暑さにあえぐ。宋・唐庚〔昼寝、魯直（黄庭堅の体）に効(なら)ふ〕詩　雨餘の熱喘、殊に喊呀(かんが)たり　坐して故紙を翻せば、腰足痹(しび)れたり

【熱中】ねっちゅう　一心に求める。清・紀昀〔閲微草堂筆記、灤陽消夏録五〕仕宦に熱中するは、是れ亦た常情なるに、何ぞ冥謫(めいたく)（死後の罰）是(か)くの若(ごと)くの重きや。

【熱腸】ねっちょう（ちやう）　腸が熱くなるほど悲しむ。唐・杜甫〔衛八処士に贈る〕詩　舊を訪ぬれば、半ば鬼と爲る　驚呼して、中腸を熱せしむ

【熱鉄】ねってつ　熱い鉄塊。宋・黄庭堅〔発願文〕設(も)し復(ま)た酒を飲まば、當(まさ)に地獄に墮(お)ちて洋銅汁を飲むべし。～設し復た肉を食らはば、當に地獄に墮ちて熱鐵丸を吞むべし。～稽首如空、等一痛切。

【熱烈】ねつれつ　強烈。〔論衡、四諱〕（正月・五月の子）夫(そ)れ正月は歳の始め、五月は盛陽なり。子以て生まるるときは、精熾(せいし)にして熱烈、父母を厭勝(えふしよう)す。父母堪へず、將(まさ)に其の患を

受けんとす。

↑熱飲 あつ燗／熱雲 夏雲／熱焔／熱火／熱灰 あつい灰／熱旱 ひでり／熱官 盛官／熱寒 寒暑／熱記 覚えたて／熱狂 熱中して我を忘れる／熱熟 親密にする／熱暑 暑熱／熱照 日照／熱食 温食／熱心 熱中する／熱勢 権勢／熱誠 丹誠をこめる／熱啜 熱羹／熱瘡 やけど／熱燥 焦燥／熱天 炎天／熱斗 のし／熱湯 にえ湯／熱鬧 さわがしく繁盛する／熱毒 暑気あたり／熱罵 痛罵／熱飯 炊きたて／熱病 熱性の病／熱風 あつい風／熱腹 厚情／熱望 切望／熱霧 あつい霧／熱辣 辛辣

↓炎熱・温熱・火熱・加熱・夏熱・寒熱・苦熱・解熱・午熱・高熱・酷熱・残熱・灼熱・酒熱・暑熱・昭熱・焦熱・焼熱・情熱・溽熱・盛熱・赤熱・積熱・地熱・中熱・低熱・湯熱・毒熱・内熱・白熱・発熱・微熱・伏熱・平熱・夜熱・余熱

【爇】 19 4433 ［焫］ 12 9482 ネツ ゼツ ゼイ やく

篆文

形声 声符は熱。〔説文〕十上に「燒くなり」とし、蓺声とするが、〔説文〕に蓺を収めず、また蓺の声は熱あるいは勢に近い。熱をその本音とするならば、熱声とみてよい字である。投降者を棺に載せ、その棺を爇いて投降者をゆるす古儀があって、これを爇櫬という。「赦す」は火によって修祓する儀礼である。爇はまた焫に作り、芮声。〔礼記、郊特牲〕に「既に奠して、然る後に蕭を焫く」とあって、これも火を祭儀に用いる例である。

訓義 ①やく、もやす。②こがす。

古訓 〔名義抄〕爇 アツシ・ヤク・タク 〔篇立〕爇 アツカフ・ア(ツ)シ・トモス・ヤク

【爇雞】 火牛の計のように、雞を用いた攻撃法。〔晋書、江逌伝〕逌～乃ち數百雞を取り、長繩を以て之れを連ね、火を足に繫く。群雞駭き散じ、(姚)襄の營に飛集し、襄の營、火を發す。

【爇焦】 卜占の亀を灼くとき、木を燃やすこと。〔周礼、春官、華氏〕凡そ卜は、明火を以て焦を爇く。

【爇櫬】 降服者を赦す儀礼。死者に擬して棺に載せ、その棺をやく。陳・徐陵〔陳侯九錫の策文〕櫬を爇きて以て其の含弘(弘大の徳)を表はし、書(反逆の文書)を焚いて、以て其の反側(二心)を安んず。此れ又公の功なり。

↑爇焼 やく／爇節 遼のどんど焼き

ネン

【年】 常 6 8050 ネン みのる とし

篆文

甲骨文

金文

会意 禾＋人。禾は禾形の被りもので稲魂。これを被って舞う人の姿で、祈年の舞をいう。男女相偶して舞い、女には委という。低い姿勢で舞う。子供の舞う字は季。農耕の儀礼に男女が舞うのは、その性的な摸擬行為が、生産力を刺激すると信じられたからである。〔詩、周頌、載芟〕は、廟に神饌を供する神田における耕藉の儀礼を歌うもので、「其の婦に思媚す 依たる其の士有り」とは、そのような男女の舞をいうものであろう。豊年を予祝する舞であるから「みのり」の意となり、一年一熟の禾であるので、一歳の意となる。夏には歳、殷には祀、周には年という。歳・祀はともに祭祀の名。その時期や期間の関係から、年歳の意となった。年は稔。〔説文〕七上に「穀、孰するなり」とし、千声とするが、卜文の字形では下部を人に作る。熟穀の意には稔の字を用いる。

訓義 ①みのる、みのり、穀物。②とし、一とせ、よわい。③とき、そのよ。

古訓 〔名義抄〕年 トシ／去年 コゾ／年來 トシゴロ

語系 年 nyen は稔 njiam と声義近く、〔説文〕にいずれも「穀、孰するなり」とみえる。いずれかといえば、稔は動詞として、年は年歳の意に用いることが多い。また年に古く佞 nyeng と通用することがあり、〔公羊伝、襄三十年〕「天王、其の弟年夫を殺す」の〔釈文〕に「年夫、音は佞。二傳は佞夫に作る」という。女舞の委に依媚の意があり、男舞の年にも、そのような声義があったのであろう。

【年位】 年齢や地位。明・王世貞〔觚不觚録〕尺牘には相ひ聞するに字を以てす。詩文に至りては、字を稱すること稍や廣し。然れども亦た、僅かに之れを年位輩行相ひ若く者に施すのみ。

【年華】 年月。若年のころ。北周・庾信〔竹杖の賦〕潘岳の秋興(の賦)・嵇生(蕃)の倦遊(遠遊)、桓譚の樂しまず(して没する)、呉質の長愁(して白髮を生ずる)、竝びに皆年華未だ暮れざるに、容貌先づ秋(さび)たり。

【年光】 年月。日月。清・施閏章〔舟中立秋〕詩 垂老、秋を聞くことを畏る 年光、水を逐うて流る 陰雲、岸草に沈み 急雨、灘舟に亂る

【年行】 年齢。魏・文帝〔呉質に与ふる書〕年行已に長大となり、懷ふ所萬端なり。

【年穀】 穀物の収穫。〔礼記、曲礼下〕歳凶にして年穀登らざるときは、君の膳に肺(肺臓)を祭らず、馬は穀を食はしめず、～祭事に縣(楽)せず。

【年歳】 年月。〔楚辞、離騒〕汨として余れ將に及ばざらんとするが若し 年歳の吾れと與にならざらんことを恐る

【年時】 年月。晋・陸機〔梁甫吟〕楽府 四運循環して轉じ 寒暑自ら相ひ承く 冉冉として年時暮れ 迢迢として天路徵らかなり

【年所】 年月。〔書、君奭〕武丁に在りて、時に則ち若き甘盤有りて、～有殷を保乂せり。故に殷禮陟りて天に配し、多く年所を歴たり。

【年代】 時代。年月。唐・張説〔崔公に贈る〕詩 事は年代に隨ひて遠く 名は圖籍と與に留まる

【年徳】 年齢と徳望。〔邵氏聞見録、十〕元豊五年、文潞公(彦博)、太尉を以て西都に留守す。～潞公、唐の白樂天の九老會を慕ひ、乃ち洛中の公卿大夫の年德高き者を集めて耆英會を爲くる。

【年年】 毎年。としごとに。唐・劉希夷〔白頭を悲しむ翁に代る〕詩 年年歳歳、花相ひ似たり 歳歳年年、人同じからず

【年輩】 年ごろ。年齢と輩行。唐・白居易〔詩題〕予れ山南の王僕射・淮南の李僕射と五朝に事歴し、三紀(三十六年)を踰えたり。海内の年輩、今唯だ三人のみ。榮路殊なりと雖も、交情替らず。聊か長句を題して、擧之・公垂二相公に寄す。

【年譜】 人の行事事蹟などを編年したもの。宋・洪興祖〔韓子年譜の序〕予れ韓(愈の)文を校し～凡そ諸本の異同ある者は、兼ねて之れを存し、歳月の先後を考へ、前史の是非を驗し、年譜一卷を作る。

【年老】 老年。〔史記、留侯世家〕四人の者(四皓)年老いたり。皆以爲へらく、上(高祖)、人を慢侮すと。故に山中に逃匿し、義として漢の臣と爲らず。然れども上、此の四人を高しとす。

【年労】 年功。〔北斉書、文襄帝紀〕魏は崔亮より以後、人を選ぶに、常に年勞を以て制と爲す。文襄乃ち前式を釐改

し、銓擢すること、唯だ人を得るに在り。

↑年運　日が経つ／年永／年家　同年の合格者／年稼　収穫／年艾　五十歳／年関　歳暮／年顔　年齢相応の顔色／年紀　年数／年耆　老人／年期　満一年／年祺　賀正／年義　年徳／年誼　年家／年朽　老耄／年魚　あゆ／年鈞　同輩／年兄　年誼／年計　一年の会計／年月　歳月／年倹　凶作／年限　期限／年考　年齢／年庚　年齢／年荒　凶作／年高　高年／年糕　正月用の餅／年号　元号／年災　凶年／年殺　不作／年菜　正月料理／年載　とし／年矢　光陰／年祀　とし／年歯　とし／年次　年の順／年爵　年位／年弱　年少／年首　年始／年酒　正月の酒／年寿　寿命／年終　年末／年春　新春／年少　若い／年侵　年とる／年深　年久し／年衰　衰年／年世　年代／年盛　盛壮／年祚　寿命／年租　租税／年多　多年／年秩　年爵／年長　年上／年朝　毎年来朝する／年登　豊作／年頭　年首／年髪　老人の髪／年晩　歳晩／年尾　年末／年表　編年表／年鬢　年髪／年物　お年玉／年暮　年末／年耄　老年／年芳　春花／年豊　豊作／年邁　老年／年妙　妙齢／年命　寿命／年夜　大みそか／年余　一年余り／年幼　幼年／年来　年ごろ／年例　しきたり／年齢　とし

↓蘊年・永年・益年・越年・延年・往年・華年・遐年・改年・隔年・学年・季年・祈年・紀年・耆年・期年・旧年・窮年・凶年・享年・経年・繫年・迎年・行年・後年・高年・曠年・今年・歳年・昨年・残年・若年・弱年・終年・旬年・初年・小年・少年・浹年・上年・新年・尽年・衰年・生年・成年・青年・盛年・積年・前年・早年・壮年・送年・卒年・他年・稚年・中年・長年・凋年・椿年・丁年・定年・停年・天年・当年・同年・馬年・晩年・比年・弥年・平年・編年・保年・暮年・芳年・豊年・忘年・没年・毎年・万年・妙年・余年・幼年・翌年・来年・流年・累年・例年・暦年・連年・老年

常

【念】　8　8033　ネン　おもう　こころ

篆文

金文

形声　声符は今。今に侌・岑・衾、また念に稔・唸・淰の声があり、今声の範囲はかなり広い。今は蓋栓の形。歓（飲）は酒樽の蓋のある形に従う。その今と心との会意という構造は考えがたいから、今の転声とするほかない。〔説文〕十下に「常に思ふなり」とし、今声とする。金文に「巠（経）念」「敬念」などの語がある。廿の音に借用して「元祐辛未、陽月念五日」のように用いるのは宋以後のことであるらしく、〔集韻〕に字を亼声とするが、廿・亼の声は字の原音ではない。〔釈名、釈言語〕に「念は黏なり。意に相ひ親愛し、心黏著して忘るる能はざるなり」という。今は蓋栓の形で、中に深くとざす意をもつ字である。

訓義　①おもう、心にふかくおもう、おもいこめる、おもいめぐらす。②こころ、おもい。③唸と通じ、となえる、よむ、よみあげる。④廿（呉音にゅう）の音と通じ、日附のとき念五（二十五）のようにしるす。

古訓　〔名義抄〕念　オモフ・オモヒ・メグム・シルス

声系　〔説文〕に念声として唸・諗・稔・淰など五字を収める。淰の反切音に乃玷・鄗感・乃感・尼咸・式荏・失冄・女減・奴荅の音がある。唸は都甸、諗は式任・知甚の音であるが、念以外の声が多く、この系統の字音に変化が多いようである。

語系　念niəm、恁njiəm は声義近く、〔後漢書、班固伝下注〕に引く説文に「恁は念ふなり」とみえる。

【念一】　修道に専念する。〔水経注、清水〕上に比丘釋僧訓精舍寺有り、十餘僧有り。給養周くし難し。多く下平に出づ。有志の者之れに居る。～北に石室二開有り。舊も是れ隱者念一の所なり。今、人無し。

【念旧】　旧時を懐う。〔晋書、呂光載記〕光、西海郡の人を諸郡に徙す。是に至りて謠うて曰く、朔馬、心何ぞ悲しき　舊を念うて中心勞す　燕雀何ぞ徘徊する　意に故巣に還らんと欲すと。

【念呪】　呪文をとなえる。〔酉陽雑俎、三、貝編〕（梵僧）不空、雨を祈る毎に、～但だ數綳の座を設け、手もて數寸の木神を籏旋し、念呪して之れを擲つ。自ら座上に立ちて、木神の吻角を伺ひ、牙出で目瞚くときは、則ち雨至る。

【念誦】　読経。〔鶴林玉露、丙四、日本国僧〕予れ少年の時、鍾陵に於て日本國の一僧に邂逅す。名は安覺。自ら言ふ、其の國を離れて已に十年なり。念誦甚だ苦しみ、晝夜を舍かず。盡く一部の藏經を記して、乃ち歸らんと欲す。

【念奴】　天宝中の名倡。〔連昌宮詞、自注〕念奴は天寶中の名倡なり。歌を善くす。毎歳、樓下の酺宴累日の後、萬衆喧隘す。～衆樂之れが爲に奏を罷む。

【念慮】　懸念すること。〔漢書、公孫弘伝〕上、報じて曰く、～今、事少しく閒なり。君其れ精神を存し、念慮を止め、醫藥を輔助して、以て自ら持せよと。

↑念鞅　だます／念会　暗誦する／念及　心配する／念曲　調子外れ／念愆　過ちを改める／念酸　嫉妬する／念思　思い入る／念室　獄舎／念日　二十日／念珠　数珠／念想　心のうちに想う／念頭　心のうちに思う／念入　念思／念念　一念ごとに／念力　一念の力

↓悪念・一念・逸念・永念・憶念・概念・観念・祈念・記念・疑念・凝念・懸念・顧念・雑念・残念・志念・思念・慈念・失念・邪念・執念・十念・熟念・省念・浄念・常念・情念・心念・信念・宸念・深念・軫念・塵念・精念・静念・専念・想念・俗念・存念・他念・丹念・断念・追念・通念・道念・入念・密念・無念・妄念・黙念・憂念・余念・理念・留念

【拈】　8　5106　ネンデン　ひねる　つまむ　もつ

篆文

形声　声符は占。占に黏・店の声がある。〔説文〕十二上に「挃るなり」とあり、前条の挃に「拈るなり」とあって互訓。指さきで小さくつまむことで、拈香・拈書・拈筆・拈華のようにいう。手部〔新附〕の捻字条に「指もて捻るなり」、また撚字条に「執るなり」とあり、いずれも声義の近い字である。

訓義　①ひねる、つまむ、つまみもつ、もつ。

古訓　〔名義抄〕拈　ムスブ・アナグル・カサシ・ク丶ル・タ丶ム・トル

【拈華】　花びらをつまむ。〔五灯会元、一、七仏、釈迦牟尼仏〕世尊、靈山の會上に在り、華を拈りて衆に示す。是の時、衆皆默然たり。唯だ迦葉尊者のみ、破顔微笑す。世尊云ふ、吾れに正法眼藏有り。涅槃妙心、實相無相、微妙法門、不立文字、教外別傳なり。摩訶迦葉に付囑すと。

↑拈竿　鳥ざお／拈香　仏事に香を焚く／拈撮　指先でつまむ／拈酒　酒をなめる／拈出　ひねり出す／拈籌　抽籤／拈筆　弄筆／拈弄　もてあそぶ

↓一拈・戯拈・倦拈・試拈・酔拈

常

【捻】　11　5803　ネン　ひねる　つまむ　とる

篆文 形声 声符は念。〔説文新附〕十二上に「指もて捻るなり」とあり、指先でひねりとることをいう。拈・撚と声義が近い。ただ香を焚くときは拈香、鼻をつまんで不快感を示すときは捻鼻、鬚をひねって思いめぐらすときは撚鬚という。

訓義 ①ひねる、つまむ、とる。②おさえる、もぎとる、ちぎりとる。

古訓 〔新撰字鏡〕捻 指末を以て豆牟（つむ）〔名義抄〕捻 ヒネル・オス・ハサム・フサグ・ハグ

【捻管】管をもつ。〔太平御覧、五六八に引く楽府雑録〕唐の宣宗、善く蘆管を吹く。～上、初め捻管し、樂工辛骨咄に命じて拍せしむるに中らず。上、目を瞋らして之れを視る。骨咄憂懼し、一夕にして殞せり。

↑捻香 仏事に香を焚く／捻出 捻り出す／捻煩 免倒／捻鼻 鼻をつまむ

↓一捻・間捻・手捻・愁捻

常【粘】11 9196 ［黏］17 2116

ネン デン ねばる はる

篆文 形声 正字は黏に作り、占声。占に拈の声がある。〔説文〕七上に「相ひ箸くるなり」とあり、黍のねばりを用いて貼りつけることをいう。粘・黏は同字で、国語では「粘葉（大和綴じ）本」のときには粘を用いる。

訓義 ①ねばる、ねばる液。②のり、もち。③はる、はりあわせる。

古訓 〔名義抄〕黏 ノリ・ネヤカル／黏黴 モチナハ／粘 アメ・ツク・ネエツク 〔字鏡集〕粘・黏 アメ・ヒラハル・ネヤメリ・ツク

【粘雨】口でふきかける。〔拾遺記、九、九時事〕石虎、太極殿の前に樓を起す。高さ四十丈。～臺上に銅龍有り。腹に數百斛の酒を容れ、胡人をして樓上に酒を噀がしむ。風至りて之れを望むに、露の如し。名づけて黏雨臺と曰ふ。

↑粘液 ねばりのある汁／粘塊 どろのかたまり／粘竿 黐竿／粘黴 魚網／粘糊 糊付け／粘而 粘著／粘湿 ねばる／粘貼 貼る／粘埴 ねば土／粘滞 抱泥／粘著 貼りつく／粘土 ねば土／粘稲 もち稲／粘連 引き続く

↓香粘・膏粘・膠粘・彩粘・黍粘・青粘・泥粘・霑粘

人【稔】13 2893

ネン ジン みのる とし

篆文 形声 声符は念。〔説文〕七上に「穀、孰するなり」とあって、年と同訓。年穀の熟することをいう。ト辞に「年を受けられんか」のようにいい、古くはその字を用いた。稔は後起の形声の字。〔左伝、僖二年〕に「以て五稔なるべからず」のように、年歳の意にも用いる。

訓義 ①みのる、いねがみのる。②とし、年。③飪と通じ、にえる。④かさなる、つもる。

古訓 〔名義抄〕稔 ミノル・トシ・ニギハフ・ナム・ユタカナリ 〔字鏡〕稔 ヒネル・ヲヨスク・トシ・ユタカ・ニギハフ・サカニ・ミノル

語系 稔 njiəm、年 nyen は声義近く、年は豊年を求める農耕儀礼をいう字。稔はその結果として穀の熟することをいう。

↑稔悪 積悪／稔歳 豊年／稔熟 みのる／稔泰 豊作／稔年 豊年

↓一稔・盈稔・歳稔・滋稔・秋稔・積稔・多稔・大稔・登稔・麦稔

【撚】15 5303

ネン とる ひねる よる もむ

篆文 形声 声符は然。然声の字は、呉音では撚の音でよむ。〔説文〕十二上に「執るなり」とあり、〔段注〕に罪人を捕らえる意とするが、その用義例はない。長いものを、ひねるようにしてもつ意に用いる。然は犬肉を焼く意。その肉が捲きこむようなさまをいい、撚・繎・燃にみなその意がある。

訓義 ①とる、ひねる、しばる。②よる、もむ、こねる、ふみにじる。

古訓 〔新撰字鏡〕撚 比祢留（ひねる）〔名義抄〕撚 ヒネル・キル・トリヒシク 〔篇立〕撚 ヒネル・ヨル・キル・ネヤス・セシク・トル・ツカム

【撚指】指をひねる間。瞬時。明・唐寅〔一世歌〕詩 春夏秋冬、撚指の閒 鐘は黄昏を送り、雞は曉を報ず

【撚紙】紙こより。〔中興将帥別伝、曽国藩〕其の黨、明火もて人を劫かす。紙を撚りて脂を然やす。故に之れを撚と謂ふ。

【撚鬚】ひげをひねる。考える。宋・蘇軾〔柳子玉の雪を喜ぶに和す～〕詩 燈青く火冷やかにして眠りを成さず 一夜鬚を撚つて吟じて雪を喜ぶ

【撚銭】銭まわしの遊び。宋・陸游〔避暑漫抄〕（慈聖光献曹后）父母の家に在りし時、群女と共に撚錢の戲を爲せるに、后の一錢は輒ち獨り盤中に旋轉し、凡そ三日にして方めて止まる。

【撚断】ひねりまわす。唐・盧延譲〔苦吟〕詩 詩中の事を話すること莫かれ 詩中、難きこと更に無し 一箇の字を吟じ安んずるに 撚斷す數莖の鬚

↑撚金 金飾り／撚酸 嫉妬する／撚子 こより／撚糸 より糸／撚髭 撚鬚／撚挑 弾指／撚巴 まとう／撚眉 もの思う／撚抹 弾指／撚弄 もてあそぶ

↓戯撚・金撚・細撚・紙撚・手撚・笑撚・慢撚・擶撚・蠟撚

常【燃】16 9383 ［然］12 2333 ［難］23 4033

ネン もえる やく

形声 声符は然。然声の字は、呉音では撚の音でよむ。然は犬肉を焼く意で、燃の初文。然が接続詞などにも用いられ、多義化するに及んで、燃が作られた。燃は漢・魏以後にみえる字である。難も燃と同字。揚雄の〔劇秦美新〕にみえる。

訓義 ①もえる、もやす、やく。②字は古くは然、また難に作る。

古訓 〔名義抄〕燃 俗の然の字なり。モユ・ヤク・トモス 〔篇立〕燃 サカリ・モユ・アタ・マル・ヤク・ヒタク

語系 燃・難 njian は爇・焫 njiuat と声義が近い。難は〔漢書、陳湯伝〕にみえ、〔顔師古注〕に「難は古の然の字なり」とする。〔孟子、公孫丑上〕「火の始めて然え、泉の始めて達するが若し」のように、然がその初文、難は両漢に、燃は漢・魏以後に行われた字であろう。

【燃犀】暗所を照らす。〔異苑、七〕晉の溫嶠、牛渚磯に至る。～水深測るべからず。傳へて云ふ、下に怪物多しと。乃ち犀角を燃して之れを照らす。須臾にして水族火を覆ふを見る。奇形異狀なり。

【燃燭】灯をつける。〔梁書、武帝紀下〕少くして篤學、儒玄に洞達す。萬機多務なりと雖も、猶ほ卷、手に輟めず。燭を燃し光を側け、常に戊夜に至る。制旨孝經義・周易講疏～孔子正言・老子講疏を造る。凡そ二百餘卷。

【燃石】燃える石。〔水経注、贛水〕縣に燃石を出だす。異物志に曰く、石、色黄白にして理疎なり。水を以て之れに灌ぐときは、便ち熱す。鼎を以て其の上に著くるときは、炊きて以て熟するに足る。

↑燃炬 たいまつ／燃灼 やく／燃焼 もえる／燃臍 へその脂で火をともす。然臍／燃眉 焦眉／燃爐 暖爐

↓再燃・不燃

【繎】18 2393

ネン ゼン もつれる

篆文 形声 声符は然。然声の字は、呉音では撚の音でよむ。然は犬肉を焼く意。その肉が撚

転ずることから、撚・燃の意が生まれた。〔説文〕十三上に「絲、勞するなり」とみえるが、〔玉篇〕に引く〔説文〕に「絲、縈はるなり」とするのがよい。〔急就篇、注〕に、紅色の最も深いものとするのは、火の燃える色と解したのであろうが、撚の声義を以て解すべきである。

訓義 1もつれる、糸がもつれる。2くれない、紅の最も深い色。

ノウ

【衲】 9 3422 ノウ(ナフ) ドウ(ダフ) つくろう ころも

形声 声符は内(内)。内に納(納)・訥の声がある。〔広雅、釈詁四〕に「補ふなり」とあり、のち僧衣の意に用いる。

訓義 1おぎなう、ぬう、つくろう。2ころも、僧の衣。3僧、僧侶、比丘。4字はまた納に作る。

古訓 〔名義抄〕衲 ノフ・ダヒ 〔字鏡集〕衲 ヲサム・ノフ・タヒ

【衲衣】僧衣。唐・賈島〔崇聖寺斌公の房〕詩 落日、山磬寒く 多年、衲衣壞る

【衲子】僧。禅僧。宋・黄庭堅〔密老の五峰に住まるを送る〕詩 水邊林下、衲子に逢ふ 南北東西、古道場

【衲被】つぎはぎのふとん。宋・蘇轍〔上元、雪ふる〕詩 衲被、頭に蒙る、眞に老病 紗籠、佛を照らす、本無心

【衲袍】つぎはぎの袍服。〔夷堅乙志、一、俠婦人〕吾れ手づから衲袍を製りて、以て君に贈る、君謹んで之れを服せよ。

↑衲襖 大袖の僧衣/衲客 僧/衲裙 僧衣/衲師 僧/衲綫 縫糸/衲僧 禅僧/衲徒 僧/衲頭 つぎはぎ/衲衲 潤うさま/衲韈 行脚

↓雲衲・壞衲・寒衲・旧衲・袈衲・古衲・山衲・残衲・紫衲・詩衲・賜衲・青衲・毳衲・千衲・線衲・僧衲・短衲・痴衲・楮衲・定衲・破衲・敗衲・半衲・披衲・緋衲・百衲・布衲・弊衲・片衲・縫衲・梵衲・磨衲・名衲・野衲・擁衲・老衲

常 **【悩】** 10 〔惱〕 12 9206 〔㛴〕 12 4246 ノウ(ナウ) なやむ

篆文

形声 旧字は惱に作り、𡿺の声。𡿺は腦(脳)の初文で、その象形。〔説文〕十二下に正字を㛴に作り、「恨む所有るなり」とし、「女に従ひ、𡿺聲」という。また「今汝南の人、恨む所有るを㛴と曰ふ」と方言を以て解している。婦人に懊悩のことが多いので、㛴を正字とするのであろうが、悩の字を用いることが多い。

訓義 1なやむ、うらむ、わずらわしい。2いかる、はらたつ。3国語で、のう、やまい。

古訓 〔新撰字鏡〕㛴 悩の字と同じ、弄ぶ、和豆良波須(わづらはす) 〔名義抄〕悩 ナヤム・ナヤマス・ウレフ・ウルサシ

声系 〔説文〕に𡿺の字なく、囟十下に「頭會𡿺蓋なり。象形」とあり、その上に頭髪の象を加えたものが𡿺、さらに人の側身形を加えたものが匘。〔説文〕八上に「頭の髓なり」とし、また匕は相比叙する意、巛は髪、囟は匘の形に象るとする。悩は〔説文〕にみえず、六朝期に至って仏教語として多く用いられる。脳になやみがあることを㛴・悩という。

語系 悩(㛴)nu は怒 na、擾 njiu と声近く、心に恨み怒って、情の擾れることをいう。

【悩殺】悩ましつくす。唐・李白〔段七娘に贈る〕詩 千杯の綠酒、何ぞ醉ふことを辭せん 一面の紅妝、人を悩殺す

【悩乱】心乱れる。煩わす。唐・白居易〔微之(元稹)の、十七、君と別る、及び、朧月花枝、の詠に和す〕詩 別れし時十七、今頭は白し 君の心を悩亂すること、三十年

↑悩懊 懊悩/悩火 激怒する/悩悔 悔恨する/悩害 妨げる/悩苦 苦悩する/悩恨 嫌悪する/悩人 人を悩ます/悩怒 憤怒する/悩罵 ののしる/悩犯 怒る/悩煩 苦悩する/悩悶 煩悶する

↓懊悩・苦悩・春悩・障悩・痛悩・熱悩・煩悩・憂悩

常 **【納】** 10 〔納〕 10 2492 ノウ(ナフ) ドウ(ダフ) おさめる いれる

篆文

金文

形声 声符は内(内)。〔説文〕十三上に「絲溼りて納納たるなり」と糸のしめるさまをいう形況の語とする。字はもと布帛の類を賦調として納入する意であろう。出納の字はト文・金文ともに出入、また出内に作り、入・内がその初文。〔書、舜典〕に「汝に命じて納言と作し、夙夜朕が命を出納せしむ」とあり、出入の意に用いる。納を用いるのは、おそらく戦国期以後のことであろう。

訓義 1おさめる、おさめいれる、おさめとる、うける。2いれる、たてまつる、おくる、いたす。3みちびく、ひく、うけいれる。4おさまる、つける、つくろう。5糸がしめる、納納。

古訓 〔名義抄〕納 イル・ヲサム・ツヾル・クハシ・ノリ・クケヌヒ・ハヤル・ウク/吐納 ノタ(マ)ヒマウス/獻納 タテマツリイル 〔字鏡集〕納 タテマツ(ル)・ツヽム・クビヌヒ・ハヤル・ウク・イリ・クハシ・ヲサム・ツヾル・ヲギノフ・ハカル・イル

語系 入・内・納はみな一系の字で、納 nəp、内 nuət、入 njiəp はそれぞれ声義の関係をもつ語である。

【納諫】諫言を聴きいれる。〔周書、于謹伝〕三老答へて曰く、～古より明王聖主、皆虛心納諫、以て得失を知り、天下乃ち安し。唯だ陛下之れを念へと。

【納揆】百官の長となる。〔書、舜典〕愼んで五典を徽めしめば、五典に克く從ふ。百揆に納るれば、百揆時れ敍ぶ。四門に賓せしむれば、四門穆穆たり。大麓に納るれば、烈風雷雨にも迷はず。

【納吉】婚礼について、廟に卜して吉をえたことを告げる礼。〔礼記、昏義〕昏禮には、納采・問名・納吉・納徵・請期に、皆主人廟に筵几し、拜して門外に迎へ、入りて揖讓して升り、命を廟に聽く。

【納交】交際を結ぶ。〔宋史、張忠恕伝〕忠恕、封事を上り、八事を陳ぶ。～疏入り、朝紳傳誦す。～魏了翁～是に及んで歎じて曰く、忠獻(忠恕の祖父浚)後(よき孫)有りと。眞德秀之れを聞き、更めて交はりを納る。

【納貢】服属入貢する。〔史記、斉太公世家〕燕君に命じて復た召公の政を修め、周に納貢すること、成・康(周初の王)の時の如くならしむ。

【納采】婚礼の礼物。〔儀礼、士昏礼〕昏禮には、下達(上下通達)して納采に鴈を用ふ。

【納徵】結納。〔儀礼、士昏礼〕納徵には玄纁の束帛、儷皮(鹿の皮、両)、納吉の禮の如くす。

【納納】しめる。また、広大なさま。唐・杜甫〔野望〕詩 納納として、乾坤大に 行行群國遙なり 雲山、王嶺を兼ね 風壤、三苗を帶ぶ

【納布】木綿の布。〔宋書、徐湛之伝〕初め高祖微なりし時、貧陋過甚なり。～納布衫襖(ひとえや、綿入れ)等の衣有り。皆敬皇后手自ら作れり。高祖既に貴となり、此の衣を以て公主に付して曰く、後世若し驕奢不節の者有らば、此の衣を以て之れに示せと。

【納履】履をはく。〔韓詩外伝、一〕原憲、魯に居る。環堵(方丈)の室、茨くに蒿萊を以てす。～子貢、肥馬に乘り、～往きて之れを見る。原憲、楮冠黎杖にして、門に應ず。冠を正せば則ち纓絶え、襟を振へば則ち肘見はれ、履を納るれば則ち踵決る。

【納涼】涼み。宋・蘇軾〔子由(蘇轍)の木山、水を

引くに和す、二首、一〕詩 遙かに想ふ、納涼清夜永く 窗前の微月、汪汪を照らすを

【納賂】 賄賂を受ける。〔春明退朝録、中〕慶暦八年、博士、美謚を以て人に加へ、以て濡潤を利すること、納賂に同じき有りと言ふもの有り。詔有りて、遺る所を收むるを許さず。

【納賄】 収賄。〔北斉書、酷吏、宋遊道伝〕遊道剛直にして、惡を疾むこと讐の如し。～然れども交遊を重んじ、然諾の分を存す。歴官嚴整なるも、時に大いに賄を納れ、親故の艱匱なる者に分ち及ぼせり。

↑納汚 汚れを受けても避けない／納禾 稲の収穫／納貨 賄賂を受ける／納誨 諫言を受ける／納款 誓詞を納れる／納亨 供犠／納献 献納する／納戸 納税の家／納顧 知遇／納后 入内／納降 受降／納摯 初見の礼／納日 入日／納受 受ける／納贖 贖罪する／納成 和解申し入れ／納請 申し入れ／納善 納言／納直 代償／納土 献地／納妃 入内／納婦 娶る／納聘 納徴／納悶 滅入る／納用 採用する／納禄 辞職する

↓引納・延納・援納・嘉納・格納・完納・帰納・献納・採納・察納・受納・収納・酬納・笑納・奨納・賞納・上納・出納・送納・存納・怠納・滞納・代納・徴納・吐納・敷納・賦納・聘納・返納・輔納・奉納・褒納・未納・誘納・容納・領納

常

【能】 10 2121 ノウ タイ よくする たえる おさめる

篆文 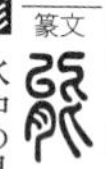 金文 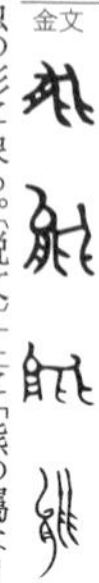

象形 水中の昆虫の形に象る。〔説文〕十上に「熊の屬なり。足は鹿に似たり。肉に從ひ、㠯聲」とし、その獸は堅中にして賢能と称し、彊壯にして能傑と称するのであるという。熊・羆のような獣の象形字とするものであるが、金文の字形は嬴・羸の従うところの蠃の形と最も近く、やどかりの形に似ている。〔爾雅、釈魚〕に「鼈の三足なるは能なり」、また〔玉篇〕にも「能は三足の鼈なり」とあり、水中のものとする解釈があった。周初の金文〔也毀〕に「多公能く福したまへり」、〔詩、大雅、民労〕に「遠きを柔らげ邇きを能む」のように用いる。賢能の意は、〔左伝〕など、列国期以後の文に至ってみえる。能を熊の意に用いることもあり、〔左伝、昭七年〕「今、黄熊の寢門に入るを夢む」の「黄熊」を、一本に「黄能」に作り、〔国語、晋語八〕の〔韋昭注〕に「熊は羆に似たり」という。〔楚辞、天問〕に、鯀が黄熊となって羽淵に入ったとする神話が歌われており、黄熊も水中に住むものとされている。熊は水中でも活躍することができる猛獣である。能の古音は態と近く、〔楚辞、離騒〕に佩・能を韻している。

訓義 1よくする、あたう、たえる。2おさめる、ならす、したしむ。3わざ、ちから、はたらき。4態と通じ、さま、かたち。5獣の名、熊の一種。6而・乃と通じ、かくのごとき、すなわち。7耐・忍・任と通じ、たえる。

古訓 〔名義抄〕能 ヨシ・ヨク・ヨクス・ヨウス・タフ・タヘタリ／不能 イナトナラバ

部首 〔説文〕に熊・羆の二字を属する。難は「獸、鼠に似たり。之れを食らへば目を明らかならしむ」という。〔玉篇〕は別に熊部を立て、熊・羆を属する。

声系 〔説文〕に能声として日部の字一字を収め、態については会意とする。能に態の声があり、態は能声の字とみてよい。

語系 能・耐 na は同声。また乃・廼 na も同声。忍(忍) njian、任 njiam も声近く、忍耐・堪任の意をもつ。みな一系の語である。

【能寒】 寒さにたえる。〔漢書、鼂錯伝〕夫れ胡貉の地は積陰の處なり。木皮三寸、冰の厚さ六尺。肉を食らひ酪を飲み、其の人密理、鳥獸の毳毛あり、其の性、寒さに能ふ。

【能言】 よくものいう。〔礼記、曲礼上〕鸚鵡は能く言へども飛鳥を離れず、猩猩は能く言へども禽獸を離れず。今、人にして禮無くんば、能く言ふと雖も、亦た禽獸の心ならずや。

【能事】 なしうること。〔易、繫辞伝上〕二篇の策は萬有一千五百二十、萬物の數に當るなり。是の故に四營して易を成し、十有八變して卦を成し、八卦して小成す。引きて之れを伸べ、類に觸れて之れを長じ、天下の能事畢る。

【能書】 書に秀でる。〔世説新語、巧芸〕韋仲將(誕)、書を能くす。魏の明帝、殿を起し、榜(題額)を安かんと欲し、仲將をして梯に登りて之れに題せしむ。既に下り、頭鬢皓然(まっ白)たり。

【能臣】 役立つ臣。〔三国志、魏、武帝紀注に引く孫盛異同雑語〕太祖(武帝)～嘗て許子將(劭)に問ふ。我は何如なる人ぞと。子將答へず。固く之れに問ふ。子將曰く、子は治世の能臣、亂世の姦雄なりと。太祖大いに笑ふ。

【能人】 才能ある人。宋・王安石〔広西転運使孫君墓碑〕歙の州爲る、山嶺澗谷崎嶇の中に在り。～名士大夫、亦た往往にして出づ。～黟は尤も僻陋、中州の能人賢士の罕に至る所なり。

【能政】 善政。唐・岑参〔酒泉の韓太守に贈る〕詩 太守に能政有り 遙かに聞く、古人の如しと

【能否】 才能の有無。〔晋書、武帝紀〕(泰始五年詔)古者、歳ごとに羣吏の能否を書し、三年にして之れを誅賞す。～其れ勤能、尤異と稱せらるる有る者を條し、歳ごとに以て常と爲せ。

【能文】 文事を能くする。唐・杜甫〔鄭広文に陪して何将軍の山林に遊ぶ、十首、九〕詩 將軍、武を好まず 稚子、摠べて文を能くす

【能吏】 有能なる官吏。〔漢書、張敞伝〕元帝初めて位に即っく。待詔鄭朋、敞を薦む。～(蕭)望之以爲へらく、敞は能吏にして、煩亂を治むるに任ふるも、材輕し。師傅の器に非ずと。

【能力】 なしとげる力。〔呂覧、適威〕民、進みては則ち其の賞を欲し、退きては則ち其の罪を畏る。其の能力の足らざるを知るも、則ち以て繼ぐことを爲し(難し)。～則ち上又從つて之れを罪す。

↑能因 利用／能画 画を上手にえがく／能官 能吏／能幹 才幹／能御 治める／能亨 このような／能傑 すぐれる／能賢 賢能／能箇 なぜ／能士 才能のある人／能子 能士／能者 能士／能術 才能と技術／能処 長所／能品 精品／能弁 雄弁／能様 このよう

↓異能・英能・援能・可能・官能・幹能・簡能・奇能・器能・機能・伎能・技能・芸能・権能・賢能・功能・効能・才能・材能・志能・殊能・十能・職能・性能・全能・多能・堪能・知能・智能・忠能・低能・任能・万能・表能・不能・本能・無能・有能・庸能・吏能・良能・廉能

常

【脳】 11 〔腦〕 13 7226 〔匘〕 11 2276 ノウ(ナウ)

篆文 

会意 正字は匘に作り、人＋𡿺。〔説文〕八上に「頭の髓なり。匕に從ふ。匕は相ひ匕著する(ぴったりならぶ)なり。巛は髪に象り、囟は匘の形に象る」とする。匕は人が頭を垂れている形。それに頭脳の形をそえて、人の頭脳の意とする。〔左伝、僖二十八年〕「晉侯、夢に

楚子と搏つ。楚子、己を伏せて、其の脳を盬ふ」という話がある。周口店の古人類の後頭部に小孔があけられている事実があり、これを当時啑脳（脳髄を吸う）の俗があった証とする説がある。

訓義 ①のう、あたまのの う、のうみそ、のうずい。②あたまのはち、脳骨。③こころ、たましい。④もののずい、中心。

古訓 〔新撰字鏡〕脳 奈豆支（なづき）〔和名抄〕脳 奈都岐（なづき）〔名義抄〕脳 ナヅキ

【脳髄】 大脳・小脳・延髄を合わせていう。〔説苑、弁物〕（扁鵲）曰く、吾れ聞く、中古の醫を爲す者を、兪柎と曰ふ。兪柎の醫を爲すや、脳髄を搦り、肓莫を束ね、九竅を炊灼して、經絡を定め、死人復りて生人と爲ると。

↑脳瓜 あたま／脳華 髪の毛／脳海 のう／脳額 ひたい／脳膏 耳垢／脳子 毒薬の名／脳汁 脳漿／脳漿 脳髄／脳袋 あたま／脳巓 脳天／脳府 のう／脳門 前額部／脳裏 心の中

↓肝脳・盬脳・主脳・首脳・小脳・樟脳・頭脳・髄脳・大脳・竜脳

常 **【農】** 13 5523 〔䢉〕 20 7723

ノウ
たがやす つとめる あつい

会意 金文の字形は田＋辰。辰は蜃器。古くは蜃（はまぐり）など貝の切片を耕作の器に用いた。蓐・耨は草切ることをいう。〔説文〕三上に「農は耕す人なり」（段注本）とし、字を「晨に従ひ、囟聲」とするが、声が合わず、〔繫伝〕に囟声とするのも声が異なる。卜文の字形は林と辰とに従い、もと草萊（草はら）を辟くことを示すものであろう。のち林の部分が艸になり、田になり、曲はさらにその形の誤ったものである。農は膿・醲系統の字で、濃密の意。もと農と関するところはない。

訓義 ①たがやす、たづくり、たはたをたがやす。②のうふ、たはたをつくる人、たみ。③つとめる、はげむ、いそしむ。④あつい、てあつい、こまやか。

古訓 〔名義抄〕農 ナリハヒ

声系 〔説文〕に農声として襛・濃・醲・膿など六字を収める。おおむね濃厚・濃密なものの意がある。

語系 農nuəm、男nəm は声近く、〔説文〕十三下に「男は丈夫なり」とあって、男はもと農夫を意味した。五等の爵の男は、農事の管理者をいう。

【農家】 百姓の家。宋・陸游〔山西の村に遊ぶ〕詩 笑ふこと莫かれ、農家臘酒（年末に醸す酒）の渾るを 豊年、客を留めて、雞豚足る

【農器】 農具。〔韓詩外伝、九〕顔淵曰く、願はくは明王聖主を得て之れが相と爲り、～家〻給し人〻足り、庫兵を鑄て以て農器と爲さしめんと。

【農業】 農耕を業とする。〔漢書、宣帝紀〕蓋し聞く、農は興徳の本なりと。今歲登らず、～其れ太官をして膳を損し、宰（屠殺）を省かしめよ。樂府は樂人を減じ、歸りて農業に就かしめよ。

【農隙】 農閑期。〔左伝、隠五年〕春は蒐し夏は苗し、秋は獮し冬は狩す。皆農隙に於て、以て事を講ず。三年にして兵を治め、入りて振旅す。

【農工】 農業と器物の制作者。〔墨子、尚賢上〕古者、聖王の政を爲すや、德を列し賢を尚ぶ。農と工肆とに在るの人と雖も、能有れば則ち之れを擧ぐ。

【農功】 農作業。〔左伝、襄十七年〕宋の皇國父、大宰と爲り、平公の爲に臺を築き、農收を妨ぐ。子罕、農功の畢るを俟たんと請ふ。公許さず。

【農郊】 郊外の農地。〔詩、衛風、碩人〕碩人（衛侯に嫁ぐ斉侯の女）敖敖たり 農郊に説る

【農作】 畑しごと。〔白虎通、号〕古の人民、皆禽獸の肉を食らふ。神農に至りて、人民衆多にして禽獸足らず。是に於て、～耒耜（すき）を制りて民に農作を教ふ。～故に之れを神農と謂ふ。

【農蚕】 農耕と養蚕。〔漢書、景帝紀〕（後二年四月、詔）朕親耕し、后親桑し、以て宗廟の粢盛・祭服を奉じ、天下の先と爲らん。獻を受けず、太官を減じ、繇賦を省き、天下の、農蠶を務めて素より畜積有り、以て災害に備へしめんと欲す。

【農事】 農耕のこと。〔礼記、月令〕（孟春の月）是の月や、天氣下降し、地氣上騰し、天地和同し、草木萌動す。王、命じて農事を布かしむ。

【農時】 農耕のとき。〔孟子、梁恵王上〕農時を違へずんば、穀、勝げて食らふべからず。

【農穡】 耕し収穫する。〔左伝、襄九年〕其の卿は善に讓り、其の大夫は守を失はず、其の士は教に競め、其の庶人は農穡に力め、商工皁隷は業を遷るを知らず。

【農政】 農事に関する政令、施策。〔宋史、趙安易伝〕略〻書傳に渉るも、性強狠、好んで世務を談ずるも、疏闊にして用ふべからず。初め太宗、嘗て農政を問ふ。安易、井田の制を復せんことを請ふ。

【農桑】 農耕と養蚕。明・祝允明〔暮春山行〕詩 麥は響く、家家の碓 茶は提ぐ、處處の筐 吳中の好風景 最も好きは是れ農桑

【農夫】 百姓。〔左伝、隠六年〕國家を爲むる者の惡を見ること、農夫の務めて草を去るが如し。之れを芟夷（刈り除き）蘊崇（積みあげ）し、其の本根を絶ち、能く殖えしむる勿かれ。

【農畝】 いなか。〔戦国策、斉四〕今、夫れ士夫の高き者も乃ほ匹夫と稱し、徒歩にして農畝に處る。下きは則ち鄙野にして、閭里に監門（門番）す。士の賤しきこと、亦た甚だし。

【農民】 農夫。〔穀梁伝、成元年〕古者四民有り。士民有り、商民有り、農民有り、工民有り。夫れ甲（鎧、兵）は人人の能く爲す所に非ざるなり。丘（四邑）ごとに甲を作るは、正に非ざるなり。

↑農役 農作／農歌 農夫の歌／農稼 耕稼／農閑 農の休閑のとき／農期 農時／農具 農器／農芸 農耕と園芸／農月 農繁期／農耕 耕す／農墾 墾殖する／農志 農書／農収 収穫／農穰 豊作／農植 耕植／農殖 農植／農稷 農業／農人 農夫／農星 房星／農節 農時／農丁 百姓男／農帝 神農／農奴 隷農／農畔 田土の界／農圃 畑／農末 農と商／農務 農事／農野 いなか／農吏 農事係／農力 農に努める／農廩 穀倉

↓勧農・監農・祈農・帰農・耕農・興農・豪農・山農・司農・就農・小農・上農・先農・善農・大農・督農・篤農・貧農・赴農・兵農・勉農・務農・明農・酪農・良農・隷農・老農・労農

【儂】 15 2523

ノウ ドウ
われ きみ かれ

形声 声符は農。〔玉篇〕に「呉の人、我を稱する、是れなり」とあり、儂は一人称我の呉の方言である。〔呉声歌曲、子夜歌、四十二首、三十六〕に「儂は北辰の星と作らん 千年、轉移すること無し 歡は白日の心を行らして 朝には東、夕には西に還る」とみえる。

訓義 ①われ、わたし。②あなた、きみ。③かれ。④なにがし。

古訓 〔名義抄〕儂 ワレ・ヒト

【儂家】 われ。唐・寒山〔寒山詩、一六八〕儂家暫く山を下り 入りて城隍（まち）の裏に到る 一群の女に逢見するに 端正にして容貌美し

↑儂人 雲南の苗族

↓阿儂・我儂・勧儂・渠儂・箇儂・他儂・悩儂

【濃】 常 16 3513 ノウ ジョウ（ヂョウ） こまやか こい

篆文

形声 声符は農。〔説文〕十一上に「露多きなり」として、〔詩、小雅、蓼蕭〕「零露濃濃たり」の句を引く。ものの濃淡より、感情や味覚などにも及んで用いる。

訓義 ①こまやか、こい、ねんごろ。②ふかい、あつい、おおい。③ふける、たけなわ。

古訓 〔名義抄〕濃 コマヤカナリ・コマカニ・コシ・アツシ・アマシ

語系 濃・襛・穠・醲 niuam、膿 nuam などみな農声の字で、濃厚・繁縟の意がある。

【濃郁】 香気が深くこもる。〔西湖游覧志余、三、偏安佚予〕宮姫韶部、儼として神仙の如く、天香濃郁、花柳も妍を避く。

【濃厚】 濃密で深厚。〔丹青志、妙品志〕〔唐解元〕唐寅、字は伯虎。～南京解元に中るも、事に坐して廢せらる。禪に逃れ佛を學び、任達自ら放にす。畫法沈鬱、風骨奇峭、庸瑣を刊落し、務めて濃厚を求む。連江疊巘、纚纚として、窮まらず。

【濃香】 深い香り。唐・李賀〔蘭香神女廟〕詩 蘭桂、濃香を吹き 菱藕（ひし・蓮根）長へに莘莘たり 雨を看ては瑤姬（巫山の神女）に逢ひ 船に乘りては江君（湘君・湘夫人）に値ふ

【濃愁】 深い愁い。元・許衡〔友人に別る〕詩 別酒勸むるを勞する無し 濃愁已に自ら醺ぜり

【濃春】 晩春。清・王士禎〔秦淮雜詩、十四首、一〕年來腸は斷つ、秣陵の舟 夢は繞る、秦淮水上の樓 十日の雨絲、風片の裏 濃春の烟景、殘秋に似たり

【濃翠】 深い緑。唐・李商隱〔鄭愚に和す、～二十韻〕詩 寒空、煙霞高し 白日、一萬里 碧嶂愁へて行かず 濃翠、遙かに相ひ倚る

【濃淡】 こいうすい。厚薄。〔文心雕竜、鎔裁、贊〕辭は川の流るるが如し。溢るれば則ち氾濫す。損益を權衡し、濃淡を斟酌す。

【濃抹】 厚化粧。宋・蘇軾〔湖上に飲み、初め晴れて後雨ふる、二首、二〕詩 西湖を把りて西子（西施）に比せんと欲す 淡粧、濃抹、總べて相ひ宜し

【濃霧】 深い霧。元・趙孟頫〔早春〕詩 初日、濃霧を收め 微波、小星を亂す

【濃茗】 濃い茶。宋・蘇軾〔雨中、舒教授（煥）を過る〕詩 疎疎たり簾外の竹 瀏瀏たり竹間の雨 ～濃茗、積昏を洗ひ 妙香、浮慮を淨む

【濃醪】 濃い濁り酒。唐・顧甄遠〔惆悵詩、九首、七〕濃醪豔唱も愁ひ破り難し 骨痩せ魂消して、病已に成る

↑濃雲 密雲/濃煙 濃い煙/濃艶 あでやか/濃豔 艶濃艶/濃恩 厚恩/濃彩 濃厚ないろどり/濃姿 艶姿/濃紫 こむらさき/濃汁 果汁/濃暑 酷暑/濃笑 大笑/濃粧 厚化粧/濃睡 熟睡/濃染 深染め/濃黛 濃いまゆずみ/濃茶 濃茗/濃酎 濃管/濃濃 こまやか/濃薄 濃淡/濃墨 濃い墨/濃密 こまやか/濃腴 脂ぎる/濃嵐 深い山気/濃緑 深緑/濃露 しげくおく露

↓雲濃・煙濃・艶濃・香濃・山濃・酒濃・秋濃・情濃・色濃・深濃・翠濃・徳濃・露濃

【膿】 17 7523 〔盥〕 19 7710 ノウ ドウ うみ ただれる

篆文

形声 声符は農。正字は盥に作り、農の正字である農の上部をとる。〔説文〕五上に「盥は腫血なり」とし、膿をその俗字としてあげる。〔釈名、釈形体〕には字を膿に作り、「膿は醲なり。汁、醲厚なるなり」といい、濃厚の意を以て解する。

訓義 ①うみ、うみしる。②ただれる。

古訓 〔和名抄〕膿 宇无（うむ）と訓む。又、宇美之留（うみしる）と云ふ 〔名義抄〕膿 ウミシル・ウム・ス・ハナ

語系 膿 nuam は濃・襛・穠・醲 niuam と声義近く、みな濃厚・繁縟の意をもつ語である。

【膿団】 膿のかたまり。また、無能の者をいう。〔庚申外史、乙巳〕（至正二十五年）禿堅帖木兒の軍回りて、中途にて老的沙に遇ふ。～曰く、今上は膿團、輔くべからず。小婦は孩兒、亦た國器に非ず。徑ちに趙王に請ひて、南向して以て天下を定むるに如かずと。

↑膿潰 膿が潰れる/膿肌 肥え肌/膿血 うみ血/膿汁 うみ/膿腫 はれ物/膿瘡 はれ物/膿包 膿団

↓化膿・吮膿・肥膿

【曩】 21 6073 ノウ（ナウ） さきに ひさしい むかし

篆文

形声 声符は襄。襄は古く泥母（語頭音 n）の音であった。〔説文〕七上に「曏なり」、〔爾雅、釈詁〕に「久なり」とあって、久しい以前というほどの意である。「曩者」のように用いることがあり、その字はまた「乃者」に作る。

訓義 ①さきに、さきごろ、さき。②ひさしい、むかし。

古訓 〔名義抄〕曩 ムカシ・ヒサシ・サキ・マセ/曩者 サキニ・ムカシ

【曩日】 昔日。むかし。晋・陸機〔弁亡論、下〕夫れ太康の役（呉、晋に降る）、衆未だ曩日の師より盛んならず。廣州の亂（郭馬の叛乱）、禍は向時（昔時）の難よりも愈れる有り。

【曩昔】 昔日。晋・向秀〔思旧の賦の序〕隣人に笛を吹く者有り。聲を發すること寥亮たり。曩昔遊宴の好を追思し、音に感じて歎ず。故に賦を作ると云ふ。

【曩哲】 前賢。往哲。唐・杜甫〔八哀詩、故右僕射相国張公九齢〕骨驚きて曩哲を畏れ 鬢（黒髪）變じて人境に負く

【曩篇】 前人の作品。晋・陸機〔文の賦〕必ず擬する所に殊ならず、乃ち闇に曩篇に合ふことあり。予が懷に杼軸す（織りなす）と雖も、佗人の我に先だたんことを怵る。

↑曩懐 久しい以前からの懐い/曩勲 前勲/曩愆 さきの過ち/曩歳 往年/曩時 むかし/曩蹤 古人の跡/曩代 前代/曩年 往年/曩葉 前代

↓懐曩・疇曩・悲曩

【嚢】 22 5073 ノウ（ナウ） ふくろ つつむ

篆文

形声 声符は襄。襄は古く泥母（語頭音 n）の音であった。上部は橐と同じく、嚢の口を括った形。〔説文〕六下に「橐なり」、また前条の橐に「嚢なり」とあって互訓。〔詩、大雅、公劉〕は都作りのことを歌うもので、「迺ち餱糧を裹む 橐に嚢に」の〔毛伝〕に「小なるを橐と曰ひ、大なるを嚢と曰ふ」とする。〔漢書、刑法志、注〕に底あるを嚢、底無きを橐としている。橐の初形は東。

囊・橐・槖はそれにそれぞれ声符を加えた形で、みな東を基本とする字。東は橐の上下を括って包みとする形である。

訓義 ①ふくろ、底のあるふくろ、大きなふくろ。②つつむ、ふくろに入れる。③攘と通じ、はらう。

古訓 〔和名抄〕囊　布久路（ふくろ）〔名義抄〕囊　フクロ・ツヽム

【囊衣】（のう（なう）い）　一袋の衣。廉吏をいう。〔漢書、王吉伝〕吉より崇に至るまで、世〻清廉に名あり。～遷徙して處を去るに及び、載する所は囊衣に過ぎず。

【囊家】（のう（なう）か）　賭場の胴元。〔唐国史補、下〕博徒～假借分畫する、之れを囊家と謂ひ、囊家什一にして取る、之れを乞頭（てら銭）と謂ふ。

【囊括】（のうかつ（なうくわつ））　すべて包みこむ。包含する。漢・賈誼〔過秦論、上〕秦の孝公、殽・函の固きに據り、雍州の地を擁し、君臣固く守りて、以て周室を窺ふ。天下を席卷し、宇內を包擧し、四海を囊括するの意、八荒を幷吞するの心有り。

【囊琴】（のう（なう）きん）　琴をふくろにしまう。元・傅若金〔金華の王琴士の山に還るを送る〕詩　年少、金華の客　琴を囊にして暫く山を出づ

【囊空】（のう（なう）くう）　空財布。唐・韓愈〔寒食の日に出遊す〕詩　囊空しく甑倒るるも、誰か之れを救はん　我今、食するに、日に還た併せたり

【囊蛍】（のう（なう）けい）　蛍の光。蛍雪。〔晉書、車胤伝〕胤、恭勤倦まず、博學多通。家貧しくして、常には油を得ず。夏月には則ち練囊に數十の螢火を盛れ、以て書を照らし、夜を以て日に繼ぐ。

【囊笥】（のう（なう）し）　書や衣類を入れるふくろやはこ。唐・柳宗元〔友人に与へて文を為くることを論ずる書〕閒ごろ聞く、足下、僕の文章を觀んと欲すと。退きて囊笥を發き、其の蕪穢を編す。

【囊書】（のう（なう）しよ）　ふくろに入れた書。また、手紙・封事。宋・司馬光〔范景仁（鎭）に与ふる書〕夏より秋に及び、囊書三たび上りしも、皆杳然として沙礫を滄海の中に投ずるが若く、其の之く所を知る者有ること莫し。

【囊装】（のうそう（なうさう））　ふくろに収めた物。唐・李咸用〔友人の相ひ遇ふを喜ぶに和す、十首、六〕詩　吟中の景象、千般有り　書外の囊裝、一物も無し

【囊中】（のう（なう）ちゆう）　財布の中。唐・賀知章〔袁氏の別業に題す〕詩　主人相ひ識らず　偶坐、林泉の爲なり　謾りに酒を沽ふを愁ふること莫かれ　囊中自ら錢有り

【囊底】（のう（なう）てい）　ふくろの底。全部。〔晉書、慕容垂載記〕吾が計、決せり。且つ吾れ投老（垂老）なるも、囊底の智を扣かば、以て之れに剋つに足らん。

【囊頭】（のう（なう）とう）　頭からふくろをかぶせる。〔後漢書、党錮、范滂伝〕滂、坐して黃門北寺の獄に繫がる。～桓帝、中常侍王甫をして、次を以て辨詰せしむ。滂等皆三木（頭・手・足の械せ）囊頭し、階下に暴さらす。

↑囊檻　おり／囊虛　空の財布／囊筐　袋や籠／囊口　財布の口／囊沙　沙袋／囊輜　行李／囊首　窒息死／囊盛　袋の入れ物／囊奏　封事／囊橐　大小の袋／囊貯　囊中の物／囊楮　囊中の銭／囊土　土俵／囊飯　囊中の飯／囊被　一囊の衣／囊米　米袋／囊撲　袋叩き／囊裏　囊中／囊漏　袋もれ

↓衣囊・印囊・懐囊・革囊・括囊・笈囊・琴囊・錦囊・懸囊・行囊・香囊・沙囊・砂囊・財囊・詩囊・酒囊・錐囊・装囊・担囊・探囊・知囊・智囊・土囊・背囊・飯囊・被囊・氷囊・布囊・米囊・薬囊・油囊・壅囊

ハ

人

【巴】　4　7771　ハ　とって　むし　うずまき　ともえ

篆文 

象形 器の把手の形。〔説文〕十四下に「蟲なり。或いは曰く、象を食らふ蛇なりと」とし、字を蛇形のものの象形とする。〔山海経、海内南経〕に「巴蛇、象を食らふ」とあるものによるのであろうが、巴は把・靶など、器物の把手の形とみるべく、これを巴蛇の意とするのは、蛇の捲く形が似ているからであろう。のち巴紋、うずまきの意に用いる。

訓義 ①とって、器物のとって。②むし、へび、大蛇。③うずまき。④輔（頰）と通じ、方言として頰の意に用いる。⑤地名、巴越・巴蜀のようにいう。⑥国語では、ともえ。

部首 〔説文〕に帚に従う一字を属するが、その声義を〔説文〕は「闕」としており、〔玉篇〕に「擊つなり」という。

語系 巴・把peaは秉・柄（柄）pyangと同系の語。殷・周の古器である爵・段などの把手の部分は巴の形をしている。柄の長いものは柄、束ねてもつものは秉である。

【巴歌】（はか）　楚の巴人の民歌。巴調。のち、俗謡の意に用いる。楚・宋玉〔楚王の問ひに対ふ〕客に郢中に歌ふ者有り。其の始めに曰く、下里の巴人と。國中の屬ぎて和する者、數千人。

【巴字】（じは）　巴の字のように水流が曲折する。唐・王維〔崔五太守を送る〕詩　霧中の遠樹、刀州（益州）に出で　天際の澄江、巴字に回る

【巴蜀】（はしよく）　地名。今の四川の地。〔戰国策、秦一〕大王の國、西に巴蜀・漢中の利有り、北に胡貉・代馬の用有り、南に巫山・黔中の限り有り、東に肴（山）・函（谷関）の固め有り。田は肥美に、民は殷富に、戰車萬乘、奮擊百萬、沃野千里、蓄積饒多にして、地勢形便なり。

【巴調】（はちよう（てう））　巴歌。元・陳基〔玉山草堂に題す〕詩　竹枝已に聽く、巴人の調　桂樹仍ほ聞く、楚客の歌

【巴陵】（はりよう）　洞庭湖に臨む山。唐・張説〔梁六（知微）を洞庭山より送りて作る〕詩　巴陵一望す、洞庭の秋　日に見る、孤峯の水上に浮ぶを　聞道らく、神仙接すべからずと　心は湖水に随つて、共に悠悠

↑巴曲　巴人の村／巴結　努力する／巴兒　猿／巴砂　丹砂／巴蛇　大蛇／巴且　バナナ／巴掌　てのひら／巴人　田舎者／巴巴　父／巴臂　巴鼻／巴鼻　つまみ／巴舞　田舎舞／巴攬　包括する／巴籬　まがき／巴礼　宣教師

↓三巴・蛮巴

常

【把】　7　5701　ハ　にぎる　とる　つか　とって

篆文 

形声 声符は巴。巴は把手の形。把はその把手をもつ意。〔説文〕十二上に「握るなり」とあり、掌を以て握り持つことを把握・掌握という。鳥獣のように、手足をとらえることを把捉という。

訓義 ①にぎる、つかむ。②つかみとる、とる、とらえる。③つか、ひとつかみ、たば。④とって、くまで。⑤爬と通じ、かく。⑥弝と通じ、ゆづか。

古訓 〔名義抄〕把　トル・ニギル・モタリ・カサカク・ツカム・タバヌ・ツクス・イタク

語系 把peaは秉・柄（柄）pyangと声近く、把手のところをもつを把、稲束などをつかみとるを秉、長い柄のもつべきものを柄という。

【把握】（はあく）　手につかむ。一握り。〔国語、楚語下〕王曰く、其の小大は何如と。（観射父）對へて曰く、郊禘は繭栗（の如き小さな角）に過ぎず、蒸嘗は把握（手にもつほどの肉）に過ぎずと。

【把巻】（はかん（くわん））　書物をひらきみる。唐・杜牧〔許十三秀才に酬ゆ～〕詩　君に憑む、巻を把りて寒燭を侵し　麗句時に傳へよ、畫戟（顕貴）の門

【把玩】はがん(ぐわん)　手にとって賞玩する。魏・陳琳〔曹洪の為に魏の文帝に与ふる書〕十一月五日、洪白す。～九月二十日の書を得、之れを讀みて喜び笑ひ、把玩して猒くこと無し。
【把戲】はぎ　力わざなどの雑戯。〔元史、祭祀志六〕祥和署は、雑把戲を掌る。男女一百五十人なり。
【把手】はしゅ　器物のとって。また、握手。〔三国志、魏、張邈伝〕呂布の袁紹を捨てて張楊に從ふや、邈を過ぎる。別れに臨み、把手して共に誓ふ。
【把酒】はしゅ　盃をもつ。宋・蘇軾〔水調歌頭〕詞　明月幾時か有る　酒を把りて靑天に問ふ
【把搔】はそう(さう)　爪でかく。魏・嵆康〔山巨源(濤)に与へて交はりを絶つ書〕性復た蝨多く、把搔已むこと無し。～三の堪へざることなり。
【把捉】はそく　つかむ。唐・斉己〔霊松の歌〕詩　老鱗枯節、相ひ把捉し　踉蹌として、立ちて靑崖の前に在り
【把臂】はひ　人のひじをもつ。相親しむ。唐・銭起〔沈氏の山居を過ぎる〕詩　貧交、相ひ見ることを喜ぶ　臂を把るも歡ぶこと足らず
【把袂】はべい　相親しむ。梁・元帝〔蕭挹に与ふる書〕比の暇日無事、時に復た毫を含みて頗しく賦詩有り。別に當に相ひ簡すべし。但だ衡・巫(ともに山名)峻極、漢水悠長なり。何れの時にか袂を把り、共に心腹を披かん。
↑把家はか　管理人／把竿はかん　竹竿戲／把琴はきん　琴をとる／把交はこう　交代／把盞はさん　酒杯をもつ／把醆はさん　把盞／把子はし　弓のまと／把兒はじ　柄／把色はしょく　はやし方／把刃はじん　刀の刃部をもつ／把勢はせい　虚勢をはる／把釣はちょう　魚釣り／把刀はとう　短刀／把鼻はび　とって／把筆はひつ　執筆／把風はふう　見張り／把柄はへい　とって／把門はもん　門衛／把与はよ　給与／把羅はら　かき集める／把攔はらん　はばむ／把弄はろう　把玩／把腕はわん　把臂
↓一把・盈把・戲把・拱把・剣把・菜把・手把・掌把・酔把・刀把・稲把・入把・半把・批把・満把

人
【芭】7 4471　〖芭〗8 4471　［葩］13 4461
ハ　バ
はな　ばしょう

形声　声符は巴は。葩はと同字で、はな。また香草の名。〔楚辞、九歌、礼魂〕に「芭を傳へて代るがはる舞ふ」とあって、祭礼の舞などに用いた。のち芭蕉をいう。唐の書僧懐素は家貧しく、芭蕉万株を植え、葉を取って紙に代えたという。南方では古くから経文を書写するのに用いた。

訓義　1はな、香草。2ばしょう。

古訓　〔名義抄〕芭蕉　ハセヲバ

【芭蕉】ばしょう(せう)　ばしょうの木。唐・張説〔戲れに草樹に題す〕詩　戲れに問ふ、芭蕉の葉　何ぞ愁心開かざる
↑芭且はしょ　芭蕉／芭茅はぼう　すすき／芭籬はり　柴垣
↓荊芭・紅芭・庭芭・伝芭・蓬芭

【坡】8 4414
ハ
つつみ　さか

篆文　金文

形声　声符は皮ひ。〔説文〕十三下に「阪なり」とあり、自ふ部十四下に「坡なる者を阪と曰ふ」とあって互訓。うねうねとつづく状態のものを坡陀という。陂ひは神梯を示す自に従う字で、そのような聖所を陂・阪という。のち坡・坂はんと厳密に区別されることがなかった。中山王墓の兆域図に、坡の字がみえている。

訓義　1つつみ、陂と同じ。2さか。

古訓　〔名義抄〕坡　ツ、ミ　〔篇立〕坡　カタクヅレ・ツ、ミ

語系　坡phuai、陂piaiは声義近く、阪piuanも同系の語。〔説文〕に「坡は阪なり」「陂は阪なり」「阪、坡なる者を阪と曰ふ」のように互訓している。自は聖梯の象であるから、坡・陂・坂・阪には、もと聖俗の別があったものと思われる。

【坡下】はか　堤の下。唐・白居易〔長恨歌〕詩　馬嵬の坡下、泥土の中　玉顔を見ず、空しく死せし處
【坡陀】はだ　高低起伏してつづく。宋・蘇軾〔大秦寺〕詩　晃蕩くわうとして、平川盡き　坡陀として、翠麓横たふ
【坡隴】はろう　おか。丘陵。〔呉船録、下〕凡そ金陵に遊ぶ者、若し伏龜に至らずんば、則ち未だ始めより遊ばざるが如し。一城の勢ひ、此の地最も高く、龜の首を昂ぐる狀の如し。樓の外は卽ち是れ坡隴、綿延として濠塹無し。
↑坡岸はがん　どて岸／坡陁はだ　坡陀／坡塘はとう　堤／坡野はや　野外
↓下坡・臥坡・危坡・月坡・竹坡・登坡・梅坡・平坡

【怕】8 9600
ハ　ハク
おそれる

篆文

形声　声符は白は。〔説文〕十下に「爲すこと無きなり」とあり、泊然として無為の意とする。それが古い用義であるが、のち、おそれる意とする。

訓義　1しずか、やすらか、ものしずか。2おそれる。3はじる。4おそらくは、あるいは。

古訓　〔名義抄〕怕　オソロシ・オソル・オヅ　〔字鏡集〕怕　シヅカ・ウレフ・オソル・ハヾカル・オソロシ・オヅ

【怕兮】はくけい　しずか。やすらか。無為のさま。〔老子、二十〕衆人は熙熙として太牢を享くるが如く、春、臺に登るが如し。我は獨り怕(泊)兮として未だ兆さず。嬰兒の未だ孩せざるが如し。
↑怕畏はい　畏れる／怕怯はきょう　怯れる／怕恐はきょう　恐れる／怕懼はく　懼れる／怕婦はふ　妬婦
↓畏怕・休怕・怯怕・恐怕・驚怕・懼怕・夢怕

人
【杷】8 4791
ハ
さらい

篆文

形声　声符は巴は。巴に把握の意がある。〔説文〕六上に「麥を收むる器なり」とあり、また〔釈名、釈楽器〕に「枇杷びはは本と胡中に出づ。馬上に鼓する所なり。手を推して前むるを枇と曰ひ、手を引いて卻くるを杷と曰ふ」とあって、胡弓の類。

訓義　1さらい、えぶり、熊手のように、穀を集める器。2牛にひかせて、土を細かく砕きならすもの、ならし。3ひく、かく、ならす。4枇杷、びわ。5把と同じ。把手、つか、え。

【杷梳】はそ　すく。整理する。〔積微居小学述林、史記会注考証駁議の序〕抑そも聞く、君年未だ壯に及ばず、精力人に過絶す。渉覽の暇、將に史公の全書を取り、杷梳して之れを剔抉(さらえ出す)せんとす。蓋し後の遷の書を治むる者をして、君の書を以て、事を始むるを爲さざる能はざらしむ。
↑杷車はしゃ　石磬車／杷推はすい　大量／杷頭はとう　すきの頭／杷柄はへい　把握／杷羅はら　かき集める
↓拖杷・鉄杷・枇杷・犂杷

常
【波】8 3414
ハ
なみ　なみだつ　うごく

篆文

形声　声符は皮ひ。皮に表面の、うねうねとつづくものの意がある。〔説文〕十一上に「水涌きて流るるなり」とするが、水流の動揺することをいう。派(泒)と声義近く、派は分流することをいう。

訓義　1なみ、なみだつ。2うごく、ゆれる。3わきながれる、うるおす。4波のように他に及ぶ。5書法で、右下に斜めにひらくこと。捺、磔。

古訓　〔名義抄〕波　ナミ・シワ・セク・ツ、ミ・ヒタス・ナコロ・カタフク　〔篇立〕波　ヒタス・ツ、ミ・ナミタツコト・ナミノアヤ・ミヅノゴトク

語系　波・播・簸puaiは同声。播・簸はは波だつようにゆり動か

し、あげおろしする行為をいう。辰・派pheも同系の語で、水が分流し、脈動するように流れることをいう。

【波影】はえい　波にてり返る光。梁・沈君攸〔桂檝、河中に泛ぶ〕詩　眇眇たる雲根、遠樹を侵し　蒼蒼たる水氣、遙天に會す　波影、霞に雜はりて定色無く　湍文、岸に觸れて圓を成さず

【波及】はきゅう（はきふ）　波が遠く及ぶように、伝わってゆく。〔左伝、僖二十三年〕（公子重耳）對へて曰く、子女玉帛は則ち君之れを有せり。羽毛齒革は則ち君の地之れを生ず。其の晉國に波及する者は、君の餘りなり。其れ何を以てか君に報いんと。

【波光】はこう（はくわう）　波のてり返す光。唐・皮日休〔雑体詩、胥口即事、六言、二首、一〕波光、杳杳として極まらず　霽景、澹澹として初めて斜めなり　黑き蛺蝶は、蓮蕊に粘つき　紅き蜻蜓は、菱花に裹ふ

【波上】はじょう（はじやう）　波の上。波間。唐・王昌齢〔宝七を送る〕詩　清江の月色、林秋に傍ふ　波上熒熒として、一舟を望む　鄂渚の輕帆、須らく早く發すべし　江邊の明月、君が爲に留まる

【波磔】はたく　右下に斜めに開く筆法。〔広芸舟双楫、二、体変〕建初以後、～波磔分背し、隷體成る。～漢末、波磔縱肆し極まる。久しうして亦た之れを厭ふ。又稍しく篆分の圓を參へ、變じて眞書と成り、～茂密雄強を以て美と爲す。

【波底】はてい　波の下。唐・岑参〔群公に竜岡寺に陪して舟を泛ぶ〕詩　漢水、天一色　寺樓、波底に看る

【波蕩】はとう（はたう）　波だつ。〔後漢書、公孫述伝〕功曹李熊、述に說きて曰く、方今、四海波蕩して、匹夫横議す。將軍～若し威德を奮ひて、以て天隙（天の与えた機会）に投ぜば、霸王の業成らん～と。

【波文】はもん　さざ波の作り出す文様。唐・白居易〔府西の池〕詩　柳に氣力無くして、枝先づ動き　池に波文有りて、冰盡く開く

【波瀾】はらん　波だつ。起伏。変化。唐・杜甫〔敬みて鄭諫議に贈る、十韻〕詩　毫髮、遺恨無し　波瀾、獨り老成す

【波流】はりゅう（はりう）　水流。宋・蘇轍〔黄州快哉亭記〕江は～赤壁の下に至りて波流浸灌し、海と相ひ若く。清河の張君夢得、～其の廬の西南に即きて亭を爲りて、以て江流の勝を覽觀す。而して余が兄子瞻（蘇軾）、之れに名づけて快哉と曰ふ。

【波浪】はろう（はらう）　波。唐・杜甫〔秋興、八首、一〕詩　玉露凋傷す、楓樹林　巫山巫峽、氣蕭森　江間の波浪、天を兼ねて湧き　塞上の風雲、地に接して陰る

➡波官　水神／波間　なみま／波篽　いけす／波痕　水のあと／波際　波ぎわ／波散　波が散る／波心　水心／波神　水の神／波水　水波／波声　波の音／波折　波のうねり／波扇　波がゆれる／波濤　大波／波盪　大波がゆれる／波動　ゆれ動く／波靡　波が崩れるように傾く／波風　風波／波面　水面／波紋　波文／波乱　乱れ騒ぐ／波累　連累／波路　水路

⬇一波・偃波・煙波・遠波・横波・鷗波・音波・恩波・回波・寒波・眼波・巨波・驚波・金波・銀波・傾波・鯨波・激波・光波・江波・洪波・香波・細波・周波・秋波・小波・衝波・水波・青波・清波・晴波・千波・素波・滄波・蒼波・大波・頽波・短波・顚波・電波・蕩波・濤波・脳波・白波・万波・微波・風波・奔波・翻波・余波・揚波・瀾波・陵波・緑波・淪波・弄波

【爬】 8 7723 ハ かく はう

形声 声符は巴。巴は把手の形で、まるくかがめる意がある。爪をそのような形にして使うことを爬という。爪を立てて痒みを搔くことを搔といい、叉がその爪を立てた形である。

訓義 [1]かく、爪をたてる。[2]把と通じ、もつ、つかむ。[3]匍と通じ、はう。

古訓 〔名義抄〕爬　カク　〔篇立〕爬　タモツ・ツカム・カク

【爬沙】はさ　蟹などが砂をかいて進むさま。唐・韓愈〔月蝕の詩、玉川子の作に効ふ〕爬沙として脚手鈍し　誰か女をして青冥に緣るを解せしめん

【爬羅】はら　かき集める。唐・韓愈〔進学解〕爬羅剔抉（さらえ出す）、垢を刮り光を磨く。蓋し幸ひにして選ばるるを獲ること有らんも、孰か多にして揚げられずと云はんや。

➡爬疥　かゆみをかく／爬竿　竿登り／爬行　蛇行／爬搔　かく／爬櫛　すき整える／爬樹　木登り／爬梳　くしけずる／爬搔　かく／爬虫　蛇亀の類／爬剔　かきおこしとり除く／爬背　背をかく／爬痒　かゆみをかく／爬犂　雪ぞり

⬇聚爬・推爬・捜爬・搔爬

【爸】 8 8071 ハ ちち

形声 声符は巴。〔広雅、釈親〕に「父なり」とあり、爸爸は父の俗称。また老人を八八・巴巴のようによぶ。

訓義 [1]ちち。[2]老人の尊称、叔父をもいう。[3]また、爹・爺という。

➡爸爸　父

常【派】 9 〔派〕 9 3213 ハ わかれる つかわす

篆文

形声 声符は辰。辰は水脈の分流する形で、派の初文。〔説文〕十一上に「別れたる水なり」とあり、また辰字条十一下に「水の衺めに流れ別るるなり。反永に従ふ」とし、永十一下には「水の巠理の長永なるに象るなり」（段注本）とする。辰が反永ならば、永は水の合流することをいう字であり、その水勢のさかんなることから、永長の意となる。辰・永は対待の語である。

訓義 [1]わかれる、わかれ流れる。[2]わかれつかわす、つかわす。

古訓 〔新撰字鏡〕派　美奈万太和加留（みなまたわかる）〔名義抄〕派　ミナマタ・ワカル・ワカツ・チマタ　〔字鏡集〕派　ワカル・ワタル・ナガル・ミナマタ・チマタ・ワカツ

語系 派・辰pheは同声。脈（脈）mekもその声義を取る字であるが、〔説文〕十一下に字を衇（𧖴）に作り、「血理分れて、體に衺行する者なり」とみえる。血衇の体中に流転するをいう。

【派生】はせい　源本から分かれ生ずる。〔文心雕竜、隠秀〕夫れ心術の動くこと、遠し。文情の變ずること、深し。源奧かくして派生じ、根盛んにして穎峻し。

【派別】はべつ　水が分流する。宋・曽鞏〔山水の屛〕詩　遠きを歷て始めて紆徐し　派別衆谷に輸る

【派流】はりゅう（はりう）　流派。〔資治通鑑、隋紀八〕（恭帝、義寧元年）（李）淵、書を以て李密を招く。密、自ら兵の強きを恃のみ、盟主爲らんと欲す。己巳、祖君彦をして（李淵に）復書せしめて曰く、兄と派流異なりと雖も、根系は本と同じ。～望む所は、左提右挈、戮力同心せん～と。

➡派員　役員を派遣する／派衍　ふえる／派演　派生しひろがる／派官　係官を派遣する／派遣　出張する／派出　出張する／派定　指定する／派兵　兵を派遣する／派徴　割り当て負担する／派斂　割り付け徴収する

⬇一派・右派・海派・学派・九派・巨派・源派・硬派・左派・支派・詩派・析派・泉派・疏派・宗派・党派・軟派・万派・分派・別派・末派・立派・流派・両派

【玻】 9 1414 ハ はり

形声 声符は皮。玉の名、また、ガラス。安徽滁州の、宋の欧陽脩が営んだ酔翁亭側の六一泉は、もと玻璃泉といった。水が

玻璃のように清らかであったという。

訓義 1玉の名、玻璃、玻瓈。2仏教の七宝の一、水晶。3ガラス、ギヤマン。4鏡。5玻璃版、コロタイプ。

【玻璃】 玉の名。〔太平広記、八十一に引く梁四公記、梁四公〕扶南の大舶、西天竺國より來り、碧玻璃鏡を賣る。～內外皎潔、～五色の物を其の上に置き、明に向つて之れを視れば、其の質を見ず。

↑玻室 温室／玻房 玻室

【破】 常 10 1464 ハ やぶる ひらく まける

篆文 

形声 声符は皮。〔説文〕九下に「石碎くるなり」、〔玉篇〕に「解離するなり」とあり、石の表面が剝離し、割れることをいう。〔広雅、釈詁一〕に「壞るるなり」とあり、すべて組織の破壊することをいう。

訓義 1やぶる、とける、石の表面がくだけはなれる。2こわれる、さける、くだける。3ひらく、はなれる。4まける、いくさにまける。

古訓 〔名義抄〕破 ヤブル・ワル・クダク 〔篇立〕破 ヤブル・ワル・ヒラク・ヤク・クダク・アフル

語系 破phuaiは皮・被biaiと声近く、その表皮の剝落するを破という。また披・帔phiaiにはひらく意があり、破とはひらき離れることをいう。

【破屋】 あばらや。清・呉昌碩〔辛巳重陽〕詩 吾が家園に歸り、書を讀んで耕稼を事とせんと欲するも 生計亦た何ぞ疏なる 破屋、荒山の下

【破瓜】 年ごろの女子。瓜を分かつと八八となり、十六の女子。男は六十四歲。晉・孫綽〔情人碧玉歌、二首、二〕詩 碧玉破瓜の時 郎、爲に情顚倒す 郎(君)に感じて羞赧せず 廻身、郎の抱に就く

【破家】 家産を尽くす。宋・蘇軾〔趙清献公(抃)神道碑〕兩蜀、地遠くして民弱し。吏恣に不法を爲し、州郡酒食を以て相ひ饋餉し、衙前に廚傳を治め、破家相ひ屬ぐ。公、身から帥ゐるに倹を以てし、～蜀風之れが爲に一變す。

【破潰】 崩潰する。〔三国志、魏、武帝紀注に引く献帝起居注〕輒ち兵馬を勒くし、與に官渡に戰ふ。聖朝の威に乘じ、～遂に大いに破潰す。

【破壞】 うちこわす。〔宋書、五行志五〕(孫)皓初め都を武昌に遷し、尋いで建業に還り、又新館を興す。～壯麗過甚、諸宮を破壞し、苑囿を增修す。暑を犯し農を妨げ、官民疲怠す。

【破顏】 ほほえむ。宋・欧陽脩〔子春発運待制に寄す〕詩 廣陵の花月、嘗て同に醉ふ 睢苑の風霜、暫らく破顏す

【破鏡】 夫婦が離別すること。〔太平御覧、七一七に引く神異経〕昔夫婦有り、將に別れんとして鏡を破り、人ごとに半を執りて以て信と爲す。其の妻、人と通ず。其の鏡、鵲に化して飛び、夫の前に至る。

【破産】 家産をなくする。唐・李白〔下邳の圯橋を経て、張子房(良)を懷ふ〕詩 子房、未だ虎嘯(世に出て活躍する)せず 產を破りて家を爲さず

【破字】 仮借字を其の本字に戻してよむ。たとえば〔詩、魯頌、泮水〕狄彼東南の狄は、逖の仮借。〔経義述聞、序〕大人(王念孫)曰く、詁訓の指は聲音に存す。字の聲同じく聲近き者は、經傳往往假借す。學者聲を以て義を求め、其の假借の字を破して、讀むに本字を以てせば、則ち渙然として冰釋せん。

【破題】 はじめに題意を説破する。〔六一詩話〕梅聖兪、嘗て范希文の席上に於て河豚魚の詩を賦して云ふ。春洲、荻芽を生じ 春岸楊花飛ぶと～詩を知る者謂ふ、祇だ破題の兩句、已に河豚の好處を道ひ盡せりと。

【破竹】 竹を裂く。勢いが強く、急なことをいう。〔晋書、杜預伝〕今兵威已に振ふ。譬へば竹を破るが如し。數節の後、皆刃を迎へて解く。

【破壁】 壁を破る。〔宣和画譜、道釈一、張僧繇〕嘗て金陵の安樂寺に於て四龍を畫き、目睛を點ぜず。謂ふ、點ぜば即ち騰驤して去らんと。～固く之れを點ぜんことを請ふ。因りて爲に落墨するに、才かに二龍に及べるに、果して雷電して壁を破る。

【破墨】 墨の濃淡を以て画く。〔歴代名画記、十、唐朝下〕(王維)詩を制りて曰く、當世謬りて詞客と爲る 前世は應に畫師爲るべし～と。～余れ曾て破墨の山水を見るに、筆迹勁爽なり。

【破裂】 裂ける。〔後漢書、光武帝紀上〕(更始二年正月)晨夜兼行し、霜雪を蒙犯す。天時寒く、面皆破裂す。呼沱河に至る。船無し。適ゝ冰の合するに遇ひ、過ぐることを得たり。

↑破衣 破れ衣／破駅 廃駅／破襖 破れ上衣／破戒 五戒を破る／破害 そこなう／破格 格外／破褐 弊衣／破陷 陥る／破眼 開眼／破棄 廃棄する／破毀 破やぶる／破却 すてる／破暁 よあけ／破業 破家／破軍 敗軍／破撃 撃破する／破月 残月／破険 崩し書き／破袴 破れ袴／破觚 角を削る／破午 正午／破国 亡国／破坐 坐を崩す／破砕 砕く／破散 ばらばら／破日 凶日／破邪 邪を破る／破絮 ぼろ／破心 砕心／破身 初夜／破船 難破／破村 荒村／破損 そこなう／破体 破格／破胆 驚く／破綻 失敗／破的 的中する／破殄 亡ぼす／破敗 破る／破費 失費／破廟 廃寺／破帽 破れ帽子／破滅 滅びる／破門 門下を追放する／破悶 排悶／破用 消費する／破蕾 花が開く／破落 残破する／破履 破れ履／破籬 荒れ垣／破例 破格／破廬 あばらや／破老 老いぼれる／破漏 もれる

↓掩破・壞破・喝破・看破・観破・窮破・鏡破・驚破・撃破・砕破・残破・笑破・照破・傷破・説破・走破・打破・竹破・椎破・的破・踏破・道破・撞破・読破・突破・難破・爆破・半破・擘破・奔破・夢破・裂破・論破

【耙】 10 5791 ハ まぐわ

形声 声符は巴。巴に把握の意がある。土を起こしたのち、こまかくすき砕くくわ。木や鉄の歯をそなえたもので、方耙・人字耙などがある。

訓義 1まぐわの一、細かい歯のあるくわ。2また杷・爬と通用する。

【耙耬】 まぐわですき集める。〔斉民要術、六、養猪、自注〕豬の性、甚だ水生の草を便とす。水藻等を耙耬して岸に近づけしめば、豬則ち之れを食らひて皆肥ゆ。

↑耙子 さらい／耙鋤 すき／耙梳 すき整える／耙犂 すき

↓拖耙・鉄耙・犂耙

【豝】 11 1721 ハ いのこ ぶた

篆文 

形声 声符は巴。〔説文〕九下に「牝豕なり」、〔爾雅、釈獣〕「豕の～牝なるは、豝なり」、〔広雅、釈獣〕に「獸～二歳なるを豝と爲す」とみえる。〔説文〕に「一に曰く、二歳の豕、能く相ひ把拏する者なり」(段注本)とは、音義説を加えたものである。漢の高祖に追われた徳光は北地に没したが、契丹はその腸胃を去って塩づけとし、晋人はこれを帝豝といった。帝のほじしの意である。

訓義 1いのこ、めすぶた。2二歳のぶた。3大きな猪。4ほじし。

古訓 〔字鏡集〕豝 ヰノコ

↓小豝・帝豝

入【琶】12 1171 ハ びわ

篆文

形声 声符は巴。字の上部がその器形を示す。琴・瑟はともにその形に従い、琵琶はおそらく外来のものであろうが、同じくその形をとる。〔説文新附〕十二下に「琵琶なり」とあり、批把（はねる）の意かともいわれるが、西域から伝えられたもので、その原名を音訳したものであろう。

訓義 ①びわ。②把と通じ、絃をひきならす。③明代の拷問法、これを受けると気絶するという。

古訓 〔和名抄〕琵琶 毗婆の二音なり

↓箏琶・琵琶

【跛】12 6414 ハ ヒ あしなえ かたよる

篆文

形声 声符は皮。皮は獣皮を剝ぎとる形で、傾きかたよるものの意がある。〔説文〕二下に「行くこと正しからざるなり」とし、皮声。また「一に曰く、足もて之れを排す。讀みて彼の若くす」という。〔繫伝〕は本訓の次に「讀みて罷の若くす」という音を加える。足疾のため歩行の困難なものをいう。〔荀子、王制〕に「傴巫跛擊」という語があり、擊は覡で男巫。古くは障害のある人は神威にふれたものとして、神につかえた。

訓義 ①あしなえ。②かたよる、よりかかる。

古訓 〔名義抄〕跛 ナヘク・アシナヘ・フム・コユ・カタシタツ 〔字鏡〕跛 アシヲレ・ナヒク・コユ・フム

語系 跛puai、頗phuaiは声義近く、頗は身の傾くことをいう。偏（徧）phyenも偏頗の意。頗を〔説文〕九上に「頭偏れるなり」とするが、その姿勢についていう語である。

【跛鼈】はべつ かた足の大亀。〔荀子、修身〕頭歩（半歩ずつ徐行）するも休せざれば、跛鼈も千里なるべく、土を累ねて輟めざれば、丘山も崇成す。

↑跛倚はい よりかかる/跛覡はげき 足のわるい男かんなぎ/跛擊はげき 跛覡/跛蹶はけつ 足がわるくてつまずく/跛蹇はけん 跛人/跛子はし 跛人/跛人はじん あしなえ/跛足はそく 跛人/跛躓はち 跛蹶/跛躃はへき 片足/跛鼈はべつ 跛人/跛驢はろ 無能なものにたとえる

↓脚跛・蹇跛・偏跛

【葩】13 4461 ハ はな はなやか

篆文

形声 声符は皅。〔説文〕一下に「華なり」とし、皅声とする。〔楚辞、九歌、礼魂〕に「芭を傳へて代るがはる舞ふ」という句があって、芭は巫の執るところであった。巴にまるくたばねる意があって、葩もそのような草花であるらしく、芭（芭）がその初文であろう。

訓義 ①はな、白く美しいはな、はなびら。②はなやか、花が美しくさかんなさま。③はなちる。

古訓 〔和名抄〕葩 波奈比良（はなびら）。草木の花片なり 〔篇立〕葩 ハナフサ・ハナビラ

【葩卉】はき 草花。宋・王安石〔秋早〕詩 山路に葩卉繁く 野田に風日好し

↑葩華はか はな/葩経はけい 〔詩経〕の異名/葩蘖はげつ 花と芽/葩爪はそう 花形の金飾り/葩藻はそう 華美

↓艶葩・花葩・寒葩・玉葩・金葩・香葩・残葩・春葩・鮮葩・霜葩・藻葩・丹葩・繁葩・芬葩・粉葩・芳葩・林葩・霊葩

【靶】13 4751 ハ たづな つか

篆文

形声 声符は巴。巴に把握の意がある。〔説文〕三下に「轡の革なり」とあり、たづな。また把と通じ、つか。射的のまともいう。

訓義 ①たづな、はづな。②つか。③まと、射的を打靶という。

古訓 〔名義抄〕靶 ユミツカ・クツワツラ

↓雲靶・箭靶・捧靶・連靶

入【頗】14 4128 ハ ヒ かたよる すこぶる

篆文

形声 声符は皮。〔説文〕九上に「頭偏れるなり」とあり、姿勢が一方に傾く状態をいう。すべて中正を失することを偏頗という。〔書、洪範〕に「偏無く頗無く、王の義に遵ふ」とみえる。「すこぶる」という訓は「少し」を活用したもので、もとは僅少の意である。

訓義 ①かたよる、かたむく。②よこしま、不公平。③すこし、すこぶる、やや。④かなり、はなはだ。

古訓 〔名義抄〕頗 スコブル・モシ・カタシ 〔篇立〕頗 スコブル・モシ・ヒトヘニ・カタシ・タケシ 〔字鏡集〕頗 カタブク・スコブル・ミダリガハシ・ヒトヘニ・モシ・カタシ

語系 頗phuai、偏（徧）phyen、跛puaiは声義に通ずるところがあり、すべて平衡を失った状態をいう。

↑頗僻はへき かたよる/頗偏はへん 偏頗

↓険頗・側頗・不頗・偏頗・無頗

入【播】15 5206 ハ まく しく うつる うごく

篆文 古文 金文

形声 声符は番。番は獣掌の形。〔説文〕十二上に「種くなり」とあって、播種の意とする。〔書、舜典〕に「汝后稷となり、時の百穀を播け」、〔詩、周頌、載芟〕に「厥の百穀を播く」のように、古くは播種の意に用いた。また播遷・播揚の意もあり、ひらひらと移る意がある。

訓義 ①まく、たねまく。②しく、ほどこす、ひろくほどこす。③ちる、はなつ、うつる、わかれる、うごく。④簸と通じ、あげる。

古訓 〔名義抄〕播 ホドコス・ホシマヽ・ウゴカス・スツ・アガル・チル・コマカニ・アマネシ・ウウ・ハナル・ワカル・ヒロシ・カヘル・カフル・アフル

語系 播・簸・波puaiは同声。みなうごき、ひろまる意がある。番声と皮声との間に、一般に声義の関係がある。

【播越】はえつ 本地を離れる。さすらう。〔左伝、昭二十六年〕王子朝、諸侯に告げしめて曰く、～茲に不穀（王の自称）、震盪播越して、竄れて荊蠻（楚）に在り、未だ厎る攸有らず。

【播棄】はき うち棄てる。〔書、泰誓中〕今商王受（紂）～犂老（老人）を播棄し、罪人に昵比す。

【播刑】はけい 刑を施す。〔礼記、緇衣〕子曰く、～上は以て刑を褻し、爵を輕しくすべからず。康誥に曰く、敬みて乃の罰を明らかにせよと。甫刑に曰く、刑を播きて之れ迪かずと。

【播殖】はしょく 耕殖する。〔後漢書、鄭玄伝〕（子を戒むる書）年四十を過ぎ、乃ち歸りて供養し、田を假りて播殖し、以て朝夕を娯しむ。閹尹（宦官の長）の擅執に遇ひ、黨に坐して禁錮せらる。十有四年にして赦令を蒙る。

【播遷】はせん 播越。〔列子、湯問〕龍伯の國に大人有り、足を擧ぐること數歩に盈たずして五山の所に曁ぶ。～代輿・員嶠の二山、北極に流れ、大海に沈む。仙聖の播遷する者、巨億計り。

【播蕩】はとう 流離する。〔魏書、楽志〕中原喪亂せしより、晉室播蕩し、永嘉已後、舊章湮沒せり。

【播揚】はよう ことを起し広める。〔顔氏家訓、後娶〕先人の辭迹を播揚し、祖考の長短を暴露し、以て己を直くするを求むる者、往往にして有り。

【播弄】はろう 思うままに弄ぶ。〔元曲、梧桐雨、二〕如今、明皇（玄宗）、年已に昏眊し、楊國忠・李林甫、朝政を播弄す。

↑播穫 播種し収穫する／播芸 種まき／播降 種まき／播告 布告する／播穀 種まき／播骨 散骨／播散 まく／播種 種まき／播出 逃亡する／播糈 播精／播植 播殖する／播精 米をひる／播潜 逃亡する／播田 種まく／播伝 伝播する／播敷 広める／播賦 広める／播亡 逃亡／播名 名をあげひろめる／播流 広まる
↓遠播・響播・弘播・徙播・種播・宣播・遷播・伝播・風播・名播・流播

【鄱】 15 2762 ハ ハン

篆文 

形声 声符は番。〔説文〕六下に「鄱陽、豫章縣なり」とあり、江西省。鄱陽湖は〔書、禹貢〕にいう彭蠡、漢の彭沢、隋に至って鄱陽という。
訓義 ①鄱陽、郡名。②湖の名。③字はまた蕃に作る。
【鄱湖】 鄱陽湖。清・潘耒〔五老峯の最高頂に登る〕詩 我鄱湖に浮んで、五老を望めば 萬仞秀出す、天中の閒

【皤】 17 2266 ハ しろかみ しろい

篆文 

形声 声符は番。〔説文〕七下に「老人の白きなり」とあり、〔段注〕にその顔色をいうものとする。番はもと獣掌の象で、白くひらひらと動くものの意があり、皤とは老人の白髪のなびくさまをいう語と思われる。〔易、賁、六四〕「賁如たり、皤如たり。白馬翰如たり」は、白馬が鬣をなびかせて勇むことをいう。
訓義 ①しろかみ、老人の白髪。②しろい、しろっぽい。③太くこえる、色白のところ。
古訓 〔名義抄〕皤 白首 イサム／皤々 シラケタリ
語系 皤buai、白beakは声義近く、皤とは白くてなびくようなものをいう。〔広雅、釈器〕に「白なり」とみえる。〔史記、秦紀、正義〕に「白頭の貌なり」とあって、老人をいう。
【皤翁】 白髪の老人。金・趙元〔田間秋日三首、三〕詩 皤翁傴僂して、薪を負ひて行き 稚子跳梁して、棗を剝ぐの聲あり
【皤然】 髪が白いさま。唐・白居易〔白髪〕詩 白髪生來、三十年 而今鬚鬢、盡く皤然たり
【皤皤】 白髪のさま。老人。〔後漢書、樊準伝〕（上疏）多く名儒を徵して、以て禮官に充つ。～故に朝（廷）に皤皤の良、華首の老多し。
↑皤皎 清らかなさま／皤蒿 白よもぎ／皤如 白いさま／皤叟 白髪の老人／皤腹 大きな腹
↓双皤・蒼皤・髪皤・鬢皤・腹皤

【簸】 19 8884 ハ ひる あおる

篆文 

形声 声符は皮。〔説文〕五上に「米を揚げて糠を去るなり」とあり、箕に入れた米をふりあげるようにして、そのもみがらなどを去るをいう。〔詩、小雅、大東〕に「維れ南に箕（星）有るも 以て簸揚すべからず」とは、箕星は箕の名をもつが、簸揚の役に立たぬことをなげく意。箕を動詞化した字とみてよい。
訓義 ①ひる、あおる、あおりあげる。②ふるいすてる。
古訓 〔新撰字鏡〕簸 美（み） 〔名義抄〕簸 ヒル
語系 簸・播・波puaiは同声。波のようにゆり動かし、ひらひらと風に揚げるというような状態をいう。
【簸蹂】 ふるい、ふむ。精白する。〔詩、大雅、生民〕或いは舂き、或いは揄きとり 或いは簸り、或いは蹂む
【簸汰】 穀物をふるいわける。〔清異録、饌羞〕力有る者、飯材を治め、舂搗簸汰するに、但だ中心に一顆のみ存するを貴ぶ。俗に之れを轉身米と謂ふ。
【簸蕩】 あおられて動く。南朝宋・鮑照〔行路難に擬す、十八首、八〕詩 中庭五株の桃 一株先づ花を作す 陽春妖冶たる二三月 風に従つて簸蕩せられて、西家に落つ
【簸頓】 侮り弄ぶ。唐・韓愈〔東方朔雑事を読む〕詩 五山を簸頓して踣き 八維（八方）に流漂して蹉く
【簸弄】 弄びみだす。〔宣和遺事、前集〕蔡京・蔡卞、人と爲り反復變詐にして、忠良を欺陷す。天下の安んぜざるは、皆京・卞二人の簸弄に由る。
↑簸運 動かされるまま／簸箕 み／簸土 大げさに虚勢をはる／簸掉 ふるう／簸盪 簸蕩／簸動 揺り動かす／簸粃 ふるう／簸揚 ひる／簸颺 簸揚／簸羅 角笛
↓箕簸・掀簸・舂簸・吹簸・扇簸・蕩簸・波簸・飄簸・風簸・翻簸・揚簸・浪簸

常【覇】 19 【霸】 21 1052 ［覇］ 19 1052
ハ ハク しろい はたがしら

篆文  古文  金文 

会意 旧字は霸に作り、雨＋革＋月（月）。霸の初文は䨣に作り、雨＋革。獣屍が雨にうたれ、色沢を失って白く暴されている形で、生色を失った白い色をいう。月光の白さがそれに似ているので、月を加えて霸となった。〔説文〕七上に「月始めて生じて魄然たるなり。大月を承くるときは二日、小月を承くるときは三日なり。月に従ひ、䨣は聲」とする。金文に「既生霸」「既死霸」のように月相をいう語があり、一月四週を初吉・既生霸・既望・既死霸に分かつ。〔説文〕のいう二・三日の頃は初吉にあたり、劉歆の〔三統暦〕に死霸を朔日とする解釈に近いが、朔・望の間に生霸・死霸をおく王国維の説は、金文の暦朔日辰の計算の上にも妥当なもので、その解をとるべきであろう。霸はまた伯と通用し、霸者の意に用いる。白は頭顱の白骨化したもので、髑髏の象。雄傑の人の髑髏を保存し崇拝したので、その人を伯という。霸者の義は伯の仮借義である。常用漢字の覇は、もと霸の俗字。
訓義 ①しろい、しろい獣死、生色のない白さ。②月の光りはじめ、うすい月光、月かげ。③伯と通じ、はたがしら、はしゃ。④魄と通じ、月光を生魄・死魄という。
古訓 〔新撰字鏡〕霸 月の形、光无く、暗晦なる者を謂ふ。把なり、言ふこころは、諸侯の權を把持するなり。今竝に魄の字と爲す。伯なり。迫なり。與なり 〔名義抄〕霸・覇 セム・ウツ・タスク・ヲサム・ムカフ・タガヒニ・ハヤル・タシナム
語系 霸・伯peakは同声。〔説文〕八上に「伯は長なり」とあり、霸はもと䨣に作り入声音であったので、同声仮借して霸を伯の意に用いる。白は髑髏、䨣は獣屍の暴露して色を失ったもの、ともに色の脱けた白さをいう。
【覇王】 覇者として天下を支配する。〔史記、項羽紀論贊〕然れども羽、尺寸有るに非ず、勢ひに乗じて隴畝の中に起り、三年にして遂に五諸侯を將ゐて秦を滅ぼし、天下を分裂して王侯を封じ、政、羽より出で、號して覇王と爲す。
【覇気】 覇者たることを求める気象。清・王士禎〔蟂磯霊沢夫人祠、二首、二〕詩 覇氣江東、久しく寂寥 永安宮殿、草蕭蕭たり 都べて衆國無窮の恨みを將つて 分付す、潯陽の上下の潮に
【覇業】 覇者の業。〔古文真宝、前集、虞美人草〕詩 咸陽宮殿、三月紅なり 覇業已に煙燼に従つて滅ぶ
【覇者】 諸侯のはたがしら。〔孟子、公孫丑上〕力を以て仁を假る者は覇なり。覇は必ず大國を有つ。德を以て仁に行ふ者は王なり。王は大なるを待たず。
【覇主】 覇者たる王。〔左伝、成八年〕士の二三にするも、

猶ほ妃耦を喪ふ。而るを況んや霸主をや。霸主は將に德を是れ以ひんとす。而るに之れを二三にせば、其れ何を以てか長く諸侯を有たんや。

【霸図】とは 霸業の謀。唐・陳子昂〔薊丘覧古、七首、燕の昭王〕詩 南のかた碣石館に登り 遙かに黃金臺を望む 丘陵、盡く喬木 昭王、安くに在るや 霸圖、悵として已んぬ 馬を驅りて、復た歸り來る

【霸道】はどう(だう) 王道に対して、霸者たる道。〔史記、商君伝〕(衛)鞅曰く、吾れ公に說くに霸道を以てするに、其の意、之れを用ひんと欲す。誠に復た我を見えしめよ。〜と。衞鞅復た孝公に見ゆ。公與に語り、自ら厀の、席より前むを知らず。

【霸略】はりゃく 霸者たる謀。〔旧唐書、崔融伝〕(関市に税せざるを請ふ疏)關市の稅の如きに至りては、史籍に文有り。秦政(始皇帝)、雄圖武力を以て之れを捨てて用ひざるなり。漢武、霸略英才を以て、之れを去りて取る勿し。

↑霸姦 寝取る／霸軌 霸者の道／霸衿 悪書生／霸権 霸者の権／霸妻 霸姦／霸史 霸国の史／霸事 霸業／霸心 霸気／霸臣 霸者の臣／霸迹 霸業／霸朝 霸者の府／霸府 幕府

↓英霸・王霸・五霸・称霸・世霸・成霸・制霸・争霸・定霸・雄霸・連霸

【灞】 24 3112 ハ

形声 声符は霸(覇)。川の名。関中八川の一。

訓義 ①川の名。②橋の名。③池の名。④字はまた霸に作る。

【灞橋】はきょう(けう) 長安の東、灞水に架した橋。送別の時、この橋畔の柳枝を折って送った。その曲を折柳という。〔北夢瑣言、七〕唐の相國鄭綮、詩名有り。〜或ひと曰く、相國近ごろ新詩有りや否やと。對へて曰く、詩思は灞橋風雪中の驢子(驢馬)上に在り。此の處、何を以て之れを得んと。

【灞陵】はりょう 長安の東、漢の文帝の陵がある。唐・岑参〔韓樽の相ひ過ぎるを喜ぶ〕詩 三月灞陵、春已に老いたり 故人相ひ逢うて、醉倒するに耐へたり

バ

常

【馬】 10 7132 バ マ メ うま

篆文

古文

籀文

甲骨文

金文

象形 卜文・金文の字形は、鬣のある馬の形。〔説文〕十上に「怒るなり。武なり」と馬と畳韻の語を以て解する。馬を陽物とし、音義説を以て解するものであるが、語義との関係はない。〔左伝、襄六年〕に、宋では司馬のことを司武と称しており、その古音が近かったのであろう。

訓義 ①うま。②投壺のかずとり。③罵と通じ、ののしる、わるい。

古訓 〔和名抄〕馬 无万(むま)。南方の火畜なり 〔篇立〕馬 イカル・ムマ・コマ・ワタル

部首 〔説文〕馬部に騭・駒以下百十五字、〔新附〕に五字を属し、〔玉篇〕には二百七十七字を属する。西北諸族との交渉も多くなり、馬政の上にも多くの文字を必要とするようになったのであろう。

声系 〔説文〕に馬声として禡・罵など四字を収める。禡は師祭、軍を出すときに行う。罵は罵詈と連ねて用いる。詈は祝詞を示す言に网をかけて行う呪詛をいう字。罵も馬に网する形で、何らか呪詛的な行為を意味する字であったのであろう。禡・罵は馬の亦声の字である。

語系 〔説文〕にいう馬mea、怒na、武miuaはみな魚韻の字であるが、通用の関係がなく、〔説文〕は馬を怒・武を以て解するが、意味上の関連はない。

【馬革】ばかく 馬の皮。〔後漢書、馬援伝〕男兒、要は當に邊野に死し、馬革を以て屍を裹つみ、還りて葬らるべきのみ。何ぞ能く牀上に臥して、兒女子の手中に在らんや。

【馬群】ばぐん 群馬。唐・韓愈〔温処士の河陽軍に赴くを送る序〕伯樂一たび冀北の野を過ぎりて、馬群遂に空し。〜群に良馬を留むる無きに非ざるなり。良馬無きなり。〜馬無きなり。

【馬子】ばし 便器。おまる。〔雲麓漫鈔、四〕李廣〜臥虎を見て之れを射、〜銅を鑄て其の形に象り、溲器と爲して之れを厭辱することを示す。故に漢人、溷器を目づけて虎子と爲す。〜唐、虎を諱み改めて馬と爲す。今人の廁馬子と云ふ者、是れなり。

【馬矢】ばし 馬糞。〔左伝、文十八年〕(襄)仲、(公子)惡と視とを殺し、宣公を立つ。〜仲、君命を以て惠伯を召す。其の宰、〜之れを止む。〜聽かず。乃ち入る。殺して之れを馬矢の中に埋む。

【馬歯】ばし 馬の年齢。〔穀梁伝、僖二年〕晉の獻公、虢を伐たんと欲す。荀息曰く、君何ぞ屈產の乘、垂棘の璧を以て道を虞に借らざると。〜虢を亡ぼし、五年にして後、虞を擧ぐ。荀息馬を牽き璧を操りて前みて曰く、璧は則ち猶ほ是くのごとくなるも、馬齒は長を加ふと。

【馬耳】ばじ 馬の耳。馬耳東風は馬の耳に念仏。宋・蘇軾〔何長官の六言に和す、次韻、五首、五〕詩 青山自ら是れ絕色 人の誰れと與にか容を爲すもの無し 說いて市朝の公子に向ふは 何ぞ馬耳の東風に殊ならん

【馬首】ばしゅ 馬の進む方向。唐・王昌齢〔出塞行〕詩 白草原頭、京師を望む 黃河水流、盡くる時無し 窮秋、曠野、行人絕ゆ 馬首東來、知んぬ是れ誰ぞ

【馬上】ばじょう(じやう) 馬に乗る。〔史記、陸賈伝〕高帝〜曰く、迺公(我)は馬上に居りて之れを得たり。安んぞ詩書を事とせんと。陸生曰く、馬上に居りて之れを得とも、寧んぞ馬上を以て之れを治むべけんや。且つ〜文武竝せ用ふるは、長久の術なり。

【馬食】ばしょく 大食。また、口をつけて食う。〔史記、范雎伝〕須賈、范雎に辭す。范雎、大いに供具し、盡く諸侯の使を請して、與に堂上に坐す。食飲甚だ設く。而して須賈を堂下に坐せしめ、莝豆(まぐさの器)を其の前に置き、兩黥徒(罪人)をして、夾みて之れに馬食せしむ。

【馬前】ばぜん 貴人の乗馬の前。唐・白居易〔長恨歌〕詩 六軍發せず、奈何ともする無し 宛轉たる蛾眉(楊貴妃をいう)、馬前に死す

【馬蹄】ばてい 馬のひづめ。〔荘子、馬蹄〕馬、蹄は以て霜雪を踐むべく、毛は以て風寒を禦ぐべし。草を齕み水を飲み、足を翹げて陸ぶ。此れ馬の眞性なり。

【馬容】ばよう 行軍の先駆。〔南史、陳宗室諸王、始興王叔陵伝〕叔陵の部下、多く甲を棄てて潰散す。(蕭)摩訶の馬容陳智深、迎へて叔陵を刺す。

【馬鹿】ばろく 馬を鹿という。人をためす。〔史記、秦始皇紀〕趙高、亂を爲さんと欲し、群臣の聽かざるを恐る。乃ち先づ驗を設け、鹿を持して二世に獻じて曰く、馬なりと。二世笑ひて曰く、丞相誤れるか。鹿を謂ひて馬と爲すと。左右に問ふ。左右或いは默し、或いは馬と言ひ、以て趙高に阿り順ふ。

↑馬印 馬の烙印／馬褐 馬衣／馬乾 馬のまぐさ／馬伎 乗馬伎／馬戯 曲馬／馬脚 馬の足／馬厩 うまや／馬圉 馬養い／馬靳 胸がい／馬圏 馬小屋／馬甲 馬の甲／馬猴 馬と猿、男根の意に用いる／馬杌 貴婦人の腰掛け／馬策 むち／馬槊 馬上の戈／馬

市／馬の市／馬屎／馬矢／馬肆／馬市／馬射／騎射／馬酒／馬酪／馬敞／牧場／馬乗／四頭立て／馬捶／馬のむち／馬箠／馬捶／馬芻／まぐさ／馬声／いななき／馬政／馬の政令／馬足／馬脚／馬賊／騎馬賊／馬帯／馬の腹帯／馬站／馬飛脚／馬帳／学者の書斎、後漢の馬融が講席の後ろに帳を引いていた故事／馬通／馬矢／馬逓／馬で送る／馬蹄／馬蹏金／馬図／河図／馬桶／便器／馬鐙／あぶみ／馬乳／馬の乳／馬瑙／玉の名、めのう／馬排／馬の挽臼／馬肥／秋の馬／馬匹／馬／馬糞／馬矢／馬兵／騎兵／馬癖／馬好き／馬鞭／馬のむち／馬歩／馬にたたりする神／馬棚／馬小屋／馬勃／菌の一種／馬闌／うまや／馬欄／うまや／馬糧／馬料／馬鬣／馬のたてがみ／馬力／馬力／馬鈴／馬の鈴／馬齢／自分の年、謙称／馬櫪／かいば桶／馬路／大通り／馬勒／おもがい

↓愛馬・鞍馬・佚馬・飲馬・駅馬・宛馬・介馬・快馬・海馬・瞎馬・悍馬・冀馬・騎馬・弓馬・休馬・廐馬・拒馬・圉馬・金馬・駆馬・駒馬・軍馬・下馬・競馬・犬馬・蹇馬・胡馬・貢馬・駛馬・駟馬・車馬・戎馬・出馬・駿馬・乗馬・神馬・迅馬・騅馬・征馬・騂馬・洗馬・戦馬・前馬・走馬・相馬・驄馬・駄馬・代馬・痴馬・馳馬・竹馬・繋馬・調馬・騁馬・天馬・伝馬・駑馬・頓馬・白馬・肥馬・牝馬・駙馬・風馬・文馬・兵馬・牡馬・僕馬・名馬・木馬・野馬・遊馬・養馬・騾馬・落馬・竜馬・羸馬・櫪馬・驢馬・老馬

常
【婆】
11 3440 バ ばば はは

篆文

形声 声符は波。〔説文〕十二下に「媻は奢るなり」とあり、〔古今韻会挙要〕に引く〔説文〕には「一に曰く、老女の稱なり」とあって、媻は婆と同義の字であろう。般に般楽の意があり、媻は婆娑として舞う義の字であろう。波にも動揺・起伏の意があり、婆とは婆娑の状をいう。また老母・老婦の意に用いる。

訓義 [1]舞うさま、婆娑。[2]ばば、老女、そのぐずつくさまよりいう。[3]はは、方言。また、じじをいうことがある。

古訓 〔名義抄〕婆 ハハ 〔篇立〕婆 トラカス・ハハ／婆娑 マフ 〔字鏡集〕婆 ハ・マヒノカタチ・トラカス

語系 婆buai、波puaiは声近く、波の波動するように舞うことを婆娑という。媻・槃buanもまた蹣跚として舞う意の字。婆はのち母ma、また老母の意に用いる。

【婆娑】舞うさま。また、すべてしどけないようなさまに用いる。〔詩、陳風、東門之枌〕東門の枌 宛丘の栩 子仲の子 其の下に婆娑す

【婆婆】老年の婦人。祖母。唐・権徳輿〔孫男法延師を祭る文〕翁翁婆婆、乳果の奠を以て、九歳の孫男法延師の靈を致祭す。

↑婆子 老婆／婆娘 下女／婆心 老婆心／婆然 舞うさま

↓阿婆・産婆・闍婆・塔婆・媒婆・老婆

【瑪】
14 1112 バ メ めのう

形声 声符は馬。宝石の名、瑪瑙。めのう。

訓義 [1]瑪瑙は、めのう。

【瑪瑙】玉の名。めのう。魏・文帝〔瑪瑙の勒の賦の序〕瑪瑙は玉の屬なり。西域より出づ。文理交錯し、馬腦に似たる有り。故に其の方人、因りて以て之れに名づく。

【禡】
15 3122 〔貉〕13 2726 バ

篆文

形声 声符は馬。〔説文〕一上に「師行きて止まる所、其の神を慢にすること有らんことを恐れ、下りて之れを祀るを禡と曰ふ」とあり、〔礼記、王制〕「征く所の地に禡す」の文による解である。〔玉篇〕に「馬上祭なり」、〔詩、大雅、皇矣〕「是に類し是に禡す」の〔毛伝〕に「内に於てするを類と曰ひ、野に於てするを禡と曰ふ」とあって、軍行の際に、その行動する地で行う軍礼をいう。字はまた貉に作り、〔周礼、夏官、大司馬〕「遂に以て蒐田(狩)す。有司、表貉す」、また〔春官、甸祝〕に「四時の田と表貉の祝號とを掌る」とあり、狩猟のときには貉の字を用いたようである。

訓義 [1]まつり、いくさのまつり。[2]馬上の祭。[3]字はまた貉・貊に作る。

【禡牙】行軍の地で行う軍礼。〔封氏聞見記、五、公牙〕詩に云ふ、祈父よ 予は王の爪牙なりと。〜故に軍前の大旗、之れを牙旗と謂ふ。師を出だすときは則ち建牙・禡牙の事有り。

↑禡旗 禡牙／禡祭 禡の祭／禡禱 禡祭／禡牙

↓祭禡・伝禡・表禡・類禡

常
【罵】
15 6032 バ ののしる

篆文

形声 声符は馬。〔説文〕七下に「詈るなり」、また前条に「詈は罵るなり」とあって互訓。詈は神に誓う祝詞の器(言)に网をかけて、その偽盟を責める呪儀。罵もそのような呪儀をいう語であろう。〔漢書、賈誼伝〕に「笞傌棄市の法」というのがあり、これは市中引き廻しの上、獄門というような刑であろう。古代の刑罰には、詈の字形から考えられるような、象徴的な方法をとることがあった。

訓義 [1]ののしる。

古訓 〔名義抄〕罵 ノル・サイナム・ウナガス 〔篇立〕罵 サイナム・アヤカル・ヒトヲノル・ウナガス

【罵坐】坐中の人をののしる。〔史記、灌夫伝〕武安〜長史を召して曰く、今日、宗室を召せるは、詔有ればなりと。灌夫の罵坐して不敬なるを劾し、居室に繫がしむ。

↑罵街 人中で慢罵する／罵毀 悪口する／罵譏 そしる／罵倨 ののしりたかぶる／罵言 ののしる／罵辱 ののしり辱める／罵倒 激しくののしる／罵侮 ののしりあなどる／罵吻 悪口雑言／罵詈 ののしる

↓悪罵・呵罵・譏罵・叫罵・詬罵・呪罵・笑罵・酔罵・責罵・窃罵・善罵・争罵・唾罵・笞罵・嘲罵・痛罵・怒罵・悖罵・侮罵・忿罵・嫚罵・慢罵・面罵・妄罵・詈罵

ハイ

【扒】
5 5800 ハイ ハツ ハチ ぬく わける

形声 声符は八(八)。八に分別の意がある。捌は扒の近体の字。白話に用いる。

訓義 [1]ぬく、ぬきとる、拝の字義にあたる。[2]うつ、うちやぶる、やぶる。[3]さく、わる、わける。[4]捌と同じく、さばく。

古訓 〔字鏡集〕扒 ヌキツ・ヲガム・ツレタルコヱ・ヒヂ・ヌク・ウヤ・ヲサム・ヨロコブ

【扒桿】早瀬舟。〔広陽雑記、三〕錢塘江中の舟、湘中の扒桿に類す。張る所の布帆、大約二有り。一は常式の如く、一は横張なり。〜吾れ聞く、海舟に羽帆を爲す者有り、左右斜張、鳥の翼を舒ばすが如しと。〜但だ何の故に獨り之れを此の水に用ふるかを審らかにせず。

↑扒灰 父子同妾／扒手 すり／扒拉 かすめる

【𣎵】
5 2290 ハイ ハツ

篆文

象形 草木がしげり、花のしべが垂れる形に象る。〔説文〕六下に「艸木の盛んなること𣎵𣎵然たり」とし、八(八)声とするが、八は若い芽や花のしべが垂れるさまに象る。花咲くを秀、花が落ちるのを禿といい、

実のなりかけた形が孛は、その充実するさまは勃、穀物ならば穆、実の結ぶことを𣎵という。古い字形では、それぞれの字の関係をたしかめることができる。

訓義 1草木のしげるさま。2花が咲きかけるさま。

部首 〔説文〕に𣎵・索・孛・𣎳(市)・南の六字を属し、〔玉篇〕になお二字を加える。索の上部は縄の綯いはじめのところで、縄の末端の形。また南は銅鼓の環に紐をかけて懸繫した形であるから、𣎳とは関係がない。〔玉篇〕には別に部首として索を立てている。

声系 〔説文〕に𣎳声として肺(肺)・旆・沛・孛など十二字を収め、また孛声として誖・勃など四字を収める。𣎳・孛はいずれも内にたくわえられた力が、外に向かってあらわれる意で、はげしく躍動するさまをいう語である。

参考 字形の似たものに木・朩・朮・求がある。木は立木の枝のある形。朩は麻茎の皮をはいだ形で𣏟(麻)はその形に従う。朮は呪霊をもつ獣の形で、術(術)は行路の呪術、求は獣皮の象で裘の初文である。

【𠂢】 6 7223 ハイ ハ わかれる ながれ

篆文

象形 水の分流する形に象る。〔説文〕十一下に「水の衺めに流れ別るるなり。反永に従ふ」という。永は反文。永が水が合流して、その勢いではげしく流れることをいう。𠂢はのち派(派)に作る。

訓義 1わかれる、水がわかれ流れる。2分派、分流。

部首 〔説文〕に䖒・覛の二字を属する。䖒は「血理分れて、衺めに體中に行る者なり」(段注本)とあり、血脈の脈(脈)の初文。覛は「衺めに視るなり」とあって、流し目をいう。

声系 〔説文〕に𠂢声として派など二字を収める。

語系 䖒mekは𠂢・派pheと声近く、水脈のことを血脈に及ぼしたものであろう。

【吠】 7 6303 ハイ バイ ベイ ほえる

篆文 古印璽

会意 口＋犬。〔説文〕二上に「犬鳴くなり」とあり、〔詩、召南、野有死麕〕に「尨をして吠えしむること無かれ」の句がある。ほえることをいう語になお嘷・吼などがあり、いずれも擬声語である。国語の「ほゆ」もその頭音は同系の音。〔日本霊異記、上二〕に「嘷吠 保由(ほゆ)」の訓がある。

訓義 1ほえる、犬がほえたてる。

古訓 〔新撰字鏡〕吠 犬保由留(いぬほゆる) 〔名義抄〕吠 ナク 〔字鏡集〕吠 サケブ・ホユ・ナク

【吠日】 日に驚いて吠える。唐・柳宗元〔韋中立の師道を論ずるに答ふる書〕僕、往きに聞けり。庸蜀の南、恆に雨ふりて日少れなり。日出づるときは則ち犬吠ゆと。

【吠声】 犬の声。また、声に和して吠える。〔潜夫論、賢難〕諺に曰く、一犬形に吠え、百犬聲に吠ゆと。世の此れを疾むこと、固より久しいかな。

【吠雪】 雪に驚いて吠える。唐・柳宗元〔韋中立の師道を論ずるに答ふる書〕前六七年、僕、南に來る。二年冬、幸ひに大雪あり、嶺を踰えて南越中の數州に被る。數州の犬、皆蒼黄𠜱して吠噬して狂走する者累日、雪無きに至つて乃ち已む。

↑吠形 ほえる声／吠犬 ほえる犬／吠狗 吠犬／吠蛤 鳴くかえる／吠嘷 ほえる／吠噬 ほえかむ

↓遠吠・狂吠・驚吠・狗吠・群吠・犬吠・嘷吠・号吠・鳴吠

【坏】 7 4119 ハイ おか かわらけ

篆文 金文

形声 声符は不。不は実の胚胎する形で、ふくらむ意がある。〔説文〕十三下に「丘の一成なる者(ひと山)なり」(段注本)とあり、盛りあがったところをいう。「一曰く、瓦の未だ焼かざるもの」とあり、まだ焼成しない柔らかい土。わが国ではかわらけのような土器をいう。

訓義 1おか、低いおか。2柔らかい土、また焼かない土、瓦。3うめる、ふさぐ、ぬりこむ、かべ。4あなどる、おこたる。5壊の俗字、やぶる。6わが国で、つき、かわらけ、はに。

古訓 〔字鏡集〕坏 ナダラム・ツキ・ハニ・サカヅキ

↑坏坩 焼物／坏戸 巣穴／坏土 一坏の土／坏冶 土の型

↓一坏・甕坏・鑿坏・磚坏・蟄坏・陶坏

【孛】 7 4040 ［茀］ 9 4452 ハイ ボツ ふくれる みのる

篆文 その他

象形 花がおちて、実がなりかける形。𣎳は花がひらく形で、上部は花蕚の形、下の八(八)はしべ。そのしべの根がまるみを帯びた形が孛。〔説文〕六下に「𣎵孛なり」(段注本)とあり、𣎵の田の部分はその結実の形である。𣎳・孛・𣎵は、花がさき、実る過程を示す字。孛にふくれる意があり、内にひそめられた力が外にあらわれる意がある。その勢いを勃といい、勃如・勃然という。〔論語、郷党〕「色勃如たり」を〔説文〕に引いて「孛如」に作る。

訓義 1ふくれる、花の子房がふくれる、みのりはじめる。2みがつく、つやがでる、ひかる、かがやく。3𣎳・勃と通じ、花さく、ふくれる。4ほうき星の光の短いもの。

声系 〔説文〕に孛声として誖・勃など四字を収める。悖は誖の異文。悖乱の意があるのは、内にひそかにたくわえたものが、一時にその積鬱を暴発することがあるからであろう。

【孛轆】 雷声。その擬声語。宋・范成大〔秋雷歎〕詩 立秋の雷は萬斛を損すと 呉儂、此れを記して年穀を占ふ 汰だしい哉、豐隆(雷) 藉在(顧慮)無し 政に此の時を用つて、孛轆を鳴らす

↑孛如 勃如／孛彗 彗星／孛孛 光るさま／孛戾 道にそむく／孛老 ふけ役

↓彗孛・星孛・飛孛・妖孛

【沛】 7 3012 ハイ さわ さかん ながれる

篆文

形声 声符は巿。巿は𣎳と同じく、草木の茂るさまをいう。これを水に移して、水勢のさかんなるさまをいい、また〔孟子、梁恵王上〕「天、油然として雲を作し、沛然として雨を下す」のようにいう。また〔管子、揆度〕に「沛澤」の語があり、大沢の意。〔広雅、釈詁一〕に「大なり」とみえる。〔説文〕十一上に川の名とするが、別に声義のある字である。

訓義 1さわ、大きなさわ。2さかん、水勢のさかんなさま、流れるさま、雨ふるさま。3はやい、はげしい、力のあるさま。4旆と通じ、はた、とばり。

古訓 〔名義抄〕沛 オホアメ・タマル・カタフク／沛艾 アグナフ 〔篇立〕沛 オホアメ・ソヽグ・ニブシ・アメサカリ

【沛焉】 怒るさま。また、あふれるさま。漢・王褒〔洞簫の賦〕或いは漫衍して駱驛(長くつづく)し、沛焉として競ひ溢る。

【沛乎】 さかんなさま。宋・文天祥〔正気の歌〕天地、正氣有り 雜然として流形に賦す～人に于ては浩然と曰ひ 沛乎として蒼冥に塞がる

【沛然】 さかんなさま。〔孟子、梁恵王上〕天、油然として雲を作し、沛然として雨を下さば、則ち苗、浡然として之れに興きん。其れ是くの如くならば、孰れか能く之れを禦めん。

【沛沛】 さかんなさま。〔論衡、自紀〕篇は十を以て第し、文は萬を以て數ふ。~河水の沛沛たるは、夫の衆川に比べて、孰者れをか大なりと爲す。

↑沛渥 厚恩/沛濊 水の勢いがよい/沛艾 姿が勇ましい/沛若 沛然/沛沢 大沢/沛騰 水の勢いがさかんで、高く飛ぶ

↓滯沛・顚沛・汎沛・滂沛

【佩】 8 2721 ［珮］ 10 1711 ハイ おびる つける

篆文 金文

会意 人＋凧。凧は帯から巾を垂れている形。〔説文〕八上に「大帯に佩するなり。人・凡・巾に從ふ。佩には必ず巾有り。故に巾に從ふ。巾、之れを飾と謂ふ」(段注本)とみえる。飾(飾)は拭の意。金文の〔頌壺〕に「頌(人名)、拜して䭫首し、命册を受け、佩びて以て出づ」とあり、策命を受けるとき、その命書を大帯に佩びて退出した。玉には魂振りとしての呪能があるとされ、腰に玉佩を用いた。玉佩を珮という。すべて身に著けることを佩という。

訓義 ①おびる、巾をおびる。②玉をおびる、佩玉。③身につける、めぐらす。④心にとどめる、深く留意する。

古訓 〔新撰字鏡〕佩 太知於布(たちおぶ)〔名義抄〕佩 オビタリ・オハシム・ハク・カツグ・オヘリ・オフ・オホフ・オムモノ

【佩珂】 黄黒色の佩玉。宋・蘇轍〔王鞏上元の寄せらるるに次韻す、三首、一〕詩 少年微服して、天街闘し 何れの處にか相ひ逢うて、佩珂を解かん

【佩玉】 腰におびた玉。〔礼記、玉藻〕古の君子、必ず玉を佩ぶ。~君子、車に在るときは則ち鸞和の聲を聞き、行くときは則ち佩玉を鳴らす。

【佩觿】 觿は紐の結びを解く象骨の錐。觿をおびる。〔詩、衛風、芄蘭〕芄蘭の支 童子、觿を佩ぶ 則ち觿を佩ぶと雖も 能ち我を知らず

【佩綬】 印の組紐。〔後漢書、李忠伝〕忠、~世祖(光武)を奉じ、~武固侯に封ぜらる。時に世祖自ら佩ぶる所の綬を解きて、以て忠に帶びしむ。

【佩刀】 身におびている刀。〔大唐新語、五、忠烈〕安金藏~則ち佩刀を引いて自ら割き、其の五臟皆出づ。~則天(武后)聞き、~醫人をして五臟を却し内れ、桑の白皮を以て之れを縫合し、藥を傅っけしむ。經宿にして、乃ち蘇へる。

【佩伏】 身につける。また、信服する。佩服。民国・蘇曼殊〔高天梅に与ふる書〕大著精妙なること倫無し。佩伏、佩伏。

↑佩幃 香いぶくろ/佩慰 欣慰/佩印 任官する/佩亀 亀帯/佩玖 佩玉/佩魚 魚袋/佩巾 腰の巾/佩瓊 佩玉/佩剣 佩刀/佩香 香いぶくろを帯びる/佩悃 感佩する/佩紫 紫の印綬/佩章 佩印/佩纕 帯飾り/佩飾 佩珂/佩声 佩玉の音/佩帯 帯びる/佩囊 印籠/佩筆 携帯用の筆/佩服 佩伏/佩紱 任官する/佩蘭 蘭を佩びる

↓纓佩・冠佩・感佩・環佩・魚佩・玉佩・玦佩・結佩・剣佩・香佩・雑佩・紫佩・珠佩・垂佩・青佩・服佩・紱佩・宝佩・鳴佩・腰佩・聯佩

常 【拝】 8 人 〔拜〕 9 2155 ハイ ぬく おがむ うける

篆文 古文 金文

会意 手＋𠦪。𠦪は花の形。〔説文〕十二上に「首、地に至るなり」と拝首の意とし、字形について揚雄説として「兩手の下るに從ふ」と左右を両手の形とする。金文の字形は華を手で抜きとる形で、草花を抜きとるのが字の原義。〔詩、召南、甘棠〕「蔽芾たる甘棠 翦ること勿れ、拜くこと勿れ」の〔鄭箋〕に「拜の言たる、抜なり」という。拜peatと抜(拔)buatとの畳韻の関係を以て説くが、拜の字形が草花を抜きとる形である。その姿勢は腰を低めて拝首の礼に近いので、のちその義となった。金文には「拜手䭫首」といい、〔書、召誥〕にも、「拜手」の語がある。官位の受命のときにその礼を行うので、拝命・拝受・拝顔のようにいう。

訓義 ①ぬく、草花をぬく。②腰を低くする、かがむ、おがむ、拝する。敬礼の法、拝手。③受ける、拝受する、任命される、感謝する。④もうでる、神仏にもうでる。

古訓 〔名義抄〕拝 ヲガム・ヌク・ウヤ(マフ)〔篇立〕拝 ウ(ヤ)マフ・フス

声系 拝声の字に湃があるが、澎湃のように二字双声の連語で、形況の語である。湃はまた汃に作り、八(八)も波の音を形容する語であろう。

語系 拝poat、拔buatは声義近く、また把pea、拂(払)phiuat、伐biuatとも、みな声義に通ずるところがあり、もと一系の語であったことが知られる。

【拝謁】 高貴な人にまみえる。〔史記、文帝紀〕代王馳せて渭橋に至る。群臣拜謁して臣と稱す。代王、車を下りて拜す。太尉(周)勃、~乃ち跪いて、天子の璽符を上る。

【拝賀】 お祝いを言上する。〔漢書、韓信伝〕信曰く、大王自ら料るに、勇悍仁彊なること、項王と孰與れぞと。漢王默然たること良や久しくして曰く、如かざるなりと。信、再拜して賀して曰く、唯、信も亦た、大王如かずと以爲へり。

【拝見】 謹んで見る。〔史記、封禅書〕十一月辛巳、朔旦冬至の昧爽、天子始めて郊し、太一を拜す。~其の贊饗に曰く、天始めて寶鼎・神策を以て皇帝に授けたり。朔よりして又朔、終りにして始めに復る。皇帝敬みて拜見せりと。

【拝謝】 恭しくお礼をいう。〔史記、項羽紀〕項王曰く、壯士なり。之れに卮酒を賜へと。則ち斗卮酒を與ふ。(樊)噲拜謝して起ち、立ちながら之れを飲む。項王曰く、之れに彘肩を賜へと。

【拝手】 手をついて拝する。〔書、益稷〕皐陶拜手稽首し、颺言して曰く、念へや、率ゐ作ちて事を興し、乃の憲を愼み、欽めや。

【拝受】 拝して受ける。〔礼記、郷飲酒義〕郷飲酒の義~至るを拜し、拜して洗ひ、拜して受け、拜して送り、拜して既ふるは、敬を致す所以なり。

【拝塵】 権勢におもねる。〔晋書、石崇伝〕潘岳と與に賈謐に諂事す。~廣城君出づる毎に、崇、車路の左に降り、塵を望んで拜す。

【拝趨】 貴人の前に進み出る。参上。元・薩都刺〔渓行、中秋月を玩ぶ〕詩 鯉鯽鮮大なること江鱸の如し 觴を奉じ酒を酌みて、前みて拜趨す

【拝石】 石を拝む。〔宋史、文苑六、米芾伝〕無爲州の治(州庁)に巨石有り。狀奇醜なり。芾見て大いに喜びて曰く、此れ吾が拜に當るに足ると。衣冠を具して之れを拜し、之れを呼んで兄と爲す。

【拝舞】 叙任・賜与の際の礼。唐・杜甫〔韋諷録事の宅に曹将軍覇の画ける馬の図を観る〕詩 (紅瑪瑙の)盤、將軍に賜うて拜舞して歸る 輕紈細綺、相ひ追飛す 貴戚權門、筆跡を得て 始めて覺ゆ、屛障に光輝を生ずるを

【拝礼】 命を受けて拝する。〔史記、孔子世家〕楚、人をして孔子を聘せしむ。孔子將に往きて禮を拜せんとす。陳・蔡の大

夫～相ひ與に徒役を發し、孔子を野に圍む。行くことを得ず。
↑拝恩　受恩／拝家　里帰り／拝閣　婿入り／拝官　任官／拝顔　拝面／拝跪　跪拝する／拝拱　拱手／拝教　受教／拝啓　謹啓／拝献　お祭／拝候　訪問する／拝芝　拝顔／拝賜　賜わる／拝辞　暇乞い／拝爵　受爵／拝首　拝手稽首／拝寿　誕生祝い／拝春　年賀／拝除　任命／拝章　告身の類／拝詔　奉詔／拝神　お参り／拝節　年賀／拝疏　上疏／拝送　見送る／拝聴　謹聴する／拝天　天を拝する／拝殿　拝礼の殿／拝禱　拝む／拝任　任命／拝年　年賀／拝眉　拝顔／拝表　上表／拝俛　おじぎ／拝伏　ひれ伏す／拝別　拝辞する／拝面　お会いする／拝覧　拝見
↓下拝・嘉拝・賀拝・雅拝・奇拝・起拝・跪拝・九拝・迎拝・再拝・三拝・参拝・賜拝・手拝・巡拝・除拝・親拝・崇拝・趨拝・夕拝・致拝・朝拝・荅拝・俯拝・伏拝・封拝・捧拝・遥拝・礼拝

常【杯】8 4199 ［桮］11 4196 㐅［盃］9 1010
ハイ　さかずき　まげもの
篆文　籀文
形声　声符は不。字はまた桮に作り、否声。〔説文〕六上に「桮は鹽なり」とし、鹽字条十二下に「小桮なり」という。桮とは大杯。まげものは薄板をまげて作った器で、鹽はもと曲形に従う字であった。曲はそのまげものの形である。杯は飲器であるから、のち盃に作る。
訓義　①さかずき。②まげもの。
古訓　〔新撰字鏡〕杯・桮　盃なり。太奈（たな）、又、阿波太（あはた）／桮　陬波太（すはた）〔和名抄〕盃盞　兼名苑に云ふ、盃、一名巵、佐賀都岐（さかづき）〔名義抄〕杯・桮　サカヅキ／盃　サカヅキ・サカヅキ・モル〔篇立〕杯　サクラカチ・カハ／盃　サカヅキ
語系　桮puəiと肧phuəは声が近い。肧は肧胎。不・否piuəも声が近く、不は花の萼柎の形。実がふくらみはじめるのを否という。杯はそのようにふくらみのある飲器をいう。
【杯棬】まげものの杯。〔孟子、告子上〕告子曰く、性は猶ほ杞柳のごときなり。義は猶ほ桮棬のごときなり。人の性を以て仁義と爲すは、猶ほ杞柳を以て桮棬と爲すがごときなりと。
【杯筊】古くは貝、のち竹木などを投げてトう。〔石林燕語、一〕太祖皇帝微なりし時、嘗て被酒して南京高帝廟に入る。香案に竹桮筊有り。因りて取りて以て己の名位を占ふ。俗に一俯一仰を以て聖筊と爲す。～一擲して聖筊を得たり。
【杯杓】酒をくみかわす。〔史記、項羽紀〕張良入りて謝して曰く、沛公（劉邦）桮杓に勝へず、辭すること能はず。～身を脱して獨り去り、已に軍に至れりと。
【杯酒】杯杓。漢・司馬遷〔任少卿（安）に報ずる書〕僕、李陵と倶に門下に居りしも、素より相ひ善くするに非ず。趣舍、路を異にし、未だ嘗て盃酒を銜んで慇懃の餘懽を接せず。
【杯盤】盃や皿。宋・蘇軾〔赤壁の賦〕肴核既に盡きて、杯盤狼籍たり。相ひ與に舟中に枕藉して、東方の既に白むを知らず。
↑杯案　さかずきの台／杯盂　さかずき／杯圏　杯棬／杯盞　さかずき／杯酌　杯杓／杯觴　さかずき／杯水　一杯の水／杯台　杯案／杯盆　黍稷の器／杯裏　さかずきの中
↓一杯・乾杯・挙杯・玉杯・金杯・銀杯・瓊杯・献杯・膠杯・賜杯・酒杯・寿杯・賞杯・仙杯・大杯・毒杯・罰杯・木杯・鸞杯・流杯

【𣏟】8 4499
ハイ　ハ　あさ　あさぬの
篆文
象形　麻皮の繊維を示す。〔説文〕七下に「葩の總名なり。𣏟の言爲たる、微なり。微纖にして功を爲す。象形」という。葩は麻の実。㪇は𣏟を敀つ形で、その繊維をほぐす意。そのようにしてえたものを祭事に用いて麻という。𣏟は麻茎の繊維を示す字である。
訓義　①あさ、あさの繊維。②あさぬの。
部首　〔説文〕七下に朩を「枲の莖皮を分つなり」としてその部に枲を加え、次に𣏟部を列する。𣏟は枲系の字である。𣏟部に𧕮・㪇（散）を属し、また次に麻（麻）部がある。
語系　𣏟phe、皮biaiは声義に通ずるところがあり、ともに表皮のところをいう。靡meaiも𣏟の音の転じたものであろう。

【芾】8 4422
ハイ　ヒ　フツ　しげる　ひざかけ
形声　声符は市。〔詩、召南、甘棠〕「蔽芾たる甘棠」の〔毛伝〕に「蔽芾とは小なる貌なり」とするが、生い茂るさまをいう。その義の字は、もと米に従う形であろう。また〔詩、曹風、候人〕「三百の赤芾」の〔毛伝〕に「芾は韠なり」とあり、その字はまさに市に従うべきである。市は韠・紱の象。草木の蔽芾をいう字と、赤芾の芾とが、字形近くして混同したものであろう。蔽芾の芾は艸に従い、赤芾の芾の上部は帯の形である。
訓義　①しげる、草木がしげる。②ひざかけ。③小さいさま。
↑芾芾　茂るさま
↓朱芾・赤芾・蔽芾

【邶】8 1712
ハイ
篆文　金文
形声　声符は北。古くは北の字を邶の義に用いた。〔説文〕六下に「故の商の邑なり。河内朝歌より以北、是れなり」という。殷が滅んだのち、その畿内を分かって邶・鄘・衛の三地とし、三監をおいた。金文に北・庸・衛としてみえる。〔詩〕に邶風・鄘風・衛風、合わせて三十九篇の詩篇がある。もとは邶・鄘・衛で一部をなすものであった。
訓義　①殷代の邑の名。

常【背】9 1122
ハイ　せ　うしろ　そむく
篆文
形声　声符は北。北に邶の声があり、北を邶・背の初文として用いる。〔説文〕四下に「脊なり」とあり、脊は身の背後にあたり、脊肉の象に従う。後ろより違背の意があり、背馳・背叛のように用いる。
訓義　①せ、せなか。②うしろ、うら。③そむく、たがう、もとる、にげる。④北と通じ、北堂、陰。
古訓　〔和名抄〕背　世奈加（せなか）〔名義抄〕背　ウシロ・セナカ・ソムク・シリヘ・ヤブル・サル・セ・ソク
語系　背puəkは北pəkと声義近く、南に対してその背後にある意。偝buəkはその動詞的な語で、倍buə、負（負）biuəもその系統の語、動詞に用いる。
【背依】天子は南面、その後ろに扆（屏風）を立てる。〔漢書、徐楽伝〕南面して依を背にし、袂を攝りて王公に揖す。此れ陛下の服する所なり。
【背棄】そむき棄てる。破る。〔左伝、成十三年〕君又不祥にして、盟誓を背棄す。
【背誦】諳誦。〔三国志、魏、王粲伝〕初め粲、人と共に行き、道邊の碑を讀む。人問うて曰く、卿は能く闇誦するかと。曰く、能くすと。因りて背して之れを誦せしむるに、一字をも失はず。
【背水】水を後ろにして陣する。〔史記、淮陰侯伝〕（韓）信に問うて曰く、兵法に、山陵を右にし倍き、水澤を前にし

左にすと。今は將軍、臣等をして反つて水を背にして陳（陣）せしめて曰く、趙を破りて會食せんと。臣等服せず。然れども竟に以て勝てり。此れ何の術ぞやと。

【背馳】そむく。逆行する。唐・柳宗元〔楊評事（凌）文集後序〕唐興りて以來、是の選に稱うて怍ぢざる者は、～陳拾遺（子昂）～張曲江（九齡）、～其の餘は各〻一隅を探りて相ひ與に道に背馳する者、其の去ること彌〻遠し。

【背叛】そむく。〔呂覧、尊師〕聽從するも力を盡さざる、之れを命けて背と曰ふ。義を說くに師を稱せざる、之れを命けて叛と曰ふ。

【背理】理にそむく。漢・枚乘〔書を上りて呉王を諫む〕義を棄て理に背き、其の惡を知らざれば、時有りて（間もなく）亡びん。

【背礼】礼にそむく。〔晋書、何曽伝〕阮籍、才を負のみて放誕、居喪禮無し。曾、籍を文帝の座に面質して曰く、卿は情を縱にし禮に背く。敗俗の人なり。今忠賢政を執り、名實を綜核す。卿の曹の若きは、長ずべからざるなりと。

↑背違　そむく／背陰　日蔭／背恩　恩にそむく／背悔　氂磙する／背郭　郊外／背汗　背に汗する／背毀　後面にひろがる景色／背後　蔭口／背鄉　向背／背景　後ろの方／背子　唐衣／背指　振り返る／背書　諳誦する／背城　決死、城を枕／背心　そむく／背信　信にそむく／背井　離郷／背誓　盟いにそむく／背脊　せなか／背憎　蔭口／背誕　勝手に行動する／背地　内緒／背敵　敵から逃げる／背徳　恩徳にそむく／背念　諳誦する／背嚢　背負い袋／背畔　そむく／背負　そむく／背風　追風／背文　諳誦する／背包　背嚢／背盟　違盟／背面　顔をそむける／背約　違約／背離　そむき去る／背流　逆流する／背呂　脊の骨／背膂　背呂／背僂　佝僂／背戻　もとる

↓違背・乖背・棄背・牛背・胸背・嚮背・傴背・肩背・光背・向背・後背・項背・紙背・樹背・脊背・搔背・台背・答背・刀背・悖背・反背・碑背・腹背・覆背・分背・鞭背・面背・痒背・離背・驢背

【胚】9　7121　［肧］8　7129　ハイ　はらむ　はじめ

篆文

形声　声符は丕。正字は肧に作り、不声。〔説文〕四下に「婦孕むこと一月なり」とあり、はじめて胚胎することをいう。丕は花蕚がおちて、実をつけはじめる象で、そのやや肥大したものを否という。不・丕・否は一系の字である。〔詩、周南、芣苢〕は草摘みの歌であるが、草摘みは予祝の意を以て行われることが多く、芣苢には胚胎の音が含まれていて、子求めの俗として行われる草摘みである。

訓義　①はらむ、はらごもり。②はじめ、きざす、ことのはじめ。

古訓　〔名義抄〕胚　ハラム・ツハリ

語系　肧（胚）phuə は䏛・禖 muə と声義が近い。䏛は〔説文〕四下に「婦孕みて始めて兆あるなり」（段注本）とあり、禖は一上に「祭るなり」とあって、子求めの祭祀をいう。〔礼記、月令〕に「（仲春の月）大牢を以て高禖を祠る」とみえるものである。

【胚胎】はらむ。はじまる。〔柳南随筆、三〕律詩は初唐に起るも、實に齊・梁の世に胚胎す。

↑胚芽　穀物のめ／胚渾　渾沌／胚珠　実のもと／胚種　たね／胚盤　胚のある所／胚孕　はらむ

常【肺】9　［肺］8　7022　ハイ　こころ

篆文

形声　もとの字形は巿に従い、巿は声。〔説文〕四下に「金の藏（臟）なり」という。〔釈名、釈形体〕に「肺は勃なり。其の氣の勃鬱たるを言ふなり」とするが、巿は草花が咲き出てゆれ動くさまをいう。肺は呼吸のはたらきによって盈縮するもので、国語でも「ふくふくし」という。

訓義　①はい。②こころ、肺腑。

古訓　〔和名抄〕肺　布久布久之（ふくふくし）〔名義抄〕肺　フクフクシ・キモ〔篇立〕肺　フクフクシ・ハラハル・タヽク・ハイ

【肺肝】肺臓と肝臓。心。〔大学、六〕人の己を視ること、其の肺肝を見るが如く然り。則ち何の益かあらん。此れを、中に誠あれば、外に形はると謂ふ。故に君子は必ず其の獨りを愼む。

【肺石】提訴者の坐する石。〔周礼、秋官、大司寇〕肺石を以て窮民を達せしむ。凡そ～上に復すこと有らんと欲して、其の長く達せざる者は、肺石に立つこと三日ならば、士（裁判官）其の辭を聽きて以て上に告げて、其の長を罪す。

【肺腑】心。内心。宋・蘇軾〔孟郊の詩を読む、二首、二〕詩は肺腑より出で　出づれば輒ち肺腑を愁へしむ

↑肺懐　心／肺脊　お供え／肺腸　内心／肺膜　肋膜／肺癆　結核

↓渴肺・肝肺・枯肺・祭肺・詩肺・愁肺・心肺

常【俳】10　2121　ハイ　たわむれる　わざおぎ

篆文

形声　声符は非。〔説文〕八上に「戲るるなり」とあり、もと二人相戲れて演技する意であろう。〔荀子、王覇〕に「俳優侏儒」というように、侏儒などがその役を演じた。優は憂愁の所作をなすもので、合わせて俳優という。徘は〔説文〕にみえず、〔広雅、釈訓〕に「俳佪は便旋なり」とみえる。俳を徘の意に用いることもあるが、もと別義の字である。

訓義　①たわむれる、おどけ。②わざおぎ。③うたう、うそぶく。④徘と通じ、たちもとおる。

古訓　〔名義抄〕俳佪　タチモトホル・―トタ、ズム・―トヤスラフ・フム・タハブル・メグル〔篇立〕俳　メグル・タハク・タチモトホル

【俳歌】散楽の名。舞曲。〔南斉書、楽志〕（舞曲）俳歌辭～右侏儒、舞人を導き、自ら之れを歌ふ。古辭俳歌八曲、～今侏儒の歌ふ所なり。

【俳諧】おかしみ。おどけ。〔北史、文苑、侯白伝〕通侻にして威儀を持せず、好んで俳諧雜說を爲す。人多く之れを愛狎す。～觀る者、市の如し。

【俳倡】歌舞する人。わざおぎ。〔漢書、霍光伝〕大行（先帝の遺体）前殿に在るに、樂府の樂器を發し、昌邑の樂人を引き內れ、鼓を擊ち歌吹して、俳倡を作さしむ。

【俳賦】六朝期に行われた声律を重んずる賦の一体。〔文体明弁〕夫れ俳賦は辭を尙びて情を失ふ。故に之れを讀む者、興起の妙趣無し。

【俳優】わざおぎ。〔韓非子、難三〕俳優侏儒は固より人主の與に燕しむ所なり。

↑俳佪　たちもとおる／俳詼　俳諧／俳戯　戯れ／俳謔　ざれごと／俳偶　対句／俳語　対句／俳諢　おどけ／俳児　俳優／俳笑　戯笑／俳体　駢儷の体／俳調　戯れる／俳文　俳諧の文

↓詼俳・好俳・雜俳・倡俳・文俳・優俳・類俳

【悖】10　9404　［誖］14　0464　ハイ　ボツ　もとる　さからう　そむく

篆文

形声　声符は孛。孛はめしべがふくらんで、実をつけはじめる意。内にはげしい力があって、外にあらわれることをいう。〔説文〕三上に誖を出し、「亂るるなり」とし、「或いは心に從ふ」という。いまは悖の字を用いる。内なるものが暴発的にあらわれることがあり、悖乱の意となる。

訓義　①もとる、さからう、そむく。②みだれる、まどう。③わるい、あらい。④つよい、さかん。

古訓〔名義抄〕悖 ミダル・サカサマ・マドハス・アシ・サカフ・ホレタリ〔字鏡集〕悖 トラフ・マドハス・ホレタリ・ヲロカナリ・アシ・ミダル・サカサマ・サカフ・サトフ

【悖逆】道理にそむく。〔礼記、祭義〕義を致せば則ち上下悖逆せず。讓を致せば以て爭ひを去る。

【悖狂】もとり狂う。〔韓非子、解老〕苟しくも極盡さば、則ち神(心)を費すこと多し。神を費すこと多ければ、則ち盲聾悖狂の禍至る。

【悖行】理にもとる行為。〔論衡、本性〕一歲の嬰兒には爭奪の心無し。長大の後、或いは利色に漸すむ。狂心悖行は、此れに由りて生ずるなり。

【悖然】勃然。顔色をかえて怒る。〔戦国策、秦四〕頓子曰く、天下~又其の實無き者有り。王之れを知るかと。王曰く、知らずと。頓子曰く、~立ちて萬乘爲れども、孝の名無し。千里を以て養うて、孝の實無しと。秦王悖然として怒る。

【悖徳】道にそむく。〔孝経、聖治章〕其の親を愛せずして他人を愛する者、之れを悖德と謂ふ。

【悖慢】他を侮る。〔顔氏家訓、文章〕古より文人、多く輕薄に陷る。屈原は才を露はし己を揚げ、~呉質は郷里に詆訶(そしる)され、曹植は悖慢にして法を犯す。

【悖乱】もとり乱れる。〔荀子、性悪〕今、人、師法無くんば、則ち偏險にして正しからず。禮義無くんば、則ち悖亂にして治まらず。

【悖惑】もとり惑う。〔漢書、王莽伝上〕(張竦の上奏)安衆侯崇、乃ち獨り悖惑の心を懷き、畔逆の慮を操り、兵を興し衆を動かし、宗廟を危くせんと欲す。惡、聞くに忍びず、罪、誅を容れず。

↑悖悪 不善/悖焉 盛んなさま/悖悍 凶悍/悖虐 凶暴/悖慠 もとりおごる/悖驁 悖慠/悖戦 争う/悖忒 そむく/悖背 そむく/悖叛 謀叛/悖畔 そむく/悖謬 もとる/悖暴 悖虐/悖妄 狂妄/悖耄 昏耄/悖理 理に反する/悖戾 もとる

↓凶悖・狂悖・驕悖・狷悖・荒悖・猖悖・貪悖・放悖・暴悖・慢悖・老悖

【旆】 10 0822 ハイ はた はたあし

篆文

形声 声符は巿。巿の初形は、朩。花が垂れてゆらゆらと動く形。〔説文〕七上に「旐に繼ぐの旗なり。沛然として垂る」という。旆は呼吸して盈縮するそのさまから名をえており、旆もはためくさまからいう。旆旆はゆるくはためくことをいう形況の語である。

訓義 ①はた、長く垂れ、末端を燕尾に裂いたはた。②はたあし、旗につけるきれ。③はためく、ゆらゆらと垂れる。

古訓 〔名義抄〕旆 ハタ

【旆旌】はた。唐・太宗〔飲馬長城窟行〕楽府 悠悠として旆旌を巻き 馬に飲ひて長城を出づ

【旆旆】旗が風になびくさま。〔詩、小雅、出車〕彼の旟と旐と 胡ぞ旆旆たらざらん

↑旆旃 はた/旆旍 はた

↓羽旆・牙旆・旗旆・錦旆・建旆・懸旆・載旆・酒旆・征旆・旌旆・大旆・白旆・反旆・風旆・斿旆・旟旆・擁旆

【珮】 10 1711 [佩] 8 2721 ハイ おびだま

形声 声符は凬。凬は佩の省文。佩は人が大帯を佩している形。腰に佩びることを佩といい、その玉を珮という。金文に佩を〔頌壺〕「命册を受け、佩びて以て出づ」とあり、佩帯を意味する字。珮はその省文凬に従う後起の字である。

訓義 ①おびだま、腰帯に佩びる飾りの玉。②佩と通用する。

古訓 〔名義抄〕珮 オブモノ・オブ・ユハエ

＊語彙は佩字条参照。

【珮纓】腰の香嚢。唐・李賀〔天上謡〕詩 玉宮の桂樹、花未だ落ちず 仙妾採香、珮纓を垂る

↑珮珂 佩玉/珮環 佩玉/珮琚 佩玉/珮飾 佩飾/珮服 佩服/珮黻 礼服

【茷】 10 4425 ハイ ハツ しげる まつわる

篆文

形声 声符は伐。〔説文〕一下に「艸の葉多きなり」とあって、蔽芾の芾と同義。〔詩、魯頌、泮水〕「其の旂茷茷たり」は旆旆と同じく、旗のなびくさまをいう。

訓義 ①しげる、しげみ、枝葉がこみあう、まつわる。②旆と通じ、茷茷は旗のなびくさま。

古訓 〔名義抄〕茷 サカユ〔字鏡集〕茷 シゲシ・サカユ

語系 茷・旆biuatは同声。撥puatはその声が近い。茷はいかだ。茷をその義に通用することがある。撥ははね動く、その状態に似ているところがある。

↑茷茷 旗のなびくさま

↓茅茷

常

【配】 10 1761 ハイ あう めあわす くばる

篆文

甲骨文

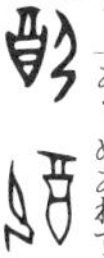

金文

会意 酉(酉)+己。酉は酒樽の形。己は卩が正形で、人の跪坐する形。酒樽の前に跪坐して配膳に即く意。卽(即)は毀(食器)の前に人の坐する形である。〔説文〕十四下に「酒の色なり」とし、字を己声とするが、声義ともに異なる。金文の〔毛公鼎〕に「皇天弘いに厥の德に猒き(猒足し)、我が有周に配す」とは、天命にあたり、天意を承けることで、〔詩、大雅、文王〕にも「永く言に命に配し 自ら多福を求む」の句がある。それより匹配の意となり、また分配・配属のように用いる。

訓義 ①あう、あたる。②たぐう、つれそう、めあわす。③くばる、わりあてる。④わりつける、したがえる。⑤ながす、遠方へながす、しまながし、流刑。

古訓 〔名義抄〕配 タグヒ・アツ・クハシ〔篇立〕配 ムカフ・アツ・トモガラ・アハス・カハス・ワヅカ〔字鏡集〕配 ムカフ・アハス・マツ・ワヅカ・タグヒ・カタシ・トモガラ・ナラス・アツ

語系 配phuai、妃phiuaiは声近く、配を人倫の上に及ぼすと妃となる。嫡妃をいう。また匹phiet、媲phiei、比・妣pieiも声義近く、みな配匹の意に用いる。

【配享】祖を合わせて祀る。〔書、呂刑〕擇言の身に在る有ること罔く、惟れ天德に克ひ、自ら元命を作し、在下に配享せよ。

【配饗】功臣を宗廟に合祀する。〔唐書、徳宗紀〕(貞元元年)功臣の子孫に襲封配饗せしむ。

【配偶】つれあい。〔後漢書、周挙伝〕豎宦の人~良家を威侮し、女を取りて之れを閉し、白首にして沒するまで配偶無からしむる有るに至る。

【配合】夫婦となる。〔後漢書、鮮卑伝〕婚姻には先づ髡頭となり、季春の月を以て大いに饒樂水の上に會し、飲讌し畢り、然る後配合す。

【配天】天の徳に並ぶ。〔書、君奭〕武丁に在りて、時に則ち若き甘盤有り、~有殷を保乂せり。故に殷禮陟りて天に配し、多く年所を歷たり。

【配島】島流し。〔宋史、馬默伝〕沙門島の囚衆く、官給の糧は纔かに三百人のみ。數を益す每に則ち諸れを海に投ず。砦主李慶、二年を以て七百人を殺す。默之れを責む。~默、爲に奏請して、更めて配島法凡そ二十條を定む。

【配没】 家族全員を没収して、奴隷化する。〔資治通鑑、唐紀五〕(高祖、武徳四年)銭監を洛・幷・幽・益等諸州に置く。～自餘の敢て盜鑄する者は、身死し、家口は配沒す。

【配流】 流刑。遠くへ流す。〔旧唐書、則天皇后紀〕(永昌元年秋七月)韋待價、遲留して進まず、士卒多く飢饉して死するに坐し、繡州に配流せらる。

【配隷】 分属。〔後漢書、馮異伝〕邯鄲を破るに及び、乃ち更めて諸將を部分し、各〻配隷有り。軍士皆言ふ、願はくは大樹將軍(馮異)に屬せんと。光武此れを以て之れを多とす。

↑配意 配慮／配下 部下／配嫁 とつぐ／配擬 わりあて／配御 おとぎ／配耦 配偶者／配軍 流人の防人／配祭 合祀する／配祀 配饗／配弐 副弐／配主 女主人／配所 流罪の地／配食 配祀／配奏 合奏する／配属 分属する／配置 分置する／配帝 配天／配当 わりあて／配備 備える／配匹 配偶／配布 くばる／配兵 配軍／配辺 配没／配防 配軍／配命 天命に当たる／配律 分配率／配列 按排する

↓科配・嘉配・賢配・元配・交配・高配・婚配・差配・采配・支配・心配・匹配・分配・流配

【偝】 11 2122 ハイ そむく

形声 声符は背。背に叛く意がある。〔礼記、坊記〕に「利祿は死者を先にし生者を後にするときは、則ち民偝かず」とあり、背を動詞化した字である。

訓義 ①そむく、むかう。②すてる、みすてる。

古訓 〔名義抄〕偝 ムカフ 〔字鏡集〕偝 ムカフ・ソムク

↓向偝

【徘】 11 2121 ハイ さまよう

形声 声符は非。〔説文〕にみえず、〔広雅、釈訓〕に「徘徊は便旋なり」とあって、徘徊は徘徊、さまよい歩くことをいう。

訓義 ①さまよう、たちもとおる、ゆきつもどりつする。

古訓 〔名義抄〕徘徊 タヽズム・タチモトホル 〔字鏡集〕徘 タチモトホル

語系 徘・俳 buai は盤 buan、傍 bang と声近く、また徘徊 buai-huai、盤桓 buan-huan、傍徨 bang-huang はそれぞれ同義の畳韻の語。みな「たちもとおる」ことをいう。

【徘徊】 たちもとおる。〔荀子、礼論〕今夫の大鳥獸は、則ち其の群匹を失亡して、～故郷を過ぐるときは則ち必ず徘徊し、鳴號し、躑躅し、踟躕し、然る後に能く之れを去るなり。

【捭】 11 5604 ハイ ハク うつ なげうつ

篆文

形声 声符は卑(卑)。〔説文〕十二上に「兩手もて擊つなり」とあり、卑はその声を写したものであろう。

訓義 ①もろてでうつ。②つよくうつ、なげうつ。③ひらく。④擘と通じ、さく。⑤擺と通じ、さる、脱する。

古訓 〔名義抄〕捭 ウゴク・ホトリ・ハリ 〔篇立〕捭 ホトリ・カヒ

【捭闔】 開と閉。開合。〔鬼谷子、捭闔〕捭闔なる者は、天地の道なり。捭闔なる者は、以て陰陽を變動す。四時開閉し、以て萬物を化し、縱橫反出し、反覆反忤するは、必ず之れに由る。

↑捭脱 擺脱

常 【排】 11 5101 ハイ おす はらう ならぶ

篆文

形声 声符は非。非に相並ぶ意がある。〔説文〕十二上に「擠すなり」とあり、相対して一方を排斥する意。親族の間で、父・兄弟・子の各世代を一排とし、また同世代間で年齢の順位によって「南八」「十二郎」のようによぶことを排行という。相争うことを排斥、詩体において対句を六句以上にわたって連ねるものを排律という。

訓義 ①おす、おしのける、せまる。②はらう、のぞく、つく。③ならぶ、ひとならび、兄弟の順序。④鞴と通じ、ふいご。

古訓 〔名義抄〕排 ヒラク・ヤブル・オシヒラク・トラフ・ハラフ・イドム・オス・ツラヌ 〔篇立〕排 ヒラク・オシヒラク・ハラフ・ナラブ・オス・スツ・ウツ・カザル

【排雲】 雲をおしひらく。唐・徐夤〔西華〕詩 五千仞有餘の神秀 一一雲を排して沉寥に上る

【排陥】 陥れる。〔後漢書、陳蕃伝〕中常侍(宦官)蘇康・管霸等～、遂に忠良を排陷し、共に相ひ阿媚す。～蕃、朝會に因り、～言及反覆、誠辭懇切なり。帝聽かず。因りて流涕して起つ。

【排撃】 擊ち斥ける。〔老学庵筆記、二〕賈表之、～資稟甚だ豪なり。嘗て謂ふ、仕官しては當に御史と作りて、姦邪を排擊すべし～と。

【排遣】 はらいのける。唐・杜牧〔宰相に上り湖州を求むる第三啓〕近者累りに書を得たり。告ぐるに羈旅の困乏を以てす。他人に聞するも、酸鼻を爲すべし。況んや某の心に於ける、豈に排遣し易からんや。

【排行】 排次。順序。また、兄弟の名の二字のうち、一字を同じうするもの、偏旁を同じうするもの、僑如・焚如、義符・義眞。一族中の同世代を、その出生の順次でよぶもの。〔清平山堂話本、翫江楼記〕(柳耆卿)排行第七、人皆稱して柳七官人と爲す。

【排纂】 順序を立てて編纂する。〔池北偶談、五、方伯公遺事〕先祖方伯公、年九十餘、讀書排纂すること輟めず。盛夏と雖も、衣冠危坐し、未だ嘗て其の科跣(冠を脱ぎ跣足となる)するを見ず。

【排斥】 おしのける。〔捫蝨新話、下一〕退之(韓愈)惠師・靈師・文暢～等を送るの詩、語皆排斥す。獨り靈師に於て、褒惜する若きに似たり。

【排悶】 憂いをはらう。宋・陸游〔春日〕詩 排悶、兒と小句を聯ね 破閑、客を留めて枯棋を戰はす

↑排軋 すれあう／排斡 めぐらす／排印 活版印刷／排劾 糾問する／排間 隔てる／排忌 排斥する／排毀 そしる／排虚 排空／排空 空に上る／排偶 配偶／排困 くるしめる／排根 根こそぎ／排揆 おし迫る／排訾 そしる／排字 字並べ／排次 順序立てる／排擠 排斥する／排折 くじく／排泄 外へ出す／排沮 はばむ／排闥 戸をおし開く／排置 按排する／排逐 追払う／排抵 排撃する／排詆 そしる／排突 突き当たる／排囊 ふいご／排版 活版印刷／排班 順序に並べる／排比 排次／排擯 斥ける／排布 排置する／排払 排除する／排弁 按排する／排媢 ねたむ／排抑 抑止する／排列 並べる

↓安排・按排・譏排・撃排・肩排・衆排・推排・擠排・斥排・觝排・編排・謗排・力排

常 【敗】 11 6884 ハイ やぶる まける そこなう

篆文

籀文

甲骨文
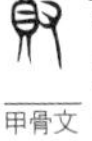

金文

会意 貝＋攴。貝は宝とすべきもの。これを殴って毀敗することをいう。〔説文〕三下に「毀るなり」とし、籀文の字形

をあげる。籀文は二貝の形に従う。則の金文は二鼎の形に従う。篆文で貝に従うとする員・賊（賊）・貳（弍）などは、もと鼎に従う字である。卜文には敗の字形を、宝貝を撃つ形と、また鼎の形に従うものとがあるが、賊・貳は鼎銘を削ってその誓約を破棄する意であり、敗も聖器を毀敗して盟約を破棄する意であろう。それで敗徳・敗軍、また敗俗・喪失の意に用いる。成敗のように用いる成（成）は、聖器としての戉（鉞）に呪飾の綏を加えて祝う意で、成敗はいずれも聖器を対象とする呪的な方法をいう語である。

訓義 ①やぶる、こぼつ、聖器を傷つける。②くつがえす、ほろぶ、ついえる、まける、無効となる。③そこなう、うしなう、くずれる、くるう。

古訓 〔字鏡集〕敗 ソコナフ・ヤブル

語系 敗beat、負（負）biuə、背puək は声義に通ずるところがあり、そむくことによって毀敗することを敗という。

【敗意】はいい 興ざめ。〔世説新語、排調〕嵆（康）・阮（籍）・山（濤）・劉（伶）、竹林に在りて酣飲す。王戎後れて往く。歩兵（阮籍）曰く、俗物已に復た來りて人意を敗ると。王（戎）笑ひて曰く、卿が輩の意も、亦た復た敗るべきかと。

【敗壞】はいかい（くわい） うちこわす。〔水経注、漾水〕峽有り。峽中の白水、大石を生じ、水流を障塞す。春夏には輒ち濆溢し、城郭を敗壞す。（虞）詡石を燒き、水を以て之れに灌がしむ。石皆碎裂す。因りて鐫り去れり。

【敗軍】はいぐん 負けいくさ。蜀・諸葛亮〔出師の表〕後、傾覆に値ひ、任を敗軍の際に受け、命を危難の閒に奉ず。爾來二十有一年なり。

【敗事】はいじ 失敗する。〔老子、六十四〕終りを愼むこと始めの如くせば、則ち敗事無し。

【敗衄】はいじく（ぢく） 敗北。唐・白居易〔行営を論ずる状〕又朝廷の賞罰、近日行はれざるを以て、未だ功を立てざる者、或いは先づ官に封ぜられ、已に敗衄せし者も、罪を得しことを聞かず。

【敗績】はいせき 敗戦。〔左伝、荘十一年〕凡そ師～大いに崩るるを敗績すと曰ひ、儁を得るを克つと曰ひ、覆ひて之れを敗るを、某師を取ると曰ふ。

【敗走】はいそう 負けて逃げる。〔宋史、岳飛伝〕居ること數日、復た敵に遇ふ。岳、單騎丈八鐵槍を持ち、黑風大王を刺殺す。敵衆敗走す。

【敗喪】はいそう（さう） 敗亡。晉・王羲之〔殷浩に遺る書〕安西の敗喪を知り、公私惋怛す。須臾も懷ひを去ること能はず。

【敗俗】はいぞく 風俗をそこなう。〔漢書、礼楽志〕賈誼以爲へらく、漢、秦の敗俗を承け、禮義を廢し廉恥を捐つ。今其の甚だしき者は、父兄を殺す。～風俗流溢し、恬として怪しまざるに至る。

【敗亡】はいぼう（ばう） 敗れほろぶ。〔史記、淮陰侯伝〕廣武君辭謝して曰く、臣聞く、敗軍の將は以て勇を言ふべからず～と。今、臣は敗亡の虜なり。何ぞ以て大事を權るに足らんやと。

【敗北】はいぼく 敗戦。敗走。〔史記、項羽紀〕吾れ兵を起してより今に至るまで八歲なり。身ら七十餘戰す。～未だ嘗て敗北せず。遂に天下を霸有せり。

【敗露】はいろ 悪事が露顕する。〔漁樵対問〕人の美を竊む、之れを徼うと謂ふ。其の始めて之れを取るや、唯だ其の多からざるを恐る。其の敗露するに及びてや、唯だ其の多からんことを恐る。

↑敗衣 弊衣／敗屋 あばらや／敗荷 枯れ蓮／敗禍 禍災／敗潰 ついえる／敗害 失敗／敗葛 敗衣／敗棋 負け碁／敗朽 腐朽する／敗興 興ざめ／敗鼓 破れ太鼓／敗歳 凶年／敗散 敗れ散る／敗残 敗亡／敗酒 腐り酒／敗絮 古わた／敗将 敗軍の将／敗傷 やぶれ傷む／敗色 負け模様／敗水 漂流／敗船 難破船／敗沮 負けて気力を失う／敗損 損なう／敗退 敗走する／敗頽 敗壊／敗兆 敗徵／敗徵 敗北するあらわれ／敗徳 不徳／敗遁 敗走する／敗筆 ちび筆／敗腐 腐敗する／敗覆 全軍が敗れる／敗物 壊れ物／敗兵 敗卒／敗敝 敗弊／敗奔 敗走する／敗名 名誉を失う／敗盟 違約／敗乱 乱亡／敗爛 腐敗／敗柳 美人の衰えたすがた／敗累 敗乱／敗類 腐敗分子／敗礼 失礼

↓禍敗・潰敗・壞敗・完敗・危敗・幾敗・毀敗・虧敗・隳敗・朽敗・傾敗・倦敗・荒敗・興敗・困敗・摧敗・惨敗・失敗・勝敗・衰敗・成敗・惜敗・戦敗・損敗・大敗・退敗・頽敗・蠹敗・不敗・腐敗・覆敗・亡敗・淪敗・羸敗・連敗

【桮】

11 4196 ハイ さかずき

篆文 

形声 声符は否。〔説文〕六上に「㔶なり」とあり、匚部十二下に「㔶は小桮なり」とあって、杯の小なるものをいう。杯・盃はみな同字。また、まげものをいう。

訓義 ①さかずき。②まげもの。

＊語彙は杯字条参照。

常【廃】

12 〔廢〕 15 0024 ハイ やめる すてる

篆文 

形声 旧字は廢に作り、發（発）声。發は出発の儀礼を示す字で、両足をそろえた癶と、弓を射る形とに従う。軍を発するときの軍礼であろう。〔説文〕九下に「屋頓くなり」とあり、〔淮南子、覧冥訓〕に「四極廢く」のような用例がある。古くは廃棄の字には灋（法の初形）を用い、金文には「朕が命を灋（廢）すること勿かれ」のようにいう。灋は、神判に敗れた解廌という神羊と、敗訴者（大）と盟誓の器の蓋を除いたもの（凵）とを合わせて水に流棄する意で、穢れを廃棄することを示す。廢は廟屋の中で發の軍礼を行う意であるが、それが廃屋・廃国の意となるのは、亡国の儀礼と関係があるかもしれない。亡国の社はその屋を覆うという。喪乱を恢復することを撥乱という。

訓義 ①やめる、すたれる、うせる。②すてる、さる、のぞく、しりぞける。③かたむく、いえがかたむく。④癈と通じ、癈疾。⑤撥と通じ、はねる。

古訓 〔名義抄〕廢 ヤム・トゞム・スツ・ワタル・ナラフ・タノム・ソツ・ハナツ・スタル・シリゾク・スヽム・オク 〔字鏡〕廢 ホロブ・スツ・ワスル・スヽム・オク・スタレタルヲ・スタル・ヤム・ナラフ・タノム・トゞム・シリゾク

【廃易】はいえき 退け人をかえる。〔三国志、魏、三少帝、斉王芳紀〕中書令李豐～等、大臣を廢易し、太常夏侯玄を以て大將軍と爲さんことを謀る。～事覺はれ、諸々の連及する所の者、皆誅に伏す。

【廃壞】はいかい（くわい） 荒廃する。〔後漢書、皇后上、章徳竇皇后紀〕家既に廢壞す。數々相工（人相見）を呼び息耗（善悪）を問ふ。后を見る者皆言ふ、當に大いに尊貴なるべし、臣妾の容貌に非ずと。

【廃棄】はいき うちすてる。〔漢書、酷吏、尹賞伝〕丈夫、吏と爲りて、～一たび軟弱、任に勝へざるに坐して免ぜらるれば、終身廢棄せられ、赦さるる時有る無し。其の羞辱は、貪汙臧に坐するより甚だし。

【廃墟】はいきよ 荒廃した遺跡。明・方孝孺〔釆芩先生に与ふる書、二〕昔嘗て廢墟壞址に遊び、故老に問ひて、其の衰替の由を求めたり。

【廃業】はいぎょう（げふ） 廃棄されていること。〔後漢書、方術上、許楊伝〕昔大禹、江を決し河を疏し、以て天下を利す。明府（太守）今廢業を興立し、國を富まし民を安んぜんとす。～死を以て力を效さん。

【廢欠】かける。〔後漢書、列女、曹世叔の妻の伝〕（女誡）夫、婦を御せずんば、則ち威儀廢缺し、婦、夫に事へずんば、則ち義理墮（隳）闕す。

【廢錮】官吏の資格をとりあげる。終身罷免。〔漢書、息夫躬伝〕躬の母聖、祠竈して上を祝詛するに坐し、～棄市せらる。～躬の同族親屬、素より厚うする所の者皆免ぜられ、廢錮せらる。

【廢曠】怠り廃する。宋・蘇軾〔陳傅道に与ふる書、五首、二〕某、衰病にして供職に難きを以て、故に堅く一閑郡を乞ひしに、謂はざりき、更に煩劇を得んとは。～但だ廢曠不治の憂ひ有るのみ。

【廢弛】すたれゆるむ。〔漢書、王莽伝上〕（陳崇上奏）莽の功徳を稱して～曰く、～公（莽）～遠く去りて國に就く。朝政崩壞し、綱紀廢弛し、危亡の禍、隧ちざること髮の如し。

【廢址】廃墟。清・邵長蘅〔夜、孤山に游ぶ記〕宋の賈似道の後樂園の廢址は、今の葛嶺に在り。

【廢事】職務を拋棄する。〔礼記、王制〕大夫、其の事を廢するときは、終身仕へず。死するときは、士の禮を以て之れを葬る。

【廢疾】不治の障害。〔礼記、礼運〕大道の行はるるや、天下を公と爲す。～矜（鰥）寡孤獨廢疾の者をして、皆養ふ所有らしむ。

【廢人】廃疾の人。また、無用の人。〔北斉書、韓軌伝〕朝廷之れを貴要の地に處かんとするも、必ず疾を以て辭す。人に告げて云く、廢人姜酒を飲み、名勝に對す。安くんぞ能く刀筆の吏と作りて、故紙を返拔せんやと。

【廢絶】廃し絶える。〔後漢書、光武帝紀上〕光武～中山に至る。諸將復た上奏して曰く、漢、王莽に遭ひ、宗廟廢絶す。豪傑憤怒し、兆人塗炭となる。～大王、社稷（国家）を以て計と爲し、萬姓を心と爲せ。

【廢退】やめ退ける。唐・韓愈〔柳子厚（宗元）墓誌銘〕子厚、前時少年なりしとき、人の爲にするに勇にして、自ら貴重顧藉せず。謂へらく、功業立ちどころに就なるべしと。故に坐して廢退せらる。

【廢黜】廃退。罷免。〔漢書、外戚恩沢侯表〕高后、諸呂を王たらしめんと欲して、王陵廷爭し、孝景將に王氏を侯たらしめんとして、脩侯色を犯す（強諫する）。卒ひに用つて廢黜せらる。

【廢頓】すたれ中断する。晋・荀勗〔楽事を譲る表〕臣、著作を掌り、又祕書に知たり。今、錯誤を覆校す。十萬餘卷の書、倉卒にすべからず。復た他職を兼ぬるときは、必ず廢頓有らん。

【廢立】君主や封侯をたてかえる。〔史記、太史公自序〕漢興りて已來、太初に至るまで百年、諸侯廢立分削するも、譜紀明らかならず。

↑廢遺 やめる／廢軼 逸亡する／廢苑 廃園／廢捐 すてる／廢園 荒庭／廢屋 あばらや／廢懈 怠る／廢格 邪魔となる／廢隳 破る／廢虐 大虐／廢去 やめる／廢戸 廢家／廢痼 廢疾／廢功 事をやぶる／廢興 興廢／廢残 廢疾の人／廢止 やめる／廢紙 ほご／廢寺 荒寺／廢失 すたる／廢日 無為にすごす／廢舍 すてる／廢書 読書せず／廢除 やめ除く／廢飾 飾らぬ／廢職 職事に怠慢／廢措 放置する／廢塞 うらぶれる／廢替 かえる／廢滞 不用／廢頽 すたれる／廢宅 廢屋／廢奪 所払い／廢地 荒地／廢池 荒池／廢置 存廢／廢嫡 家を継がせぬ／廢朝 日常の政務を廃する、輟朝／廢撤 撤去／廢敗 敗壞／廢罷 やめる／廢蕪 あれる／廢物 無用のもの／廢病 廢疾／廢放 追放する／廢亡 滅びる／廢務 務めを怠る／廢免 やめさす／廢薬 投薬する／廢邑 荒村／廢落 うらぶれる／廢乱 乱る／廢懶 怠る／廢離 すてる

↓委廢・違廢・捐廢・改廢・懷廢・起廢・棄廢・毀廢・隳廢・義廢・久廢・休廢・朽廢・功廢・荒廢・耗廢・興廢・曠廢・困廢・弛廢・除廢・章廢・衰廢・全廢・損廢・存廢・怠廢・退廢・頽廢・黜廢・遞廢・停廢・撤廢・頓廢・老廢

【湃】 12 3115 ハイ みなぎる

形声 声符は拜（拝）。水勢のさかんなさまを澎湃という。字はまた滂湃に作り、〔玉篇〕に「滂湃は水勢なり」という。また〔文選、司馬相如、上林の賦の李善注〕に「彭湃は波相ひ戻るなり」とみえる。みな双声の連語、形況の語である。

訓義 [1]みなぎる。[2]澎湃、水勢のさかんなさま。

古訓 〔篇立〕湃 モトル・ヲカム

【湃湃】滂湃。波の相うつ音。宋・蘇軾〔又前韻に次して賈耘老に贈る〕詩 仙壇古洞、到るべからず 空しく聽く、餘瀾の鳴ること湃湃たるを

↓汗湃・砰湃・彭湃・滂湃・澎湃

【牌】 12 2604 ハイ ふだ わりふ たて

形声 声符は卑（卑）。卑に卑小・僻旁の意がある。〔玉篇〕に「牌牓なり」とあり、掲示用の木札をいう。唐・宋以後、駅伝に用いる割符、また清代には地方への送達文書をいう。牙牌・骨牌はカルタ。

訓義 [1]ふだ、かけふだ、わりふだ、なふだ、かきものふだ。[2]わりふ、駅伝用のわりふ。[3]ふれぶみ、地方への伝達書。[4]いはい、木主。[5]俗語、たて。

古訓 〔篇立〕牌 フダ

【牌額】板額。〔捫蝨新話、下一〕前世の牌額は、必ず先づ挂けて而る後に書す。牌石は必ず先づ立てて而る後に刻す。～今は則ち先づ書して而る後に挂け、～先づ刻して而る後に立つ。

【牌匣】（かふ）急送文書。〔元史、兵志四〕若し邊関急速の公事に係るときは、匣子を用つて封鎖す。～已上の牌匣は、倶に營造の小尺に係る。上に千字文を以て號と爲し、～遞ひに相ひ傳へて報ず。

【牌榜】（ばう）かけふだ。宋・欧陽脩（梅）聖俞（堯臣）、宣州の筆を恵せらる。戲れに書す〕詩 聖俞は宣城の人なり 能く紫毫の筆を使ふ 宣人諸葛高 世業守りて失はず ～硬軟、人手に適す 百管、一も差はず 京師の諸筆工 牌榜自ら稱述す

【牌面】元の割符・門札。また、功牌。〔元史、順帝紀七〕富民の丁壯義兵を願ひ出だすを聽す。五千名なる者を萬戸と爲し、五百名なる者を千戸と爲し、一百名なるを百戸と爲す。仍りて宣敕牌面を降す。

↑牌印 旗牌印信／牌局 賭場／牌軍 従卒／牌檄 通達書／牌甲 募兵の制／牌号 商標／牌冊 丁口簿／牌子 看板／牌使 伝令／牌示 掲示／牌盾 たて／牌刀 盾と刀／牌頭 組頭／牌堂 位牌堂／牌文 通達書／牌扁 扁額／牌楼 やぐら門

↓位牌・牙牌・玉牌・金牌・銀牌・挂牌・檄牌・功牌・骨牌・詩牌・時牌・招牌・賞牌・神牌・竹牌・鉄牌・銅牌・標牌・木牌・門牌

【稗】 13 2694 ハイ ヒ ひえ ちいさい いやしい

篆文

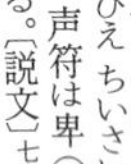

形声 声符は卑（卑）。卑に卑小・卑賤の意がある。〔説文〕七上に「禾の別なり」とあり、〔左伝、定十年、杜預注〕に「草の穀に似たる者なり」とあり、自生のものもあった。小説のことを稗史というのは、自生在野の意で

あるとする説がある。民間の小説・伝承を訪求採録するものを稗官という。
訓義 ①ひえ。②ちいさい、いやしい。③民間、民間にあるもの。
古訓 〔新撰字鏡〕稗 志良介与祢(しらげよね)、又、比江(ひえ)〔字鏡〕稗 シラゲヨネ・ヒエ・ハカリ。与祢之良久(よねしらく)
【稗官】(くわん) 民間の伝承を採集する官。〔漢書、芸文志〕小說家者流は、蓋し稗官に出づ。街談巷語、道聽塗說者の造る所なり。
【稗史】 民間の小説・伝承を記録したもの。稗官小説。元・徐顯〔稗史集伝の序〕敍して之れを錄し、自ら稗官小說に比し、題して稗史集傳と曰ふ。
↑稗記 筆記/稗士 愚人/稗子 ひえのみ/稗人 卑下の人/稗政 悪政/稗説 説話/稗販 小商人/稗秕 田の雑草/稗野 野史/稗糲 粗米
↓旱稗・水稗・粟稗・秕稗・蒲稗・野稗・藜稗

【粺】 14 9694 ハイ しらげよね
篆文
形声 声符は卑(卑)。〔説文〕七上に「榖なり」、毇字条に「米一斛、舂きて八斗と爲るなり」とあって、精白した米をいう。次条の糳に「糲米一斛、舂きて九斗と爲るなり」とするが、毇・糳を互易とする説もある。〔玉篇〕に「精米なり」という。また稗と通用する。
訓義 ①しらげよね、精米、精白米。②稗と通じ、ひえ。
古訓 〔新撰字鏡〕稗 志良介与祢(しらげよね)、又、比江(ひえ)〔和名抄〕粺米 漢語抄に云ふ、糳米、末之良介乃與禰(ましらげのよね)〔名義抄〕粺 シラゲヨネ〔字鏡〕粺 与祢之良久(よねしらく)
↑粺糒 おこしの類
↓精粺・疏粺・粃粺

【裴】 14 1173 ハイ ヒ ながぎぬ
篆文
形声 声符は非。篆文の字形は褢に作り、求裘の篆文の字形と同じ構造法をとる。求は裘の初文で毛皮。その毛皮の長毛のものが非であろう。〔後漢書、蘇竟伝、注〕に「裴回とは縈繞淹留するを謂ふなり」とあり、徘徊の徘と通用する。
訓義 ①ながぎぬ、長衣のさま。②徘と通じ、たちもとおる。③斐と通じ、うつくしい。
古訓 〔名義抄〕裴 カタヌク・アラハ・ヒラク・ヨソフ
語系 裴・俳・徘 buai は同声。徘徊をまた裴徊としるし、通用する。
【裴回】(くわい) たちもとおる。徘徊。〔漢書、武五子、燕剌王旦伝〕華容夫人、起ちて舞ひて曰く、～母は死子を求め 妻は死夫を求め 兩渠の閒を裴回するに 君子獨り安居すと。坐する者皆泣く。
↑裴徊 徘徊/裴如 美しいさま

【誖】 14 0464 〔悖〕 10 9404 〔䛒〕 16 5335 ハイ ボツ みだす そむく たがう
篆文 籀文 金文
形声 声符は孛。孛は花の子房がふくらみかける形で、うちにひそむ力が勃然として外にあらわれる意。ゆえにまた悖乱の意がある。〔説文〕三上に「亂るるなり」とし、重文として悖・䛒の二字を録する。䛒について〔段注〕に「兩國相ひ違ひ、戈を擧げて相ひ向ふ。亂るる意なり」とするが、或は域の初文。国境が参差し犬牙、出入していて、そのため境界の争いを生ずることをいう。
訓義 ①みだす、みだれる、まがう。②そむく、さからう、あらそう。③たがう、まどう。④おろか、くらい。
古訓 〔名義抄〕悖 ミダル・サカサマ・マドハス・アシ・サカフ・ホレタリ
【誖逆】(ぎやく) 道にそむきもとる。〔漢書、礼楽志〕(劉向、上(しょう)に說く)京師に誖逆不順の子孫有りしより、大辟(大罪)に陷り、刑戮を受くる者絕えざるに至る。五常の道を習はざるに繇るなり。
【誖繆】(びう) みだれあやまる。〔漢書、董仲舒伝〕大道～陵夷して桀紂の行に至り、王道大いに壞る。夫れ五百年の閒、～猶ほ反ること能はず。～豈に其の持操する所、或いは誖繆して其の統を失へるか。固に天の降命、復た反すべからず、必ず之れを大衰に推して、然る後息むか、烏虖。
↑誖心 もとる心/誖徳 不徳/誖暴 すさむ/誖謾 軽侮する/誖眊 耄碌する/誖乱 もとる
↓違誖・驕誖・老誖

常 【輩】 15 1150 ハイ ともがら なかま やから
篆文
形声 声符は非。非は非櫛、すき櫛の象で、左右に相並ぶものをいう。〔説文〕十四上に「軍の車を發するときの若し。百兩を一輩と爲す」とあり、〔六韜、犬韜、均兵〕に「百車に一將」とあって、百車一輩を以て一戦闘集団を編成した。その軍に属するものを同輩という。親族関係で、同世代に属するものを輩といい、その長幼の順次を輩行といい、字はまた排行に作る。交友・同僚にも及ぼして、前輩・同輩・後輩という。
訓義 ①ともがら、たぐい、同一の集団・組織に属するもの。②なかま、あいて、交友。③やから、親族の排行の関係にあるもの。④つらねる、ならぶ、回数、たび。
古訓 〔名義抄〕輩 トモガラ・ヒトシ〔字鏡集〕輩 ナラブ・トモガラ・ヲモクルマ
【輩行】(かう) 一族中、世代の間の長幼の順でよぶ。〔唐書、陸贄伝〕始め贄の翰林に入るや、年尙ほ少し。材を以て幸せらる。天子常に輩行(陸九)を以て呼びて名いはず。
【輩出】 相次いであらわれる。〔後漢書、蔡邕伝〕(封事)五事。～孝武の世、郡、孝廉を擧げ、又賢良・文學の選有り。是に於て名臣輩出し、文・武竝び興る。漢の人を得たるは、數路のみ。
【輩類】 なかま。同輩。〔三国志、魏、夏侯玄伝〕中正(官)は則ち唯だ其の行迹を考へ、其の高下を別ち、輩類を審定するのみ～臺閣之れを總すべ、其の篃ぶ所の如くし、或いは參錯する有り。
↑輩学 共学/輩起 輩出する/輩偶 配偶/輩作 共同製作/輩数 輩行/輩儕 なかま/輩輩 群れる/輩分 親等/輩流 なかま
↓下輩・我輩・渠輩・愚輩・君輩・群輩・軽輩・後輩・儕輩・児輩・時輩・若輩・汝輩・数輩・先輩・前輩・曹輩・俗輩・儔輩・奴輩・等輩・同輩・年輩・朋輩・凡輩・末輩・名輩・余輩・流輩・両輩・倫輩

【霈】 15 1012 ハイ おおあめ うるおう
形声 声符は沛。沛は水勢のさかんなさま。霈は〔玉篇〕に「大雨なり」とあり、はげしく雨のふるさまをいう。
訓義 ①おおあめ、あめがはげしくふるさま。②うるおう、ぬれる。③沛と通じ、水勢のさかんなさま。
古訓 〔新撰字鏡〕霈 雨盛尓不留(あめさかりにふる)〔和名抄〕霈 日本紀私記に云ふ、大雨、比佐女(ひさめ)。今案ずるに、俗に云ふ、比布留（ひふる）〔名義抄〕霈 ヒヂカサアメ・ヒフル・ソソグ・ウルフ／大雨 ヒヂサメ 〔篇立〕霈 ヒハル・シタヽル・ヒヂカサアメ・オホアメ

＊語彙は沛字条参照。

↑霈然 沛然／霈沢 大雨／霈霈 水勢のさかんなさま

↓雲霈・横霈・甘霈・霑霈・溥霈・滂霈・油霈・流霈

【憊】16 2433 ［㦘］14 9402 ハイ つかれる くるしむ

篆文 

形声 声符は備。正字は㦘に作り、葡声。葡は箙（えびら）の象形字。その声をとる。〔説文〕十下に「㦘は憗るるなり」、また憗字条に「㦘るるなり」、㦘字条に「惶るるなり」とあり、疲労して心の弱ることをいう。その心の病むことを疲・痡といい、憊も同系の語であろう。

訓義 ①つかれる、よわる。②くるしむ、なやむ。

古訓 〔新撰字鏡〕憊 豆加留（つかる）〔名義抄〕憊 ツカル・オロカニ

↑憊臥 疲眠／憊衿 悪書生／憊色 疲労感／憊衰 つかれ弱る／憊喘 あえぐ／憊懣 だるい／憊懶 だれる／憊老 老い弱る

↓倦憊・困憊・昏憊・疾憊・衰憊・疲憊・憂憊・老憊

【癈】17 0014 ハイ すたる

篆文 

形声 声符は發（発）。〔説文〕七下に「固病なり」とあり、痼疾をいう。癈は廢（廃）の声義を用いるもので、廢は廃屋。宮廟が廃棄されて、廃滅することをいう。これを人の身に及ぼして、その機能の廃損することを癈という。〔礼記、礼運〕に、天下の窮民として、矜（鰥）寡孤独とともに、癈疾の人を加えている。

訓義 ①すたる、不治の病、固病。②廃と通じ、役立たぬ。

古訓 〔名義抄〕癈 ヤム・スツ・ヤマヒ・ヒサシ・スタル・ヤブル

【癈疾】不治の病。〔周礼、地官、族師〕時を以て民を屬して、其の族の夫家の衆寡を校登し、其の貴賤・老幼・癈疾の任ふべき者～を辨ず。

↑癈痼 痼疾／癈老 癈疾と老衰

【擺】18 5601 ハイ ひらく のがれる ならべる

形声 声符は罷。罷は网と能とに従い、獣が網にかかり、免れようとして苦しみ罷れること。その網をひらくを擺といい、擺脱することをいう。〔玉篇〕に「兩手もて擊つなり」とし、捭と同字とするが、通用の義であろう。また漢の張衡の〔西京の賦〕に「牲を擺ぶ」と陳列の意に用いるのは、おそらく䮔の意に用いたものであろう。犧牲を披磔して懸繫することを䮔辜といい、字はまた罷辜に作り、罷は擺の意であろう。馬融の〔広成頌〕に「牲を擺べ禽を班つ」という語がある。

訓義 ①ひらく、のぞく、あける。②ふるう、ゆする。③のがれる、かえる。④ならべる。

古訓 〔名義抄〕擺 ハラフ・ウゴカス・ウチハラフ・ヒラク・カク・ハタラカス・トル・カマフ

【擺鉤】わたし釣り。〔岳陽風土記〕江上の漁人、巨魚を取るに、兩舟を以て江を夾み、一人を以て綸を持せしめ、其の一綸に鉤し、～中ごろ十鉤に至る。大いさ秤の如き有り。鉤皆相ひ連なり、～江を絶りて往來牽挽して、以て待つ。魚行くときは亟やかに之れを取る。之れを擺鉤と謂ふ。

【擺脱】ぬけ出る。〔宣和書譜、八、行書〕李邕、初め右軍（王羲之）の行法を學び、頓挫起伏、既に其の妙を得、復た乃ち舊習を擺脱し、筆力一新す。李陽冰、之れを書中の仙手と謂ふ。

【擺撥】うちすてる。〔世説新語、政事〕王（濛）、何（充）に謂ひて曰く、我今故に林公（支遁）と來りて相ひ看る。卿の常務を擺撥して、玄言に應對せんことを望めるに、那ぞ方に頭を低れて此れを看ることを得んやと。何曰く、我此れを看ずんば、卿等何を以て存するを得んと。諸人以て佳と爲す。

【擺落】はらいのける。晉・陶潛〔飲酒、二十首、十二〕詩 去り去りて當に奚をか道ふべき 世俗久しく相ひ欺けり 悠悠の談を擺落し 請ふ、余が之く所に從へ

【擺弄】弄ぶ。動かす。唐・韓愈〔鎮州より初めて帰る〕詩 別來、楊柳街頭の樹 春風に擺弄せられて、只だ飛ばんと欲す

↑擺印 排印、活版印刷／擺宴 開宴する／擺開 ひろげる／擺撼 ゆりうごかす／擺局 だます／擺手 手を振る／擺酒 開宴する／擺掣 激動する／擺設 陳列する／擺荘 酒拳をうって飲む／擺渡 うち渡る／擺蕩 ゆりうごかす／擺頭 頭をふる／擺動 ゆりうごかす／擺飯 膳立て／擺尾 尾を振る／擺布 処置する／擺佈 手配する／擺列 並べる／擺拉 とり挫く／擺浪 波浪

↓振擺・風擺・揺擺・拉擺

バイ

常【売】7 人［賣］15 4080 バイ マイ うる

篆文 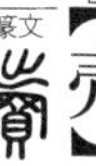

会意 旧字は賣に作り、その初形は出＋買。〔説文〕六下に「物貨を出すなり」という。金文に贖（贖）の字があり、その従うところがおそらく賣の初文であろう。賣はもと贖求・贖罪の意で交付する行為であったと考えられる。すなわち賠償をはらうということであった。〔周礼、地官、司市〕に「其の賣價（つぐない）の事を掌る」とみえる。のち全く交換的な経済行為をいい、〔周礼、天官、小宰〕に「賣買を聽するに質劑（契約書）を以てす」という。もと賣声であったものが、売買という交換的な行為のなかで、賣の声に移ったものであろう。〔玉篇〕に「或いは粥・鬻に作る」とあって、衒売の意。〔広雅、釈詁三〕に「賣は衒なり」とみえる。

訓義 ①うる、ひさぐ、あきなう。②あざむく、うらぎる。③あさむき、うる、ひろめる。

古訓 〔名義抄〕賣 ウル・イソク 〔字鏡集〕賣 アキナフ・イソク・ウル

声系 賣はもと𧶠に作り、贖刑を示す字。賣の形声字に賣声の字はなく、いま賣を声符とするものは、すべて贖・續（続）・牘・讀（読）の声である。賣買という声は、買に対する対待語としての声であろう。

【売花】花を売る。唐・曹唐〔小遊仙詩、九十八首、七十〕無事にして伴他す、棋一局 等閒にして輸卻す（負けてとられる）、賣花の錢

【売官】官位を売る。〔後漢書、霊帝紀〕初めて西邸を開いて官を賣る。關内侯・虎賁・羽林よりして、入錢各差有り。私かに左右をして公卿を賣らしむ。公は千萬、卿は五百萬なり。

【売眼】色目を使う。梁・武帝〔子夜四時歌、冬歌、四首、一〕楽府 寒閨、黻帳を動かし 密筵、錦席を重ぬ 眼を賣つて長袖を拂ひ 笑を含んで上客を留む

【売却】売りはらう。唐・白居易〔詔もて同州刺史を授けらるるも、病みて任に赴かず～〕詩 新昌の宅を賣却して 聊か老を送る資に充てん

【売去】売りはらう。〔世説新語、徳行〕庾公（亮）の乘馬に的盧（主、乗るときは棄市されるという凶馬）有り。或る

ひと語げて賣去せしむ。庾云ふ、之れを賣らば、必ず買ふ者有らん。卽ち復た其の主を害すべし。寧ぞ己に安んぜずして、他人に移すべけんや。

【売国】 自国を裏切る。〔史記、蘇秦伝〕人、蘇秦を毀る者有り。曰く、左右して國を賣る、反覆の臣なり。將に亂を作さんとすと。

【売漿】 飲料水売り。〔史記、貨殖伝〕富者は必ず奇を用つて勝つ。～賣漿は小業なり。而れども張氏は千萬なり。～此れ皆誠壹の致す所なり。

【売食】 煮売り。〔晋書、明帝紀〕（王敦）帝を追はしむ。帝～逆旅（はたご）の賣食の嫗を見、七寶の鞭を以て之れに與へて曰く、後、騎の來たる有らば、此れを以て示すべしと。俄にかにして追ふ者至り、嫗に問ふ。嫗曰く、去ること已に遠しと。因りて鞭を以て之れに示す。～帝僅かに免るるを獲たり。

【売痴】 馬鹿売ります。宋・范成大〔臘月村田楽府、十首、序〕其の九は賣癡獃詞なり。分歲（除歲）罷り、小兒、街を繞りて呼叫して云ふ、賣汝癡、賣汝獃と。～（詞）兒は云ふ、翁買ふに錢を須ひず 癡獃を奉賒（かけ売り）す、千百年

【売文】 人のために文を作ってくらす。宋・楊万里〔郭才挙を送る序〕吾が友人郭克明の子才擧は書生なり。賣文授徒を以て生產の作業と爲す。

【売卜】 占いでくらす。〔高士伝、中、厳遵〕嚴遵、字は君平、蜀の人なり。隱居して仕へず、常に成都の市に賣卜し、日に百錢を得て以て自ら給す。

【売名】 名声を求めようとする。〔荘子、天地〕子は夫の博學以て聖に擬し、～獨弦哀歌して、以て名聲を天下に賣らんとする者に非ずや。

【売力】 力仕事でくらす。〔潜夫論、讃学〕倪寬力を都巷に賣り、匡衡自ら保徒（やとわれ）に鬻ぐ者は、身貧しければなり。

【売弄】 てらう。〔後漢書、楊震伝〕（上疏）親近の倖臣、～盛んに第舍を修め、威福を賣弄す。～地動の變、近く城郭に在り、殆ど此の爲に發す。

↑売悪 人になする／売價 売買／売鬻 売る／売淫 売春／売恩 恩にきせる／売価 うりね／売貨 物を売る／売禍 売悪／売我 欺かれる／売獃 売痴／売姦 売春／売貴 高く売る／売技 技で暮らす／売客 客引き／売空 空取引／売勁 売力／売芸 売技／売券 売渡証／売交 売友／売獄 獄官が収賄する／売婚 売買婚／売才 弄才／売妻 妻を売りとばす／売子 子を売りとばす／売死 命を売る／売爵 爵位を金で売る／売主 君にそむく／売春 淫売／売笑 売春／売唱 流し／売娼 売春／売身 身売り／売清 清廉なふりをする／売舌 弁舌で出世する／売租 小作料／売宅 売り家／売炭 炭売り／売蛋 卵売り／売糖 飴売り／売餳 飴売り／売婆 物売り女／売腐 豆腐や／売侮 軽侮する／売餅 餅売り／売約 売り契約／売薬 売り薬／売友 友を裏切る／売誉 虚誉／売庸 身売り／売耀 誇らしげにする／売壚 酒場／売老 老人ぶる

↓鬻売・淫売・貨売・貴売・競売・衒売・沽売・自売・商売・専売・賤売・即売・糶売・転売・買売・発売・販売・傭売

常【貝】 7 6080 バイ かい

篆文

甲骨文

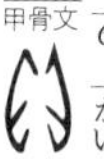

金文

象形 子安貝の形。子安貝は古くは呪器とされ、また宝貝とされた。〔説文〕六下に「海の介蟲なり。陸に居るものを猋と名づけ、水に在るものを蜬と名づく。象形。古は貝を貨とし、龜を寶とす。周よりして泉有り。秦に至りて貝を廢して錢を行ふ」という。卜文・金文の貝の字形は子安貝。金文の賜与に「貝三十朋」「貝五十朋」のようにいい、〔詩、小雅、菁菁者莪〕に「我に百朋を錫ふ」の句がある。朋（朋）は前後両系に貝を綴じたもので、金文にはこれを荷なう図象の銘識がある。またその十数朋を以て彝器の製作の費用に充てることを記す銘文もあり、当時はなはだ貴重なものであった。子安貝の原産地は沖縄であったと考えられ、これを入手することはかなり困難であったらしく、殷・周期の装飾品には、玉石を以てその形に模したものが多い。のちの財宝関係の字は、多く貝に従う。

訓義 ①かい、かいがら。②かね、貝朋。③かざり。

古訓 〔和名抄〕貝 加比（かひ）。水物なり 〔名義抄〕貝 カヒ・カヒツモノ

部首 〔説文〕に貨・賄以下五十八字、〔新附〕に九字を加え、〔玉篇〕には百四十三字を収める。また〔説文〕に敗・賊（賊）など、他部に収めるものがある。質・貳（弍）・敗・賊などに含まれる貝は、もと鼎に作り、その簡化したもので、本来貝部に属すべき字ではない。

声系 〔説文〕に貝声として退・䝿・敗など四字を収める。䝿は「歩行獵跋」、うろたえる意で、のちの狽にあたる。金文の図象に、犬の尾に貝を加えた形のものがある。

【貝貨】 貝の貨幣。〔漢書、食貨志下〕（王莽）金・銀・龜・貝・錢・布の品を作る。～大貝四寸八分以上、二枚を一朋と爲す。直二百一十六。壯貝三寸六分以上、二枚を一朋と爲す。直五十。～是れを貝貨五品と爲す。

【貝錦】 貝文の錦。あやなして物を作るにたとえる。〔詩、小雅、巷伯〕萋たり斐たり 是の貝錦を成す 彼の人を譖する者 亦た已だ大いに甚だし

【貝冑】 貝で飾った冑。晋・左思〔呉都の賦〕車を出だすこと檻檻たり、練を被ること鏘鏘たり～貝冑象弭（ゆはず）、織文鳥章（旗）あり。

【貝葉】 貝多羅樹の葉。インドで写経に用いた。唐・李適〔九日、慈恩寺浮図に登るに奉和す、応制〕詩 天文、貝葉に寫し 聖澤、菊花に浮ぶ

↑貝殻 貝がら／貝玉 宝玉／貝闕 竜宮／貝甲 貝殻／貝子 子安貝／貝字 仏典／貝書 仏典／貝城 蜃気楼／貝石 貝の化石／貝多 貝多葉／貝帯 貝で飾った帯／貝帙 仏典／貝典 仏典／貝文 仏典／貝幣 貝の貨幣／貝編 仏典／貝朋 貝一綴り／貝梵 梵唄／貝勒 貝で飾った馬のくつわ

↓貨貝・亀貝・綺貝・吉貝・金貝・紫貝・珠貝・織貝・蜃貝・文貝・編貝・宝貝・梵貝・螺貝

常【倍】 10 2026 バイ ハイ ます ばいまし そむく

篆文

詛楚文

形声 声符は咅。咅は𠂇（花の子房のふくらみ）が熟して果となり、剖ける意。それで両倍の意となる。〔説文〕八上に「反くなり」と背叛の意とし、〔段注〕にそれを字の本義とするが、両分することよりして背叛・倍譎の意を生ずる。背・陪と声義において通用する。

訓義 ①ます、ばいまし、ふえる。②ますます、いよいよ。③背・陪と通じ、そむく、はなれる、わける、もとる、そらよみ。

古訓 〔名義抄〕倍 マサル・マス・マス／＼・ソムク・ヘグ・イカタ・イハフ・ハムヘリ・ツカフ・アト・イラ／＼・アツ、カヘ・マ、

語系 倍・培・陪 bua は同声・同系の語。音は花の子房のふくらみ。不・𣎳は花蕚、否・咅・𤯔は果実のみのる過程、剖はその剖落することをいう。人為の意を加えて剖・倍・培・陪という。

背叛の義は背puək、偝buək、負(負)biuə、北pəkと声が通じ、その義にも用いる。

【倍依】はいい 依は扆い。天子の後ろの屏風。〔史記、魯周公世家〕周公の成王に代りて治むるや、南面し、依に倍そむきて、以て諸侯を朝せしむ。

【倍譎】はいきつ そむきたがう。〔荘子、天下〕俱に墨經を誦するも、倍譎して同じからず。相ひ別墨と謂ひ、堅白異同の辯を以て相ひ訾る。

【倍償】ばいしょう(しやう) 倍返し。〔墨子、号令〕粟米布帛錢金を收め、畜產を出內(納)するに、皆為に其の賈(価)を平直にす。～事已はるときは、皆各〻其の賈を以て之れを倍償し、又其の賈の貴賤多少を用って爵を賜ふ。

【倍徳】はいとく 徳義にそむく。〔史記、項羽紀〕(沛公曰く)願はくは伯(項伯)、具つぶさに臣(劉邦)の敢て德に倍そむかざるを言へと。項伯許諾す。

【倍畔】はいはん そむく。〔礼記、経解〕聘覲の禮廢するときは、則ち君臣の位失はれ、諸侯の行ひ惡しく、倍畔侵陵の敗起る。

↑倍阿 東北の鬼/倍加 二倍/倍奸 そむく/倍還 二倍返し/倍義 義に反く/倍言 違約する/倍差 一倍半/倍蓰 数倍/倍弐 副/倍日 二日/倍書 諳誦する/倍称 倍返し/倍常 三丈二尺/倍心 叛意/倍羨 余分/倍息 倍称/倍道 背理/倍反 そむく/倍叛 倍反/倍文 諳誦する/倍約 違約する/倍理 理にそむく/倍禄 俸禄を倍にする

↓加倍・功倍・数倍・増倍・鄙倍

常【唄】10 6608 バイ うた

形声 声符は貝ばい。いわゆる梵唄。〔玉篇〕に「梵音の聲なり」とあり、梵語のpāṭhakaを唄匿ばいのくと釈する。〔法苑珠林、三十六〕に「西方の唄有るは、猶ほ東國の讚有るがごとし」とあり、仏徳をたたえる讃仏歌をいう。わが国では小唄や俗謡の類にこの字を用いる。

訓義 ①うた、ほめうた、梵唄。②小唄、端唄。

【唄音】ばいおん 読経の声。宋・蘇舜欽、蘇舜元〔両子仲冬、紫閣寺、聯句〕唄音、別聲に充ち 塔影、寒藤を弔ふ

↑唄讃 梵唄/唄士 梵唄僧/唄唱 唱偈/唄声 読経の声/唄仏 読経

↓歌唄・吟唄・経唄・鐘唄・諷唄・梵唄

常【梅】10　人[梅] 11 4895　[楳] 13 4499

[槑] 14 6699 バイ うめ くすのき

篆文

形声 声符は毎(每)まい。〔説文〕六上に「枏くすのきなり。食らふべし。木に従ひ、每聲」とし、また楳を録して某ぼう声とする。前条に「枏ぜんは梅なり」とあって互訓。荊州では梅、揚州では枏という。また某字条六上に「酸果なり」とあり、某を楳の初文とする。某は金文では曰えつと木に従い、木の枝に願文をつけ、神に謀り禱る意で、謀の初文である。また梅の異文として用いられる槑は、〔説文〕では某の古文、〔玉篇〕には梅の古文として録するものであるが、槑はおそらく某の字形を並べしるしたもので、某の異文とすべく、これを梅の字に用いるのは誤りであろう。

訓義 ①うめ。②くすのき。③晦と通じ、くらい。

古訓 〔和名抄〕梅 无女(むめ)。杏に似て酢き者なり 〔名義抄〕梅 ウメ・ムメノキ

【梅雨】ばいう つゆ。梅の実の熟するころの長雨。〔五雑組、天部一〕江南每歲三四月、霪雨止まず、百物黴腐するに苦しむ。俗に之れを梅雨と謂ふ。蓋し梅子青黃の時に當ればなり。徐・淮よりして北、～六七月の交に至り、～俗亦た之れを梅雨と謂ふ。

【梅花】ばいか(くわ) 梅の花。宋・陸游〔閑歩して鞠城に至り、小雪に値あふ〕詩 梅花、水を照らして、誰が為にか瘦やす 雪片、風に倚よりて、許かくの如く輕し

【梅夏】ばいか つゆの季節。唐・玄宗〔端午、三殿に群臣を宴し、探りて神字を得たり、詩序〕麥秋の登みのり有るを喜び 梅夏の事無きを玩ぶ

【梅香】ばいこう(かう) 梅の花の香り。唐・崔日用〔人日重ねて大明宮に宴するに奉和す〕詩 曲池の苔色、冰前に液うるひ 上苑の梅香、雪裏に嬌あでやかなり

【梅紅】ばいこう 紅梅色。〔東京夢華録、八、端午〕端午の節物、百索・艾花よもぎ・～糉子・白團・紫蘇・菖蒲・木爪、並ともに皆茸切し、香藥を以て相ひ和し、梅紅の匣子を以て盛裹せいす。

【梅子】ばいし 梅の実。宋・蘇軾〔雨晴れて後、歩して四望亭下、魚池上に至りて、～帰る、二首、一〕詩 雨過ぎて、浮萍ふ合し 蛙聲せい、四隣に滿つ 海棠は眞に一夢 梅子、新たに嘗めんと欲す

【梅信】ばいしん 梅花の便り。宋・唐庚〔行父の冬日旅舍に次韻す〕詩 異鄉、梅信遠し 誰たれか寄せん、一枝の春

【梅雪】ばいせつ 雪中の梅。唐・李商隠〔莫愁〕詩 雪中梅下、誰たれとか期せん 梅雪相ひ兼ぬ、一萬の枝

【梅村】ばいそん 梅のある村。宋・陸游〔梅を看て帰る馬上、戲れに作る〕詩 漸く老いて更に知る、閑に味有るを 一冬の強半、梅村に在り

【梅林】ばいりん 梅の林。〔世説新語、仮譎〕魏武(曹操)行役して汲道を失ふ。三軍皆渴す。乃ち令して曰く、前に大梅林有り、子み饒おおく甘酸なり。以て渴を解くべしと。士卒之れを聞き、口に皆水を出だす。此れに乘じて前源に及ぶことを得たり。

↑梅英 梅花/梅園 梅の園/梅塢 梅の堤/梅槐 はまなす/梅格 梅骨/梅月 旧暦四月/梅骨 梅の風骨/梅妻 梅を妻に見立てる/梅酸 梅の酸味/梅枝 梅の枝/梅潤 梅雨/梅菹 うめぼし/梅漿 うめず/梅吹 喇叭ラッパの類/梅銭 梅花/梅弟 梅を弟に見立てる/梅湯 うめぼし湯/梅毒 かさ/梅坡 梅塢/梅梅 ほのかなさま/梅圃 梅園/梅竜 梅の老樹/梅霖 梅雨

↓塩梅・英梅・画梅・臥梅・寒梅・観梅・渓梅・古梅・紅梅・香梅・黄梅・残梅・春梅・折梅・雪梅・早梅・窓梅・探梅・入梅・白梅・摽梅・楊梅・落梅・嶺梅・老梅・蠟梅

【狽】10 4628 バイ うろたえる

甲骨文

金文

形声 声符は貝ばい。〔玉篇〕に「狼狽らうばいなり」とあり、狼と狽と二獣の名とする。〔酉陽雑俎、毛篇〕に狼は前二足が長く、狽は前二足が短く、前後の長短が等しくないので、この両者は相助けて進退する、そのさまを狼狽というと説かれているが、狼狽はおそらく剌址らっ・顚沛てんぱいというような、平衡を失する状態をいう形況の語であろう。卜文・金文の字形に、犬の尾に貝を加えた形のものがあり、何らか呪的な意味をもつものかと思われる。狂は犬と聖器としての王(鉞まさかりの形)に従い、その呪力が犬に憑依する意であるらしく、いずれも異常な状態を示す字である。

訓義 ①うろたえる。②みだれる。

古訓 〔名義抄〕狼狽 ミダル 〔篇立〕狽 ミダル

↓顚狽・狼狽

常【培】11 4016 バイ ハイ ホウ ます つちかう

篆文 培

形声 声符は咅。咅は花の子房が胚胎する形で、ものがふくらむ意がある。〔説文〕十三下に「培敦、土田山川なり」とあり、〔左伝、定四年〕魯の封建のときに「之れに土田陪（培）敦～を分つ」とみえる。〔中庸、十七〕に「栽うる者は之れに培ふ」とあり、土を上に重ねる意。〔荘子、逍遥遊〕に「風に培り、背に青天を負ふ」のようにも用いる。

訓義 1ます、くわえる、土を上に加える。2つちかう、作物に土を加える。3ぬる、たすける。4あぜ、つか、つつみ、おか。5のる。

古訓 〔名義抄〕培 カサヌ・マス・ヲサム・ツカ／培塿 ツムレ・アリツカ 〔字鏡集〕培 オサム・マス・ツカ・カサヌ

語系 培・倍・陪buəは同声。咅は花の子房のふくらむ形で、咅声の字にみな増益・肥大の意がある。

【培敦】封地として与えた所。敦はあるいは庸の誤りで、附庸の国の意とする説がある。〔左伝、定四年〕魯公に分つに大路・大旂を以てし、～之れに土田陪（培）敦～を分ち、～少皥の虚に封ず。

【培風】風に乗る。〔荘子、逍遥遊〕風の積むや厚からざれば、則ち其の大翼を負ふや力無し。故に九萬里にして、則ち風斯ち下に在り。而る後乃ち今、風に培り、背に青天を負ひて、之れを夭閼する者莫し。～乃ち今、將に南を圖らんとす。

【培塿】小丘。唐・柳宗元〔始めて西山を得て宴游する記〕青を縈ひ白を繚らし、外、天と際し、四望一の如し。然る後是の山の特立して、培塿と類を爲さざるを知るなり。

↑培育 そだてる／培護 まもる／培根 つちかう／培植 植えこむ／培堆 堆積する／培養 やしなう／培壅 土よせ

↓耘培・啓培・栽培・深培

常【陪】 11 7026 バイ ハイ かさねる たすける はべる

篆文

形声 声符は咅。咅は花の子房がふくらむ意。〔説文〕十四下に「土を重ぬるなり。一に曰く、滿つるなり」とあり、培と通用する。𨸏は神の陟降する聖梯の形であるから、聖所に附設するものをいい、陪陵・陪従などが初義である。天子に陪従するを陪幸、またの家臣を陪臣という。

訓義 1かさねる、そえる、くわえる。2たすける、したがう、はべる。3とも、けらい、またのけらい。4まじる、みちる。

古訓 〔名義抄〕陪 ソフ・マサシ・マス・サカ（カサ）ヌ・アリ・ハムベリ・マコト・ツカフ・マジフ・ク（タ）スク・イヨタツ 〔篇立〕陪 マジハル・マトフ・アリ・マス・クルフ・ツカウマツル・ハベリ

語系 陪・培・倍buəは同声。朩・不・否・孛・咅・萉は草花が芽を出し、開いて、結実する過程を示し、咅は実がふくらみ大きくなる形。ゆえに倍加・陪設の意となる。

【陪位】陪席。〔後漢書、明帝紀〕百蠻職を貢し、烏桓・濊貊咸な來りて祭を助け、單于の侍子・骨都侯も亦た皆陪位す。斯れ固より聖祖功德の致す所なり。

【陪宴】貴人の宴に連なる。南朝宋・鮑照〔河清頌の序〕崇文協律の士、儛頌を外に蘊くし、坐朝陪宴の臣、揄揚せられんことを內に懷ふ。

【陪従】貴人に従う。随従。〔魏書、常景伝〕天平の初、鄴に遷る。景、匹馬從駕す。～尚書丞郎已下、陪從に非ざる者は、盡く驢に乘る。

【陪乗】天子の車に同乗する。〔周礼、夏官、斉右〕祭祀・會同・賓客に、齋車（天子の金路）に前だち、王乘るときは則ち馬を持し、行くときは則ち陪乘することを掌る。

【陪臣】またの家来。天子の臣たる諸侯・大夫の臣。〔論語、季氏〕陪臣、國命を執らば、三世にして失はざること希なり。

【陪接】貴人に近侍する。宋・司馬光〔知制誥を辞する状、第五状〕禁闥に出入す、何ぞ心自ら安んぜん。縉紳に陪接す、何ぞ面目を施さん。

【陪鼎】饗礼に、九鼎のほかに鼎三をそえ加える。〔左伝、昭五年〕宴に好貨有り、飧に陪鼎有り。入るに郊勞有り、出づるに贈賄有り。禮の至りなり。

【陪陵】王陵の左右に作る功臣の陵。〔三国志、魏、武帝紀〕凡そ諸侯は左右に居りて以て前し、卿大夫は後に居る。漢制に亦た之れを陪陵と謂ふ。其の公卿大臣列將の功有る者、宜しく壽陵に陪すべし。其れ廣く兆域を爲せ。

↑陪飲 陪宴／陪衛 護衛／陪嫁 持参金／陪哭 助哭／陪坐 侍坐する／陪廁 侍従する／陪侍 近侍する／陪弍 附き添う／陪承 侍り仕える／陪笑 会釈する／陪食 お相伴／陪訊 陪審／陪随 お伴／陪席 陪位／陪属 陪臣／陪儓 陪台／陪台 しもべ／陪都 副都／陪堂 聴講生。また、禅林で、客僧が外堂で陪食すること／陪敦 封地として与えたところ、培敦／陪輔 おつきの人／陪奉 おつきの人／陪僕 しもべ／陪門 持参金／陪僚 しもべ／陪隷 しもべ／陪列 陪席

↓家陪・旧陪・高陪・親陪・趨陪・追陪・奉陪・遊陪・連陪

常【媒】 12 4449 バイ なこうど なかだち おとり

篆文

形声 声符は某。某はもと曰と木とに従い、木の枝に申し文をつけて神に祈り、神に謀ることで、謀の初文。結婚のことを謀るを媒という。〔説文〕十二下に「謀るなり。二姓を合することを謀る者なり」（段注本）という。〔周礼、地官、序官、媒氏、注〕に「媒の言たる、謀なり。異類を合はせ、和成せしむることを謀る者なり」とみえる。高禖は男女を合わせる神であり、また子求めの神であった。おとりに用いる鳥を媒鳥という。

訓義 1なこうど、なかだち。2とりもつ、仲介。3おとり。4霾と通じ、くらい。

古訓 〔新撰字鏡〕媒 奈加太豆（なかだつ）〔和名抄〕媒鳥 師說、乎度利（をとり）〔名義抄〕媒 ナカダチ・タハブル・イタミ・オトリ 〔篇立〕媒 タバカル・ナカダチ・イタム・モチヲトリ・タハブル・マ（ナ）カダチ・ヲケ・ナル

語系 媒・禖・腜muəは同声。禖は高禖、腜は婦人の懷孕をいう。某系のこれらの字は、みな某の声義をとる。謀miuəは広く諮謀の意に用いる。

【媒介】仲人。〔晋書、芸術、索紞伝〕孝廉令狐策、夢に冰上に立ち、冰下の人と語る。紞曰く、冰上を陽と爲し、冰下を陰と爲す。～君、冰上に在りて、冰下の人と語るは、媒介の事なり。君當に人の爲に媒を作すべし。

【媒官】媒妁の官。〔礼記、月令、仲春の月、注〕高辛氏の世、玄鳥（燕）卵を遺す。娀簡、之れを呑みて契を生めり。後王以て媒官の嘉祥と爲して、其の祠を立つ。

【媒妁】仲人。〔孟子、滕文公下〕父母の命、媒妁の言を待たず、穴隙を鑽りて相ひ窺ひ、牆を踰えて相ひ從はば、則ち父母・國人、皆之れを賤しまん。

【媒人】仲人。〔玉台新詠、焦仲卿の妻の為に作る〕詩 丞を遣はして媒人と為す 主簿、語言を通ず ～既に大義を結ばんと欲す 故らに遣はして貴門に來らしむと

↑媒嫗 仲人婆／媒翳 雉のおとり／媒孽 ひそかに謀って罪に陥れる／媒蘖 媒孽／媒紅 仲人の礼／媒氏 媒妁の官／媒酌 媒妁／媒紹 紹介／媒譖 ひそかに謀って罪に陥れる／媒銭 媒紅／媒鳥 おとり／媒婆 媒嫗／媒媒 暗愚なさま／媒伯 仲人／媒婦

媒婆／媒娉 仲人／媒保 媒妁の保証／媒姥 媒婆／媒理 仲人

↓行媒・作媒・自媒・触媒・探媒・虫媒・鳥媒・佞媒・風媒・溶媒・良媒・霊媒・労媒

常【買】 12 6080 バイ かう もとめる

篆文  甲骨文  金文 

会意 网＋貝。网は網。多くの貝を買い集めて蔵する意。〔説文〕六下に「市ふなり、网貝に從ふ」とし、その网に従う意について、〔孟子、公孫丑下〕「壟斷に登りて市利を网す」の文を引くが、字の構造とは関係のない文である。〔左伝、僖二十八年〕にみえる公子買は、字は子叢、また、〔春秋、襄三十一年〕の莒の人「密州」を〔左伝〕に「買朱鉏」に作り、密と買とが対応する字である。これによると、買・密・叢の間に、声義の関係があるものと思われる。

訓義 ①かう、代価をはらってかう。②もとめる、まねく。③うる。

古訓 〔名義抄〕買 カフ・ウル 〔篇立〕買 カフ・ヲフ・アキナフ・ウル

声系 〔説文〕に買声の字二字を収める。賣（売）について〔説文〕六下に「出に從ひ、買に從ふ」とするが、賣はもと賫に作り、贖罪の意。賣買はのちの対待語であろう。

語系 買・賣meは同声。〔同源字典〕に売賣を対待の語とし、徐灝の「物貨を出だすを賣と曰ひ、購取するを買と曰ふ。祇だ一聲の輕重のみ。～竊かに謂ふに買賣は本と是れ一字。後其の聲を異にするを以ての故に、出に從ひて以て之れを別つ。書傳に買賣二字、往往互用す」という文を引いている。買売を対待の語とすることは、そのような商行為が、一般的なものとなってからであろう。價も古くは賞を本義とする語であった。買・密が通ずるのは、密mietと声が近いからであろう。

【買宴】（ばいえん） 唐・五代のとき、皇帝の宴に銭帛を献じること。〔資治通鑑、後周紀二〕（太祖、広順二年）十二月、～甲午、前の靜難節度使侯章、買宴絹千匹・銀五百兩を獻ず。帝受けずして曰く、諸侯、天子に入覲するに、宜しく宴犒有るべし。豈に買ふことを待たんや。自今、此の比の如き者、皆受けずと。

【買禍】（ばいか） わざわいを自ら招く。〔戦国策、韓一〕夫れ盡く有るの地を以て、已むこと無きの求めを逆ふ。此れ所謂怨みを市り、禍ひを買ふ者なり。

【買官】（ばいかん） 官爵を買う。〔後漢書、崔寔伝〕靈帝の時、～官爵を賣る。～（寔の従兄）烈、時に傅母に因りて錢五百萬を入れ、司徒爲るを得たり。～程夫人～曰く、崔公は冀州の名士なり。豈に肯て官を買はんや。我に賴りて是れを得たり～と。

【買昏】（ばいこん） 財貨を納れて名門と結婚する。買婚。〔唐書、高倹伝〕帝（太宗）曰く、～今謀士勞臣、忠孝學藝を以て、我に從ひ天下を定めたる者、何ぞ貨を舊門に納れ、聲に向ひ實に背き、買昏を榮と爲すを容れんや。

【買山】（ばいさん） 隠棲のために山を買う。〔世説新語、排調〕支道林（遁）、人に因りて、深公（竺法深）に就き岇山を買はんとす。深公答へて曰く、未だ巣（父）・（許）由の、山を買ひて隱るを聞かずと。

【買愁】（ばいしゅう（しう）） 愁いを招く。唐・鄭谷〔苔銭〕詩 春紅秋紫、池臺を繞る 箇箇の圓は、濟世の財の如し 雨後端し無くも、窮巷に滿つ 花を買ひ得ずして、愁ひを買ひ來る

【買酔】（ばいすい） 酒を沽うて酔う。唐・李白〔結客少年場行〕詩 交はりを託して、劇孟（漢の任侠者）に從ひ 醉を買うて、新豐（美酒を産する所）に入る 笑うて一杯の酒を盡し 人を殺す、都市の中

【買隣】（ばいりん） 善隣を買う。〔南史、呂僧珍伝〕初め宋季雅、南康郡を罷め、宅居を僧珍の宅の側に市ふ。僧珍、宅價を問ふ。曰く、一千一百萬なりと。其の貴きを怪しむ。季雅曰く、一百萬は宅を買ひ、千萬は隣を買ふと。

↑買価 買い値／買鬼 博奕の一／買死 死刑を金によって免れること／買爵 爵位官職を買う／買収 買いとる／買舟 雇い舟／買售 売買／買春 酒を買う／買笑 遊冶／買囑 袖の下／買青 青田買い／買賤 安価／買断 買い切り／買売 売買／買弁 仕入れる／買名 売名／買夜 夜遊び／買憂 憂えを招く／買誉 売名／買弄 玩ぶ

↓貴買・競買・故買・酤買・購買・市買・趣買・旋買・賤買・贈買・売買・不買・来買

人【煤】 13 9489 バイ すす すみ

形声 声符は某。〔呂覧、任数〕に「煤炱、甑中に入る」の語があり、〔玉篇〕に「炱煤なり」という。煙のすすの意。

訓義 ①すす、煙のすす、すすける。②すみ、するすみ。

古訓 〔名義抄〕煤 ス、・スヒ・ア（カ）マノアカ 〔篇立〕煤 カマノアカ・ヘスヒ・ス、

語系 某声が暗く黒い意を含むことがある。それで煤muəの音は霾meə、莫（莫）mak、墨（墨）mək と声が近く、みな暗く黒い意がある。

↑煤煙 油煙／煤化 炭化／煤気 石炭ガス／煤礦 炭礦／煤黒 純黒／煤赭 石炭灰／煤色 すす色／煤炱 すす／煤炭 石炭／煤田 炭田／煤頭 火つけ／煤尾 すす／煤油 石油

↓埃煤・煙煤・軽煤・香煤・松煤・新煤・塵煤・青煤・竈煤・炱煤・桐煤・墨煤

【腜】 13 7429 バイ はらむ

篆文 

形声 声符は某。〔説文〕四下に「婦孕みて、始めて兆あるなり」（段注本）とし、〔広雅、釈親〕に「胎なり」と胚胎の意とする。また〔釈訓〕に「腜腜は肥ゆるなり」とあって、肥美のさまをいう。

訓義 ①はらむ。②腜腜は、こえる、ふっくらする。

古訓 〔新撰字鏡〕腜 豆波利乃止支（つはりのとき）

【禖】 14 3429 バイ こもとめ

篆文 

形声 声符は某。某は曰と木に従い、木の枝の先に祝詞の器を著け、いわば申し文をして神に謀り祈る意で、結婚や子求めのことを祈る。〔説文〕一上に「祭るなり」とあって、郊禖をいう。〔礼記、月令〕仲春の月の〔鄭注〕に「高辛氏の世、玄鳥（燕）卵を遺す。娀簡之れを呑みて契を生めり。後王以て媒官の嘉祥と爲して、其の祠を立つ」とあり、玄鳥説話を背景にもつ子求めの神である。〔周礼、地官、媒氏〕に、中春の月、ここで男女を合わせ、私奔を禁ずることがないという。その神をまた高媒ともいった。〔玉篇〕に「子を求むる祭なり」という。

訓義 ①こもとめ、こもとめの祭。②まつり、男女を合するまつり。

古訓 〔名義抄〕禖 サイハヒ 〔字鏡〕禖 クヒ・マツリ

語系 禖・腜muəは同声。禖は子求めの祭。腜は胎孕をいう。また胚phuəも声近く、胚胎の意。

【禖宮】（ばいきゅう） 后稷の母姜嫄の廟。〔詩、魯頌、閟宮、疏〕蓋し姜嫄、郊禖に祈りて后稷を生みしを以て、故に姜嫄の廟を名づけて、禖宮と爲せり。

【禖祠】（ばいし） 子求めの祠。〔漢書、枚皋伝、顔師古注〕高禖は子を求むるの神なり。武帝、晩に太子を得、喜びて此の禖祠を立て、皐をして祭祀の文を作らしむるなり。

【禖祝】ばいしゅく　子求めの祝詞の文。〔漢書、武五子、戾太子伝〕初め上、年二十九にして乃ち太子を得たり。甚だ喜び、爲に禖を立て、東方朔・枚皐をして禖祝を作らしむ。

↑禖壇　禖祠の壇

↓燕禖・郊禖・高禖・祀禖・神禖・立禖

常【賠】 15 6086 バイ つぐなう

形声 声符は音(ばい)。音は果実がふくらみはじめ、やがて剖判するものであるから、倍加・増益の意がある。人に財物の補償をするときは、いくらか損失を補塡するために、加算して支払ったものであろう。古代には贖といい、贖も續(続)の声に従って義をえている。賠銭のことは、元曲などに至ってみえる。

訓義 ①つぐなう、補償する。②字はまた備に作る。③いまは損失の意に用いる。

【賠納】ばいのう　賠償し納付する。〔福恵全書、三、裔役(下役)を馭ふ〕尤も恨むべき者は、花戸(農民)の錢糧、年年其の包攬(請持ち)に聽かせ、里社磬を吞んで賠納す。官吏少しく意に拂ふる有れば、無賴を挑唆し、～多人を拖累(巻き添え)にす。

↑賠価　賠款／賠嫁　嫁入りの仕度金／賠款　補償法／賠還　弁償する／賠償　弁償する／賠銭　弁償金／賠贈　賠嫁／賠補　補償する／賠本　損失／賠累　銭の迷惑／賠礼　謝罪する／賠奩　賠嫁

【𩕳】 16 6138 バイ マイ あらう

篆文 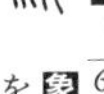

象形 頭を垂れて顔を洗う形。顔を洗うことを沬(び)といい、𩕳はその象形の字。〔書、顧命〕は、成王の没するとき、康王の継体の儀礼のことをしるすもので、王が臨終にのぞんで「王乃ち洮(た)(洗髪)して頮(あら)ふに水もてす」とあり、〔説文〕十一上に「沬は面を洒(あら)ふなり」の沬の古文として録している。湏(ばい)は𩕳の省文である。また𩕳九上には「昧前なり」としているが、これは「前を沬(あら)ふなり」の誤りであるらしく、それならば沬・頮(かい)・𩕳は同字となる。〔段注〕に「昧前」を「眛前」にして「前を眛(み)る」意であるとするが、用例もなく、その声義をえがたい。

訓義 ①あらう、かおあらう。②頮・沬と同じ。𩕳・頮は象形の字、沬は形声の字。

【薶】 18 4421 ［埋］ 10 4611 バイ マイ リ うずめる うめる ふさぐ

篆文  甲骨文 

形声 声符は貍(り)。貍は埋と通じ、埋葬の意がある。〔説文〕一下に「瘞(うず)むるなり」、瘞(えい)字条十三下に「幽(ひそ)かに薶(うず)むるなり」とあって、墳塋に犠牲を埋めることをいう。〔爾雅、釈天〕に「地を祭るを瘞薶と曰ふ」とあり、また〔周礼、春官、大宗伯〕に「貍沈を以て山林・川澤を祭る」とみえ、地霊を祀る祭儀をいう。字はまた埋・貍に作る。

訓義 ①うずめる、うめる、かくす、おさめる。②ほうむる、まつる、うずめてまつる、山川をまつる。③ふさぐ、あなをふさぐ。

古訓 〔名義抄〕薶　ウヅム・フサグ／埋　ウヅム・カクス・チリ・アナホル

【薶血】ばいけつ　血牲を埋めて誓う。〔後漢書、隗囂伝〕遂に廟を邑東に立て、高祖・太宗・世宗を祀る。～史、璧を奉じて告げ、祝し畢はり、有司坎(あな)を庭に穿ち、馬を牽(ひ)き刀を操り、～遂に割牲して盟(ちか)ふ。～既にして薶血加書、一に古禮の如くす。

↑薶互　泥中の虫／薶塞　ふさぐ

↓瘞薶・沈薶・幽薶

【霾】 22 1021 バイ マイ つちふる つちぐもり

篆文  甲骨文 

形声 声符は貍(り)。貍は埋と通じる字。〔説文〕十一下に「風ふきて土を雨(ふ)らすなり」とみえ、〔詩、邶風、終風〕「終(つひ)に風ふきて且つ霾(つちふ)る」の句を引く。〔古今注〕に、漢の昭帝の元鳳三年、「天、黄土を雨らし、晝夜昏霾(こんばい)す」とあり、その霾翳(ばいえい)は五日・十日より一月・一季にも及ぶことがあったという。卜文に霾の字がみえ、そのことを災異として卜することがあった。

訓義 ①つちふる、つちぐもり。②くもる、くらい。③埋と通じ、うずめる。

古訓 〔新撰字鏡〕霾　土を雨ふらすなり。豆知(つち)〔名義抄〕霾　ウヅム・ツチフル

↑霾翳　霾曀／霾曀　つちぐもり／霾晦　霾曀／霾風　土ふらす風／霾霧　うす暗い空

↓陰霾・雲霾・黄霾・宿霾・晴霾・風霾・氛霾・幽霾・妖霾

【黴】 23 2824 バイ ビ かび くろい すすける

篆文 

形声 声符は微(微)(び)の省文。〔説文〕十上に「久雨に中(あ)たりて青黒きなり」とあり、湿ってかびが生え、青黒い斑点となることをいう。微の声義をうける。

訓義 ①かび、かびがつく、くさる。②くろい、すすける。③梅と通用することがある。

古訓 〔名義抄〕黴　クミタリ　〔字鏡〕黴　モノ、ク・モタル・クミタリ

語系 黴mai、黣・煤muəは声義近く、みなすすけたように黒いものをいう。墨(墨)məkもその系統の語。微miuəiは微小、黴・煤はみな微小な粒子状のもので、黴はその声義をうける。

【黴黒】ばいこく　垢や土まみれで、くろずむ。〔淮南子、脩務訓〕蓋(けだ)し書に傳ふるを聞くに、曰く、神農は憔悴、堯は瘦臞(そうく)、舜は黴黒にして、禹は胼胝(へんち)(手足のたこ)なりと。此れに由りて之れを觀れば、則ち聖人の百姓に憂勞すること甚だし。

【黴瘠】ばいせき　くろずみ、やせる。〔唐書、隠逸、陸亀蒙伝〕(甫里先生伝)堯・舜は黴瘠、禹は胼胝(へんち)(手足のたこ)なりと。彼は聖人なり。吾れは一褐衣、敢て勤めざらんや。

【黴爛】ばいらん　かび。ただれる。清・鄭燮〔焦山別峯庵、雨中無事、舍弟墨に寄す〕昔歐陽永叔(脩)、書を秘閣中に讀み、數千萬巻、皆黴爛して収拾すべからざるを見る。又書目數十巻有り、亦た爛去す。其の人名を視るに皆識らず。其の書名を視るに皆未だ見ず。

↑黴雨　梅雨／黴気　潮気／黴菌　細菌／黴湿　湿気／黴毒　梅毒／黴黧　色黒

ハク

常【白】 5 2600 ハク ビャク しろ しろい あきらか もうす

篆文  金文  古文  甲骨文 

象形 頭顱(とうろ)の形で、その白骨化したもの、されこうべ。雨露にさらされて白くなるので、白色の意となる。偉大な指導者や強敵の首は、髑髏(どくろ)として保管された。覇者を示す霸(覇)はもと䨣に作り、雨にさらされた獣皮の意。白・伯と通用する。〔説文〕七下に「西方の色なり。陰、事を用ふるとき、物色白し。入に從ひて二を合はす。二は陰の數なり」と五行説によって説くが、字は二入を合わせた形ではない。郭沫若は、拇指(おやゆび)の爪の部分で、親指で覇者を示したとするが、俗説とすべく、白の従う敫(きょう)(敫)・徼(きょう)・皦(きょう)・檄(げき)・邀(きょう)はすべて祭梟(さいきょう)(首祭)

の俗に関する字である。殷の甲骨文に、頭骨に朱刻を加えたものがあり、異族の伯の名をしるしている。のちには酒杯や便器に、その頭顱を用いることがあった。

訓義 ①されこうべ、白骨化した頭。②しろ、しろい、あきらか、きよらか。③あきらかにする、のべる、もうす、かくさずにいう。④けがれなし、ものなし、空白、無位無官。⑤五行では西、秋、金。

古訓 〔名義抄〕白 シロシ・キヨシ・マウス・スサマジ・サカヅキ・スナホニ・イチジロシ・カタチ・カタラフ・モノガタリ・トヽノフ・カナフ／白皙 シラ、カナリ／白地 アカラサマ・イチジルシ 〔字鏡集〕白 ヒル・スサマジ・アキラカ・サカヅキ・トヽノフ・キヨシ・スナホニ・モノカタリ・カナフ・シロシ・イチジロシ・マウス・スナホナリ

部首 〔説文〕に皎・皙・皤・皚・皦・㿟・皛など十字を属し、〔玉篇〕に皁・皞などを加え、すべて四十三字を属する。このうち㿟は隙の初文で、神前におく玉の玉光が洩れくる形、また皁は黒色の意で、草の実の形、皞は皋に従い、皋は獣屍の白骨であるから、皞はその繁文である。

声系 〔説文〕に白声として碧・迫（廹）・敀・拍・帛・伯・魄など十字を収める。碧は青白に近い玉色、迫・敀・拍は迫近などで擬声語に近く、帛・伯・魄は白色の意である。

語系 白beak、皤buaiは声義近く、皤は老人の白みがかった色をいう。獣屍が暴露して白骨化するを暴bôk、䨣・霸pheakといい、人の精気を喪ったものを魄pheakという。みな一系の語。薄（薄）bakはまた薄近の意で、通用の字である。

【白堊】白土。白壁。〔呂覧、察微〕治亂存亡をして、高山と深谿との若く、白堊と黒漆の若くならしめば、則ち智を用ふる所無く、愚と雖も猶ほ可なり、治亂存亡の且きは、則ち然らず。

【白衣】無衣無官。庶人。〔史記、儒林伝序〕公孫弘、春秋を以て白衣より天子の三公と爲り、封ずるに平津侯を以てす。天下の學士、靡然として風に鄕ふ。

【白雲】しら雲。唐・李白〔白雲の歌、劉十六の山に帰るを送る〕詩 楚山・秦山、皆白雲 白雲處處、長へに君に隨ふ

【白眼】冷ややかに見る。唐・王維〔盧員外象と崔処士興宗の林亭に過ぎる〕詩 科頭（無帽）にして箕踞（あぐら）す、長松の下 白眼看他す、世上の人

【白玉】白璧。白玉楼は文人の死をいう。〔唐詩紀事、四十三、李賀〕長吉將に死せんとする時、忽ち書に一緋衣の人、赤虯に駕し、一版書を持つを見る。太古の篆の若し。～緋衣の人、笑って曰く、帝、白玉樓を成せり。立ころに君を召して記を爲らしむ～と。長吉獨り泣く。

【白駒】あおうま。神事に用いた。〔詩、小雅、白駒〕皎皎たる白駒 我が場の藿（豆）を食む～所謂伊の人 焉に嘉客（客神）となる

【白圭】白い圭玉。〔詩、大雅、抑〕白圭の玷けたるは 尙ほ磨くべきなり 斯の言の玷けたるは 爲むべからざるなり

【白虎】四霊の一、西方の神。〔三輔黄図、三、未央宮〕蒼龍・白虎・朱雀・玄武は天の四靈なり。以て四方を正す。

【白虹】白い虹。精誠の応。また、兵変などの象。〔史記、鄒陽伝〕昔者荊軻、燕丹（太子）の義を慕ひ、白虹、日を貫く。太子之れを畏る。

【白骨】枯骨。〔後漢書、劉盆子伝〕時に三輔大いに飢ゑ、人相ひ食む。城郭皆空しく、白骨野を蔽ふ。～赤眉虜掠するも、得る所無し。十二月、乃ち引きて東歸す。

【白沙】白い砂。〔荀子、勧学〕蓬も麻中に生ずれば扶けずして直く、白沙涅（黒土）に在れば、之れと與に黒し。～物類の起る、必ず始まる所有り。榮辱の來る、必ず其の徳に象る。

【白瓷】白色の磁器。〔天工開物、中、陶埏〕白瓷、凡そ白土を堊土と曰ふ。陶家精美の器用と爲す。中國、惟だ五六處より出だす。

【白日】陽光。唐・王之渙〔鸛雀楼に登る〕詩 白日山に依りて盡き 黄河、海に入りて流る 千里の目を窮めんと欲し 更に一層の樓に上る

【白首】白髪。〔後漢書、献帝紀〕（初平四年九月詔）今耆儒、年六十を踰え、去りて本土を離れ、糧資を營求し、業を專らにすることを得ず。結童入學し、白首空しく歸る。～朕れ甚だ愍れむ。

【白鬚】白い鬚。宋・陸游〔一年、一年に老ゆ〕詩 平生常に笑ふ、愚公（山を移す）の愚 墮齒を栽ゑ、白鬚を染めんと欲す

【白皙】色白。〔漢書、霍光伝〕光、人と爲り沈靜詳審、長け財かに七尺三寸、白皙にして疏き眉目、美須髯あり。～止進、常處有り。

【白雪】白雪曲は楚の古琴曲。楚・宋玉〔楚王の問に対ふ〕其の陽春・白雪を爲すときは、國中の屬ぎて和する者、數十人に過ぎず。

【白草】冬枯れの草。唐・岑参〔白雪歌、武判官の京に帰るを送る〕詩 北風地を捲いて白草折れ 胡天八月、即ち飛雪す 忽然一夜、春風來り 千樹萬樹、梨花開く

【白地】しろ地。〔世説新語、文学〕孫興公（綽）道ふ、曹輔佐（毗）は才白地の明光錦（地模様）の如し。裁して負版袴（下僕の袴）と爲す。文采無きに非ざるも、酷だ裁製（程よさ）無しと。

【白田】田。畠。〔水経注、温水〕（九真）耕を知りてより以來六百餘年、火耨耕藝す。法、華と同じ。白田と名づけ、白穀を種う。七月火作し、十月登熟す。赤田と名づけ、赤穀を種う、十二月作し、四月登熟す、所謂兩熟の稻なり。

【白頭】白髪。白首。宋・陸游〔初夏、二首、二〕詩 毎に感ず、流年の絶歎を成すを 白頭自ら笑ふ、未だ情を忘れざるを

【白波】白い波。唐・李白〔廬山謡～〕詩 登高、壯觀す、天地の閒 大江茫茫として去りて還らず 黄雲萬里、風色を動かす 白波九道、雪山流る

【白馬】白い馬。神事や犠牲に用いた。〔史記、呂后紀〕高帝、白馬を刑し盟ひて曰く、劉氏に非ずして王たらんとするものは、天下共に之れを撃たんと。今呂氏を王とするは、約に非ざるなり。

【白髪】しらが。唐・李白〔秋浦の歌、十七首、十五〕詩 白髪三千丈 愁ひに縁りて箇の似く長し 知らず明鏡の裏 何れの處にか秋霜を得たる

【白眉】白い眉。最もすぐれたもの。〔三国志、蜀、馬良伝〕馬氏兄弟五人、並に才名有り。鄉里之れが諺を爲して曰く、馬氏の五常、白眉最も良しと。良、眉中に白毛有り、故を以て之れを稱す。

【白粉】おしろい。唐・王維〔画人の為に賜を謝する表〕妍蚩（美醜）枉ぐる無く、敢て黄金を顧みんや。取舍惟だ精、時に白粉に憑る。

【白文】凹刻の文。また、無点の文。〔朱子全書、易〕某、小時より、未だ曾て訓詁を識らず。只だ白文を讀むの時、便ち此くの如きの說を疑ふ。

【白璧】白玉。梁・昭明太子〔陶靖節（潜）集の序〕余れ素より其の文を愛し、手を釋くこと能はず。～白璧の微瑕は、惟だ閑情の一賦に在り。

【白茅】ちがや。神饌を包む。〔詩、召南、野有死麕〕野に死麕（くじか）有り 白茅もて之れを包む 女有り春を懷ふ 吉士之れを誘ふ

【白面】美顔。また、若輩。〔宋書、沈慶之伝〕陛下、今、國

を伐たんと欲して、白面の書生輩と之れを謀る。事、何に由りてか濟ならんや。

【白楊】(やう) はこやなぎ。晉・陶潛〔挽歌の詩に擬す、三首、三〕詩 荒草、何ぞ茫茫たる 白楊、亦た蕭蕭たり 嚴霜、九月中 我を送りて遠郊に出づ

【白竜】白い竜。帝の使者をいう。唐・紫微孫処士〔青城丈人に酒を送る〕詩 深く羨む、青城の好洞天 白龍一覺して、已に千年

【白驢】白い驢馬。〔後漢書、五行志一〕靈帝、宮中西園に於て四白驢に駕し、躬ら自ら轡を操り、驅馳周旋して、以て大樂と爲す。是に於て公卿貴戚、轉た相ひ放效(まね)す。

【白狼】(らう) 白い狼。吉祥とされた。〔国語、周語上〕穆王將に犬戎を征せんとす。祭公謀父諫めて曰く、不可なり。～其れ以て我を禦ぐ有らんと。王聽かず。遂に之れを征し、四白狼・四白鹿を得て以て歸る。是れより荒服の者至らず。

【白鹿】白い鹿。神饌とした。〔漢書、郊祀志上〕已に祠り、胙餘(祭肉の余り)は皆之れを燎く。其の牛色は白、白鹿其の中に居る。

↑白暗 象牙/白意 無心/白飲 濃い飲み物/白羽 しらは/白雨 夕立/白烏 白い烏/白暈 白いかさ/白役 臨時雇い/白越 かたびら/白鉛 亜鉛/白燕 尾白の燕/白屋 茅屋/白汗 玉の汗/白簡 弾劾文/白気 兵気/白蟻 白あり/白蜺 白い虹/白蘖 白酒/白猴 白いさる/白毫 白毛/白幘 喪の頭巾/白衫 喪服/白粲 白米/白士 寒士/白手 空拳/白酒 にごり酒/白寿 九十九歳/白粥 かゆ/白絮 わた/白状 自供する/白浄 清浄/白壌 白土/白心 清浄心/白身 平民/白親 喪中婚/白人 平民/白刃 しらは/白酔 飲まずに酔う/白青 群青/白盛 白堊/白精 白目/白席 宴会係/白籍 戸籍/白屑 ふけ/白扇 白面の扇/白牋 白紙/白素 白色/白叟 白い老人/白足 はだし/白奪 白昼の強盗/白丹 白鉛/白痴 おろか/白雉 白い雉/白昼 ま昼/白紵 白いかたびら/白著 明らか/白楮 紙/白嘲 あざける/白丁 平民/白帝 西の帝/白鉄 錫/白顛 額白の馬/白兎 月/白徒 雑卒/白土 白い陶土/白荅 答える/白禿 白くも/白肉 股裏の肉/白破 ばらす/白婆 老婆/白貝 子安貝/白斑 白い斑点/白飯 白米の飯/白筆 史官が冠側にさしている筆/白描 墨の描線を用いる絵/白布 さらし/白服 喪服/白払 払子/白兵 白刃/白壁 白かべ/白袍 白い袍/白報 報告/白米 精米/白蜜 白蜂蜜/白綾 りんず/白露 秋の露/白浪 白波/白醪 白酒/白蠟 蜜蠟/白論 空言

↓曳白・瑩白・鉛白・科白・灰白・関白・眼白・挙白・虚白・凝白・謹白・空白・啓白・敬白・絜白・潔白・建白・堅白・狐白・紅白・黄白・皓白・絳白・告白・黒白・私白・自白・朱白・純白・醇白・尚白・粋白・衰白・清白・精白・雪白・鮮白・素白・蒼白・太白・大白・淡白・蛋白・頭白・独白・駁白・半白・班白・斑白・頒白・飛白・眉白・表白・漂白・粉白・密白・明白・面白・余白・廉白

常 【伯】 7 2620 ハク ハ かしら あに おじ

篆文 
甲骨文 
金文 

形声 声符は白。白は白骨化した頭顱の象形で、首長たちの首は白骨化して保存された。その人を伯という。〔説文〕八上に「長なり」、〔繫伝〕に「諸侯の長なり」とあって侯伯の義。卜辞に外方の君長を「虎方伯」のようにいう。金文の〔大盂鼎〕に「邦嗣四白(伯)」「夷嗣王臣十又三白(伯)」、また〔宜侯夨殷〕に「鄭の七白(伯)、厥の鬲千又五十夫を賜ふ」とあり、農耕の管理者を伯とよぶのは、外方伯のなごりであろう。周では兄弟の序列を、伯・仲・叔・季といった。金文の作器者の名に伯懋父・白龢父のようにいう例が多い。

訓義 ①かしら、おさ。②あに、長子、夫、おじ。③馬祖、馬祭。④陌に通じ、みち。

古訓 〔和名抄〕伯父 辨色立成に云ふ、阿伯なる者は、父の兄なり。睿乎遲(えをぢ)〔名義抄〕伯父 エイヲヂ〔字鏡集〕伯 サカシ・カク・カミ・ヲヂ・ニハカ・チカシ・ナガシ・オヤカタ

語系 伯・霸(覇)peakは同声。白beakは頭顱の形。雄偉の人の頭顱は、記念として保存される風があった。その人を伯という。卜文・金文には白を用いる。霸の初文は䨣。獣屍がさらされて色を失い、白くなる意。月が死魄の状態となることを霸という。のち伯に通じて用い、五霸のようにいう。

【伯舅】(きう) 天子が異姓の諸侯をいう。尊称。〔左伝、僖九年〕王、宰孔をして齊侯に胙(祭肉)を賜はしむ。曰く、天子、文・武に事りすること有り。孔をして伯舅に胙を賜はしむと。

【伯仲】伯・仲・叔・季のうちの伯仲。両者匹敵する状態をいう。魏・文帝〔典論、論文〕傅毅の班固に於ける、伯仲の閒なるのみ。

【伯楽】(らう) 馬飼い。唐・韓愈〔雑説、四〕世に伯樂有り、然る後千里の馬有り。千里の馬は常に有れども、伯樂は常には有らず。

↑伯雅 大杯/伯気 覇気/伯兄 長兄/伯氏 長兄/伯叔 兄弟/伯迹 覇業/伯図 覇者のはかりごと/伯都 虎/伯道 覇道/伯母 おば/伯姆 兄嫁

↓医伯・火伯・河伯・画伯・鬼伯・侯伯・詩伯・叔伯・西伯・仟伯・仙伯・宗伯・風伯・方伯

【佰】 8 2126 ハク ヒャク もも

篆文 

形声 声符は百。〔説文〕八上に「相ひ什佰するなり」(段注本)とあって百倍の意とする。〔繫伝〕に「亦た相ひ保つなり。老子に曰く、什佰の器有りと。每に什佰共用するの器なり」という。また陌と通用する。

訓義 ①もも、百、百倍する。②百人を一組とする郷村の組織。③陌と通じ、田の東西の境界をいう。

古訓 〔名義抄〕佰 モヽ・モヽチ

↓仟佰

【帕】 8 4620 ハク ハ バク バツ はちまき つつむ

形声 声符は白。〔広韻〕に「帕額、首飾りなり」とあり、ひたいあて、また、ふくさ、手巾、とばりをもいう。

訓義 ①ひたいあて、はちまき。②手巾。③とばり。④つつむ、ふろしき、ふくさ。

【帕頭】頭巾。〔三国志、呉、孫策伝注に引く江表伝〕昔、南陽の張津、交州の刺史と爲り、前聖の典訓を舍て、漢家の法律を廢し、嘗に絳帕頭を著け、鼓琴燒香し、邪俗の道書を讀む。

↑帕額 額あて/帕子 手巾/帕首 鉢巻き/帕服 好服/帕腹 腹巻き/帕羅 絹布

↓夾帕・錦帕・紅帕・黄帕・絳帕・翠帕・宝帕・羅帕・勒帕

【帛】 8 2622 ハク きぬ しろぎぬ ぬさ

篆文 
甲骨文 
金文 

形声 声符は白。〔説文〕七下に「繒なり」とあり、糸部十三上に

「繒は帛なり」と互訓する。金文の賜与に帛束・帛束璜などがみえ、のちの束帛加璧の類。金文の〔兮甲盤〕に「淮夷は舊我が貟畮の人なり」とあって、淮夷は貟畮の朝貢義務を負うものであった。貟はあるいは〔書、禹貢〕にこの地の貢ぎ物とする「織貝」の類であろう。古くは旗、のち書画に用い、漢代の帛書・帛画の類が出土している。

訓義 1きぬ、しろぎぬ、うすぎぬ、くろぎぬ。2ぬさ、たむけのきぬ。3白と通じ、しろ。

古訓 〔名義抄〕帛 ハクノキヌ／帛子 ハヘバラヒ 〔字鏡集〕帛 キヌ・カトリ・ハクノキヌ

語系 帛beak、幣(幣)biatは声近く、帛は束帛加璧して神に薦めるもので、幣帛に用いる。〔説文〕七下に「幣は帛なり」とあり、帛は束帛をいう。

【帛書】はくしょ 絹に書いた文書。馬王堆漢墓より漢の帛書が多く出土している。〔史記、封禅書〕齊人少翁、鬼神の方を以て上(武帝)に見ゆ。～乃ち帛書を爲りて以て牛に飯はしめ、～此の牛の腹中に奇有りと曰ふ。殺して視るに書を得たり。

【帛布】はくふ きぬと布。〔後漢書、皇后上、明徳馬皇后紀〕太后、詔して曰く、～吾れ、天下の母と爲りて、身に大練を服し、食甘きを求めず。左右但だ帛布を著くるのみにして、香薰の飾り無き者は、身から下を率ゐんと欲すればなり。

↑帛冠 きぬ製の冠／帛巾 絹ぎれ／帛屐 絹のくつ／帛詔 絹に書いた詔書／帛信 手紙／帛図 絹に書いた図／帛帳 絹のとばり／帛帕 手拭／帛縷 絹糸

↓衣帛・玉帛・金帛・絹帛・庫帛・細帛・財帛・糸帛・純帛・書帛・生帛・銭帛・繒帛・束帛・粟帛・大帛・竹帛・疋帛・布帛・幣帛・璧帛・綿帛・裂帛・練帛

常 **【拍】** 8 5600 ［拍］ 9 5106 ハク うつ たたく はやし

篆文  金文 

形声 声符は白。白は手を拊つときの擬声音。〔説文〕十二上に拍に作り「拊つなり」とし、百声とするが、〔釈名、釈姿容〕〔広雅、釈詁三〕にはみな拍に作る。拍手し、拍子をとることをいう。搏と通用するが、搏は橐に入れたものを搏つ意である。

訓義 1うつ、たたく、手をたたく、手でたたく。2はやし、ひょうしをとる、はやしたてる。3ひょうし木。4搏と通じ、うつ、手でうつ。

古訓 〔和名抄〕拍浮 今案ずるに、俗に云ふ、於布須(おふす)是れなり／拍子 〔箋注〕按ずるに西大寺資財帳に云ふ、百子一連～とは卽ち是の器なり。今俗に毘牟佐佐良(ひむささら)と云ふ者は、蓋し是れなり。〔名義抄〕拍 ウツ／拍子 百シ／拍浮 オフス 〔篇立〕拍 ウツ・タヽク・ナヅ 〔字鏡集〕拍 ウツ・タヽク／拍 ウツ・ニシル

語系 拍peakは搏pak、拊phioと声義近く、みな、うつ、手でうつ意がある。うつときの音をとる擬声的な語であろう。

【拍手】はくしゅ 手をうつ。はやす。唐・李白〔襄陽歌〕詩 落日沒せんと欲す、峴山の西 倒しまに接䍦(白帽)を着けて花下に迷ふ 襄陽の小兒、齊しく手を拍つ 街を攔り爭うて唱ふ、白銅鞮(襄陽の童謡、白銅蹄)

【拍板】はくばん びんざさら。扁平な板数枚の一端を編じ、その一片でうちならす。〔事物紀原、楽舞声歌部、拍板〕晉・魏の代、宋識有り、善く節を撃つ。然れども板を以て之れを拍ち、撃節に代ふ。是れ則ち拍板の始めなり。

【拍髀】はくひ ももをうって興じる。〔後漢書、張奐伝〕夫れ毛髮の勞(少しの努力)無くして、人の丘山の用(大きな収穫)を求めんと欲す。此れ淳于髡の、髀を拍ちて天を仰ぎて笑ふ所以の者なり。

【拍浮】はくふ 游泳。〔世説新語、任誕〕畢茂世(卓)云ふ、一手に蟹螯(蟹の鋏)を持ち、一手に酒栝を持ち、酒池の中に拍浮せば、便ち一生を了ふるに足ると。

↑拍案 机を叩く／拍肩 肩をうつ／拍子 リズム／拍掌 拍手／拍照 撮影する／拍節 リズムをとる／拍然 拍節／拍塞 充たす／拍弾 身振り歌い／拍天 空をうつ／拍拍 ばたばたとうつさま／拍撫 慰める／拍撲 うつ音／拍満 充満する／拍浪 波だつ

↓按拍・歌拍・曲拍・肩拍・節拍・弾拍・発拍・撫拍・舞拍・放拍・両拍

常 **【泊】** 8 3610 ［洦］ 9 3116 ハク とまる とどまる しずか

篆文  簡書 

形声 声符は白。〔説文〕十一上に洦に作り「淺き水なり」とあり、〔玉篇〕に「舟を止むるなり」という。水波の静かな、舟の碇泊に適したところ。それでしずかな状態を泊乎・泊焉のようにいう。

訓義 1とまる、とどまる、舟を岸につける。2いこう、やどる、やどり。3舟つき場。4しずか、ものしずか。5薄と通じ、うすい、ぼんやり。

古訓 〔和名抄〕泊湘 師說、佐々良奈美(ささらなみ)／泊 度末利(とまり) 〔名義抄〕泊 トマリ・トヾマル・トヾム・シヅカナリ・サヽラナミ・カス・ニハカ・チマタ・ホトリ・アサシ・キハム・カハカス・イタル・ニゴラス・ヨシ・ウゴカス 〔字鏡集〕泊 キハム・ホトリ・アサシ・マロガス・ヨシ・イツ・ニゴラカス・ウゴカス・ハジメ・トマリ・サヽラナミ・オヨグ・チマタ・ワタス・イタル・シヅカナリ・トヾム・クダル・カス・ニハカ・カハカス

【泊如】はくじょ 心しずかにいる。〔漢書、揚雄伝下〕哀帝の時、丁・傅・董賢、事を用ふ。諸〻之れに附離する者、或いは起家して二千石に至る。時に雄、方に太玄を草し、以て自ら守る有りて、泊如たり。

【泊然】はくぜん 心しずかにいる。魏・嵇康〔養生論〕愛憎、情に棲めず。憂喜、意に留めず。泊然として感ずること無く、體氣和平なり。

↑泊懐 心静か／泊鴈 鴈が宿る／泊兮 泊然／泊乎 泊然／泊爾 泊然／泊宿 宿る／泊湘 さざ波／泊歩 みなと

↓仮泊・外泊・羈泊・休泊・虚泊・憩泊・止泊・舟泊・宿泊・栖泊・淡泊・澹泊・駐泊・停泊・碇泊・晩泊・漂泊・飄泊・紛泊・夜泊・落泊・流泊・旅泊

【狛】 8 4620 ハク いぬ こまいぬ

篆文 

形声 声符は白。〔説文〕十上に「狼の如くにして善く羊を驅る」とし、「讀みて檗の若くす。寧嚴之れを讀みて淺泊の若くす」(小徐本)という。寧嚴は当時の通人の一。狛をこまとよむのは、〔同文通考〕に「高麗と訓同じ。狛音泊、獸名。按ずるに狛は蓋し貊の訛なり。貊は國名。三韓の屬なり」という。

訓義 1いぬ、羊かいのいぬ。2こまいぬ。3こま。

古訓 〔字鏡集〕狛 コマ

常 **【迫】** 8 3630 ［迫］ 9 3630 ハク せまる きびしい

篆文 

形声 声符は白。〔説文〕二下に「近づくなり」、〔広雅、釈詁一〕に「急なり」とあり、肉迫・緊迫・迫逐のように用いる。拍と搏、迫と薄(薄)と通用するが、拍・迫は擬声的な語、搏・薄は尃に従い、橐の中のものを撃つ意がある。

訓義 1せまる、ちかづく、うながす。2きびしい、おびやかす。3

くるしむ、あわてる。
古訓 〔名義抄〕迫 セム・セマル・セバサル・チカシ・オビヤカス・オビユ・タチマチ・スミヤカニ／迫近 セマリチカヅケリ 〔字鏡集〕迫 タチマチ・スミヤカニ・オビヤカス・アハツ・セバサル・チカシ・セマル・イソグ・オビユ・ツク・セム
語系 迫peakは偪piak、薄(薄)bakと声義近く、みな薄近の意がある。搏pak、拊phioもこの系統の語である。
【迫脅】 おどす。脅迫。〔荀子、臣道〕暴君に事ふる者は、補削有りて撟拂無し。亂時に迫脅せられ、暴國に窮居し、而も之れを避くる所無ければ、則ち其の美を崇び、其の善を揚ぐ。
【迫逐】 せまり逐いのける。〔左伝、襄十四年〕昔、秦人、乃の祖吾離を瓜州に迫逐す。
↑迫隘 狭める／迫阨 苦しめる／迫害 害する／迫急 急迫する／迫遽 余裕なくせまる／迫恐 恐迫する／迫近 せまる／迫窘 苦しめる／迫迮 せまる／迫笮 せまる／迫蹙 追いつめる／迫怵 恐れる／迫切 切迫する／迫然 せまる／迫措 追捕する／迫束 追いつめる／迫促 せまる／迫奪 強奪する
↓圧迫・畏迫・外迫・急迫・窮迫・脅迫・強迫・局迫・近迫・窘迫・緊迫・撃迫・催迫・蹙迫・焦迫・切迫・促迫・督迫・肉迫・剽迫・逼迫・崩迫・憂迫

【敀】 9 2864 ハク うつ せまる おこす

篆文 

会意 白＋攴。白は頭顱の象形、髑髏を毆つのは祭梟(首祭)とよばれる呪的な方法で、この呪霊を刺激し、呪能をはたらかせるためである。〔説文〕三下に「迮るなり」、〔玉篇〕に「附くなり」とみえる。〔史記、梁孝王世家、索隠〕に引く〔説文〕に「迫笮するなり」に作り、はげしく迫ることをいう。
訓義 ①うつ。②せまる、しいる。③おこす、せまりおこす。④迫と通じ、せまる。
古訓 〔字鏡集〕敀 ツク

【柏】 9 4690 〔栢〕 10 4196 ハク かえ かしわ

篆文  甲骨文 

形声 声符は白。〔説文〕六上に「鞠なり」とあり、〔爾雅、釈木〕に「椈なり」とする。「かえ」という木。〔論語、子罕〕に「歳寒うして、然る後、松柏の後彫(凋)なるを知るなり」とみえる。わが国では、かしわの木をいう。字はまた栢に作る。
訓義 ①かえ。②敀と通じ、うつ。③わが国では、かしわ。その字は槲に作る。
古訓 〔名義抄〕柏 カシハ・ナヅ・ウツ
【柏酒】 柏葉を浸した酒、正月酒。〔荊楚歳時記〕正月一日は是れ三元の日なり。～長幼悉く衣冠を正し、次を以て拜賀す。椒柏酒を進め、桃湯を飲み、屠蘇酒・膠牙餳(固形の飴)を進め、五辛盤を下す。
【柏葉】 柏の葉。〔雲仙雑記、七、仙人柏葉書〕郭天民、巧思横生し、能く書簡を摺(折)す。反覆すること柏葉の狀の如し。鄕人之れを仙人柏葉書と謂ふ。
↑柏椁 柏の外棺／柏車 大車／柏樹 柏の木／柏舟 柏の舟／柏城 皇陵／柏席 神座／柏台 御史台／柏府 御史台／柏陵 皇陵／柏歴 喪時の門
↓巌柏・棘柏・古柏・孤柏・香柏・剛柏・梓柏・紫柏・秀柏・松柏・椒柏・水柏・翠柏・石柏・霜柏・側柏・竹柏・檉柏・凋柏・貞柏・桐柏・墳柏・文柏・扁柏・茂柏・陵柏・列柏・老柏

【陌】 9 7126 ハク あぜみち みち さかい

篆文 

形声 声符は百。〔説文新附〕の阡字条十四下に「路の東西なるを陌と爲し、南北なるを阡と爲す」、また〔玉篇〕に「阡陌なり」とあり、田間の路、あぜをいう。神梯の象である𠂤に従い、もとは聖域についていう語であろう。漢の楽府に〔陌上桑〕があり、もと門つけの祝い歌から、物語歌に発展したものと思われる。
訓義 ①あぜ、あぜみち。②みち、ちまた、東西のみち。③さかい、境界。
古訓 〔名義抄〕陌 ミチ・チマタ・ヨコナハテ・ヨロ(コ)シ・ヨコシノミチ 〔篇立〕陌 セハシ・チマタ・ノミチ・ミチ・ヨコシ 〔字鏡集〕陌 ヨロ(コ)シ・ミチ・セハシ・チマタ・ヨコナハテ・ヨコシノミチ
【陌上】 あぜのほとり。〔楽府詩集、相和歌辞三、相和曲下、陌上桑〕崔豹の古今注に曰く、陌上桑は秦氏の女子に出づ。～羅敷出でて桑を陌上に採る。趙王、臺に登り、見て之れを悦ぶ。～羅敷、彈箏に巧みなり。乃ち陌上桑の歌を作りて、以て自ら明らかにす。趙王乃ち止むと。
【陌頭】 陌上。唐・郭元振〔子夜四時歌、六首、春歌二首、二〕詩 陌頭の楊柳の枝 已に春風に吹かる 妾心、正に斷絶す 君の懷、那ぞ知ることを得ん
↑陌額 綿帽子／陌阡 あぜみち／陌刀 長刀／陌路 路上の人
↓街陌・綺陌・畎陌・広陌・交陌・巷陌・荒陌・郊陌・市陌・紫陌・津陌・翠陌・井陌・阡陌・桑陌・長陌・南陌・柳陌・連陌・閭陌

【亳】 10 0071 ハク

篆文  甲骨文  金文 

会意 高の省文(上部)＋乇。乇は草などがものに寄りつく形。宅・亳など建物の字に用い、また托・託など託寄の意があるのは、神託を受けることと関係があろう。卜文の亳は、乇が中ての形にしるされている。〔説文〕五下に「京兆の杜陵亭なり」という。〔書、立政〕に「三亳」があり、西・北・南の三亳、また殷の亡社を亳社という。
訓義 ①殷の都、また亳殷という。②薄に通じ、亳社を薄社という。
【亳社】 殷代の社。〔春秋、哀四年〕六月辛丑、亳社に災あり。〔穀梁伝〕亳社なる者は、亳の社なり。亳は亡國なり。～其の亡國の社に屋するは、上に達するを得ざらしむるなり。

常 【剝】 10 2210 〔刂〕 4 2200 ハク さく はぐ

篆文 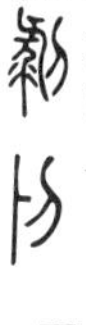

会意 彔＋刀。彔は錐もみの彔ではなく、篆の字形は彖に近く、獣の形。その獣皮を刀で剝ぎとる意。〔説文〕四下に「裂くなり。刀彔に従ふ。彔は刻なり。～一に曰く、剝は割くなり」(段注本)という。重文の形は骨と刀に従う。剝瓜・剝棗、また剝奪・剝落のように用いる。字はまた刂に作る。刂は骨に刀を加える形である。
訓義 ①さく、わる、とく、きずつく。②はぐ、はぎとる、むきとる。③けずる、はなす。④おちる、はなれおちる。⑤字はまた刂に作る。
古訓 〔名義抄〕剝・刂 ハグ・コツ・ケヅル・ウスシ・サクフム 〔字鏡集〕剝 ツク・サカル・ハグ・ケヅル・サク
語系 剝peokは拍peak、搏pak、拊phioと声義近く、みな擬声的な語。剝は剝ぎとるときの音を写した語である。
【剝喪】 害し失う。〔書、泰誓中〕惟れ受(紂)の罪は桀に浮ぎたり。元良を剝喪し、諫輔を賊虐す。己に天命有りと謂ひ、敬は行ふに足らずと謂ふ。～厥の監(鑑)惟れ遠からず、彼の夏王に在り。

【剝啄】はくたく 戸などをたたく音。唐・韓愈〔剝啄行〕詩 剝剝啄啄 客有り門に至る 我出でて應ぜず 客去りて嗔る 從者、我に語ぐ 子、胡爲れぞ然ると 我は客を厭はざるも 語言に困しむと

【剝奪】はくだつ むりに奪う。唐・陳子昂〔蜀川の安危の事を上る〕蜀中諸州、百姓の逃亡する所以の者は、實に官人貪暴にして、國法を奉ぜず、典吏從容として此れに因りて侵漁するに緣る。剝奪すること既に深く、人は命に堪へず。

【剝面】はくめん 面皮を剝ぐ。〔太平御覧、三七五に引く語林〕賈充、孫皓に問ふ、何を以て人の面皮を剝ぐと。皓曰く、其の顏の厚きを憎めばなりと。

【剝落】はくらく はぎとれて落ちる。唐・李白〔襄陽歌〕詩 君見ずや晉朝の羊公(羊祜)、一片の石 龜頭剝落して、莓苔を生ずるを

↑剝異はくい 疑問点をあげて弁難する／剝割はくかつ さく／剝岩はくがん 片岩／剝欠はくけつ 欠ける／剝繭はくけん 繭をつむぐ／剝削はくさく 搾取する／剝錯はくさく 膚荒れ／剝取はくしゅ 奪う／剝蝕はくしょく 剝欠／剝棗そうはく なつめの実をわる。旧暦の八月／剝損はくそん うち破る／剝脱はくだつ 剝落する／剝褫はくち はぎとる／剝剝はくはく 剝啄／剝皮はくひ 皮はぎ／剝剽はくひょう はぎとる／剝府はくふ はしけ／剝膚はくふ 危険が身に迫る／剝剖はくほう はぎとる／剝乱はくらん うばい乱す／剝離はくり はがれる／剝掠はくりゃく はぎとり奪う／剝廬はくろ 屋根まではぎとる。極度の貧窮／剝泐はくろく 剝落

↓丐剝・解剝・割剝・窮剝・欠剝・刳剝・刻剝・採剝・摧剝・残剝・侵剝・生剝・霜剝・頽剝・脱剝・治剝・黜剝・徵剝・屠剝・屯剝・破剝・皮剝・剽剝・崩剝・落剝

【粕】 11 9690 ハク かす

篆文 

形声 声符は白。白は頭骨、精を失ったものの意がある。酒をこした残りの滓。〔説文新附〕七上に「糟粕、酒の滓なり」とあり、ものの精粋を失ったものを糟粕という。

訓義 ①かす、さけのかす、さけのおり。②魄と通じ、ぬけがら。

古訓 〔新撰字鏡〕糟粕 阿万加須(あまかす) 〔字鏡集〕粕 カス・サケノカス

↓糟粕

常【舶】 11 2640 ハク ふね

形声 声符は白。〔広韻〕に「海中の大船なり」とあり、海上交通に用いる大船をいう。唐・宋以後にみえ、貿易に用いた。舶来品を舶物という。

訓義 ①ふね。②おおきなふね、あきないぶね。③貢の船。

古訓 〔和名抄〕舶 楊氏漢語抄に云ふ、豆具能布爾(つぐのふね) 〔名義抄〕舶 ツグノフネ・ツム・オホブネ

【舶載】はくさい 船で運ぶ、輸入品。唐・杜荀鶴〔友人の～交阯の辟命に赴くに贈る〕詩 舶載の海奴、鐶を耳に錘れ 象駝の蠻女、綵を身に纏ふ

【舶物】はくぶつ 舶載の物。〔南史、王僧孺伝〕又外國の舶物、高涼の生口(奴隷)、歲ごとに數至る。皆外國の賈人、以て貨易を通ず。

↑舶貨はくか 舶物／舶估はくこ 船商人／舶賈はくこ 舶估／舶交はくこう 貿易／舶主はくしゅ ペルシア／舶商はくしょう 舶估／舶上はくじょう 船上／舶人はくじん 乗組員／舶船はくせん 大船／舶𦨭はくたく 気節風／舶来はくらい 舶載の品

↓海舶・帰舶・巨舶・賈舶・市舶・商舶・船舶・大舶・汎舶・蛮舶・蕃舶・浮舶・来舶・浪舶

常【博】 12 〖博〗 12 4304 ハク ひろい ひろめる おおきい すごろく

篆文  金文 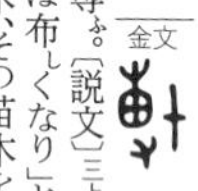

形声 声符は尃。〔説文〕三上に「大いに通ずるなり。十に從ひ、尃に從ふ。尃は布くなり」とし、亦声とする。尃は甫と寸とに従い、甫は苗木、その苗木を扶植することを尃という。政令を施すことをそれにたとえて、金文の〔毛公鼎〕「命を尃き政を尃く」のように敷施の意、また「尃いに奠く」「尃いに受く」など博大の意となる。また〔虢季子白盤〕に「玁狁(北方族の名)を洛の陽に博伐す」とあり、博は干(たて)に従い、広伐することをいう。博が十に従う理はなく、博は博より出た字であろう。

訓義 ①ひろい、ひろめる、ゆきわたる。②おおきい、おおい、とおい。③簙と通じ、すごろく、ばくち、ばくちする。

古訓 〔名義抄〕博 ヒロシ・カフ

【博愛】はくあい ひろく愛する。唐・韓愈〔原道〕博く愛するを之れ仁と謂ふ。行うて之れを宜しくするを之れ義と謂ふ。是れに由りて之くを之れ道と謂ふ。

【博奕】はくえき すごろく。ばくち。〔論語、陽貨〕飽食終日、心を用ふる所無きは、難いかな。博奕といふ者有らずや。之れを爲すは、猶ほ已むに賢れり。

【博学】はくがく ひろく学ぶ。〔中庸、二十〕博く之れを學び、審らかに之れを問ひ、愼みて之れを思ひ、明らかに之れを辨じ、篤く之れを行ふ。

【博古】はくこ 古代の事物に通じる。〔帰田録、一〕古編鐘(鐘)一枚を得たり。～其の聲を叩つに、王朴の夷則(楽律の名)の清聲と合ふ。而して其の形は圓ならずして側垂、正に朴鍾と同じ。然る後、朴の博古好學、據無しと爲さざるを知るなり。

【博施】はくし ひろく施し救う。〔論語、雍也〕子貢曰く、如し能く博く民に施して、能く衆を濟ふものあらば、何如、仁と謂ふべきかと。子曰く、何ぞ仁を事とせん。必ずや聖ならんか。堯・舜も其れ猶ほ諸れを病めりと。

【博識】はくしき 学識が広博であること。〔子華子、晏子〕昔、先大夫隨武子の位に在るや、明睿にして以て博識、晉國の雋老なりき。

【博習】はくしゅう(しふ) 博学。〔韓非子、八説〕博習辯智、孔墨の如きも、孔墨耕耨せず、則ち國何をか得ん。

【博大】はくだい 広大。〔荘子、天下〕關尹・老聃は、古の博大なる眞人なる哉。

【博通】はくつう ひろく通じる。〔後漢書、馬融伝〕京兆の摯恂、儒術を以て教授し、南山に隱る。～融、其れに從つて遊學し、博く經籍に通ず。恂、融の才を奇とし、女を以て之れに妻す。

【博物】はくぶつ ものしり。〔史記、呉太伯世家論賛〕延陵の季子の仁、心、義を慕ひて窮り無く、微を見て清濁を知る。嗚呼、又何ぞ其れ閎覽博物の君子なるや。

【博文】はくぶん ひろく学ぶ。〔論語、雍也〕君子は博く文を學び、之れを約するに禮を以てす。

【博聞】はくぶん ひろく見聞する。博覧。〔礼記、曲礼上〕博聞強識にして讓り、善行を敦くして怠らざる、之れを君子と謂ふ。

【博訪】はくほう(はう) ひろく捜訪する。〔春在堂随筆、三〕余れ曾て皇清經解を續刻するの議有り。因りて通人を博訪し、衆籍を捜羅す。～余、窮老且つ病む。此の志、終に果さざらん。

【博覧】はくらん ひろく見聞する。〔後漢書、王充伝〕充、少くして孤、～業を太學に受け、扶風の班彪に師事す。博覽を好みて、章句を守らず。～遂に衆流百家の言に博通す。

↑博飲はくいん 賭博と酒／博延はくえん ひろく挙用する／博衍はくえん 博延／博掩はくえん とばく／博遠はくえん 広遠／博雅はくが 博学で行いが正しい／博観はくかん 博覧／博戯はくぎ 博奕／博究はくきゅう ひろく究

める／博局　博奕／博芸　芸に通じる／博厚　てあつい／博洽　広博／博采　ひろく采る／博採　博采／博済　ひろくすくう／博死　命がけ／博咨　ひろくたずねる／博歯　さいころ／博射　かけをする／博詢　博咨／博証　ひろく証を求める／博進　賭物／博碩　ひろく大きい／博贍　ものしり／博綜　綜合／博達　博通／博誕　誇大／博暢　博通／博徒　ばくち打ち／博腯　よく肥える／博敏　博学で明敏／博弁　能弁／博夜　長夜／博裕　ゆたか／博落　広大

↓淵博・淹博・奥博・該博・学博・褐博・寛博・広博・宏博・洽博・鴻博・才博・詳博・深博・精博・賭博・徳博・文博・弁博

【搏】 13 5304 ハク フ　うつ　たたく　とらえる

篆文  甲骨文  金文 

形声 声符は尃ふ。尃は若木の根を固く縛る形で、搏・縛（縛）の初文。〔説文〕十二上に「索もて持つなり」と搏・索の畳韻を以て解する。また「一に曰く、至るなり」と傅っく意に解するが、強く力を加えて搏つことをいう。〔左伝、僖二十八年〕「晉侯、夢に楚子と搏うつ」の〔注〕に「手もて搏つなり」とみえる。〔詩、小雅、車攻〕に「獸を敖（地名）に搏にす」とあって、撲殺することをいう。金文の〔虢季子白盤〕に「玁狁（北方族の名）を洛の陽に博伐す」とあり、攻撃を加える意である。

訓義 1うつ、たたく、てうちにする。2はばたく、はうつ。3うちつけ、はりつけ。4とる、とらえる。5せまる、いたる。

古訓 〔和名抄〕搏風　辨色立成に云ふ、搏風板なり、比宜（ひぎ）。揚氏漢語抄同じ〔篇立〕搏　トモヒク・マロガス・ツカム・ウチシバル・カタシ・ユル・アツシ・ニギル・ウル・トル・モトム・サヽク

語系 搏pak、捕baは声義近く、同系の語。また拍peak、拊phio、撲beok、剝peokはみな、強くたたき、うつ意があって同系、その声を写す語であろう。

【搏撃】うつ。〔後漢書、酷吏、董宣伝〕特に徵されて洛陽の令と爲る。～豪彊を搏撃し、震慄せざる莫し。京師號して臥虎と爲す。

【搏虎】虎をてうちにする。〔孟子、尽心下〕晉人に馮婦といふ者有り。善く虎を搏つ。

【搏髀】股をうつ。〔史記、李斯伝〕（逐客を諫むる書）夫れ甕を撃ち缶を叩き、箏を彈き髀を搏ち、歌呼すること鳴嗚として耳目に快き者は、眞に秦の聲なり。

↑搏影　影を追う／搏掩　強奪する／搏揜　搏掩／搏獲　うちのめして獲る／搏攫　さらう／搏頰　はりて／搏競　うちあう／搏蹶　叩く蹴る／搏嚙　手でうち嚙む／搏穀　鳩の鳴き声／搏殺　撲殺する／搏摯　うちのめして執える／搏手　素手でうつ／搏取　捕獲する／搏執　搏縛する／搏獣　獣をてうちにする／搏埴　陶土をうちこねる／搏蝕　削る／搏心　胸をうつ／搏噬　手でうち嚙みつく／搏戦　組みうちする／搏逐　うちのめして逐う／搏闘　格闘する／搏拊　うち鳴らす／搏負　背に負う／搏風　風に乗って飛ぶ／搏壁　蓆の壁／搏面　はりて／搏膺　搏心／搏弄　うち遊ぶ

↓攫搏・撃搏・虎搏・手搏・執搏・獣搏・拊搏・捕搏・鵰搏・脈搏・翼搏

【雹】 13 1071 ハク ホク　ひょう　ひさめ　あられ

篆文  古文 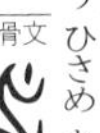 甲骨文 

形声 声符は包（包）ほう。包はまるい形のものの意がある。〔説文〕十一下に「雨冰なり」とし、古文として雨下に小円三を加えた字形をあげる。卜文に申（電光）の両旁に小点を加える字があり、電光とともに飛散する雹を示す。卜辞に「貞とふ。今この二月に及んで、雹ふらんか」「各たれる雲有りて北よりす。雹ふる」とみえる。雹がふるとき霹靂の音を伴うことがあるので、字は電光に従うのであろう。

訓義 1ひょう。2ひさめ、あられ。

古訓 〔和名抄〕雹　阿良禮（あられ）〔名義抄〕雹　アラレ〔篇立〕雹　アフシ（ラレ）・シグレ

↑雹散　あられと散る／雹霰　あられ

↓雨雹・夏雹・降雹・霰雹・秋雹・春雹・飛雹・夜雹・雷雹

入【箔】 14 8816 ハク　すだれ

形声 声符は泊はく。すだれ。また養蚕に用いるまぶし、すなわち蚕簿をいう。簿と通用する。白・尃は通用の関係にあり、拍と搏、箔と簿と声義同じ。金箔など箔をうつ技術は唐のころから盛んであった。

訓義 1すだれ。2まぶし。3金・銀などのはく、はくをうつ。4簿と通用する。

↑箔頭　養蚕の席／箔籠　養蚕の籠

【膊】 14 7324 ハク　ほじし　ひらく　さらす

篆文 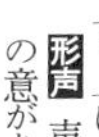

形声 声符は尃ふ。尃に搏うつ、また薄いものの意がある。〔説文〕四下に「薄脯なり。之れを屋上に膊っく」とあり、肉をうちたたいて板に張り、屋上で乾かし乾肉とする。乾肉は多く軍用に供された。〔左伝、成二年〕「殺して諸これを城上に膊す」とは、磔殺することをいう。

訓義 1ほじし、乾肉。2ひらく、さらす、切肉。3はりつけ。4髆と通じ、かたぼね。

古訓 〔名義抄〕膊　カタ・カイカネ・ハギ〔字鏡集〕膊　ヒラク・ヒヂ・カイカネ・カタノホネ・シ、ムラヲサク

↑膊乾　ほじし／膊魚　乾魚／膊膊　雞の声／膊脯　ほじし

↓下膊・厚膊・上膊・前膊・大膊・袒膊・臂膊

【駁】 14 7434 ［駮］ 16 7034 ハク バク　まだら　まじる　ただす

篆文 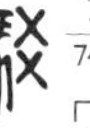  甲骨文 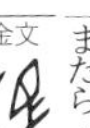 金文 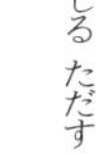

会意 馬＋爻こう。爻は雑色の意。〔説文〕十上に「馬の色、純ならず」とし、爻声とするが、声が異なる。徐鉉説に、爻は其の駁文に象るものであるという。奇獣の名として〔山海経、西山経〕〔逸周書、王会解、注〕にみえるが、雑駁の意に用い、また駁論・駁正のようにいう。爻は交わる象。字はまた駮に作り、駮は〔説文〕十上に「獸なり。馬の如くにして倨牙、虎豹を食らふ」とあり、交（交）声とする。交は駁の爻と同じく、駁文を示すものであろう。

訓義 1まだら、まだらうま。2まじる、まだらとなる。3そむく、たがう、あやまる。4せめる、ただす、反論する。5字はまた駮と通用する。

古訓 〔名義抄〕駁　ブチムマ・マダラナリ・アユミス・アキラカ〔篇立〕駁　マダラ・サマ〳〵・アキラカ・ヲフ・フチマダラ・イロヘ・ノゾク・フチ・ソシル・オドロク〔字鏡集〕駁　アキラカ・ソシル・マダラナリ・ツマヅク・フチムマ・ヲフ・フチ・カンガフ・オドロク

【駁議】他人の議論を論駁する。〔独断、上〕凡そ群臣の天子に書を上まつる者、四名有り。一に曰く章、二に曰く奏、三に曰く表、四に曰く駁議。

【駁正】誤りを正す。〔後漢書、延篤伝〕馬融に従って業を受く。～篤、經傳を論解し、駁正する所多し。後儒服虔等、以て折中を爲す。

【駁論】 反駁の論。駁議。〔晋書、良吏、杜軫伝〕軫、博聞廣渉、奏議駁論、多く施用せらる。

↑駁異 雑駁、また異議論難／駁違 雑駁／駁羽 ぶちの羽／駁回 けなす／駁勘 再審する／駁換 すりかえる／駁詰 反論して詰責する／駁究 吟味する／駁撃 反論する／駁査 しらべなおす／駁錯 まじる／駁雑 雑駁／駁辞 乱雑な語／駁冗 むだ／駁色 雑色／駁斥 却下する／駁説 駁論／駁舛 乱れる／駁争 駁論する／駁馬 ぶち馬／駁放 けなししりぞける／駁謗 悪口をいう／駁犖 雑色／駁駱 駁犖／駁吏 不正の吏

↓詭駁・皇駁・黄駁・朱駁・純駁・舛駁・白駁・斑駁・評駁・貶駁・論駁

【魄】 15 2661 ハク たましい からだ しろい

篆文 

形声 声符は白。白は頭顱の形で髑髏。精気を失ったものを魄という。〔説文〕九上に「陰の神なり」とあり、生を陽、死を陰とする。〔淮南子、主術訓〕に「地の氣を魄と爲す」、〔礼記、祭義〕に「氣なる者は神の盛んなるなり、魄なる者は鬼の盛んなるなり」とみえる。金文に月相四週の名を初吉・既生霸・既望・既死霸とし、文献には生魄・死魄の字を用いる。霸（覇）は獣屍の暴露した䨣を、月色に及ぼしたもので、光を失ったさまをいう。〔礼記、郊特牲〕に「魂氣は天に歸し、形魄は地に歸す」とみえ、魂魄は死して分離するものとされた。

訓義 ①たましい、陰の気。②からだ、かたち。③しろい、月の青白い部分、覇と同じ。死魄。④落魄、おちぶれる、うらぶれる。

古訓 〔名義抄〕魄 メタマシヒ・タマシヒ・キハマル・アヒダ・オモヒ・ムラガル／魂魄 タマシヒ／落魄 オチブル 〔篇立〕魄 ツイタチ 〔字鏡集〕魄 キハマル・タマシヒ・アヒダ・サキタマ・ウカノミタチ（マ）

語系 魄pheak、霸peak は声近く、霸はもと䨣に作り風雨にさらされた獣皮、それで光を失った月光を霸という。魄も精気を失ったものをいう語で、月相の既死霸をまた既死魄という。

【魄然】 しずかなさま。また、ひきさける音。〔論衡、雷虚〕圖畫の工、雷の狀を圖するに、纍纍として連鼓の形の如し。～其の魄然として敝裂の若き者は、椎撃つ所の聲なり。

↑魄悸 恐怖／魄散 うつろ／魄心 聖魂／魄兆 きざし／魄兎 月中のうさぎ／魄奴 影神の名／魄蕩 魂が飛び散る／魄莫 うす皮／魄門 肛門／魄慮 こころ／魄力 根気強さ

↓営魄・円魄・怨魄・冤魄・晦魄・駭魄・気魄・毅魄・欺魄・玉魄・形魄・月魄・魂魄・死魄・失魄・初魄・心魄・生魄・精魄・素魄・喪魄・体魄・奪魄・地魄・飛魄・芳魄・亡魄・夜魄・幽魄・妖魄・落魄・厲魄・霊魄・麗魄

【璞】 16 1213 ハク あらたま

形声 声符は菐。菐は鑿歯のある器をもつ形。鑿して切り出した玉石をいう。〔玉篇〕に「玉の未だ治めざる者」とあり、また樸素の意がある。木には樸といい、玉には璞という。

訓義 ①あらたま。②きじ、きじのまま。

古訓 〔和名抄〕璞 阿良太萬（あらたま） 〔名義抄〕璞 アラタマ 〔字鏡集〕璞 アラタマ・ミガク

【璞玉】 あらたま。〔世説新語、賞誉〕王戎、山巨源（濤）を目して、璞玉渾金の如しとす。人皆其の寶なるを欽するも、其の器に名づくるを知る莫し。

↑璞石 玉ある石／璞沈 深厚

↓隠璞・蘊璞・奇璞・玉璞・荊璞・攻璞・神璞・石璞・全璞・大璞・天璞・韜璞・美璞・卞璞・宝璞・抱璞・剖璞・良璞・和璞

常【薄】 16 〖薄〗 17 4414 ハク うすい いやしむ せまる すすき

篆文 

形声 声符は溥。専にものを搏って薄くする意がある。〔説文〕一下に「林薄なり」と林叢の意とするが、厚薄の意に用いることが多い。厚薄・軽微の意のほか迫（迫）と声義が通じ、〔左伝、僖二十三年〕「其の裸を觀んと欲し浴するとき、薄りて之れを觀る」とみえる、時のせまることをもいう。

訓義 ①うすい、すくない。②ひくい、いやしい、まずしい、せまい。③いやしむ、かろんずる、きらう。④迫と通じ、せまる、いたる。⑤くさむら、林薄、あつまる、あれくさ。⑥まぶし、えびら、蚕薄、竹かご、やな。⑦発語、しばらく、いささか、はじめて。⑧国語で、はなすすき、すすき。

古訓 〔和名抄〕薄 花薄、波奈須須岐（はなすすき）。辨色立成に云ふ、芋。和名、同上 〔名義抄〕薄 ウスシ・コヽニ・ヤセタリ・セマラル・セメラル・イタル・ハナスヽキ・アナヅル・スヾシ・スクナシ・タヒラカナリ・サム・イヤシム・トヾム・マレナリ・ツク・アツム・クダル・キハム・ツラシ・オホフ・ヤウヤク・フムダ・ハジメ・スヽキ・エラヒ・ヤハラカナリ／花薄 ハナスヽキ

語系 薄bak、迫peak、偪piak は声義近く、みな、せまる意がある。搏pak、拊phio は、せまりうつことをいう。みな擬声的な語である。

【薄悪】 土地がやせる。人情がすさむ。〔漢書、董仲舒伝〕（賢良対策）古より以來、未だ嘗て亂を以て亂を濟ひ、大いに天下の民を敗ること、秦の如き者有らざるなり。其の遺毒餘烈、今に至るまで滅せず、習俗をして薄惡～ならしむ。

【薄宦】 卑官。清・蔣士銓〔南池の杜少陵（甫）祠堂〕詩 先生、僅かに是れ詩人なるのみならず 薄宦、沈淪す、稷契（古の名臣）の身

【薄言】 しばらくここに。〔詩、周南、芣苢〕芣苢（おおばこ）を采り采る 薄らく言に之れを采る

【薄行】 品行軽薄。〔世説新語、文学〕郭象なる者は、人と爲り薄行なるも、儁才有り。（向）秀の（荘子）義の世に傳はらざるを見、遂に竊みて以て己が注と爲す。～後、秀の義の別本出でたり。

【薄厚】 厚薄。〔後漢書、鄧禹伝〕禹曰く、方今海內殽亂し、人びと明君を思ふ。猶ほ赤子の慈母を慕ふがごとし。古の興る者は、德の薄厚に在り、大小を以てせずと。光武、悦ぶ。

【薄倖】 不幸。唐・杜牧〔懐を遣る〕詩 十年一覺す、揚州の夢 占め得たり、青樓薄倖の名

【薄情】 思いつめる、また、人情がうすい。宋・陸游〔雨中懐を遣る、二首、二〕詩 死に抵るの愁ひは千斛の酒に禁め 薄情の雨は一城の花を送る

【薄蝕】 日月の光を失う。〔淮南子、精神訓〕日中に踆烏有り、月中に蟾蜍（がま）有り。日月其の行を失へば、薄蝕して光無し。

【薄雪】 うす雪。宋・蘇軾〔上元、樓上に侍飲す、三首。同列に呈す、二〕詩 薄雪初めて消え、野未だ耕やさず 薪を賣り酒を買うて、升平を看る

【薄葬】 飾らずに葬る。〔後漢書、光武帝紀下〕（建武七年春正月詔）世、厚葬を以て德と爲し、薄終を鄙しと爲す。富者は奢僭、貧者は財を單くすに至る。～其れ天下に布告し、忠臣・孝子・慈兄・悌弟をして、薄葬送終の義を知らしめよ。

【薄田】 地味のやせた田。明・沈周〔生辰〕詩 先人に薄田有り 數口（数人家族）頗か纏裹（衣服）す 門を關して清咏を事とするも 天地自ら我を容る

【薄伐】はくばつ うつ。金文に「博伐」という語がある。〔詩、小雅、出車〕赫赫たる南仲（将軍の名） 西戎を薄伐す

【薄氷】はくひょう うす氷。〔詩、小雅、小旻〕戰戰兢兢として深淵に臨むが如く 薄冰を履むが如し

【薄暮】はくぼ 日ぐれ。〔漢書、外戚上、高祖呂皇后伝〕呂后、皇太后と爲り乃ち～戚夫人を囚へしむ。～戚夫人舂き且つ歌うて曰く、子は王爲るも 母は虜と爲る 終日舂きて暮に薄る 常に死と伍を爲す

【薄命】はくめい 不運。不幸。唐・王昌齢〔長信（宮）の秋詞、五首、四〕詩 眞成の薄命かと、久しく尋思す 夢に君王に見えて、覺めて後疑ふ

【薄斂】はくれん 薄葬。〔後漢書、趙咨伝〕（咨）將に終はらんとし、～告げて（曰く）薄斂素棺、藉くに黄壤を以てし、速やかに朽ち、早く后土に歸せしめんと欲す。子孫の之れを改むるを聽さずと。

↑薄衣 粗衣／薄帷 薄い帷／薄意 寸志／薄陰 うす曇り／薄雲 うす雲／薄屋 喪に服するときの倚廬／薄海 海近く／薄学 浅学／薄寒 冷え込み／薄紈 うすぎぬ／薄饋 粗末なお供え／薄技 小技／薄儀 寸志／薄遽 とり急ぎ／薄曲 まぶし／薄衾 うすい衾／薄軀 賤軀／薄具 粗末な食事／薄遇 冷遇する／薄刑 軽い刑罰／薄譴 小罪／薄祜 不幸／薄茶 おうす／薄才 菲才／薄材 薄才／薄罪 小罪／薄視 軽視する／薄室 宮人の獄／薄質 薄才／薄日 うす日／薄社 殷の社／薄酌 粗酒／薄弱 か弱い／薄粥 うす粥／薄暑 初夏／薄少 少し／薄笑 微笑／薄觴 粗酒／薄身 微身／薄酔 ほろ酔い／薄征 税を軽くする／薄税 減税する／薄饌 粗膳／薄膳 粗膳／薄装 うす化粧／薄俗 軽薄の俗／薄待 冷遇する／薄地 やせ地／薄陳 粗饌／薄奠 粗供物／薄徳 菲徳／薄泊 羽ばたき／薄罰 緩刑／薄皮 うす皮／薄被 うすい衾／薄菲 不徳／薄媚 うす化粧／薄糜 うす粥／薄夫 軽薄な男／薄福 薄幸／薄物 粗品／薄粉 うす化粧／薄俸 薄給／薄民 貧民／薄茗 うすい茶／薄夜 薄暮／薄落 垣／薄利 少利／薄醨 うす酒／薄慮 浅慮／薄礼 薄謝／薄劣 愚か／薄陋 劣悪／薄禄 薄給

↓畏薄・掩薄・寡薄・希薄・虚薄・澆薄・曲薄・緊薄・空薄・軽薄・倹薄・厚薄・刻薄・酷薄・邪薄・榛薄・衰薄・脆薄・瘠薄・拙薄・浅薄・疏薄・叢薄・塞薄・俗薄・淡薄・佻薄・偸薄・肉薄・日薄・卑薄・菲薄・鄙薄・微薄・貧薄・浮薄・紛薄・俸薄・旁薄・滂薄・涼薄・林薄・禄薄

【⿱雨革】17 1050 ハク ハ しろい

篆文

会意 雨＋革。雨にさらされて白く脱色した獸皮。光を失った月色を霸（覇）という。〔説文〕七下に「雨、革を濡らすなり」というが、獸屍をいう。魄と通用する。金文に「既生霸」の霸を、⿱雨革に作るものがある。

訓義 1しろい、霸の初文、さらされている、獸屍。2あめ。

古訓 〔字鏡集〕⿱雨革 アメ

【簙】18 8844 ハク すごろく

篆文

形声 声符は博（博）。博は博奕で簙の初文。〔説文〕五上に「局戲なり。六箸十二棊なり」とあり、〔方言、五〕に秦・晉の間の語とするが、〔楚辭、招魂〕に「六簙」の名がみえる。局戲のことは〔列子、説符〕〔韓非子、外儲説左上〕などにみえ、〔後漢書、梁冀伝、注〕に引く鮑宏の〔博経〕にその競技法をしるしている。近時、中山王墓からその遺品一式が出土した。

訓義 1すごろく、字はまた、博に作る。2薄と通じ、まぶし、えびら。

【鎛】18 8314 〔鑮〕25 8414 ハク つりがね おおがね すき

篆文 金文

形声 声符は尃。〔説文〕十四上に「鎛鱗なり。鐘上の横木上の金華（金飾り）なり」とし、また「一に曰く、田器なり」とあって、すきの意がある。〔詩、周頌、臣工〕に「乃の錢鎛を庤へよ」とあり、錢もすきの古名。〔説文〕にまた鑮の字があり、「大鐘なり。淳于（楽器の名）の屬なり。鐘・磬に應ずる所以なり。堵（セット）には二金を以ふ。樂には則ち鑮を鼓つて之れに應ず」とあり、鎛鐘の意とする。斉の〔叔夷鎛〕は自名の器で、鎛といい、〔周礼、春官、鎛師〕も同じ、鎛は大器であるから、〔叔夷鎛〕の銘文は四百九十二字、秦の〔秦公鎛〕は百四十二字に及ぶ。〔国語、周語下〕の〔韋昭注〕に「鎛は小鐘なり」とするが、誤りであろう。

訓義 1つりがね、おおがね。2かねかけ。3すき、くわ。4さかだる、金尊。

古訓 〔新撰字鏡〕鎛 田器なり。鐘磬上の横木。豆弥（つみ）〔篇立〕鎛 サヒツヘ・ウチタテ

【鎛鐘】はくしょう 小鐘と大鐘。〔国語、周語下〕伶州鳩、對へて曰く、～律呂易らざるときは、姦物無きなり。細鈞（角徴羽）には鐘有りて鎛無し。其の大を昭かにするなり。大鈞（宮商）には鎛有りて鐘無し。甚だ大には鎛無きは、其の細を鳴らすなり。大昭らかに小鳴るは、和の道なり。

↑鎛磬 楽器、懸けて用いる／鎛鮮 金尊／鎛鱗 鐘かけの飾り

↓撃鎛・鼓鎛・鐘鎛・銭鎛・鋳鎛・南鎛・宝鎛

【⿰革尃】19 4354 ハク

篆文 金文

形声 声符は尃。〔説文〕三下に「車の下の索なり」とあり、車上につける革袋、軛をつつむ革などをいう。

訓義 1くるまのとこしばり。2車の上のかわぶくろ。3くびきをつつむ革。

古訓 〔名義抄〕⿰革尃 トコシバリ

【髆】20 7324 ハク かいがらぼね

篆文

形声 声符は尃。〔説文〕四下に「肩甲なり」とあり、肩胛骨。かいがらぼね、また、かたぼねという。⿰骨甫と通じ、ひざぼねをいう。

訓義 1かいがらぼね、かたぼね。2膊と通用し、ひざぼね。

古訓 〔名義抄〕髆 カタ・カタノホネ／膊 カタ・カイカネ・ハギ 〔篇立〕髆 カタハラ・カタノホネ 〔字鏡集〕髆 ハギ・カタ・ヒラク・カタノホネ・シ、ムラヲサク・カイカネ・ヒヂ

↓肩髆・後髆・前髆

バク

【麦】常 7 5024 〔麥〕11 4020 バク むぎ

篆文 甲骨文 金文

会意 旧字は麥に作り、來（来）＋夊。夊は足の形で、麦ふみの意であろう。〔説文〕五下に「芒ある穀なり。秋に種ゑて厚く薶す。故に之れを麥と謂ふ。麥は金なり。金王（秋）のとき

にして生まれ、火王（夏）のときにして死す。來の穗有る者に從ひ、夊に從ふ」と五行説を以て説くが、夊はおそらく蒔いた種を踏藉する意であろう。周の始祖后稷が嘉禾をえたとする伝承があり、〔詩、周頌、思文〕に「我に來牟を貽る」とあるものである。麦の熟するときを、麦秋という。

訓義 ①むぎ。②ちいさい。③麵と通じ、うずめる。

古訓 〔名義抄〕麥 ムギ／大麥 フトムギ・カチガタ／小麥 コムギ・マムギ／麥奴 クロムギ・ムギノクロミ／蕎麥 ソバムギ／穬麥 カラスムギ／瞿麥 ナデシコ 〔字鏡集〕麥 ムギ

【麦気】 麦の穗をわたる風。宋・王安石〔初夏即事〕詩 晴日暖風、麥氣を生じ 綠陰幽草、花時に勝る

【麦秀】 国の嘆をいう。〔史記、宋微子世家〕其の後、箕子、周に朝す。故の殷虛を過ぎり、～乃ち麥秀の詩を作る。～其の詩に曰く、麥秀でて漸漸たり 禾黍油油たり 彼の狡僮や 我と好からざりきと。所謂狡僮とは、紂なり。

【麦秋】 麦の熟するとき。初夏。〔初学記、三、麦秀の注に引く蔡邕の月令章句〕百穀各〻其の初生を以て春と爲し、熟するを秋と爲す。故に麥は孟夏を以て秋と爲す。

【麦信】 初夏の東北風。〔唐國史補、下〕凡そ東南の郡邑、～常に東北の風を待ちて、之れを信風と謂ふ。～三月に鳥信有り、五月に麥信有り。

【麦飯】 麦の粗飯。〔後漢書、馮異伝〕光武～饒陽の無蔞亭に至る。時に天寒烈、衆皆飢疲す。～光武、竈に對ひて衣を燎ほす。異復た麥飯菟肩を進む。因りて復た虖沱河を度り、信都に至る。

➡麦雨 初夏の雨／麦稼 麦のとり入れ／麦顆 麦粒／麦芽 麦のもやし／麦稭 麦わら／麦稈 麦わら／麦麴 麦芽／麦畦 麦畑／麦糵 麦芽／麦候 麦秋／麦酒 ビール／麦鬚 麦ののぎ／麦菽 麦と豆／麦熟 麦秋／麦食 麦飯／麦穗 麦の穗／麦租 麦の年貢／麦田 麦畑／麦麩 ふすま／麦風 麦気／麦餅 麦の団子／麦芒 麦ののぎ／麦麪 麦のめん／麦粒 麦つぶ／麦浪 麦の穗波／麦壟 麦畑の隴／麦隴 麦畑のうね

⬇燕麦・禾麦・魚麦・蕎麦・献麦・小麦・種麦・秀麦・宿麦・菽麦・熟麦・黍麦・嘗麦・食麦・瑞麦・粟麦・大麦・豆麦・登麦・稲麦・飯麦・晩麦・粉麦・米麦・芒麦

【帕】 9 4126 〔帕〕 8 4620 バク はちまき

形声 声符は百。帕の俗字。

訓義 ①はちまき、ずきん、頭飾。②帕の俗字。

＊語彙は帕字条参照。

人 【莫】 10 4443 〔莫〕 11 4443 バク ボ ひぐれ くらい おそい なし

篆文 

会意 茻＋日。草間に日が沈むときの意で、暮（暮）の初文。莫が否定詞などに使われ、さらに日を加えて暮となった。〔説文〕一下に「日且に冥れんとするなり」とあり、莫・冥は双声。金文の〔晋公盦〕「來王せざる莫し」のように、否定詞に用いる。否定詞の用法は、靡・末・無・亡（亡）・罔・蔑（蔑）などと声近く、通用の義。金文には日暮の意の例がなく、亞（亜）字形中に莫をしるして、墓の意を示したかとみられる例がある。

訓義 ①ひぐれ、くれかた、よる。②くらい、おそい。③むなしい、さびしい。③漠と通じ、ひろい、しずか。④なし、なかれ、打ち消しに用いる。

古訓 〔名義抄〕莫 マナ・ナカレ・ナシ・サダマル・ウスシ・シヅカナリ／遮莫 ナニカハスル・サモアラバアレ／無莫 ウスイコトモナシ／白莫 ホロシ・ツグミノイヒワ（ネ）

声系 〔説文〕に莫声として募・摹・幕（幕）・漠（漠）・墓（墓）など二十二字を収める。幽暗・静寂の意をもつものは、莫の声義を承けるものである。

語系 莫mak、晩（晚）miuanは声に通ずるところがあり、暮夜をいう。否定詞としては無・毋miua、亡・罔miuang、蔑miat、末muat、未・勿miuatなど、声近く、みな仮借して用いる。

【莫哀】 歌曲の名。～より哀しきは莫し。唐・杜甫〔短歌行、王郎司直に贈る〕詩 王郎、酒酣にして劍を拔き地を斫りて、莫哀を歌ふ 我能く爾が抑塞せる磊落の奇才を拔かん

【莫逆】 心に逆うことのない友。親友。〔荘子、大宗師〕（子祀・子輿・子犁・子来の）四人、相ひ視て笑ひ、心に逆ふ莫し。遂に相ひ與に友と爲る。

【莫大】 ～より大なるは莫し。最大。〔易、繫辞伝上〕是の故に、法象は天地より大なるは莫く、變通は四時より大なるは莫く、縣象著明なるは日月より大なるは莫く、崇高は富貴より大なるは莫し。

【莫莫】 草木の茂るさま。〔詩、周南、葛覃〕葛の覃びて中谷に施る 維れ葉、莫莫たり

➡莫寒 暮寒／莫訓 謨訓／莫二 二つと無い／莫宿 暮に宿る／莫春 暮春／莫勝 きざし／莫然 漠然／莫智 黙識／莫朕 きざしがない／莫年 暮年／莫非 すべて／莫府 幕府／莫夜 暮夜／莫邪 古の名剣の名／莫耶 莫邪／莫絡 大略／莫落 寂しい／莫慮 無慮

⬇晦莫・広莫・索莫・遮莫・寂莫・蚤莫・適莫・文莫・落莫

常 【幕】 13 4422 〔幕〕 14 4422 バク マク とばり おおう

篆文 

形声 声符は莫（莫）。莫にくらくおおう意がある。〔説文〕七下に「帷の、上に在るを幕と曰ふ」とあり、いわゆる天幕。旁らにあるを帷という。軍行のとき宿衛に用いた。将軍の在る所を幕営、その左右を幕僚、直属のものを幕下、本営を幕府という。酒徒劉伶の〔酒徳頌〕に、天地の間を旅宿にたとえて「幕天席地」とし、白居易の〔微之に和す詩、二十三首、新楼北園偶集〕に「天地を幕席と爲さば 富貴も泥沙の如し」の句がある。

訓義 ①まく、てんまく、ひきまく、とばり。②おおう、たれる。③将軍の営舎、陣屋、幕営。④いお、いおり。⑤募と通じ、くれる。⑥漠と通じ、沙漠、くらくたれこめる。

古訓 〔名義抄〕幕 マク・マトフ・オホフ・ハル・キヌヤ・エタレ 〔字鏡集〕幕 タル・マトフ・マヘ・ハル・オホフ

【幕下】 本陣。將軍の麾下。〔左伝、哀二年〕鐵の戰に及び、徒五百人を以ゐて宵る鄭の師を攻め、蠭旗（軍旗）を子姚（罕子）の幕下に取る。

【幕上】 幕の上。〔左伝、襄二十九年〕（季札）晉に如き、將に戚に宿せんとし、鍾聲を聞く。曰く、異しい哉。～夫子（孫文子、咎を受けて）此に在るは、猶ほ燕の幕上に巣くふがごとし～と。

【幕府】 將軍の本営。〔後漢書、班固伝上〕永平の初、東平王蒼～東閣を開き、英雄を延く。時に固、始めて弱冠、奏記して蒼に說きて曰く、～竊かに幕府新たに開かれ、廣く群俊を延くを見る。～明智を收集し、國の爲に人を得、以て本朝を寧んずべし。

【幕僚】 参謀。〔遼史、張倹伝〕車駕經行す。長吏當に獻ずる所有るべし。聖宗、雲中に獵す。節度使進みて曰く、臣の境に他の產無し。惟だ幕僚張倹は一代の寶、願はくは以て獻と爲さんと。

↑幕帷 とばり／幕営 軍営／幕帟 とばり／幕燕 幕上の燕、危険なことのたとえ／幕屋 幕舎／幕官 幕僚／幕議 軍議／幕客 幕賓／幕際 鏡の間／幕朔 北の沙漠／幕胥 幕吏／幕職 幕官／幕席 幕天席地／幕属 幕僚／幕庭 陣幕／幕殿 幕屋／幕賓 幕僚／幕覆 とばりでおおう／幕門 幕営／幕友 幕僚／幕吏 幕官／幕論 幕議

↓幄幕・帷幕・雲幕・衛幕・帟幕・開幕・綺幕・軍幕・紗幕・朔幕・繡幕・戎幕・設幕・巣幕・台幕・張幕・帝幕・鉄幕・天幕・入幕・布幕・幔幕・羅幕・旅幕・塁幕・簾幕

常【漠】13 3413 〔漠〕14 3413 バク さばく さびしい ひろい

篆文 

形声 声符は莫(莫)。〔説文〕十一上に「北方の流沙なり。一に曰く、淸きなり」という。漠漠は広漠。〔漢書、蘇武伝〕の李陵の詩に「萬里に徑りて沙幕を度る」、また〔漢書、武帝紀〕に「幕を絶る」とみえ、幕は通用の字。くらく、さびしく、ひろい状態の形況の語に用いる。

訓義 1さばく。2しずか、さびしい。3ひろい、おおきい。4漠漠、くらい、さかん。

【漠然】 静かで安らかなさま。〔淮南子、脩務訓〕無爲なる者は、寂然として聲無く、漠然として動かず。之れを引くも來らず、之れを推すも往かず。

【漠漠】 静かな、安らかな、広やかな、たちこめる、さかんなさまをいう。唐・杜甫〔韋諷録事の宅に、曹将軍の画ける馬の図を観る歌〕詩 此れ皆騎戰、一もて萬に敵す 縞素(白い絵絹)漠漠として、風沙開く

↑漠視 蔑視する／漠如 漠然としたさま／漠清 淡清／漠置 放置する／漠北 北の沙漠／漠溟 混沌としたさま

↓闇漠・空漠・玄漠・広漠・荒漠・沙漠・朔漠・索漠・寂漠・静漠・絶漠・大漠・沖漠・恬漠・茫漠・濛漠・幽漠・杳漠・遼漠

【寞】14 3043 バク しずか さびしい

形声 声符は莫(莫)。莫は暮(暮)の初文。寂莫をいう。〔楚辞、遠遊〕に「野、寂漠として其れ人無し」と漠(漠)に作る。寞は廟室や墓室の静寂幽暗のさまをいう。

訓義 1しずか、さびしい。2漠と通用する。

古訓 〔字鏡集〕寞 シヅカナリ・イヘ

語系 寞・莫・漠・暮・蓦 mak は同声。みな静かで幽暗の意がある。幕 mak、冪 myek もとじこめる、たれこめる意があり、みな一系の語である。

↑寞寂 寂しい／寞然 寂しい／寞寞 寞然としたさま／寞落 落寞

↓索寞・寂寞・沖寞・恬寞・窈寞・落寞

【蓦】15 4420 バク しずか はか

篆文 

形声 声符は莫(莫)。莫に墓の意がある。金文の図象に、亞(亜)字形中に莫や犬を加えた形のものがあり、亞は玄室の形、莫は墓、犬は犬牲の意。〔説文〕四下に「死して宗蓦たるなり」とあり、また夕部七上に蓦の字があって「宗なり」という。おそらく蓦が正字で、墓(墓)の初文であろう。

訓義 1しずか、しずまる。2はか。

古訓 〔字鏡集〕蓦 シヅカナリ

常【縛】16 〔縛〕16 2394 バク しばる つなぐ

篆文 

形声 声符は尃。尃は若木の根を包みこむ形で、縛はこれを縛る意。〔説文〕十三上に「束ぬるなり」とあり、束縛することをいう。囚えることを〔左伝、文二年〕「晉の襄公、秦の囚を縛す」のようにいい、降服のとき面を覆うを面縛、自ら苦しむことを自縄自縛という。

訓義 1しばる、くくる、まく。2つなぐ、いましめる、とらえる。3なわ。

古訓 〔名義抄〕縛 ユフ・マツフ・ユハヒ・ツナグ・カク・シバル・ユハフ・カ、ル・ムスブ

【縛虎】 虎をしばる。〔後漢書、呂布伝〕布～其の衆を率ゐて降る。～(曹)操を見、～顧みて劉備に謂ひて曰く、～我は降虜爲り。我を縄縛すること急なり～と。操笑つて曰く、虎を縛するには、急ならざるを得ずと。乃ち命じて布の縛を緩うせしむ。

↑縛格 しばりたたく／縛緊 強くしばる／縛擒 捕縛する／縛繫 つなぐ／縛袴 くくり袴／縛執 捕縛する／縛縄 しばる／縛辱 手ごめにする／縛制 手ごめにする／縛束 しばる／縛柱 柱にしばる／縛纏 巻き付ける

↓解縛・寛縛・急縛・擒縛・繫縛・劫縛・坐縛・自縛・執縛・囚縛・就縛・縄縛・生縛・束縛・沓縛・纏縛・捕縛・面縛・掠縛・累縛・籠縛

【蟆】17 5413 バク ボ がま ぶと

篆文 

形声 声符は莫(莫)。〔説文〕十三上に「蝦蟆なり」とあり、がま。また、ぶとをいう。

訓義 1がま、ひきがえる。2ぶと、ぶゆ。

古訓 〔名義抄〕蝦蟇 カヘル／蛙蟆 アヲガヘル

↑蟆子 ぶと

↓蛙蟆・蝦蟆・大蟆・痴蟆・閨蟆・妖蟆

【瀑】18 3613 バク にわかあめ はやい たき

篆文 

形声 声符は暴。暴は獣屍が日に暴される形で、ばらばらとなる意。水の急激なさまを瀑という。〔説文〕十一上に「疾雨なり」とあり、また「一に曰く、沫なり。一に曰く、瀑賁つるなり」(段注本)とあり、しぶき、たきの意がある。滝は早瀬をいう字である。

訓義 1にわか雨、雷雨。2はやい、あれる。3たき。

古訓 〔新撰字鏡〕瀑 阿女佐加利尓不留(あめさかりにふる)〔名義抄〕瀑 ハヤシ〔字鏡集〕瀑 トキカゼ・アハ・ハヤシ

【瀑水】 たき水。梁・簡文帝〔招真館碑〕高巖鬱として起り、青雲を帯びて峰を作し、瀑水懸けて流れ、天河を雜へて倶に灑ぐ。

【瀑布】 たき。晉・孫綽〔天台山に遊ぶの賦〕赤城(山名)、霞のごとく起りて標を建て、瀑布、飛び流れて以て道を界す。

【瀑流】 たき。たきのように流れる。唐・李白〔蜀道難〕詩 飛湍瀑流、爭うて喧豗 崖を砯ち石を轉じて、萬壑雷く

↑瀑雨 夕立／瀑泉 たき／瀑潭 たき壺／瀑沫 たきのしぶき／瀑溜 たき壺／瀑練 たき

↓巌瀑・激瀑・懸瀑・山瀑・糸瀑・双瀑・凍瀑・飛瀑・奔瀑・幽瀑

【藐】18 4421 バク ビョウ(ベウ) はるか ひろい ちいさい

篆文 

形声 声符は貌。〔説文〕一下に紫草の意とするが、字は藐遠・藐漠・藐爾のように形容の語に用いる。〔左伝、僖九年〕「是の藐たる諸孤を以て、辱くも大夫に在り」とは、若小非力の王子たちを人に託する語である。

訓義 1はるか、とおい。2ひろい。3ちいさい、かろんずる。4藐藐は、美しいさま。5むらさきぐさ。

古訓 〔字鏡集〕藐 カウバシ・スクナシ・ハルカナリ・サク・ハルカ

ニ・トホシ・ナガシ・サカシ・トヨシ・ムラサキ

【藐孤】かよわいみなしご。〔左伝、僖九年〕(献)公疾む。之れ(荀息)を召して曰く、是の藐たる諸孤を以て、辱くも大夫に在り(託す)。其れ之れを若何せんと。

【藐然】はるかに遠いさま。また、孤独なさま。唐・白居易〔烏江の十五兄を祭る文〕孩にして其の怙(父母)を失ひ、幼にして所親を喪ひ、旁らに弟兄無し。藐然たる一身、自強自立して、以て成人を至せり。

【藐藐】広大。美しい。〔詩、大雅、崧高〕寝廟既に成り 既に成りて藐藐たり

↑藐焉 孤独なさま／藐遠 はるかに遠い／藐観 遠望する／藐玩 軽蔑してあつかう／藐乎 遠いさま／藐視 蔑視する／藐爾 小さなさま／藐眄 顧る

↓孤藐・高藐・緬藐・悠藐

【貘】 18 2423 〔獏〕 14 4423 バク

篆文 
古印璽 

形声 声符は莫(莫)。〔説文〕九下に「熊に似て黄黒色。蜀中に出づ」とあり、〔爾雅、釈獣〕には「白豹なり」とする。白居易の〔貘屏賛の序〕に「其の形を圖すれば邪を辟く」とあり、わが国では、夢を食うという話が〔節用集〕などにみえる。獏はその省略形。

訓義 1ばく。2豹の別名。

古訓 〔字鏡集〕貘 獣名。シヅカナリ

【貘屏】貘図の衝立。唐・白居易〔貘屏賛の序〕貘なる者は象鼻犀目、牛尾虎足、南方の山谷中に生ず。～山海經を按ずるに、此の獸、鐵と銅とを食らひ、他物を食らはずと。因りて感ずる所有り、遂に賛を爲る。

【邈】 18 3630 バク とおい はるか かろんずる

篆文 

形声 声符は貌。藐に藐遠の意があり、邈と声義が近い。〔説文新附〕二下に「遠きなり」、〔方言、六〕に「離るるなり」という。藐と声義通じ、人を軽視する意がある。

訓義 1とおい、はるか。2藐と通用し、かろんずる、あなどる。

古訓 〔名義抄〕邈 コトナラム・ハカリシル・トホシ・ハルカナリ・カクル・シノブ

【邈群】遠く群を抜く。超群。〔抱朴子、尚博〕廐馬千駟なるも、騏驥(駿馬)に邈群の價有り。美人萬計するも、威施(西施)に超世の容有り。蓋し遠く衆に過ぐる者有るなり。

【邈然】遥遠のさま。また、高遠のさま。宋・秦観〔財用、上〕士大夫、矯枉過直、邈然として風裁を以て自ら持し、復た肯て財利の事を言はず。

↑邈焉 はるかなさま／邈遠 はるか／邈廓 はるかで広い／邈乎 はるかなさま／邈行 すぐれた行い／邈志 遠大の志／邈思 遠い思い／邈視 蔑視する／邈絶 はるかに隔たる／邈想 遠い思い／邈俗 超俗／邈邈 はるかに遠いさま／邈緜 はるかに遠い／邈踰 超越する

↓雲邈・淵邈・懸邈・玄邈・高邈・絶邈・沖邈・茫邈・綿邈・緬邈・悠邈・寥邈・遼邈

人 【曝】 19 6603 バク さらす かわかす

形声 声符は暴。暴は獣屍が日に暴されている形で曝の初文。暴が暴虐の意に用いられるに及んで、その本義を存する字としてまた日を加えた。〔顔氏家訓、書証〕に「古は暴曬の字と暴疾の字と相ひ似たり。唯だ下少しく異なり」というが、暴にその両義がある。のち曝が暴曬の専字となった。

訓義 1さらす、かわかす、ほす。2さける、やぶれる。

古訓 〔名義抄〕曝 サラス・ホス・カハク・ニハカ・アラハス 〔字鏡集〕曝 ハシ・トシ・ツヒニ・ソノ・アラハス・ホス・ヤブル・ニハカ・サラス・タケシ・クダク・ホシイマ・ノキフス・タチマチ・アラシ・ヲカス・カハク・アキラカ・マドカニ

＊語彙は暴字条参照。

【曝衣】衣を日にさらす。唐・儲光羲〔樵父の詞〕詩 清澗、日に足を濯ひ 喬木、時に衣を曝す

【曝顋】魚があぎとをさらす。〔三秦記〕河津、一名龍門。～大魚龍門下に薄集すること數千、上ることを得ず。上るものは則ち龍と爲り、上らざる者は魚なり、故に顋を龍門に曝すと曰ふ。

【曝書】蔵書の虫ぼし。〔太平御覧、三十一に引く王隠の晋書〕魏の武帝、高祖(司馬懿)を辟す。～辞するに～風痺にして起居すること能はざるを以てす。～時に七月七日、高祖方に書を曝す。令史、竊かに知りて還る。

【曝背】背に日をあてる。〔三国志、蜀、秦宓伝〕僕、背を隴畝の中に曝し(田を耕し)、顔氏の簞瓢を誦し、原憲の蓬戸を詠ずる～を得ば、～斯れ乃ち僕の志を得るの秋なり。何ぞ困苦を之れ戚へん。

↑曝画 絵画の虫干し／曝乾 日にさらす／曝褌 褌干し／曝曬 日にさらす／曝戸 しかばねをさらす／曝日 日にさらす／曝麦 麦干し／曝巫 ひでりのとき、巫を焚殺する／曝揚 あばき出す／曝涼 虫干し／曝露 暴露する

常 【爆】 19 9683 バク やく はじける

篆文 

形声 声符は暴。暴は獣屍が日にさらされて、乾き裂ける形。〔説文〕十上に「灼くなり」、〔広雅、釈詁二〕に「爇くなり」とあり、強い火で爆け散ることをいう。もと擬声的な語。爆竹はその音によって鬼を祓った。

訓義 1やく、強火でやく。2はじける、さける。

古訓 〔名義抄〕爆 ハタメク・サラス・アブル・アツシ 〔字鏡集〕爆 アブル・アツシ・ヒハレ・サラス・ハタメク・アバル

【爆竹】祝祭などに細い竹管を爆発させて、悪鬼を祓う。〔荊楚歳時記〕正月一日、～雞鳴にして起き、先づ庭前に於て爆竹し、以て山臊(一本足の夔という神)の悪鬼を辟く。

↑爆竿 爆竹／爆仗 爆竹／爆烈 爆発する

↓驚爆・竹爆

【驀】 21 4432 バク まっしぐら にわか たちまち

篆文 

形声 声符は莫(莫)。〔説文〕十上に「馬に上るなり」という。馬を走らせて直進することを驀進・驀然・驀地という。地はのち的と同じく、状態詞を作る助詞である。

訓義 1まっしぐら、まっしぐらに進む。2のりこえる。3にわか、たちまち。

古訓 〔名義抄〕驀 ノボル・コユ・ノル・マタグ・トリコエ

↑驀越 のりこえる／驀進 直進する／驀然 一散に進むさま／驀地 一散に進むさま／驀波 波乗り

↓騎驀・細驀

ハタケ

常 【畑】 9 人〔畠〕 10 はたけ はた

国字 火＋田。焼畑。水田に対して焼畑による陸田をいう。中国で火田とは古く火を放って巻狩りすることであったが、のち焼畑の意にも用いる。

訓義 1はた、はたけ。2火田、焼畑。

古訓 〔和名抄〕白田 一に陸田と曰ふ。和名、波太介(はたけ)。

日本紀に云ふ、陸田種子、波多介豆毛乃（はたけつもの）〔篇立〕畠 ノハタケ・ハタケ・ヲカス 〔字鏡集〕畠 ハタケ

ハチ

常【八】2 8000 〔八〕2 8000 ハチ ハツ やつ

篆文  甲骨文  金文 

指事 両分の形。左右に両分して、数の八を示した。〔説文〕二上に「別るるなり」と近似音の別によって解するが、別は骨節を解くことである。半（半）は八に従い、牛牲を両分する意。發（発）は址に従い、両足を開いて進発する意。みなバラバラの意をもつ語である。

訓義 ①やつ、はち、やたび。②わける、わかれる。

古訓 〔名義抄〕八 ヤツ／尺八 ―ノフエ 〔字鏡集〕八 ワカル・マユハラフ・ヤツ・ヒトテ

部首 〔説文〕に分（分）・介・曾（曽）・尙（尚）・家・介・公（公）・必・余など十一字、〔玉篇〕に十三字を属する。このうち両分の象とすべきものは分・余などにすぎず、曾は甑の湯気、尙は向の上の神気の象、家は獣の耳の形、介は人の前後につけた甲の形、公は公廷の牆壁の形である。分は刀を以て両分する形、余は手術用の辛で膿漿を出す形である。

声系 〔説文〕に八声として巽・骨・宋・穴（穴）・匹など七字を収めるが、その声はみな異なる。八声をとるものは馴（馬八歳）・汃（西極の水）の二字にすぎない。

語系 八・馴pet は同声。別biat、闢biek はいずれもひらく意があり、辟biek、劈phyek、擘pek はいずれも烈しくさく意がある。もと、みな別つときの擬声的な語である。

【八佾】天子の舞樂。八人八列で舞う。〔論語、八佾〕孔子、季氏を謂ふ。八佾を庭に舞はす。是れをも忍ぶべくんば、孰れをか忍ぶべからざらん。

【八音】八種の楽器。金石糸竹、匏土革木（鐘磬・絃管・笙壎・鼓・柷敔）。〔書、舜典〕二十有八載、帝乃ち殂落す。百姓、考妣（父母）を喪へるが如し。三載、四海のうち、八音を遏密す。

【八卦】易の卦。乾☰、兌☱、離☲、震☳、巽☴、坎☵、艮☶、坤☷。組み合わせて六十四卦をうる。〔易、繫辞伝上〕易に太極有り。是れ兩儀を生ず。兩儀四象を生み、四象八卦を生ず。

【八股】明清の官吏登用試験に用いた文体。多く四書から出題し、文の構成に破題・承題・起構・四股・結束の分段を定めた。〔日知録、十六、試文格式〕經義の文、流俗之れを八股と謂ふ。～其の兩扇立格、則ち每扇の中に各〻四股有り、～故に今人相ひ傳へて、之れを八股と謂ふ。

【八荒】八極。世界。〔史記、秦始皇紀論賛〕秦の孝公、～天下を席卷し、宇内を包擧し、四海を囊括するの意、八荒を幷吞するの心有り。

【八紘】八極。世界。〔淮南子、墬形訓〕九州の外に乃ち八殥（遠隔の地）有り、亦た方千里。～八殥の外に而ち八紘有り。亦た方千里。～八紘の外に乃ち八極有り。～八紘・八殥・八澤の雲、以て九州に雨ふらして中土を和す。

【八政】施政の綱目。〔書、洪範〕八政。一に曰く食、二に曰く貨、三に曰く祀、四に曰く司空（土木）、五に曰く司徒（教育）、六に曰く司寇（司法）、七に曰く賓（渉外）、八に曰く師（軍事）。

【八分】八分書。隷に似て波磔が多い。唐・杜甫〔李潮の八分小篆の歌〕詩 陳倉の石鼓、又已に訛まれり 大小二篆より、八分を生ず～八分の一字、直百金 蛟龍盤拏して、肉屈強なり

【八病】作詩上の禁忌。〔南史、陸厥伝〕（沈）約等の文、皆宮商を用ふ。平上去入の四聲を將つて、此れを以て韻を制す。平頭・上尾・蠭腰・鶴膝有り。（大韻・小韻・旁紐・正紐の名は、文鏡秘府論にみえる）

【八方】四方八方。〔三国志、呉、賀邵伝〕陛下、昔～聖哲茂姿を以て、龍飛して天に應ず。四海頸を延き、八方目を拭ふ。成・康の化を以て、必ず旦夕に隆んならしめん。

➡八維 八方／八裔 八隅／八旗 清の兵制／八極 八卦／八秩 年八十／八表 世界／八風 八方の風

⬇尺八・初八・丈八・二八・百八・臘八

【捌】10 5200 ハチ ハツ えぶり さばく やつ

篆文 

形声 声符は別。〔説文新附〕十二上に「方言に云ふ、齒無きの杷なり」とあり、穀物をかきさらえる「えぶり」。歯のないものが捌、歯のあるものは杷。これでものをかきわけるので、「さばく」意となる。証書の改竄を避けるため、八にこの字を用いる。

訓義 ①えぶり、さらえ。②かきとる、さばく、わける。③やぶる、うつ、ねじる。④数の八。

語系 捌piat、八（八）pet は声義近く、いずれも両分する意がある。別biat は骨を別つ、捌はそれをふりわけることをいう。

➡捌格 仲裁

常【鉢】13 8513 ［盋］10 4310 ハチ ハツ はち

篆文 

形声 正字は盋に作り、犮声。梵語 pātra の音訳語。仏寺で使う食器。〔説文新附〕五上に「盋器、盂（鉢）の屬なり。～或いは金に從ひ、本に從ふ」とあり、鉢の字形も、仏典では早くから用いられていた。

訓義 ①はち。②わが国で、あたまのはち、かぶとのはち。

古訓 〔和名抄〕鉢 俗に云ふ、波知（はち）。又、俗に云ふ、波智（はち）〔名義抄〕鉢 ハチ

➡鉢盂 僧の食器／鉢囊 鉢袋

⬇衣鉢・盂鉢・金鉢・香鉢・斎鉢・磁鉢・食鉢・僧鉢・托鉢・鉄鉢・仏鉢・瓶鉢・棒鉢

ハツ

【犮】5 4304 ハツ はらう ころす

篆文 

象形 犠牲として磔殺された犬の形。修祓の祓の初文。〔説文〕十上に「犬の走る皃なり。犬に從ひて之れを丿く。其の足を曳くときは則ち刺犮（ばらばら）たり」（段注本）と、犬が片足をひく意とするが、犮は祓・軷の従うところ。軷は軍行に当たって犬を車輪で轢いて修祓となすもので、犮はその磔殺の象にほかならない。古くは犠牲・修祓のために、犬牲を用いることが多かった。

訓義 ①はらう、祓の初文。②ころす、犬を牲殺したかたち。③抜と通じ、ぬく。

古訓 〔字鏡集〕犮 ハシル

【犮乙】意のままにまがりくねる。〔法書要録、一、趙壹の非草書〕今の草書を學ぶ者、其の簡易の旨を思はず、直だ以爲へらく、杜（度）・崔（瑗）（漢の草書の名家）の法、龜龍の見はるる所なり。其の～詰屈犮乙は、失ふべからざるなりと。

⬇赤犮・刺犮

【癶】5 1223 ハツ そむく

篆文 

会意 両足のならぶ形。〔説文〕二上に「址は足刺址たるなり。止屮に從ふ。～讀みて

撥の若くす」という。足がばらばらになるのではなく、両足をそろえて出発しようとする意で、発進の意である。

訓義 1そむく、ひらく。2ゆく、発する、出発する。

部首 〔説文〕に登・癹の二字を属し、發(発)を弓部におき癹声とする。癶は弓を射るときの、足の構えを示す形であろう。いま癸をその部に属するが、癸は拊足の形で、癶とは関係がない。

【帗】 8 4324 ハツ フツ まい ひざかけ

篆文 

形声 声符は犮。犮は祓の初文。〔説文〕七下に「一幅の巾なり」という。〔周礼、地官、舞師〕〔周礼、春官、楽師〕に「帗舞」の名があり、五色の繒を手に執り、上に全羽の旞をつけて舞う。社稷の祭祀には、帗舞を舞う定めであった。字はまた韍・市と通用する。

訓義 1まい、まいにもつさきぎぬ。2韍・市と通じ、ひざかけ、まえだれ。3きれじ、毛おり。

【帗舞】 舞の名。五色のきれをもって舞う。〔周礼、春官、楽師〕凡そ舞に帗舞有り。羽舞有り。〔鄭司農注〕帗舞なる者は全羽、羽舞なる者は析羽なり。(鄭)玄謂ふ、帗は五采の繒を析く。今靈星舞子、之れを持つ。是れなり。

➡帗縷 毛織

【犮】 8 0024 ハツ フツ やどる いおり

篆文 

形声 声符は犮。〔説文〕九下に「舍るなり」として、〔詩、召南、甘棠〕「召伯の犮りし所」の句を引く。いま茇に作り、〔箋〕に「茇は草舍なり」という。〔左伝、僖十五年〕に、晋侯が秦と戦って敗れ、捕虜となり、晋の大夫が反首(乱れ髪)抜舍して従ったという。抜舍は茇舍。草宿りには、古く呪的な意味があったと考えられ、字は犮の声義を承けると考えられる。

訓義 1やどる、くさのいおり。2ひくい。

➡犮舍 草舍

【癹】 9 1240 ハツ くさかる のぞく

篆文 

会意 癶+殳。癶は両足を開いて出発するときの姿勢。殳は芟の省文で、草刈り。〔説文〕二上に「足を以て艸を蹋夷す(ふみならす)」とあり、〔周礼、秋官、薙氏〕に、「夏の日至にして之れを夷り、秋に繩して之れを芟り、冬の日至にして之れを耜く」という。〔左伝、隠六年〕「之れを芟夷蘊崇す」とは、刈りとって積みあげること。癹はおそらく撥の初文。〔広雅、釈詁三〕に「撥は除くなり」とみえ、〔説文〕金部十四上の鏺に「兩刃木柄、以て草を刈るべし」という。

訓義 1くさかる、くさをふむ、くさをのぞく。2わだかまる、まがる。

古訓 〔字鏡集〕癹 フム

声系 〔説文〕に癹声として發(発)を収める。癹は出発、ものを開始すること。まず弓を発するのは、開戦することをいう。

➡癹軏 わだかまり、まがる

常 【発】 9 【發】 12 1224 ハツ ホツ ゆみいる すすむ おこる あばく

篆文  金文 

会意 旧字は發に作り、癶+弓+殳。癶は両足を開いて立つ姿勢、下部は弓を射る形。開戦に先だってまず弓を放つ意。〔説文〕十二下に「䠶、發するなり」と発射の意とするが、發には発動の意がある。それで軍を発し、また発揮・発明のようにもいう。内より発するを発憤、ことあらわれるを発覚、にわかに起こるを発狂・発作という。

訓義 1いる、ゆみいる、矢をはなつ。2すすむ、ゆく、たちいでる、つかわす。3おこる、はじめる、のびる、うごく。4あらわれる、ひらく、もれる。5あばく、あきらかにする。6ちる、みだれる。7撥と通じ、はねる、すき起こす。

古訓 〔名義抄〕發 オコル・エメリ 〔字鏡集〕發 ヲゴク・ハナツ・ス、ム・アラハス・オコル・ヒラク・ノブ・アキラカ・アバク・アラハル・オコナフ・ユク・ムカフ・オコス・アク

声系 〔説文〕に發声として撥・癈・廢(廃)・撥など、六字を収める。發の声義を承けるものが多い。

語系 發piuat、癹bhuatは声義近く、癹は足をそろえて進発する形、發は弓を発する形。撥puat、撥biuatは、力を加えてものを動かす意。八(八)petはものを両分する意で、孛buat、芾piuatは草花の咲き開くことをいう。骨節を分かつことを別biatといい、これらはみな一系の語である。

【発引】 柩車を出す。〔後漢書、独行、范式伝〕(張劭、卒す)式、未だ到るに及ばず。而るに喪已に發引す。既に壙(墓穴)に至る。將に窆(下棺)せんとするに、柩肯て進まず。～乃ち(式)素車白馬、號哭して來るを見る。

【発越】 外にあらわれ、発散する。〔夢渓筆談、楽律一〕琴は桐を用ふと雖も、然れども多年の木性都て盡くるを須ち、聲始めて發越す。予れ曾て唐初の路氏の琴を見たるに、木皆枯朽し、殆ど指に勝へずして、其の聲愈と淸し。

【発覚】 隠しごとがばれる。〔史記、高祖紀〕八年、～趙相貫高等、高祖を弑せんことを謀る。～九年、～事發覺し、三族を夷(滅)せらる。

【発起】 起こる。〔論衡、感類〕陰陽和せざれば、災變發起す。～賢聖類に感じ、慊懼自ら思ふ。

【発狂】 狂気となる。〔老子、十二〕馳騁畋獵は、人心をして狂を發せしむ。

【発掘】 掘り出す。〔後漢書、劉盆子伝〕大雪に逢ひ、坑谷皆滿つ。士多く凍死す。乃ち復た還り、諸陵を發掘し、其の寶貨を取り、遂に呂后の屍を汚辱す。凡そ賊の發する所、玉匣有り。殮する者、率ね皆生けるが如し。故に赤眉、多く婬穢を行ふことを得たり。

【発言】 意見をいう。〔詩、小雅、小旻〕詩 發言、庭に盈つるも 誰か敢て其の咎(責)を執らん

【発作】 急に起こる。唐・陸亀蒙〔甫里先生伝〕先生、性悁急、事に遇うて發作し、輒ち含忍せず。尋いで復た之れを悔ゆ。

【発蹤】 解き放つ。〔史記、蕭相国世家〕夫れ獵に、獸兎を追殺する者は狗なり。而れども發蹤して獸の處を指示する者は人なり。今諸君は徒だ能く走獸を得たるのみ。功は狗なり。蕭何の如きに至りては、發蹤して指示す。功は人なり。

【発生】 めばえる。生ずる。〔爾雅、釈天〕春を發生と爲し、夏を長嬴と爲し、秋を收成と爲し、冬を安寧と爲す。

【発迹】 身を起こす。出世する。〔後漢書、耿弇伝〕帝、弇に謂ひて曰く、昔、韓信は歷下を破りて以て基を開き、今將軍は祝阿を攻めて以て迹を發す。此れ皆齊の西界、功相ひ方ぶるに足る。

【発端】 ことのはじめ。〔晋書、荀崧伝〕(上疏)臣以爲へらく、三傳(左・公・穀)同じく春秋と曰ふと雖も、發端は異趣。案ずるに三家異同の說の如き、～理に於て共にするを得べからず。

【発冢】 墓荒らし。〔荘子、外物〕儒、詩・禮を以て冢を發く。大儒臚傳(いい送り)して曰く、東方作けたり 事とすることは之れ何若と。小儒曰く、未だ裙襦を解かざるも 口中に珠有り～と。

【発動】 行動しはじめる。〔淮南子、兵略訓〕計定まりて發

し、分決して動くに、～敵に應ずること必ず敏、發動すること必ず亟やかにす。

【発憤】 心をふるいおこす。〔論語、述而〕子曰く、女奚ぞ曰はざる。其の人と爲りや、憤を發しては食を忘れ、樂しみて以て憂ひを忘れ、老の將に至らんとするを知らずと爾か云ふと。

【発矇】 蒙をひらく。迷いが解ける。〔礼記、仲尼燕居〕三子(子張・子貢・言游)の者、既に此の言を夫子に聞くことを得て、昭然として矇を發くが若し。

【発揚】 あげあらわす。〔礼記、楽記〕夫れ樂は成に象る者なり。～發揚蹈厲するは、大公の志なり。武の亂りに皆坐くは、周召の治なり。

【発露】 あらわす。あらわにする。〔三国志、魏、袁紹伝〕紹～遂に兵を勒くして諸閹人(宦官)を捕へ、少長と無く皆之れを殺す。或いは鬚無くして誤り死さるる者有り。自ら形體を發露し、而る後免るるを得るに至る。

↑発哀 弔う／発威 威を示す／発育 生長する／発鬱 心が結ぼれる／発屋 家を壊す／発芽 芽が出る／発姦 摘発する／発緘 開封する／発揮 あらわし示す／発輝 あらわす／発機 砮を放つ／発義 発議する／発議 提議する／発急 鼓舞する／発給 支給する／発硎 研ぎたて／発見 見つける／発口 発言する／発功 的中する／発光 光る／発興 動員する／発号 号令する／発刻 出版する／発昏 発狂する／発歳 新年／発財 財を起こす／発策 策問／発散 もらす／発市 市を開く／発矢 射る／発視 開き見る／発字 字を仮借義に用いるとき、その字に印として加える点／発車 車を出す／発射 うつ／発首 発頭人／発出 発行する／発春 孟春／発舒 のべる／発抄 発行する／発祥 瑞兆／発笑 笑う／発照 免状を下附する／発燭 つけぎ／発心 思いたつ／発身 出世する／発信 送信／発疹 吹出もの／発軫 発車する／発賑 倉をひらいて食糧等を施す／発軔 発車する／発声 声を出す／発夕 夜だち／発石 兵器の石落し／発跡 発迹／発泄 発散する／発洩 洩らす／発籤 手形を振出す／発疽 腫瘍／発送 送る／発倉 発賑／発喪 死亡を公表する／発想 着想／発藻 立派でめだつ／発足 出発する／発粟 発倉／発達 生長する／発談 話しだす／発塚 発冢／発徴 徴発する／発暢 現われる／発程 出発する／発剔 あばく／発摘 摘発する／発擿 摘発する／発撤 墓盗人／発展 広がる／発伝 関所を開く／発帑 支出する／発怒 いかる／発難 乱れる／発配 配流する／発白 夜あけ／発発 疾風のさま／発凡 凡例／発病 病む／発表 公表／発布 公布する／発伏 発覆／発覆 あばく／発聞 聞こえる／発奮 発憤する／発兵 兵を出す／発幣 進物／発墓 墓荒らし／発墨 墨色よし／発明 工夫／発蒙 発矇／発問 問う／発諭 諭示する／発贏 現われる／発落 落着する／発流 流れはじめる／発廩 発倉／発令 命ずる／発斂 四時の日の長短／発論 論じ始める

↓一発・英発・映発・艶発・華発・罅発・開発・活発・渙発・感発・煥発・起発・揮発・急発・虚発・偶発・啓発・警発・激発・告発・墾発・再発・散発・自発・秀発・出発・初発・蒸発・触発・晨発・震発・先発・早発・即発・結発・挑発・徴発・摘発・弩発・洞発・突発・爆発・反発・畢発・表発・不発・賦発・風発・奮発・併発・暴発・勃発・未発・明発・雄発・誘発・雷発・乱発・利発・連発

【胈】 9 7324 ハツ にこげ

形声 声符は犮。犮は髮。〔荘子、在宥〕に「堯・舜是に於てか、股に胈無く、脛に毛無く、以て天下の形を養ふ」とあり、股の毛をいう。また柔毛、白い肌肉をいう。

訓義 1もも毛。2にこげ。3白い肉、柔らかい肉、股のはだ。

↓柔胈

【軷】 12 5304 ハツ バツ

篆文

形声 声符は犮。犮は磔殺された犬の形。軍を出すときなどに、道祖神を祭り、犬牲を轢いて出発した。〔説文〕十四上に「出でて將に道に事有らんとするときは、必ず先づ其の神に告げ、壇を立てて四通し、茅を封てて以て神を依らしめて、軷を爲す。既に祭りて犯軷し、牲を轢いて行くを範軷と爲す」(段注本)とし、「詩に曰く、羝を取りて以て軷す」と〔詩、大雅、生民〕の句を引く。軍事的な目的などで、いわゆる「飲餞」を行うときに、この範軷を行う。犬牲を以て車を祓い清める意であろう。跋と通用することがある。

訓義 1みちのまつり、出行の礼。2はらい。3跋と通用し、山を行くこと。

古訓 〔名義抄〕軷 オモムキ・マツリコト 〔字鏡集〕軷 オモムキ・メグル・マツリテ

【軷祭】 道路神を祀る。出発の祭り。〔夢粱録、五〕(官を差わして軷祭し、及び清道す)禋祀と郊祀とには、倶に祠官を差はして軷祭す。

【軷壌】 道路神を祀るときの土壇。〔礼記、月令〕(孟冬の月)其の祀は行。〔鄭玄注〕行は廟の門外の西に在り。軷壌を爲る。厚さ二寸、廣さ五尺、輪四尺。

↑軷渉 跋渉、山河をゆく／軷壇 道祖神を祀る土壇

↓告軷・祭軷・釈軷・推軷・祖軷・羝軷・犯軷・範軷・轢軷

【馸】 12 7830 ハツ

篆文

会意 馬＋八(八)。〔説文〕十上に「馬、八歳なるなり」とあり、八の亦声。駗、駟のときは三頭馬、四頭馬となる。

訓義 1八歳の馬。

【瞂】 14 7324 ハツ たて

篆文

形声 声符は犮。〔説文〕四上に「盾なり」、〔方言、九〕に「盾、關よりして東、或いは之れを瞂と謂ひ、或いは之れを干と謂ふ。關西、之れを盾と謂ふ」とあり、干は方盾、盾は手にもち前にかざす盾でおそらく楕円、字はまた伐に作る。〔詩、秦風、小戎〕「蒙伐、苑たる有り」は羽飾りを画いた盾。

訓義 1たて。2字はまた伐に作る。

古訓 〔篇立〕瞂 タテ・ホフ

↓懸瞂・蒙瞂

常 【髪】 14 人【髮】 15 7244 ハツ かみ

篆文 古文 金文
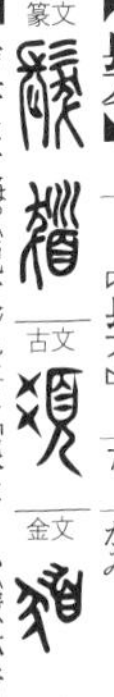

形声 声符は犮。〔説文〕九上に「根なり」、〔慧琳音義〕に引く〔説文〕に「頂上の毛なり」とみえる。また重文二を録し、その第一字は金文にもみえ、犬牲を示す犬と首との会意字で、もと祓禳を意味するものであったと思われる。髪はその形声字と考えられる。

訓義 1かみ、かみのけ。2くさ、くさき。3わずか、一寸の百分の一。

古訓 〔新撰字鏡〕髪 加美曾留(かみそる) 〔名義抄〕髪 カ

ミ/蔽髪 ヒタヒ/海髪 イギス/髫髪 ウナヒ

↑髪逆 長髪賊/髪鼓 女の首飾り/髪妻 老妻/髪指 怒髪/髪秀 秀眉/髪塔 仏髪塔/髪髲 そり髪/髪漂 毫末/髪膚 からだ/髪毛 かみ

↓握髪・遺髪・一髪・雲髪・華髪・寡髪・鶴髪・括髪・晞髪・窮髪・暁髪・金髪・吟髪・銀髪・結髪・巻髪・皓髪・毫髪・黒髪・髡髪・散髪・糸髪・歯髪・緇髪・髭髪・朱髪・鬚髪・収髪・愁髪・祝髪・鬒髪・垂髪・衰髪・翠髪・青髪・星髪・雪髪・截髪・翦髪・素髪・壮髪・蒼髪・総髪・霜髪・束髪・捉髪・断髪・蓄髪・長髪・髫髪・剃髪・怒髪・頭髪・韜髪・禿髪・皤髪・白髪・被髪・眉髪・鬢髪・編髪・辮髪・蓬髪・沐髪・有髪・螺髪・落髪・乱髪・理髪・緑髪・斂髪

【撥】 15 5204 ハツ ハチ おさめる はねる あばく ばち

篆文

形声 声符は發(発)。發は攻撃をはじめる意がある。〔説文〕十二上に「治むるなり」とあり、〔公羊伝、哀十四年〕「亂世を撥めて、諸れを正に反す」とは「撥乱」、乱を攻めて正に反す意。〔荀子、正論〕「撥弓曲矢を以てしては、微に中つること能はず」、〔礼記、曲礼上〕「衣は撥ぬること毋かれ」は、形の正しくないことをいう。

訓義 1おさめる、みだれをなおす。2はねる、はねかえる、そる。3あばく、ひらく、おこす、かきたてる。4ばち、ばちでひく、かきならす。5はらう、のぞく、たちきる、やぶれる。

古訓 〔名義抄〕撥 ヲサム・ハラフ・スツ・ノゾク・カヽグ・コトハル・オコク・オサフ・ヒラク・ハジク・マネク・アバク・シヅム・ヤブル・タフル 〔字鏡集〕撥 ヒラク・シヅム・ハシル・マネク・タフル・トフル・コトハル・ヲサム・カヽグ・モト・ツクロフ・ウゴカス・タク・ノゾク・アバク・ヲシハル・スツ・カク

【撥食】 えさまき。唐・儲光羲〔田家即事〕詩 食を撥きて田鳥に與ふ 日暮筐を空しうして歸る 親戚更ゝ相ひ誚るも 我が心終に移らず

【撥無】 排除する。〔楞厳経、九〕因果を撥無して、一向に空に入る。

【撥乱】 乱を治める。〔公羊伝、哀十四年〕君子、曷爲れぞ春秋を爲むるや。亂世を撥めて、諸れを正に反すは、春秋より近きは莫し。

↑撥衣 裾をはねる/撥運 動かし運ぶ/撥捐 すてる/撥棄 すてる/撥給 支給する/撥爾 音がするさま/撥車 糸車/撥充 充当する/撥条 ぜんまい/撥正 撥乱/撥兌 振替/撥隊 分遣隊/撥置 廃置する/撥剔 かき除く/撥頭 抜頭、舞楽曲/撥派 派遣する/撥撥 魚がはねる/撥平 平定する/撥兵 派兵する/撥補 補充する/撥悶 もだえを解く/撥剌 乱れる/撥捩 バチをうつ/撥簾 すだれをまく/撥炉 炉火をかきたてる/撥蠟 鋳造のしかた、蠟模法

↓桓撥・収撥・振撥・挑撥・破撥・擺撥・乱撥・弄撥

【潑】 15 3214 ハツ ハイ そそぐ はねる まく

形声 声符は發(発)。發に発散の意がある。〔玉篇〕に「水漏るるなり」とするが、水が勢いよく散ることをいう。精神の力強いはたらきを活潑・活潑潑地という。潑剌ははねる擬声語。水墨に潑墨の法があり、忘年会のことを潑散という。

訓義 1そそぐ、ふる。2ちる、はねる。3水をまく、水がわく。4活潑、勢いがよい。5わる、悪少。

古訓 〔名義抄〕潑 ソヽグ・イル

【潑火】 潑火雨。清明節のころに降る雨。唐・唐彦謙〔上巳〕詩 上巳、寒食に接し 鶯花、寥落の晨 微微たり、潑火の雨 草草たり、踏青の人

【潑潑】 魚がはねる音。また、風などの音。明・文徴明〔鵲を画く〕詩 小雨初めて收まり、風潑潑たり 叢竹に亂れ飛んで、歡聲を送る

【潑墨】 筆勢の強い水墨画の技法。〔宣和画譜、山水一、王洽〕善く潑墨成畫を能くす。時人皆號して王潑墨と爲す。～必ず沈酣の後を待ち、解衣磐礴(足を投げ出し)、～先づ墨を以て圖幛の上に潑ぎ、迺ち因りて其の形像に似せしめ、～自然天成、倏として造化の若し。

【潑剌】 魚のはねるさま。唐・李商隠〔江東〕詩 驚魚潑剌として、燕、翩翾たり 獨り江東より、釣船に上る

↑潑怪 おばけ/潑妓 悪妓/潑才 無頼/潑散 年忘れ/潑水 水まき/潑賤 無頼/潑皮 無頼/潑婦 悍婦/潑風 疾風/潑物 糞たれ/潑面 厚顔/潑野 粗野/潑頼 醜悪/潑辣 兇悍

↓活潑・翠潑・黛潑・湯潑・墨潑・浪潑

【魃】 15 2321 ハツ バツ ひでり

篆文

形声 声符は犮。〔説文〕九上に「旱鬼なり」とあり、〔山海経、大荒北経〕に旱鬼女魃の説話がみえる。その在る所は、千里赤地と化するという。〔詩、大雅、雲漢〕に「旱魃、虐を爲す」の句がある。

訓義 1ひでり、ひでりの神、女魃。

古訓 〔新撰字鏡〕妭 加美奈支(かみなき)〔和名抄〕魃 比天利乃加美(ひでりのかみ)〔名義抄〕魃 ヒデリノカミ〔字鏡集〕魃 ヒデリノカミ・ヲニ

↑魃蜮 ひでりの神と、沙を吹いて人を射る水中の妖

↓旱魃・女魃・赤魃・妖魃

【醱】 19 1264 ハツ かもす

形声 声符は發(発)。酵素によってかもすので、醱酵という。酒には醱醅という。古い字書に、醱を収めるものがない。

訓義 1かもす、酒をかもす。

↑醱酵 かもす/醱醅 酒をかもす

バツ

常 【伐】 6 2325 バツ ベツ うつ きる ほこる

篆文

甲骨文

金文

会意 人+戈。戈を以て人を斬る形。一時に多く殺すを㦰という。〔説文〕八上に「撃つなり」、また「一に曰く、敗るなり」という。卜辞に「三十羌を伐さんか」など、羌人を伐す例が多く、殷墓に多くみられる斬首葬は、その羌人犠牲であろう。軍功を旌表することを伐旌といい、その家を門閥という。〔論語、公冶長〕「願はくは善に伐ること無からん」と、誇示の意にも用いる。

訓義 1うつ、人をうつ、首切る。2討伐する、やぶる、ころす。3蔑、閥と通じ、ほこる、あらわす、てがら。4発と通じ、おこす。

古訓 〔名義抄〕伐 ウツ・キル・ホコル・ソホコル・トル・コル 〔字鏡集〕伐 ホコル・ウツ・カル・タツ・ソホコル・キル・コル・トル

声系 〔説文〕に伐声として茷一字を収める。軽蔑の蔑(蔑)は、古くは茷の形にしるし、伐の声義を承ける字であった。その茷の声は閥の字に残されている。閥もこの声系に加えるべき字である。

語系 伐・閥・罰 biuat は同声。その功を賞することを閥といい、その悪を懲らすことを罰という。蔑 miat は、古くその両義をもつ語であった。

【伐閲】 功歴。その家がら。〔漢書、車千秋伝〕千秋、他

の材能術學無く、又伐閲功勞無し。特だ一言の寤意を以て、旬月にして宰相封侯を取る。世未だ嘗て有らざるなり。

【伐柯】枝を切る。〔中庸、十三〕詩（豳風、伐柯）に云ふ、柯を伐り柯を伐る 其の則遠からずと。柯を執りて（これを準則として）以て柯を伐る。睨みて之れを視、猶ほ以て遠しと爲す。故に君子は、人を以て人を治め、改むれば止む。

【伐罪】罪あるものを伐つ。〔左伝、哀二十三年〕晉の荀瑤、齊を伐つ。～長武子、卜せんことを請ふ。知伯（荀瑤）曰く、～君、瑤に命ず。～辭を以て罪を伐たば足ると。何ぞ必ずしも卜せんと。

【伐善】善にほこる。〔論語、公冶長〕子曰く、盍ぞ各〻爾の志を言はざると。～顏淵曰く、願はくは善に伐ること無く、勞を施すこと無からんと。

【伐冰】氷をきり出す。喪時に氷を用いるのは、卿大夫以上の身分。〔大学、十〕馬乘を畜ふ者は雞豚を察せず（飼わぬ）。伐冰の家には牛羊を畜はず。百乘の家には、聚斂の臣を畜はず。

【伐木】木を伐る。〔詩、小雅、伐木〕は友情を歌う詩篇とされる。唐・杜甫〔張氏の隠居に題す、二首、一〕詩 春山伴無く、獨り相ひ求む 伐木丁丁として、山更に幽かなり

↑伐害 殺す／伐矜 ほこる／伐撃 撃つ／伐採 木こり／伐山 はじめて山の木を伐る／伐生 殺す／伐性 性をそこなう／伐断 切断する／伐知 知に誇る／伐徳 敗徳／伐伐 旗の翻るさま／伐滅 滅ぼす／伐櫓 盾

↓矜伐・撃伐・功伐・克伐・刻伐・採伐・殺伐・残伐・斬伐・自伐・侵伐・征伐・剪伐・誅伐・討伐・盗伐・薄伐・放伐・濫伐

常 【抜】 7 ［拔］ 8 5304 バツ ハツ ぬく とる ひく

篆文

形声 声符は犮。犮に髪の意がある。〔説文〕十二上に「擢くなり」、〔広雅、釈詁一〕に「出だすなり」とあり、抜擢・抜除の意がある。草を抜くことを拝といい、〔詩、召南、甘棠〕「翦る勿れ拜く勿れ」とあり、拜（拝）は跪いて華を抜く形、その姿勢を拝という。抜と声義の関係がある。

訓義 1ぬく、ぬきだす、ひきぬく。2ひく、ひきあげる、うつす。3とる、せめとる、せめおとす。4はやい、すみやか。5茇と通じ、やどる。6抜剌、ゆがむ、もとる。

語系 抜buat、拜peat、茇buat は声が近い。抜は髮（髪）piuat のように細いものを抜きとる意。拜は草花を跪いて摘む形。また草屋に旅宿りすることを茇という。

【抜河】綱引き。〔唐書、中宗紀〕（景竜）三年二月己丑、皇后と玄武門に幸し、宮女の抜河を觀る。宮市を爲りて、以て嬉しむ。

【抜距】ごぼう抜き。坐った人垣から、一人を抜き出す。〔漢書、甘延寿伝〕少くして、良家の子にして騎射を善くするを以て、羽林と爲る。投石抜距は、等倫に絕えたり。

【抜群】傑出する。〔晉書、夏侯湛伝〕（抵疑）進んでは群を抜き萃を出づること能はず、却きては當世に抗排すること能はず。

【抜剣】剣を抜き放つ。〔後漢書、劉盆子伝〕更始、來り降る。盆子、長樂宮に居る。諸將日に會して功を論じ、爭言讙呼し、劍を抜き柱を撃つ。

【抜山】山を抜きとるほどの勇力。〔史記、項羽紀〕是に於て、項王（羽）乃ち悲歌忼慨し、自ら詩を爲りて曰く、力、山を抜き 氣は世を蓋ふ 時利あらず 騅（馬）逝かず 騅逝かず 奈何すべき 虞（姫）や虞や 若を奈何せんと。

【抜擢】選び出す。晉・李密〔情事を陳ぶる表〕過つて抜擢を蒙り、寵命優渥なり。豈に敢て盤桓して、希冀する所有らんや。

↑抜意 高逸の志／抜幹 抜群／抜簡 とり出してえらぶ／抜起 急に起こる／抜去 抜き取る／抜挙 抜擢する／抜扈 はびこる／抜貢 抜貢生／抜興 勃興する／抜識 えらぶ／抜舎 草宿り／抜出 卓出する／抜除 とり除く／抜渉 跋渉する／抜進 抜擢する／抜親 喪中婚／抜萃 抜群／抜俗 超俗／抜地 高くぬけ出す／抜頭 舞楽曲／抜白 夜あけ／抜本 根本的な対策／抜用 抜擢する／抜剌 弓を引く／抜倫 抜群

↓引抜・英抜・海抜・簡抜・鑒抜・奇抜・警抜・甄抜・孤抜・攻抜・識抜・舎抜・秀抜・遒抜・峻抜・峭抜・聳抜・振抜・進抜・清抜・選抜・薦抜・聡抜・卓抜・抽抜・超抜・挺抜・堤抜・倒抜・不抜・奮抜・亮抜・朗抜

【茇】 9 4444 ［废］ 8 0024 バツ ハツ やどる ね

篆文

形声 声符は犮。〔説文〕一下に「艸の根なり。～春艸、根枯る。之れを引きて土を發するを撥と爲す。故に之れを茇と謂ふ」と、撥土の意とする。〔詩、召南、甘棠〕に「召伯の茇りし所」とあり、广部に〔甘棠〕の句を引いて字を废に作る。〔箋〕に茇を草舎の意とするが、旅の仮廬に旅宿りする意であろう。旅宿りはその地霊に接するための、魂振りとしての意味をもつものであった。

訓義 1やどる、野にやどる。2ね、くさのね。3のうぜんかずら。

古訓 〔名義抄〕茇 ヤドル 〔篇立〕茇 ハチス・マタ・クサヤ・ヒシ

【茇舍】野宿。草舍。〔周礼、夏官、大司馬〕中夏、茇舍を教ふ。振旅（帰還）の陳の如し。群吏、車徒を撰へ、書契を讀み、號名の用を辨ず。～野は邑を以て名づけ、百官各〻其の事に象る。

↑茇渉 跋渉する／茇茇 飛ぶさま

↓憩茇・根茇

【筏】 12 8825 ［橃］ 16 4294 バツ いかだ

篆文

形声 声符は伐。正字は橃に作り、發（発）声。〔説文〕六上に「橃は海中の大船なり」とあり、小なるものを桴という。筏は竹を編んで水を渡るもので、筏舫ともいう。古くは桴といった。

訓義 1いかだ。2大舟、海中の大船。

古訓 〔名義抄〕筏 イカダ 〔字鏡集〕筏・橃 オホフネ

↑筏舫 いかだ舟

↓巨筏・舟筏・乗筏・津筏・大筏・桴筏・木筏・連筏・籠筏

【跋】 12 6314 バツ ハツ ハイ つまずく ふむ こえる

篆文

形声 声符は犮。犮は磔殺された犬牲の形で、跋はあしなえ。〔説文〕二下に「蹎くなり」（段注本）とあり、いわゆる顚沛。沛は跋の仮借字。遠行に苦しむことを跋渉、進退に窮することを狼跋、横行することを跋扈という。扈は魚を捕らえる竹籠。大魚は跳ねまわって、籠で捕らえがたい意。跋尾は列名最末の署名、のち跋文の意に用いる。

訓義 1つまずく、よろめく、あしなえ。2ふむ、つよくふむ、ふみにじる。3こえる、わたる。4文体の名、おくがき。

古訓 〔名義抄〕跋 フム・コユ・アシヲレ・モト 〔字鏡集〕跋 ハシル・ワタル・フム・ユク・アシヲレ・コユ

【跋胡】進退に窮する。〔詩、豳風、狼跋〕狼其の胡（あごたぶ）を跋み 載ち其の尾を疐む

【跋扈】わがままに振る舞う。〔後漢書、梁冀伝〕冀、質帝を立つ。帝少くして聰慧なり。冀の驕横なるを知りて、嘗て群臣を朝せしめ、冀を目して曰く、此れ跋扈將軍なりと。冀聞

きて、深く之れを惡む。

【跋渉】野を行き、水を渉る。〔詩、鄘風、載馳〕馬を驅ること悠悠たり 言に漕に至る 大夫跋渉す 我が心則ち憂ふ

【跋尾】跋文。あとがき。奥書。〔尚書故実〕清夜西園に遊ぶの圖、顧長康畫く。梁朝諸王の跋尾の處有り。云ふ、圖上若干人、竝びに天廚に食すと。貞觀中、褚河南裝背題處、具さに在り。

↑跋印 鑑賞印/跋越 跨越する/跋援 登攀する/跋語 跋文/跋識 題跋印記/跋焦 羊卜/跋前 跋胡/跋胡/跋滞 切り抜ける/跋題 奥書/跋疐 跋胡/跋躓 つまずく/跋文 奥書/跋剌 潑剌/跋履 跋渉/跋録 題跋

↓序跋・草跋・題跋・馳跋・狼跋

常 【罰】 14 6062 ［罸］ 15 6064 バツ つみ とがめ

篆文 金文

会意 詈+刀。詈は、盟誓(言)が真正でないときに、その上に网を加え、不実であることを示す。ゆえに詈る意となる。罰はさらに刀を加えて器を破棄し、盟誓を無効とすることで、ひろく刑罰をいう。〔説文〕四下に「辠の小なる者なり。刀に從ひ、詈に從ふ。未だ刀を以て賊する所有らざるも、但だ刀を持して罵詈するのみにても、則ち應に罰すべし」とするが、誓約の違反者を罰する意。〔書、湯誓〕に「天の罰を致す」とあり、もと神明の咎をいう。金文の〔師旂鼎〕に、軍律に背くものに「廼ち罰す」とあり、また〔散氏盤〕に、契約の違反者に対して「則ち爰(鍰)千、罰千ならん、傳して之れを棄(国外追放)せん」という。爰は違約金、罰は体罰の意であろうが、これは契約の際の常用の語であったのであろう。

訓義 ①つみ、盟誓にそむくつみ、とがめ。②しおき、刑罰。③罪に対するつぐない。

古訓 〔名義抄〕罰 ウツ・コロス・ツミ

【罰金】罰金刑。〔漢書、張釈之伝〕釋之、當(判決)を奏す。此の人、蹕(行列)を犯す。罰金に當ると。上、怒る。~釋之曰く、~廷尉は天下の平(公平を保つもの)なり。壹たび傾かば、天下の法を用ふるもの、皆之れが爲に輕重せん~と。

【罰爵】罰の酒杯。〔唐書、崔咸伝〕(裴)度、置酒して客を延く。(劉)栖楚、~附耳して語る。咸、其の矯めたるを嫉み、酒を擧げて度を讓めて曰く、~願はくは罰爵を上らんと。

↑罰鍰 贖罪金/罰殛 死罪/罰罪 罪する/罰作 労役刑/罰酒 罰杯/罰贖 罰金/罰神 刑罰の神/罰責 処分/罰則 罪の規定/罰懲 懲罰/罰典 罰則/罰杯 罰の酒杯/罰俸 減俸/罰約 罰則/罰例 罰則

↓勧罰・刑罰・譴罰・厳罰・辜罰・降罰・処罰・賞罰・神罰・慎罰・審罰・責罰・撻罰・致罰・誅罰・黜罰・懲罰・陟罰・天罰・薄罰・必罰・仏罰・鞭罰・墨罰・冥罰・妄罰・濫罰

常 【閥】 14 7725 バツ ベツ いさお いえがら

篆文

形声 声符は伐。伐に伐旌(表彰)の意があり、閥はその声義をうける。〔説文新附〕十二上に「閥閱して自ら序するなり。門に從ひ伐聲。義當に伐に通用すべし」とし、房越切とする。〔玉篇〕に「左に在るを閥と曰ひ、右に在るを閲と曰ふ」とあり、門の左右の柱の名とし、扶月切。いずれもベツの音。伐は旌表、その家門を閥といい、門外の二柱を烏頭閥閲という。卜辞に「蔑暦」という語があり、蔑(蔑)は伐に従う形の字で伐旌、暦(暦)は軍功で、軍門において軍功を賞する意。伐・閥を蔑の声でよむのは、その蔑暦の声義を伝えるものである。

訓義 ①いさお、てがら。②いえがら。③門の左柱、しきみ。

古訓 〔名義抄〕閥 ヒラク・ハジメ・ミル・ヨル

語系 閥・伐biuatは同声。功歴を旌表することを金文に蔑暦といい、のち伐・閥の字を用いる。その功歴の家を閥・門閥という。

【閥閲】功績ある家柄。〔後漢書、韋彪伝〕(上議)士は宜しく才行を以て先と爲すべし。純ら閥閲を以てすべからず。然れども其の要歸は二千石を選ぶに在り。二千石賢ならば、則ち貢擧皆其の人を得ん。

↑閥族 家柄

↓学閥・官閥・貴閥・勲閥・軍閥・閨閥・功閥・財閥・世閥・族閥・鼎閥・党閥・派閥・藩閥・名閥・門閥

【韎】 14 4559 バツ バイ

篆文

形声 声符は末。〔説文〕五下に「茅蒐もて染めたる韋なり」とあり、あかね草で染めたなめし革をいう。またその服。〔玉篇〕に「東夷の樂なり」とあり、また北狄の楽ともいう。

訓義 ①あかねぞめのかわ。②あかねぞめの革で作った服。③東夷の楽、また北狄の楽。④韤と通じ、たび、くつした。

古訓 〔名義抄〕韎 マヘダレ

【韎韋】あかね染めの革。〔国語、晋語六〕鄢の戰に、郤至、韎韋の跗注(袴状の軍服、革のもんぺ)を以て、三たび楚の平王の卒を逐ふ。

【韎韐】あかね染めの蔽膝(ひざかけ)。革のひざかけ。〔詩、小雅、瞻彼洛矣〕彼の洛を瞻るに 維れ水泱泱たり 君子至る 福祿、茨の如し 韎韐奭たる有り 以て六師を作す

↑韎楽 東夷の楽

【韤】 20 3425 ［韈］ 24 4455 バツ たび

形声 声符は蔑(蔑)。足衣、すなわち足袋をいう。皮で作ったものを韈という。

訓義 ①たび。②くつした。

古訓 〔名義抄〕韤 シタウヅ・シタウク/袜・韈 マヘダレ・シタウヅ 〔字鏡集〕韤・韈 シタウス(ヅ)・マヘダレ・ハヾキ

【韤綫】足袋の織糸が短いこと。才の劣ることをいう。〔北夢瑣言、五〕韓昭、王氏に仕へ、禮部尚書・文思殿大學士に至る。粗ぼ文章有り。琴棋書算射法に至るまで、悉く皆涉獵す。~時に朝士李台嘏有り、曰く、韓八座の事藝、韤綫を拆くが如し。一條の長き無しと。時人、之れを韙しとす。

↑韤衣 足袋/韤才 韤線の才/韤材 韤才/韤子 靴下/韤線 韤綫

ハナシ

【噺】 16 はなし

国字 新しいお話というほどの意であろう。また話・咄などを用いる。噺や咄は、出まかせの、耳よりな話というような意味があるのであろう。

訓義 ①はなし。

ハン

常 【反】 4 7124 ハン ヘン そむく かえす かえる そる

篆文 古文 甲骨文 金文

会意 厂＋又（又）。厂は崖の形。反はそこに手（又）をかけて攀援する（よじのぼる）形。そのような地勢のところを坂といい、もし聖所ならば阪という。阪の従う𠂤は聖梯の形。聖所に攀援することを試みるような行為は、反逆とみなされた。〔説文〕三下に「覆へすなり。又に従ひ、厂は反する形なり」とする。〔繫伝〕にも厂を「物の反覆するに象る」とするが、その形はみえない。金文の〔小臣単觶〕に、厂下に土を加えている字形があり、土は社（社）の初文で聖所を示す字とみられる。〔小臣謎毀〕に「東夷、大いに反す」のように、叛逆の意に用い、また〔頌鼎〕「瑾璋（灌鬯）のための玉器）を反入（返納）す」のように往反の意に用いる。

訓義 ①そむく、たがう、むほん。②かえす、かえる、もどす、くつがえす、はねかえす。③そる、かえりみる。④あらためる、かえる、かわる。⑤くりかえす、かえって。

古訓 〔和名抄〕反轉 辨色立成に云ふ、反轉、久流閇枳（くるべき）。楊氏漢語抄、說同じ 〔名義抄〕反 カヘル・カヘス・カヘス／\・カハル・クツカヘル・ヒルガヘス・ソムク・サカフ・コタフ・モドル・ヤム・サカサマ・ソレル・ソル・ソリ・コボス・コボル

声系 〔説文〕に反声として返（返）・飯（飯）・販・版・阪など十一字を収める。反声の字に、反転の意をもつものが多い。

語系 反・返 piuan は同声。また翻（翻）phiuan、翩 phian は声義近く、反覆・反転の意がある。

【反景】 返照。〔山海経、西山経〕長留の山、～其の神、白帝少昊之れに居る。其の獸は皆文尾、其の鳥は皆文首。～是の神や、反景を主司す。

【反間】 スパイ。また、敵間を利用する。〔孫子、用間〕反閒とは、其の敵閒に因りて之れを用ふ。

【反逆】 そむく。〔韓非子、詭使〕夫の名を卑しみ位を危しとする者は、必ず下の、法令に從はず、二心私學有りて、世に反逆する者なり。

【反躬】 反省。〔礼記、楽記〕物に感じて動くは、性の欲なり。物至りて知知る。然る後に好惡形はる。好惡、內に節無く、知、外に誘はれて躬に反ること能はざれば、天理滅ぶ。

【反訓】 字義に正反両義ありとする。実は仮借して用いるものである。〔爾雅、釈詁〕徂在は存なり。〔注〕徂を以て存と爲すは、猶ほ亂を以て治と爲し、曩（昔）を以て曏と爲し、故を以て今と爲すがごとし。此れ皆詁訓の義、反覆旁通する有り。

【反故】 故紙。裏返しの紙。〔南斉書、沈驎士伝〕篤學にして倦まず。火に遭ひて、書數千卷を燒く。驎士年八十を過ぎ、耳目猶ほ聰明なり。手づから反故を以て抄寫し、～復た二三千卷を成す。～時人以て養身靜嘿の致す所と爲すなり。

【反顧】 ふりかえる。〔楚辞、離騒〕忽ち反顧して以て遊目し 將に往きて四荒を觀んとす

【反語】 強勢語法。肯定・否定を逆の形でいう。また、反切語。〔顔氏家訓、書証〕通俗文は～河南の服虔、～造ると云ふ。～鄭玄以前は、全く反語を解せず。通俗（文）の反音は、甚だ近俗に會す。

【反哭】 葬後に寝殿で哭する礼。〔左伝、隠三年〕君氏卒す。（母）聲子なり。諸侯に赴（告）せず、寢に反哭せず、姑に祔せず。故に薨と曰はず。

【反始】 始めにかえる。〔礼記、楽記〕樂なる者は施なり。禮なる者は報なり。樂は其の自りて生ずる所を樂しみ、禮は其の自りて始まる所に反る。樂は德を章はし、禮は情に報ゆ。始めに反るなり。

【反手】 容易なこと。〔孟子、公孫丑上〕齊を以て王たるは、由ほ手を反すがごときなり。

【反正】 正にたちもどる。〔公羊伝、哀十四年〕君子、曷爲れぞ春秋を爲むるや。亂世を撥めて諸れを正に反すは、春秋より近きは莫し。

【反噬】 恩義にそむく。唐・張九齢〔幽州節度使張守珪に勅する書〕頃者降虜を慰撫し、事每に優給す。而れども終に恩を知らず、惟だ反噬を圖るのみ。名は人類と雖も、實は甚だ豺狼なり。

【反切】 二字の頭音尾韻によって音を示す法。東 tong は「德 tək、紅 hong の反」。反語。〔夢渓筆談、芸文二〕切韻の學は、本と西域に出づ。漢人の字を訓する、止だ讀みて某字の如くすと曰ふ。未だ反切を用ひず。然れども古語に已に二聲合して一字と爲す者有り。～何不を盍と爲す～の類なり。西域の二合の音に似たり。

【反側】 寝返りをうつ。また、裏切る。〔詩、小雅、何人斯〕靦たる面目有るも 人を視るに極まり（節度）罔し 此の好歌を作り 以て反側を極む

【反聴】 人言を聴かない。また、反省して聴く。〔史記、商君伝〕趙良曰く、反聽を之れ聰と謂ひ、內視を之れ明と謂ひ、自勝を之れ彊と謂ふ。

【反坫】 献酬の盃をおく台。〔論語、八佾〕邦君、兩君の好みを爲すに、反坫有り。管氏（仲）にも亦た反坫有り。管氏にして禮を知らば、孰れか禮を知らざらん。

【反馬】 嫁入りのときの馬を返す。〔左伝、宣五年〕馬を反すなり。〔疏〕三月の廟見に至り、夫婦の情既に固し。則ち夫家、～其の留むる所の馬を反さしむ。

【反縛】 後ろ手にしばる。〔唐書、竇易直伝〕易直、樓に登りて令して曰く、能く亂を誅する者は、一級に千萬を賞せんと。衆喜び、亂を爲す者を反縛すること三百餘人。易直悉く之れを斬る。

【反覆】 反復。また、そむく。〔史記、淮陰侯伝〕人をして漢王に言はしめて曰く、齊は僞詐多變、反覆の國なり。南のかた楚に邊す。假王と爲りて以て之れを鎭めずんば、其の勢ひ定まらず。願はくは假王と爲ること便ならんと。～書を發く。漢王大いに怒る。

【反哺】 養育の恩に報いる。唐・白居易〔慈烏夜啼〕詩 聲中、告訴するが如し 未だ反哺の心を盡さずと

【反璞】 朴素にかえる。〔戦国策、斉四〕夫れ玉は山に生じ、制れば則ち破る。～太璞完からず。～眞に歸り璞に反らば、則ち終身辱かしめられざらん。

➡反異 そむく／反意 謀叛心／反宇 軒のそり／反映 反射／反影 反映／反衍 でたらめ／反応 内応する。また、化学作用や刺激に対応する／反音 反切音／反過 過ちを改める／反悔 後悔／反外 そむく／反監 自省する／反観 客観／反眼 反目／反旗 謀叛／反求 反省する／反響 手ごたえ／反計 謀叛の計／反撃 反攻する／反言 違約／反忤 逆らう／反攻 逆襲する／反寇 謀叛／反獄 叛逆罪／反骨 叛骨／反根 死んで土にかえる／反支 禁忌の日／反事 謀叛／反首 乱れ髪／反書 叛乱文書／反掌 てのひらをかえす／反証 反対の証拠／反照 返照／反情 反抗心／反心 反意／反身 自省する／反信 返信／反脣 不服で、口をとがらす／反襯 対照によって表現の効果を高める。反映法／反人 悪者／反芻 もどし食い／反省 自省／反旆 軍を後退させる／反接 うしろ手にしばる／反然 改めるさま／反走 退き逃げる／反仄 反側／反俗 世俗に抗する／反対 逆らう／反紐 反切／反諜 反間／反倒 倒ま／反棹 漕ぎ戻す／反動 はねかえり／反旆 反旌／反閉 祓邪のため地をふむ法／反背 叛く／反駁 論駁する／反撥 反動／反叛 叛く／反畔 叛く／反披 裏返し／反風 逆風／反復 反覆する／反袂 袂

を顔にあてて泣く／反閉　外からとざす／反報　返報／反謀　謀叛／反朴　反璞／反樸　本来の自然な姿にもどる／反本　反始／反命　復命／反目　仲違い／反約　違約／反乱　謀叛／反虜　叛徒／反戾　背く／反路　帰る路／反弄　翻弄する

➡違反・往反・回反・顧反・旋反・相反・背反・倍反・復反・謀反・離反

常【半】5 9050　〔半〕5 9050　ハン　わかつ　なかば

篆文　金文

象形 半体の肉の形。上部の八（八）は両分する意。〔説文〕二上に「物、中分するなり」とし、「八に從ひ、牛に從ふ。牛の物爲たる、大なり。以て分つべきなり」と、牛を両分する意とする。〔周礼、天官、腊人〕は脯腊膴胖を掌る。膴胖とは夾脊肉、胖はその片身。のち牲肉に限らず、すべてものを両半にしたものを半という。

訓義 ①わかつ、かたはし、きれ。二分して、その一半をいう。②なかば、半分、中途。

古訓 〔名義抄〕半　ナカバ・ホドコス・ハシタ

部首 〔説文〕に胖・叛の二字をその部に属する。胖は半の形声字で胖肉、叛の初文は反。半は声近く、分離の意を以て加えたものであろう。

声系 〔説文〕に半声として胖・判（判）・伴（伴）・泮・絆・畔（畔）など九字を加える。おおむね半の声義を承ける字である。叛について〔説文〕に反声とする。叛逆の意には古くは反を用いた。

語系 半puan、分（分）piuan は声近く、分肉を半という。判・胖・泮phuan は、半の声義をとる字。別biat、辨（弁）bian も同系の語。頭音にp、ph、bをとるのは、もと裂けるときの擬声音であったのであろう。

【半煙】半ば煙の中。唐・鄭谷〔柳〕詩　半煙半雨、溪橋の畔　映杏映桃、山路の中　會し得たり、離人無限の意　千絲萬絮、春風を惹く

【半解】なまわかり。〔滄浪詩話、詩弁〕大抵、禪道は惟だ妙悟に在り。詩道も亦た妙悟に在り。～然れども悟りに淺深有り、分限有り。透徹の悟り有り、但だ一知半解の悟りを得る有り。

【半頃】五十畝の田地。唐・陸亀蒙〔襲美の訪はるるに和す〕詩　四隣は多くは是れ老農の家　百樹の雞桑、半頃の麻

【半江】中流。川なかば。清・王士禎〔真州絶句、五首、二〕詩　好し是れ、日斜めに風定まるの後　半江の紅樹、鱸魚を賣る

【半篙】棹半分。宋・陳与義〔顔持約に和す〕詩　半篙の寒璧、秋釣を垂れ　一笛の西風、夜樓に倚る

【半載】半年。唐・戴叔倫〔故人陳羽の山居に過る〕詩　山中の人を見ざること、半載なるも　依然たり、松下、屋三間

【半死】死にかけ。唐・劉希夷〔白頭を悲しむ翁に代る〕詩　言を寄す、全盛紅顏の子　應に憐れむなるべし、半死白頭の翁

【半紙】一片の紙。〔宋書、文五王、廬江王禕伝〕太祖の諸子、禕尤も凡劣なり。～下詔して曰く、～曩者には四方禍に遘ふ。～公未だ曾て一函の使、半紙の書を遺ること有らず、志、五弟を棄て、以て讐賊に餌せしむ。

【半日】一日の半ば。唐・李渉〔鶴林寺の僧舍に題す〕詩　竹院を過り、僧に逢うて話するに因りて　又得たり、浮世、半日の閑

【半樹】半分の樹の姿。宋・林逋〔梅花、二首、一〕詩　雪後の園林、纔かに半樹　水邊の籬落、忽ち横枝

【半春】春なかば。宋・戴復古〔王使君の旅費を送らるるを謝す〕詩　風は撼かす、梅花の雨　霧は籠む、楊柳の烟　如何ぞ、殘臘の月　已に半春の天に似たり

【半牀】未婚者。夫婦は一牀。未婚税を半牀税という。〔隋書、食貨志〕舊制に、未だ娶らざる者は、半牀の租調を輸す。陽翟の一郡は、戶數萬に至るに、籍に妻無きもの多し。

【半霄】中空。宋・范成大〔小峨眉〕詩　三峨は參横し、大峨は高し　奔崖側勢、半霄に倚る

【半城】半ばみえる城。北周・庾信〔画屏風を詠ずる詩、二十五首、十五〕半城、斜めに樹より出で　長林、直ちに河に枕む

【半酔】ほろ酔い。唐・杜牧〔昔遊を念ふ、三首、三〕詩　半醒半醉、遊ぶこと三日　紅白花は開く、山雨の中

【半睡】しばしまどろむ、うたたね。唐・元稹〔春を生ず、二十首、十五〕詩　何れの處にか、春の生ずること早き　春は半睡の中に生ず

【半世】半生。唐・韓愈〔侯喜に贈る〕詩　半世遑遑として、擧選（科挙の試験）に就き　一名始めて得る（やっと合格する）も、紅顏（若い元気な顔色）衰ふ

【半生】一生の半ば。〔晋書、魏詠之伝〕生まれながらにして兔缺（兎唇）なり。～醫曰く、割きて之れを補ふべし。但だ須らく百日粥を進め、語笑するを得ざるべしと。詠之曰く、半生語らざるも半生有り。亦た當に之れを療すべし。況んや百日をやと。（殷）仲堪～善く之れを療さしむ。

【半晴】空が半ば晴れる。唐・耿湋〔李端を送る〕詩　遠近、天初めて暮れ　關河、雪半ば晴る

【半窓】窓べ。窓のかたへ。宋・陸游〔嘉定己巳立秋～、十二首、五〕詩　一枕の鳥聲、曉夢殘し　半窗の竹影、新晴を弄す

【半天】空の半分。梁・簡文帝〔薄晚、涼を北楼に逐ふ～〕詩　斷雲去日を留め　長山半天を減ず

【半点】ごく少々。宋・楊万里〔懷古、堂前の小梅漸く開く、四首、三〕詩　老夫官滿ちて、梅應に熟すべし　齒軟らかにして、猶ほ禁ず、半點の酸

【半塗】中途。〔中庸、十一〕君子、道に遵ひて行ひ、半塗にして廢するも、吾れは已むこと能はず。

【半榻】台の半分。半牀。元・胡天游〔悶を遣る〕詩　昏昏として醉ふが如く、復た癡なるが如し　半榻の殘書、兩鬢の絲

【半白】なかば白い。白髪まじり。唐・曹松〔陸処士を拜訪す〕詩　萬卷の書邊、人半白　再來、惟だ恐る、玄纁（招聘の引出物）を降さんことを

【半帆】片帆。宋・蘇軾〔慈湖夾にて風に阻まる、五首、五〕詩　臥して看る、落月の千丈に横たふを　起ちて清風を喚んで、半帆を得たり

【半面】少し顔見知り。唐・白居易〔元九（稹）に与ふる書〕初めて進士に應じたる時、中朝に緦麻（遠縁）の親無く、達官に半面の舊無し。

➡半陰　半曇り／半円　半輪／半園　園のなかば／半価　半値／半開　なかば開く／半額　半数／半酣　稍々酣／半規　半円／半旗　弔旗／半偽　半真／半疑　疑わしい／半弓　弓形／半鈞　十五斤／半空　中空／半景　しばらく。片時／半月　弦月／半箇　半分／半更　夜半／半谷　谷の一方／半刻　約十分／半墾　半耕／半歳　半年／半散　分散／半子　女壻／半字　字の偏と旁／半時　少時／半辞　半句／半舟　小舟／半熟　なま煮え／半床　半牀／半宵　半夜／半身　身体の半分／半信　疑わしい／半醒　半酔／半截　半切／半直　半値／半途　中途／半道　半途／半年　半とし／半把　半握り／半臂

袖なし／半百　五十／半幅　半はば／半腹　山の中腹／半分　二分した一／半璧　半月形の玉／半夜　夜半／半嶺　山腹／半路　途中

↓一半・下半・過半・割半・居半・強半・月半・減半・後半・参半・折半・前半・多半・大半・倍半・夜半・余半

常【氾】5 3711　ハン　うかぶ　はびこる　ひろい

篆文

形声　声符は㔾。㔾は人がうつぶせに臥している形。氾とは水死者をいう。泛はその仰むけの形。〔説文〕十一上に「濫るなり」とあり、氾濫の意とする。広汎の意に用いるのは、汎(汎)との通用義。氾・泛・浮(浮)はみな人が水に浮くことを示す字である。

訓義　①うかぶ、うかびながれる、ただよう、ゆらぐ。②はびこる、ひたる。③ひろい、あまねし、おおい。

古訓　〔名義抄〕氾　アマネシ〔篇立〕氾　アマネシ・ウカブ・アマコ、シ・ニゴル・カハヘニ・シルシ

声系　〔説文〕に氾声として范・笵を収め、範を范の省声とする。みな範型の意がある字で、竹で型をとるものを笵という。㔾に、上から被らせる意があり、型どりの方法と似ているからであろう。

語系　氾・泛・汎 biuəm は同声。〔説文〕に「泛は浮ぶなり」「汎は浮く皃なり」とあり、浮 biu も声義が近い。氾・泛は流屍、浮は手を以てとりあげる形の字である。

＊語彙は泛・汎字条参照。

【氾祭】食前のお供えをまきちらす。〔左伝、襄二十八年〕叔孫穆子、慶封に食せしむ。慶封、氾祭す。穆子説ばず。

【氾氾】水に浮かぶさま。〔楚辞、卜居〕寧ろ昂昂として千里の駒の若く 將た氾氾として水中の鳧の若く 波と上下し、偸くも以て吾が軀を全うせんか

【氾濫】水があふれ流れる。〔孟子、滕文公下〕堯の時に當り、水逆行し、中國に氾濫す。蛇龍之れに居り、民定る所無し。下き者は巣を爲り、上き者は營窟を爲る。書に曰く、洚水余れを警むと。洚水とは洪水なり。

【氾論】ひろく大体を論じる。〔淮南子、要略〕道德を知るも世曲を知らずんば、則ち以て萬方に耦ふこと無く、氾論を知るも詮言(詳論)を知らざれば、則ち以て從容たること無し。

↑氾愛　汎愛／氾乎　ゆらぐ／氾然　自由／氾地　ひくい地／氾博　ひろい／氾浮　浮かぶ／氾利　汎利

↓遠氾・水氾・浮氾・風氾・遊氾

常【犯】5 4721　ハン　おかす　たがう　やぶる

篆文

会意　犬(獸)＋㔾。㔾は人がうつぶせに伏している形。字形のままに解すれば、人が獣を犯す意となるが、㔾はその姿勢のものを示すとみてよい。〔説文〕十上に「侵すなり」とし、㔾声とする。わが国の〔大祓詞〕にいう「畜犯せる罪」にあたるものかもしれない。〔玉篇〕に「抵觸するなり」とあって、タブーにふれることをいう字であろう。すべて犯罪は、もと神の神聖を犯すこと、冒瀆にあたる行為を意味した。〔周礼、夏官、大馭〕に、天子の出幸のとき「犯軷して遂に驅る」とあって、犬を轢いて、車を修祓してから出発した。その字はまた軋に作る。上から轢く意であろう。犯はもと神威を侵す意であったので、敢て君長に強諫することを犯顔・犯諫という。

訓義　①おかす、神聖をおかす、つみをおかす、いましめをおかす。②たがう、そこなう、そむく、しのぐ、こえる。③いつわる、やぶる、そこなう、ひきおこす。④つみ、つみあるひと、罪人。

古訓　〔名義抄〕犯　ヲカス〔篇立〕犯　ヲツ・ヲカス・フル・キツフル

【犯諫】あえて直諫する。〔史記、楽毅伝〕紂の時、箕子用ひられざるも、犯諫して怠らず。

【犯顔】尊者の威厳をおそれずに諫める。〔旧唐書、魏徴伝〕徵、狀貌は中人を逾えざるも、素より膽智有り。毎に顔を犯して諫を進む。

【犯諱】人の本名を避けずにいう。〔北史、杜弼伝〕相府の法曹辛子炎、事を諮りて、署を取らんと云ふに、子炎、署を讀みて樹と爲す。神武、其の諱(父、名は樹生)を犯せるを怒り、之れを前に杖し、～叱して出で去らしむ。

【犯禁】禁を犯す。〔周礼、地官、司稽〕市を巡りて、其の禁を犯す者と、其の不物(異服)の者とを察し、之れを搏つことを掌る。

【犯罪】罪を犯す。〔漢書、宣帝紀〕(元康二年詔)今百姓、多く上書するに諱に觸れ、以て罪を犯す者多し。朕甚だ之れを憐れむ。其れ更めて詢を諱ましめよ。諸觸諱、令前に在る者は、之れを赦せ。

【犯上】上を犯す土地のたたり。〔論語、学而〕有子曰く、其の人と爲りや孝弟にして、上を犯すことを好む者は、鮮なし。

【犯土】建築などで、土禁を犯す。〔容斎四筆、一、繕修犯土〕今世俗、宅舍を營建するに、或いは小しく疾厄に遭へば、皆犯土なりと云ふ。～(後漢)安帝の時、皇太子惊病にて安んぜず。～邴吉以爲へらく、聖舍新たに繕修し、土禁を犯す。久しく御ふべからずと。

【犯蹕】行幸をみだす。〔史記、張釈之伝〕廷尉、當(判決)を奏す。一人蹕を犯すは、罰金に當すと。文帝怒る。～釋之曰く、～今、法此くの如し。而して更に之れを重くせば、是れ法、民に信ならざるなりと。

↑犯囲　囲みを破る／犯威　威を犯す／犯意　故意にする／犯違　違反する／犯干　おかす／犯忌　禁を破る／犯規　反則／犯逆　叛く／犯教　教えに背く／犯境　越境する／犯釁　罪をおかす／犯刑　犯罪／犯忤　逆らう／犯証　犯罪の証拠／犯色　犯顔／犯声　詞の変調／犯則　規則に違反する／犯逐　追放する／犯軷　車軷／犯冒　おかす／犯法　法をおかす／犯命　命をおかす／犯夜　夜歩き／犯由　罪状／犯乱　おかし乱す／犯鱗　天子の逆鱗にふれる／犯令　令をおかす／犯厲　しいたげる／犯歴　違反する

↓違犯・干犯・窮犯・共犯・狂犯・驚犯・軽犯・愆犯・誤犯・再犯・主犯・重犯・従犯・初犯・触犯・侵犯・正犯・戦犯・抵犯・難犯・不犯・防犯・蒙犯・陵犯・累犯

常【帆】6 4721〔帆〕6 4721　ハン　ほ　ほかけ

形声　声符は凡(凡)。凡は風の声符に用いる字で、卜文の風は鳳形の鳥に、声符として凡を加えた字であった。凡はもと舟の形で盤形の器をいい、盤旋(めぐる)の意がある。風によって風行し、盤旋するものをいう。〔釈名、釈船〕に「帆は泛なり。風に随ひて幔を張るを帆と曰ふ。舟をして疾きこと汎汎然たらしむるなり」とあって、帆船をいう。江南が急速に拓かれた六朝期には旅行に水行のことが多く、その消息の文に「布帆恙無し」という挨拶語が用いられた。

訓義　①ほ。②ほかけ、ほかけ舟、ほをかけて走る。

古訓　〔和名抄〕帆　保(ほ)。風衣なり。一に云ふ、檣上に掛けて風を取り、船を進むる幔なり〔名義抄〕帆　シブカス〔篇立〕帆　シブク

語系　帆・汎(汎)・氾・泛 biuəm は同声。みな水にただようことをいう。凡 biuəm も同声で、風 piuəm の初文。風の旋り吹くことを般・盤 buan といい、ひらひらすることを番 biuan、飜(翻) phiuan という。

【帆影】帆のすがた。明・高啓〔楊礼曹の秋日贈らるるに

次韻す」詩　遠江の帆影は、秋蕪の外　故苑の砧聲は、晩樹の中

【帆檣】帆柱。〔唐詩記事、五十八、李郢〕江亭春霽に云ふ、～蜀客の帆檣、歸燕に背き　楚山の花木、啼鴂を怨む

【帆勢】帆の走行の勢い。陳・陰鏗〔江津に劉光禄を送るも及ばず〕詩　鼓聲、聽くに從つて絕え　帆勢、雲と隣し

【帆席】蓆の帆。晉・木華〔海の賦〕是こに於て勁風を候ち、百尺を掲げ、長綃(帆綱)を維ぎ、帆席を挂く。濤を望んで遠く決われ、冏然として鳥のごとく逝く。

【帆力】帆走の力。宋・陸游〔望江道中〕詩　風力漸く添ひて、帆力健なり　艣聲(かいの音)は常に雁聲を雜へて悲し

↑帆海　航海／帆竿　帆柱／帆脚　帆／帆弱　弱風／帆檝　帆とかい／帆衝　水路／帆色　帆の様子／帆舶　帆船／帆幅　帆／帆腹　帆のふくらみ／帆葉　帆

↓一帆・雲帆・遠帆・解帆・危帆・帰帆・客帆・去帆・挙帆・漁帆・挂帆・軽帆・健帆・孤帆・江帆・高帆・秋帆・出帆・征帆・千帆・双帆・張帆・半帆・晩帆・飛帆・布帆・風帆・片帆・暮帆・満帆・夜帆・揚帆・落帆・旅帆

常 【汎】6 3711　〖汎〗6 3711　ハン　ホン　ヘン　うく　ただよう　ひろい

篆文 

形声 声符は凡(凡)。凡は風の声符に用いる字。その初形は舟・皿の形で、盤旋(めぐる)の意がある。〔説文〕十一上に「浮く皃なり」とあり、〔詩、邶風、二子乗舟〕に「二子、舟に乗る　汎汎たる其の景」とは、舟で流されてゆくさまをいう。その詩は、あるいは水葬のことを歌うものであろう。

訓義 1うく、うかぶ、ただよう、ただよいながれる。2ひろい、はるか、あまねし。3泛・氾と声義近く、通用することがある。

古訓 〔名義抄〕汎・泛　ウカブ・サ、ク・アガル・ヤブル・タ、フ・ヒロシ・コボス・アサシ・アマネシ・タヾヨフ・ウカス

語系 汎・泛・氾biuəmは同声。泛・氾は流屍のただようことをいう。浮(浮)biu、漂phiôも声義近く、これらも人が波間にただようことをいう字である。

＊語彙は氾・泛字条参照。

【汎愛】ひろく愛する。〔論語、学而〕弟子入りては則ち孝、出でては則ち悌、～汎く衆を愛して仁に親しみ、行ひて餘力有らば、則ち以て文を學べ。

【汎渉】ひろくわたる。〔南斉書、周顒伝〕顒、音辭辯麗、～汎く百家に渉り、佛理に長ず。

【汎濫】溢れみちる。氾濫。唐・韓愈〔柳子厚(宗元)墓誌銘〕閑に居りて益ゝ自ら刻苦し、記覽に務め詞章を爲り、汎濫停蓄、深博にして涯涘(はて)無きを爲す。

↑汎溢　みち溢れる／汎淫　浮遊する／汎雲　浮雲／汎漑　広くそそぐ／汎槎　浮槎／汎採　ひろく採る／汎祭　食前のお供えをまきちらす。氾祭／汎灑　汎漑／汎酒　曲水の宴／汎舟　泛舟／汎称　総称／汎説　総説／汎船　船を浮かべる／汎蕩　あふれただよう／汎汎　ただようさま／汎萍　浮き草／汎沫　あわ／汎沃　そそぐ／汎論　総論

↓遠汎・軽汎・降汎・飄汎・眇汎・浮汎・普汎・遊汎

常 【伴】7 2925　〖伴〗7 2925　ハン　バン　とも　つれ　ともがら　ともなう

篆文 

形声 声符は半(半)。半はものを両半にする意。両半のものがともにあるとき、伴という。〔説文〕八上に「大なる皃なり」とするのは、〔詩、大雅、巻阿〕「伴奐たる爾の游」の〔毛伝〕に「伴奐とは廣大にして文章有るなり」とある意によるものであるが、それは連文としての語義。伴は伴侶、つれとしてともなうことをいう。

訓義 1とも、つれ、ともがら、なかま。2ともなう、つれそう、よる、したがう、はべる。3伴奐、おおきい、ゆったりとしている。4畔と通じ、そむく。

古訓 〔名義抄〕伴　トモ・トモガラ・トヾム・イツハル・タビ・アフ・ノブ　〔篇立〕伴　トモダチ・タビ・トモガラ・アフ・ノブ・ワカツ・トモナフ・トヾム・イツハル

【伴食】おしょうばん。〔旧唐書、盧懐慎伝〕懷愼、紫微令姚崇と樞密を對掌し、～事毎に皆之れに推讓す。時人之れを伴食宰相と謂ふ。

【伴侶】つれ。唐・王維〔戲れに張五弟諲に贈る、三首、三〕詩　雲霞、伴侶を成し　虚白(虚心の室)、衣巾を侍す

↑伴奐　広大なさま／伴偶　つれあい／伴伍　郷里の隣人／伴宿　同宿／伴読　教育係／伴飯　伴食／伴流　朋輩／伴領　ともないつれる／伴霊　守護霊

↓詩伴・酒伴・相伴・酔伴・随伴・接伴・同伴・道伴・夜伴・侶伴

常 【判】7 9250　〖判〗7 9250　ハン　バン　わかれる　わかつ　さばく

篆文 

形声 声符は半(半)。半は牛を両分する意。八(八)は刀を加えて両分する意とする。〔説文〕四下に「分つなり」とあり、分(分)は刀でものを両分する意。契約書を両分してその一片を持つことを判といい、〔周礼、地官、媒氏〕に「萬民の判を掌る」とは婚約のことをいう。契約の是非を審定することから、裁判の意となる。

訓義 1わかつ、わかれる、両分する。2なかば、かたわれ、はなれる、ちる。3さばく、わきまえる、ことわる、あきらかにする。4胖と通じ、ゆたか。

古訓 〔名義抄〕判　コトワル・ワカツ・ワカル・ワル・サク・サダム・アキラカニ

語系 判・泮・胖phuanは同声。半puanの声義を承け、みな両分の意がある。分piuən、片phian、辨(弁)bian、別biatも声義近く、両分・分別の意がある。

【判押】かきはん。花押。〔宋史、陳恕伝〕(寇)準、即ち恕の前後改革興立の事を檢尋し、類して以て冊と爲し、及び出だす所の榜を以て、別に新板を用ひ、躬ら恕の第に至りて判押を請ふ。恕も亦た讓らず、一一之れに押す。

【判花】かきはん。花押。前蜀・韋荘〔出関〕詩　到る處因循して酒を嗜むに縁り　一生惆悵す、判花を爲すを

【判決】是非を決する。裁定。〔宋書、孔覬伝〕醉日多きに居ると雖も、政事に明曉し、醒時の判決、未だ嘗て壅(滞ること)有らず。衆咸な云ふ、孔公一月に二十九日醉へるも、他人の二十九日醒むるに勝れりと。

【判合】一半のものが合する。〔抱朴子、弭訟〕人綱は夫婦に始まり、判合は二儀(陰陽)に擬す。是の故に大婚の禮は、古人の重んずる所なり。

【判書】契約書。〔周礼、秋官、朝士〕判書有り。〔疏〕判とは半分して合する者、即ち質劑・傅別、分支合同、兩家各ゝ其の一を得る者なり。

【判断】是非を定める。〔北斉書、許惇伝〕惇、清識敏速、～司徒主簿に任ぜられ、能く判斷するを以て、時人に知らる。號して入鐵主簿と爲す。

↑判案　案件／判陰　幽冥のことを判定する／判解　解け散る／判渙　分散する／判語　判決の文／判妻　出戻り／判士　裁判官／判詞　判決の文／判事　裁判官／判釈　解説する／判署　署名捺印する／判状

判決書／判審 審判／判正 裁定する／判析 区別する／判然 明らかとなる／判牘 裁定書／判文 判決文／判袂 離別する／判別 弁別する／判明 わかる／判冥 冥界の裁判／判与 分与する
↓印判・区判・誤判・公判・裁判・咨判・試判・書判・審判・談判・通判・批判・評判・分判・剖判・離判・連判・論判

【華】 7 5550 ハン ヒツ ちりとり

篆文 

象形 熊手のように、ごみをおしのけるちりとりの形。〔説文〕四下に「箕の屬。推棄する所以の器なり。象形」という。長い柄をつけたもので、その先に𠫓（倒子の形）を加えると、弃（棄）となる。古くは初生児を棄てるような俗があった。

訓義 ①ちりとり、箕に長い柄のあるもの。

部首 〔説文〕に畢・糞（米＋華＋廾）・棄の三字を属する。畢は華の上に田網を加え、鳥や小獣を捕るしかけで、畢く取ることをいう。糞は糞塵をとりのける意で、米は屎。棄は子を棄てる形。畢・糞は華の声義をとるところがある。

常【坂】 7 4114 〔阪〕 7 7124 ハン さか

形声 声符は反。反は厂（崖の形）に又（手）をかけて、攀援する（よじのぼる）形。坂とは、そのような地勢のところをいう。〔説文〕十四下に阪を録して「坡なる者を阪と曰ふ。一に曰く、澤障なり。一に曰く、山脅なり」とあって、池堤・山脇などの義がある。阪は𨸏に従い、𨸏は神梯の象であるから、阪はそのような神域の急坂、坂は一般の急坂をいう字とすべきであろう。主としてわが国で用いる。阪と通用することがある。

訓義 ①さか、やまさか。②つつみ、他をへだてるための土もり。③阪と通用する。もと、阪が本字、坂は後出の字。

古訓 〔和名抄〕坂樹 日本紀私記に云ふ、天香山之眞坂樹、佐加木（さかき）。漢語抄の榊の字、本朝式に賢木二字を用ふ〔名義抄〕坂 サカ 〔字鏡集〕坂 サカ・サカヒ

＊語彙は阪字条参照。

【扳】 7 5104 ハン ひく

形声 声符は反。〔広雅、釈言〕に「援くなり」とあり、扳援の意。字はまた攀援に作り、よじのぼることをいう。反はその攀援の象。厂（厓）に手をかけて攀援し、身が反り返り、もどることをいう字。扳はその繁文とみてよい字である。

訓義 ①ひく、ひきよせる。②よじる、よじのぼる。

古訓 〔名義抄〕扳 ヒク・ソムク

語系 扳・反piuan、攀phean は声近く、みな攀援することを本義とする一系の語である。

【扳援】 よじのぼる。漢・厳忌〔哀時命〕往者は扳援すべからず 徠者は與に期すべからず。

【扳纏】 まとわる。南朝宋・謝霊運〔旧園に還りて作り、顔（延之）・范（泰）二中書に見す〕詩 感深きも操固からず 質弱くして扳纏し易し 曾ち是に昔園に反る 往（事）を語れば、實に款然たり

【扳連】 牽制する。〔水経注、渭水上に引く諸葛亮の兄、瑾に与ふる書〕綏陽の小谷有り。～用て軍を行るに難き者なり。～今前軍をして此の道を斫治し、以て陳倉に向はしめば、以て賊勢を扳連し、兵を分ちて東行するを得ざらしむるに足る者なり。

↑扳価 価格を引き上げる／扳残 もぎとる／扳親 親戚／扳躋 よじのぼる／扳折 攀折する／扳嶒 四手網／扳談 閑談する／扳蕩 板蕩／扳累 いいがかり／扳聯 扳連

【泛】 7 3213 ハン ホウ うかぶ ひろい

篆文 

形声 声符は乏。乏は仰向けの死者の象。水死者の漂流するさまを泛という。うつ向けの形は㔾、その漂流するものを氾という。〔説文〕十一上に「浮ぶなり」とするが、浮は生死にわたっていう語である。死者を埋めて葬ることを窆という。泛はまた汎（汎）・氾と通用する。

訓義 ①うかぶ、水死者、氾も同じ。②ただよう、ながれる、ひたす。③ひろい、あまねく、ひさしい。

古訓 〔名義抄〕汎・泛 ウカブ・サ丶ク・アガル・ヤブル・タ丶フ・ヒロシ・コボス・アサシ・アマネシ・タゞヨフ・ウカス〔篇立〕泛 アマネシ・タゞヨフ・ウカブ・ハルカ・フケ・ヒロシ・ナガシ・モロシ

語系 泛・汎・氾biuam は同声。泛・氾は流屍、汎は漂流するさまをいう。浮biu、漂phiô も声義が近い。古い時代には、大きな氾濫があるときには、多数の流屍が漂う惨状があったのであろう。漂も流屍をいう字である。

＊語彙は汎・氾字条参照。

【泛駕】 駕を覆す。〔漢書、武帝紀〕（元封五年詔）蓋し非常の功有るは、必ず非常の人を待つ。～夫の泛駕の馬、跅弛（卓落不羈）の士も、亦た之れを御するに在るのみ。

【泛使】 海を渡ってくる使者。〔宋史、王臨伝〕嘉祐の初、契丹の泛使至る。朝論、應ずる所を疑ふ。臨言ふ、契丹方に饑困す。何をか能く爲さんと。

【泛舟】 舟をうかべる。〔唐書、閻立本伝〕太宗、侍臣と舟を春苑池に泛べ、～坐者をして詩を賦せしむ。～閤外、畫師閻立本を傳呼す。～羞悵流汗し、歸りて其の子を戒めて曰く、吾れ少くして書を讀み、文辭儕輩に減ぜざるに、今獨り畫を以て名いはる。廝役と等し～と。

【泛觴】 盃をうかべる。流觴。唐・儲光羲〔京口に王四誼を送別す〕詩 明年、菊花熟さば 洛東に泛觴して遊ばん

【泛浸】 水びたし。〔漢書、王尊伝〕東郡の太守に遷る。久之くして河水盛溢し、瓠子に金隄に泛浸し、老弱奔走す。～尊、躬ら吏民を率ゐ、白馬を投げ沈めて、水神河伯を祀る。～尊親から圭璧を執り、～身を以て金隄を塡がんと請ふ。

【泛声】 左手で軽く発する弦声。唐・方干〔李戸曹の小妓～曲章を成す〕詩 風に隨うて搖曳すれば餘韻有り 水を測るごとく淺深して泛聲多し

【泛舶】 渡航。唐・陸亀蒙〔襲美の～円載上人の日本国に帰るを送るに和す〕詩 老いて思ふ、東極の舊巖扉 卻つて秋風を待ち、舶を泛べて歸る

【泛泛】 浮き漂うさま。広大で限りないさま。〔荘子、秋水〕泛泛乎として、其れ四方の窮まり無きが若く、其れ畛域（分けへだて）する所無し。

【泛濫】 汎濫。〔史記、河渠書〕（瓠子歌）我が爲に河伯に謂へ、何ぞ不仁なる 泛濫止まざれば、吾が人をして愁へしむ

↑泛愛 ひろく愛する／泛溢 あふれる／泛灔 水に浮かぶ光／泛灩 泛灔／泛舸 舟をうかべる／泛観 広く観る／泛言 空言／泛槎 いかだを浮かべる／泛灑 清める／泛索 点心／泛子 うき／泛指 つまびく／泛称 汎称／泛常 常々／泛水 浮かぶ／泛然 浮かぶ／泛漲 みなぎる／泛調 汎調／泛指 ～／泛艇 泛舟／泛敗 反覆する／泛浮 浮かぶ／泛漾 ただよう／泛覧 ひろく覧る／泛流 うかび流れる／泛瀲 水波／泛論 汎論
↓盈泛・遠泛・帰泛・觴泛・水泛・静泛・浮泛・萍泛・飄泛・游泛

【釆】 7 2090 ハン バン ベン つめ わかつ

篆文  古文  甲骨文 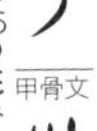 金文 

象形 獣爪の形。下に掌の形である田を加えると番となり、

掌肉を膰という。〔説文〕二上に「辨別するなり。獸の指爪の分別するに象るなり」とし「讀みて辨の若くす」という。古文の形は平（平）に似ているが、釆は獸爪の間に肉のある形である。獸爪を以てものを裂くので、分別の意がある。

訓義 ①けもののつめ、獸爪、てのひら、ひづめ。②わかつ、さく。

部首 〔説文〕に番・宷・悉・釋（釈）を属する。宷は審の初文。廟所に番（膰）を供え、その供牲に損傷が無いことを審らかにする。悉は心臟に獸爪が及んでいること。釋は獸屍（睪）が獸爪によって殬解（ときほぐす）されていること。なお卷（巻）の初形も釆に従っており、拳（拳）とは獸掌をいう。

声系 釆は番の初文とみてよく、釆に獸掌を加えて番となる。その肉は膰。掌の白きものは皤、その動くさまを播・飜（翻）という。番声の字は〔説文〕に二十字に及び、みな釆・番の声義を承ける。

常【阪】 7 7124 ［坂］ 7 4114 ハン さか つつみ けわしい

篆文  石鼓文 

形声 声符は反。反は樊援（よじのぼる）の困難なところで、そりかえり、ひき返す意がある。〔説文〕十四下に阪を録して「坡なる者を阪と曰ふ。一に曰く、澤障なり。一に曰く、山脅なり」とあって、池の堤、山脇などの義があるという。坂は〔集韻〕などに至ってみえる後起の字。阪は𨸏に従い、𨸏は神梯の象で神の陟降するところ。その聖地は、みだりに人の攀援しがたい峻険のところで、ときには隄障を施すことがあった。わが国の磐座のようなところであろう。坂は一般に地勢の嶮峻なところをいう。国語の「さか」は分岐するところ、地勢の逆なるところをいう。

訓義 ①さか、つつみ、他をへだてるもの。②たかい、けわしい、かたむく、ななめ。③字はまた、坂に作る。

古訓 〔和名抄〕坂 佐加（さか）〔名義抄〕阪 サカ・ナミ・イケ／坂 サカ

語系 阪・坂piuanは陂piai、坡phuaiと声義近く、〔説文〕十四下に「坡なる者を阪と曰ふ」とし、坡は十三下は「阪なり」とあり、陂とは阪の地勢の陂陀（うねうねとつづく）たるさまをいう。

【阪險】けわしいところ。〔礼記、月令〕（孟春の月）是の月や、～田に命じて東郊に舍らしめ、～善く丘陵阪險、原隰土地の宜しき所、五穀の殖する所を相て、以て民を教道す。必ず之れを躬親らす。

↑阪岸 きり立つような岸／阪隰 高地の湿地／阪阻 けわしいさか／阪坻 堤／阪田 不毛の田

↓九阪・丘阪・急阪・険阪・山阪・峻阪・升阪・峭阪・絶阪・壇阪・長阪・盤阪・陵阪・隴阪

【拌】 8 5905 ハン すてる さく まぜる

形声 声符は半（半）。半に両分する意がある。〔方言、十〕に「棄つるなり。楚にては凡そ物を揮棄する、之れを拌と謂ふ」とし、〔広雅、釈詁一〕に「棄つるなり」とみえる。〔呂覧、論威〕に「木を以て木を撃つときは、則ち拌く」とあり、たたき割る意。いま「攪拌」のように、かきまわす意に用いる。

訓義 ①すてる。②さく、わる。③まぜる、あえる。

【拌蚌】はまぐりを裂く。〔史記、亀策伝〕王獨り玉櫝や。隻雉の昆山に出で、明月の珠の四海に出づるを聞かずや。石を鐫り蚌を拌き、市に傳賣す。聖人之れを得て、以て大寶と爲す。

↑拌匀 ならす／拌捨 わける／拌入 まぜる／拌命 命がけ／拌和 まぜる

↓攪拌・挑拌・冷拌

【攽】 8 8824 ハン ヒン わける

篆文 

形声 声符は分（分）。〔説文〕三下に「分つなり」とし、「周書に曰く、乃ち惟れ孺子攽かつ」と〔書、洛誥〕の文を引く。〔説文〕はこの攽を彬の声義を以て訓むとするものであろう。〔広雅、釈詁二〕に「減るなり」の訓がある。

訓義 ①わかつ、わける、頒かつ。②斑・彬と通じ、美しい。③へる、へらす。

常【板】 8 4194 ハン バン いた ふだ はんぎ

金文 

形声 声符は反。薄くそぎとった木片をいう。金文の図象に、木に手斧の類を加えている形があり、木を剝ぎとる意を示す。それが板の初文であろうが、のち反声の字となったのであろう。〔詩、大雅、板〕「上帝板板たり 下民卒く癉む」とその疾威を形容し、また〔詩、秦風、小戎〕に「其の板屋に在りて 我が心曲を亂る」と板の意に用いる。板屋はおそらく殯屋。死者の屍をおいて、その風化を待つところである。〔詩、小雅、鴻鴈〕「百堵皆作る」の〔毛伝〕に「一丈を版と爲す」とあって、版築に用いる木をいう。古く用例のみえる字であるが〔説文〕未収。〔説文〕はおそらく板を、版の一体とみているのであろう。〔玉篇〕に「片木なり。版と同じ」とみえ、〔説文〕の旧本を承けるものと思われる。「板板」は〔爾雅、釈訓〕〔広雅、釈訓〕に「版版」に作り、「僻なり」「反なり」のように乖反の意とする。

訓義 ①いた、うすくけずった木。②版築に用いる両板、片木。③ふだ、書牘、詔書、手版、籍札、木簡。④はんぎ、木版。

古訓 〔新撰字鏡〕板 伊太（いた）〔和名抄〕板 伊太（いた）。功程式に波多（はた）板、歩板有り。薄き木なり 〔名義抄〕板 イタ 〔篇立〕板 スキ・イタ

【板印】木版。〔夢渓筆談、技芸〕書籍を板印するは、唐人は尙ほ未だ盛んには之れを爲さず。馮瀛王の始めて五經を印せしより、已後の典籍は皆板本爲り。慶曆中、布衣畢昇といふもの有り。又活板を爲る。

【板屋】いたや。〔漢書、地理志下〕天水・隴西は山に林木多し。民、板を以て室屋を爲る。

【板榦】版築のときの両傍の柱と板。中に土をおき、うちかためる。〔左伝、宣十一年〕沂に城く。～功を量り、日を命ず。財用を分ち、板榦を平らかにし、畚築を稱る。～事、三旬にして成る。

【板橋】板ばし。唐・温庭筠〔商山早行〕詩 雞聲、茅店の月 人迹、板橋の霜

【板行】刊行。〔梅磵詩話、中〕陳起宗之は杭州の人なり。書を鬻ぎて以て自ら給す。唐・宋以來の諸家の詩を刊し、頗ぶる詳備す。亦た藝居吟槀有りて板行す。藝居は其の自號なり。

【板刻】木版。〔輟耕録、六蘭亭集刻〕蘭亭一百一十七刻、裝褫して十册と作す。乃ち宋の理宗內府の藏する所、～八十餘年の閒、凡そ又數主を易ふ。～甲集一十二刻、～定武板刻。

【板牀】板張りの牀。〔後漢書、独行、向栩伝〕性、卓詭不倫、恆に老子を讀み、狀、學道の如し。～常に竈北に於て板牀上に坐す。是の如きこと積久、板に乃ち膝踝足指の處有り。

【板心】版木の中心部分。折目のところ。版心。〔増訂四庫簡明目録標注、巻五、漢書一百二十巻〕漢の班固撰す。其の妹昭、之れを續成し、唐の顏師古注す。～蔣生沐～刊本、前漢書魚尾下、毎葉板心に正統八年刊の五字有り。郎ち袁漱六疑ひて、北宋本と爲す。

【板籍】人口の簿冊。〔南斉書、虞玩之伝〕愚謂へらく、宜しく元嘉二十七年の籍を以て、正と爲すべし。～今戸口の多少、元嘉に減ぜざるに、板籍頓に闕く。弊亦た以て有り。

【版築】版築。両版の間に土を入れ、つき固めて牆壁を作る法。〔管子、度地〕父母に因りて案行し、水に具備するの器を閲す。冬の事無きの時を以て、籠臿板築すること、各ゝ什の六。

【板堵】牆壁の長さ。板は一丈、堵は五板。〔公羊伝、定十二年〕雉とは何ぞ。五板にして堵と、五堵にして雉、百雉にして城なり。

【板蕩】乱世。板・蕩は〔詩、大雅〕の篇名。ともに周末の世乱を歌う。南朝宋・謝霊運〔魏の太子の鄴中集の詩に擬す、八首、王粲〕詩 幽・厲（周末の王）、昔崩亂し 桓・靈（後漢末の王）、今板蕩す

【板本】木版本。〔宋史、儒林一、邢昺伝〕上、國子監に幸し、庫書を閲し、昺に經版幾何なるかを問ふ。昺曰く、國初は四千に及ばざりしも、今は十餘萬あり。經・傳・正義皆具はる。～今板本大いに備はり、士庶の家に皆之れ有りと。

【板輿】方四尺の白木の輿。版輿。晉・潘岳〔閑居の賦〕太夫人乃ち板輿に御し、輕軒に升り、遠く王畿を覽、近く家園を周る。

↑板檐 板びさし／板画 版画／板檻 てすり／板魚 ひらめ／板彊 硬直／板子 刑杖／板刺 名詞／板歯 前歯／板児 小銭／板弱 気抜け／板詔 任命／板墻 板塀／板牆 板塀／板梯 はしご／板榻 坐臥の具／板牌 両片の竹を合わせ、封じた書／板腐 平板／板榜 制札／板録 戸籍

↓鉛板・開板・活板・甲板・看板・乾板・簡板・響板・玉板・鼓板・刻板・黒板・桟板・手板・縮板・詔板・上板・石板・茶板・鉄板・銅板・拍板・碑板・負板・平板・編板・木板・用板・鏤板・蠟板

【泮】 8 3915 ［頖］ 14 9158 ハン とける

篆文

形声 声符は半（半）。半に旁の意がある。〔説文〕十一上に「諸侯郷射の宮なり。西南を水と爲し、東北を牆と爲す。水に從ひ、半に從ふ。半は亦聲なり」とあり、魯の神廟である泮宮をいう。字はまた頖に作る。天子の明堂は四方みな水で、明堂は中島の形であるから璧雝という。諸侯の廟所は半円であるから泮宮という。〔詩、邶風、匏有苦葉〕に「冰の未だ泮けざるに迨べ」とあって、氷がとける意。泮渙は氷がとけること。それが字の本義であろう。泮宮の字は頖に作るのがよく、礼書にはみな頖宮に作る。

訓義 1とける、氷がとける、とけて流れる。2わかれる、われる、なかば、ちる。3畔と通じ、つつみ。4頖と通じ、頖宮。

古訓 〔名義抄〕泮 トク・チル・ミツ・ホトリ・ツヽム・ヒタス・アフク・ソヽク 〔篇立〕泮 ソヽク・ウルフ・チル・ヒタス・トク・コホリノトクルナリ・ホトリ・ヤブレ・ワカレタリ

【泮汗】汗が流れおちる。〔塩鉄論、散不足〕百姓或いは旦暮に贍らざるも、蠻夷或いは酒肉に厭き、黎民泮汗して力作するも、今蠻夷は脛を交へて肆踞す。

【泮渙】氷がとけて流れる。解き放たれる。梁・元帝〔又、斉国の双馬に答ふる書〕於戲、馬の用爲る遠し。～泮渙として馳すれば、以て日に及ぶべし。躊躇して蹀むも、以て風を追ふべし。

【泮宮】魯の神廟。頖宮。〔詩、魯頌、泮水〕明明たる魯侯 克く其の德を明らかにす 既に泮宮を作れり 淮夷攸て服す

↑泮奐 泮渙／泮岸 岸べ／泮合 配合する／泮散 とける／泮然 釈然とする／泮池 泮宮の池／泮凍 氷が解ける

↓待泮・氷泮

常【版】 8 2104 ハン いた ふだ はんぎ

篆文

形声 声符は反。片は〔説文〕七上に「判木なり」とするが、版築のとき両側にあてる牆板の形。〔説文〕に「版は判なり」というのは、両牆に分かつ意であろう。のち書版の意に用い、また板刻に付することを版行・出版という。

訓義 1いた、版築のいた。2ふだ、名ふだ、戸籍。3ながさ八尺、一丈、版築の板の大きさ。4笏、官吏のもつ板、しゃく。5はんぎ、版刻、出版。6板と通じ、板刻・板籍のようにいう。

古訓 〔和名抄〕版位 宜しく志留之乃岐（しるしのき）と訓むべし。版の字は亦た板の字に作る。野王案ずるに、木を以て書籍と爲すと、是れなり 〔名義抄〕版 シルシ・サク。或いは板の字なり 〔篇立〕版 クダク・サク・シルシ

＊語彙は板字条参照。

【版位】位碑。また、参列者の位置表示の標。〔唐書、礼楽志一〕禮部尚書と近侍者と從ひ、皇帝、版位に至り、西向して立つ。

【版謁】名刺を出して面会を求める。〔三国志、魏、管寧伝〕張先生（旃）は、所謂上は天子に事へず、下は諸侯を友とせざる者なり。此れ豈に版謁して、光飾すべき所ならんや。

【版行】出版。刊行。〔広陽雑記、三〕林益長の著に聲位左編一冊有り。～其の書已經に版行す。予れ之れを求むること數年、竟に得べからず。

【版障】板屏風。〔図書見聞誌、二〕（房従貞）嘗て蜀宮の版障の上に、諸葛武侯（亮）の兵を引き瀘水を渡るを畫く。人馬執戟、生動神の如し。

【版心】板心。中央の折目のところ。板心。〔国立中央図書館宋本図録、一三六〕東坡先生集、二巻一冊～毎半葉十行、行ごとに十六字、白口、版心上に字數を記し、下に刻工の名を記す。～版心兩魚の閒、書名卷數の下に、閒ゝ庚午重刊～乙卯刊等の字有り。

【版籍】土地台帳と戸籍簿。〔後漢書、仲長統伝〕（昌言、損益篇）版籍を明らかにして以て相ひ數閲し、什伍を審らかにして以て相ひ連持す。

【版挿】版築の木と、くわ。版築。〔史記、田単伝〕田單～身自ら版插を操り、士卒と功を分つ。

【版築】牆壁を築く。両版の間に土を入れ、築き固める。〔孟子、告子下〕傅說は版築の閒に擧げられ、膠鬲は魚鹽の中に擧げらる。

【版図】戸籍と国土の地図。領土領民。〔周礼、天官、司会〕國の官府郊野縣都の百物財用、凡そ書契版圖に在る者の貳（副本）を掌る。以て群吏の治を逆へ、其の會計を聽く。

【版本】木版本。〔宋史、儒林一、崔頤正伝〕咸平の初、又學究劉可名の、諸經の版本、舛誤多しと言ふ有り。眞宗、擇官詳正することを命ず。

↑版尹 戸籍吏／版屋 板屋／版瓦 大瓦／版画 木版画／版蓋 車の蔽い／版魚 かれい／版使 戸部の官／版授 名目だけの職／版奏 書奏／版曹 戸部の役人／版纏 ひく／版蕩 みだれる／版牘 書き札／版版 そむく／版壁 板壁／版簿 戸籍簿／版輿 板の輿

↓鉛版・改版・開版・活版・啓版・戸版・刻版・再版・手版・重版・出版・初版・書版・詔版・鋟版・図版・製版・整版・石版・絶版・操版・蔵版・銅版・凸版・碑版・負版・墨版・木版

【叛】 9 9154 ハン ホン そむく わかれる

篆文 

形声 声符は半（半）。反は聖所の厂（厈）に手をかけて攀援（よじのぼる）する形で、そのような行為は神聖を犯すものとされた。金文に反を叛逆の意に用いており、叛の初文。のちに半声を加えた。

訓義 ①そむく、むほんする。②わかれる、たがう、はしる。③みだれる、ほしいまま。④伴と通じ、大きい。⑤字はまた畔に作る。

古訓 〔名義抄〕叛 ソムク・タガフ・ミダル・サカサマ・ニグ・ノガル・ハナル 〔篇立〕叛 ソムク・サル・サカサマ・ハナル・マク・タガフ・ノガル

語系 叛buan、判（判）phuan と反piuan、分（分）piuan は声義近く、背叛し、分別する意をもつ一系の語である。

【叛逆】（はんぎゃく） そむく。謀叛。〔史記、高祖紀〕漢王、項羽を數めて曰く、～項羽、皆諸將を善地に王とし、故主を徙逐し、臣下をして爭つて叛逆せしむ。

【叛渙】（はんかん（くわん）） ほしいまま。跋扈。〔陳書、高祖紀上〕嶺南叛渙し、湘・郢結連す。賊帥既に擒とせられ、兇渠（賊魁）首を傳ふ。

【叛敗】（はんぱい） 叛き敗れる。〔三国志、魏、劉曄伝〕蜀の將孟達、衆を率ゐて降る。～文帝甚だ之れを器愛す。～曄以爲へらく、達に苟得（手に入れたがる）の心有り、才を恃み術を好む。必ず恩に感じ義を懷ふこと能はざらん～と。文帝竟に易へず、後、達、叛敗に終る。

【叛服】（はんぷく） 叛き、また従う。宋・蘇軾〔司馬温公神道碑〕中國無事にして、四夷稽首して命を請ふ。惟だ西羌・夏人、叛服常ならず。毒を懷き、自ら疑ひ、數ゝ入りて寇を爲す。

【叛亡】（はんばう） 叛き逃げる。〔漢書、韓王信伝〕陛下寛仁にして、諸侯叛亡する有りと雖も、後歸れば輒ち故の位號を復して誅せず。

【叛乱】（はんらん） 謀叛を起こす。〔池北偶談、談故二、蒙古表〕向きに逆賊吳三桂、相ひ率ゐて叛亂するに因りて、軍民其の荼毒を極む。

↑叛意（はんい） 謀叛心／叛違（はんい） そむく／叛衍（はんえん） 放縦／叛換（はんかん） 叛渙／叛散（はんさん） 分散する／叛状（はんじやう） 謀叛のようす／叛心（はんしん） 謀叛心／叛臣（はんしん） 謀叛の臣／叛逃（はんたう） 謀叛し逃亡する／叛匪（はんぴ） 逆徒／叛戻（はんれい） そむく

↓違叛・乖叛・潰叛・外叛・逆叛・寇叛・侵叛・背叛・倍叛・伐叛・亡叛・謀叛・離叛

【畔】 9 2905 ハン わかれる わかつ

形声 声符は半（半）。〔玉篇〕に「分つなり」とあり、〔儀礼、喪服〕に「夫妻畔合」という語があり、相配合することをいう。

訓義 ①わかれる、わかつ。②なかば、半分。③そむく、区分する。④孤独。

古訓 〔字鏡集〕畔 ナカバ・ワカツ

【畔育】（はんいく） 子育て。南朝宋・何尚之〔元嘉の仏教を賛揚する事を列叙す〕愚闇の徒、～僧尼の畔育を絶つを恚り、像塔の朱紫を費やすを嫉む。

【畔合】（はんがふ） 両半、合して一と為る。〔儀礼、喪服〕父子は一體なり。夫妻は一體なり。昆弟は一體なり。故に父子は首足なり。夫妻は畔合なり。昆弟は四體なり。

【盼】 9 6802 ハン ヘン みる かえりみる

篆文 

形声 声符は分（分）。〔説文〕四上に訓義をつけず、「詩に曰く、美目盼たり」と〔詩、衛風、碩人〕の句を引く。〔玄応音義〕に引く〔説文〕に「目の白黑分るるなり」とし、〔玉篇〕に「黑白分るるを謂ふなり」とみえる。〔毛伝〕に「白黑分るるなり」、また〔韓詩説〕に「黑色なり」、〔論語、八佾〕の〔馬融注〕に「目を動かす貌なり」とあり、パッチリとした美しい目で見ることをいう。

訓義 ①みる、かえりみる。②めもとすずし、めもとうつくし、くろめがち。

古訓 〔名義抄〕盼 ミル・マタヽク

【盼倩】（へんせん・はんせん） めもと涼しく、口もとが愛らしい。〔詩、衛風、碩人〕手は柔荑（つばな）の如く 膚は凝脂の如し～ 巧笑倩たり 美目盼たり

↑盼顧（へんこ） かえりみる／盼矚（はんしよく） 流し目／盼切（はんせつ） 切望する／盼接（はんせつ） 接待する／盼然（はんぜん） 怨み見るさま／盼睇（はんてい） かえりみる／盼刀（はんとう） 上眼をつかう／盼念（はんねん） おもう／盼眄（はんべん） かえりみる／盼望（はんばう） ながめやる／盼睞（はんらい） 目をかける

↓一盼・遠盼・会盼・回盼・殊盼・倩盼・睇盼・流盼

【胖】 9 7925 ハン かたみ ゆたか やすらか

篆文 

形声 声符は半（半）。半は牛牲の半体の肉。〔説文〕に字を半部二上に属し、「半體の肉なり。一に曰く、廣肉。半に従ひ、肉に従ふ」とし、半を亦声とする。半は牛牲半体の肉であるから、半が胖の初文である。また「廣肉」は「膴肉」の誤りであろう。膴の肉は豊大、ゆえに「ゆたか」の訓がある。〔大学、六〕に「心廣く、體胖かなり」の句がある。

訓義 ①かたみ、牛牲のかたみ、むねのこえた肉。②ゆたか、やすらか。

語系 胖・判（判）phuan は、半puan、分（分）piuan、片phian などと声義近く、みな両半・分裂の意をもつ語である。

↑胖襖（はんあう） 綿入りの短衣／胖子（はんし） 肥満／胖肆（はんし） のんき／胖大（はんだい） 肥える／胖脹（はんちやう） 肥満

↓左胖・無胖・右胖

【范】 9 4411 ハン かた いがた

篆文 

形声 声符は氾。〔説文〕一下に「艸なり」とするが、その用例はなく、土范の意に用いる。㔾は人のうつむく形で、上より覆う意があり、竹で范型をとることを笵という。范はほとんど地名や姓に用いる。土器や鋳作の業と関係があるかもしれない。

訓義 ①かた、いがた。②のり、軌範。③くさの名。

常 【班】 10 1111 ［班］ 10 1111 ハン わかつ つらねる ならぶ

篆文  金文 

会意 玨（かく）＋刀。玨は一連の玉、これを解き分かつことを班という。〔説文〕一上に「瑞玉を分つなり」とあり、〔書、舜典〕「瑞（玉）を群后（諸侯）に班かす」の文による。〔左伝、襄十八年〕「獻子、朱絲を以て玉二瑴を係ぐ」とあり、瑴は玨の形声の字。その系けを切って両分することを班という。それより班位・班次の意となり、分賜の意となる。均等に両分するので「班ひとし」、また入りまじるので、頭髪の白黒相雑わるを班白という。

訓義 ①わかつ、ものを両分する、はなす。②つらなる、つらねる、ならぶ、くらい。③ならびかた、ついで、ひとしい、あまねし。④まじる、みだれる、まだら。⑤頒と通じ、わけあたえる、わけほどこす。

古訓 〔名義抄〕班 アカツ・ホドコス・シク・ワカル・ワク・カヘル・アマネシ・ワヅカニ・ツイヅ 〔篇立〕班 ワカツ・ホドコス・マダラカナリ・アマネシ・ツキマダラ

語系 班・斑・頒（頒）pean は同声。班・斑は一連のものを解きはなつ意がある。斑は相雑わるものの美しさをいう。彬pian、賁biuan は頒と声義近く、大きく美しいものをいう。みな関連のある語である。

【班位】（はんゐ） 位の高下。〔左伝、襄三十一年〕公孫揮（子羽）は能く四國の爲（典故習俗）を知り、其の大夫の族姓・班位・貴賤・能否を辨つ。

【班剣】虎皮で鞘を飾った剣。儀衛に用いる。梁・任昉〔王文憲(倹)集の序〕太尉侍中を追贈せられ、中書監は故の如く、節を給ひ、羽葆鼓吹を加へ、班剣を増して六十人とし、謚して文憲と曰ふ。禮なり。

【班師】軍をかえす。〔書、大禹謨〕禹、昌言を拜して曰く、兪りと。師を班へし振旅す。帝乃ち誕いに文德を敷く。～七旬にして有苗格る。

【班如】馬のゆきなやむさま。〔易、屯、六二〕屯如たり邅如たり。馬に乘ること班如たり。寇せんとするに匪ず、婚媾せんとするなり。

【班瑞】天子が諸侯に瑞玉を頒ち返す。〔書、舜典〕五瑞を輯め、月を既くす乃の日に、四岳・群牧を覲みて、瑞を群后に班す。

【班然】まだらで美しい。〔礼記、檀弓下〕孔子の故人を原壤と曰ふ。其の母死す。原壤、～歌うて曰く、貍首の班然たる 女の手の巻然たる(しなやかな意)を執ると。

【班朝】朝廷で群臣の位次を正す。〔礼記、曲礼上〕朝を班ち軍を治め、官に涖み法を行ふも、禮に非ざれば威嚴行はれず。

【班白】白髪まじり。〔礼記、王制〕輕任は并せ、重任は分つ。班白の者は提挈(荷物もち)せず。

【班班】明らかなさま。また、まだらなさま。唐・白居易〔山中五絶句、石上苔〕詩 漠漠班班たり、石上の苔 幽房靜綠、纖埃を絶つ

【班蘭】まだらの模様がきらびやかで美しい。〔後漢書、南蛮伝〕昔、高辛氏～女を以て槃瓠に配す。～五色の衣服を好み、製裁するに皆尾の形有り。～衣裳班蘭、語言侏離(意味がわからぬ)、好んで山壑に入り、平曠を樂しまず。～今の長沙の武陵蠻、是れなり。

【班労】軍功をねぎらう。〔後漢書、光武帝紀下〕(建武十三年)大司馬呉漢、蜀より京師に還る。是に於て大いに將士を饗し、班勞策勳す。

【班録】官位俸禄。〔後漢書、方術上、王喬伝〕喬に神術有り。～後、天、玉棺を堂前に下す。～百姓乃ち爲に廟を立て、葉君祠と號す。牧守班錄ある毎に、皆先づ之れに謁拜す。

↑班役 雑役の小吏／班級 位の高下を定める／班罽 班の毛織物／班虎 虎／班行 席次／班告 布告／班朔 暦を頒つ／班散 分与する／班賜 分賜する／班爵 班級／班授 分与する／班序 次序／班制 尊卑の次／班斉 整列／班宣 班布する／班旋 返る／班餞 席次について餞別する／班第 次第／班中 同列／班田 口分田／班馬 離れ駒／班駁 色まじり／班品 位次／班布 布告する／班簿 官吏の名簿／班本 戯文／班諭 諭旨／班爛 目もあやに美しい／班僚 同列／班麗 美しく飾る／班連 序列する

↓一班・旧班・虎班・合班・首班・崇班・趨班・清班・朝班・同班・分班・末班・与班・乱班・輪班・鷺班

常

【畔】 10 6905 〔畔〕 10 6905

ハン
あぜ さかい きし そむく

篆文

形声 声符は半(半)。半に旁の意がある。〔説文〕十三下に「田の界なり」とあり、あぜをいう。涯畔の意のほかに、叛と通用し、また泮奐(氷がとけて流れる)を畔奐としるすことがある。

訓義 1あぜ、くろ。2さかい、ほとり。3きし、つつみ、みぎり。4そむく、はなれる、すてる。

古訓 〔和名抄〕畔 久路(くろ)、一に云ふ、阿(あ)、田の界なり 〔名義抄〕畔 ホトリ・ナハテ・カギル・ソムク・クロ・アゼ・カタハラ

【畔衍】反覆顚倒。でたらめ。反衍。〔荘子、秋水〕道を以て之れを觀れば、何をか貴び何をか賤しまん。是れを反衍と謂ふ。〔釈文〕本、亦た畔衍に作る。

【畔援】わがまま。畔換。〔詩、大雅、皇矣〕帝、文王に謂ふ 然く畔援すること無かれ

【畔換】わがまま。畔援。〔漢書、叙伝下〕項氏(羽)畔換にして 我(漢)を巴漢に黜く。

【畔慮】謀叛の考え。〔荀子、議兵〕我が名聲を貴ぶに非ざるなり。我が德行を美とするに非ざるなり。彼は我が威を畏れ、我が勢を劫るる。故に民に離心有りと雖も、敢て畔慮有らず。

↑畔岸 はて／畔逆 反逆／畔釁 境界争い／畔喭 粗野／畔際 境界／畔散 散らばる／畔志 そむく心／畔心 謀叛の心／畔疇 あぜ／畔亡 叛亡／畔盟 盟にそむく／畔約 違約／畔乱 叛乱／畔離 そむく／畔戻 叛逆する

↓河畔・海畔・崖畔・岸畔・境畔・橋畔・疆畔・径畔・渓畔・湖畔・江畔・山畔・洲畔・諸畔・牀畔・城畔・侵畔・水畔・井畔・沢畔・池畔・枕畔・亭畔・庭畔・天畔・榻畔・道畔・倍畔・籬畔・林畔・隣畔・炉畔

常

【般】 10 2744

ハン
はこぶ めぐる たのしむ

篆文　古文　甲骨文　金文

会意 舟＋殳。舟は盤の象形。殳は盤中のものを掬む形とも、盤を撃つ形ともみられるが、㪔・磬などの字から考えると、盤を撃って般楽する(楽しむ)意であろう。〔説文〕八下に「辟ぐるなり。舟の旋るに象る。舟に從ひ、殳に從ふ。殳は舟をして旋らしむる者なり」(段注本)という。舟は盤の形で、盤で運ぶことを運搬、そのように身をめぐらすことを般旋、盤を鼓楽して遊ぶことを般楽という。卜文の字形に、祝詞の器である𠙵の形を加えているものがあり、祭事に用いた。〔段注〕に殳を「船を刺す所以の者を謂ふなり」と舟楫を操る義とするのは、〔繫伝〕に「殳は櫂の屬なり」というのによる。〔書〕の盤庚を卜文に般庚に作り、般が盤の初文であることが知られる。

訓義 1はこぶ、めぐる、うつす。2たのしむ、鼓楽してたのしむ、たちもとおる。3班と通じ、わかつ、つらなる。4斑と通じ、わかつ、みだれる、まだら。5泮・畔と通じ、つつみ。6たび、このたび。

古訓 〔名義抄〕般 サカユ・ツラナル・イタル・オホフネ・タビ・オホフ・タノシビ

声系 〔説文〕に般声として鞶・槃(盤)・瘢・幋など十字を収める。鞶は帯でめぐらす、幋は覆う意。槃は盤、瘢は盤形の瘡痕。みな般の声義を承ける字である。磐は〔説文〕未収、盤の字形に似ているのでいう。

【般逸】たのしみ遊ぶ。盤逸。漢・張衡〔思玄の賦〕惟れ般逸の斁ぶること無からんことを。樂しみ往きて哀しみの來たらんことを懼る。

【般桓】たちもとおる。盤桓。〔易、屯、初九〕般桓す。貞に居るに利し。侯を建つるに利し。象に曰く、般桓すと雖も、志、正を行ふなり。

【般渉】楽律の名。般渉調。盤渉調。〔宋史、律暦志四〕南呂羽を～般渉調と爲す。

【般旋】めぐる。ぐるぐるとまわる。盤旋。〔抱朴子、広譬〕般旋の儀は裸踞の郷に憎まれ、縄墨の匠は曲木の肆

に忌を獲う。

【般担】荷を負って運ぶ。〔東京夢華録、一、外諸司〕雇人の般擔を許さず、竝な親しく自ら肩ひ來ることを要す。祖宗の法なり。

【般楽】たのしむ。盤楽。〔孟子、公孫丑上〕今國家閒暇なりとせん。是の時に及んで般樂怠敖するは、是れ自ら禍ひを求むるなり。

↑般紆 めぐる／般革 小袋／般還 般旋／般鼓 鼓をうって舞う／般載 はこぶ／般師 班師／般賜 賜う／般爵 班爵／般馬 離れ馬／般剝 はこぶ／般礴 箕坐する／般般 文采のあるさま／般辟 礼拝の状／般遊 あそぶ
↓一般・過般・各般・幾般・今般・這般・諸般・数般・千般・先般・全般・多般・万般・百般・両般

【袢】 10 3925 ハン はだぎ

篆文 

形声 声符は半（半）。〔説文〕八上に「衣、色無きなり」（段注本）とあり、下着の意。褻袢・縐絺といわれるものである。〔竜龕手鑑、十〕に「絺褐、暑に當る葛服なり」とみえる。
訓義 ①はだぎ、あせとり。②なつふく。
古訓 〔名義抄〕袢 ウチキ・キル・オフ
【袢暑】汗ばむ暑さ。明・宋濂〔棲雲軒記の後に題す〕余往年、劉元靖の山棲志を讀み、其の載する所の紫巖・靈巖の勝概を見るに、分明なること畫の如し。時正に袢暑に當り、涼颼の肘腋の閒に生ずるを覺えず。
【袢溽】むし暑い。宋・盧炳〔念奴嬌〕詞 短髮肅肅として、襟袖冷やかなり 便ち覺ゆ、都べて袢溽無きことを
↑袢燠 むし暑い／袢延 くつろぐ服／袢熱 暑い
↓襦袢・紲袢・褻袢

【笵】 11 8811 ［範］ 15 8851 ハン かた のり

篆文 

形声 声符は氾。〔説文〕五上に「法なり」とし、「竹に從ふ。竹は簡書なり。氾聲。古法に竹刑有り」とし、竹刑の意とする。簡書は刑法の書。竹刑は鄧析の作った古刑法の名とされるもので、〔左伝、定九年〕にみえるが、これを笵とよんだ例はない。笵は範型。㔾はうつむけに覆う意があり、上から覆って型をとる。竹で枠作りすることを笵という。範は範軷、出発式の儀礼として、車で犬牲を轢いて修祓とする礼をいう。
訓義 ①かた、土で形を作るを型、竹で形を組むことを笵という。②のり、手本、軌範、範と通用する。
＊語彙は範字条参照。
↑笵金 鋳こむ／笵埴 型で土器を作る

人 【絆】 11 2995 ハン バン きずな つなぐ

篆文 

形声 声符は半（半）。〔説文〕十三上に「馬の縶（きずな）なり」とする。すべて紐状のもので束縛することを羈絆という。
訓義 ①きずな、ほだし、馬の足をつなぐひも。②つなぐ、つなぎとめる。
古訓 〔和名抄〕絆 保太之（ほだし）〔名義抄〕絆 ホダシ・ホダス・マダラカナリ 〔篇立〕絆 ホダシ・シリクタ・マダラカナリ
【絆驥】駿馬の脚を縛る。〔淮南子、俶真訓〕身、濁世の中を蹈みて、道の行はれざるを責むるは、是れ猶ほ騏驥（駿馬）を兩絆して、其の千里を致さんことを求むるがごときなり。
↑絆羈 羈絆／絆繫 つなぐ／絆拘 拘束する／絆縄 ほだし／絆縛 しばる／絆翻 ひき倒す
↓縈絆・羈絆・脚絆・圄絆・系絆・拘絆・絶絆・馬絆・羅絆・連絆・籠絆

常 【販】 11 6184 ハン ひさぐ うる あきない

篆文 

形声 声符は反。〔説文〕六下に「賤きに買ひて貴きに賣る者なり」とあり、利益を目的として売買することをいう。〔周礼、地官、司市〕に「夕市は夕時にして市ふ。販夫・販婦を主と爲す」とあり、商行為は一定の場所で、司市の管理のもとに、日時を定めて行われた。〔荀子、儒效〕に「反貨」とあるものは販貨、商品をいう。

訓義 ①ひさぐ、うる。②あきない。

古訓 〔名義抄〕販 ヒサグ・ウル・カヘス・ヘク・ヘス 〔篇立〕販 ナカダチ・ウル・ヒサグ・ヒサイヌ・ヤフル
【販糴】米を買い入れる。〔史記、貨殖伝〕諺に曰く、百里販樵せず、千里販糴せずと。

【販売】商品を売る。〔史記、秦紀〕（繆公三十三年）秦兵遂に東す。～鄭の販賣賈人弦高、十二牛を持して將に之れを周に賣らんとす。秦兵を見て、～其の牛を獻じて曰く、～鄭君～臣をして牛十二を以て、軍士を勞せしむと。

【販夫】行商人。〔周礼、地官、司市〕朝市は朝時にして市ふ。商賈を主と爲す。夕市は夕時にして市ふ。販夫・販婦を主と爲す。

【販貿】あきなう。〔魏書、袁翻伝〕（辺戍事議）或いは木を深山に伐り、或いは草を平陸に耘り、販貿往還し、道路に相ひ望む。此等は祿既に多からず、資も亦た限り有り。～溝瀆（みぞや小川）に死する者、常に十のうち七八なり。

↑販鬻 ひさぐ／販運 しこむ／販貨 商品／販官 買官／販客 行商人／販君 君に裏切りそむく／販私 密売／販舟 商船／販樵 薪売り／販賤 安い仕入れ／販荘 問屋／販糶 売り米／販負 荷い売り／販婦 女の行商人／販路 はけ口
↓鬻販・沽販・賈販・行販・市販・私販・商販・屠販・盗販・稗販・負販・貿販・傭販・里販

常 【斑】 12 1111 ［辬］ 18 0044 ハン まだら わける

篆文 

会意 玨＋文（文）。玨は両玉。その色の相雑わるをいう。〔説文〕九上に字を辬に作り「駁なる文なり」と訓し、辡声の字とするが、辬は辯（弁）の初文で、獄訟のことをいう字である。斑を正字とすべく、斑とは二玉相雑わる玉色をいう。
訓義 ①まだら、ぶち。②みだれる、まじわる、めぐらす。③班・頒と通じ、わける。
古訓 〔名義抄〕斑・辬 マダラナリ・マダラカ 〔篇立〕斑 マダラナリ・トク
語系 斑・班・頒（頒）・般・彪 pean はみな同声。また彬 pian、賁 biuən も声義近く、みなめぐり交わって、色彩の美しいことをいう。
【斑衣】あでやかな衣服。〔北堂書鈔、一二九に引く孝子伝〕老萊子年七十にして、父母猶ほ在り。常に斑爛の衣を服し、嬰兒の戲を爲す。
【斑子】ふぐ。また、虎。〔太平広記、四二八に引く広異記、斑子〕中夜、二虎有り。其の所に至らんと欲す。～手を以て虎頭を撫して曰く、斑子、我が客在り。宜しく速やかに去るべしと。二虎遂に去る。
【斑竹】斑文のある竹。涙竹。〔博物志、八〕堯の二女は舜の二妃なり。湘夫人と曰ふ。舜崩ず。二妃啼き、涕を以て竹に揮ふ。竹盡く斑となる。
【斑禿】頭髪がまだらにはげる。〔唐書、后妃下、章敬呉太后伝〕肅宗東宮に在りしとき、宰相李林甫、陰かに不測を構

ふ。太子内憂し、鬢髮斑禿となる。後ち入謁す。玄宗見て悅ばず。

【斑白】 白髮まじり。〔礼記、祭義〕老者を見るときは則ち車徒辟け、斑白の者は其の任(荷)を以て道路を行かず。弟(若者)は道路に達す。

【斑鬢】 しらがまじりの鬢毛。晉・潘岳〔秋興の賦〕斑鬢、髟として以て弁(冠)を承け、素髮、颯として以て領に垂る。

↑斑罽 まだらの毛織物/斑痕 斑点/斑采 まだら模様/斑兒 ふぐ/斑筍 斑竹/斑疹 猩紅熱/斑点 まだらな点/斑奴 老虎/斑馬 しま馬/斑駁 ぶち/斑髮 斑白/斑斑 点々としているさま/斑布 綿布/斑毛 まだら毛/斑文 斑采/斑紋 斑文/斑蘭 美しいまだら模様/斑爛 斑蘭

↓一斑・綺斑・虎斑・紅斑・黃斑・細斑・紫斑・雀斑・朱斑・全斑・竹斑・豹斑・鬢斑・爛斑・鹿斑

【棥】 12 4499 ハン まがき

篆文 

会意 林＋爻。爻はまがきを組んだ形。〔説文〕三下に「藩なり」と畳韻を以て訓する。字はまた樊に作る。柴垣の類を藩籬、鳥籠の類を樊籠という。

訓義 ①まがき、かき。②おおい、かご。

声系 〔説文〕に棥声として樊、また樊声として五字を収める。樊は棥の繁文。別に攀・攀などの字があり、纏繞し、攀援する意がある。

語系 棥・樊・蕃(藩)biuan は同声。蕃は蕃茂、細かく組むことを棥という。藩(藩)・藩piuan も声近く、藩籬として組むことをいう。華puan は柄のある箕(ちりとり)で、熊手のようにかき掃くもの。これも竹などで編んだものである。

常【飯】 12 8174 〔飯〕 13 8174 ハン めし くらう

篆文  金文 

形声 声符は反。〔説文〕五下に「食らふなり」とあり、黍稷の類を食べることをいう。〔礼記、曲礼上〕に「黍を飯するに箸を以ふること毋れ」「飯を摶むること毋れ」とあって、親指のつけ根にのせて食べた。今の南方人と同じである。死者の口中に含ませる玉を飯含という。

訓義 ①めし、いい。②くらう、たべる、ふくむ。③おやゆびのつけね。そこにめしをのせてたべた。

古訓 〔名義抄〕飯 イヒ・カフ・アタフ 〔篇立〕飯 イヒ・アヘヲ・アヘシム・アタフ

【飯飲】 飲食。〔史記、趙奢伝〕(趙括の母)對へて曰く、(趙奢は)時に將爲りしが、身ら飯飲を奉じて食を進むる所の者、十を以て數へ、友とする所の者、百を以て數ふ。

【飯含】 死者の口中に含ませる玉器。〔漢書、游俠、原涉伝〕涉因りて入りて弔し、問ふに喪事を以てす。家、有る所無し。～涉乃ち～牘を削りて疏を爲り、具さに衣被棺木より、下も飯含の物に至るまでを記し、諸客に分付す。

【飯牛】 牛を飼う。〔管子、小問〕百里徯は秦國の牛を飯ふものなり。穆公擧げて之れを相とし、遂に諸侯に霸たり。

【飯玉】 飯含。玉を砕いて米と混ぜ、死者の口中に含ませる。〔周礼、春官、典瑞〕大喪には飯玉・含玉・贈玉を共(供)す。

【飯豆】 豆を常食とする。漢・王褒〔僮約〕奴は當に豆を飯ひ、水を飲むべし。酒を嗜むを得ず。

【飯筒】 ちまき。粽。宋・蘇軾〔黃魯直(庭堅)の筍を食するに和すに次韻す〕詩 尙ほ三閭(屈原。自らにたとえる)に餉し 飯筒に五采を纏ふべし

【飯稲】 米食。〔史記、貨殖伝〕楚・越の地、地廣く人希なり。稻を飯とし魚を羹とし、或いは火耕して水耨す。～地勢饒食、飢饉の患ひ無し。

【飯粒】 めしつぶ。〔世説新語、徳行〕殷仲堪、既に荊州爲り、水儉(水害)に値ひ、食は常に五椀盤のみ。外に餘肴無し。飯粒の盤席の閒に脫落するときは、輒ち拾ひて、以て之れを噉ふ。～亦た其の性の眞素なるに緣る。

↑飯盂 飯入れの容器/飯顆 米粒/飯館 飲食店/飯唅 飯含/飯器 食器/飯筥 飯びつ/飯具 飯器/飯磬 飯時を知らせる磬/飯後 食後/飯菜 食事/飯食 食事/飯匙 さじ/飯資 食費/飯珠 飯含/飯鬻 かゆ/飯廠 食堂/飯節 冬至の休暇/飯荘 料理店/飯僧 接待の僧/飯甑 せいろう/飯袋 食べるだけで、役立たず/飯単 ナプキン/飯庁 食堂/飯店 旅館/飯粘 めし粒/飯頭 食事頭/飯囊 飯袋/飯槃 飯の鉢/飯匕 さじ/飯噴 噴飯/飯籮 ざる

↓亜飯・衣飯・盂飯・加飯・乾飯・含飯・乞飯・喫飯・強飯・午飯・香飯・菜飯・三飯・粢飯・残飯・酒飯・鬻飯・漿飯・餉飯・炊飯・盛飯・赤飯・粗飯・蔬飯・僧飯・粟飯・摶飯・茶飯・昼飯・豆飯・筒飯・白飯・麦飯・晩飯・仏飯・噴飯・米飯・奉飯・放飯・野飯・沃飯・粱飯

【媻】 13 2740 ハン おごる めかけ

篆文 

形声 声符は般。般に般遊(あそぶ)・般旋(めぐる)の意がある。〔説文〕十二下に「奢るなり」とあり、〔繫伝〕に「一に曰く、小妻なり」の句がある。

訓義 ①おごる。②めかけ。③老婆。④媻媻はよろめきあるくさま。

↑媻娑 舞うさま/媻珊 よろめく/媻媻 媻珊

常【搬】 13 5704 ハン ソク はこぶ うつす

形声 声符は般。般は盤の初文。舟は盤の象形。食事は盤に盛るので盤飧といい、ものを器に入れて運ぶことを運搬という。〔字彙〕に「私谷切」の音を加えているが、その声で用いることはない。〔字彙〕にまた「此の字、今俗に音般、搬移・搬演の字と作す」という。

訓義 ①はこぶ、うつす。②手をつないで斜めにゆく。

古訓 〔名義抄〕搬 ハラフ

【搬運】 運搬。〔夢渓筆談、官政一〕陝西の顆鹽、舊法に官自ら搬運し、置務拘賣す。～輦車牛驢、鹽役を以て死する者、歲に萬を以て計ふ。禁を冒し罪に抵たる者、勝げて數ふべからず。

↑搬移 はこぶ/搬家 転宅する/搬戲 演戲/搬唆 教唆する/搬散 運び去る/搬出 運び出す/搬場 移転する/搬駁 反駁する/搬兵 救援する/搬弄 戲弄する

↓運搬

常【煩】 13 9188 ハン ボン わずらう なやむ わずらわす

篆文 

会意 火＋頁。頁は儀礼のときの姿。〔説文〕九上に「熱にて頭痛むなり」とするが、この火は身熱ではなく、人に加えるものである。また「一に曰く、焚の省聲なり」とするが声が遠く、火・頁の会意とみるべきである。火は重大な儀礼のとき、修祓の方法として用いるもので、赤は人に火を加える形、赦は攴を加えて罪を赦免する方法をいう。頁は廟中の儀礼のときの姿であるから、それに聖火を加える煩は、煩労を去るときの方法であろう。転じて煩労そのものをいう。

訓義 ①わずらう、なやむ、つかれる。②わずらわす、手かずをか

ける、めいわくさせる。③みだれる、うごかす、はげしい。

古訓 〔名義抄〕煩 ワヅラフ・ワヅラハシ・イタツカハシ 〔篇立〕煩 ワヅラハシ・イタハシク

語系 煩biuan、憤(憤)biuanは声義が近く、また忿phiuən、悶muən、懣muanもその系統の語である。〔玉篇〕に「煩は憤悶煩亂なり」とあり、一系の語を以て解する。繁(繁)biuan、頻(頻)bienは、繁多の意において通ずる。

【煩穢】はんあい 乱雑でわずらわしい。〔晋書、華嶠伝〕初め嶠、漢紀の煩穢なるを以て、慨然改作の意有り。～偏く祕籍を觀ることを得、遂に其の緒に就く。～凡そ九十七卷、～名を漢後書と改む。

【煩紆】はんう 心に思いわずらう。漢・張衡〔四愁詩、四首、三〕美人我に贈る貂襜褕 何を以て之れに報ぜん、明月珠 路遠くして致す莫し、倚りて踟躕す 何為れぞ憂ひを懷きて、心に煩紆する

【煩冤】はんえん 悶えなやむ。唐・杜甫〔兵車行〕詩 君見ずや、青海の頭 古來、白骨、人の收むる無し 新鬼は煩冤し、舊鬼は哭す 天陰り雨濕ひ、聲啾啾

【煩苛】はんか わずらわしく、厳しい。〔漢書、文帝紀〕漢興りてより、秦の煩苛を除き、法令を約にし、德惠を施し、人人自ら安んじ、動搖し難し。

【煩簡】はんかん 繁簡。多少。〔三国志、蜀、諸葛亮伝注に引く魏氏春秋〕亮の使至る。其の寢食及び其の事の煩簡を問ひ、戎事を問はず。

【煩劇】はんげき 煩苛。〔漢書、食貨志下〕貨布を作りて後の六年、匈奴の侵寇甚だし。(王)莽～壹切吏民に稅す。～吏盡く復た以て民に與ふ。民、手を搖かせば禁に觸れ、耕桑することを得ず。繇役煩劇にして、枯旱蝗蟲相ひ因る。～貨路上に流れ、獄訟決せず。

【煩言】はんげん いい争うことば。〔韓非子、大体〕至安の世は、法は朝露の如く、純樸散ぜず。心に結怨無く、口に煩言無く、～萬民、命を寇戎に失はず。

【煩砕】はんさい こまごまと煩わしい。〔明史、奸臣、陳瑛伝〕奏牘一字の誤りにも皆喋喋し、煩碎なること甚だし。僞謬(誤り)は即ち改正し、必ずしも以聞(上奏)せざれ。

【煩舛】はんせん わずらわしく、理にたがうこと。〔梁書、処士、陶弘景伝〕弘景、人と爲り圓通謙謹、出處冥會、心明鏡の如し。物に遇へば便ち了す。言に煩舛無く、亦た輒ち覺る有り。

【煩促】はんそく わずらわしくせわしない。南朝宋・顔延之〔陶徵士(潛)の誄〕心に異書を好み、性酒德を樂しむ。煩促を簡き棄て、省曠を就し成す。

【煩黷】はんとく わずらわしく俗悪。晋・石崇〔思帰引の序〕人間の煩黷に困しみ、常に歸ることを思うて永歎す。尋いで樂篇を覽るに、思歸引有り。

【煩文】はんぶん 煩冗の文。漢・孔安国〔尚書の序〕先君孔子、周末に生まれ、史籍の煩文を覩、之れを覽る者の一ならざるを懼る。遂に乃ち～墳典を討論す。～典謨・訓誥・誓命の文、凡べて百篇。

【煩懣】はんまん 胸つかえ。〔三国志、魏、方技、華佗伝〕廣陵の太守陳登、病を得て胸中煩懣し、面赤くして食らはず。佗、脈みて曰く、府君の胃中に蟲數升有り、内、疽を成さんと欲す～と。

【煩労】はんろう わずらわしい。民国・斉璜(白石)〔自嘲〕詩 靑鬢(青年のとき)、鄉を離れて、忽ち白毛 苦思するも、計の煩勞を絶つ無し

【煩惑】はんわく わずらい惑う。〔後漢書、馮衍伝下〕(顕志の賦の辞)日曀曀として、其れ將に暮れんとす。獨り於邑(憂憤)して、煩惑す。

↑煩淫 やかましい俗楽／煩鬱 心がふさぐ／煩慍 もだえいかる／煩縈 つきまとう／煩憒 心が乱れる／煩懷 わずらわしい／煩偽 くどいうそ／煩急 面倒できびしい／煩襟 わずらわしい／煩苦 もだえなやむ／煩刑 罪が多い／煩倦 あきる／煩獄 獄訟が多い／煩瑣 わずらわしい／煩細 煩砕／煩察 こまごまときびしい／煩雜 ごたごたする／煩手 俗楽／煩愁 もだえなげく／煩暑 暑苦しい／煩冗 冗慢／煩蒸 蒸し暑い／煩擾 わずらわしい／煩辱 煩縟／煩縟 くどい／煩心 わずらわしい／煩褻 猥雑／煩多 煩雜／煩重 くどい／煩瀆 煩黷／煩毒 わずらいくるしむ／煩熱 煩暑／煩悩 心の迷い／煩費 冗費／煩暴 手荒い／煩法 苛法／煩務 繁務／煩悶 もだえる／煩憂 おもい悩む／煩乱 もだえ乱れる／煩慮 面倒／煩累 面倒／煩礼 縟礼／煩猥 わずらわしく、みだりがわしい／煩惋 もだえなげく

↓厭煩・苛煩・袪煩・刑煩・劇煩・囂煩・昏煩・絮煩・省煩・冗煩・擾煩・心煩・治煩・黷煩・頻煩・紛煩・累煩・労煩

常【頒】13 8128 〔頒〕13 8128 ハン わかつ あたま

篆文

形声 声符は分(分)。〔説文〕九上に「大頭なり」とあり、〔詩、小雅、魚藻〕「魚在りて藻に在り 頒たる其の首有り」のように形状の語に用いる。樊光の〔爾雅、注〕に〔詩〕を引いて賁に作り、賁に大の意がある。頒は頒施・頒布の意に用いる。頁が儀礼の際の姿であることからいえば、頒賜の義が原義のようである。

訓義 ①わかつ、わけあたえる。②わかちしく、ほどこす。③あたま、おおきなあたま。④びん、びんずら。⑤班と通じ、わける、区分する。⑥斑と通じ、まだら、うつくしい。

古訓 〔名義抄〕頒 シタガフ・ワヅカニ・アナガチ・ワカツ・アカツ・オホキニ・ムカフ 〔篇立〕頒 アカツ・ムカフ・アカチ・アカチテ・ワカル・オホキニ・アク・ヒチミル・アマネシ・ワカツ・アナガチ

語系 頒・班・斑・般・彪pean は同声。また彬pian、賁biuanも声義が近い。通じていえば、分別の意があり、斑爛の意があり、賁大の意がある。

【頒学】はんがく 学制を頒かち才芸の高下を定める。〔周礼、春官、大胥〕春、學に入りて舍采(釈菜)し合舞し、秋、頒學し合聲す。六樂の會を以て舞位を正す。序を以て舞者を出入りせしむ。

【頒禽】はんきん 天子の田猟の獲物を群臣に頒かつ。〔周礼、春官、小宗伯〕若し大いに甸するときは、則ち有司を帥ゐて獸を郊(四方の神)に饁り、遂に禽を頒つ。

【頒白】はんぱく 白髪まじり。班白。〔孟子、梁恵王上〕庠序(学校)の教へを謹み、之れに申ぬるに孝悌の義を以てせば、頒白の者、道路に負戴せず。

↑頒行 分布する／頒降 発布する／頒賜 分賜する／頒首 大きな首／頒職 分職／頒氷 氷を分与する／頒斌 交わる／頒布 公布する／頒賚 分賜する／頒令 発令する

↓散頒・賜頒・時頒

【頖】14 9158 〔泮〕8 3915 ハン

形声 声符は半(半)。〔礼記、明堂位〕に「頖宮は周の學なり」、〔礼記、王制〕に「諸侯には頖宮と曰ふ」とあり、字はまた泮に作る。〔説文〕泮字条十一上に「諸侯鄉射の宮なり。西南を水と爲し、東北を牆と爲す。水に從ひ、半に從ふ。半は亦聲なり」とあり、頖はその異文。頁は儀容を示す字で、頖がその正字であろうと思われる。〔詩、魯頌、泮水〕の泮宮は頖宮、その水を泮という。

訓義 1周の学、諸侯の学。2魯の泮宮。

【頖宮】 周の諸侯の学。〔礼記、明堂位〕米廩は有虞氏の庠なり。序は夏后氏の序なり。瞽宗は殷の學なり。頖宮は周の學なり。

【墦】 15 4216 ハン つか はか

形声 声符は番。〔広雅、釈丘〕に「冢なり」とみえる。〔淮南子、説林訓〕に「或いは冢と謂ひ、或いは隴と謂ふ」とあり、墦・壠は墓域をいう。

訓義 1つか、はか。2はかば。

【墦間】 墓場。〔孟子、離婁下〕其の良人出づれば則ち必ず酒肉に饜きて而る後に反る。其の妻、～良人の之く所に從ふ。～卒に東郭墦閒の祭る者に之き、其の餘りを乞ひ、足らざれば又顧みて他に之く。此れ其の饜足を爲すの道なり。

↓乞墦

人【幡】 15 4226 ハン マン のぼり はた ふきん

篆文 

形声 声符は番。番は獣の掌の形。白くてひらひらと動くものをいう。〔説文〕七下に「書兒、觚を拭くの布なり」と黒板拭きの類とするが、字の初義ではなく、おそらく旗幡・幡斿の意。旗の吹き流しの類である。そのひるがえるさまを番番という。後漢の清流の徒であった鮑宣がとらえられたとき、大学の諸生千余人が、幡を掲げて行進し、示威を行った。〔詩、小雅、賓之初筵〕「威儀幡幡たり」とは、老成人のうちくだけた風姿をいう。

訓義 1のぼり、はた、吹き流し。2ひるがえる、はためく、うごく。3ふきん、觚をふくきれ。4反と通じ、かえる、ひるがえす。

古訓 〔和名抄〕幡 波多（はた）。旌旗の惣名なり 〔名義抄〕幡 ハタ・タカヒ

語系 幡・翻（飜）・繙 phiuan は同声。また反・返（返）piuan、翩 phian も声近く、みな翩翻の状をいう一系の語である。

【幡影】 旗かげ。唐・元稹〔大雲寺、二十韻〕詩 幡影、中天に颺り 鐘聲、下界に聞ゆ

【幡蓋】 旗と天蓋。〔南斉書、高帝紀上〕大明・泰始以來、相ひ承けて奢侈、百姓俗を成す。～是に至りて又上表して、民閒の華僞雜物を禁ず。金銀を以て箔と爲すことを得ず。～凡て十七條なり。～紅色を用つて、幡蓋衣服を爲ることを得ず。

【幡校】 しるしの旗。〔晋書、隠逸、夏統伝〕（太尉賈）充、～遂に命じて朱旗を建て、幡校を擧げ、羽騎を分ちて隊と爲し、軍伍肅然たり。

【幡紙】 古代の紙。一定の大きさの巾を用いた。〔初学記、二十一、文部、紙〕古者は縑帛を以ひ、書の長短に依り、事に隨つて之れを截る。名づけて幡紙と曰ふ。故に其の字、糸に從ふ。貧者は之れ無し。或いは蒲を用つて寫書す。～截蒲是れなり。

【幡信】 旗の書画で信号とする。漢・許慎〔説文解字叙〕亡新居攝し、～頗ぶる古文を改定す、時に六書有り。～六に曰く、鳥蟲書。幡信に書する所以なり。

【幡然】 翻然。変化するさま。〔孟子、万章上〕伊尹、有莘の野に耕し、堯・舜の道を樂しむ。～湯、三たび往きて之れを聘せしむ、既にして幡然として改めて曰く、～吾れ豈に是の君をして、堯・舜の君爲らしむるに若かんや。

【幡布】 觚を拭くきれ。〔説文解字繫伝、巾部、幡〕觚は八稜の木なり。其の上に於て學書已はるときは、布を以て之れを拭く。晉人云ふ、酒家の幡布を見ずや。用ふること久しければ則ち爛すと。

【幡葆】 旗の羽飾り。〔西京雑記、二〕長安、始めて鞍馬を盛飾し、競うて雕鏤を加ふ。或いは一馬の飾るに直ひ百金なり。～或いは加ふるに鈴鑷を以てし、飾るに流蘇を以てす。走るときは則ち鐘磬を撞くが如く、動くときは幡葆を飛ばすが若し。

↑幡華 仏前の旗／幡竿 旗竿／幡旗 はた／幡虹 虹形の旗／幡纚 旗のひるがえるさま／幡刹 寺の旗／幡幟 旗とのぼり／幡鉦 旗と鉦／幡勝 飾り物の旗／幡節 使者のもつ節旄／幡幢 寺の旗飾り／幡旆 はた／幡薄 丹書の類／幡幡 旗などの動くさま／幡幔 はたとひき幕／幡斿 長い吹き流し

【樊】 15 4443 ハン まがき とりかご

篆文  金文 

会意 棥＋𠬜。棥はまがきの形。これを両手（𠬜）でおしひらく形。〔説文〕三上に「鷙（縶）がれて行かざるなり」と樊籠（鳥籠）の意とするが、棥は樊籬（まがき）の象。まがきを原義とする字である。

訓義 1まがき、かき。2とりかご、かご。3ほとり、かたわら、きわ。4みだれる、みだれるさま。5鞶と通じ、馬のはらおび、樊纓。

古訓 〔名義抄〕樊 カギル・カコフ

声系 〔説文〕に樊声として攀・礬など五字を収める。攀は攀援、手をかけてよじのぼる意。

語系 樊・棥 biuan、藩（藩）piuan は声義近く、通用することがあり、樊籬をまた藩籬という。また華 puan は柄の長い箕（ちりとり）。竹で編んで作る。鞶 buan は声近く、馬帯をぐるぐるまくことをいう。

【樊棘】 いばらが垣をなしている荒地。〔管子、乗馬〕（士農工商）地の食らふべからざる者、山の木無き者、百にして一に當る。～樊棘雜處して、民焉れに入るを得ざるもの、百にして一に當る。

【樊然】 乱れるさま。〔荘子、斉物論〕我よりして之れを觀るに、仁義の端、是非の塗、樊然として殽亂す。吾れ惡んぞ能く其の辯を知らん。

【樊籠】 とりかご。晋・陶潜〔園田の居に帰る、五首、一〕詩 戸庭に塵雜無く 虛室に餘閒有り 久しく樊籠の裡に在りしも 復た自然に返ることを得たり

↑樊縈 めぐる／樊纓 馬帯／樊縶 とらわれ／樊樊 交わるさま／樊乱 紛乱／樊籬 まがき

↓雉樊・畜樊・柳樊・籠樊

【潘】 15 3216 ハン しろみず うずまき あふれる

篆文 

形声 声符は番。〔説文〕十一上に「米を淅ぎたる汁なり」とあり、しろ水。洗顔などに用いた。〔列子、黄帝〕に「鯢旋の潘を淵と爲す」とあり、水の播蕩する意に用いる。番は獣掌の象。皤い意と、ひらひらする意とがある。

訓義 1しろみず、米のとぎ汁。2うずまき、水がめぐる、回流する、播蕩する。3あふれる。

古訓 〔名義抄〕潘 ユスル・シケシ・タクハフ・アフル・ヨネノシル 〔篇立〕潘 シケル・コムク

声系 〔説文〕に潘声として藩（藩）・籓の二字を収める。藩は藩籬（まがき）、籓は大きな箕（ちりとり）をいう。

【潘沐】 米のとぎ汁で髪を洗う。〔左伝、哀十四年〕陳逆、人を殺す。之れに逢ひ、遂に執へて以て入る。陳氏方に睦じ。疾（仮病）ならしめて、之れに潘沐を遺り、酒肉を備ふ。守囚の者に饗し、醉はしめて之れを殺して逃れしむ。

↑潘煮 煮た潘汁／潘汁 しろみず／潘渚 なぎさ／潘楊 通婚の家

↓遺潘・米潘

【瘢】15 0014 ハン バン きずあと あとかた

篆文

形声 声符は般。般は盤の初文。まるく残った傷痕をいう。〔説文〕七下に「痍なり」、〔繋伝〕に「痍傷の處已に愈えて、痕有るを瘢と曰ふ」とみえる。また、そばかすの類をもいう。文身の方法に、絵身・入墨の他に瘢痕とよばれるものがあり、皮膚を刻んで文様をつけることをいう。

訓義 1きずあと、あとかた。2そばかす、皮膚のよごれ、けがれ。

古訓 〔名義抄〕瘢 ハ、クソ・キズ・カサドコロ 〔篇立〕瘢 キズ・ハス・ハ、クソ・カサドコロ

【瘢痍】傷あと。宋・馬令〔南唐書、馬輿伝〕輿、少時軍に従ひ、潤州を圍む。大弩に射られ、右耳に中たり、左耳より出で、旁らの一人、之れに中りて猶ほ死せり。～耳、老に至るも瞶せず、亦た瘢痍無し。

【瘢痕】傷あと。〔後漢書、文苑下、趙壹伝〕(世を刺り邪を疾む賦)好む所は則ち皮を鑽りて其の毛羽を出だし、惡む所は則ち垢を洗ひて其の瘢痕を求む。

【瘢胝】固い傷あと。宋・蘇軾〔鳳翔八観、石鼓の歌〕詩 模糊として、半ば已に瘢胝に隱れ 詰曲猶ほ能く跟肘を辨ず 娟娟たる缺月、雲霧に隱れ 濯濯たる嘉禾、稂莠(稲を害する雑草)秀ず

【瘢疣】(いう) きずと、いぼ。金・元好問〔劉御史雲卿に贈答す、四首、三〕詩 先儒、骨已に朽つ 百罵、汝に酧がず 胡為れぞ文字の閒に 垢を刮り瘢疣を捜す

↑瘢夷 瘢痍／瘢疵 欠点／瘢迹 瘢痕／瘢創 きずあと／瘢点 きずあと

↓求瘢・去瘢・垢瘢・索瘢・傷瘢・創瘢・刀瘢・痘瘢

常【範】15 8851 ［笵］11 8811 ハン かた のり

篆文

その他

形声 声符は𨊠。𨊠は𨊠軷。軍が出行のとき、犬牲を轢いて車を清める儀式。のち範をその義に用い、〔説文〕十四上に「範軷なり。車に從ひ、笵の省聲」とするが、𨊠軷の字は𨊠、笵型の字は笵。範は笵の異文とみるべき字で、また範軷のようにも用いる。模範・範式の意。模(模)は木の型、範は竹で型を作り、形をとる。ゆえに模範の意となる。

訓義 1かた、竹笵。2のり、つね。3かどでのまつり、範軷。

古訓 〔名義抄〕範・笵 ノリ・カタチ・ツネ 〔篇立〕範 ノトル・ノリ・ミガク・ツネ

【範囲】(い(ゐ)) かたを作り、周囲をかこみ、鋳型でものを鋳造する。〔易、繋辞伝上〕天地の化を範圍して過たず、萬物を曲成して遺さず。

【範式】手本。〔文心雕竜、事類〕崔(駰)・班(固)・張(衡)・蔡(邕)に至つて、遂に經史を捃摭(拾い集め)し、華實を布濩(布きつめ)し、書に因つて功を立つ。皆後人の範式なり。

【範世】世に模範を示す。〔顔氏家訓、序致〕吾今復た此れを爲す所以の者は、敢て物に軌とし世に範とするに非ざるなり。業は以て門内を整齊し、子孫に提撕(告げ示す)するのみ。

【範疇】(ちう) 区分・分類。のちカテゴリーの訳語として用いる。〔書、洪範〕我聞く、在昔、鯀、洪水を陻ぎ、其の五行を汨陳す。帝乃ち震怒し、洪範九疇を畀へず。彝倫攸て斁る。

↑範域 範囲／範規 規範／範形 形式／範型 鋳型／範先 創制する／範民 民の手本／範様 様式／範例 規範的な事例

↓囲範・貽範・遺範・英範・家範・格範・軌範・規範・器範・儀範・休範・教範・矩範・形範・型範・憲範・広範・弘範・洪範・鴻範・師範・垂範・世範・清範・典範・徳範・風範・明範・茂範・模範・鎔範・立範

【燔】16 9286 ハン やきにく やく ひもろぎ

篆文

形声 声符は番。番は獣掌の形。〔説文〕十上に「爇くなり」とあり、もと牲肉を焼く意。〔詩、大雅、鳧鷖〕「旨酒欣欣たり 燔炙芬芬たり」とは祭肉を供する意。番は獣掌の形であるが、ひらひらした薄手の肉をいう。燔肉は祭祀ののち、その参加者に分賜された。

訓義 1やきにく、やく。2ひもろぎ、祭肉。その肉を膰という。3まつり、天を祭る祭儀、燔柴。

古訓 〔名義抄〕燔 ヤク・モ(ユ)・サカリ・ホフル・アブリモノ・ヤキモノ

語系 燔・膰(鐇)biuanは同声。焚biuənは声近く、肉を焼くを燔、その肉を膰という。

【燔瘞】天地を祀る。燔柴は天、瘞埋は地を祀る祭儀。〔漢書、終軍伝〕陛下～神明の敬を專らにし、燔瘞を郊宮に奉ず。

【燔柴】天を祀る祭儀。〔礼記、祭法〕泰壇に燔柴して天を祭り、泰折に瘞埋して地を祭る。

【燔炙】やき肉と炙り肉。〔戦国策、魏二〕齊の桓公、夜半嗛らず。易牙乃ち煎敖燔炙し、五味を和調して之れを進む。桓公之れを食らひて飽き、旦に至るまで覺めず。曰く、後世、必ず味を以て其の國を亡ぼす者有らんと。

【燔灼】やく。唐・柳宗元〔楊京兆憑に与ふる書〕永州、火災多し。五年の間、四たび大火の迫る所と爲り、徒跣にて走り出で、牆を壞り、牖に穴し、僅かに燔灼を免る。

【燔書】焚書。〔漢書、地理志下〕昭王の曾孫政(始皇)、六國を幷せ、皇帝と稱し、力を負み威を怙み、燔書阬儒、自ら私智に任ず。

【燔燧】のろし。梁・簡文帝〔洛陽の平らぐを賀する啓〕毎に燔燧の警を興し、常に守障の民を勞ふ。～方今、九服大同、萬邦軌を齊しうす。

【燔蕩】(たう) 焼亡。〔隋書、牛弘伝〕孝獻、都を移すに及びて、吏民擾亂す。圖書の縑帛、皆取りて帷囊と爲す。～西京の大亂に屬び、一時に燔蕩す。此れ則ち書の三厄なり。

【燔燎】(れう) かがり火をたく。天を祀る祭儀に用いる。〔後漢書、光武帝紀上〕(建武元年)六月己未、皇帝の位に卽く。燔燎して天に告げ、六宗に禋し、群臣に望(祭)す。～是に於て建元して建武と爲し、天下に大赦し、鄗を改めて高邑と爲す。

↑燔潰 焼きほろぼす／燔艾 灸をすえる／燔器 器をやく／燔劫 焚劫／燔殺 焼き殺す／燔死 焼死する／燔黍 黍の石焼き／燔焼 やく／燔銷 焼きつくす／燔溺 火や水の災厄／燔肉 焼肉／燔破 焼きすてる／燔髪 髪をこがす／燔炮 肉をやく／燔滅 焼きほろぼす／燔萊 野焚き／燔尞 燔燎／燔烈 やく

↓火燔・祭燔・羞燔・焼燔・肉燔・炰燔

常【繁】16 8890 人［繁］17 8890 ［緐］13 0259 ハン バン しげし おおい

篆文

金文

会意 敏(敏)+糸。敏は婦人が祭事にあたって髪に盛飾を加える形で、祭事に奔走することを敏捷という。疌はその側身形に足を加えた形。髪に糸飾りをつけて繁という。繁は繁飾の意。〔説文〕十三上に緐を正字とし「馬の髦飾なり。糸毎

に従ふ」(段注本)とし、〔左伝、哀二十三年〕「以て旌緐に稱ふべけんや」の文を引くが、馬飾の字は樊に作り、樊纓といい、繁とは別の字である。樊纓は馬の「むながい」。紐を縦横にかけたもので、樊がその義にあたる。婦人の盛飾を毎(每)といい、その甚だしいものを毒といい、祭事にいそしむを敏捷といい、その髪飾りの多いことを繁という。

訓義 ①髪飾りが多い、繁飾。②しげし、さかん、おおい。③しげる、草木がしげる。④さかえる、うつくしい。⑤わずらわしい、いりくむ、いそがしい。⑥馬のおもづら、馬のはらおび。

古訓 〔名義抄〕繁 シゲシ・サカユ・サカシ・ナガシ・オホシ・オホキナリ・ワヅラハシ

声系 〔説文〕に緐声として蘩など二字を収める。蘩は冬もなお茂る草をいう。

語系 繁・蕃(蕃)biuanは同声。繁はもと婦人の繁飾の字であるが、同声を以て蕃と通用し、繁茂・繁栄の意となった。

【繁蔚】 草木がしげる。文章が美しい。梁・沈約〔梁の武帝集の序〕辭翰繁蔚にして、牋記は風の動くがごとく、表議は雲の飛ぶがごとし。

【繁英】 咲きしげる花。晉・劉琨〔重ねて盧諶に贈る〕詩 朱實、勁風に隕ち 繁英、素秋に落つ

【繁栄】 さかえる。晉・陶潜〔農を勧む〕詩 卉木繁榮し 和風清穆たり

【繁纓】 馬の腹帯と、むながい。〔左伝、成二年〕新築の人仲叔于奚(衛の)孫桓子を救ふ。～衞人、之れに賞するに邑を以てせんとす。辭して、曲縣(諸侯の用いる三面の楽器懸け)繁纓、以て朝せんことを請ふ。之れを許す。

【繁華】 花が咲きほこる。にぎわう。また、若く美しい。唐・劉希夷〔公子行〕詩 天津橋下、陽春の水 天津橋上、繁華の子

【繁簡】 煩瑣と簡約。〔後漢書、王充等伝論〕用捨の端は、興敗焉これに資る。是こを以て繁簡唯だ時あり、寛猛相ひ濟す。

【繁絃】 はげしくかきならす音。宋・周邦彦〔夏景、満庭芳〕詞 顦顇せる江南の倦客 急管の繁絃を聽くに堪へず 歌筵の畔ほとり 先づ簟枕を安んじ 我に醉時の眠りを容ゆせ

【繁砕】 くだくだしい。〔梁書、王僧孺伝〕委曲なること、之れを鍼縷(縫針)に同じうし、繁碎なること、之れを米鹽に譬ふ。

【繁錯】 多くて混雑する。宋・陸游〔入蜀記、四〕二十三日、便風掛帆。～夔州、～市邑雄富、列肆繁錯、城外の南市亦た數里、錢塘・建康と雖も過ぐること能はず。隱然たる一大都會なり。

【繁殖】 ふえる。〔孟子、滕文公上〕堯の時に當りて、～洪水橫流し、天下に氾濫す。草木暢茂し、禽獸繁殖す。五穀登らず、禽獸人に偪る。

【繁飾】 多くの飾り。〔楚辞、離騒〕佩、繽紛として其れ繁飾し、芳、菲菲として其れ彌いよ章あきらかなり

【繁縟】 繁密でくだくだしい。〔文心雕竜、議対〕文は辨潔(明晰簡潔)を以て能と爲し、繁縟を以て巧と爲さず。

【繁説】 くだくだ述べる。〔墨子、脩身〕慧者は心に辯あきらかにして繁說せず。多く力めて功を伐らず。此こを以て、名譽天下に揚る。

【繁霜】 多く霜が降りる。〔詩、小雅、正月〕正月、繁霜あり 我が心憂傷す

【繁息】 蕃息。ふえる。〔後漢書、西羌、羌無弋爰剣伝〕秦の始皇の時に及び、六國を幷すことを務め、諸侯を以て事と爲し、兵、西行せず。故に種人以て繁息することを得たり。

【繁蕪】 茂る。茂りすぎる。〔詩藪、近体中〕七言律は、壯偉なる者は粗豪なり易く、和平なる者は卑弱なり易く、深厚なる者は晦澁なり易く、濃麗なる者は繁蕪なり易し。

【繁誣】 繁雑と誤り。〔後漢書、鄭玄伝論〕鄭玄、大典を括囊し、衆家を網羅し、繁誣を刪裁し、漏失を刊改す。是れより學者、略ぼ歸する所を知る。

【繁文】 文飾を多くする。〔淮南子、道応訓〕三年の喪を爲し、～鬼神以て之れを畏れしめ、繁文滋禮、以て其の質を弇ひ、厚葬久喪、以て其の家を亶さしめよ。～此れを以て風を移さば、以て天下を持して失はざるべし。

【繁慮】 心配事。南朝宋・謝恵連〔秋懐〕詩 耿介として繁慮積り 展轉して長宵半ばなり

【繁礼】 わずらわしい礼式。〔史記、礼書〕孝文、位に卽き、有司議して儀禮を定めんと欲す。孝文、道家の學を好み、以爲へらく、繁禮飾貌は治に益無し。躬化は謂何のみと。故に之れを罷め去る。

【繁麗】 華麗。宋・蘇軾〔玉盤盂詩の引〕東武の舊俗、每歲四月、大いに南禪・資福の兩寺に會し、芍藥を以て佛に供す。今歲最も盛んなり。凡そ七千餘朶、皆重跗累萼、繁麗豐碩なり。

↑繁委 繁細/繁育 育つ/繁陰 樹かげ/繁雲 層雲/繁翳 深い蔭/繁衍 蕃衍/繁音 騒がしい/繁柯 茂った枝/繁科 重税/繁苛 法がきびしい/繁夥 繁多/繁会 多く集まる/繁翰 長文/繁詭 複雑で詭異/繁刑 やたらに刑罰を加える/繁劇 繁忙/繁言 多言/繁減 多少/繁興 盛んにおこる/繁瑣 繁細/繁采 文采が多い/繁細 繁砕/繁雑 煩わしい/繁侈 奢侈/繁枝 繁柯/繁祉 多幸/繁姿 姿がよい/繁詞 ことばが多い/繁熾 盛ん/繁滋 多い/繁辞 繁詞/繁庶 多い/繁暑 盛暑/繁冗 むだ/繁条 繁枝/繁昌 栄える/繁擾 繁雑/繁穠 よく茂る/繁声 にぎやかな音/繁省 繁簡/繁盛 盛ん/繁節 繁声/繁戦 盛んに戦う/繁然 多い/繁湊 多く集まる/繁多 多い/繁沢 つやつやしい/繁稠 茂る/繁葩 多くの花/繁費 多くの費用/繁廡 繁蕪/繁阜 盛ん/繁富 多い/繁紊 多くて乱れる/繁忙 忙しい/繁法 繁刑/繁木 茂った木/繁漫 繁冗/繁密 こみあう/繁務 劇務/繁茂 茂る/繁約 繁簡/繁憂 心配が多い/繁用 多用/繁乱 多くて紛れる/繁林 茂林/繁露 露が多い/繁猥 繁雑

↓陰繁・華繁・楽繁・劇繁・喧繁・言繁・弦繁・獄繁・事繁・滋繁・庶繁・昌繁・穠繁・世繁・声繁・旌繁・頻繁・物繁・文繁・礼繁

【膰】 16 7226 〔𤎅〕 20 2286 ハン ひもろぎ やきにく

篆文 𤎅

形声 声符は番。番は獣掌の形。〔説文〕十下に字を𤎅に作り、「宗廟の火孰せる肉なり。炙に従ひ、番聲」とするが、番は獣掌の象形。𤎅では炙は限定符とみるべきでないから、字は会意。膰は限定符の肉に従うので形声字となる。〔左伝、僖二十四年〕「天子、事有るときは膰す」、また〔周礼、春官、大宗伯〕「脤膰の禮を以て、兄弟の國を親しうす」の〔注〕に「脤膰とは、社稷宗廟の肉なり。以て同姓の國に賜ふ。福祿を同にするなり」とあって、祭肉をいう。わが国のひもろぎにあたる。〔玉篇〕に「肝なり」とあり、内臓を用いることもあったのであろう。

訓義 ①ひもろぎ、やきにく、祭肉。②きも。③大きなはら、太った腹のさま。

古訓 〔名義抄〕膰 キモ

語系 膰(𤎅)・燔 biuan は同声。棥 biuan も声義が近い。膰・燔は番声で、肉をやく意を含む。

【膰俎】 俎にのせて供える膰肉。祭後に同族などに頒かつ。

〔史記、孔子世家〕郊して、又膰俎を大夫に致さず。孔子遂に行り、屯に宿す。

【膰肉】ひもろぎ。〔孟子、告子下〕孔子、魯の司寇と爲りて用ひられず。從ひて祭りしも、膰肉至らず。冕を稅がずして行る。

↓執膰・羞膰・脤膰・致膰・羊膰

【旛】 18 0826 ハン はた のぼり

篆文  石鼓文 

形声 声符は番。番は獸掌の形で、うすくてひらひらするものの意がある。〔説文〕七上に「旛胡なり」とあり、胡は牛の頷の下の垂れ肉で、垂れてふくらみのあるものをいう。金文の旗の図象に、胡状の旛をしるすものが多い。晋制では東に青竜、西に白虎、中央に黄竜の旛を用いた。

訓義 1はた、本幅のはた。2のぼり、吹き流し。3幡と通用する。

古訓 〔名義抄〕旛 ハタ

＊語彙は幡字条参照。

【旛旂】はた。唐・韓愈〔辛卯の年、雪ふる〕詩 波濤何ぞ飄揚する 天風、旛旂を吹く

【旛麾】さしず旗。〔呉子、応変〕晝は旌旗旛麾を以て節と爲し、夜は金鼓笳笛を以て節と爲す。

【旛勝】金・銀・羅・綵で作った飾り旗。宋・范成大〔鞭春（立春の前日、鞭牛の俗あり）微雨〕詩 旛勝、絲絲したる雨 笙歌、步步の塵

【旛旛】はたがはためくさま。〔石鼓文、田車石〕左驂は旛旛たり 右驂は騝騝たり

↑旛蓋 旗と華蓋／旛竿 旗竿／旛幟 旗幟／旛児 旛勝／旛幢 旗仗／旛旟 はた

↓雲旛・旗旛・挙旛・銀旛・紅旛・絳旛・朱旛・春旛・信旛・青旛・節旛・布旛・風旛・揚旛・立旛

【繙】 18 2296 ハン ホン みだれる もつれる ひもとく

篆文 

形声 声符は番。番は獸掌の形で、うすくてひらひらするものの意がある。〔説文〕十三上に「冕なり」とし、〔段注本〕に「繙冤なり」と改めている。繙冤は紛紜というのと同じく、ものの紛乱することをいい、紐などがもつれること。〔荘子、天道〕に「孔子、～十二經を繙いてその文意を綜合する意。翻・飜(翻)と通じ、翻訳をまた繙訳という。満州族の清朝が中国を支配するに当たって、繙訳官をおいた。

訓義 1みだれる、もつれる、まぎれる。2たずねる、くりかえす。3ひもとく、ひらく。

古訓 〔名義抄〕繙 ヒログ

【繙覈】書物をひもといて、対校する。〔書影、十〕朱長孺、李義山集に序して曰く、予れ新・舊唐書の本傳、及び箋・啓・序・狀の諸作～を繙覈し、反覆參考し、乃ち喟然として歎じて曰く、嗟乎、義山蓋し負才傲兀、鈎黨の禍ひに抑塞せられたり。

【繙討】書物をよみ調べる。〔研北雑志、上〕劉禹錫唐卿、嘗つて謂ふ。書傳を繙討するは、最も樂事と爲す。忽ち一異書を得ば、奇貨（掘出しもの）を得るが如しと。～當時の士大夫、多く博洽を以て之れを推す。

【繙訳】翻訳。他の言語文字を訳し写す。宋・陸游〔南唐書、浮屠伝〕惟淨、博聞にして梵學に通じ、繙譯すること精審、能く及ぶ者莫し。

↑繙閲 繙読／繙帑 旗靡く／繙援 演繹／繙経 読経／繙書 読書

↓繽繙

常【藩】 18 4416 〖藩〗 19 4416 ハン まがき さかい

篆文 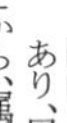

形声 声符は潘。〔説文〕一下に「屛なり」とあり、屛障・藩籬をいう。藩屛をめぐらして守護とすることから、属領を藩という。蕃(蕃)と通用し、〔書、微子之命〕「以て王室を蕃る」のようにいう。金文に諸蕃の字に緐を用い、緐方・緐夏のようにいう。

訓義 1かき、まがき、かきね。2おおう、まもる。3車のおおい、おおいのある車。4さかい、かぎり、くぎり。5地方の属国、外藩。6樊と通じ、かき、まがき。

古訓 〔名義抄〕藩 カキ・マセ・カクフ・ヘダツ 〔篇立〕藩 マガキ・カクス

語系 藩piuanは棥・樊biuanと声近く、みな、かき、まがきの類をいう。藩籬・外藩には藩、樊籠（とりかご）には樊のように、用義の上に区別がある。

【藩衛】外境のまもり。〔後漢書、傅燮伝〕會ま西羌反す、～司徒崔烈以爲へらく、宜しく涼州を弃つべしと。～燮對へて曰く、～今涼州は天下の要衝、國家の藩衞なり～と。帝、燮の議に從ふ。

【藩垣】かきね。国の守り。唐・韓愈〔鳳翔の邢尚書（君牙）に与ふる書〕今閤下は、王の爪牙（の臣）爲り、國の藩垣爲り。

【藩翰】王室を保衛する重臣。〔詩、大雅、板〕价人（善き人）は維れ藩 大師は維れ垣 大邦は維れ屛 大宗（同姓嫡子）は維れ翰（幹）

【藩国】国の藩屛となる諸侯。〔漢書、諸侯王表序〕藩國の大なる者は、州に夸（跨）り郡を兼ね、連城數十、宮室百官、制を京師に同じうす。

【藩臣】諸侯。〔史記、秦始皇紀〕異日、韓王地を納れ璽を效し、藩臣と爲らんことを請ふ。已にして約に倍き、趙・魏と合從して秦に畔く。

【藩戚】王族の諸侯。〔南史、虞寄伝〕今將軍（宝応）、藩戚の重きを以て東南の衆を擁し、忠を盡して上に奉じ、力を戮せて王に勤む。

【藩鎮】地域の駐屯軍。唐代の節度使。〔日知録、九、藩鎮〕嗚呼、世に言ふ、唐は藩鎭に亡ぶと。而れども中葉以降、其の遂に吐蕃・回紇に幷せられ、黃巣に滅びざりしは、未だ必ずしも藩鎭の力に非ずんばあらず。

【藩屛】まがき。まもり。藩国。〔左伝、定四年〕昔武王、商に克つ。成王之れを定め、明德を選び建てて、以て周に藩屛とす。

【藩輔】王室を守り輔ける諸侯。〔史記、礼書〕御史大夫鼂錯、世務刑名に明らかなり。數しば孝景を干し諫めて曰く、諸侯は藩輔なるも、臣子一例なるは、古今の制なり～と。孝景、其の計を用ひて、六國畔逆す。錯の首名なるを以て、天子、錯を誅して以て難を解く。

【藩籬】まがき。奧をのぞく入口。門戸。宋・蔡寛父〔詩話〕王荊公（安石）、晩年に亦た（李）義山の詩を喜ぶ。以爲へらく、唐人の、老杜（杜甫）を學ぶことを知りて、其の藩籬を得たるは、惟だ義山一人のみと。

↑藩衍 茂る／藩援 まもり／藩王 藩君／藩岳 諸侯／藩扞 藩捍／藩捍 藩として、まもる／藩勲 辺境での武功／藩后 藩主／藩侯 諸侯／藩溷 かわや／藩闔 布政司／藩司 州の刺史／藩盾 まもりのたて／藩障 とりで／藩牆 かき／藩飾 外まわりの飾り／藩属 外藩／藩台 布政司／藩儲 太子／藩邸 侯邸／藩伯 諸侯／藩表 藩衛／藩府 諸侯／藩附 属国／藩蔽 まもりのおおい／藩封 諸侯／

藩棒　扶持／藩落　まがき
↓一藩・衛藩・外藩・翰藩・在藩・諸藩・小藩・墻藩・触藩・親藩・宗藩・大藩・東藩・廃藩・伯藩・圃藩・北藩・雄藩・籬藩・列藩

【蟠】

18 5216　ハン　バン　ハ　わだかまる　めぐる　わらじむし

篆文

形声 声符は番。〔説文〕十三上に「鼠婦なり」とあり、わらじ虫の意とする。その字は、あるいは鼠に従う。〔玉篇〕になお「大なり。紆迴して轉曲するなり」という。字は蟠紆・蟠屈などの義に用いる。

訓義 ①わだかまる、とぐろをまく。②めぐる、まがる、まわる。③あつまる、ふす、とどまる。④わらじむし。⑤盤と通じ、めぐる。

古訓 〔新撰字鏡〕蟠　志自万留（しじまる）、又、和太万留（わだまる）〔和名抄〕蟠　和太加末流（わたかまる）。龍蛇の臥する貌なり〔名義抄〕蟠　ワダカマル・シヽマル

語系 蟠・盤・槃buanは同声。〔広雅、釈詁一〕に「蟠は曲なり」、〔管子、内業〕「九州に蟠滿す」の〔注〕に「蟠は委地なり」とあり、委地は委陀の意。番はためく、般はめぐるを基調とする語である。

【蟠縈】わだかまり、めぐる。〔晋書、張華伝〕人をして水に沒して之れを取らしむるに、劍を見ず。但だ兩龍各〻長さ數丈、蟠縈して文章有るを見る。

【蟠屈】わだかまり、くぐまる。唐・皮日休〔虎丘寺殿前に古杉一本有り～〕詩　蟠屈して刹を凌がんことを愁ひ　騰驤して池を攫たんことを恐る

【蟠結】まといあう。盤結。宋・蘇軾〔孫莘老、墨を寄せらる、四首、三〕詩　晴窗、硯を洗うて坐し　蛇蚓、稍〻蟠結す　便ち好事の人有り　門を敲きて醉帖を求む

【蟠螭】とぐろをまいたみずち。青銅器の文様などに用いる。民国・容庚〔商周彝器通考、上、花紋〕獸面蟠螭紋、其の狀、獸面の上に兩螭相ひ背く有り。兩旁は則ち螭身蟠屈す。戰國に通行す。

【蟠桃】三千年に一度花咲くという仙桃。〔太平御覧、九六七に引く漢旧儀〕山海經に稱ふ、東海の中に度朔山有り。山上に大桃有り。屈蟠すること三千里。東北の閒、百鬼の出入する所なり。

【蟠竜】とぐろをまいた竜。民国・容庚〔商周彝器通考、上、花紋〕蟠龍紋、其の狀、龍の巨首に兩角有り、身蟠曲すること球形の如し。～商代に通行す。

↑蟠委　繞る／蟠紆　まとう／蟠鬱　とじこもる／蟠蜒　盤曲／蟠虬　まつわる／蟠糾　蟠虬／蟠抝　盤抝／蟠踞　蟠抝／蟠曲　蟠屈／蟠互　まとい合う／蟠根　盤根／蟠石　盤石／蟠旋　盤旋／蟠蟄　隠居／蟠道　うねり道／蟠木　蟠曲の木／蟠満　充満する／蟠幽　奥深い／蟠絡　まとう
↓虬蟠・屈蟠・根蟠・際蟠・螭蟠・竜蟠

【攀】

19 4450　〔扳〕7 5104　ハン　ひく　よじる

篆文

形声 声符は棥。棥はまがきの形。すがるようにしてよじのぼることを攀援という。〔説文〕三上に𠬜を正字とし、「引くなり。反収に従ふ」とし、或る体として撲（攀）をあげ、「手に従ひ、樊に従ふ」と会意に解する。のち攀が通行の体となった。〔段注〕に字を樊声とし、〔公羊伝、隠元年〕に「隠を扳きて之れを立つ」のように扳に作る例があることを指摘している。〔広雅、釈詁一〕に「引くなり」、また〔玉篇〕に「援引するなり」とあり、扳をその異文とする。〔礼記、喪大記、注〕に「扳援」の語がある。

訓義 ①ひく、手をかけてひく。②すがる、よじる、よじのぼる。③たのむ、たよる、ちからとする。

古訓 〔名義抄〕攀　ヨヅ・ヒク・モテアソブ／扳　ヒク・ソムク　〔篇立〕攀　トラフ・ヨヅ・ヲモク・ヒク

【攀援】ひく。たすける。よじる。唐・李白〔蜀道難〕詩　黄鶴の飛ぶも、尙ほ過ぐることを得ず　猿猱、度らんと欲して、攀援を愁ふ

【攀縁】攀援。〔三国志、呉、吾粲伝〕天の大いに風ふくに値ひ、～或いは覆沒沈溺す。其の大船の尙ほ存する者、水中の生人皆攀緣號呼す。～粲と（黄）淵と、活かす所の者、百餘人なり。

【攀桂】月中の桂樹をとる。科挙に合格する。唐・趙嘏〔東望〕詩　同郡の故人、攀桂し盡せり　詩を把りて吟じて向ふ、泬寥の天

【攀車】車にすがる。別れを惜しむ。〔後漢書、循吏、孟嘗伝〕病を以て自ら上り、徵されて還るに當り、吏民車を攀いて之れを請ふ。嘗、既に進むことを得ず。乃ち郷民の船に載りて夜遁げ去り、窮澤に隱處し、身自ら耕傭す。

【攀躋】よじ登る。宋・陸游〔上清宮に宿す〕詩　盤蔬采擷するに、靈藥多し　閣道攀躋して、半空に出づ

【攀折】ひき折る。唐・白居易〔江柳を憶ふ〕詩　遙かに憶ふ、青青たる江岸の上　知らず、攀折するは、是れ何人ぞ

【攀髯】人の死を悼む。〔史記、封禅書〕龍有り、胡髯を垂れて、下りて黄帝を迎ふ。～群臣後宮、從ひ上る者七十餘人。～餘の小臣は～乃ち悉く龍髯を持つ。龍髯拔け墮ち、～百姓仰望す。

【攀附】すがりつく。〔宋史、張遜伝〕遜、小心謹愼、徒だ攀附を以て貴顯に至るのみ。其の訏謀獻替（進言）は、聞ゆる無し。

【攀竜】明君や声望の人に従って成功する。〔後漢書、光武帝紀上〕耿純進みて曰く、天下の士大夫、親戚を捐て、土壤を弃て、大王に矢石の閒に從ふ者は、其の計固より其の龍鱗を攀ぢ、鳳翼に附きて、以て其の志す所を成さんことを望むのみ、～と。

【攀恋】あとをしたう。〔隋書、伊婁謙伝〕本と鮮卑の人なり。～出だされて澤州刺史と爲り、淸約自ら處り、甚だ人の和を得たり。疾を以て職を去る。吏人攀戀し、行くこと數百里なるも絶えず。

↑攀依　よじる／攀雲　雲に上る／攀轅　攀車／攀花　花を折る／攀翫　よじてもてあそぶ／攀教　教えを受ける／攀牽　ひっぱる／攀高　高いところへ登る／攀号　攀髯／攀枝　高い木の枝を折る／攀樹　樹に上る／攀条　攀枝／攀繞　まとう／攀接　すがる／攀追　追随する／攀摘　よじてつむ／攀登　攀高／攀陪　お伴する／攀慕　従い慕う／攀輿　攀車／攀留　ひき止める／攀鱗　攀竜／攀累　連累／攀連　こじつける／攀攣　慕うてひく／攀弄　攀翫
↓牽攀・孤攀・手攀・躋攀・折攀・先攀・追攀・登攀・連攀

【蹯】

19 6216　ハン　あしうら　あしあと

形声 声符は番。番は獣掌の象形字。蹯は〔説文〕にみえず、〔爾雅、釈獣〕に貍・狐の足を蹯とし、〔広雅、釈獣〕に「足なり」というが、その足うらをいう。番がその初文。〔左伝、文元年〕「王、熊蹯を食して死せんと請ふ」とあり、熊掌はことに珍味のものとされた。

訓義 ①あしうら、けもののあしうら、たなうら。②あしあと。

古訓 〔名義抄〕蹯　タナコヽロ・タナウラ　〔字鏡〕蹯　フマシム・タナウラ

↑蹯踞　蟠踞／蹯跚　ぶらぶら歩き
↓禽蹯・虎蹯・柔蹯・掌蹯・食蹯・熊蹯

【鞶】 19 2750 ハン おおおび

篆文

形声 声符は般。般はまるくめぐるものをいう。〔説文〕三下に「大帶なり」とあり、衣の上に用いる革帯をいう。〔礼記、内則〕に、男には鞶革、女には鞶糸を用いるとする。革帯をとめる帯鉤には、古代工芸の粋を示す遺品が多く残されている。馬の大帯をもいう。

訓義 ①おおおび、男は革帯、女は糸帯。②馬のはらおび。③小さい革袋。

古訓 〔和名抄〕鞶 宇波々良於比(うははらおび)。馬の大帯なり〔名義抄〕鞶 ウハ、ラオビ・オビ・ハラオビ〔字鏡集〕鞶 オホオビ・ハラオビ・ムマノハラオビ・オビ・ウハ、ラオビ

語系 鞶・般・磐buanは同声。般にめぐる、また大の意があり、大帯を鞶、大石を磐という。また蟠・盤も同声で、まるくまくものの意がある。その反転するものを反piuanという。

【鞶鑑】 后の用いる食器。〔左伝、荘二十一年〕鄭伯の王を享するや、王、后の鞶鑑を以て之れに予ふ。虢公、器を請ふ。王之れに爵を予ふ。鄭伯是れに由りて、始めて王を惡む。

【鞶帨】 大帯と佩巾。〔法言、寡見〕古者の學は、耕し且つ養ひ、三年にして一(経)に通ず。今の學は、獨り之れが華藻を爲すのみに非ず。又從つて其の鞶帨に繡す。惡んぞ老・不老に在らんや。

↑鞶組 帯の紐／鞶帯 大帯／鞶嚢 帯飾り／鞶厲 鞶帨／鞶裂 盤厲

↓鈎鞶・施鞶

【礬】 20 4460 ハン バン みょうばん

形声 声符は樊。明礬。白・青・黒・赤・黄など各種の色がある。硫黄を含んだ一種の鉱物。薬料などに用いる。山礬は沈丁花。

訓義 ①みょうばんせき、明礬。②山礬、沈丁花。

古訓 〔名義抄〕礬 ボム・シヤク〔字鏡集〕礬 イシ

【礬書】 密書。明礬水で書いた字は、乾くとみえず、湿らすとあらわれる。〔建炎以来繫年要録、建炎元年〕曹輔、興仁に至る。~乃ち衣襟を裂きて御筆の蠟封を出す。乃ち樞密院の礬書なり。以て(曽)楙に遺る。~乃ち淵聖皇帝の手詔なり。

【礬頭】 山水の画法。〔輟耕録、八、山水を写すの訣〕董源の小山石、之れを礬頭と謂ふ。~皴法は滲軟ならんことを要す。下に沙地有り、淡墨を用つて掃ひ、屈曲して之れを爲し、再び淡墨を用て破す。

↑礬紅 べにがら／礬紙 礬書／礬水 明礬水／礬石 明礬石

↓鉛礬・黄礬・黒礬・山礬・石礬・蒼礬・胆礬・鉄礬・白礬・明礬・緑礬

【蘩】 21 4490 ハン しろよもぎ

篆文

形声 声符は緐(繁)。〔説文〕一下に「白蒿なり」とあり、しろよもぎ。〔説文〕にあげる篆字は緐に従うが、緐は繁の初文。糸部十三上にその字がみえる。〔爾雅、釈草〕に「皤蒿なり」とし、また「菟葵なり」ともあって、ふきをいう。〔詩、召南、采蘩〕に「于に以て蘩を采る 沼に沚に」、また「于に以て蘩を采る 澗の中に」とあり、その蘩は「公侯の事」に用いた。〔左伝、隠三年〕「苟くも明信有らば、澗谿沼沚の毛、蘋蘩薀藻の菜、筐筥錡釜の器、潢汙行潦の水も、鬼神に薦むべく、王公に羞むべし」とあって、〔采蘩〕は祭事のための草摘みを歌う詩である。

訓義 ①しろよもぎ。②ふき。

古訓 〔新撰字鏡〕蘩 加良与毛支(からよもぎ)〔和名抄〕蘩蔞 波久倍良(はくべら)〔名義抄〕蘩蔞 ハコヘラ。上、カラヨモギ、下、ハクヘラ

↑蘩蔞 はこべ／蘩露 つゆむらさき

↓潔蘩・水蘩・青蘩・薦蘩・蘋蘩・緑蘩

【蠜】 21 4413 ハン いなご

篆文

形声 声符は樊。〔説文〕十三上に「自蠜なり」とあり、〔爾雅、釈虫〕に阜螽、「草螽、負蠜なり」とみえ、いなご・ばったの類をいう。また気蠜というものがあり、へひり虫。危険を感じると、強い臭気を発する。

訓義 ①いなご、いなごの幼虫。②ばった、くびきりばった。

古訓 〔字鏡集〕蠜 イナコマロ・ムカデ

↓気蠜・負蠜

バン

【叕】 8 1024 バン

篆文

象形 馬首に冠する皮製のおおい。〔説文〕五下に「𡿺蓋なり。皮もて𡿺を包覆するに象る。下に兩臂有り。而して夊は下に在り。讀みて范の若くす」(段注本)とあり、〔繫伝〕に「漢制、乘輿の馬には金叕」という。字形のうち、火は鼻によって帯が両分する形。夊は陟降の降の従う帯を左右に斜め下に引きめぐらす形。夊は陟降の降の従うところとは同じでない。叕の全体が象形である。字はまた弁に作り、〔文選、西京の賦、李善注〕に「弁は馬冠なり。髦に叉す。瓚玉を以て之れを作る」とみえる。近年出土の始皇陪陵の車馬坑より、馬冠の精品が出土している。

訓義 ①うまのつらあて、馬冠。②首飾り。

語系 叕miamは樊biuan、華puan、盤buanなどと同系の語で、めぐらしまとう意がある。馬面にそってまとうものを叕という。

入【挽】 10 5701 〔輓〕 14 5701 バン ひく

篆文

形声 声符は免(免)。正字は輓に作り、〔説文〕十四上に「車を引くなり」(段注本)という。後ろから推すを推、合わせて推輓という。挽歌は柩車を挽くときの歌、輓歌とかくのが正字。挽は挽回などの義にも用いる字である。

訓義 ①ひく、車をひく。②ひきあげる、ひきもどす。

古訓 〔名義抄〕挽・輓 ノガル・ヒク・スタル・サス〔篇立〕挽 ヌク・ス、ム・ヒク・タツフ・トル・ナヅ

語系 挽・輓miuanは同声。〔玉篇〕に「挽は引くなり。輓と同じ」とあり、通用の字。免・俛・娩mianは、みな俛すような姿勢をとることをいう。

【挽歌】 葬送のとき、柩車をひく歌。古く薤露・蒿里の二曲があった。〔世説新語、任誕〕張湛、好んで齋前に松柏を種う。時に袁山松出遊するに、毎に好んで左右をして挽歌を作さしむ。時人謂ふ、張は屋下に尸を陳ね、袁は道上に殯を行る(道葬す)と。

【挽強】 強弓をひく。〔老学庵筆記、五〕姚福進は~強(弓)を挽くを以て秦・隴の閒に名あり。今に至るまで、西人其の族を謂ひて姚硬弓家と爲す。

【挽牽】 ひっぱる。〔唐書、逆臣上、安禄山伝〕晩に益と肥え、腹緩みて膝に及ぶ。兩肩を奮ひ、挽牽する者の若くにして、乃ち能く行く。

【挽留】 ひきとめる。宋・曽幾〔春晴〕詩 靑春挽留せんとするも、渠なんぞ住まらざる 白髮抛げ去ること、吾れ安くんぞ能くせん

【挽郎】 車ひき役。〔宋書、礼志二〕有司又舊に依りて、公卿以下、六品の子弟六十人を選び、挽郎と爲さんことを奏す。

↑挽引 車を引く/挽回 回復する/挽角 童年/挽柩 柩をひく/挽士 挽郎/挽詞 挽歌/挽詩 挽歌/挽袖 袖をひく/挽推 人を推輓する/挽正 糾正する/挽満 挽強/挽強/挽摟 ひっぱる/挽輦 てぐるまをひく/挽聯 哀悼の対聯

↓推挽

常【晩】12 人〔晩〕11 6701 バン くれ おそい おくれる

篆文 

形声 声符は免(免)。〔説文〕七上に「莫(な)り」とあって、晩暮をいう。日の晩暮の意より、時期・年齢やことの早晩にわたっていう。晩近のように晩を用いることがあるが、輓は葬車を引く意の字である。

訓義 1くれ、ひぐれ、ゆうがた、ばん。2おそい、ときがおそい、おくれる。3のち、すえ、晩年。4おもむろに、ゆるやかに。

古訓 〔名義抄〕晩 オソシ・クレヌ・クレ・ヨフベ・ユフクレ・ノチ・ヒソカ・ウシロ・イツカ・ヒクレヌ・クル

語系 晩miuanは暮(莫)makと声義近く、莫myatも〔説文〕四上に「火明らかならざるなり」とあって同系の語。冥・瞑myeng、蒙(蒙)・曚mongなども、みな幽暗の意がある。

【晩雨】暮雨。梁・劉孝威〔皇太子の春林晩雨に和す〕詩 雲樹、交はりて密を爲し 雨日、共に虹を成す

【晩煙】夕もや。唐・虞世南〔侍宴、応詔〜〕詩 緑野、斜日明るく 青山、晩煙澹し

【晩鶯】晩春の鶯。陳・江総〔陳に在りて、〜顧舎人(野王)を哭す〕詩 人は暮槿に從ひて落ち 客は晩鶯と共に悲しむ 年髮雨ながら此の如し 傷心、獨り幾時ぞ

【晩霞】夕映え。隋・盧思道〔司馬幼の南聘せらるるに贈別す〕詩 幽人、離別を重んじ 握手、征行を送る 晩霞、極浦に浮び 落景、長亭を照らす

【晩駕】天子の崩御。晏駕。〔北史、祖珽伝〕珽、(和)士開に私して曰く、君の寵幸、振古二無し。宮車一日晩駕せば、何を以て終りを克くせんと欲すと。士開、因りて策を求む。

【晩懐】晩年の思い。唐・劉禹錫〔裴祭酒尚書〜命じて同作せしむ〕詩 早に宦たりて、人事を閲し 晩懐、道機を生ず

【晩角】夕暮の角笛。唐・杜牧〔辺上晩秋〕詩 風送りて、孤城、晩角に臨み 一聲、聲は客心に入りて愁ふ

【晩学】後輩の学徒。また、年長じて学ぶ。〔鶴林玉露、甲二、晩学〕高適五十にして始めて詩を爲り、少陵(杜甫)の推す所と爲る。老蘇(洵)三十にして始めて書を讀み、歐公(陽脩)の許す所と爲る。功深く力到るときは、早晩無きなり。

【晩起】朝寝。魏・嵆康〔山巨源(濤)に与へて交はりを絶つ書〕必ず堪へざる者七、甚だ不可なる者二有り。臥して晩起を喜ぶも、當關(門番)之れを呼びて置かず。一の堪へざることなり。

【晩径】暮れかたの夕べの小みち。唐・周賀〔晩に江館に題す〕詩 澄江月上、魚の擲ぬるを見 晩徑、葉多くして犬の行くを聞く

【晩景】夕日。また、夕景色。唐・杜甫〔徐九少尹、過ぎらる〕詩 晩景、孤村僻にして 行軍(行軍長史)、數騎來たる

【晩行】日暮れて行く。宋・楊万里〔万安道中、書事、三首、一〕詩 玉峯、雲剝はなれて、斜明を逗どむ 花徑、泥乾きて、晩行することを得たり

【晩酌】夜、酒をのむ。唐・李白〔酒を待つも至らず〕詩 晩に酌む、東窗の下 流鶯、復た茲に在り

【晩照】夕日。南朝宋・孝武帝〔七夕詩、二首、一〕白日、晩照傾き 弦月、初光升る

【晩酔】晩に酔う。唐・韓翃〔武陵の李少府に寄す〕詩 楚歌、晩醉を催し 蠻語、新詩に入る

【晩翠】冬も緑を保つ。梁・周興嗣〔千字文〕詩 枇杷は晩翠にして、梧桐は早く凋む

【晩世】近世。末世。〔説苑、建本〕無方の内に逍遙し、塵埃の外に彷徉す。卓然として獨立し、超然として世に絶ゆ。此れ上聖の神を遊ばしむる所以なり。然れども晩世の人、能くするもの莫し。

【晩成】ゆっくりしあがる。〔老子、四十一〕大方(道)は隅無く、大器は晩成す。大音は希聲、大象は形無く、道は隱れて名無し。

【晩晴】くれがたに晴れる。唐・杜甫〔裴使君に陪して岳陽楼に登る〕詩 湖闊くして、雲霧を兼ね 樓孤にして、晩晴に屬す

【晩節】晩年の節操。宋・蘇轍〔兄軾の獄に下るが為に上まつる書〕然れども恨む所の者は、少くして有爲の志を抱き、不世出の主に遇ふ。當年に齟齬すと雖も、終に尺寸を晩節に效さんと欲す。今此の禍ひに遇ひ、〜其の道由し無し。

【晩蟬】季節おくれの蟬。陳・張正見〔楽遊苑に御幸し、宴に侍す〕詩 上林(苑)に早鴈を賓し 長楊(宮)に晩蟬唱ふ

【晩達】晩年に官位が進む。唐・方干〔銭塘県路明府に貽る〕詩 前賢、晩達多し 鬢霜(鬢の白髪)の侵すを怕るること莫かれ

【晩笛】くれがたの笛。金・元好問〔八月并州の雁〕詩 一聲、晩笛かと驚き 數點、秋雲に入る

【晩渡】くれがたの渡し場。唐・張喬〔広信寺に題す〕詩 晩渡、村火明るく 晴山、郡鼙響く

【晩棹】夜舟。唐・羅隠〔宛陵の条風楼に登りて、竇常侍に寄す〕詩 溪に喧ぎて、晩棹、千聲の浪 雲護りて、寒郊、數丈の陰

【晩濤】くれがたの大波。唐・許彬〔懐を孫処士に寄す〕詩 上國、一たび歸去し 滄波、閒ま今に至る 鐘繁くして秋寺遠く 岸闊くして晩濤深し

【晩暮】年のくれ。老年。宋・陳師道〔蘇公に上まつる書〕士、少時に方りて、未來の日長し。天下の事を視て、意に頗ぶる之れを輕んず。亦た別れを爲し易し。其の晩莫(暮)に至りては、數しば離合を更へ、方めて以て難しと爲す。

【晩来】夕方にかけて。唐・韋応物〔滁州西澗〕詩 春潮、雨を帶びて、晩來急なり 野渡、人無くして、舟自ら横たふ

【晩涼】夕べの涼しさ。唐・羅隠〔九江早秋〕詩 雨過ぎて、晩涼生ず 樓中、枕簟清し

↑晩鴉 夕暮れのからす/晩靄 夕もや/晩院 夕暮れの寺/晩陰 夕曇り/晩烏 晩鴉/晩運 晩年の運/晩雲 夕方の雲/晩英 おそ咲きの花/晩栄 晩英/晩影 夕かげ/晩艶 菊/晩禾 晩稲/晩花 晩英/晩衙 居残り/晩開 晩英/晩寒 夕方の寒さ/晩還 晩に帰る/晩岸 夕暮れの岸/晩気 暮色/晩帰 夜帰る/晩暉 夕日/晩菊 冬の菊/晩急 夕色が迫る/晩蛩 晩秋の虫/晩興 興が尽きない/晩近 近世/晩蛍 夜の蛍/晩月 宵の月/晩光 夕かげ/晩紅 盛りを過ぎた花の色/晩虹 夕方の虹/晩香 夜の香り/晩粳 おくて/晩講 夜の講筵/晩谷 日暮れの谷/晩刻 夜分/晩穀 おくての稲/晩坐 夜坐る/晩斎 ひじ、午後の食事/晩歳 晩年/晩蚕 夏の蚕/晩餐 ゆうげ/晩山 夕暮れの山/晩市 夜の市/晩志 晩年の志/晩思 夕方の思い/晩寺 夜の寺/晩日 夕日/晩実 晩熟/晩酒 晩酌/晩秀 晩英/晩秋 秋の終わり/晩熟 おくての穀物/晩出 夜おそく出かける、晩駕/晩春 春の終わり/晩

渚 夕暮れの渚／晩鐘 入相の鐘／晩色 夕景色／晩食 夕食／晩進 後輩／晩寝 夜更かし／晩吹 夜風／晩穂 おくて／晩星 宵の星／晩凄 夕方の寂しさ／晩静 夕暮れの静けさ／晩霽 晩晴／晩夕 夕方／晩寂 晩凄／晩接 晩年の交わり／晩船 夜舟／晩饌 ゆうげ／晩膳 晩饌／晩飧 ゆうげ／晩樽 晩酌／晩代 後世／晩智 晩成の才／晩茶 番茶／晩眺 くれがたの眺め／晩漲 夕潮／晩潮 夕潮／晩砧 夕方のきぬたの音／晩汀 晩渚／晩天 夕空／晩塗 晩年／晩登 晩熟／晩稲 おくての稲／晩熱 残暑／晩年 老後／晩輩 後輩／晩泊 夜泊／晩髪 白髪／晩帆 夜の帆／晩飯 ゆうげ／晩風 夕方の風／晩母 継母／晩歩 夕暮れの散歩／晩浦 夕暮れの入江／晩夢 夜の夢／晩霧 夕もや／晩葉 老葉／晩陽 夕日／晩雷 夕方の雷／晩籟 夜の風の声／晩流 夜の川／晩緑 夕空の色／晩路 晩年／晩露 夜の露／晩浪 夕暮れの波／晩漏 晩刻

↓帰晩・今晩・歳晩・昨晩・秋晩・春晩・衰晩・晴晩・壮晩・早晩・朝晩・天晩・冬晩・日晩・薄晩・風晩・明晩・夜晩・来晩・漏晩

常 **【番】** 12 2060 バン ハン ハ あしうら かわる つがい

篆文 古文 金文

象形 釆は獣爪、田はその掌の形。合わせて獣掌の象形。〔説文〕二上に「獸足、之れを番と謂ふ。釆に從ふ。田は其の掌に象る」とあり、重文二を録する。古文がその原始象形の字。軽捷に動くものであるから、〔書、泰誓〕「番番たる良士」のように用い、また交替・順次の意となる。二人交替の意より、二面にわたる留金を「蝶番」のようにいう。

訓義 ①あしうら、けもののあしうら、獣掌。②ひらひらする、かわるがわる。③交替、番、たがいちがい、かわる。④二者一対、つがい、かず。⑤皤と通じ、しろい。⑥蕃と通じ、しげる、えびす。⑦藩と通じ、まがき。

古訓 〔篇立〕番 ツガヒ・ツカサ

声系 〔説文〕に番声として蕃(蕃)・旛・皤・幡・燔・潘・播・繙・蟠など十九字を収める。おおむね軽捷に動くものの意があり、また蕃・蟠のように蟠屈して集まるものの意がある。

語系 番・皤buaiは白beakと通じる。獣掌には毛がなく、その白さを強調するものが皤である。播puai、幡・飜・翻(翻)phiuanも同系。ひらひらと動く意がある。

【番仮】 交替で休む。〔南斉書、明帝紀〕凡そ諸工、悉く番假を開き、遞ひに休息せしむべし。

【番休】 交替の休暇。〔唐書、張説伝〕時に衞兵貧弱にして、番休する者亡命して略ぼ盡く、説、建請して、～其の科條(規定の条令)を優にし、～旬日ならずして、勝兵十三萬を得たり。諸衞に分補し、以て京師を彊くす。後の所謂彍騎なる者なり。

【番語】 外国語。蕃語。唐・白居易〔曹剛の琵琶を聴き、兼ねて重蓮に示す〕詩 撥撥絃絃、意同じからず 胡啼番語、兩ながら玲瓏たり

【番戍】 交替で国境を警備する。〔魏書、食貨志〕中州より轉運し、以て邊鎭に實たす。百姓道路に疲る。乃ち番戍の兵をして屯田を營起せしむ。

【番陳】 数班の部隊を交替で進ませる。〔資治通鑑、唐紀八十一〕(昭宗、天復三年)(台)濛、(田)頵の境に入り、番陳して進む。軍中其の怯を笑ふ。濛曰く、頵は宿將にして謀多し。備へざるべからずと。～濛、其の挫伏に因りて、兵を縱つて之れを撃ち、頵の兵遂に敗る。

【番頭】 組頭。〔唐書、兵志〕又材勇なる者を擇びて番頭と爲し、頗ぶる弩射を習はしむ。又羽林軍飛騎有り、亦た弩を習はしむ。

【番番】 勇武のさま。〔詩、大雅、崧高〕申伯番番として 既に謝に入る

↑番悔 心変わり／番客 外人／番菜 洋食／番寺 ラマ寺／番次 順次／番藷 さつまいも／番攤 銭賭博／番直 宿直／番奴 蕃人／番舶 外国船／番邦 外国

↓一番・勤番・下番・交番・更番・週番・順番・上番・随番・数番・当番・非番・輪番

常 **【蛮】** 12 0013 **【蠻】** 25 2213 バン マン えびす なんばん

篆文 金文

形声 旧字は蠻に作り、䜌声。䜌が蠻の初文で、金文には「䜌夏」「䜌方」のようにいう。〔説文〕十三上に「南蠻なり。蛇種」とあり、〔爾雅、釈地〕に「九夷八狄七戎六蠻、之れを四海と謂ふ」とする。四海とは四晦、これを晦冥の地とする。金文の〔晋公盦〕に「百䜌」の語があり、〔詩、小雅、采芑〕「蠢爾たる蠻荊」のように、楚荊の地も古くは蛮と称した。䜌は〔説文〕三上に「亂るるなり。一に曰く、治なり。一に曰く、絶えざるなり。言絲に從ふ」とし、「呂員切」によむが、蠻の初文であるから、蠻の音でよむべきである。「戎蛮」をまた「戎曼」に作り、曼に近い声であった。

訓義 ①えびす、なんばん。②あらい、力でふるまう。③未開。④慢・侮と声近く、あなどる、かろんずる、下婢。

古訓 〔篇立〕蠻 エビス・アマツ、

【蛮夷】 周辺の異民族。南蛮と東夷。〔国語、楚語上〕蠻夷戎狄、其の賓せざること久し。中國の用ふる能はざる所なり。

【蛮煙】 南方の悪気。瘴癘の気。宋・黄公度〔眼児媚、梅詞、二首、傅参議の韻に和す、二〕一枝の雪裏、冷光浮ぶ 空しく自ら清流を許す 如今憔悴す 蠻煙瘴雨 誰か肯へて尋捜せん

【蛮音】 南方のなまり。〔北斉書、陸法和伝〕法和、不常、言、口より出だざるが若きも、時に論ずる所有れば、則ち雄辯敵無し。然れども猶ほ蠻音を帶ぶ。

【蛮歌】 蛮人の歌。唐・杜甫〔夜、二首、一〕詩 蠻歌、星を犯して起る 重ねて覺ゆ、天邊に在るを

【蛮荊】 南方の異民族。〔詩、小雅、采芑〕蠢爾たる蠻荊 大邦を讎と爲す～顯允なる方叔 玁狁を征伐し 蠻荊來に威る

【蛮語】 南方蛮人の語。唐・韓翃〔武陵の李少府に寄す〕詩 楚歌、晩酔を催し 蠻語、新詩に入る

【蛮子】 蛮氏の君。〔左伝、昭十六年〕楚子、蠻氏の亂るると、蠻子の質(信)無きとを聞く。

【蛮酋】 蛮族の酋長。〔宋史、仁宗紀三〕(慶暦四年冬十月)癸丑、桂陽蠻降る。蠻酋三人に授けて、職を奉ぜしむ。

【蛮人】 南方の蛮人。〔顔氏家訓、勉学〕齊に宦者內參田鵬鸞有り。本と蠻人なり。年十四五、初めて閽寺と爲り、便ち學を好むことを知る。

【蛮陬】 南方の辺陬。清・黄宗羲〔万里、兄を尋ぬる記〕經行萬里、三山獠洞・八角蠻陬、踪跡殆ど偏きも、卒に遇ふ所無し。

【蛮頭】 饅頭。蛮人の頭にかえて作ったという。〔事物異名録、飲食、饅頭〕蠻頭、七修類稾に、蠻地、人頭を以て神を祭る。諸葛(亮)、孟獲を征す。命じて麪を以て肉を包みて人頭と爲し、以て祭らしめ、之れを蠻頭と謂ふ。今訛りて饅頭と爲れるなり。

【蛮貊】 南北の異民族。〔論語、衛霊公〕言忠信、行篤敬ならば、蠻貊の邦と雖も行はれん。
【蛮方】 蛮人の国々。方は外族の国。〔詩、大雅、抑〕用て戎作(戎役、戦い)を戒め 用て蠻方を逷ざけよ
【蛮隷】 蛮人の徒隷。〔宋史、卓行、巣谷伝〕巣谷は～眉州眉山の人なり。～紹聖の初、軾・轍(蘇氏兄弟)嶺海に謫せらる。～谷獨り慨然、眉山より誦言、徒歩して兩蘇を訪はんと欲す。聞く者皆其の狂を笑ふ。～舟行して新會に至る。蠻隷其の橐裝を竊みて、以て逃ぐる有り。～遂に病みて死せり。轍聞きて之れを哭す。
↑蛮裔 異民族の住む辺裔/蛮夏 異民族と中国/蛮悍 野蛮/蛮圻 蛮畿/蛮畿 九畿の一、南蛮の地域/蛮客 蛮使/蛮徼 蛮地/蛮鴃 蛮人の語/蛮荒 南方の未開の地/蛮獷 蛮悍/蛮国 蕃国/蛮瘴 蛮煙/蛮垂 蛮裔/蛮声 野蛮な声/蛮船 外国の船/蛮牋 蜀箋/蛮氈 毛布/蛮俗 蛮人の風俗/蛮態 蛮俗/蛮蜑 蜑族/蛮地 蕃地/蛮畜 罵る語/蛮邸 蛮夷の邸/蛮奴 蛮人の奴/蛮舶 外国の船/蛮貊 蛮貊/蛮蛮 鳥の声/蛮布 蛮人の織布/蛮風 蛮俗/蛮服 蛮畿/蛮僰 蛮夷/蛮勇 乱暴/蛮里 蛮夷/蛮虜 南方の異民族/蛮力 野蛮な力
↓夷蛮・粵蛮・遠蛮・甌蛮・外蛮・群蛮・荊蛮・紅蛮・山蛮・戎蛮・熟蛮・生蛮・楚蛮・蜑蛮・鎮蛮・南蛮・百蛮・北蛮・野蛮

【槃】 14 2790 ［盤］ 18 2710 バン たらい たのしむ めぐる

篆文  古文  籀文 

形声 声符は般。般は盤の初文。〔説文〕六上に「承槃なり」とあり、木の受け台のあるたらいをいう。〔礼記、内則〕に「少者は槃を奉じ、長者は水を奉じて、沃盥せんことを請ふ」とみえる。水を注ぐのに匜を用い、槃匜合わせて一組であった。金文に槃匜を連称することが多い。また蹣と通用し、蹣跚とはぶらぶらすることをいう。
訓義 [1]たらい、手あらいの器。[2]般と通じ、たのしむ、めぐる、まがりめぐる。[3]瘢と通じ、きず、きずあと。[4]槃散・蹣跚は、ぶらぶらする。
古訓 〔名義抄〕槃 ハン・タノシビ・スル/槃紆 トウヅ・マク 〔篇立〕槃 ヲサム・マガル・タシクハシ・サラ・スル
語系 槃(盤)・盤・蹣 buan は同声。般に、まるくめぐるものの意があり、またそのような状態をいう。
【槃阿】 山阿の中に隠棲する。〔詩、衛風、考槃〕槃しみを考して阿に在り 碩人之れ薖かなり(原詩はあいびきの歌)
【槃案】 食器。案は足のあるもの。〔後漢書、循吏、王渙伝〕渙、喪もて西歸し、道、弘農を經ふ。民庶、皆槃案を路に設く。吏、其の故を問ふ。咸な言ふ、～王君の事に在りしより、侵枉せられず。故に來りて報恩すと。
【槃匜】 手を洗うための水器。匜は水を注ぐ器。〔儀礼、公食大夫礼〕洗を設くること饗の如し。小臣、槃匜を具して東堂の下に在り。
【槃盂】 たらいと鉢。盂は鉢型の食器。〔墨子、尚賢下〕古者聖王、既に尚賢を審らかにし、以て政を爲さんと欲す。故に之れを竹帛に書し、之れを槃盂に琢り、傳へて以て後世子孫に遺す。
【槃桓】 ぶらつく。たちもとおる。魏・嵇康〔述志詩、二首、一〕慶雲、未だ景を垂れず 槃桓す、朝陽の陂 悠悠は我が匹に非ず 疇か肯へて俗宜に應へん
【槃結】 結託する。〔後漢書、南蛮伝〕今二州の盜賊、槃結して散ぜず、武陵・南郡の蠻夷未だ輯がず。長沙・桂陽も數ば徴發を被る。如し復た擾動せば、必ず更に患を生ぜん。
【槃瓠】 高辛氏の犬。苗族の祖。〔後漢書、南蛮伝注に引く魏略〕高辛氏に老婦有り。～耳疾を得、～物の大いさ繭の如きを得たり。婦人瓠中に盛れ、之れを覆ふに槃を以てす。俄頃に化して犬と爲る。其の文五色、因りて槃瓠と名づく。
【槃根】 入りくんだ根。〔後漢書、虞詡伝〕詡笑つて曰く、志は易きを求めず、事は難きを避けざるは、臣の職なり。槃根錯節に遇はずんば、何を以て利器を別たんやと。
【槃旋】 たちめぐる。よくふるまう。〔後漢書、蔡邕伝〕(釈誨)方將に典籍の崇塗に騁馳し、仁義の淵藪に休息し、周・孔の庭宇に槃旋し、儒・墨に揖して與に友と爲らんとす。
【槃薄】 わだかまる。〔晋書、五行志中〕洛陽宮西の宜秋里に、石、地中より生ず。始め～香鑪の形の如し。後傴人の如く、槃薄して掘るべからず。
↑槃夷 きずあと、瘢痍/槃委 曲折する/槃杅 盤盂/槃紆 まとう/槃衍 めぐる/槃回 めぐる/槃曲 盤旋/槃虞 あそぶ/槃互 入りくむ/槃錯 槃互/槃散 槃跚/槃跚 うろつく/槃水 たらいの水/槃還 盤旋/槃停 停滞する/槃槃 大きなさま/槃伏 腹ばう/槃辟 拝舞する/槃木 わだかまって広がる木/槃遊 あそび楽しむ/槃楽 あそび楽しむ
↓涅槃

【輓】 14 5701 バン ひく

篆文 

形声 声符は免(免)。〔説文〕十四上に「車を引くなり」(段注本)とあり、〔左伝、襄十四年〕「或いは之れを輓き、或いは之れを推す」というように、前から引くのを輓、後ろから推すのを推という。免に身を伏せる意があり、挽・輓はその意を承ける。輓歌はまた挽歌に作り、輓近は晩近の意である。
訓義 [1]ひく、くるまをひく。[2]人をひきあげる、推輓。[3]また挽に作る。
古訓 〔新撰字鏡〕輓 挽の字なり 〔名義抄〕輓 ヒク
語系 輓・挽 miuan は同声。輓は柩車を挽く意。免は分娩のときの姿勢で俛す形。車を輓くときの姿勢と近い。
＊語彙は挽字条参照。
【輓歌】 葬送のとき、柩車をひく歌。挽歌。〔晋書、礼志中〕輓歌は漢の武帝に出づ。役人の勞歌、聲哀切なり。遂に以て送終の禮と爲す。
【輓舟】 舟を岸からひく。〔唐書、食貨志三〕砥柱(山)を鑿ちて門を爲り、以て通漕す。其の山巓を開きて輓路と爲す。～激水益と湍怒し、舟新門に入る能はず。其の水の漲るを候ち、人を以て舟を輓きて上る。天子、之れを疑ふ。
【輓喪】 喪車をひく。〔漢書、景帝紀〕列侯薨ずるときは、～國、民を發して喪を輓かしむるを得。
【輓犂】 すきをひく。〔漢書、食貨志上〕民或いは牛少なきに苦しみ、亡げて澤に趨く。故に平都の令光、～人を以て犂を輓くを教へしむ。～民をして相ひ與に庸(傭)して犂を輓かしむ。
↑輓運 輸送する/輓輅 車をひく/輓今 近時/輓近 輓今/輓詞 輓歌/輓詩 輓歌/輓章 弔詩/輓人 車夫/輓推 人を推輓する/輓世 輓近/輓掣 ひく/輓送 送葬/輓葬 輓喪/輓漕 漕運/輓粟 穀物を輸送する/輓代 近代/輓道 輸送路/輓夫 車夫/輓輸 輸送する/輓輿 輿をひく/輓輦 てぐるまを引く
↓推輓・漕輓

常 **【盤】** 15 2710　［槃］14 2790　［鎜］18 2710

バン
たらい　はち　さら　たのしむ　めぐる　わだかまる

篆文　古文　籀文　甲骨文　金文

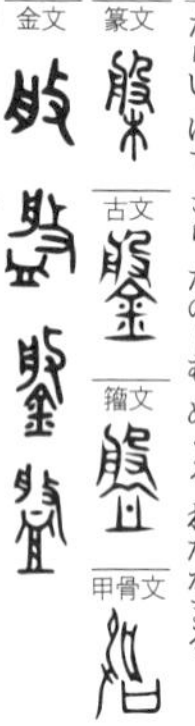

形声 声符は般。般は舟（盤）を撃つ形。卜文に、盤中のものを酌む形に作るものがあり、盤の初文。〔説文〕六上に槃を正字とし、盤・鎜を重文とするが、金文には盤に作り、まれに鎜を用いる。槃は後起の字で、承盤をいう。盤を撃って楽器とすることがあり、盤楽・盤遊の意がある。円形の器であるから盤旋の意となり、また蹣と通じて盤桓、蟠と通じて盤屈の意に用いる。

訓義 1たらい、手あらいのはち、ゆあみだらい。2大きなはち、さら。3ものをうけるだい、かたくささえるもの、うごかぬもの。4わだかまる、めぐる、うずまく。5たのしむ、あそぶ、ひろやか。

古訓 〔新撰字鏡〕盤　佐良（さら）、又、久比加志（くびかし）〔和名抄〕盤　佐良（さら）〔名義抄〕盤　ワガヌ・タノシ・マトフ・タチモトホル・メグル・モドヰ・ツラナル・サラ・ワダマル・ワダカマル・ヨソノホル／盤薄　─トヨソノホレリ／盤紆　ヨソノホル〔篇立〕盤　トラカス・タチモトホル・メグル・モトヰ・ス、モ・ワダカマル・タヾ・ヨフ・クヒカシ・マトフ・ツラナル

語系 盤・般・槃・鞶buanは同声。円くてめぐらすものの意がある。蹣buanも同声。蹣跚をまた盤散といい、媻姍という。また盤桓buan-huanのようにいうこともあり、徘徊buai-huaiと同じく畳韻の連語。彷徨bang-huangも同系の語である。蟠buanも盤と同声。盤屈・盤曲のように蟠屈の意にも用いる。

＊語彙は槃字条参照。

【盤匜】たらいと水さし。〔戦国策、趙三〕夫れ呉の干將の劍は、肉に試むれば則ち牛馬を斷ち、金に試むれば則ち盤匜を截つ。

【盤盂】皿や鉢、古くは青銅を用いた。〔墨子、非命下〕是こを以て之れを竹帛に書し、之れを金石に鏤め、之れを盤盂に琢り、後世子孫に傳遺す。

【盤鬱】わだかまり、群がる。梁・周興嗣〔千字文〕詩　宮殿盤鬱し　樓觀飛驚す　禽獸を圖寫し　僊靈を畫綵す

【盤桓】ゆきなやむ。めぐる。また、広大のさま。晉・陸機〔青青たる陵上の柏に擬す〕詩　名都一に何ぞ綺しき　城闕、鬱として盤桓たり

【盤基】根をはる。〔水経注、湘水〕（九疑山）蒼梧の野に盤基し、數郡の閒に峰秀す。羅巖、九擧、各〻一谿に導より、～異嶺同勢、遊ぶ者疑ふ。故に九疑山と曰ふ。

【盤踞】根を張る。唐・杜甫〔古柏行〕詩　落落として盤踞し、地を得と雖も　冥冥たる孤高、烈風多し　扶持するは、自ら是れ神明の力　正直、元造化の功に因る

【盤囷】ぐるぐるめぐる。唐・杜牧〔阿房宮の賦〕五步に一樓、十步に一閣、～盤盤焉たり、囷囷焉たり、蜂房水渦（建物の群がるさま）矗として其の幾千萬落なるかを知らず。

【盤屈】まがりくねる。唐・李公佐〔南柯太守伝〕又一穴を窮め、東に去ること丈餘、古根盤屈し、龍虺の狀の若し。

【盤古】天地開闢の初めにあらわれた神。〔芸文類聚一に引く三五暦紀〕天地混沌として、雞子（雞卵）の如し。盤古其の中に生まる。萬八千歲にして、天地開闢す。陽清は天と爲り、陰濁は地と爲る。

【盤根】入りくんだ根。困難。〔文心雕竜、総術〕夫れ盤根を截らずんば、以て利器を驗する無く、文奧を剖かずんば、以て通才を辨つ無し。

【盤松】盤屈した形の松。〔玉堂雑記、上〕嘗て御製の盤松贊墨本を見るに云ふ。天、瑞木を錫ひ、自ら嶔岑なるを得たり。～雲勢を怒騰し、靜かに琴音を奏すと。～碑は宮中に在り。

【盤石】磐石。唐・王維〔戯れに盤石に題す〕詩　憐れむべし、盤石の泉水に臨むを　復た垂楊の酒杯を拂ふ有り

【盤折】曲折。唐・白居易〔悟真寺に遊ぶ詩、一百三十韻〕山下より山上を望むに　初め疑ふらくは攀づべからずと　誰か知らん、中に路有り　盤折して巖巓に通ず

【盤旋】めぐる。さまよう。唐・韓愈〔李愿の盤谷に帰るを送る序〕太行の陽に盤谷有り。～或いは曰ふ、是の谷や、宅幽にして勢ひ阻し。隱者の盤旋する所なりと。友人李愿、之れに居る。

【盤飧】盤に盛った食事。〔左伝、僖二十三年〕（曹の）僖負羈の妻曰く、～子、盍ぞ蚤く自ら貳せざると。乃ち盤飧を饋り、璧を寘く。

【盤盤】まがりめぐる。唐・李白〔蜀道難〕詩　青泥（嶺の名）、何ぞ盤盤たる　百步九折、巖巒を縈る

【盤辟】立ち居ふるまい。〔漢書、儒林、毛公伝に引く蘇林曰く〕漢舊儀に、～徐氏有り。徐氏の後に張氏有り。經を知らず、但だ能く盤辟して禮容を爲す。天下郡國に容史有り。皆魯に詣りて之れを學ぶ。

【盤遊】狩りなどで楽しむ。〔書、五子之歌〕太康～厥の德を滅ぼし、黎民咸な貳す。乃ち盤遊度無し。有洛の表に畋りし、十旬まで反らず。有窮の后羿、民の忍びざるに因りて、河に距ぐ。

↑盤鴉　唐の婦人の髪型／盤維　藩屏／盤佚　あそぶ／盤逸　盤佚／盤紆　めぐる／盤縈　めぐる／盤筵　宴席／盤渦　渦まく／盤牙　入組む／盤巖　巌山／盤器　鉢、皿／盤詰　詰問する／盤糾　まとわる／盤挽　槃瓠／盤曲　めぐる／盤驗　吟味する／盤瓠　槃瓠／盤互　盤牙／盤荒　楽しみすさぶ／盤查　盤験／盤錯　盤互／盤察　盤験／盤姍　よろよろとするさま／盤珊　盤姍／盤盞　酒の台子／盤繞　めぐる／盤針　磁石／盤足　あぐら／盤罇　酒食／盤陀　もり上がる／盤螭　蟠螭／盤坫　杯台／盤纏　旅費／盤拏　盤陀／盤頭　鉢巻き／盤内　盤中／盤囊　大帯／盤馬　輪乗り／盤礴　広大なさま／盤阪　九十九折／盤舞　旋舞／盤楽　楽しむ／盤竜　蟠竜

↓紆盤・鬱盤・雲盤・縈盤・円盤・宴盤・花盤・渦盤・牙盤・碁盤・吸盤・玉盤・銀盤・碁盤・考盤・香盤・骨盤・終盤・椒盤・燭盤・水盤・石盤・旋盤・澡盤・唾盤・胎盤・耽盤・地盤・篆盤・湯盤・銅盤・氷盤・奉盤・満盤・遊盤・落盤

人 **【磐】** 15 2760

バン
いわ　いわお

形声 声符は般。般は盤の初文。平らかで円く大きな器で、そのような形状の岩石を磐という。〔文選、海の賦、李善注〕に引く〔声類〕に「磐大石なり」とみえ、〔易、漸、注〕に「山石の安き者なり」という。古い字書にはみえない字である。盤と通用する。

訓義 1いわ、いわお、大きな石。2盤と通じ、わだかまる、大きい、たちもとおる。

古訓 〔和名抄〕磐　以波（いは）。日本紀私記に云ふ、千人引く所の磐石、知比岐乃以之（ちびきのいし）〔名義抄〕磐　イハ・タノ（シ）ミ・オホイシ・チヒキノイシ／常磐堅磐　トキハカキハ

語系 磐・般・盤・鞶buanは同声。みな円くめぐらす意がある。それで磐桓をまた盤桓・槃桓・般桓としるすことがある。蟠buanも同声。その義に通用する。

＊語彙は盤字条参照。

【磐牙】相連結する。盤牙。〔後漢書、滕撫伝〕順帝の末、揚・徐の盗賊群起し、磐牙すること連歳。

【磐石】大きな岩。堅固にたとえる。〔韓非子、顕学〕磐石(不耕の地)千里なるも、富と謂ふべからず。象人(人形)百萬なるも、強と謂ふべからず。

↑磐紆　盤紆／磐桓　盤桓／磐互　磐牙／磐峙　そばだつ／磐礴　盤礴／磐辟　盤辟

↓石磐

入【蕃】15 4460 〔蕃〕16 4460　バン ハン　しげる ふえる おおい

篆文  金文 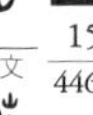

形声 声符は番。〔説文〕一下に「艸茂るなり」とあり、ものの蕃育・蕃息することをいう。〔左伝、僖二十三年〕「男女姓を同じうするときは、其の生蕃らず」とは、同姓不婚の原則をいう。蠻(蛮)・藩(藩)と通用して、蕃夷・蕃屛のように用いる。

訓義 ①しげる、草がしげる。②ふえる、繁殖する。③多い、さかん、ゆたか。④藩と通じ、まがき、まもる。⑤蛮と通じ、えびす。

古訓 〔名義抄〕蕃　シゲシ・カクフ・サカユ・カサヌ・カキ・オホカリ・シモト・サカリニ・ヤトイコフ・シモトカキ　〔篇立〕蕃　シゲシ・カド・カサヌ・カザル・トナリ

語系 蕃・樊・繁(繁)biuanは同声、藩piuanは声義近く、繁茂・蕃衛の意に用いる。

【蕃育】養い育てる。〔左伝、昭元年〕夢に帝己に謂ふ、余れ而の子に命けて虞と曰ひ、將さに之れに唐を與へ、諸れを參(星の名)に屬けて、其の子孫を蕃育せしめんと。生まるるに及んで、文の其の手に在る有り、虞と曰ふ。遂に以て之れに命く。

【蕃衍】しげりふえる。〔詩、唐風、椒聊〕椒聊(山椒)の實　蕃衍して升(ます)に盈つ

【蕃貨】貨財をふやす。〔塩鉄論、本議〕用度足らず。故に鹽鐵を興し、酒榷を設け、均輸を置き、貨を蕃やし財を長じ、以て邊費を佐助せんとす。

【蕃漢】蕃族と漢人。〔李衛公問対、中〕天の人を生ずる、本と蕃漢の別無し。然れども地遠くして荒漠なり。～若し我れ恩信もて之れを撫し、衣食之れを周くせば、則ち皆漢人なり。

【蕃翰】守り。藩翰。〔詩、大雅、崧高〕維れ申と甫とは維れ周の翰　四國于に蕃り　四方于に宣ぶ

【蕃佐】藩鎮として補佐する。梁・江淹〔褚侍中を征北長史と為す詔〕門下の蕃佐には、才を須ひよ。良に非ざれば、寄すること莫し。

【蕃滋】ふえる。〔漢書、儒林伝賛〕武帝の五經博士を立て、弟子員を開きて、～元始に訖るまで百有餘年、業を傳ふる者寖く盛んに、支葉蕃滋す。～蓋し祿利の路、然るなり。

【蕃熟】しげりみのる。〔史記、滑稽、淳于髡伝〕一豚蹄・酒一盂を操り、祝りて曰く、～五穀蕃熟し、穰穰(多いさま)として家に滿てよと。

【蕃庶】多い。〔国語、周語上〕虢の文公、(宣王を)諫めて曰く、～夫れ民の大事は農に在り。上帝の粢盛、是に於てか出で、民の蕃庶、是に於てか生じ、事の供給、是に於てか在り。

【蕃昌】栄える。繁昌。〔墨子、明鬼下〕昔者鄭の穆公(夢む)～神曰く、懼るること無かれ。帝、女の明德を享け、予れをして女に壽十年有九を錫はしめ、若の國家をして蕃昌し、子孫をして茂からしめて失ふ毋からしめんと。

【蕃臣】藩屬の臣。藩臣。〔韓非子、孤憤〕國地削られて私家富み、主上卑しくして大臣重し。故に主、勢ひを失ひて、～更めて蕃臣と稱す。

【蕃息】繁殖。〔史記、秦紀〕非子、犬丘に居り、馬及び畜を好み、善く之れを養息す。～孝王召し、汧・渭の閒に主馬たらしめ、馬大いに蕃息す。

【蕃廡】しげる。〔書、洪範〕時の五つの者、來に備はり、各其の敍を以てせば、庶草蕃廡せん。

【蕃屛】まもり。〔左伝、僖二十四年〕昔、周公、二叔(管叔・蔡叔)の咸からざるを弔む。故に親戚を封建し、以て周に蕃屛とす。

↑蕃渥　てあつい／蕃夷　えびす／蕃衛　まもり／蕃援　たすけ／蕃華　花盛り／蕃夥　おびただしい／蕃扞　まもる／蕃畿　九服の一／蕃客　蕃人／蕃境　蕃地／蕃屈　わだかまる／蕃語　蕃人の語／蕃巷　異民族の住む土地／蕃興　繁栄／蕃国　蛮国／蕃祉　多幸／蕃熾　さかん／蕃孳　ふえる／蕃実　みのる／蕃社　異民族の部落／蕃戎　異民族／蕃藷　甘藷／蕃殖　ふえる／蕃神　仏／蕃人　異民族／蕃盛　さかん／蕃僧　外国人の僧／蕃賊　異民族の賊／蕃土　蕃境／蕃舶　外国の船／蕃蛮　異民族／蕃阜　さかん／蕃輔　補佐／蕃坊　外国人街／蕃邦　蕃国／蕃茂　繁茂／蕃鼇　大幸／蕃籬　まがき／蕃孌　美しい／蕃廬　家と屛

↓孳蕃・熟蕃・諸蕃・生蕃・青蕃・多蕃・南蕃・阜蕃・養蕃

【鞔】16 4751　バン　くつ

篆文 

形声 声符は免(免)。〔説文〕三下に「履空なり」とあるのは履腔、履の内両側をいう。また鞔・悶・懣と通用する。〔広雅、釈詁四〕に「補ふなり」とあり、革を張りめぐらす意。

訓義 ①くつ、くつの内両側。②皮で補う、皮を張りめぐらす、おおう、もだえる。③輓と通じ、ひく。④悶・懣と通じ、革紐でむすぶ。

古訓 〔名義抄〕鞔　オホフ・アミ・マツハル・ムナシ　〔篇立〕鞔　ヒク・ムナシ・クツ・カハフリ・オホフ

↑鞔革　履の表革／鞔鞮　革靴

ヒ

【匕】2 2171　ヒ　ならぶ さじ あいくち

篆文  甲骨文  金文 

象形 人の右向きの形。また、さじ・小刀の形。これらの三義はもと異なるものであるが、字形が似ているので同形となった。〔説文〕八上に「相ひ與に比敍するなり。反人に從ふ」と比叙の意と解し、また「匕は亦た比を用って飯を取る所以なり。一名柶」と匕杓の意とする。器としては匙の形で、是は柄の長いスプーン、それに匕をそえて匙とする。卜文では妣の初文に用い、「亡きはは」の意とする。比叙の字は比、二人並ぶ意であるから、〔説文〕の解は比に施すべきものである。

訓義 ①ならぶ、したしむ。②さじ、しゃもじ。③あいくち、やじり。④妣の初文。なきはは。

古訓 〔名義抄〕匕　カヒ

部首 〔説文〕に匙・頃・卓・艮など八字をこの部に属し、〔玉篇〕も同じ。匙は匕の把手あるもの。卓は匕と早(スプーンの形のさじ)を組み合わせたもので、匕の大なるもの。字の構成は匙と似ている。頃は頴首(稽首)の頴、神を迎える形。ただこの匕は降下する神霊の姿である。艮の上部は邪眼。それにおそれて恨戻の状態となり、卻くことをいう。なお从(從)・比・北は、みな人の側身形を組み合わせた字である。

声系 〔説文〕に匕声として牝・旨・尼など五字を収める。牝は卜文の牝牡の字に記号的に加えられているもので、牝器の象形であるが、声義の関係はない。旨は匕杓を以て器中のもの

を取る形で会意。尼は人の後ろに寄り近づき、親昵の意を示すもので、これも会意の字である。

参考 匕と七と形が近いが、匕は人の側身形、七は化(化)の初文で化の音でよみ、屍の横たわる形である。

【匕首】(ひしゅ) あいくち。短剣。〔史記、刺客、曹沫伝〕曹沫は魯の人なり。～(斉の)桓公、(魯の)莊公と、既に壇上に盟ふ。曹沫、匕首を執りて、桓公を劫かす。齊の桓公の左右敢て動くもの莫し。

【匕箸】(ひちよ) さじと、はし。〔三国志、蜀、先主伝〕曹公(操)従容として先主(劉備)に謂ひて曰く、今天下の英雄、唯だ使君と操とのみ～と。先主方に食し、匕箸を失す。

【匕鬯】(ひちよう(ちやう)) 祭祀に用いるさじと香り酒。〔易、震〕震は亨る。震の來ること虩虩たり、笑言啞啞たり。震、百里を驚かすも、匕鬯を喪はず。

↑匕爨 炊事／匕俎 さじと、まないた／匕筯 比箸

↓挾匕・棘匕・玉匕・失匕・執匕・漆匕・食匕・操匕・象匕・箸匕・刀匕

常 【比】 4 2171 ヒ したしむ くらべる したがう

会意 二人相並ぶ形。左向きは从で、從(従)の初文。右向きは比で比親の意となる。〔論語、為政〕「君子は周して比せず」とは私親の意。金文に「左比」「右比」のように、比助の意に用いる。相並ぶ意より比較の意となり、比類・比倫といい、また相従う意となる。

訓義 ①したしむ、相親しむ。②くらべる、えらぶ、たぐえる、なぞらえる、わりあい。③ならぶ、したがう、ひとしい。④たすける、くみする、あわせる。⑤しきりに、このごろ、つづく、およぶ。

古訓 〔名義抄〕比 ナラブ・タクラブ・タトフ・タトヒ・タグヒ・トモガラ・チカシ・マジフ・シキリ・コロホヒ・コノコロ・シカシナガラ

部首 〔説文〕に毖をこの部に属し、必声とし、〔玉篇〕になお毞字を加える。毖は聖器としての必(鉞の柲部の形)を二人相拝する形で、慎密の意となる。正字は毖に作る字である。

声系 〔説文〕に比声として祉・仳・庇・毞・坒など十二字を収める。毞声・坒声の字もこの声系に属する。おおむね比親・比助の意をもつ字である。

語系 比・妣 piei は同声。また媲 phiei、妃 phiuai、配 phuai、匹 phiet など、配匹を意味する同系の語が多い。

【比意】(ひい) 心を合わせる。漢・劉歆〔書を移して太常博士を譲む〕今聖上、德、神明に通じ、～明詔を下して、左氏の立つべきや不やを試む。近臣を遣はして旨を奉じ命を銜ましめ、～二三の君子と意を比せ力を同にし、廢遺を得んことを冀ふ。

【比較】(ひかく) くらべる。〔顔氏家訓、省事〕爵祿の登らざるは、信に天命に由る。須求して趨競し、羞慚を顧みず。材能を比較し、功伐(功績)を斟量し、色を厲しくし聲を揚げ、東怨西怒す。

【比擬】(ひぎ) なぞらえたとえる。〔南史、王玄謨伝〕孝武、群臣を狎侮し、各ゝ稱目有り。須(鬚)多き者、之れを羊と謂ふ。短長肥瘦、皆比擬有り。

【比況】(ひきよう(きやう)) なぞらえる。〔漢書、刑法志〕其の後姦猾巧法、轉た相ひ比況し、禁罔(網)寖く密なり。律令凡て三百五十九章、大辟四百九條、千八百八十二事。

【比興】(ひきよう) 詩の六義のうち、賦・比・興はその発想、表現をいう。賦は平叙、比は比喩、興は主題に呪的にかかわる発想法。〔文心雕竜、比興〕比は附なり。興は起なり。理に附く者は、切類以て指事し、情を起す者は、依微以て擬議す。

【比肩】(ひけん) 肩をならべる。多い。等しい。〔三国志、呉、吾粲伝〕粲、小吏為り。～孤微に起ると雖も、同郡の陸遜・卜靜等と、比肩し聲を齊しうす。

【比事】(ひじ) 史実を排比して、是非の意を示す。〔礼記、経解〕溫柔敦厚は詩の教へなり。～屬辭比事は春秋の教へなり。故に詩の失は愚、～春秋の失は亂なり。其の人と爲りや、～屬辭比事して亂れざるは、則ち春秋に深き者なり。

【比周】(ひしゆう(しう)) 仲間。また、不公平と公平。〔論語、為政〕君子は周して比せず、小人は比して周せず。

【比輯】(ひしゆう(しふ)) 編集。〔漢書、儒林、瑕丘江公伝〕丞相公孫弘、本と公羊學を爲む。其の議を比輯し、卒に董生(仲舒)を用ふ。是に於て上因りて公羊家を尊ぶ。～是れに由り公羊大いに興る。

【比象】(ひしよう(しやう)) ものにかたどる。〔左伝、桓二年〕火・龍・黼・黻は、其の文(模様)を昭らかにするなり。五色比象は、其の物を昭らかにするなり。

【比数】(ひすう) くらべてかぞえあげる。漢・司馬遷〔任少卿(安)に報ずる書〕刑餘の人、比數する所無きは、一世のみに非ざるなり。從りて來る所遠し。

【比疏】(ひそ) 匈奴の辮髪の飾りの櫛。金文に非余としてみえる。〔漢書、匈奴伝上〕孝文前六年、～服繡袷綺衣・長襦・錦袍各一、比疏一、～謁者令肩をして、單于に遺らしむ。

【比定】(ひてい) ふりあてて定める。〔史記、任教伝〕律を吹き樂を調し、之れを音聲に入れ、及び以て律の令を比定すること百工の若し。天下、程品と作す。丞相と爲るに至り、卒に之れに就く。

【比年】(ひねん) 連年。〔後漢書、章帝紀〕(建初元年正月)丙寅、詔して曰く、比年、牛に疾疫多く、墾田減少し、穀價頗る貴く、人以て流亡す。

【比比】(ひひ) しきりに。どれもこれも。清・俞樾〔古書疑義挙例、誤つて不字を増す例〕古書簡奥、文義明らかにし難し。後人曉らず、臆に率ひて增益し、其の眞を失ふを致すこと、比比として皆是れなり。

【比附】(ひふ) 相親しむ。また、つきあわせる。〔書、呂刑〕其れ刑し其れ罰す。〔疏〕須らく刑書の意を探測し、比附して以て其の罪を斷ぜよ。

【比翼】(ひよく) 羽をならべる。〔爾雅、釈地〕(九府)南方に比翼鳥有り。比せずんば飛ばず。

【比来】(ひらい) このごろ。〔三国志、魏、徐邈伝〕比來天下奢靡にして、轉た相ひ倣效す。而して徐公は雅尚自若として、俗と同じうせず。故に前日の通は、乃ち今日の介(孤高の人)なり。

【比隣】(ひりん) 近所。魏・曹植〔白馬王彪に贈る、七章、六〕詩 丈夫、四海に志す 萬里も猶ほ比隣のごとし 恩愛、苟も虧かざれば 遠きに在りとも、日に親しむを分とす

【比類】(ひるい) なぞらえる。〔礼記、楽記〕倡和、應有り。～萬物の理、各ゝ類を以て相ひ動くなり。是の故に君子は情に反りて以て其の志を和らげ、類を比して以て其の行ひを成す。

【比例】(ひれい) 前例。前例による。宋・司馬光〔知制誥を辞する、第三状〕夫れ資塗を以て人を用ひ、能否を問はず、比例從事して、是非を顧みざるは、此れ最も國家の弊法にして、宜しく革正すべき所の者なり。

↑比依 準ずる／比屋 軒なみ／比介 親しむ／比勘 比校する／比閈 近所／比宜 親しむ／比義 義に従う／比儗 比擬／比及 及ぶ／比居 隣組／比丘 尼／比耦 ならう／比伍 隣組／比伉 匹偶／比校 比較する／比歲 連年／比次 順序／比佽 助ける／比時 先ごろ／比櫛 櫛の歯のようにならぶ／比日 毎日／比昵 親しむ／比舍 近所／比者 この頃／比集 比輯／比

譬(ひしゅう) 較べる／比順(ひじゅん) 和順／比馴(ひじゅん) 親しむ／比勝(ひしょう) 連勝する／比照(ひしょう) 比較／比踵(ひしょう) つづく／比親(ひしん) 親しむ／比世(ひせい) 近世／比成(ひせい) 助ける／比戦(ひせん) 連戦／比俗(ひぞく) 里俗／比竹(ひちく) 笛の類／比儔(ひちゅう) 仲間／比対(ひつい) 対比する／比綴(ひてつ) ならべ綴る／比党(ひとう) 徒党／比並(ひへい) 並べる／比方(ひほう) 較べる／比仿(ひほう) ならう／比侔(ひぼう) 比較する／比謀(ひぼう) 共謀する／比目(ひもく) 比目魚／比喩(ひゆ) たとえ／比余(ひよ) 比疏／比落(ひらく) 近村／比率(ひりつ) 割合／比閭(ひりょ) 隣組／比量(ひりょう) 比べ量る／比力(ひりょく) 合力する／比倫(ひりん) たぐい／比列(ひれつ) 並べる／比聯(ひれん) ならび連なる／比論(ひろん) 比較して論じる

↓案比・屋比・諧比・義比・協比・校比・皐比・雑比・次比・櫛比・昵比・須比・周比・象比・親比・接比・絶比・疏比・対比・大比・等比・徳比・排比・附比・駢比・邦比・朋比・無比・明比・翼比・倫比・隣比・鱗比・類比・連比・和比

【丕】 5 1010 ヒ おおきい さかん

象形 不は萼不の形。花の萼の部分が垂れている形で、その下に肥点(のち一となる)を加えてしべが結胎をはじめたことを示し、胚胎の胚の初文。ゆえに大の意とする。〔説文〕一上に「大なり」とし、「一」に従ひ、不聲」とするが、字の全体が象形である。金文に不をそのまま丕の意に用い、「不顯」を「不顯」としるし、〔詩〕にもそのような表記が残されている。〔詩、大雅、大明〕「不顯其光」を「顯らかならざらんや其の光」と反語形によむのは誤りで、「丕いに顯らかなる其の光」とよむ。否もまた古く丕と声義同じく、金文にその形をも用いる。不は結胎して丕、実の形が加わって否、実がはちきれるようになって咅は、さけて剖という。

訓義 [1]おおきい、さかん、おごそか、よい。[2]はじめ、もと。[3]不と形近く、古く不を用いたことがある。

古訓 〔名義抄〕丕 オホイナリ 〔篇立〕丕 オホキナリ・イマ(ナ)ヤ・オホノ(イ)ナリ

声系 〔説文〕に丕声の字として伾・秠・駓など四字を収める。伾は力あるもの、秠は一稃二米、みな盛大の意をもつ。否は果実の充実した形で、また丕大の意に用いる。不・丕・否は古く通用した。

語系 丕phiə、不・否piuəは声近く、古くは「不顯」のような用義のときに通用した。弗piuətも否定に用い、不・否は否定にも用いる。

【丕基】(ひき) 大いなる基礎。王業。〔書、大誥〕嗚呼、天の明畏、我が丕丕たる基を弼く。

【丕休】(ひきゅう(きう)) 大いなる喜び。金文では「丕顯なる休」という。金文〔史獣鼎〕尹、史獣の勳を賞し、豖鼎一・爵一を賜ふ。皇尹の丕顯なる休に對揚(奉答)して、用つて父庚の永寶障彝を作る。

【丕業】(ひぎょう(げふ)) 大事業。〔史記、司馬相如伝〕皇皇たる哉、斯の事や。天下の壯觀にして、王者の丕業なり。貶すべからざるなり。

【丕訓】(ひくん) 大訓。〔書、君陳〕王曰く、君陳よ、爾惟れ周公の丕訓を弘いにせよ。勢ひに依りて威を作すこと無かれ。法に倚りて以て削ること無れ。寛にして制有り、從容として以て和せよ。

【丕顯】(ひけん) 大いに明らかな徳。〔書、文侯之命〕王若く曰く、父義和よ。丕顯なる文・武、克く明德を愼む。上に昭升し、敷聞して下に在り。惟れ時の上帝、厥の命を文王に集なし、亦た惟れ先正、克く左右して厥の辟に昭事せり。

【丕承】(ひしょう) 大いに承ける。〔書、君牙〕嗚呼、丕いに顯らかなる哉、文王の謨、丕いに承くる哉、武王の烈。

【丕績】(ひせき) すぐれた治績。〔書、大禹謨〕予れ乃の徳を懋めたりとし、乃の丕績を嘉みす。天の曆數、汝の躬に在り。汝終に元后に陟れ。

【丕図】(ひと) 大きなはかりごと。唐・白居易〔黄裳の、尊号を上ることを請ふ表に答ふ〕朕、薄德を以て丕圖を嗣守し、敢て荒寧せず、以て理道を弘む。幸ひに歳時の豐稔なるに屬す。

【丕丕】(ひひ) 大きい。〔書、立政〕文王は庶言を兼ぬる攸罔し。～庶獄・庶愼は、文王敢て茲に知る(関与する)こと罔し。亦た武王に越いて、～敢て厥の義德を替てず。～以て竝びに此の丕丕の基を受く。

【丕烈】(ひれつ) 大きな功烈。漢・蔡邕〔太傅文恭侯胡公(広)碑〕休績丕烈、宜しく此に宣ぶべし。乃ち石を樹てて頌を作り、用つて德音を揚ぐ。

↑丕運(ひうん) 大運／丕欽(ひきん) 大いに慎む／丕愆(ひけん) 大きなとが／丕功(ひこう) 大功／丕構(ひこう) 大業／丕址(ひし) 丕基／丕祉(ひし) 大きな幸い／丕緒(ひしょ) 丕績／丕祚(ひそ) 王位／丕命(ひめい) 大命／丕猷(ひゆう) 丕図／丕釐(ひり) 大きなたまもの／丕隆(ひりゅう) さかん

↓顕丕

常 【皮】 5 4024 ヒ かわ

象形 獣皮を手で剝ぎ取る形。〔説文〕三下に「獸革を剝取する者、之れを皮と謂ふ」とし、字を「又に從ひ、爲の省聲」とするが、獣皮を剝取する全体象形の字である。皮革の全形は革、その半ばを剝取している形が皮である。皮の声は、剝ぎ取るときの音をとったものであろう。

訓義 [1]かわ、けもののかわ。[2]はぐ、はなす。[3]おもて、うわつら、うすいもの、はだ。

古訓 〔和名抄〕皮 加波(かは) 〔名義抄〕皮 カハ・アラカハ 〔篇立〕皮 アラカハ・ウハカハ・カハ・ヤマカタ(ヤマカタは〔和名抄、箋注〕に「皮、山形に附けたり。～鄭玄曰く、主皮とは皮を張りて之れを射、侯と無きなりと。～源君(順)～以て本朝式の所謂山形の類と爲すは誤りなり」とみえる。山形は〔延喜式〕に竹の簀子で作ることがみえ、皮ではない)。

部首 〔説文〕に皰・皸・皺など四字を属し、〔玉篇〕にはすべて四十字を属する。皮革の用途が六朝期には急激に増大したのであろう。中に赧のように、部属を誤るものがある。

声系 〔説文〕に皮声として彼・詖・簸・疲・被・頗・髲・破・波・披・陂など、二十二字を収める。みな表皮、表皮の状態、これを動かし傾ける状態など、皮の声義を承けるものが多い。

語系 皮・被biaiは同声。披・帔phiaiは表面を覆い、また披くもの。波puai、陂piaiはうねうねと波だつものをいう。

【皮韋】(ひい(ゐ)) 毛皮と、なめし革。〔儀礼、聘礼〕韋弁。〔疏〕毛有るときは、則ち皮と曰ひ、毛を去りて熟治するときは、則ち韋と曰ふ。

【皮革】(ひかく) 皮韋。〔左伝、隠五年〕皮革齒牙、骨角毛羽の、器(用)に登らざるをば、則ち公射ざるは、古の制なり。夫の山林川澤の實、器用の資の若きは、皁隷の事、官司の守なり。

【皮鞹】(ひかく(くわく)) かわ。〔淮南子、説山訓〕牛の皮を剝ぎ、鞹して(皮の毛をとり)、以て鼓と爲し、三軍の衆を正す。然れども牛の爲に計れば、軛に服くに若かず。

【皮褐】(ひかつ) 粗末な皮の衣服。唐・皮日休〔寒日書斎即事、三首、二〕詩 知らず、何れの事にか、生涯有る 皮褐、親しく裁して、道家を學ぶ

【皮軒】ひけん 虎皮で飾った車。虎皮軒車。〔通典、礼典二十四、皮軒車〕漢制、皮軒者は虎皮を以て軒と爲す。晉・宋相ひ因りて四馬を駕す。～大唐、之れを大駕鹵簿に備へ、辟惡車の後に次す。

【皮紙】ひし 皮を剝いで紙とする。〔洛陽伽藍記、五、聞義里〕王城南一百餘里に、如來の昔作りし(在せし)摩休國有り。皮を剝ぎて紙と爲し、骨を析きて筆と爲せし處なり。阿育王、塔を起して之れを籠す。～析骨の處、髓流れて石に著っく。

【皮皺】ひしゅう(しう) 表面のしわ。〔酉陽雜俎、七、酒食〕道流陳景思說ふ、敕使齊日昇、櫻桃を養ふ。五月中に至り、皮皺鴻柿の如くして落ちず、其の味數倍すと。人、其の法を測らず。

【皮船】ひせん 牛皮で覆った舟。また、牛皮の船。〔金川瑣記、二、皮船〕甘肅隣近、黃河の西寧一帶に渾脫(羊皮で作った船)多し。蓋し羊皮を取る。～金川の皮船は、～極めて堅き樹枝を以て骨と爲し、蒙らしむるに牛革を以てす。形圓にして桮棬(杯)の如く、～四五人を坐すべし。

【皮相】ひそう(さう) うわべ。〔史記、酈生伝〕酈生(食基)入りて、沛公に揖して曰く、～夫れ足下、天下の大事を興し、天下の大功を成さんと欲す。～而るに目皮を以て相す。恐らくは天下の能士を失はん。～竊かに足下の爲に之れを失せりとす。

【皮肉】ひにく 表面。また、からだ。〔福恵全書、七、比較〕(完糧奨励)凡そ錢糧煩多の地と、刁頑習を成すに屬する者は、未だ積年逋欠せずんばあらず。嚴に刑比を加ふと雖も、彼寧ろ其の皮肉を苦しめて意を立て、延挨(延引)せん。

【皮鞴】ひはい ふいご。〔周書、韋孝寬伝〕塹外に柴を積み、火を貯へ、敵人の地に伏して、內に道ふ者有るときは、便ち柴火を下し、皮鞴を以て之れを吹く。吹氣一衝せば、咸く卽ち灼爛す。

【皮帛】ひはく 皮と絹。〔周礼、春官、大宗伯〕禽を以て六摯を作り、以て諸臣を等しうす。孤は皮帛を執り、卿は羔(子羊)を執り、大夫は鴈を執り、士は雉を執り、庶人は鶩(あひる)を執り、工・商は雞を執る。

【皮傅】ひふ あさはかにこじつける。〔後漢書、張衡伝〕(上疏)則ち知る、圖讖(予言の書)は、哀・平の際に成る。且つ河洛(河図・洛書)六藝(六経)、篇錄已に定まる。後人皮傅するも、篡(竄)を容るる所無し。

【皮膚】ひふ はだ。〔列子、天瑞〕皮膚爪髮、隨つて世(生)じ隨つて落ち、嬰孩の時より停まりて易らざること有るに非ざるなり。

【皮幣】ひへい 礼物。皮と絹。〔左伝、襄二十八年〕宋の盟に、君命じて～其の社稷(国家)を安定し、其の民人を鎭撫せしむ。～寡君(鄭君)、是の故に吉(游吉)をして其の皮幣を奉ぜしむ。

【皮弁】ひべん 鹿皮の冠。〔周礼、夏官、弁師〕王の皮弁は五采の玉璂(綦)を會(縫)し、象邸(柢)玉笄す。

【皮面】ひめん 面皮をはぐ。〔戦国策、韓二〕左右大いに亂る。聶政大呼し、殺す所の者數十人。因りて自ら面を皮はぎ、眼を抉り、自ら屠として腸を出だし、遂に以て死す。

↑皮靴 皮ぐつ／皮角 獣皮と角／皮冠 皮弁／皮幹 皮と骨／皮裘 皮衣／皮筐 皮箱／皮屨 皮ぐつ／皮袴 皮ばかま／皮絝 皮ばかま／皮侯 皮製の的／皮室 腹心／皮帯 華帯／皮袋 皮の袋／皮囊 皮袋／皮排 ふいご／皮剝 皮を剝ぐ／皮鞭 罪人をうつ皮の鞭／皮毛 毛皮／皮簾 城の防具

↓衣皮・果皮・樺皮・外皮・牛皮・姸皮・虎皮・穀皮・樹皮・獣皮・織皮・靭皮・脱皮・竹皮・陳皮・斑皮・貔皮・表皮・豹皮・面皮・毛皮・木皮・羊皮・貍皮・儷皮・鹿皮

【圮】 6 4711 ヒ やぶる やぶれる

篆文

形声 声義は己。己に妃・配の声があるが、妃は卜文では巳、配は金文では卩の形に従う。〔説文〕十三下に「毀るなり」とし、或る体として手と非に従い、配の省声とする形の字をあげている。〔孫子、九変〕の〔注〕に「水毀るるを圮と曰ふ」とあり、土堤の破れる形を示す字であるかもしれない。〔説文〕に「虞書に曰く、命に方ひ族を圮る」と〔書、尭典〕の文を引く。

訓義 ①やぶる、やぶれる。②くつがえす、そこなう。③堤がやぶれる、決潰する。

古訓 〔名義抄〕圮 ヒハル・クヅル・ヤブル・アバル・ツチハシ・タツ 〔篇立〕圮 ヒハル・クヅル・タユ・カハル・ヤブル・ツチハシ 〔字鏡集〕圮 クヅル・タツ・ハル・アバル・タユ・ヒハル・ムシル・キシノクヅル・ツチハシ

【圮毀】ひき 崩れやぶれる。唐・元稹〔両省供奉官、温湯に駕幸するを諫むる状〕累聖已來、深く覆轍に懲る。驪宮圮毀するも、永く修營を絶つ。

【圮絶】ひぜつ 滅び去る。漢・蔡邕〔陳太丘(寔)の碑文〕如何ぞ昊穹(天)、既に斯の文を喪せり 微言圮れ絶えたり、來者曷くにか聞かん

【圮廃】ひはい 荒廃する。〔春明退朝録、中〕唐の曲江は、開元・天寶中、旁らに殿宇有り。安史の亂の後、盡く圮廢せり。

【圮裂】ひれつ 廢れ分裂する。晉・桓溫〔譙元彦を薦むる表〕伏して惟ふに、大晉、符に應りて世を御む。運に常通無く、時に屯蹇(困難)有り。神州丘墟と爲り、三方圮裂す。

↑圮下 崩れおちる／圮隔 くずれて隔てる／圮傾 くずれ傾く／圮滞 くずれ塞がる／圮坼 くずれさける／圮地 くずれた地／圮溺 くずれて水につかる／圮剝 くずれおちる／圮墳 荒れた墓地／圮泐 崩れおちる

↓湮圮・窮圮・摧圮・頽圮・通圮・地圮

常 【妃】 6 4741 ヒ きさき つま

篆文

甲骨文
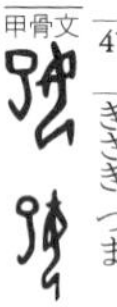
金文

会意 字はおそらくもと妃に作り、女＋巳。〔説文〕十二下に「匹なり」と妃匹の意とし、字を己声とするが、声が合わない。巳は蛇の象形。祀はその形に従う。巳は霊性のあるものとされた。卜辞に「霝(靈)妃」の名があり、「霝妃は囚(死)せざるか」「霝妃に御(禦)らんか」と卜しており、神として祀られているものであった。金文に妣の尊号として用い、〔陳侯午敦〕に「皇妣孝大妃の祭器鋏敦を作る」のようにいう。〔礼記、曲礼下〕に「天子の妃を后と曰ふ」とあり、后妃の称とするが、古くは神巫の称であったかと思われる。のち「西華の紫妃」「星妃」のように、神女の意にも用いる。

訓義 ①きさき、ひ。②つま、つれあい。③みこ、神巫。

古訓 〔名義抄〕妃 キサキ 〔篇立〕妃 ミヤストコロ・キサキ・ヒメ

語系 妃phiuəi は配phuəi、媲phiei、匹phiet とみな双声、妣piei も声義が近い。妃・媲はその字形からみて、神につかえる女であったかと思われる。

【妃偶】ひぐう つれあい。配偶。〔北史、列女伝序〕或いは王公大人の妃偶にして、情を淫僻の俗に肆にする有り。～草木と以に俱に落ち、麋鹿と同に死する者、道ふに勝ふべけんや。

【妃子】ひし きさき。皇妃。唐・王建〔宮詞一百首、七十一〕詩 妃子院中、初めて降誕す 內人爭うて乞ふ、洗兒錢(出産のお祝い)

【妃嬪】ひひん 身分の高い女官。〔国語、周語中〕今陳侯、胤續の常を念はず、其の伉儷妃嬪を棄て、其の卿佐を帥ゐて、以て夏氏に淫す。

↑妃耦 妃偶/妃妾 そばめ/妃嬙 女官/妃色 女色/妃匹 つれあい
↓媛妃・王妃・貴妃・玉妃・賢妃・元妃・后妃・冊妃・正妃・妾妃・湘妃・星妃・太妃・天妃・納妃・嬪妃・明妃・洛妃・令妃

【伾】 7 / 2121 ヒ ハイ おおきい

篆文

形声 声符は丕。丕に大きい意がある。〔説文〕八上に「力有るなり」とあり、伾伾のように形容の語に用いる。また衆多の意に用いる。大伾は山名、〔書、禹貢〕にみえる。

訓義 ①おおきい、さかん、おおい。②力がある、力がつよい。③山の名。また、山が重なる。

【伾伾】 早くて力あるさま。〔詩、魯頌、駉〕駓たる有り、騏たる有り 車を以ちふること伾伾たり

↑伾抎 拭きとる

【否】 常 7 / 1060 ヒ いな いなむ おおいに

篆文 金文

会意 不＋口。口は𠙵、祝詞を収める器の形。その上を蓋うことによってこれを拒否し、妨げる意をあらわす。〔説文〕二上に「不しからざるなり。口に從ひ、不に從ふ」とし、口を口舌の形と解する。金文の〔毛公鼎〕に「上下の若否」という語があり、上下神の諾否、すなわち神意を意味する。若（若）は巫女が舞い祈る形で、神が応諾することをも若といった。また否には別に不・丕・否・音という系列に属するものがあり、不は萼不、その花蔕が成熟する過程を丕・否・音といい、実のはじけ割れることを剖判という。金文に「不杯」というほめことばがあり、字はまた「不䫀」に作る。諾否・否定の否と、不・丕系列の字と、もと別系であろうが、いま否にその両義がある。

訓義 ①いな、しからず、あらず、いなむ。②しからずんば。③おおいに、おおいなり。

古訓 〔名義抄〕否 アラズ・イナヤ・フサク・ニクム・マジ・トヅ・ナク・スマジ・イナ・イナカ（ヤ）・フサクヤ/大否 オホイナラズヤ・シカラズヤ/曷辭曷否 イズレヲカアラヒ、イズレヲカアラハザラム

声系 〔説文〕に否声として嚭・音・桮・痞など七字を収める。嚭・音に大の義、桮・痞に巻曲・結滞の意があり、字義にも両系が認められる。

語系 否・不 piuə は同声。弗 piuət は払戻の象で、否定に用いる。金文では不・否をいずれも丕大の意にも用いる。おそらく賁 biuən 系統の語であろう。

【否運】 厄運。晉・慧遠〔沙門不敬王者論の序〕悲しい夫、斯れ乃ち交喪の由る所、千載の否運なり。深く大法の將に淪しまんとするを懼る。

【否臧】 善悪、臧否。唐・白居易〔杜佑致仕の制〕司徒同平章事杜佑、長才名略を以て、國の元臣と爲り、四朝に歴事し、殆ど三紀を逾えたり。～國に大事有らば、入りて否臧を議せよ。忠臣愛君、豈に必ずしも在位のみならんや。

【否塞】 閉塞不通。唐・陸亀蒙〔襲美先輩の呉中苦雨に奉酬す、一百韻〕詩 之れに因りて否塞を成す 十載、眞に契闊（御無沙汰）なり

【否泰】 通塞。晉・陸機〔馮文羆の斥丘の令に遷さるるに贈る〕詩 嗟我人を懷ふ 其の邁くこと惟れ永し 否泰苟に殊なり 窮達違ふこと有り

【否徳】 その徳にあたらぬ。〔書、堯典〕帝曰く、咨、四岳、朕位に在ること七十載。汝能く命を庸ひたり。朕が位を巽らんと。岳曰く、否徳なり、帝位を忝しめんと。

↑否隔 閉塞する/否極 非運が極まる/否滞 停滞する/否定 打消し/否敗 窮困する/否剝 不運/否否 強く否定する/否婦 愚婦/否閉 不通/否戻 もとる
↓安否・可否・休否・拒否・許否・賢否・困否・賛否・若否・順否・信否・正否・成否・善否・然否・臧否・存否・諾否・達否・屯否・通否・当否・能否・良否・淪否

【妣】 7 / 4141 ［𡚱］ 5 / 4141 ヒ はは

篆文 籀文 金文 甲骨文

形声 声符は比。〔説文〕十二下に「歿したる母なり」とあり、父には孝、母には妣という。籀文として𡚱を録する。匕が妣の初文。人の右向きの形。匕は卜文に、匕・妣は金文にみえる。

訓義 ①なきはは、はは。

古訓 〔名義抄〕妣 母なり、死せると妣と曰ふ。ハハ、

語系 妣・比 piei は同声。また、妃 phiuəi、配 phuəi、媲 phiei、匹 phiet はみな同系の語で、匹配の関係にあるものをいう。

【妣考】 なき父母。明・高明〔琵琶記〕（書館悲逢）兩口（夫婦）顚連して（困苦の果て）相ひ繼ぎて死せり。我は頭髮を剪り、錢に賣りて伊の妣考を送れり。

【妣祖】 亡母と先祖。〔詩、小雅、斯干〕妣祖を似ぎ續ぎて 室を築くこと百堵 其の戸を西南にす

↓王妣・賢妣・孝妣・皇妣・先妣・祖妣

【屁】 7 / 7721 ヒ へ

形声 声符は比。〔玉篇〕に「泄るる氣なり」という。尸は人の後向き、また臥している形。屁眼・屁口とは肛門をいう。屁は擬声的な語である。

訓義 ①へ、へひる。

古訓 〔新撰字鏡〕屁 戸（へ）/放屁 戸比留（へひる）〔和名抄〕屁 楊氏漢語抄に云ふ、放屁、倍比流（へひる）〔名義抄〕屁 ヘヒル・ヘ/放屁 ヘヒル 〔篇立〕屁 ヘヒル。屁留（ひる）

↑屁眼 肛門/屁股 しり/屁口 肛門/屁話 人をののしる語
↓放屁

【庇】 人 7 / 0021 ヒ おおう かばう たのむ ひさし

篆文

形声 声符は比。〔説文〕九下に「蔭ふなり」とあり、广の下に人が並ぶ形。たよりとして身を寄せることを、庇蔭という。わが国では、ひさしをいう。

訓義 ①おおう、かばう。②たのむ、たよる。③いこう。④国語で、ひさし。

古訓 〔新撰字鏡〕庇 比佐志（ひさし）〔和名抄〕庇 比佐之（ひさし）〔名義抄〕庇 オホフ・ヒサシ・カケ・タスク・カクス・カクル

【庇蔭】 かばう。〔顔氏家訓、勉学〕父兄も常には依るべからず、郷國も常には保つべからず。一旦流離して、人の庇蔭する無ければ、當に自ら諸れを身に求むべきのみ。諺に曰く、積財千萬なるも、薄伎の身に在るに如かずと。

【庇護】 保護する。唐・李公佐〔南柯太守伝〕子華曰く、周生は貴人なり。職は司隷爲り。權勢甚だ盛んなり。吾れ數しば庇護を蒙ると。

【庇託】 身をよせる。〔旧唐書、張説伝〕居人を排斥し蓬に宿り、草に次る。風雨暴かに至り、庇託を知らず。孤惸老病、衢巷に流轉す。

【庇頼】 かばう。宋・欧陽脩〔滝岡阡表〕是れ以て後世に表見し、其の子孫を庇頼するに足る。

↑庇依 たよる／庇陰 庇廕／庇衛 守る／庇身 かばう／庇軫 車蓋の骨／庇蔵 かくす／庇覆 かばう／庇冒 おおう／庇免 免れる／庇翼 庇護する

↓依庇・陰庇・廕庇・蔭庇・隠庇・掩庇・援庇・下庇・庥庇・曲庇・高庇・自庇・大庇・天庇・徳庇・保庇・門庇・頼庇

常【批】7 5101 ［𢱧］13 5601 ヒ うつ

篆文 

形声 正字は𢱧に作り、毘声。批は比声。〔説文〕十二上に「手を反へして撃つなり」とあり、平手うちをいう。〔左伝、荘十二年〕「批ちて之れを殺す」のように、強くうつことをいう。排と通じて用いる。批難とは、欠陥を指摘して責問することをいう。毘・比は卑（卑）・暴とも声の通ずる字で、強くうつときの音を形容するものであろう。

訓義 ①うつ、てでうつ。②おす、ふれる、おしのける、ひらく。③しめす、こたえる、表奏に対する勅答、指令。④批評、評語、しなさだめ。

古訓 〔名義抄〕批・𢱧 ウツ・ヒキヒラク 〔篇立〕批 ウツ・テウツ・ヒラク・クラブ 〔字鏡集〕批 ウツ・ヒキヒラク・メグル

【批頰】 頰をうつ。〔唐書、蘇良嗣伝〕薛懷義に朝に遇ふ。懷義偃蹇す（のさばる）。良嗣怒り、左右に叱して其の頰を批ち、曳き去らしむ。

【批点】 詩文などに評点を加える。〔書林清話、刻書に圏点有るの始〕謝枋得の文章軌範七巻目錄の後に、門人王淵濟の跋有り。謂ふ、此の集、惟だ孟東野を送る序、前の赤壁の賦は、先生親筆の批點に係ると。

【批荅】 表奏に対する答え。〔唐書、百官志一〕玄宗初めて翰林待詔を置き、張說・陸堅・張九齡等を以て之れと爲し、四方の表疏・批荅・應和文章を掌らしむ。

【批判】 是非の論。〔揮麈後録、七〕（徐）師川、才を恃のみ、世に傲り、肯て人下に居らず。嘗て虛中（陳瑊）の判する所を取りて之れを攻む。～師川曰く、～瑊の批判、道ふに足らずと雖も、然れども公の改抹する所、未だ當らざるは奈何と。

↑批允 許可する／批閲 調べる／批改 直す／批扞 排斥する／批毀 そしる／批議 批難する／批傾 排撃する／批語 判定の語／批亢 相排撃する／批行 准行する／批根 排絶する／批殺 うち殺す／批抵 うつ／批詞 批判の語／批示 指図する／批出 許可する／批准 勅可する／批帖 指令／批審 調査する／批折 くじく／批撻 うつ／批勅 制勅を批判する／批難 責問する／批駁 駁論／批反 批答／批尾 巻末の評／批筆 評語／批評 評論／批覆 批反／批抹 なおす／批覧 批閲する／批拉 ひしぐ

↓一批・御批・高批・小批・妄批

【帔】8 4424 ヒ はかま も

篆文 

形声 声符は皮。〔説文〕七下に「弘農にては帬帔を謂ふなり」とあり、〔方言、四〕に「帬、陳・魏の閒にては、之れを帔と謂ふ」とする。〔釈名、釈衣服〕に「帔は披なり。之れを肩背に披き、下に及ばざるなり」とはうちかけの類。〔玉篇〕も「肩背に在り」とする。また被と通用する。

訓義 ①はかま、も。②うちかけ。③ふきん。④わが国で、たれぎぬ。婦人が外出のとき、笠の四方に垂れた。

古訓 〔名義抄〕帔 キル・カヅク・ウチカケキヌ・ムシ・チキリ・カウフリ 〔字鏡〕帔 キヌ・ツヽミ・チキリカウフリ・キル・ウチカケキヌ・カヅク 〔字鏡集〕帔 ウガツ・キル・カウフリ・ヒラク・チキリ・ムシ・ウチカケキヌ

【帔子】 うちかけ。〔事物紀原、三、衣裘帶服部、帔〕實錄に曰く、三代には帔の說無し。秦に披帛有り、縑帛を以て之れを爲す。漢は卽ち羅を以てす。晉の永嘉中、絳暈帔子を制す。開元中、三妃以下、通じて之れを服せしむ。～出適するに帔子を披ふ。

↑帔巾 うちかけ／帔肩 帔子／帔服 裳服

↓羽帔・花帔・霞帔・葛帔・冠帔・帬帔・肩帔・紅帔・香帔・紫帔・翠帔・道帔・緋帔・毛帔・油帔・羅帔・緑帔

常【彼】8 2424 ヒ かれ かの かしこ

篆文 

金文 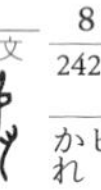

仮借 字は形声で、声符は皮。彳に従い、もと外に行動する意の字であろうが、その本義は失われ、ただ代名詞に仮借してのみ用いる。〔説文〕二下に「往きて加ふる所有るなり」と彼・加の畳韻をもって解するが、その用例はない。金文に「皮の吉人」のように皮を彼の意に用い、〔石鼓文、汧殹石〕や近出の金文〔中山王円壺〕にもその用例がある。彼はそれより後起の字。漢碑にはみな彼に作る。

訓義 ①かれ、かの。②かしこ、かなた、あなた。③匪と通じ、あらず。④加える。

古訓 〔名義抄〕彼 カレ・カシコ・ソレ・ソコ 〔字鏡集〕彼 カレ・カシコ・ソコ・シ、ロ・ソレ

語系 遠称代名詞に彼piaiと匪piuaiとがあり、ともに仮借義。〔詩、小雅、小旻〕「如匪行邁謀」は「匪の行邁（行きずり、他所者）に謀るが如し」で、〔詩、小雅、雨無正〕「如彼行邁（彼の行邁の如し）」と同じ語法である。

【彼我】 彼と我。相手方と自分。〔晋書、王羲之伝〕夫れ廟算に勝を決するは、必ず宜しく彼我を審量し、萬全にして而る後に動くべし。

【彼岸】 仏教で涅槃をいう。あの世。〔大智度論、十二〕生死を以て此岸と爲し、涅槃を彼岸と爲す。

【彼此】 かれと、これ。〔墨子、経説下〕彼と此と亦た可なりとは、彼此は彼此に止まる。是の若くにして彼此なるときは、則ち彼も亦た且に此を此とせんとす。

【彼蒼】 蒼天。〔詩、秦風、黄鳥〕彼の蒼なる者は天 我が良人（三良）を殲くす

↑彼己 かれ／彼記 かれ。彼其。記・其は助字／彼地 彼の地

常【披】8 5404 ヒ ひらく わける なびく

篆文 

形声 声符は皮。皮は獣皮。獣皮をひらきとることを披という。〔説文〕十二上に「旁より持つを披と曰ふ」とあり、〔儀礼、既夕礼〕「披を執る者、旁四人」の旁で、すなわち出棺のとき、旁らより扶持するものの意とするが、本義ではない。牲体を披くことを披磔といい、すべて解き開くことをいう。衣には披襟、書には披読、風には披靡のようにいう。

訓義 ①ひらく、とく、あける。②わける、さく。③なびく、ちる。④ひつぎのなわ。

古訓 〔名義抄〕披 ヒラク・キル・ハカル・カヽル・ハル・ヨル・ソフ・ワカル・マビロク／昌披 マビロケタリ

語系 披・帔phiaiは同声。帔は肩かけの類。皮・被biaiは上に被るもの。旇phiaiは披と同声。旗のなびくことをいう披靡のさまを示す字である。

【披衣】 衣をきる。魏・文帝〔雑詩、二首、一〕展轉して寐ぬること能はず 衣を披きて、起ちて彷徨す 彷徨すること、忽ち已に久し 白露、我が裳を沾す

【披雲】 雲をひらく。障屛を除く。〔世説新語、賞譽〕衛伯玉（瓘）、～樂廣を見て、～之れを奇として曰く、～此の人は人の水鏡なり。之れを見るに、雲霧を披きて青天を覩るが若しと。

【披閲】書をよむ。明・李贄〔焦弱公(竑)に与ふる書〕山中寂寞として侶も無し。時時、史冊を取りて披閲し、其の人と會觀するを得るは、亦た自ら快樂なり。

【披懐】心をひらく。晉・陸機〔弁亡論、下〕(呉の太祖は)宮を卑くし食を菲くし、以て功臣の賞を豐かにし、懐を披き己を虛しうして、以て謨士の筭を納る。

【披巻】書をよむ。民国・蘇曼殊〔断鴻零雁記、十三〕否らざれば則ち寒舍に東西の詩集少なからず、亦た燈を挑げて披巻すべきなり。

【披玩】玩賞する。金・王若虛〔茅先生道院記〕(其の姪茅守明)公の繪く所の院圖及び自敍する所以の者を以て、其の事を紀さんことを請ふ。予れ披玩すること再三、怳として其の地に卽き、其の人を見るが如く、忽焉として自失す。

【披抉】かきわける。宋・蘇軾〔復た放魚の韻に次す〜〕詩 長讒す、韓子(愈)隘且つ陋 一飽す鯨鯢、何ぞ膾とするに足らん 東坡(軾)也た是れ憐れむべきの人 泥沙を披抉して細碎を收む

【披散】ちらばる。〔宋書、宗愨伝〕愨、年十四、身を挺して賊を拒む。賊十餘人、皆披散す。

【披書】書をよむ。唐・王績〔杖を策きて隠士を尋ぬ〕詩 酒を置きて枯葉を燒き 書を披きて落花に坐す

【披情】心をひらく。披懐。南朝宋・謝霊運〔山居の賦〕名山に陵りて屢〻憩ひ、巖室を過ぎりて情を披く。未だ至道に階せずと雖も、且らく世纓(世の煩い)に緬絶す。

【披心】まごころをうちあける。魏・曹植〔当牆欲高行〕楽府 憒憒たる俗閒、僞眞を辯ぜず 願はくは心を披きて自ら說陳せんと欲す

【披榛】叢をひらく。晉・趙至〔嵇茂斉(康の兄の子、蕃)に与ふる書〕進みては依る所無く、退いては據る所無し。澤を涉り、蹊を求め、榛を披き路を覓め、溝渠に嘯詠し、良に度かるべからず。

【披磔】牲をひらきさく。〔周礼、春官、大宗伯〕疈辜を以て四方百物を祭る。〔注〕牲を披磔して以て祭る。今時の、狗を磔して祭り、以て風を止むるが若し。

【披剃】僧衣を着、頭を剃って出家する。〔景徳伝灯録、十二〕(鄂州灌谿志閑禅師)幼にして柏巖禪師に從ひて披剃す。

【披読】書をよむ。〔梁書、張纘伝〕纘、學を好む。兄緬に書萬餘卷有り。晝夜披讀し、殆ど手を輟めず。〜遍く閣内の圖籍を觀んと欲す。

【披靡】うちなびく。〔史記、項羽紀〕是に於て項王大いに呼びて馳せ下る。漢軍皆披靡す。

【披払】ゆれうごく。〔荘子、天運〕風、北方より起り、一は西し一は東し、有た上りて彷徨す。孰れか是れを噓吸する。孰か無事に居りて是れを披拂する。敢て問ふ、何の故ぞや。

【披麻】画の皴法の一。〔画訣〕(画の好処)其の見易き者は皴法なり。皴法は名色甚だ多し。惟だ披麻・豆瓣・小斧劈を正經と爲す。

【披離】四散する。楚・宋玉〔風の賦〕其の將に衰へんとするに至りては、被麗披離、孔を衝き楗(拒門)を動かし、眴煥粲爛、離散轉移す。

【披瀝】心をうちあける。唐・上官儀〔盧岐州の為に致仕を請ふ表〕丹愚(愚かな丹心)を披瀝す。諒に矯飾に非ず。伏して願はくは、大明委照(詳しく照覧)せんことを。

【披露】うちあける。披瀝。〔後漢書、郎顗伝〕(上章)臣、草野に生長し、禁忌を曉らず。肝膽を披露し、書するに言を擇ばず。〜伏して重誅を待つ。

↑披繹 しらべたずねる/披掛 かける/披開 ひらく/披覈 しらべる/披褐 褐衣/披肝 披懐/披款 まごころを披瀝する/披緘 開封する/披裘 かわごろもをきる/披錦 錦をきる/披襟 披懐/披決 ひらく/披見 開いて見る/披肩 肩にかける/披堅 堅甲を身につける/披検 披閲する/披甲 披堅/披紅 うちかけ/披蓑 みのを衣る/披緇 墨染めの衣をつける/披猖 狂う/披攘 はらう/披尋 しらべる/披泄 もらす/披藻 文章にあらわす/披対 胸中をひらいて対談する/披戴 道士/披闥 扉をひらく/披胆 心をうちあける/披帙 書を読む/披陳 披瀝する/披展 開いて見る/披頭 無帽/披覿 披見する/披衲 僧衣/披帛 うちかけ/披髪 髪をふりみだす/披布 披露する/披敷 ひろげる/披風 肩衣/披服 衣物を着る/披腹 披心/披文 披藻/披霧 雲霧を開く/披面 顔を切る/披覧 披見する

↓雲披・昌披・直披・敷披・風披・払披・紛披・分披・離披

入 **【枇】** 8 4191 ヒ びわ

篆文

形声 声符は比。〔説文〕六上に「枇杷の木なり」とあり、また楽器の琵琶を、枇杷としるすことがある。

訓義 ①びわ、びわの木。②祭祀用の木さじ。③琵琶。④くし。

古訓 〔名義抄〕枇 ウツキ・ホソシ・ホソキ・クシ・ナラブ/枇杷 ビハ

【枇杷】琵琶。〔釈名、釈楽器〕枇杷は本と胡中に出づ。馬上に鼓する所なり。手を推して前すむるを枇と曰ひ、手を引きて卻くるを杷と曰ふ。

【畀】 8 6022 〔畁〕 9 5022 ヒ たまう あたえる

篆文

金文

象形 金文の字形は鏑矢の形に作り、鳴鏑の象形かと思われる。〔説文〕五上に「相ひ付與するの約(物)、閣上に在り。丌に從ひ、甶の聲」とする。〔繫伝〕に甶を「音は信なり」とするが、いずれにしても字の声と合わず、形声の字としがたい。金文の〔中方鼎〕に「土を貺り畀ふ」、〔班𣪘〕に「否いに純陟を畀へられたり」のように用いる。また〔書、多方〕「大いに顯休の命を成湯に降し、有夏を刑殄し、惟れ天、純を畀へず」とあるのも同じ。金文の字形が畀の初形である。これを賜与の義とするのは、賜与のときに鏑矢をそのしるしとして与えることがあったのであろう。矢は矢誓のときにも用いるものであった。賜の初形は易で、これは盃酒を賜う意。易は盃に酒を注ぐ形である。

訓義 ①たまう、あたえる。②あたえるもの。

古訓 〔名義抄〕畀 アタフ

声系 〔説文〕に畀声として鼻(鼻)・箅・痹を収める。鼻は自が象形であるから畀声。箅もその声が近い。痹は痹孛の形で、花の子房がふくらみかけ、なお花蔕が残って垂れている形で象形。畀声に従う字ではない。

【畀矜】めぐみあわれむ。〔書、多士〕爾克く敬せよ。天惟れ爾に畀矜せん。

↓簡畀・帝畀・天畀・投畀・秉畀・付畀

常 **【肥】** 8 7721 ヒ こえる ゆたか さかん

篆文

会意 肉(肉)+卩。卩は人の跪坐する形。そのとき下体の肥肉が著しくあらわれることをいう。〔説文〕四下に「多肉なり」とし、会意とする。また「肉は過多なるべからず。故に卩に従ふ」とし、卩を節(節)の意とする。卩は坐して腿のあたりの肉のゆたかなさまを示す形で、沐

浴のため盤中に坐する形は盈、また廟中に祈る姿を宛という。夃・夗はみなその象形。卪・巴などもその象形である。

訓義 ①こえる、ふとる。②ゆたか、みちる、あつい。③さかん。

古訓 〔名義抄〕肥 コユ・コエタリ・コマカ・タノシビ

声系 〔説文〕に肥声として萉など三字を収める。萉は麻枲の実。また賁声に従う。賁にも大きく美しい意がある。

語系 肥biuəiは賁biuən、孛・勃buət、否piuəと声近く、みな肥大の意がある。否は花の子房の胚胎する象。孛・勃は実の入りかけ、賁は外に賁然としてあらわれることをいう。

【肥衍】 土地が肥えて、ひろくゆたか。〔唐書、文芸下、欧陽詹伝〕閩越は地肥衍、山泉禽魚有り。能く文書吏事に通ずと雖も、肯へて北宦せず。

【肥甘】 美食。〔孟子、梁恵王上〕王の大いに欲する所、聞くことを得べきか。～肥甘、口に足らざるが爲か。輕煖、體に足らざるか。

【肥潔】 肥えて清らか。〔春秋繁露、郊事対〕魯、周公を祭るに白牲を用ふ。～帝牲、滌に在ること三月。牲は肥潔を貴ぶ、其の大を貪らず。凡そ養牲の道は、務むること肥潔にするに在るのみ。

【肥胡】 幅広の垂れ幡。胡はたれ肉。〔国語、呉語〕百行(軍一万)行頭皆官師鐸を擁し、稽(戟)を拱り、肥胡を建て、文犀の渠(楯)を奉ず。

【肥醜】 肥えて姿が醜い。〔後漢書、逸民、梁鴻伝〕孟氏に女有り。狀、肥醜にして黑し。力、石臼を擧ぐ。對(結婚の相手)を擇びて嫁せず、年三十に至る。～女曰く、賢なること梁伯鸞の如き者を得んと欲すと。

【肥饒】 肥沃。〔韓非子、説林下〕三蝨(しらみ)相ひ與に訟ふ。一蝨之れを過ぎりて曰く、訟ふ者は奚の說ぞと。三蝨曰く、肥饒の地を爭ふなりと。

【肥墝】 土地のよしあし。〔後漢書、循吏、秦彭伝〕稲田數千頃を興起し、毎に農月に於て、親ら頃畝を度り、肥墝を分別し、差びて三品と爲し、各文簿を立つ。

【肥碩】 肥えて大きい。〔旧唐書、職官志二〕牧養肥碩、蕃息孳多なるを、牧官の最と爲す。

【肥鮮】 肥えて新しい。美食。明・劉基〔売柑者の言〕其の高堂に坐し、大馬に騎り、醇醲(芳醇な酒)に醉ひ、肥鮮に飫く者を觀るに、孰か巍巍乎として畏るべく、赫赫乎として象るべからざらん。

【肥遯】 ゆったりと世をのがれる。〔易、遯、上九〕肥遯す。利しからざる无し。

【肥嫩】 肥えてやわらか。〔花鏡、三、梧桐〕其の仁(実の核肉)肥嫩にして香ばしく、生にて噉ふべし。亦た炒食して茶に點ずべし。

【肥沃】 土地がよく肥えている。元・王楨〔農書、五〕凡そ魚を育ふの所は、須らく泥土肥沃、蘋藻繁盛なるを擇ぶを上と爲すべし。

↑肥豢 肥えた豚／肥牛 肥えた牛／肥強 強壮／肥勁 肥強／肥軽 肥馬軽裘／肥壺 糞壺／肥佼 肥えて美しい／肥厚 美味／肥項 頸が太い／肥墝 肥えた土と瘠せた土／肥磽 肥墝／肥豕 肥豢／肥膩 脂ぎる／肥充 肥満／肥壌 肥沃な地／肥醸 美酒／肥牲 肥えた犠牲／肥盛 肥えて立派／肥脆 美肉／肥瘠 肥えると、やせると／肥牷 肥牲／肥壮 肥強／肥痩 肥瘠／肥大 太る／肥沢 つや太り／肥張 肥満／肥甜 肥甘／肥田 良田／肥土 沃土／肥腯 こえる／肥遁 肥遯／肥肉 美肉／肥馬 肥えた馬／肥笨 粗大／肥満 ふとる／肥腴 肥饒／肥料 こやし

↓溢肥・下肥・甘肥・基肥・牛肥・魚肥・軽肥・膏肥・墝肥・蚕肥・熟肥・乗肥・人肥・施肥・鮮肥・堆肥・痴肥・珍肥・土肥・腯肥・軟肥・豊肥

【陂】

8 7424 ヒ ハ さか つつみ かたむく

篆文 

形声 声符は皮。皮に陂陀として起伏しながらうちつづくものの意がある。〔説文〕十四下に「阪なり」とあり、また「一に曰く、池なり」(段注本)とあって、堤防の意に解するようである。〔玉篇〕に「傾くなり、邪めなり」というのは、山旁の意であろう。𠂤は神の陟降する神梯の象であるから、陂とはそのような聖地の地勢をいう。〔楚辞、招魂〕「文異豹飾、陂陀に侍す」とは、神の住むところに侍する意である。

訓義 ①さか、つつみ、やまのかたわら。②いけ、きし、ふさぐ、せく。③ななめ、かたむく、かたよる。④そう、よりそう。

古訓 〔新撰字鏡〕坡・陂 平坎なり。土を以て水を壅ぐなり。道、緩やかなるなり。佐加(さか)、又、与久(よく)、又、豆々牟(つつむ)〔名義抄〕陂 イケ・サハ・ツヽミ・クヅル・カタブト・カタブク・ヒトヘ／陂池 カタクヅシ〔篇立〕陂 サハ・ツヽミ・タマル・イケ

語系 陂piai、坡phuaiは声義近く、〔説文〕に阪と坡とを互訓し、同義とする。陂は神梯の象に従い、もと聖地についていう語であろう。阪と坂の関係と同じ。坡は〔詩、衛風、氓〕「隰には則ち泮有り」の〔毛伝〕に「泮は坡なり」とあり、堤の意である。

【陂陀】 地に高低のあるさま。宋・蘇轍〔武昌九曲亭記〕江の南の武昌諸山、陂陀として蔓延し、澗谷深密なり。中に浮圖(寺)精舍有り。

【陂沢】 さわ。また、貯水池。〔漢書、溝洫志〕泉流灌寖は、五穀を育する所以なり。～故に爲に溝瀆を通じ、陂澤を畜ふ。旱に備ふる所以なり。

【陂池】 つつみ。ため池。〔礼記、月令〕(仲春の月)是の月や、川澤を竭くすこと毋く、陂池を漉くすこと毋く、山林を焚くこと毋からしむ。

【陂田】 山田。〔史記、酷吏、寧成伝〕乃ち貰貸して陂田千餘頃を買ひ、貧民に假し、役使すること數千家。～産を致すこと數千金、任俠を爲し、吏の長短を持し、出づるに數十騎を從ふ。

【陂塘】 つつみ。ため池。唐・韓愈〔唐の故の江西観察使韋公(丹)墓誌銘〕堤を築き、江を扞ぐ。長さ十二里。疏して斗門を爲くり、以て潦水を走らす。～陂塘に灌ぐこと五百九十八、田萬二千頃を得たり。～江西八州に於て遺便無し。

↑陂渠 堀割り／陂曲 邪曲／陂溝 みぞ／陂鄣 つつみ／陂障 陂鄣／陂唐 陂塘／陂僻 よこしま

↓鷗陂・壞陂・空陂・険陂・荒陂・高陂・沢陂・長陂・廃陂・平陂・緑陂

常【非】

8 1111 ヒ くし そむく わるい あらず

篆文 甲骨文 金文

象形 すき櫛の形。左右に細かい歯がならぶ櫛。古くは非余といい、金文の〔友鼎〕〔小臣伝卣〕の賜与の品名にみえる。〔説文〕十一下に「違ふなり。飛下する翅に從ふ。其の相ひ背くを取るなり」と鳥の飛翔の形とするが、その象ではない。非余は〔史記、匈奴伝〕に「比余」といい、また、「疏比」ともいう。〔倉頡篇〕に「靡かきものを比と爲し、麤きものを梳と爲す」とあり、〔説文〕六上に「櫛は梳比の總名なり」とする。比は櫛比のようにもいうが、非がその象形の字。また仮借して

否定の意に用い、金文に〔班𣪘〕「班、敢て覓れず（非敢覓）」、〔蔡侯鐘〕「余れ、敢て寧荒するに非ず」のように用いる。不よりは重い用法であったらしく、非違・非命のように、重く意図的に反することをいう。

訓義 ①くし、非余、比櫛。②そむく、相反する、とがめる、そしる、せめる。③いつわり、わるい、あやまち、よこしま。④いな、あらず、しからず、ない。

古訓 〔名義抄〕非 ウラナフ・トガ・アラヌ・アラズ・ソシル・ミル・アシ・クニ

部首 〔説文〕に靡・靠・陛など四字を属する。非を比櫛の象として、その意に用いるものはない。むしろ非声の字のうちに、その形義を用いるものがある。

声系 〔説文〕に非声として誹・翡・腓・菲・罪・俳・斐(裴)・騑・悲・扉(扉)・排・匪・蜚・輩など二十七字を収める。おおむね左右相配比する意があり、非の声義を承ける。

語系 非・匪piuəi は同声。同じく否定に用いる。微(微)miuəi は声近く、「微くす」意。敵方の媚女(巫祝)をうちすえて、敵の呪力を殺ぐ共感呪術を示す字である。誹phiuəi は〔説文〕三上に「謗るなり」とあり、誹謗することをいう。不・否piuə も否定詞に用いる。このうち微は、本来否定の意をもつ語である。

【非意】意外。宋・蘇軾〔両職守礼部尚書に除せらるるを謝する表〕衰年自ら引く。久しく此の心を抱けり。異數併加するは、實に非意と爲す。

【非彝】常道にそむく。〔書、康誥〕怨みを作すこと無かれ、非謀・非彝を用ひて、時の忱を蔽ふこと勿かれ。

【非幾】不善のきざし。〔書、顧命〕今、天疾を降す。～元子釗(康王)を敬保し、～爾、釗を以て非幾に冒貢せしむること無かれ。

【非議】そしってとやかくいう。〔晏子、問上十三〕靡曼辯辭を以て其の行ひを定むること無かれ。毀訾非議を以て其の身を定むること無かれ。

【非次】順をこえる。不次。〔晋書、羊祜伝〕今臣、身は外戚に託し、事は運會に連なる。～非次の榮を加ふるも、臣何の功有りて以て之れに堪へん。

【非笑】そしり笑う。〔後漢書、光武帝紀上〕兄伯升、俠を好み士を養ふ。常に光武の田業を事とするを非笑し、之れを高祖の兄仲(郃陽侯喜、治産につとめた)に比す。

【非常】なみはずれた。ただならぬ。非凡。漢・司馬相如〔蜀の父老を難ず〕蓋し世必ず非常の人有りて、然る後に非常の事有り。非常の事有りて、然る後に非常の功有り。

【非是】よろしくない。〔南斉書、張融伝〕融～往いて(何)戢に詣らんとして、誤まり尚書劉澄に通ず。融、車を下り門に入りて乃ち曰く、是に非ずと。戸外に至り、澄を望みて又曰く、是に非ずと。既にして席に造り澄を視て曰く、都て自ら是に非ずと。乃ち去る。

【非聖】聖人をそしる。〔孝経、五刑章〕五刑の屬三千、而して罪不孝より大なるは莫し。君を要かす者は上を無みし、聖人を非る者は法を無し、孝を非る者は親を無す。此れ大亂の道なり。

【非道】道にはずれる。〔孝経、卿大夫章〕法に非ざれば言はず、道に非ざれば行はず。

【非徳】不当の恩恵。〔書、盤庚上〕(乃の祖乃の父)福を作し災を作す。予れも亦た敢て非德を動用せず。

【非非】非を非とする。〔荀子、修身〕是を是とし非を非とする、之れを智と謂ふ。是を非とし非を是とする、之れを愚と謂ふ。

【非法】法にそむく。〔商君書、定分〕故に吏敢て非法を以て民を遇せず、民又敢て法を犯さず。

【非望】高のぞみ。〔隋書、于宣敏伝〕(上疏)戚屬を分ち王とするは、今正に其の時なり。～巨猾其の非望を息め、姦臣其の邪謀を杜さん。

【非命】非業。横死。また、天命否定。〔墨子、非命下〕命なる者は、暴王の作る所、窮人の術(述)ぶる所にして、仁者の言に非ざるなり。

【非類】不正の人。また、同族でない人。〔左伝、僖十年〕神は非類を歆けず、民は非族を祀らず。

【非礼】礼にそむく。〔公羊伝、桓二年〕賂を受けて大廟に納るるは、禮に非ざるなり。

↑非夷 非彝/非位 才能に不相応の地位を占める/非為 悪事/非違 違法/非怨 そしりうらむ/非横 非道/非企 謀叛/非毀 そしる/非冀 非望/非譏 そしる/非挹 非位/非耦 不釣合い/非計 不得策/非訐 悪事をあばく/非辜 冤罪/非業 悪運、非命/非才 不才/非材 非才/非罪 無罪/非訾 そしる/非職 非位/非心 邪心/非人 廃人/非短 欠点/非度 非法/非薄 そしる/非駁 反駁する/非罰 無実/非夫 鄙夫/非服 過分/非分 過分/非病 貧乏病/非辟 ひがごと/非僻 非辟/非謀 悪だくみ/非凡 抜群/非誉 毀誉/非理 無理

↓格非・覚非・姦非・愆非・昨非・邪非・心非・是非・先非・前非・知非・匿非・百非・理非

常 **【卑】** 9 人〔卑〕8 2640

ヒ

ひしゃく いやしい ひくい へりくだる

篆文

金文

会意 上部は杯形の器の形。下部はその柄をもつ形。椑の初文。柄のある匕杓の類で、酒などを酌む形である。〔説文〕三下に「賤しきなり。事を執る者なり。ナ甲に從ふ」(段注本)とし、〔段注〕に「甲は人の頭に象る」という。手で頭を抑える形と解するのであろう。卑の大なるものを卓といい、スプーンのような器。その大小高卑によって、卓を卓然といい、卑を卑小の意とする。

訓義 ①ひしゃく、しゃもじの類。卓に対していう。②いやしい、ひくい、ちいさい、おとる。③へりくだる、へつらう。④しなやか、よわい、かすか。⑤しむ、せしむ。使役の助動詞。

古訓 〔名義抄〕卑 イヤシ・ミジカシ・ツタナシ・ヤハラカニ・クダル・スベテ・アタフ・タマフ・アタマ 〔篇立〕卑 アマタ・ヤツレ・ナラフ・ミジカシ・ツタナシ・トモシ・トモガラ・スベテ・クダル・ヲトル・イヤシ・ウネニ・タマフ

声系 〔説文〕に卑声として椑・鞞・髀・脾・稗・俾・裨・痺・碑(碑)・顰・婢など三十二字を収める。おおむね卑小・微弱、端正ならざるものをいう。

語系 卑pie、鄙piə は声義近く、いずれも鄙卑の意に用いる。卑は匕杓の小なるもの、鄙は地の僻遠なるところで、ともに卑小・微賤の意となる。

【卑意】自分の考え。宋・蘇軾〔蒲伝正に与ふる一首〕千乘姪、屢と言ふ、大舅全て活計を作さず、多く書畫奇物を買ひ、典錢使(質屋通い)を常とす～と。卑意亦た深く以て然りと爲す。歸老の計、今に及んで辦治せざるべからず。

【卑隠】低い地位。〔淮南子、主術訓〕士、卑隱に處りて上達せんと欲せば、必ず先づ諸れを己に反す。上達するに道有り。～道は易きに在るに之れを難きに求め、驗は近きに在るに之れを遠きに求む。故に得ざるなり。

【卑汙】いやしむ。いやし。〔史記、日者伝〕世皆言ひて曰く、～禍災を擅言して以て人心を傷り、鬼神を矯言して以て人の財を盡し、厚く拜謝を求めて以て己に私すと。此れ吾の

恥づる所、故に之れを卑汙と謂ふなり。

【卑近】ひきん 卑俗。〔呉礼部詩話〕許用晦、工に七言を爲る。～自ら以へらく、字清く意遠く、匠物を工と爲すと。然れども格律卑近にして、漸く晩唐に類す。

【卑坐】ひざ かしこまって坐る。〔新書、容経〕首を仰ぎて視、尋常の内を出でざるを肅坐と曰ひ、首を廢せ肘を低るるを卑坐と曰ふ。

【卑事】ひじ へり下りつかえる。〔国語、越語上〕（句踐）夫差に卑事し、士三百人を呉に宦せしめ、其の身親ら夫差の前馬と爲る。

【卑辞】ひじ 辞をひくうする。〔公羊伝、僖二十六年〕公子、遂に楚に如き、師を乞ふ。師を乞ふとは何ぞや。卑辭なり。

【卑湿】ひしゅう（しふ） 土地が低く、湿潤。〔後漢書、西域、天竺国伝〕天竺國、一名身毒、～卑濕暑熱なり。其の國大水に臨み、象に乘りて戰ふ。～浮圖の道を脩め、殺伐せず、遂に以て俗を成す。

【卑譲】ひじょう（じやう） へり下る。〔左伝、文元年〕能く隣國に事へ、以て社稷（国家）を衞る。忠信卑讓の道なり。忠は德の正なり、信は德の固なり。卑讓は德の基なり。

【卑陬】ひすう はずかしい。また、いやしい。〔詩藪、周漢〕格律卑陬、音調乖舛、風神興象、一として觀るべき無きは、乃ち詩家の大病なり。

【卑賤】ひせん 低い身分。〔荘子、譲王〕（楚の昭）王、司馬子綦に謂ひて曰く、屠羊說は居處卑賤なるも、義を陳ぶること甚だ高し。子其れ我が爲に之れを延いて三旌の位を以てせよ。

【卑佞】ひねい 下劣。〔晋書、石崇伝〕潘岳と與に、賈謐に諂事す。～廣城君出づる毎に、崇、車路の左に降り、塵を望んで拜す。其の卑佞此くの如し。

【卑鄙】ひひ 卑賤。蜀・諸葛亮〔出師の表〕臣本と布衣、躬ら南陽に耕す。～先帝、臣の卑鄙なるを以てせず、猥りに自ら枉屈し、三たび臣を草廬の中に顧み、臣に諮るに當世の事を以てせり。

【卑微】ひび 衰える。漢・賈誼〔過秦論、中〕周室卑微にして、五霸既に歿し、令、天下に行はれず。

【卑服】ひふく 粗服。〔書、無逸〕周公曰く～文王卑服して康功・田功に卽き、～小民を懷保せり。

【卑礼】ひれい 丁重にする。〔史記、魏世家〕惠王數しば軍旅を被る。禮を卑くし幣を厚うし、以て賢者を招く。鄒衍・淳于髡・孟軻、皆梁に至る。

【卑陋】ひろう いやしい。〔水経注、穀水〕城の西面に陽渠有り。周公之れを制れり。昔、周、殷民を洛邑に遷せり。城隍偪狹にして、卑陋なる所のみ。

【卑猥】ひわい 低俗。〔清異録、官志〕南溪は地狹く力弱く、事例卑猥なり。州縣時に僚屬を會し、席を設けずして阿堵（銭）分饋す。潤家錢と號す。

↑卑位 低い身分／卑恭 へり下ってうやうやしい／卑局 小規模／卑屈 卑下する／卑下 へり下る／卑孼 妾腹／卑見 愚見／卑謙 卑恭／卑行 目下、後輩／卑高 高卑／卑細 卑小／卑子 庶子／卑室 あばらや／卑者 賤者／卑弱 か弱い／卑庶 平民／卑牆 低いかき／卑職 賤しい職／卑辱 卑賤／卑浅 いやしく、あさはか／卑俗 いやしい／卑体 腰を低くしてへり下る／卑秩 微禄／卑諂 へつらう／卑薄 土地が卑瘠／卑卑 はげむさま／卑俯 うつむく／卑末 末席／卑約 衰え弱まる／卑乱 いやしく、みだれる／卑濫 卑乱／卑劣 品性がいやしい／卑論 卑近の論

↓居卑・恭卑・謙卑・高卑・左卑・自卑・女卑・尊卑・地卑・野卑・礼卑

【朏】 9 7227 ヒ みかづき

篆文

金文

会意 月（月）＋出。〔説文〕七上に「月未だ盛んならざるの明なり」とあり、暦法上の語。〔書、召誥〕「丙午、朏」とあり、三日月をいう。古い暦法では月相によって一ヶ月を初吉・既生霸・既望・既死霸の四週に分かち、朔につぐ特定の日を朏といった。西周の金文にこの四週の名がみえ、これによってその暦朔を編むことができる。朔（朔）・朏は、暦朔の用語としては金文にみえない。

訓義 [1]みかづき、初月。

参考 朏は〔書、召誥〕の〔孔伝〕に「明なり。月の三日、明生ずるの名なり」とあり、初三日をいう。別に「苦骨切」の音でよむ字があり、〔玉篇〕に「臀（しり）なり」、また〔唐韻〕に「鄒滑切」の音でよみ、茁と同字。草の初生をいう。みな音義の異なる字である。

↓星朏・朏朏

【秘】 9 4390 ヒ ヒツ え ほこ ゆだめ

篆文

形声 声符は必。必は戈・矛・鉞などの頭部を柄に装着する部分の象形で、柲の初文。〔説文〕六上に「欑なり」とするが、その頭部の刃器を装着する部分をいう。鉞頭を示す朮、戚の朮と形が近く、朮は刃器が光を放つ形。ゆえに叔（白）の意がある。

訓義 [1]え、にぎり。[2]ほこ、刃をつけたところ、三刃の枝、その柄を柲という。[3]さす。[4]ゆだめ。

古訓 〔名義抄〕柲 ヲノ、エ・フル・ツカ・エ・ヨコタハル・キル・ウツ 〔篇立〕柲 キル・ヨキノフル・フル・ヲノ、エ・ウツ

↓戚柲

【毖】 9 2133 ［邲］ 7 3702 ヒ つつしむ たすける

篆文

形声 声符は必。正字は邲に作り、必＋卩。〔説文〕八上に「愼むなり。比に從ひ、必聲」とするが、初文の邲は必を拝する形。必は矛・鉞の類の刃器を柄に装着する形。戚（鉞）の字に含まれる朮は、その刃光が下に放たれる形。これを聖器として拝し、呪儀を行うことがあった。これを廟中におく形は宓で叔の初文。必を廟中におくのは宓、呪鎮として虎形を配して虙という。金文の〔晋姜鼎〕に「明德を巠（経）雝し（やわらぎおさめ）、我が猷（謀）を宣べ邲む」とあり、宣邲は宣毖。〔書〕には毖を用い、〔召誥〕「毖しみて上下に祀る」、〔大誥〕「天閟かに我が成功を毖けたり」のようにいう。毖の初義は邲の字形から知られるように、聖器によって祈りまつること、それによって天の祐助をうることをいう。

訓義 [1]つつしむ、つつしみいのる。[2]たすける。[3]なやむ、つかれる。[4]水のながれるさま、泉のわきでるさま。

古訓 〔名義抄〕毖 ツタナシ

↑毖祀 つつしみ祀る／毖慎 つつしむ／毖重 慎重にする／毖勅 いましめる／毖涌 水がわく／毖労 つかれる

↓諽毖・誥毖・深毖・懲毖・敦毖・謀毖・無毖

囚【毘】 9 6071 ［毗］ 9 6101 ［飿］ 10 2161 ヒ ビ たすける

篆文

形声 声符は比。〔説文〕十下に字を飿に作り「人の臍なり」とし、「囟に從ふ。囟は气の通ずるを取るなり」という。幼児の脳蓋の柔らかく動く部分と、臍との間に通気の関係があるとする古代医学の立場よりする字説であるが、臍を原義とする字とは思われない。囟は脳蓋の象。比は二人並ぶ形で並び拝する意。祝禱の儀礼をいう字と

思われる。〔詩、小雅、節南山〕「天子を是れ毗たすく」のように、祐助の意に用いる。〔説文〕十二下に「媲は妃なり」とあり、媲は神に仕える巫女を原義とする字であるらしく、その儀礼が毘、すなわち毘であろう。

訓義 ①たすける、たすけまもる。②あつくする、あわせる。③あきらか。④もだえる、すたれる。⑤へそ。

古訓 〔名義抄〕毗 タスク・アツシ・スケ・ネガフ・タノシ・ヤハラカナリ・ナラフ・モチ・ミツ・トモ・ヒロフ 〔篇立〕毗 タノシ・モチ・ヤハラカナリ・ホシマヽ・タノシ・ネガフ・スナ・ニギハシ・トモ・ヒロフ

声系 〔説文〕に毘声として貔・⿰扌毘・媲など八字を収める。毘は祝禱の儀礼をいう字と思われ、媲 phiei は妃 phiuai と声近く、よく神に仕える巫女をいう語であろう。妃はのち配妃の意となった。

【毗戯】いやしみ戯弄する。〔論衡、程材〕守古循志、案禮脩義は、輒ち將相の任ぜざる所、文吏の毗戯する所と爲る。

【毗輔】たすける。〔隷釈、十一、漢綏民校尉熊君碑〕國の毗輔と爲り、懿懿たる其の操、穆穆たる其の姿、光光たる其の行、桓桓たる其の威あり。清虛澹泊、後嗣式つて序す。

↑毗倚 たよる／毗益 補益する／毗佐 補佐する／毗賛 助ける／毗補 毗輔する／毗勇 野馬／毗翼 助ける／毗隣 近所／毗連 連なる

↓倚毗・夸毗・犀毗・荼毗・弁毗

【砒】 9 1161 ヒ ひそ

形声 声符は比。字はもと磇に作り、毘声。砒石は猛毒を含み、その加熱昇華したものを砒霜という。

訓義 ①ひせき、ひそ。

【砒霜】砒石の白色結晶体。〔本草綱目、石四、砒石〕生なる者を砒黄と名づけ、錬りたる者を砒霜と名づく。(李)時珍曰く、砒の性猛きこと貔の如し。故に名づく。惟だ信州のみに出づ。故に人呼んで信石と爲す。

【砒毒】砒素の毒。〔本草綱目、石四、砒石〕(李)時珍曰く、此れ乃ち錫の苗なり。故新の錫器に、酒を盛るること日久しければ、能く人を殺す者は、砒毒有るが爲なり。

【⿰礻比】 9 3121 ヒ まつり

篆文  金文 

形声 声符は比。〔説文〕一上に「豚を以て司命を祠るなり」とあり、大司命・小司命を祀る祭儀をいう。〔楚辞、九歌〕にも大司命の祭祀歌があり、斉器の〔洹子孟姜壺〕にも大嗣(司)命の名がみえる。人々の生活を伺察して天帝に報ずる神としておそれられ、春と秋とに腊を以て祀った。⿰礻比の名は〔漢律〕に至ってみえる。

訓義 ①まつり、司命を祀る。

古訓 〔新撰字鏡〕⿰礻比 勝肫を以て司命を祀るなり。宇牟須比万豆利(うむすひまつり)〔字鏡〕⿰礻比 ウムスヒマツリ

【秕】 9 2191 ［粃］ 10 9191 ヒ しいな あやまり

篆文 

形声 声符は比。〔説文〕七上に「成らざる粟なり」とあり、実の入らぬ「しいな」、また屑米をいう。役立たずのものを秕糠、悪政を秕政、誤りを秕繆という。字はまた粃に作る。

訓義 ①しいな、くずごめ。②あやまり、たがう。③けがす。

古訓 〔名義抄〕秕 粟の成らざるものなり。シヒタ・シヒナシ 〔字鏡〕粃 ヌカ・シヒタ・ヒエ・ハツホ・シヒナセ

【秕政】悪政。〔国語、晋語七〕(悼)公、祁午をして軍尉爲らしむ。平公(の世)を沒ふるまで、軍に秕政無し。

【秕稗】しいなと、ひえ。つまらぬもののたとえ。〔左伝、定十年〕犧象(礼の酒器)は門を出でず。嘉樂は野合せず。饗して既く具はるは、是れ禮を棄つるなり。若し其れ具はらずんば、秕稗を用ふるなり。

【秕僻】衰える。〔後漢書、儒林伝論〕桓・靈の閒より、君道秕僻し、朝綱日に陵へ、國隙屢〻啓く。中智より以下、其の崩離を審らかにせざる靡く、權彊の臣、其の闚盜の謀を息む。

↑秕殻 しいな／秕糠 粃糠／秕謬 あやまり

↓垢秕・糠秕・少秕・稊秕・稗秕・揚秕

常 【飛】 9 1241 ヒ とぶ あがる はやい

篆文 

象形 鳥の飛ぶ形に象る。〔説文〕十一下に「鳥翥ぶなり」、また翥字条四上に「飛び擧がるなり」とあり、飛は羽を張って飛ぶ形。〔石鼓文〕の字は軓に従っており、翰の意を加えたものであろう。すべて高飛するものの、迅速・急速の意があり、飛雲・飛閣・飛檄のようにいう。字はまた蜚に作る。

訓義 ①とぶ、かける、はねる。②あがる、こえる。③はやい、とばす。④はなれる、ながれる、ちる、さる。⑤たかい、そびえる。

古訓 〔名義抄〕飛 トブ

部首 〔説文〕に翼(翼)の字をまた飛異に従う形に作る。すなわち翼の籀文である。翻(翻)をまた飜に作るのと同じ。

声系 〔説文〕に飛声の字一字。馬部十上に騛があり、「馬の逸足なり」とみえる。

語系 飛・蜚 piuai は同声。蜚はいなむしをいう字であるが、通用する。また猋・驫は犬や馬が群れをなして疾走する意、飇 piô はそれを風に施していう。漂うような状態を票・漂・飄 phiô、熛 piô といい、中より噴出する勢いを賁・濆 biuən という。緩急に従って、音のとりかたを異にするが、音を以ていえば、飛は飛翔のようにゆるく飛ぶ状態をいう語であろう。

【飛雲】空飛ぶ雲。〔雲仙雑記、一、飛雲履〕白樂天、丹を廬山草堂に燒き、飛雲履を作る。玄綾を質と爲し、四面素絹を以て雲朶を作り、染むるに四選香を以てす。履を振へば則ち烟霧の如し。

【飛鳶】空飛ぶ器。〔列子、湯問〕夫の班輸の雲梯、墨翟の飛鳶は、自ら謂へらく、能の極みなりと。弟子、～偃師の巧を聞き、以て二子に告ぐ。二子終身敢て藝を語らず。時に規矩を執るのみ。

【飛花】落花。唐・韓翃〔寒食〕詩 春城、處として飛花ならざる無し 寒食東風、御柳斜めなり

【飛蓋】車。また、車を走らす。魏・曹植〔公讌詩〕清夜、西園に遊び 飛蓋、相ひ追隨す

【飛閣】高楼。〔洛陽伽藍記、一、瑶光寺〕高祖、城内に在りて光極殿を作る。因りて金墉城門を名づけて光極門と爲す。又重樓飛閣を作り、城に遍くして上下す。地より之れを望むに、雲の如き有り。

【飛翰】飛ぶ鳥。また、文を作る。急ぐ手紙。〔後漢書、孔融伝〕時に黃巾數州に寇し、北海は最も賊の衝爲り。～融、郡に到り、士民を收合し、兵を起し武を講じ、馳檄飛翰、州郡を引謀す。

【飛騎】疾走する騎馬。唐・戴叔倫〔崔融を送る〕詩 建牙、朔漠に連なり 飛騎、胡城に入る

【飛鏡】月。唐・李白〔酒を把つて月に問ふ〕詩 皎として飛鏡の丹闕に臨むが如し 綠煙滅え盡して、清輝發す

【飛語】流言。〔漢書、灌夫伝〕(竇)嬰の先帝の詔を矯むるの害を劾し、罪、棄市に當すと。～議、死せざるに定まる。乃ち飛語有り、惡言を爲して上に聞す。故に十二月晦を以て、論じて渭城に棄市す。

【飛紅】ひこう 落花。紅い花が散る。宋・辛棄疾〔祝英台令、晩春〕詞 断腸す、片片たる飛紅 都べて人の管する無し 更に誰か勸めん 流鶯の聲住まるを

【飛耳】ひじ 遠くの音を聞きわける。〔管子、九守〕(主参) 一に曰く、長目、二に曰く、飛耳、三に曰く樹明。千里の外、隱微の中を明知するを洞姦と曰ふ。姦動くときは、則ち變更す。

【飛書】ひしょ 匿名の手紙。また、急ぎの手紙。〔三国志、魏、趙儼伝〕諸將皆喜び、便ち地道を作り、飛書を箭にして(曹)仁に與へ、消息數しば通ず。北軍も亦た至り、勢ひを幷せて大いに戰ふ。

【飛絮】ひじょ 風に飛ぶ柳の絮わた。唐・雍陶〔友人の幽居を訪ふ、二首、一〕詩 落花門外、春將に盡きんとし 飛絮庭前、日高からんと欲す

【飛章】ひしょう(しやう) 飛書。〔後漢書、李固伝〕共に飛章を作り、固の罪を虛誣して曰く、~大行、殯(かりもがり)在り、路人も涕を掩ふに、固獨り胡粉もて貌を飾り、搔頭弄姿、槃旋偃仰、從容冶步す~と。

【飛詔】ひしょう(せう) 急ぎの詔書。〔独異志、上〕陶弘景、茆山に隱居す。梁の武帝、大事有る毎に、飛詔して之れと參決す。時人、隱居を謂ひて山中宰相と爲す。

【飛觴】ひしょう(しやう) 杯をやりとりする。唐・李白〔春夜桃李園に宴するの序〕瓊筵を開きて以て花に坐し、羽觴を飛ばして月に醉ふ。

【飛雪】ひせつ 風に飛ぶ雪。宋・蘇軾〔劉壽撫勾の蜜漬茘支に次韻す〕詩 首を回らせば驚塵、飛雪を卷く 詩情眞に合に君と嘗むべし

【飛泉】ひせん たき。噴泉。〔東観漢記、耿恭〕匈奴來攻し、其の潤水を絕つ。~城中、井を穿つこと十五丈なるも水無し。恭曰く、聞く、貳師將軍、佩刀を拔きて山に刺し、飛泉出づと。~乃ち衣冠を正し、井に向ひて再拜す。頃らく有りて井泉涌出す。

【飛走】ひそう とんでゆく。〔拾遺記、四、秦始皇〕始皇元年、騫霄の國、~工を獻ず。~方寸の内、~畫きて龍鳳を爲す。~皆點睛すべからず、或し之れを點ぜば必ず飛走せんと。始皇~兩玉虎に一眼睛を點ぜしむ。旬日にして則ち之れを失ふ。

【飛霜】ひそう(さう) 霜がおりる。宋・陸游〔江村〕詩 江村連夜、飛霜有り 柿正に丹き時、橘半ば黃なり

【飛湍】ひたん はやせ。唐・李白〔蜀道難〕詩 飛湍瀑流、喧豗を爭ふ 崖を砯ち、石を轉じて、萬壑雷く

【飛電】ひでん いなびかり。唐・杜甫〔三川、水漲を観る、二十韻〕詩 北上唯だ土山 連天、窮谷に走る 火雲、出づること時無し 飛電、常に目に在り

【飛奴】ひど 伝書鳩。〔開元天宝遺事、開元、伝書鴿〕張九齡、少年の時、家に群鴿を養ふ。親知に書信を與ふる毎に、往往只だ書を以て鴿の足の下に繫け、教ふる所の處に依り、飛往して之れを投ず。九齡之れに目けて飛奴と爲す。時人、愛訝せざる無し。

【飛騰】ひとう 飛びあがる。清・黃景仁〔観潮行〕詩 客に樂しまざる有り、廣陵に遊ぶ 臥して看る、八月秋濤の興るを 偉なる哉、造物の此の巨觀 海水直ちに挾みて、心、飛騰す

【飛白】ひはく 書体の一。字画に空処が多い。〔書断、上〕飛白書なる者は、後漢の左中郎蔡邕の作る所なり。~本と是れ宮殿の題署、勢ひ既に勁しく、文字宜しく輕微にして滿たざるべし。名づけて飛白と爲す。~王僧虔云ふ、飛白は八分(書体の一)の輕き者なりと。

【飛瀑】ひばく たき。〔水経注、廬江水〕廬山の北に石門水有り。~雙石高竦、其の狀門の若し。~水、雙石の中に導かれ、懸流飛瀑、~上之れを望めば天に連なり、飛練を霄中に曳くが若し。

【飛文】ひぶん すぐれた文章。また、匿名の誹謗書。〔漢書、劉向伝〕是を以て群小、閒隙を窺ひ見、文字を緣飾し、巧言醜詆、流言飛文、民閒に譁し。~小人群を爲すは、誠に惱むに足るなり。

【飛片】ひへん 花片や雪。宋・梅堯臣〔韻に依りて呉長文舍人の、雪に対して永叔(欧陽脩)内翰を懐ふに和す〕詩 管せず、風に因つて塞外に吹かるるを 飛片の、杯中に落つるに任教す

【飛蓬】ひほう 風に飛ぶよもぎ。漂泊や乱れ髪などにたとえる。〔詩、衛風、伯兮〕伯(思う人)の東してより 首は飛蓬の如し

【飛誉】ひよ 名声をはせる。〔文心雕竜、時序〕鄒子(衍)は談天を以て譽れを飛ばし、騶奭は雕龍を以て響を馳はす。

【飛揚】ひよう(やう) 高くあがる。漢・高祖〔大風歌〕詩 大風起つて、雲飛揚す 威、海内に加はつて、故鄉に歸る 安くにか猛士を得て、四方を守らしめん

【飛来】ひらい 飛んでくる。宋・范成大〔鄂州南楼〕詩 誰か、玉笛を將つて、中秋を弄す 黃鶴、飛び來つて、舊游を識らん

【飛流】ひりゅう(りう) 奔流。また、たき。唐・李白〔廬山の瀑布の水を望む、二首、二〕詩 飛流、直下す、三千尺 疑ふらくは是れ、銀河の九天より落つるかと

【飛溜】ひりゅう(りう) 奔流。また、たき。〔旧唐書、西戎、払菻伝〕盛暑の節に至りて、人、囂熱を厭ふ。乃ち水を引きて潛流せしめ、上、屋宇に徧くす。機制巧密、人之れを知る莫し。觀る者、惟だ屋上の泉鳴を聞く。俄かにして、四簷の飛溜、懸波瀑の如く、氣を激して涼風を成すを見る。

【飛竜】ひりょう 天翔ける竜。君主。〔易、乾、九五〕飛龍、天に在り。大人を見るに利ろし。

↑飛宇 そり屋根/飛駅 急飛脚/飛檐 高く反りのあるのき/飛簷 飛檐/飛下 飛び降りる/飛華 飛花/飛禍 奇禍/飛霞 霞がかかる/飛蛾 火とり虫/飛駕 早かご/飛翮 飛ぶ鳥/飛丸 たま/飛旗 なびく旗/飛橋 高はし/飛響 遠くきこえるひびき/飛禽 飛ぶ鳥/飛檄 羽檄/飛剣 剣を飛ばす/飛軒 高く反りのあるのき/飛騫 高く飛ぶ/飛言 流言/飛光 日月/飛蝗 いなご/飛轂 速く走る車/飛灑 とびちる/飛札 急の手紙/飛桟 高い桟/飛散 飛びちる/飛矢 流れ矢/飛錫 錫杖をもって巡歴する/飛舟 軽舟/飛昇 高くのぼる/飛将 行動の神速な将軍/飛翔 とぶ/飛衝 重装備の兵車/飛上 飛昇/飛神 心を馳せる/飛星 流星/飛石 投石/飛仙 天上の仙/飛銭 銭券/飛箭 流れ矢/飛淙 たき/飛漱 しぶき/飛矰 いぐるみ/飛鏃 飛ぶ矢/飛丹 仙人の丹薬/飛弾 飛丸/飛馳 疾走する/飛鳥 空を飛ぶ鳥/飛超 飛びこえる/飛跳 とびあがる/飛沈 鳥と魚/飛鏑 かぶら矢/飛伝 宿つぎの早馬/飛殿 高殿/飛兎 良馬の名/飛棟 高い棟/飛動 いきいきとしている/飛遁 隠居/飛遯 隠居/飛馬 駿足/飛帛 飛白/飛幕 高く張った幕/飛翻 とびひるがえる/飛輓 兵糧の輸送/飛筆 筆勢/飛飆 はやて/飛浮 軽舟/飛舞 飛び舞う/飛風 疾風/飛変 急変する/飛弁 雄弁/飛鞭 疾駆する/飛歩 速足/飛放 鷹狩り/飛報 急報/飛矛 火矢/飛甍 高いいらか/飛謗 讒言する/飛奔 奔馳する/飛沫 しぶき/飛躍 飛び上がる/飛踊 踊り上がる/飛颺 飛揚する/飛鷹 鷹狩り/飛翼 飛ぶ鳥/飛閭 船の屋形/飛梁 高はし/飛輪 太陽/飛廉 風神/飛廬 高い家/飛艫 速舟/飛楼 高殿

↓逸飛・雨飛・雲飛・猋飛・遠飛・横飛・翰飛・帰飛・群飛・軽飛・孤飛・顧飛・高飛・鴻飛・仙飛・双飛・怒飛・騰飛・卑飛・奮飛・翻飛・雄飛・遥飛・竜飛

【俾】 10 2624 ヒ ヘイ しもべ したがう せしむ

篆文  金文 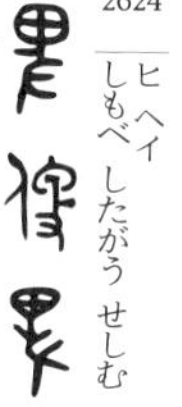

形声 声符は卑(卑)。卑に使役、また卑小・卑賤の意がある。〔説文〕八上に「益すなり」とあって俾益の意とし、また「一に曰く、俾門侍人なり」と下僕の義を加える。金文に卑を使役に用い、文献では〔詩、魯頌、閟宮〕「爾をして昌んにして熾んならしむ」のように俾を用いる。

訓義 ①しもべ、したがう。②せしむ、しむ、つかさどらせる、たすける。③裨と通じ、ます。④睥・埤と通じて用いる。

古訓 〔名義抄〕俾 セシム・シム・イヤシ・コヒネガフ・シタガフ・ツカフ・アタフ・オヨブ・アマネシ・モト・アツシ

語系 俾・埤・睥・婢 bie は卑 pie と声義近く、俾以下はみな卑の声義を含む。俾倪は短牆をいう。

【俾倪】 横目でにらむ。また、ひめがき。〔墨子、備城門〕俾倪、廣さ三尺、高さ二尺五寸。

【剕】 10 1210 ヒ あしきり

形声 声符は非。〔玉篇〕に「刖なり」とあり、あしきりの刑。

訓義 ①あしきり、あしきる。②字はまた跳に作る。

古訓 〔名義抄〕剕 キル 〔字鏡集〕剕 アシキル・キル・タツ

↑剕刑 刖刑／剕罰 剕刑／剕辟 剕刑

【匪】 10 7171 ヒ はこ あらず かの

篆文  金文 

形声 声符は非。非は比櫛(すきぐし)でその歯の密なるもの。〔説文〕十二下に「器、竹筐に似たり」とあり、竹で編んだ目の細かい籠の類。字はまた篚に作る。〔孟子、滕文公下〕に「厥の玄黄を匪にす」とあり、玄黄とは織物をいう。また非と通じ否定詞、彼と通じ指示詞に用いる。

訓義 ①はこ、かたみ。②あらず、なし。③かの、かれ。④斐と通じ、あやあるさま。

古訓 〔名義抄〕匪 アラズ・マフ・(コト)・スヂナガシ・ナシ・カノ・ユルナリ・ナイガシロ・ワカツ 〔篇立〕匪 マコト・(ウ)ツハモノ・タケノウツハモノ・ナクス・ナイガシロ・ナカシ・タケキ・ワカツ・ナシ・スケ・アラズ・ユルナリ

声系 〔説文〕に匪声として篚一字を収める。篚は匪の繁文。〔説文〕五上に篚を「車笭(車の塵除け)なり」とするのは、別の一義である。

語系 匪・非 piuəi は同声。微(微) miuəi、無 miua、靡 miai、亡(亡)・罔 miuang、未・勿 miuət などみな否定の語に用いる。斐(斐) phiuəi、彼 piai も声近く、通用する。

＊語彙は非字条参照。

【匪躬】 身の利害を顧みない。〔易、蹇、六二〕王臣蹇蹇たり。躬の故に匪ず。

【匪石】 石のように転じうるものではない。〔詩、邶風、柏舟〕我が心、石に匪ず 轉ずべからず

↑匪彝 常道にそむく／匪解 懈らず／匪孼 無私／匪荒 匪賊の禍／匪遑 いとまなし／匪親 悪い親戚／匪席 心は蓆でないから、巻くことはできない／匪賊 流賊／匪団 悪徒／匪徒 悪党たち／匪党 悪党／匪薄 浅はかでいやしい／匪頒 分施する／匪匪 立派なさま／匪僻 悪癖／匪目 悪党の頭目／匪流 悪党のなかま／匪類 匪徒／匪劣 悪人／匪話 げびた話

↓拳匪・賊匪・団匪・土匪・髪匪

常 【疲】 10 0014 ヒ つかれる ものうい

篆文  古印璽 

形声 声符は皮。〔説文〕七上に「勞るるなり」とあり、労苦病困するをいう。病(病)・罷・憊と声義が近い。

訓義 ①つかれる、くたびれる。②ものうい、うむ、よわる、やせる、おとろえる。

古訓 〔名義抄〕疲 ヤス・イタミ・マツシ・ツカル

【疲役】 役務につかれる。〔後漢書、劉焉伝〕益州の賊馬相、亦た自ら黄巾と號し、疲役の民數千人を合聚し、～旬月の閒、三郡を破壞す。馬相自ら天子と稱す。衆十餘萬人に至る。

【疲竭】 尽くす。晉・王羲之〔殷浩に遺る書〕寇亂より以來、內外の任に處る者、未だ深謀遠慮、至計を括囊し、根本を疲竭する有らず。

【疲倦】 つかれうむ。〔後漢書、寇恂伝〕今、士馬疲倦し、方に險阻を履む。萬乘の固に非ず。

【疲困】 つかれくるしむ。〔三国志、蜀、法正伝〕(劉璋に与ふる牋)計るに益州の仰ぐ所は惟だ蜀のみ。蜀も亦た破壞せられて、三分して二を亡ふ。吏民疲困し、亂を爲さんと思ふ者、十戶にして八なり。～敵近ければ、則ち一旦主を易へん。

【疲瘦】 つかれやせる。〔北斉書、陳元康伝〕高祖に從つて周の文帝を邙山に破る。大いに諸將を會し、進退の策を議す。咸な以爲へらく、野に靑草無く、人馬疲瘦す。遠く追ふべからずと。

【疲頓】 つかれ苦しむ。〔三国志、魏、任城威王彰伝〕彰、北征し、涿郡の界に入る。～勝に乘じて北ぐるを逐ひ、桑乾に至る。～長史諸將皆以爲へらく、新たに遠きに涉り、士馬疲頓す。又節度を受け、代(郡)を過ぐることを得ずと。

【疲弊】 つかれ窮乏する。蜀・諸葛亮〔出師の表〕先帝、創業未だ半ならず、中道にして崩殂す。今、天下三分し、益州疲弊せり。此れ誠に危急存亡の秋なり。

【疲癃】 病みつかれる。宋・張載〔西の銘〕凡そ天下の疲癃殘疾、惸獨鰥寡は、皆吾が兄弟の顚連(困難)して、告ぐるところ無き者なり。

【疲労】 つかれる。〔後漢書、朱浮伝〕(上疏)姦黨日に增し、連年拒守して、吏士疲勞す。甲冑に蟣蝨を生じ、弓弩弛むることを得ず。上下燋心し、救護せられんことを相ひ望む。

↑疲曳 衰老する／疲厭 つかれあきる／疲懈 つかれ怠る／疲緩 軟弱となる／疲匱 つかれて乏し／疲朽 つかれ老朽する／疲極 つかれきる／疲饉 つかれうえる／疲苦 つかれ苦しむ／疲罄 つかれ乏しい／疲耗 窮乏する／疲弱 つかれ弱る／疲瘁 つかれ弱る／疲瘠 つかれ痩せる／疲懦 弱まる／疲体 つかれ身／疲怠 つかれ怠る／疲殆 つかれる／疲餒 つかれうえる／疲癉 つかれきる／疲瘵 つかれ痛む／疲鈍 疲弊／疲軟 つかれ弱まる／疲憊 つかれる／疲病 疲弊／疲斃 つかれたおれる／疲暮 衰老／疲民 疲困の民／疲累 つかれ弱る／疲羸 疲累／疲黎 疲民／疲劣 つかれ弱る／疲陋 つかれ弱る

↓役疲・気疲・飢疲・困疲・昏疲・酒疲・身疲・神疲・微疲・忘疲・労疲

常 【秘】 10 2390 人 【祕】 10 3320 ヒ ひそか かくす

篆文 

形声 旧字は祕に作り、必声。必は戈・矛や鉞の秘部の形。その刃光の下に放射する形は朮。必は聖器として呪儀に用い、これを廟中において、火で清める呪儀は密。あわせて秘密という。宓もその呪儀をいう。朮を廟中におく字は宋で、寂の初文。みな神秘の呪儀をいう。〔説文〕一上に「神なり」とするが、神秘の意。秘は俗字。いま秘を常用字とする。

訓義 ①ひそか、ひそやか。②かくす、とじる。③毖と通じ、なやむ、つかれる。

古訓 〔新撰字鏡〕祕　祭の名。久留女加世利（くるめかせり）〔名義抄〕秘　ヒソカニ・カクス・カクル・チカシ・ナビヤカ・ナヒタリ・キビシ／祕　キビシ〔字鏡〕秘　チカシ・キビシク・ナミ・カクス・ヒソカニ・クスシ・ヒソメ／祕　カクシ・ナミ・クルメカセリ

語系 祕piuet、閟piet は声近く、宓・密miet、伏biuək なども声義の関係があり、一系の語と考えられる。

【秘愛】ひあい　ひそかに愛する。〔晋書、郭璞伝〕妾の房内に忽ち一新生の白狗子有り。～其の妾、之れを祕愛す。～狗轉た長大し、～眉眼分明、又身至りて長くして弱し。～忽ち所在を失ふ。（庾）蘊～曰く、殆ど白龍ならんか。庾氏の禍至らんと。

【秘閣】ひかく　天子の書庫。晋・陸機〔魏の武帝を弔ふ文〕元康八年、機、始めて臺郎を以て出でて著作に補せられ、祕閣に遊び、魏の武帝の遺令を見、慨然として歎息し、傷懷する者之れを久しうす。

【秘玩】ひがん（ぐわん）　珍しい玩賞のもの。〔唐書、后妃上、楊貴妃伝〕妃、游幸に從ふ每に、～凡そ錦繡を充たすの官、及び金玉を治瑑する者、大抵千人、～奇服祕玩、變化神の若し。

【秘器】ひき　秘蔵の器。葬具。〔後漢書、宦者、単超伝〕超病み、～明年薨ず。東園の祕器・棺中の玉具を賜ふ。～侍御史護喪し、將作大匠、冢塋を起す。

【秘戯】ひぎ　後宮でなされる戯劇。〔史記、周文伝〕周文は名は仁。～醫を以て見ゆ。～仁、人と爲り、陰重にして泄さず。～是を以て幸を景帝に得て、臥内に入る。後宮に於て祕戲するに、仁、常に旁らに在り。

【秘訣】ひけつ　秘密の奥義。唐・李白〔方士趙叟東平に之くを送る〕詩　趙叟、祕訣を得　還りて方士に從ひて遊ぶ

【秘祝】ひしゅう（しう）　秘密の祈り。災異を他に移す。〔史記、封禅書〕祝官に祕祝有り。卽し菑祥（災異）有るときは、輒ち祝祠し、過ちを下に移さしむ。

【秘術】ひじゅつ　秘法。〔晋書、葛洪伝〕從祖（葛）玄、吳の時に道を學びて仙を得。號して葛仙公と曰ふ。其の鍊丹の祕術を以て、弟子鄭隱に授く。洪、隱に就きて學び、悉く其の法を得たり。

【秘書】ひしょ　秘密の書。緯書の類。また、秘閣の書、その官。〔旧唐書、文苑中、賀知章伝〕知章晚年尤も縱誕にして、復た規檢無し。自ら四明狂客と號し、又祕書外監と稱し、里巷に遨遊す。

【秘籍】ひせき　秘書。晋・潘岳〔故太常任府君画賛〕初め萬國を掌り、流化千里。遂に祕籍を管し、舊史を辯章す。入りて常伯に登り、出でて卿士と作る。外內惟れに允とあり、庶績咸く理まる。

【秘蔵】ひぞう（ざう）　大切に収蔵する。〔後漢書、馬融伝〕〔広成頌〕亦た方に將に禁臺の祕藏を刊き、天府の官常を發き、質要の故業に由り、典刑の舊章に率はんとす。

【秘牒】ひちょう（てふ）　重要な秘密の文書。唐・李嶠〔攀竜台の碑〕名づけて古今兵要と曰ふ。～以て祕牒を刻して、廟堂に升すべく、以て名山に藏して、日月を懸くべし。

【秘府】ひふ　秘閣。秘書。漢・揚雄〔劇秦美新〕是を以て、祕府を發きて書林を覽る。遙かに文雅の囿に集まり、禮樂の場に翺翔す。

【秘法】ひほう（はふ）　秘密の法。〔池北偶談、五、談献一〕（方伯公、人に答ふる詩）一絶句に云ふ、予れに問ふ何事ぞ容顏好きと　曾て高人の祕法を受けて傳ふ　身心を打疊して一事無し　饑ゑ來らば飯を喫し、倦む時は眠ると。～按ずるに、饑ゑ來らば～は、乃ち傳燈錄、義海禪師の語なり。

【秘密】ひみつ　人に秘めかくす大事。〔晋書、劉隗伝〕元帝～豪強を排抑せんと欲す。～隗、外に在りと雖も、萬機の祕密は、皆豫め之れを聞く。

【秘要】ひよう（えう）　秘密の重要事。〔魏書、景穆十二王、任城王澄伝〕凡そ奏する所の事、閣道もて之れを通ず。蓋し祕要の切なるを以て、其の宣露（外にもれる）するを防ぐなり。

↑秘緯　緯書／秘逸　秘事／秘隠　秘密／秘宇　奥御殿／秘薀　奥義／秘遠　幽遠／秘画　珍蔵の画／秘怪　ふしぎ／秘学　直伝の学／秘巻　秘籍／秘館　秘閣／秘翫　秘玩／秘忌　かくし、忌むこと／秘奇　神奇／秘記　讖緯の類／秘義　奥儀／秘宮　奥深い宮殿、みたまや／秘曲　秘伝の曲／秘計　秘謀／秘経　緯書／秘結　便秘／秘獄　内廷の獄／秘策　秘密の謀／秘冊　秘籍／秘史　世に知られぬ歴史／秘思　深秘な思い／秘事　ひめごと／秘室　秘庫／秘図　図讖／秘邃　奥深いところ／秘瑞　瑞祥／秘説　口伝／秘詮　口伝／秘伝　奥儀／秘殿　奥深い御殿／秘道　秘伝のこと／秘匿　かくす／秘文　秘籍／秘方　秘薬／秘謀　秘策／秘妙　奥妙のこと／秘薬　特効の薬／秘鑰　秘密のかぎ／秘籙　道教の書

↓隠秘・奥秘・緘秘・奇秘・機秘・計秘・厳秘・事秘・書秘・神秘・深秘・尊秘・中秘・便秘・宝秘・黙秘・幽秘

【筂】 10 8871 ヒ うえ

形声 声符は比。〔広雅、釈器〕に「篝笙、之れを筂と謂ふ」とは、うえをしかけて魚やえびの類をとるもの。字はまた篦に作る。比櫛（すきぐし）の意にも用いる。

訓義 ①うえ。②くし、すきぐし。③比次、ならぶ。

古訓 〔名義抄〕筂　ツラヌ〔字鏡集〕筂　タカンナ・ツイキ

↑筂筂　すき櫛／筂籬　城上に設ける防禦用のかいだて。矢石をさえぎるもの

【粃】 10 9191 ［秕］ 9 2191 ヒ かす しいな

形声 声符は比。穀の実のないものをいう。〔荘子〕〔墨子〕などに粃糠の語がみえ、のち悪政を粃政のようにいう。

訓義 ①かす、しいな。②つまらぬもの、誤れるもの。③秕と同じ。

古訓 〔名義抄〕秕　シヒタ・シヒナシ〔字鏡集〕秕　シヒマセ・ウルシネ・ウケタリ・ムナシ・シヒナ、シ・シヒタ・ハツホ

＊語彙は秕字条参照。

【粃糠】ひこう（かう）　しいなと、ぬか。無益のもののたとえ。〔荘子、逍遥遊〕之の人や、～大浸天に稽るも溺れず、大旱金石流れ、土山焦ぐるも熱せず。是れ其の塵垢粃糠も、將に猶ほ堯・舜を陶鑄（作りあげる）せんとする者なり。

【粃僻】ひへき　誤り敗れる。〔日知録、十三、両漢の風俗〕范曄の論に以爲へらく、桓・靈の閒、君道粃僻にして、朝綱日に陵へ、國隙屢〻啓く。中智より以下も、其の崩離を審らかにせざる靡し。

↑粃糠　かす／粃政　悪政／粃斁　敗壊する／粃蠹　しいなと木食虫／粃稗　つまらぬもの。秕稗／粃謬　誤り

↓垢粃・穅粃・糠粃

【紕】 10 2191 ヒ くむ ぬう

篆文

形声 声符は比。〔説文〕十三上に「氐人の繝（毛織物）なり」とするが、〔詩、鄘風、干旄〕に「素絲、之れを紕にす」とあり、〔伝〕に「紕は組を織る所以なり」と組紐として飾る意とし、その用義が古い。〔方言、六〕に「紕は～理むるなり。秦・晉の閒には紕と曰ふ」とみえる。

訓義 ①くむ、組み糸。②へりかざり、ふちかざり、純縁。③ぬう、つづる。④おさめる、しあげる。⑤紕繆、あやまり。⑥毛織物。⑦

うみお、績苧。

古訓 〔名義抄〕紕 マヨフ・ヨル・クミス／紕繆 アヤマル 〔篇立〕紕 アヤマリ・タガヒス・ヒガム・マガヘ・ヨル

【紕罽】 毛織物。毛氈。〔逸周書、王会解〕正西は昆侖・狗國。鬼親～請ふ、丹靑・白旄・紕罽・江歷・龍角・神龜を以て獻と爲さしめん。

【紕繆】 あやまる。たがう。〔礼記、大伝〕聖人南面して天下を聽むるに、且く先んずる所の者五（治親・報功・挙賢・使能・存愛）あり。～五者一物紕繆するも、民、其の死を得ること莫し。

→紕越 誤り／紕飾 ふち飾り／紕疏 薄地／紕薄 布地が悪い／紕僻 誤り／紕妄 虚妄／紕乱 錯乱／紕離 散乱する／紕戾 誤り／紕漏 錯誤

↓玉紕・素紕・霜紕・縫紕

【蚍】 10 5111 ヒ おおあり

篆文

形声 声符は比。〔説文〕十三下に正字を䖵に従う形に作り、「蚍蜉、大蟻なり」とあり、毘声。大きな蟻をいう。

訓義 1 おおあり。2 芘と通じ、ぜにあおい。

古訓 〔篇立〕蚍 イクサミ

【蚍蜉】 おおあり。唐・韓愈〔張籍を調ふ〕詩 蚍蜉、大樹を撼かす 自ら量らざるを笑ふべし

常 【被】 10 3424 ヒ ふすま とばり こうむる かぶる

篆文 金文

形声 声符は皮。皮に表面に被るものの意がある。〔説文〕八上に「寢衣なり。長さ一身有半」とあり、〔論語、郷党〕「必ず寢衣有り」の〔鄭玄注〕に「今の小臥被、是れなり」という。衾は大被でかけ布団。すべて上より被い加えるものをいい、また他より受ける関係のことにも用いて受身の意となる。被離は擬声語、ばらばらというのに当たる。

訓義 1 ふすま、ふとん、よぎ、ねまき。2 とばり、ほろ、おおい。3 こうむる、かぶる、かぶりもの、きもの、おびる。4 うける、およぶ、くわえる。5 受身、る、られる。6 髲と通じ、かつら、かもじ。7 帔と通じ、うちかけ。

古訓 〔名義抄〕被 カウブル・カウブラシム・フスマ・オホス・キル・キス・キモノ・オヨソ・ミダル・クラオク・カヅク・ツク 〔字鏡〕被 カツラ・クラオク・ヤトフ・キル・ヲル・カヅク・カフル・オヨソ

語系 被・皮biai、披・帔phiai は声近く、帔は肩衣。すべて上に被覆するものをいう。

【被害】 害を受ける。〔漢書、西南夷伝〕杜欽～曰く、～如し先帝立つる所の累世の功を以て墮壞すべからずとせば、亦た宜しく其の萌牙に因り、早く之れを斷絶すべし。已に形を成すに及んで、然る後に戰師せば、則ち萬姓害を被らんと。

【被褐】 粗衣をきる。〔老子、七十〕我を知る者希なるは、則ち我なる者貴ければなり。是を以て聖人は、褐を被て玉を懷く。

【被裘】 皮ごろもをきる。〔列子、天瑞〕林類、年且に百歳ならんとす。春に底りて裘を被き、遺穗を故畦に拾ふ。竝つ歌ひ竝つ進む。

【被堅】 堅甲を身につける。〔史記、蕭相国世家〕臣等、身に堅を被り鋭を執り、多き者は百餘戰、少なき者も數十合なり。～今蕭何は、未だ嘗て汗馬の勞有らず。徒だ文墨を持して議論するのみにして戰はず。～臣等の上に居るは何ぞや。

【被譴】 咎めを受ける。〔漢書、公孫賀伝〕時に朝廷多事にして大臣を督責す。～石慶、謹を以て終ることを得たりと雖も、然れども數〻譴を被る。

【被甲】 よろいをきる。〔後漢書、馬援伝〕援自ら請ひて曰く、臣尚ほ能く甲を被り馬に上ると。帝之れを試みしむ。援、鞍に據りて顧眄す。

【被告】 告発を受ける。また、その人。〔大唐新語、三、公直〕姚崇對へて曰く、垂拱（則天武后の親政）より已後、告を被り身死し家を破る者、皆枉酷自ら誣ふして死せり。事（他人の悪事）を告ぐる者、特り以て功と爲す。

【被讒】 讒言をうける。〔漢書、賈誼伝〕屈原は楚の賢臣なり。讒を被りて放逐せられ、離騷の賦を作る。～遂に自ら江に投じて死す。

【被褥】 布団。〔北斉書、儒林、邢峙伝〕峙、方正純厚、儒者の風有り。～顯祖聞きて之れを嘉みし、賜ふに被褥縑纊を以てし、國子博士に拜す。皇建の初め、～惠政有り、民吏之れを愛す。

【被囊】 衣類や布団入れの袋。〔後漢書、張堪伝〕樊顯～曰く、漁陽の太守張堪、昔、蜀に在りしとき、～珍寶山積し、捲握の物、十世に富かなるに足る。而れども堪、職を去るの日、折轅車に乗り、被囊を布くのみと。帝聞きて良久しく歎息す。

【被髮】 散らし髮。夷狄の俗。〔論語、憲問〕子曰く、管仲、（斉の）桓公に相となり、諸侯に霸となり、天下を一匡す。民、今に到りて其の賜を受く。管仲微かりせば、吾れは其れ被髮左衽せん。

【被服】 衣服。〔史記、武帝紀〕文成言ひて曰く、上即し神と通ぜんと欲せば、宮室被服、神に象らざれば、神物至らずと。

【被麗】 四散する。楚・宋玉〔風の賦〕夫れ風は、～其の將に衰へんとするに至りては、被麗披離、孔を衝き楗（拒門）を動かす。

【被練】 帛を綴った甲。〔左伝、襄三年〕楚の子重、～鄧廖をして、組甲三百・被練三千を帥ゐて、以て呉を侵さしむ。呉人要へて之れを撃つ。～其の能く免るる者は、組甲八十・被練三百のみ。

→被衣 衣服／被臥 夜着／被劾 弾劾される／被及 及ぶ／被巾 ひれ／被衾 夜着／被具 おおい／被蓑 みのをきる／被施 恵を受ける／被緇 黒衣／被児 夜着／被酒 酒をくらう／被鶉 破れた夜着／被捶 うたれる／被毳 皮ごろもをきる／被錫 かもじ／被袋 ふくろ／被単 ひとえ／被池 縁飾り／被縛 捕われる／被般 虎の皮をきる／被被 なびくさま／被誣 無実の罪を受ける／被風 感化される／被覆 おおう／被閉 幽閉される／被謗 そしられる／被蒙 仲から受ける／被離 被麗／被窩 夜着

↓衣被・帷被・横被・温被・加被・画被・外被・寒被・綺被・錦被・広被・光被・絳被・紙被・繡被・昌被・翠被・穿被・大被・衲被・囊被・半被・法被・布被・溥被・覆被・蒙被・夜被・羅被

【啚】 11 6060 ヒ いなか おしむ

篆文 古文 甲骨文 金文

会意 囗＋亩。亩は収穫物を収める廩倉の象。〔説文〕五下に「嗇むなり。囗亩に従ふ。亩は受くるなり」という。囗は邑の従うところと同じく、廩倉のある地域を示す。廩倉のある域中を鄙といい、啚はその初文。卜辞に東啚・西啚の語があり、王室直轄の経営地をいう。また東土・西土というものは社。都に対して啚といい、金文の〔𦅫鎛〕に「民人都啚」の語がある。この啚をさらに広域にわたってその所在を図面化したものは圖（図）、いわゆる地図であり、版図を意味する。鄙は啚に邑を加え、都啚を合わせた字である。

訓義 1いなか、鄙の初文。2おしむ。
古訓 〔篇立〕啚 ハカリゴト・ハカル・アザケル
声系 〔説文〕に啚声として鄙を収めるが、啚は鄙の初文。金文に「都啚」の語がある。

【埤】 11 4614 ヒ ヘイ ひめがき ます たすける

篆文 

形声 声符は卑（卑）ひ。卑に低いものの意がある。〔説文〕十三下に「增すなり」とするのは、〔詩、邶風、北門〕「政事、一に我に埤益す」の意によるものであろうが、それは俾益の意。埤は低い土牆、ひめがきをいう。

訓義 1ひめがき、ひくいかき。2ひくい湿地。3俾と通じ、ます、くわえる、たすける。

古訓 〔名義抄〕埤 アタフ・タ、ク・アツシ・ツク・マス・スケ・シノブ・ミジカシ

語系 埤・俾・婢bieは同声。卑pie声に卑下の意があり、卑声の字は多くその声義を承ける。俾は〔説文〕八上に「益すなり」とあり、俾益の字。ただ埤は〔爾雅、釈詁〕に「厚なり」、〔広雅、釈詁二〕に「助くるなり」とあって、俾と通用することがある。

【埤益】 加える。〔詩、邶風、北門〕王事、我に適たる 政事（かかりごと）一に我に埤益す

【埤倪】 ひめがき。〔墨子、号令〕守宮を環ぐる術（隧）に屯道を置き、各〻其の兩旁に垣すること高さ丈、埤院（倪）を爲くる。

【埤薄】 低くて湿気の多いやせ地。〔後漢書、章帝八王、清河孝王慶伝〕慶~病篤し。宋衍等に謂ひて曰く、清河は埤薄、骸骨を乞ひて、貴人の冢傍に下棺せんことを欲するのみ~と。

↑埤遺 埤益／埤汚 下劣／埤下 低地／埤垷 ひめがき／埤湿 湿地／埤助 補助する／埤增 埤益

↓竹埤・杜埤

【婢】 11 4644 ヒ はしため わらわ

篆文  甲骨文 

形声 声符は卑（卑）ひ。卑に卑賤の意があり、俾使の意がある。そのような女を婢という。〔説文〕十二下に「女の卑しき者なり。女に從ひ、卑に從ふ。卑は亦聲なり」という。古い時代には、女の罪ある者を没して官婢とした。

訓義 1はしため、下女、女奴。2わらわ、めわらわ。3めかけ。4女の謙称。

古訓 〔和名抄〕婢 也豆古（やつこ） 〔名義抄〕婢 ヤツコ 〔篇立〕婢 ヤツコ・イヤシ

語系 婢・俾・埤bieは同声。卑pieに卑少の意があり、卑声の字は多くその声義を承ける。

【婢妾】 めかけ女中。〔史記、平原君伝〕李同曰く、邯鄲の民、骨を炊き子を易へて食ふ。急なりと謂ふべし。而るに君の後宮は百を以て數へ、婢妾綺縠（うすもの）を被き、梁肉を餘す。

【婢僕】 召使い。下女・下男。〔北夢瑣言、十〕李昌符、詩名有りしも、久しく登第せず。~因りて一奇を出だし、乃ち婢僕詩五十首を作る。~浹旬（まる十日）にして、京城盛んに其の詩篇を傳ふ。~是の年登第せり。

↑婢使 俾妾／婢女 下女／婢賤 女の奴隷／婢僮 婢僕

↓越婢・下婢・官婢・群婢・細婢・侍婢・従婢・少婢・壻婢・乳婢・奴婢・買婢・傅婢・僕婢・媵婢・獠婢・老婢

【庳】 11 0024 ヒ ひくい

篆文 

形声 声符は卑（卑）ひ。卑に卑小の意がある。〔説文〕九下に「中の伏せる舍なり」とするが、「二」に曰く、屋庳きなり」というように、低い家をいう。

訓義 1ひくいいえ。2ひくい土地、ひくい、くだる。3みじかい。

古訓 〔名義抄〕庳 ミジカシ・イタル 〔字鏡集〕庳 ミジカシ・クダレリ・クダル 〔字鏡〕庳 ミジカシ・クダル・フナヤカタ

↑庳陰 低く狭い／庳下 低い／庳狭 低く狭い／庳湿 低くて湿気がある

↓崇庳・卑庳

【悱】 11 9101 ヒ もだえる

篆文 

形声 声符は非ひ。非に不安定の意がある。〔説文新附〕十下に「口、悱悱たるなり」とあり、また誹・悲に通じて用いる。

訓義 1もだえる、もどかしく思う、口ごもり、いいよどむ。2うたがう、あやしむ。3かなしむ。

古訓 〔字鏡〕悱 ヤスシ・サハク

【悱悱】 もどかしく、いいなやむ。〔論語、述而〕憤せずんば啓せず、悱せずんば發せず。〔鄭玄注〕孔子、人と言ふとき、必ず其の人の心憤憤、口悱悱たるを待ち、乃かる後に啓發し、爲に之れを説く。

↑悱怨 もだえ怨む／悱恤 もだえ怨む／悱惻 もだえ悲しむ／悱発 啓発／悱憤 心にもどかしくする

↓愁悱

【陴】 11 7624 ヒ ひめがき ものみべい

篆文  籀文  甲骨文 

形声 声符は卑（卑）ひ。卑に卑小の意がある。〔説文〕十四下に「城上の女牆なり」とあり、また俾倪ともいうとする。重文として録する籀文の字形は、金文と同じく城郭の象に従っており、城上のひめがきをいう字である。𠂤はもと神梯の象であるから、本来は聖域に設けられたものであろうが、のちそれを城上にも移したものであるらしく、〔墨子、号令〕などにその制をしるしている。埤は土塀の類をいう。

訓義 1ひめがき、城上のひめがき。2ものみべい。3裨と通じ、ます、くわえる、たすける。

古訓 〔篇立〕陴 カキ

語系 陴・埤bieは同声。陴は聖域の墉牆、埤は土垣、郭に従うものは城上の女牆。みな字形に区別がある。

↑陴隍 ひめがきとほり／陴堞 ひめがき

↓守陴・城陴・増陴・登陴・文陴

常【悲】 12 1133 ヒ かなしむ かなしい なげく

篆文  古印璽 

形声 声符は非ひ。〔説文〕十下に「痛むなり」とあって悲痛の情をいう。同じ要素の字に悱があり、〔論語、述而〕に「憤せずんば啓せず、悱せずんば發せず」のように用いる。非は否定的な心情を示す形況的な語で、沸鬱とした感情をいう。

訓義 1かなしむ、かなしい、いたむ、したう。2なげく、うれえる。

古訓 〔名義抄〕悲 カナシブ・アハレブ 〔字鏡〕悲 カナシム・アハレム

語系 悲piəiは非piuəi、誹・悱phiuəiと声義近く、一系の語。弗・沸piuətも否定的な、不安定な状態をいう語である。

【悲哀】 かなしみ。唐・杜牧〔寓題〕詩 假如三萬六千日あるも 半ばは是れ悲哀、半ばは是れ愁

【悲音】 かなしげな音。魏・王粲〔七哀詩、三首、二〕絲桐、人の情に感じ 我が爲に悲音を發す

【悲笳】 胡笳の悲しげな音。唐・杜甫〔後の出塞、五首、二〕詩 悲笳、數聲動き 壯士、慘として驕らず

【悲歌】悲壮なさまで歌う。〔史記、項羽紀〕項王（羽）則ち夜起ちて帳中に飲す。～是に於て、項王乃ち悲歌忼慨し、自ら詩を爲る。
【悲懐】悲しみ懐う。〔史記、張釈之伝〕霸陵に至らんとす。～上、～愼夫人をして瑟を鼓せしめ、上自ら瑟に倚りて歌ふ。意、慘悽悲懷す。
【悲感】悲しく思う。〔漢書、外戚上、孝武李夫人伝〕遙かに好女の李夫人の貌の、幄に還り、坐して歩する如きを望見するも、又就きて視るを得ず。上愈〻益〻相ひ思うて悲感す。
【悲歓】悲しみと歓びと。金・元好問〔程の女に別る〕詩 女を生みて便ち知る、聊く寄託するを 中年尤も覺ゆ、悲歡を感ずるを
【悲喜】悲しみと喜びと。〔淮南子、原道訓〕樂作りて喜び、曲終りて悲しむ。悲喜轉た相ひ生じ、精神亂營（惑）して、須臾も平なるを得ず。
【悲恨】悲しみ怨む。〔漢書、刑法志〕間者吏の法を用ふる、巧文寖く深し。是れ朕の不德なり。夫れ決獄當らず、～不辜（無実）戮を蒙り、父子悲恨す。朕甚だ之れを傷む。
【悲酸】甚だしくいたむ。唐・陳鴻〔長恨歌伝〕當時の謠詠に云へる有り、女を生むも悲酸すること勿れ 男を生むも喜歡すること勿れと。
【悲秋】もの悲しい秋。唐・杜甫〔登高〕詩 萬里悲秋、常に客と作り 百年多病、獨り臺に上る
【悲傷】いたみ悲しむ。〔漢書、劉向伝〕向、遂に封事を上りて極諫す。～書奏す。天子、向を召見し、其の意を歎息悲傷して、謂ひて曰く、君且く休せよ、吾將に之れを思はんとすと。
【悲壮】雄々しく悲しい。唐・杜甫〔閣夜〕詩 五更の鼓角、聲悲壯 三峽の星河、影動搖す
【悲愴】悲しみいたむ。唐・白居易〔感有り、三首、三〕詩 往事は追思すること勿れ 追思せば悲愴多し 來事、相ひ迎ふること勿れ 相ひ迎へては亦た惆悵す
【悲歎】悲しみ嘆く。明・方孝孺〔鄭仲弁に答ふる書、二首、二〕一たび之れを念ふ毎に、屋を仰いで悲歎し、涕泗（涙）の頤（おとがい）に交はるを知らざるなり。
【悲痛】傷心。宋・蘇舜欽〔曼卿を哭す〕詩 歸來悲痛して食ふ能はず 壁上の遺墨、棲鴉の如し
【悲怒】悲しみ怒る。〔宋史、后妃下、徽宗劉貴妃伝〕帝、之れを悼むこと甚だし。後宮皆往きて帝を唁ひ、相ひ與に啜泣す。崔妃獨り左視して戚容無し。帝悲怒し、其の厭蠱（のろい）を爲すを疑ひ、～遂に崔妃を廢して庶人と爲す。
【悲悼】悲しみいたむ。宋・楽史〔楊太真外伝、下〕此れより劍門を去り、鳥啼花落、水綠山靑、朕が妃子を悲悼するの由を助くるに非ざる無し。
【悲慟】悲しんで慟哭する。〔後漢紀、明帝紀上〕（東海恭王）彊の薨問至る。上、皇太后と悲慟して自ら勝へず。～謚して恭王と曰ふ。
【悲夫】悲しみ嘆く語。晋・王羲之〔蘭亭集の序〕後の今を視ること、亦た猶ほ今の昔を視るがごとくならん。悲しい夫。
【悲風】寂しい風。唐・高適〔宋中、十首、一〕詩 梁王、昔全盛 賓客復た多才 悠悠一千年 陳跡、唯だ高臺 寂寞として秋草に向へば 悲風千里より來る
【悲憤】悲しみいきどおる。〔後漢書、列女、董祀の妻（蔡文姫）の伝〕興平中、天下喪亂し、文姫、胡騎の獲る所と爲り、～胡中に在ること十二年、二子を生む。曹操～金璧を以て之れを贖ひ、重ねて祀に嫁せしむ。～追懷悲憤して、詩二章を作る。
【悲涼】悲しくすさまじい。南朝宋・顔延之〔秋胡行、九首、三〕楽府 原隰、悲涼多し 迴飈、高樹を卷く 離獸、荒蹊に起り 驚鳥、縱橫に去る
【悲涙】悲しみの涙。晋・陶潜〔従弟仲徳を悲しむ〕詩 哀を銜んで舊宅を過る 悲淚心に應じて零つ 借問す、誰が爲にか悲しむと 懷ふ人は九冥（九泉）に在り
↑悲恚 悲しみ憤る／悲鬱 いぶせし／悲運 不運／悲咽 なきむせぶ／悲怨 悲しみ恨む／悲慨 悲しみなげく／悲角 さびしい角笛の音／悲憾 なげきうらむ／悲願 大願／悲愧 悲しみ愧じる／悲泣 悲しみ泣く／悲疚 悲しみなやむ／悲境 逆境／悲響 哀調／悲曲 哀曲／悲欣 悲喜／悲吟 哀吟／悲苦 悲しむ苦しむ／悲劇 悲運の劇／悲絃 哀絃／悲哭 悲しみなく／悲懇 いたましい／悲嗟 悲しみなげく／悲慘 悽慘／悲慚 悲愧／悲思 悲しい思い／悲詩 悲しげな歌／悲羞 悲愧／悲商 悲しげな音／悲嘯 悲しみうそぶく／悲色 悲しいさま／悲辛 悲しくつらい／悲声 哀音／悲悽 悲惨／悲惜 哀惜／悲戚 悲しみうれえる／悲切 哀切／悲楚 悽楚／悲惻 悲しみいたむ／悲咤 悲しみなげく／悲怛 いたむ／悲悵 悲しみいたむ／悲腸 傷心／悲調 哀音／悲啼 悲泣／悲動 悲しみ心動く／悲悩 悲しみ悩む／悲訃 悲報／悲慕 泣き慕う／悲報 凶報／悲懣 悲惋／悲鳴 悲しんで鳴く／悲栗 ひちりき／悲恋 悲しみ慕う／悲惋 嘆きもだえる
↓自悲・慈悲・酒悲・春悲・所悲・傷悲・清悲・積悲・楚悲・長悲・風悲・幽悲

常 【扉】 12 7221 〔扉〕 12 3021 ヒ とびら

篆文

形声 声符は非。非は比櫛（すきぐし）の象。すき櫛のように、左右に相配する意がある。〔説文〕十二上に「戸の扇なり」とあり、木の戸を扉、葦などで作ったものを扇（扇）という。扇をまた菲ともいい、〔荀子、礼論〕にみえる。
訓義 1とびら、門扇。2いえ、すまい。
古訓 〔和名抄〕扉 度比良（とびら）〔名義抄〕扉 トビラ・トボソ〔篇立〕扉 トビラ・ヒラク
↑扉扃 扉／扉戸 扉／扉枢 扉のくるる
↓一扉・雲扉・開扉・外扉・閑扉・巌扉・綺扉・金扉・扃扉・荊扉・闔扉・柴扉・山扉・朱扉・扇扉・双扉・丹扉・竹扉・昼扉・庭扉・鉄扉・破扉・蓬扉・門扉・夜扉・野扉・瑶扉

人 【斐】 12 1140 〔斐〕 12 1140 ヒ うつくしい あきらか なびく

篆文

形声 声符は非。非は比櫛（すきぐし）の象で、左右にならぶ意がある。〔説文〕九上に「分別して文あるなり」とし、〔易、革、象伝〕「君子豹變す。其の文斐し」の文を引く。今の〔易〕は「其の文蔚し」に作る。〔詩、衛風、淇奥〕「匪たる有る君子」の匪は斐の意。〔毛伝〕に「匪は文章ある貌なり」という。他に賁・斑・斌・彬などもその意に用いる。〔論語、公冶長〕「斐然として章を成す」は、その才徳あることを称する語。また靡然の意に用い、〔史記、太史公自序〕に「諸侯の士をして斐然として、争うて入りて秦に事へしむ」の語がある。
訓義 1うるわしい、うつくしい、あやあるさま。2あきらかなさま。3靡と通じ、なびくさま。
語系 斐phiuəi、匪piuəi は声近く、通用することがある。他に賁biuən、班・斑pean、また斌・彬pian、彣miuən なども同系の語で、めにつくような美しさをいう。
【斐然】あやのある美しさ。〔論語、公冶長〕子、陳に在りて

曰く、歸らんか、歸らんか。我が黨の小子狂簡、斐然として章を成すも、之れを裁する所以を知らずと。
↑斐韡 鮮やか／斐爾 斐然／斐什 佳作／斐如 斐然／斐成 美しい／斐斐 斐然／斐尾 美しい／斐美 美しい／斐亹 美しい／斐文 あや／斐炳 明らか
↓狂斐・衰斐・萋斐・紛斐・有斐

【棐】12 1190 ヒ ゆだめ たすける
篆文
形声 声符は非。〔説文〕六上に「輔なり」とあり、〔荀子、性悪、注〕に「輔は弓弩を正すの器」とあって、ゆだめをいう。非は両旁よりはさむ形。〔書、洛誥〕に「民の彝を棐く」とあり、輔正の意にも用いる。〔爾雅、釈詁〕に「弼・棐・輔・比は俌くるなり」とあり、みな同系の語である。
訓義 ①ゆだめ。②車のそえ木。③たすける、輔助。④菲と通じ、うすい。⑤非と通じ、あらず。⑥匪・篚と通じ、はこ。⑦斐と通じ、うつくしい。
古訓 〔名義抄〕棐 タスク・タカフ
↑棐彝 民の常徳を助ける／棐常 棐彝／棐忱 誠を助ける／棐諶 棐忱／棐徳 薄徳
↓篤棐

【脾】12 7624 ヒ ひぞう
篆文
形声 声符は卑（卑）。〔説文〕四下に「土の藏なり」とあり、五行説による。〔釈名、釈形体〕に胃気を補助するものとして、俾助の意を以て解する。牛の胃袋を脾析といい、儀礼のときこれを刻んで供え、「牛百葉」という。
訓義 ①ひぞう。②牛の胃袋、脾析。③髀と通じ、もも。④こえる。
古訓 〔新撰字鏡〕脾 或いは髀に作る、股外なり。牟々（むむ）〔新撰字鏡、享和本〕脾 毛々（もも）〔和名抄〕脾 與古之（よこし）〔名義抄〕脾 モヽ・ヨコシ・カイカネ 〔篇立〕脾 トモヽ・ヨコシ・カイホネ・ユハコシ・モヽ・クソフクロ・フルキモ・カイカネ
【脾肝】 脾臓と肝臓。心。宋・真山民〔山間の秋夜〕詩 夜色秋光、共に一闌 飽くまで風露を收めて、脾肝に入る
【脾臄】 牛の胃袋と口の上の肉。〔詩、大雅、行葦〕嘉殽の脾臄 或いは歌ひ或いは咢ぐ
↑脾寒 寒熱病／脾気 性癖／脾虚 胃弱／脾腎 脾と腎臓／脾析 牛の胃／脾泄 下利／脾天 こうじ／脾土 脾臓／脾肉 髀肉／脾和 なごむ

【腓】12 7121 ヒ こむら ふくらはぎ あしきり
篆文
形声 声符は非。〔説文〕四下に「脛腨なり」とあり、腨もこむらの意。また腓腸ともいう。「こむら」に対して手のひじを「たこむら」という。辟に仮借して用い、足斬りの刑をいう。辟は腰肉を辛（刀）で切りとる象形字。腓はその声に用いる。
訓義 ①こむら、ふくらはぎ。②辟と通じ、あしきりの刑。また、さける。③芘と通じ、おおう、かばう、よる。④痱と通じ、やむ。⑤草木が枯れることをいう。
古訓 〔和名抄〕腓 古无良（こむら）〔名義抄〕腓 サル・コムラ・コフシ・ヤム
【腓字】 かばいそだてる。〔詩、大雅、生民〕誕に之れを隘巷に寘くに 牛羊之れを腓字ふ
↑腓骨 脛の外側の細い骨／腓腸 こむら／腓腑 ふくらはぎ／腓辟 足斬りの刑
↓萎腓・外腓・草腓

【菲】12 4411 ヒ かぶら うすい うつくしい
篆文
形声 声符は非。〔説文〕一下に「芴なり」とあり、かぶらの類。字は多く菲薄の意に用い、菲食・菲才のようにいう。芳菲のように、よく茂って美しい意に用いることがある。
訓義 ①かぶらの類。②うすい、すくない、つたない。③ものがまじわるさま、うつくしい。④草であんだもの、ぞうり、草衣、草の戸。⑤悲と通じ、いたむ、かなしむ。⑥扉・厞と通じ、とびら、奥まったくらいところ。
古訓 〔名義抄〕菲 ウスシ・カナラス・ワラグツ・カウハシ 〔篇立〕菲 ウスシ・イヤシ・ワラクツ
【菲儀】 薄謝。粗品。宋・楊万里〔羅氏、親を定むる啓〕十世知るべし、繼好復た今より始まる。兩端にして竭くせり、菲儀乃ほ舊規を守る。
【菲繐】 喪葬のときの草衣と粗帛。〔荀子、礼論〕卑絻・黼黻、～衰絰・菲繐～は、是れ吉凶憂愉の情の、衣服に發はるる者なり。
【菲薄】 貧賤。また、菲才不德。蜀・諸葛亮〔出師の表〕宜しく妄りに自ら菲薄なりとし、喩へを引き義を失ひ、以て忠諫の路を塞ぐべからず。
【菲菲】 花が美しい。〔楚辞、離騒〕佩、繽紛として其れ繁飾し 芳、菲菲として其れ彌よ章かなり
【菲履】 刑罰用の草履。〔漢書、刑法志〕世俗の說を爲す者以爲へらく、治古（上古の治世）には肉刑無し。象刑墨黥の屬、菲履赭衣にして、純（へり飾り）せざる有るのみと。是れ然らず。
↑菲帷 草のとばり／菲敬 菲儀／菲儉 倹素／菲才 非才、自ら謙遜していう／菲質 不才／菲酌 粗酒／菲什 拙作／菲杖 草履と喪杖／菲食 粗食／菲誠 微志／菲奠 粗饌／菲徳 不徳／菲微 菲薄／菲物 粗品／菲陋 低劣
↓才菲・春菲・萋菲・疏菲・芬菲・芳菲

【詖】12 0464 ヒ かたよる
篆文
形声 声符は皮。〔説文〕三上に「辨ち論ずるなり」（段注本）とあり、分析的に論ずる意。〔玉篇〕に「佞諂なり」、〔広雅、釈詁 一〕に「慧なり」とする。いくらかねじける意がある。
訓義 ①わかちとく、分析的にいう。②かしこい、さかしい。③頗と通じ、かたよる、かたむく。④ねじける、おもねる。⑤そこなう。
古訓 〔名義抄〕詖 ワキマフ・カタマシ・カタル・カタフク・ハゲシ・コトバ・トヽノフ
【詖行】 偏頗な行為。〔孟子、滕文公下〕我も亦た人心を正し、邪說を息め、詖行を距ぎ、淫辭を放ち、以て三聖（禹・周公・孔子）の者を承けんと欲す。豈に辯を好まんや。予れ已むことを得ざればなり。
↑詖險 ねじけ人／詖言 詖辞／詖辞 偏った語
↓険詖・屯詖・沈詖

常【費】12 5580 ヒ ついえ ついやす そこなう
篆文 金文
形声 声符は弗。〔説文〕六下に「財用を散ずるなり」（段注本）とあり、弗に敝・敗の意を含むようである。〔呂覧、禁塞〕に「神を費やし魂を傷ましむ」とあり、精神を労することをもいう。〔論語、尭曰〕に「君子は恵なるも費やさず」とあり、費は徒費を意味した。
訓義 ①ついえ、ついやす、へらす、ちらす、つかう。②むだする、そこなう、もちいる。

古訓 〔新撰字鏡〕費 於止礼利（おとれり）、又、加支留（かきる）〔名義抄〕費 ツヒヤス・セム・ク（タ）スス・モチヰル・チル・カ、ヤク

声系 〔説文〕に費声として木部の一字を収め、〔玉篇〕に沸の異文として濆を収め、「泉の涌出する皃なり」という。金文に「剕伯」という名がみえ、費に刀を加える形である。剕（剕）・罰などと同じような意を含む字であるかもしれない。

【費耗】ひこう（かう） 費用。消耗。〔後漢書、段熲伝〕伏して計るに、永初中、諸羌反叛すること十有四年、用二百四十億。永和の末、復た七年を經たり。用八十餘億。費耗此くの若きも、猶ほ誅盡さず。

【費財】ひざい 金銭をついやす。〔漢書、翼奉伝〕（上疏）後世奢侈、國家の費、數代の用に當る。直だに財を費やすのみに非ず。又乃ち士を費やす。

【費日】ひじつ 日時をむだにする。〔易林、需之噬嗑〕任ずること其の人に非ざれば、日を費やすも功無からん。

【費心】ひしん 気苦労する。煩わす。唐・杜甫〔厳氏渓に放歌す〕詩 費心姑息するは、是の一役のみ 肥肉大酒、徒だ相ひ要とむ

【費神】ひしん 心を煩わす。〔呂覧、当染〕形を傷り神を費やし、心を愁へしめ耳目を勞し、國愈〻危く、身愈〻辱めらるるは、要を知らざる故なり。

【費銭】ひせん お金を使う。宋・欧陽脩〔(梅)聖兪、宣州の筆を恵せらる。戯れに書す〕詩 價高くして仍ほ錢を費やすも 用ふること數日に過ぎず 豈に如しかんや、宣城の毫 耐久仍ほ乞ふべし

【費力】ひりょく 人力をついやす。〔北史、李彪伝〕今時、浮華相ひ競ひ、情に常守無く、大いに消功の物を爲り、巨いに費力の事を制る。豈に謬らずや。

➡費損 費耗／費解 わかりにくい／費句 無用の冗句／費才 才能をついやす／費散 消費する／費詞 無用の句を用いる／費事 面倒をかける／費時 時間をついやす／費辞 費詞／費消 ついやす

⬇会費・学費・官費・給費・巨費・虚費・鉅費・空費・軍費・経費・献費・工費・公費・耗費・国費・歳費・私費・資費・辞費・奢費・出費・消費・冗費・食費・戦費・損費・徒費・入費・縻費・浮費・游費・用費・乱費・濫費・旅費・礼費・路費・労費・浪費

【痺】 13 0014 ［痹］ 13 0012 ヒ しびれる

篆文

形声 声符は卑（卑）ひ。字はまた痹に作り、畀声。〔説文〕七下に「痹は溼病なり」とあり、陰湿による神経感覚の痲痺をいう。〔素問〕に、すべて病因に風・寒・溼の三気があるとし、〔史記、扁鵲伝〕に「痺醫」の名がみえている。

訓義 ①しびれる、しびれるやまい、リウマチス。②矢の名。③庳と通じ、低い。

古訓 〔新撰字鏡〕痺 脚の冷ゆる病なり。比單（留）牟（ひるむ）〔和名抄〕痿痺 比留无夜末比（ひるむやまひ）〔名義抄〕痺 コヒ・ヒルム・ヒ、ラク・ミジカシ／痿痺 ヒルムヤマヒ〔篇立〕痺 ウルフ・ヒルム・ミジカシ・ヤマヒ・ウルム

【痺医】ひい 神経系の医者。〔史記、扁鵲伝〕扁鵲の名、天下に聞ゆ。邯鄲を過ぎる。婦人を貴ぶと聞き、卽ち帶下醫と爲る。雒陽を過る。周人の、老人を愛するを聞き、卽ち耳目痺醫と爲る。來りて咸陽に入る。秦人の、小兒を愛するを聞き、卽ち小兒醫と爲る。俗に隨ひ、變を爲す。

➡痺下 低い／痺矢 礼射に用いる八矢の一／痺民 平民

⬇痿痺・頑痺・坐痺・手痺・腎痺・足痺・体痺・風痺・麻痺・痲痺・冷痺

【裨】 13 3624 ヒ おぎなう たすける そえる

篆文

金文

形声 声符は卑（卑）ひ。金文に卑を使役の意に用いる。〔説文〕八上に「接ぎ益すなり」とあって、布帛の足らざるを補うことをいう。それより裨補・裨益の意となり、また裨将（副将）のように用いる。金文の字形は衣中に卑を加える会意の造字法をとっている。もと招魂続魄（魂振り）の意をもつ行為をいう字であったのであろう。

訓義 ①おぎなう、つぎたす。②たすける、ます。③そえる、ひかえ。④卑と通じ、ちいさい、ささやか、いやしい。⑤陴と通じ、ひめがき。

古訓 〔名義抄〕裨 ツヾル・オキヌフ・ソフ・タスク〔字鏡集〕裨 ソフ・ツヾル・ツク・オキヌフ・ハヾカル・アタフ・タスク・マサル

【裨師】ひし 偏師の將。魏・陳琳〔袁紹の為に予州に檄す〕遂に（曹）操と諮（計）を同にし謀を合はせ、授くるに裨師を以てす。謂へらく、其の鷹犬（狩りに使う）の才、爪牙任ずべしと。

【裨助】ひじょ たすけ。〔後漢書、列女、曹世叔の妻（班昭）の伝〕閒女誡七章を作る。願はくは諸女各〻一通を寫せ。庶はくは汝の身に補益・裨助有らんことを。去れ、其れ之れを勗め勉めよ。

【裨将】ひしょう（しゃう） 副将。〔漢書、王莽伝下〕莽、四方の盜賊多きを見て、復た之れを厭ふ（呪で伏する）せんと欲す。又書を下して曰く、～内に大將を設け、外に大司馬五人・大將軍二十五人・偏將軍百二十五人・裨將軍千二百五十人～を置く。

【裨冕】ひべん 裨衣と冕。〔儀礼、覲礼〕侯氏裨冕し、幣を禰（父の廟）に釋く。諸侯・卿大夫が天子に見ゆるときの礼。

➡裨衣 礼服の一／裨益 補う／裨賛 補助する／裨正 補正／裨増 加える／裨属 下役／裨販 仲買い／裨補 輔ける／裨輔 裨補

⬇思裨・陪裨

【賁】 13 4080 ［賁］ 12 4080 ヒ フン ホン かざる おおきい うつくしい やぶれる

篆文

甲骨文

金文

形声 声符は卉ひの省文。〔説文〕六下に「飾るなり」と訓し、卉を声とするが、声が異なる。〔京房易伝〕に「五色成らざる、之れを賁と謂ふ」とあり、雑彩の飾りをいう。西周期金文の賜与に「𠦪𠧢（賁韔、弓袋）」「𠦪較」などがあり、花模様や、貝飾を施したものであろう。卉は華の象形、貝を以て飾ったものを賁という。

訓義 ①かざる、かざりを加える。②おおきい、みちる。③うつくしい、いろがまじる。④わきたつ、ふきまける、やぶれる、はしる、いかる。

古訓 〔名義抄〕賁 カザル・ツ、ム・フルフ・ハカル・イサム〔篇立〕賁 セム・イサム・カザル・カサヌ・オフ・ツヒヤス

声系 〔説文〕に賁声として蕡・噴・濆・墳（墳）など十二字を収める。卉は華が咲き乱れる形で、内にある力が外にあらわれる意がある。賁声の字はその声義を承ける。

語系 賁 biuən は斌・彬 pian、彣 miuən と声義近く、また斐（斐）phiuəi、匪 piuəi、班・斑 peən などもみな色の入りみだれたような美しさをいう。同系の語とみてよい。

【賁如】ひじょ 美しいさま。〔易、賁、六四〕賁如たり、皤如たり。白馬、翰如たり。寇するに匪ず、婚媾せんとするなり。

【賁飾】 化粧する。〔飛燕外伝〕陽華、老いて馮氏に歸る。后の姊弟、陽華に母事す。陽華賁飾を善くす。常に后に九廻沈水香澤を教ふ。

【賁然】 飾りあるさま。〔詩、小雅、白駒〕皎皎たる白駒 賁然として來る 爾の公、爾の侯 逸豫すること期無からん

【賁臨】 ご来臨。ご光臨。〔剪灯余話、洞天花燭記〕今、文士賁臨し、群仙光降す。

➡賁華 麗しい花／賁潰 潰散する／賁亀 三本足の亀／賁軍 敗軍／賁鼓 太鼓／賁士 勇士／賁星 ほうき星／賁治 太平の世／賁寵 恩寵／賁彘 去勢した豚／賁典 三墳五典、上古の書／賁賁 さかんなさま。奔奔／賁勇 孟賁(古代の勇士の名)の勇／賁墉 大きなかきね／賁来 賁臨

⬇顕賁・虎賁・光賁・寵賁・敷賁・褒賁

【閟】 13 7733 ヒ みたまや とざす かくす

篆文 

形声 声符は必。〔説文〕十二上に「門を閉ざすなり」とあり、閉ざして秘する意とする。閟宮は魯の寝廟の名で、〔詩、魯頌、閟宮〕はその廟歌。周の始祖后稷を祀り、郊禖の神とされる。必は鉞の柲部の形。宓・密・謐のように、神廟に聖器として用いる儀礼があり、閟宮の名もそのような秘儀と関係があるかもしれない。

訓義 ①みたまや、魯の廟。②とざす、とじる、かくす。③とどまる、やむ、おわる。④毖と通じ、つつしむ。

古訓 〔名義抄〕閟 トヅ・ツ、シム・ムカシ 〔字鏡〕閟 フカシ・トヾム・ヒロシ・ヒラク・ツ、シム・マレラナリ・カクス・トル

語系 閟piet は閉pyet と声近く、閉は聖木の象である才に従い、聖器を以てとざす意がある。宓・密・謐miet も必を用いる呪儀。密は宓と火に従う形で、火を以て必を聖化する秘儀をいう。毖piuet は閟と声義近く、「愼む」と訓する字である。

【閟宮】 魯の霊廟。〔詩、魯頌、閟宮〕閟宮侐たる有り 實實枚枚(広大森厳)たり 赫赫たる姜嫄 其の德回ならず 上帝是れ依る

【閟毖】 とざす。〔書、大誥〕(成)王曰く、爾惟れ舊人なり、爾丕いに克く遠く省みよ。爾寧(文)王の若く勤めたるを知れや。天、閟かに我が成功を毖けたり。予れ敢て極やかに寧(文)王の圖事を卒らせずんばあらず。

➡閟寝 閟宮／閟匿 かくす

⬇隠閟・永閟・宮閟・自閟・清閟・潜閟・幽閟

【榧】 14 4191 ヒ かや

形声 声符は匪。かや。〔正字通〕に「榧、木皮は杉に似、大いさ連抱、肌は細膩、堅韌にして材とすべし。牝牡有り。牡なる者は花さき、牝なる者は實る。實は生食すべし」という。

訓義 ①かや。②字はまた棐・柀に作る。

古訓 〔本草和名〕榧實 加倍乃美(かへのみ) 〔和名抄〕榧子 加閇(かへ) 〔名義抄〕榧子 カヘ 〔篇立〕榧 カヘ 〔字鏡集〕榧子 カヤノミ

【榧檜】 かや。ひのき。唐・李徳裕〔平泉山居草木記〕木の奇なる者に、天台の金松・琪樹、稽山の海棠・榧檜、剡溪の紅桂・厚朴、海嶠の香檉・木蘭、天目の青神・鳳集～有り。

➡榧子 かやのみ／榧実 榧子

⬇玉榧・粗榧

常

【碑】 14 人〔碑〕 13 1664 ヒ たていし いしぶみ

篆文 

形声 声符は卑(卑)。〔説文〕九下に「豎てたる石なり」とあり、石碑をいう。古くは宮廟の旁らに立てて、日景をはかり、犧牲をつなぐのに用いたという。墓壙に棺を下ろすとき、石を立てて、上部に穿(まるい穴)をうがち、そこから紐で棺を下ろしたが、のちその石に故人の名姓・行実をしるして、碑碣となった。古い碑にはなお穿の形式を残している。碑文はのち伝記資料となり、その字は碑学として、帖学とならび書の重要な源流となった。

訓義 ①たていし。②たてぎ、棺を下ろすときのたてぎ。③いしぶみ、碑銘。

古訓 〔名義抄〕碑 シルス・フムタ 〔篇立〕碑 シルス・ツタフ

【碑陰】 碑の裏。〔文体明弁、碑陰文〕碑陰文とは、文を爲りて之れを碑背に刻するなり。古へに此の體無し、唐に至りて始めて之れ有り。或いは自ら碑文を爲りて、其の後に題し、或いは他人碑文を爲りて、其の未だ盡さざるの意を發す。皆是れなり。

【碑刻】 碑文の刻石。〔隷釈、漢石経論語残碑〕遺經の字畫の妙を觀るに、蔡中郎(邕)の輩に非ざれば爲すこと能はず。黄初後來の碑刻を以て之れを比ぶるに、相ひ去ること啻だに霄壤(天地)のみならず。豈に魏人の筆力の到るべけんや。

【碑誌】 碑文の文体。〔梁書、文学下、劉勰伝〕勰、文を爲るに佛理に長ず。京師の寺塔及び名僧の碑誌は、必ず勰に請ひて文を製らしむ。

【碑帖】 石ずりの紙を帖としたもの。〔新増格古要論、二〕響搨とは僞墨跡なり。紙を用つて碑帖の上に加へ、明處に向つて游絲筆を以て字畫を圈却し、塡するに濃墨を以てす。之れを響搨と謂ふ。

【碑石】 石碑。〔水経注、潁水〕(王淩の)廟前に碑有り、碑石に金生ず。干寶曰く、黄金は採りて、晉の中興の瑞と爲すべしと。

【碑版】 碑誌の類。〔図画見聞誌、五〕唐の柳公權、～書學に耽りて生を治むること能はず。勳戚の家の爲に碑版を書す。問遺、歳時に鉅萬なり。多く主藏者海鷗の龍安の竊む所と爲る。

【碑文】 碑刻の文。〔三国志、魏、鄧艾伝〕年十二、母に隨ひて潁川に至る。故太丘の長陳寔の碑文を讀みて言ふ、文は世範爲り、行は士則爲りと。艾、遂に自ら名は範、字は士則とす。

【碑銘】 碑文と銘。銘は有韻。〔後漢書、郭太伝〕(林宗)家に卒す。～同志の者、乃ち共に石に刻し、碑を立つ。蔡邕、其の文を爲る。既にして涿郡の盧植に謂ひて曰く、吾れ碑銘を爲ること多し。皆慙德(文、過褒のところを愧じる)有り。唯だ郭有道のみは、愧色無きのみと。

【碑誄】 碑文と誄。誄は追悼の文。〔三国志、魏、方技、管輅伝〕毌丘儉の墓下を過ぎり、樹に倚りて哀吟す。～人、其の故を問ふ。輅曰く、林木茂れりと雖も、形の久しうすべき無し。碑誄美なりと雖も、後の守るべき無し～と。

➡碑学 碑拓の学／碑額 碑の頭部／碑記 碑文／碑碣 石碑／碑闕 石碑と石闕／碑券 地券／碑工 碑作りの職人／碑座 碑の台座／碑獣 墓前の石獣／碑頌 碑文／碑洞 碑林／碑表 碑文／碑趺 碑座／碑榜 石碑の立札／碑牓 碑榜／碑林 西安碑林／碑涙 哀悼の涙

⬇歌碑・刊碑・旧碑・建碑・古碑・口碑・校碑・高碑・残碑・樹碑・小碑・石碑・折碑・蒼碑・苔碑・題碑・断碑・篆碑・破碑・拝碑・半碑・墓碑・豊碑・幽碑・立碑・麗碑

人

【緋】 14 2191 ヒ ひいろ

篆文 

形声 声符は非。〔説文新附〕十三上に「帛の赤色なるものなり」、〔玉篇〕に「絳き練ぬ

なり」とあり、官衣に用いた。〔北斉書、宗室伝〕に「緋甲」、〔唐書、儀衛志上〕に「緋袴」の名がある。

訓義 ①あかのねりぎぬ。②ひいろ、あかひいろ。

古訓 〔名義抄〕緋 アケ・アカシ・ヌフ 〔篇立〕緋 アカシ・アケノイト・アケ

【緋衣】ひい 緋色の衣。朝服。〔唐書、薛苹伝〕身を治むること觳薄(倹約)、衣る所の緑袍、十年を更へたり。緋衣に至りて乃ち易ふ。

【緋納】ひのう(なふ) 緋色の法衣。〔魏書、蠕蠕伝〕粛宗～詔して阿那瓌に～私府の繡袍一領幷びに帽、内者の緋納襖一領・緋袍二十領～を賜ふ。

↑緋甲 ひおどし／緋紅 鮮紅／緋褌 緋色の下袴／緋紗 緋のうすぎぬ／緋衫 緋衣／緋紫 あかむらさき／緋桃 緋色の桃花／緋袍 緋の朝服／緋鯉 緋ごい／緋緑 朝服

↓衣緋・牙緋・錦緋・絳緋・賜緋・浅緋・染緋

【翡】 14 1112 ヒ かわせみ

篆文 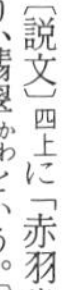

形声 声符は非。〔説文〕四上に「赤羽雀なり。鬱林に出づ」とあり、翡翠をいう。〔文選、西都の賦、李善注〕に「大小は爵(雀)の如く、雄は赤くして翡と曰ひ、雌は青くして翠と曰ふ」とみえる。非に赤色の意があるとするものである。

訓義 ①かわせみ、かわせみの雄。②あか。③紅の硬玉。

古訓 〔名義抄〕翡 ハネ 〔字鏡集〕翡 ソヒ・ハネ・ソナ

【翡帷】ひい(ゐ) かわせみの羽毛で飾ったとばり。〔楚辞、招魂〕翡帷翠帳 高堂を飾る 紅壁沙版 玄玉の梁

【翡翠】ひすい かわせみ。婦人の艶容にたとえる。楚・宋玉〔神女の賦〕夫れ何ぞ神女の姣麗なる、陰陽の渥飾を含み、華藻の好みすべきを被り、翡翠の翼を奮ふが若し。

↑翡幬 翡帷

【膍】 14 7621 ［肶］ 8 7121 ヒ ヘイ いぶくろ

篆文 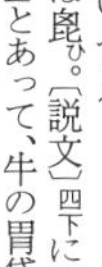

形声 声符は毘。〔説文〕四下に「牛の百葉なり」とあって、牛の胃袋とし、また「一に曰く、鳥の膍胵は鳥の胃なり」(段注本)とし、一体として肶を録する。また字は脾に作る。〔爾雅、釈詁〕に「肶は厚なり」とあり、〔詩、小雅、采菽〕「福祿之れを膍うす」の句がある。

訓義 ①いぶくろ、牛のいぶくろ、鳥獣のいぶくろ。②あつい、あつくする、十分にする。③字はまた脾に作る。

古訓 〔名義抄〕膍胵 ワタ・トリノワタ・アツシ・ワキ／膍臍 ホゾ・ヘソ 〔篇立〕膍 ヘソ・ホフ(ゾ) 〔字鏡集〕膍 トリノキモ

↑膍胲 牛の胃と牛の蹄／膍胵 鳥獣の胃／膍臍 ほぞ

【蜚】 14 1113 ヒ とぶ あぶらむし

篆文 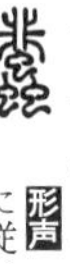

形声 声符は非。正字は蟲(虫)に従い、蜚はその或る体の字。〔説文〕十三下に「臭蟲、負蠜なり」とあり、臭虫はあぶらむし・ごきぶりの類で、触れると悪臭を放つという。負蠜はくびきりばった。また飛と通じ、とぶ意に用い、その用義例が多い。

訓義 ①とぶ。②あぶらむし、わもんごきぶり。③くびきりばった、負蠜。④牛に似た獣。

古訓 〔名義抄〕蜚 トブ

語系 蜚・飛piuəi は同声。蜚は飛ぶことを原義とし、虫に蜚、鳥に飛といったのであろう。獣には猋・驫・彪piôといい、風には飄phiôといい、早く撃つことを摽phiôという。もと擬声的な語であろう。

【蜚鴈】ひがん 空飛ぶ雁。〔史記、孔子世家〕(衛の霊公)明日、孔子と語る。蜚鴈を見て、仰ぎて之れを視る。色、孔子に在らず。孔子遂に行る。

【蜚語】ひご 作りごとをいいふらす。造言飛語。〔史記、魏其武安侯伝〕(魏其)食せずして死せんと欲す。～議して死せざるに定む。乃ち蜚語して、爲りて悪言し、上に聞するもの有り。故に十二月の晦を以て、論じて渭城に棄市す。

【蜚鳥】ひちょう(てう) 飛鳥。〔史記、越王句践世家〕范蠡遂に去る。齊より大夫種に書を遺りて曰く、蜚鳥盡きて良弓藏せられ、狡兔死して走狗烹らる。越王、人と爲り長頸鳥喙、～子何ぞ去らざると。

↑蜚雲 飛雲／蜚英 名声をあげる／蜚凶 蜚尸／蜚禽 飛鳥／蜚言 蜚語／蜚紅 落花／蜚鴻 ぬかが／蜚讒 蜚語／蜚尸 凶鬼／蜚翔 飛翔／蜚声 蜚英／蜚騰 高く飛びあがる／蜚動 飛びあがる／蜚遁 飛んでのがれる／蜚変 急変する／蜚蓬 風に飛ぶよもぎ、転蓬／蜚蝱 あぶ／蜚揚 飛びあがる／蜚翼 神馬／蜚覧 空から下を見おろす／蜚廉 風神

【鄙】 14 6762 ヒ いなか いやしい かたくな

篆文 
甲骨文 
金文 

形声 声符は啚。啚は鄙の初文。〔説文〕六下に「五酇を鄙と爲す」と〔周礼、地官、遂人〕の制によって説く。一酇は百家、五百家を鄙とする。啚の下部は稟倉の象、上部の囗は邑の従うところと同じく、その地域・区画を示す。もと農耕地の耕地と稟倉とをいう。金文に「都啚」とあり、都と鄙と対文。啚に邑を加えて鄙となる。その鄙を、地域の全体の関係において示すものを圖(図)という。すなわち経営的な農地で、圖に地図の意と図謀・企図の意とがある。

訓義 ①いなか、ひな、農地、行政の区画、くに。②いやしい、ちいさい、みすぼらしい。③かたくな、おろか、みだり、はじる。

古訓 〔新撰字鏡〕鄙 伊也志(いやし) 〔名義抄〕鄙 イヤシ・ウレフ・ハヂ・ヰナカ・ヒナ・アシ／邊鄙 アツマト・アツマヒト

語系 鄙・啚piə、卑(卑)pie は声近く、鄙に卑穢の意がある。

【鄙意】ひい 愚見。宋・朱熹〔程可久に答ふる書十首、三〕両儀四象の說、～鄙意も亦た竊かに然りと謂へりしも、初めより未だ敢て自ら信ぜざるなり。

【鄙遠】ひえん(ゑん) 遠方を鄙として経営する。〔左伝、僖三十年〕國を越えて以て遠を鄙とするは、君も其の難きことを知らん。～唯だ君之れを圖れ。

【鄙懷】ひかい(くわい) 小生の気持ち。宋・蘇舜欽〔舟中感懷〕詩 詩を作りて諸君に寄す 鄙懷實に望む所

【鄙近】ひきん 卑俗。〔詩品、上、晉の歩兵阮籍〕詠懷の作は、～洋洋乎として風雅に會し、人をして其の鄙近を忘れ、自ら遠大を致さしむ。

【鄙言】ひげん 鄙陋の言。〔宋書、宗室、鮑照伝〕上好んで文章を爲る。自ら謂へらく、物能く及ぶ莫しと。照、其の旨を悟り、文を爲るに鄙言累句多し。當時咸な謂へらく、照の才盡きたりと。實に然らざるなり。

【鄙諺】ひげん 世俗の諺。〔史記、蘇秦伝〕鄙諺に曰く、寧ろ雞口と爲るも、牛後と爲ること無かれ。

【鄙語】ひご 世俗の語。鄙諺。〔戰国策、楚四〕鄙語に曰く、兎を見て犬を顧みるも、未だ晩しと爲さず。羊を亡ひて牢を補ふも、未だ遲しと爲さず。

【鄙事】ひじ 俗事。〔論語、子罕〕吾少くして賤し。故に鄙事に多能なり。君子は多ならんや、多ならざるなり。牢曰く、子云ふ、吾試ひられず。故に藝ありと。

【鄙儒】ひじゅ 俗儒。〔史記、荀卿伝〕荀卿、濁世の政を嫉み、

～鄙儒小拘、荘周等の如き、又猾稽にして俗を亂すことを嫉む。是に於て儒墨道德の行事の興壞を推し、序列して數萬言を著はして卒す。

【鄙人】ひじん　身分の賤しい者。宋・蘇軾〔王兵郎に上る書〕夫れ軾は西州の鄙人にして、荊の過客なり。其の足跡、偶然にして執事の門に至る。

【鄙浅】ひせん　浅薄。〔隋書、経籍志二〕(司馬)遷卒して以後、好事の者亦た頗る著述す。然れども多く鄙淺にして、相ひ繼ぐに足らず。

【鄙鈍】ひどん　おろか。唐・韓愈〔兵部李侍郎(巽)に上る書〕愈、少くして鄙鈍、時事に於て都て通曉せず。～進寸退尺、卒に成す所無し。

【鄙倍】ひばい　いやしく理にそむく。〔論語、泰伯〕辭氣を出だしては、斯ち鄙倍に遠ざかる。

【鄙朴】ひぼく　粗野。〔漢書、地理志下〕潁川・南陽は本と夏禹の國なり。夏人は忠を上ぶ。其の敝(欠点)や鄙朴なり。

【鄙野】ひや　いなかじみたこと。宋・司馬光〔独楽園の記〕況んや叟の樂しむ所の者は、薄陋鄙野、皆世の棄つる所なり。

【鄙吝】ひりん　品性がいやしい。〔後漢書、黄憲伝〕同郡の陳蕃・周擧、常に相ひ謂ひて曰く、時月の閒、黄生(憲)を見ざれば、則ち鄙吝の萌し、復た心に存すと。

【鄙陋】ひろう　いやしい。鄙野。漢・王逸〔楚辞、九歌章句の序〕出でて俗人祭祀の禮、歌舞の樂を見るに、其の詞鄙陋なり。因りて爲に九歌の曲を作る。

【鄙穢】ひわい　いやしい。〔隋書、王劭伝論〕著述を好み、久しく史官に在り。既に齊書を撰し、兼ねて隋典を修む。～文詞鄙穢にして、體統繁雜なり。

↑鄙暗ひあん　いやしく愚か／鄙闇ひあん　鄙暗／鄙家ひか　小宅／鄙願ひがん　私の願い／鄙軀ひく　わが身／鄙愚ひぐ　いやしく愚か／鄙見ひけん　愚見／鄙固ひこ　かたくな／鄙耉ひこう　老生／鄙詐ひさ　ずるい／鄙細ひさい　うらぶれた／鄙旨ひし　愚意／鄙笑ひしょう　いやしみ笑う／鄙心ひしん　おろかな心／鄙臣ひしん　小臣／鄙賤ひせん　卑賤／鄙俗ひぞく　下品／鄙都ひと　いなかと都と／鄙德ひとく　非德／鄙薄ひはく　浅はか／鄙夫ひふ　愚夫／鄙樸ひぼく　鄙朴／鄙俚ひり　いなか／鄙悋ひりん　鄙吝／鄙累ひるい　俗累／鄙劣ひれつ　卑劣／鄙老ひろう　老生

↓寒鄙・頑鄙・愚鄙・郊鄙・四鄙・俗鄙・貪鄙・田鄙・都鄙・卑鄙・微鄙・辺鄙・樸鄙・野鄙・俚鄙・陋鄙

常【罷】15　6021　ヒ　ハイ　ハ　つかれる　よわい　やめる　ゆるす

篆文 

【会意】网＋能。能は獸の形。獸に网して、その罷勞するのを待つ意。〔説文〕七下に「辠有るを遣すなり」とし、「网能に從ふ。网は辠网なり。賢能有りて网に入り、卽ち貰して之れを遣はすを言ふ」(段注本)と解する。卜文には网の下に鹿・豕・雉など、鳥獸の形を加えるものが多い。罷勞の意より、やむ、ゆるすの意となる。

【訓義】①つかれる、よわる、よわい。②やむ、やすむ、やめる。③ゆるす、のぞく、はぶく、かえる。④披と通じ、ひらく、わかつ。

【古訓】〔名義抄〕罷　ヤムヌ・シリゾク・マカル・マカヌ・ツカル・ツカレタリ・マカデム　〔篇立〕罷　イヅ・シリゾク・ヤム・ツカル・アム・シクマ・ハカル・ヤスム・キハマル・サル・タヒ・マカリ・カヘル

【声系】〔説文〕に罷声として羆など三字を収め、〔玉篇〕になお擺を収める。擺は擺脱の意、獸がその網を脱して免れようとする意である。

【語系】罷baiは煩・樊biuanと声の通ずるところがあり、樊籠(鳥かご)のうちにあって煩うことをいう。また疲piaiは声近く、みな声義の関係が考えられる。

【罷休】はいきゅう　やめて休む。〔史記、孫子伝〕孫子、使をして王に報ぜしめて曰く、兵既に整齊なり。王、試みに之れを下觀すべし。～水火に赴くと雖も、猶ほ可なりと。吳王曰く、將軍罷休して舍に就け。寡人、下觀するを願はざるなりと。

【罷遣】はいけん　しごとをやめて帰らせる。〔後漢書、陸康伝〕長吏新たに到れば、輒ち民を發して城郭を繕修す。康至る。皆罷遣す。百姓大いに悅ぶ。

【罷辜】ひこ　犧牲を披いて祭る。疈辜ひょくこともいう。〔周礼、春官、大宗伯〕貍沈を以て山林川澤を祭り、疈辜を以て四方百物を祭る。〔鄭玄注〕故書、～疈を罷に爲る。

【罷耗】ひこう　疲弊。〔漢書、匈奴伝下〕漢の武帝、將を選び兵を練り、～兵連なり、禍結ぶこと三十餘年。中國罷耗し、匈奴も亦た創艾す。而して天下武を稱す。是れを下策と爲す。

【罷謝】ひしゃ　職を辞し退く。〔顔氏家訓、止足〕仕宦して泰と稱するは、處ること中品に在るに過ぎず。前望五十人、後顧五十人ならば、以て恥辱を免れ、傾危無きに足るなり。此れより高き者は、便ち當に罷謝して、私庭に偃仰すべし。

【罷怠】ひたい　怠る。〔六韜、竜韜、奇兵〕刑を嚴にし罰を重くする者は、罷怠を進むる所以なり。

【罷黜】ひちゅつ　罷免し退ける。〔漢書、杜業伝〕哀帝崩じ、王莽政を秉る。諸前に立廟尊號を議したる者、皆免ぜられて合浦に徙さる。業、前に罷黜せられしを以て、故に闊略せらるるも、憂恐し發病して死す。

【罷弊】ひへい　疲弊。〔漢書、公孫弘伝〕時に又東のかた蒼海を置き、北のかた朔方の郡に築かんとす。弘數諫む。以爲へらく、中國を罷弊して、以て無用の地に奉ず。願はくは之れを罷めんと。

【罷免】ひめん　退職させる。〔旧唐書、睿宗紀〕是れより先、中宗の時、官爵渝濫す。妃・主の墨勅に因依して官を授くる者、之れを斜封と謂ふ。是に至りて竝びに罷免せしむ。

【罷癃】ひりゅう　腰がかがむ。〔漢書、陳湯伝〕湯、郅支を擊ちし時、寒に中りて病み、兩臂詘申せず。～湯、辭謝して曰く、將相九卿、皆賢材通明なり。小臣罷癃、以て大事を策するに足らずと。

【罷羸】ひるい　非力軟弱。〔論衡、効力〕文儒、先王の道を懷き、百家の言を含むも、～之れを薦致する者、罷羸無力にして、遂に却退して巖穴に竄る。

【罷老】ひろう　老いぼれる。〔漢書、劉歆伝〕往者には綴學の士、廢絶の闕を思はず。苟くも陋に因り寡に就き、文を分ち字を析ち、煩言碎辭、學者罷老するも、且ほ其の一藝を究むること能はず。

【罷労】ひろう　つかれる。疲労。〔左伝、哀元年〕昔、闔廬、～其の民を勤恤し、之れと勞逸す。是を以て民罷勞せず、死して曠しからざるを知る。

↑罷怨ひえん　疲れ怨む／罷学はいがく　学校を休む／罷官はいかん　退職する／罷閑ひかん　閑地／罷帰はいき　やめて帰る／罷棄ひき　廢棄する／罷議はいぎ　沙汰やみ／罷朽ひきゅう　衰老／罷怯ひきょう　億劫／罷業はいぎょう　ストライキ／罷極ひきょく　疲れきる／罷苦ひく　疲れる／罷倦ひけん　疲れあきる／罷健ひけん　強弱／罷蹇ひけん　疲れる／罷工はいこう　ストライキ／罷講はいこう　休講／罷国ひこく　疲弊した国／罷散ひさん　ばてる／罷士ひし　疲れた兵卒／罷止はいし　停止する／罷市はいし　市場を休む／罷事はいじ　事を廃する／罷車ひしゃ　ぼろ車／罷弱ひじゃく　疲弱／罷出はいしゅつ　退出する／罷職はいしょく　退職する／罷人ひじん　窮人／罷尽ひじん　疲れきる／罷省はいせい　つかれてやめる／罷斥はいせき　排斥する／罷輭ひぜん　疲弱／罷懦ひだ　罷弱／罷池ひち　崩れるさま／罷逐はいちく　追放する／罷朝はいちょう　退朝する／罷駑ひど　役立たずの鈍才／罷灯ひとう　消灯／罷頓ひとん　疲れる／罷罷ひひ　父をいう／罷馬ひば　疲れた馬／罷廃はいはい　免職する／罷憊ひはい　疲れる／罷兵ひへい　戦いをやめる／罷病ひへい　疲れる／罷乏ひぼう　疲れる／罷北ひはい　敗走する／罷民ひみん　浮浪者／罷吏ひり　免職者／罷露ひろ　疲れ弱る

↓雨罷・吟罷・市罷・斥罷・朝罷・破罷・廢罷・老罷

【誹】 15 0161 ヒ そしる

篆文

形声 声符は非。非に否定し、そしる意がある。〔説文〕三上に「謗るなり」とあり、誹毀・誹謗の意に用いる。

訓義 ①そしる、あしざまにいう。②非と通用する。

古訓 〔名義抄〕誹 ソシル

語系 誹phiuəi、非piuəiは声義近く、〔荀子、解蔽〕に「怨非」、〔漢書、鼂錯伝〕に「非謗」とあり、怨誹・誹謗の意である。

【誹怨】ひえん（ゑん） そしり怨む。〔宋史、賈易伝〕易、遂に言ふ、～弟轍、～軾と昔皆先帝を誹怨し、人臣の禮無しと。～議する者、是れに由りて易を薄しとす。

【誹諧】ひかい 冗談にしてそしる。〔隋書、柳䛒伝〕䛒、尤も俊辯、～性又酒を嗜のみ、言に誹諧を雜まふ。是れに由り彌いよ太子の親狎する所と爲る。

【誹議】ひぎ そしる。〔管子、法法〕故に法の立つる所、令の行はるる所の者多くして、廢する所の者寡なければ、則ち民誹議せず。

【誹訕】ひせん そしる。〔後漢書、党錮伝序〕（張）成の弟子牢脩、因りて上書して、（李）膺等、太學の遊士を養ひ、～共に部黨を爲し、朝廷を誹訕し、風俗を疑亂すと誣告す。是に於て天子震怒し、～黨人を逮捕す。～遂に膺等を收執す。

【誹謗】ひぼう（ばう） そしる。〔史記、高祖紀〕父老、秦の苛法に苦しむこと久し。誹謗する者は族（一族みな殺し）せられ、偶語する者は棄市せらる。～吾れ當に關中に王たるべし、父老と約す、法三章のみ。～秦人大いに喜び、～軍士を獻饗す。

【誹誉】ひよ 毀誉。〔淮南子、斉俗訓〕夫れ耳目の以て斷ずべきは、情性に反かればなり。聽くこと誹譽に失し、目みること采色に淫して、事の正しきを得んと欲するは、則ち難し。

↑誹毀ひき そしる／誹言ひげん 悪口／誹訾ひし そしる／誹笑ひしょう そしり笑う／誹章ひしょう 誹謗した文書

↓怨誹・詼誹・外誹・毀誹・群誹・公誹・沮誹・腹誹

【駓】 15 7131 ヒ しらかげ

篆文

形声 声符は丕。〔説文〕十上に「黄白襍（雜）毛なるなり」（段注本）とあり、〔爾雅、釈畜〕も同じ。〔爾雅、注〕に「今の桃華馬なり」とみえる。

訓義 ①しらかげ。②駓駓は馬の走るさま。

古訓 〔字鏡集〕駓 ムマハシル

↑駓俟ひし 獣の奮迅するさま／駓駓ひひ 馬の走るさま

↓黄駓・騅駓

【髲】 15 7224 ヒ かもじ

篆文

形声 声符は皮。〔説文〕九上に「鬄なり」とあり、そえがみすることをいう。前条に「鬄は髲なり」とあって、互訓。鬄はまた髢に作る。そえがみとしてまとめてある髪を、かもじという。また、被・髢ともいう。〔世説新語、賢媛〕に、晋の陶侃の母湛氏は、丈なす黒髪の持ち主であったが、その髪を切り、二髲を作って数斛の米に代えたという話を載せている。髪の豊かな人は髲を用いないことを誇りとし、〔詩、鄘風、君子偕老〕は君夫人の挽歌で、「鬒髮雲の如く 髢を屑しとせず」と歌われている。

訓義 ①そえがみ、かもじ。②かつら。

古訓 〔名義抄〕髲 カヅラ 〔字鏡集〕髲 カヅラ・カミ

↓鬒髲・出髲・双髲・髲髲・用髲

【篚】 16 8871 ヒ はこ

篆文

形声 声符は匪。匪は木製のはこ。匚は編んで作った器の形を示し、金文では象形的にしるされている。竹器であるので、竹に従う。〔説文〕五上に「車笭なり」と車の塵除けとするが、〔書、禹貢〕に「厥の篚（貢ぎ物の箱）は織文」とある用法が古く、字の初義とみてよい。

訓義 ①はこ、竹あみのはこ。②車のちりよけ。

古訓 〔名義抄〕篚 ハコ・ハコモノ・ハコノモノ 〔篇立〕篚 カタミ・ハコ・ハコノモノ

↑篚筐ひきょう 竹編みの箱／篚篋ひきょう 篚筐／篚笥ひし 篚筐／篚櫝ひとく はこ

↓筐篚・篋篚・貢篚・樽篚・包篚・瑶篚

常

【避】 16 3030 【避】 17 3030 ヒ さける のがれる しりぞく

篆文

形声 声符は辟。〔説文〕二下に「回るなり」、〔玉篇〕に「回避するなり」とあり、路を避けることをいう。それよりすべて好まざるを避け、また謙退する意となる。辟は腰の肉を切る大辟の刑。それより身をくねらせる意となり、僻・擗・襞・避はみなその声義を承ける字である。

訓義 ①さける、さる、かえる、めぐる、のがれる。②しりぞく、かくれる、たちのく。

古訓 〔名義抄〕避 ノガル・ヒガム・サル・ユク・マヌガル 〔字鏡集〕避 ユク・マヌガル・ノガル・サル・ヒガム・ミダル・サクル

【避隠】ひいん かくれる。〔史記、大宛伝論賛〕禹本紀に言ふ、河は崑崙より出づ。崑崙は其の高さ二千五百餘里、日月の相ひ避隱して光明を爲す所なり。其の上に醴泉・瑤池有りと。

【避害】ひがい 災いを避ける。〔管子、明法解〕人臣の理を行ひ、命を奉ずる者は、以て主を愛するに非ざるなり。且く以て利に就きて、害を避くるなり。

【避忌】ひき 忌み避ける。〔論衡、譏日〕生人の飲食には日無し。鬼神には何の故に日有る。～日を擇びて避忌すと雖も、其れ何の補益かあらん。

【避諱】ひき 回避する。また、君父の諱を避ける。〔顔氏家訓、風操〕凡そ避諱なる者は、皆須からく其の同訓を得て、以て之れに代換すべし。～梁武の小名は阿練なり。子孫皆練を呼んで絹と爲す。

【避権】ひけん 権貴を避ける。唐・元稹〔陽城駅〕詩 權を避くること虎を避くるが如く 豸を冠する（法官となる）は猴の冠するが如し

【避賢】ひけん 賢者に譲る。また、濁酒をさける。唐・杜甫〔飲中八仙歌〕詩 左相（李適之）日興に萬錢を費やす 飲むこと長鯨の百川を吸ふが如し 杯を銜み聖を樂しんで、賢を避くと稱す

【避衰】ひさい 死者の魂気が家に帰る日に、家人を他に避けさせる。また避煞・帰煞という。〔三国志、魏、陳群伝〕後、（明帝）皇女淑薨ず。～群、上疏して曰く、～聞く車駕、摩陂に幸せんと欲すと。～或いは言ふ、以て避衰せんと欲すと。～吉凶命有り、～則ち亦た益無し。

【避罪】ひざい 罪を避ける。漢・董仲舒〔賢良対策、三〕民、生を樂しまず、尚ほ死を避けず。安んぞ能く罪を避けん。此れ刑罰の蕃き所以なり。

【避寿】ひじゅ 寿辰の祝を避ける。〔春在堂随筆、十〕（袁随園紀游冊）蓋し世俗の壽を作す、必ず逢九（七十九、八十九など）逢十の年に于てす。先生（袁枚）兩年の出游は、皆壽を避くる爲の計なり。

【避就】ひしゅう（しう） 去就。〔三国志、魏、王粛伝注に引く魏略〕太和・靑龍中に至りて、中外事多く、人避就を懷ふ。性、學を解するに非ずと雖も、多く求めて太學に詣る。太學の諸生、千

數有り。

【避暑】ひしょ 暑さを避ける。〔開元天宝遺事、天宝下、結棚避暑〕長安富家の子、～暑伏中に至る毎に、各〻林亭内に畫柱を植て、錦綺を以て結んで涼棚を爲り、坐具を設け、長安の名妓を召して閒坐せしめ、～避暑の會を爲す。

【避世】ひせい 隠遁する。〔荘子、刻意〕藪澤に就き、閒曠に處り、魚を釣りて閒處するは、無爲なるのみ。此れ江海の士、世を避くるの人、閒暇なる者の好む所なり。

【避席】ひせき 席をはなれる。〔孝経、開宗明義章〕曾子席を避けて曰く、參、不敏、何ぞ以て之れを知るに足らんと。子曰く、夫れ孝は～教への由りて生ずる所なり。復り坐せよ。吾れ、汝に語らん。

【避地】ひち 災いを他の地に避ける。〔後漢書、東夷伝〕陳渉、兵を起し、天下崩潰す。燕の人衞滿、地を朝鮮に避け、因りて其の國に王となる。

【避逃】ひとう（たう） 避け逃れる。〔史記、五帝紀〕（舜の父）瞽叟、後妻の子を愛し、常に舜を殺さんと欲す。舜避逃す。小過有るに及べば、則ち罪を受く。

【避匿】ひとく 逃げかくれる。〔史記、廉頗藺相如伝〕相如～廉頗と列を争うことを欲せず。～出でて廉頗を望見するや、相如、車を引きて避匿す。

【避難】ひなん 難を他の地に避ける。〔三国志、魏、武帝紀〕太祖（曹）、徐州より還る。初め太祖の父嵩、～董卓の亂に難を瑯邪に避け、陶謙の害する所と爲る。故に太祖の志は、復讎東伐に在るなり。

【避謗】ひぼう（ばう） そしりを避ける。〔唐書、陸贄伝〕既に荒遠に放たる。常に戸を闔し、人、其の面を識らず。又謗りを避けて書を著さず。地苦だ瘴癘、祇だ今古集驗方五十篇を爲りて、鄕人に示すと云ふ。

【避雷】ひらい かみなりを避ける。〔盛弘之荊州記〕湖陽縣は春秋の蓼國なり。樊重の邑なり。重の母、雷を畏る。石室を爲りて之れを避く。～今猶ほ存す。

【避乱】ひらん 乱世を避ける。晋・陶潜〔桃花源記〕自ら云ふ、先世、秦時の亂を避け、妻子邑人を率ゐて、此の絶境に來り、復た出でず。遂に外人と閒隔すと。問ふ、今は是れ何の世ぞと。

↑避移 さけ移る／避影 姿をかくす／避禍 害を避ける／避回 避ける／避迴 避回／避礙 障害を取掃う／避寒 寒さを凌ぐ／避咎 災いを避ける／避去 のがれる／避形 姿をかくす／避嫌 嫌疑を避ける／避穀 穀断ちをする／避災 避害／避讒 避謗／避仕 仕官を避ける／避徙 避けて移る／避邪 辟邪／避讎 仇を避ける／避処 世を避けて住む／避譲 避けて譲る／避税 脱税／避走 避けて逃げる／避蔵 避けて匿れる／避遜 避けて譲る／避退 避けて退く／避熱 避暑／避伏 隠れる／避辟 さける

↓畏避・引避・隠避・回避・還避・忌避・諱避・嫌避・顧避・高避・竄避・自避・推避・旋避・退避・憚避・逃避・遁避

【霏】16 1011 ヒ なびく

篆文 

形声 声符は非。〔説文新附〕十一下に「雪の雨ふる皃なり」とあり、〔詩、邶風、北風〕に「雪雨ふること其れ霏たり」とあって、形況の語。雲霧の軽くたなびくさまを霏微といい、何遜の〔七召〕に「雲、霏微として宇を襲ふ」のように用いる。〔万葉集〕の人麻呂歌に「霞、霏霺たなびく」という表記がある。

訓義 1ゆきふる、ゆきのふるさま、雲のとぶさま、霞のかかるさま。2なびく、ひるがえる。

古訓 〔新撰字鏡〕霏 由支不留（ゆきふる） 〔名義抄〕霏 トブ・ハナハダシ・イカラシ・ユキ・ヒラメク・ユメ（キ）カヘル・ソヽク／霏霺 タナビク 〔篇立〕霏 ヒラメク・コサメ・アガル・ソヽグ・トバス・アメ・アラシ・ユキ・ワカツ・ユメ（キ）ソラ・トブ

語系 霏piuəiは飛piuəi、微（微）miuəi、靡miaiとそれぞれ声義に通ずるところがあり、こまかく、靡くように飛ぶさまをいう。

【霏霏】ひひ 雪のふるさま。また、雲のながれるさま。〔楚辞、九章、渉江〕霰雪紛として、其れ垠り無く 雲霏霏として其れ宇を承く

【霏微】ひび たちなびく。唐・韓愈〔雪を喜ぶ～〕詩 浩蕩として乾坤合し 霏微として物象移る

↑霏解 くだけちる／霏散 飛散する／霏霰 あられ／霏蕤 落花

↓陰霏・烟霏・煙霏・春霏・晨霏・夕霏・飄霏・風霏・紛霏・雰霏・霧霏・嵐霏・林霏・零霏・連霏

【嚊】17 6602 ヒ あえぐ

形声 声符は鼻（鼻）び。〔玉篇〕に「喘息の聲なり」とあり、あえぐこえ。吸嚊は気の流れ、開くことをいう。呬と通用する。わが国では「かかあ」とよむ。

訓義 1あえぐ、あえぐ声、あえぐ呼吸づかい。2吸嚊は気の流れひらくこと。3呬と通じ、呼吸する。4かぐ。5わが国で、かかあ、つま。

古訓 〔新撰字鏡〕嚊 恵奈支須（ゑなきす） 〔篇立〕嚊 ハク 〔字鏡集〕嚊 ハク・クヒヘ・スクフヘ・イキツク

↓吸嚊

【臂】17 7022 ヒ ただむき ひじ まえあし

篆文 

形声 声符は辟。辟に僻側（かたわら）の意がある。〔説文〕四下に「手の上なり」とあり、二のうでのところをいう。

訓義 1ただむき、二のうで。2ひじ、肱のまがるところ。3はんび、まえあし。

古訓 〔新撰字鏡〕臂 肱なり。太々ム支（ただむき） 〔和名抄〕臂 肘、比知（ひぢ） 〔名義抄〕臂 タヾムキ・ヒヂ／半臂 ハンビ

【臂胛】ひこう（かふ） 腕と肩。〔宋書、隠逸、戴顒伝〕宋の世子、丈六の銅像を瓦官寺に鑄て、既に成るも、面、痩せたるを恨む。工人治むること能はず。～顒曰く、面の痩せたるに非ず、乃ち臂胛肥ゆるのみと。

【臂鞲】ひこう 袖口をしぼる。唐・杜甫〔即事〕詩 百寶、腰帯に裝ひ 眞珠、臂鞲に絡まふ

【臂指】ひし 自在に使う。漢・賈誼〔上疏して政事を陳ぶ〕海内の勢ひをして、身の臂を使ひ、臂の指を使ふが如く、制従せざること莫からしめば、諸侯の君、敢て異心有らざらん。

【臂膊】ひはく 腕の脈。両腕。〔周書、耿豪伝〕世に言ふ、李穆・蔡祐は丞相の臂膊なり。耿豪・王勇は、丞相の咽項なりと。

↑臂衣 臂鞲／臂韝 臂鞲／臂使 臂指／臂助 援助する／臂章 臂の徽章／臂釧 腕輪／臂肘 ひじ／臂纏 臂飾り／臂袂 たもと／臂鷹 鷹狩り

↓握臂・一臂・引臂・援臂・猨臂・猿臂・繫臂・齧臂・交臂・修臂・攘臂・伸臂・振臂・垂臂・噬臂・切臂・袒臂・断臂・肘臂・長臂・挺臂・纏臂・怒臂・掉臂・把臂・八臂・反臂・半臂・百臂・奮臂・扼臂・両臂

【貔】17 2621 ［豼］11 2121 ヒ けもの

篆文 

形声 声符は毘。重文の字は比声。〔説文〕九下に「豹の屬なり」とあり、〔詩、大雅、韓奕〕に「其の貔皮を獻ず 赤豹・黃羆」とあり、呂梁山中に棲む猛獣であるらしい。〔書、牧誓〕にも

「尚はくは桓桓たれ。虎の如く貔の如く、熊の如く羆の如くあれ」とみえる。

訓義 ①けもの、猛獣。②たぬき。

古訓 〔新撰字鏡〕貔・狓 虎の屬なり。猛獸。又、貍なり 〔字鏡集〕貔・狓 タケキケダモノ・タヌキ

【貔貅】 猛獣。虎・熊に似るという。勇猛な軍士。また、旗章とする。〔礼記、曲礼上〕前に摯獣有るときは、則ち貔貅(の旗)を載つ。

↑貔環 兵器の飾り／貔虎 貔と虎／貔皮 貔の皮／貔豹 貔と豹／貔武 勇武／貔貍 黄鼠

【奰】 18 6043 〔奰〕 24 6043 〔贔〕 21 6088

ヒ さかん いかる

篆文

会意 正字は奰に作り、三𡗕に従う。𡗕は怒る目を示す象形の字と思われる。〔説文〕十下に「壯大なるなり。三大と三目とに從ふ。二目を𥃭と爲し、三目を奰と爲す。𡗕と大なるなり。一に曰く、迫るなり。讀みて易の虙羲氏の若くす」とあって、虙の音を用いるとする。〔詩、大雅、蕩〕「內、中國に奰る」の〔毛伝〕に「醉はずして怒るを奰と曰ふ」とあり、他には晋の左思の〔魏都の賦〕に「姦回、内に贔る」と寇乱の起こる意とする。また宋の呉儆の〔浮丘仙の賦〕に「偃蹇として驕る者、奰屓して怒る者」とあって、奰屓とは怒るさまをいう。字はまた贔屓に作り、国語では「ひいき」の意とする。

訓義 ①さかん、さかんで大きい。②せまる、いかる、そむく。

古訓 〔名義抄〕奰 醉ひて懸々たり／贔屓 ―トチカラオコシス 〔篇立〕奰 サカル・セムナカリ・イカル・エハス／贔 ツブヤク・イタル・シノグ・コロメク・チカラオコシ

↑奰屓 怒るさま／奰逆 反逆

【騑】 18 7131

ヒ そえうま

篆文

形声 声符は非。非に左右相並ぶものの意がある。〔説文〕十上に「驂なり。旁馬なり」とあり、中央の馬を服、左を驂、右を騑という。〔詩、小雅、四牡〕に「四牡騑騑たり」とは、四頭立ての馬車が並んで走るさまをいう。

訓義 ①そえうま。②三歳のうま。③うまがならび走るさま。

古訓 〔新撰字鏡〕騑 驂馬なり。馬行くこと正しからざるなり。与介利須(よけりす) 〔名義抄〕騑 馬行くなり。ソヒムマ・ヨキリス 〔篇立〕騑 ソヘニノル・ナベテ 〔字鏡集〕騑 ソヘムマ・トシ・ムマノル

【騑驂】 驂馬の左右のそえ馬。〔晋書、輿服志〕駕馬。馬は亦た各〻五時の色に隨ふ。白馬は則ち其の鬣尾を朱にす。左右騑驂。

↑騑駟 騑驂／騑馬 騑驂／騑騑 馬のゆくさま／騑轡 たづな／騑服 輿馬

↓左騑・驂騑・征騑・馳騑・六騑

【髀】 18 7624

ヒ もも ふくらはぎ

篆文 古文

形声 声符は卑(卑)。〔説文〕四下に「股の外なり」(段注本)とあり、そとももをいう。髀肉は馬乗のときに用いるところで、乗馬を廃すれば肉が肥えるものであるから、久しく閑職にあることを「髀肉の歎」という。卑は小さなスプーンの形。大なるを卓という。一方に片よった、小さな部分のものを卑という。

訓義 ①もも、そともも、もものにく、ふくらはぎ。②髀と通じ、ふだ。③脾と通じ、脾臓。

古訓 〔名義抄〕髀 カタ・モヽ・ヒザ 〔篇立〕髀 モヽ・ホカモヽ

【髀肉】 ももの肉。〔三国志、蜀、先主伝注に引く九州春秋〕(劉備)嘗て(劉)表の坐に於て起つて厠に至り、髀裏に肉の生ずるを見て、慨然として流涕す。～備曰く、吾れ常に身、鞍を離れず。髀肉皆消せり。今復た騎らず、髀裏に肉生ず～と。

↑髀骨 ももの骨／髀鞦 鞍の帯／髀骶 尻だこ

↓貫髀・肩髀・枯髀・股髀・肱髀・左髀・坐髀・周髀・拍髀・半髀・拊髀・撫髀・右髀・腰髀・両髀

【羆】 19 6033

ヒ ひぐま

篆文 古文

形声 〔説文〕十上に「熊の如くにして黃白文なり」とあり、ひぐまをいう。字を罷の省声とし、また古文の字形を録し、能の下に皮声を加える。罷の省声とするのは、罷と熊との合文であるから、罷の能を略したと解するのであろう。罷は能(熊)が网(網)にかかり、擺脱しようとして罷れるさまの字であるから、羆は罷の省文ともみられる字である。のち用義の分化したものであろう。

訓義 ①ひぐま、あかぐま、しぐま。②豪勇のもの。

古訓 〔名義抄〕羆 シグマ 〔字鏡集〕羆 シロシ・シクモ・クマ・シクマ・ヲクモ・ミチ

【羆臥】 豪勇の者にたとえる。〔北史、王羆伝〕曉くる比ろ、(韓)軌の衆、已に梯に乘じて城に入る。羆尚ほ臥して未だ起きず。閤外に洶洶として聲有るを聞き、便ち袒身、露髻徒跣、～大呼して出で、謂ひて曰く、老羆道に當りて臥す。貉子那ぞ過ぐることを得んと。

↑羆貅 貔貅／羆虎 猛勇の者

↓虎羆・孤羆・黃羆・号羆・象羆・雄羆・熊羆

【襣】 19 3622

ヒ したばかま

形声 声符は鼻(鼻)。〔方言、四〕に「裯(すそ)無きの袴、之れを襣と謂ふ」とあり、〔注〕に「袴の踦無き者は、卽ち今の犢鼻褌なり」とあり、いわゆるふんどしである。〔玉篇〕に「犢鼻。全三尺の布を以て作る。形、牛鼻の如し。相如の著くる所なり」という。漢の司馬相如、琴心を以て卓文君を誘い、零落して文君を炉に当たらしめ、自らは犢鼻褌を著けて皿洗いをしたという。

訓義 ①したばかま、犢鼻褌、まわし、ふんどし。②また囲裙に似たりという。こしまき。

古訓 〔新撰字鏡〕襣 太不佐伎(たふさき) 〔字鏡〕襣 タフサキ 〔字鏡集〕襣 ハカマ

【鵯】 19 2742

ヒ ヒツ はしぶと ひよどり

形声 声符は卑(卑)。〔爾雅、釈鳥〕に「鸒斯は鵯鶋なり」、〔郭璞注〕に「雅烏なり」とあり、はしぶとがらす、みやまがらす。百千群を為し、雅々と啼きさわぐという。また、ひよどり。

訓義 ①はしぶと、はしぶとがらす、みやまがらす。②国語で、ひよどり。

古訓 〔和名抄〕鵯 比衣止利(ひえとり) 〔名義抄〕鵯 ヒエトリ／鵯鶋 ヒエトリ

↑鵯鵊 夜の明けるのを催す鳥、催明鳥

【譬】 20 7060

ヒ たとえる たとえ さとす

篆文

形声 声符は辟。〔説文〕三上に「諭すなり」とあり、譬喩の意。〔淮南子、要略〕に「象を假りて耦(似たもの)を取り、以て相ひ譬喩す」とみえる。

訓義 ①たとえる、たぐえる、たとえ。②さとす、それとなくいう。

古訓 〔名義抄〕譬若 タトヒ 〔篇立〕譬 タトフ

語系 譬・媲phiei は同声。また妃phiuəi、配phuəi、匹phiet、比・妣piei、幷・併（倂）pieng なども、同系の語である。

【譬況】たとえる。〔顔氏家訓、音辞〕鄭玄、六經に注し、高誘、呂覽・淮南を解し、許愼、說文を造り、劉熹、釋名を製るに逮んで、始めて譬況・假借、以て音字を證する有るのみ。

【譬称】たとえていう。〔荀子、非相〕談說の術、～堅彊以て之れを持し、分別以て之れを諭し、譬稱以て之れを明らかにす。

【譬喩】たとえていう。漢・趙岐〔孟子題辞〕孟子譬喩に長じ、辭迫切ならずして、意已に獨り至る。

【譬類】たとえ。比喩。晋・孫楚〔石仲容（苞）の為に孫皓に与ふる書〕載籍既に其の成敗を記し、古今又其の愚智を著はす。復た廣く譬類を引き、崇く浮辭を飾らず。

↑譬説　譬喩/譬比　たとえ/譬方　たとえ

↓引譬・仮譬・寛譬・勧譬・暁譬・取譬・切譬・窃譬・論譬

【贔】 21 6088　［贔］ 24 6043　ヒ　いかる　ひいき

古印璽

会意 正字は贔。略して贔に作り、この字形で贔屓の字に用いる。〔玉篇〕に「贔屓は力を作すなり」とあり、はげしく怒って力が入ることをいう。晋の左思の〔呉都の賦〕に「巨鼇贔屓して、首を靈山に冠す」とあり、その用法が原義。のち声援をなす意に用いる。

訓義 1 いかる、はげしくいかる、つよく力をいれる。2 ひいき。

古訓 〔新撰字鏡〕贔 負肥、壯なる皃なり。豆夫也久（つぶやく）〔名義抄〕贔屓 —トチカラオコシス〔篇立〕贔 ツブヤク・イカル・シノグ・コロメク・チカラオコシ

【贔屓】怒って力をふりしぼる。漢・張衡〔西京の賦〕巨靈贔屓し、掌を高くし蹠を遠くす。

【贔怒】怒る。勢いのさかんなこと。〔水経注、河水四〕其の水、尚ほ浪を崩すこと萬尋、縣流千丈、渾洪贔怒し、鼓すること山の騰るが若し。

↓屓贔・内贔

【轡】 22 2260　ヒ　たづな　くつわ

篆文

金文

象形 馬のくつわの形。初形は車に従わず、その部分を叀の形に作る。〔説文〕叀部四下に疐を録しており、その字形に含まれている叀は、馬の鼻をつなぐものである。疐はその馬の鼻をつなぐ紐を中心として、左右に紐をめぐらしている形で、その全体形が轡である。〔説文〕十三上に「馬の轡なり」とし、字を絲と叀とに従う形としている。

訓義 1 くつわ、くつばみ。2 たづな、くつばみのひも。3 つなぐ、つなぐひも。

古訓 〔和名抄〕轡 久豆和都良（くつわづら）と訓む。俗に久都和（くつわ）と云ふ〔名義抄〕轡 クツバミ・クツハ・クツハヅラ

【轡銜】たづなと、くつわ。馬を制御するもの。〔淮南子、主術訓〕權勢なる者は、人主の車輿なり。爵祿なる者は、人臣の轡銜なり。

↑轡策　たづなと、むち/轡首　轡勒/轡頭　馬兜/轡輿　馬車/轡勒　轡銜

↓按轡・鞍轡・委轡・雲轡・銜轡・急轡・御轡・金轡・挈轡・策轡・弛轡・執轡・柔轡・垂轡・箠轡・絶轡・旋轡・操轡・長轡・停轡・投轡・頓轡・馬轡・飛轡・撫轡・分轡・幷轡・秉轡・方轡・奉轡・約轡・攬轡・六轡・連轡・勒轡

ビ

常 【尾】 7 7721　ビ　お　すそ　うしろ

篆文

甲骨文

象形 獣の尾毛の形。〔説文〕八下に「微なり。到毛の尸の後に在るに従ふ。古人或いは飾りて尾に系く。西南夷皆然り」（段注本）と人の尾後、其の尾飾と解する。〔玉篇〕に「鳥獸魚蟲に皆之れ有り」というように、人後をいうものではない。その屈尾の象は屈。牡獣の牡器を示す蜀と連ねて屬（属）となり、連属すること、牝牡相属することをいう。尾は獣尾と解すべきである。系尾の俗は古い時代にあったとみてよく、わが国の神武東征の説話の中にも「尾ある人」の出没したことがみえている。

訓義 1 お、けもののお、しっぽ。2 すそ、さき、おわり。3 うしろ、しりえ。4 あとをつける、つるむ。5 微と通じ、かすか、うらぶれる。

古訓 〔和名抄〕尾 乎（を）〔名義抄〕尾 ヲ・ツルブ・ヲハル・ヤウヤク

部首 〔説文〕に屬・屈・尿の三字をこの部に属し、〔玉篇〕には仏典によってなお二字を加える。仏典の翻訳によって新たに字が作られることがあった。

声系 〔説文〕に尾声として犀・娓・娓の三字を収める。娓の他は声が合わず、会意字とみるべき字。

語系 尾・微（微）miuəi は同声。微に微小の意があり、尾も末尾をいう。

【尾声】諸宮調・雑劇・伝奇などの最後の一曲。転じて長編小説の結末などをいう。〔輟耕録、二十七、唱論〕文章を成すを樂府と曰ひ、尾聲有るを套數と曰ふ。～套數は當に樂府の氣味有るべきも、樂府は套數に似るべからず。

【尾大】尾が大きい。本末を失する。〔左伝、昭十一年〕末大なれば必ず折れ、尾大なれば掉はず。

【尾閭】海底の大穴。〔荘子、秋水〕天下の水、海より大なるは莫し。萬川之れに歸するも、～盈たず。尾閭之れを泄らすも～虛しからず。

↑尾姦　雞姦/尾銜　後につづいて従う/尾騎　追跡する騎馬/尾渓　細く、小さい渓/尾撃　追撃する/尾欠　はしたの数/尾骨　尾の骨/尾瑣　微細なもの/尾酒　うす酒/尾随　随行する/尾数　はしたの数/尾段　終段/尾犯　従犯/尾尾　相連なるさま/尾末　尾のさき/尾鬣　馬尾とたてがみ/尾聯　律詩の結聯

↓圧尾・曳尾・燕尾・銜尾・揮尾・驥尾・九尾・牛尾・魚尾・狗尾・屈尾・結尾・巻尾・虎尾・語尾・交尾・後尾・瑣尾・鴟尾・孳尾・首尾・麈尾・獣尾・船尾・大尾・貂尾・追尾・掉尾・頭尾・遯尾・跋尾・鳳尾・鋒尾・末尾・揺尾・竜尾・鬣尾・艫尾

常 【弥】 8 1729　人［彌］ 17 1122　［镾］ 21 7172　ビ　ミ　ひさしい　いよいよ

篆文

金文

会意 正字は镾に作り、長＋爾。〔説文〕九下に「久長なり。長に従ひ、爾聲」とするが、声が合わず、長は長髪の象。金文に字を彌に作り、弓と日と爾とに従う。弓は祓邪の呪具として用いられ、日は珠玉の形。爾は婦人の上半身に文身（絵文）を施している形。これによってその人の多祥を祈る意であろう。ゆえに金文に「考命彌生」のようにいう。金文の〔龢鎛〕に「用て考命彌生ならんことを求む」、〔蔡姞殷〕に「厥の生を彌るまで、霝冬（霊終）ならんことを」のように用いる。镾はおそらく後の譌字。〔説文〕はその字によって説をなしている。

訓義 1 ひさしい。2 ひさしきにわたる、おわる、あまねく、きわめ

る。3ひろい、とおい、おおきい、ふかい。4みちる、みたす、おおう。5いよいよ、ますます。6縻と通じ、つなぐ、とめる。

古訓 〔名義抄〕彌 ミツ・カサナル・ツヒニ・ヘテ・フカシ・メヅラシ・ナムチ・アカシ・ヲハル・ヲヘテ・オホフ・ヒロシ・ツク・アフ・コト〳〵ニ 〔篇立〕弥 オホキニ・ヲハシ(ル)・カサヌ・ミツ・トホシ・ノボル・ワタル・ツヒニ・アマネシ・ヒサシ・ヒロシ・ツクス・コト〴〵ク・ヲホル・マサル・アフ・イヨ〳〵・フカシ・キハム・ハル・メヅラシ・コト〴〵クニ/彌 ヲハル

語系 彌 miai、敉 miei、弭 mie は声近く、敉は〔爾雅、釈言〕に「撫するなり」、弭は弭兵・弭乱のように用いて、抑止の意がある。彌の初形镾が婦人の霊を安んずる安撫の礼であることと、字義に通うところがある。また、縻 miuai も声近く、からまとう意。みな一系をなす語であろう。

【弥久】 長久。ながびく。〔淮南子、主術訓〕上、約省の分を操り、下、易爲の功に效ふ。是を以て君臣彌久にして、相ひ猒かず。

【弥月】 月がみちる。〔博物志、五、服食〕西域に葡萄酒有り。積年敗らず。彼の俗に云ふ、十年可りにして之れを飲まば、醉ふこと彌月にして乃ち解く～と。

【弥亙】 連なり続く。〔旧唐書、徳宗紀上〕頃より已來、災沴仍りに集まり、雨澤降らず。綿かに三時を歴へ、蟲蝗繼いで臻たり、彌亙すること千里。菽粟翔貴し、稼穡枯瘁す。

【弥曠】 長い月日をむなしく過す。魏・劉楨〔五官中郎将(曹丕)に贈る、四首、二〕詩 余れ、沈痼の疾に嬰かり 身を清漳の濱に竄くせり 夏より玄冬に渉たり 彌曠すること十餘旬

【弥日】 一日中。〔世説新語、文学〕張(憑)遂に劉(惔)に詣る。～眞長(惔)之れを上坐に延き、清言すること彌日、因りて留宿して曉に至る。

【弥旬】 まる十日。唐・杜甫〔敬みて族弟唐十八使君に寄す〕詩 春風、洪濤壯んに 谷轉(大渦)、頗ぶる旬に彌る

【弥天】 空一面。また、僧の意がある。〔晋書、習鑿歯伝〕釋道安～北より荊州に至り、鑿歯と初めて相ひ見ゆ。道安曰く、彌天釋道安と。鑿歯曰く、四海習鑿歯と。時人以て佳對と爲す。

【弥道】 経由する道。〔新書、壱通〕天子長安に都す。而して淮南東南邊を以て秦地と爲す。彌道數千、輪を致すに輕からず。

【弥年】 一年すぎ。いつまでも。〔後漢書、李固伝〕永和中、荊州に盜賊起り、彌年定まらず。乃ち固を以て荊州刺史と爲す。固～寇盜の前舋(前科)を赦す。～(賊帥等)自縛歸首す。

【弥縫】 補正する。とりつくろう。〔左伝、僖二十六年〕(斉の)桓公、是を以て諸侯を糾合し、其の不協を謀り、其の闕を彌縫し、其の災ひを匡救するは、舊職を昭らかにするなり。

【弥望】 みわたす。みわたすかぎり。宋・蘇軾〔韓丞相(琦)に上りて災傷の手実(実状申告書)を論ずる書〕軾、近ごろ錢塘に在り、飛蝗の西北より來るを見る。聲は浙江の濤を亂し、上は日月を翳ひ、下は草木を掩ひ、其の落つる所に遇へば、彌望蕭然たり。

【弥漫】 一面にみちひろがる。〔宋書、符瑞志下〕宣城宛陵の廣野に、蠶、繭を成す。大いさ雉の卵の如く、林谷に彌漫し、年年轉た盛んなり。

【弥留】 久しい。〔書、顧命〕嗚呼、疾大いに漸み、惟れ幾し。病日に臻り、既に彌留す。

【弥隆】 いよいよ盛んとなる。〔漢書、王吉伝〕吉より崇に至るまで、世〻清廉に名あり。然れども材器名稱は稍しく父に及ぶ能はざるも、祿位は彌〻隆かんなり。～天下其の廉に服し、其の奢を怪しむ。

【弥綸】 つくろい治める。〔易、繫辞伝上〕易は天地と準し。故に能く天地の道を彌綸す。

↑弥遠 いよいよ遠い/弥期 一年にわたる/弥襟 思いがみちる/弥侈 ゆるみ奢る/弥盛 一層盛んとなる/弥節 すこしく安らぐ/弥増 次第にふえる/弥弥 次第に広がる/弥靡 次第に散りうせる/弥補 補足する/弥満 満ちひろがる/弥蔓 はびこる/弥離 茂りさかえる/弥歴 わたりひろがる

↓沙弥・須弥

【沬】 8 3519 〔𩕳〕 26 7722 ビ バイ カイ(クヮイ) あらう きよめる

篆文 古文 甲骨文 金文

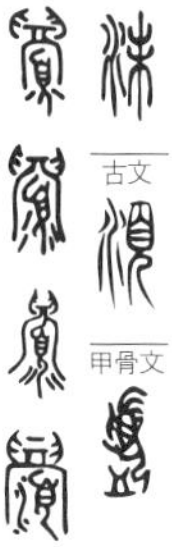

形声 声符は未。〔説文〕十一上に「面を洒ふなり」とあり、古文として頮の字形をあげる。頮は両手で顔を洗う形。卜文・金文に𩕳があり、𩕳は盥盤(たらい)で頭髪を洗う形で沬の初文。その象形の字。頮はその省略形とみてよく、沬は形声の字。金文の𩕳は「𩕳壽」のように用いて、のちの「眉壽」にあたり、眉に借用する。神酒を以て身を清めることを𩕳といい、酉(酒)に従う。𩕳も神事のときに身を洗い清めたのであろう。

訓義 1あらう、かおをあらう。2きよめる。

【沬血】 血が顔に流れる。漢・司馬遷〔任少卿(安)に報ずる書〕然れども(李)陵一呼して軍を勞へば、士は躬を起して自ら流涕し、血に沬ひ泣を飲み、更〻空拳を張り、白刃を冒し、北に嚮つて争つて敵に死せざる者無し。

【弭】 9 1124 ビ ゆはず やめる

篆文 金文

会意 弓＋耳。耳は弓の両端に用いるゆはずの形。〔説文〕十二下に「弓の緣無く、以て轡の紛れたるを解くべき者なり」とし、耳声とするが声異なる。重文の字は兒に従う。兒は虹蜺の蜺の初文で、両端に竜首のある形。それをゆはずにみたてた意象の字であろう。縁は、ゆはずを漆で固定したもの。弭は骨や象牙で作って装着するもの。金文の賜与に「象弭」という例が多い。弭は御者が馬を御するときに使うことが多く、それで〔楚辞、離騒〕「吾れ羲和(太陽の御者)をして節を弭めしむ」のように用いる。

訓義 1ゆはず、象牙や骨・角などで作る。2やむ、やめる、とめる、とどめる。3おさえる、ひかえる、やすんずる。4ほろぼす、なくする、したがう。

古訓 〔名義抄〕弭 シヅカナリ・トヽノフ・ナビク・ワスル・トヾム 〔字鏡集〕弭 ホロブ・トヾム・ヤム・ミヽタリ・ユミノハズ・ナビク・ハル・ワスル・ヤスシ・タナビク・トヽノフ・ホドコス・シヅカナリ・ホソシ・オク・ツク・ユミ・イム

声系 〔説文〕に弭声として㜷・渳など三字を収める。渳は秬鬯を以て尸(屍体)に浴せしめることをいい、尸を安んずる意がある。

語系 弭 mie は敉・侎 miei と声義近く、敉は〔説文〕三下に「撫するなり」、侎は〔広雅、釈詁一〕に「安んずるなり」という。彌(弥)miai も声近く、彌の初文镾は、霊を安んずる呪儀を示す字であった。

【弭散】 解散する。〔後漢書、李固伝〕太山の盜賊、屯聚すること歴年。～固到り、～恩信を以て之れを招誘す。未だ歳に満たざるに、賊皆弭散す。

【弭節】 制御しゆるやかにする。〔楚辞、離騷〕吾羲和(太陽の御者)をして節(太陽の運行)を弭めしめ 崦嵫(日の入る山)を望んで迫ること勿からしむ

【弭兵】 休戦。停戦。〔左伝、襄二十七年〕宋の向戌、趙文子に善く、又令尹子木に善し。諸侯の兵を弭めて、以て名を爲さんと欲す。

【弭忘】 忘れる。〔詩、小雅、沔水〕心の憂ふる 弭忘すべからず

【弭謗】 そしりを禁ずる。〔国語、周語上〕厲王、虐なり。國人、王を謗る。～王怒り、衞の巫を得て謗る者を監せしむ。～國人、～道路に目を以てす。王喜びて～曰く、吾能く謗を弭めたり。

【弭乱】 乱をとどめる。〔逸周書、明堂解〕武王崩じ、成王嗣ぐ。～周公政を攝し、天下に君となり、亂を弭め、六年にして天下大いに治まる。

→弭口 口どめする／弭耳 耳を垂れる／弭首 降服する／弭戢 やめる／弭従 従う／弭帖 従う／弭穰 はらいのぞく／弭飾 ゆはずの飾り／弭息 やむ／弭轍 奔走する／弭頭 ゆはず／弭伏 従う／弭服 従う／弭変 弭乱／弭翼 休む

↓呪弭・象弭・佩弭

常【眉】 9 7726 ビ まゆ

篆文  甲骨文  金文 

象形 目の上に眉のある形。〔説文〕四上に「目上の毛なり」とし、「目に從ひ、眉の形に象る。上は額理に象るなり」とあって、額の皺を加えた字形であるという。卜文の字形によると、目の上には呪的な目的のために眉飾を加えており、呪眼と同じような意味をもつものであろう。媚の初文とみられ、媚はいわゆる媚蠱のことを行う巫女をいう。長寿のことを「黄耇眉寿」といい、金文に眉を釁に作る。釁は沫の初文で髪を洗う意の字で、仮借。〔詩、豳風、七月〕に「以て眉壽を介む」とあり、眉が本字。長眉は寿考のしるしとされた。

訓義 ①まゆ、まゆげ。②老人、長生の人。③湄と通じ、ほとり。④媚と通じ、こびる。

古訓 〔和名抄〕眉 万由(まゆ) 〔名義抄〕眉 マユ・ヨシ

部首 〔説文〕に省をこの部に属し、〔玉篇〕は眉・省をともに目部に属する。省は目に呪飾を加えて巡察省撫を行う意で、古代における眉飾のありかたを示す字。徳(德)、聴(聽)などの字は、その形に従う。眉は媚蠱に関する字である。

声系 〔説文〕に眉声として楣・湄・媚など五字を収める。楣は屋楣、書物の上欄のところをもいう。金文に海湄を「海眉」としるしている。水辺を麋というのは仮借の用法である。湄は水と草と交わるところ。厓の上を堳という。

語系 眉・楣・湄・堳・麋 miei は同声。楣 biei、櫋 myen は声近く、楣は檐の端の連綿木。櫋も檐の端にならべるのきづけの木。みな辺端に近いところにあるものをいう。

【眉宇】 眉つき。宋・梅尭臣〔劉謀閣副に贈る〕詩 聲名赫赫として、窮塞に在り 眉宇堂堂として、眞に丈夫

【眉間】 両眉の間。〔呉越春秋、王僚使公子光伝〕(伍)子胥、呉に之く。乃ち被髮佯狂す。～王僚、其の狀の偉なるを怪しむ。身の長け一丈、腰十圍、眉間一尺。王僚與に語ること三日、辭、復する者無し。王曰く、賢人なりと。

【眉寿】 長寿。〔詩、豳風、七月〕此の春酒を爲り 以て眉壽を介む

【眉睫】 眉と、まつげ。つらつき。〔金史、趙元伝〕賊有り、人を殺して道に横たふ。官吏圜りて視るも、爲す所を知る莫し。～元、田中の耒を釋きて來る者を指して曰く、此れ賊なりと。左右を叱して、之れを縛せしむ。遂に伏す。僚吏其の故を問ふ。元曰く、偶ゝ眉睫の閒に得たるのみと。

【眉雪】 白い眉毛。宋・韓維〔景仁(范鎮)の元夕に和す、二首、一〕詩 詩翁、盛事を懷ふ 眉雪、霜稜慘たり

【眉黛】 まゆずみ。唐・李商隠〔贈るに代る、二首、二〕詩 總べて春山を把つて眉黛を掃ふ 知らず、幾多の愁ひをか供し得ん

【眉憮】 婦人のまゆがきをする。〔漢書、張敞伝〕敞、威儀無し。時に朝會を罷む。～又婦の爲に眉を畫く。長安中、張京兆の眉憮を傳ふ。有司以て敞を奏す。上、之れを問ふ。對へて曰く、臣聞く、閨房の內、夫婦の私、畫眉に過ぐる者有りと。

【眉目】 眉と眼。容貌。〔後漢書、馬援伝〕援、京師に還りしより、數ゝ進見せらる。人と爲り明須髮、眉目畫けるが如し。進對に閑ひ、尤も善く前世の行事を述ぶ。

→眉案 食台／眉蛾 蛾眉／眉眼 眉目／眉急 焦眉の急／眉月 三日月／眉軒 喜ぶさま／眉鬋 眉をひそめる／眉語 眉の動きで知らせあう／眉婚 眉語／眉史 妓女／眉須 眉とひげ／眉匠 眉をかくへら／眉掃 眉はき／眉対 双眉／眉頭 眉もと／眉批 書物の上欄の批注／眉尾 眉じり／眉嫵 眉憮／眉門 眉頭／眉梨 長い眉と顔のしみ、老人／眉柳 柳眉、婦人の細長い眉／眉棱 眉ぼね／眉彎 ひき眉

↓画眉・蛾眉・軒眉・亢眉・攢眉・芝眉・鬚眉・秀眉・修眉・愁眉・蹙眉・舒眉・睫眉・伸眉・信眉・翠眉・斉眉・繊眉・双眉・霜眉・黛眉・長眉・低眉・啼眉・展眉・白眉・俛眉・明眉・揚眉・柳眉・両眉・連眉・斂眉

常【美】 9 8043 ビ うつくしい よい ほめる

篆文  甲骨文  金文 

象形 羊の全形。下部の大は、羊が子を生むときのさまを夲ったというときの大と同じく、羊の後脚を含む下体の形。〔説文〕四上に「甘きなり」と訓し、「羊に從ひ、大に從ふ。羊は六畜に在りて、主として膳に給するものなり。美は善と同意なり」とあり、羊肉の甘美なる意とするが、美とは犧牲としての羊牲をほめる語である。善は羊神判における勝利者を善しとする意。義は犧牲としての羊の完美なるものをいう。これらはすべて神事に関していうものであり、美も日常食膳のことをいうものではない。

訓義 ①うつくしい、すぐれる、めでたい。②よい、よみする、ほめる。③みちる、さかん、ただしい。④たのしむ、よろこぶ、さいわい。

古訓 〔名義抄〕美 ウルハシ・ヨシ・ホム・アマシ・コトモナシ・ヨシ・アザヤカナリ・カホヨシ・ムマシ 〔篇立〕美 アサヤクアマシ・ヨシ・ホム・ウマシ 〔字鏡集〕美 コトモナシ・カホヨシ・アマシ・ウルハシ・ヨシ・ホム・ウマシ

声系 〔説文〕十二下に美声として媄を収める。「色好きなり」と訓し、美を人にも及ぼしていう形声の字である。

語系 美・媄 miei は同声。媚 miuət は声近く、媚蠱をなすもの。また微(微) miuəi、嫚 mean も同系の語。微は媚女を殴ち、敵の呪力を微くする意で、またほのかなものをいう。嫚にも美しい意がある。

【美艶】 美しく、なまめかしい。〔左伝、桓元年〕宋の華父督、孔父の妻を路に見る。目もて逆へて之れを送りて曰く、美にして艶なりと。二年春、宋の督、孔氏を攻め、孔父を殺して其の妻を取る。

【美花】 美しい花。唐・杜甫〔鄭駙馬に韋曲に奉陪す、二首、二〕詩 野寺、垂楊の裏 春蛙、亂水の閒 美花多く竹に映じ 好鳥山に歸らず

【美稼】かび よい収穫。宋・蘇軾〔稼の説〕之れを種うる常に時に及ばずして、之れを斂むる常に其の熟するを待たず。此れ豈に能く復た美稼有らんや。
【美観】びかん(くわん) よいながめ。南朝宋・謝霊運〔山居の賦、自注〕喬木茂竹、畛に縁り阜に彌り、横波疏石、道に側ひて飛流し、以て寓目の美觀を爲す。
【美姫】びき 美女。〔史記、項羽紀〕沛公(劉邦)山東に居りし時、財貨を貪り、美姫を好めり。今關に入り、財物取る所無く、婦女幸する所無し。
【美妓】びぎ 美しい芸妓。〔北史、劉昉伝〕時に宣帝の弟漢王贊、禁中に居る。～昉、美妓を飾りて贊に進む。贊甚だ之れを悅ぶ。
【美玉】びぎょく 立派な玉。〔論語、子罕〕子貢曰く、斯に美玉有り。匵に韞めて諸れを藏せんか、善賈を求めて諸れを沽らんかと。子曰く、之れを沽らん哉、之れを沽らん哉。我は賈を待つ者なりと。
【美景】びけい 佳景。南朝宋・謝霊運〔魏の太子の鄴中集詩に擬す、八首の序〕天下の良辰・美景・賞心・樂事、四者は幷せ難し。今、昆弟友朋、二三の諸彥、共に之れを盡せり。
【美言】びげん 佳言。また、飾った言。〔老子、八十一〕信言は美ならず、美言は信ならず。
【美厚】びこう 衣食の美。〔列子、楊朱〕人の生や奚をか爲さんや、奚をか樂しまんや。美厚の爲のみ、聲色の爲のみ。而して美厚、復た常には猒足(満足)すべからず。聲色、常には翫聞すべからず。
【美志】びし 立派な志。魏・文帝〔呉質に与ふる書〕徳璉(応瑒)常に斐然として述作の意有り。其の才學、以て書を著はすに足る。美志遂げず、良に痛惜すべし。
【美刺】びし ほめることと、そしること。褒貶を加える。南朝宋・謝霊運〔山居の賦〕嗟夫、六藝以て聖教を宣べ、九流以て賢徒を判つ。～篇章以て美刺を陳べ、論難以て有無を覈ふ。
【美謚】びし よいおくりな。〔漢書、叙伝上〕且く朝夕の策を運らし、合會の計を定め、存をして題號有り、亡をして美謚有らしむ。亦た優ならずや。
【美辞】びじ 美しく飾られたことば。〔晋書、荀崧伝〕孔子既に沒し、微言將に絶えんとす。是に於て(左)丘明、退いて聞く所を撰して、之れが傳を爲る。其の書、禮に善しく、膏腴美辭多し。
【美質】びしつ すぐれた生まれつき。〔漢書、儒林、張山拊伝〕關内侯鄭寛中、顔子(回)の美質有り、商(子夏)・偃(子游)の文學を包ぬ。
【美酒】びしゅ うま酒。唐・王翰〔涼州詞、二首、一〕詩 蒲萄の美酒、夜光の杯 飲まんと欲すれば、琵琶馬上に催す
【美須】びしゅ 美しいひげ。〔漢書、高帝紀上〕高祖、人と爲り隆準(高頰)にして龍顔、美須髯あり、左股に七十二の黑子(ほくろ)有り。
【美食】びしょく ご馳走。〔墨子、辞過〕厚く斂(苛税)を百姓に作して、以て美食を爲し、芻豢蒸炙魚鼈あり。大國は百器を累ね、小國は十器を累ぬ。前には方丈。
【美人】びじん 美女。また、才徳ある人。友人をいうことがある。宋・蘇軾〔赤壁の賦〕渺渺たる予が懷ひ、美人を天の一方に望む。
【美睡】びすい うまい。快眠。宋・陸游〔即事、六首、一〕詩 老來、百事、嬰兒(幼児)に似たり 美睡、甘餐、只だ自ら知る
【美政】びせい 善政。〔楚辞、離騒〕既に與に美政を爲すに足る莫し 吾れ將に彭咸(殷の賢臣、水死者)の居る所に從はんとす
【美盛】びせい 立派。漢・董仲舒〔賢良対策、三〕上下和睦し、習俗美盛、令せずして行はれ、禁ぜずして止む。吏に姦邪亡く、民に盜賊亡し。
【美髯】びぜん 立派な頰のひげ。〔元史、張起巌伝〕起巖、面は紫瓊の如く、美髯方頤にして、眉目清揚、觀望して雅量の君子爲ることを知る。
【美沢】びたく 美しくつやがある。〔左伝、襄二十八年〕(斉の)慶封～遂に來り奔る。車を季武子に獻ず。美澤にして以て鑑とすべし。展莊叔、之れを見て曰く、車甚だ澤なり。人必ず瘁れん。宜なり、其の亡ぐることと。
【美談】びだん ほむべき話。〔後漢書、謝弼伝〕(封事)孝和皇帝、竇后の恩を絶やさず(合葬す)。前世、以て美談と爲せり。
【美田】びでん 良田。〔漢書、溝洫志〕(孫)禁以爲へらく、今、河溢の害、前の平原を決せし時に數倍す。～水道浚利し、又三郡の水地を乾かさば、美田且ど二十餘萬頃を得ん。以て開傷する所の民田廬處を償ふに足らん。
【美服】びふく 美しい装い。唐・張九齢〔感遇、十二首、四〕詩 美服は人の指ささんことを患へ 高明に神の惡み逼まる
【美貌】びぼう(ばう) 美しい顔だち。楚・宋玉〔神女の賦〕須臾の閒に、美貌横生し、曄かぐこと華の如し。
【美味】びみ 美食。唐・狄仁傑〔帰省〕詩 美味羹を調へて玉筍を呈し 佳肴饌に入つて冰鱗を膾にす
【美誉】びよ ほまれ。名声。〔晋書、景帝紀〕雅より風彩有り、沈毅にして大略多し。少くして美譽を流しき、夏侯玄・何晏と名を齊しうす。
【美容】びよう 美貌。〔楚辞、九章、惜往日〕西施の美容有りと雖も 讒妬して入りて以て自ら代る
【美麗】びれい うるわしい。〔漢書、佞幸、董賢伝〕賢、漏を傳へて(時刻係)殿下に在り。人と爲り美麗自ら喜ぶ。哀帝望見し、其の儀貌を說ぶ。
【美禄】びろく 厚禄。また、酒。〔漢書、食貨志下〕酒は天の美祿。～百禮の會、酒に非ざれば行はれず。

↑美悪 美醜/美衣 美服/美意 好意/美醞 美酒/美園 美しい庭園/美音 美しい音色/美化 よくする/美価 よい値段/美果 立派な果物/美顔 美貌/美気 佳気/美儀 立派な儀容/美挙 善行/美境 佳境/美響 美声/美芹 せりのような野菜をご馳走と思う/美金 良質のかね/美錦 美しい錦/美形 美貌/美眷 美女/美彦 美士/美功 立派な功績/美好 美しい/美行 善行/美穀 良穀/美才 英才/美材 よい材質/美策 良策/美士 立派な人/美仕 高い官職につく/美髭 美しい口ひげ/美事 善行/美珠 美玉/美趣 佳趣/美授 高い官職/美書 良書/美祥 吉兆/美称 美名/美蹤 善行/美色 美人/美飾 美服/美声 美音/美績 美功/美泉 醴泉/美遷 栄転する/美贍 美しく豊か/美饌 盛饌/美善 善美/美膳 盛饌/美蔬 よい野菜/美俗 良俗/美族 立派な家柄/美態 美しい姿/美譚 美談/美地 よく肥えた地/美竹 良竹/美秩 厚禄/美徴 吉兆/美調 栄転する/美聴 耳に快い/美徳 すぐれた徳/美髪 黒髪/美盼 めもとが美しい/美飯 馳走/美範 手本/美富 美しくて、豊か/美物 佳品/美芳 美しくかぐわしい/美宝 良宝/美報 善報/美曼 美しい/美満 満足/美名 佳名/美目 美盼/美利 巨利/美論 高論/美話 佳話

↓渥美・逸美・溢美・艶美・華美・雅美・甘美・紀美・綺美・虚美・具美・功美・好美・済美・賛美・四美・至美・咨美・訾美・修美・衆美・集美・醜美・淑美・純美・潤美・醇美・称美・頌美・賞美・審美・尽美・粋美・清美・精美・脆美・絶美・鮮美・善美・双美・

壮美・耽美・嘆美・徳美・内美・肥美・豊美・褒美・幽美・優美

【娓】10 4741 ビ すなお うつくしい

篆文 

形声 声符は尾。〔説文〕十二下に「順なり」とあり、「讀みて媚の若くす」という。また〔玉篇〕に「美なり」とみえる。字は亹と通じ、勉める意がある。

訓義 1すなお、したがう。2うつくしい。3つとめる。

古訓 〔字鏡集〕娓 ヨシ

語系 娓・亹miuəiは同声。また美・媚miei、媲phieiと声義近く、通用の義がある。

【娓娓】つとめて倦まぬ。語って尽きぬ。〔漢学師承記、四、王蘭泉(昶)〕先生、生まれながらにして開敏、四五歳の時、〜人の爲に楊用修の廿一史彈詞を演說し、娓娓として倦まず。

↑娓瑣 ぐずぐずする

【敉】10 9894 ビ なでる

篆文 金文 

形声 声符は米。〔説文〕三下に「撫するなり」とあり、撫で安んずることをいう。

訓義 1なでる。2なでやすんずる、やすんずる。3いつくしむ。

↑敉功 治定の功／敉寧 按撫／敉謐 平静／敉平 平定／敉乱 平定

↓寧敉

【敚】10 2824 ビ かすか

篆文 甲骨文 金文 

会意 𡵂+攴。𡵂は長髪の人の形で巫女。攴はこれを殴つ形。〔説文〕八上に「妙なり」と微妙の意とし、「人に從ひ、攴に從ふ。豈の省聲なり」とするが、豈とは関係がない。𡵂の上部は巫女の端坐する姿である耑、長髪の長老を殴つ共感呪術である徵(徵)の従うところと似ている。ゆえに敚は長髪の巫女を殴つ形。敵方の巫女や呪術者をとらえてこれを殴ち、共感呪術的にその呪力を微くすることを微(微)、懲らしめることを徵という。したがって敚は微の初文。その呪儀を行路において行うことを微という。

訓義 1なくす、よわめる。2かすか。

声系 〔説文〕に敚声あるいは微の省声として、微・溦・薇・徽・黴・徽など八字を収める。微・溦・黴には微小幽隠の意があるべく、徵・徽は声異なり、巿や糸は呪飾を加えた形とみるべく、したがって会意字である。

入【梶】11 4791 ビ かじ こずえ

形声 声符は尾。〔類篇〕に「木杪なり」とあって、梢の義。わが国では舟のかじ、船尾の方向舵、また「かじの木」の意に用いる。字をその本義において用いることはほとんどない。

訓義 1かじ。2こずえ。

【葡】11 4422 ビ フク えびら そなえる

篆文 

象形 えびらの形。〔説文〕三下に「具ふるなり」とし、字を「用に從ひ、茍の省」に従う字とする。茍は急勅(いましめる)意の字であるが、その形に従う字ではない。葡はその全体が象形で、箙の初文。上は鏃を ならべた形、下は橐の形。箙を負って、戦いに赴く用意の整うことを「備わる」という。〔説文〕の「具ふるなり」とする訓は、備の字に施すべきである。

訓義 1えびら。2そなう、そなえる。

声系 〔説文〕に葡声として犕・糒・備・㒈など四字を収める。犕はいわゆる服牛。備八上は「愼むなり」と訓するが、えびらを負って出陣の準備がととのう意。㒈は憊で、憊倦の甚だしいことをいう。みな葡の声義を承ける字である。

語系 葡・備buəkは同声。葡はえびらに矢のある形。備はえびらを負って出陣に備える意である。

常【備】12 2422 ビ そなえる つぶさに

篆文 古文 金文 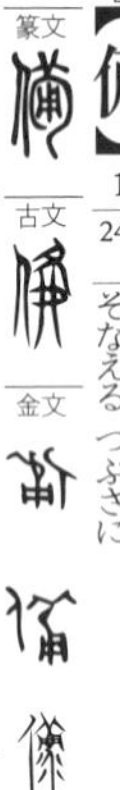

形声 声符は葡。葡はえびらの形。これを負って、出陣に備えることを備という。〔説文〕八上に「愼むなり」と訓し、葡三下を「具ふるなり」と訓するが、備が備具の意である。ただ金文には備を葡の字とし、〔洹子孟姜壺〕に「璧玉備一嗣」「璧二備〜を用ふ」のように、備の字を用いて璧玉を数える助数詞とする。玉を箙状の橐に入れたのであろう。〔詩、小雅、楚茨〕に備・告を韻し、備を箙の声によむ。ことに備えるには詳審であることを要するので、「つぶさに」の意となる。

訓義 1えびら、えびらをおう。2そなえる、戦いにそなえる、ことにそなえる、準備する、みたす。3つぶさに、みな、ことごとく、つつしむ。4憊と通じ、つかれる、なやむ。5服と通じ、衣服。

古訓 〔名義抄〕備 ツブサニ・ソナフ・ソナハレリ・トモニ・キハム・カナフ・シルシ・ミナ・コト〳〵ク・トモ・ツ、シム・ソフ・トモガラ・アヅカル・スクフ

【備位】幸いにしてその地位にある。〔漢書、王莽伝上〕上書する者前後四十八萬七千五百七十二人、及び諸侯王・公・列侯〜皆叩頭して言ふ、宜しく亟やかに賞を安漢公に加ふべしと。是に於て(王)莽上書して曰く、臣、外屬を以て、次を越えて位に備はり、未だ奉稱する能はず。

【備員】人数の足しにする。〔史記、秦始皇紀〕始皇、人と爲り天性剛戾にして、自ら用ふ。〜以爲へらく、古より己に及ぶは莫しと。〜博士七十人ありと雖も、特だ員(数)に備はるのみにして用ひず。

【備衛】備え衛る。〔晋書、王濬伝〕王渾、濬に詣る。濬、嚴に備衛を設けて、然る後に之れを見る。其の相ひ猜防すること此くの如し。

【備該】かね備わる。〔古画品録の序〕畫に六法有りと雖も、能く盡く該ぬること罕なり。而して古より今に及ぶまで、各〻一節を善くするのみ。〜唯だ陸探微・衞協のみ、之れを備該す。

【備挙】合奏。〔詩、周頌、有瞽〕既に備はりて乃ち奏す 簫管備擧す

【備言】詳しくいう。晋・杜預〔春秋左氏伝の序〕身は國史(の官)爲り。躬から載籍を覽、必ず廣記して之れを備言す。其の文緩にして、其の旨遠し。〜江海の浸し、膏澤の潤すが若し。

【備荒】凶作にそなえる。〔福恵全書、二十七、荒政、総論〕未だ荒せざるの前に備荒せば、荒有りと雖も其の荒爲るを知らず。此れ古の聖王、人事の有餘を以て、天時の足らざるを補ふなり。

【備物】物を備える。〔易、繫辞伝上〕物を備へ用を致し、立てて器を成し、以て天下の利を爲すは、聖人より大なるは莫し。

【備用】備具。〔荀子、儒効〕規矩(ぶんまわしと定規)を設け、繩墨(すみなわ)を陳ね、備用を便にするは、君子は工人に如かず。

【備論】詳論。周到に論ずる。晋・杜預〔春秋左氏伝の序〕其の疑錯有るときは、則ち備論して之れを闕き、以て後賢を俟つ。

↑備案 参考資料／備閲 参考とする／備擬 用意にあてる／備救 備荒／備禦 守る／備具 備える／備考 参考のために備える／備査 参考とする／備災 非常用に備える／備載 詳しく記す／備至 行き届く／備悉 備具／備守 守備する／備飾 あまねく飾る／備祲 備災／備賑 救荒／備尽 すべて尽くす／備数 備員／備設 多く備える／備倉 災害用に儲蔵する／備足 具足／備知 詳しく知る／備置 備える／備蓄 備荒／備陳 詳述する／備腯 肥えふとる／備品 具備の品／備文 文に作る／備聞 詳しく聞く／備弁 準備する／備忘 覚え書き／備防 防備／備味 美味／備予 予備／備要 手控え／備覧 閲覧用にそなえる／備礼 礼を備える／備聆 備聞／備列 十分にならべる／備録 詳しく記す

↓戒備・該備・完備・具備・軍備・警備・兼備・堅備・厳備・悉備・守備・周備・修備・充備・準備・詳備・常備・整備・設備・戦備・全備・装備・儲備・不備・武備・兵備・辺備・防備・無備・予備・料備・礼備

【媚】 12 4746 ビ こびる よろこぶ いつくしむ

篆文

甲骨文

金文

形声 声符は眉。眉は眉飾。眉飾を加えた巫女を媚という。卜文・金文に眉下に女を加えてその眉飾を強調する字があり、それが媚の初文である。〔説文〕十二下に「説ぶなり」と訓するが、もと神を悦ばせるものであった。のち〔詩、大雅、仮楽〕「天子に媚ばる」、〔詩、大雅、巻阿〕「庶人に媚ばる」のように用いる。媚飾を加えた巫女は、いわゆる「媚蠱」の呪儀をなすもので、「媚蠱」の語は古く卜辞にみえ、のち漢代に巫蠱媚道のことが多く、そのことが原因で、しばしば大乱を招いた。〔周礼、天官、内宰、疏〕に「妖衺巫蠱、以て自ら衒媚す」とあって、人形などを用い、人を呪詛する法をいう。

訓義 ①こびる、神にこびる。②たぶらかす、神に祈って人をたぶらかす、まどわす。③よろこぶ、よろこばす、したしむ、いつくしむ。④みめよい、うつくしい、あだめく、なまめく。⑤魅と通じ、ばけもの、あやしいもの。

古訓 〔名義抄〕媚 コビ・コブ・ウツクシビ・ウツクシブ・ウツクシウス・コブル・アザムク 〔篇立〕媚 ナマメク・ヲフ・ウツクシフス・コビタリ・トフ・モトホル・ミヤヒカ・ウツクシミ

語系 媚・魅 miuət、眉・美 miei は声義が近い。媚は美にして魅なる性格のものである。その眉飾によって、目は苜 mat、眛 muət の妖しい状態となる。みな一系の語とみてよい。

【媚逸】 脱俗の美しさがある。〔徐霞客游記、滇游日記、八〕劉君酒を出だして慰寒す。～楊太史の二十四氣歌を出だして相ひ示す。書法は趙呉興（孟堅）に似たるも、媚逸の致有り。

【媚眼】 こびた目。梁・何思澄〔南苑に美人に逢ふ〕詩 媚眼、羞に隨つて合し 丹唇、笑ひを逐うて分る 風は捲く、蒲萄の帯 日は照らす、石榴（ざくろ）の裙

【媚事】 こびつかえる。〔漢書、王莽伝上〕王昭君の女、須卜居次を遣はして入侍せしむ。太后に誑耀し、媚事する所以なり。

【媚辞】 媚言。漢・司馬相如〔美人の賦〕司馬相如、美麗閑都、梁王に遊ぶ。～鄒陽之れを王に譖して曰く、相如は～服色容冶、妖麗にして忠ならず。將に媚辭もて悦びを取り、王の後宮に遊ばんと欲す。王之れを察せざるかと。

【媚世】 世にこびる。〔孟子、尽心下〕孔子曰く、～鄉原（愿）は德の賊なりと。（万章）曰く、何如なれば斯ち之れを鄉原と謂ふべきかと。曰く、～閹然（おしかくすさま）として世に媚ぶる者、是れ鄉原なりと。

【媚竈】 権臣にとり入る。〔論語、八佾〕王孫賈、問うて曰く、其の奥（祭殿の神）に媚びんよりは、寧ろ竈（かまの神）に媚びよとは、何の謂ぞやと。子曰く、然らず。罪を天に獲ば、禱る所無きなりと。

【媚道】 のろう。〔漢書、外戚下、孝成許皇后伝〕後宮に新愛多し。后の姉平安剛侯夫人謁等、媚道を爲し、後宮の身める有る者王美人及び鳳等を祝詛（呪詛）す。事發覺し、太后大いに怒る。吏に下して考問し、謁等誅死す。

【媚附】 こび従う。〔唐書、文芸中、宋之問伝〕時に張易之等、烝昵して寵甚だし。之問、閻朝隱・沈佺期・劉允濟と心を傾けて媚附す。易之賦する所の諸篇、盡く之問・朝隱の爲る所なり。

【媚嫵】 なまめかしくこびる。金・元好問〔梨花海棠、二首、二〕詩 妍花紅粉粧ひ 意態工みに媚嫵す 窈窕たる春風の前 霞衣、輕く擧がらんと欲す

【媚惑】 美色で人をまどわす。〔後漢書、梁冀伝〕冀の妻孫壽、～色美にして、善く妖態を爲す。愁眉～折腰歩・齲齒笑を作し、以て媚惑を爲す。

↑媚悦 こびて取り入る／媚嬌 なまめかしい／媚景 美春景色／媚瞼 人にこびた顔／媚語 蜜語／媚好 美しい／媚行 徐行する／媚骨 諂い性／媚子 気に入り。また、賢人をいう／媚趣 媚態／媚秀 こびて美しい／媚承 迎合する／媚笑 こびて笑う／媚俗 世にこびる／媚態 こびるさま／媚夫 佞人／媚薬 催淫薬／媚頼 こびてたよる／媚麗 こびて美しい

↓阿媚・愛媚・婉媚・雅媚・閑媚・含媚・綺媚・曲媚・景媚・妍媚・儇媚・衒媚・狐媚・蠱媚・巧媚・幸媚・苟媚・姿媚・思媚・自媚・色媚・邪媚・秀媚・柔媚・淑媚・潤媚・嬬媚・鮮媚・仄媚・側媚・妬媚・軟媚・佞媚・筆媚・百媚・附媚・嫵媚・風媚・服媚・嬖媚・豊媚・明媚・諛媚・容媚

【寐】 12 3029 ビ ねる ねむる

篆文

形声 声符は未。〔説文〕七下に「臥するなり」とする。寢は夢（夢）の初文で、夢魔のあらわれる意。寐とは関係がない。未はその寐息を示す擬声として加えられたものであろう。

訓義 ①ねる、ねむる。②ふす。③死ぬ。

古訓 〔名義抄〕寐 フス・イヌ・ネタリ 〔篇立〕寐 イヌルナリ・フス・ネタリ

語系 寐 muət、寐 myei は声義近く、寐は〔説文〕七下に「寐ねて厭するなり」（段注本）とあって夢魔にうなされる意。夢・瞢 miuang、懵 mang また瞑 myeng、蒙（蒙）・濛・朦 mong は同系、みな蒙昏の状態をいう。

【寐語】 ねごと。明・李贄〔耿中丞の論談に答ふる書〕世人は白晝に寐語す。公獨り寐中に於て白晝の語を作す。常に惺惺たりと謂ふべし。

【寐息】 ねいき。漢・蔡邕〔大尉董卓の相国とすべきを薦め、幷せて自ら聞冗を乞ふ章〕臣何ぞ以て任ずるに足らん。是を以て、夙夜寤歎し、寐息屛營（うろうろ）す。～乞ふ他署に在りて、抱關（門番）執籥（鍵番）、以て漏刻を守らん。

↑寐魘 夢魔／寐覚 めざめ／寐寤 起き伏し／寐寐 黙々とするさま

↓仮寐・臥寐・覚寐・寤寐・坐寐・耆寐・熟寐・少寐・寝寐・酔寐・睡寐・静寐・独寐・夢寐・夜寐

【湄】 12 3716 ビ みぎわ ほとり

篆文

甲骨文

形声 声符は眉。〔説文〕十一上に「水艸の交はるを湄と爲す」とあり、水際の草のあるところをいう。〔詩、秦風、蒹葭〕は水神祭祀の歌で「所謂伊の人 水の湄に在り」とは、そこに水神があらわれることをいう。〔詩、小雅、巧言〕「河の麋に居る」のように麋を用いるのは、同音仮借。字はまた堳に作る。

訓義 ①みぎわ、きし、はま。②ほとり、水のほとり。

古訓 〔新撰字鏡〕湄 水澄むなり。波万(はま)、又、伊曾(いそ)〔名義抄〕湄 ホトリ 〔篇立〕湄 ホトリ・ミヅホトリ・イソ・ナメル

語系 湄・楣・眉miei は同声。みな末端にあってめだつところをいう。檝biei、檮myen はたるきの末端の木をいう。

↓河湄・海湄・曲湄・江湄・湫湄・水湄

人 **【琵】** 12　1171　ビ　びわ

篆文 

形声 声符は比。〔説文新附〕十二下に「琵琶、樂器なり」とあり、漢のとき烏孫公主がこれを馬上に弾じたと伝える。琵琶はともに玨に従い、玨は象形。その下に比・巴の声を配した字である。

訓義 ①びわ。②ならす。手を推すを琵、手を引くを琶という。③批と通じ、うつ。

古訓 〔和名抄〕琵琶 毗婆の二音なり 〔名義抄〕琵琶 ビハ

【琵琶】 弦楽器。通常四絃。晋・石崇〔琵琶引の序〕昔公主、烏孫に嫁せしとき、琵琶をして馬上に樂を作し、以て其の道路の思ひを慰めしむ。其の明君を送りしときも、亦た必ず爾かせるならん。

常 **【微】** 13　〖微〗13　2824　ビ　そぐ なし かすか ひそか

篆文 

形声 声符は敚。敚は媚蠱をなす巫女を殴って、敵の呪能を弱め、失わせる共感呪術的な方法をいう。それは速やかに伝達させるために道路で行われ、また陰微のうちに行われた。本義は、敵の呪的な力を減殺することをいう。媚女を戈にかけて殺すことを蔑(蔑)といい、蔑もまた「蔑くする」こと、「蔑ろんずる」ことをいう。微・蔑は相似た呪的な行為をいう字である。

訓義 ①そぐ、なくする、よわめる。②かすか、ほのか、わずか、すくない、おとろえる。③ひそか、かくれる、のがれる。④こまかい、くわしい、ほそい。⑤かける、おとろえる、いやしい。⑥なし、あらず、なかりせば。

古訓 〔和名抄〕微風 古加世(こかぜ) 〔名義抄〕微 ホノカニ・ハギヤブル・スコシ・ウルハシ・スコシキ・アラズ・ナシ・ミチ・シバラク・トラフ・カクル・ヒソカニ・ミソカニ・カシコマル・ツヒユ・オボツカナシ・ウカメク・ヲサナシ・イヤシ・トモシ・ヨロシ・ホソシ・キヨシ・スクナシ・イクバク・ヨシ・ヤウヤク・シヅカナリ・スコブル

語系 微miuai は非・匪piuai と声近く、微はもと有無の「なし」の条件形に用いることが多い。〔論語、憲問〕「管仲微かりせば」、〔左伝、僖三十年〕「夫の人の力微かりせば」のように用いる。陰微の意より微細の意となる。溦miuai は同声。〔説文〕十一上に「小雨なり」とあり、微雨をいう。尾miuai も微細の意がある。また、眉・美miei、靡miai は、かすかで美しい意がある。

【微意】 心ばかり。魏・武帝〔諸葛亮に与ふる書〕今、雞舌香五斤を奉じ、以て微意を表はす。

【微雨】 こさめ。唐・韋応物〔幽居〕詩 微雨、夜來過ぐ 知らず、春草の生ずるを

【微影】 ほのかなかげ。清・黄遵憲〔不忍池晩遊、十五首、十二〕詩 微影模糊として、聲犖确(石のごろごろするさま) 是れ誰ぞ、屐を携へ花を踏みて來る

【微婉】 微妙でうつくしい。唐・李翰〔殷の太師比干の碑〕同に諸れを仁に歸し、各〻其の志に順はしめ、~後の人をして、優游して自得せしむ、蓋し春秋の微婉の義なり。

【微瑕】 わずかなきず。梁・昭明太子〔陶靖節(潜)集の序〕白璧の微瑕は、惟だ閑情の一賦に在り。

【微諫】 それとなく諫める。〔礼記、坊記〕微諫して倦まず、勞して怨みざるは、孝と謂ふべし。

【微吟】 小声で詩歌を吟詠する。宋・林逋〔山園小梅、二首、一〕詩 幸ひに微吟の相ひ狎るべき有り 須ひず檀板(拍って拍子をとる板、まゆみの木で作る)、金尊を共にするを

【微軀】 賤しい身。唐・王昌齢〔武陵の田太守に答ふ〕詩 劍に仗りて、千里に行く 微軀、一言に感ず 曾つて大梁の客と爲る 信陵(君)の恩に負かず

【微醺】 ほろ酔い。〔宋史、道学一、邵雍伝〕旦には則ち焚香燕坐(安坐)、晡時には酒を酌むこと三四甌、微醺にして卽ち止め、常に醉ふに及ばざるなり。

【微月】 ほのかな月かげ。清・陳三立〔月に歩す〕詩 低吟す、微月の裏 成就す、一宵の愁ひ

【微譴】 小罪。〔旧唐書、后妃上、玄宗楊貴妃伝〕五載七月貴妃、微譴を以て楊銛の宅に送歸せらる。亭午に至る比、上之れを思ひて食せず。~上、又御饌を分ちて以て之れを送る。

【微言】 微妙深甚の語。漢・劉歆〔書を移して太常博士を讓せむ〕夫子沒して微言絶え、七十子卒して大義乖く に及び、重ねて戰國に遭ふ。

【微巧】 こまかく行き届く。〔韓非子、難四〕事は微巧を以て成り、疏拙を以て敗る。

【微行】 おしのび。〔史記、秦始皇紀〕(三十一年)微行を咸陽に爲し、武士四人と倶に夜出でて盜に蘭池に逢ひて窘しめらる。武士、盜を擊殺す。

【微紅】 ほんのりと紅い。民国・梁啓超〔二十世紀太平洋歌〕詩 緯度東に指して、天盡くる處 一綫の微紅、扶桑に出づ 酒罷み詩罷んで、但だ見る 寥天一鳥の朝陽に鳴くを

【微志】 ささやかな志。晋・李密〔情事を陳ぶる表〕願はくは陛下、愚誠を矜愍し、臣の微志を聽せ。庶はくは劉(母の姓)、僥倖にして餘年を保ち卒へんことを。

【微時】 卑賤の時。〔史記、呂后紀〕呂太后は、高祖の微なりし時の妃なり。孝景帝を生めり。

【微辞】 ほのめかすいいかた。〔公羊伝、定元年〕定・哀には微辭多し。主人其の讀を習ひて其の傳を問ふ。則ち未だ己の罪有るを知らざるのみ。

【微疾】 軽い病。〔後漢書、何敞伝〕常に中常侍蔡倫を忿疾す。倫、深く之れを憾む。~敞、祠廟嚴肅なるを以て、微疾もて齋せず。~倫、因りて敞の詐病を奏し、坐して罪に抵らしむ。

【微小】 すこし。また、小柄。〔荀子、非相〕葉公子高、微小短瘠にして、行くに將に其の衣に勝へざるが若くし。

【微雪】 少しの雪。唐・杜甫〔興を遣る、五首、二〕詩 騂弓(赤色の弓)、金爪の鏑(矢) 白馬、微雪を蹴る

【微中】 それとなくあたる。〔史記、滑稽伝序〕天道恢恢、豈に大ならずや。談言も微中せば、亦た以て紛を解くべし。

【微波】 さざなみ。魏・曹植〔洛神の賦〕良媒の以て懽を接する無し、微波に託して辭を通ぜん。

【微微】 わずか。ほのか。晋・陶潜〔胡西曹に和し、顧賊曹に示す〕詩 重雲、白日を蔽ひ 閒雨、紛として微微たり

【微眇】 軽微。〔史記、文帝紀〕朕れ宗廟を保つことを獲て、微眇の身を以て、兆民君王の上に託す。天下の治亂、朕一人に在り。

【微服】 衣服をかえる。しのびの姿。〔孟子、万章上〕孔子、魯・衞に悅ばれず。宋の桓司馬の將に要へて之れを殺さんと

するに遭ひ、微服して宋に過ぎる。是の時、孔子阨に當れり。

【微文】 微辞。また、細かい法解釈。〔史記、汲黯伝〕陛下～又微文を以て無知の者五百餘人を殺せり。是れ所謂其の葉を庇ひて其の枝を傷つくる者なり。臣竊かに陛下の爲に取らず。

【微茫】 不明のさま。清・曽国藩〔黄仙嶠前輩の詩の序〕智は以て天下の微茫を析くに足り、明は以て一隅の固を破るに足る。識の謂ひなり。

【微妙】 玄妙。〔老子、十五〕古の善く士を爲むる者は、微妙玄通、深きこと識るべからず。

【微恙】 軽い病。宋・黄庭堅〔文潜に次韻す〕詩 我は高明を瞻みて少しく氣を吐き 君も亦た歡喜して微恙を失ふ

【微陽】 夕日。晉・潘岳〔秋興の賦〕何ぞ微陽の短晷なる、涼夜の方に永きを覺ゆ。月は朣朧として、以て光を含み、露は淒清として、以て冷を凝らす

【微涼】 少し涼しい。唐・杜甫〔夏夜の歎〕詩 仲夏夜の短きに苦しみ 軒を開きて微涼を納る

【微和】 少しあたたか。のどか。唐・元稹〔楽天の早春寄せらるるに和す〕詩 雨香り雲澹く、微和を覺ゆ 誰か春聲を送りて、櫂歌に入らしむ

↑微痾 軽い病／微員 下役／微陰 うす曇り／微隠 神秘なこと／微雲 かすかな雲／微遠 幽遠／微温 なまぬるい／微過 小過／微哦 微吟／微介 貧士の節操／微戒 それとなく諌める／微官 小吏／微寒 ややはだ寒い／微儀 粗品／微躬 微軀／微禽 小鳥／微径 小みち／微計 密謀／微孽 卑賤な者の後／微愆 小過／微孤 弱小／微功 小功／微光 かすかな光／微香 ほのかな匂い／微恨 小怨／微細 わずか／微罪 軽罪／微察 こまごまとしらべる／微旨 それとなく示された志／微指 微旨／微事 小事／微失 わずかな失敗／微者 卑賤な者／微弱 弱い／微笑 ほほ笑む／微詳 詳細／微霄 もや空／微忱 愚誠／微塵 微小なもの／微酔 ほろ酔い／微誠 微忱／微賤 賤しい／微纖 微細／微酡 微酔／微衷 微志／微睇 少し流しめ／微玷 微瑕／微灯 かすかな灯／微動 少し動く／微白 しののめ／微薄 わずか／微班 小吏／微鄙 田舎／微風 そよ風／微物 つまらぬ物／微歩 しのびあるき／微芳 微香／微俸 微禄／微謀 密謀／微末 身分が低く、いやしい／微命 賤しい命／微濛 うす暗い／微要 要妙／微瀾 さざ波／微利 小利／微力 力がない／微綸 細い釣糸／微漣 さざ波／微労 わずかなてがら／微禄 小禄／微論 細論

↓依微・隠微・淵微・湮微・煙微・寒微・希微・幾微・機微・熹微・窮微・極微・軽微・研微・涓微・顕微・孤微・忽微・細微・察微・至微・紫微・式微・識微・慎微・衰微・翠微・精微・析微・積微・賤微・纖微・爪微・側微・太微・単微・通微・入微・霏微・貧微・扶微・密微・妙微・明微・幽微

【楣】

13 4796 ビ のき はり

篆文 

形声 声符は眉。眉に眉題、あらわれるものの眉端の意がある。〔説文〕六上に「秦にては之れを楣と謂ふ」とあり、秦の語とする。齊にては之れを檐と謂ひ、楚にては之れを梠と謂ふ」とあり、秦の語とする。〔釈名、釈宮室〕に「楣は眉なり。前に近きこと面の眉有るが若きなり」とみえる。

訓義 ①のき、ひさし。②はり、門の横ばり、まぐさ。

古訓 〔名義抄〕楣 マグサ

【楣間】 ひさし。宋・朱熹〔白鹿洞書院掲示〕凡そ聖賢の人に教へ學を爲むる所以の大端、條列すること右の如し。之れを楣間に掲ぐ。諸君相ひ與に講明遵守して、之れを身に責めよ。

↑楣機 関鍵／楣棟 棟下のはり／楣梁 楣棟

↓雲楣・円楣・簷楣・綵楣・承楣・層楣・藻楣・丹楣・柱楣・長楣・琱楣・当楣・文楣・門楣

常 【鼻】

14 〔鼻〕 14 2622 ビ はな はじめ とって

篆文 

形声 旧字は鼻に作り、畀声。〔説文〕四上に「气を引きて自ら畀ふるなり。自畀に從ふ」と会意に解するが、自は鼻の象形。畀を声とするのは、その鼻息の擬声語とみてよい。顔面で最も突出するところであり、わが国でははな（端）といい、中国には鼻祖という語がある。人はまず鼻から生まれるというのは俗説である。

訓義 ①はな。②はじめ、さき、でているところ。③とって、つまみ、ながしぐち。④呉の語で、奴婢。

古訓 〔和名抄〕鼻 波奈（はな） 〔名義抄〕鼻 ハナ・ハジメ・ツラヌク 〔篇立〕鼻 ハナ・ハナヅラ・ヌク・ハジメ・ツラヌク

部首 〔説文〕に齅・鼾・鼽など四字を属し、〔玉篇〕には二十六字を収めている。鼾・鼽も鼻息の擬声語である。

声系 〔説文〕十一上に鼻声として濞の一字を収め、「水暴にかに至る聲なり」という。これも水の流れる音に擬したものであろう。

【鼻飲】 鼻で飲む。〔漢書、賈捐之伝〕（珠厓を棄つる議）駱越の人、父子川を同じうして浴し、相ひ習ふに鼻飲を以てす。禽獸と異なる無し。

【鼻鼾】 いびき。宋・黄庭堅〔東坡字後に題す〕東坡居士、性、酒を喜む。然れども四五龠（勺）なること能はずして已に爛酔し、辭謝せずして臥に就き、鼻鼾雷の如し。少焉しばらくして蘇醒（酔いがさめる）、筆を落すこと風雨の如く、謔弄と雖も、皆意味有り。

【鼻観】 鼻息をみつめて観想に入る修行法。宋・蘇軾〔黄魯直（庭堅）の焼香に和す、二首、一〕詩 是れ聞思の及ぶ所ならず 且らく鼻觀をして先づ參ぜしむ

【鼻孔】 鼻のあな。〔山海経、海外西経〕一臂國は其の北に在り。一臂・一目・一鼻孔なり。

【鼻準】 鼻柱。鼻梁。元・楊載〔夢に（韓）退之の詩を読む。頗ぶる奇詭。已に覚めて其の大旨を記し、此の篇を作る〕詩 哀音、起りて空洞 人の鼻準をして酸ならしむ

【鼻選】 かぎわけ。〔清異録、鼻選〕瓜の最も盛なる者は、齊・趙に踰ゆる無し。車擔市に列し、道路に濃香あり。故に彼の人云ふ、未だ舌交に至らざるに、先づ鼻を以て選ぶと。

【鼻祖】 始祖。宋・劉克荘〔寄せて小孤山に題す、二首、二〕詩 鼻祖耳孫、嗜好を同じうす 山を買うて、世と梅花を種う

【鼻息】 鼻いき。人の喜怒のようす。〔後漢書、袁紹伝〕冀州鄙なりと雖も、帶甲百萬、穀十年を支ふ。袁紹は孤客窮軍、我が鼻息を仰ぐ。～奈何ぞ州を以て之れに與へんと欲する。

【鼻端】 鼻の先端。〔荘子、徐無鬼〕郢人、堊（漆喰）もて其の鼻端を漫ること蠅翼の若くし、匠石をして之れを斲らしむ。匠石、斤を運らして風を成し、聽かせて之れを斲る。堊を盡せども、鼻傷つかず。郢人、立ちて容を失はず。

【鼻鈕】 印のつまみ。〔広雅、釈器〕印、之れを璽と謂ひ、鈕、之れを鼻と謂ふ。

↑鼻洟 はなじる／鼻液 鼻洟／鼻界 鼻柱／鼻茎 鼻柱／鼻血 はな血／鼻腔 鼻の穴／鼻毫 鼻毛／鼻酸 悲酸／鼻子 長子／鼻縄 牛の鼻綱／鼻哂 嘲笑する／鼻尖 鼻端／鼻塞 鼻づまり／鼻衄 はな血／鼻張 鼻の穴が開く／鼻涕 はなじる／鼻頭 鼻端／鼻梁 鼻柱

↓阿鼻・郢鼻・掩鼻・貫鼻・劓鼻・巨鼻・胡鼻・亢鼻・叩鼻・高鼻・酸鼻・耳鼻・盾鼻・折鼻・截鼻・尖鼻・穿鼻・象鼻・大鼻・断鼻・猪鼻・長鼻・犢鼻・捻鼻・把鼻・反鼻・隆鼻

【糒】16 9492 ビ ほしいい

篆文 

形声 声符は葡。備の省声とみてよい。備に備蓄の意があり、軍糧などに備蓄するほしいいをいう。〔説文〕七上に「乾飯なり」(段注本)とあり、乾かして儲蔵に便した。肉には脯という。

訓義 ①ほしいい。

古訓 〔和名抄〕糒 保之以比(ほしいひ) 〔名義抄〕糒 ホシイヒ

↑糒脯 ほしいいとほし肉/糒糧 兵粮/糒醪 ほしいいと酒

↓乾糒・糗糒・持糒・食糒・齎糒・麦糒・米糒・脯糒・糧糒・醪糒

【濞】17 3612 ビ ヒ

篆文 

形声 声符は鼻(鼻)。〔説文〕十一上に「水暴かに至る聲なり」とあり、濞濞は水勢のさかんなことをいう形況の語。宋玉の〔高唐の賦〕に「濞として洶洶(涌きたつさま)として其れ聲無し」とは水声の遥かに及ぶをいう。

訓義 ①水のにわかに至る音。②水の流れる音。③川の名。

古訓 〔字鏡集〕濞 ホトリ・ミヅノアラキコヱ

↑濞焉 水の急に至る音/濞濞 水の流れる音

【糜】17 0029 ビ かゆ ただれる ついやす ほろぼす

篆文 

形声 声符は麻(麻)。〔説文〕七上に「糝糜なり」(段注本)とあって、粥をいう。また粥のようにもとの形が崩れることを糜爛・糜敗という。組織や秩序の敗壊することをもいう。

訓義 ①かゆ、こいかゆ。②ただれる、形がくずれる、くだく。③ついやす、ちらす、なくなる。④ほろぼす、つくす。

古訓 〔名義抄〕糜 カユ 〔篇立〕糜 カユ・クダク・チリ

語系 糜miai は糜粥の字。糜爛の字はなお下に火を加えた爢miai が正字。〔広雅、釈詁三〕に「爢は熟するなり」、〔玉篇〕に「爛熟するなり」とみえる。靡mea、靡miai のように麻声の字に靡乱の意があるのは、麻の声義をとるものであろう。

【糜軀】 粉骨砕身。唐・李商隠〔白従事の為に陳許李尚書に上る啓〕感、肌骨に深く、戴くこと丘山よりも重し。未だ投刺(名刺を通じる)の誠を伸べざるに、已に糜軀の誓ひを定めたり。

【糜散】 なくなる。〔唐書、文芸中、蘇源明伝〕(上疏)聖皇蜀に巡るの初、都内の財貨、吏民の資產、道路の手に糜散せり。

【糜粥】 かゆ。〔礼記、問喪〕親始めて死するときは、~水漿口に入らず。三日、火を擧げず。故に隣里之れが糜粥を爲りて、以て之れに飲食せしむ。

【糜費】 浪費。〔梁書、王神念伝〕先に神廟有り。妖巫、百姓を欺惑し、遠近祈禱、糜費極めて多し。神念の至るに及び、便ち毀撤せしむ。

【糜沸】 わきかえる。乱れる。〔後漢書、楊彪伝〕移都改制は、天下の大事なり。~今天下虞れ無し。~故無くして宗廟を捐て、園陵を棄てなば、恐らくは百姓驚動し、必ず糜沸の亂有らん。

【糜弊】 窮困。漢・厳遵〔道徳指帰論、四〕吾れ~自ら守らんと欲するも、百姓糜弊し、國家空虛となるは、是れ戰の爲作する所なり。

【糜滅】 全滅する。〔資治通鑑、周紀一〕(威烈王、二十三年)(司馬光曰く)烏呼、君臣の禮既に壞れ、~社稷(国家)泯絶せざる無し。生民の類、糜滅して幾ど盡く。豈に哀しからずや。

【糜爛】 ただれる。哀弊のさまをいう。〔孟子、尽心下〕梁の惠王、土地の故を以て、其の民を糜爛して之れを戰はしめ、大いに敗る。~是れを之れ、其の愛せざる所を以て、其の愛する所に及ぼすと謂ふ。

↑糜捐 粉骨砕身/糜潰 敗壊する/糜耗 費やす/糜砕 粉砕する/糜財 糜費/糜子 黍の異名/糜煮 よくにる/糜饘 かゆ/糜損 損耗する/糜腐 くさる/糜粉 粉砕する/糜没 毀滅する/糜乱 糜爛する

↓芋糜・行糜・斎糜・菜糜・施糜・豆糜・乳糜・薄糜・茗糜・薬糜

【縻】17 0029 ビ きずな つなぐ しばる すりへる

篆文 

形声 声符は麻(麻)。〔説文〕十三上に「牛の轡なり」とあり、轡で縻繋することをいう。糜・靡と通用することがあり、靡散・細砕の意がある。

訓義 ①きずな、つな。②つなぐ、しばる、とめる。③ちらす、くだる、わかつ。④する、すりへる。

古訓 〔新撰字鏡〕縻 波奈豆良(はなづら) 〔名義抄〕縻 ツナツ・(グ)・ワカル・カヽル・アソブ・ツナグ・アツカル・ハナヅラ 〔篇立〕縻 ウシノハナツラ・サカル・カヽル・マトハル・ハナツ・ホソシ・ツナグ

【縻鎖】 くさり。〔水経注、涑水〕厥の頂方平、良藥有り。~路は北巘に出で、勢ひ懸絶多し。~乃ち百梯を陟り、方めて巖側に降る。縻鎖の跡、仍ほ今存す。故に亦た百梯山と曰ふなり。

↑縻紖 牛の縄/縻軍 軍の拘束/縻繫 拘禁/縻綆 絡/縻絙 綱/縻縶 拘禁/縻切 切り放つ/縻費 浪費/縻絡 拘囚する/縻爛 糜爛

↓永縻・纓縻・羈縻・繫縻・拘縻・綆縻・索縻・自縻・断縻・長縻・攬縻

【薇】17 4424 ビ のえんどう ばら ぜんまい

篆文 

形声 声符は微(微)。〔説文〕一下に「菜なり。藿に似たり」とあって、野豌豆をいう。薔薇はばら、紫薇はさるすべり、白薇はふなばらそう、また、かこ。かこは、のえんどうの異名。方言にあこがある。薇蕨はわらびをいう。

訓義 ①のえんどう。②ばら。③さるすべり。④ふなばらそう。⑤わが国では、ぜんまいをいう。

古訓 〔新撰字鏡〕薇 白薇なり。加古(かこ) 〔和名抄〕薇蕨 和良比(わらび) 〔名義抄〕薇 ワラビ/薇蕨 ワラビ

【薇藿】 のえんどうと、豆の葉。魏・曹植〔雑詩、六首、二〕此の遊客の子の 軀を捐てて遠く戎に從ふに類たり 毛褐、形(身)を掩はず 薇藿、常に充たず

【薇蕨】 ぜんまい。わらび。唐・孟郊〔長安羈旅行〕詩 野策、藤竹輕し 山蔬、薇蕨新たなり

↑薇垣 中書省。紫微省ともいった/薇花 紫薇/薇歌 采薇歌/薇蘅 やぶれがさ/薇省 薇垣/薇蕪 香草

↓蕨薇・采薇・山薇・紫薇・春薇・茹薇・薔薇・白薇・芳薇

【麋】17 0029 ビ なれしか ほとり

篆文 甲骨文 

形声 声符は米。〔説文〕十上に「鹿の屬なり」とし、「冬至に其の角を解く」と〔礼記、月令〕の文を引く。〔詩、小雅、巧言〕「河の麋に居る」は湄の仮借。〔荀子、非相〕「伊尹の状、面に須麋無し」は「鬚眉」の意。

訓義 ①なれしか、おおしか。②靡と通じ、くだける。③湄と通じ、ほとり、水のほとり。④眉と通じ、まゆ。

古訓 〔和名抄〕麋 漢語抄に云ふ、於保之可(おほしか)〔名義抄〕麋 オホシカ・モロ〱

声系 〔説文〕に麋声として艸部に一字を収め、その字はまた蘼に作る。蘼蕪(香草の名)の意。

語系 麋・湄・眉 miei は同声。通用することがある。

【麋寿】 眉寿。〔集古録跋尾二、後漢北海相景君銘〕碑銘に云ふ有り、不いに麋壽を永うせんと、余が家三代の古器銘を集錄するに、眉壽と云ふ者有り。皆麋に爲る(金文は釁に作る)。

【麋梨】 老人。〔方言、十二〕麋・梨は老なり。〔郭璞注〕麋は猶ほ眉のごときなり。

【麋鹿】 なれしかと、しか。唐・許渾〔姑蘇懐古〕詩 荒臺の麋鹿、新草を爭ひ 空苑の鳧鷖、淺莎を占む

↑麋醢 麋肉の塩漬け／麋角 麋の角／麋丸 墨の異名／麋罟 麋を捕る網／麋粥 麋粥／麋茸 鹿茸／麋蕪 香草の一／麋沸 さわぎたつ／麋弊 やぶれはてる／麋墨 顔が黒い／麋乱 乱れる／麋黎 麋梨

↓荊麋・麈麋・野麋・老麋

【靡】 19 0021 ビ なびく うつくしい つきる

篆文 

形声 声符は𣏟(麻)。𣏟に糜・縻の声がある。〔説文〕十一下に「披靡なり」とあり、披靡とは風になびくこと、それより軽やかで美しいことをいう。〔詩、小雅、采薇〕「室靡く家靡きは 玁狁の故なり」は、仮借して否定詞に用いる。

訓義 ①なびく、ひらく、かたむく、したがう、ふす。②うつくしい、あでやか、こまかい、ゆるやか。③おごる、ついやす、わずらわす。④つきる、ちる、へる、ほろびる。⑤無・亡と通じ、なし。⑥糜と通じ、ただれる、形がくずれる。⑦縻と通じ、つなぐ。

古訓 〔名義抄〕靡 ナビク・ナ、メ・ナシ・ホソシ・コノム・アラハス・ナイガシロ・ワヅラフ・ウルハシ・サ、メ・シタガフ・ホトリ・ヨ、カナリ

声系 〔説文〕に靡声として䊳など四字を収める。みな披靡・細砕の意を含む字である。

語系 靡・糜 miai は同声。縻 miuai、無・毋 miua、蔑(薎)miat、末 muat、勿 miuat、亡(亾)miuang と声近く、みな否定詞に用いる。

【靡盬】 やむことなし。厳しい。〔詩、小雅、四牡〕豈に歸るを懷はざらんや 王事盬むこと靡し 我が心傷悲す

【靡財】 浪費。〔漢書、楊王孫伝〕夫れ厚葬は誠に死者に益亡し。而るに俗人、競うて以て相ひ高しとす。財を靡やし幣を單くし、之れを地下に腐らしむ。或いは乃ち今日入れて明日發かる。此れ眞に骸を中野に暴さずと何ぞ異ならん。

【靡然】 なびき従うさま。〔史記、儒林伝序〕公孫弘、春秋を以て、白衣より天子の三公と爲り、封ずるに平津侯を以てす。天下の學士、靡然として風に鄕ふ。

【靡薄】 軽薄で衰える。〔漢書、董仲舒伝〕(賢良対策、三)陛下明德嘉道有り。世俗の靡薄を愍れみ、王道の昭らかならざるを悼む。

【靡靡】 なびくさま。また、ゆるやかなさま。〔詩、王風、黍離〕行き邁くこと靡靡たり 中心搖搖たり

【靡敝】 疲弊する。〔礼記、少儀〕國家靡敝せば、則ち車は雕幾(彫刻や漆塗り)せず、甲は組縢せず、食器は刻鏤せず。

【靡曼】 しなやかで美しい。〔墨子、辞過〕民の衣食の財を暴奪して、以て錦繡文采靡曼の衣を爲り、鑄金以て鉤と爲し、珠玉以て佩と爲す。～財を單くし力を勞し、畢く之れを無用に歸す。

【靡麗】 華美。〔史記、司馬相如伝論賛〕揚雄以爲へらく、靡麗の賦、百を勸めて一を風するは、猶ほ鄭・衞の聲を馳騁し、曲終りて雅を奏するがごとし。已だ虧かずや。

↑靡迤 ゆるやか／靡貨 贅沢な品／靡顔 きめの細かな顔／靡傾 くずれて傾く／靡砕 くずれ砕ける／靡散 とび散る／靡披 なびく／靡費 浪費する／靡幣 靡費／靡嫚 靡曼／靡濫 くずれ乱れる／靡爛 ただれる

↓夷靡・委靡・猗靡・萎靡・淫靡・華靡・綺靡・軽靡・傾靡・妍靡・侈靡・奢靡・従靡・胥靡・纖靡・頽靡・披靡・微靡・浮靡・風靡・沸靡・曼靡・離靡・麗靡

【瀰】 20 3112 ビ デイ ベイ ひろい はるか ながれる

形声 声符は彌(弥)。〔玉篇〕に「深きなり」とあり、〔詩、邶風、新台〕「河水、瀰瀰たり」とは水勢のさかんなことをいう。瀰に弥亙の意があり、みちわたるさまをいう。

訓義 ①ひろい、はるか。②ながれる、ながれるさま、みちて流れる、水が勢いよくながれる。

古訓 〔名義抄〕瀰 フカシ

【瀰漫】 ひろがりみちる。明・高啓〔秋日江居、懐を写す、七首、三〕詩 芙蓉、澤國、瀰漫する雨 禾黍、田疇、掩冉(吹きなびかす)の風

↑瀰迤 平遠のさま／瀰散 広散する／瀰天 天にみちわたる／瀰瀰 水の流れるさま／瀰茫 はるかなさま／瀰望 満眼／瀰満 充満する／瀰淪 深いさま

↓渺瀰・漫瀰・幽瀰

【獼】 20 4122 ビ さる

形声 声符は彌(弥)。〔広雅、釈獣〕に「猱狙は獼猴なり」とあり、さる。

訓義 ①さる、おおざる。②おやざる、ははざる。③また、沐猴という。

【獼猴】 おおざる。唐・白居易〔周皓大夫の新亭子に題す二十二韻〕詩 獼猴、櫪馬を看 鸚鵡、家人を喚ぶ

↑獼猿 さる

【劘】 21 0220 ビ バ けずる

形声 声符は靡。〔玉篇〕に「削るなり」とあり、すりけずることをいう。

訓義 ①けずる。②する、すりけずる、すりみがく。③わける。

古訓 〔名義抄〕磨・劘 スル・クダク・ミガク・ノゾム〔字鏡集〕劘 ケヅル

↑劘劂 削る／劘習 研習する／劘上 諫争する／劘切 切磋／劘剝 けずり、はぎとる／劘滅 すりきれる／劘厲 すりみがく

↓沙劘・切劘・紛劘

【蘪】 21 4429 ビ おんなかずら

篆文 

形声 声符は麋。〔説文〕一下に「蘪蕪なり」とあり、おんなかずらをいう。香草。字はまた蘼蕪に作る。一名、江蘺。〔爾雅、釈草〕に「蘪は水より生ず」という。また、草が荒れる意。

訓義 ①蘪蕪、おんなかずら、江蘺。②湄と通用して、水辺の草の生ずるところ、水より草の生ずるところ。③草があれる、荒蕪。

【蘪蕪】 香草。おんなかずら。〔楚辞、九歌、少司命〕秋蘭と蘪蕪と 堂下に羅生す 綠葉、素枝 芳、菲菲として予を襲ふ

【霺】 21 1024 ［溦］ 13 3814 ビ こさめ

篆文 

形声 声符は微（微）び。〔説文〕十一上に溦に作り、「小雨なり」とし、微の省声とする。〔万葉集〕の「人麻呂歌」に好んで「煙、霏霺たなびく」のような表記を用いる。中国の文献にほとんど例のない用法である。字はまた溦に作る。

訓義 1こさめ。

古訓 〔名義抄〕霏霺 タナビク

【亹】 22 0010 ［亹］ 21 0010

ビ モン
あらう つつしむ うつくしい

金文 

会意 興の上部と、下に且（台座）、上に亠（蓋）を加える。古い字形がなくて確かめがたいが、声義は釁びと近く、釁と関連のある字と思われる。釁は両手で水器をさかさにして髪に水を注ぐ形で、髪を洗うこと、すなわち沬びの初文。沬はその形声の字。酒器で酒を注いで清めることを釁きんといい、中に酉（酉）ゆうを加える。亹は釁の上に蓋、下に台をおき、百しゅ（首）を除いた形で、髪を洗い清めて、神事に奉仕するさまをいう語であろう。ゆえに敬謹の意がある。古くは同の部分が卣ゆうの形であったらしく、それで亹の形がある。

訓義 1あらう、髪を洗い清める。2つつしむ、つとめる。3うつくしい、うるわしい。4門と声通じ、門。5眉と通じ、眉寿を金文に「亹壽」という。

古訓 〔名義抄〕亹 ウルハシ・ススム・チヌル

語系 亹 miuəi は沬 muət と声義の関係がある字であろう。忞・閔 mian、俛・勉（勉）mian、黽 mien と声近く、みなつつしみつとめる意がある。また靡 miai、美・媚 miei と声近く、その意をも含む語で、斐亹ひびのようにいう。

【亹亹】びび つとめて倦まず。すすむこと。〔易、繫辞伝上〕賾さくを探り隱を索もとめ、深きを鉤とり遠きを致し、以て天下の吉凶を定め、天下の亹亹を成す者は、蓍龜しき（卜筮）より大なるは莫なし。

↑亹寿びじゅ 眉寿

【蘼】 23 4421

ビ
ばら

形声 声符は靡び。〔爾雅、釈草〕に「蘠蘼しょうびは虋冬もんとう（くさすぎかずら）なり」、〔注〕に「虋冬、一名満冬なり」とするが、薔薇と天門冬とは二物という。

訓義 1蘠蘼は薔薇、ばら。2蘼蕪びぶは香草、おんなかずら。

古訓 〔字鏡集〕蘼 スマイグサ

【蘼蕪】びぶ 薬草の名。〔山海経、西山経〕浮山、～草有り、名づけて薰草と曰ふ。麻葉にして方莖、赤華にして黒實、臭ひ蘼蕪の如し。之れを佩おぶれば、以て癘いれを已やましむべし。

↑蘼藿びかく 蔬菜

↓蘠蘼・茎蘼

ヒツ

常

【匹】 4 7171

ヒツ ヒキ
たぐい つれあい ならぶ

篆文 

金文 

象形 馬が並んでいる前脚と胸腹部とを、複線的にしるしたもので、もと馬匹を示す字であったと思われる。金文の賜与に馬匹・馬四匹という例があり、四匹は合文の形でしるすことが多い。〔説文〕十二下に「四丈なり。八匚けいに従ふ。八揲かさねにして一匹なり。八は亦聲なり」と布帛の長さをいうとするが、字は八（八）に従う形でなく、布帛の長さというのも原義でない。馬匹を複数的に表示するところから匹配・匹耦の意となり、また匹敵のように用いる。字はまた疋に作る。匹に足の形を加える。

訓義 1たぐい、つれあい、あう、あいて。2ならぶ、とも、ともがら。3獣を数える単位、ひき。4ひとり、ひとつのもの、匹夫。5布帛の長さ、四丈、八尺を五たび重ねた長さ。

古訓 〔名義抄〕匹 トモ・フタツ・カツ・メグル・ナラブ・アツ・タクラブ・トモガラ・ヒトコロヘリ・ヒトコロリ・ムラ・ヒトシ・タグヒ

語系 匹 phiet、媲 phiei、配 phuəi、妃 phiuəi は声近く、みな配匹の意がある。比・妣 piei も同系の語。人の相並ぶを比といい、馬の相並ぶを匹という。

【匹偶】ひつぐう つれあい。配偶。〔隋書、東夷、流求国伝〕嫁娶かしゅするに、酒肴珠貝を以て娉へいと爲す。或いは男女相ひ悅ぶときは、便すなはち相ひ匹偶す。

【匹士】ひっし 士。身分の低い者。〔礼記、礼器〕君子大牢して祭る、之れを禮と謂ふ。匹士大牢して祭る、之れを攘じょう（非礼）と謂ふ。

【匹如】ひつじょ たとえば。おしなべて。唐・白居易〔偶吟、二首、一〕詩 匹如おしなべて身後に何事か有らん 應まさに人閒じんかんに向ひて求むる所無かるべし

【匹儔】ひっちゅう（ちう） つれあい。なかま。唐・韓愈〔科目に応ずる時、人に与ふる書〕天地の濱ひん、大江の濆ほとり、曰ここに怪物有り。蓋けだし常鱗凡介の品彙ひんるゐ匹儔に非ざるなり。

【匹敵】ひってき つれあい。また、対等。〔三国志、魏、后妃、文徳郭皇后伝〕勅して曰く、諸親戚嫁娶、自おのづから當まさに鄉里と門戸匹敵するもの有るべし。勢ひ彊きに因りて、他方人と婚するを得ざるなり。

【匹配】ひっぱい ならぶ。また、つれあい。〔後漢書、趙咨伝〕昔、舜は蒼梧に葬る。二妃（娥皇と女英）從はず。豈に匹配の會、守常の所有らんや。

【匹夫】ひっぷ 身分の賤しい男。〔論語、子罕〕子曰く、三軍も帥すいを奪ふべきなり。匹夫も志を奪ふべからざるなり。

【匹婦】ひっぷ 身分の賤しい女。〔書、咸有一徳〕匹夫匹婦も、自ら（志を）盡すことを獲えざれば、民の主、與ともに厥その功を成すこと罔なし。

【匹練】ひつれん ねり絹。瀑布にたとえる。宋・蘇軾〔柳子玉と同ともに鶴林・招隱に遊ぶ～〕詩 巖頭の匹練、天を兼ねて淨きよく 泉底の眞珠、客に濺そそぎて忙し

↑匹亜ひつあ なかま/匹溢ひつい 声が四方に散るさま/匹概ひつがい 気象/匹禽ひっきん 比翼の鳥、おしどり/匹耦ひつぐう 匹偶/匹群ひつぐん なかま/匹好ひっこう 夫婦が睦まじい/匹合ひつごう 仲よくたぐう/匹儕ひっさい なかま/匹似ひつじ 匹如/匹豎ひつじゅ しもべ/匹処ひっしょ 仲よくたぐう/匹庶ひっしょ 庶民/匹雛ひつすう 一羽のひなどり/匹製ひっせい 大小を重ねて組み入れる。いれこ/匹馳ひっち ならんで馳せる/匹鳥ひっちょう 鴛鴦の異名/匹嫡ひってき 嫡子なみ/匹馬ひつば 一匹の馬/匹帛ひきばく 一匹の帛/匹聘ひっぺい 夫婦/匹游ひつゆう ともに遊ぶ/匹侶ひつりょ 同伴/匹裂ひつれつ 匹製

↓亜匹・一匹・仇匹・旧匹・偶匹・群匹・好匹・摯匹・丈匹・乗匹・正匹・対匹・儔匹・馬匹・配匹・妃匹・妙匹・無匹・良匹・倫匹・令匹・儷匹・裂匹

常

【必】 5 3300

ヒツ
かならず

篆文 

金文 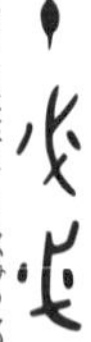

象形 柄のある兵器の、刃を装着する柲ひつの部分の形で、柲の初文。戈ほこ・矛ほこ・鉞まさかりの頭部を柄に装着する形は必・尗しゅくで、尗は叔（白）の初文。その刃光の発する字である。〔説文〕二上に「分極なり。八弋よくに従ふ。弋は亦聲なり」とするが声が合わず、分極の意も明らかでない。弋は柲

部の形であるが、金文にその形を「必ず」という副詞に用いる。
【訓義】①兵器の秘部、柲の初文。②仮借して必ずの意に用いる。③なす、ついに、もっぱらなどの意に用いる。
【古訓】〔名義抄〕必 カナラジ・カナラズ・モシ・トク・カナフ・ナラフ・アキラカナリ〔篇立〕必 モシ・トク・シカモ・コト〴〵ク・ツヒニ・モハラス・カナフ・アキラカ・ナラフ・カナラフ(ズ)
【声系】〔説文〕に必声として祕(秘)・珌・虙・飶・宓・邲・泌・閟・密・謐など二十六字を収める。必は鉞と同じく聖器として種々の呪儀に用いられるもので、祕・虙・宓・邲・閟・密・謐などは、みなその儀礼に関する字である。また密は〔説文〕に宓声とするが、金文の字形は二必に従う。廟中に二必をおき、火(山の形の部分、もと火の形)で清める密儀をいう字であった。
【必死】ひっし 死を覚悟する。〔史記、項羽紀〕項羽乃ち悉く兵を引きて河を渡る。皆、船を沈め、釜甑を破り、廬舎を焼き、三日の糧を持ち、以て士卒に死を必して、一の還る心無きを示す。
【必至】ひっし かならず～となる。決意する。〔漢書、蒯通伝〕猛虎の猶與するは、蠭蠆(蜂や、さそり)の蠚(毒)を致すに如かず。孟賁(古の勇者)の狐疑するは、童子の必至なるに如かず。
【必勝】ひっしょう 必ず勝つ。〔商君書、画策〕虎豹・熊羆、鷙にして敵無し。必勝の理有るなり。
【必然】ひつぜん 必ずなる。〔商君書、画策〕聖人は必然の理、必為の時勢を知る。故に必治の政を為し、必勇の民を戰はしめ、必聴の令を行ふ。
【必争】ひっそう(さう) 必ず奪いあう。宋・李格非〔洛陽名園記〕洛陽は天下の中に處る。～蓋し四方必爭の地なり。
【必当】ひっとう(たう) 必ず理に当たる。晉・范寧〔春秋穀梁伝集解の序〕凡そ傳は通經を以て主と爲し、經は必當を以て理と爲す。夫れ至當は二無し。而して三傳、說を殊にす。庸ぞ其の滯る所を棄てて、善を擇んで從はざるを得んや。
【必罰】ひつばつ 罰すべきを必ず罰する。〔漢書、宣帝紀贊〕孝宣の治、信賞必罰、名實を綜核す。～元・成の閒よりして、能く之れに及ぶもの鮮なし。
➡必竟ひっきょう 畢竟/必固ひっこ 固執する/必需ひつじゅ 必要で欠くことができない/必賞ひっしょう 信賞/必信ひっしん 必ず実行する/必須ひっす 必然、必要/必定ひつじょう 必ずそうなる/必読ひつどく 必ず読まなければならない/必用ひつよう ぜひとも入用である/必要ひつよう 必用/必力ひつりょく 必ず尽力する
➡可必・何必・固必・自必・専必・誅必・不必・未必

【佖】 7 2320 ヒツ ただしい

篆文

【形声】声符は必ひつ。〔説文〕八上に「威儀なり。～詩に曰く、威儀佖佖たり」と〔詩、小雅、賓之初筵〕の句を引く。今本に「怭怭」に作り、〔伝〕に「怭怭は媟嫚なり」とあり、〔説文〕は〔三家詩〕による。〔詩〕は「其の未だ醉はざるときは 威儀抑抑たり 曰ここに既に醉へば 威儀怭怭たり 是れ曰に既に醉へば 其の秩を知らず」という。怭怭はいささかの酔態をいう語。いずれも形況の語である。
【訓義】①ただしい。②みちる、みちならぶ。③怭ひに通じ、みだれる。
【古訓】〔名義抄〕佖 ミツ・ヲソル〔字鏡集〕佖 ミテリ・ミツ

【泌】 常 8 3310 ヒツ ヒ ながれ いずみ

篆文

【形声】声符は必ひ。〔説文〕十一上に「俠せまき流れなり」とあって、細くて早く流れるさまをいう。その水声を形容する擬声語である。泌瀄ひつしつのように用いる。〔詩、陳風、衡門〕「泌の洋洋たる 以て飢ゑを樂やすべし」とは涌き水の意。わが国で「にじむ」「しむ」の意に用いるのは誤用、その字には沁しんを用いる。

【訓義】①ながれ、せせらぎ、細くて早いながれ。②いずみ、いずみの水のながれるさま。③字はまた毖ひを用いる。

【泌瀄】ひっしつ 水が波だち音たてるさま。漢・司馬相如〔上林の賦〕蕩蕩乎として八川分流し、～滭弗宓汩、偪側泌瀄す。

➡泌暈ひつうん しみあと/泌滲ひしん しみ出る
➡清泌・分泌・便泌・幽泌・洋泌

【苾】 9 4433 ヒツ かおり

篆文

【形声】声符は必ひ。〔説文〕一下に「馨香なり」、〔一切経音義、四〕に「大香なり」とあり、〔広雅、釈器〕に「馝は香なり」とみえる。苾苾・苾芬などその香気をいう。字はまた馝に作る。
【訓義】①かおり、かおる、こうばしい、よいにおい。②字はまた飶に作る。酒醴の芳香をいう。③菜の名。
【古訓】〔名義抄〕苾 カウバシ〔篇立〕苾 クシル・カウバシ〔字鏡集〕苾 オイヒル・カウバシ
➡苾苾ひつひつ こうばしいさま/苾芬ひつぷん 香気のさま
➡香苾・芬苾・芳苾

【畢】 人 11 6050 ヒツ あみ おわる ことごとく

篆文 金文 甲骨文

【象形】あみの形。鳥獣などを捕るあみで、下部に長い柄がある。上のまるい形が小網の部分。〔説文〕四下に「田罔なり。田に從ひ、華に從ふ。象形。或いは曰く、田ん聲」(段注本)とするが、字の全体が象形である。原の初文である邍げんは、狩猟のはじめに祈る儀礼を示し、犠牲の獣の上に畢をおいて、成功を祈る。田は畢あの形。夂ちは神霊の降下する形。畢で一網打尽にとり尽くすので「畢おわる」意となり、「畢ことごとく」という副詞に用いる。

【訓義】①あみ、こあみ、さで。②あみする、おおう、すべてとる。③おわる。④ことごとく、つくす、とりつくす。⑤さすまた。⑥星の名、雨降らす星。

【古訓】〔名義抄〕畢 ヲハル・ツヒニ・コト〴〵ク・コト〴〵ニス・ツクス・ツキヌ・ツブサニ〔篇立〕畢 ツクス・ウツ・ハタス・ムナシ・ヲハル・カナラズ・ツブサニ・ツヒニ・コト〴〵ク・ツキヌ
【声系】〔説文〕に畢声として𢿬・篳・韠・熚・滭など十一字を収める。𢿬三下は「𢿬盡するなり」、篳五上は「藩落(まがき)なり」、韠五下は「前を蔽ふ所以の者(礼装用のひざかけ)」(段注本)で、綿密に編んだもの。いずれも畢の声義を承ける。熚・滭は火や風のすさまじいさまをいう擬声語。

【畢竟】ひっきょう(きゃう) 結局。清・呉昌碩〔石濤の画〕詩 畢竟、禪心は篆學に通ず 幾回か首を低れて清湘(石濤の号。清湘老人、清湘陳人)を拜す
【畢歳】ひっさい 一年を終える。晉・張協〔七命〕樂しんで以て戚ひを忘れ、游びて以て時を卒ふ。夜を窮めて日と爲し、歳を畢へて期と爲さん。

【畢網】ひつもう(まう) 長い柄のある網。漢・趙壹〔窮鳥の賦〕一窮鳥有り、翼を原野に戢む。畢網上に加はり、機穽(わな、落し穴)下に在り。

【畢弋】ひつよく 小網と、いぐるみ。〔詩、斉風、盧令、序〕襄公、田獵畢弋を好みて、民事を脩めず。百姓之れに苦しむ。故に古を陳べて以て風(諷)す。

【畢覧】ひつらん すべて読みつくす。魏・文帝〔典論論文、自序〕余是を以て少くして詩論を誦し、長ずるに及んで、備さに五經・四部・史漢・諸子百家の言を歴へ、畢覽せざる靡し。

➡畢究 究める／畢給 十分に足りる／畢業 卒業する／畢具 具備する／畢景 夕方／畢勁 捷勁／畢志 専心する／畢辞 辞を尽くす／畢集 皆集まる／畢身 一生／畢世 一生／畢成 完成する／畢足 すべて足る／畢陳 備陳／畢同 すべて同じ／畢命 死ぬ／畢門 王城の路門／畢羅 網羅する／畢了 完了する／畢力 全力をつくす／畢露 ばれる

⬇簡畢・終畢・佔畢・備畢・帛畢・羅畢・了畢

【弼】 12 1722 ヒツ ゆだめ たすける

篆文
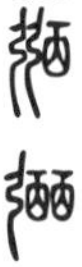
古文

金文

形声 声符は弜。百はもと㐁(敷物の形)に作り、席の象形。〔説文〕十二下に「輔なり」(段注本)といい、弓の形をなおすゆだめの意とし、「弜に従ひ、㐁聲」とするが、声が異なる。㐁が意符、弜が声符であるから、㐁によって字義を考えるべきである。金文の賜与に「金簟弼」とあるものは、金飾りのある車の蔽いで、〔詩、小雅、采芑〕に「簟茀魚服」(魚皮で作った箙)と歌われている簟茀が、金文の簟弼にあたり、弼は車の蓋いを原義とする字である。輔弼の意に用いるのは、ゆだめの意に用いてのち、義が転じたものであろう。〔説文〕に篆文のほか、古文の字形三を録する。

訓義 1くるまのおおい、簟茀。2ゆだめ。3たすける、ただす、うつ。

古訓 〔名義抄〕弼 タスク

【弼匡】たすけ正す。梁・昭明太子〔文選の序〕箴は補闕に興り、戒は弼匡に出づ。

【弼教】教化を助ける。明・方孝孺〔白鹿洞規賛〕維れ天、衷を降し、維れ聖、極を立つ、維れ賢、教を弼け、維れ民、從ひ式る。

【弼佐】輔佐する。〔晋書、裴秀伝〕誠に宜しく謨明を弼佐し、鼎味(政事のしかた)を助和し、大府を毗贊(補佐)し、盛化を光昭すべし。

【弼臣】輔佐の臣。宋・陸游〔鄭宣撫に上る啓〕弼臣徳を同じうせば、何ぞ帷幄の籌を運らすに難あらん。眞儒邦を爲めば、寧ぞ止だ俎豆の事(儀礼)を學ぶのみならん。

【弼成】たすけて完成させる。〔書、益稷〕惟れ荒いに土功を度り、五服を弼成して、五千に至れ。～外、四海に薄り、咸く五長を建てよ。

➡弼違 あやまりをただす／弼諧 たすけととのう／弼疑 相談を受け輔佐する／弼導 たすけ導く／弼寧 たすけ安んずる／弼亮 輔佐する

⬇規弼・匡弼・後弼・承弼・台弼・篤弼・補弼・輔弼・明弼・右弼・良弼

常 【筆】 12 8850 ヒツ ふで かく

篆文

会意 竹＋聿。聿は筆を手にもつ形。〔説文〕三下に「秦、之れを筆と謂ふ。聿に從ひ、竹に從ふ」とあり、前条の聿に、「楚にては之れを聿と謂ひ、呉にては之れを不律と謂ひ、燕にては之れを弗と謂ふ」とみえる。筆は秦の蒙恬にはじまるとされているが、甲骨文に朱書・墨書の字が残されており、契刻のときにも下書きして刻したことが知られている。近年出土の晋の「侯馬盟書」も筆で書かれている。遺品としては、居延木簡に用いた筆がある。

訓義 1ふで。2ふでにする、かく。3詩文を作る。4韻のある詩に対して、無韻の文をいう。

古訓 〔和名抄〕筆 古文は笔に作る。布美天(ふみて)〔名義抄〕筆 フム・フミテ・ノブ・タヽス・フデ

参考 漢碑に筆の草体のような字がみえ、斉碑には笔の字形を用いる。〔戦国策、秦五〕に「刀笔」のような字がみえるが、のちの筆写の際のものであろう。いま中国では筆の簡体字として笔を用いる。

【筆意】筆づかい。〔唐書、魏徴伝〕(徴の第四子)叔瑜、～草隷を善くし、筆意を以て、其の子華、及び甥薛稷に傳ふ。世に善書と稱する者、前に虞(世南)・褚(遂良)有り、後に薛・魏有り。

【筆花】筆の穂先に咲く花。〔開元天宝遺事、天宝下、夢筆頭生花〕李太白少かりし時、用ふる所の筆の頭上に花を生ずるを夢む。後、天才贍逸、名、天下に聞ゆ。

【筆架】筆かけ。〔開元天宝遺事、天宝下、占雨石〕學士蘇頲に一錦紋花石有り。鏤りて筆架と爲し、常に硯席の間に置く。天、雨ふらんと欲する毎に、卽ち此の石架、津出づること汗の如し。逡巡して雨ふる。

【筆管】筆の軸。〔西京雑記、一〕天子の筆管は、錯寶を以て跗と爲し、毛は皆秋兎の毫を以ふ。～雜寶を以て匣と爲す。～皆直百金なり。

【筆翰】文字・文章をしるす。〔晋書、陶侃伝〕侃性聰敏、～遠近の書疏、手づから答へざる莫し。筆翰流るるが如く、未だ嘗て壅滯せず。

【筆記】雑記。随筆の類。〔四庫提要、子部、雑家六、雑説の属〕按ずるに雜家の源は論衡より出づ。其の説、或いは己の意を抒べ、或いは俗譌を訂し、或いは近聞を述べ、或いは古義を綜ぶ。後人沿波し、筆記作る。

【筆研】筆硯。〔漢書、薛宣伝〕性、密靜にして思有り。吏職を省き、其の便安を求めんことを思ふ。下財用筆研(硯)に至るまで、皆爲に方略を設け、利用省費す。吏民之れを稱し、郡中淸靜なり。

【筆硯】筆と硯。文筆。書法。〔顔氏家訓、雑芸〕王褒は地冑精華(高門)、才學優敏なるも、～猶ほ書の工みなるを以て、碑碣の間に崎嶇(奔走)し、筆硯の役(仕事)に辛苦す。

【筆削】文字を修改する。〔史記、孔子世家〕孔子～春秋を爲るに至りては、筆すべきは則ち筆し、削るべきは則ち削る。子夏の徒、一辭をも贊すること能はず。

【筆紙】筆と紙。〔晋書、文苑、左思伝〕遂に構思十年、門庭藩(垣)溷(厠)に皆筆紙を著け、一句を得るに遇へば、卽便ち之れを疏す。

【筆陣】運筆や詩文の構成を陣法にたとえる。梁・昭明太子〔錦帯書十二月啓、太簇正月〕敬んで想ふに、足下、神を書帳に游び、性琴堂に縱にし、談叢は流水の源に發し、筆陣は崩雲の勢ひを引く。～長く盛德を懷ひ、聊か愚衷を吐く。

【筆勢】筆づかい。筆力。〔晋書、王羲之伝〕尤も隷書を善くし、古今の冠爲り。論者其の筆勢を稱し、以爲へらく、飄として浮雲の若く、矯として驚龍の若しと。

【筆跡】書かれた書・画。筆づかい。唐・杜甫〔韋風録事宅に曹将軍の画馬図を観る歌〕詩 貴戚權門、筆跡を得て 始めて覺ゆ、屏障に光輝を生ずるを

【筆舌】文章と言語。唐・薛昭緯〔華州、牓して諸門生に寄す〕詩 (陸)機・(陸)雲の筆舌、文に臨んで健に 沈(佺期)・宋(之問)の章篇、詠を發すること淸し

【筆端】筆運び。〔文章軌範、侯字集、放胆文序〕必ず能く方言高論し、筆端窘束せざらん。

【筆断】論評。〔明史、文苑四、董其昌伝〕又留中の疏、國本・藩封・人材・風俗・河渠・食貨～に切なる者を採りて、別ち

て四十巻と爲し、史贊の例に傚ひて、篇毎に繫ぐるに筆斷を以てす。

【筆談】 筆記・随筆の類。また、筆記によって談話を通じること。〔春在堂随筆、七〕日本人竹添光鴻、字は漸卿、～詩文を以て示され、幷びに棧雲峽雨日記を以て序を求む。～余れ之れと筆談し、其の國事に及ぶ。～其の言を味ふに、蓋し亦た彼の國の有志の士なり。

【筆塚】 筆塚。〔唐国史補、中〕長沙の僧懷素、草書を好む。自ら言ふ、草聖三昧を得たりと。棄筆堆積し、山下に埋め、號して筆塚と曰ふ。

【筆到】 書きつくす。宋・米芾〔薛老中紹彭に寄す、二首、二〕詩 誰か云ふ、心に存して乃ち筆到せば 天工自ら是れ、精微を祕むと

【筆牘】 筆札。〔戦国策、斉六〕君王后、賢なり。～病んで且に卒せんとするに及び、(子の)建に誡めて曰く、群臣の用ふべき者は某なりと。建曰く、請ふ、之れを書せんと。君王后曰く、善しと。筆牘を取りて言を受く。

【筆鋒】 筆勢。また、鋭い議論。南朝宋・鮑照〔擬古、八首、二〕詩 兩説舌端を窮め 五車(多くの書)筆鋒を摧く

【筆墨】 書。また、詩文。〔論衡、対作〕漢家は筆墨の林を極む。書論の造、漢家尤も多し。

【筆力】 筆勢。〔唐書、顔真卿伝〕正・草書を善くし、筆力遒婉、世に寶として之れを傳ふ。

↑筆苑 文苑/筆下 筆先/筆禍 文筆による禍い/筆快 速筆/筆画 点画/筆格 筆架/筆閣 擱筆/筆竿 筆軸/筆簡 筆紙/筆脚 字迹/筆勲 文筆の功/筆傑 書傑/筆倦 書字につかれる/筆健 健筆/筆工 筆師/筆勾 筆で鉤形のしるしをつけ、決済のしるしとする/筆耕 書写を業としてくらす/筆毫 ふで/筆才 文才/筆彩 文采/筆札 筆と木簡/筆算 書き算/筆師 筆を作る人/筆潤 潤筆料/筆匠 筆師/筆牀 筆架/筆蹤 筆迹/筆仗 書品/筆髓 書の極意/筆聖 書聖/筆精 筆達者/筆迹 筆のあと/筆尖 筆先/筆洗 筆を洗う器/筆疏 書状/筆奏 書奏/筆致 筆づかいの趣/筆楮 筆紙/筆冢 筆塚/筆陳 筆談/筆底 筆の下、書きおろす/筆刀 刀筆/筆套 筆のさや/筆答 文書で返事する/筆筒 筆たて/筆榻 筆套/筆鍉 銅の筆套/筆頭 筆の穂/筆禿 ちび筆/筆櫝 筆ばこ/筆伐 筆誅を加える/筆文 文辞/筆吏 書記/筆路 筆法/筆蘆 筆花/筆録 筆記し記録する/筆論 文章や議論

↓悪筆・握筆・一筆・逸筆・引筆・運筆・瘞筆・鋭筆・鉛筆・枉筆・下筆・加筆・佳筆・呵筆・荷筆・牙筆・画筆・閣筆・擱筆・銜筆・奇筆・起筆・揮筆・偽筆・巨筆・狂筆・曲筆・勁筆・倦筆・健筆・古筆・枯筆・硬筆・鴻筆・才筆・彩筆・載筆・灑筆・雑筆・史筆・紙筆・舐筆・肆筆・試筆・詩筆・賜筆・自筆・執筆・手筆・主筆・朱筆・濡筆・潤筆・冗筆・宸筆・真筆・親筆・水筆・酔筆・随筆・省筆・石筆・拙筆・絶筆・仙筆・洗筆・染筆・走筆・側筆・代筆・橐筆・達筆・竹筆・直筆・鉄筆・刀筆・投筆・禿筆・特筆・肉筆・任筆・能筆・敗筆・白筆・飛筆・布筆・舞筆・焚筆・奮筆・文筆・秉筆・補筆・木筆・墨筆・末筆・漫筆・妙筆・無筆・名筆・毛筆・右筆・祐筆・雄筆・用筆・落筆・乱筆・良筆・麗筆・老筆・弄筆

【逼】 13 3130 ヒツ ヒョク せまる おどす

篆文 

形声 声符は畐。畐は器が含らんで脹れる形。〔爾雅、釈言〕に「迫るなり」、〔説文新附〕二下に「近きなり」とあって、迫近の意。身動きならぬことを逼迫・逼塞といい、真にせまることを逼真・逼肖という。よむときの音は慣用による。

訓義 1せまる、ちかづく、さしせまる。2おどす、おびやかす。3せまい、ふさがる。

古訓 〔名義抄〕偪・逼 シリゾク・イル・セム・セマル・ヤブル・オナジ・ヒスカシ・チカシ・オヒヤス(ル)・ウルハシ・シフ・チカヅク・セハサリテ・セハシ・ヘキ 〔篇立〕逼 セハサリテ・シフ・チカシ・セハシ・セム・セマル・タヽシ・チカヅク・ウルハシ・オヒヤル

語系 逼・偪piək、迫(廹)peakは声義近く、薄(薄)bakもその義に用いることがある。司馬相如〔上林の賦〕「偪側泌瀄」の偪側は相迫る意。もと擬声的な語であろう。

【逼畏】 おびえる。晋・張華〔鷦鷯の賦〕萬里に提挈し、飄颻として逼畏す。

【逼急】 さし迫る。〔後漢書、孔融伝〕時に黄巾復た來り侵暴す。～融逼急し、乃ち～救ひを平原の相劉備に求む。備驚きて曰く、孔北海も乃ち復た天下に劉備有るを知るかと。

【逼近】 せまり近づく。〔三国志、魏、呂布伝〕布、河内に走る。～(袁)紹、衆をして之れを追はしむるも、皆布を畏れ、敢て逼近する者莫し。

【逼削】 せまり直立する。〔徐霞客游記、滇游日記、八〕巨石有り。門に當りて流れを扼す。～北は則ち漫石空に騰り、～南は則ち嵌槽倒隙、～皆高さ二丈餘、兩旁の石皆逼削、能く上ること無きなり。

【逼窄】 せまくるしい。〔隷釈、二、漢西嶽華山亭碑〕外亭に散齋し、敬恭して明祀す。以て皇靈を奉じ、逼窄する所に處らしむ。

【逼真】 真にせまる。〔水経注、沔水下〕又白馬山有り。山石、馬に似たり。之れを望むに眞に逼れり。側水、之れを白馬塞と謂ふ。

【逼側】 ひしめく。混雑する。〔後漢書、廉范伝〕成都は民物豐盛にして、邑宇逼側す。

【逼奪】 おどし取る。〔大唐新語、一〕則天(武后)、武承嗣を以て左相と爲さんとす。李昭徳～曰く、父子・母子すら、尚ほ逼奪する有り。何ぞ諸姑の能く容るる所ならんやと～。則天矍然として～罷む。

【逼迫】 さし迫る。南朝宋・謝霊運〔祖の徳を述ぶる詩、二首、二〕詩 中原、昔喪亂す 喪亂すること、豈に解け已まんや 永嘉の末に崩騰し 太元の始めに逼迫す

↑逼圧 圧迫する/逼姦 せまって犯す/逼脅 おびやかす/逼緊 きびしくせまる/逼古 古人のものに似る/逼死 責め殺す/逼視 近づいて見る/逼似 非常に似ている/逼邇 近づく/逼取 強奪する/逼遒 きびしく迫る/逼肖 酷似する/逼上 僭上/逼人 おびやかす/逼切 きびしく迫る/逼仄 狭い/逼塞 ふさがる/逼逐 せまり追う/逼天 高く天にせまる/逼夜 夕やみ/逼厄 危急/逼淩 せまり淩ぐ/逼勒 圧迫する

↓危逼・恐逼・脅逼・矯逼・禁逼・駆逼・桂逼・牽逼・劫逼・攻逼・寇逼・摧逼・擾逼・進逼・勢逼・切逼・屯逼・内逼・抑逼・淩逼

【滭】 14 3615 ヒツ わく

形声 声符は畢。滭沸は水のわき出る音で、擬声語。〔広韻〕に「滭沸、泉の出づる皃なり」という。

訓義 1わく、水がわき出るさま。

↑滭沸 水がわく音/滭浡 滭沸/滭渤 滭浡

【⿰畢攴】 15 6854 ヒツ つきる

篆文 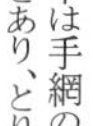

形声 声符は畢。畢は手網の形。〔説文〕三下に「⿰畢攴盡するなり」とあり、とり尽くして、事が

畢わることをいう。

訓義 ①つきる。②おわる。③かぎる。

古訓 〔字鏡集〕斁 ツクス・ヲハル

【蓽】 15 4450 ヒツ まめ いばら

形声 声符は畢。〔玉篇〕に「荊を以て戸と爲す、之れを蓽と謂ふ」とあり、いばらの意。字はまた篳に作る。〔集韻〕に「豆なり、荊なり」の訓がある。

訓義 ①いばら。②まめ。③字はまた篳に作る。

古訓 〔名義抄〕蓽蕿 上、コケ・ヨモギ 〔篇立〕蓽 トボソ・ヨモギ・ナモミ 〔字鏡集〕蓽 カド・アト・ヨモギ・トボソ

【蓽門】いばらの門。貧者の家。〔孔叢子、抗志〕子思、齊より衞に反る。衞君、館せしめて問ふ。～子思曰く、臣、此に羇旅りよし、君の威尊を辱なくし、亟しば蓽門に臨まる。其の榮多し。君に報ゆるに、～唯だ進賢を以てせんと欲す。

➡蓽域 都/蓽発 蓽茇/蓽茇 薬草の名/蓽牖 茅屋/蓽輅 柴の車

⬇圭蓽・衡蓽・蓬蓽

【駜】 15 7330 ヒツ こえる たくましい

篆文

形声 声符は必。〔説文〕十上に「馬飽くなり」という。〔詩、魯頌、有駜〕「駜たる有り駜たる有り」の〔毛伝〕に「馬肥えて彊き貌なり」とあって、馬の強壮なることをいう。

訓義 ①うまがこえる、うまがこえてたくましい。

【觱】 16 5322 ［觱］ 15 5322 ヒツ ひちりき

篆文

形声 正字は、觱は𤽄に従い、𤽄声。𤽄に参差不斉の意がある。〔説文〕四下に「羌人吹く所の角屠觱なり。以て馬を驚かすなり。角に従ひ、𤽄聲なり。𤽄は古文詩の字なり」とあり、羌人の用いる角笛。觱は觱の誤った字形であるが、「觱発」「觱沸」「觱栗」など、その字を用いることが多い。

訓義 ①ひちりき。②勢いよくふきでるようなさまをいう。

古訓 〔名義抄〕觱・觱 羌人の吹く角なり。クスヌク 〔篇立〕觱 ツノ、フエ

【觱発】寒風がはげしく吹く。〔詩、豳風、七月〕一の日觱發 二の日栗烈 衣無く褐無くんば 何を以てか歳を卒へん

【觱沸】泉がわき出るさま。〔詩、小雅、采菽〕觱沸たる檻泉 言に其の芹を采る

【觱栗】ひちりき。亀茲国から伝えた笛。〔宋史、楽志十五〕(鼓吹上)樂に大小の横吹・觱栗・簫・笳・笛を用ふ。

➡觱篥 觱栗

【篳】 17 8850 ヒツ ヒチ まがき いばら

篆文

形声 声符は畢。〔説文〕五上に「藩落なり」とあり、まがきの意とする。畢は鳥獣をとる網の形。細かく編んで作ったものをいう。蓽と通用する。

訓義 ①まがき。②いばら、しば。③楽器、ひちりき。

古訓 〔名義抄〕篳 マガキ 〔篇立〕篳 フルフ・クサノイロ 〔字鏡集〕篳 クサノイホ・マガキ・ヒチリキ

【篳門】いばらの門。貧しい住居。〔礼記、儒行〕儒に一畝の宮、環堵(方丈)の室、篳門圭窬(牆を穿った小戸)、蓬戸甕牖(破れ甕の窓)、衣を易へて出で、日を幷せて食らひ、～上答へざるも、敢て以て諂はざる有り。

【篳路】柴の車。〔左伝、宣十二年〕之れに訓ふるに(楚の先君)若敖・蚡冒の篳路藍縷(ぼろをまとい)、以て山林を啓くを以てす。

➡篳戸 し折り戸/篳竇 篳門圭窬、草廬、貧者の家/篳篥 蓽栗

⬇旧篳・圭篳・柴篳・縄篳・蓬篳

【謐】 17 0361 ヒツ やすらか つつしむ つまびらか

篆文

形声 声符は𥁑。𥁑は〔説文〕五上に「械器なり」という。必は兵刃の器の柲部の形。これを聖器とし、呪鎮とするものに宓・祕(秘)・珌・閟・邲・密などがあり、𥁑・謐もその儀礼に関する字であろう。謐は〔爾雅、釈詁〕に「靜かなり」、〔説文〕三上に「靜かに語るなり」とあり、静謐を祈ることをいう字であろう。

訓義 ①やすらか、やすんずる。②つつしむ。③つまびらか、くわしい。

古訓 〔名義抄〕謐 シヅカニ・シヅカナリ・ヒラク・ト、ノフ 〔篇立〕謐 シヅカニ・ヒラク・カタラフ・ト、ノホル

語系 謐・宓・密 miet は同声。宓は〔爾雅、釈詁〕に「靜かなり」と訓する字。宓は〔説文〕七下に「安らかなり」、密は〔爾雅、釈詁〕に「靜かなり」と訓する字。宓は廟中に必(刃器の柲部)を呪器として祈る意、密はそれに聖火を加える形。金文の字形は二弋(柲部の形)に従う。謐はそれに詛盟や祝詞を加えた字形である。みな鉞を呪器とする儀礼に関する字。

【謐然】やすらかなさま。〔三国志、魏、東夷伝〕景初中、大いに師旅を興し、(公孫)淵を誅し、又軍を潜めて海に浮び、樂浪・帶方の郡を收む。而る後、海表謐然として、東夷屈服す。

➡謐爾 謐然/謐如 謐然/謐静 おだやか/謐寧 安らか/謐謐 もの静か

⬇安謐・夷謐・清謐・静謐・寂謐・澄謐・恬謐・内謐・寧謐

【蹕】 18 6615 ［趩］ 18 4680 ヒツ さきばらい

篆文

形声 声符は畢。畢は拂(払)と声が通じ、払正することをいう。〔説文〕二上に字を趩に作り、「行を止むるなり」と訓し、一曰として「竈上祭の名なり」とする。天子の出行のときの警蹕(護衛のさきばらい)をいう語であるが、もと神事に際して行われたことであるらしく、〔礼記、曾子問〕に「主、廟を出で、廟に入るとき、必ず蹕す」とみえる。〔漢書、韓安国伝〕に「出づるに趩と稱し、入るに警と言ふ」とする。蹕は警蹕のときに発する声を、そのまま写したものであろう。

訓義 ①さきばらい、みちをきよめる。②かたよる、もたれる。

【蹕止】天子の出入時の警蹕。〔古今注、上、警蹕〕周禮秦の制、出づるには警し、入るには蹕す。軍を出す者は皆警戒し、國に入る者には皆蹕止するを謂ふなり。故に出警入蹕と云ふなり。

【蹕道】警蹕する。〔史記、佞幸、韓嫣伝〕江都王入朝し、～上林中に獵す。天子の車駕、蹕道未だ行かざるに、先づ嫣をして、副車に乘り、數十百騎を從へ、騖馳して獸を視しむ。江都王望見し、以て天子と爲し、～道傍に伏謁す。

➡蹕御 さき払い/蹕警 警蹕/蹕声 警蹕の声/蹕路 行事の道筋

⬇按蹕・移蹕・衛蹕・帰蹕・警蹕・厳蹕・扈蹕・護蹕・止蹕・徙蹕・清蹕・仙蹕・先蹕・前蹕・駐蹕・停蹕・天蹕・犯蹕・鳳蹕・鳴蹕・鑾蹕

【韠】 20 4655 ヒツ ヘイ ひざかけ

形声 声符は畢。韠と同じく、ひざかけ。韋は韋皮、なめしがわ。鞞と通じ、刀のさや。

訓義 ①ひざかけ、蔽膝。②鞞と通じ、刀のさや、刀室。

➡韠琫 刀のさや、鞞琫

【韠】 20 4655 ヒツ ひざかけ

篆文 

形声 声符は畢。〔説文〕五下に「韍なり。前を蔽ふ所以の者、韋を以ふ。下は廣さ二尺、上は廣さ一尺、其の頸は五寸。一命せられて緼韠し、再命せられて赤韠す」(段注本)とあり、礼装用の蔽膝。祭服には韍、戎服には韐という。

訓義 ①ひざかけ、礼装用の蔽膝。②胡服の蔽膝。③字はまた韠・畢に作る。

↑韠帯 蔽膝と大帯/韠冕 蔽膝と冕冠

ヒャク

常【百】 6 1060 ヒャク もも もろもろ

篆文 

古文 

甲骨文 

金文 

指事 声符である白の上に、一横線を加えて、数の百を示す。卜文では白の上に二を加えて二百、三を加えて三百とする。〔説文〕四上に「十の十なり。一白に從ふ。數、十十を一百と爲す。百は白なり。十百を一貫と爲す。貫は章なり」(段注本)というが、文義をえがたいところがある。卜文の字形には、白の中央に鼻竅を示すらしい△を加えている。白が頭頂を示すのと、いくらか異なる。〔説文〕が古文の形をあげ、「古文百は自に從ふ」とするのは、その古い字形を誤り伝えたものであろう。百は単位の成数であるから、全体や多数を意味することが多い。

訓義 ①ひゃく、もも。②もろもろ、あらゆる、すべて。

古訓 〔名義抄〕百 モ、・モ、チ・ハゲム・ミ、〔字鏡集〕百 モ、チ・モ、・ハゲム

声系 〔説文〕に百声として佰・洦・栢を収める。洦・栢はまた泊・拍に作る。〔説文〕はまた皕を部首とするが、皕は百とは声義の関係がなく、奭・囍はその象に従い、婦人の乳房をモチーフとする文身の文様を示す。

語系 百・佰(伯) peak は同声。百は数、佰は百人の集合体をいう。〔急就篇、三、注〕に「百人を伯と爲す」とみえる。〔老子、八十〕に「什佰の器」のようにいうことがある。

【百鎰】 多額の金。鎰は二十両。また、三十両ともいう。〔韓非子、五蠹〕布帛尋常ならば庸人も釋てず。鑠(爍)金百鎰ならば、盜跖も掇らず。必ずしも害あらざれば、則ち尋常も釋てず。必ず害あらば、則ち百鎰をも掇はず。

【百越】 閩越の諸族。魏・呉質〔東阿王(曹植)に答ふる書〕謂へらく、~南のかた百越を震はして、其の白雉を獻ぜしむべし。

【百貨】 雑貨。〔礼記、礼運〕禮、郊に行はれて百神職を受け、禮、社に行はれて百貨極むべし。

【百鬼】 百神。また、多くの妖怪。〔荊楚歳時記、正月〕畫雞を戸上に貼り、葦索(葦を編んだなわ)を其の上に懸け、桃符を其の傍らに插さば、百鬼之れを畏る。

【百揆】 百官。庶政。〔書、舜典〕百揆(百官の長)に納るれば、百揆(庶政)時これに敍ぶ。

【百計】 あらゆる手段。〔唐国史補、中〕韓愈、奇を好む。客と華山の絶峯に登る。返るべからざるを度り、~遺書を作り、狂を發して慟哭す。華陰の令、百計して之れを取る。乃ち下る。

【百行】 多くの行為。魏・嵆康〔山巨源(濤)に与へて交はりを絶つ書〕故に君子百行、塗を殊にして致を同じうす。性に循ひて動き、各〻安き所に附く。

【百事】 なにごとも。万事。〔菜根譚〕人若し菜根を咬み得ば、百事做すべし。

【百爾】 すべての。〔詩、邶風、雄雉〕百爾の君子 德行を知らず 忮はず求めず 何を用つて臧からざらん

【百出】 多く出る。〔唐書、芸文志一〕歴代の盛衰、文章、時と高下す。然れども其の變態百出し、窮極すべからず。何ぞ其れ多きや。

【百乗】 兵車百乗。卿大夫の家。〔大学、十〕百乘の家には、聚斂の臣を畜はず。其の聚斂の臣有らんよりは、寧ろ盜臣有れ。

【百仞】 八百尺。〔呂覧、先己〕百仞の松は、本下に傷みて、末、上に槁る。

【百数】 百単位。〔漢書、芸文志〕元始中に至り、天下の小學に通ずる者を徵すに、百を以て數ふ。各〻字を庭中に記さしむ。

【百尺】 長竿の上。百尺竿頭。宋・朱熹〔陳同甫に答ふる書、十三首、六〕但だ鄙意は、更に賢者、百尺竿頭、一歩を進取せんことを欲す。

【百折】 多く屈曲する。挫折する。漢・蔡邕〔太尉橋公の碑〕其の性、華を疾み樸を尙び、百折して撓まず、大節に臨んで奪ふべからざるの風有り。經藝傳記、周覽博涉す。

【百戦】 多く戦ふ。〔孫子、謀攻〕彼を知り己を知らば、百戰して殆ふからず。

【百銭】 僅かのかね。宋・蘇軾〔王子直秀才(原)に贈る〕詩 萬里、雲山、一破裘 杖端に閑かに百錢を挂けて游ぶ

【百代】 永遠。唐・李白〔春夜桃李園に宴するの序〕夫れ天地は萬物の逆旅なり、光陰は百代の過客なり。而して浮生夢の若し。歡を爲すこと幾何ぞ。

【百雉】 雉は高さ一丈、長さ三丈。〔史記、孔子世家〕孔子、定公に言ひて曰く、臣に甲を藏する無く、大夫に百雉の城毋しと。

【百堵】 高さ一丈、長さ三百丈四方の城壁。〔詩、小雅、斯干〕室を築くこと百堵 其の戸を西南にす

【百読】 何度もよむ。金・元好問〔曲阜紀行、十首、二〕詩 我昔小學に入り 首めに仲尼居す(孝経の首章)を讀む 百讀するも百(すべて)曉らず 但だ唾の珠を成す有り

【百年】 百年の間。一生の最大限。元・王蒙〔己の画ける漁父の図に題す、二首、二〕詩 百年、南北、人空しく老い 萬古、升沈、世浮べるが若し

【百衲】 多くの布をつづり合わせる。僧衣。唐・白居易〔戲れに蕭処士・清禅師に贈る〕詩 三盃、鬼峩として、機を忘るるの客 百衲、頭陀(袋)、運に任せるの僧

【百廃】 すべての廃事。宋・范仲淹〔岳陽楼記〕慶曆四年春、滕子京、謫せられて巴陵郡に守たり。越えて明年、政通じ人和し、百廢倶に興る。

【百般】 さまざま。唐・杜牧〔初春感有り~〕詩 跡去りて、夢一たび覺め 年來、事百般

【百媚】 あらゆるなまめかしさ。唐・白居易〔長恨歌〕詩 眸を回らして一笑すれば、百媚生じ 六宮(後宮)の粉黛(宮女たち)、顏色無し

【百聞】 多く聞く。〔漢書、趙充国伝〕時に充國年七十餘、~充國曰く、百聞は一見に如かず。兵は隃かに度り難し。臣願はくは馳せて金城に至り、圖して方略を上らん~と。

【百辟】 多くの君主たち。〔詩、周頌、烈文〕不いに顯らかなる維れ德 百辟其れ之れに刑る

【百変】 幾度も変る。宋・蘇軾〔鳳翔八観、石鼓の歌〕詩 興亡百變するも、物自ら閑なり 富貴は一朝なるも、名は朽ちず

【百徧】 百回。〔三国志、魏、王粛伝注に引く魏略〕人從

つて學ぶ者有るも、(董)遇肯て教へずして云ふ、必ず當に先づ讀むこと百徧なるべしと。言ふこころは、讀書百徧にして義自ら見はると。～是れに由り、～其の朱墨を傳ふる者無し。

【百朋】 貝百朋。多くの賜与。〔詩、小雅、菁菁者莪〕既に君子を見るに 我に百朋を錫ふ

【百薬】 あらゆる薬。〔漢書、食貨志下〕夫れ鹽は食肴の將、酒は百藥の長、嘉會の好なり。

【百憂】 多くの憂い。清・龔自珍〔己亥雑詩、六十二〕古人字を製りて、鬼、夜泣く 後人字を識りて、百憂集まる

【百慮】 あらゆる考え。〔易、繫辞伝下〕子曰く、天下何をか思ひ、何をか慮らん。天下、歸を同じうして塗を殊にし、致を一にして慮を百にす。

【百沴】 あらゆる悪気。宋・文天祥〔正気の歌〕詩 一朝霧露(天恩)を蒙り 溝中の瘠(行き倒れ)と作るを分とす 此くの如きこと再寒暑 百沴自ら辟易す 嗟哉沮洳の場(牢獄) 我が安樂の國と爲る

【百錬】 錬えあげる。晋・劉琨〔重ねて盧諶に贈る〕詩 何ぞ意はん、百錬の剛 化して指を繞むるの柔と爲ることを

【百禄】 多くの幸い。〔詩、小雅、天保〕罄く宜しからざる無く 天の百祿を受けらる

↑百異 百鬼/百役 仕事万端/百家 多くの思想家。諸子百家/百会 つむじ/百骸 からだ/百感 万感/百卉 百花/百伎 百芸/百戯 雑戯/百脚 むかで/百挙 なすこと万事/百金 高価/百釣 三千斤/百禽 百鳥/百頃 一万畝/百結 ぼろ/百五 寒食/百工 百官/百刻 水時計の目盛り/百穀 種々の穀類/百歳 百年/百載 百年/百索 薬玉/百子 諸子/百氏 諸子百家/百死 九死/百室 一族/百疾 百弊/百舎 遠路/百順 万事順調/百祥 多くの幸福/百畳 百重/百色 色々/百職 百官/百神 神々/百尋 百ひろ/百瑞 百祥/百世 百代/百姓 万民/百石 微禄/百拙 みな拙ない/百節 多節/百千 百か千、多い/百穿 蜂の巣/百全 万全/百蔬 野菜/百足 むかで/百族 商人たち/百態 百様/百端 あらゆる糸口/百誕 みな嘘/百中 百発して、すべてあたる/百重 幾層にも/百囀 多くの鳥の声/百度 百刻/百忍 何事をも辛棒する/百念 百慮/百悩 多くの悩み/百拝 多拝/百蛮 すべての蛮族/百夫 衆人/百福 万福/百弊 種々の弊害/百畮 百畝/百方 百計/百濮 異民族の名/百凡 凡百/百味 すべての珍らしい料理/百葉 百世/百羅 すべてのわずらいごと/百籟 あらゆる風の声/百吏 百官/百罹 百憂/百両 車百輌/百僚 百官/百寮 百官/百霊 人民/百黎 万民/百隷 属官/百齢 百歳/百六 厄運

↓千百・当百・凡百・旅百

ヒュウ

【皀】 7 2671

ヒュウ(ヒフ) キュウ(キフ) キョウ(キャウ)
かんばしい

篆文 

象形 白は穀実、匕はしべの残る形。秀・穆の字形中にも、その形が残されている。まだ脱穀しない穀物で、その馨香あることをいう。〔説文〕五下に「穀の馨香なり。嘉穀、裹中に在るの形に象る。匕は之れを扱る所以なり。或いは說ふ、皀は一粒なり」とするが、この「或る說」がよい。

訓義 1かんばしい、穀がかんばしい。2穀粒。3香と通じ、かんばしい。

部首 〔説文〕に皀を部首とし、即(即)・既(既)など三字を属する。即は食膳の前に即っく、既は食足りて嘅気を催す状態で、頸をそむける意。前にあるものは𣪘(簋)の省形である。部首字は穀実の象形であるから、即以下はその属するところを誤るものである。

参考 皀と皂とは別の字。皂はまた皁に作り、皁斗(橡の実)の象形字。

入 【彪】 11 2221

ヒュウ(ヒウ) ヒョウ(ヘウ)
まだら あや あきらか

篆文  金文 

会意 虎＋彡。彡は色彩の美を示す記号的な文字。彪とは虎文の美をいう。〔説文〕五上に「虎文なり。虎に従ふ。彡は其の文に象るなり」という。これと似た字に虨があり、〔説文〕五上に「虎文彪たるなり。虍に従ひ、彬聲」とする。彪は会意、虨は形声であるが、声義の近い字である。

訓義 1まだら、虎の皮のまだら。2あや、うつくしい、あきらか。

古訓 〔名義抄〕彪 マダラカナリ 〔字鏡集〕彪 マダラカナリ・トラノモン

【彪蔚】 あやのあるさま。〔文心雕竜、書記〕清美以て其の才を恵はし、彪蔚以て其の響きを文かざる。蓋し牋・記の分なり。

【彪炳】 きらびやかで美しい。晋・左思〔蜀都の賦〕符采彪炳、暉麗灼爍たり。

↑彪赫 美しく輝く/彪嚇 虎が人をおどす/彪煥 鮮やかに美しい/彪休 はげしく怒るさま/彪軀 堂々としたからだつき/彪虎 猛虎/彪章 虎文のような文彩/彪壮 立派なからだつき/彪発 彪炳/彪駁 虎文/彪彪 勇猛なさま/彪繽 繽紛として美しい/彪文 文彩/彪卜 卜法の一/彪蒙 さとして明らかにする/彪耀 美しく輝く/彪列 かがやかしくいならぶ

↓餓彪・飢彪・文彪・炳彪

【滮】 14 3211

ヒュウ(ヒウ)

形声 声符は彪。〔広雅、釈訓〕に「滮滮は流るるなり」とあって、水の流れるさま。

訓義 1水がながれるさま。2ゆるやかに流れるさま。3水をたくわえる、ため池。

↑滮澗 渓流/滮田 水田/滮稲 水稲/滮流 流水

【驫】 30 7132

ヒュウ(ヒウ) ヒョウ(ヘウ)
はしる とどろく

篆文  金文 

会意 三馬に従う。〔説文〕十上に「衆馬なり」、〔字林〕に「衆馬行くなり」、また〔広雅、釈訓〕に「驫驫は走るなり」という。列国の器に〔⿸厂驫羌鐘〕があり、⿸厂驫は驫の繁文。⿸厂驫羌はおそらく驫水の流域に住む羌族で、もと牧畜族であろう。驫は群馬の奔る音をとる語と思われる。

訓義 1はしる、馬がはしる、多くの馬がはしる。2とどろく。

古訓 〔新撰字鏡〕驫 土々呂久(とどろく) 〔名義抄〕驫 ハシル・ムラガル・トヾロク 〔字鏡集〕驫 ムラガル・オドロク・トヾロク・アヒミル・ハシル・ノボル・オドル・ヲル

声系 〔説文〕に驫声として木部六上に⿱驫木の字を収め、「衆盛なり」と訓する。〔詩〕にみえる駪駪・莘莘は、あるいはもと⿱驫木に作る字であろう。〔説文〕にまた「逸周書に曰く、疑沮事、闕」

とあり、〔玉篇〕木部に引いて「槷疑沮事」に作り、「群疑、事を沮はばむ」の意であろう。〔逸周書、文酌解〕には「槷疑沮事」という語がある。

ビュウ

【繆】 17 2792
ビュウ(ビウ) ボク キュウ(キウ) リョウ(レウ)
まとう あやまり

篆文 
詛楚文 

形声 声符は翏りょう。翏に謬びゅうの声がある。〔説文〕十三上に「枲あさの十絜たばなり」とし、また「一に曰く、綢繆ちょうびゅうなり」という。次条に「綢は繆なり」とあって互訓。綢繆は相纏綿てんめんして連続する意。周の昭穆制を綢繆を以て解する説があり、左右排次し、纏綿する意であるという。昭王・穆王の廟を相次したもので、昭穆にもまた対待の義を含むようである。謬と声義近く、通用する。

訓義 1まとう、つかねる、くくる、くくりたば。2むすぶ、まじわる、あわせる。3謬びゅうと通じ、たがう、あやまり、いつわる、もとる。4穆ぼくと通じ、ふかい、ふかくおもう。5糾きゅうと通じ、くびる、まとう。6繚と通じ、まとう。

古訓 〔新撰字鏡〕綢繆 纏綿なり。太志加尓(たしかに)、又、牟豆末也加尓(むつまやかに) 〔名義抄〕繆 アラソフ・ミダル・アヤマル・ツク・ツヽシム・イツハリテ/紕繆 アヤマル 〔字鏡集〕繆 アラソフ・ムスブ・イツハリテ・ツヽシム・ミダル・アヤマル

【繆異】(びゅうい) 誤り。〔唐書、芸文志一〕孔子の在りし時より、方はじめて聖經を脩明して、以て繆異を絀しりぞく。而して老子、書を著はして道徳を論ず。

【繆巧】(びゅうこう) 巧妙なはかりごと。〔漢書、韓安国伝〕兵法に曰く、人を遺おくりて獲えらしむと。意あるいは亡たの繆巧の、以て之れを禽とりとすべき有らんも、則ち臣は知らざるなり。~臣、故に曰く、撃つ勿なきは便なりと。

【繆錯】(びゅうさく) 錯誤。宋・蘇軾〔趙郎中の和せられたるに、戯れに復また之れに答ふ〕詩 我衰へて、政に臨むに繆錯多し 羨うらやむ、君が精采、秋鶻しゅうこつの如くなるを

【繆死】(きゅうし) 縊死。〔漢書、外戚下、孝成趙皇后伝〕(曹)宮、薬を飲みて死す。後、宮の婢六人、召されて入り、~即ち自ら繆死す。

【繆説】(びゅうせつ) 誤った議論。〔荘子、盗跖〕此れは夫かの、魯國の巧僞の人孔丘なるか、非なるか。~多辭繆說して、耕さずして食らひ、織らずして衣きる。

【繆篆】(びゅうてん) 六書の一、屈曲の多い篆字。印刻に多く用いる。〔漢書、芸文志〕漢興り、~太史~六體を以て之れを試む。~六體なる者は古文・奇字・篆書・隸書・繆篆・蟲書、皆古今の文字に通知し、印章に摹し、幡信に書する所以ゆゑんなり。

【繆纏】(きゅうてん) まつわる。〔新書、容経〕威、德に勝つときは則ち淳、德、威に勝つときは則ち施(邪)。威の德と、交はること繆纏の若ごとく、且つ畏れ且つ懐ひ、君道正し。

【繆盭】(びゅうれい) あやまりもとる。〔漢書、董仲舒伝〕(賢良対策、一)邪氣下に積み、怨惡上に畜たくはふ。上下和せず、則ち陰陽繆盭して、妖孼えうげつ生ず。

↑繆意 誤った考え/繆過 誤り/繆語 虚語/繆繞 まといつく/繆紾 まとう/繆舛 あやまり/繆然 深く思うさま/繆伝 誤伝/繆卜 トう/繆繆 和らぐさま/繆悠 でたらめ/繆乱 乱れあやまる/繆淪 乱れ沈む/繆戻 繆盭/繆論 謬論

↓科繆・乖繆・糾繆・錯繆・相繆・綢繆・姤繆・煩繆・紕繆・病繆

【謬】 18 0762
ビュウ(ビウ)
あやまり みだりごと いつわる

篆文 

形声 声符は翏りょう。翏に繆びゅうの声がある。〔説文〕三上に「狂者の妄言なり」、また〔広雅、釈詁二〕に「欺くなり」、〔釈詁三〕に「誤りなり」の諸訓がある。繆戻れいの言をいう。翏声の字のうち、謬・繆のみ声義が通ずる。

訓義 1あやまり、ひがごと、たがう。2みだりごと、いつわり、あざむく。

古訓 〔新撰字鏡〕謬 伊比阿也万豆(いひあやまつ)、又、奈也牟(なやむ)、又、布久也久(ふくやく、譏する意) 〔名義抄〕謬 アヤマル・アヤマツ・アヤマリ 〔篇立〕謬 イツワル・ヒガム・アヤマル・サカサマ・イヒアヤマツ・マトヒヲ

【謬挙】(びゅうきょ) あやまって人を挙用する。魏・曹植〔自試を求むる表〕虚しく授くること、之れを謬舉と謂ひ、虛しく受くること、之れを尸祿しろくと謂ふ。

【謬誤】(びゅうご) あやまり。晋・陶潜〔飲酒、二十首、二十〕詩 若もし復また快飲せずんば 空しく頭上の巾に負むかん 但だ恨むらくは、謬誤多からん 君、當まさに醉人を恕ゆるすべし

【謬舛】(びゅうせん) あやまり。〔唐書、元載伝〕時に文武官の功狀を擬奏するに、謬舛多し。載、有司の駁正ばくせいを虞おそれ、乃ち~檢勘を須もちひずして、權の己に出づるを示さんと欲す。

【謬僻】(びゅうへき) ひがごと。〔南史、宋文帝諸子、南平穆王鑠伝〕鑠しゃく、既に歸義すること最も晩おそし。常に憂懼いうくを懷いだく。毎つねに眠中に蹶起けっきして坐し、人と語るに亦た謬僻多し。~帝と又和すること能はず。食中、毒に遇ひ、尋ついで薨ぜり。

【謬悠】(びゅうゆう) とりとめのない。荒唐無稽。〔荘子、天下〕荘周、其の風を聞きて之れを悅ぶ。謬悠の說、荒唐の言、端崖たんがい無きの辭を以て、時に恣縱しようにして儻たうせず。~獨り天地の精神と往來す。

【謬漏】(びゅうろう) あやまりや遺漏。晋・郭璞〔方言注の序〕余われ少わかくして雅訓を玩び、旁かたはら方言を味はふ。復また之れが解を爲つくり、事に觸れて之れを廣め、其の未だ及ばざるを演のべ、其の謬漏を摘む。

【謬論】(びゅうろん) あやまった論。〔漢書、刑法志〕夫それ孝文の仁、(陳)平・(周)勃の知を以てするも、猶ほ過刑謬論有ること、此かくの如く甚だし。

【謬惑】(びゅうわく) あやまりまどう。〔三国志、魏、王毌丘諸葛鄧鍾伝評〕王淩、風節格尙、毌丘儉、才識拔幹、諸葛誕、嚴毅威重、~而れども皆心大にして志迂、禍難を慮おもんぱからず、變ずること機を發するが如く、宗族地に塗まみる。豈に謬惑ならずや。

↑謬愛 ご厚意/謬異 あやまり/謬易 変わる/謬解 誤解/謬譎 いつわり/謬計 誤算/謬言 隠語/謬錯 錯誤/謬算 誤算/謬字 誤字/謬辞 隠語/謬説 あやまった説/謬選 謬挙/謬薦 謬挙/謬伝 誤伝/謬忒 謬戻/謬妄 でたらめ/謬耄 ぼけ/謬乱 みだれ/謬濫 謬戻/謬戻 あやまり/謬沴 謬戻/謬浪 でたらめ

↓違謬・遺謬・迂謬・過謬・訛謬・譌謬・刊謬・詭謬・偽謬・糾謬・匡謬・愚謬・愆謬・誤謬・昏謬・差謬・錯謬・失謬・疾謬・舛謬・疏謬・大謬・脱謬・悖謬・紛謬・偏謬・迷謬・尤謬・累謬・惑謬

ヒョウ

常 【氷】 5 3223 ［仌］ 4 8080 ［冰］ 6 3213
ヒョウ
こおり こおる

篆文 
金文 

象形 正字は仌に作り、氷結の象形。〔説文〕十一下に「凍るなり。水の冰こほるの形に象る」(段注本)という。また次条に冰を出し

て「水堅きなり。仌に從ひ、水に從ふ」とするが、この二字を別字とすることは疑問である。斉器の〔陳逆𣪘〕に「冰月」の語があり、その字は水旁に氷塊の小点を加えた形である。〔説文〕十一下はまた「凝、俗に冰は疑に從ふ」と冰・凝を一字とするが、漢碑に「冰霜」と「凝成」の字を区別して用いる。寒(寒)は仌に従う形の字であり、〔蛾術篇、説字十五〕のように冰を後起の字とする説もあるが、冰はすでに斉器の金文にみえている字形である。

訓義 ①こおり、こおる。②つめたい。③あぶら、あぶら質。④矢筒の蓋。

古訓 〔和名抄〕氷 比(ひ)。一に古保利(こほり)と云ふ 〔名義抄〕氷・冰 コホリ 〔篇立〕冰 コホリ・ヒナリ・ヒノヲ・モナリ

部首 〔説文〕に仌を部首とし、冰・凜・凊・凍・冬(冬)・冶・凔・冷など十六字を属し、〔玉篇〕には凋・㓗・况・冲・决・凉などを加えて五十一字を属する。况以下は況・沖・決・涼の俗字。増加字にはこのような俗字が多い。

【氷鞋】スケート靴。〔燕京歳時記、溜冰鞋〕冰鞋は鐵を以て之れを爲くる。中に單條有り、鞋上に縛す。身起すときは則ち行き、暫くも止まる能はず。技の巧なる者は、蜻蜓の水に點じ、紫燕の波を穿つが如し。殊に觀るべし。

【氷解】氷消瓦解。きえうせる。〔三国志、魏、傅嘏伝注に引く司馬彪の戦略〕三年に及ぶ比、左提右挈、虜必ず冰散瓦解せん。

【氷壑】氷に閉ざされた谷。唐・杜甫〔入奏行〜〕詩 炯らかなること、一段の清冰の萬壑を出で 置きて迎風寒露の玉壺に在るが如し

【氷鑑】氷で食物を冷蔵するための器。〔周礼、天官、凌人〕凌人は冰を掌る。正歳十有二月、冰を斬らしむ。〜春始めて鑑を治む。

【氷結】こおる。〔新論、文武〕盛暑炎蒸には必ず涼風を藉り、寒交冰結には必ず溫室に處る。

【氷潔】氷のように清い。漢・孔融〔衛尉張倹碑銘〕君、乾綱の正性を稟け、高世の殊軌を蹈み、冰潔淵清、介然として特立す。

【氷魂】梅の花をいう。宋・蘇軾〔十一月二十六日、松風亭下、梅花盛んに開く。再び前韻を用ふ〕詩 羅浮山下、梅花の村 玉雪を骨と爲し、冰を魂と爲す

【氷釈】氷がとける。あとかたもなくなる。〔老子、十五〕儼として其れ客(神)の若く、渙として冰の將に釋けんとするが若し。

【氷心】清い心。唐・王昌齢〔芙蓉楼に辛漸を送る、二首、二〕詩 洛陽の親友如し相ひ問はば 一片の冰心、玉壺に在り

【氷人】仲人。〔晋書、芸術、索紞伝〕紞曰く、〜君(令狐策)、(夢に)冰上に在りて、冰下の人と語る。陽の爲に陰に語るは、媒介(仲人)の事なり。君當に人の爲に媒を作すべし。冰泮くるときにして婚成らんと。

【氷雪】氷と雪のような美しい肌。〔荘子、逍遥遊〕藐姑射の山に、神人有りて居る。肌膚冰雪の若く、淖約として處子の若し。

【氷蔬】冷凍野菜。宋・陸游〔十一月上七日、驟嶺の小店に蔬飯す〕詩 冰蔬雪菌、競うて槃に登る 瓦鉢氈巾、倶に俗ならず

【氷炭】氷と炭のように性質の相反するもの。〔韓非子、顕学〕夫れ冰炭は器を同じうして久しうすべからず、寒暑は時を兼ねて至らず。

【氷柱】つらら。〔全唐詩話、二、劉叉〕少くして放肆、〜韓愈、天下の士に接すと聞き、歩して之れに謁す。冰柱・雪車の二詩を作る。盧(綸)・孟(郊)の右に出でたり。

【氷底】氷の張った下。宋・蘇軾〔岑著作(象求)を送る〕詩 我は本と世に違はざるも、世は我と殊となり 林間の鳩よりも拙に 冰底の魚よりも懶し

【氷泮】氷がとける。仲春二月のころ。婚姻の時。〔詩、邶風、匏有苦葉〕士、如し妻を歸らば 冰の未だ泮けざるに迨べ

【氷輪】月の異名。氷のような月輪の意。宋・蘇軾〔九仙山に宿る〕詩 夜半、老僧、客を呼びて起さしむ 雲峰の缺處に、冰輪湧くと

↑氷夷 河神、馮夷ともいう/氷雨 ひさめ/氷翁 妻の父。氷叟、また、仲人/氷花 雪/氷稼 霧氷/氷河 高山や峡谷の氷った川/氷鍔 氷の刃/氷銜 清官/氷紈 精巧な白絹/氷嬉 氷上の遊戯/氷鏡 澄みわたった月/氷凝 氷結する/氷玉 清潤の物/氷月 冬/氷壺 氷を入れる玉壺、清い心/氷沍 氷る/氷窖 ひむろ/氷谷 氷の谷/氷山 氷の山。海中の氷塊/氷姿 梅の花の異名/氷澌 流氷/氷室 ひむろ/氷筍 つらら/氷牀 厚い氷/氷浄 清浄/氷刃 白刃/氷錐 氷筍/氷井 ひむろ/氷清 清らか/氷鮮 氷漬けの鮮魚/氷叟 氷翁、また、仲人/氷霜 氷と霜、清浄/氷台 よもぎ/氷池 凍結した池/氷天 厳寒の地/氷簟 涼しい臥牀/氷糖 氷砂糖/氷筆 凍筆/氷膚 白く清らかな肌/氷片 かちわり氷/氷容 色白の肌/氷凌 氷/氷冷 冷酷

↓陰氷・飲氷・雨氷・河氷・開氷・寒氷・澗氷・結氷・堅氷・硯氷・厳氷・砕氷・削氷・鑿氷・賜氷・樹氷・春氷・新氷・垂氷・井氷・盛氷・積氷・践氷・薦氷・霜氷・造氷・増氷・蔵氷・断氷・池氷・椎氷・納氷・薄氷・伐氷・頒氷・盤氷・斧氷・浮氷・埋氷・雄氷・履氷・流氷・鏤氷

【殳】 6 2040

ヒョウ(ヘウ) なげる なげわたす おちる

篆文 

会意 爪+又(又)。上下の手を合わせた形。上からは与え、下からは受ける形。〔説文〕四下に「物落つるに、上下相ひ付するなり」とし、「讀みて、詩の摽つるものに梅有りの若くす」と、摽の音でよむという。〔詩、召南、摽有梅〕の句で、〔韓詩〕に摽を殳に作る。受・爰・𤔔はみな殳に従い、上下の手の相受ける形。〔摽有梅〕は投果の俗を歌うもので、この摽は、〔玉篇〕に「擊つなり」と訓するのがよく、〔詩、衛風、木瓜〕もその俗を歌う。嬥歌のときなどに、女が果物を投げて、男の愛情を試みることがあった。

訓義 ①なげる、なげうつ、なげわたす。②とぶ、おちる。③莩と通じ、餓死。

部首 〔説文〕に爰・𤔔・受・爭(争)・𤔿・𠭥(敢)など八字を属し、〔玉篇〕も同じ。このうち爭は力(耒)を秉る形、また𠭥は鬯酌の象を示して厳恭の意となる字。ともに殳に従う字ではない。

語系 殳を摽声でよむとすれば、票・摽・嫖・漂・僄phiôはみな同声。票は屍を焚く形の字で軽挙・熛挙の意があり、声義の近い字である。

常 【表】 8 5073

ヒョウ(ヘウ) おもて あらわす しるし

篆文  古文 

会意 衣+毛。獣毛のある側が皮の表。〔説文〕八上に「上衣なり。衣に從ひ、毛に從ふ。古は裘を衣るに、毛を以て表と爲す」という。〔礼記、玉藻〕に「表裘して公門に入らず」とあり、毛を内にして服する、これを反裘という。金文の賜与に「虎冟熏裏」「虎冟朱裏」の類があり、虎皮に色の裏地をつけて用いた。表裏の意より表識・表題・表現・発表の意となる。

訓義 ①おもて、獣皮のおもて。②あらわす、あきらかにする、しめ

す、きわだつ。③しるし、めじるし、しるしばた。④はしら、ひかげばしら。⑤てほん、のり、儀表。⑥親族関係では、すべて外戚にいう。

古訓 〔和名抄〕表 宇閉（うへ） 〔名義抄〕表 ウヘ・ウハモノソレ（ヒ）・アラハス・ホカ・マウス・タヾシ 〔字鏡〕表 ハジメ・アラハル・シルシ・ホノカ・ホカ・スガタ・ウヘ 〔字鏡集〕表 シルシ・コカタヒラ・ハカマ・ウヘ・コトニ・ウヘノキヌ・ホトリ・ウハヲソヒ・ウハヲホイ・ホカ・アキラカ・フミ・アラハス・コロモオモテ

声系 〔説文〕に表声の字を収めない。俵・裱・錶など七字、表声の字があるが、みな後起の字である。

【表異】（ひょう（へう）い） めだつ。他と異なるとする。〔韓非子、主道〕君、其の意を見はすこと無かれ。君、其の意を見さば、臣將に自ら表異せんとす。

【表儀】（ひょう（へう）ぎ） 手本。〔荀子、成相〕君の法明らかに論に常有り。表儀既に設け、民、方を知る。

【表顕】（ひょう（へう）けん） 世にあらわす。〔後漢書、孔融伝〕吏民の、黄巾の誤る所と爲りし者男女四萬餘人を鳩集し、～更めて城邑を置き、學校を立て、儒術を表顯す。

【表候】（ひょう（へう）こう） 外にあらわれるしるし。〔論衡、骨相〕人命は天に稟く。則ち體に表候有り。

【表識】（ひょう（へう）し ひょう（へう）しき） めじるし。〔漢書、王莽伝下〕（地皇四年正月）初め京師、靑・徐の賊、衆數十萬人と聞くも、訖に文號・旌旗・表識無し。咸く之れを怪異す。～莽、亦た心に怪しみ、以て群臣に問ふ。群臣對ふるもの莫し。

【表象】（ひょうしょう（へうしやう）） あらわれ。しるし。〔後漢書、天文志上〕今、漢書を紹ぎて天文志を作り、～二百一十五載。其の時の星辰の變、表象の應を言ひ、以て天戒を顯らかにし、王事を明らかにす。

【表彰】（ひょうしょう（へうしやう）） あらわし、あきらかにする。〔後漢書、光武帝紀下〕蓋し神祇を感致し、德信を表彰するを以て、是を以て化して升平を致し、稱して中興と爲す。今天下淸寧にして、靈物仍りて降る。

【表奏】（ひょう（へう）そう） 上表する。〔漢書、兒寬伝〕寬、表奏して六輔の渠を開き、水令を定め、以て漑田を廣む。租稅を收め、時に闊狹を裁し、民と相ひ假貸す。故を以て租多く入らず。

【表著】（ひょう（へう）ちょ） 朝廷の席。〔左伝、昭十一年〕朝に著の定まる有り。會に表有り。衣に襘有り。帶に結有り。會朝の言は、必ず表著の位に聞ゆ。事序を昭らかにする所以なり。

【表徴】（ひょう（へう）ちょう） 明らかに示す。〔文心雕竜、史伝〕夫の載籍の作るを原ぬるに、必ず百氏を貫き、之れを千載に被らしめ、盛衰を表徴し、興廢を殷鑒す。一代の制をして、日月と共に長く存せしめ、王霸の跡をして、天地と竝び久大ならしむ。

【表貉】（ひょう（へう）ばく） 田猟・出征などのとき、営前に望表を立てて祭る。表禡。〔周礼、春官、肆師〕凡そ四時の大甸獵には、表貉を祭り、則ち位を爲る。

【表裏】（ひょう（へう）り） 表と裏。外と内。〔荀子、礼論〕文理繁く、情用省かる。是れ禮の隆なり。～文理情用、相ひに內外を爲し、表裏竝び行はれて雜はる。是れ禮の中流なり。

【表閭】（ひょう（へう）りょ） 里門に旌表する。〔後漢書、淳于恭伝〕病篤し。使者數しば存問す。官に卒す。詔書もて褒歎し、穀千斛を賜ひ、刻石表閭す。

【表霊】（ひょう（へう）れい） 霊妙をあらわす。南朝宋・謝霊運〔江中の孤嶼に登る〕詩 雲日相ひ輝映し 空水共に澄鮮 靈を表すも、物賞する莫し 眞を蘊むも、誰か爲に傳へん

↑表賀 上表して慶賀する／表記 かきあらわす／表旗 表幟／表舅 母方の叔父／表裘 外衣として着る皮ごろも／表挙 上表して推薦する／表啓 上奏する／表掲 表彰する／表慶 表賀／表見 表わす／表功 旌表する／表号 名をあらわす／表座 表柱の台／表子 妓女／表幟 めじるし／表諡 よいおくりな／表示 示す／表字 あざな／表式 手本／表謝 上表して礼をいう／表述 説明する／表倡 倡導する／表章 顕章する／表情 顔つき／表飾 表面を飾る／表臣 模範の臣／表旌 旌表する／表誠 誠を示す／表薦 表挙／表則 手本／表率 垂範／表態 態度／表致 標致／表的 標的／表白 明らかにいう／表薄 遠くの林／表文 上表文／表聞 上表する／表墓 墓碑／表木 標木／表明 表わす／表目 標目／表門 表閭／表揚 顕揚する／表礼 手土産／表露 ばれる／表勒 石に刻してあらわす

↓意表・雲表・河表・華表・賀表・儀表・月表・公表・光表・江表・抗表・四表・師表・辞表・式表・謝表・章表・上表・人表・塵表・図表・世表・旌表・前表・代表・地表・天表・答表・銅表・年表・八表・発表・風表・墓表・門表・里表・立表・略表・林表

常 【俵】 10 2523 ヒョウ（ヘウ） ちる わかつ たわら

形声 声符は表。〔玉篇〕に「散ずるなり」とあり、分与することをいう。また表と通用する。わが国では米俵の意に用いる。

訓義 ①ちらす、ちる。②わかつ、あたえる。③表と通用し、あらわす。④国語で、たわらの意とする。

古訓 〔篇立〕俵 テウス・チル・タハヒ（ラ）

【俵子】（ひょう（へう）し） 葬斎等の施しの引換券。〔西湖遊覧志余、二十六、幽怪伝疑〕張居士、～一日、齋百分を設け、期に先だちて俵子を散ず。日に至りて、此れを齎して齋に赴く。期に臨み止だ九十九俵子を收む。～後～塑する所の鐵拐仙上に一俵子有り。

↑俵寄 転嫁する／俵給 分配する／俵散 分配する／俵施 布施する／俵著 表彰する／俵売 売り出す／俵分 按分する

人 【豹】 10 2722 ヒョウ（ヘウ）

篆文 

象形 豹斑のある豹の形。豹斑の形が、のち勺（勺）の字形となった。〔説文〕九下に「虎に似て圜文あり」とし、勺声とするが、声が合わない。卜文に、豹斑を加えた虎形の字があり、もと全体象形の字である。

訓義 ①ひょう、なかつかみ。

古訓 〔和名抄〕豹 日本紀私記に云ふ、奈加豆加美（なかつかみ） 〔名義抄〕豹 ミダリガハシ・ナカツカミ／水豹 アザラシ 〔字鏡集〕豹 ナカツカミ・トラニニタリ・アザラシ・ミダリガハシ

【豹隠】（ひょう（へう）いん） 豹はその毛の美しさを惜しんで雨露を避け、窟に隠れるという。隠遁することにたとえる。唐・駱賓王〔秋日、侯四を送る。弾字を得たり〕詩 我は留まりて、豹隱に安んぜん 君は去りて、鵬摶（大鵬が風を摶って飛翔する）を學べ

【豹騎】（ひょう（へう）き） 騎兵隊の名。〔通典、職官十〕隋の開皇十八年、備身府を置く。煬帝位に卽き、改めて～左右驍衞府と爲し、領する所の軍士を、名づけて豹騎と曰ふ。

【豹裘】（ひょうきゅう（へうきう）） 豹の皮ごろも。〔淮南子、説林訓〕豹裘にして雜なるは、狐裘の粹なるに若かず。

【豹死】（ひょう（へう）し） 豹は死して皮を留む。〔五代史、死節、王彦章伝〕彦章、武人にして書を知らず。常に俚語を爲す。人に謂ひて曰く、豹は死して皮を留め、人は死して名を留むと。其の忠義に於ける、蓋し天性なり。莊宗、其の驍勇を愛す。

【豹席】（ひょう（へう）せき） 豹皮の席。〔唐書、隠逸、張志和伝〕江湖に居り、自ら煙波釣徒と號す。～豹席椶屩（しゅろのわらぐつ）、每に釣を垂るるに餌を設けず。志、魚に在らざればなり。

【豹斑】（ひょう（へう）はん） 豹皮のまだら模様の美しさ。〔晋書、王献之伝〕嘗て門生の樗蒲を觀て曰く、南風競はずと。門生曰く、

此の郎亦た管中に豹を窺ふ。時に一斑を見るのみと。

【豹変】善に移ることの速やかな意。〔易、革、象伝〕君子豹變すとは、其の文、蔚たるなり。小人面を革むとは、順にして以て君に從ふなり。

↑豹蔚 豹の皮の美しさ／豹革 豹の皮／豹鞹 豹の皮／豹袪 豹の皮の袂／豹采 豹蔚／豹子 豹／豹姿 たくましくすぐれた偉容／豹飾 豹の皮の飾り／豹胎 豹の胎児、珍味とされた／豹皮 豹の皮／豹尾 豹の尾／豹文 豹斑／豹別 豹変／豹房 秘房／豹霧 隠者の居所／豹略 兵略／豹旅 精兵の部隊

↓隠豹・蔚豹・玄豹・虎豹・獅豹・呪豹・赤豹・全豹・白豹・飛豹・伏豹・文豹・炳豹・霧豹・猛豹

【髟】 10 7272 ヒョウ（ヘウ） ヒュウ（ヒウ） たてがみ

篆文 

会意 镸（長）＋彡。镸は長髪の人の形。彡はその髪のゆたかなさまを示す記号的な字。〔説文〕九上に「長髮猋猋たるなり」とあり、〔玉篇〕に「長髮髟髟たるなり」に作る。〔説文〕にまた「一に曰く、白黑の髮襍はりて髟たり」（段注本）という。馬には、そのたてがみをいう。

訓義 1かみがたれる、かみがなびく、かみがゆたか。2ごまじおの髪。3たてがみ。

古訓 〔名義抄〕髟 タチカミ・シナフ 〔篇立〕髟 シケシ・ヒサシ・ナガキカミ 〔字鏡集〕髟 タチカミ・シナフ・ナガキカミ

部首 〔説文〕に髮（髪）・鬢・髦・鬜など三十七字、また髾・鬟など〔新附〕四字を属し、〔玉篇〕には百七字を属する。六朝期に女性の服飾が華美となり、髪に関する字も急激に増加している。

【髟髟】髪が垂れるさま。北周・庾信〔竹杖の賦〕疏毛、繒繳（いぐるみ）に抵り、脆骨風霜を被る。髮、種種（髪が短く衰えるさま）として愈〻落ち、眉、髟髟して長きを競ふ。

【殍】 11 1224 ヒョウ（ヘウ） フ うえじに

形声 声符は孚。〔玉篇〕に「餓死するなり」とあり、餓殍をいう。道路で餓死したものはその場に埋め葬ったので、殍殣・道殣のようにいう。殍はおそらくは孚の声義を承け、孚は水死者、氾・泛も浮屍の象。浮（浮）を道殣に及ぼして殍という。

訓義 1うえじに、うえじにする、うえじにした人。2うらぶれる、枯死する。

古訓 〔名義抄〕殍 ハユ 〔篇立〕殍 ウヱシニ

【殍餓】餓死。宋・梅堯臣〔永済倉、書事〕詩 貙虎は豢（飼養）に肥え 麒麟は老いて槽に向ふ 中州には殍餓無きも 南土には脂膏竭きたり

【殍殣】餓死。〔夢渓筆談、官政一〕皇祐二年、呉中大いに饑ゑ、殍殣路に枕す。是の時、范文正（仲淹）浙西を領し、粟を發し、及び民に募りて存餉す（見舞いし、食事をおくる）。術爲たる、甚だ備はれり。

【殍殕】飢えて死ぬ。〔唐書、五行志二〕永淳元年七月、東都大いに雨ふり、人多く殍殕す。

↓餓殍・殣殍・流殍

常

【票】 11 1090 〔票〕 11 1080 〔㶾〕 18 7780 ヒョウ（ヘウ） とぶ

篆文 

会意 正字は㶾、その初文は㶾に作る。囟は人の頭部。屍を焚いて、その火の飛ぶことをいう。〔説文〕十上に「火飛ぶなり」と訓して会意とし、上部の形を「䙴と同意なり」とする。䙴は〔説文〕三上に「高きに升るなり」とあって、登僊の意と解するが、死者を一時板屋に遷して殯葬し、その風化を待って、改めて埋葬する複葬の法をいう字である。票は焚屍の象。古く火葬も行われ、その火勢のさかんなことを票という。ゆえに軽摽・摽挙の意があり、標疾の意を生ずる。票に従う字は、おおむねその声義を承ける。

訓義 1火がとぶ、とぶ。2ゆれうごく、かるくあがる。3はやい、ただよう。4ふだ、かみきれ、切符の類。

声系 〔説文〕に票声として嘌・剽・標・瓢（瓢）・僄・驃・熛・漂・嫖・飄など二十三字を収める。おおむね票の声義を承け、摽挙・摽軽・漂揺などの意をもつ字である。

語系 票・漂 phiô、猋・飆 piô、飄 biô はみな熛疾・漂揺の意がある。熛 piô、僄・剽 phiô も同じ。

【票騎】漢代武官の称。また、驃騎に作る。〔漢書、霍去病伝〕元狩二年春、票騎將軍と爲り、萬騎を將ゐて、隴西に出でて功有り。

【票軽】軽薄。〔漢書、五行志中之上〕（谷永、成帝を諫む）今陛下、萬乘の至貴を棄て、家人の賤事を樂しみ、～票輕無誼の人を崇聚して、以て私客と爲し、～烏集して吏民の家に醉飽す。

【票然】軽くあがるさま。〔漢書、礼楽志〕（郊祀歌、赤蛟十九）票然として逝き、旗、逶蛇たり

↑票額 書付け／票拠 手形／票禽 飛鳥／票号 書付けの番号／票子 紙幣／票式 書式／票取 掠取する／票照 手形／票簿 覚え書／票面 券面／票勇 勇猛／票雄 票勇

↓開票・給票・軍票・彩票・散票・証票・鈔票・信票・伝票・投票・白票・門票・零票

【猋】 12 4343 ヒョウ（ヘウ） はしる つむじかぜ

篆文 

会意 三犬。三匹の犬の走る形。〔説文〕十上に「犬の走る皃なり。三犬に從ふ」とあり、その疾走するさまをいう。犇・羴・驫など、みな同じ造字法。猋はまた飆の意に用いる。

訓義 1はしる、犬がはしるさま、はやくはしる。2飆と通じ、つむじかぜ、旋風。

古訓 〔新撰字鏡〕猋 加万々志（かまかまし） 〔字鏡〕猋 イヌアソビ・アソブ・カタマシ・イコ

声系 〔説文〕に猋声として飆など二字を収める。飆十三下には「扶搖の風なり」とあり、扶揺の反切音は飆へウ。

語系 猋・飆 piô は同声。また飄 biô、票・漂・僄・剽 phiô は声近く、みな軽疾の意がある。票は屍を焚く形。猛火に搧られるさまを票という。

【猋起】疾風のように起る。〔漢書、刑法志〕秦～窮武極詐、士民附したまず。卒隷の徒、還た敵讎と爲り、猋起雲合す。～斯れを下と爲す。

【猋忽】疾風。漢・張衡〔思玄の賦〕閶闔（天門）を出でて、天途に降り、猋忽に乘じて、虛無に馳す。

【猋発】はげしくあがる。〔後漢書、天文志上〕是の時、光武、兵數千人を將ゐて、～二公の兵を奔擊す。力を幷せて猋發し、號呼の聲、天地を動かす。

【猋風】つむじ風。〔礼記、月令〕（孟春の月）秋令を行ふときは、則ち其の民に大疫あり。猋風暴雨總て至り、藜莠蓬蒿（悪草）竝び興る。

↑猋駭 急変する／猋騎 票騎／猋泣 疾風／猋氏 神農氏をいう／猋迅 疾走する／猋逝 忽ち逝く／猋騰 奔騰する／猋飛 疾く飛ぶ／猋勇 僄勇／猋拉 疾風の声

常

【評】 12 〔評〕 12 0164 ヒョウ（ヒャウ） ヘイ はかる しなさだめ

形声 声符は平(平)。平は秤。持平の意がある。〔広雅、釈詁三〕に「平なり」、〔釈詁四〕に「議なり」とあり、公平に評議することをいう。〔玉篇〕に「平言なり」とみえる。

訓義 [1]はかる、相談する。[2]あげつらう、ただす。[3]しなさだめ。

古訓 〔名義抄〕評 ハカル・ソシル・カゾフ・コトハル 〔篇立〕評 ワラハ・ハカル・サダメテ・カゾフ・ハカラフ・ソシル・コト

語系 平・評・坪(坪) bieng は同声。平は手斧で木を平らかに削る意。八は削りくずの飛ぶ形。評・坪はみな平の声義を承ける。

【評議】ひょう(ひやう)ぎ 相談して決定する。〔後漢書、東夷、高句驪伝〕牢獄無し。罪有るものは、諸〻評議を加へて便ち之れを殺し、妻子を沒入して奴婢と爲す。

【評品】ひょう(ひやう)ひん しなさだめ。品評。〔北夢瑣言、三〕薛保遜は名家の子なり。才と地(門地)とを恃み、凡そ評品する所、士子之れを以て升降す。

【評理】ひょう(ひやう)り 是非を審議する。〔旧唐書、魏徴伝〕王珪に代り、侍中と爲る。尚書省に滯訟して決せざる者有れば、徴に詔して之れを評理せしむ。

【評論】ひょう(ひやう)ろん 批評する。〔三国志、魏、李通伝注に引く王隠の晋書〕(阮籍)毎に之れと言ふ。言、玄遠に及ぶも、未だ曾て時事を評論し、人物を臧否(善悪)せず。眞に至愼と謂ふべし。

➡評価 品定め/評決 評定する/評估 値ぶみ/評語 評言/評書 講釈/評章 品評/評断 評決する/評定 評議して決定する/評点 批点/評脈 診察する/評話 講談の類

⬇悪評・合評・譏評・月評・公評・好評・考評・高評・講評・酷評・詩評・時評・書評・寸評・世評・詮評・銓評・題評・短評・定評・適評・批評・品評・不評・風評・妄評・冷評・論評

【馮】 12 3112 ヒョウ フウ はしる たのむ

篆文 

形声 声符は仌(氷)。〔説文〕十上に「馬行くこと疾きなり」とあり、馬が競うように疾走することをいう。馮怒・馮盛の意は、その引伸義であろう。また古く憑依の意に用いる。おそらく馮怒・馮盛の状態が、神の憑依するエクスタシーの状態と似ており、馬のその状態を一種の憑依現象とする考えかたがあったのであろう。

訓義 [1]はしる、馬がはしる、ものに憑かれたように走る。[2]さかん、はげしい、いかる、きおう、みちる。[3]憑と通じ、たのむ、よる、まかせる、乗ずる。[4]淜と通じ、水をかち渉る。

古訓 〔名義抄〕馮 オホイナリ・イカル・サカリ 〔字鏡集〕馮 ノル・イカル・サカリ・アハカフ・ヨリドコロ・ノボル・アヒミル・ヲホヒナリ・ヨンデ・ヨル・タノム・ヨリ・イツテ

語系 馮・憑・凭 bieng は声義同じ。馮は馮依を本義とし、〔一切経音義、十七〕に引く〔三蒼〕に「馮は依なり」とあり、〔書、顧命〕「玉几に憑る」は霊の授受に関する行為である。〔国語、周語下〕「伯陵の後、逢公馮る所の神なり」などが古い用法である。凭は〔説文〕十四上に「几(机)に依るなり。任几に從ふ。周書に曰く、玉几に凭る」(段注本)と〔顧命〕の文を引き「讀みて馮の若くす」とみえる。凭は玉机に倚って、神の憑依するのを待つ意であろう。憑依の義の本字は馮である。憑・倗が通用するのは、馮は倗 beang に作り、〔説文〕八上に「輔くるなり」とみえる。憑・倗が通用するのは、馮河をまた淜河に作るのと同じ。淜 bieng は〔説文〕十一上に「舟無くして河を渡るなり」とみえ、徒渉の義の本字である。

【馮依】ひょうい よりつく。たのむ。やどる。〔詩、大雅、巻阿〕馮たる有り翼たる有り〔伝〕馮依して以て輔翼と爲すべきを道ふなり。〔箋〕馮は几に馮るなり。翼は助なり。~王の祭祀に、賢者を擇びて以て尸と爲し、之れを尊ぶ。

【馮河】ひょうが 河をかちわたる。徒渉。〔論語、述而〕暴虎(虎を手搏ちにする)馮河、死すとも悔ゆること無き者は、吾れ與みせざるなり。

【馮几】ひょうき 机にもたれる。また、脇息。〔三国志、魏、毛玠伝〕太祖(曹操)柳城を平らげ、獲る所の器物を班つ。特だ素屏風・素馮几を以て玠に賜ふ。曰く、君、古人の風有り。故に君に古人の服を賜ふと。玠~以て貧族に振施す。

【馮軾】ひょうしょく 車前の軾に手をおいて礼する。車上の敬礼。また、実戦に参加しないこと。〔左伝、僖二十八年〕(楚の)子玉、鬪勃をして戰を請はしめて曰く、請ふ、君の士と戲れん。君、軾に馮りて之れを觀よ。得臣(子玉)、與に寓目せんと。

【馮生】ひょうせい 命をたのむ。〔史記、伯夷伝〕賈子曰く、貪夫は財に徇ひ、烈士は名に徇ひ、夸者(権勢を誇る者)は權に死し、衆庶は生を馮むと。

【馮相】ひょうそう(さう) 周の官名。天文を掌る。馮相氏。〔周礼、春官、馮相氏〕十有二歳・十有二月・十有二辰・十日・二十有八星の位を掌り、其の敍事を辨じ、以て天位を會す。

【馮怒】ひょうど 大いに怒る。〔楚辞、天問〕康回(神の名、共工。顓頊に敗れ、怒って天柱を傾けた)馮いに怒り 墜(地)何の故を以て東南に傾ける

【馮陵】ひょうりょう 淩ぎおかす。〔左伝、襄八年〕楚、來り討じて曰く、女何の故に兵を蔡に稱ぐると。我が郊保を焚き、我が城郭を馮陵す。敝邑の衆、夫婦男女、啓處して以て相ひ救ふに皇あらず。翦焉として傾覆し、控告する所無し。

➡馮夷 水の神/馮気 憤懣/馮戸 抱戸/馮耳 船の神/馮脩 馮夷/馮戎 豊盛/馮式 馮軾/馮遅 馮夷/馮天 天を憑む/馮馮 豊盛のさま/馮頼 頼る/馮隆 高大

【僄】 13 2129 〔𠑽〕 20 2728 ヒョウ(ヘウ) かるい すばやい つよい

篆文 

形声 正字は𠑽に作り、㶾声。〔説文〕八上に「輕きなり」という。㶾は屍を焚く形。その火勢が強く、風を伴って軽挙することから、軽く疾い意を生ずる。またそれより僄勇・僄悍の意に用いる。票声の字に、その声義をとるものが多い。

訓義 [1]かるい、かるくうきあがる。[2]はやい、すばやい、たちまち。[3]つよい、いさましい、はげしい。

古訓 〔名義抄〕僄 カロシ・ナメシ・ウカブ/僄狡 —ト、キオ

語系 僄・票・嫖・剽 phiô は同声。みな敏捷・強悍の意がある。㶾 piô も声義近く、通用することがある。

【僄悍】ひょう(へう)かん すばしこくてあらあらしい。〔史記、高祖紀〕項羽、人と爲り僄悍にして、猾賊なり。

【僄狡】ひょうこう(へうかう) 軽くすばやい。漢・班固〔西都の賦〕神明(殿)鬱として其れ特起し、遂に偃蹇として上躋す。~輕迅と僄狡と雖も、猶ほ愕眙して階ること能はず。

【僄勇】ひょう(へう)ゆう すばやくて勇猛。〔史記、淮南衡山伝論賛〕夫れ荊楚の僄勇輕悍にして、好んで亂を作すは、乃ち古よりして之れを記せり。

➡僄弃 軽卒/僄急 軽急/僄軽 軽薄/僄遬 すばやい/僄突 猛進する

⬇軽僄

【剽】 13 1290 ヒョウ(ヘウ) さす はぐ おびやかす つよい

篆文 

形声 正字は㶾に従い、㶾声。㶾は屍を焚く形。その強い火勢によって摽挙することを票といい、票声に軽疾・僄勁の意がある。剽は〔説文〕四下に「砭刺するなり」、また「一に曰く、人を剽劫するなり」とあり、刀を以て人を劫かすことをいう。〔史記、老荘申韓伝〕に〔荘子〕の文を評して「儒墨を剽剝す」とあり、はげしく剝

ぎとる意。獣屍を剝ぐことを剽という。

訓義 ①さす、きる、けずる、はぐ。②おびやかす、せめる。③はやい、つよい、かたい。④すばしこい、小さい。

古訓 〔名義抄〕剽 オビヤカス・ケヅル

語系 剽・嫖・勡phiôは同声。飄biôも声が近い。勡は〔説文〕十三下に「劫かすなり」という。剽を刺す、勡を劫かす、また慓を強悍の意とするが、みな声義相通ずる字である。

【剽悍】強くすばやい。〔漢書、陳湯伝〕其の人剽悍にして戰伐を好み、數〻勝を取る。久しく之れを畜はば、必ず西域の患を爲さん。

【剽軽】かろがろしい。〔史記、貨殖伝〕越・楚には則ち三俗有り。夫れ淮北より沛・陳・汝南・南郡は、此れ西楚なり。其の俗剽輕にして、怒りを發し易し。地薄くして積聚寡なし。

【剽狡】剽悍狡猾。唐・王勃〔常州刺史平原郡開国公行状〕楚の情は剽狡、吳の風は澆競(軽薄で勝気)なり。

【剽殺】劫殺。〔漢書、地理志下〕(黄支国)其の州、廣大にして戶口多く、異物多し。～蠻夷の賈船、轉送して之れを致す。亦た交易を利くし、人を剽殺す。～數年にして來還す。

【剽疾】すばやい。〔史記、留侯世家〕(留侯)上に見えて曰く、～楚人は剽疾なり。願はくは上、楚人と鋒を爭ふこと無かれと。

【剽襲】すべてまねる。剽窃。明・方孝孺〔趙伯欽に与ふる書、三首、一〕聖賢の文辭、大いに今人に過ぐる有るに非ず。其の及ぶべからざる所以の者は、道に造ること深くして、自ら得る者遠く、～剽襲して以て說を爲す者の淺きに非ざればなり。

【剽奪】おどしとる。〔後漢書、劉盆子伝〕諸將日に會して功を論じ、爭言讙呼し、劍を拔き柱を擊つ。～三輔郡縣の營長、使を遣はし貢獻するも、兵士輒ち之れを剽奪す。

【剽盜】かすめとる。剽窃。宋・欧陽脩〔貢挙の事件を更改することを論ずる劄子〕今、貢擧の失は、患は有司人を取るに、詩賦を先にして論策を後にす。～但だ能く詩賦を誦し、六帖・初學記の類を節抄する者、便ち剽盜偶儷して、以て試格に應ずべきに在り。

【剽剝】非難攻撃する。〔史記、老荘申韓伝〕然れども善く書を屬り辭を離け、事を指し情を類し、用つて儒墨を剽剝す。當世の宿學と雖も、自ら解免すること能はず。

【剽勇】剽悍。〔晋書、李特載記〕高祖～其の地を名づけて巴郡と爲す。土に鹽鐵丹漆の饒き有り。俗性剽勇、又歌舞を善くす。

【剽略】おどしとる。〔後漢書、西南夷、邛都伝〕衆、遂に十餘萬、～長吏を殺し、邑郭を燔燒し、百姓を剽略して、骸骨委積し、千里人無し。

↑剽鋭 勇猛／剽急 急に攻めこむ／剽攻 おどし攻める／剽窃 剽襲／剽賊 かすめ奪う／剽敓 おどす／剽利 驍勇／剽戮 攻めこみ殺す／剽掠 剽略／剽虜 剽略

↓仇剽・軽剽・撃剽・攻剽・剛剽・残剽・攘剽・椎剽・剝剽・浮剽・勇剽・鹵剽

【勡】

篆文

13 1492 〔剽〕 13 1290 ヒョウ(ヘウ) かすめる

形声 声符は票。票は屍を焚く象で、急疾の意がある。〔説文〕十三下に「劫かすなり」とあり、刀部四下にも「剽は砭刺するなり。～一に曰く、人を剽劫するなり」と同訓を加える。おそらく剽が正形の字であろう。〔名義抄〕にも「勡剽、二つながら正し」とする。

訓義 ①かすめる、おびやかす。②字はまた剽に作る。

↑勡劫 おびやかす

【凴】

篆文

14 3121 〔凭〕 8 2221 ヒョウ もたれる よる

形声 声符は馮。凴と通用する字であるが、几に従う形で、几(机)にもたれることをいう。俗に凭に作る。〔説文〕十四上に凭を正字とし、「几に依るなり。任几に從ふ」(段注本)と会意に解し、「周書に曰く、玉几に凭る」の文を引き、「讀みて馮の若くす」という。〔周書〕は〔書、顧命〕、いま「玉几に憑る」に作る。〔漢碑〕にも憑の字を用いており、凭は後起の字である。

訓義 ①もたれる、よる。②たのむ。

古訓 〔和名抄〕几 於之万都岐(おしまつき) 〔名義抄〕凴・凭 ヨル・ウシマツキ／凴 タノム・ヨリトコロ・サカユ・カク・カクル・アトラフ・ヨル 〔篇立〕凴 ワタル・タノム・ヨリトコロ・ヨル・アツラフ・ヲサム・オサフ／凭 ヨリカ、リ・タノム・ヨル・オシマツキ

語系 凴(凭)biangはおそらく驫piôの声をとるものであろう。驫はものに憑かれて群馬が狂奔する意で、その憑かれて憑依するさまを「凴る」というのであろう。〔書、顧命〕にみえる「憑几」は、授霊のための呪儀をいう。

＊語彙は憑字条参照。

【凴拠】たのみとする。宋・晏幾道〔蝶恋花〕詞 浮雁沈魚 終了に凴據無し 却た緩絃に倚りて、別緒を歌ふ 斷腸は移し破る、秦箏の柱を

【凴欄】欄干にもたれる。宋・岳飛〔満江紅、写懐〕詞 怒髮、冠を衝く 欄に凴るの處 瀟瀟として雨歇んぬ

↑凴檻 凴欄／凴几 机にもたれる／凴虚 高所に拠ってみる／凴肩 肩をよせる／凴高 凴虚／凴弔 昔を思い弔う／凴淩 高所に登る

↓依凴・拠凴

【嫖】

篆文

14 4149 ヒョウ(ヘウ) すばやい かるい みだら

形声 正字は㜹に従い、㜹声。㜹は屍を焚く象。その強い火勢によって、ものの摽挙することを票という。〔説文〕十二下に「輕きなり」とするが、すばやい身のこなしをいう。遊妓に軽捷のものが多く、遊廓に遊ぶものを嫖客といい、妓館を嫖館という。

訓義 ①すばやい、すばやい身のこなし、かるい。②みだら、妓女。

古訓 〔字鏡集〕嫖 カロシ

語系 嫖・慓・剽・飄phiôは同声。みな軽挙・便捷の意がある。〔広韻〕に「嫖は身の輕便なる皃なり」とみえる。

【嫖姚】軽くはやいさま。漢の霍去病は嫖姚校尉として驍名をはせた。唐・杜甫〔後の出塞、五首、二〕詩 悲笳、數聲動き 壯士、慘として驕らず 借問す、大將は誰ぞ 恐らくは是れ霍嫖姚ならん

↑嫖記 遊所の案内記／嫖客 遊廓の遊び人／嫖子 遊女／嫖舎 青楼／嫖唱 狎妓／嫖賭 女と博奕／嫖蕩 悪所狂い

【慓】

篆文

14 9109 ヒョウ(ヘウ) すばやい

形声 声符は㜹。㜹は屍を焚く象で、その火勢の強いところから、急疾の意がある。〔説文〕十下に「疾かなり」、〔広雅、釈詁一〕に「急なり」とみえる。

訓義 ①すばやい、すみやか。②つよい、いさましい。③剽・勡と通用する。

古訓 〔名義抄〕慓 トシ・タカシ 〔字鏡〕慓 ウヤマフ・イル・ツヽム・ヲノヽク・ワビシ・シノブ・オソル 〔字鏡集〕慓 ヲノヽク・シルシ・ハヤシ・オソル・トシ・タカシ

【慓悍】すばやく、てあらい。〔漢書、高帝紀上〕懷王の

諸老將、皆曰く、項羽は人と為り慓悍禍賊、～過ぐる所殘滅せざる無し。

【慓軽】(ひょう(へう)けい) すばやくて、軽卒。〔資治通鑑、斉紀八〕(東昏侯、永元元年)主上(東昏侯)、東宮より素より令譽無し。左右に媟近し、慓輕忍虐、～嫌忌積久せば、必ず大いに誅戮を行はん。

↑慓鋭 慓悍/慓果 果断/慓勁 慓悍/慓士 猛士/慓鷙 すばやくたけだけしい/慓疾 急疾/慓慓 急疾/慓勇 勇猛

↓悍慓

【摽】14 5109 〔抛〕8 5401

ヒョウ(ヘウ) なげうつ うつ おちる

篆文

形声 正字は㷆に従い、㷆声。㷆と声義が同じ字である。〔説文〕十二上に「撃つなり」とあり、〔詩、邶風、柏舟〕「寤めて辟つこと摽たる有り」の〔伝〕に「摽は心を拊つ貌なり」とあるによる。〔詩〕にまた〔召南、摽有梅〕「摽つに梅有り」とあって、この方が字の本義であろう。古くは「摽つるものに梅有り」とよんだが、〔玉篇〕に「摽は擊つなり」とするのがよく、〔韓詩〕にその字を㷆に作る。投果の俗を歌うものである。

訓義 ①なげる、なげうつ、あてる。②うつ、たたく。③おちる。④かるい、すえ。⑤標と通用し、しるし。

古訓 〔名義抄〕摽 アラハス・スウ・スヱ・アグ・ヲツ・ツクル・ウツ・タスク・シメ・シルシ・シルス 〔字鏡集〕摽 ヲツルモノ・ヲツ・エフ・タカ・カツ・スヱ・ツク・アグ・シメス・シルシス・シメ・アラハス

語系 摽・㷆・票・嫖phiôは同声。㷆は手から手へ投げわたす意。摽はその意の形声とみるべきである。

【摽挙】(ひょう(へう)きょ) 人目にめだつ。〔宋書、謝霊運伝論〕爰に宋氏に逮び、顏・謝、聲を騰ぐ。靈運の興會摽擧、延年の體裁明密は、竝びに軌を前秀に方べ、範を後昆に垂る。

【摽幟】(ひょう(へう)し) 旗印。〔後漢書、皇甫嵩伝〕(張角等)一時に倶に起る。皆黄巾を著けて摽幟と爲す。時人之れを黄巾と謂ふ。～人を殺して以て天を祠る。

【摽準】(ひょう(へう)じゅん) 基本的なありかた。目安。手本。〔甌北詩話、小引〕晩年無事、諸家の全集を取り、再三展玩し、始めて其の眞才分、眞境地を知る。～爰に鄙見の及ぶ所に就き、略ぼ摽準を爲りて、以て諸これを同好に公にす。

【摽売】(ひょう(へう)ばい) 値をつけて売り出す。〔三国志、呉、魯粛伝〕爾の時、天下已に亂る。肅、家事を治めず、大いに財貨を散じ、田地を摽賣し、窮弊を賑ひ、士に結ぶを以て務めと爲す。

【摽搒】(ひょう(へう)ぼう(ばう)) 称揚する。〔後漢書、党錮伝序〕正直廢放せられ、邪枉熾結し、海内希風の流、遂に相ひ共に摽搒し、天下の名士を指して之れが稱號を爲る。上に三君と曰ひ、次に八俊と曰ふ。

↑摽危 高くたつ/摽季 衰世/摽棄 軽んじすてる/摽撃 投げうつ/摽顕 あらわし示す/摽鎗 投げ槍/摽題 表題/摽置 標置する/摽牌 弾よけ/摽末 刀の切先/摽揺 ゆらぐ/摽落 落ちる/摽掠 掠奪する

↓辟摽・擗摽

常【漂】14 3119

ヒョウ(ヘウ) ただよう うごく かるい あらう

篆文

形声 正字は㷆に従い、㷆声。㷆は屍を焚く象。その強い火勢で、ものが摽挙浮動することを㷆という。火勢によるものを熛といい、水に蕩揺することを漂という。〔説文〕十一上に「浮ぶなり」とするが、浮(浮)・泛・氾はみな屍体が流れただよう象であり、漂もそのような状態で浮流する意であろう。漂流することから漂泊・漂零の意となり、また漂白のように洗う意となる。

訓義 ①ただよう、うく、うきながれる、さすらう。②うごく、ながれる。③かるい、はやい。④あらう、水にあらう、しろくなる。

古訓 〔名義抄〕漂 ウカブ・タヾヨフ・オホヽル・ナガス・キヨシ・ウカス・サムシ 〔字鏡集〕漂 シホヽル・タヾヨフ・ウカブ・ウカス・ナガス・ホロブ・オボル、・キヨシ・サムシ

語系 漂・飄・嫖・剽phiôは同声。みな票piôの声義を承け、強い力によって浮動する意をもつ語である。浮biuも声義が近い。

【漂害】(ひょう(へう)がい) 水害。〔後漢書、朱穆伝〕永興元年、河溢る。人庶を漂害すること數十萬戶、百姓荒饉し、道路に流移す。冀州、盜賊尤も多し。

【漂寄】(ひょう(へう)き) さまようて身をよせる。唐・元結〔再び容州を譲る表〕臣遂に行かば、則ち亡母の旅櫬(旅先にある柩)歸葬日無く、几筵漂寄し奠祀主無からん。詔書を奉讀し悲懼に堪へず。

【漂杵】(ひょう(へう)しょ) 戦場の血に盾が流される。激戦のさま。〔書、武成〕前徒戈を倒にし、後ろに攻めて以て北ぐ。血流れて杵(盾)を漂はす。

【漂然】(ひょう(へう)ぜん) 高遠のさま。〔漢書、楊惲伝〕西河は魏の土、文侯の興りし所、段干木・田子方の遺風有り。漂然として皆節槩有り、去就の分を知る。

【漂蕩】(ひょう(へう)とう(たう)) ただよう。蕩尽する。また、みちあふれる。唐・李商隠〔江東〕詩 今日春光、太だ漂蕩 謝家の輕絮、沈郎の錢

【漂泊】(ひょう(へう)はく) ただよう。さすらう。北周・庾信〔哀江南の賦の序〕下亭に漂泊し、高橋に羈旅す。楚歌は樂を取るの方に非ず、魯酒は憂ひを忘るるの用無し。追つて此の賦を爲り、聊か以て言を記す。

【漂漂】(ひょう(へう)ひょう(へう)) 流れただよう。〔戦国策、斉三〕土偶人曰く、～今、子は東國の桃梗(墓中に収める人形)なり。刻削せられて以て人と爲るも、降雨下り淄水至らば、子を流し去らん。則ち子漂漂然として將た何くに之く所あらんやと。

【漂萍】(ひょう(へう)へい) うき草。漂泊にたとえる。唐・杜甫〔翰林張四(垍)学士に贈る〕詩 此の生、春草に任かす 垂老、獨り漂萍

【漂没】(ひょう(へう)ぼつ) 水没し流される。〔漢書、溝洫志〕或いは久しく害無ければ、稍や室宅を築き、遂に聚落を成す。大水時に至りて漂沒せば、則ち更に隄防を起して、以て自ら救ふ。

【漂揺】(ひょう(へう)よう(えう)) ゆれ動く。〔詩、豳風、鴟鴞〕予が室は翹翹たり 風雨に漂搖せられ 予れ維れ音くこと嘵嘵たり

【漂流】(ひょう(へう)りゅう(りう)) ただよう。また、漂泊。清・劉大櫆〔姚姬伝(鼐)の南に帰るを送る序〕余れ、漂流して外に在ること、倏忽として三十年なり。歸りて姬傳と相ひ見るに、則ち姬傳の齒(年齢)、已に其の尊府(父君)の余と遊びたるの歲を過ぎたり。

【漂零】(ひょう(へう)れい) 流浪する。宋・姜夔〔紅梅引〕詞 淮南生草の賦を歌ひ罷めば 又萋萋たり 漂零の客 涙、衣に滿つ

↑漂曳 揺曳する/漂泳 ただよい泳ぐ/漂槩 近づきすれあう/漂寓 旅先にしばらく宿る/漂激 はげしく波うつ/漂霰 霰ふる/漂児 釣りのうき/漂疾 急流/漂女 游女/漂浸 ぬれひたる/漂石 石をも流す激流/漂説 無根の話/漂旋 ただよい、めぐる/漂溺 溺れ流れる/漂動 ゆれうごく/漂白 白くさらす/漂渺 遥かに遠い/漂布 布を洒す/漂沸 漂流する/漂母 水中で綿をうつ女/漂沫 浮き流れる水泡/漂游 漂流する/漂漾 ただよう/漂落 零落する/漂淪 うらぶれる/漂櫓 漂杵/漂浪 放浪する

↓軽漂・激漂・水漂・清漂・波漂・浮漂・㬥漂・風漂・焚漂・萍漂・流漂・瀏漂

常【標】15 4199 ヒョウ(ヘウ) こずえ はしら しるし たてる

篆文 形声 正字は㶾に従い、㶾声。㶾は屍を焚く象。その火勢で軽く浮きあがるものの意がある。〔説文〕六上に「木の杪末なり」とする。木の梢などを標識として立てるので、標識・標示の意となり、榜示とするので標榜という。目的のものを目標、多数の目標とするところを標準という。

訓義 ①こずえ、梢末、高い枝。②はしら、しるしの柱、たてる。③しるし、あらわす、しめす。④ほめる、あらわす。⑤たかい、すぐれる、気位、風格。

古訓 〔名義抄〕標 スヱ・コズヱ・サカヒ・ハシラ・オツ・オツルモノ 〔字鏡集〕標 スヱ・コズヱ・ケタ・ウツル・サカヒ・ハシラ・ヲツ

語系 標piô、剽phiôは声近く、剽に剝削の意があり、末を細かく削ることをいう。また杪miôは〔説文〕六上に「木の標末なり」とあり、梢末をいう。

【標位】要点を示す。〔世説新語、文学〕樂令(広)、清言を善くするも、手筆に長ぜず。將に河南の尹を譲らんとして、潘岳に請ひて表を爲らしむ。~樂、爲に己の譲を爲す所以を述べ、標位すること二百許りの語。潘直ちに取りて錯綜し、便ち名筆を成せり。

【標格】高雅な人品。唐・楊敬之〔項斯に贈る〕詩 幾度か詩を觀るに、詩は總べて好し 標格を觀るに及んでは、詩よりも過ぎたり

【標寄】標榜するところ。気位。〔宋書、王恵伝〕兄鑒、頗ぶる聚斂(金儲け)を好む。~恵~曰く、何を用てか田つくることを爲すと。鑒怒りて曰く、田無くんば何に由りて食するを得んと。恵又曰く、亦復た何を用て食することを爲すと。其の標寄、此くの如し。

【標挙】高く揚る。高く示す。〔淮南子、要略〕人閒(訓)は、禍福の變を觀、利害の反を察し、得失の跡を鑽脈し、終始の壇を標擧する所以なり。

【標顕】めだつように掲げる。〔唐書、薛仁貴伝〕仁貴、驍悍を恃み、奇功を立てんと欲す。乃ち白衣を著けて自ら標顯し、戟を持ち、韃兩弓を腰にし、呼びて馳す。向ふ所披靡す。

【標指】目標。〔宋史、道学一、程頤伝〕頤、書に於て讀まざる所無し。其の學は誠に本づき、大學・語・孟・中庸を以て標指と爲して六經に達す。

【標幟】標識。〔唐律、廐庫〕諸畜產及び噬犬、~標幟羈絆(つなぎとめる)、法の如くせず。若し狂犬殺さざる者は答四十、故らを以て人を殺傷する者は、過失を以て論ず。

【標識】めじるし。符号。魏・嵆康〔声に哀楽無きの論〕夫れ言は自然一定の物に非ず。五方俗を殊にし、事を同じうし號を異にす。一名を擧げて以て標識と爲すのみ。

【標秀】代表する人物。〔晋書、陽裕載記〕宗族能く識る者無しと雖も、惟だ叔父眈、幼より之れを奇として曰く、此の兒惟だ吾が門の標秀なるのみならず、乃ち佐時の良器なりと。

【標准】模範。晋・袁宏〔三国名臣序賛〕淵かい哉泰初(夏侯玄)、宇量高雅、器範自然にして、標准假る無し。

【標題】表題。〔南斉書、高帝紀下〕詔して曰く、宋末、頻年戎寇あり、兼ねて災疾凋損す。或いは枯骸收めず。~若し標題猶ほ存し、姓字識るべくんば、卽ち運載して、本鄉に致還すべしと。

【標致】趣旨。また、高い風格。前蜀・貫休〔山詩、二十四首、六〕鳥外塵中、四十秋 亦た曾て高く挹す、漢の諸侯斯くの如きの標致、清拙なりと雖も 大丈夫兒、合に自由なるべし

【標置】気位が高い。〔晋書、劉惔伝〕桓溫嘗て惔に問ふ、~曰く、第一(流)は復た誰ぞと。惔曰く、故より我が輩に在りと。其の高く自ら標置すること此くの如し。

【標的】まと。また、標準。漢・高誘〔呂氏春秋の序〕然れども此の書の尙ぶ所は、道德を以て標的と爲し、無爲を以て綱紀と爲す。~孟軻・孫(荀)卿・淮南・揚雄と相ひ表裏す。是を以て、著して錄略に在り。

【標点】句読。〔宋史、儒林八、何基伝〕凡そ讀む所、標點を加へざる無し。義顯らかに意明らかに、論說を待たずして自ら見はるる者有り。

【標牓】明示する。目的とする。標題とする。晋・袁宏〔三国名臣序賛〕堂堂たる孔明(諸葛亮)、基宇宏邈たり。~風流を標牓し、遠く管(仲)・樂(毅)よりも明らかなり。

↑標下 麾下の士/標華 めだつ/標冠 首位/標鑒 めだつ/標季 末期/標記 記号をつける/標旗 信号旗/標碣 墓表/標検 標榜する/標語 モットー/標堠 里程標/標号 印/標叉 やす、投槍の類/標札 表札/標子 投げ槍/標紙 目印の紙/標樹 高く標置する/標章 しるし/標石 道標の石/標籤 標題/標徵 記号/標石 道標の石/標挺 標樹/標程 手本/標巔 頂上/標白 明示/標榜 標牓/標木 目印の木/標末 樹梢/標目 あらまし/標譽 誇る/標領 首領/標令 俊美/標録 著録する

↓雲標・建標・孤標・高標・座標・指標・施標・豎標・商標・神標・崇標・仙標・置標・擢標・道標・銅標・浮標・風標・墓標・名標・明標・目標・門標・立標・路標

【熛】15 9189 ヒョウ(ヘウ) ほのお もえる はやい

篆文 形声 正字は㶾に従い、㶾声。㶾は屍を焚く象。その強い火勢を熛という。㶾は熛の初文とみてよい。〔説文〕十上に「火飛ぶなり」というが、焚屍の火をいう。囟はその頭があらわれている形である。屍を他に遷すことを遷(遷)といい、罨は屍の坐する形。登遷するものを僊という。

訓義 ①ほのお、ほのおがとぶ、とび火。②もえる、つよくもえる。③光る、あかい。④はやい、火勢がはげしい。

古訓 〔名義抄〕熛 モユ・ホノホ 〔字鏡集〕熛 ヒノトブ・モユ・トビヒ・ホノホ・ヒノハナ・ケブリ

語系 熛piô、飄phiôは声近く、票声の字に熛疾の意がある。もと擬声的な語であろう。

【熛起】火の粉が飛ぶように起こる。〔漢書、叙伝下、上〕嫂下暴なれば、惟これ盜是れを伐たんとす。(陳)勝・(呉)廣熛起し、(項)梁・(項)籍扇烈す。赫赫炎炎として、遂に咸陽を焚く。

【熛至】飛び火のように至る。〔史記、淮陰侯伝〕天下初め難を發するや、俊雄豪桀、建號壹呼し、天下の士、雲合霧集し、~熛のごとく至り、風のごとく起る。

【熛怒】火勢がさかん。また、疾風。清・呉偉業〔八風、八首、七〕詩 飛廉(風神)熛怒して、人閒に向ひ 徐福仙を求めて、未だ還らざるを恨む

↑熛焰 火焰/熛火 飛び火/熛薰 火煙/熛矢 火矢/熛風 疾風

↓電熛・風熛・芒熛

【熛】15 0023 ヒョウ(ヘウ) ホウ(ハウ) なれしか

篆文 形声 声符は㶾の省文で火。〔説文〕十上に「麢(おおしか)の屬なり。鹿に従ひ、㶾の省聲」とし、〔爾雅、釈獣〕に「麢は大麃なり」という。麃麃は武

勇のさま。

訓義 ①なれしか、おおしか。②麃麃は、武勇のさま。③鳥の毛がかわる。

【麃麃】 武勇のさま。〔詩、鄭風、清人〕清人、消に在り 駟介(馬甲をつけた四頭の馬)麃麃たり 二矛重喬(翟の羽飾り) 河上に逍遙(示威)す

➡麃揺 盛んに翔ける

【憑】 16 3133 ヒョウ よる たのむ

形声 声符は馮。馮の声はおそらく驫よりえたもので、驫は群馬がものに憑っかれたように驚き奔ることをいう。ゆえに馮に憑依の意がある。几(机)に依ることを凭といい、依も衣に霊が憑依する意。その憑依の情を憑という。〔説文〕十四上に凭を録して「几に依るなり。任几に従ふ」(段注本)とし、字を馮の声でよむという。また〔書、顧命〕「玉几に凭る」の文を引くが、今本は憑に作る。〔顧命〕は成王の没するに当たり、康王に継体受霊の秘儀を行うことをしるすもので、古代の即位儀礼の次第が知られる。そのとき多くの衣が庭に陳設されるが、それが「依」の呪儀を示すものであろう。

訓義 ①よる、よりつく、のりうつる、やどる、すむ。②たよる、たのむ、もたれる。

古訓 〔名義抄〕憑 タノム・ヨル・イカル・サカリニ・イキドホル・オホイナリ・アツラフ・ヨ(リ)トコロ 〔字鏡集〕憑 ナゲツク・イキドホル・アツラフ・ミツ・ヨル・ヨ(リ)トコロ・イカル・タノム・ハゲム・サカリ

語系 憑・馮・凭biəngは同声。もと同じ語であろう。馮はおそらく驫声。驫は群馬が憑かれたように狂奔する意。金文の〔驫羌鐘〕に驫に作り、廟屋の形に従うのは、その憑依するところをトうことがあったからであろう。

＊語彙は凴字条参照。

【憑依】 たのむ。また、霊がよりつく。〔論衡、死偽〕匹夫匹婦の彊死するや、其の魂魄、猶ほ能く人に憑依して、以て淫厲を爲す。

【憑噫】 胸ふさがる。漢・司馬相如〔長門の賦〕心憑噫して舒びず、邪氣壯んにして中を攻む。蘭臺を下りて周覽し、歩して深宮に從容す。

【憑几】 机にもたれる。〔書、顧命〕惟れ四月哉生霸、王不懌(重篤)なり。甲子、王乃ち洮頮(首髪を洗う)するに水もてし、～冕服を被き、玉几に憑る。～王曰く、嗚呼、疾大いに漸めり。惟れ幾からん。

【憑虚】 虚空にのぼる。宋・蘇軾〔赤壁の賦〕浩浩乎として虚に憑り風に御し、其の止まる所を知らざるが如く、飄飄乎として世を遺れて獨立し、羽化して登仙するが如し。

【憑肩】 肩をよせる。親しむ態度。〔金史、完顔忠伝〕太祖、迪古乃と肩に憑りて語りて曰く、我此に來る、豈に徒然ならんや。汝に謀る有るなり。汝、我が爲に之れを決せよ～と。

【憑恃】 たのみとする。漢・潘勖〔魏公(曹操)に九錫を冊する文〕袁紹常に逆らひ、社稷(国家)を危くせんことを謀る。其の衆を憑恃し、兵を稱へ内に侮る。此の時に當り、王師寡弱にして、天下寒心し、固き志有る莫し。

【憑心】 むね一杯になる。〔楚辞、離騒〕前聖に依りて、以て節中(中正をただす)せん 喟き心に憑ちて、茲に歴たり

【憑信】 根拠として信ずる。〔顔氏家訓、書証〕(説文)其の經傳を援引する、今と乖く者有り。～吾れ嘗て笑ふ、許(愼)は純儒なるも、文章の體に達せず。此くの如きの流、憑信するに足らず。

【憑弔】 昔を思い弔う。〔帯経堂詩話、十三、考証遺蹟上〕房(次律)公彈琴の處に、舊竹亭有り。李衛公(徳裕)・劉賓客(禹錫)、賦詩憑弔の地、識るべからず。

【憑眺】 登臨する。清・朱彝尊〔滕王閣に登る〕詩 由來、憑眺の地 襟帶、江湖有り

【憑怒】 大いに怒る。漢・班固〔東都の賦〕聖皇(光武帝)乃ち乾符(王権)を握り、～赫然として憤を發し、應ずること興雲の若く、昆陽(城)を霆撃し、憑怒雷震す。

【憑欄】 欄干にもたれる。南唐・李煜〔浪淘沙令〕詞 獨り欄に憑ること莫れ 無限の江山 別時は容易なるも、見ふ時は難し

【憑陵】 はげしい勢いで犯す。唐・李華〔古戦場を弔ふ文〕此の苦寒に當りて、天、強胡に假し、殺氣を憑陵して、以て相ひ翦屠す。

➡憑引 身分証／憑韻 反切法／憑応 瑞兆による／憑音 反切法／憑河 河を徒渉する／憑義 義による／憑拠 よりどころとする／憑愚 愚を守る／憑空 架空のこと／憑係 憑依する／憑険 険をたのむ／憑冊 証拠書類／憑藉 よりどころとする／憑舟 舟に乗る／憑証 証書／憑仗 たよる／憑城 籠城する／憑説 証拠／憑附 たよりとする／憑侮 侵し侮る／憑妖 あやしいことにかこつけていう／憑頼 たよりとする／憑覧 登臨する／憑隆 高大なさま

⬇依憑・帰憑・襟憑・恃憑・証憑・信憑・神憑・棲憑・追憑・無憑

人 【瓢】 17 〖瓢〗 16 1293 ヒョウ(ヘウ) ひさご ふくべ

篆文

形声 正字は㶾に従い、㶾声。㶾は屍を焚く象。その強い火勢によって軽挙浮動することをいう。瓢は〔説文〕七下に「蠡なり」と訓し、「瓠の省に從ひ、㶾聲」という。蠡とは瓢を刳りぬいて飲器としたもので、ふくべ。蠡は果蠃(じが蜂)で蠃と声近く、腰の太い形の器を蠡という。〔論語、雍也〕「一瓢の飲」のように瓢を飲器に用いる。瓢は枝に垂れて風にも漂揺するものであるから、瓢という。

訓義 ①ひさご、ふくべ、ひょうたん。②ひしゃく。瓢を両分して用いる。

古訓 〔名義抄〕瓢 ウリ・ナリヒサゴ・ウル 〔字鏡集〕瓢 ウリ・ヒサゴ・ナリヒサゴ

語系 瓢biô、飄・漂phiôは声近く、みな漂揺するものの意がある。猋・驫piô、麃pheôは獣の疾走するもので、また飄疾の意がある。

【瓢飲】 一瓢の飲みもの。簡素なくらし。〔論語、雍也〕一簞の食、一瓢の飲、陋巷に在り。人は其の憂ひに堪へざるに、(顔)回や其の樂しみを改めず。賢なる哉、回や。

【瓢壺】 ひさご。酒器。唐・李白〔春日～北湖に宴し、古に感じて作る〕詩 此れに感じて一觴を勸む 願はくは君、瓢壺を覆せ

【瓢杓】 酒をくむ匕杓。〔南史、陳暄伝〕(陳暄の何秀に与ふる書)何水曹(遜)は眼に盃鐺を識らず、吾れは口、瓢杓を離れず。汝寧ぞ何と同日にして醒むるか、吾と同日にして醉はんか。

【瓢簞】 一瓢の飲、一簞の食。粗食。魏・曹植〔大司馬曹休の誄〕嗟、我が公侯、屢空しきも是れ安し。世祿を耽まず、親悦を歡と爲す。彼の蓬樞を好み、此の瓢簞に甘んず。

【瓢嚢】 瓢簞の飲み物と、ふくろの中の食物。〔荀子、榮辱〕今夫の偸生淺知の屬、～食太だ侈る。～是れ其の凍餓を免れず、瓢嚢を操りて、溝壑中の瘠(餓死者)と爲る所以の者なり。

↑瓢冠 僧の帽/瓢勺 瓢杓/瓢樽 ひさご/瓢畜 干瓢/瓢虫 てんとう虫
↓一瓢・掛瓢・棄瓢・挙瓢・瓠瓢・詩瓢・酒瓢・大瓢・箪瓢

【縹】 17 2199 ヒョウ(ヘウ) はなだ

篆文 

形声 正字は㶾に従い、㶾声。〔説文〕十三上に「帛の青白色なるものなり」とあり、はなだいろをいう。

訓義 ①はなだいろ、はなだいろのきれ。②縹渺は、はるかなさま。③漂と通じ、ゆらぐ。

古訓 〔名義抄〕縹 アヲシ・ハナダ 〔字鏡集〕縹 ハナダ・ウスアヲ・アヲシ

【縹煙】ゆらめく煙。〔淮南子、人間訓〕夫れ爝火の縹煙の中に在るや、一指の能く息むる所なり。唐(塘)の漏るること、鼷穴(はつかねずみの穴)の若きは、一墣(土くれ)の能く塞ぐ所なり。

【縹玉】はなだ色の玉。酒の色。〔西京雑記、四〕梁の孝王、忘憂の館に遊び、諸遊士を集めて、各〻賦を為らしむ。枚乘、柳の賦を為り、其の辭に曰く、～是に於て罇に縹玉の酒を盈たし、爵に金漿の醪を獻ず。庶羞千族、六庖に盈滿す。

【縹酒】はなだ色のにごり酒。〔魏書、崔浩伝〕太宗大いに悅び、語りて中夜に至る。浩に御縹醪酒十觚・水精戎鹽一兩を賜ふ。曰く、朕、卿の言を味はふこと、此の鹽酒の若し～と。

【縹緗】はなだ色と浅黄色。その巾で書巻を包んだ。書物。〔隋書、経籍志一〕(魏の)祕書監荀勗、～新簿を著はして、分ちて四部と爲し、～盛るるに縹囊を以てし、書するに緗素を用ふ。

【縹囊】はなだ色の書物の囊。書巻。梁・昭明太子〔文選の序〕詞人才子、則ち名は縹囊に溢れ、飛文染翰、則ち卷は緗帙に盈つ。

【縹緲】はるか。唐・白居易〔長恨歌〕詩 忽ち聞く、海上に仙山有り 山は虛無縹緲の閒に在りと 樓閣玲瓏として、五雲起り 其の中綽約として仙子多し

↑縹瓦 瑠璃瓦/縹蟻 酒のおり/縹瓷 青磁の焼物/縹書 はなだ色の帙に入れた書物/縹霄 青空/縹青 浅黄色/縹清 清酒/縹致 高い風格/縹帙 はなだ色の書帙/縹縹 高くひるがえる/縹飄 軽挙するさま/縹眇 縹渺/縹綾 はなだ色の綾/縹繚 まといめぐらす/縹緑 はなだ色と緑色
↓緗縹・青縹・清縹・浅縹・装縹・白縹・碧縹

【飄】 20 1791 ヒョウ(ヘウ) つむじかぜ はやて ひるがえる

篆文 

形声 正字は㶾に従い、㶾声。㶾は屍を焚く象。その強い火勢によってものが高くふきあげられる意がある。それでつむじ風を飄という。〔説文〕十三下に「回風なり」とあり、旋風をいう。人の性情や生涯の上に移して、飄逸といい、飄零という。

訓義 ①つむじ風、はやて、疾風。②ひるがえる、とぶ。③さまよう、さすらう、ただよう、おちる。

古訓 〔名義抄〕飄 カヘル・ツムジカゼ・トキカゼ・アガル・タゞヨフ・ヒルガヘル・ヲツ・トフ・アラフ・カゼ・スゞシキカゼ・ヒラメク・ヒロメク・フク・アソブ・ハヤシ 〔字鏡集〕飄 アソブ・アガル・カヘス・タゞヨフ・ツジカゼ・ヒルガヘル・メグラス・トキカゼ・ハヤシ・カゼ・ヲツ・トブ・キザス・ヒラメク・フク

語系 飄・漂phiôは同声。風に飄揺することを飄、波に浮動することを漂という。飆・猋piôも同系の語。扶揺の合音biôも声近く、一系の語である。

【飄逸】世外に超然とすること。〔滄浪詩話、詩評〕子美(杜甫)は太白(李白)の飄逸を爲す能はず。太白は子美の沈鬱を爲す能はず。

【飄溢】内にみちあふれる。〔列子、天瑞〕其の少壯に在りては、則ち血氣飄溢し、欲慮充起して、物の攻むる所と爲る。

【飄起】疾風が起こる。〔後漢書、西南夷、哀牢伝〕建武二十三年～江・漢を南下す。～震雷疾雨、南風飄起し、水、爲に逆流し、翻涌すること二百餘里、～哀牢の衆、溺死するもの數千人。

【飄寄】一時身を寄せる。唐・白居易〔早秋晩望、兼ねて韋侍郎に呈す〕詩 夫の君、亦た淪落し 此の地、同に飄寄す

【飄忽】軽くすばやい。魏・曹植〔洛神の賦〕體は飛鳧よりも迅く、飄忽として神の如し。

【飄然】ひらりとあてどなく。思いがけず。唐・杜甫〔春日、李白を憶ふ〕詩 白や、詩、敵無し 飄然として、思ひ不群

【飄蕩】さすらう。漂泊。唐・杜甫〔羌村、三首、一〕詩 世亂れて飄蕩に遭ひ 生還、偶然に遂げたり 隣人、牆頭に滿ち 感歎して亦た歔欷す

【飄泊】さすらう。清・康有為〔神戸の汽車中夜半～、二首、一〕詩 飄泊の人、天の之かしむる所に任かす 梅花開落す、君に遇ふの時 萬里の窮愁、神戸の路 急に夜半に逢ひ、更に詩を譚ず

【飄泛】浮かびさすらう。唐・李中〔舟にて彭沢に次る〕詩 飄泛して彭澤を經 扁舟、思ひ窮まり莫し

【飄飄】ひらひらと風に吹かれるさま。晉・陶潛〔帰去来の辞〕舟は遙遙として輕く颺がり、風は飄飄として衣を吹く。

【飄風】はやて。〔老子、二十三〕飄風は朝を終へず、驟雨は日を終へず。～天地すら尙ほ久しきこと能はず。而るを況んや人に於てをや。

【飄蓬】風に飛ぶ蓬のように、さすらう。転蓬。唐・杜甫〔鉄堂峡〕詩 生涯、弧矢(争乱の時)に抵り 盜賊殊に未だ滅せず 飄蓬、三年を踰ゆ 首を迴らせば、肝肺熱し

【飄揺】空高くうごく。〔戦国策、楚四〕(黄鵠)飄揺乎として高く翔く。自ら以て患ひ無しと爲す。人と爭ふこと無きなりと。夫の射る者、～將に己に百仞の上に加へんとするを知らず。

【飄落】風に吹きちる。唐・李白〔東武吟〕詩 一朝、金馬(門)を去り 飄落して、飛蓬(風に遠く吹き飛ぶよもぎ)と成る

【飄零】うらぶれる。清・顧炎武〔江南の諸子と別る〕詩 絶塞に飄零して、苦だ書を著はす 朅來(爾来)行李(使者)、問ふ何如ぞ

↑飄曳 たなびく/飄焉 ぶらりとさまよう/飄客 遊冶郎/飄寓 漂泊して、かりに身を寄せる/飄欻 忽ち/飄撃 急にうつ/飄兀 ゆれる/飄曶 忽ち/飄颯 舞いおちる/飄散 飛び散る/飄残 落花/飄爾 飄然/飄疾 速やか/飄袖 袖が風にひるがえる/飄蕭 風がきびしく寂しい/飄迅 飄忽/飄旋 ひるがえりめぐる/飄墜 まいおちる/飄薄 漂泊/飄邈 ひるがえりはるか/飄霏 ひるがえりとぶ/飄舞 風に舞う/飄払 軽やかに動く/飄萍 浮草/飄沐 風雨/飄颺 飄揺する/飄流 流浪する/飄淪 飄零する/飄泠 軽やかで清らか
↓衣飄・雲飄・急飄・狂飄・軽飄・孤飄・香飄・高飄・絮飄・帆飄・微飄・縹飄・浮飄・風飄・紛飄・蓬飄・遊飄・乱飄・流飄・淪飄・輪飄

【飆】21 4741 ［猋］12 4343
ヒョウ(ヘウ)
つむじかぜ　まいあがる　みだれる

篆文

形声 声符は猋ひょう。猋に猋忽・猋疾の意がある。〔説文〕十三下に「扶搖えうの風なり」とあり、重文一字を録する。〔爾雅、釈天〕に「扶搖、之れを猋へうと謂ふ」とあり、扶揺は飆・猋の緩音、もと同じ語である。

訓義 1つむじかぜ、まいあがるかぜ、まいあがる、暴風。2みだれる、ふきみだれる。

古訓 〔新撰字鏡〕飆　豆牟志加世(つむじかぜ)〔名義抄〕飆　ニハカ・アガル・ツムジカゼ・ヒラメク・ヒロメク〔字鏡集〕飆　アラキカゼ・アガル・ヒロメク・タチマチ・ニハカニ・ツジカゼ

語系 飆・猋piôは同声。票・飄・漂phiôは声義近く、みな急疾のものをいう。扶揺の合音はbiô、もと同じ語である。

【飆駭】ひょうがい 世を驚かせ起こる。〔抱朴子、君道〕陳(勝)・呉(広)の徒、劍を奮ひて大呼し、劉(邦)・項(羽)の倫、戈ほこを揮ふるひて飆駭す。

【飆起】ひょうき はげしく起こる。梁・劉峻〔広絶交論〕叔世(末世)民訛いつはり、狙詐飆起するに逮およんで、谿谷は其の險を踰こゆる能はず、鬼神は以て其の變を究むる無し。～素交盡きて、利交興る。

【飆塵】ひょうじん 風に舞う塵。〔文選、古詩十九首、四〕人生、一世に寄す　奄忽えんこつとして飆塵の若ごとし

↑飆鋭ひょうえい 荒びて勇猛/飆欻ひょうえん 気勢がさかんであること/飆回ひょうかい はげしく乱れる/飆廻ひょうかい 飆回/飆挙ひょうきょ 才情が抜群であること/飆忽ひょうこつ 疾風/飆駛ひょうし 速くはしる/飆車ひょうしゃ 疾い車/飆然ひょうぜん にわかに起こるさま/飆馳ひょうち 疾駆する/飆騰ひょうとう 飆発/飆発ひょうはつ はげしく起こる/飆風ひょうふう つむじ風/飆奮ひょうふん しけ/飆輪ひょうりん 風輪

↓雲飆・炎飆・回飆・駭飆・寒飆・狂飆・驚飆・軽飆・高飆・朔飆・秋飆・衝飆・神飆・晨飆・迅飆・清飆・仙飆・旋飆・鮮飆・長飆・天飆・飛飆・悲飆・微飆・浮飆・風飆・猛飆・涼飆・冷飆・霊飆

【驃】21 7139
ヒョウ(ヘウ)
しらかげ　つよい

篆文

形声 声符は票ひょう。票は焚屍ふんしの象で、疾飛の意がある。〔説文〕十上に「黃馬、白色を發す。一に曰く、白髦尾なり」とあり、白色とは白点の斑駁なるもの、白髦尾とは黃馬にして白鬣尾なるものをいう。〔玉篇〕に「驍勇ゆうなり。漢に驃騎將軍有り」とみえる。

訓義 1しらかげ。2馬が疾行する。3つよい、たけだけしい。4馬戯。

古訓 〔名義抄〕驃　シロカゲ〔字鏡集〕驃　ホコリイサム、マ

【驃騎】ひょうき 将軍の名。漢の武帝は霍去病を驃騎將軍とし、秩祿は大將軍と等しかった。〔史記、衛將軍驃騎伝〕元狩二年春、冠軍侯(霍)去病を以て驃騎將軍と爲し、萬騎を將ひきゐて隴西に出でしむ。

↑驃金ひょうきん なまこ型の鋳金

↓逸驃・従驃・赤驃・緑驃

【鑣】23 8013
ヒョウ(ヘウ)
くつわ

篆文

形声 声符は麃ひょう。〔説文〕十四上に「馬の銜くつわなり」とし、重文一字を録する。〔詩、衛風、碩人〕に「朱幩ふん鑣鑣たり」と歌うものがそれである。「鑣鑣」は風に動揺することをいう状態詞である。

訓義 1くつわ、くつばみ。2鑣鑣はさかんなさま。

古訓 〔和名抄〕鑣　久都波美(くつばみ)と訓む。一に久々美(くくみ)と云ふ〔名義抄〕鑣　メクツバミ・クヾミ・クツワツラ〔字鏡集〕鑣　クツハコ・クツハツラ・クツハ・ツナ

声系 〔説文〕に麃声として藨・儦・瀌など七字を収める。儦八上は「行く皃なり」、瀌は〔詩、小雅、角弓〕に「雨雪、瀌瀌たり」のように用い、〔韓詩〕に「麃麃」に作る。麃はおそらく鹿の群走するさまをいう語で、麃声の字は票ひょう声・猋ひょう声・驫ひょう声の字と声義が近い。麃は〔説文〕十下に「讀みて剽へうの若ごとくす」とみえている。

語系 鑣・瀌・麃piôは猋・飆・驫piôと同声。票phiôも声義が近い。犬に猋、鹿に麃、馬に驫といい、屍しかばねを焚やく猛火を票(㶾)・熛という。

↑鑣駕ひょうが 車駕/鑣旗ひょうき 運送の車上に樹てる旗/鑣局ひょうきょく 輸送業/鑣殺ひょうさつ 射殺/鑣轡ひょうひ 鑣とたづな/鑣鑣ひょうひょう 盛んなさま

↓華鑣・廻鑣・玉鑣・金鑣・軽鑣・朱鑣・斉鑣・仙鑣・旋鑣・停鑣・纏鑣・飛鑣・分鑣・鳴鑣・揚鑣・鸞鑣・竜鑣

ビョウ

常【苗】8 4460 ［苗］9 4460
ビョウ(ベウ)
なえ　かり　すえ

篆文

会意 艸そう＋田。〔説文〕一下に「艸の田に生ずる者なり」とあり、禾苗かびょうをいう。また田猟の意に用い、〔左伝〕〔穀梁伝〕では夏、〔公羊伝〕では春の狩猟をいう。苗裔びょうえいのように遠孫の意に用いるのは、秒・渺の声義に用いたものであろう。南方の苗族は古くは江南の地の東西の山地に居り、北方と対峙する雄族であった。

訓義 1なえ、草木のなえ、穀物のなえ、穀物。2かり、かりして祭る。3すえ、あと、苗裔、遠孫。4もろもろ、たみ。5苗人、苗族。

古訓 〔新撰字鏡〕苗　狩なり。殺生を苗と曰ふ。夏の時を以て狩するを加利須(かりす)と曰ふ〔名義抄〕苗　ナベ・カリ・カリス/苗代　ナハシロ/早苗　サナヘ

語系 苗・杪・秒・眇・渺・妙・藐miôは同声。標piôは〔説文〕六上に「木の杪末べうまつなり」とあり、みな杪末・微少の意があり、眇びょう声。票ひょう声の字にときに渺茫の意がある。

【苗裔】びょうえい 遠い子孫。〔楚辞、離騒〕帝高陽の苗裔　朕わが皇考を伯庸と曰ふ

【苗茨】びょうし かやぶき。〔洛陽伽藍記、一、建春門〕柰林の南に、石碑一所有り。魏の明帝の立つる所なり。題して苗茨の碑と云ふ。

【苗田】びょうでん 夏の狩り。〔周礼、夏官、大司馬〕中夏、茇舍ばっしゃを教ふ。振旅の陳の如し。群吏、車徒を撰かぞふ。～遂に以て苗田す、蒐の灋(法)のりの如し。

↑苗胤びょういん 苗裔/苗稼びょうか 稲の苗/苗戸びょうこ 熟苗/苗子びょうし 苗族/苗嗣びょうし 苗裔/苗狩びょうしゅ 夏冬の猟/苗緒びょうしょ 苗裔/苗牀びょうしょう 苗どこ/苗条びょうじょう 苗のように細長い/苗稚びょうち 稲の苗/苗圃びょうほ 苗はた/苗米びょうまい 上納米/苗末びょうまつ 末裔/苗脈びょうみゃく 鉱脈/苗猟びょうりょう 夏の狩り

↓秧苗・禾苗・夏苗・嘉苗・稼苗・穀苗・三苗・山苗・種苗・蒐苗・黍苗・場苗・蚕苗・稲苗・麦苗・晩苗・薬苗・養苗・立苗・良苗・黎苗

【眇】9 6902
ビョウ(ベウ)
すがめ　ちいさい

篆文

会意 目＋少。少の亦声とする。〔説文〕四上に「一目小なり」とあり、少にまた秒びょうの声がある。〔釈名、釈疾病〕に「目匡きょう(まぶた)陷急なるを眇と曰ふ。眇は小なり」とあり、小さい目の意。また細小、すがめ、いやしい、尽きるの意となる。

訓義 1ちいさいめ。2すがめ、かため、すがめてみる。3小さい、ほそい、いやしい。4とおい、つきる。5妙と通じ、うつくしい、く

わしい、かわいい。

古訓 〔名義抄〕眇 スガメ・ハルカナリ・イヤシ・チラス・ヲチカタメ 〔字鏡集〕眇 トホシ・ハルカ・ハルカナリ・イヤシ・テラス・ヨリミル・スクナシ・スガメム

【眇乎】(びょう(べう)こ) 卑小なさま。〔荘子、徳充府〕人の形有れども、人の情無し。～眇乎として小なる哉、人に屬する所以なり。謷乎として大なる哉、獨り其の天を成す。

【眇忽】(びょう(べう)こつ) さだかでないさま。唐・柳宗元〔潭州楊仲丞の作る東池戴氏堂記〕堂成りて勝益ゝ奇なり。之れを望むに、連艫靡艦、波と上下するが若く、之れに就けば萬物を顚倒し、遼廓眇忽たり。

【眇爾】(びょう(べう)じ) かすかなさま。また、高遠なさま。〔晋書、許邁伝〕永和二年、移りて臨安の西山に入り、巖に登り、芝を茹ひ、眇爾として自得し、終焉の志有り。乃ち名を玄、字を遠游と改め、婦に書を與へて告別す。

【眇小】(びょうしょう(べうせう)) 小男。〔史記、孟嘗君伝〕趙の人、孟嘗君の賢なるを聞き、出でて之れを觀る。皆笑ひて曰く、始め薛公を以て魁然たらんと爲ひしに、今之れを視るに、乃ち眇たる小丈夫のみと。孟嘗君之れを聞きて怒り、～斫撃して數百人を殺し、遂に一縣を滅ぼして以て去る。

【眇然】(びょう(べう)ぜん) 眇小。また、高遠。漢・王褒〔聖主、賢臣を得るの頌〕何ぞ必ずしも偃卬詘信(屈伸)すること彭祖の若く、呴噓呼吸すること(王)僑・(赤)松(ともに古の仙人)の如く、眇然として俗を絶ち世を離れんや。

【眇眇】(びょうびょう(べうべう)) はるかなさま、孤独なさま。〔書、顧命〕王、再拜して興ち、答へて曰く、眇眇たる予末小子、其れ能く四方を亂め、以て天威を敬忌せんと。

↑眇軀 小さいからだ／眇勁 軽勁／眇睨 注視する／眇蹇 すがめで、片足／眇思 奥深い思い／眇指 妙旨／眇視 ながしめでみる／眇升 遠くのぼる／眇身 小さいからだ／眇絶 断絶する／眇詮 つまびらかにする／眇年 幼年／眇薄 拙くおとる／眇漠 遥かにかすかなさま／眇邈 高くはるかなさま／眇微 小さくかすか／眇茫 遥かにかすかなさま／眇末 眇軀／眇漫 遥かでひろい／眇冥 かすかでほの暗いさま／眇目 すがめ／眇默 かすかでしずかなさま／眇麗 はるかで美しい／眇論 妙論

↓蹇眇・幻眇・玄眇・鴻眇・至眇・深眇・孱眇・沖眇・禿眇・菲眇・跛眇・微眇・末眇・盲眇・蒙眇・目眇・幽眇・幼眇・要眇

常 **【秒】** 9 / 2992

篆文

ビョウ(ベウ)
のぎ かすか わずか

会意 禾＋少。〔説文〕七上に「禾の芒なり」とあり、穂先の部分をいう。きわめて細いものであるから、かすか、わずかの意に用いる。時や角度をはかるときの単位として、分の六十分の一をいう。

訓義 ①のぎ、穂の先。②かすか、わずか。③時や角度の単位、六十分の一。

古訓 〔新撰字鏡〕秒 比古江(ひこえ)

語系 秒・杪・眇・渺・妙・藐miôは同声。細小微妙の意がある。猋・票piôの系統の字も声義近く、〔説文〕六上に「杪は木の標末なり」「標は木の杪末なり」のように、ほとんど互訓に近い語である。

【秒忽】(びょう(べう)こつ) わずか。忽は蜘蛛の糸。宋・葉適〔趙幾道を祭る文〕事物の碎は、多く發絲に于てし、性命の眇は、猶ほ秒忽に隔つ。如し果既に熟さば、薦めて食らふべし。其の或いは食らはざるは、後に遺すに德を以てす。

↑秒末 微小

↓寸秒・度秒・分秒・余秒

常 **【病】** 10 / 0012 〖病〗 10 / 0012

ビョウ(ビャウ) ヘイ
やまい やむ うれえる つかれる

篆文

形声 声符は丙(丙)。〔説文〕七下に「疾、加はるなり」、〔玉篇〕に「疾、甚だしきなり」とあり、〔礼記、檀弓上〕「曾子、疾に寢ねて、病なり」のように用いる。疾が名詞、病はその状態をいう。疾病に限らず、すべて心身の憂慮や疲弊の甚だしいことをいう。

訓義 ①やまい、やむ、やまいおもし。②うれえる、なやむ、くるしむ、うらむ。③つかれる、よわる、かれる。④そこなう、やぶれる。

古訓 〔名義抄〕病 ヤマヒ・ヤモヘル・ヤマフス・カシク・ナラフ・ヤム 〔篇立〕病 ヤマヒ・カシケ・カサ・カレ・(シ)クセ・ツヒユ・イタム・ヤサキ

【病仮】(びょうか(びやうか)) 病気による休暇。唐・白居易〔病仮中、龐少尹、魚酒を携へて相ひ過ぎる〕詩 宦情牢落、年將に暮れんとし 病假聯緜として、日漸く深し

【病間】(びょうかん(びやうかん)) 病気中。また、病状が少しよい。〔論語、子罕〕子、疾病なり。子路、門人をして臣(病を移す対手)爲らしむ。病、閒なり。曰く、久しい哉、由(子路)の詐を行ふことや～と。

【病骨】(びょうこつ(びやうこつ)) 病軀。唐・李賀〔弟に示す〕詩 病骨猶ほ能く在り 人閒底事か無からん

【病根】(びょうこん(びやうこん)) 病気のもと。宋・陸游〔仲秋書事、十首、七〕詩 靈府搖かず、神泰定し 病根已に去り、脈和平なり

【病思】(びょうし(びやうし)) 病気中の不安。宋・戴昺〔秋晩〕詩 吟懷、水に依りて靜かに 病思、秋を得て輕し

【病消】(びょうしょう(びやうせう)) 糖尿病。〔淮南子、説山訓〕女を消(渇)を病む者に嫁せしむれば、夫死せば則ち後、復た處し難きなり。

【病中】(びょうちゅう(びやう)) 病気中。唐・項斯〔日東の病僧〕詩 身後の事を言はず 猶ほ坐す、病中の禪 深壁(奥の室)、燈影を藏し 空窗、艾煙(香火の煙)を出だす

【病坊】(びょうぼう(びやうばう)) 病院。宋・蘇轍〔亡兄子瞻(軾)端明墓誌銘〕復た私橐を發き、黃金五十兩を得て、以て病坊を作り、稍ゝ錢糧を蓄へて、以て之れを待つ。今に至るまで廢せず。

【病忘】(びょうぼう(びやうばう)) 健忘症。〔列子、周穆王〕宋の陽里の華子、中年にして忘を病む。～塗に在りては則ち行くことを忘れ、室に在りては則ち坐することを忘る。今は先を識らず、後は今を識らず。

【病累】(びょうるい(びやうるい)) 欠陥。〔抱朴子、自叙〕其の文を論ずるや、則ち其の得る所の佳なる者を撮り、其の病累を指摘せず。故に毀譽の怨み無し。

↑病瘟 流行病／病患 病気／病眼 やみめ／病気 やまい／病鬼 つわり／病軀 病身／病潔 潔癖症／病源 病気のもと／病後 病み上がり／病困 病苦／病死 病気で死ぬ／病疾 病気／病酒 酒の中毒／病状 容態／病蓐 病床／病褥 病蓐／病勢 病状／病痊 病気がなおる／病孱 病弱／病瘦 病やせ／病体 病軀／病態 病状／病痛 病気の痛み／病酲 悪酔い／病榻 病床／病篤 重病／病廃 廃疾／病痺 しびれ／病貧 貧苦／病夫 病人／病風 瘋癲／病癖 悪癖／病没 病死／病魔 悪疾／病窳 病弱／病癒 病気がなおる／病容 面やつれ／病葉 わくらば／病癰 腫れ物／病利 損益／病羸 病みつかれ／病癘 悪疾

↓悪病・鬱病・疫病・臆病・臥病・餓病・看病・癇病・久病・朽病・急病・狂病・詬病・業病・困病・詐病・残病・四病・疵病・眥病・持病・時病・疾病・謝病・重病・恤病・諸病・傷病・心病・診病・

寝病・声病・積病・痩病・多病・大病・治病・痴病・通病・篤病・熱病・発病・疲病・罷病・貧病・扶病・癖病・抱病・万病・民病・無病・癒病・憂病・余病・佯病・養病・利病・痢病・罹病・療病・羸病・老病

常【描】11 5406 〔描〕12 5406 ビョウ(ベウ) えがく かく うつす

形声 声符は苗(苗)びょう。〔六書故〕に「描と摹(摸)と聲相ひ近し。描は輕くして、摹は重し」と、その筆意の異なることをいう。

訓義 1えがく、かく。2うつす、しきうつす。

語系 描・渺・藐miôは同声。かるくわずかな意があり、描はデッサンのようなかきかたをいう。摹maは撫phiua、摩(摩)muaiに近く、強く撫摩する意がある。なぞるような画きかたをいう。

【描詩】びょうし 人まねの詩。模倣詩。〔随園詩話、七〕高青邱、古人は詩を作り、今人は詩を描くを笑ふ。詩を描くとは、生花に像るの類、所謂優孟(俳優)の衣冠するもの、詩中の鄕愿(田舎者)なり。

【描字】びょうじ 書のかきかた。宋・米芾〔海岳名言〕海岳(米芾)~曰く、蔡京は筆を得ず。蔡卞は筆を得たるも逸韻に乏し、蔡襄は勒字し、沈遼は排字し、黃庭堅は描字、蘇軾は畫字なりと。上復た問ふ、卿の書は如何と。對へて曰く、臣の書は刷字(はけ書きの字)なりと。

【描写】びょうしゃ えがく。表現する。宋・梅堯臣〔楊直講の夾竹花図に和す〕詩 年深くして粉剝がれ、墨縦を見る 描寫の工夫、始めて俗を驚かす

【描筆】びょうひつ 絵筆。〔輟耕録、八、山水を写すの訣〕皮袋の中に描筆を置き、内に在り、或いは好景の處に於て、樹の怪異有るを見ては、便ち當に模寫し之れを記すべし。分外に發生の意有らん。

↑描画 えがく/描金 蒔絵/描叙 叙述する/描状 描写する/描眉 眉がき/描摹 描きうつす/描容 肖像画

↓線描・素描・点描・白描・筆描・摹描

常【猫】11 4426 〔猫〕12 4426 〔貓〕16 2426 ビョウ(ベウ) ねこ

篆文

形声 声符は苗(苗)びょう。〔説文新附〕九下に猫に作り、「貍(狸)の屬なり」とあり、家猫を狸奴という。不気味さのある獣で、子の日に猫を用いる巫蠱の法があり、猫鬼といった。猫はその鳴き声の擬声語である。

訓義 1ねこ。

古訓 〔和名抄〕猫 禰古麻(ねこま) 〔名義抄〕猫 ネコ・カラネコ

【猫鬼】びょうき 猫を使うまじない。〔隋書、外戚、独孤陁伝〕左道を好む。~陁の婢、徐阿尼言ふ、本と陁の母の家より來り、常に猫鬼に事ふ。毎に子の日の夜を以て之れを祀る。言ふ、子なる者は鼠なり。其の猫鬼、人を殺す毎に、死する所の家の財物、潛かに猫鬼を畜ふ家に移ると。

【猫鼠】びょうそ 猫と鼠。〔旧唐書、代宗紀〕(永泰十三年)六月戊戌、隴右の節度使朱泚、軍士趙貴の家に於て、猫鼠同乳し、相ひ害せざるを得、籠して之れを獻ず。

↑猫額 猫のひたい。狭いものにたとえる/猫眼 猫の目/猫児 猫/猫柔 陰険なものにたとえる/猫睛 猫の目/猫脊 脊だて/猫頭 筍の異名

↓祀猫・酔猫・斑猫・霊猫

【淼】12 1223 〔渺〕12 3912 ビョウ(ベウ) はるか ひろい

篆文

会意 三水に従う。〔説文新附〕十一上に「大水なり」とあり、「或いは渺に作る」とあって、渺と同字。淼茫・淼漫など双声の連語として用いることが多い。水のはてしなく広いさまをいう。

訓義 1ひろいみず、おおみず。2はるか、ひろい、おおきい。

古訓 〔名義抄〕淼 ハルカナリ・オホイナリ・ヒロシ・タ、フ・オホミヅ・ソニカケ 〔字鏡集〕淼 ヒロシ・タ、フ・オホミヅ・ハルカナリ・オホイナリ・タマリミヅ

【淼淼】びょうびょう 水がはてしなく広いさま。唐・劉長卿〔岳陽館中より、洞庭湖を望む〕詩 人に問ふ、何ぞ淼淼たる 暮に愁ふれば、更に蒼蒼たり

【淼茫】びょうぼう 淼淼。唐・白居易〔九江春望〕詩 淼茫たる積水、吾が土に非ず 飄泊の浮萍、是れ我が身

【淼漫】びょうまん 水がはてしなく広いさま。淼茫。唐・王維〔河を渡りて清河に到る〕詩 舊鄕、國を回瞻せば 淼漫として、雲霞連なる

↑淼浩 淼漫/淼渺 広く遥かなさま/淼漭 広い/淼寥 広くさびしいさま

↓皛淼・浩淼

【渺】12 3912 ビョウ(ベウ) はるか ひろい

形声 声符は眇びょう。眇に微妙・渺遠の意がある。〔説文新附〕十一上に「淼は大水なり」と訓し、淼の一体として「或いは渺に作る」とする。〔玉篇〕は淼を林部に属し、水部に別に渺をあげて「水長きなり」という。声義は同じであるが、異なる字として用いられていたのであろう。淼は水の瀰漫する意に、渺は渺茫・渺遠など、ことの際涯のない状態についていう。

訓義 1はるか、とおい、ひろい。2かすか。3小さい、わずか。

古訓 〔字鏡集〕渺 ハルカナリ

語系 渺・眇・秒・杪・妙・藐miôは同声。秒・藐はおおむね微小の意に、渺は渺茫・渺遠の意に用いる。

【渺然】びょうぜん はるかなさま。唐・趙嘏〔江楼旧感〕詩 獨り江樓に上れば、思ひ渺然たり 月光は水の如く、水は天の如し

【渺瀰】びょうび 水がはるかにひろがるさま。唐・李咸用〔江南曲〕詩 晩雲、水に接して、共に渺瀰たり 遠沙、疊草(一面の草)、空しく萋萋たり

【渺渺】びょうびょう 遠くはるかなさま。宋・蘇軾〔赤壁の賦〕桂の棹、蘭の槳、空明を撃って流光に泝る。渺渺たる予が懷ひ、美人を天の一方に望む。

【渺茫】びょうぼう はるかに遠い。唐・白居易〔長恨歌〕詩 情を含み睇を凝らして、君王に謝す 一別、音容、兩つながら渺茫たり

【渺漫】びょうまん 広くはるかなさま。唐・張九齢〔故刑部李尚書挽詞、三首、三〕詩 渺漫たり、野中の草 微茫たり、空裏の煙 共に悲しむ、人事の絶ゆるを 唯だ杜陵の田に對す

【渺莽】びょうもう はるかに遠い。世外の境。宋・蘇軾〔陶(潜)の園田の居に帰るに和す、六首、二〕詩 春江、佳句有り 我醉うて、渺莽に墮つ

↑渺遠 遥かに遠いさま/渺小 かすかで小さい/渺漠 遥かで広いさま/渺邈 遥かでとりとめのない/渺冥 ほの暗い/渺沔 遥かで広いさま/渺緜 遥かに遠いさま

↓雲渺・煙渺・浩渺・波渺・瀰渺・縹渺・茫渺・莽渺・杳渺・窈渺

人【廟】15 0022 〔庿〕12 0026 ビョウ(ベウ) みたまや

篆文

古文

金文

会意 广げん+朝(朝)ちょう。もと朝礼を行うところ。それがまた廟

所であった。〔説文〕九下に「先祖の皃を尊ぶなり」と、廟・貌の畳韻を以て訓する。金文の廷礼冊命はすべて宮廟の中廷で行われており、その祖霊の在るところを寢・室という。周の七廟制は康宮を宗とし、康昭宮・康穆宮を左右に相次第したもので、康・昭・穆三世の廟にはじまるものであったと考えられる。

訓義 1みたまや、祖霊のあるところ。2いはい、かたしろ。3かりもがりするところ。4王宮、王宮の政庁のあるところ。5みや、やしろ、てら。

古訓 〔名義抄〕廟 ヤシロ 〔字鏡集〕廟・廟 ヤシロ・イシノタウ・イシノタテハカ・ホトケノタマドノ・ネヤ

参考 〔説文〕に庿を古文として録する。〔隷釈〕所収のものに庿の字はみえず、庿は北魏の〔元徽墓誌〕、隋の〔孔神通墓誌〕などに至ってみえる。

【廟宇】びょう(べう)う みたまや。〔水経注、汾水〕舊と介子推の祠有り。前に碑有り。廟宇傾頽し、唯だ單碑のみ獨り存す。今文字剝落し、尋ぬべき無し。

【廟楹】びょう(べう)えい みたまやの柱。〔唐書、高郢伝〕(上書)昔、魯の莊公、桓公の廟楹を丹くし、其の桷を刻む。春秋に、之れを書して非禮と爲す。

【廟学】びょう(べう)がく 孔廟内の学校。明・李東陽〔忻州の廟学を改建する記〕蓋し侯の來りて是の州に知たりしより、意を廟學に屬し、其の故を革めて、之れを新たにせんことを圖る。

【廟諱】びょう(べう)き 廟祀の王の名。〔旧唐書、韋貫之伝〕韋貫之、本名純、憲宗(李純)の廟諱なるを以て、遂に字を以て稱せらる。

【廟見】びょう(べう)けん 新婦が祖廟に報告する儀礼。〔礼記、曽子問〕三月にして廟見し、來婦と稱す。日を擇びて禰(父廟)に祭るは、婦の義を成すなり。

【廟策】びょう(べう)さく 朝廷の謀。〔後漢書、班超伝〕(班勇の上議)孝明皇帝、深く廟策を惟ひ、乃ち虎臣に命じ、出でて西域を征せしむ。故に匈奴遠く遁れ、邊境安きを得たり。

【廟社】びょう(べう)しゃ みたまや。宋・胡銓〔高宗に上る封事〕陛下一たび膝を屈せば、則ち祖宗廟社の靈、盡く夷狄に汙されん。

【廟食】びょう(べう)しょく 神として廟に祀られる。宋・蘇軾〔潮州韓文公(愈)廟碑〕能く南海の民に信ぜられて百世に廟食するも、其の身をして一日も朝廷の上に安んぜしむること能はず。

【廟前】びょう(べう)ぜん みたまやの前。唐・温庭筠〔老君廟〕詩 廟前の晩色、寒水に連なり 天外の斜陽、遠帆を帶ぶ

【廟中】びょう(べう)ちゅう みたまやの中。〔礼記、曲礼上〕卒哭すれば乃ち諱む。～詩書には諱まず。文に臨んでは諱まず。廟中には諱まず。～婦の諱は門を出でず。

【廟堂】びょう(べう)どう(だう) 宗廟。朝廷。宋・范仲淹〔岳陽楼記〕物を以て喜ばず、己を以て悲しまず。廟堂の高きに居りては、則ち其の民を憂へ、江湖の遠きに處りては、則ち其の君を憂ふ。

【廟壁】びょう(べう)へき 廟堂の壁。〔唐書、礼楽志五〕(開元八年)乃ち詔して十哲を坐象と爲し、～七十子及び二十二賢を廟壁に圖かしむ。

【廟謨】びょう(べう)ぼ 朝廷の謀。唐・元稹〔連昌宮詞〕詩 廟謨顚倒して、四海搖ぐ 五十年來、瘡痏(疾苦)を作す

【廟略】びょう(べう)りやく 廟謨。〔旧唐書、李晟伝〕晟、人に因り懷光に說かしめて曰く、寇賊、京邑を竊據し、天子出でて近甸に居る。兵柄廟略、屬して明公に在り。公宜しく兵を觀して速やかに進むべし。

➡廟幄びょうあく 朝廷／廟院びょういん みたまや／廟屋びょうおく 廟宇／廟閣びょうかく 朝廷／廟楽びょうがく 廟祭のときに奏する楽／廟器びょうき 祭器／廟議びょうぎ 廟論／廟享びょうきょう 宗廟の祭祀／廟闕びょうけつ 廟門／廟災びょうさい 宗廟の火災／廟算びょうさん 廟策／廟祀びょうし 宗廟の祭祀／廟主びょうしゅ 廟の木主／廟樹びょうじゅ 宗廟の樹木／廟祝びょうしゅく 宗廟の祭祀の官／廟頌びょうしょう 宗廟の楽歌／廟神びょうしん 宗廟の祭神／廟寝びょうしん みたまや／廟廷びょうてい 朝廷／廟庭びょうてい 廟廷／廟碑びょうひ 宗廟の碑／廟謀びょうぼう 廟謨／廟霊びょうれい 宗廟に祀る祖霊／廟廊びょうろう 廟堂／廟論びょうろん 朝廷の議

⬇家廟・毀廟・旧廟・宮廟・建廟・古廟・故廟・公廟・荒廟・高廟・祭廟・祠廟・社廟・守廟・神廟・寝廟・新廟・清廟・先廟・祖廟・宗廟・大廟・祧廟・朝廟・庭廟・禰廟・登廟・塔廟・堂廟・廃廟・文廟・立廟・霊廟・廊廟

ヒョク

【皕】 12 1166 ヒョク

篆文 

会意 二百に従う。〔説文〕四上に「二百なり。～讀みて逼の若くす」(段注本)とあり、二百をいう。卜文では白の上に二横線を施して二百とする。皕を字として用いた例はなく、奭・盡などの字形にその形を含むが、それは文身の文様で、婦人が乳房の周辺に加えたものである。陸心源は宋本二百種を蔵してその書庫を「皕宋楼」と称したが、その蔵書はすべて今、静嘉堂文庫に蔵する。

訓義 1二百。

部首 〔説文〕に奭一字を属し、〔玉篇〕も同じ。なお血部にある盡もこの形に従う。盡は辛(聿の形)で皕形の文身を加え、その盡痛をいう。奭はおそらく絵身。爽と同じく朱で婦人に加えるもので、美盛の意がある。

【楅】 13 4196 ヒョク フク つのよけ

篆文 

形声 声符は畐。〔説文〕六上に「木を以て畐束する所有るなり」(段注本)とあり、牛の角にかけわたす横木、楅衡という。

訓義 1つのよけ、つの木。2つかねる、くくる、しめる。3矢を入れるつつ、矢づつ。

➡楅衡ふくこう つのよけ／楅室ふくしつ むろ

【副】 20 1166 ［副］ 11 1260 ヒョク フク ハク さく ひらく わかつ

篆文  籀文 

会意 二畐+刀。〔説文〕四下に副を正字とし、「判つなり」と訓し、「周禮に曰く、副辜して祭る」の文を引く。〔周礼、春官、大宗伯〕に「副辜を以て四方百物を祭る」とあり、〔注〕に「牲の胷(胸)を副くなり。副きて之れを磔す」とみえる。大儺(おにやらい)のときには、風蠱を防ぐために、犬牲を磔してこれを城門に掲げた。これを副辜という。畐は器が盈満する形。これを両分することを副という。副はその省文ともみられる字形であるが、副は副辜の字に、副は副次の意に用い、慣用に異なるところがある。

訓義 1さく、ひらく、犠牲の胸をひらく。これを風磔にするためである。2わかつ、両分する。

古訓 〔字鏡集〕副・副 タグヒ・カフル・カナフ・ソヘタリ・ヨツサキ・カヨフ・ツク・ソフ・タスク・スヂ・ツマビラカ

語系 副・副phiuak、劈phyek、剖phaは声義近く、みな分かち裂く意がある。音は果実が充実し、ついに剖判する意で、不・丕・否・音は果の結実し、成熟する過程を示す。副は古い字形がなく、音系との関係は明らかでない。畐には盈満の意があるようである。副・副はまた駙bioと声が近く、副次の意がある。

【副辜】ひょくこ 犠牲の胸を割いて供える祭儀。〔明史、礼志二〕以て天神を祀るには、則ち禋祀(焚いて清める祭儀)・實柴・槱燎(火祭)の禮有り。以て地祇を祀るには、則ち血祭・薶沈(犠牲を埋め、また水に沈める)・副辜の禮有り。

➡副瓜ひょくか 瓜をさく／副事ひょくじ 副辜して祭る

【份】 6 2822 ［彬］ 11 4292 ［斌］ 12 0344

ヒン ブン　うつくしい

篆文　古文

形声 声符は分（分）。彬はその古文。〔説文〕八上に「文質備はるなり。人に從ひ、分聲。論語に曰く、文質份份。彬は古文份なり。彡林に從ふ。林なる者は焚の省聲に從ふ」（段注本）とあり、份を彬の正字とする。威儀については「佖佖」というので、份・佖は相対する語であろう。〔論語〕の文は魯論は彬に作り、彬盛の字にはのち彬を用いる。鬱茂の美をいう字である。近世語では、部分の分の意に用いる。

訓義 [1]うつくしい、彬の正字。文質兼ね備わるをいう。[2]分と通じ、部分。

↑份外　分外／份額　分配額／份子　分子／份内　分内／份份　美しいさま／份量　分量

【牝】 6 2151

ヒン ビン　めす

篆文　甲骨文

形声 声符は匕。卜文の牝牡の字形は匕・土の形で示され、牛羊の旁に加える。それぞれ牲器の部分の象形である。〔説文〕二上に「畜母なり」とあり、牡には「畜父なり」という。もと獣畜についていう語。鳥には雌雄という例であるが、拡大して牝鶏のようにもいう。

訓義 [1]めす、めん。[2]陽に対する陰、右・谷・地など。[3]凸に対して凹形のもの、鍵の筒の部分。

古訓 〔和名抄〕牝瓦 女加波良（めかはら）〔名義抄〕牝 メケモノ・ツルブ 〔字鏡集〕牝 メケモノ・ハ、ウシ・ツルビ

【牝雞】めんどり。〔書、牧誓〕古人言へること有り、曰く、牝雞は晨すること無し。牝雞の晨するは、惟れ家の索くる（滅びる）なりと。

【牝馬】めすの馬。〔易、坤〕坤は元いに亨る。牝馬の貞に利ろし。君子往く攸有るに、先だつときは迷ひ、後るるときは主を得。

【牝牡】めすと、おす。〔老子、五十五〕未だ牝牡の合するを知らずして朘（赤子の陰）作るは、精の至りなり。

↑牝期　交尾期／牝戸　陰門／牝谷　谷／牝城　低地の城／牝朝　則天武后の朝廷／牝鼑　め豚／牝土　北方の土／牝服　車の箱／牝鹿　めじか

↓玄牝・雌牝・字牝・晨牝・牡牝・牧牝・游牝・駃牝

常【品】 9 6066

ヒン　しな　たぐい　かず　のり

篆文　甲骨文　金文

会意 三口に従う。口は祝禱を収める器の形で𠙵。多くの祝禱を合わせて行うことをいう。〔説文〕二下に「衆庶なり。三口に從ふ」と衆人の意とし、〔段注〕に「人三を衆と爲す。故に三口に從ふ」と、口を口耳の口と解するが、特定の秘匿のところで祝禱を行うを區（区）といい、その声を歐（欧）・謳といい、これを呵してその呪能を促すを毆という。これらのことからいえば、品は祝禱に関する字である。四口を㗊といい、囂・器（器）・噐なども、みな祝禱に関する字である。多く祝禱を列することから、区別・種類・品第をいう語となる。金文の〔𤔲𣪕〕に「臣三品を賜ふ。州人・東人・庸人なり」とあって、三品とは三人の意ではなく、それぞれの部族の、出身を異にする徒隷をいう。〔小盂鼎〕には「毆（俘）を搬すに品を以てす」とあり、俘虜を部族別に分かったのであろう。人の身分や性情について用いることが多く、品流・品第・品性・品格のようにいう。

訓義 [1]しな、もろもろ、いろいろのもの。[2]たぐい、がら、たち、いろ。[3]わかつ、しわけ。[4]かず、しなごと、みな。[5]のり、さだめ、すぐれる、ひとしい。

古訓 〔名義抄〕品 シナ・タグヒ・シナ／＼ニス・モロ／＼・トモガラ・タシカ・ヒトシ

部首 〔説文〕に喦・喿の二字を属し、〔玉篇〕に喿を部首として別出、品部に星・參（参）の上部を品の形として属する。喦の上部は岩石の形。星の上部は晶と同じく星の形。參は厽（簪の玉）の形に従うもので、品と異なる。

声系 〔説文〕に品声として臨・喦・嵒の三字を収める。臨の初形は天より監臨する形の下に品をそえたもので、霊の監臨を祈る意で会意。また喦九下は「山巖なり」とあり、「讀みて吟の若くす」という。嵒もまたその声の字で、三字みな品声と異なる。喦・嵒の従うところの品も岩石の形、祝禱を列する品と異なる。

【品位】品次。位。唐・賈島〔孟協律を弔ふ〕詩 才行、古人に齊しきも 生前品位低し

【品彙】種類。たぐい。唐・韓愈〔春に感ず、四首、二〕詩 幸ひに堯・舜、四目を明らかにするの日に逢ふ 條理品彙、皆宜しきを得たり

【品格】品位。品性。〔鶴林玉露、丙一、花〕洛陽の人は牡丹を謂ひて花と爲し、成都の人は海棠を謂ひて花と爲す。～亦た歐陽公・司馬公と稱する類の如き、復た其の名字稱號を指さざるも、其の品格超絶にして、始めて此れに當つべし。

【品詩】詩の批評。詩の品定め。清・朱筠〔福建邵武、詩話楼（厳羽の滄浪詩話を記念する楼）〕聯 隱釣（厳子陵）風は分る、七里の瀬 品詩、意は到る、六朝の人

【品式】規定。法度。南朝宋・顔延之〔三月三日曲水詩の序〕施命發號は、必ず之れを故實に酌む。～章程明密にして、品式周く備はれり。

【品第】高下を序列する。〔詩品、総論〕諸英の志錄は、竝な義、文に在りて、曾て品第無し。（鍾）嶸の今錄する所、～凡て百二十人、此の宗流に預かる者は、便ち才子と稱す。

【品題】人物の論評。品評。〔後漢書、許劭伝〕劭と靖と倶に高名有り。好んで共に鄕黨の人物を覈論し、毎月輒ち其の品題を更む。故に汝南の俗に月旦評有り。

【品茶】茶を品評する。宋・陸游〔戲れに（陶）淵明・鴻漸（陸羽）の遺事を述ぶ〕詩 品茶は未だ毀茶の妙なるに及ばず 飮酒は止酒の高きに何如ぞ

【品評】論評。品定め。〔世説新語、文学〕習鑿齒、史才常ならず。宣武（桓温）甚だ之れを器とす。～性理遂に錯ふも、病中に於て、猶ほ漢晉春秋を作る。品評卓逸す。

【品物】万物。〔易、乾、彖伝〕大なる哉乾元、萬物資りて始む。乃ち天を統ぶ。雲行き雨施し、品物形を流く。

【品目】品評。また、項目。宋・秦観〔論議、上〕夫れ所謂役法なる者は、其の科條品目曲折して同じからずと雖も、大抵差免二法に過ぎざるのみ。

【品流】品第。家柄。〔東観奏記、上〕李宗閔、相と爲る。品流程式を以て己の任と爲す。

【品類】種類を分かつ。品彙。〔春秋繁露、玉英〕春秋は百物を理め、品類を辨ち、嫌微を別ち、本末を修むる者なり。

↑品画　画評／品覈　調べる／品学　品行と学問／品鑑　品定め／品級　等級／品行　みもち／品裁　品別／品次　次第／品地　品格／品事　諸事／品質　たち／品隲　品定め／品庶　人民／品叙　官位の序

列/品状　品行/品制　等級/品性　人品/品選　評選/品藻　品定め/品族　家柄/品致　格調/品秩　官位と俸給/品丁　家柄/品定　評定する/品度　法度/品別　品によって分類する/品望　人品声望/品茗　品茶/品量　はかる/品列　官位

↓遺品・一品・逸品・佳品・華品・官品・寒品・気品・奇品・貴品・九品・郷品・群品・差品・三品・士品・資品・衆品・出品・庶品・小品・商品・上品・神品・新品・人品・清品・精品・製品・絶品・粗品・贓品・題品・茶品・中品・珍品・廃品・備品・評品・物品・妙品・名品・門品・薬品・尤品・庸品

常 **【浜】** 10　〔濱〕 17　3318　ヒン　はま　みぎわ　はて

形声 正字は瀕に作り、頻（頻）声。いま瀕・濱は別義の字として用いる。もと水涯・岸辺をいう字。〔詩、小雅、北山〕「率土の濱　王臣に非ざる莫し」のように、地の果ての意に用いる。〔国語、斉語〕に「死に濱せり」という語があり、瀕死の意。瀕は水辺に臨む意で、頁は儀礼をなすときの姿。濱も賓に従っており、賓迎・賓送する礼をいう字。これを以ていえば、瀕・濱の字形は、もと水辺の儀礼を示すものであり、古く水辺で行われた葬送の俗を伝えるものであろう。

訓義 ①はま、みぎわ、きしべ。②はて、かぎり。③ちかづく、そう、のぞむ。

古訓 〔新撰字鏡〕瀕・濱　水祭（際）なり　〔和名抄〕濱　波万（はま）　〔名義抄〕濱　キハ・キシ・ナギサ・ハマ・スハナ・ホトリ・ソコ・ソヒ・ソフ・セリ　〔字鏡集〕濱・瀕　ハマ・ホトリ・ナギサ・ソフ・ソユ・ソヒテタリ・ソヒ・スハマ・セリ・キハ・キシ・ワタリ・トヾマル・ミヅノキシ・キハ

語系 濱・賓・儐・殯 pien は同声。瀕 bien は声義近く、墳（墳）biuən、邊（辺）pyen も関係のある語であろう。瀕は古くは順に従う字で、順とは水辺に人を弔う儀礼であるらしく、瀕もその系列字とみてよい。墳は墳塋、邊は辺境に祭梟（首祭り）の台を設けて禁塞とするところをいう。

【浜海】 海に臨むところ。海辺。〔後漢書、法雄伝〕永初三年、海賊張伯路等三千餘人、赤幘を冠し、絳衣を服し、自ら将軍と稱す。濱海九郡に寇し、二千石令長を殺す。

【浜死】 死にかかる。瀕死。〔国語、斉語〕桓公曰く、夫れ管夷吾（仲）は、寡人を射て鉤（帯鉤）に中つ。是こを以て死に濱（瀕）せりと。

【浜路】 道ぞい。晋・左思〔魏都の賦〕通溝を疏して以て路に濱はしめ、青槐を羅ねて以て塗を蔭はしむ。

↑浜河　河ぞい/浜涯　水涯/浜近　近い/浜塞　辺塞/浜水　はまべ

↓河浜・海浜・江浜・沼浜・湘浜・水浜・池浜・天浜・東浜・島浜

人 **【彬】** 11　4292　〔份〕 6　2822　ヒン　あきらか　うつくしい

篆文 　古文 

会意 林＋彡。彡は色彩などの美しいことを示す記号的な文字。〔説文〕八上に份を正字とし、「文質備はるなり」といい、〔論語、雍也〕「文質份份」の語を引く。彬はその古文。〔説文〕に「焚の省聲に従ふ」とするが、会意とみてよい字である。字はまた斌に作り、〔史記、儒林、公孫弘伝〕に「斌斌として文學の士多し」とみえ、これも会意の字である。

訓義 ①あきらか、うつくしい。②文質のそなわるさま。

古訓 〔名義抄〕彬　古の斌の字なり/斌　ウルハシ・マダラカニ

語系 彬・份・斌 pian は同声。斑・媥・彪 pean、賁 biuən と声近く、声義が通ずることがある。

【彬彧】 文彩のあるさま。〔隷釈、七、漢の山陽の太守祝睦の後碑〕文豔彬彧、淵然（深いさま）として深識、泊然（しずかなさま）として執守し、躬は冰雪よりも潔し。

【彬蔚】 美しく奥深い。晋・陸機〔文の賦〕頌は優遊して、以て彬蔚なり。

【彬彬】 文質の備わるさま。〔論語、雍也〕質、文に勝るときは則ち野、文、質に勝るときは則ち史、文質彬彬として、然る後に君子なり。

↑彬郁　彬彧/彬雅　儒雅/彬駮　色まじわる/彬斑　彬彪/彬彪　かがやく

↓璘彬

常 **【貧】** 11　8080　〔貧〕 11　8080　ヒン　まずしい　すくない

篆文 　古文 

会意 貝＋分（分）。〔説文〕六下に「財分つこと少なきなり」とし、分の亦声とする。分声の字に份・邠などの例がある。貝は一連に綴って一朋といい、朋（朋）はその前後一連の形。その前後一連のものを中断して分かつ。分かって乏しくなることを貧という。

訓義 ①まずしい、貧乏。②とぼしい、すくない、たりない。

古訓 〔名義抄〕貧　イヤシ・マヅシ・トモシ・フミ・タヽス

【貧家】 貧しい家。唐・李群玉〔渾吉の訪はるるを喜ぶ〕詩 貧家冷落して、日を消し難し　唯だ松筠（松と竹）の院に満ちて涼しき有り

【貧官】 貧乏役人。宋・魏野〔原州城に登り、張貴従事に呈す〕詩 君は貧官と爲り、我は客と爲る　此の中の離恨、共に收むること難し

【貧寒】 貧乏ぐらし。〔顔氏家訓、文章〕何遜の詩は實に清巧と爲すも、形似の言多し。揚都（建業）の論者、其の毎に苦辛を病へ、貧寒の氣饒くして、劉孝綽の雍容たるに及ばざることを恨む。然りと雖も劉は甚だ之れを忌み、平生何詩を誦す。

【貧窮】 貧しくて生活が苦しい。〔戦国策、秦一〕蘇秦曰く、嗟乎、貧窮なれば則ち父母も子とせず、富貴なれば則ち親戚も畏懼す。

【貧居】 貧乏ぐらし。晋・陶潜〔飲酒、二十首、十五〕詩 貧居人工に乏し　灌木余が宅を荒ふ

【貧苦】 貧困。〔礼記、礼運〕飲食男女、人の大欲存し、死亡貧苦、人の大惡存す。

【貧潔】 貧しく清廉にくらす。〔高士伝、中、韓順〕隗囂等兵を起し、自ら上將軍と稱し、西州大いに震ふ。～唯だ順のみ、山に棲み安然として、貧潔を以て自ら終ふ。

【貧交】 貧しいときの交友。唐・杜甫〔貧交行〕詩 君見ずや管（仲）・鮑（叔牙）貧時の交はり　此の道、今人棄てて土の如し

【貧巷】 貧民の街。唐・盧綸〔従叔程の、西川の幕に帰るを送る〕詩 豈に貧巷に在るを念はんや　竹林鳴鳥の聲あり

【貧者】 貧乏。貧しい人。〔晋書、皇甫謐伝〕且つ貧なる者は士の常なり。賤なる者は道の實なり。常に處りて實を得、歯（生）を沒へて憂へず。

【貧賤】 貧しくて賤しい。宋・欧陽脩〔滝岡阡表〕其の後、脩、夷陵に貶せらる。太夫人言笑自若として曰く、汝が家、故と貧賤なり。吾れ之れに處ること素有り。汝能く之れに安んぜよ、吾も亦た安んぜんと。

【貧道】 僧侶の謙称。〔世説新語、言語〕支道林（遁）常に數匹の馬を養ふ。或ひと言ふ、道人の馬を畜ふは韻やかならずと。支曰ふ、貧道は其の神駿を重んずと。

【貧富】 貧しさと、ゆたかさ。貧人と富者。〔墨子、非儒下〕壽夭貧富、安危治亂は固より天命有り。損益すべからず。

【貧乏】 貧しい。〔論衡、定賢〕管仲、財を分つに多くを取り、廉讓の節無きは、貧乏にして足らず、志義廢すればなり。

【貧嬴】貧しくて弱い。〔塩鉄論、地広〕儒は皆貧嬴にして、衣冠も完からず、安くんぞ國家の政、縣官の事を知らんや。
【貧陋】貧賤。〔宋書、徐湛之伝〕初め高祖微なりし時、貧陋過甚なり。嘗て自ら新洲に往きて荻を伐り、納布衫襖等の衣有り。
↑貧険 貧陋／貧屋 茅屋／貧漢 貧乏人／貧匱 貧乏／貧窶 やつれ／貧空 貧乏／貧竭 貧空／貧戸 貧家／貧耗 貧空／貧困 貧窮／貧細 貧民／貧士 貧乏人／貧時 貧乏な時／貧弱 やつれ／貧庶 貧民／貧人 貧民／貧素 清貧／貧相 貧乏人の相／貧痩 貧しくてやつれる／貧衲 貧僧／貧憊 貧困／貧薄 貧しい／貧夫 貧しい男／貧敝 貧困／貧味 粗食／貧民 貧者／貧厄 貧苦／貧約 貧乏／貧友 貧しい友／貧遊 貧友／貧落 うらぶれる／貧楽 貧しくて道を楽しむ／貧癃 貧病／貧黎 貧民／貧露 貧しい
↓安貧・寒貧・患貧・居貧・苦貧・窶貧・孤貧・極貧・恤貧・振貧・清貧・赤貧・賤貧・素貧・長貧・楽貧・廉貧

【斌】12 0344 ［份］6 2822 ［彬］11 4292
ヒン うつくしい まだらか
篆文

会意 文（文）＋武。〔説文〕八上に正字を份とし、「文質備はるなり」（段注本）といい、古文として彬をあげている。〔玉篇〕に斌を「文質の皃なり」とし、斌・份は同字、彬もまた声義同じ。文献には彬を用いることが多く、斌は人名に多い。份はあまり用例をみない。
訓義 ①うつくしい、文質がそなわる。②まだらか、色がいりみだれる。
古訓 〔名義抄〕斌 ウルハシ・マダラカニ 〔字鏡〕斌 マダラカナリ 〔字鏡集〕斌 カタチウルハシ
語系 斌・彬・份pian は同声。斑・彪pean、賁biuan も声義近く、まだらかで美しい意がある。
【斌蔚】文彩のさかんなさま。〔隋書、経籍志四〕宋・齊の世、下も梁初に逮ぶまで、（謝）靈運高致の奇、（顔）延年錯綜の美、謝玄暉（朓）の藻麗、沈休文（約）の富溢、煇煥斌蔚、辭義觀るべし。
【斌斌】文質備わるさま。〔史記、儒林、公孫弘伝〕公孫弘、～請ひて曰く、～即し秀才異等有らば、輒ち名を以て聞せん～と。制して曰く、可なりと。此れより以來、則ち公卿大夫士吏、斌斌として文學の士多し。
↑斌駁 色彩相雑わる
↓章斌・頒斌

人【稟】13 0090 ［禀］13 0090
ヒン リン ふち そなえる うける
篆文

金文

会意 亩＋禾。亩は穀倉の形。〔説文〕五下に「賜穀なり」とあり、扶持米をいう。もと祭祀料として賜わったもので稟受の意があり、天賦のものを稟性、尊上の命令を稟命、上申することを稟奏という。金文の〔大盂鼎〕に「今、我は隹れ刑亩に文王の正徳に即っく」とあり、字は宗廟を意味する宀に従う。もと神事についていう語で、賜穀を原義とする。禀は俗体の字である。

訓義 ①ふち、ふちまい。②あたえる、さずける、うける。③うまれつき、さずかる、そなえる。④懍と通じ、つつしむ、つつしみもうす。

古訓 〔名義抄〕稟 ウク
【稟仮】前渡しの給付。〔後漢書、張禹伝〕連歳災荒あり、府臧空虚となる。禹、上疏して、三歳の租税を入れ、以て郡國の稟假を助けんことを求む。詔して之れを許す。

【稟気】気をうける。生まれつき。〔論衡、気寿〕夫れ氣を稟くること渥ければ、則ち其の體彊く、體彊ければ則ち其の命長し。

【稟議】論議してその決定を奏上する。〔宋史、宇文虚中伝〕（金人）分道入侵す。～虚中～等謀りて、以て闕に赴きて稟議し、遁歸の計を爲す。

【稟給】給付する。〔後漢書、章帝紀〕（元和）三年春正月の乙酉、詔して曰く、～其れ嬰兒の父母親屬無く、及び子有るも養食する能はざる者には、稟給すること律の如くせよと。

【稟穀】食料を給付する。〔後漢書、桓帝紀〕（建和三年）十一月甲申、詔して曰く、～今京師の厮舍、死者相ひ枕す。～民に自ら振ふ能はず、及び流移する者有らば、稟穀すること科の如くせよ。

【稟受】受ける。天授。〔論衡、気寿〕百歳の命は、是れ其の正なり。～天に長短の命有るに非ず。人各〻稟受する有るなり。

【稟性】天性。〔北史、循吏、王伽伝〕（隋文帝詔）凡そ有生に在りて、含靈稟性、咸く好惡を知り、竝びに是非を識る。

【稟奏】諮問に答える。〔宋史、職官志二〕樞密院は軍國の機務、兵防邊備、戎馬の政令を掌る。～大事あるときは則ち稟奏す。

【稟貸】租税の一時貸し付け。〔晋書、武帝紀〕（泰始六年）隴右五郡の寇害に遇へる者の租賦を復す。自ら存する能はざる者には之れに稟貸す。

【稟賦】生まれつき。天性。〔夢渓筆談、人事一〕夏文莊、性豪侈、稟賦人に異なり。纔かに睡るときは、即ち身冷えて僵る。一に逝ける者の如し。既に覺め、人をして之れを温めしむるを須ちて、良や久しうして方めて能く動く。

↑稟学 学を受ける／稟啓 上申する／稟敬 上申する／稟控 上告する／稟懇 懇請する／稟質 天性／稟准 許可を申請する／稟書 上申書／稟承 拝承／稟称 申し立て／稟帖 請願書／稟食 給食／稟申 上申する／稟請 申請する／稟単 口上書／稟陳 陳述する／稟牘 稟帖／稟白 陳述する／稟復 復命する／稟令 命を受ける
↓異稟・英稟・官稟・気稟・既稟・咨稟・資稟・諮稟・夙稟・承稟・素稟・奏稟・天稟・特稟・賦稟・霊稟

常【賓】15 人［賓］14 3080
ヒン まろうど もてなす みちびく したがう
篆文
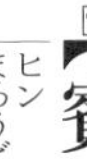
古文

甲骨文
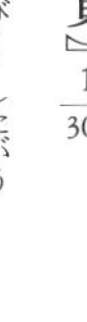
金文

会意 宀＋万＋貝。〔説文〕六下に「敬ふ所なり。貝に従ひ、𡧍聲」とするが、𡧍に従う字形ではない。卜文・金文の字形にみえる万の部分は、義の下部にみえる丂の部分と同じく、牲体の下半を示し、金文に賓をまた宀丂としるすものがあって、廟に牲を薦める意。さらに貝を加えて賓となる。賓は賓客。賓客とは、古くは客神をいう語である。〔詩、周頌、有客〕は、殷の祖神を客神として周廟に迎えることを歌う。賓は客神。またその客神を迎え送ることを、賓迎・賓送という。それよりして人に返報するを賓といい、主に対して客礼をとることを賓といい、主従の礼をとることを賓服・賓従という。

【訓義】①まろうど、まれなる人、客神。②よそびと、たずねくるひと。③やどる、もてなす、うやまう、みちびく。④したがう、あう。⑤浜と通じ、ほとり。⑥擯と通じ、すてる、しりぞける。

【古訓】〔和名抄〕賓客 末良比止(まらひと)〔名義抄〕賓 マラフド・ムカシ・シタガフ・ウヤマフ・キタル・ムカフ・ミチビク 〔字鏡集〕賓 キモノ・キタル・タカフ・ムカフ・ムナシ・ミチビク・シタガフ・ウヤマフ・アキラカ・マラウド

【声系】〔説文〕に賓声として殯・儐・鬢・嬪など十字を収める。殯は殯葬、儐は儐導、みな神事・儀礼に関する字である。これを以ていえば濱(浜)・擯などにも、賓の声義を承けるところがあると考えられる。

【語系】賓・儐・殯・濱pienは同声。邊(辺)pyenは声近く、辺境の祭梟(首祭)を行うところ、また異神と接するところである。瀕bienは水涯、水に臨んで祭る意象の字で、陸には邊、水には瀕という。濱も水辺で行う葬送の礼に関する字であろう。

【賓雁】 飛来する雁。唐・陸亀蒙〔孤雁〕詩 我、天地の間に生まれ 獨り南する賓雁と作る

【賓客】 客人。来賓。〔論語、公冶長〕子曰く、(公西)赤や、束帯して朝に立ち、賓客と言はしむべきも、其の仁を知らざるなり。

【賓貢】 入朝して献上する。唐・韓愈〔後廿九日復た(宰相に)上る書〕四海皆已に虞れ無く、九夷八蠻の荒服の外に在る者も、皆已に賓貢す。

【賓事】 客としてつかえる。〔墨子、法儀〕昔の聖王、~率ゐるに尊天事鬼を以てし、其の人を利すること多し。故に天之れに福し、立てて天子と爲さしめ、天下の諸侯、皆之れに賓事す。

【賓射】 諸侯朝会の時の射儀。〔周礼、春官、大宗伯〕賓射の禮を以て、故舊朋友を親しましむ。

【賓主】 主と客と。唐・王勃〔滕王閣の序〕臺隍は夷夏の交はりに枕み、賓主は東南の美を盡せり。

【賓従】 賓客と従者。〔三国志、魏、王粲伝注に引く魏氏春秋〕(鍾)會は名公子、才能を以て貴幸せられ、肥に乗り輕を衣き、賓從雲の如し。

【賓白】 戯曲中の対話と独白。〔西河詞話〕(元曲は)雜色入場し、白有りて唱無し。之れを賓白と謂ふ。~南曲にては則ち雜色皆唱ふ。

【賓服】 諸侯が服する。〔史記、秦始皇紀〕二十有六年、初めて天下を幷はす。賓服せざる罔し。

【賓辟】 徴召する。唐・張説〔貞節君(陽鴻)碑〕徒を閭里に養ひ、賓辟に應ぜず。

【賓萌】 客民。遊説者。〔呂覧、高義〕墨子曰く、~翟、身を度りて衣き、腹を量りて食らひ、賓萌に比す。未だ敢て仕を求めず。

【賓旅】 賓客と旅人。〔孟子、告子下〕(葵丘の会に)三命して曰く、老を敬ひ幼を慈しみ、賓旅を忘るること無かれと。

↑賓位 客の席/賓筵 賓客の宴/賓階 西階/賓館 客館/賓戯 賓客の戯/賓敬 恭敬/賓献 賓貢/賓佐 輔佐する/賓座 賓席/賓尸 繹祭/賓師 客分の師/賓次 賓の位/賓日 日の出を迎える/賓実 名と実/賓将 賓服する/賓食 賓客を迎えて宴する/賓席 賓筵/賓接 賓客として待遇する/賓阼 賓階/賓属 賓服する/賓待 賓接/賓長 主賓/賓天 崩御/賓賓 恭しくつつしむさま/賓附 帰服する/賓伏 帰服する/賓朋 賓友/賓末 末席/賓滅 擯滅する/賓友 賓客と友人/賓余 比余、櫛/賓侶 賓友/賓僚 幕賓/賓礼 客礼/賓老 老先生

↓燕賓・佳賓・嘉賓・外賓・貴賓・群賓・迎賓・貢賓・国賓・主賓・衆賓・尚賓・上賓・薦賓・大賓・待賓・典賓・拝賓・揖賓・礼賓・来賓

【儐】 16 2328 ヒン みちびく うやまう

篆文 金文 甲骨文

【形声】声符は賓(賓)。〔説文〕八上に「導くなり」とあり、儀礼の際に主人を佐けて賓客を世話することをいう。賓の動詞形というべき字で、またその人をいう。〔儀礼、有司徹〕に「尸を賓かず」とあって、賓を動詞に用いる。字はまた擯に作る。

【訓義】①みちびく、たすける、すすめる。②うやまう、つつしむ。③むくいる。④擯と通じ、すてる、のぞく。

【古訓】〔名義抄〕儐 ヤラフ・ハムベリ・ツカヒビト・アフ・ツラヌ・ノブ・イフ 〔字鏡集〕儐 ツカヒ、ト・ミチビク・ツラヌ・ヤラフ・ハムベリ・ツカヒ・ノブ・マフト・クフ・アフ

【語系】儐・賓・殯pienは同声、みな賓の声義をうける。賓・殯はもと送葬に関する字である。

【儐者】 賓客をたすける役。〔管子、小問〕東郭郵、至る。桓公、儐者をして延いて上らしめ、之れと分級(客階に就かせる)して上る。

↑儐賛 儐相/儐従 侍従/儐相 儐者/儐笑 眉をひそめて笑う/儐導 導く/儐背 そむく/儐畔 そむく

↓佐儐・受儐・承儐・上儐・退儐・登儐・旅儐

【嬪】 17 4348 ヒン そう そばめ

篆文 甲骨文

【形声】声符は賓(賓)。賓は神を賓迎する礼を示す字であるから、嬪の初義は、神を迎え、神によりそう女をいうものであろう。〔説文〕十二下に「服するなり」と双声を以て解し、〔爾雅、釈親〕に「婦なり」、また〔釈名、釈親属〕に「天子の妾に嬪有り。嬪は賓なり。諸妾の中、賓敬せらるるなり」と妾御の意とする。天子に九嬪あり、のち女官の名に用いる。〔礼記、曲礼下〕に「生には父と曰ひ、母と曰ひ、妻と曰ふ。死には考と曰ひ、妣と曰ひ、嬪と曰ふ」とあって、死者の美号とする。

【訓義】①そう、よりそう、神につかえる女。②そばめ、天子のそばめ、つま。③婦人、女官。④賓と通用する。

【古訓】〔名義抄〕嬪 ヨメツカヘ・ナイシ 〔字鏡集〕嬪 ヨメツカヘス・ヨメ

【嬪娥】 宮女。唐・元稹〔驃国楽〕詩 徳宗の深意は柔遠に在り 笙鏞御ひず、嬪娥を停む

【嬪御】 女官。侍妾。〔左伝、哀元年〕今聞くに、(呉王)夫差、次(宿衛)に臺榭陂池有り、宿(宿所)に妃嬙嬪御有り。~夫れ先づ自ら敗れんのみ。安くんぞ能く我を敗らん。

【嬪嬙】 女官。侍妾。〔左伝、昭三年〕齊侯、晏嬰をして(少姜を)晉に繼室せしめんことを請はしめて曰く、~君若し敝邑(斉国)を棄てずして、辱く董振して之れを擇び、以て嬪嬙に備へしめば、寡人の望みなりと。

↑嬪妓 姫妾/嬪侍 侍女/嬪従 侍女/嬪妾 婦嬪嬙/嬪人 女官/嬪然 人数が多いさま/嬪則 婦道/嬪徳 婦徳/嬪妃 女官/嬪媵 嬪御/嬪儷 つれあい

↓貴嬪・九嬪・玉嬪・三嬪・衆嬪・庶嬪・妃嬪・肥嬪・来嬪・良嬪

【擯】 17 5308 ヒン すてる しりぞける みちびく

篆文

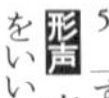

【形声】声符は賓(賓)。賓は賓客。もと客神をいい、のち外客をいう。儐はその動詞形で、

〔説文〕八上に「導くなり」とあり、また別体として擯を録するが、擯は多く擯斥の意に用いる。

訓義 ①すてる、しりぞける。②賓と通じ、みちびく、たすける。

古訓 〔名義抄〕擯 アラフ・ハラフ・カル・スツ・ヲフ・ミチビク・シリゾク

語系 擯・賓・儐・殯pienは同声。賓に賓送の意があり、死者を送る殯のように、遠く送ることから擯斥の意となった。

【擯圧】おしのける。〔三国志、蜀、郤正伝注に引く桓譚の新論〕臣の能く（琴を鼓して）悲しましむる所の者は、先に貴にして後に賤しく、昔富みて今貧しく、窮巷に擯壓せられ、四隣に交らざるものなり。

【擯介】儀礼をたすける人。〔儀礼、士冠礼〕擯者は期を請ふ。〔注〕擯とは有司の禮を佐くる者なり。主人に在るを擯と曰ひ、客に在るを介と曰ふ。

【擯斥】排斥される。梁・劉峻〔弁命論〕昔の玉質金相、英髦秀達も、皆當年に擯斥せられ、奇才を韞みて用ひらるること莫し。

【擯落】しりぞけられる。うらぶれる。〔隋書、芸術、蕭吉伝〕吉、性孤峭、～又楊素と協はず。是れに由りて世に擯落せられ、鬱鬱として志を得ず。

↑擯棄 排斥する／擯卻 排斥する／擯辞 接待の辞／擯者 接待者／擯詔 擯者／擯絶 棄絶する／擯相 擯者／擯退 擯斥する／擯黜 退ける／擯廃 排斥する／擯畔 そむく／擯僇 辱める

↓解擯・嘲擯・排擯

【虨】 17 2222 ヒン ハン あや

篆文 

形声 声符は彬。彬は文質の調和して美しいことをいう。〔説文〕五上に「虎文、彪たるなり」とあって、虎文の美しいことをいう。

訓義 ①あや、虎皮の美しいあや。

語系 虨・斑peanは同声。斑はもと辬に作り、〔説文〕九上に「駁なる文なり」、〔広雅、釈詁三〕に「文なり」とあり、文章のあるさまをいう。彬・斌pian、また贇biuanも、みな声義の近い語である。

【豳】 17 2277 ［邠］ 7 8722 ヒン ハン

篆文 

会意 二豕＋火。犠牲を焚く祭儀をいう字であろう。周の故地の名。〔説文〕六下に字を邠に作り「周の太王の國。右扶風美陽に在り」とし、また重文として豳をあげ、「美陽亭は卽ち豳なり。民俗、夜を以て市す。豳山有り。山に從ひ、豩に從ふ。闕」とする。闕とはその会意の意を知りがたいとするものであろう。金文に燹の字があり、燹王・燹伯の器がある。燹は豳の初文であろうと思われる。犠牲を焚いて祀る祭儀を示す字であろうが、その義の用例はみえない。邠は地名としての豳の形声の字である。〔詩〕に〔豳風〕七篇があり、その〔七月〕篇は長篇の農事詩。他の諸篇は多く周公説話に附会して解されているが、周末におけるその地域の困難な状況を歌うものであろう。

訓義 ①地名、国名。②字はまた邠に作る。③斑と通じ、まだら。

古訓 〔名義抄〕邠 國の名。タスク

【豳文】まだら文様の衣。〔史記、司馬相如伝〕（上林の賦）白虎を綺にし、豳文を被る。

↑豳歌 詩の豳風七月の詩／豳雅 豳風七月の詩／豳詩 豳歌

常【頻】 17 〖頻〗 16 2128 ［瀕］ 19 3118 ヒン みぎわ しきりに

篆文 

会意 歩（步）＋頁。〔説文〕十一下に瀕を正字とし、「水厓なり。人の賓附する（近づく）所なり。顰戚して歬（前）すまずして止まる。頁に從ひ、涉に從ふ」（段注本）とするが、その説くところは、形義ともに明らかでない。金文に「順子」の順を涉（涉）に従って瀕の字形にしるすことがあり、おそらく水辺における弔葬の礼に関する字であろう。〔玉篇〕に別に頻字を録し「詩に云ふ、國步斯に頻し」とし、次に〔説文〕の文を引く。〔広雅、釈詁三〕に「比なり」と訓するのは「しきりに」の意。〔説文〕に「顰戚」の語を以て解するのは、あるいは瀕がもと弔葬に関する字であったことと、関連があることかもしれない。頁は儀礼の際の儀容。水に臨んでその儀容を用いるのは弔葬のことであるらしく、孝順の順が金文に瀕の形にしるされるのも、そのためであろうと思われる。涉は水渉り。聖俗のことに関する民俗として、古く行われることが多かった。

訓義 ①みぎわ、みぎわの儀礼。②しきりに、さしせまる、みだれる。③ちかづく、したしむ。④顰と通じ、ひそむ、しかめる。

古訓 〔名義抄〕頻 シキリナリ・シバ〳〵・スミヤカニ・スミヤカナリ・イヤ〳〵・ヒソム

語系 頻・瀕bien、濱（浜）pienは声近く、水浜をいう。頁に従うのは、その水浜における儀礼に関する字である。墳（墳）biuan、邊（辺）pyenとも音が近く、墳は墓所、邊は辺徼における祭梟（首祭）の俗を示す字。また瀕涯の意と通じるところがある。比pieiと声近くして、しきりに、せまるなどの意があり、顰・嚬は、せまって気の泄れることをいう。

【頻数】しきりに。宋・梅尭臣〔永叔（欧陽脩）内翰の戯答に和す〕詩 主人既に賢豪 能く賓客をして樂しましむ 便ち歸りて面に膏し、髭鬚を染めん 今より宴會應に頻數なるべし

【頻煩】しばしば。頻繁。唐・杜甫〔蜀相〕詩 三顧頻煩なり、天下の計 兩朝開濟す、老臣の心

【頻繁】しばしば。唐・杜甫〔衡州に入る〕詩 頻繁、命屢に及び 磊落、字百行

【頻頻】しきりに。唐・杜甫〔王十五判官の～黔中に還るを送る〕詩 黔陽の信使、應に稀少なるべし 怪しむ莫かれ、頻頻として酒盃を勸むるを

↑頻蹙 しかめる／頻仍 重厚／頻伸 うめく／頻年 連年／頻犯 累犯

【檳】 18 4398 ヒン ビン びんろう

形声 声符は賓（賓）。木の名。檳榔。

訓義 ①びんろう、びろう。

【檳榔（らう）】びんろう樹。〔南方草木状、下、檳榔〕檳榔樹、高さ十餘丈、皮は青桐に似、節は桂竹の如し。下本大ならず、上枝小ならず。調直亭亭、千萬一の若し。～葉は甘蕉に似、條派開破、～葉下に數房を繫く。房綴數十實、實の大いさ桃李の如し。

【殯】 18 1328 ヒン かりもがり

篆文 

形声 声符は賓（賓）。賓に賓迎・賓送の意がある。死者に対する殯送の礼をいう。〔説文〕四下に「死して棺に在り。將に葬柩に遷さんとして、之れを賓遇す。歺に從ひ、賓に從ふ。賓は亦聲なり」とし、また「夏后は阼階（主人の階）に殯し、殷人は兩楹（廟の柱）の閒に殯し、周人は賓階に殯す」という〔礼記、檀弓上〕の文を引く。殯礼の次第は、〔儀礼、士喪礼〕に詳しい。殯礼が終わって、死者ははじめて賓として扱われる。卜辞に、祖霊を祭るとき「王、賓す」と賓迎の礼を行うことをいう。〔詩、秦風、小戎〕は武将

の死を弔う葬送の曲で、板屋に殯葬することを歌う。「かりもがり」は本葬以前に、屍の風化を待つ礼で、板屋に収めてその風化を待ったのであろう。殯礼は、古く複葬の形式が行われたことを示すものである。

訓義 ①かりもがり、かりもがりする。②さしおく、おく。③賓と通じ、むかえる、おくる。

古訓 〔名義抄〕殯 ハブル 〔篇立〕殯 ヤラフ・ヲフ・ムナシ・シス・ハフル

語系 殯・賓・儐・擯pienは同声。賓は賓主相対する語。賓迎・賓送の意があり、生死の関係を含む語である。賓の字形は、廟所に犠牲や貝を供える形。濱(浜)も同声。瀕bien、邊(辺)pyen、墳(墳)biuanなどみな死葬に関する字で、すべてその系統の語であろう。

【殯階】賓階。西の階。南朝宋・顔延之〔宋の文皇帝の元皇后哀策文の序〕輿を客位に降し、奠(供えもの)を殯階に撤く。

【殯柩】ひつぎ。〔戦国策、趙三〕天子弔するとき、主人必ず將に殯柩を倍け、北面を南方に設けんとす。然る後、天子南面して弔するなり。

【殯宮】かりもがりの建物。清・厲鶚〔亡姫を悼む、十二首、四〕詩 猶ほ是れ踏青、湖畔の路 殯宮の芳草、斜曛に對す

【殯葬】かりもがりをする。〔礼記、喪大記〕(喪主)竟内(境内)に在るときは、則ち之れを俟つ。竟外に在るときは、則ち殯葬して可なり。

【殯斂】納棺してかりもがりする。〔後漢書、符融伝〕(符融)妻亡す。貧にして殯斂無し。郷人、爲に棺服を具へんと欲す。融肯て受けず。曰く、古の亡する者は、之れを中野に弃つ。唯だ妻子以て志を行ふべし。但だ土に卽いて埋藏するのみと。

↑殯棺 葬棺/殯祭 かりもがり/殯喪 殯祭/殯天 崩御/殯表 墓碑の類/殯窆 墓穴/殯埋 埋葬する/殯殮 殯斂

↓帷殯・棺殯・帰殯・朽殯・柩殯・虞殯・告殯・哭殯・喪殯・卒殯・黜殯・停殯・覆殯・祓殯・埋殯

【臏】 18 7328 〔髕〕 24 7328 ヒン あしきる

篆文 

形声 声符は賓(賓)。〔説文〕骨部四下に「髕は厀耑なり」とあり、膝頭のいわゆる皿の部分をいう。そこに連なる筋肉をもいい、〔史記、秦紀〕に「鼎を擧げて臏を絶つ」とは、その筋が切れること。兵法家の孫臏は、同門に妬まれて刖刑(あしきりの刑)を受けた人で、刖刑は古く臏脚の刑といった。

訓義 ①あしきる、あしきりの刑。②字はまた髕に作り、ひざのさら、はぎの骨。

古訓 〔名義抄〕臏・髕 ヒザノアヒダ・アハタコ 〔篇立〕臏・髕 ヒザノホネ・モ、・ヒザアハタ・ヒザノアヒ 〔字鏡集〕髕・臏 ヒザノハシ・アハタコ・アハタ

【臏脚】足切りの刑。膝の関節を絶つ。漢・司馬遷〔任少卿(安)に報ずる書〕屈原放逐せられて、乃ち離騷を賦し、左丘、明を失ひて、厥れ國語有り。孫子、脚を臏せられて、兵法脩列す。

↑臏骨 ひざの皿/臏辟 足切りの刑

【嚬】 19 6108 ヒン ひそめる しかめる

形声 声符は頻(頻)。頻に「顰める」の意がある。

訓義 ①ひそめる、まゆをひそめる、しかめる、かおをしかめる。②わらう。③顰・矉と通用する。

古訓 〔名義抄〕嚬 クチヒソム・マナカミスハル・ヒソム/嚬呻 ノビ・エナキ・コロノヒ 〔字鏡集〕嚬 クチヒソム・ワラフ・ヒソム・マナカニシハル

＊語彙は顰字条参照。

【嚬蛾】美女の愁い顔。唐・李白〔擣衣篇〕詩 閨裏の佳人、年十餘 嚬蛾、影に對して離居を恨む

【嚬蹙】顔をしかめ、憂える。晉・陸機〔百年歌、十首、十〕詩 百歳の時 盈數已に登ちて肌肉單く~呼吸嚬蹙して、反側すること難し 茵褥滋味あるも、復た安からず

【嚬笑】顔をしかめることと、笑うこと。一嚬一笑。〔韓非子、内儲説上〕吾聞く、明主の一嚬一笑を愛むは、嚬すれば爲に嚬するもの有り、笑へば爲に笑ふもの有ればなり。今夫の袴は、豈に特だ嚬笑のみならんや。~故に之れを藏して、未だ予ふること有らざるなり。

↑嚬伸 あくび/嚬呻 困苦する/嚬瘁 憂傷する/嚬眉 眉をひそめる

↓一嚬・含嚬・微嚬

入 【瀕】 19 3118 ヒン みぎわ はま そう

篆文 

形声 声符は頻(頻)。〔説文〕十一下に「水厓なり。人の賓附する(近づく)所なり。顰戚して歬(前)まずして止まる」(段注本)とし、字を渉(渉)と頁との会意とする。渉ろうとして止まり、困却して顰蹙する意とするものであろうが、頻の字に近づく意があり、瀕は水ぎわをいう。金文に、祖霊に対して自ら順子というときの順を瀕に作り、水に臨み、水を渉って行う儀礼を示す形である。頁はそのような儀礼の際の儀容。おそらく弔葬の儀礼に関する字と考えられる。賓(賓)はもと殯礼を示す字で、賓声の字には、その礼と関係をもつものがある。

訓義 ①みぎわ、はま。②そう、のぞむ、せまる。③ほとり、はて。

古訓 〔新撰字鏡〕瀕・濱 水祭(際)なり 〔名義抄〕瀕 ソフ・ワタリ 〔篇立〕瀕 ホトリ・ソフ・スハマ・ソバ・ソヒテ

語系 瀕bienは濱(浜)・賓・儐・殯pienと声近く、また墳(墳)biuan、邊(辺)pyenとも声義の関係がある語であろう。

【瀕海】海にのぞむ。海辺。〔漢書、賈山伝〕(至言)又、阿房の殿を爲る。殿の高さ數十仞。~馳道を天下に爲り、東は燕・齊を窮め、南は吳・楚を極め、江湖の上、瀕海の觀、畢く至る。

【瀕近】すぐ近くにまでおよぶ。〔聖武記、七〕邊民、鋒鏑に瀕近す。固より世業を割きて、身家を保たんことを願ふ。

【瀕水】水ぎわ。〔唐書、高倹伝〕秦の時、李冰、汶江の水を導きて田に灌ぐ。瀕水の者、頃ごと千金なり。民相ひ侵冒す。

↑瀕危 瀕死/瀕死 垂死/瀕臨 相接する

↓河瀕・海瀕・江瀕

【矉】 19 6308 ヒン にらむ しかめる

篆文 

形声 声符は賓(賓)。〔説文〕四上に「恨みて目を張るなり」とあり、また顰と同じ。〔説文〕に「詩に曰く、國步斯に矉し」と〔大雅、桑柔〕の句を引く。〔毛詩〕に矉を頻(頻)に作る。

訓義 ①にらむ、うらんでみる。②しかめる。③もつれる。④頻と通じ、さしせまる。

古訓 〔字鏡集〕矉 ウラム

↑矉蹙 顰蹙、顔をしかめる

【繽】 20 2398 ヒン みだれる

形声 声符は賓(賓)。〔玉篇〕に「繽紛、盛んなるなり」とあり、連語として用いる。双声の形況語である。花などのさきほこり、乱れちるさまをいう。

訓義 ①さかんなさま、花などが咲きほこるさま。②みだれる、み

だれちるさま。

古訓〔名義抄〕繽 マガフ・オホシ／繽紛 ―トマガフ・―トサカリ・ミダレマガフ〔篇立〕繽 マガフ・サカリ・オホシ

【繽紛】 多いさま。落花の多いさま。晋・陶潜〔桃花源記〕忽ち桃花の林に逢ふ。岸を夾むこと數百歩、中に雜樹無く、芳草鮮美、落英繽紛たり。

➡繽繙 とぶさま／繽翻 はためく／繽繽 多いさま

【蘋】20 4428 ［薲］18 4480 ヒン うきくさ

篆文

形声 声符は頻（頻）。〔説文〕一下に字を薲に作り、「大蓱なり」とあり、〔爾雅、釈草〕に「苹は蓱なり。其の大なる者は蘋なり」という。〔詩、召南、采蘋〕「于に以て蘋を采る」の〔伝〕に「蘋は大蓱なり」とみえる。〔本草綱目、草八、蘋〕に「四葉の菜、田字草」というものである。

訓義 ①でんじそう、よつばうきぐさ、かたばみも、かつみ。②うきくさ、うきくさのかおり。

古訓〔新撰字鏡〕蘋 宇支奴奈波（うきぬなは）〔名義抄〕蘋 ウキクサ

【蘋花】 浮草の花。唐・柳宗元〔曹侍御の象県を過ぎりて寄せらるるに酬ゆ〕詩 春風限り無し、瀟湘の憶ひ 蘋花を採らんと欲するも自由ならず

【蘋蘩】 浮草と白よもぎ。〔左伝、隠三年〕苟くも明信有らば、澗谿沼沚の毛、蘋蘩薀藻の菜、筐筥錡釜の器、潢汙行潦の水、鬼神に薦むべく、王公に羞むべし。

【蘋風】 浮草の香り。唐・駱賓王〔女道士王霊妃の、道士李栄に贈るに代る〕詩 蘋風、駟に入る、來ること應に易かるべし 竹杖、龍を成して、去ること難からざらん

➡蘋果 林檎／蘋香 蘋花の香り／蘋草 水草／蘋藻 水草の名／蘋苹 水草の名

➡谿蘋・采蘋・初蘋・渚蘋・水蘋・青蘋・藻蘋・汀蘋・白蘋・萍蘋・風蘋・流蘋・緑蘋

【蠙】20 5318 ヒン ヘン どぶがい

篆文

形声 声符は賓（賓）。〔説文〕玭字条一上に「珠なり。王に従ひ、比聲。宋弘曰ふ、淮水中に玭珠を出だす。玭は珠の聲有る者なり」（段注本）とし、蠙字の篆を録して、「夏書に、玭は虫賓に従ふ」とする。〔夏書〕は〔書、禹貢〕に「淮夷は蠙珠曁び魚なり」とその貢物を規定する。〔釈文〕に、蠙とは蚌であるという。その蚌中に産する玉を玭という。いまの真珠の類。

訓義 ①どぶがい。②どぶがいの殻中に生ずる珠。

古訓〔字鏡集〕蠙 ナヲハムシ・ハマグリ

【蠙珠】 どぶがいの殻の中に生じる珠。蚌珠。〔新書、容経〕鳴玉以て行くは、佩玉なり。上に雙珩有り、下に雙璜有り。衡牙蠙珠、以て其の閒を約し、琚瑀以て之れに雜ふ。

➡黿蠙・蜃蠙

【顰】24 2140 ［矉］19 6308 ヒン しかめる ひそめる うれえる

篆文

形声 声符は頻（頻）。〔説文〕十一下に「水を渉りて顰蹙するなり」とあり、〔玉篇〕に「顰蹙するなり。憂愁して樂しまざるの狀なり」という。〔説文〕に渡水のことをいうのは、瀕の省文に従うと解するからであろう。金文の順ももと瀕に作り、やはり渡水の意を含む。順は孝子の徳をいう字で、金文には父祖に対して自ら順子という。瀕・瀕は水際で行われる儀礼をいう語で、葬送の儀礼に関するものと思われる。顰が顰蹙の字であるのも、その関連において理解すべきであろう。字はまた矉に作り、賓（賓）声の字と関係がある。賓は神を迎えること、殯は葬送の礼をいう。

訓義 ①しかめる、顔をしかめる、ひそめる、眉をひそめる。②うれえる、かなしい。

古訓〔篇立〕顰 ヒソム

【顰蹙】 顔をしかめる。〔顔氏家訓、治家〕齊の吏部侍郎房文烈、未だ嘗て嗔怒せず。～嘗て人に宅を寄（託）す。奴婢、屋を徹し、薪と爲して略ぼ盡きたり。之れを聞きて顰蹙せるも、卒に一言も無し。

➡顰笑 眉をしかめて笑う

➡一顰・開顰・学顰・含顰・嬌顰・軽顰・孤顰・効顰・笑顰・美顰・微顰・慕顰・柳顰

ビン

【岷】8 2774 ビン ミン

篆文

形声 声符は民。〔説文〕九下に字を㟩に作り、「山なり。蜀の湔氏、西徼外に在り」という。

訓義 ①山の名、川の名。②字はまた峧に作る。

【岷江】 川の名。四川省岷山の北に源を発する。長江源流の一。宋・黄庭堅〔次韻して邢敦夫（居実）に答ふ〕詩 岷江、初め觴を濫ぶるのみなるも 楚に入りては、乃ち底無し

➡岷益 四川／岷丘 岷山／岷蜀 岷山と成都。四川地方をいう

【忞】8 0033 ビン ブン つとめる みだれる

篆文

形声 声符は文（文）。〔説文〕十下に「彊むるなり」とし、〔書、立政〕「受（紂）の徳に在りて忞めたり」の文を引く。いま字を敃に作り、〔爾雅、釈詁〕に「強むるなり」という。〔説文〕攴部三下に「敃は彊むるなり」とあって、忞・敃・敃は声義同じ。〔玉篇〕に「自ら勉強するなり」とみえる。〔論語、述而〕の「文莫」はまた「侔莫」「黽勉」「密勿」「蠠沒」「穆忞」「芒芠」などにも作る連語である。

訓義 ①つとめる、はげむ。②忞忞は、くらい、みだれる。

古訓〔名義抄〕忞 ミダル・コハシ・アナガチ

語系 忞mianは敃・敃・黽mien、勉（勉）・俛・愐mian、また亹miuaiと声近く、みなつとめはげむ意があり、同系の語である。

【忞忞】 不明のさま。〔法言、問神〕古昔の唔唔たるを著はし、千里の忞忞たるを傳ふる者は、書に如くは莫し。故に言は心の聲なり。書は心の畫なり。

【旻】8 6040 ビン そら あきぞら

篆文

形声 声符は文（文）。〔説文〕七上に「秋天なり」とあり、〔爾雅、釈天〕の文。また「虞書に曰く、仁閔にして下を覆ふは、則ち旻天と稱す」と〔古尚書〕説を引く。秋天説は今文家の説である。金文の〔毛公鼎〕に「敃天疾畏」とあり、敃天は時期に関しない語であった。〔詩、大雅、召旻〕〔詩、小雅、雨無正〕にも「旻天疾威」の語があり、〔左伝、哀十六年〕に孔子が没したときの哀公の誄の辭に「旻天不弔（不淑）にして、憖ひに一老を遺して、余れ一人を屛けて以て位に在らしめず」という。仁閔の意を含むとは思われない語である。

訓義 ①そら、あきぞら。②閔と通じ、うれい、あわれむ。

古訓〔名義抄〕旻 ヒロシ・ハルカ・シボム・カナシブ〔字鏡集〕旻 ヒロシ・ハカル（ルカ）・カナシブ・シボム・ウレフ・アキノハテ

【旻天】そら。天。〔書、多士〕惟れ三月、周公初めて新邑洛に于て、用つて商王の士に告ぐ。王若くの如く曰く、爾殷の遺れる多士よ。弗弔（不淑）なる旻天、大いに喪を殷に降す。我が有周、命に佑けられ、～殷の命を勑して帝に終へしむ。

↑旻宇 秋天／旻雲 秋雲／旻穹 蒼天／旻序 秋季／旻蒼 蒼天

↓九旻・穹旻・高旻・秋旻・清旻・蒼旻・霜旻・澄旻

【泯】

8 3714

ビン ミン ほろびる みだれる しずむ

篆文 

形声 声符は民。〔爾雅、釈詁〕に「盡くるなり」、〔詩、大雅、桑柔〕「國として泯びざる靡し」の〔伝〕に「滅ぶなり」とあり、〔説文新附〕十一上にその訓を収める。〔逸周書、祭公解〕に「泯泯芬芬」とあり、〔玉篇〕の「亂るるなり」という訓にあたる。民は眼睛を失う象であるから、泯はその声義を承ける字であろう。

訓義 ①ほろびる、つきる。②みだれる、くらい。③しずむ、まじる。

古訓 〔名義抄〕泯 ホロブ・ツクス・ツキヌ・ウシナフ・ヒタ、ク・マミル・シヅム・ヒタス・キユ 〔字鏡集〕泯 ミダル・キユ・ツキヌ・ツク・ホロブ・アラハス・ヒタ、ク・ツクス・ウシナフ・ヒトシ・ツヾマル・アハシ・シヅム・マジル・ヒタル

【泯絶】ほろびる。漢・趙岐〔孟子題辞〕亡秦～儒生を坑戮し、孟子の徒黨盡きたり。其の書號して諸子と爲す。故に篇籍、泯絶せざるを得たり。

【泯然】ほろびるさま。明・方孝孺〔贖窩記〕（漢の汲長孺、（呉の張）子布をして布衣爲らしむとも、亦た將に時に聞え、後に傳はらんとす。其れ肯へて泯然として庸衆の人と等しからんや。

【泯泯】みだれほろびるさま。〔書、呂刑〕民興ちて胥ひ漸き、泯泯棼棼として信に中ること罔く、以て詛盟を覆る。～上帝、民を監るに、馨香の德の馨ること有る罔し。

【泯没】消失する。ほろびる。〔池北偶談、談芸七、刊書〕異書多く泯沒して傳はらず。後漢書、事を注すること最も多し。引く所の書、今、十に二三無し。

【泯默】だまりこむ。明・楊慎〔陽関図引〕詩 徘徊して共に勸む、少らく留連せよと 泯默相ひ看て、兩つながら傾倒す

↑泯棄 滅ぼす／泯尽 滅び、つきる／泯墜 滅びる／泯玷 かける／泯芬 紊れる／泯亡 滅びる／泯乱 乱れる

↓夷泯・泫泯・眩泯・亡泯・默泯・吝泯

【敃】

9 7874 ［昬］ 9 7760 ［敯］ 13 7864

ビン ミン つとめる

篆文 

金文 

会意 民＋攴。民は眼睛を破る意象の字。新しい服属者を神の徒隷とするために、その一眼を傷つけた。それに攴を加えて、強制使役することをいう。〔説文〕三下に「彊むるなり」とし、〔玉篇〕に「勉むるなり」とあって、勉強の意。字はまた昬・敯に作り、〔爾雅、釈詁〕に「昬・敯は強むるなり」とあって同訓。金文の〔毛公鼎〕に「敃天疾畏」の語があり、〔詩、小雅、雨無正〕に「旻天疾威」というものも同じ。また〔師望鼎〕に「純を得て敃ること亡し」とあって、古くは泯と同義に用いた。

訓義 ①つとめる。②泯と通じ、みだれる。

古訓 〔字鏡集〕敃 ツトム・ハゲマス／暋 ハゲマス・ツトム

語系 敃・昬・敯・僶mien はみな同声。忞mian、勉（勉）・俛・愐mian も声近く、つとめはげむ意がある。

【珉】

9 1714

ビン ミン たま

篆文 

形声 声符は民。〔説文〕一上に「石の美なる者なり」とみえ、玉に似た石をいう。字はまた玟・瑉に作る。

訓義 ①たま、たまに似た石、石の美なるもの。②字はまた玟・瑉に作る。

古訓 〔篇立〕珉 タマ

【珉玉】美石。〔水経注、穀水〕渠水又東し、枝分して南のかた華林園に入り、圃の南を歷疏す。圃中に古玉井有り。井悉く珉玉を以て之れを爲り、緇石を以て口と爲す。玉作精密なり。

【珉石】美石。北周・庾信〔象戯の賦〕荊山の美玉を分ち、藍田の珉石を斅ふ。

↑珉砌 美石の石だたみ

↓瓊珉・翠珉・青珉・琢珉・雕珉・貞珉・緑珉・琳珉

常

【敏】

10 囚［敏］ 11 8854

ビン さとい つとめる はやい

篆文 

甲骨文 

金文 

会意 初形は毎（每）＋又（又）。每は髮飾りをつけ盛装した婦人の姿。その髮に手をそえている形が敏。妻に似た字形で、妻は結婚のときの姿。敏は家の祭事にいそしむ婦人の姿。その髮に糸飾りを加えると繁（繁）となる。繁飾の意。〔説文〕三下に「疾きなり」と敏疾の意とする。敏捷とは祭事に奔走することをいう。疌は敏捷の捷の初文。妻の下部を走る形としたもの。〔説文〕に字を毎声とするが、金文に每を「每しむ」と用いる例があり、每・敏を同義に用いており、繁簡の字である。また〔詩、大雅、生民〕に姜嫄が「帝の武の敏（拇）を履み」后稷を脤んだという感生帝説話が歌われており、敏を拇に仮借して用いる。古くその音であったのであろう。

訓義 ①さとい、かしこい、よく気配りする、つまびらか。②つとめる、たちはたらく。③はやい、すばやい。④拇と通じ、おやゆび。

古訓 〔名義抄〕敏 トシ・トホル・オ、・トクス・サトシ 〔字鏡集〕敏 カタ・スミヤカ・ウヤマフ・トホル・トシ・ツトム・トクス

声系 繁を〔説文〕十三上に緐に作り、「馬の髦飾なり」とするが、もと每・敏に従う字で、婦人が儀礼にのぞんで繁飾することをいう字である。

【敏鋭】さとく鋭い。〔唐書、呉湊伝〕湊、才敏鋭にして、謙畏自ら將ふ。帝、數顧訪し、尤も委信せらる。

【敏叡】さとくかしこい。〔南史、梁、簡文帝等紀論〕太宗、敏叡なること人に過ぎ、神采秀發す。

【敏求】つとめて求める。〔論語、述而〕子曰く、我は生まれながらにして之れを知る者に非ず。古を好み、敏にして以て之れを求むる者なり。

【敏給】すばやく気転がきく。〔後漢書、皇后上、章德竇皇后紀〕后、性敏給、心を傾けて承接し、稱譽日に聞ゆ。明年、遂に立ちて皇后と爲る。

【敏歆】ゆびあとをふんで感じる。〔詩、大雅、生民〕帝の武の敏（拇）を履みて歆け～載ち震し載ち夙し 載ち生み載ち育す

【敏才】すばしこい。〔後漢書、宦者伝論〕或いは敏才給對（応待が早い）、巧を飾り實を亂る。～故に能く昏幼を回惑し、視聽を迷瞀す。

【敏識】明敏博識。唐・韓愈〔韋相公（貫之）の為に官を讓る表〕臣本と長才に非ず。又敏識に乏し。學は經訓に通達すること能はず、文は吏事を緣飾するに足らず。

【敏疾】速い。敏捷。〔西京雑記、三〕枚皐の文章は敏疾、長卿（司馬相如）の制作は淹遲、皆一時の譽を盡す。

而して長卿は首尾温麗なり。

【敏捷】(びんしょう) すばしこい。〔漢書、酷吏、厳延年伝〕延年、人と爲り短小精悍、事に敏捷なり。

【敏達】(びんたつ) さとく、ことの道理に明るい。宋・曽鞏〔戚元魯墓誌銘〕元魯、少きときより大志有り。聰明敏達、好んで當世の事を論ず。

【敏邁】(びんまい) さとく、すぐれる。〔臨隠居詩話〕永叔(欧陽脩)の詩の如きに至りては、才力敏邁、句も亦た清健なり。但だ其の餘味少なきを恨むのみ。

【敏妙】(びんみょう) さとく、すぐれる。〔鶴林玉露、甲二、二蘇〕朱文公(熹)云ふ、二蘇(軾・轍)は精深敏妙の文を以て、傾危變幻の習を煽んにすと。

↑敏活 敏捷/敏黠 わる賢い/敏感 鋭敏/敏慧 聡明/敏決 果断/敏悟 聡い/敏口 口達者/敏行 つとめる/敏誠 敏くて誠がある/敏贍 才知がはたらき、知識が多い/敏智 機智/敏弁 口達者/敏麗 敏く美しい/敏練 手なれたわざ

↓鋭敏・叡敏・穎敏・過敏・該敏・恪敏・機敏・恭敏・強敏・勤敏・謹敏・勁敏・敬敏・警敏・口敏・巧敏・克敏・才敏・秀敏・周敏・夙敏・俊敏・雋敏・駿敏・捷敏・詳敏・深敏・斉敏・精敏・贍敏・聡敏・端敏・通敏・貞敏・篤敏・訥敏・博敏・不敏・膚敏・武敏・弁敏・便敏・明敏・優敏・和敏

【紊】 10 0090 ビン ブン みだれる

篆文

形声 声符は文(文)。〔説文〕十三上に「亂るなり」とあり、前条の緡も同訓。緡は糸の長短についていい、紊はその色についていう。また「商書に曰く、條有りて紊れず」と〔書、盤庚上〕の文を引く。條(条)は糸の筋目をいう。〔説文通訓定声〕に紋(紋)は左形右声、紊と同字であるとするが、紋は紋理・花紋の意に用い、用義の異なる字である。

訓義 ①みだれる、みだる、まがう。

古訓 〔名義抄〕紊 ミダル 〔篇立〕紊 ミダル・マガフ・アヤ

語系 紊miuan、棼biuanは声義近く、また紛(紛)phiuan、泯mienも同系の語。交わりみだれることをいう。

【紊淆】(びんこう) いりまじる。〔書影、三〕(唐仲言)瞽なるに及び、但だ默坐して諸兄の呫嗶(読書)するを聴きて之れを暗識す。～其の古文を掇拾して以て箋註を爲す者、～遡流從源、捜羅略書く。～必ず經を先にし史を後にし、少しも紊淆せず。

【紊砕】(びんさい) くだけ乱れる。〔水経注、汝水〕神廟有り、世に之れを張明府の祠と謂ふ。水旱の節あらざるとき、則ち之れに禱る。廟前に石碑有り。文字紊砕して、復た尋ぬべからず。～此れ(張)熹の(雨を祈り)自焚せし處なり。

↑紊棄 廃棄/紊緒 前後が乱れる/紊數 みだれくずれる/紊煩 みだれて入りまじる/紊紛 紛乱する/紊乱 乱れる/紊裂 ばらばらとなる

↓堙紊・斲紊・隳紊・淆紊・弛紊・侵紊・衰紊・繁紊

【罠】 10 6074 ビン つりいと あみ わな

篆文

形声 声符は民。字はもと网に従う。〔説文〕七下に「釣なり」とあり、魚釣り糸。また兎あみをいう。

訓義 ①つりいと。②あみ、うさぎあみ、いのこあみ、しかあみ。③わが国では、わなとよむ。

古訓 〔名義抄〕罠 アミ 〔字鏡集〕罠 アミ・ツリ

↓修罠

【閔】 12 7740 〔憫〕 15 9702 ビン ミン いたむ あわれむ うれえる

篆文 古文

形声 声符は文(文)。〔説文〕十二上に「弔する者、門に在るなり」とし、古文一字を録し、その字は民声に従う。愍と声義の同じ字である。〔左伝、宣十二年〕「少くして閔凶に遭ふ」は死別の意。憫は閔の俗体の字である。

訓義 ①いたむ、とむらう。②あわれむ、うれえる。③なやむ、やむ。④敃と通じ、つとめる。⑤旻と通じ、あきぞら。

古訓 〔名義抄〕閔 イタム・ヤム・ヤマシ・カナシブ 〔字鏡〕閔 ヤブル・ツトム・アハレブ・ヒマ・ハヂヌ・コトハヂヌ・ヤマシ・ヤスシ・ヤマヒ・カナシブ・イタム・イタキカナ

語系 閔・愍mianは同声。〔玉篇〕に「憫は憂ふるなり」とあり、〔広雅、釈詁一〕に愍を「愛しむなり」「憂ふなり」、〔釈詁二〕に「痛むなり」「傷むなり」、〔釈詁三〕に「亂るるなり」と訓する。〔段注〕に閔・愍の字義を異なるとするが、通用の例が多い。また閔・忞は同声。忞は〔説文〕十下に「彊むるなり」、〔玉篇〕に「自ら勉強するなり」とあり、敃・暋・黽mien、勉(勉)・俛mianとも声近く、黽勉をまた閔免のように作ることがある。

＊語彙は憫字条参照。

【閔慰】(びんい) あわれみ深い。宋・蘇舜欽〔舅氏(按察郎中)を祭る文〕舅、漕を以て來る。巨艘を連牽し、旆旌徘徊す。舅を官亭に拜す。羇顔一たび開けば、語言呴呴として、閔慰兼該す。

【閔急】(びんきゅう) さしせまった不安。〔淮南子、主術訓〕國に九年の畜無き、之れを不足と謂ふ。六年の積無き、之れを閔急と謂ふ。三年の畜無き、之れを窮乏と謂ふ。

【閔凶】(びんきょう) 親に死別する。不幸。晉・李密〔情事を陳ぶる表〕臣、險釁を以て夙に閔凶に遭ふ。生孩六月にして、慈父に背かれ、行年四歳にして、舅、母の志を奪ふ。

【閔笑】(びんしょう) あわれみ笑う。〔資治通鑑、梁紀十五〕(武帝、大同十一年)臣(司馬)光曰く、梁の高祖の終へざるは宜なる哉。～姦佞前に居るも見えず、大謀顚錯するも知らず。名辱められ身危く、覆邦絶祀、千古の閔笑する所と爲る。豈に哀しからずや。

【閔惜】(びんせき) 哀しみ惜しむ。漢・王逸〔楚辞、九弁、題解〕宋玉は屈原の弟子なり。其の師の忠にして放逐せられしを閔惜す。故に九辯を作りて、以て其の志を述ぶ。

【閔然】(びんぜん) 暗愚のさま。惽然。〔戦国策、秦三〕范睢至る。秦王庭に迎へ、范睢に謝して曰く、～躬竊かに閔然として不敏なるも、敬んで賓主の禮を執らんと。

【閔悼】(びんとう) うれえいたむ。漢・趙岐〔孟子題辞〕孟子、堯・舜・湯・文・周・孔の業の、將に遂に湮微せんとするを閔悼し、～周流憂世、遂に儒道を以て諸侯に遊び、斯の民を濟はんことを思ふ。

【閔閔】(びんびん) うれえるさま。〔左伝、昭三十二年〕天、禍ひを周に降し、我が兄弟をして並びに亂心有りて、以て伯父の憂ひを爲さしむ。～余一人、日として之れを忘るること無し。閔閔焉として、農夫の歳を望むが如く、懼れて以て時を待つ。

【閔勉】(びんべん) つとめる。黽勉。〔漢書、五行志中之上〕今陛下、～身を挺して獨り小人と晨夜相ひ隨ひ、烏集して吏民の家に醉飽し、亂服共坐、溷肴して別亡し。閔勉遯樂し、晝夜路に在り。

【閔労】(びんろう) いたわる。慰労。〔漢書、昭帝紀〕(元鳳元年三月)郡國選ぶ所の行義有る者、～五人に帛、人ごとに五十匹を賜ひ、遣り歸らしむ。詔して曰く、朕、官職の事を以てするを閔勞す、其れ務めて孝弟を修め、以て鄉里に教へよと。

↑閔悔 くやむ/閔傷 いたむ/閔茶 安徽の茶/閔免

閔勉/閔綿 かすか
↓哀閔・隠閔・恩閔・懐閔・矜閔・遘閔・覯閔・笑閔・惜閔・屯閔・不閔・憂閔・憐閔

【愍】 13 7833 ビン ミン いたむ うれえる あわれむ

篆文 詛楚文

形声 声符は敃。敃につとめる意がある。〔説文〕十下に「痛むなり」とあり、哀痛の意。〔広雅、釈詁二〕に「愛(いつく)しむなり」「憂ふるなり」、〔釈詁二〕に「痛むなり」「傷むなり」、〔釈詁三〕に「亂るるなり」の諸訓を加える。

訓義 ①いたむ、うれえる。②あわれむ、いつくしむ。③敃と通じ、つとめる。④怋と通じ、みだれる。

古訓 〔名義抄〕愍 カナシブ・アハレブ・イタム・メグム

語系 愍・閔(憫)mian は同声。また敃・敯・黽 mien も声近く声義通じ、勉(勉)・俛 mian も黽勉の意を以て通用することがある。

【愍忌】 死者の誕生日。〔無事為福斎随筆、下〕元の秦王夫人の施長生錢記に云ふ、秦王の薨愍二忌、三月廿五日、是れを愍忌と爲し、四月四日、是れを薨辰と爲す。

【愍卹】 あわれみ憂える。〔三国志、魏、三少帝、陳留王奐紀〕詔して曰く、相國晉王、誕いに神慮を敷き、四海を光被し、武功を震燿す。~江表を愍卹し、~示すに威德を以てす。

【愍傷】 あわれむ。〔後漢書、張奮伝〕(上疏)先帝聖德あり。數(しばしば)詔書を下し、崩缺を愍傷す。而れども衆儒達せず、議に駁異多し。

【愍然】 不憫に思う。〔後漢書、廉范伝〕嚴麟、奉章弔國、~小車に乘り、塗深くして馬死し、自ら進むこと能はず。范、見て愍然たり。從騎に命じて馬を下りしめて之れに與へ、告げずして去る。

【愍悼】 あわれみいたむ。〔東観漢記、朱遂伝〕中山の相朱遂、官に到り、出でて北嶽に奉祀せず、詔して曰く、災暴は類に緣よる。符驗は虛ならず。政、厥の中を失し、狼災應を爲す。乃ち孩幼を殘食するに至る。朝廷愍悼す。

↑愍哀 あわれみ、かなしむ/愍愛 可愛がる/愍焉 ふびんに思う/愍凶 閔凶/愍惜 あわれみ惜しむ/愍惻 いたむ/愍悴 あわれみ憂える/愍痛 いたむ/愍念 気がかり/愍隷 奴隷/愍憐 憐れむ

↓哀愍・慰愍・矜愍・遘愍・嗟愍・慈愍・惜愍・弔愍・不愍・留愍・憐愍

【閩】 14 7713 ビン

篆文

会意 門+虫。門を廟門とすれば、そこに蟲などをおく呪儀を示す字であろう。〔集韻〕に蟲(虫)に従う字形を収めているが、用義例がない。閩はただ閩越の地名、その地の種族の名にのみ用いる。〔説文〕十三上に「東南越の蛇種なり」とあり、〔周礼、夏官、職方氏〕の〔鄭玄注〕に「閩は蠻の別なり」という。蠻(蛮)は金文に「䜌夏」のように䜌に作り、もと虫のない字である。閩もあるいは、夷狄蛇種という観念から、門声に虫を加えたものであるかも知れない。

訓義 ①地名、今の福建の古名。②種族名、閩族。

【閩越】 福建から、ときには広東方面をも含めていう。〔史記、東越伝〕閩越王無諸、及び越東海王搖なる者は、其の先皆越王句踐の後なり。~秦已に天下を幷はすや、皆廢して君長と爲し、其の地を以て閩中郡と爲す。

【僶】 15 2721 ビン メン つとめる はげむ

形声 声符は黽。黽は僶の初文。〔詩、邶風、谷風〕「黽勉して心を同じうす」の〔釈文〕にまた僶に作り「猶ほ勉勉のごときなり」という。字はまた俛勉・閔勉・敯勉・牟勉・茂勉・侔莫・文莫・密勿・蠠没などに作り、みな二字連語。連読のときの音は閔、分用のときは勉(勉)の音でよむ。

訓義 ①つとめる、はげむ。②つかのま、まつ。

古訓 〔名義抄〕僶 ツトム・アフグ

語系 僶・黽・敃・昬・敯 mien は同声。忞 mian、勉・俛 mian は声義近く、通用の語である。

【僶俛】 つとめる。晉・陸機〔文の賦〕有無に在りて僶俛し、淺深に當りて讓らず。方を離れて員を遯がるると雖も、形を窮め相を盡さんことを期す。

↑僶勉 僶俛

【憫】 15 9702 ［閔］ 12 7740 ビン ミン いたむ あわれむ うれえる

篆文 古文

形声 声符は閔。閔は憫の初文。〔広雅、釈詁二〕に「懣(もだ)ゆるなり」とあって、憂悶することをいう。〔説文〕十二上に閔を「弔する者、門に在るなり」と弔問の意とするが、閔・憫・愍は同義の字とみてよい。憫は閔の俗体である。

訓義 ①いたむ、とむらう。②あわれむ、うれえる。③なやむ、やむ。④敃と通じ、つとめる。

古訓 〔名義抄〕憫 カナシブ 〔字鏡〕憫 アハレブ・イタム・カナシフ・ヤマヒ

語系 憫(閔)・忞 mian は同声。また勉(勉)・俛 mian、敃・敯 mien、亹 miuai も声近く、通用の義がある。

＊語彙は閔・愍字条参照。

【憫恤】 あわれみめぐむ。唐・柳宗元〔李中丞安撫崔簡の戚屬に謝する啓〕罪を得るの日、百口熬然、叫號羸頓、赴く所を知らず。儻し至仁厚德、深く憫恤を加ふるに非ずんば、則ち流散轉死すること、期、須臾に在り。

【憫笑】 あわれみ笑う。唐・韓愈〔崔立之に答ふる書〕斯立(崔の字)足下。僕、險を見て止む能はず、動くに時を得ず、顚頓狼狽し、其の操持する所を失ふ。~君子小人の憫笑する所、天下の背きて馳する所の者なり。

【憫默】 沈み悲しむ。唐・白居易〔琵琶行の序〕遂に酒を命じ、快やかに數曲を彈かしむ。曲罷りて憫默たり。自ら少小の時の歡樂の事、今漂淪憔悴し、江湖の間に轉徙することを敍ぶ。

↑憫哀 かなしみ哀れむ/憫焉 哀れむ/憫忌 あわれみ忌む/憫急 さしせまった不安/憫凶 閔凶/憫傷 哀れみいたむ/憫然 閔然/憫惻 哀れみいたむ/憫悼 哀れみいたむ/憫念 哀れみ思う/憫憫 哀れみ憂えるさま/憫嘿 憫默

↓哀憫・愛憫・隠憫・矜憫・惨憫・慈憫・傷憫・仁憫・衰憫・悽憫・憎憫・惻憫・不憫・憂憫・憐憫

【緡】 15 2796 ビン つりいと なわ かける

篆文

形声 声符は昬。〔説文〕十三上に「魚を釣る繳(いと)なり」とあり、〔詩、召南、何彼襛矣〕に「其の釣は維(こ)れ何ぞ 維れ絲、伊(こ)れ緡」とみえる。また銭を貫くなわをいい、その銭を緡銭という。漢代には千銭を一貫とした。すべてなわのようにしてかけるものをいう。

訓義 ①つりいと。②なわ、ぜにさし。③かける、きせる、つける、ほどこす。④あう。⑤愍と通じ、いたむ、うれえる。

古訓 〔名義抄〕緡 ツラヌヲ 〔字鏡集〕緡 マウシトルナハ・イトヲ・ツリノヲ・ホドコス・ツラヌ・ゼニツラヌク・ナハ・ヲ

【緡繦】 銭さし。銭を通すひも。斉・王融〔永明九年、

秀才に策する文、五首、四〕既に龜貝(殷・周の貨)積しく寢み、緡緡專ら用ひらる。世代滋〻多くして、銷漏(目減り)參倍す。

【緡緡】 心知のはたらきのないさま。〔荘子、天地〕其の(虚に)合ふや、緡緡として愚なるが若く、昏なるが若し。是れを玄徳と謂ふ。大順に同ず。

↑緡課 税金/緡乎 昏昧/緡泉 緡銭/緡銭 銭さしの銭、また漢代、一緡二分の税法/緡蛮 鳥の声/緡綸 釣り糸

↓金緡・牽緡・告緡・算緡・糸緡・収緡・垂緡・銭緡・長緡・釣緡・俸緡・斂緡

【鬢】 24 7280 ビン びん びんずら

篆文 

形声 声符は賓(賓)。〔説文〕九上に「頰の髮なり」とあり、髯九上には「頰の須なり」という。髮(髮)とは頭髪に属することをいう。〔荘子、説剣〕に当時の剣士の姿を「蓬頭突鬢」としるしている。「びんづら」を伸ばして、その勇猛を誇ったのであろう。

訓義 ①びん、びんのけ、びんずら。②ほおの毛。

古訓 〔和名抄〕鬢 髮なり、加美(かみ)。髮なり、加美乃爾(かみのね) 〔篇立〕鬢 ヒゲ・タレカミ・ツラノカミナリ

【鬢鴉】 からすのような黒髪のびん。唐・杜牧〔閨情〕詩 娟娟たる卻月の眉 新鬢、鴉の飛ぶに學ぶ

【鬢糸】 びんの乱れ髪。唐・白居易〔久しく韓侍郎を見ず、戯れに四韻を題して以て之れに寄す〕詩 靜吟、月夜に乖き 閑酔、花時曠し 還た愁ひの處を同じうする有り 春風、鬢絲に滿つ

【鬢鬚】 びんの毛と、ひげ。宋・蘇軾〔将に終南に往かんとして、子由(轍)の寄せらるるに和す〕詩 人生百年、鬢鬚に寄す 富貴、何ぞ啻だに葭中の莩(薄皮)のみならん

【鬢霜】 びんの白髪。宋・蘇軾〔九日、王鞏に次韻す〕詩 鬢霜、我より饒きこと、三千丈 詩律は君に輸す(及ばず)、一百籌

【鬢髮】 びんの毛。唐・杜甫〔杜位に寄す〕詩 干戈況んや復た塵、眼に随ふ 鬢髮還た應に雪、頭に滿つべし

【鬢斑】 白髪まじりのびんの毛。唐・韋応物〔淮上、梁川の故人に会ふを喜ぶ〕詩 歡笑して情、舊の如し 蕭疏として、鬢已に斑らなり

【鬢辺】 びんの毛のあたり。唐・杜牧〔家に帰る〕詩 誰と共にか、歳月を争はん 贏し得たり、鬢邊の絲

↑鬢脚 垂れたびんの毛/鬢脣 びんの毛のあたり/鬢雪 白くなったびん/鬢髯 ひげ/鬢畔 びんの毛のあたり/鬢毛 びんの毛

↓鴉鬢・雲鬢・華鬢・暁鬢・髩鬢・玄鬢・鬚鬢・秋鬢・衰鬢・翠鬢・星鬢・雪鬢・蟬鬢・疎鬢・双鬢・蒼鬢・霜鬢・禿鬢・突鬢・白鬢・斑鬢・美鬢・蓬鬢・霧鬢・両鬢・緑鬢・老鬢

フ

常 【不】 4 1090 フ ヒ はなふさ おおきい しからず

篆文 

甲骨文 

金文 

仮借 否定・打ち消しの「ず」に借用する。字はもと象形、花の蕚柎の形であるが、その義に用いることはほとんどない。〔説文〕十二上に「鳥飛んで上翔し、下り來らざるなり。一に従ふ。一は猶ほ天のごときなり」とするが、卜文の字形には一を含むことがなく、鳥の翔ぶ形でもない。〔詩、小雅、常棣〕「常棣の華 鄂不韡韡たり」とある鄂不は蕚柎、花のつけ根のところで、これが字の本義に用いる例である。金文に「不顯」とあるものは「不顯」、「丕いに顕らかなる」の意。蕚柎に実がつきはじめて丕となり、否・咅となり、さけて剖判となる。不・丕・否は通用することがあり、金文に「不伓」「不䂨」のように用いる。

訓義 ①はなぶさ、へた。②丕と通じ、大きい。③仮借して否定語に用いる。ず、あらず、せず、なし、しからず、なかれ。④否と通じ、いな、いなや。

古訓 〔名義抄〕不 セズ・イナ・ナシ・アラズ・イナヤ 〔篇立〕不 イナ・ナシ・アラズ・イナヤ・スフ・セズ・コトハ 〔字鏡集〕不 ヤ・セズ・ナシ・シカラザル二ハ・マジ・イナヤ・アラジ

部首 〔説文〕〔玉篇〕に、否をこの部に属する。蕚柎より、胚胎から、これらの字は本来はこの部に属すべきものである。

声系 〔説文〕に不声として丕・芣・否・胚・坏・杯など十三字を収める。芣二下を「華盛んなるなり」と訓するが、その字は不を形声化した字。胚は胚胎、よく字の初義を存するものである。

語系 不・否piuəは同声。否は不の実のふくらんだ形。弗piuətは払戻の字。おそらく否定の声義をもつものであろう。否より音となり、倍・培buəはふくらみを加える意。剖phə、副phiuəkはふくらんで剖ける意。力を加えて剖くことを劈phyekという。みな一の語系をなすものである。

【不易】 多難。また、不変。〔易乾鑿度〕易は一名にして三義を含む。易なり。變易なり。不易なり。

【不韙】 不善。怪物。晋・郭璞〔山海経図讃、西山経、猼訑〕君子之れを服するときは、不韙に逢はず。

【不一】 一々せず。不備。書翰の末語。晋・王羲之〔問慰諸帖、上〕雨寒し、卿各〻佳なるや不や、諸患無頼なりや、力書一一せず。羲之問ふ。

【不学】 無学。〔礼記、学記〕玉琢かざれば器を成さず。人學ばざれば道を知らず。

【不刊】 滅去しない。不滅。晋・杜預〔春秋左氏伝の序〕左丘明、經を仲尼(孔子)に受く。以爲へらく、經なる者は不刊の書なりと。

【不軌】 不法。叛逆。〔左伝、隠五年〕君は將に民を軌(法規)物(文章)に納れしめんとする者なり。~不軌不物、之れを亂政と謂ふ。亂政亟〻行はる、敗るる所以なり。~皆に農隙に於て以て事を講ず。

【不諱】 君父の本名を避けずにいう。また、死ぬ。〔漢書、丙吉伝〕上自ら臨みて吉に問うて曰く、君卽し不諱有らば、誰か以て自りて代るべき者ぞと。吉、辭謝して曰く、群臣の行能は、明主の知る所なり。

【不羈】 束縛されぬ。〔史記、鄒陽伝〕今人主、諂諛の辭に沈み、帷裳の制に牽かれ、不羈の士をして、牛驥と皁(かいばおけ)を同じうせしむ。

【不義】 不正。〔易、繫辞伝下〕子曰く、小人は不仁を恥ぢず、不義を畏れず。利を見ざれば勸まず、威さざれば懲りず。

【不朽】 不滅。魏・文帝〔典論論文〕蓋し文章は經國の大業、不朽の盛事なり。年壽は時有りて盡き、榮樂は其の身に止まる。二者は必至の常期有り。未だ文章の無窮なるに若かず。

【不急】 緊要でないこと。唐・王維〔山中、裴秀才迪に与ふる書〕儻し能く我に從つて遊ばんか。子の天機淸妙なる者に非ずんば、豈に能く此の不急の務めを以て相ひ邀へんや。然れども其の中に深趣有り、忽せにすること勿かれ。

【不遇】 世に遇わぬ。不運。〔孔子家語、在厄〕夫れ遇と不遇とは時なり、賢と不肖とは才なり。君子、博學深謀にして、

時に遇はざる者衆し。

【不経】常法にそむく。〔書、大禹謨〕其の不辜(無実)を殺さん與りは、寧ろ不經に失せん。

【不穀】不善。王侯君長の自称。〔老子、三十九〕貴は賤を以て本と爲し、高は下を以て基と爲す。是こを以て侯王は、自ら孤・寡・不穀と謂ふ。

【不才】才能なし。唐・孟浩然〔歳暮南山に帰る〕詩 北闕、書を上ることを休め 南山、敝廬に歸る 不才、明主棄つ 多病、故人疏なり
【不訾】限りがない。はかられぬ。無数。〔史記、貨殖伝〕巴蜀の寡婦清、其の先(世)丹穴を得て、其の利を擅にすること數世、家亦た不訾なり。

【不時】時ならぬ。時期はずれ。〔論語、郷党〕時ならざれば食らはず。割くこと正しからざれば食らはず。其の醬を得ざれば食らはず。

【不日】いつか。久しく。日ならず。〔詩、大雅、霊台〕靈臺を經始す 之れを經し、之れを營す 庶民之れを攻め 日ならずして之れを成す
【不若】怪物。〔左伝、宣三年〕昔、夏の方に徳有るや、遠方、物を圖き、金を九牧より貢す。鼎を鑄て物を象り、～民をして神姦を知らしむ。故に民、川澤山林に入るも、不若に逢はず。螭魅罔兩も、能く之れに逢ふこと莫く、～以て天休を承く。

【不淑】天によしとせられず。死喪することをいう。〔詩、鄘風、君子偕老〕子の不淑なる 云に之れを如何せん
【不肖】父に似ぬ。不才の者。また、拙者。宋・司馬光〔劉蒙に答ふる書〕方今豪傑の士、内は則ち朝廷に充ち、外は則ち郡縣に布く。～足下之れを取ること無くして、乃ち獨り左顧して不肖に抵る。豈に期待せらるるの厚きに非ずや。

【不辰】時ならず。その時をえない。宋・文天祥〔六歌、六首、六〕詩 我が生、我が生、何ぞ辰ならざる 孤根識らず、桃李の春 天寒く日短く、重ねて人を愁へしむ 北風は我が鐵馬の塵に隨ふ
【不審】不詳。詳知せず。宋・蘇軾〔司馬温公に与ふる、五首、二〕比日不審、台候(ご機嫌)如何。

【不世】世にまれな。不世出。唐・韓愈〔于襄陽に与ふる書〕側に聞く、閣下不世の才を抱き、特立して獨行、道、方にして、事、實なりと。

【不測】思いがけぬ。〔顔氏家訓、省事〕初め貲らざるの賞を獲、終に不測の誅に陷るは、則ち嚴助・朱買臣・吾丘壽王～の類、甚だ衆し。

【不断】たえぬ。たゆまぬ。〔漢書、劉向伝〕夫れ狐疑の心を執る者は、讒賊の口を來し、不斷の意を持する者は、群枉の門を開く。

【不弔】不淑。弔は淑。〔詩、小雅、節南山〕昊天不弔なるも 宜しく我が師を空むべからず
【不調】調和しない。〔後漢書、章帝紀〕(建初二年)春三月辛丑、詔して曰く、比年(連年)、陰陽調はず、飢饉屢臻る。

【不庭】来朝しない。〔詩、大雅、韓奕〕不庭方(邦)を榦し 以て戎の辟を佐けよ
【不逞】不法の者。〔左伝、襄十年〕初め(鄭の)子駟、田洫(田地の境界)を爲り、司氏・堵氏・侯氏・子師氏、皆田を喪ふ。故に五族、群不逞の人を聚め、公子(鄭公の遺子)の徒に因りて、以て亂を作す。

【不天】天の助けがない。〔左伝、宣十二年〕鄭伯肉袒し、羊を牽きて以て逆へて曰く、孤不天にして、君に事ふること能はず。君をして怒りを懷き、以て敝邑に及ばしむ。孤の罪なり。

【不腆】粗物。謙遜していう。〔左伝、文十二年〕賓客(秦の使者)曰く、寡君願はくは福を周公・魯公に徼め、以て君(魯君)に事へん。不腆なる先君の敝器、下臣をして諸れを執事に致さしめ、以て瑞節と爲し、好命を結ばんことを要む。

【不動】動かぬ。ゆるがない。〔易、繫辞伝上〕寂然として動かず、感じて遂に天下の故に通ず。

【不徳】善徳がない。恩恵を施さない。〔書、伊訓〕嗚呼、嗣王、厥の身を祗み、念はん哉。～爾、不徳なること惟らば、大なること罔きも厥の宗を墜さん。

【不佞】口下手。また、自己の謙称。〔左伝、成十三年〕君(秦君)、若し大惠を施さずんば、寡人不佞、其れ諸侯を以て退くこと能はず。敢て盡く之れを執事に布く。

【不抜】不動。〔易、乾、文言伝〕樂しむときは則ち之れを行ひ、憂ふるときには則ち之れを違る。確乎として其れ抜くべからざるは、潛龍なり。

【不平】不公平。おちつかぬ。楚・宋玉〔楚辞、九弁〕坎廩として貧士、職を失ひて志平ならず
【不昧】明らか。くらまされぬ。〔大学章句、一〕明徳なる者は人の天に得る所にして、虚靈不昧、以て衆理を具へて、萬事に應ずる者なり。

【不毛】やせ地。荒地。蜀・諸葛亮〔出師の表〕故に五月、瀘を渡り、深く不毛に入る。

【不予】たのしまず。病気。〔史記、魯周公世家〕武王殷に克ちて二年、～武王疾有りて豫ばず。

【不慮】思いがけぬ。深く考えない。〔孟子、尽心上〕人の學ばずして能くする所の者は、其の良能なり。慮らずして知る所の者は、其の良知なり。

【不類】類しない。よくない。〔詩、大雅、瞻卬〕不弔(不淑)不祥にして 威儀類からず 人の云に亡ぶる 邦國殄く瘁ゆ
【不禄】士の死。禄を完うしない意。〔礼記、曲礼下〕天子の死を崩と曰ひ、諸侯を薨と曰ひ、大夫を卒と曰ひ、士を不禄と曰ふ。

【不惑】惑わぬ。四十歳をいう。〔論語、為政〕三十にして立つ。四十にして惑はず。五十にして天命を知る。六十にして耳順ふ。

↑不安 心配／不意 だしぬけ／不乙 不悉、書翰の末語／不允 不承知／不韻 無風流／不運 不幸／不懌 不予／不億 無数／不穏 穏やかでない／不可 よくない／不佳 わるい／不快 不愉快／不愨 不実／不堪 ひどい／不誼 不義／不給 不足／不共 不恭／不協 不和／不恭 謹まない／不愜 不快／不謹 不恭／不具 不備／不虞 予想外／不屈 たわまぬ／不群 孤高／不恵 不慈／不敬 不恭／不慧 愚か／不稽 虚妄／不蠲 不潔／不絜 不潔／不潔 けがれ／不虔 不敬／不顕 丕顕／不験 証拠がない／不言 無言／不辜 無実／不公 不公平／不幸 ふしあわせ／不肯 不承知／不皇 いとまがない／不遑 いとまがない／不材 不才／不錯 誤らず／不子 不孝／不私 無私／不貲 不訾／不歯 同等でない／不二 専一／不次 次第せず、書翰の用語／不弐 二心なし／不慈 慈愛がない／不識 知らず／不悉 不尽、不一／不実 誠実でない／不輸 送らぬ、やらぬ／不粛 不敬／不純 まじる／不順 気候などが順調でない／不醇 不親切／不如 及ばない／不祥 不吉／不称 不適当／不浄 けがれ／不常 常無し／不臣 臣たらず、臣下の道にそむく／不信 不実／不尽 尽きぬ／不是 不善／不正 不義／不斉 揃わぬ／不精

粗雑な／不宣 不一、書翰の末語／不然 然らず／不遜 傲慢／不妥 不都合／不第 不合格／不端 不正／不男 無能力／不治 治らぬ／不智 不慧／不忠 不臣／不衷 誠の心がない／不通 無理／不弟 不悌／不定 一定しない／不貞 操が正しくない／不悌 すなおでない／不迪 無道／不敵 敵とも思わない／不典 正しくない／不殄 不善／不図 はからずも／不度 非礼／不当 不道理／不党 党派にくみしない／不道 無道／不能 能力がない、できない／不備 不宣、書翰の末語／不敏 不才／不服 不承知／不物 奇異なもの／不文 無学／不変 変わらぬ／不偏 一党に偏らない／不弁 口下手／不便 不都合／不方 不正／不法 非法／不凡 非凡／不磨 不朽／不満 不満足／不眠 眠らぬ／不明 愚か／不滅 不朽／不問 とがめない／不夜 夜でも暗くない／不利 不利益／不理 不道理／不律 筆／不良 不善／不料 意外／不倫 道ならぬこと／不令 不善／不和 仲たがい

↓鄂不

【仆】 4 2320 フ ホク たおれる ふす

篆文 

形声 声符は卜。卜に赴・訃の声がある。〔説文〕八上に「頓るるなり」、また頓字条九上に「首を下るるなり」とあり、顚僵することをいう。卜はそのたおれる音をとるものであろう。

訓義 ①たおれる、ふす。②しぬ、ころす。③つまずく、くつがえる。

古訓 〔名義抄〕仆 タフル・フス 〔篇立〕仆 フス・タフル・タチマチ・ニハカ

語系 仆phiokは踣bək、伏biuək、覆(覆)phiuk、僨piuanと声近く、みな顚覆し、倒れる意がある。倒れるときの音と関係のある語であろう。

【仆僵】(ききやう) たおれる。魏・文帝〔黎陽の作、二首、二〕詩 轔轔たる大車 載ち低く載ち昂り 嗷嗷たる僕夫 載ち仆れ載ち僵る

【仆滅】 滅びる。〔漢書、董仲舒伝〕夫れ五百年の閒、守文の君、當塗の士、先王の法に則りて、以て其の世を戴翼せんと欲する者、甚だ衆し。然れども猶ほ反へること能はず、日に以て仆滅す。

↑仆偃 たおれふす／仆臥 たおれ臥す／仆死 たおれ死ぬ／仆質 しかばね／仆顚 たおれる／仆頓 顚倒する／仆廃 失意／仆斃 斃死する／仆漏 もれる

↓曳仆・殪仆・偃仆・駭仆・僵仆・驚仆・蹶仆・躓仆・酔仆・頽仆・墜仆・顚仆・頓仆・斃仆・奔仆

常【夫】 4 5003 フ フウ おっと おとこ かの それ かな

篆文・甲骨文・金文 

象形 大は人の正面形。その頭に髪飾りの簪を加えて、男子の正装の姿を示す。妻は女子が髪飾りを加えた形。夫妻は結婚のときの男女の正装を示す字形である。〔説文〕十下に「丈夫なり。大に從ふ。一は以て簪に象るなり」という。金文に人を数えるとき、〔曶鼎〕「厥の臣廿夫」「衆一夫」のようにいう。夫は労務に服するもの、その管理者を大夫という。夫人とは「夫の人」、先生を「夫子」(夫の人)というのと同じく、婉曲にいう語法である。「それ」は発語、「かな」は詠嘆の助詞。

訓義 ①おとこ、大人の人、つわもの。②おっと、良人。③人夫、えだち、ぶやく。④その、この、かの、それ、これ、かれ、指事詞。⑤かな、句末の助詞。

古訓 〔和名抄〕夫 乎布度(をふと)、一に云ふ、乎度古(をとこ)〔名義抄〕夫 ソレ・カノ・カレ・ヲフト・ヲトコ・イヤシ・ツカフ・マスラヲ・ヒト／〱／若夫 モシソレ／夫然 カクノゴトキ

部首 〔説文〕に規・扶の二字をこの部に属し、〔玉篇〕になお替を加える。規の従うところの夫の初形は∞で「ぶんまわし」の形。規は円、矩は方をえがくものであるが、のち規を定規のように使う。扶は〔説文〕に「輦の字、此れに從ふ」とするが、輦の上部はくびきを並べた形で、車に馬をつけた形。また替はもと普に作り、盟誓・争訟に関する字で、夫とは関係がない。

声系 〔説文〕に夫声として麩・枎・扶・鈇など八字を収めるが、特に夫の声義を承けるとすべきものはない。

語系 夫piua、父(父)biuaは声近く、おそらく同系の語。子の父たるものが、また夫である。傅piua、輔biuaと、語としての関係があろう。

【夫役】 徴用などによる役務。唐・元稹〔鎮州を招討する制〕如し車牛夫役及び工匠の類を要するときは、竝びに宜しく和雇情願せば、仍ほ價錢を優給すべし。

【夫家】 夫の家。また、夫妻。男女。〔周礼、地官、媒氏〕男女の夫家無き者を司りて之れを會す。

【夫君】 夫。唐・高駢〔閨怨〕詩 人生の悲歡、知るべからず 夫君初めて黒山を破りて歸る 如今又獻ず征南の策 早晩縫ふを催さん、帶號衣

【夫妻】 夫と妻。〔儀礼、喪服〕傳に曰く、父子は一體なり。夫妻は一體なり。昆弟は一體なり。

【夫子】 男子。夫。長上。また、師。〔史記、孔子世家論賛〕孔子は布衣、十餘世を傳へ、學者之れを宗とす。天子王侯より、中國の六藝を言ふ者、夫子に折中す。至聖と謂ふべし。

【夫遂】 日光から火をとるレンズ用の凹形の銅鏡。陽遂。陽燧。〔周礼、秋官、司烜氏〕夫遂を以て、明火を日に取り、鑒を以て明水を月に取り、以て祭祀の明齍明燭を共(供)し、明水を共(供)することを掌る。

【夫壻】 夫。わが夫。〔玉台新詠、古楽府、日出東南隅行〕東方千餘騎 夫壻、上頭に居る

【夫婦】 夫と妻。〔中庸、十二〕君子の道は費(広い)にして隱(微)、夫婦の愚も、以て與り知るべきも、其の至るに及んでは、聖人と雖も、亦た知らざる所有り。

↑夫課 夫役／夫党 夫の親族／夫布 人口税／夫力 労力

↓一夫・役夫・駅夫・火夫・寡夫・介夫・褐夫・姦夫・頑夫・窮夫・馭夫・漁夫・狂夫・怯夫・轎夫・工夫・愚夫・軍夫・健夫・賢夫・功夫・坑夫・鉱夫・曠夫・宰夫・讒夫・士夫・車夫・樵夫・丈夫・情夫・嗇夫・水夫・征夫・船夫・潜夫・前夫・髯夫・膳夫・壮夫・懦夫・大夫・貪夫・丁夫・哲夫・田夫・独夫・人夫・農夫・万夫・鄙夫・匹夫・武夫・牧夫・僕夫・凡夫・野夫・勇夫・余夫・庸夫・懶夫・廉夫・輦夫・老夫

常【父】 4 8040 〖父〗 4 8040 フ ホ ちち おとこ

篆文・甲骨文・金文 

会意 斧頭の形＋又(又)。又は手。斧鉞をもつ。指揮権をもつ人。その儀器。〔説文〕三下に「矩なり」と畳韻を以て訓し、「家長の率ゐて教ふる者なり。又(手)に從ひて杖を擧ぐ」と杖をもつ形とするが、卜文・金文の字形は斧の頭部をもつ形である。王・士はそれぞれ鉞の刃部の形で、その身分を示す儀器によって、その人を示す。尊称として用いることもあり、金文に毛公厝を毛父厝のようによぶことがある。また尊称的に伯懋父・伯龢父のように下につけて用いる。のちその字に甫を用いる。

訓義 1ちち。2父老の称。尊称的に用いる。3親族の父輩の人。4おとこ、男子の美称。管仲を仲父、范増を亜父という。5身分の低いおとこ、おやじ、漁父、田父。

古訓 〔和名抄〕父 知々（ちち）。日本紀私記に云ふ、加曾（かそ）〔名義抄〕父 チ、〔字鏡集〕父 チ、・イロハ・ハジメ

声系 〔説文〕に父声として甫・布・斧（斧）の三字を収め、甫を父の亦声とする。甫はおそらく田圃に関する字で、父の声義を承けるものとはしがたい。甫を父の意に用いるのは仮借、尊称とする。

語系 父biua は甫piua と声近く、甫は〔説文〕三下に「男子の美称なり」という。輔biua は父と同声。

【父蔭】父の功績により官を受ける。恩蔭。〔隋書、柳述伝〕性明敏、幹略有り。頗ぶる文芸に渉る。少くして父蔭を以て太子親衞と為る。

【父子】父と子。清・張鵬翮〔四川眉山、三蘇祠〕楹聯 一門、父子、三詞客 千古、文章、四大家

【父師】三公の一。太子の師傅。また、郷里の長老。〔儀礼、郷飲酒礼、注〕古者、年七十にして致仕し、郷里に老（隠居）す。大夫は名づけて父師と曰ひ、士は名づけて少師と曰ふ。

【父事】父としてつかえる。〔礼記、曲礼上〕年長ずること以て倍なれば、則ち之れに父事す。

【父執】父の友人。〔礼記、曲礼上〕父の執に見ゆるとき、之れに進めと謂はざれば敢て進まず、～問はざれば敢て對へず。此れ孝子の行なり。

【父母】両親。〔孝経、開宗明義章〕身體髮膚、之れを父母に受く。敢て毀傷せざるは、孝の始めなり。

【父老】郷の老人たち。〔史記、高祖紀〕高祖還歸して沛を過ぎり、留まりて沛宮に置酒（宴）す。悉く故人の父老子弟を召して縱酒せしむ。

↑父翁 父君／父艱 父の喪／父君 父／父慈 父の慈しみ／父親 父／父祖 先祖／父党 父方の親族／父任 父蔭／父輩 父の年齢層／父憂 父の喪

↓阿父・王父・仮父・家父・外父・岳父・季父・義父・舅父・漁父・教父・君父・継父・厳父・師父・尼父・事父・慈父・主父・従父・叔父・諸父・将父・樵父・神父・親父・世父・先父・祖父・傖父・族父・尊父・大父・乃父・仲父・田父・同父・伯父・亡父・養父・老父

常【付】 5 2420 フ わたす たのむ つける あたえる

篆文 
金文 

会意 人＋寸。寸はものを手にもつ形。〔説文〕八上に「與ふるなり。寸に從ふ。物を持して人に對ふ」とあり、付与の義とする。付託・付与の意がある。

訓義 1わたす、手づからわたす。2たのむ、よせる、つける。3あたえる、さずける。

古訓 〔名義抄〕付 ツク・サヅク・アマハシ・アク 〔字鏡集〕付 ワク・ツク・サヅク・アク・アタフ・アマハシ

声系 〔説文〕に付声として祔・符・柎・府・駙・拊・坿・附など十四字を収める。おおむね、ものを付合・付加・付益する意をもち、付の声義を承ける。

語系 付pio、傅piua、扶・輔biua は声義近く、傅合し扶助するような共通義がある。

【付属】依頼する。〔隋書、芸術、来和伝〕（上表）臣、永巷門東に在り。北面して立つ。陛下臣に問うて曰く、我に災障無きや不やと。臣陛下に奏して曰く、公の骨法氣色相ひ應ず、天命已に付屬する有りと。未だ幾くばくならずして、遂に百揆を總べたまへり。

【付託】まかせる。委託。〔捜神記、七〕太康九年、幽州塞北に死牛頭有りて語る。時に帝に疾病多し。深く後事を以て念ふことを爲して、付託するに至公を以てせず。瞀亂の應を思へばなり。

【付与】与える。宋・蘇軾〔陳睦の潭州に知たるを送る〕詩 湖南、萬古、一たび長嗟す 騷人（詩人）に付與して、嘲弄を發せしむ

【付予】与える。唐・韓愈〔淮西を平らぐる碑〕嗚呼、天既に全て有家を付予し、今傳次して予れに在り。予、事を事とすること能はずんば、其れ何を以てか郊廟に見えん。群臣震懾し、奔走して職に率ふ。

↑付火 焼却する／付勘 審査する／付寄 送付する／付給 給与する／付授 わたす／付囑 付属／付治 罪をしらべさせる／付畀 与える／付俾 与える／付丙 焼却する／付命 天命のままにする／付郵 郵送する

↓阿付・依付・委付・下付・還付・寄付・給付・交付・嘱付・責付・宣付・送付・託付・天付・添付・貼付・納付・配付・分付・返付

常【布】 5 4022 フ ホ ぬの ぜに しく つらねる

篆文 
金文 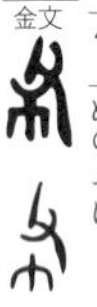

形声 古い字形は父（父）に従い、父声。〔説文〕七下に「枲の織なり」とあって、ぬの。木綿が作られる以前は、麻布・褐布が普通であった。蚕は卜文にみえ、また金文に「毳布」の名がみえるが、みな富貴の人の用いるもので、のちの世になっても、布衣とは身分のないものをいう。布衣は粗衣、わが国では「ほい」とよむ。敷と通用する。

訓義 1ぬの、植物繊維のおりもの。2ぜに、泉布。3貨財、みつぎ。4敷と通じ、しく、ひろげる、つらねる、あまねし、ゆきわたる。5命を布告する、しらせる、たっし。

古訓 〔和名抄〕布 沼能（ぬの）〔名義抄〕布 ヌノ・シク 〔篇立〕布 ヌノ・シク・ノブ・アマネシ・オヨブ・コケロク・ホドコス・ウク

声系 〔説文〕に布声の字を怖（悑）のように、甫声を以て示すものが多い。甫声の字に敷（敷）・博（博）のように広布の意をもつものがあり、声義に通用の例が多い。

語系 布pa は普・溥・鋪pha、敷phiua と声近く、また旁bang、播puai も同系の語で、ひろくゆきわたる意がある。

【布衣】布製の服。匹夫。〔史記、高祖紀〕高祖之れを嫚罵して曰く、吾れ布衣を以て、三尺の劍を提げて天下を取る。此れ天命に非ずや。命は乃ち天に在り。扁鵲と雖も何ぞ益あらんと。

【布画】画策する。〔金史、方伎、武亢伝〕亢、言笑すること寡なく、妄りに交はらず。嘗て一學生と終日相ひ對し、籌を握りて布畫す。目炯炯として營む所有るが若く、見る者測る莫し。

【布褐】布と毛のまぜ織り。賤者の服。〔晋書、孝友、何琦伝〕琦、善く性を養ふ。老いて衰へず、布褐蔬食し、恆に述作を以て事と爲す。～凡そ撰錄する所百許篇、～年八十二して卒す。

【布義】正道を施す。〔説苑、政理〕魏の文侯、西門豹をして往きて鄴を治めしむ。之れに告げて曰く、必ず功を全うし、名を成し、義を布けと。

【布教】教化を行う。〔周礼、地官、大司徒〕正月の吉、始めて和して教へを邦國の都鄙に布き、乃ち教象の灋（法）を象魏（城闕の門）に縣け、萬民をして教象を觀しむ。

【布景】画面配置。〔宣和画譜、墨竹、叙論〕布景致思に至りては、咫尺に盈たざるも、萬里論ずべし。則ち又豈に俗工の能く致る所ならんや。

【布衫】布の単衣。宋・楊万里〔渓に側ひて纜を解く〕詩

蓬萊の雲氣、君望むことを休めよ　且く巖灘に向って布衫を濯はん

【布施】ひろく人に施す。〔荘子、外物〕儒、詩・禮を以て冢を發く。～小儒曰く、～詩に固より之れ有り。曰く、靑靑たる麥　陵陂に生ず　生きて布施せざるに　死して何ぞ珠を含むことを爲さんと。

【布陣】陣取り。〔宋史、呉璘伝〕布陣の法、則ち步軍を以て陣心と爲し、左右翼、馬軍を以て左右の肋と爲し、拒馬は兩肋の閒に布く。

【布泉】古代の貨幣。〔新語、本行〕布泉を散じて以て耳目の好を極め、以て淫邪の心を快くす。豈に謬らずや。

【布総】麻布で髪を束ね、喪に服する。〔儀礼、喪服〕布總し、箭笄し、髽衰すること三年。

【布致】構図。〔宣和画譜、墨竹、叢竹図〕唯だ士人は、～未だ必ずしも能く所謂形似に工みならざるも、但だ命意布致洒落、疎枝秀葉、初めより多に在らず。下筆縱橫、更に凝滯無し。

【布帛】織物。〔礼記、礼運〕昔者は羽皮を衣る。後聖作る有り。～世其の麻絲を治めて、以て布帛と爲す。

【布帆】船の帆。〔晋書、文苑、顧愷之伝〕愷之、嘗て假(休)に因りて還る。(殷)仲堪、特だ布帆を以て之れに借す。破冢に至り、風に遭ひて大敗す。愷之、仲堪に牋を與へて曰く、地は破冢と名づく。眞に冢を破りて出づ。行人安穩、布帆恙無しと。

【布被】木綿のかけ布団。宋・曾幾〔雪作る〕詩　一夜、紙窗、明るきこと月に似たり　多年の布被、冰よりも冷やかなり

【布武】大股で歩く。〔礼記、曲礼上〕堂上には武(歩武)を接し、堂下には武を布く(広げる)。

【布韈】布のむかばき。旅装。唐・杜甫〔奉先の劉少府の新たに画ける山水障の歌〕詩　若耶の溪　雲門の寺　吾れ獨り胡爲れぞ、泥滓に在る　靑鞋布韈、此れより始めん

【布偏】遍くゆきわたる。〔後漢書、党錮、夏馥伝〕(張)儉等亡命するに及び、經歷の處、皆收考せられ、辭の連引する所、天下に布偏す。

【布袍】布の大袖。〔後漢書、東夷、馬韓伝〕馬韓人、田蠶を知りて緜布を作る。～大率皆魁頭露紒、布袍草履なり。

【布縷】布と、より糸。納税に用いた。〔孟子、尽心下〕布縷の征(税)、粟米の征、力役の征有り。君子、其の一を用ひ、其の二を緩うす。

↑布帷　葬車の白布／布衍　布演する／布演　広める／布襖　布袍／布化　教化する／布花　木棉わた／布貨　王莽の新の時の貨幣／布冠　喪冠／布局　配置／布巾　きれ／布衾　布の夜着／布裙　布の裳／布恵　布施／布袴　布の袴／布鼓　布張りの鼓／布濩　分散する／布護　分散する／布功　著功／布侯　布の的／布告　告示／布穀　ふふ鳥／布衰　喪服／布索　布の綱／布幘　頭巾／布散　ひろく散らす／布算　運算／布写　広まる／布手　手を広げる／布種　種をまく／布序　並べる／布絮　布と綿／布裳　布の裳／布新　新法を発布する／布設　施す／布銭　古代の貨幣／布素　布衣／布袋　布の袋／布帯　服喪の帯／布置　布局／布暢　ゆき渡る／布陳　並べる／布奠　お供え／布同　混同する／布納　僧衣／布徳　徳を施す／布団　ふとん／布嚢　布袋／布幕　棺の布製のおおい／布疋　ぬの／布筆　書きしるす／布服　粗衣／布覆　おおう／布聞　伝布する／布袂　布の袖／布法　布令／布満　満ちる／布幔　布のとばり／布諭　布告する／布流　広く知らせる／布令　布告する／布列　並べる／布路　分散する／布露　広く知らせる

↓衣布・韋布・雲布・貨布・画布・葛布・冠布・朞布・均布・金布・絹布・功布・弘布・貢布・昆布・紗布・財布・散布・施布・緇布・湿布・漆布・昭布・上布・織布・森布・征布・星布・宣布・泉布・銭布・粗布・疏布・粟布・大布・紵布・陳布・展布・廛布・伝布・塗布・刀布・配布・白布・帛布・瀑布・発布・頒布・披布・被布・匹布・敷布・分布・敝布・遍布・抱布・麻布・綿布・毛布・羅布・里布・流布・鱗布・列布・裂布・練布・露布

【缶】6　8077　フ　カン(クヮン)　ほとぎ　もたい

象形 土器のほとぎの形。〔説文〕五下に「瓦器なり。酒漿を盛る所以なり。秦人、之れを鼓ちて以て謌を節す。象形」という。〔礼記、礼器〕に「五獻の尊、門外は缶、門内は壺なり」とあって、壺と同じく酒器・水器として用いる。また釣瓶に用いた。〔史記、廉頗藺相如伝〕に、相如が秦王にせまって、缶を鼓って秦声を歌わせたことがみえる。寶(宝)は缶声の字。古くその音があったのであろう。いまの常用漢字では、缶を罐の意に用いる。

訓義 ①ほとぎ、もたい、土製の酒器、また水器。②つるべのかめ。③量器、十六斗。④かん、罐の略字。

古訓 〔名義抄〕缶　ホトギ・マタシ　〔字鏡集〕缶　ホタギ・モタヒ・ツボ

部首 〔説文〕に匋・罌・缾・缺(欠)・罅・罄など二十字、〔新附〕として罐を加え、〔玉篇〕に四十二字を属する。缶は陶の初文、帝尭陶唐氏、堯(尭)は土器を重ね繞らして焼成し、陶と化する意の字である。

声系 〔説文〕に缶声として寶など二字を収める。金文の寶の字形に含まれるものは、缶の字形と少しく異なるが、大きな蓋のある土器で、やはり缶の初文であろう。彝器の銘に「寶障彝を作る」というのが常例で、缶を寶の字に用いることがある。

↑缶米　米十六斗

↓盈缶・罌缶・瓦缶・玉缶・撃缶・鼓缶・叩缶・香缶・綆缶・荘缶・拊缶・覆缶・瓶缶・宝缶・盆缶・用缶

【佈】7　2422　フホ　あまねし

形声 声符は布。布に布演の意がある。尃がその本字であろう。尃は苗木を植える意。佈はいま佈告の意に用いる。

訓義 ①あまねし。②つたえる、布告する。

↑佈局　排分／佈告　布告／佈施　分施する／佈達　通達する／佈置　配置する／佈擺　処置する／佈覆　おおう／佈満　ゆきわたる

【孚】7　2040　フ　かえる　とらえる　まこと

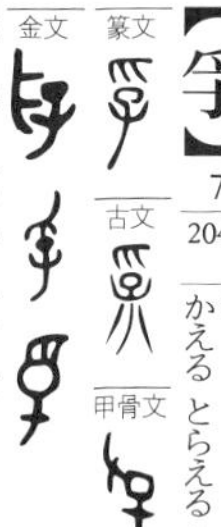

会意 爪+子。爪は手で上からおさえる形で、孚は俘獲の俘の初文。〔説文〕三下に「卵卽ち孚るなり」(段注本)とし、爪を鳥の爪、卵の孚化する意とし、「一に曰く、信なり」と孚信の義を加える。〔段注〕に、鶏卵が必ず鶏となる意であるとするが、孚信の義は仮借。金文に孚を俘獲の意に用いて「貝を孚る」「金を孚る」のように用いる。〔師詢𣪘〕に「孚いに天命を受けらる」とは「尃いに」の意。また〔者減鐘〕に「龢(和)ならしめ、孚ならしめ」と孚信の意に用いる。〔書、高

宗彤日」「天既に命を孚にす」を〔魏石経〕に「命を付にす」に作り、〔説文〕甲字条十四下「木の孚甲(若芽)を戴くの象」の孚甲を、〔史記、律書〕に「符甲」に作る。孚・専・付・符の字の間に、通用の関係がある。

訓義 ①卵がかえる、卵をかえす。②とらえる、俘の初文。上からおさえ、とりことする。③まこと、まことある。④おおいに、つく、つつむ、おおう。

古訓 〔名義抄〕孚 マコト・ハグクム・サハク 〔篇立〕孚 ヤシナフ・フケ・ハグ、ム・サネ・マコト

声系 〔説文〕に孚声として莩・脬・俘・浮(浮)・捊など十字を録し、保声の字も同声とする。俘は俘獲で孚がその初文、浮は溺れるものを取りあげる意。孚化の字は脬。捊は抱取。孚声の字に孚信の意をもつものがなく、孚信は字の本義としがたい。

語系 孚・孵phiu は抱(抱)bu、伏biuək と声義の関係がある。保pu もその系列の語と考えられ、生子を抱いて襲衾を加え、魂振りをする形の字で、抱と声義が近い。

【孚育】 はぐくみ養う。〔韓詩外伝、五〕卵の性は雛と爲るも、良雞を得ざれば、覆伏孚育すること、積日累久なるも、則ち雛と爲るを成さず。

➡孚尹 玉の光るさま/孚化 卵がかえる/孚休 美徳/孚甲 種子の外皮/孚洽 あまねくゆきわたる/孚釈 詳説する/孚信 信実/孚乳 かえす/孚萌 育つ/孚命 命を受ける/孚瑜 玉の美しい色/孚養 孚育する/孚卵 かえす

⬇永孚・化孚・感孚・簡孚・謹孚・恵孚・作孚・信孚・成孚・誕孚・中孚・忠孚・有孚

【巫】 7 1010 フ みこ かんなぎ

篆文

古文

甲骨文

金文

詛楚文

会意 工＋両手(左右の手)。工は神につかえるときに操る呪具。神をもとめることを左右といい、左は工を操る形。左右を重ねた形は尋(尋)、神の所在を尋ねる意。神隠れの隠の旧字は隱、呪具の工を以て神の形を隠した。左・尋・隱は、みな工の形を含む。その工を左右の手で奉ずる形は巫、神につかえ、神意をたしかめる者をいう。〔説文〕五上に「祝するなり。女の能く無形に事へ、舞を以て神を降す者なり。人の兩褎もて舞ふ形に象る。工と意を同じうす。古者巫咸、初めて巫と作る」といい、無・舞(舞)との声の関係を以て説く。春秋期の楚の巫臣、字は子靈(霊)といい、靈は雨乞いする巫の意。卜文・金文の巫の字形は中に作り、工を縦横に組み合わせた形。卜辞に中を祀ることを卜する例があり、巫祖を祀るものであろう。〔山海経、大荒西経〕に十巫の名がみえ、巫はみなその伝統を伝えた。のち女巫を巫といい、男巫を覡という。

訓義 ①みこ、かんなぎ、女巫。②巫医、シャーマン。③誣と通じ、みだりがわしい。

古訓 〔新撰字鏡〕巫 加无奈支(かむなぎ)〔和名抄〕巫 加无奈岐(かむなぎ)〔名義抄〕巫 カミナリ(ギ)・タカシ・ヲムナカムナギ

部首 〔説文〕に覡をその部に属し、〔玉篇〕になお靈など二字を加える。覡はまた擊(擊)に作る。

声系 〔説文〕に巫声として誣を収める。〔説文〕三上に「加なり」とあり、加言・架言の意。〔説文通訓定声〕に「憑虛構架、以て人を誣るなり」という。

語系 巫・無・舞miua は同声。無は舞の初文。無は袖に呪飾をつけて舞う人の正面形。下に両足(舛)を加えて舞となる。舞はもと雲舞、雨乞いのときに行われた。

【巫医】 シャーマンの類。〔論語、子路〕人にして恆無くんば、以て巫醫を作すべからず。

【巫鬼】 みこ。もの憑きの類。〔後漢書、西南夷、夜郎伝〕牂柯の地、雨潦多く、俗、巫鬼禁忌を好み、畜生寡く、又蠶桑無し。

【巫覡】 女みこと男みこ。〔荀子、正論〕戶を出づれば巫覡事有り。門を出づれば宗祝事有り。

【巫蠱】 呪虫を用いて人をのろう。〔漢書、武帝紀〕征和元年、～巫蠱起る。二年～閏月、諸邑公主・陽石公主、皆巫蠱に坐して死す。～秋七月～江充等、蠱を太子の宮に掘る。～庚寅、太子亡げ、皇后自殺す。

【巫史】 祭事・神事を司る者。巫祝。〔礼記、礼運〕祝嘏の辭說(文辞)、宗祝巫史に藏するは、禮に非ざるなり。是れを幽國と謂ふ。

【巫師】 みこ。かんなぎ。〔後漢書、皇后上、和帝陰皇后紀、注〕巫師、蠱を爲す。故に巫蠱と曰ふ。

【巫児】 みことして家に残る女。〔漢書、地理志下〕始め桓公の兄襄公淫亂にして、姑姊妹嫁がず。是に於て國中に令し、民家の長女は嫁ぐことを得ざらしむ。名づけて巫兒と曰ひ、家の主祠と爲す。嫁ぐ者は、其の家に利しからず。

【巫祝】 みこ。かんなぎ。〔礼記、檀弓下〕君、臣の喪に臨むときは、巫祝・桃茢(呪杖や箒)を以てし、(小臣)戈を執る。之れ(凶事)を惡むなり。

【巫術】 祈りや祓い。〔後漢書、方術下、徐登伝〕徐登は閩中の人なり。本と女子なり。化して丈夫と爲る。善く巫術を爲す。～乃ち溪水を禁ずるに、水、爲に流れず。

【巫風】 巫覡の風俗。歌舞をいう。〔書、伊訓〕敢て恆に宮に舞ひ、室に酣歌する有る、時れを巫風と謂ふ。敢て貨色に殉ひ、遊畋を恆にする有る、時れを淫風と謂ふ。

➡巫嫗 年老いたみこ/巫雲 男女の情/巫尪 みこ/巫嫗 巫嫗/巫鼓 妄説/巫降 神下し/巫呪 のろい/巫女 みこ/巫婆 みこ/巫歩 禹歩

⬇医巫・傴巫・禨巫・覡巫・史巫・女巫・神巫・鍼巫・僧巫・俗巫・村巫・暴巫・老巫

常【扶】 7 5503 フ たすける まもる よる

篆文

古文

金文

形声 声符は夫。〔説文〕十二上に「左くるなり」とあり、扶持し保護する意。傅・附と声義が近い。

訓義 ①たすける、まもる、ささえる。②よる、よりそう。③よじる、おきる。④くみひも、四本よりのひも。⑤四本指の長さ。⑥匍と通じ、はらばう。

古訓 〔名義抄〕扶 タスク・オシカ、ル・スケ・カムカフ・トラフ・スガル・ウツ・ツク・ヒロゴル・モツ・ウガツ・タノモシ・ハフ/扶入 カシヅキセラル

語系 扶・輔biua は同声。傅piua、俌phiua は声近く、みな扶助の意がある。また附bio もこの系統の語で、附着し、依附する意がある。

【扶育】 たすけ育てる。〔三国志、魏、王朗伝〕先王の、寇賊を芟除し、孤弱を扶育するに賴り、遂に華夏をして、復た綱紀有らしむ。

【扶起】 たすけ起こす。〔旧唐書、裴冕伝〕會宰臣杜鴻漸卒す。(元)載、遂に冕を擧げて之れに代ふ。冕、時に已に衰瘵し、～受命の際、蹈舞して絕倒す。載趨りて扶起し、代りて謝詞を爲す。

【扶義】 義による。〔史記、太史公自序〕秦既に暴虐にして、楚人難を發し、項氏(羽)遂に亂す。漢乃ち義に扶りて征

伐す。

【扶挈】老を扶け、幼を伴う。宋・蘇軾〔再び超然台を過ぐ～〕詩 重ねて來れば、父老我が在るを喜び 老幼を扶挈して、相ひ遮攀す

【扶持】たすける。〔礼記、内則〕婦～父母舅姑の所に適きては、～出入には則ち或いは先し、或いは後し、敬しみて之れを扶持す。

【扶植】しっかりうえこむ。宋・謝枋得〔初めて建寧に到りて詩を賦す〕詩 雪中の松栢、愈〻青青たり 綱常を扶植するは、此の行に在り

【扶衰】衰老をたすける。宋・陸游〔晩秋農家、八首、五〕詩 我れ年七十に近し 世と長く相ひ忘れん 筋力幸ひに勉むべし 衰を扶けて耕桑を業とす

【扶疏】木の枝が広がるさま。晋・陶潜〔山海経を読む、十三首、一〕詩 孟夏、草木長ず 屋を遶りて、樹扶疏たり 衆鳥、託する有るを欣び 吾れも亦た吾が廬を愛す

【扶桑】東海中、日の出る所にある神木。日はその枝から空に上る。日本の別称。〔梁書、諸夷、扶桑国伝〕扶桑は大漢國の東二萬餘里に在り。～其の土、扶桑の木多し。故に以て名と爲す。

【扶病】やつれた身をささえる。〔礼記、問喪〕孝子、親に喪するに、哭泣數無く、服勤三年、身病み體羸る。杖を以て病を扶くるなり。

【扶揺】はやて。飈風。〔荘子、逍遥遊〕鵬の南冥に徙るや、水に撃つこと三千里、扶搖に摶ちて上ること九萬里。

【扶翼】助け守る。〔晋書、芸術、仏図澄伝〕朝會の日、之れを引いて殿に升らしむ。常侍以下、悉く擧輿を助け、太子諸公、扶翼して上る。

【扶老】老人の歩行をたすける。〔戦国策、斉四〕孟嘗君、國に薛に就く。未だ到らざること百里。民、老を扶け幼を携へて、君を道中に迎ふ。

↑扶掖 介ぞえする／扶危 危ういところを救う／扶箕 箕の動きで神意が示されるお筆先の一種／扶救 助け救う／扶挙 扶輿／扶渠 蓮／扶挟 手伝い／扶筇 杖をつく／扶乩 砂盤の上につるした弓の動きで神意が示されるお筆先の一種／扶携 扶挈／扶護 扶持する／扶工 介ぞえする／扶賛 翼賛／扶侍 おつき／扶疾 介抱する／扶樹 扶植する／扶助 助ける／扶牀 幼孩／扶将 助ける／扶丞 助ける／扶杖 杖つく／扶正 正す／扶疎 扶疏／扶顛 扶危／扶同 なれあい／扶風 疾風／扶服 腹ばい／扶木 扶桑／扶舁 かつぐ／扶養 育てる／扶鸞 扶乩、お筆先の一種／扶盧 矛の遊戯

↓義扶・給扶・夾扶・協扶・挾扶・携扶・自扶・杖扶・親扶・人扶・推扶・対扶・摶扶・提扶・天扶・内扶・難扶・翼扶・力扶

人 **【芙】** 7 4453 〔芙〕 8 4453 フ はす

篆文 

形声 声符は夫。〔説文新附〕一下に「芙蓉なり」とあり、〔爾雅、釈草〕に「荷、芙渠」とし、蓮をいう。

訓義 1はす、はちす。2芙蓉、木蓮。3字はまた扶に作る。

古訓 〔名義抄〕芙蓉 ハチス

【芙蕖】はす。はすの花。魏・曹植〔洛神の賦〕遠くして之れを望めば、皎として太陽の朝霞に升るが若く、迫りて之れを察れば、灼として芙蕖の淥波を出づるが若し。

【芙蓉】はす。はす模様。唐・白居易〔長恨歌〕詩 雲鬢、花顏、金歩揺（簪の髪飾り） 芙蓉の帳は暖かにして、春宵を度る

↓華芙・紅芙・芝芙・霜芙

【咐】 8 6400 フ ホ いきふく

形声 声符は付。〔淮南子、本経訓〕に「以て相ひ嘔咐醞釀して、群生を成育す」とあり、息をふきかけることをいう。

訓義 1いきふく、いきをふきかける。2吩咐は、いいつける。

↓嘔咐・吩咐

常 **【府】** 8 0024 フ くら つかさ やくしょ みやこ

篆文 

金文 

形声 声符は付。〔説文〕九下に「文書の藏なり」とあり、重要な文書は府庫に収蔵した。〔左伝、定四年〕「載書（盟約の書）は藏して周府に在り」、〔左伝、襄十一年〕「藏して盟府に在り」のようにいう。列国期の字に貝を加えて[广+付+貝]に作るものがあり、多く財物を蔵したのであろう。のち政府・官府の意となり、その所在の地をいう。

訓義 1くら、文書を蔵するところ、府庫。2つかさ、やくしょ。3もののあつまるところ、あつまる、もと。4みやこ、まち、やしきまち。5腑と通じ、臓腑、はらわた、内臓。

古訓 〔字鏡集〕府 タツ・アツム・スミカ・アツマル・シルシ・タスク・アマリナリ・カナフ・トル・クツ・モト・タヾス・タヽル・クチタリ

声系 〔説文〕に府声として腐を収める。また腑も府声。臓腑は諸器官を蔵するところ。また腐敗の速やかな部分である。

語系 府・腑pioは同声。〔説文〕に腑の字なく、膽（胆）字条四下に「肝を連ぬるの府なり」とあって、古くは府をその字に用いた。

【府君】太守の尊称。また、吏・先考の尊称。明・方孝孺〔鄭府君哀辞〕洪武丁巳、秋九月十日、浦陽の義門八世の長鄭府君、年七十有二、家に卒す。卒するの明日、其の郷の耋老子弟、相ひ携へて來り哭すること、父母を失ふが如し。

【府庫】くら。〔礼記、月令〕（季春の月）有司に命じ、倉廩を發きて貧窮に賜ひ、乏絶を振ひ、府庫を開きて幣帛を出だし、天下に周くす。

【府署】役所。〔南斉書、明帝紀〕性、猜忌多慮、～初め疾有りしも聽覽を輟むる無し。～寝疾甚だ久しきに及んで、臺省府署の文簿に敕して白魚を求め、以て治を爲す。外始めて之れを知れり。

【府蔵】くら。また、臓腑。魏・嵇康〔養生論〕滋味は其の府藏を煎き、醴醪（あま酒と、にごり酒）は其の腸胃を鬻る。香芳は其の骨髓を腐らしめ、喜怒は其の正氣を悖らす。

【府帑】国の府庫。〔後漢書、鄧訓伝〕經常の屯兵、二萬を下らず。轉運の費、府帑を空竭せしむ。

【府兵】各府に配属する国軍の兵。〔唐書、兵志〕府兵の制は西魏・後周に起り、隋に備はる。唐興りて之れに因る。

↑府尹 府の長官／府院 府の下吏／府学 府の学／府館 やかた／府史 書記／府司 官府／府寺 役所／府主 府尹／府然 うつむくさま／府第 役所／府宅 官署／府治 府署の所在地／府中 役所／府朝 役所／府邸 府第／府庭 役所／府望 門望のある家／府吏 役人／府廩 国の穀倉

↓陰府・怨府・開府・外府・学府・楽府・官府・義府・旧府・宮府・御府・胸府・玉府・軍府・京府・芸府・公府・国府・宰府・三府・私府・首府・書府・署府・相府・上府・城府・心府・水府・枢府・政府・仙府・泉府・膳府・倉府・蔵府・大府・台府・知府・智府・天府・都府・内府・入府・覇府・幕府・藩府・秘府・兵府・文府・謀府・明府・冥府・盟府・幽府・六府・霊府

【弣】 8 1420 フ ゆづか

形声 声符は付。〔釈名、釈兵器〕に「弓は穹なり。～中央

を弜と曰ふ。弜は撫なり。人の撫持する所なり」という。弓の中央の、手で握る所をいう。〔礼記、曲礼上〕に、「弓の授受の礼をしるし、「凡そ人に弓を遺る者は、弓を張るときは筋を尙へにし、弓を弛むるときは角を尙にす。右手に簫を執り、左手に弣を承け、尊卑帨を垂る（腰をかがめる）」という。

訓義 ①ゆづか。②字はまた柎に作る。

古訓 〔名義抄〕弣 ユツカ・ユミヅカ 〔篇立〕弣 ユミノツカ

↓承弣

常 **【怖】** 8 9402 ［悑］ 10 9302 フ おそれる おののく

篆文

形声 声符は布。〔説文〕十下に悑を正字とし、甫声。「惶るるなり」と訓し、畏怖するような状態をいう。

訓義 ①おそれる、おののく。②おどす。

古訓 〔名義抄〕怖 ヲヅ・オソル 〔字鏡集〕怖 ハヅ・イカル／悑 ハヅ・ヲノノク・オソル・ヲヅ

語系 怖・悑・怕phaは同声。布・甫・白の声を同義に用いることからいえば、これらは恐怖・惶懼のときに発する驚きと恐れの声に由来する、擬声的なものであろう。

【怖畏】心におそれる。〔顔氏家訓、帰心〕若し天眼有らば、其の念念隨つて滅し、生生不斷なるを鑒みん。豈に怖畏せざるべけんや。

【怖駭】恐れおどろく。漢・司馬相如〔巴蜀に喩す檄〕陛下～北のかた匈奴を征し、單于怖駭し、臂を交へて事を受け、膝を屈して和を請ふ。

【怖悸】恐れて胸さわぎする。〔後漢書、蔡邕伝〕（上書）臣、征營（不安）怖悸、肝膽地に塗みれ、死命の在る所を知らず。竊かに自ら尋案す。

【怖懼】恐懼。晉・李密〔情事を陳ぶる表〕臣、犬馬怖懼の情に勝へず。謹みて表を拜して以聞（上奏）す。

【怖栗】恐れおののく。〔漢書、尹翁帰伝〕東海の大豪、郯の許仲孫、姦猾を爲し吏治を亂す。～翁歸至り、論じて仲孫を市に棄つ。一郡怖栗す。

↑怖遽 慌てる／怖慴 恐れる／怖懾 恐れる／怖沮 おじける／怖覆 驚倒する／怖慄 怖栗

↓畏怖・懐怖・危怖・疑怖・怯怖・恐怖・驚怖・惶怖・慚怖・愁怖・懾怖・讋怖・振怖・震怖・戦怖・悲怖・憂怖

【拊】 8 5400 フ なでる うつ たたく にぎる

篆文

形声 声符は付。〔説文〕十二上に「揗づるなり」と訓する。〔詩、小雅、蓼莪〕「我を拊で我を畜ふ」は撫育する意。〔書、舜典〕に「石を撃ち石を拊てば、百獸率ゐ舞ふ」は鼓楽する意。また「掌を拊つ」「心を拊つ」「髀を拊つ」は、激しく手で打つ意である。

訓義 ①なでる、さする。②うつ、たたく、はやくうつ、かるくうつ。③にぎる、もつ、つか、にぎり。

古訓 〔名義抄〕拊 ウツ・ナヅ 〔篇立〕拊 タツ・ヒク・ナヅ・ウツ・タヽス・ツク・タヽク・ハク・イタム

語系 拊phio、撫phiuaは声近く、手でなで、かるくうつ動作をいう。人を弔うとき、〔国語、晋語八〕「撫して之れに泣く」のように、強く感情をあらわすときの動作である。

【拊循】慰撫する。〔史記、司馬穰苴伝〕士卒次舍し、井竈飮食す。疾を問ひ醫藥し、身自ら之れを拊循す。悉く將軍の資糧を取りて、士卒を享し、身、士卒と糧食を平分す。

【拊掌】手をうつ。〔後漢書、方術下、左慈伝〕因りて銅盤を求めて水を貯へ、竹竿を以て盤中に餌釣し、須臾にして一鱸魚を引きて出だす。（曹）操、大いに掌を拊ちて笑ふ。會する者、皆驚く。

【拊心】胸をうつ。悲しむ。嘆く。〔荘子、譲王〕子列子～再拜して（粟を）辭す。～子列子入る。其の妻之れを望みて、心を拊ちて曰く、妾聞く、有道者の妻子と爲れば皆佚樂を得と。今飢色有り。

【拊髀】ももをうつ。喜ぶ。憤る。〔後漢書、酷吏、陽球伝〕時に中常侍（宦官）王甫・曹節等、姦虐弄權、外内を扇動す。球、嘗て髀を拊ち憤を發して曰く、若し陽球司隸と作らば、此の曹子安くんぞ容すことを得んやと。

【拊缶】缶をうつ。〔漢書、楊惲伝〕家は本と秦なり。能く秦聲を爲す。婦は趙の女なり。雅より鼓瑟を善くす。奴婢歌ふ者數人、酒後に耳熱し、天を仰ぎ缶を拊ち、烏烏と呼ぶ。

【拊膺】悲しむ。嘆く。拊心。唐・羅隠〔重九日、広陵道中〕詩 廣陵の大醉、悶ひを解かず 韋曲の舊遊、膺を拊つに堪へたり

【拊翼】羽ばたく。奮起する。晉・成公綏〔嘯の賦〕百獸率ゐ舞うて足を抃み、鳳皇來儀して翼を拊つ。乃ち知る、長嘯の奇妙は、蓋し亦た音聲の至極なることを。

↑拊愛 撫愛する／拊育 撫育する／拊楽 かき鳴らす／拊胸 拊心／拊琴 琴をかきならす／拊剣 剣に手をかける／拊楗 鍵を外す／拊鍵 鍵を外す／拊絃 撫絃／拊鼓 鼓をうつ／拊嗟 嗟嘆する／拊卹 いたわりなぐさめる／拊巡 撫巡／拊石 磬をうつ／拊譟 拍手歓呼する／拊背 肩なで／拊搏 小鼓／拊払 うち払う／拊勉 なぐさめはげます／拊養 撫養する

↓慰拊・撃拊・執拊・摶拊・摩拊

人 **【斧】** 8 8022 ［斧］ 8 8022 フ おの まさかり

篆文 甲骨文 金文

形声 声符は父（父）。父は斧頭をもつ形、その第一画が斧頭の象形である。〔説文〕十四上に「斫るなり」とあり、その器をいう。斧は指揮権・刑罰権の象徴とされ、これを執るものが父であった。父は族内長老の称とされ、また尊称として用いる。王・士・斧はみな刃器、王・士は鉞の刃部の形、それを儀器として用いた。

訓義 ①おの、まさかり。②きる、おのできる。③黼と通じ、斧形の文様。斧依。

古訓 〔和名抄〕斧 乎能（をの）、一に云ふ、與岐（よき）〔名義抄〕斧 ヲノ・ヨキ 〔篇立〕斧 ヲノ・タツキ・テウノ 〔字鏡集〕斧 キル・ヲノ・ヨキ

語系 斧・黼piuaは同声。〔礼記、明堂位〕「天子は斧依を負ふ」の斧依を〔周礼、春官、司几筵〕に「黼依」に作る。依は扆、ついたての類。白黒の半ばする文様を黼といい、斧を用いるのは同声仮借の義である。

【斧依】斧の文様をつけた屏風。天子の座に設ける。〔礼記、明堂位〕天子は斧依を負ひ、南鄕（嚮）して立つ。三公は中階の前に、北面して東上す（東を上位とする）。

【斧鉞】おのと、まさかり。刑罰。〔左伝、昭四年〕齊の慶封を執へ、～將に慶封を戮せんとす。～王聽かず。之れに斧鉞を負はしめ、以て諸侯に徇ふ。

【斧柯】斧の柄。斧。政権にたとえる。魯・孔子〔亀山操〕詩 予れ魯を望まんと欲するも 龜山之れを蔽ふ 手に斧柯無し 龜山を奈何せん

【斧鑊】斧と釜。斬首と釜ゆで。酷刑。〔宋書、殷琰伝〕（休祐、琰に与ふる書）聖上天地の仁を垂る。～何の故に士民を苟困し、自ら齏膾を求め、身、斧鑊に膏せしめ、妻息幷せ盡きんとする。～幸ひに自ら之れを思へ。

【斧斤】おの。まさかり。〔孟子、梁恵王上〕斧斤時を以て

（季節を定めて）山林に入らば、材木勝げて用ふべからず。

【斧鑿】斧と、のみ。ほりあと。作為のあと。〔甌北詩話、三〕（韓昌黎の詩）奇險の處は、亦た自ら得失有り。蓋し少陵（杜甫）才思の到る所、偶然に之れを得たり。而して昌黎（韓愈）は則ち專ら此れを以て勝つことを求む。故に時に斧鑿の痕迹を見る。有心と無心と異なるなり。

【斧質】斧と首斬り台。斧鑕。〔漢書、項籍伝〕（陳余、章邯に遺る書）將軍何ぞ兵を還して諸侯と從（合縱）を爲し、南面して孤と稱せざる。身斧質に伏し、妻子戮せらるると孰與れぞや。

【斧正】名手に刪正を乞うときの語。〔莊子、徐無鬼〕に「郢人堊（漆喰）もて其の鼻端を慢ること蠅翼の若し。～匠石、斤を運らして風を成し、～堊を盡せども鼻傷つかず。郢人、立ちて容を失はず」という話にもとづく。民国・魯迅〔書信集、増田渉に致す〕中國小說史序文、呈上す。～大いに斧正を加へられんことを祈る。

↑斧扆　斧依／斧戉　斧鉞／斧屋　墳墓／斧刪　斧正／斧子　斧／斧資　旅費／斧鑕　斧質／斧繡　斧形の刺繡／斧斨　斧／斧政　斧正／斧藻　梁楹の飾り／斧氷　伐氷／斧劈　山石の画法、木をあらく削るようなはげしい筆づかい／斧木　削った木

↓運斧・鬼斧・揮斧・挙斧・玉斧・斤斧・勁斧・袞斧・斲斧・鑱斧・資斧・手斧・繡斧・樵斧・杖斧・神斧・石斧・破斧・負斧・雷斧

【芣】 8 4490 フ

篆文 

形声 声符は不。不は萼柎の形。〔說文〕一下に「華盛んなるなり」とするが、その意に用いた例をみない。〔段注〕に〔詩、大雅、江漢〕の「江漢浮浮」、〔詩、小雅、角弓〕の「雨雪浮浮」の「浮浮」と同じ語とするが、芣は芣苢・芘芣のような草の名にのみ用いる。芣苢はおおばこ。その音は胚胎と通じ、芣苢をとる草摘み歌である〔詩、周南、芣苢〕は、子授けを祈る歌であった。

訓義 1はなさく。2芣苢は、おおばこ。3芘芣は、ぜにあおい。

【芣苢】おおばこ。〔詩、周南、芣苢〕芣苢を采り采り　薄く言に之れを采る　芣苢を采り采り　薄く言に之れを有る

↑芣苡　芣苢／芣菜　水草

↓芘芣

常 ## 【阜】 8 2740 フ おか　おおきい　さかん

篆文 古文 甲骨文 

象形 字はもと𠂤の形に作り、神の陟降する神梯の象。天に陟降することをいう。〔說文〕十四下に「大いなる陸なり。山の石無き者なり」とし、土山の象形と解する。しかし山をこの形にしるすことはなく、卜文・金文の字形は神梯の象で、この部の字に神の陟降する聖地に関するものが多い。わが国では「高梯」「倉梯」とよぶものである。

訓義 1たかはし、くらはし、神梯。2おか。3おおきい、さかん、たかい、あつい。4のびる、そだつ、やすらか。

古訓 〔名義抄〕阜　ツカ・オホイナリ・アツシ・カツ／〳〵・アツマル・サカリニ・サカリナリ・ユタカニ・サカユ　〔篇立〕阜　ユタカニ・ユタカナリ・アツシ・コエタリ・ナガシ・トメリ・サカリ・ウヅタカウス・カツ／〳〵・アツマル・ツホシ

部首 〔說文〕に陵・陸・陰・陽・阪・限・除・陟・降（降）・隔（隔）・隱（隠）・隋・際など九十一字、他に〔新附〕には二字、また𨸏部に四字を属し、〔玉篇〕には阜部に百九十三字を属する。後起の字はおおむね形声の字であるが、卜文・金文の字は意象の明らかなものが多く、陽は神梯の前に玉をおき、玉光による魂振りの儀礼。限は呪眼によって聖域を守る意。隱は呪具の工によって、聖域に神が隠れ住む意。際は神梯の下に祭る意で天人の際を示す字である。自と形が似ているが、自は脤肉の象形で、阜とは関係がない。

【阜安】さかんで安らかなこと。〔周礼、地官、大司徒〕日至（夏至と冬至）の景、尺有五寸、之れを地中と謂ふ。天地の合ふ所、四時の交はる所、風雨の會する所なり。～然らば則ち百物阜安なり。乃ち王國を建つ。

【阜康】さかんで安らかなこと。〔宋史、楽志十三〕（化成天下）極寒も清謐を成し　齊民益と阜康なり　文明、日月に同じく　遐邇（遠近）輝光を仰ぐ

【阜財】財をゆたかにする。〔孔子家語、弁楽解〕昔者舜、五絃の琴を彈じ、南風の詩を造れり。其の詩に曰く、南風の薰れる　以て吾が民の慍りを解くべし　南風の時なる　以て吾が民の財を阜かにすべしと。

↑阜貨　阜財／阜熙　阜安／阜滋　おおいにふやす／阜螽　いなご／阜昌　さかん／阜成　りっぱにしあげる／阜盛　多くてさかんなこと／阜垤　小高い丘／阜繁　さかんで多い／阜蕃　阜滋／阜陵　大きな丘／阜老　父老

↓殷阜・丘阜・原阜・岡阜・香阜・高阜・康阜・財阜・山阜・昌阜・堆阜・長阜・重阜・繁阜・蕃阜・陸阜・陵阜・林阜

常 ## 【附】 8 7420 フ つく　つける　あわせる　したがう

篆文 金文 

形声 声符は付。付に付与・付加の意がある。𨸏は神の陟降する神梯の象。そこに合祀すること、すなわち附祭することが字の原義であろう。〔說文〕十四下に「附婁、小さき土山なり」とするが、それは部婁・培塿・坿塿ともいわれる語である。〔礼記、雜記上〕「大夫は士に附す」とあるのは附祭の意。のち附託・附著・附属のように用いる。附会とは似たものを無理に会わせることで、傅会の字が語義に合う。

訓義 1つく、つける、そえる、あわせる。2よる、たよる、したがう、ちかづく。3ます、ふやす。4附婁、小山。5孚と通じ、かえる。

古訓 〔名義抄〕附　ツク・ヨル・マコト・チカシ・アツム・シタガフ・カナヘリ　〔字鏡集〕附　チカシ・マコト・ツク・ヨル・シタガフ・カナヘリ・マサル・アツム・マス

語系 附・坿bioは同声。附は〔玉篇〕に「依るなり、近づくなり、著くなり、益すなり」とあって依附すること、霊的に接近することを意味する。また坿は〔広雅、釈詁一〕に「益すなり」とあって増益の意。附婁の字にはこの坿を用いるべく、〔說文〕の説解は、この坿に施すべきものと思われる。

【附倚】よりつく。たよる。〔漢書、楚元王伝〕子、延壽嗣ぐ。～延壽以爲へらく、廣陵王胥は、武帝の子なり。天下變有らば、必ず立つことを得んと。陰かに附倚して、之れを輔助せんと欲す。

【附益】つけ加える。ふやす。〔論語、先進〕季氏は周公より富めり。而して求（冉求）や之れが爲に聚斂して之れに附益す。～吾が徒に非ざるなり。

【附会】まとめる。追従する。また、こじつける。清・黃宗羲〔子一魏先生墓誌銘〕是の時場屋（科挙の試験場）の文、競うて浮麗を學び、爭うて闡緩（音声のゆるやかな表現）を爲す。～然れども子一、孤行一意、肯へて附會せず。

【附款】情を通じ親しむ。〔晉書、苻丕載記論〕（苻洪）乃ち江東に附款し、關右を圖ることを志す。禍、蠆毒（さそりの毒。禍害のはげしいこと）を生ずるも、未だ狼心を逞しうせず。

【附驥】驥（駿馬）の後ろにつく。後輩が先輩のおかげをうけること。〔史記、伯夷伝〕伯夷叔齊、賢なりと雖も、夫子を得て、名益と彰はる。顏淵篤學なりと雖も、驥尾に附して、行

ひ益ゝ顯はる。

【附近】近所。また、近づける。〔説苑、政理〕葉公、政を夫子に問ふ。夫子曰く、政は近きを附かしめ、遠きを來たすに在り。

【附耳】内緒の話。〔淮南子、説林訓〕田中の潦にも流れて海に入り、附耳の言も千里に聞ゆ。

【附從】従うもの。〔後漢書、霊帝紀〕（建寧二年）太僕杜密・長樂少府李膺〜を奏して、皆鉤黨（仲間）と爲し下獄す。死する者百餘人。妻子は邊（辺地）に徙し、諸ゝの附從する者は、錮（禁錮）して五屬に及ぶ。

【附順】つき従う。〔漢書、王莽伝上〕是に於て附順する者は拔擢し、忤恨（さからい、うらむ）する者は誅滅す。

【附親】親しみあう。〔礼記、楽記〕故に樂は、〜父子君臣を合和し、萬國を附親する所以なり。

【附屬】つき従う。〔後漢書、西域、莎車国伝〕莎車國は〜東のかた洛陽を去ること萬九百五十里。匈奴の單于、王莽の亂に因りて、西域を略有す。唯だ莎車王延、最も強く、附屬することを肯んぜず。

【附託】たよる。〔後漢書、酷吏、陽球伝〕案ずるに（楽）松・（江）覽等、皆微蔑に出づ。斗筲の小人、世戚に依憑し、權豪に附託す。

【附著】つける。加える。〔漢書、東方朔伝賛〕朔の詼諧は、〜其の事浮淺なるも、衆庶に行はる。〜後世好事の者、因りて奇言怪語を取りて、之れを朔に附著す。故に詳らかに錄す。

【附党】党派に加担する。〔後漢書、皇甫規伝〕黨事大いに起る。〜乃ち先づ自ら上言す、臣前きに故大司農張奐を薦めたるは、是れ附黨なり。〜臣、宜しく之れに坐すべしと。

【附庸】大国に附属する国。〔孟子、万章下〕子・男は五十里なり。〜五十里なる能はずして、天子に達せず、諸侯に附するを、附庸と曰ふ。

【附離】つき従う。漢・揚雄〔解嘲〕哀帝の時、丁・傅・董賢、事を用ひ、諸ゝ之れに附離する者、起家して二千石に至るあり。時に雄、方に太玄を草創し、以て自ら泊如を守る有り。

【附隷】つき従う。部下。〔北史、裴蘊伝〕蘊又己の權勢を重くせんと欲し、〜姦黠を引致し、共に朋黨を爲す。〜賓客附隷、郡國に遍く、百姓を侵擾するも、帝之れを知らざるなり。

【附和】軽々しく賛同する。附和雷同。清・黄宗羲〔陳乾初に与へて孚を論ずる書〕其の心の安んぜざる所の者は、亦た敢て苟くも附和することを爲さず。

➡附愛 撫愛する／附依 たよりすがる／附援 ひきよせる／附化 帰化する／附加 つけ加える／附仮 かこつける／附郭 郭外／附協 従う／附結 とり入る／附遣 届ける／附枝 分枝／附助 助ける／附城 附庸／附臣 けらい／附身 身につける／附随 つき従う／附勢 権勢のあるものにつく／附贅 こぶ／附箋 つけがみ／附葬 合葬／附帯 つけ加える／附呈 併せて進呈する／附同 雷同する／附納 とりむすぶ／附馬 副え馬／附比 並べる／附尾 附驥／附鳳 驥尾／附頼 たのみとする／附麗 附離／附婁 小さな丘

↓阿附・依附・倚附・引附・陰附・悦附・下附・懐附・諧附・款附・還附・驩附・帰附・寄附・蟻附・響附・欽附・景附・降附・胥附・新附・親附・疏附・送附・属附・添附・貼附・諂附・徒附・塗附・党附・内附・藩附・攀附・比附・媚附・賓附・朋附・離附・和附

【俘】 9 2224 フ とりこ いけどり とる

形声 声符は孚。孚は子の上に手を加える形で、俘獲の意。金文に孚人・孚貝・孚金・孚車・孚牛のように、すべて孚を用いる。のち人には俘という。〔説文〕八上に「軍の獲る所なり」とし、軍獲の意。卜文・金文には孚を用い、文献には俘を用いる。

訓義 ①とりこ、いけどり。②ぶんどり、軍の捕獲品。③とる。

古訓 〔名義抄〕俘 トル・トリコ・コモル 〔篇立〕俘 トリコ・トル・エビス・コモル・トラハレビト

【俘獲】いけどり。〔魏書、序紀、昭成帝〕三十年冬十月、帝、衛辰を征す時に河冰未だ成らず。〜冰草相ひ結び、浮橋の如し。衆軍利く渉り、其の不意に出で、〜生口及び馬牛羊數十萬頭を俘獲す。

【俘馘】いけどりにすることと、馘耳。左耳を截る。宋・王安石〔馮魯公神道碑〕太宗、河東を征す。公、奮身冒兵、數ゝ俘馘を取りて、以て行在に獻ず。

【俘斬】いけどりにすることと、斬殺。〔資治通鑑、晋紀三十二〕（安帝、隆安二年、西平王烏孤）曰く、〜（羌酋）梁飢驍猛なりと雖も、軍令整はず、破り易きなりと。〜進攻して之れを抜き、〜俘斬すること數萬なり。

【俘囚】捕虜。〔南史、檀道済伝〕議者謂ふ、獲る所の俘囚は、應に悉く戮して、以て京觀（アーチ状の軍門）と爲すべしと。

【俘虜】いけどり。魏・王粲〔七哀詩、三首、三〕行く者、顧反せず 出門、家と辭す 子弟、多くは俘虜 哭泣、已む時無し

【俘隷】いけどりにされ、奴隷とされる。〔周書、晋蕩公護伝〕（母への報書）子は公侯爲るも、母は俘隷爲り。〜衣は有無を知らず、食は饑飽を知らず。天地の外に泯如として、暫くも聞くに由無し。

➡俘馘 俘馘／俘級 俘馘／俘係 とりこ／俘劫 俘掠する／俘執 とらえる／俘醜 とりこ／俘翦 俘斬／俘掠 俘獲し掠奪する／俘略 俘掠／俘擄 俘虜

↓獲俘・馘俘・還俘・帰俘・禽俘・献俘・釈俘・囚俘・執俘・戎俘・生俘・賤俘・楚俘

【俛】 9 2721 〔俯〕 10 2024 〔頫〕 15 3118 フ ベン ふす かがむ

会意 正字は頫に作り、兆＋頁。頁は廟中で儀礼を行うときの儀容。頫とは、廟前で行う卜兆を仔細に見ることをいう。〔説文〕九上に「頭を低るるなり」とし、兆の省と頁とに従ふ。太史の卜書に、頫仰の字は此くの如くす。揚雄曰く、人面の頫なり」とあり、俯仰の字とする。また一体として俛を録し、「俛は頫或いは人免に従ふ」と会意とするが、俛は免（免）声のある字である。俯は形声、俛は亦声と解してよい。俛首・俛視のときは俯の音、〔礼記、表記〕「俛焉として日に孳孳したること有り」のときは免の音でよむ。免は分娩の字で、そのような姿勢をいう。

訓義 ①ふす、かがむ。②つとめる、同じ姿勢でつづける。

古訓 〔名義抄〕俛 フス・ウツブス・ツトム・イタリ・タル・ヒザマヅク・ナマジヒ・アフグ・アグ 〔字鏡集〕俛 タル・ツキテ・ツバビラカ・アマネク・フス・ツク・カタ・クダル・フシトコロ・ハジメ・シリヘ

語系 俛（俯・頫）pioは同声。俛は分娩のときの姿勢である免に従い、俯は府pioと同じく、府はうつぶして首が動かない状態、また頫は卜兆を仔細に点検する意。字源はそれぞれ異なるが、同じような姿勢をいう同系の語である。

【俛焉】つとめてやまぬさま。〔礼記、表記〕道に郷ひて行き、中道にして廢む。〜年數の足らざるを知らざるなり。俛焉として日に孳孳したる有り。斃れて后に已む。

【俛泣】ふきゅう(きふ) ふして泣く。〔新序、雑事四〕大夫曰く、先君の時、晉は楚を伐たざりしに、臣の身に及びて、晉、楚を伐つ。是れ臣の罪なり。請ふ、之れを撃たんと。荘王俛泣し、起たちて諸大夫を拜す。晉人ひと之れを聞きて曰く、～未だ攻むべからざるなりと。乃ち夜、師を還す。

【俛仰】ふぎょう(ぎやう) おきふし。しばらく。みまわす。明・帰有光〔周弦斎寿序〕今昔を俛仰し、時事の變化を見るに、人生しんの久長なり難きこと是かくの如し。是れ觴しやうを擧げて之れが爲に賀せざるべからざるなり。

【俛首】ふしゅ 頭をたれる。唐・韓愈〔科目に応ずる時、人に与ふる書〕首を俛し耳を帖たれ、尾を搖うごかして憐れみを乞ふが若ごときは、我の志に非ざるなり。

【俛眉】ふび 顔色を和らげる。漢・揚雄〔解嘲〕當今、縣令は士に請はず、郡守は師を迎へず、群卿は客に揖せず、將相は眉を俛せず。言の奇なる者は疑はれ、行ひ殊ことなる者は辟みせらる。

【俛伏】ふふく 平伏。〔隋書、音楽志中〕皇帝出閤のとき、皇夏樂辭を奏す。夏の正、肇はじめて旦あけ 周物、庭に充みつ 具僚位に在り 俛伏して聲無し

【俛容】ふよう うつぶす。宋・蘇舜欽〔啓事、奉寧軍陳侍郎に上る〕險隘あいに局せられ、禍難身に薄せまり、轉脱すべからざるに非ざれば、又安いづくんぞ肯あへて俛容擗意いそんして、門下に出入することを求めんや。

↑俛起ふき 生活する／俛卬ふぎょう 俛仰する／俛屈ふくつ かがむ／俛視ふし 俯して視る／俛拾ふしゅう 身をかがめて拾う／俛就ふしゅう 俛許す／俛然ふぜん 近づく／俛啄ふたく ついばむ／俛附ふふ 依附する／俛眄ふべん 伏して視る／俛勉ふべん ひたすら勉める／俛默ふもく じっと黙りこむ／俛僂ふる 背をかがめる

↓偃俛・小俛・拜俛・眉俛・俯俛

【枹】 9 4791 フ フウ ホウ(ハウ) ばち

篆文 

形声 声符は包(包)ほう。〔説文〕六上に「鼓を撃つの杖なり」とあり、ばちをいう。

訓義 1ばち。字はまた桴ふに作る。2おけら、うけら。枹の形に似る。3苞ほうと通じ、むらがり生える。4木の名、ならのき。5野まめ。

古訓 〔名義抄〕枹 エダ 〔字鏡集〕枹 バチ・エダ・ツヽミノバチ

【枹鼓】ふこ 太鼓と、ばち。軍鼓。〔国語、斉語〕桓公、鮑叔ほうしゅくをして宰爲たらしむ。辭して曰く、～寛惠柔民、(管夷吾に)若しかざるなり。國家を治めて其の柄へいを失はざること、若かざるなり。～枹鼓を執りて軍門に立ち、百姓をして皆勇を加へしむること、若かざるなりと。

↑枹薊ふけい おけら／枹端ふたん ばち先／枹綰ふわん ばちの紐

↓援枹・執枹・折枹・秉枹・揚枹

【柎】 9 4490 ［跗］ 12 6410 フ あし いかだ うてな

篆文 

形声 声府は付ふ。〔説文〕六上に「闌足らんそくなり」とあって、鐘鼓などの楽器を懸繫する器の台足をいう。俗に跗に作る。花蕚の座の部分をも柎という。

訓義 1あし、器のあし、鐘虡のあし。2ますがたの上の横木。3泭ふと通じ、いかだ。4不と通じ、がく、うてな、はなぶさ。5拊と通じ、ゆづか。6坿ふと通じ、つける。

古訓 〔名義抄〕柎 ヲサム・ハナブサ 〔字鏡〕跗 アナウラ・ハナノシベ・アナヒラ

語系 柎pio は花蕚の座の部分、麩・膚phiua は外被、稃phiu、柎phio は米穀。みな外皮としてあらわれるものをいう。

↑柎側ふそく 枡形の上の横木／柎橃ふはつ いかだ

↓蕚柎・青柎・楄柎

常【訃】 9 0360 フ しらせ

形声 声符は卜ぼく。卜に仆・赴ふの声がある。〔儀礼、既夕礼〕に「赴して、君の臣某、死せりと曰ふ」とあり、死を赴告することを訃という。〔儀礼〕の今文と〔礼記、雑記上〕に、「赴して」を「訃して」に作る。

訓義 1しらせる、ゆきしらせる、死を告げしらせる。2字はまた赴に作る。

古訓 〔名義抄〕訃 ユルス・カナフ・オモムク 〔字鏡集〕訃 イタル・カナフ・オモムク・ユルス

語系 訃・赴phiok は同声。〔礼記、少儀〕「報往すること毋かなれ」の〔注〕に、報pu を赴疾の赴の音に読むとする。赴告の意を以て仮借したものであろう。

【訃告】ふこく 喪を告げる。〔白虎通、崩薨〕天子崩ずるときは、諸侯に訃告す。～天子には崩と曰ふ。

【訃聞】ふぶん 訃告。訃告を受ける。宋・蘇軾〔趙清献公神道碑〕訃、聞ぶんす。天子、朝てうを視るを輟やむること一日、太子少師を贈らる。

↑訃信ふしん 死の知らせ／訃報ふほう 訃信

↓遠訃・承訃・伝訃・捧訃・奔訃

常【負】 9 〖負〗 9 2780 フ おう たのむ そむく まける

篆文 

会意 人＋貝。貝を負う形。〔説文〕六下に「恃たのむなり。人の貝を守るに從ふ。恃む所有るなり」とする。また「一に曰く、貸を受けて償はず」とあり、負債の意。古い字形を見ないが、古い時代には貝は財宝の主たるものであるから、これを負担する形とみてよい。金文の図象に貝を綴って一朋とし、これを前後ふりわけにして荷う形のものがある。負恃の意はその引伸の義。勝負の意は、敗北することによって負荷を加える意とも解されるが、敗・背の声義の関係を考えることもできる。

訓義 1おう、背におう、背に財貨をおう、になう、せにする。2こうむる、いだく、身につける。3たのむ、よる、おわせる、せめる、うける。4にもつ、おいめ。5そむく、たがう。6まける、うしなう、うしろ。

古訓 〔名義抄〕負 オフ・ソムク・トシ・タノム・ウレヘ・ハヂ・ハヅ・オホス・マク 〔字鏡集〕負 トシ・タノム・ニナフ・ソムク・ハヂ・イタヾク・カル・マク・オフ・オホス・ノゾム・ウレフ・チカラヲコシ

声系 〔説文〕に負声として萯の一字を収める。萯はからすうり。〔礼記、月令(孟夏の月)〕の王瓜がそれであるという。

語系 負biuə は背puək、北pək と声義近く、負は背に負戴すること。背・北と声近く、にげる、そむくの意がある。また敗beat は貝、あるいは宝器の鼎をうって毀敗する意。敗北の意においても通用する。

【負扆】ふい 斧の文様のある屏風を背にする。天子の位。〔淮南子、斉俗訓〕周公～天子の位を攝し、扆を負ひて諸侯を朝せしむ。蔡叔を放ち、管叔を誅し、～七年にして政を成王に致す。

【負下】ふか 汚名を負う。漢・司馬遷〔任少卿(安)に報ずる書〕此れ智者の爲には道いふべきも、俗人の爲には言ひ難し。且つ負下は、未だ居り易からず。下流は謗議多し。

【負荷】ふか 負う。うけつぐ。〔抱朴子、交際〕夷險を經て情を易かへず、危苦を歷へて相ひ負荷する者、吾われ未だ其の多く得べきを見ざるなり。

【負郭】ふかく(くわく) 城郭の外。近郊。〔史記、蘇秦伝〕我をして雒陽らくやう負郭の田二頃有らしめば、吾われ豈に能く六國の相印を佩おびんや。

【負気】ふき 気負う。〔北史、文苑、荀済伝〕濟、初め梁の武帝と、布衣にして交はり、梁武の當まさに王たるべきを知るも、然れども氣を負ひて服せず。

【負笈】ふきゅう(きふ) 書箱を負う。遊学。〔抱朴子、袪惑〕書なる者は

聖人の作る所なれども、聖に非ざるなり。而して儒者は萬里笈を負うて、以て其の師を尋ぬ。況んや長生の道は、眞人の重んずる所なり。

【負嵎】ふぐう 険要の地に身構える。〔孟子、尽心下〕晉人に馮婦といふ者有り。善く虎を搏つ。～則ち野に之くに、衆有り虎を逐ふ。虎、嵎を負ふ。之れを敢て攖る莫し。馮婦を望見し、趨りて之れを迎ふ。馮婦、臂を攘つて車より下る。

【負荊】ふけい むちを負う。自ら罪する。〔史記、廉頗藺相如伝〕廉頗之れを聞き、肉袒して荊を負ひ、賓客に因りて藺相如の門に至り、罪を謝す。

【負剣】ふけん 剣を負う。抜くための動作。〔史記、刺客、荊軻伝〕秦王方に柱を環りて走る。～左右乃ち曰く、王、剣を負へと。剣を負ふ。遂に抜きて以て荊軻を撃つ。～軻、八創を被むる。

【負暄】ふけん 日なたぼっこ。〔列子、楊朱〕宋國に田夫有り。～春の東作(野良しごと)に暨んで、自ら日に曝らす。～顧みて其の妻に謂ひて曰く、負日の暄、人知る者莫からん。以て吾が君に獻ぜば、將に重賞有らんとすと。

【負才】ふさい 才をたのむ。梁・元帝〔張纘に与ふる詩の序〕簡憲の人と為りや、王侯に事へず、才を負みて氣に任ず。余れを見るときは、申旦より夕に達し、已むこと能はざるのみ。夫かの人の德を懐ふ、何れの日にか之れを忘れん。

【負手】ふしゅ 手を背にまわす。〔礼記、檀弓上〕孔子蚤に作き、手を負ひ、杖を曳き、門に消揺(逍遥)す。歌ひて曰く、泰山其れ頽れんか、梁木其れ壞れんか、哲人其れ萎まんかと。

【負心】ふしん 恩誼にそむく。〔抱朴子、対俗〕民閒の君子すら、猶ほ內、心に負かず、外、影に愧ぢず。上は天を欺かず。下は言を食まず。

【負薪】ふしん 薪を負う。貧しい。賤役。〔礼記、曲礼下〕君、士をして射しむるとき、能はざれば則ち辭するに疾を以てす。言ひて曰く、某、負薪の憂有りと。

【負石】ふせき 石を負う。水に身を投げる。〔荀子、不苟〕懷に石を負ひて河に赴くは、是れ行の爲し難き者なり。而して申徒狄之れを能くす。然れども君子貴ばざる者は、禮義の中に非ざればなり。

【負俗】ふぞく 世俗にそむく。〔漢書、武帝紀〕(元封五年詔)蓋し非常の功有るは、必ず非常の人に待つ。故に馬或いは奔踶して千里を致し、士或いは負俗の累(厄)有りて、功名を立つ。

【負戴】ふたい 荷物を負い、頭にのせて運ぶ。〔孟子、梁恵王上〕庠序(学校)の教へを謹み、之れに申ぬるに孝悌の義を以てせば、頒白(白髪まじり)の者道路に負戴せず。

【負担】ふたん になう。身に引き受ける。〔漢書、食貨志下〕時に又西南夷の道を通ず。作る者數萬人、千里負擔して餽饟す(食事を送る)。～數歳なるも、道通ぜず。

【負図】ふと 亀背にしるされた図。天命がしるされていたという。河図と。天命。〔三国志、呉、諸葛恪伝〕吾れ身顧命を受け、幼主を輔相す。竊かに自ら揆度するに、才、博陸(博陸侯。漢の霍光。武帝の輔弼の臣であった)に非ずして姫公(周公)負圖の託を受く。

【負任】ふにん になう。〔説苑、尊賢〕田居は、人と爲り賢者を尊び、不肖者を賤しむ。賢者負任し、不肖者は退けらる。是こを以て分別して相ひ去るなり。

【負版】ふはん 国の図籍を奉ずる者。また、喪服の上に巾をつけることともいう。〔論語、郷党〕凶服の者には之れに式(軾)しょす。負版の者に式す。

【負養】ふよう(やう) 荷持ちなどの奉公人。〔戦国策、韓一〕大王の卒を料るに、之れを悉くすも三十萬に過ぎず。而して廝徒(軍卒)負養、其の中に在り。

【負累】ふるい 悪名を負う。〔史記、鄒陽伝〕梁に游ぶ。～(羊)勝等～之れを梁の孝王に惡しる。～鄒陽、客游して讒を以て禽(擒)せられ、死して負累せんことを恐る。乃ち獄中より上書す。

↑負痾 病む／負倚 たよる／負違 約にそむく／負羽 矢を負う／負傴 産婆／負懐 心にそむく／負廓 負郭／負貴 貴い身分を頼む／負譏 そしられる／負義 不義／負釁 罪を負う／負屈 屈辱をうける／負言 約にそむく／負固 険阻をたのむ／負鼓 探し歩く／負債 借り／負載 負戴する／負材 才能をたのむ／負罪 罪を負う／負山 不可能なことのたとえ／負恃 心にたのむ／負茲 負子／負疾 病もち／負質 天性／負実 失実／負乗 小人が出世する／負芻 柴刈り／負贅 こぶ／負銭 借金／負阻 険阻をたのむ／負俎 庖丁一本／負租 未納の税／負他 荷駄を負う／負託 依託／負諾 約にそむく／負弩 出征する／負徳 徳にそむく／負能 才能をたのむ／負背 そむく／負敗 敗れる／負犯 おかす／負畔 そむく／負販 行商／負非 そむく／負逋 税を滞納する／負姆 産婆／負冒 おかす／負謗 そしられる／負畚 もっこを背負う／負約 約にそむく／負勇 勇をたのむ／負墉 城外／負耒 耕す／負類 非類／負穢 罪を負う

↓荷負・欺負・矜負・襁負・携負・譴負・孤負・辜負・債負・慚負・自負・弐負・勝負・担負・任負・背負・逋負・抱負・戮負

常 【赴】 9 4380 フ おもむく むかう つげる

篆文

形声 声符は卜。卜に仆・訃の声がある。〔説文〕二上に「趨くなり」とあり、速やかに至ることをいう。〔礼記〕には多く訃告、〔左伝〕には多く赴告の意に用いる。

訓義 1おもむく、ゆく、むかう、いたる。2ゆきつげる、つげる。3はやくゆく、奔走する。4仆・踣と通じ、たおれる。5訃と通じ、訃告。

古訓 〔名義抄〕赴 オモムク・オモフク・ハシル・コユ・ツグ・ユク〔篇立〕赴 ハシル・オモフク・トム・イタル・コユ・ツク・ユク・アツム

語系 赴・訃phiokは同声。また報puも声が近い。赴・訃はもと告喪のことをいう語であった。

【赴義】ふぎ 義によって行動する。〔宋書、劉鍾伝〕高祖命じて曰く、是の彭・沛郷人の赴義に預かる者は、並みな劉主簿(鍾)に依るべしと。是こに於て立てて義隊と爲し、恒に左右に在り。

【赴告】ふこく 諸侯の間に、相互に大事を知らせる。清・鄭燮〔范県署中、舎弟に寄する墨、第三書〕春秋の一書に至りては、赴告の文に因り、之れを書して、以て褒貶を定めたるに過ぎず。左氏乃ち經に依りて傳を作ることを得たり。

【赴死】ふし 死に赴く。〔漢書、季布欒布田叔伝賛〕欒布の彭越を哭し、田叔の張敖に隨ふ、死に赴くこと歸するが如し。彼誠に處する所を知る。古の烈士と雖も、何を以て加へんや。

【赴助】ふじょ ゆき助ける。〔南史、孝義上、賈恩伝〕賈恩～母亡し、居喪過禮なり。未だ葬らざるに、隣火の逼る所と爲り、～隣近赴助し、棺櫬(ひつぎ)免るるを得たるも、恩及び(妻)桓(氏)、倶に燒死せり。

【赴召】ふしょう(せう) 徴召に応じてゆく。明・文徴明〔東坡五帖、叔党一帖に跋す〕而して來日渡江、愈いよ左右に遠しの語有り。當に是れ杭より赴召の途中、王忠玉に與へし者なり。

【赴難】ふなん 急難を救う。〔漢書、王嘉伝〕(上疏)今諸大夫、材能有る者甚だ少なし。宜しく豫め成就すべき者を畜養すべし。則ち士、難に赴き死を愛しまざらん。

【赴問】死去の知らせ。〔春秋繁露、玉林〕春秋の赴問數百、應問數千、同に經中に留まりて、繙援比類、以て其の端を發し、卒に妄言無し。

↑赴援 赴き救う/赴会 出席する/赴期 約に赴く/赴急 救援/赴闕 宮に入る/赴険 危険に赴く/赴控 赴き告げる/赴趣 走り赴く/赴水 水に身を投じて死ぬ/赴趨 走り赴く/赴節 義に赴く/赴愬 赴いて告げ訴える/赴弔 赴き弔う/赴敵 敵を攻める/赴湯 湯・火の刑を避けない/赴蹈 難に赴く/赴任 任地へゆく/赴聞 告喪/赴辟 赴召/赴法 進んで刑を受ける/赴履 赴く

↓応赴・往赴・帰赴・嚮赴・迅赴・争赴・走赴・速赴・馳赴・電赴・投赴・奔赴・来赴・臨赴

【俯】 10 2024 〔頫〕 15 3118

フ ふす うつむく ねる

篆文

形声 声符は府。〔説文〕九上に正字を頫に作り、「頭を低るるなり」という。また「太史の卜書に、頫仰の字は此の如くす」とあって、卜法に関する字であるらしい。兆は卜兆、頁は儀礼の際の儀容を示す形であるから、おそらく廟門などで卜するとき、その卜兆を審視する意の字であろう。ゆえに俯視の意となる。〔説文〕にまた一体として、俛を録する。俯も列国期以後にみえる字であるが、〔説文〕に収めていない。

訓義 1ふす、うつむく、かがむ。2ねる、かくれる、身をふせる。

古訓 〔名義抄〕俯 フシアフグ・フス・フシドコロ・イタル・タル・ハジメ/俯仰 ワレニモアラズ・フシアフグ 〔字鏡集〕俯 タル・ツキテ・ツハヒラカ・アマネク・フス・ツク・ワク・アタ・クダル・フシドコロ・ハジメ・シリヘ

語系 俯(俛・頫)pio は同声。府pio も同声の字で、俯したまま仰ぐことのできない病をいう。

【俯鑒】俯して覧る。また、下情を察知する。唐・杜牧〔塩鉄裴侍郎に上る書〕伏して惟ふに、愚衷を俯鑒し、罪責を賜はらざらんことを。

【俯泣】俯して泣く。〔韓詩外伝、十〕齊の景公、牛山の上に遊び、北のかた齊を望んで曰く、美なる哉、國や。～古よりして死者無からしめば、則ち寡人將た此を去りて何くにか之かんと。俯して泣き、襟を沾す。

【俯仰】おきふし。しばらく。みまわす。晉・王羲之〔蘭亭集の序〕夫れ人の相ひ與に一世に俯仰する、或いは諸れを懷抱(心の思い)に取りて一室の内に晤言し(向かいあって話す)、或いは託する所に因寄して、形骸の外に放浪す。

【俯就】下位の意見を聞く。許す。〔後漢書、陳蕃伝〕聖人禮を制し、賢者は俯して就き、不肖は企ち(つま立ち)して及ばんとす。

【俯暢】下にゆき通る。唐・王勃〔滕王閣の序〕遙吟俯暢、逸興遄やかに飛ぶ。

【俯聴】下方の音をきく。唐・岑参〔高適・薛據と、慈恩寺の浮図(塔)に登る〕詩 下窺して高鳥を指し 俯聽して驚風を聞く

【俯伏】ひれ伏す。〔史記、蘇秦伝〕蘇秦、從約(六国合縦の盟約)の長と爲り、六國に幷せ相となる。～蘇秦の昆弟妻嫂、側目して敢て仰視せず、俯伏し侍して食を取る。

↑俯允 ご承諾/俯傴 お辞儀する/俯映 倒さまに下に映る/俯瞰 見おろしながめる/俯窺 うつむいてのぞく/俯刑 腐刑/俯査 ご賢察/俯察 俯視/俯思 思案する/俯視 うつむいて視る/俯首 頭をたれる/俯拾 うつむいて拾う/俯准 ご許可/俯順 従う/俯眺 うつむいて望む/俯念 敬念する/俯拝 拝伏/俯擗 哭泣する/俯覧 俯視/俯臨 見下す/俯僂 うつむき、かがむ/俯聆 俯聴

↓畏俯・陰俯・仰俯・興俯・退俯・拝俯・卑俯・容俯

【尃】 10 5334

フ しく あまねし ひろい

篆文

甲骨文

金文

会意 甫+寸。金文の字形は、苗木の根を包んで、これを持つ形で、土に扶植する意。それで広く施し行う意となる。〔説文〕三下に「布くなり」とする。金文の〔毛公鼎〕に「命を尃き、政を尃く」とあって、敷(敷)の初文。〔克鐘〕に「尃く王命を奠めん」という。尃に敷・溥の意があり、その初文とみてよい。

訓義 1しく、ほどこす。2あまねし、ゆきわたる、ひろい。

古訓 〔字鏡集〕尃 ヒトヘニ・シク・ノブ

声系 〔説文〕に尃声として博(博)・敷・傅・溥・搏・縛(縛)など十四字を収め、他に博声・溥声・薄(薄)声の字五字を収める。敷・縛・搏などの声義のうちに、尃の声義を考えることができる。

【尃濩】ひろく散布する。〔史記、司馬相如伝〕(封禅文、頌)唯だに之れに雨ふらすのみに非ず、又之れを潤澤す。唯だに之れを濡すのみに非ず、氾く之れに尃濩す。萬物熙熙として、懷うて慕思す。名山顯位、君の來ることを望む。

常【浮】 10 3214 〔浮〕 10 3214

フ フウ うく うかぶ ただよう すぎる

篆文

金文

形声 声符は孚。〔説文〕十一上に「氾ぶなり」、また氾字条に「濫るなり」とあって氾濫の義とするが、浮は浮漂・浮流のように、水上に漂い流れることをいう。氾・泛・浮はみな浮かぶ意であるが、すべて流屍の象、氾は俯むけ、泛は仰むけ、浮は上から手を加えている形。なお漂・流(流)もまた流屍の象。古い時代には、大氾濫のときに夥しい被害を生んだのであろう。よるべなく、根拠のないものをすべて浮といい、浮雲・浮言のように用いる。

訓義 1うく、うかぶ、うき流れる、ただよう、もと流屍をいう。2かるい、うわつく、おちつかぬ、根拠がない。3すぎる、まさる。浮浮は、さかんなさま。

古訓 〔和名抄〕浮橋 宇岐波之(うきはし) 〔名義抄〕浮 ウカブ 〔篇立〕浮 トル・ウカブ・ヌク 〔字鏡集〕浮 ウカル・ウカブ・ヌク

語系 浮biu は漂phiô と声義が近い。漂は票に従い、票の初形は屍を焚く象。その火勢によって吹きあげられることを票といい、水に移して漂という。浮・漂はともに流屍をいう語である。桴phiu、泭phio はいかだ。氾泭ともいわれるように、水勢によって流されるものをいう。

【浮雲】うきぐも。定めなきもの。〔論語、述而〕不義にして富み且つ貴きは、我に於て浮雲の如し。

【浮栄】浮き世の栄え。虚栄。明・劉基〔滿江紅、次韻して石末元帥に和す〕詞 過眼浮榮は、胡蝶の夢 縈身薄宦は、猩猩の屐 笑ふ村童の 主人翁を認めず 呼んで客と爲すことを

【浮豔】表面のあでやかさ。〔顔氏家訓、文章〕今の世、相承けて末に趨り本を棄て、率ね浮豔多し。～時俗此の如し、安んぞ能く獨り違はん。

【浮華】表面の華やかさ。〔論衡、自紀〕其の文は盛、其の辯は爭、浮華虛僞の語、澄定せざる莫し。華虛の文を沒し、敦庬の朴を存す。

【浮響】反響する音声。〔水経注、沅水〕(緑蘿山)又東して綠蘿山を帶ぐる。頽巖水に臨み、懸蘿渚に鉤かる。漁詠幽谷、浮響鍾の如し。

【浮幻】まぼろし。梁・昭明太子〔二諦の義を解く〕既に浮幻なりと云ふ、何ぞ眞寔の中に於て、此の浮幻を見ることを得ん。

【浮言】無実の語。流言。〔書、盤庚上〕汝曷ぞ朕れに告げずして、胥ひ動かすに浮言を以てし、衆を恐沈するや。

【浮誇】誇張。唐・韓愈〔進学解〕上は～春秋の謹嚴なる、左氏の浮誇なる、易の奇にして法ある、詩の正にして葩なるを規とす。

【浮光】水面の光。宋・范仲淹〔岳陽楼記〕長煙一空、皓月千里、浮光金を躍らせ、靜影璧を沈め、漁歌互ひに答ふ。

【浮世】定めなき世。魏・阮籍〔大人先生伝〕夫れ大人なる者は、～浮世に逍遙し、道と倶に成る。變化散聚、其の形を常にせず。

【浮生】はかない命。唐・李白〔春夜桃李園に宴する序〕浮生、夢の若し。歡を爲すこと幾許ぞ。古人燭を秉りて夜遊ぶ。良に以有るなり。

【浮説】いいかげんな言説。〔韓非子、存韓〕夫れ韓は、嘗て一たび秦に背き、國迫られ地侵され、兵弱くして今に至る。然る所以の者は、姦臣の浮説を聽き、事實を權らざればなり。

【浮藻】浮き草。また、詩文の技巧をいう。晉・陸機〔文の賦〕是に於て沈辭怫悦、～浮藻聯翩として、翰鳥(高鳥)の繳(いぐるみ)に纓かりて、曾雲の峻きより墜つるが若し。

【浮誕】浮薄ででたらめ。〔晋書、王衍伝〕魏の正始中、何晏・王弼等、老・莊を祖述す。～累りに顯職に居り、後進の士、景慕放效せざる莫し。～矜高浮誕、遂に風俗を成す。

【浮沈】浮き沈みする。〔淮南子、要略〕故に道を言ひて事を言はざれば、則ち以て世と浮沈すること無く、事を言ひて道を言はざれば、則ち以て化と游息すること無し。

【浮図】梵語buddhaの音訳。仏。仏教。浮屠。清・鄭燮〔犉児を哭す、五首、五〕詩 浮圖に三生の説有るに似たり 未だ前因を了せず、好し再び來れ

【浮屠】梵語buddhaの音訳。仏。仏教。浮図。〔後漢書、襄楷伝〕又、宮中に黄老・浮屠の祠を立つと聞く。此の道清虛、無爲を貴尚す。

【浮動】ゆれ動く。宋・林逋〔山園小梅、二首、一〕詩 疏影横斜して、水清淺 暗香浮動して、月黄昏

【浮薄】軽薄。〔後漢書、公孫瓚伝〕(上疏)今、車騎將軍袁紹は、～性本と淫亂、情行浮薄なり。

【浮靡】はでで美しい。〔唐書、文芸上、杜甫伝賛〕唐興りて、詩人、陳・隋の風流を承け、浮靡相ひ矜る。～甫に至りて、渾涵汪茫、千彙萬狀、古今を兼ねて之れを有す。

【浮萍】浮き草。清・張問陶〔高碑店垂糸古柳、二首、二〕詩 我も亦た銷魂す、此の樹の如し 浮萍飛絮、三世を話せん

【浮浮】多くてさかんなさま。〔詩、大雅、江漢〕江漢浮浮たり 武夫滔滔たり

【浮遊】所定めず遊ぶ。〔楚辞、離騒〕遠く集らんと欲すれば、止まる所無し 聊か浮遊して、以て逍遙せん

【浮嵐】ただよう山気。宋・欧陽脩〔廬山高、同年劉仲允の南康に帰るに贈る〕詩 浮嵐暖翠の千萬狀なるをして 坐臥、常に軒窗に對せしめんと欲す

【浮浪】さすらい人。〔隋書、食貨志〕其の貫(本籍)無き人、州縣の編戸するを樂はざる者、之れを浮浪の人と謂ふ。

↑浮埃 空中のほこり／浮壒 浮埃／浮筠 玉の色／浮影 水に映る影／浮漚 泡／浮仮 うそ／浮家 舟に住む人／浮芥 水に浮くあくた／浮寄 浮浪の人／浮詭 怪しげ／浮偽 うそ／浮蟻 酒の濁り／浮客 漂泊の人／浮橋 舟橋／浮景 倒景／浮月 水に浮かんだ月かげ／浮喧 さわぐ／浮懸 中空／浮戸 浮寄／浮語 浮言／浮槎 いかだ／浮子 うき／浮侈 奢る／浮思 城隅の飾り／浮詞 浮言／浮辞 浮言／浮舟 水に浮かぶ舟／浮称 うわさ／浮腫 むくみ／浮觴 酒杯を浮かべる／浮冗 むだ／浮食 徒食／浮心 遊惰の心／浮塵 塵埃、また、うんかの異名／浮浅 軽薄／浮簽 附箋／浮蛆 浮蟻／浮疏 大ざっぱ／浮躁 軽率／浮惰 なまけ／浮湍 奔流／浮溺 浮沈／浮蕩 でたらめ／浮騰 はね上がり／浮熱 うわ熱／浮嚢 浮き袋／浮杯 流觴／浮白 罰杯／浮泛 浮かぶ／浮費 浪費／浮漂 ただよう／浮標 ブイ／浮文 空文／浮弁 浮辞／浮没 潜水／浮末 商業／浮名 虚名／浮窳 なまけ／浮誉 虚名／浮利 ぬれ手で粟／浮麗 はで／浮穢 軽薄でわずらわしい

↓溢浮・煙浮・閻浮・蟻浮・虚浮・魚浮・澆浮・軽浮・光浮・香浮・清浮・苔浮・沈浮・飛浮・萍浮・飄浮・碧浮・莽浮・羅浮・浪浮

【祔】10 3420 フ まつる ほうむる

篆文 

形声 声符は付ふ。〔説文〕一上に「後死の者、先祖に合食するなり」とあって、合祀することをいう。〔儀礼、士虞礼〕に「卒哭して明日、其の班を以て祔す」とあり、先祖を左右昭穆の二班に分け、昭穆の序に従って合祀する。またその祭儀をいう。

訓義 1あわせまつる、合祀。2あわせほうむる、合葬。3みる。

【祔祭】祖先に合祀する。〔北史、裴宣伝〕宣、上言す。～有る所の骸骼、人の覆藏する無き者は、請ふ、悉く州郡をして戍邏し、檢行埋掩せしめん。～其の家に戎役に死する者有らば、皆招魂復魄せしめ、先靈に祔祭せしめん。

【祔葬】先祖の墓に合葬する。〔礼記、喪服小記〕祔葬する者は、宅(墓室)を筮せず。

↑祔柩 祔葬／祔食 合祀／祔蔵 合葬／祔窆 合葬

↓合祔・従祔・升祔・崇祔・登祔・配祔

【郛】10 2742 フ くるわ

篆文 

形声 声符は孚ふ。〔説文〕六下に「郭なり」とあり、城の外郭のところをいう。

訓義 1くるわ、外城。2しろ。

古訓 〔名義抄〕郛 サト・ソコ

↑郛郭 外城／郛廓 屛障／郛言 ほら話／郛邑 外城

↓壊郛・完郛・近郛・空郛・郡郛・故郛・郊郛・城郛・説郛・塡郛・破郛・邦郛・邑郛

常 【釜】10 8010 〔釜〕10 8010 〔鬴〕17 1322 フ かま

篆文 

金文 

形声 声符は父(父)ふ。〔説文〕三下に鬴を正字とし、「鍑の屬なり」といい、重文として釜を録する。金文に〔子禾子釜〕〔陳純釜〕のように釜と称する器があり、その字は缶に従って父声。鬴は後起の字である。〔左伝、昭三年〕に量器として「豆・區・釜・鍾」の名がみえ、〔子禾子釜〕など斉国の器もみな量器であった。平底にして無足、大腹の器制である。〔詩、召南、采蘋〕に「于に以て之れを湘る 維れ錡と釜とに」とあって、西方では炊器であった。水草を煮て祖祭に供することを歌

う詩である。

訓義 1かま、炊器。2量器、六斗四升を容れる。

古訓 〔和名抄〕釜 賀奈倍(かなへ)、一に云ふ、末路賀奈倍(まろかなへ)〔名義抄〕釜 カナヘ・マロカナヘ/飯釜 カシクカナヘ〔篇立〕釜 カナヘ/鬴 カナヘ

【釜鼓】量器。〔管子、枢言〕釜鼓満つれば則ち人、之れを概す。人満つれば則ち天、之れを概す。故に先王は満さざるなり。

【釜鬵】かまと、大釜。〔詩、檜風、匪風〕誰か能く魚を亨に ん 之れが釜鬵を漑がん

【釜甑】かまと、こしき。炊事用具。〔後漢書、宗室四王三侯、斉武王縯伝〕伯升(縯)乃ち兵を陳ね衆に誓ひ、積聚を焚き、釜甑を破り、鼓行して前む。～大いに之れを破り、斬首三千餘級。

【釜中】かまの中。〔後漢書、独行、范冉伝〕冉を以て萊蕪の長と爲す。～黨人の禁錮に遭ひ、～乃ち草室を結びて居る。止る所單陋、時に粮粒盡くること有るも、窮居自若たり。～閭里之れを歌ひて曰く、～釜中に魚を生ず、范萊蕪と。

↑釜甖 釜と壺/釜臍 釜底/釜竈 釜と竈/釜鼎 釜と鼎/釜煤 鍋墨/釜墨 鍋墨/釜庾 量器、少量/釜鬲 釜と空足のかなえ

↓瓦釜・錡釜・炊釜・甑釜・鼎釜・破釜・覆釜・鳴釜・漏釜

【埠】 11 4714 フ はとば ふなつきば

形声 声符は阜。埠頭、舟のつくはとばをいう。もと浦といい、呉・楚では歩といったようである。呉江の魚歩・亀歩、湘江の霊妃歩は、みな舟つき場の名である。

訓義 1はとば、ふなつきば。2また歩という。

古訓 〔名義抄〕埠 ツモル

【埠頭】舟つき場。〔四友斎叢説、十八〕升庵(楊慎)謫戍せられ、瀘州に住劄す。是れ雲南四川交界の處、乃ち水次の埠頭なり。

↓商埠

常

【婦】 11 4742 〔婦〕 11 4742 フ よめ つま おんな

篆文

甲骨文

金文

形声 旧字は婦に作り、帚声。帚は婦の初文で、卜辞には帚好・帚姘のように帚を婦の字に用いる。〔説文〕十二下に「服なり。女の帚を持つに従ふ。灑掃するなり」とあり、服従と灑掃をその義とする。帚は掃除の具ではなく、これに鬯酒(香り酒)をそそいで宗廟の内を清めるための「玉ははき」であり、一家の主婦としてそのことにあたるものを婦という。〔爾雅、釈親〕に「子の妻を婦と爲す」とあるのは、子の婦、よめをいう。金文の〔令毀〕に「婦子後人」の語があり、宗廟につかえるべきものをいう。殷代の婦は、その出自の氏族を代表する者として、極めて重要な地位にあり、婦好の卜辞には外征を卜するものがある。

訓義 1よめ、つま、主婦。2おんな。

古訓 〔和名抄〕婦 與女(よめ)、又、夫婦の婦なり〔名義抄〕婦 ヨメ・メ・シタガフ/婦人 タヲヤメ〔篇立〕婦 ムスメ・メ・ヨメ・オホヨメ・シタガフ

語系 婦biuaは母maと声近く、両者は関連する語であろう。それは夫piuaと父biuaとの関係と似ている。夫婦・父母も相対する語である。

【婦謁】婦人の請託が行われること。〔荀子、大略〕湯(王)、旱のときにして禱りて曰く、～宮室榮んなるか、婦謁盛んなるか、何の以に雨ふらざること、斯の極に至るやと。

【婦学】婦人の教科。〔周礼、天官、九嬪〕婦學の灋(法)を掌り、以て九御に婦徳・婦言・婦容・婦功を教ふ。各〻其の屬を帥ゐて、時を以て王所に御叙す。

【婦言】婦人のことば。〔管子、君臣下〕婦言は官中の事に及ばず、諸臣子弟に宮中の交はり無し。

【婦姑】よめしゅうと。〔荘子、外物〕室に空虚无ければ、則ち婦姑勃谿す(相争う)。心に天遊无ければ、則ち六鑿(六竅)相ひ攘す。

【婦寺】女官と宦官。〔詩、大雅、瞻卬〕教ふるに匪ず、誨ふるに匪ず 時れ維れ婦寺

【婦飾】婦人の装い。〔荀子、非相〕今世俗の亂民、郷曲の儇子(小才の利く者)、美麗姚冶にして奇衣婦飾し、血氣態度、女子に擬せざる莫し。～然れども中君、以て臣と爲すを羞づ。

【婦党】妻の親族。〔後漢書、仲長統伝〕(昌言、法誡篇)今夫れ國家、神明を媟近に漏らし、權重を婦黨に輸すもの、十世を筭へて之れを爲す者八九なり。此れを之れ罪せずして、彼を之れ疑ふ。

↑婦翁 妻の父/婦家 妻のさと/婦官 女官/婦公 婦翁/婦功 女の仕事/婦子 女や子供/婦侍 婦寺/婦豎 婦子/婦孺 婦子/婦女 女子/婦織 女功/婦職 女功/婦人 婦女/婦征 婦人の税/婦駔 仲買女/婦態 女の恰好/婦道 女として守るべき道/婦徳 婦道/婦妖 女妖/婦容 婦のみだしなみ/婦閭 娼家/婦礼 婦人の礼

↓淫婦・怨婦・豔婦・家婦・寡婦・介婦・外婦・姦婦・悍婦・棄婦・貴婦・戯婦・嬌婦・愚婦・君婦・荊婦・賢婦・巧婦・孝婦・蚕婦・産婦・爨婦・子婦・慈婦・主婦・醜婦・小婦・少婦・妾婦・倡婦・娼婦・情婦・織婦・新婦・世婦・節婦・宗婦・桑婦・孀婦・村婦・稚婦・廚婦・長婦・冢婦・貞婦・嫡婦・哲婦・田婦・妬婦・蕩婦・僮婦・毒婦・妊婦・納婦・販婦・鄙婦・美婦・匹婦・嬪婦・夫婦・命婦・勇婦・孕婦・幼婦・妖婦・嬾婦・嫠婦・良婦・烈婦・老婦

【桴】 11 4294 フ フウ いかだ むなぎ ばち

篆文

金文

形声 声符は孚。孚に浮かぶものの意がある。〔説文〕六上に「眉棟なり」(段注本)と棟木の意とするが、〔論語、公冶長〕「道行はれずんば、桴に乗じて海に浮ばん」のように、筏の意に用いる。鼓のばちの音は、枹と通用の義である。

訓義 1いかだ。2むなぎ、むね。3ばち。4きはだ。

古訓 〔和名抄〕桴筏 小なるを桴と曰ふ、以賀多(いかだ)〔名義抄〕桴 イカダ・ハチ〔字鏡集〕桴 ヒキトル・アツマル・イカダ

語系 桴phiuは泭phio、漂phiô、浮(浮)biuと同系の語で、浮きただよう意がある。孚は人が水に浮く、票は火が風に漂う意の字。泭は〔説文〕十一上に「木を編みて以て渡るなり」とあり、大なるものを筏、小なるものを泭・桴という。

【桴鼓】ばちをうつ。清・黄遵憲〔初めて京師の義和団の事を聞きて、感を賦す〕詩 端無くも桴鼓、京師を擾す 猶ほ記す、昌陵(仁宗)鼎盛(まっ盛り)の時

↑桴革 鼓と甲/桴槎 いかだ/桴思 宮廟の屏風/桴檝 舟と揖/桴粥 やしない育てる/桴人 船夫/桴棟 棟/桴筏 いかだ

↓蕢桴・鼓桴・乗桴・棟桴・編桴・木桴

常

【符】 11 8824 フ わりふ しるし ふだ

篆文

金文

形声 声符は付。〔説文〕五上に「信なり。漢の制は竹を以て

し、長さ六寸、分ちて相ひ合せしむ」とあり、竹節をいう。〔周礼、秋官、小行人〕に、道路には旌節、行閭に符節、都鄙に管節を用い、みな竹で作るという。漢の文帝三年、初めて銅虎符・竹使符を用いた。近年出土の列国期の〔鄂君啓節〕は銅節であるが、竹節の形式をとり、そのような符節は古くから行われていたのである。符讖の類は漢代に盛行し、讖緯とよばれた。のち護符の意に用い、〔抱朴子〕に多くの記述がある。

訓義 ①わりふ、符節。②しるし、おしで、印章。③きざし、神のしらせ、あかし。④ふだ、おふだ、お守り。⑤付と通じ、わたす、あう。⑥木のはだ。

古訓 〔名義抄〕符　シルス・シルシ・アラハス・チギル・カナフ・マコトナリ〔字鏡集〕符　シルシ・ノタマフ・カナフ・オホセゴト

【符緯】ふい(ゐ)　未来記。符讖。〔宋書、武三王、廬陵孝献王義真伝〕(上疏)大宋の興る、符緯に協應すと雖も、開基造次(草率)にして、根條未だ繁らず。宜しく廣く藩戚を樹て、敦睦するに道を以てすべし。

【符運】ふうん　天運。〔晋書、郭璞伝〕竊かに惟ふに、陛下符運至りて著らかに、勳業至りて大なり。

【符応】ふおう　瑞祥。感応のしるし。〔史記、封禅書〕或るひと曰く、～天瑞下る。宜しく(廟を)立てて上帝を祠り、以て符應に合ふべしと。是に於て渭陽の五帝廟を作る。宇を同じうし、帝一殿、面各〻五門あり。

【符劾】ふがい　魔よけふだ。〔後漢書、方術下、解奴辜伝〕河南に麴聖卿有り。善く丹書符劾を爲り、鬼神を厭殺して、之れを使命す。

【符契】ふけい　わりふ。よく一致することにたとえる。晋・袁宏〔三国名臣序贊〕衰世の中、名節を保持し、君臣相ひ體すること、符契を合するが若きは、則ち燕昭(王)・樂毅、古の流なり。

【符験】ふけん　しるし。合致する。〔晋書、芸術、鮑靚伝〕年五歳、父母に語りて云ふ、本是れ曲陽李家の兒なり。九歳、井に墜ちて死せりと。其の父母、尋訪して李氏を得、推問するに皆符驗す。

【符璽】ふじ　印。御印。〔荘子、胠篋〕聖人死せずんば大盗止まず。～之れが符璽を爲りて以て之れを信にせば、則ち其の符璽を幷せ與にして之れを竊む。

【符書】ふしょ　符瑞の書。〔後漢書、劉焉伝〕(張魯)道を鶴鳴山中に學び、符書を造作して、以て百姓を惑はす。其の道を受けたる者は、輒ち米五斗を出だす。故に之れを米賊と謂ふ。

【符讖】ふしん　未来記。符命と図讖。〔三国志、蜀、後主伝注に引く諸葛亮集〕(三月詔)昭烈皇帝(劉備)明叡の德を體し、文武を光演す。～符讖を奉順し、位を建て號を易かふ。

【符瑞】ふずい　瑞祥。めでたいしるし。〔漢書、劉輔伝〕(上書)天の與ふる所は、必ず先づ賜ふに符瑞を以てし、天の違ざる所は、必ず先づ降すに災變を以てす。此れ神明の徵應、自然の占驗なり。

【符節】ふせつ　わりふ。てがた。〔周礼、地官、掌節〕門關には符節を用ひ、貨賄には璽節(印璽のしるし)を用ひ、道路には旌節を用ふ。皆期有りて、以て節を反す。

【符伝】ふでん　しるし。通行証。〔墨子、号令〕諸城門若しくは亭に、～符傳疑はしきとき、若しくは符無きときは、皆縣廷に詣りて言はしむ。

【符表】ふひょう(へう)　あらわれ。〔中論、上、法象〕夫れ容貌なる者は人の符表なり。符表正し、故に情性怡ぶ。情性怡ぶ、故に仁義存す。仁義存す、故に盛德著はる。盛德著はる、故に以て法象と爲すべし。

【符命】ふめい　天命を示す符瑞。その文。〔後漢書、方術伝序〕後、王莽符命を矯りて用ひ、光武に及んで、尤も讖言を信ず。士の時宜に赴趣する者、皆騁馳穿鑿し、争うて之れを談ず。

【符籙】ふろく　道家の秘文としての未来記。受命に用いた。〔北史、魏献文帝紀〕天安元年春正月己丑朔、大赦し、改元す。～三月～辛亥、帝、道壇に幸し、親しく符籙を受け、京師に曲赦す。

↑符印　わりふ／符契と刻印／符覡　瑞祥／符檄　移牒／符券　わりふ／符虎　虎符／符甲　孚甲／符効　符の応験／符采　美しい詩文のたとえ／符彩　符采／符策　詔勅／符師　呪術師／符守　太守の符／符呪　符術／符祝　符呪／符術　まじない／符祥　瑞祥／符禳　お祓い／符信　しるし／符水　符と神水／符籍　住民証／符摂　公文書／符竹　符節／符牒　符号／符徵　符瑞／符篆　篆書でしるした呪文／符同　合致する／符牌　符節／符約　契約／符厭　符呪

↓印符・陰符・応符・音符・嘉符・牙符・亀符・義符・魚符・御符・玉符・契符・虎符・護符・合符・刻符・左符・爾符・朱符・呪符・授符・祥符・信符・神符・声符・節符・地符・天符・桃符・同符・佩符・表符・焚符・分符・兵符・宝符・奉符・剖符・明符・黙符・霊符

【孚】

11 4440　フ　ヒョウ(ヘウ)　めあさ　あまかわ　うえじに

篆文 

形声 声符は孚。〔説文〕一下に「艸なり」とあり、鬼目草をいう。また孚甲(芽)の意に用い、〔孟子、梁恵王上〕「野に餓孚有り」の孚は殍の意。殍は〔玉篇〕に「餓死者なり」とみえる。

訓義 ①めあさ、あまかわ、いぬあわ。②殍と通じ、うえじに。③莩と通じ、おちる。

古訓 〔篇立〕孚　クロシ・アシノナカゴ

【孚甲】ふこう(かふ)　種からめばえる。〔後漢書、章帝紀〕(元和二年)三公に詔して曰く、方春生養、萬物孚甲す。宜しく萌陽を助け、以て時物を育すべし。

↑孚車　紡車／孚末　末席の人

↓葭孚・餓孚・柔孚・糟孚・蘆孚

【趺】

11 6513　［跗］ 12 6410　フ　かかと　あしだい　あぐら

形声 声符は夫。跗に同じ。あしの甲。これを股の上に組んで坐する法を結跏趺坐といい、片足だけ組むことを半跏坐という。仏法を修めるときの坐法である。

訓義 ①足の甲、かかと。②器の台、あしだい、うてな。③あぐら、あぐらくむ。④俯と通じ、ふす。

古訓 〔新撰字鏡〕趺　足上なり、脚の踝(くるぶし)なり。豆夫不志(つぶふし)、又、豆夫奈支(つぶなぎ)、又、安奈比良(あなひら)〔和名抄〕趺　亦た跗に作る。阿奈比良(あなひら)。〔箋注〕按ずるに～蓋し足平の義、今俗に阿之乃古布と呼ぶ〔名義抄〕趺・跗　アナウラ・ウタクミ・ツフナキ・フミジル・ツフ、シ・ツマヅク・ハシル〔字鏡〕趺　タチト、コホル・ニシル・アナウラ・アト・ツフ、シ・ツマヅク

【趺坐】ふざ　結伽して坐する。唐・王維〔弁覚寺に登る〕詩　輭草趺坐を承け　長松梵聲響く

↑趺架　坐架／趺跏　結跏／趺居　うずくまる／趺処　僧／趺足　趺坐／趺読　読経

↓花趺・跏趺・鄂趺・蕚趺・結趺・絳趺・承趺・石趺・双趺・僧趺・方趺・滅趺

【傅】

12 2324　フ　つく　かしずく　たすける　もり　わりふ

篆文 

金文 

形声 声符は尃。尃は若木の根を包んで扶植する形で、ものを扶持する意がある。〔説文〕八上に「相くるなり」とあり、輔相することをいう。金文の〔叔夷鎛〕に「女、余れを藹卹に尃けたり」とあり、尃を傅の意に用いる。

訓義 ①つく、人につく、かしずく、たすける、そう。②もり、おもり、もり役。③いたる、近づく。④かきつける、てがた、わりふ。⑤付と通じ、わたす。

古訓 〔名義抄〕傅 ツク・カシツク・ツカフ・ミヤツカヘ 〔字鏡集〕傅 ツタフ・タスク・ツク・ツカフ・カシヅク・タヽ・ワカツ・タノム・ミヤヅカヘ・トヽノフ

語系 傅piuaは扶・輔・賻biuaと声近く、みなたすける意がある。俌phiuaは〔説文〕に「輔くるなり」、〔爾雅、釈詁〕に「弼・棐・輔・比は俌くるなり」とあり、これらもみな同義の語である。

【傅会】つけ合わす。附会。〔後漢書、張衡伝〕衡乃ち班固の兩都（の賦）に擬へ、二京の賦を作り、因りて以て諷諫す。精思傅會すること十年にして、乃ち成る。

【傅御】王の近従。〔詩、大雅、崧高〕王、傅御に命じ 其の私人を遷さしむ

【傅彩】彩色を施す。〔宣和画譜、道釈三、曹仲元〕初め呉道元を學んで成らず。其の法を棄て、別に細密を作し、以て自ら家に名づく。尤も傅彩に工みなり。遂に一種の風格有り。

【傅相】つきそい。補佐。〔後漢書、班彪伝〕今皇太子諸王、結髮學問し、禮樂を脩習すと雖も、傅相未だ賢才に値はず、官屬多く舊典を闕く。

【傅奏】のべ奏する。敷奏。〔漢書、宣帝紀〕（地節二年五月）上始めて政事を親らす。～群臣をして、封事を奏するを得しめ、以て下情を知る。五日に一たび事を聽く。丞相より以下、各〻職を奉じ事を奏し、以て其の言を傅奏す。

【傅父】おもり役の男。〔漢書、張騫伝〕大月氏（烏孫を）攻め、～匈奴に亡げ走る。子の昆莫、新たに生まる。傅父布就（官名）翎侯、抱き亡げて草中に置き、爲に食を求む。還りて、狼の之れに乳するを見る。～以て神と爲して、遂に匈奴に持ち歸る。

【傅粉】白粉をつける。〔世説新語、容止〕何平叔（晏）～面至りて白し。魏の明帝、其の粉を傅くるかと疑ふ。正夏の月、熱湯餠を與ふ。～朱衣を以て自ら拭ふに、色轉た皎然たり。

【傅別】証書。二分して各々其の一を所持する。〔周礼、天官、小宰〕官府の八成を以て、邦治を經す。～稱責（訴訟）を聽くに傅別を以てす。

↑傅愛 かしずく／傅育 養育する／傅益 附加する／傅爰 治獄／傅郭 負郭／傅近 近づく／傅君 おもり／傅合 附会する／傅飾 粉飾する／傅致 附会する／傅著 つく／傅堞 ひめがき／傅納 敷納／傅婢 侍女／傅姆 おもり／傅面 傅粉／傅麗 つく

↓王傅・外傅・賢傅・師傅・少傅・太傅・帝傅・保傅

常 【富】 12 3060 入 ［冨］ 11　フ フウ　とむ ゆたか さかん

篆文　金文

形声 声符は畐。畐は腹の大きい酒樽の形。〔説文〕七下に「備はるなり」と備の声を以て解する。福（福）も同声の字。金文に福を畐に作るものがあり、富は神に多く供えることを原義とする字であろう。〔論語〕には、富を斥け、賤しむ語が多い。

訓義 ①とむ、おおい、ゆたか。②さかん、あつし。③さいわい。

古訓 〔名義抄〕富 トム・ミツ・サイハヒス

語系 富・福piuəkは同声。備buəkは箙を負う形の字であるが、声義に通ずるところがある。

【富溢】あり余る。〔史記、亀策伝〕會〻上、匈奴を撃ち、西のかた大宛を攘ひ南のかた百越を收めんと欲し、卜筮す。～賞賜或いは數千萬に至る。丘子明の屬の如き、富溢貴寵、朝廷を傾く。

【富豔】ゆたかで美しい。〔詩品、序〕元嘉中、謝靈運有り。才高く詞盛んにして、富豔蹤ひ難し。固より已に劉（琨）・郭（璞）に含跨し、潘（岳）・左（思）を淩轢す。

【富家】富豪。〔漢書、貨殖、師史伝〕轉轂百數、郡國に賈す。～富家相ひ矜るに久賈を以てす。邑を過ぐるも、門に入らず。～能く十千萬を致す。

【富貴】家富み、身分が高い。〔史記、項羽紀〕項王、秦の宮室の皆以に燒けて殘破せるを見、又心に懷思して東に歸らんと欲す。曰く、富貴にして故郷に歸らざるは、繡を衣て夜行くが如し～と。

【富強】財多く兵強し。〔管子、形勢解〕主の功を爲す所以の者は富強なり。故に國富み兵強ければ、則ち諸侯其の政に服し、隣敵其の威を畏る。

【富豪】富家。〔漢書、卜式伝〕貧民大いに徙り、皆給を縣官（政府）に卬ぐ。以て盡く贍す無し。～是の時富豪皆爭うて財を匿す。唯だ式のみ、尤も費を助けんと欲す。

【富室】富家。〔漢書、諸侯王表序〕哀平の際に至り、皆繼體苗裔、親屬疏遠、～士民の尊ぶ所と爲らず、勢ひ富室と異なる亡し。

【富庶】ゆたかで人が多い。唐・韓偓〔漢口を過ぐる〕詩 居は商徒を雜へて、偏に富庶なり　地に詞客多くして、自から風流

【富饒】ゆたか。〔論衡、治期〕富饒は命厚（強運）の致す所、賢恵の獲る所に非ざるなり。

【富人】金持ち。〔詩、小雅、正月〕民、今の祿（幸い）無き　天夭（禍い）に是れ椓なはる　哿い矣富める人　哀し、此の惸獨（孤独の者）

【富贍】ゆたかで足りる。〔晋書、葛洪伝〕凡そ著撰する所、皆是非を精覈し、才章富贍なり。

【富麗】ゆたかで美しい。宋・蘇軾〔策断、三〕契丹、五代より南侵し、石晉の亂に乗じ、奄ち京邑に至り、中原の富麗、廟社宮闕の壯んなるを覩て之れを悦ぶも、以て留まるべからざるを知る。故に歸りて竊かに習ふ。

↑富安 ゆたかで、安らか／富益 多くし益す／富衍 富溢／富翁 金持ちの老人／富姦 金持ちの悪者／富給 ゆたか／富彊 富強／富驕 富み驕る／富窟 金満家／富戸 富家／富賈 豪商／富厚 富みゆたか／富骨 金持ちの相／富才 多才／富歳 豊年／富士 富人／富貲 多財／富兒 富人／富実 富贍／富者 富人／富寿 金持ちで長寿／富商 豪商／富殖 ゆたか／富盛 栄える／富説 冗説／富羨 あり余る／富足 富贍／富族 財閥／富都 上品／富年 少壮／富博 宏才／富繁 栄える／富備 富贍／富民 富人／富愈 足る／富有 多財／富佑 ゆたか／富裕 ゆたか／富予 ゆとりがある／富余 ゆたかで十分／富利 富みもうける／富隆 さかん／富力 財力／富祿 ゆたかな扶持

↓安富・殷富・栄富・豔富・家富・該富・姦富・奇富・貴富・巨富・彊富・驕富・窘富・姸富・宏富・豪富・国富・財富・侈富・資富・辞富・取富・昌富・饒富・贍富・多富・貪富・致富・都富・博富・繁富・美富・貧富・豊富・暴富・末富・雄富・麗富

常 【普】 12 8060 ［暜］ 14 0060　フ　あまねし ひろい ゆきわたる

篆文

会意 正字は暜に作り、竝（並）+曰。〔説文〕七上に「日に色無きなり」とし、薄光の意とするが、その用例はない。また〔段注本〕に字を竝声とするが、声が合わない。古い字形がなくて確かめがたいが、字はおそらく曰に従い、盟誓に関するものであろう。曰は祝詞や盟誓の書を

収める器。その蓋を少し啓く形で、「曰く」を原義とする。竝は二人並ぶ形で、その当事者である。立は人が正面して、その位置につくこと。竝は多くの人が列すること。その儀礼に参加するすべての人の意より、普遍の意となる。これと以た構造をもつ曹の初文は朁。東は争訟のとき、束矢鈞金を橐（東）に入れて提出するので、棘はその当事者。盟誓して獄を争う、故に法曹の意となる。普は朁と同じ造字法で、儀礼に参加する人をいう。

訓義 ①あまねし、みな、なみ。②ひろい、おおきい。③ゆきわたる、およぶ。④くらい。

古訓 〔名義抄〕普 アマネシ・ミナ・オホキナリ・クモル 〔字鏡集〕普 ミナ・アマネシ・オホキナリ・カヌ・クモル

語系 普・溥 pha は敷（旉）phiua、布 pa、また旁 bang と声近く、みなひろくゆきわたる意がある。

【普洽】(かふ) ゆきわたる。〔後漢書、和帝紀〕孝章皇帝、鴻業を崇弘し、徳化普洽し、意を黎民（人民）に垂る。

【普天】 天の覆う下。溥天。〔左伝、昭七年〕詩（小雅、北山）に曰く、普（溥）天の下 王土に非ざる莫く 率土の濱 王臣に非ざる莫しと。

【普遍】 広くゆきわたる。唐・郭周藩〔譚子池〕詩 普遍、疲俗を拯ひ 丁寧に親知に告ぐ～泓澄（水がゆたかで、すむ）、符瑞を表はし 水旱にも竭っくる時無し

➡普延 広く招く／普衍 普洽／普恩 広い恵み／普加 広く施す／普及 広くゆきわたる／普告 布告／普済 あまねくすくう／普施 あまねく施す／普浹 あまねくする／普請 共作／普茶 法会の茶／普通 通常／普度 あまねくすくう／普同 普通／普汎 普遍／普徧 普遍

⬇恩普・弘普・洽普・周普・沢普・流普

【腑】 12 7024

フ はらわた こころ

形声 声符は府。府はものを蔵する所。内臓の諸官を臓腑という。人に五臓六腑がある。

訓義 ①はらわた、臓腑。②こころ。

➡腑水 臓腑の水／腑臓 臓腑／腑肺 肺腑／腑冷 腐爛

⬇肝腑・襟腑・心腑・臓腑・肺腑・六腑

【跗】 12 6410 ［趺］ 11 6513

フ かかと あしだい あぐら

形声 声符は付。足の甲の上の部分、足の背をいう。趺と同義の字であるが、趺坐には趺を用い、花のうてなには跗を用いるなど、慣用上の区別がある。

訓義 ①足の甲、かかと。②花のうてな。③国語では、くびすの意に用いる。

古訓 〔字鏡〕跗 アナウラ・ハナノシベ・アナヒラ 〔字鏡集〕跗 ウタクミ・アナウラ・タ、ラ・ツマヅク・ソフナキ・ツフ、シ・ハシル

＊語彙は趺字条参照。

【跗萼】 花のうてな。上の花弁を兄弟にたとえ、跗萼を親にたとえる。陳・徐陵〔梁の元帝に勧進する表〕荒服來り賓し、遐邇同に慶ぶ。其の文昭武穆、跗萼也彼の如く、天平地成、功業也此の如し。

➡跗鄂 跗萼／跗骨 足の甲の骨／跗注 なめし皮で作った軍服／跗蹋 地をふむ

⬇旗跗・脚跗・脛跗・濡跗・跣跗・足跗・属跗

【鈇】 12 8513

フ まぐさきり おの

篆文 

形声 声符は夫。〔説文〕十四上に「莝を斫るの刀なり」（段注本）とあり、まぐさきり。また、斧（斧）と通用する。

訓義 ①まぐさきり。②おの、まさかり。

古訓 〔名義抄〕鈇 マサカリ・ネリカネ・ハリ・トサシ・ウツハモノ・ツチ

語系 鈇・斧 piua は同声。斧は父（父）に従っており、もと父たるものの儀器。父は斧をもつ形である。

【鈇鉞】(ふえつ) おのと、まさかり。刑具。〔中庸、三十三〕是の故に君子は賞せずして民勸め、怒らずして民、鈇鉞を威る。

➡鈇質 鈇鑕／鈇鑕 斧とその切り台、刑具

【溥】 13 3314

フ ひろい おおきい あまねし

篆文 

形声 声符は尃。尃は若木の根を包んでもつ形。扶植する意があり、広める意がある。〔説文〕十一上に「大いなり」という。〔詩、小雅、北山〕に「溥天」の語があり、金文の〔叔夷鎛〕に「尃いに天命を受く」のように用いる。尃は溥・敷（旉）の初文とみてよい字である。

訓義 ①ひろい、おおきい。②あまねし、おおいに。③浦と通じ、みぎわ、うら。

古訓 〔名義抄〕溥 アマネシ・オホフ・ウラ 〔字鏡集〕溥 ヒロク・オホキナリ・アマネシ・ヒトヘニ

語系 溥・普 pha は同声。敷 phiua、布 pa、旁 bang は声近く、みなひろくゆきわたる意がある。

【溥将】(しやう) 広く大きい。〔詩、商頌、烈祖〕我、命を受くること溥く將いなり 天より康を降す

【溥大】 広く大きい。〔漢書、朱博伝〕漢家、至徳溥大、宇内萬里、立てて郡縣を置く。

【溥天】 天のおおう下。普天。〔詩、小雅、北山〕溥天の下 王土に非ざる莫く 率土の濱 王臣に非ざる莫し

【溥博】 広大でゆきわたる。〔中庸、三十一〕溥博淵泉にして、時にして之れを出だす。溥博なることは天の如く、淵泉なることは淵の如し。

【溥被】 広汎にわたる。〔漢書、魏相伝〕六年の畜亡き、尚ほ是れを急と謂ふ。元鼎二年、平原・勃海・太山・東郡、溥く災害を被り、民道路に餓死す。二千石豫め其の難を慮らず、此に至らしむ。

➡溥愛 博く愛する／溥愆 大いにあやまる／溥原 大原／溥洽 あまねし／溥載 広く載せる／溥暢 広く及ぶ／溥氾 広汎／溥覆 広くおおう／溥覧 広く覧る／溥臨 広く臨む

⬇宏溥・周溥・施溥・沾溥・徳溥・隆溥

【艀】 13 2244

フ こぶね はしけ

形声 声符は孚。〔広雅、釈水〕に「舟なり」とあり、王念孫の〔疏証〕に「艀の言たる、浮なり」という。小舟。

訓義 ①こぶね。②わが国で、はしけをいう。

古訓 〔名義抄〕艀 イカダ 〔字鏡集〕艀 ハシフネ・イカダ

➡艀艇 はしけ

【蜉】 13 5214 ［蟲］ 25 4013

フ フウ おおあり かげろう

篆文 

形声 声符は孚。〔説文〕十三下は正字を蟲に作り「蚍蟲なり」という。蚍蟲は蚍蜉。〔爾雅、釈虫〕に「蚍蜉は大螘なり」とあり、大蟻をいう。

訓義 ①おおあり。②かげろう、渠略。

古訓 〔字鏡集〕蜉 ヒヲムシ・アリ

【蜉蝣】(いう) かげろう。はかないもの、無力なものにたとえる。〔随園詩話、一〕今人未だ韓（愈）・柳（宗元）の門戸を窺はずして、先づ六朝を掃ひ、未だ李（白）・杜（甫）の皮毛を得ずして、已に溫（庭筠）・李（商隠）を輕んず。何ぞ蜉蝣の多きや。

↑蜉結 蚊柱
↓蚍蜉

【鳧】 13 2721 フ かも あひる

篆文  金文 

会意 鳥＋人。〔説文〕三下に字を几に従う形とし「舒鳧、鶩なり」、また鳥部四上に「鶩は舒鳧（あひる）なり」、その次条に「鷖は鳧の屬なり」として〔詩、大雅、鳧鷖〕「鳧鷖、梁に在り」の句を引く。梁は涇の誤りであろう。金文の字形は、鳥の後に小さく人を加えており、鳥形霊の観念を示す字かと思われる。〔周礼、考工記、鳧氏〕は鐘を作ることを掌り、周鐘の鼓右の部分に鸞鳳のような鳥の形がそえられている。それで鐘をまた鳧鐘という。鐘は神霊を招く楽器である。鳧鷖は〔詩、大雅、鳧鷖〕に「鳧鷖、涇に在り」とみえるように、おそらく渡り鳥。時期を定めて来帰する鳥を、祖霊の化身とみて、そこを聖地として祀ることが行われた。鳧の字形が、その鳥形霊の観念と直接結合されているように思われる。

訓義 ①かも。②あひる。

古訓 〔新撰字鏡〕鳧 太加戸（たかべ）〔名義抄〕鳧 浮鴨の屬なり。カモ・タカベ〔字鏡集〕鳧 カモ

語系 鳧bio、鶩miuは声近く、もと同種のものとされ、〔爾雅、釈鳥、注〕に、野に在るものを鳧、家に在るものを鶩とする。〔詩、大雅〕の「鳧鷖」は渡り鳥であるから野鳥。賈誼の〔新書、春秋〕に「鳧鴈を食らふ」とみえるものは家鴨、また王勃の〔滕王閣の序〕「落霞、孤鶩と齊しく飛ぶ」は野鴨である。〔芸文類聚、九十二〕、〔太平御覧、九二五〕に引く〔説文〕に「鶩は野鳧なり」とあって、もとは雁とみていたのであろう。

【鳧鷖】かもと、かもめ。水禽。〔詩、大雅、鳧鷖〕鳧鷖、涇（水）に在り 公尸來に燕し、來に寧んず

【鳧鴨】かもと、あひる。水禽の称とする。宋・蘇轍〔趙少師、南都より欧陽少師を潁州に訪ひ、西湖に留まる～〕詩 棹進みて鳧鴨亂れ 樂作りて蟲魚驚く

【鳧雁】かもと、かり。〔詩、鄭風、女曰雞鳴〕將た翶し 將た翔す 鳧と雁とを弋（いぐるみ）す

【鳧舟】かもの形の舟。鳧舟。晉・張協〔七命〕歌に曰く、鳧舟に乘りて水嬉を爲し 芳洲に臨んで靈芝を拔く

【鳧渚】かもの遊ぶ渚。〔西京雑記、二〕梁の孝王～兔園を築く。園中に百靈山有り。～又、鴈池有り。池間に鶴洲・鳧渚有り。其の諸宮觀、相ひ連なり、延亘すること數百里。

↑鳧乙 鳧と燕／鳧影 鳧が飛ぶ姿／鳧翁 雄鴨／鳧鷗 鳧と鷗／鳧脛 短いもの／鳧氏 鐘師／鳧鐘 鐘／鳧趨 足早にゆく／鳧船 鳧舟／鳧藻 よろこびさわぐ／鳧飛 退官する／鳧舫 鳧舟／鳧浴 吐納の術

↓家鳧・海鳧・戯鳧・魚鳧・驚鳧・軽鳧・孤鳧・江鳧・沙鳧・渚鳧・舒鳧・信鳧・晨鳧・水鳧・睡鳧・翠鳧・仙鳧・飛鳧・眠鳧・野鳧・遊鳧・養鳧・弋鳧

【孵】 14 7274 フ かえる そだつ

形声 声符は孚。孚は子を抱く形で保と声義近く、保育の義がある。卵の孵化することをいう。〔方言、三〕に「雞、卵を伏して未だ孚せず」と、孚を孵の意に用いる。

訓義 ①かえる、卵がかえる。②そだつ。

古訓 〔名義抄〕孵 カヘル

↑孵育 哺育する／孵化 卵がかえる／孵卵 孵化

【榑】 14 4394 フ たるき まるた

篆文 

形声 声符は尃。〔説文〕六上に「榑桑、神木なり。日の出づる所なり」とみえ、扶桑ともいう。また叒字条六下に「日、初めて東方の湯谷に出づ。登る所の榑桑、叒木なり」とあり、叒木は若木。この神木から十個の太陽が順次に天をめぐるという十日説話があった。榑桑はのちわが国の異名として用いられ、扶桑の字を用いる。

訓義 ①扶桑、東方の木。②たるき。③まるた、くれ。

古訓 〔名義抄〕榑 クレ

【榑桑】東方の神木。扶桑のあるところ。扶桑。搏桑。〔淮南子、覧冥訓〕矢を縦にし、風を躡み、猋を追うて、歸ること忽たり。朝に榑桑を發し、暮に落棠（山）に入る。

【榑木】榑桑。〔淮南子、時則訓〕東方の極、碣石山より、朝鮮を過ぎ、大人の國を貫き、東のかた日出の次、榑木の地、青土（邱）樹木の野に至るまで、太皞・句芒の司る所の者、萬二千里なり。

常 【腐】 14 0022 フ くさる ただれる いためる

篆文 

形声 声符は府。〔説文〕四下に「爛るなり」とあり、肉の腐爛することをいう。府はおそらく臟腑の腑の声義をとるもので、腐敗しやすい部分である。すべて腐敗・腐朽する意に用いる。

訓義 ①くさる、肉がくさる。②ただれる、くずれる、ほろびる。③いためる、心いためる。④腐刑。⑤豆腐。

古訓 〔名義抄〕腐 クツ〔篇立〕腐 タヾル・クツ・クダシ・ハダヘヤブル

【腐朽】くさり、朽ちる。〔漢書、董仲舒伝〕孔子曰く、腐朽の木は、彫るべからずと。

【腐刑】去勢の刑。漢・司馬遷〔任少卿（安）に報ずる書〕其の次は、肌膚を毀り、肢體を斷ちて辱しめを受く。最も下なるは、腐刑極まれり。

【腐骨】死者の骨。身後。宋・陸游〔晩に述ぶ〕詩 癡人は自ら浮世の夢を作す 腐骨那ぞ須ひん、後世の名

【腐儒】無能な学者。陋儒。清・孫奇逢〔九日～追和九飲歌〕詩 人は驚く、飲量の多きに 牢騷、忽爾として、悲歌起る 腐儒は知らず、眞儒の意 横肆、譏彈す、奈何すべき

【腐心】心を砕く。苦心。〔史記、刺客、荊軻伝〕樊於期、偏袒（片はだをぬぐ）搤捥して進みて曰く、此れ臣の日夜切齒（歯ぎしり）腐心するところなり。乃ち今、教へを聞くを得たりと。遂に自刎す。太子之れを聞き～屍に伏して哭す。

【腐粟】余ってくさる米穀。魏・文帝〔典論、漢の武帝を論ず〕孝武帝、累世の遺業を承け、中國の殷阜なるに遇ふ。府庫に錢帛を餘し、倉廩に腐粟を蓄ふ。此れに因り匈奴を平滅し、邊境を廓清するに意有り。

【腐腸】胃腸にわるい。美食。漢・枚乗〔七発〕皓齒娥眉（美人）、命けて伐性の斧と曰ふ。甘脆肥膿、命けて腐腸の藥と曰ふ。

【腐蠹】くさって虫がわく。〔説苑、政理〕其の吏苛ならず、其の賦斂節あり、～官に腐蠹の藏無く、國に流餓の民無し。此れ賢君の治國なり。

【腐敗】くさる。〔漢書、食貨志上〕武帝の初に至る七十年間、國家事亡し。～太倉の粟（穀）、陳陳（古米）相ひ因り、充溢して外に露積し、腐敗して食らふべからず。

【腐木】朽木。〔漢書、劉輔伝〕腐木は以て柱と爲すべからず、卑人は以て主と爲すべからず。

【腐爛】くさりただれる。〔漢書、陳咸伝〕居る所殺伐を以て威を立つ。～督作劇しく、痛みに勝へず、自ら絞死する者、歲ごとに數百千人。久しき者は蟲出でて腐爛するも、家收むることを得ず。

↑腐衣 湯葉／腐家 豆腐屋／腐瓦 古瓦／腐芥 ちりあくた／腐壊 朽敗する／腐気 汙腐／腐棄 くさりすてる／

腐魚 くさった魚/腐局 旧式/腐見 固陋な考え/腐財 死に金/腐罪 腐刑/腐索 朽ちたなわ/腐史 史記の著者司馬遷は腐刑を受けたので、史記をいう/腐歯 腐肉/腐臭 腐敗の臭い/腐蝕 腐敗する/腐身 腐刑を受ける/腐生 腐儒/腐俗 陋俗/腐談 陳腐な話/腐忠 愚忠/腐套 旧式なしきたり/腐肉 くさった肉/腐乳 豆乳/腐皮 湯葉/腐夫 腐刑を受けた男/腐敝 腐敗する/腐滅 没落する/腐窳 敗壊する/腐余 くさり物/腐陋 陳腐/腐穢 腐爛

↓迂腐・朽腐・枯腐・紅腐・臭腐・腸腐・陳腐・豆腐・乳腐・爛腐

【誣】 14 0161 フ ブ しいる そしる あざむく まげる

篆文

形声 声符は巫。巫は祝禱・呪詛をなすもので、その言に誣妄のことが多い。〔説文〕三上に「加なり」とは架言、浮誇虚誕の語をいう。〔左伝、荘十年〕「犧牲玉帛、敢て加へざるなり」の加は虚加、供えものを実際以上に神に告げることをいう。人をそしることを加誣という。

訓義 1しいる、無実のことをあるようにいう、そしる。2あざむく、まげる、なみする、みだりにする。

古訓 〔名義抄〕誣 シヘタリ・シブル・ヒロム・アザムク・イツハル・カコツ・シフ 〔字鏡集〕誣 ヒク・シヘタク・イツハル・シフ・アザムク・カコフ・ヒロム・ハカル・シフル

語系 誣・巫 miua は同声。舞(舞)も同声。巫に舞の意があり、誣をまた舞言という。同系の語である。

【誣枉】 無実の者を偽って罪する。漢・荀悦〔王商論〕過ち無きも、猶ほ誣枉せらる。而るを況んや敢て罪有るをや。口を閉ずも誹謗を得。況んや敢て直言するをや。

【誣陥】 無実のことで人を陥れる。〔晋書、賈謐伝〕賈謐、常侍と爲り、東宮に侍講す。太子、意に悦ばざる有り。謐、深く之れを患ふ。~遂に后と謀を爲し、太子を誣陥す。

【誣矯】 表面をいつわる。〔北史、循吏、杜纂伝〕纂、歴任する所、好んで小惠を行ふ。蔬食弊衣、多く誣矯に渉るも、財を輕んじ己を潔くし、終に受納無し。~號して良守と爲す。

【誣告】 無実のことを告げる。〔漢書、宣帝紀〕耆老の人、~血氣衰微、亦た暴虐の心亡し。~今より以來、諸〻年八十以上は、誣告して人を殺傷するに非ずんば、佗は皆坐せしむること勿かれ。

【誣譖】 無実のことでそしる。唐・許棠〔建州姚員外に寄す〕詩 誣譖せられて遐く謫せらるるに遘ふも 明君は卽ち自ら知らん

【誣愬】 偽り訴える。〔漢書、韓延寿伝〕(蕭)望之、延壽を劾奏す。~典法の大臣を誣愬し、以て罪を解かんと欲す。狡猾不道なりと。~竟に棄市に坐す。~吏民數千人、~爭うて酒炙を奏む。

【誣争】 誣告して争う。〔史記、五宗世家〕常山憲王、蚤夭す。后妾和せず。適孽誣爭し、不義に陷りて、以て國を滅ぼす。朕甚だ閔れむ。

【誣奏】 上奏誣告する。〔後漢書、霊帝紀〕盧植、黄巾を破り、張角を廣宗に圍む。宦官、植を誣奏し、罪に抵たらしむ。

【誣詆】 無実のことでそしる。〔宋史、理宗紀二〕(宝慶元年)冬十一月~甲申、朱端常言ふ、魏了翁の封章は謗訕、眞德秀の奏劄は誣詆なりと。魏了翁~眞德秀に詔して、落職せしむ。

【誣服】 無実の罪に服する。〔史記、李斯伝〕趙高、斯を治め、榜掠すること千餘、痛みに勝へず、自ら誣服す。~李斯乃ち獄中より書を上る。

【誣罔】 でたらめで欺く。〔漢書、武帝紀〕(元鼎五年)樂通侯欒大、誣罔に坐して要斬(腰斬)せらる。

↑誣淫 でたらめ/誣豔 浮豔/誣劾 誣告/誣欺 偽り欺く/誣言 誣告/誣構 誣陥/誣罪 誣陥/誣詞 誣言/誣執 誣奏/誣説 誣言/誣善 善事を悪しざまにいう/誣訴 讒訴する/誣謗 事実をまげてそしる/誣妄 誣罔/誣乱 偽り乱れる/誣惑 偽り惑わす

↓陥誣・欺誣・虚誣・矯誣・愚誣・巧誣・讒誣・自誣・失誣・取誣・侵誣・遭誣・詆誣・謗誣

【鄜】 14 0722 フ ロク

篆文

形声 声符は鹿。字はもと麃に従い、麃声。〔説文〕六下に「左馮翊の縣なり」とあり、字を麃声とする。〔史記、封禅書〕以来、鄜の字を用いる。

訓義 1地名。2鄜時、秦の五時の一。

【鄜時】 秦の祭天の地の一。〔史記、封禅書〕文公夢む。黄蛇(蛇)天より下りて地に屬き、其の口、鄜の衍(平地)に止まると。~是に於て鄜時を作り、三牲を用て白帝を郊祭す。

常 【敷】 15 〔敷〕 15 5824 フ しく あまねし ひろめる

篆文

形声 声符は尃。尃は若木の根を包んで、これを扶植する意。金文に「命を尃しく」「尃いに天命を受く」のように用い、尃は敷・溥の初文として用いられる。敷に布きひろめる意がある。

訓義 1しく、ほどこす。2わける、つらねる、のべる。3あまねし、ひろがる、ひろめる。4おおいに。

古訓 〔名義抄〕敷 シク・ヒラク・ワカツ・ホドコス・サク・アマネシ 〔字鏡集〕敷 シク・ホドコス・ワカツ・オホキナリ・ウルハシ・サク・ヒラク・チカシ

語系 敷 phiua は溥・舖(舗)・普 pha、また布 pa、旁 bang とそれぞれ声近く、広布の意があり、一系の語である。

【敷栄】 草木が茂り、花開く。晋・王羲之〔吏部郎謝万に与ふる書〕頃東游より還り、脩めて桑果を植ゑしに、今盛んに敷榮す。諸子を率ゐ、弱孫を抱き、其の閒に游觀す。

【敷衍】 ひろめ及ぼす。敷演。〔宋史、儒林五、范沖伝〕上、雅より左氏春秋を好む。沖と朱震とに命じて專講せしむ。沖、經旨を敷衍し、因りて以て規諷す。上、未だ嘗て善と稱せずんばあらず。

【敷化】 教化をしく。魏・阮籍〔晋文王に与へて盧播を薦むる書〕伏して惟ふに、明公~皇靈誕秀、~期に應じて輔を作し、道を論じて敷化す。

【敷求】 ひろく求める。〔書、伊訓〕敷く哲人を求め、爾の後嗣を輔けしむ。

【敷写】 写しつらねる。〔文心雕竜、頌讃〕夫の頌の典雅を原ぬるに~辭は必ず淸鑠、敷寫すること賦に似たるも、華侈の區に入らず。

【敷衽】 もすそを敷く。〔楚辞、離騒〕跪き衽を敷いて以て辭を陳ぶ 耿として吾れ既に此の中正を得たり 玉虬を駟にして以て鷖に乘り 埃風を溘やかにして、余れ上り征く

【敷浅】 浅薄。陳・顧野王〔玉篇を上る表〕末學敷淺、~復た六經を研考し、百氏を校讐すと雖も、殊に庸菲の能く與奪する所に非ず。

【敷奏】 意見を上奏する。〔書、舜典〕敷奏するに言を以てし、明試するに功を以てし、車服(を賜うに)、庸(功)を以てす。

【敷暢】 ひろめ明らかにする。漢・孔安国〔尚書の序〕研精覃思し、博く經籍を考へ、群言を採摭し、以て訓傳を立て、文を約し義を申べ、厥の旨を敷暢(暢)す。庶幾くは、將來に補ふこと有らんことを。

【敷陳】 ならべ述べる。〔淮南子、要略〕人閒(訓)は~百事の微を分別し、存亡の機を敷陳す。

【敷土】ふど 土地を分かつ。〔書、禹貢〕禹、土を敷ち、山に隨ひ木を刊り、高山大川を奠む。

【敷文】ふぶん 文を作る。南朝宋・謝霊運〔山居の賦〕書を研べ理を賞し、文を敷ね懷を奏ぶ。

【敷聞】ふぶん ひろく伝える。〔書、文侯之命〕王若くの曰く、父義和よ。不顯なる文武、克く明德を愼む。上に昭升し、敷聞して下に在り。

【敷佑】ふゆう(ふいう) たすける。〔書、金縢〕予れ(周公旦)能く多材多藝にして、能く鬼神に事ふ。～乃ち帝庭に命ぜられ、四方を敷佑す。

↑敷遺 及ぼす／敷英 花咲く／敷演 敷衍／敷教 敷化／敷言 敷教／敷弘 ひろめる／敷洽 あまねし／敷告 布告する／敷施 ひろく施す／敷菑 開墾する／敷秀 敷栄／敷政 布政／敷宣 布告する／敷治 治める／敷張 ひろめる／敷天 普天／敷展 のべる／敷納 敷奏／敷披 布き開く／敷布 しく／敷佈 しく／敷芬 匂う／敷紛 茂る／敷菜 茂る／敷訳 翻訳／敷愉 楽しむ／敷与 敷布する／敷揚 著わす／敷綸 宣詔／敷露 公布する／敷和 親しむ

↓鬱敷・雲敷・栄敷・華敷・外敷・弘敷・光敷・詞敷・森敷・誕敷・張敷・播敷・披敷・芳敷

常

【膚】

15 2122 ［臚］ 20 7121

フ はだ あぶら あさい

篆文  籀文  金文 

形声 〔説文〕四下は正字を臚に作り、「皮なり」とし盧声。重文として膚をあげる。金文の字形は膚に作り、おそらくそれが初形であろう。膚に臚の声がある。皮膚の意から膚浅・膚薄のように用いるが、〔詩、大雅、文王〕に「殷士の膚敏なるも 京に祼将(清めの祭)す」、また〔詩、豳風、狼跋〕に「公孫碩膚」の句があり、膚には碩大の意がある。〔易、釈文〕に「柔脆肥美なるを膚と曰ふ」とあり、皮下の脂肪を含めていう語と思われる。

訓義 1はだ、あぶら、あぶらにく、つややつやしい。2あさい、表層、きりみ。3溥と通じ、大きい、広い。4傅と通じ、つく。

古訓 〔名義抄〕膚 ハダヘ・カハヘ・カハ

【膚引】ふいん 手軽に引用する。晉・杜預〔春秋左氏伝の序〕丘明の傳に于いて通ぜざる所有れば、皆沒して說かず。更に公羊・穀梁を膚引するは、適だ自ら亂すに足るのみ。～今、～專ら丘明の傳を修めて以て經を釋し、經の條貫は、必ず傳より出だす。

【膚学】ふがく 浅薄の学。〔水東日記、二十六〕(諸子の論詩序文)後の膚學務異の徒、其の佶屈治媚なるを視、其の險淫の心を激し、粕味(しぼりかすの味)の一二を咀み得て、廣誦長吟、以て座客に誇る。～良とに嘆くべきなり。

【膚見】ふけん 浅見。鄙見。明・劉基〔諡を大師文成に贈る誥〕臣明時に遭逢し、久しく膚見を懷く。敢て昧死して披瀝し、一たび之れを陳べん。

【膚合】ふごう(ふがふ) 雲気が集まる。漢・蔡邕〔九疑山碑〕巖巖たる九疑 峻くして天に極たる 石に觸れて膚合し 興播して雲に連なり 時風嘉雨 下民を浸潤す 芒芒たる南土 實に厥の勛に賴る

【膚受】ふじゅ 膚に受ける。表面だけ。また、痛切。〔論語、顔淵〕浸潤の譖り、膚受の愬へ行はれざる、明と謂ふべきのみ。

【膚寸】ふすん 指四本の幅を膚、一本の幅を寸という。わずかなもの。〔公羊伝、僖三十一年〕石に觸れて出で、膚寸にして合し、崇朝(終朝)ならずして徧く天下に雨ふらす者は、唯だ泰山のみ。

【膚脆】ふぜい やわはだ。〔顔氏家訓、渉務〕梁の世の士大夫、～出づるには則ち車輿、入るには則ち扶侍、～侯景の亂に及んで、膚脆骨柔、行步に堪へず。體羸く氣弱く、寒暑に耐へず。

【膚浅】ふせん 浅薄。清・黄宗羲〔南雷庚戌集自序〕夫れ明の文は宋(濂)・方(孝孺)以後、直致にして曲折少なく、奄奄として氣無く、日に膚淺に流る。蓋し已に容に變ぜざるべからず。

【膚剟】ふとう(ふたふ) 入墨。〔酉陽雑俎、八、黥〕上都街肆の惡少、率ね髡(ざんぎり)にして膚剟し、衆物の形狀を備ふ。～今京兆の薛公、～潛かに三千餘人を捕約し、悉く杖殺して、市に屍さらす。

【膚敏】ふびん 優美にして敏疾。〔詩、大雅、文王〕侯に周に服す 天命常靡し 殷士の膚敏なるも 京に祼將す(灌鬯の祭儀に奉仕する)

【膚泛】ふへん あさはか。〔清詩紀事初編、二、孫望雅〕(孫)奇逢の第三子、～貌閒適の若きも、中實悽哽、初め之れを讀みて或いは膚泛を覺ゆるも、一再諷誦せば、則ち潭潭として味有り。

【膚理】ふり はだ。〔宋史、岳飛伝〕(秦)檜、使を遣はし、(岳)飛父子を捕へしむ。～初め何鑄に命じて之れを鞫せしむ。飛、裳を裂き背を以て鑄に示す。盡忠報國の四大字有り。深く膚理に入る。

↑膚郭 ほら／膚汗 汗かく／膚肌 はだ／膚語 浮語／膚公 大功／膚辞 浮辞／膚色 肌の色／膚浸 膚受／膚孱 弱い／膚腠 はだ／膚緻 はだのきめが細かい／膚薄 浅薄

↓花膚・完膚・寒膚・肌膚・玉膚・険膚・脂膚・親膚・雪膚・浅膚・素膚・粟膚・髪膚・皮膚・氷膚・豊膚・曼膚・裂膚・鏤膚

常

【賦】

15 6384

フ おさめる あたえる となえる

篆文  金文 

形声 声符は武。〔説文〕六下に「斂むるなり」と訓し、賦斂の意とする。金文の〔毛公鼎〕に「命を尃き、政を尃き、小大の楚賦を執めよ」とあり、政令の実質は賦斂を徴することにあった。賦斂の意より分賦・賦予の意となり、天性のものを天賦・賦稟という。文学としての賦は、その対象を詩的な言語で賦陳することによって、その内的な生命との交感を目的とする、一種の魂振り的な言語呪術から発したもので、いわゆる辞賦の文学はその系統に属する。〔万葉集〕の「寄物陳思」も、本来はそのような呪誦文学の系列に属するものであった。

訓義 1おさめる、とる、とりたてる、みつぐ。2わりあて、わかつ、くばる、うける。3ほどこす、あたえる、うごかす。4となえる。詩の六義の一、ならべあげてうたう。辞賦の文学、その文体。

古訓 〔名義抄〕賦 ムクユ・マダラナリ・カハル・ナヤム・クバル・シク・ハフ・ユタカナリ・イコフ・ヒク・ウタフ 〔字鏡集〕賦 シク・ウツ・ノブ・ハフリ・アカツ・ヒク・イコフ・ヲロス・トル・ウタフ・カハル・ハフ・ユタカナリ・ハカル・ムクユ・クバル・マダラナリ・ナヤム

【賦韻】ふいん(ふゐん) 韻を限定して詩を作る。〔南史、曹景宗伝〕景宗、振旅凱入す。帝～沈約をして賦韻せしむ。～時に韻已に盡き、唯だ競病の二字を餘す。景宗便ち筆を操り、斯須にして成る。～帝歎じて已まず。

【賦詠】ふえい 詩を作りよむ。〔南史、何点伝〕勝侶及び名德桑門を招携し、淸言賦詠し、優游自得す。

【賦帰】ふき 故郷に帰る。〔論語、公冶長〕に「歸らん與」という孔子の語がある。宋・范成大〔病起、初めて賓僚を見る～〕詩 此の良辰に迨んで、公事少れなり 天恩儻いは歸らん歟を賦するを許さん

【賦形】形を賦与する。また、その形状を詠みあげる。〔甌北詩話、十〕(査初白の詩)初白の近體詩は最も長を擅にす。放翁(陸游)以後、未だ能く之れを繼ぐ者有らず。～内召以後、更に細意熨貼し、物に因り形を賦するに、一字として穩愜(無理がなくあてはまる)ならざる無し。
【賦詩】詩を作る。また、饗宴などのとき詩篇を歌い、その意を寄せる。断章賦詩。〔左伝、襄二十八年〕詩を賦するに章を斷ち、余れ求むる所を取る。
【賦政】政を布く。〔詩、大雅、烝民〕政を外に賦し 四方爰に發らく
【賦税】賦役と貢税。〔史記、殷紀〕賦税を厚くして以て鹿臺の錢を實たし、鉅橋の粟を盈たし、～酒を以て池と爲し、肉を縣けて林と爲す。
【賦納】(なふ) 上奏する。敷納。〔左伝、僖二十七年〕夏書(書、舜典)に曰く、賦納するに言を以てし、明試するに功を以てし、車服(を賜ふに)庸(功)を以てすと。
【賦分】生まれつき。金・元好問〔麦嘆〕詩 人は天地の閒に滿つ 天豈に獨り我を仇とせん 正だ賦分の薄きを以て向ふ所拙謀に困るしむ
【賦命】天分。宋・蘇軾〔常州に居住するを乞ふ表〕臣、性を受くること剛褊、賦命奇窮、既に罪を天に獲、又下に助け無し。怨仇交ゝ積み、罪惡横生し、～孤忠遂に疑似に陷る。
【賦与】分与。〔後漢書、章帝紀〕(建初元年)秋七月辛亥、詔して上林池の籞田を以て、貧人に賦與す。
【賦斂】租税を課してとりたてる。唐・柳宗元〔捕蛇者の説〕嗚呼、孰れか賦斂の毒、是の蛇より甚だしき者有るを知らんや。

↑賦役 租税と夫役/賦課 賦税/賦額 賦課の額/賦閒 閑居する/賦給 分配する/賦貢 賦税/賦才 天賦/賦彩 着色/賦算 賦税/賦事 わりあて/賦質 天性/賦卹 割りあてて恵む/賦性 天性/賦籍 夫役簿/賦租 租税/賦粟 年貢/賦調 賦税/賦田 田から税をとる/賦得 詩題を与えられて詩を作る/賦入 年貢の収入/賦稟 天賦/賦有 本来具有する/賦予 分与/賦輿 兵車/賦里 営業税/賦禄 俸禄

↓課賦・丘賦・均賦・軍賦・軽賦・献賦・公賦・厚賦・貢賦・財賦・作賦・算賦・詞賦・詩賦・辞賦・重賦・征賦・税賦・租賦・治賦・徴賦・定賦・天賦・田賦・俳賦・倍賦・比賦・分賦・斂賦

【頫】15 3118 フ チョウ(テウ) ベン うつむく

篆文

形声 声符は兆。字はまた俛に作り、兎(免)声。兎に俛の声がある。〔説文〕九上に「頭を低るるなり」とし、「頁と逃の省とに従ふ。太史の卜書、頫仰の字は此くの如くす。揚雄曰く、人面の頫くなりと。俛、頫或いは人兎に従ふ」とする。なお俯も声義同じ、四体の字がある。

訓義 1うつむく、ふす。2覜と通じ、みる、みまもる。

【頫視】見下す。全体を把握する。〔北江詩話、三〕韓文公(愈)の一切を頫視するを以てして、必ず諄諄として曰く、凡そ文辭を爲るに、宜しく略ぼ字を識るべしと。

↑頫仰 俯仰/頫首 頭をたれる/頫聴 俯聴/頫眡 俯視/頫領 うなだれる

【駙】15 7430 フ そえうま

篆文

形声 声符は付。〔説文〕十上に「副馬なり」とあり、そえ馬をいう。なお「一に曰く、近づくなり。一に曰く、疾きなり」と二訓を加える。

訓義 1そえうま。2ちかい、ちかづく。3はやい。4輔と通じ、そえ木。

古訓 〔名義抄〕駙 ソヒムマ 〔篇立〕駙 マノツカサ・ソヘテ 〔字鏡集〕駙 ムマノツカサ・ソヘムマ

【駙馬】副車にそえる馬。また、主君の婿。女婿。魏・晋以後、公主を妻とするものは駙馬都尉の職についたので、またその人をいう。唐・白居易〔兗州崔大夫駙馬の、鎭に赴くを送る〕詩 戚里誇りて爲す、賢駙馬と 儒家は認めて作す、好詩人と

↑駙駕 副車の駕

↓左駙

【麩】15 4523 〔麬〕18 4322 フ ふすま

篆文

形声 声符は夫。〔説文〕五下に「小麥の屑皮なり」とあり、ふすま。牛馬の飼料とする。字はまた甫声に従う。わが国では、「ふ」をいう。

訓義 1ふすま、麦粉のかす。2わが国では、ふ。

古訓 〔名義抄〕麩 コムギノカス・ムギノカス 〔篇立〕麩 ムギ・コムギノカス・ムギノカス

↑麩金 砂金/麩炭 消し炭/麩桃 麩炭/麩皮 ふすま/麩料 ふすま

↓塩麩・金麩・雑麩

【鮒】16 2430 フ ふな

篆文

形声 声符は付。〔説文〕十一下に「鮒魚なり」(段注本)とあり、ふなをいう。鯽もまた、ふなをいう。〔本草綱目、鱗三、鯽魚〕の条に、李時珍の説として、「陸佃の埤雅を按ずるに云ふ、鯽魚旅行(群れをなしてゆく)して、相ひ即くを以て、故に之れを鯽と謂ふ。相ひ付くを以て、故に之れを鮒と謂ふ」とみえる。

訓義 1ふな。2がま。

【鮒魚】ふな。〔荘子、外物〕車轍中に鮒魚有り。～曰く、我は東海の波臣なり。君豈に斗升の水を有りて、我を活かさんかと。周(荘子)曰く、諾。我且に南のかた呉・越の王に遊び、西江の水を激して子を迎へんとす。可ならんかと。

↓涸鮒・井鮒・鮮鮒・轍鮒

【賻】17 6384 フ おくりもの おくる

篆文

形声 声符は尃。尃に傅ける、傅ける意がある。〔説文新附〕六下に「助くるなり」とし、〔広雅、釈詁二〕に「助くるなり」、また〔広雅、釈詁四〕に「送るなり」とあり、葬送の際に物を以て賻弔することをいう。〔儀礼、既夕礼〕に「死者を知る者は贈り、生者を知る者は賻る」とみえる。車馬を贈るときには賵といい、衣裳のときには襚という。

訓義 1おくりもの、葬送のときのおくりもの。2おくる、たすける。

古訓 〔新撰字鏡〕賻 万介奴(まけぬ) 〔名義抄〕賻 オクル 〔篇立〕賻 オクル・マケヌ

語系 賻・扶・輔 biua は同声。賻に扶・輔の意がある。また傅piua、俌phiuaも声義の近い語である。

【賻給】(きふ) 葬をたすけ贈る。〔後漢書、王丹伝〕家に千金を累ね、隱居養志、施を好み急を周くふ。～沒する者あれば則ち賻給し、親自から將護す。
【賻襚】葬送を助けるおくりものと衣衾。〔史記、魯仲連伝〕鄒・魯の臣、生きては則ち事養することを得ず、死しては則ち賻襚することを得ず。
【賻贈】葬送をたすけるおくりもの。〔後漢書、蔡茂伝〕哀平の閒、儒學を以て顯はる。～司徒と爲り、～(建武)二十三年、位に薨ず。～東園の梓棺を賜ひ、賻贈甚だ厚し。
【賻賵】(ばう) 葬送に貨財車馬を贈る。〔公羊伝、隱元年〕車馬には賵と曰ひ、貨財には賻と曰ひ、衣被には襚と曰ふ。

↑賻遺 賻贈／賻儀 香奠／賻金 賻銭／賻祭 供えて祭る／賻施 施与する／賻助 助葬する／賻銭 葬式料／賻送 助葬する／賻弔 賻儀／賻馬 喪事を助けるために贈る馬／賻布 助葬の銭帛／賻補 助葬する／賻礼 賻贈
↓往賻・求賻・給賻・賜賻・助賻・賞賻・贈賻・弔賻・法賻・賵賻

【鬴】 17 1322 ［釜］ 10 8010 フ レキ かま

篆文 金文

形声 声符は甫。〔説文〕三下に「鍑の屬なり」とあり、異文として釜（釜）を録する。〔段注〕に「今經典多く釜に作る。惟だ周禮のみ鬴に作る」という。〔周礼〕には異体の字を用いることが多い。

訓義 1かま。2量器、嘉量ともいう、六斗四升のます。3鬲の音でよみ、鬲と通用する。

古訓 〔篇立〕鬴 カナヘ

＊語彙は釜字条参照。

【鬴鍑】 大口の釜。〔漢書、匈奴伝下〕胡地、秋冬甚だ寒く、春夏甚だ風ふく。多く鬴鍑薪炭を齎すに、重きこと勝ふべからず。

↓瓦鬴・錡鬴・玉鬴・翠鬴

常【譜】 19 0866 フ けいふ ひょう

篆文

形声 声符は普。〔説文新附〕三上に「籍錄なり」、〔玉篇〕に「屬なり」とあり、系屬の者を図表にしたもので、系譜をいう。のち譜牒・年譜の類をもいう。

訓義 1けいふ、系統図。2ひょう。3楽譜、図譜。

古訓 〔新撰字鏡〕譜 奈波比（なはひ）〔名義抄〕譜 シク・シルシ・ツク・ウカ・フ・ナワヒ 〔字鏡集〕譜 ソラニス・シルス・フンタ・コトヲフルナリ・ツク・ウカ・フ

【譜学】 譜牒系譜の学。〔南斉書、文学、賈淵伝〕是れより先、譜學未だ名家（専門の学者）有らず。淵の祖弼之、百氏の譜記を廣集し、專心業を治む。

【譜紀】 系譜。〔史記、太史公自序〕漢興りてより已來、太初に至るまで百年、諸侯廢立分削せられ、譜紀明らかならず、有司踵ぐ靡し。

【譜第】 系譜。晉・杜預〔春秋左氏伝の序〕又別に諸例及び地名・譜第・歷數を集め、相ひ與に部を爲し、～名づけて釋例と曰ふ。

【譜牒】 系図や記録。〔史記、太史公自序〕維れ三代は尙し、年紀考ふべからず。蓋し之れを譜牒に取る。舊聞は茲に本づく。是に於て略ぼ推して三代世表を作る。

【譜録】 系譜。〔北史、高諒伝〕諒、親表譜錄四十餘卷を造る。五世より以下、內外曲盡す。覽る者、其の博記に服せり。

↑譜曲 楽譜／譜籍 系譜の書
↓按譜・印譜・韻譜・音譜・花譜・家譜・画譜・棋譜・菊譜・曲譜・琴譜・系譜・硯譜・香譜・氏譜・史譜・詩譜・酒譜・書譜・図譜・世譜・銭譜・族譜・茶譜・帝譜・塡譜・年譜・梅譜・薬譜・律譜

ブ

【毋】 4 7755 ブ ム なかれ なし

篆文 金文 詛楚文

仮借 もと母の字で象形。金文に母の字形のままで打消に用いる。のち両乳を直線化して、母・毋を区別した。〔説文〕十二下に「之れを止むるなり。女に從ふ。之れを奸す者有り」とし、〔繫伝〕に「能く守ること有るなり。此れ指事なり」とするが、声による仮借義である。禁止の意に無・亡（亡）・莫（莫）などの音を借り用いる。無は舞（舞）の初文、亡は死亡者の骨、莫は暮（暮）の初文で、それぞれ別に本義のある字である。

訓義 1なかれ、禁止の辞。2ず、なし。3発声の語としてそえる、毋寧。

古訓 〔名義抄〕毋 ナシ・ツクス

語系 〔経伝釈詞〕に毋・無・亡・忘（忘）・妄（妄）を一類として多く通用の例をあげ、罔・微（微）・勿をもその一類に加える。罔は網（網）の初文。微は女巫を敺って呪詛を祓う共感呪術、勿は弓を弾いて祓う方法で、微・勿の二字には、呪儀による否定の意がある。

【毋寧】 むしろ。すなわち。〔左伝、襄二十四年〕恕思して以て德を明らかにせば、則ち令名載せて之れを行ふ。是こを以て遠きは至り、邇きは安んず。毋寧ろ人をして、子、子を、實に我を生かしむと謂はしめんか、而るを子をして我を浚ひて以て生くと謂はしめんか。

↑毋意 臆断せず／毋状 無状／毋望 意外／毋慮 大凡

【⿰亡攴】 7 0874 ブ なでる

篆文

会意 亡（亡）＋攴。亡は屍体。〔説文〕三下に「撫するなり」とあって、撫の初文であろう。死者を棺に斂める大斂のとき、その屍を撫する礼があった。〔説文〕十二上に撫をまた⿺辶亡に作る。撫はのちの形声の字である。

訓義 1なでる、棺に納めるときの礼。2撫の初文。

常【侮】 8 入［侮］ 9 2825 ブ あなどる

篆文 古文 甲骨文 金文

形声 声符は毎（毎）。毎に昏昧の意があり、毎々は昏々の意。〔説文〕八上に「傷るなり」、〔段注本〕、〔広雅、釈詁三〕に「輕んずるなり」とあり、軽侮の意。〔書、盤庚上〕に「汝、老成の人を侮ること無かれ」など、古い用例がある。〔詩、小雅、常棣〕「兄弟牆に⿵鬥兵ぐも、外其の務りを禦ぐ」の務は、声によって仮借した字。務の本字は敄、金文に「敄ましむ」という用例がある。

訓義 1あなどる、かろんずる。2しのぐ、やぶる。3痗と通じ、やむ。

古訓 〔新撰字鏡〕侮 伊也志（いやし）、又、阿奈止留（あなどる）、又、志乃久（しのぐ）〔名義抄〕侮 アナツル・カロム・オコル・シノフ 〔字鏡集〕侮 アナツル・アヤマチ・ウラム・オコル・ナル・カルム

語系 侮miua、敄・務miu、蔑（蔑）miatは声近く、みな軽侮の意がある。蔑は媚蠱をなす敵の巫女を殺す意。敵の呪力を無力にする呪儀をいう。

【侮辱】 あなどり辱める。〔後漢書、張敏伝〕建初中、人の、人の父を侮辱する者有り、其の子之れを殺せり。肅宗其の死刑を貰し、降して之れを宥す。自後、因りて以て比と爲す。

【侮蔑】 あなどり軽んずる。〔史記、周紀〕殷の末孫季紂、先王の明德を殄廢し、神祇を侮蔑して祀らず。商邑の百姓に昏暴す。

【侮慢】 あなどり、傲る。〔後漢書、文苑下、禰衡伝〕劉表～甚だ之れを賓禮す。文章言議、衡に非ざれば定まらず。～後復た表を侮慢し、表恥ぢて容るること能はず。

↑侮易 軽んじる／侮獲 奴婢／侮翫 侮弄する／侮謔 ひやかす／侮劇 戯弄する／侮狎 なれあなどる／侮忽 あなどりないがしろにする／侮笑 冷笑する／侮誚 あなどりそしる／侮娠 奴婢／侮折 辱める／侮奪 あなどり奪う／侮罵 あなどり罵る／侮薄 あなど

り軽んずる／侮文 舞文／侮凌 辱める／侮弄 あなどり弄ぶ

↓威侮・外侮・欺侮・戯侮・倨侮・禦侮・詆侮・軽侮・狎侮・受侮・笑侮・賤侮・納侮・卑侮・慢侮・凌侮・陵侮

常【武】 8 1314 ブ ム たけし もののふ あしあと

篆文 甲骨文 金文

会意 止＋戈。止は趾の形で、歩（歩）の略形。戈を執って前進することを歩武という。〔説文〕十二下に〔左伝、宣十二年〕「楚の荘王曰く、夫れ武は功を定め、兵を戢む。故に止戈を武と為す」の文を引いて、武を止戈の義とするが、歩武の堂々たることをいう字である。〔詩、大雅、生民〕「帝の武の敏を履みて歆く」の〔毛伝〕に「武は迹なり」とあり、〔国語、周語下〕に「歩武尺寸の間」という語がある。また〔礼記、曲礼上〕に「堂上には武を接し、堂下には武を布く」のように、その歩きかたをいう。武徳を称する語として古くから文武を対称し、殷・周の王に文・武を称するものがある。列国期の〔驫羌鐘〕に「武文咸く刺（烈）なり」の語がみえる。

訓義 ①たけし、つよい、いさましい、いさましいあるきかた、あしあと。②もののふ、武士。③武の徳、文の徳に対していう。武威。④兵法、兵術、兵器。⑤一歩の間、三尺、あし、あとをつぐ。⑥冠のまきひも、委武。⑦舞、万舞。

古訓 〔名義抄〕武 ツハモノ・シノグ・タケシ・ツグ・ツト・フム・アト・ホト・トラ 〔字鏡集〕武 タケシ・シノグ・ツハモノ・ツク・アト・ナシ・ム・トラ・アヤ・フム・ホト

語系 〔説文〕に武声として賦を収める。武 miua、賦 piua は声が近く、通用することがある。

【武威】(ゐ) 軍の威勢。〔史記、秦始皇紀〕武威旁暢し、四極を振動し、六王を禽滅す。

【武運】 武事の運。南斉・謝朓〔酬徳の賦〕武運の方に昌んなるを奉じ、休風（徳化）の未だ淑からざるを覩る。

【武学】 宋代の兵学校。〔宋史、職官志五〕慶暦三年、詔して武學を武成王廟に置く。

【武楽】 武の楽。〔古今注、中、音楽〕李延年、胡曲に因りて更めて新聲二十八解を造る。乘輿以て武樂と爲す。後漢、以て邊將軍に給す。

【武戯】 武芸の遊戯。〔漢書、哀帝紀賛〕帝、雅より性、聲色を好まず。時に卞射（卞は手搏、角力戯）・武戲を覽る。

【武挙】 武官を採用する試験。〔唐書、選挙志上〕（武后）長安二年、始めて武擧を置く。其の制～馬射・歩射・平射～有り。～又馬槍・翹關（貫の木をもちあげる力技）～の選有り。

【武軍】 武勲を表彰する施設。〔左伝、宣十二年〕君盍ぞ武軍を築き、晉の尸（戦場の遺屍）を收めて、以て京觀を爲くらざる。

【武芸】 武伎。〔陳書、高祖紀上〕少くして俶儻にして大志有り。～既に長じ、兵書を讀み、武藝多く、明達果斷、當時の推服する所と爲る。

【武庫】 武器の倉庫。また、武学に達した人。唐・王勃〔滕王閣の序〕騰蛟起鳳は孟學士の詞宗、紫電淸霜は王將軍の武庫。

【武士】 武人。〔韓詩外伝、七〕是を以て君子は三端を避く。文士の筆端を避け、武士の鋒端を避け、辯士の舌端を避く。

【武将】(しやう) 軍の将帥。〔後漢書、党錮、李膺伝〕（応奉上疏）夫れ忠賢武將は、國の心膂なり。～今膺等、身を疆禦に投じ、力を畢くして罪を致す。陛下既に聽察せず、猥りに譖訴を受く。

【武臣】 武を以てつかえる臣。〔礼記、楽記〕鍾聲は鏗し。鏗以て號を立て、號以て橫（盛気）を立て、橫以て武を立つ。君子鍾聲を聽くときは、則ち武臣を思ふ。

【武人】 武夫。武臣。〔詩、小雅、漸漸之石〕山川悠遠にして、維れ其れ勞す 武人東征し、朝するに皇あらず

【武節】 武威と節度。〔漢書、武帝紀〕朕將に邊垂を巡り、兵を擇びて振旅し、躬から武節を秉り、十二將軍を置き、親ら師を帥ゐんとす。

【武断】 武力で一挙に処断する。〔史記、平準書〕網疏にして民富み、役財驕溢す。或いは豪黨の徒を兼幷し、以て郷曲に武斷するに至る。

【武怒】 激怒。〔左伝、昭五年〕（晋）其の武怒を奮ひ、以て其の大恥に報ぜば、～其の濟らざること蔑からん。（楚）君將に親を以て怨みに易へんとすと～。王曰く、不穀（私）の過ちなりと～。

【武備】 武事の備え。〔史記、孔子世家〕臣聞く、文事有る者は必ず武備有り。武事有る者は必ず文備有りと。～請ふ、左右の司馬を具へん。

【武敏】 武は足跡、敏は拇で親指。〔詩、大雅、生民〕厥の初め民を生めるは 時れ維れ姜嫄～帝の武の敏を履みて歆く～載ち震し（娠）し載ち夙す

【武夫】 武士。もののふ。〔詩、周南、兎罝〕赳赳たる武夫は 公侯の干城（楯と城）

【武弁】 武士の冠。〔後漢書、輿服志下〕武冠は一に武弁大冠と曰ふ。諸〻の武官之れを冠す。

【武略】 軍事の謀。〔後漢書、班超梁慬伝論〕時政平らかなれば則ち文德用ひられ、武略の士、其の力能を奮ふ所無し。

【武烈】 武の功。〔国語、周語下〕成王は、能く文の昭を明らかにし、能く武の烈を定めたる者なり。

↑武帷 武器をおいた帳のある室／武衛 武備／武偃 兵器をなおし収める、戦争をやめる／武科 武人の科挙／武冠 弁冠／武毅 勇武／武伎 武術／武議 軍議／武俠 俠勇／武具 兵器／武訓 武事の教え／武勲 軍功／武健 勇健／武功 戦功／武才 武事の才幹／武師 軍隊／武守 守備／武術 武芸／武生 武芸を習う学生／武装 軍装／武卒 勇卒／武道 武の道／武徳 武の威光／武尾 虎尾／武舞 武の舞／武歩 半歩一歩。前進する／武賁 虎賁／武猛 勇猛／武勇 勇ましい／武旅 軍隊／武力 軍事力

↓威武・允武・英武・睿武・閲武・偃武・演武・驍武・玄武・校武・講武・剛武・豪武・材武・習武・戢武・尚武・象武・踵武・神武・振武・崇武・聖武・接武・壮武・騁武・怒武・黷武・伐武・不武・布武・奮武・文武・兵武・歩武・右武・勇武・雄武・用武・耀武・霊武・烈武・練武

【敄】 9 1824 ブ ボウ つとめる うれえる

篆文

会意 矛＋攴。矛を以て人を駆使する意であろう。〔説文〕三下に「彊むるなり」とあって、勉強する意。〔詩、小雅、常棣〕「外、其の務りを禦ぐ」の務の本字は敄。〔左伝、僖二十四年〕に引いて、務を侮（侮）に作る。金文の〔毛公鼎〕に「鰥寡を敄ましめん」とあって、疾苦を与える意。侮と声義の近い字であろう。

訓義 ①つとめる。②うれえる、なやむ。③侮と通じ、あなどり。

声系 〔説文〕に敄声として瞀・鬏・霚・務など十九字を収める。敄声の字に、深く覆われたものの意をもつものがある。また瞀乱（心乱れる）の意があるのは、蒙（蒙）・夢（夢）・冥と声が近く、その系列に属する語であろう。

語系 敄・務・霚（霧）miu は同声。瞀・貿・冒（冒）mu、蒙・矇

mong、夢・瞢miuəng、冥・瞑myengなどみな声義近く、くらく乱れる意をもつ。

常【部】 11 0762 ブ ホウ わける ぶわけ むれ すべる さかい

篆文  古印璽 

形声 声符は咅。咅に剖判・剖分の意がある。〔説文〕六下に「天水の狄部なり」とするが、〔玉篇〕に「分割するなり」と訓し、部分に分かつこと、またその部分・部所をいう。咅は果実の実る形。熟成して剖判するものであるから、分別・部分の意となり、部は邑に従ってその地域をいう。地位や職分にも及ぼしていう。

訓義 1わける、部分にわける、ぶわけ、こわけ。2一定のあつまり、むれ、くみ、すべる。3ところ、さかい、くぎり。4つかさ、とりしまり、やくしょ。

古訓 〔名義抄〕部 ハカリ・ヲル・トモ・トモガラ・ツラヌ・コホリ・ワカツ・ヤブル・ワル/百部 ホドツチ(ラ) 〔字鏡集〕部 ワツカ(カツ)・トモガラ・ヤブル・ヤトル・ハカリ・ツラヌ・スソ・ヲル・ワル・トモ・サル

声系 〔説文〕竹部五上に篰を録し、「㒼爰なり」とあり、簡牘をいう。竹片を以て簡牘とするもので、溥(簿)の初文と考えられる。〔説文〕には溥の字を収めていない。

【部下】ぶか 配下。〔三国志、魏、司馬芝伝〕黄初より以來、諸典農に聴きて生を治め、各〻部下の計を爲すは、誠に國家大體の宜しき所に非ざるなり。

【部居】ぶきょ 分類し、一類のものを集める。漢・許愼〔説文解字叙〕分別部居、相ひ雜廁せず。萬物咸く覩はれ、兼載せざる靡し。

【部曲】ぶきょく 郷村の組の組織。軍の部隊。また、私有の軍。所管の奴婢。〔三国志、魏、鄧艾伝〕艾、景王(司馬師)に言ひて曰く、孫權已に沒し、大臣未だ附かず。呉の名宗大族、皆部曲有り。兵を阻み勢に仗り、以て命を建つるに足る。

【部伍】ぶご 隊伍。〔史記、李将軍伝〕(李)廣行くに、部伍行陣無し。善き水草に就きて屯し、舍止す。

【部首】ぶしゅ 漢字の部立の基本字。漢・許愼〔説文解字叙〕此の十四篇は五百四十部、九千三百五十三文、重一千一百六十三。~其の首を建つるや、一を立てて耑(端)と爲す。

【部署】ぶしょ 配置する。〔史記、項羽紀〕人をして下縣を收めしめ、精兵八千人を得たり。(項)梁、呉中の豪傑を部署し、校尉・侯・司馬と爲す。

【部族】ぶぞく 種族で構成する部落。〔遼史、営衛志中、部族上〕契丹の初、草居野次し、定所有ること靡し。涅里に至りて始めて部族を制し、各〻分地有り。

【部隊】ぶたい 一編成の軍。〔隋書、東夷、流求伝〕土に山洞多し。~諸洞各〻部隊を爲し、相ひ救助せず。兩陣相當るときは、勇者三五人、前に出でて跳噪し、交〻言ひて相罵り、因りて相擊射す。

【部秩】ぶちつ 書の分類次第。部帙。〔顔氏家訓、治家〕人の典籍を借るときは、皆須らく愛護すべし。~或いは几案に狼藉し、部秩を分散する有らば、多く童幼婢妾の點汚する所、~と爲る。

【部党】ぶとう(たう) 徒党。〔後漢書、党錮伝序〕(張)成の弟子牢脩、因りて上書して、(李)膺等、太學の遊士を養ひ、諸郡の生徒を交結し、更〻相ひ驅馳し、共に部黨を爲し、朝廷を誹訕し、風俗を疑亂すと誣告す。是に於て天子震怒す。

【部分】ぶぶん わける。部署する。〔後漢書、馮異伝〕邯鄲を破るに及んで、乃ち更めて諸將を部分し、各〻配隷有り。軍士皆言ふ、願はくは大樹將軍に屬せんと。光武、此れを以て之れを多とす。

【部落】ぶらく 集団。むらざと。〔三国志、魏、胡昭伝〕民の孫狼等、~叛亂を作爲し、縣邑殘破せらる。~長樂亭に至り、自ら相ひ約誓して言ふ、胡居士は賢者なり。一も其の部落を犯すことを得ずと。

↑部位 部署/部彙 部門/部尺 営造尺/部衆 部下/部従 供の人/部乗 部署/部属 部下/部帙 部秩/部中 部民中の人/部陳 兵の隊列/部発 発揚する/部民 部族の人/部列 隊列/部婁 小高い丘/部勒 部署

↓異部・一部・外部・学部・楽部・幹部・局部・軍部・刑部・戸部・工部・細部・残部・支部・四部・主部・述部・上部・深部・人部・全部・大部・治部・内部・農部・兵部・別部・辺部・本部・民部・余部・吏部・六部・立部・両部・礼部

【珷】 12 1314 ブ

形声 声符は武。珷玞は玉に似た美石。

訓義 1珷玞、玉に似た美しい石。2愚かなもの。

【珷玞】ぶふ 玉に似た美しい石。〔三国志、魏、高堂隆伝〕明帝の時、衆役竝び興る。~(任城の棧)潛、上疏して曰く、~大いに殿舍を興し、功作萬計、徂來(山)の松、山を刊り谷を窮め、怪石珷玞、河・淮に浮ぶ。都圻の內、盡く甸服と爲る。

入【葡】 12 4422 〔葡〕 13 4422 ブ ぶどう

形声 声符は匍。葡萄は西域より伝えられた果樹で、その果汁で作る酒は美酒として珍重された。唐の王翰の〔涼州詞、二首、一〕に「葡萄の美酒、夜光の杯」の句がある。葡萄という語はVitaceae(ぶどう科)の音と関係があろう。

訓義 1ぶどう。2ポルトガル。

古訓 〔名義抄〕葡萄 エビカツラノミ

【葡萄】ぶどう(だう) 果物の名。ぶどう。〔本草綱目、果五、葡萄〕(李)時珍曰く、葡萄、漢書に蒲桃に作る。以て酒を造るべし。人之れを酺飮せば、則ち醄然として醉ふ。故に是の名有り。

↑葡桃 葡萄

【嘸】 15 6803 ブ さぞ

形声 声符は無。嘸然は、あいまいな態度をいう。

訓義 1けげんなふり、あいまいな態度。2ない。3国語で、さぞ。

【嘸然】ぶぜん けげんなふり。〔漢書、韓信伝〕(信)其の裨將に傳餐せしめて曰く、今日、趙を破りて會食せんと。諸將皆嘸然として、陽り應へて曰く、諾せりと。

【嫵】 15 4843 ブ こびる みめよい

篆文 

形声 声符は無。無は舞(舞)の初文。〔説文〕十二上に「媚びるなり」、〔広雅、釈詁一〕に「嫵・媚は好なり」という。〔玉篇〕に「媚は嫵媚なり」とあり、媚とも声義が近い。

訓義 1こびる。2みめよい。

古訓 〔新撰字鏡〕嫵 古夫(こぶ) 〔名義抄〕嫵 コブ・ウヤス 〔字鏡集〕嫵 ヨキヲムナ・コビ

【嫵眉】ぶび 美しい眉。唐・劉禹錫〔柘枝を舞ふを観る、二首、二〕詩 垂帶、纖腰を覆ひ 安鈿、嫵眉に當る

【嫵媚】ぶび やさしく美しい。〔唐書、魏徴伝〕徵曰く、昔舜、群臣を戒む。爾面從し、退いて後言有ること無かれ~と。~帝大いに笑うて曰く、人は徵の擧動疏慢なりと言ふも、我は但だ其の嫵媚なるを見るのみと。

↑嫵麗 なまめかしく美しい

↓眉嫵・媚嫵

【憮】 15 4823 ブコ おおう しいる

篆文  形声 声符は無。〔説文〕七下に「覆ふなり」とし、無声とする。それが本音であろうが、〔広韻〕に「荒烏切」として覆蓋の意とする。字はまた誣と通じ、〔論語、子張〕「君子の道、焉くんぞ誣ふべけん」を、〔漢書、薛宣伝〕に引いて「君子之道、焉可幠也」に作り、〔顔師古注〕に「晉灼曰く、幠の音は誣なり」を引く。〔詩、小雅、巧言〕に「罪無く辜無きに 乱、此くの如く幠いなり」とあり、幠xaと辜kaとを韻しており、古くはxaの音であった。鄦は許国の許の初文であるから、無にその音があったのであろう。膴にも、幠と同じく両音がある。

訓義 1おおう、おおきい。2おこたる、なまける。3しいる、あざむく。

古訓 〔字鏡集〕幠 オホキナリ・ナワ・オゴル・アハレブ

語系 幠xa、訏xiua、また芋(芋)・宇hiuaはみな同系の語で、大の意がある。また巫・誣・無・舞(舞)miuaはみな同声。ゆえに誣・幠に通用の義がある。

【廡】 15 0023 ブ いえ ろうか ひさし

篆文  籀文 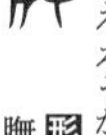 形声 声符は無。無に蕪豊・廡大の意がある。〔説文〕九下に「堂下の周屋なり」とあり、堂を中心としてこれをめぐる建物をいう。〔管子、七臣七主〕に「臺榭相ひ望む者は、亡國の廡なり」とあって、廊廡の意とする。〔釈名、釈宮室〕に「大屋を廡と曰ふ」とあり、廊廡をもつ建物をいう。

訓義 1いえ、大きいいえ。2ろうか、わたどの、ほそどの。3ひさし、のき。4蕪と通じ、しげる。

古訓 〔篇立〕廡 ノキ 〔字鏡集〕廡 メグリノイへ・カドヤ・ノキ・ヒサシ

【廡下】ひさしの下。〔史記、李斯伝〕年少き時、郡の小吏と爲る。～倉に入りて、倉中の鼠の積粟を食らふを觀る。大廡の下に居り、人犬の憂ひを見ず。是に於て李斯乃ち歎じて曰く、人の賢不肖は、譬へば鼠の如し。自ら處る所に在るのみと。

【廡舍】建物。〔戦国策、魏一〕大王(魏王)の地、～地、方千里、地の名小なりと雖も、然れども廬田廡舍あり、曾ち牛馬を芻牧す所きの地無し。人民の衆き、車馬の多き、～以て三軍の衆に異なる無し。

↑廡金 施を好む／廡殿 殿堂／廡傍 のきわき

↓簷廡・屋廡・外廡・観廡・夾廡・軒廡・広廡・後廡・高廡・修廡・前廡・大廡・長廡・庭廡・殿廡・堂廡・繁廡・蕃廡・飛廡・歩廡・房廡・門廡・両廡・廬廡・廊廡

【憮】 15 9803 ブ コ いつくしむ かなしむ

篆文  形声 声符は無。〔説文〕十下に「愛するなり。韓・鄭には憮と曰ふ。一に曰く、動かざるなり」とし、無声とする。〔爾雅、釈言〕に「撫するなり」とは撫愛の意。また失意のさまをいい、〔方言、一〕に「憮は哀しむなり。楚の北郊よりして憮と曰ふ」とみえる。むねを撫してその感情を示す。また嫵・幠・膴・侮(侮)などと通用する。

訓義 1いつくしむ、めでる、いたわる。2かなしむ、うれえる、おもう。3失意のさま、茫然とする、おどろく、あやしむ。4嫵と通じ、みめよい、うつくしい。5幠と通じ、おおう、おおきい。6膴と通じ、肉きれ、大きな肉きれ。7侮と通じ、あなどる、おごる。

古訓 〔名義抄〕憮 アハレブ・オホキナリ・オゴル 〔字鏡集〕憮 オホキナリ・ナヅ・オゴル・アハレブ

語系 憮miua、撫phiuaは声義近く、拊phio、摸makはみな撫愛の意がある。侮miua、悔(悔)xuaの関係は、憮の二音miuaとxaの関係に近い。

【憮然】茫然としてなげくさま。〔論語、微子〕(桀溺)曰く、滔滔たる者は、天下皆是れなり。誰か以て之れを易へん～と。～子路行りて以て告ぐ。夫子(孔子)憮然として曰く、鳥獸は與に群を同じうすべからず。吾れ斯の人の徒と與にするに非ずして、誰と與にせん。

↑憮傲 おごる

↓愛憮・歓憮・敖憮・泰憮

入【撫】 15 5803 ［辶亡］ 7 3030 ブ なでる やすんずる おさえる

篆文  古文  形声 声符は無。〔説文〕十二上に「安んずるなり」、また「一に曰く、循ふなり」とし、古文として辶亡をあげている。攴部三下に「改は撫するなり」とあり、改がその初文であろう。改は死体(亡)に手を加え、撫してこれを哀しむ意象の字。撫はその形声の字。〔国語、晉語八〕に「叔向、司馬侯の子を見て、撫して之れに泣く」とは哀撫の意。のち撫育・撫養、また安撫・慰撫の意より撫卹・循撫の意となる。

訓義 1なでる、死者をかなしむ。2やすんずる、なぐさめる、かわいがる。3おさえる、おおう、たもつ、さだめる。4めぐる、したがえる。

古訓 〔名義抄〕撫 ナヅ・ヒク・ウツ・トル・カク・カイナヅ・オサフ・ヨル・ヤスム・モテアソブ・フル・ノル・モム 〔字鏡集〕撫 ナヅ・モム・ミル・ウツ・タモツ・オサフ・タヽク・ヨル・ヒク・モツ・ナシ・カイナヅ・ヤスム・ヤスシ・モテアソブ・オソシ・モテ・トル・ノル

語系 撫phiuaは拊phioと声義近く、拊は胸をうって嘆く意。また憮・[忄某]miua、摸makも声近く、撫哀・哀憐の意がある。

【撫安】安撫。安んずる。〔三国志、魏、賈詡伝〕(賈)詡諫めて曰く、～若し舊楚の饒かなるに乘じ、以て吏士を饗し、百姓を撫安し、安土樂業せしめば、則ち衆を勞せずして江東稽服すべしと。大祖從はず。軍遂に利無し。

【撫琴】琴をひく。魏・王粲〔七哀詩、三首、二〕獨夜寐ぬること能はず 衣を攝りて起ちて琴を撫す 絲桐、人の情に感じ 我が爲に悲音を發す 羈旅、終極無し 憂思壯んにして任へ難し

【撫剣】刀に手をかける。〔孟子、梁恵王下〕夫れ劍を撫し疾視して曰く、彼惡くんぞ敢て我に當らんやと。此れ匹夫の勇、一人に敵する者なり。

【撫手】手をうつ。〔戦国策、趙三〕趙王曰く、寡人兵を好まずと。鄭同、因りて手を撫ち、天を仰いで之れを笑ふ。

【撫循】安撫。〔墨子、尚同中〕之れが言談を助くる者衆ければ、則ち其の徳音の撫循する所の者博し。～唯れ能く尚同を以て政を爲す者なり。

【撫式】車の軾に手をかけ身を寄せて礼する。〔礼記、曲礼上〕國君式を撫せば、(随行の)大夫之れに下り、大夫式を撫せば、士之れに下る。

【撫綏】静め安んずる。〔書、太甲上〕天、厥の徳に監み、用て大命を集し、萬方を撫綏せしむ。

【撫諭】安んじさとす。唐・顔真卿〔容州都督元君表墓碑銘〕容府艱虞より以來、所管皆固く山谷に拒まる。君、單軍入洞し、親しく自ら撫諭す。

【撫有】慈しんでわが物とする。〔左伝、襄十三年〕赫赫たる楚國にして、之れに君臨し、蠻夷を撫有し、南海を奄征し、以て諸夏に屬せしむ。而るに其の過ちを知れり。共(恭)と謂はざるべけんや。

【撫養】いつくしみ育てる。〔史記、呉起伝〕呉起～楚に之く。～至れば則ち楚に相となる。～不急の官を捐て、公族の疏遠なる者を廢し、以て戰闘の士を撫養す。～諸侯、楚の

彊きを患ふ。
【撫労】(らう) ねぎらう。〔後漢書、呉漢伝〕建武二年春～河内・脩武に及んで、悉く諸屯聚を破る。車駕親しく幸して撫労す。

➡撫愛 慈しむ／撫案 机をうつ／撫慰 やすんじいたわる／撫育 撫養する／撫悦 いたわり親しむ／撫臆 むねをなでおろす／撫懐 安んじる／撫鞠 撫育する／撫御 治める／撫胸 撫心／撫教 撫訓／撫訓 安んじ教える／撫景 景色を観賞する／撫絃 琴をかきならす／撫哭 哀哭する／撫視 いたわる／撫字 撫育する／撫柔 慈しむ／撫卹 撫恤／撫恤 いたわりめぐむ／撫巡 巡撫する／撫軾 車の軾に手をささえる／撫心 胸をなでる／撫世 世を治める／撫正 いたわり正す／撫征 平らげる／撫接 親しむ／撫節 拍子をとる／撫存 慰問する／撫鎮 治める／撫定 静める／撫寧 いたわり安んじる／撫念 思いやる／撫拍 親しむ／撫髀 慨嘆する／撫辺 辺境を安んじる／撫摩 いたわりなでる／撫抹 さすする／撫民 民を安んじる／撫問 撫存／撫膺 撫心／撫翼 はばたき／撫臨 安んじ治める／撫弄 琴などで遊ぶ

⬇愛撫・安撫・慰撫・恩撫・懐撫・外撫・監撫・揆撫・教撫・厚撫・慈撫・手撫・柔撫・巡撫・招撫・拯撫・振撫・親撫・綏撫・制撫・接撫・宣撫・存撫・鎮撫・督撫・法撫・摩撫・臨撫・和撫

常【舞】15 8025〔舞〕14 8025〔儛〕16 2825 ブ まう まい おどる はげます

〔𦐇〕9 1771

篆文 古文 甲骨文 金文

会意 無＋舛。無は舞の初文。両袖に呪飾をつけて舞う形。無がのち有無の無に専用されるに及んで、舞うときの足の形である舛をそえて舞となった。〔説文〕五下に「樂しむなり。足を用つて相ひ背く」といい「舛に從ひ、無聲」とする。〔荘子、在宥〕や〔山海経〕〔孔子家語〕には儛の字を用いるが、舞楽をいう後起の字とみてよい。無はもと舞雩という雨乞いの儀礼で、卜辞には舞雩のことが多くみえる。また羽をかざして舞うこともあって、〔説文〕に録する重文の字は𦐇に作る。金文に辵に従って躧に作る字があり、舞雩は特定の地に赴いて行われた。強く勢いをはげますことを鼓舞という。

訓義 ①まう、まい、古くは雨乞いの舞であった。②おどる、まいおどる、舞楽。③はげます。

古訓 〔名義抄〕舞 マフ・マヒ 〔篇立〕舞 マフ／儛 ヒツ・マフ・カナヅ・マヒ 〔字鏡集〕舞 マヒ・モテアソブ・アシヲチカルナリ

声系 〔説文〕に舞声として二字を収める。廡の籀文に舞に従う形がある。

語系 舞・儛・巫 miua は同声。〔説文〕五上に「巫は祝するなり。女の能く無形に事へ、舞を以て神を降す者なり」といい、無を無形の意と解するが、無が舞の初文である。

【舞衣】舞の衣裳。〔書、顧命〕胤の舞衣、大貝・鼖鼓(即位の礼の陳設物)、西房に在り。

【舞羽】羽をもって舞う。〔周礼、春官、籥師〕國子に、羽を舞ひ籥(ふえ)を歈ぐを教ふるを掌る。

【舞雩】雨乞いの祭。〔周礼、春官、司巫〕若し國に大旱あるときは、則ち巫を帥ゐて舞雩す。

【舞筵】舞う席の敷物。〔唐書、西域下、波斯伝〕開元・天寶の間、使者十輩を遣はし、碼碯牀・火毛繡舞筵を獻ず。乾元の初め、大食より廣州を襲ふ。～大暦の時、復た來り獻ず。

【舞夏】大雉の羽を執って舞う。〔穀梁伝、隠五年〕初めて六羽を獻ず。～穀梁子曰く、舞夏には、天子は八佾、諸公は六佾、諸侯は四佾なり。

【舞妓】舞姫。踊り子。唐・鄭谷〔貧女吟〕詩 東隣の舞妓、金翠多し 笑つて燈花を剪つて畫眉を學ぶ

【舞榭】舞台のある建物。舞台。唐・許尭佐〔石季倫(崇)の金谷園〕詩 舞榭、荒苔掩ひ 歌臺、落葉繁し

【舞勺】文の舞。若くして習う。〔礼記、内則〕十有三年にして樂を學び、詩を誦し、勺を舞ふ。

【舞象】(しやう) 武の舞。〔礼記、内則〕成童にして象を舞ひ、射御を學ぶ。

【舞台】舞う場所。唐・沈佺期〔聖製、礼部尚書竇希玠の宅に幸すに奉和す〕詩 池影、歌席に搖れ 林香、舞臺に散ず

【舞蹈】(たう) 手をあげ、足をふんで舞う。舞踊。また、朝拝の礼。〔曲洧旧聞、二〕張康節(昇)、政に預かる。屢老せんことを請ふも許さず。詔して、三日に一たび樞密院に至り、進見するに舞蹈すること毋からしむ。

【舞文】法をまげ奸詐を行う。〔史記、貨殖伝〕吏士、文を舞はせ法を弄び、章を刻め書を僞り、刀鋸の誅を避けざる者は、賂遺に沒すればなり。

【舞法】(はふ) 舞文。〔北史、薛琡伝〕天性險忌にして、情義篤からず。～貨賄を受納し、理を曲げ法を舞はし、深文刻薄、傷害する所多し。

【舞腰】(えう) 舞う腰つき。唐・李商隠〔歌舞〕詩 雲を遏めて、歌響清く 雪を回らせて、舞腰輕し

【舞弄】あなどり弄ぶ。また、舞文弄法。〔南斉書、袁彖等伝論〕辭に出沒有り、義に增損を生ず。～故に刑に二門を開き、法に兩路有り。刀筆の態深く、舞弄の風起る。

➡舞位 舞う列位／舞詠 舞い歌う／舞歌 舞詠／舞閣 舞殿／舞曲 舞の曲／舞裙 舞う裾／舞戟 戈をふるう／舞剣 剣舞／舞衫 舞衣／舞子 舞人／舞女 舞う女／舞掌 舞の手／舞人 舞う人／舞席 舞筵／舞雪 吹雪／舞扇 舞の扇／舞態 舞う姿／舞天 祭天の舞／舞鐃 小鉦／舞馬 躍り馬／舞佩 舞衣の飾り／舞拍 舞の拍子／舞盤 皿廻し／舞筆 曲筆／舞抃 抃舞／舞躍 喜んでとびおどる／舞籥 舞勺／舞容 舞う姿

⬇按舞・佾舞・羽舞・歌舞・雅舞・鶴舞・学舞・楽舞・緩舞・喜舞・掀舞・群舞・剣舞・献舞・鼓舞・恒舞・皇舞・女舞・翔舞・象舞・韶舞・酔舞・旋舞・善舞・奏舞・跳舞・翟舞・踏舞・武舞・文舞・兵舞・抃舞・鳳舞・万舞・妙舞・籥舞・乱舞・輪舞・麗舞

人【蕪】15 4433〔蕪〕16 4433 ブ しげる あれる かぶら

篆文

形声 声符は無。無に豊盛の意がある。〔説文〕一下に「薉るるなり」とあって、蕪穢をいう。蕪菁はかぶら。北人は蔓菁とよぶ。蕪・蔓(蔓)は声の近い語である。

訓義 ①しげる、おいしげる。②あれる、あれくさ、くさはら、みだれる。③かぶら、蕪菁。

古訓 〔新撰字鏡〕蕪 志介志(しげし)、又、宇波良(うばら)、又、佐須(さす)〔名義抄〕蕪 アヲナ・アル・アレタリ・アラシ・シゲシ・ヨモギ・カラ・ケガラハシ・ウハラ・サス

語系 蕪 miua、蔓 miuan は声近く、また豐 phiong、葑 piong もその系統の語で、みな豊大の意がある。豐は蕪菁の類、葑は蔓菁の類である。

【蕪逕】荒れた小みち。〔宋書、隠逸、孔淳之伝〕茅室蓬戸、庭草蕪逕、唯だ牀上に數卷の書有るのみ。

【蕪曠】(ぶこう) 荒れ果てて何もない。〔北史、李元忠伝〕樹下に坐し、葛巾して被を擁し、壺に對して獨り酌む、庭室蕪曠なり。

【蕪雑】(ぶざつ) 乱れる。おおざっぱ。唐・盧蔵用〔陳子昂別伝〕嘗つに國史の蕪雜なるを恨み、乃ち漢の孝武より後、以て唐に迄るまで、後史記を爲らんとす。綱紀已に立つるも、筆削未だ終へず。

【蕪廃】(ぶはい) 荒れはてる。晋・陶潜〔桃花源詩〕黄(公)・綺(里季)商山に之き 伊の人亦た云に逝く 往迹浸く復た湮もれ 來逕遂に蕪廢す

【蕪没】(ぶぼつ) 雑草にかくれる。唐・李白〔古風、五十九首、三十八〕詩 孤蘭、幽園に生ず 衆草共に蕪沒す 陽春の暉に照らさると雖も 復た高秋の月に悲しむ

【蕪蔓】(ぶまん) 草が生い荒れる。また、学の修まらぬことをいう。唐・杜甫〔文公上方に謁す〕詩 甫や、南北の人なり 蕪蔓にして転鈍すること少なし

【蕪滅】(ぶめつ) 荒れはてる。梁・任昉〔下忠貞の墓を脩むるを謝する啓〕遂に碑表蕪滅し、丘樹荒毀し、狐兎穴を成し、童牧哀歌せしむ。感慨して自ら哀しみ、日月纏迫す(めぐりすぎる)。

【蕪累】(ぶるい) 蕪穢。粗雑。〔宋書、謝霊運伝論〕王襃・劉向〜清辭麗曲、時に篇に發すと雖も、蕪音累氣、固より亦た多し。

【蕪穢】(ぶわい) 荒廃し、けがれる。漢・司馬相如〔二世を哀しむ賦〕操行の得ざる、墳墓蕪穢して脩められず、魂歸るところ無くして食せられず。

↑蕪音 蕪雑な音/蕪言 蕪辞/蕪梗 あれる/蕪詞 蕪辞/蕪辞 自分の言葉の謙称/蕪絶 滅びる/蕪浅 浅薄/蕪然 荒廃のさま/蕪駁 雑駁/蕪謬 誤りだらけ/蕪蕪 茂るさま/蕪昧 あれる/蕪漫 蕪蔓/蕪萊 あれる/蕪俚 粗俗/蕪濊 蕪穢/蕪薉 蕪穢

↓煙蕪・荒蕪・春蕪・深蕪・榛蕪・青蕪・蒼蕪・田蕪・繁蕪・靡蕪・蘼蕪・平蕪・萊蕪・緑蕪

【儛】 16 2825 ブ まい まう

形声 声符は舞(舞)。舞が初文。儛は後起の字。舞はもと雨乞いの舞雩の字。儛は〔荘子、在宥〕や漢の王褒の〔楚辞、九懐〕などにみえる。わが国では〔職員令〕に「儛師」があり、舞楽のとき、この字を用いることがある。

訓義 ①まい、まう。②たわむれる、もてあそぶ。

古訓 〔名義抄〕儛 マヒ・マフ・カナヅ

＊語彙は舞字条参照。

【儛衛】(ぶえい) 矢の曲直をためす法。〔周礼、考工記、矢人〕是の故に夾みて之れを搖かし、以て其の豐殺の節を眡るなり。〔注〕今人、指を以て矢を夾んで儛衛する、是れなり。

【儛絙】(ぶこう) 綱渡り。〔張衡、西京の賦〕堂上を走りて相ひ逢ふ。〔薛綜注〕索上、長き繩の、兩頭を梁に繫ぎ、其の中央を擧げ、兩人各〻壹頭上より交〻相ひ度る、所謂儛絙なる者なり。

【儛弄】(ぶろう) 舞文。舞弄。〔北史、王世充伝〕敷奏を善くし、法律に明習し、文墨を儛弄し、高下すること心に在り。〜利口飾非、辭義鋒起す。衆其の否を知ると雖も、能く屈する莫し。

↑儛師 舞の師/儛書 焚書/儛女 舞う女/儛招 戯弄/儛人 舞人

↓鼓儛・抃儛

【膴】 16 7823 ブ ほじし ゆたか おおきい うつくしい

篆文

形声 声符は無。無に膴大・豊盛の意がある。〔説文〕四下に「骨無き腊(ほじし)なり」とし、また「揚雄説」として「鳥腊なり」とする。ほじしをいう。〔周礼、天官、内饔〕に「膴胖」を膳に供することがみえ、〔注〕に生魚の大臠であるという。〔詩、大雅、緜〕「周原膴膴たり」とは、地味の肥沃な意である。

訓義 ①ほじし、骨なしのほじし。②大きなきりみ、魚のひらき。③おおきい、あつい。④ゆたか、うつくしい。

古訓 〔名義抄〕膴 アツシ

語系 膴・蕪(蕪) miua は同声。蕪菁は、かぶら。肉の肥厚のものを膴という。

【膴仕】(ぶし) 厚禄をもってつかえる。〔詩、小雅、節南山〕瑣瑣たる姻亞(妻の親縁のもの) 則ち膴仕すること無かれ

↑膴盛 美盛/膴然 欣ぶさま/膴胖 肉の切身/膴膴 肥沃のさま

↓祭膴・蕃膴・靡膴

【甒】 17 8131 ブ かめ

形声 声符は無。〔広雅、釈器〕に「瓶なり」、〔玉篇〕に「五升を盛る。小甖なり」とみえ、器腹の張ったかめをいう。〔礼記、喪大記〕に「棺槨の閒に、君には柷(柷敔、楽器)を容れ、大夫には壺を容れ、士には甒を容る」とみえる。

訓義 ①かめ、もたい、酒器。②酒のとっくり。③字はまた武・廡に作る。

【鶩】 19 1832 ブ はしる

篆文

形声 声符は敄。〔説文〕十上に「亂れ馳するなり」、〔広雅、釈宮〕に「犇るなり」とみえる。敄と通用する。〔爾雅、釈詁〕に「強むるなり」とみえる。

訓義 ①はしる、はせる。②敄と通用し、つとめる。

古訓 〔名義抄〕鶩 ハシル・ハス・トシ・イソグ・ハフ 〔字鏡集〕鶩 ハス・イソグ・トブ・ハシル・トシ

↑鶩枻 舟こぐ/鶩鼓 早太鼓/鶩行 疾行する/鶩騄 疾走する/鶩置 駅馬/鶩馳 疾駆する/鶩暴 にわか

↓逸鶩・遐鶩・競鶩・驚鶩・駆鶩・軽鶩・高鶩・迅鶩・星鶩・馳鶩・長鶩・騁鶩・電鶩・騰鶩・奔鶩・犇鶩・遊鶩

フウ

常 【封】 9 4410 フウ ホウ つちもる ほうずる さかい

篆文

古文

籀文

金文

会意 丰+土+寸。金文の字形には、上の部分を田に作るものがある。土は土地神たる社主の形で、社(社)の初文。そこに神霊の憑よる木として社樹を植えた。封建のとき、その儀礼によって封ぜられる。〔説文〕十三下に「諸侯を爵するの土なり。之に從ひ、土に從ひ、寸に從ふ。〔寸は〕其の制度を守るなり。公侯は百里、伯は七十里、子男は五十里」という。字は社樹を封植する形である。〔周礼、地官、封人〕に「凡そ國を封ずるには、其の社稷の壝(壇、お土居の類)を設け、其の四疆を封ず」とあり、〔逸周書、作雒解〕にその具体的な方法についての記述がある。すなわち封建のときには、国の中央に大社を建て、壝の四方に青・赤・白・驪(くろ)の土をおき、中央の黄土と合わせて白茅に苴み、これを土封する。五行配当の思想を含むが、なお古義を存するところがあろう。周初の〔宜侯夨𣪘〕は、虎侯夨を宜地に封建する儀礼をしるし、「王、宜の宗社に立ちて南鄉(嚮)す。王、虎侯夨に命じて曰く、繇、宜に侯となれ」と冊命し、礼器や土地・人民を賜与することをい

う。その儀礼が、その地の宗社において行われていることが注意される。

訓義 ①ほうずる、封建、諸侯を任命する儀礼。古くは封土の上に木を植えた。②社の境に土もりする、さかい、さかいする。社のさかいの四方に五色の土をうずめた。③大きい、広い、厚い、ゆたか。④封じる、とじる、ぬる、とざす。⑤書状、封書。

古訓 〔名義抄〕封 ツカ・オホキナリ・シルス・アツシ・トヅ・ムカフ・カタム〔字鏡集〕封 カタム・ワカツ・シルス・カク・シノク・ムカフ・アツシ・ツヽム・フセク・トヅ・ツカ・オホキナリ

声系 〔説文〕に封声として葑など二字を収める。葑は〔詩、鄘風、桑中〕の〔鄭箋〕に「葑は蔓菁なり」とあり、かぶらをいう。封に豊大の意がある。

語系 封piongは堋peng、窆piamと声の通ずるところがあり、堋や窆は棺を下ろすために土を大きく深く掘ることをいう。封を窆の意に用いることもあり、土を掘り、またもりあげることをいう。邦(邦)peongはこの封建によって生まれた政治的領域の意である。封にまた豊大の意があり、豐(豊)phiongと声が近い。

【封印】(ふういん) 封緘を施すための印。〔晋書、陶侃伝〕疾篤きに及んで、將に長沙に歸らんとす。軍資器仗、牛馬舟船、皆定簿有り、倉庫に封印す。

【封畿】(ほうき) 畿内。都城附近の地。〔史記、文帝紀〕夫れ四荒の外、其の生に安んぜず、封畿の内、勤勞して處らず。二者の咎は皆朕の德薄くして、遠く逹すること能はざるに自る。

【封洫】(ほうきょく) 田の境界。〔左伝、昭六年〕(叔向より子産へ詒る書)皆叔世(衰世)なり。今吾子、鄭國に相となり、封洫を作り、謗政(丘賦の制)を立て、參辟(三刑法)を制し、刑書を鑄る。將に以て民を靖んぜんとするも、亦た難からずや。

【封建】(ほうけん) 諸侯に所領を与え分治する制度。〔左伝、僖二十四年〕昔周公、二叔(管叔・蔡叔)の咸からざるを弔む。故に親戚を封建して、以て周に蕃屛とす。

【封侯】(ほうこう) 諸侯として封ずる。諸侯。〔史記、項羽紀〕(沛公)勞苦して功高きこと此の如し。未だ封侯の賞有らず。而るに、細說に聽き、有功の人を誅せんと欲す。此れ亡秦の續のみ。

【封号】(ふうごう) 封爵の号。〔池北偶談、四、長白山〕奉旨、長白山は祖宗發祥の重地なり。～山靈宜しく封號を加へ、永く祀典に著し、以て國家茂いに神貺に膺ふるの意を昭らかにすべし。

【封冊】(ほうさく) 諸侯を封ずる策命の詔。〔文体明弁、冊〕四に曰く、封冊。諸侯を封ずるに之れを用ふ。

【封事】(ふうじ) 密封した上奏の文。〔漢書、宣帝紀〕(地節二年)上始めて政事を親らす。～群臣をして、封事を奏することを得しむ。

【封樹】(ほうじゅ) 墓に土を盛り、樹を植える。〔易、繫辞伝下〕古の葬る者は、厚く之れに衣するに薪を以てし、之れを中野に葬り、封せず、樹せず。喪期、數无し。後世の聖人、之れに易ふるに棺椁を以てす。

【封書】(ふうしょ) 手紙。唐・白居易〔江南に北客を送り、因憑して徐州の兄弟に書を寄す〕詩 今日君に因りて兄弟を訪はしむ 數行の鄉淚、一封の書

【封植】(ほうしょく) うえこむ。ふやす。唐・柳宗元〔許京兆孟容に寄する書〕城西に數頃の田有り。果を樹うること數百株、多く先人手づから自ら封植す。

【封禅】(ほうぜん) 天子が天地を祭る礼。〔管子、封禅〕古者、泰山に封じ梁父に禪する者七十二家、而して夷吾(管仲)の記す所の者十有二。～周の成王、泰山に封じ社首に禪す。皆命を受けて、然る後に封禪することを得たり。

【封冢】(ほうちょう) 墓に追封する。〔漢書、張安世伝〕上、(張)賀の恩を追思し、其の冢に封じて恩德侯と爲さんと欲し、守冢二百家を置く。

【封泥】(ふうでい) 封緘の結びめに泥印を施す。民国・王国維〔斉魯封泥集存序〕竊かに謂ふに、封泥の物、古璽と相ひ表裏す。而して官印の種類、古璽印に較べ、尤も夥しと爲す。其の(考古の)用爲たる、至大なり。

↑封姨 風の神／封壝 土囲い／封域 領地／封界 領界／封外 畿外／封緘 手紙に封をする／封圻 王畿／封境 国境／封疆 領界／封禁 禁止／封君 領主／封検 封印／封狐 大きな狐／封口 緘口／封堠 境界の堆／封国 領国／封鎖 封じこむ／封豕 大きな豚／封祀 封禅／封識 封印／封璽 封印／封実 封をする／封爵 封建して爵位を授ける／封獣 象／封章 封事／封植 封殖／封畛 田のあぜ／封人 関守／封簽 封緘して署名する／封疏 封章／封壇 封禅の壇／封地 所領／封秩 封禄／封寵 封建して寵賜する／封垤 あり塚／封典 封爵の礼／封纏 しばる／封土 領土／封套 状袋／封縢 しばる／封内 領内／封駁 反駁して上奏する／封畔 封地／封表 土を盛って目印をたてる／封墓 封家／封略 封疆／封霊 納棺／封蠟 封じ目に塗る蠟／封勒 封禅して刻石を立てる／封祿 扶持

↓改封・開封・函封・緘封・畿封・蟻封・丘封・虚封・厳封・侯封・冊封・削封・始封・徙封・賜封・実封・爵封・受封・襲封・譲封・食封・世封・正封・素封・増封・追封・提封・典封・同封・分封・別封・密封・隆封

常 【風】 9 7721 ［飌］ 27 4721

フウ
かぜ ふく おしえ ならわし

篆文

古文

甲骨文

形声 声符は凡(凡)。卜文の風の字形は、鳳形の鳥の形。その右上に凡を声符として加えることがある。〔説文〕十三下に「八風なり」として方位の風名をあげ、「風動いて蟲生ず。故に蟲は八日にして化す。虫に從ひ、凡聲」とするが、卜文・金文に虫に従う形はない。卜辞に四方の方神と、その使者たる風名をしるすものがあり、これを祀る儀礼があった。〔山海経〕にもそのことがみえ、〔書、尭典〕にみえる羲・和の牧民の説話は、その方神・風神の名から転訛したものである。〔説文〕にみえる鳥名にも、雉の十四種、雇の九雇など、古い風神の伝承を残すものがある。風は風神として、鳥形の神とされた。風神がその地に風行して風気・風土をなし、人がその気を承けて風俗・気風・風格をなす。さらに風情・風教のように、その語義は幅広いものとなった。字はまた飌に作る。

訓義 ①かぜ、かぜふく、ふく。②おしえる。神意を伝え、みちびく。おしえ、いいつけ。③地域のうた、ようす。④きだて、かたぎ、地域の風俗、風習。⑤けしき、ながめ。⑥いきおい、うかれる、つねならぬもの、くるえるもの。⑦字はまた飌に作る。

古訓 〔名義抄〕風 カゼ・フク・カゼフク・ホノカニ・ホノカナリ・ナニメク・チル・ハナル・ハナツ・オトヅル・ハルカナリ・スグル・シルス・キザス・ツグ・ヲシフ・タフ・コヱ・ツタフ・ノリ・ツトメテ・ソヨメク・アヤツル・ツタフ／微風 コカゼ／暴風 ハヤチ・ノワキノカゼ

部首 〔説文〕に飆・飄・颯・颺など十二字、〔新附〕に三字を属し、〔玉篇〕に九十七字を属する。〔玉篇〕に風の古文として録する飌は、〔周礼、春官、大宗伯〕に「槱燎を以て司中・司命・飌師・雨師を祀る」とみえるもので、なお字形中に鳥の形を残している。字が風に作られるのは、雲が竜形の神と考え

られていたので、のち竜蛇の類とされたのであろう。虹・霓も、卜文に竜蛇の形としてしるされている。

声系〔説文〕に風声として諷・楓など四字を収める。諷は風の声義を承け、風神はその地域の風土・風気を掌るものとされた。

語系 風 piuəm は鳳 biuəm と声近く、卜文中の風は鳳形にしるされている。〔説文〕四上に朋（朋）・鵬（鵬）を古文の鳳とするが、朋 bang は貝朋、一聯の貝の形で、鵬は朋声。〔荘子、逍遥遊〕にみえる大鵬は、古代風神の一面を伝える説話と考えられる。飄・熛 phiô、飍・猋 piô も飄疾の意があり、風の音に擬した語であろう。

【風威】ふうい(ゐ) 風の力。また、風化の力。〔後漢書、張宗等伝論〕安・順以後、風威稍く薄く、寇攘寖く横に、隙に縁りて生ず。

【風移】ふうい 世のさまが移り変わる。〔書、畢命〕殷の頑民を毖みて洛邑に遷し、王室に密邇し、厥の訓に式化せしむ。既に三紀を歴たり。世變り風移り、四方虞れ無く、予れ一人以て寧し。

【風逸】ふういつ 才気奔逸。また、牝牡相誘うことをいう。〔左伝、僖四年〕唯だ是れ風する馬牛も相ひ及ばざるなり。〔林尭叟注〕馬牛風逸し、牝牡相ひ誘ふと雖も、亦た相ひ及ばず。

【風韻】ふういん(ゐん) 風雅な趣。〔宋書、張敷伝〕性、整貴にして風韻端雅、玄言を好み、善く文を屬る。

【風雨】ふうう 雨と風。〔漢書、郊祀志上〕始皇の泰山に上るや、中阪に暴風雨に遇ひ、大樹の下に休む。諸儒既に黜けられ、封禪に與ることを得ず。

【風雲】ふううん 風と雲。また、はげしい情勢。変幻の才。唐・李白〔猛虎行〕詩 楚人毎に道ふ、張旭の奇なることを 心に風雲を藏するも、世知る莫し

【風簷】ふうえん 風の吹き通う簷のあたり。宋・文天祥〔正気の歌〕詩 哲人、日に已に遠く 典刑、夙昔に在り 風簷、書を展べて讀めば 古道、顏色を照らす

【風華】ふうか(くわ) 風采。風采と才華。〔南史、謝晦伝〕時に謝混の風華、江左第一爲り。嘗て晦と倶に武帝の前に在り。帝之れを目して曰く、一時頓に兩玉人有るのみと。

【風雅】ふうが 詩経の国風と大雅・小雅。また、風流。みやび。詩文。梁・昭明太子〔文選の序〕關雎・麟趾、正始の道著はれ、桑閒・濮上、亡國の音表はる。故に風雅の道、粲然として觀るべし。

【風概】ふうがい 風格。〔晋書、桓温伝〕温、豪爽にして風概有り。姿貌甚だ偉、面に七星有り。～（劉）惔嘗て之れを稱して曰く、温の眼は紫石棱の如く、鬚は蝟毛磔の如くを作すと。

【風格】ふうかく ひとがら。品格。〔顔氏家訓、文章〕古人の文、宏材逸氣、體度風格あり。今を去ること實に遠し。

【風鑒】ふうかん 人柄をみぬく目。〔晋書、王導伝〕導少くして風鑒有り、識量清遠なり。

【風気】ふうき かぜ。風尚。元・劉因〔黄金台〕詩 萬國の河山、燕・趙有り 百年の風氣、尙ほ遼・金

【風軌】ふうき りっぱなひとがら。風教。〔晋書、范弘之伝〕自頃、風軌陵遲（衰微）し、奢僭度無し。廉恥興らず、利競交ごも馳す。深く原本を防ぎ、以て其の流を絶たざるべからず。

【風儀】ふうぎ 容姿。りっぱな態度。〔晋書、温嶠伝〕性聰敏、識量有り。～少くして孝悌を以て邦族に稱せらる。風儀秀整、談論を美くす。見る者皆之れを愛悅す。

【風狂】ふうきょう(きやう) 狂風。また、狂気。唐・韓愈〔此の日惜しむべきに足る、張籍に贈る〕詩 男兒再びは壯ならず 百歲、風狂の如し 高爵尙ほ求むべし 一鄉を守るを爲すこと無かれ

【風蛍】ふうけい 風に流れる蛍。宋・蘇軾〔鮮于子駿の鄆州の新堂月夜に和す、二首、二〕詩 風螢、已に迹無し 露草、時に光有り

【風景】ふうけい 景色。〔晋書、王導伝〕江を過ぎる人士、～相ひ要へて～飲宴す。周顗、中坐にして歎じて曰く、風景殊ならざるも、目を擧ぐれば江河の異有りと。皆相ひ視て流涕す。

【風光】ふうこう(くわう) 雨後の晴景色。景色。また、おもかげ。品格。唐・李咸用〔友人と同に秋日庾楼に登る〕詩 六代の風光、問ふ處無し 九條の煙水、但だ愁ひを凝らす

【風行】ふうこう(かう) ひろく行われる。〔甌北詩話、九〕（呉梅村の詩）高靑邱の後、有明一代、竟に詩人無し。～前後七子、當時海內に風行せしも、今に迄るまで優孟の衣冠（ものまね）、笑齒已に冷やかなり。

【風沙】ふうさ 風にまきあがる沙。〔資治通鑑、斉紀四〕（武帝、永明十一年）魏主、平城の地寒く、六月にも雪を雨らすあり、風沙常に起るを以て、將に都を洛陽に遷さんとす。群臣の從はざるを恐る。

【風日】ふうじつ 風と日。晉・陶潜〔五柳先生伝〕環堵（方丈の室）蕭然として、風日を蔽はず。

【風樹】ふうじゅ 親に孝養できないたとえ。風樹の嘆。〔韓詩外伝、九〕樹靜かならんと欲するも、風止まず。子養はんと欲するも、親待たざるなり。

【風尚】ふうしょう(しやう) 高い風格。〔魏書、崔子朗伝〕容貌美く、經史を涉獵す。少くして溫厚、風尙有り。

【風燭】ふうしょく 風前のともしび。人生のはかないことのたとえ。晉・王羲之〔衛夫人の筆陣の図の後に題す〕始めて衛夫人の書を學ぶことを知るも、～衆碑に仍りて學習し、遂に書を成すのみ。時に年五十有三、或いは風燭の奄ち及ばんことを恐れ、子孫に遺教するのみ。

【風神】ふうしん 風格。気韻。国語で、風の神。〔続書譜、風神〕風神なる者は、一に須らく人品高かるべし。二に須らく師法古なるべし。三に須らく筆紙佳なるべし。四に須らく險勁なるべし。～八に須らく新意を出だすべし。

【風塵】ふうじん(ぢん) 風とちり。また、世間の俗事。戦乱。唐・杜甫〔野望〕詩 海內の風塵、諸弟隔て 天涯の涕淚、一身遙かなり

【風声】ふうせい 風の音。〔晋書、謝玄伝〕精兵八千を以ゐて肥水を涉渡し、～肥水の南に決戰す。～（苻）堅の衆奔潰し、～肥水之れが爲に流れず。餘衆～風聲鶴唳を聞き、皆以て王師已に至ると爲し、草行露宿し、重ぬるに飢凍を以てし、死する者、十の七八なり。

【風雪】ふうせつ 吹雪。寒苦にたとえる。唐・喩鳧〔西山寒日、韋侍御に逢ふ〕詩 解豸（法冠）霜中の貌 龍鍾（衰頽）たり、病後の顏 慘傷す、此の身の事 風雪、江山を動かす

【風節】ふうせつ 風骨と気節。節操のすぐれていること。〔宋書、顧覬之伝〕左光祿大夫蔡興宗、覬之と善し。其の風節の過峻なることを嫌ふ。

【風前】ふうぜん 風に向かう。唐・杜甫〔飲中八仙歌〕詩 （崔）宗之は、瀟灑たる美少年 觴を擧げて白眼、靑天を望む 皎として、玉樹の風前に臨むが如し

【風霜】ふうそう(さう) 風と霜。厳しい年月。唐・沈佺期〔少林寺に遊ぶ〕詩 雁塔、風霜古く 龍池、歲月深し 紺園、夕霽澄み 碧殿、秋陰下る

【風騒】ふうそう(さう) 詩経の国風と楚辞の離騒。また、詩文。詩の源流。梁・沈約〔宋書、謝霊運伝論〕其の飇流の始まる所を源ぬるに、同に風騷を祖とせざる莫し。

【風鐸】ふうたく 風鈴。堂・塔などの軒先の角のところにつける。唐・白居易〔悟真寺に遊ぶ詩、一百三十韻〕前對、寶塔多し 風鐸、四端に鳴る

【風致】ふうち 人がら。おもむき。〔唐書、崔遠伝〕遠、文有りて風致整峻、世、其の爲を慕ふ。目けて飣座梨と曰ふ。座の珍とする所なるを言ふなり。

【風竹】 風にそよぐ竹。唐・白居易〔長安閑居〕詩 風竹松煙、晝も關を掩ふ 意中、長へに深山に在るに似たり

【風潮】 風と潮。強風。いま、時世の傾向をいう。南朝宋・謝霊運〔彭蠡湖口に入る〕詩 客遊、水宿に倦む 風潮、具さに論じ難し

【風顚】 狂気のふるまい。〔歴代名画記、十、唐朝下〕王默、~風顚にして酒狂なり。松石山水を畫く。高奇に乏しと雖も、流俗亦た好む。酔後、頭髻(もとどり)を以て墨を取り、絹に抵たりて畫く。

【風土】 地味。風俗。〔国語、周語上〕期に及ぶ。~是の日や、瞽師音官、以て風土を省みる。

【風度】 風格のあるさま。〔唐書、張九齢伝〕九齢、體弱く、醞藉有り。~後、帝、人を用ふる毎に、必ず曰ふ、風度、能く九齢の若きかと。

【風灯】 風前のともしび。人生のはかなく、短いたとえ。宋・蘇軾〔孫莘老(覚)墨妙亭の詩を求む〕詩 後來、今を視ること、猶ほ昔を視るごとくならん 過眼百世、風燈の如し

【風濤】 風と波。波だつ。宋・范仲淹〔釣者に贈る〕詩 江上、往來の人 盡く愛す、鱸魚の美きを 君看よ、一葉の舟 出入す、風濤の裏

【風波】 風と波。はげしい変動。漢・李陵〔蘇武に与ふ、三首、二〕詩 風波、一たび所を失ひ 各〻天の一隅に在り

【風発】 風のようにさかんに起こる。唐・韓愈〔柳子厚(宗元)墓誌銘〕議論、今古に證據し、經史百子に出入し、踔厲風發、率ね常に其の座人を屈せしむ。

【風帆】 風をはらむ帆。宋・王禹偁〔黄州竹楼記〕江山の外、第だ風帆沙鳥、煙雲竹樹を見るのみ。其の酒力醒め、茶煙歇むを待ち、夕陽を送り、素月を迎ふ。亦た謫居の勝槩なり。

【風披】 風になびく。元・趙孟頫〔脩竹の賦〕蕭蕭として雨沐ひ、裊裊として風披く。露鶴長く歗き、秋蟬獨り嘶なく。

【風標】 表現。おもむき。〔南斉書、文学、丘霊鞠等伝論〕文章なる者は、蓋し情性の風標、神明の律呂(音の調子)なり。

【風味】 おくゆかしい人柄。趣致。宋・黄庭堅〔子瞻(蘇軾)の陶(潜)詩に和するに跋す〕詩 彭澤(陶潜)千年の人 東坡(蘇軾)百世の子 出處同じからずと雖も 風味は乃ち相ひ似たり

【風謡】 民謡。流行歌。〔後漢書、羊続伝〕續を拜して南陽太守と爲す。~乃ち羸服(微服)閒行し、侍童子一人をして、縣邑を觀歷し、風謠を採問せしめ、然る後乃ち進む。~悉く逆め其の狀を知る。

【風裏】 風声の中。唐・上官昭容〔長寧公主の流杯池に遊ぶ、二十五首、十四〕詩 攀藤、逸客を招き 偃桂、幽情に協ふ 水中に樹影を看 風裏に松聲を聽く

【風流】 遺風。風雅の趣。〔晋書、王献之伝〕少くして盛名有り。高邁不羈、閑居終日なりと雖も、容止怠らず。風流、一時の冠たり。

【風烈】 疾風。強風。また、遺風。〔論語、郷党〕盛饌有れば、必ず色を變じて作つ。迅雷風烈には必ず變ず。

【風炉】 茶の湯の炉釜。〔茶経、四之器〕風爐、銅鐵を以て之れを鑄る。古鼎の形の如し。

【風露】 風と露。清涼の気。清・杭世駿〔中秋月蝕、感有りて賦す〕詩 廣漢(月宮)に到りて相ひ問訊せんと擬す 一天の風露、轉た凄神

↑風痾 風邪/風圧 風力/風淫 淫事をほしいままにする/風宇 気宇/風烏 風見/風影 風の様子/風煙 風とかすみ/風鳶 たこ/風檐 風簷/風化 教化/風花 風に散る花/風懐 風流の心/風欬 せき/風角 占候/風翮 風切り羽/風寒 寒風/風漢 狂人/風岸 傲岸の気性/風眼 結膜炎/風紀 規則、風俗の取締り/風徽 良風/風義 操行/風誼 風操/風牛 風馬牛/風挙 吹き上がる/風虚 虚弱/風教 教化/風暁 さとす/風琴 風鈴/風禽 たこ/風緊 強風/風襟 襟吹く風/風矩 風采/風隅 風角/風月 清風と明月/風欠 風顚/風軒 風檐/風憲 風紀/風言 うわさ/風眩 癲癇/風語 うわさ/風香 花の香り/風候 気候/風号 風が吹き叫ぶ/風骨 人がら/風槎 たこ/風災 風の災害/風采 風貌/風裁 品格/風散 散りとなる/風子 狂人/風旨 人がら/風糸 微風/風刺 諷刺/風姿 ようす/風指 風旨/風師 風の神/風示 さとす/風疾 中風/風車 風ぐるま/風樹 納涼台/風邪 かぜ/風趣 おもむき/風術 風角/風檣 満帆/風壌 土俗/風色 ようす/風蝕 風化/風信 たより/風疹 はしか/風人 詩人/風水 風と水。地相/風政 徳教/風勢 風の勢い/風説 うわさ/風扇 風をおこす器具/風旋 旋風/風素 人がら/風箏 たこ/風操 品格/風俗 ならわし、くにぶり/風体 姿/風態 おもむき/風躅 古人の迹/風馳 風行/風調 風韻/風聴 うわさ/風定 静まる/風霆 風と雷/風刀 烈風/風頭 風さき/風磴 高い石段/風徳 徳化/風毒 中風/風馬 神馬、奔逸の馬/風霾 土ふる/風伯 風の神/風翻 風にひるがえる/風痺 中風/風靡 風になびく、なびき従う/風表 外貌/風病 風疾/風物 風景/風聞 うわさ/風丰 風采/風望 風采/風謗 わるくち/風木 風樹/風魔 顚狂/風喩 それとなくさとす、諷喩/風諭 諷喩/風容 姿/風籟 風の音/風鑾 風鈴/風力 風の勢い/風林 風にゆれる林/風鈴 風鐸/風類 一味/風厲 烈風/風攣 中風/風路 風みち/風話 うわさ

↓埃風・悪風・暗風・威風・異風・移風・遺風・懿風・淫風・陰風・英風・下風・花風・家風・荷風・歌風・回風・懐風・凱風・愷風・学風・寒風・観風・義風・逆風・旧風・御風・狂風・強風・矯風・驚風・尭風・金風・颶風・薫風・勁風・恵風・軽風・玄風・古風・光風・好風・江風・恒風・候風・高風・谷風・国風・細風・作風・朔風・山風・士風・師風・詩風・疾風・儒風・秋風・習風・愁風・春風・淳風・順風・書風・松風・祥風・商風・衝風・信風・神風・晨風・仁風・迅風・正風・西風・凄風・清風・旋風・大風・台風・頽風・暖風・竹風・中風・長風・嘲風・通風・痛風・天風・土風・東風・同風・道風・徳風・突風・南風・軟風・熱風・破風・排風・培風・晩風・蛮風・被風・悲風・美風・飄風・飆風・屛風・弊風・偏風・防風・暴風・北風・民風・門風・野風・雄風・余風・良風・涼風・緑風・冷風・烈風・和風

【楓】 人 13 4791

篆文

フウ おかつら かえで

形声 声符は風。〔説文〕六上に「楓木なり」(段注本)とあり、厚葉弱枝にしてよく風に動き、葉ずれの音がする木であるという。北方の楓と南方の楓とまた異なり、南方の楓の実は栗房に似て、これを焚けば香気を発する木とされるから、わが国のかえでとは異なる木である。

訓義 1おかつら、からかえで。2かえで。

古訓 〔新撰字鏡〕楓 香樹なり、加豆良(かつら)〔和名抄〕楓 乎加豆良(をかつら)/雞冠木 楊氏漢語抄に云ふ、雞冠木、加倍天乃岐(かへでのき)。辨色立成に云ふ、雞頭樹、加比流

提乃岐（かひるでのき）〔名義抄〕楓 カツラ・ヲカツラ 〔篇立〕楓 カツラ・クヒセ・ヲカツラ・ナガシ・タカシ・ヤハラ

【楓岸】楓樹のある岸。唐・賈至〔初めて巴陵に至り、李十二白～と洞庭湖に泛ぶ、三首、二〕詩 楓岸、紛紛として、落葉多し 洞庭の秋水、晩來波だつ

【楓橋】橋の名。もと封橋。張継の詩により、のち楓橋という。清・趙翼〔西岩斎頭自鳴鐘〕体を分つて七古を得たり〕何ぞ須ひん、景陽、曉妝を催ほすを（南斉の景陽楼、暁鐘とともに宮女が妝飾する） 豈に但だ楓橋、夜泊に驚くのみならんや

【楓樹】楓の木。唐・杜甫〔秋興八首、一〕詩 玉露凋傷す、楓樹林 巫山巫峡、氣蕭森

【楓林】楓樹の林。唐・杜牧〔山行〕詩 車を停めて坐ろに愛す、楓林の晩 霜葉は二月の花よりも紅なり

↑楓江 楓木の江畔／楓香 楓脂／楓膠 楓脂／楓子 楓の実／楓宸 宮殿／楓陛 朝廷

↓槐楓・岸楓・錦楓・江楓・香楓・宸楓・赤楓・霜楓・丹楓・夜楓・老楓

【瘋】 14 0011 フウ

形声 声符は風。風は神威をもたらして風行するもので、原因不明の流行性の病気。風邪や瘋癲の類は、神威による神聖病としておそれられた。

訓義 ①くるうやまい。②ずつう。

↑瘋気 関節炎／瘋狂 発狂／瘋狗 狂犬／瘋語 痴語／瘋子 狂人／瘋人 狂人／瘋病 錯乱／瘋魔 瘋癲

↓痲瘋

【諷】 16 0761 フウ ほのめかす おしえる そらんじる

篆文 

形声 声符は風。風に風化・風教の意があり、諷はその声義を承ける。〔説文〕三上に「誦するなり」、また誦字条に「諷するなり」とあって互訓し、諷誦の意とする。〔説文〕にまた「讀は書を誦するなり」とあり、文に臨んで読むことを誦、背誦することを諷という。諷誦は古くは口誦の文学を意味した。

訓義 ①ほのめかす、おしえる、いさめる。②そらんじる、背誦。

古訓 〔名義抄〕諷 ヨム・イマシム・カゾフ・ナズラフ・ヒトシ・ヲシフ・ツク・イサム・ウカフ・ソシル・タトヒ・ワヅカ・ウヤマフ・イフ・ウタフ

【諷諫】それとなく諫める。〔史記、滑稽、優孟伝〕故の楚の樂人なり。長け八尺にして多辯、常に談笑を以て諷諫す。～楚の相叔孫敖、其の賢人なるを知り、善く之れを待つ。

【諷刺】それとなくそしる。〔顔氏家訓、教子〕詩に諷刺の詞有り。禮に嫌疑の誡有り。書に悖亂の事有り。春秋に褒僻の譏り有り。

【諷書】書を諳誦する。〔大唐新語、八、聡敏〕賈言忠、數歳にして書を記諷すること一日に萬言。七歳、神童に擢第す。～時に遼海に事有り。～言忠奏す、遼東平らぐべしと。其の山川地勢を畫くこと、皆目に見るが如し。

【諷誦】詩文などを諳誦する。〔漢書、游俠、陳遵伝〕遵～常て張竦に謂ふ、～足下、經書を諷誦し、身を苦しめ自ら約し、敢て差跌せず。我は放意自恣し、俗間に浮湛（浮沈、気ままにくらす）し、官爵功名、子に減ぜず～と。

【諷嘯】詩文をそらんじうそぶく。〔晋書、王徽之伝〕時に呉中の一士大夫の家に好竹有り。之れを觀んと欲し、便ち坐輿を出で、竹下に造りて諷嘯すること良や久し。～將に出でんとす。主人乃ち門を閉す。徽之～歡を盡して去る。

【諷読】諳誦。〔隋書、劉行本伝〕毎に諷讀を以て事と爲し、力を精にし疲るるを忘る。衣食乏絶すと雖も、晏如たり。

【諷喩】それとなくさとす。〔三国志、呉、闞沢伝〕（孫）權、嘗て問ふ、書傳篇賦、何れの者をか美と爲すと。澤、諷喩して以て治亂を明らかにせんと欲し、因りて對ふ、賈誼の過秦論、最も善しと。

↑諷意 諷刺の意／諷詠 誦詠する／諷勧 諷勉する／諷規 諷諫する／諷議 婉曲にいう／諷旨 諷意／諷辞 諷告の辞／諷切 きびしく諷諫する／諷説 風説／諷詆 諷刺／諷勉 励ます／諷味 諷誦し玩味する

↓玩諷・譏諷・議諷・吟諷・嗟諷・作諷・箴諷・託諷・嘲諷・伝諷・比諷・微諷・賦諷・朗諷

【䫻】 27 4721 フウ かぜ

形声 声符は風。風の異文。〔周礼、春官、大宗伯〕に「槱燎を以て、司中・司命・䫻師・雨師を祀る」とあり、〔鄭注〕に䫻師とは箕星であるという。〔周礼〕には時に古字を存することがあり、䫻も風の古文。神名として用いる。風は古く鳥形の神とされ、雚はその鳥形を残しているものかもしれない。〔集韻〕に䫻になお𧰼を加える字があり、忽の声でよみ、疾風のさまをいう。

訓義 ①かぜ、風の神。

フク

【艮】 4 7724 フク おさめる したがう

篆文  甲骨文  金文 

会意 卩＋又（又）。卩は人の跪坐する形。その後ろから手を加えてこれを圧服することを示す。〔説文〕三下に「治むるなり」とあり、服治の意。また「卩は事の節なり」とし、〔段注〕に「手に節を持つ」とするが、卜文・金文の字形は人を圧服する形で、もと俘人を意味する字であろう。ゆえに服属の意となる。

訓義 ①おさめる、圧服する。②したがう、俘虜。

声系 〔説文〕に艮声として服（服）を収める。服は舟（盤）の前に艮をしるし、盤はおそらく奉献のもので、その服従儀礼を示す字であろう。

語系 艮・服・伏 biuək は同声。伏は伏瘞、地下に犠牲を供する意。みな声義に通ずるところがある。匐 biuk は匍匐（はらばう）。〔説文〕九上に「地に伏するなり」とあって、また同系の語である。

常 【伏】 6 2323 フク ふせる ふす かくす

篆文  金文 

会意 人＋犬。〔説文〕八上に「司ふなり。人に従ひ、犬に従ふ」とし、犬が伏して人を伺う意とするが、字はもと伏瘞をいう。古くは蠱術が多く行われ、風蠱に対しては城門に犬牲を破磔する副辜の法、また墓室など地中からくるものに対しては、埋蠱のように人と犬とを埋めて祓う伏瘞を以てこれを防いだ。殷墓の玄室腰坑に、武将と犬とを埋めている例がある。また殷墓に残されている数千に及ぶ断首坑葬も、伏瘞の意をもつものであろう。秦で行われた伏祠も、蠱を防ぐために犠牲を埋めたものと思われる。また軍が出発するとき、犬牲を王の車で轢き殺す車軷の儀礼をもいう。服（服）と字源は異なるが、声義に通ずるところがある。

訓義 ①うずめる、人と犠牲とを埋めて祓う伏瘞の法をいう。②ふせる、ふす、はらばう、かくす。③うつむく、したむく。④まちぶせる、うかがう。⑤服と通じ、したがう。

古訓〔名義抄〕伏 フス・カクス・カクル・ウツブス・シタガフ・ヤム・ハラバフ・フルマヒ・タガヒメ・クダル〔字鏡集〕伏 カタブク・ウヤマフ・ツハモノ・タヽル・カクル・イヌクヒ・シタガフ・ヤム・フルマヒ・フス・ウツブス

声系〔説文〕に伏声として絥を収める。絥は車軾を覆うもので、車上の式の礼は軾に憑って伏する礼を行う。

語系 伏・服biuəkは同声。ともに服事・服従の意がある。伏はまた副phiuəkと声義近く、伏は埋蠱に対する伏瘞、副はけ風蠱に対する副辜で、いずれも蠱に対する呪的な方法を示す語である。

【伏案】机に向かう。〔漢学師承記、七、程晋芳〕貧にして饘粥を供する能はず。以て責戸剝啄の聲、耳に絶えざるに至るも、君伏案著書、事無き者の若し。

【伏瘞】人と犬とを埋めて蠱を祓う。〔周礼、秋官、犬人〕凡そ祭祀には犬牲を共(供)し、牷物(毛色の純なるもの)を用ふ。伏瘞にも亦た之の如くす。

【伏起】潜伏していて、急に襲う。〔三国志、魏、郭嘉伝〕(孫)策、輕くして備へ無し。~若し刺客伏起せば、一人の敵のみ。

【伏戯】古帝王の名。八卦を画したという。伏羲。〔荀子、成相〕文武の道は、伏戯に同じ。

【伏居】かくれ住む。〔清詩紀事初編、二〕(王夫之)夫之、晩歳完髮、一小樓に伏居し、輕々しく人と接せず。郡縣長吏、其の艱貞を閔れみ、功令嚴なりと雖も、寛假する所多し。

【伏檠】弓を檠にかける。〔韓非子、外儲説左上〕夫れ工人の弓を張るや、檠に伏すること三旬にして蹈弦す(弓を踏み、弦を張る)。

【伏尸】伏屍。死骸。〔荘子、則陽〕(蝸牛角上の触氏と、蛮氏)時に相ひ與に地を争うて戰ひ、伏尸數萬なり。北ぐるを逐ひ、旬有五日にして而る後に反る。

【伏死】甘んじて死ぬ。〔左伝、成二年〕臣は煩を治め惑ひを去る者なり。是こを以て伏死して争ふ。

【伏屍】伏尸。死骸。〔戦国策、魏四〕秦王曰く、天子の怒るときは、伏屍百萬、流血千里と。

【伏祠】伏祭の祠。〔史記、封禅書〕秦の徳公既に立ち~三百牢を鄜時に用ふ。伏祠を作り、狗を邑の四門に磔し、以て蠱菑を禦ぐ。

【伏日】盛夏。三伏をいう。〔漢書、東方朔伝〕伏日、詔して従官に肉を賜ふ。~朔獨り劍を抜き肉を割き、~曰く、伏口には當に蚤く歸るべし。請ふ、賜を受けんと。

【伏軾】軾に身を寄せる車上の式礼。また、車乗。〔史記、淮陰侯伝〕酈(食其)生、一士のみ。軾に伏し、三寸の舌を掉ひ、齊の七十餘城を下す。將軍~反つて一豎儒の功に如かざるか。

【伏節】節義に殉じる。〔漢書、刑法志〕師旅(軍隊)亟々動き、百姓罷敝す。節に伏し難に死するの誼無し。孔子焉れを傷みて曰く、教へざるの民を以て戰ふ。是れ、之れを棄つと謂ふと。

【伏兵】軍を伏せかくす。唐・于鵠〔出塞曲、三首、三〕詩 空山、朱戟の影 寒磧、鐵衣の聲 降胡に逢著するに說ふ 沙陰に伏兵有りと

【伏閉】伏日の休み。〔後漢書、和帝紀〕(永元六年)初めて伏閉すること盡日ならしむ。

【伏法】法によって罰せられる。処刑。〔史記、田叔伝〕今梁王誅に伏せずんば、是れ漢の法行はれざるなり。如し其れ法に伏せば、太后食するに、味を甘しとせず、臥して席に安んぜざらん。此れ憂ひ陛下に在るなり。

【伏流】地下を流れる。〔水経注、河水一〕高誘稱ふ、河は崑山(崑崙山)より出で、地中を伏流すること萬三千里、禹導いて之れを通じ、積石山に出づと。

【伏竜】世に隠れている人物。〔三国志、蜀、諸葛亮伝注に引く襄陽記〕德操曰く、儒生俗士は豈に時勢を識らんや。時務を識る者は俊傑に在り。此の閒自から伏龍鳳雛有りと。(劉)備問ふ、誰たとか爲すと。曰く、諸葛孔明・龐士元なりと。

【伏櫪】馬がかいば桶で養われる。老いて養われることをいう。魏・武帝〔歩出夏門行、四首、四〕楽府 老驥、櫪に伏するも 志は千里に在り 烈士暮年 壯心已まず

【伏臘】夏の三伏の祀と、冬の田神を祭る臘祭。宋・蘇軾〔路都曹(紘)を送る〕詩 我が田は荊溪の上り 伏臘に亦た麤(粗)供す 懷ふ哉、江南の路 會ず林下に逢ふことを作さん

↑伏引 服罪/伏陰 夏の陰気/伏隠 伏し隠れる/伏雨 連雨/伏謁 拝謁する/伏怨 怨みを含む/伏気 息をひそめる/伏羲 伏戯/伏犧 伏戯/伏雞 卵を抱く/伏闕 宮門に伏する/伏剣 自殺する/伏愆 服罪する/伏彦 遺賢/伏虎 おまる/伏甲 伏兵/伏寇 隠伏している敵/伏閤 伏闕/伏竄 ひそむ/伏士 伏兵/伏伺 仕える/伏雌 伏雞/伏侍 世話する/伏室 洞窟の室/伏質 伏鑕/伏鑕 斬死/伏謝 辞退する/伏戎 伏兵/伏処 隠れる/伏暑 盛夏の暑さ/伏承 拝承する/伏式 伏軾/伏食 服食/伏身 身を隠す/伏刃 伏剣/伏泉 地下水/伏奏 上奏する/伏息 潜む/伏誅 死罪となる/伏聴 盗み聞きする/伏枕 眠る/伏兎 床しばり/伏弩 石弓をもった伏兵/伏匿 潜む/伏読 拝読する/伏熱 酷暑/伏拝 ひれ伏す/伏魄 招魂/伏物 冬蟄/伏弁 詫び証文/伏魔 調伏する/伏埋 埋める/伏蒙 拝承する/伏膺 服膺する/伏翼 こうもり、蝙蝠/伏卵 卵を抱く/伏歴 伏櫪

↓畏伏・倚伏・隠伏・偃伏・厭伏・帰伏・起伏・跪伏・屈伏・降伏・三伏・竄伏・雌伏・折伏・初伏・暑伏・承伏・消伏・慴伏・心伏・酔伏・睡伏・説伏・潜伏・嘆伏・誅伏・調伏・踏伏・拝伏・俯伏・平伏・匍伏・蒲伏・陽伏

【宓】8 3033 フク ヒツ やすらか しずか ひそか

篆文

会意 宀+必。宀は廟屋。必は戉や斧などの柲部を含む刃器の形。その頭部を刃を下にして廟前におくのは、安寧を求める儀礼であろう。〔説文〕七下に字を必声とし、「安らかなり」という。〔段注〕に宓を密の初文とするが、金文に、両必を並べ、これに火を加える形の字があって、その字が密の初文。火を以て必を清める意で、密字の山はもと火の形である。金文に「宣卹」の語があり、卹は必を拝する形であるから、必はそのような聖器であり、呪器であることが知られる。〔玉篇〕に「止まるなり。靜かなり。默するなり」の訓があり、また「今密に作る」というように密と声義が近い。密・宋も意象の相似た字で、宋は寂の初文。

訓義 ①やすらか、しずか。②ひそか、もだす。③とどまる。

古訓〔字鏡集〕宓 モダ・アツシ・シヅカ・カクス・モテ・カタム・コマカ・ムツマジ・ヒソカ・トヾム・チカシ・キビシ・シタガフ

声系〔説文〕に宓声として密を収める。〔説文〕九下に密を「山の堂の如き者なり」と山に従う字と解するが、金文は両必の下に火を加えて、これを修祓する形。宓と似た呪儀であるが、聖器を火で修祓する儀礼をいう。

語系 宓・密・謐mietは同声。〔説文〕三上に「謐は靜かに語るなり」とするが、寧(寧)と同じく、ものを供薦して祈り、安寧を求める儀礼であろう。寧の従うところは心、獣牲の心臓を盤に盛る形で、宓・密とは用いるところが異なる。

【宓穆】深く静かで安らかなさま。〔淮南子、覧冥訓〕浮游し消搖し、鬼神を道き、九天に登り、帝に靈門に朝し、宓穆として太祖の下に休ふ。

→宓汨　急流のさま／宓戯　伏羲／宓義　伏羲／宓犧　伏羲／宓妃　洛水の女神

常【服】8 7724　〔服〕8 7724

フク
もちいる　したがう　おこなう　つける

形声 声符は𠬝。𠬝は人に屈服する形。左偏は舟で、盤の初形。盤に臨んで服事の儀礼を行う意であろう。〔説文〕八下に「用ふるなり。一に曰く、車右の騑なり。舟旋（周旋）する所以なり。舟に從ひ、𠬝聲」とする。一曰は服馬の義。舟は礼器としての盤。服事の儀礼を終えて、服属の職事が与えられる。周初の金文〔班殷〕に「虢城公の服を更ぐ」「大服に登る」など、その職事や身分をいう。それで事を行うことを服すといい、儀礼に服するときの車馬器用の類をすべて服といい、車服という。また身につけることから、心にかけることをも服という。

訓義 ①したがう、つきしたがう、降服の儀礼。②ことにしたがう、もちいる、おこなう、はたらく。③身につける、車につける、のせる、おう、おびる、薬をのむ。④心につける、むつむ、心がける、なれる。⑤きもの、使う品々、とる、もつ。⑥伏と通じ、したがう。⑦箙と通じ、えびら。⑧鵩と通じ、ふくろう。⑨畐と通じ、はらばう。

古訓 〔名義抄〕服　キモノ・キル・キヌ・フカシ・ウラム・ツク・サトル・ヨソホヒ・コロモ・ウヘ・シホカラ・ナラフ・カヘル・シタガフ・ツカフ・ハトリ・ナヅク・ト丶ノフ／御服　ミソ／麁妙服　アラタヘ

語系 服・伏biuəkは同声。服は降伏の儀礼。伏は伏瘞によりて邪気を圧服する儀礼。葡biuəkは声近く、備具の意で、箙の初文。畐biukは匍匐の意。みな声近く、通用することがある。

【服役】役務に服する。〔鶴林玉露、甲二、世事翻覆〕衛青、少くして平陽公主の家に服役す。後、大將軍と爲り、貴顯天下を震はす。公主仳離（独寡）となり、配を擇ぶ。左右以爲へらく、大將軍に如く無しと。公主曰く、此れ我が家の馬前の奴なり、不可なりと。

【服玩】器具。玩弄。〔後漢書、宦官、曹節伝〕（審忠の上書）苟くも私門を營み、多く財貨を蓄ふ。～車馬服玩、天家に擬す。～天意憤盈、積むこと十餘年なり。

【服義】仁義を行う。〔楚辞、招魂〕朕れ幼より清にして以て廉潔　身、義に服すること未だ沬まず

【服御】天子の車馬衣服。〔漢書、文帝紀〕（後元六年）大旱、蝗あり。諸侯をして入貢すること無く、山澤（の禁）を弛うし、諸の服御を減らし、～倉庾を發きて以て民を振はしむ。

【服事】役務に服する。また、仕える。〔論語、泰伯〕天下を三分して其の二を有ち、以て殷に服事す。周の德は、其れ至德と謂ふべきのみ。

【服章】身分等級を示す衣服・装飾。〔左伝、宣十二年〕君子小人、物に服章有り、貴に常尊有り、賤に等威有り。禮に逆ふことあらず。

【服色】車馬の色。〔礼記、大伝〕文章を考へ、正朔を改め、服色を易へ、～衣服を別にするは、～此れ其の民と變革するを得る所の者なり。

【服食】仙家の食事法。宋・蘇軾〔陶（潜）の郭主簿（の詩）に和す、二首、二〕詩　家書三萬卷　獨り服食訣（道書の一）を取る　地行は卽ち空飛　何ぞ必ずしも日月を挾さしまん

【服聴】服属し、命を聴く。〔史記、淮陰侯伝〕大を割き彊を弱くして、以て諸侯を立つ。諸侯已に立ち、天下服聽して、德に齊に歸せん。

【服薬】薬を飲用する。〔礼記、曲礼下〕醫は三世ならざれば、其の藥を服せず。

【服膺】心に留める。〔中庸、八〕子曰く、（顔）回の人爲る、～一善を得ば、則ち拳拳服膺して之れを失はず。

→服位　衣服と身分／服汙　私かに謁する／服駕　車馬／服官　仕官／服甎　服玩／服気　道家の法／服牛　牛車／服竟　忌明け／服勤　勤める／服具　喪具／服形　道家の修養法の一／服闋　忌明け／服剣　剣を佩びる／服賈　商売する／服行　行う／服耕　耕作する／服降　降伏する／服罪　罪を認める、伏罪／服矢　箙の矢／服餌　服薬／服車　公用車／服舎　倚廬／服習　習熟する／服乗　乗り物／服飾　服章／服制　喪服の制度／服属　従う／服秩　官の品級／服鳥　梟の異名／服寵　お気に入り／服田　耕作する／服匿　匈奴の酒器／服念　忘れぬ／服馬　四頭立ての馬車の内側の二頭の馬／服佩　身に佩びる／服物　衣服と器物／服聞　習聞／服弁　異議を申し立てて弁解すること／服冕　大官の礼服／服満　忌明け／服務　つとめ／服命　服位／服用　身につけて用いる／服妖　服飾の怪／服養　衣食／服輅　服馬

←圧服・衣服・威服・畏服・異服・悦服・厭服・駕服・懐服・駭服・款服・感服・歓服・忌服・奇服・帰服・愧服・詭服・器服・儀服・魚服・御服・欣服・欽服・屈服・敬服・傾服・元服・胡服・五服・呉服・公服・侯服・荒服・降服・克服・嗟服・采服・祭服・驂服・慙服・私服・侈服・思服・祇服・緇服・時服・車服・爵服・首服・儒服・戎服・粛服・春服・順服・馴服・除服・承服・章服・象服・懾服・讋服・常服・心服・臣服・信服・震服・推服・制服・征服・盛服・褻服・鮮服・素服・喪服・藻服・率服・嘆服・憚服・著服・朝服・鎮服・道服・頓服・内服・佩服・被服・美服・微服・賓服・不服・誣服・平服・便服・冕服・法服・野服・洋服・礼服・麗服・和服

【复】9 0024

フク
かえる

会意 量器の形＋夊。卜文・金文は量器の形である良に従う。これを反復して、器中の糧穀を整えるのであろう。〔説文〕五下に「故道を行くなり」というのは往復の復、復の初文とするものであろう。また「畐の省聲」とするが、卜文・金文は畐に従う形ではない。

訓義 ①かえす、器を反復する。②かえる、復る。復・複の初文。

声系 〔説文〕に复声として復・腹・複・蝮・鍑・覆（覆）など十一字を収める。おおむね反復、あるいは复の器形の中ふくらみの意がある。復・複・覆は前者、他は後者に属する。

語系 复・復biukは報puと声義の関係があり、反復・返報の意において通用する。

【畐】9 1060

フク　ヒョク
みちる

象形 酒樽など、下部にふくらみのある器の形。それで盈満の意がある。〔説文〕五下に「滿つるなり。高の省に從ふ。高厚の形に象る。～讀みて伏の若くす」とするが、字は建物の形でなく、樽や壺など、器腹のふくらみのある器の形。足の無い

畐れをいうとする説がある。〔方言、六〕に「偪は滿つるなり。～腹の滿つるを偪と曰ふ」とあり、畐声の字にみなその意がある。
訓義 ①うつわ、器腹にふくらみのある器。②みちる、みたす、あつい。③幅と通じ、布はば。
声系 〔説文〕に畐声として福(福)・副・富・匐・幅・輻など十六字を収める。おおむね畐の声義を承ける字である。
語系 畐phiək、副phiuək は同声。劈phyek、剖phə も声義近く、副・劈・剖はみな刀に従い、両分の意がある。疈は副の籀文の字形で、両分の形を示す。実のはじけたものを音phək、剖という。

【茯】 10 4423 フク ブク

形声 声符は伏。茯苓は松の根に寄生する菌類の薬草、形は甘藷に似ており、本草では利尿・鎮静の薬剤に用いる。
訓義 ①茯苓は、まつほど。②絥と通じ、車のおおい。
古訓 〔新撰字鏡〕茯 衣比須久佐(えびすぐさ) 〔名義抄〕茯苓 マツホド 〔字鏡集〕茯 クスリ・マツホド
【茯苓】 まつほど。〔焦氏筆乗、五、医方〕茯苓は久しく之れを服するときは、顔色悦澤し、能く瘢痕(傷あと)を滅す。抱朴子に云ふ、任子季、茯苓を服すること十八年、玉女之れに従ふ。～面、光玉の澤を生ずと。
↑茯神 茯苓、木心のある茯苓
↓老茯

【偪】 11 2126 フク ヒョク せまる

甲骨文 

形声 声符は畐。畐にふくれ満ちる意があり、他にせまることをいう。逼と同じく、その別体の字とみてよい。
訓義 ①せまる。②ふくれる、みちる。
古訓 〔名義抄〕偪 シリゾク・イル 〔字鏡集〕偪 オナジ・ヤブル・ヘキ・セマル・ヒスカシ・セム・イル・シリゾク
【偪隘】 両側が迫り、狭い。清・曽国藩〔李忠武公神道碑〕田家鎮は、江流盤折して偪隘の處なり。其の南岸を半壁山と爲し、峭壁斗絶す。
【偪下】 下の者に逼る。〔礼記、雑記下〕晏平仲、其の先人を祀るに、豚肩、豆を揜はず。賢大夫なり。而れども下爲ること難し。君子は、上は上を僭せず、下は下に偪らず。
【偪仄】 せまり傾ける。唐・杜甫〔偪仄行〕詩 偪仄す、何ぞ偪仄する 我は巷南に居り、子は巷北にあり 恨むべし、隣里の閒 十日に一たびも顏色を見ず
↑偪介 近づきせまる／偪邇 近づきせまる／偪履 足ごしらえ／偪匱 窮乏する／偪近 近い／偪処 雑居する／偪窄 狭い／偪拶 圧迫する／偪臣 権臣／偪真 真にせまる／偪束 制約する／偪促 催促する／偪塞 せまり塞ぐ／偪剝 爆竹の音／偪勒 探す

常【副】 11 1260 [疈] 20 1166 フク ヒョク フウ さく わかつ そう ひかえ

篆文  籀文 

形声 声符は畐。畐に盈満の意があり、それを両分することをいう。〔説文〕四下に「判つなり」とあり、正副・副次の意となる。犠牲を磔殺することを疈といい、疈辜という。犠牲を披いて城門などに掲げ、風蠱を防ぐ法として行われた。〔礼記、曲礼上〕「天子の爲に瓜を削くときは、之れを副にす」とあり、横切りして四分して用いた。
訓義 ①さく、二分する、わかつ、わる。②そう、そえる、つきそう、かいぞえ、すけ。③うつす、ひかえ、副本。④かもじ、髪飾り。
古訓 〔和名抄〕副車 曾閇久流万(そへくるま)。俗に云ふ、比度多万比(ひとたまひ) 〔名義抄〕副 タグヒ・タスク・ヨツキ・ソフ・ツク・ツバビラカニ・カナフ・ツギニ 〔字鏡集〕副 タグヒ・カフル・カナフ・ソヘタリ・ヨツサキ・ツク・カヨフ・ソフ・タスク・スヂ・ツマビラカ
語系 副phiuək は劈phyək と声近く、また剖・掊phə も同系の語で分割・中分の意がある。駙bio は副馬、また副次の意において通じる。
【副君】 太子。〔漢紀、宣帝紀一〕太子は國儲副君なり。官屬師友は必ず天下の英俊を取る。
【副啓】 手紙の追申。〔觚不觚録〕尺牘(手紙)の副啓有る者、～近年以來、必ず之れを以て加厚と爲す。～甚だしきは副啓一と稱し、副二より三に至り四に至る者有り。余甚だ之れを厭ひ、一切都絶す。
【副笄】 后夫人の髪飾り。編髪と、こうがい。〔詩、鄘風、君子偕老〕君子と偕に老いんと 副笄六珈 委佗委佗たり 山の如く河の如し
【副弐】 輔佐する。また、副本。〔魏書、李彪伝〕(上表)今大魏の史、～近ければ則ち期月にして就るべく、遠きも三年にして成る有らん。正本は之れを麟閣に蘊め、副貳は之れを名山に藏せん。
【副車】 そえ車。〔史記、留侯世家〕秦皇帝東游す。(張)良、客と秦皇帝を博浪沙中に狙擊し、誤りて副車に中つ。秦皇帝大いに怒り、大いに天下に索め、賊を求むること甚だ急なり。～良乃ち名姓を更へ下邳に亡匿す。
【副本】 正本の写し。〔隋書、経籍志一〕煬帝位に卽く。祕閣の書、五十の副本を限寫し、分ちて三品と爲す。上品は紅瑠璃軸、中品は紺瑠璃軸、下品は漆軸とす。
↑副褘 王后の髪と服／副后 太子／副虹 にじの外環／副佐 輔佐／副倅 そえる／副二 副弐／副次 二次的／副主 太子／副書 文書の写し／副妾 そばめ／副将 裨将／副乗 副車／副浄 小敵役／副職 兼職／副綏 乗車の綱／副旦 女の子役／副馬 そえ馬／副服 着換えの衣服／副封 上封の副本／副墨 文字／副輅 副車
↓贏副・介副・軍副・国副・次副・写副・状副・正副・儲副

【畐】 11 2762 フク ホク はらばう はう

篆文 

形声 声符は畐。〔説文〕九上に「匍は手もて行くなり」、畐には「地に伏するなり」とするが、匍匐は双声の連語で、はらばう意。勹は身を屈して俯する形、甫・畐が声符で、そのはらばうさまをいう形況の語であろう。
訓義 ①はらばう、はう。②伏と通じ、ふせる。
古訓 〔名義抄〕匍匐 ハラバフ
語系 匐biuk と伏・服(服)biuək は声義近く、通用する。扶biuə も声近く、匐に通じて用いることがある。
↑匐候 伏候／匐伏 匍匐
↓顚匐・扶匐・匍匐

【虙】 11 2123 フク

篆文 

形声 声符は必。必は戉、斧を柄に装着する部分の形。その刃部を下にして、儀器として用いる。戉はその全体形。虍は虎皮で、おそらく神位を飾るものであろう。〔説文〕五上に「虎の皃なり」とするが、その用義例はない。南方苗族の祖神とされる虙戯・虙羲の名に用い、字はまた伏・宓に作る。
訓義 ①とらのさま。②虙戯。
古訓 〔字鏡集〕虙 トラノカタチ
【虙戯】 古帝王の名。また、伏羲・伏犧・伏戲・宓犧などとしるす。漢・鄭玄〔詩、陳詩譜〕陳は太皞 虙戯氏の墟なり
【虙妃】 洛水の女神。〔楚辞、離騒〕吾れ豐隆(雲神)をし

て雲に乗り 虙妃の在る所を求めしむ

【袚】 11 3323 フク ふくさ ふろしき

形声 声符は伏。ふくさ。また、衣類を包むのに用いる大きなふろしきの類をいう。〔爾雅、釈器〕「婦人の禕(香袋)之れを縭と謂ふ」の郝懿行〔義疏〕に「登州の婦人、絡頭に首帕を用ふ。其の女子嫁する時、絳巾を以て首を覆ふ。之れを袚子と謂ふ」とみえ、頭巾のように覆うものであった。その他ふろしき様のものを、すべて袚子という。

訓義 ①ふくさ、ふろしき。

語系 袚biuak、覆(覆)phiuk は声義近く、ものを覆い包むものをいう。被biai もそれに近い語である。

↑袚子 頭巾の類/袚駝 馬上の荷

↓包袚

常【幅】 12 4126 フク きれはば はば ふち

篆文

形声 声符は畐。畐は酒樽などの器腹のゆたかな形。〔説文〕七下に「布帛の廣さなり」とあり、織物の横幅をいう。長さ二尺二寸を一幅とする。またその縁辺のところをいう。

訓義 ①きればば、布のひろさ。②はば、横の長さ。③ふち、へり。④ぬの、ぬのじ。⑤みえ、大きさ、表面。⑥かけもの、かけじく。⑦むかばき。

古訓 〔新撰字鏡〕幅 絹の廣狭なり、絹の耳なり、和太利(わたり)〔名義抄〕幅 絹の和太利(わたり)〔字鏡〕幅 ハタハリ〔字鏡集〕幅 ツ、ム・ハタハリ・ノ

【幅隕】 広さ。隕は周囲。〔詩、商頌、長発〕洪水芒芒たり 禹、下土方を敷め 外、大國を是れ疆かす 幅隕既に長し

【幅巾】 髪を束ね整える。男子の頭巾。〔後漢書、鮑永伝〕更始已に亡ぶ。乃ち喪を發し、~悉く兵を罷め、但だ幅巾のみして、諸將及び同心の客百餘人と、河内に詣る。

【幅裂】 裂け破れる。漢・応劭〔風俗通義の序〕今王室大壞し、九州幅裂し、亂定まること有る靡く、生民幾くも無し。

↑幅員 幅隕/幅尺 一はば/幅湊 輻湊する/幅塞 充塞する/幅度 幅と長さ/幅方 方形/幅利 利益を制限する

↓一幅・盈幅・横幅・画幅・恰幅・環幅・巾幅・絹幅・紙幅・邪幅・書幅・振幅・震幅・数幅・全幅・素幅・双幅・大幅・長幅・半幅・布幅・辺幅・方幅・満幅

常【復】 12 2824 フク かえる むくいる くりかえす たまよばい また

篆文

甲骨文

金文

形声 声符は复。复は量器を反覆する形。道路の意の彳を加えて、往来反復の意とする。〔説文〕二下に「往來するなり」と訓し、復帰の意。金文の〔㫚鼎〕に「厥の絲束を復せしむ」「則ち復命せしむ」のように、返付・返報の意に用いる。もとの状態に回復することをもいい、招魂の儀礼を復という。復するときは屋上に上って北嚮し、衣を以て招き、「皐、某復れ」とよぶ。

訓義 ①かえる、もとへかえる。②つぐなう、むくいる、おぎなう、こたえる。③くりかえす、反復する。④たまよばい、招魂続魄。⑤ふむ、おこなう、あかしをたてる、実行する。⑥もどる、おちつく、おわる。⑦また、ふたたび。

古訓 〔名義抄〕復 マタ・カヘル・カヘリテ・ムクユ・マサル・カハル・ソフ・オホフ・ツグ・トル・ツカフ・カフル・フタ、ビ・カヘリミル・マタスルコト・カヘス・カサネテ

声系 〔説文〕に復声として覆(覆)・椱・復など五字を収める。覆に反覆の意がある。復は〔詩、大雅、緜〕に「陶復」とあるもので、地室をいう。

語系 復・复biuk は同声。复は復の初文とされる字で、〔説文〕九上に「重なり」という。複piuk、覆phiuk にみな重複の意がある。また報pu と声義近く、報告・報復の意において通用する。

【復活】 生きかえる。〔後漢書、献帝紀〕(初平二年)是の歳、長沙に、人死して月を經て復た活きたるもの有り。

【復帰】 もとに戻る。〔左伝、成十八年〕凡そ其の國を去り、國逆へて之れを立つるを入ると曰ふ。其の位に復するを復歸と曰ふ。

【復穴】 穴居。復は復。〔淮南子、氾論訓〕古者民、澤居し復穴し、冬日は則ち霜雪霧露に勝へず、夏日は則ち暑熱蟁虻に勝へず。

【復言】 言をふむ。実行する。〔左伝、僖九年〕能く言を復まんと欲して、身を愛しまんや。益無しと雖も、將た焉くにか之れを辟けん。

【復古】 昔の正しい状態にかえす。〔詩、小雅、車攻序〕車攻は、宣王古に復するなり。

【復思】 宮闕の門前などに設ける屛。罘罳。〔水経注、穀水〕今閶闔の門外に、巨闕を夾み建て、以て天宿に應ず。~猶ほ象魏の上に復思を加へ、以て觀易からしむるがごとし。廣雅に曰く、復思之れを屛と謂ふと。

【復讐】 かたきを討つ。復仇。仇討。〔公羊伝、荘四年〕遠祖とは幾世ぞ、九世なり。九世にして猶ほ以て讐(讎)を復すべきか、百世と雖も可なり。

【復初】 本性にかえる。〔荘子、繕性〕性を俗學に繕め、以て其の初に復らんことを求め、欲を俗思に滑して、以て其の明を致さんことを求む。之れを蔽蒙の民と謂ふ。

【復真】 死。〔荘子、大宗師〕に、死を「其の眞に反る」とする語がある。〔唐書、姚勗伝〕自ら壽藏(生前の墓)を~作り、兆(墓域)に署して寂居穴と曰ひ、壙に復眞堂と曰ふ。

【復性】 本来の善性にかえる。唐・李翺〔復性書、中〕妄情滅息し、本性清明にして、六虛に周流す。所以に之れを能く其の性に復すと謂ふ。

【復道】 二階建ての回廊。〔史記、秦始皇紀〕南山の巓に表して以て闕と爲し、復道を爲り、阿房(宮)より渭(水)を渡り、之れを咸陽に屬らぬ。

【復魄】 魂よばい。〔儀礼、士喪礼〕復者一人。〔鄭玄注〕復とは、有司、魂を招き、魄を復するなり。

【復辟】 一たび失った王位を回復する。唐・元稹〔遷廟議〕議する者云ふ、中宗は復辟中興す。當に百代遷らざるの廟と爲すべしと。

【復命】 返事として報告する。〔論語、郷党〕賓退く。必ず復命して曰く、賓顧みざりきと。

【復礼】 礼にたちかえる。〔論語、顔淵〕子曰く、己に克ち禮に復るを仁と爲す。一日己に克ち禮に復れば、天下仁に歸す。

↑復位 位に復る/復円 日蝕・月蝕が終わる/復官 旧に復る/復起 再起する/復議 再議する/復旧 復職/復啓 追申、書翰用語/復逆 復奏する/復元 復原する/復原 元にもどる/復侯 お返事/復興 再興する/復国 帰国する/復坐 席に帰ってすわる/復始 復初/復次 再び/復習 稽古する/復書 返事する/復除 徭役を免除する/復申 再びいう/復正 正に復る/復生 蘇生する/復聖 顔回をいう/復胙 翌日祭/復租 免租/復蘇 蘇生する/復旦 明朝/復重 重複/復轍 覆轍、失敗する/

復土　土をかける／復沓　重複する／復陶　毛羽の衣／復白　申し上げる／復反　戻る／復廟　二重の檐のある廟／復補　補修する／復面　再会する

↓往復・回復・恢復・凱復・起復・給復・匡復・興復・克復・剋復・三復・修復・習復・酬復・紹復・申復・振復・重復・拝復・反復・平復・報復・本復・来復

【愊】 12 9106　フク ヒョク まごころ

篆文 

形声 声符は畐。〔説文〕十下に「悃愊するなり」（段注本）とあって、まごころのあることをいう。また心の鬱結することをいう。

訓義 ①まごころ、まこと。②ふさぐ、むすぼれる。③せまる、つまる、ゆきづまる。

古訓 〔名義抄〕愊 ヒラク・ミテリ／愊悃 ハタハリ〔字鏡〕愊 ハタハリ・ツヽム・オホフ〔字鏡集〕愊 ツヽム・マコトヲイタス・イカル・ミテリ

【愊抑】 悲しみで心ふさがる。晋・潘岳〔夏侯常侍（湛）の誄〕子の舊車を望み、爾の遺衣を覽るに、愊抑して聲を失し、迸涕交と揮ふ。

↑愊憶　憤る／愊臆　憤る／愊実　誠実／愊怛　急促／愊愊　鬱結するさま

↓悃愊・懇愊

【愎】 12 9804　フク ヒョク もとる

形声 声符は复。〔広雅、釈詁三〕に「很るなり」とあり、很戾の意。〔左伝、僖十年〕に「諫に愎り、卜に違ふ」とみえる。剛愎・愎戾のように用いる。

訓義 ①もとる、さからう。

古訓 〔名義抄〕愎 モトル

【愎諫】 諫言を聞かず。自分の考えを通す。〔左伝、昭四年〕子産、左師（向戌）を見て曰く、吾は楚を患へざらん。汰りて諫に愎る。十年に過ぎざらん（滅亡せん）と。

↑愎過　誤りを通す／愎気　剛戾／愎很　もとる／愎鷙　もとる／愎勃　逆乱

↓頑愎・矜愎・剛愎・很愎・狠愎・専愎・貪愎

【紱】 12 2393　フク ヒ おおい

篆文 

形声 声符は伏。〔説文〕十三上に「車紱なり」とあり、車軾の上を蔽う巾をいう。また或る体として茯・韉の二体を録する。〔段注〕に「（漢書）郊祀志、～駕被の具、（顔）師古曰く、駕車備馬の飾、皆具はると。按ずるに駕車の飾とは、此れ所謂紱なり。被馬の飾とは、革部に所謂鞁なり」とあり、車馬に用いる覆いものをいう。

訓義 ①おおい、車のおおい。

古訓 〔字鏡集〕紱 クルマノマユ

語系 紱 biuk は葡 buak と声近く、葡は矢ぐい、韉の初文。韉を紱の或る体として用いるのは、袋状にして用いることがあるからであろう。

↓車紱

常【福】 13 3126　人〔福〕 14 3126　フク さいわい たすけ ひもろぎ

篆文 

甲骨文 

金文 

形声 声符は畐。畐は器腹のゆたかな酒樽の形。〔説文〕一上に「祐くるなり」とし、〔繫伝〕には「備はるなり」と畳韻を以て訓する。金文に畐の字形があり、宗廟に酒樽を供えて祭り、福を求めることをいう。また祭肉を福といい、わが国の「ひもろぎ」にあたる。〔国語、晋語二〕に「必ず速やかに祠りて、福を歸れ」とあるのは、その祭肉の意。祭余の肉は、同族の人に頒かつ定めであった。

訓義 ①さいわい、しあわせ。②とみ、たすけ、神のたすけ。③ひもろぎ、祭肉。

古訓 〔名義抄〕福 サイハヒ・サイハヒス・ヨル・ヰル〔字鏡〕福 マサシ・サイハヒ・フセ・カスシ・マタ・ヰル〔字鏡集〕福 ヰル・フセ・サイハヒ・ヨシ・ヤスシ

語系 福・富 piuək は同声。福は示（祭卓）に従い、富も宗廟を示す宀に従う字で、ともに神霊に多く供薦する意。またそれによって多福を得ることをいう。〔繫伝〕に「備はるなり」という備 buək は声近く、具備の意であるが、備の本義はもと箙（えびら）をいう字である。

【福応】 めでたいしるし。漢・班固〔両都の賦の序〕武・宣の世に至りて、～廢を興し、絶を繼ぎ、鴻業を潤色す。是を以て衆庶悦豫し、福應尤も盛んなり。

【福禧】 幸い。宋・王令〔古廟〕詩 工は庭に鼓し、巫は衣を舞はす 祝、神の醉ひて福禧を下すを傳ふ 農、謝し神去りて、祝、之れを徹す 庭前剪割して、餘遺を棄つ

【福慶】 喜び。〔後漢書、李固伝〕一門の内、一家の事、安きときは則ち其の福慶を共にし、危きときは則ち其の禍敗を通ず。

【福謙】 謙に幸いする。〔易、謙、彖伝〕天道は盈を虧きて謙に益し、地道は盈を變じて謙に流しき、鬼神は盈を害して謙に福し、人道は盈を惡みて謙を好む。

【福酒】 おみき。〔宋書、礼志二〕太祝、各〻をして福酒を酌まし め、合せて一爵中に置き、跪きて皇帝に進め、再拜して伏す。

【福寿】 幸いと長寿。〔顔氏家訓、帰心〕伯夷・原憲の凍餒、盗跖・莊蹻の福壽、齊景・桓魋の富強、若し之れを先業に引かば、冀はくは後生を以て、更に通を爲さんのみ。

【福祚】 幸い。〔漢書、蕭望之伝〕望之以爲へらく～信讓、蠻貊に行はれ、福祚、亡窮に流しくは、萬世の長策なりと。天子之れを采る。

【福沢】 幸いと恩沢。宋・張載〔西の銘〕富貴福澤は、將に吾が生を厚うせんとす。貧賤憂戚は、庸て女を成に玉ならしめんとす。

【福地】 仙境。佚名〔山東泰山、壺天閣〕聯 此の山に登れば 一半已に是れ壺天（仙界） 極頂に造れば 千重尚ほ福地多し

【福徳】 善行。人に福徳を与える。〔仏国記〕此の國中～各〻徒衆有り。亦た皆乞食す。～路の側に福德舍の屋宇を建て、牀臥飲食、行路の人に供給す。

【福祐】 神の助け。〔漢書、哀帝紀〕陛下聖德寛仁、祖宗を敬しみ承け、神祇を奉順す。宜しく福祐、子孫千億の報を蒙るべし。

【福履】 幸い。〔詩、周南、樛木〕南に樛木有り 葛藟之れを纍ふ 樂しき君子 福履之れを綏んず

【福禄】 幸い。〔詩、大雅、鳧鷖〕公尸 來に燕し來に寧んず～公尸 燕飲し 福祿來に成る

↑福宇　寺／福運　幸運／福界　寺／福気　福運／福釐　幸い／福郷　道観／福祜　幸い／福祉　幸い／福祥　幸い／福食　道家で供養の食物をいう／福人

福のある人／福水 酒の異名／福胙 祭肉／福徴 福報／福田 功徳田／福庇 お蔭／福物 お供え／福脯 祭肉／福報 善報／福命 福運／福利 幸い／福霊 お供え

↓安福・威福・禍福・嘉福・介福・奇福・祺福・帰福・吉福・景福・慶福・光福・幸福・至福・祉福・禔福・賜福・寿福・受福・祝福・順福・承福・祥福・浄福・清福・善福・多福・大福・長福・追福・天福・万福・百福・逢福・冥福・裕福・利福

常 **【腹】** 13 7824 フク はら だく こころ

篆文 

形声 声符は复。复は量器で、器腹の大きなもの、ゆえに盈満の意がある。〔説文〕四下に「厚きなり」とあり、腹部の多肉の意とする。〔礼記、月令〕「水澤腹堅なり」の〔注〕に、「厚きなり」としている。

訓義 ①はら。②はらむ、うむ、だく、いだく。③こころ、こころのうち。④あつい。

古訓 〔新撰字鏡〕腹 波良(はら)〔名義抄〕腹 ムカフ・ハラ・アツクス・フトコロニス〔字鏡集〕腹 ハラ・アツシ・ナカバ・ムカフ・フトコロニス

【腹稿】(かう) 腹の中で稿を考える。〔唐書、文芸上、王勃伝〕勃、文を屬るに、初め精思せず。先づ墨を磨すること數升、則ち酣飲し、被を引きて面を覆ひて臥し、寤むるに及んで筆を援りて篇を成し、一字をも易へず。時人勃を謂ひて腹稿と爲す。尤も書を著はすことを喜む。

【腹笥】 腹中の書架。博覧強記。〔明史、文苑二、周玄伝〕嘗て書千卷を挾み、高棟の家に止まる。讀むこと十年にして辭去し、盡く其の書を棄つ。曰く、吾が腹笥に在りと。

【腹心】 大事な器官。また、頼りとする人。〔詩、周南、兎罝〕肅肅たる兎罝 中林に施る 赳赳たる武夫は 公侯の腹心

↑腹案 予定の案／腹詠 心服する／腹堅 堅氷／腹疾 腹の病／腹瀉 下痢／腹腫 腹が張る／腹尺 腹のまわり／腹詛 心でのろう／腹蔵 心底におく／腹惻 臆測する／腹中 心中／腹脹 腹がふくれる 病気／腹腸 はら／腹痛 腹いた／腹熱 はげしくあせる／腹囊 心中／腹背 前と後ろ／腹非 腹誹／腹悲 心で嘆く／腹誹 心でそしる／腹胞 はら／腹裏 内地。元の時、河北の地をいう

↓異腹・遺腹・果腹・開腹・割腹・巌腹・魚腹・胸腹・空腹・刳腹・鼓腹・口腹・業腹・山腹・私腹・詩腹・蛇腹・愁腹・充腹・妾腹・心腹・切腹・船腹・蟬腹・大腹・中腹・屠腹・同腹・熱腹・皤腹・馬腹・背腹・半腹・帆腹・撫腹・便腹・抱腹・剖腹・捧腹・満腹・捫腹・立腹・裂腹

【箙】 14 8824 フク やなぐい えびら

篆文 
甲骨文 
金文 

形声 声符は服(服)。卜文・金文の字形は箙中に矢のある形で、象形。葡はその隷体化した字で、葡を負って戦いに備えることを備という。箙は葡の形声の字。〔説文〕五上に「弩矢の箙なり」という。金文に「魚葡」の名がみえ、魚皮を以て箙とした。魚は魚獣。〔詩、小雅、采薇〕に「象弭魚服」とあり、服は箙。〔荀子、議兵〕に「服矢五十个」とあり、矢五十本を収める。卜辞に「一牛を葡す」とあるものは、副の意に仮借する意。牛を裂くことをいう。

訓義 ①やなぐい、えびら。②字はまた服に作る。③副と通用し、裂く。

古訓 〔和名抄〕箙 夜奈久比(やなぐひ)。唐令に、胡籙の二字を用ふ〔名義抄〕箙 ヤナグヒ

↓矢箙

常 **【複】** 14 3824 フク あわせ かさねる わたいれ

篆文 

形声 声符は复。复は量器を反覆する形で、重複の意がある。〔説文〕八上に「重ね衣なり」(段注本)、また「一に曰く、褚衣なり」とあって、綿入れをいう。衣に限らず、すべて二重にしたものを、複壁・複道・複姓のようにいう。

訓義 ①あわせ、かさね、二重。②わたいれ、うすわた。③あわせる、かさねる、いりくむ、おおう。

古訓 〔新撰字鏡〕複 絮衣なり。和太己呂毛(わたころも)〔名義抄〕複 ウスワタ・カサヌ・カル・ヌグ・ヘダツ・カヘサフ

語系 複・腹・鍑piukは同声。みな大腹のものをいう。覆phiuk、復・匔biukも声義の近い語である。

【複衣】 綿入れ。〔礼記、喪大記〕小斂に、君大夫士は、皆複衣・複衾を用ふ。

【複閣】 重閣。唐・王勃〔寒夜、友を懐ふ、雑体、二首、二〕詩 複閣重樓、浦に向つて開き 秋風明月、江を度つて來たる

【複衾】 服喪の衾。〔漢書、龔勝伝〕(王)莽既に國を簒ふ。～勝～遂に復た開口飲食せず、積むこと十四日にして死す。死する時七十九なり。～太守臨みて斂し、複衾祭祠を賜ふこと、法の如し。

【複道】(だう) 二階建ての回廊。〔史記、留侯世家〕上、雒陽の南宮に在り。複道より諸將の往往相ひ與に沙中に坐して語るを望見す。上曰く、此れ何をか語ると。留侯曰く、陛下知らざるか。此れ反を謀るのみと。

【複壁】 二重の壁。〔後漢書、趙岐伝〕岐～自ら姓名を匿くし、餅を北海市中に賣る。時に安丘の孫嵩、年二十餘、～岐を複壁中に藏くすこと數年、岐、厄屯歌二十三章を作る。

↑複意 言外の意／複垣 二重の垣根／複屋 複棟／複関 重関／複穴 窟室／複語 畳語／複襦 綿入れ／複姓 二字からなる姓／複舄 木底の鞋／複重 重なりあう／複廟 重檐の廟／複名 二字名／複嶺 重なりあう嶺

↓単複・重複・繁複

【蝠】 15 5116 フク こうもり

篆文 

形声 声符は畐。〔説文〕十三上に「蝙蝠(こうもり)なり」(段注本)とあり、蝙蝠は双声の語。その飛ぶさまをいう語が名詞化したものであろう。福(福)と声が通じ、吉祥とされる。

訓義 ①こうもり。②蝮と通じ、まむし。

古訓 〔新撰字鏡〕蝙蝠 加波保利(かはほり)〔名義抄〕蝙蝠 カハボリ

↑蝠蛇 蝮蛇

↓蝙蝠

【蝮】 15 5814 フク まむし

篆文 

形声 声符は复。〔説文〕十三上に「虫なり」、虫字条に「一に蝮と名づく。博さ三寸、首大なること擘指(親指)の如し。其の臥したる形に象る」という。虫を蝮の象形の字とし、蝮をその形声字とするのは、〔爾雅、釈魚〕に蝮を虺とする解をとるものであろう。〔詩、小雅、斯干〕の〔疏〕に引く〔舎人注〕に、江北では虺、江南では蝮とよぶとあり、方言の異名である。

訓義 ①まむし、毒蛇。②大きな蛇。③愎と通じ、もとる。

古訓 〔和名抄〕蝮 兼名苑に云ふ、一名反鼻、波美(はみ)。俗に蛇を呼んで片尾と爲す者は、即ち倍美(へみ)の轉なり。源君以て反鼻の字音と爲す者は、牽強に屬す 〔名義抄〕蝮 一名反鼻。ハミ・ノツチ

【蝮蝎】まむしと、さそり。悪類のたとえ。〔宋史、崔鶠伝〕小人は之れを蝮蝎に譬ふ。其の兇忍にして人を害するは、天性に根ざす。遇ふに隨ひて必ず發す。

【蝮蛇】まむし。魏・陳琳〔呉の将校部曲に檄する文〕夫れ係蹄足に在れば、則ち猛虎其の蹯(獣のあしうら)を絶ち、蝮蛇手に在れば、則ち壯士其の節を斷つ。

【蝮蠆】まむしと、さそり。〔説苑、脩文〕天地陰陽盛長の時は、猛獸攫らず、鷙鳥搏たず、蝮蠆螫さず。鳥獸蟲蛇すら、且つ天に應ずることを知る。

↑蝮虫 蝮虺/蝮虺 まむし/蝮鷙 毒蛇と凶鳥

↓虺蝮・蛇蝮・毒蝮

【輻】16 5106 フク くるまや

篆文 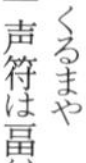

形声 声符は畐。〔説文〕十四上に「輪轑なり」、次条に「轑は蓋弓なり。一に曰く、輻なり」とあり、車輪の中の矢をいう。〔周礼、考工記、輈人〕に「輪の輻三十、以て日月に象る」とあり、放射状の輻によって車輪を支える。車轂のところにそれが集中するので、四方から物資などが集まることを輻湊という。

訓義 ①くるまや。②あつまる。

古訓 〔和名抄〕輻 夜(や) 〔名義抄〕輻 ヤ・ヤア・トコシバリ・クルマノヤ・アツマル・クサビ 〔篇立〕輻 ヤカタ・クサビ・クルマヤ・ヤ・アツマル・クルマ・ツドフ・ツヽム

【輻至】集まり至る。〔道徳指帰論、五、万物の奥〕海内の士、嚮應風起、俊雄英豪、輻至蜂止す。聖人之れに下り、朝に君子多し。

【輻湊】集まる。〔戦国策、魏一〕魏は地、方千里に至らず、～埊(地)四平、諸侯四通し、條達輻湊す。名山大川の阻有ること無く、～馬馳せ人趨り、倦むを待たずして梁に至る。

↑輻解 分解する/輻射 放射する/輻集 聚まる/輻輳 輻湊する

↓員輻・車輻・揉輻・折輻・説輻・伐輻・両輻・輪輻

常【覆】18 1024 〔覆〕18 1024 フク フフウ くつがえる おおう しらべる

篆文 

形声 声符は復。復に反復の意がある。〔説文〕七下に「覂るなり」とあり、覂字条に「反覆するなり」という。〔説文〕は覆・覂を同義とするものであるが、覂は乏に従い、乏は変死者、水死者を泛という。その屍を土で覆うことを覂という。覆は蓋う意にも用い、上より覆う意。反覆・転覆・被覆・覆育のように用いる。また〔爾雅、釈詁〕に「審なり」、〔広雅、釈言〕に「索むるなり」とあり、覆視求索の意に用いる。〔左伝、定四年〕「其の載書(盟書)、～藏して周府に在り。覆視すべきなり」とは、何度もうちかえしてしらべる意である。

訓義 ①くつがえる、たおれる、うらがえる。②やぶれる、ほろびる。③おおう、つつむ、かぶせる、こうむる。④しらべる、くりかえす、つまびらかにする、もとめる。

古訓 〔名義抄〕覆 フセル・ソムク・クツガヘス・シルシ・コボス・コボツ・マタ・カヘサフ・ウツフス・ハグヽム・ツバビラカ・カサヌ・オホフ

語系 覆・⿱穴复phiuk は同声。⿱穴复は地下の覆われた室をいう。伏biuək、僨piuən、踣bək も声近く、みな顚覆の意がある。また被biai、帔phiai、蔽(蔽)piat は、覆蔽の義において通じる。

【覆圧】おおいかぶす。唐・杜牧〔阿房宮の賦〕三百餘里を覆壓して、天日を隔離し、驪山北に構へて西に折れ、直ちに咸陽に走る。

【覆育】かばい育てる。〔漢書、谷永伝〕(王鳳に与ふる書)將軍、其の狂言を說び、之れを阜衣の吏(下賤の吏)に擢んで、之れを争臣の末に厠ふ。～齊桓・晉文の士を用ふること篤密なる、察父哲兄の子弟を覆育すと雖も、誠に以て加ふる無し。

【覆甕】酒甕にふたする。用いるに堪えぬ意。〔晉書、文苑、左思伝〕陸機、～(左)思の之れ(三都の賦)を作ると聞き、～弟雲に書を與へて曰く、此の閒に傖父(田舎者)有り。三都の賦を作らんと欲す。其の成るを須ち、當に以て酒甕を覆はんのみと。

【覆醢】しおからの壺をくつがえす。死者を哀痛する。〔礼記、檀弓上〕孔子、子路を中庭に哭す。～既に哭して、使者を進めて故を問ふ。使者曰く、之れを醢にせりと。遂に命じて醢を覆さしむ。

【覆簣】もっこで土を運ぶ。少を積んで功を成す。〔論語、子罕〕譬へば地を平らかにするが如し。一簣を覆すと雖も、進むは吾が往くなり。

【覆軍】軍が総崩れとなる。唐・李華〔古戦場を弔ふ文〕亭長予れに告げて曰く、此れ古戰場なり。嘗て三軍を覆し、往往にして鬼哭す。天陰れば則ち聞ゆと。心を傷ましむる哉。

【覆験】くりかえし実否を調べる。〔唐書、李嶠伝〕來俊臣、狄仁傑～等を獄に構へ、將に死抵たらんとす。嶠と～張德裕～に敕し、覆驗せしむ。德裕等、内に其の冤なるを知るも、敢て異せず。

【覆校】くりかえし調べる。校訂する。晉・荀勖〔楽事を譲る表〕臣、著作を掌り、又祕書を知る。今錯誤を覆校す。十萬餘卷の書、倉卒にすべからず。復た他職を兼ねば、必ず廢頓有らん。

【覆獄】治獄の上奏前に再調査する。〔漢書、王嘉伝〕(上疏)黠吏、(罪有るを)知りて(張)敞を犯す。敞、之れを收殺す。其の家自ら冤とし、使者覆獄し、敞を、人を賊殺せりと劾す。

【覆載】天地。〔中庸、三十一〕天の覆ふ所、地の載する所、日月の照らす所、霜露の隊つる所、凡そ血氣有る者、尊親せざる莫し。

【覆視】くりかえし見る。〔左伝、定四年〕晉の文公、踐土の盟を爲す。～其の載書(盟書)、～藏して周府に在り。覆視すべきなり。

【覆車】顚覆した車。〔漢書、賈誼伝〕(政事を陳ぶる疏)鄙諺に曰く、～前車の覆るは、後車の誡めなり。～夫れ存亡の變～其の要是に在り。

【覆手】手のひらをかえす。容易。〔史記、陸賈伝〕(南越王尉)他に說きて曰く、～(漢)一偏將をして十萬の衆を將ゐて越に臨まば、則ち越、王を殺して漢に降ること、手を反覆するが如きのみ。

【覆醤】醤油樽の蓋をする。覆甕。〔漢書、揚雄伝賛〕劉歆～雄に謂ひて曰く、～今學者、祿利有るも、然れども尚ほ易を明らかにすること能はず。又(太)玄を如何せん。吾れ後人の用つて醤瓿を覆はんことを恐ると。

【覆水】こぼれた水。〔後漢書、何進伝〕(弟)苗、進に謂ひて曰く、～省内(大奥)に依りて以て貴富を致せるも、國家の事、亦た何ぞ容易ならん。覆水收むべからず。宜しく深く之れを思ふべし～と。

【覆奏】再三調べて上奏する。〔旧唐書、太宗紀下〕(貞観

五年)天下に令し、死刑を決するに必ず三たび覆奏せしめ、在京の諸司には五たび覆奏せしむ。其の日～内教坊及び太常は樂を擧げず。

【覆巣】ふくそう(さう) 巣をこわす。〔世説新語、言語〕孔融、収めらる。～曰く、冀がはくは罪身に止まり、二兒全きを得べきや不やと。兒徐ろに進みて曰く、大人豈に覆巣の下に復た完卵有るを見るかと。

【覆餗】ふくそく 鼎を覆す。宰相・大臣の任にたえぬこと。〔後漢書、謝弼伝〕今の四公は、唯だ司空劉寵のみ斷斷として善を守るも、餘は皆素餐致寇の人、必ず折足覆餗の凶有らん。災異に因りて、竝びに罷黜を加ふべし。

【覆敗】ふくはい 敗北。滅亡。〔後漢書、天文志上〕(王)莽に覆敗の變見はるる有り。晝に雲氣有り、壞山の如く、軍上に墮つ。軍人皆厭ふ。所謂營頭の星なり。占に曰く、營頭の墮つる所、其の下覆軍、流血三千里と。

【覆盆】ふくぼん 伏せた盆。〔抱朴子、弁問〕日月も照らさざる所有り、聖人も知らざる所有り。～聖人の爲さざる所を以て、便ち天下に仙無しと云ふは、是れ三光、覆盆の内を照らさざるを責むるなり。

【覆面】ふうめん・ふくめん 顔をおおいかくす。〔説苑、正諫〕呉王將に死せんとす。曰く～吾れ何の面目ありて、以て(伍)子胥を見んと。遂に絮(わた)を蒙り、面を覆ひて自刎す。

【覆翼】ふよく 両翼でおおいあたためる。〔詩、大雅、生民〕誕に之れを寒冰に寘くに 鳥之れを覆翼す

↑覆按 覆験する/覆案 覆按する/覆衣 おおう/覆允 確認/覆廕 恩蔭/覆蔭 守る/覆盂 安らかなたとえ/覆盎 覆甕/覆裹 つつむ/覆蓋 おおいかくす/覆核 再調査する/覆函 返書/覆勘 覆核/覆議 再議/覆逆 予測する/覆啓 拝復/覆傾 くつがえし傾ける/覆結 頭巾/覆検 覆験/覆讞 再議/覆護 おおい守る/覆稿 再稿/覆刻 かぶせ刻り/覆尸 覆屍/覆旨 返事/覆屍 死者/覆師 覆軍/覆試 再試験/覆実 再詮議/覆射 あてもの/覆舟 舟が沈む/覆書 返信/覆掌 覆手/覆誦 復誦する/覆新 新年/覆審 再審/覆折 失敗する/覆宗 一族を滅亡させる/覆族 覆宗/覆治 再審/覆墜 転落する/覆鼎 国を滅ぼす/覆溺 沈没/覆轍 覆車/覆天 溥天/覆沓 紛雑/覆背 裏張り/覆膊 袈裟の異名/覆板 覆刻/覆庇 おかげ/覆伏 おおう/覆蔽 おおいかくす/覆邦 亡国/覆没 沈没する/覆命 復命/覆滅 滅ぶ/覆問 審問する/覆乱 傾覆する/覆理 覆治する/覆露 恵む

↓衣覆・蔭覆・宇覆・掩覆・蓋覆・較覆・衾覆・傾覆・兼覆・検覆・験覆・弘覆・私覆・射覆・天覆・顚覆・反覆・被覆・布覆・溥覆・翻覆・埋覆・幔覆・蒙覆・容覆・擁覆・淪覆

【馥】 18 2864
フク かんばしい かおり におい

篆文

形声 声符は复ふ。〔説文新附〕七上に「香气芬馥たるなり」とあり、香気の流れただようことをいう。

訓義 ①かんばしい、こうばしい。②かおり、におい。③すぐれる、よい。

古訓 〔名義抄〕馥 カウハシ・カホル・カ・ニホフ

【馥郁】ふくいく(ゐく) 香気がただようさま。唐・斉己〔荊州新秋、病起雑題、一十五首、病起、庭蓮を見る〕詩 開きし時、馥郁たるを聞き 枕上、正に纏綿たり

【馥馥】ふくふく 香気がただようさま。魏・嵇康〔酒会詩、七首、七〕馥馥たる蕙芳 風に順つて宣ぶ

↑馥気 香気/馥香 香気/馥芬 香気

↓暗馥・郁馥・軽馥・馨馥・香馥・残馥・清馥・微馥・芬馥・芳馥・幽馥・膩馥・流馥

【鵩】 19 7722
フク みみずく

形声 声符は服(服)ふ。漢の賈誼に〔鵩鳥の賦〕があり、〔文選、李善注〕に「晉灼曰く、巴蜀異物志に曰く、鳥有り、小なること雞の如し。體に文色有り。土俗形に因りて之れに名づけて鵩と曰ふ。遠く飛ぶこと能はず、行くに域を出でず」という。形に因って名を得たとするが、その鳴き声をとるものでないかと思われる。不祥の鳥で、妖鳥とされた。

訓義 ①みみずく。②字はまた服に作る。

古訓 〔名義抄〕鵩 ウヅラニニテオホイナリ

【鵩鳥】ふくちょう(てう) みみずく。漢・賈誼〔鵩鳥の賦の序〕誼、長沙王の傅と爲る。三年、鵩鳥有り、飛びて誼の舍に入り、坐隅に止まる。鵩は鴞(ふくろう)に似て、不祥の鳥なり。～誼自ら傷悼し、以爲へらく、壽、長きことを得ざらんと。

↓怪鵩・梟鵩・梟鵩・歎鵩・憂鵩

【鞴】 20 4452
フク ヒ やなぐい えびら ふいごう

篆文

形声 声符は葡ふ。葡は箙ふの初文で、その象形字。〔広雅、釈器〕に「鞴靫は矢の藏なり」とあって、えびらの意。〔説文〕絥字条十三上に、絥の一体として鞴をあげているが、絥は車の軾のかざりであるから、鞴とは異なる。わが国で鞴をふいごうの意に用いる。

訓義 ①やなぐい、えびら。②軾のかざり、絥。③ふいごう。

古訓 〔名義抄〕鞴袋 フキカハ/鞴踏 タ、ラ 〔篇立〕鞴 奈久比(なぐひ)、フイカハ・タ、ラ 〔字鏡集〕鞴 タ、ラ・キカハ・フキカハ

【鞴馬】ばひ 馬に鞍する。唐・杜甫〔狂歌行、四兄に贈る〕詩 長安の秋雨、十日の泥 我が曹、馬に鞴して、晨雞を聽く

↓勁鞴・踏鞴・皮鞴

【鰒】 20 2834
フク とこぶし あわび

篆文

形声 声符は复ふ。〔説文〕十一下に「海魚なり」とあり、〔後漢書、伏隆伝〕「鰒魚」の〔注〕に郭璞の〔三蒼注〕を引いて、「鰒は蛤に似て、偏にして石に著く」、また「廣志に曰く、鰒、鱗無くして殼有り。一面石に附く。細孔雜雜、或いは七、或いは九」とみえる。また、あわびをいう。

訓義 ①とこぶし。②あわび。③さめの異名。④国語では、ふぐをいう。

古訓 〔名義抄〕鰒 アハビ 〔字鏡〕鰒 アハセ・イカ・アハビ 〔字鏡集〕鰒 アハビ・フクベ

【鰒魚】ふくぎょ とこぶし。石決明。〔漢書、王莽伝下〕莽の軍師、外に破れ、大臣内に畔く。左右信ずる所亡し。～莽、憂懣して食らふこと能はず。亶だ酒を飲み、鰒魚を啗らふ。軍書を讀みて倦るれば、因りて几に憑り寐ね、復た枕に就かず。～事の迫急なるに及んで、亶だ厭勝(まじない)を爲すのみ。

↓啗鰒・喜鰒・魚鰒・餉鰒

フツ

【市】 4 5022 〔芾〕 8 4422 〔韍〕 14 4354 〔黻〕 17 3324 〔紱〕 11 2394
フツ ハイ ヒ ひざかけ まえだれ

篆文
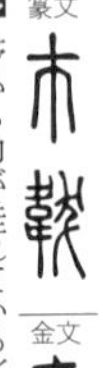

金文

象形 帯から巾が垂れている形。その巾は蔽膝、礼装用のひ

ざかけである。〔説文〕七下に「䩏(かけひざ)なり。上古、衣は前を蔽(おほ)ふのみ。市は以て之れに象る」とし、一体として韍を録する。韋部五下に「韠は韍なり」とあって互訓。また「前を蔽ふ所以(ゆゑん)の者なり。韋(なめしがは)を以(もち)ふ。下は廣さ二尺、上は廣さ一尺、其の頸は五寸。一命せられて縕韠(をんひつ)し、再命せられて赤韠す」と〔礼記、玉藻〕の文を引く。金文の賜与に、礼服として市舄(ふつせき)、赤市・朱市などを賜う例が多い。〔詩〕には赤芾・朱芾のように芾を用いる。別体に韍・紱など犮(ふつ)声の字を用いる。

訓義 ①ひざかけ、まえだれ、礼装として用いる。②朱(はい)と通じ、草木の盛んなるさま。

古訓 〔字鏡〕市 サハカシ。草木の盛んなる皃なり 〔篇立〕市 サハカシ/韍 コロモ

語系 市(芾・韍・韨・紱)piuat、韠piet、蔽(蔽)piat は声近く、市・韠は蔽前、みな同系の語である。市・黹(ち)は象形、犮・畢(ひつ)はその声をいう。

➡朱市・赤市・蔽市

【弗】 5 5502 フツ ヒツ もとる はらう あらず

篆文 甲骨文 金文

象形 縦の木二三本をつかね、縄でまきつけた形。曲直のあるものを強くたばねることをいう。〔説文〕十二下に「撟(もと)るなり」とし、韋の省文に従って丿(ふつ)・乀(ふつ)する意であるとするが、字は韋とは関係がなく、枝をまげて強くたばねるので「払戻(ふつれい)」の意があり、拂(払)の初文とみてよい。〔詩、大雅、生民〕「以て子無きを弗(はら)ふ」は祓去の意。不・勿(ふつ)などと同じく否定詞に用いるのは仮借。金文の〔叔夷鎛(しゆくいはく)〕に「敢て儆戒(けいかい)し、乃(そ)の司事を虔卹(けんじゆつ)せ弗(ず)んば不(あら)ず」「休命に對揚せ不(ず)んば弗(あら)ず」のように用いる。

訓義 ①もとる、ねじる。②おさめる、はらう、きよめる。③のぞく、さる、とる。④怫(ふつ)と通じ、うれえる。⑤仏と通じ、ほのか、にかよう。⑥不・勿と通じ、ず、あらず、なし。⑦弼(ひつ)と通じ、たすける。

古訓 〔名義抄〕弗 セズ・マジ・ザル・アラズ・モトル・タガフ・タチマチ・ヲサム 〔字鏡集〕弗 ヲサム・タチマチ・モトル・アラハス・タガフ・ナシ・シム・ハシ・セズ

声系 〔説文〕に弗声として費・佛(仏)・髴・艴・怫・沸・紼など二十字を収める。紼(ふつ)はもつれる意。おおむね内から外にあらわれ出る感情や力、また、ほのかな状態のものをいう形況の語。非・弗の意をもつものが多い。

語系 弗piuat は不・否piuə と声近く、否定詞に用いる。否定詞にはなお非・勿・無・亡(亡)・莫(莫)・微(微)・蔑(蔑)などを用いるが、本来の否定詞というべきものはない。亡は屍骨、莫は暮夜、微・蔑(べつ)は媚(巫女)を殺してその呪力を微(な)くする形で、いくらか否定的な意味がある語である。弗も束ねてもとらす意である。

【弗鬱】(ふつうつ) 心楽しまぬこと。また、ものの多いこと。〔漢書、溝洫志〕(瓠子歌(こしか)、一)吾山平らかにして、鉅野(きよや)溢る 魚、弗鬱として冬日に柏(せま)る

【弗乎】(ふつこ) 不遇を嘆く語。〔史記、孔子世家〕子曰く、弗なる乎(か)、弗なる乎。君子は、世を沒(を)へて名稱せられざるを病(うれ)ふと。

【弗庭】(ふつてい) 帰順・服従しない。〔書、周官〕惟(こ)れ周王、萬邦を撫し、侯甸を巡り、弗庭を四征す。

【弗弗】(ふつふつ) 風の強くさかんなさま。〔詩、小雅、蓼莪〕南山は律律(烈烈)たり 飄風(へうふう)は弗弗たり

➡弗学(ふつがく) 不学/弗康(ふつこう) 不安/弗叔(ふつしゆく) 不淑/弗祥(ふつしやう) 不祥/弗是(ふつぜ) 不可/弗靡(ふつび) 奢侈/弗与(ふつよ) 賛成しがたい/弗予(ふつよ) 弗与

➡黜弗・仿弗

常【払】5 入〔拂〕8 5502 フツ ヒツ はらう のぞく はなつ もとる

篆文

形声 旧字は拂に作り、弗(ふつ)声。弗に否定の意があり、その動作にあらわれることを払という。〔説文〕十二上に「過擊するなり」とあり、〔説文通訓定声〕に「蘇俗に之れを拍と曰ふ」とみえる。拍は強くうちはらう意である。

訓義 ①はらう、うちはらう、なげうつ。②のぞく、さる、とる、ぬぐう。③はなつ、ふるう。④もとる、ためる、ねじる、さからう。⑤おおう、せまる、いたる。⑥怫と通じ、いかる、けしきばむ。⑦弼(ひつ)と通じ、たすける。⑧仏と通じ、ほのか、にかよう。⑨国語で、支払う、はらい除く。

古訓 〔名義抄〕拂 ハラフ・ヒラク・スツ・ノゴフ・マネク・ヲサム・ウツ・サル・ノゾク・フセグ・ウゴク・モトル 〔字鏡集〕拂 モトル・フセグ・サル・ヲク・サフ・ノゴフ・ヲトル・ヲサム・ハラフ・ウゴカス・カムガフ・ヒラク・ウゴク・タヽス

語系 拂piuat は拍peak、搏pak と声近く、そのうちはらう音を示し、同系の語である。

【払衣】(ふつい) 奮起する。また、隠棲する。晉・殷仲文〔罪㬥(あ)りて尚書を解く表〕進みては危きを見て命を授け、身を忘れて國に殉ずること能はず、退いては粟(ぞく)を首陽に辭し(伯夷・叔齊の故事)、衣を拂つて高謝すること能はず。

【払巾】(ふつきん) 頭巾を払う。仕える。〔後漢書、左雄等伝論〕順帝〜登賢の擧を急とし、降己の禮を虛しうす。是(ここ)に於て處士鄙生、其の拘儒(褊狭)を忘れ、拂巾衽褐(じんかつ)、以て旌車(せいしや)の招を企(のぞ)む。

【払士】(ひつし) 輔弼の士。〔孟子、告子下〕人恆に過ち、然る後に能く改む。〜入りては則ち法家拂士無く、出でては則ち敵國外患無き者は、國恆(つね)に亡ぶ。然る後憂患に生き、安樂に死するを知るなり。

【払耳】(ふつじ) 耳にさからう。忠言。〔韓非子、安危〕聖人の危國を救ふや、忠を以て耳に拂(もと)る。〜耳に拂る、故に小逆心に在るも、久福國に在り。

【払鬚】(ふつしゆ) 上司にこびる。〔宋史、寇準伝〕初め丁謂、準の門に出で、參政に至る。〜嘗(かつ)て中書に會食し、羹(あつもの)、準の鬚を汚す。謂、起ちて徐ろに之れを拂ふ。準笑つて曰く、參政は國の大臣なり。乃ち官長の爲に鬚を拂ふかと。謂、甚だ之れを愧(は)づ。

【払袖】(ふつしう) 袖を払う。また、決然としてたち去る。清・顧炎武〔黃職方師正に贈る〕詩 清操、獨り介然たり 片言、便(すなは)ち袖を拂ふ

【払拭】(ふつしよく) はらう。ぬぐい清める。宋・黄庭堅〔文潜(張耒)に次韻す〕詩 經行す、東坡眠食の地 寶墨を拂拭して、楚愴(そさう)(悲痛)生ず

【払塵】(ふつぢん) 俗塵をはらう。唐・杜牧〔殘春〜張祜に寄す〕詩 仲蔚、知らんと欲す、何(いづ)れの處にか在る 林下に苦吟して、詩塵を拂ふ

【払席】(ふつせき) 席の塵を払う。人を迎える礼。〔戦国策、燕三〕太子曰く、願はくは國事を先生に圖(はか)らんと。田光曰く、敬(つつし)みて教へを奉ずと。乃ち造(いた)る。太子跪きて逢迎し、却行して爲に道びき、跪きて席を拂ふ。田先生、坐定まる。

【払地】(ふつち) 地を払う。梁・元帝〔緑柳〕詩 長條、垂れて地を拂ひ 輕花、上りて風を逐ふ

【払天】(ふつてん) 天を払う。そびえ立つ。魏・王粲〔三輔論〕州牧の兵、拂天の旌(はた)を建て、振地の鼓を鳴らし、玄冑は日に曜(かがや)ひ、

犀甲は堵の如し。
【払払】風がふきめぐるさま。〔詩鏡総論〕詩の佳なるものは、拂拂として風の如く、洋洋として水の如し。一往の神韻、其の閒に行ぐる。
【払霧】霧を払う。霧が晴れる。唐・沈佺期〔安楽公主、入りて新宅に移る〕詩 錦帳、風を迎へて轉じ 瓊筵、霧を拂うて開く
【払乱】そむき乱す。〔孟子、告子下〕故に天の將に大任を是の人に降さんとするや、必ず先づ其の心志を苦しめ、其の筋骨を勞し、～行ひ其の爲す所を拂亂す。心を動かし性を忍び、其の能はざる所を曾益する所以なり。
↑払意 無関心／払汨 風にゆれるさま／払鬱 もどかしい／払燕 掛軸の上から垂れる二条の風帯／払逆 もとる／払去 掃除する／払暁 よあけ／払乎 もとるさま／払忤 もとる／払辞 諫言する／払曙 払暁／払臣 輔弼の臣／払晨 払暁／払子 麈尾／払世 世に戻る／払性 性に戻る／払然 怒るさま／払奪 奪う／払旦 払暁／払底 皆無／払撤 除去する／払輔 輔弼／払面 顔を払う／払膺 激怒する／払掠 奪う／払慮 無関心／払戻 もとる
↓鬱払・揮払・撃払・牽払・灑払・徐払・除払・拭払・振払・整払・洗払・剪払・掃払・排払・披払・風払・摩払・弄払

【甶】 6 2600 フツ

篆文  金文 

象形 〔説文〕九上に「鬼頭なり。象形」。字の用例はほとんどなく、他の字の構成要素となるため、部首として設けたものであろう。卜文の鬼の字は、おおむね田字形に作る。
訓義 ①おにのあたま。②大きなあたま。
古訓 〔字鏡集〕甶 ヲニノカシラ
部首 〔説文〕は甶部に畏・禺の二字を属する。大きな頭のものを畏るべきものとしたのであろう。畏は「鬼頭にして虎爪、畏るべきものなり」とするが卜文の字は杖をたてて立つ形。禺は大きな首の爬虫類。〔説文〕に「母猴の屬なり」とするが、下部は二虫の相まつわる形である。

【佛】 8 9502 フツ いかる

篆文 

形声 声符は弗。〔説文〕十下に「鬱なり」とあり、佛鬱のように連ねて用いる。
訓義 ①いかる、けしきばむ。②むすぼれる、こころふさがる、こもる。
古訓 〔名義抄〕佛 ワカス・モトル／佛悦 ウカブ
語系 佛 biuət、艴・勃 buət や、また憤(憤) biuən、忿 phiuən は声義近く、みな怒気を発する状態をいう語である。
【佛鬱】心がふさがり、むすぼれるさま。〔書譜、下〕樂毅を寫すときは、則ち情、佛鬱多し。畫讚を書するときは、則ち意、瓌奇に渉る。黄庭經には、則ち怡懌虛無、太師箴には、又從橫爭折す。
【佛悦】もどかしげにする。晉・陸機〔文の賦〕是に于て沈辭佛悦として、遊魚の鉤を銜んで重淵の深きを出づるが若く、浮藻聯翩として、翰(高)鳥の繳に纓りて、曾雲の峻きより墜つるが若し。百世の闕文を收め、千載の遺韻を採る。
【佛然】怒るさま。宋・胡銓〔高宗に上る封事〕夫れ三尺の童子は至りて無知なるも、犬豕を指して之れをして拜せしめば、則ち佛然として怒らん。
↑佛恚 いかる／佛異 たがう／佛逆 違背する／佛忤 もとる／佛怒 いかる／佛佛 はらだたしく、ふさぎこもるさま／佛悒 佛鬱／佛戻 もとる
↓鬱佛・不佛

常【沸】 8 3512 フツ ヒ わく わきたつ

篆文 

形声 声符は弗。〔説文〕十一上に「畢沸、濫泉なり」とあるのは、〔詩、大雅、瞻卬〕「觱沸たる檻泉」の句によるもので、畢沸・觱沸は、泉の湧きあがる音を写した双声の語。湯の煮えたぎつことを沸騰という。わきあふれるさまを沸溢・沸鬱のように、畳韻の語とすることが多い。また佛に通じて用いる。
訓義 ①わく、わき出る、わきたつ。②にえ湯、にえたつ。③そそぐ、さわぐ、なみたつ。④佛と通じ、いかる。
古訓 〔名義抄〕沸 ワク・ワカス・タギル・アハ 〔字鏡集〕沸 イヅミノワキイヅル・タギル・アハ・ワク
【沸鬱】うちにこもる。もどかしい。漢・王逸〔楚辞、九歌章句の序〕屈原放逐せられ、其の域に竄伏し、懷憂苦毒、愁思沸鬱す。
【沸響】わきかえる音。明・高啓〔煮雪斎～茶と言ふを禁ず〕詩 旋渦尚ほ作す、飛花の舞 沸響還た疑ふ、竹に灑ぎて鳴るかと
【沸声】たちさわぐ声。〔戦国策、秦三〕白起數萬の師を率ゐ、～韓・魏を越えて強趙を攻め、北のかた馬服を抗にし、四十餘萬の衆を誅屠す。流血川を成し、沸聲雷の如し。
【沸泉】温泉。〔南斉書、祥瑞志〕(建元元年)(延陵の季子廟)舊井の北のかたに、忽として金石の聲を聞く。即ち掘り、深さ三尺にして、沸泉を得たり。其の東に～又掘りて泉を得たり。
【沸鼎】熱湯の鼎。〔後漢書、劉陶伝〕(上議)陛下聖德、～天下の艱難を傷むも、鑄錢齊貨、以て其の敝を救はんと欲するは、此れ猶ほ魚を沸鼎の中に養ひ、鳥を烈火の上に棲ましむるがごとし。
【沸騰】わきあがる。〔詩、小雅、十月之交〕爗爗たる震電 寧からず、令からず 百川沸騰し 山冢崒崩す
【沸沸】わき出るさま。〔山海経、西山経〕峚山～丹水焉より出で、西流して稷澤に注ぐ。其の中に、白玉多し。是に玉膏有り。其の原、沸沸湯湯たり、黄帝是れを食し是れを饗す。是に玄玉を生ず。
【沸沫】泡だつ。〔拾遺記、四、秦始皇〕其の土石、皆自ら光澈、之れを扣けば則ち碎け、狀粟の如し。～或いは其の石を溪澗中に投ずる有れば、則ち沸沫して數十里に流る。
↑沸渭 沸鬱／沸溢 溢れる／沸海 乱世／沸潰 決潰する／沸起 わき起こる／沸議 議論が沸騰する／沸乎 水のはげしく流れる音／沸膏 煮え油／沸羹 熱い汁／沸唇 夷狄の語／沸伝 盛んに伝える／沸湯 煮え湯／沸白 水沫が白くみえること／沸靡 ぜいたくにつかう／沸涌 わきあがる／沸揚 沸騰する／沸踊 わき踊る／沸乱 乱れる
↓汨沸・溢沸・海沸・激沸・喧沸・滾沸・煮沸・焦沸・鼎沸・騰沸・糜沸・畢沸・觱沸・粉沸・濆沸・奔沸・麻沸・湧沸・沃沸・流沸

【茀】 9 4452 フツ ハイ しげる おおう

篆文 

形声 声符は弗。〔説文〕一下に「道に艸多くして行くべからず」とあり、草の茂ることをいう。
訓義 ①草で道がふさがれる。②しげる、おおう。③翟茀は車のおおい。④髴と通じ、髪飾り。⑤韍と通じ、蔽茀。⑥払と通じ、はらう。⑦紼と通じ、ひきづな。⑧茀茀は強くさかんなさま。⑨嬰茀はうねるさま。⑩祓と通じ、さいわい。
古訓 〔字鏡集〕茀 コクサ
【茀鬱】悲しみで心がふさぐさま。宋・秦観〔曾子固(鞏)哀詞〕路、江を貫きて脩く阻し。曾ち酒漿を奠く莫し。

悲しみ膺に塡ちて、茀鬱たり。聊か自ら斯の文を記す。
↑茀矢　いぐるみ／茀星　彗星／茀盛　さかんなさま／茀然　息はくさま／茀地　草地／茀茀　強盛のさま／茀離　草が蔽う／茀禄　福禄
↓荒茀・積茀・翟茀・簟茀・道茀・芬茀

【祓】 10 3324　フツ　はらう　きよめる　のぞく
篆文 
形声 声符は犮。犮は犬を犠牲として殺す形。犬牲によって祓うことをいう。〔説文〕一上に「惡を除く祭なり」とみえ、〔周礼、春官、女巫〕「歳時の祓除、釁浴を掌る」の〔鄭注〕に、「歳時の祓除とは、今の三月上巳、水上に如くの類の如し」という。釁は灌鬯の酒をそそぐこと、浴は〔論語、先進〕「沂(水)に浴し、舞雩(雨乞い、地名)に風す」という修禊の俗をいう。祓・拂(払)は声の通じる字である。
訓義 1はらう、おはらい、きよめる。2のぞく、けがれをのぞく、きれいにする。3福と通じ、さいわい。4払と通じ、うちはらう。
古訓 〔名義抄〕祓 ハラヘ・ハラフ・ハフリ・サイハヒ・ノゾク・マツル 〔字鏡〕祓 サイハヒ・ハラフ・ワザハヒ・ヌサ・ハラヘ
【祓禊】 三月上巳、水辺でみそぎする行事。〔後漢書、礼儀志上〕是の月上巳、官民皆東流の水上に絜む。曰く、洗濯祓除、宿垢疢を去りて大絜を爲すと。〔注〕今三月上巳、水濱に祓禊す。
【祓斎】 不祥を祓い、身を清める。〔史記、周紀〕武王病む。～周公乃ち祓齋し、自ら質(犠牲)と爲り、武王に代らんと欲す。
【祓除】 お祓い。〔周礼、春官、女巫〕歳時の祓除・釁浴を掌る。旱暵には則ち舞雩(雨乞い)す。～凡そ邦の大裁には、歌哭して請ふ。
【祓禳】 災凶を祓う。〔左伝、昭十八年〕鄭の子産、火を爲むる故に、大いに社を爲り、四方に祓禳し、火災を振除す。禮なり。
【祓殯】 かりもがりのお祓い。〔左伝、襄二十九年〕楚人、(魯)公をして親しく襚せしむ(屍衣をきせる)。公、之れを患ふ。穆叔曰く、祓殯して襚せば、則ち布幣(臣下への贈りもの)なりと。乃ち巫をして桃茢を以て先づ祓殯せしむ。
↑祓飾　改め飾る／祓篲　はらいのほうき／祓送　はらう／祓濯　はらい清める
↓解祓・祈祓・薫祓・斎祓・祇祓・清祓・洗祓・湔祓・澡祓

【紱】 11 2394　フツ　ひも　まとう
形声 声符は犮。〔広雅、釈器〕に「綬なり」とあり、印紐に用いる組紐をいう。また冠冕を結ぶときに用いる。
訓義 1ひも、印綬。2祭の服。3まとう、身につける。4黻と通じ、蔽黻。5字はまた紼に作る。
【紱冕】 印綬と礼冠。高位高官。漢・班固〔西都の賦〕英俊の域、紱冕の興る所、冠蓋雲の如し。
↑紱絻　紱冕
↓印紱・加紱・華紱・袞紱・衮紱・紫紱・璽紱・朱紱・繡紱・章紱・搢紱・簪紱・赤紱・組紱

【紼】 11 2592 ［綍］ 13 2494　フツ　ひも　ひきづな
篆文 
形声 声符は弗。弗にもとる、みだれる意がある。字はまた綍に作り、孛もまた乱れる意がある。〔説文〕十三上に「亂れたる枲なり」(段注本)とあり、麻糸の乱れることをいう。麻の大索を引き綱に用い、〔礼記、曲礼上〕「葬を助くるときは、必ず紼を執る」とみえる。
訓義 1ひも。2ひきづな、棺を引くつな、麻のつな、麻の大綱。3印綬。4芾と通じ、ひざかけ。
古訓 〔名義抄〕紼 ウシノツナ・ハナクリナハ 〔字鏡集〕紼 ウシノツナ・クワンノヒクナハ・ミダル・ミダレタルアサ・クルマノナハ・ハナクリ
↑紼謳　挽歌／紼翣　棺飾り／紼蔽　礼装用のひざかけ、蔽韍／紼冕　紱冕／紼絻　紱冕／紼纚　つなぐ
↓引紼・越紼・葛紼・執紼・布紼・綸紼

【艴】 11 5701　フツ　ボツ　けしきばむ　いかる
篆文 
形声 声符は弗。弗にもとる意があり、また内から強く外にあらわれるさまをいう形況の語。〔説文〕九上に「色、艴如たり」と〔論語、郷党〕の語を引く。いまの〔論語〕には「勃如」に作る。孛も弗も声近く、形況の語として通じて用いる。
訓義 1けしきばむ、いかる、いかりがあらわれる。2色ぬる。3勃と通じ、艴如はまた勃如に作る。
語系 艴・勃buətは同声。怫biuət、憤(憤)biuən、忿phiuənはみな怒るさまをいう語。内から強く衝撃の起こる状態を示す。
【艴然】 怒るさま。〔孟子、公孫丑上〕或ひと曾西に問うて曰く、～吾子(君)と管仲と、孰れか賢されると。曾西艴然として悦ばず。
↑艴如　艴然
↓愠艴・愧艴

【韍】 14 4354 ［芾］ 8 4422　フツ　ヒ　ひざかけ　まえだれ
篆文 
形声 声符は犮。〔説文〕七下に市を正字とし、「韠(ひざかけ)なり」という。市は象形。帯に巾を著けている形。巾は礼装用の蔽膝(ひざかけ)。その重文として韍をあげる。字はまた芾・黻に作る。黻は黹(ぬいとり)の象に従う。
訓義 1ひざかけ、まえだれ、礼装用の蔽膝。2紼に通じ、印綬。
古訓 〔篇立〕韍 コロモ
【韍冕】 礼装用の蔽膝と、冠冕(かんむり)。〔漢書、王莽伝上〕(群臣奏言)臣請ふ、安漢公(王莽)、居攝踐祚、天子の韍冕を服し、斧依(屏)を戸牖の閒に背にし、南面して群臣を朝せしめ、政事を聽かんことを。
↑韍佩　芾と佩玉
↓緼韍・璽韍

【髴】 15 7252　フツ　にかよう　かみかざり
篆文 
形声 声符は弗。〔説文〕九上に「若似なり」(段注本)とあり、似かようことをいう。〔史晨碑〕に「髣髴として在ますが若し」とあり、字はまた彷彿・仿佛に作る。みな双声の形況の語である。
訓義 1にかよう、さもにたり。2ほのか、わずかに。3かみかざり、かみがみだれる。
古訓 〔新撰字鏡〕髴　佛の字なり。保乃保加尓(ほのほかに) 〔名義抄〕髴 ホノカニ 〔篇立〕髴 ワヅカ・ホノカ・オボツカナシ
↑髴髴　狒狒、獣の名
↓朱髴・首髴・仿髴・髣髴

【黻】 17 3324　フツ　ぬいとり　ひざかけ
篆文 
形声 声符は犮。〔説文〕七下に「黑と青と相次するの文なり」とあり、前条の黼に「白と黑と相次するの文なり」とみえ、黼黻と連ねていう。祭服にぬいとりする黒白の文様で、両己相背く形に加えた。
訓義 1ぬいとり、黒色のぬいとり、二つの己形が相背く形の文様。2市・芾・茀・韍と同じく、ひざかけ、蔽膝。
＊語彙は芾・韍字条参照。

【黻衣】 黼黻のぬいとりある祭服。〔詩、秦風、終南〕君子至る 黻衣繡裳 佩玉將將たり 壽考忘まず

【黻翣】 葬具。木枠に黻文を加えた布を張り、葬列中に捧持し、葬後その墓に立てる。〔礼記、喪大記〕棺を飾るは、君は～黼翣二、黻翣二、畫翣二、皆圭を戴く。

【黻班】 高官の列位。晋・張載〔権論〕軒冕黻班の士の如きに至りては、苟くも匡化輔政、時を佐け世を益すること能はず、徒だ俯仰して容を取るのみならば、～此れ沐猴（さる）にして冠するのみ。尙ほ焉んぞ道ふに足らんや。

【黻冕】 ひざかけと、かんむり。礼服。〔論語、泰伯〕禹は吾れ閒然すること（批判すべきところ）無し。飲食を菲くして孝を鬼神に致し、衣服を惡しくして美を黻冕に致す。～禹は吾閒然すること無し。

↑黻裳 祭服／黻文 黼黻のもよう／黻黼 黼黻

↓朱黻・黼黻

ブツ

常【仏】4 入〔佛〕7 2522 ブツ フツ ほのか たがう ほとけ

篆文 

形声 旧字は佛に作り、弗声。〔説文〕八上に「見ること審らかならざるなり」とあり、〔文選、寡婦の賦、李善注〕に引く〔字林〕に「仿は相ひ似たるなり。佛は審らかならざるなり」という。「仿佛」は双声連語の形況の語。ほのかにして定まらぬさまをいう。字はまた彷彿・髣髴に作る。〔詩、周頌、敬之〕に「時の仔肩（大任）を佛け 我が顯德の行を示す」の佛は弼の仮借。字はのち仏陀の仏の字に用いる。仏陀はbuddhaの音訳、覚者の意であるという。

訓義 1ほのか、かすか、ほの似たり。2払と通じ、もとる、たがう、さからう、ねじる。3ほとけ。

古訓 〔新撰字鏡〕佛 仿佛なり。或いは髴の字と爲す。釋種なり。違戾の佛を咈ふ字と爲す。人なり、骨なり、耳なり、王なり。保乃加尔（ほのかに）、又、美加太之（みかたし）〔名義抄〕佛 ホノカナリ・ホトケ・オホキニス・タチマチ・タスク／仏 俗の佛字なり 〔字鏡集〕佛 サマタレタリ・オホキナリ・ホノカナリ・タチマチ・ホドコス・タスク・ホトケ

【仏牙】 釈尊荼毘ののち残ったという歯四本をいう。〔大唐西域記、一、縛喝国〕南佛堂中に佛の澡罐有り。量、斗餘可り。～又佛牙有り。其の長さ寸餘、廣さ八九分、色黄白、質光淨なり。

【仏骨】 釈迦の遺骨。舍利。唐・韓愈〔仏骨を論ずる表〕今聞く、陛下群僧をして佛骨を鳳翔より迎へ、樓に御して以て觀、舁（輿）して大内に入れ、又諸寺をして遞ひに迎へて供養せしむ～と。

【仏前】 仏の前。唐・杜甫〔飲中八仙歌〕詩 蘇晉、長齋す、繡佛の前 醉中往往、逃禪を愛す

【仏陀】 ほとけ。〔魏書、釈老志〕浮屠（ほとけ）の正號を佛陀と曰ふ。佛陀と浮屠と、聲相ひ近し。皆西方の言、其の來轉して、二音と爲れるなり。華言に之れを譯しては、則ち淨覺と謂ふ。

【仏図】 寺。〔世説新語、言語〕庾公（亮）、嘗て佛圖に入る。臥佛（仏の涅槃像）を見て曰く、此の子、津梁（衆生の済度）に疲れたりと。時に以て名言と爲せり。

【仏老】 仏教と老子の教え。唐・韓愈〔進学解〕異端を觝排し、佛老を攘斥し、罅漏を補苴し、幽眇（幽昧のところ）を張皇す。

↑仏衣 袈裟／仏宇 寺院／仏鬱 うれえむすぼれるさま／仏影 仏の姿／仏果 悟り／仏戒 戒律／仏界 諸仏の世界／仏閣 寺／仏龕 廚子／仏儀 仏像／仏経 仏典／仏境 仏界／仏吼 獅子吼／仏偈 仏家の喝／仏工 仏像をつくる彫り物師／仏国 天竺／仏座 仏像の台座／仏筴 みくじ／仏子 仏弟子／仏師 仏工／仏祠 寺／仏寺 寺／仏事 仏に供養する行事／仏舎 寺／仏者 仏教徒／仏樹 菩提樹／仏書 仏典／仏性 如来の本性／仏乗 仏典／仏心 如来心／仏身 仏陀の身／仏籍 仏書／仏刹 寺／仏説 仏の教え／仏然 勃然／仏諦 悟り／仏壇 仏像・位牌を安置するところ／仏檀 布施／仏智 仏の知恵、根本智／仏天 仏日／仏典 仏教のお経／仏殿 本堂／仏土 浄土／仏頭 仏の頭／仏堂 仏殿／仏道 仏の道／仏徳 如来の功徳／仏日 仏の恵み／仏廟 寺／仏法 仏の教え／仏門 仏道／仏廬 寺

↓一仏・臥仏・活仏・灌仏・帰仏・古仏・坐仏・事仏・持仏・儒仏・繡仏・諸仏・成仏・信仏・神仏・石仏・千仏・像仏・大仏・鋳仏・泥仏・溺仏・佞仏・念仏・排仏・仿仏・諛仏・礼仏・露仏

入【勿】4 2722 ブツ フツ モチ はた なかれ

篆文 

甲骨文 

金文 

象形 弓体に呪飾をつけた形。その字の初形は、弓弦の部分を断続したもので、弾弦の象を示すものかと思われる。すなわち弾毅を行う意で、これによって邪悪を祓うものであるから、禁止の意となる。〔説文〕九下に字を旗織の象とし、「州里建つる所の旗なり。其の柄の三游（吹き流し）有るに象る。雜帛（へり飾りのある旗ぎれ）幅半ば異なり。民を趣がす所以なり。故に遽かなることを勿勿と稱す」といい、重文として𣃼に従う字を録する。〔説文〕は勿を物旌（氏族標識の旗）と解するが、卜文の字形は弓体を主とする形にみえ、金文の字形は、未で土を撥ねる形に作り、字形に異同がある。おそらく弓弦の勿、撥土の勿と、それに〔説文〕のいう物旌の勿とは、その声近く、字形も類しているために、時期によってその用字が推移したものであろう。ただ禁止の意を主として字形を求めるならば、弾弦の象を示す卜文の形が原義に近く、撥土の象を用いるものは仮借、物旌は呪飾としての吹き流しで、これにも呪禁の意がある。

訓義 1はた、吹き流しをつけたはた、はたじるし。2ゆはずの音、弾弦。3土はね、つよくはねる、はね出す。4なかれ、禁止の語。5勿勿は、いそぐ、あわただしい、つとめるさま。

古訓 〔名義抄〕勿 ナシ・マナ・ナカレ

部首 〔説文〕に昜をこの部に属し、日と一と勿とに従い、「開くなり」と訓し、また「飛揚するなり。～長きなり。～彊き者衆き皃なり」の意があるとする。昜は陽の従うところで陽の初文。日は玉の形。玉を台上におき、その玉光が下方に放射する形、勿はその放射の状を示すもので、いわゆる物旌の勿とは関係がない。〔玉篇〕には、勿部になお剺を加える。剺は犂、黎の従うところで、勿は犂で土を撥ねる形。金文の勿はその形かと思われるが、吹き流しの勿とは意象の異なる字であると考えられる。

声系 〔説文〕に勿声として物・吻・歾・忽など七字を収める。忽・笏は勿と声異なり、別系の字である。

語系 勿・未 miuət と同声、無・毋 miua、亡（亾）・罔 miuang、靡 miai、蔑（蔑）miat、微（微）miuəi、莫（莫）mak、末 muat は、みな声近く否定詞に用いる。このうち本来の否定詞とすべきものはないが、勿は弾弦の象で祓除呪禁、蔑・微は敵の媚女巫祝を伐ってその呪力を減殺する意、莫は薄暮、視界の消える意で、みな否定的な語意がある。

【勿勿】 つとめてやまぬさま。また、急遽。書翰用語。〔顔氏

家訓、勉学〕世中、書翰に多く勿勿と稱す。相ひ承くること此の如し。由る所を知らず。～案ずるに說文に、勿は～民事を趣がす所以なりと。故に悤遽なる者には、稱して勿勿と爲す。

【勿藥】ぶつやく　薬を使わない。宋・黄庭堅〔外舅孫辛老に和答す〕詩　浩然として靈根を養ふ　藥すること勿くして神助有り

➡勿齒ふっし　相手としない／勿守ふっしゅ　拘泥しない／勿述ふつじゅつ　逆らわない／勿然ふつぜん　そのようにするな／勿寧ふつねい　むしろ／勿罔ふつもう　うっとりする、おぼろげ／勿有ふつゆう　ない／勿憂ふつゆう　気にするな／勿用ふつよう　行動するな／勿慮ふつりょ　おおよそ／勿論ふつろん　追究するな

【沕】　7　3712　ブツ　コツ　マイ　ふかい　かすか

形声　声符は勿。勿に忽・物・昒などの声がある。沕は水声を形容する語で、ふかくかすかな水の音などをいう。

訓義　1ふかい、ふかくかすか。2ひそむ、かくれる。

古訓　〔名義抄〕沕　イル・アカル・ホヒコル　〔字鏡集〕沕　ホヒコル・シヅム・カクル・シタル

参考　〔馬王堆漢墓帛書乙本老子、道経〕に「沕呵望呵、中又象呵。望呵吻呵、中有物呵」とあるものは、〔河上公本〕の「惚たり恍たり、中に象有り。恍たり惚たり、中に物有り」にあたる。

【沕穆】ぶつぼく　深遠でかすかなさま。漢・賈誼〔鵩鳥の賦〕形氣轉續して、變化して嬗る。沕穆として窮すること無し、胡ぞ言ふに勝ふべけん。

➡沕潏ぶついつ　水声／沕滑ぶっこつ　惑う／沕漠ぶつばく　遠方のさま／沕沕ぶつぶつ　幽深のさま／沕洋ぶつよう　茫洋のさま

⬇軋沕

常【物】　8　2752　ブツ　もの　しるし

篆文 

形声　声符は勿。〔說文〕二上に「萬物なり。牛を大物と爲す。天地の數は牽牛より起る。故に牛に從ひ、勿聲」とする。牽牛の星座を首として天地が左動するというような考えかたは、戦国期以後のものである。勿を〔說文〕九下に三游（吹き流し）の象とし、物を勿声とするが、卜辞に牛と物とを対文として用いる例があり、物とは雑色の牛、その従うところは勿ではなく勿（耒、犂）である。物はもと物色の意に用い、〔周礼、春官、雞人〕「其の物を辨ず」、〔春官、保章氏〕「五雲の物を以てす」は、みな色を以て区別することをいう。それで標識の意となり、〔左伝、定十年〕「叔孫氏の甲に物有り」、〔周礼、春官、司常〕「雜帛を物と爲す」、〔儀礼、郷射礼記〕「旌には各〻其の物を以てす」のようにいう。物を氏族標識として用いることになって、それはやがて氏族霊を象徴するものとなった。〔周礼、秋官、司隷〕「其の物を辨ず」の〔注〕に、「物とは衣服、兵器の屬なり」とあり、それらに氏族霊を示す雑帛がつけられた。さらに拡大して万物の意となる。〔詩、大雅、烝民〕「物有れば則有り」とは、存在のうちに、存在を秩序づける原理があるとの意である。また特に霊的なもの、すなわち鬼をもいう。わが国の「もの」にも、無限定な一般の意と、「物の化」という霊的な、識られざるものの意とが含まれている。

訓義　1雑色の牛、いろいろのもの。2もののしるし、氏族のしるし、はた。3もの、すべてのもの、存在するもの。4形のあるもの、財貨、物質、禽獣。5鬼、鬼神。

古訓　〔名義抄〕物　モノ・コト／\ク・シルシ・カタチ・タグヒ

【物役】ぶつえき　外物に使役される。〔荀子、正名〕其の欲を養はんと欲して、其の情を縱にし、其の性を養はんと欲して、其の形を危くす。～夫れ是れを之れ、己を以て物の役と爲ると謂ふ。

【物化】ぶつか（くわ）　物の変化。〔荘子、斉物論〕昔者、莊周夢に胡蝶と爲る。～俄然として覺むれば、則ち蘧蘧然として周なり。知らず、周の夢に胡蝶と爲れるか、胡蝶の夢に周と爲れるか。周と胡蝶とは則ち必ず分有らん。此れを之れ物化と謂ふ。

【物華】ぶつか（くわ）　風光。また、その他の精彩あるもの。唐・王勃〔滕王閣の序〕物華天寶、龍光（宝剣）は牛斗（星宿）の墟を射る。人は傑に地は靈にして、徐孺、陳蕃（ともに後漢の名家）の榻を下す。

【物我】ぶつが　物と我。客と主。梁・江淹〔雑体詩、三十首、孫廷尉張綽の雑述〕物我俱に懷を忘る　以て鷗鳥をも狎れしむべし

【物怪】ぶつかい（くわい）　怪異。〔史記、天官書論賛〕幽・厲以往は尚し。見はるる所の天變、皆國ごとに窟穴を殊にし、家ごとに物怪を占ひ、以て時應に合はす。其の文、圖籍の禨祥、法あらず。

【物鬼】ぶつき　もののけ。〔漢書、公孫弘伝〕上、諸儒に策詔す。～統を屬ぎ業を垂るるに、物鬼變化あり。天命の符、廢興何如。～其れ悉意正議、詳らかに其の對を具し、之れを篇に著はせ。

【物宜】ぶつぎ　事物のほどよさ。〔易、繫辞伝上〕聖人以て天下の賾（至理）を見ること有りて、諸れを其の形容に擬へ、其の物宜に象る。是の故に之れを象と謂ふ。

【物議】ぶつぎ　世論。〔南斉書、王倹伝〕少くして宰相の志有り。物議咸く相ひ推許す。

【物故】ぶっこ　死ぬ。〔後漢書、五行志五〕建安四年二月、武陵充縣の女子李娥、年六十餘にして物故す。～城外數里の上に瘞む。已に十四日、行ちに其の冢中に聲有るを聞く。～家往きて視、聲を聽き、便ち發出せるに、遂に活きたり。

【物候】ぶっこう　気候風物。唐・杜審言〔晉陵陸丞の早春遊望に和す〕詩　獨り宦遊の人のみ有り　偏へに物候の新たなるに驚く

【物在】ぶつざい　遺品がある。唐・李頎〔盧五の旧居に題す〕詩　物在れども人亡く、見る期無し　閒庭に馬を繫ぎて、悲しみに勝へず

【物産】ぶっさん　土地の産物。〔史通、雑述〕九州の土宇、萬國山川あり。物產、宜を殊にし、風化、俗を異にす。如し各〻其の本國を志さば、以て此の一方を明らかにするに足る。

【物象】ぶっしょう（しやう）　物のかたち。また、四季の風景。〔左伝、僖十五年〕龜は象なり。筮は數なり。物生じて而る後に象有り。象ありて而る後に滋る有り。滋りて而る後に數有り。

【物情】ぶつじょう（じやう）　世情。魏・嵆康〔釈私論〕情、欲する所に繫がれず。故に能く貴賤を審らかにし、物情に通ず。物情順通す。故に大道違ふ無し。

【物色】ぶっしょく　犠牲の毛色。また、風景。人物のすがた。〔後漢書、逸民、厳光伝〕光武位に卽くに及び、乃ち名姓を變へ、身を隱して見はれず。帝、其の賢なるを思ひ、乃ち物色を以て之れを訪はしむ。

【物則】ぶっそく　事物に存する法則。〔詩、大雅、烝民〕天、烝民を生ず　物有れば則有り

【物徹】ぶってつ　事理に通徹する。〔荘子、応帝王〕此に人有り。嚮疾彊梁（意志が強く）、物徹疏明（道理に明らか）にして、道を學びて勧まず。是の如き者は、明王に比すべきか。

【物表】ぶっぴょう（ぺう）　俗世間の外。世外。斉・孔稚珪〔北山移文〕其の、物表に亭亭として、霞外に皎皎たり。千金を芥にして眄みず、萬乘を屣するつること、其れ脫するが如し。

【物物】ぶつぶつ　それぞれの物。〔左伝、昭二十九年〕夫れ物は物ごとに其の官有り、官ごとに其の方を脩む。朝夕之れを思ひ、一日職を失へば、則ち死之れに及び、官を失ふものは食はまず。

【物変】ぶっぺん　事物のうつりかわり。唐・孟浩然〔高陽池に朱二を送る〕詩　一朝物變りて、人も亦非なり　四面荒涼として、人徑稀なり

【物望】ぶつぼう（ばう）　衆望。〔晋書、王羲之伝〕（会稽王に与ふる牋）

殿下、德宇内に冠たり。～最も直道もて之れを行ひ、隆を當年に致すべきに、未だ物望に允はず。殊遇を受くる者の、寤寐に長歎する所以なり。實に殿下の爲に之れを惜しむ。

【物方】万物。あらゆる事物。〔後漢書、方術伝上論〕漢世の所謂名士なる者、其の風流知るべし。～道藝に依倚し、以て其の聲價に就く。能く物方に通じ、時務を弘むる所に非ざるなり。

【物魅】怪物螭魅。〔周礼、春官、家宗人〕冬日の至を以て、天神人鬼を致し、夏日の至を以て、地示物魅を致し、以て國の凶荒、民の札喪（疫病）を禬く。

【物理】物事の道理。〔書譜、上〕淳醨（清濁）一たび遷り、質文三たび變ず。馳騖沿革、物理常に然り。能く古にして時に乖かず、今にして弊を同じうせざることを貴ぶ。

【物慮】世俗の累い。南朝宋・謝霊運〔斤竹澗より嶺を越えて渓行す〕詩 此れを觀て物慮を遺れ 一たび悟りて遣る所を得たり

【物累】外物の累い。〔荘子、天道〕天樂を知る者は、天怨無く、人非無く、物累無く、鬼責無し。

【物類】物の類別。また、万物。〔荀子、勧学〕物類の起るや、必ず始まる所有り。榮辱の來るや、必ず其の德に象る。～物各其の類に從ふなり。

【物論】世論。世評。〔石林燕語、八〕端拱の初、宋白知擧となり、二十八人を取る。物論喧然たり。以爲へらく、遺材多しと。～是に於て再び九十九人を取る。

↑物彙 物類／物価 物の値段／物賈 物の値／物外 世俗の外／物官 官の職事／物軌 法則／物器 器物／物曲 万物／物件 器物や不動産／物估 物価／物貢 貢納品／物采 色彩／物際 限界／物資 資材／物主 物の所有者／物序 時序／物数 物の理／物性 物の性質／物勢 物の勢い／物土 物産／物靡 贅沢／物穆 深奥のさま／物務 務め／物誉 声望／物用 はたらき／物妖 怪異／物料 材料／物霊 万物の霊

↓悪物・衣物・異物・遺物・一物・逸物・雲物・英物・詠物・遠物・応物・下物・荷物・貨物・怪物・開物・外物・格物・活物・官物・乾物・玩物・翫物・奇物・鬼物・棄物・器物・徽物・旧物・究物・御物・凶物・禁物・供物・群物・景物・傑物・古物・故物・好物・貢物・鉱物・穀物・才物・財物・作物・産物・死物・至物・私物・賜物・事物・時物・質物・什物・書物・庶物・象物・醬物・上物・食物・植物・神物・進物・人物・水物・瑞物・生物・斉物・牲物・静物・贄物・節物・銭物・造物・臓物・贓物・即物・俗物・大物・代物・鋳物・長物・珍物・天物・典物・蠹物・動物・毒物・鈍物・難物・二物・廃物・博物・備物・微物・品物・不物・賦物・風物・文物・幣物・弁物・方物・宝物・法物・魔物・務物・名物・毛物・薬物・唯物・尤物・用物・養物・礼物・霊物・老物

フン

【刎】 6 2220 フン くびきる きる

篆文 

形声 声符は勿。〔説文新附〕四下に「剄るなり」と訓する。〔礼記、檀弓下〕に、天子の葬に至らざる者は刎るという規定がある。自ら死することを自刎、死生を相約する友を「刎頸の交わり」という。

訓義 ①くびはねる、くびきる、きる。②自ら首きる。③さく、はなす。

古訓 〔名義抄〕刎 ハヌ・キル・カクス 〔字鏡集〕刎 ハヌ・コロス・キル・サク・カシラキル・カクス

【刎頸】死生を倶にする約束。親交。〔史記、廉頗藺相如伝〕廉頗之れを聞き、肉袒（肩はだをぬぐ、謝罪の礼）して荊を負ひ、賓客に因りて藺相如の門に至りて罪を謝し～卒に相ひ與に驩び、刎頸の交はりを爲せり。

↑刎脚 脚をきる／刎刑 斬首／刎死 自刎／刎脰 首をきる

↓自刎

【吩】 7 6802 ［噴］ 16 6408 フン いいつける

形声 声符は分。噴（噴）の俗字とされているが、吩は吩咐、いいつける意にのみ用いる。

訓義 ①いいつけ、命じる。②やかましい。

古訓 〔字鏡集〕吩 ツバキ

↑吩示 いいつけ／吩呶 喧しい／吩咐 吩示

入【吻】 7 6702 ［脗］ 11 7726 フン くちさき くちびる ことばつき

篆文 

形声 声符は勿。勿に刎の声がある。〔説文〕二上に「口邊なり」とあり、脣の両辺、すなわち口角をいう。また語気を口吻、議論好きの男を吻士、両口相合するを吻合という。字はまた脗に作る。唐・白居易の〔奈何ともすべき無し〕に「靜かなれば則ち脗然として陰と迹を合す」の句があり、脗の字を用いている。〔説文〕の重文に脗をあげており、脗はその俗字である。

訓義 ①くちさき、くちわき。②くちびる、上下のくちびる。③ことばつき、いいかた。

古訓 〔名義抄〕吻 クチサキラ・クチワキ 〔字鏡集〕吻 サキラ・イハク・クチサキラ・クチハシ・クチワキ・ツイバム・クチビル・カタル・クチサキ

【吻合】上下の脣が合う。相合う。適合する。〔福恵全書、刑名部、問擬〕其の犯す所、律例の條と恰も相ひ吻合する者を以て、因りて之れを擬し、以て其の應に得べきの罪を定む。

↑吻禁 閉口／吻士 議論好き／吻儒 口先だけの学者／吻脣 物議／吻吮 口で吸う／吻創 口の瘡／吻別 お別れをいう／吻流 口達者

↓渴吻・苦吻・決吻・健吻・虎吻・鼓吻・口吻・香吻・黄吻・觜吻・鴟吻・傷吻・脣吻・接吻・舌吻・怒吻・揺吻・利吻・裂吻

【坋】 7 4812 フン ちり

篆文 

形声 声符は分。〔説文〕十三下に「塵なり」とあり、粉塵をいう。また「一に曰く、大防なり」とあり、〔詩、周南、汝墳〕の〔伝〕に「墳は大防なり」とみえ、墳と通用する。坌は同字。用例には坌を用いるものが多い。

訓義 ①ちり、ちりひじ、字はまた坌に作る。②ふりかける、かきまぜる、みだす。③墳と通じ、つつみ。④坴と通じ、のぞく。

＊語彙は坌字条参照。

【坌】 7 8010 フン ちり

形声 声符は分。〔広雅、釈詁三〕に「塵なり」とあり、あつまりみだれる意がある。

訓義 ①ちり、ちりひじ、字はまた坋に作る。②あつまる、みだれる、むらがる。

古訓 〔名義抄〕坌 マメス・チリ・マミル・マギラス・ケガス・チリハム／坋・墣・坋 チリ・ツヽミ・マミル 〔篇立〕坌 ケガス・アヒダ・ツチクレ・チリ・マメス・マギラス・ヌル 〔字鏡集〕坌 チリ・マメス・マギラス・アカ・ツカ・チリバム・ツヽミ・マジル

↑坌溢 溢れる／坌起 埃があがる／坌集 むらがり集まる／坌亢 繁雑／坌沓 集まる／坌入 雑入す

る/坌沸 ほこりがたつ/坌並 ならぶ/坌冒 犯す/坌没 埋没する/坌勃 坌沸/坌涌 涌きたつ
↓渇坌・汗坌・塵坌・頽坌・微坌

【扮】 7 5802 フン よそおう かざる にぎる

篆文 形声 声符は分（分）。〔説文〕十二上に「握るなり」、〔広雅、釈詁一〕に「動くなり」と訓するが、ともにその用義例がない。字は扮装・扮飾の意に用いる。〔六書故〕に「打扮」の語があり、粉と通用の義である。

訓義 1よそおう、そのふりをする、かざる。2にぎる。3うごく。

古訓 〔名義抄〕扮 ウゴカス・ニギル 〔字鏡集〕扮 ウゴク・ニギル

【扮演】扮装して演ずる。〔茶香室叢鈔、十八、蚩尤戯〕按ずるに蚩尤戯は、卽ち後世、古事を扮演するの權輿（初め）なるか。

【扮会】衣裳づけ。〔福恵全書、典礼、迎春〕各行をして、臺閣（舞台）に裝演し、娼優をして扮會せしむるの類、殊に多事に屬す。

【扮戯】扮演。〔野獲編、兵部、程鵬起〕余嘗て之れに廣坐中に遇ふ。其の扮戲の諸婦を歴指して曰く、此れ鄒爾贍の老師の愛する所爲たりと。

↑扮飾 粉飾/扮装 いでたち
↓雑扮・打扮

【汾】 7 3812 フン ホン

篆文 形声 声符は分（分）。〔説文〕十一上に「汾水、太原晉陽山より出で、西南して河に入る」とし、また「或いは曰く、汾陽の北山より出づ。冀州の浸なり」という。川の名の他に、繁多・盛大の意がある。

訓義 1川の名。2墳と通じ、大きい。3汾沄は盛んなさま、水のめぐるさま。4水が溢れる。

古訓 〔字鏡集〕汾 ナガレクダル・カリテ・シタガフ・タスク

【汾河】汾水。漢・武帝〔秋風の辞〕樓船を泛べて汾河を濟り 中流に横たはりて素波を揚ぐ

【汾水】山西の川の名。〔荘子、逍遥遊〕堯、天下の民を治め、海内の政を平らかにし、往きて四子を藐姑射の山に見る。汾水の陽に、窅然として其の天下を喪れたり。

【汾鼎】漢の武帝のとき、汾陰（汾水の南、今の山西省万栄県の地）で出土した、周の鼎。〔漢書、吾丘寿王伝〕汾陰に寶鼎を得たり。～群臣皆壽を上りて、賀して曰く、陛下、周鼎を得たりと。壽王獨り曰く、～天、有德に祚ひす。～乃ち漢の寶にして、周の寶に非ざるなりと。

↑汾沄 多くて盛んなさま/汾隅 汾傍/汾撓 勢いよく流れこむ/汾傍 汾水のほとり
↓河汾・汲汾・秋汾・済汾

【坌】 8 2310 フン はらう

篆文 形声 声符は弁。〔説文〕十三下に「埽除するなり」とあり、「讀みて糞の若くす」という。

訓義 1はらう、のぞく。2糞と通用し、清める。糞を動詞に用いるときと同じ。

【忿】 8 8033 フン いかる うらむ

篆文 形声 声符は分（分）。〔説文〕十下に「悁るなり」とあり、忿怒・忿怨・忿懣のように用いる。憤と声義が近い。

訓義 1いかる、はらたつ。2うらむ、むつかる。

古訓 〔名義抄〕忿 ネタム・ウラム・サス・イカル・コ、ロヤム

語系 忿phiuan、憤（憤）biuan は声義近く怒る意。怫biuat、艴・勃buat は双声の語。また煩biuan、悶muan、懣muan も忿と声近く、同系の語。

【忿恚】怒る。〔戦国策、斉六〕故に忿恚の心を去りて、終身の名を成し、感忿の恥を除きて、累世の功を立つ。故に業は三王と流を爭ひ、名は天壤と相ひ敝ぶ。

【忿怨】怒り怨む。〔漢紀、文帝紀下〕賈誼湘水を過ぎりて屈原を弔ひ、惻愴慟懷す。豈に徒だ忿怨するのみならんや。

【忿恨】怒り恨む。〔鶴林玉露、乙二、去婦詞〕李太白の去婦の詞、～古今以て絶唱と爲す。然れども余れを以て之れを觀るに、特だ忿恨決絶の詞のみ。豈に（詩）谷風去婦の詞に若しかんや。

【忿鷙】猛々しく残忍。〔漢書、匈奴伝下〕（揚雄の上書）外國は天性忿鷙、形容魁健、力を負ひ氣を怙む。化するに善を以てし難く、棣くるに惡を以てし易し。

【忿疾】怒りにくむ。〔書、君陳〕爾、頑なるを忿疾すること無かれ。一夫に備はることを求むること無れ。

【忿然】怒るさま。〔晏子、諫上十八〕（景公）曰く、嗚呼、古より死無からしめば、（其の楽）如何と。晏子曰く、若し古より死無からしめば、太公・丁公將に齊國を有たんとす。君～孰ぞ死を患ふるに暇あらんと。公、忿然として色を作して説ばず。

【忿懟】怒り怨む。〔文心雕竜、弁騒〕班固以爲へらく、（屈原）才を露はし己を揚げ、忿懟して江に沈めり。～然れども其の文辭麗雅、詞賦の宗爲たり。明哲に非ずと雖も、妙才と謂ふべし。

【忿懥】怒って我を忘れる。〔大学、七〕所謂身を脩むるは其の心を正すに在りとは、身に忿懥する所有らば、則ち其の正しきを得ず。

【忿怒】立腹する。晉・陸機〔魏の武帝を弔ふ文の序〕其の冢嗣（太子）に顧命し、四子に貽謀する所以を觀るに、經國の略既に遠く、隆家の訓亦た弘いなり。又云ふ、吾れ軍中に在り、法を持するは是なり。小忿怒、大過失に至りては、當に效ふべからざるなりと。

【忿懣】怒りもだえる。斉・謝朓〔酬徳の賦〕文を抜きて道を信ぜんことを思ひ、忿懣を胸臆に散ぜん。嗟あ民生の知用、知は知己より深きは莫し。

【忿戻】怒り易く、理にもとる。〔論語、陽貨〕古の矜（自尊心の強い人）や廉、今の矜や忿戻なり。

↑忿鬱 うらむ/忿邑 忿悁/忿悁 いきどおる/忿慍 いかる/忿憾 怒気/忿隙 腹をたてて仲違いする/忿激 憤激する/忿言 怒言/忿嫉 忿疾/忿争 いかり争う/忿毒 にくむ/忿躁 腹だち/忿速 短気/忿疐 忿懥/忿罵 いかり罵る/忿発 怒って癇癪をおこす/忿忿 腹を立てる/忿憤 いきどおる/忿邑 いかり憂える
↓恚忿・解忿・感忿・銜忿・愧忿・譏忿・矜忿・勁忿・軽忿・激忿・狷忿・嫌忿・蠲忿・剛忿・私忿・宿忿・小忿・積忿・前忿・争忿・躁忿・懲忿・発忿・憤忿・褊忿・報忿・憂忿・余忿

【枌】 8 4892 フン しろにれ

篆文 形声 声符は分（分）。〔説文〕六上に「枌楡なり」（段注本）とあって、しろにれをいう。〔爾雅、釈木〕に「楡は白枌なり」とあり、枌楡と連言する。わが国では、そぎ板をいう。

訓義 1にれ、しろにれ。2そぎ。

古訓 〔新撰字鏡〕枌 須木（すき）、又、屋乃衣豆利（やのえつり）、又、乃木須介（のきすけ）〔名義抄〕枌 ヤクレ・エツリ 〔字鏡集〕枌 ニレノキ・エツリ

【氛】 8 8021 ［雰］ 12 1022 フン き わざわい

篆文 

形声 声符は分（分）。〔説文〕一上に「祥气なり」とあり、天地の間にあらわれる気象によって、吉凶を示す。祥（祥）は吉祥。祥に対して、氛は妖氛をいうことが多い。卜辞に望気のことがみえ、その気を望んで吉凶を定めた。氣の初文は气、気の流れるさまを示す。望の初形は企立して気を望見する形。その気をまた祲という。〔左伝、昭十五年〕「吾れ、赤黒の祲を見るに、祭祥に非ざるなり。喪氛なり」とみえる。字はまた雰（雰）に作る。〔詩、小雅、信南山〕に「雪を雨らすこと雰雰たり」のように、形容の語に用いる。また雰囲気のようにいう。

訓義 1き、気、気象、雲気としてあらわれることのきざし。2わるいしるし、わざわい、悪気、妖祥。3字はまた雰に作る。

古訓 〔名義抄〕氛 カウバシ・ミダル 〔字鏡集〕氛 ミル・ミダル・カフバシ・イキ・サカリ・アザヤカナリ・キリ

【氛埃】ふんあい 土ぼこり。塵。宋・陸游〔厳君平卜台〕詩 先生、久しく已に氛埃を蛻ぜず（脱する） 道上、猶ほ傳ふ、舊卜臺

【氛氳】ふんうん 気の盛んなさま。南朝宋・謝恵連〔雪の賦〕其の狀爲るや、散漫交錯し、氛氳たり、蕭索たり、藹藹たり、浮浮たり。

【氛気】ふんき 雲気のようなかげり。悪気。〔漢書、董仲舒伝〕今陰陽錯繆し、氛氣充塞す。群生遂ぐること寡なく、黎民未だ濟らず。

【氛霓】ふんげい 悪気。〔後漢書、崔駰伝〕（慰志）余が生の造ならざるを愍れむ。漢氏の中ごろ微なるに丁れり。氛霓鬱として横厲す。羲和（陽）忽として暉を潛かす。

【氛祥】ふんしょう 吉凶の祥。〔国語、楚語上〕先王の臺榭を爲るや、榭は軍實を講ずるに過ぎず、臺は氛祥を望むに過ぎず。

【氛祲】ふんしん 悪気。南朝宋・王僧達〔七夕月下〕詩 遠山、氛祲斂まり 廣庭、月波を揚ぐ

【氛霾】ふんばい うす曇り。金・元好問〔泰山に游ぶ〕詩 雞鳴、日觀に登る 四望、氛霾無し 六龍（日）扶桑を出で 翻動す、青霞の堆（重なり）

↑氛囲 雰囲気／氛翳 不吉の気／氛煙 烽煙／氛餤 気餤／氛垢 大気の埃／氛囂 かまびすしい／氛昏 悪気／氛慝 乱賊の象／氛霧 悪気／氛妖 悪気／氛沴 悪気／氛厲 氛慝

↓埃氛・郁氛・陰氛・雲氛・氳氛・炎氛・遠氛・霞氛・寒氛・胡氛・垢氛・香氛・紫氛・秋氛・祥氛・塵氛・清氛・晴氛・霽氛・夕氛・戦氛・俗氛・朝氛・澄氛・望氛・暝氛・野氛・妖氛・涼氛・霊氛

【芬】 8 4422 ［岎］ 7 2222 フン かおる

篆文 

形声 声符は分（分）。〔説文〕一下に字を屮部に属し、「芬は艸初めて生じ、其の香り分布するなり」とし、分の亦声、分布の義をもつとする。芬をその或る体とするが、芬が通行の字。〔詩、小雅、楚茨〕の「苾芬」は苾苾芬芬、苾芬は香気をいう形況の語である。

訓義 1かおる、かおり、こうばしい、におい。2さかん、おおい、ゆたか。3よい、ほまれ。4紛と通じ、衆盛の意。

古訓 〔新撰字鏡〕芬 加乎留（かをる） 〔名義抄〕芬 カウバシ・サカンナリ・カヲル 〔字鏡集〕芬 サカンナリ・カウバシ・ウルハシ・ニホフ・サカリ

語系 芬phiuən、芳（芳）phiuangは声義近く、また菲phiuəi、苾bietも双声の語で、みな香気をいう。

【芬華】ふんか（くわ） 花かぐわし。また、名誉。〔史記、商君伝〕尊卑・爵秩・等級を明らかにす。～功有る者は顯榮せられ、功無き者は、富むと雖も芬華する所無し。

【芬菲】ふんぴ 香気のさかんなさま。〔文心雕竜、諸子〕（暴秦）煙燎の毒、諸子に及ばず。～是に於て七略芬菲、九流鱗萃す。殺青して編する所、百有八十餘家。魏晉に至るに迄び、作者間出づ。

【芬馥】ふんぷく 香気のさかんなさま。〔拾遺記、十、洞庭山〕又靈洞有り。中に入るに、常に前に燭有るが如し。中に異香芬馥たる有り、泉石明朗なり。

【芬芬】ふんぷん 香気さかん。〔詩、大雅、鳧鷖〕鳧鷖、亹（渓水が山を穿って流れるところ）に在り 公尸來たりて止まること熏熏たり 旨酒欣欣たり 燔炙芬芬たり 公尸燕飲す 後艱有ること無けん

【芬芳】ふんぽう（ぱう） 香気。また、名声。唐・孟郊〔盧仝に答ふ〕詩 再三、行くこと莫きを勸む 寒氣、刀槍有り 仰ぎて君子の多（技）なるに慙づ 愼んで芬芳を作すこと勿かれ

↑芬郁 香りの高いさま／芬鬱 かぐわしい／芬蘊 芬鬱／芬焉 土が高い／芬馨 芳香／芬然 芬焉／芬沢 香沢／芬葩 盛んで美しいさま／芬苾 芳香／芬茀 芳香／芬烈 香気が強い

↓英芬・懐芬・奇芬・薫芬・高芬・衆芬・清芬・馳芬・騰芬・苾芬・馥芬・芳芬・余芬・揚芬・蘭芬・流芬・霊芬

常 【粉】 10 9892 ［粉］ 10 9892 フン こな おしろい いろどる

篆文 

形声 声符は分（分）。分に分散するものの意がある。〔説文〕七上に「面に傅くる者なり」とあり、白粉をいう。古くは米粉を用い、その光沢あるものを英粉、丁香を加えたものを香粉という。頬紅には赧粉があった。〔韓非子、顕学〕に「脂澤粉黛を用ふるときは、則ち其の初に倍す」とみえ、古くから脂粉の類を用いた。六朝期には鉛華を用い、曹植の〔洛神の賦〕にはその語がある。化粧は古くは神事に用い、面と同じ機能をもつものであった。外面を飾り欺くことを粉飾という。

訓義 1こな、米のこな、くだく。2おしろい、鉛粉。3いろどる、つける、ぬる、かざる。4しっくい、ぬりこむ。5しろい。

古訓 〔新撰字鏡〕粉 己米乃佐支（こめのさき） 〔和名抄〕粉 古（こ）、之路岐毛能（しろきもの） 〔名義抄〕粉 シラク・シロキモノ／白粉 ハフニ 〔字鏡集〕粉 クダク・ハコネ・シロイモノ・シロク・シラク・コ

【粉紅】ふんこう おしろいと、べに。唐・呉融〔帯花桜桃を買ふ〕詩 粉紅輕淺、靚粧新たなり 露に和し煙に和して、近隣に別る 萬一情有らば、應に恨み有るべし 一年の榮落、兩家の春

【粉香】ふんこう（かう） おしろいの香り。唐・温庭筠〔斎宮〕詩 粉香、笑ひに隨つて來り 鬢態、愁ひに隨つて度る

【粉骨】ふんこつ 身を粉にする。献身的に働く。唐・顔真卿〔馮翊太守、上表して謝す〕臣に在りて、幸ひを叨りにす。何を以てか克く堪へん。誓つて當に粉骨碎身、少しく萬一に酬いん。

【粉飾】ふんしょく 化粧する。表面を飾る。〔韓詩外伝、五〕善く人を粉飾する者、故に人之れを樂しむ。

【粉黛】ふんたい おしろいと、まゆずみ。その化粧した女。唐・白居易〔長恨歌〕詩 眸を回らして一笑すれば、百媚生ず 六宮の粉黛、顏色無し

【粉白】ふんぱく おしろい。〔戦国策、楚三〕張子（儀）曰く、彼の鄭・周の女、粉白黛黑して、衢閭の閒に立つ。知るに非ずして之れを見る者、以て神と爲す。～乃ち之れに資するに珠玉を以てす。

【粉壁】ふんぺき 胡粉を塗った壁。白壁。宋・蘇軾〔趙令晏崔白の大図、幅径三丈〕詩 畫堂粉壁、雲幕翻がへり 十里の江天、處著無し

【粉墨】おしろいと、まゆずみ。飾る。〔後漢書、梁鴻伝〕鴻曰く、吾れ裘葛(粗衣)の人を欲す。~今乃ち綺縞を衣き、粉墨を傅っく。豈に鴻の願ふ所ならんやと。妻~乃ち更めて椎髻(たばね髪)を爲し布衣を著く。~鴻大いに喜んで曰く、此れ眞に梁鴻の妻なり~と。

【粉本】絵の下書き。画稿。〔山静居画論、上〕畫稿を粉本と謂ふ者は、古人墨稿上に於て、粉筆を加描し、用ふる時縑素(うす絹)に撲入し、粉痕に依り墨を落す。故に之れに名づくるなり。

【粉緑】おしろいと、まゆずみ。金・元好問〔愚軒(趙元)の、党承旨(懐英)の雪の詩に和するに継ぐ、四首、四〕詩 乃ち知る、時世の妝、粉緑、徒だ憐を争ふを 枯淡、自ら樂しむに足る 虚名に牽かるるを爲すこと勿かれ

➡粉艶 あでやか/粉花 妓女/粉絵 彩色画/粉潰 猥散乱する/粉繢 粉絵/粉汗 白粉に汗/粉戲 劇/粉金 金粉/粉頸 白首/粉臉 粉面/粉毫 画筆/粉砕 こなごなに砕く/粉彩 彩る/粉糸 素麺の類/粉刺 にきび/粉餌 団子/粉錫 胡粉/粉省 尚書省の別称/粉牆 白ぬりの塀/粉色 飾る/粉身 粉骨砕身/粉塵 細かい塵/粉態 嬌態/粉題 題に白粉を塗る/粉沢 化粧品/粉団 団子/粉堞 ひめ垣/粉蝶 白蝶/粉堵 白壁の塀/粉頭 妓女/粉板 黒板/粉鼻 白鼻の猫/粉沸 たち騒ぐ/粉筆 画筆/粉米 白米の異称/粉末 こな/粉面 化粧顔/粉麪 粉末/粉薬 こな薬/粉綾 彩色のあやぎぬ/粉奩 化粧函/粉郎 粉面郎

⬇鉛粉・艶粉・花粉・灰粉・芥粉・金粉・桂粉・軽粉・胡粉・紅粉・香粉・黄粉・穀粉・骨粉・細粉・散粉・施粉・脂粉・膩粉・塵粉・精粉・製粉・石粉・雪粉・丹粉・著粉・澱粉・白粉・麦粉・傅粉・米粉・臉粉

常【紛】10 2892 〔紛〕10 2892 フン みだれる まじる さかん

篆文

形声 声符は分(分)。分に分散するものの意がある。〔説文〕十三上に「馬尾の韜なり」とあるのは、字の一義。もと糸の乱れることをいい、紛乱・紛糾の意に用いる。

訓義 1みだれる、もつれる。2まじる、まぎれる、むすぼれる。3多い、多く、さかんなさま。4ゆるむ、くらい、かわる。5馬尾をつつむふくろ。

古訓 〔新撰字鏡〕紛 尓己也加尓(にこやかに)〔名義抄〕紛チル・ヲブクロ・イキドホリ・ミダル・ホコビル・マガフ・マジハル・オホシ〔字鏡集〕紛 イキドホル・ヲフクロ・アフ・マス・モロ・チル・マガフ・オホシ・ユルシ・ミダル・トホザカル・マジハル・ホヒコルさまをいう。

語系 紛phiuan は棼biuan、棻miuan と声近く、みな雑乱のさまをいう。繽phien、頻(頻)bien は双声の語。

【紛藹】みちあふれる。晉・陸機〔文の賦〕辭條と文律とを普ねくするは、良に余が膺の服する所なり。~此の世に紛藹すと雖も、嗟ぁ、予が掬(一すくい)に盈たず。

【紛郁】さかんなさま。香気あるさま。宋・秦観〔茶〕詩 侵尋して美氾を發し 猗狔(しなやかに)乳粟を生ず 時を經ふるも銷歇せず 衣袂、紛郁を帯ぶ

【紛紜】盛んにして乱れるさま。魏・曹植〔七啓〕九旒の冕は、耀かを散じて文を垂れ 華組の纓は、風に從ひて紛紜たり

【紛縕】盛んで匂いがよいさま。〔楚辞、九章、橘頌〕精色内白く 類く道に任ず、紛縕として脩むるに宜し、姱にして醜からず。

【紛華】華麗。〔史記、礼書〕出でては紛華盛麗なるを見て説び、入りては夫子の道を聞きて樂しむ。二者心に戰ひ、未だ自ら決すること能はずと云へり。

【紛錯】いりみだれる。晉・范寧〔春秋穀梁伝の序〕漢興りて以來、瓌望碩儒、各々習ふ所を信じ、是非紛錯し、準裁定まること靡し。故に父子異同(劉向は穀梁、劉歆は左氏)の論、石渠(閣)分爭の說有り。

【紛雑】まじり乱れる。〔梁書、任昉伝〕齊の永元より以來、祕閣四部、篇卷紛雜す。昉、手自ら讐校(校訂)し、是れに由りて篇目定まる。

【紛若】紛然。多くてまじわるさま。宋・蘇軾〔復た科を改むる賦〕經義の淵源を探るに、是非紛若たり。辭章の聲律を考ふるに、去取昭然たり。

【紛擾】みだれる。〔三国志、魏、袁術伝〕(陳珪に与ふる書)今、世事紛擾、復た瓦解の勢ひ有り。誠に英乂有爲の時なり。~若し大事を集すときは、子、實に吾が心膂と爲れ。

【紛然】いり乱れるさま。〔漢書、芸文志〕戰國從衡(縦横)、眞僞分爭し、諸子の言、紛然として殽亂す。秦に至りて之れを患へ、乃ち文章を燔滅して、以て黔首を愚にす。

【紛披】乱れ咲く。唐・杜甫〔九日、岑参に寄す〕詩 是の節、東籬の菊 紛披、誰が爲に秀く

【紛紛】多くさかんなさま。みだれるさま。ごたごたするさま。唐・杜甫〔貧交行〕詩 手を翻せば雲と作り、手を覆せば雨となる 紛紛たる輕薄、何ぞ數ふるを須ひん

【紛乱】もつれ乱れる。〔戦国策、趙三〕平原君乃ち置酒す。~前んで千金を以て魯連の壽を爲す。魯連笑つて曰く、天下の士に貴ぶ所の者は、人の爲に患を排し、難を釋き、紛亂を解きて、而も取る所無きなり~仲連爲すに忍びずと。

【紛綸】乱れるさま。多くて盛んなさま。〔後漢書、逸民、井丹伝〕井丹、字は大春、~少くして業を太學に受け、五經に通じ、談論を善くす。故に京師之れが語を爲りて曰ふ、五經紛綸たり、井大春と。

➡紛壒 塵埃がたちこめる/紛委 堆積する/紛怡 喜ぶ/紛云 紛紜/紛員 紛紜/紛衍 多い/紛烟 多く起る/紛議 議論が紛糾する/紛糾 混乱する/紛起 多く起る/紛譁 喧しい/紛岐 混乱する/紛議 議論が紛糾する/紛劇 わずらわしく忙しい/紛喧 みだれて喧しい/紛更 やりかえ/紛垢 けがれる/紛訌 内訌/紛梗 行き詰る/紛淆 まぎれて乱れる/紛囂 喧しい/紛汩 まぎれて乱れる/紛失 まぎれて失う/紛奢 はでで、ぜいたく/紛糅 ごたごたする/紛如 紛然/紛冗 繁雑/紛繞 もつれる/紛縟 煩わしい/紛塵 俗事/紛帨 布巾/紛舛 乱れる/紛争 争い/紛拏 乱闘する/紛挐 紛拏/紛濁 よごれる/紛呶 喧嘩する/紛沓 混乱する/紛蕩 さわぐ/紛屯 混乱する/紛葩 盛んで美しいさま/紛飛 乱飛する/紛霏 紛飛/紛謬 まぎれて誤る/紛敷 乱れ布く/紛溶 盛んなさま/紛羅 羅列する/紛離 散乱する/紛猥 まぎれてみだれる/紛惑 まぎれる

⬇解紛・糾紛・群紛・喧紛・交紛・囂紛・糸紛・思紛・時紛・衆紛・世紛・俗紛・内紛・佩紛・白紛・繽紛・敷紛・放紛・奔紛

【棼】12 4422 フン むなぎ みだす みだれる

篆文

形声 声符は分(分)。〔説文〕六上に「複屋の棟なり」とあって、二重構造の屋根の棟木をいう。班固の〔西都の賦〕に「棼橑」という語があって、棟木とたるきをいう。ともに紛繚の語義があり、棻と通用する。

訓義 1むなぎ、棼橑。2棻と通用し、みだす、みだれる。

古訓 〔名義抄〕棼 カコフ・ミダレ・エツリ 〔字鏡集〕棼 ミダ

ル・ムネ・カコフ・ヤノムネ

語系 棼biuənは紛(紛)phiuənと声義近く、また棻miuənも同系の語。みな、みだれる意がある。

【棼棼】みだれるさま。紛紛。〔書、呂刑〕民興ちて胥ひ漸き、泯泯棼棼として信に中る罔く、以て詛盟(盟約)を覆ぶる。

➡棼錯 多くのものがいりまじる/棼糸 もつれ糸/棼蒭 雑草/棼然 紛然/棼争 紛争/棼楣 棟とはり/棼蔽 車のおおい/棼迷 迷乱する/棼乱 紛乱する/棼橑 むな木とたるき

⬇糸棼・重棼・蘭棼

入【焚】 12 4480 〔燓〕 16 4480 フン やく たく

篆文

甲骨文

金文

会意 林＋火。〔説文〕十上に字を燓に作り、「燒田するなり」とあって、田は田猟、やき狩りの意とし、棥の亦声であるという。棥は樊籬、一定の区域を囲う意である。卜文の字形には棥に従うものがなく、燓は字の初形としがたい。〔春秋、桓七年、注〕に「火田」というのと同じ。山野に限らず、すべてものを焼くことを焚香・焚書のようにいう。

訓義 ①やく、たく、もやす。②やきがり、やきがりする。③ひあぶり、焚刑、焚殺。④かわく、ほす、あぶる。⑤僨と通じ、たおす、たおれる。

古訓 〔新撰字鏡〕焚 保須(ほす)、又、阿夫留(あぶる)、又、也久(やく)〔名義抄〕焚 タ(ア)ブル・ヤク・カハク・ヤイガリス〔字鏡集〕焚 タク・ヤイカリス・ヤク・タ(ア)ブル・カハク

語系 焚biuənは燔・膰biuanと声義近く、番は獣掌。燔・膰はその肉を燔炙することをいう。

【焚棄】焼きすてる。〔魏書、孝荘紀〕(武泰二年七月)詔すらく、前朝の勳書、竊冒多きを以て、宜しく一切之れを焚棄すべし。若し立效灼然として時の知る所と爲る者は、別に科賞を加へん。

【焚毀】焼き崩れる。〔後漢書、袁術伝〕(孫策の術に与ふる書)董卓無道にして王室を陵虐す。～天子播越し、宮廟焚毀せらる。

【焚券】証書を焚き、債務を免除する。〔宋書、顧覬之伝〕(子)綽、私財甚だ豐かにして、鄉里の士庶多く其の責(債)を負ふ。覬之每に之れを禁ずるも、止む能はず。～綽を誘ひて、～悉く諸文券の一大廚を出さしめ、～悉く焚燒す。

【焚研】筆や硯を焼く。自作を恥じて、筆を絶つこと。唐・陸亀蒙、皮日休〔開元寺の楼に雨を看る、聯句〕思ひに接して強ひて毫(筆)を揮ひ 詞を窺ひて幾ど研を焚かんとす(亀蒙)

【焚香】香をたく。清・盛時彦〔閲微草堂筆記跋〕河閒先生(紀昀)祕書を典校すること二十年、學問文章、名、天下に滿つ。而して天性孤峭、甚だしくは交游を喜ばず。退食の餘、焚香掃地、門を杜して著述するのみ。

【焚死】焼死。〔新序、節士〕介之推～去りて介山の上に之く。～文公之れを待つも肯て出でず。～以謂へらく、其の山を焚かば宜しく出づべしと。其の山を焚くに及んで遂に出でず、焚死せり。

【焚舟】舟を焼く。退路を絶ち、必死に戦う覚悟を示すこと。〔左伝、文三年〕秦伯、晉を伐つ。河を濟り、舟を焚く。

【焚書】典籍を焼く。漢・孔安国〔尚書の序〕秦の始皇、先代の典籍を滅ぼし、書を焚き儒を坑にするに及んで、天下の學士、難を逃れて解散す。～我が先人、用つて其の家書を屋壁に藏す。

【焚如】焚くさま。のち焚刑をいう。〔三国志、魏、文帝紀〕喪亂以來、漢氏の諸陵發掘せざる無し。乃ち玉匣金鏤を燒取し、骸骨、幷せ盡すに至る。是れ焚如の刑なり。豈に重だ痛ましからずや。

【焚燼】焼けて灰燼となる。〔北史、牛弘伝〕劉向父子に詔し、篇籍を讐校(校訂)せしむ。漢の典文、斯に於て盛んなりと爲す。王莽の末に及び、竝びに焚燼に從ふ。

【焚溺】焼け、溺れる者。唐・白居易〔寓言、僧に題す〕詩力小にして、因りて焚溺を救ふ無し 清涼山下、且らく安禪す

【焚蕩】焼けつきる。〔後漢書、儒林伝上〕初め光武、洛陽に遷り還りしとき、其の經牒祕書の之れを載するもの二千餘兩。～王允に及びて收めて西する所の者、裁かに七十餘乘、～後長安の亂に、一時に焚蕩し、泯び盡きざる莫し。

【焚滅】焼き滅ぼす。〔漢書、司馬遷伝〕周道既に廢れ、秦、古文を撥去し、詩書を焚滅す。故に明堂石室金鐀(匱)の玉版圖籍、散亂す。

【焚掠】焼討ちして、奪略する。〔聊斉志異、阿英〕既に明け、始めて村中焚掠せられ、殆ど盡きたるを知る。

➡焚逸 焼失する/焚瘞 火葬/焚骸 焼身/焚躬 焼身/焚硯 焚研/焚黄 墓参/焚灼 やく/焚爍 焚灼する/焚修 僧侶の修業/焚焼 やく/焚誦 焼香し誦経する/焚櫬 降服の礼/焚炙 あぶりやく/焚船 焚舟/焚銭 紙銭をやく/焚薙 焼き払う/焚擲 焚棄する/焚爇 焼棄する/焚燎 やく/焚輪 暴風/焚裂 焚殺し車裂する

⬇香焚・熇焚・自焚・焼焚

常【雰】 12 1022 〔雺〕 12 1022 〔氛〕 8 8021 フン きり きりふる

篆文

形声 声符は分(分)。分に分散するものの意がある。〔説文〕一上に氛を正字とし、雰を重文として録する。〔玉篇〕に「霧の氣なり」とあり、雲霧のようにくもる状態をいう。

訓義 ①きり、きりふる。②ふりしきるさま、雨や雪のふりしきるさま。③また氛に作り、祥氛・悪氛をいう。

古訓 〔名義抄〕雰 キル・ハル〔篇立〕雰 タヒラカニ・キリ・トブ・ユキノヲツル・ユル・クモレル

【雰埃】塵埃。漢・張衡〔西京の賦〕雰埃を中宸に消し、重陽の清瀓なるに集る。

【雰雰】ふりしきる。〔詩、小雅、信南山〕上天、雲を同め雪を雨らすこと雰雰たり

【雰霧】きり。晉・劉琨〔石勒に遺る書、二〕資財已に用を爲さず、名位得て守るべからず。晨霜秋露、雰霧の氣有り。朝に凝ると雖も、夕に消ゆ。

➡雰気 悪気/雰虹 災いの虹/雰糅 まじり降る/雰濁 けがれる

⬇炎雰・降雰・絳雰・紫雰・朱雰・翠雰・霜雰・濃雰・飛雰・碧雰・暮雰・霧雰

常【噴】 15 〔噴〕 16 6408 フン ホン いかる いきどおる はく ふく

篆文

形声 声符は賁。賁はもと卉に従う字で、卉は華の形。中にある生命が、外にはげしくあらわれる意がある。〔説文〕二上に「吒るなり」、また「一に曰く、鼻を鼓らすなり」とあり、はげしく気をふき出すことをいい、

そのときの擬声的な語である。勢いよくふき出すもので、噴出・噴飯のようにいう。

訓義 ①いかる、しかる。②はく、ふく、はなひる、はなをならす、くさみ。③憤と通じ、いきどおる。

古訓 〔新撰字鏡〕噴 吒噴なり、志太宇豆（したうつ）。嚏なり、波奈打（はなうつ）〔名義抄〕噴・噴嚏 ハナヒル 〔篇立〕噴 ハナヒル・フク・ハク・フヽク

【噴激】はげしく吹きあげる。唐・陸亀蒙〔夢に甘露寺に遊ぶを紀す〕詩 須臾にして群籟入り 空水相ひ噴激す ～思ふに水靈の怒るに非ずんば 即ち是れ飢龍の擘つなるべし

【噴嚏】くさめ。〔夷堅志、乙、光禄寺〕蔣安禮、光祿丞と爲り、寺舎に齋宿す。噴嚏するに因り、鼻涕卓上に墜ち、皆小木人と成る。～杭人云ふ、舊～華屋朱門、婢妾を積殺すること甚だ衆く、皆宅中に埋む。是を以て物怪多しと。

【噴飯】ふき出す。宋・蘇軾〔文与可の画ける篔簹谷偃竹記〕予が詩に云ふ～料り得たり、清貧の饞（かつれ）太守 渭濱の千畝、胸中に在りと。（文）與可～筍を燒きて晩食す。函を發きて詩を得、失笑して噴飯案に滿つ。

↑噴煙 煙をふく／噴火 火を噴出する／噴壺 霧吹き／噴香 香をふき出す／噴水 水をふく／噴雪 白く散る／噴泉 飛泉／噴漱 口を漱ぐ／噴騰 ふき上がる／噴礴 激蕩する／噴発 噴出する／噴鼻 鼻をつく／噴沸 沸く／噴噴 はげしく叱るさま／噴勃 はげしい怒気／噴沫 泡をふく／噴霧 霧をふく／噴門 胃の上口

↓咽噴・鯨噴・香噴・貪噴・跳噴・嚔噴・馬噴・奔噴・竜噴

常【墳】15 〔墳〕16 4418 フン ホン はか おか つつみ

篆文 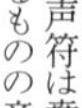

形声 声符は賁。賁に、中からもりあがる、ふくれるものの意がある。〔説文〕十三下に「墓なり」とあり、土を盛りあげた冢墓の類をいう。〔礼記、檀弓上〕「古は墓して墳せず」とあり、殷の陵墓は地下深くに作られ、戦国期のものにも直坑式のものが多い。孔子がその父母を合葬したとき、高さ四尺の封土としたと伝えられ、いくらか盛り土をする程度であった。墳丘・墳防のように、平面よりやや隆起したものをいう。

訓義 ①はか、はかのもり土。②おか、つつみ、がけ、きし。③す、なかす、しま。④大きい、高い、もりあがる。

古訓 〔和名抄〕墳墓 豆賀（つか）〔名義抄〕墳 ツカ・オホキナリ・ミツ・ウゴモル

語系 墳・濆 biuən は同声。濆は〔説文〕十一上に「水厓なり」とあって、水涯に自然に形成される小高いところをいう。濱（浜）pien、瀕 bien、邊（辺）pyen なども声義に通ずるところがあり、沿辺の境界をなすところをいう。

【墳塋】墓。〔後漢書、公孫瓚伝〕祭りて先人に辭し、觴を酹みて祝りて曰く、～當に日南に詣るべし。日南に瘴氣多し。恐らくは或いは還らざらん。便ち當に長く墳塋を辭すべし。

【墳衍】水涯と低地。〔周礼、地官、大司徒〕天下の土地の圖を以て、周く九州の地域・廣輪（広さ）の數を知り、其の山川・川澤・丘陵・墳衍・原隰の名物（産物）を辨ず。

【墳起】もり上がる。〔雑事秘辛〕私處墳起し、～火齊吐かんと欲す。此れ守禮謹嚴の處女なり。

【墳丘】古代の書。三墳・九丘。魏・応瑒〔文質論〕墳丘を皇代に覽み、不刊の洪制を建つ。

【墳墟】墳墓のあと。〔水経注、河水四〕又東南して司馬子長（遷）の墓北を逕ふ。墓前に廟有り、～是れ其の墳墟の在る所なり。

【墳籍】古書典籍。〔唐書、褚亮伝〕暇日毎に、訪ふに政事を以てし、墳籍を討論し、前載を権略し、常禮の閒無し。

【墳典】古代の書。三墳五典。〔左伝、昭十二年〕左史倚相、趨りて過ぎる。王曰く、是れ良史なり。是れ能く三墳五典・八索九丘を讀むと。

【墳墓】墓。〔墨子、七患〕生時には臺榭を治め、死して又墳墓を脩め、～府庫、内に單っく。

【墳陵】陵墓。〔後漢書、袁紹伝上〕（梁の孝王）墳陵尊顯なり。～（曹）操、吏士を率將し、親ら臨みて發掘し、棺を破り、尸を裸にし、金寶を掠取す。～士民、傷懷す。

【墳壟】墓。〔水経注、沔水上〕諸葛亮の死するや、遺令して、其の山に葬らしむ。因りて地勢に即っき、墳壟を起さず。唯だ深松茂栢、川阜に攢蔚し、基營の在る所を知るもの莫し。

↑墳庵 墓守の室／墳園 墓域／墳花 紙銭／墳窠 墓室／墳索 墳籍／墳策 墳籍／墳史 古史／墳寺 菩提所／墳首 大きな首／墳樹 墓樹／墳燭 大きなかがり火／墳然 従うさま／墳素 墳籍／墳沢 岡と沢／墳壇 墓の祭壇／墳地 墓所／墳池 堤／墳兆 墓域／墳冢 墓／墳土 墓つち／墳封 つか／墳腴 肥沃の地／墳塁 築きあげた墓／墳隴 墓

↓河墳・丘墳・墟墳・古墳・孤墳・皇墳・荒墳・黒墳・三墳・山墳・守墳・書墳・壌墳・先墳・典墳・白墳・方墳・封墳

常【憤】15 〔憤〕16 9408 フン いきどおる くるしむ もだえる

篆文 

形声 声符は賁。賁に、中から力が外にあらわれる意がある。〔説文〕十下に「懣ゆるなり」という。〔論語、述而〕「憤せずんば啓せず」とは、内に求める心が充実するまでは、啓発を与えないことをいう。憤怒・憤懣など、心の激発するをいう。

訓義 ①いきどおる、いかる、たかぶる。②くるしむ、もだえる。③さかん、みちる、みだれる。

古訓 〔名義抄〕憤 イカル・ウゴク・イキドホル・クンネル・カザル・ワヅラハシ・ムツカル 〔字鏡集〕憤 ミツ・ワヅラハシ・イキドホル・クンネル・ウゴク・カザル・イカル・タマフ・オモフ

語系 憤 biuən、忿 phiuən、悶 muən は声義近く、みな怒りもだえる意がある。また煩 biuan、懣 muan、悱 phiuəi も声の通ずるところがあり、もだえなげく意がある。

【憤恚】いきどおりいかる。〔唐書、姦臣上、李義府伝〕乾封元年、大赦す。獨り流人のみ、還ることを許さず。義府、憤恚して死せり。

【憤盈】怒りが積もる。〔後漢書、張奐伝論〕中官（宦）世と盛んにして、數十年閒に暴恣す。四海の内、切齒憤盈せざる莫し。～陳蕃・竇武、義を奮ひ謀を草む。～張奐、豎子に欺かれ、戈を揚げて以て忠烈を斷てり。

【憤怨】いきどおり怨む。〔後漢書、楊震伝〕震、前後上る所、轉た切至なる有り。帝、既に之れに平らかならず。樊豐等、皆側目憤怨するも、俱に其の名儒なるを以て、未だ敢て害を加へず。

【憤慨】いきどおりなげく。〔世説新語、仇隟〕王右軍（羲之）素より藍田（王述）を輕んず。～藍田、密かに從事をして、其の郡の諸の不法を數へしむ。～右軍遂に疾と稱して郡を去り、憤慨を以て終ることを致す。

【憤激】いきどおり気おう。明・焦竑〔李氏焚書の序〕宏甫（李贄）、快口直腸、目、一世を空しうす。憤激過甚、人の忤ふ者有ることを顧みず。

【憤死】いきどおり死ぬ。〔輟耕録、二十五、論秦蜀〕夫れ（曹）操の姦雄なるを以て、其の王、其の公、猶ほ必ず天子の

命を待つ。荀彧且つ此れを以て憤死す。（曹）丕の簒逆を以てするも、亦必ず獻帝の禪りを待てり。

【憤切】憤激する。〔老学庵筆記、一〕李荘簡公～言、時事に及ぶ毎に、往往憤切して興歎す。

【憤然】いきどおるさま。〔淮南子、人間訓〕孔子、易を讀んで損益（の卦）に至り、未だ嘗て憤然として歎ぜずんばあらず。曰く、益損は其れ王者の事なるかと。～利害の反は、禍福の門戸なり。

【憤歎】いきどおり嘆く。魏・嵆康〔幽憤詩〕嗈嗈たる鳴雁 翼を奮ひて北に遊ぐ 時に順ひて動き 意を得て憂ひを忘る 嗟我憤歎す 曾ち能く儔する莫し

【憤発】発奮。奮い起こす。魏・阮瑀〔曹公（操）の為に書を作りて孫権に与ふ〕之れに示すに禍難を以てし、之れを激するに恥辱を以てせば、大丈夫の雄心、能く憤發すること無からんや。

【憤悱】いきどおり、もだえる。〔論語、述而〕憤せずんば啓せず。悱せずんば發せず。一隅を擧げて、三隅を以て反せざれば、則ち復びせざるなり。

【憤憤】いきどおるさま。〔後漢書、斉武王縯伝〕王莽の漢を簒ひしより、常に憤憤として、社稷（国家）を復するの慮を懷き、家人の居業を事とせず、身を傾け產を破り、天下の雄俊に交結す。

【憤懣】いきどおりもだえる。漢・司馬遷〔任少卿（安）に報ずる書〕是れ僕、已を終ふる（死）まで、憤懣を舒べて以て左右に曉さずを得ずんば、則ち長逝者（死刑囚たる任安）の魂魄、私恨窮まること無からん。

【憤悒】（いふ）いきどおりうれえる。晉・趙至〔嵆茂斉に与ふる書〕命を知るに非ざるよりは、誰か能く憤悒せざる者有らんや。

【憤惋】いきどおり怨む。〔宋史、岳飛伝〕一日に十二金字牌（勅書）を奉ず。飛、憤惋して泣下り、東向再拜して曰く、十年の力、一旦に廢すと。

↑憤鬱 いぶせし／憤慍 いかる／憤焉 憤然／憤潰 いかる 心が乱れる／憤愾 憤慨／憤気 怒気／憤悁 いかる／憤恨 いきどおり怨む／憤叱 どなる／憤嫉 いきどおりねたむ／憤心 いかりの心／憤迅 奮迅／憤世 世をいきどおる／憤盛 内に満ちる／憤争 いきどおり争う／憤怒 憤怒 はげしくいかる／憤濤 怒濤／憤毒 怨む／憤怫 憤怒／憤悶 憤懣／憤踊 いきどおっておどりあがる／憤厲 いきどおってふるいたつ

↓哀憤・恚憤・鬱憤・怨憤・冤憤・憒憤・懷憤・慨憤・感憤・銜憤・気憤・愧憤・義憤・旧憤・激憤・狷憤・遺憤・孤憤・公憤・抗憤・恨憤・嗟憤・慙憤・私憤・愁憤・宿憤・舒憤・心憤・震憤・積憤・沮憤・躁憤・滞憤・嘆憤・恥憤・忠憤・痛憤・内憤・発憤・悱憤・悲憤・忿憤・勇憤・幽憤・悒憤・憂憤・余憤

常

【奮】16 4060

フン ふるう はげむ いさましい

篆文

金文

詛楚文
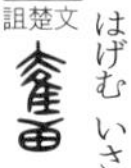

会意 金文の字形は衣＋隹＋田。金文の奪の字形は衣＋隹＋又（手）の会意字で、両者の字形に通ずるところがある。〔説文〕四上に「翬ぶなり」と大いに飛ぶ意とし、「奞の田上に在るに從ふ」と字形を解するが、それでは字の立意を説きがたい。金文の奮・奪がともに衣に従うのは、哀・衰（衰）・褱（懷）・睘（還）など、死喪の礼に関する字がみな衣に従うのと同じく、奮・奪も霊の与奪に関する字であり、隹は鳥形霊の観念を示すものとみてよい。奮字の従う田は、舊（旧）字の従う臼とともに、鳥を留めておく器の形と考えられる。これによって留止することを舊という。奮はその留止をしりぞけて奮飛する意。奪は奮飛し奪去することを示す字と考えられる。

訓義 ①ふるう、はばたく、とぶ、あがる。②はげむ、すすむ、きほう、さかん。③いさましい、つよい、たける。④いかる、いきどおる、ほこる。⑤うごく、ゆする。

古訓 〔名義抄〕奮 フルフ・アキラカニ 〔字鏡集〕奮 ウゴク・コハシ・イカル・アキラカナリ・フルフ・ノブ・トブ

語系 奮piuənは賁・焚biuənと声義近く、賁は内にあるものが勢いよく外にあらわれる意、焚は火勢が外にあらわれる意である。

【奮衣】衣の塵をはらう。振衣。〔礼記、曲礼上〕君の車將に駕せんとするときは、則ち僕は策を執り、～衣を奮ひ、右より上る。

【奮逸】ふるいたつ。奔放。魏・嵆康〔琴の賦〕盤桓として毓養し、從容として祕翫す。闥爾（急疾）として奮逸し、風駭き、雲亂る。

【奮苦】奮励して自ら苦しむ。清・鄭燮〔画題〕精神專一、奮苦すること數十年、神將って之れを相け、鬼將て之れを告げ、人將て之れを啓き、物將て之れを發く。

【奮激】感激して奮起する。宋・曾鞏〔徐孺子祠堂記〕天下、其の風を聞き、其の義を慕ふ者、人人感慨奮激し、印綬を解き、家族を棄て、骨肉相ひ勉め、死に趨きて避けざるに至る。

【奮死】死を決して奮戦する。〔韓非子、初見秦〕夫れ一人奮死せば、以て十に對すべし。十ならば、以て百に對すべし。

【奮迅】はげしくふるいたつ。〔後漢書、党錮、范滂伝論〕李膺～義を蘊みて風を生じ、以て流俗を鼓動す。～天下の士をして奮迅感槩し、波蕩して之れに從はしむ。～壯なる矣哉か。

【奮然】奮起するさま。宋・欧陽脩〔王彦章画像記〕事勢已に去る。諸將多く顧望を懷く。公獨り奮然として自必し、少しも屈懈せず。

【奮髯】ひげをふり動かす。得意のさま。晉・劉伶〔酒徳頌〕先生是に於て方に甖を捧げ槽を承け、杯を銜み醪に漱ぎ、髯を奮ひて踑踞す。

【奮藻】（さう）ふるって文辞につくる。晉・孫綽〔天台山に遊ぶの賦〕吟想の至りに任へず、聊か藻を奮ひて以て懷ひを散ず。

【奮怒】激怒する。魏・陳琳〔袁紹の為に予州に檄す〕呂后の季年に臻るに及び、產・祿（呂産・呂禄）政を專らにす。～是に於て絳侯・朱虛、兵を興して奮怒し、逆暴を誅夷す。

【奮発】ふるい発する。〔三国志、魏、司馬朗伝〕董卓悖逆し、天下の讐とする所と爲る。此れ忠臣義士、奮發するの時なり。

【奮飛】とび立つ。〔詩、邶風、柏舟〕心の憂ふる 澣はざる衣の如し 靜かに言に之れを思ひ 奮飛すること能はず

【奮臂】勇みたつ。漢・賈誼〔過秦論、中〕天下～自危の心を懷く。～是を以て、陳涉、湯武の賢を用ひず、公侯の尊を藉らず、臂を大澤に奮ひて、天下響應する者は、其の民危ければなり。

【奮武】武を奮う。〔詩、大雅、常武〕王、厥の武を奮ふ 震ふが如く、怒るが如し

【奮袂】決起する。〔淮南子、主術訓〕楚の莊王、文無畏の宋に死するを傷み、袂を奮ひて起つ。

【奮勇】勇を奮う。〔隋書、史祥伝〕（煬帝手詔）賊、爾日ごろ兩關の路を塞げり。～公、誠を竭くし勇を奮ひ、一擧にして剋定せよ。

【奮厲】自ら励ます。宋・曾鞏〔都官員外郎胥君墓誌銘〕君少くして孤、能く自ら奮厲し、學問に力め、工みに文章を爲る。

↑奮威 威をふるう／奮恚 怒る／奮意 励む心もち／奮気 勇をふるう／奮起 ふるいたつ／奮棄 ふりすてる／奮矜 奮揚する／奮擒 奮迅／奮撃 ふるいた

って敵を討つ／奮呼　大呼する／奮志　志をふるいおこす／奮翅　飛ぶ／奮辞　大言する／奮疾　速やかにゆく／奮首　疲れきる／奮袖　奮秧／奮竦　奮起する／奮翔　力をこめて飛ぶ／奮心　ふるいたつ心／奮振　伸展する／奮励する／奮訊　奮迅／奮戦　力戦する／奮張　奮戦する／奮蹄　奔馳する／奮討　健討する／奮闘　奮戦する／奮躍　勇躍する／奮涌　わきたつ／奮揚　発揚する／奮翼　力をこめて飛ぶ／奮雷　激雷／奮旅　挙兵／奮力　はげみつとめる／奮励　奮厲

↓感奮・譴奮・矜奮・亢奮・昂奮・興奮・自奮・振奮・迅奮・争奮・発奮・雷奮

【濆】 16 3418　フン ホン　みぎわ ほとり

篆文

形声　声符は賁。〔説文〕十一上に「水厓なり」とあり、みぎわをいう。また濆涌の意がある。

訓義　1みぎわ、ほとり、きし。2わく、水わく、わきうごく。3噴と通じ、はく。

古訓　〔名義抄〕濆　ワク・ミギハ・ホトリ・サムシ・シヅム・カフ・ウル・ホル　〔字鏡集〕濆　カス・ヒク・ワク・ミヅノホトリ・ミヅノキハ・ミギハ・カフ・サムシ・シヅム・ワクイヅミ・ウルホス・ホトリ

【濆薄】激蕩。磅礴。晋・郭璞〔山海経に注するの序〕夫れ宇宙の寥廓、群生の紛紜、陰陽の煦蒸、萬殊の區分を以て、精氣渾淆して、自ら相ひ濆薄し、遊魂靈怪、象に觸れて構へ、形を山川に流き、狀を木石に麗っくる者、惡んぞ言ふに勝ふべけんや。

↑濆衍　溢れる／濆激　噴涌する／濆泉　噴泉／濆旋　大渦／濆淖　大渦／濆瀑　波だつさま／濆発　涌出する／濆沸　涌出する／濆涌　涌出する／濆淪　水が波たち渦まく

↓渓濆・江濆・水濆・清濆・汀濆・溟濆・幽濆

【糞】 17 9080　フン　けがれ くそ はらう

篆文

会意　米＋華＋廾。米は屎の形、華は長い柄のある塵取り、廾は両手。両手で推して塵を棄除することをいう。〔説文〕四下に「棄除するなり」とし、「廾に從ふ。華を推し、釆を棄つるなり」とする。釆は獣爪の象で、掌の部分を加えると番となり、膰の初文。糞の従うところは米の形で屎、糞屎を糞といい、これを除くことをまた糞という。〔説文〕にまた〔官溥説〕を引いて「米に似て米に非ざる者は矢なり」とあって、矢は屎。この説がよい。矢の本字は菌に作り、糞屎の象。〔礼記、曲礼上〕「長者の爲に糞するの禮」とは、長者の前で塵をとるときの心得をいう。

訓義　1けがれ、くそ、こえ。2けがれをとる、けがれをのぞく、はきとる、はらう。3つちかう、こえする。

古訓　〔和名抄〕糞　辨色立成に云ふ、糞堆、阿久太布（あくたふ）〔名義抄〕糞　クソ・アクタ　〔篇立〕糞　キタナシ・ニケタリ・クソ

【糞溷】くそつぼ。〔梁書、儒林、范縝伝〕人の生は、譬へば一樹の花の如し、同に一枝に發き、倶に一蔕に開き、風に隨つて墮つ。自ら簾幌を拂うて、茵席の上に墜つる有り。自ら籬牆に關かりて、糞溷の側に落つる有り。

【糞洒】掃除し水をそそぐ。〔周礼、夏官、隷僕〕隷僕は五寢の埽除・糞洒の事を掌る。

【糞除】掃除。〔後漢書、第五倫伝〕名姓を變へて自ら王伯齊と稱し、鹽を載せて太原・上黨に往來し、過ぐる所輒ち糞除を爲して去る。

【糞牆】穢上の牆。腐れ牆。〔論語、公冶長〕宰予、晝寢ぬ。子曰く、朽木は雕るべからざるなり。糞土の牆は朽るべからざるなりと。

【糞壌】堆肥。〔論衡、率性〕夫れ肥沃境埆は、土地の本性なり。～深耕細鋤、厚く糞壌を加へ、勉めて人工を致し、以て地力を助く。

【糞土】腐った土。宋・蘇軾〔（末子）過、海舶に於て（長子）邁の寄書、酒を得て詩を作る。～其の韻を用ひて一篇を賦し、并せて諸子姪に寄す〕詩　但だ文字をして還た世を照らさしめば　糞土腐餘（世俗の事）、安んぞ夢みるに足らん

【糞穢】くそなどのけがれ。〔隋書、酷吏、田式伝〕悉く地牢中に禁（錮）し、糞穢に寝處し、其れをして苦毒せしむ。身、死するに非ざるよりは、終に出づることを得ず。

↑糞灌　植え付ける／糞丸　汗穢／糞棋　ざる碁／糞箕　塵取り／糞叉　乾屎橛、くそかきべら／糞渣　糞肥／糞廁　かわや／糞車　肥料を運ぶ車／糞治　施肥／糞田　施肥／糞尿　大小便／糞便　糞尿／糞門　肛門

↓遺糞・牛糞・犬糞・除糞・人糞・芻糞・掃糞・脱糞・担糞・泥糞・馬糞

【羵】 19 8458　フン

形声　声符は賁。〔淮南子、氾論訓〕に「井に羵羊を生ず」とあって、土中の怪をいう。〔国語、魯語下〕に「季桓子、井を穿ちて土缶の如きを獲たり。其の中に羊有り。之れを仲尼（孔子）に問はしめて曰く、吾れ井を穿ちて狗を獲たり、何ぞやと。對へて曰く、丘の聞く所を以てするに、羊ならん。丘、之れを聞けり。木石の怪を夔・罔兩と曰ひ、水の怪を龍・罔象と曰ひ、土の怪を羵羊と曰ふと」とみえる。〔広雅、釈天〕に「土神、之れを羵羊と謂ふ」とあり、羵羊のことは、孔子の博学を示す説話の一である。

訓義　1羵羊、土中の怪物。

【羵羊】土中の怪。〔淮南子、氾論訓〕水に罔象（水の精）を生じ、～井に羵羊を生ずるは、人之れを怪む。聞見鮮くして、物を識ること淺ければなり。

↑羵首　大首

↓井羵

【鼖】 19 4014　［韇］ 22 4458　フン　たいこ じんだいこ

篆文

形声　声符は賁の省文。賁は卉に従う字で、卉に大の意がある。〔説文〕五上に「大鼓、之れを鼖と謂ふ」とあり、〔爾雅、釈器〕の文。また「鼖は八尺にして兩面、以て軍事に鼓す」とあるのは、〔周礼、地官、鼓人〕の文である。〔書、顧命〕は周王朝の古い即位継体の儀礼を記すもので、多くの陳設の器とともに、「大貝鼖鼓」を陳設することがみえる。

訓義　1たいこ、両面をうつ太鼓。2じんだいこ、軍鼓。3字はまた韇・賁に作る。

古訓　〔名義抄〕鼖　オホヅツミ・四ノツ、ミ

【鼖鼓】陣太鼓。〔周禮、地官、鼓人〕六鼓四金の音聲を教へ、以て聲樂を節し、以て軍旅を和し、以て田役を正すことを掌る。～鼖鼓を以て軍事に鼓す。

【鼖晋】鼖鼓と晋鼓。晋鼓は六尺六寸の太鼓。唐・柳宗元〔嶺南節度使饗軍堂記〕幢牙茸纛、金節析羽、～咸く下に飾り、鼓するに鼖晉を以てし、金（声）するに鐸鐃を以てす。

↓征鼖

【擌】 20 5908　フン　はく

形声　声符は糞。糞をそのまま掃除の意に用いることもあるが、擌はその動詞的な字で、掃除することをいう。

訓義　1はく、はききよめる、はらう。2字はまた坌・拚に作る。

↑攤除 掃除
↓灑攤

【餴】20 8474 ［饙］22 8478 フン むしめし

篆文 金文

形声 声符は奔。奔に賁の声がある。〔説文〕五下に「飯に脩ぐなり」（段注本）とあり、水を加えて一たび蒸した米をいう。金文の器銘に「餴段」「餴鼎」「餴盤」のように自ら器名をしるすものがあり、餴は祭名としてそえられたものと思われる。周初の〔叔隋器〕に「隹れ王、初めて成周に奔す」に「隹れ王、宗周に奔す」、〔盂爵〕に「隹れ王、初めて成周に奔す」とあり、餴はその祭饌の炊きかたを示す字であろう。〔玉篇〕には「半蒸の飯」であるという。字はまた賁に従って饙に作る。

訓義 ①むしめし、むす、祭に供える。②半むしのめし。③字はまた、饙に作る。

↑餴段 飯をいれる食器の段（簋）/餴鼎 食事に用いる鼎/餴盤 食事に用いる盤

【饙】22 8478 ［餴］20 8474 フン むす にる

篆文

形声 声符は賁。〔説文〕五下餴字条に「飯に脩ぐなり」（段注本）とあり、蒸しなおすこと。その条に別体の二字を録している。

訓義 ①むす、むしなおす。②にる。

古訓 〔名義抄〕饙・餴 ニギハフ/餥饙 カタカシキノイヒ 〔字鏡集〕饙 カタカシキノイヒ・ウクスイヒ

ブン

常【分】4 8022 〖分〗4 8022 ブン フン わかつ わける はなれる きまり さだめ

篆文 甲骨文 金文

会意 八（八）＋刀。八は両分の形。刀でものを両分する意。〔説文〕二上に「別つなり」とし、「刀は以て物を分別するなり」という。分割・分異の意より、その区分に従うこと、身分・名分などの意となる。

訓義 ①わかつ、わける、二分する。②はなれる、へだてる、ことにする、ばらばらになる。③ちがい、くべつ、きまり、さだめ、つとめ。④ものの単位、長さ、重さ、角度、時間。

古訓 〔名義抄〕分 ワカツ・ワク・ワカレタリ・コトハリ・ヒトシウス・イサ、カバカリ・アキラカナリ・アカル・ケヂメ・アタフ・ホド・シバラク・ヒトリ/大分 オホムネ/不分 ネタマシカ・ネタイカナ/随分 ナフサ/〈 〔字鏡集〕分 コトハリ・タ、ス・アキラカナリ・イタス・ワカツ・ナカバ・ホドコス・アミ・アカル・ケチメ・イサ、カバカリナリ・ヒトヘニ・コ、ロフカシ・ヒトシウス・ワカレタリ・ヒトシ・ヘダツ・シバラク・カギル・アタフ・ホド・オホキナリ・ワキマフ・ヒトリ・ウタ

声系 〔説文〕に分声として、氛・釁・盼・芬・貧（貧）・粉（粉）・份・忿・扮・紛（紛）など二十五字を収める。おおむね細分するもの、勢いよく分散するものの意がある。釁を〔説文〕三上に分の亦声とするが、釁は酒器を倒さまにして頭上にそそぎ、灌鬯をする形で、分の部分は、人の側身形の上に鬯酒のふりかかる形である。

語系 分piuanは半（半）puanと声義近く、判（判）・泮phuan、辨（弁）bianも両分・分別することをいう。別biatは骨を解く意で、分解することをいう。分与することを頒（頒）peanという。

【分異】 分かつ。〔史記、商君伝〕民に二男以上有りて分異せざる者は、其の賦を倍にす。

【分陰】 わずかの時間。〔晋書、陶侃伝〕大禹は聖者なるも、乃ち寸陰を惜しみたり。衆人に至りては、當に分陰を惜しむべし。

【分韻】 韻字を分かちあって詩を作る。「某韻を得たり」「某字を得たり」のように題することが多い。唐・白居易〔花楼望雪～〕詩 素壁聯題す、分韻の句 紅爐巡飲して、寒杯を暖む

【分解】 解く。〔後漢書、皇后上、明徳馬皇后紀〕時に諸將の奏事及び公卿の較議、平め難き者、帝數以て后に試む。后輒ち趣理を分解し、各其の情を得しむ。

【分岐】 わかれ。〔魏書、景穆十二王下、南安王楨伝〕高祖、楨を華林の都亭に餞す。詔して曰く、～今者の集は、分岐（岐）と曰ふと雖も、實は曲宴爲り。並な詩を賦し意を申ぶべし～と。

【分器】 宝器を分かち、封建する。〔書、逸書分器序〕武王既に殷に勝ち、諸侯に邦せしめ、宗彝（祭祀用の青銅器）を班つ。分器を作る。

【分形】 形を分かつ。〔顔氏家訓、兄弟〕兄弟なる者は、形を分ち氣を連ぬるの人なり。～學ぶには則ち業を連ね、游ぶには則ち方を共にす。

【分際】 けじめ。分限。〔史記、儒林、公孫弘伝〕天人の分際を明らかにし、古今の義に通じ、文章爾雅、訓辭深厚、恩施甚だ美なり。

【分散】 わける。ばらばら。唐・杜甫〔月夜、舎弟を憶ふ〕詩 弟有るも皆分散し 家の死生を問ふ無し 書を寄するも長く達せず 況んや乃ち未だ兵を休めざるをや

【分施】 分け施す。〔荀子、非十二子〕古の所謂仕士なる者は、～富貴を樂しむ者なり。分施するを樂しむ者なり。～獨り富むを羞づる者なり。

【分賜】 分かち与える。〔三国志、蜀、先主伝〕進みて、成都を圍むこと數十日、（劉）璋、出でて降る。～先主置酒して、大いに士卒に饗し、蜀の城中の金銀を取りて、將士に分賜し、其の穀帛を還す。

【分手】 別れる。唐・高適〔李少府の峡中に貶せられ、王少府の長沙に貶せらるるを送る〕詩 聖代即今、雨露多し 暫時手を分つも躊躇すること莫かれ

【分銖】 一分一銖。微量。少利。〔史記、大宛伝〕大宛より以西、安息に至るまで、～其の人皆深眼、鬚髯多く、市買を善くし、分銖を爭ふ。

【分処】 わけておく。分置。〔漢書、霍去病伝〕異國の王三十二を降す。戰士の傷に離からざるもの、十萬の衆、畢く懷きて集服す。～乃ち降者を邊の五郡、故塞の外に分處せしむ。皆、河南に在り。

【分職】 職務を分かつ。〔周礼、地官、序官〕官を設け、職を分ち、以て民の極と爲す。

【分身】 一個の身から分かれ出た人。宋・蘇軾〔黄魯直の、伯時の画く王摩詰に書すに次韻す〕詩 詩人と畫手と 蘭菊、春秋に方ふ 又恐る兩つながら皆是にして 分身來りて入り流るるを

【分析】 細かく分解する。〔隋書、芸術、楊伯醜伝〕嘗て張永樂といふ者有り。京師に賣卜す。～永樂卦を爲して決する能はざる者有れば、伯醜輒ち爲に爻象を分析し、幽を尋ね微に入る。

【分陝】 周初、周・召二公が陝の東西を分治した。南斉・王融〔永明十一年、秀才に策する文〕又問ふ、昔者、賢牧分陝し、良守共に治む。

【分疏】弁解。〔輟耕録、十一、分疏〕人の自ら其の事の是否を辨白する者を、俗に分疏と曰ふ。

【分争】争いごとを判別する。〔礼記、曲礼上〕爭を分ち訟を辨ずるも、禮に非ざれば決せず。

【分題】各人題を定めて詩を作る。〔滄浪詩話、詩体〕古人題を分ち、或いは各〻一物を賦す。某人を送るに題を分ちて某物を得たりと云ふが如きなり。或いは探題と曰ふ。

【分定】本分がある。〔孟子、尽心上〕君子の性とする所は、大いに行はるると雖も加へず、窮居すと雖も損せず。分定まるが故なり。

【分別】部分け。漢・許慎〔説文解字叙〕分別部居、相ひ雜廁せず、萬物咸く覩はれ、兼載せざる靡し。

【分謗】非難。責任を分かちあう。〔左伝、宣十二年〕楚の師方に壯かんなり。若し我に萃らば、吾が師必ず盡きん。收めて之れを去るに如かず。謗りを分ち民を生かしむ、亦た可ならずや。

【分封】諸侯とする。封建。〔史記、夏紀論賛〕禹は姒姓爲たり。其の後分封せられ、國を用つて姓と爲す。故に夏后氏・有扈氏～有り。

【分明】はっきりする。唐・王昌齢〔長信（宮の秋）詞、五首、四〕詩 火は西宮を照らして、夜飲を知る 分明なり、複道に恩を奉ぜし時

【分門】部門別。〔旧唐書、柳仲郢伝〕退公布巻、晝夜を捨かず。九經三史は一鈔し、魏・晉已來、南北史は再鈔す。手鈔分門三十巻、柳氏自備と稱す。～小楷精謹、一字の肆筆無し。

【分野】中国全土を二十八宿に配した分域。〔国語、周語下〕歲（木星）の在る所は、則ち我が有周の分野なり。月の在る所は、辰馬農祥なり。

【分理】すじみち。文脈。〔南史、謝荘伝〕左氏の經傳を分ち、國に隨つて篇を立て、木の方丈なるを製り、山川土地を圖し、各〻分理有り。之れを離せば州郡殊別となり、之れを合すれば則ち宇內一と爲る。

【分流】分かれ流れる。支流。〔漢書、西域下、車師前国伝〕車師前國、王治（都）は交河城。河水分流して城下を繞る。故に交河と號す。～戶七百。

【分量】多寡。また、分限。力量。〔宋史、后妃上、英宗宣仁聖烈高皇后伝〕后の弟殿內崇班士林、供奉すること久し。帝其の官を遷さんと欲す。后謝して曰く、士林朝籍に升ることを獲て、分量已に過ぎたりと。～之れを辭せり。

【分隷】分けて管理する。〔夢渓筆談、故事一〕前世の藏書、數處に分隷す。蓋し水火の散亡を防ぐなり。今三館祕閣、凡そ四處に書を藏す。然れども同に崇文院に在り。其の閒、官書多く人に盜竊せらる。士大夫の家に、往往之れを得たり。

【分裂】ひき裂く。ばらばらになる。〔礼記、月令〕（季秋の月）冬令を行ふときは、則ち國に盜賊多く、邊竟寧からず、土地分裂す。

↑分位 分置／分紜 紛紜／分秧 田植え／分乖 分離する／分界 境界／分外 過分／分隔 隔てる／分劃 区分／分割 分ける／分甘 相楽しむ／分管 分けて管理する／分期 時期区分／分義 分限／分居 別居する／分境 境界／分鏡 離縁／分暁 夜明け／分局 支局／分均 均分／分襟 別れる／分区 区分／分権 権を分かつ／分限 身分／分光 恵む／分功 功を分ける／分毫 僅か／分国 国分け／分座 席を分かつ／分歳 年越し／分剤 匙加減／分索 離別する／分錯 ばらばらとなる／分爨 分居する／分至 春分・秋分と夏至・冬至／分次 順次／分日 半日／分守 職分／分售 分売する／分書 八分書／分振 救う／分親 分家／分水 分水界／分寸 少々／分席 席をわける／分説 詳しく説く／分訴 弁解する／分曹 組分け／分贓 贓品を分配する／分族 支族／分宅 分居／分磔 磔裂／分担 分けもつ／分段 分けかた／分地 分土／分直 身分／分庁 支庁／分鼎 三分の計／分途 岐路／分土 土地を分与する／分度 度合い／分頭 別れ／分内 分限内／分年 分期／分派 分かれ／分背 背く／分白 明白／分撥 分配する／分半 半分分け／分班 組分け／分藩 分封／分泌 排出する／分秒 寸時／分付 割当て／分布 広がる／分賦 割当て／分袂 別れる／分弁 わかつ／分娩 出産する／分剖 あかす／分崩 離散する／分脈 分派／分憂 ともに憂える／分与 わかつ／分賚 分賜する／分釐 些少／分離 わける／分領 分掌する／分類 類わけ／分列 並べる／分路 別れる

↓安分・按分・一分・応分・瓜分・過分・涯分・気分・岐分・暁分・局分・均分・襟分・口分・区分・検分・才分・細分・三分・四分・時分・銖分・秋分・十分・充分・宿分・春分・処分・条分・常分・職分・随分・寸分・成分・星分・積分・節分・存分・多分・大分・中分・通分・定分・鼎分・天分・当分・等分・二分・派分・配分・八分・半分・微分・百分・布分・部分・平分・剖分・本分・未分・名分・命分・明分・夜分・余分・養分・利分・両分・領分・隷分

常

【文】

4 / 0040　〔文〕 4 / 0040　［彣］ 7 / 0240

ブン モン
あや もよう かざり ふみ

金文　篆文　甲骨文

象形 文身の形。卜文・金文の字形は、人の正面形の胸部に文身の文様を加えた形。文様には×や心字形を用いる。〔説文〕九上に「錯はれる畫なり。交文に象る」と交画の象とするが、字の全体は人の正面形である。〔書、大誥〕に「前寧人」「寧王」などの語がみえるが、文身として文に心字形を加えた形を寧（寧）とよみ誤ったもので、「前文人」「文王」とよむべきところである。凶礼のときには×形を胸廓に加えるので、凶・兇・匈・胸は一系の字。また婦人を葬るときなどに両乳をモチーフとして加え、爽・爾・奭はその象。みな美しい意がある。儀礼の際には朱で加え、爽明の意となる。元服を示す彥は旧字は彥に作り、産は彥に作る。その文は、厂（額）に文身を加える意で、産は生子の額にアヤツコをしるす意。額に文身を加えたものを顔（顏）という。中国の古代に文身の俗があったことは卜文によって明らかであり、のち呉・越・東方の諸族には、長くその俗が残された。

訓義 [1]文身、通過儀礼として、からだに文様を施す。いれずみ。[2]あや、まだら、もよう、いろどり、かざり。[3]あらわれ、すじ、みち。[4]もじ、ふみ、ことば。[5]みやびやか、文徳。[6]学問、技芸。[7]忞と通じ、つとめる。[8]紊と通じ、みだれる。[9]字はまた彣に作る。

古訓 〔名義抄〕文 ヒカリ・カザル・モトロク・モトロカス・フミ・アヤ・オゴク・マダラ・ウルハシ 〔字鏡集〕文 ヒカリ・マダラク・オモフ・マダラ・ウルハシ・アヤ・モトロク・オゴク・フミ・カザル・ヱガク

部首 〔説文〕に斐（斐）・辬・嫠の三字を属し、別に彣部を立てて彥を属する。みな文彩の意がある。〔玉篇〕文部に斕・斌など四字を加える。斌は彬の異文である。

語系 文・紋（紋）・彣・駇・紊miuənは同声。駇は赤鬣縞身、目は黄金のごときものであるという。紊はまた棼biuən、紛

（紛）phiuanと声義近く、これらはもと一系の語である。

【文案】 下書き。草稿。晋・陸機〔張士然（悛）に答ふ〕詩 終朝、文案を理め 薄暮、瞑るに遑あらず

【文茵】 車上の虎の皮のしきもの。〔詩、秦風、小戎〕文茵、暢轂（長い轂） 我が騏馵（馬）に駕す

【文蔚】 あやが美しく盛ん。〔易、革、象伝〕君子豹變すとは、其の文、蔚たるなり。

【文運】 学問・文化の気運。〔清史稿、聖祖紀一〕（十七年春正月）乙未、詔して曰く、一代の興るは、必ず博學鴻儒、文運を振起し、經史を闡發し、以て顧問に備ふる有り。

【文苑】 文学界。文壇。〔文心雕竜、才略〕夫の後漢の才林を觀るに、西京（前漢）に參ずべし。晉世の文苑は、鄴都（魏）に儷ぶに足る。

【文化】 文物教化。前蜀・杜光庭〔鶴鳴、枯樹を化して再生せしむるを賀する表〕陛下、圖に膺り運を啓き、紀を握り天を承け、文化を修めて遐荒を服し、武威を耀やかして九有を平らぐ。

【文華】 文化・文章の美しさ。梁・昭明太子〔文選の序〕其の讚論の辭采を綜緝し、序述の文華を錯比するが若き、事は沈思に出で、義は翰藻に歸す。故に夫の篇什と、雜へて之れを集む。

【文雅】 詩文に通じ、風雅であること。漢・揚雄〔劇秦美新〕是こを以て、祕府を發き、書林を覽る。遙かに文雅の囿に集まり、禮樂の場に翺翔す（自在に遊ぶ）。

【文格】 文の格調・風格。宋・陸游〔入蜀記、四〕韓吏部（愈）・柳柳州（宗元）に至りて、大いに文格を變じ、學者翕然として慕ひ從ふ。然れども駢儷（四六文）の作、終に亦た衰へず。

【文学】 学芸。学問。また、詩文・小説・戯曲などの作品。〔三国志、魏、王粲伝〕始め文帝、五官將と爲り、平原侯植と、皆文學を好む。

【文軌】 文字と車輪の幅。天下を統一し、両者を一定する。〔晋書、謝安伝〕安、方に文軌を混一にせんと欲し、上疏して自ら北征せんことを求む。

【文教】 文事で教化する。〔申鑒、政体〕文教を宣べて以て其の化を章かにし、武備を立てて以て其の威を秉る。

【文句】 文章・章句。〔世説新語、文学〕郭象～（向）秀の義（荘子注）の世に傳へざるを見、遂に竊みて以て己の注と爲し、乃ち自ら秋水・至樂の二篇に注し、馬蹄の一篇を易ふ。其の餘の衆篇は、或いは文句を定點するのみ。

【文契】 証文。借用証。〔後漢書、樊宏伝〕（父、重）年八十餘もて終る。其の素も假貸する所、人閒（世間）數百萬、遺令して文契を焚削せしむ。責（債）家（借用者）の聞く者皆慙ぢ、爭ひ往きて之れを償ふ。諸子、勑めに從ひ、竟に肯へて受けず。

【文芸】 文章技芸。〔大唐新語、七、知微〕士の遠を致すは、器識を先にして文藝を後にす。（王）勃等、才名有りと雖も、浮躁淺露なり。

【文献】 典籍と賢者。制度・文物を検証するもの。〔論語、八佾〕夏の禮は吾れ能く之れを言ふも、杞（夏の後）は徵するに足らざるなり。殷の禮は吾能く之れを言ふも、宋（殷の後）は徵するに足らざるなり。文獻足らざるの故なり。

【文豪】 文筆の大家。〔帰田録、一〕楊大年（億）～揮翰飛ぶが如く、文に加點せず。～頃刻の際、數千言を成す。眞に一代の文豪なり。

【文采】 文彩。唐・杜甫〔丹青引〕詩 英雄、割據、已んぬと雖も 文采、風流、今尙ほ存す

【文彩】 あやがある。また、文章が美しい。漢・司馬遷〔任少卿（安）に報ずる書〕隱忍して苟くも活き、糞土の中に幽せられて辭せざる所以の者は、私心、盡さざる所有り、鄙陋にして世を沒へ、文彩の後世に表はれざるを恨めばなり。

【文思】 治世の経綸。〔書、堯典〕文思、安安たり。〔馬融注〕天地を經緯する、之れを文と謂ひ、道德純備なる、之れを思と謂ふ。

【文詞】 文辞。唐・韓愈〔柳子厚（宗元）墓誌銘〕其の子厚の口講指畫して文詞を爲る者は、悉く法度の觀るべき有り。

【文字】 ことばをしるす記号。中国ではいわゆる漢字。漢・許慎〔説文解字叙〕倉頡の初めて書を作るや、蓋し類に依り形に象る。故に之れを文と謂ふ。其の後形聲相ひ益す。即ち之れを字と謂ふ。

【文事】 学問・儀礼など。〔穀梁伝、定十年〕文事有りと雖も、必ず武備有り。

【文辞】 文詞。記述。〔史記、伯夷伝〕余が聞く所を以てするに、（許）由・（務）光、義至りて高し。其の文辭、少しも概見せざるは何ぞや。

【文質】 表現と内実。〔論語、雍也〕子曰く、質、文に勝るときは則ち野（粗野）なり。文、質に勝るときは則ち史（はで）なり。文質彬彬（調和して美しい）として、然る後に君子なり。

【文弱】 文事にふけり、軟弱。〔宋書、殷琰伝〕休祐、琰に與ふる書に曰く、君本も文弱、素より武幹無し。～且つ名器清顯、應に復た分外の希覬有るべからず。～幸ひに自ら之れを思へ。

【文繡】 あや。ぬいとりの美服。〔孟子、告子上〕詩に云ふ～既に飽くに德を以てすと。～令聞廣譽、身に施す。人の文繡を願はざる所以なり。

【文書】 書類。書籍。〔史記、秦始皇紀論賛〕（賈誼、過秦論）秦王、貪鄙の心を懷き、自奮の智を行ひ、～王道を廢し、私權を立て、文書を禁じ、刑法を酷にす。

【文章】 あやがあること。制度文物のすぐれていること。内面の徳が威儀にあらわれること。また、文辞。表現。魏・文帝〔典論、論文〕蓋し文章は經國の大業、不朽の盛事。年壽は時有りて盡き、榮樂は其の身に止まる。二者は必至の常期あり、未だ文章の無窮なるに若かず。

【文飾】 飾る。表面をいつわり飾る。〔南史、恩倖、孔範伝〕（陳）後主、性愚狠にして、過失を聞くを惡む。惡事有る毎に、範、必ず曲げて文飾を爲し、稱揚贊美す。

【文臣】 文官。一般の官吏。〔宋史、岳飛伝〕或ひと問ふ、天下何れの時か太平ならんと。飛曰く、文臣、錢を愛せず、武臣、死を惜しまずんば、則ち天下太平ならんと。

【文身】 入墨。絵身。〔礼記、王制〕東方を夷と曰ふ。被髮文身、火食せざる者有り。

【文人】 文徳ある人。また、文士。魏・文帝〔典論、論文〕夫れ文人の相ひ輕んずるは、古よりして然り。傅毅の班固に於ける、伯仲の閒のみ。而るに固、之れを小とす。

【文石】 文様のある美しい石。〔西京雑記、六〕魏の襄王の冢、皆文石を以て槨と爲す。高さ八尺許。廣狹四十人を容る。手を以て槨を捫すに、滑液新たなるが如し。～棺柩を見ず。

【文体】 文章の体様・様式。〔宋書、謝霊運伝論〕漢より魏に至るまで四百餘年、辭人才子、文體三變す。

【文壇】 文士仲間の社会。文苑。〔明史、文苑三、帰有光伝〕時に王世貞、文壇に主盟たり。有光力めて相ひ觝排（おしのけ、排斥）し、目づけて妄庸巨子と爲す。

【文徳】 文治の徳。礼楽などをいう。〔書、大禹謨〕帝乃ち誕いに文德を敷き、干羽を兩階に舞はしむ。七旬にして有苗（苗族）格る。

【文筆】文章。また、有韻・無韻の文。〔文心雕竜、総術〕今の常言に、文有り、筆有り。以為らく、韻無き者は筆なり、韻有る者は文なりと。
【文武】文徳と武功。〔詩、小雅、六月〕文武なる吉甫(尹吉甫) 萬邦、憲と爲す
【文舞】雅楽舞踏の一。〔唐書、礼楽志十一〕初め隋に文舞・武舞有り。祖孝孫に至りて樂を定め、文舞を更めて治康と曰ひ、武舞を凱安と曰ふ。舞者各々六十四人。
【文物】文化を示すもの。礼楽制度。唐・杜牧〔宣州開元寺水閣に題す〜〕詩 六朝の文物、草、空に連なる 天淡く雲閒かにして今古同じ
【文房】文書を司る処。また、書斎。〔南史、趙知礼伝論〕趙知禮・蔡景歷、陳武經綸の日に屬し、文房書記の任に居る。此れ乃ち宋・齊の初、傅亮・王儉の職なり。
【文墨】文筆。〔史記、蕭相国世家〕臣等〜多き者は百餘戰、少なき者も數十合なり。〜今、蕭何は未だ嘗て汗馬の勞(戦場のはたらき)有らず。徒だ文墨を持し、議論して戰はず、顧反つて臣等の上に居るは何ぞや。
【文明】文采のあること。文化の行われる世。宋・司馬光〔范景仁に呈す〕詩 朝家の文明、及ぶ所遠し 今に於て臺閣、尤も蟬聯(文才相継ぐ)
【文雄】著名な文人。〔論衡、佚文〕光武中興するも、修存未だ詳らかならず。孝明の世、文人を好み、竝びに蘭臺の官(史官)を徵し、文雄會聚す。
【文理】文章条理。〔中庸、三十一〕寬裕溫柔、以て容有るに足り、〜齊莊中正、以て敬有るに足り、文理密察、以て別有るに足る。
【文林】学者の集まるところ。文苑。〔後漢書、崔駰伝論〕崔氏世〻美才有り。兼ねて典籍に沈淪するを以て、遂に儒家の文林と爲る。

↑文按 文案/文移 公文の通牒/文意 文義/文英 英才/文会 詩酒の会/文絵 画く/文繢 彩る/文官 官吏/文巻 答案/文翰 文書/文綺 彩った帛/文義 文の意義/文業 文事/文禽 雉や孔雀/文錦 あや錦/文具 文房具/文傑 文豪/文件 書類/文券 借用書/文軒 飾り車/文語 文章語/文巧 文を飾る/文考 亡父/文行 学問徳行/文稿 草稿/文才 文章の才/文綵 あやぎぬ/文冊 帳簿/文士 文人/文史 文学と歴史/文車 文軒/文酒 詩酒/文儒 文雅の儒/文象 天文気象/文情 文の趣/文場 文壇/文燭 南天の実/文縟 繁文/文陣 文壇/文声 文名/文星 文運の星/文勢 文の勢い/文籍 書籍/文祖 先祖/文疏 請願書/文組 くみ紐/文宗 文豪/文窗 飾り窓/文藻 文才/文則 句法や文法/文談 文話/文治 教化の治/文致 文の趣/文冢 ふみ塚/文牒 文書/文鎮 おもし/文通 文法/文典 文法/文牘 公文書/文派 文学の流派/文旆 儀仗旗/文貝 美しい貝/文莫 勉強/文範 模範文/文繁 繁文/文備 文の用意/文廟 孔子廟/文豹 豹文/文布 あや布/文府 図書の府/文柄 文壇の指導権/文炳 美麗/文圃 文苑/文簿 帳面/文氓 教養のある流民/文貌 行儀/文報 報告/文鋒 文の気勢/文朴 文質/文魔 文学狂/文脈 文の流れ/文名 文才の名/文盲 無文/文友 詩文の友/文囿 文苑/文遊 詩文の遊/文誉 文名/文螺 ほら貝/文吏 文官/文履 飾り履/文律 法文律令/文流 作家/文礼 礼容

↓案文・移文・遺文・懿文・郁文・一文・逸文・允文・韻文・衍文・艶文・華文・雅文・回文・廻文・学文・漢文・願文・綺文・戯文・経文・今文・金文・錦文・空文・契文・芸文・檄文・欠文・言文・原文・古文・互文・公文・甲文・弘文・好文・高文・構文・告文・国文・左文・祭文・彩文・作文・散文・死文・斯文・詩文・時文・主文・守文・呪文・祝文・修文・繡文・重文・述文・序文・昭文・掌文・上文・冗文・条文・縄文・織文・縟文・深文・人文・崇文・正文・成文・省文・誓文・節文・撰文・全文・前文・藻文・達文・脱文・単文・地文・弔文・程文・綴文・天文・典文・篆文・同文・能文・佩文・売文・白文・博文・跋文・斑文・煩文・繁文・秘文・碑文・美文・不文・浮文・舞文・複文・黻文・秉文・炳文・変文・駢文・朴文・本文・無文・名文・明文・訳文・右文・雄文・律文・礼文・例文・麗文・儷文・弄文・勒文・論文・和文

【彣】 7 0240 ブン あや うつくしい

篆文

会意 文(文)+彡。文は文身。彡はその文彩あることを示す。彦(彦)は元服のとき額に文身を加える意で、同じく彡に従う。〔説文〕九上に「戫あるなり」とし、有(有)部七上に「戫は文章有るなり」という。戫はいま郁に作る字である。〔論語、八佾〕「周は二代に監みて、郁郁乎として文なる哉」を、〔古論語〕に「戫戫」に作る。青と赤とで文彩を施す意。文章はもと彣彰に作り、文身の美をいう語であった。文は文身、章(章)はその文身を施す針の形で、辛に墨だまりを加えて章となる。

訓義 ①あや、うつくしい。②青と赤とで彩色する。青・赤は文身に用いる色である。

語系 文・彣 miuən は同声。文は文身、彣はその美をいう。文身の美よりして、すべて文彩のあることをいう。

＊語彙は文字条参照。

↑彣彰 文章

【抆】 7 5004 ブン ぬぐう

形声 声符は文(文)。〔広雅、釈詁二〕に「拭ふなり」とあり、払拭することをいう。

訓義 ①ぬぐう、ふく、ふきとる。②こする、みがく。③ふせぐ、こばむ。

古訓 〔名義抄〕抆 ノゴフ・スル・ヤシナフ・マク・カス・ヒラ・カヒ 〔篇立〕抆 ノゴフ・ナク・ヲサム・ヒク 〔字鏡集〕抆 ソ(ノ)ゴフ・マイル・ヒラ・ヤシナフ・カス・カナシブ・ヒク・スル

↑抆拭 ふきとる/抆飾 飾る/抆涙 涙ふく

常 【蚊】 10 5014 〖蚊〗 10 5014 ［蟁］ 17 7713 ブン か

篆文
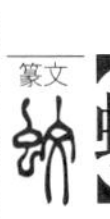

形声 正字は蟁に作り、民声。蚊はその一体の字で文(文)声。ともにその羽音を写した擬声語である。国語の「か」「かあ」も擬声語。〔説文〕十三下に「人を齧む飛蟲なり」という。〔漢書、景十三王、中山靖王勝伝〕に「聚蟁、靁(雷)を成す」とあり、宋の陸游の詩に「蚊雷」という語がある。

訓義 ①か。②字はまた蟁に作る。

古訓 〔新撰字鏡〕蚊 口夫止(くちぶと)/蟁 蚋に似て稍大なり。久知夫止我(くちぶとか) 〔和名抄〕蚊 賀(か)/蚊火 加夜利火(かやりび) 〔名義抄〕蚊 カ・クチフト/蟁 クチフト

【蚊脚】蚊のあし。字体の纖細にたとえる。梁・庾肩吾〔書品の序〕蚊脚は傍低、鵠頭は仰立す。板上に顚飄し、印中に謬起す。
【蚊睫】蚊のまつげ。きわめて微細なもののたとえ。〔晏子、不合経術者、十四〕東海に蟲有り、蟁の睫に巣ふ。再乳再飛するも、蟁、爲に驚かず。臣嬰其の名を知らざるも、

東海の漁者は、命けて焦冥と曰ふ。
【蚊虻】ぶんぼう 蚊と、あぶ。〔夢渓筆談、譏謔〕信安・滄・景の閒、蚊虻多し。夏月、牛馬皆泥を以て之れに塗る。爾らざれば、多く蚊虻の斃ぼす所と爲る。
【蚊雷】ぶんらい 蚊のやかましい羽音。宋・陸游〔沱江の弥勒院に宿す〕詩 蛙吹、孤枕に喧しく 蚊雷、四廊を動かす
↑蚊蟻ぶんぎ 蚊と、あり/蚊吟ぶんぎん 蚊の羽音/蚊香ぶんこう 蚊とり線香/蚊幌ぶんこう 小さな蚊帳/蚊子ぶんし 蚊/蚊市ぶんし 蚊の集まり/蚊首ぶんしゅ 微細なもの/蚊陣ぶんじん 蚊の群れ/蚊声ぶんせい 蚊の羽音/蚊蚋ぶんぜい か/蚊廚ぶんちゅう かや/蚊幬ぶんちゅう かや/蚊帳ぶんちょう かや/蚊蝱ぶんぼう 蚊虻/蚊蠅ぶんよう 蚊とはえ/蚊翼ぶんよく 蚊の羽/蚊力ぶんりょく 蚊の力
↓秋蚊・聚蚊・蒼蚊・暮蚊・捫蚊・野蚊・燎蚊

常【聞】14 7740 〔䎽〕14 1216 〔⿰耳昬〕15 1716
ブン モン
きく ほまれ

篆文 古文 甲骨文 金文

形声 声符は門。卜文にみえる字の初形は象形。挺立する人の側身形の上に、大きな耳をしるす形で、望(望)の初文が、挺立する人の側身形の上に、大きな目をしるすのと、同じ構造法である。その望み、聞くものは、神の啓示するところを求める意である。また卜文の聞字に、口のあたりに手を近づけている形のものがあり、これは「以聞(天子に奏上すること)」をいう形であろう。のち昏声の字となる。〔説文〕十二上に門声の字を正字、昏・昬に従う字を重文とし、「聲を知るなり」(小徐本)と聞知の意とする。聽(聴)・聖(聖)の初形は、卜文の聞の初形に、祝詞の器の形である口を加えたもので、みな神の声を聞く意である。周初の金文の〔大盂鼎〕に「我聞くに、殷の、命(天命)を墜せるは」の聞を䎽の形に作る。その昏は、金文の婚・勳(勲)・䎽の従うところと同じく爵(爵)の形を含む。神意を聞くときに、そのような儀礼があったのかもしれない。䎽は戦国期に至ってみえる後起の字である。門は声符であるが、闇(闇)・問が廟門においてその形を存するものであろう。聞は「神の音ずれ(訪れ)」を聞く意であることからいえば、廟門において神の声を聞く意を以て、門に従うものであるかもしれない。

訓義 ①きく、ききとる、神のこえをききとる。②うける、おしえられる、しる、さとる。③もうす、天子にもうす、以聞。④おとずれ、しらせ、音聞。⑤きこえる、ほまれ、うわさ、名声。
古訓 〔名義抄〕聞 キク・キコユ・ホガラカナリ・カグ・キコシメス〔字鏡集〕聞 キク・キコユ・カグ・キ、シル・ヤハラカナリ・ホガラカナリ・キコシメス
【聞見】ぶんけん 見聞。〔荀子、不苟〕君子~聽視する所の者近く、聞見する所の者遠し。是れ何ぞや。
【聞香】ぶんこう(かう) 香をかぐ。唐・李商隠〔張秀才の落花感有りに和す〕詩 落つる時、猶ほ自ら舞ふ 掃後、更に香を聞く
【聞習】ぶんしゅう(しふ) 聞き学ぶ。清・姚鼐〔古文辞類纂自序〕一家の言を存して、以て來者に資するは、容に俟つあるべし。是に於て聞習する所の者を以て、編次論説し、古文辭類纂を作る。
【聞人】ぶんじん 有名な人。〔荀子、宥坐〕孔子、魯の攝相と爲り、朝すること七日にして、少正卯を誅す。門人進み問ひて曰く、夫の少正卯は、魯の聞人なり。夫子政を爲して、始めに之れを誅す。失すること無きを得んやと。
【聞政】ぶんせい 政治に与る。〔論語、学而〕夫子の是の邦に至るや、必ず其の政を聞く。之れを求めたるか、抑いは之れを與へたるか。
【聞説】ぶんせつ 聞くならく。唐・杜甫〔秦州雑詩二十首、五〕詩 聞說らく眞の龍種 仍ほ老いたる驌驦(駿馬)に残り 哀鳴して戰鬪を思ひ 迥かに立ちて蒼蒼(遥かな天)に向ふと
【聞達】ぶんたつ 名声栄達。蜀・諸葛亮〔出師の表〕臣本と布衣、躬から南陽に耕し、苟くも性命を亂世に全うせんとし、聞達を諸侯に求めず。
【聞道】ぶんどう(だう) 聞くならく。唐・杜甫〔秋興八首、四〕詩 聞道らく、長安・奕棋に似たりと 百年の世事、悲しみに勝へず
【聞望】ぶんぼう(ばう) 声望。唐・白居易〔顔証に与ふる詔〕卿、職、撫綏に在り、任、備禦を兼ぬ。公、勤むること夙に著はれ、聞望、日に彰らかなり。
【聞問】ぶんもん 訪問。消息。また、名声。〔漢書、厳助伝〕拜せられて會稽太守と爲る。數年聞問せず。書を賜ひて曰く、~閒者闊焉として久しく聞問あらず~と。助、恐れて上書して謝稱す。
↑聞奏ぶんそう 奏聞する/聞知ぶんち 聞き知る/聞風ぶんぷう 風聞/聞名ぶんめい 名を聞く/聞命ぶんめい 拝承する
↓以聞・異聞・逸聞・遠聞・佳聞・嘉聞・寡聞・怪聞・外聞・奇聞・記聞・旧聞・見聞・語聞・誤聞・洽聞・告聞・細聞・醜聞・升聞・上聞・新聞・仁聞・声聞・接聞・奏聞・相聞・仄聞・側聞・多聞・著聞・聴聞・伝聞・内聞・博聞・謬聞・風聞・無聞・名聞・余聞・流聞・令聞

【駇】14 7034 〔媽〕14 0142
ブン
うま

篆文

形声 声符は文(文)。〔説文〕十上に「媽は媽馬、赤鬣縞身、目は黄金の若し。名づけて吉皇の乘と曰ふ。周の成王の時、犬戎之れを獻ず」(段注本)とし、「春秋傳に曰く、媽馬百駟」、媽馬は畫馬なり。西伯(文王)紂に獻じ、以て其の身を全うせり」という。〔春秋伝〕は〔左伝、宣二年〕以下〔尚書大伝〕の文などを雑引したもので、おそらく許慎の原文でなく、後人の附記したものであろう。
訓義 ①あやあるうま、あかいたてがみのしまうま。目は黄金色。②吉皇の乗とよばれる名馬。
古訓 〔篇立〕駇 ウマ

ヘイ

常【丙】5 1022 〔丙〕5 1022
ヘイ
ひのえ

篆文 甲骨文 金文

象形 器物の台座の形。また槍・杖などの石づきの形。柄(柄)の初文とみてよい。〔説文〕十四下に「南方に位し、萬物成りて炳然たり。陰气初めて起り、陽气將に虧けんとす。一の冂に入るに從ふ。一なる者は陽なり。丙は乙を承け、人の肩に象る」とするが、字形学的には何の意味もない。〔爾雅、釈魚〕に「魚尾、之れを丙と謂ふ」とあり、魚腸を乙、魚枕(頭骨)を丁というのと同じく、魚によって説くが、もとより字の初義ではない。商(商)・啇・矞はみな台座のある形。丙はその小なるもので、槍・杖の類の石づきの形より、その柄をいう語となったものであろう。五行十干に配して火の兄、すなわち「ひのえ」という。
訓義 ①え、柄の初文。②ひのえ、火の兄。③魚尾、魚尾の形。④炳と通じ、あきらか。
古訓 〔名義抄〕丙 ヒノエ・ウレフ 〔篇立〕丙 ヒノエ・ウレフ・イ

ヲノカシラノホネ〔字鏡集〕丙　ヒトシ・アキラカ・イナツルビ・ウレフ・ヒカリ・ヒノエ

声系〔説文〕に丙声として更(更)・柄・病(病)・炳・怲など八字を収める。更は声異なり、字は会意。更(更)は丙に攴を加える形。攴は敺つ意で、敺ってことの変更を求める呪儀を示す字。病・怲に憂疾の意があるのは、蔽(蔽)・罷などの声義と関連することがあろう。

【丙科】試験成績の第三等。〔史記、匡衡伝〕才下り、數〻射策(受験)するも中らず、九たびに至り、乃ち丙科に中る。

【丙午】ひのえうま。女の厄年という。古代の鋳金銘に、丙午という例が多い。〔容斎五筆、十、丙午丁未〕丙午丁未の歳、中國此れに遇へば、輒ち變故有り。禍、内に生ずるに非ずんば、則ち夷狄外侮あり。

【丙舍】宮中三等の舍。また、墓室。元・迺賢〔秋夜、姪の元童を懐ふ有り〕詩　墓田の丙舍、知んぬ何れの所ぞ　一夜、人をして白髮を長からしむ

【丙丁】五行の火。ひのえと、ひのと。火事。清・周在浚〔読画録跋〕庚戌の春、先大夫(周亮工)既に盡く生平の著作の書を焚く。～讀畫錄の一編に至りては、則ち先大夫の未だ之れを丙丁に付せず、歸然として獨り存する者なり。

【丙夜】子の刻。三更。十二時。宋・陸游〔雨を書す〕詩　仲冬、候始めて寒く　丙夜、天正に黒し

➡丙火　火の光／丙鑒　明察／丙部　子書／丙明　明らか

常

【平】

5/1040

〔平〕5/1040

ヘイ　ベン　ヒョウ(ヒャウ)

たいらか　たいらげる　やすらか　ひとしい

篆文　古文　金文

会意　于＋八(八)。于は手斧の形。手斧で木を削り平らかにする。その破片が左右に飛ぶ形。〔説文〕五上に「語、平らかに舒ぶるなり。亏に從ひ、八に從ふ。八は分なり」と口気をいうとする。「爰礼説」によって説くものであるが、字は口気の象ではない。金文の字形は手斧を用いる形で、字義も明らかである。〔書、堯典〕の「平章」「平秩」は字を便(便)に作ることがあり、その音でよむ。

訓義　①たいらか、たいらかにする。②たいらげる、平定する、やすらか、おだやか。③ただしい、ひとしい、つね、標準。④辨(弁)と通じ、わける、おさめる。

古訓〔名義抄〕平　ハカル・ヒトシウス・タヒラカニ・タヒラグ／不平　―トナツマシケナリ・コト〳〵シ〔篇立〕平　ワキマフ・ヲハリ・タヒラグ・ヒトシウス・タヒラ・ナホク・タヒラカナリ・ヒラ・ハカル

声系〔説文〕に平声として枰・抨・坪(坪)・苹など七字を収める。枰ははかり、坪は地平、ともに平の声義を承ける。評(評)は〔説文〕未収。〔玉篇〕に「平言なり」、〔広雅、釈詁三〕に「平なり」、〔釈詁四〕に「議なり」とあり、平議をいう。

語系　平・枰・坪・評bieng は同声。みな平の声義を承け、平正の意をもつ語である。

【平安】穏やか。無事。唐・岑参〔京に入るの使に逢ふ〕詩　馬上相ひ逢ふも、紙筆無し　君に憑りて、傳語して平安を報ぜしむ

【平易】おだやか。やさしい。宋・蘇軾〔荀卿論〕是の故に其の言、平易正直、敢て非常喜ぶべきの論を爲さず。要は其の易ふべからざるに在り。

【平允】公平で適切。〔後漢書、虞詡伝〕祖父經、郡縣の獄吏と爲り、法を案ずること平允、務めて寬恕を存す。冬月、其の狀を上る每に、恆に流涕之れに隨ふ。

【平冤】無実をはらす。〔韓詩外伝、六〕遠方の民、～獄訟有りて其の冤を平らかにせず、賢を失して擧げられざる者は、入りて天子に告げよ。

【平遠】はるか遠くまで平らか。宋・范成大〔回黄坦〕詩　平遠、橫看を一にし　浩蕩、醉目に供す

【平活】冤罪を解く。平冤。〔後漢書、何敞伝注に引く何氏家伝〕祖父比干～汝陰縣の獄吏決曹掾と爲り、數千人を平活す。後、丹陽の都尉と爲り、獄に冤囚無し。淮・汝に號して何公と曰ふ。

【平気】気を静める。〔荘子、庚桑楚〕靜かならんと欲すれば則ち氣を平らかにし、神ならんと欲すれば則ち心に順ふ。爲す有りて(適)當ならんと欲するときは、則ち已むを得ざるに緣よる。

【平議】公平に論断する。〔三国志、魏、鍾繇伝〕初め太祖、令を下し、死刑の宮割すべき者を平議せしむ。(鍾)繇以爲へらく、～古への肉刑～以て死刑に代へんと。～詔して曰く、～此れ大事なり。公卿群僚、善く共に平議せよと。

【平居】平生。清・徐枋〔懐旧篇、長句一千四百字〕詩　平居懷舊して、意、惝怳　五十年閒、掌を反すに似たり　耆舊、今に於て一の存する無し　音容歷歷として、猶ほ想ふに堪へたり

【平吟】心静かに詩を吟ずる。唐・高適〔田家に寄宿す〕詩　客來りて滿酌す、淸罇の酒　感興りて平吟す、才子の詩

【平遣】平冤。釈放。〔後漢書、光武帝紀上〕輒ち囚徒を平遣し、王莽の苛政を除き、漢の官名を復す。吏人喜悅し、爭うて牛酒を持して迎勞す(ねぎらい、迎える)。

【平沙】砂原。沙漠。唐・李華〔古戦場を弔ふ文〕浩浩乎として平沙垠り無く、夐かに人を見ず。河水縈帶し、群山糺紛たり。

【平視】まともに見る。〔三国志、魏、王粲伝注に引く典略〕太子(曹丕)嘗て諸文學を請ひ、酒酣にして坐して歡す。夫人甄氏に命じて、出でて拜せしむ。坐中の衆人咸く伏す。而るに楨、獨り平視す。太祖(曹操)～乃ち楨を收む。

【平時】ふだん。宋・陸游〔雪意〕詩　風吼えて、江郊、雪意濃やかなり　雲は兩陣の雌雄を決するが如し　山寒くして酒、平時の量を過ぎ　窗黑くして書、半日の功を虧く

【平日】平生。ふだん。宋・陸游〔末題〕詩　平日尤も閑なるも、老いて更に閑なり　一毫の世事、豈に相ひ關せんや

【平準】物価調節法。〔史記、平準書〕天下の貨物、～貴ければ卽ち之れを賣り、賤ければ則ち之れを買ふ。此くの如くんば、～萬物、騰踊することを得ず。故に天下の物を抑ふ。名づけて平準と曰ふ。

【平処】公平に処置する。〔後漢書、党錮、蔡衍伝〕鄉里に爭訟有る者は、輒ち衍に詣りて之れを決す。其の平處する所、皆怨む無しと曰ふ。

【平章】明らかにし治める。〔書、堯典〕九族既に睦しみ、百姓を平章す。百姓昭明にして、萬邦を協和す。黎民於變り、時れ雍らぐ。

【平常】ふだん。〔後漢書、光武帝紀上〕會〻伯升(光武の兄)、更始の害する所と爲る。光武～敢て伯升の爲に喪に服せず。飮食言笑すること、平常の如し。更始、是れを以て慙づ。

【平成】天地が治まる。〔書、大禹謨〕地平らかに天成り、六府三事允に治まり、萬世永く賴よる。

【平生】ふだん。〔宋史、司馬光伝〕自ら言ふ、吾れ人に過ぎ

たる者無し。但だ平生の爲す所、未だ嘗て人に對して言ふべからざる者有らざるのみと。

【平仄】平と仄（上・去・入）の四声。作詩上、その配列に定めがある。〔耆旧続聞〕近代、聲律尤も嚴しく、或いは平仄に乖けば、則ち之れを失黏と謂ふ。

【平淡】あっさり。安らかで、すなお。宋・米芾〔薛郎中紹彭に寄す、二首、二〕詩 懷素は猲獠（狼藉者）、小しく事を解するも 僅かに平淡に趣けば、盲醫の如し

【平地】平らかな地。また、地ならし。〔論語、子罕〕譬へば地を平らかにするが如し。一簣（もっこ）を覆すと雖も、進むは吾が往くなり。

【平秩】ととのえ順序だてる。〔書、堯典〕寅んで出日を賓へ、東作（農耕）を平秩せしむ。

【平牒】方鎮間の文書。〔雞肋編、下〕李太白、初め其の行に從ひしとき、蓋し（永王）璘、未だ其の迹を露はさず。然らずんば豈に肯て其の逆を爲す者に從はんや。李希言、署名平牒、故さらに之れを激せんと欲す。亦た罪とすべし。

【平天】広い天。唐・李白〔秋浦歌、十七首、十二〕詩 水は一疋の練の如く 此の地即ち天に平し

【平頭】詩病の一。また、数がそろう。また、召使い。唐・白居易〔竜尾道に登りて南望す～〕詩 青山、眼を擧ぐれば三千里 白髮平頭、五十人

【平波】さざ波。唐・温庭筠〔水仙謡〕詩 夜深くして、天は碧く、亂山の姿 光は平波を砕き、滿船の月

【平蕪】平原。宋・欧陽脩〔踏莎行〕詞 平蕪盡くる所、是れ春山 行人は更に春山の外に在り

【平平】公平で平穏。〔書、洪範〕偏無く黨無く、王道蕩蕩たり。黨無く偏無く、王道平平たり。

【平凡】常なみ。宋・朱熹〔斎居感興二十首の序〕余れ陳子昂の感遇詩を讀み、～其の體に效はんと欲し、十數篇を作れるも、顧ふに思致平凡にして、筆力萎弱なるを以て、竟に就す能はず。亦た其の理に精ならざるを恨む。

【平野】広野。唐・杜甫〔旅夜、懷を書す〕詩 星は平野に垂れて闊く 月は大江に湧いて流る

【平理】公平に裁く。〔後漢書、魯恭伝〕訟人～田を争ひ、～決すること能はず。恭、爲に曲直を平理す。皆退いて自ら責め、耕を輟めて相ひ讓る。

【平林】平原の林。唐・李白〔菩薩蛮〕詞 平林漠漠として、煙織るが如し 寒山の一帶、傷心碧なり 暝色、高樓に入り 人有りて樓上に愁ふ

【平話】評話。わが国の講談の類。〔桃花扇、修札〕昨日、河南の侯公子、茶資を送到し、今日の午後、來りて平話を聽くことを約定す。

【平灣】ゆるく湾曲する。唐・李賀〔神弦〕詩 終南の日色、低くして平灣なり 神は長へに有無の閒に在り

↑平圧 おさえる／平夷 平安／平意 平静／平漪 さざ波／平一 統一／平溢 溢れる／平蔚 繁る／平運 平時／平雲 おおう雲／平衍 平らかで広い／平烟 もや／平屋 人家／平価 標準の価格／平賈 平価／平闊 広く平らか／平寛 ゆるやか／平簡 簡易／平棊 格天井／平逵 平坦な道／平巾 頭巾の一種／平均 均一／平讞 再審理／平健 無事／平原 平野／平估 平価／平午 正午／平交 友人／平行 並ぶ／平郊 広い郊外／平皐 沢べ／平康 平安／平衡 バランス／平坐 安坐する／平罪 公平に裁く／平出 改行／平署 連署／平恕 慈悲深い／平称 天秤／平敞 高平／平帖 穏やか／平心 心静か／平身 平伏する／平信 平安の信／平人 普通の人／平世 治世／平正 正しい／平政 公平の政／平静 穏やか／平整 ととのう／平昔 かつて／平善 無事／平素 平生／平存 健在／平旦 よあけ／平坦 平らか／平端 端正／平澹 平淡／平治 治まる／平褫 すべてはぎとる／平昼 ま昼／平疇 広い畑／平澄 すみ渡る／平調 ととのう／平糶 物価調整のために放出する／平直 正しい／平定 平らげる／平隄 ひら堤／平糴 物価調整のために緊急に買い入れる／平滌 清める／平徹 透徹する／平典 公平な法／平殄 滅ぼす／平展 広げる／平甸 郊野／平塗 平らな道／平土 平地／平当 公平で適切／平蕩 広大／平等 同等／平鈍 凡くら／平難 平らげる／平寧 安らか／平年 普通の年／平輩 同輩／平板 月並み／平陂 平らかな隄／平阜 台地／平賦 公平な税／平膚 なめはだ／平復 全快／平分 均等分／平文 散文／平碧 一面の緑／平歩 緩歩／平莽 草原／平漫 平らかで広い／平民 庶民／平明 夜あけ／平面 水平の面／平門 出入の門／平愉 おだやかで楽しい／平愈 本復／平庸 なみ／平乱 平定する／平瀾 平波／平陸 平地／平流 並の身分／平慮 平心／平礼 日常の礼／平論 公平の論／平和 平安

↓安平・夷平・永平・穩平・開平・寛平・均平・公平・高平・康平・衡平・持平・升平・承平・昌平・詳平・水平・正平・斉平・清平・太平・泰平・坦平・端平・地平・治平・致平・長平・調平・低平・天平・不平・扁平・廉平・和平

常 【兵】 7 7280 ヘイ つわもの いくさ

金文 篆文 古文 籀文 甲骨文

会意 斤＋廾。廾は両手。両手で斤（斧）をふりあげている形。武器を執って戦うことを示す。〔説文〕三上に「械なり」とあり、械の從うところの戒は、戈と廾、戈を両手でふりあげている形である。〔周礼、地官、鼓人〕「兵舞」の〔注〕に「干戚なり」とあり、干や戚をかざして舞う。観兵とは「兵を観す」ことで、武器と兵勢とを誇示することをいう。

訓義 ①兵器、刃器の類。②武器をとるもの、つわもの、へいし。③いくさ、たたかい。④ころす、うつ、きる。

古訓 〔名義抄〕兵 ツハモノ・イクサ 〔篇立〕兵 カ、フ・ツハモノ・タカシ・タケシ

【兵威】軍の威勢。〔史記、朝鮮伝〕遼東の太守、卽ち（朝鮮王）滿を約して外臣と爲す。～故を以て滿、兵威財物を得、其の旁の小邑を侵降す。

【兵衛】護衛の兵。〔史記、刺客、聶政伝〕嚴仲子、具さに告げて曰く、臣の仇は韓相の俠累、俠累は又韓君の季父なり。宗族盛多にして居處の兵衛甚だ設く。臣、人をして之れを刺さしめんと欲するも、終に能く就す莫し。

【兵役】兵士として役務につく。また、戦争。〔後漢書、質帝紀〕（永熹元年五月詔）春より夏に渉り、大旱炎赫なり。～又兵役連年、死亡流離す。或いは支骸斂めず、或いは停棺收むる莫し。

【兵家】兵法家。〔漢書、芸文志〕兵家者は蓋し古の司馬の職に出づ。王官の武備なり。

【兵革】武器。また、戦争。〔史記、秦楚之際月表序〕秦既に帝と稱し、兵革の休まざるを患ふるは、諸侯有るを以てなり。是に於て尺土の封無く、名城を墮壞し、鋒鏑を銷かす。

【兵権】兵馬の権。〔史記、斉太公世家〕周西伯昌～呂尚

と陰かに謀りて、德を修め、以て商政を傾く。其の事、兵權と奇計と多し。

【兵死】戦死。〔後漢書、烏桓伝〕俗、兵死を貴ぶ。屍を斂むるに棺を以てし、哭泣の哀有り。葬に至りて則ち歌舞もて相ひ送る。一犬を肥養し、彩繩を以て纓牽す。幷せて死者の乘る所の馬衣物を取りて、皆燒きて之れを送る。

【兵事】軍事。〔史記、司馬穰苴伝〕景公、穰苴を召して與に兵事を語り、大いに之れを說ぶ。

【兵衝】交戦の地。〔後漢書、荀彧伝〕潁川は四戰（四面より攻伐が行われる）の地なり。天下變有らば、常に兵衝爲り。

【兵仗】武器。〔周書、賀拔勝伝〕性又通率にして、義を重んじ財を輕んず。身死するの日、唯だ隨身兵仗、及び書千餘卷有るのみ。

【兵刃】武器。〔孟子、梁惠王上〕塡然として之れに鼓し、兵刃既に接し、甲を棄て兵（武器）を曳いて走る。或いは百步にして後止まり、或いは五十步にして後止まる。

【兵陣】兵陣。〔史記、孔子世家〕（衛の）靈公、兵陣を問ふ。孔子曰く、俎豆の事（儀礼）は、則ち嘗て之れを聞くも、軍旅の事は未だ之れを學ばざるなりと。～孔子遂に行る。

【兵燹】兵火。〔宋史、神宗紀二〕（熙寧九年）詔して、岷州の界の鬼章の兵燹を經たる者に錢を賜ふ。脅從せられて來歸する者は、其の罪を釋す。

【兵丁】兵士。〔北斉書、元孝友伝〕人帥を省きて以て兵丁を出だし、倉儲を立てて以て穀食を豐かにし、～庶はくは食を足り兵を足らしめん。

【兵難】戦災。〔魏書、宋繇伝〕家に餘財無し。雅より儒學を好む。兵難の間に在りと雖も、講誦廢せず。尤も斷決に明らかなり。

【兵符】軍事用のわりふ。〔史記、信陵君伝〕（侯）嬴、晉鄙の兵符、常に王の臥内に在りと聞く。～公子、～如姬に請ふ。如姬果して、晉鄙の兵符を盜みて公子に與ふ。

【兵舞】武の舞。山川の祭に用いた。〔周礼、地官、舞師〕舞師は、兵舞を教ふることを掌り、帥ゐて山川の祭祀に舞ふ。

【兵鋒】兵刃。切先。〔漢書、嚴助伝〕此の一擧、一兵の鋒をも挫かず、一卒の死をも用ひずして、閩王幸に伏し、南越澤を被り、～義、危國を存す。

【兵乱】戦乱。〔左伝、襄八年〕子展曰く、小の大に事ふる所以は信なり。小國、信無くんば、兵亂日に至り、亡ぶること日無からん。

↑兵衣 軍服／兵意 軍略／兵営 軍舍／兵偃 軍事をやめる／兵戈 戦い／兵火 兵燹／兵械 兵器／兵学 軍法／兵気 兵乱の兆し／兵旗 軍旗／兵器 武器／兵機 用兵の機微／兵饑 戦争による飢餓／兵凶 戦禍／兵彊 強兵／兵釁 兵端／兵刑 兵と刑／兵経 兵法書／兵戟 武器／兵訣 兵法の要訣／兵庫 武庫／兵伍 隊伍／兵甲 武器と甲冑／兵寇 侵入する／兵士 兵卒／兵子 兵士／兵資 軍需／兵車 戦車／兵主 兵の将／兵首 兵主／兵戎 兵器／兵術 軍法／兵書 兵学の書／兵場 戦場／兵食 軍糧／兵塵 戦争／兵帥 部隊長／兵制 軍制／兵勢 軍勢／兵籍 軍籍／兵船 軍船／兵戦 いくさ／兵卒 士卒／兵站 軍糧の基地／兵端 戦端／兵団 軍隊／兵儲 軍備／兵屯 駐屯／兵農 兵士と農夫／兵馬 軍事／兵匪 匪賊／兵費 軍費／兵備 軍備／兵柄 兵権／兵変 武力による叛乱／兵弁 武官／兵簿 軍籍／兵謀 軍略／兵務 軍務／兵厄 戦禍／兵欄 兵器かけ／兵略 軍略／兵糧 軍糧／兵力 軍事力／兵粮 軍糧

↓按兵・鋭兵・衛兵・閲兵・偃兵・援兵・戈兵・啇兵・外兵・客兵・簡兵・観兵・玩兵・奇兵・起兵・鬼兵・騎兵・義兵・疑兵・救兵・挙兵・強兵・驕兵・禁兵・軍兵・勁兵・軽兵・見兵・憲兵・工兵・甲兵・降兵・搆兵・散兵・私兵・持兵・餌兵・車兵・弱兵・手兵・守兵・従兵・出兵・将兵・哨兵・称兵・勝兵・城兵・神兵・振兵・新兵・寝兵・親兵・水兵・精兵・尖兵・洗兵・選兵・造兵・雑兵・賊兵・大兵・帯兵・短兵・治兵・鋳兵・駐兵・長兵・徴兵・敵兵・撤兵・天兵・徒兵・屯兵・鈍兵・農兵・派兵・敗兵・白兵・番兵・府兵・伏兵・辺兵・歩兵・募兵・砲兵・暴兵・民兵・游兵・用兵・傭兵・利兵・良兵・羸兵・練兵・老兵・弄兵・勒兵

【甹】 7 5020 ［甹］ 12 5520 ［嚩］ 15 6502

ヘイ たすける せわしい

篆文

甲骨文

金文

【会意】丂＋由。丂の上に由をおく形。金文の字形は甹に作り、丂上に二由をおく形。由はおそらく礼器。寧（寧）が盤上に心（犠牲の心臓）をおく形であるように、甹も丂上に由をおき薦める形で、神意をたすけ安んずる意味をもつ儀礼であろう。周初の金文の〔班𣪘〕に「虢城公の服（職事）を更ぎて、王位を甹けよ」、また〔毛公鼎〕「朕が位を嚩けよ」のように、輔弼の意に用いる。〔説文〕五上に「亟やかなる詞なり。丂に従ひ、由に従ふ」とするが、その会意の意味を説くところがない。〔説文〕にまた「或いは曰く、甹俠なり。三輔にては、財を輕んずる者を謂ひて甹と爲す」という。甹俠とは、男だての類をいう。甹声の字に俜・娉など敏捷の意があるので、その意をとるものであろう。婦人が祭祀にいそしむことを示す敏（敏）・捷にも、速やかの意がある。〔爾雅、釈訓〕に「甹夆は掣曳なり」とあり、甹夆はまた屛蓬にも作り、〔山海経、大荒西経〕にみえる怪獣の名である。その状の娉婷たるところから名をえたものであろう。金文の嚩のように、祝告の器の形である口をそえるものがあり、甹はもと、神助を求める祝禱の儀礼に関する字であることが知られる。

【訓義】①たすける。②せわしい、すみやかにする。③ひく、ひきよせる、さそう。④俜と通じ、おとこだて。

【古訓】〔字鏡集〕甹 ヒキハサム・コトバ・ヒク

【声系】〔説文〕に甹声として俜・騁・聘・娉・𥙒など八字を収め、また〔説文〕五上に「甹は定息するなり。血に従ひ、甹の省声なり」と字を甹の省声とし、「讀みて亭の若くす」という。騁もまたその声による。

【語系】甹・俜・娉・聘phiengは同声。みな甹の声義を承けるところのある字である。甹夆をまた幷夆に作ることからいえば、幷piengは声義の関係のある語であろう。

【甹夆】ひき入れる。〔詩、周頌、小毖〕に「幷蜂」に作る。〔爾雅、釈訓〕甹夆は掣曳なり。〔孫炎注〕相ひ掣曳して惡に入るるを謂ふなり。

常 【並】 8 8010 〔竝〕 10 0011

ヘイ ならぶ ならびに ともに みな

篆文

甲骨文

金文

【会意】旧字は竝に作り、立をならべた形。立は位。その位置すべきところに並んで立つことをいう。〔説文〕十下に「倂ぶなり。二立に従ふ」という。幷は二人相並ぶ側身形。竝は相並ぶ正面形。从（従）・比は前後相従う形。みな二人相従う字である。

【訓義】①ならぶ、ならび立つ、ならびに。②ともに、ともなう、たぐえる、よる、そう。③みな、あつまる、つらなる。④決して、一切。

古訓 〔名義抄〕竝 ナラビ・シカシナガラ・ヨル・ソフ・アラハル〔字鏡集〕竝 ミナ・ソフ・ナラブ・ナラビヰル

部首 〔説文〕十下に普(替)をこの部に属し、「廢するなり。一偏下る。竝に從ひ、白聲」とし、また一体として朁の字形をあげる。普字の竝は原告と被告、曰は獄訟の際の盟誓、その敗者は廃せられるので廃替の意となる。朁は曰上に二簪を置き、呪祝を加える形で、替とは異なる字である。また普を〔説文〕は日部七上に属し、会意とするが、いずれも曰に従う古い儀礼を示す字であろう。

声系 〔説文〕に竝声として髟部の字一字を収める。〔段注本〕に普を竝声の字とするが、確かでない。

語系 竝 byeng、駢 byen は声近く、人に竝といい、馬に駢という。また幷・併(倂)pieng も声義近く、竝は相並ぶもの、幷・併は前後相従うことをいう。粤 phieng 声の字も、この系統の語であろう。

【並育】(へいいく(ゐく)) ともに成長する。〔中庸、三十〕萬物竝び育して相ひ害せず、道竝び行はれて相ひ悖らず。小徳は川流し、大徳は敦く化す。此れ天地の大を爲す所以なり。

【並挙】(へいきょ) こぞって。〔楚辞、離騒〕世、竝び擧げて朋を好む 夫れ何ぞ煢獨にして、予に聽かざる

【並駆】(へいく) 並んで馬を走らせる。〔三国志、蜀、関羽伝〕(諸葛亮の羽に与ふる書)孟起(馬超)~黥(布)・彭(越)の徒、當に益德(張飛)と竝び驅けて先を爭ふも、猶ほ未だ髯(亮が用いた、関羽の愛称)の絶倫逸群なるに及ばず。

【並行】(へいこう(かう)) 並び行われる。並んでゆく。宋・陸游〔督下麦雨中夜帰〕詩 細雨、村墟に闇し 靑煙、廬舍を濕す 兩兩犢と竝び行き 陣陣鴉續き下る

【並興】(へいこう) 一斉に起こる。〔書、費誓の序〕魯侯伯禽、曲阜に宅る。徐夷竝び興り、東郊開かず。

【並載】(へいさい) ともに乗る。魏・文帝〔朝歌令呉質に与ふる書〕白日既に匿れ、繼ぐに朗月を以てす。同に乘り竝び載り、以て後園に遊ぶ。

【並日】(へいじつ) 日を同じうする。同日。〔後漢書、朱穆伝〕彼は草木と倶に朽ち、此は金石と相ひ傾く。豈に同年にして語り、竝日にして談ずべけんや。

【並称】(へいしょう) ともにほめる。漢・司馬相如〔蜀の父老を難ず〕諸大夫芒然として~厥の進む所以を失ひ、喟然として竝び稱して曰く、允なる哉漢德、此れ鄙人の聞くを願ふ所なり~と。

【並馳】(へいち) 並び馳る。魏・文帝〔典論、論文〕咸な以へらく、自ら驥騄を千里に騁せ、仰いで足を齊しうして竝び馳すと。

【並騁】(へいてい) 並んで馬を走らせる。魏・呉質〔魏の太子に答ふる牋〕置酒樂飲、詩を賦し壽(杯)を稱げ、自ら謂へらく、終始相ひ保ち、材力を竝び騁せ、節を明主に效すべしと。

↑並縁 よる/並駕 並馳/並軌 同軌/並居 並処する/並耦 並ぶ/並肩 比肩する/並耕 並び耕す/並枝 連理/並時 同時/並悉 すべて/並処 群居する/並牀 同牀/並進 ともに進む/並世 同世/並湊 聚まる/並蔕 並び咲く/並蒂 並蔕/並轡 並馳/並無 全く無い/並立 並び立つ/並列 ならぶ

↓肩並・比並・隣並

常【併】8 2824 〔倂〕10 2824

ヘイ ならぶ あわせる ともに しかし

篆文

形声 旧字は倂に作り、幷声。幷は二人並んだ側身形を列ねる形で、併の初文。〔説文〕八上に「竝ぶなり」という。竝(並)は左右の位置を正して並ぶこと。幷・併は両者を前後連ねて一単位とすることで、合併の意。〔儀礼〕の古文に竝、今文に併を用いることが多い。竝・併は声義の近い字であるが、字の立意は異なる。

訓義 ①ならぶ、つらなる。②あわせる、あつめる、まとめる。③ともに、みな。④国語で、しかし、しかしながらの意に用いる。

古訓 〔名義抄〕併 ナラブ・シカシナガラ・ソフ・トモ・アハス・カクス・スブ・カズ・ツラヌ・アツマル・スミ〔篇立〕併 スブ・カズ・ナラフ・アハセテ・アツマル・ユタケシ・シカシナガラ・ニギハシ・ソフ・ツラヌ・アハス・スツ・アラハ・ミナ・トモ・スミ

語系 併・幷 pieng は同声。竝 byeng、駢 byen はみな声義近く、相並ぶことをいう。

【併気】(へいき) 気を集中させる。〔孫子、九地〕養ふことを謹みて勞する勿く、氣を併せ力を積みて、兵を運らせ計を謀らば、測るべからずと爲す。

【併当】(へいとう(たう)) 収拾整理する。〔世説新語、徳行〕王長豫(悦)、人と爲り謹順なり。~丞相(王導)(尚書)臺に還り、行くに及んで、未だ嘗て送りて車後に至らずんばあらず。恆に曹夫人の與めに箱篋を併當す。長豫、亡後~曹夫人、簏封じて開くに忍びず。

↑併居 対立する/併踞 併居/併駆 並駆する/併肩 比肩する/併兼 兼并する/併合 合併する/併骨 同穴/併載 並載/併手 合力する/併称 並称/併心 専心/併進 並進する/併置 ならべ置く/併馳 並馳/併呑 合併する/併用 両用/併力 協力する/併論 同一視する

↓合併・兼併・省併・呑併

常【坪】8 4114 〔坪〕8 4114

ヘイ たいらか つぼ

篆文

金文

形声 声符は平(平)。〔説文〕十三下に「地平らかなるなり」とあり、平の亦声とする。用例の少ない字である。わが国では、面積の単位に用い、地六尺平方を一坪とする。

訓義 ①たいらか ひら地。②つぼ。地六尺平方、壁一尺平方。

古訓 〔名義抄〕坪 ツク・ナダラカナリ〔篇立〕坪 タノツボ・ツク・ウチ・ツボ

↑坪壩 広場

↓荷坪・寒坪・湖坪・草坪・桑坪・米坪・楊坪

【㡀】8 9022

ヘイ やぶれる ひざかけ

篆文

象形 巾にほつれの出ている形。〔説文〕七下に「敗衣なり。巾に從ひ、衣の敗れたる形に象る」とするが、字は蔽(蔽)の初文で、蔽膝(ひざかけ)の象。これに攴を加えて、はじめて敝敗の意となる。蔽膝には韍飾などを加えていたみやすいものであるから、敝敗の義をも含むのであろう。

訓義 ①ひざかけ、ひざかざり。②やぶれる、いたむ、いたんだ衣。③小さい、いやしい。

部首 〔説文〕に部首とし、敝を属して「帗なり。一に曰く、敗衣なり」という。「帗なり」の訓は㡀に加えるべく、攴を加えて敝となる。敝声の字に、蔽覆・蔽敗の意がある。次に黹部があり、「箴縷(竹針)もて紩ひしたる所の衣なり。㡀に從ひ、丵の省」とするが、㡀にぬいとりを加えた形で、黼黻の字は黹に従う。

【幷】8 8044 〔并〕6 8044

ヘイ ならぶ あわせる

篆文

甲骨文
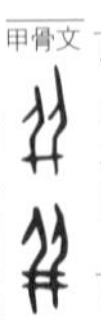
金文

会意 从+二。二人相並ぶ側身形に二を加えて、一組とす

る。〔説文〕八上に「相ひ從ふなり。从に從ひ、幵聲」とするが、声が合わず、また幵に従う形でない。また「一に曰く、二を持するに從ふを幷と爲す」という。卜文・金文の字形はその足もとを連ねており、繫束する意かと思われる。

訓義 ①ならぶ、前後にならぶ。②あわせる、一つにする、まとめる、つかねる、かねる。

古訓 〔名義抄〕幷 アハセタリ・アフ・ヒラク・シカシナガラ・アツマル・スミナラビ・カヌ 〔字鏡集〕幷 アフ・アク・アツム・カヌ・クサ・シカシナガラ・アハセタリ・アラフ・モハラ・オナジスヂナラビ・ヒラク・シタガフ・カナフ・アツマル

声系 〔説文〕に幷声として餠(餅)・絣・併(倂)・屛・騈など十六字を収める。おおむね幷の声義を承ける字である。

語系 幷・併pieng は同声、竝(並)byeng、騈byen も声義近く、みな相並ぶ意がある。

【幷日】日を合わせる。何日にもわたる。〔礼記、儒行〕儒に一畝の宮、環堵(方丈)の室、篳門(荊の門)圭窬(牆穴の戸)、～衣を易へて出で、日を幷せて食らふも、～上答へざれば敢て以て諂はざる有り。

【幷心】心をあわせる。〔後漢書、趙岐伝〕南のかた劉表に說く、～將軍と心を幷せ力を同にし、共に王室を奬けん。此れ安上救人の策なりと。

【幷吞】のみこむ。併合する。漢・賈誼〔過秦論、上〕秦の孝公、殽函の固めに據り、雍州の地を擁し、～天下を席卷し、宇內を苞擧し、四海を囊括するの意、八荒を幷吞するの心有り。

【幷力】力をあわせる。協力する。〔戦国策、趙二〕諸侯の地、秦に五倍し、諸侯の卒を料るに、秦に十倍す。六國力を幷せて一と爲り、西面して秦を攻めなば、秦を破らんこと必せり。

↑幷愛 併愛/幷閱 併閲/幷柯 連理の枝/幷兼 兼併する/幷合 合併する/幷聚 聚める/幷刀 敏腕/幷奔 共にゆく/幷命 命がけ

↓合幷・兼幷・雜幷・斉幷

【秉】 8 2090 ヘイ とる たば

篆文  甲骨文  金文 

会意 禾+又(又)。禾を束ねて手に持つ形。その一束をいう。〔説文〕三下に「禾の束なり」、〔爾雅、釈詁〕に「執るなり」という。〔詩、小雅、大田〕「彼に遺秉有り」とは、田に残されている落穂をいう。四秉を筥とする。斉器の〔国差鐙〕に「西郭の寶鐙四秉なるを鑄る。用つて旨酒を實さん」とあって、量の単位に用いる。堅く執る意から、金文に「德を秉ること恭純」「威儀を秉る」のように用いる。〔詩、大雅、烝民〕に「民の彝を秉る 是の懿德を好む」の句がある。

訓義 ①とる、もつ、手にもつ、とりもつ。②たば、稲たば、一にぎりのたば。③ますめ、粟十六斛。④柄・棅と通じ、え、えだ。

古訓 〔和名抄〕秉 以奈太波利(いなたはり)と訓む。毛詩に見ゆ。～稲手張の義、禾を束ねて握に盈つるを謂ふなり 〔名義抄〕秉 イナタバリ・トル・タバヌ 〔字鏡集〕秉 ツカサドル・イナタハリ・タモツ・トル・タバヌ

声系 〔説文〕に秉声の字を収めず、ただ柄(柄)の重文として棅の篆文を収める。

語系 秉・棅(柄)pyang は同声。把pea と声近く、巴は把握する形。いずれも手に握持することをいう。

【秉彝】常道を守る。〔詩、大雅、烝民〕天、烝民を生ず 物有れば則有り 民の彝を秉る 是の懿德を好む

【秉鈞】権力を掌握する。晉・干宝〔晋紀総論〕選ぶ者は人の爲に官を擇び、官する者は身の爲に利を擇ぶ。而して秉鈞當軸の士、身に官を兼ぬること、十を以て數ふ。

【秉権】権勢を掌握する。〔抱朴子、審挙〕靈・獻の世、閹官(宦官)事を用ひ、群姦權を秉り、忠良を危害す。

【秉公】公正を操る。明・張居正〔召見を謝する疏〕人臣の道、必ず公を秉りて國の爲にす。

【秉燭】燭火をとる。唐・李白〔春夜、桃李園に宴するの序〕浮世夢の若し、歡を爲すこと幾何ぞ。古人燭を秉りて夜遊ぶ。良に以有るなり。

【秉心】正しい心をもつ。〔詩、鄘風、定之方中〕匪の直なる人 心を秉ること塞淵なり

【秉信】誠信の心を保つ。唐・段文昌〔淮西を平らぐる碑〕誠明躬に在り、信を秉りて撓まず。

【秉節】忠節・節操を守る。〔後漢書、伏湛伝〕(伏湛)時の反覆に遭ふも、兵凶に離はず。節を秉りて重を持し、奪ふべからざるの志有り。

【秉統】統括する。〔漢書、王莽伝上〕(莽、奏して曰く)太后、統を秉ること數年、恩澤洋溢し、和氣四塞す。絶域殊俗、義を慕はざる靡し。

【秉徳】徳をとり守る。〔書、君奭〕天惟れ純佑に命ず。則ち商(殷)の百姓王人、德を秉り恤に明めざる罔し。

【秉道】正道をとる。〔漢書、蕭望之伝〕君其れ道を秉りて孝を明らかにし、正直に是れ與みせよ。意に帥ひて僭る亡く、後言有ること靡かれ。

【秉畀】付与する。ひき渡す。〔詩、小雅、大田〕其の螟螣と其の蟊賊(害虫)とを去り 我が田穉(苗)を害する無かれ 田祖、神有り 秉りて炎火に畀へん

【秉文】文徳を守る。〔詩、周頌、清廟〕濟濟たる多士 文の德を秉り 越に天に在るに對ふ

【秉耒】耒をとる。〔礼記、祭義〕昔者、天子、千畝を藉するを爲し、冕して朱紘(朱の冠の紐)し、躬ら耒を秉る。

↑秉夷 秉彝/秉為 秉道/秉臬 法を執り守る/秉憲 秉法/秉言 諺言する/秉国 執政/秉持 執持する/秉執 執行する/秉職 職を守り行う/秉芻 わら束/秉性 天性/秉政 執政/秉誠 専心/秉鐸 文教の任/秉直 正直/秉轡 手綱をとる/秉筆 執筆する/秉鞭 執鞭/秉法 法を執り守る

↓遺秉・権秉・国秉・総秉

【俜】 9 2522 ヘイ つかう たすける おとこだて

篆文 

形声 声符は甹。甹は台上に礼器を載せている形。祝禱などの儀礼をいう意であるらしく、金文には「王位を甹く」「朕が位を甹けよ」のように、輔弼の意に用いる。〔説文〕八上に「使ふなり」、〔繫伝〕に「俠なり」とするが、任俠は後起の義。

訓義 ①つかう、ことを行わせる。②たすける。③おとこだて、任俠。

古訓 〔名義抄〕俜 ツカヒ・サスラフ/伶俜 サスラフ 〔字鏡集〕俜 セシム・ツカヒ・サスラフ

語系 俜・甹・娉・聘phieng は同声。甹はもと神事の儀礼で、そのことにいそしむ意があり、敏・捷の意もある。甹声の字はみな甹の声義を承ける。

↑俜停 優美のさま/俜伶 俜停

↓伶俜

【昺】 9 6022 [昞] 9 6102 [炳] 9 9182 ヘイ あきらか

形声 声符は丙(丙)。〔広雅、釈詁四〕に「昞は明らかなり」とし、〔玉篇〕の炳字条に「明著なり。亦た昺に作る」とあり、炳の

異文。〔説文新附〕七上に「昞は明らかなり」とあり、〔集韻〕に昞をその古字であるという。

訓義 ①あきらか。②炳・昉と同義、通用する。

古訓 〔名義抄〕昺 アキラカニ・アラハル・トモス・アキラカナリ 〔篇立〕昺 サカリ・アキラカナリ・アキラカ

語系 昺(昞)pyangと昉piangは声近く、ともに「明らかなり」と訓する字。

【昞然】明らか。〔魏書、楽志〕(陳仲儒、言ふ)嘗つて司馬彪撰ぐる所の續漢書を覽み、京房の準術、成數昞然たるを見る。而れども張光等、定むること能はず。仲儒、庸昧を量らず、竊かに意ふこと有り。

↑昞霊 陽光

【枰】 9 4194 ヘイ ごばん

篆文

形声 声符は平(平)へい。〔説文〕六上に「平なり」、〔方言、五〕に「簙を投ずる所以、之れを枰と謂ふ。或いは之れを廣平と謂ふ」とあって、すごろくばんをいう。また棊盤の意。榻ともいう。

訓義 ①すごろくばん。②ごばん。③こしかけ、榻、独り坐する板牀。

↑枰棊 棋局、局勢

↓棊枰・空枰・楸枰・石枰・仙枰・対枰

常 【柄】 9 4192 〔柄〕 9 4192 〔棅〕 12 4299 〔枋〕 8 4092 ヘイ えもと つか いきおい がら

篆文

形声 声符は丙(丙)へい。丙は石づきの形。字はまた棅に作り、〔周礼〕には枋に作る。秉にまた把握の意がある。柄によって器を動かすので威権の意となり、政治や賞罰の大権を権柄という。〔国語、斉語〕に「國家を治むるに、其の柄を失はず」のように用いる。〔説文〕六上に「柯なり」とあるのは、斧柯の意である。

訓義 ①え、もと、つか、とりて。②いきおい、ちから、権力。③国語で「がら」とよみ、人がら、国がら、衣のがらのように用いる。

古訓 〔名義抄〕柄 カラ・ツカ・カビ・トル/鴨柄 カモエ 〔字鏡集〕棅 エ・カビ・ガラ・エダ・ツカ・トル

語系 柄(棅)・秉pyangは同声。把peaも声義近く、強く把持することを把という。

【柄臣】権柄の臣。〔唐書、中宗八女、安楽公主伝〕姝秀辯敏、后尤も之れを愛す。武崇訓に下嫁かす。帝復位し、光艷天下を動かす。侯王柄臣、多く其の門に出づ。

【柄用】権力を授けて重用する。〔漢書、谷永伝〕上初めて即位し、謙讓して政を元舅大将軍王鳳に委ぬ。～永、鳳の方に柄用せらるるを知り、陰かに自ら託せんと欲す。

↑柄国 執政/柄座 権力の位/柄子 とって/柄授 柄用/柄任 重用/柄把 とって/柄靶 とって/柄令 権柄

↓威柄・魁柄・議柄・曲柄・玉柄・権柄・綱柄・国柄・宰柄・鑿柄・事柄・時柄・執柄・勺柄・主柄・笑柄・政柄・操柄・談柄・長柄・朝柄・斗柄・徳柄・二柄・文柄・兵柄・民柄・利柄・話柄

【炳】 9 9182 〔昺〕 9 6022 ヘイ あきらか

篆文

形声 声符は丙(丙)へい。〔説文〕十上に「明らかなり」、〔玉篇〕に「明著なり」とあり、色彩の明らかなことをいう。〔易、革、九五〕の〔象伝〕に「大人は虎變す。其の文、炳たり」また〔上六〕の〔象伝〕に「君子は豹變す。其の文、蔚たり」とあり、炳蔚とは文彩の著明なることをいう。字はまた昺に作る。

訓義 ①あきらか、いちじるしい、あらわれる。②丹青の色をいう。

古訓 〔名義抄〕炳 ―トテレリ・テル・テラス・トボル/昺 アキラカニ・アラハル・トモス 〔字鏡集〕炳 アラハル・アキラカナリ・トボル・テラス・トモス・テル

【炳焉】明らか。漢・班固〔両都の賦の序〕孝成の世、論じて之れを錄す。蓋し奏御する者千有餘篇。而る後大漢の文章、炳焉として三代と風を同じうす。～國家の遺美、闕くべからざるなり。

【炳燭】燭火のあかり。また、晩学。〔説苑、建本〕師曠曰く、～少にして學を好むは日出の陽の如く、壯にして學を好むは日中の光の如く、老いて學を好むは炳燭の明の如し。炳燭の明、昧行に孰與れぞと。平公曰く、善い哉と。

【炳然】明らかなさま。〔漢書、劉向伝〕狐疑を決斷し、猶豫を分別し、是非をして炳然として知るべからしめば、則ち百異消滅して、衆祥竝な至らん。太平の基、萬世の利なり。

【炳烈】明るく正しい。唐・柳宗元〔萇弘を弔ふ文〕夫れ何ぞ大夫の炳烈なる、王、夫の讒賊に寤らず。

↑炳煜 かがやく/炳蔚 文彩あるさま/炳誡 明誡/炳煥 明らか/炳絢 美しい/炳乎 炳然/炳爍 かがやく/炳著 著明/炳爆 かがやく/炳発 煥発/炳賁 美しい/炳彪 美しい虎斑/炳文 虎斑/炳炳 明らかなさま/炳明 明らか/炳燿 かがやく/炳霊 明らかな威霊

↓較炳・煥炳・宗炳・藻炳・彪炳・文炳・明炳

【苹】 9 4440 ヘイ ヒョウ(ヒャウ) うきくさ よもぎ

篆文

形声 声符は平(平)へい。〔説文〕一下に「蓱なり。根無くして、水に浮びて生ずる者なり」とあって、水草をいう。〔詩、小雅、鹿鳴〕「呦呦たる鹿鳴 野の苹を食む」の〔箋〕に蕭の類としており、一名にして両義。〔爾雅、釈草〕にもその両義をあげている。

訓義 ①うきくさ、水草。②よもぎ。③泙と通じ、水のあふれるさま。

古訓 〔名義抄〕苹 アハス・ウキクサ 〔篇立〕苹 アツマル・ウキクサ

↑苹縈 めぐる/苹果 林檎/苹車 戦車/苹苹 茂るさま/苹蘋 かぶらなと、しろよもぎ

↓華苹・蒿苹

【娉】 10 4542 ヘイ とう めとる

篆文

形声 声符は甹へい。甹は祝禱して神意を求める意で、よく祭事にいそしむことをいう。〔説文〕十二下に「問ふなり」とあり、聘問する意とする。〔儀礼、聘礼〕に「小聘を問と曰ふ」の義に解するものである。娉は娉婷へいてい。しなよく立ち働いて神事につとめる意で、敏(敏)・捷がみな祭事にいそしむ婦人を示す字であるのと似ている。気に入りを便僻といい、僻と声義が近い。妻を招き娶ることをいう。

訓義 ①とう、人をとう。②めとる、よばう、あわす。③聘と通じ、めす、よぶ、まねく。④娉婷、美しい。

古訓 〔名義抄〕娉 トツグ・ヨバフ・ヨバヒ・ムカフ・モトム・トフ・アハス・ヤトフ・ナカダチ・ウハナリ・ミナハカリス・メマグ 〔篇立〕娉 トツグ・トブラフ・トフ・ヨバフ・ナカダチ・ヲトコス・アハス・ウハナリ・メアハス・ヤトフ・ムカフ・モトム

語系 娉・聘phiengは同声。金文に甹・噂への字があり、輔佐する意に用いる。〔段注〕に「聘行はれて娉廢す」というが、甹・噂がその初文である。また聘も、列国期の金文にみえる字形である。娉は六朝末の碑銘にもみえている。

【娉会】婚約。〔隷釈十二、相府小吏夏堪の碑〕謝氏を娉會し、靈を幷はせ柩を合す。～嗚呼、哀しい哉。

【娉財】結納。〔唐律、戸婚〕許婚の書無しと雖も、但だ娉財を受くるのみなるも、亦た是なり。

【娉婷】(へいてい) しなやか。漢・辛延年〔羽林郎〕詩 意はざりき、金吾の子 娉婷として、我が廬を過ぎらんとは

↑娉内 結納／娉納 結納／娉幣 娉納／娉命 許婚／娉問 聘問する

↓媒娉

【狴】 10 4121 ［陛］ 14 7121 ヘイ へいかん

篆文 

形声 声符は坒。狴犴は獣の名、狴牢は獄の名。字はまた陛に作る。〔説文〕十一下に「陛は陛牢之れを獄と謂ふ。非を拘する所以なり。非に從ひ、陛の省聲なり」（段注本）とみえるが、用例は多く狴を用いる。

訓義 ①へいかん。虎に似て、獄訟を好むという。②ひとや。狴牢は、おり、ひとや。狴犴もまた獄の名。

【狴犴】(へいかん) 竜の子。虎に似た獣。〔升庵外集〕（竜、九子を生む）俗に傳ふ、龍、九子を生むも龍と成らず、各々好む所有り。～四に曰く、狴犴、形は虎に似、威力有り。故に獄門に立つ。

↑狴戸 獄門／狴圄 牢獄／狴獄 牢獄／狴牢 牢獄

常 【陛】 10 7121 ヘイ きざはし

篆文 

形声 声符は坒。坒は土堦上に人の並ぶ形。〔説文〕十四下に坒を「地相ひ次比するなり」と土地の高低相比次する意とするが、人の並び立つところの意である。陛には〔説文〕十四下に「高きに升るの階なり」とあって、きざはしをいう。中山王陵墓の塋域図によると、廟所にはかなり高い階段を設けることがあった。自は神梯の象で、聖域を示す。

訓義 ①きざはし、きだ。②きざはしわきに立つ、陛侍。

古訓 〔新撰字鏡〕陛 志奈（しな）、又、波志（はし）、又、毛止井（もとゐ）〔名義抄〕陛 ハシ・キシ・シナ

【陛衛】(へいえい(ゑい)) 宮殿下の警衛。〔後漢書、馬援伝〕援、素と（公孫）述と～相ひ善し。以爲へらく、既に至らば當に握手して歡すること平生の如くなるべしと。而して述、盛んに陛衛を陳ね、以て援を延いて入れしめ、～反つて邊幅を修飾すること、偶人形の如し。

【陛下】(へいか) 天子の尊称。階陛の下より拝謁する意。〔史記、秦始皇紀〕今陛下、義兵を興して残賊を誅し、天下を平定し、海内を郡縣と爲し、法令一統に由る。上古より以來、未だ嘗て有らず。

【陛賀】(へいが) 陛下より賀を上る。〔魏書、沮渠蒙遜伝〕若し萬國來庭し、百辟陛賀せば、高く先至の端を蹈み、獨り知機の首を歩まん。但だ世難尙ほ殷んにして、情願未だ遂げず。

【陛戟】(へいげき) 陛下に持戟の臣を以て護衛する。〔漢書、霍光伝〕太后～盛服して武帳中に坐す。侍御數百人、皆兵を持し、期門の武士陛戟、殿下に陳列す。群臣、次を以て上殿す。

【陛辞】(へいじ) 陛下にあって辞別する。宋・蘇軾〔張文定公（方平）墓誌銘〕時に方に條例司を置き、新法を行ふ。～公、陛辭するに因りて、其の害を極論す。～曰く、～其の極には、必ず覆舟自焚の憂ひ有らんと。

↑陛階 きざはし、階段／陛級 階級／陛覲 陛見する／陛見 陛下で拝謁する／陛坐 御座／陛楯 陛衛／陛除 陛階／陛対 陛見する／陛殿 御殿／陛兵 陛衛／陛陛 多くの階段、そのように多いことにたとえる／陛列 陛衛の列

↓雲陛・階陛・宮陛・玉陛・軒陛・虹陛・高陛・辞陛・朱陛・上陛・宸陛・台陛・丹陛・壇陛・天陛・殿陛・彤陛・堂陛・納陛・伏陛・文陛・両陛

【屛】 11 7724 ヘイ ビョウ（ビャウ） かき ついたて しりぞく ひかえる

篆文 

形声 声符は幷。〔説文〕八上に「蔽ふなり」と訓し、屛塀によって蔽うことをいう。屛障は屛風と障子、障子はもと板戸をいう。〔国語、斉語〕「以て周室を屛る」、また〔論語、尭曰〕「四惡を屛く」と攻守両義に用いる。また〔論語、郷党〕に「氣を屛む」という用法がある。

訓義 ①かき、ついたて。②へい、ついじ。③おおう、ふさぐ、さえぎる。④しりぞける、しりぞく、まもる、ささえる。⑤ひかえる、かくれる、ひそむ、さがる。

古訓 〔和名抄〕屛 唐韵に云ふ、罘罳は屛なり〔名義抄〕屛 カクル・カクス・ヘダツ・シブ・ノゾク・ハラフ・シリゾク・オシフ・ノブ・ヲサム〔字鏡集〕屛 ハラフ・ノゾク・サハル・ニカク・カキ・サフ・カラス・ヘダツ・ヲサム・シリゾク・ノゾム・カクル・シノブ・カハキノフ・マガキ

声系 〔説文〕に屛声として偋を収める。偋は僻窶の地をいう。塀（塀）は屛の俗字で国字。土塀の意に用いる。

語系 屛 byeng、偋 bieng は声近く、偋は隱僻のところ、人無き処をいう。語としては庰 pieng、〔説文〕九下に「蔽ふなり」、また蔽（蔽）piat、〔広雅、釈詁二〕に「障なり」、〔釈詁四〕に「隱なり」とするものと、一系の語である。

【屛扆】(へいい) 天子の後ろの屛風。斧の形を画く。〔宋史、后妃上、曹皇后伝〕慈愛天至、或いは退朝稍や晩きときは、必ず自ら屛扆に至りて候矚す（姿を待ちうける）。

【屛幃】(へいい(ゐ)) とばりの内。室内。唐・白居易〔楊師皐の、小姫英英を傷むに和す〕詩 玳瑁の牀は空しく枕席を收め 琵琶の絃は斷えて、屛幃に倚る

【屛営】(へいえい) あわてさまよう。〔国語、呉語〕昔、楚の靈王、不君なり。～三軍、王に乾谿に叛く。王親ら獨行し、屛營して山林の中に彷徨すること三日。

【屛翰】(へいかん) 屛風と両辺の柱。重臣。〔詩、小雅、桑扈〕之れ屛之れ翰 百辟、憲と爲す

【屛気】(へいき) 息をひそめる。〔後漢書、党錮、李膺伝〕復た、司隷校尉に拜せらる。～此れより諸黃門、常侍（宦官）皆鞠躬屛氣、休沐して敢て復た宮省を出でず。帝怪しみて其の故を問ふ。竝な叩頭して泣きて曰く、李校尉を畏ると。

【屛居】(へいきょ) 世を退き、隠居する。〔史記、魏其侯竇嬰伝〕栗太子、廢せらる。～魏其、病と謝して、藍田南山の下に屛居すること數月、諸賓客辯士之れを說くも、能く來す莫し。

【屛語】(へいご) 人払いして密語する。〔漢書、傅介子伝〕介子、（楼蘭）王に謂ひて曰く、天子、我をして私かに王に報ぜしむと。王起ちて介子に隨つて帳中に入りて屛語す。壯士二人、後より之れを刺す。

【屛障】(へいしょう(しやう)) 屛風と障子。衝立の類。〔晋書、阮籍伝〕東平の相に拜せらる。籍、驢に乘りて郡に到り、府舍の屛障を壞り、内外相ひ望ましむ。

【屛斥】(へいせき) しりぞける。〔宋書、顔延之伝〕延之、昔事に坐して屛斥せらる。復た抽進を蒙るも、曾ち悛革せず、怨誹して已むこと無し。

【屛風】(へいふう・びょう(びやう)ぶ) 衝立。〔史記、孟嘗君伝〕孟嘗君客と坐語するとき、屛風の後に、常に侍史有り。

【屛蔽】(へいへい) かばう。〔史記、樊噲伝〕亞父（范増）謀りて沛公（劉邦）を殺さんと欲し、項莊をして劍を拔き坐中に舞はしめ、沛公を擊たんと欲す。項伯常に之れを屛蔽す。～噲、直ちに撞きて入る。

【屛面】(へいめん) 顔をかくす。〔漢書、王莽伝中〕或ひと問ふに、莽の形貌を以てす。待詔曰く、莽は所謂鴟目虎吻、豺狼の聲なる者なり。故に能く人を食らふも、亦た當に人の食らふ所と爲るべしと。～莽、待詔を誅滅す。～後、常に雲母を翳して面を屛し、親近に非ざれば、見るを得る莫きなり。

↑屛囲 屛風／屛畏 屛息する／屛帷 屛幃／屛隠

屏居する／屏盈　風神／屏匽　かわや／屏掩　蔽いかくす／屏遠　遠ざける／屏扞　まもる／屏棄　廃棄する／屏去　除く／屏潔　潔斎する／屏言　巧言／屏護　守る／屏山　屏風山／屏竄　隠居する／屏廁　かわや／屏室　密室／屏遮　隠す／屏樹　門の樹／屏処　隠れた所／屏除　除く／屏幃　屏障／屏席　屏処／屏迹　屏居／屏摂　祭祀の位／屏絶　断絶する／屏蔵　隠す／屏断　除く／屏逐　追放する／屏黜　屏斥／屏帳　屏風／屏矗　屏風のように立つ／屏泥　泥よけ／屏当　片付け／屏藩　藩屏／屏輔　輔ける／屏擁　かこう／屏緑　生け垣

↓依屏・倚屏・帷屏・幃屏・垣屏・掩屏・画屏・壊屏・巌屏・御屏・鏡屏・曲屏・玉屏・金屏・衾屏・錦屏・銀屏・硯屏・彩屏・竄屏・樹屏・繡屏・書屏・牆屏・翠屏・素屏・枕屏・蕃屏・藩屏・負屏・文屏・内屏・門屏・幽屏・簾屏

常【瓶】11 8141 〖甁〗13 8141 ［缾］14 8874

ヘイ ビン
つるべ かめ

篆文

金文

形声 声符は幷。〔説文〕五下に缾を正字とし、「罋なり」と訓し、次条に「罋は汲缾なり」という。水を汲みあげる甕の意。つるべをいう。〔詩、小雅、蓼莪〕に「缾の罄くるは 維れ罍の恥なり」とあって、缾・罍はともに酒器。瓶は小器、罍より酒を汲みとるもので、罍を本源とする。瓦・缶は土器。幷は両瓶を用いる意であろう。

訓義 ①びん、国語では花瓶・瓶詰のように用いる。②つるべ、水を汲むとき上下する水器。③かめ、水をたくわえる器、もたい、ほとぎ。また、酒器。④こしき、炊器。

古訓 〔名義抄〕瓶　カメ・ツルベ

【瓶隠】瓶に住む隠者。〔説郛、三に引く樹萱録〕申屠有涯、雲泉に放浪す。常に一瓶を携へ、時に身を躍らせて瓶中に入る。時に瓶隠と號す。

【瓶花】瓶にさす花。宋・陸游〔暁に坐す〕詩　瓶花力盡きて、風無くして墮ち　爐火、灰深くして、曉に到りて溫かなり

【瓶笙】湯のたぎり、蒸気の発する音。宋・蘇軾〔瓶笙詩の引〕劉幾仲、東坡に餞飲す。觴（盃）に中りて笙簫の聲を聞く。杳杳として雲霄の間に在るが若し。～水火相ひ得て、自然に吟嘯す。～坐客驚歎し～請ふ、瓶笙の詩を作りて之れを記せと。

【瓶梅】梅の生花。宋・楊万里〔小瓶梅花〕詩　蕭蕭として只だ隔つ、窗（窓）間の紙　瓶裏の梅花、總て知らず

【瓶鉢】僧の食器。水器と飯器。唐・劉長卿〔霊澈上人の嵩陽の蘭若（寺）に帰るを送る〕詩　唯だ舊瓶鉢を將つて　却つて白雲の中に寄せん

【瓶裏】かめの中。花瓶。宋・陸游〔歳暮、懐を書す、二首、一〕詩　牀頭の酒瓮、寒くして熟し難し　瓶裏の梅花、夜更に香し

↑瓶盎　かめ／瓶甌　かめ／瓶玩　生花／瓶壺　かめと壺／瓶榼　酒がめ／瓶子　かめ／瓶嘴　かめの口／瓶錫　托鉢／瓶胥　小さな器／瓶水　かめの水／瓶洗　生花／瓶塞　びんの栓／瓶甒　かめ／瓶罍　大腹のかめ／瓶罍　爪

↓罌瓶・花瓶・瓦瓶・繘瓶・玉瓶・金瓶・銀瓶・挈瓶・懸瓶・胡瓶・酒瓶・小瓶・浄瓶・水瓶・垂瓶・井瓶・素瓶・茶瓶・提瓶・鉄瓶・土瓶・釣瓶・盆瓶・抱瓶・罍瓶

常【閉】11 7724 ［閇］11 7723

ヘイ ヘツ
とざす しめる ふさぐ おさめる

篆文

金文

会意 門＋才。才は祝禱の器をつけた木の形。在・存の字はその才に従う。才はその場所を聖域とする榜示としての機能をもつもので、存・在は聖化されたものをいう。これを門中に樹てて、内外を別つ呪禁とすることを閉という。〔説文〕十二上に「門を闔づるなり。門に從ふ。才は門を歫る所以なり」という。〔段注〕に才を杵形の鍵閉であるとするが、才は本来象徴的な呪禁の法を示す字である。内外を分かち、内にあるものを閉蔵することをいう。

訓義 ①とじる、とざす、門をしめる、門に呪禁を施す。②まもる、ふさぐ、ふせぐ。③たつ、たちきる、おおう。④おさめる、おわる。⑤字は俗に閇・閈に作る。

古訓 〔名義抄〕閉　トヅ・カタシ・フサガル／閇　トヅ・コム・フサグ・ホノカナリ　〔字鏡〕閉　カムカフ・トヅ・サシテ・タテ・フサガル／閇　フサグ・トヲタツルナリ・サシテ・モカル・メヒサク・トフ・ウス・ノタツ・ウカヾフ・トヅ・タテ・フセグ・フサグ・トム・フサガル・トラフ　〔字鏡集〕閉　ヒシク・ホノカナリ・コム・シナクル・フサガル・トビラ・コモル・ツナグ・トブラフ・カタシ・フサグ・トヅ・マモル

語系 閉pyet、閟pietは声義近く、閉じる意。閉は榜示の聖標識である才を以て、また閟は呪器である鉍頭（必は柲部の形）を以てこれを遮蔽する意で、ともに門に呪禁を加えることをいう。廟中に祈って宥密を求めることを謐mietという。

【閉闇】とざされて暗い。〔論衡、別通〕儒生も覽ざれば猶ほ閉闇と爲す。況んや庸人、篇章の業無く、是非を知らず。其の閉闇爲たる甚だし。

【閉隔】閉して外界と隔てる。〔後漢書、光武十王、済南安王康伝〕今奴婢廄馬、皆千餘有り。無用の口を増して、以て自ら蠶食す。宮婢閉隔し、其の天性を失ひ、和氣を惑亂す。

【閉眼】眼をとじる。宋・蘇軾〔王廷老、退居して寄せらるに次韻す〕詩　回頭自ら笑ふ、風波の地　眼を閉ぢて聊か觀る、夢幻の身

【閉気】気を閉じてもらさぬ。〔太平広記、二に引く神仙伝、彭祖〕常に閉氣內息、旦より中に至る。～其の體中、或いは瘦倦して安らかならざれば、便ち導引閉氣して、以て患ふ所を攻む。

【閉戸】とじこもる。〔孟子、離婁下〕郷隣に鬭ふ者有るとき、被髮纓冠して往きて之れを救ふは、則ち惑へり。戸を閉ざすと雖も可なり。

【閉口】沈黙する。〔史記、張儀伝〕楚王曰く、願はくは陳子（軫）、口を閉して復た言ふこと毋かれ。以て寡人の地を得るを待てと。乃ち相印を以て張儀に授け、厚く之れに賂る。

【閉肆】店をとざす。〔漢書、王貢両龔鮑伝序〕蜀に嚴君平有り。～裁かに日に數人を閱し、（卜して）百錢を得、自ら養ふに足れば、則ち肆を閉ざし簾を下して老子を授く。博覽通ぜざる亡し。

【閉蔵】深く隠す。金・元好問〔劉光甫の内郷新居〕詩　豸冠（法官の冠、法官）平日、秋霜よりも凜たり　老い去つて聲名、只だ閉藏す

【閉塞】とざす。とじこもる。宋・蘇軾〔李端叔に答ふる書〕罪を得てより以來、深く自ら閉塞し、扁舟草履、山水の間に放浪し、樵漁と雜處す。～輒ち自ら漸く人に識られざるを喜ぶ。

【閉蟄】冬蔵り。〔左伝、桓五年〕凡そ祀は、啓蟄にして

郊し、～閉蟄にして烝す。

【閉戹】困窮する。〔後漢書、党錮、何顒伝〕是の時、黨事起る。天下、其の難に離ふもの多し。顒常に私かに洛陽に入り、(袁)紹に從ひて計議し、其の窮困閉戹する者、爲に援救することを求め、以て其の患を濟ふ。

↑閉淫 止淫／閉革 更改する／閉箝 口をとざす／閉関 関をとざす／閉居 籠居する／閉拒 とざす／閉距 塞ぐ／閉言 黙する／閉鎖 とざす／閉囚 拘囚する／閉心 静心／閉絶 たちきる／閉息 屏息する／閉塗 杜絶する／閉凍 氷る／閉房 房事をやめる／閉目 瞑目する／閉門 門をとざす

↓隱閉・鬱閉・偃閉・掩閉・開閉・緘閉・凝閉・噤閉・啓閉・堅閉・昏閉・重閉・深閉・蔵閉・昼閉・張閉・杜閉・凍閉・内閉・封閉・謀閉・密閉・幽閉・壅閉・籠閉

【塀】 常 12 4714 〔塀〕 14 4714 ヘイ かき

形声 声符は屏。屏が塀の本字。屏はのち屏風・屏障のように用いるので、土塀の意としてのち塀が作られた。屏はすべて蔽隠することをいい、土塀を以てするを塀という。字は〔竜龕手鑑〕にみえ、人名に用い、明史に「朱邃塀」という名がある。

訓義 ①へい、かき。

↓土塀・板塀

【敝】 12 9824 ヘイ やぶれる すてる おおう

篆文  甲骨文 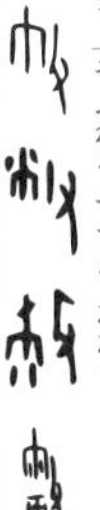

会意 㡀+攴。㡀は蔽市、縫い飾りのある礼装用のひざかけ。その飾りはいたみやすく、攴を加え敝敗の意を示す。〔説文〕七下に「帗なり。一に曰く、敗衣なり」とし、㡀の亦声とする。㡀は前条に「敗衣なり。巾に従ひ、衣の敗るる形に象る」とあり、同義の字とするが、㡀は帗の象。敝はその敝敗の意である。帗は紱・黻と同じく、蔽膝(ひざかけ)の黼黻文章のあるものをいう。敝のように、衣裳に攴を加えるのは、あるいは呪的な目的をもつ行為であろう。衣裳は古代にはその霊を包むものと考えられており、死喪の礼に哀・衰(衰)・褱・襄など衣に関する字が多い。

訓義 ①やぶれる、ほころびる、くずれる、そこなう。②つかれる、まける、おとろえる、つきる。③すてる、つまらぬもの。④蔽と通じ、おおう、ひざかけ。⑤謙称として用いる。

古訓 〔名義抄〕敝 ヤブル

部首 〔説文〕は部首字㡀の条に敝を属し、〔玉篇〕は敝字条に「或いは獘に作る」とし、俗字として弊(弊)を加えている。獘は斃と同字。みな労罷の意がある。

声系 〔説文〕に敝声として蔽(蔽)・瞥・幣(幣)・擊など十二字を収める。おおむね敝敗・蔽翳の意をもつ字である。

語系 敝・㡀biat は同声。敗beat は声近く、ともに敝敗の意がある。敗はもと鼎に従い、鼎銘などを削り傷めることで、その行為を敗賊という。賊(賊)も鼎銘を傷める意。礼装用の㡀に攴を加えるを敝といい、神聖な鼎銘を刻り傷つけることを敗という。敝・敗は同系の語である。

【敝衣】破れ衣。〔後漢書、劉虞伝〕虞、上公爲りと雖も、天性節約にして、敝衣繩履、食に兼肉無し。遠近の豪俊、夙に僭奢なる者、改操して歸心せざる莫し。

【敝縕】破れた綿入れ。敝縕袍。〔論語、子罕〕子曰く、敝れたる縕袍を衣て、狐貉(狐やむじなの裘)を衣たる者と立ちて恥ぢざる者は、其れ由(子路)なるかと。

【敝屣】古草履。陳・徐陵〔位を陳王に禅するの策〕義農軒昊の君、陶唐有虞の主よりして、或いは衣を垂れて四海を御め、或いは無爲にして萬姓を子ふ。之れに居ること朽索を馭するが如く、之れを去ること敝屣を脱ぐが如し。

【敝邑】自国の謙称。〔左伝、僖二十六年〕寡君、君の親しく玉趾を擧げて、將に敝邑に辱なくせんとすと聞き、下臣をして執事を犒はしむ。

【敝廬】あばらや。清・王士禎〔池北偶談、序〕予が居る所の先人の敝廬、～池有り。老屋數椽、其の北に在り。余官遊すること三十餘年、長物無し。唯だ書數千卷、其の中に庋置す。

↑敝悪 劣悪／敝帷 破れたとばり／敝幃 敝帷／敝屋 あばらや／敝壊 壊れる／敝褐 粗衣／敝器 弊器／敝虧 おおいかくす／敝裘 破れたかわごろも／敝居 拙宅／敝宮 いたんだはこ／敝篋 いたんだはこ／敝蹻 いたんだ履／敝屐 いたんだ履／敝蹝 弊屣／敝膝 蔽膝／敝習 悪風／敝人 鄙人／敝扇 破れ扇／敝素 粗末なもの／敝卒 疲弊した兵卒／敝宅 悪計／敝衲 破れた僧衣／敝賦 自国の軍隊／敝服 弊服／敝兵 疲兵／敝里 わが村／敝履 いたんだ履／敝裂 破れる／敝漏 もれる

↓改敝・刓敝・毀敝・窮敝・蠹敝・刻敝・衰敝・積敝・穿敝・俗敝・待敝・頽敝・彫敝・蠹敝・鈍敝・破敝・敗敝・罷敝・靡敝・補敝・余敝・流敝・裂敝・労敝

【丼】 12 4444 ヘイ

篆文 

形声 声符は幷。〔説文〕一下に「馬帚なり」とあり、蓍に似て、ほうきを作る草の名。茎、紫赤にして叢生、疏直にして痩勁、埽帚として用いる。

訓義 ①ほうきのくさ、馬帚。②使役の助動詞に用いる。～せしむ。

【丼翳】雨の神。また、雷神ともいう。〔広雅、釈天〕風師、之れを飛廉と謂ふ。雨師、之れを丼翳と謂ふ。雲師、之れを豊隆と謂ふ。

【丼蜂】〔山海経、海外西経〕に幷封という獣あり、前後に頭があって相控制し、進退に苦しむをいう。〔詩、周頌、小毖〕予れを丼蜂すること莫かれ 自ら辛螫を求む

【萍】 12 4414 〔蓱〕 15 4414 ヘイ ビョウ(ビャウ) うきくさ よもぎ

篆文 

形声 声符は苹。〔説文〕十一上に「苹なり。水艸なり。水苹に従ふ」とし、「苹は亦聲なり」とする。艸部一下に字を蓱に作り、「苹なり」と訓する字があり、また苹字条一下に「蓱なり」とあって、苹・蓱は同字。萍も苹の繁文とみてよく、萍は後増の字であろう。漂泊の意に用いる。

訓義 ①うきくさ、みずくさ、かがみぐさ。②苹と通じ、よもぎ。

古訓 〔新撰字鏡〕蓱 水上の浮蓱なり。宇岐久佐(うきくさ)〔和名抄〕蓱 字は亦た萍に作る。宇岐久佐(うきくさ)〔名義抄〕萍 アハス・ウキクサ／蓱 ウネ・ワタス

語系 萍・蓱bieng は同声。屏byeng と声近く、いちめんに水面を覆う意から名をえたものであろう。

【萍寄】浮草のように一時身を寄せる。唐・張喬〔弟に寄す〕詩 故里の行人、戰後に疏なり 青崖萍寄す、白雲の居

【萍梗】浮草。漂泊する。唐・陸肱〔万里橋の賦〕家は本と江都、波濤の自ら返るを羨む。身は蜀地に留まり、萍梗に偶ひて以て驚くに堪へたり。

【萍蹤】浮草のあと。宋・陸游〔交代の楊通判に答ふる啓〕瓜戍(交替)期に及ぶ、仁賢の代を爲すを幸とす。萍蹤定め無し、候問の未だ遑あらざるを悵む。

【萍水】浮草と水。唐・王勃〔滕王閣の序〕關山越え難し、誰か失路の人を悲しまん。萍水相ひ逢ふ、盡く是れ他鄉

の客なり。

【萍跡】へいせき 萍蹤。唐・牟融〔感有り、二首、一〕詩 十年の飄泊、萍跡の如し 一度び登臨して、一たび悵神す

【萍泊】へいはく さすらう。〔前定録、柳及〕後四月、及、果して卒す。沈氏尋いで亦た南海に萍泊す。

【萍浮】へいふ 浮草のようにさまよう。〔後漢書、鄭玄伝〕黄巾（の賊）害を爲し、南北に萍浮す。

【萍蓬】へいほう 浮草と蓬。唐・杜甫〔将に巫峡に別れんとす～〕詩 苔竹素より好む所 萍蓬定居無し

↑萍寓へいぐう 萍寄/萍子へいし 浮草/萍身へいしん 漂泊の身/萍迹へいせき 萍蹤/萍踪へいそう 萍蹤/萍泛へいはん 萍泊/萍蘋へいひん 浮草/萍流へいりゅう 萍泊/萍漂へいひょう 漂泊/萍飄へいひょう 漂泊

↓韮萍・孤萍・新萍・翠萍・青萍・疏萍・楚萍・断萍・池萍・転萍・白萍・漂萍・浮萍・蓬萍・流萍・旅萍

【睥】 13 6604 ヘイ みる にらむ

形声 声符は卑（卑）ひ。〔広雅、釈詁一〕に「視るなり」とあり、睥睨することをいう。強く視線を走らせて、にらむ意である。

訓義 1みる、にらむ。2睥睨はながしめ、うかがいみる。また、城上のひめがき。3字はまた睤に作る。

古訓〔名義抄〕睥 ミル

語系 睥・陴・埤・婢 bie は同声。卑 pie に卑下・邪僻の意がある。睥睨はまた俾倪・僻倪に作り、城上の女牆をいう。

【睥睨】へいげい にらむ。うかがう。〔顔氏家訓、誡兵〕宮闈を睥睨し、災を幸ひ禍を樂ひ、首として逆亂を爲し、善良を詿誤す。

↑睥窃へいせつ 伺い盗む

【聘】 13 1512 ヘイ とう まねく もとめる

篆文  金文 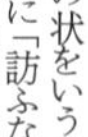

形声 声符は甹へい。甹は祭事にいそしむことをいい、俜・娉はその状をいう字である。〔爾雅、釈言〕に「問ふなり」、〔説文〕十二上に「訪ふなり」とあり、列国の間に使聘を通ずることをいう。〔儀礼、聘礼〕〔礼記、聘義〕に、聘享の礼の次第が詳しく記されている。大問には卿相を派遣し、小聘には大夫を使者とした。のち聘徴・招聘の意に用い、聘妾のようにもいう。字は聖（聖）・聽（聴）と同じく耳に従うており、もとは神意を問う意の字であろう。金文に甹・甹を「たすける」意に用い、神助を求める儀礼を示す字であったと思われる。

訓義 1とう、たずねる、おとずれる。2まねく、めす、よぶ。3もとめる、めとる、つまどる。

古訓〔名義抄〕聘 ウハナリ・サマタグ・キク〔字鏡集〕聘 イフラク・トブラフ・ムカフ・トフ・ウハナリ・メス・サマタグ・キク

語系 聘・娉 phieng は同声。聘は聘問、娉は娉娶の意に用いる。甹は神意を問う呪儀で、聘・娉はともに甹の声義を承ける。

【聘求】へいきゅう（きう） 礼を以て招く。〔後漢書、郭伋伝〕老幼相ひ攜へ、道路に逢迎す。～耆徳雄俊を聘求し、几杖の禮を設け、朝夕、政事に與參せしむ。

【聘享】へいきょう（きやう） 天子・諸侯の間の修好往来。〔管子、軽重戊〕天子幼弱、諸侯亢強にして、聘享を上らず。公其れ強を弱くし、絶えたるを繼ぎ、諸侯を率ゐて以て周室の祀を起せ。

【聘金】へいきん 結納金。〔漢書、宣元六王、淮陽憲王欽伝〕趙王、謁者をして牛酒・黄金三十斤を持し、（舅、張）博を勞せしむ。博受けず。復た人をして、女に尙せんことを願はしむ、聘金二百斤なり。博未だ許さず。

【聘君】へいくん 招聘を受けても出仕しなかった人。〔梁書、止足、陶季直伝〕長ずるに及び學を好み、榮利に淡なり。桂陽王國侍郎、北中郎鎭西行參軍に起家するも、竝に起たず、時人號して聘君と曰ふ。

【聘納】へいのう（なふ） 妻を迎える。〔淮南子、泰族訓〕媒を待つ言を結び、聘納して婦を取る。

【聘幣】へいへい 招くための礼物。〔孟子、万章上〕湯、人をして幣を以て之れ（伊尹）を聘せしむ。囂囂然（無欲のさま）として曰く、我何ぞ湯の聘幣を以ふることを爲さんや～と。

【聘問】へいもん（へいぶん） 諸侯間の修好の礼。〔礼記、経解〕朝覲の禮は、君臣の義を明らかにする所以なり。聘問の禮は、諸侯をして相ひ尊敬せしむる所以なり。

【聘用】へいよう 招聘される。唐・盧綸〔李校書の東川の幕に赴くを送る〕詩 男兒須らく聘用せらるべし 筆の耕す（文筆）に堪ふるに信すこと莫かれ

↑聘嫁へいか 嫁娶/聘許へいきょ 許嫁/聘金へいきん 結納金/聘賢へいけん 賢者を招く/聘貢へいこう 貢納/聘財へいさい 聘金/聘召へいしょう 招聘する/聘親へいしん 嫁取り/聘請へいせい 招聘する/聘徴へいちょう 招聘する/聘定へいてい 婚約/聘命へいめい 招命/聘礼へいれい 聘問の礼

↓応聘・嘉聘・帰聘・使聘・辞聘・受聘・召聘・招聘・盛聘・重聘・朝聘・徴聘・入聘・納聘・幣聘・辟聘・報聘・来聘・礼聘

【箄】 14 8840 ヘイ ヒ すかご

篆文 

形声 声符は卑（卑）ひ。〔説文〕五上に「箄、簁箄なり」とあり、前条に「簁は簁箄なり」とあって、ふるいにかけるときの簀をいう。簏と似たものであるが、簏は伏せて魚をとる小さな竹籠で、また笓という。みな細密に編んだもので、卑・比の音にその意があるのであろう。

訓義 1す、ふるうもの。2かご、小さなかご。3笓と通じ、ふせご、小魚を捕るかご、おおう。4冠飾。5髆と通じ、さく。

古訓〔和名抄〕箄 漢語抄に云ふ、飯箄、以比之太美（いひしたみ）〔名義抄〕箄 冠飾なり。カウカイ〔篇立〕箄 カムカク・シタミ・イヒシタミ

【箄船】へいせん 竹や木で編んだいかだ舟。〔後漢書、西南夷、哀牢伝〕建武二十三年、其の王賢栗、兵をして箄船に乘り、江漢を南下せしむ。

↑箄筏へいばつ 大筏/箄籃へいらん 魚とり籠

↓簁箄・小箄・弊箄

【箅】 14 8822 ヘイ ヒ す

篆文 

形声 声符は畀ひ。〔説文〕五上に「蔽ふなり。甑の底を蔽ふ所以なり」とあり、甑の底の蒸気を通すところに入れる「す」をいう。甗は古代の甑で、その鬲部が上と連なるものがあり、そこに十字形の穿がある。上下が分かたれる器では、箅を加える。古い字書に箅と箄とを混同するものがある。

訓義 1す、こしきのす。2箄と通じ、ふせご。

古訓〔名義抄〕箅・飯箅 イヒシタミ／簁箅 小籠なり、籭なり、交籠なり。イヒシタミ

語系 箅・韠 piet は同声。韠は蔽膝（ひざかけ）。ともに覆うものの意がある。蔽（蔽）piat、市・韍 piuat も同系の語であろう。

↓甑箅・弊箅

【缾】 14 8874 ［瓶］ 13 8141 ヘイ つるべ かめ

篆文 

形声 声符は并へい。〔説文〕五下に「甖なり」とあり、つるべをいう。また、或る体として、瓶（瓶）を録する。

訓義 1つるべ。2かめ、もたい、酒器。3ビン。

【缾罍】へいらい 缾は小。罍は大。大より小に注ぎ与える。援助する。〔詩、小雅、蓼莪〕缾の罄くるは 維れ罍の恥なり

↑缾罌へいおう かめ/缾居へいきょ 危地/缾杓へいしゃく 水缾と杓/缾笙へいしょう 湯の沸く音/缾水へいすい 缾の水

常 【幣】 15 9822 〔幣〕 15 9822

ヘイ きぬ ぬさ おくりもの かね

篆文 

形声 声符は敝。〔説文〕七下に「帛なり」とあり、神に供える「ぬさ」をいう。〔周礼、天官、大宰〕「祀るの日に及んで、玉幣・爵の事を贊く」とみえる。幣物は帛に限らず、玉・馬・皮革の類や、また財貨を用いることもあった。のち貨幣の意となる。

訓義 [1]きぬ、ぬさ、しで、みてぐら、神にささげるもの。[2]おくりもの、みつぎもの。[3]公用の品、弔葬の品。[4]たから、かね、ぜに。[5]敝と通じ、やぶれる。

古訓 〔和名抄〕幣 美天久良（みてぐら） 〔名義抄〕幣 ミテグラ／大幣 オホミテグラ

語系 幣biat、帛beakは声近く、幣には古くは束帛を用い、ときに玉を加えることがあった。

【幣器】 弔喪に贈るもの。〔周礼、天官、宰夫〕凡そ邦の弔事に、其の戒令と、其の幣器・財用とを掌る。

【幣馬】 馬を贈りものとする。〔周礼、夏官、校人〕凡そ大祭祀・朝覲・會同には、毛馬（毛色調べ）して之れを頒つ。幣馬を飾ひ、扑(むち)を執りて之れに從ふ。

【幣帛】 みてぐら。〔墨子、尚同中〕其の鬼神に事ふるや、～犧牲敢て腯肥ならずんばあらず。珪璧・幣帛、敢て度量に中らずんばあらず。

【幣物】 贈りもの。〔戦国策、燕三〕（荊軻）既に秦に至る。千金の資・幣物を持し、厚く秦王の寵臣、中庶子蒙嘉に遺る。

【幣賂】 贈りもの。〔漢書、匈奴伝上〕漢、中郎將蘇武をして、幣賂を厚くして單于に遺らしむ。單于益〻驕り、禮甚だ倨る。漢の望む所に非ざるなり。

↑幣役 幣帛を奉ずる使者／幣貨 銭／幣儀 進物／幣錦 贈り物の錦／幣献 貢物／幣貢 貢物／幣財 贈り物／幣使 幣役／幣齎 贈り物／幣招 礼物を贈って人を招く／幣銭 銭／幣聘 幣招／幣余 残り物／幣用 銭

↓貨幣・器幣・享幣・金幣・遺幣・厚幣・香幣・歳幣・財幣・使幣・紙幣・資幣・贄幣・受幣・授幣・重幣・承幣・上幣・職幣・正幣・泉幣・銭幣・造幣・楮幣・珍幣・通幣・奠幣・刀幣・納幣・皮幣・聘幣・奉幣・宝幣・用幣・量幣・礼幣

常 【弊】 15 9844 〔弊〕 15 9844 〔獘〕 16 9843 〔斃〕 18 9821

ヘイ たおれる やぶれる

篆文 

形声 声符は敝。敝は蔽膝など、礼装用のぬいとりのあるものが、古びて破れることをいう。正字は獘・斃に作り、〔説文〕獘字条十上に「頓仆するなり」、〔爾雅、釈言〕に「踣るるなり」とあって、犬が斃死することをいう。〔左伝、僖四年〕「犬に與ふ、犬斃る。小臣に與ふ、小臣も亦た斃る」とあり、犬が毒物によって斃死することをいい、人にもいう。毒物を犬に与えて験することがあったのであろう。漢碑には弊の字を用いている。

訓義 [1]たおれる、犬がたおれる、たおれて死ぬ、つかれて死ぬ。[2]やぶれる、つきる、やむ、きわまる、たえる。[3]幣と通じ、きぬ。

古訓 〔名義抄〕弊 ツヒエ・サダム・ヤブル・ツビタリ・ソコナフ・ツブル・タフル・ツタナシ・タツ・アシ・ヤス・ワケタリ 〔字鏡集〕弊 ツブル・ワ、ケタリ・タユ・ソコナフ・ヤブル・ツヒエ・サダム・ツタナシ・タフル・タフ・ヤス・アシ／獘 ヤム・ヤブレタリ・キハマル・ツカル・ツヒニ・オトロフ・カタシ・オホフ・コレ

語系 弊・斃biatは同声。跋buat、蹣buanまた躄pickも声義近く、みな蹣跚としてよろめくような状態、俗に腰のぬけたようなさまをいう。

＊語彙は敝字条参照。

【弊居】 拙宅。唐・白居易〔履道西門、二首、一〕詩 履道西門に弊居有り 池塘竹樹、吾が廬を遶る

【弊袴】 破れ袴。〔韓非子、内儲説上〕韓の昭侯、人をして弊袴を藏せしむ。～曰く、～明主の一嚬一笑を愛しむは、嚬すれば爲に嚬する有り、笑へば爲に笑ふ有り。今夫の袴は、豈に特だ嚬笑のみならんや。袴と嚬笑と、相去ること遠し。吾れ必ず功有る者を待ちて（与えん）～と。

【弊甲】 破れ鎧。〔資治通鑑、梁紀十四〕（武帝、大同四年）（王）思政重創を被り、悶絶す。～思政、戰ふ毎に、常に破衣弊甲を著く。敵、其の將帥なるを知らず。故に免るるを得たり。～已に蘇り、～夜久しくして始めて營に還ることを得たり。

【弊梗】 ぬさを捧げて禱る。〔管子、四時〕其の事の號令に、神位を修除し、謹み禱りて弊梗す。

【弊策】 鞭をはげしくたたく。漢・王褒〔聖主、賢臣を得るの頌〕庸人の駑馬を御するや、亦た吻を傷つけ策を弊るも、行みに進まず。

【弊屣】 破れ履。〔孟子、尽心上〕舜、天下を棄つるを視ること、猶ほ弊屣を棄つるがごときなり。

【弊事】 弊害。唐・韓愈〔左遷せられて藍関に至り、姪孫湘に示す〕詩 聖明の爲に弊事を除かんと欲す 肯へて衰朽を將って殘年を惜しまんや

【弊車】 破れ車。〔三国志、呉、劉繇伝注に引く続漢書〕家に賄を藏せず。重寶の器無し。恆に飲食を菲くし、衣服を薄くし、弊車羸馬、號して窶陋と爲す。

【弊席】 破れむしろ。〔史記、陳丞相世家〕家は乃ち負郭の窮巷、弊席を以て門と爲す。

【弊風】 悪風。宋・葉適〔資政殿学士参政枢密楊公（愿）墓誌銘〕王安石學術の禍ひを論ずること、元祐に精しき者も過ぐる能はざるなり。～宣和の亂を致し、靖康の弊風を歴指し、大を窮め小を極め、激烈ならざる無し。

【弊弊】 疲れはてるさま。〔荘子、逍遥遊〕世、亂まることを蘄むるも、孰か弊弊焉として、天下を以て事と爲さん。

【弊陋】 みすぼらしい。また、愚劣。魏・曹植〔陳王に改封せられ、恩を謝する章〕臣既に弊陋、國を守りて效無し。自ら削黜せらるるを分とす。以て衆誡を彰はさん。

↑弊衣 破れ衣／弊帷 破れとばり／弊訛 誤り／弊壊 壊れる／弊鎧 弊甲／弊害 害悪／弊久 古びる／弊御 抑制する／弊蹻 弊履／弊国 自国の称／弊困 困窮する／弊習 悪風／弊履 弊履／弊国 自国の称／弊困 破れ床／弊象 病痕／弊制 悪制／弊政 悪政／弊俗 悪風／弊宅 拙宅／弊端 弊因／弊田 やせ田／弊蠹 禍害／弊竇 欠点／弊憊 疲れきる／弊薄 そまつ／弊仆 たおれる／弊法 悪法／弊袍 弊縕袍／弊民 疲民／弊邑 自国の称／弊落 衰落する／弊乱 敗乱／弊履 古草履／弊廬 小宅／弊穢 けがれ

↓悪弊・遺弊・革弊・奸弊・頑弊・饑弊・旧弊・朽弊・救弊・窮弊・祛弊・窘弊・語弊・垢弊・困弊・時弊・醜弊・宿弊・除弊・衰弊・積弊・頽弊・離弊・通弊・蠹弊・党弊・鈍弊・破弊・煩弊・疲弊・鄙弊・罷弊・靡弊・文弊・余弊・乱弊・利弊・流弊・羸弊・労弊

【潎】 15 3814

ヘイ ヘツ きよめる あらう

篆文 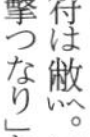

形声 声符は敝。〔説文〕十一上に「水中に於て絮を撃つなり」とあり、水中で絮をあらいうつ意。〔方言、十二〕に「清むるなり」という。また潎潎は魚の泳ぐさま、波うつさま、波のうちあうさま。みな擬声語である。

訓義 ①水中でわたをうつ、わたをうちあらう、きよめる。②魚がぴちぴちおよぐ。③波うつ、波がうちあう。④波たてて流れる、疾く音たてて流れる。

古訓 〔名義抄〕澼 ウゴク 〔字鏡集〕澼 タナビク・タヾヨフ

【澼澼】 魚がおよぐ。晋・潘岳〔秋興の賦〕秋水の涓涓たるに澡ひ、游鯈の澼澼たるを玩ぶ。山川の阿に逍遥し、人間の世に放曠せん。

↑澼洌 水が相撃って流れる

【萍】 15 4414

ヘイ ビョウ(ビャウ) うきくさ

篆文

形声 声符は并。〔説文〕一下に「苹なり」とあり、うきくさ、こうほね。

訓義 ①うきくさ、こうほね。②苹・萍と通用する。

古訓 〔篇立〕萍 ウキクサ

↑萍翳 雨師、萍翳／萍実 こうほねの実／萍浮 浮草

常【蔽】 15 4424 〖蔽〗 16 4424

ヘイ おおう かくす くらい ふさぐ

篆文

形声 声符は敝。〔説文〕一下に「蔽蔽たる小艸なり」とあり、〔詩、召南、甘棠〕「蔽芾たる甘棠」の〔毛伝〕に「蔽芾は小なる貌なり」とするのによる。敝は礼装用の蔽膝、ぬいとりのあるひざかけ。蔽は蔽膝のようにものを蔽いかくす意、またおおい塞ぐことをいう。

訓義 ①おおう、おおいかくす。②かくす、くらい。③ふさぐ、へだてる、さえぎる。④かすか、小さい。⑤弊と通じ、たおれる。⑥撆と通じ、さだめる。

古訓 〔名義抄〕蔽 オホフ・カクス・カクル・クラシ・ノブ・サヽク・アタル・ツヒタリ・カキアク 〔篇立〕蔽 ミダル・カクス・ツヒヤカス・オホフ・ヤブル

語系 蔽piat、尙・敝biat は声義近く、尙は蔽膝を意味する韠piet、市・芾・韍・紱・黻piuat の初文。もと一系の語である。

【蔽掩】 おおいかくす。〔塩鉄論、相刺〕是を以て賢聖蔽掩せられ、讒佞事を用ひ、此れを以て國を亡ぼし家を破り、賢士巖穴に飢うるなり。

【蔽晦】 おおいくらます。〔楚辞、九章、惜往日〕君の聰明を蔽晦し 虛って惑誤せしめて又以て欺く

【蔽扞】 防ぎ守る。〔塩鉄論、地広〕緣邊の民、苦寒の地に處り、強胡の難を距ぐ。～邊民百戰して中國恬臥(安らかにやすむ)する者は、邊郡を以て蔽扞と爲せばなり。

【蔽虧】 かげにかくれる。梁・簡文帝〔張纘に贈る〕詩 九疑(山)勢ひ參差 江天相ひ蔽虧す

【蔽賢】 賢人をさまたげて世に出さない。漢・厳忌〔哀時命〕俗、嫉妒して賢を蔽ふ 孰か余の從容たるを知らんや

【蔽固】 ものわからずで頑固。〔後漢書、儒林下、謝該伝〕遂に魏郡の李封を以て、左氏博士と爲す。後、群儒の蔽固なる者、數之れを廷爭す。

【蔽獄】 審理不十分。誤判。〔三国志、魏、明帝紀〕(青竜四年六月詔)郡國の蔽獄、一歲の中尙ほ數百に過ぎたり。豈に朕が訓導醇ならざるか、～將た苛法猶ほ存して、之れが陷穽を爲すか。

【蔽罪】 再審。罪を定める。〔左伝、昭十四年〕韓宣子に命じて舊獄を斷めしむ。罪、雍子に在り。雍子、其の女を叔魚に納る。叔魚、罪を邢侯に蔽む。邢侯怒り、叔魚と雍子とを朝に殺す。

【蔽膝】 儀礼用のひざかけ。〔三国志、呉、妃嬪、呉主権潘夫人伝〕夢に龍頭を以て己に授くる者有り。己蔽膝を以て之れを受く、遂に亮を生む。

【蔽日】 日の光をさえぎる。〔楚辞、九歌、国殤〕車、轂を錯へて、短兵接し 旌日を蔽うて、敵、雲の若し

【蔽上】 君主の明をおおう。〔史記、范雎伝〕三代の國を亡ぼす所以の者は、君專ら政を授け、～其の授くる所の者、賢を妒み能を嫉み、下を御ぎ上を蔽ひ、以て其の私を成せばなり。

【蔽蔵】 しまいこむ。宋・梅尭臣〔梅雨〕詩 門前に車馬無し 苔色何ぞ蒼蒼たる 屋後の昭亭山 又雲に被はれて蔽藏す

【蔽短】 欠点。〔漢書、芸文志〕(諸子)今家を異にする者、各ゝ長ずる所を推し、知を窮め慮を究め、以て其の指を明らかにせば、蔽短有りと雖も、其の要歸に合せん。

【蔽芾】 茂るさま。〔詩、召南、甘棠〕蔽芾たる甘棠 翦る勿れ、伐る勿れ 召伯の茇りし所

【蔽美】 他人の長所をかくす。〔楚辞、離騒〕世、溷濁して分たず 好んで美を蔽うて嫉妬す

【蔽蒙】 愚昧。〔荘子、繕性〕性を俗學に繕めて、以て其の初めに復らんことを求め、欲を俗思に滑して、以て其の明を致さんことを求む。之れを蔽蒙の民と謂ふ。

【蔽野】 野をおおう。〔後漢書、光武帝紀上〕遂に之れを圍むこと數十重。～旗幟野を蔽ひ、埃塵天に連なり、鉦鼓の聲、數百里に聞ゆ。

↑蔽隠 おおい隠す／蔽翳 おおう／蔽欺 欺く／蔽圉 防ぐ／蔽形 身を隠す／蔽護 庇護／蔽志 志を定める／蔽隰 低湿／蔽遮 さえぎる／蔽障 さえぎる／蔽傷 中傷する／蔽鄣 おおい守る／蔽塞 ふさぐ／蔽地 地一面／蔽泥 泥よけ／蔽天 空をおおう／蔽諂 惑わす／蔽匿 匿す／蔽薄 菲薄／蔽髪 ひたい髪／蔽茀 蔽芾／蔽風 風除け／蔽明 蔽上／蔽茂 繁茂する／蔽目 目隠し／蔽壅 おおいふさぐ／蔽雝 蔽壅／蔽惑 おおいまどわす／蔽櫓 大楯

↓闇蔽・陰蔽・隠蔽・掩蔽・扞蔽・頑蔽・虧蔽・欺蔽・祛蔽・愚蔽・限蔽・自蔽・時蔽・遮蔽・障蔽・蠹蔽・藩蔽・覆蔽・屛蔽・幽蔽・壅蔽・擁蔽・翼蔽・惑蔽

常【餅】 15 8874 〔餠〕 17 8874 〔餅〕 14

ヘイ もち

篆文

形声 声符は并。〔説文〕五下に「麪餈なり」とあり、麦粉をまるめ、蒸して作った餅をいう。〔釈名、釈飲食〕に「餅は并なり。麪を溲ねて合并せしむるなり」とあり、肋骨の連なるを駢脅というように、合わせて一枚となる意である。すべて餅のように薄く平らかにしたものをいう。

訓義 ①もち、むぎもち。②もちの形のもの、銀幣を餅金のようにいう。③わが国では、もち米の餅をいう。

古訓 〔名義抄〕餅 モチヒ／粢餅 ムギナハ／餅粉 アン 〔字鏡集〕餅 モチヰ・ムギナハ

↑餅果 餅菓子／餅金 貨幣／餅銀 銀貨／餅子 餅／餅師 餅売り／餅餌 米や麦粉で作った餅・団子の類／餅炙 蒲鉾の類／餅食 菓子／餅茶 餅の形をした茶、茶餅／餅炉 餅をやく炉

↓花餅・画餅・麴餅・金餅・香餅・焼餅・蒸餅・煎餅・湯餅・売餅・麦餅・米餅・炉餅

【嬖】 16 7040

ヘイ きにいり なれる いやしい

篆文

形声 声符は辟。辟は便辟、身のこなしのよいことをいう。〔説文〕十二下に「便嬖、愛するなり」とあって、気に入りのものをいう。嬖妾・嬖姫のように、男には嬖臣・嬖童のように用いる。宦官をいうことが多い。

訓義 ①きにいり、きにいりの女、いつくしむ、愛幸する。②なれる、いやしい。

古訓〔名義抄〕嬖 ウツクシ・ウツクシブ・アハレ・アイス 〔字鏡集〕嬖 アハレ・アハレブ・イツクシビ・ウツクシ・アイス・ヨロコブ

【嬖愛】（へいあい） 寵愛する。〔史記、周紀〕幽王、褒姒を嬖愛す。褒姒、子伯服を生む。幽王、太子を廢せんと欲し、～褒姒を以て后と爲す。

【嬖幸】（へいこう（かう）） 寵愛する。〔列女伝、孽嬖、殷紂妲己の伝〕妲己は殷紂の妃なり。紂に嬖幸せらる。

【嬖近】（へいきん） お気に入り。〔唐書、黎幹伝〕幹、性貪暴、～專ら財色に徇ひ、嬖近に附會し、左道を挾みて主恩を希ふ。帝甚だ之れに惑ふ。

【嬖豎】（へいじゅ） 気に入りの宦官。〔晋書、王澄伝〕（成都王）穎の嬖豎孟玖、陸機兄弟を譖殺し、天下切齒す。澄、玖の私姦を發し、穎に勸めて玖を殺さしむ。穎乃ち之れを誅す。士庶、善と稱せざる莫し。

【嬖習】（へいしゅう（しふ）） 気に入りの近習。〔後漢書、順帝紀賛〕孝順の始めて立つや、時髦（俊傑）允に集りしも、～終に嬖習に淪めり。

【嬖女】（へいじょ（ぢよ）） 気に入りの女。〔戦国策、楚四〕蔡の聖侯～左に幼妾を抱き、左に嬖女を擁き、之れと高蔡の中に馳騁し、國家を以て事と爲さず。

【嬖臣】（へいしん） お気に入り。〔塩鉄論、論儒〕孔子、衞に適く。嬖臣彌子瑕に因りて、以て衞夫人（南子）に見えんとす。子路、說ばず。

【嬖人】（へいじん） お気に入り。姫妾。侍臣。〔唐書、盧群伝〕郭子儀の家、嬖人張の昆弟と財を訟ひて平ならず。又言ふ、嬖人の宅に珍寶を匿せりと。

【嬖童】（へいどう） 気に入りの小姓。〔池北偶談、二十四、男子生子〕福建總兵官楊富に嬖童有り。二子を生む。楊子之れに名づけて天舍・地舍と曰ふ。魏惟度（憲）親しく之れを見たりと。

↑嬖豔 愛姫/嬖姫 愛姫/嬖御 愛妾/嬖孼 寵愛の小人/嬖倖 嬖幸/嬖子 庶子/嬖昵 嬖近/嬖色 愛姫/嬖寵 寵愛する/嬖僮 嬖童/嬖佞 嬖媚/嬖媚 とり入って、気に入られる/嬖媵 愛妾

↓外嬖・姦嬖・倖嬖・寵嬖・内嬖・便嬖・妖嬖

【⿲彳言甹】 17 2522 ［⿰彳甹］ 10 2522 ［⿰言甹］ 14 0562 ヘイ つかう

篆文

形声 声符は⿰言甹（へい）。⿰言甹は⿲彳言甹の初文であるが、〔説文〕に⿰言甹を収めず、⿲彳言甹字条二下に「使なり」という。この二字は単用の例がなく、⿲彳言甹夆と二字連用し、〔爾雅、釈訓〕に「甹夆は掣曳するなり」とあって、悪事に誘引することをいう。〔山海経、海外西経〕に「并封」、〔大荒西経〕に「屛蓬」という前後両首の怪獣の話がみえ、互いに引き合うので進退しがたいものだという。〔詩、周頌、小毖〕に「予を荓蜂すること莫れ」とあるのも、その語であろう。金文に甹・⿰口甹の字があって祝禱の儀礼を示し、王を輔弼する意に用いる。⿲彳言甹は甹の声義を承けるところのある字であろう。言は祝禱、彳は道路においてする意である。

訓義 ①つかう、つかい。②⿲彳言甹夆、ひきあう。③字はまた⿰言甹・⿰彳甹に作る。

古訓〔名義抄〕⿲彳言甹 ツカヒ 〔字鏡〕⿲彳言甹 ツカヒ・ユク

【薜】 17 4464 ヘイ ヘキ まさきのかずら やまぜり

篆文

形声 声符は辟（へき）。〔説文〕一下に「牡贊なり」とあり、〔楚辞、離騒〕にいう薜茘（へいれい）、まさきのかずらをいう。別に山芹や山麻などの名にも用いる。また蘗と通用することもある。〔楚辞、九歌、山鬼〕に「薜茘を被り女蘿を帯とす」とあり、この山鬼は、わが国の山姥に似ている。

訓義 ①まさきのかずら、おおいたび。②やまぜり、とうき。③やまあさ。

古訓〔名義抄〕薜茘 香草なり。コケ・クルシブ 〔字鏡集〕薜 キワタ・クルシフ・ハイマユミ・ケハフ

【薜衣】（へいい） まさきのかずらで作った服。唐・上官昭容〔長寧公主の流杯池に遊ぶ、二十五首、十二〕詩 霞窗、明月滿ち 澗戸、白雲飛ぶ 書は藤を引いて架と爲し 人は薜を將つて衣と作す

【薜帷】（へいい（ゐ）） まさきのかずらのとばり。梁・王僧孺〔湘夫人〕楽府 桂棟、薜帷を承く 眇眇たり、川の湄

【薜芷】（へいし） 香草。かおりかずらと、びゃくし。漢・揚雄〔反離騷〕薜芷と若蕙とを巻き 湘の淵に臨んで之れを投ず

【薜蔓】（へいまん） 薜のつる。唐・皮日休〔臨頓は呉中の偏勝の地爲り、陸魯望之れに居る～、十首、九〕詩 薜蔓は壁を遮るに任せ 蓮莖は臥して盆に枕す

【薜蘿】（へいら） つたかずら。〔楚辞、九歌、山鬼〕山の阿に、人有るが若し 薜茘（まさきのかずら）を被り、女蘿（ひかげのかずら）を帯とす

【薜茘】（へいれい） まさきのかずら。〔楚辞、離騒〕木根を擥りて以て茝を結び 薜茘の落蘂を貫く

↑薜幄 薜帷/薜屋 隠者の家/薜戸 薜屋/薜帯 薜の帯/薜服 薜衣

【鞞】 17 4654 ヘイ さや さやかざり

篆文

金文

形声 声符は卑（卑）。〔説文〕三下に「刀室なり」とあり、刀の鞘をいう。西周期の金文にみえる賜与に「鞞剢（へいてい）」の名がみえ、剣を腰に帯びるときに掛ける昭文帯のことで、〔番生𣪘〕の賜与では「囪黄（佩玉）・鞞剢・玉環」を列している。〔逸周書、王会解〕に「魚皮の鞞」がみえる。

訓義 ①さや。②さやかざり、こじりのかざり。③鼙（へい）と通じ、うまのりつづみ。

古訓〔新撰字鏡〕鞞 上を鞞と曰ひ、下を琫と曰ふ。刀室なり。又物を削る、之れを鞞と謂ふ。太知佐也（たちさや）、又、加佐利（かざり） 〔名義抄〕鞞 サヤ・タチノサヤ・カザリ 〔篇立〕鞞 コツ、ミ・ムナカヒ・タチノサヤ・ソヒエ

【鞞鼓】（へいこ） 祭祀に用いた太鼓。雷鼓の類。〔礼記、月令〕（仲夏の月）是の月や、樂師に命じて、鞀・鞞鼓を脩めしむ。

【鞞舞】（へいぶ） 古代の雑舞。晉・張載〔鞞舞の賦〕鞞舞煥として特り奏す。衆妓に冠として超絶す。干戚の遺式を采り、數度を二八に同しうす。

【鞞琫】（へいほう） 刀の鞘飾り。〔詩、小雅、瞻彼洛矣〕君子至る 鞞琫珌たる（かがやくさま）有り

↑鞞鐸 軍中の鼓と鐸/鞞婆 琵琶

↓牛鞞・短鞞

【斃】 18 9821 ［獘］ 16 9843 ヘイ たおれる

篆文

形声 声符は敝（へい）。〔説文〕十上に獘を正字とし、「頓仆するなり」という。〔左伝、僖四年〕「犬に與ふ、犬斃る。小臣に與ふ、小臣も亦た斃る」とあり、毒見して死ぬ意である。

訓義 ①たおれる、たおれ死ぬ、つかれて死ぬ。②やぶれる、つきる、やむ、きわまる、たえる。③字はまた獘・弊に作る。

古訓〔和名抄〕斃 多布流（たふる）と訓む。死するなり 〔名義抄〕斃 タフル・シヌ 〔篇立〕斃 タフル・シヌ・タフス

語系 斃（獘・弊）・蹩 biat は同声。跋 buat、蹣 buan、躄 piek と声義近く、腰が抜けて歩けぬような蹣跚たるさまをいう語である。

＊語彙は敝・弊字条参照。

【斃死】へいし たおれ死ぬ。〔国語、晋語九〕民、力を罷らせて以て之れを完うし、又斃死して以て之れを守る。

【斃踣】へいほく たおれる。宋・蘇軾〔辺将敗亡を隠匿する～を論ずる劄子〕馬の饑痩労苦するときは、則ち斃踣奔逸の憂ひ有り。民の困窮無聊なるときは、則ち溝壑(行き倒れ)盗賊の患有り。

【斃命】へいめい 命を失う。〔池北偶談、十、六女〕南海県の樵夫陳茂、虎に逢ひて命を斃せり。妻張順娘、遺骸を覓め、墳を築きて殉節す。

↑斃傷へいしょう 殺傷する

↓殞斃・危斃・僵斃・犬斃・摧斃・自斃・沮斃・餒斃・誅斃・疲斃・幽斃・力斃・労斃

【鼙】 21 4440 ヘイ つづみ こつづみ

篆文

形声 声符は卑(卑)ひ。卑に小さなものの意がある。〔説文〕五上に「騎鼓なり」とあって、馬上で用いた。攻撃のとき、騎を走らせながら鼓うつものである。

訓義 1うまのりつづみ、せめつづみ。2こつづみ。3字はまた鞞に作る。

古訓 〔新撰字鏡〕鼙 之を打ちて以て小鼓を和せしむなり。亦、口騎鼓なり 〔名義抄〕鼙 小鼓なり。フルフ 〔篇立〕鼙 フリツ、ミ・ツ、ミ

【鼙鼓】へいこ 軍鼓。唐・白居易〔長恨歌〕詩 漁陽の鼙鼓、地を動かして來たる 驚破す、霓裳羽衣の曲

【鼙鐸】へいたく 馬上で打つ鼙鼓と鈴。〔六韜、虎韜、軍略〕雷鼓を撃ち、鼙鐸を振ひ、鳴笳を吹く。

【鼙婆】へいば 琵琶。鞞婆。〔法苑珠林、四十二、妖怪、引証〕安陽城南に一亭廟有り。～若し宿するときは人を殺す。一書生有り、之れに過宿す。～乃ち昨夜應へし處を掘り、果して老蠍を得たり。大いさ鼙婆の如し。

【鼙舞】へいぶ 舞楽の名。鞞舞。〔南斉書、楽志〕(明君の辞)右一曲、漢の章帝造る。鼙舞歌に云く、關東に賢女有りと。

↓応鼙・寒鼙・金鼙・撃鼙・鼓鼙・戍鼙・鉦鼙・戦鼙・霜鼙・鐃鼙・鳴鼙・揚鼙

ベイ

常【皿】 5 7710 ベイ さら

篆文 甲骨文 金文

象形 平皿の形。〔説文〕五上に「飯食の用器なり。象形。豆と同意」とあり、「讀みて猛の若くす」という。〔顔氏家訓、音辞〕に古今の音の異なる例としてこの条を引く。周祖謨の〔問学集〕に、当時の汝南の方言音であろうとしている。

訓義 1さら、飲食の器。2器のおおい。

古訓 〔字鏡集〕皿 サラ・ウツハモノ

↑皿器べいき 皿/皿金べいきん 金属皿

↓器皿・金皿・次皿

常【米】 6 9090 ベイ マイ こめ よね

篆文 甲骨文 簡書

象形 禾の穂に穀実がついている形。〔説文〕七上に「粟の實なり。禾實の形に象る」とあり、穀人をいう。粟は五穀の総称。卜文の字形は穂の上下に小点三、四を加える形。長江の下流では古くから水稲の栽培が行われ、その品種は日本種と同系のものであるという。

訓義 1こめ、よね。2粟の実、五穀。3糞の形、糞。4メートル。

古訓 〔和名抄〕米 與禰(よね) 〔名義抄〕米 ヨネ 〔篇立〕米 ヨネ・ヒコハユ 〔字鏡集〕米 ツヒ・ヨネ・コメ

部首 〔説文〕に粱・粲・精(精)・粗・糵・糜・氣(気)・粉(粉)・竊(窃)など二十五字を属し、粻・糖(糖)など〔新附〕六字を加える。〔玉篇〕には米部の字百二十五字に及び、食生活の多様化を示している。竊は収蔵中の米が禼に内部から食われる意の字である。

声系 〔説文〕に米声として迷(迷)・敉・眯・類(類)など十一字を収める。類は米に犬牲をそえて天を祀る祭儀を示す会意の字で、禷の初文。米声の字は昧声の字と声義の関係をもつものがある。

【米塩】べいえん 煩砕なるもの。生活の必需品。〔旧唐書、李珏伝〕長慶元年、～茶税を増す。初税一百、之れに五十を増す。珏上疏して～曰ふ。税茶の事、尤も近年に出づ。～茶は食物爲らず、米鹽に異なる無し。人の資る所に於て、遠近俗を同じうす。

【米禾】べいか 米と脱穀前の稲。〔儀礼、聘礼〕門外の米禾は皆二十車、薪芻は禾に倍す。

【米果】べいか 米を煎り蜜で固めた菓子。呉中にいう。宋・陸游〔初夏〕詩 白白、餈筒(蜀の粽)美しく 青青として米果新たなり

【米奇】べいき 酒。琉球酒。〔外国竹枝詞、琉球、美姫含米、上りて盃を行らす、の注〕美姫をして、米を含ませて酒を作る。名づけて米奇と曰ふ。

【米麴】べいきく こうじ。〔漢書、食貨志下〕各く其の市の月朔を以て米麴三斛、幷びに其の賈を計りて之れを參分し、其の一を以て酒一斛の平と爲す。

【米穀】べいこく 米と雑穀。〔後漢書、馬融伝〕會羌虜颷起し、邊方擾亂す。米穀踴貴し、關よりして以西、道殣(路上の餓死者)相ひ望む。

【米賊】べいぞく 米盗人。五斗米道の貶称。〔三国志、魏、張魯伝〕(張魯の)祖父陵、蜀に客となり、道を鵠鳴山中に學び、道書を造作して、以て百姓を惑はす。從つて道を受くる者、五斗米を出だす。故に世、米賊と號く。

【米顚】べいてん 顛狂の人、米芾。また、米狂という。宋・文天祥〔周蒼崖～に贈る〕詩 三生石上、因縁を結ぶ 袍笏横斜するは、米顚を學ぶ

【米潘】べいはん 米のとぎ汁。〔唐書、南蛮、南詔伝上〕越睒の西、薦草多く、善馬を產す。世に越睒駿と稱す。～飲ましむるに米潘を以てし、七年にして御すべく、日に馳すること數百里。

【米廩】べいりん 有虞氏の学校の名。〔礼記、明堂位〕米廩は有虞氏の庠なり。序は夏后氏の序なり。瞽宗は殷の學なり。頖宮は周の學なり。

↑米飲べいいん おもゆ/米運べいうん 米の輸送/米価べいか 米の価格/米課べいか 米で納税する/米罕べいかん 羊肉/米泔べいかん 米汁/米気べいき 腐敗米/米狂べいきょう 米顚/米糵べいげつ 胚芽米/米糠べいこう ぬか/米餻べいこう 米の団子/米寿べいじゅ 八十八歳/米汁べいじゅう 米潘/米食べいしょく 米の食事/米瀋べいしん 米潘/米雪べいせつ 霰/米屑べいせつ 粉米/米泉べいせん 酒/米銭べいせん 米と銭/米粟べいぞく 米と粟/米点べいてん 点描法/米蠹べいと 米虫/米桶べいとう 米おけ/米肉べいにく 米と肉/米年べいねん 米寿/米麦べいばく 米と麦/米飯べいはん 米食/米粃べいひ 米ぬか/米糒べいび ほしいい/米巫べいふ 五斗米道/米粉べいふん 米の粉/米瀾べいらん 米汁/米粒べいりゅう 米つぶ/米糧べいりょう 米の食糧

↓運米・塩米・饋米・乞米・宮米・魚米・献米・古米・菰米・紅米・粳米・黒米・穀米・齎米・聚米・黍米・醸米・食米・新米・薪米・炊米・芻米・精米・税米・淅米・銭米・租米・粗米・粟米・竹米・秩米・貯米・稊米・黏米・稲米・白米・飯米・粉米・糲米・粒米・粱米・糧米・禄米

【袂】 9 3523 ベイ そで たもと

篆文 

会意 衣＋夬。夬は玉器の円環の一部を欠くもの、欠落のある意。袂は衣の袖口の形をいう。〔説文〕八上に「袖なり」とあり、夬声とするが、声が合わない。前条の褎字条に「袂なり」とあって互訓。袖は褎の俗字である。

訓義 1そで、たもと。2そでぐち。

古訓 〔新撰字鏡〕袂 曾氏（そで） 〔名義抄〕袂 ソデ・タモト

【袂雲】 袂を連ねると雲帳となる。人の多いことをいう。〔晏子、雑下九〕臨淄（戦国期の斉の都）は三百閭、袂を張るときは陰を成し、汗を揮ふときは雨を成す。

【袂接】 袂接肩摩。人の多いことをいう。明・宋濂〔国朝名臣序頌〕其の他の智士謀臣、袂接肩摩、殆ど一二を以て數ふべからず。

↑袂縁 袖口／袂圜 まる袖

↓衣袂・雲袂・盈袂・掩袂・解袂・寒袂・揮袂・挙袂・裾袂・牽袂・執袂・純袂・裳袂・攘袂・振袂・仙袂・双袂・長袂・投袂・把袂・反袂・飛袂・被袂・風袂・覆袂・奮袂・分袂・捧袂・蒙袂・揚袂・羅袂・攬袂・流袂・連袂・斂袂

【眯】 11 6909 ベイ くらむ やすらか

篆文 

形声 声符は米。〔説文〕四上に「艸、目中に入るなり」、〔字林〕に「物、眼に入りて病を爲す」とあり、目に物が入る意。〔広雅、釈詁一〕に「安らかなり」とは敉字の義。夢にうなされることをもいう。

訓義 1くらむ、めくらむ、目にものが入る。2敉と通じ、やすらか。3うなされる。4ねむる、ねあきる。5すがめ。

古訓 〔字鏡集〕眯 ハシカシ

【眯目】 目をくらます。〔荘子、天運〕孔子、老耼に見えて仁義を語る。老耼曰く、夫れ糠を播きて目を眯ませば、則ち天地四方も位を易へんと。

↑眯眼 目を細める／眯語 夢語り／眯夢 夢魔／眯乱 迷乱する

【麛】 20 0024 ベイ かのこ

篆文 

形声 声符は弭。〔説文〕十上に「鹿の子なり」とあり、またひろく獣の子をいう。〔礼記、曲礼下〕に「士は麛卵を取らず」と、その捕獲を禁じている。

訓義 1鹿の子。2獣の子。

古訓 〔名義抄〕麛 カノシヽ・サヲシカ 〔字鏡集〕麛 カコ・カノコ

語系 麛 mye は兒（児）njie、麑・鯢 ngye と声近く、これらはすべて小さな子をいう一系の語である。

【麛犢】 鹿の子と子牛。〔鶴林玉露、丙四、山静日長〕従容として山徑を歩し、松竹を撫し、麛犢と共に長林豐草の間に偃息す。

【麛卵】 獣の子と鳥の卵。〔礼記、曲礼下〕國君、春田するときは、澤を圍まず。大夫は群を掩はず、士は麛卵を取らず。

ヘキ

【辟】 13 7064 ヘキ ヒ ヘイ つみ きみ おさめる のり つかえる

篆文 

金文 

甲骨文 

会意 尸＋口＋辛。尸は人の側身形。辛は把手のある細身の曲刀の形。この曲刀で、人の腰間の肉を切り取る刑罰の法を示し、口はその肉片の形。もと円い形にかかれている。辟は刑辟を意味する字である。〔説文〕九上に「法なり。卩に從ひ、辛に從ふ。其の辠を節制するなり。口に從ふは、法を用ふる者なり」とするが、すべて字形の解釈を誤まる。卜辞に「多辟臣」の語があり、罪辟によって神の徒隷とされたものの意である。西周期の金文には、〔大盂鼎〕に「殷の正百辟」、〔麦尊〕に「辟邢侯」、〔献毀〕に「朕が辟たる天子」のように辟君の意に用い、また「先王に辟ふ」「我一人に辟ふ」のように辟事する意に用いる。また罪辟の意よりして法則の意が生まれ、辟治の意となる。もと刑辟を意味し、腰斬の刑を大辟という。それで辟声の字に、側僻の意をもつものが多い。

訓義 1つみ、ころす、腰斬、腰肉をとる。2きみ、天子、諸侯、王后、辟君。3おさめる、しおきする、めす。4のり、おきて、のっとる、さだめる、あきらかにする。5つかえる、きみとする、のりとする。6のぞく、すてる、さる。7躄と通じ、あしなえ。8僻と通じ、さける、それる、かたよる、とおい、いやしい、よこしま。9擗と通じ、うつ、ひらく。10譬と通じ、たとえ、たとえる。

古訓 〔名義抄〕辟 ハリ・メス・キミ・カタフク・ハカル・ヒラク・ノゾク・タトヒ・サル 〔篇立〕辟 ワカツ・ヒガコト・ヲフ・ノガル・メス・ハラフ・ユガミ・ツミ・タトヒ

部首 〔説文〕に辥・嬖の二字をその部に属し、〔玉篇〕も同じ。辥は刑の初文井を加えたもので辟声、形声とすべき字。乂は鋏の形で、切断の意である。

声系 〔説文〕に辟声として壁・躄・避（避）・譬・臂・劈・僻・襞・闢・擘・嬖・甓・璧など二十一字を収める。癖は〔玉篇〕にみえ、「食、消せざるなり」という。辟声の字はおおむね側僻・僻在の意をもつ。ただ璧は刑辟の切り取った肉のように円い意、劈・擘は強く切り裂くときの擬声語であろう。これらも、辟の声義に含まれているものである。

語系 辟・闢 biek、擗 phyek、捭 pe はみな強くうちひらく意。劈 phyek、副 phiuak、剖 pha は引き裂くように判つ意。辟声の字は、その語系に近い。

【辟悪】 邪悪をはらう。〔太平御覧、九八一に引く漢・秦嘉の婦に与ふる書〕今麝香一斤を奉ず。以て惡氣を辟くべし。

【辟雨】 雨やどり。〔左伝、僖三十二年〕殽に二陵有り。其の南陵は、夏后皐の墓なり。其の北陵は、文王の風雨を辟けし所なり。必ず是の間に死せん。余、爾の骨を収めん。

【辟易】 狂疾。また、しりごみ。〔史記、項羽紀〕赤泉侯～項王を追ふ。項王、目を瞋らせて之れを叱す。赤泉侯人馬倶に驚き、辟易すること數里。

【辟遠】 辺鄙の地。〔史記、范睢伝〕秦王跽きて曰く、～夫れ秦國辟遠、寡人愚にして不肖なり。先生乃ち幸ひにして辱く此に至る。

【辟忌】 忌みごと。〔周礼、地官、誦訓〕方慝を道ひて、以て辟忌を詔げ、以て地の俗を知ることを掌る。

【辟公】 諸侯。〔詩、周頌、雝〕相くるは維れ辟公 天子穆穆たり

【辟穀】 五穀を避ける。道家の養生法。〔史記、留侯世家〕乃ち穀を辟け、道引して身を輕くすることを學ぶ。會ま高帝崩ず。呂后留侯を徳とし、乃ち彊ひて之れに食せしむ。～後八年にして卒す。

【辟咡】 耳もとでいう。〔礼記、曲礼上〕（長者）負劍（肩越し）辟咡して之れに詔ぐるときは、則ち口を掩うて（口気を避けて）對ふ。

【辟邪】 邪気をはらう。〔続博物志、七〕陶隱居云ふ。學道の士山に居るときは、宜しく白犬・白雞を養ひて、以て邪を辟くべし。

【辟就】 不公平。貴賤の人に対して、或いは避け、或いは施す。〔管子、権修〕刑罰審らかならざれば、則ち辟就有り。

辟就有れば、則ち不辜(無実)を殺し有罪を赦す。

【辟召】招聘。〔後漢書、朱浮伝〕浮、年少にして才能有り。頗ぶる風迹を厲くし、士の心を收めんと欲し、州中の名宿、涿郡の王岑の屬を辟召し、以て從事と爲す。

【辟席】敬意を表して起立し、席を避ける。〔礼記、哀公問〕孔子蹴然として、席を辟けて對へて曰く、仁人は物を誤らず～と。

【辟聘】招聘。徵招。唐・陸亀蒙〔襄陽耆旧伝を読む～〕詩 龐公、幽隱を樂しみ 辟聘せらるるも就く所無し 祇だ鹿門の泉を愛し 泠泠として巖に倚りて漱ぐ

【辟廱】周の霊廟のある聖地。西周中期の金文にみえ、大池があり、諸儀礼が行われた。辟雍。〔三輔黃図、五、辟廱〕周の文王の辟廱は、長安西北四十里に在り。亦た璧廱と曰ふ。璧の圓なるが如し。之れを雍らすに水を以てす。教化の流行するに象る。

【辟踊】胸をうち、足ふみして嘆く。〔淮南子、主術訓〕衰絰(喪服)菅屨、辟踊哭泣するは、哀を諭す所以なり。

【辟陋】僻遠で鄙しい。〔漢書、循吏、文翁伝〕蜀郡の守と爲る。～蜀地の辟陋にして蠻夷の風有るを見、～乃ち郡縣小吏の開敏にして材有る者～を選び、京師に遣詣し、業を博士に受けしむ。

➡辟倚 邪曲／辟異 邪曲／辟違 辟異／辟引 徵召する／辟淫 みだら／辟隱 世をしりぞき隠れる／辟回 よこしま／辟諱 避け諱む／辟客 招聘した客／辟宮 やもり／辟居 僻居／辟挙 召し出す／辟禁 法禁／辟耦 匹偶／辟倪 横目でにらむ／辟睨 横目でにらむ／辟言 邪辟の言／辟在 僻在／辟士 郷士／辟儒 誤った儒者／辟書 召し状／辟暑 避暑／辟小 僻遠で小さい／辟称 たとえ／辟仗 儀仗／辟世 避世／辟請 招聘する／辟斥 追いはらう／辟積 ひだ／辟説 僻説／辟地 その地を去る／辟池 辟雍／辟置 召しかかえ／辟田 開墾する／辟蠹 虫よけ／辟土 開墾する／辟匿 かくれる／辟摽 胸をうつ／辟払 退ける／辟民 邪悪の民／辟名 偽名／辟命 招き任用する／辟盟 血盟／辟羅 網をはる／辟吏 任用の吏／辟歴 雷鳴／辟穢 けがれをさける

➡維辟・英辟・匡辟・群辟・啓辟・招辟・徵辟・明辟

人【碧】14 1660 ヘキ みどり あおみどり

篆文

形声 声符は白。〔説文〕一上に「石の青く美しき者なり」とあり、碧玉をいう。〔説文〕玉部に「石の玉に似たる者」「石の玉に次ぐ者」と訓するもの約三十字、「石の美なる者」四字。〔山海経、西山経〕に「高山、其の下に靑碧・雄黃多し」とあり、崑崙に珊瑚碧樹を産するといわれるものであろう。白を声符として加えるのは、その激明な色を示すものとみられる。

訓義 ①あおみどりの石。②みどり、あおみどり。

古訓 〔名義抄〕碧 ミドリ・アヲシ・アヲヤカニ・ミガク・タマ 〔字鏡集〕碧 ミドリ・アヲシ・タマノタグヒ・ヨキイシ・アヲキイロ・イシノアラタマ・アヲヤカニ・タマ・ミガク

【碧雲】青雲。宋・范仲淹〔蘇幕遮〕詞 碧雲の天 黃葉の地 秋色は波に連なり 波上に寒煙翠なり

【碧海】青海原。〔海内十洲記〕扶桑は東海の東岸に在り。～陸行して岸に登ること一萬里。東に復た碧海有り。海の廣狹浩汗、東海と等し。

【碧眼】青い目。唐・李咸用〔臨川に陳百年に逢ふ〕詩 麻姑山下、眞士に逢ふ 玄膚碧眼、方瞳子(ひとみが四角)

【碧巖】苔碧の巖。唐・李白〔清渓主人に宿す〕詩 夜、清溪に到つて宿す 主人、碧巖の裏

【碧空】青ぞら。唐・李白〔黄鶴楼に孟浩然の広陵に之くを送る〕詩 孤帆遠影、碧空に盡く 唯だ見る、長江の天際に流るるを

【碧渓】水の青い谷。唐・李白〔行路難、三首、一〕詩 閑來、釣を垂る、碧溪の上 忽ち復た舟に乘じて、日邊(都)を夢む

【碧血】血が変じて碧玉となる。〔荘子、外物〕伍員は江に流され、萇弘は蜀に死す。其の血を藏すること三年にして、化して碧と爲る。

【碧梧】あおぎり。碧梧桐。唐・杜甫〔秋興、八首、八〕詩 香稻啄み餘す、鸚鵡の粒 碧梧棲みて老ゆ、鳳凰の枝

【碧山】深山。唐・李白〔山中問答〕詩 余に問ふ何の意ぞ、碧山に棲むと 笑つて答へず、心自ら閑なり

【碧草】緑の草。宋・蘇軾〔織錦図に題す、回文、三首、一〕詩 春晩、落花、碧草を餘す 夜涼、低月、枯桐に半ばなり

【碧潭】深い淵。〔新論、殊好〕懸瀨碧潭、瀾波洶湧は、魚龍の安んずる所なるも、人は入りて畏る。

【碧天】青天。晉・王羲之〔蘭亭、二首、二〕詩 仰ぎて視る、碧天の際 俯して瞰る、淥水の濱 寥閴として、涯

觀無し 寓目、理自ら陳ぶ

【碧洞】苔深い洞穴。唐・王勃〔九成宮の頌の序〕丹溪碧洞、虹霓を吐納し、偃柏叢篁、雨霧に騰遷す。

【碧波】緑の波。清・查慎行〔西湖櫂歌詞、十首、八〕詩 也た道ふ、城中妝束好し 碧波迴眼、頭を梳るを看る

【碧峰】緑の峰。唐・王維〔新晴野望〕詩 白水、田外に明らかに 碧峰、山後に出づ

【碧落】蒼天。唐・白居易〔長恨歌〕詩 上は碧落を窮め、下は黃泉 兩處茫茫として、皆見えず

【碧流】緑の流れ。唐・陳子昂〔白帝城懐古〕詩 巖縣かりて靑壁斷え 地險にして碧流通ず

【碧蓮】青い葉の蓮。唐・司空図〔雨中〕詩 簷外の蓮峰、階下の菊 碧蓮黃菊、是れ吾が家

【碧蘆】茂る蘆。宋・范成大〔秋鷺の図に題す〕詩 昨夜新霜、釣磯に冷やかなり 綠荷消瘦し、碧蘆肥ゆ 一江の秋色、人の問ふもの無し 盡く屬す、風標、兩雪衣

【碧楼】緑色の高い建物。青楼。翠楼。〔楽府詩集、子夜四時歌、清商曲辞一、春五〕碧樓、初月に冥く 羅綺(あやぎぬ)、新風に垂る

【碧椀】緑琉璃の碗。〔東京夢華録、四、食店〕吾が輩は、店に入るときは、則ち一等の琉璃淺稜椀を用ふ。之れを碧椀と謂ふ。亦た之れを造羹と謂ふ。

➡碧衣 緑衣／碧漪 緑波／碧陰 緑陰／碧宇 青天／碧煙 青いもや／碧艶 青くつやのある葉の色／碧花 青い花／碧霞 青がすみ／碧荷 青い蓮／碧瓦 緑の瓦／碧澗 青い谷水／碧虛 青空／碧玉 碧い玉／碧沙 青い沙／碧紗 緑の薄絹／碧酒 清酒／碧樹 緑の樹／碧甃 緑のいらか／碧色 緑色／碧岑 翠の嶺／碧水 青い水／碧井 清井／碧青 ぐんじょう／碧泉 清らかな泉／碧鮮 竹の異名／碧蘚 青苔／碧灘 清らかな早瀬／碧池 碧水の池／碧簟 竹蓆／碧殿 碧玉の殿／碧桃 仙桃／碧塘 青い堤／碧文 碧色の紋／碧羅 碧紗／碧螺 少女のまげ／碧蘿 蔦かずら／碧瀾 緑波／碧寥 青空／碧緑 深緑／碧琳 碧琳琅／碧縷 緑のたちのぼる煙／碧涙 血涙／碧浪 碧波

➡一碧・烟碧・遠碧・涵碧・寒碧・環碧・眼碧・穹碧・虛碧・空碧・江碧・紺碧・彩碧・秀碧・峭碧・浄碧・深碧・新碧・水碧・翠碧・寸碧・青碧・清碧・草碧・丹碧・湛碧・澄碧・天碧・嫩碧・濃碧・

縹碧・浮碧・瑶碧・藍碧・弄碧

【僻】 15 2024 ヘキ ヒ ヘイ かたよる さける かたほとり よこしま

篆文

形声 声符は辟。辟は刑辟を加えて腰の肉を切りとる形で、腰斬の刑をいう。そのため一義として「旁より牽くなり」という。〔説文〕八上に「避くるなり」、端正を失うので、側僻の意となる。側旁の意から僻在・僻遠の意となり、また僻邪の意となる。

訓義 1かたよる、みをくねらせる。2さける、よける、かくれる。3かたほとり、とおい、いなか、いやしい。4よこしま、あやまる、ひがごと。5辟・避と通じる。

古訓 〔名義抄〕僻 ヒガム・サカサマ・アヤマル・サカル・カクス・シヅム・ワカツ・ハヂ・ヨコシ・ヨコサマ・ユガム・サル・ヒク・ヨコタハル 〔字鏡集〕僻 サル・タフル・ハヂ・シヅム・サカル・ユガム・カクス・アヤマチ・ヨコサマ・サカサマ・キル・アヤマル・ヒク・ヨコタハル・ワヅカ・ヒガム・マロブ・タガフ

語系 僻 phyek、辟・闢 biek は声義近く、身をひらいて避け、片寄ることをいう。辟声の字に、辟の声義を承けるものが多い。

＊語彙は辟・避字条参照。

【僻違】 道にそむく。〔荀子、修身〕容貌態度、進退趨行、禮に由るときは則ち雅なるも、禮に由らざるときは則ち夷固・僻違、庸衆にして野なり。

【僻遠】 辺鄙。〔楚辞、九章、渉江〕苟に余が心端直ならば 僻遠なりと雖も何ぞ傷まん

【僻巷】 裏町。唐・張籍〔弟蕭遠、雪夜同宿す〕詩 數巻新たに遊ぶ、蜀客の詩 長安の僻巷に、相ひ隨ふを得たり

【僻在】 辺地にいる。漢・王褒〔聖主賢臣を得るの頌〕今、臣、西蜀に僻在し、窮巷の中に生まれ、蓬茨の下に長ず。游觀廣覽の知有ること無く、顧だ至愚極陋の累のみ有り。

【僻壌】 僻地。清・顧炎武〔銭粮論、上〕遐陬(辺地)僻壌、舟車の至らざる所に至りては、卽ち十の三を以て之れを徵するも、猶ほ得べからず。

【僻陋】 辺地で卑俗。〔荀子、王覇〕僻陋の國に在りと雖も、威、天下を動かす。五伯是れなり。

↑僻淫 淫僻/僻易 たじろぐ/僻怪 奇怪/僻界 僻地/僻境 いなか/僻郡 いなか/僻倪 ひめがき/僻見 偏見/僻言 ひがごと/僻好 偏愛/僻行 邪行/僻左 僻遠/僻錯 誤り/僻志 偏心/僻恣 気まま勝手/僻事 ひがごと/僻儒 偏頗な学問の儒者/僻処 僻在する/僻書 俗書/僻陬 辺地/僻性 悪習/僻静 片田舎/僻説 偏頗な説/僻地 辺地/僻乱 邪僻なこと/僻濫 失実/僻戾 ひねくれ/僻老 老惚れ/僻論 僻説

↓隠僻・迂僻・退僻・介僻・間僻・奇僻・孤僻・荒僻・曠僻・嗜僻・睽僻・邪僻・処僻・陬僻・性僻・静僻・疏僻・仄僻・側僻・地僻・頗僻・便僻・幽僻

【劈】 15 7022 ヘキ さく つんざく やぶる

篆文

形声 声符は辟。辟は曲刀で腰肉を剜りとる形で、刑辟の意。〔説文〕四下に「破るなり」と訓し、勢いよく割くことをいう。〔段注〕に副と声義同じとし、「劈行はれて副廢す」というが、副は疈辜に用いる字で、劈とは別の字である。辟は霹靂のようにはげしい雷声を形容し、劈もその擬声語である。

訓義 1さく、ひきさく、つんざく、たちさく。2わる、やぶる。

古訓 〔名義抄〕劈 ワル・ハグ・ヒサク 〔字鏡集〕劈 ヤブル・キル・サク・ヒサク・ハグ・ワル・ツンザク

語系 劈 phyek は副(疈) phiuək、剖 phə と声近く、劈ははげしく引き裂く意。疈・剖はふくれたものを二分する意。両半にすることを半(半) puan、班 pean、判(判) phuan、披 phiai といい、みな一系の語である。

【劈開】 きり開く。宋・蘇軾〔正輔表兄と同に白水山に遊ぶ〕詩 翠峽を劈開して、雲雷走り 奔流を截破して、潭洞と作す

【劈砕】 裂き砕く。唐・曹松〔山寺引泉〕詩 琅玕を劈砕して、意ひ餘り有り 細泉高引して、香廚に入る

【劈面】 顔を傷つける。哀痛を示す。〔魏書、孝文五王、清河王懌伝〕懌の罪状を誣ひ、遂に之れを害す。～夷人の京に在り、帰るに及ぶもの、懌の喪を聞き、之れが為に面を劈く者、數百人なり。

↑劈口 大きく口をあける/劈柴 薪割り/劈折 さきくだく/劈断 切断する/劈地 忽ち/劈頭 まっ先/劈破 さく/劈剝 ばりばりとさく音/劈雷 雷がなる/劈歴 雷が鳴りひびく、霹靂/劈裂 はげしくひきさく/劈臉 真っ向から切り付ける

↓手劈・皴劈・尖劈・直劈・半劈・斧劈・面劈・雷劈

常 【壁】 16 7010 ヘキ かべ かき がけ

篆文

形声 声符は辟。辟に僻側の意がある。〔説文〕十三下に「垣なり」とあり、〔釈名、釈宮室〕に「壁は辟なり。風寒を辟禦する所以なり」といい、辟を避の意とする。

訓義 1かべ、土かべ、ぬりかべ。2かき、とりで、城壁。3がけ、直立するところ。

古訓 〔和名抄〕壁 野王案ずるに、壁は室の屏蔽なり。加閇(かべ)。四聲字苑に云ふ、隙なり。比末(ひま) 〔名義抄〕壁 カベ・カキ・ソコ 〔篇立〕壁 カベ・メグリ・カキ・ヒマ

語系 壁・廦 pyek は屛 byeng と声義が近い。廦は〔説文〕九下に「牆なり」とあり、屛牆をいう。

【壁画】 壁にかいた画。唐・段成式、張希復〔長安諸寺に遊ぶ〕聯句(諸画聯句) 惜しい哉な壁畫、世末だ殫さざるに 後人新たに書く、何ぞ汗漫(だらしなさ)たる

【壁間】 壁の上。壁面。宋・蘇軾〔散郎亭〕詩 歡戚(喜びと悲しみ)、已に時事に隨って去る 壁間、只だ古人の名のみ有り

【壁記】 壁上の碑記。唐・劉禹錫〔集賢閣に題す〕詩 曾ち是れ、先賢翔集の地 壁記を看る每に、一たび慚顔す

【壁魚】 しみ虫。唐・杜甫〔帰来〕詩 門を開いて、野鼠走り 帙を散じて、壁魚乾く

【壁光】 壁穴の光。〔西京雑記、二〕匡衡～學に勤むるも燭無し。隣舍に燭有るも逮ばず。衡乃ち壁を穿ちて其の光を引く。

【壁上】 城壁の上。〔史記、項羽紀〕諸侯の軍、鉅鹿の下を救ふ者十餘壁、敢て兵を縦つ莫し。楚の秦を撃つに及んで、諸將皆壁上より觀る。

【壁人】 人を複壁中にかくす。〔史記、張耳陳余伝〕漢の八年、上、東垣より還り、趙を過ぐ。貫高等乃ち人を柏人に壁し、之れを要へ、廁に置く。

【壁蘚】 壁の苔草。唐・徐夤〔南寺に題す〕詩 壁蘚、題記昏く 窗螢、薜蘿に散ず

【壁蔵】 壁中に匿す。〔後漢書、陳寵伝〕(王)莽の位を簒ふに及び、～父子相ひ與に鄉里に歸り、～遂に病篤と稱す。是に於て、其の家の律令の書文を收斂し、皆之れを壁藏す。

【壁中】 壁の中。宋・蘇軾〔九月十五日、邇英(閣)に論語を講じ、篇を終ふ～〕詩 壁中の蠹簡、今千年 漆書の科斗、光、天を射る

【壁立】垂直。また、壁のみの貧家。〔史記、司馬相如伝〕相如乃ち人をして（卓）文君の侍者に重賜して、殷勤を通ぜしむ。文君、夜亡げて相如に奔る。相如乃ち與に馳せて、成都に歸る。家居、徒だ四壁立つのみ。

↑壁衣 壁かけ織り／壁塢 壁塁／壁岸 険しい岸／壁宮 守宮／壁経 壁中の書／壁虎 守宮／壁蝨 だに／壁障 屏障／壁銭 平ぐも／壁塑 壁面の塑像／壁塞 塞がる／壁帯 壁の横木／壁廚 押入れ／壁聴 壁に耳／壁泥 泥壁／壁土 かべ土／壁門 営門／壁塁 とりで／壁炉 ペチカ

↓遺壁・垣壁・塢壁・屋壁・掛壁・蝸壁・霞壁・画壁・疥壁・壊壁・外壁・崖壁・隔壁・岸壁・巌壁・危壁・綺壁・屹壁・胸壁・金壁・空壁・堅壁・古壁・孔壁・高壁・荒壁・鑿壁・残壁・四壁・周壁・秀壁・書壁・牀壁・峭壁・障壁・牆壁・城壁・深壁・垂壁・石壁・赤壁・絶壁・穿壁・素壁・苔壁・題壁・丹壁・冢壁・鉄壁・徒壁・土壁・東壁・倒壁・破壁・敗壁・白壁・複壁・粉壁・保壁・堡壁・面壁・門壁・墉壁・立壁・塁壁・冷壁・魯壁・矮壁

【擗】 16 5004 ヘキ むねうつ なでる ひらく

形声 声符は辟。辟は辟歴（霹靂、はたたかみ）のように、はげしい破裂の音を写すことがある。擗は手で強く胸などをうつことをいう。〔爾雅、釈訓〕に「辟は心を拊つなり」とあり、〔詩、邶風、柏舟〕「寤めて擗つこと摽たる有り」の擗を訓する語。摽もそのうつ音をいう。悲痛の甚だしいときの所作で、〔孝経、喪親章〕に「擗踊哭泣し、哀しみて以て之れを送る」とみえる。

訓義 ①むねうつ、むねうちなげく。②なでる、さする。③ひらく、おる、ひく。④擘と通じ、おやゆび。⑤辟と通じ、さける。

古訓 〔名義抄〕擗 ヨコサマ・ウツ・ヲレヌ・ウツス・ツク・ヒク・ヒラク・サク・スナホナリ 〔字鏡集〕擗 ツク・ヨコサマ・ヒラク・タフル・ウツス・スナホナリ・サク・ヒク・キル・ウツ・ヲレヌ

語系 擗phyekは擘pek、捭pe、闢biekと声義の関係があり、手ではげしくうちひらくような動作をいう。拍peak、搏pak、撲beokは手で拍つ音をいう。

【擗琴】琴をうちくだく。〔韓詩外伝、九〕鍾子期死す。伯牙、琴を擗ち絃を絶ち、終身復た琴を鼓せず。以爲へらく、世與に琴を鼓するに足る無しと。獨り琴を鼓するのみ此の如きに非ず。

【擗摽】胸うちなげく。〔詩、邶風、柏舟〕閔へに覯ふこと既に多く 侮りを受くること少なからず 靜かに言に之れを思ひ 寤めて擗つこと、摽たる有り（韓詩）

【擗踊】胸うち足ずりして悲しむ。〔南史、劉徳願伝〕徳願、性粗率、孝武に狎侮せらる。上の寵姫殷貴妃薨ず。～徳願に謂ひて曰く、卿、貴妃を哭して悲しむ若くならば、當に厚賞を加ふべしと。徳願、聲に應じて便ち號慟し、膺を撫して擗踊（踴）し、涕泗交ゝ流る。上甚だ悦び、以て豫州刺史と爲す。

↑擗易 辟易／擗開 ひらく／擗算 竹卜／擗破 さく／擗撥 分割する／擗踴 擗踊／擗膺 むねうつ／擗掠 安置する

↓寤擗・踊擗

【璧】 常 18 7010 ヘキ たま

篆文

金文

詛楚文

形声 声符は辟。辟は刑辟。曲刀で腰の肉をまるく刳りとる形。金文の字形では、その部分を円形で示している。〔説文〕一上に「瑞玉、圜なり」とし、〔爾雅、釈器〕に「肉、好（孔）に倍する、之れを璧と謂ふ」とあるように、中に小孔がある。〔周礼、春官、大宗伯〕に「蒼璧を以て天に禮す」とあり、祭天のとき用いた。また諸侯の聘饗のときにも、儀器として用いる。殷墟の婦好墓からは、玉璧・玉環・玉玦・玉戈の類が多く出土している。また斉器の〔洹子孟姜壺〕に、諸神を祀るとき「璧二備、玉二嗣」などを用いている。玉は魂振りの具であった。

訓義 ①たま、まるいたま、中に小孔のあるたま、瑞玉。②たまの形のもの、たまのように美しいもの。③襞と通じ、ひだ。

古訓 〔名義抄〕璧 タマ

声系 璧pickは辟biekと声近く、通用することがあり、璧雍はまた辟雍に作る。金文には璧雝に作り、その文字から考えると、璧雝とはまるい池をめぐらした聖廟であったらしい。

【璧玉】美玉。〔新語、本行〕璧玉珠璣、上に御ひざれば、則ち翫好の物、下に棄てられる。

【璧琮】美玉。享礼に用いる。〔周礼、考工記、玉人〕璧琮は九寸、諸侯以て天子を享す。

【璧台】璧で飾った台。〔穆天子伝、六〕天子乃ち之れが臺を爲る。是れを重璧の臺と曰ふ。

【璧堂】周の大学。璧雝。〔文心雕竜、時序〕明（帝）・章（帝）の耀を疊ぬるに及んで儒術を崇愛し、禮を璧堂に肄ひ、文を（白）虎觀に講ず。

【璧馬】初見のときの贈り物。〔戦国策、魏三〕客、齊王に謂ひて曰く、淳于髡の、魏を伐たざるを言ふ者は、魏の璧馬を受くればなりと。

【璧帛】璧玉と絹織物。献上物。晉・郭璞〔山海経に注するの序〕穆王西征して、西王母を見る。璧帛の好を執り、錦組の屬を獻ず。～詩を賦して往來し、辭義觀るべし。

↑璧英 美玉／璧瑗 美玉／璧角 酒器／璧宮 玉宮／璧月 円月／璧砕 玉砕／璧散 酒器／璧日 太陽／璧潤 玉のようなうるおい、雅潤／璧婁 鐘簴（鐘を繫ける器）の柱／璧人 玉人／璧水 璧雝／璧羨 長円形の玉／璧池 璧雝／璧殿 玉宮／璧幣 璧帛／璧雍 璧雝／璧廱 璧雝／璧聯 玉飾りの聯

↓円璧・加璧・和璧・嘉璧・懐璧・合璧・完璧・環璧・含璧・拱璧・圭璧・弘璧・牲璧・薦璧・蒼璧・沈璧・白璧・反璧・美璧・宝璧・抱璧・累璧・連璧

【甓】 18 7071 ヘキ かわら しきがわら

篆文

形声 声符は辟。〔説文〕十二下に「瓴甓なり」とあり、瓦塼。〔広雅、釈宮〕に、「甓は甎なり」という。敷瓦の類。宋の謝泌は、考試甚だ厳、落第者相次ぎ、甓を懐いて泌の外出を待つものが多かったという。

訓義 ①かわら、しきがわら。②陶器、焼物。

古訓 〔名義抄〕甓 モタシ・モタヒ・カハラ

↑甓器 陶器／甓甃 甎壁／甓途 敷瓦の道

↓懐甓

【癖】 常 18 0014 ヘキ くせ

形声 声符は辟。辟に側僻の意がある。〔玉篇〕に「食消せざるなり」とあり、宿食消せず、消化不良となること。もとそのように流通を欠く意で、それより留滞の意となり、嗜好・性癖をいう。偏愛することを「左伝の癖」「煙霞の癖」のようにいう。

訓義 ①消化がすすまないこと、腹の病。②くせ、かたより。③程度がすぎること。

古訓 〔名義抄〕癖 クセ 〔字鏡集〕癖 ハラノヤマヒ・クセ・アシナヘ

【癖痼】長く治らない病気。痼疾。唐・李華〔雲母泉の詩の序〕井泉溪澗、色皆純白にして、鄉人に壽考多く、癖痼・疥搔の疾無し。

【癖習】習癖。唐・白居易〔因継集重序〕足下、我より

少きこと六七年なりと雖も、然れども倶に已に白頭なり。竟に章句を捨て、筆硯を抛つこと能はず。何ぞ癖習の此の如く甚だしきや。

➡癖愛 耽愛する／癖潔 潔癖症／癖好 物好き／癖敖 傲慢／癖嗜 嗜好／癖性 性癖／癖石 結石

⬇悪癖・画癖・疳癖・癇癖・頑癖・奇癖・旧癖・琴癖・潔癖・痼癖・山癖・嗜癖・詩癖・酒癖・習癖・書癖・笑癖・深癖・性癖・石癖・銭癖・痴癖・盗癖・病癖・茗癖・嬾癖

【襞】 19 7073 ヘキ ひだ たたむ

篆文 

形声 声符は辟。辟に僻る意がある。〔説文〕八上に「衣に韏するなり」とあり、折り目をつけ、たたむことをいう。しわのときは縐といい、いたんで破れることを「縐摺」という。

訓義 ①ひだ、ひだをつける、おりめをつける。②たたむ、たたみかさねる。

古訓 〔和名抄〕襞積 比多米（ひだめ）と訓む 〔名義抄〕襞積 ヒダメ。上、コロモ・ヒタメ 〔字鏡〕襞 タヽム・セハキヌ・コロモ 〔字鏡集〕襞 タヽス

【襞積】衣裳のひだ。漢・司馬相如〔子虚の賦〕襞積・褰縐、紆徐委曲して、鬱橈たること谿谷のごとし。

【襞幅】ひだのある行縢。〔子華子、晏子問党〕堯、衢室の宮に居り、垂衣して襞幅す。

【襞方】端午に婦人につける飾り。〔荊楚歳時記〕（五月、五色糸）一名朱索、～赤青白黒、以て四方と為し、黄は中央に居る。名づけて襞方と曰ふ。胸前に綴りて、以て婦人の蠶功を示すなり。

➡襞錦 錦を織る／襞褶 ひだ／襞積 襞積／襞染 紙を折って字を書く／襞牋 襞染／襞斂 収拾する

⬇衣襞・巾襞・巻襞・紙襞

【躄】 20 7080 ［躃］ 17 7010 ヘキ あしきる

篆文 

形声 声符は辟。辟は刑辟。腰の肉を刳りとる刑で、腰斬を大辟という。〔礼記、王制〕「跛躄」の〔注〕に「兩足行くこと能はざるなり」とあり、片足を跛という。〔説文〕二上に字を𨂂に作り、「人、行くこと能はざるなり」とするが、止は趾であるから、跛躄の字には躄がよい。

訓義 ①あしきる、あしきりの刑、あしなえ。②蹶と通じ、たおれる。

古訓 〔名義抄〕躄 アシナヘ・ナヘク 〔字鏡集〕躄 アシナヘ・ナヘク・タフス／躃 トヾマル

語系 躄pick、辟biekは声義近く、刑辟の結果として跛躄となる。因果の関係のある語である。

【躄疾】あしなえ。〔三国志、呉、陸績伝〕出でて鬱林の太守と為り、偏将軍を加へられ、兵二千人を給せらる。績、既に躄疾有り、又意は儒雅に存す。其の志に非ざるなり。軍事有りと雖も、著述廢せず。

➡躄瘖 身障者／躄行 いざる／躄者 足の障害ある人／躄歩 躄行／躄踊 辟踊

⬇蹇躄・踔躄・跛躄・攣躄・老躄

【闢】 21 7764 ヘキ ビャク ひらく

篆文  金文 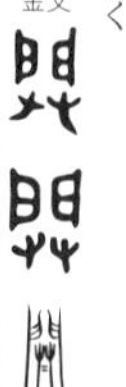

形声 声符は辟。金文の字形は、両手で左右の門戸を開く形であるから会意。闢はのちの形声字である。辟は刑辟で、切りひらく意がある。〔説文〕十二上に「開くなり」という。金文の〔大盂鼎〕に「厥の匿（悪）を闢き、四方を匍（敷）有す」、また〔彔伯㦰𣪘〕に「四方を右（佑）闢す」とあり、闢に邪悪を避け祓う意がある。天地幽暗の時代から、はじめて秩序が生まれることを、開闢という。

訓義 ①ひらく、おしひらく。②しりぞける、のぞく、さける。③おしえる、みちびく、さとす。

古訓 〔名義抄〕闢 ヒラク・サク・ヨコタハル 〔字鏡〕闢 オシヒラク・ヒラク・ヒライテ

語系 闢・辟biekは同声。擗phyek、擘pekは手で強くうつ意で、そのようにして開くことを闢という。

➡闢戸 戸を開く／闢闔 開閉する／闢墾 開墾する／闢邪 辟邪／闢地 土地をひらく／闢田 開墾する／闢仏 排仏／闢門 開門

⬇雲闢・開闢・闔闢・墾闢・翦闢・疏闢・張闢・洞闢・排闢・門闢・路闢

【霹】 21 1064 ヘキ かみなり はためく

形声 声符は辟。辟に劈く、ものをつんざく意がある。霹靂は疾雷、はたがみをいう。霹靂も、国語の「はたたき」も、その霹靂音を形容する語である。

訓義 ①かみなり、はたがみ、迅雷の音、雷神。②はためく、なりひびく。③字はまた辟に作る。

古訓 〔名義抄〕霹 イカヅチ・ツクス・ヒサク／霹靂 カミヲツ。一に云ふ、カミトキ。琴の別名なり 〔字鏡集〕霹 カミ・ツクル・イカヅチ・ヒサク

【霹靂】雷鳴。〔旧唐書、裴漼伝〕（父琰之）是れより先、州中に積年の舊案數百道有り。崇義、琰之を促して之れを斷ぜしむ。琰之、書吏數人に命じ、紙を連ね筆を進めしめ、斯須（忽ち）にして剖斷並びに畢る。～號して霹靂手と爲す。

➡霹砕 うち砕ける／霹雷 激雷

⬇震霹

ベキ

【冖】 2 3702 ベキ おおう

篆文  甲骨文  金文 

象形 上から深く覆う形。〔説文〕七下に「覆ふなり。一の下垂するに従ふ」とあり、両辺が下垂して全体を覆う形となる。〔玉篇〕に「巾を以て物を覆ふ」とし、今の冪の字であるという。のち冪の字を用いる。

訓義 ①おおう、おおい。②のち冪に作る。③部首として「わかんむり」という。

古訓 〔字鏡集〕冖 オホフ

部首 〔説文〕に冠・冣・託の三字を属し、別に冃部に同・青・冡、冃部に冕・胄・冒（冐）・最の字を属する。〔玉篇〕もその例により、字数が多い。冠は寇と同じく廟中の儀礼で、ともに宀に従うべき字。託は神託を求める廟中の礼である。冃部の同は酒器、冃部の字は面衣、最は戦場の獲耳（馘）を撮み集めるのに巾を用いる形。これのみが覆巾の象に従うが、鼏・冪とはまた意象が異なる。形似の字の間にも、それぞれの本形本義を考えることが必要である。

声系 〔説文〕に冖声として冟・鼏の二字を収める。冟は食器の𣪘を覆う形。鼏は鼎を覆う形で、声義も同じであるべき字であるが、〔説文〕五下に冟を「飯の剛柔調はずして相ひ箸く」（段注本）とし、「讀みて適の若くす」という。おそらく当時の俗語を以て解したものであろう。冪も冖声であるが、〔説文〕未収の字である。

語系 冖・鼏・冪myekは同声。幎・幦も同声の字。すべて礼器・祭器の類を覆い、幎は死者の面を覆うことをいう。

【糸】 6 2090 ベキ いと かすか

篆文 古文 甲骨文 金文

象形 糸たばの形。〔説文〕十三上に「細き絲なり。束絲の形に象る」とあり、糸をより合わせたものが絲。いま糸を絲の字に用いるが、もと別の字である。糸たばを拗じたものを幼という。幼は糸に木を通して拗じる形。糸を練り、染めるとき、汁をしぼるのに勒してしぼった。幺の下辺に、左右にたれる形が糸である。〔繫伝〕に「一蠶の吐く所を忽と爲す。十忽を絲と爲す。糸は五忽なり」とあって、絲の半分を糸という。

訓義 ①いと、ほそいいと、いとすじ。②かすか、すくない、わずか、こまか。③つらなる、細くつらなる。④微量の単位。⑤いま絲の字に糸を用いる。

古訓 〔新撰字鏡〕糸 蠶の口より吐ける細き糸なり 〔名義抄〕糸 細絲なり。ツク・ツラヌ 〔字鏡集〕糸 ツク・イト・ヨル・タル・イツ・ツラヌ・ヨリイト

部首 〔説文〕に繭（繭）・繹・緒（緒）・純・經（経）・緯（緯）・䋣・縊・彝など二百四十七字と〔新附〕九字。〔玉篇〕糸部は顧野王原本の書写本がわが国に残されていて、「凡そ三百九十二字」とあり、〔沢古堂本〕のいわゆる宋本と収録字に異同がある。彝を〔説文〕〔玉篇〕はいずれも糸に従う形としてこの部に録入しているが、卜文・金文の字形は鳥を羽交い締めにしている象形字。その吐く血を以て清めの釁礼を行った。

参考 いま国語で糸を絲の字として用いるが、もと声義ともに異なる字。糸を撚り合わせて、はじめて絲となる。糸を抽出するを系、より合わすを糾（糾）、糾合して絲を成すのである。

【汨】 7 3610 ベキ しずむ

篆文

形声 声符は日。声が合わないので、漢の金日磾の日を密の音でよむことがあり、その例と同じとする説がある。〔説文〕十一上は「長沙の汨羅淵なり。～水に従ひ、冥の省聲」とする。汨羅は楚の屈原が身を投じたところで、〔説文〕に「屈原の水に沈みし所」という。似た字形に汩があり、汨開・汨急のように用いる。

訓義 ①しずむ。②汨羅、川の名。

古訓 〔名義抄〕汨 水なり、長沙に出づ。タチマチ・ウゴカス

【汨羅】 川の名。江西修水に発した汨水は、西流して湘水に注ぐ。〔史記、屈原伝〕屈原、江濱に至り、被髮して行ゝ澤畔に吟ず。～是に於て石を懷き、遂に自ら汨羅に投じて以て死せり。

【覓】 11 2021 ベキ もとめる さがす ながしめ

金文

会意 爪＋見。金文の字形は手と見とに従い、手をかざして見る形のようである。何かをさがし求める意。「食を覓む」のようにいう。〔玉篇〕に「索求するなり」とあり、何かをさがし求める意。

訓義 ①もとめる、さがしもとめる、さがす。②覛と同じく、ながしめ、みる。

古訓 〔名義抄〕覓 モトム・ミル

【覓挙】 請託して挙用を求める。〔唐書、薛登伝〕明詔方に下らんとするに、固より已に府寺の廷に驅馳し、王公の第に出入し、篇を陳べ恩を希ひ、奏記誓報す。故に俗に擧人を號して、皆覓擧と稱す。

【覓食】 食物を求める。唐・王建〔七泉寺上方〕詩 日夕、猿鳥合ひ 食を覓めて山鐘を聽く

【覓路】 行く路を求める。〔晋書、武帝紀、制〕山に登らんと欲する者、舟航を渉りて路を覓めば、趣く所逾いよ遠くして、尙ほ轉た難し。

↑覓句 苦吟する／覓偏 傭われ人／覓婚 求婚する／覓索 さがす／覓死 死を求める／覓取 求め取る／覓得 見つける／覓誘 誘い取る／覓歴 探しまわる

↓苦覓・尋覓・捜覓・難覓・要覓・来覓

【幎】 13 4728 ベキ ベイ ベン おおう きれ

篆文

形声 声符は冥。冥の本音はベイ。幎はその入声音。〔説文〕七下に「幔なり」とあり、儀礼のとき、尊や鼎などの礼器の類を蓋うものをいう。また死葬のとき、その面を覆う幎冒をいう。〔儀礼、士喪礼〕に「幎目には緇を用ふ」とあり、黒い布を用いる。

訓義 ①おおう、上にかけるきれ、大きなきれ。②面をおおう、死者の面をおおう、幎冒。

古訓 〔字鏡集〕幎 マクナリ・スダレ・オホフ

語系 幎・冪・幦・鼏 myek は同声。それぞれ用いるところは異なるが、上から覆うことをいう。幎目の字に冪や鼏を用いることもあり、通用することがある。

【幎冒】 死者の顔を覆う。〔呂覽、知化〕夫差、將に死せんとして曰く、死者にして如し知る有らば、吾れ何の面ありて以て（伍）子胥を地下に見んと。乃ち幎を爲りて、以て冒ひて死せり。

【幎目】 幎冒。〔儀礼、士喪礼〕幎目には緇を用ふ。方尺二寸、經き裏、組繫（組紐）を著く。

↑幎歴 見え隠れ

【鼏】 15 3722 ベキ おおう

篆文 金文

会意 冖＋鼎。〔説文〕七上に「木を以て横さまに鼎の耳を貫きて之れを擧ぐ。鼎に從ひ、冖聲」と形声に解するが、〔説文〕のいうところは扃の字義で、字は鼎に冖を加えた形。〔段注本〕に説解の文を「鼎の覆なり」と改めている。鼏は金文の〔秦公𣪘〕に「禹の賣（迹）に鼏宅す」とあるように、掩有の意に用い、鼎の全体を覆うことをいう。

訓義 ①おおう、かなえのおおい、かなえのふた。②冪と通じ、覆う布をいう。

古訓 〔字鏡集〕鼏 ツラヌク

語系 鼏・冪・幎・幦 myek は同声。みな覆うことをいい、ときに字を通用することがある。

【冪】 16 3722 ベキ おおう たれぎぬ

形声 声符は冖。〔儀礼、既夕礼〕「冪に疏布を用ふ」の〔注〕に「覆ふなり」とあり、棺を覆う布をいう。雲が深くたれこめることを「雲、冪冪たり」といい、すべて深く覆うことをいう。

訓義 ①おおう、おおうきれ、たれぎぬ。②幎と通じ、幎冒。

古訓 〔篇立〕冪 マク

語系 冪・幎・幦・鼏 myek は同声。みな上から覆うのに用いる。

【冪冪】 雲などが深くたちこめるさま。唐・李華〔古戦場を弔ふ文〕魂魄結んで、天沈沈たり。鬼神聚まりて、雲冪冪たり。日光寒くして草短く、月色苦えて霜白し。

↑冪室 室内を塗る／冪首 婦人の頭巾／冪歴 広くおおう

↓蓋冪・挙冪・巾冪・執冪・尊冪・徹冪・羅冪

【幦】 16 7022 ベキ

篆文

形声 声符は辟。〔説文〕七下に「鬆布なり」とあり、漆塗りの衣。合羽の類で、車を覆

うて塵よけなどにする。〔広雅、釈器〕に「覆笭、之れを帲と謂ふ」という。字はまた幭、襪と通用する。

訓義 ①うるしぬりのぬの。②車のおおい、ちりよけ。③幭・襪と通じ、みな覆笭をいう。

↓羔帲・豹帲・鹿帲

ヘツ

【丿】 1 2000 ヘツ ヒツ エイ ひく

篆文

象形 右上から左下に引く斜線。〔説文〕十二下に「右より戻るなり。左に引く形に象る」という。独立した用法のない字であるが、「丿乀」は左右に引く形であるので「漁舟丿乀」のようにいうことがある。

訓義 ①ひく、ななめにひく、左下へまがる。②いたる、曳と通じ、ひいていたる。

古訓 〔字鏡集〕丿 イタル・モトホル

語系 丿phiuat、乀phiuat は双声の連語。字形としては、ぼうふらを孑孓と書くのに類する。書法の上では、丿を撆といい、乀を磔という。

↑丿乀 左右にゆれるさま

【撇】 15 5804 **［撆］** 16 9850 ヘツ ヘイ ぬぐう はらう

篆文

形声 声符は敝。〔説文〕十二上に撆に作り、「飾ふなり。～一に曰く、撃つなり」（段注本）とする。飾（飾）は拭。涙をぬぐうことをもいう。また、はらう、ふるう、かすめる、うつなどの意がある。

訓義 ①ぬぐう、ふきとる。②はらう、ふるう、うつ。③わかつ、わける、さだめる。④ひく、ひきよせる、かすめる。⑤書の左にはらう書法。

【撇脱】さっぱりする。〔輟耕録、八、山水を写すの訣〕一窠一石を畫くに、當に逸墨撇脱して、士人の家風有るべし。纔かに多きときは、便ち畫工の流に入る。

↑撇曳 雑踏する／撇仮 虚言／撇棄 棄てる／撇古 頑固で偏執／撇口 朝顔型／撇散 放棄する／撇清 分明／撇然 忽然／撇涕 涙をふく／撇放 放置する／撇漾 棄てる／撇蘭 あみだ籤／撇烈 迅速

【憋】 16 9833 ヘツ せっかち

形声 声符は敝。〔方言、十〕に「憋は惡なり」とあり、短気で気性のよくないことをいう。字はまた敝に作り、敝腸とは悪心をいう。

訓義 ①せっかち、気みじか。②わるい、ねじける。

古訓 〔字鏡集〕憋 イソグコ、ロ・ウヤマフ

↑憋性 短気／憋腸 悪心／憋悶 憂鬱

ベツ

常 **【別】** 7 6240 ベツ わかつ わかれる わける

篆文 甲骨文

会意 冎＋刀。冎は上体の骨の形。骨節のところを刀で分解する意。牛角を刀で解くことを解といい、骨間をわかつことを別という。〔説文〕四下に「分解するなり」とあり、分離解体することを原義とする。〔書、康誥〕に「別ねく先哲王に求め聞く」の「別」は、辨（弁）・徧と通用の義がある。

訓義 ①わかつ、わかれる、わける、骨節を分かつ、ときほぐす。②かぎる、区分する、わかれ、別異。③わかちさだめる、わきまえる、しる。④はなれる、とりわけ、べつに、けじめ、ことなる、ことに。⑤わりふ。

古訓 〔名義抄〕別 コトニ・コトナリ・ハナル・ワキマフ・ワカツ・ワク 〔字鏡集〕別 ワカツ・ハナル・コトニ・ワカル・ワキマフ・コトナリ・トク

語系 別biat は辨・辯（弁）bian と声義に通ずるところがあり、わかつ意。判（判）phuan、半（半）puan、分（分）piuən は両半にする意で、その分かちかたをいう。

【別意】別れの気持ち。唐・李咸用〔送別〕詩 別意說きて盡し難し 離盃、深く辭すること莫かれ

【別館】別荘。漢・司馬相如〔上林の賦〕是に於てか、離宮別館、山に彌り谷に跨がり、高廊四注、重坐（二層）曲閣（閣道）あり。

【別居】別れて住む。別居異財。〔後漢書、循吏、許荊伝〕禮に分異の義有り、家に別居の道あり。是に於て共に財産を割きて以て三分と爲す。

【別業】別荘。別墅。晋・石崇〔思帰引の序〕晩節更に放逸を樂しみ、篤く林藪を好み、遂に河陽の別業に肥遁（隠居）す。

【別語】別れの時のことば。唐・韓愈〔霊師を送る〕詩 別語、出だすことを許さず 行裾、動もすれば牽かるるに遭ふ 隣州競ひて招請す 書札何ぞ翩翩たる

【別恨】別れがたく思う。別離の情。唐・李白〔旧遊を憶ひ、譙郡の元参軍に寄す〕詩 余れに問ふ、別恨知んぬ多少ぞ 落花春暮、爭うて紛紛たり

【別魂】別恨。唐・崔塗〔巫山旅別〕詩 五千里外、三年の客 十二峰前、一望の秋 無限の別魂、招き得ず 夕陽は西に下り、水は東流す

【別子】諸侯の嫡男・嗣子以外の子。〔礼記、大伝〕別子を祖と爲し、別に繼ぐを宗と爲す。

【別字】あて字。〔日知録、十八、別字〕後漢書、儒林傳に、讖書は～其の中に近鄙の別字多しと。近鄙とは、猶ほ今の俗用の字のごとし。別字とは、本も當に此の字に爲るべきに、誤って彼の字に爲るなり。今人之れを白字と謂ふは、乃ち別音の轉じたるなり。

【別趣】特殊な面白さ。〔滄浪詩話、詩弁〕詩に別趣有り。理に關するに非ざるなり。

【別集】作家別の集。〔隋書、経籍志四〕別集の名は、蓋し漢の東京（後漢）の創むる所なり。～文を屬るの士、～志尙同じからず。風流殊別、～故に別聚す。之れに名づけて集と爲す。

【別緒】離別の情。唐・李嶠〔駱四（賓王）に餞して、鍾の字を得たり、二首、一〕詩 曲中、別緒に驚き 醉裏、愁容を失ふ

【別墅】別荘。〔旧唐書、文苑下、王維〕宋之問の藍田の別墅を得たり。輞口に在り、輞水舍下に周る。～道友裴迪と浮舟往來し、琴を彈き詩を賦し、嘯詠すること終日。～輞川集と號く。

【別情】別離の情。前蜀・韋荘〔東陽贈別〕詩 無限の別情、言ふこと得ず 谿柳を回看して、恨み依依たり

【別人】他の人。唐・張籍〔春に感ず〕詩 明年、各自、東西に去らば 此の地、花を看るは、是れ別人ならん

【別世】別の世界。漢・李陵〔蘇武に答ふる書〕相ひ去ること萬里、人絶し路殊となり。生きては別世の人と爲り、死しては異域の鬼と爲らん。

【別体】別種の様式。清・金農〔新編拙詩四巻、手自ら鈔録し、女児に付して収蔵せしむ、雑題、五首、一〕詩 聖代空しく嗟くなく、骨相の癯するを 常に別體を裁して、榛蕪を闢く

【別伝】本伝外の逸事などを録したもの。〔史通、雑述〕其の流に十有り。～七を別傳と曰ふ。～劉向の列女、梁鴻の逸民、趙采の忠臣、徐廣の孝子の若き、此れを之れ別傳と謂ふ

者なり。

【別墨】 墨子学派のうちの論理学派。〔荘子、天下〕相里勤の弟子、五侯の徒、南方の墨者苦獲・已齒・鄧陵子の屬、倶に墨經を誦し、倍譎して同じからず、相ひに別墨と謂ふ。

【別様】 別趣。明・朱有燉〔元宮詞、百首、五十七〕詩 包髻團衫、別様の粧ひ 東朝、謁し罷りて宮牆を出づ

【別来】 別れてのち。唐・劉禹錫〔敬んで徹公の寄せらるるに酬ゆ、二首、一〕詩 淒涼たり、沃洲の僧 顦顇す、柴桑の宰 別來二十年 唯だ兩心の在るを餘す

【別離】 別れ。〔楚辞、九歌、少司命〕悲しみは生きながら別離するより悲しきは莫く 樂しみは新たに相ひ知るより樂しきは莫し

【別涙】 別離の涙。唐・杜甫〔高常侍(適)に奉寄す〕詩 天涯の春色、遅暮(人生の晩年)を催ほす 別涙は遙かに添ふ、錦水の波

【別路】 別れの路。唐・陳子昂〔春夜、友人に別る、二首、一〕詩 離堂、琴瑟を思ひ 別路、山川を遶る 明月、高樹に隠れ 長河、曉天に沒す

↑別案 別件/別異 異なる/別筵 送別の宴/別駕 刺史の補佐/別解 他の解釈/別格 特別/別記 別に記す/別晷 別時/別去 別れ/別径 間道/別瞼 悲別の顔/別故 他事/別後 別来/別号 雅号など/別才 特殊の才/別裁 選択する/別歳 忘年会/別史 類別史/別思 別情/別事 他事/別時 離別の時/別日 他日/別舎 別棟/別酒 送別の宴/別袖 袖をわかつ、別れる/別愁 別離のつらさ/別所 他所/別状 異状/別食 別封/別心 二心/別説 他説/別撰 特撰/別態 別様/別宅 別邸/別致 別の趣/別腸 別情/別調 別の趣/別邸 別の家敷/別第 別邸/別殿 便殿/別途 別の方法/別念 別の考え/別派 他派/別杯 別れのさかずき/別白 明らか/別袂 分袂/別堡 別のとりで/別封 別に分け封ずる土地/別本 異本/別夢 別後の夢/別流 別派

↓一別・怨別・遠別・乖別・界別・格別・隔別・箇別・鑑別・区別・訣別・甄別・告別・恨別・差別・細別・支別・死別・識別・殊別・種別・序別・小別・人別・酔別・生別・析別・惜別・銓別・餞別・送別・愴別・贈別・大別・長別・悵別・特別・派別・配別・判別・貧別・傅別・分別・弁別・望別・夢別・離別・流別・留別・両別・類別・話別

【苜】 9 4460 ベツ バツ やぶにらみ

篆文

象形 目の上に呪飾を加えている形。巫女などが呪儀を行うときに、睫飾りなどを加えることをいう。〔説文〕四上に「目正しからざるなり」とあり、末の音でよむという。夢(夢)・蔑(蔑)の字はこの形に従い、視線の明らかでないような状態をいう。もと媚蠱に関する字である。

訓義 ①まつげかざり、呪飾として巫女などに加える。②やぶにらみ、邪視、めもとが明らかでない。

部首 〔説文〕に瞢・萈・蔑の三字を属し、〔玉篇〕に𦳝の字を加え、〔書、洛誥〕「汝乃ち是れ𦳝めず」の句を引く。また〔説文〕は薨を瞢の省声の字として苜部に加えないが、声が異なり、この部に属すべき字である。

声系 〔説文〕に苜声として萈一字を収め、苜部の瞢を苜＋旬、また薨・夢・薧などを瞢の省声の字とするが、声の合わないものが多い。瞢は旬に従う字ではなく、苜の繁文とみるべき字。従って夢系統の字は、瞢の省声に従うものではなく、苜に従う字とすべきである。苜はまた媚の初文と考えられ、夢・薨はみな媚蠱のなすところ、そのうなされる声を薨という。〔説文〕の苜・夢の声系には、混乱が多いようである。

【萈】 13 4480 ベツ くらい

篆文

形声 声符は苜。〔説文〕四上に「火明らかならざるなり」とし、苜の亦声とする。また〔説文〕に〔書、顧命〕「萈席」の語を引き、今本は篾に作る。席の名であるから篾が正字。萈は瞢と声義近く、その異体字であろうと思われる。

訓義 ①くらい、あきらかでない、さだかでない。②篾と通じ、竹の皮、竹皮のむしろ。

常

【蔑】 14 4425 〔蔑〕 15 4425 ［衊］ 20 2495

ベツ あらわす ないがしろにする さげすむ ない

篆文

甲骨文

金文

会意 苜＋伐。苜は眼に呪飾を加えている形で、媚女。戦争などのとき、この眉飾を加えた巫女たちが、敵陣に対して一斉に調伏の呪儀を行った。卜辞には媚人三千をして敵方を望んで呪祝させたとしるすものがある。戦いが終わると、敵方の媚女を捕らえ、その呪力を消滅させるために、これを殺した。そのことを蔑といい「蔑し」とよむ。両禾軍門の前で殺すことがあり、それで衊ともしるされている。そのことはまた著しい軍功でもあるので、軍功を旌表(表彰)することを「蔑暦」という。暦は両禾軍門の前で誓告することで、軍功をいう。〔説文〕四上に蔑について「勞目、精無きなり。苜に從ふ。人勞するときは則ち蔑然たり。戍に從ふ」とするが、卜文・金文の字形は下部を伐に作り、伐はのちにも「伐閲」のように蔑の音でよみ、軍功を旌表することをいう。門閥の閥を、〔玉篇〕にベツの音でよんでいる。

訓義 ①あらわす、ほめる。軍功をいう。②なくする、かろくする、ないがしろにする、さげすむ。③くらい、あざむく。④滅と通じ、ほろぼす。⑤末と通じ、ほのか、かすか、こまかい。

古訓 〔和名抄〕曦 師説、多々良女(たためら)。〔箋注〕眵は乃ち米久曾(めくそ)、多々良女(たためら)の兩義有り 〔名義抄〕蔑 アツマル・ナイガシロ・ナイガシロニス・ナミス 〔字鏡集〕蔑 ナミス・アナヅル・ナイガシロ

声系 〔説文〕に蔑声として巕・衊・幭・懱など八字を収める。巕は汚血、懱は軽易の義で、蔑の声義を承ける字である。衊は蔑の繁文として卜文・金文にみえ、伐旌の意であるが、〔説文〕七上に「禾なり」とする。それならば別義の字である。

語系 蔑・懱 miat は慢・嫚 mean と声近く、侮嫚の意がある。また滅 miat、亡(亡) miuang とも声義が通じ、滅亡の意がある。蔑は亡国の巫女を殺す形の字である。なお、否定詞として亡・罔のほか、無・无・毋 miua、莫(莫) mak、靡 miai、末 muat、未・勿 miuat などは同系の語である。

【蔑棄】 軽んじ棄てる。〔国語、周語下〕夏商の季に及んで、上は天に象らず、下は地に儀らず、中は民を和せず。方は時に順はず、神祇を共しまずして、五則を蔑棄す。是を以て人其の宗廟を夷ぼせり。

【蔑殺】 滅ぼし殺す。〔国語、周語中〕(晋)今將に大いに其の宗祊(宗廟)を泯ぼし、其の民人を蔑殺せんとす。宜なり、吾が敢て服せざること。

【蔑死】 死者同様に軽んずる。〔左伝、成十三年〕我が君を蔑死し、我が襄公を寡(弱)とし、～我が好を奸絶す。

【蔑爾】軽んずる。〔魏書、張彝伝〕彝、知己を愛好し、下流を輕忽にす。其の意に非ざる者は、之れを視ること蔑爾たり。家庭に疹疾すと雖も、志氣彌〻高し。

【蔑暦】軍功を旌表する。西周の金文〔彔戜卣〕「王、戜に令(命)じて曰く、𠭯、淮戸(夷)敢て内國を伐つ。女其れ成周の師氏を以ゐて、古自に戍れと。白雝父、彔の暦を蔑はし、貝十朋を賜ふ。

↑蔑視 軽蔑する/蔑如 軽んずるさま、蔑爾/蔑賤 卑賤とする/蔑然 くらいさま/蔑侮 侮蔑する/蔑法 無法/蔑蒙 急速/蔑縷 微細

↓軽蔑・敖蔑・寂蔑・微蔑・侮蔑・斃蔑・暴蔑・陵蔑

人 【瞥】 17 9860 ベツ みる

篆文 

形声 声符は敝へい。〔説文〕四上に「過目なり」とし、また「一に曰く、財かに見るなり」という。一瞥・瞥見のように用い、ちらりと目翳の動くことをいう。

訓義 1みる、ちらりとみる。2めがかすむ、おぼろげ。

古訓 〔篇立〕瞥 ヒトメミル・カクル

↑瞥観 瞥見する/瞥眼 瞥見する/瞥見 ちらり見る/瞥忽 忽ち/瞥然 瞥見する/瞥脱 爽快/瞥地 突然/瞥覩 瞥見する/瞥聞 ちらりと聞く/瞥瞥 瞥見する/瞥列 急速なさま/瞥裂 瞥列

↓一瞥・眼瞥・斜瞥・電瞥・飄瞥

【幭】 18 4425 ベツ おおい

篆文 

形声 声符は蔑(蔑)べつ。〔説文〕七下に「蓋幭なり。〜一に曰く、襌被(よぎ)」とあり、すべて物を覆う大小の巾をいう。車の覆いも、頭巾も、みな幭という。

訓義 1おおい。2車の覆い。3よぎ、ねまき。4頭巾、はちまき。5また幭・幦と通用する。

↓浅幭・素幭

【蹩】 19 9880 ベツ ヘツ ふむ あしなえ

篆文 

形声 声符は敝へい。敝に瞥・鼈べつの声がある。〔説文〕二下に「踶ふむなり」とし、「一に曰く、跛なり」とあって、跛蹩の意に用いる。躄へきと声義の通ずる字である。

訓義 1ふむ。2あしなえ。

古訓 〔字鏡集〕蹩 マハリユク・アシナヘ

↑蹩脚 あしなえ/蹩蹩 苦労するさま

↓跛蹩・躄蹩

【⿰禾蔑】 20 2495 ［蔑］ 15 4425 ベツ あらわす

篆文  金文 

形声 声符は蔑(蔑)べつ。〔説文〕七上に「禾なり」とあるも、何の禾であるかをいわず、〔段注〕に「蓋し禾に⿰禾蔑と名づくる者有るならん」という。用義例のない字である。金文に功暦を旌表(表彰)することを「蔑暦」といい、字はまた「⿰禾蔑暦」に作る。禾は軍門。両禾は軍門の象で、暦(曆)は両禾の形に従う。禾は今の華表の形とみてよい。蔑字条参照。

訓義 1あらわす、ほめる。軍功をいう。2禾の名。

↑⿰禾蔑暦 蔑暦

【韈】 24 4455 ［韤］ 24 4455 ベツ たび くつした

篆文 

形声 声符は蔑(蔑)べつ。〔説文〕五下に「足衣なり」とあり、たびの類。皮・韋・革・巾などで作り、それぞれ蔑声の字がある。〔左伝、哀二十五年〕「韈して席に登る」とあり、非礼のこととされた。竹で編んだ敷物を篾席という。編み合わせて作るたびの類を、韈というのであろう。

訓義 1たび、くつした。2末をいう。

古訓 〔新撰字鏡〕韈 襪なり。志太久豆(したぐつ)〔名義抄〕韈 シタウヅ・シタクラ/襪 シタウヅ

【韈係】たびのひも。〔韓非子、外儲説左下〕文王、崇を伐ち、鳳黄の虚に至りて、韈係解く。因りて自ら結ぶ。太公望曰く、何為れぞやと。王曰く、〜今皆先王の臣なり。故に使ふべき無きなりと。

↑韈袴 婦人の服/韈子 靴下/韈線 非才

↓衣韈・解韈・係韈・結韈・刺韈・青韈・素韈・著韈・布韈・羅韈・覆韈

【鼈】 25 9871 ［蟞］ 18 9813 ベツ すっぽん みのがめ

篆文 

形声 声符は敝へい。〔説文〕十三下に「甲蟲なり」とあり、〔芸文類聚、九十六〕に引いて「介蟲なり」に作る。〔周礼、考工記、梓人、注〕に「外骨は龜の屬なり。内骨は鼈の屬なり」とあり、鼈は食用にも供された。〔周礼、天官、鼈人〕の職は、季節にこれを祭祀に供することを掌るものであった。

訓義 1すっぽん、みのがめ。2酒器の名。

古訓 〔和名抄〕鼈 魚鼈の字、或いは鱉に作る。加波可女(かはかめ)〔名義抄〕鼈 カハカメ・ウミガメ〔字鏡集〕鼈 ミヅチ・ウミガメ・カメ

【鼈飲】毛布にくるまって、頭だけ出して飲む。〔夢渓筆談、人事二〕石曼卿、豪飲を喜む。〜毎に客と痛飲し、露髮跣足す。械を著けて坐す。之れを囚飲と謂ふ。木杪に飲む。之れを巣飲と謂ふ。稾を以て之れを束ね、引首出飲して復た束に就く。之れを鼈飲と謂ふ。其の狂縱、大率ね此の如し。

↑鼈咳 言語不明瞭/鼈脚 わらび/鼈裾 鼈のひれ肉/鼈菜 わらび

↓亀鼈・巨鼈・魚鼈・嗜鼈・大鼈・跛鼈・炰鼈・緑鼈・老鼈

ヘン

常 【片】 4 2202 ヘン かた きれ ひら

篆文  甲骨文 

象形 城壁などを築くときの、版築に用いるあて木の形。片を両辺に立て、中に土を盛り、これを擣き堅めて土壁とする。その方法を版築という。〔説文〕七上に「判木なり。半木に従ふ」とあり、自然木の枝のついたままのものを両半したものと解するが、片の旁出するものはあて木として立てるためのもので、これを平面におけば爿となる。片方の意よりして、ものの一偏をいい、僅少・一部分の意となる。片雲・雪片・花片のように形あるもののほか、片言・片志のように形のないものにもいう。

訓義 1版築の一方の木、かたかた、かた、一方。2きれ、木のきれ、衣のきれ、土くれ、かけら、きれはし、はんぱ。3ひら、軽く小さなもの、はなびら。4かたよる、さく、わける。

古訓 〔名義抄〕片 カタハシ・ハシ・カタハラ・カタヘ・カタツカタ・カタオモテ〔字鏡集〕片 カタオモテ・シリソク・カタハラ・アラハス・カタハシ・サク・カタ〳〵・カタ・ヲフ・カタヘ・ハシ・サス

部首 〔説文〕に版・牘・牒・牖など七字を属し、〔玉篇〕に牓・牋・⿰片業などを加えて三十八字を属する。簡牘には薄片のものを用いた。⿰片業は業に従い、業は上に鑿歯のある長い木で、これを両手で持ち、うち堅める。その撲つことを業くという。⿰片業のような字形があることは、片が版築に用いるものであることを証するものといえよう。

語系 片phianは判(判)phuanと声近く、ともに判かつ意があり、半(半)puan、分(分)piuan、また辨(弁)bian、別biat

と同系の語である。その一方を偏（偏）phyenという。

【片雨】一陣の雨。唐・岑参〔晩に五渡を発す〕詩 江村、片雨の外 野寺、夕陽の邊り

【片雲】一片の雲。唐・武元衡〔立秋、華原南館に二客に別る〕詩 風は泥陽に入りて、池館秋なり 片雲、孤鶴、兩つながら留め難し

【片影】孤独な姿。宋・楊万里〔呉敏叔待制侍郎の致仕するを送る〕詩 自ら憐れむ、病鶴、樊籠（鳥かご）の底 方に羨む、冥鴻（大空に翔ぶ鴻雁）に片影寒きを

【片簡】書きものの断片。〔宣和書譜、行書六、蘇舜欽〕尤も行書に工みに、評書の流、妙品に入ると謂ふ。當時、殘章片簡も、天下に傳播す。

【片月】弦月。宋・陸游〔漁父、二首、二〕詩 片月又生ず、紅蓼（あかいたで）の岸 孤舟常に占しむ、白鷗の波

【片言】ひとこと。晋・陸機〔文の賦〕片言を立てて以て要に居ぉく、乃ち一篇の警策なり。

【片時】しばし。唐・岑参〔春夢〕詩 枕上、片時、春夢の中 行き盡す、江南の數千里

【片帆】一片の帆。宋・陸游〔秋思絶句、六首、五〕詩 片帆、忽ち秋風を逐うて起り 聊か試む、人閒、萬里の途

【片片】ひらひらする。唐・盧照鄰〔長安古意〕詩 片片たる行雲（髪のさま）、蟬鬢に著っき 纖纖たる初月（眉の形）、鴉黃（額の化粧の色）に上る

↑片晷 少時／片許 少々／片金 一片の金／片頃 少時／片芸 小芸／片語 片言／片刻 少時／片紙 紙きれ／片辞 片言／片雲 片時／片席 寸席／片善 小善／片段 断片／片楮 寸紙／片土 少しの地

↓阿片・鴉片・一片・花片・玉片・結片・香片・砕片・残片・紙片・数片・雪片・霜片・断片・楮片・破片・薄片・飛片・氷片・名片・木片・裂片

常【辺】5【邊】19 3630

ヘン

くにざかい あたり ほとり はし

篆文 金文 詛楚文

形声 旧字は邊に作り、㮷声。㮷はまた臱に作る。自は鼻の象形。下は台架の形。鼻穴を上にして台上におかれた屍体の形で、首祭として知られている祭梟の俗を示す。いわゆる髑髏棚どくろだなである。㮷は架屍の象。方は人を磔くする形。これを外界と接する要所に設けて、呪禁とした。それで境界の意となり、辺境の意となり、辺端の意となる。〔説文〕二下に「垂崖を行くなり」とし、辺崖の意とする。〔説文〕四上は臱に「宮見えざるなり。闕」としており、臱の形義について説解を加えていない。〔爾雅、釈詁〕「垂なり」、〔広雅、釈詁四〕「方なり」は、両者を合わせて外方の意となるが、邊は本来祭梟を行う塞外の地をいう語である。金文の〔大盂鼎〕に「殷の邊侯甸」の語があり、辺境の諸侯をいう。侯は候望の意。辺塞をまた辺徼という。徼もまた髑髏の形である白と、架屍の象である方とに従い、これを支つ祭梟の俗を示す字で、辺塞の呪禁をいう。

訓義 ①くにざかい、外界と接するところ、祭梟の地。②はし、はずれ、かぎり、へり、ふち、はて。③かたすみ、あたり、ほとり、そば。④いなか、かたいなか、とおい。

古訓 〔和名抄〕邊鄙 師說、阿豆万豆（あづまつ）、文選西京の賦の附訓に安川万宇止（あづまうど）とみえる 〔名義抄〕邊 サカヒ・ハカリ・スツ・ホトリ／兩邊 コナタカナタ 〔字鏡集〕邊 トホシ・ハカリスツ・カタハラ・サカヒ・ハカル・ホトリ・サカシ

語系 邊pyen、濱（浜）pien は声近く、陸に邊といい、水に濱という。瀕bien、墳（墳）biuan も声義に関係のある語である。邊は祭梟、墳は墳瘞で、犠牲などを埋めるところ。濱・瀕は水に臨んで霊を賓送して祀る意を原義とする。みな一系の語。

【辺裔】辺境の地。〔隋書、河間王弘伝〕時に河東、盜賊多く、民安きことを得ず。弘、奏して、盜を爲す者百餘人、之れを邊裔に投ず。州境帖然たり。號して良吏と爲す。

【辺患】国境の紛争。〔新書、匈奴〕國に二族有るは、方に天下を亂すこと、匈奴の邊患を爲すよりも甚だし。

【辺関】辺境の関所。〔史記、司馬相如伝〕司馬長卿、便ち西夷～を略定す。～邊關を除きて關益ます斥ひらけ、西のかた沫・若水に至る。

【辺徼】辺塞。唐・耿湋〔関山月〕詩 月明らかにして、邊徼靜かなり 戍客、鄕を望む の時

【辺疆】国境の辺地。〔左伝、成十三年〕（晋、秦に絶つ）我が社稷（国家）を傾覆せんと欲し、我が蝥賊を帥ゐ、以て來りて我が邊疆を蕩搖す。

【辺郡】辺境の郡。漢・司馬相如〔巴蜀に喩す檄〕夫れ邊郡の士、烽擧がり燧燔くと聞かば、皆弓を攝りて馳せ、兵（武器）を荷ひて走る。

【辺計】辺境の警備策。唐・岑参〔北庭の北楼に登る～〕詩 早に知る、邊を安んずるの計 未だ平生の懷ひを盡さず

【辺隙】辺境の紛争。〔漢書、匈奴伝賛〕王莽の位を簒ふに遭ひ、始めて邊隙を開く。單于是れに由り、歸怨して自ら絕つ。莽、遂に其の侍子を斬り、邊境の禍搆ふ。

【辺月】辺境の夜の月。漢・蔡琰〔胡笳十八拍、十〕楽府 城頭の烽火、曾て滅せず 疆場、征戰、何れの時にか歇まん 殺氣朝朝、塞門を衝き 胡風夜夜、邊月に吹く

【辺功】辺境での武勲。宋・劉攽〔詠史〕詩 古より邊功、底事に緣る 多く嬖倖の封侯を欲するに因る

【辺獄】辺地の獄。〔後漢書、袁紹伝〕（上奏）誠に偏裨列校、勤むるも紀されず。忠を盡し國の爲にするも、翻つて重き愆を成すを傷む。斯れ蒙恬の邊獄に悲號し、白起の杜郵（自裁の地）に歔欷する所以なり。

【辺塞】国境のとりで。〔漢学師承記、八、顧炎武〕蓋し炎武、西北に周流すること三十年に垂んとし、邊塞亭障、皆目擊を經たり。故に能く之れを言ふこと了了たり。

【辺戍】辺境の守備。〔管子、揆度〕力足るも蕩遊して作せずんば、老者は之れを譙め、壯に當る者は之れを遣はして邊戍せしむ。

【辺愁】辺境のさびしさ。唐・杜審言〔湘江を渡る〕詩 遲日、園林に、昔遊を悲しむ 今春、花鳥、邊愁を作す

【辺牆】長城。〔五雑組、地部二〕（赫連）勃勃、（寧夏）城を築きし時、土を蒸して之れを爲り、錐を以て刺入すること一寸ならば、卽ち工人を殺し、其の骨肉を併せて之れを築くと。～近時戚將軍、薊鎭の邊牆を築くに、一人をも傷りせず、期月にして功就る。

【辺城】辺地の城。唐・岑参〔胡笳の歌、顔真卿の使して河隴に赴くを送る〕詩 邊城夜夜、愁夢多し 月に向ふの胡笳、誰か聞くを喜ばん

【辺色】辺境の殺伐たる情景。唐・李白〔関山月〕詩 戍客、邊色を望み 歸るを思ひて苦顏多し

【辺塵】辺地の騒ぎ。辺境の争い。〔資治通鑑、唐紀十二〕（太宗、貞観十五年）上曰く、隋の煬帝、百姓を勞して長城を築き、以て突厥に備ふるも、卒に益する所無し。朕は唯だ李世勣を晉陽に置きて、邊塵驚かず。其の長城爲る、豈に壯ならずや。

【辺陲】国土のはて。辺境。漢・蔡邕〔鮮卑を伐つを諫むる議〕邊陲の患は、手足の疥搔なり。中國の困は、胸背の瘭疽なり。

【辺声】 辺地の外族の音楽。漢・李陵〔蘇武に答ふる書〕涼秋九月、塞外草衰ふ。～胡笳互ひに動き、牧馬悲鳴す。吟嘯群を成し、邊聲四に起る。晨に坐して之れを聽き、覺えず涙下る。
【辺地】 辺境の地。〔漢書、鼂錯伝〕(兵事を上言す)漢興りて以來、胡虜數〻邊地に入る。～隴西三たび匈奴に困しめられ、民氣破傷す。
【辺鎮】 辺境の戍鎮。唐・張説〔幽州新歳の作〕詩 邊鎮の戍歌、夜を連ねて動き 京城の燎火、明に徹して開く
【辺庭】 辺地。辺塞。唐・杜甫〔兵車行〕詩 邊庭の流血、海水を成す 武皇(漢の武帝、暗に現王をさす)、邊を開くこと、意未だ已まず
【辺馬】 辺境の馬。漢・蔡琰〔悲憤詩、二首、二〕胡笳動きて、邊馬鳴き 孤雁歸りて、聲嚶嚶たり
【辺風】 辺地の風。唐・張喬〔辺将に宴す〕詩 一曲の梁州(西涼の献じた曲、のちの梁州曲)、金石清く 邊風蕭颯として、江城を動かす
【辺幅】 布幅。外面の飾り。〔後漢書、馬援伝〕天下の雌雄未だ定まらざるに、公孫(述)、哺を吐きて走りて國士を迎へ、與に成敗を圖らずして、反つて邊幅を修飾すること、偶人形の如し。
【辺務】 辺塞の防備。北周・庾信〔画屏風を詠ず、二十五首、十九〕詩 將軍邊務を息め 校尉從戎(従軍)を罷む 池臺、戚里に臨み 絃管、新豐に入る
【辺和】 辺境の和。〔十八史略、東漢、孝和帝〕任尚、代りて都護と爲り、教へを請ふ。(班)超曰く、君の性嚴急なり。水清ければ大魚無し。宜しく蕩佚簡易なるべしと。～尚、後果して邊和を失ふ。

➡辺域 辺境／辺衛 辺塞／辺役 辺戍／辺駅 辺地の駅／辺遠 僻遠／辺縁 へり／辺音 辺声／辺火 烽火／辺界 辺境／辺涯 はて／辺扞 辺衛／辺捍 辺扞／辺郷 辺地／辺境 国境の辺土／辺近 附近／辺垠 はて／辺隅 片すみ／辺勲 辺功／辺警 辺戍／辺県 辺地の県／辺荒 荒裔／辺候 辺戍／辺寇 外寇／辺最 辺功第一／辺際 はて／辺朔 朔北／辺策 辺境を守る計／辺使 辺土の使い／辺事 辺境の務め／辺守 辺戍／辺将 守辺の将／辺障 辺塞／辺上 辺地／辺壌 辺地／辺人 辺民／辺燧 国境ののろし／辺陬 辺陲／辺俗 辺地の風俗／辺粟 辺粮／辺籌 辺計／辺廷 辺庭／辺亭 辺駅／辺都 辺境の邑／辺土 辺域／辺頭 辺塞／辺難 辺境の患／辺畔 辺際／辺備 辺防／辺鄙 いなか／辺表 辺境／辺撫 辺地を督撫する／辺兵 辺戍の兵／辺僻 辺地／辺防 辺戍／辺烽 国境ののろし／辺民 辺境の民／辺野 辺荒／辺邑 辺地の邑／辺憂 辺患／辺落 辺村／辺吏 辺境の吏／辺略 辺計／辺塁 国境のとりで／辺炉 火鍋／辺粮 辺地の兵粮／辺論 辺境の防備の論

➡一辺・雲辺・沿辺・縁辺・檐辺・下辺・花辺・河辺・界辺・開辺・澗辺・檻辺・岸辺・巖辺・橋辺・近辺・沙辺・塞辺・朔辺・四辺・戍辺・周辺・上辺・身辺・水辺・綏辺・拓辺・池辺・籌辺・枕辺・定辺・底辺・天辺・道辺・那辺・日辺・半辺・備辺・撫辺・保辺・北辺・無辺・籬辺・林辺・炉辺

常

【返】 7 3130 〖返〗 8 3130 ヘン かえる かえす

篆文

金文

形声 声符は反。反に返反の意がある。〔説文〕二下に「還るなり」とあり、反の亦声とする。金文の〔頌鼎〕に「瑾璋(玉器の名)を反入す」とあり、反入は返納の意で、その初文。〔書、西伯戡黎〕に「祖伊反る」と還帰の意とする。のち反が多く背反の意に用いられ、還帰の意の字としては返が用いられる。

訓義 ①かえる、もとへかえる、もどる。②かえす、もどす。③あらためる。

古訓 〔名義抄〕反 カヘル・カヘス・サル・オソル・ウラム・アト・カヨフ・タビ・カヘサフ 〔篇立〕反 カヘル・ソリ・サル・カヨフ・オソル・ウラム・アト・タビ・カヘサフ

語系 返・反piuanは同声。また、飜(翻)phiuan、翩phianも同系の語で、反復・翩翻の意がある。

【返景】 夕日。返照。唐・王維〔輞川集、鹿柴〕詩 空山、人を見ず 但だ人語の響くを聞く 返景、深林に入り 復た青苔の上を照らす
【返照】 反射。夕日。唐・孟浩然〔終南の翠微寺の空上人の房に題す〕詩 翠微、終南の裏 雨後、返照宜し 閉關、久しく沈冥 策を杖ついて、一たび登眺す
【返命】 復命。返事。〔小学、嘉言〕凡そ子、父母の命を受くるときは、必ず籍記して之れを佩び、時に省みて速やかに之れを行ひ、事畢りては則ち命を返す。

➡返影 返景／返轅 車をめぐらす／返駕 還御／返翰 返書／返還 帰還／返簡 返書／返己 反省する／返顧 ふりかえる／返国 帰国する／返魂 復活する／返書 返事する／返身 転身／返真 道家の死／返葬 帰葬する／返牒 返事する／返潮 退潮／返答 回答する／返覆 反覆する／返歩 帰る／返哺 反哺／返本 始めの立場にかえる／返路 帰りみち

➡往返・還返・出返・旋返・復返・聘返・忘返・望返

【拚】 8 5304 ヘン ベン フン ハン うつ はらう

篆文

形声 声符は弁。〔説文〕十二上に「手を拊つなり」という。手をうって舞うときには、「抃舞」のように抃を用いる。拚は坌と通じ、掃除することをいう。坌はもっこで土などを運ぶ意の字で、拚・撲がその形声字にあたる。抃とは正俗の体であるが、それぞれ慣用のある字である。

訓義 ①うつ、たたく、なでる。②うちあう、はらう。③翻と通じ、ひるがえる、ひるがえりとぶ、とぶさま。

古訓 〔名義抄〕拚 マサグル・テウツ 〔篇立〕拚 ミジカシ

＊語彙は抃字条参照。

➡拚捐 すてる／拚棄 すてる／拚箕 掃除具／拚去 すてる／拚除 掃除する／拚飛 翻飛する／拚命 命をすてる

【柉】 8 4293 ヘン ハン

形声 声符は乏。乏に窆・泛の声がある。〔玉篇〕に「木なり、皮は以て索と爲すべし」という。儀礼のとき、酒器などを列する台を、柉禁という。〔礼器碑〕に「籩柉禁壺」の語があるのを用いたもの。陝西宝鶏出土の柉禁二組があり、数種の青銅器が柉禁として一セットをなしている。

訓義 ①木の名。②椀、杯。③柉禁、酒器セットの台。

【柉禁】 酒器セットの台。〔商周彝器通考、上、酒器〕(禁)玉藻に、大夫の側尊(賓主の間におく酒尊)には棜を用ひ、士の側尊には禁を用ふと。～禮器碑に云ふ、籩柉禁壺と。陶齋吉金錄に柉禁と稱するは、蓋し此れに本づく。然れども～當に禁を稱して柉禁と爲すべからざるなり。

常

【変】 9 〖變〗 23 2224 ヘン かわる かえる あらためる みだれる

篆文

詛楚文

会意 旧字は變に作り、䜌＋攴。〔説文〕三下に「更るなり」と訓し、䜌声とするが、攴は〔繫伝〕に「攴は爲すこと有るなり」というように、撃つことを示す字で、䜌はその撃つべき対象である。〔広雅、釈詁三〕に「䜌は駿るなり」とあり、變とは変改することをせまる呪儀をいう。言の両旁に、呪飾として糸飾りがある。その盟誓の書を撃つことは、その盟誓を破り、これを変改することを示す。ゆえに変更・変乱・事変の意となる。変更の更もその初形は叓に作り、丙形の器を撃つ呪儀を示す字である。改の初文攺は、巳（蛇）形のものを㱿つ形。㱿改という祓いの儀礼も、㱿は祟りをなす呪獣を毆つ形で、亥（亥）は祟と同字である。およそ「うつ」ことによって、呪的にものを変更しうるという考えがあった。金文の〔散氏盤〕に「爽䜌」という語があり、䜌は廟中に盟誓の器をおく形。「變」のような儀礼は、廟中の聖所で行われたのであろう。

訓義 ①かわる、かえる。②あらためる、うつりかわる。③みだれる、おとろえる、もとる、そむく、やぶる。④わざわい、あだ。⑤もののけ、ふしぎ、あやし。

古訓 〔名義抄〕變 カフ・カハル・ウシナフ・ヤハラク・カヘル・アラタム・アタラシ・カタチ・マレナリ・タツ 〔字鏡集〕變 ウツラフ・ヤハラグ・ウシナフ・マレナリ・アラタム・カフ・タツ・カヘル・ヒラク・カタチ・カハル・ヤシナフ

【変異】 怪異。天変。〔漢書、元帝紀〕（初元三年詔）乃者には火災、孝武園の館に降る。朕れ戰栗恐懼す。變異を燭らかにせざれば、咎め朕が躬に在らん。～朕甚だ閔れふ。其れ天下に赦せよ。

【変易】 かわる。〔周易正義、易の三名を論ず〕易緯乾鑿度に云ふ。易は一名にして三義を含む。所謂易なり、變易なり、不易なり。

【変化】 かわりあらたまる。〔易、乾、彖伝〕大なる哉、乾元、萬物資りて始む。～乾道變化して、各〻性命を正し大和を保合するは、乃ち利貞なり。庶物に首出して、萬國咸く寧し。

【変火】 火を改める。改火。〔隋書、王劭伝〕劭、古に鑽燧改火の義有りしも、近代廢絶せるを以て、是に於て上表して變火せんことを請ふ。

【変怪】 妖怪。〔漢書、張敞伝〕地大いに震裂し、火、地中に生じ、天文度を失ひ、妖祥變怪、勝げて記すべからず。皆陰類盛長し、臣下顓制の生ずる所なり。

【変革】 根本より改める。〔礼記、大伝〕權度量を立て、文章を考へ、正朔を改め、服色を易へ、徽號を殊にし、器械を異にし、衣服を別つは、此れ其の民と變革することを得る所の者なり。

【変形】 姿をかえる。〔後漢書、党錮、夏馥伝〕乃ち自ら須を翦り形を變へ、林慮山中に入り、姓名を隱匿し、冶家の傭と爲る。～形貌毀瘁し、積むこと二、三年なるも人知る者無し。

【変権】 応変のやりかた。権道。権変。〔韓詩外伝、二〕夫れ道は二、常なるを之れ經と謂ひ、變なるを之れ權と謂ふ。權其の常道を懷き、其の變權を挾めば、乃ち賢と爲すことを得。

【変現】 姿をかえて現われる。〔唐書、陳夷行等伝賛〕人の怪神に惑ふこと甚だしい哉。佛の若き者は、特だ西域の一槁人のみ。～然れども其の言、荒茫漫靡、夷幻變現、善く不驗無實の事を推し、～大抵黃老と相ひ出入す。

【変故】 異常のこと。異変。〔後漢書、鄧禹伝〕赤眉新たに長安を拔き、財富充實し、鋒鋭未だ當るべからざるなり。夫れ盜賊群居し、終日の計無し。財穀多しと雖も、變故萬端なり。寧ぞ能く堅守する者あらんや。

【変更】 変改。〔史記、曹相国世家〕（曹）參始め微なりし時、蕭何と善かりき。將相と爲るに及んで郤（隙）有り。～參、何に代りて漢の相國と爲る。事を擧ふに變更する所無く、一に蕭何の約束に遵ふ。

【変詐】 欺く。〔荀子、議兵〕兵の貴ぶ所の者は勢利なり。行ふ所の者は變詐なり。

【変事】 異変。〔史記、太史公自序〕經事を守りて其の宜を知らず。變事に遭ひて其の權（変）を知らず。～之れを空言に被らしめて、敢て辭せず。

【変色】 色がかわる。また、顔色をかえる。〔論語、郷党〕盛饌有るときは、必ず色を變ず。

【変衰】 衰える。楚・宋玉〔楚辞、九弁〕悲しい哉、秋の氣爲るや 蕭瑟として、草木搖落し變衰す

【変節】 節度を改める。〔漢書、朱雲伝〕少時輕俠に通じ、～勇力を以て聞ゆ。年四十、乃ち節を變へて、博士白子友に從ひて易を受け、又前將軍蕭望之に事へて論語を受け、皆能く其の業を傳ふ。

【変遷】 移りかわる。宋・張栻〔初夏偶書〕詩 江潭四月、熟梅の天 頃刻にして陰晴、遞ひに變遷す

【変体】 異体。また、体様をかえる。宋・欧陽脩〔集古録跋尾、七、唐元次山銘〕蓋し習俗は變じ難く、文章の體を變ずること又難し。次山、開元・天寶の時に當り、獨り古文を作る。其の筆力雄健、意氣超拔、韓（愈）の徒に減ぜず。特立の士と謂ふべき哉。

【変態】 異なる様態。〔楚辞、九章、思美人〕吾れ且らく儃佪して、以て憂ひを娯しましめんとす 南人（苗族など）の變態を觀る

【変置】 おきかえる。〔孟子、尽心下〕民を貴しと爲し、社稷之れに次ぐ。～諸侯、社稷を危くするときは、則ち變置す。～祭祀時を以てし、然れども旱乾水溢あるときは、則ち社稷を變置す。

【変通】 変化に自在に適応する。〔易、繫辞伝上〕廣大は天地に配し、變通は四時に配し、陰陽の義は日月に配し、易簡の善は四至に配す。

【変動】 変化し動く。〔易、繫辞伝下〕易の書爲るや、遠ざくべからず。道爲るや屢〻遷り、變動して居まらず、六虛に周流して、上下常无く、剛柔相ひ易はり、典要と爲すべからず。

【変風】 詩経の国風十五篇の二南以外の詩篇。〔詩、大序〕王道衰へ禮義廢れ、政教失はれ、國〻政を異にし、家〻俗を殊にするに至りて、變風變雅作る。

【変文】 唐代俗文学の一。敦煌出土。〔舜子変〕舜子至孝變文一巻、～天福十五年、歲は己酉に當る。朱明（夏）蕤賓（五月）の日、～寫し畢りて記す。

【変貌】 顔のようすが変わる。〔礼記、曲礼上〕父母疾有るときは、～肉を食らふも味を變ずるに至らず、酒を飲むも貌を變ずるに至らず。

【変法】 法をかえる。〔史記、秦紀〕（孝公）三年、衛鞅、孝公に說き、法を變へ刑を修め、內に耕稼を務め、外に戰死の賞罰を勸む。孝公之れを善しとし、～百姓之れを便なりとす。

【変名】 名をかえかくす。〔史記、貨殖伝〕范蠡既に會稽の恥を雪ぎ、～乃ち扁舟に乘りて江湖に浮び、名を變へ姓を易ふ。齊に適きて鴟夷子皮（刑余の人の意）と爲し、陶に之きて朱公と爲す。～十九年の中、三たび千金を致す。

【変乱】 世の乱れ。〔漢紀、宣帝紀一〕夫れ變亂の後を繼がば、必ず雋異の德有らん。此れ聖賢の天命を推す所以なり。

【変例】 変則の例。晉・杜預〔春秋左氏伝の序〕變例を推

して以て褒貶を正し、二傳(公羊・穀梁)を簡らびて異端を去るは、蓋し(左)丘明の志なり。

↑変移 変遷/変応 応変/変改 変更/変壊 変わり敗れる/変格 変則/変換 変易/変咎 災異/変計 応変の計/変幻 予測しがたい変化/変見 災異/変現/変災 災異/変作 変わる/変辞 虚言/変質 異質/変商 五音のうち、商の変声/変象 異変のしるし/変心 心変わり/変身 姿を変える/変人 偏人/変眚 災異/変徴 五音のうち、徴の変声/変調 正調を変える/変天 東北をいう/変転 転変/変豹 豹変する/変滅 滅びる/変容 さま変わり/変泐 欠ける

↓異変・一変・運変・応変・化変・卦変・禍変・譌変・改変・怪変・奇変・詭変・機変・急変・凶変・劇変・激変・譎変・権変・虎変・災変・三変・事変・時変・小変・神変・世変・正変・政変・千変・遷変・桑変・大変・地変・通変・天変・転変・動変・万変・百変・豹変・不変・風変・物変・兵変・釉変・容変・耀変・流変

【扁】 9 3022 ヘン かたあみど ひらたい ひとつ

篆文

象形 編み戸の形。戶(戸)の下部を編み戸の形に作る。その両扁のものを扉(扉)という。〔説文〕二下に「署なり。戶冊に從ふ。戶冊なる者は、門戶に署するの文なり」とし、冊を冊書、字を会意にして扁額の意であるとするが、字の初形初義としがたい。竹部五上に「篇は書なり。一に曰く、關西には榜を謂ひて篇と曰ふ」とあり、〔説文〕は扁をこの篇の義を以て解する。扁は扁扉の字。扉は両扁のあるべきものであるから、扁は一偏の意となり、また扁平・扁小・扁額・扁舟の意となる。

訓義 1かたあみど、あみど。2ひらたい、ひくい、小さい。3ひとつ、かたよる、そばたつ。4ひらたい角材、扁額。5編と通じ、あむ。6偏と通じ、あまねし。7漢字の左半。

古訓 〔篇立〕扁 トボソ 〔字鏡集〕扁 ヒラナリ

声系 〔説文〕に扁声として偏・蹁・翩・篇・徧(偏)・褊・編・(編)・蝙など十七字を収める。みな扁の声義を承ける字である。

語系 扁pyenは平(平)bieng、竝(並)byeng、反piuanと声が近く、扁平なものをいう。

【扁額】 室や門戸に掲げる横額。〔桯史、十、劉蘊古〕呉山に伍員の祠有り。~都人、之れに敬事す。富民有り、貲を捐すてて扁額を爲くる。金碧甚だ侈なり。蘊古始めて至り、輒ち靈を乞ふ。

【扁舟】 一艘の小舟。唐・王昌齢〔盧溪にて人に別る〕詩 武陵溪口に、扁舟を駐む 溪水、君に隨つて、北に向つて流る 行きて荊門に到り、三峽に上らば 孤月を將つて猿愁に對すること莫かれ

【扁表】 額に掲げて表彰する。〔後漢書、百官志五〕凡そ孝子順孫、貞女義婦、財を讓り患を救ひ、及び學士の民の法式爲たる者有れば、皆其の門に扁表し、以て善行を興す。

↑扁巾 頭巾の一/扁枯 半身不随、偏枯/扁広 幅の広さ/扁鵲 古代の名医の名/扁食 餅の類/扁心 偏心/扁鍼 名医/扁然 あまねくゆきわたるさま

↓鮮扁・輪扁

【砭】 9 1263 ヘン いしばり いましめ

篆文

形声 声符は乏。乏に泛・窆の声がある。〔説文〕九下に「石を以て病を刺すなり」とあり、石鍼をいう。臃腫を破るときに用いる。兪は瘉(癒)の初文で、盤(舟)と余とに從い、余は把手のある針の形。これで膿漿を破り、盤に移しとるのである。愈・愉(愉)・瘉は余に從い、砭針によって治療することをいう。病を治療するように、心を戒めることをもいう。

訓義 1はり、いしばり、いしばりをうつ。2いましめ、いましめる、ただす。

古訓 〔名義抄〕砭 ヤキイシ 〔篇立〕砭 ヤキイシ・イシバリ

【砭灸】 いしばりと灸。〔史記、倉公伝〕脈法に曰く、年二十、脈氣當に趨るべし。~文王、年未だ二十に滿たず。~法、當に砭灸すべからず。砭灸せば、氣遂(奔)するに至らん。

【砭愚】 愚を戒める。〔近思録、二〕(張)横渠、學堂の雙牖(左右の窓)、右に訂頑と書し、左に砭愚と書す。(程)伊川曰く、是れ争端を起すのみと。訂頑を改めて西銘、砭愚を東銘と曰ふ。

【砭針】 いしばり。〔山海経、東山経〕高氏の山、其の上に玉多く、~其の下に箴石多し。〔郭璞注〕以て砭針と爲して、癰腫を治すべき者なり。

【砭藥】 いしばりと薬。薬石。陳・徐陵〔尹義尚に報ずる書〕吾れ崦嵫(日の入る山、晩年)(まっ白)たり。風氣彌留(長患い)し、砭藥も補ふ無し。既に暮れ、容髪皤然

↑砭割 はり治療/砭頑 頑固さを直す/砭骨 骨を刺す/砭剤 薬石/砭灼 鍼灸/砭鍼 はり治療/砭石 いしばり/砭俗 俗世を批判する

↓割砭・攻砭・鍼砭・痛砭・能砭

【窆】 9 3030 ヘン ホウ ほうむる つかあな

篆文

会意 穴(穴)+乏。乏は死者の仰臥する形。〔説文〕七下に「葬りて棺に下すなり」とし、字を形声とするが、乏は、泛が水死者を示すように、死者をいう。また覆(覆)字条七下に「覂ふなり」、覂字条七下に「覆ふなり」(段注本)とあって互訓。覂もまた死者を覆う意である。棺を下すとき、木や石を立て、棺にかけた紐を、その穴に通した。それがのちの碑の起原となり、古い碑には上部になおその穿の形式を残しているものがある。

訓義 1ほうむる、棺を墓穴におろす、うずめる。2はかあな、つかあな。

古訓 〔名義抄〕窆 ヒツギ・ウヅム・ヲサム

語系 窆piamは堋・塴pəng、封piongと声義近く、堋は〔説文〕十三下に「喪葬して土を下すなり」とあり、土を以て封ずる意。〔周礼、地官、遂人〕「窆に及ぶ」の〔鄭司農(衆)注〕に「窆とは棺を下す時を謂ふ。~禮記には之れを封と謂ひ、春秋には之れを堋と謂ふ。皆葬りて棺を下すなり。聲相ひ似たり」とあって、声義が近い。

【窆器】 埋葬のための用具。〔周礼、春官、冢人〕竁(塚穴を掘る)するに及んで、度を以て丘隧(封土と羨道)を爲り、喪の窆器を共(供)す。

↑窆壙 墓穴/窆石 下棺の紐を通す石柱/窆葬 埋葬する/窆封 埋葬する

↓営窆・帰窆・県窆・遷窆・定窆・祔窆・埋窆

常【偏】 11 2722 〔偏〕 11 2322 ヘン かたよる ひとつ ひとえに

篆文

形声 声符は扁。扁は片折り戸。扁に片よる、片方の意がある。〔説文〕八上に「頗るなり」、〔広雅、釈詁四〕に「方るなり」、〔広雅、釈詁二〕に「衺めなり」とみえる。ものの一半を偏といい、〔荀子、礼論〕に「三者のうち偏亡ければ安人無し」のように用いる。〔左伝、閔二年〕「之れに偏衣を衣せしむ」とあるのが本義。〔左伝、宣十二年〕「卒は偏の兩なり」とは、軍の車乗の編成で一偏十五乗、二班のうちの一班をいう。

訓義 ①かたよる、ななめ。②かたはし、かたかた、そろわぬ。③ひとり、すくない、かたいなか。④くみ、たぐい、ともがら。⑤ひとえに、ひたすら。⑥偏と通じ、あまねし。

古訓 〔名義抄〕偏 ヒトヘニ・カタハラ・カタツカタ・カタオモテ・アマネシ・アマネク・サカル・マツ・ハムベリ・マガル・タグヒ・トモガラ・カキアグ・ヒトツ・タスク・ヒトリ・カタブク・イヤシ・ムサボル

語系 偏phyen、頗phuai、跛puaiは声義近く、みなかたぶく、偏頗の意において通じる。翩phianは同声。便bianは声近く、軽く動く意がある。

【偏愛】偏寵。また、偏に愛する。唐・杜荀鶴〔山寺に登る〕詩 山半の一山寺 野人、秋日に登る 就中偏に石を愛す 獨り上る、最高層

【偏安】部分的に安定する。蜀・諸葛亮〔後の出師の表〕先帝、漢・賊の兩立せず、王業の偏安せざるを慮る。故に臣に託するに、賊を討つを以てす。

【偏衣】左右異色の衣。〔左伝、閔二年〕大子、師を帥ゐるに、公之れに偏衣を衣せ、之れに金玦を佩びしむ。～先友曰く、身の偏を衣せしむ。～此の行に在りてや、子其れ之れを勉めよ～と。

【偏格】絶句の平起式の句法。〔夢渓筆談、芸文二〕詩の第二字側入する、之れを正格と謂ひ、～第二字平入する、之れを偏格と謂ふ。

【偏奇】一風ちがう。〔宋書、蕭恵開伝〕少くして風氣有り、文史を涉獵す。～汝南の周朗と同官にして、友とし善し。偏奇を以て相ひ尚ぶ。

【偏棄】一方を棄てる。〔顔氏家訓、文章〕古の文は宏材逸氣、～今世は音律諧靡なり。～宜しく古の製裁を以て本と爲し、今の辭調を末と爲すべし。竝びに須らく兩存し、偏棄すべからず。

【偏諱】二字名のうち一字だけを忌む。〔礼記、曲礼上〕禮は嫌名を諱まず、二名は偏諱せず。

【偏挙】ひいきする。〔荀子、王覇〕人主は則ち賢を外にして偏擧し、人臣は則ち職を爭ひて賢を妒む。是れ其の合はざる所以の故なり。

【偏見】一面的なみかた。南朝宋・何承天〔宗居士に答ふる書〕吾れ一切依附すること能はずと雖も、亦た甚だしくは偏見に執せず。但だ夜光を巨海に求むるは、正に自ら未だ得ざるのみ。

【偏枯】半身不随。扁枯。唐・杜甫〔清明、二首、二〕詩 此の身飄泊して、西東に苦しむ 右臂は偏枯、半耳は聾なり

【偏行】かたよる。また、一つの行いにすぐれる。〔後漢書、独行伝序〕中世偏行一介の夫、能く名を成し方を立つる者、蓋し亦た衆し。

【偏死】半身不随。〔荘子、斉物論〕吾れ嘗試に女に問はん。民は溼に寢ぬれば則ち腰疾して偏死するも、鰌(泥鰌)は然らんや。

【偏私】不公平。蜀・諸葛亮〔出師の表〕宮中府中は、倶に一體爲り。～宜しく偏私して、內外をして法を異にせしむべからず。

【偏執】固執する。宋・蘇軾〔詳定役法を罷むることを乞ふる劄子〕臣～見る所偏執、詳定役法を罷めんことを乞ふ。～臣、既に同じからず。～早やかに罷免を賜はらんことを乞ふ。

【偏諸】衣服などの縁飾り。〔漢書、賈誼伝〕(上疏)今民の僮(奴隷)を賣る者、之れが爲に繡衣絲履、偏諸の縁かし、之れを閑(檻)中に內る。

【偏人】ひときわすぐれた人。南朝宋・謝霊運〔魏の太子の鄴中集詩に擬す、八首、劉楨の序〕卓犖たる偏人にして、而も文最も氣有り。

【偏絶】一方だけをやめる。〔漢書、劉歆伝〕(書を移して太常博士を讓む)夫れ禮失はるれば、之れを野に求む。古文は猶ほ野に愈らずや。～今此の(古文)數家の言は、大小の義を兼包する所以なり。豈に偏絶すべけんや。

【偏喪】夫婦の一方が死ぬ。鰥寡。〔詩、小雅、鴻鴈〕此の鰥寡を哀れむ。〔伝〕老いて妻無きを鰥と曰ひ、偏喪なるを寡と曰ふ。

【偏宕】かたよって気ままなこと。〔後漢書、孔融伝〕時に年飢ゑ兵興り、(曹)操、表して酒禁を制す。融、頻りに書して之れを爭ひ、侮慢の辭多し。既に操の雄詐(王位をうかがう計)漸く著はるを見、數しば堪ふること能はず。故に發辭偏宕にして、多く乖忤を致す。

【偏党】党派的にかたよる。〔書、洪範〕偏無く黨無く、王道蕩蕩たり。黨無く偏無く、王道平平たり。反無く側無く、王道正直なり。

【偏頗】不公平。唐・杜甫〔秋、行官張望、東渚の耗稲(田の草とり)を督促す～〕詩 上天偏頗無し 蒲稗(がまと、ひえ、雑草の類)各自に長ず

【偏駁】不公平で雑駁。〔文心雕竜、史伝〕後漢の紀傳に至りては、源を東觀(漢記)に發す。袁(山松、後漢書)張(瑩、後漢南記)の製る所、偏駁不倫なり。

【偏蔽】かたより蔽われる。偏頗。〔鶴林玉露、甲五、荊公見濂渓〕余れ謂おもふに、～荊公(王安石)をして濂溪(張横渠)に從ひ、光風霽月の中に沐浴し、以て其の偏蔽を消釋することを得しめば、則ち他日君に得て道を行ふに、必ず新法の煩苛無かりしならん。

【偏旁】文字のへんと、つくり。清・兪樾〔古書疑義挙例〕字に、本と偏旁無きに、上下の字と相ひ涉るに因りて、誤つて加ふる者有り。詩、關雎篇、展轉反側の展字、下の轉字に涉りて車旁を加ふるが如し。

【偏憐】特に愛する。唐・白居易〔令公南荘の花柳正に盛んなり～、二篇、一〕詩 最も憶ふ、樓花千萬朶 偏に憐れむ、堤柳兩三株

↑偏阿 偏頗／偏依 かたよる／偏倚 かたよる／偏異 ひいき／偏遠 僻遠／偏恩 私恩／偏駕 伴の車／偏介 偏屈／偏慳 吝嗇／偏観 見渡す／偏宜 すべて宜い／偏急 性急／偏狭 性急で心がせまい／偏境 いなか／偏徼 辺境／偏曲 かたよる／偏隅 片隅／偏屈 頑固／偏言 かたよった言／偏固 頑固／偏孤 孤児／偏伍 五人一組／偏護 ひいき／偏向 かたよる／偏好 耽溺する／偏幸 溺愛する／偏国 僻土の小国／偏在 僻所／偏指 偏見／偏師 一部隊／偏視 かたよったみかた／偏恃 一方にたよる／偏識 偏見／偏室 側室／偏舟 扁舟／偏将 副将／偏心 せまい心／偏帥 副将／偏制 専制／偏性 片意地／偏棲 独り住まい／偏裼 片肌ぬぐ／偏説 僻説／偏憎 憎み通す／偏側 かたより傾く／偏袒 偏裼／偏短 欠点／偏智 才智をかくして隠居する／偏重 不公平／偏寵 偏愛／偏定 一方を正しいとする／偏土 僻地／偏特 ひとり／偏裻 一緒／偏衣／偏佞 佞人／偏跛 片足がなえる／偏背 内緒／偏廃 偏棄／偏駁 偏駁／偏陂 不公平／偏裨 副将／偏風 中風／偏編 褊急／偏房 妾／偏傍 漢字の偏と旁／偏鋒 側筆／偏盲 片目／偏門 くぐり門／偏訳 遠い外国／偏累 かたよる／偏露 偏孤／偏陋 狭陋

↓一偏・奇偏・周偏・性偏・側偏・地偏・土偏・頗偏・不偏・無偏・幽偏

【扁】 11 7171 ヘン うすい がく

形声 声符は扁。扁は編み戸の形。うすいものをいう。また、扁額。

訓義 ①うすい、うすいもの。②がく、扁額。③扁と通用する。

↑扁介 清直／扁額 横額／扁壺 扁平の壺／扁窄 狭い／扁式 扁額／扁食 餃子／扁平 平たい／扁毛 羽毛

【貶】 11 6283 ヘン ホウ(ハフ) へらす おとしめる とがめる

篆文 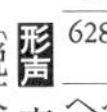

形声 声符は乏。乏に泛・窆の声がある。〔説文〕六下に「損するなり」、〔広雅、釈詁二〕に「減るなり」とあって、ものを減損することをいう。罪によって位を降すことを貶斥・貶謫のようにいう。

訓義 ①へらす。②おとしめる、おさえる、しりぞける、けなす。③とがめる、つみする。④乏と通じ、矢ふせぎ。

古訓 〔名義抄〕貶 シリゾク・オツ・スコシ・クダス・ソシル・オトス／褒貶 アゲクダス 〔字鏡集〕貶 オトス・ソコヌ・ヲトシム・ソシル・ソコナハル・オトル・スル・シリゾク・スコシ・ホロボス・オツ・ヘル

【貶棄】 罰して斥ける。〔後漢書、酷吏、王吉伝〕王吉は、～中常侍甫の養子なり。～名聲を喜みて、性殘忍。～微過有り、酒肉を臧と爲す者、數十年と雖も猶ほ貶棄を加へ、其の名籍に注す。

【貶居】 流罪中の居処。唐・顔真卿〔緒汝に与ふる書〕吾れ去歳中、事を言ひて罪を得たり。又道に逆らひ、時に徇ふこと能はざるを以て、千古の罪人と爲る。遠方に貶居すと雖も、終身恥ぢず。

【貶竄】 官位をさげ、遠方へ移す。唐・韓愈〔赦を賀する表〕微臣、往に事を論ずるに因り、譴みを海隅に獲たり。旋へつて朝奨に沐し、罪を山郡に待つ。未だ貶竄の地を離れざるに、忽ち曠蕩の恩に逢ふ。踊躍欣歡、實に常品に倍す。

【貶辞】 おとしめることば。〔宋史、范純仁伝〕蘇轍、殿試策問を論ずるに、漢昭、武帝の法度を變ずるの事を引く。哲宗震怒して曰く、安んぞ漢武を以て先帝に比することを得んと。～純仁、從容として言ふ、武帝は雄才大略、史に貶辭無し。轍以て先帝に比するも、謗するに非ざるなりと。

【貶斥】 官位をさげ、斥ける。〔後漢書、皇甫規伝〕(対策)凡そ諸宿猾・酒徒・戲客、皆～逸遊に甘心し、不義を唱造す。亦た宜しく貶斥し、以て不軌を懲らしむべし。

【貶絶】 非難し廃絶する。〔公羊伝、昭元年〕然らば則ち曷爲れぞ其の弑するに於て貶せざる。～春秋は、貶絶する を待たずして罪惡見はるる者は、貶絶せずして以て罪惡を見はすなり。

【貶損】 おさえる。〔公羊伝、桓十一年〕權を行ふに道有り。自ら貶損して以て權を行ひ、人を害して以て權を行はず。

【貶奪】 誹謗し退ける。〔南史、徐勉伝〕時に議定むること有る毎に、勉、理證明允、能く貶奪すること莫く、同官咸な則を焉に取る。

【貶黜】 官位をさげる。〔漢書、宣元六王、淮陽憲王欽伝〕故事、諸侯王、罪を京師に獲ば、罪惡輕重にして、縱ひ誅に伏せざるも、必ず遷削貶黜の罪を蒙る。未だ但だ已む者有らざるなり。

【貶励】 自ら抑制し、励む。〔唐書、陸贄伝〕贄曰く、今乘興播越し、大憝(大悪)未だ去らず。此れ人情向背し、天意去就するの隙なり。陛下宜しく痛く自ら貶勵すべし。

↑貶位 位をおとす／貶引 自責する／貶価 値切る／貶悔 自らおさえてかくす／貶甘 美食を減らす／貶棄 黜免する／貶毀 そしる／貶議 けなす／貶降 位をおとす／貶号 名号を下す／貶忽 軽視する／貶坐 貶官／貶殺 減らす／貶裁 貶黜する／貶削 貶殺する／貶刺 貶議／貶爵 降爵／貶食 粗食／貶辱 せめる／貶身 けなす／貶身 身を降す／貶省 減らす／貶責 せめる／貶賤 賤しめる／貶遷 貶黜する／貶膳 減膳する／貶退 貶降する／貶謫 貶流する／貶逐 貶斥する／貶秩 減俸する／貶詘 貶黜する／貶匿 謙退する／貶剝 貶奪する／貶筆 批判する／貶没 埋没する／貶約 節約する／貶抑 抑損する／貶落 位をおとす／貶戮 斥け殺す／貶流 配流する

↓譏貶・謙貶・竄貶・自貶・遷貶・損貶・致貶・懲貶・追貶・褒貶・抑貶・略貶

【徧】 12 2322 ヘン あまねし めぐる

篆文 

形声 声符は扁。〔説文〕二下に「帀るなり」という。〔詩、邶風、北門〕「室人交も偏く我を讁む」とは、人みなの意。遍(遍)と同字。古くは徧を用いた。

訓義 ①あまねし、ゆきわたる、めぐる。②あまねく、のこらず、すべて、ことごとく、みな。③字はまた遍に作る。

古訓 〔名義抄〕徧 アハネシ・アマネシ・メグル・ヒロシ・ヒトヘニ 〔字鏡〕徧 ヒロシ・アミ・ヒトヘ・アマネシ・メグリ・ヒトヘニ・メグル

【徧祭】 あまねく祭る。〔礼記、曲礼上〕主人、客を延きて祭る。食を祭るには、先づ進むる所を祭る。殽(骨つき)の序(骨順に)徧く之れを祭る。

【徧照】 くまなくてらす。〔韓詩外伝、六〕日月の明、徧く天下を照らすも、盲者をして卒に見る有らしむること能はず。

【徧存】 あまねく問う。〔周礼、秋官、大行人〕王の、邦國諸侯を撫んずる所以の者は、歲ごとに徧く存ふ。～十有二歲、王、巡守し、殷國(巡守の方面の諸侯が会同朝見)す。

【徧談】 もれなく言う。晉・夏侯湛〔従祖叔権幼権序〕幼權、幼にして聰慧、～賓客百餘人、人ごとに一たび刺を奏す。～一たび寓目して之れを徧談せしむるに、一人をも謬らず。

↑徧該 あまねく知る／徧観 あまねくみる／徧窺 博くみる／徧挙 列挙する／徧見 あまねくみる／徧行 徧歴する／徧在 ゆき渡る／徧周 徧行／徧集 皆集まる／徧身 全身／徧地 地一面／徧覜 三年ごとに、天子の使者が諸侯を聘問する／徧通 通暁する／徧読 あまねく読む／徧布 弘布する／徧舞 そろい舞う／徧僎 徧舞／徧服 皆服する／徧満 みちる／徧遊 周遊する／徧歴 周遊する

↓看徧・軌徧・香徧・歳徧・周徧・不徧

【胼】 12 7824 ヘン ベン あかぎれ たこ

形声 声符は幷。手足のあかぎれやたこ。皮膚が弾力を失って、かたくなることをいう。

訓義 ①あかぎれ、ひび、皮膚があれる。②たこ、まめ、皮膚が固まる。③かたい、かたまり。

古訓 〔篇立〕胼 アカヽリ 〔字鏡集〕胼 アカヽリ・カハノアツキ

【胼胝】 ひび。あかぎれ。また、たこ。まめ。〔荀子、子道〕夙に興き夜に寐ね、耕耘樹藝、手足胼胝して、以て其の親を養ふ。

↑胼手 手の荒れ／胼冒 堅固／胼攣 手足がかがまる

↓手胼・足胼・胝胼

常 【遍】 12 3730 〖遍〗 13 3330 ［徧］ 12 2322 ヘン あまねし

篆文 形声 声符は扁。〔説文〕二下に「徧は帀るなり」とあって、周匝の意とする。遍はその後起の字で、〔広韻〕などに至ってみえる字である。

訓義 1あまねし、ゆきわたる、すべて、みな。2字はまた徧に作る。

古訓 〔名義抄〕遍 アマネシ・ヲハル・ヒトヘニ・ヒロシ・ホドコス・ミツ

＊語彙は徧字条参照。

【遍地】 満地。宋・韓維〔展江亭海棠、四首、一〕詩 占め盡す、人閒の麗と華と 白頭判ち得て、流霞に醉ふ 誰か法錦（西南族の絹織）を將って、新樣を翻へす 紅綠裝ひ成る、遍地の花

【遍布】 あまねく布く。一面に分布する。〔敦煌変文、降魔変文〕太子、國必ず寬廣、林木繁稠、平地に遍く黃金を布き、樹枝には銀錢遍滿せん。

【遍滿】 みちふさがる。宋・陸游〔梅花絶句、六首、三〕詩 聞道らく梅花、曉風を坼き 雪堆くして、偏く四山の中に滿つと

【遍覽】 くまなく見る。〔宋史、司馬光伝〕光、常に歷代の史繁にして、人主の遍覽し能はざるを患へ、遂に通志八卷を爲りて以て獻ず。英宗之れを悅び、置局祕閣に命じて其の書を續がしむ。是こに至り、神宗之れに名づけて資治通鑑と曰ひ、自ら序を製して之れに授け、日と進讀せしむ。

↑遍及 ゆき渡る／遍周 あまねし／遍身 全身／遍体 総身／遍達 ゆき渡る／遍野 到るところ／遍歷 遍歴する

↓一遍・曲遍・香遍・疊遍・百遍・普遍・万遍・無遍・優遍

【褊】 14 3322 ［惼］ 12 9302 ヘン せまい きびしい

篆文 形声 声符は扁。扁に一偏・偏小の意がある。〔説文〕八上に「衣小なるなり」とあり、衣服が窮屈であることをいう。

訓義 1せまい、せせこましい、衣服が小さい、窮屈。2きびしい、気みじか、はげしい。

古訓 〔名義抄〕褊 セバシ・コキヌ・サシヤ・サミス・ヤブサシ・ツキヌ 〔字鏡集〕褊 ツキヌ・サシ・ツク・コキヌ・アマネシ・ヤブサシ・コロモノクビナキ・ヒロシ・サミヌ・タチマチ・セバシ・カタヌグ

【褊隘】 かたより、狭い。宋・孫奕〔履斎示児編の序〕余の少かきとき、猶ほ人に如かざりき。今老いたり。望む所の者は、惟だ子と孫とのみ。然れども嬾惰匹無く、聞學褊隘なり。～姑らく以て子孫に示すのみ。

【褊衣】 ぴったり身につく衣服。〔大唐西域記、二、印度総述〕其の北印度は、風土寒烈、短製褊衣、頗ぶる胡服に同じ。

【褊忌】 心狭く、ねたむ。〔唐書、姦臣上、李義府伝〕義府、貌柔恭にして、人と言ふとき嬉怡微笑するも、陰賊褊忌、心に著く。～時に義府笑中刀と號す。

【褊急】 心狭く、短気。〔商君書、墾令〕刑を重くして其の罪を連ねば、則ち褊急の民も鬬はず、很剛の民も訟せず、怠惰の民も游ばず。

【褊狹】 狭い。〔北史、斉神武帝紀〕初め神武、京師より將に北せんとし、以爲へらく、洛陽は久しく喪亂を經て、王氣衰盡す。山河の固有りと雖も、土地褊狹なり。鄴に如かずと。

【褊激】 心が狭く、気性が激しい。〔南史、顔延之伝〕延之、性既に褊激、兼ねて酒過有り。肆意し直言し、曾て回隱すること無し。故に論者、多く之れに與みせず。之れを顔彪と謂ふ。

【褊心】 褊狭な心。〔史記、汲黯伝〕（公孫弘・張湯）皆黯と同列なるに、或いは尊用せらるること之れに過ぐ。黯、褊心にして、少望（いささかの怨み）無きこと能はず。

【褊躁】 心狭く、さわがしい。〔北史、劉昶伝〕劉昶、～宋の文帝の子なり。～犬馬を好み、武事を愛す。～天性褊躁、喜怒恆ならず。

↑褊阨 褊隘／褊介 かたくな／褊槩 褊心／褊局 心が狭い／褊狷 孤僻／褊刻 刻薄／褊窄 褊狭／褊察 小見／褊衫 尼の衣／褊少 狭小／褊将 偏将／褊人 狭量の人／褊性 へんくつ／褊浅 浅薄／褊促 褊急／褊迫 狭い／褊薄 刻薄／褊裨 副将／褊逼 褊迫／褊忿 怒り易い／褊乏 乏しい／褊量 狭量／褊悋 けち／褊陋 つまらぬ

↓愚褊・剛褊・刺褊・性褊・貪褊・庸褊

人【篇】 15 8822 ヘン たけふだ ふみ

篆文 形声 声符は扁。扁に扁小・扁平の意がある。〔説文〕五上に「書なり。一に曰く、關西には榜を謂ひて篇と曰ふ」とあり、榜は門榜。榜に対して上に題するものを扁題・扁額という。村里に孝子を表彰して掲げるものを扁表といった。篇は竹簡を綴ったもので、簡篇をいう。詩文は篇を以て数え、「李白一斗、詩百篇」のようにいう。

訓義 1竹札、竹簡。2ふみ、一綴りのふみ、篇籍。詩文を数える。3扁と通じ、はりふだ、扁額。

古訓 〔名義抄〕篇 アム・フムタ・ホド・カケル 〔字鏡集〕篇 アム・フムタ・クルマノスダレ・カケル・ホド

【篇翰】 詩文。作品。梁・昭明太子〔文選の序〕記事の史、繫年の書に至りては、是非を褒貶し、異同を紀別する所以、之れを篇翰に方ぶるに、亦た已に同じからず。

【篇簡】 文書。書冊。〔隋書、経籍志一〕魯の恭王、孔子の舊宅を壞り、～二十五篇を得たり。～（孔）安國竝びに古文に依り、其の篇第を開き、隸古文を以て之れを寫し、五十八篇を合成す。其の餘は篇簡錯亂し、復た讀むべからず。

【篇冊】 書物。〔陔余叢考、三十三、本草〕世に謂ふ、神農藥を嘗む。時に尙ほ文字の識して以て相ひ付する無し。桐雷に至りて、乃ち之れを篇冊に載すと。然れども載する所の郡縣、漢時の地名多し。疑ふらくは張仲景・華陀等、其の語を竄記せるならん。是れ本草の原書は、乃ち後漢に始まるなり。

【篇次】 書冊中の篇章の順序。魏・何晏〔論語集解叙〕魯の共王の時、嘗て孔子の宅を以て宮と爲さんと欲し、壞ちて古文論語を得たり。～凡そ二十一篇、篇次齊・魯論と同じからず。

【篇什】 詩歌。詩経の雅・頌は十篇を一什とする。唐・唐彥謙〔乱後、表兄瓊華観の旧居を経たり〕詩 醉中の篇什、金聲在り 別後の音書、錦字空し

【篇章】 詩文。〔論衡、別通〕儒生も博覽せざれば猶ほ閉闇と爲す。況んや庸人の篇章の業無く、是非を知らざるをや。其の閉闇爲たる甚だし。

【篇籍】 書物。〔漢書、芸文志〕漢興りて秦の敗を改め、大いに篇籍を收め、廣く獻書の路を開く。

【篇帙】 書衣。書物。〔唐書、隠逸、陸亀蒙伝〕書を得ては熟誦して乃ち錄し、讐比勤勤、朱黃手を去らず。～其の精、皆傳ふべし。人の書を借り、篇帙壞舛するときは、必ず輯褫刊正す。

【篇篇】 詩文の一つ一つ。唐・白居易〔陶潜の体に効ふ詩、十六首、十二〕先生去りて已に久し 紙墨、遺文有り 篇篇我に飮むことを勸む 此の外云ふ所無し

【篇目】 篇章の名。〔漢書、芸文志〕光祿大夫劉向に詔し、經傳・諸子・詩賦を校せしむ。～一書已る每に、向輒ち其の篇目を條し、其の指意を撮り、錄して之れを奏す。會ま向卒し、哀帝～歆をして、父の業を卒へしむ。

↑篇業(へんぎょう) 文筆／篇辞(へんじ) 文章／篇首(へんしゅ) 文首／篇製(へんせい) 創作／篇題(へんだい) 文章の題／篇端(へんたん) 篇首／篇典(へんてん) 典籍／篇牘(へんとく) 書物／篇末(へんまつ) 文末

↓遺篇・佳篇・華篇・歌篇・雅篇・外篇・奇篇・玉篇・後篇・裁篇・史篇・詩篇・終篇・初篇・章篇・新篇・成篇・千篇・全篇・前篇・大篇・短篇・断篇・著篇・長篇・陳篇・定篇・内篇・発篇・名篇・雄篇・霊篇・連篇

常 **【編】** 15 2792 〔編〕 15 2392

ヘン あむ とじる つらねる ふみ

篆文

甲骨文

形声 声符は扁(へん)。扁は編み戸の形。〔説文〕十三上に「簡を次するなり」とあり、簡を編次して冊とし、巻いて収めるので編巻という。編むのには韋(なめしがわ)を用いた。孔子が晩年に〔易〕を学び、韋編が三たび絶えたという話がある。

訓義 [1]あむ、とじる、つらねる、書冊とする。[2]あつめる、くむ、編纂する、編修する。[3]ふみ、書冊、文献。

古訓 〔名義抄〕編 アム・ツラヌ・アラハル 〔字鏡集〕編 マダラヒシ・マキシル・クミナハ・アマネシ・マジフ・シタチヤ・アモトクム・アミヲイト・ツラヌ・アム・ツリノヲ・アラハル・クミカミ

【編韋】(へんい(ゐ)) 編次の皮紐。〔水経注、河水一〕穆天子(伝)、竹書(紀年)及び山海經は、皆埋縕(まいうん)すること歲久しく、編韋稀絶し、書策落次して、以て緝綴(しふてつ)し難し。後人假合し、意に差違多し。

【編簡】(へんかん) 文章。書籍。唐・韓愈〔兵部李侍郎(巽)に上(たてまつ)る書〕凡そ唐虞以來、編簡の存する所、～奇辭奥旨、通達せざる靡(な)し。惟だ是れ鄙鈍にして、時事に通曉せず、學成るも道益(ますます)窮す。

【編磬】(へんけい) 十六枚一組の磬。〔文献通考、楽八、石の属〕元祐の初め、范鎮、樂議を上(たてまつ)りて曰く、臣造る所の編磬、皆周官磬氏を以て法と爲すと。

【編戸】(へんこ) 戸籍に録入する。庶民。〔史記、貨殖伝〕夫(そ)れ千乘の王、萬家の侯、百室の君すら、尚ほ猶ほ貧を患(うれ)ふ。而るを況(いはん)や、匹夫編戸の民をや。

【編削】(へんさく) 編修。〔後漢書、蘇竟伝〕(劉龔に与ふる書)君執事、恙(つつが)無きか。走(われ)昔編削の才を磨研するを以て、國師公(劉歆)と事に從ひて出入し、祕書を校定す。

【編纂】(へんさん) 編集。宋・陸游〔半山集に跋す〕半山集二巻、皆荊公(王安石)晩に金陵に歸りし後、作る所の詩なり。丹陽の陳輔之、嘗(かつ)て編纂して金陵學舍に刻本せしも、今は亡(ほろ)びたり。～笠澤の陸某書す。

【編次】(へんじ) 篇章の順序に整える。〔史記、孔子世家〕孔子の時、～禮樂廢し、詩書缺く。三代の禮を追迹し、書傳を序し、上(かみ)は唐虞の際を紀(しる)し、下(しも)は秦繆(しんぼく)に至るまで、其の事を編次す。

【編者】(へんしや/へんじや) 編集の人。〔古文真宝、叙〕首(はじ)めに勸學の作有り、終りに出師・陳情の表有り。豈に之れに勉むるに勤を以てし、之れを誘ふに忠孝を以てするを欲せざらんや。此れ編者の微意なり。

【編集】(へんしゆう(しふ)) もと一事一編の集をいう。〔陔余叢考、四十、以官編集〕南史に、王筠の文章、一官を以て一集を編す。～大府各(おのおの)十卷、尚書三十卷。凡そ一百卷、世に行はる。

【編輯】(へんしゆう(しふ)) 原稿や資料を整理選択してまとめる。編修。唐・顔真卿〔干禄字書の序〕若し總(すべ)て說文に據るときは、下筆礙(さまた)げ多し。當(まさ)に泰(はなは)だしきを去り甚だしきを去り、輕重宜に合せしむべし。庸虛を揆(はか)らず、久しく編輯せんことを思ふ。

【編述】(へんじゆつ) 編纂陳説する。〔本草綱目、序例上〕(神農本草経)(晋の)張華の輩、始めて古學に因り、附するに新說を以てし、通じて編述を爲す。

【編鐘】(へんしよう) 大小十六の鐘を、二段に配する音階楽器。〔周礼、春官、磬師〕磬を撃ち編鐘を撃つを教へ、縵樂(まんがく)(雑楽)燕樂の鐘磬を教ふるを掌る。

【編著】(へんちよ) 書籍文書を作る。〔韓非子、難三〕法なる者は、之れを圖籍に編著し、之れを官府に設けて、之れを百姓に布く者なり。

【編年】(へんねん) 年月の順に編次する。〔春秋、隠六年〕秋七月。〔公羊伝〕此れ事無きに、何を以て書する。～春秋の編年、四時具はりて、然る後に年と爲す。

【編貝】(へんばい) 綴った貝。また、美しい歯並び。〔漢書、東方朔伝〕臣朔年二十二、長(たけ)九尺三寸、目は懸珠の若(ごと)く、齒は編貝の若し。

【編髪】(へんぱつ) あみ髪。辮髪。〔史記、西南夷伝〕其の外～名づけて嶲(すい)、昆明と爲す。皆編髮、畜に隨ひて遷徙し、常處毋(な)く、君長毋し。

【編摩】(へんま) 編集。明・方孝孺〔王博士を祭る〕新天子位に即き、召して博士と爲す。遂に辭垣に入り、先朝の實錄を編摩す。文日に以て肆(ほしいまま)に、學日に以て盛んなり。

【編録】(へんろく) 編修し記録する。〔後漢書、祭祀志上〕建武三十年二月、群臣上言す。即位して三十年、宜しく泰山に封禪すべしと。詔書して曰く、即位して三十年、百姓怨氣腹に滿つ。～何ぞ七十二代の編錄を汙すを事とせん～と。

↑編役(へんえき) 取り立て役／編会(へんかい) 編入する／編菅(へんかん) あみがや／編管(へんかん) 宋代の刑、遠流／編結(へんけつ) 編髪／編伍(へんご) 編戸／編校(へんこう) 校定する／編号(へんごう) 番号／編策(へんさく) 書冊／編脩(へんしゅう) 文献の整理、脩史／編緝(へんしゅう) 編集／編章(へんしょう) 編次／編審(へんしん) 戸口調査／編人(へんじん) 編戸／編成(へんせい) 組織する／編制(へんせい) 組織／編製(へんせい) 編纂する／編籍(へんせき) 戸籍作り／編撰(へんせん) 編集して著作する／編置(へんち) 遠流／編牒(へんちょう) 名冊／編訂(へんてい) 修訂する／編綴(へんてい) 編次してとじる／編入(へんにゅう) 組み入れる／編派(へんぱ) 捏造する／編排(へんぱい) 並べる／編桴(へんぷ) いかだをあむ／編鼏(へんべき) 茅の覆い／編氓(へんぼう) 編戸／編蓬(へんぽう) 茅屋／編民(へんみん) 編戸／編訳(へんやく) 翻訳／編輿(へんよ) 竹のこし／編欄(へんらん) 障碍／編類(へんるい) 類編／編列(へんれつ) 編次する／編連(へんれん) ひらひも

↓韋編・遺編・一編・芸編・佳編・華編・改編・合編・奇編・旧編・後編・高編・残編・史編・詩編・次編・初編・小編・新編・絶編・千編・全編・前編・続編・大編・短編・断編・長編・陳編・蠹編・別編・名編・雄編・瑶編・類編・連編

【翩】 15 3722

ヘン とぶ ひるがえる

篆文

形声 声符は扁(へん)。扁に扁平、ひらひらするものの意がある。〔説文〕四上に「疾(はや)く飛ぶなり」とあり、翩翩とは、鳥が軽やかに早く飛ぶさまをいう。〔詩、大雅、桑柔〕「旟旐(よてう)(旗の流し)翩たる有り」とは、旗が風になびくさま。すべて軽妙な姿をいう。

訓義 [1]とぶ、はやくとぶ。[2]ひるがえる、ひるがえるさま。

古訓 〔新撰字鏡〕翩 止比加介利(とびかけり)、又、豆良奴(つらぬ) 〔名義抄〕翩 トクトブ・トビカケル・ツラヌ 〔篇立〕翩 波祢於止(はねおと) 〔字鏡集〕翩 ヒラメク・トクトブ・アガル・カケル・トブ

語系 翩phian、媥phyen は声近く、便(便)bian、辟biek、また甹・俜・娉phieng はそれぞれ人の姿態についていう語。媥(へん)は〔説文〕十二下に「輕き皃なり」とあって、敏捷な身のこなしをいう。飜(翻)phiuan、反・返(返)piuan は、軽やかに反転するさまをいう。みな声義の近い語である。

【翩然】(へんぜん) 身をひるがえす。ひるがえるさま。宋・蘇軾〔潮州韓文公廟碑、詞〕公、少(しばら)くも留まらず、我が涕滂(ていばう)たり 翩然

被髪して、大荒より下れ

【翩翩】軽快で美しいさま。文才をもいう。唐・杜審言〔蘇綰書記に贈る〕詩 知る君が書記、本と翩翩たるを 爲に許す、戎に從つて朔邊に赴くを

【翩翻】空にひるがえる。〔墨林今話、一〕板橋道人鄭燮～心餘の太史詩に云ふ、板橋の字を作るは、蘭を寫すが如し 波磔奇古にして、形翩翻たり 板橋の蘭を寫すは、字を作るが如し 秀葉疎花、姿致を見ると。

↑翩姸 軽やかで美しい／翩翔 軽く飛ぶ／翩旋 飛び回る／翩躚 空を飛ぶさま／翩幡 ひるがえり飛ぶ／翩飛 軽く飛ぶ／翩繽 軽やかで美しい／翩連 飛びつらなる

↓軽翩・騰翩・漂翩・飄翩・聯翩

【蝙】 15 5312 ヘン こうもり

篆文

形声 声符は扁。扁に扁平の意がある。〔説文〕十三上に「蝙蝠なり」、次条に「蝠は蝙蝠なり」とあり、こうもりをいう。〔方言、八〕に「關よりして東、之れを服翼と謂ひ、或いは之れを飛鼠と謂ひ、或いは之れを老鼠と謂ひ、或いは之れを仙鼠と謂ふ。關よりして西、秦・隴の閒、之れを蝙蝠と謂ふ」とみえるが、蝙蝠は通語である。

訓義 ①こうもり。②蝙獺は、かわうそ。

古訓 〔和名抄〕蝙蝠 本草に云ふ、蝙蝠、一名伏翼、加波保利(かはほり)。〔箋注〕今俗に譌まりて加宇毛利(かうもり)と呼ぶ 〔名義抄〕蝙蝠 カハボリ 〔字鏡集〕蝙 カハホリ

語系 蝙蝠byen-biuakは双声の形況の語。その飛ぶさまから名をえたものと思われる。

【蝙蝠】こうもり。宋・蘇軾〔子由(蘇轍)の瘦せたるを聞く〕詩 土人頓頓として藷芋を食らひ 薦むるに薰鼠と燒蝙蝠とを以てす

【蹁】 16 6312 ヘン よろめく

篆文

形声 声符は扁。扁に軽く動くものの意がある。〔説文〕二下に「足、正しからざるなり」とあり、「一に曰く、後足を拖く馬なり」という。〔釈名、釈形態〕に「膝頭を膊と曰ひ、～或いは蹁と曰ふ。蹁は扁なり。亦た形に因りて之れを名づくるなり」という。蹁躚のように連用する。

訓義 ①よろめく、めぐる、めぐりゆく、めぐりまう。②馬が後足を曳く。③ひざがしら。

【蹁躚】めぐりゆく、翩躚。宋・蘇軾〔後の赤壁の賦〕一道士を夢む。羽衣蹁躚として、臨皐の下を過ぎり、予れに揖して言ひて曰く、赤壁の遊は、樂しかりしかと。其の姓名を問ふに、俛して答へず。

【駢】 18 7834 ヘン ベン ならぶ つらねる

篆文

形声 声符は幷。幷は二人並んで、これを連ねる形。〔説文〕十上に「二馬に駕するなり」とあり、二頭立ての馬車をいう。すべて二者を並べて連ねることをいい、また二者が合するのを駢歯・駢拇・駢石のようにいう。

訓義 ①ならぶ、馬がならぶ、二頭立ての馬車。②つらねる、二つのものが連なる、同じものが連なる。③くむ、つづく、かさなる、あわさる。④たこ、まめ。

古訓 〔和名抄〕駢拇 此の閒に云ふ、无豆於與非(むつおよび) 〔名義抄〕駢 ツラヌ・ナラブ・シタガフ 〔字鏡集〕駢 ナラブ・アハス・ツラヌ・シタシク

語系 駢byen、竝(並)byengは声義近く、幷・倂(併)piengも幷声。幷は二人連なる側身の形、竝は二人相並ぶ正面形である。

【駢脅】あばら骨が一枚板のように連なる。〔左伝、僖二十三年〕曹の共公、其の(晉の重耳)駢脅なるを聞き、其の裸(はだか)を觀んと欲す。

【駢肩】肩をならべる。密集するさま。宋・欧陽脩〔相州昼錦堂記〕道を夾むの人、相ひ與に駢肩累迹して、瞻望咨嗟す。～昔人之れを錦を衣るの榮に比する者なり。

【駢死】並んで死ぬ。唐・韓愈〔雑説、四〕千里の馬は常に有れども、伯樂は常には有らず。故に名馬有りと雖も、祇だ奴隷人の手に辱められ、槽櫪(かいばおけ)の閒に駢死し、千里を以て稱せられざるなり。

【駢拇】足の親指と第二指とが連なった畸形。無用のもののたとえ。〔荘子、駢拇〕駢拇、枝指(六本指)は性に出づるか、德(生得)より侈まれり。附贅縣肬(こぶ、いぼ)は形(身)に出づるか、性(本性)より侈れり。

【駢儷】四字・六字の対句で全篇を構成する文。四六駢儷体、略して駢体・駢文という。〔揮麈三録、三〕元直(呂頤浩)、元鎮(趙鼎)を移して翰林學士と爲さんとす。元鎮、司馬溫公(光)の故事を引き、駢儷の文に習はざるを以て、肯へて職に就かず。～章、十數たび上るに至る。

↑駢衍 相連なるさま／駢偶 駢儷／駢頸 首を並べる／駢枝 駢拇枝指／駢石 一枚岩／駢体 駢儷体／駢馳 並び馳せる／駢塡 並びみちる／駢闐 並ぶ／駢田 並びつらなる／駢蕃 重なる／駢比 並ぶ／駢文 駢儷文／駢羅 並びつらなる／駢列 並ぶ

↓車駢・叢駢・塡駢

【骿】 18 7824 ヘン ベン

篆文

形声 声符は幷。〔説文〕四下に「骿脅、幷榦なり」(段注本)とし、「晉の文公は骿脅なり」という。肋骨が分かれず、一枚骨。また胼と通用する。

訓義 ①いちまいあばら、骿脅。②胼と通用し、ひび、あかぎれ。

古訓 〔字鏡集〕骿 ワキ・チリハシル

【骿脅】一枚あばら。駢脅。〔国語、晋語四〕(晉の公子、重耳)衞より曹に過ぎる。曹の共公も亦た禮せず。其の骿脅なるを聞き、其の狀を觀んと欲す。

↑骿骭 骿脅／骿胝 ひび、あかぎれ

【騙】 19 7332 ヘン かたる

形声 声符は扁。もとは曲乗りのような馬技をいい、のち人を欺きだます意に用いる。だます意に用いるのは俗語。

訓義 ①馬の曲乗り。②かたる、あざむく。

【騙馬】馬の曲乗り。〔東京夢華録、七、駕、宝津楼に登り、諸軍百戯を呈す〕先づ一人空手出馬す。之れを引馬と謂ふ。～又旗を執りて鞍上に挺立す。之れを立馬と謂ふ。或いは身を以て馬を下り、手を以て鞍を攀きて復た上る。之れを騙馬と謂ふ。

↑騙害 欺く／騙欺 かたる／騙局 欺く手段／騙子 詐欺師／騙取 詐取する／騙樹 接ぎ樹／騙得 騙取する

↓拐騙・欺騙・詐騙

【邊】 24 8830 ヘン たかつき

篆文 籀文

形声 声符は𨗨(辺)。〔説文〕五上に「竹豆なり」とあり、籀文一字を録する。その字形はいわゆる曲の形に従い、金文の𠤳はその形に従う。青銅器の𠤳はそのような竹器に起原するものであったらしく、のちにも竹器を用い、〔周礼、天官、籩人、注〕に「竹器、豆の如き者なり」という。〔詩、豳風、伐柯〕に「籩豆、踐たる有り」とみえ、〔礼記、礼器〕に「天子の豆二十

有六、諸公十有六、諸侯十有二」という記載がある。

訓義 ①たかつき、竹のたかつき。②金文の籩も曲の形に従うが、その器は盤の形に似ている。竹器としてはその形の方がふさわしいようである。

【籩祭】籩中の食物を取り、豆間に置いて祭る。〔儀礼、特牲饋食礼〕祝、籩祭を贊く。尸(かたしろ)受けて之れを祭り、酒を祭り、酒を啐む。

【籩豆】籩と豆。祭祀・儀礼に用いる器の名。〔礼記、礼器〕三牲魚腊は、四海九州の美味なり。籩豆の薦(供えもの)は、四時の和氣なり。

↑籩筥 方円の竹器／籩筍 若筍

↓簋籩・鉶籩・羞籩・薦籩・豆籩

ベン

【宀】 3 3037 ベン メン やね おおう

篆文  金文 

象形 屋根が左右に深く垂れている形。〔説文〕七下に「交覆すること深き屋なり。象形」という。〔段注〕に「古者は屋は四注、東西と南北と、皆交覆するなり」とするが、殷代の遺構から考えられる建物はみな切妻形式のものである。卜文に宀に従うものは約七十字、宮廟宗室の字をはじめ、家・安などもみな平常の住居ではなく、祭祀儀礼を行う場所であった。家は犬牲を埋めて奠基とし、祖霊を祀るところ、安は新婦が灌鬯を行って祖霊の慰安を受け、その族に加わることを許される儀礼を示す字であった。

訓義 ①やね、深くおおうやね。②おおう。

古訓 〔篇立〕宀 ヤ 〔字鏡集〕宀 スクナシ・イヘ

部首 〔説文〕に家・宅・室・宣以下七十字、〔新附〕に寘・寰など三字を属し、また宮部に宮・營(営)の二字を属する。〔玉篇〕宀部には百三十二字を属し、宮部は〔新附〕に同じ。

語系 冖・鼏 myek は敝・蔽(蔽) biat と声義の関係がある。奥深いところ。その屋根のあるものを宀 mian という。また臱 mian は同声。〔説文〕四上に「宀宀、見えざるなり」とあり、邊(辺)は祭梟(首祭)によって呪禁を加える意、霊のあるところをいう。

【丏】 4 1020 ベン メン しかばね おおう

篆文 

象形 乏の反文。乏は屍体の象。水に泛かぶものを泛、土に埋めるものを窆という。〔説文〕九上に「見えざるなり。壅蔽するの形に象る」とし、〔繫伝〕に「左右壅蔽して、面分たざるなり」とその意象を説くが、字は乏の反文にして、屈肢の象を示す字である。〔周礼、夏官、射人、鄭司農注〕に「容とは乏なり。獲(矢のあたり)を待つ者の蔽かるる所なり」とあるのによって、〔段注〕に、その獲する者の匿れるところの乏の意であるとするが、丏・乏は対文、いずれも屍体の状を示す象形の字である。

訓義 ①しかばね。②おおう、かくれる。③獲する者が、矢を避けるところ。

部首 〔説文〕〔玉篇〕ともにこの部に属する字はない。〔玉篇〕に「賔・麪の字此れに從ふ」とするが、賔(賓)の従うところは𡧍で、犧牲の下体を供えて霊を迎える意。麪はまた麵(麺)に作る形声の字である。

声系 〔説文〕に丏声として眄・麪・沔・宾など五字、宾声として賔の字を収める。沔は〔説文〕十一上に水名とするが、おそらく泛と同じく流屍を示す字。宾は瞑眩の瞑と同声であるという。賔は卜文・金文にまた𡧍に作り、万は犧(犠)の羲の左下と同じく牲体の下半の形。丏の声義を考うべきものは眄・宾の二字にすぎず、眄は丏「見えざるなり」の義の繁文とみてよい。

語系 丏 myan、宀・臱 mian、また敝・蔽(蔽) biat も声義の近い字で、宀・臱は神聖なものを覆う意。丏も呪霊のあるものとしておそれられたのであろう。

参考 匃はまた丏に作り、丏と形が近い。匃は屍体の屈肢の象。曷・喝(喝)・歇・謁(謁)などは、その屍体を用いて呪儀を行うもので、匃に匃求の義がある。

【卞】 4 0023 ベン くくりがみ はやい うつ

象形 冠の形。古い字形はないが、漢碑の〔礼器碑〕〔孔宙碑〕にみえる字形によって考えると、舞うときに髪を包む冠の形であろうと思われる。弁と同声の字である。髪を包んで急疾の舞をするので、卞急の意がある。また手を加えて、はげしく舞うことを抃舞という。

訓義 ①くくりがみ、弁と通ずる。②はやい、さわがしい。③うつ、空手でうつ。④辨(弁)と通じ、わかつ。

声系 抃・汴は卞声に従う字であるが、〔説文〕未収。〔呂覧、古楽〕に「帝嚳乃ち人をして抃たしむ」とみえる。汴は水名。〔説文〕十一上にはその字を汳に作る。

語系 卞・抃・弁(覍) bian は同声。弁は弁冠のたれ紐のある形、覍は弁上の巾を加えた形、卞が最も簡略な形。これらはもと同一の字と考えられる。

【卞急】そそっかしい。性急。唐・陸亀蒙〔李賀小伝の後に書す〕(溧陽の)令季操、卞急にして、東野(孟郊)の爲しを佳しとせず。～東野竟に窮を以て去る。

【卞璞】卞和氏の璞玉。和氏の璧。〔後漢書、文苑下、趙壹伝注に引く琴操〕卞和、玉璞を得て、以て楚の懷王に獻ず。～其の欺謾なるを以て、其の一足を斬る。～平王復た以て欺と爲して、其の一足を斬る。～乃ち其の玉を抱きて、荊山の中に哭し、晝夜止まず。涕盡き、之れに繼ぐに血を以てす。

↑卞毅 気が強い／卞克 刻急／卞躁 卞急／卞忿 気みじかで怒りやすい

↓剛卞

【弁】 5 2344 ［覍］ 9 9021 ベン かんむり

篆文  籀文 

象形 弁冠の形。〔説文〕八下に字の正形を覍とし「冕なり。周には覍と曰ひ、殷には吁と曰ひ、夏には收と曰ふ。皃(貌)に從ふ。象形」とし、重文二を録する。その一体である弁は、髪を包む形。文官は黒い布で作り爵弁、武官は白鹿の皮で作り皮弁。弁には玉飾を多く加えて「会弁」という。〔周礼、夏官〕に弁師の官があり、王の五冕を掌る。弁は頭に加えるものであるから、書の巻頭にそえる語を弁言という。弁はいま辨・瓣・辯の常用漢字として用いるが、みな本来の字義のあるものであり、また弁にもその本義がある。

訓義 ①かんむり。②卞と通じ、はやい。③抃と通じ、うつ、おそれる。④馬冠。

古訓 〔新撰字鏡〕覍 攀(樊纓)なり、冕なり 〔名義抄〕弁 ワキマフ・カウブル・カウブリセリ 〔篇立〕弁 ワタル・ワキマフ・カブル・ソナフ・カウブリセリ

声系 〔説文〕に弁声として拚・畚・坌など六字を収める。拚は手を拊つ意で、拚・拊・拍などはみなそのうつ擬声語。畚はもっこ、坌は糞の異文。畚はもっこでものを運ぶ形で、この二字は弁に従うものではない。

【弁纓】冠のひも。〔北史、芸術下、何稠伝〕魏・晉已來、皮弁に纓有りて笄導(止めかんざし)無し。稠曰く、此れ古の田獵の服なり。～宜しく其の制を變ふべしと。故に弁に象牙簪導(止めかんざし)を施すは、稠より始まる。

【弁騏】弁の玉飾。騏は璂。〔詩、曹風、鳲鳩〕其の帶は

伊れ絲し（絹） 其の弁は伊れ騏

【弁経】 麻の帯をつけた白い冠。弔葬に用いる。〔周礼、春官、司服〕凡そ弔事には、弁経服す。

【弁髦】 元服の式に用いる緇布冠とたれ髪。式後無用のものとなる。〔左伝、昭九年〕豈に弁髦の如くにして、因りて以て之れを敝てんや。

↑弁瓊 弁の玉飾り／弁言 前言／弁語 弁言／弁首 巻首／弁裳 弁と裳／弁帯 弁と帯／弁端 巻首／弁冕 冠／弁慄 戦栗する

↓会弁・冠弁・危弁・綦弁・瓊弁・試弁・雀弁・小弁・簪弁・酔弁・正弁・青弁・朝弁・投弁・皮弁・武弁・冕弁

常 **【弁】** 5 2344 〔辨〕 16 0044

ベン バン
さばく しらべる おさめる

篆文  金文 

形声 旧字は辨に作り、声符は辡。辡は当事者二人が盟誓をして争訟を行う意。〔説文〕四下に「判つなり」とあり、字を剖・判（判）の間に列して分割の意とするようであるが、辨はもと争訟に対して是非の判断を加える意であり、裁判することをいう。

訓義 1さばく、さだめる、しらべる、あきらかにする。2わかつ、ただす、おさめる、わきまえる。3そなえる、用意する。

古訓 〔新撰字鏡〕辨 辡に同じ 〔名義抄〕辨 アフ・ワキマフ・ワカツ・サダム・タヘタリ・キル・スクフ・アハネハス 〔字鏡集〕辨 コトハリ・タマヘリ・スクフ・キル・コトバ・サダム

語系 辨・辡・辯 bian は同声。もとみな争訟に関する語。いま辨・辯ともに弁に作り、字義の区別を失っており、弁は弁冠の象で関係のない字である。辨は辨理・辨治、辯は辯訟・辯護の字。

【弁護】 治め守る。〔墨子、号令〕符を爲る者を養吏と曰ふ。一人、諸門を辨護す。

【弁訟】 争訟をさばく。〔礼記、曲礼上〕教訓して俗を正すも、禮に非ざれば備はらず。爭を分ち訟を辨ずるも、禮に非ざれば決せず。

【弁証】 是非を立証する。〔唐書、銭徽伝〕江州の司馬に貶せらる。（楊）汝士等、徽に（段）文昌・（李）紳の私書を出だし、自ら直くすることを勸む。徽曰く、苟くも心に愧づること無くんば、安んぞ辨證を事とせんやと。子弟に敕しめて書を焚かしむ。

【弁色】 ものの姿が区別できる。〔礼記、玉藻〕朝（参）には、色を辨じて始めて入る。

【弁析】 みわける。〔人物志、接識〕言語の人、辨析を以て度と爲す。故に能く捷給（口早く応答する）の惠を識るも、含章の美を知らず。

【弁説】 議論。〔荀子、正名〕今聖王沒し、天下亂れ、姦言起る。君子の勢ひ以て之れに臨む無く、刑以て之れを禁ずる無し。故に辨説するなり。

【弁白】 分析し明らかにする。〔文心雕竜、定勢〕世の作者、或いは煩文博採（広博の論）を好み、其の旨を深沈にする者、或いは離言辨白（明快な論）を好み、分毫析釐（分析的な論）する者あり。習ふ所同じからず、務むる所各〻異なり。

【弁博】 明弁博学。〔人物志、体別〕辨博の人、論理贍給、其の辭の汎濫するを戒めず。是の故に與に汎序すべきも、與に約を立て難し。

【弁明】 明確にする。〔史記、封禅書〕上～封禪の儀を草せしむること數年、～群儒既已に封禪の事を辨明すること能はず。又詩書古文に牽拘せられて、騁すること能はず。～盡く諸儒を罷めて用ひず。

↑弁位 尊卑を分かつ／弁譌 弁誤／弁覈 弁明する／弁詰 なじる／弁究 究める／弁慧 弁智／弁験 しらべる／弁誤 誤りを明らかにする／弁告 布告する／弁才 明弁／弁士 明弁の人／弁至 あまねく至る／弁似 疑似を分かつ／弁辞 弁説／弁識 みわける／弁章 平章／弁償 返済する／弁姓 姓を分かつ／弁然 明白にする／弁治 処理する／弁知 みわける／弁智 明弁の才／弁認 確認する／弁駁 反論する／弁卑 卑下する／弁敏 利口／弁誣 誣言を弁明する／弁物 みわける／弁別 区別する／弁理 弁治する／弁論 弁説する／弁惑 弁譌

↓済弁・主弁・総弁・治弁

常 **【弁】** 5 2344 〔瓣〕 19 0044

ベン
なかご たね はなびら

篆文 

形声 旧字は瓣に作り、声符は辡。〔説文〕七下に「瓜中の實なり」とあり、瓜中に整然とならぶなかごをいう。辡はもと獄訟をいう字であるが、辡声の字には瓣・辮のように相並び、あるいは交錯する状態をいうものがある。

訓義 1うりのなかご、うりのたね。2果物の実のふさ、果肉の一片。3はなびら。4開閉して動くベン。

古訓 〔和名抄〕瓣 宇利乃佐禰（うりのさね） 〔名義抄〕瓣 ウリノサネ 〔字鏡集〕瓣 サネ・ウリノサネ

【弁香】 花弁に似た形の香。禅僧が人を祀り、祝福するとき焚いた。元・丁鶴年〔九江を過ぎりて、李子威太守を追悼す〕詩 瓣香遙かに拜す、九江の城 太守の精誠、日月のごとく明らかなり

↓瓜弁・花弁・瓠弁・分弁

常 **【弁】** 5 2344 〔辯〕 21 0044

ベン
あらそう おさめる わける

篆文 

形声 旧字は辯に作り、辡声。辡は二辛。辛は入墨に用いる針の形。獄訟のときには当事者がそれぞれ自己詛盟をし、もし盟誓にたがうことがあれば墨刑を受ける旨を誓約して行われた。言はその自己詛盟をいう。〔説文〕十四下に「治むるなり」とは、獄訟を治める意。のち弁争・弁護の意となる。〔周礼、秋官、郷士〕「其の獄訟を辯ず」のような用字例からいうと、辯はもと獄訟に関して用いる字。その是非を裁定することを辨（弁）といった。

訓義 1あらそう、いいあらそう、たくみにいう、かたる。2ただす、おさめる、あきらかにする。3さとい、すばやい。4辨と通じ、わける、わかつ。5便・徧と通用し、あまねし。

古訓 〔篇立〕辯 マサシ・サカシ・ワキマフ 〔字鏡集〕辯 コトハル・メグム・マサシ

語系 辯・辡・辨・便（便）bian は同声。徧 pien は声近く、便・徧はいずれも辯と通用し、あまねくする意。また別 biat、判（判）phuan、分（分）piuan も声義近く、辨の声義に通じて分別の意がある。辯・辨は同声であるが、辯には普遍、辨には分別を主とする意がある。

【弁解】 理をときあかす。弁明。〔淮南子、俶真訓〕智は天地を終へ、明は日月を照らし、辯は連環を解き、澤は玉石を潤すと雖も、猶ほ天下を治むるに益無きなり。

【弁給】 口達者。〔韓非子、難言〕捷敏辯給にして文采に繁ければ、則ち史と以爲はる。

【弁恵】 巧弁。〔国語、晋語九〕（智）瑤の人より賢れる者五、～美鬢長大は則ち賢れり。～伎藝畢給は則ち賢れり。巧文辯惠は則ち賢れり。

【弁護】 理否を分かって保護する。〔公羊伝、宣十五年、何休、注〕一里八十戸、～其の耆老の高徳有る者を選び、名づけて父老と曰ひ、其の辯護伉健有る者を里正と爲す。
【弁巧】（かう） 言いまわしがうまい。〔晋書、裴頠伝〕辯巧の文は悅ぶべく、似象の言は惑はすに足る。
【弁才】 言説の才。〔顔氏家訓、帰心〕萬行空に歸し、千門善に入らしむ。辯才智惠、豈に徒だ七經（詩・書・礼・楽・易・春秋・論語）百氏の博きのみならんや。
【弁事】 職務に関して争う。〔周礼、春官、大史〕凡そ灋（法）を辯ずる者は攷へ、信ならざる者は之れを刑す。～事を辯ずる者は攷へ、信ならざる者は之れを誅す。
【弁識】 識別する。〔晋書、車胤伝〕桓溫、荊州に在り。辟されて從事と爲る。義理を辯識するを以て、深く之れに重んぜられ、～遂に朝廷に顯はる。
【弁釈】 ときあかす。〔晋書、儒林、徐邈伝〕邈、官に莅きて簡惠、從政に達し、論議精密なり。當時多く之れに諮稟す。類に觸れて辯釋し、問へば則ち對ふる有り。
【弁証】 区別し証拠だてる。清・金農〔楊知・陳章、冬心（金農）の斎を過ぎる～〕詩 聖唐と神漢と 文字、古より敦ぶ所 吉金（金文）貞石（碑文）の志（記録） 辯證、株源を蒐む
【弁析】 分析し明らかにする。〔後漢書、桓譚伝〕尤も古學を好み、數しば劉歆・揚雄に從ひて疑異を辯析す。性、倡樂を嗜み、簡易にして威儀を修めず、熹んで俗儒を非毀す。
【弁治】 明らかにし治める。〔淮南子、泰族訓〕蒼頡の初めて書を作るや、以て百官を辯治し、萬事を領理す。愚者は以て忘れざるを得、智者は以て遠きを志すことを得たり。
【弁智】 事理を知り弁才がある。漢・東方朔〔客難に答ふ〕今、子大夫は～博聞辯智と謂ふべし。然れども～積むこと數十年、官は侍郎に過ぎず、位は執戟に過ぎず。
【弁博】 博学で事理に通じる。〔説苑、政理〕邑として、賢豪辯博なる者有らざる無く、邑として好んで人の惡を揚げ、人の善を蔽ふ者有らざる無し。～其の辯博なる者、因りて之れを師とす。
【弁弁】 事理を正していう。便便。〔史記、孔子世家〕其の宗廟・朝廷に於ける、辯辯として言ふ。唯だ謹しめるのみ。
↑弁逸 聡明／弁議 論議する／弁詰 なじる／弁慧 弁恵／弁譎 詭弁／弁言 巧説／弁讞 罪案を論定する／弁口 巧説／弁詐 うそ／弁察 言辞が明察であること／弁士 能弁の人／弁辞 巧説／弁数 なれる／弁俊 雄弁／弁捷 口達者／弁章 平章／弁訟 争訟／弁照 明らかに判別する／弁人 能弁の人／弁正 裁定する／弁省 あまねく察する／弁斥 弁駁する／弁晳 事理明晰／弁説 議論する／弁贍 雄弁／弁達 能弁／弁断 論断する／弁知 弁智／弁暢 雄弁／弁通 博学で弁才がある／弁難 論難する／弁佞 口先上手／弁駁 論駁する／弁白 真実を明らかにする／弁別 わける／弁法 法をもって争う／弁明 弁解する／弁利 巧説／弁理 さばく／弁麗 美辞／弁論 理否を論じる／弁惑 惑いを解く
↓逸弁・藪弁・勘弁・佹弁・詭弁・機弁・偽弁・強弁・曲弁・警弁・口弁・巧弁・弘弁・好弁・宏弁・抗弁・苟弁・閎弁・才弁・細弁・察弁・思弁・辞弁・心弁・精弁・争弁・多弁・駄弁・代弁・端弁・談弁・治弁・知弁・馳弁・陳弁・通弁・答弁・訥弁・佞弁・熱弁・能弁・博弁・敏弁・不弁・分弁・明弁・問弁・雄弁・論弁

【⿱宀丏】 7 3020 ベン メン まつる かなう

篆文

会意 宀＋丏。丏は伏屍の象で、沔・沔はともに流屍の象。⿱宀丏はその屍体を祀る意。眞（真）は道殣（行き倒れ）の象で、それを祀所に寘くことを寘し、その屍体を塡めることを塡て、霊を鎮めることを鎮（鎭）という。⿱宀丏もそのような枉死者をまつる意。〔説文〕七下に「冥合なり」とし、瞑眩の瞑の声によむとするが、その義の用例はない。〔段注〕に「今、俗に吻合と云ふ者は、當に此の字を用ふべし」とするのは、理由のないことである。

訓義 ①まつる、枉死者をまつる。②かなう。

【忭】 7 9003 ベン ヘン よろこぶ

篆文

形声 声符は卞。〔説文〕日部七上に「昪、喜び樂しむ皃なり」とあり、忭と声義同じ。手をうって喜ぶことを抃といい、〔説文〕十二上はその字を拚に作る。弁は卞の初形。〔段注〕に、〔詩、小雅、小弁〕の「弁たる彼の鸒斯」の〔伝〕に「弁は樂なり」、また般楽の般は、みな昪の仮借であるという。

訓義 ①よろこぶ、たのしむ。②字はまた昪に作る。

古訓 〔字鏡集〕忭 ヨロコブ・ナゲク・オドロク

【忭舞】 よろこび舞う。〔太平広記、二〇四に引く博物志、秦青韓娥〕昔韓娥、東のかた齊に之き、糧に匱し。～韓娥、因りて曼聲哀哭す。一里の老幼、悲愁涕泣して相ひ對ふ。～娥復た曼聲長歌す。一里の老幼、喜歡忭舞し、自ら禁ずること能はず。
↑忭歓 よろこぶ／忭忻 よろこぶ／忭幸 幸とする／忭躍 欣舞する
↓快忭・歓忭・大忭・野忭

【抃】 7 5003 〔拚〕 8 5304 ベン うつ

篆文

形声 声符は卞。字はまた拚に作り、弁声。〔説文〕十二上に拚に作り、「手を拊つなり」という。手を拊って舞うときには、多く抃舞の字を用いる。手を拊つときの抃は、拍・拊とともに擬声語である。

訓義 ①うつ、手をうつ。②はげしい、にわか。③まう、したがう。

古訓 〔名義抄〕抃 モテアソブ・テウチ・ウツ・テスル・テウチマフ／拚 マサクル・テウツ 〔字鏡集〕抃 サグル・ウツ・テウツ・テスル・ミジカシ・テウチウツ・ハラフ・クダク・カセ・サツル・ハラヒノゾク・テウチマフ・マサクル・モテアソブ

語系 拚（抃）bian、釆・番 biuan は声近く、釆は獣爪、番は獣掌をいう。拍 peak、搏 pak、拊 phio はみなうつ意で、同系の擬声語である。

【抃悦】 手をうって悦ぶ。前蜀・杜光庭〔聖体の漸く痊愈するを賀する表〕今は則ち神明幽贊し、川嶽靈を效たし、～玄穹福を降し、克よく聖寢を安んず。～華夷抃悦し、億兆歡呼す。
【抃会】（くわい） 会合し手をうって喜びあう。唐・白居易〔劉蘇州（夢得）に与ふる書〕又書中を覆視するに、攘臂痛拳の戲有り、笑つて與もに抃會す。甚樂甚樂、誰か復た之れを知らん。
【抃舞】 手をうって舞い喜ぶ。〔列子、湯問〕昔、韓娥、～逆旅を過ぎる。逆旅の人、之れを辱む。韓娥因りて曼聲哀哭す。一里の老幼、悲愁垂涕して相ひ對ひ、三日食らはず。～娥還りて復た爲に曼聲長歌す。一里の老幼、喜躍抃舞し、自ら禁ずる能はず。向きの悲しみを忘る。
【抃躍】 欣喜して手舞い足躍る。宋・王禹偁〔皇帝の嗣位を賀する表〕薦りに聖日に逢ひ、權りに外藩に守と爲る。玉階に蹈舞するを得ざるも、抃躍屛營（恐悦のさま）の至りに任たふる無し。
↑抃賀 抃舞し慶賀する／抃叫 歓呼する／抃愜 満足する／抃手 拍手／抃祝 抃賀／抃笑 興じる／抃掌 抃手／抃転 旋舞する／抃蹈 抃舞する／抃踊 抃躍／抃慄 一喜一憂

↓歌抃・歡抃・驚抃・欣抃・慶抃・撃抃・手抃・笑抃・掃抃・舞抃・野抃・雷抃

【沔】 7 / 3112 ベン ビ おぼれる

篆文 

形声 声符は丏(べん)。丏は乏の反文で、ともに流屍の象。乏は沔と相対し、また浮(浮)・氾などもその系列の字。〔説文〕十一上に沔を川の名とするが、〔詩、小雅、沔水〕に「沔たる彼の流水」の〔毛伝〕に「沔は水の流れ満つるなり」とする。その義はおそらく瀰と声義が通ずるのであろう。乏・丏それぞれに系列の字がある。

訓義 1おぼれる、水死、流屍。2瀰(び)と通じ、水の流れ満ちるさま。3川の名。

古訓 〔名義抄〕沔 ノム

↑沔涎(べんえん) 水流のさま/沔沔(べんべん) 沔涎

↓漢沔・江沔・流沔

常【便】 9 / 2124 〖便〗 9 / 2124 ベン ビン やすらか ならう たより たやすく すなわち

篆文 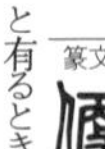

会意 人＋更(更)。更に更改の意がある。〔説文〕八上に「安んずるなり。人、不便なること有るときは、之れを更(あらた)む。人と更とに従ふ」とするが、その会意によって便安・便利の意となることを説きえない。金文の駁(ぎょ)は馬に鞭度(べんたく)を加える形であるが、その駁の従うところは更の字形に近く、便とは人に鞭度を加える意象の字であろうと思われる。ゆえに人を駆使する意となり、便利捷給の意となる。更は変更・更改の意で、もとその呪的な方法を示す字であった。鞭度を加えて祓い、安堵することから、他の諸義が生じたものであろう。

訓義 1やすらか、やすらかにする、くつろぐ。2ならう、なれる、くつろぐ。3たより、音信。4たやすく、すなわち、容易。5都合がよい、はやい、たくみ。6へつらう、口上手。7いばり、ゆばり、くそ、大小便。8平・辨(弁)と通じ、わかつ。

古訓 〔名義抄〕便 スナハチ・タヨリ・タヤスク・ヤガテ・タル・ワキマフ・ウルハシ・ナラフ/方便 ツキヅキシ・ヤスラフ/便卽 スナハチ 〔字鏡集〕便 タル・ヤガテ・ウルハシ・ワキマフ・ナラフ・タヨリナリ・スナハチ・タヨリ・ユバリ・タヤスシ

声系 〔説文〕に便声として鞭(鞭)・緶・箯・鯾の四字を収める。緶は枲(あさ)を以て両股交辮するもので、鞭策の制と似たところがある。箯は竹の輿で編竹を以て作る。鯾はまた扁声の字に作り、便声と扁声と通ずることがある。

語系 便bianは翩・媥・諞phyenと声近く、翩は軽挙、媥(へん)は〔説文〕十二下に「輕き皃なり」とあり、軽便のさまをいう。また諞三上は「便巧の言なり」とあり、便声・扁声に声義の通ずるところがある。

【便衣】(べんい) 袖の小さな短衣。〔漢書、李陵伝〕昏(く)れて後、陵、便衣して、獨り歩して營を出づ。左右を止めて、我に隨ふこと毋(な)かれ。丈夫、一(人)もて單于(ぜんう)を取らんのみと。

【便器】(べんき) 大小便の器。〔西京雑記、四〕漢朝、玉を以て虎子を爲(つく)り、以て便器と爲す。侍中をして之れを執らしめ、行幸には以て從はしむ。

【便孼】(べんげつ) こざかしい悪者たち。〔後漢書、皇后上、和熹鄧皇后紀論〕鄧后、稱制(天子の命を出すこと)終身、～遂に乃ち名賢(楊震・鄧騭等)戮辱(りくじょく)せられ、便孼黨進す。

【便巧】(べんこう(かう)) 便捷で口達者。〔漢紀、元帝紀上〕故に義無くして財有る者は世に顯はれ、欺謾にして便巧なる者は朝に尊ばれ、悖逆(はいぎゃく)にして勇猛なる者は官に貴ばる。

【便辭】(べんじ) 巧説。〔漢書、芸文志〕(六芸)後世經傳既已(すで)に乖離(くわいり)し、博學の者も、又、多く聞きて疑はしきを闕(か)くの義を思はず、而して碎義を務めて難を逃る。便辭巧說、形體を破壞し、五字の文を說くに二三萬言に至る。

【便程】(べんてい) 作業日程をよくする。〔史記、五帝紀〕敬(つつし)みて日出を道(みちび)き、東作を便程す。

【便服】(べんぷく) 平常服。〔金史、礼志八〕主事陳松曰く、本朝の拜禮、其の來(きた)ること久し。乃ち便服の拜なり。公服ならば則ち朝拜せしむべく、便服ならば則ち本朝の拜に從へと。

【便腹】(べんぷく) 便々たる太鼓腹。宋・蘇軾〔檳榔を食らふ〕詩 先生、膏粱(かうりやう)(美食)を失ひ 便腹、敗鼓に委す 日に啖(くら)ふこと一粒を過ぐれば 腸胃侮る所と爲る 蟄雷(ちつらい)(お腹が鳴る)、臍腎(せいじん)に殷(さか)んに 藜藿(れいくわく)、亭午(ていご)(丹田のところ)に腐る

【便嬖】(べんぺい) 近侍のお気に入り。〔漢書、蕭望之伝賛〕蕭望之、將相に歷位し、師傅の恩を籍(か)る。～謀泄(も)れ隙開くに至るに及んで、讒邪之れを搆(かま)へ、卒(つひ)に便嬖宦豎(くわんじゆ)の圖る所と爲る。哀しい哉(かな)。

【便利】(べんり) 敏捷に事を処理する。また、大小便。〔漢書、韋玄成伝〕父～賢薨ず。～卽ち陽(いつは)りて病狂の爲(ま)ねして、臥して便利し、妄(みだ)りに笑語昏亂す。

↑便愛(べんあい) 気に入り/便悪(べんあく) 大小便/便安(べんあん) 落ちつく/便易(べんい) 便宜/便意(べんい) 方便/便益(べんえき) 利便/便液(べんえき) 小便/便悁(べんえん) 怒る/便可(べんか) まあ宜しい/便家(べんか) 自分に都合よし/便宜(べんぎ) 勝手よし/便計(べんけい) 便宜の計/便妍(べんけん) 身軽で美しい/便娟(べんけん) 便妍/便嬛(べんけん) 便妍/便言(べんげん) 口上手/便戸(べんこ) 勝手口/便幸(べんこう) 気に入り/便坐(べんざ) 別室/便姍(べんさん) 蹁躚/便私(べんし) 便家/便事(べんじ) 便宜に/便時(べんじ) 便宜の時/便室(べんしつ) 別室/便疾(べんしつ) 早速/便習(べんしゅう) なれる/便就(べんしゅう) すぐ/便捷(べんしょう) 敏捷/便章(べんしょう) 平章/便人(べんじん) 世事の人/便勢(べんせい) よい立場/便旋(べんせん) 小便する/便箋(べんせん) 手紙の用紙/便体(べんたい) 身軽/便地(べんち) 便宜の地/便殿(べんでん) 別殿/便道(べんどう) 近道/便溺(べんにょう) 大小便/便佞(べんねい) 佞巧/便寧(べんねい) 安寧/便飯(べんはん) 常食/便煩(べんぱん) 頻煩/便繁(べんぱん) 頻繁/便美(べんび) 便妍/便媚(べんび) 便妍/便敏(べんびん) 敏捷/便風(べんぷう) 順風/便辟(べんぺき) 便嬖/便僻(べんぺき) 便嬖/便便(べんべん) 太鼓腹/便房(べんぼう) 別室/便面(べんめん) 扇の類/便蒙(べんもう) 初学の書物/便門(べんもん) 勝手口/便桶(べんよう) 便器/便頼(べんらい) 頼みこむ/便覧(べんらん) 便利にまとめた書/便路(べんろ) 近道/便鑪(べんろ) 煮こみ

↓安便・応便・穏便・歡便・簡便・形便・軽便・巧便・好便・幸便・戎便・小便・清便・静便・溲便・体便・大便・不便・方便・郵便・利便・両便

【眄】 9 / 6102 ベン メン ながしめ よこめ

篆文 

形声 声符は丏(べん)。丏は乏の反文で、ともに屈肢の屍体の象形。乏・沔は流屍をいう字である。眄とは、視線の定まらぬことをいう。〔説文〕四上に「目、偏合するなり」とあり、正視しないで、片目でみること。また「一に曰く、衺(なな)めに視るなり」とあり、流眄の意。心にかけてふりかえることを、顧眄という。

訓義 1めをすぼめる、ながしめ、よこめ。2かため、かためつむる。3かえりみる。

古訓 〔新撰字鏡〕眄 衺めに視るなり、恨みて見るなり。与己目尓三留(よこめにみる)、又、尓良弥(にらみ) 〔名義抄〕眄 カヘリミル・ミル・マナコ・マハル・スガメ・ニラム・ヨコメ/流眄 ナガシメ 〔字鏡集〕眄 ミル・カヘリミル・ヤウヤクミル・マナブ・ニラム・スガメ・マハル

【眄睨】(べんげい) 横目でにらむ。ねらう。〔後漢書、陰興伝〕夫(そ)れ外戚の家は、謙退するを知らざるに苦しむ。女を嫁するには侯王に配せんと欲し、婦を取るには公主を眄睨す。愚心、實に安ん

ぜざるなり。

【眄眄】流し目でみるさま。〔資治通鑑、唐紀三十六〕（粛宗、乾元元年）是れに由りて下爲たる者、常に眄眄焉として其の上を伺ふ。苟くも閒を得ては、則ち攻めて之れを族（滅）せんとす。

↑眄遇 心にかけて遇する／眄眩 くらむ／眄顧 心にかけてかえりみる／眄伺 うかがう／眄視 蔑視する／眄望 みる／眄睞 眄顧

↓渥眄・怡眄・恩眄・驚眄・仰眄・顧眄・慈眄・識眄・佇眄・長眄・睇眄・微眄・俛眄・悠眄・流眄

常【勉】10 人〔勉〕9 2421 ベン つとめる はげます

篆文

形声 声符は免（免）。力は耒の象形。農事につとめることをいう。〔説文〕十三下に「彊むるなり」とあり、〔段注〕に「凡そ勉と言ふ者は、皆相ひ迫る意なり」という。強・迫の意を以て解するが、字形の上よりいえば俛、声よりいえば亹・忞と関連するものと思われる。

訓義 1つとめる、はげむ。2はげます、すすめる、うながす。3すみやかにする。

古訓 〔名義抄〕勉 ススム・ハゲム・コハシ・マヌガル・トヾム・ツヨシ・ユルス・ツトム・アナガチ・コ、ロシラフ 〔字鏡集〕勉 ユルス・ハゲム・マヌガル・トヾム・ツトム・ハゲマス・ス、ム・コ、ロシラフ・ハカル・ツヨシ・アナガチ・コハシ

語系 勉・俛mianは同声。免は分娩のときの姿勢を示す。農耕の作業にも、俛す姿勢のことが多い。亹miuəi、忞mienにつとめる意があり、「亹亹」とは勉強の意。忞は〔説文〕十下に「彊むるなり」とあって、勉と同訓、その声が近い。

【勉焉】つとめるさま。宋・欧陽脩〔呉充秀才に答ふる書〕（揚）子雲・（王）仲淹の若きは、方に勉焉として以て言語を模す。此れ道未だ足らずして、彊ひて言ふ者なり。

【勉強】努力。〔中庸、二十〕或いは安んじて之れを行ひ、或いは利して之れを行ひ、或いは勉強して之れを行ふ。其の功を成すに及んでは一なり。

【勉勉】倦まずにつとめるさま。宋・陸游〔自規〕詩 身を脩むること、我に在るのみ 勉勉、餘生を盡さん

【勉励】つとめはげます。漢・司馬遷〔任少卿（安）に報ずる書〕最下は、腐刑極まれり。傳に曰く、刑は大夫に上らずと。此れ、士の節は勉勵せざるべからざるを言ふなり。

【勉厲】つとめはげます。〔漢書、循吏伝序〕二千石（知事）に治理の效有れば、輒ち璽書よを以て勉厲し、秩を増し金を賜ふ。

【勉労】はげましいたわる。〔後漢書、張禹伝〕吏民を勸率し、種糧を假し與へ、親しく自ら勉勞す。遂に大いに穀實を收む。

↑勉慰 勉労／勉学 学問する／勉勧 勧める／勉勖 之れを勉めよ／勉進 つとめ励む／勉精 精出す／勉旃 勉励／勉農 勤農／勉務 努力する／勉力 努力する／勉礪 勉励

↓慰勉・誡勉・勸勉・矜勉・彊勉・勤勉・剋勉・策勉・自勉・賞勉・敦勉・黽勉・力勉・労勉

人【娩】10 4741 〔挽〕10 1741 ベン うむ

篆文

形声 声符は免（免）。免は分娩のときの姿勢を示す字。〔説文〕十四下に挽を正字とし、「子を生みて、身を免るるなり」とするが、免を娩の初文とみてよい。〔説文〕に免字を収めず、〔段注本〕に「免は逸なり。兔に從ひて足を見ず。會意」と補入しているが、免は免逸の象ではなく、逸（逸）の従うところは兔（兎）の象形である。免が娩の初文。挽・娩はその形声字である。

訓義 1うむ。2しとやか、婉娩。3媚と通じ、こびる、うつくしい。

古訓 〔名義抄〕娩 コブ 〔篇立〕挽 ウム・コブ

語系 娩・免・挽mianは同声。免は分娩のために足を開く形。もと分娩をいい、免脱は別系統の字である。

↑娩順 柔順／娩身 分娩／娩娠 分娩／娩息 蕃殖／娩沢 あでやか

↓婉娩・嫵娩・分娩

【浼】10 3711 ベン バン けがす

篆文

形声 声符は免（免）。〔説文〕十一上に「汚るるなり」とあり、汚水で汚れることをいう。また溜り水をいう。

訓義 1けがす、けがれる。2たまりみず。3浼浼は、水の流れるさま、さかんなさま。

古訓 〔字鏡集〕浼 ケガス・アセ・ミヅノナガル

【浼瀆】けがす。あえて煩わす。宋・司馬光〔陳監簿に答ふる書〕是に敢て輒ち自ら陳敍し、聰明を浼瀆す。識察せられんことを庶幾ふのみ。

【浼浼】水が流れるさま。〔詩、邶風、新台〕新臺洒たる有り 河水浼浼たり

↑浼止 阻止

↓塵浼

【冕】11 6041 ベン かんむり

篆文

形声 声符は免（免）。上部の冃は冒（冒）の初文で冠冕の形。〔説文〕七下に「大夫以上の冠なり。邃き延、垂れたる瑬（旒、たれかざり）、紞纊（耳当て）あり」という。〔歴代帝王図〕などに皇帝の冠するものがそれである。天子は前後十二旒、上公は九旒の定めであった。

訓義 1かんむり、礼冠、大夫以上の冠。2字はまた弁に作る。

古訓 〔字鏡集〕冕 カウブル

【冕冠】王侯貴族の礼装用の冠。〔後漢書、輿服志下〕冕冠は旒を垂れ、前後に延（冕の上部のおおい）を邃くして、玉藻（五彩の繅、十二旒）あり。

【冕者】冠冕の人。貴族。〔論語、郷党〕齊衰（喪服）の者を見ては、狎るると雖も必ず變ず。冕者と瞽者とを見ては、褻るると雖も必ず貌（正色）を以てす。

【冕旒】玉飾りの旒がある冕冠。唐・王維〔賈舎人（至）の早に大明宮に朝すに和す〕詩 九天の閶闔（宮門）、宮殿を開き 萬國の衣冠、冕旒を拜す

↑冕笏 玉冠と笏／冕璪 冕の玉飾り／冕版 冠頂の板／冕弁 冕と皮弁

↓華冕・冠冕・衮冕・軒冕・玄冕・袞冕・幘冕・朱冕・珠冕・藻冕・端冕・貂冕・服冕・紱冕・弁冕・黼冕・麻冕・旒冕

【辡】14 0044 ベン うったえる あらそう

篆文

会意 二辛に従う。辛は入墨用の針の形。誓約のとき、違背することがあれば墨刑を加えるという自己詛盟をした。二辛をならべるのは、その当事者の誓約を示す。その辛を、誓約を収める器（曰）の上におく形は言、言とは誓言の意である。それで相訟することを辯（弁）といい、二人争うことを誩という。羊神判の羊を、誩の上に加えた形は善。勝訴者をいう。〔説文〕十四下に「辠人相ひ與に訟ふるなり」とし、二辛を罪人二人と解するが、二辛は立誓、罪の有無はその結果として定まるのである。〔新撰字鏡〕に「辡は治なり、具なり、語楗對するなり、相ひ訟ふるなり、別る、急なり、褊なり、慧なり、判別なり」と、多くの訓を列ねている。

訓義 1うったえる、あらそう。2辯（弁）の初文。

部首 〔説文〕に辯一字を属する。辡は用例をみないが、辯の初文とみてよい字である。

声系 〔説文〕に辡声として辨(弁)・瓣(弁)・辮・辧・辯など七字を収める。このうち争訟に関するものは辯の一字で、他はみな分辨の意をとる。

語系 辡・辯 bian は同声。別 biat、判(判) phuan、半(半) puan、分 piuan はみな声義の関係があり、分別することをいう。

【辨】 16 0044 ベン つとめる

篆文

形声 声符は辡。〔説文新附〕十三下に「力を致すなり」とするが、ものを処理する弁治の意をとるもので、辨(弁)の俗体とみてよい。近世以来、官庁の用語として用いる。力は耒の象形。本来は農耕に用いる字である。

訓義 1つとめる。2そなえる、ととのえる。3あつかう、おさめる、さばく。4辨(弁)と通じ、その俗体。

【辨厳】べんげん 旅装を整える。弁装。後漢の明帝の諱の装を避け、厳に改めていう。〔後漢書、呉漢伝〕每に師を出だすに當り、朝に詔を受け、夕に即ち道に引ゝね、初より辨嚴の日無し。

【辨集】べんしゅう 会計係。〔鶴林玉露、甲五、格天閣〕秦檜少くして太學に遊ぶ。博記工文、善く鄙事を幹す。同舍號して秦長脚と爲す。出でて遊飲する每に、必ず之れに辨集を委ぬ。

↑辨案 案件/辨貨 仕入れ/辨課 納税/辨解 処理する/辨銀 銀の調達/辨公 執務する/辨事 執務する/辨賑 賑救する/辨成 処理する/辨装 旅の仕度/辨造 作って間にあわせる/辨置 準備する/辨納 納付する/辨法 処理の方法/辨浴 入浴の用意/辨理 処理する

↓主辨・総辨・治辨

【澠】 16 3711 ベン メン ジョウ

形声 声符は黽。黽にまた繩(縄)の声がある。池の名、澠池。趙の恵文王と秦の昭公がここに会したとき、藺相如が趙の辱めを救った話がある。

訓義 1池の名、澠池。2川の名、山東の澠水。

【澠池】べんち めんち 河南澠池県の西に故址がある。〔史記、藺相如伝〕秦王、使者をして趙王に告げしめ、王と好會を西河の外、澠池に爲さんと欲す。

↓淄澠

【寡】 17 3022 [寡] 17 3022 ベン メン くらい

篆文

会意 宀+臱。宀は廟屋、臱は臱、鼻の竅を上にして台上に屍体をおく形。首祭りとしての祭梟の俗、すなわち髑髏棚である。これを外界と接するところにおくので、邊(辺)塞の意となる。その廟を寡という。〔説文〕七下に「寡寡、見えざるなり。一に曰く、寡寡、人を省せず」(段注本)とするが、ともに文意が明らかでない。同じく祭梟の俗を示すものに方があり、方は架屍の象。卜辞に外邦を方という。辺徼に放つを放といい、その追放儀礼として頭骨(白)を敫つを徼といい、その地を邊徼という。みな祭梟の意象をもつ字である。金文の〔大盂鼎〕の邊の字は、臱に従い、下に架屍の象である方がある。辺徼は晦冥の地、ゆえに暗黒・幽暗の意を含むのであろう。

訓義 1くらい、ものみえず。2また寡に作り、辺の初文。

声系 〔説文〕に臱声として邊・寡など八字を収める。祭梟の俗に関するものは寡・邊の二字のみである。

語系 臱・宀 mian は同声。また、冥 myeng、晚(晩) miuan はいずれも幽暗の意。すべて暗く覆うことを冖 myek という。みな同系の語である。

人 【鞭】 18 4154 〔鞭〕 18 4154 ベン むち むちうつ

篆文 古文 金文

形声 声符は便(便)。便の初形は、金文の駿の字形に含まれている旁の部分の形で更(更)に近く、それが鞭の象形であろう。金文の便もその形に従い、便はそれを人に加えている形である。〔説文〕三下に「毆つなり」(段注本)とあり、〔段注〕に「經典の鞭は皆人に施して、馬に施すを謂はず」という。馬に施すときは駿といい、その鞭を策といった。人に施すのは刑罰のためで、〔書、舜典〕に「鞭は官刑を作し、扑は教刑を作す」、また〔国語、魯語上〕「薄刑には鞭扑を用ふ」という。のち杖刑・笞刑という。鞭撻はもと牛馬に施し、人を刑するに用いたが、のち人を激励することをいう。

訓義 1むち、むちうつ。2むちうつ刑。3はげます。

古訓 〔新撰字鏡〕鞭 夫知(ぶち)、又、己波之(こはし)、又、豆与之(つよし) 〔和名抄〕鞭 野王案ずるに、鞭は馬策なり。无知(むち)。俗に无遲(むち)。〔箋注〕則ち此れ當に俗に云ふ夫遲(ふち)に作るべきに似たり 〔名義抄〕鞭 フチ・ウツ・ハゲマス・ムチウツ 〔字鏡集〕鞭 ムチ・ハゲマス・ステムチウツ・ムチウツ・ウツ

【鞭影】べんえい 良馬は鞭影を見て走るという。金・元好問〔益之兄を懐ふ〕詩 鞭影、疲馬を驚かしめ 鐘聲、暮禽を急がしむ

【鞭尸】べんし 死者をむちうち辱める。〔史記、伍子胥伝〕呉の兵、郢(楚の都)に入るに及び、~乃ち楚の平王の墓を掘り、其の尸を出だし、之れに鞭つこと三百、然る後已む。

【鞭春】べんしゅん 立春前一日の迎春の俗。〔東京夢華録、六、立春〕立春前一日、開封府、春牛を進め、禁中に入りて鞭春す。~春牛を府前に置く。至日絶だ早く、府僚打春す(牛を鞭うつ)。

【鞭撻】べんたつ むちうつ。〔風俗通、怪神〕司空南陽の來季德、停喪して殯に在り。忽然として祭牀上に坐し、~孫兒婦女、次を以て教誡するに、事に條貫有り。奴婢を鞭撻するに、皆其の過ちを得たり。

【鞭笞】べんち むちうつ。漢・賈誼〔過秦論、上〕始皇に至るに及んで、六世の餘烈を奮ひ、長策を振ひて宇内を御す。~敲扑を執りて以て天下を鞭笞し、威、四海に振ふ。

【鞭背】べんはい 背にむちうつ。〔唐書、刑法志〕太宗、嘗て明堂針灸圖を覽、人の五臟皆背に近きを見る。~歎じて曰く、~安くんぞ至輕の刑を犯して、死を致すこと或るを得んやと。遂に詔して、罪人に背に鞭うつことを得る無からしむ。

【鞭罰】べんばつ 罰としてむちうつ。〔北史、魏景穆十二王下、南安王楨伝〕鄴城に石季龍の廟有り。人之れを奉祀す。楨、神像に告げて云ふ、三日雨ふらずんば、當に鞭罰を加ふべしと。雨を請ひて驗あらず。遂に像を鞭うつこと一百。

↑鞭呵 むちを加えて叱る/鞭牛 鞭春/鞭撃 むちうつ/鞭策 むち/鞭筴 むち/鞭殺 むちでうち殺す/鞭刺 入墨の刑/鞭杖 杖刑/鞭捶 むちうつ/鞭箠 むち/鞭声 むちの音/鞭打 むちうつ/鞭駘 駑馬にむちうつ/鞭辟 露払い/鞭墓 死者にむちうつ/鞭扑 むちうつ/鞭撲 鞭扑

↓一鞭・革鞭・揮鞭・挙鞭・執鞭・赭鞭・垂鞭・先鞭・短鞭・竹鞭・著鞭・長鞭・停鞭・鉄鞭・投鞭・馬鞭・秉鞭・蒲鞭・揚鞭

【辮】 20 0044 ベン あむ

篆文

形声 声符は辡。〔説文〕十三上に「交ふるなり」とあり、交え編みした髪を辮髪という。卜文の羌の字は、後頭に辮髪を垂れた編髪というに同じ。卜文の羌の字は、後頭に辮髪を垂れた

形にしるすものがあり、チベット系の古俗に、辮髪の俗があったことが知られる。

訓義 ①あむ、なう、くむ。②編髪、おさげにあむ。

古訓 〔名義抄〕辮 亦た編の字なり、クミ・ナフ 〔字鏡集〕辮 アム・アミヲ・アモト・イト・ツラヌ・ヲト・クム・アマネシ・ツリノヲ・マキシル・シタチヤ・クミナハ・マジフ・マダラヒシ・クミカミ

語系 辮byuanは棥・樊biuanと、また藩(藩)piuanも声義が近い。辡は二人並んで盟誓し、獄訟を争う意で、辦(弁)治・辯(弁)護はその意を承ける。しかし辮・瓣(弁)・辮などにはその義がなく、相並び、相交わり、編みこむような意があり、その義は樊・藩の系列に近い。

【辮髻】編髪を束ねて巻きあげる髪型。〔唐書、車服志〕羊車の小史は、五辮髻、紫碧の腰襻、青耳の屩(くつ)なり。

【辮髪】編髪。元・倪瓚〔西湖竹枝〕詩 辮髪の女兒、湖邊に住み 能く胡歌を唱ふ、舞踏の筵

↑辮子 辮髪

↓交辮・索辮・弛辮・髻辮

ホ

【甫】 人 7 5322

ホフ なえぎ はたけ はじめ

篆文

甲骨文

金文

象形 苗木の根を立ててかこう形。上部を父(父)の形にすることがあるのは、父の声に近づけたもので、本来の字形は尃・專(専)が苗木の根を包みこむ形であったのと同じである。〔説文〕三下に「男子の美稱なり。用と父とに從ふ」とするが、金文では「伯懋父」「師雍父」のようにすべて父を用い、〔詩〕にみえる吉甫・中山甫のような用いかたは仮借。甫は苗木の形で、植樹のはじめ、その植えるところを圃といい、苗木を地に著けることを尃・傅といい、輔・補にはみな輔助の意がある。

訓義 ①なえ木。②はたけ。③はじめ。④たすける、たすけうえる。⑤大きい、多い。⑥父と通じ、男子の美称に用いる。

古訓 〔名義抄〕甫 ハジム・オホカリ・ワレ・フ、ム・オホキナリ・オホシ 〔字鏡集〕甫 オホカリ・ハジム・オホキナリ・ハナハダ・フタ、ビ・アハス・フ、ム・ハジメ

声系 〔説文〕に甫声として哺・逋・尃・脯・圃・痡・補・匍・浦・鋪(舗)・輔など二十五字を収め、また尃声十九字がある。甫の基本義は圃・尃・傅・敷(敷)・搏・縛(縛)などの字義のうちにあり、匍・搏はその動作の声を写したものである。

語系 甫・傅piuaは同声。俌phiuaは〔説文〕八上に「輔なり」とあり、輔助の意の初文。敷phiuaも同声。また溥・鋪pha、旁bangも同系で、ひろくたすけ及ぼす意がある。

【甫竁】墓穴をほる。〔周礼、春官、小宗伯〕葬兆をトす。甫竁するときも、亦た之の如くす。

【甫田】広い田。〔詩、斉風、甫田〕甫田を田(たつく)ること無かれ 維れ莠(はぐさ)驕驕たり(はびこる) 遠人を思ふこと無かれ 勞心、忉忉たり

↑甫爾 はじめて/甫能 やっと/甫甫 大きく多いさま

↓衆甫・章甫・台甫・某甫

【歩】 常 8 人〔步〕 7 2120

ホ あゆむ あるく ゆく

篆文

甲骨文

金文

会意 左足の足あと止+右足のあしあと少。左右の足あとを連ねて歩行の意とする。〔説文〕二上に「行くなり」、また行字条二下に「人の歩趨なり」と互訓するが、行は十字路の形である。〔礼記、曲礼上〕「堂上には武を接し、堂下には武を布く」の武は半歩、歩は六尺、合わせて「歩武堂々」のようにいう。足を地に接して歩くことは、その地の地霊に接する方法で、重要な儀礼に赴くときには歩するのが常法であった。〔書、召誥〕に、「王、朝に周(宗周)より歩して、則ち豐(豊京、神都)に至る」という。地霊を鎮撫する儀礼を践土といい、わが国の反閇がそれにあたる。

訓義 ①あゆむ、あるく、あゆます、かち。②ゆく、すすむ。③いる、おる、地位、地歩。④おす、おしはかる。⑤一歩、六尺。⑥みぎわ、はとば。⑦神の名。馬の神、災いの神。

古訓 〔名義抄〕歩 アユム・オコナフ・ユク・タヅヌ・アリク・カチ

部首 〔説文〕に歳(歳)をこの部に属し、〔玉篇〕も同じ。卜文の歳の字形は、戉(鉞)の刃部に歩を上下に分書した形に作る。歳は古く祭名であるから、この歩も儀礼に関する意味があるのであろう。のちには歩にかえて、肉(肉)を加える形となる。神の陟降の陟は、神梯を陟る形。順・瀕の字も古くは歩に従っており、水瀕の儀礼をいう字であったと考えられる。

声系 〔説文〕に歩声として、艸部などに二字を収めるが、用例のない字である。渉(渉)・頻(頻)・瀕などは会意。みな水瀕の儀礼に関する字。

語系 歩baは浦phaと声近く、浦は〔説文〕十一上に「水瀕なり」(段注本)とあり、瀕はのちの濱(浜)の字で、そこは神を迎えるところであった。頻・瀕bien、濱pienも声義の関係があり、水辺の祭儀をいう語である。

【歩騎】歩兵と騎兵。漢・司馬相如〔上林の賦〕龍臺に登り、細柳に掩まる。士大夫の勤略を觀、獵者の得獲する所、～歩騎の蹂若する所、人臣の蹈籍する所を均しうす。

【歩虚】空中歩行。道家の術。〔李白、随州紫陽先生の壁に題す〕詩の王琦注に引く異苑〕陳思王(曹植)山に遊び、忽ち空裏に經を誦する聲を聞く。淸遠遒亮なり。音を解する者、則ち之れを寫し、神仙の聲と爲す。道士之れに效ひ、歩虚聲を作る。

【歩月】月かげをふんで歩く。唐・杜甫〔別れを恨む〕詩 家を思うては、月に歩して淸宵に立ち 弟を憶うては、雲を看て白日に眠る

【歩渉】跋渉。陸をゆき、水を渉る。〔抱朴子、鈞世〕若し言は曉り易きを以て辨と爲さば、則ち書は何の故に知り難きを以て好と爲さんや。舟車の歩渉に代り、文墨の結繩を改むるが若し。～何を以て獨り文章のみ、古に及ばざらんや。

【歩障】幕を張って、風塵を遮蔽する。〔世説新語、汰侈〕(王)君夫(王愷、王粛の子)紫絲布の歩障、碧綾の裏、四十里なるを作る。石崇、錦歩障五十里なるを作りて、以て之れに敵す。

【歩趨】あるきかた。歩くことと、小走りに走ること。〔荘子、田子方〕顏淵、仲尼に問うて曰く、夫子歩めば亦た歩み、夫子趨れば亦た趨る。～夫子奔逸絕塵し、回、後に瞠若たりと。

【歩武】わずかな距離。一歩半歩。〔国語、周語下〕夫れ目の度を察するや、歩武尺寸の閒に過ぎず。其の色を察するや、墨丈(墨は五尺)尋常の閒に過ぎず。

【歩歩】一歩一歩。〔南史、斉廃帝東昏侯紀〕金を鑿ちて蓮華と爲して、以て地に帖り、潘妃をして其の上を行かしめて曰く、此れ歩歩蓮華を生ずるなりと。

【歩揺】髪飾り。垂玉をつけた笄。唐・白居易〔長恨歌〕詩 雲鬢花顏、金歩搖 芙蓉の帳は暖かにして、春宵を度る

↑歩韻 和韻/歩運 歩く/歩雲 高位/歩檐 外廊/歩簷 歩廊/歩晷 日景を計る/歩綦 履の紐/歩弓 測量器/歩径 小径/歩景 歩晷/歩行 かち/歩罡 道家修法の一/歩叉 矢ぐい/歩靫 歩叉/歩士 歩卒/歩爵 盃をめぐらす/歩驟 歩趨/歩

石 踏み石／歩戦 歩兵戦／歩卒 歩兵／歩逓 飛脚／歩天 天文の観測／歩頭 埠頭／歩廡 歩廊／歩輿 板輿／歩履 歩行／歩暦 歩天／歩輦 てぐるま／歩廊 廻廊

↓安歩・羽歩・禹歩・運歩・雲歩・雅歩・躩歩・学歩・闊歩・閑歩・間歩・緩歩・跬歩・却歩・牛歩・遽歩・競歩・跼歩・玉歩・窘歩・健歩・蹇歩・故歩・顧歩・行歩・高歩・国歩・散歩・疾歩・弱歩・初歩・徐歩・舒歩・進歩・推歩・趨歩・寸歩・仙歩・促歩・速歩・退歩・地歩・馳歩・天歩・徒歩・独歩・日歩・馬歩・武歩・漫歩・游歩・涼歩・連歩・蓮歩

常【保】 9 2629 ホ ホウ たもつ たすける やすんずる

会意 人＋子＋褓をかけた形。金文の字形はときに俘の形に作り、上になお玉を加える。玉は魂振り、褓も霊を包むものとして加えたもので、受霊・魂振りの呪具。生まれた子の儀礼を示す字である。〔説文〕八上に「養ふなり」と保養の意とするが、保は聖職者をいい、最高位の人を大保という。王の即位継体の礼を掌る人であった。周初の功臣とされる召公奭は、金文に「皇天尹大保」、〔書〕には「君奭」とよばれ、保・君はいずれも聖職者の号である。〔書、顧命〕では大保召公が康王の継体受霊の儀礼の司会者であった。保の字形に含まれる褓は、わが国の真床襲衾にあたる。保の諸義は、新生の受霊とその保持の意から演繹されたものである。

訓義 ①たもつ、霊をまもる。②たすける、やすんずる、まもる、さだめる。③やしなう、もりやく。④つきそう、やとわれびと。⑤くみあい、くみあいびと。⑥堡と通じ、とりで。⑦褓と通じ、むつき、霊衣。⑧宝と通じ、たから。

古訓 〔名義抄〕保 タモツ・ヤスシ・マモル・ヲリ・ヤシナフ・マカス・キル・シル・ヰル・アタル・カナラズ・マコト 〔字鏡集〕保 キル・シル・アリ・ヲリ・マカス・タモツ・マコト・ヰル・ヤシナフ・タノム・ヤスシ・アタル・カナラズ・マモル

声系 〔説文〕に保声として褒（褒）・葆・緥など五字を収める。褒は保を衣中に加えたもので保の繁文に近い。襲衣の意であろう。葆は羽葆、車に樹てる呪飾。緥はまた褓に作り、むつき。新生の児の受霊のために添える衣をいう。

語系 保・褓 pu は抱（抱）bu と声義近く、保は新生児を負う形であるが、卜文にはときに抱く形に作ることがある。孚・孵 phiu、伏 biuak は孵化に関する字。堡は後起の字で、堡塁をいう。

【保安】 秩序を守り保つ。〔漢書、王莽伝上〕是に於て群臣奏言す。～安漢公（莽）に詔令して居攝せしめ、～以て皇天の心に奉順し、漢室を輔翼し、孝平皇帝の幼嗣を保安し、寄託の義を遂げ、治平の化を隆んにせん。

【保衛】 まもる。明・宗濂〔蟠松説〕其の封培するや、其の素有り。保衛するや、其の道有り。能く上九霄を干し、下萬牛を蔽ふ所以なり。

【保乂】 保ち治める。〔書、君奭〕武丁に在りて、時に則ち若き甘盤有りて、惟れ茲の有陳を率ゐ、有殷を保乂せり。故に殷禮陟りて天に配し、多く年所を歴たり。

【保訓】 子をまもり教える。〔後漢書、班彪伝〕中宗に至るに及んで、亦た劉向・王褒・蕭望之・周堪の徒をして、文章儒學を以て東宮以下を保訓し、其の人を崇簡し、徳器を就成せざる莫なし。

【保護】 まもる。〔三国志、蜀、趙雲伝〕先主（劉備）、曹公（操）に當陽長阪に追はるるに及び、妻子を棄てて南走す。雲、身づから弱子を抱き、～甘夫人を保護す。～皆難を免るることを得たり。

【保持】 たもつ。魏・嵇康〔山巨源（濤）に与へて交はりを絶つ書〕禮法の士の繩する所と爲るに至りては、之れを疾むこと讐の如し。幸ひに大將軍に頼りて、之れを保持するのみ。

【保障】 とりで。まもり。〔左伝、定十二年〕仲由（子路）季氏の宰と爲り、將に三都を墮たんとす。～公斂處父、孟孫に謂ふ、～成（邑名）は孟氏の保障なり。成無くんば、是れ孟氏無きなり。～我將に墮たざらんとすと。

【保身】 わが身を守る。〔詩、大雅、烝民〕既に明にして且つ哲 以て其の身を保つ

【保真】 本性を保つ。〔淮南子、氾論訓〕性を全うし眞を保ち、物を以て形を累はさざるは、楊子（朱）の立つ所なり。而して孟子之れを非とす。

【保全】 たもち守る。〔漢書、外戚下、孝成許皇后伝〕（帝の報書）皇帝、皇后に問ふ。～日者に建始元年正月、白氣、營室に出づ。～后妾に能く懷任（妊）保全する者無きを視し、以て繼嗣の微にして、賤人の將に起らんとするを著はすなり。

【保母】 もりやく。女師。漢・枚乘〔七発〕今夫れ貴人の子は、必ず宮居して閨處す。内に保母有り、外に傅父有り。交はらんと欲するも所無し。

【保有】 自分のものとして領有する。〔詩、周頌、桓〕桓桓たる武王 厥の士を保有す

【保佑】 まもりたすける。〔漢書、王莽伝上〕綱紀、咸く張り、成ること一匱に在り。此れ其の聖漢を保佑し、元元（人民）を安靖する所以の效なり。

【保用】 大切に使う。金文に「寶用」を「保用」としるす例がある。〔後漢書、竇憲伝〕南單于、漠北に於て、憲に古鼎を遺る。容五斗。其の傍の銘に曰く、仲山甫の鼎、其れ萬年ならんことを。子子孫孫、永く保用せよと。

【保養】 養育する。〔資治通鑑、宋紀二〕（文帝、元嘉二年）密后の殂するや、世祖尚ほ幼し。太宗、竇氏の慈良にして操行有るを以て、之れを保養せしむ。竇氏、撫視すること恩有り、訓導すること禮有り。世祖之れを徳とす。

↑保育 教えそだてる／保介 介添え／保艾 保乂／保完 保全する／保姦 罪人を隠匿する／保挙 たて籠る／保挙 特別に任用する／保固 とりで／保辜 仮留置／保甲 郷兵／保塞 とりで／保子 嬰児／保寿 寿を保つ／保鄣 保障する／保神 安神する／保綏 安んじる／保摂 保養する／保存 そのまま残す／保丁 郷兵／保定 安んじる／保任 うけ合う／保寧 保綏／保傅 おもり／保壁 とりで／保姆 保母／保民 安民／保右 たすける／保傭 やとい人／保釐 守り治める

↓阿保・永保・応保・確保・抛保・禰保・恵保・師保・自保・酒保・少保・神保・全保・大保・太保・担保・定保・天保・任保・庸保・留保・隣保

【匍】 9 2722 ホ はう

形声 声符は甫。〔説文〕九上に「手もて行くなり」とあり、はらばいに行くことを匍匐という。〔詩、邶風、谷風〕に「凡そ民に喪有るときは 匍匐して之れを救ふ」とあり、身を以て守りたすける意に用いる。金文に「匍有」といい、〔書〕に「敷佑」、〔左伝〕に「撫有」とあるのは、同系の語。

訓義 ①はう、はらばう。②ころげたおれる、力をつくす。③撫と通じ、なでる。

【古訓】〔新撰字鏡〕匍匐 波良波比由久（はらばひゆく）〔名義抄〕匍匐 ハラバフ〔字鏡集〕匍 ハラバヒ
【語系】匍bua、匐biuk、伏biukは声近く、匍匐は双声の連語。敷（敷）phiua、布paも同系、下にしきひろめる意がある。
【匍伏】はらばいゆく。〔戦国策、秦一〕父母之れを聞き、～郊迎すること三十里。妻は目を側めて視、耳を傾けて聽き、嫂は蛇行匍伏し、四拜自跪して謝す。

常【哺】10 6302 ホ ふくむ はぐくむ

篆文 

形声 声符は甫。〔説文〕二上に「哺咀するなり」とあり、口に含んで子に与えることをいう。それより哺育の意となる。また口中にある食をいう。

【訓義】1ふくむ、ふくませる、ふくみもの。2はぐくむ、やしなう。3夕げ、すする。

【古訓】〔名義抄〕哺 フ・ム・フクム・ク・ム・クラフ〔字鏡集〕哺 スフ・ツ・ム・アヂハヒ・モノイフ・クラフ・フ・ム
【哺食】食をふくませて育てる。〔漢書、五行志中之下〕成帝の綏和二年三月、天水平襄に、燕、爵（雀）を生み、哺食して大に至り、倶に飛び去る有り。

【哺啜】飲食する。〔雲仙雑記、五〕山濤、酒後に哺啜し、筯（箸）を折るも休めず。

【哺乳】授乳し、はぐくむ。〔三国志、魏、袁紹伝〕冀州は鄙なりと雖も、帶甲百萬、穀、十年を支ふ。袁紹は孤客窮軍、我が鼻息を仰ぐ。譬へば嬰兒の股掌の上に在るが如し。其の哺乳を絶たば、立ろに餓殺すべし。奈何ぞ乃ち州を以て之れに與へんと欲する。

↑哺育 はぐくむ／哺鞠 哺養する／哺虎 乳虎／哺歠 哺啜／哺養 哺育
↓烏哺・咽哺・含哺・銜哺・資哺・啜哺・朝哺・吐哺・乳哺・反哺・返哺・抱哺

人【圃】10 6022 ホ はたけ その

篆文 

金文 

会意 口＋甫。甫は苗木。苗木を植え育てるところを圃という。〔説文〕六下に「菜を種うるを圃と曰ふ」とあり、果樹には園という。〔論語、子路〕に、樊遲が孔子に「稼を學び」「圃を爲る」ことを問うて、不興を招いたことがみえる。
【訓義】1はたけ、なえつけのところ、野菜畑。2その、にわ。3はたけづくり、はたけしごと。
【古訓】〔名義抄〕園圃 ソノ・ソノフ〔字鏡集〕圃 ソノ
【圃畦】はたけのうね、はたけ。宋・王安石〔見遠亭、王郎中に上る〕詩 圃畦、荷氣合し 田徑、燒痕斑なり
【圃田】野菜・果樹の畑。〔農書、七〕圃田は蔬果を種うるの田なり。～其の田、繚らすに垣牆を以てす。
↑圃翁 老農／圃師 畑作り／圃事 畑仕事／圃樹 畑の果樹／圃人 圃師／圃蔬 野菜
↓苑圃・園圃・瓜圃・花圃・華圃・菊圃・禁圃・玄圃・原圃・後圃・荒圃・菜圃・書圃・場圃・新圃・籍圃・雪圃・蔬圃・池圃・竹圃・茶圃・庭圃・田圃・東圃・農圃・樊圃・文圃・薬圃・幽圃・瑤圃・楽圃・蘭圃・林圃・霊圃・老圃

常【捕】10 5302 ホ とる とらえる つかまえる

篆文 

形声 声符は甫。甫は苗木の形。植えることを尃といい、ものを繋縛する意がある。〔説文〕十二上に「取るなり」とあり、捕縛することをいう。免れて逃亡するものを逋逃という。

【訓義】1とる、とらえる、つかまえる、めしとる。2もとめる。3搏と通じ、うつ。

【古訓】〔名義抄〕捕 トラフ・トル
【語系】捕ba、逋paは声近く、〔説文〕二下に「逋は亡ぐるなり」とあり、逋は逋逃、脱走の者。逃亡奴隷をいうことがある。搏pakは捕らえ搏つこと、縛（縛）biakは捕縛することをいう。

【捕案】逮捕して訊問する。〔漢書、酷吏、義縱伝〕法を直くして治を行ひ、貴戚を避けず。太后の外孫脩成の子、中を捕案するを以て、上以て能と爲して、遷されて河内都尉と爲る。

【捕影】とらえようのないもの。〔水経注、贛水〕岡の西に鵠嶺有り。云ふ、王子喬の鶴を控いて逕過する所なりと。二崖有り。～言ふ、簫史の遊萃する所の處なりと。雷次宗云ふ、此れ乃ち繋風捕影の論なりと。

【捕繫】捕らえて収獄する。〔史記、淮南王安伝〕（王の孽子、不害の子）建、太子を告敗し、其の父を以て之れに代へんと欲す。太子之れを知り、數し捕繫して建を榜笞す。建、具さに太子の謀を知り、～書を天子に上る。

【捕斬】捕殺。〔史記、衛将軍驃騎伝〕漢軍因りて輕騎を發して夜之れを追ふ。～匈奴の兵亦た散走す。遲明、行くこと二百餘里なるも、單于を得ず。頗ぶる首虜を捕斬すること萬餘級。

【捕搏】捕らえてなぐる。〔唐書、宦者上、魚朝恩伝〕賈明觀、朝恩に倚りて捕搏恣行、財を積むこと鉅萬なるも、人敢て其の姦を發する無し。

【捕虜】とりこ。俘虜。〔漢書、匈奴伝上〕其の後、漢三千餘騎を出だし、三道と爲り、並びに匈奴に入り、捕虜數千人を得て還る。匈奴、終に敢て當（その代償に相当するもの）を取らず。

↑捕景 捕影／捕掩 拿捕する／捕衙 警察／捕快 とりて／捕格 とらえる／捕鞠 捕案／捕擊 とらえうつ／捕差 とりて／捕索 捜査する／捕殺 捕斬する／捕竄 流罪／捕執 召し取る／捕取 召し取る／捕書 逮捕状／捕鼠 鼠取り／捕捉 とらえる／捕拏 拿捕する／捕治 捕案／捕殄 一網打尽とする／捕盜 盗人御用／捕縛 とらえる／捕風 捕影／捕役 とりて／捕吏 捕手役／捕律 逮捕の法／捕猟 狩りする／捕論 捕らえて罪を定める
↓掩捕・擒捕・繫捕・厳捕・購捕・収捕・就捕・緝捕・生捕・捜捕・捉捕・拿捕・逮捕・逐捕・追捕・討捕・督捕・分捕

常【浦】10 3312 ホ うら はま

篆文 

形声 声符は甫。〔説文〕十一上に「水瀕なり」（段注本）とあり、水涯をいう。瀕はのち濱（浜）に作る。みな水涯の神事を行うところで、〔楚辞、九歌、湘君〕「涔陽を極浦に望む」、張衡の〔思玄の賦〕「洛浦の宓妃を召す」など、水神祭祀のとき、神を浦に迎えることを歌うものが多い。
【訓義】1うら、はま、水のほとり。2水の合流するところ、水がそそぎ入るところ。
【古訓】〔和名抄〕浦 宇良（うら）〔字鏡集〕浦 ウラ・ホラ
【声系】〔説文〕に浦声として蒲（蒲）の一字を収める。蒲は水草。浦と声義の関係があるかもしれない。
【語系】浦phaは埠・歩（步）baと通じ、埠は舟つき場、歩は水涯をいう。また頻（頻）・瀕bien、濱pien、邊（辺）pyenも声義の関係があると考えられ、すべて際涯のところをいう。その地は霊を迎え、霊を送るところであった。水神祭祀の歌謡には、浦に水神を迎えることをいうものが多い。
【浦月】入江にかかる月。唐・楊発〔黄花館に宿す〕詩 何れの處の迷鴻ぞ、浦月に離かり 誰が家の愁婦か、霜衣を擣つ
【浦嶼】入江にある小島。唐・李群玉〔桑落洲〕詩 浦嶼、漁人の火 蒹葭、鳧雁の聲

【浦辺】浦のほとり。唐・王昌齢〔韋十二兵曹を送る〕詩 獨り立つ、浦邊の鶴 白雲、長く相ひ親しむ

↑浦鷗 浦のかもめ／浦海 河口の浦／浦口 入江／浦帆 浦ゆく舟／浦湾 入江

↓烟浦・遠浦・海浦・曲浦・極浦・江浦・沙浦・州浦・秋浦・春浦・嶼浦・荻浦・塘浦・夜浦・蓼浦・湾浦

常【畝】10 0768 ［畮］12 6805 ホ ボウ せ うね

篆文

金文

形声 声符は毎（毎）。毎に母の声がある。〔説文〕十三下に「六尺を歩と爲し、歩百を畮と爲す」とあって、百歩の地をいう。周初の金文の〔賢𣪘〕に「百畮」という語があり、一夫の耕すところの地であろう。後期の金文に、淮夷が「貢畮」を賦貢として収めたことがみえるが、貢はおそらく貝錦などとよばれる織物、畮は農作物であろう。

訓義 ①せ、田畑の広さの単位、百歩。時代により異なり、清では二百四十歩、わが国の約六倍。②うね、田間のみぞを甽、高い隴上の部分を畝という。③母と通じ、異母は異畝。

古訓 〔和名抄〕畝 宇禰（うね）〔名義抄〕畝 ウネ〔篇立〕畝 ウネ・タノアヒダ

【畝鍾】一畝の収穫は一鍾、六斛四斗。また、八斛・十斛ともいう。〔史記、貨殖伝〕名國萬家の城に及んでは、帶郭千畝、畝鍾の田あり。～此れ其の人、皆千戸侯と等し。然れども是れ富給の資なり。～坐して收むるを待つ。

↑畝級 田地の上下／畝数 坪数／畝隴 あぜ

↓畦畝・甽畝・菑畝・数畝・税畝・千畝・長畝・田畝・南畝・農畝・壟畝・隴畝

【晡】11 6302 ホ ゆうべ

形声 声符は甫。〔玉篇〕に「申の時なり」とあり、今の午後四時。ゆうがたどきをいう。

訓義 ①ゆうべ、ゆうがた。②餔と通じ、夕食。

古訓 〔新撰字鏡〕晡 由不佐利（ゆふさり）〔名義抄〕晡 ユフベ・クル・シメヤク／晡時 サルノトキ〔字鏡集〕晡 シメヤク・クル・サルノトキ・ヒグレ・ユフベ

【晡時】夕方。〔後漢書、皇甫嵩伝〕（張）梁の衆、精勇なり。～乃ち潛かに夜兵を勒し、雞鳴に馳せて其の陳（陣）に赴き、戰うて晡時に至り、大いに之れを破る。梁を斬り、獲首三萬級、河に赴きて死する者五萬許人。～悉く其の婦子を虜にす。

【晡夕】夕方。楚・宋玉〔神女の賦の序〕（宋）玉曰く、其の夢若何と。王曰く、晡夕の後、精神怳忽として、喜ぶ所有るが若し。紛紛擾擾、未だ何の意なるかを知らず。～一婦人を見る、狀甚だ奇異なり。

↑晡下 四時過ぎ／晡鼓 夕刻の鼓／晡食 夕食／晡天 晡時

↓下晡・三晡・晨晡・西晡・中晡・朝晡・日晡

【脯】11 7322 ホ フ ほじし

篆文

形声 声符は甫。〔説文〕四下に「乾肉なり」とあり、肉を細く析き、塩を加えて乾したもので、脩・腊の類。〔説文〕の次条に「脩は脯なり」と互訓している。また果物を乾かしたものをもいい、筍脯・棗脯のようにいう。字はまた餔と通用する。

訓義 ①ほじし、ほし肉。②果物の乾したもの。③餔と通用し、会食すること。また、人に禍いする神をいう。

古訓 〔名義抄〕脯 ホシヽ・ホジヽシ・ソシヽ・ホシトリ／鹿脯 ホシヽ〔字鏡集〕脯 ホシトリ・ソシヽ・ハシヽ・ホシヽ・モ・シノフタ・ホシマヽ

【脯掾】割烹をよくする役人。名料理長。〔清異録、官志〕何敬洙、武昌に帥たりし時、司倉彭湘傑、膳味を習知し、就中脯腊尤も殊なり。敬洙、公廚に檄掌す。郡中號して脯掾と爲す。

【脯醢】ほじしと、しおから。刑罰として人を殺し、其の肉を脯醢とすることがあった。〔戦国策、趙三〕紂（殷王）～鬼侯を醢にし、～鄂侯を脯にす。～曷爲んぞ人と倶に帝王と稱し、卒に脯醢の地に就かんや。

【脯糗】乾肉と、ほしいい。〔南史、顧憲之伝〕漢の明帝、天子の尊を以て、猶ほ祭るに杅水（湯呑みの水）脯糗を以てす。范史雲（冉）、列士の高を以て、亦た奠るに寒水乾飯を以てす。

【脯酒】酒肉。〔史記、封禅書〕殽（山）より以東、名山五、大川の祠二。～春は脯酒を以て歲の爲に祠し、～冬は塞（賽）して禱祠す。

【脯脩】乾肉。〔明史、后妃一、太祖孝慈高皇后伝〕居常、糗糒・脯脩を貯へて帝に供し、乏絶する所無く、己れは宿飽せず。

【脯腊】乾肉。〔東京夢華録、一、大内〕凡そ飲食は時新花果、魚鰕・鼈蟹、鶉兔の脯腊。金玉珍玩衣着、天下の奇に非ざる無し。

【脯肉】乾肉。〔周礼、天官、外饔〕師役には、則ち其の脯肉を獻賜の事を共することを掌る。

【脯燔】乾肉と焼肉。〔周礼、夏官、量人〕凡そ祭祀・饗賓には、其の從獻する脯燔の數量を制す。

【脯糒】ほじしと、ほしいい。〔後漢書、明帝紀〕帝初めて壽陵を作らしむ。制して水を流さしむるのみ。～萬年の後、地を埽うて祭り、杅水脯糒あるのみ。

↑脯膾 乾肉と、なます／脯羹 肉汁／脯斮 斬りさいなむ／脯資 脯羞／脯羞 乾肉などの食品／脯醬 肉醬／脯棗 乾肉と、なつめ／脯田 やせ地の田

↓胃脯・燕脯・火脯・乾脯・魚脯・削脯・市脯・脂脯・賜脯・筍脯・切脯・設脯・薦脯・棗脯・豆脯・肉脯・馬脯・膊脯・薄脯・肥脯・蒲脯・蚌脯・薬脯・羊脯・卵脯・栗脯・鹿脯

【莆】11 4422 ホ くさ

篆文

形声 声符は甫。〔説文〕一下に「萐莆なり」とあり、萐莆は尭のときに生じた瑞草であるという。

訓義 ①くさ、萐莆、瑞草。②地名。③蒲と通用する。

↑莆萑 よしの類

↓萐莆

【逋】11 3330 ホ にげる かくれる

篆文

籀文

金文
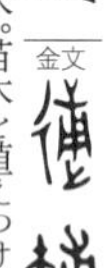

形声 声符は甫。甫は苗木。苗木を植えつけることを尃といい、繫縛する意がある。繫縛を脱して逃走することを逋という。逋亡は亡命者、また逃亡奴隷をいうことがある。〔説文〕二下に「亡ぐるなり」とみえる。〔書、大誥〕「逋播の臣」とは亡命・流浪の者、これを捉えることを捕という。

訓義 ①にげる、のがれる、脱走する。②かくれる、にげかくれる。③滞納、とどこおる。④捕と通じ、とらえる。

古訓 〔名義抄〕逋 ノガル・オソシ・ハシル・トヾム・ニグ・トク・マク〔篇立〕逋 ハヤシ・サル・ノガル・トヾム

語系 逋pa、捕baは声近く、対待の関係にある。また亡（亡）miuangも声義の関係があり、連ねて逋亡という。

【逋逸】逃亡。魏・陳琳〔呉の将校部曲に檄する文〕韓約・馬超、逋逸迸脫し、走げて涼州に還り、復た鳴吠せんと欲す。

【逋客】ほきゃく 隠者。斉・孔稚珪〔北山移文〕請ふ、俗士の駕を迴らし、君が為に逋客を謝せんと。

【逋人】ほじん 亡命者。金・王元粋〔廃宅を経たり〕詩 誰が家の住む宅ぞ、北山の隈 亂後逋人、尚ほ未だ回らず 惆悵す、門前、是れ官道 風に臨んで、一樹、杏花開く

【逋遷】ほせん 国外に亡命する。〔国語、晋語二〕君若し社稷(国家)を恵顧し、先君の好みを忘れず、辱く其の逋遷の裔冑(子孫)を收めて之れを建立せば、～其れ誰か君の威に儆懼し、君の徳に欣喜せざらんや。～晉國、其れ誰か君の群隷臣に非ざらん。

【逋逃】ほとう 逃亡。亡命者。〔書、牧誓〕今商王受(紂)～乃ち惟れ四方の多罪逋逃を、是れ崇び是れ長じ、～是こを以て大夫・卿士と為して、百姓を暴虐し、以て商邑に姦宄せしむ。

【逋蕩】ほとう 放蕩。また、散亡。〔唐書、李傑伝〕時に戸口逋蕩し、細弱の下戸は豪力の兼ぬる所と為る。傑、為に科條區處を設け、亡匿を検防す。業に復する者、十の七八なり。

【逋播】ほは 逃亡。亡命者。〔書、大誥〕予れは吉卜を得たり。予は惟れ爾庶邦を以ゐて、于きて殷の逋播の臣を伐たん。

【逋亡】ほぼう 亡命者。逃亡奴隷。〔史記、秦始皇紀〕三十三年、諸との嘗つて逋亡せし人・贅壻(いりむこ)・賈人(商人)を発し、陸梁の地を略取し、桂林・象郡・南海と為す。

【逋慢】ほまん 命を受けて怠る。晋・李密〔情事を陳ぶる表〕臣、～猥りに微賤を以て東宮に侍するに當る。～臣、具さに表を以て聞し、辭して職に就かず。詔書切峻にして、臣の逋慢を責め、郡縣逼迫して、臣の上道を催す。

↑逋翁 隠士/逋欠 脱税する/逋券 債券/逋懸 逋欠/逋債 未返済の債務/逋罪 逃亡/逋残 敗残の兵/逋竄 逃亡しかくれる/逋弛 のがれ怠る/逋者 逋人/逋囚 脱走犯/逋臣 逃亡の臣/逋税 脱税する/逋責 滞納する/逋租 税を滞納する/逋走 逃亡する/逋藪 脱走者たちの巣窟/逋怠 のがれ怠る/逋貸 貸出しの滞納/逋脱 脱税する/逋遁 逃亡する/逋髪 乱髪/逋負 逋債/逋賦 脱税する/逋民 逃亡者/逋留 逗留する/逋虜 流寇/逋禄 欠俸

↓詩逋・宿逋・招逋・敗逋・負逋・亡逋・流逋

【堡】 12 2610 ホ とりで おか つつみ

形声 声符は保。保に保衛・保守の意があり、土塁を以て防衛するところをいう。古くは保字を用い、〔礼記、月令〕「四鄙、保に入る」とは堡の意である。漢の西域経営以来、保塁の属が多く作られ、〔晋書、苻堅載記下〕に「關中の堡壁三千餘所」とあり、唐に至ってさらに遠く西域の地に及んだ。堡は〔説文〕にみえず、唐の慧琳の〔一切経音義〕に「堡は高土なり」とあり、土塁をいう。

訓義 ①とりで、土石で作った城。②おか、つつみ、防禦用の土堤。

古訓 〔新撰字鏡〕堡 豆伊比地(ついひぢ) 〔字鏡集〕堡 ツイヒヂ・ツヽミ

語系 堡・保puは同声。保に神聖を守る意がある。堡は保障・障壁の意に用いる後起の字。

【堡砦】ほさい とりで。〔宋史、趙滋伝〕建言す、代州寧化の軍に、地萬頃有り。皆肥美なり。人を募りて田作せしめ、戰射を教へ、堡砦と為すべしと。

【堡塞】ほさい とりで。宋・欧陽脩〔鎮安軍節度使～程公神道碑銘〕公、諸堡塞を戒め、數しば兵を出だすを得ること無からしむ。夏人以て備有りと為して引き去る。此れより復た邊を窺はず。

【堡戍】ほじゅ とりで。唐・許棠〔将に單于に過ぎらんとす〕詩 荒磧、天に連なつて、堡戍稀なり 日びに蕃寇を憂へて、卻つて機を忘る

【堡障】ほしょう とりで。小城塞。〔唐書、裴識伝〕識を以て涇原を帥ゐしむ。～識至り、堡障を治め、戎器を整へ、屯田を開く。

↑堡営 とりで/堡塢 どて/堡柵 とりで/堡牆 砦の塀/堡壁 とりで/堡壘 とりで

↓営堡・海堡・哨堡・城堡・屯堡・烽堡・望堡・壘堡

【痡】 12 0012 ホ やむ つかれる

篆文

形声 声符は甫。〔説文〕七下に「病むなり」とあり、病とは疾の甚だしい状態をいう。〔書、泰誓下〕に「四海を毒痡す」、〔詩、周南、巻耳〕に「我が僕痡みぬ」とあり、つかれ苦しむさまをいう。

訓義 ①やむ、やまい。②つかれる、なやむ、くるしむ。

古訓 〔名義抄〕痡 ヤミヌ・ヤム 〔字鏡集〕痡 ヤム・ヤマヒ・ヤミヌ

語系 痡phuaは疲piai、罷bai、敝・斃biatと声近く、一系をなす語である。

↑痡峭 超俗/痡瘏 やむ/痡毒 毒害

↓少痡・力痡・淪痡

常【補】 12 3322 ホ おぎなう つくろう たす たすける

篆文

形声 声符は甫。甫は苗木を植えつける形で、補助する意がある。〔説文〕八上に「衣を完つくろふなり」、〔玉篇〕に「故ぶるを治むるなり」とあり、修理・補繕することをいう。

訓義 ①おぎなう、つくろう。②たす、ます、あらためる。③たすける、おさめる。

古訓 〔名義抄〕補 ツヾル・ソフ・オキヌフ・タスク・シルス・トモ・アタル

【補衣】ほい つぎあて。つぎあての衣。〔呂覧、順説〕田贊、補衣を衣て荊王に見ゆ。荊王曰く、先生の服、何ぞ其れ惡しきやと。

【補益】ほえき 役立つ。〔史記、斉悼恵王世家〕王に后有り、後宮具備せり。且つ(徐)甲は齊の貧人なり。急に乃ち宦者と為りて、入りて漢に事へ、補益無し。乃ち吾が王家を亂さんと欲す。

【補過】ほか 過ちを補い救う。〔左伝、宣十二年〕(荀)林父の君に事ふるや、進んでは忠を盡さんことを思ひ、退いては過ちを補はんことを思ふ。社稷(国家)の衞りなり。之れを若何ぞ之れを殺さん。

【補完】ほかん 補って完全な状態とする。〔唐書、王鍔伝〕河東～兵才かに三萬、騎六百、府庫残耗せり。鍔、能く嗇費(農作の費用)を補完し、未だ幾ばくならずして、兵五萬、騎五千に至り、財用豐餘なり。

【補欠】ほけつ 補充。〔史記、蕭相国世家〕漢王數しば軍を失ひて遁去す。何、常に關中の卒を興し、輒ち補缺す。

【補闕】ほけつ 過ちを救う。漢・司馬遷〔任少卿(安)に報ずる書〕僕、先人の緒業に頼り、罪を輦轂の下に待つを得ること二十餘年、～拾遺補闕し、賢を招き能を進め、巖穴の士を顯はすこと能はず。

【補袞】ほこん 天子の過ちを補う。〔詩、大雅、烝民〕袞職(天子の職)闕くる有れば 維れ仲山甫、之れを補ふ

【補歯】ほし 入れ歯。宋・陸游〔歳晩幽興、四首、二〕詩 鬢を染め齒を種ゑて人の癡を笑ふ〔自注〕近ごろ、醫の墮齒を補種するを以て業と為す者有りと聞く

【補輯】ほしゅう 不足を集め補う。魏・陳琳〔袁紹の為に予州に檄す〕幕府輒ち復た兵を分ち鋭に命じ、脩完補輯し、表して東郡を行めり、兗州刺史を領せしむ。

【補苴】ほしょ 補いつくろう。唐・韓愈〔進学解〕異端を觝排

し、佛老を攘斥し、罅漏を補苴し、幽眇を張皇す。～先生の儒に於ける、勞せりと謂ふべし。

【補短】欠点を補う。〔史記、楽書〕博く風俗を采り、聲律を協比し、以て短を補ひ化を移し、政教を流くを助く。

【補綴】補い綴る。〔後漢書、儒林伝上〕昔王莽、更始の際、～典文殘落す。光武の中興するに及んで、經術を愛好し、未だ車を下るに及ばずして、先づ儒雅を訪ひ、闕文を採求し、漏逸を補綴す。

【補天】天の欠を補う。〔淮南子、覧冥訓〕往古の時、四極廢し、九州裂け、天は兼ね覆はず、地は周く載せず。～是に於て、女媧、五色の石を錬りて、以て蒼天を補ひ、鼇足を斷りて、以て四極を立つ。～蒼天補はれて、四極正し。

【補任】官職を命ずる。〔後漢書、章帝紀〕(建初五年五月)建武の詔書に又曰く、～今外官に曠(空席)多し。竝な以て補任すべしと。

↑補遺 拾遺/補屋 屋根の洩れを直す/補罅 補欠/補官 補任/補還 賠償する/補救 救援する/補給 補足する/補考 追試験/補削 増減する/補修 修理する/補習 学習補充する/補葺 補屋/補緝 補輯/補充 おぎなう/補助 援助する/補叙 補記/補償 損失を補塡する/補正 おぎない正す/補選 欠員を選任し補う/補全 補完/補繕 修理する/補湊 おぎない集める/補足 おぎない足す/補続 おぎない足す/補綻 縫合する/補治 修理する/補注 増注/補丁 補釘する/補釘 破損の部分を修理する/補転 転任する/補貼 貼り合わす/補塡 損失を償う/補導 助け導く/補破 つくろう/補白 埋め草/補筆 書き足す/補弊 破れをおぎなう/補報 おぎない報いる/補縫 つくろう/補用 補任する/補理 修理する/補録 追補する
↓蔭補・加補・完補・官補・匡補・候補・删補・試補・修補・蒐補・小補・升補・親補・寸補・銓補・選補・増補・綴補・転補・塡補・賻補・裨補

【葆】13 4429 ホ ホウ(ハウ) はねかざり まもる やすんずる しげる

篆文 

形声 声符は保。〔説文〕一下に「艸の盛んなる皃なり」とする。また羽葆のように呪飾とする意があり、〔史記、趙世家〕「衣きするに文葆を以てす」とは保衣・保呂のように「被ぐ」もの、また旞などの呪飾をいうことがある。保の声義を承ける字で、草盛の義に用いた古い用例はない。

訓義 [1]はねかざり、呪飾、呪衣、ほろ。[2]まもる、やすんずる、たもつ、たいらか。[3]かくす、つつむ、おおう。[4]しげる、草がしげる。[5]宝と通じ、たから。[6]堡と通じ、とりで。

古訓 〔新撰字鏡〕葆 止万(とま)

語系 葆・保puは同声。保の意味をもつ呪飾の類を葆といった。葆はまた茂(茂)・楙・茻muと声義の関係があり、茂盛の意に用いる。

【葆宮】人質をおく室。質宮。〔墨子、号令〕葆宮の牆は、必ず牆の垣を三重にし、～門に吏有り、～必ず太守の節を須ちふ。葆衛に、必ず戍卒の重厚なる有る者を取る。～自ら十尺の垣を築き、牆を周還す。

【葆光】才智をつつむ。〔荘子、斉物論〕注げども滿たず、酌めども竭きず、而も其の由りて來たる所を知らず。此れを之れ葆光と謂ふ。

【葆車】羽色の呪飾をつけた車。〔後漢書、光武帝紀下〕益州、公孫述の瞽師・郊廟の樂器(鍾磬の属)・葆車(羽葆車)・輿輦を傳送す。是に於て法物(大駕鹵簿の儀器)始めて備はる。

【葆大】大きい。褒大。〔礼記、礼器〕祭祀は祈めず、蚤やかなることを麾よしとせず、葆大なるを樂しまず。～牲は肥大を及さず、薦は多品を美とせず。

【葆命】宝命。〔史記、魯周公世家〕天の降せる葆命を墜すこと無くんば、我が先王も亦た永く依歸する所有らん。

↑葆愛 重愛する/葆頤 保養する/葆衛 儀仗/葆蓋 葆車/葆亀 宝亀/葆塞 堡塞/葆祀 宝祀/葆守 保守する/葆真 保真/葆蔵 宝蔵する/葆禱 堡塁/葆葆 繁茂するさま/葆養 保養する/葆和 おだやか
↓羽葆・麾葆・翠葆・雉葆・翟葆・旛葆・文葆・芳葆

入【蒲】13 4412 〔蒲〕14 4412 ホ がま かわやなぎ むしろ

篆文 

形声 声符は浦。〔説文〕一下に「水艸なり。或いは以て席を作る」(小徐本)とあり、がまやしょうぶの類の水草をいう。編んで蒲席を作り、また屋根を蓋うこともあった。

訓義 [1]がま、ひらがま、しょうぶ。[2]かわやなぎ。[3]むしろ。[4]とまや。

古訓 〔和名抄〕蒲 可末(がま)/蒲黄 加萬之波奈(がまのはな)〔名義抄〕蒲 ガマ/蒲黄 ガマノハナ

【蒲葦】がまと、あし。〔楽府詩集、漢鐃歌、戦城南〕水深くして激激たり 蒲葦は冥冥たり 梟騎は戰闘して死し 駑馬は徘徊して鳴く
【蒲艾】菖蒲と、よもぎ。明・王紱〔端午に侍醼を賜ふ〕詩 葵榴、花開いて蒲艾香しく 都城の佳節、端陽に逢ふ
【蒲褐】蒲団と褐衣。僧の用いるもの。また、僧。宋・蘇軾〔雨中、舒教授(煥)に過ぎる〕詩 坐して蒲褐の禪に依り 起ちて風甌(鐸)の語を聽く
【蒲戯】樗蒲の戲。ばくち。〔資治通鑑、宋紀十一〕(孝武帝、大明八年)上、末年尤も財利を貪る。刺史二千石罷め還るときは、必ず限りて獻奉せしめ、又蒲戲を以て之れを取り、要ず罄盡せしめて乃ち止む。
【蒲叉】通訳。〔癸辛雑識、後集〕(訳者)譯者の稱は、禮記に見ゆ。～今、北方には之れを通事と謂ひ、南蕃海舶には之れを唐帕と謂ひ、西方蠻徭には之れを蒲叉と謂ふ。皆譯の名なり。
【蒲車】車輪をがまで包んだ安車。封禅や隠者を召すに用いた。〔史記、封禪書〕古者、封禪には蒲車を爲る。山の土石草木を傷くるを惡めばなり。地を埽うて祭り、席には葅稭を用ふ。
【蒲牒】がまを垣とする。〔漢書、路温舒伝〕父、里の監門と爲る。～温舒、澤中の蒲を取りて、截りて以て牒と爲し、編みて用て書を寫す。
【蒲萄】果物のぶどう。果汁を酒にかもす。唐・王翰〔涼州詞、二首、一〕詩 蒲萄の美酒、夜光の杯 飲まんと欲すれば、琵琶、馬上に催す 酔うて沙場に臥すも、君笑ふこと莫かれ 古來征戰、幾人か回へる
【蒲団】僧が用いる円座。唐・許渾〔惟素上人の新安に帰るを送る〕詩 雲を尋ねて藤杖を策つき 日に向ひて蒲團に倚る
【蒲帛】蒲車と帛書。賢者を招く礼をいう。〔宋書、武王三、江夏文献王義恭伝〕若し蒲帛の聘を以て、感ぜしむるに大倫の美を以てせば、庶はくは竿を投じ褐を釋き、翻然として來儀し、必ず能く九官を毗燮し、百揆を宣贊せん。
【蒲服】はらばう。匍匐。〔戦国策、秦三〕伍子胥、～夜行きて晝は伏し、～以て其の口に餌する無し。坐行蒲服し、食を吳の市に乞ふ。
【蒲鞭】がまの鞭。〔後漢書、劉寛伝〕南陽の太守に遷る。

～溫仁にして恕多し。～吏人過ち有れば、但だ蒲鞭を用って之れを罰す。辱かしむることを示すのみ。終に苦を加へず。

【蒲柳】ほりゅう(りう) 柳の一種。その葉は秋早く散る。虚弱の身にたとえる。〔世説新語、言語〕蒲柳の姿。〔注〕顧愷之、父(悦)の爲に傳して曰く、～入りて王(簡文)に見ゆ。王の髮に二毛(白髮)無きに、君已に斑白なりと。～乃ち曰く、～松柏の姿は霜を經て猶ほ茂るも、臣は楡柳の質、秋を望んで先づ零つと。

【蒲輪】ほりん 蒲車。〔漢書、武帝紀〕使者を遣はし、安車蒲輪、束帛に璧を加へ、魯の申公を徵めす。

➡蒲衣 粗服/蒲弈 ばくち/蒲筵 蒲席/蒲屋 まろや/蒲花 蒲の花/蒲荷 がまと蓮/蒲月 五月/蒲剣 端午の飾り/蒲社 亳社/蒲酒 菖蒲酒/蒲褥 蒲の衾/蒲人 菖蒲の人形/蒲席 がまの席/蒲節 端午/蒲薦 蒲席/蒲疏 茂る/蒲博 博戯/蒲帆 がまの帆/蒲伏 匍匐/蒲平 蒲席/蒲編 がまで綴った書冊/蒲楊 蒲柳/蒲盧 じがばち/蒲蘆 がまとあし

⬇安蒲・葦蒲・寒蒲・枯蒲・菰蒲・香蒲・初蒲・渚蒲・菖蒲・織蒲・水蒲・青蒲・疎蒲・霜蒲・団蒲・樗蒲・汀蒲・塘蒲・敗蒲・白蒲・帆蒲・晩蒲・伏蒲・苞蒲・老蒲

人 【輔】 14 5302 ホ たすける

篆文  金文 

形声 声符は甫。甫に傅く・傅くの意がある。〔説文〕十四上に「人の頰車なり」とし、「つらがまち」の意とするが、字が車に従うことからいえば、車の部分名とすべく、車輪の輻を補強する木、あるいは車箱の両旁にそえる木とする説がある。面輔の字は酺がその正字であろう。頰の部分を輔車の関係にみたてて、輔と通用したものと思われる。

訓義 1車のそえ木。2たすける、そえる。3たすけただす、そえやく、輔佐の臣。4ほお、ほおぼね、あご、うわあご。5字はまた酺に作る。

古訓 〔新撰字鏡〕輔 頰輔なる者は(車の)加波知(かはち)なり 〔名義抄〕輔 タスク/輔車 ツラカマチ・上、カハチ 〔字鏡集〕輔 ツラ・ツク・車ノコヘ・タスク・ツラヌ・アフ・スチ

語系 輔・扶biuaは同声。俌phiua、傅piuaも扶助する意があって通用する。甫は苗木、尃はそれを植えつける形で、扶植の意がある。

【輔佐】ほさ たすける。輔弼。〔漢書、董仲舒伝〕乃ち政事の得失を論じ、天下の息耗(損益)を察するが若きは、此れ大臣輔佐の職、三公九卿の任なり。臣仲舒の能く及ぶ所に非ざるなり。

【輔車】ほしゃ 車と、そえ木。酺車の意に転用する。〔左伝、僖五年〕諺に所謂輔車相ひ依り、脣亡びて齒寒しとは、其れ虞・虢(二小国)の謂ひなり。

【輔助】ほじょ たすける。〔新語、資質〕夫れ公卿の子弟、貴戚の黨友は、人に過ぐるの才無しと雖も、然れども尊重の位に在るは、輔助する者強く、之れを飾る者巧みにして、達せざる靡きなり。

【輔相】ほしょう(しやう) たすける。〔易、泰、象伝〕天地交はるは泰なり。后は以て天地の道を財成し、天地の宜を輔相し、以て民を左右く。

【輔仁】ほじん 仁の道をたすける。〔論語、顔淵〕曾子曰く、君子は文を以て友を會し、友を以て仁を輔く。

【輔政】ほせい 国政をたすける。漢・劉向〔戦国策の序〕人臣の其の君を輔くる者、鄭の子產・晉の叔向・齊の晏嬰の若きは、君を挾けて政を輔け、以て中國に竝び立てり。

【輔導】ほどう(だう) たすけ導く。〔漢書、宣帝紀〕朕微眇なりし時、御史大夫丙吉・中郎將史曾、～皆朕と舊恩有り。故の掖庭の令張賀、朕が躬を輔導し、文學經術を修めしむるに及び、恩惠卓異、厥の功茂んなり。

【輔弼】ほひつ 国政をたすける。〔国語、呉語〕昔吾が先王、世と輔弼の臣有り、以て能く疑を遂め惡を計り、以て大難に陷らざりき。今、王、黎老を播棄し、孩童に焉れ比しみ謀る。

【輔養】ほよう(やう) たすけ養う。魏・嵆康〔養生論〕神農曰く、上藥は命を養ひ、中藥は性を養ふ者なりと。誠に知る、性命の理は、輔養に因りて以て通ずるを。

【輔翼】ほよく たすける。〔礼記、文王世子〕保(傅育の者)なる者は、其の身を愼みて以て之れを輔翼し、諸れを道に歸さしむる者なり。

➡輔衛 衛る/輔益 たすける/輔牙 輔車/輔檠 ため木/輔行 副使/輔宰 宰相/輔済 たすけ成す/輔賛 たすける/輔主 輔弼/輔職 輔弼の臣/輔臣 輔職/輔正 ただす/輔成 たすけ済す/輔治 たすけ治める/輔払 輔弼/輔保 たすけ守る/輔翊 輔翼/輔理 たすけ治める/輔和 たすけ調和する

⬇王輔・諫輔・匡輔・夾輔・挟輔・頰輔・卿輔・賢輔・口輔・左輔・宰輔・三輔・車輔・丞輔・臣輔・大輔・台輔・帝輔・鼎輔・藩輔・比輔・裨輔・翼輔・良輔

【酺】 14 1362 ホ さかもり

篆文 

形声 声符は甫。〔説文〕十四下に「王德布きて、大いに酒を歓のましむるなり」とあって、天子より飲食を賜い、大宴会を催す意。〔史記、秦始皇紀〕に「天下大いに酺す」とあり、国をあげて歓楽すること。また〔周礼、地官、族師〕に「春秋に酺を祭る」とあり、これは災害をもたらす神である。

訓義 1さかもり、うたげ、天子より会飲することを賜う、群飲してよろこぶ。2災害の神。

➡酺宴 大酺/酺燕 酺宴/酺会 会飲/酺醵 もち寄り/酺禁 群飲を禁止する/酺聚 群飲

⬇歓酺・観酺・合酺・祭酺・賜酺・設酺・大酺・頒酺

常 【鋪】 15 〔舖〕 15 8362 〔鋪〕 15 8312 ホ しく つらねる

篆文 

形声 声符は甫。〔説文〕十四上に字を鋪に作り、「門に著くる鋪首なり」とあって、亀蛇などの形をした門鐶をいう。これに環を含ませて引き手とする。〔詩、大雅、常武〕「淮濆を鋪敦す」、〔詩、大雅、江漢〕「淮夷を來に鋪ましむ」は、いずれも痡の意で仮借。のち店舗の字に用い、舗に作る。布陳の意をとるものである。

訓義 1門環の金具。2しく、つらねる。3もうける、あまねくする。4痡と通じ、やむ。

古訓 〔新撰字鏡〕鋪 加太比良(かたひら)、又、己无(こむ) 〔名義抄〕鋪 シク・ノブ・ヤシナフ・アヤマル・マウク・アハ(マ)ネシ 〔字鏡集〕鋪 ハル・マウク・スフ・アヤマル・ヤシナフ・シク・ノブ

語系 鋪・溥・普phaは同声。敷(敷)phiua、旁bangは声近く、みなあまねくし、布陳する意がある。

【鋪錦】ほきん 錦をつらねる。美文。〔南史、顔延之伝〕延之、嘗て鮑照に、己と(謝)靈運との優劣を問ふ。照曰く、謝の五言は、初めて發ける芙蓉の如く、自然にして愛すべし。君の詩は錦を鋪き繡を列ぬるが若く、亦た雕繢滿眼なりと。

【鋪首】ほしゅ 門扉につける門環の台座。亀蛇などの形に作るものが多い。〔漢書、哀帝紀〕(元寿元年秋九月)孝元廟の殿門

の銅龜蛇の鋪首鳴る。
【鋪牀】(ほしやう) 床几を設ける。唐・韓愈〔山石〕詩 牀を鋪き席を拂うて、羹飯を置けば 疏糲(それい)(玄米などの粗飯)も亦た我が飢(う)ゑを飽かしむるに足る
【鋪敦】(ほたい) うちなやます。痡憝。〔詩、大雅、常武〕淮濆を鋪敦し 仍(かさ)ねて醜虜を執(と)らふ
【鋪陳】(ほちん) しき並べる。また、その品々。〔旧五代史、唐明宗紀〕(長興四年)宰相李愚に、絹百匹・錢十萬・鋪陳の物一十三件を賜ふ。
【鋪房】(ほばう(ぼう)) 荷飾り。挙式の前日に夫の家に運んで並べる。〔東京夢華録、五、娶婦〕前一日、女家先づ來りて掛帳し、房臥を鋪設す。之れを鋪房と謂ふ。女家の親人、茶酒利市(りし)(お祝儀ものを人にくばる)の類有り。
↑鋪位(ほい) 即位/鋪衍(ほえん) ひろめる/鋪觀(ほかん) 通観する/鋪戸(ほこ) 商店/鋪行(ほこう) 商店/鋪紙(ほし) 紙を布く/鋪舍(ほしや) 駅逓/鋪主(ほしゆ) 店主/鋪稅(ほぜい) 店舗税/鋪石(ほせき) 敷石/鋪席(ほせき) 席を布く/鋪設(ほせつ) 宴席などの用意をする/鋪倉(ほそう) 牢屋/鋪地(ほち) 地に布く/鋪張(ほちよう) 広げる/鋪遞(ほてい) 駅逓/鋪馬(ほば) 伝馬/鋪排(ほはい) 並べる/鋪頒(ほはん) 配置/鋪兵(ほへい) 邏卒/鋪面(ほめん) 路面棚
↓華鋪・金鋪・銀鋪・行鋪・酒鋪・書鋪・牀鋪・尊鋪・竹鋪・遞鋪・店鋪・豆鋪・本鋪・門鋪・薬鋪・来鋪・老鋪

【餔】 16 8372 ホ ゆうめし めし

篆文

形声 声符は甫(ほ)。〔説文〕五下に「申(さる)の時の食なり」(段注本)とあり、〔玉篇〕も同じ。夕食をいう。
訓義 1ゆうめし、夕食。2めし、食事。3くう、くらう、やしなう。4にごりあめ。5夕、夕ぐれ、今の午後四時ごろ。
古訓 〔新撰字鏡〕餔 阿女(あめ) 〔名義抄〕餔 ナム・クラフ 〔篇立〕餔 ナム・クラフ・アメ・ケトキ・フ、ム
【餔啜】(ほせつ) 飲食。〔孟子、離婁上〕孟子、樂正子に謂ひて曰く、子の、子敖(しがう)に從ひて來るは、徒(ただ)餔啜するのみ。我意(おも)はざりき、子、古の道を學びて、以て餔啜せんとは。
↑餔餽(ほき) 施食する/餔鼓(ほこ) 鳩の鳴き声/餔穀(ほこく) ふふどり/餔餐(ほさん) 夕食/餔時(ほじ) 夕食時/餔食(ほしよく) 食事/餔歠(ほせつ) 餔啜
↓下餔・含餔・晩餔・玉餔・晨餔・西餔・饌餔・中餔・朝餔・日餔

【簠】 18 8810 〔𠥓〕 6 7171 〔𠥖〕 7 7171 ホ うつわ

篆文 古文 金文

形声 声符は甫(ほ)。〔説文〕五上に「黍稷(しよしよく)の圜(ゑん)器なり。竹に從ひ、皿に從ふ。甫聲」とし、古文として𠥓を録する。金文の自名の器には𠥖としるしているものが多く、ときに夫を加え、あるいは鈇(ほ)を加えているものがある。甫・夫・古・鈇は古く同声で、金文にみえる鈇侯は甫侯、古く呂といわれた国である。金文の簠の字が曲の形に従うものが多いのは、簠は黍稷を盛る器で、竹器を用いたからであろう。〔説文〕に簠を圜器とするが、いま存する自名の遺器はみな長方形である。円形のものは𣪘(き)といい、文献には簋の字を用いる。〔説文〕に「簋は黍稷の方器なり」とし、器の方円を誤っている。簠の青銅器の銘文には、「用(もつ)て稻粱(たうりやう)を盛(い)る」というものが多い。
訓義 1祭器、黍稷を供える器、うつわ。
【簠簋】(ほき) 簠と簋。ともに盛食の器。簠には黍稷稻粱を盛(い)れ、簋は古く𣪘に作るように、匙(さじ)ですくう烹飪(ほうじん)のものを入れた。〔礼記、楽記〕簠簋俎豆(そとう)、制度文章は、禮の器なり。
↓簋簠・竹簠

【黼】 19 3322 ホ フ ぬいとり あや

篆文

形声 声符は甫(ほ)。〔説文〕七下に「白と黒と相ひ次するの文なり」とあり、その文様は斧文(ふぶん)とよばれた。〔詩、小雅、采菽〕の〔伝〕に「白と黑と、之れを黼と謂ふ」、〔爾雅、釈器〕に「斧、之れを黼と謂ふ」とあり、両已相背く形をなすという。黹(ち)は巾に黼黻(ふつ)を加えた形。もとはぬいとりで飾り、金文に「赤⊗市(せきふつ)」とある⊗がその象形で、市(蔽膝(へいしつ)、ひざかけ)にそれを加えた。白黒・両已の説などは、後の礼家の説であろうと思われる。

訓義 1ぬいとり、ぬいとりのある衣。2あや、かざり。

古訓 〔字鏡集〕黼 ノリ
語系 黼・斧(斧)piua は同声。黼を斧文とするのは、同声による解釈であろう。両已の説は、未開社会に多く刺繡の文様にみえるものに近く、布地を相配して白黒を用いることが多い。弗 piuat の字形も、左右相配する形に似ている。黹は刺繡の象であるから、黼はぬいとり。市・紱 piuat も声近く、これらの語には関連するところがあると思われる。

【黼衣】(ほい) 斧文の文様のある服。〔荀子、哀公〕黼衣黻裳(ふつしやう)する者の葷を茹(くら)はざるは、口の味はふこと能はざるに非ず、服の然らしむるなり。

【黼扆】(ほい) ぬいとりのある屛風。〔書、顧命〕狄(てき)(楽官)、黼扆・綴衣(ていい)を設く。

【黼裳】(ほしやう) ぬいとりのある裳。〔書、顧命〕王、麻冕(まべん)黼裳、賓階より隮(のぼ)る。

【黼藻】(ほさう(そう)) 斧形の黼文と、水草模様。〔新論、因顕〕夫(そ)れ樟木は、盤根鉤枝、則ち衆眼顧みず。匠者採りて、製(つく)りて殿堂と爲し、塗るに丹漆を以てし、畫(ゑが)きて黼藻を爲さば、則ち百辟卿士、顧眄(こべん)し仰視せざる莫(な)し。

【黼黻】(ほふつ) ぬい飾り。白黒の斧文。青黒の両已文であるという。〔礼記、月令〕(季夏の月)是の月や、婦官に命じて采を染めしむ。黼黻文章、必ず法故を以てし、差貸(じ)(誤り)或(あ)ること無(な)からしむ。

↑黼依(ほい) 黼扆/黼帷(ほい) 黼文のとばり/黼帟(ほえき) 黼文の幕/黼筵(ほえん) 黼縁の筵/黼絵(ほかい) ぬいとりの画文/黼裘(ほきゆう) 狩衣/黼座(ほざ) 帝座/黼繡(ほしゆう) 黼文のぬいとり/黼純(ほじゆん) 黼縁/黼帳(ほちよう) 黼帷
↓衣黼・画黼・袞黼・繡黼・藻黼

ボ

【戊】 人 5 5320 ボ ボウ ほこ つちのえ

篆文 甲骨文 金文

象形 兵器の形。斧(ふ)や鉞(えつ)に近い柄のある矛(ほこ)の形。〔説文〕十四下に字を十干の一とし、「中宮なり。六甲五龍、相ひ拘絞(こうかう)するに象る。戊は丁を承け、人の脅(むね)に象る」とするが、その形にはみえない。中宮は五行の中、六甲は干支六十日のうちに六甲があること、五竜は五辰で五行、すべて干支を以て説くが、字形とは関係がない。十干を五行を以て説くのは、六国以後のことであろう。
訓義 1ほこ。2つちのえ。3茂と通じ、しげる。
古訓 〔字鏡集〕戊 ツチノエ
声系 〔説文〕に戊声として茂(茂)を収める。同声で仮借することがある。
語系 戊・茂・楙 mu は同声。みな繁茂の意がある。毛 mô はそ

の密生するものをいう。

↑戊己　五行の土／戊姆　女師／戊夜　午前四時

常【母】5 7750　ボ モ　はは ばば うば もと

篆文 甲骨文 金文

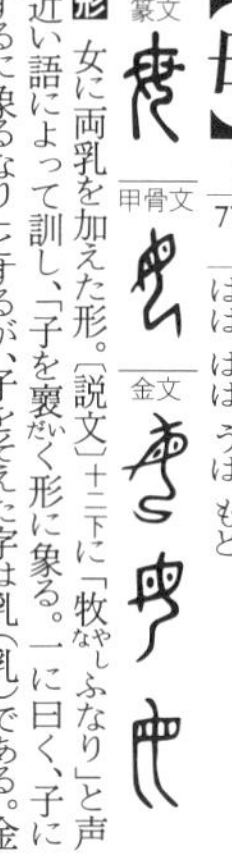

象形　女に両乳を加えた形。〔説文〕十二下に「牧(やしな)ふなり」と声の近い語によって訓し、「子を褢(いだ)く形に象る。一に曰く、子に乳するに象るなり」とするが、子をそえた字は乳(乳)である。金文に女子名を可母・魚母のようにいい、男子に白懋父のようにいうのと同じく、尊称としての用法であろう。金文では母と「毋(なか)れ」とは、同じ字形を用いている。

訓義　1はは、おんなおや。2ばば、老女。3うば、めのと。4もと、根源。5拇と通じ、おやゆび。6毋と通じ、なし、なかれ。

古訓　〔新撰字鏡〕母 波々（はは）／従母 波々加姉妹（ははがはらから）／従父 波々方姉妹（はは方姉妹）／外祖 母方乃波々（母方のはは）〔和名抄〕母 波々（はは）。日本紀私記に云ふ、母、以路波（いろは）〔名義抄〕母 イロハ・ハ、〔字鏡集〕母 イロハ・ナシ・ウネ・ハ、・ミチ・ツクル

【母儀】　母としての儀範。〔後漢書、皇后上、光武郭皇后紀〕郭主、王家の女たりと雖も、禮を好み節儉にして、母儀の德有り。

↑母韻　母音／母艱　母の喪／母兄　同母兄／母后　皇太后／母猴　猿の一種／母国　祖国／母財　資本／母子　おや子／母氏　母親／母師　女師／母慈　母の慈愛／母銭　元金／母体　母の身／母地　大地／母党　母方／母堂　北堂／母徳　母の徳／母範　母儀／母母　兄嫁

↓亜母・阿母・異母・雲母・王母・仮母・家母・鬼母・義母・継母・賢母・後母・酵母・国母・蚕母・字母・慈母・実母・酒母・従母・叔母・出母・庶母・諸母・丈母・食母・親母・水母・生母・聖母・銭母・祖母・尊母・大母・嫡母・同母・乳母・伯母・漂母・父母・傅母・文母・保母・木母・民母・孟母・養母・酪母・老母

人【牡】7 2451　ボ ボウ　おす

篆文 甲骨文 金文

会意　牛＋土。土は牡器の象形、匕は牝器の象形。卜文では羊・家・鹿などにも、それぞれ匕・土の象を加えて区別した。〔説文〕二上に「畜父なり」とし、〔音義〕類に引く文には「雄なり」の語がある。鳥には雄という。

訓義　1おす、けものおす。2錠前のさしこみ部分、凸形のもの。

古訓　〔名義抄〕牡 ヲケモノ・ヲウシ

↑牡瓦　下向け瓦／牡桂　肉桂／牡歯　大きい歯／牡丹　ぼたん／牡鑰　かぎ／牡蠣　かき

↓関牡・虚牡・四牡・乗牡・騂牡・肥牡・牝牡・門牡・鑰牡

【姆】8 4745〔娒〕10 4845　ボ　うば

篆文

形声　声符は母。母代わりのうばなどをいう。〔説文〕十二下に娒を挙げ「女師なり」とあり、〔儀礼、士昏礼、注〕に「婦人年五十にして子無く、出でて復(ま)た嫁せず、能く婦道を以て人に教ふる者、今時の乳母の若(ごと)し」とあり、保姆ともいう。

訓義　1うば、めのと、保姆。

古訓　〔名義抄〕傅姆 メノト〔字鏡集〕姆 乳女なり

↑姆教　女師の教え／姆訓　姆教／姆師　うば／姆傅　うば／姆姆　兄嫁

↓傅姆・保姆

【拇】8 5705　ボ　おやゆび

篆文

形声　声符は母。〔説文〕十二上に「將指(おやゆび)なり」とあり、手足の親指をいう。〔詩、大雅、生民〕「帝の武(あと)の敏(おやゆび)を履(ふ)みて歆(う)く（感生する）」の敏(敏)は、拇の仮借字である。

訓義　1おやゆび、おおゆび。2字はまた敏に作る。

古訓　〔名義抄〕拇 オホオヨビ〔字鏡集〕拇 オホユビ

↑拇印　つめいん／拇指　親指／拇趾　足の親指／拇陣　拇戦／拇戦　拳をうつ／拇動　元気

↓手拇・踵拇・駢拇

人【姥】9 4441　ボ　うば ばば

会意　女＋老。老女をいう。〔淮南子、覧冥訓〕に「西王母」を「西姥」と称しており、母と通用の字。また姑(しゅうとめ)を姥・公姥という。

訓義　1うば、めのと。2ばば、老女。3老母、姑。4姆と通用する。

古訓　〔名義抄〕姥 オバ・オウナ・ハ、・オ、バ〔字鏡集〕姥 ヲミナ・オウナ・オバ

↑姥姥　老女

↓公姥・山姥・慈姥・酒姥・石姥・老姥

人【菩】11 4460〔菩〕12 4460　ボ　ほとけぐさ

篆文

形声　声符は咅(ほう)。〔説文〕一下に「艸なり」とあり、野の祭にこの草を束ねて神主とした。のち仏教語の音訳に用いて、菩提（道・覚・智）、菩薩（菩提薩埵、大道心衆生）のように用いる。

訓義　1ほとけぐさ。2むしろ。

古訓　〔字鏡集〕菩 オホイナリ・スクフ・オヒイヅ・オヒタリ

【菩薩】　釈迦得道以前の修行者の称。また、仏道慈悲の人をいう。〔太平広記、一七四に引く談藪、薛道衡〕薛道衡、嘗(かつ)て鍾山の開善寺に遊び、小僧に謂ひて曰く、金剛は何為(なん)れぞ努目、菩薩は何為れぞ低眉なると。小僧答へて曰く、～菩薩の低眉なるは、六道を慈悲する所以(ゆゑん)なりと。

常【募】12 4442〔募〕13 4442　ボ　つのる

篆文

形声　声符は莫(莫)。〔説文〕十三下に「廣く之れを求むるなり」（段注本）とあり、募集・招募することをいう。主として力役・軍役について用いるが、力は耒(すき)の象形字であるから、本来は農耕に入殖するものを募集したのであろう。

訓義　1つのる、まねく。2やとう。

古訓　〔新撰字鏡〕募 豆乃留（つのる）、又、祢加不（ねがふ）〔名義抄〕募 ツノル・モトム・ネガフ

【募民】　民をつのる。〔史記、平準書〕是(ここ)に於て、民の能く輸(いた)し、及び邊に轉粟する者を募りて爵に拜し、爵は大庶長に至るを得しむ。

↑募格　募集し褒賞する／募金　寄付をつのる／募集　つのる／募召　つのる／募銭　募金／募選　つのり選ぶ／募発　呼び出す／募兵　兵をつのる

↓応募・簡募・雇募・公募・采募・召募・招募・賞募・選募・徴募・点募・訪募

常【墓】13 4410〔墓〕14 4410　ボ　はか おくつき

篆文

形声　声符は莫(莫)。〔説文〕十三下に「丘なり」とあり、丘墓の意。金文の図象に、亞(亜)字形中に莫・犬を加えるものがあり、亞は玄室の形。犬は

埋蠱を防ぐ犬牲、莫は暮で、幽暗の意であろう。墓は古くは地下に作り、墳丘は後起の制。中山王墓には、その墓の塋域を示す図がある。

訓義 ①はか、おくつき。②墓域、塋域。

古訓 〔名義抄〕墓 ツカ・ムハフ・ハカ 〔字鏡集〕墓 ムハフ・ハカ・クサ

語系 墓・莫・暮（暮）・驀 mak は同声。幽暗寂寞の意をもつ一系の語である。

【墓祭】ぼさい 墓で祭る。〔独断、下〕古は墓祭せず。秦の始皇に至つて、寝を出でて墓側に起居す。漢因りて改めず。故に今陵上に寝殿と稱す。起居衣冠象生の備へ有り。皆古寝の意なり。

【墓誌】ぼし 墓誌銘。石に事跡を記して墓側に立てた。〔陔余叢考、三十二、墓誌銘〕王儉曰く、石誌は禮經に出でず。宋の元嘉中の顏延之、王球の石誌を作るに起ると。～司馬溫公亦た謂ふ、南朝始めて銘誌埋墓の事有りと。

【墓碑】ぼひ 墓標として立てる石碑。〔文体明弁、墓碑文〕古者、葬に豐碑有り。木を以て之れを爲くり、槨の前後に樹て、其の中を穿ちて鹿盧と爲し、繂を貫きて以て窆（棺）する者なり。～漢以來、始めて死者の功業を其の上に刻し、稍改めて石を用ふ。

【墓表】ぼひょう（へう） 墓碑。〔文体明弁、墓表〕墓表は東漢より始まる。安帝の元初元年、謁者景君、墓表を立つ。厥の後之れに因る。其の文體、碑碣と同じ。

【墓門】ぼもん 墓の入口の門。〔詩、陳風、墓門〕墓門に棘有り 斧以て之れを斯く

↑墓域 墓の地域／墓塋 墓域／墓下 墓の側／墓穴 墓坑／墓碣 墓の円碑／墓闕 陵前の石闕／墓壙 墓穴／墓志 墓誌／墓室 墓廬／墓守 墓守り／墓樹 墓の木／墓処 墓所／墓所 墓地／墓隧 墓の玄室に通じる地下道／墓前 墓の前／墓側 墓の側／墓地 はかば／墓田 塋田／墓標 墓表／墓木 墓樹／墓銘 墓誌銘／墓陵 陵墓／墓厲 墓地／墓廬 墓側の室

↓塋墓・謁墓・丘墓・墟墓・古墓・修墓・省墓・旌墓・先墓・掃墓・兆墓・家墓・展墓・破墓・拝墓・表墓・墳墓・封墓・陵墓・廬墓

常【慕】14 4433 〔慕〕15 4433 ボ モ したう おもう

篆文

金文

形声 声符は莫（莫）ぼ。〔説文〕十下に「習ふなり」とする。金文に慕を「謨る」の意に用い、〔禹鼎〕「朕が肅慕」、〔史牆盤〕「桓慕を亟め熙ろむ」のように用いる。文献には思慕の意に用いる。

訓義 ①したう、あとをおう、たっとぶ。②おもう、こいしたう、なつかしみおもう。

古訓 〔名義抄〕慕 コヒシ・ネガフ・コヒネガフ・シタフ・シノブ・コノム 〔字鏡集〕慕 コヒネガフ・シノブ・ネガフ・シタフ・コフ・マナブ・コヒシ・コノム・オモフ

【慕艷】ぼえん 慕い羨む。明・宋濂〔東陽の馬生を送る序〕同舍生、皆綺繡を被り、～燁然として神人の若し。余は則ち縕袍敝衣、其の間に處りて、略ぼ慕艷の意無し。

【慕義】ぼぎ 義を慕う。〔史記、田儋伝論賛〕田横の高節、賓客義を慕うて横に從つて死す。豈に至賢に非ずや。余れ因りて焉に列す。

【慕效】ぼこう（かう） まねる。〔漢書、王莽伝上〕百姓未だ贍らざる者多し。～莽因りて上書し、錢百萬を出だし、田三十頃を獻じ、大司農に付して貧民に助給せんことを願ふ。是に於て公卿皆慕效す。

↑慕位 位を慕う／慕悦 よろこび慕う／慕企 慕いまねする／慕嚮 慕い仰ぐ／慕仰 仰ぎ慕う／慕賢 賢を慕う／慕古 古を慕う／慕思 慕う／慕殉 殉死／慕尚 あがめる／慕心 思慕／慕羨 うらやむ／慕嘆 ほめる／慕倣 まねする／慕頼 すがる／慕料 おおむね

↓哀慕・愛慕・畏慕・怨慕・懷慕・感慕・歡慕・嚮慕・仰慕・忻慕・欣慕・欽慕・敬慕・景慕・傾慕・傚慕・思慕・称慕・竦慕・羨慕・瞻慕・追慕・望慕・頼慕・恋慕

常【暮】14 4460 〔暮〕15 4460 ［莫］11 4443 ボ くれ ひぐれ よる おそい

篆文

甲骨文

金文

形声 声符は莫（莫）ぼ。莫は草間に日の入る形で、暮の初文。〔説文〕一下に「莫は日且に冥れんとするなり。日の茻中に在るに從ふ。茻は亦聲なり」（小徐本）という。のち莫が多く否定詞に用いられ、暮夜の字として暮が作られた。

訓義 ①くれ、ひぐれ、夕ぐれ。②よる、おそい。③年老いる。

古訓 〔字鏡集〕暮 クレヌ・オソクス・ユフベ・クル・ヒクル・クラシ・クレ・オソシ

語系 暮・莫・墓（墓）・驀 mak は同声。幽暗寂寞の意をもつ一系の語である。

【暮鴉】ぼあ 夕ぐれのからす。唐・唐彥謙〔秋晩高楼〕詩 晩蝶飄零して、宿雨に驚き 暮鴉凌亂して、秋寒を報ず

【暮靄】ぼあい 夕もや。宋・韓元吉〔六州歌頭、桃花〕詞 但だ茫茫たる暮靄 目斷す、武陵の溪 往事追ひ難し

【暮雨】ぼう 夕べの雨。唐・杜牧〔暝れて雲智寺に投ず～〕詩 古廟、陰風の地 寒鐘、暮雨の天

【暮雲】ぼうん 夕ぐれの雲。唐・荊叔〔慈恩塔に題す〕詩 漢國、山河在り 秦陵、草樹深し 暮雲、千里の色 處として心を傷ましめざる無し

【暮煙】ぼえん 夕もや。唐・王勃〔秋日、王長史に別る〕詩 野色、寒霧籠め 山光、暮煙を斂む

【暮笳】ぼか 夕ぐれの角笛。清・黃遵憲〔京師〕詩 城に登りて見ず、黃旗の影 獨り斜陽の暮笳に咽ぶ有り

【暮寒】ぼかん 夕寒。民国・王国維〔覓めんと欲す〕詩 起ちて看る、月中の霜は萬瓦 臥して聞く、風裏の竹千竿 滄浪亭北、君遷（しなのがき）の樹 何限（限りなき）の棲鴉、暮寒に噪ぐ

【暮禽】ぼきん 暮鳥。唐・王維〔嵩山に帰りて作る〕詩 流水、意有るが如く 暮禽相ひ與に還る

【暮景】ぼけい 夕景色。唐・杜牧〔敬愛寺楼に題す〕詩 暮景、千山の雪 春寒、百尺の樓 獨り登り還た獨り下る 誰か我が悠悠を會せん

【暮秋】ぼしゅう（しう） 晩秋。南朝宋・傅亮〔物に感ずるの賦の序〕余、暮秋の月を以て、內禁に述職す。夜清く務め隙あるとき、藝苑に遊目す。

【暮春】ぼしゅん 晩春。〔論語、先進〕暮（莫）春には春服既に成る。冠者五六人、童子六七人、沂（水）に浴し、舞雩（雨乞いの地）に風し、詠じて歸らん。

【暮色】ぼしょく 夕かげ。唐・柳宗元〔始めて西山を得て宴游する記〕觴を引いて滿酌し、頽然として醉に就き、日の入るを知らず。蒼然たる暮色、遠きよりして至り、見る所無きに至るも猶ほ歸るを欲せず。心凝り形釋け、萬化と冥合す。

【暮雪】ぼせつ 夕べの雪。唐・高適〔李少府を送る、時に客舍に在り〕詩 相ひ逢ふも、旅館意多く違ふ 暮雪初めて晴れて、候雁飛ぶ

【暮節】ぼせつ 重陽の節句の異称。陰暦十二月。また、晩年。〔唐書、白居易伝〕暮節、浮屠（仏）の道に惑ふこと尤も甚だしく、月

を經て葷(臭ある野菜)を食らはざるに至る。香山居士と稱す。
【暮蟬】夕ぐれに一しきり鳴く蟬。唐・劉滄〔旅館に懐を書す〕詩 雲低たれて遠塞に寒雁鳴き 雨歇やんで空山に暮蟬噪さわがし
【暮潮】夕潮。唐・韋応物〔柳郎中の春日揚州に帰る～の作に酬ゆ〕詩 南北相ひ過ぎること、殊に遠からず 暮潮去るに従つて早潮來る
【暮砧】暮夜の砧きぬたの音。唐・杜甫〔秋興八首、一〕詩 叢菊、兩ふたたび開く、他日の涙 孤舟、一たび繫つなぐ、故園の心 寒衣、處處に刀尺たうせきを催す 白帝城高くして、暮砧急なり
【暮年】晩年。魏・武帝〔歩出夏門行、四首、四〕楽府 老驥櫪れきに伏するも 志は千里に在り 烈士暮年 壯心已やまず
【暮帆】夕べの帆かけ船。唐・李頎〔綦毋校書の別業に題す〕詩 常に挂冠の吏を稱す 昨日滄洲に歸る 行客、暮帆遠く 主人、庭樹秋なり
【暮夜】夜分。〔後漢書、楊震伝〕王密～謁見す。夜に至り、金十斤を懐ふところにして以て震に遺おくりて～密曰く、暮夜知る者無からんと。震曰く、天知り、神知り、我知り、子し知る。何ぞ知るもの無しと謂はんやと。密、愧はぢて出づ。

↑暮蔭 夕かげ／暮影 晩年／暮檐 檐ひさしの暮色／暮鶯 夕べの鶯／暮霞 夕がすみ／暮角 夕べの角笛／暮気 暮色／暮晷 夕かげ／暮暉 夕日／暮鼓 夕べの鼓／暮山 夕ぐれの山／暮四 朝三暮四／暮志 晩年の志／暮思 夕べの情／暮歯 晩年／暮颸 夕風／暮愁 夕べの物思い／暮鐘 晩鐘／暮食 夕食／暮程 夜旅／暮笛 夕べの笛／暮天 夕空／暮途 夜道／暮冬 晩冬／暮風 夕風／暮暮 夕ぐれごと／暮齢 晩年／暮楼 夕べの高楼

↓窮暮・澆暮・江暮・昏暮・歳暮・残暮・春暮・商暮・傷暮・晨暮・垂暮・哀暮・晴暮・夕暮・頽暮・旦暮・遅暮・長暮・朝暮・日暮・年暮・薄暮・晩暮・冥暮・淪暮

【摹】15 4450 ボ モ うつす ならう かた

篆文

形声 声符は莫(莫)ぼ。〔説文〕十二上に「規のっとるなり」とあり、規摹すること、摸範とすることをいう。摸と同字であるが、摸は摸索・摸捉、摹は摹搨・臨摹のように用いる。

訓義 1うつす、まねてかく。2ならう、まねする。3模と通じ、のり、かた。

古訓 〔名義抄〕摹 ニギル・オキテ 〔字鏡集〕摹 ハカル・ヨソホヒ・ウツス・ノトル・オホイナリ・ウツ・トル・カタチ

語系 摹・摸mak は撫phiua、拊phio、憮miua と声義近く、みな手でなぞるような行為をいう。

【摹印】印璽に用いる書体。漢・許慎〔説文解字叙〕爾それより秦の書に八體有り。～四に曰く蟲書、五に曰く摹印。～亡新居攝、～時に六書有り。～五に曰く繆篆びうてん、摹印する所以ゆゑんなり。
【摹刻】写しとって木や石に刻する。模刻。宋・蘇軾〔太虛、黃楼の賦を以て寄せらる～〕詩 南山、磬石けいせき多し 清滑、流脂の如し 朱蠟しゆらふもて摹刻を爲し 細妙、毫釐がうりを分つ
【摹写】写す。〔後漢書、蔡邕伝〕熹平四年、～奏して六經の文字を正定せんことを求む。～邕乃ち自ら碑に書し、～太學門外に立てしむ。～碑始めて立つに及び、其の觀視し及び摹寫する者、車乘日に千餘兩、街陌がいはくを塡塞てんそくす。
【摹帖】紙をあてて書帖を写す。〔丹鉛総録、字学、英光堂帖〕米元章(芾)、智永の眞草千文を臨(書)する有り。～(岳)珂、其の後に跋して云ふ、摹臨兩法同じからず。摹帖は梓人しじん(大工)の室を作るが如し。～繙創既に成り、氣象自おのづから工拙有り。
【摹搨】碑銘などの拓をとる。〔魏書、崔玄伯伝〕始め玄伯の父潛、兄渾の誄いるを爲つくり、草本を手筆す。～武定中、(著作佐郎王)遵業の子松年、以て黃門郎崔季舒に遺おくる。人多く之れを摹搨す。
【摹本】摹写の本。〔書史、虞世南書〕世南の汝南公主銘、洛陽王護の處に起草す。摹本を見るに云ふ、眞迹は洛陽に在り、好事家に古跋有りと。後十年、眞迹を見たり。故相張公の孫、直淸の處に在り。
【摹臨】臨書と摹写。〔続書譜、臨摹〕皆須すべかからく是れ古人の名筆なるべし。之れを几案きあんに置き、之れを座右に繫け、朝夕諦觀ていくわんし、其の運筆の理を思ひ、然る後以て摹臨すべし。

↑摹画 写し画／摹楷 手本とする／摹倣 まねする／摹採 写しとる／摹索 摸索する／摹神 その精神を伝える／摹窃 剽窃する／摹捉 把握する／摹倣 摹倣する／摹略 摹写する／摹勒 摹刻する／摹録 写しとる

↓規摹・似摹・手摹・心摹・善摹・伝摹・臨摹

【謨】18 0463 ボ はかる はかりごと

篆文

古文

形声 声符は莫(莫)ぼ。〔説文〕三上に「議謀するなり」とあり、前条に「難を慮はかるを謀と曰ふ」とあって、同義の字。某ぼうは榊さかきの枝に申し文をつけて神意を問い諮る意。謨は規模を定めることをいう。金文に謨をみな慕(慕)に作り、「大慕」「肅慕」のようにいうが、文献には謨に作る。〔孟子、万章上〕「都君(舜)を蓋おほふ(生き埋めにする)ことを謨はかるは、咸みな我が績なり」は、計画の順序立てをすることをいう。〔書〕に〔大禹謨〕〔皐陶謨こうようぼ〕のように、謨を篇名とするものがある。

訓義 1はかる、はかりごと。2くわだて、順序だてる、しくみを考える。3いつわる。

古訓 〔新撰字鏡〕謨 波加利己止(はかりごと) 〔名義抄〕謨 ハカリゴト・ハカル・カタキ・ナシ・タメシ・マジフ・イツハル／謀謨 ハカリ・ハカル 〔字鏡集〕謨 ハカル・タメシ・アダ・カタキ・イツハル・ハカリゴト・マジフ・ナシ

【謨訓】国の大計の教え。〔書、胤征〕嗟ああ、予が有衆、聖に謨訓有り、明徵定保す。
【謨勲】大謨と勳功。〔左伝、襄二十一年〕書に曰く、聖に謨勳有り、明徵定保すと。

↑謨士 計謀の人／謨臣 謀臣／謨慮 はかりごと

↓英謨・睿謨・叡謨・淵謨・遠謨・王謨・嘉謨・規謨・宏謨・皇謨・高謨・戎謨・詢謨・深謨・崇謨・聖謨・銓謨・大謨・朝謨・帝謨・典謨・廟謨・謀謨・雄謨・良謨・令謨

常【簿】19 〔簿〕19 8814 ボ ちょうめん しるす

形声 旧字は簿に作り、溥ふ声。尃ふに薄小の意があり、竹札の薄小なるものを綴じて、簿書という。官簿はもと簿牒形式のもので、漢簡中に司馬遷のしるした官簿が残されている。

訓義 1ちょうめん、とじぶみ。2しるす、しらべる。3手版、官簿、戸籍、閲歴。4鹵簿、行列。5かいこのす、蚕簿、えびら。6薄と通じ、せまる。

古訓 〔名義抄〕簿 フダ・エビラ・ウスラグ・セマル 〔字鏡集〕簿 フダ・エラル・エビラ・エラブ・セマル

【簿書】帳簿。〔漢書、賈誼伝〕(上疏)大臣特ただ簿書の報ぜざる、期會の閒(期限のこと)を以て、以て大故(重要)と爲し、俗の流失し、世の壞敗するに至りては、因りて恬てんとして怪しむことを知らず。
【簿籍】戸籍。〔論衡、自紀〕夫それ宅舍多ければ、土地小なるを得ず。戸口衆おほければ、簿籍少なきを得ず。今、失實の事

多く、華虚の語衆し。指實定宜、辯爭の言、安くんぞ約徑なるを得んや。

【簿閥】ぼばつ 官簿に記載のある家柄。門閥。〔陳書、周敷伝〕(周)迪、素と簿閥無し。衆心を失はんことを恐る。敷の族望に倚り、深く交結することを求む。

【簿領】ぼりょう 帳面づけの仕事。〔南史、文学、孔広伝〕廣、容止美しくして、吐論を善くす。王儉・張緒、咸く之れを美む。儉常に云ふ、廣來りて人をして簿領を廢せしむと。

↑簿記 記帳／簿形 帳簿／簿最 収入役／簿冊 帳簿／簿子 冊子／簿鈔 簿冊／簿状 身分帳／簿書 書記／簿帳 帳簿／簿牒 簿書／簿吏 書記／簿歴 履歴書／簿録 目録

↓記簿・勲簿・計簿・原簿・戸簿・功簿・貲簿・主簿・租簿・帳簿・班簿・兵簿・名簿・鹵簿

ホウ

【勹】 2 2720 ホウ(ハウ) つつむ はこ

篆文 

象形 人の側身形。人が身をかがめている形。〔説文〕九上に「裹つつむなり。人の曲れる形、包裹する所有るに象る」という。このまま用いる例はない。

訓義 1つつむ、かかえる。2はこ、くるむ。

古訓 〔字鏡集〕勹 ツ、ム・マトフ

部首 〔説文〕に匍・匐・匊・匀・旬・匈・冢など十二字、〔玉篇〕に三十五字を属する。別に包(包)部があるが、勹が包の初文であると考えてよい。

語系 勹・包・苞peu は同声。胞(胞)pheu も声近く、包は胎児のある形、胞は胎児を包裹するもの、胎衣をいう。抱(抱)bu、保pu などもその系統の語である。

【匚】 2 7171 ホウ(ハウ) はこ

篆文  籀文  甲骨文  金文 

象形 方形の容器の形。〔説文〕十二下に「物を受くるの器なり。象形。～讀みて方の若ごとくす」とし、籀文一字を録する。その形はいわゆる曲、金文の簠の形にみえる竹を編んだ器形である。〔儀礼、聘礼〕に「竹簋方」というものにあたる。卜文に、匚の中に乙・丙をしるした匚乙・匚丙という表記があり、文献にいう報乙・報丙にあたり、報は祭名。また祊・閍・鬃に作る。字形としての匚乙・匚丙の匚は祭祀の名。その形は、廟所の区画を示すものと考えられる。

訓義 1はこ、方形のはこ。2古く方・報と通用し、祭祀の名。

部首 〔説文〕に匠・匡・匜・匪・匱・匵・匣・匭など十八字を属し、〔玉篇〕にはすべて二十九字。おおむね、はこ形の器物の名である。匜は水器。もと皿に従う字であった。

語系 匚・鈁piang は方・舫piuang と声近く、舫は箱舟、鈁は方形の量器。房(房)biuang は方形の仕切り室をいう。

参考 匚は方形の区画。〔説文〕十二下に匸を部首とし、區(区)・匿(匿)・匽・医・匹をその部に加える。區は秘匿の場所で、多くの祝告を並べて欧吟して祈る意。匿は巫祝、医は呪医がそれぞれ祈る意。匽は女巫の上に玉(日の形)を加え、安静を祈る意。匹は両牝馬の並ぶ形。〔説文〕に匸を「衺徯、俠藏する所有り」とするが、その部中の字は、おおむね秘匿の所で呪儀を行うことを示す字である。

【丰】 4 5000 ホウ ボウ ゆたか みめよい

篆文  甲骨文  金文 

象形 草木のさかんに茂るさま。〔説文〕六下に「艸盛んにして丰丰たるなり。生に従うて、上下達するなり」という。金文の字形は、禾の穂が高く伸びる形に作る。周初の金文〔康侯鼎〕に「康侯丰、寶𢀛彝を作る」とある「康侯丰」は、〔書、康誥〕にみえる「小子封」にあたる。奉は苗木や秀ほつ枝を奉ずる形、豐(豊)は禾の穂を豆とうに盛る形で、豊満の意がある。

訓義 1くさのさかんなさま。2ゆたか。3みめよい。

古訓 〔字鏡集〕丰 ユタカニミツ

声系 〔説文〕に丰声として玤・奉・夆・邦(邦)の四字を収める。奉は苗木を奉ずる形。苗木は神の憑よるところ。その苗木を国の象徴とすることを邦という。夆は神木の上に霊の降る形で、神の降臨をいう。

語系 丰phiong、菶pong、豐phiuem は声義近く、菶は茂盛、豊は豊盛。邦peong は封建の象徴として社主の木を植えること、その植樹のことをまた封piong という。封はその苗木を植えることをいう。

参考 丰と丯は別字。丯は契約のとき、一版に斜線を刻して両分し、契符とするもので、契(契)・絜の字はその形に従う。

【丰儀】ほうぎ すぐれた風采。〔鶯鶯伝〕余の善き所の張君、性温茂、丰儀美し。

【丰采】ほうさい 風采。〔聊斎志異、胭脂〕一少年の過ぐるを見る。白服裙帽、丰采甚だ都びやかなり。

【丰神】ほうしん 風儀がすぐれる。宋・韓玉〔水調歌頭～〕詞 丰神英毅なり 端しく是れ、天上の謫仙人ならん

【丰容】ほうよう ゆたかで美しい姿。宋・蘇軾〔王逸少帖に題す〕詩 謝家の夫人、淡として丰容 蕭然自ら林下の風有り

↑丰韻 すぐれた風采／丰雅 丰韻／丰格 風格がある／丰茸 さかん／丰致 丰韻／丰度 すぐれた風度／丰範 丰儀／丰標 丰度／丰貌 風采／丰腴 豊満な姿

↓華丰・昌丰・清丰・風丰・隆丰

常【方】 4 0022 ホウ(ハウ) かた とつくに みち まさに

篆文  金文  甲骨文 

象形 架屍の象。横にわたした木に、人を架した形。これを境界の呪禁とするので、外方・辺境の意となる。〔説文〕八下に「併あはせたる船なり。兩舟の、省きて頭を總すびたる形に象る」と舟の意とし、重文として汸を録する。卜辞に外邦を土方・馬方のようにいい、遠方・方位・外邦の意となる。放逐の儀礼は方(架屍)を敺うつ形。微(微)・徵(懲)・徼など、みな人を敺つ呪儀を示す字である。

訓義 1かた、四方、方角。2遠方に対する呪儀、さらしもの、祭梟。3とつくに、外方、異族のくに。4みち、方法、手段、わざ、てだて。5いかだ、もやい舟。6ならぶ、くらべる、たぐう、しわける、ひとしい。7旁と通じ、かたわら、あまねく。8放と通じ、ほしいまま、はびこる。9まさに、あたる、はじめて。

古訓 〔名義抄〕方 ヒラ・ツネニ・ノリ・ナラフ・ウルハシ・カス・カタ・カタハラ・ケタニ・タモツ・ハジム・ヒタフト・ミサカリニ・タクラフ・カタ・マサニ・ヨシ・スミ・ホトリ・アタル・アタレリ・ミサカリ・サカリニ・サカユ・タ、ス・ツマハ・クハフ・シカシナガラ・ツカウ・マツル・スヂニ・シノフ・ヨル・アタ・タメニ・トコロ・オサフ・ミチ／方冬 サカリナルフユ／方便 ツキ〳〵シ・ヤスラフ／方今 イマニ・イマ、デニ・マサニイマ

部首 〔説文〕八下に「斻は舟を方ぶるなり」の一字のみを属

する。方声の字に、方の声義を承けるものが多い。

声系 〔説文〕に方声として旁・芳(芳)・訪・放・防・枋・舫・房(房)・妨・紡・防など十九字、また旁声十二字を収める。放は方を殴つ形で会意とすべく、訪・妨・防なども架屍を用いる呪儀と関係があると思われる。

語系 方・舫・枋piuangは同声。方を方舟とする字形解釈は、同声によるものであるが、卜文の方は明らかに架屍の象、これを伐つ放逐の呪儀を示す放piuangも同声である。旁bangは声近く、凡(風の古形)と方に従い、磅礴たる気象がただようことをいう。徘徊buai-huai、盤桓buan-huan、彷徨bang-huangのような連語も、これと関連のある語である。

【方域】方面。区域。宋・王安石〔字説を進むる表〕義を以て自ら然り。故に先聖の宅る所、方域を殊にし、言音乖離し、點畫同じからずと雖も、譯して之れを通ずれば、其の義一なり。

【方員】四角と円。〔孟子、離婁上〕離婁の明、公輸子の巧も、規矩(ぶんまわしと定規)を以てせざれば、方員を成すこと能はず。

【方外】世俗の外。〔世説新語、任誕〕阮歩兵(籍)、母を喪ふ。～阮方に酔ひ、髪を散じて牀に坐し、箕踞して哭せず。裴(楷)至り、下りて地に席して哭す。～裴曰く、阮は方外の人なり。故に禮制を崇ばず。我が輩は俗中の人なり。故に儀軌を以て自ら居ると。

【方技】医術・養生・占卜の術などをいう。〔漢書、芸文志〕(方技略)方技なる者は、皆生生の具、王官の一守なり。～蓋し病を論じて以て國に及び、診を原ねて以て政を知る。

【方言】各地特有の語。晋・郭璞〔方言の序〕蓋し聞く、方言の作は輶軒の使に出づ。萬國を巡遊し、異言を采覽する所以なり。車軌の交はる所、人迹の蹈む所、畢く載せざる靡し。

【方冊】書物。宋・李侗〔羅仲素(従彦)に与ふる書〕惟だ洙泗(魯国)の閒、七十二弟子(孔門)の徒、議論問答、具さに方冊に在り。

【方士】方術の士。〔史記、封禅書〕騶衍、陰陽主運を以て諸侯に顯はる。燕・齊海上の方士、其の術を傳ふるも、通ずること能はず。

【方舟】舟をならべて筏とする。〔国語、斉語〕西河に至り、舟を方べて泭を設け、桴に乗りて河を濟り、石枕に至る。

【方諸】鏡。〔周礼、秋官、司烜氏〕鑒を以て明水を月に取る。〔注〕鑒は鏡の屬なり。水を取る者は、世に之れを方諸と謂ふ。

【方丈】一丈四方。〔孟子、尽心下〕食前方丈、侍妾數百人は、我れ志を得とも爲さざるなり。

【方寸】一寸四方。心。〔列子、仲尼〕嘻、吾れ子の心を見るに、方寸の地虚し。幾ど聖人なり。

【方正】行いが正しい。また、その人。漢・賈誼〔屈原を弔ふ文〕嗚呼哀しい哉、時の不祥に逢へり。～賢聖逆まに曳かれ、方正倒に植てり。

【方伯】地方諸侯とその長。〔礼記、王制〕天子、其の大夫をして三監と爲し、方伯の國を監せしむ。國ごとに三人なり。

【方物】地方の物産。また、物を識別する。〔国語、楚語下〕少皞氏の衰ふるに及んで、九黎德を亂し、民神雜糅し、方物すべからず。

【方命】命にさからう。〔書、堯典〕僉な曰く、於、鯀なる哉と。帝曰く、吁、咈れる哉、命に方ひ、族を圮らんと。

【方良】山の怪。また、罔両ともいう。死人の脳を食う。〔周礼、夏官、方相氏〕墓に及び、壙(墓穴)に入る。戈を以て四隅を撃ち、方良(木石の怪、罔両)を敺つ。

↑方位 方角と位置/方頤 角あご/方印 角印/方裔 辺境/方円 方員/方圜 方円/方音 方言/方家 大家/方舸 方舟/方雅 大方の文雅の人/方駕 車を並べる/方格 正しい規準/方岳 五岳/方額 富貴の相/方眼 格子の穴/方軌 車が並行する/方毅 正剛/方伎 方技/方祇 大地/方儀 大地/方丘 地壇/方響 磬板二架を二本の木でたたく/方矩 曲尺/方隅 片隅/方君 名刺入れ/方形 四角/方計 手段/方潔 正しくて清廉/方硯 四角の硯/方向 方角/方行 ひろく行きわたる/方侯 方伯/方国 諸方の国/方今 当今/方剤 薬の調合/方策 書冊/方筴 書物/方志 地方志/方施 あまねく施す/方趾 人の足/方実 まこと/方術 方技/方書 方術の書/方絮 紙の異名/方相 厄払い/方勝 菱形/方上 陵上の穴/方心 方正/方人 人物較べ/方垂 四方のはて/方数 医術/方井 天井/方扇 翣/方船 方舟/方疏 角形の窓/方俗 地方の風俗/方内 国内/方沢 地壇/方地 大地/方中 正中/方直 方正/方枕 箱枕/方鎮 節度使の類/方底 書袋/方土 地方/方頭 愚鈍/方慝 忌み詞/方杷 まくわ/方板 方策/方比 比較する/方墳 方形の墳/方便 方法/方方 諸方/方袍 僧衣/方望 四方の祭/方牧 方伯/方明 神体の箱/方面 方向/方目 四角の目/方薬 処方と薬/方輿 大地/方羊 さまよう/方来 将来/方略 手段/方流 あまねく流れる/方領 角えり/方類 仲間/方廉 廉正

↓医方・一方・円方・遠方・下方・遐方・外方・漢方・眼方・奇方・忌方・義方・儀方・局方・金方・禁方・矩方・古方・故方・五方・後方・朔方・三方・四方・十方・殊方・処方・庶方・諸方・尚方・上方・職方・新方・正方・蘇方・他方・多方・大方・地方・治方・忠方・直方・陟方・途方・徳方・八方・万方・蛮方・比方・百方・平方・無方・薬方・立方・良方

常 篆文 

【包】5 〔包〕5 2771 ホウ(ハウ) はらむ つつむ いれる

象形 人の腹中に胎児のある形。〔説文〕九上に「人の裹妊するに象る。巳、中に在り。子の未だ成らざる形に象る。元气は子に起る。子は人の生まるる所なり」とし、なお十二支との関連を説くが、関係のないことである。うちに包蔵する意より、包括・包囲の意となる。

訓義 1はらむ、みごもる。2くるむ、つつむ、ふくむ。3いれる、おさめる。4つつみもの、つつみ。5蒙古の天幕形式の家。6苞と通用し、つとの意。

古訓 〔名義抄〕包 ツヽモノ 〔字鏡集〕包 シマ・ナシ・ツト・カヌ・ウラム・ツヽム・ツヽモノ

部首 〔説文〕に胞(胞)・匏の二字を属する。胞九上は「兒の生まるる裹なり」とあって、胎衣。匏はその形から名をえたものであろう。

声系 〔説文〕に包声として苞・咆・鞄・胞・飽(飽)・袍・泡(泡)・雹・鮑など十七字を収める。ほかに匏も包声に加えるべき字である。おおむね包の声義を承ける字である。

語系 包・苞peuは同声。胞pheuは胞衣、鳥には孵phiuといい、その声が近い。茂(茂)・楙muも関係のある語で、生命が生まれ、発展する意をもつ語である。

【包裹】包む。〔淮南子、原道訓〕夫れ道は、天を覆ひ地を載せ、～高さ際むべからず、深さ測るべからず。天地を包裹し、無形に稟受す。

【包含】ほうがん 中に含む。〔後漢書、梁冀伝〕冀、乃ち大いに第舍を起す。～深林絶澗、自然の若き有り。～山藪を包含し、遠く丘荒を帯ぶ。

【包羞】ほうしゅう 辱を忍ぶ。唐・杜牧〔烏江亭に題す〕詩 勝敗は兵家も、事と期せず 羞を包み恥を忍ぶは、是れ男児

【包茅】ほうぼう 束ねたちがや。祭時に酒をこすのに用いる。〔左伝、僖四年〕爾の貢する包茅、入らず。王祭に供せず、以て酒を縮むる無し。寡人是れを徴す。

【包容】ほうよう 寛容。宋・蘇軾〔神宗皇帝に上る書〕人誰か過ち無からん。國君は垢を含む。至察せば徒無らん。若し陛下多方包容せば、則ち人財、取次して用ふべし。

➡包囲 つつみ囲む／包瓜 葫蘆／包懐 心のうちに思う／包括 一まとめにする／包函 収め容れる／包匭 まとめる／包犧 伏戯／包挙 つつみこむ／包僱 請負う／包護 かこう／包蔵 しまう／包弾 あら探し／包蓄 含蓄／包纏 つつみまとめる／包頭 頭巾／包庇 かばう／包覆 おおう／包封 封をする／包羅 網羅する／包絡 くるむ／包蘆 つと／包籠 包含する

➡荷包・懐包・外包・緘包・含包・兼包・梱包・内包・幷包・牢包

【仿】 6 2022 ホウ(ハウ) にる さまよう

篆文 籀文

形声 声符は方ほう。〔説文〕八上に「相ひ似るなり」とするのは仿仏・仿彿の意。仿傚はまねる意。また放効ともいう。仿偟・仿徨のように「さまよう」の訓もある。〔説文〕に籀文として俩をあげるが、用例はない。

訓義 1にる、にかよう、まねる。2さまよう。

古訓 〔名義抄〕仿佛 ホノカナリ・オボツカナシ・ナラフ・カタヒク・イカル／仿像 ホノカナリ 〔字鏡集〕仿 イカル・ヒト・ホノカナリ・ナラフ／倣・仿 ヨル・ナラフ・マナブ・ナスラフ

語系 仿偟bang-huang、俳徊buai-huai、盤桓buan-huan はみな畳韻の連語。さまよい、たちもとおることをいう形況の語である。

【仿刻】ほうこく 原本の形態を摸した刊本。〔老残遊記、三回〕是の一本は蘇東坡の手寫せる陶(潜)詩、就ち是れ毛子晉仿刻する所の祖本なり。

【仿像】ほうぞう そっくり。さも似たり。〔晋書、劉元海載記〕吾れ昔、邯鄲の張冏の母、司徒氏に従つて相せしに、云ふ、吾當に貴子孫有り、三世にして、必ず大いに昌んなるべしと。仿像相ひ符せり。是より十三月にして元海を生めり。

【仿仏】ほうふつ 相似るさま。また、ほのかなさま。晋・陶潜〔桃花源記〕〔淮南子、俶真訓〕天、和を含むも未だ降らず、地、氣を懐くも未だ揚らず。虚無寂寞、蕭條霄霓、仿佛として有る無く、氣、遂くして大いに冥冥に通ずる者なり。

【仿洋】ほうよう さまよう。〔淮南子、原道訓〕廣澤の中に消遙し、山峡の旁に仿洋す。～聖人之れに處り、～其の自ら樂しむ所以を失はず。

➡仿行 まねる／仿効 まねる／仿偟 さまよう／仿写 まねて写す／仿製 仿造する／仿造 模造する／仿模 模倣する／仿佯 仿洋

➡比仿

【呆】 7 6090 ホウ(ハウ) タイ おろか あきれる

形声 保の省文。元の俗語で、おろかなことを「呆傍」という。わが国では痴呆・阿呆のようにいい、また「呆れる」「呆気」のように用いる。

訓義 1おろか、痴と通じる。2おどろく。3国語で、あきれる。

➡呆貨 滞貨／呆獃 痴呆／呆想 あっけにとられる／呆痴 おろか／呆賬 貸し倒れ／呆鈍 痴鈍／呆病 痴呆症／呆笨 粗笨／呆傍 おろか／呆話 馬鹿話

➡阿呆・痾呆・痴呆

【夆】 7 2750 ホウ あう さからう

篆文 金文

会意 夂ち＋丰ほう。丰は木の秀ほつ枝。杉鉾の形。そこに神が下降する。山ならば峯、その神気に逢うを逢という。〔説文〕五下に「啎さからふなり」とあり、にわかに逢って驚く意のようである。〔史記、天官書〕に「鬼哭すること呼ぶが若ごとく、其の人逢俉す」とあり、字はまた夆啎・逢迕に作る。

訓義 1あう、神異にあう。2おどろく、おどろきむかえる。3さからう、おどろきさからう。

声系 〔説文〕に夆声として逢・夆・捀など四字、また逢声の字五字を収める。捀十二上は「奉なり」とあり、また夆二下は「使なり」という。奉は神霊の降る秀つ枝を捧げる形とみられ、これらの字はみな夆の声義に従う。

語系 夆phiong、逢biongは声義近く、霊木に神の降るを夆といい、その神気に遭遇するを逢という。碰bangは卒然として相遇うことをいう。遇(遇)も神異のものに遭遇する意である。

参考 夆・𡕒かい・夅こうは字形が似ている。𡕒は〔説文〕五下に「要害を相ひ遮るなり」とあり、害(害)の声義を以て解する。𡕒は丯かいに従い、𡕒は他の侵入する(夂、足の形)を、丯(逆木)を以て防ぎ妨げる形、故に遮る意となる。害は大きな把手とってのある刃器で、祝詞の器(口さい)を害する形。夅は歩(歩)の倒文。神が神梯を降るを降(降)といい、登るを陟という。

【彷】 7 2022 ホウ(ハウ) さまよう ほのか

金文

形声 声符は方ほう。〔玉篇〕に「彷徨くわうなり」とあり、さまよう意。〔荘子、逍遙遊〕「彷徨乎として其の側に爲す无し」、〔大宗師〕「芒然として塵垢の外に彷徨す」など、〔荘子〕にこの語を好んで用いている。彷は今本の〔説文〕にみえないが、〔文選、甘泉の賦〕の〔李善注〕に〔説文〕を引いて「彷彿は、相ひ似て視ること諟あきらかならざるなり」という。字はまた仿に作る。

訓義 1さまよう、たちもとおる。2ほのか、にかよう。

古訓 〔名義抄〕彷徨 タヽズム／彷徉 ヤスラフ・ヲノヽク 〔字鏡集〕彷 ヲノヽク

＊語彙は仿字条参照。

【彷徨】ほうこう(はうくわう) たちもとおる。〔詩、王風、黍離、序〕黍離は宗周を閔むなり。周の大夫、行役して宗周に至り、故の宗廟宮室を過ぐるに、盡く禾黍と爲れり。～彷徨して去るに忍びず、是の詩を作る。

【彷彿】ほうふつ ほのかなさま。また、似かようさま。唐・李白〔崔郎中宗之に贈る〕詩 高きに登りて浮雲を望めば 彷彿として舊丘の如し

【彷徉】ほうよう さまよう。〔唐書、盧藏用伝〕兄徵明と、偕に終南・少室の二山に隠れ、練氣を學び、辟穀を爲さめ、衡・廬(二山の名)に登り、岷・峨(二山の名)に彷徉(洋)す。陳子昂・趙貞固と友とし善し。

➡彷像 仿像／彷摹 仿摹／彷羊 彷徉

【抔】 7 5109 〔捊〕 10 5204 ホウ ハイ すくう あつめる

篆文

形声 声符は不ふ。〔説文〕十二上に捊字を出だし、「引きて取るなり」とし、或る体として抱(抱)を加える。「引きて取る」は〔詩、大雅、緜〕の〔正義〕や〔一切経音義〕〔広韻〕に引くところはみな同じであるが、〔玉篇〕捊字条に「詩に曰く、原隰に捊あつまる」と

〔詩、小雅、常棣〕の句を引き、〔小徐本〕にもその句がある。また〔玉篇〕に「說文に曰く、引きて聚むるなり」としており、〔說文〕はもと聚に作り、取は聚の壞文であろう。〔礼記、礼運〕「汙尊(水溜りを作る)して抔飮(手すくい)す」の〔鄭玄注〕に「手もて之れを掬ふなり」とみえる。〔說文〕に「抱、捊或いは包に從ふ」とし、不・孚・包(包)はその声が近いが、抱は別に抱擁・抱懐の字として用いる。

訓義 ①すくう、すくいとる、すくいあつめる。②掌一杯、一すくい。③字はまた、捊に作る。④国語で、「など」とよむ。

古訓 〔名義抄〕抔・捊 トル・シボル・スル・サク・バチ 〔字鏡集〕抔 ニギル

【抔土】(ほうど) 一抔の土。〔史記、張釈之伝〕今宗廟の器を盗みて之れを族(滅)せば、萬分の一、假令し愚民、長陵一抔の土を取る如きこと有らば、陛下、何を以て其の法を加へんや。

↑抔飮(ほういん) 手ですくい飲む

↓一抔

【芃】 7 4421 ホウ しげる

篆文 

形声 声符は凡(凡)。〔說文〕一下に「艸の盛んなる皃なり」(段注本)とあり、「芃芃」のように用いる。また獣毛の多いことをもいう。〔詩、小雅、何草不黄〕「芃たる狐有り」とは、尾毛の多いことをいう。

訓義 ①しげる、くさがしげる。②毛が密生する。

古訓 〔名義抄〕芃 シゲル

参考 艽・芄は字形が近い。艽は遠荒の地。艽野は荒野。芄は芄蘭、ががいもをいう。

↑芃芃(ほうほう) 茂るさま

常【芳】 7 4422 〔芳〕 8 4422 ホウ(ハウ) かおり かんばしい はな

篆文 

形声 声符は方。〔說文〕一下に「香艸なり」とあり、花の芬香あるものをいう。人に移して芳書・芳情といい、衆芳とは群賢をいう。

訓義 ①かおり、かおりぐさ、かんばしい。②はな、かおりあるはな。③うつくしい、よい、賢者。

古訓 〔名義抄〕芳 カウバシ・ニホフ・カタチ／芳菲 ウルハシ

語系 芳phiuang、芬phiuanは声近く、菲・斐(斐)phiuaiは同声。みな花などの芬芳あり、美しいさまをいう。おそらくもとその形況の語であろう。

【芳園】(ほうえん(はうゑん)) 花咲く園。唐・李白〔春夜、桃李園に宴するの序〕桃李の芳園に會して、天倫の樂事を序す。～佳作有らずんば、何ぞ雅懷を伸べん。

【芳菊】(ほうきく(はうきく)) 香りのよい菊。〔後漢書、胡広伝注に引く盛弘之荊州記〕菊水は穰縣に出づ。芳菊涯を被ひ、水極めて甘香。谷中皆此の水を飮む。上壽は百二十、七八十の者は猶ほ以て夭と爲す。

【芳魂】(ほうこん(はうこん)) 香魂。美人の霊などにいう。元・呉師道〔子昂蘭竹の図〕詩 湘娥(娥黄)の清淚、未だ嘗て消せず 楚客の芳魂、招くべからず

【芳樹】(ほうじゅ(はうじゅ)) 花さく木。唐・李華〔春行、興を寄す〕詩 宜陽城下、草萋萋たり 澗水東に流れて復た西に向ふ 芳樹人無く、花自ら落つ 春山一路、鳥空しく啼く

【芳春】(ほうしゅん(はうしゅん)) 陽春。晉・陸機〔文の賦〕落葉を勁秋に悲しみ、柔條(枝)を芳春に喜ぶ。

【芳心】(ほうしん(はうしん)) 美しい心。また、芳魂。〔古文真宝、前集、虞美人草〕詩 芳心寂寞、寒枝に寄す 舊曲聞き來つて、眉を斂むるに似たり

【芳草】(ほうそう(はうさう)) 芳香ある草花。君子にたとえる。〔楚辞、離騷〕何れの所にか、獨り芳草無からん 爾何ぞ故宇をのみ懷はんや

【芳沢】(ほうたく(はうたく)) 化粧に用いる香油。魏・曹植〔洛神の賦〕延頸秀項、皓質呈露す。芳澤加ふること無く、鉛華(おしろい)御ひず。

【芳年】(ほうねん(はうねん)) 青春の年。妙齢。唐・盧照鄰〔長安古意〕詩 借問す、簫を吹いて紫煙に向ふを 曾經て舞を學んで芳年を度りき

【芳菲】(ほうひ(はうひ)) 美しい草花。陳・顧野王〔陽春歌〕楽府 春草、正に芳菲 重樓、曙扉を啓く

【芳烈】(ほうれつ(はうれつ)) すぐれた事迹。漢・蔡邕〔郭有道林宗の碑〕碑を樹てて墓に表し、景行を昭明し、芳烈を百世に奮ひ、令問を無窮に顯はれしむ。

【芳醪】(ほうろう(はうらう)) 美酒。宋・陸游〔病後自詠〕詩 狂豪掃ひ去つて衰殘を得たり 芳醪を數啜して興亦た闌なり

↑芳埃 芳塵／芳藹 芳香／芳意 春意／芳郁 よい香り／芳茵 花の席／芳陰 花かげ／芳韻 御作／芳液 香水／芳苑 花園／芳煙 香煙／芳艶 美しくあでやか／芳音 御作／芳花 美しい花／芳華 芳花／芳緘 お手紙／芳翰 お手紙／芳顔 尊顔／芳卉 芳草／芳気 香気／芳紀 妙齢／芳規 よい規約／芳衾 香衾／芳襟 衿もと／芳桂 香桂／芳卿 貴下／芳景 春景／芳馨 芳香／芳潔 清らか／芳郊 春郊／芳膏 香膏／芳歳 妙齢／芳札 貴翰／芳姿 美しい姿／芳時 春の季節／芳袖 香袖／芳羞 盛饌／芳潤 かぐわしい／芳醇 美酒／芳書 貴翰／芳醑 美酒／芳辰 春／芳信 芳翰／芳訊 お手紙／芳塵 落花／芳声 芳名／芳節 春／芳鮮 鮮肉／芳饌 佳肴／芳叢 群咲き／芳樽 美酒／芳躅 前賢の事蹟／芳伝 名声／芳甸 春郊／芳美 かぐわしく美しい／芳苾 かぐわしい／芳膚 美しい肌／芳馥 香しい／芳芬 かぐわしい／芳苞 つぼみ／芳茅 ちがや／芳墨 貴翰／芳茗 茗茶／芳誉 名声／芳容 芳姿／芳流 名声／芳林 春の樹／芳齢 妙齢／芳醴 あま酒／芳薈 芳叢

↓遺芳・英芳・含芳・菊芳・薫芳・群芳・瓊芳・妍芳・孤芳・紅芳・残芳・秀芳・秋芳・衆芳・春芳・蘇芳・摘芳・伝芳・年芳・佩芳・百芳・芬芳・野芳・幽芳・余芳・蘭芳・流芳・弄芳

常【邦】 7 5702 〔邦〕 7 5702 ホウ(ハウ) くに みやこ

篆文  古文  金文 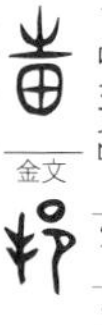

形声 声符は丰。〔說文〕六下に「國なり」とし、前条の邑字条にも「國なり」とあって同訓。金文の字形は土主の上に若木を植えて社樹を示し、旁らに邑を加える。すなわち封建の象で、建邦のことをいう。〔周礼、天官、大宰、注〕に大なるを邦、小なるを國(国)というとするが、邦は封建、國はもと或に作り、城郭と戈、すなわち武装都市をいう字である。〔說文〕古文の字は圃の初文であるらしく、〔魏石経、古文〕にみえない字である。

訓義 ①くに、封建によるくに、その領域。②みやこ、社稷のあるところ。③封と通じ、封ずる。

古訓 〔名義抄〕邦 クニ・サカヒ

語系 邦peong、封piongは声義近く、封建の儀礼によって邦が創建される。封建によって作られた邑を邦といい、国都を意味した。封建に社樹を奉ずることを奉biong、捧phiongという。邦・封にはまた豐phiong、すなわち豊大の意がある。

【邦家】(ほうか(はうか)) 国家。宋・欧陽脩〔相州昼錦堂記〕其の豐功盛烈、彝鼎に銘し、弦歌に被らしむる所以の者は、乃ち邦家の光にして、閭里の榮のみに非ざるなり。

【邦畿】(ほうき(はうき)) 畿内。〔詩、商頌、玄鳥〕邦畿千里 維れ民の

止まる所 彼の四域を肇域し 四海來り假る

【邦君】国君。〔詩、小雅、雨無正〕三事大夫 肯て夙夜すること莫く 邦君諸侯 肯て朝夕すること莫し

【邦彦】国中でのすぐれた人。〔詩、鄭風、羔裘〕羔裘晏たり 三英(房飾り)粲たり 彼其の子や 邦の彥なり

【邦国】国家。〔詩、大雅、烝民〕肅肅たる王命 仲山甫、之れを將ふ 邦國の若否は 仲山甫之れを明らかにす 既に明にして且つ哲なり 以て其の身を保つ

【邦人】国人。〔書、金縢〕天乃ち雨ふり、風を反し、禾則ち盡く起つ。二公、邦人に命じ、凡そ大木の偃せし所、盡く起して之れを築かしむ。

【邦族】故国の宗族。〔詩、小雅、黃鳥〕此の邦の人 我を肯て穀しはず 言に旋り言に歸り 我が邦族に復らん

【邦典】国の法典。〔周礼、秋官、大司寇〕凡そ諸侯の獄訟は、邦典を以て之れを定む。

【邦伯】諸侯。方伯。〔書、召誥〕周公乃ち朝し、書を以て庶殷、侯・甸・男・邦伯に命ず。厥れ既に庶殷に命ず。庶殷丕いに作る。

【邦墓】人民の墓地。〔周礼、春官、墓大夫〕墓大夫は、凡そ邦墓の地域を掌り、之れが圖を爲る。國民をして族葬せしめ、其の禁令を掌る。

【邦朋】朋党を結ぶ。〔日知録、五、邦朋〕士師は士の八成を掌る。七に曰く、邦朋を爲む。~世衰へ道微にして、王綱上に弛み、私黨下に植つ。故に箕子の洪範(〔書〕の一篇)を陳ぶるや、必ず皇いに其の有極を建つ。而る後、庶民人、淫朋比德無し。

↑邦圻 邦畿/邦器 国の重器/邦教 国の教化/邦境 国境/邦疆 国境/邦禁 国禁/邦刑 国法/邦經 国法/邦傑 邦彦/邦憲 国法/邦交 国外交/邦嗣 嗣君/邦成 判決例など/邦制 制度/邦績 勲功/邦節 契節の類/邦賊 国賊/邦治 政治/邦中 邦都/邦諜 スパイ/邦甸 畿内/邦都 畿内の采地/邦土 国土/邦盗 国の大盗/邦内 国内/邦布 銭貨/邦誣 流言/邦賦 歳入/邦本 国の本/邦令 国法/邦老 劇の悪役

↓異邦・家邦・海邦・旧邦・経邦・小邦・新邦・他邦・大邦・万邦・本邦・盟邦・友邦・乱邦・連邦・陋邦

【咆】 8 6701 ホウ(ハウ) ほえる なく いかる

篆文 

形声 声符は包(包)。〔説文〕二上に「嗥なくなり」とあり、次条に「嗥は咆ゆるなり」とあって互訓。動物の咆える声をいう。動物のたけり鳴くを咆吼といい、ともにその声を写した語である。

訓義 ①ほえる、なく、たけりほえる。②いかる。

古訓 〔新撰字鏡〕咆休 和奈之(わなし)/咆勃 和奈之(わなし)、支可牟(きかむ) 〔名義抄〕咆 サケブ 〔字鏡集〕咆 タケシ・ホユ・ノム・カ、ヤク・サケブ

語系 咆beô、嗥hu、號(号)hô、哮xeu、囂xiô は声近く、みなたけびおらぶ意の語で、囂の他は動物のたけび怒る声を写したもの。囂は多くの祝告を列ねて、たけり狂うように祈るさまをいう。みな一系の語とみてよい。

【咆哮】たけりほえる。清・黃景仁〔捕虎行〕詩 山人、虎を捕ふること、狗を捕ふるが若し 虎、機弓を踏みて怒り還た走る 咆哮すること百步、草閒に仆る 笑つて出でて之れを縛す、只だ空手

↑咆咻 ほえる/咆吼 咆哮する/咆号 おらぶ/咆怒 憤怒する/咆勃 たけりたつ/咆躍 咆勃

↓嘔咆・虎咆・哮咆・怒咆・雷咆

常【奉】 8 5050 ホウ うける たてまつる たすける つかえる ささげる

篆文 

会意 丰+収。丰は秀つ枝。神の憑る所。夆はその枝に神霊が降る意。丰を両手で捧げ、神を迎えることを奉という。それで神意をうけ、神意を奉ずるのである。〔説文〕三上に「承くるなり。手に從ひ、廾に從ひ、丰聲」とするが、丰が最も重要な字の要素である。〔周礼、地官、大司徒〕「五帝を祀り、牛牲を奉ず」は奉献、〔左伝、僖三十三年〕「天、我に奉ずるなり」は奉贊・贊助の意。金文の〔散氏盤〕に、境界画定のとき「一弄す」「二弄す」のようにいうのは、榜示の木を要所に樹てる意であろう。

訓義 ①うける、神意をうける、命をうける、いただく。②たてまつる、神に奉る、献ずるみつぎ。③ささげる、たすける、つかえる、くみする。④ささげてゆく、のせてゆく、おくる。⑤つとめる、あつかう。⑥やしない、まかない。⑦俸と通じ、禄高、ふち。⑧神や君主に対する敬語。

古訓 〔名義抄〕奉 ウク・サ、グ・タテマツリモノ・ウケタマハル・ツカムマツル 〔字鏡集〕奉 ツカマツル・タテマツル・ウケタマハル・チカシ・ツ、シム・アタフ・ソムク・トモガラ・トヾク・モト・ス、ム・サカユ・ヤスシ・シタガフ・アカハ・タモツ・モノ・ウク

【奉安】君父を葬る。〔漢書、劉向伝〕其の賢臣孝子、亦た命を承け意に順ひて之れを薄葬す。此れ誠に君父を奉安し、忠孝の至りなり。

【奉簡】お手紙拝呈。清・鄭燮〔金農に与ふる書〕世閒の寶貴すべき者は、易象・詩・書、~此れを之れ貴ばずして玩物喪志するは、奚をか取らん。~狂愚の論、敢て以て之れを高明に質す。壽門の徵士、燮奉簡す。

【奉檄】召檄を受ける。〔後漢書、劉平等伝序〕中興のとき、廬江の毛義、~家貧、孝行を以て稱せらる。~府檄適至る。~義、檄を奉じて入り喜び顏色を動かす。~義の母死するに及び、官を去り服を行ひ、~公車もて徵するも、遂に至らず。

【奉捐】さしあげる。明・楊循吉〔書廚の上に題す〕詩 吾が一生を盡さんのみ 死しては一篇をも留めず 朋友に讀む者有らば 悉く當に相ひ奉捐すべし

【奉献】献上。〔三国志、魏、三少帝、斉王芳紀〕四年~冬十二月、倭國の女王俾彌呼、使を遣はして奉獻す。

【奉行】法に従って行う。〔漢書、魏相伝〕相、易經に明らかに、師法有り。好んで漢の故事及び便宜章奏を觀る。以爲へらく、古今制を異にす。方今の務めは、故事を奉行するに在るのみと。

【奉朔】正朔(暦)を奉ずる。帰服する。明・劉基〔瑞麦頌〕海外の邦、風を望んで使を遣はし、朔を奉じて臣と稱し、闕庭(御所)に拜伏せざる莫し。

【奉祠】祀る。〔漢書、郊祀志上〕郡縣遠方の祠者は、民各自ら奉祠し、天子の祝官に領せず。

【奉承】奉受。奉行。〔漢書、鼂錯伝〕今陛下~愚臣に策を賜うて曰く、朕の逮ばざるを匡せと。愚臣何ぞ以て、陛下の高明を識りて、之れを奉承するに足らんや。

【奉嘗】新穀を供えて祀る。〔漢書、循吏、朱邑伝〕其の子に屬して曰く、我は故桐鄉の吏爲り。其の民、我を愛せり。必ず我を桐鄉に葬れ。後世子孫の我に奉嘗するは、桐鄉の民に如かざらんと。

【奉觴】寿觴をささげる。〔漢書、東方朔伝〕隆慮主、卒す。~朔、前んで壽を上りて曰く、~臣朔、觴を奉じ、昧死再拜して萬歲の壽を上ると。上乃ち立ちて、省中に入る。

【奉銭】餞別。〔史記、蕭相国世家〕高祖、布衣爲りし時、~吏を以ゐて咸陽に繇(役)す。吏皆奉錢三を送る。何、獨

り五を以てす。
【奉餞】 餞別を贈る。〔隋書、循吏、趙軌伝〕軌を徴して入朝せしむ。父老相ひ送る者、各〻涕を揮ひて曰く、～公、清きこと水の如し。請ふ、一杯の水を酌みて奉餞せんと。軌受けて之れを飲む。
【奉戴】 主としてつかえる。〔南史、文学、祖皓伝〕意に、府君を奉戴して、兇逆を勦除せんと欲す。遠近の義徒、自ら當に投赴すべし。
【奉答】 おこたえする。〔書、洛誥〕予れ小子を以て、文武の烈に揚へ、天命に奉答せしめよ。
【奉養】 かしずく。〔後漢書、列女、呉許升の妻(栄)の伝〕升、少くして博徒と爲り、～栄、嘗に躬ら家業に勤め、以て其の姑に奉養す。數〻升に勸めて學を修めしむ。～升感激して自ら厲む。
【奉禄】 俸禄。ふち。〔南史、循吏、范述曾伝〕述曾、生平得る所の奉祿、皆以て分施す。老に及んで遂に壁立(壁だけの家)にして資無し。
↑奉還 お返し／奉諱 喪中／奉給 与える／奉御 捧げる／奉具 供える／奉屈 奉駕／奉遣 捧げる／奉公 公に尽くす／奉候 仕える／奉貢 貢納する／奉告 申し上げる／奉賛 たすける／奉旨 奉勅／奉祀 祀る／奉賜 恩賜／奉侍 仕える／奉持 捧持する／奉祝 祝賀／奉順 したがう／奉遵 したがう／奉将 奉行する／奉職 任ずる／奉制 奉旨／奉宣 命をうける／奉奏 奏上する／奉送 見送る／奉粟 ふち／奉率 奉順／奉秩 俸禄／奉勅 勅を受ける／奉呈 献上する／奉奠 献上する／奉到 拝受する／奉頭 隠れる／奉読 拝読する／奉納 献上する／奉陪 お伴する／奉白 奉告する／奉煩 お手数／奉攀 ご案内／奉復 お返事／奉幣 献上する／奉命 受命／奉問 お尋ねする／奉諭 お諭し／奉揚 宣揚する／奉翼 翼賛する／奉和 和韻
↓営奉・仰奉・欣奉・供奉・迎奉・虔奉・貢奉・祇奉・嗣奉・資奉・侍奉・修奉・粛奉・順奉・遵奉・承奉・職奉・信奉・進奉・親奉・推奉・宣奉・薦奉・瞻奉・追奉・伝奉・統奉・陪奉

常【宝】 8 3010 〔寶〕 20 3080 〔宲〕 10 3090
ホウ(ハウ) たから

篆文

古文

金文

形声 旧字は寶に作り、缶声。宀は廟所。廟所に玉や貝を供薦する形。〔説文〕七下に「珍なり」と訓する。彝器の銘文に「寶障彝を作る」というように、祭器をいう。のち財宝、また尊称として宝位・宝祚のように用いる。字はまた宲に作り、〔説文〕上文の宲字条に〔書、顧命〕の「陳宲赤刀」の文を引く。今本は「陳寶」に作る。保・寶は通用、金文の〔倗生殷〕に「寶殷」を「保殷」に作る。また葆を「葆亀」のように用い、葆も通用の字である。
訓義 1たから、たからもの。2神聖なもの。神・天子のことに用いる。宝命、宝駕。3大切なもの、重要なこと。4保・葆と通用する。
古訓 〔名義抄〕寶 タカラ・タフトブ・オコル・ミチ・シルシ
語系 寶・保puは同声。金文において寶に保を用いる例がある。缶piuを寶の声符とするのは、かつて陶製の祭器を用いたなごりであろう。金文に寶を宝とするす例がある。福(福)・富piuekも声義に関係のある語と思われる。
【宝愛】 宝として愛蔵する。〔後漢書、杜林伝〕林、前に西州に於て漆書古文尚書一巻を得、常に之れを寶愛す。難困に遭ふと雖も、握持して身を離さず。～是に於て古文遂に行はる。
【宝鑑】 宝鏡。〔夢渓筆談、異事〕嘉祐中、伯兄(沈披)衞尉丞と爲る。呉の僧、一寶鑑を持ち來りて云ふ、齋戒して之れを照らさば、當に前途の吉凶を見るべしと。
【宝器】 宝物の器。〔左伝、荘二十年〕春、鄭伯、王室を和せんとして克はず。～夏、鄭伯遂に王と以に歸る。～秋、王～遂に成周に入り、其の寶器を取りて還る。
【宝庫】 宝物庫。〔三輔黄図、六、庫〕靈金内府に、太上皇微なりし時佩びたる一刀あり。～上皇以て高祖に賜ふ。高祖之れを佩ぶ。白蛇を斬れるは是れなり。天下を定むるに及んで、寶庫に藏す。守藏の者、白氣の雲の如くにして戸を出づるを見たり。
【宝書】 貴重な書。唐・李白〔猛虎行〕詩 寶書玉劍、高閣に挂け 金鞍駿馬、故人に散ず
【宝蔵】 宝。また、天然の資源。〔中庸、二十六〕今夫れ山は、一巻石(拳石)の多きなり。其の廣大なるに及んでは、草木之れに生じ、禽獸之れに居り、寶藏興る。
【宝鼎】 宝とすべき鼎。〔漢書、武帝紀〕(元鼎四年、夏六月)寶鼎を后土祠(汾陰県西)の旁らに得たり。秋、馬、渥洼水(敦煌の界)中に生ず。寶鼎・天馬の歌を作る。
↑宝衣 僧衣／宝位 王位／宝意 王意／宝宇 寺院／宝運 王運／宝貨 宝物／宝駕 王の車駕／宝函 宝物函／宝冠 宝玉の冠／宝玩 宝物／宝亀 王のト亀／宝弓 王弓／宝匳 宝函／宝鏡 宝鑑／宝業 王業／宝訓 良訓／宝髻 礼装の髻／宝玦 宝玉の玦／宝訣 秘訣／宝剣 宝物の剣／宝眷 恩恵／宝匣 宝函／宝座 蓮座／宝釵 宝鈿／宝財 玉帛／宝冊 王の冊書／宝札 貴翰／宝刹 寺／宝盞 玉杯／宝算 王の年齢／宝笥 宝函／宝璽 玉璽／宝珠 珠玉／宝綬 高位／宝章 名筆／宝勝 首飾り／宝粧 美装／宝鈔 紙幣／宝仗 儀仗／宝色 七宝色／宝刃 宝剣／宝瑞 瑞兆／宝性 天性／宝石 玉石の類／宝蹟 名筆／宝籍 貴重書／宝釧 腕輪／宝像 仏像／宝鐸 風鐸／宝地 景勝の地／宝重 貴重／宝珍 珍重／宝典 珍重の書／宝篆 香炉／宝鈿 金玉の釵／宝図 天子の業／宝刀 宝剣／宝灯 献灯／宝塔 仏塔／宝幢 寺の幢幡／宝纛 王の旗／宝貝 宝の貝／宝煤 良墨／宝舶 宝舟／宝璞 宝石／宝飯 供飯／宝幡 宝幢／宝秘 秘蔵の宝物／宝府 宝庫／宝符 お札／宝幣 ぬさ／宝璧 宝玉／宝墨 名筆／宝命 天命／宝物 宝もの／宝用 宝とする／宝輦 宝輿／宝鏤 宝とする鏤りもの／宝籙 道家の予言書／宝盌 金玉の椀
↓愛宝・異宝・遺宝・佳宝・家宝・貨宝・懐宝・環宝・奇宝・貴宝・器宝・拱宝・玉宝・元宝・洪宝・国宝・財宝・三宝・至宝・七宝・什宝・重宝・神宝・蔵宝・大宝・珍宝・陳宝・琛宝・通宝・天宝・典宝・万宝・秘宝・符宝・墨宝・名宝・良宝・霊宝

【庖】 8 0021
ホウ(ハウ) くりや

篆文

形声 声符は包(包)。〔説文〕九下に「廚なり」とあり、次条に「廚は庖屋なり」とあって、料理場をいう。〔周礼、天官、序官、庖人、注〕に「庖の言たる、苞なり。肉を裹むを苞苴と曰ふ」とするが、包は胞・炮の意であろう。
訓義 1くりや、台所、料理場。2料理人、調理する人。3苞と通じ、つつむ。

古訓 〔新撰字鏡〕庖 久利也(くりや) 〔字鏡集〕庖 クリヤ

【庖丁】 料理人。〔荘子、養生主〕庖丁、文恵君の為に牛を解く。手の觸るる所、肩の倚る所、足の履む所、膝の踦まる所、砉然嚮然、刀を奏むること騞然、音に中らざる莫し。桑林の舞に合し、乃ち經首の會に中る。

↑庖屋 厨房/庖犠 伏羲/庖宰 お膳方/庖爨 かまど/庖子 料理人/庖炙 焼き肉/庖人 料理人/庖正 庖宰/庖饌 料理/庖膳 食事/庖僧 老庖丁/庖霜 庖刀/庖中 調理場/庖厨 くりや/庖肉 庖の肉/庖廩 厨と米倉

↓供庖・充庖・大庖・厨庖・珍庖・良庖

【抨】 8 5104 ホウ(ハウ) はじく うつ

篆文 

形声 声符は平(平)。〔説文〕十二上に「彈くなり」(段注本)とあり、うちしりぞけることをいう。〔爾雅、釈詁〕に「從ふなり」「使なり」とあり、使役の義は伻と通用の義である。

訓義 1はじく、うつ、うちしりぞける。2したがう。3しむ、せしむ。使役。

古訓 〔名義抄〕抨 シタガフ・シム・ハカル・ツクル・スミ・ウツ・スミツク・ワカツ・ツヾル・ヒク 〔篇立〕抨 トル・ハカル・ウツ・シタガフ・シム 〔字鏡集〕抨 サグル・ハカル・トル・ウツ

↑抨按 取り調べ/抨劾 取り調べ/抨弓 弓を虚発する/抨撃 糾弾する/抨騭 品評する/抨章 弾劾文/抨弾 抨劾

↓驚抨・弾抨

常【抱】 8 〔抱〕 8 5701 ［袌］ 11 0073 ホウ(ハウ) いだく だく まもる

篆文 

形声 声符は包(包)。包は腹中に胎児のある形。生まれた子を抱くことを抱という。〔説文〕八上に袌を正字とし「褱くなり」と訓し、徐鉉の案語に、抱をその俗体とする。〔釈名、釈姿容〕に「抱は保なり」とし、保もまた懐抱の形に作るものがあるが、保は生子儀礼として、受霊・魂振りのために、裾に「襲衾」をそえ、頭上にときに玉を加える形がある。心に思うこと、心に固く執ることをも抱という。

訓義 1いだく、だく、ふところにする、かかえる。2つつむ、からむ、まもる。3こころにもつ、おもう、おもい。

古訓 〔名義抄〕抱 イダク・ウタク・イタル・トル・ハク・モツ・ホドコス 〔篇立〕抱 ウチホドコス・フトコロ・ヒク・イダク・クム・カ、フ

語系 抱bu は保・褓・葆 pu と声が近い。抱は孚・孵 phiu のように孚育の意をもつ。保系統の字は生子儀礼としての呪儀を示すもので、保・抱はいわば聖俗の別をもつ語である。

【抱一】 道をいだく。〔老子、二十二〕少なければ則ち得、多ければ則ち惑ふ。是こを以て、聖人は一を抱きて天下の式と爲る。

【抱影】 自分の影をいだく。孤独。晉・左思〔詠史八首、八〕詩 落落たり、窮巷の士 影を抱いて空廬を守る 出門、通路無し 枳棘、中塗を塞ぐ

【抱甕】 かめをいだく。不器用なたとえ。〔荘子、天地〕一丈人の、方に將に圃畦(畑)を爲めんとするを見る。隧を鑿ちて井に入り、甕を抱きて出でて灌ぐ。～力を用ふること甚だ多くして、功を見ること寡なし。

【抱懐】 心に思う。こころざし。魏・阮瑀〔曹公の為に書を作りて孫権に与ふ〕抱懐すること數年、未だ意を散にすることを得ず。

【抱関】 関守り。〔孟子、万章下〕尊を辭して卑に居り、富を辭して貧に居るに、惡くにか宜しきか。抱關・擊柝(夜廻り)なり。

【抱月】 月かげを受ける。晉・夏侯湛〔禊の賦〕朝春に葩を挺き、夕霞に月を抱く

【抱残】 残欠の遺文を固守する。〔漢学師承記、八、顧炎武〕二君(黄宗羲・顧炎武)瓌異の質を以て經世の才を負む。～豈に抱殘守缺の俗儒、尋章摘句の世士の若くならんや。

【抱槧】 刻書。著作。宋・梅堯臣〔正仲(王存)の贈らるるに、韻に依りて和答す〕詩 平生、書詩を好む 一意、抱槧に在り

【抱持】 大事にもつ。〔漢書、王莽伝下〕莽、車に就き、漸臺に之き、池水に阻まんと欲し、猶ほ符命・威斗(呪玉)を抱持す。～衆兵之れを追ふ。

【抱膝】 膝をかかえる。〔三国志、蜀、諸葛亮伝注に引く魏略〕(亮)荊州に在り。～晨夜從容する每に、常に膝を抱きて長嘯す。

【抱樹】 孝行する。〔晉書、王祥伝〕繼母朱氏不慈なり。～丹柰有りて結實す。母命じて之れを守らしむ。風雨每に、祥輒ち樹を抱いて泣く。

【抱柱】 愚かに約束を守る。〔荘子、盗跖〕尾生、女子と梁下(橋の下)に期す。女子來らず。水至るも去らず。梁柱を抱きて死せり。

【抱璞】 璞玉を抱く。〔韓非子、和氏〕楚人和氏、玉璞を楚の山中に得たり。～(厲)王、和を以て誑ると爲し、其の左足を刖る。～乃ち其の璞を抱きて楚山の下に哭すること三日三夜。

【抱負】 前に抱き、後に負う。また、志向。宋・陸游〔哀北〕詩 抱負奇偉なりと雖も 齒を終ふる(死ぬ)まで伸ばすことを得ず

【抱樸】 本性を守る。〔老子、十九〕素を見はし樸を抱き、私少なく欲寡からしむ。

【抱弄】 抱いて遊ぶ。唐・白居易〔元九(稹)に与ふる書〕僕、始めて生まれて六七月の時、乳母書屏の下に抱弄す。～則ち僕宿習の縁、已に文字中に在り。

↑抱痾 病気持ち/抱景 抱影/抱怨 怨みをもつ/抱愨 ま心/抱学 深い学問/抱愧 恥じる/抱義 義心をもつ/抱衾 とのいする/抱釁 罪を抱く/抱屈 抱怨/抱歉 不満をもつ/抱恨 抱怨/抱罪 相済まぬ気持ち/抱撮 つかみとる/抱志 志をもつ/抱真 抱一/抱拙 守愚/抱素 抱樸/抱担 かつぎもつ/抱痛 悲しみを抱く/抱徳 徳を守る/抱氷 刻苦する/抱腹 腹かけ/抱憤 心に怒る/抱哺 大切にし、はぐくむ/抱恙 持病をもつ/抱養 養い育てる/抱擁 抱く/抱膺 胸に思う

↓影抱・縈抱・掩抱・遠抱・介抱・懐抱・孩抱・拱抱・襁抱・襟抱・携抱・曠抱・合抱・子抱・愁抱・辛抱・塵抱・乳抱・負抱・保抱・満抱・幽抱・擁抱・連抱

【抛】 8 5401 ［拋］ 7 5401 ホウ(ハウ) なげる なげうつ すてる

篆文 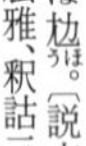

形声 声符は尥。〔説文新附〕十二上に「棄つるなり」、〔広雅、釈詁三〕に「擊つなり」、また〔玉篇〕に「擲つなり」とあり、遠くへ投棄することをいう。〔後漢書、宗室四王三侯、安成孝侯賜伝〕に「同に財産を抛ち、客を結んで吏に報ず」とみえる。〔唐書、東夷、高麗伝〕に「抛車を列ね、大石を飛ばす」とあり、その用法が原義であるらしく、その投擲の線を抛物線という。

訓義 ①なげうつ、なげとばす。②すてる、なげすてる。

古訓 〔名義抄〕拋 ナゲフツ・ナゲフス・ウツ・ナグ・スツ・タツ〔字鏡集〕拋 ハジク・ヤスシ・ナグ・ナゲウツ・スツ・タツ

語系 拋phiô、摽phiô は声義近く、摽は遠くへなげうつことをいう。〔詩、召南、摽有梅〕は「摽つに梅有り 其の實七つ」は、「嫙」における投果の俗をいう。放piuang は語系が異なるようである。

【拋卻】うちすてる。唐・白居易〔詠懐〕詩 幾時か、酒醆曾て拋卻したる 何れの處にか、花枝把りて看ざりし

【拋車】投石車。また、石車・霹靂車という。〔後漢書、袁紹伝〕(曹)操、乃ち石車を發して紹の樓を撃ち、皆破る。軍中呼んで霹靂車と曰ふ。〔注〕即ち今の拋車なり。

【拋擲】なげ出す。すてる。唐・曹唐〔織女、牽牛を懐ふ〕詩 封題の錦字、新恨を凝らす 金梭を拋擲して、舊愁を織る

↑拋家 家出/拋丸 放丸/拋毬 曲調の名、拋毬楽/拋去 投げすてる/拋荒 荒れはてる/拋射 飛ばす/拋捨 すてる/拋售 大売り出し/拋廃 廃棄する/拋泊 投錨する/拋物 遠く投げる/拋網 とあみ/拋落 すてる/拋淪 おちぶれる/拋令 頓智問答/拋露 暴露する

↓一拋・軽拋・長拋・擲拋・罷拋・風拋・乱拋

常【放】 8 0824 ホウ(ハウ) はなつ はなす ならう

篆文 

金文 

会意 方＋攴。方は架屍の形。これを殴って邪霊を放逐する共感呪術的な呪儀。〔説文〕四下に「逐ふなり」と訓し、方声とするが、方は殴撃を加える対象物である。その架屍に頭部の形を加えたものは敫で、徼の初文。巫女を殴つものは微(微)、長髪の人を殴つものは徵(徴)・徹。邪霊を徹くし、徼めるところを徼するもので、敵に徼る相似た呪法をいう。みな古代祭梟(首祭)の俗を示す字である。

訓義 ①はなつ、おう、さる、しりぞける、つきはなす。②ほしいまま、ときはなす、のべる、ひろげる、あらわす。③おく、すておく、やめる。④倣と通じ、ならう、まねする、のっとる、にかよう。

古訓 〔名義抄〕放 ハナツ・ユルス・ホシイマヽ・アカス・イタル・アラハニ・マカス・マヽ・ニ・ナラフ・ヲシフ・ミダリカハシ・オク〔字鏡集〕放 アソブ・イタル・アラハル・オク・ハナツ・ナラフ・スタル・コロホヒ・マナブ・ミダリガハシ・ヲシフ・マカス・ウルカ・ホシイマヽ・イタム・ナゾラフ・マヽ・ニ・ユルス・スツ・チル・ツヒニ・ヨル

部首 〔説文〕に敖・敫の二字を属する。ともに相似た祭梟の呪法をいう。

声系 倣は放声。後起の字で、古くは仿・效(効)を用いた。

語系 方・放piuang は同声。通用の義が多い。效heô、學(学)heuk も声義の通ずるところがあり、放効のように用いる。

【放佚】にげ去る。〔礼記、月令〕(仲冬の月)是の月や、～馬牛畜獸、放佚する者有らば、之れを取るも詰めず。

【放逸】きままにする。〔後漢書、仲長統伝〕(昌言、理乱)求士の、榮樂を舍てて窮苦に居り、放逸を棄てて束縛に赴く。夫れ誰れか肯へて之れを爲す者あらんや。～君子困賤の時に當りて、～猶ほ鎭壓(厭)(威力に屈する)の禍ひ有るを恐るればなり。

【放下】おろす。宋・楊万里〔初夏即事、二首、一〕詩 更に人の田中の水を惜しむ無し 清溪を放下して、意に恣かせて流す

【放歌】大声で歌う。唐・杜牧〔潤州、二首、一〕詩 句呉亭東、千里の秋 放歌曾て作す、昔年の遊 青苔寺裏、馬跡無く 綠水橋邊、酒樓多し

【放鶴】鶴を放つ。宋・蘇軾〔放鶴亭記〕(雲竜)山人に二鶴有り、甚だ馴れて善く飛ぶ。旦には則ち西山の缺を望んで放ち、其の如く所を縱にし、～暮には則ち東山に傃ひて歸る。～故に之れに名づけて放鶴亭と曰ふ。

【放牛】戦いが終わる。〔書、武成〕馬を華山の陽に歸し、牛を桃林の野に放つ。

【放言】いいたいことをいう。〔論語、微子〕(孔子)虞仲・夷逸を謂ふ、隱居放言し、身は淸に中り、廢(世捨て)は權(臨機)に中る。我は則ち是れに異なり。可も無く、不可も無しと。

【放効】まねする。〔漢書、匡衡伝〕(上疏)今、長安は天子の都なるも、～其の習俗以て遠方に異なる無く、郡國より來る者も、法則とする所無く、侈靡を見て、之れに放效するもの或り。

【放曠】心がひろく、こだわらない。〔晉書、桓石秀伝〕風韵秀徹、～性放曠、常に林澤に弋釣し、榮爵を以て心を嬰がれず。

【放志】志をほしいままにする。魏・陳琳〔袁紹の為に予州に檄す〕(曹)操、便ち放志專行し、～王室を卑侮し、法を敗り紀を亂す。

【放恣】驕って気ままにする。〔孟子、滕文公下〕聖王作らず、諸侯放恣し、處士横議し、楊朱・墨翟の言、天下に盈つ。

【放弑】君を追放し殺す。〔韓非子、忠孝〕今、舜は賢を以て君の國を取り、湯・武は義を以て其の君を放弑す。此れ皆賢を以て主を危くする者なり。而るに天下之れを賢とす。

【放失】放佚。失われる。漢・司馬遷〔任少卿(安)に報ずる書〕僕竊かに不遜、近ごろ自ら無能の辭に託し、天下の放失せる舊聞を網羅し、略ぼ其の行事を攷へ、其の終始を綜ぶ。

【放釈】釈放。〔後漢書、循吏、童恢伝〕二虎を生獲す。～虎に呪して曰く、～汝若し是れ人を殺す者ならば、當に垂頭服罪すべし。自ら非を知る者は、當に號呼して冤を稱すべしと。一虎低頭閉目し、狀震懼するが如し。即時に之れを殺す。其の一は～踴躍自奮す。遂に放釋せしむ。

【放出】放つ。自由にする。唐・白居易〔七徳の舞〕詩 怨女三千、放ちて宮より出だし 死囚四百、來りて獄に歸る

【放縦】ほしいまま。〔列子、楊朱〕紂、～情を傾宮に肆にし、欲を長夜に縱にし、禮義を以て自ら苦しめず、熙熙然として以て誅に至る。此れ天民の放縱なる者なり。

【放心】放縱。また、心をひらく。唐・王維〔瓜園の詩〕手を攜へて涼風を追ひ 心を放ちて乾坤を望む 藹藹たり帝王の州 宮觀一に何ぞ繁き

【放人】世外の人。〔文中子、立命〕或ひと陶元亮(潛)を問ふ。子曰く、放人なり。歸去來(の辞)は、地を避くるの心有りと。

【放酔】存分に酔う。唐・白居易〔(劉)夢得に贈る〕詩 酔を放にして、臥して春日の伴と爲り 歡を趁うて、行きて少年の叢に入る

【放絶】絶える。〔史記、太史公自序〕獲麟より以來四百有餘歲、諸侯相ひ兼ね、史記放絶す。

【放惰】ものぐさ。唐・杜牧〔人に与へて諫を論ずる書〕某、疎愚放惰にして、機括(敏速にことに対応すること)を識らず。獨だ讀書を好み、之れを讀むこと多し。

【放達】放縦曠達。〔世説新語、任誕〕劉伶恒に縱酒放達なり。或いは衣を脫ぎ、裸形にて屋中に在り。人見て之れを譏る。伶曰く、我は天地を以て棟宇と爲し、屋室を幝衣と爲す。諸君何爲れぞ我が幝中に入ると。

【放誕】ほうたん（はう） 奔放不羈。〔西京雑記、二〕卓文君～十七にして寡となる。人と爲り放誕風流、故に長卿（司馬相如）の才を悦び、禮を越えたり。

【放逐】ほうちく（はう） 追放。漢・司馬遷〔任少卿（安）に報ずる書〕屈原放逐せられて、乃ち離騷を賦し、左丘、明を失ひて、厥れ國語有り。

【放蕩】ほうとう（はうたう） いい加減でしまりがない。〔漢書、東方朔伝〕其の言、商鞅・韓非の語を專らにし、指意放蕩、頗ぶる復た詼諧なり。辭數萬言なるも、終に用ひられず。

【放伐】ほうばつ（はう） 暴君を伐ち、放逐する。〔孟子、梁惠王下〕齊の宣王問うて曰く、湯、桀を放ち、武王、紂を伐つと、諸れ有るかと。

【放牧】ほうぼく（はう） 放し飼いする。〔後漢書、烏桓伝〕烏桓は本東胡なり。～水草に隨ひて放牧し、居に常處無し。穹廬（天幕の住居）を以て舍と爲し、東に開きて日に向ふ。肉を食らひ、酪を飲み、毛毳（にこげ）を以て衣と爲す。

【放免】ほうめん（はう） 解放。釈放。〔宋史、太祖紀〕〔開宝四年三月〕詔す。廣南、人の男女を買ひて奴婢と爲し、轉じて傭利する者有らば、並な放免せよ。

【放懶】ほうらん（はう） ものぐさ。唐・白居易〔日高くして臥す〕詩 寒を怕れて、放懶にして日高くして臥す 老に臨んで誰か言はん、牽率の身と

【放流】ほうりゅう（はうりう） 追放。流罪。〔史記、屈原伝〕屈平～放流せらると雖も、楚國を睠顧し、心を懷王に繫ぐ。～一篇の中、三たび志を致す。

【放浪】ほうろう（はうらう） さすらう。宋・蘇軾〔秦観秀才の贈らるる～に次韻す〕詩 江湖に放浪し、久しく眞を全うす 忽然として一鳴せば人を驚倒せしめん

【放論】ほうろん（はう） 気ままに論じる。〔史記、老荘申韓伝賛〕太史公曰く、～荘子、道德を散じて放論するも、要は亦た之れを自然に歸す。

↑放依 ならう／放意 ほしいままにする／放溢 放逸／放遠 遠ざける／放仮 休暇／放過 すておく／放課 課業後／放衙 退庁時／放懐 気晴らし／放学 放課／放款 投資／放還 返す／放給 発給する／放狂 狂い放題／放殛 流罪にする／放吟 放歌／放遣 放還／放古 仿古／放鼓 宮門の鼓／放工 休業／放光 光を放つ／放告 訴える／放債 金貸し／放殺 放伐／放散 まき散らす／放士 放人／放支 給付／放肆 放恣／放屣 なげやり／放赦 赦免する／放囚 放免／放春 春たつ／放生 放生会／放従 放縦／放餉 給料／放情 気まま／放臣 追放の臣／放神 放心／放賑 賑給する／放斥 斥ける／放銭 金貸し／放走 競走／放鏃 射る／放率 真率／放対 立ち合う／放大 拡大する／放黜 斥ける／放糶 米を放出する／放擲 投げる／放灯 上元の灯／放盪 放蕩／放任 なげやり／放念 安心／放廃 すてる／放髪 散髪／放飯 ほおばる／放屁 へをひる／放飄 ビラまき／放紛 もつれる／放米 施米／放辟 わがまま／放歩 散歩／放俸 俸給を支給する／放烽 のろし／放邁 気ままで勇ましい／放慢 気まま／放民 放人／放洋 船で外国へゆく／放鷹 鷹狩り／放埒 放蕩／放溜 波任せ／放慮 放念／放良 奴籍を免れる

↓湮放・遠放・横放・遐放・開放・解放・閑放・虚放・宏放・拘放・荒放・高放・曠放・豪放・遨放・罪放・恣放・肆放・奢放・邪放・釈放・澹放・舒放・縦放・清放・粗放・疎放・怠放・頽放・誕放・黜放・超放・追放・通放・天放・任放・廃放・奔放・遊放・嬾放・流放

人 【朋】 8 7722 【朋】 8 7722 ホウ とも なかま

篆文 甲骨文 金文

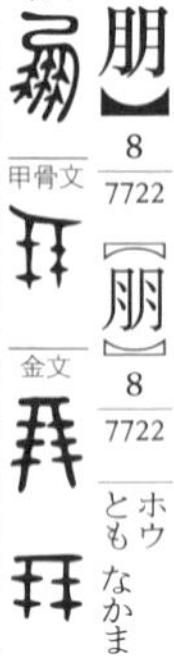

象形 貝を綴った形。一連二系。金文の図象にこれを荷う形のものがあり、一朋一荷の量で宝貨とされた。金文の賜与に「貝十朋」「貝三十朋」を賜う例があり、青銅彝器を作るのに十数朋を費やしたという器銘の例もあって、貝貨として通用した。〔説文〕鳥部四上の鳳字条に「神鳥なり。天老曰く、鳳の象なり」、また朋の字形をあげて「古文鳳、象形。鳳飛びて群鳥從ふこと萬を以て數ふ。故に以て朋黨の字と爲す」という。卜文・金文において、朋は貝朋、鳳は風の初文、形義ともに全く異なる字である。金文の朋友の字は倗友に作る。貝の一連二系の関係を、人に及ぼした字形で、倗友とは同族間において年齢の相近いものをいう。

訓義 ①貝のつづり、一連二朋。通貨に用いた。②朋友の字は倗友。倗と通じ、とも。同族の同輩行の者たち、ともだち、ともがら。③くみ、なかま、たぐい、むれ。④貝朋、貝貨。⑤鵬と通じ、鳳。

古訓 〔和名抄〕朋友 止毛太知（ともだち）〔名義抄〕朋 ムラガル・トモ 〔字鏡集〕朋 ムラガル・カタチハフ・チハフ・トモ・トモガラ

声系 〔説文〕に朋声として倗・棚（棚）・崩（崩）・堋など八字を収める。倗・棚は次第して並ぶもの、崩・堋は土の崩れる音を形容するものであろう。堋は墓に土を下す意。

語系 朋・鵬（鵬）bəng は同声。鳳 biuəm は声近く通用した。鳳は卜文に風 piuəm の意に用い、朋とは関係のない字である。

【朋姦】ほうかん 姦党。〔宋史、洪彦昇伝〕蔡京、再び元宰に居り～先朝の法度を敗壞し、朋姦國を誤る。

【朋旧】ほうきゅう（きう） 旧友。清・呉昌碩〔南楼、清明〕詩 重ねて來れば、朋舊半ば鬼と爲る 愁裏、江山、獨り自ら行く

【朋好】ほうこう（かう） 親友。南朝宋・顔延之〔謝監霊運に和す〕詩 人神、幽明絶かれ 朋好、雲雨乖なる

【朋酒】ほうしゅ 両樽の酒。〔詩、豳風、七月〕朋酒斯に饗し 曰に羔羊を殺す 彼の公堂に躋り 彼の兕觥（兕角の杯）を稱ぐ 萬壽無疆ならんことを

【朋簪】ほうしん 朋友。朋友相集まる。〔易、予、九四〕由豫（猶豫）せば、大いに得ること有らん。疑ふこと勿くんば、朋の盍ひ簪まらん。

【朋曹】ほうそう（さう） なかま。漢・東方朔〔七諫、謬諫〕賢良は蔽れて群せず、朋曹は比しみて黨譽す。

【朋儔】ほうちゅう（ちう） 朋輩。宋・蘇軾〔晁美叔～の闕に赴くを送る〕詩 我年二十、朋儔無し 當時、四海、一子由（弟、轍）のみ

【朋徒】ほうと 仲間。〔後漢書、儒林伝序〕安帝の政を覽しより、藝文を薄んじ、博士席に倚りて講ぜず、朋徒相ひ視て怠散し、學舍積廢（敗壞）し、鞠かれて園蔬と爲る。

【朋党】ほうとう（たう） 仲間が相結んで集団となり、他の集団と対立する。〔宋史、欧陽脩伝〕初め范仲淹の饒州に貶せらるるや、脩、尹洙・余靖と、皆仲淹を直とするを以て逐はる。之れを目けて黨人と曰ふ。是れより朋黨の論起る。脩乃ち朋黨論を爲りて以て進む。

【朋輩】ほうはい 同輩のなかま。明・何景明〔慈恩寺〕詩 十年復た此に到る 朋輩、各ミ天涯

【朋附】ほうふ 徒党の者。〔旧唐書、文宗紀下〕今既に再び朝典を申べ、澆風（汚濁）を一變す。朋附の徒を掃清し、貞廉の俗を匡飭す。

【朋友】ほうゆう（いう） 友人。宋・蘇軾〔孫莘老、墨を寄せらる、四首、四〕詩 吾が窮するは本と詩に坐る 久しく朋友の戒めに服す 五年、江湖の上 口を閉ざして残債を洗ふ

【朋僚】同僚。〔晋書、裴秀伝論〕秀は則ち(名)聲朋僚を蓋ひ、稱げられて領袖と爲る。

➡朋愛 友情のあつい友／朋淫 淫事の党／朋家 党人／朋義 友人の道／朋故 旧友／朋儕 なかま／朋執 友人／朋情 友情／朋心 同心／朋勢 朋党の力／朋知 知友／朋比 友として親しむ／朋分 両分する／朋寮 同僚／朋類 なかま

⬇遠朋・佳朋・偽朋・旧朋・群朋・交朋・好朋・高朋・師朋・十朋・心朋・真朋・親朋・酔朋・党朋・同朋・百朋・賓朋・友朋・有朋・良朋・僚朋

常 【法】 8 3413 ［灋］ 21 3013 ホウ(ハフ) ホウ(ホフ) のり のっとる てだて

篆文 古文 金文

会意 正字は灋に作り、水＋廌＋去。廌は神判に用いる神羊で獬廌、また獬豸とよばれる獣の形。去は大＋凵の会意字で、大は人、凵は獄訟のとき自己詛盟した盟誓の器の、蓋をとり去った形。敗訴者の盟誓は、虚偽として蓋をとり去って無効とされ、その人(大)と、また獬廌もともに水に投棄され、すべて廃される。金文に「朕が命を灋(廃)すること勿れ」のように、灋を廃の意に用いる。法はその廌を省いた簡略字である。〔説文〕十上に「荆(刑)なり。之れを平らかにすること水の如し。水に從ふ。廌は不直なる者に觸れて之れを去らしむる所以なり。廌去に從ふ」(段注本)とするが、去は敗訴者である。灋字の構造は、古代における神判の方法を示すもので、「大祓」の方法と似ている。春秋のとき、伍子胥が呉王夫差を諫めて、鴟夷(皮袋)に包んで海に投げこまれた話、越王につかえた范蠡が、亡命して海上に逃れるとき、自ら鴟夷子皮と名を改めた話、孔子が斉を去るとき、世話になった田常の門に鴟夷を立てて去った話などがあり、その鴟夷は法による廃棄、また自己投棄、すなわち亡命を示す方法であった。のち法は刑法・法制の意となり、法式・法術の意となる。

訓義 ①のり、処刑として廃棄する、しおき、刑法。②のっとる、規範とする、典則とする、つね、みち。③ならう、かたどる、まもる。④てだて、しかた、方法。⑤かた、さだめ。

古訓 〔名義抄〕法 ノリ・ノトル・コトワリ・シケシ／法用 ミツクロヒス 〔字鏡集〕法 コトハリ・ホトリ・ノリ・ノトリ

語系 灋(法)piuap、廢(廃)piuat は声義近く、金文に灋を廃の意に用いる。灋はもと「廃棄」を意味する語であった。

【法意】法の精神。宋・蘇軾〔卹刑詔書を賜ふを謝する表、二首、一〕臣敢て上恩を推廣し、風俗を無犯に厚うし、法意を申嚴し、盜賊を未萌に消せざらんや。少らく歳時を假さば、庶はくは囹圄(監獄)を空しくせん。

【法家】先秦の学派。法術刑名を主とする。〔漢書、芸文志〕法家者流は、蓋し理官(法官)より出づ。信賞必罰、以て禮制を輔く。

【法駕】天子の車駕。〔後漢書、輿服志上〕乘輿法駕には、公卿は鹵簿中に在らず。～奉車郎御し、侍中參乘す。屬車三十六乘。

【法外】常法をこえる。〔晋書、陶侃伝〕謝安每に言ふ、陶公(侃)法を用ふと雖も、恆に法外の意を得たりと。

【法義】法度。〔漢書、匡衡伝〕衡～數と上疏して便宜を陳ぶ。朝廷に政議有るに及んで、經に傅よりて以て對ふ。言、法義多し。

【法禁】禁令。〔韓非子、五蠹〕毀譽賞罰の加ふる所の者、相ひ與に悖繆す。故に法禁壞れ、民愈と亂る。

【法刑】刑罰。〔史記、孫子伝〕(孫)臏至る。龐涓其の己より賢なるを恐れ、之れを疾み、則ち法刑を以て其の兩足を斷ち、之れに黥(入墨)す。隱れて見ゆる勿からんことを欲す。

【法式】法度。規定。〔史記、秦始皇紀〕(二十八年刻石)六親相ひ保ちて、終に寇賊無く、驩欣奉教して、盡く法式を知る。

【法守】法を以て守る。〔孟子、離婁上〕上に道揆無く、下に法守無く、～君子は義を犯し、小人は刑を犯し、國の存する所の者は、幸ひなり。

【法術】法家の刑名の学。〔後漢書、班彪伝上〕漢興り、太宗、鼂錯をして太子を導くに法術を以てし、賈誼をして梁王に教ふるに詩書を以てせしむ。

【法書】名家の書。手本となる書。〔梁書、殷鈞伝〕鈞(秘書丞の)職に在り、啓じめて祕閣四部の書を校定し、更めて目錄を爲る。又詔を受けて西省の法書古迹を料檢し、別に品目を爲る。

【法象】のり。〔易、繫辭伝上〕見はるるは乃ち之れを象と謂ひ、形あるは乃ち之れを器と謂ひ、制して之れを用ふるは之れを法と謂ふ。～是の故に法象は天地より大なるは莫し。

【法制】法令と制度。〔礼記、月令〕(孟秋の月)有司に命じて法制を脩め、囹圄(牢獄)を繕め、姦を禁止し、邪を愼み罪し、搏執を務む。～理に命じ、～有罪を戮し、斷刑を嚴にす。

【法曹】司法の吏。〔唐書、百官志四下〕法曹司法參軍事は、獄を鞫め法を麗け、盜賊を督し、贓賄沒入を知むるを掌る。

【法則】きまり。法度。〔荀子、非相〕君子の己を度るや、則ち繩(正法)を以てす。～故に以て天下の法則と爲すに足る。

【法俗】生活のおきて。〔後漢書、東夷、倭伝〕一女子有り、名を卑彌呼と曰ふ。年長ずるも嫁せず。～唯だ男子一人有り、飲食を給し、辭語を傳ふ。居處・宮室・樓觀・城柵、皆兵を持して守衞す。法俗嚴峻なり。

【法治】法を以て治める。〔淮南子、氾論訓〕三代の禮、同じからず。～法治の由りて生ずる所を知らば、則ち時に應じて變ず。法治の源を知らざれば、古に循ふと雖も、終に今を亂る。

【法度】法律と制度。漢・賈誼〔過秦論、上〕是の時に當り、商君之れを佐け、內に法度を立て、耕織を務め、守戰の具を修め、外連衡して諸侯を鬪はしむ。

【法網】法の細密な規定。〔宋史、太祖紀三〕晩に讀書を好む。嘗て二典(書経の尭典舜典)を讀み、歎じて曰く、堯舜の四凶を罪する、止だ投竄に從ふのみ。何ぞ近代法網の密なるやと。

【法門】仏法に入る道。仏門。宋・蘇軾〔無言亭〕詩 殷勤に稽首す、維摩詰 敢て問ふ、如何か是れ法門

【法律】法令。刑律。〔漢書、兒寬伝〕時に張湯、廷尉と爲り、廷尉の府に盡く文史法律の吏を用ふ。而して寬、儒生を以て其の閒に在り。

【法令】法律と命令。〔商君書、定分〕法令なる者は、民の命なり、治を爲すの本なり、民を備る所以なり。

➡法案 法律の案文／法衣 僧衣／法印 伝法の印／法宇 寺院／法会 修法の会／法悦 法の悦び／法筵 説法の席／法縁 仏縁／法科 法規／法貨 公貨／法衙 裁判所／法戒 手本／法界 万象／法学 法律学／法官 裁判官／法冠 獬豸冠／法鐶 錫杖／法紀 紀綱／法規 規定／法喜 法悦／法儀 法度／法魚 魚の乾物／法偈 仏家の偈／法兄

仏家の兄弟子／法憲 法律／法元 暦元／法古 古に則る／法故 先例／法効 のっとる／法傚 法律上の効力／法座 正座／法士 礼法の士／法師 僧／法事 仏事／法酒 正宴／法署 役所／法帖 書帖／法縄 法で正す／法正 手本／法政 政令／法銭 公貨／法体 僧形／法誅 法によって誅殺する／法廷 裁判の場／法庭 法廷／法程 手本とすべき式／法典 成文法／法灯 法の灯光、正法の伝統／法物 鹵簿の儀礼に備えるもの／法文 法の条文／法幣 法定の貨幣／法辟 刑法／法鞭 刑として加えるむち／法方 正法／法防 法禁／法友 仏法の友／法螺 ほら貝／法臘 安居の年数によって、僧の年歳をかぞえる／法籙 道家の書

↓依法・違法・遺法・王法・枉法・加法・苛法・科法・家法・画法・楷法・格法・技法・儀法・旧法・求法・拠法・句法・軍法・刑法・剣法・拳法・憲法・減法・厳法・古法・故法・護法・公法・弘法・抗法・合法・刻法・国法・酷法・骨法・作法・坐法・罪法・算法・司法・私法・施法・師法・諡法・手法・術法・峻法・遵法・醇法・書法・除法・峭法・商法・章法・常法・心法・真法・新法・人法・陣法・寸法・正法・成法・聖法・製法・設法・説法・戦法・宗法・創法・像法・大法・脱法・程法・適法・典法・徒法・如法・非法・秘法・筆法・百法・不法・仏法・文法・兵法・便法・方法・卜法・末法・妙法・民法・無法・明法・滅法・門法・薬法・用法・理法・六法・立法・律法・療法・礼法・暦法・論法・話法

常【泡】8 〔泡〕8 3711 ホウ(ハウ) あわ うたかた

篆文 形声 声符は包(包)。包に包みこまれたものの意がある。〔説文〕十一上は水名とするが、〔方言、二〕や〔広雅、釈詁二〕に「盛んなり」とあり、泡立つような水の状態をいう。〔漢書、芸文志、注〕に「水上の浮漚なり」とあり、泡沫の意。

訓義 ①あわ、うたかた。②あわだつさま、その水勢。

古訓 〔名義抄〕泡 アハ・ウカブ・ミヅホ・ミナツボ 〔字鏡集〕泡 ミナツボ・ミヅホ・ウカブ・アハ・ナガル

【泡影】あわと、かげ。はかないもののたとえ。〔春在堂随筆、一〕此に飯せし時を回憶するに、止だ二十九年のみ。而して屋は已に再び主を易ふ。～余れ當時一飯の客を以て、反つて此の屋の爲に暫く主人と作るを得たり。夢幻泡影、大率ね此れに類す。

【泡幻】あわと、まぼろし。宋・王禹偁〔月波楼詠懐〕詩 身世、泡幻に喩ふ 衣冠、贅瘤の如し 意を無何郷(無何有郷、理想郷)に放たば 誰か親しと仇とを分たん

【泡沫】あわ。うたかた。南朝宋・謝霊運〔維摩経十譬賛、聚沫泡合〕水、性本も泡無し。激流、遂に沫を聚む。卽ち異なりて貌状を成すも、消散、虚豁に歸す。

↑泡渡 波の急な音／泡茶 煮出し茶／泡飯 粥／泡肥 あわのようにふくれる／泡泡 水の流れるさま

↓雨泡・気泡・幻泡・水泡・雹泡・流泡

【炮】9 9781 〔炰〕9 2733 ホウ(ハウ) あぶる やく

篆文 形声 声符は包(包)。〔説文〕十上に「毛のままにて肉を炙るなり」とあり、まるやきをいう。字はまた炰に作る。

訓義 ①あぶる、やく、まるやき、つつみやき。②薬を作る。③爆と通じ、さける、はじける、爆竹。④礮と通じ、大砲。

古訓 〔名義抄〕炮 ツ、ミヤキ・アブリ・アブリモノ 〔字鏡集〕炮 アブル・ツ、ミヤキ・アツシ・シ、ムラヲヤクナリ・ホソクツ・ハタメク・ケブリ

【炮格】銅柱に油を塗って火の上に架し、罪人に歩かせる刑罰の法。〔史記、殷紀〕百姓怨望し、諸侯に畔く者有り。是に於て紂、乃ち刑辟を重くし、炮格の法有り。～西伯、出でて、洛西の地を獻じ、以て炮格の刑を除かんことを請ふ。

【炮胾】炙った切り肉。梁・沈約〔高士贊〕心、藜藿(粗菜)に安んじ、口に炮胾を絶つ。

【炮粥】野菜をまぜた粥。宋・陸游〔寺居睡覺、二首、二〕詩 衣を披りて起坐す、清羸甚だし 想像す、雲堂(寺院)の炮粥の香

【炮煎】あぶり、煮る。宋・張耒〔冬日放言、二十一首、十一〕詩 老妻我が傍らに坐す 餚胾、屢しば炮煎す 大いに劉伶(竹林の七賢の一、酒客)の婦 區區、酒錢を爲すに勝れり

【炮烙】炮格。〔荀子、議兵〕紂、比干を刳き、箕子を囚へ、炮烙の刑を爲くる。殺戮時無く、臣下懍然として、其の命を必つもの莫し。然れども周の師至りて、令下に行はれず。

↑炮火 鉄砲／炮羲 伏羲／炮羔 仔羊の丸焼き／炮熬 肉をあぶる／炮柴 柴をやいて天を祭る／炮宰 料理人／炮煮 炮煎／炮手 砲手／炮食 熟食する／炮人 料理人／炮燖 炮煮／炮製 薬を精製する／炮竹 爆竹／炮土 瓦／炮肉 焼き肉／炮碌 いり鍋／炮煨 埋め焼き

↓炙炮・蒸炮・煎炮・燔炮・烹炮・毛炮・煨炮

【炰】9 2733 〔炮〕9 9781 ホウ(ハウ) あぶる やく

篆文 形声 声符は包(包)。〔説文〕十上に字を炮に作り、「毛のままにて肉を炙るなり」という。まるやきにする意。炰はその異体字。古くはこの字形を用いることも多い。

訓義 ①あぶる、やく、まるやき。②咆と通じ、たける、ほえる。

古訓 〔名義抄〕炰 ツ、ミヤキ・アブリ・アブリモノ／炮 ツ、ミヤキ・アブル

＊語彙は炮字条参照。

【炰休】ほこりたける。〔詩、大雅、蕩〕文王曰く、咨、咨、女殷商 女、中國に炰休せしも 怨みを斂めて以て徳を爲せり

【炰鼈】焼いた亀。珍味とされた。〔詩、大雅、韓奕〕韓侯出でて祖し 出でて屠に宿る 顯父之れに餞す 清酒百壺 其の殽は維れ何ぞ 炰鼈鮮魚 其の蔌(野菜もの)は維れ何ぞ 維れ筍と蒲と

↑炰哮 咆哮／炰羔 子羊の炙り肉／炰燔 焼肉

【祊】9 3022 〔𥛱〕17 4290 〔閍〕12 7722 ホウ(ハウ) まつり

篆文 形声 声符は方。字はまた𥛱に作り、彭声。〔説文〕一上に「𥛱は門内に先祖を祭る。彷徨する所以なり」と彷徨の義を以て説き、祊をその異文として録する。〔詩、小雅、楚茨〕に「𥛱に祝祭す」とあり、〔熹平石経〕残字に字を閍に作る。祊・𥛱・閍はみな同字異文、同義の字である。閍は廟門で祊祭を行う意。〔礼記、郊特牲〕に「索祭は祊に祝る。神の在る所を知らず。彼に於てせんか、此に於てせんか、或いは遠き人に於てせんか。祊に祭るに、尚ひて曰く、諸れを遠き者に求むるかと」とあって、神の所在を求めて彷徨する祭儀があった。卜辞に匚とよばれる祭祀があり、方位的に祀るものであるらしく、匚乙・匚丙(文献では報乙・報丙)のようにしるす。匚・報に通用の義があるのかもしれない。𥛱が彭声であるのは、その鼓声の彭々たる

によるものか、あるいは彷徨・髣髴の意であるのか、確かめがたい。

訓義 1まつりの名、神のあるところをたずねる、門内にまつる。2字はまた閍に作り、廟門。廟門でまつる。3字はまた鬃に作る。

語系 祊(閍・鬃)・匚piuangは同声。卜文の匚祭は、のちの祊祭にあたることが知られる。報puは匚乙・匚丙をのち報乙・報丙とするし、報もまた祭名に用いる。みな声義の関係のある語であろう。

【祊祭】 あとの祭。〔礼記、礼器〕祊を外に爲す。〔注〕祊祭は明日の繹祭なり。之れを祊と謂ふ者は、廟門の旁らに於てす。因りて名づく。其の祭の禮、既に祭を室に設け、尸に堂に事ふ。孝子の神を求むる、一處に非ざるなり。

常【胞】 9 〔胞〕 9 7721 ホウ(ハウ) えな はらから

篆文 

形声 声符は包(包)。〔説文〕九上に「兒の生るる裹なり」とあり、胞衣をいう。また胎衣という。

訓義 1えな、胎衣。2はらから、兄弟。3庖と通じ、くりや。

古訓 〔新撰字鏡〕胞 子の須(す)なり 〔名義抄〕胞 ハラ・ハラノシ、・ハラム・キル・フクロ・ユバリフクロ・ツマタツ・ヨス・クソフクロ 〔篇立〕胞 ホソノヲキル・クソブクロ・ヨ・エナ・ツフタツ・コス・キス・ツマタツ・ハラノシ、・ハラム・ユバリフクロ

語系 胞pheu、包peuは声義近く、包は人の懐妊の象、胞はその胎衣をいう。

【胞衣】 胎衣。えな。〔本草綱目、人一、胞衣水〕(胞)衣地下に埋むること七八年、化して水と爲る。澄徹氷の如し。南方の人、甘草升麻を以て諸れを藥に和し、瓶盛して之れを埋む。三五年後掘り出だし、取りて藥と爲す。

➡胞裹 胞衣/胞兄 実兄/胞者 料理人/胞人 料理人/胞胎 えな/胞与 同胞/胞絡 胞衣

⬇衣胞・育胞・懐胞・細胞・紫胞・水胞・同胞・羊胞

【苞】 9 4471 ホウ(ハウ) むしろぐさ つと つつみ むらがる

篆文 

形声 声符は包(包)。包に包裹(つつむ)の意がある。〔説文〕一下に「艸なり。南陽にて以て麤履と爲す」とあり、〔礼記、曲礼下〕に「苞屨~は公門に入らず」とみえるもので、喪屨をいう。肉などを包んで藁苞にしたものを苞苴といい、〔詩、召南、野有死麕〕「白茅もて純束す」とは苞苴にする意。これを神に供え、また贈り物とした。また竹苞をいう。その皮は包裹に適している。また草の叢生する意に用いるのは、茂(茂)との通用義であろう。

訓義 1あぶらがや、むしろぐさ。2つつみ、つと、つつむ。3もと、ねもと、ねかくし。4たけのかわ、竹苞。5茂と通じ、しげる、むらがる。6ゆたか、おおい。7匏と通じ、ひさご。

古訓 〔和名抄〕苞苴 日本紀私記に云ふ、於保邇倍(おほにへ)、俗に云ふ、阿良万岐(あらまき) 〔名義抄〕苞苴 オホニヘ・アラマキ・ツ、ム/上 カヌ・アツマル・フトコロ・ツ、ム・ツ、モノ・ユタカニ・ウタク・コモル・ツム

語系 苞・勹・包peuは同声、胞(胞)pheuは声義近く、みなながに包裹する意がある。また茂・楙muと声義が通じ、叢生の義がある。

【苞裹】 つつむ。〔荘子、天運〕之れを聽けども其の聲を聞かず、之れを視れども其の形を見ず。天地に充滿し、六極を苞裹す。

【苞括】 つつみこむ。〔三国志、蜀、諸葛亮伝〕此の時に當り、亮の素志は、進みては龍驤虎視して、四海を苞括せんと欲し、退きては邊疆を跨陵し、宇内を震蕩せんと欲す。

【苞挙】 統括する。漢・賈誼〔過秦論、上〕秦の孝公、~君臣固く守りて以て周室を窺ひ、天下を席卷し、宇内を苞擧し、四海を囊括するの意、八荒を幷呑するの心有り。

【苞筍】 冬出る筍。〔東観漢記、十二〕馬援、事を好む。荔浦に至り、冬筍を見て、名づけて苞筍と曰ふ。~其の味は春夏の筍より美し。

【苞苴】 つとにした贈り物。〔礼記、曲礼上〕凡そ弓劍・苞苴・簞笥(食物・衣服)を以て人に問る者は、操りて以て命を受く。

【苞蔵】 包みかくす。包蔵。〔左伝、昭元年〕將た大國の己を安靖するを恃みて、乃ち禍心を苞藏して、以て之れを圖ること無からんや。

【苞羅】 残らず包みこむ。唐・柳宗元〔唐故給事中~陸文通先生墓表〕其の道は聖人を以て主と爲し、堯・舜を以て的と爲し、苞羅旁魄、膠轕(駆馳する)下上、而も正より出でず。

【苞稂】 道芝の茂み。〔詩、曹風、下泉〕冽たる彼の下泉 彼の苞稂を浸す 愾として我れ寤嘆す 彼の周京を念ふ

➡苞育 孕育する/苞蔭 つつみかくす/苞瓜 ふくべ/苞茅 束ねたちがや/苞杞 くこ/苞棘 茂ったいばら/苞屨 喪屨/苞孼 残賊/苞殖 繁殖する/苞天 桑の根/苞虫 稲の虫/苞貯 積聚する/苞図・洛書/苞木 竹の類/苞蒙 叢生する/苞容 包容する/苞乱 みだら/苞蘆 魚に鮓をしたもの

⬇葦苞・一苞・外苞・錦苞・篁苞・山苞・実苞・新苞・桑苞・竹苞・土苞・量苞

常【俸】 10 2525 ホウ ふち たまもの

形声 声符は奉。〔玉篇〕に「俸は小なる皃なり」とあり、形容の語。また別に「俸祿なり」とあるのが字の本義。奉はもと神に奉献するもの。人に賜うものを俸という。漢代にはなお奉を用い、〔漢書、宣帝紀〕「今小吏皆事に勤むるも奉祿薄し。其の百姓を侵漁すること毋からんと欲するも、難し。其れ吏百石以下に、奉十五を益せ」の語がある。俸はその後起の字。

訓義 1ふち、禄、俸秩、粟米。2たまもの。3小さい、ささやか、屛俸。

古訓 〔名義抄〕俸 オキテ 〔篇立〕俸 オキテ・サ、グ・オキツ

語系 俸・奉biongは同声。捧phiongも同系の語。俸は古くは奉を用いた。

【俸給】 官吏の給与。〔明史、食貨志六〕(洪武二十八年)詔して、官吏軍士の俸給彌〻廣きを以て、諸王の歲給を量減し、以て軍國の用に資せしむ。

【俸絹】 俸給の絹。〔北史、韓麒麟伝〕性恭愼、恆に律令を坐傍に置く。臨終の日、唯だ俸絹數十匹有るのみ。其の清貧此の如し。

【俸卹】 俸給外の扶養尊属手当。〔陳書、宣帝紀〕(太建十年夏四月庚戌詔)掖庭の常供、王侯妃主に、諸〻俸卹有り。竝な各〻量減せよ。

【俸銭】 俸給。〔資治通鑑、後唐紀四〕(明宗、天成元年七月)百官の俸錢皆折估(割引)なるに、(豆盧)革父子は獨り實錢を受く。百官は五月より給するに、革父子は正月より給す。是れに由り衆論沸騰す。

【俸秩】 俸禄。〔晋書、山濤伝〕初め濤、布衣にして家貧し。~榮貴に居るに及ぶも、貞愼儉約、爵、千乘に同じと雖も、嬪媵(侍妾)無し。祿賜俸秩、之れを親故に散ず。

【俸廩】 俸禄。宋・欧陽脩〔試筆、南唐硯〕歙州に於て硯務を置き、工の善き者を選び、命ずるに九品の服を以てし、月

に俸廩の給有り、硯務官と號す。歳に官の爲に硯を造ること數有り。

【俸禄】 ふち。〔日知録、十二、俸禄〕今日貪取の風、人心に膠固して去るべからざる所以の者は、俸給の薄きを以て、以て其の家に贍すこと無ければなり。

➡俸季 節季払い／俸金 俸給／俸銀 俸金／俸券 俸給の証書／俸工 手当／俸冊 俸券／俸貲 俸給／俸賜 俸給と賞与／俸日 給料日／俸卹 俸恤／俸餉 給与／俸深 高給者／俸薪 生活給／俸米 ふち／俸満 任期満了／俸余 給余／俸糧 ふち／俸廉 俸給と加俸

⬇加俸・給俸・月俸・減俸・公俸・厚俸・週俸・食俸・職俸・折俸・増俸・秩俸・日俸・年俸・薄俸・罰俸・半俸・本俸・余俸・吏俸・廩俸

【倗】 10 2722 ホウ たすける とも

篆文 甲骨文 金文

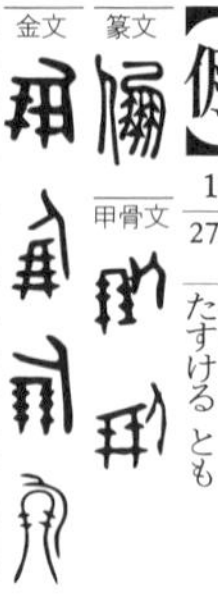

形声 声符は朋(朋)。〔説文〕八上に「輔くるなり」と訓する。〔周礼、秋官、士師〕に「邦朋を爲す」とあり、国政をみだす朋党の意。〔注〕に字をまた傰に作るという。金文に「倗友」「倗習」の語があり、「倗習婚媾」のように用い、同族中の同輩をいう語であった。朋は貝朋、一連二系に綴ったもので、血縁の年齢の近いものを倗といい、相互扶助的な盟約を習という。朋を親族の関係に及ぼした語である。

訓義 ①たすける、まかせる、ゆだねる。②とも、同族の同輩のもの、朋友。

古訓 〔名義抄〕倗 タスク 〔字鏡集〕倗 タスク・オホシ

【倗友】 朋友。同族の同年輩者。金文〔克盨〕克、～敢て天子の不顯なる魯休に對へて揚へ、用つて旅盨を作る。隹れ用て師尹・倗友・婚媾に獻ず。

常 【倣】 10 2824 ホウ(ハウ) ならう まねる よる

形声 声符は放。放は架屍を毆つ共感呪術で、依倣・倣効の意をも含み、放の古い字義を存する字である。放効はまた倣傚といい、傚は教(教)・學(学)系統の語で、また摸倣の意がある。

訓義 ①ならう、まねる。②よる、たよる。

古訓 〔名義抄〕倣 ナラフ・ナズラフ 〔篇立〕倣 マナブ・カタドル・ナラフ・ナズラフ・ヨル

語系 倣piang、放piuangは声義が近い。效(効)heôも声義近く、ともにならうの意がある。

【倣依】 のっとる。〔淮南子、要略〕道を言ひて終始を明らかにせざれば、則ち倣依する所を知らず。終始を言ひて、天地四時を明らかにせざれば、則ち避諱する所を知らず。

【倣古】 古にならう。〔唐書、隱逸、王績伝〕兄通は、隋末の大儒なり。徒を河汾の閒に聚め、古に倣ひて六經を作る。又中說を爲りて以て論語に擬す。～惟だ中說獨り傳へらる。

【倣傚】 まねする。〔潜夫論、浮侈〕京師の貴戚、必ず江南の檽梓、豫章の楩柟(棺舟の材)ならんことを欲し、邊遠の下士も、亦た競ひて相ひ倣傚す。

➡倣影 映し書き／倣効 模傚する／倣習 ならう／倣書 なぞり書き／倣造 模造する／倣像 似せる／倣顰 美人の顰め顔の憂えのある美しさに、醜女がまねする。下手なものまね

⬇依倣・写倣・象倣・慕倣・模倣・臨倣

常 【峰】 10 2775 入 〔峯〕 10 2250 ホウ みね

篆文

形声 声符は夆。夆は木の秀つ枝に神霊の降る形。鉾杉などの上に神が降るとされていたのであろう。そのような木のある山を峰という。〔説文〕九下に峯の字形をあげ、「山の耑なり」という。大徐新修十九文の一。〔爾雅、釈山〕や漢碑の類にその字はみえない。神気に遭遇することを遭逢といい、峰もその系統の字と思われる。

訓義 ①みね、山のいただき、やま。②やまのは。

古訓 〔和名抄〕峯 美爾(みね)、又、岑・嶺の二字を用ふ 〔名義抄〕峯 ミネ・タケ・ホラ 〔字鏡集〕峯 ホラ・タケ・ミネ・サネ

【峰影】 峯の姿。山かげ。唐・盧綸〔春日、杜叟の山下の別業に題す〕詩 雲影斷え來つて、峰影出で 林花落ち盡して、草花生ず

【峰霞】 山の霞。唐・李嶠〔初春太平公主の南荘に幸するに奉和す、応制〕詩 還た石溜(岩の間からしたたる水)を將つて琴曲を調し 更に峰霞を取りて、酒杯に入らしむ

【峰岫】 峰の岩穴。〔徐霞客游記、游黄山日記〕午を逾ぎて少しく霽れたり。庵僧慈明、甚だ西南一帶の峰岫を誇り、石筍矼に減ぜずとす。禿顱、朝天、達摩面壁の諸名有り。

【峰峻】 峻嶺。唐・貫休〔夜、雪に対して、杜使君に寄す〕詩 橋の高きは銀の蝃蝀(虹) 峰の峻きは玉の浮圖(寺)

【峰上】 山上。南朝宋・盛弘之〔荊州記〕(衡山の)峰上に泉有り。飛派すること一幅の絹の如く、青林に分映し、直ちに山下に注ぐ。

【峰色】 峰の山色。唐・皎然〔秋、法華寺の下院に居る～〕詩 峰色、秋天に見 松聲、靜夜に聞く

【峰翠】 山の緑。唐・岑参〔華厳寺の環公禅房に題す〕詩 寺南、幾十峰 峰翠晴れて掬すべし

【峰前】 山峰の前。唐・李益〔夜、受降城に上りて笛を聞く〕詩 回樂峰前、沙、雪に似たり 受降城下、月、霜の如し 知らず、何れの處にか蘆管を吹く 一夜、征人、盡く鄕を望む

【峰頂】 山頂。明・王守仁〔夜、天池に宿し、月下に雷を聞く～、三首、一〕詩 昨夜、月明、峰頂に宿す 隱隱たる雷聲、山麓に在り

【峰巓】 山頂。清・康有為〔蘆の湖楼より富士山を望む〕詩 峰巓の積雪、白日に照らされ 高く青天に入る、一萬尺 雲容容として、中央に在り 芙蓉の碧瓣、下旁に在り

【峰頭】 山頂。唐・皮日休〔史拱山人を傷む〕詩 峰頭の孤冢、雲穴と爲り 松下の靈筵、是れ石牀

【峰巒】 連峰。唐・元結〔九疑第二峰に登る〕詩 相ひ傳ふ、羽化の時 雲鶴、峰巒に滿つと

➡峰陰 峰かげ／峰穎 高くすぐれる／峰下 ふもと／峰崖 山頂の崖／峰壑 峰と谷／峰巌 峰の巌／峰巘 峻峰／峰谷 峻峰／峰畳 峰壑／峰根 峰下／峰峭 峻峰／峰嶂 峻峰／峰心 幾重の山／峰心 山の中腹／峰勢 山勢／峰尖 峰が尖る／峰朶 峰の木の枝／峰隥 山の急坂／峰腹 山の中腹／峰霧 峰の霧／峰腰 山の中腹／峰嵐 山嵐／峰嶺 山頂／峰楼 山上の楼

⬇雲峰・遠峰・霞峰・危峰・奇峰・玉峰・銀峰・群峰・孤峰・高峰・攢峰・主峰・首峰・秀峰・出峰・峻峰・畳峰・神峰・絶峰・千峰・尖峰・前峰・双峰・層峰・多峰・中峰・登峰・飛峰・碧峰・霧峰・幽峰・乱峰・嵐峰・両峰・霊峰・連峰

【疱】 10 0011 ホウ(ハウ) とびひ

形声 声符は包(包)。水泡のできる病。慧琳の〔一切経音義、七〕に引く〔桂苑珠叢〕に、「人面上、熱氣の生ずる所の瘡を疱と名づく」とみえる。

訓義 ①とびひ。②もがさ、疱瘡、天然痘。
古訓 〔名義抄〕疱 モガサ・ハル 〔篇立〕疱 ツハクメリ・モカサ・ツハクム・ホトメク
↑疱疹 水疱瘡/疱瘡 天然痘
↓水疱・膿疱

【皰】 10 4721 ホウ(ハウ) にきび もがさ

篆文 

形声 声符は包(包)。〔説文〕三下に「面に气を生ずるなり」とあり、いわゆるにきびの類。顔面のほか、手足などに生ずるものをもいう。
訓義 ①にきび、ふきでもの。②もがさ、皮膚にできるかさ。
古訓 〔名義抄〕皰 モガサ 〔篇立〕皰 モガサ・ハタ・ニキミ 〔字鏡集〕皰 ハレモノ・モガサ
↑皰瘡 疱瘡
↓皴皰・小皰・面皰

【砰】 10 1164 ホウ(ハウ)

形声 声符は平(平)。〔広雅、釈詁四〕に「聲なり」とあり、もののうちあう音をいう。石のうちあう音、石があたる音、崩落する音などをいい、擬声的な語であろう。
訓義 ①ものの音、もののうちあう音。②おちる音、ひびく音。③大きな音。
古訓 〔篇立〕砰 キシル 〔字鏡集〕砰 カマビスシ・クダク・サク
【砰磕】 疾雷の音。〔封氏聞見記、五、長嘯〕天寶の末、峨眉山の道士、姓陳、京邑に來游す。長嘯を善くし、能く雷鼓霹靂の音を作す。初めは則ち發聲調暢(のびやか)、~須臾にして穹窿砰磕、雷鼓の音あり。~觀る者、傾悚せざる莫し。
【砰訇】 大きな音のとどろくさま。晋・顧愷之〔雷電の賦〕夫れ其の聲は定響無く、光は恆には照らさず。砰訇として輪轉し、倏閃して曜りを藏す。
【砰湃】 遠く波や風のうちあう音。宋・欧陽脩〔秋声の賦〕初めは淅瀝として以て蕭颯たり。忽ち奔騰して砰湃たり。波濤の夜驚き、風雨の驟かに至るが如し。
↑砰隠 音の盛んなさま/砰撃 音をたててうち当たる/砰轟 大きな音/砰然 音声のとどろくさま/砰砰 鼓の音のさま/砰磅 水流のはげしいさま/砰磷 嶮峻なさま/砰朗 砰轟
↓磕砰・霆砰・硼砰・雷砰

常 【砲】 10 〖砲〗 10 1761 〔礮〕 21 1064 ホウ(ハウ) ハク おおづつ

形声 声符は包(包)。字はまた礮に作り、駮声。礮は機石、のち大砲の意に用いる。〔後漢書、袁紹伝上〕に、曹操が霹靂車を以て石を飛ばし、袁紹の高櫓を破壊した話がみえる。霹靂火砲は南宋・金・元の際に作られ、はじめ霹靂砲といった。霹靂は雷の炸裂する音の形容語。砲も、もと擬声語である。
訓義 ①いしはじき。②おおづつ、大砲。③おと、炸裂する音。
古訓 〔字鏡集〕砲 イシ
【砲火】 大砲の火煙。清・呉錫麒〔鳳凰山懐古〕詩 嗚呼、遊戲に干戈生じ 襄陽(咸淳九年、元に降る)の礮火、空明を燒く
【砲座】 大砲をすえる台座。〔元史、忙兀台伝〕沙洋堡に至り、砲座十有二を立て、雲梯を竪てて先づ登り、其の樓櫓(やぐら)を焚く。
【砲車】 大砲をのせた車。〔宋史、魏勝伝〕勝、嘗て自ら如意戰車數百兩・砲車數十兩を創る。~陣を列するときは、則ち如意車、外に在り、旗を以て蔽障す。
【砲手】 大砲を発射する兵。〔元史、兵志一〕鐵木金火等の人匠を招收して、砲手に充つ。
【砲石】 投石。機石。晋・潘岳〔閑居の賦〕谿子(南方の住民の柘弩)巨黍(良弓)、絭(機の弩牙)を異にし機を同じうす。砲石、雷のごとく駭き、激矢、蝱のごとくに飛ぶ。
↑砲煙 発砲の煙/砲架 砲台/砲竿 爆竹/砲丸 砲弾/砲身 砲の筒/砲声 発砲の音/砲戦 砲撃戦/砲台 砲座をすえた所/砲門 砲の発射口/砲塁 砲台
↓遠砲・火砲・臼砲・巨砲・空砲・号砲・車砲・重砲・銃砲・大砲・鉄砲・発砲・野砲・礼砲

【舫】 10 2042 ホウ(ハウ) ふね もやいぶね

篆文 

石鼓文 

形声 声符は方。〔説文〕八下に「船なり」(段注本)とし、〔礼記、月令〕に「季夏の月、~漁師に命じて蛟を伐たしむ」とあり、漁師は舫人、〔鄭注〕に舫人を榜人、すなわち船頭の意とする。〔孔子家語、三恕〕に「舟を舫べず、風を避けざれば、則ち以て涉るべからず」とあり、舟を並べてつなぐことをいう。方に比方、ならべる意がある。
訓義 ①ふね。②もやいぶね、舟をつなぎあわせる、舟をならべる。③いかだ、いかだ舟。④舟のり、船頭。
古訓 〔名義抄〕舫 フネ・トモ・ナラブ・フナバタ・ハシブネ・ツム 〔字鏡集〕舫 ナラブ・フネ・ハシブネ・トモ・フタゴフネ・フナバタ
語系 舫・方piuangは同声。〔説文〕八下に方を併船と解するが、〔国語、斉語〕に「舟を方べ泭を設く」とあって、方は動詞、舫・泭が名詞。方はもと架屍の形で、字義は異なる。
【舫屋】 船の屋根。〔晋書、戴若思伝〕陸機の洛に赴くに遇ふ。船裝甚だ盛んなり。遂に其の徒と之れを掠む。若思、岸に登る。機~舫屋上に在り、遙かに之れに謂ひて曰く、卿の才器此の如し。乃ち復た劫(略)を作すかと。若思、感悟し、~遂に與に定交す。
【舫船】 もやい舟。〔史記、張儀伝〕楚に至るまで三千餘里、舫船に卒を載せ、一舫に五十人と三月の食とを載せ、~一日行くこと三百餘里、里數多しと雖も、然れども牛馬の力を費やさず。
【舫楼】 ふねのやぐら。〔晋書、王廙伝〕旦に尋陽より迅風に帆を飛ばせ、暮に都に至る。舫樓に倚りて長嘯し、神氣甚だ逸れたり。
↑舫舟 舫船/舫人 船頭/舫艇 ふね
↓宴舫・花舫・画舫・官舫・妓舫・巨舫・軽舫・行舫・彩舫・朱舫・酒舫・舟舫・秋舫・乗舫・船舫・大舫・短舫・鼂舫・文舫・野舫・蘭舫・両舫・連舫

【袍】 10 3721 ホウ(ハウ) わたいれ

篆文 

形声 声符は包(包)。〔説文〕八上に「襺なり」とあり、綿入れの服をいう。襺は繭に従い、絹わた。〔論語、子罕〕に「敝れたる縕袍を衣て、狐貉(の裘)を衣たる者と立ちて恥ぢざる者は、其れ由(子路)なるか」とあり、縕袍とはどてらの類である。
訓義 ①わたいれ、ぬのこ。②うわぎ、礼服。③ふだんぎ、したぎ。
古訓 〔和名抄〕袍 宇倍乃岐沼(うへのきぬ)、一に云ふ、朝服 〔名義抄〕袍 ウヘノキヌ・フクロ・コロモ 〔字鏡〕袍 ウヘキヌ・コシ・ウヘノキヌ・コロモイル、ツヽミ・コロモ・アハセノコロモ・カラキヌ
【袍衣】 上衣。〔後漢書、皇后上、明徳馬皇后紀〕朔望に諸姫主、朝請(謁見)す。后の袍衣の疎麤なるを望見し、

反つて以て綺穀（あやぎぬ）と爲し、就きて視みて、乃ち笑ふ。
【袍襖】かさね。〔唐書、車服志〕袍襖の制、三品以上は綾を服す。鶻銜瑞草、鴈銜綬帶、及び雙孔雀を以ふ。
【袍笏】袍衣と笏。朝参の服装。〔石林燕語、十〕米芾、詼譎にして奇を好む。～初めて州廨（州の役所）に入り、立石の頗ぶる奇なるを見、～遂に左右に命じ、袍笏を取りて之れを拜せしむ。每に呼んで石丈と曰ふ。
【袍縫】袍の縫い合わせのところ。唐・李賀〔賈公閭貴壻曲〕詩 朝衣は長きを須ひず 分花（左右の花模様）袍縫に對す
➡袍縕 綿入れ／袍鎧 軍装／袍魚 袍衣魚袋、礼服／袍子 上衣／袍袖 袍衣の袖／袍仗 軍装／袍套 外套／袍服 袍衣
⬇雲袍・縕袍・花袍・寛袍・綺袍・錦袍・紅袍・黄袍・紫袍・赭袍・朱袍・繡袍・青袍・戦袍・素袍・短袍・長袍・綈袍・沾袍・同袍・白袍・博袍・文袍・綾袍

【覂】 10 1030 ホウ おおう くつがえる とぼしい
篆文
形声 声符は乏。乏は屍体の形。これを土で覆うことを覂といい、穴に埋めることを窆と いう。〔説文〕七下に「覂ふなり」とあって互訓。〔広雅、釈詁一〕に「棄つるなり」とする。もと変死者を覆って埋め、その邪霊を防ぐ意があった。〔説文〕の現本に「反覆するなり」というのは字義に合わず、反は衍文である。
訓義 ①おおう、うずめる、変死者の屍体を埋める。②くつがえる、すてる。③乏と通じ、とぼしい。
古訓 〔新撰字鏡〕覂 波也留馬（はやるうま）〔名義抄〕覂 ハヤル・オホフ 〔字鏡集〕覂 ホユル・オホフ・ハヤル
【覂駕】あばれ馬を御する。唐・孔穎達〔礼記正義の序〕古先聖王、～之れを保つに正直を以てし、之れを德義に納れんと欲す。猶ほ襄陽の浸に隄防を修めて以て之れを制し、覂駕の馬に銜索を設けて以て之れを驅るがごとし。
⬇窮覂

【匏】 11 4721 ホウ(ハウ) ひさご ふくべ
篆文
形声 声符は包（包）。〔説文〕九上に「瓠なり」とし、「其の、物を包藏すべきを取るなり」という。夸はものを刳りぬく用具。瓜の中を刳りぬいて、匏壺とする意である。
訓義 ①ひさご、ふくべ。②ひさごのうつわ、飲器、楽器。
古訓 〔名義抄〕匏 ヒサゴ 〔篇立〕匏 ナリヒサゴ
【匏瓜】瓜。にが瓜。〔論語、陽貨〕佛肸、召す。子（孔子）往かんと欲す。子路曰く、～子の往くこと、如之何と。子曰く～吾れ豈に匏瓜ならんや。焉くんぞ能く繫かりて食らはれざらんやと。
【匏琴】竹製の琴。〔唐書、南蛮下、驃国伝〕大匏琴二有り。覆ふに半匏を以てし、皆之れを彩畫し、上に銅甌を加ふ。
【匏笙】笙の笛。〔風俗通、声音〕音なる者は、土を塤と曰ひ、匏を笙と曰ひ、革を鼓と曰ひ、竹を管と曰ひ、絲を絃と曰ひ、石を磬と曰ひ、金を鐘と曰ひ、木を柷と曰ふ。
【匏樽】酒樽。宋・蘇軾〔赤壁の賦〕一葉の扁舟に駕し、匏樽（尊）を擧げて以て相ひ屬す。蜉蝣を天地に寄す、渺たる滄海の一粟のみ。
【匏竹】笙・笛の類。〔周礼、春官、大師〕皆之れに播こすに八音を以てす。金・石・土・革・絲・木・匏・竹なり。
【匏斗】匏を二分して杓とする。〔宣和博古図、斗〕漢の匏斗～匏の如くにして之れを半ばにす。今の斗は象を匏に取る。斯れ亦た古人の遺意なるか。
【匏土】楽器の名。笙・塤の類。唐・韓愈〔孟東野を送る序〕樂なる者は、～其の善く鳴る者を擇びて、之れを假りて鳴る。金・石・絲・竹・匏・土・革・木の八者は、物の善く鳴る者なり。
➡匏竽 笙／匏繫 無用の人のたとえ／匏壺 匏瓜／匏勺 匏斗／匏爵 匏の杯／匏尊 匏の酒樽
⬇苦匏・繫匏・弦匏・酌匏・笙匏・青匏・陶匏・破匏・鳳匏

常
【崩】 11 2222 〔崩〕 11 2222 ホウ くずれる たおれる みまかる
篆文 古文
形声 声符は朋（朋）。〔説文〕九下に「山壞るるなり」とあり、山崩れをいう。そのとどろく音の擬声語。〔説文〕古文の字は自に従い、神の陟降するとされる聖地の土崩をいう語であろう。〔詩、小雅、天保〕「南山の壽の如く 騫けず崩れず」は祝頌の辞。崩はまた天子の死去にもいう。
訓義 ①くずれる、山がくずれる、くずれたおれる。②こわれる、やぶれる、ゆるむ。③しぬ、かくれる、みまかる。天子の死をいう。
古訓 〔名義抄〕崩 クヅル・シヌ・アツシ 〔字鏡集〕崩 ヤブル・クヅル・アツシ・シヌ
【崩解】くずれおちる。〔大戴礼、誥志〕聖人國を有つときは、則ち日月食せず。星辰隕ちず。勃海運らず。河、滿溢せず。川澤竭きず。山崩解せず。～深淵涸れず。
【崩潰】くずれつぶれる。〔風俗通、正失〕（孝文帝）文帝卽位二十三年、日月薄蝕し、地數と震動し、～關東の二十九山、同日に崩潰す。
【崩角】甚だしくおそれる。〔書、泰誓中〕百姓懍懍として、厥の角を崩さるるが若し。
【崩欠】欠け失われる。〔後漢書、張奮伝〕（上疏）禮樂興らざれば、則ち刑罰中らず。～先帝聖德あり、數と詔書を下し、崩缺を愍傷す。衆儒達せず、議に駁異多し。
【崩薨】尊貴の人の死をいう。〔礼記、曲礼下〕天子死するを崩と曰ひ、諸侯を薨と曰ふ。
【崩擾】乱れてさわがしい。〔後漢書、樊準伝〕（上疏）光武皇帝、命を受けて中興するに及び、群雄崩擾し、旌旗野に亂れ、～啓處するに遑あらざるも、然れども猶ほ戈を投じて講藝す。
【崩殂】天子の死をいう。蜀・諸葛亮〔出師の表〕先帝、創業未だ半ならず、中道にして崩殂す。
【崩墜】くずれ落ちる。〔列子、天瑞〕杞の國に、人の、天地崩墜し、身の寄する所亡きを憂へて、寢食を廢する者有り。又、彼の憂ふる所を憂ふる者有り。因りて往きて之れに曉す。
【崩剝】くずれはげおちる。清・朱彝尊〔北邙山行〕詩 古碑崩剝して、歲年無し 後人此に於て犂きて田と爲す
【崩乱】くずれ乱れる。南朝宋・謝靈運〔魏の太子の鄴中集詩に擬す、八首、王粲〕詩 幽・厲（周末の王）、昔崩亂し 桓・靈（後漢末の王）、今板蕩す（国が乱れさわぐ）
➡崩隕 崩落する／崩雲 乱雲／崩壞 崩潰する／崩毀 崩潰する／崩傾 くずれ傾く／崩摧 砕ける／崩弛 くずれる／崩沮 崩壊する／崩城 荒城／崩析 瓦解する／崩藉 瓦解する／崩喪 崩欠する／崩頽 くずれる／崩湍 急湍／崩阤 くずれかける／崩顚 崩落する／崩騰 大混乱となる／崩波 大きくくずれおちる、頽波／崩迫 切迫する／崩沸 くずれてまたわきあがる／崩淪 くずれ落ちる／崩浪 くずれる波
⬇潰崩・壞崩・騫崩・山崩・弛崩・卒崩・大崩・阤崩・土崩・分崩

入

【捧】11 5505 ［搼］10 5705 ホウ ささげる もつ

篆文 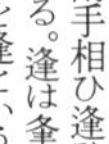

形声 声符は奉。奉に奉持の意があり、奉は捧の初文。〔釈名、釈姿容〕に「捧は逢ふなり。両手相ひ逢ひて、以て之れを執るなり」と、逢の声義を以て解する。逢は夆に従い、夆は鉾杉などに神霊の降る形。神異に逢うを逢という。夆は奉ずべきものでないから、〔説文〕十二上が正字として、「奉なり」と訓する搼は、捧の正形とはしがたい。

訓義 1ささげる、ささげもつ、神を迎える、木の秀つ枝をもつ。2手をあげる、両手をむねにあげる。

古訓 〔名義抄〕捧 サヽグ 〔字鏡集〕捧 オモフ・ツカフ・スル・ヒヾク・アグ

語系 捧phiongは奉・俸biongと声近く、捧・俸は奉の声義を承ける字である。

【捧頤】頬杖をつく。宋・蘇軾〔王廷老の、張十七の九日寄せらるるに和すに次韻す、二首、二〕詩 何れの時にか纖纖たる玉（張氏の妾）を見ることを得て 右手に杯を持し、左に頤を捧げん

【捧檄】任官の通知を捧じる。唐・伍喬〔江少府の延陵を授けられたるを送る、後に寄す〕詩 書を束ねて、西上して明主に謁し 檄を捧じて、南歸して老親を慰む

【捧心】むねをおさえる。〔荘子、天運〕西施、心を病んで其の里に矉す（眉をひそめる）。其の里の醜人、見て之れを美とし、歸りて亦心を捧げて其の里に矉す。～彼は矉の美なることを知るも、矉の美なる所以を知らず。惜しい乎。

【捧読】拝読。唐・柳宗元〔襄陽の李夷簡尚書の委曲撫問せらるるを謝する啓〕過つて存問を蒙り、捧讀喜懼し、浪然として涕流る。

【捧負】抱きかかえ、負う。唐・李華〔古戦場を弔ふ文〕蒼蒼たる蒸民、誰か父母無からん。提携捧負して、其の壽しからざるを畏る。

【捧腹】腹をかかえて笑う。明・高啓〔朱達悟伝の後に題す〕達悟、詼語を善くす。其の抵掌劇談するに當り、貴富畏るべきの人と雖も、皆之れを狎侮す。～其の說を聞き、捧腹絶倒せざる莫し。

【捧擁】両手でかかえる。また、尊奉する。〔朱子語類、二〕郷里に所謂五通廟有り。最も靈怪なり。衆人捧擁し、謂へらく、禍福立ろに見はると。

↑捧饋 お供えする／捧持 捧げもつ／捧日 忠誠／捧手 拱手／捧承 拝受する／捧觴 杯を献じる／捧奠 お供えする／捧頭 大慌て／捧袂 拱手

↓跪捧・手捧・承捧・親捧・拝捧

【掊】11 5006 ホウ（ハウ） ハイ さく かきとる へらす

篆文 

形声 声符は咅。咅は木の実などが熟して、剖ける状態をいう。〔説文〕十二上に「把るなり」とし、「今、鹽官、水に入りて鹽を取るを掊と爲す」という。かきとるようなとり方をいう。〔孟子、告子下〕「掊克、位に在り」とは、聚斂の臣をいう。

訓義 1さく、かく、かきとる。2あつめる、むさぼる。3うつ、へらす。4たおす、たおれる。

古訓 〔名義抄〕掊 ウチワル・ヘラス・ヒク 〔字鏡集〕掊 ウチハル・カク・キル・トル・ウツ

語系 掊・剖phəは副phiuəkと声義近く、副は満ちてふくれたものを剖く意。その字はまた疈に作る。劈phyekは強くたち切るをいう。

【掊撃】うちのめす。〔荘子、人間世〕夫れ～橘柚果蓏の屬、實熟すれば則ち剝がる。～故に其の天年を終へずして、中道に夭するは、自ら世俗に掊撃せらるる者なり。

【掊克】苛税をとりたてる。宋・王安石〔兼幷〕詩 俗吏、方を知らず 掊克を乃ち材と爲す 俗儒、變を知らず 兼併、摧くこと無かるべし

【掊斂】掊克。宋・蘇軾〔試館職策問を弁ずる劄子、二首、二〕免役の害は、民の財を掊斂し、十室のうち九空しく、錢、上に聚まり、下に錢荒の患有り。

↑掊攻 掊撃する／掊剋 掊克／掊聚 聚斂／掊擿 集め拾う／掊土 一抔の土／掊冒 かきとりむさぼる

【烹】11 0033 ホウ（ハウ） にる

会意 亨＋火。亨は煮炊きする器の形。それに火を加えて烹炊の意を示す。たきこむことを煮という。

訓義 1にる、たく。2煮殺す。

古訓 〔名義抄〕烹 ニル・ニユ

【烹醢】人を煮たり塩づけにする。酷刑。漢・班彪〔王命論〕勇なること（韓）信・（黥）布の如く、強きこと（項）梁・（項）籍の如く、成ること王莽の如しと雖も、然れども卒に鑊（煮る釜）を潤ほし、鑕（斧の台）に伏し、烹醢分裂せらる。

【烹狗】犬を煮る。〔淮南子、説山訓〕火煙を以て氣と爲して、豚を殺し狗を烹る。

【烹飪】にたき。宋・陸游〔食齋十韻〕采擷することは闕日無し 烹飪に祕方有り

【烹鮮】小魚を煮る。政治の要諦のたとえ。〔老子、六十〕大國を治むるには、小鮮を烹るが若くす。

【烹茶】茶を煮る。〔唐国史補、下〕常魯公、西蕃に使し、茶を帳中に烹る。贊普問うて曰く、此れを何物と爲すと。魯公曰く、滌煩療渴（心をやすめ、かわきをいやす）、所謂茶なりと。

【烹炰】につけ、まるやき。唐・孟郊〔寒地百姓吟〕詩 霜吹いて四壁を破り 苦痛逃るべからず 高堂に鐘飲を搥つ 曉に到りて烹炰を聞く

【烹茗】茶を煮る。宋・蘇軾〔安平泉〕詩 茗を烹て僧は誇る、甌（はち）に雪を泛ぶるを 丹を煉きて人は化し、骨は仙と成る

【烹滅】殺し滅ぼす。宋・蘇軾〔鳳翔八観、石鼓の歌〕詩 皆云ふ、皇帝四國を巡り 強暴を烹滅して黔首（百姓）を救ふと 六經既已に灰塵に委す 此の鼓亦た當に擊剖に遭ふべし

↑烹割 料理／烹魚 魚を煮る／烹刑 烹殺の刑／烹熬 煮つける／烹宰 調理する／烹殺 煮殺す／烹爨 炊事／烹煮 煮る／烹熟 煮こむ／烹燮 煮つける／烹煎 煮つける／烹治 調理する／烹調 調理する／烹燔 煮つけ、焼く／烹炰 煮たもの／烹瀹 鍋物／烹和 烹調

↓鑊烹・割烹・餌烹・熟烹・蒸烹・煎烹・朝烹・珍烹・鼎烹・乳烹・剝烹・肥烹・瀹烹

【烽】11 9785 ［㷭］15 3780 ホウ のろし とぶひ

篆文 

形声 声符は夆。〔説文〕十上に正字を㷭とし、逢声。「㷭燧、候表なり。邊に警有るときは則ち火を擧ぐ」（段注本）とあり、のろしをいう。辺境には烽火台を設け、急変のあるときは火をあげて相伝えた。夆は神霊が高処に降る象。字は夆の声義を承ける。

訓義 1のろし、とぶひ。2いましめ。

古訓 〔名義抄〕烽 トブヒ 〔字鏡集〕烽 ヒキル・ヒウチ・トブヒ

【烽煙】のろし。宋・欧陽脩〔渭州王仲儀の竜の図に寄す〕詩 威、四境に行はれて、烽煙斷え 響、千山に入つて、號令傳ふ

【烽火】のろし。唐・杜甫〔春望〕詩 烽火、三月に連な

り家書、萬金に抵る

【烽起】のろしがあがる。兵乱が起こる。〔魏書、張倫伝〕(上表)昔、舊京烽起し、虜使、郊に在り。主上劍を按じて、璽書出ださず。

【烽警】辺境の警戒。〔後漢書、竇融伝〕河西は民俗質樸、上下相親し、晏然として富殖す。兵馬を修め、戰射を習ひ、烽燧の警を明らかにす。

【烽鼓】のろしと軍鼓。兵乱。梁・沈約〔斉の故の安陸昭王の碑〕晉・宋より今に迄るまで、切りに民患有り。烽鼓相ひ望み、歳時に息まず。

【烽候】のろし、ものみ。〔唐書、百官志一〕職方郎中、員外郎、各一人。地圖・城隍・鎭戍・烽候・防人・道路の遠近、及び四夷歸化の事を掌る。

【烽戍】のろしと守備。漢・蔡琰〔胡笳十八拍、七〕楽府 日暮れて風悲しく 邊聲四もに起る ～原野蕭條として 烽戍萬里なり

【烽燧】のろし。〔墨子、号令〕城上の烽燧と相ひ望み、晝は則ち烽を擧げ、夜は則ち(燧)火を擧ぐ。寇の從りて來る所を聞き、審らかに寇形(賊のようす)を知る。

【烽柝】のろしと撃柝。警戒。北周・庾信〔陝州弘農郡五張寺経蔵碑〕烽柝を是れ警め、實に移關の民を擾さむ。

【烽櫓】のろしやぐら。唐・杜甫〔衡州に入る〕詩 旗亭、邑屋壯んに 烽櫓、城隍に蟠まる

↑烽烟 烽煙/烽擧 烽火が起こる/烽砦 烽戍/烽子 のろし番/烽師 烽火係/烽燹 のろしと、戦火/烽卒 烽子/烽台 のろし台/烽偵 烽候/烽堡 烽戍/烽邏 烽候

↓起烽・挙烽・厳烽・守烽・夕烽・伝烽・辺烽・狼烽

人【萌】11 4462 〔萌〕12 4462 人〔萠〕11 4462

ホウ(ハウ) きざす めばえ たみ

篆文 

形声 声符は明(明)。〔説文〕一下に「艸木の芽なり」(段注本)とあり、萌芽の意。字はまた氓・甿に仮借して用いる。国語では草の初生を「もゆ」、その色を萌黄という。

訓義 ①きざす、めばえ、め、ひこばえ。②きざし、あらわれる、おこる。③くさぎる、たがやす。④氓・甿と通じ、たみ。

古訓 〔新撰字鏡〕萌 須介(すげ)〔名義抄〕萌 キザス・モユ〔字鏡集〕萌 キザス・ハジメ・モユ

語系 萌meangは芒・鋩miuangと声近く、わずかに先があらわれるものをいう。芒は〔説文〕一下に「艸の耑(草の端)なり」とあり、萌芽の状態をいう。〔礼記、月令〕「萌者」の〔注〕に「芒ありて直なるを萌と曰ふ」とみえる。みな同系の語。丰phiongは〔説文〕六下「艸盛んにして丰丰たるなり」、夆・峰も丰と同声で、また同系の語。氓・甿meangは萌と同声、民mien系統の語で、萌と通用する。

【萌芽】めばえ。漢・東方朔〔非有先生論〕鳳皇來り集ひ、麒麟郊に在り。甘露既に降り、朱草萌芽す。遠方異俗の人、風に嚮ひ義を慕ふ。

【萌蘖】めばえと、ひこばえ。〔孟子、告子上〕是れ其の日夜の息する所、雨露の潤す所、萌蘖の生ずる無きに非ざるも、牛羊又從つて之れを牧す。

【萌生】もえ出る。〔漢書、礼楽志〕(王吉の上疏)今俗吏の民を牧ふ所以の者、～意を以て穿鑿す。～是こを以て詐僞萌生し、刑罰極まり無し。質樸日に消し、恩愛寖く薄し。

【萌兆】きざし。〔晋書、孫楚伝〕蓋し機を見て作つは、周易の貴ぶ所。～此れ乃ち吉凶の萌兆にして、榮辱の由りて生ずる所なり。

【萌動】芽をふきはじめる。〔礼記、月令〕(孟春の月)是の月や、～天地和同し、草木萌動す。

【萌黎】庶民。南朝宋・范曄〔宦者伝論〕萌黎を剝割し、競ひて奢欲を恣にし、明賢を搆害し、專ら黨類を樹て、～腐身熏子(去勢して宦官となる)、以て自ら衒達す。

【萌隷】人民や奴隷。〔戦国策、燕二〕(楽毅の燕の恵王に報ずる書)所以に、能く法令に循ひ、庶孽を順ふる者、施きて萌隷に及ぶは、皆以て後世に教ふべし。

↑萌毓 育つ/萌牙 萌芽/萌起 きざす/萌興 萌起する/萌茁 めばえ/萌漸 きざし/萌通 育つ/萌発 めばえ

↓句萌・蘖萌・始萌・孳萌・衆萌・初萌・飾萌・達萌・竹萌・方萌・未萌

常【訪】11 0062

ホウ(ハウ) とう はかる たずねる

篆文 

形声 声符は方。方に「方し」の意があり、〔説文〕三上に「汎く謀るを訪と曰ふ」とする。汎(汎)・訪は双声の訓。訪はもと神意に諮ることをいい、〔詩、周頌、訪落〕の〔序〕に「嗣王、廟に謀るなり」とあり、謀もまた神意を問うことを意味する字である。のち、〔書、洪範〕「箕子に訪ふ」のように、人に就いて訪うことをもいう。神の所在を尋ねる祭儀を祊という。訪と声義の関係がある語である。

訓義 ①とう、神意をとう。②はかる、神にはかる。③たずねる、もとめる、さがす。④おとずれる、みまう。

古訓 〔名義抄〕訪 トブラフ・ハカル〔篇立〕訪 ハカル・アキラム・トブラフ

【訪慰】たずね慰める。晉・張華〔門有車馬客行〕楽府 昔を語れば、故悲有り 今を論ずれば、新喜無し 清晨、相ひ訪慰す 日暮已む能はず

【訪求】たずね求める。〔宋史、儒林六、李道伝〕道傳、蜀より東南に來る。朱熹の門に登るに及ばずと雖も、嘗て從學せる所の者を訪求して、與に講習し、盡く遺書を得て之れを讀む。

【訪古】古事・古蹟を訪う。〔宋史、儒林六、鄭樵伝〕著書を好むも、文章を爲らず。劉向・揚雄に下らざるを自負す。～人事を謝絶し、～乃ち名山大川に游び、捜奇訪古、藏書の家に遇へば、必ず借留讀み盡して乃ち去る。

【訪採】採訪。〔北史、隋、煬帝紀〕(大業元年詔)若し名行顯著、操履(志操と行為)修潔、及び學業才能、一藝の取るべき有らば、咸く宜しく訪採すべし。

【訪質】たずねて問いただす。〔北史、序伝、李琰之伝〕琰之、少くして機警、談論を善くす。經史百家、悉く覽ざる無し。朝廷の疑事、訪質する所多し。

【訪問】人をたずね問う。〔左伝、昭元年〕僑(公孫僑、子産)之れを聞けり。君子に四時有り。朝は以て政を聽き、晝は以て訪問し、夕は以て令を脩め、夜は以て身を安んずと。

↑訪議 相談する/訪賢 賢者を訪う/訪査 探査する/訪察 探査する/訪咨 相談する/訪尋 尋ねる/訪知 訪ね知る/訪聞 たずねて聞く

↓往訪・求訪・採訪・察訪・咨訪・諮訪・諏訪・詢訪・尋訪・捜訪・存訪・探訪・博訪・来訪・歴訪

人【逢】11 3730

ホウ あう めぐりあう

篆文 

甲骨文 

石鼓文 

金文 

形声 声符は夆。夆は神の鉾杉のような木の秀つ枝に、神の降る意。〔説文〕二下に「遇ふなり」と遭遇の意とする。〔左伝、宣三年〕「民をして神姦を知らしむ。故に民、川澤山林に入るも不若（邪神）に逢はず。螭魅罔兩も能く之れに逢ふ莫し」とあり、神異のものに遭遇することを逢という。逢逢・蓬蓬は、そのような神気を形容するのに用いる。わが国の「王莽時」は、「逢魔時」の意で、夕闇には魔物が跳梁すると考えられていた。

訓義 ①あう、であう、めぐりあう。②むかえる、まみえる。③めぐりあわせ、まわりあわせ。

古訓 〔名義抄〕逢 アフ 〔字鏡集〕逢 アフ・ムカフ

声系 〔説文〕に逢声として蓬（蓬）・縫（縫）・韸・鑫・韼の五字を収める。韸・韼はまた烽・鋒に作る。蓬は蓬蒿。蓬蓬は神気の形容に用いる。

語系 逢biongは夆phiongの声をとる。夆は「悟ふ」と訓し、御（御）・逆（逆）と同義。逢は〔爾雅、釈詁〕に「逆ふ」、〔方言、一〕に「迎ふ」とあり、もと神を迎える意。〔国語、周語上〕「道ありて神を得る、是れを福に逢ふと謂ふ」とあり、また逆に不幸のときには「災に逢う」「凶に逢う」という。逢逢・蓬蓬は髣髴phiang-phiuatと同系の語で、髣髴とは故人の姿のあらわれることをいう。

【逢掖】ほうえき 袖の大きな衣。儒服。〔礼記、儒行〕（孔）丘少くして魯に居り、逢掖の衣を衣る。長じて宋に居り、章甫の冠を冠す。

【逢殃】ほうおう（あうう） わざわいにあう。〔楚辞、離騒〕夏桀の常に違へる 乃ち遂に焉に殃ひに逢へり

【逢花】ほうか（くわ） 花にであう。北周・庾信〔昙法師の昆明池に遊ぶに和す、二首、一〕詩 泉に値へば蓋を傾けて飲み 花に逢へば馬を駐めて看る

【逢遇】ほうぐう であう。〔論衡、卜筮〕夫れ卜には逢と曰ひ、筮には遇と曰ふ。實に遭遇の得る所にして、善惡の致す所に非ざるなり。

【逢迎】ほうげい 出迎えてあう。唐・王勃〔滕王閣の序〕十旬の休暇、勝友（すぐれた友）雲の如く、千里の逢迎、高朋座に滿つ。

【逢原】ほうげん その根源に達する。〔孟子、離婁下〕君子深く之れに造るに道を以てす。～之れを資ること深ければ、則ち之れを左右に取りて、其の原に逢ふ。故に君子は其の之れを自得するを欲するなり。

【逢悟】ほうご 急に出あって驚く。〔史記、天官書〕鬼哭、呼ぶが若く、其の人逢悟す。化言（譌言、たわごとのようにいう）するも、誠に然り。

【逢辰】ほうしん よい日にあう。宋・陳師道〔九日、秦観に寄す〕詩 高きに登り遠きを懐うて、心在すが如し 老に向うて辰に逢ひ、意加ふる有り

【逢着】ほうちゃく 逢う。ゆきつく。宋・楊万里〔初めて淮河に入る、四首、三〕詩 中原の父老、空しく談ずること莫かれ 王人に逢着して、堪へざるを訴ふ

【逢逢】ほうほう 鼓声。また、雲などの起こるさま。〔墨子、耕柱〕又、（卜）兆の由（繇、兆占）を言ふ。曰く、饗けたり。逢逢たる白雲 一は南し一は北し 一は西し一は東す 九鼎既に成り 三國に遷ると。

↑逢衣 逢掖／逢会 であう／逢気 気にあう／逢吉 吉運にあう／逢見 であう／逢迕 逢悟／逢晤 逢悟／逢処 到るところ／逢世 恵まれる／逢占 予占／逢遭 であう／逢値 であう／逢著 であう／逢福 幸運にあう

↓往逢・迎逢・相逢・遭逢・途逢・萍逢

常【報】 12 4744 ホウ（ハウ） フ むくいる こたえる しらせる

篆文

甲骨文

金文

会意 㚔＋𠬝。㚔は手のかせ。㚔を加えることを執という。𠬝は人を抑える形で屈服の象。〔説文〕十下に「罪に當る人なり。㚔に從ひ、𠬝に從ふ。𠬝は罪に服するなり」とあり、罪に対する報復刑をいう。金文に応報・報賞の意に用い、先祖の文徳を「文報」という。〔礼記、郊特牲〕「社に丘乘粢盛を供するは、本に報じ始に反する所以なり」とみえる。報徳より報知の意となり、報復より報仇の意となる。すべて応報の関係をいう。

訓義 ①むくいる、こたえる、かえす、恩をかえす、祖祭の名。②もうす、つげる、しらせる。③罪を定める、判定する、罪する、応報。④親族間で密通する。⑤赴と通じ、おもむく、すみやか。

古訓 〔名義抄〕報 ムクユ・ツク・コタフ 〔字鏡集〕報 ムクウ・ハタル・カタラフ・ツク・コタフ

語系 報puは反・返（返）piuanと声義の関係があり、本始にかえることをいう。還（還）hoanも同系、還はもと復活を意味する語であった。

【報怨】ほうえん（はうゑん） 怨みをかえす。〔論語、憲問〕直を以て怨みに報い、徳を以て徳に報ゆ。

【報応】ほう（はう）おう 応報。〔漢書、成帝紀〕朕れ親ら飭躬し、上帝を郊祀す。皇天報應し、神光竝び見はる。～天下の賦錢、算四十を減ぜよ。

【報恩】ほう（はう）おん 恩にむくいる。〔漢書、蓋寛饒伝〕日に益有り、月に功有りと雖も、猶ほ未だ以て職に稱ひ、恩に報いるに足らざるなり。

【報仇】ほうきゅう（はうきう） 仇をうつ。〔後漢書、崔瑗伝〕瑗の兄章、州人の殺す所と爲る。瑗、手づから刃して仇を報じ、因りて亡命す。赦に會ひて家に歸る。

【報虞】ほうぐ 三月の虞を待てないものが、くりあげて虞祭をする。虞は、埋葬したのちの、魂やすめの祭。〔礼記、喪服小記〕報やかに葬る者は報やかに虞す。三月にして後に卒哭す（三たび虞してのち、朝夕だけ哭する）。

【報国】ほう（はう）こく 国恩に報いる。唐・陳子昂〔感遇詩、三十八首、三十五〕本と貴公子爲り 平生實に才を愛す 時に感じて報國を思ふ 劍を抜いて蒿萊（草深いいなか）より起る

【報謝】ほう（はう）しゃ 謝礼。〔雞肋編、上〕黄魯直、館中に在り。毎月常に史院得る所の筆墨を以て、來りて米に易ふ。報謝積久にして、尺牘軸に盈つ。之れを目づけて乞米帖と爲す。

【報書】ほう（はう）しょ 返事。また、知らせ。唐・白居易〔老慵〕詩 近來漸く喜ぶ、知聞の斷ゆるを 嵇康の、報書を索むるに惱むを免る

【報雪】ほう（はう）せつ 恥をすすぐ。〔北斉書、封隆之伝〕隆之、父の害に遇ふを以て、常に報雪を懷ふ。此れに因りて遂に節を持して東歸し、義擧を爲すを圖る。～夜、州城を襲ひて、之れに剋つ。

【報道】ほうどう（はうだう） 告げ知らせる。唐・李渉〔山居、僧を送る〕詩 若し城邑の人の相ひ問ふに逢はば 報道せよ、花時も也た閑ならずと

【報徳】ほう（はう）とく 徳義にむくいる。〔詩、小雅、蓼莪〕父や我を生み 母や我を鞠ふ～之れが徳に報いんと欲すれば 昊天極まり罔し

【報復】ほう（はう）ふく かえす。また、復仇。〔漢書、匈奴伝賛〕匈奴の人民、毎に來りて漢に降る。單于も亦た輒ち漢使を拘留して、以て相ひ報復す。

【報本】ほう（はう）ほん 本源を忘れず、恩に報いる。〔礼記、郊特牲〕國は社を主とす。～唯だ社には、丘乘（邑里）粢盛を共（供）す。本に報い始に反る所以なり。

【報礼】ほう（はう）れい 恩に報いる礼。〔礼記、坊記〕君子、信讓以て

百姓に泣むときは、則ち民の報禮重し。

↑報謁 ご報告／報音 返事／報況 既にむくいる／報貺 報況／報君 君に報いる／報隙 仕返し／報功 功を賞する／報更 報償／報荒 災害に対して免税する／報告 知らせ／報祭 収穫祭／報歳 報祭／報賽 報祭／報志 お礼／報祀 報祭／報施 報いる／報紙 新聞／報辞 たより／報囚 量刑／報讐 復仇する／報称 報いる／報章 返書／報賞 褒美／報償 つぐない／報状 報書／報切 細切する／報葬 報虞／報知 知らせる／報恥 報雪／報答 こたえる／報頭 いわれ／報納 納める／報風 暴風／報覆 返事する／報聞 申し上げる／報聘 礼聘／報命 復命する

↓悪報・彙報・応報・恩報・果報・回報・快報・官報・雁報・吉報・急報・虚報・凶報・響報・饗報・業報・警報・顕報・現報・顧報・誤報・公報・厚報・後報・罪報・施報・週報・酬報・重報・旬報・捷報・詳報・賞報・情報・申報・新報・奏報・速報・朝報・諜報・通報・天報・電報・徳報・内報・日報・白報・反報・飛報・訃報・福報・返報・望報・冥報・問報・予報・陽報・朗報・論報

【彭】 12 4212 ホウ(ハウ) さかん ふくれる

篆文  甲骨文  金文 

会意 壴＋彡。壴は鼓の形。彡は音や色彩、充実した状態などを示す記号で、彭は音、彤・彩(彩)は色、穆は穀実の熟して、穂先のひげのある形。ただし彭の卜文・金文の字形は振動音を示す断続の線記号であり、彡ではない。〔説文〕五上に「鼓の聲なり」とし、「壴に従ひ、彡聲」とするが、初形は彡に従うものではない。

訓義 ①つづみの音。②みちてさかんなさま、多いさま、ゆたかなさま。③ふくれる、ちかづく。

古訓 〔名義抄〕彭 クルシブ・カタハラ 〔字鏡集〕彭 クルシブ・サカリナリ・ミチビク・コホシ・カタハラ

声系 〔説文〕に彭声として鬃一上を収める。鬃はまた祊に作り、「門内に先祖を祭る。彷(彷)徨する所以なり」とあり、祊が正字。古くは匚とよぶ祭儀であった。鬃に作るのは、その祭儀に用いる鼓声をとるものであろう。

【彭鏗】鐘声の形容。宋・蘇軾〔蔡景繁の海州石室に和す〕詩 獨り斷岸に臨んで日を呼び出だす 紅波碧巘、相ひ呑吐す 徑だちに我が語を尋ねて餘聲を覓む 拄杖彭鏗として銅鼓を叩く

【彭殤】長命の彭祖と、夭死者。晉・王羲之〔蘭亭集の序〕固とに知る、死生を一にするは虚誕たり、彭殤を齊ひとしうするは妄作爲るを。

【彭祖】太古の長寿者。また、彭鏗という。〔荘子、逍遥遊〕彭祖は乃ち今久しきを以て特り聞ゆ。衆人之れに匹はんとす。亦た悲しからずや。

【彭湃】水勢などのさかんなさま。漢・司馬相如〔上林の賦〕穹石に觸れ、堆埼に激し、沸乎として暴怒す。洶涌彭湃たり、彭湃たり。

【彭彭】ものの多く、勢いのさかんなさま。〔詩、斉風、載驅〕汶水は湯湯(水流ゆたか)たり 行人は彭彭たり

↑彭考 笞で拷問を加える／彭觥 金玉の声／彭排 盾／彭魄 旁薄／彭濞 滂沛／彭郎 水神

常 【棚】 12 4792 〔棚〕 12 4792 ホウ(ハウ) たな さじき ひさし

篆文 

形声 声符は朋(朋)。朋に相連繫するものの意がある。〔説文〕六上に「棧なり」とあり、また閣・庋閣ともいう。〔倉頡篇〕に「樓閣なり」とあるのはいわゆる複道、屋根のある廊下のことである。

訓義 ①たな、おおいだな。②さじき、かけはし、ひさし。③小屋。

古訓 〔新撰字鏡〕棚 太奈(たな) 〔名義抄〕棚 タナ・ヤナグヒ 〔字鏡集〕棚 ヤナグヒ・タナ・ヤカタ

語系 棚・輣beangは同声。輣は〔説文〕十四上に「兵車なり」とあり、重装備の戦車。車上に望櫓があるので、また楼車ともいう。

【棚閣】城の哨楼。〔資治通鑑、唐紀三十五〕(粛宗、至徳二載)賊又鉤車を以て城に鉤け、棚閣に上る。鉤の及ぶ所、崩陷せざる莫し。(張)巡大木を以てし、末に連鎖を置き、鎖末に大鐶を置き、其の鉤頭を揚ふ。

【棚車】宴遊用の屋台車。〔邵氏聞見録、三〕本朝唯だ眞宗の咸平・景德の閒を盛んなりと爲す。時に北虜通和し、兵革用ひず、家ゝ給し、人ゝ足る。～民、車を以て酒食聲樂を載せ、通衢に遊ぶ。之れを棚車鼓笛と謂ふ。

【棚頭】党派の領袖。〔封氏聞見記、三、貢挙〕玄宗の時、士子殷盛なり。每歳の進士の省に到る者、常に千餘人に減ぜず。在館の諸生、更ゝ相ひ造詣し、互ひに朋黨を結びて、以て相ひ漁奪す。之れを號して棚と爲し、聲望の者を推して棚頭と爲す。權門貴盛も、走らざる無し。

↑棚規 試験の費用／棚圏 畜舎／棚桟 畜舎／棚廠 小屋／棚場 小屋／棚寮 建築小屋

↓危棚・妓棚・高棚・茶棚・綵棚・山棚・酒棚・舟棚・秋棚・書棚・水棚・竹棚・帳棚・店棚・涼棚・露棚・楼棚

【焙】 12 9086 ホウ ハイ あぶる ほうじる

形声 声符は咅。音にふくらみ、はじける意がある。火にあぶって、ふくらむ意。〔茶経、二之具〕に「焙茶」の名がみえる。

訓義 ①あぶる、ほうじる。②ほいろ。

古訓 〔名義抄〕焙 アブル

【焙人】茶をほうじる人。宋・徽宗〔大観茶論、天時〕茶工は驚蟄に作る。尤も天時を得るを以て急と爲す。輕寒、英華漸く長ず。～茶工從容力を致す。～故に焙人の茶を得るは、天、慶を爲すなり。

【焙茗】茶をほうじる。唐・許渾〔村舎〕詩 野碓(野のうす)、秔を舂くこと滑らかに 山厨、茗を焙じること香し

↑焙乾 焙りほす／焙造 焙茶／焙茶 焙茗／焙茗 焙薬／焙薬 薬を焙烙でやく／焙炉 焙籠／焙籠 ほいろ。木のわくに紙を張り、茶や薬をかわかすのに用いる／焙烙 ほうじる土鍋

↓火焙・春焙・蒸焙・製焙・茶焙・茗焙

【琫】 12 1515 ホウ つかかざり

篆文 

形声 声符は奉。〔説文〕一上に「佩刀上の飾りなり。天子は玉を以てし、諸侯は金を以てす」とみえる。つかにあるものを琫、こじりにあるものを珌という。珌は〔説文〕に「佩刀下の飾りなり」とみえる。

訓義 ①つかかざり。②鞘の上部の、鯉口のところのかざり。③こじりのかざり。

古訓 〔新撰字鏡〕琫 太知乃加佐利(たちのかざり)、又、太千乃志太乃加佐利(たちのしたのかざり) 〔名義抄〕琫 タチノカザリ 〔篇立〕琫 タチノカザリ・タチノシモノカザリ

↑琫珌 佩刀の飾り。琫は鞘の上部、珌は下部

↓玉琫・鞸琫・鐐琫

【珐】 12 1413 ホウ(ハフ) ほうろう

形声 声符は法。珐瑯は不透明硝子質のもので、金属器物の表面に塗飾する。腐蝕をふせぎ、また装飾とする。

訓義 1珐瑯、エナメル。2七宝焼。
↑珐藍 七宝焼/珐緑 七宝焼

【菶】 12 4450 ホウ しげる

篆文

形声 声符は奉。〔説文〕一下に「艸盛んなるなり」とあり、菶菶はその形況の語。草が茂り、実が多くなることをいう。〔玉篇〕に「菶菶は、實多きなり」とみえる。

訓義 1しげる、よくしげる。2みのる、よくみのる。3字はまた、唪に作る。

古訓 〔名義抄〕菶 キビシ 〔字鏡集〕菶 クサシゲキナリ・キビシ

【菶菶】 草がよく茂るさま。〔詩、大雅、巻阿〕鳳皇鳴きぬ 彼の高岡に 梧桐生ず 彼の朝陽に 菶菶萋萋 雝雝喈喈たり

↑菶茸 繁茂する
↓蓊菶

【跑】 12 6711 ホウ(ハウ) ハク あがく はしる

形声 声符は包(包)。〔広雅、釈言〕に「趵なり」とみえるが、近世以後には、あがく、はしるの意に用いる。

訓義 1あがく、地をかく。2はしる、ける、けるようにはしる。3おどる。

古訓 〔名義抄〕跑 タフル 〔字鏡集〕跑 タフル・フシマロブ・フム・ケル

↑跑急 疾走する/跑脱 脱走する/跑地 足で掘る
↓虎跑・馬跑・鹿跑

【鈁】 12 8012 ホウ(ハウ) さかつぼ

篆文

形声 声符は方。方に方形の意がある。〔説文〕十四上に「方鐘なり」とあり、鐘(鐘)は鍾、酒器の名で、方形の壺型の器。〔広雅、釈器〕に「罌、之れを鈁と謂ふ」とみえるものである。〔玉篇〕にも「鐘なり」という。

訓義 1さかつぼ、方形壺の形をした酒壺。

【雱】 12 1022 ホウ(ハウ) ゆきふる

篆文

形声 声符は方。方にさかんなる意がある。〔詩、邶風、北風〕「雪雨ること其れ雱たり」の〔伝〕に「盛んなる貌なり」とあり、霏霏などというのと同じ。また滂に通じ、滂沱の意がある。字はまた旁に作る。〔説文〕旁字条一上に「溥きなり」とし、籀文として雱を録している。

訓義 1ゆきふるさま、ゆきがふりしきるさま。2ふりそそぐ、雨がふりそそぐさま。

古訓 〔篇立〕雱 サカユ 〔字鏡集〕雱 ユキ

語系 雱phiang、騯buangは声義近く、雨雪のさかんにふるさまを雱といい、衆馬の盛んに走るを騯という。また菶pongは草の盛多なるをいう。豐(豊)phiuəmも、その系統の語である。

【徬】 13 2022 ホウ(ハウ) つきそう

篆文

形声 声符は旁。旁に旁側の意がある。〔説文〕二下に「附きて行くなり」とあり、つきそう意。また傍・彷と通用する。

訓義 1つきそう、よりそう。2傍と通用し、かたわら。3彷と通用し、さまよう。

古訓 〔字鏡集〕徬 ユク・チカヅキユク

↑徬徨 彷徨する
↓牽徬

【瓿】 13 0161 ホウ かめ ほとぎ

篆文

形声 声符は咅。咅は木の実のふくらんだ状態をいう。腹部の張ったかめをいい、醢漿の類を入れる。

訓義 1かめ、ほとぎ。2塩ものなどを入れるかめ。

↑瓿甊 小さなかめ

【葑】 13 4414 ホウ かぶら

篆文

形声 声符は封。封に大なるものの意がある。〔説文〕一下に「須従なり」とあり、単に須ともいう。また菰の根をいう。

訓義 1かぶら、蕪菁。2まこもの根。

古訓 〔新撰字鏡〕葑 阿乎奈(あをな) 〔名義抄〕葑 アヲナ 〔篇立〕葑 アヲナ・コモ・カラシ

【葑田】 まこもの根がからんで浮島状となるもの。架田。〔宋史、蘇軾伝〕(西)湖の水に葑多し。～葑積んで田と爲り、水幾ばくも無し。～又葑田を取り、湖中に積み、南北徑三十里、長堤と爲して、以て行く者を通ぜしむ。～堤成る。芙蓉・楊柳を其の上に植う。～杭人名づけて蘇公堤と爲す。

【葑菲】 かぶらの類。〔左伝、僖三十三年〕詩(邶風、谷風)に曰く、葑を采り菲を采るに 下體を以てすること無かれと。君、節を取らば可なり。

↑葑積 葑田/葑菱 こも/葑炉 葑土の炉
↓湖葑・采葑・沢葑

常【蜂】 13 5715 [蠭] 23 3713 ホウ はち

篆文 古文

形声 正字は蠭に作り、逢声。〔説文〕十三下に「飛蟲、人を螫す者なり」とあり、古文として夆に従う字を録する。一時に群起することを蜂起という。逢・夆はその群飛するときの声を写すものであろう。蚊や蠅・蟬なども、その羽音や鳴き声をとる語である。

訓義 1はち。2むらがる、いりこむ。3屛蜂は、ひきまわす。

古訓 〔新撰字鏡〕蠭 蜂に同じ、又、佐曾利(さそり) 〔和名抄〕蜂 波知(はち) 〔名義抄〕蜂 ハチ

【蜂衙】 蜂の巣。朝の出入り。宋・陸游〔青羊宮に小飲して、道士に贈る〕詩 微雨晴るる時に、鶴の舞ふを看み 小窗幽かなる處、蜂衙を聽く

【蜂駭】 蜂起。兵乱をいう。晉・陸機〔弁亡論、上〕昔、漢氏御を失ひ、姦臣命を竊む。～是に於て群雄蜂駭し、義兵四に合す。

【蜂起】 蜂が一時に飛びたつように一斉に起こる。〔史記、項羽紀論賛〕夫れ秦、其の政を失ひ、陳渉難を首む。豪傑蠭起し、相ひ與に竝び爭ふこと、勝げて數ふべからず。

【蜂午】 蜂起し、雑沓する。一斉に起こる。〔史記、項羽紀〕今君江東より起る。楚の蠭午の將、皆爭ひて君に附く者は、君の世世楚の將たるを以て、能く復た楚の後を立つと爲へばなり。

【蜂準】 高い鼻柱。〔史記、秦始皇紀〕秦王、人と爲り蜂準長目、鷙鳥の膺、豺の聲、恩少なくして虎狼の心あり。～誠に秦王をして志を天下に得しめば、天下、皆虜と爲らん。

【蜂蠆】 蜂と、さそり。小さくて毒あるもの。〔左伝、僖二十二年〕君其れ邾を小なりと謂ふこと無かれ。蠭蠆も毒有り、而るを況んや國をや。

【蜂蜜】 はちみつ。唐・孟浩然〔疾愈えて竜泉寺精舎を過ぎり、易・業二公に呈す〕詩 洞に入って石髓を窺ひ 崖に傍うて蜂蜜を采る

【蜂目】 蜂のような目。〔左伝、文元年〕楚子、將に商臣を以て大子と爲さんとす。諸これを令尹子上に訪ふ。子上曰く、～是の人や、蠭目にして豺聲、忍(残忍)人なり。立つべからず

と。聴かず。

【蜂腰】 詩の八病の一。また、細腰。唐・皇甫松〔抛毬楽〕詞 紅撥して一聲飄へる 輕毬、越綃に墜つ 帯は翻る、金孔雀 香は満つ、繡蜂腰

➡蜂逸 はやく飛ぶ/蜂窠 蜂の巣/蜂旗 蜂の画の旗/蜂狂 淫奔をたとえる/蜂戸 蜂の巣/蜂語 蜂の飛ぶ音/蜂攢 密集する/蜂至 群がる/蜂集 密集する/蜂出 蜂起する/蜂生 蜂起する/蜂声 蜂の飛ぶ音/蜂螫 蜂の針/蜂台 仏塔/蜂腸 蜂の巣/蜂蝶 蜂と蝶/蜂奴 働き蜂/蜂糖 蜂蜜/蜂餳 蜂蜜/蜂動 群がって騒ぐ/蜂媒 せわしくとりもつ/蜂房 蜂の巣/蜂迷 蜂狂/蜂涌 わき出る/蜂擁 一処に群がる/蜂利 蜂の針

⬇軽蜂・胡蜂・壺蜂・黄蜂・衆蜂・螽蜂・土蜂・凍蜂・弃蜂・奔蜂・蜜蜂・木蜂・遊蜂・養蜂・懶蜂・蠟蜂

【裒】 13 0073 ホウ あつめる おおい とる

会意 衣＋臼。臼は両手。衣の襟を両手で合わせる意。襟を重ね集めることをいう。〔爾雅、釈詁〕に「聚むるなり。多きなり」とあり、〔詩、小雅、常棣〕に「原隰に裒まるも 兄弟求む」とは、原隰に遺棄されている多くの屍体から、身内の屍体を探す意である。

訓義 ①あつめる。②おおい。③とる、とりこ。④褒と通じ、すその大きい衣、ほめる。

古訓 〔名義抄〕裒 裒多なり。ソデ・アツマル 〔篇立〕裒 アラハシ・アク・ミソギヌ・マダシ・コロモ 〔字鏡集〕裒 アツマル・マダシ・コロモ・ソデ・ホム・ヨソメク・ホマレ

【裒剋】 きびしくとりたてる。〔南斉書、武十七王、竟陵文宣王子良伝〕守宰相ひ繼ぎ、務むること裒剋に在り。圍桑品屋、以て貲課を准む。斬樹發瓦、以て重賦に充てしむるを致す。

【裒次】 集めて編纂する。〔唐書、儒学上、蕭徳言伝〕太宗、前世の得失を知らんと欲し、魏徴・虞世南・褚亮及び徳言に詔し、經史百氏、帝王の興衰する所以の者を裒次して、之れを上らしむ。帝、其の書の博くして要あるを愛す。

【裒集】 よせあつめる。〔唐書、文芸中、王維伝〕代宗、(王)縉に語りて曰く、朕れ嘗て諸王の座に於て維の樂章を聞けり。今傳ふること幾何ぞと。中人王承華を遣はして、往きて取らしむ。縉、數十百篇を裒集して、之れを上る。

【裒掇】 裒次。〔唐書、令狐峘伝〕玄宗實錄を撰し、起居注の亡散せるを屬りぬ。峘、詔策を裒掇し、一朝の遺に備ふるも、開元・天寶の閒より、名臣の事、漏略多し。

【裒斂】 租税をきびしくとりたてる。〔陳書、侯安都伝〕無賴無行、畏れず恭まず。～鎭する所を推轂(車を推し進める)して、裒斂厭くこと無し。

➡裒会 裒斂/裒刻 裒剋/裒賜 褒賞する/裒輯 裒集

常【豊】 13 5510 〔豐〕 18 2210 ホウ ゆたか さかん おおきい

象形 旧字は豐に作り、食器である豆に、多くの禾穀を加えている形。供えものの豊盛であることをいう。〔説文〕五上に「豆の豐滿なる者なり」とあり、また豊侯という杯台の義をあげている。粢盛に限らず、すべて豊満盛大なるさまをいう。豊の字はもと醴酒の醴の字であるが、いま常用字に用いる。

訓義 ①ゆたか、おおい、みちたる。②さかん、しげる。③おおきい、こえる、あつい、みのる。④たかつき、食器。⑤杯の台、豊侯。

古訓 〔名義抄〕豊 ユタカニ・ユタカナリ・オホキニス/豊下 オモフラク 〔字鏡集〕豊 シゲシ・ユタカナリ・オホキナリ・サカリ・オホシ・アツシ

声系 〔説文〕に豊声として酆・寷など三字を収める。寷は〔説文〕七下に「大屋なり」とあり、豊大の意をとる。

語系 豐・寷phiuəm は同声。寷は〔易、豊、上六〕に「其の屋を寷いにす」とあり、豊大の意を建物の上に移した字である。封piong、褒・葆puにも豊大・豊盛の意がある。

【豊衣】 ゆたかな服。〔後漢書、樊準伝〕(上疏)多く名儒を徵し、以て禮官に充つ。～或いは安車結駟、鄉里に告歸し、或いは豐衣博帶、宗廟に從見す。～故に朝に皤皤の良、華首の老多し。

【豊頤】 豊かなあご。漢・王褒〔髯奴を責むる辞〕離離(ならぶさま)として緣坡の竹の若く、鬱鬱として春田の苗の若し。～爾乃ち附するに豐頤を以てし、表するに蛾眉を以てす。

【豊佚】 ゆたかで安らか。〔南史、宋文帝紀〕(元嘉二十二年)汝が曹、少長豐佚、百姓の艱難を見ず。今爾をして飢苦有るを識り、節儉を以て物を期することを知らしむ。

【豊溢】 ゆたかで溢れる。〔唐書、杜佑伝〕開元・天寶中、四方虞れ無く、編戸九百餘萬、帑藏豐溢す。浮費有りと雖も、憂へと爲すに足らず。

【豊衍】 ゆたか。〔後漢書、循吏、任延伝〕駱越の民、嫁娶の禮法無く、各ゝ淫好に因る。～延乃ち書を屬縣に移し、～皆年齒を以て相ひ配せしむ。～同時に相ひ娶る者二千餘人。是の歲、風雨順節、穀稼豐衍なり。

【豊豔】 肉づきよく美しい。〔旧唐書、后妃上、玄宗楊貴妃伝〕太眞、資質豐豔、歌舞を善くし、音律に通じ、智算人に過ぐ。～宮中呼んで娘子と爲す。

【豊下】 あごがゆたか。〔左伝、文元年〕穀(文伯)は豐下なり。必ず魯國に後(子孫)有らん。

【豊肌】 ゆたかな肌。宋・蘇軾〔楊公済(蟠)奉議の梅花に次韻す、十首、七〕詩 應に笑ふべし、春風木芍藥 豐肌弱骨、人の醫するを要するを

【豊給】 ゆたかで足る。〔後漢書、循吏、王景伝〕景乃ち吏民を驅率し、蕪廢を修起し、教ふるに犂耕を用てす。是れに由りて墾闢倍ゝ多く、境内豐給なり。遂に銘石刻誓し、民をして常禁を知らしむ。

【豊絜】 祭のお供えなどが、ゆたかで清らか。〔左伝、僖五年〕吾が享祀豐絜、神必ず我に據らん。

【豊妍】 ゆたかで美しい。〔宣和書譜、十、行書四〕(郎中帖)林藻は何許の人なるかを知らず。～行書を作るに、其の婉約豐妍なる處は、智永の筆法を得ること多しと爲す。～今御府に藏する所、行書一。

【豊功】 大功。宋・欧陽脩〔相州昼錦堂記〕其の豐功盛烈、彝鼎に銘して弦歌に被らしむる所以の者は、乃ち邦家の光にして、閭里の榮のみに非ざるなり。

【豊亨】 太平。〔易〕に豐・亨の二卦あり、みな太平の象。〔宋史、姦臣二、蔡京伝〕時に承平既に久しく、帑庾盈溢す。京倡に豐亨豫大の說を爲し、官爵財物を視ること、糞土の如し。

【豊侯】 酒器の名。酒で国を亡ぼした豊侯の形に象るという。漢・崔駰〔酒箴〕豐侯、酒に沈湎し、罌(酒甕)を荷ひ缶(酒壺)を負ふ。自ら世に戮せられ、形を圖きて後を戒む。

【豊厚】 手厚く、立派。〔晏子、諫下、二十二〕(景公)曰く、(梁丘)據、忠にして且つ我を愛せり。我其の葬を豐厚にし、其の隴(墳墓の土盛り)を高大にせんと欲すと。～晏子曰く、～

臣、其の君を専らにする、之れを不忠と謂ふ～と。～遂に厚葬の令を廢す。

【豊侈】ゆたかで多い。宋・欧陽脩〔南陽県君謝氏（梅聖兪夫人）墓誌銘〕其の家を治むるや、常法有り。其の飲食器皿、豊侈に及ばずと雖も、必ず精にして旨く、其の衣、故新と無く、澣濯縫紉必ず潔にして以て完なり。

【豊潤】ゆたかでうるおう。魏・鍾会〔蒲萄の賦〕仰いで甘液の靈露を承け、下りて豊潤を醴泉に歙する。衆和の淑美を總べ、至氣を自然に體す。

【豊穣】豊作。〔漢書、食貨志上〕百姓土に安んじ、歲數豊穣にして、穀石ごとに五錢に至り、農人利少なし。～邊郡に皆倉を築き、～穀貴き時、賈を減じて糶る。常平倉と曰ふ。

【豊盛】多くて立派。〔後漢書、皇后上、光武郭皇后紀〕后、沛太后と爲る。（兄）況、大鴻臚に遷る。帝數其の第に幸し、公卿諸侯親家を會して飲燕す。金錢縑帛を賞賜すること、豊盛比莫し。京師、況の家を號して金穴と爲す。

【豊年】豊作の年。宋・蕭徳藻〔山西の村に遊ぶ〕詩 笑ふこと莫かれ、農家の臘酒（年末の酒）の渾れるを 豊年、客を留めて、雞豚足る

【豊博】知識がゆたかで広い。〔晋書、裴頠伝〕樂廣、嘗て頠と淸言し、理を以て之れを服せんと欲す。頠、辭論豊博、廣笑つて言はず。時人、頠を謂ひて言談の林藪と爲す。

【豊碑】棺をおろすとき綱を通す四本柱。もと天子の制。〔礼記、檀弓下〕公室（諸侯）は豊碑に視へ、三家は桓楹（大柱、諸侯の制）に視ふ。

【豊美】ゆたかで美しい。〔漢書、董仲舒伝〕（対策）是を以て、陰陽調ひて風雨時あり。～天地の閒、潤澤被りて大いに豊美にして、～王道終る。

【豊富】ゆたか。宋・李覯〔袁州州学記〕孝武、豊富に乘じ、世祖（光武）戎行に出で、皆學術に孶孶したり。俗化の厚き、靈・獻に延べり。

【豊約】貧富。盛衰。晋・陸機〔豪士の賦の序〕夫の我に存する者は、隆殺其の域に止まり、物に繫かる者は、豊約唯だ遭遇する所のままなり。

【豊沃】土地が肥沃であること。宋・陸游〔入蜀記、三〕絕頂に又小亭有り。亦た謝公亭と名づく。四山を下視するに、蛟龍の奔放して、爭うて川谷に赴くが如く、絕だ吾が鄕の舜山に類す。但だ舜山の巓は、豊沃夷曠にして、平陸に異なる無し。

【豊隆】雲神。〔楚辞、離騒〕吾れ豊隆をして雲に乗り 宓妃の在る所を求めしむ

↑豊偉 大男／豊殷 さかん／豊蔚 茂る／豊盈 ゆたか／豊穎 稲穂が茂る／豊贏 充盈する／豊奕 さかん／豊屋 大きな家屋／豊恩 大恩／豊廈 豊屋／豊夥 ゆたかで多い／豊寡 多寡／豊确 肥瘠／豊額 広いひたい／豊頷 豊頤／豊凶 豊荒／豊頬 下ぶくれ／豊芸 多芸／豊碣 碑碣／豊倹 豊約／豊歉 豊凶／豊蠲 ゆたかで清らか／豊狐 大狐／豊耗 豊凶／豊曠 ゆたかで広い／豊国 富国／豊殺 豊約／豊歳 豊年／豊作 豊年／豊熾 ゆたかで盛ん／豊実 十分／豊爵 栄爵／豊収 多収／豊羞 立派なお供え／豊熟 豊穣／豊昌 さかん／豊敞 広やか／豊上 広いひたい／豊壌 肥沃の地／豊殖 ふえる／豊嗇 豊約／豊稔 ゆたかにみのる／豊悴 盛衰／豊瘁 豊悴／豊碩 豊満／豊蓆 蒲席／豊積 積財／豊羨 豊贍／豊賤 物が多くて安い／豊贍 ゆたかで足る／豊饌 ご馳走／豊膳 ご馳走／豊草 茂草／豊大 盛大／豊餒 食の多寡／豊沢 ゆたか／豊秩 厚禄／豊珍 ご馳走／豊腆 ゆたか／豊登 豊年／豊肉 肥肉／豊沛 さかん／豊敗 大敗する／豊薄 多少／豊肥 ゆたかで太る／豊備 十分にそなわる／豊筆 肥筆／豊阜 ゆたか／豊膚 ゆたかな肌／豊弁 雄弁／豊豊 多いさま／豊厖 ゆたか／豊満 ゆたか／豊茂 多く茂る／豊腴 ゆたか／豊裕 ゆたか／豊予 安逸／豊容 ふっくら／豊雍 和らぐ／豊利 厚利／豊麗 ゆたかで麗しい／豊烈 大業／豊禄 厚禄

↓祈豊・凶豊・厚豊・歳豊・珍豊・茂豊・隆豊・禄豊

【鉋】13 8711 ホウ（ハウ） かんな

形声 声符は包（包）。鉄刃で木を平らかに削るもの。かんな。

訓義 ①かんな。②馬の毛を掻くはけ。③杵のくび。

↑鉋花 かんなくず

常【飽】13 〔飽〕14 8771 ホウ（ハウ） あきる たる

篆文

古文

形声 声符は包（包）。包は懐妊の象で、盈満の意がある。〔説文〕五下に「猒くなり」、〔広雅、釈詁一〕に「滿つるなり」という。猒は犬牲を供えて祀り、神が満足することで、厭足の意。飽は酒食に厭足することをいう。

訓義 ①あく、あきる、あきたる。②たる、みちる、みちたる、心にみちたりる。

古訓 〔名義抄〕飽 アク・アキタル・スグル 〔字鏡集〕飽 アキタリ・イトフ・アキミツ・アク

【飽学】十分な学問。また、学飽。〔文心雕竜、事類〕文章は學に由り、能くするは天資に在り。才は内より發し、學は外を以て成る。學飽にして才餒うる有り、才富にして學貧しき有り。

【飽看】十分に見る。元・耶律楚材〔済源を過ぎり、裴公亭に登る～、四首、二〕詩 髯を掀げて坐ろに語り、閑に水に臨み 面を仰ぎ徐かに行きて、山を飽看す

【飽食】たらふくたべる。〔論語、陽貨〕飽食すること終日、心を用ふる所無きものは、難い哉。博奕といふ者有らずや。之れを爲すは、猶ほ已むに賢されり。

【飽啜】十分に飲食する。宋・梅尭臣〔次韻して呉長文内翰の遺れる石器八十八件に答ふ〕詩 食具と果具と 賓を待つに良に勗有り 亦た茶具を將つて幷せ 飽啜して時に俗を出づ

【飽暖】飽食暖衣。〔孟子、滕文公上〕飽食暖（煖）衣、逸居して教へ無くんば、則ち禽獸に近し。聖人之れを憂ふる有り。契をして司徒と爲り、教ふるに人倫を以てせしむ。

【飽徳】十分に徳沢をうける。〔孟子、告子上〕詩（大雅、既酔）に云ふ、既に酔ふに酒を以てし 既に飽くに徳を以てすと。仁義に飽くを言ふなり。人の膏粱の味を願はざる所以なり。

【飽飯】飽食。宋・蘇軾〔韓持国（維）に上る〕詩 吾が儕小人、但だ飽飯 君子有らずんば、何ぞ國を能くせん

【飽満】充足する。〔史記、楽書〕天子躬ら明堂に臨觀し、萬民咸く邪穢を蕩滌す。斟酌飽滿、以て厥の性を飾ふ。

【飽飫】腹一杯食う。〔後漢書、劉盆子伝〕帝、縣廚をして食を賜はしむ。衆、困餧を積ね十餘萬人、皆飽飫することを得たり。

↑飽佚 飽食して無為／飽逸 飽佚／飽喫 飽食する／飽参 納得する／飽餐 飽食する／飽死 大食して

死ぬ／飽足 満足する／飽聞 聞きあきる／飽覧 見あきる／飽和 満足する
↓安飽・意飽・盈飽・厭飽・温飽・饑飽・求飽・耳飽・充飽・宿飽・饒飽・食飽・酔飽・睡飽・素飽・長飽・朝飽・徳飽・肥飽・豊飽・余飽・飫飽

【絣】 14 2894 ホウ（ハウ） ヘイ かすり

篆文 

形声 声符は幷。〔説文〕十三上に「氏人の殊縷布なり」とあり、〔段注〕に「蓋し其の縷の色を殊にして、相ひ閉へて之れを織るなり」とあり、色の異なる糸を並べて織る布をいう。相交わる色がかすれたように見えるので、国語で「かすり」という。

訓義 ①しまおり、まじえおり。②無地の布。③わた。④すみなわを引く。⑤弓弦をはる。⑥わが国で、かすり。

古訓 〔篇立〕絣 スミウツ・ナハ・カラク・スナハ 〔字鏡集〕絣 スミ・アラサス・ウツ・モンナキオリモノ

【絣紘】 弓を引きはなつ音。〔敦煌変文集、仏説阿弥陀経講経文〕我が虜を山川に掃ふに、但だ隻箭を勞するのみ。妖氛を紫塞に靜むるに、絣紘を假らず。

入 【蓬】 14 4430 〔蓬〕 15 4430 ホウ よもぎ くさむら みだれる

篆文 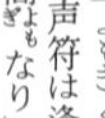 籀文 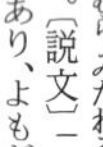

形声 声符は逢。〔説文〕一下に「蒿なり」とあり、よもぎの一種である蓬蒿をいう。飛蓬・転蓬ともよばれ、風に従って千里に飄揺することがあるという。よく邪気を祓い、〔礼記、内則〕に「桑弧蓬矢六を以て、天地四方を射る」という法がみえる。逢はもと神気を示す字。蓬蓬はその形容語に用いる。

訓義 ①よもぎ、飛蓬。②くさむら、しげる、むらがる。③みだれる、気象のみだれるさま、うごくさま。

古訓 〔名義抄〕蓬 ヨモギ・サカリ・カシラミダル・カハホネ・オホトル・ミダル／蓬骨 カハホネ／蓬頭 オホトレガシラ／蓬累 カシラカラ

語系 蓬beongは勃buət、葆puとその頭音が近く、形況の連語として用いることがある。

【蓬庵】 草のいおり。唐・盧綸〔司空曙の村居を過ぎる〕詩 南北、山と隣し 蓬庵、一身を庇ふ

【蓬瀛】 蓬萊と瀛洲。東海中にある神仙の山。〔拾遺記、四、燕昭王〕臣、昆臺の山に遊んで、垂白の叟の、宛として少童の若き有るを見る。～乃ち蓬瀛を歷て碧海を超え、經涉升降し、無窮に遊往す。此れを上仙の人と爲すなり。

【蓬戸】 蓬をあんだ戸。〔礼記、儒行〕儒に、一畝の宮、環堵の室、篳門（荊竹の門）圭窬（切り戸）、蓬戸甕牖（甕形の窓）、衣を易へて（共用）出で、日を幷せて食らふ～有り。

【蓬壺】 海中の三仙山の一。唐・李白〔晁卿衡（晁衡は阿倍仲麻呂の唐名）を哭す〕詩 日本の晁卿、帝都を辭す 征帆一片、蓬壺を遶る

【蓬蒿】 よもぎの生えたくさむら。〔高士伝、中、張仲蔚〕天官（天文）に明らかに、博物にして善く文を屬り、詩賦を好む。常に窮素に居り、處る所、蓬蒿人を沒す。閉門養性、榮名を治めず。

【蓬矢】 蓬の矢。邪気を祓う。〔礼記、内則〕子生まるるときは、男子には弧を門の左に設け、～宿齊し、朝服し、寢門外にて詩（承）けて之れを負ひ、射人、桑弧蓬矢六を以て、天地四方を射る。保受けて之れを負ふ。宰～之れに束帛を賜ふ。

【蓬茨】 草ぶきの家。〔漢書、王褒伝〕今臣、西蜀に辟在し、窮巷の中に生まれ、蓬茨の下に長じ、游觀廣覽の知有る無く、顧つて至愚極陋の累ひ有り。以て厚望を塞ぎ、明指に應ずるに足らず。

【蓬首】 髪の乱れた頭。〔晋書、王徽之伝〕性、卓犖不羈ふ、大司馬桓溫の參軍と爲る。蓬首散帶、府事（役所の仕事）を綜めず。

【蓬心】 浅薄。〔荘子、逍遥遊〕今、子に五石の瓠有り。何ぞ以て大樽と爲して江湖に浮かぶを慮らずして、其の瓠落として容るる所無きを憂へんや。則ち夫子は猶ほ蓬心有る夫か。

【蓬然】 風の吹き起こるさま。蓬蓬然。〔荘子、秋水〕蛇、風に謂ひて曰く、～今、子、蓬蓬然として北海に起り、蓬蓬然として南海に入る。有る無きに似たるは、何ぞや。

【蓬窓】 舟の窓。元・王蒙〔己の画ける漁父の図に題す〕詩 蓬窻、曉に對す、洞庭の山 七十三峯、靑きこと玉に似たり

【蓬頭】 蓬首。〔魏書、封軌伝〕善く自ら修潔し、儀容甚だ偉なり。或ひと曰く、學士、修飾を事とせず～と。～曰く、君子其の衣冠を整へ、其の瞻視を尊くす。何ぞ必ずしも蓬頭垢面にして、然る後に賢と爲さんと。

【蓬髪】 乱れた頭髪。〔晋書、阮孚伝〕其の母は卽ち胡婢なり。～蓬髮飲酒、王務を以て心に嬰けず。～終日酣縱し、恆に有司の按ずる（検問する）所と爲る。

【蓬葆】 茂り乱れる。〔漢書、武五子、燕刺王劉伝〕樊（噲）、～灌（嬰）、攜劍推鋒、高皇帝に從ふ。～此の時に當り、頭は蓬葆の如く、勤苦至れり。然れども其の賞は封侯に過ぎず。

【蓬勃】 気象のさかんなさま。漢・賈誼〔旱雲の賦〕遙かに白雲の蓬勃たるを望むも、滃滃澹澹として妄りに止む。

【蓬門】 蓬戸。蓬庵。唐・杜甫〔客至る〕詩 花徑、曾て客に緣りて掃はず 蓬門、今始めて君の爲に開く

【蓬萊】 東海中にある仙山。〔史記、封禅書〕（斉の）威・宣・燕昭より、人をして海に入りて蓬萊・方丈・瀛洲を求めしむ。～蓋し嘗て至る者有り。諸僊人及び不死の藥、皆焉に在り。

【蓬累】 さまよう。清・査慎行〔王璞庵の南北遊詩巻に題す〕詩 蓬累、時に蒼茫の行を爲す 江南江北、期程無し

↓蓬屋 草屋／蓬科 くさむら／蓬艾 よもぎ／蓬閣 秘書省／蓬館 蓬屋／蓬丘 蓬萊山／蓬居 茅屋／蓬扃 蓬戸／蓬荊 荒草／蓬闕 道観／蓬垢 蓬頭垢面／蓬餌 くさ餅／蓬室 蓬屋／蓬舎 蓬屋／蓬宿 蓬屋／蓬鬆 乱れ髪／蓬茸 荒草／蓬征 放浪する／蓬転 転蓬／蓬飛 転蓬／蓬眉 長い眉／蓬篳 蓬戸篳門、篳門は荊竹の門／蓬飄 転蓬／蓬鬢 乱れ髪／蓬蓬 気の盛んなさま／蓬茅 茅屋／蓬藜 蓬と、あかざ／蓬廬 蓬屋
↓寒蓬・孤蓬・枯蓬・朔蓬・秋蓬・吹蓬・衰蓬・征蓬・霜蓬・断蓬・転蓬・頭蓬・髪蓬・飛蓬・飄蓬・鬢蓬・萍蓬・編蓬・幽蓬・流蓬

【蜯】 14 5515 ［蚌］ 10 5515 ホウ（ハウ） どぶがい はまぐり

形声 声符は奉。〔玉篇〕に「蜯蛤なり」とあり、はまぐりをいう。字はまた蚌に作る。

訓義 ①どぶがい、はまぐり。②字はまた蚌に作る。

古訓 〔名義抄〕蚌・蜯 カヒハチ／蚌蛤 ハマグリ・ツヒ 〔篇立〕蜯 ユスルハチ・ハチ・カヒ・ハマグリ

【蜯蛤】 はまぐり、どぶがい。〔韓非子、五蠹〕民、果蓏（草木の実）蜯蛤を食ふ。腥臊惡臭にして、腹胃を傷害し、民に疾病多し。聖人作る有り。燧を鑽り火を取り、以て腥臊を化す。而して民之れを說び、天下に王たらしめ、之れに號けて燧人氏と曰ふ。

↑蜯蜃 どぶがいと、おおはまぐり

【褓】 14 3629 ［緥］ 15 2699 ホウ（ハウ） かいまき むつき

篆文

形声 声符は保。保は新生の子に、受霊のための衣をそえて抱く意。その衣を褓という。〔説文〕十三上に緥を正字とし、「小兒の衣なり」とするが、霊衣として身にそえるものであるから、褓が字義にかなう。〔詩、小雅、斯干〕は室寿ぎの詩で、女子の出生のときには「載ち之れに裼を衣せしむ」とあり、〔伝〕に「裼は褓なり」という。緥は子を負うもの、また腹かけの類をいう。

訓義 1かいまき。新生の子に、霊衣として加えるものであった。2むつき、しめし。3保・葆と通用する。

古訓 〔新撰字鏡〕褓 毛豆支(もつき) 〔名義抄〕襁褓 ムツキ・タスキ/褓 ムツキ・チゴノキヌ/緥 ムツキニ 〔字鏡〕褓 チゴノキヌ・ムツキ

語系 褓・保・緥puは同声。抱(抱)buと声義が近い。保声の字は保と同じく、生子儀礼に関するものが多い。

【褓襁】(ほうきょう/はうきやう) むつきと背負いのひも。〔呂覧、明理〕民に疾癘多く、道に褓襁多きときは、盲禿傴尫、萬怪皆生ず。

→褓裙 むつき/褓乳 乳児/褓被 むつき

↓襁褓・香褓・繻褓

人 【鞄】 14 4751 ホウ(ハウ) かばん

篆文

形声 声符は包(包)。包は包みいれる意。〔説文〕三下に「革を柔らぐる工なり」とあり、〔周礼、考工記〕にその職として鮑氏がある。魚皮や海獣の皮なども、柔革の対象とされた。〔墨子、非儒〕に「鞄函」の語があり、皮革製の容器をいう。鞄はいま「かばん」の意に用いる。「かばん」は夾板の訛りであろうという。

訓義 1かわつくり、なめし工。2かばん。3字はまた鮑に作る。

古訓 〔篇立〕鞄 ユガケ 〔字鏡集〕鞄 カハツクリ

参考 鞄はまた鮑に作る。「管鮑の交」を以て知られる鮑叔は、斉器の金文に「鞷叔」に作るものが、それであるらしい。鞄・鮑・鞷は、もと同一の字であったと思われる。

【鞄函】(ほうかん/はうかん) なめし皮や鎧を作る職人。鞄函。〔墨子、非儒下〕(儒者は)曰く、君子は循ひて(自ら)作らずと。之れに應へて曰く、古者、羿弓を作り、伃甲を作り、奚仲車を作り、巧垂舟を作る。然らば則ち今の鞄(鮑)・函・車・匠は、皆君子にして、羿・伃・奚仲・巧垂は皆小人なるか。

↓函鞄

【鴇】 14 2142 ［鳵］ 15 2742 ホウ(ハウ) くろあしげ

篆文

形声 声符は⿱匕十。〔爾雅、釈畜〕に「驪白雑毛は鴇なり」とあり、〔詩、鄭風、大叔于田〕の〔伝〕には字を鵏に作る。鵏はのがん、両字通用する。

訓義 1くろあしげの馬、かすげ。2字はまた鵏に作る。

【髣】 14 7222 ［仿］ 6 2022 ホウ(ハウ) にる さながら かすか

篆文

籀文

形声 声符は方。〔説文〕八上に「仿は相ひ似たるなり」とあり、仿を正字とする。仿仏・彷彿・髣髴は双声の連語でみな同じ。ほのかに相似た状態をいう形況の語である。〔説文〕に重文として籀文一字を録し、字は俩に作る。

訓義 1にる、さながら。2かすか。

古訓 〔名義抄〕髣 ホノメク・ホノカニ 〔字鏡集〕髣 ホノメク・ホノカナリ

【髣髴】(ほうふつ/はうふつ) ほのかに。また、さながら。〔三国志、蜀、諸葛亮伝注に引く漢晋春秋〕(後の出師の表)曹操の智計は、人に殊絶す。其の兵を用ふるや、孫呉に髣髴たり。然れども～幾ど北山に敗れ、殆ど潼關に死せんとす。

→髣像 似る

人 【鳳】 14 7721 ホウ ほうおう おおとり

篆文

古文

甲骨文

形声 声符は凡(凡)。卜文の字形には凡を加えないものがあり、その字は〔説文〕にみえる古文の字形に似ている。もと風の意に用い、卜文は鳥形に凡の声符を加える。風はこの鳳の飛翔によって生じ、四方の方神に、天馳せ使いとして仕える風神があり、四方の風神にそれぞれの神名があった。鳳が神鳥とされるのは、その伝承による。〔説文〕四上に「神鳥なり。天老曰く、鳳の象なり」としてその異相を列挙し、東方君子の国より出て、四海の外に翺翔し、崐崘より西して弱水に羽を濯い、莫に風穴に宿るという。四方風神のことは〔山海経〕にもみえ、また〔書、尭典〕に四方羲和の治とされるもののうちに、風神の名が残されている。瑞鳥鳳凰のことは〔詩、大雅、巻阿〕に「鳳皇鳴きぬ 彼の高岡に 梧桐生ず 彼の朝陽に」と歌われている。〔巻阿〕は〔万葉集〕の吉野遊幸のような性質の詩篇である。

訓義 1ほうおう。2鵬と通じ、おおとり。

語系 鳳biuəm、鵬(鵬)bəngは声近く、卜文の字形によって考えると、もと同源の字である。〔荘子、逍遥遊〕にみえる鵬は、モンスーン地帯における颱風現象を背景とする説話であろう。風piuəmはその神話的性格を失って、分化した語とみられる。

【鳳凰】(ほうおう/ほうわう) ほうおう。瑞鳥。唐・李白〔金陵の鳳凰台に登る〕詩 鳳凰臺上、鳳凰遊ぶ 鳳去り、臺空しうして、江自ら流る

【鳳管】(ほうかん/ほうくわん) 笙の笛。唐・皇甫冉〔婕好春怨〕詩 花枝、建章(宮)を出で 鳳管、昭陽(宮)を発す 借問す、恩を承くる者 雙蛾幾許か長き

【鳳儀】(ほうぎ) 鳳凰が容儀をあらわす。〔書、益稷〕簫韶(舜の楽曲)九成せば、鳳皇來り儀す。

【鳳挙】(ほうきょ) 王命を受けて遠く使する。また、高挙。漢・劉歆〔甘泉宮の賦〕天門を迴りて鳳擧し、黄帝の明庭を躡む。

【鳳穴】(ほうけつ) 文才の人の集まるところ。〔北史、文苑伝序〕曹(植)・王(粲)・陳(琳)・阮(瑀)、宏衍の思を負うて、棟幹を鄧林(仙境)に挺し、潘(岳)・陸(機)・張(載)・左(思)、侈麗の才を擅にして、羽儀を鳳穴に飾る。

【鳳闕】(ほうけつ) 鳳を飾った宮闕。宮城。〔史記、武帝紀〕是に於て建章宮を作る。～其の東には則ち鳳闕あり、高さ二十餘丈。其の西は則ち、唐中(庭)數十里の虎圏あり。

【鳳釵】(ほうさ) 鳳飾の釵。〔中華古今注、中〕釵子、蓋し古笄の遺象なり。秦の穆公に至りて象牙を以て之れを爲り、敬王玳瑁を以て之れを爲り、始皇又金銀もて鳳頭を作り、玳瑁を以て脚と爲し、號して鳳釵と曰ふ。

【鳳姿】(ほうし) 高雅な姿。〔晉書、嵆康伝〕風儀有り。形骸を土木にして、自ら藻飾せず。人以て龍章鳳姿と爲す。天質自然、恬靜寡欲なり。

【鳳笙】(ほうしょう/ほうしやう) 笙。鳳に象る。唐・李白〔襄陽歌〕詩 車旁、側に挂く、一壺の酒 鳳笙龍管、行ゆく相ひ催す

【鳳詔】(ほうしょう/ほうせう) 詔書。〔鄴中記〕石季龍、皇后と觀上に在り。詔書を爲り、五色の紙もて鳳の口中に著く。鳳既に詔を銜み、～轆轤もて回轉し、鳳凰飛下す。之れを鳳詔と謂ふ。鳳凰は木を以て之れを作り、五色漆畫(うるしえ)し、咮脚(口と足)に皆金を用ふ。

【鳳吹】(ほうすい) 笙や簫の調べ。斉・孔稚珪〔北山移文〕鳳吹を洛浦に聞き、薪歌に延瀨に値ふ。

【鳳雛】鳳凰のひな。〔晋書、陸雲伝〕幼時、～閔鴻見て之れを奇として曰く、此の兒、若し龍駒に非ずんば、當に是れ鳳雛なるべしと。

【鳳徳】聖人の徳。〔論語、微子〕楚狂接輿、歌ひて孔子を過ぎりて曰く、鳳や鳳や　何ぞ徳の衰へたる　往く者(過去)は諫むべからず　來たる者(将来)は猶ほ追ふべし　已みなん、已みなん　今の政に従ふ者は殆ふしと。

【鳳尾】鳳の尾。また、簽署の字の末筆を長く引いて書くを、鳳尾諾という。〔南史、斉高帝諸子下、江夏王鋒伝〕五歳、高帝、鳳尾諾を學ばしむ。一たび學びて卽ち工みなり。高帝大いに悅び、玉騏驎を以て之れに賜ふ。曰く、騏驎もて鳳尾を賞すと。

【鳳毛】育ちのよさ。〔世説新語、容止〕王敬倫(劭)、風姿父(王導)に似たり。待中と作り、～公服して大門より入る。桓公(温)之れを望みて曰く、大奴、固より自ら鳳毛有りと。

【鳳鸞】鳳と鸞。清・龔自珍〔己亥雑詩、二五五〕鳳は泊り鸞は飄へり、別に愁ひ有り　三生の花草、蘇州を夢む

【鳳歴】こよみ。〔左伝、昭十七年〕我が高祖少皞摯の立つや、鳳鳥適ま至る。故に鳥に紀して鳥師と爲り、鳥もて名づく。鳳鳥氏は歴正なり。玄鳥氏は分を司る者なり。

【鳳輦】天子の車。隋・煬帝〔歩虚の詞、二首、一〕詩　翠霞、鳳輦を承け　碧霧、龍輿(天子の車)を翼く

↑鳳鞋　婦人の靴／鳳扆　鳳文のついたて／鳳幃　美しいねや／鳳羽　鳳凰の毛／鳳楹　鳳飾の柱／鳳掖　東宮／鳳苑　宮庭／鳳音　笙や簫の音／鳳駕　鳳輦／鳳蓋　鳳駕／鳳冠　鳳の冠毛／鳳銜　鳳が銜む／鳳紀　帝紀／鳳髻　高いまげ／鳳語　妙声／鳳字　鳳字を分って凡鳥とする／鳳兒　幼少よりすぐれた人／鳳車　鳳輦／鳳韶　舜の楽／鳳城　長安／鳳藻　美文／鳳団　上等の団茶／鳳竹　鳳尾竹／鳳鳥　鳳凰／鳳笛　横笛の美称／鳳頭　鳳の冠毛／鳳舞　鳳皇がめでたく舞う太平の世／鳳餅　上等の団茶の名／鳳鳴　妙声をほめていう／鳳門　鳳闕／鳳友　孔雀／鳳輿　鳳輦／鳳翼　鳳が羽をひろげた美しい姿／鳳侶　好い伴侶／鳳麟　すぐれた若者、俊秀／鳳楼　美しい高楼

↓夔鳳・玄鳳・孤鳳・綵鳳・繡鳳・祥鳳・翔鳳・神鳳・翠鳳・瑞鳳・雛鳳・対鳳・丹鳳・啼鳳・銅鳳・鳴鳳・翼鳳・鸞鳳・竜鳳・麟鳳・霊鳳・蠟鳳

【澎】15　3212　ホウ(ハウ)　なみおと

甲骨文

形声　声符は彭。彭は鼓のひびく音。波のうちあう音を澎湃といい、魏の文帝の〔滄海の賦〕にその語がみえる。〔説文〕未収。澎湃は双声の形況の語である。

訓義　1なみおと、なみのうちあうおと、水のわきたつおと。

古訓　〔名義抄〕澎　マヒモドル　〔字鏡集〕澎　マヒモドル・ミツ

【澎湃】水勢のさかんなさま。魏・文帝〔滄海の賦〕驚濤暴かに駭き、騰踊澎湃たり。

↑澎漲　みなぎる／澎汃　水のわきたつ音／澎贔　水の音／澎濞　澎湃

【磅】15　1062　ホウ(ハウ)

形声　声符は旁。〔広雅、釈詁四〕に「磐なり」、〔玉篇〕に「石聲なり」とあり、石の崩落する音の擬声語。また崩(崩)声に従うことがある。

訓義　1石のおちる音、石の相うつ音。2石をうつ音。3磅礴はみちふさがるさま。4ポンド、重量の単位、またイギリスの貨幣の単位。

古訓　〔篇立〕磅　ノボル・ヨソ・イシノコヱ

【磅薄】みちふさがるさま。宋・文天祥〔正気の歌〕詩　是の氣の磅薄する所　凜烈として萬古に存す　其の日月を貫くに當りては　生死安んぞ論ずるに足らん

↑磅礚　雷霆の鳴りわたるはげしい音／磅唐　ひろくゆきわたる、みちあふれる／磅硠　鼓の高くひびく音

【緥】15　2699　［褓］14　3629　ホウ(ハウ)　むつき

篆文

形声　声符は保。保は新生の子に、霊衣をそえて守る儀礼を示す字。古い字形には、頭上に玉を加えることが多い。〔説文〕十三上に「小兒の衣なり」とするが、その字には多く褓を用いる。繦緥はむつきの類をいう。

訓義　1むつき。2字はまた褓に作る。

古訓　〔新撰字鏡〕褓　毛豆支(もつき)　〔名義抄〕繦緥　ツラヌ・ムツキニ　〔字鏡集〕緥　カク・チゴノキヌ・ツラヌキ・ムツキ・ホカ

語系　緥・褓・保puは同声。緥・褓は保より分化した字とみてよい。

↑緥裙　乳児をくるむもの

↓繦緥

【蔀】15　4462　ホウ　ブ　しとみ　おおい

形声　声符は部。日光や風雨をさえぎる戸板、しとみ、小さい蓆をいう。

訓義　1しとみ。2おおい。3小さいむしろ。4くらい。5暦法において、七十六年を一蔀という。十九年七閏法の微差が、七十六年の周期法で解消される。これを蔀法という。

古訓　〔名義抄〕蔀　シトミ・カクフ・オホフ

【蔀屋】しとみで囲った家。陋屋。宋・王安石〔道光大師に寄す〕詩　秋雨漫漫として、夜復た朝　嗟くべし、蔀屋に重霄を望むを

【蔀家】大きな邸宅。魏・嵇康〔秋胡行、七首、一〕楽府　富貴尊榮　憂患諒に獨り多し　富貴尊榮　憂患諒に獨り多し　古人の懼るる所は　豐屋蔀家なり　～歌ひて以て之れを言ふ　富貴には憂患多し

↑蔀首　蔀法の起点。蔀会ともいう

常

【褒】15　0073　〔襃〕17　0073　ホウ(ハウ)　ころも　ほめる

篆文

形声　旧字は襃に作り、孚声。孚は乳子の象。襟もとをゆるめる意があり、褒大の意となる。褒は略体。〔説文〕八上に「衣、博裾なり」とあり、裾の広い衣。褒衣博帯は、漢代の儒家の服装であった。〔玉篇〕に「美を揚ぐるなり」とあって、褒賞することをいう。〔礼記、雑記上〕に、褒衣を賜うて、はじめて夫人内子となることがみえ、そこからその意が生じたのであろう。

訓義　1ころも、ふところの大きな衣。2大きい、ひろい、ゆるやか。3ほめる、たまわる。4捊・裒と通じ、あつめる。

古訓　〔名義抄〕襃　ホム・コロモノソデ・ホマレ・コロモ・ヒロキソデ　〔字鏡集〕襃　コロモノソデ・ホム・ノボル・ホマレ

参考　褒と字形の似たものに裒・褎がある。裒に聚まる、衆多の意があり、ときに襃と通用する。褎は袖の正字。ときに由声によんで、笑う貌をいう。

【褒衣】裾の広い衣。儒服。〔後漢書、郭太伝〕性、人を明知し、好んで士類を奬訓す。身の長八尺。容貌魁偉、襃衣博帶、郡國に周遊す。

【褒然】茂るさま。傑出するさま。清・曽国藩〔聖哲画像記〕我が朝の學者、顧炎武を以て宗と爲す。國史儒林傳、襃然首に冠す。

【褒貶】ほめることと、けなすこと。毀誉。晋・杜預〔春秋左氏伝の序〕其の微顯闡幽、裁かに義類を成す者は、皆舊例に據りて義を發し、行事を指して以て褒貶を正す。

↓褒異 特に賞する／褒慰 ほめ慰める／褒嘉 ほめて、よしとする／褒挙 ほめる／褒甄 ほめて選抜する／褒顕 賞揚する／褒讃 たたえる／褒賜 褒賞する／褒錫 褒賜／褒袖 広い袖／褒升 ほめて昇進させる／褒称 称揚する／褒奨 ほめすすめる／褒賞 褒美／褒崇 褒讃／褒善 善をほめる／褒贈 褒賜／褒大 広める／褒懲 賞罰／褒寵 気に入る／褒擢 褒升／褒典 表彰の規定／褒拝 再拝／褒罰 賞罰／褒美 褒賜／褒表 表彰する／褒諛 へつらい、ほめる／褒揚 称揚する／褒賚 褒賜／褒励 ほめはげます

↓栄褒・過褒・嘉褒・称褒・飾褒・崇褒・旌褒・寵褒・嬖褒

人 **【鋒】** 15 8715 ［鏠］ 19 8713 ホウ ほさき きっさき つるぎ

篆文 

形声 声符は夆。夆は木の秀つ枝に神霊の降下する意。その鋒杉の穂の形を、兵器に及ぼして鋒という。〔説文〕十四上に「鏠は、兵の耑なり」とあり、切先の意。〔説文〕に鏠を正字とするが、鋒が字の形義にあう。

訓義 1ほさき、きっさき。2つるぎ、ほこ、きり。3するどい、とがる。

古訓 〔新撰字鏡〕鋒 支利(きり)〔名義抄〕鋒 トガル・ホコ・ホコノサキ・サキ・ヒシホコ・トキサキ・キリ・ハリ・ノミ・スルドシ〔字鏡集〕鋒 ヒシホコ・カタナ・ツルギ・サキ・ホコ・トガル・ホコノサキ・トキサキ

【鋒鍔】刀剣。〔漢書、蕭望之伝〕(鄭朋の奏記)将軍は～誠に士の高致なり。～則ち下走(私)其れ庶幾はくは區區を竭くし、鋒鍔を底(砥)厲し、萬分の一を奉ぜんことを願ふ。

【鋒毫】筆先。〔墨池瑣録、上〕歐陽詢云ふ、～墨淡ければ則ち神彩を傷り、太だ濃ければ則ち鋒毫を滞らす。肥ゆれば則ち鈍と爲り、瘦すれば則ち骨を露はす。

【鋒矢】刀と矢。〔史記、蘇秦伝〕齊の地、方二千餘里、帶甲數十萬。～進むこと鋒矢の如く、戰ふこと雷霆の如く、解くこと風雨の如し。

【鋒端】ほこ先。きっ先。〔韓詩外伝、七〕君子は三端を避く。文士の筆端を避け、武士の鋒端を避け、辯士の舌端を避く。

【鋒鏑】ほこ先と、やじり。〔史記、秦楚之際月表序〕秦既に帝と稱し、兵革の休まざるを患ふるは、諸侯有るを以てなり。是に於て～名城を墮壞し、鋒鏑を銷かす。

【鋒発】鋭く発する。〔文心雕竜、体性〕安仁(潘岳)は輕敏なり。故に鋒のごとくに發し、韻のごとくに流る。

【鋒鋩】きっ先。唐・劉長卿〔元八の汝南に遊ぶを送る〕詩 刀筆(吏事)素より高きを推し 鋒鋩久しく敵する無し 縱橫、時を濟ふの意 跌宕、人に過ぐるの蹟

【鋒利】鋭利。〔宋史、兵志十一〕(器甲の制)嘉祐四年詔す。京師製る所の軍器、多くは鋒利ならず。其れ朝臣各一員を選び、之れを揀試せしめよ。

↑鋒蝟 はり鼠／鋒穎 ほこ先／鋒戈 ほこ／鋒括 刀と矢／鋒悍 するどくつよい／鋒気 鋭気／鋒起 蜂起する／鋒俠 鋭気／鋒行 先鋒／鋒刃 ほさき／鋒尖 きっ先／鋒鏃 刀と矢／鋒芒 鋒鋩

↓英鋒・鋭鋒・戈鋒・奇鋒・揮鋒・機鋒・軍鋒・剣鋒・懸鋒・交鋒・豪鋒・挫鋒・攢鋒・詞鋒・鍼鋒・折鋒・舌鋒・先鋒・戦鋒・銛鋒・前鋒・槍鋒・蔵鋒・談鋒・追鋒・敵鋒・踏鋒・飛鋒・筆鋒・文鋒・鋩鋒・雄鋒・利鋒・露鋒・論鋒

【魴】 15 2032 ホウ(ハウ) おしきうお

篆文 

形声 声符は方。〔説文〕十一下に「赤尾魚なり」とあり、旁声の字一字を録する。〔毛詩鳥獣虫魚疏、下〕に「魴は今の伊洛濟潁の魴魚なり。廣くして薄肥、恬として力少なく、細鱗なり」とみえる。色青白、味も美であるという。

訓義 1おしきうお。2わが国で、かかみだい、まとうだいをいう。

古訓 〔名義抄〕魴 タヒ・ナヨシ

↑魴鰥 魚の名／魴鱮 魚の名／魴魾 魴魚／魴鱧 魴とうなぎ

【鴇】 15 2742 ホウ(ハウ) のがん

篆文 

形声 声符は𠤏。〔説文〕四上に「鳥なり。肉、尺胾を出だす」とあり、尺胾を除き、その余肉を食らうべしとするものであろう。雁に似て大、のがんをいう。

訓義 1のがん。2駂と通じ、くろあしげの馬。3やりて婆。男は亀、女は鴇という。4わが国では、とき。

↓雁鴇・軽鴇・鴻鴇・沙鴇・射鴇・集鴇

常 **【縫】** 16 2793 ［縫］ 17 2793 ホウ ぬう ぬいめ

篆文 

形声 声符は逢。〔説文〕十三上に「鍼を以て衣を紩ふなり」、〔広雅、釈詁二〕に「合するなり」とあり、衣服を縫うことをいう。〔周礼、天官〕に縫人の職がある。

訓義 1ぬう、ぬいめ。2つづりあわせる。

古訓 〔名義抄〕縫 ヌフ・ヌヒメ〔字鏡集〕縫 ヌヒモノ・ホコロブ・ツギヌフ・アカイロ・キヌ、ウ・ヌイメ・ヌフ

【縫衣】袖下から両脇をぬい合わせた服。儒者などが用いた。〔荘子、盗跖〕今、子、文武の道を脩め、天下の辯を掌り、以て後世に教ふ。縫衣淺帶、矯言僞行、以て天下の主を迷惑せしむ。

【縫掖】縫衣。〔後漢書、輿服志下〕禮記に、孔子縫掖の衣を衣ると。縫掖とは、其の袖合せて縫ひ、之れを大にす。今の袍に近き者なり。

【縫合】切開部分を縫い合わせる。〔後漢書、方術下、華佗伝〕先づ酒を以て麻沸散を服せしめ、既に醉うて覺むる所無し。因りて腹背を刳破し、～則ち斷截湔洗して、疾穢を除去し、既にして縫合し、傅くるに神膏を以てす。四五日にして創愈え、一月の閒に皆平復す。

【縫際】ぬいめ。魏・阮籍〔大人先生伝〕汝獨り蝨の褌中に處るを見ずや。深縫に逃れ、夫の壞絮に匿かれ、自ら以て吉宅と爲すなり。行くに敢て縫際を離れず、動くに敢て褌襠を出でず、自ら以て繩墨を得たりと爲す。

【縫線】裁縫。線は糸。〔周礼、天官、縫人〕縫人は王宮の縫線の事を掌る。

【縫綴】綴い合わせる。〔晋書、四夷、東夷、倭人伝〕其の男子の衣は横幅を以てし、但だ結束し相ひ連ぬるのみにして、略ぼ縫綴すること無し。

↑縫腋 縫掖／縫罅 ぬいめ／縫界 ぬいめ／縫開 ほころびる／縫隙 かがる／縫工 仕立て職人／縫刺 刺繍する／縫緝 綴る／縫織 縫う／縫人 縫工／縫紝 縫物／縫製 縫う／縫紩 縫う／縫補 間に合わせ／縫聯 縫合する

↓衣縫・瓦縫・隙縫・合縫・裁縫・縮縫・新縫・弥縫・無縫・絡縫

【艕】 16 2042 ホウ(ハウ) ふね もやいぶね

形声 声符は旁。旁によりそう意がある。〔広雅、釈水〕に「榜(艕)は船なり」という。もと並船をいう字である。

訓義 1ふね。2もやいぶね。

↑艕人 船頭／艕船 大小のもやいぶね

【虣】16 1111　ホウ(ハウ)　しいたげる　きびしい

篆文 

会意 武＋虎。〔説文新附〕五上に「虐たしぐるなり。急なり」とあり、その字は〔周礼、地官、司市〕に「刑罰を以て虣を禁じ、盗を去る」とみえる。

訓義 ①しいたげる、きびしい。②暴と通じ、声義が近い。

古訓 〔名義抄〕虣 古の暴の字なり

【虣乱】 暴乱。〔周礼、地官、司虣〕憲市の禁令を掌る。其の鬬囂する者と、其の虣亂する者、出入相ひ陵犯する者、屬遊(集団)を以て市に飲食する者を禁ず。

↑虣闞 ほえる／虣虐 しいたげる／虣出 暴出する／虣露 暴露する

【鮑】16 2731 ［〓］20 7750　ホウ(ハウ)　しおづけ　あわび　かわづくり

篆文  金文 

形声 声符は包(包)。〔説文〕十一下に「饐えたる魚なり」とあり、うす塩につけこんだ魚の意とする。瘞魚・窖魚といわれる方法である。腐臭の強いもので、〔釈名、釈飲食〕に「鮑は～腐なり。埋藏すること淹しくして、腐臭ならしむるなり」とあり、〔周礼、天官、籩人、注〕に、江・淮の地で行われるという。「管鮑の交」で知られる鮑叔を、金文に〓叔に作り、革に従う。〓は鞄の初文で、柔革の工であったことが知られる。鮑叔はおそらく皮革によって産をなし、遂に斉の豪族となったのであろう。陶は古く缶声であった。のち、鮑を「あわび」の意に用いる。

訓義 ①しおづけ、しおびき。②かわづくり、皮革の工。③あわび。④字はまた〓・鞄に作る。

古訓 〔名義抄〕鮑 アハビ・ナマヅ・マス 〔字鏡〕鮑 セタハ・アハビ・シタミ

【鮑魚】 魚のしおづけ。〔史記、秦始皇紀〕始皇、沙丘の平臺に崩ず。～棺、轀涼車(冷暖を調節できる車、葬車)中に載す。～暑に會ひ、上の轀車臭し。乃ち從官に詔し、車に一石の鮑魚を載せて、以て其の臭を亂さしむ。

【鮑肆】 鮑魚を売る店。〔説苑、雑言〕善人と居るは蘭芷の室に入るが如く、久しくして其の香を聞かず、則ち之れと化す。惡人と居るは鮑魚の肆に入るが如く、久しくして其の臭を聞かず、亦た之れと化す。

↑鮑人 革細工人／鮑老 ふけ役

↓管鮑

【幫】17 4422　ホウ(ハウ)　たすける　なかま

形声 声符は封。〔広韻〕に「衣なり。鞋履を治むるものなり」とあって、履を修理する巾とする。履の周辺を巾でまとうことであるらしく、それを幫補・幫貼といい、それより仲間うちを助けることをいう。幫間は元曲にみえ、ひまつぶしのお相手をすることから、宴席の座をもつものをいう。

訓義 ①履などをつくろう布。②たすける、つくろう。③なかま、くみ、組合。

【幫間】 酒席をとりもつもの。たいこもち。〔雑纂三続、必不来〕貧士、貴要を請ふ。子弟、窮後に幫閑を邀まつ。

↑幫護 守る／幫佐 補佐する／幫手 助手／幫助 手助け／幫身 幫間／幫襯 とりなし／幫船 連結船／幫丁 家丁／幫同 共同する／幫弁 助役／幫忙 手助け

↓鞋幫・青幫・茶幫・同幫

【〓】17 5090　ホウ(ハウ)　ヒョウ(ヘウ)　ふくろ　つつむ

篆文  金文 

形声 声符は缶。声符を除いた字形は東。東は嚢の上下を結んだ形で橐の初文。東が方位の字に専用されて、声符を加えて〓が作られた。〓も缶の部分が声符。〔説文〕六下に「嚢の張大なる皃なり」とあり、字形を「嚢の省に従ひ、匋の省聲」とするが、東に缶声を加えたものである。〔石鼓文、汧殹石〕に「可を以てか之れを〓まん 隹れ楊と柳と」と動詞に用いる。金文に「龏〓」という語があり、きびしく税を取ることをいう。

訓義 ①ふくろ、ふくろのふくらんださま。②つつむ、つつみこむ。

【篰】17 8862　ホウ　たけふだ

篆文 

形声 声符は部。部は咅声。咅はふくれたもの、剖はものを両分する意があり、篰とは竹を割いて削ったものであろう。〔説文〕五上に「〓爰なり」とあり、簡牘をいう。篰はのちの簿にあたる字である。

訓義 ①たけふだ、竹冊。②字はのち、簿に作る。

↑篰屋 民家

【篷】17 8830　ホウ　とま

篆文 

形声 声符は逢。〔方言、九〕に「車の枸簍なり。南楚の外、之れを篷と謂ふ」とあり、とまを編んで舟にかけるもの。〔玉篇〕に「船の連帳なり」とあり、また舟そのものをもいう。

訓義 ①とま。②とまぶね、ふね。

【篷舟】 とま舟。唐・温庭筠〔西江上に漁父を送る〕詩 三秋、梅雨、楓葉を愁へしむ 一夜、篷舟、葦花に宿す

【篷底】 舟中。唐・杜荀鶴〔渓興〕詩 山雨、溪風、釣絲を卷き 瓦甌(素焼きの酒がめ)、篷底、獨り斟むの時

↑篷檣 船の帆柱／篷縄 帆の綱／篷声 篷の雨声／篷船 篷舟／篷窓 船窓

↓一篷・雨篷・桂篷・漁篷・孤篷・細篷・車篷・水篷・青篷・船篷・短篷・竹篷・釣篷・晩篷・風篷

【繃】17 2292 ［綳］14 2792　ホウ(ハウ)　つかねる　せおいおび　ほうたい

篆文 

形声 声符は崩(崩)。〔説文〕十三上に「束ぬるなり」とあり、「墨子に曰く、禹は會稽に葬る。桐棺三寸、葛以て之れを繃ぬ」という〔墨子、節葬下〕の文を引く。今本は繃を緘に作る。〔漢書、宣帝紀、注〕に「襁は即ち今の小兒繃なり」とあって、子を負う帯の意とする。いまは繃帯の字に用いる。字はまた綳に作る。

訓義 ①つかねる、くくる、まきつける、棺の緒。②せおいおび、ねんねこおび。③字はまた綳に作り、ほうたい。

古訓 〔名義抄〕繃 ツラヌ 〔篇立〕繃 ツラヌ・ツカヌ

↑繃子 帯／繃褯 むつき／繃藉 むつき／繃帯 ほうたい／繃定 固定する

↓囲繃・葛繃・錦繃・香繃・繡繃・綿繃

入【鵬】19 7722 ［鵬］19 7722　ホウ　おおとり

古文 

形声 声符は朋(朋)。〔説文〕四上に鳳の古文としてこの字をあげている。朋の形はもと孔雀のような羽をひろげた鳥の象形。卜文・金文の鳳の字は、その羽の形に凡(凡)声を加えた形。のち羽を虫にかえて風の字となるが、鳳・鵬が風の初文。鳳は風神とされ、卜辞に四方風神の名がみえる。〔荘子、逍遥遊〕にみえる大鵬も、風神の説

話化されたものである。鳳・鵬・風はもと一字、のちそれぞれ分化して別の字となった。

訓義 ①おおとり。②鳳と通じ、神鳥。

古訓 〔名義抄〕鵬 古の鳳字なり。タグヒ 〔字鏡〕鵬 ホト、ギス・オホトリノタグヒ 〔字鏡集〕鵬 オホトリノタグヒ

語系 鵬 bəng は鳳 biuəm と同源の字。鳳はのちまた風 piuəm となる。それぞれに字義も分化するが、もと一系の語である。

【鵬鷃】大鵬と斥鷃。大小の差。晋・孫綽〔三月三日蘭亭詩の序〕是に于て和するに醇醪（美酒）を以てし、齊しうするに遠觀を以てし、快然として兀たり。焉くんぞ復た鵬鷃の二物たるを覺えんや。

【鵬雲】大鵬の翼のような雲。唐・李嶠〔宣州大雲寺の碑〕内は則ち香殿崛起し、朱鳥の翼を舒べ、南海の鵬雲を冠するが若し。

【鵬鯤】大鳥と大魚。〔荘子、逍遥遊〕北冥に魚有り、其の名を鯤と爲す。~化して鳥と爲る、其の名を鵬と爲す。鵬の背、其の幾千里なるを知らざるなり。

【鵬程】大鵬の飛ぶ遠路。唐・唐彦謙〔留別、四首、一〕詩 鵬程、三萬里 別酒、一千鍾 好景、三月に當り 春光、上國濃やかなり

【鵬図】鵬が南冥に赴く。雄図。〔荘子、逍遥遊〕鳥有り、其の名を鵬と爲す。背は泰山の若く、翼は垂天の雲の若し。扶搖（飄風）を搏ち、羊角して（舞い）上る者九萬里、雲氣を絶ち、靑天を負ひ、然る後南することを圖らんとす。

【鵬翼】鵬の翼。大事業の計画にたとえる。〔荘子、逍遥遊〕化して鳥と爲る。其の名を鵬と爲す。鵬の背、其の幾千里なるを知らざるなり。怒んで飛ぶ。其の翼、垂天の雲の若し。

↑鵬挙 大鵬が南冥に飛ぶ、大計画／鵬際 空の果て／鵬翥 鵬挙／鵬搏 雲に乗って飛ぶ／鵬飛 鵬挙／鵬路 鵬程

↓雲鵬・挙鵬・孤鵬・高鵬・鯤鵬・翔鵬・大鵬・飛鵬・鳳鵬

【龐】 19 0021

ホウ（ハウ） ロウ

たかどの おおきい

篆文

会意 广＋龍（竜）。竜は古代の呪儀に用いられたものらしく、金文に龔・龏（ともに恭の初文）など、龍形のものを捧げる形の字がある。〔説文〕九下に「高屋なり」とし、龍声であるとするが、寵（寵）字条七下に「尊居なり」とする字と同じく、会意とすべきである。みな竜の呪儀を行うところで、龐大・尊寵の意となるのであろう。

訓義 ①たかどの。②大きい、たかい、あつい。③尨・厖と通じ、みだれる。④龐龐は四牡の充実するさま。その本字は驪に作る字である。

古訓 〔字鏡集〕龐 ハマクリ・タカキヤ

語系 龐 beong は尨・厖・牻 meong と声義に通ずるところがあり、尨系統の字は雑色不純、尨雑の意をもつ。

【龐龐】粗大の貌。また、みだれたさま。〔太平御覧、九〇九に引く呉越春秋〕塗山の人、歌うて曰く、綏綏たる白狐 九尾龐龐たり ⊠高大なさま。盛んなさま。〔詩、小雅、車攻〕四牡龐龐たり 駕して言に東に徂く

↑龐鴻 天地未分のとき／龐錯 紛乱する／龐雑 乱雑／龐然 美しいさま／龐誕 乱雑／龐眉 老人の長眉／龐乱 乱雑

【騯】 20 7032

ホウ（ハウ）

篆文

形声 声符は旁。旁はさかんなものをいう形況の語。〔説文〕十上に「馬盛んなるなり」とあり、騯騯のように用いる。〔説文〕に「詩に曰く、四牡騯騯たり」の句を引くが、〔詩、小雅、北山〕〔詩、魯頌、駉〕にいずれも「彭彭」に作る。〔玉篇〕に「騯騯は馬の行く皃なり」とあり、〔三家詩〕による。

訓義 ①馬のさかんなさま。②馬のすすみゆくさま。

古訓 〔字鏡集〕騯 ムマノユク

【酆】 21 2712

ホウ フウ

篆文

金文

形声 声符は豐（豊）。〔説文〕六下に「周の文王の都する所。京兆杜陵の西南に在り」とあり、文王の旧都。のちその第十七子が封ぜられた。

訓義 ①国の名。②字はまた豊（豐）に作る。

【酆鄗】酆は周の文王の都、鎬は武王の都。酆鎬。〔史記、匈奴伝〕亶父、亡げて岐下に走る。~其の後百有餘歲、周の西伯昌、畎夷氏を伐つ。後十有餘年、武王紂を伐ちて雒邑を營み、復た酆鄗に居る。

↑酆広 広い地／酆鎬 酆鄗／酆琅 大きな声

ボウ

常【亡】 3 0071 〔亡〕 3 0071 〔无〕 4 1041

ボウ（バウ） ブ ム モウ（マウ）

しぬ にげる ほろぶ なし

篆文 金文 甲骨文

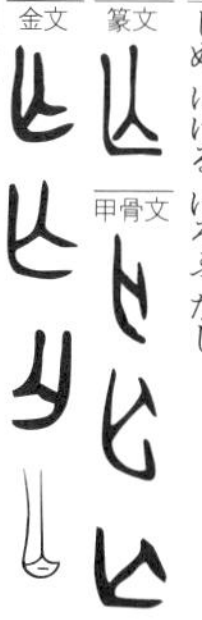

象形 死者の屈肢の形。〔説文〕十二下に「逃るるなり」とし、入＋しの会意字で、僻処ににげ隠れる意とするが、乏・巟などと同じく死者の象。巟はなおその頭髪を存する形である。无は亡の異体字。死去の意より亡失の意となる。亡命者を亡人といい、亡命のときには死葬の礼を用いた。否定詞に用いるのは無・莫（莫）などと同じく、仮借の義である。

訓義 ①しぬ、なくなる、死亡。②にげる、亡命。③ほろぶ、滅亡。④なし。無・莫などと同じく、仮借の義。

古訓 〔名義抄〕亡 ナシ・ホロブ・ナイガシロ・ニグ・ウス・シヌ・ウスシ 〔字鏡集〕亡 ウク・ニグ・ウス・ナシ・シヌ・ホロブ・ヤスミ・ウスシ・ワスル・ナイガシロ・カタブク・アマレリ・ウシナフ

部首 〔説文〕に乍・望（望）・無・匃の四字をこの部に属する。乍は枝を撓める形で、まがきを作り、木の枝を圧窄する象。望はもと臣（目）に従う形で、遠くを望む望気の礼。無は舞（舞）の初文で、褎袖の人の舞う形。また〔説文〕十二下が無の奇文としてあげる无は、亡の異文。匃は勹＋亡の形で屍骨の象。この字だけが亡に従う。この屍骨の呪霊によって祈るので、匃は祈匃・匃求の意に用いる。曷は匃と曰（祝詞）とに従い、喝して求め、謁して求める意である。

声系 〔説文〕に亡声として喪・改・肓・忘（忘）・長・巟・妄（妄）・氓など十八字を収めるが、喪・肓・長・巟などはその声ではない。喪は犬牲に従う字、長は長髪の人、肓は胸骨の形に従い、巟は屍骨の亡になお頭毛を存している形で、荒（荒）の初文。〔説文〕のこの部には字説を誤るものが多い。

語系 亡 miuang の本義は死亡。滅 miat、蔑（蔑）myat は声が近く、滅は火を以て祓う意、蔑は媚女（呪祝をする巫）に戈を加えてその呪力を絶つ意。一応否定的な意をもつ。罔 miuang は同声で網（網）の初文。無・毋 miua、靡 miai、末 muat、未・勿 miuat、莫 mak なども声近く、否定詞に用いる。莫は暮（暮）の初文で、これも一応否定的な意をもちうる語である。この系統の音が、否定詞に用いられる。

【亡謂】いわれなし。無意味。〔漢書、楊王孫伝〕聖王は生きては尚ばれ易く、死しては葬られ易し。功を亡用に加へず、

財を亡謂に損はず。

【亡帰】ぼう(ばう)き　逃げ帰る。〔史記、張蒼伝〕張丞相蒼なる者は、陽武の人なり。～秦の時、御史と爲り、柱下の方書を主る。罪有りて亡げ歸る。

【亡機】ぼう(ばう)き　術策を弄する機心がない。〔文心雕竜、明詩〕江左(南朝)の篇製は、玄風(老荘の説)に溺れ、徇務の志を嗤笑し、亡機の談を崇盛す。

【亡欠】ぼう(ばう)けつ　欠失する。〔後漢書、荀爽伝〕禮・易傳・詩傳・尚書正經・春秋條例を著はす。～之れを漢語と謂ふ。～幷びに它の論敍する所、題して新書と爲す。凡そ百餘篇、今亡缺する所多し。

【亡国】ぼう(ばう)こく　滅亡した国。〔独断、上〕古者には天子亦た亡國の社を取りて、以て諸侯に分つ。～屋の其の上を奄ひて天に通ぜざらしめ、其の下に柴して地に通ぜざらしむ。自ら天地と絕つなり。

【亡魂】ぼう(ばう)こん　死者の霊。晋・潘岳〔寡婦の賦〕氣憤薄して胸に乘じ、涕交横して枕に流る。亡魂逝きて永遠なり。時歲忽として其れ遒ぎて盡く。

【亡散】ぼう(ばう)さん　逃げ散る。〔史記、李将軍伝〕(李)陵、食乏しく、救兵到らず。～陵曰く、面目の陛下に報ずる無しと。遂に匈奴に降る。其の兵盡く沒し、餘の亡散して、漢に歸ることを得たる者は、四百餘人。

【亡竄】ぼう(ばう)ざん　逃げかくれる。〔五代史、宦者伝論〕明宗入りて立つに及び、又天下に詔して、悉く宦者を捕へて之れを殺さしむ。宦者、山谷に亡竄し、多く削髮して浮圖(僧)と爲る。

【亡失】ぼう(ばう)しつ　失う。〔史記、項羽紀〕陳餘亦た章邯に書を遺りて曰く、～今將軍、秦の將と爲りて三歲なり。亡失する所、十萬を以て數ふ。～功有るも亦た誅せられ、功無きも亦た誅せられん。

【亡者】ぼう(ばう)しゃ・もう(まう)じゃ　死者。〔雞肋編、下〕臨安鐵塔院の僧志添、～水陸齋を作すこと極めて嚴潔、多く亡者を見て、其の形貌語言を道ふこと甚だ異し。人、之れに歸向す。黄魯直(庭堅)、之れが爲に草庵歌を寫り、石に刻して世に傳ふ。

【亡状】ぶじょう(じやう)・むじょう(じやう)　なっていない。〔漢書、項籍伝〕異時、諸侯の吏卒、繇役屯戍して秦中を過る。秦中、之れを遇すること、多く亡狀なり。秦軍の諸侯に降るに及んで～輕しく秦の吏卒を折辱す。

【亡臣】ぼう(ばう)しん　亡命の臣。〔礼記、檀弓下〕晉の獻公の喪に、秦の穆公、人をして公子重耳を弔せしむ。～對へて曰く、君、亡臣重耳を惠弔す。身喪び、父死して、哭泣の哀に與るを得ず、以て君の憂ひを爲せり～と。稽顙して拜せず、哭して起つ。

【亡人】ぼう(ばう)じん　亡命者。〔史記、呉王濞伝〕今、吳王～詐りて病と稱して朝せず。～山に卽きて錢を鑄、海水を煮て鹽を爲り、天下の亡人を誘ひ、以て亂を作さんことを謀る。

【亡絶】ぼう(ばう)ぜつ　滅びる。〔晋書、隠逸、魯勝伝〕鄧析の秦に至りし時より、名家者に世々篇籍有り。率ね頗ぶる知り難し。後學復た傳習する莫く、今に於て五百餘歲、遂に亡絕す。墨辯～凡そ四篇、其の書の衆篇と連第す。故に獨り存す。

【亡徴】ぼう(ばう)ちょう　滅亡のきざし。〔潜夫論、思賢〕相ひ去ること百世、縣(懸)年一紀、九州を限隔し、殊俗千里と雖も、然れども其の亡徵敗迹は、規を重ね矩を襲ね、節を稽へ符を合するが若し。

【亡匿】ぼう(ばう)とく　逃げかくれる。〔史記、留侯世家〕秦皇帝、東游す。良、客と秦皇帝を博浪沙中に狙擊し、誤つて副車に中つ。秦皇帝大いに怒り、大いに天下に索む。～良乃ち名姓を更め、下邳に亡匿す。

【亡叛】ぼう(ばう)はん　叛いてにげる。〔北斉書、杜弼伝〕時に天下多難にして、盜賊充斥す。兵役に徵召するも、塗に亡叛するもの多し。朝廷之れを患ふ。

【亡命】ぼう(ばう)めい　国外逃亡。〔漢書、朱雲伝〕太子少傅匡衡對ふ。～雲、素より勇を好み、數々法を犯して亡命す。易を受けて頗か師道有るも、其の行義、未だ以て異なる有らず。

【亡羊】ぼうよう(ばうやう)　羊を失う。多岐にして惑うたとえ。〔列子、説符〕楊子の隣人、羊を亡ふ。既に其の黨を率ゐ、又楊子の豎を請ひて之れを追ふ。～曰く、之れを亡ふと。～曰く、岐路の中に又岐有り。吾は之く所を知らず。反りし所以なりと。

【亡頼】ぶらい　やくざ。〔漢書、高帝紀下〕上、玉卮を奉じ、太上皇の壽を爲す。曰く、始め大人(父)常に以へらく、臣は亡賴にして產業を治むること能はず、仲の力むるに如かず。

【亡聊】ぶりょう(れう)・むりょう(れう)　心楽しまず。無聊。〔漢書、食貨志上〕(董仲舒曰く)秦に至り、～貧民常に牛馬の衣を衣き、犬彘の食を食らふ。重ぬるに貪暴の吏を以てす。～民亡聊を愁へ、山林に亡逃す。

【亡霊】ぼう(ばう)れい　死者の霊。〔後漢書、方術下、劉根伝〕太守史祈、根を以て妖妄と爲す。～根、是に於て左顧して嘯く。頃く有りて、祈の亡父祖近親數十人、皆反縛して前に在り。～祈を叱して曰く、汝子孫爲るに、先人に益有ること能はずして、反つて亡靈を累辱せしむ～と。～祈、驚懼悲哀し、頓首流血し、自ら甘んじて罪に坐せんことを請ふ。

↑亡逸　逃げる／亡軼　失う／亡射　いとうなし／亡益　無益／亡何　しばらく／亡犴　牢破り／亡窮　無窮／亡去　逃げる／亡釁　滅亡の兆し／亡君　亡国の君／亡兄　死んだ兄／亡形　無形／亡芸　無限／亡闕　欠ける／亡戸　逃亡者／亡故　死ぬ／亡辜　無罪／亡罪　無罪／亡児　死んだ子／亡識　無知／亡室　亡妻／亡日　忌日／亡実　無実／亡酒　酒席を外す／亡術　無術／亡政　失政／亡走　逃げる／亡逃　逃亡する／亡道　無道／亡徳　失徳／亡八　ばか／亡父　なき父／亡敝　滅ぶ／亡逋　逃亡者／亡滅　滅亡する／亡用　無用／亡虜　虜囚／亡慮　無慮／亡隷　逃亡者

↓遺亡・荒亡・興亡・散亡・残亡・死亡・銷亡・陣亡・衰亡・存亡・殫亡・逃亡・悼亡・敗亡・捕亡・逋亡・補亡・滅亡・流亡

常【乏】　4　2030　ボウ(バフ)　ホウ(ハフ)　とぼしい　すてる

篆文

金文

象形　仰むけの屍体の形。水に浮かぶものは泛、土中に埋めることを窆・覂という。〔説文〕二下に訓義を説かず、「春秋傳に曰く、正に反するを乏と爲す」と〔左伝、宣十五年〕の文を引いて字形を説くが、字は正の反形ではなく、むしろ亡(亾)の反文に近い。乏困の意は、その天禄の少ないことをいう。〔荘子、天地〕に「吾が事を乏つること無れ」という用法がある。矢ふせぎの意は、窆を転用したものであろう。

訓義　1死者、仰むけの死者、変死者。2とぼしい、幸少なし。3すてる、つかれる、おとろえる、空乏。4矢ふせぎ、獲者(あたり矢を数える人)の矢ふせぎ。

古訓　〔名義抄〕乏　トモシ・ツクス　〔字鏡集〕乏　ハイタナリ・タニミヌ・トモシ・ハヂ・ナヅム・ツクル

声系　〔説文〕に乏声として眨・窆・覂・砭・泛など十字を収める。おおむね乏の声義を承ける字である。

【乏匱】ぼう(ばふ)き　乏しく尽きる。〔国語、周語下〕是を以て民、生きては財用有り、死しては葬る所有り。然らば則ち夭昏札瘥(疫病死)の憂ひ無く、飢寒乏匱の患ひ無し。～古の聖王、唯だ此れを之れ愼む。

【乏困】ぼう(ばふ)こん　乏しく困難なこと。〔左伝、僖三十年〕若し鄭を舍して以て東道の主と爲し、行李(旅行用の荷物)の往來に其の乏困に供せしめば、君も亦た害する所無からん。

【乏絶】 欠乏。〔史記、李将軍伝〕(李)廣の兵に將たるや、乏絶の處に水を見るも、士卒盡く飲まざれば、廣、水に近づかず。

【乏頓】 疲れ苦しむ。〔唐書、藩鎮、朱滔伝〕滔、急に(馬)寔しょを召して、貝州に至らしむ。歩馬乏頓す。明日輒ち戰はんことを約す。

↑乏興 官の徴発を怠り、不足すること／乏竭 尽きる／乏月 四月／乏倦 つかれる／乏歳 凶年／乏資 資金がとぼしい／乏少 とぼしい／乏人 人材がとぼしい／乏尽 乏竭／乏厄 貧困／乏累 乏倦／乏劣 才能がとぼしい

↓渇乏・匱乏・饑乏・急乏・窮乏・虚乏・窘乏・空乏・欠乏・倹乏・困乏・承乏・耐乏・疲乏・貧乏・補乏・羸乏・労乏

【冃】 4 7722 ボウ(バウ) モウ おおう

篆文 

象形 頭からかぶるもの、頭巾の類をいう。〔説文〕七下に「小兒及び蠻夷の頭衣なり。冂に從ふ。二は其の飾りなり」(段注本)とするが、目の部分を開いてある頭巾の形で、目を加えると冒(冐)となり、帽(帽)の初文。冒は面衣、その面衣を披いて目をあらわすを曼という。

訓義 ①おおう。②かぶりもの、ずきん。

古訓 〔名義抄〕冃 カサヌ・カサナル・オホフ 〔字鏡集〕冃 オホフ・カサヌ・カサネオホフ

部首 〔説文〕に冕・冑・冒・最(最)の四字を属し、〔玉篇〕に冔など十字を加えるが、増加字には用例のないものが多い。冔は殷代の冕の名。最は冖部にも冣があり、取は聝耳の意であるから冣を正形とすべく、最はその異体字である。冕・冑は冃の形義を承ける。

声系 〔説文〕に冃声として冒を収め、また冒声の字六字を収める。冒は全体象形の字とみてよく、冃・冒は同声である。

語系 冃・冒・帽 mu は同声。面を被うてみえがたくするので、蒙(蒙)・濛・矇・曚 mong、冥・瞑 myeng、瞢・夢(夢) miuang など声義近く、すべて覆われて明瞭でない意がある。

参考 〔説文〕七下に「冃は重覆なり。冂に從ひ、一に從ふ」とあり、冃・冃を別の字とする。頭巾の深さによって冃・冃の別がある。〔説文〕は冃部に同を属するが、同の初形は凡(凡)に従う。曰も似た字形であるが、祝告を収める器の形、また冄は髥の初文である。

人 【卯】 5 7772 ボウ(バウ) さく ころす う

金文  篆文  古文  甲骨文 

象形 牲肉を両分する形。卜辞に、祭祀に犠牲を割く意に用いており、劉殺の意。〔説文〕十四下に「冒なり」と同声の字を以て訓するが、その義の用例はない。卜辞に「祖乙に羌を卯し、一牛を侑めんか」(外族の名)十又(有)五を侑め、羍を卯し、一牛を侑めんか」のようにいい、卯は牲肉を両分した形。十二支の名として「う(兎)」に用いる。

訓義 ①さく、牲肉をさく、肉を両分する。②ころす。③十二支の、う。④茂と通じ、しげる。⑤ほぞあな。

古訓 〔名義抄〕卯 ウ 〔字鏡集〕卯 ハジメ・ウ

語系 卯 meu は苞 peu、菽(茆)・茂(茂)・楙 mu と声近く、茂盛の意がある。冒(冐) mu、蒙(蒙) mong もその系統の語である。

【卯飲】 朝酒。卯は午前五時から七時。宋・陸游〔晨に起き、復た睡る〕詩 衰翁卯飲すれば、面に上り易く 澤國の春寒、偏に人に著く

【卯酒】 朝酒。唐・白居易〔卯時の酒〕詩 未だ如かず、卯時の酒 神速、功力倍するを 一杯、掌上に置き 三嚥して腹内に入る

【卯飯】 朝食。宋・王炎〔再び～県庠(校)の諸先輩に簡す〕詩 書生の卯飯、動やもすれば午に及ぶ 薑糝(はじかみと、こながき)菜絲、頻りに自ら煮る

↑卯雲 朝雲／卯眼 ほぞ穴／卯金 劉の隠語／卯君 卯年生まれ／卯羹 兎のあつもの／卯冊 出勤簿／卯時 卯の刻／卯辰 明六つ／卯晨 卯辰／卯睡 朝寝／卯生 卯君／卯畜 兎／卯簿 出勤簿

↓剛卯・歳卯・辰卯

常 【忙】 6 9001 〔忙〕 6 9001 ボウ(バウ) いそがしい あわただしい

形声 声符は亡(亡)。〔列子、楊朱〕「子產、忙然として以て之れに應ふる無し」は茫然、〔論衡、書解〕「汲汲忙忙」は専一のさま。古くは茫と同義の字であった。多忙の意に用いるのは唐・宋以後に多く、古い字書にはみえない。忘(忘)とは異構、用義も異なる字である。

訓義 ①いそがしい、いそぐ、こころせく。②あわただしい、ごたつく。③おそれる。

古訓 〔名義抄〕忙 ウレフ・カナシブ・イタム・ウラム・イソグ・ヲソル 〔字鏡集〕忙 カナシブ・イソグ・ウレフ・ヲツ・ヲホル・ウラム・イソガシ

【忙月】 農繁期。立夏より百二十日の間。〔唐書、食貨志五〕(門夫)番上の至らざる者は、閒月の督課は錢爲る百七十、忙月は二百。

【忙工】 忙しい時に雇う手伝い。〔通俗常言疏証、流品に引く四庫全書本、三余贅筆〕呉中の田家、凡そ久しく人に傭はるる者、之れを長工と謂ひ、暫らく傭はるる者、之れを短工と謂ひ、插蒔(田植)の時には、之れを忙工と謂ふ。

【忙裏】 多忙なうち。元・耶律楚材〔河中春遊、感有り、五首、五〕詩 忙裏偸閒、誰か我に似たる 兵戈横蕩して、疏慵を得るに

↑忙急 せわしい／忙遽 あわただしい／忙功 忙工／忙殺 多忙／忙事 繁忙／忙然 ぼんやりするさま／忙促 せわしい／忙迫 せわしい／忙逼 忙迫／忙忙 いそがしいさま／忙乱 うろたえる

↓閒忙・窮忙・驚忙・慌忙・怱忙・早忙・怱忙・倉忙・多忙・繁忙・奔忙

人 【牟】 6 2350 ボウ ム

篆文 

象形 牛に鼻筘を加えている形。〔説文〕二上に「牛鳴くなり」とし、「其の聲氣の口より出づるに象る」と、ムを声気の象とするが、牛の鼻に梏をつけて牽くことをいう。ムは牽の字に含まれている玄(鼻綱)の半形である。その牽かれて鳴く声を牟という。擬声的な語である。

訓義 ①牛のなくこえ。②冒と通じ、むさぼる、おかす、おおう。③侔と通じ、ひとしい。④袤・茂・懋と通じ、大きい、多い、ふえる。⑤麰、大麦。

古訓 〔字鏡集〕牟 マサル・ハジメ・トル・ホユ・ス、ム・ウックシブ・スギタリ・ウシノナク・ヲホナリ・ウバウ・アイス・オモフ

声系 〔説文〕に牟声として侔・麰を収める。眸は〔新附〕の字。牟はときに冒(冐)・茂(茂)などの声と通じて用いることがある。

語系 牟 miu は冒・茂・懋・袤 mu、尨 meong と声近く、ときに通用する。牟の字義は牛の鳴き声を模したものにすぎない。

【牟食】 多く貪り食う。〔韓非子、六反〕游居厚養は牟食

の民なり。而るに世之れを尊んで有能の士と曰ふ。

【牟知】 教養のあることを装う。〔韓非子、六反〕語曲牟知は僞詐の民なり。而るに世之れを尊んで辯智の士と曰ふ。

【牟利】 多く利を貪る。〔史記、平準書〕平準を京師に置き、都べて天下の委輸(貨物の輸送)を受く。～此くの如くんば、富商大賈、大利を牟る所無し。～故に天下の物を抑ふ。

↑牟擷 奪取する/牟甲 ほこと、かぶと/牟槊 ほこ/牟子 ひとみ/牟取 うばい取る/牟寿 大寿/牟盛 盛大/牟然 牛のなく声/牟賊 穀物の虫、人を害する賊/牟尼 釈迦/牟麦 大麦

↓侵牟・鉄牟・兜牟・来牟

【邙】 6 0772 ボウ(バウ)

篆文

形声 声符は亡(亾)。〔説文〕六下に「河南雒陽の北、芒山上の邑なり」とあり、山名は芒山、その邑名を邙という。洛陽は南は洛水に臨み、北に邙山があり、北邙は墓地であった。

訓義 ①地名。②北邙は貴人が墓を営む地であった。

↓嵩邙・北邙

常 【坊】 7 4012 ボウ(バウ) まち みせ てら

篆文 その他

形声 声符は方。方に方形・区画の意がある。〔説文新附〕十三下に「邑里の名なり」とあり、条里によって区画された一画を坊という。坊に坊門を設け、坊長をおいた。寺院の内部も坊に分かたれ、一坊の主を坊主といった。

訓義 ①まち、まちの区画。②いち、みせ、しごとば。③やしき、へや。④てら。⑤防と通じ、ふせぐ、つつみ。

古訓 〔和名抄〕坊 末智(まち) 〔名義抄〕坊 マチ・サフ 〔字鏡集〕坊 サト・ツ、ミ・ツカ・サハル・サフ・マチ・チマタ

語系 坊・方・匚piuangは同声。匚も区画の場所を示す字である。房(房)・防biuangも同系の語とみてよい。

【坊額】 坊の門額。〔五雑組、物部一〕滇人の象を畜ふこと、中夏の牛馬を畜ふの如く然り。騎りて以て出入す。～架を背上に作り、兩人對坐宴飲する者有り。坊額に遇へば、必ず膝行して過ぐ。

【坊曲】 色街。〔中朝故事、上〕大中皇帝(宣宗)、多く坊曲の閒に微行し、驢に跨り重戴(紐飾りのある帽子)し、目を縦ちて四顧し、往往にして暮に及んで方めて大内に歸る。～曰く、吾は民閒の風俗の事を探訪するを要むと。

【坊巷】 路次。〔夢粱録、十、防隅巡警〕官府、坊巷近きこと二百餘歩、一軍巡鋪を置き、兵卒三五人を以て一鋪と爲し、夜に遇ひ地方の盜賊・烟火を巡警す。

【坊本】 坊刻の本。官版に対していう。明・毛晋〔斉東野語、後序〕向きに坊本を見たるに、二書を混じて一と爲し、十に其の半ばを失ふ。

【坊門】 市中の坊の門。〔旧唐書、五行志〕今暫く霖雨に逢ふ。即ち坊門を閉ざす。先聖の明訓を弃て、後來の淺術に遵ふ。

【坊閭】 市中。〔唐書、循吏、薛元賞伝〕都市、俠少年多し。黛墨を以て膚を鑱り、詭力を夸り、坊閭に剽奪す。元賞、府に到りて三日、惡少を收め、三十餘輩を杖死せしめ、諸れを市に陳らぬ。

↑坊淫 邪淫をふせぐ/坊郭 市街/坊官 城坊の役人/坊間 市中/坊刻 民間の刊本/坊市 まち/坊肆 みせ/坊舎 僧房/坊廚 茶屋/坊長 一坊の長/坊店 みせ/坊陌 色街/坊民 民をまもり防ぐ

↓街坊・客坊・京坊・教坊・御坊・茶坊・酒坊・宿坊・春坊・織坊・職坊・僧坊・内坊・病坊・別坊・本坊・茗坊

常 【妨】 7 4042 ボウ(バウ) さまたげる そこなう

篆文

形声 声符は方。方は架屍の象。これを呪禁として防ぎ守る意があり、それを聖所に施すことを防という。〔説文〕十二下に「害するなり」とあり、妨害の意。〔六書故〕に「女人、他の進むを妨ぐるなり」とするが、巫女などを用いて、他の呪詛などを防遏する意であろう。

訓義 ①さまたげる、ふせぐ、まもる。②そこなう、いためる。

古訓 〔名義抄〕妨 サマタグ・ワヅラヒ・ヤブル 〔字鏡集〕妨 サマタグ・ハカル・ヤブル

【妨害】 さまたげる。〔韓非子、飾邪〕罪を赦して以て相ひ愛するは、是れ下と安んずるなり。然れども民を治むるに妨害ある者なり。

【妨礙】 さまたげる。宋・范成大〔秋日田園雜興十二絶、四〕詩 靜かに看る簷蛛の網を結んで低るるを 端無くも小蟲の飛ぶを妨礙す

↑妨遏 ふせぎとどめる/妨碍 妨礙/妨禁 ふせぎとどめる/妨賢 賢をさまたげる/妨止 妨遏/妨阻 さまたげはばむ/妨蔽 さまたげる

↓意妨・何妨・不妨

【尨】 7 4301 ボウ(バウ) むくいぬ みだれる おおきい

篆文 甲骨文

象形 毛の多い犬の形。〔説文〕十上に「犬の毛多き者なり」とし、「犬彡に従ふ」と会意とする。彡は形・彤・影などに加えるものと異なって、穆(禾の実)と同じく、本来その属性としてあるものを示すのであるから、象形としてよい。むく犬の意で、〔詩、召南、野有死麕〕に「尨をして吠えしむること無かれ」とみえる。〔周礼、地官、牧人〕「尨を用ひて可なり」とは、雑色不純のものをも、犠牲として用いることをいう。尨雑・尨乱の意より、尨大の意にも用いる。

訓義 ①むくいぬ、毛の多い犬。②まじる、まじわる、色がまじる。③みだれる、多くてみだれる。④厖と通じ、大きい、多い。

古訓 〔字鏡集〕尨 ムクイヌ・イヌ

【尨狗】 むく犬。〔穆天子伝、四〕天子、文山の下に飲す。～乃ち良馬十駟～を獻ず。～天子の豪馬・豪牛・尨狗・豪羊、三十を以て文山を祭る。

【尨茸】 毛がみだれる。〔左伝、僖五年〕狐裘尨茸たり 一國に三公あり 吾れ誰にか適從せん

【尨然】 むっくりして大きいさま。唐・柳宗元〔三戒、黔の驢〕黔に驢無し。好事の者有り。船に載せて以て入れ、～之れを山下に放つ。虎之れを見るに、尨然たる大物なり。以て神と爲し、林閒に蔽れて之れを窺ふ。

【尨眉】 白髪の眉。〔漢武故事〕顏駟～漢文帝の時、郎と爲る。武帝～駟の尨眉皓髮なるを見て、～問ふ。叟(老人)、何れの時にか郎と爲る、何ぞ其れ老いたると。～曰く、三世遇はずと。

↑尨奇 雑色の奇服/尨詭 尨奇/尨雑 いりまじる/尨服 雑色の服/尨尨 尨然/尨民 老人/尨乱 みだれる

↓吠尨・夜尨・邑尨・老尨

常 【忘】 7 0033 〔忘〕 7 0033 ボウ(バウ) わすれる

篆文 金文

形声 声符は亡(亾)。〔説文〕十下に「識らざるなり。心に従ひ、亡に従ふ。亡は亦聲なり」とあり、識(識)とは記憶にあることをいう。忘は周初の金文に字を謹に作り、望(望)に従う。のち

列国期の金文にはおおむね忘の字を用いる。〔儀礼、士冠礼〕に「壽考忘まず」とあるものは、〔詩、小雅、蓼蕭〕に「其の徳爽はず　壽考忘まず」とみえ、古いいい方なのであろう。諲の字形から考えると、望気をして、災いをやめるように祈ることが、この語の原義であったようである。

訓義 ①やめる、なくする。②わすれる、ゆるがせにする。③すてる、つきる、失う。

古訓 〔名義抄〕忘　ワスル・スツ・イルガセ・ノゾム　〔字鏡〕忘　サマス・スツ・ミダシ・ワスル　〔字鏡集〕忘　ワスル・サトラス・イルガセ・サマス・スツ

語系 忘・亡 miuang は同声。懣 muan、滅 miat も声義近く、懣は〔説文〕十下に「忘るるなり」、滅十一上は「盡くるなり」とあり、一系の語とみてよい。

【忘恩】ぼう(ばう)おん　恩義を忘れる。〔三国志演義、七十二回〕(曹)操、鞭を揚げて大いに罵りて曰く、劉備は恩を忘れ義を失ひ、朝廷に反叛するの賊なりと。

【忘家】ぼう(ばう)か　家を顧みない。魏・曹植〔自ら試みられんことを求むる表〕固より夫れ國を憂へて家を忘れ、軀を捐てて難を濟ふは、忠臣の志なり。

【忘我】ぼう(ばう)が　我を忘れる。無私の境に入る。〔荘子、斉物論、郭象注〕吾我を喪するとは、我自ら忘るるなり。我自ら忘るるときは、天下何物か識るに足る者有らんや。故に都て外内を忘る。

【忘懐】ぼうかい(ばうくわい)　俗念を絶つ。晋・陶潜〔五柳先生伝〕常に文章を著はして自ら娯しむ。頗る己が志を示し、懐ひを得失に忘れ、此れを以て自ら終ふ。

【忘帰】ぼう(ばう)き　帰ることを忘れる。唐・白居易〔琵琶行〕詩　忽ち聞く、水上、琵琶の聲　主人は歸ることを忘れ、客は發せず

【忘記】ぼう(ばう)き　記し忘れ。宋・陳与義〔暁に杉本を発す〕詩　客子、雙鬢凋む　田家自ら一生　詩有るも還た記すことを忘れ　酒無きも却つて思ひ傾く

【忘機】ぼう(ばう)き　俗念を忘れる。唐・李白〔終南山を下り、斛斯山人の宿を過ぎりて置酒す〕詩　我醉ひて君も復た樂しむ　陶然として共に機を忘る

【忘却】ぼう(ばう)きゃく　忘れる。宋・陸游〔山亭に梅を観る〕詩　梅と歳歳幽期有り　忘却す、如今兩鬢の絲

【忘形】ぼう(ばう)けい　身の存在を忘れる。〔荘子、譲王〕志を養ふ者は形を忘れ、形を養ふ者は利を忘れ、道を致す者は心を忘る。

【忘言】ぼう(ばう)げん　ことばで表わしきれない。晋・陶潜〔飲酒、二十首、五〕詩　山氣、日夕に佳なり　飛鳥、相ひ與に還る　此の中、眞意有り　辨ぜんと欲して、已に言を忘る

【忘私】ぼう(ばう)し　私事を忘れる。〔漢書、賈誼伝〕(上疏)人臣爲る者は、主にのみ身を忘れ、國にのみ家を忘れ、公にのみ私を忘る。利苟くも就かず、害苟くも去らず、唯だ義の在る所のままなり。

【忘情】ぼうじょう(ばうじやう)　喜怒哀楽の情を忘れる。唐・杜甫〔懐を写す、二首、一〕詩　命を全うして留滯に甘んじ　情を忘れて榮辱に任す

【忘食】ぼう(ばう)しょく　ものごとに熱中して、食事を忘れる。〔論語、述而〕子曰く、女奚ぞ曰はざる。其の人と爲りや、憤を發しては食を忘れ、樂しみては以て憂ひを忘れ、老いの將に至らんとするを知らずと爾云ふと。

【忘筌】ぼう(ばう)せん　魚をえて、うえを忘れる。目的を達すると、手段を忘れる。〔荘子、外物〕筌(荃)なる者は、魚を在らしむる所以なり。魚を得ては筌(荃)を忘る。

【忘年】ぼう(ばう)ねん　年齢にかかわらぬ。宋・蘇軾〔真州に至り、再び(王勝之に)和す、二首、一〕詩　老手、王摩詰(維)　窮交、孟浩然　詩を論じては曾て(宿)直に伴ひ　舊を話して已に年を忘る

【忘八】ぼう(ばう)はち　人を罵る語。〔陔余叢考、三十八、雑種畜生王八〕俗に人を罵りて雜種と曰ひ、畜生と曰ひ、王八と曰ふ。〜明人の小說に、又之れを忘八と謂ふ。禮義廉恥、孝弟忠信の八字を忘るるを謂ふなり。

【忘反】ぼう(ばう)はん　かえることを忘れる。〔孟子、梁恵王下〕流れに從ひて下り、反ることを忘る。之れを流と謂ふ。流れに從ひて上り、反ることを忘る。之れを連と謂ふ。

【忘本】ぼう(ばう)ほん　根本を忘れる。〔礼記、楽記〕世亂るるときは〜樂淫す。是の故に其の聲、〜慢易にして以て節を犯し、流湎して(だらしなく)以て本を忘る。

【忘憂】ぼうゆう(ばういう)　憂いを忘れる。晋・陶潜〔飲酒、二十首、七〕詩　秋菊に佳色有り　露に裛(浥)へるに其の英を掇り　此の忘憂の物(酒)に汎ぶれば　我が世を遺るるの情を遠くす

【忘労】ぼうろう(ばうらう)　苦労を忘れる。〔易、兌、彖伝〕兌は說(悦)なり。〜說びて以て民に先だつときは、民其の勞を忘れ、說びて以て難を犯すときは、民其の死を忘る。

↑忘艱　困難と思わない／忘己　己を忘れる／忘倦　倦むことを忘れる／忘吾　吾を忘れる／忘忽　恍惚となる／忘昏　ぼんやりする／忘魂　忘昏／忘餐　食事することを忘れる／忘愁　忘憂／忘身　忘己／忘神　忘情／忘断　忘れてしまう／忘念　失念する

↓遺忘・棄忘・闕忘・健忘・忽忘・昏忘・坐忘・善忘・頓忘・廃忘・弭忘・備忘・慢忘・惑忘

【宋】 7　0090　ボウ(バウ)　うつばり　むなぎ

篆文 　甲骨文 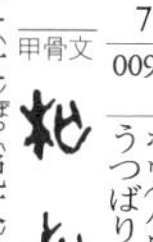

形声 声符は亡(亡)。〔説文〕六上に「棟なり」とあり、また「爾雅に曰く、宋霤之れを梁と謂ふ」の文を引く。棟は東西の木、梁は南北の木である。

訓義 ①はり、うつばり。②むなぎ。

【宋桷】ぼう(ばう)かく　うつばりと、たるき。唐・韓愈〔進学解〕夫れ大木を宋と爲し、細木を桷と爲し、〜施して以て室を成す者は、匠氏の工なり。

↑宋霤　大梁

【芒】 7　4471　ボウ(バウ)　コウ(クヮウ)　のぎ　けさき　ほこさき

篆文 

形声 声符は亡(亡)。〔説文〕一下に「艸の耑なり」とあり、穂の先に出ているのぎをいう。稲や麦など、のぎのあるものを芒種といい、先の鋭いものを芒刺・芒刃という。また茫と通用する。

訓義 ①のぎ。②け、けさき。③はり、ほこ、ほこさき。④ひかり、ひかりのながれ。⑤茫と通じ、大きい、広い、はるか。⑥亡・忘・盲と通じ、ほろびる、わすれる、くらい、おろか。⑦荒と通じ、荒忽、恍惚。⑧すすき。

古訓 〔新撰字鏡〕芒　乃木(のぎ)　〔和名抄〕芒　乃岐(のぎ)　〔名義抄〕芒　ノギ・サキ・トガル・イソグ・マトフ・マクレ・ス、キ・オホフ・ミダル・ユタカニ・ヲカシ・トシ・シノネ　〔字鏡集〕芒　ノギ・トシ・フキ・サキ・キザス・ミダル・ヲカシ・トル・ユタカニ・イソグ・マトフ・ムラ・オホフ

語系 芒・鋩 miuang は同声。萌(萌) meang は萌生。その萌生する先端を芒という。〔礼記、月令、注〕に「芒ありて直なるを萌と曰ふ」とみえる。鋩は刃端、芒をその意に用いることがある。

【芒屩】ぼう(ばう)きゃく　わらぐつ。〔梁書、儒林、范縝伝〕(劉)瓛の門下に在ること積年、去來して家に歸るに、恆に芒屩布衣にして、路に徒行す。瓛の門、車馬貴游多し。縝、其の門に在りて、聊かも恥愧無し。

【芒乎】暗くほのかなさま。たよるべきもののないさま。〔荘子、斉物論〕人の生まるるや、固より是くの若く芒たる乎。其れ我のみ獨り芒として、人は亦た芒ならざる者有る乎。

【芒光】光の穂。〔漢書、息夫躬伝〕往年、熒惑（火星）心（なかご）を守り、太白（金星）高くして芒光有り。～其の法、兵亂有りと爲す。

【芒芴】恍惚。ほのかなさま。〔荘子、至楽〕芒乎芴乎として、從りて出づるところ無き乎。芴乎芒乎として、象有ること無き乎。

【芒刺】とげ。はり。〔漢書、霍光伝〕宣帝始めて立ち、高廟に謁見す。大將軍光、從って驂乘す。上、内に之れを嚴憚す（おそれはばかる）。芒刺の背に在るが若し。

【芒神】迎春の儀に祀る勾芒神。〔燕京歳時記〕（打春）立春前一日、～隷役、芒神土牛を舁ぎ、導くに鼓樂を以てす。～立春の日、～府尹乃ち土牛を出だして環撃し、以て勸農の意を示す。

【芒刃】刀のきっ先。〔漢書、賈誼伝〕（上疏）屠牛坦、一朝に十二牛を解き、而も芒刃頓らざる者は、排撃剝割する所、皆衆理解くればなり。

【芒芒】疲れはてるさま。〔孟子、公孫丑上〕宋人に、其の苗の長ぜざるを閔へて、之れを揠く者有り。芒芒然として歸り、其の人（家人）に謂ひて曰く、今日病れたり。予れ苗を助けて長ぜしむと。

↑芒鞋 わらじ／芒鋭 するどいほさき／芒穎 芒鋭／芒角 鋭いかど／芒距 釣針の爪／芒屨 わらぐつ／芒荒 荒野／芒穀 稲麦の類／芒忽 小さな、明らかでないさま／芒彩 星の光／芒種 のぎのある穀物／芒鍼 のぎ／芒然 ぼんやりとするさま／芒草 しきみ／芒茅 ちがや／芒昧 くらいさま／芒洋 広々としたさま／芒履 わらじ
↓穎芒・汪芒・暉芒・軽芒・句芒・光芒・荒芒・毫芒・脩芒・鍼芒・垂芒・星芒・精芒・纖芒・麦芒・鋒芒・茅芒・雄芒

常 【防】 7 7022 ［埅］ 10 7010 ボウ（バウ） つつみ ふせぐ まもる

篆文

古印璽

形声 声符は方。方は架屍の象、境界の呪鎮とする祭梟（首祭）を示す。自は神の陟降する聖梯であるから、防とは聖域を呪鎮によって守護する意である。〔説文〕十四下に「隄（堤）なり」とし、池隄をいう。〔周礼、地官、稲人〕に「防を以て水を止む」とあって、土は社主の意であろう。〔説文〕重文の字は埅に作り、下に土を加える。次条に「隄は唐なり」とあり、〔爾雅、釈宮〕に「廟中の路、之れを唐と謂ふ」とあり、隄唐ともいう。〔逸周書、作雒解〕の大廟明堂の制に隄唐の名がみえ、聖域の施設に名づける。〔説文〕のいう隄も隄唐の意であろう。あるいはお土居のようなもので、都城の都（都）は堵をめぐらし、堵は呪符の書を埋めたお土居である。

訓義 ①つつみ、聖所にめぐらしたつつみ、お土居。②ふせぐ、まもる。③ささえる、そなえる。④しきり、かき、おおい、ついたて。

古訓 〔名義抄〕防 フセグ・サマタグ・イケ・フサグ・カタハラ・カル・マコト・マホル・イタハシ 〔字鏡集〕防 フサグ・マホル・イタハル・カタハラ・マコト・カル・ツヽミ・イマシム・サハル・イケ
【防遏】防ぎ止める。〔後漢書、循吏、王景伝〕景乃ち地勢を商度し、～直ちに溝澗を截り衝要を防遏し、壅積を疏決し、十里に一水門を立つ。

【防衛】防ぎ守る。〔拾遺記、八、蜀〕忽ち青衣の童子數十人來りて云ふ。～當に火厄有るべし。～今より已後、亦た宜しく防衛すべしと。～旬日、火、庫内より起る。～火盛んなるの時に數十の青衣の童子、來りて火を撲つを見る。

【防姦】不正を防ぐ。〔礼記、楽記〕政は以て其の行を一にし、刑は以て其の姦を防ぐ。

【防閑】防ぎはばむ。〔詩、斉風、猗嗟、序〕猗嗟は、魯の莊公を刺るなり。～魯の莊公、威儀技藝有り。然れども禮を以て其の母を防閑すること能はず。～人以て齊侯の子と爲す。

【防禦】防ぐ。〔顔氏家訓、雑芸〕冠冕の儒生、多く此れ（射）を習はず。別に博射有り。弱弓長箭、準的に施すも、～寇難を防禦するに、了に益する所無し。亂離の後、此の術遂に亡ぶ。

【防禁】防ぎとどめる。〔後漢書、光武十王、済南安王康伝〕今奴婢廏馬、皆千餘有り。～宮婢閉隔し、其の天性を失ひ、和氣を惑亂す。又多く内第を起し、觸犯防禁、費、巨萬を以ふ。

【防口】民の口をふさぐ。〔国語、周語上〕（厲）王怒り、衛の巫を得て、謗る者を監せしむ。～邵公曰く、～民の口を防ぐは、川を防ぐより甚だし～と。

【防塞】防ぎとめる。宋・蘇舜欽〔慶州の敗〕詩 天下承平なること、數十年 此の語存すと雖も、人の棄つる所～國家の防塞、今誰か有る 官は承制乳臭の兒爲り
【防止】防ぎとめる。〔墨子、兼愛下〕我以爲へらく、人の兼ねて相ひ愛し、交ごも相ひ利するに就くに於けるは、之れを譬ふれば、猶ほ火の上に就き、水の下きに就くがごとし。天下に防止すべからず。故に兼なる者は、聖王の道なり。

【防絶】根源を防ぎ絶つ。〔説苑、権謀〕今茂陵の徐福、數しば上書して言ふ、霍氏（光）且に變有らんとす。宜しく之れを防絶すべしと。向に福の說を行ふを得しめば、裂地出爵の費無くして、國安平自如なりしならん。

【防備】難を防ぎ備える。〔論衡、非韓〕水に溺るるも、水を責めずして己を咎むる者は、己防備を失へばなり。

【防慮】難を防ぐ配慮。〔近思録、出処〕伊川曰く、君子、困窮の時に當りて、既に其の防慮の道を盡して、免るることを得ざるは、則ち命なり。

↑防翳 ふせぎかくす／防疫 疫病を予防する／防隔 ふせぎへだつ／防扞 ふせぎまもる／防救 ふせぎ救う／防拒 ふせぐ／防検 取締る／防嫌 疑われることを避ける／防護 まもる／防察 見張りし、禁止する／防伺 見張る／防守 守備する／防身 護身／防慎 用心する／防水 防川／防川／防制 制止する／防隄 堤防／防頭 注意する／防範 防備する／防微 未然にふせぐ／防表 標準／防夫 守衛／防弁 武官／防抑 抑制する／防欲 欲望を抑制する／防露 露をふせぐ
↓遏防・海防・捍防・関防・禁防・警防・検防・厳防・国防・砂防・猜防・周防・消防・水防・川防・堤防・隄防・屯防・範防・備防・辺防・法防・予防・雍防

【侔】 8 2325 ボウ ひとしい

篆文

形声 声符は牟。〔説文〕八上に「齊等なるなり」とあり、〔周礼、考工記、弓人、注〕に「均しきなり」、〔広雅、釈詁四〕に「齊しきなり」とみえる。〔方言、七〕に「侔莫」という語があり、〔管子、宙合〕の「侔勉」と同語で、勉強する意の語。「文莫」「忞強」ともいう。
訓義 ①ひとしい、そろう、ならぶ。②したがう。③つとめる。
古訓 〔新撰字鏡〕侔 奈良不（ならぶ） 〔名義抄〕侔 ヒトシ・ナラブ・キラフ 〔字鏡集〕侔 ヒト・ヒトシ・ヒサシ・ナラブ・キラフ
【侔迹】古人とならぶ。〔三国志、蜀、楊戯伝〕（季漢輔臣賛、関雲長（羽）・張益徳（飛）を賛す）艱難を濟ひ、主の洪業を贊く。迹を韓・耿に侔しうし、聲を齊しうし德を雙ぶ。

【侔徳】(ぼうとく) 徳をひとしくする。〔漢書、宣帝紀賛〕功は祖宗を光かがやかし、業は後嗣に垂る。中興にして、徳を殷宗(高宗)・周宣に侔しうすと謂ふべし。

【侔莫】(ぼうばく) 努力する。〔方言、七〕侔莫は強むるなり。北燕の外郊、凡そ勞して相ひ勉め、努力と言ふが若き者、之れを侔莫と謂ふ。

↑侔擬 類似する/侔貲 資産を同等にする/侔状 模写する/侔尊 地位が相当する/侔名 名をひとしくする

↓好侔・勢侔・敵侔・徳侔・力侔

常【房】8 7222 〔房〕8 3022

ボウ(バウ) へや すまい たてもの ふさ

篆文 

形声 声符は方。方に区画されたものの意がある。〔説文〕十二上に「室、旁らに在るなり」と旁の意を以て解する。堂房はもと儀礼を行うところであったが、のち房室の意となり、個室の意となり、独房のようにも用いる。大きな俎の意に用いるのは、俎の下の跗足を房とよぶからである。

訓義 1へや、つぼね、いま。2すまい、いえ、やどり。3たてもの、官衙、祠堂。4ふさ、ふさ形の巣。5やづつ、えびら。6まないた。

古訓 〔名義抄〕房 ネヤ・フサ・ハナブサ・ツ、ム 〔字鏡集〕房 ツ、ム・ヲリ・フサ・ナカバヤ・コヤ・ハナブサ・ネヤ

語系 房biuang、旁bangは声近く、古代の宮室の制では、室の左右両旁に東房・西房があった。それで〔説文〕は房を旁を以て解するが、房とは一棟中の同区画の室をいう。すなわち方piuangの声義をとる字である。

【房闈】(ぼうい) 宮中の小門。〔後漢書、宦者伝序〕鄧后、女主を以て政に臨み、萬機殷遠なり。朝臣國議、帷幄に參斷するに由無し。稱制下令、房闈の閒を出でず。刑人(宦官)に委用し、之れに國命を寄せざるを得ず。

【房戸】(ぼうこ) 門戸。家。〔史記、呂太后紀論賛〕高后、女主稱制す。政、房戸を出でず、天下晏然たり。刑罰用ふること罕に、罪人是れ希なり。

【房祀】(ぼうし) 祠堂。〔後漢書、欒巴伝〕巴～再び豫章大守に遷る。郡土に山川鬼怪多し。小人常に貲産を破りて以て祈禱す。巴、素より道術有り、能く鬼神を役す。乃ち悉く房祀を毀壞し、姦巫を翦理す。是に於て妖異自ら消ゆ。

【房中】(ぼうちゅう) 室内。また、道家の房中術。〔抱朴子、釈滞〕行炁(行気)と云ふと雖も、行炁に數法有り。房中と曰ふと雖も、房中の術に近百餘事有り。服藥と言ふと雖も、服藥の方、略ぼ千條有り。

【房牖】(ぼうゆう) 室と窓。住居。〔後漢書、循吏、仇覧伝〕(符)融～乃ち(仇覧に)謂ひて曰く、先生と郡壤を同じうし、房牖を隣にす。今京師に英雄四集す。志士交結の秋なり。經學を務むと雖も、之れを守ること何ぞ固きと。

【房奩】(ぼうれん) 嫁入り道具。〔宋史、職官志四〕(大宗正)嫁娶の房奩は、財産を分析し、厚薄多寡を酌みて、其の議を訂む。

【房老】(ぼうろう) 奥女中頭。〔拾遺記、九、晋時事〕石季倫(崇)の愛婢を翔風と名づく。魏の末、胡中に於て之れを得たり。～最も文辭を以て愛を擅にす。～石崇、譖潤の言(永い間の悪口)を受け、卽ち翔風を退けて房老と爲し、群少を主どらしむ。

【房櫳】(ぼうろう) れんじ窓。宋・王安石〔和甫を送りて竜安に至り、暮に帰る〕詩 房櫳半ば掩ひて、人語無し 鼓角聲中、始めて愁へんと欲す

↑房幄 後宮/房帷 帷帳/房宇 家/房掖 宮室と庭/房宴 房中の宴/房燕 房宴/房簷 室のひさし/房奥 奥座敷/房下 妻妾/房科 部下/房臥 寝る/房外 室外/房楽 房中の音楽/房間 室の中/房客 借家人/房兄 堂兄/房産 家屋敷/房事 交合/房室 室/房舎 家/房主 家主/房術 房中術/房烝 半截の祭肉/房親 家族/房銭 家賃/房俎 台のある祭事用の俎/房租 店賃/房闥 宮中の室/房長 房老/房賃 部屋代/房殿 御殿/房内 室内/房廟 ほこらの祀所/房箙 えびら/房望 家柄/房門 房戸/房友 同僚/房累 家属/房廊 室と廊下

↓帷房・闈房・陰房・雲房・温房・花房・華房・画房・官房・寒房・間房・監房・巌房・妓房・宮房・玉房・空房・君房・閨房・萱房・故房・後房・獄房・山房・子房・矢房・私房・紫房・寿房・書房・椒房・廠房・浄房・深房・専房・前房・禅房・僧房・大房・丹房・男房・暖房・煖房・茶房・厨房・同房・洞房・堂房・独房・尼房・乳房・女房・文房・別房・便房・蜂房・蜜房・門房・葯房・幽房・蘭房・冷房・連房・蓮房

【氓】8 0774 〔甿〕8 6001

ボウ(バウ) たみ

篆文 

形声 声符は亡(亡)。亡に逃亡の意がある。〔説文〕十二下に「民なり」と訓する。〔孟子、公孫丑上〕に「則ち天下の民、皆悦んで、之れが氓と爲ることを願はん」とあって、民と氓とを区別して用いる。氓は他の地より赴くもので、もと亡命者・農奴的な身分のものであろう。氓黎・氓隷のようにいう。〔詩、衛風、氓〕「氓の蚩蚩たる 布を抱きて絲を貿ふ」という氓は、浮浪に近い行商人である。字はまた甿に作り、田民をいう。唐の太宗の名、世民の民を避けて、氓を甿とするした。

訓義 1たみ、外来の民、野人。2字はまた甿に作る。

古訓 〔名義抄〕氓 タミ 〔篇立〕氓 タミ・ウチ

語系 氓・甿meangは同声。民mienから分化した語であろう。民は目睛を刃器で突いて視力を破る形で、虜囚などを神に献じ、その徒隷とする方法であった。逃亡者もそのような取り扱いを受けたのであろう。

＊語彙は甿字条参照。

【氓家】(ぼうか) 民家。〔管子、八観〕主上は積無きも宮室美に、氓家は積無きも衣服脩む。～本資少なくして末用多き者は、侈國の俗なり。

【氓俗】(ぼうぞく) 民俗。宋・梅尭臣〔王仲儀の瘦を詠ずに和す二十韻〕詩 賢なる哉、臨汝の守 世徳、金鼎を調ふ 氓俗、醜乖なりと雖も 教令、日に脩整す

【氓隷】(ぼうれい) 流民。元・柳貫〔馬伯庸御史の出でて河隴に使ひするを送る〕詩 關に入りて先づ見る、父老の喜ぶを 節を出だして始めて通ず、氓隷の逆ふるを

↑氓蚩 愚民/氓庶 民/氓廛 民家/氓萌 人民/氓黎 氓隷

↓遺氓・遠氓・遐氓・教氓・耕氓・残氓・庶氓・新氓・人氓・蒼氓・頽氓・疲氓・貧氓・民氓・野氓・利氓・流氓・良氓・黎氓

【甿】8 6001

ボウ(バウ) たみ

篆文 

形声 声符は亡(亡)。亡に逃亡の意がある。〔説文〕十三下に「田民なり」とあり、農奴的な身分のものをいう。氓は一般に故郷をすてたもの、そのうち農奴的な生活者が甿であった。唐以後、太宗の名、世民の民を避けて、多く甿を用いる。〔管子、軽重甲〕に「屨縷の甿」の語があり、履作りする男、糸繰りする女など、北郭に住む流民たちを甿とよんでいるが、〔周礼、地官、遂人〕「凡そ野を治むるに、下劑(耕作者二人の田)を以て甿を致し、田里を以て甿を

安んず」とあるのが、本来の用義であろう。

訓義 ①たみ、流民。②字はまた甿に作る。

古訓 〔篇立〕畂 タミ

語系 畂・甿meangは同声。〔広雅、釈詁三〕に「畂は癡なり」とあり、愚昧の意をも含む語であった。

＊語彙は甿・萌字条参照。

【畂庶】人民。〔南史、循吏伝序〕(宋)文帝、幼にして寛仁、入りて大業を纂ぎ、～六戎を薄伐す。～此れより方内晏安にして、畂庶蕃息す(多くふえる)。

【畂俗】民の風俗。唐・白居易〔策林八、風行澆樸策〕問ふ、畂俗の理亂、風化の盛衰、何ぞ乃ち往に得て來に失し、今に薄くして古に厚きや。

【畂隷】流民。漢・賈誼〔過秦論、上〕始皇既に沒したるも、餘威殊俗に震ふ。然れども陳渉は、甕牖縄樞(極度に貧しい家)の子、畂隷の人にして、遷徙の徒なり。～數百の衆を將ゐて、轉じて秦を攻め、～天下雲集響應す。

⬆畂謳 民謡/畂歌 民謡/畂戸 民戸/畂郊 田野/畂謡 民謡/畂黎 甿黎

常【肪】8 7022 ボウ(バウ) ホウ(ハウ) あぶら こえる

篆文 

形声 声符は方。〔説文〕四下に「肥ゆるなり」とあり、脂肪をいう。方の音に、あつまりみちる意があるようである。

訓義 ①あぶら。②こえる。

古訓 〔名義抄〕肪 アブラ・コユ 〔字鏡集〕肪 コエタリ・アブラ・アブラック

⬆肪胱 膀胱/肪脂 脂肪/肪膩 あぶらぎる/肪脆 あぶら身

⬇凝肪・膏肪・脂肪・松肪・猪肪・䖏肪・羊肪・流肪

人【茅】8 4422 〖茅〗9 4422 ボウ(バウ) かや ちがや かやぶき

篆文 

形声 声符は矛。〔説文〕一下に「菅なり」、次条の菅(菅)に「茅なり」とあって互訓。〔左伝、僖四年〕「爾の貢する苞茅入らず、～以て酒を縮む無し」とあり、祭祀の酒をこすのに用いた。〔周礼、天官、甸師〕はその蕭茅を供することを掌る。また〔詩、召南、野有死麕〕「白茅もて之れを包む」は、犧牲を包むこと、〔詩、豳風、七月〕「晝は爾于に茅かれ」は、屋根を葺くのに用いる。

訓義 ①かや、ちがや。②かやかる、かやふく、かやぶき。

古訓 〔新撰字鏡〕茅 知(ち) 〔和名抄〕茅 知(ち) 〔名義抄〕茅 チイ

【茅簷】かやぶきののき。清・王九齡〔旅店に題す〕詩 曉に覺むれば、茅簷、片月低し 依稀として、鄕國、夢中に迷ふ

【茅屋】かやぶきの家。清・黃宗羲〔山居雜咏、六首、六〕詩 數閒の茅屋、從容を盡す 一半は書齋、一半は農

【茅柴】薄くて質の悪い酒。〔陔余叢考、四十三、茅柴酒〕酒の劣れる者、俗に之れを茅柴酒と謂ふ。此の語蓋し亦た宋時に起る。～劉後村(克荘)の詩に、茅柴且らく兄に酌むと。

【茅斎】かやぶきの書斎。元・倪瓚〔杭人に余死せりと伝ふる者有り、～二首、二〕詩 霧は空山を隱して、秋已に深し 茅齋、酒熟するも、誰に向つてか酌まん

【茅茨】かやぶき。〔韓非子、五蠹〕堯の天下に王たるや、茅茨翦らず、采椽斲らず、糲粢の食、藜藿(あかざ)の羹のみ。

【茅社】皇子を王に封ずるときの社。〔書、禹貢の疏に引く独断〕天子の大社は、五色の土を以て壇と爲す。皇子の封ぜられて王と爲る者、之れに大社の土を授くるに、封ずる所の方色を以てし、苴くに白茅を以てし、之れをして國に歸らしめて、以て社を立てしむ。之れを茅社と謂ふ。

【茅茹】かやの根がからみ合う。〔易、泰、初九〕茅を拔くに茹たり。其の彙と以にして征くときは吉なり。

【茅旌】かやの旗。神を招くのに用いる。〔公羊伝、宣十二年〕鄭伯肉袒し、左に茅旌を執り、右に鸞刀を執り、(降服の儀礼)以て(楚の)莊王を逆ふ。

【茅蕝】朝会の儀礼の坐席のしるしとして、かやで編んだもの。〔国語、晉語八〕昔成王、諸侯に岐陽に盟ふ。楚は荊蠻爲り。茅蕝を置き、望表を設け、鮮卑と燎(庭火)を守らしむ。

【茅店】かやぶきの茶店。唐・温庭筠〔商山早行〕詩 雞聲、茅店の月 人迹、板橋の霜

【茅馬】かやを束ねて作った馬。葬具に用いる。〔後漢書、光武帝紀下〕初めて壽陵を作る。～帝曰く、古者帝王の葬には、皆陶人瓦器、木車茅馬、後世の人をして其の處を知らざらしむ。～今制する所の地は、二三頃に過ぎず。山陵を爲ること無かれ～と。

【茅茷】草はら。唐・柳宗元〔始めて西山を得て宴游する記〕湘江を過ぎり、染溪に緣より、榛莽を斫り、茅茷を焚き、山の高きを窮めて止む。

【茅廬】かやぶきの家。宋・梅堯臣〔雪に対して、往歲銭塘の西湖に林逋を訪ふを憶ふ、三首、一〕詩 折竹、籬を壓して、曾ち過ぐるを礙ぐ 却つて松下(の雪)を尋ねて、茅廬に到る

⬆茅庵 かやぶき/茅宇 茅屋/茅花 つばな/茅軒 茅屋/茅司 かわや/茅室 茅屋/茅舎 茅屋/茅蒐 あかね/茅縮 かやで酒をしたむ/茅障 ねぐら/茅亭 茅屋/茅土 茅社/茅棟 茅屋/茅堂 茅屋/茅蒲 雨具/茅牖 貧屋/茅寮 草屋

⬇屋茅・菅茅・結茅・荒茅・香茅・貢茅・黄茅・衡茅・茸茅・茹茅・蕭茅・神茅・菁茅・積茅・藉茅・草茅・把茅・白茅・抜茅・表茅・包茅・蓬茅・霊茅

常【冒】9 〖冐〗9 6060 ボウ(バウ) おおう かぶる おかす

篆文  古文  金文  詛楚文 

会意 旧字は冐に作り、冃+目。冃は頭衣。目の上まで深く被る帽の形。〔説文〕七下に「蒙りて前むなり」と冒進の意を加えて説く。上に甲を戴いて、険を冒す意とするのであろう。

訓義 ①おおう、かぶる、こうむる。②おかす、しのぐ、むさぼる。③娼と通じ、ねたむ。④茂と通じ、さかん。

古訓 〔名義抄〕冒 ヲカス・トガ・カブル・ワタル・オホフ 〔字鏡集〕冒 トガ・オホフ・ワタル・カブル・マサ・イタヾク・マトヒ・ホス・ケヅル・カ、グ・ヲカス

声系 〔説文〕に冒声として瑁・帽・勖など六字を収める。おおむね冒覆の意をもつ字。勖は懋と声義近く、〔書、盤庚〕〔書、牧誓〕などにみえる。〔牧誓〕では「勖めよや、夫子」のように、開戦を宣する語に用いている。

【冒廕】父祖の功で入学し、任官する。唐・韓愈〔国子監生徒を復するを請ふ状〕其の新補の人にして冒廕する有る者は、請ふ、法司に牒送して科罪せん。

【冒雨】雨の中をゆく。宋・王禹偁〔金郷の張贊善に寄す〕詩 北堂(母)膳に侍して、星を侵して起き 南畝、耕を催して、雨を冒して歸る

【冒寒】寒さの中で行動する。唐・耿湋〔早朝〕詩 寒を冒して人の語ること少に 月に乘じて燭の來ること稀なり

【冒愧】はずかしいことを平気でする。〔後漢書、張衡伝〕(応間)愧を冒して願ひを逞しうせば、必ず仁の以て之

れに繼ぐもの無からん。

【冒險】危險をおかす。宋・蘇軾〔峡に入る〕詩 薪を伐りて常に險を冒し 米を得れども甑(大瓶)に盈たず
【冒行】強行する。宋・蘇軾〔上初めて即位し、治道を論ず、二首、刑政〕漢より以來、鹽鐵酒茗の禁、稱貸榷易の利、皆心に其の非を知りて、之れを冒行す。故に辭曲にして民盜を爲す。

【冒死】死をおかす。昧死。〔三国志、魏、鮑勛伝〕文帝將に出でて游獵せんとす。勛、車を停めて上疏して曰く、～如何ぞ諒闇(服喪)の中に在りて、馳騁の事を修めんや。臣、死を冒して以聞(上奏)す。唯だ陛下察せよと。

【冒疾】ねたみそねむ。娼疾。〔書、秦誓〕人の技有るは、冒疾して以て之れを惡しり、人の彥聖なるは、之れを違りて達せざらしむ。

【冒色】女色を貪る。〔書、泰誓上〕今商王受(紂)、上天を敬せず、災を下民に降し、沈湎(酒色にふける)して色を冒し、敢て暴虐を行ふ。

【冒姓】むりにその姓を名のる。〔史記、衛将軍驃騎伝〕大將軍衛青は平陽の人なり。其の父鄭季、吏と爲り、平陽侯の家に給事す。侯の妾衛媼と通じ、靑を生む。～故に姓を冒して衛氏と爲す。

【冒籍】家柄を偽る。〔五雑組、事部二〕國家士を取るに、郡縣より鄕試に至るまで、倶に冒籍の禁有り。此れ甚だ謂れ無し。

【冒然】あたりかまわず、軽率に振る舞う。宋・蘇舜欽〔制科に応じ、省使葉道卿に上つる書〕今幸ひに天子尺一の書(詔書)を下し、詳らかに四方特起の士を延く。某、輒ち空乏鄙陋の資を以て、冒然として自ら進まんと欲す。

【冒霜】霜をおかす。寒さにたえる。〔楽府詩集、清商曲辭一、子夜四時歌七十五首、冬歌十七首、四〕夜半、霜を冒して來たる 我を見て輒ち怨唱す
【冒頭】文首。清・李漁〔閑情偶寄、詞曲下、格局、家門〕予謂ふに、詞曲中開場の一折は、即ち古文の冒頭、時文の破題なり。務めて開門見山(暢達明瞭)ならしむ。

【冒突】危険の中に突入する。〔三国志、魏、三少帝、斉王芳紀〕(劉)整・(鄭)像、～重圍を越蹈し、白刃を冒突し、身を輕んじて信を守り、不幸にして獲へられたるも、抗節彌いよ厲し。～今、整・像に爵關中侯を追賜す。

【冒昧】身のほどもわきまえず。〔後漢書、李雲伝〕(陳蕃の上疏)今日雲を殺さば、臣、心を剖くの譏(紂の故事)、復た世に議せんことを恐る。故に敢て龍鱗に觸れ、冒昧して以て謂ふ。

【冒名】姓名を詐称する。〔魏書、盧同伝〕頃來、但だ階を偸み名を冒し、勳簿を改換するのみならず、或いは一階再取、或いは名を易へて級を受く。凡そ此くの如き者、其の人少なからず。

【冒乱】おかし乱す。〔後漢書、郎顗伝〕竊かに見るに正月以來、陰闇連日。易の内傳に曰く、久陰雨ふらざるは亂氣なり。蒙、比(卦)に之くなり。蒙なる者は、君臣上下、相ひ冒亂するなり。

【冒濫】不当に貪る。濫用。〔宋史、寧宗紀三〕(嘉定四年秋七月)丁丑、詔す。軍興りてより以來、爵賞冒濫する者は、自ら陳ぶるを聽るし、其の罪を除かんと。

↑冒恩 恩をむさぼり受ける/冒貨 財をむさぼる/冒干 おかす/冒顔 顔を犯していさめる/冒橛 春、土が柔らぐこと/冒眩 めまいする/冒鼓 鼓に皮を張る/冒貢 冒進する/冒子 序文/冒失 大慌て/冒嫉 冒疾/冒取 だまし取る/冒娶 むりにめとる/冒絮 綿頭巾/冒称 他家の姓を名のる/冒觸 おかし、ふれる/冒刃 刃をおそれず進む/冒窃 おかしぬすむ/冒濁 けがす/冒度 旅券を偽造する/冒瀆 けがす/冒破 虚報/冒犯 おかす/冒鋒 冒刃/冒没 蒙昧/冒蒙 おかす/冒領 詐取する/冒礼 礼をおかす/冒賄 財をむさぼる/冒穢 財をむさぼりとる
↓掩冒・干冒・姦冒・感冒・偽冒・欺冒・眩冒・怙冒・私冒・襲冒・觸冒・侵冒・僭冒・貪冒・抵冒・毒冒・不冒・布冒・覆冒・幎冒・迷冒・妄冒・陵冒・籠冒

【厖】 9 7121 ボウ(バウ) おおきい

篆文

形声 声符は尨。〔説文〕九下に「石、大なり」とあり、部首の厂は〔説文〕に「山石の厓巖なり、人の居るべきところ。象形」としているように山石の象であるから、厖は石大を本義とする。尨に尨雑(いりまじる)の意があり、厖とは大石をいう。のちすべて形量の大きなもの、ゆたかなさまの意に用いる。

訓義 ①おおきい、石が大きい。②形が大きい、量が多い、ゆたか。③まじる、みだれる、いりまじる。④龐と通用する。

古訓 〔字鏡集〕厖・龐 アツシ・ユタカナリ・アリ・オホイナリ・アイス

語系 厖・尨meongは同声。尨は犬の多毛なるもの。蒙(蒙)mongは厖と通用し、蒙茸・繁茂の意がある。龐beongは高屋、厖と声義の通ずる語である。封piong、豐(豊)phiongにも豊大の意がある。

【厖眉】長く伸びたまゆ。老人。漢・王褒〔四子講徳論〕厖眉耆耇の老、咸な朝夕を愛惜し、須臾を濟たる。
↑厖厚 寛厚/厖洪 広大/厖殽 乱雑/厖澒 天の高大な気象/厖鴻 高大なさま/厖雑 雑駁でいりまじる/厖茸 物の乱れるさま/厖然 厖大/厖大 形量の大きいこと/厖昧 蒙昧/厖蒙 愚か
↓奇厖・駿厖・大厖・敦厖・眉厖・紛厖・豊厖・蒙厖

人 【昴】 9 6072 ボウ(バウ) すばる

篆文

形声 声符は卯。〔説文〕七上に「白虎の宿の星なり」とあり、すばる星をいう。〔枕草子〕に「星はすばる」とあり、数少ない星の古名の一つである。仲冬に南中する星で、〔書、堯典〕に「日は短く、星は昴なり」とみえる。

訓義 ①すばる、昴宿。

古訓 〔和名抄〕昴 須波流(すばる)〔名義抄〕昴 スバル・アキラカ〔字鏡集〕昴 スバル・アキラカ・ホシノナ

【昴宿】二十八宿の一。白虎七宿の第四宿、すばる。牡牛座のプレアデス星団。〔書、堯典〕申ねて和叔に命じ、～朔易に平在せしむ。日は短く、星は昴なり。以て仲冬を正す。〔詩、豳風、七月の疏に引く鄭玄注〕昴は白虎の中宿なり。

【昴霊】星の精霊の生まれ代わり。貴顕の人にいう。斉・王倹〔褚淵の碑文〕辰精運に感じ、昴靈祥を發す。元惟これ明らかに、股肱これ惟れ良し。

↑昴精 昴宿の精/昴畢 冀州の分野に当たる

常 【某】 9 4490 ボウ はかる それがし なにがし

篆文

古文

金文

会意 曰+木。曰は神に祝禱する祝詞を入れる器。それを木の枝に著けて神にささげ、神意を問い謀はる意で、謀の初文。金文にこの字を「某かる」と用いる例がある。〔説文〕六上に「酸果なり。木に從ひ、甘に從ふ。闕」とする。酸果は梅。字を梅の初文とするものであるが、その形義を説きえないので「闕」という。〔詩、周頌、訪落〕の〔序〕に「嗣王、廟に謀るなり」とあり、謀

とは神意に謀ること、某がその初文。のち何某の意に用いる。〔儀礼〕に多くみえるが、それは神霊に対していう語で、〔礼記、曲礼下〕に「使者自ら稱して某と曰ふ」とあるのは、その名残であろう。

訓義 1はかる、謀の初文。2それがし、なにがし、自己の謙称。3あること、しかじかのこと。4槑を古文の某とあやまる。うめ。

古訓 〔名義抄〕某 ソレ・ソコ 〔字鏡集〕某 ソレガシ・ソレ

声系 〔説文〕に某声として禖・謀・腜・媒など五字を収める。禖は郊禖の神で媒神、〔周礼、地官〕に媒氏の官があり、二姓を合することを謀る。腜は〔説文〕四下に「婦孕みて、始めて兆あるなり」(段注本)とみえ、これらの字はみな某の声義を承ける。

語系 某 mə は禖・媒・腜 muə と声近く、某の声義を承ける。母 mə は某と同声であるから、某は本来結婚・生子に関する語であろう。謀 miuə、謨 ma もその系統の語である。

【某乙】なにがしの人。唐・韓愈〔河南の張員外を祭る文〕彰義軍行軍司馬守太子右庶子兼御史中丞韓愈、謹みて某乙を遣はし、庶羞清酌の奠を以て、亡友故河南の縣令張十二員外の靈を祭る。

【某甲】なにがし。諱などを避けていう。〔三国志、魏、崔琰伝注に引く魏略〕(許攸)至りて太祖の小字を呼びて曰く、某甲、卿(汝)、我を得ざれば、冀州を得ざりしならんと。

【某士】某国の士。〔礼記、曲礼下〕列國の大夫、天子の國に入りては、某の士と曰ふ。自ら稱しては、陪臣某と曰ふ。外に於ては子と曰ひ、其の國に於ては寡君の老と曰ひ、使者たれば自ら稱して某と曰ふ。

【某子】なにがし。〔儀礼、聘礼〕賄幣を取り、以て告げて曰く、某君、某子をして賄らしむと。

【某日】しかじかの日。〔礼記、月令〕(孟春の月)是の月や、立春なるを以て、立春に先だつこと三日、大史之れを天子に謁げて曰く、某日立春、盛德、木に在りと。天子、乃ち齊す。

【某甫】なにがし。甫は男子の美称。〔儀礼、士喪礼〕宅(墓地)を筮す。冢人之れを營む。四隅を掘り、其の壤を外にし、中を掘り、其の壤を南にす。~命じて曰く、哀子某、其の父某甫の爲に宅を筮し、茲の幽宅兆基を度る。後艱有ること無かれと。

↑某啓 拝啓／某処 某所／某所 ある所／某等 我ら／某門 某の門下

【眊】 9 6201

ボウ(バウ) モウ
くらい おろか みだれる としより

篆文 

形声 声符は毛。〔説文〕四上に「目に精少なきなり」とあり、精は睛の意。〔孟子、離婁上〕「胸中正しからざれば、則ち眸子眊らし」とみえる。耄と通用し、〔漢書、武帝紀〕に「老眊」の語がある。〔顔師古注〕に眊を耄の古字としている。

訓義 1くらい、目がくらい、目がかすむ。2おろか、みだれる。3耄と通じ、としより。

古訓 〔新撰字鏡〕眊 目保乃々志(めほのぼのし)、又、厤介(まけ) 〔名義抄〕眊 メクラシ・メホノカシ・シノブ・コノム

語系 眊 mô は瞀 mu と声義近く、瞀は〔玉篇〕に「目明らかならざる皃なり」とあって、同義の字。また蒙(蒙)・濛・矇 mong、瞢 miuang、懵 mang や盲(盲) meang も同系の語。瞢々として明らかでないさまをいい、みな一系の語である。

【眊瞶】盲と聾。〔唐書、元稹伝〕(献言)比來茲の弊尤も甚だし。師資保傅は疾廢眊瞶ならずんば、即ち休戎罷帥の者、之れに處る。

【眊荒】老いぼける。〔漢書、刑法志〕周道既に衰へ、穆王眊荒す。甫侯に命じて、時(宜)を度り、刑を作り、以て四方を詰めしむ。

【眊昏】くらくて見えない。〔唐書、魏徵伝〕文德皇后既に葬る。帝卽ち苑中に層觀を作り、以て昭陵を望む。徵を引きて同に升る。徵、熟視して曰く、臣、眊昏にして、見ること能はずと。

【眊矂】ぼんやり。宋・蘇軾〔初めて子由(弟轍)に別れ、奉新に至りて作る〕詩 茫茫として暑天闊く 靄靄たり、孤城の背 靑山、眊矂の中 落日、淒涼の外

【眊瞭】目の明暗。〔論衡、本性〕人生まれながらにして、目には輒ち眊瞭あり。眊瞭は之れを天に稟く。氣に同じからざるなり。

↑眊眼 目がかすむ／眊眩 めがくらむ／眊然 くらいさま／眊悼 老幼／眊悖 くらく、もとる／眊眊 くらいさま／眊乱 くらく、みだれる

↓憒眊・昏眊・惛眊・鈍眊・瞭眊・老眊・聾眊

【茆】 9 4472

ボウ(バウ)
じゅんさい かや

篆文 

形声 声符は卯。〔説文〕一下に「鳧葵なり」とあり、じゅんさいをいう。〔詩、魯頌、泮水〕に「薄く其の茆を采る」とあり、これを廟に供えた。祭祀には沼沚谿澗の水草をとって、神饌とした。字はまた茅(茅)と通用する。

訓義 1じゅんさい、ぬなわ。2しげる、しげるさま、くさむら。3茅と通じ、かや。

【茆舎】かやぶき。唐・薛逢〔独孤処士の村居に題す〕詩 幾畝の稻田、還りて業を謂ひ 兩間の茆舍、亦た言に歸る

【茆廬】茆舎。宋・陸游〔漁翁〕詩 江頭の漁家、茆廬を結ぶ 靑山門に當りて、畫も如かず

↑茆檐 茅檐／茆簷 茅簷／茆屋 茅屋／茆斎 茅斎／茆茨 茅茨／茆蕝 茅蕝

↓芹茆

常【剖】 10 0260

ボウ ホウ
わける さく ひらく

篆文 

形声 声符は咅。咅は果実が熟して剖けようとする形。これを両分することを剖という。〔説文〕四下に「判つなり」とあり、天地の開闢を剖判という。〔荘子、胠篋〕に「比干(殷の賢人)は剖かる」とあり、肉を剖くことをもいう。

訓義 1わける、わかつ。2さく、わる、中分する。3ひらく、さきひらく、やぶる。

古訓 〔名義抄〕剖 ワル・カフル・オビヤカス・ヒラク・ワカレテ・サク・カク・ヱル 〔字鏡集〕剖 ワル・ヒラク・ケヅル・ウヒ・サク・ヤブル・ワカツ・オビヤカス・ヱル・サキ・コカレテ・ウチワル

語系 剖 phə は副 phiuək と声義通じ、〔説文〕四下に「副は判つなり」とあって、剖と同訓。副はまた疈に作り、犧牲の胸を開いて城門に磔くし、風蠱(風に乗ってくる禍)を禁ずることを疈辜という。「剖く」とは、疈の字義にあたる。

【剖玄】深遠な道理を分析する。〔顔氏家訓、勉学〕直だ其の清談雅論、剖玄析微、賓主往復し、心を娯しませ耳を悦ばすを取るのみ。濟世成俗の要に非ざるなり。

【剖心】むねをひらく。〔史記、殷紀〕紂怒りて曰く、吾聞く、聖人の心に七竅(穴)有りと。比干を剖き、其の心を觀る。箕子懼れて、乃ち詳狂して奴と爲る。紂又之れを囚ふ。

【剖析】事理を分析する。〔陳書、姚察伝〕沛國の劉臻、竊かに公館に於て漢書の疑事十餘條を訪ふ。竝びに剖析を爲し、皆經據有り。

【剖断】分析し判断する。〔南史、孔休源伝〕神州都會、簿領殷繁なれども、休源、剖斷すること流るるが如く、傍らに私謁無し。

【剖破】きり開く。〔後漢書、方術下、華佗伝〕佗曰く、君の病根深し、應當に腹を剖破すべし。然れども君の壽、亦た十年に過ぎざらん～と。病者其の苦に堪へず、必ず之れを除かんと欲す。佗、遂に下療す。時に應じて愈えたるも、十年にして竟に死せり。

【剖符】割符。〔史記、高祖紀〕(六年)乃ち功を論じ、諸列侯の與に符を剖き封を行ふ。

【剖腹】腹をひらく。〔晋書、皇甫謐伝〕黄帝の九經を創制するや、岐伯、腹を剖きて以て腸を蠲く。～徒だ生きて、若き人に逢はざるを恨む。

↑剖開 切開する／剖割 たちわり、さく／剖疑 疑問をひらく／剖胸 剖心／剖決 裁定する／剖劂 ほりひらく／剖散 ばらす／剖辞 判詞／剖釈 解く／剖晰 明らかにする／剖説 解説する／剖截 切りたつ／剖鐫 ほる／剖琢 切り磨く／剖判 開闢／剖分 両分する／剖劈 さく／剖弁 弁明する／剖卵 孵卵／剖裂 さきひらく／剖露 表す

↓瓜剖・解剖・細剖・裁剖・坼剖・啄剖・刀剖・剝剖・分剖

【旁】 10 0022 ［㫄］ 8 1022 ［傍］ 12 2022

ボウ(バウ) ホウ(ハウ)

あまねし かたわら かたよる

形声 声符は方。〔説文〕一上に「溥きなり」とし、字形について「二に従ふ。闕。方聲」という。重文三を録するが、本来の字形と思われるものがない。字はおそらく凡(凡)と方とに従い、凡は風の従うところで汎(汎)の意。方に四方、「方ねし」の意がある。ゆえに旁及・旁達の意となり、旁出・旁側の意となり、偏頗の意となる。傍はその限定義を示す字である。

訓義 1あまねし、ゆきわたる、ひろい、おおきい。2かたわら、わき、わかれる。3かたよる、よる、そう。4傍と通じ、ちかづく、たすける。

古訓 〔名義抄〕旁 カタ〳〵・オホキナリ・ヒコロ・ミチビク・ムラガル・ツタフ・ヒロシ・ホトリ・カタハラ・コレ・シタガフ・アマネシ 〔字鏡集〕旁 ワヅラフ・コレ・シタガフ・カタ〳〵・ヒコロ・ウスシ・ミチビク・オホキナリ・ムラガル・ツタフ・ヒロシ・ヒトヘニ・カタシ・ホトリ・アマネシ・カタハラ

声系 〔説文〕に旁声として徬・謗・膀・榜・傍・滂・搒など十二字を収める。傍・滂は旁達、膀・謗は側旁の意を承けるものであろう。旁声の字はおおむね旁の声義を承けるところがある。

語系 旁bangは普・溥pha、布pa、敷(敷)phiuaと声義に通ずるところがあり、ひろくゆきわたる意がある。また旁皇・傍偟bang-huangは、徘徊buai-huai、彷徨bang-huang、盤桓buan-huanと同じ語で、その状態をいう形況の語である。

【旁縁】縁故でつながる。〔宋史、刑法志一〕(太平興国六年詔)諸州の大獄長吏、親決せず、胥吏旁縁して姦を爲す。逮捕證佐、滋蔓して年を踰え、獄未だ具はらず。

【旁貫】ひろく貫く。〔晋書、司馬彪伝〕以爲へらく、～(漢の)安・順以下、亡缺する者多しと。彪、乃ち衆書を討論し、其の聞く所を綴り、～編年二百、世を錄すること十二、上下を通綜し、庶事を旁貫し、紀・志・傳凡そ八十篇を爲る。號づけて續漢書と曰ふ。

【旁観】あまねくみる。〔史記、司馬貞補、三皇紀〕仰ぎては則ち象を天に観、俯しては則ち法を観、旁く鳥獣の文と地の宜とを観～始めて八卦を畫して、以て神明の徳を通じ、以て萬物の情を類す。

【旁求】あまねく求める。〔書、太甲上〕先王、昧爽に丕いに顯らかにして、坐して以て旦を待つ。旁く俊彥を求めて、後人を啓迪せよ。～乃の儉德を愼み、惟れ永圖を懷へ。

【旁睨】横目でにらむ。〔斉東野語、五〕(趙氏霊璧石)嘗て靈璧縣を過ぎる。道旁に奇石林立す。一峰巍然として嶒崪秀潤なり。(趙)南仲、馬を立てて旁睨し、撫玩すること久之しくす。

【旁午】行きかう。〔漢書、霍光伝〕(楊敞・霍光ら上疏)嗣子皇帝と稱す。璽を受けて以來二十七日、使者旁午し、節を持して諸官署に詔して、徵發すること凡そ千一百二十七事、～荒淫迷惑、帝王の禮誼を失ひ、漢の制度を亂る。

【旁殺】傍系の親族の服喪を軽減する。〔礼記、喪服小記〕親を親とすること、三(等親)を以て五と爲し、五を以て九と爲す。上殺ぎ、下殺ぎ、旁殺ぎて、親畢はる。

【旁視】わきを見る。見まわす。〔周秦行記〕忽ち車音馬迹相ひ雜はり、羅綺煥燿(きらきらしく)して、旁視するも給らず。

【旁侍】おつきの侍従。〔晋書、食貨志〕是の時穀一斛五十萬、～人と相ひ食啖し、白骨盈積す。～后、手に縑數匹を持てり。董承、符節令孫徽をして刃を以て脅かして之れを奪はしむ。旁侍の者を殺し、血、后の服に濺ぐ。

【旁若】旁若無人とは、人なげに振る舞うこと。〔世説新語、任誕注に引く名士伝〕阮籍親を喪ふも常禮に率はず。裴楷往きて之れを弔ふ。籍の方に醉ひ、散髮箕踞するに遇ふ。旁らに人無きが若し。

【旁招】広く神を招く。〔周礼、春官、男巫〕望祀・望衍・授號を掌る。旁招するに茅を用ふ。

【旁人】傍らの人。唐・杜甫〔堂成る〕詩 旁人錯つて揚雄の宅に比す 懶惰にして解嘲を作るに心無し

【旁捜】あまねくさぐる。唐・韓愈〔進学解〕墜緒の茫茫たるを尋ね、獨り旁く捜りて遠く紹ぐ。

【旁側】近侍。〔漢書、元后伝〕(王)莽既に外、群臣を壹にし、己の功德を稱せしめ、又內、旁側長御以下に媚事し、賂遺千萬を以て數ふ。

【旁磔】四方の門に犬牲を磔殺する。〔礼記、月令〕(季冬の月)有司に命じて大いに難(儺)し、旁く磔し、土牛を出し、以て寒氣を送る。

【旁通】あまねく通ずる。〔法言、問明〕或ひと哲を問ふ。曰く、厥の思ひを旁明すと。行を問ふ。曰く、厥の德を旁通すと。

【旁薄】みちひろがる。宋・蘇軾〔徐州蓮華漏の銘〕昆侖、三十八萬七千里の外に旁薄するも、三尺の箭、五斗の缾より逃るること能はず。

【旁礴】せまりひろがる。〔荘子、逍遥遊〕之の人や、之の德や、將に萬物に旁礴して、以て一と爲さんとす。～之の人や、物之れを傷つくること莫し。～孰か肯へて物を以て事と爲さん。

【旁旁】みちあふれるさま。彭彭。〔詩、鄭風、清人〕清人、彭に在り 駟介旁旁たり

【旁流】あまねく流れる。〔淮南子、主術訓〕智は員ならんことを欲すとは、環復轉運して、終始端無く、旁流四達して、淵泉のごとくにして盡きず、萬物竝び興り、響應せざる莫きなり。

↑旁愛 ひろく愛する／旁溢 あふれる／旁引 博引旁証／旁恩 広恩／旁開 広く開く／旁騎 左右二編隊のうち、一方の騎兵隊／旁及 ひろくゆき渡る／旁境 辺境／旁極 果てまでゆきわたる／旁近 近く／

旁系　直系からわかれた系統／旁径　わき道／旁継　旁系／旁撃　横から撃つ／旁決　わきから決潰する／旁孽　庶子／旁言　わきからの発言／旁忤　旁午／旁光　旁皇　彷徨する／旁行　ひろくゆき渡る／旁皇　彷徨する／旁遑　彷徨する／旁国　近国／旁坐　連坐する／旁妻　そばめ／旁至　旁行／旁枝　わき枝／旁施　ひろく施す／旁諮　ひろく問う／旁室　わきの部室／旁舎　側の家／旁射　四方に射る／旁集　ひろく集める／旁聚　旁集／旁緝　旁集／旁出　わきへ出る／旁証　旁親　傍系の親／旁訊　旁諮／旁済　ひろく救う／旁引　旁矚　広く視る／旁進　ひろく知らせる／旁説　ひろく伝聞する／旁穿　旁通する／旁瞻　旁視／旁宗　旁親／旁綜　綜合する／旁仄　わき／旁属　旁親／旁達　旁進／旁眺　旁視／旁転　広がる／旁覩　旁眺／旁唐　広大な／旁嚢　腰袋／旁排　楯／旁牌　楯／旁魄　旁礴／旁畔　近く／旁婦　妾／旁辺　そば／旁民　付近の民／旁隣　近く

↓海旁・岐旁・四旁・扁旁・偏旁・両旁・路旁

【旄】
篆文　10　0821　ボウ(バウ)　モウ　はたかざり　はたぼこ　かざし

形声　声符は毛。〔説文〕七上に「幢なり」とし、字を㫃と毛との会意にして毛の亦声とするが、〔繫伝〕には毛声の字とする。㫃部のこの形の字はみな形声とみてよい。旄飾には犛牛の尾を用い、竿首に著けた。羽毛を用いることもあり、〔孟子、梁恵王下〕に「羽旄の美」という語がある。〔書、牧誓〕「右に白旄を秉る」とあり、もと軍を指麾するのに用いた。

訓義　①はたかざり、犛牛の尾を用いる。②はたぼこ、それを持って舞う、秉って指麾する。③かざし、からうしの尾。④耄と通じ、としより。

古訓　〔新撰字鏡〕旄　軍陣の旄なり、波太(はた)〔名義抄〕旄　ハタ〔字鏡集〕旄　サシマネク・ハタ

【旄羽】　羽飾り。〔塩鉄論、本議〕隴・蜀の丹漆旄羽、荊・揚の皮革骨象、江南の柟梓・竹箭、燕・齊の魚鹽・旃裘、兗・豫の漆絲・絺紵は、養生送終の具なり。商を待ちて通じ、工を待ちて成る。

【旄鉞】　旗と斧。軍中の指麾をとるのに用いる。〔三国志、蜀、諸葛亮伝〕臣、弱才を以て、叨りに非據(居るべからざる職)を竊み、親ら旄鉞を秉りて、以て三軍を厲ます。

【旄期】　老人。八十歳・九十歳を耄、百歳を期という。〔礼記、射義〕序點(人名)又觶(杯)を揚げて語りて曰く、學を好みて倦まず、禮を好みて變ぜず、旄期にして道を稱して亂れざる者、此の位に在らずや。

【旄麾】　軍を指麾する旗。〔三国志、呉、呉主伝注に引く江表伝、曹公(操)の(孫)権に与ふる書〕近ごろ辭を奉じて罪を伐ち、旄麾南指するに、劉琮束手(手をしばる、降服する)せり。

【旄倪】　旄は耄、倪は小児。老幼。〔孟子、梁恵王下〕王速やかに令を出だし、其の旄倪を反し、其の重器を止め、燕の衆に謀り、君を置きて而る後之れを去れ。

【旄節】　使者のもつ旗。旄牛の尾を飾る。〔史記、秦始皇紀〕秦、周の徳(火徳)に代る。勝たざる所(水徳)に従ふ。～衣服・旄旌・節旗は、皆黑を上ぶ。數は六を以て紀となす。

【旄狄】　舞に用いる毛羽で作った旗。〔礼記、楽記〕然る後に鐘磬竽瑟以て之れに和し、干戚旄狄以て之れに舞ふ。此れ先王の廟を祭る所以なり。

【旄舞】　旄旗をとって舞う。〔周礼、春官、楽師〕凡そ舞に帗舞有り、羽舞有り、皇舞有り、旄舞有り、干舞有り、人舞有り。

↑旄騎　先駆の騎／旄牛　からうし／旄車　旄旗の車／旄俊　俊傑／旄氈　毛氈／旄象　犛牛と象／旄端　旄尾の端／旄頭　旄騎／旄纛　王の旗／旄表　表彰する／旄葆　旄羽

↓握旄・羽旄・干旄・旗旄・結旄・建旄・執旄・朱旄・旌旄・騂旄・節旄・白旄・文旄・擁旄・霊旄

【紡】
常　篆文　簡書　10　2092　ボウ(バウ)　つむぐ

形声　声符は方。〔説文〕十三上に「網絲なり」(段注本)、〔玉篇〕に「紡絲なり」、また〔広韻〕に「績紡なり」とあり、糸をつむぐことをいう。〔国語、晋語九〕に「執へて庭の槐に紡く」とあり、糸を繰るときのように、上から懸繫する意。架して糸を絹めることを紡という。

訓義　①つむぐ、うむ、うんでつむぐ、くる。②いと、うんだ麻、つむいだ糸。③かける、しばってかける。

古訓　〔名義抄〕紡　ヨル・ヲウム・ツムグ・イト・クル

【紡花】　つむいだ糸。唐・白居易〔生衣に寄せて微之(元稹)に与ふ～〕詩　淺色の縠衫、輕きこと霧に似たり　紡花紗袴、雲よりも薄し

【紡車】　糸くりの車。宋・陸游〔初寒、隣曲に示す〕詩　荻叢缺くる處、漁火を見る　蓬戸閉ざせる時に、紡車を聞く

【紡繳】　生糸。〔漢書、蘇武伝〕武、既に海上に至り、廩食至らず。～單于の弟於靬王、海上に弋射す。武能く紡繳を網にし、弓弩を檠ふ。於靬王之れを愛し、其の衣食を給す。

【紡織】　糸をつむぎ、織る。〔墨子、辞過〕女子、其の紡織を廢して文采を脩む。故に民寒ゆ。

【紡績】　糸をつむぐ。〔漢書、食貨志上〕男子は力耕するも、糧饟(食糧)に足らず。女子は紡績するも、衣服に足らず。～海内愁怨し、遂に用つて潰畔す(ばらばらとなり、そむく)。

【紡纑】　麻糸をつむぐ。元・趙孟頫〔耕織図に題す、二十四首、～右織、九月〕詩　女をして紡纑を學ばしむ　足を擧ぐること、疾くして且つ輕し

↑紡緯　はたおり虫／紡糸　糸をつむぐ／紡緝　糸をつむぐ／紡錘　紡具／紡塼　かわら製の糸巻き／紡綿　綿をつむぐ／紡毛　毛をつむぐ

↓耕紡・混紡・織紡・績紡・束紡・夜紡

【耄】
篆文　10　4471　ボウ(バウ)　モウ(マウ)　としより　おいぼれる

形声　声符は毛。〔説文〕八上に字を蒿の省声に従うとし、「年九十なるを蒿と曰ふ」とあり、〔釈名、釈長幼〕には年七十とする。蒿は白よもぎ、声義において蒿に従う理由はない。

訓義　①としより。②おいる、おいぼれる。③眊と通じ、くらむ、みだれる。

古訓　〔名義抄〕耄　オユ・ワスル・ミダル・ホク〔字鏡集〕耄　ヲイル・ヲユ・ホレタリ・ホル・ミダル

語系　耄・毛môは同声。老luも声義の関係がある。耄は老と毛。老髪の婆娑たる姿をいうものであろう。眊môは同声。また、瞀mu、蒙(蒙)・矇mong、瞢miuangなどには、みなくらくみだれる意がある。

【耄期】　老人。期は百歳をいう。〔書、大禹謨〕帝曰く、格れ、汝禹、朕帝位に宅ること三十有三載、耄期にして勤めに倦む。汝～朕が師を摠べよと。

【耄及】(ぼうきゅう(ぼうきふ)) おいぼれはじめる。〔左伝、昭元年〕諺に所謂ゆる老いて將に知ならんとするに、耄之れに及ぶとは、其れ趙孟の謂ひなるか。

【耄朽】(ぼうきゅう(ぼうきう)) おいぼれる。〔三国志、蜀、孟光伝〕光、衆中に於て大將軍費禕を責めて曰く、~老夫耄朽、治體に達せず。竊かに謂ふに、斯の法、以て經久なり難し~と。

【耄荒】(ぼうこう(ぼうくわう)) おいぼれる。〔書、呂刑〕惟れ呂命ぜらる。王、國を享くること百年、耄荒す。度りて刑を作り、以て四方に詰ぐ。

【耄耋】(ぼうてつ(ぼう)) 老年。八十を耋という。清・石濤〔重午即景〕詩 耄耋、太平、身七十 餘年、能く幾篇の詩をか補はん

【耄悼】(ぼうとう(ぼうたう)) 老幼。〔礼記、曲礼上〕八十・九十を耄と曰ひ、七年を悼と曰ふ。耄と悼とは、罪有りと雖も、刑を加へず。

【耄老】(ぼうろう(ぼうらう)) としより。唐・韓愈〔殿中少監馬君(継祖)墓誌〕嗚呼、吾れ未だ耄老ならず。始めより今に至るまで、未だ四十年ならずして、其の祖子孫三世を哭す。人の世に于ける、何如いかぞや。

↑耄耆 老人/耄倪 老幼/耄昏 ぼける/耄思 ぼける/耄儒 老儒/耄衰 衰老/耄皤 白髪/耄夫 老人/耄耄 白髪のさま/耄齢 老齢/耄碌 老いぼれ

↓耆耄・朽耄・荒耄・昏耄・衰耄・哲耄・悼耄・老耄

【茫】 10 4411 ボウ(バウ) はるか ひろい

形声 声符は芒。〔方言、二〕に「遽はかなり」、〔玉篇〕に「速やかなり」とし、〔方言、二〕の〔注〕に「今北方、通じて然るなり」とする。〔左伝、襄四年〕「茫茫たる禹迹、畫して九州と爲す」とあり、茫茫とは広大の意。水には滄茫といい、心意の上に移して茫然・茫洋・茫漠のようにいう。急遽・急速の意に用いることはほとんどない。

訓義 ①はるか、ひろい。②とりとめもない、ぼんやり。③忙と通じ、にわか、すみやか。

古訓 〔篇立〕茫 アマネシ 〔字鏡集〕茫 イソガシ

【茫然】(ぼうぜん(ぼう)) 広大。広遠なさま。また、明らかでないさま。唐・李白〔蜀道難〕詩 蠶叢及び魚鳧(ともに古王国の名) 國を開くこと何ぞ茫然たる 爾來四萬八千歳 秦塞と人煙を通ぜず

【茫茫】(ぼうぼう(ぼうばう)) ひろくはてしないさま。唐・白居易〔琵琶行〕詩 酔うて歡を成さず、慘として將に別れんとす 別時茫茫として、江、月を浸す

【茫昧】(ぼうまい(ぼう)) ぼんやり。定かでない。明・劉基〔群竜の図に題す〕詩 世閒の萬類、皆覩るべし 茫昧なるは、獨り鬼と龍とのみ有り 此の圖、龍を畫くこと二十四 狀貌詭譎にして、各〻同じからず

↑茫乎 ぼんやりするさま/茫忽 うっとりする/茫如 茫然/茫蕩 放浪する/茫漠 茫茫/茫渺 果てしのないさま/茫邈 茫漠/茫浪 おろそか/茫茫/茫濛 茫昧/茫洋 茫漠/

↓汪茫・泱茫・浩茫・昏茫・混茫・滄茫・蒼茫・微茫・瀰茫・淼茫・渺茫・昧茫・冥茫・杳茫

常 【望】 11 0710 〔望〕 11 0710 〔朢〕 14 7710 ボウ(バウ) のぞむ ねがう

篆文 金文 古文 甲骨文

形声 声符は亡(亡)。卜文は、大きな目をあげて遠くを望み、挺立する人の形で、象形。聞の初文が、大きな耳の下に挺立する人の形であるのと同じく、特定の行為を示す字である。のち金文の字形には月を加えて月相の関係の字となり、また目の形(臣)が亡の形にかかれて形声となる。〔説文〕十二下に「出亡して外に在り、其の還るを望むなり」とあって、亡を亡去の意に解する。また別に壬部八上に朢を収め、「月滿ちて日と相ひ望む。以て君に朝するなり。月に從ひ、臣に從ひ、壬に從ふ。壬は朝廷なり」とする。その重文として𦣠を録し、「古文。朢の省なり」というが、その𦣠が卜文にみえる望で、望の初文である。𦣠は人が挺立して遠く望む形で、眼の呪力によって敵を圧服し、あるいは望気を行う意の字であった。卜辞に「媚人三千を して、苦方を𦣠ましむること勿からんか」のようにトするものがあり、媚飾を加えた三千の巫女が、一斉に山西北方の異族である苦方に、その呪儀を行った。望はまた山川祭祀の名となる。のち日月相望む意によって月を加え、朔望の望となり、望より一週の月相を既望という。

訓義 ①のぞむ、遠くをのぞんで、望気・圧服を行う。②山川のまつり。③ねがう、まちのぞむ、あおぐ。④ながめ、ようす。⑤ほまれ、よい家柄、名望。

古訓 〔和名抄〕望月 此の閒に云ふ、毛知豆岐(もちづき) 〔名義抄〕望 ネガフ・ミツ・ウラム・アフグ・ノゾム・ワスル・ホシキ 〔字鏡集〕望 ウカヾフ・ミツ・ウラム・アフグ・ワスル・ノゾク・ネガフ・ノゾム・モチ

声系 〔説文〕に朢声として望と謹とを収めるが、朢・望は一字。謹は金文に「十世まで謹れず」のように、忘の義に用いる。〔説文〕三上に「責望するなり」とあるのは、のちの用義であろう。

語系 望・朢 miuang は同声、もと同字異文。また謹 miuang も同声。望の呪儀を、呪詞によって行う意で、やめる、なくする意のある字であろう。ゆえに金文に謹を忘の意に用いる。

【望雲】(ぼううん(ぼう)) 雲を望む。雲気をみる。また、慕う。〔旧唐書、狄仁傑伝〕其の親、河陽の別業に在り。仁傑、幷州に赴き、大行山に登り、南望して白雲の孤飛するを見、~瞻望佇立すること久しうす。

【望気】(ぼうき(ぼう)) 雲気を見てトう。〔墨子、迎敵祠〕凡そ望氣に大將の氣有り、小將の氣有り。往氣有り、來氣有り、敗氣有り。能く此れを明らかにするを得る者は、成敗吉凶を知るべし。

【望郷】(ぼうきょう(ぼうきやう)) 故郷を懐しみ望む。唐・王勃〔蜀中九日〕詩 九月九日、望郷臺 他席他郷に、客を送る杯

【望空】(ぼうくう(ぼう)) めくら判。晋・干宝〔晋紀総論〕進仕する者は、苟得を以て貴と爲し、居正を鄙しみ、官に當る者は、望空を以て高と爲し、勤恪を笑ふ。

【望見】(ぼうけん(ぼう)) 遠くからみる。〔梁書、処士、陶弘景伝〕特に松風を愛す。其の響を聞く毎に、欣然として樂しみを爲す。時に獨り泉石に遊ぶ有り。望見する者、以て仙人と爲す。

【望幸】(ぼうこう(ぼうかう)) 行幸を待つ。また、寵幸をねがう。唐・杜牧〔阿房宮の賦〕一肌一容、態を盡し妍を極む。縵く立ち遠く視て、幸せられんことを望む。見るを得ざる有ること、三十六年なり。

【望祭】(ぼうさい(ぼう)) 山川の神を祭る。〔公羊伝、僖三十一年〕三望とは何ぞや、望祭なり。然らば則ち曷にをか祭る。泰山河海を祭る。~山川は能く百里を潤すこと有る者なり。天子、秩して之れを祭る。

【望歳】(ぼうさい(ぼう)) 作物の豊作を祈る。〔左伝、昭三十二年〕余一人、日として之れを忘るること無し。閔閔焉として、農夫の歳を望むが如し。懼れて以て時を待つ。

【望祀】(ぼうし(ぼう)) 山川を祭る。〔史記、秦始皇紀〕(三十七年)十一月、行きて雲夢に至り、虞・舜を九疑山に望祀す。江に浮んで下り、~錢唐に至る。

【望蜀】(ぼうしょく(ぼう)) 欲望の果てしないこと。〔後漢書、岑彭伝〕彭

に勅(勑)する書に曰く、～人、足るを知らざるに苦しむ。既に隴を平らげて、復た蜀を望む。一たび兵を發する毎に、頭鬚爲に白しと。

【望族】名望の家柄。宋・秦観〔進論、王倹論〕王・謝の二氏は、最も望族爲たり。江左(江東、晋の南渡をいう)以來、公卿將相の其の門に出づる者、十の七・八なり。

【望断】遠くてはっきりみえない。宋・秦観〔踏莎行、郴州旅舍〕詞 霧に樓臺は失はれ 月は津渡に迷ふ 桃源望み斷えて、尋ぬる處無し

【望秩】祭秩に従って望祀する。〔書、舜典〕歳の二月、東のかた巡守し、岱宗(泰山)に至り、柴して山川に望秩す。

【望帝】杜鵑の異名。〔文選、蜀都の賦季善注に引く蜀記〕望帝宇、死す。俗說に云ふ、宇化して子規と爲る。子規は鳥名なり。蜀の人、子規の鳴くを聞きて皆曰ふ、望帝なりと。

【望風】はるかに慕う。また、形勢に従う。〔漢書、杜業伝〕(上書)(翟方進)專ら威福を作し、～英俊を排擠す。～天下、風を望んで靡かざる莫し。

【望洋】遠く仰ぎみるさま。〔荘子、秋水〕流れに順ひて東行し、北海に至り、東面して視るに水端を見ず。是に於て河伯始めて其の面目を旋らし、望洋として若(海若、海の神)に向ひて歎ず。

【望楼】ものみ。〔明史、丁瑄伝〕初め福建に礦盜多し。御史柳華に命じて之れを捕へしむ。華、村聚をして皆望樓を置かしめ、～督民巡徼せしむ。

↑望意 迎合する／望影 遠く見る／望瘞 望祭／望遠 遠望する／望眼 みつめる／望緊 重要／望霓 雨雲を望む／望月 月をみる／望懸 まちわびる／望候 うかがい待つ／望高 高く望む／望察 はるかに観察する／望子 酒屋の旗／望視 仰ぎみる／望日 十五日／望実 名実／望春 春を待つ／望舒 月／望色 顔色をみる／望夕 十五夜／望絶 絶望する／望尊 名望／望台 望楼／望達 栄達をねがう／望地 名位／望鎮 重鎮／望頭 希望／望拝 拝謁する／望八 八十歳近い／望閥 望族／望表 望祭の神位／望氛 望気／望慕 したう／望誉 名望／望羊 望洋／望佯 望洋／望履 尊貴の人に会うことを求める／望櫓 望楼

↓位望・威望・倚望・恚望・異望・意望・懿望・延望・怨望・遠望・雅望・晦望・渇望・閑望・観望・企望・希望・祈望・既望・跂望・期望・冀望・覬望・闚望・旧望・郷望・仰望・翹望・勳望・群望・顧望・郊望・曠望・懇望・才望・柴望・朔望・士望・四望・志望・俟望・姿望・思望・資望・時望・失望・衆望・重望・宿望・春望・所望・属望・矚望・信望・人望・声望・清望・勢望・責望・切望・絶望・羨望・瞻望・素望・想望・族望・大望・待望・悵望・眺望・騁望・展望・覘望・登望・徳望・熱望・非望・弥望・標望・布望・俯望・風望・本望・民望・名望・門望・野望・有望・憂望・誉望・輿望・要望・遥望・欲望・令望

【牻】 11 2351 ボウ(バウ) まだらうし

篆文

形声 声符は尨。尨に雑色不純の意がある。〔説文〕二上に「白黑雜毛の牛なり」とあり、まだら牛をいう。

訓義 ①まだらうし、まだら。

古訓 〔字鏡集〕牻 マダラウシ

人 【眸】 11 6305 ボウ ひとみ

篆文

形声 声符は牟。〔説文新附〕四上に「目の童子なり」とあり、瞳をいう。〔孟子、離婁上〕「人を存みる者は、眸子より良きは莫し」とあり、眸は心の窓といわれる。〔荀子、非相〕に「堯・舜は參牟子なり」とあり、牟をその字に用いる。〔説文〕四上に「盲は目に牟子無きなり」と、牟を用いている。

訓義 ①ひとみ、め。②よくみる。③字はまた牟に作る。

古訓 〔新撰字鏡〕眸 万奈古(まなこ) 〔和名抄〕眸 比度美(ひとみ)、一訓、眼(萬奈古、まなこ)と同じ 〔名義抄〕眸 マナコ・ヒトミ・マナジリ

語系 眸・牟miuは目miukと同系の語。目の中に眼珠があり、眼珠の光の鋭い部分が眸である。

【眸子】ひとみ。〔荘子、天運〕夫れ白鶂(白鷺)の相ひ視るや、眸子運らさずして風化(受精)す。蟲の雄上風に鳴き、雌下風に應じて風化す。

↑眸光 眼光／眸矚 注視する／眸前 眼前

↓盈眸・回眸・凝眸・群眸・黒眸・昏眸・瞋眸・酔眸・睡眸・寸眸・清眸・精眸・閃眸・双眸・注眸・放眸・明眸・揚眸・両眸・斂眸

【袤】 11 0073 ボウ ひろさ

篆文

籒文

形声 声符は矛。〔説文〕八上に「衣帶より以上なり」とし、籒文として楙声の字を録する。また「一に曰く、南北を袤と曰ひ、東西を廣と曰ふ」とあり、併せて広袤という。

訓義 ①衣の帯から上。②長さ、南北、縦の長さ。③広袤は広さ、ひろがり。

古訓 〔名義抄〕袤 アガル・タ、サ

↓延袤・広袤・周袤・地袤・築袤

常 【傍】 12 2022 ［旁］ 10 0022 ボウ(バウ) ホウ(ハウ) かたわら そう よる

篆文

形声 声符は旁。旁に旁及・倚傍の意がある。〔説文〕八上に「近きなり」とあり、近傍の意。それより、かたわらによりそうことをもいう。

訓義 ①かたわら、そば、ちかく。②そう、よりそう、よる、たよる。③文字の偏旁、つくり。

古訓 〔名義抄〕傍 カタハラ・ソフ・カタ〱・ソバ・アマネシ・アマネク・チカシ・ホトリ・ナラフ・ヨル・ツク

語系 傍・旁・徬bangは同声。普・溥・舗(鋪)phaは声義近く、旁及の意。また盤桓buan-huan、徘徊buai-huaiも声に通ずるところがあり、傍に傍偟の意がある。

＊語彙は旁字条参照。

【傍観】部外者としてみる。〔顔氏家訓、風操〕昔、劉文饒(寛)、奴を罵りて畜產(獣)と爲すに忍びず。今世の愚人、遂に以て相ひ戲る。～有識傍觀し、猶ほ耳を掩はんと欲す。

【傍境】境界附近。〔後漢書、南匈奴伝論〕王莽陵簒し、戎夷を擾動す。續ぐに更始の亂を以てし、～是れより匈奴志を得て、狼心復た生じ、閒に乘じて侵佚し、害、傍境に流る。

【傍偟】さまよう。彷徨。〔史記、楚世家〕靈王是に於て獨り山中を傍偟す。野人敢て王を入るるもの莫し。～遂に飢ゑて起つこと能はず。

【傍若】人もなげに振る舞うことを、傍若無人という。〔世説新語、簡傲〕王子敬(献之)、～先に主人を識らず。～顧(辟疆)の方に賓友を集ひて酣燕するに値ふ。王、遊歴すること既に畢り、好惡を指麾し、傍らに人無きが若し。

【傍人】かたわらの人。他人。〔後漢書、隗囂伝〕帝(光武)報ずるに手書を以てして曰く、～今より以後、手書相ひ聞し、傍人解構の言を用ふること勿かれと。是れより恩禮愈ゝ篤し。

【傍綜】あまねくすべ治める。南朝宋・顔延之〔宋文

皇帝元皇后哀策文〕進みて才淑を思ひ、圖史を傍綜す。發音、詠に在り、動容、紀を成す。

【傍達】近づき、到達する。〔後漢書、蘇不韋伝〕（不韋の父）謙、（李暠に）殺さる。不韋〜瘞めて葬らず。〜夜は則ち地を鑿り、晝は則ち逃伏し、此の如くすること月を經て、遂に暠の寢室に傍達し、其の牀下に出づることを得たり。

【傍辺】かたわら。宋・辛棄疾〔踏莎行、木犀を賦す〕詞 奴僕は葵花 兒曹は金菊 一秋の風露、清涼足る 傍邊只だ箇の姮娥（月）を欠く 分明に身は蟾宮（月）に在りて宿す

↑傍偯 ぼんやり／傍依 よりそう／傍倚 傍依／傍訝 うわさ／傍概 凡そ／傍官 同役／傍居 近所に住む／傍具 拷問用の道具／傍系 分家筋／傍顧 顧及する／傍午 旁午／傍今 当今／傍妻 妾／傍視 わきみする／傍親 傍系／傍訊 思いめぐらす／傍瞻 わきみする／傍捜 あまねく捜す／傍側 かたわら／傍通 ゆき渡る／傍統 分家／傍牌 楯／傍輩 朋輩／傍薄 ひろく盛ん／傍費 冗費／傍夫 男妾／傍婦 妾／傍明 夜明け／傍喩 比喩／傍覧 あまねく覧る／傍流 溢流する／傍隣 近隣／傍廬 倚廬

↓依傍・岐傍・近傍・四傍・城傍・水傍・道傍・偏傍・門傍・両傍・路傍

常【帽】12 〔帽〕12 4626 ボウ（バウ） ぼうし

形声 旧字は帽に作り、冒（冒）声。冒は目深く帽を戴く形で、帽の初文。〔釈名、釈首飾〕に「帽は冒なり」、〔玉篇〕に「頭帽なり」とあり、頭に被るもの。冃はその頭衣・頭巾の象。目を加えて冒となり、巾を加えて帽となる。中国では、古くは貴人の前では頭頂をあらわすことはなかった。

訓義 ①ぼうし、ずきん。②字はまた冃・冒に作る。

古訓 〔名義抄〕帽 オホフ／帽子 ボウシ

語系 帽・冃・冒mu は同声。鍪miu は声近く、軍装用のかぶとの鉢の部分。蒙（蒙）・幪mong も声近く、蒙は上より被う、幪は外衣。また冥myeng、瞀mu とも声が通じ、その意がある。

【帽埃】帽子のほこり。宋・陸游〔十二月十九日晩、巫山に客を送る。〜〕詩 歸りし時は燈火參差たる晩 自ら征衣を脫して帽埃を拂ふ

【帽簷】帽子のふち。唐・李商隠〔飲席にて官妓に代り両従事に贈る〕詩 新人は橋上に春衫（ひとえ）を著け 舊主は江邊に帽簷を側だつ

【帽子】布のかぶりもの。唐・王建〔宮詞、一百首、八十六〕詩 未だ柘枝花の帽子を著けず 兩行の宮監、簾前に在り

【帽前】面前。前方。唐・杜荀鶴〔行きて滎陽に次り、諸弟に卻寄す〕詩 枕上に程を算ふれば、關月落ち 帽前に景を搜れば、嶽雲生ず

【帽頂】帽子の上。〔輟耕録、七、回回石頭〕大德の間、〜紅刺一塊を官に賣るものあり。〜估の直は統鈔一十四萬定に中る。用て帽頂上に嵌す。自後、累朝の皇帝、相ひ承けて寶重す。

↑帽纓 帽の紐／帽花 徽章／帽徽 帽花／帽裙 帽衣の垂れ／帽圏 髪被り／帽兜 防寒帽／帽憑 熟慮

↓烏帽・角帽・学帽・官帽・冠帽・裘帽・軍帽・縠帽・紗帽・制帽・氈帽・皁帽・僧帽・側帽・脱帽・著帽・破帽・皮帽・筆帽・布帽・風帽・複帽・落帽・礼帽

常【棒】12 4595 〔棓〕12 4096 ボウ（バウ） むち

篆文

形声 声符は奉。〔説文〕六上に正字を棓とし、咅声。「棁なり」とあって、大杖をいう。いま棒の字を用いる。棒は〔三国志、魏、武帝紀注に引く曹瞞伝〕にみえる。〔玉篇〕に「棓は杖なり」とあり、その異文として棒・棓を録する。禅家では修行の際に多く棒喝を用いる。

訓義 ①ぼう、木杖、つえ、むち。②うつ、たたく。③字はまた棓・柈に作る。

古訓 〔名義抄〕棒 アヒ・シモト／棓 ツヱ 〔字鏡集〕棒 アヒ・ツヱ・シモト

【棒法】武技の一。棒術。〔金石萃編、四十一に引く来斎金石刻考略〕今少林寺の僧、棒法を以て天下に擅にす。隋の世に在りて、已に能く秦王を助けて、王世充に抗せしめたり。

↑棒球 野球／棒子 先の太い棒／棒杖 棍棒／棒棰 砧の木

↓騎棒・棍棒・杖棒・痛棒・鉄棒・桃棒・藍棒

【茻】12 2244 ボウ（バウ） くさむら しげる

篆文

会意 四中に従う。〔説文〕一下に「衆艸なり」とする。艸部の部末にある芥（芥）以下の五十三文について、茻に従うて大篆（籀文）の字形であるという。〔石鼓文〕に茻に従う形の字が多く、これらは秦篆の字であろう。

訓義 ①くさむら、くさぶかい。②しげる、しげりあう。

部首 〔説文〕に莫（莫）・莽・葬（葬）の三字を属する。莫は茻中に日の没する形。のち多く否定詞に用い、別に暮（暮）が作られた。莽は犬牲を埋める意。葬は茻中に屍骨を拾う意で、複葬の俗を示す。艸部一下の芥以下五十三文について「左文五十三、重二、大篆は茻に從ふ」とするが、その形の字があるという意であろう。卜文・金文に、艸部の字中、いくらか茻に従う字がある。

声系 〔説文〕に、同部の莽を、会意にして亦声の字とする。茻はいわゆる莽蒼で、冢間をいう語。

語系 茻・莽mang は同声。冥myeng は声近く、莽蒼たる冢間は、また冥々の世界に連なるところである。

常【貿】12 7780 ボウ かえる かう あきなう

篆文

金文

形声 声符は卯。卯に両分の意がある。〔説文〕六下に「財を易ふるなり」とあって、貿易の意。〔呂覧、上農〕に「男女、功を貿へて以て長生す」とは、衣食の仕事を交換する分業のことをいう。貿乱の意は、音の仮借であろう。

訓義 ①かえる、交換する。②かう、かいとる。③あきなう、取引する、うる。④瞀・蒙などと通じて、みだれる、くらい。

古訓 〔名義抄〕貿 カフ・アキナフ・ムヤス・スツ・アガフ・アキラカナラザルナリ・ヘツラフ 〔字鏡集〕貿 ウリ・アキナフ・アガフ・イチニウル・スツ・キハム・カフル・カフ

声系 〔説文〕に貿声として鄮を収める。会稽の地名で、秦の始皇がしばらく滞留したことがある。

語系 貿・瞀・冒（冒）mu は同声。霧miu、眊mô はくらい、また蒙（蒙）・濛・矇mong、冥・瞑myeng、夢（夢）・瞢miuəng などみな声義近く、貿はその義に仮借して用いる。

【貿易】交易。〔史記、貨殖伝〕物を以て相ひ貿ふ。腐敗し易くして食するの貨は留むること勿れ。敢て貴を居くこと無れ。

【貿市】交易。〔宋史、地理志二〕朔方・樓煩は馬の出づる所、歲ごとに貿市を增し、以て監牧の用に充つ。

【貿首】首をとりあう。不倶戴天の仇敵。〔戦国策、楚二〕甘茂と樗里疾とは、貿首の讎なり。魏・秦の交はりは、必ず惡しからん。

【貿遷】取引。〔晉書、食貨志〕農桑の本を勖め、魚鹽の利を通じ、〜有無を貿遷し、各〻其の所を得しむ。

【貿然】軽率。民国・蘇曼殊〔砕簪記〕子し若し貿然として他遁せば、此れ下下の策、余れ子の爲に取らざるなり。

【貿糴】交易。〔後漢書、循吏、孟嘗伝〕合浦の太守に遷る。郡に穀實を産せず、海には珠寶を出だす。交阯と境を比ぶ。常に商販を通じ、糧食を貿糴す。～商貨流通し、稱して神明と爲す。

【貿貿】疲れたさま。〔礼記、檀弓下〕齊大いに饑う。～餓者の～貿貿然として來たる有り。黔敖(人名)左に食しを奉げ、右に飲を執りて曰く、嗟あ來り食らへと。其の目を揚げて之れを視て曰く、予れは唯だ嗟來の食しを食らはず、以て斯こに至れりと。～終つに食らはずして死せり。

↑貿鬻 売買／貿換 交換する／貿功 交換する／貿財 物を売る／貿取 交換する／貿儒 迂儒／貿售 売る／貿販 商い／貿費 旅費／貿名 名を求める／貿乱 混乱する／貿利 利を求める

↓移貿・易貿・詭貿・交貿・賤貿・遷貿・転貿・名貿・老貿

【幏】 13 4723 ボウ モウ おおい ひたいあて

篆文

形声 声符は冡ぼう。〔説文〕七下に「蓋おほふ衣なり」とあり、被いとするものをいう。また古く刑人の用いたひたいあて。〔尚書大伝、四〕に「有虞氏～下刑墨幏、以て州里に居らしむ。民、之れを恥とす」という。字はまた幪に作る。

訓義 ①おおい、上から覆うもの。②ひたいあて。③字はまた幪に作り、蒙と通用する。

古訓 〔字鏡集〕幏 ヲホフ

↓帷幏・錦幏・墨幏

【楙】 13 4499 ボウ しげる うつくしい つとめる

篆文 金文

形声 声符は矛ぼう。〔説文〕六上に「木盛んなるなり」とあり、茂(茂)と声義同じ。木には楙といい、草には茂という。金文の楙字は矛に代えて土に作るものがあり、土は社(社)の初文。社を設けるような神樹の茂るところの意であろう。楙はその形声の字であろう。

訓義 ①しげる、さかえる。②うつくしい、すぐれる。③懋と通じ、つとめる。④貿と通じ、かえる。

古訓 〔字鏡集〕楙 シゲル・モケ・ツトム

声系 〔説文〕に楙声の字として懋など二字を収める。また袤ぼうの籀文の字形は、楙に従う。

語系 楙・茂・萩mu は同声。みな草木の繁茂・茂盛の意をもつ字。また葆pu、苞peu は声義の関係があり、みな豊盛の意において通ずる。

↑楙盛 茂盛／楙遷 貿遷

【滂】 13 3012 ボウ(バウ) ホウ(ハウ) みなぎる さかん

篆文

形声 声符は旁ぼう。旁に旁及・滂薄の意がある。〔説文〕十一上に「沛なり」とあり、滂沛は双声の連語で、水勢などの盛んなことをいう。滂沱は大雨、また滂湃・滂薄のように連語として用いる。

訓義 ①みなぎる、水勢のさかんなさま。②雲気など、ものの気象のさかんなさま。さかん、みちわたる、ひろいさま。

古訓 〔名義抄〕滂沱 タ、フ・アマネシ・ヒロシ・ナガル・ソ、グ・ヨル・ワカレル・シルツク・ハビコル 〔篇立〕滂 ヒロシ・シルツク・タ、ヘタリ・ワロシ・アマネシ・ナガル・アヒスル・ワカシ・ソ、グ・アカル・ヨル

語系 滂phang は溥・普・鋪pha、敷(敷)phiua、また旁bang、布pa と声義近く、すべてひろくゆきわたる意の語である。

【滂沱】涙や雨のはげしいさま。〔詩、小雅、漸漸之石〕月、畢(星)に離かる 滂沱たらしむ

【滂沛】滂湃。魏・応璩〔広川の長岑文瑜に与ふる書〕昔、夏禹の陽旱を解き、殷湯の桑林(の社)に禱るや、言未だ發せざるに水旋流し、辭未だ卒をへずして澤たくに滂沛たり。

【滂湃】水勢のさかんなさま。〔水経注、渭水下〕山雨滂湃たるが若ごときに至りては、洪津泛瀾し、挂溜虚に騰のぼり、直ちに山下に瀉ぐ。

【滂渤】水勢が激しい。漢・枚乗〔七発〕將まさに八月の望を以て、～濤を廣陵の曲江に觀んとす。～其の兩傍を觀れば、則ち滂渤怫鬱、闇漠感突、上に撃ち下に律うち、勇壯の卒に似たる有り。

↑滂濊 大水／滂洽 あまねくゆきわたる／滂浩 広大なさま／滂汩 溢流する／滂施 ゆき渡る／滂集 さかんに集まる／滂潤 ひろく潤す／滂沢 大雨／滂注 ひろく注ぎ流れる／滂霈 水勢の盛んなさま／滂薄 一面にひろがる／滂被 ひろくゆきわたる／滂濞 水勢のさかんな声／滂勃 盛んなさま／滂洋 水勢の盛んなさま／滂流 満ち流れる

【瑁】 13 1616 ボウ(バウ) マイ

篆文 古文 金文

形声 声符は冒(冒)ぼう。冒に覆う意がある。〔説文〕一上に「諸侯、圭けい(玉名)を執りて天子に朝す。天子、玉を執りて以て之れを冒ふこと犂冠に似たり。周禮に曰く、天子瑁を執る、四寸。玉冒に從ふ。冒は亦聲なり」とあり、のちの合符のようなものである。〔説文〕になお古文一字を録する。

訓義 ①玉の名、諸侯の圭玉に合わせる瑞玉。②瑇瑁、たいまい。

古訓 〔字鏡集〕瑁 タマ

↓玳瑁・瑇瑁

【黽】 13 7771 ボウ(バウ) ビン ベン かえる つとめる

篆文 籀文 甲骨文

象形 かえるの形。〔説文〕十三下に「鼃(蛙)黽あなり。它(蛇)に從ふ。象形。黽頭と它頭と同じ」とし、籀文一字を録する。〔爾雅、釈魚〕に「蟾諸せんしょ。水に在る者は黽なり」という。

訓義 ①かえる、あおがえる。②忞びんと通じ、つとめる。

古訓 〔字鏡集〕黽 カヘル

【黽勉】勉めはげむ。〔詩、邶風、谷風〕黽勉して心を同じうす 宜しく怒ること有るべからず～德音違たがふこと莫なくんば 爾なんぢと死を同じうせん

【榜】 14 4092 〔牓〕 14 2002 ボウ(バウ) ゆだめ こぐ いかだ たてふだ

篆文

形声 声符は旁ぼう。旁に旁側の意がある。〔説文〕六上に「弓弩を輔たくる所以ゆゑなり」とあって、弓の曲直をなおすためにそえる木、ゆだめの意とする。弓形の木であるから、鞭に用いて榜楚といい、また舟に用いて櫂の意となる。また榜示の板をもいい、進士の及第者名を発表する告示板を榜花という。字はまた牓に作る。

訓義 ①ゆだめ。②むち、むちうつ。③かい、ふねこぐ、こぐ。④いかだ、いかだふね。⑤たてふだ、字はまた牓に作る。

古訓 〔名義抄〕榜 サヲ・カヂ 〔字鏡集〕榜 サヲ・カヂ・キノカタハシ

【榜花】礼部合格者の、珍しい姓の人。〔南部新書、

丙〕(唐の)大中以來、禮部の放榜に、～姓名稀僻なる者、之れを色目人と謂ひ、亦た之れを榜花と謂ふ。

【榜歌】ふなうた。唐・劉長卿〔七里灘に重ねて送る〕詩 秋江渺渺として、水空しく波だつ 越客の孤舟、榜歌せんと欲す

【榜額】かけがく。扁額。〔墨客揮犀、三〕鍾弱翁、至る所、好んで榜額の字畫を貶剝し、必ず之れを除去し、新意を出だして自ら名を立つ。

【榜眼】科挙進士科の次席及第者。〔陔余叢考、二十八、狀元・榜眼・探花〕北宋の時、第三人も亦た呼んで榜眼と爲す。蓋し眼は必ず二有り。故に第二第三の人、皆之れを榜眼と謂ふ。其の後第三人を以て探花と爲す。遂に專ら第二人を以て榜眼と爲すのみ。

【榜顔】かけがく。榜額。〔唐書、馬燧伝〕賊將牛名俊、懷光を斬りて降り、～月を閲せずして、河中平らぐ。～帝、宸扆・台衡の二銘を賜ひ、以て君臣相ひ成すの美を言ふ。石を起義堂に勒す。帝其の顔に榜して、以て之れを寵す。

【榜子】唐・宋時、上奏の書の一種。〔孔氏談苑、四〕唐人、事を奏するに、表に非ず狀に非ざる者、之れを榜子と謂ふ。亦た錄子と曰ひ、今之れを劄子と謂ふ。

【榜帖】科挙の合格通知。〔独醒雑志、四〕(元祐九年)時に第一名は畢漸なり。當時の榜帖に、偶然に漸字の旁點水を脫去す。天下遂に名を傳へて畢斬と云ふ。

【榜人】船頭。唐・呉筠〔舟中夜行〕詩 榜人、江路を識り 席を挂けて宵征(夜行)に從ふ

【榜声】舟をこぐ音。元・貢師泰〔呉中曲、楊伯幾の南遊を送る〕詩 榜聲、曉を催ほして、江心を渡る 鷲ち聽く、呉娃、舊時の曲

【榜掠】拷問する。〔史記、李斯伝〕趙高、(李)斯を治(獄)し、榜掠すること千餘、痛みに勝へず、自ら誣服す。～上書して自ら陳ぶることを得んことを幸ふ。

↑榜運 試験の運／榜枻 かい／榜具 拷問の道具／榜繋 ゆだめ／榜札 立札／榜殺 杖撃して死なせる／榜死 榜殺／榜師 舟人／榜示 立札で表示する／榜字 額の大字／榜首 科挙の第一合格者／榜上 合格を発表する／榜捶 しもと／榜箠 榜捶／榜船 こぎ舟／榜楚 しもと／榜撻 鞭でうつ／榜笞 榜楚／榜毒 拷問する／榜売 価格を公示する／榜筆 額の大筆／榜標 榜示／榜夫 船頭／榜服 強制的に自白させる／榜文 告示の文／榜舫 ふね／榜様 手本／榜例 榜様

↓歌榜・旗榜・夾榜・暁榜・金榜・銀榜・呉榜・高榜・黄榜・試榜・手榜・酒榜・書榜・署榜・大榜・題榜・通榜・鉄榜・板榜・碑榜・標榜・扁榜

【牓】 14 2002

ボウ(バウ)
ふだ

形声 声符は旁。旁に榜示の意がある。〔玉篇〕に「牌なり」とみえる。

訓義 ①ふだ、たてふだ。②がく、かけ札。③字はまた榜に作る。

古訓 〔字鏡集〕牓 フダ

【牓元】官吏登用試験の首席及第者。〔雲谿友議、二〕文宗元年秋、詔して～乃ち琴瑟合奏賦、霓裳羽衣曲の詩を試みしむ。主司先づ五人を進む。一詩最も佳なる者は、則ち李肱なり。～乃ち牓元を以て及第す。

【牓子】謁見のとき差し出す名刺。書札。〔老学庵筆記、三〕士大夫交ゞ謁するとき、祖宗の時には門狀を用ふ。～紹興の初には、乃ち牓子を用ひ、直だ銜(官職)及び姓名を書す。

【牓題】扁額などの書。〔北史、江式伝〕(上表)又京兆の韋誕、河東の衞覬の二家有り。竝に篆を能くすと號す。當時臺觀の牓題、寶器の銘は、悉く是れ誕の書なり。～世に其の妙を稱す。

↑牓額 かけ額／牓眼 次席で合格する／牓示 掲示／牓幅 軸物／牓諭 告示

↓金牓・掲牓・石牓・牌牓・碑牓・門牓

【瞀】 14 1860

篆文

ボウ
くらい みだれる まどう

形声 声符は敄。〔説文〕四上に「目を氐めて謹み視るなり」とする。〔荀子、非十二子〕に「瞀瞀然」、また楚・宋玉〔楚辞、九弁、二〕に「中ろ瞀亂して迷惑す」とあって、思い乱れることをいう。金文の〔毛公鼎〕に「鰥寡(孤独な老人)を敄ましめん」とあって、敄を瞀の意に用いる。

訓義 ①くらい、目がかすむ。②心がくらい、みだれる、まどう、まよう、もだえる。③ふしめにみる。

古訓 〔名義抄〕瞀 ミル

語系 瞀・貿 mu は同声。瞀瞀をまた貿貿という。冒(冒)mu、眊 mô にも、くらい意がある。蒙(蒙)・濛・朦 mong、瞢 miuəng、懵 məng も同系の語で、瞀乱して明らかでないことをいう。

【瞀瞀】おろかなさま。〔本草綱目、石三、石膏〕或いは單に石膏藥を服すること、一斤許りに至る。遂に食すること能はずして、欬益ゞ頻りに、病益ゞ甚だしく、遂に起たざるに至る。此れ蓋し藥を用ふる者の瞀瞀たればなり。石膏何ぞ與からん。

【瞀乱】心みだれる。晉・潘岳〔寡婦の賦〕空館に歸りて自ら怜れみ、衾裯を撫して以て歎息す。思ひ纏緜として以て瞀亂し、心摧傷して以て愴惻す。

↑瞀儒 道理にくらい儒者／瞀病 目がくらむ病／瞀迷 おろかで、でたらめ／瞀瞑 目くらみする／瞀妄 おろかでまどう／瞀悶 乱れ惑う／瞀容 心の乱れるさま

↓眼瞀・狂瞀・眩瞀・昏瞀・昧瞀・矇瞀・悶瞀

【膀】 14 7022

篆文
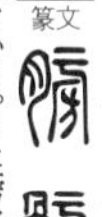

ボウ(バウ)
わきばら ぼうこう

形声 声符は旁。旁はよこわき。〔説文〕四下に「脅なり」とあり、脇腹をいう。また膀胱の意に用いる。

訓義 ①わきばら、あばら。②ぼうこう。③滂と通じ、ふくれる。

古訓 〔新撰字鏡〕膀 片を膀と曰ひ、兩を脅と曰ふ。加太保祢(かたほね)〔和名抄〕膀胱 楊氏漢語抄に云ふ、由波利布久路(ゆばりふくろ)〔名義抄〕膀 ワキ・ユバリブクロ・カタハラ／膀胱 ユバリブクロ〔字鏡集〕膀 ユバリブクロ・ハ(ワ)キ・ユバリツボ

語系 膀・旁・傍 bang は同声。膀は旁の声義を承ける。〔説文〕の重文に髈を録しており、脅骨の意。膀胱は畳韻の連語、ふくれるものをいう形況の語であろう。

【膀胱】ゆばり袋。〔史記、扁鵲伝〕夫れ陽を以て陰中に入らしむれば、胃の纏緣(胃の周辺の脈)を動かし、經に中り絡を維ぎ、別れて三焦・膀胱に下る。是を以て陽脈は下遂し、陰脈は上爭す。

常

【貌】 14 2621 ［皃］ 7 2621

ボウ(バウ)
かたち かお すがた あらわれる

篆文

籀文

象形 本字は皃。白は人の頭顱の形。〔説文〕八下に「頌儀なり。儿に從ふ。白は人面の形に象る」(小徐本)とし、重文二を録する。一は貌、一は頦に作る。頁は礼貌を備える形。公

廟に見えることを頌(頌)という。「頌儀」とはその際の儀容をいう。形の似たものを貌似という。〔逸周書、芮良夫解〕「王、貌して之れを受く」とは、外面だけの挨拶で、実意の伴わない意である。

訓義 1かたち、かお。2すがた、ありさま、儀容。3かたどる、似せる、うわべ、みえ、あらわれる。4廟と通じ、みたまや。5藐と通じ、はるか。

古訓 〔名義抄〕皃 カタチ・カホ／貌 カタチ 〔字鏡集〕貌 カヲ・(ホ)・ミル・カタチ

部首 〔説文〕に皃を部首とし、覍をこの部に属する。覍はまた弁に作り、籀文は上部を囟に作る。囟が弁冠の形である。また兜を皃に従う字として、白を人の頭に象り、皃と同じ意象の字とするが、白は兜の上部で兜鍪首鎧、その鉢形の象で、これも皃の形義をとるものではない。

声系 皃はまた額に作り、額声に従う字に艸部・心部の字がある。艸部の字はまた藐に作り、心部の字はまた杪に仮借して用いる。いずれも藐遠の意がある。

【貌閲】戸口調査。〔隋書、食貨志〕是の時、山東尚ほ齊の俗を承け、機巧姦偽、役を避けて惰遊する者、十の六七なり。～高祖、州縣をして大索貌閲せしめ、戸口の不實なる者は、正長遠配(流刑)す。而して又相ひ糾すの科を開く。

【貌恭】つつましげ。南朝宋・鮑照〔白頭吟に代る〕詩 心賞、猶ほ恃み難し 貌恭、豈に憑み易からんや

【貌虔】表面だけつつましい。宋・蘇軾〔天字の韻に次して、岑巌起に答ふ〕詩 一聲の清蹕、霧、天を開く 百辟(官)心莊にして、豈に貌虔ならんや

【貌象】姿、形。〔荘子、達生〕凡そ貌象聲色有る者は、皆物なり。物と物と、何を以て相ひ遠からん。夫れ奚を以てか、先に至るに足らん。

【貌寝】小柄で容貌が醜い。〔三国志、魏、王粲伝〕荊州に之きて劉表に依る。表、粲の貌寝にして體弱通侻(すなおで気軽)なるを以て、甚だしくは重んぜず。

↑貌形 かたち／貌敬 美貌／貌言 口上手／貌施 邪道／貌似 表面だけ似る／貌取 描きとる／貌執 礼遇する／貌肖 形が似る／貌状 姿かたち／貌色 容貌／貌侵 貌寝／貌相 姿顔つき／貌態 かお形／貌托 かりに托する／貌短 小柄／貌定 みかけ／貌徳 礼貌と徳行／貌望 外望／貌容 容貌

↓意貌・花貌・外貌・顔貌・気貌・偽貌・旧貌・玉貌・形貌・敬貌・言貌・厚貌・才貌・志貌・姿貌・辞貌・実貌・愁貌・状貌・情貌・色貌・神貌・酔貌・声貌・全貌・相貌・体貌・美貌・風貌・文貌・変貌・面貌・容貌・礼貌

【鉾】 14 8315 ボウ ほこ

形声 声符は牟。〔集韻〕に「鉾なり」とあって、鉾と同義。中国ではほとんど用例がなく、わが国では山鉾などの意に用いる。山車の上に高い鉾木を樹てるのは、もと神を迎えるためのものであった。金文の図象に、禾形のものを屋上に樹てる形のものがあり、その禾は軍門の左右に立て、両禾軍門という。のちの華表の原型をなすものである。

訓義 1鋒と通じ、きっさき。2わが国では、ほこ、山鉾。

古訓 〔名義抄〕鉾 古の矛の字なり。ホコ

語系 鉾・矛miuは同声。鉾はおそらく後起の形声字であろう。

【髦】 14 7271 ボウ(バウ) モウ さげがみ すぐれる

篆文 

形声 声符は毛。〔説文〕九上に「髮なり」とし、字を会意とするが、髟部の字はおおむね形声である。〔音義〕類に引く〔説文〕の文に「髮中の髦を謂ふなり」「髮中の豪なき者なり」とあり、豪毛をいう。人に及ぼして、その俊傑なる者を俊髦という。幼児の髪を左右にふりわけたものを両髦といい、幼児の意に用いる。

訓義 1ながい毛。2さげがみ、たれがみ。3ぬきんでる、すぐれる、その人。4たてがみ、猪の荒い毛、豪毛。5また旄・髳と通用する。

古訓 〔新撰字鏡〕髦 目佐之(めざし) 〔名義抄〕髦 エラブ・タチガミ・メザシ 〔字鏡集〕髦 タチガミノケ・エラブ・ケノナガキ

語系 髦・毛mô は同声。氂・旄mô もまた同声。すべて毛髪の長くめだつものをいう。

【髦士】俊傑の人。梁・江淹〔雑体詩、三十首、陸平原(機)〕朱黻、咸く髦士 長纓(冠の長いひも)、皆俊民

【髦俊】俊秀。〔三国志、蜀、郤正伝〕(釈譏)方今、朝士山積し、髦俊群を成す。猶ほ鱗介の巨海に潜み、毛羽の鄧林(楚の北境にある広大な林)に集まるがごとし。

【髦老】老人。唐・韓愈〔殿中小監馬君墓誌〕嗚呼、吾れ未だ髦老ならず。始めより今に至るまで、未だ四十年ならず。而して其の祖子孫三世を哭す。人世に于て何如ぞや。

↑髦牛 長毛の牛／髦傑 俊傑／髦彦 俊傑／髦秀 俊傑／髦碩 碩徳の人／髦節 節旄／髦髫 さげ髪／髦頭 前駆／髦馬 長鬣の馬

↓英髦・加髦・群髦・賢髦・才髦・時髦・朱髦・鬒髦・俊髦・雋髦・垂髦・髧髦・馬髦・被髦・弁髦・誉髦・両髦

常 【暴】 15 6013 ［㬥］ 17 6090 ボウ(バウ) バク ホウ(ハウ) さらす あらわす あれる あばれる にわか

篆文  古文  金文 

会意 日＋獣屍の形、すなわち曝屍の象。〔説文〕七上に「晞かわくなり。日に従ひ、出に従ひ、収に従ひ、米に従ふ」とし、また麃に従う古文の形を録して、字を麃声とする。また別に夲部十下にも相似た字があり、「疾やかにして趣く所有るなり」とあって、この字を暴疾の意とする。しかし暴露と暴疾の字はもと一字、〔説文〕は誤って両形二字とし、別解を施したものであろう。同じく獣屍の象をとるものに皋・睪があり、皋はその色の皋白をとり、睪は斁敗(ぼろぼろになる)繹解(組織が解ける)の意をとる。骨を原野に暴らすというのが字の原義。強烈な風雨日射で忽ち暴露し、繹解する、ゆえに暴疾の意となる。暴の音は卜と同じく、熱して裂ける音を示す擬声語である。

訓義 1さらす、風日にさらす、かわく、かれる。2あらわす、さらけ出す、分解して骨があらわれる。3あれる、あばれる、はげしい、風雨・日照りがはげしい、きびしい。4にわか、たちまち。

古訓 〔和名抄〕暴風 波夜知(はやち)、又、能和岐乃加世(のわきのかぜ)／暴雨 无良佐女(むらさめ)。辨色立成の説同じ 〔名義抄〕暴 アラシ・ニハカニ・サラス・ノイフス・タチマチ・ホシイマ、・ハシ・トシ・タケシ・ヲカス・アラハス・ツヒニ・ソノ・ハラサラス・タ、ク・モロシ・ヤブル・ホロブ

声系 〔説文〕に暴声として襮・爆・瀑など七字を収める。爆は灼く、瀑は疾雨。それぞれ暴の声義を承ける字である。

語系 暴・瀑bôk は同声。いずれも暴疾の意がある。爆peôk は、火の破裂する音。卜pok、剝peok、白beak なども、同じ系統の語であろう。

【暴衣】衣を乾かす。また、風雨を冒して行動する。〔漢書、武五子、燕刺王旦伝〕(璽書に曰く)今宗室子孫、曾つて暴衣露冠の勞無きに、地を裂きて之れに王とし、財を分ちて之れを賜ふ。

【暴溢】豪雨でにわかに溢れる。〔三国志、魏、曹仁

伝〕關羽、樊を攻む。時に漢水暴溢し、于禁等の七軍、皆沒す。禁、羽に降る。

【暴雨】ぼう(ばう)う　はげしい雨。〔礼記、月令〕(孟春の月)秋令を行ふときは、則ち其の民に大疫あり、猋風暴雨、總べて至る。

【暴悍】ぼう(ばう)かん　凶暴でたけだけしい。〔荀子、王制〕愿を折き悍を禁じ、淫を防ぎ邪を除き、之れを戮するに五刑を以てし、暴悍をして以て變じ、姦邪をして作らざらしむるは、司寇の事なり。

【暴棄】ぼう(ばう)き　自暴自棄。〔孟子、離婁上〕自ら暴にする者は、與に言ふこと有るべからず。自ら棄つる者は、與に爲すこと有るべからず。

【暴虐】ぼう(ばう)ぎやく　凶悪で残酷。〔書、泰誓上〕今商王受(紂)、上天を敬しまず、災を下民に降す。沈湎して色を冒し、敢て暴虐を行ひ、～孕婦(妊婦)を刳剔す。

【暴逆】ぼう(ばう)ぎやく　乱暴で道理にそむく。〔漢書、五行志中之下〕時に楚王戊、暴逆無道にして、申公を刑辱し、呉王と反せんことを謀る。

【暴桀】ぼう(ばう)けつ　凶暴。〔史記、孟嘗君伝論賛〕吾れ嘗て薛に過る。其の俗閭里、率ね暴桀の子弟多し。鄒・魯と殊なり。其の故を問ふに曰く、孟嘗君、天下の任俠を招致し、姦人薛中に入る。蓋し六萬餘家なりと。

【暴虎】ぼう(ばう)こ　虎を手うちにする。〔論語、述而〕子曰く、暴虎馮河(河をかちわたる)、死すとも悔ゆること無き者は、吾れ與にせざるなり。

【暴行】ぼうこう(ばうかう)　暴虐な行為。〔孟子、滕文公下〕世衰へ道微にして、邪說暴行、有た作る。

【暴傲】ぼうごう(ばうがう)　乱暴で人に傲る。〔管子、内業〕思索は知を生じ、慢易は憂ひを生じ、暴傲は怨みを生じ、憂鬱は疾を生じ、疾困して乃ち死す。

【暴屍】ばくし　屍をさらす。〔後漢書、五行志一〕京都の童謠に曰く、直きこと弦の如きは、道の邊に死し、曲れること鉤の如きは、反つて侯に封せられんと。～大將軍梁冀、～國の號令を專らにし、～(李)固、是の日獄に幽斃し、屍を道路に暴さる。

【暴徒】ぼう(ばう)と　凶暴な無法者。〔塩鉄論、大論〕往者には～山東、關內の暴徒、人(質)を保ち險を阻む。此の時に當り、～之れを折くに武を以てす。

【暴白】ばくはく　あばく。明・王陽明〔教条、竜場の諸生に示す〕善を責むるは朋友の道なり。然れども須らく忠告して之を善道すべし。～若し先づ其の過惡を暴白し、痛毀極詆し、容るる所無からしめば、彼將に其の愧恥憤恨の心を發せんとす。

【暴巫】ばくふ　巫をさらし、雨乞いする。〔礼記、檀弓下〕歲旱す。穆公、縣子を召して問うて曰く、天久しく雨ふらず。～然らば則ち吾れ巫を暴さんと欲す。而奚若と。

【暴蔑】ぼう(ばう)べつ　そこない、ないがしろにする。〔左伝、襄二十年〕公子黃、將に出奔せんとし、國に呼びて曰く、慶氏無道にして、陳國を專らにせんことを求め、其の君を暴蔑し、其の親を去つ。五年にして滅びずんば、是れ天無きなりと。

【暴慢】ぼう(ばう)まん　粗暴で傲慢。〔論語、泰伯〕容貌を動かしては、斯ち暴慢に遠ざかる。

【暴乱】ぼう(ばう)らん　暴動。〔書、周官〕司寇は邦禁を掌り、姦慝を詰め、暴亂を刑す。

【暴陵】ぼう(ばう)りよう　あばれて害する。〔後漢書、輿服志上〕昔者、聖人～天下の民物をして、各〻其の性命を安んずるを得、天昏(幼くて道理のわからぬもの)暴陵の災無からしむ。

【暴戻】ぼう(ばう)れい　乱暴で道にもとる。〔史記、伯夷伝〕盜跖、日に不辜(罪なき人)を殺し、～暴戾恣睢し、黨を聚むること數千人。天下に橫行し、竟に壽を以て終る。是れ何の德に遵ふや。

【暴露】ばくろ　風雨にさらされる。〔国語、越語上〕句踐、國人に說きて曰く、寡人、其の力の足らざるを知らず。～以て百姓の骨を中原に暴露す。此れ則ち寡人の罪なり。寡人請ふ、更めんと。

↑暴悪　悪くて乱暴／暴威　暴力でおどす／暴淫　過淫／暴飲　やけ酒／暴苛　残酷／暴骸　死骸をさらす／暴漢　乱暴者／暴起　にわかに興る／暴貴　価格が急騰する／暴客　無法者／暴急　急激に／暴挙　無謀な行為／暴強　強暴／暴君　無道な君／暴寇　凶敵／暴興　にわかに興る／暴豪　暴強／暴刻　残酷／暴酷　残酷／暴忽　忽ち／暴骨　骨を野にさらす／暴曬　日にさらす／暴作　にわかに興る／暴死　急死する／暴恣　乱暴／暴疾　速い／暴炙　日にさらす／暴首　さらし首／暴集　にわかに集まる／暴処　野ざらし／暴鈔　劫奪する／暴上　暴君／暴臣　無道な臣／暴人　乱暴者／暴水　乱流／暴征　苛税／暴政　虐政／暴説　乱暴な議論／暴然　荒々しいさま／暴卒　急死／暴奪　強奪／暴著　露顕する／暴徴　苛税／暴漲　急にみなぎる／暴敵　暴寇／暴殄　荒々しく根絶する／暴騰　急騰する／暴動　徒党を組んで騒ぐ／暴発　にわかにことが起こる／暴布　さらした布／暴富　にわか成り金／暴風　大あらし／暴民　凶暴な民／暴猛　たけだけしい／暴揚　ばらす／暴雷　はげしい雷／暴濫　みだれ／暴吏　非道な役人／暴掠　強奪する／暴略　暴掠／暴力　無法に力を振るう／暴令　悪法／暴厲　暴虐／暴練　布を日にさらす／暴斂　苛税

↓威暴・淫暴・枉暴・横暴・干暴・姦暴・虐暴・逆暴・禦暴・凶暴・狂暴・強暴・驕暴・禁暴・剛暴・傲暴・刻暴・酷暴・昏暴・残暴・肆暴・自暴・侵暴・粗暴・躁暴・貪暴・煩暴・慢暴・猛暴・乱暴・陵暴

【蝥】15 1813　［蟊］17 1713　ボウ(バウ)　ねきりむし　はさみむし

篆文  古文 

形声　声符は敄。〔説文〕に字を蟲部十三下に属し、弔・蟲の会意とするが、その字は全体象形とみるべき字。別に古文とする一字も象形字であろう。或る体として録する蝥はその形声の字。〔説文〕に「蟲の、艸根を食らふ者なり」とし、「吏、抵冒して民の財を取るときは、則ち生ず」とは、漢代の災異説によるものである。

訓義　1ねきりむし、稲の根を食う害虫。2毒虫、はんみょう、斑猫。3はさみむし。4くも。

古訓　〔字鏡集〕蝥　オホムシ・クモ

【蝥賊】ぼう(ばう)ぞく　害虫。苗の根を食う虫を蝥といい、節を食う虫を賊という。害悪をなす凶賊にたとえる。〔左伝、成十三年〕我が蝥賊を帥ゐて、以て來りて我が邊疆を蕩搖す。我是を以て令狐の役有り。

↑蝥弧　旗の名／蝥網　くもの網

↓蛛蝥・鼅蝥・盤蝥

【蝱】15 0013　ボウ(バウ)　あぶ

篆文 

形声　声符は亡(亾)。〔説文〕十三下に「人を齧む飛蟲なり」とあり、牛馬などにもよくつくものである。〔説苑、説叢〕に「蚊蝱も牛羊を走らす」の語がある。

訓義　1あぶ、うしあぶ。2草の名、ばいも。3字はまた䖟・虻に作る。

古訓　〔和名抄〕蝱　今案ずるに卽ち是れ蚊虻の虻の字なり。比々流(ひひる)〔名義抄〕蝱　アブ・ハミ　〔字鏡集〕蝱　ハミ・

アブ・ヒル

【蝱蚋】 あぶと蚊。〔後漢書、崔駰伝〕(達旨) 故に英人の斯の時に乘ずるや、猶ほ逸禽の深林に赴き、蝱蚋の大沛(大沢)に趣くがごとし。

【蝱風】 疾風。〔新論、託附〕鷦鷯(みそさざい)葦の莖に巣つくる。～固しと謂ふべし。然れども蝱風欻ち至れば、則ち葦折れ、卵破るる者は何ぞや。託する所輕弱にして、之れをして然らしむるなり。

↑蝱飛 疾飛、矢の名

↓飛蝱・蚊蝱・蒲蝱

【髳】 15 7222 ［⿱髟敄］ 19 7224 ボウ(バウ) モウ たれがみ

篆文

形声 声符は矛。〔説文〕九上に正字を⿱髟敄とし、敄声。「髮、眉に至るなり」とあって、前垂れの髪をいう。〔詩、鄘風、柏舟〕「髧たる彼の兩髳」の句を引く。今本は字を髦に作る。髦は左右の垂れ髪であるから、両髦とするのがよい。

訓義 ①たれがみ、前のたれがみ。②髳髴と連用して、ほのか。

古訓 〔名義抄〕髳 ホノメク・ホノカニ 〔篇立〕髳 ホノカナリ・ワヅカ

語系 髳miu、髦mô は声義近く、髳は前のたれがみ、髦は左右のたれがみをいう。

【甍】 16 4471 ボウ(バウ) いらか むながわら

篆文

形声 声符は夢(夢)の省文。〔説文〕十二下に「屋棟なり」とあり、その瓦をいう。〔釈名、釈宮室〕に「屋脊を甍と曰ふ。甍は蒙なり。上に在りて屋を覆蒙するなり」とする。その両端を標といい、そこに霊鳥奇獣の形を作って、呪禁とする。わが国の鯱飾りにあたる。

訓義 ①いらか、むながわら。②むね。③萌と通じ、めばえ。

古訓 〔和名抄〕甍 伊良加(いらか) 〔名義抄〕甍 イラカ・ムネ 〔字鏡集〕甍 イラカ・ヤノムネ

【甍宇】 瓦葺きの家。漢・張衡〔西京の賦〕廛里端直にして、甍宇齊平なり。

【甍棟】 甍をおく棟。国の重臣にたとえる。漢・班固〔第五倫の為に謝夷吾を薦むる表〕誠に社稷の蓍龜(卜筮)、大漢の甍棟なり。宜しく當に拔擢して、鼎司(重職)に登らしむべし。

↑甍標 甍棟の両端／甍甍 屋根続き

↓雲甍・華甍・綺甍・高甍・朱甍・繡甍・層甍・雕甍・鎮甍・棟甍・飛甍・連甍

【瞢】 16 4460 ボウ(バウ) くらい もだえる

篆文

会意 夢(夢)の省文＋目。意識の明らかでないような状態をいう。〔説文〕四上に「目明らかならざるなり。苜に從ひ、旬に從ふ。旬は目數しば搖くなり」という。〔周礼、春官、眡祲〕に、十煇の法を以て妖祥を観、吉凶を弁ずることがみえ、その第六に瞢がある。〔鄭司農注〕に、瞢とは日月瞢瞢として光のないさまをいい、天候日輝の異変であるという。字は旬に従うものでなく、字の上部は眉飾りを施した巫女、それで瞢然としてくらい意となる。〔詩、小雅、正月〕「天を視ること夢夢たり」、〔礼記、檀弓下〕「貿貿然として來る」の夢夢・貿貿は瞢瞢の意、声を以て通ずる字である。

訓義 ①くらい、あきらかでない、おぼつかない。②もだえる、はじる。③盲と通じ、めしい。④字はまた懵に作る。

古訓 〔篇立〕瞢 クラシ 〔字鏡集〕瞢 メクラシ

語系 瞢・夢miuəng は同声。冥・瞑myeng は声義近く、また眊mô・貿・瞀mu、蒙(蒙)mong も同系の語である。

【瞢然】 ぼんやりしたさま。唐・李公佐〔南柯太守伝〕生、忽若として惛睡し、瞢然たること久しうす。方めて乃ち前事を發悟し、遂に流涕して還らんことを請ふ。

【瞢騰】 ぼんやりする。唐・韓偓〔格卑〕詩 惆悵す、後塵流落し盡すを 自ら懷抱(心の思い)を拋つて、醉ひて瞢騰す

【瞢瞢】 くらいさま。日月光なし。〔太玄、六瞢〕物、明貞を失ふときは、瞢瞢たらざる無し。

↑瞢闇 くらくてものがわからない／瞢容 恥じるようす

↓闇瞢・愚瞢・昏瞢・靦瞢・聾瞢

【膨】 常 16 7222 ボウ(バウ) ホウ(ハウ) ふくれる ふくらむ

形声 声符は彭。彭は鼓声のなりひびくことをいう。ものが内部からふくらむことを膨脹という。

訓義 ①ふくれる、ふくらむ。②はれる、ふとる。

【膨脹】 ふくれる。〔博物志、二、異俗〕交州の夷～俚子、弓の長さ數尺、箭の長さ尺餘、焦銅を以て鏑と爲し、毒藥を鏑鋒に塗る。人に中れば即ち死す。不時斂藏するに、即ち膨脹沸爛し、須臾にして燋煎して都て盡く。唯だ骨あるのみ。

↑膨大 ふくれる／膨張 膨脹／膨漲 膨脹

【謀】 常 16 0469 ボウ ム はかる はかりごと

篆文 古文 金文 その他

形声 声符は某。某は謀の初文。木の枝の先に祝詞の器(曰)を著けて祈り、神意に謀ることをいう。〔説文〕三上に「難を慮るを謀と曰ふ」とあり、〔左伝、襄四年〕「難を咨るを謀と爲す」の文による。〔国語、魯語下〕に「事を咨るを謀と爲す」とあり、もと神に諮謀することをいう。諮(諮)は咨に従い、咨は神になげき訴え申す意である。謀を策謀・謀略のように用いるのは、本来の字義ではない。

訓義 ①はかる、神にはかる、ことを問いはかる。②相談する、相ともにはかる。③はかりごと、てだて、くわだて、たくらみ、計画、企画。

古訓 〔名義抄〕謀 ハカリゴト・ハカル・アザムク・イマシム 〔篇立〕謀 イマシム・アザムク・ハカリゴト・タバカリ・イソヘニテ

語系 謀miuə は謨ma と声近く、〔爾雅、釈詁〕に「謨は謀なり」という。謨は〔書、大禹謨〕〔書、皐陶謨〕のように、神話的祖神の教えを経典化したもので、禹は夏、皐陶は姜姓諸国の祖神である。

【謀画】 計謀。〔後漢書、馬援伝〕上疏して曰ふ、～願はくは行在の所に詣りて、(隗)囂を滅すの術を極陳するを聽されんことを～と。帝乃ち援を召して事を計る。援、具さに謀畫を言ふ。

【謀議】 相談して議定する。〔史記、封禅書〕是に於て～博士諸生をして、六經中に刺りて王制を作らしめ、巡狩・封禪の事を謀議せしむ。

【謀計】 はかりごと。〔北史、崔浩伝〕浩、纖妍(しなやかで美しい)白皙、美婦人の如し。性敏達にして、謀計に長じ、自ら張良に比す。謂へらく、己の稽古は之れに過ぎたりと。～因りて服食養性の術を修めんと欲す。

【謀才】 謀議の才。〔後漢書、和帝紀〕(永元七年四月詔)孝廉の擧に因りて、以て其の人を求めよ。有司、郎官の寛博にして謀才有り、典城に任ずべき者、三十人を詳選せよ。

【謀殺】 殺人。〔唐律、十七、賊盜、謀殺人〕諸の、人を殺すことを謀る者は、徒(刑)三年、已に傷つくる者は絞、已に殺せる者は斬、功を加ふる者は絞。功を加へざる者は流る

三千里。

【謀首】計謀の張本人。〔史記、太史公自序〕能く其の畫を明らかにし、時に因りて秦を推し、遂に意を海内に得たるは、（李）斯を謀首と爲す。

【謀臣】智謀の臣。〔戦国策、秦一〕此の時に當りて、天下の大、萬民の衆、王侯の威、謀臣の權、皆蘇秦の策に決せんと欲す。

【謀生】生計をはかる。宋・蘇軾〔～安節（軾の叔父の子）下第して帰る）将に去らんとす。～因りて～小詩十四首を作りて、之れを送る、十四〕詩 萬里却り來る日 一菴（庵）仍ほ獨居す 應に謀生の拙なるを笑ふなるべし 團團として磨驢（疲れた驢馬）の如し
【謀定】謀を定める。〔唐書、李光弼伝〕光弼、兵を用ふるに、謀定まりて而る後に戰ふ。能く少を以て衆を覆へす。師を治むること訓整なり。～初め郭子儀と名を齊しうす。世に李・郭と稱す。

【謀反】むほん。主君にそむく。〔史記、高祖紀〕七年、匈奴、韓王信を馬邑に攻む。信、因りて與に太原に謀反す。～高祖、自ら往きて之れを撃つ。～匈奴、我を平城に圍むこと七日。

【謀夫】謀に口を出す人。〔詩、小雅、小旻〕謀夫孔だ多し 是を用つて集らず
【謀謨】はかりごと。〔魏書、崔浩伝〕浩、天文を明識し、好んで星變を觀る。～世祖每に浩の第（邸）に幸し、多く問ふに異事を以てし、～浩を引きて臥内に出入せしめ、侍中（の職）を加へ、撫軍大將軍・左光祿大夫に特進し、謀謨の功を賞す。

【謀猷】はかりごと。〔書、文侯之命〕亦た惟れ先正、克く左右して厥の辟に昭事し、小大の謀猷に越いて、率從せざる罔し。

↑謀姦 姦をはかる／謀逆 謀反／謀功 功をはかる／謀詐 敵をいつわる謀／謀士 策士／謀諮 策略を相談する／謀事 事をはかる／謀主 主謀者／謀書 偽造の文書／謀将 智将／謀食 生活のことを考える／謀譖 そしり陥れる／謀人 謀夫／謀泄 はかりごとがもれる／謀度 はかり考える／謀図 計略／謀叛 謀反／謀畔 謀反／謀略 計略／謀慮 はかりごと
↓異謀・詒謀・貽謀・陰謀・隠謀・運謀・遠謀・嘉謀・寡謀・奇謀・鬼謀・規謀・義謀・議謀・共謀・軍謀・計謀・献謀・権謀・巧謀・好謀・詐謀・策謀・参謀・諮謀・主謀・首謀・諏謀・術謀・詢謀・深謀・人謀・拙謀・善謀・大謀・知謀・智謀・通謀・定謀・秘謀・廟謀・密謀・無謀・良謀

【瞀】 16 6686 ボウ（バウ） おくる おくりもの

篆文 

形声 声符は冒（冒）。〔説文新附〕六下に「死者に贈る。貝に従ひ、冒に従ふ。冒なる者は、衣衾覆冒の意なり」と会意に解するが、亦声の字である。喪を助けるために車馬や衣衾の類を贈ることをいう。〔公羊伝、隠元年〕に「車馬には瞀と曰ひ、貨財には賻と曰ひ、衣被には襚と曰ふ」とあって、賻贈の最も重いものである。本来は、棺槨を覆ふ衣衾の類をいう語であった。

訓義 ①おくる、おくりもの、死葬へのおくりもの、車馬の類。②助喪、助喪のもの。③おおう。

【瞀遺】喪主への贈りもの。送葬に用いる。〔後漢書、羊続伝〕遺言して薄斂せしめ、瞀遺を受けず。舊典、二千石、官に卒するときは、賻百萬なり。～一も受くる所無し。

【瞀襚】喪主に車馬・衣衾を贈る。〔後漢書、蓋勲伝〕遺令して（董）卓の賻贈を受くること勿らしむ。卓、外に寛容を示さんと欲し、表して東園の秘器瞀襚を賜ひ、之れを送ること禮の如くす。

【瞀贈】喪主への贈りもの。〔後漢書、皇后下、桓帝鄧皇后紀〕母の宣～改めて梁紀に嫁す。～帝、梁氏（梁冀の家）を惡くみ、姓を改めて薄と爲す。后の母宣を封じて長安君と爲す。～宣卒す。瞀贈葬禮、皆后母の舊儀に依る。

【瞀弔】賻贈して弔う。〔唐書、太宗諸子、曹王皐伝〕淮西平らぐ。乃ち喪を護りて東都に歸らんことを請ふ。帝、中人を走かせて瞀弔せしむ。

【瞀臨】賻贈し、臨哭する。〔礼記、雑記下〕諸侯、人をして（他の諸侯を）弔せしむ。其の次（第）は含・襚・瞀・臨なり。皆同日にして事を畢る者なり。

↑瞀助 物を贈って助葬する／瞀馬 送葬のための馬を贈る／瞀賻 車馬・貨財を贈る
↓含瞀・帰瞀・贈瞀・追瞀・読瞀・賻瞀・来瞀・礼瞀

【懋】 17 4433 ボウ つとめる さかん うるわしい

篆文 
金文 

形声 声符は楙。〔説文〕十下に「勉むるなり」という。金文の〔卯設〕に「余れ、懋めて先公の官を爯ぐ」とあり、また人名に伯懋父の名がみえ、古くから用いられている字である。楙に茂盛の意がある。

訓義 ①つとめる。②さかん、すぐれる。③うるわしい。④貿と通じ、かえる、うつす。

古訓 〔名義抄〕懋 モシ・ワカス・ヨミス・ツトム・コハシ・ヨロコブ 〔字鏡集〕懋 ヨロコブ・ヨミス・サカリ・モシ・コハシ・ツトム

【懋勳】すぐれた勲功。〔晋書、王導伝〕葬るに及び、九游の轀輬車、黄屋左纛、～を給す。～冊して曰く、蓋し高位は以て明德に酬い、厚爵は以て懋勳に答ふ。～風流百代、是に於てか在り。
【懋遷】交易する。〔書、益稷〕有無を懋遷して居を化し、烝民乃ち粒（穀食）し、萬邦乂を作す。
↑懋易 貿易／懋戒 努め戒める／懋学 学に勤める／懋規 大法／懋功 大功／懋成 大成する／懋績 功績／懋著 著明／懋典 盛典／懋懋 努めるさま／懋力 努める
↓勤懋・長懋・徳懋・明懋

【懵】 17 9402 ボウ くらい

篆文 

形声 声符は夢（夢）。夢に定かでない意がある。〔説文〕十下に「明らかならざるなり」とあり、心意のぼんやりした状態をいう。

訓義 ①定かでない、明らかでない、くらい。②もだえる、なやむ、みだれる。③おろかな、わるい。④懞・懵と通用する。

古訓 〔名義抄〕懵 クラシ 〔字鏡集〕懵 クラシ・ハヅ・マドフ

【懵懵】定かでない。〔聊斎志異、甄后〕美人笑つて曰く、相ひ別るること幾何ぞ。遂爾懵懵たり。危坐して磨磚せし者は、子に非ずやと。
↑懵憧 ぼんやり／懵懂 懵憧

【懞】 17 9403 ボウ あつい

形声 声符は蒙（蒙）。〔管子、五輔〕「敦懞」の〔注〕に「懞は厚なり」とあり、敦厚の意。また懵と通じ、懵乱の意に用いる。

訓義 ①あつい、てあつい、ただしい。②くらい、おろか、みだれる。

古訓 〔字鏡〕懞 ワヅラハシ 〔字鏡集〕懞 クラシ

【懞懂】模糊。ぼんやりとする。〔古今画鑒〕（宋画）米芾元章、天資高邁。～其の子友、～亦た略ぼ其の尊人の爲す所を變じ、～煙雲變滅、林泉點綴、生意窮まり無し。～

當時翟耆年に詩有りて曰ふ、善く無根の樹を畫き、能く懞懂の雲を描くと。

↑懞漢 愚人／懞懂 ぼんやり

【蟊】 17 1713 ［蝥］ 15 1813 ボウ（バウ） ねきりむし

篆文 古文

形声 声符は矛。〔説文〕十三下に「蟲の艸根を食らふ者なり。蟲に從ひ、其の形に象る」とする。また「吏、抵冒して民の財を取るときは、則ち生ず」という。字はまた蝥に作り、蛑に作る。〔詩、小雅、大田〕に「蟊賊」とする害虫が、その本義。また人の上に移して〔左伝、昭二十二年〕「蟊賊遠く屛く」のようにいう。貪吏は多く蟊賊にたとえられ、また虫害に対しても災異免官の慣例があった。

訓義 1ねきりむし。2貪吏にたとえる。3くもの名。字はまた蝥に作る。

古訓 〔字鏡集〕蟊 オホネムシ

【蟊賊】ねきり虫。〔詩、小雅、大田〕其の螟螣（ずいむしと、はくいむし）と 其の蟊賊とを去る

↑蟊疾 虫害／蟊食 貪吏／蟊蠹 害悪の人／蟊螟 害虫

【謗】 17 0062 ボウ（バウ） そしる

篆文

形声 声符は旁。旁に旁側、また、ひろく他に及ぼす意がある。〔説文〕三上に「毀るなり」と訓し、悪言の意とする。〔国語、周語上〕「國人、王を謗る」、〔呂覧、達鬱〕「國人皆謗る」のように、ひろく世間の批判を受ける意に用いる。〔左伝、成十八年〕「民に謗言無し」のように、もと政治への批判を意味する語であった。〔玉篇〕に「毀るなり、誹るなり、他人に對して其の惡を道ふなり」とするが、「懟む」の意がある。

訓義 1そしる、うらみそしる、上の者をうらむ。2人をにくみそしる、のろいそしる。3人の過失をいいとがめる。

古訓 〔名義抄〕謗 ソシル・アザムク 〔字鏡集〕謗 ソシル・アザムク・ムカフ

【謗怨】そしり怨む。〔韓非子、外儲説左下、経〕（鄭の令）梁車、法を用ひて、（趙）成侯、璽を收め（解任し）、管仲、公を以てして、封人謗怨す。

【謗議】そしり。漢・司馬遷〔任少卿（安）に報ずる書〕負下（負累の人）未だ居り易からず、下流謗議多し。僕、口語を以て此の禍に遇ひ、重ねて郷黨の笑ふ所と爲り、以て先人を汙辱す。

【謗言】そしり。〔左伝、成十八年〕凡そ六官の長は、皆民の譽なり。擧ぐること、職を失はず。官、方を易へず。爵、德を踰えず。師、正を陵がず。～民に謗言無し。復た霸たる所以なり。

【謗訕】そしり。〔泊宅編、一〕（神宗）曰く、～蘇軾といふ者有り。輒ち謗訕を加へ、文字に形はすに至ると。（曹）太皇曰く、軾・轍に非ざるを得んや。～吾嘗て記す、仁宗皇帝、策試～罷りて歸り、喜んで言ひて曰く、今日二文士を得たり。～將に留めて以て後人に遺さんとすと。

【謗讒】そしり。宋・蘇軾〔韓退之孟郊墓銘～〕詩 愼んで謗讒を怨むこと勿れ 乃ち我が、道を得るの資なり 淤泥蓮花を生じ 糞壤、菌芝を出だす

【謗書】非難中傷の書。〔戦国策、秦二〕魏の文侯、樂羊をして將として中山を攻めしむ。三年にして之れを拔く。樂羊反へりて功を語る。文侯之れに謗書一篋を示す。樂羊再拜稽首して曰く、此れ臣の功に非ざるなり。主君の力なりと。

【謗声】そしり。唐・李白〔王十二の寒夜独酌、懷ふこと有りに答ふ〕詩 一談一笑、顏色を失ひ 蒼蠅貝錦（詩、小雅、青蠅、讒を刺る詩）謗聲喧し

【謗沮】そしりはばむ。〔唐書、竇参伝〕時に宦侍、謗沮して已まず。參、竟に死を邕州に賜ふ。

【謗讟】そしり。〔左伝、昭元年〕師徒頓れず、國家罷れず、民に謗讟無く、諸侯に怨み無く、天に大災無し。

【謗罵】そしり罵る。〔魏書、儒林、李業興伝〕性、豪俠、意氣を重んず。～若し相ひ乖忤することあれば、便即ち疵毀し（悪口し）、乃ち聲色加ふるに謗罵を以てするに至る。

【謗排】そしり斥ける。宋・陳師道〔劉主簿（義仲）を送る〕詩 二父の風流、皆繼ぐべし 禪を謗り道（家）を排す、同じうするを須ひず

【謗木】投書函。舜が設けたという。梁・武帝〔天監元年、謗木肺石函を置く詔〕公車府の謗木、肺石（神判の席）の傍に各〻一函を置き、～木函に投謗せしむべし。

【謗論】人をそしる議論。宋・孔文仲〔制科策〕斧鉞（刑罰）は以て謗論を禁ずるに足らず、竄黜（罪してしりぞける）は以て煩言を抑ふるに足らず。

↑謗毀 そしる／謗譏 そしる／謗語 そしり／謗嗤 そしりあざける／謗訾 そしる／謗傷 そしる／謗誦 そしりのろう／呪誦／謗辱 そしりはずかしめる／謗詛 そしりのろう／謗嘲 そしりあざける／謗詆 そしる／謗誉 毀誉

↓怨謗・冤謗・掩謗・監謗・毀謗・譏謗・群謗・興謗・猜謗・罪謗・讒謗・止謗・訕謗・造謗・嘲謗・騰謗・讟謗・非謗・飛謗・被謗・誹謗・弭謗・誣謗・蔽謗

【鍪】 17 1810 ボウ かま かぶと

篆文

形声 声符は敄。〔説文〕十四上に「鍑の屬なり」とあり、〔急就篇、三〕や〔広雅、釈器〕にも釜の属とする。その形が似ているところから、兜の鉢の部分を兜鍪という。

訓義 1かま。2かぶと、かぶとのはち、かんむりのはち。

古訓 〔名義抄〕鍪 カブト／兜鍪 カブト 〔字鏡集〕鍪 ノブ・カマ・カブト

語系 鍪 miu は冒（冒）・帽（帽）mu と声義近く、上から覆うものをいう。蒙（蒙）mong も声義近く、頭から被ることをいう。

↓象鍪・兜鍪

【駹】 17 7331 ボウ（バウ）

篆文

形声 声符は尨。〔説文〕十上に「馬の面・顙皆白きなり」、また〔爾雅、釈畜〕に「面顙皆白きは惟れ駹なり」とあり、かお・ひたいの白い馬をいう。〔漢書、匈奴伝上〕に「匈奴の騎、其の西方は盡く白、東方は盡く駹、北方は盡く驪、南方は盡く騂馬なり」とみえる。尨と通じ、まだらの意がある。

訓義 1かお・ひたいの白い馬、あおうま、かお・ひたいの白いくろ馬。2まだら、ぶち。3ふちかざり。

古訓 〔字鏡集〕駹 オモテシロキムマ

↑駹車 車側に漆飾のある車

【麰】 17 4325 ボウ おおむぎ

篆文

形声 声符は牟。〔説文〕五下に「來麰、麥なり」とあり、大麦をいう。〔詩、周頌、思文〕「我に來牟を貽る」は后稷が嘉禾をえたとする伝承を歌う。牟とは穂のさきの、のぎをいう。鉾・鋒は同義。穂先がその形に似ているので麰という。

訓義 1おおむぎ。2こうじ。3字はまた牟に作る。

古訓 〔字鏡集〕麰 ムギ・ハルノムギ

【麰麦】 むぎ。〔孟子、告子上〕今夫の麰麥は、播種して之れを耰らず。其の地同じく、之れを樹うるの時又同じ。浡然として生じ、日至の時に至りて皆孰す。～凡そ類を同じうする者は、擧な相ひ似たり。

↓嘉麰・蚕麰・瑞麰・野麰・来麰・麰麰

【諲】 18 0761 ボウ(バウ) のぞむ せめる あざむく

篆文 

形声 声符は望(朢)。望は気を望んで妖祥を知り、また呪的な方法で圧服を加えることをいう。その祝禱の辞を諲といったのであろう。〔説文〕三上に「責望するなり」とあり、〔史記、衡山王安伝〕「兄弟、禮節の閒に相ひ責望す」、〔史記、張耳陳余伝〕「意はざりき、君の臣を望むこと深きを」などの望は、諲字の義、怨望することをいう。金文の〔献設〕に「十世まで諲れず」、〔師訊鼎〕に「天子亦た公上父の猷徳を諲れず」のように、忘の意に用いており、それが字の初義であろう。

訓義 1わすれる。2のぞむ、せめる。3あざむく、うらむ。

古訓 〔字鏡集〕諲 アヒセム・セム

↓怨諲・寇諲・責諲

【懵】 19 9406 〔懞〕 17 9402 ボウ おろか みだれる

篆文 

形声 声符は瞢。瞢に瞢乱の意があり、懵の初文とみてよい。〔説文〕十下に字形を夢(夢)に従う形に作り「明らかならざるなり」とし、瞢字条四上に「目明らかならざるなり」とあるのと同義。麻薬は古くは懵薬といい、六朝期の文人にすでにこれを常習するものがあった。

訓義 1おろか、くらい。2みだれる、まどう。

古訓 〔新撰字鏡〕懵 久良之(くらし) 〔名義抄〕懵 クラシ・ハヅ 〔字鏡集〕懵 コ、ロマドヒ・ニクム・ハヅ・クラシ／懞 クラシ・ハヅ・マドフ

語系 懵(懞)meng、夢・瞢miuengは声近く、みな夢魔にくるしむような状態をいう。蒙(蒙)・朦・曚mong、瞀muも瞀乱の状態をいい、一系の語。

【懵憒】 くらくみだれる。〔潜夫論、夢列〕夢或いは甚だ顯なるも占無く、或いは甚だ微なるも應有るは何ぞや。曰く、本と謂ふ所の夢なる者は、了察せざるに困しむの稱にして、懵憒して名を冒すなり。故に亦た專ら信じて以て事を斷めず。

【懵然】 おろかなさま。唐・白居易〔元九(稹)に与ふる書〕僕は又自ら思ふ、關東の一男子なるのみと。書を讀み文を屬るの外を除きて、其の他懵然として知る無し。

【懵懂】 ぼんやりとする。朦朧。〔画継、三、米友仁〕其の作る所の山水、點滴煙雲、草草にして成り、天眞を失はず。其の風氣、乃翁(米元章)に肖たり。～既に貴くして、甚だ自ら祕重す。～衆嘲りて曰く、解きて無根の樹を作し、能く懵懂の雲を描くと。

【懵懵】 くらいさま。清・秋瑾〔呉烈士樾を弔ふ〕詩 憐れむべし、懵懵として天竟に聾なるを 英雄をして、志未だ伸びざらしむるを致す

↑懵学 学問に暗い／懵騰 酔いどれ／懵憧 ぼんやりとする／懵冒 昏迷／懵昧 不明／懵薬 麻薬

↓狂懵・昏懵

【髮】 19 7224 ボウ(バウ) モウ たれがみ

篆文 

形声 声符は敄。〔説文〕九上に「髮、眉に至るなり」とあり、幼時のたれ髪をいう。また「詩に曰く、紞たる彼の兩髮」と〔鄘風、柏舟〕の句を引く。いま「髧たる彼の兩髦」に作る。前髪姿の若者をいう。

訓義 1たれがみ。

古訓 〔字鏡集〕髮 カミ

↓両髮

ホク

常 【北】 5 1111 ホク ハイ きた そむく にげる

篆文 甲骨文 金文 

会意 二人相背く形に従い、もと背を意味する字。〔説文〕八上に「乖くなり。二人相ひ背くに從ふ」とあり、また日に向かって背く方向の意より北方をいい、背を向けて逃げることを敗北という。南は陽にして北は陰。墓地は多く北郊に営まれ、洛陽ではその地を北邙といった。

訓義 1きた、陰の地。2そむく。また背に作る。3にげる、やぶれる。4別と通じ、わける。5伏と通じ、かくれる。

古訓 〔名義抄〕北 キタ・ノガル・サル・ニグ・ヤブル・ソムク 〔字鏡集〕北 ニグル・ソムク・ヤブル・ノガル・ヤラル・ニグ・キタ・サル・マク

部首 〔説文〕に冀をこの部に属し、〔玉篇〕になお乖を加える。冀は金文の字形によると異に角飾を加えた異相の神の形で、北に従う字ではない。のちの字形によって、角飾を北と誤ったものであろう。また乖は背の肩甲骨のつけ根の肉の形、その肉筋の象形で、二人相背く北とは、形象の意味が異なる。

声系 〔説文〕に北声として背・邶の二字を収める。背は北の後起の字。人の背面の肉で、〔説文〕四下に「脊なり」という。脊はその肉の形に従う。邶は卜文に北としるし、邶・鄘・衛の邶の初文。ただ北方の北と、その筆意にいくらか異なるところがある。

語系 北pək、背puəkは声義近く、通用することがある。負(負)biuə、敗beatも敗北の意に用いるが、負は負戴。敗は盟誓などをしるした鼎の銘を毀敗し、誓約に背く意で、それぞれ字の原義に異なるところがある。

【北音】 北方の音律。〔呂覧、音初〕有娀氏に二佚女有り。之れが九成の臺を爲る。～帝、燕をして往きて之れを視しむ。～燕、二卵を遺して北飛す。遂に反らず。二女、歌一終を作りて曰く、燕燕往きて飛ぶと。實に始めて北音を作爲す。

【北海】 北方の海。バイカル湖附近。〔漢書、蘇武伝〕絕ちて飲食せしめず。～數日死せず。匈奴以て神と爲し、乃ち武を北海の上、人無き處に徙し、羝(牡羊)を牧せしむ。羝乳せば乃ち歸ることを得んと。

【北郭】 北の城外。一般墓地。〔左伝、襄二十九年〕齊人、莊公を北郭に葬る。〔杜預注〕兵に死するものは、兆域に入らず。故に北郭に葬る。

【北学】 南北朝期の北方の経学。〔北史、儒林伝序〕大抵南北の爲む所の章句、好尚互ひに同じからざる有り。～南人は約簡にして、其の英華を得、北學は深蕪にして、其の枝葉を窮む。

【北澗】 北の渓河。宋・陸游〔初夏幽居雑賦、七首、六〕詩 藥名、本草を尋ね 蘭族、離騷(屈原の作った賦)を驗す 北澗、籬を穿ちて過ぎ 南山、屋を出でて高し

【北雁】 北方の雁。唐・李白〔南のかた夜郎に流され、内(妻)に寄す〕詩 北雁春に歸りて、看と盡きんと欲す 南來して豫章の書を得ず

【北帰】 北方に帰る。〔南斉書、王融謝朓伝論〕晉の世、宅を江表に遷し、人に北歸の計無し。

【北客】 北方の人。宋・文同〔東坡(蘇軾)を戒む〕詩 北客、若し來るも、事を問ふことを休めよ 西湖好しと雖も、詩を吟ずること莫かれ

【北嚮】 北に向かう。〔史記、項羽紀〕項王、～沛公(劉邦)を留めて與に飲す。項王・項伯東嚮して坐し、亞父(范

増〕南嚮して坐す。～沛公北嚮して坐し、張良西嚮して侍す。

【北闕】ほくけつ 宮城の北門。漢・李陵〔蘇武に答ふる書〕男兒、生きては以て名を成さず、死しては則ち蠻夷の中に葬らる。誰か復た能く身を屈して稽顙(叩首の礼)し、還りて北闕に向はんや。

【北郊】ほくこう 北の郊外。地を祀る。〔漢書、郊祀志〕帝王の事、～天の序を承くるより大なるは莫し。故に～天を南郊に祭るは、陽に就くの義なり。地を北郊に瘞るは、陰に卽くの象なり。

【北時】ほくじ 王帝祀処の一。〔史記、封禪書〕故の秦時の上帝祠は、何の帝なるかを問ふ。對へて曰く、四帝、白青黃赤帝の祠有りと。～高祖曰く、吾れ之れを知れり、乃ち我を待ちて五に具ふるなりと。乃ち黑帝祠を立て、命けて北時と曰ふ。

【北征】ほくせい 北方を伐つ。北行する。〔楚辞、九歌、湘君〕飛龍に駕して北に征き 邅りて吾が洞庭に道す～涔陽を極浦に望み 大江に横たはつて靈を揚ぐ

【北窓】ほくそう 北の窓。唐・白居易〔北窗三友〕詩 今日北窓(窗)の下 自ら問ふ何の爲す所ぞ 欣然、三友を得たり 三友とは誰れとか爲す 琴罷みては輒ち酒を擧げ 酒罷みては輒ち詩を吟ず

【北地】ほくち 北方の地。唐・宋之問〔端州駅に至り、杜五審言～を見、～壁に題して慨然として詠を為す〕詩 逐臣北地に嚴譴を承け 謂へらく、南中に到りて、毎に相ひ見んと

【北斗】ほくと 北斗星。〔詩、小雅、大東〕維れ北には斗有るも以て酒漿を挹むべからず

【北堂】ほくどう 主婦の室。また、母堂。唐・李白〔歴陽の褚司馬に贈る。時に此の公、稚子舞を為す。～〕詩 北堂、千萬の壽 侍奉、光輝有り 先づ稚子の舞を同にし 更に老萊の衣を著く

【北道】ほくどう 北方の道。〔漢書、西域伝序〕玉門・陽關より西域に出づるに、兩道有り。鄯善より～莎車に至るを南道と爲し、～車師前王廷より、～疏勒に至るを北道と爲す。北道は西のかた葱嶺を踰ゆれば則ち大宛・康居・奄蔡に出づ。

【北鄙】ほくひ 北地のいなか。〔史記、楽書〕舜、五弦の琴を彈じ、南風の詩を歌うて、天下治まる。紂、朝歌北鄙の音を爲し、身死して國亡ぶ。

【北邙】ほくぼう 洛陽東北の山。墓地が多い。晋・陶潜〔擬古、九首、四〕詩 一旦百歳の後 相ひ與に北邙に還る 松柏は人に伐られ 高墳互ひに低昂す

【北方】ほっぽう 北の方。〔中庸、十〕金革を衽とし、死して厭はざるは北方の強なり。而して強者之れに居る。

【北冥】ほくめい 最北の海。〔荘子、逍遥遊〕北冥に魚有り。其の名を鯤と爲す。鯤の大いさ、其の幾千里なるを知らざるなり。

【北面】ほくめん 北向き。臣下の礼。〔礼記、郊特牲〕君の南鄉するは、陽に答ふの義なり。臣の北面するは、君に答ふなり。

【北里】ほくり 北郭。魏・阮籍〔詠懷、八十二首、十〕詩 北里に奇舞多く 濮(水)上に微音有り 輕薄、閒游の子 俯仰乍ち浮沈す

↑北夷 北方の異族／北裔 北の果て／北轅 北行する／北涯 北岸／北岳 恒山／北宮 王后の宮／北曲 元曲／北垠 北の果て／北京 北の都。南京に対する語／北行 北征／北荒 北辺の地／北朔 朔北／北司 宦官／北至 夏至／北寺 宦官／北室 北堂／北首 北に枕する／北戎 北夷／北渚 北岸／北上 北を上位としてならぶ／北辰 北極星／北津 北の渡し場／北垂 北辺／北陲 北垂／北陬 北の果て／北叟 塞翁／北坨 北の小さな丘／北庭 匈奴の地／北狄 北方の異民族の総称／北土 北地／北冬 冬／北馬 北方は馬で旅する。南船に対する語／北風 寒風／北辺 北の辺境／北房 北室／北溟 北冥／北遊 北方に遊歴する／北洋 黄海と渤海／北陸 北方の地／北虜 北狄

↓以北・河北・冀北・窺北・研北・硯北・江北・降北・挫北・塞北・朔北・城北・水北・西北・東北・逃北・遁北・南北・背北・敗北・幕北・漠北・奔北・有北・佯北・洛北・嶺北

【菐】12 3253 ホク ボク うつ わずらわしい

篆文

会意 丵+廾。丵を両手でもつ形。上に鑿歯(鋸歯)のついた木をもって撲つ形。撲の初文。〔説文〕三上に「瀆菐なり」とするが、語義が明らかでない。〔段注〕に、瀆は煩瀆、菐は〔孟子〕にいう僕僕、煩猥のさまで、瀆菐とはわずらわしい意であろうという。鑿歯のある器で版築の土を撲つことを業といい、玉を刻むことを璞という。そのような行為を煩数とする意であろう。

訓義 1 うつ。2 わずらわしい。

部首 〔説文〕に僕・𢍏をこの部に属し、〔玉篇〕も同じ。その前部に丵があり、「叢生の艸なり」とし、業・叢・對(対)の三字を属するが、丵は鑿歯のある器、丵を持つことを業、撲つことを撲、版築することを業、版築に相対して撲つことを對、鑿器を以て草を刈り取ることを叢という。それならばこれらの字は、すべて丵を部首とすべき字である。𢍏は對のように、ことを両分する意であろう。

声系 〔説文〕に菐声として僕・樸・撲・璞など八字を収め、璞は〔玉篇〕にみえる。みな撲つこと、切り出して生地を作ることをいう。菐はおそらくその音であろう。菐声の字は、みなその声義を承ける。

【僰】14 5580 ホク

篆文

形声 声符は棘。〔説文〕八上に「犍爲蠻夷なり」とし、字を棘声とする。四川の地に古く僰道県があり、僰族が住んでいた。〔礼記、王制〕に「元士に命じて皆學に入らしむ。變ぜざるときは、～之れを遠方に屏く。西方を僰と曰ふ」とあり、同じく〔王制〕に四方の語を記して「其の志を達し、其の欲を通ずるもの、東方を寄と曰ひ、南方を象と曰ひ、西方を狄鞮と曰ひ、北方を譯と曰ふ」という文と対応する。

訓義 1 地名。〔漢書、地理志上〕犍爲郡十二県のうちに僰道県がある。2 族名、西南の少数民族。3 偪と通じ、せまる、おう。

【僰僮】ほくどう 僰人の奴隷。〔史記、西南夷伝〕巴蜀の民、或いは竊かに出でて商賈し、其の筰の馬、僰の僮、髦牛を取る。此れを以て巴蜀殷富なり。

【踣】15 6016 ホク ボク ハイ ホウ フ たおれる たおす

篆文

形声 声符は咅。〔説文〕二下に「僵るるなり」とあり、〔管子、七臣七主〕「設用、度無きときは、國家踣る」のように、敗亡の意にも用いる。

訓義 1 たおれる、たおす。2 ほろびる、やぶれる。3 赴と通じ、おもむく。4 仆と通じ、つまずきたおれる。

古訓 〔名義抄〕踣 イタル 〔字鏡集〕踣 タヲレフス

【踣市】ほくし 刑死者の屍体をさらす。陳尸。〔周礼、秋官、掌戮〕凡そ人を殺す者は、諸れを市に踣し、之れを肆すこと三日。

↑踣焉 倒れるさま／踣河 投水して自殺する／踣臥 倒れる／踣蹶 つまずき倒れる／踣尸 踣市／踣躓 つまずき倒れる／踣墜 転落／踣跌 倒れる／踣顚 顚倒／踣頓 顚倒する／踣覆 くつがえる／踣弊 衰亡する／踣斃 斃死する

↓僵踣・傾踣・困踣・竄踣・躓踣・顚踣・頓踣・斃踣・憂踣

【卜】 2 2300 ボク うらなう うらかた

人

篆文 古文 甲骨文 金文

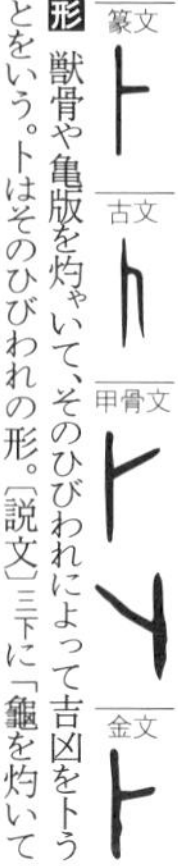

象形 獣骨や亀版を灼いて、そのひびわれによって吉凶をトうことをいう。トはそのひびわれの形。〔説文〕三下に「龜を灼いて剝ぐなり。龜を灸くの形に象る。一に曰く、龜兆の從横なるに象るなり」という。トするとき、まず縦長に穴を掘り、横に鑽きとよばれる円形の穴を作って、その部分を灼くと、縦長の穴の部分には縦、灼いた部分には横に走る線が、その表面にあらわれる。その横の線がト兆、縦横合わせてトの形となる。殷虚小屯出土の大版には、百鑽前後にもト迹を存するものがある。わが国の対馬に伝えられている古法については、伴信友の〔正ト考〕に詳しい記述がある。トの音は、ト兆を生ずるとき、破裂する音をとるものであろう。

訓義 1うらなう。2うらかた、しめす。3えらぶ、トしてえらぶ。

古訓 〔名義抄〕ト ウラナフ・シム 〔篇立〕ト シメス・シム・ウラナフ

部首 〔説文〕に卦・卟・貞・𠧩・占・𠧪など七字を属し、〔玉篇〕は別に兆部を立てて𠧪をその部に移している。貞はもと鼎に従う字で、わが国の探湯のように、鼎によってトするものであった。ト辞ではトうことを「貞ふ」といい、古く探湯の法があったことが知られる。合わせて貞トという。

声系 〔説文〕にト声として赴・卧・攴・朴・仆の五字を収める。攴・朴はものをうつ音、他は走り頓く音である。

語系 トpok、仆phiokは声近く、音に緩急がある。仆は覆(覆)phiuk、踣bəkと近く、つまずいてたおれる音で、同じ系列の語である。

【卜揆】ぼくき トいはかる。〔史通、書志〕宮闕制度、朝廷軌儀は、前王の爲す所、後王則を取る。故に～經始の義、卜揆の功は、百王を經べて易らず、一日として廢すべき無きを知るなり。

【卜亀】ぼくき 亀を灼いてトう。亀ト。〔書、金縢〕乃ち三龜をトす。一に吉を習ぬ。籥(鍵)を啓きて書を見るに、乃ち幷せて是れ吉なり。

【卜居】ぼくきょ 地をトいえらぶ。〔史記、周紀論贊〕成王、召公をして居(都)をトせしめ、九鼎を居く。

【卜工】ぼくこう ト者。また、工事の吉凶をトする。〔後漢書、酷吏、董宣伝〕大姓公孫丹、～新たに居宅を造る。工をトするに以爲へらく、當に死者有るべしと。丹乃ち其の子をして、道の行人を殺して、屍を舍内に置き、以て其の咎を塞がしむ。

【卜巧】ぼくこう 七夕の俗。蜘蛛もトい。〔開元天宝遺事、天宝下、蛛糸卜巧〕帝と貴妃と、七月七日の夜に至る毎に、華清宮に在りて遊宴す。～各ゝ蜘蛛を小盒中に捉へ、曉に至りて開き、蛛網の稀密を視て、以て巧を得るの候と爲す。

【卜歳】ぼくさい 一年の吉凶をトう。〔揮麈後録、六〕楚の俗、元夕の第三夜を過ぐれば、多く更闌の時を以て、微行して人の語言を聽き、以て一歳の通塞をトふ。

【卜肆】ぼくし 売ト者の店。唐・岑参〔厳君平卜肆〕詩 君平曾て賣トす ト肆、蕪るること已に久し 今に至るまで、杖頭の錢(酒を買う銭) 時時、地上に有りと

【卜日】ぼくじつ 日をトう。〔閱微草堂筆記、灤陽消夏録三〕馬氏といふ者有り。家に忽ち變異を見る。～老儒有り、其の事を信ぜず、賤價を以て之れを得たり。日をトして遷居するに、竟に寂然として他無し。

【卜者】ぼくしゃ トう人。〔淮南子、説林訓〕ト者龜を操り、筮者策(蓍)を端すも、～(未だ神明に通ぜざれば)安くにか之れを問ふ所あらんや。

【卜祝】ぼくしゅく ト者と祝り。漢・司馬遷〔任少卿(安)に報ずる書〕僕の先は、剖符丹書の功有るに非ず、文史星暦、ト祝の閒に近し。

【卜筮】ぼくぜい 亀トと易筮。〔詩、衛風、氓〕爾のト、爾の筮 體(ト兆のすがた)に咎言無し 爾の車を以て來れ 我が賄(家財)を以て遷らん

【卜宅】ぼくたく 地をトう。〔書、召誥〕太保、朝に洛に至り、宅をトす。厥れ既にトを得、則ち經營す。

【卜年】ぼくねん 国運の年数をトう。〔左伝、宣三年〕成王、鼎を郟鄏に定め、世をトすること三十(世代)、年をトすること七百(年)、天の命ずる所なり。～鼎の輕重、未だ問ふべからざるなり。

【卜名】ぼくめい 命名をトする。〔大戴礼、保傅〕太子生れて泣くや、太師、銅を吹いて曰く、聲、某の律に中れりと。太宰曰く、滋味某に上ると。然る后に名をトす。上は天に取る無く、下は墜に取る無し。中は名山通谷に取る無く、鄉俗に拂る無し。

【卜隣】ぼくりん 近隣の良否をトう。〔左伝、昭三年〕諺に曰く、宅を是れトするに非ず、唯だ隣を是れトすと。二三子、先づ隣をトす。トに違ふは不祥なり。君子は非禮を犯さず、小人は不祥を犯さざるは、古の制なり。

↑卜稽 トい考える／卜筊 投げトい／卜妻 とつぐことをトう／卜師 ト官／卜辞 占トの辞／卜室 ト居／卜人 ト官／卜正 ト人の長官／卜占 トう／卜錢 投銭トい／卜択 ト定する／卜地 地をトう／卜鳳 婿トい／卜問 トう／卜老 隠居の地をトう

↓易ト・観ト・亀ト・吉ト・献ト・虎ト・筮ト・占ト・貞ト・売ト・枚ト・穆ト・夢ト

【攴】 4 2140 ボク うつ

篆文 甲骨文

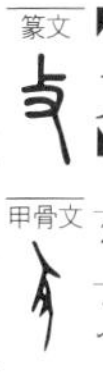

会意 ト＋又(又)。トは木の枝の形。これでものを撃つことをいう。〔説文〕三下に「小しく撃つなり」とし、ト声とするが、ト文の字形は、小さな枝をもつ形である。攴の声は、ものをうつときの音である。

訓義 1うつ、かるくうつ。2むちうつ。

古訓 〔字鏡集〕攴 スコシキウツ

部首 〔説文〕に啓(啓)・肇(肇)・敏(敏)・改・更(更)・敕・敗・攻・敲など七十六字、〔玉篇〕に百七十六字を属する。攴に従うものは、うつ行為を示す。啓・肇・敏の初形は又に従い、字にも毆撃の意はない。改・更・敕・敗・敲は、それぞれ呪的な行為の意味で毆撃する形の字。敲はまた㱿に作り、攴・又・殳の間に互いに出入する関係のものがある。

【木】 4 4090 ボク モク き

常

篆文 甲骨文 金文

象形 枝のある木の形。〔説文〕六上に「冒ふなり。地を冒ひて生ず。東方の行なり」という。〔釈名、釈天〕に「木は冒ふなり」とあり、当時の音義説である。卯字条十四下にも「冒ふなり」とあり、いずれも字義に関しない説で、字はむしろ朴の字義に近く、木訥・木強のように用い、素材としての木をいう。植樹したものは樹という。

訓義 1き、たち木。2材木、木質。3木製のもの、かせ、棺。4五行の一、甲・乙をきのえ・きのとという。5朴と通じ、かざらぬ、木地のまま。

古訓 〔名義抄〕木 キ・サトル 〔字鏡集〕木 キル・サトル

部首 〔説文〕に橘・橙以下、某・休など四百二十字、重文に三十九字、また〔新附〕に十二字を加える。〔玉篇〕の木部は八百

二十二字に及ぶ。二書とも別に東部・林部がある。これらのうち、休の初文は禾に従い、禾は軍門の象。また東は橐（ふくろ）の初文で、その象形の字である。

＊語彙のうち、国語として呉音のモクでよむ慣例のものが多い。

【木鳶】木製の鳥形の飛行する器。〔酉陽雑俎、続四〕魯般、木鳶を作り、～之れに乗りて以て歸り、～公輸般も亦た木鳶を作りて、以て宋城を窺ふ。

【木閣】足掛かり。〔戦国策、斉六〕（田単）棧道木閣を爲りて、王と后とを城陽山中に迎へ、王乃ち反ることを得て、百姓に子しみ臨む。今、國已に定まり、民已に安し。

【木簡】書札に用いる木の札。竹には竹簡という。〔漢書、高帝紀下〕吾羽檄を以て天下の兵を徴す。〔顔師古注〕檄は木簡を以て書と爲す。長さ尺二寸、徴召に用ふるなり。

【木客】木こり。〔呉越春秋、九、句践陰謀外伝〕呉王、宮室を起すことを好み、用工輟めず。王、名山神材を選び、奉じて之れを獻ず。越王乃ち木工三千餘人をして、山に入り木を伐らしむ。～皆怨望の心有り、木客の吟を歌ふ。

【木牛】木製の牛形の運搬車。〔三国志、蜀、諸葛亮伝〕亮、性、巧思に長ず。連弩を損益し、木牛流馬は、皆其の意に出づ。

【木強】武骨。頑固。〔老子、七十六〕人の生くるや柔弱、其の死するや堅強なり。～是こを以て、兵強ければ則ち滅び、木強ければ則ち折らる。

【木偶】木彫りの人形。多く葬具に用いた。〔水経注、汶水〕從征記に曰く、泰山に下中上の三廟有り。牆闕嚴整なり。～庫中に漢時の故樂器、及び神車木偶有り。皆靡密巧麗なり。

【木契】木のわりふ。通門札。〔唐書、百官志二〕（司門郎中）凡そ召す有る者、墨敕を降し、銅魚・木契を勘へ、然る後に入る。

【木雞】木彫りの鶏。〔荘子、達生〕紀の渻子、王の爲に鬬雞を養ふ。～十日にして又問ふ。曰く、幾し。雞鳴く者有りと雖も、已に變ずる無し。之れを望むに、木雞に似たり。其の德全し。異雞敢て應ずる者无し。反りて走らんと。

【木屐】下駄。〔後漢書、逸民、戴良伝〕良、五女竝に賢なり。求姻有る毎に、輒便ち許嫁す。疎裳布被、竹笥木屐、以て之れを遣る。五女能く其の訓に遵ひ、皆隱者の風有り。

【木剣】木刀。〔雲谷雑記、二〕近世官府騶從の持つ所、假りに木を以て之れを爲る。號して木剣と曰ふ。～東齊の著令に象劍を爲ると謂ふ。

【木食】山中の生活。〔晋書、孝友、庾袞伝〕庾賢、絶塵避地、超然遠迹、固窮陋に安んじ、木食山棲せるに、～命に遭ふを免れず。悲しい夫。

【木主】位牌。神位。〔史記、伯夷伝〕武王、木主を載せ、號して文王と爲し、東のかた紂を伐たんとす。伯夷・叔齊、馬を叩へて諫む。

【木人】木の人形。でく。〔戦国策、燕二〕秦、～宋を以て齊に委ねて曰く、宋王無道にして、木人を爲りて以て寡人を寫し、其の面を射る。寡人、地絶れ兵遠く、攻むること能はざるなり。

【木石】木と石。無情のもの。魏・阮籍〔大人先生伝〕人は與に儔を爲すべからず。木石と隣を爲すに若かず。

【木舌】木製の鈴の舌。木鐸。〔書、胤征〕毎歳孟春、遒人（宣令の官）木鐸を以て路に徇ふ。〔伝〕木鐸は金鈴木舌、文教を振ふ所以なり。

【木鐸】金口木舌。文教をふれる者。また、世の指導者。〔論語、八佾〕天下の道無きこと久し。天將に夫子を以て木鐸と爲さんとす。

【木図】木製の地形図。〔夢渓筆談、雑誌二〕予、使を奉じて邊を按じ、始めて木圖を爲り、其の山川道路を寫す。～又、蠟を鎔かして之れを爲る。皆其の輕くして齎し易きを欲する故なり。～乃ち邊州に詔し、皆木圖を爲りて內府に藏す。

【木訥】質朴で口べた。朴訥。〔論語、子路〕子曰く、剛毅木訥は、仁に近し。

【木馬】木製の馬。また、スキー。〔茶香室叢鈔、二、八大王之子〕新唐書の回鶻列傳を考ふるに云ふ、突厥の三部落、木馬に乘りて冰上を馳す。板を以て足に藉み、木を屈して腋を支へ、蹴れば輒ち百歩。～此れを木馬と言ふ。

【木葉】木の葉。〔楚辞、九歌、湘夫人〕帝子、北渚に降る　目、眇眇として予れを愁へしむ　嫋嫋たる秋風　洞庭波だちて木葉下る

【木蘭】もくれん。また、男装の女。唐・杜牧〔木蘭の廟に題す〕詩　弓を彎いて征戰し、男兒と作る　夢裏に曾經て與に眉を畫く

【木履】下駄。〔宋書、謝霊運伝〕奴僮既に衆く、義故門生數百。山を鑿ち湖を浚へ、～必ず幽峻に造る。～登躡するに、常に木履を著け、山に上るときは則ち前齒を去り、山を下るときは其の後齒を去る。

↑木位　位牌／木印　木材の印刻／木蔭　樹蔭／木瓜　ぼけ／木稼　樹氷／木介　樹氷／木械　木のかせ／木函　木ばこ／木桿　木の棒／木幹　木のみき／木丸　猿ぐつわ／木器　木製の器／木櫃　ひつ／木屩　木靴／木魚　仏具／木匡　太鼓の胴／木斤　樹氷／木菌　木耳の異名／木槿　むくげ／木具　木器／木禺　木偶／木工　大工／木公　松の異名／木功　大工仕事／木侯　さる／木桁　けた／木梗　でく／木柴　木で組んだとりで／木材　材木／木柵　しがらみ／木子　木の実／木耳　きくらげ／木質　木造り／木実　木の実／木車　白木の車／木杓　ひしゃく／木汁　樹液／木処　木棲／木匠　大工／木牀　木の寝台／木杖　木の杖／木稷　高粱／木燧　きり火の木／木棲　木の上に棲む／木精　老木の精／木屑　おがくず／木牋　木札／木像　木の彫像／木炭　すみ／木彫　木彫り／木枕　木の枕／木椎　さい槌／木蠹　木食い虫／木奴　蜜柑の異名／木刀　木の刀／木榻　腰かけ／木牘　文字をしるす木簡／木遁　隠身の術／木筏　いかだ／木版　木刻／木皮　樹皮／木媚　老木の精／木筆　木製の筆／木氷　樹氷／木表　標木／木杪　梢／木猫　鼠とり／木壁　板壁／木片　木ぎれ／木母　梅の異名／木末　梢／木魅　老木の精／木綿　もめん／木妖　木魅／木落　落葉する／木理　木のまさ／木霊　木魅／木驢　拷問の具／木礱　唐臼

↓悪木・囲木・異木・一木・雲木・花木・佳木・果木・嘉木・怪木・栞木・灌木・卉木・丘木・朽木・樛木・巨木・拱木・喬木・曲木・群木・勁木・古木・孤木・枯木・坑木・香木・高木・槀木・刻木・材木・雑木・散木・算木・攢木・鑽木・質木・若木・樹木・就木・柔木・樵木・上木・植木・神木・薪木・燧木・接木・草木・叢木・大木・啄木・直木・珍木・土木・伐木・板木・扶木・斧木・浮木・桴木・腐木・風木・墓木・抱木・名木・陽木・立木・流木・梁木・霊木・連木・老木・肋木

【扑】　5　5300　ボク　ハク　うつ

形声　声符は卜。卜はうつ声。〔説文〕攴字条三下に「小しく撃つなり」とあり、扑と声義同じ。字はまた撲に作る。

訓義　1うつ、かるくうつ。2むち、むちうつ、たたく。3仆と通じ、たおす、たおれる。

古訓　〔名義抄〕扑　サヽク・サシハサム・マトカ／返扑　カヘリテ

ウタル
＊語彙は撲字条参照。
↑扑撃 うつ／扑殺 撲殺／扑撻 鞭うつ／扑罰 笞刑／扑滅 撲滅
↓鑿扑・敲扑・捶扑・箠扑・楚扑・鞭扑・乱扑

常【朴】6 4390 ［樸］16 4293
ボク ハク
きのかわ ほおのき すなお

篆文 

形声 声符は卜。木の皮を剝ぎとる意。〔説文〕六上に「木皮なり」、〔広雅、釈詁三〕に「離すなり」という。木皮を剝いで、そのまま彫飾などを加えないもので、朴素・朴質の意に用いる。木名としては、ほおの木をいう。朴はその剝ぐ声を写した字であろう。樸はまた撲と通用し、樸は撲って木皮をとる意。

訓義 ①きのかわ。②皮はぐ、はなれる。③ほおの木。④木はだのまま、すなお。⑤大きい。⑥樸と通用する。

古訓 〔和名抄〕樸 古波太(こはだ)〔名義抄〕朴 ホ、ノキ・スナヲナリ／厚朴 ホ、カシハノキ〔字鏡集〕朴 コハダ・キノカハ・アツヒ・スナヲナリ・キノモト・クチキ・ホウノキ

＊語彙は樸字条参照。

【朴学】古典など、質朴の学。宋・陸游〔縦筆、三首、二〕詩 壯歳、天下に志し 崎嶇するも、一の施す無し 高談、隣父に對し 朴學、癡兒に付す
【朴牛】大きな牛。〔楚辞、天問〕恆(殷の遠祖)、季(殷の始祖)の德を秉る 焉くにか夫の朴牛を得たる
【朴厚】素朴で情に厚い。唐・韓愈〔冬、官に殷侑を薦むる状〕殷侑～亮直著名、朴厚端方、倫比を見ること少れなり。～敢て擧げずんばあらず。謹みて錄して奏聞す。

【朴実】素朴で実直。唐・柳宗元〔唐故秘書少監陳公行状〕公、文章若干卷有り。深茂古老、～紀事朴實なり。

【朴素】飾らず、素朴。〔周書、文帝紀下〕性、朴素を好み、虛飾を尙ばず。恆に風俗を反し、古始に復するを以て心と爲す。

【朴忠】素朴で忠実。〔史記、平準書〕初め式、郎爲ることを願はず。～上、以て式を朴忠なりと爲し、拜して齊王の太傅と爲す。

【朴茂】朴厚。宋・文天祥〔劉父老季文の画像に跋す〕予れ、其の田里淳龐の狀、山林朴茂の氣を觀るに、壽を世に得るは、偶然と曰ふに非ず。

【朴魯】素朴でおろか。〔宋史、地理志一〕開封府の京東路、～大率、東人は皆朴魯純直、甚だしき者は、之れを滯固に失す。然れども專經の士を多しと爲す。

【朴陋】素朴で賤しい。唐・李綽〔尚書故実〕佛像は本と胡夷、朴陋なり。人、敬を生ぜず。今の藻繪雕刻は、戴顒より始まるなり。顒、嘗つて一像を刻し、自ら帳中に隱れ、人の臧否(善悪)を聽き、隨つて之れを改む。是くの如きこと十年を積み、厥の功方めて就れり。

↑朴陰 簡陋／朴雅 素朴で純雅／朴騃 朴魯／朴謹 朴直／朴愚 朴騃／朴撃 撃殺／朴倹 倹素／朴古 古朴／朴拙 朴素／朴斲 削って作る／朴直 朴実／朴訥 木訥／朴鈍 にぶい／朴鄙 朴陋／朴野 質朴
↓簡朴・頑朴・愿朴・鯁朴・質朴・純朴・淳朴・醇朴・素朴・忠朴・戇朴・惇朴・敦朴・鄙朴

常【牧】8 2854
ボク
うしかい やしなう まき おさめる

篆文 
甲骨文 
金文 

会意 牛＋攴。攴は鞭をもつ形。牛を追うて放牧する意。〔説文〕三下に「牛を養ふ人なり」とあり、また牧養すること、牧場の意に用いる。〔左伝、襄十四年〕に「庶人工商、皁隷牧圉」とあって、牧圉は皁隷の徒とされた。また民治の意に用い、地方の長官を牧民という。

訓義 ①うしかい、うまかい、ひつじかい。②やしなう、放ち飼いする。③まき、まきば。④放牧の地、郊外の地。⑤おさめる、のぞむ、つかさどる。⑥牧民の官、地方の長官。⑦つかえる、臣下、田官。

古訓 〔和名抄〕牧 无万岐(むまき)〔名義抄〕牧 ウシカフ・カフ・ムマキ・アハレブ・ヲサム・ヤシナフ

【牧牛】牧養する牛。〔晋書、慕容皝載記〕(封裕、諫めて曰く)宜しく諸苑を省罷し、以て流人に業せしむべし。人至るも資產無き者には、之れに牧牛を賜ふに以てせよ。人既に殿下の人なり。牛豈に失はんや。

【牧圉】牧牛圉馬。牛馬を飼う。〔左伝、僖二十八年〕居る者有らずんば、誰か社稷(国家)を守らん。行く者有らずんば、誰か牧圉(外に随行する意)を扞らん。不協の故に、用つて昭らかに盟を爾の大神に乞ひ、以て天衷を誘ふ。

【牧守】地方の長官。〔漢書、翟方進伝〕陳咸・朱博～の屬の如き、皆京師の世家にして、材能を以て少くして牧守列卿を歷へ、名を當世に知らる。而して方進は特立後起、十餘年閒宰相に至り、法に據りて以て咸等を彈じ、皆之れを罷退す。

【牧場】牛馬の放牧地。〔魏書、食貨志〕高祖卽位の後、復た河陽を以て牧場と爲し、恆に戎馬十萬匹を置き、以て京師軍警の備へに擬す。

【牧人】牧夫。また、牧民の官。〔書、立政〕文王惟れ克く厥の心を宅り、乃ち克く茲の常事(司)・牧人を立て、克く俊の德有るを以ふ。

【牧長】牧場の長。〔史記、貨殖伝〕夫れ(烏氏)倮は鄙人牧長、(巴蜀の寡婦)淸は窮鄕の寡婦なり。禮、萬乘に抗し、名、天下に顯はる。

【牧笛】牧人の吹く笛の音。宋・陸游〔閑遊の至る所少しく長句を留め得たり、五首、二〕詩 鷺は釣船を引いて、荻浦を經へ 牛は牧笛に隨つて、柴門に入る
【牧童】放牧する童子。〔呂覧、疑似〕舜、御(者)と爲り、堯、左(乗)と爲り、禹、右(乗)と爲るも、澤に入りては牧童に問ひ、水に入りては漁師に問ふ。奚の故ぞ。其の之れを知ること審らかなればなり。

【牧馬】馬を放牧する。また、放牧された馬。漢・李陵〔蘇武に答ふる書〕耳を側てて遠く聞けば、胡笳互ひに動き、牧馬悲鳴す。吟嘯群を成し、邊聲四に起る。晨に坐して之れを聽き、覺えず淚下る。

【牧伯】州郡の長官。晋・李密〔情事を陳ぶる表〕臣の辛苦は、獨り蜀の人士、及び二州牧伯の明知せらるる所なるのみに非ず、皇天后土も、實に共に鑒みる所なり。願はくは陛下、愚誠を矜愍し、臣の微志を聽るせ。

【牧民】民を治める。〔三国志、魏、明帝紀〕其の郎吏、學一經に通じ、才、牧民に任へ、博士の課試、其の高第の者を擢んで亟やかに用ひよ。

【牧羊】羊を飼う。〔荘子、駢拇〕臧と穀(共に下僕の称)と二人相ひ與に羊を牧し、俱に其の羊を亡ふ。臧に～問へば則ち筴を挾みて書を讀み、穀に～問へば則ち博塞(賽)して以て遊ぶと。二人の者、事業同じからざるも、其の羊を亡ふに於ては均しきなり。

【牧養】飼う。養う。〔管子、問〕問ふ、鄕の良家、其の牧養する所の者幾何人ぞ。問ふ、邑の貧人、債して食ふ者、幾何家ぞ。

↑牧苑 まきば／牧監 州の長官／牧子 牧童／牧司 司る／牧児 牧童／牧豎 牧童／牧廠 放牧地／牧嘯 牧歌／牧食 飼養／牧地 まきば／牧豬 養豚／牧田 まきば／牧奴 牧夫／牧犢 牧牛／牧放 放牧

↓岳牧・九牧・厩牧・圉牧・群牧・侯牧・耕牧・司牧・守牧・州牧・樵牧・人牧・芻牧・畜牧・田牧・統牧・農牧・放牧・民牧・遊牧・養牧・力牧・良牧

【楘】 13 1890 ボク ながえまき

篆文

形声 声符は敄。〔説文〕六上に「車の歴錄、束文なり」とし、「詩に曰く、梁輈 五楘」と〔秦風、小戎〕の句を引く。車の轅に皮を五束にして巻きつけることをいう。

訓義 ①ながえまき、革をまきつける。②柔と通用し、やわらか、やわらげる。

↓五楘

常 【睦】 13 6401 ボク むつむ したしむ やわらぐ

篆文 古文

形声 声符は坴。坴は來(来)母の字で、母の字であるが、來母の字に明(明)母の音と通用する例が多い。〔説文〕四上に「目順ふなり」とし、「一に曰く、敬しみて和するなり」とあり、親睦の意。〔周礼、地官、大司徒、注〕に「九族に親しむなり」という。また〔広雅、釈詁一〕に「信なり」とあり、王念孫の〔疏証〕に、穆と通用する字であるという。

訓義 ①むつむ、むつまじい、したしむ。②やわらぐ、なごむ、おだやか。③穆と通じ、まこと。

古訓 〔名義抄〕睦 ムツブ・ムツマジ・ミル・ヤハラグ 〔字鏡集〕睦 ミル・ヤブル・コヒタリ・ムツマジ・ヤハラカナリ・シタガフ・ヤハラグ・ムツブ

語系 睦・穆miukは同声。穆は穀実が熟して、まさに剖けようとするときの形で、うちに充実する意がある。

【睦親】 近親。〔漢書、韋賢伝〕(諫詩)嗟嗟、我が王(楚の元王) 漢の睦親なるに 曾ち夙夜(朝夕の政事をみる)して 以て令聞(名声)を休くせず

【睦族】 親しい一族。〔宋史、楽志九〕(高宗郊祀～太廟三十首、英宗室、治隆)家を齊へ 族に睦しみ 武を偃せ文を恢いにし 於に淸酤を薦め 之れを酌みて欣欣たり

【睦隣】 四隣の国と親しむ。〔書、蔡仲之命〕乃の績と為する攸を懋め、乃の四隣に睦しみ、以て王室を蕃り、以て兄弟を和し、小民を康済せよ。

↑睦愛 親しむ／睦誼 親しむ／睦熟 よくみのる／睦崇 尊敬する／睦睦 恭しいさま／睦友 仲よし／睦雍 親好

↓愛睦・協睦・恭睦・孝睦・慈睦・修睦・輯睦・粛睦・親睦・篤睦・敦睦・友睦・雍睦・隣睦・和睦

常 【僕】 14 2223 ボク ぎょしゃ しもべ やつがれ

篆文 古文 金文

形声 声符は菐。〔説文〕三上に「給事する者なり。人に従ひ、菐に従ふ。菐は亦聲なり」と会意に解し、古文䑑を録する。〔説文〕は菐を瀆菐にして卑賤の意とし、そのことに従う者と解するのであろう。僕の初形は卜文では礼冠を頂き、儀礼に従う者の形に作り、その奉ずる器は辛の形に似ており、宰牲のことに当たるものかと思われる。古文は臣に従い、臣は神に事えるものであった。西周中期の金文〔趞簋〕に「僕射・士訊・小大の右隣」のように官職名を列し、後期の〔師獣簋〕に「僕馭・百工・牧・臣妾」とあり、僕は必ずしも下僕の意ではない。のち卑賤の称となり、司馬遷が任安に与えた書中には自称として用いている。

訓義 ①つかえるもの、神につかえるもの、つかさどる。②ぎょしゃ、僕御。③ともがら、なかま。④しもべ、めしつかい。⑤やつがれ、わたくし、自己の謙称。

古訓 〔名義抄〕僕 ヤツガレ・ヤツコ・ワレ・ツカフ・ツク・ユルナリ・ツブネ・マツ・マメス 〔字鏡集〕僕 ツカフ・ツブネ・ヤツコ・マメヒ・マメス・ツカヒ・ヤツガレ・ツク・ワレ・タケシ・ムカフ・ユリナリ・ツカヒビト

声系 〔説文〕に僕声として濮など三字を収める。僕と声義の関係は認められない。

【僕御】 御者。〔史記、晏嬰伝〕今者(今日)は妾、其(晏子)の出づるを観るに、志念深し。常に以て自ら下る者有り。今子は長八尺、乃ち人の僕御と為り、然して子の意、自ら以て足れりと為す。妾、是を以て去らんことを求むるなり。

【僕区】 盗品の匿し場所。〔左伝、昭七年〕吾が先君文王、僕區の法を作る。曰く、盗の器を隱す所は、盗と罪を同じうすと。

【僕妾】(僕妾) 下男下女。宋・蘇軾〔留侯論〕卒然として草野の閒に相ひ遇ひ、命ずるに僕妾の役を以てするも、油然として怪しまざる者は、此れ固より秦皇(始皇帝)の驚かす能はざる所にして、項籍(羽)の怒らす能はざりし所なり。

【僕臣】 王の下臣。〔書、冏命〕乃の后の德を懋め、交ゝ逮ばざるを修めよ。～僕臣正しきときは、厥の后克く正しく、僕臣諛へふときは、厥の后自ら聖とす。后の德は惟れ臣、不德も惟れ臣なり。

【僕賃】 賃仕事で働く。〔左伝、襄二十七年〕崔氏の亂に、申鮮虞、來り奔りて野に僕賃す。

【僕夫】 御者。〔楚辞、離騒〕僕夫悲しみ、余が馬懷ふ 蜷局して、顧みて行かず

【僕僕】 煩わしいさま。〔孟子、万章下〕子思以爲へらく、鼎肉(を賜うに)、己をして僕僕爾として亟ゝ拜せしむ。君子を養ふの道に非ざるなりと。

【僕虜】 奴僕。〔抱朴子、審挙〕兵興るの世、武は貴くして文寝む。俗人の儒士を視ること僕虜の如く、經誥(経典)を見ること芥壤(ちりあくた)の如き者は、何ぞや。聲名、此れに背くに由るなり。

【僕隷】 召使い。宋・蘇轍〔歴代論二、漢光武下〕是(高帝)の時に當り、大臣權任の盛、風流相ひ接す。～景・武の後、此の風衰ふ。大臣の用舍、僅だ僕隷の如し。

↑僕役 下僕／僕縁 群がりつく／僕牛 車に牛をつける／僕圉 下僕／僕使 召使い／僕廝 下僕／僕豎 こもの／僕従 従者／僕乗 従者と馬／僕遬 愚かもの／僕程 火の神／僕奴 下男／僕党 われら／僕僮 こもの／僕輩 われら／僕婢 下男下女／僕輿 僕乗／僕媵 僕妾／僕旅 お伴の者

↓家僕・頑僕・御僕・群僕・下僕・健僕・公僕・更僕・車僕・臣僕・騶僕・走僕・臧僕・村僕・太僕・台僕・忠僕・奴僕・童僕・馬僕・婢僕・輿僕・傭僕・羸僕・隷僕・老僕

常 【墨】 14 人 〔墨〕 15 6010 ボク モク すみ くろい いれずみ すみなわ

篆文 金文 古印璽

会意 黑(黒)と土。〔説文〕十三下に「書する墨なり」とあり、書

写に用いる墨をいう。甲骨文に墨書のあとを存するものがある。また契刻の前に墨書したらしく、縦画あるいは横画を刻りもらしている例がある。黒は火を燻らして、嚢の中に煤をとる形。それに土を加えて固型として用いた。詩文書画のすべてを含めて文墨といい、その人を墨客という。

訓義 ①すみ、するすみ。②くろい、くろずむ、いれずみ。③けがれる。④すみなわ。⑤嘿・黙と通じ、だまる。⑥冒と通じ、おかす、よこしま。

古訓 〔和名抄〕墨 須美(すみ) 〔名義抄〕墨 スミ 〔字鏡集〕墨 スミ・スリスミ

語系 墨mək、黒xək は畳韻の語。黒声の字がすべて墨声であることからいえば、黒にその声があったのであろう。煤muə、黴məiも声義に通ずるところがあり、黴は〔説文〕十上に「久雨に中りて青黒きなり」とみえる。

【墨鴉】ぼくあ 拙劣な書。明・高啓〔昨行を憶ふ～〕詩 醉うて高壁に題すれば、墨、鴉の如し 一半は敧ること斜めにして、字を成さず

【墨家】ぼくか 墨翟の学。兼愛非攻、節葬非楽を説く。〔漢書、芸文志〕墨家者流は、蓋し清廟の守に出づ。茅屋采椽、是こを以て倹を貴ぶ。

【墨戯】ぼくぎ 水墨画。〔宣和画譜、墨竹、詩意図〕閻士安～家世々醫を業とす。性、墨戯を作すを喜ぶ。荊檟(いばらと、ひさぎ)枳棘(からたちと、いばら)、荒崖斷岸、皆精妙を極む。

【墨客】ぼくかく 詩文書画の才のある人。唐・杜甫〔胡侍御の書堂に宴す～〕詩 翰林、名素もより有り 墨客、興、違ふこと無し

【墨君】ぼくくん 墨竹。宋・蘇軾〔墨君堂記〕獨り王子猷(徽之)のみ、竹を君と謂ひ、天下從つて之れを君として異辭無し。今、(文)與可(同)、又能く墨を以て君の形容を象り、堂を作りて以て君を居く。

【墨黥】ぼくげい 入墨の刑。〔漢書、刑法志〕孫卿(荀子)の刑を論ずるや、曰く、世俗の説を爲す者は、以爲へらく、治古には肉刑無し。象刑墨黥の屬～有るのみと。是れ然らず。～治古には、豈に獨り肉刑無きのみならんや。亦た象刑をも待たず。

【墨痕】ぼくこん 墨色のあと。清・蔣士銓〔歳暮、家に到る〕詩 寒衣、針綫密に 家信、墨痕新たなり

【墨守】ぼくしゅ 墨家の守備。自説を守る意に用いる。〔墨子、公輸〕公輸盤、九たび攻城の機變を設け、子墨子九たび之れを距ぐ。公輸盤の攻械盡き、子墨子の守圉は餘り有り。公輸盤、詘す。

【墨汁】ぼくじゅう(じふ) すった墨。墨液。〔画品、一〕劉靜修の詩に、老いて胸中に墨汁無きを覺ゆと。畫譜に云ふ、李成、墨を惜しむこと、金の如しと。

【墨書】ぼくしょ 墨書き。晉・荀勗〔穆天子伝の序〕古文穆天子傳は、～皆竹簡、素絲にて編む。～其の簡の長さ二尺四寸、墨を以て書し、一簡四十字。

【墨場】ぼくじょう(ぢやう) 文墨の人たち。唐・宋之問〔王七(珣)秘書監を傷む～〕詩 書は乃ち墨場の絕(無比) 文は詞伯の雄と稱す

【墨色】ぼくしょく 墨の色。また、墨のような黒い色。〔墨経、色〕凡そ墨色は紫光を上と爲し、墨光之れに次ぎ、青光又之れに次ぎ、白光を下と爲す。凡そ光と色と、一を廢すべからず。

【墨迹】ぼくせき 筆跡。〔夢渓筆談、書画〕晉宋人の墨迹、多くは是れ弔喪問疾の書簡なり。唐の正觀中、前世の墨迹を購求すること、甚だ嚴。～士大夫の家に存する所は、皆當日朝廷の取らざりし所の者なり。流傳して今に至る所以なり。

【墨荘】ぼくそう(さう) 蔵書の所。〔墨荘漫録の序〕僕、性藏書を喜ぶ。寓する所に隨つて、榜して墨莊と曰ふ。

【墨池】ぼくち 硯。また、筆を洗った池。唐・裴説〔懐素台歌〕詩 永州東郭に、奇怪有り 筆家墨池、遺跡在り 筆家低低、高きこと山の如く 墨池淺淺、深きこと海の如し

【墨竹】ぼくちく 墨がきの竹。宋・蘇軾〔文与可(同)の墨竹に題す、序〕故人文與可、道師王執中の爲に墨竹を作る。且つ執中に謂ふ、～蘇子瞻(軾)の來るを待ちて、詩を其の側らに作らしめよと。

【墨豬】ぼくちょ 筆画が太くて骨のないもの。晉・衛鑠〔筆陣図〕筆力を善くする者は骨多く、筆力を善くせざる者は肉多し。多骨微肉なる者、之れを筋書と謂ふ。多肉微骨なる者、之れを墨豬と謂ふ。

【墨勅】ぼくちょく 墨書の詔書。〔南斉書、高帝紀上〕太祖政を輔け、～民間の華僞雜物を禁ず。～皆墨敕を須ふること、凡て十七條なり。

【墨突】ぼくとつ 墨家は東奔西走、竈突の黒む間もなかったので、「墨突黔まず」という。漢・班固〔賓の戯れに答ふ〕聖哲の治は、棲棲遑遑たり。孔(子の)席暖まらず、墨突黔まず。

【墨罰】ぼくばつ 入墨の刑。〔書、呂刑〕墨罰の屬千、劓罰の屬千、剕罰の屬五百、宮罰の屬三百、大辟の罰、其の屬二百、五刑の屬三千なり。

【墨板】ぼくばん 木版印刷。唐末、益州に起こる。宋・劉跂〔金石録後序〕昔、文籍既に繁く、竹素紙札、轉た相ひ謄寫するも、彌久にして誤り無き能はず。近世、墨板模印を用ひ、流布に便なり。

【墨本】ぼくほん 碑帖類の拓本。明・何景明〔石鼓を観るの歌〕詩 平生、博く覽て古跡を愛す 世上の墨本、徒らに紛紜たり

【墨妙】ぼくみょう(めう) 書画詩文の絶妙のもの。宋・蘇軾〔墨妙亭記〕高郵の孫莘老、～吳興に守たり。～墨妙亭を府第の北、逍遙堂の東に作る。凡そ境內の、漢より以來の古文遺刻を取り、以て之れに實たす。

↑墨衣 僧衣、緇衣/墨烟 黒烟/墨娥 代書者/墨海 硯/墨丸 墨/墨器 硯/墨義 筆記試験/墨魚 いか/墨刑 入墨の刑/墨啓 手書して奏啓する/墨経 墨家の経説などの部分。論理学的な記述が多い/墨卿 文人/墨研 墨と硯/墨工 墨作り/墨刻 墨本/墨黒 まっ黒/墨彩 墨の色/墨縗 喪服/墨罪 墨刑/墨士 墨客/墨旨 墨勅/墨歯 おはぐろ/墨漆 黒のうるし/墨綬 黒い印綬/墨詔 墨付き/墨蹤 墨迹/墨丈 近距離/墨帖 法帖/墨瀋 墨汁/墨水 墨汁/墨井 炭礦/墨生 墨工/墨跡 墨迹/墨蹟 墨迹/墨洗 筆洗/墨選 八股文の文例/墨痴 拙筆/墨絰 喪服/墨涅 入墨/墨敗 汚職/墨辟 墨刑/墨癖 書画癖/墨弁 別墨/墨宝 名書画/墨法 書画の法/墨幪 囚人の帽/墨墨 黙々/墨蘭 墨書の蘭/墨吏 貧吏

↓遺墨・煙墨・佳墨・華墨・灰墨・翰墨・寄墨・揮墨・劓墨・旧墨・狂墨・刑墨・研墨・硯墨・玄墨・古墨・枯墨・香墨・黄墨・毫墨・縗墨・残墨・紙墨・緇墨・漆墨・手墨・朱墨・囚墨・松墨・帖墨・縄墨・深墨・慎墨・水墨・翠墨・酔墨・尺墨・石墨・染墨・黛墨・題墨・淡墨・沈墨・泥墨・涅墨・刀墨・濃墨・破墨・白墨・潑墨・飛墨・筆墨・粉墨・文墨・芳墨・宝墨・磨墨・名墨・幽墨・落墨・零墨・老墨・弄墨・陋墨

常 【撲】 15 5203 〔扑〕 5 5300 ボク ハク うつ うちたおす

篆文

金文

形声 声符は菐。菐に僕・樸の声がある。菐は上に鑿歯のある長い木をもつ形。〔説文〕十二上に「挨つなり」という。〔書、盤庚上〕に燎原の火も「其れ猶ほ撲滅すべけんや」とあり、

草などをたたき伏せて消火する意。金文の〔宗周鐘〕に「厥の都を戮伐す」のように、戈に従う字もあり、討伐の意に用いる。字はまた扑に作る。菐・卜は、みなたたく声を写した語である。

訓義 1うつ、うちたおす。2たおれる、つまずく。3うちあう、すまう、相撲。4攴と通じ、杖でうつ。

古訓 〔名義抄〕撲 ウツ・タフス・ナグ・ツキヌ・サス・ヒサク・ハラフ・コク・ツクス・ソクロフ・トラフ・ウチケツ 〔字鏡集〕撲 ウツ・ヤク・ハラフ・ツクロフ・ツクス・サシハサム・スナホナリ・マドカ・サヽク・ウチケツ

【撲毬(きう)】 打毬の戯。元・張憲〔唐五王、毬を撃つ図〕詩 中王、鞚を按へ、宋王馳せ 杖もて毬嚢を撲ち、手親ら挐ぐ 草平らかなること掌の如く、馬力均し 玉鞭十里、塵を動かさず

【撲殺】 うち殺す。〔説苑、正諫〕秦始皇帝の太后謹まず。郎嫪毐を幸す。～始皇乃ち毒の四支(肢)を取りて、之れを車裂し、其の兩弟を取りて、嚢して之れを撲殺す。

【撲地】 地に滿ちる。唐・王勃〔滕王閣の序〕閭閻(邑里)地を撲つ、鐘鳴鼎食の家あり。舸艦、津(港)に迷ふ、青雀黃龍の舳あり。

【撲筆】 筆を投げる。唐・韓愈〔盧郎中雲夫～詩両章を寄示す。歌以て之れに和す〕詩 門を閉ざす、長安三日の雪 書を推し筆を撲ちて、慨慷を歌ふ

【撲滿】 貯金箱。〔西京雑記、五〕撲滿は土を以て器と爲し、以て錢を蓄ふる具なり。其の、入るる竅有りて出だす竅無し。滿つれば則ち之れを撲つ。

↑撲曲 蚕具／撲蛍 蛍狩り／撲戸 力士／撲朔 つまずく／撲樕 小さな木／撲蔌 飛ぶ声／撲堆 顔一面にあらわす／撲褫 屠殺する音／撲殄 撲滅する／撲破 うちこわす／撲罰 杖刑／撲蠅 蠅をうつ／撲落 散乱する／撲漉 翼の音

↓撃撲・敲撲・摧撲・剿撲・剪撲・殲撲・勦撲・打撲・跳撲・雷撲・乱撲

【樸】 16 4293 〔朴〕 6 4390

ボク ハク

あらき きじ もと すなお

篆文

形声 声符は菐。〔説文〕六上に「木素なり」とあり、材木の生地をいう。〔書、梓材〕の〔馬融注〕に「未だ器を成さざるなり」、〔周礼、夏官、稾人〕「春、素を獻じ、秋、成を獻ず」の〔疏〕に「形法定まるを素と爲す。飾治(ちょく)畢るを成と爲す」とあり、皮を去り、形を整えたままの素材の木をいう。朴と通用し、菐・卜は、ともにその剝治の声を示す。玉には璞という。

訓義 1あらき、まるき、きじ。2もと、もとのまま。3すなお、まこと。4樸と通じ、叢生する木。

古訓 〔新撰字鏡〕樸 未だ治めざる阿良木(あらき)なり 〔名義抄〕樸 コハダ 〔篇立〕樸 コハダ・ホヽノシハ 〔字鏡集〕樸・樸 カシノキ

＊語彙は朴字条参照。

【樸学】 古典の学。清代では主として漢代訓詁の学をいう。〔漢書、儒林、欧陽生伝〕(倪)寛、俊材有り。初めて武帝に見え、經學を語る。上曰く、吾始め尙書を以て樸學と爲ひ、好まざりき。寛の說を聞くに及んで、觀るべしと。

【樸彊(きやう)】 質朴で剛毅。〔唐書、張孝忠伝〕吾は既に唐臣爲り。天性樸彊、業已に忠を效せり、復た惡を助けず。吾、武俊と少くして相ひ狎れしも、～幸に司徒(叛徒武俊)に謝せよと。

【樸厚】 飾らず情に厚い。〔宋史、呂大防伝〕大防、樸厚惷直、黨朋を植てず、范純仁と竝び位し、同心戮力、以て王室を相く。

【樸質】 質樸。〔北史、酈道元伝〕弟道約、～樸質遲鈍、頗ぶる琴書を愛す。性造請多く、榮利を以て干謁するを好み、乞丐已まず。

【樸淳】 淳朴。元・周伯琦〔順寧府より～雞鳴山を過ぎり、晚に雷家駅に宿す〕詩 郡治頗ぶる淸曠 民俗亦た樸淳 川原、西成饒かに 景物、征晨を娛しむ

【樸拙】 飾らず巧まない。〔宋史、蘇軾伝〕(上書)近歲樸拙の人愈少なく、巧進の士益多し。惟だ、陛下、之れを哀れみ之れを救ひ、簡易を以て法と爲し、淸淨を以て心と爲せ。

【樸素】 素朴。〔荘子、天道〕無爲にして尊く、樸素にして天下能く之れと美を爭ふもの莫し。

【樸直】 質実率直。唐・杜甫〔大曆三年春白帝城より船を放って～。四十韻〕詩 疾に臥して淹しく客と爲り 恩を蒙りて早く儒に厠はる 廷爭して造化に酬い 樸直、江湖を乞む

【樸鈍】 質朴でのろま。〔三国志、蜀、龐統伝〕少時樸鈍、未だ識る者有らず。穎川の司馬徽～共に語ること晝より夜に至り、～甚だ之れを異とす。

【樸鄙】 飾らずいやしい。〔荘子、漁父〕孔子、軾に伏して歎じて曰く、甚だしい矣、由(子路)の化し難きこと。禮義に湛たること間有るに、樸鄙の心、今に至るも未だ去らず～と。

【樸魯】 樸鈍。宋・岳飛〔少保を辞す、第四札〕臣、性資樸魯、久しく寵榮を叨りにす。毎に滿盈して、負荷すること克はざるを懼る。

【樸陋】 粗末。〔南唐書、烈祖紀〕(李昇)性、節儉。常に蒲履を躡む。～左右の官婢、裁かに數人、服飾樸陋なり。

↑樸渥 兎をいう／樸壹 すなおでまじめ／樸騃 樸魯／樸愨 誠実／樸愚 樸魯／樸儉 質素／樸実 質朴／樸儒 朴実な儒／樸愼 愼ましい／樸誠 誠実／樸疏 樸野／樸樕 小さな木／樸訥 木訥／樸文 文質／樸茂 重厚／樸野 樸鄙／樸略 樸野／樸廉 質樸で倹素

↓華樸・簡樸・頑樸・謹樸・愚樸・荊樸・倹樸・古樸・散樸・質樸・純樸・淳樸・醇樸・拙樸・素樸・粗樸・樕樸・大樸・敦樸・卑樸・鄙樸・抱樸・蒙樸・幽樸・魯樸

【穆】 16 2692

ボク

みのる つつしむ まこと やわらぐ

篆文 甲骨文 金文

象形 禾が実って穂を垂れ、その実がはじけようとする形。〔説文〕七上に「禾なり」とし、㣎声とする。また㣎字条九上に「細文なり」とするが、その用義例はない。卜文・金文の字形は、禾穂の実がはじけるほど熟している形で、全体象形とみるべき字。内に充実して、外にあらわれようとするさまで、それを徳性の上に及ぼして穆実の意とする。金文に穆穆・淑穆のような語がある。

訓義 1禾、禾の実った形、禾の熟した形、みのる。2みつる、やわらぐ、つつしむ。3まこと、うるわしい。4宗廟の序。祖廟の次に、左右に昭穆相次ぎ、五廟・七廟と列する。5繆と通じ、あやまる。6默と通じ、しずまる。

古訓 〔名義抄〕穆 ムツブ・ムツマジ・ヨシ・ウヤマフ・ツヽシム・ヤハラグ・キヨシ・ウルハシ・アツシ・マコトナリ／穆穆 ―トツヽシム 〔字鏡集〕穆 ウヤマフ・ムツマジ・ウルハシ・ヨシ・ヤハラク・ツヽシム・トヽノフ・サカリ

語系 穆 miuk は禾実の熟すること。胚胎することを孚

phiuといい、剖けることを剖pha、また副phiuəkという。その次第を意味する同系列の語と考えられる。

【穆遠】 奥ゆかしい。晋・袁宏〔三国名臣序賛〕元歎(顧雍)は穆遠にして、神和し、形檢まる。彼の白珪の如く、質に塵玷無し。

【穆考】 父。廟に祀られる父。〔書、酒誥〕乃の穆考文王、國を肇むること、西土に在り。

【穆如】 温雅な気象のさま。〔詩、大雅、烝民〕吉甫誦(詩)を作る 穆として清風の如し

【穆清】 穏やかで清らか。〔三国志、呉、陸抗伝〕(上疏)夫れ俊乂なる者は、國家の良寶にして、社稷(国家)の貴資、庶政の倫敍する所以、四門の穆清なる所以なり。

【穆然】 和らぎ親しむさま。明・方孝孺〔鄭叔度字説〕今、叔度の家、義を秉り聚居する者十世、堂序の內、秩然とし禮有り、穆然として樂しむ。〜而して叔度、蔚として文聲有り。

【穆穆】 奥ゆかしく立派なさま。〔詩、大雅、文王〕穆穆たる文王 於緝熙にして敬止す

↑穆粛 つつしむ／穆暢 つつしみ深く、のびやか／穆卜 敬卜

↓安穆・怡穆・郁穆・允穆・悦穆・婉穆・淵穆・緝穆・淑穆・粛穆・昭穆・深穆・粋穆・綏穆・清穆・敦穆・友穆・邕穆・雍穆・和穆

【濮】 17 3213 ボク

篆文 

形声 声符は僕。〔説文〕十一上に「濮水は東郡濮陽に出で、南して鉅野に入る」とする。

訓義 1川の名。2高麗の方言で、鼓をいう。3少数民族の一。

【濮上】 濮水のほとり。〔礼記、楽記〕鄭衛の音は、亂世の音なり。慢に比し。桑閒(桑林の間)濮上の音は、亡國の音なり。其の政散じ、其の民流る。上を誣ひ、私を行ひて、止むべからず。

【濮竹】 竹の名。〔後漢書、西南夷、哀牢伝〕其の竹節相ひ去ること一丈、名づけて濮竹と曰ふ。

【濮陽】 地名。上古、顓頊の故地。〔読史方輿紀要、直隷、大名府、開州〕濮陽廢縣、古顓頊の墟爲り。亦た帝邱と曰ふ。夏には昆吾氏の居る所爲り。

↓夷濮・桑濮・巴濮・蛮濮・百濮

【樸】 17 3223 ボク ずきん

形声 声符は菐。樸頭は頭巾。字の本義は、身幅の狭い深衣の裳。〔爾雅、釈器〕に「裳の幅を削れる、之れを纀(樸)と謂ふ」とみえる。

訓義 1ずきん、はちまき。2つつみおおう。3荷物、行李。4深衣の幅をせばめた裳。

【樸頭】 頭巾。四脚。折上巾。〔隋書、礼儀志七〕故事、全幅の皁(くろきぬ)を用つて、後に向つて髮を樸む。俗人、之れを樸頭と謂ふ。

【樸被】 巾で被をつかねる。旅行の用意。〔晋書、魏舒伝〕時に郎官を沙汰(淘汰)せんと欲し、其の才に非ざる者は、之れを罷めんとす。舒曰く、吾れは卽ち其の人なりと。樸被して出づ。同僚、素より清論無き者も咸な愧色有り。

↑樸巾 樸頭／樸嚢 ふくろ

【鶩】 20 1832 ボク ブ あひる はしる

篆文 

形声 声符は敄。〔説文〕四下に「舒鳧なり」とあり、あひるをいう。家鴨ともいい、飼って食用とする。走る意のときは、ブの音でよむ。

訓義 1あひる。2騖と通じ、はしる、はやい。

古訓 〔名義抄〕鶩 タカヘ・カモ 〔字鏡〕鶩 ヲカモ・ハス・タカヘ・カモ

語系 鶩miuは鳧bioと声近く、〔説文〕に鶩を家鴨、鳧を野鴨とする。類書に引く〔説文〕には鶩・鳧を互易するものがある。あひるは、まがもの変種である。

【鶩行】 速く走る。〔穆天子伝、一〕天子西征して、陽紆の山に鶩行す。

↑鶩贄 初見の進物／鶩馳 速く走る／鶩棹 小舟／鶩鶩 純一のさま／鶩舲 小舟／鶩列 行儀よくならぶ

↓霞鶩・鵞鶩・寒鶩・雁鶩・雞鶩・水鶩・夕鶩・池鶩・鳧鶩・野鶩・遊鶩

ホツ

【餑】 16 8474 ホツ むしまんじゅう

形声 声符は孛。うどん粉をこねて蒸した菓子、麺餑。また、〔茶経、五之煮〕に「沫餑は湯の華なり」とあり、ゆばなをいう。

訓義 1むしまんじゅう、うどん粉をこねて蒸したもの、餑餑。2ゆばな。

↑餑餑 むしまんじゅう

↓浮餑・碧餑・沫餑・茗餑・麺餑

ボツ

【夃】 4 1740 ボツ くぐる しずむ

篆文 

会意 㔾+又(又)。㔾は氾の従うところで、氾は水に浮游する者、水没者。又はこれに手を加える形。〔説文〕三下に字の上部を回の形に作り、「水に入りて取る所有るなり。又の回下に在るに從ふ。回は古文回、回は淵水なり」という。頁部九上に「頞は頭を水中に内るるなり」とあり、夃は水没を示す形。夃は沒(没)の初文とみてよく、人の没するを殁という。

訓義 1くぐる、水にくぐる、しずむ。2しぬ。3字はまた没に作る。

声系 〔説文〕に夃声として頞・沒など三字を収める。頞・沒はみな水没の意。殁は〔広雅、釈詁四〕に「終るなり」とあり、もと水死をいう字であった。

語系 夃・沒・殁・頞muətは同声。〔説文〕四下に「歿は終るなり」とし、重文として殁の字を出している。みな夃の声義を承け、その繁文とみてよい字である。

常【没】 7 3714 〔沒〕 7 3714 ボツ モツ しずむ しぬ ない

篆文 

形声 旧字は沒に作り、声符は夃。夃は人が水没すること。沒は〔説文〕十一上に「沈むなり」とあり、人が水中に没することをいう。溺没の意よりして水死をいい、一生を終わることを没世・没歯のようにいう。人の死にはまた殁を用いる。

訓義 1しずむ、くぐる、おぼれる、水死する。2しぬ、おわる、つきる、ほろぶ。3ない、なくなる。

古訓 〔名義抄〕沒 イル・シヅム・カクル・シヌ・ウス・ツクス・ホロブ・ヲサム・ツキヌ 〔字鏡集〕沒 イル・ツブス・タヾヨフ・ヲサム・ソコ・カクル・シワザ・ホロス(ブ)・ウス・ツキヌ・シヌ

語系 沒・夃・殁・頞muətは同声。みな夃の声義を承ける字である。

【没飲】 酒びたしになって飲む。〔三国志、呉、呉主伝注に引く呉書〕鄭泉〜性、酒を嗜む。其の閒居するとき每に曰く、願はくは美酒を得て、五百斛の船に滿たし、四時の甘脆を以て兩頭に置き、反覆して之れを沒飲せん〜と。

【没階】 階を下りつくす。〔論語、郷党〕(堂を)出でて一等を降れば、顏色を逞べて怡怡如たり。階を沒くして、趨り進むこと翼如たり。

【没後】死後。梁・皇侃〔論語義疏叙〕論語通に曰く、論語は是れ、孔子没後、七十弟子の門徒の、共に撰録する所なり。

【没骨】輪郭線を加えない画法。宋・蘇轍〔王詵都尉宝絵堂祠、自注〕徐熙花を書くに落筆縱横なり。其の子嗣、變格して、五色を以て染就し、筆迹を見はさず、之れを没骨と謂ふ。

【没人】潜水者。宋・蘇軾〔日喩〕南方に没人多し。日に水と居る。七歳にして能く渉り、十歳にして能く浮び、十五にして能く浮没す。

【没世】死ぬ。〔論語、衛霊公〕君子は、世を没ふるまで、名の稱せられざることを疾む。

【没頭】刎首。一意専心。また、没頭・没脳はわけがわからぬ。〔鶴林玉露、丙六、李杜〕朱文公(熹)云ふ、李白、永王璘の反するを見て、便ち之れに従臾す(へつらう)。詩人の没頭脳、此くの如きに至る～と。

【没入】犯罪者の家族や財産を没収する。〔漢書、刑法志〕緹縈～其の父に隨ひて長安に至り、上書して曰く、妾の父(淳于公)吏と爲り、齊中皆其の廉平を稱す。今法に坐し刑に當る。～妾、願はくは没入せられて官婢と爲り、以て父の刑罪を贖ひ、自ら新たにするを得しめんと。

【没没】埋もれる。滅びる。無為。〔南史、王僧達伝〕(宋の)孝武(帝)獨り召見す。傲然として了に陳遜せず。～僧達慨然として曰く、大丈夫(男子)寧ろ當に玉碎すべし。安んぞ以て没没として活くることを求めんやと。

【没略】掠奪する。〔華陽国志、漢中志〕(漢の)安帝の永初二年、陰平・武都の羌反し、漢中に入り、太守董炳を殺し、吏民を没略す。

↑没羽 鋭い矢/没影 迹なし/没滑 急流/没官 没収して官有とする/没幹 役立たず/没刻 夜間/没死 昧死/没歯 没世/没字 不立文字/没事 無為/没膝 膝までつかる/没日 凶日/没首 没頭/没趣 無趣味/没寿 没世/没心 無心/没身 生涯を終える/没葬 埋葬する/没鏃 没羽/没地 死んで葬る/没溺 水に溺れる/没匿 かくす/没年 卒年/没法 無法/没薬 熱帯の灌木、みるら/没落 滅びる/没乱 迷乱する/没利 利益を失う/没理 無謀

↓遺没・湮没・隠没・雲没・影没・翳没・掩没・灰没・陥没・乾没・軍没・汨没・矢没・死没・濡没・収没・出没・陣没・水没・生没・籍没・戦没・長没・沈没・湛没・溺没・殄没・顚没・頭没・日没・敗没・漂没・病没・泯没・蕪没・覆没・亡没・冒没・埋没・滅没・游没・夭没・抑没・淩没・淪没

【歿】8 1724 ［殁］8 1722

ボツ しぬ おわる つきる

篆文

形声 声符は夊。夊は〔説文〕三下に「水に入りて取る所有るなり」とするが、水没の意。歿の正字は殁四下で勿声。「終るなり」と訓し、その或る体を歿に作る。夊は水没、歿とは水没死をいう。

訓義 1しぬ。2おわる、つきる、なくなる、ほろぶ。

古訓 〔名義抄〕歿 シヌ・ツキヌ・ホロブ 〔字鏡集〕歿 ホロブ・ヲツ・ツキヌ・シヌ

語系 歿・夊・沒(没)・頞 muət は同声。みな水没、水没によって死ぬ意で、夊の声義を承ける語である。

＊語彙は没字条参照。

↓隕歿・殟歿・死歿・身歿・陣歿・戦歿・卒歿・存歿・悼歿・病歿・蕪歿・亡歿・夭歿・臨歿

常 【勃】9 4442

ボツ おこる さかん あらそう にわか

篆文

形声 声符は孛。〔説文〕十三下に「排するなり」とあり、中からおしひらく意であろう。勃然・勃興のように、中からの勢いが外に発することをいう。孛は花が終わって実をふくみかけた形。否・音はその成熟の過程、ついに剖判するに至る。その旺盛な生成力を勃という。

訓義 1おこる、中からおこる、発する。2さかん、勢いづく。3おしひらく、つとめる。4あらそう、もとる、みだれる。5にわか。

古訓 〔名義抄〕勃 アユヒ・ミダル・イサム・マカル・ニハカニ・カクル・ハラフ・アシ 〔字鏡集〕勃 ハラフ・マカル・ニハカ・ミダル・イカル・イサム・カタル・アカヒ・サカリ

声系 〔説文〕に勃声の字はみえない。「滃渤」のような語は、魏・晋のころからみえる。

語系 勃 buət は蔽(蔽) piat と声の通ずるところがあり、茂ることを蔽、実ることを勃という。

【勃起】にわかに起こる。〔史通、表暦〕晉氏播遷(南遷)して、南のかた揚・越に據り、魏宗勃起し、北のかた燕・代に雄となるに當り、其の閒諸僞十有六家、正朔を附せず、自ら相ひ君長とす。

【勃逆】無道。〔唐書、睿宗紀〕(景雲元年)大赦、改元す。～皇后韋氏を追廢して庶人と爲し、安樂公主を勃逆庶人と爲す。

【勃谿】不和。〔荘子、外物〕室に空虚無ければ、則ち婦姑勃谿す。心に天遊無ければ、則ち六鑿(目や耳・口など)相ひ攘す。

【勃興】にわかに盛んとなる。〔後漢書、党錮伝序〕漢祖劍に杖より、武夫勃興するに及んで、憲令寛賒(ゆるやか)にして、文體簡闊なり。

【勃爾】にわかに起こるさま。〔詩品、総論〕有晉太康中に迄りて、三張(載・協・亢)・二陸(機・雲)・兩潘(岳・尼)・一左(思)、勃爾として復た興る。～亦た文章の中興なり。

【勃如】緊張した顔つき。〔論語、郷党〕君召して擯(国賓の接待役)せしむるときは、色勃如たり、足躩如たり。

【勃然】急に改まるさま。顔色をかえるさま。〔孟子、万章下〕曰く、君に大過有るときは、則ち諫む。之れを反覆して聽かれざるときは、則ち位を易ふと。王、勃然として色を變ず。

↑勃鬱 気の盛んなさま、鬱勃/勃滃 気の盛んなさま/勃海 渤海/勃虐 無道/勃姑 鳩/勃振 盛んとなる/勃屑 がたがたするさま/勃卒 にわか/勃窣 にわかに行く/勃怒 はげしく怒りだす/勃発 突発する/勃謬 誤り/勃勃 盛んなさま/勃乱 はげしく乱れる/勃厲 悪疫

↓鬱勃・蓊勃・凶勃・狂勃・興勃・忽勃・舒勃・馬勃・苾勃・坌勃・噴勃・咆勃・蓬勃・旁勃・暴勃

【浡】10 3414

ボツ おこる みなぎる

形声 声符は孛。孛は花実のふくらみはじめた形。その勢いのさかんなことを勃といい、それを水勢に及ぼして浡という。〔爾雅、釈詁〕に「作るなり」とあり、〔孟子、梁恵王上〕に「苗、浡然として之れに興きん」のように、その勢いづくさまをいう。字はいま渤に作る。

訓義 1おこる、さかんとなる。2みなぎる、わく。3にごる。4勃と通じて用いる。

＊語彙は渤字条参照。

【浡鬱】みちあふれるさま。〔詩藪、古体上〕漢の樂府中、王子喬及び仙人騎白鹿等の如き、閒ま麗語を作すと雖も、然れども古意其の閒に浡鬱たり。

【浡然】急に勢いづくさま。〔孟子、梁恵王上〕天、油然として雲を作し、沛然として雨を下せば、則ち苗、浡然として之れに興きん。

↑浡焉 浡然/浡潏 水の涌き出るさま/浡興 勃興/

浡沸 水の涌き出るさま/浡乱 乱れる
↓泉浡・滂浡・潦浡

【脖】 11 7424 ボツ へそ

形声 声符は孛。孛は果実のへその形。脖胦はへそ。脖項はうなじをいう。

訓義 [1]へそ。[2]うなじ、くびすじ。

古訓 〔字鏡集〕脖 ホゾ

↑脖胦 へそ/脖項 うなじ/脖臍 へそ

【渤】 12 3412 ボツ

形声 声符は勃。勃は内からの力が外にあらわれる意。浡と同じ。渤海の名に用いる。渤とは水勢のさかんなことをいう。

訓義 [1]みずのさかんなさま、雲気のさかんなさま、水のうつ音。[2]渤海。

古訓 〔名義抄〕溟渤 オホキウミ。下、オホナミ・ウツ 〔篇立〕渤 ウツ・オホウミ・ウミナミ 〔字鏡集〕渤 ウミ

＊語彙は浡字条参照。

【渤溢】 水のわきたつさま。唐・元稹〔酒有り、十章、八〕詩 鯨、穴に歸りて、渤溢たり 鼇(海中の大きなすっぽん)、山を載せて低昂す

【渤海】 山東半島北の内海。〔史記、封禅書〕此の三神山は、其の傳に渤海中に在り。人を去ること遠からず。～蓋し嘗て至る者有り。諸僊人及び不死の藥、皆焉に在り。

【渤澥】 渤海。民国・郭沫若〔松村謙三先生を悼む〕詩 渤澥、汪洋たるも、一葦もて航すべし 邦交を敦睦にし、功を農桑に勸む 後繼人有り、壯志必ず償はれん 先生の風、山高く水長し

【渤潏】 水がわきたつ。唐・高適〔淇より黄河を渉る、途中の作、十三首、十〕詩 渤潏、隄防を陵ぐ 東郡悲辛多し 天子忽ち驚悼し 從官皆薪を負ふ(築堤の工事に従う)

↑渤解 渤澥/渤碣 渤海東の碑碣/渤蕩 満潮で潮がはげしく流れる/渤湧 渤蕩

↓瀛渤・滃渤・潷渤・滂渤・澔渤・霧渤・溟渤・潦渤

【鵓】 18 4742 ボツ いえばと

形声 声符は孛。鵓鴿はいえばと。その鳴き声によっていう。

訓義 [1]いえばと、鵓鴿。[2]伝書鳩。

古訓 〔字鏡集〕鵓 ヲムトリ

【鵓鳩】 はと。いえばと。〔毛詩草木鳥獣虫魚疏、下〕鵓鳩、灰色、繡項無し。陰るときは則ち其の匹を屛逐し、晴るるときは則ち之れを呼ぶ。語に曰く、天將に雨ふらんとするときは、鳩、婦を逐ふとは是れなり。

↑鵓角 宋代の童髪の形/鵓姑 鳩/鵓鴣 鳩/鵓鴿 いえばと

ホン

常

【本】 5 5023 ホン もと もとい はじめ

篆文 古文 金文

指事 木の下部に肥点を加えて、木の根もとを示す。〔説文〕六上に「木下を本と曰ふ」とあり、末に「木上を末と曰ふ」とあるのと相対する。本末・本支のように、場所や位置を指示する。

訓義 [1]もと、ねもと、もとい。[2]はじめ、おこり。[3]つねにある、本来の、もとよりの、かなめの。[4]ただしい、まこと。[5]この、その、当該の。[6]ほん、書籍。[7]糞と通じ、くそ。

古訓 〔名義抄〕本 モト・モトヅク・モトヰ 〔篇立〕本 ムカシ・キハマル・タメシ 〔字鏡集〕本 モトヰ・タメシ・フルシ・モト・ムカシ・ハジメ

声系 〔説文〕に本声として笨を収める。竹の裏の白質粗笨なるところをいう。また鉢の初文は盋に作り、犮は声。ともに本の声義と関係はない。

【本意】 本心。本懐。目的。晋・杜預〔春秋左氏伝の序〕仲尼曰く、文王既に沒したれども、文、茲に在らずやと。此れ制作の本意なり。

【本格】 本来の規格・等級。〔魏書、献文六王、高陽王伝〕武人、本と上格の者を挽きて羽林と爲し、次格の者を虎賁と爲し、下格の者を直從と爲す。～今試みに本格を以て其の初の如きを責め、先に爽ふ有らば、退階奪級せよ。

【本貫】 本籍。原籍。〔西廂記、第一本第三折〕小生、姓は張、名は珙、字は君瑞、本貫は西洛の人なり。

【本紀】 帝王の事迹の記述。〔史記、太史公自序〕王迹の興る所、始めを原ね終りを察し、～略三代を推し、秦・漢を錄す。上は軒轅を記し、下は茲(今)に至る。十二本紀を著はす。

【本義】 本来の意味。〔経解入門、説経必ず先づ文字を識るべし〕字に義有り、義一ならず。本義有り、引申の義有り、通借の義有り。

【本業】 本来の職。多く農耕のことをいう。〔史記、商君伝〕大小力を僇せ、耕織を本業とし、粟帛を致すこと多き者は、其の身を復す。

【本経】 本来の経。漢・孔安国〔尚書の序〕濟南の伏生、年九十を過ぎ、其の本經を失ひ、口づから以て傳授す。裁かに二十餘篇なり。

【本元】 根元。根本のこと。宋・蘇軾〔庚辰の歳、人日の作～二首、二〕詩 此の生、念念、泡影に從ふ 家山を認めて本元と作すこと莫かれ

【本支】 本家と分家。〔詩、大雅、文王〕文王の孫子 本支百世 凡そ周の士 不いに顯らかにして亦た世となり

【本事】 事実。〔漢書、芸文志〕(左)丘明、弟子各と其の意に安んじ、以て其の眞を失はんことを恐る。故に本事を論じて傳を作る。

【本質】 本来の性質。隋・薛道衡〔昭君辞〕楽府 女史の進むるを蒙らず 更に畫師の情を失ふ 娥眉が、本質に非ず 蟬鬢、眞形を改む

【本色】 本来の色。本来のありかた。〔後山詩話〕退之(韓愈)は文を以て詩を爲り、子瞻(蘇軾)は詩を以て詞を爲る。教坊の雷大使の舞の如し。天下の工を極むと雖も、要は本色に非ず。

【本心】 本来の志。明・劉基〔蘭亭帖に題す〕王右軍(羲之)、濟世の才を抱きて用ひられず。～山水に放浪するは、抑そも豈に其の本心ならんや。文に臨んで感痛するは、良に以有るなり。

【本真】 本来の物。漢・趙岐〔孟子題辞〕又外書四篇有り。而るに獨り能書を以て後世に稱せらる。悲しい夫か。～其の文、宏深なる能はず。内篇と相ひ似ず、孟子の本眞に非ず。後世依放して、之れに託する者に似たり。

【本性】 本来の性。〔荀子、性悪〕禮義積僞なる者は、豈に人の本性ならんや。凡そ人の性なる者は、堯・禹と桀・(盜)跖と、其の性一なり。

【本然】 天賦。〔中庸章句、一〕蓋し學者、此に於て諸れを身に反求し、之れを自得し、以て夫の外誘の私を去り、其の本然の善を充實せんことを欲す。楊氏(名は時、号は亀山)の所謂一篇の體要、是れなり。

【本俗】 旧来の俗。〔周礼、地官、大司徒〕本俗六を以て萬民を安んず。～二に曰く、墳墓を族にす。三に曰く、兄弟を聯ぬ。四に曰く、師儒を聯ぬ。～六に曰く、衣服を同ふ。

【本体】純粋な実体。〔大学章句、一〕明徳なる者は、人の天に得る所にして、虚靈不昧、以て衆理を具へ、萬事に應ずる者なり。～則ち時にして昏きこと有るも、然れども其の本體の明は、則ち未だ嘗て息まざる者有り。

【本宅】常住の家。晋・陶潜〔自祭文〕陶子(淵明自らいう)、將に逆旅(旅路)の館を辭し、永く本宅に歸らんとす。故人、悽として其れ相ひ悲しみ、同に今夕に祖行(お別れ)す。

【本朝】自国の朝廷。〔孟子、万章下〕位卑くして言高きは、罪なり。人の本朝に立ちて道行はれざるは、恥なり。

【本土】本国。郷里。〔晋書、穆帝紀〕扶南の竺旃檀、馴象を獻ず。詔して曰く、昔先帝、殊方異獸の、或いは人の患を爲すを以て、之れを禁ず。今其の未だ至らざるに及んで、本土に還らしむべしと。

【本道】幹線路。〔唐書、劉晏伝〕居る所の脩行里、粗樸庳陋、飲食儉狹なり。～然れども職に任ずること久しく、勢ひ宰相に軋る。～江淮よりの茗橘珍甘、常に本道と分貢し、競ひて先づ至らんと欲す。～常に諸府に冠たり。

【本分】義務。分際。陳・徐陵〔諸〻官を求むる人に答ふる書〕見る所の諸君、多く本分を踰えたり。猶ほ太だ屈なりと言ふ。未だ高懷(貴意)を喩らず。

【本文】正文。〔後漢書、賈逵伝〕逵、悉く父の業を傳へ、弱冠にして能く左氏傳、及び五經の本文を誦し、大夏侯尚書を以て教授す。

【本邦】自国。〔後漢書、蔡邕伝〕(上疏)昔、韓安國は徒中より起り、朱買臣は幽賤より出づ。竝びに才の宜しきを以て、還つて本邦に守たり。

【本俸】主たる給与。〔宋書、武帝紀下〕百官、事殷く俸薄うし。祿、耕に代らず。～諸〻の供給、昔に減半したる者、悉く舊に復すべし。～其の餘の官僚、或いは本俸よりして素より少き者、亦た疇量(計算)して之れを增すべし。

【本末】根本と末端。始終。厚薄。〔大学、一〕物に本末有り、事に終始有り。先後する所を知れば、則ち道に近し。

【本来】元来。もとから。宋・陸游〔梁山軍瑞豊亭に題す〕詩 本來無事、只だ擾さんことを畏る 擾す者は才吏にして、庸人に非ず

【本領】性来のもの。特質。〔楽府雑録、琵琶〕段(善本)奏して曰く、且く(康)崑崙に請ひて、一調を彈ぜしめんと。彈ずるに及んで、師(段善本)曰く、本領何ぞ雜なる。兼ねて邪聲を帶びたりと。崑崙驚きて曰く、段師は神人なりと。

↑本案 本件/本委 本末/本因 根本の原因/本営 本陣/本縁 ことの起こった因縁/本家 さと、分家のもと/本幹 根本/本拠 根拠とする城/本教 大切な教え/本訓 本義/本軍 本陣/本計 基本の計/本原 大もと/本源 本原/本故 旧来/本綱 大綱/本国 故国/本根 本原/本才 本性/本旨 主旨/本始 ことのはじめ/本枝 本支/本指 本旨/本日 今日/本実 まこと/本趣 本旨/本州 故郷/本条 適用の条文/本職 正職/本身 自身/本親 直系の親戚/本姓 実家の姓/本籍 原籍/本銭 元金/本宗 総本家/本息 元利/本草 薬草学/本尊 信仰する仏/本態 もとの姿/本題 主題/本適 正妻/本途 正道/本等 元来/本統 正統/本人 当人/本任 本職/本年 今年/本剽 本末/本部 支部を統轄する部/本舗 本店、当店/本樸 本真/本務 本業/本名 実名/本望 本懐/本約 前約/本要 要綱/本律 適用の法/本論 主たる論説

↓異本・一本・印本・院本・家本・刊本・完本・官本・監本・贋本・基本・貴本・偽本・脚本・旧本・教本・今本・欠本・建本・献本・絹本・元本・原本・古本・校本・稿本・刻本・根本・槧本・子本・資本・写本・抄本・摺本・真本・正本・製本・石本・善本・素本・草本・蔵本・足本・俗本・大本・台本・拓本・治本・張本・定本・底本・点本・伝本・殿本・唐本・搨本・謄本・徳本・読本・抜本・反本・板本・版本・秘本・碑本・標本・副本・複本・粉本・報本・豊本・坊本・墨本・務本・模本・訳本・様本・藍本・臨本・暦本・和本

常 【奔】 8 4044 〔奔〕 9 4044 ホン はしる はやい にげる

篆文 金文

会意 夭+歮。夭は人の走る形で、歮は三止(趾)。足早に奔る意を示すために、三止を加えた。〔説文〕十下に「走るなり」と訓し、「賁の省聲なり。走と同意。倶に夭に従ふ」とするが、賁の従うところは賁飾の形で、奔の従うところとその意象が異なる。金文に、祭事に従うことを「夙夜奔走せよ」というのが例であり、奔走とはその際の足早な歩きかたをいう。女子には敏捷といい、敏(敏)・捷はいずれも髪飾りをした夫人が、祭事にいそしむ姿である。わが国では、祭事のときの歩きかたを「わしる」という。

訓義 1はしる、わしる。祭事にいそしむことを、奔走という。2はやい、おもむく、おう。3にげる、さる、まける、やぶれる。4僨と通じ、たおれる。5字はまた犇に作る。

古訓 〔名義抄〕奔 オモムク・トシ・サル・ハシル 〔字鏡集〕奔 サル・ニグ・オモムク・ワシル・ハシル・トシ

語系 奔puənは賁biuənと声近く、〔説文〕に奔は賁の声をとるとするが、字形において関係はない。賁の従うところは卉で、もと賁飾の形である。〔詩、鄘風、鶉之奔奔〕の「鶉の奔奔たる」を〔礼記、表記〕に引いて「賁賁」に作り、〔鄭注〕に「爭鬭、惡しき貌なり」とする。声近くして通用したものであろう。

【奔逸】逸走する。〔荘子、田子方〕顔淵、仲尼(孔子)に問うて曰く、夫子歩するときは亦た歩し、夫子趨やかなるときは亦た趨やかにし、夫子馳するときは亦た馳す。夫子奔逸絶塵せば、回(顔淵の名)、後に瞠若たりと。

【奔牛】火牛。〔史記、田単伝〕兵刃を其(牛)の角に束ね、脂を灌ぎて葦を尾に束ね、其の端を焼き、～夜、牛を縦つ。～牛尾熱し、怒りて燕軍に奔る。燕軍、夜大いに驚く。

【奔競】競進。名利を争う。晋・干宝〔晋紀総論〕世族貴戚の子弟、陵邁超越して、資次に拘はらず。悠悠たる風塵、皆奔競の士なり。列官千百、賢に讓るの擧無し。

【奔月】月にはしる。〔淮南子、覧冥訓〕羿、不死の藥を西王母に請ふ。(その妻)姮娥、竊みて以て月に奔る。悵然として喪ふ有り。

【奔車】奔走する車。〔韓非子、安危〕奔車の上に仲尼(孔子)無く、覆舟の下に伯夷無し。

【奔走】つかえる。尽力する。宋・蘇軾〔林子中(希)、詩を以て文与可、及び余れに寄す。与可既に歿す。其の韻に追和す〕詩 故人多く厚祿 能く復た君を哀しむや否や 見ずや林と蘇と 飢寒、自ら奔走するを

【奔湍】奔流。急湍。明・高啓〔茅臞叟の夏山過雨の図に題す〕詩 江南六月、風雨過ぐ 樹暗くして、巫陽の臺を見ず 奔湍、衝斷す、石橋の路 下、谷口に瀉ぎて、相ひ喧豗す 陰に林壑を開いて鬼神去り 氣は古洞を濕して、蛟龍回る

【奔馳】走る。馬を走らせる。宋・蘇軾〔子由(轍)南都より来陳、三日にして別る〕詩 夫子(轍をさす)自ら逐客(流人)なるに 尚ほ能く楚囚(軾自らいう)を哀しむ 奔馳すること二百里 徑ちに來りて、我が憂ひを寬うす

【奔電】電光。宋・陸游〔春日、小台に登りて西望す〕詩 九十の衰翁、身尚ほ健なり 流年、過眼、奔電の如し

【奔馬】逸走する馬。〔説苑、政理〕子貢、民を治むることを孔子に問ふ。孔子曰く、懍懍焉（おそれ謹むさま）として、腐索（腐ったたづな）を以て、奔馬を御するが如しと。

【奔放】思うまま。気勢横逸。宋・曾鞏〔人に代りて李白を祭る文〕又長河の、浩浩として奔放たるが如く、萬里一瀉、末勢猶ほ壯なり。

【奔命】君命に奔走する。〔左伝、襄二十六年〕吳、是に於て巢を伐ちて駕を取り、棘に克ちて州來に入る。楚、奔命に罷れ、今に至るまで患を爲すは、則ち子靈の爲なり。

【奔雷】雷鳴。うちとどろく音。宋・蘇軾〔白水山仏迹巌〕詩 奔雷、玉雪を濺ぎ 潭洞、水府を開く 潛鱗、飢蛟有り 尾を掉ふって渴虎を取る

【奔流】急流。唐・李白〔将進酒〕詩 君見ずや黄河の水、天上より來たり 奔流して海に到り復た回へらざるを

↑奔佚 奔逸する／奔軼 奔逸する／奔潰 潰走する／奔起 走り起つ／奔驥 奔馬／奔救 走り救う／奔軍 敗走の軍／奔鯨 逃げる鯨／奔撃 急に撃つ／奔激 激流／奔渾 奔流／奔散 逃げ散る／奔竄 逃げ隠れる／奔師 敗走の軍／奔駛 奔馳する／奔襲 急襲する／奔出 ほとばしり出る／奔駿 駿馬／奔趨 走り赴く／奔逝 速く行く／奔精 流星／奔湊 走り集まる／奔漈 滝／奔属 走り従う／奔逐 走り逐う／奔注 はげしく流れそそぐ／奔紬 敗走する／奔潮 急潮／奔霆 奔電／奔徒 敗残の兵／奔逃 走り逃げる／奔濤 怒濤／奔騰 かけ上がる／奔突 突入する／奔遁 遁走する／奔波 急流／奔破 敗走する／奔播 奔散する／奔瀑 滝／奔迫 はやくせまる／奔辟 逃走する／奔飆 はやて／奔赴 急におもむく／奔沸 走りわき上がる／奔亡 逃走する／奔北 敗走する／奔湧 わき上がる／奔輪 はやく走る車／奔浪 奔濤／奔滝 急流

↓淫奔・狂奔・競奔・驚奔・出奔・駿奔・宵奔・勢奔・追奔・電奔・東奔・逃奔・忙奔・来奔・雷奔

【畚】 10 2360 ホン ふご もっこ

篆文

形声 声符は弁。〔説文〕十二下に字を甾に従う形に作り、「蒲器なり。䑦の屬、糧を盛るる所以なり」（段注本）とし、弁声とする。甾の部分は、もっこに物を入れた形。〔左伝、宣十一年〕「畚築を稱る」とあり、版築のために、土を運ぶことをいう。

訓義 1ふご、もっこ。草の索で作る。2もっこで運ぶ。3すき、くわ。

古訓〔名義抄〕畚 小筐なり。イシミ〔篇立〕畚 イシミ・カ、リ

【畚土】一もっこの土。〔塩鉄論、非鞅〕畚土の基は、良匠と雖も、其の高きを成す能はず。

↑畚箕 み／畚挶 畚と、担ぎ棒／畚輂 畚挶／畚鍤 畚と、すき／畚築 版築／畚斗 もっこ

【笨】 11 8823 ホン あらい おろか

篆文

形声 声符は本。〔説文〕五上に「竹の裏なり」とあり、竹の裏の白く柔かな皮の部分。しまりのないところであるから、粗笨・笨愚のように用いる。

訓義 1竹皮のうら、白く柔かな部分、あまかわ。2あらい、そまつ、おおざっぱ、おろか。

【笨車】粗末な車。〔宋書、顔延之伝〕常に羸牛の笨車に乘る。竣（延之の子）の鹵簿に逢へば、即ち屛きて道側に住く。又好んで馬に騎り、里巷に遨游し、知舊に遇へば、輒ち鞍に據りて酒を索め、酒を得ては必ず頹然として自得す。

【笨伯】肥大漢。〔晋書、羊聃伝〕大鴻臚陳留の江泉は、能く食らふを以て穀伯と爲し、豫章の太守史疇は、大肥を以て笨伯と爲し、散騎郎高平の張嶷は、狡妄を以て猾伯と爲し、而して聃は狼戾を以て瑣伯と爲す。蓋し古の四凶に擬するなり。

↑笨貨 愚かな人／笨漢 のろま／笨牛 愚物／笨工 無器用／笨作 唐変木／笨手 拙劣／笨拙 愚物／笨滞 ぐず／笨重 ぐず／笨謎 下手な謎かけ／笨瓿 粗悪なもの

↓粗笨・麤笨

【湓】 12 3811 ホン ボン わく ひたす

形声 声符は盆（盆）。郭璞の〔江の賦〕の〔注〕に引く〔倉頡篇〕に「水聲なり」とあり、水のわきあふれる音をいう。〔広雅、釈詁二〕に「漬すなり」の訓がある。

訓義 1わく、水がわく、水の音、水のわき出る音。2ひたす、つかる、あふれる。3にわか雨。

古訓〔名義抄〕湓 キヨシ〔字鏡集〕湓 ミヅノコヱ・キヨシ

↑湓溢 水がわき溢れる／湓雨 むらさめ／湓濞 水のわき流れる音／湓湧 水がわく／湓流 水がわき流れる

【犇】 12 2555 〔奔〕 9 4044 ホン はしる ひしめく

会意 三牛に従う。〔広韻〕に「牛驚くなり」とあり、牛が驚き奔る意。猋・驫と同じ造字法で、その声も似ている。〔集韻〕に〔説文〕を引いて「奔は走るなり」とし「古、犇に作る」というが、奔（奔）は金文にもみえる字である。

訓義 1はしる、おどろきはしる。2ひしめく。

古訓〔名義抄〕犇 古の奔の字なり。ハシル〔篇立〕犇 ヒシメク・ウシノオドロク・カラル・トシ・ハシル・カマビスシ

語系 犇・奔puənは驫・猋piôと同系の語で、造字法も同じ。中にあるものが、急に外に発することを賁biuənといい、その系統の語である。

＊語彙は奔字条参照。

常【翻】 18 2762 〖翻〗 18 2762 〔飜〕 21 2261 ホン ハン とぶ ひるがえる

篆文

形声 声符は番。番は獣掌の形。番に、ひらたくて、ひらひらするものの意がある。〔説文新附〕四上に「飛ぶなり」とし、「或いは飛に従ふ」とあって、飜をその異体字とする。翻覆の意があり、心を改めることを翻然という。翻読は本をひらく、翻刻・翻訳は、これより他に移すことをいう。飜にもその字の慣用の例がある。

訓義 1とぶ、ひらひらとぶ。2ひるがえる、ひるがえす。3うつす、ときうつす、うつしかえる。4字はまた飜に作る。反覆の意を含むことが多い。

古訓〔名義抄〕翻 カヘル・カヘス・カケル・トブ・キホフ・モゴヨフ・ヒルガヘル〔字鏡集〕翻 モゴヨフ・ヒルガヘル・カヘテ・トブ・カケル・カヘル・コボス

語系 翻・幡phiuanは翩phian、反・返（返）piuanと声近く、ひらめくもの、反転し、反覆する意がある。〔詩、小雅、角弓〕に「翩として其れ反せり」のように用い、みな一系の語である。

＊語彙は飜字条参照。

【翻案】再審。また、故事に新解釈を加えて作りかえる。〔詩人玉屑、七、用事〕（陸）放翁、蜀に仕ふ。海棠の詩最も多し。～譏評更に香無き處に到る 當に恨むべし、人言太だ刻深なりと。此れ前輩の所謂翻案法、蓋し其の意を反し

て之れを用ふるなり。

【翻繹】変改推演する。〔朱子語類、十九〕聖賢も我を欺くことを爲す。老蘇（蘇洵）の輩の如きは、只だ孟（子）・韓（非子）二子を讀み、便ち翻繹して、許多の文章を出だし得來れり。

【翻閲】書物を繙きみる。〔書林清話、一、書の本と称する〕五代に謂ふに、書本の卷子・摺疊に由りて卷を成すは、摺本の翻閲の便なるに如かず。其の制、當に秦・漢の間に興るべし。

【翻空】空を飛ぶ。〔文心雕竜、神思〕意は空に翻りて奇となり易く、言は實を徵して巧なり難し。

【翻刻】模刻などで出版する。〔書林清話、二、翻板に例禁有るは宋人に始まる〕是れ則ち肆估の、他人の書板を翻刻するは、誠に士林に害有り。

【翻車】捕鳥のむそうあみ。また、水車。〔後漢書、宦者、張讓伝〕又、翻車・渴烏（曲筒）を作りて橋西に施し、用つて南北の郊路に灑ぎ、以て百姓灑道（水まき）の費を省く。

【翻手】掌をかえす。容易に態度が変わる。唐・杜甫〔貧交行〕詩 手を飜せば雲と作り、手を覆せば雨となる 紛紛たる輕薄、何ぞ數ふるを須ひん 君見ずや、管（仲）・鮑（叔牙）貧時の交はり 此の道、今人棄てて土の如し

【翻然】急に態度を改めるさま。魏・陳琳〔呉の将校部曲に檄する文〕若し能く翻然として大擧し、元勳を建立して以て顯祿に應ぜば、福の上なり。

【翻潮】うちかえす海波。斉・謝朓〔離夜〕詩 離堂、華燭盡き 別幌、清琴哀し 翻潮、尙ほ恨むを知る 客思、眇かにして裁し難し

【翻天】空にひるがえり飛ぶ。宋・蘇軾〔王晉卿の梅花を送るに和し、次韻す〕詩 此の間の風物、君未だ識らず 花浪は天に翻り、雪相ひ激す

【翻動】ひるがえり動く。宋・蘇軾〔惠山にて錢道人に謁して、小竜団（茶名）を烹る〜〕詩 石路縈回す、九龍（山）の脊 水光翻動す、五湖の天

【翻覆】かわり易い。唐・王維〔酒を酌みて、裴迪に与ふ〕詩 酒を酌みて君に與ふ、君自ら寬うせよ 人情の翻覆は、波瀾に似たり

【翻盆】激しい雨。唐・杜甫〔白帝〕詩 白帝城頭、雲屯まるが若く 白帝城下、雨、盆を翻す

【翻訳】ある国語を他の国語になおす。〔隋書、経籍志四〕桓帝の時に至りて、安息國の沙門安靜といふもの有り。經を齎らして洛に至り、翻譯最も通解を爲す。

【翻瀾】波濤逆捲く。唐・李賀〔巫山高〕詩 碧叢叢 高く天に插さむ 大江の翻瀾、神、煙を曳く 楚魂、夢を尋ねて、風颸然たり（さっと吹く） 曉風飛雨、苔錢（ぜにごけ）を生ず

↑翻異 翻意する／翻移 かえる／翻印 翻刻する／翻焉 ひるがえるさま／翻渦 うずまく／翻廻 改め直す／翻局 転換する／翻沙 沙で作る鋳型／翻思 思い回想する／翻爾 翻焉／翻翔 飛ぶ／翻心 思い直す／翻身 かわす／翻切 字音を示す反切／翻転 反転する／翻倒 翻転する／翻濤 逆浪／翻騰 まい上がる／翻波 逆波／翻白 危篤となる／翻板 翻刻する／翻本 翻刻した本／翻躍 翻跳／翻涌 はげしく涌き出す／翻流 奔流／翻弄 弄びあそぶ／翻浪 翻波

↓雲翻・急翻・掀翻・騰翻・飛翻・繽翻・舞翻・覆翻・翩翻・瀾翻

囚【飜】21 2261 ［翻］18 2762 ホン ハン ひるがえる くつがえる

形声 声符は番。番は獸掌の形、ひらたくて、ひらひらするものの意がある。〔説文新附〕四上に「翻は飛ぶなり」とし、「或いは飛に從ふ」とあり、翻（翻）・飜を同字とする。〔玉篇〕にも飛部に飜を錄し、「飛ぶなり。亦た翻に作る」とあり、同字両形の字である。ただ、ひらひらするものには翻、反覆するものには飜をあてるなど、いくらか慣用上の区別がある。

訓義 ①とぶ、ひらひらとぶ、ひるがえりとぶ。②かえって、逆に、反対に、くつがえる、反覆する。③音声を譜に移しなおす、音譜化する。

古訓 〔名義抄〕飜 カヘル・カケル・トブ・オホフ・コボス・ヒルガヘル

語系 飜（翻）・幡 phiuan、反・返（返）piuan は声近く、ひらめくもの、反転し、反覆する意がある。

＊語彙は翻字条参照。

【飜異】考えを変える。〔滹南遺老集、臣事実弁、下〕崔浩、修史に因りて罪を得、（高）允も嘗つて同修、亦た當に之れに坐すべし。太子營救し、導きて飜異せしむるも從はず。帝其の直を賞し、允を救ひて浩を誅す。

【飜爾】反転するさま。〔抱朴子、明本〕世俗、正を醜とし、慢辱將に臻らんとす。彼の有道の者、安くんぞ超然として風雲の表に翅を振ひ、飜爾として玄漠の際に軌を藏せざるを得んや。

【飜然】速やかに態度を改めるさま。魏・文帝〔孟達に与ふる書〕聞く、卿、姿度純茂、器量優絕。當に能明を聘し、名を傳記に收むべし。今は飜然として鱗を清流に濯ひ、甚だ相ひ嘉樂すと。

【飜飛】自在に飛ぶ。魏・曹植〔臨観の賦〕時物の逸豫を樂しみ、予が志の長く違ふを悲しむ。〜俯しては鱗の以て遊遁する無く、仰ぎては翼の以て飜飛する無し。

【飜覆】状況が変化する。南朝宋・鮑照〔擬古、八首、三〕漢虜、方に未だ和せず 邊城屢しば飜覆す 我に一白羽を留めよ 將に以て虎竹（虎符・竹符）を分たん（臣従させる）とす

【飜涌】わきあがる。〔後漢書、西南夷、哀牢伝〕其の王賢栗、兵をして箄船に乘り、江漢を南下せしむ。〜是こに於て震雷疾雨、南風飄起し、水、爲に逆流し、飜涌すること二百餘里。〜哀牢の衆、溺死するもの數千人。

【飜流】逆流する水。〔岳陽風土記〕荊江は巴蜀より出づ。〜夏秋に暴漲し、則ち洞庭に逆泛す。瀟・湘の清流、頓かに皆混濁す。岳人、之れを飜流水と謂ふ。或いは三・五日にして乃ち還る。俗に水神、君山に朝すと云ふ。

↑飜空 空に飛ぶ／飜翥 飛ぶ／飜掌 掌をかえす、容易

ボン

常【凡】3 7721 ［凡］3 7721 ボン ハン はこぶ およそ すべて なみ

象形 盤の形。舟も盤の形にしるされ、般・搬にものをはこぶ意がある。〔説文〕に字を二の部十三下に属し、「最括するなり。二に從ふ。二は偶なり。乃に從ふ。乃は古文及なり」という。相及ぶものを連及してまとめる意とする。卜文・金文の字形は盤の形。〔説文〕が「最括」とし、字を二に従うとするのは、最上部との字形の関連に注目したのであろうが、最は戰場での馘耳を掩いとる形で、凡とは関係がない。金文の〔散氏盤〕に「凡て十又五夫なり」のように、合計の意に用いる。凡の形はま

た卜文の風を示す鳳形の鳥にも、声符として加えられており、鳳は風の初文である。

訓義 1はこぶ、うごく。2すべて、みな、あらまし、およそ。3つねの、なみの、しきたり、いやしい。

古訓 〔名義抄〕凡 スベテ・オホヨソ 〔字鏡集〕凡 カゾフ・ミナ・コト〲ク・カルシ・アナグル・ヲロカナリ・ヲコス・スベテ・カス

声系 〔説文〕に凡声として芃・鳳・汎（汎）・風など五字を収める。芃 一下は「艸盛んなる皃なり」、汎 十一上は「浮く皃なり」とあり、凡声の字に風行して盛んなるものの意がある。梵は後起の字。〔説文新附〕六上に録し、仏典などの音訳語に用いる。

語系 凡・泛・鳳 biuam は同声。浮かびめぐるものの意がある。般 buan ももと凡に従う字で、盤の初文。

【凡医】 平凡な医者。〔後漢書、方術下、華佗伝〕（樊）阿、針術を善くす。凡醫咸な言ふ、背及び匈（胸）藏の閒は、妄りに針すべからず～と。而れども阿の針、背入ること一二寸、巨闕（針灸の穴の名）匈藏には乃ち五六寸、病皆瘳ゆ。

【凡間】 俗世間。宋・蘇軾〔洞霄宮〕詩 上帝高居して、世の頑なるを愍れむ 故に瓊館を留めて、凡閒に在らしむ

【凡境】 平俗の境。〔法書要録、五、述書賦上〕康帝は則ち幼少にして閑慢、迥かに凡境より出づ。駟馬安車、馳騁することを尙とばず。

【凡近】 平凡。明・宋濂〔林伯恭詩集の序〕永嘉は舊しく四靈の詩を傳ふ。識趣凡近にして、音調卑促なり。近代或いは以て清新と爲し、競ひて之れを摹倣す。

【凡下】 下等。〔画品、山水〕李成の峰巒・林屋・雲景は、皆淡墨を以て之れを爲し、水天の空處には、全て粉塡を用ふ。～其の妙を知ること莫し。後學の凡下を見るに足る。

【凡骨】 凡人。宋・陸游〔道友に贈る、五首、一〕詩 凡骨已に蛻して、身自ら輕し 葉上に勃落して、行くに聲無し

【凡才】 凡庸の才。〔三国志、呉、魯粛伝に引く江表伝〕（周瑜の上表）瑜、凡才を以て、昔討逆殊特の遇を受け、委するに腹心を以てせらる。

【凡庶】 平民。魏・曹冏〔六代論〕宗室、閭閻に竄れ、邦國の政を聞かず。權、匹夫に均しく、勢ひ、凡庶に齊し。

【凡聖】 凡人と聖人。宋・蘇軾〔陶（潜）の桃花源に和す〕詩 凡聖、異居無し 清濁、此の世を共にす 心閑なれば、偶〻自ら見はれ 念起れば、忽ち已に逝く

【凡等】 俗人。〔梁書、侯景伝〕僧通道人といふ者有り。意性狂するが若く、酒を飲み肉を噉ひ、凡等に異ならず。～姓名鄕里、人能く知る莫し。

【凡馬】 なみの馬。唐・杜甫〔丹青引〕詩 斯須（しばらく）にして、九重（宮中）に眞龍（名馬）出づ 萬古の凡馬を一洗して空し

【凡夫】 凡人。魏・曹冏〔六代論〕始皇～身死するの日に至りて、寄付する所無し。天下の重きを凡夫の手に委ね、廢立の命を姦臣の口に託す。

【凡要】 収支等の報告。〔唐書、岑文本伝〕遼東を伐つに從ひ、～糧漕の最目、甲兵の凡要、料配の差序に至るまで、籌手に廢せず。是れに由り、神用頓る耗し、容止常ならず。

【凡庸】 平凡。〔史記、絳侯周勃世家論賛〕絳侯周勃、始め布衣爲りし時、鄙樸の人なり。才能凡庸に過ぎず。～諸呂、亂を作さんと欲するや、勃、國家の難を匡し、之れを正に復す。

【凡吏】 凡庸な官吏。宋・秦観〔官制上〕館閣は圖書の府、英材を長育するの地なり。～天下の妙選と謂ふべし。今中材の凡吏、一たび大臣の論薦する所と爲れば、則ち皆其の位に居ることを得。

【凡流】 なみの人・家柄。梁・任昉〔范尚書（雲）の為に吏部封侯を譲る第一表〕臣は素門凡流にして、輪翮（補佐の才）取る無し。進んで中庸に謝し（及ばず）、退いて狂狷に慙づ。

【凡例】 書の概要・体例をいう。晉・杜預〔春秋左氏伝の序〕其の凡を發きて以て例を言ふ。皆經國の常制、周公の垂法、史書の舊章にして、仲尼（孔子の名）從つて之れを脩め、以て一經の通體を成せり。

【凡陋】 身分が賤しい。〔晋書、劉琨伝〕（大将軍～に拝するを謝する表）況んや臣は凡陋、蹤を前哲に擬す。～陛下宥過の恩已に隆んにして、臣自新の善立たず。

↑凡界 世間／凡格 凡人／凡器 凡人／凡偶 凡人輩／凡語 通行の語／凡瑣 微賤／凡最 総目／凡材 凡才／凡子 凡人／凡弱 平凡で虚弱／凡手 凡庸／凡首 初め／凡衆 衆人／凡小 小人物／凡冗 無駄／凡常 人なみ／凡心 世俗の心／凡人 なみの人／凡数 概数／凡世 世間／凡生 なみの家／凡浅 平凡／凡賤 下賤／凡俗 凡庸／凡短 つまらぬ／凡致 世俗の趣／凡智 なみの智／凡儔 仲間／凡盗 窃盗／凡輩 凡偶／凡卑 凡賤／凡百 多くの／凡物 万物／凡民 常の民／凡目 大綱と細目／凡有 万有／凡倫 凡流／凡類 なべて／凡劣 凡庸で劣る／凡猥 凡庸でみだりがわしい

↓異凡・挙凡・愚凡・下凡・撮凡・塵凡・仙凡・総凡・大凡・超凡・都凡・発凡・非凡・卑凡・平凡

常 **【盆】** 9 8010 〔盆〕 9 8010 ボン はち ほとぎ

篆文 
金文 

形声 声符は分（分）。〔説文〕五上に「盎なり」とあり、盎は大腹で口が狭く、盆は底が狭く口が広い鉢をいう。列国期の器に〔曽大保盆〕があり、鑑に似た形制の水器。缶（ほとぎ）のように、鼓して歌うことがあった。

訓義 1はち、ほとぎ。2水器、また量器。3かしぐ器。4ゆあみする器。5ひたす、おおう。6わが国で、ぼん。

古訓 〔和名抄〕盆 辨色立成に云ふ、比良加（ひらか）〔名義抄〕盆 ヒラカ・ホトキ 〔字鏡集〕盆 ホトギ・ツヒラカ・ヒラカ・ユカ

【盆溢】 水があふれ出る。〔後漢書、陳忠伝〕天心未だ得ず、隔幷（水旱）屢〻臻る。靑・冀の域、淫雨河に漏ぎ、徐・岱の濱、海水盆溢し、兗・豫、蝗蝝滋生す。

【盆盂】 鉢と椀。宋・梅堯臣〔許生南帰す〕詩 歸り來つて爛炊す、醸酒多し 幽憤を洗蕩して、盆盂を傾く

【盆下】 獄中。唐・劉長卿〔罪所にて御史惟則に上る〕詩 斗閒、誰と與にか冤氣を看ん 盆下、太陽を見るに由無し

【盆景】 鉢植の花木で自然の景色を写して楽しむ。〔姑蘇志、十三、風俗〕虎邱の人、善く盆中に於て、奇花異卉、盤松古梅を植ゑ、之れを几案の閒に置く。淸雅愛すべし。之れを盆景と謂ふ。

【盆瓶】 盆と瓶。炊器。〔礼記、礼器〕夫れ奧（祭の名）は老婦（先炊。炊事の神）の祭なり。盆に盛れ、瓶に尊す。

【盆蠡】 盆と、ひさご。〔墨子、備城門〕城上、～水缻、三石以上を容るるもの、小大相ひ雜はる。盆蠡各〻二。財かに卒の乾飯を爲くる。

↑盆雨 大雨／盆罌 盆と、かめ／盆甕 盆と、かめ／盆罋 盆甕／盆画 盆の砂絵／盆玩 盆栽／盆菊 盆栽の菊／盆鼓 量器／盆栽 盆景／盆山 低い山／盆

水 盆中の水／盆地 盆状の地／盆池 小さい池／盆梅 盆栽の梅／盆瓿 盆と、ほとぎ／盆覆 冤罪
↓盎盆・瓦盆・盥盆・玉盆・金盆・傾盆・鼓盆・叩盆・酒盆・大盆・離盆・氷盆・覆盆・瓶盆・翻盆・牢盆

【梵】 11 4421 ボン ハン きよらか

篆文 

形声 声符は凡（凡）。〔説文新附〕六上に「西域の釋書より出づ。未だ意義を詳らかにせず」という。梵語brahmanの音訳、離煩清浄の意であるという。仏教の音訳語で、梵天・梵唄のように用いる。

訓義 ①きよらか。②木に吹く風の音。③梵梵は、さかんなさま。

古訓 〔字鏡集〕梵 キノカゼヲエタル

【梵家】 寺。唐・白居易〔紫陽花〕詩 何れの年にか植ゑて仙壇の上に向ふ 早晩移し栽ゑて、梵家に到らん 人間に在りと雖も、人識らず 君が與に、名づけて紫陽花と作さん

【梵楽】 仏教音楽。〔西河詩話、二〕今呉門の佛寺、猶ほ能く梵樂を作す。毎に佛曲を唱ふに、笙笛を以て之れを逐ふ。

【梵刹】 寺。唐・唐彦謙〔南明山に遊ぶ〕詩 金銀、梵刹を拱き 丹青、廊宇を照らす 石梁、秋溟に臥し 風鈴、簷語（のきさきの音）を作す

【梵殿】 寺。明・何景明〔古松歌〕詩 葉暗くして秋鐙（秋の灯）梵殿深く 花香しくして晩飯齋廚（僧房のくりや）静かなり

【梵唄】 仏教讃歌。宋・陸游〔臥竜寺に遊ぶ〕詩 君見ずや、天童徑山の金碧、虛空に浮かび 千衲の梵唄、層雲の中

↑梵閣 寺のお堂／梵学 仏教学／梵気 線香の煙／梵夾 お経／梵偈 偈／梵磬 寺の磬／梵語 サンスクリット／梵師 僧／梵字 古代インドの文字、サンスクリット／梵衆 僧衆／梵処 寺のある地／梵書 梵字／梵唱 梵唄／梵鐘 寺の鐘／梵僧 僧侶／梵嫂 僧の妻／梵帙 仏典／梵衲 僧侶／梵貝 梵唄／梵坊 僧の住む建物／梵林 寺／梵輪 法輪
↓暁梵・香梵・晨梵・清梵・夜梵・幽梵

マ

常 【麻】 11 0029 〔麻〕 11 0029 マ あさ もふく

篆文  金文 

会意 旧字は麻に作り、广＋𣏟。〔説文〕七下に「𣏟と同じ。人の治むる所なり。屋下に在り。广に従ひ、𣏟に従ふ」とし、屋下に𣏟を治むる意とする。〔繫伝〕には文首に「枲なり」とあり、枲字条七下に「麻なり」とあるのと互訓。广は宮廟の象。麻は𣏟を神事に用いる意を示すものであろう。わが国の白香の類にあたる。禦祀を示す御（御）の初文は、卜文では幺に従い、幺は麻たばを拗じた形。喪礼にも多く麻を用いた。唐代には、麻紙を詔勅に用いた。

訓義 ①あさ、あさいと、お、あさぬの。②喪服、喪章。③麻の紙、詔勅。④ごま。⑤痲と通じ、しびれる。

古訓 〔和名抄〕麻 乎（を）、一に阿佐（あさ）と云ふ 〔名義抄〕麻 ヲ・アサ

部首 〔説文〕〔玉篇〕に麾など十三字を属するが、麾のほかはほとんど用例のない字である。

声系 〔説文〕に麻声として糜・靡・摩（摩）・縻など八字を収める。みな麻の披靡する意を承ける字である。

語系 麻mea、靡miaiは声近く、麻の乱れ靡くことを靡という。摩・磨（磨）muaiは捫muənと声義の通ずる語である。

【麻鞋】 麻のわらじ。〔顔氏家訓、治家〕鄴下に一領軍有り。貪積已だ甚だし。～後、事に坐して法に伏す。其の家産を籍するに、麻鞋一屋、弊衣數庫、其の餘の財寶、勝げて言ふべからず。

【麻衣】 麻の白い衣。喪の服。〔詩、曹風、蜉蝣〕蜉蝣掘閱（ぬぎかえる） 麻衣、雪の如し 心の憂ふる 於に我歸說（帰処）せん

【麻烟】 大麻。民国・謝彬〔新疆遊記〕（七月七日）其の烟は、麻本尖葉上の霜を取り、積聚して塊を成すに係る。因りて麻烟と名づく。之れを吸へば、人をして昏醉亂性せしむ。又醉烟と曰ふ。～鴉片よりも害あり。

【麻炬】 麻がらのともし火。〔梁書、文学下、劉峻伝〕峻、學を好むも、家貧し。人を廡下に寄せ、自ら讀書を課す。常に麻炬を燎き、夕より旦に達す。時に或いは昏睡し、其の髮を爇く。

【麻姑】 長爪の仙女。「まごの手」は麻姑の手。〔太平広記、六十、麻姑に引く神仙伝〕麻姑は鳥爪なり。蔡經之れを見て、心中に念言す。背の大いに癢き時、此の爪を得て以て背を爬かば、當に佳なるべしと。

【麻索】 麻なわ。〔墨子、備蛾傅〕木を以て上衡と爲し、麻索の大なるを以て之れを徧（編）む。其の索を染め、中を塗り、鐵鏁（鎖）を爲りて、其の兩端の縣（懸）を鉤し、客（敵）則ち城に蛾傅（蟻が集まるように集まりつく）すれば、荅（逆茂木）を燒きて以て、之れを覆ふ。

【麻枲】 あさ。〔呂覧、上農〕后妃、九嬪を率ゐて郊に蠶し、公田に桑つむ。是こを以て春秋冬夏、皆麻枲絲繭の功有り。

【麻紙】 麻で作った紙。晉・王羲之〔麻紙帖〕下近麻紙を欲せしに、適成る。

【麻菽】 麻と豆。〔史記、周紀〕弃（后稷）、兒爲りし時、屹として巨人の志の如し。其の游戲するに、好んで麻菽を種樹す。麻菽美なり。

【麻沸】 乱麻のように乱れる。〔漢書、王莽伝下〕今、胡虜未だ滅誅せず、蠻僰未だ絶焚せず。江湖海澤麻沸し、盜賊未だ盡くは破殄せず。

↑麻案 詔書の草稿／麻稭 麻がら／麻葛 喪服／麻屨 麻ぐつ／麻衰 麻の喪服／麻子 麻の実／麻糸 麻と絹／麻脂 ごま／麻実 麻の実／麻蒸 麻がら／麻縄 麻なわ／麻疹 はしか／麻仁 麻の実／麻制 綸旨／麻茶 ぼんやり／麻苧 麻の布／麻紵 麻の布／麻田 麻畑／麻搭 火叩き／麻煩 免倒／麻痺 しびれ／麻風 癩／麻弁 布弁／麻冕 緇布冠／麻履 麻草履
↓亜麻・漚麻・胡麻・黄麻・山麻・子麻・糸麻・紙麻・脂麻・苴麻・詔麻・制麻・績麻・疏麻・桑麻・叢麻・大麻・治麻・苧麻・紵麻・長麻・鈍麻・白麻・披麻・布麻・牡麻・油麻・乱麻

【痲】 13 0019 マ バ しびれる はしか

形声 声符は𣏟。〔正字通〕に「風熱病なり」とあり、発熱をともなうもので、痲疹ははしか、痲子は痘瘡。痲薬は痲酔薬をいう。発疹してまだらとなり、またしびれることをいう。

訓義 ①しびれる、しびれ病、中風。②発疹する病、はしか、あばた。③ハンセン病。

↑痲子 痘瘡／痲疹 はしか／痲酔 しびれ／痲痺 しびれる病／痲木 しびれる／痲薬 痲酔薬

【麼】 14 0023 〔麽〕 14 0023 マ バ ビ こまかい なに

篆文 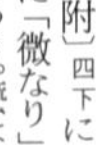

形声 声符は麻（麻）。〔説文新附〕四下に「細やかなり」、〔広雅、釈詁四〕に「微なり」とあって、微細の意。幺は微小の意を示すものであろう。麼は

俗字。いまその字を用いる。「麼事」「什麼」のように疑問詞に用いる。

訓義 ①こまかい、ちいさい、かすか。②なに、いかに、か、や。③語助詞、這麼、那麼。

古訓 〔名義抄〕麼 スコシキ 〔篇立〕麼 ホソシ・マトフ 〔字鏡集〕麼 ハナツラ・ツナグ・クダク・アカツ・ホソシ・ヲ・スクナシ

語系 什麼zjiəp-moは、また甚zjiəmともいう。この場合、甚は什麼の合音で、甚を「そも」「いかなる」の意に用いる。

【麼虫】まちゅう 微小の虫。〔列子、湯問〕江浦の閒に麼蟲を生ず。其の名を焦螟と曰ふ。群飛して蚊の睫に集るも相ひ觸れず。栖宿して去來するも、蚊覺らざるなり。

【麼眇】びびょう(べう) 極めて小さい。唐・柳宗元〔答問〕卓詭倜儻(不群)の士の明世に遇ふや、智能を用ひ、功烈を顯はす。而れども麼眇連蹇、顛頓披靡するは、固より其の所なり。

【麼陋】まろう 姿が矮小で醜い。〔本事詩、嘲戲〕國初、長孫太尉(無忌)、歐陽率更(詢)の姿形の麼陋なるを見て、之れを嘲りて曰く、髆を聳やかせば山の字を成し、肩を埋むれば頭を出ださんことを畏る。誰か言ふ、麟閣(麒麟閣、功臣の像を掲げる)の上、此の一獮猴を畫くと。

↓恁麼・極麼・細麼・作麼・這麼・什麼・甚麼・眇麼・么麼

常【摩】15 0025 〔摩〕15 0025 マ バ こする みがく へる

篆文

形声 声符は麻(麻)。〔説文〕十二上に「研ぐなり」とあり、それより研磨することをいう。手で撫でるようにする行為をいう。

訓義 ①する、こする、なでる。②みがく、そぐ、けずる。③へる、ざえる、ほろぶ。

古訓 〔名義抄〕摩 ナヅ・スル・チカシ・ウルハシ・ヒク・ハタク・トグ・シタガフ 〔篇立〕摩 スル・シタガフ・セム・ナヅ・キユルノリ・スタル 〔字鏡集〕摩 カクセン・トグ・ウルハシ・ナヅ・ナツカクス・ユル・チカシ・ヒク・シタガフ

語系 摩・磨(磨)muaiは同声。捫muənは声義近く、いずれも力を加えて撫摩し、おす意がある。

【摩研】まけん みがく。〔後漢書、蘇竟伝〕走れ昔、編削の才を摩研するを以て、國師公(劉歆)と事に從ひて出入し、祕書を校定す。

【摩挲】まさ なでさする。拓をとる。宋・黄庭堅〔磨崖碑の後に書す〕詩 平生、半世、墨本のみを看る 石刻を摩挲するとき、鬢絲を成せり

【摩切】ませつ 切磋する。〔漢書、蓋寛饒伝〕今、君～乃ち太古久遠の事を以て、天子を匡拂せんと欲し、數不用難聽の語を進めて、以て左右を摩切す。令名を揚げ、壽命を全うする所以の者に非ざるなり。

【摩頂】まちょう(ちやう) 頭からすりへらす。〔孟子、尽心上〕墨子は兼愛す。頂を摩して踵に放るも、天下を利するときは、之れを爲す。

【摩天】まてん 天にふれる。前蜀・韋荘〔又玄集(謝朓の集)の序〕雲閒に合璧の光を分ち、海上に摩天の翅を運らす。造化を奪ひて、雷雲噴湧し、鬼神を役して、風雨奔馳す。

【摩盪】まとう(たう) はげしく動かしあう。〔易、繋辞伝上〕是の故に剛柔相ひ摩し、八卦相ひ盪かし、之れを鼓するに雷霆を以てし、之れを潤すに風雨を以てす。日月運行して、一寒一暑あり。

【摩滅】まめつ すり減る。滅びる。漢・司馬遷〔任少卿(安)に報ずる書〕古者、富貴にして名の摩滅するもの、勝げて記すべからず。唯だ倜儻非常の人のみ稱せらる。

【摩壘】まるい 敵陣に接近する。〔左伝、宣十二年〕許伯曰く、吾れ聞く、師を致す(開戦を促す)者は、御は旌を靡かせ、壘を摩して還ると。

【摩厲】まれい とぎみがく。〔国語、越語上〕其の、士を達せしめ、其の居を絜くし、其の服を美しくし、其の食に飽かしめて、之れを義に摩厲す。

↑摩牙 口喧嘩/摩改 けずり改める/摩崖 書などを崖に彫る/摩戛 ふれて鳴る/摩竭 鯨/摩羯 天羊座/摩玩 玩賞/摩近 接近する/摩空 摩天/摩肩 混雑する/摩拳 奮起する/摩挲 手をこする/摩擦 こする/摩踵 摩頂/摩拭 こすりぬぐう/摩趺 つまずく/摩突 うがつ/摩那 書法の一、科斗書/摩尼 僧/摩撫 いたわる/摩弄 さする/摩礱 みがく/摩勒 美しい金

↓軋摩・按摩・刮摩・規摩・矯摩・肩摩・研摩・護摩・撮摩・揣摩・手摩・切摩・蕩摩・撫摩

常【磨】16 0026 〔磨〕16 0026 〔礳〕24 1061 マ バ みがく

篆文
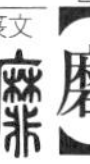

形声 声符は麻(麻)。〔説文〕九下に礳を正形とし、靡声。「石磑なり」とあり、石臼をいう。〔爾雅、釈器〕に「石、之れを磨と謂ふ」とあり、〔広雅、釈器〕に「礪くなり」という。手を以て撫するを摩(摩)、石で磨礪するを磨という。

訓義 ①みがく、とぐ。②する、すりへる、きえる。③いしうす。④よくする、みがきあげる。

古訓 〔名義抄〕磨 トグ・ミガク 〔字鏡集〕磨・礳 ヒク・トグ・ミガク・スル・スリウス・イシノウス・クダク

語系 磨・摩muaiは同声。捫muənは声近く、〔説文〕十二上に「撫持するなり」とあり、強く執り持つ意。磨・摩はすり合わせる意がある。

【磨瑩】まえい みがいて光らせる。〔西京雑記、一〕漢帝相ひ傳ふ。～高祖、白蛇を斬るの劍、～室(剣匣)中に在りて、光景猶ほ外を照らす。～十二年に一たび磨瑩を加ふ。刃上、常に霜雪の若し。

【磨崖】まがい 岩壁を削って碑刻を加える。清・顧炎武〔語渓碑歌〕詩 (顔)眞卿大字を作し 筆法天下に名あり 厓(崖)を磨して斯の文を勒す 神理、遺り來たれる者なり

【磨勘】まかん 官吏の勤務評定。宋・范仲淹〔政府奏議上、治体～条陳十事〕我が祖宗の朝、文武百官、皆磨勘の例無し。～今、文資は三年にして一たび遷り、武職は五年にして一たび遷る。之れを磨勘と謂ふ。

【磨光】まこう(くわう) みがき光らせる。唐・韓愈〔進学解〕小善を占むる者も、率ね以て錄せられ、一藝に名ある者、庸ひられざる無し。爬羅剔抉(すべてを探し出し)、垢を刮り光を磨く。

【磨洗】ません みがき洗う。唐・杜牧〔赤壁〕詩 折戟(折れたほこ)、沙に沈み、鐵未だ銷せず 自ら磨洗を將て、前朝を認む

【磨滅】まめつ すり減る。宋・梅尭臣〔楊子美之盤車の図を観る〕詩 (展)子虔と(魏)賢と、皆妙筆 觀玩して磨滅し、歲年を窮む

【磨礪】まれい みがきとぐ。〔論衡、率性〕陽遂にて火を天に取り、五月丙午、日、中するの時、五石を消錬し、鑄て以て器と爲し、磨礪して光を生じ、仰ぎて以て日に嚮はしめば、則ち火來たり至る。此れ眞に火を取るの道なり。

↑磨牙 歯をみがく/磨磑 ひき臼/磨核 取り調べる/磨刮 みがく/磨戛 みがき、うつ音/磨究 みがきぬく/磨淬 みがく/磨刷 監査する/磨子 ひき臼/磨臍 石臼の臍/磨税 水車税/磨石 石臼/磨折 悩む/磨対 比較する/磨琢 琢磨する/磨治 みがく/磨刀 刀をとぐ/磨煩 ごたごたする/磨麺 粉ひき/磨厲 磨礪/磨錬 錬磨する/磨礱 とぎみがく/磨泐 損壊する

↓按磨・瑩磨・刮磨・臼磨・研磨・攻磨・沙磨・淬磨・錯磨・砥磨・漬磨・消磨・新磨・水磨・切磨・折磨・洗磨・琢磨・不磨・墨磨・練磨・錬磨・礱磨

常【魔】21 0021 〔魔〕21 0021 マ バ おに

篆文 

形声 声符は麻（麻）。〔説文新附〕九上に「鬼なり」とみえる。梵語māra、すなわち悪鬼・外道の音訳語として作られた。唐以後の文献にみえる。

訓義 1おに。2外道。3心が迷いこむ。

古訓 〔名義抄〕魔 オニ・コ、メ・タマシヒ 〔字鏡〕魔 ナヤマス・コ、メ・マジナフ・オニ・タマシヒ・サハル

【魔嫗（まおう）】妖術で惑わせる老巫。〔南史、斉廃帝東昏侯紀〕又、小祠を曲信し、日に十數有り。師巫魔嫗、迎送すること紛紜（ふんうん）たり。

【魔漿（ましょう）】魔の飲物。酒をいう。梁・武帝〔酒肉を断つ文、四首、四〕酒は是れ魔漿なり。故（もと）より言ふを待たず。凡そ魚肉を食ひ、飲酒を嗜（たしな）む者は、善神遠離し、内に正氣無し。此れ等の如き人、法に衰惱多し。

↑魔界 魔道の世界／魔郷 魔界／魔境 魔界／魔術 妖術／魔神 邪神／魔道 魔界／魔法 妖術／魔魅 妖怪／魔羅 魔物

↓悪魔・閻魔・外魔・狂魔・群魔・降魔・業魔・死魔・詩魔・邪魔・酒魔・衆魔・愁魔・書魔・心魔・酔魔・睡魔・禅魔・天魔・破魔・病魔・伏魔・夢魔・滅魔・妖魔

マイ

常【毎】6 〔毎〕7 8050 マイ いそしむ つねに

篆文 甲骨文 金文 

象形 婦人が祭事のために髪に簪飾（しんしょく）を加えている形。これに手を加えた形は敏（敏）、糸飾りをつけると繁（繁）となる。金文に毎・敏を「いそしむ」意に用いる。〔説文〕一下に「艸盛んにして、上に出づるなり。屮に從ひ、母聲」とするが、草の茂盛をいう字ではない。毎毎（草盛の貌）はもと苺苺に作るべき字。また、常に、數（しばしば）の意に用いるのは、引伸の義である。

訓義 1いそしむ、すみやか。敏の初文。2つねに、しばしば、そのおりごとに。3いえども。4冒と通じ、むさぼる、おかす。

古訓 〔名義抄〕毎 シバ〳〵・ツネニ・ゴトニ・ムサボル 〔字鏡集〕毎 イヘドモ・ゴトニ・ムサボル・ツネニ・オノ〳〵・シバ〳〵

声系 〔説文〕に毎声として誨・敏・侮（侮）・悔（悔）・晦など十三字を収める。誨系統の音は、また別に一系をなしている。

語系 毎muə、懋muは声近く、つとめる意。謀miuəは神に謀る意で、毎・懋も神事にいそしむことをいう。茂（茂）・楙muは茂る意。「原田毎毎」の毎は、その通用義である。

【毎月（まいげつ）】月ごとに。〔後漢書、許劭伝〕初め劭、（従兄）靖と倶に高名有り。好んで共に郷黨の人物を覈論し、毎月輒ち其の品題を更む。故に汝南の俗に、月旦評有り。

【毎度（まいど）】そのたびごとに。唐・王建〔昭応官舎にて事を書す〕詩 慶雲出づる處、時報に依り 御果呈し來つて、毎度嘗む

【毎日（まいにち）】日々。唐・杜甫〔曲江、二首、二〕詩 朝より回りて日日、春衣を典す（質入れする） 毎日、江頭に酔を盡して歸る

【毎毎（まいまい）】つねづね。晉・陶潛〔雑詩、十二首、五〕荏苒として、歳月頽る 此の心、稍や已に去る 歡びに値ふも復た娯しむこと無く 毎毎、憂慮多し

↑毎回 そのたびごとに／毎句 一句ごとに／毎戸 家ごとに／毎歳 毎年／毎次 そのたびに／毎事 事ごとに／毎常 常々／毎食 食事ごとに／毎人 人ごとに／毎生 生をむさぼる／毎旦 朝ごとに／毎朝 朝ごとに／毎年 年ごとに／毎面 紙の一枚ごとに／毎夜 夜ごと

常【妹】8 4549 マイ いもうと おとめ

篆文 甲骨文 金文 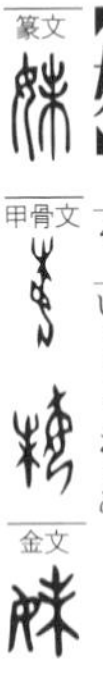

形声 声符は未。〔説文〕十二下に「女弟なり」とあり、姉には「女兄なり」という。金文に昧爽を妹辰ということがあり、昧の義に借用している。

訓義 1いもうと。2おとめ、少女。3よめ、つま。4昧と通じ、くらい。

古訓 〔名義抄〕妹 コジフトメ・イモウト・イロト／小妹 オトイモウト 〔字鏡集〕妹 コジウトメ・イモト・イモウト・ムスメ・カホヨシ

↑妹丈 妹壻／妹壻 妹のむこ／妹夫 妹壻／妹妹 よめ

↓阿妹・外妹・帰妹・貴妹・義妹・愚妹・姉妹・従妹・叔妹・女妹・小妹・弟妹・幼妹・令妹

常【枚】8 4894 マイ バイ いたきれ かぞえる

篆文 甲骨文 

会意 木＋攴。攴は斧をもつ形。〔説文〕六上に「榦なり。枚と爲すべし」とあり、〔詩、周南、汝墳〕「其の條枚を伐る」の〔伝〕に「枝には條と曰ひ、榦には枚と曰ふ」とあるのによる。卜辞に「舟を枚る」という用法があるから、手斧で剞るような伐りかたであろう。その剞られたものを杖とし、鞭とする。〔左伝、襄二十一年〕に「其の枚數を識す」とあり、馬鞭の数をいう。木片や、木片のように薄いものを数えるのに用いる。

訓義 1つえ、むち。2いたきれ、うすいもの、うすくながいもの、かずとり、かぞえる。3行軍中、口に含むもの。4鐘の篆間に加える乳文の部分。

古訓 〔篇立〕枚 キノエダ・ツ、ム・マノフチ・ツ、キノエダ・ウマ 〔字鏡集〕枚 カラ・ムチウツ

【枚挙（まいきょ）】一つ一つ数えあげる。〔北史、恩幸伝序〕其の閒、盜官賣爵、宮闈を汙辱する者多し。亦た何ぞ枚擧すべけんや。～齊末、又甚だしき有り。

【枚卜（ばいぼく）】トすることを告げないでトする。〔左伝、哀十七年〕王、葉公と、子良を枚卜して、以て令尹と爲さんとす。

↑枚謝 一々礼する／枚筮 枚卜／枚別 弁別／枚枚 こまかいさま／枚列 列挙

↓銜枚・亀枚・行枚・条枚・大枚

【玫】8 1014 〔玫〕8 1814 マイ バイ

篆文 

形声 声符は文（文）。〔説文〕一上に「火齊、玫瑰なり。一に曰く、石の美なる者なり」とあり、南方に産する火斉珠をいう。のち玫瑰の字に玫を用いる。

訓義 1まいかい、火斉珠。2美しい石。

古訓 〔名義抄〕玫 カタシ・ミガク／玫瑰 キラ、・アヤシ 〔篇立〕玫 カタシ・ヨシ・ヲサム 〔字鏡集〕玫 ミガク・ヒトルタマ・ヨキタマ・カタシ

【玫瑰（まいかい）】火斉珠。〔韓非子、外儲説左上〕楚人に其の珠を鄭に賣る者有り。木蘭の櫃を爲り、薫するに桂椒を以てし、綴るに珠玉を以てし、飾るに玫瑰を以てし、輯むるに翡翠を以てす。

↑玫桂 ばら

人【苺】8 4450 〔苺〕9 4450 〔莓〕11 4450

マイ バイ
いちご

篆文

形声 声符は母。〔説文〕一下に「馬苺なり」とあって、いちご。苺は木いちごで、両字は通用する。苺はまた、こけ、とっくりいちごをいう。

訓義 ①いちご、とっくりいちご。②苺はきいちご。

古訓 〔新撰字鏡〕苺 一比古（いちびこ）〔名義抄〕苺 コケ〔字鏡集〕苺 イチゴ

↑苺苔 こけ／苺苺 草の茂るさま、毎毎

↓山苺・木苺

常【昧】9 6509

マイ
よあけ くらい おろか

篆文

金文

形声 声符は未。〔説文〕七上に「昧爽なり。且に明けんとするなり」（段注本）とあって、昧旦ともいう。金文にみえる廷礼は、昧爽・旦明のときに行われることが多く、政務には朝という。

訓義 ①よあけ、あさまだき、くらい。②おろか、まよう。③おかす、知らずにおかす、むさぼりおかす。

古訓 〔名義抄〕昧 クラシ・クラフ・ヲカス・アキラケシ・ムサホル・ヨロシ

語系 昧・眛・昒 muət は同声。沒（没）muət も声義同じ。日の光が没して、冥昧・未明の状態にあることをいう。冥・瞑 myeng、蒙（蒙）・濛・曚 mong も声義の近い語である。

【昧谷】日の入る所。〔書、堯典〕分ちて和仲に命じて西に宅らしむ。昧谷と曰ふ。寅んで納日（入日）を餞り、西成を平秩（平治）せしむ。

【昧死】死をおかす。死をはばからず。〔韓非子、初見秦〕臣昧死して、願はくは大王を望見し、天下の従（合従策）を破る～所以の道を言はん。

【昧然】くらいさま。〔荘子、知北遊〕昔の昭然たるは、神なる者先づ之れを受く。今の昧然たるは、且た又神ならざる者の求むるが爲なるか。

【昧爽】未明。〔書、牧誓〕時れ甲子（の日）昧爽、王、朝に商の郊牧野に至り、乃ち誓ふ。

【昧旦】夜明け。〔詩、鄭風、女曰雞鳴〕女は曰ふ、雞鳴なりと 士は曰ふ、昧旦なりと

【昧昧】深く暗いさま。〔楚辞、九章、懐沙〕進んで、北に路して次る 日昧昧として、其れ將に暮れんとす

↑昧陰 ごまかす／昧焉 暗いさま／昧行 愚かな行い／昧私 貪る心／昧心 良心がくらむ／昧進 栄達することを貪り求める／昧莫 広大なさま／昧鄙 理にくらく卑しい／昧蔽 くらましかくす／昧冒 むやみに貪る／昧茫 ぼんやりする／昧瞀 おろか／昧没 意味がわからぬ／昧明 夜明け／昧冥 くらい／昧幽 幽昧／昧略 簡略でわからぬ／昧陋 愚昧

↓曖昧・暗昧・隠昧・翳昧・晦昧・頑昧・虚昧・愚昧・荒昧・浩昧・昏昧・三昧・昭昧・深昧・寂昧・拙昧・草昧・童昧・貪昧・微昧・不昧・蕪昧・茫昧・明昧・迷昧・冥昧・盲昧・蒙昧・幽昧・幼昧・杳昧・窈昧・霊昧

常【埋】10 4611 〔薶〕18 4421 〔貍〕14 2621

マイ バイ
うずめる

篆文

形声 正字は薶に作り、貍声。字はまた貍・埋に作り、いま埋の字を用いる。〔説文〕一下に「瘞むるなり。貍聲」とする。〔周礼、春官、大宗伯〕に「貍沈を以て山林川澤を祭る」とあり、犠牲を埋めることを貍、水に投ずることを沈という。古くは盟書なども地に埋め、牲血をそそぐことが行われた。

訓義 ①うずめる、犠牲をうずめる。②土中におさめる、かくす、ふさぐ。③うずもれる、おちぶれる。

古訓 〔新撰字鏡〕埋 宇豆牟（うづむ）〔名義抄〕埋 ウヅム・カクス・チリ・アチ（ナ）ホル〔字鏡集〕薶 ウヅム・フサグ

【埋瘞】土葬。〔南史、賊臣、侯景伝〕初め城圍の日、男女十餘萬、貫甲の者三萬、是に至りて疾疫あり、且ど盡く。～横屍、路に滿ち、人の埋瘞する無く、臭氣數里に熏ひ、爛汁溝洫に滿つ。

【埋掩】埋め葬る。〔後漢書、曹褒伝〕營舍に停棺葬らざる者百餘所有り。褒、親しく自ら履行して、其の意故を問ふ。吏對へて曰く、此れ等多くは是れ建武以來、絶えて後無き者、埋掩するを得ずと。褒乃ち愴然、爲に空地を買ひ、悉く其の主無き者を葬らしむ。

【埋玉】佳人を埋葬する。〔世説新語、傷逝〕庾文康（亮）亡す。何揚州（充）、葬に臨みて云ふ、玉樹を埋めて土中に箸かしむ。人情をして何ぞ能く已ましめん、已と。

【埋蠱】呪詛のため、蠱虫を埋める。法で禁ぜられている行為であった。〔酉陽雑俎、三、貝編〕天后、酷吏に任じて羅織す（無実の罪をきせる）。～時に酷吏、多く盜をして、夜、蠱を埋めしめ、讖（呪言）を人家に遺し、月を經て乃ち密かに之れを籍す。

【埋骨】葬る。〔列子、湯問〕楚の南に炎人の國有り。其の親戚死すれば、其の肉を死ちしめて棄て、然る後に其の骨を埋む。迺ち孝子爲るを成す。

【埋魂】葬る。南朝宋・鮑照〔蕪城の賦〕東都の妙姫、南國の麗人、蕙心紈質、玉貌絳脣（赤い唇）なるも、魂を幽石に埋め、骨を窮塵に委てざるは莫し。

【埋書】盟約の書を埋める。〔周礼、秋官、司盟〕盟載の灋（法）を掌る。〔鄭玄注〕盟は其の辭を策に書し、牲を殺して血を取り、其の牲を坎（穴）にし、書を上に加へて之れを埋む。之れを載書と謂ふ。

【埋照】光をかくす。才能をあらわさない。南朝宋・顔延之〔五君詠、五首、阮歩兵（籍）〕詩 沈醉は照を埋むるに似て 寓辭は託諷に類す

【埋祟】宋代、大晦日のたたり祓い。〔東京夢華録、十、除夕〕除日に至り、禁中、大儺の儀を呈す。竝びに皇城の親事官を用ふ。諸班直だ假面を戴き、繡畫色衣、金鎗龍旗を執る。～又、鍾馗・小妹・土地・竈神の類に裝ひ、共に千餘人、禁中より祟りを驅り、南薰門外～に出す。之れを埋祟と謂ふ。～是の夜、禁中の爆竹山呼す。

【埋葬】死者を葬る。〔博物志、七、異聞〕（太和三年）（女、年四歳）四月三日、病死し、四日埋葬す。八日に至り、同墟の人採桑し、兒の啼聲を聞く。～今能く飲食すること常の如し。

【埋蔵】うずめかくす。〔東坡志林、温嶠、郭文に問ふ語を録す〕温嶠又問ふ。先生獨り窮山に處る。死して烏鳶の食らふ所と爲るは、奈何と。（郭文）曰く、埋藏する者は螻蟻に食せらる。復た何ぞ異ならんと。

【埋窆】墓室に棺を収める。〔後漢書、趙咨伝〕夫れ亡する者は、元氣體を去り、貞魂游散す。反素復始、無端に歸す。～但だ生者の情、形の毀るるを見るに忍びざるを以て、乃ち掩骼埋窆の制有り。～其の事、煩にして實を害す。

【埋没】埋もれる。宋・欧陽脩〔蘇氏（舜欽）文集の序〕斯の文は金玉なり。棄擲せられて糞土に埋沒するも、銷蝕すること能はず。～其の埋沒して未だ出でずと雖も、其の精氣光

怪、已に能く常に自ら發見して、物も亦た掊ふこと能はざるなり。

↑埋湮 埋没する／埋怨 怨みをもつ／埋冤 恨みをもつ／埋光 才能を隠す／埋香 埋玉／埋頭 没頭する／埋匿 埋めかくす／埋殯 埋葬する／埋伏 潜伏する／埋覆 埋匿する／埋暮 零落する／埋名 名が世に出ぬ／埋銘 墓誌銘／埋滅 埋没する／埋幽 埋葬する／埋憂 憂いを去る／埋斂 埋葬する

↓暗埋・営埋・瘞埋・掩埋・深埋・塵埋・苔埋・幽埋・斂埋

【邁】 17 3430 マイ ゆく すぎる たちさる

篆文  金文 

形声 声符は萬(万)。〔説文〕二下に「遠く行くなり」とし、蠆の省声とする。金文に「眉壽萬年」を「邁年」に作る例が多く、古くは通用したものであろう。〔詩、王風、黍離〕に「行き邁くこと靡靡たり 中心搖搖たり」と遠行の義とし、また〔詩、小雅、小旻〕に「匪の行邁に謀るが如し」と行きずり人の意に用いる。

訓義 [1]ゆく、いでゆく、とおくゆく。[2]すぎる、すぎさる、すぎゆく、たちさる。

古訓 〔名義抄〕邁 ユク・ス、ム・カヘリ・ツトム・スグ・オコナフ・ウフ 〔字鏡集〕邁 ツトム・オコナフ・ユク・ス、ム・スグ・カヘリ・ウル・イタル・ヲイタリ・トシクユク

【邁往】(わう) ひたむきに進む。〔宣和書譜、五、唐韻六〕道士杜光庭、～喜んで自ら爲る所の詩文を錄す。字は皆楷書。人之れを得ることを爭ふ。～以て羲(王羲之)・獻(王献之)に擬倫すべからずと雖も、邁往は人に絶す。亦た世俗の能く到る所に非ざるなり。

【邁気】 すぐれた気象。唐・符載〔寄せて于尚書に贈る書〕恭しく製作約數十篇を覩るに、高格山嶽に侔しく、迅勢波濤に擬し、邁氣雲霄に薄まり、遠思鴛鴻を蹈む。當世の翰墨、都べて此の手無し。～煥乎たる文章と謂ふべし。

【邁世】 超世。〔晉書、郗愔伝〕姊の夫王羲之、高士許詢と、竝びに邁世の風有り。俱に心を絶穀に棲ましめ、黄老の術を修む。後の疾を以て職を去る。乃ち宅を章安に築き、終焉の志有り。

↑邁勲 すぐれた勲／邁秀 俊秀／邁進 邁往／邁迹 先人のあとをすすむ／邁績 邁勲／邁徳 徳に勉める／邁邁 心のよろこばぬさま

↓逸邁・英邁・遠邁・傑邁・行邁・高邁・曠邁・剛邁・傲邁・豪邁・俊邁・信邁・迅邁・清邁・前邁・超邁・通邁・騁邁・風邁・奔邁・踰邁・雄邁・遥邁・流邁・老邁

マク

【膜】 常 14 7423 【膜】 15 7423 マク ボ モ まく うすかわ

篆文 

形声 声符は莫(莫)。莫に幕(幕)の意がある。〔説文〕四下に「肉閒の胲膜なり」という。また〔釈名、釈形体〕に「膜は幕なり」とあり、肉間の皮膜をいう。

訓義 [1]まく、あまかわ、うすかわ。[2]たなじし。

古訓 〔新撰字鏡〕膜 太奈宍(たなじし) 〔和名抄〕膜 太奈之々(たなしし) 〔名義抄〕膜 タナシシ・マケ(ク)・カシコマル

語系 膜・幕makは同声。幔muanは声義近く、両間を隔てるうすい帳。莫・暮(暮)makも同系の語で、すべてうすく、とじこめるような状態をいう。

【膜拝】 長跪して拝する。〔穆天子伝、二〕膜拜して受く。〔郭璞注〕今の胡人、佛に禮するに、手を擧げて頭に加へ、南膜拜と稱する者は、卽ち此の類なり。

↑膜外 度外視する／膜視 軽視する

↓角膜・膈膜・結膜・鼓膜・粘膜・被膜・腹膜・網膜・肋膜

マサ

【柾】 人 9 まさ

国字 柾は本音キュウで柩と声義が同じ。わが国では木のまさめの意に用いる。樌をまき、樫をかしとよむのと同じ。柾は木理。まさはもと玉理をいう語で、〔名義抄〕に「理 マサ・スヂ・アヤ」の訓がある。

訓義 [1]まさ、まさめ。

マツ

【末】 常 5 5090 マツ バツ すえ しも よわい ない

篆文  金文 

指事 木の枝の末端。その部分に肥点を加えて、その部位を示す。位置的な表示の方法で、掌の上下を上下とするのと同じ。〔説文〕六上に「木上を末と曰ふ。木に從ひ、一其の上に在り」とするが、一はもと部位を示す肥点であった。末端であるから、弱小・終末の意がある。無・莫(莫)などと音が通じ、否定詞に用いる。

訓義 [1]すえ、こずえ、さき。[2]こな、しも、おわり、えだは。[3]よわい、かすか、小さい。[4]くず。[5]演劇の立役者、シテ。[6]無・莫などの音と通じ、ない、なかれ、あらず。

古訓 〔名義抄〕末 スヱノチ・ナシ・ハシ・ヲハル・ヲハリ・エダ／末世 スヱノヨ 〔字鏡集〕末 ナシ・スヱ・キノエヘ(ダ)・トホシ・ハシ・エダ・ノチ・ヨハシ・ハテ・ツクス・ヲハリ

声系 〔説文〕に末声として昧・沫など四字を収める。昧は目明らかならず、沫は水沫、ともに末の声義を承ける字である。

語系 末muatは蔑(蔑)miatと声近く、ともに否定詞に用いる。無・毋miua、莫mak、靡miai、亡(亡)・罔miuangも声近く、いずれも否定詞に用いる。〔論語、子罕〕「由末きのみ」のように、〔論語〕に「末し」を用いる例が多い。

【末学】 浅学。枝葉の学。〔荘子、天道〕三軍五兵の運は、德の末なり。～末學なる者は、古人にも之れ有り。先にする所以に非ざるなり。

【末技】 商業。また、小枝。漢・賈誼〔積貯を論ずる疏〕今、民を驅りて之れを農に歸し、皆本に著かしめ、～末技游食の民、轉じて南畝に緣らば、則ち畜積足りて、人其の所を樂しまん。

【末業】(げふ) 商工の業。〔史記、貨殖伝〕夫れ貧を用て富を求むるは、農は工に如かず、工は商に如かず。繡文を刺すは市門に倚るに如かず。此れ末業は貧者の資なるを言ふなり。

【末世】 末代。衰世。〔易、繫辞伝下〕易の興るや、其れ殷の末世、周の盛德に當れるか。文王と紂との事に當れるか。是の故に其の辭危し。

【末勢】 衰えた力。〔資治通鑑、漢紀五十七〕(献帝、建安十三年)(諸葛)亮曰く、～曹操の衆、遠く來りて疲敝す。聞く、～輕騎一日一夜、行くこと三百里餘と。此れ所謂強弩の末勢、魯縞(魯のうす絹)をも穿つこと能はざる者なり。

【末席】 しもざ。唐・元稹〔滎陽公に獻ずる詩五十韻の序〕今月十七日、公、儒を便廡(別殿)に會し、稹も亦た謬りて末席を容るさる。

【末節】 小さな儀節。枝葉末節。〔礼記、楽記〕筵席を鋪き、尊俎を陳ね、籩豆を列ね、升降を以て禮と爲す者は、禮の末節なり。

【末造】末世。時代の終わり。〔儀礼、士冠礼〕公侯の冠禮有るは、夏の末造なり。

【末俗】末世の俗。〔漢書、朱博伝〕今末俗の弊、政事煩多にして、宰相の材、古に及ぶこと能はず。

【末命】臨終の際の命。〔書、顧命〕皇后、玉几に憑より、末命を道揚す。汝に訓を嗣ぎ、臨みて周邦に君とし、~用って文・武の先訓に答(荅)揚せんことを命ず。

【末葉】末世。子孫。漢・蔡邕〔太尉楊秉碑〕其の先は、蓋し周の武王の穆(子孫)にして、晉の唐叔の后なり。末葉、支子を以て、邑を楊に食す(封ぜられる)。因りて氏とす。

【末流】下流。また、追随者。〔文心雕竜、才略〕杜篤・賈逵も亦た文に聲有り。其の才爲るを跡ぬるに、崔(駰)・傅(毅)の末流なり。

【末路】道の終わり。世や人の末期。宋・李格非〔洛陽名園記、呂文穆園〕嗚呼、公卿大夫、朝に進むに方り、一己の私を放にして自らの爲にし、天下の治忽を忘れば、退きて此の樂しみを享けんと欲するも得んや。唐の末路、是れのみ。

↑末姻 遠縁/末裔 後裔/末筵 宴の末席/末科 末席で及第する/末官 卑官/末季 末世/末境 辺境/末契 友人に対する謙称/末芸 末技/末限 期限の終わり/末減 減らす/末行 小節/末坐 しもざ/末歳 年末/末作 商工業などをいう/末産 末業/末師 俗儒/末事 小事/末疾 手足の病/末緒 余業/末梢 末端のところ、はし/末戚 遠縁/末属 遠い親族/末代 末世/末端 はし/末秩 卑官/末茶 抹茶/末朝 朝廷の末席/末庭 末朝/末泥 ふけ役/末塗 末路/末弩 強弩の末/末年 後年/末派 末流/末輩 最下席の者/末班 末席の官/末品 卑官/末風 先人の流風/末編 末巻/末暮 晩年/末法 末世/末民 末業の民/末薬 没薬の異名/末利 商工業の儲け/末僚 下級の吏
↓裔末・芥末・巻末・季末・期末・澆末・結末・月末・毫末・些末・瑣末・座末・細末・歳末・始末・終末・週末・錐末・趨末・席末・浅末・粗末・疎末・旦末・端末・天末・顛末・年末・農末・卑末・標末・眇末・粉末・篇末・豊末・本末・流末・僚末

常 【抹】 8 5509 マツ バツ ぬる けす

形声 声符は末。末に粉末の意があり、それを塗りつけることを塗抹、塗りつけて消すことを抹消という。抹額は鉢巻き。秦の始皇帝が海上で遭遇した神々は、みなこれを著けていたという。
訓義 1ぬる、はく。2けす、はらう。3ぬぐう、する、なでる。4すぎる、とおりすぎる。5末と通じ、粉末。
古訓 〔字鏡集〕抹 クダク・スル
【抹額】鉢巻き。〔事物紀原、九、戎容兵械部、抹額〕二儀實錄に曰く、禹、塗山に娶るの夕、大風雷電あり。中に甲卒千人有り。其の甲を被っけざる者は、紅綃帕を以て其の頭額を抹く。云ふ、海神來朝すと。~此れより抹額、遂に軍容の服と爲る。
↑抹去 ぬぐい去る/抹香 粉末の香/抹刷 抹殺する/抹殺 消し去る/抹摋 抹殺する/抹頭 抹額/抹眉 とぼける/抹布 布巾/抹刺 怠慢/抹涙 涙をぬぐう/抹臉 目の化粧
↓一抹・揮抹・紅抹・数抹・黛抹・淡抹・塗抹・濃抹・眉抹

人 【沫】 8 3519 マツ バツ あわ みなわ あわだつ あせ

篆文

形声 声符は末。末に微小なるものの意がある。〔説文〕十一上に蜀の川の名とする。若水と合流して沫若水という。郭沫若はその名を用いた。〔淮南子、俶真訓〕に「人、流沫に鑑みる莫し」とあり、あわだち流れる水をいう。わが国では沫雪のように用いる。
訓義 1あわ、みなわ、あわだつ、ゆばな。2水のとばしり、あせがふきでる、あせ。3えのぐの粉末。
古訓 〔名義抄〕沫 アハ・アハナギ 〔字鏡集〕沫 アハナギ・ウカブ・アハ・ミヅニウカブアハナリ
【沫雨】水たまり。〔淮南子、説山訓〕人、沫雨に鑑みる莫くして、澄水に鑑みるは、其の休止して蕩かざるを以てなり。
【沫餑】抹茶の泡だち。〔茶経、五之煮〕凡そ酌みて諸を盌に置き、沫餑をして均しからしむ。沫餑は湯の華なり。華の薄き者を沫と曰ひ、厚き者を餑と曰ひ、細輕なる者を花と曰ふ。
↑沫汗 水をかぶったように汗をかく/沫泣 涙を流す/沫沸 あわがわきたつ/沫流 流派
↓雨沫・寒沫・虚沫・呴沫・瓊沫・幻沫・槎沫・細沫・散沫・酒沫・珠沫・濡沫・水沫・星沫・涎沫・濺沫・素沫・跳沫・騰沫・白沫・瀑沫・飛沫・微沫・浮沫・風沫・沸沫・噴沫・泡沫・迸沫・流沫

人 【茉】 8 4490 〔茉〕 9 4490 マツ バツ まつり

形声 声符は末。茉莉花をいう。ペルシャの原産で、古くは柰花・抹麗・抹厲・没利・末利、また毛輪花ともいう。インドから南海に入り、中国の西南部で栽培され、花は首飾りとし、また蒸して香水とし、薔薇水という。
訓義 1まつり、茉莉花。
【茉莉】ジャスミン。宋・楊万里〔茉莉花を送りて慶長叔に与ふ〕詩 茉莉獨り立ちて、幽更に佳し 龍涎も香を避け、雪も花を避く

【秣】 10 2599 〔䬴〕 14 8579 マツ バツ まぐさ かいば まぐさかう

篆文

形声 声符は末。末に細小なるものの意がある。〔説文〕五下に正字を䬴に作り、「馬を食ふ穀なり」という。〔詩、周南、漢広〕に「之の子、于に歸ぐ 言に其の駒に秣ふ」とあり、芻秣をいう。
訓義 1まぐさ、かいば。2まぐさかう。
古訓 〔新撰字鏡〕秣 宇末久佐(うまくさ) 〔和名抄〕秣 万久佐(まぐさ) 〔名義抄〕秣 クサ/秣馬 ナ(マ)グサカフ 〔字鏡〕秣 ヤシナフ・カフ・マグサ・マグサカフ・クサカヒ・クサ
【秣穀】馬に穀を与える。〔漢書、王莽伝上〕(莽の功徳を称する奏)公の策を受けしより、以て今に至るまで、~教子尊學、以て國化を隆んにす。僮奴は布を衣き、馬は穀を秣はず。食飲の用、凡庶に過ぎず。
【秣粟】馬に粟を与える。〔後漢書、郭丹伝〕昔、孫叔敖、楚に相となり、馬は粟を秣はず、妻は帛を衣ず、子孫竟に寢丘の封を蒙れり。
【秣馬】馬をまぐさかう。唐・岑参〔封太夫の播仙を破りしに献ずる凱歌、六首、四〕詩 兵を魚海に洗へば、雲、陣を迎へ 馬を龍堆に秣へば、月、營を照らす
↑秣飼 牛馬などにまぐさかう/秣芻 飼料/秣養 秣飼
↓摧秣・飼秣・芻秣・飽秣・料秣・糧秣

【韎】 14 4559 マツ バツ まっかつ たび

形声 声符は末。韎鞨は北方族。古くは粛慎、漢・魏に挹婁、後魏に勿吉、また靺鞨という。唐のとき、その一部は渤海国として強大を誇ったことがある。のち女真という。
訓義 1まっかつ。2韎鞨産の宝石。3秣と通用し、たび。
古訓 〔名義抄〕韎・韈 シタウヅ・シタクラ

人【麿】18 〔麿〕18 まろ

国字 麻(麻)と呂との合体字。柿本人麻呂を人麿のようにしるす。古い時代に男子をよぶ称。また自称。のち男子の幼名に多く用いたが、森蘭丸のように丸を用いる。まろの転化した語である。

訓義 1まろ。

マン

常【万】3 1022 〔萬〕13 4442 人〔萬〕12 4442

マン バン
さそり よろず

篆文 甲骨文 金文

象形 旧字は萬に作り、虫の形。〔説文〕十四下に「蟲なり。禸に従ふ。象形」とし、〔段注〕に蠆(さそり)の類であろうという。卜文・金文に数字の万として用いる。〔詩、邶風、簡兮〕に、殷人の万舞のことを歌っている。虫の名に用いた例はみえない。金文に「萬年」を「邁年」としるすことが多く、古くは通用していたのであろう。万は〔広韻〕に萬の異体字としてみえる。いま萬の常用字として用いる。

訓義 1さそり。2数の万に用いる。よろず、あまた。3舞の名、万舞。

古訓 〔名義抄〕萬 ヨロヅ・アマタ、ビ 〔字鏡集〕萬 ヨロヅ・ムシ

声系 〔説文〕に萬声として邁・勱・糲など六字を収める。糲は厲声の字。勱meatは勵(励)liatと関係のある字であろう。萬声の字は邁、金文では萬と通用する。

【万一】まんいつ・まんいち 万分の一。極めてわずか。また、万が一。もし。〔三国志、魏、武帝紀〕(建安十二年)今深く入りて之れを征せば、劉備必ず劉表を說きて許を襲はん。萬一變を爲さば、事悔ゆべからず。

【万鎰】ばんいつ・まんいつ 万金。鎰は二十両。〔孟子、梁恵王下〕今此に璞玉有らんに、萬鎰と雖も、必ず玉人をして之れを彫琢せしめん。國家を治むるに至りては、則ち曰く、姑らく女の學ぶ所を舍きて我に從へと。

【万億】まんおく 万、十万。多数。〔書、洛誥〕(成)王、拜手稽首して曰く、～(周)公其れ予と萬億年。天の休を敬しまん。誨言を拜手稽首せんと。

【万化】ばんか(くわ) 自然の変化。自然。唐・柳宗元〔始めて西山を得て宴游する記〕觴を引いて滿酌し、頽然として醉ひに就き、日の入るを知らず。～心凝り形釋け、萬化と冥合す。

【万壑】ばんがく 多くの谷。元・趙孟頫〔浙江杭州、霊隠寺〕楹聯 龍洞、風回り 萬壑の松濤、海氣に連なり 鷲峰、雲斂まり 千年の桂月、湖光に印す

【万感】ばんかん あらゆる思い。南朝宋・謝霊運〔彭蠡湖口に入る〕詩 春晚れて、綠野秀で 巖高くして、白雲屯まる 千念、日夜に集ひ 萬感、朝昏に盈つ

【万機】ばんき 多くの機微。治政の要。〔書、皐陶謨〕敢て逸欲する無かれ。邦を有つものは、兢兢業業として、一日二日に萬機あり。

【万鈞】ばんきん 極めて重い。〔漢書、賈山伝〕(至言)雷霆の擊つ所、摧折せざる者無く、萬鈞の壓する所、靡滅せざる者無し。今、人主の威、特だに雷霆のみに非ざるなり。勢ひの重きこと、特だに萬鈞のみに非ざるなり。

【万頃】ばんけい 広いところ。頃は百畝。宋・蘇軾〔赤壁の賦〕白露、江に横たはりて、水光天に接す。一葦の如く所を縱にして、萬頃の茫然たるを淩ぐ。

【万言】ばんげん 万語。〔論衡、自紀〕世に一卷無きも、吾れに百篇有り。人に一字無きも、吾に萬言有り。孰れの者をか賢と爲す。

【万戸】ばんこ 一万戸の家。また、多くの家。唐・李白〔子夜呉歌、四首、三〕詩 長安、一片の月 萬戶、衣を擣つの聲 秋風吹き盡さず 總て是れ玉關の情

【万行】ばんこう(かう) 千万すじ。唐・李白〔夜郎に流され、永華寺にて潯陽の群官に寄す〕詩 願はくは九江の流れを結び 添へて萬行の淚と成さん

【万骨】ばんこつ 多くの死者。唐・曹松〔己亥の歳、二首、一〕詩 澤國江山、戰圖に入る 生民何の計ぞ、樵蘇を樂しまん 君に憑む、話すこと莫れ、封侯の事 一將功成りて、萬骨枯る

【万歳】ばんさい 万年。また、慶賀の辞。〔呂覧、過理〕左右皆賀す。～宋王、大いに說ぶ。酒を飲むに、室中に萬歲を呼ぶ者有り。堂上、盡く應ず。

【万死】ばんし ほとんど助からぬ状態。漢・司馬遷〔任少卿(安)に報ずる書〕僕以爲へらく、(李陵)國士の風有りと。夫れ人臣、萬死に出でて、一生の計を顧みず、公家の難に赴く。斯れ以に奇なり。

【万事】ばんじ すべてのこと。〔宋史、荊南高氏世家〕初め保勗保拘に在りしとき、(父)從誨、獨り鍾愛す。故に或いは盛怒するときは、之れを見て必ず釋然として笑ふ。荊人目けて萬事休すと爲す。

【万象】ばんしょう(しやう) あらゆるものの姿。清・邵長蘅〔夜、孤山に遊ぶ記〕湖碧に天靑く、萬象澂澈す。

【万丈】ばんじょう(ぢやう) 一万丈。丈は約三メートル。〔淮南子、兵略訓〕善く兵を用ふる者は、勢ひ積水を千仞の隄に決するが如く、員石を萬丈の谿に轉ずるが若し。

【万条】ばんじょう(でう) 多くの糸筋や細い枝。唐・李白〔送別〕詩 梨花、千樹の雪 楊葉、萬條の烟

【万乗】ばんじょう 一万台の兵車。〔孟子、梁恵王上〕上下交利を征らば、國危し。萬乘の國、其の君を弑する者は、必ず千乘の家なり。千乘の國、其の君を弑する者は、必ず百乘の家なり。

【万畳】ばんじょう(でふ) 山や雲が幾重にも重なる。宋・陸游〔南堂の壁に書す、二首、二〕詩 雲山萬疊、猶ほ淺きを嫌ふ 茆屋三閒、已に寬きを覺ゆ

【万人】ばんじん 一万人。すべての人。〔史記、項羽紀〕書は以て名姓を記すに足るのみ。劍は一人に敵するのみ。學ぶに足らず。萬人の敵を學ばん。

【万仞】ばんじん 七万尺。仞は七尺。唐・王之渙〔涼州詞、二首、一〕詩 黃河、遠く上る、白雲の閒 一片の孤城、萬仞の山

【万水】ばんすい 多くの河川。宋・徽宗〔燕山亭、杏花を見て作る〕詞 天遙かに地遠し 萬水千山 知んぬ、他の故宮は何れの處ぞ

【万世】ばんせい 万代。永久。〔史記、秦始皇紀〕制して曰く、～今より已來、謚法を除き、朕を始皇帝と爲し、後世以て計數し、二世三世より千萬世に至り、之れを無窮に傳へん。

【万川】ばんせん 多くの川。〔荘子、秋水〕天下の水、海より大なるは莫し。萬川之れに歸し、何れの時に止まるかを知らざるも、而も盈たず。

【万銭】ばんせん 多くの銭。唐・杜甫〔飲中八仙歌〕詩 左相(李適之)、日興に萬錢を費やす 飲むこと長鯨の百川を吸ふが如し 杯を銜み聖(清酒)を樂しんで、賢(濁酒)を避くと稱す

【万全】ばんぜん 万に一失なし。〔韓非子、解老〕若し慈を以て之れを衞れば、事必ず萬全にして、擧に當らざる無し。則ち之れを寶と謂ふ。

【万端】ばんたん すべて。また、さまざま。唐・張祜〔楽遊原に登る〕

詩 幾年の詩酒、江干(江のほとり)に滯る 水積み雲重なり、思ひ萬端

【万年】 万世。〔詩、大雅、江漢〕周に于いて命を受く 召祖(召公)の命を自ふ 虎(召伯虎)拜して稽首す 天子萬年ならんことを

【万万】 非常に多い数。また、はるかにすぐれる。〔漢書、外戚下、孝成趙皇后伝〕(耿育の上疏)夫れ大德を論じては、俗に拘せず、大功を立つるには、衆に合せず。此れ乃ち孝成皇帝の至思、衆臣に萬萬たる所以なり。

【万般】 百般。万事。〔金鳳釵、二〕萬般、皆下品(品下れり)、惟だ讀書の高きのみ有り。

【万舞】 舞の名。翟羽をもって舞う。〔詩、邶風、簡兮〕簡たり簡たり 方將に萬舞せんとす

【万夫】 多くの男。民国・梁啓超〔感秋雜詩、六首、三〕八月十八の潮 壯觀、天下に無し 此の千載の憤りを積み 一たび發せば萬夫を慴れしむ

【万物】 あらゆるもの。宋・程顥〔秋日偶成〕詩 萬物靜觀するに、皆自得す 四時の佳境、人と同じ 道は通ず、天地有形の外 思ひは入る、風雲變態の中

【万方】 あらゆる手段。また、あらゆる国々。唐・杜甫〔楼に登る〕詩 花は高樓に近くして、客心を傷ましむ 萬方多難にして、此に登臨す

【万邦】 万国。〔書、堯典〕百姓昭明し、萬邦を協和す。黎民於變り、時れ雍らぐ。

【万目】 多くの目。〔韓非子、外儲説右上〕王曰く、～今、人主は二目を以て一國を視るに、一國は萬目を以て人主を見る～と。對へて曰く、～夫れ虛靜無爲にして、見ること無かれ～と。

【万葉】 万世。また、多くの木々の葉。宋・欧陽脩〔玉楼台〕詞 夜深くして風竹、秋韻を敲つ 萬葉千聲 皆是れ恨み

【万籟】 万物のひびき。唐・杜甫〔玉華宮〕詩 萬籟、眞に笙竽(笛の類) 秋色、正に蕭灑

【万里】 遠くはるか。清・袁枚〔～楼霞寺に遊び、桂林の諸山を望む〕詩 我は本と天涯萬里の人 愁心忽ち挂く、西梢の月

【万流】 多くの流れ。また、万民。南朝宋・顔延之〔皇太子の釈奠の会に作る、九章、二〕詩 武術を偃閉し 文令を闡揚す 庶士、風を傾け 萬流、鏡を仰ぐ

【万慮】 さまざまの思い。唐・権徳輿〔沈十九(既済)拾遺と同じく、棲霞寺に遊ぶ～、二首、一〕詩 一生、土梗(土人形)の如く 萬慮、相ひ桎梏す

【万緑】 緑だらけ。〔書言故事、花木、紅一点〕王荊公(安石)の石榴詩、萬綠叢中、紅一點 人を動かすの春色、多きを須ひず

【万類】 すべてのもの。唐・韓愈〔士を薦む〕詩 勃興、李(白)・杜(甫)を得て 萬類、陵暴に困しむ

➡万彙 万物／万域 万国／万宇 万屋／万屋 無数の家／万花 群芳／万家 万屋／万貨 百貨／万岳 多くの山々／万官 百官／万卉 百花／万鬼 多くの霊／万幾 万機／万騎 一万の騎兵／万竅 衆穴／万斤 重い／万金 多額の金／万区 万国／万形 万物／万孽 すべての罪／万古 永遠／万故 万端／万劫 永劫／万国 万邦／万斛 万石／万穀 多数の車／万恨 尽きぬ恨み／万載 万年／万盞 万灯／万糸 柳の枝などのたとえ／万室 万戸／万株 万木／万寿 万歳／万樹 万木／万秋 万年／万衆 民衆／万春 万年／万庶 人民／万緒 万端／万祥 多くのめでたいこと／万鍾 大量／万燭 多くの灯／万尋 万仞／万枢 万機／万数 万ほど、多くの／万生 人民／万声 万人の声／万姓 百姓／万石 三公の禄／万千 多数／万善 多くの善／万族 万類／万卒 多くの兵／万朶 万枝／万態 いろいろなすがた／万代 万世／万重 いく重にもかさなる／万灯 万燭／万念 万慮／万派 多く分出する／万病 すべての病／万品 万物／万福 多くの福／万分 万分の一／万兵 万卒／万別 千差／万変 千変／万法 万物／万木 多くの樹木／万有 万類／万雷 多くの雷／万縷 多くの糸すじ／万霊 神々

⬇盈万・億万・巨万・鉅万・鍾万・振万・吹万・千万

【卍】 6 1221 マン バン まんじ

象形 十字形の組み合わせた線が回転する形。もと仏教で用いた記号で、吉祥や幸福を示す。十字形の各末端に回転方向をつける。吉祥万徳の集まるところで、音は萬(万)。ものの入りみだれたさまを卍巴という。左旋・右旋を左卍・右卍という。

訓義 [1]まんじ。[2]ものが入りみだれるさま。

【卍果】 卍字形の果実。〔南越筆記、十三、広東諸果〕卍果は、果、卍字形に作る。畫すること甚だ方正、蔕(へた)、字中に在り、見るべからず。生食すれば香甘あり。一に蓬鬆子と名づく。

【卍字】 卍形の字。〔夷堅志、丁十六、蔡相骨字〕棺を啓きて改め殮するに及び、皮肉消枯して已に盡き、獨り心骨上に、一卍字を隱起す。高さ一分許り。鐫刻の如し。

【芇】 7 4422 マン ベン メン あたる

篆文

象形 布帛の形。〔説文〕四上に「相ひ當るなり。闕。讀みて宀の若くす」とあり、おそらく㒼の初文であろう。〔繫伝〕に「㒼の字、此れに從ふ」とするが、字の上部は帯に連なる形である。〔広雅、釈詁三〕に「㒼は當るなり」とあり、一巾の帛の意であろう。金文に「大命に芇る」という用法がある。

訓義 [1]あたる、あう。[2]損する、かけにまける。[3]碁の持碁をいう。

古訓 〔字鏡集〕芇 カク・ワケギ

声系 芇・㒼・滿(満)muan は同声。〔説文〕七下に㒼を㒳と廿とに従う字とするが、㒼は芇の巾の上に一面の刺繡を加えた形で、その刺繡を加えたものを蔽膝に用いた。蔽膝はひざかけ。古代の礼装の最も重要なものであるが、刺繡のため傷みも多く、これを敝・弊(弊)という。芇・㒼・滿の系列と、㡀・敝・蔽(蔽)・弊の系列とは、字形の上において対応する。

【㒼】 11 4422 マン バン ひざかけ みちる あたる たいらか

篆文

金文

象形 大巾の帛に、飾文を加えた形。礼装に用いる蔽膝(ひざかけ)の巾をいう。〔説文〕七下に「平らかなり。廿に従ふ」とするが、廿は数ではなく、巾を帯に著ける形。巾の左右に文飾を加えた形で、滿面・滿盈の意となる。盛飾を施した蔽膝の象形である。

訓義 [1]ひざかけ、飾文のあるひざかけ。[2]みちる、あたる。[3]たいらか。

声系 芇・㒼 muan は同声。芇に繡文を加えたものが㒼。その繡飾の敝敗したものを㡀といい、敝・弊(弊)の初文。㒼は芇声とすべきである。〔説文〕に㒼声として瞞・懣・滿(満)・濍など八字を収める。繡飾のように滿面に飾すもの、またその損傷の意を含む字が多い。

➡㒼爰 竹箯／㒼胡 上下が密合すること

【曼】 11 6040 ［㬅］ 13 6022 マン バン ゆたか ひろい

篆文  金文 

会意 冒(冐)＋又(又)。冒は面衣を著け、目が下にあらわれている形。又は手。面衣を引いて眉目の美しさがあらわれる意。〔楚辞、招魂〕「娥眉曼睩」とは、婦人の美しいめもとをいう。〔説文〕三下に「引くなり」とし、字を冒声とするが、会意とすべきである。〔楚辞、九章、哀郢〕「余が目を曼にして、以て流觀す」、また〔詩、魯頌、閟宮〕「孔だ曼にして且つ碩いなり」のように用いる。

訓義 ①めがうつくしい。②つやつや、ゆたか。③ひろい。④ひく、ながくひく、ながい。

古訓 〔名義抄〕曼 ノリ・ノトル・ナガシ・ノブ・ノボル・ナミ

声系 〔説文〕に曼声として蔓(蔓)・謾・幔・慢・嫚・縵・鏝など十三字を収める。みな平曼・広長などの意をもち、曼の声義を承ける字である。

語系 曼・蔓miuanは同声。蕪(蕪)miuaは平蕪の意に用い、蘴phiongは蘴蕪。また謾・瞞muan、慢mean、蔑(蔑)miatには慢易する意があるが、曼にその意が含まれている。

【曼衍】はてしなく広い。〔漢書、鼂錯伝〕(兵事には)土山丘陵、曼衍相ひ屬らなる。平原廣野は、此れ車騎の地なり。歩兵は十、一に當らず。

【曼頰】ゆたかな頰。〔淮南子、脩務訓〕曼頰皓齒、形夸しく骨佳く、脂粉芳澤を待たずして、性の說ぶべき者は、西施・陽文なり。

【曼声】ゆたかに長く引く声。〔列子、湯問〕昔、韓娥(歌の上手)、~逆旅(旅館)を過ぐ。逆旅の人、之れを辱かしむ。韓娥因りて曼聲哀哭す。一里の老幼悲愁し、涕を垂れて相ひ對し、三日食らはず。

【曼曼】はるかなさま。〔後漢書、列女、董祀の妻の伝〕(悲憤詩二章、二)身執略せられて、西關に入り 險阻を歷へて、羌蠻に之く 山谷眇るかにして、路曼曼たり 眷みて東顧して、但だ悲歎す

【曼睩】美しい眼。〔楚辞、招魂〕娭容脩態、洞房に絙なり 蛾眉曼睩、目に光を騰ぐ

↑曼延 連なるさま／曼漶 ぼんやりするさま／曼姬 美姬／曼胡 刃のない戟／曼詞 美しいことば／曼辞 曼詞／曼寿 長寿／曼嘯 声を長く引く／曼沢 なめらかでつやがある／曼睇 美しいながしめ／曼靡 ゆたかで美しい／曼舞 ゆるやかな舞／曼膚 ゆたかな柔肌／曼遊 漫遊する／曼理 曼膚／曼麗 ゆたかで美しい

↓延曼・衍曼・婉曼・柔曼・声曼・長曼・美曼・靡曼

常 【満】 12 〔滿〕 14 3412 マン みちる みたす たる おごる

篆文 

形声 声符は㒼。㒼は礼装用の蔽膝(ひざかけ、巿がその初形)にいちめんに刺繡を加える形。ゆえに滿盈の意がある。〔説文〕十一上に「盈溢するなり」とあり、水の盈溢することをいう。転じてものの充溢し完成すること、さらにまた矯滿の意となる。漫・慢と通用することがある。

訓義 ①みちる、みたす。②たる、満足する。③おごる、たかぶる。④謾と通じ、あざむく。⑤懣と通じ、もだえる。

古訓 〔名義抄〕滿 ミツ・タル・タレヌ・トク

声系 〔説文〕に懣を心滿の会意とするが、滿の形声字。滿盈して治めがたく、悶の意を生ずるので、亦声とみてよい。

語系 滿・懣muanは同声。悶muanは声義の近い字。憤(憤)biuan、煩biuan、また忿phiuanも心に憤盈するところがある意で、一系の語である。

【満意】専心。また、滿足。〔貴耳集、上〕元祐の初め、司馬公(光)薨ず。東坡(蘇軾)喪を主らんと欲す。遂に伊川(程頤)の先んずる所と爲る。東坡、意に滿たず。伊川、古禮を以て斂す。~東坡、是れに由り伊川と歡を失ふ。

【満溢】滿ちて溢れる。〔漢書、溝洫志〕陰氣盛んなれば、則ち水之れが爲に長ず。故に一日の閒、晝は減じ夜は增す。江河滿溢し、所謂水潤下せず。~天道因りて作るを明らかにするなり。

【満盈】充足する。〔顔氏家訓、止足〕天地鬼神の道、皆滿盈を惡む。謙虛沖損、以て害を免るべし。人生、衣は趣かに以て寒露を覆ひ、食は趣かに以て飢乏を塞ぐのみ。

【満架】棚いっぱい。〔瑯嬛記、上〕張華~洞宮に遊び、一人に塗に遇ふ。~共に一處に至る。大石中、忽然として門有り。華を引きて入るること數歩、陳書滿架、~華、後に博物志を著はす。瑯環(仙境の名)中に得る所多し。

【満眼】みる限り。宋・辛棄疾〔滿江紅〕詞 滿眼、堪へず三月の暮 頭を擧ぐれば已に覺ゆ、千山の綠なるを 但だ試みに、一紙の寄來の書を將りて 頭より讀む

【満腔】心から。胸いっぱい。清・黄宗羲〔馬雪航の詩の序〕程子言ふ、性は卽ち理なりと。差や之れに近しと爲す。然れども其の澄然として中に在るに當りては、滿腔子、皆惻隱の心なり。

【満坐】座中の人みな。唐・杜牧〔兵部尚書席上の作〕詩 忽ち狂言を發して、滿坐を驚かしむ 兩行の紅粉、一時に回る

【満志】滿足。得意とする。〔荘子、養生主〕刀を動かすこと甚だ微なり。謋然として已に解くること、土の地に委るが如し。刀を提げて立ち、之れが爲に四顧し、之れが爲に躊躇して滿志す。

【満酌】なみなみと酒をつぐ。唐・于武陵〔酒を勧む〕詩 君に勸む、金屈卮 滿酌、辭することを須ひず 花發いて、風雨多し 人生、別離足る

【満城】城中いちめん。宋・梅堯臣〔考試畢りて鋒楼に登る〕詩 樓に登らざること、知んぬ幾月ぞ 滿城、無算、柳梢黃なり

【満川】川面いっぱい。宋・黄庭堅〔雨中に岳陽楼に登り、君山を望む、二首、二〕詩 滿川の風雨、獨り欄に憑る 綰結す、湘娥の十二鬟(まげ)

【満窓】窓いっぱい。宋・范成大〔四時田園雜興、六十首、一〕詩 柳花深巷、午雞の聲 桑葉尖新、綠未だ成らず 坐睡して覺め來れば、一事無し 滿窓の晴日、蠶の生まるるを看る

【満地】地上いちめん。宋・陸游〔冬晚山房、事を書す〕詩 月明らかにして、滿地、梅影を看る 露下りて、溪を隔てて鶴聲を聞く

【満庭】庭いっぱい。唐・呉融〔廃宅〕詩 幾樹の好花、白晝閒かに 滿庭の荒草、黃昏なり易し

【満天】空いっぱい。唐・許渾〔謝亭送別〕詩 勞歌一曲、行舟を解く 紅葉靑山、水、急に流る 日暮、酒醒めて、人已に遠し 滿天の風雨、西樓を下る

【満頭】頭の上すべて。宋・陸游〔独坐閒詠〕詩 一寸の丹心、空しく國に許す 滿頭の白髮は、却つて詩に緣よる

【満堂】室いっぱい。唐・張謂〔盧挙の河源に使するを送る〕詩 故人、行役して邊州に向ふ 匹馬、今朝少くも留まらず 長路、關山、何れの日にか盡きん 滿堂の絲竹、君が爲に愁ふ

【満面】顔じゅう。唐・韓愈〔鎮州路上、謹んで裴司空相公の重ねて寄せらるるに酬ゆ〕詩 風霜滿面、人の識る無し 何れの處ぞ、如今、更に詩有らん

【満目】みる限り。滿眼。宋・范仲淹〔岳陽楼記〕斯の樓

に登らば、則ち國を去りて鄉を懷ひ、讒を憂へ譏りを畏れ、滿目蕭然として、感極まりて悲しむ者有らん。

【滿林】林の中にいちめん。唐・杜甫〔三絶、三首、三〕詩 無數の春笋、滿林に生ず 柴門密かに掩ひて、人行を斷つ

↑滿員 定員が充ちる／滿院 中庭いっぱい／滿飲 滿酌する／滿衍 滿盈／滿園 園中にいっぱい／滿筵 滿席／滿檐 檐にいっぱい／滿屋 部屋にいっぱい／滿假 おごりたかぶる／滿街 町じゅう／滿岸 岸いっぱい／滿虛 みちかけ／滿胸 滿腔／滿業 卒業する／滿月 十五夜の月／滿瞼 滿眼／滿口 口いっぱい／滿巷 滿街／滿篝 籠いっぱい／滿座 滿坐／滿歲 滿一年／滿載 いっぱい積み上げる／滿山 全山／滿室 部屋いっぱいになる／滿袖 袖いっぱい／滿杖 杖は徒刑（杖たたき）、徒刑百をいう／滿心 慢心／滿身 全身／滿斟 なみなみと酌む／滿数 充足する数、万／滿盛 極盛／滿船 舟いっぱい／滿足 得心する／滿秩 俸給の全額／滿朝 朝廷じゅう／滿廷 滿朝／滿帆 帆いっぱいの風／滿幅 全幅／滿腹 飽食する／滿壁 壁いちめん／滿眸 滿眼／滿門 来客の多いことをいう／滿讕 欺く／滿流 流罪三等／滿路 道いっぱい

↓引滿・殷滿・盈滿・円滿・厭滿・干滿・虛滿・矜滿・驕滿・限滿・歲滿・持滿・充滿・春滿・小滿・盛滿・秩滿・貯滿・脹滿・塡滿・肥滿・不滿・腹滿・遍滿・豐滿・飽滿・未滿

【嫚】 14 4644 ［僈］ 13 2624

マン
あなどる けがす おこたる

篆文 

形声 声符は曼。曼は頭衣の下に目のみえる形で、流し目の意がある。〔説文〕十二下に「侮り易るなり」とあり、不敬・侮嫚の意となる。字はまた僈に作る。〔荀子、不苟〕に「君子は寬にして僈ならず」とあり、僈とは舒緩なるさまをいう。

訓義 ①あなどる、かろんずる、ないがしろにする。②けがす、あざむく。③おこたる、おごる。④ゆるやか。

古訓 〔名義抄〕嫚 オコタル・アナヅル・ユルナリ・ナイガシロ・オソシ・オクレヌ 〔字鏡集〕嫚 ユルナリ・ナイガシロ・スサビ・アヅ（ナ）ヅル・オコタル・ユルシ・オゴル・オソル・オソシ・オクル・オクレヌ

語系 嫚（僈）・慢 mean は同声。蔑（薎）miat と声義に通ずるところがあり、曼は流し目。その眉目に軽蔑の意を含むことがある。蔑は媚女（女巫）を伐ち、敵の呪力を無くする意の字である。

【嫚易】ゆるやか、また、あなどり軽んずる。〔漢書、酈食其伝〕吾れ聞く、沛公は嫚易の人なれども、大略有り。此れ眞に吾が從游を願ふ所なり。

【嫚戲】あなどりからかう。〔漢書、枚皐伝〕皐、經術に通ぜず、詼笑すること俳倡に類し、賦頌を爲りて嫚戲することを好む。

【嫚罵】あなどり罵る。〔史記、高祖紀〕高祖、之れ（医）を嫚罵して曰く、吾れ布衣を以て、三尺の劍を提げて天下を取る。此れ天命に非ずや。命は乃ち天に在り。扁鵲と雖も何ぞ益せんと。

【嫚侮】あなどる。〔漢書、魏豹伝〕今漢王、人を嫚侮し、諸侯群臣を罵詈すること、奴の如きのみ。上下の禮節有るに非ず。

↑嫚逆 蔑にする／嫚言 軽蔑することば／嫚詞 嫚言／嫚辞 嫚言／嫚書 無礼な書／嫚辱 はずかしめる／嫚臧 死蔵する／嫚惰 なまけ怠る／嫚遊 漫遊する

↓簡嫚・凶嫚・驕嫚・僭嫚・媠嫚・怠嫚・黜嫚・詆嫚・靡嫚・懶嫚

【幔】 14 4624 ［幔］ 16 4622

マン バン
おおい まく とばり

篆文 

形声 声符は曼。〔説文〕七下に「幕なり」とあり、引幕の意とする。〔段注〕に説解を「幎なり」の誤りとし、「凡そ物を以て其の上を冡ふを幔と曰ふ。幎と雙聲なり」と論じている。幎は死者の面を覆うもので、曼が面衣から眉目があらわれる象であることからいえば、幔の本義はその幎衣のことであるかもしれない。それよりすべて、覆いめぐらすものの意となり、まく、とばりの類をいう。

訓義 ①おおい、おおう、目をおおう、幎。②まく、ひきまく、とばり。③てんまく。④のぼり、はた。

古訓 〔和名抄〕幔 本朝式に、斑幔を万太良万久（まだらまく）と讀む 〔名義抄〕幔 トバリ・マダラ・マク。俗に云ふ、マン・カタビラ／斑幔 マダラマク／幔子 ウハオソヒ 〔字鏡集〕幔 マダラマク・トバリ・カタビラ

語系 幔 muan は幕（幕）・膜（膜）mak と声近く、おおってへだてる意。莫（莫）は暮（暮）の初文。くらくとじこめる意がある。

【幔屋】テント張り。〔通典、礼四十六に引く晉の賀循の葬礼〕墓の位に至り、男子は西向し、婦人は東向す。先づ幔屋を埏道の北に施し、南向す。柩車既に至り、坐に當りて住まる。

【幔城】大きな幕舍。〔唐書、五行志一〕（火不炎上）（会昌）六年八月、武宗を葬る。辛未、靈駕、三原縣に次る。夜大風あり、行宮の幔城火けたり。

【幔亭】幕をめぐらしたあずまや。〔雲笈七籤、九十六に引く武夷山記〕武夷君は地官なり。相ひ傳ふ、毎に八月十五日に、大いに村人を武夷山に會す。上に幔亭を置き、虹を橋と化して、山下を通ぜしむと。

↑幔帷 まくと、とばり／幔室 帷幕の室／幔幕 引き幕

↓帷幔・華幔・隔幔・綺幔・軽幔・巻幔・褰幔・綵幔・撤幔・車幔・朱幔・酒幔・繡幔・垂幔・翠幔・青幔・素幔・帳幔・張幔・通幔・布幔・風幔・平幔・羅幔

常 【慢】 14 9604

マン
あなどる おこたる おごる

篆文 

形声 声符は曼。曼は面衣を引いて流し目をする形で、軽侮の意を含む。〔説文〕十下に「惰るなり」とし、また「一に曰く、慢りて畏れざるなり」という。嫚と声義が近い。

訓義 ①あなどる、かろんずる、そまつにする。②おこたる、なまける。③おごる、うとんずる。

古訓 〔名義抄〕慢 オコタル・オゴル・アナヅル・マダラナリ・オクレヌ・ナメシ・ユルナリ・ユルビテ・サマタレタリ・ミダリガハシ 〔字鏡集〕慢 ミダリガハシ・タマカツラ・ナメシ・ワスル・オクレヌ・マダラナリ・アナヅル・オコタル・ホコル・マク・ユルシ・オコル・ユルナリ・サマタレタリ

語系 慢・嫚（僈）mean は同声。蔑（薎）miat は声義近く、慢易・軽蔑の意を含む語である。

【慢易】ゆるやか。また、あなどる。〔史記、張耳陳余伝〕高祖、平城より趙に過る。趙王、朝夕～自ら食を上つり、禮甚だ卑し。子壻の禮有り。高祖箕踞して詈り、甚だ之れを慢易す。

【慢狎】軽侮する。〔夢渓筆談、人事一〕趙閱道、成都の轉運使と爲る。部内を出行するに、唯だ一琴一鶴を携ふ。坐しては則ち鶴を看、琴を鼓す。嘗つて靑城山に過より、雪に遇ひて逆旅（旅館）に舍す。逆旅の人、其の使者なるを知らず、或いは之れを慢狎す。公、頹然として琴を鼓して問はず。

【慢弛】(まんし) 怠る。だらしない。魏・嵆康〔山巨源(濤)に与へて交はりを絶つ書〕吾れは嗣宗(阮籍)の賢なるに如かずして、慢弛の闕有り。

【慢世】(まんせい) 世事をかろんずる。〔世説新語、品藻注に引く嵆高の高士伝、司馬相如賛〕長卿(相如)世を慢り、禮を越えて自ら放にす。

【慢罵】(まんば) 軽んじののしる。〔旧唐書、裴延齡伝〕尤も慢罵を好み、朝臣を毀詆す。班行(同輩の人)之れが爲に側目す(目をそばめる)。

【慢侮】(まんぶ) 軽んじあなどる。〔史記、留侯世家〕留侯曰く、~四人の者(四皓)は、年老いたり。皆以爲へらく、上(高祖)、人を慢侮すと。故に山中に逃匿し、義として漢の臣と爲らず~と。~呂后、~辭を卑くし禮を厚うし、此の四人を迎へしむ。

【慢舞】(まんぶ) 緩やかに舞う。唐・白居易〔長恨歌〕詩 緩歌慢舞、絲竹を凝らし 盡日、君王、看れども足かず

【慢遊】(まんゆう) 怠りあそぶ。〔書、益稷〕帝曰く、丹朱・傲の、惟だ慢遊を是れ好み、傲虐を是れ作し、晝夜と罔く、額額として、~用つて厥の世を殄つが若くすること無かれ。

↑慢違 あなどり背く／慢淫 放蕩する／慢焉 とりとめのない／慢火 とろ火／慢緩 緩慢／慢棄 かろんじて棄てる／慢欺 かろんじ欺く／慢戲 かろんじ戯れる／慢愚 愚鈍／慢瞼 顔色を和らげる／慢肆 放漫にする／慢書 無礼な書／慢心 うぬぼれ／慢声 淫靡な声／慢泄 おごり侮る／慢然 慢焉／慢惰 なまける／慢怠 あなどり怠る／慢誕 勝手気ままにする／慢慆 勝手気ままにする／慢黷 あなどりけがす／慢悖 もとる／慢膚 たるみ肌／慢慢 のろのろとする／慢戾 もとる

↓易慢・違慢・我慢・懈慢・閑慢・寛慢・緩慢・簡慢・欺慢・倨慢・虚慢・矜慢・驕慢・軽慢・夸慢・高慢・敖慢・傲慢・忽慢・肆慢・自慢・奢慢・舒慢・媟慢・褻慢・僭慢・疎慢・惰慢・怠慢・貪慢・瀆慢・悖慢・廃慢・侮慢・放慢・暴慢・慵慢・懶慢・陵慢

常【漫】 14 3614 マン ひろい たいら あまねし みだりに

形声 声符は曼。曼に平らかな状態の意がある。水のみちはびこるさまをいい、転じて広くゆきわたること、またとりとめのない意に用いる。

訓義 1ひろい、ひろがる、はびこる。2たいら、たいらか、つらなる、あまねし。3ちらばる、みだれる、みだりに。4けがす、やぶる、あざむく、あなどる。

古訓 〔名義抄〕漫 ミダリガハシ・ハビコル・ヨル・サハガシ・クラシ・ケガル・マス／〱・スヾロ・チル・タナビク〔字鏡集〕漫 スヾロ・マス／〱・カウバシ・ヨル・チル・ハビコル・サハガシ・オホイナリ・タナビク・サカリ・クラシ・ケガル

語系 漫muanは曼・蔓(蔓)miuanと声義近く、みな平らか、広がる意がある。また緜mianは連緜とひろがりつづく意。みな一系の語。

【漫延】(まんえん) 水があふれひろがる。〔水経注、河水四〕三秦記に曰く、桃林塞は長安の東四百里に在り。若し軍馬經過する有るに、好行なれば則ち華山に牧して林下に休息し、惡行なれば則ち決河漫延して、人馬過ぐることを得ず。

【漫衍】(まんえん) 大まかできわまりないさま。〔列子、仲尼〕公孫龍の人と爲りや、行ひに師無く、學に友無く、佞給(へつらい、口達者)にして中らず、漫衍にして家無し。

【漫言】(まんげん) でまかせ。根拠なくいう。民国・郭沫若〔訪日雑詠、千代の松原を弔ふ〕詩 千代の松原に松を見ず 漫りに言ふ、巨害は微蟲よりすと 八年の烽燧(戦火)に、生靈苦しむ 兩彈の釉(広島の原子爆弾)・鐶(長崎の原子爆弾)に、井灶(日々のくらし)空し

【漫語】(まんご) 漫言。〔梁書、賀琛伝〕高祖大いに怒り、主書を前に召し、口授して琛を敕責して曰く、~卿云ふ、國弊れ民疲ると。誠に卿の言の如くんば、終に須らく其の事を出だすべし。空しく漫語を爲すことを得ず。

【漫然】(まんぜん) そぞろに。何となく。宋・楊時〔土牀〕詩 萬事思はず、溫飽(暖衣飽食)の外 漫然たり、清世の一閑人

【漫天】(まんてん) 空いっぱい。宋・蘇軾〔再び楊公済の梅花に和す、十絶、九〕詩 長く恨む、漫天、柳絮の輕きを 只だ飛舞することを將つて、清明を占む

【漫筆】(まんぴつ) 随筆。〔四庫提要、子部、雜家類存目、五〕戒菴漫筆八卷、明、李詡撰す。~蓋し隨時に綴錄し、積むこと久しうして編を成す。一時の撰集する所に非ず。

【漫漫】(まんまん) ひろびろとしたさま。ながいさま。はてしないさま。宋・范成大〔山水横看に題す、二首、二〕詩 煙山漠漠として、水漫漫 老柳、秋を知りて、渡口寒し

【漫滅】(まんめつ) すり減る。〔後漢書、文苑下、禰衡伝〕少くして才辯有り。~建安の初め、許下に來遊す。始めて潁川に達す。乃ち陰かに一刺(名刺)を懷にす。既にして之く適する(行く)所無く、刺の字漫滅するに至る。

【漫遊】(まんゆう) 心のままに旅する。〔水経注、渭水上〕(万石湾は)淵深測られず、實に靈異と爲す。先後漫遊する者、多く其の斃に罹かる。

【漫与】(まんよ) 気のむくまま。〔池北偶談、十四、漫興〕秀水の朱竹垞簡討(彝尊)云ふ、杜(甫)詩(江上に水に遇ふ~)に、老去、詩篇、渾べて漫與と。今本皆訛りて漫興に作るは、非なり。

【漫録】(まんろく) 漫筆。宋・王復〔能改斎漫録、後序〕家君(呉曽)~復に謂ひて曰く、予れ少より壯に至り、四方に奔走し、賢士大夫に從つて遊び、得る所多し~と。~復をして筆を執り之れを記せしめ、~十八卷と爲し、能改齋漫錄と號く。

↑漫暗 ぼんやりとしたさま／漫演 ながくつづく／漫学 勝手学問／漫汗 広大なさま／漫澣 ぼんやりとしたさま／漫顔 不審顔／漫戲 戯れ／漫吟 口ずさむ／漫幻 虚妄なこと／漫糊 ぼんやりとしたさま／漫山 満山／漫士 浪人／漫爾 漫然／漫書 漫筆／漫成 偶成／漫羨 散漫／漫叟 気ままにくらす老人／漫誕 散漫／漫波 大波／漫罵 あなどり罵る／漫剝 剝げる／漫靡 広大なさま／漫瀰 広大なさま／漫歩 散歩する／漫漭 水勢が盛んなさま／漫瀾 水が広がりみちる／漫流 溢流する／漫浪 浮浪

↓夷漫・盈漫・闊漫・汗漫・澣漫・荒漫・浩漫・混漫・散漫・滋漫・冗漫・浸漫・誕漫・繁漫・弥漫・靡漫・瀰漫・渺漫・淼漫・蕪漫・放漫・悠漫・乱漫・瀾漫・爛漫・流漫・浪漫

人【蔓】 14 4440 〔蔓〕 15 4440 マン つる のびる はびこる

篆文 

形声 声符は曼。曼に長く広い意がある。〔説文〕一下に「葛の屬なり」とあり、蔦(蔦)・葛(葛)など、蔓草の類をいう。蔓菁は、かぶら。まるくふくよかな形からの命名であろう。

訓義 1つる、つるくさ。2のびる、はびこる。3からむ、みだれる。4蕪菁、かぶら。

古訓 〔新撰字鏡〕蔓 阿乎奈(あをな)〔名義抄〕蔓 ハビコル・ホヒコル・ハフ・アヲナ／蔓菁 アヲナ〔和名抄〕蔓菁 阿乎奈(あをな)〔字鏡集〕蔓 ハビコル・カヅラ・ハル・ハフ・アヲケ(ナ)・ホヒコル

語系 蔓・曼miuanは漫muan、緜mianと同系。漫はひろがり、緜はのびつづく意を主とする語。

【蔓延】(まんえん) のびひろがる。晉・潘岳〔寡婦の賦〕葛藟の蔓延することを顧ひ、微莖を樛木に託す。身の輕くして、施の

重きを懼る。〔薄き〕冰を履み〔深き〕谷に臨むが若し。

【蔓衍】のびひろがる。〔旧唐書、武宗紀〕（会昌五年八月制）漢・魏の後、像教寖く興る。是れ季時なるに由り、此の異俗を傳へ、因緣染習し、蔓衍すること滋多し。～人意を誘惑し、衆益迷ふ。～法を壞り人を害すること、此の道に逾ぐるは無し。

↑蔓語 蔓辞／蔓辞 冗雑の語／蔓生 つる草／蔓菁 かぶら／蔓説 むだ話／蔓然 はびこるさま／蔓草 つる草／蔓藻 茂る藻／蔓纏 まとわり、からむ／蔓蔓 蔓然／蔓茂 ひろがり茂る／蔓羅 つた／蔓連 つたいはびこるさま

↓引蔓・延蔓・葛蔓・狂蔓・枯蔓・滋蔓・秀蔓・脩蔓・条蔓・垂蔓・青蔓・霜蔓・長蔓・纏蔓・藤蔓・蕪蔓・碧蔓・綿蔓・野蔓・幽蔓・蘿蔓・絡蔓・緑蔓・連蔓

【瞞】 16 6402 マン あざむく くらい

篆文

形声 声符は㒼。㒼は文繡を加えた蔽膝（ひざかけ）の形。全体の文様が繁縟な状態で、目にまぎれることをいう。それで瞞とは、目がかげって、鮮明に見るをえないこと、まぎれて欺かれる意となる。〔説文〕四上に「平目なり」とあるも文意が明らかでなく、〔繫伝〕に「目の瞼低るるなり」とは、見ることのくらい意であろう。滿幅の文飾が目をあざむくので、瞞著のようにいう。

訓義 ①まばゆい、まぎれる、あざむく。②たれめ、めのかげ、くらい。

語系 瞞・謾muanは同声。ともに欺謾の意がある。目のまぎれるのを瞞といい、語に欺かれることを謾という。漫muanもまた同声で、漫衍・散漫の意がある。

【瞞然】どぎまぎして恥じるさま。〔荘子、天地〕子貢曰く、此に械有り。一日に百畦を浸す。～夫子欲せざるかと。～圃を爲むる者、～曰く、～機械有る者は、必ず機事有り。機事有る者は、必ず機心有り。～吾れ知らざるに非ず。羞ぢて爲さざるなりと。子貢瞞然として慙ぢ、俯して對へず。

↑瞞辞 ごまかしのことば／瞞人 人をだます／瞞蔵 かくす／瞞著 ごまかす／瞞天 満天／瞞騙 だます

↓欺瞞

【縵】 17 2694 マン ゆるい

篆文

形声 声符は曼。曼に、平らかで広いものの意がある。〔説文〕十三上に「繒の文無きものなり」とし、「衣を賜ふ者は、縵表白裏」と漢律の文を引く。生地の粗い、文様のない布帛である。うねを作らぬ田を縵田といい、〔荘子、斉物論〕にゆるやかな風を「縵なる者」と形容する。のっぺりとしたもの、ゆるやかなさまの意がある。

訓義 ①あやのないきぬ、あやのないもの。②ゆるい、ゆるやか。③幕と通じ、まく、幔幕。

古訓 〔新撰字鏡〕縵 阿也奈支太太支奴（あやなきただきぬ）なり 〔名義抄〕縵 アミ 〔字鏡集〕縵 アミ・ユルナリ・オホキナルモン

語系 縵・幔meanは同声。幔muanは声が近い。ひろくゆるやかな帛の類を縵・幔といい、緊切を欠く状態を慢という。

↑縵纓 文なし帽／縵楽 雑楽／縵胡 縵纓／縵繒 文なしの絹／縵田 形のととのわない田／縵帛 粗い帛／縵布 粗い布／縵縵 広がるさま／縵密 綿密／縵立 ゆるりとたたずむ

↓衣縵・夏縵・乗縵

【謾】 18 0664 マン あざむく いつわる

篆文

形声 声符は曼。〔説文〕三上に「欺くなり」とあり、漫言を以て人を欺くことをいう。

訓義 ①あざむく、いつわる、たぶらかす。②そしる、とがめる。③とりとめがない、ひろい、おおきい。④おこたる、なれる、けがす。⑤おごる、ほこる。⑥そぞろ、みだりがわしい。

古訓 〔名義抄〕謾 アザムク・イツハル・アナヅル・サカシ・アザケル

【謾語】でたらめ。〔聞見後録、二十一〕（司馬）光、年五六歲、青胡桃を弄す。女兄爲に其の皮を脱するも得ず。女兄去り、一婢子、湯を以て之れを脱す。女兄復た來りて、胡桃の皮を脱する者を問ふ。光曰く、自ら脱したりと。先公適ま見て之れを訶して曰く、小子何ぞ謾語することを得んと。光、是れより敢て謾語せず。

↑謾易 あなどる／謾学 まねをしてみる／謾欺 あなどりだます／謾吟 漫吟／謾言 謾語／謾辞 謾語／謾誠 いつわりと、まこと／謾訑 あなどり、だます／謾怠 怠る／謾誕 いつわり／謾罵 ひどくののしる／謾侮 あなどる

↓欺謾・夸謾・訑謾・婧謾・惰謾・誕謾・諄謾・面謾

【蹣】 18 6412 マン よろめく

形声 声符は㒼。蹣跚という畳韻の連語として用いる。蹣跚はよろめき歩く意で、多く酔歩をいう。〔玉篇〕に「旋行する皃なり」、〔集韻〕に「跛行する皃なり」という。また盤跚・槃散ともいい、二字で形況の語である。

訓義 ①よろめく。②ふみこえる。

古訓 〔新撰字鏡〕蹣 伏して行く皃なり 〔字鏡集〕蹣 メグリユク

語系 蹣・槃buanは蹩biat、跋buat、躄pickなど、跛行の義をもつ字と声義近く、また跰byenも歩行の困難なことをいう。一系の語とみてよい。

【蹣跚】よろめき歩く。宋・范成大〔病中夜坐、致遠に呈す〕詩 便ち當に藥を西山に采り去るべきも 病足蹣跚として、遠遊を怕る

↑蹣跼 蹣跚／蹣行 ぶらつく／蹣僻 蹣跚／蹣連 めぐる

【鏝】 19 8614 マン こて

篆文

形声 声符は曼。曼に平漫なるものの意がある。〔説文〕十四上に「鐵の杇なり」とあり、壁を塗るこて。左官が左手にもつものを鏝板という。

訓義 ①こて。

古訓 〔字鏡集〕鏝 コテ・モチ・サスナヘ・オホ、コ

【鏝胡】刃のない大きな戟。漫胡。〔方言、九〕凡そ戟にして刃無きもの、～東齊・秦・晉の閒、其の大なる者を謂ひて鏝胡と曰ふ。

↑鏝児 銭の無文の面／鏝刀 壁塗りこて

↓手鏝・泥鏝・銅鏝

【饅】 20 8674 ［䊈］ 22 4624 マン まんじゅう

形声 声符は曼。曼にふっくらしたもの、まるみのあるもの、ゆたかなさまの意がある。饅頭はまた曼頭ともいう。晉の束皙に「餅の賦」があり、その中に曼頭を加えている。諸葛亮が、犧牲に代えるお供え用として作ったという伝説がある。〔字鏡集〕にまた、米に従う字があるが、訓を加えていない。

訓義 ①まんじゅう。②字はまた䊈に作る。

【饅頭】まんじゅう。〔事物紀原、九、酒醴飲食部、饅頭〕蠻俗、必ず人を殺し、其の首を以て之れを祭り、神則ち之れを饗くるときは、兵を出だすことを爲す。武侯（諸葛亮）從はず、因りて羊豕の肉を雜用して、以て之れを包むに、麪を以てし、

人頭に象り、以て祠る。神も亦た饗けたり。～後人、此れに由りて饅頭と爲す。

【鬘】 21 7240 マン かずら かみかざり

形声 声符は曼。曼にふっくらとしたものの意がある。鬘は頭にまとうてかざるもの、華鬘の類をいう。〔万葉集〕には、縵・蘰の字を用いる。

訓義 1かずら、かみかざり、花かんざし。2仏者の衣。3髪の美しいさま、まげ。4蛮と通じ、「菩薩蛮」とは「菩薩鬘」をいう。

古訓 〔名義抄〕鬘 カヅラ／蘿鬘 ヒカゲカヅラ 〔字鏡集〕鬘 カヅラ・ミヅラ・マユズミ・ビンヅラ

↑鬘華 茉莉花

↓華鬘・結鬘・市鬘・天鬘・宝鬘

【鰻】 22 2634 マン バン うなぎ

篆文

形声 声符は曼。〔説文〕十一下に「鰻魚なり」とあり、うなぎ。

訓義 1うなぎ。2字はまた萬声の字に作る。

古訓 〔新撰字鏡〕鮢・鰼・鱓 牟奈支（むなぎ）〔和名抄〕鱣魚 无奈岐（むなぎ）／鰻鱺魚 波之加美伊乎（はしかみいを）〔字鏡集〕鰻 イカル・ハム・イリコ

【鰻井】 うなぎのすむ井戸。水旱疫癘を予知するという。〔夢渓筆談、神奇〕越州應天寺に鰻井有り。～井、纔かに方數寸、～其の深さ知るべからず。～凡そ鰻出遊するときは、越中に必ず水旱疫癘の災有り。郷人常に此れを以て之れを候ふ。

↑鰻鱺 うなぎ

ミ

【未】 常 5 5090 ミ ビ いまだ ゆくすえ ひつじ

篆文 甲骨文 金文

象形 木の枝葉の茂りゆく形。〔説文〕十四下に「味なり。六月の滋味なり。五行、木は未に老ゆ。木の枝葉を重ぬるに象るなり」とする。枝葉の伸びる形で、これを剪裁するを制という。「未だ」のように時の関係に用いるのは仮借の用法で、否定詞との関係がある。

訓義 1いまだ～ず、いまだ、いまだし、あらず、いな。2ゆくすえ、つぐ。3十二支のひつじ。

古訓 〔名義抄〕未 イマダシ・イマダ～セズ・イマダ～スマジ・ナシ・セズ

部首 〔説文〕〔玉篇〕に十二支の一として部首を立てるが、部属の字はない。もと木部にあるべき字である。

声系 〔説文〕に未声として味・昧・眛・寐・沬・妹など七字を収める。昧・眛・寐には、冥昧の意を含むようである。

語系 未・勿 miuat は同声。末 muat、蔑（蔑）miat、莫（莫）mak、靡 miai、無 miua、亡（亡）・罔 miuang はみな否定の意に仮借して用い、また冥昧の意を含むものがある。

【未央】 まだ半ばにならぬ。まだつきない。はてることがない。〔老子、二十〕人の畏るる所は、畏れざるべからず。荒として其れ未だ央きざる哉。

【未形】 まだ形われない。〔礼記、経解〕禮の教化は微なり。其の邪を止むるは、未だ形はれざるに於てす。

【未熟】 十分実らない。十分な状態に達しない。唐・韓愈〔張中丞（巡）伝の後叙〕（張巡）嘗て（于）嵩の漢書を讀むを見、嵩に謂ひて曰く、何爲れぞ久しく此れを讀むと。嵩曰く、未だ熟せざればなりと。巡～因りて嵩の讀む所の書を誦し、卷を盡して一字をも錯らず。

【未然】 事の起こる前。〔史記、太史公自序〕故に春秋なる者は、禮義の大宗なり。夫れ禮は未だ然らざるの前に禁じ、法は已に然るの後に施す。法の用を爲す所の者は見易きも、禮の禁を爲す所の者は知り難し。

【未曽】 今まで一度もない。未曾有。〔墨子、親士〕賢を緩せにし士を忘れ、而も能く其の國を以て存する者は、未だ曾て有らざるなり。

【未発】 まだ外にあらわれない。まだ起こらない。〔中庸、一〕喜怒哀樂の未だ發せざる、之れを中と謂ふ。發して皆節に中る、之れを和と謂ふ。～中和を致して、天地位し、萬物育す。

【未明】 夜あけ前。〔後漢書、董卓伝〕卓、遠く火の起るを見、兵を引いて急に進み、未明に城西に到る。少帝の北芒に在りと聞き、因りて往きて奉迎す。帝～恐怖して涕泣す。

【未来】 将來。〔池北偶談、七、蘇門孫先生言行〕（孫奇逢）先生、嘗て、壁に題して云ふ、人生、最も繫戀する者は過去、最も冀望する者は未來、最も悠忽なる者は見在なり。～歲月虛しく擲つ、良に浩歎すべしと。

↑未可 不十分／未冠 成人の加冠をする前／未幾 まもなく／未決 未確定／未見 まだ見知らぬ／未詳 まだ分明でない／未成 未達成／未尽 不十分／未遂 まだ実行していない／未知 まだ知らぬ／未定 未決定／未牌 ひつじの時／未半 半ば以下／未必 必ずしも～とは限らぬ／未聞 まだ聞き知らぬ／未亡 未亡人／未満 まだ足らぬ／未了 まだ終わらぬ

【味】 常 8 6509 ミ あじ

篆文

形声 声符は未。未に天若なるものの意があり、そこに滋味を生ずる。〔説文〕二上に「滋味なり」とあり、五味をいう。〔老子、六十三〕に「無味を味とす」とあり、滋味は自然のうちに存するものとされた。

訓義 1あじ、あじわい。2おもむき、趣致。

古訓 〔名義抄〕味 アヂハヒ・ムサボル・アヂハフ・クチビル・クチサキラ／五味 サネカヅラ

【味道】 道を体得する。〔後漢書、申屠蟠伝〕申屠蟠は、氣を稟くること玄妙、～貧に安んじ潜を樂しみ、道を味はひ眞を守り、燥濕の爲に輕重せず、窮達の爲に節を易へず。

↑味諫 橄欖／味口 食欲／味賞 玩味する／味精 深く味わう／味欲 嗜好

↓異味・意味・遺味・一味・逸味・繹味・佳味・華味・嘉味・雅味・甘味・官味・含味・玩味・翫味・気味・奇味・興味・欽味・吟味・苦味・兼味・五味・語味・口味・好味・肴味・厚味・香味・酸味・旨味・至味・詩味・嗜味・時味・滋味・酒味・趣味・臭味・醇味・書味・正味・祥味・嘗味・上味・情味・真味・新味・尋味・睡味・世味・声味・清味・精味・脆味・絶味・多味・耽味・探味・淡味・滄味・地味・致味・茶味・調味・珍味・鼎味・道味・肉味・俳味・美味・百味・品味・貧味・風味・別味・芳味・法味・本味・無味・妙味・薬味・涼味・六味

【魅】 常 15 2521 ［鬽］ 13 2221 ミ もののけ すだま

篆文 古文 籀文

会意 正字は鬽に作り、鬼＋彡。彡は長毛。長毛の鬼をいう。〔説文〕九上に「老物の精なり」（段注本）とし、彡を鬼毛とする。また魅のほか、古文・籀文の異体二文を録する。その両字は祟に似た形で象形。〔左伝、文十八年、服虔注〕に「魅は人面獸身にして四足あり。好んで人を惑はす。山林異氣の生ず

る所、以て人の害を爲す」とあり、〔楚辞、九歌〕中の〔山鬼〕の類であろう。老物の精としては、猿・狐・鶏などのほか、虫・魚の類にも、蠱媚をなす異類の話が多く、〔太平御覧〕などに収録されている。〔説文〕十上にも「狐は～鬼の乗る所なり」という。

【訓義】①もののけ、ばけもの。②すだま、みずは。

【古訓】〔名義抄〕魅 スダマ・ミヅハ・イヘノカミ 〔篇立〕魅 スダマ・ミヅハ・イヘノカミ・クルホス

【魅虚】もののけ。漢・王延寿〔夢の賦〕乃ち手を揮ひ拳を振ひ、雷發して電のごとく舒び、～魅虚を斫り、魍魎を捎ふ。

【魅狐】人をばかす狐。唐・元稹〔鳥有り、二十章、十七〕詩 俊鶻(はやぶさ)・狡兎を拏するに由無く、金雕(たか)・魅狐を擒ふることを得ず

⬆魅力 人を引きつける力／魅惑 惑わす

⬇陰魅・鬼魅・狐魅・山魅・邪魅・衆魅・水魅・精魅・魑魅・諂魅・病魅・物魅・魔魅・魍魅・木魅・野魅・妖魅

ミツ

常 【密】 11 3077 ミツ ひそか やすらか こまかい

篆文  金文 

【会意】宀＋必＋火。宀は廟屋、必は秘で戚。廟中で聖器の戚に火を加える秘儀で、おそらく祖霊の安寧を求める厳重な儀礼であったのであろう。ゆえに秘密・親密・厳密などの意がある。〔詩、周頌、昊天有成命〕に「夙夜、命を基むること宥密なり」の〔伝〕に「寧なり」とあり、それは安寧を求める儀礼であった。宓・祕(秘)・閟なども、同じく戚を聖器とする儀礼であろう。〔説文〕九下に「山の堂の如き者なり。山に從ひ、宓聲」とするが、山とは何の関係もない字である。

【訓義】①ひそか、密儀、かくす、おくふかい。②やすらか、しずか。③こまかい、つまびらか。④したしむ、つとめる、つつしむ。

【古訓】〔名義抄〕密 シノビヤカナリ・キビシ・タシカナリ・ヒソカニ 〔字鏡集〕密 タツ・ヒソカニ・キビシ・シノビヤカナリ・コマカナリ・タシカナリ・シヅカナリ・トヾム・カクス・ツヽシム・シヅカ・シケシ・チカシ・カタム・マサシ・アフ

【語系】密・宓・謐 miet は同声。宓は〔説文〕七下に「安らかなり」とあり、密と声義同じ。謐は〔説文〕三上に「靜かに語るなり」とするが、聖器の必を用いて、静安の儀礼を行う意と思われる。密に稠密の意があるのは、比 piei と声義通ずるところがあるからである。金文の密の字形に、両戈をならべた形のものがあり、密の呪儀の方法と関係があろう。

【密意】秘奥の深意。また、親密の情。みそかごと。陳・徐陵〔洛陽の道、二首、二〕楽府 相ひ看るも語ることを得ず 密意、眼中より來る

【密雲】厚い雲。また、から涙。〔顔氏家訓、風操〕梁の武帝の弟、出でて東郡と爲り、武帝と別る。帝曰く、我れ年已に老い、汝と分張す。甚だ心に惻愴すと。數行淚下る。侯遂に密雲、赧然として出づ。～一百許りの日、卒ひに去ることを得ず。

【密議】ひそかに謀る。〔三国志、呉、魯粛伝〕(孫権)乃ち獨り粛を引いて還り、榻を合はせて對飲す。因りて密議して曰く、今漢室傾危す。～君既に惠顧す。何を以てか之れを佐けんと。

【密察】細密で明らか。〔中庸、三十一〕唯だ天下の至聖のみ、能く聰明睿知、以て臨む有るに足るなり。寛裕溫柔、以て容るる有るに足り、～文理密察、以て別つ有るに足ると爲す。

【密旨】密勅。唐・王建〔王枢密(守澄)に贈る〕詩 長く密旨を承けて、家に歸ること少れなり 獨り邊機を奏して、殿を出づること遲し

【密邇】近く接する。よりそう。〔書、太甲上〕桐に宮を營り、先王の訓に密邇し、世をして迷はしむること無からんとす。王～克く允德を終ふ。

【密書】内密の書。〔三国志、呉、朱異伝〕十三年、(魏の盧江の太守)文欽、詐りて降り、密書して異に與へ、自ら迎へしめんと欲す。異、欽の書を表呈し、因りて其の僞を陳べ、便ち迎ふべからずとす。

【密雪】びっしり積もった雪。宋・王禹偁〔黄岡竹楼記〕夏は急雨に宜しく、瀑布の聲有り。冬は密雪に宜しく、碎玉の聲有り。

【密疏】内密の上奏。〔日知録、十八、密疏〕近ごろ實錄を見るに、多く密疏を載す。言、朝聽に彰はれず。事、當時に顯らかならず。其の家より得るも、未だ信と爲すに足らず。

【密奏】内密の上奏。〔文心雕竜、奏啓〕漢、八儀を置き、密かに陰陽を奏せしより、皁囊(黒布の袋)もて板を封ず。故に封事と曰ふ。

【密度】精密な尺度。〔漢書、律暦志上〕願はくは曆を治むる者を募り、更に密度を造り、各自增減して、以て漢の太初曆を造らんと。乃ち～治曆の者、凡そ二十餘人を選ぶ。

【密勿】つとめはげむ。黽勉。〔後漢書、胡広伝〕(史敞等、広を薦むる書)密勿夙夜すること、十有餘年、心に外を顧みず、志、苟くも進まず。

【密密】細かに。細密に。唐・孟郊〔遊子吟〕詩 慈母、手中の線 遊子、身上の衣 行に臨んで密密に縫ふ 意に恐る、遲遲として歸らんことを

【密友】親密な友。〔北斉書、封述伝〕厚く財産を積むも、一も饋遺すること無く、至親密友の貧病困篤なると雖も、亦た拯濟することを絕つ。

【密理】肌のきめの細かいこと。〔漢書、鼂錯伝〕夫れ胡貉の地は、積陰の處なり。～肉を食らひ酪を飲み、其の人密理、鳥獸の毳毛あり、其の性寒さに能ふ。

【密慮】ひそかに思いめぐらす。梁・沈約〔斉の故の安陸昭王の碑〕深圖密慮、衆能く窺ふ莫し。公陪して朝夕を奉じ、從容として左右す。

⬆密愛 親愛する／密印 蠟印を以て封ずる／密蔭 茂った樹陰／密雨 細雨／密筵 内密の会／密恩 深い恩／密函 密書を入れた箱／密款 まごころ／密銜 ひそかに恨みをもつ／密緘 密封する／密機 機密／密笈 手ばこ／密近 親近／密契 内緒の話／密計 秘密の計略／密啓 密書／密語 内緒の話／密行 微行する／密告 内報する／密坐 侍坐する／密札 密書／密指 密旨／密事 秘密の事／密爾 しずかなさま／密櫛 細密の櫛／密樹 こんもりと茂った樹／密集 群がり集まる／密章 密印／密詔 密旨／密親 親密な人／密靖 安らか／密静 こっそりと静かに／密戚 親戚／密切 親近／密接 密切／密訴 密告する／密談 内緒の話／密致 緻密／密緻 緻密／密竹 密生した竹／密牒 機密の文書／密勅 密詔／密偵 探偵／密白 密告する／密微 微細／密閉 とじこめる／密謨 密計／密房 密室／密報 内報する／密霧 濃い霧／密約 秘密の約束／密諭 密旨／密量 推量する／密林 深い林／密令 内密の命

⬇渇密・陰密・隠密・鬱密・奥密・恩密・華密・款密・機密・近密・禁密・緊密・顕密・厳密・細密・櫛密・周密・峻密・純密・詳密・情密・神密・深密・慎密・親密・縝密・邃密・枢密・精密・纖密・疎密・致密・緻密・稠密・綢密・篤密・内密・繁密・秘密・微密・蕪密・綿密・茂密・蒙密・網密・宥密・幽密・麗密

常

【蜜】 14 3013 ［蠠］ 27 3713 ミツ はちみつ

篆文 

形声 〔説文〕十三下に正字を蠠とし、「蠭(蜂)の甘き飴なり。一に曰く、螟子なり」とあり、字は鼏声にして䖵に従い、蜜はその或る体。蜜は宓声であるという。蠠は養蜂の巣箱に、蜂の密集する意を示した会意字とみるべく、蜜はその形声の字で、密集の意をとるものと思われる。蜜は古くミイラを作る法にも用いられ、また蜜蠟で印璽を作って、死者に贈ることもあった。

訓義 ①みつ、はちみつ。②ずい虫の卵、螟子。③密と通用することがある。

古訓 〔和名抄〕蜜 此の閒に云ふ、美知(みち) 〔名義抄〕蜜 ミチ・ヤスウス 〔篇立〕蜜 密に同じ。カナフ・タシカ・キビシ・ヒソカ・メヒシ・ト゛ム・モタ・コマカナリ・ミチ・ムツマジ・カクス・シヅカ・ハルカ

【蜜印】 蜜蠟で作った印璽。死者に贈る。〔晋書、山濤伝〕太康四年を以て薨ず。時に年七十九。詔して東園の祕器・朝服一具～を賜ひ、以て喪事に供せしむ。策して司徒の蜜印紫綬～を贈る。

【蜜璽】 帝王の蜜印。〔宋書、礼志二〕武帝の泰始四年、文明王皇后崩ず。將に合葬せんとし、崇陽陵を開く。太尉司馬望をして奉祭し、皇帝の蜜璽綬を便房神坐に進めしむ。魏氏は金璽、此れ又儉なり。

【蜜酒】 蜂蜜で作った酒。宋・蘇軾〔蜜酒の歌〕詩 君見ずや、南園の采花、蜂、雨に似たるを 天、酒を釀らしめて、先生を酔はしむ

【蜜漿】 蜂蜜の飲物。〔三国志、魏、袁術伝注に引く呉書〕士衆、糧を絶つ。～時に盛暑にして、蜜漿を得んと欲するも、又蜜無し。～乃ち大いに咤きて曰く、袁術此に至るかと。因りて牀下に頓伏し、血を嘔くこと斗餘にして死せり。

【蜜人】 ミイラ。〔輟耕録、三、木乃伊〕回回の田地に、年七十八歳の老人有り。自ら捨身して衆者を濟ふ者を願ひ、絶えて飲食せず。惟だ身を澡ひ、蜜を啖ふ。月を經て、便溺皆蜜なり。既にして死し、～仍ち滿たすに蜜を用て浸す。～百年を俟ちて封を啓けば、則ち蜜劑なり。～俗に蜜人と曰ひ、番には木乃伊と言ふ。

【蜜蠟】 蜜蜂の巣からとった蠟。〔博物志、十、雑説下〕諸遠方の山郡、幽僻の處に蜜蠟を出だす。人往往にして桶を以て蜂を聚め、年每に一たび取る。

↑蜜官 蜜蜂/蜜炬 蠟燭/蜜漬 蜂蜜漬け/蜜唧 鼠の胎児の蜜漬け/蜜汁 蜂蜜/蜜燭 蠟燭/蜜煎 蜂蜜漬け/蜜甜 甘い/蜜脾 蜜蜂の巣/蜜勿 機密/蜜房 蜜蜂の巣/蜜醴 蜂蜜の酒/蜜露 甘露/蜜臘 虎魄の一

↓飴蜜・飲蜜・加蜜・崖蜜・香蜜・膏蜜・山蜜・漬蜜・醸蜜・新蜜・清蜜・石蜜・竹蜜・乳蜜・蜂蜜・野蜜・有蜜・溜蜜・和蜜

【樒】 15 4397 ミツ じんこう しきみ

形声 声符は密。〔玉篇〕に「香木なり。香を取るときは、皆當に豫め之れを斫るべし。久しくして乃ち香出づ」とあり、字は蜜に従う。空海の〔篆隷万象名義〕には字を樒に作り、「香水、朽腐するもの」とする。中国では〔明史〕に「朱睦樒」という人名がみえる。〔和名抄〕に「之吱美(しきみ)」と訓するが、〔本草和名〕には莽草を「之岐美乃木(しきみのき)」と訓している。

訓義 ①じんこう、香水。②国語で、しきみ。仏事などに用いる。

古訓 〔和名抄〕樒 漢語抄に云ふ、之岐美(しきみ)。香木なり 〔名義抄〕樒・樒 香木なり。シキミ 〔篇立〕樒 シキミ・ヲコツル・ミカキ

ミャク

常

【脈】 10 〔脈〕 10 7223 ［脉］ 9 7323 ［衇］ 12 2213 ミャク すじ

篆文 

籀文 

会意 肉(⺼)＋𠂢。𠂢は水脈。〔説文〕十一下に正字を衇(衇)に作り、「血理分れて、體に衺行する者なり」とあり、血脈をいう。脈理の連なるところを脈絡といい、経脈という。中国の古代医学は、その経脈の研究においてすぐれた成果を示した。〔史記、倉公伝〕に、古書〔脈法〕の引用がみえる。

訓義 ①みゃく、血のすじ、血脈。②すじ、みち、つらなり、つづき。③水のすじ、水脈。

古訓 〔新撰字鏡〕脈 脉なり。血乃美知(ちのみち)なり 〔名義抄〕脈 チノミチ/脉 チノミチ・スヂ・サヤ 〔字鏡集〕脉・脈 スヂ・チノスヂ・チノミチ・サヤ

語系 脈mekは𠂢・派(派)pheと声義の関係があり、𠂢・派は水の分流する形。脈をまた脉に作ることもあるが、永は水の合流するところをいう。

【脈法】 脈の診察法。古く口伝の書があった。〔史記、倉公伝〕脈法に曰く、之れを沈むるに大堅、之れを浮かぶるに大緊なる者は、病、主として腎に在りと。

【脈脈】 外にみえず、ひそかにうちつづくさま。〔文選、古詩十九首、十〕河漢(天の河) 淸くして且つ淺し 相ひ去ること復た幾許ぞ 盈盈たる(水の流れるさま)、一水の閒 脈脈として、語ることを得ず

【脈絡】 血管や神経の連なり。また、条理。〔中庸章句の序〕然る後此の書の旨、支分節解し、脈絡貫通し、詳略相ひ因り、巨細畢く擧がる。

【脈理】 脈絡。すじみち。また、経脈。〔塩鉄論、軽重〕夫れ拙醫は脈理の腠(はだのきめ)、血氣の分を知らず、妄りに刺すも、疾に益無く、肌膚を傷つくるのみ。

↑脈管 血管/脈氣 脈うつ/脈搏 脈うつ/脈搏 脈うつ/脈動 脈うつ

↓按脈・陰脈・気脈・筋脈・系脈・経脈・血脈・結脈・語脈・鉱脈・察脈・山脈・支脈・診脈・腎脈・水脈・静脈・石脈・絶脈・走脈・息脈・体脈・大脈・地脈・張脈・土脈・動脈・道脈・膚脈・分脈・文脈・平脈・命脈・毛脈・余脈・絡脈・乱脈・老脈

ミョウ

常

【妙】 7 4942 ［玅］ 9 0972 ミョウ(メウ) たえ すぐれる うつくしい

篆文 

形声 声符は少。少に従う字に眇・秒の声がある。〔玉篇〕に字を玅に作り、「精なり」と訓し、「今妙に作る」という。〔老子、一〕の「其の妙を観る」の妙を、〔馬王堆帛書、甲本〕に眇に作る。漢碑には妙を通行の体として用いるが、その形は〔説文〕にはみえない。〔広雅、釈詁一〕に「好なり」とするのが通訓である。

訓義 ①たえ、すぐれる、くわしい、ふかい。②うつくしい、みめよい。③わかい、このましい。④わずか、かすか。

古訓 〔名義抄〕妙 タヘナリ・ホム・ウルハシ・ヒソカニ 〔字鏡集〕妙 ウルハシ・ホム・メデタシ・クハシ・ヒソカニ・タヘナリ

語系 妙(玅)・杪・秒・眇・渺・藐miôは同声。いずれも微少の意を含み、通用の義がある。〔易、説卦伝〕「神なる者は、萬物に

妙にして、言を爲す者なり」の「萬物に妙にして」を、一に「萬物を眇る」に作る。
【妙意】高妙な考え。宋・蘇軾〔十一月二十六日、松風亭下、梅花盛んに開く〕詩 酒醒め、夢覺めて、起ちて樹を繞る 妙意在る有るも、終に言無し
【妙遠】すぐれておく深い。〔韓非子、難言〕閎大廣博にして妙遠測られざれば、則ち見て以て夸(誇、誇大)にして用無しと爲せらる。
【妙音】すぐれた音楽。妙声。漢・傅毅〔七激〕太師奏操し、榮期清歌す。～沈微玄穆、物に感じ靈に悟る。此れ亦た天下の妙音なり。
【妙観】深い観想。宋・蘇軾〔陶(潜)の雑詩に和す、十一首、三〕詩 眞人に妙觀有り 俗子に妄量多し 區區として粒食(仙人食)を勸む 此れ豈に子房(張良)を知らんや
【妙境】玄妙の境。〔池北偶談、十五、集句〕王介甫(安石)、～平生集句の詩數千首、屬對精切、縱横曲折、意の如くならざるは無し。～格律寄託、兩つながら妙境に詣る。奇作なり。
【妙句】すぐれた句。〔宋書、謝霊運伝論〕高言妙句に至りては、音韻天成す。皆暗に理と合ひ、思ひに由りて至れるに匪ず。
【妙訣】巧妙な方法。宋・蘇軾〔王敏仲に与ふ、十八首、五〕近ごろ頗る養生の事を覺ゆ。絶えて新奇を求むるを用ひず。惟だ老生の常談は、便ち是れ妙訣なり。
【妙悟】深く悟る。〔滄浪詩話、詩弁〕大抵、禪道は惟だ妙悟に在り。詩道も亦た妙悟に在り。
【妙才】傑出した才。〔文心雕竜、弁騒〕然れども其の文辭麗雅、詞賦の宗爲り。明哲に非ずと雖も、妙才と謂ふべし。
【妙旨】精深の考え。〔梁書、沈約伝〕又四聲譜を撰す。以爲へらく、在昔の詞人、千載を累ねて寤らず。獨り胸衿に得て其の妙旨を窮む。自ら謂へらく、入神の作なり～と。
【妙思】よい思いつき。〔四溟詩話、三〕凡そ詩債、～易き者は緊要ならずと雖も、亦た當に冥心捜句、或いは三二篇を成さば、則ち妙思種と出で、勢ひ破竹の如くならん。
【妙手】高妙の人。宋・陸游〔文章〕詩 文章は本と天成 妙手、偶たま之れを得ん
【妙術】高妙の術。〔隋書、高祖紀下〕且つ妙術精微は、教習に因るに非ず。工人代り掌るも、止だ糟粕(かす)を傳ふるのみにして、神明の德に達し、天地の和を論ずるに足らず。
【妙処】絶妙の処。〔世説新語、巧芸〕顧長康(愷之)人を畫くに、或いは數年、目精(睛)を點ぜず。～顧曰く、四體の妍蚩は、本と妙處に關する無し。傳神寫照は、正に阿堵(其のもの)中に在りと。
【妙迹】すぐれた筆跡。〔晋書、王羲之伝〕(庾翼、羲之に与ふる書)吾れ昔伯英(漢の張芝)の章草十紙有りしも、江を過ぎりしとき顚狽(突然のことにうろたえる)し、遂に乃ち亡失せり。常に妙迹の永絶することを歎ず。
【妙絶】絶妙。宋・蘇軾〔鳳翔八観。王維・呉道子の画〕詩 呉生、妙絶なりと雖も 猶ほ畫工を以て論ぜらる 摩詰(王維)は之れを象外に得たり 仙翮の籠樊(鳥籠)を謝する如き有り
【妙想】すぐれた発想。想念。宋・蘇軾〔呉伝正の枯木歌に次韻す〕詩 古來、畫師、俗士に非ず 妙想、實に詩と同じく出づ
【妙達】精妙の域に達する。〔晋書、楽志上〕時に阮咸、八音に妙達す。論者之れを神解と謂ふ。～(荀勖)以爲へらく、己に異なりと。乃ち咸を出だして始平の相と爲す。
【妙道】至道。宋・陸游〔感懐、四首、一〕詩 妙道は本と自得す 至言は初より煩はさず
【妙品】絶品。傑作。〔輟耕録、十八、叙画〕氣韻生動は、天成に出づ。人其の巧を窺ふ莫き者、之れを神品と謂ふ。筆墨超絶して、傳染宜しきを得、意趣餘り有る者、之れを妙品と謂ふ。
【妙舞】巧みに舞う。唐・劉希夷〔白頭を悲しむ翁に代る〕詩 公子王孫、芳樹の下 清歌妙舞す、落花の前
【妙用】神妙の用。〔墨叢、書論〕四海の尺牘、千里相ひ聞ず。～封を披きて、覺えず欣然として獨り笑ふ。～妙用玄道、神化に隣し。
【妙齢】年若い。〔東京夢華録、九、宰執・親王・宗室・百官、入内上寿〕第七盞、御酒。～女童、皆兩軍の妙齡容艶、人に過ぐる者四百餘人を選び、或いは花冠を戴き、或いは仙人髻、～一時の新粧、其の妙を曲盡せざる莫し。
【妙麗】若く美しい。また、すぐれて美しい。〔鶴林玉露、甲五、韓柳欧蘇〕韓(愈)・柳(宗元)は、猶ほ奇字重字を用ふ。歐(陽脩)・蘇(軾)は、唯だ平常輕虛の字を用ひ、妙麗古雅、自ら及ぶべからず。此れ又韓・柳の無き所なり。
↑妙案 良計／妙衣 立派な法衣／妙引 好曲／妙英 美しい花／妙演 好演／妙縁 奇縁／妙歌 巧歌／妙画 善画／妙楷 精妙な楷書／妙解 すぐれた解釈／妙格 品格がすぐれる／妙楽 感応する／妙曲／妙感 美姫／妙器 妙才／妙機 好い機会／妙技 巧技／妙義 奥義／妙戯 妙技／妙響 妙音／妙曲 よい楽曲／妙訓 良訓／妙契 契合する／妙計 妙案／妙慧 才慧／妙言 精妙な語／妙語 趣きのある語／妙工 巧工／妙巧 巧妙／妙香 芳香／妙材 妙才／妙剤 妙薬／妙算 妙計／妙士 傑出した人／妙姿 立派な姿／妙指 妙旨／妙歯 妙齢／妙詩 好詩／妙字 妙迹／妙辞 好辞／妙識 精通する／妙質 天性／妙実 よい実質／妙趣 妙旨／妙書 妙迹／妙賞 絶讃する／妙色 麗色／妙飾 美しい飾り／妙身 幼少／妙尽 精通する／妙甚 絶妙な／妙枢 急所／妙声 妙音／妙節 高節／妙説 高妙の説／妙舌 妙弁／妙選 精選／妙饌 ご馳走／妙善 精妙ですばらしい／妙然 たえなるさま／妙操 妙節／妙像 妙姿／妙足 駿馬／妙速 才思が敏捷であること／妙態 妙姿／妙択 妙選／妙致 妙趣／妙智 仏智／妙籌 妙計／妙諦 奥儀／妙適 すばらしくて自適する／妙典 微妙の仏典／妙囀 美声／妙徳 高妙の徳／妙年 妙齢／妙微 微妙／妙靡 うるわしい／妙筆 妙迹／妙稟 天賦の才／妙弁 たくみな弁論／妙墨 妙迹／妙鬘 美しい髪／妙味 妙趣／妙密 精密／妙門 法門／妙薬 特効の薬／妙誉 高誉／妙容 好い姿容／妙理 玄妙な道理／妙律 妙音／妙略 妙計／妙論 精妙の論
↓英妙・淵妙・奥妙・佳妙・雅妙・簡妙・奇妙・詭妙・機妙・勁妙・軽妙・妍妙・玄妙・巧妙・好妙・高妙・至妙・殊妙・衆妙・勝妙・神妙・真妙・深妙・清妙・精妙・舌妙・絶妙・達妙・端妙・沖妙・超妙・珍妙・悲妙・美妙・微妙・筆妙・敏妙・墨妙・幽妙・妖妙・要妙・霊妙・麗妙

ミリメートル

国字 【粍】 10 ミリメートル

厘や毛などの単位名を、米に配して、糎といい、

粍(ミリメートル)という。瓩(キログラム)のときにも瓱(ミリグラム)のように用いる。中国においても、これと似た造字法を用いる。

訓義 [1]ミリメートル。

ミン

常 【民】 5 7774 ミン たみ ひと

篆文 古文 金文

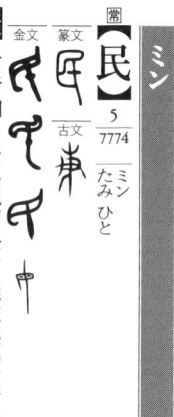

象形 一眼を刺して、その視力を害する形。〔説文〕十二下に古文一字を録し、「衆萌なり。古文の象に従ふ」とするが、古文の形はその意象を知りがたい。〔段注〕に「古文の民は、蓋し萌生繁蕪の形に象る」と衆草の茂るさまとするが、金文の字形から変化したものであるらしく、金文は眼睛を刺割する象とみられる。郭沫若は萌(萌)・盲(盲)・民の声が近く、その義が通ずることから、民を奴隷であると解したが、臣もまた大きな目の形、その目を刺す形が民で、合わせて臣民という。ともに本来は神の徒隷として、神にささげられたものをいう。民はのち新しく服属した民をいう語となり、周初の金文〔大盂鼎〕に「四方を匍(敷)有し、厥の民を畯正す」、また後期の〔大克鼎〕に「萬民に惠す」、斉器の〔鎛鎛〕に「民人都鄙」、〔洹子孟姜壺〕に「人民都邑」の語がある。民とは支配関係を以ていう語である。〔詩、大雅、仮楽〕に「民に宜しく人に宜し」とあり、人は卜辞では他種族のものをいう語で、族名を冠して某人という例であった。

訓義 [1]たみ、臣民。古くは神の徒隷として、神につかえるものであった。[2]ひと、新附の民。政治支配の対象たるものをいう。[3]冥と通じ、くらい、おろか。

古訓 〔名義抄〕民 タミ/人民 ヒトクサ。或いは云ふ、オホムタカラ 〔篇立〕民 ヒトクサ・タミ・タカラ・オホヤケ

部首 〔説文〕〔玉篇〕に、氓一字を属する。〔玉篇〕民字条に〔説文〕を引いて「衆氓なり」に作る。民・氓は、もとほとんど同義の字であった。

声系 〔説文〕に民声として敃・笢・罠・蟁(蚊)など六字を収める。敃三下は「彊むるなり」と訓し、民に攴を加えてたち働かせる意。愍は哀痛の意をもつ字である。

語系 民mienは、氓・甿(萌)meangと声義が近い。氓・甿が亡(亡)miuangの声に従うのは、かれらが、その本貫を離れた、流亡の民であることを意味するものであろう。

【民意】(みんい) 民心。〔漢書、杜延年伝〕年歲(収穫)比ごろ登らず、流民未だ盡くは還らず。宜しく孝文の時の政を修め、示すに儉約寬和を以てし、天心に順ひ、民意を說ばしむべし。

【民彝】(みんい) 人の常道。人倫。〔書、洛誥〕朕れ汝に民彝を棐くるを教へん。汝乃し是れ蘉めざれば、乃ち時れ惟れ永からざる哉。

【民間】(みんかん) 一般民衆の中。〔史記、項羽紀〕項梁~乃ち楚の懷王の孫、心の民閒に人の爲に羊を牧するを求め、立てて以て楚の懷王と爲す。

【民極】(みんきょく) 民の規範。〔書、君奭〕前人乃の心を敷き、乃ち悉く汝に命じ、汝を民極と作せり。

【民献】(みんけん) 民賢。周初の語としては、殷の内附の賢臣を意味した。〔書、大誥〕民獻に十夫有り。予れ翼みて以て于に寧(文)武の圖功を敉へん。

【民権】(みんけん) 国民の政治的権利。民国・梁啓超〔湖南応弁の事を論ず〕今の中國を策する者は、必ず民權を興せと曰ふ。民權を興すは、斯ち因より然り。然れども民權は、旦夕を以て成るべきに非ざるなり。

【民膏】(みんこう) 民の膏血。民からえた財富。宋・蘇舜欽〔串夷〕詩 之れを塞漠に閉すを良策と爲す 啖らはしむるに民膏を以てするは、是れ失圖

【民事】(みんじ) 民の生活。また、治政。〔申鑒、政体〕國に游民無く、野に荒業無く、財、虛しく用ひず、力、妄りに如へず。以て民事を周くする、是れを養生と謂ふ。

【民時】(みんじ) 農繁期。〔孟子、梁恵王上〕彼は其の民時を奪ひ、耕耨して以て其の父母を養ふことを得ざらしむ。父母凍餓し、兄弟妻子離散す。

【民情】(みんじょう) 人民の心。〔書、康誥〕天畏忱を棐く。民情大いに見るべきも、小人は保んじ難し。往きて乃の心を盡し、康しみて逸を好む無く、乃ち其の民を乂めよ。

【民心】(みんしん) 民の心。民意。〔左伝、昭七年〕六物(歳時日月星辰)同じからず、民心壹ならず、事序類せず、官職則あらず、始めを同じうするも、終りを異にせば、胡ぞ常とすべけんや。

【民人】(みんじん) 人民。〔論語、先進〕子路曰く、民人有り、社稷(国土の神と農業神)有り。何ぞ必ずしも書を讀みて、然る後に學と爲さんと。子曰く、是の故に、夫の佞者を惡むと。

【民生】(みんせい) 民の生活。また、人の性。〔書、君陳〕惟れ民の生は厚きも、物に因りて遷ること有り。

【民俗】(みんぞく) 民間の風俗・習慣。〔管子、正世〕古の世を正し天下を調へんと欲する者は、必ず先づ國政を觀、事務を料り、民俗を察し、~得失の在る所を知り、然る後、事に從ふ。

【民智】(みんち) 民衆の智。〔韓非子、顕学〕禹、天下を利し、子產、鄭を存し、皆以て謗りを受く。夫れ民智の用ふるに足らざること、亦た明らかなり。

【民聴】(みんちょう) 民が命令を聴き従う。〔左伝、僖二十七年〕執秩を作りて以て其の官を正し、民聽惑はず。而る後に之れを用ふ。穀の戍を出だし、宋の圍みを釋く。一戰して霸たるは、文の教へなり。

【民徳】(みんとく) 民の生きざま。〔書、君奭〕公曰く、嗚呼、君惟これ乃ち民德を知るならん。亦た厥の初めを能くせざる罔きも、惟れ其れ終りあらんや。

【民風】(みんぷう) 民俗。〔礼記、王制〕天子、五年に一たび巡守す。~諸侯を覲せしめ、百年の者を問ひ、就きて之れを見る。大師に命じて詩を陳ね(採集、演奏する)しめて、以て民風を觀る。

【民謡】(みんよう) 民間の歌。宋・王禹偁〔楊遂の雨を賀するに和す〕詩 若し民謠の起る有らば 當に帝澤の春を歌ふべし

【民利】(みんり) 人民の利益。〔書、盤庚中〕厥の作す攸、民利を視て用て遷る。

【民力】(みんりょく) 民間の財力や労力。〔左伝、昭十三年〕吾れ未だ民人を撫せず、未だ鬼神に事へず。~未だ國家を定めずして民力を用ひば、敗るとも悔ゆべからず。

↑民夷 民衆/民隠 民の苦しみ/民英 民間の英才/民営 民間の経営/民役 夫役/民怨 人民の怨み/民屋 民の家/民家 民の家/民歌 民謡/民害 人民の被害/民艱 民の苦しみ/民気 民の気風/民紀 民の準則/民器 耕具/民居 民の家/民業 人民の生業/民苦 人民の苦しみ/民言 民衆の声/民戸 民家/民語 民間の語/民行 民の行為/民荒 荒田/民綱 民の命綱/民豪 民間の有力者/民財 民の財力/民産 民の財産/民志 民の意志/民脂 民の労力によって得たもの/民資 民の財産/民疾 民の苦しみ/民舎 民家/民主 民の主たる君/民衆 人民/民庶 庶民/民状 民生の状態/民常 民彝/民食 民の食料/民臣 臣民/民神 民と神/民親 民が親しみあう/民数 人口/民声 与論/民性 民の性/民政 政事/民籍 戸籍/民賊

民の賊/民卒 民兵/民村 むら/民知 民智/民治 人民を治める/民丁 壮丁/民天 人民の食糧/民田 私有の田/民徒 民衆/民蠹 民生の害となる汚吏/民瘼 民の苦しみ/民表 民の師表/民賦 年貢/民物 民の財/民兵 郷兵/民病 民の苦しみ/民変 暴動/民氓 人民/民萌 民と流浪の人/民牧 地方の長官/民本 民生の本/民命 人命/民有 私有/民誉 人望/民用 民の財用/民律 民法/民虜 捕虜となった民/民糧 年貢/民累 民の苦しみ/民羸 民の疲弊/民霊 人と神/民黎 人民/民隷 平民/民和 人民の和

↓愛民・安民・移民・遺民・佚民・逸民・下民・寡民・猾民・官民・姦民・鰥民・頑民・飢民・義民・畜民・鳩民・窮民・居民・馭民・郷民・愚民・公民・皇民・荒民・国民・細民・散民・士民・四民・市民・衆民・讐民・住民・恤民・俊民・庶民・小民・烝民・常民・擾民・植民・臣民・新民・賑民・親民・人民・生民・斉民・済民・先民・賤民・蒼民・賊民・治民・致民・兆民・天民・土民・難民・農民・万民・蛮民・疲民・貧民・浮民・富民・部民・平民・辺民・編民・保民・牧民・野民・友民・遊民・庸民・乱民・吏民・流民・良民・黎民・隷民

常

【眠】 10 6704 ［瞑］ 15 6708 ミン メン ねむる いこう くらい

篆文 

形声 正字は瞑に作り、冥声。〔説文〕四上に「目を翕すなり」とし、冥の亦声とする。冥は死者の面を覆うもので、幎冒の象。もし冥を亦声とするならば、永眠の意となる。徐鉉は「今俗に別に眠に作る。是に非ず」という。〔広雅、釈詁三〕に「亂るるなり」とあり、目のくらむこと、すなわち眠眩することをいう。眠眩には瞑を用い、めくらみすること、眠は睡眠の意に用いる。

訓義 1ねむる、ねる、いこう。2瞑と、もと同字。くらい、知覚がない、めくらみする、みだれる。

古訓 〔名義抄〕眠 ネブル・ネブリ・クラシ・イヌ/瞑 ネブル・ヨル・メヒシク・ヒシク・フサガル・ホノカ・ヒソカニ 〔字鏡集〕眠・瞑 ヒソカニ・ヨル・イヌ・ヒサク・フサカル・ヒシク・メヒシク・ネブリ・クラシ・ネブル・ホノカ

語系 眠 myen、瞑 myeng は声義の近い語。〔説文〕に眠の字なく、眠は後起の字。〔荘子、徳充符〕に「槁梧に據りて瞑る」は目を閉じる意。嵆康の〔養生論〕「日に達するも瞑らず」は睡眠の意である。

【眠食】 睡眠と食事。日常の生活。唐・韓愈〔孟尚書(簡)に与ふる書〕未だ審らかにせず、秋に入つてより來この、眠食の何似なるかを。

↑眠雲 山棲み/眠臥 眠り臥す/眠覚 めざめ/眠眩 めまい/眠熟 熟睡する/眠牀 寝台/眠睡 睡眠/眠醒 ねざめ/眠芊 よく茂る/眠息 ねて休む/眠夢 睡夢/眠輿 ふし輿/眠鷺 静かな鷺

↓安眠・晏眠・永眠・鷗眠・仮眠・快眠・鶴眠・甘眠・寒眠・間眠・酣眠・求眠・驚眠・午眠・高眠・坐眠・催眠・嗜眠・愁眠・熟眠・春眠・初眠・小眠・宵眠・新眠・睡眠・芊眠・多眠・惰眠・昼眠・長眠・偸眠・貪眠・半眠・不眠・幽眠・懶眠・鷺眠

ム

【无】 4 1041 ［無］ 12 8033 ム ない なし

篆文 

象形 亡(亡)の異体字。亡は屍骨の象。〔説文〕は亡部十二下に無に従う字をあげ、「亡なり。亡に従ひ、無聲」とし、その重文として无をあげ、「奇字无、元に通ずる者なり。王育の説に、天の西北に屈するを无と爲す」というが、无はもと屈屍の象で、亡と同字。金文の〔越王鐘〕に「萬世亡彊にして」の亡を无の形に作る。〔易、无妄〕など、〔易〕に多くこの字を用いる。〔荘子〕にも用字例が多く、この字は楚・越など、南方で行われたものであろう。

訓義 1ない、なし、なかれ。2亡の異体字。

古訓 〔名義抄〕无 ナシ・ナケン・ナミス・ナクモガ 〔字鏡集〕无 ナシ・ナミス・ナクモガ・ナケム・ムナシ

語系 无・無・毋 miua は同声。罔 miuang、莫(莫) mak、靡 miai、蔑(蔑) miat、未・勿 miuat もみな声近く、否定詞に用いる。无・亡は屍骨の象であるから、もと虚無の意を含む字である。

↑无位 無位/无為 無為/无咎 とがなし/无窮 無窮/无彊 無彊/无眚 わざわいなし/无方 無辺/无名 無名/无妄 故なく受けるわざわい/无悶 憂えがない/无憂 憂えがない

常

【矛】 5 1722 ム ボウ ほこ

篆文  古文 

象形 長い柄のあるほこの形。〔説文〕十四上に「酋矛なり。兵車に建つ。長さ二丈。象形」とあり、長さ二丈四尺のものは夷矛、枝刀のあるものを戟という。この矛を台座につけ、兵車上にたてて巡撫することを、遹正・遹省という。金文の〔宗周鐘〕に「王肇めて文・武の勤めたまへる疆土を遹省す」とみえる。

訓義 1ほこ、長い柄のほこ、枝刀のあるほこ。2おかす。3字はまた鉾に作る。

古訓 〔名義抄〕矛 テボコ・ホコ

部首 〔説文〕に矜など五字、〔玉篇〕になお約二十字を加えるが、ほとんどその用例をみない字である。

声系 〔説文〕に矛声として茅(茅)・柔・楙・袤・敄など七字。また楙声・敄声の諸字を収める。柔は声系の異なる字である。

【矛戟】 ほこ。〔礼記、曲礼上〕戈は其の鐏を前にして、其の刃を後にし、矛戟を進むる者は、其の鐓(石突き)を前にす。

【矛槊】 柄の長いほこ。〔十六国春秋、後涼録、呂光〕胡、弓馬に便ひ、矛槊を善くし、鎧は連鎖(くさり)の如く、射るも入るべからず。

【矛楯】 ほこと、たて。自己撞着。〔韓非子、難一〕楚人に、楯と矛とを鬻ぐ者有り。之れを譽めて曰く、吾が楯の堅きこと、能く陥る莫きなりと。又其の矛を譽めて曰く、吾が矛の利きこと、物に於て、陥らざる無きなりと。或ひと曰く、子の矛を以て子の楯を陥らば何如んと。其の人應ふること能はざるなり。

↑矛戈 ほこ/矛弧 矛と弓/矛叉 さすまた/矛矢 矛と矢/矛盾 矛楯/矛端 矛先/矛頭 矛先/矛櫓 矛と大楯

↓夷矛・戈矛・殳矛・酋矛・楯矛・杖矛・銛矛・操矛・霜矛・蛇矛・長矛・飛矛・舞矛・利矛

常

【務】 11 1822 ム ブ ボウ(バウ) つとめる はげむ つとめ

篆文  金文 

形声 声符は敄。敄は矛をあげて人にせまる形。〔説文〕十三下に「趣くなり」とあり、〔玄応音義〕に引いて「趣くこと疾やかなり」とする。〔爾雅、釈詁〕〔玉篇〕に「強むるなり」とあり、努めてそのことに赴くことをいう。力は耒の象形で、農耕につとめる意。〔国語、周語上〕「三時には農に務め、一時には武を講ふ」、〔呂覧、上農〕「先づ農民に務む」など、農事に用いるのが本義である。

訓義 1つとめる、農事につとめる、はげむ。2はげます、すすめる。③つとめ、しごと。④おもむく、むかう。⑤敄・侮と通じ、あなどる。⑥瞀と通じ、くらい。

古訓 〔名義抄〕務 ツトム・イソグ・カザル・アナヅル・マツリゴト・イトナム・ツカマツル・コハシ 〔篇立〕務 イソグ・キハム・ツカサ・コハシ・マツリゴト・シゲシ・オモムク・ツトム・ツカサドル 〔字鏡集〕務 アナヅル・ツカマツリ・ツカサ・マツリゴト・シゲシ・カザル・ツカサドル・オモブク・イトナム・イソグ・ツトム・コハシ

声系 〔説文〕に髳のほか敄声の字十九を収める。霧を〔説文〕に敄声の字に作るが、今は務に従う。瞀にも、くらい意がある。

語系 務・敄・鶩・霚(霧)miu は同声。鶩に疾飛の意があり、霧に霧晦の意がある。敄声の字に、その義があるとみるべきである。蒙(蒙)・濛・曚 mong、夢(夢)・瞢 miuang、瞀・貿・冒(冒)mu も声義近く、これらもまた一系をなすものであろう。

【務時】季節のことにはげむ。〔後漢書、鄭玄伝〕(子を戒むる書)家、今差や昔より多きも、力を勤め時に務め、飢寒を恤ふること無かれ。

【務徳】徳にはげむ。〔左伝、襄二十六年〕師曠曰く、公室懼らくは卑しからん。臣、心に競はずして力もて争ひ、徳を務めずして争ひて善とす。私欲已だ侈れり。能く卑しきこと無からんやと。

【務農】農事につとめる。〔国語、周語上〕三時には農に務め、一時には武を講ふ。故に征するときは則ち威有り、守るときは則ち財有り。

【務本】根本のことに力を尽くす。〔論語、学而〕君子は本を務む。本立ちて道生ず。

↑務勧 つとめはげむ／務期 つとめる時期／務耕 務農／務施 つとめて恵む／務穡 務農／務織 機織りにつとめる／務進 つとめる／務当 義務／務附 したう

↓委務・役務・家務・開務・外務・揆務・機務・義務・急務・業務・勤務・軍務・兼務・公務・曠務・国務・細務・債務・作務・雑務・事務・時務・執務・主務・戍務・庶務・商務・常務・職務・塵務・枢務・世務・成務・政務・勢務・税務・責務・先務・専務・賤務・曹務・総務・俗務・内務・任務・農務・煩務・繁務・畢務・百務・服務・辺務・法務・本務・民務・余務・要務・吏務・理務・蠹務・労務

常

【無】

12 / 8033

ムブ まう ない なし

篆文

甲骨文

金文

仮借 もと象形。人の舞う形で、舞(舞)の初文。卜文に無を舞雩(雨乞いの祭)の字に用い、ときに雨に従う形に作る。有無の無の意に用いるのは仮借。のちもっぱらその仮借義に用いる。〔説文〕六上に「豐かなり」と訓し、字を林に従う字とする。〔説文〕が林とするその部分は、舞袖の飾りとして加えたもので、金文にみえるその字形を、誤り伝えたものである。また、「豐かなり」の訓も、〔爾雅、釈詁〕「蕪は豐かなり」とみえる蕪(蕪)字の訓である。〔説文〕にまた「或いは說ふ、規模の字なり。大册に従ふは、數の積なり。林なる者は、木の多きなり。册と庶と同意なり」とし、「商書に曰く、庶草繁無す」と、〔書、洪範〕の文を引く。今本に「蕃廡」に作る。〔説文〕は字を林に従うものとして林部に属し、そこから繁蕪の意を求めるが、林は袖の飾り、字は人が両袖をひろげて舞う形。のち両足を開く形である舛を加えて、舞となる。いま舞には舞を用い、無は有無の意に専用して区別する。

訓義 ①まう、まい。舞の初文。②ない、なし、あらず、なかれ、いな。③むなしい、虚無。④蕪と通じ、しげる、ゆたか。⑤字はまた无に作る。

古訓 〔名義抄〕無 ナシ・ナイガシロ・ナズミ(ミス)・セズ・ナクモガ・シヌ・ムシロ・ケタモノ・イナヤ・アヒダ

声系 〔説文〕に無声として蕪・膴・舞・廡・撫・嫵など十五字を収める。蕪・膴・廡には大の義があり、無声にもと豊大の義があったことが知られる。

語系 無・舞・巫 miua は同声。無は舞の初文。舞は巫舞で、もと舞雩を意味した。有無の無は亡(亡)・罔 miuang、靡 miai、蔑(蔑)miat、末 muat、未・勿 miuat、莫(莫)mak などと同系の語で、仮借の義である。無・蕪 miua は同声。茂(茂)・楙 mu、また蔓(蔓)miuan、豐 phiong、葑 piong も声近く、これら靡蕪の義もまた一系をなしている。

【無為】人為を用いない。無作意。〔老子、二〕是を以て、聖人は無爲の事に處り、不言の教へを行ふ。萬物作りて辭せず、生まれて有せず、爲して恃まず、功を成して居らず。

【無謂】わけがない。〔史記、秦始皇紀〕此の如くんば、則ち子、父を議し、臣、君を議するなり。甚だ謂れ無し。～今より已來、諡法を除かん。

【無援】孤立する。〔後漢書、班超伝〕超、孤立無援なり。～(粛宗)超の單危、自立する能はざるを恐れ、下詔して超を徵す。超、發して還る。疏勒、國を擧げて憂恐し、～互ひに超の馬脚を抱きて、行くを得ざらしむ。

【無我】無私。〔関尹子、三極〕衆人は賢人を師とし、賢人は聖人を師とす。聖人は萬物を師とす。惟だ聖人のみ物に同ず。所以に我無し。

【無学】学なし。〔北史、斉宗室諸王上、上党王渙伝〕毎に左右に謂ひて曰く、人、學無かるべからず。但だ要らず博士爲らざるのみと。故に書を讀むも、頗や梗概を知るのみにして、甚だしくは耽習せず。

【無幾】いくらもない。ほとんどない。〔詩、小雅、頍弁〕死喪すること、日無からん 幾くも相ひ見ゆること無らん

【無窮】窮まりない。宋・蘇軾〔広愛寺を過ぎる～、三首、三〕詩 長廊、雨脚に敧より 破壁、鐘音に撼く 成壞は無窮の事 他年復た今を弔せん

【無疆】無窮。〔詩、豳風、七月〕朋酒を斯に饗し 曰に羔羊を殺し 彼の公堂に躋り 彼の兕觥を稱げ 萬壽無疆ならんことを

【無極】限りがない。太極。宋・周敦頤〔太極図説、無極にして太極、朱熹注〕上天の載とは、聲も無く臭も無し。實に造化の樞紐、品彙(万物)の根柢なり。

【無稽】根拠がない。でたらめ。〔荀子、正名〕無稽の言、不見の行、不聞の謀は、君子之れを愼む。

【無言】ものいわず。〔淮南子、説山訓〕人、言無ければ而ち神、言有る者は則ち傷る。

【無限】限りがない。宋・契嵩〔読書〕詩 讀書、老いて何爲するものぞ 更に讀むも聊か眼を遮るのみ 此の意、等閑と雖も 高情、無限に寄す

【無告】訴えるすべのない者。〔孟子、梁恵王下〕此の四者(鰥寡孤独)は、天下の窮民にして、告ぐるところ無き者なり。

【無算】無数。また、常数なし。〔周礼、春官、男巫〕冬、堂贈(儺)す。方(位)無く、算無し。

【無事】何事もなし。〔老子、五十七〕我れ無事ならば、民自ら富み、我無欲ならば、民自ら樸なり。

【無象】形のないもの。明・高啓〔青丘子の歌〕詩 冥茫たる八極に、心兵を遊ばしめ 坐ろに無象をして、有聲を作さしむ

【無状】ぶざま。〔史記、賈生伝〕懷王騎し、馬より墮ちて死せり。～賈生、自ら傅爲りて無狀なるを傷み、哭泣すること歳餘、亦た死せり。

【無尽】 尽きず。宋・蘇軾〔趙景貺の春思に次韻す〜〕詩 飄然繫がざるの舟 此の無盡の興に乘ず 醉翁（欧陽脩）行樂の處 草木皆敬すべし

【無声】 声なし。声音なし。〔詩、大雅、文王〕上天の載は聲も無く臭も無し

【無双】 世に並ぶものがない。無比。〔後漢書、儒林下、許慎伝〕少くして、博く經籍を學ぶ。馬融、常に之れを推敬す。時人之れが語を爲して曰く、五經無雙、許叔重（叔重は許慎の字）と。

【無端】 はしなくも。ゆくりなく。唐・賈島〔桑乾（河）を渡る〕詩 端無くも、更に桑乾の水を渡り 卻つて幷州を望めば、是れ故郷

【無地】 底なし。宋・蘇軾〔広州蒲澗寺〕詩 千章の古木、無地に臨み 百尺の飛濤、漏天に瀉ぐ

【無奈】 すべなし。宋・蘇轍〔毛君（国鎮）の九日に次韻す〕詩 手に霜菊を拈れば、香奈ともする無し 面は江風に拂はれて、酒自ら開く

【無二】 無比。無双。〔史記、淮陰侯伝〕（蒯通曰く）、足下、西河を渉りて魏王を虜にし、〜趙を徇へ、燕を脅し、齊を定め、〜西郷して以て報ず。此れ所謂功、天下に二無く、略（計略）、不世出なる者なり。

【無寧】 むしろ。無乃。〔論語、子罕〕吾れ誰をか欺かん。天を欺かんか。且つ予れ其の臣の手に死せんよりは、無寧ろ二三子の手に死せんか。

【無能】 才能がない。唐・宋之問〔陸渾山荘〕詩 野人、姓を相ひ問ひ 山鳥、自ら名を呼ぶ 去り去りて獨り吾れ樂しまん 無能、此の生を愧づ

【無物】 物象がない。宋・蘇軾〔荊公（王安石）の韻に次す、四絶、二〕詩 細看するに、造物、初めは無物 春は江南に到りて、花自ら開く

【無辺】 はてなし。無限。宋・秦観〔浣渓沙〕詞 自在の飛花 輕きこと夢に似たり 無邊の絲雨 細やかにして愁ひの如し 寶簾の閒に 小銀鉤を掛けたり

【無偏】 偏頗なし。〔書、洪範〕偏無く、黨無く、王道蕩蕩たり。黨無く、偏無く、王道平平たり。

【無方】 定めなし。常道なし。唐・韓愈〔尊号を冊するを賀する表〕通ぜざる所無きを之れ聖と謂ひ、妙にして方無きを之れ神と謂ふ。

【無法】 法を無視する。〔漢書、王莽伝中〕敢て井田の聖制を非とし、法を無みし、衆を惑はす者有らば、諸れを四裔に投ぜん。

【無名】 世に知られぬ。また、定名がない。〔老子、一〕名無きは天地の始め、名有るは萬物の母。

【無余】 一切脱落した清浄の境地。明・朱奝（八大山人）〔失題〕詩 一衲、無餘、大千に遍し 饑ゑては殆ひ、渴きては飲み、忘年を學ぶ

【無用】 役立たず。無役。宋・蘇軾〔蒜山松林中、卜居すべし〜〕詩 我が材は濩落（不才）、本用無し 虚名、世を驚かすも、終に何ぞ益せん

【無恙】 つつがなし。憂患なきや。〔戦国策、斉四〕（趙の）威后、使者に問うて曰く、歲（稔）亦た恙無きや、民亦た恙無きや、王亦た恙無きやと。

【無頼】 やくざ。〔五代史、前蜀世家、王建〕少くして無賴。牛を屠り驢を盜み、私鹽を販るを以て事と爲す。里人之れを賊王八と謂ふ。

【無聊】 淋しい。漢・李陵〔蘇武に答ふる書〕子と別れし後、益ゝ復た無聊なり。〜身は國恩に負き、世の悲しむ所と爲る。子は歸りて榮を受け、我は留まりて辱めを受く。命や如何せん。

【無類】 仲間はずれ。〔韓詩外伝、五〕夫の無類の說、不形の行、不贊の辭の若きは、君子之れを愼む。

【無禄】 不幸。禄は天禄。〔爾雅、釈詁〕崩薨・無祿・卒・徂落・殪は、死なり。

【無論】 いうまでもないこと。もちろん。晉・陶潜〔桃花源記〕今は是れ何の世なるかを問ふ。乃ち漢有るを知らず。魏・晉には論無し。

↑無衣 衣なし／無位 無官／無畏 恐れず／無異 同じ／無意 無心／無一 無一物／無因 原因がない／無韻 押韻がない／無益 無用／無射 十二律の一／無厭 いとわない／無価 無上の価値／無過 過失がない／無裏 無形／無界 無涯／無害 害なし／無涯 涯なし／無碍 無礙／無礙 妨げなし／無官 無位／無間 すきがない／無患 憂いなし／無軌 軌迹がない／無期 無期限／無愧 恥なし／無機 無心／無竟 無限／無圻 無限／無垢 清らか／無虞 思わぬこと／無形 形にあらわれない／無慧 白痴／無芸 芸なし／無倦 怠らず／無検 締りがない／無愆 過失がない／無弦 糸を張らぬ琴／無辜 無罪／無功 功績がない／無行 節操がない／無効 効果がない／無骨 軟弱／無痕 痕迹がない／無才 不才／無際 無限／無罪 罪なし／無辠 無罪／無策 対策がない／無産 生業なし／無慙 無恥／無私 私心がない／無疵 無きず／無視 認めない／無訾 無量／無次 次序がない／無弐 二心がない／無識 無知／無日 いつか、随時／無実 事実がない／無邪 邪心がない／無主 主人がいない／無術 方法がない／無処 無所／無所 おるべき所がない／無上 この上ない／無情 薄情／無色 色がない／無職 職業がない／無心 自然のまま／無人 人がいない／無数 多数／無成 成事なし／無制 規定がない／無征 無税／無勢 力がない／無税 課税しない／無迹 あとかたがない／無籍 戸籍がない／無節 無節操／無前 無敵／無他 他なし／無多 少々／無体 定体がない／無対 無比／無題 無題知らず／無断 断えることがない／無知 無智／無恥 恥知らず／無智 愚か／無儔 無比／無朕 兆候がない／無敵 対手がない／無腆 ふつつか、不腆／無度 度外れ／無当 底なし／無党 朋党がない／無道 悪行／無徳 不徳／無那 いかんともするなし、無奈／無難 おそれがない／無任 ことにたえきれない／無年 凶年／無頗 無偏／無敗 不敗／無輩 無比／無畔 無涯／無比 くらぶべきものがない／無匹 友がいない／無病 達者／無憑 証拠がない／無風 風がない／無文 礼文がない／無朋 無比／無縫 縫いめのない、天成のもの。天衣〜／無謀 無鉄砲／無味 淡薄／無無 虚無のさま／無悶 無憂／無尤 尤めがない／無有 道家の道とするところ／無郵 憂いがない／無憂 憂いがない／無庸 功績がない／無欲 欲望がない／無理 道理がない／無律 無規律／無慮 おおよそ／無両 無比／無良 わる／無量 莫大／無繆 無聊／無倫 無比／無霊 性霊がない

↓有無・皆無・虚無・空無・真無・寂無・絶無・南無・慮無

常 【夢】 13 4420 〔夢〕 14 4420 ［㝱］ 21 3022

ムボウ
ゆめ ゆめみる くらい

篆文

甲骨文

会意 莧+夕。莧は媚蠱などの呪儀を行う巫女の形。目の上に媚飾を施している。その呪霊は、人の睡眠中に夢魔となって心をみだすもので、夢はそのような呪霊のなすわざとされた。〔説文〕は夕部七上に夢を録して「明らかならざるなり」と夢夢の意を以て解し、また㝱部七下に㝱を録して「寐ねて覺むること有るなり」という。夢夢の義は瞢にあたる。〔説文〕四上に「目明らかならざるなり」とあるものがその字義にあたる。〔周礼〕に夢に㝱の字を用い、〔春官、占夢〕に「六㝱の吉凶を占ふ」として、その法をしるしている。㝱は神霊の啓示として睡眠中にあらわれるもので、媚女がその呪霊を駆使した。それで字は莧に従う。莧の廟中にある姿を寛(寛)という。しどけなき姿をしていたのであろう。歳終に堂贈という大儺の礼を行い、夢送りの行事をして年間の悪夢を祓った。夢魔に逢って、にわかに没することを薨という。貴人にその死にざまが多かったのであろう。

訓義 1ゆめ、ゆめみる。2くらい、みだれる、まどう。

古訓 〔名義抄〕夢 ユメ・イメミシニ 〔字鏡集〕㝱 ウタ、ネ・ネムル・イヌ・フス

部首 〔説文〕に㝱を部首とし、寐・寤・寢など九字、〔玉篇〕はさらに七字を加える。寢は〔説文〕「楚人、寐を謂ひて寢と曰ふ」とあり、女声とする。夢下に女をしるすのは、媚蠱をなす女を示すものと思われる。

声系 〔説文〕は夢を瞢の省声の字とし、夢声として㝱・懜など三字、また甍を夢の省声の字とする。甍は屋棟の瓦。それが呪飾としての意味をもつものならば、夢声の字と解してよい。

語系 夢・瞢miuəngは同声。また、懜məng、冥・瞑myeng、蒙(蒙)・濛・朦・矇・曚mong、瞀muなどもみな声義に通ずるところがあり、冥蒙の意を含む。

【夢魘】(むえん) 夢でうなされる。唐・韓愈〔杜侍御に陪して、湘西の両寺に遊び、独宿す～〕詩 猶ほ疑ふ、波濤に在るを 怵惕して夢、魘を成す

【夢覚】(むかく) 夢からめざめる。唐・杜甫〔薛十二丈判官に贈らるるに奉酬す〕詩 千秋、一たび涙を拭ふ 夢覺めて、微馨有り

【夢見】(むけん) 夢みる。〔晋書、陶侃伝〕夢に八翼を生じ、飛びて天に上る。天門九重を見、已に其の八に登れり。唯だ一門のみ、入ることを得ず。閽者(門番)、杖を以て之れを撃ち、因りて地に墜ち、其の左翼を折る。寤むるに及んで、左腋猶ほ痛し。

【夢幻】(むげん) ゆめまぼろし。はかないことのたとえ。晋・陶潜〔飲酒、二十首、八〕詩 壺を提げて寒柯に挂け 遠望、時に復た爲す 吾が生、夢幻の閒 何ぞ塵羈(世俗の煩わしいきずな)に紲がるるを事とせん

【夢後】(むご) 夢さめたのち。唐・顧況〔角を聴いて、帰るを思ふ〕詩 故園の黄葉、靑苔に滿つるならん 夢後、城頭に曉角(夜あけの角笛)哀し

【夢魂】(むこん) 夢中の魂。唐・李白〔長相思〕詩 天長く路遠くして、魂飛ぶに苦しむ 夢魂到らず、關山難し 長く相ひ思うて、心肝を摧く

【夢思】(むし) 夢に思う。唐・厳武〔杜二(甫)に酬別す〕詩 但だ心事をして在らしめば 未だ肯へて鬢毛を衰へしめざらん 最も悵む、巴山の裏 淸猿、夢思を醒ますを

【夢想】(むそう(さう)) 夢にまで思う。宋・蘇軾〔恵州近城の数小山、蜀道に類す。～以て西湖の上の諸友に示す～〕詩 夢想、平生、消ゆること未だ盡きず 滿林の煙月、西湖に到る

【夢筆】(むひつ) 筆を夢みる。〔開元天宝遺事、天宝下、夢筆頭生花〕李太白、少かりし時、用ふる所の筆頭上に、花を生ずるを夢む。後、天才贍逸、名、天下に聞ゆ。

【夢夢】(ぼうぼう) 乱れて明らかでない。〔詩、小雅、正月〕民、今方に殆ふし 天を視るに夢夢たり

【夢余】(むよ) 夢さめたのち。宋・范成大〔枕上〕詩 明月聲無く、屋梁に滿つ 夢餘、分影、人牀に上る

【夢裏】(むり) 夢の中。唐・陳陶〔隴西行、四首、二〕詩 憐れむべし、無定河邊の骨 猶ほ是れ春閨、夢裏の人

↑夢遺(むい) 夢精/夢影(むえい) 幻影/夢厭(むえん) 夢魘/夢華(むか) 華胥の国を夢みること/夢感(むかん) 夢で知らされる/夢帰(むき) 夢みる/夢境(むきょう) 夢路(ゆめじ)/夢囈(むげい) ねごと/夢月(むげつ) 妊むことのきざし/夢言(むげん) ねごと/夢語(むご) 夢言/夢死(むし) 夢のように無自覚に一生をすごす、酔生～/夢像(むしょう) 夢にみた姿/夢讖(むしん) 夢兆/夢醒(むせい) 夢がさめる/夢中(むちゅう) 夢のうち/夢兆(むちょう) 夢の知らせ/夢徴(むちょう) 夢兆/夢枕(むちん) 寝ていて夢をみる/夢破(むは) 夢がさめる/夢寐(むび) 睡夢のうち/夢卜(むぼく) 夢うらない/夢遊(むゆう) 夢の中で遊ぶ

↓悪夢・異夢・一夢・遠夢・厭夢・佳夢・覚夢・噩夢・寒夢・感夢・寄夢・帰夢・綺夢・吉夢・客夢・旧夢・凶夢・狂夢・郷夢・驚夢・暁夢・献夢・孤夢・午夢・寤夢・好夢・香夢・昏夢・昨夢・三夢・残夢・愁夢・春夢・乗夢・新夢・真夢・酔夢・瑞夢・征夢・占夢・浅夢・大夢・断夢・痴夢・昼夢・通夢・同夢・入夢・破夢・飛夢・卜夢・迷夢・夜夢・幽夢・余夢・妖夢・遥夢・冷夢・霊夢

常 【霧】 19/1022 〔霚〕 17/1024 〔雺〕 13/1022

ム ボウ

きり くらい

篆文 

籀文 

形声 正字は霚に作り、敄声。敄に瞀い意がある。〔説文〕十一下に「地气發して、天應ぜざるを霚と曰ふ」(段注本)とし、また籀文として雺の字を録する。〔釈名、釈天〕に「霧は冒ふなり。氣、蒙亂して、物を覆冒するなり」と冒(冒)の声義を以て説く。敄声に冥昧の義があり、冥・蒙(蒙)・夢(夢)と声義が近い。

訓義 1きり、きりたつ。2くらい。3かるくこまかい、たちこめる。

古訓 〔和名抄〕霧 歧利(きり) 〔名義抄〕霧 キリ・クラシ・ムネオボツカナシ/霚 キリ・ミダル

語系 霧miu は冒mu、蒙・濛・矇・曚・朦mong、冥myeng、夢・瞢miuəng、懜məngなどと声近く、みな冥濛不明の意がある。

【霧外】(むがい(ぐわい)) 霧の向こう。宋・楊万里〔庚子正月五日、暁に大皐渡を過ぐ、二首、一〕詩 霧外の江山、看るも眞ならず 只だ雞犬に憑りて、前村を認む

【霧鬟】(むかん(くわん)) 美しい黒髪。明・何景明〔嫦娥(月中の美女)の図〕詩 霓裳、羽衣、世聞く莫し 霧鬟雪貌、人見難し

【霧暁】(むぎょう(げう)) 霧たつ朝。唐・杜牧〔郡斎独酌〕詩 霧曉けて、鳧雁を起し 日晩れて、牛羊下る 叔舅、我に飲ましめんと欲す 社甕(酒)、爾來嘗めたり

【霧合】(むごう(がふ)) 霧のように多く集まる。〔水経注、淇水〕澗を傾けて淜湯し、勢ひ雷轉に同じ。激水、氛を散らし、曖として霧の合るが若し。

【霧縠】(むこく) うすい縮みの絹。楚・宋玉〔神女の賦〕霧縠を動かして、以て徐ろに歩む。墀を拂ふの聲、珊珊(玉の響く音)たり。

【霧散】(むさん) 霧のように散る。宋・蘇軾〔子由(弟、轍)の浴し罷はるに次韻す〕詩 髪を理めて、千梳淨く 風晞かして、湯沐に勝れり 息を閉ぢて、萬竅(身の孔穴)通じ 霧散、乾浴と名づく

【霧中】(むちゅう) 霧のたちこめる中。唐・杜甫〔小寒食、舟中の作〕詩 春水の船は、天上の坐の如く 老年の花は、霧中に看るに似たり

【霧豹】(むひょう(へう)) 南山の豹が、霧のため毛がぬれることをおそれ

て、洞中に隠れることをいう。唐・白居易〔渭村退居、礼部崔侍郎・翰林銭舎人に寄する詩、一百韻〕籠禽放たれて高く翥び 霧豹深く藏るるを得たり

【霧露】 霧と露。雨露にさらされる。宋・文天祥〔正気の歌〕詩 一朝、霧露(天恩)を濛り 溝中の瘠(行き倒れ)と作るを分とす

◆霧雨 ぬか雨/霧会 霧合/霧壑 霧深い谷/霧気 きり/霧光 霧の色/霧集 霧合/霧聚 霧集/霧消 霧のように消えうせる/霧綃 霧縠/霧瘴 毒霧/霧朝 霧の朝/霧鬢 黒髪/霧雰 もや/霧裏 霧の中

↓埃霧・雨霧・鬱霧・雲霧・煙霧・花霧・海霧・開霧・寒霧・暁霧・金霧・軽霧・黄霧・昏霧・坐霧・彩霧・細霧・州霧・秋霧・宿霧・翔霧・深霧・塵霧・水霧・垂霧・凄霧・晴霧・霽霧・夕霧・尺霧・大霧・朝霧・吐霧・毒霧・濃霧・白霧・晩霧・飛霧・微霧・氷霧・氛霧・噴霧・抱霧・密霧・野霧・遊霧・妖霧・杳霧

メイ

常 【名】 6 2760 メイ な なだかい ほまれ もじ

篆文

金文

簡書

会意 夕(肉)+口。口は ㅂ、祝禱を収める器。子が生まれて三月になると、家廟に告げる儀礼が行われ、そのとき名をつけた。〔説文〕二上に「自ら命なり。冥なり。冥くして相ひ見ず。故に口を以て自ら名いふ」とするが、字の上部は祭肉の形。下は祝禱の器の ㅂ の形である。〔礼記、内則〕に生子の礼を詳しく記している。命名は祖霊の前で行われ、加入儀礼としての意味をもつ。名実の意から、名分・名声・名流のように用いる。

訓義 [1]な、なづける、なをいう。[2]ものの名、よびかた、実に対する名、表現、名分。[3]名が知られる、なだかい、ほまれ、てがら。[4]しるす、文字。[5]目の上、眉と目の間。

古訓 〔名義抄〕名 ナ・ナザシ・カナハラ・フ、ム・ナヅク

声系 〔説文新附〕に名声として茗・銘・酩などの字を収める。銘は列国期の器銘にもみえ、古くは名の字を用いた。

語系 名・命 mieng は同声。命は古くは令 lieng としるし、神意によって与え命ぜられることをいう。名は家廟に祀って命名を求める儀礼である。

【名位】 名号と地位。〔左伝、荘十八年〕王、諸侯に命ずるに、名位同じからざれば、禮も亦た數を異にす。禮を以て人に假さざるなり。

【名園】 すぐれた庭園。〔世説新語、簡傲〕王子敬(献之)、會稽より呉を經、顧辟彊に名園有りと聞き、先に主人を識らざるも、徑ちに其の家に往く。

【名花】 すぐれた花。清・林則徐〔浙江杭州、孤山梅亭〕楹聯 世に遺草無し、眞に能く隱れたり 山に名花有り、轉た孤ならず

【名家】 戦国期の論理学派。漢以後学術の専門の家。また、名門。〔梁書、何敬容伝〕敬容、名家の子を以て、弱冠にして選ばれて齊の武帝の女長城公主に尙せられ、駙馬都尉に拜せらる。

【名器】 地位と車服儀器。尊貴の器。また、大器。唐・劉禹錫〔唐故朝議郎守尚書吏部侍郎~贈司空~奚公(陟)神道碑〕公、少くして名器を以て自ら任ず。顯達に及んで、推賢に急なり。其の擧ぐる所を視るに、則ち~權丞相~楊僕射~二公、後天下の偉人と爲る。

【名教】 名分の教え。〔後漢紀、序〕夫れ史傳の興るは、古今を通じ、名教を篤うする所以なり。~然れども名教の本は、帝王の高義なり。韞みて未だ敍べず。今前代の遺事に因り、略ぼ義教の歸する所を擧ぐ。

【名賢】 著名の賢人。〔顔氏家訓、慕賢〕吾れ亂世に生まれ、戎馬に長ず。流離播越し、聞見已だ多し。値ふ所の名賢、未だ嘗て心醉魂迷して、之れを向慕せずんばあらず。

【名言】 よくいいあてたことば。〔世説新語、言語〕庾公(亮)、嘗て佛圖(寺)に入り、臥佛を見て曰く、此の子、津梁(人を済度する)に疲ると。時に于て以て名言と爲す。

【名士】 名声ある人。〔後漢書、方術伝上論〕漢世の所謂名士なる者は、其の風流知るべし。~道藝に依倚し、以て其の聲價に就くのみ。

【名刺】 めいし。なふだ。〔春在堂随筆、五〕余れの名刺、隷書に作る。或いは以て怪と爲す。困學紀聞卷二に引く宋景文筆記に云ふ、楊備、古文尚書の釋文を得、之れを讀みて大いに喜び、書訊刺字、皆古文を用ふと。然らば則ち古人我に先だちて之れを爲す者有り。

【名紙】 なふだ。名刺。〔開元天宝遺事、天宝上、風流藪沢〕長安に平康坊有り。妓女の居る所の地なり。~毎年の新進士、紅牋の名紙を以て、其の中に遊謁す。時人此の坊を謂ひて、風流の藪澤(淵藪)と爲す。

【名字】 名と字。〔礼記、檀弓上〕幼にして名づけ、冠して字し、五十にして伯仲を以てし、死して諡するは、周の道なり。

【名実】 名と実。〔管子、九守〕名實當るときは則ち治まり、當らざるときは則ち亂る。

【名酒】 良い酒。美酒。晉・陶潛〔飲酒、二十首、序〕余れ閒居して歡寡くなし。兼ねて比ろ夜已だ長し。偶たま名酒有り、夕として飲まざる無し。影を顧みて獨り盡し、忽焉として復た醉ふ。

【名将】 すぐれた将軍。宋・欧陽脩〔王彦章画像記〕公家の傳を讀み、德勝の捷(勝利)に至りて、乃ち古の名將は必ず奇に出で、然る後に能く勝つを知る。然れども計を爲すこと審らかなる者に非ざれば、奇を出だすこと能はず。奇は速に在り、速は果に在り。

【名称】 ものの名。また、名声。〔史記、直不疑伝〕(直)不疑、老子の言を學ぶ。~名稱を立つることを好まず、稱して長者と爲す。

【名臣】 名節ある臣。〔史記、張釈之伝〕王生曰く、吾れ老いて且つ賤し。~張廷尉は、方今天下の名臣なり。吾故らに聊か廷尉を辱かしめ、跪きて韤を結ばしめ、以て之れを重くせんと欲すと。

【名人】 名徳の人。〔呂覧、勧学〕聖人は學に疾くに生ず。學に疾かずして能く魁士名人と爲る者は、未だ之れ嘗て有らざるなり。

【名世】 著名の人。〔孟子、公孫丑下〕五百年にして必ず王者の興る有り。其の閒、必ず名世の者有り。~其の數を以てするときは、則ち過ぎたり。其の時を以て之れを考ふれば、則ち可なり。

【名声】 名誉声望。世のほまれ。〔史記、孟嘗君伝〕賓客日に進み、名聲諸侯に聞ゆ。

【名迹】 すぐれた事迹。〔漢書、雋不疑伝賛〕雋不疑、學びて以て政に從ひ、事に臨みて惑はず、遂に名迹を立つ。終始述ぶべし。

【名節】 名誉と節操。明・方孝孺〔孝思堂記〕勢位は以て當時に耀かすべきも、名節は後世に傳ふるに足らず。親の令名、悠久に垂るること能はず。君子猶ほ焉れを病ふ。

【名徳】 名声と徳望。梁・任昉〔王文憲(倹)集の序〕公、諱は儉、~其の先は秦より宋に至る。國史家諜に、詳ら

かなり。晉の中興以來、六世の名德、海内の冠冕なり。

【名筆】 名文。〔世説新語、文学〕樂令(広)清言を善くするも、手筆に長ぜず。～樂、～標位する(要点を示す)こと二百許りの語。潘(岳)、直ちに取りて錯綜し、便ち名筆を成せり。

【名分】 名による実。本分。〔荘子、天下〕易は以て陰陽を道ひ、春秋は以て名分を道ふ。

【名望】 名誉と人望。唐・張籍〔白二十二舍人に寄す〕詩 三省、比來名望重し 肯へて容るす、君去つて樵漁を樂しむことを

【名誉】 ほまれ。〔史記、張耳陳余伝論賛〕名譽高しと雖も、賓客盛んなりと雖も、由る所、殆ど(呉の)太伯・延陵の季子と異なり。

【名利】 名誉と利益。〔商君書、算地〕主、名利の柄を操り、能く功名を致す者は、數(術)なり。～數なる者は臣主の術にして、國の要なり。

【名流】 名望ある人。宋・梅尭臣〔蔡君謨・江隣幾と同に、宋中道の書画を観る〕詩 開元、大暦、名流夥し 一一、手澤、存して餘り有り

↑名医 良医／名意 名とその義／名苑 名園／名下 名声の中／名価 名声／名華 名花／名画 画の名品／名官 高官／名柬 名刺／名貫 姓名と本籍／名貴 名望／名諱 本名／名妓 よい妓／名義 名誉と道義／名区 名勝／名卿 声望ある卿／名傑 英傑／名検 名声と法度／名顕 著名／名彦 名賢／名工 良工／名公 貴紳／名功 上手／名行 すぐれた品行／名香 良い香／名高 名行／名号 名目／名豪 名の知られた豪族／名作 著名の作品／名山 著名な山／名氏 氏名／名指 くすり指、無名指／名辞 事物の名／名爵 高爵／名手 上手／名儒 大儒／名宿 名のある宿儒／名匠 名工／名相 名宰相／名倡 名優／名象 名と形／名状 形容／名帖 名刺／名城 立派な城／名色 名妓／名姓 姓名／名勢 名声と権力／名跡 名迹／名績 著功／名蹟 名迹／名籍 戸籍／名川 名のある川／名素 名門／名宗 門閥の家／名僧 高僧／名族 名高い家柄／名賊 大賊／名単 名刺／名地 名勝の地／名冑 名門の子孫／名牒 名刺／名通 通人／名田 占有の田／名都 立派な都／名塗 高位／名刀 利刀／名答 巧妙な答え／名葩 名花／名馬 すぐれた馬／名牌 名札／名閥 名門／名藩 名のある諸侯／名品 名作／名物 物類の名／名問 世評／名聞 世評／名片 名刺／名篇 すぐれた詩文／名捕 指名手配する／名簿 名籍／名宝 立派な宝／名木 立派な木／名目 題目／名門 名高い家柄／名約 約束／名薬 良薬／名藍 名刹／名理 名家(論理学派)の論理／名例 総則

↓悪名・威名・異名・懿名・一名・英名・栄名・汚名・仮名・佳名・家名・華名・嘉名・改名・学名・干名・官名・記名・貴名・偽名・旧名・休名・虚名・矜名・梟名・徽名・驍名・空名・形名・嫌名・顕名・古名・沽名・巧名・高名・諱名・才名・罪名・策名・指名・自名・実名・取名・修名・醜名・襲名・徇名・書名・署名・除名・称名・唱名・人名・正名・成名・声名・姓名・斉名・清名・盛名・勢名・争名・尊名・大名・題名・貪名・地名・知名・著名・通名・伝名・逃名・同名・匿名・売名・美名・筆名・病名・浮名・物名・文名・聞名・別名・変名・芳名・法名・本名・無名・命名・有名・勇名・幼名・揚名・雷名・立名・隆名・令名・連名

常【命】 8 8062

メイ ミョウ(ミャウ) いいつけ いのち うまれつき さだめ

篆文

甲骨文

金文

会意 令+口。令は礼帽を著けて、跪いて神の啓示を受ける形。口は祝詞を収める器の ㅂ。神に祈って、その啓示として与えられるものを命という。〔説文〕二上に「使ふなり。口に従ひ、令に従ふ」とし、口を以て使令する意とするが、もと神意を意味する字である。卜文・金文に令を命の意に用い、令がその初文。周初の金文〔大盂鼎〕に「天の有する大令(命)を受けらる」とあり、のち〔賢𣪘〕に「公、事を命ず」のように、命の字を用いる。天命の思想は〔大盂鼎〕をはじめ、〔也𣪘〕などにも「顯たる受令(命)」とあって、周王朝創建の理念として掲げられたものであった。人の寿夭も天与のものであるから、列国期の金文に「永命眉壽」を祈る語を著けるものが多い。金文にまた賜与の意に用い、〔献𣪘〕「厥の臣、獻(人名)に金車を令ふ」のように用いる。天の命ずるところであるから、人為の及ばないところをすべて命といい、君子は命を知るべきものとされた。

訓義 ①おおせ、いいつけ、神のお告げ、おしえ、あたえる。②いのち、うまれつき、さが、神よりうけたもの。③さだめ、運命、めぐりあわせ。④お上のいいつけ、命令、おきて。

古訓 〔名義抄〕命 ヲシフ・イノチ・ノタマフ・マコト 〔字鏡集〕命 ツカヒ・マコト・ナヅク・ヲシフ・イノチ・イフ・ナ

語系 命mieng、令liengはもと一字。周初には大命・受命を大令・受令としるし、令を命の字義に用いる。

【命意】 寓意。主題とするところを定める。〔画継、六、山水林石〕(王可訓)京西の人。熙豐の待詔なり。山水に工みにして、自ら一家を成す。曾て瀟湘夜雨の圖を作る。實に命意し難し。

【命運】 運命。めぐり合わせ。〔白虎通、災変〕堯、洪水に遭ひ、湯、大旱に遭ふ。命運時に然るのみ。

【命賜】 賜与。〔漢書、高恵高后文功臣表〕(成王)故に先父の志を追述し、遺老の策を錄し、其の位を高くし、其の寓を大にし、愛敬飭盡し、命賜備厚す。大孝の隆んなること、是に於て至れりと爲す。

【命世】 著名な人。漢・李陵〔蘇武に答ふる書〕其の餘の命を佐け功を立つるの士、賈誼・(周)亞夫の徒、皆命世の才を信ばし、將相の具を抱けるも、小人の讒を受け、竝びに禍敗の辱しめを受く。

【命名】 名づける。〔隠居通議、二十八、妖孽の名〕草木の變を妖と曰ひ、蟲豸の變を孽と曰ひ、六畜の變異を禍と曰ふ。～今世俗の常談に、惟だ妖孽と曰ひ、妖怪と曰ふ。然れども、未だ其の命名する所以の義を知らず。

↑命案 殺人事件／命戒 禁令／命窮 貧乏神／命卿 天子親任の卿／命蹇 不運／命限 寿命／命誥 詔命／命士 勅任の士／命氏 賜姓／命書 王命の書／命詔 詔命／命臣 詔命の臣／命数 運命／命秩 官の秩禄／命中 ねらったところにあたる／命途 運命／命薄 薄命／命婦 宮中につかえる妃嬪の属／命服 官位の服／命分 運命／命脈 いのち／命理 理法／命令 命ずる

↓俟命・委命・威命・違命・遺命・一命・殞命・運命・永命・延命・捐命・恩命・下命・嘉命・改命・革命・官命・帰命・基命・寄命・貴命・休命・救命・拒命・教命・矯命・業命・軀命・寓命・君命・眷命・憲命・懸命・顕命・厳命・顧命・抗命・耿命・誥命・国命・佐命・策命・司命・死命・使命・賜命・自命・時命・辞命・失命・主命・殊命・寿命・受命・授命・宿命・駿命・順命・助命・承命・

将命・詔命・上命・職命・申命・身命・人命・尽命・正命・生命・制命・性命・旌命・誓命・惜命・絶命・宣命・尊命・存命・大命・待命・短命・誕命・治命・知命・致命・長命・朝命・徴命・寵命・勅命・通命・定命・帝命・挺命・天命・伝命・特命・内命・任命・拝命・配命・薄命・反命・非命・微命・品命・稟命・符命・賦命・復命・文命・辟命・返命・方命・亡命・本命・奔命・末命・密命・明命・面命・有命・優命・余命・用命・落命・乱命・立命・霊命・禄命

常【明】 8 6702 〔明〕 8 6702 ［朙］ 11 6702

メイ ミョウ（ミャウ）
あきらか あかるい きよい あける

篆文 古文 甲骨文 金文

会意 正字は朙に作り、囧＋月（月）。囧は窓の形。窓から月光が入りこむことを明という。そこは神を迎えて祀るところであるから、神明という。〔説文〕七上に「照らすなり」とし、また古文の明を録し、その字は日月に従うが、卜文・金文の字はすべて囧に従う。〔詩、小雅、楚茨〕「祀事孔だ明らかなり」のように、神明のことに用いるのが本義。ゆえに〔易、繫辞伝下〕「神明の徳に通ず」のようにいう。黄土層の地帯では地下に居室を作ることが多く、中央に方坑、その四方に横穴式の居室を作る。窓は方坑に面するところであった。この方坑の亞（亜）字形が明堂や墓坑の原型をなすものであったと考えられる。周初の聖職者を明公・明保といい、周公家がその職を世襲したと考えられる。すべて神明の徳に関することを明という。

訓義 ①あきらか、あかるい、かがやく。②きよらか、きよい、いさぎよい。③あける、よあけ。④かみ、日月、天。

古訓 〔和名抄〕明星 此の間に云ふ、阿加保之（あかぼし）〔名義抄〕明 アキラカニ・アキラカナリ・アカス・アラハス・アス・アク・ヒカル・ミル・ミツ・ナル・タスク・アケヌ・アクルニ／今明 ケフアス／未明 アケボノ

部首 〔説文〕七上に朙をこの部に属し、「翌なり」と訓する。その義の用例はなく、字もまた亡（亡）声であろう。〔玉篇〕に盟（盟）をこの部に属する。「諸侯、牲に涖むを盟と曰ふ」とあり、その字は明と血とに従う。神明に対して、血牲を供えて誓う意である。

声系 〔説文〕に盟を盥に作り、盟を古文とする。明に神明の意がある。また艸部に萌（萌）を録するが、明とは声義の関係がない。

【明夷】 めいい 易の卦。賢者が志を失う象とされる。〔易、明夷、六五〕箕子（殷末の賢者）の明、夷る。貞しきに利し。象に曰く、箕子の貞とは、明、息むべからざるなり。

【明畏】 めいい（ゐ） 天の賞罰。〔書、皐陶謨〕天の明畏は、我が民の明畏に自り、上下に達す。敬めや有土。

【明火】 めいか（くわ） 日光でとる火。〔周礼、秋官、司烜氏〕夫遂（陽燧）を以て、明火を日に取り、鑒（鏡）を以て、明水を月に取り、以て祭祀の明齍、明燭を共（供）し、明水を共することを掌る。

【明鏡】 めいきょう（きやう） 鏡。唐・李白〔秋浦歌、十七首、十五〕詩 白髮、三千丈 愁ひに縁りて箇くの似く長し 知らず、明鏡の裏 何れの處にか、秋霜を得たる

【明月】 めいげつ 明るい月光。唐・王維〔竹里館〕詩 獨り坐す、幽篁の裏 彈琴、復た長嘯す 深林、人知らず 明月來つて相ひ照らす

【明察】 めいさつ 明らかに見ぬく。〔韓非子、孤憤〕智術の士は、必ず遠見にして明察なり。明察ならずんば、私を燭すこと能はず。

【明識】 めいしき 理に明るく、見識がある。宋・蘇轍〔潁浜遺老伝、上〕母、成國太夫人程氏、亦た讀書を好み、明識人に過ぎ、志節凜然たり。毎に其の家人に語る。二子（軾・轍）、必ず吾が志に負かざらんと。

【明主】 めいしゅ 明君。唐・孟浩然〔歳暮南山に帰る〕詩 北闕、書を上ることを休め 南山、敝廬に帰る 不才、明主に棄てられ 多病、故人疏なり

【明珠】 めいしゅ 光る玉。真珠の類。〔白虎通、封禅〕河、龍圖を出だし、洛、龜書を出だす。江、大貝を出だし、海、明珠を出だす。

【明淑】 めいしゅく 公明で善良。〔後漢書、馮衍伝上〕今、大將軍（鮑永）、明淑の徳を以て、大使の權を秉り、三軍の政を統べ、～恵愛の誠、百姓に加はる。

【明神】 めいしん 明威ある神。〔左伝、襄十一年〕凡そ我が同盟、～茲の命に閒ふ或らば、司愼司盟・名山名川・群神群祀、先王先公、七姓十二國の祖・明神之れを殛し、其の民を失はしめん。

【明朝】 みょうちょう（みやうてう） あす朝。唐・高適〔除夜の作〕詩 旅館の寒燈、獨り眠らず 客心何事ぞ、轉た悽然 故郷今夜、千里を思ふ 霜鬢明朝、又一年

【明哲】 めいてつ 聰明で賢い。〔詩、大雅、烝民〕既に明にして且つ哲なり 以て其の身を保つ 夙夜解るに匪ず 以て一人（王）に事ふ

【明堂】 めいどう（だう） 王室の大廟。古くは辟雍といった。〔孟子、梁恵王下〕夫れ明堂は、王者の堂なり。王、王政を行はんと欲せば、則ち之れを毀つこと勿れ。

【明道】 めいどう（だう） 明らかな道。〔老子、四十一〕明道は昧きが若く、進道は退くが若し。

【明徳】 めいとく 盛明の徳。〔書、君陳〕我聞くに、曰く、至治の馨香は、神明を感ぜしむ。黍稷、馨しきに非ず、明徳惟れ馨しと。

【明年】 みょうねん（みやうねん） あくる年。来年。唐・杜甫〔九日、藍田の崔氏荘〕詩 明年、此の會、知んぬ誰か健かなる 醉うて茱萸を把つて、仔細に看る

【明媚】 めいび かがやくように美しい。〔劇談録、下、曲江〕其の南に杏園・慈恩寺有り。花卉環周し、煙水明媚にして、都人遊翫す。

【明文】 めいぶん 明確に記述されている文。〔漢書、韋玄成伝〕祖宗の序、多少の數に至りては、經傳に明文無し。至尊至重、疑文虛說を以て定め難し。

【明弁】 めいべん はっきり見わける。〔中庸、二十〕博く之れを學び、審かに之れを問ひ、愼みて之れを思ひ、明らかに之れを辨じ、篤く之れを行ふ。

【明法】 めいほう（はふ） 厳明なる法。〔史記、秦始皇紀〕普く明法を施し、天下を經緯し（治め）、永く儀則と爲さん。大なる哉、宇縣の中、聖意に承順す。

【明眸】 めいぼう 美しいひとみ。唐・杜甫〔江頭に哀しむ〕詩 明眸皓齒（楊貴妃をいう）、今何くにか在る 血汚れて、游魂歸り得ず

【明命】 めいめい 天の明らかな命。〔書、太甲上〕先王、諟の天の明命を顧み、以て上下の神祇・社稷・宗廟に承け、祗肅せざる罔し。

【明明】 めいめい きわめて明らかなさま。〔詩、小雅、小明〕明明たる上天、下土を照臨す

【明滅】 めいめつ 明るくなり、また暗くなる。唐・王維〔山中、裴迪秀才に与ふる書〕夜、華子岡に登れば、輞水の淪漣、月と上下し、寒山の遠火、林外に明滅す。深巷の寒犬、吠ゆる聲豹の如し。

【明了】あきらか。〔後漢書、方術下、華佗伝〕魯女生、數〻顯宗（明帝）の時の事を說きて、甚だ明了なるも、議する者、其の時の人なるを疑ふ。董卓の亂の後、在る所を知るもの莫し。

【明倫】人倫を明らかにする。〔孟子、滕文公上〕庠序學校を設爲して、以て之れに教ふ。～學は則ち三代之れを共にす。皆人倫を明らかにする所以なり。

【明朗】明るく大らかであること。〔晋書、何曽伝〕（詔）太傅は明朗高亮、心を執ること弘毅、舊德老成、國の宗臣と謂ふべき者なり。

↑明暗 明と暗/明闇 明暗/明衣 斎戒の衣/明医 良医/明威 明畏/明懿 美徳/明允 まことあること/明尹 賢明な長官/明禋 清らか/明瑩 かがやく/明叡 さとい/明穎 明叡/明遠 明るく深い/明艶 美しい/明応 瑞応/明科 明文の規定/明霞 明るい霞/明快 はっきり/明戒 良い戒め/明晦 あけくれ/明解 わかりやすく説明する/明誡 明戒/明覚 はっきり悟る/明確 はっきりとしている/明覈 あきらかにする/明竿 光がさし入る竹むら/明幹 才幹/明鑑 明鏡/明眼 明察する/明記 はっきりしるす/明規 明確な規定/明暉 ひかり/明器 送葬の器/明挙 明証/明教 明訓/明君 賢君/明訓 りっぱな教え/明刑 明厳の刑/明経 挙士の科目/明慧 かしこい/明潔 清らか/明憲 明法/明賢 賢人/明顕 あきらか/明験 明証/明言 言いきる/明厳 はっきりとして厳しい/明悟 あきらかに悟る/明公 上位者の尊称/明光 明るい輝き/明効 明験/明侯 賢侯/明候 ものみ/明才 明察の才能/明細 詳細/明刺 公然と刺る/明祀 神明のまつり/明師 賢師/明視 明察する/明粢 お供えのきび/明試 よく試る/明齍 お供えのきび、明粢/明示 あきらかに示す/明時 太平の世/明悉 知り尽くす/明秀 賢く秀れる/明習 熟達する/明粛 つつましい/明昭 明示する/明将 良将/明章 あきらかにあらわす/明粧 美装/明証 はっきりとした証拠/明照 はっきり照らす/明燭 明るい燭/明信 まこと/明真 まこと/明慎 つつしむ/明審 つまびらかにする/明箴 明戒/明世 盛世/明正 あきらかにし、正す/明星 金星/明聖 聖徳/明誓 誓い/明霽 明るくはれる/明晳 あきらか/明晰 明晳/明節 節操/明宣 宣示/明薦 お供えする/明鮮 鮮明/明窓 明るい窓/明聡 聡明/明達 道理にあかるい/明旦 翌朝/明断 よい決断/明知 はっきり知る/明智 明達の智恵/明著 あきらか/明徴 あきらかにする/明勅 明詔/明通 明達/明悊 明哲/明澈 清らか/明灯 明燭/明鐙 明灯/明白 あきらか/明発 あけがた/明罰 明刑/明眉 明媚/明敏 さとい/明分 分限をあきらかにする/明辟 明君/明昧 明白と、あいまい/明密 綿密/明目 見通す/明約 明確な約束/明喩 あきらかなたとえ/明諭 おさとし/明幽 幽明/明誉 栄誉/明耀 光りかがやく/明良 明君と良臣、すぐれる/明亮 明瞭/明瞭 あきらか/明麗 明るく美しい

↓威明・英明・睿明・晦明・開明・解明・簡明・眼明・休明・究明・糾明・虚明・欽明・啓明・景明・月明・甄明・賢明・顕明・言明・厳明・公明・光明・高明・克明・穀明・至明・自明・失明・質明・釈明・朱明・松明・昭明・証明・照明・詳明・彰明・燭明・神明・晨明・水明・推明・声明・斉明・清明・盛明・聖明・精明・雪明・説明・宣明・鮮明・闡明・聡明・大明・旦明・著明・澄明・通明・貞明・天明・灯明・透明・薄明・発明・判明・微明・表明・不明・分明・文明・平明・蔽明・弁明・未明・無明・滅明・夜明・有明・幽明・余明・陽明・黎明

常 【迷】 9 3930 〔迷〕 10 3930 メイ まよう まどう あやまる

篆文 金文 侯馬盟書 古印璽

形声 声符は米。〔説文〕二下に「或ふなり」とあり、〔玉篇〕に「亂るるなり」とする。〔詩、小雅、節南山〕「民をして迷はざらしむ」、また〔書、無逸〕「殷王受（紂）の、迷亂して、酒德に酗へるが若くすること無れ」のように、徳の乱れることをいう。詐って狂することを迷陽といい、生きかたを誤ることを迷途という。

訓義 ①まよう、まどう、くらむ。②みだれる、あやまる。

古訓 〔名義抄〕迷 マドフ・ウツス・ユク・タガフ 〔字鏡集〕迷 ミダル・マドフ・ウツス・ウツル・シタガフ・ユク

語系 迷・眯・謎 myei は同声。眯は〔説文〕四上に「艸、目中に入るなり」とあって、正視を妨げること。謎は謎語。敉 miei は撫摩する意。米声の字に、その義において通じるものがある。また冥 myeng、瞢 miuəng 系統の語にも、迷乱の意がある。

【迷痴】しれもの。〔容斎四筆、一、迷痴厥撥〕柔詞諂笑、專ら容悅を取る、世俗之れを迷癡と謂ひ、亦た迷嬉と曰ふ。～擧措脫落、事に觸れて乖忤する者、之れを厥撥と謂ふ。俚言爲りと雖も、然れども其の說皆本づく所有り。

【迷途】道に迷う。晉・陶潛〔帰去来の辞〕寔に途に迷ふも、其れ未だ遠からず。今の是にして、昨の非なるを覺れり。

【迷迷】深く迷うさま。明らかでないさま。唐・李賀〔公無出門〕詩 天迷迷、地密密 熊虺、人の魂を食らひ 雪霜、人の骨を斷つ

【迷罔】惑う。〔列子、周穆王〕秦人逢氏に子有り、少くして惠（慧）、壯なるに及んで、迷罔の疾有り。～意の之く所、天地四方、水火寒暑、倒錯せざる者無し。

【迷陽】山野に自生するいばら。また、迷佯。世を佯って狂う意を含む。〔荘子、人間世〕（楚狂接輿の歌）迷陽、迷陽 吾が行を傷ること無かれ 吾が行、郤曲す 吾が足を傷ること無れ

【迷乱】迷い乱れる。〔書、無逸〕殷王受（紂）の、迷亂して酒德に酗へるが若くすること無れ。

【迷離】ぼんやりとしたさま。定かでないさま。清・呉偉業〔鴛湖曲〕詩 煙雨迷離、處を知らず 舊隄却って認む、門前の樹

【迷路】路に迷う。唐・白居易〔刑部尚書致仕〕詩 迷路、心迴かにして、因りて佛に向ひ 宦途、事了りて、是に車を懸く

【迷惑】惑わす。〔荘子、盗跖〕今、子、文・武（周の文王・武王）の道を脩め、天下の辯を掌り、以て後世に教へ、縫衣淺帶、矯言僞行、以て天下の主を迷惑せしめ、而して富貴を求めんと欲す。

↑迷暗 愚か/迷宮 迷楼/迷径 迷路/迷月 蜜月/迷眩 目がくらむ/迷糊 ぼんやりする/迷悟 迷いと悟り/迷語 なぞ/迷昏 昏迷/迷魂 さまよう魂/迷死 仮死する/迷識 誤った知識/迷失 失なう/迷心 心が迷う/迷信 誤った俗信/迷酔 酔うてとまどう/迷溺 沈溺する/迷悖 もとる/迷煩 まよい、わずらう/迷謬 まよい、あやまる/迷方 とまどう/迷茫 茫然とする/迷瞀 心が乱れる/迷没 あいまい/迷昧 愚か/迷霧 深い霧/迷妄 迷い/迷蒙 蒙昧/迷濛 暗いさま/迷悶 迷いもだえる/迷

弄　迷い弄ぶ/迷楼　迷路の宮

↓意迷・頑迷・疑迷・行迷・昏迷・混迷・執迷・滞迷・沈迷・低迷・瞀迷・夢迷・路迷

常 【冥】 10 3780 メイ ミョウ（ミャウ） メン ベン　くらい ふかい はるか

篆文 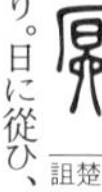 詛楚文 

象形 幎冒の形。死者の面を覆う巾。〔説文〕七上に「窈きなり。日に從ひ、六に從ひ、冖聲。日の數は十、十六日にして月始めて虧け、冥きなり」（段注本）とする。字は全体が幎冒の象形。〔儀礼、士喪礼〕に「幎目には緇を用ふ。方尺二寸、裏を經くし、組繫を著く」とあり、字の下部はその組繫を垂れた象である。これによって幽冥のことが決するので、冥暗の意となり、死後のことを冥という。それより幽深・玄遠の意となる。

訓義 1死者の面を蓋う面衣、幎冒、おおう。2くらい、ふかい、おくぶかい、めにみえぬ。3とおい、はるか、かくれる、しずか、だまる、たちこめる、よる。4おろか、まよう。5瞑と通じ、めがくらむ、めくるめく。

古訓 〔名義抄〕冥　クラシ・ハルカニ・ソラニ・ワカシ・ヨル・ソムク・カナフ・サムシ・オク・タノム　〔字鏡集〕冥　クサノフカキナリ・カナフ・ソラニ・ハカル・サムシ・ワカシ・ハルカニ・クラシ・オク・ヨル・ソムク・タノム・フカシ

声系 〔説文〕に冥声として鄍・瞑・幎・溟・螟など八字を録し、螟を亦声とするが、声義の関係は明らかでない。〔説文〕十三上に瞑・幎・溟などは、冥の声義を承ける字である。

語系 冥・瞑 myeng は同声。幎 myek はその入声の字。瞑して幎を加え、これより冥暗の境に入る。また冥は蒙（蒙）・矇・濛・朦 mong、夢（夢）・瞢 miuang、懜 mang、冒（冒）mu の諸字と声義近く、すべて蒙昧・幽暗の意を含み、一系の語である。

【冥暗】　くらい。〔易緯乾鑿度、上、立乾坤巽艮四門〕艮靜なること冥暗の如く、其の路を顯はさず。故に鬼門と曰ふ。

【冥応】　神仏の加護。〔南史、孝義上、魯康祚伝〕母、乳癰を患ふ。諸醫療せども愈えず。康祚乃ち跪き、兩手もて癰を捧げ、大いに悲泣す。母卽ち小しく寬きを覺ゆ。此れに因り漸く差ゆ。時人、以へらく、其の冥應有りと。

【冥会】　暗黙のうちに理解する。〔梁書、処士、陶弘景伝〕弘景、人と爲り圓通謙謹、出處冥會、心明鏡の如く、物に遇へば便ち了す。

【冥契】　黙して心と心とが合う。〔晋書、慕容垂載記〕將軍を一見に奇とし、將軍に託するに斷金（の交）を以てす。寵は宗舊（宗族と旧臣）に踰え、任は懿藩（親しい諸侯）に齊し。古より君臣冥契の重き、豈に此れより甚だしきあらんや。

【冥眴】　めくらむ。漢・揚雄〔甘泉の賦〕仰いで首を撟げ以て高く視る。目冥眴して見る亡し。

【冥鴻】　はるかな空を飛ぶ鴻。元・倪瓚〔九日〕詩　遙かに憐れむ、玉樹、秋風の裏　靜かに看る、冥鴻、落日の閒

【冥合】　暗にあう。ふかく合一する。唐・柳宗元〔始めて西山を得て宴游する記〕悠悠乎として、顥氣と俱にして、其の涯を得る莫く、洋洋乎として造物者と遊びて、其の窮まる所を知らず。～心凝り形釋け、萬化と冥合す。

【冥婚】　幽界。また、化生との結婚。鬼婚。〔旧唐書、蕭至忠伝〕韋庶人、又亡弟～洵と、至忠の亡女との爲に冥婚を爲さしめ、合葬す。韋氏の敗るるに及んで、至忠墓を發き、其の女の柩を持ちて歸る。人、此れを以て之れを譏る。

【冥数】　人智で知りがたい運命。〔後漢書、烏桓鮮卑伝論〕四夷の暴、其の勢ひ互ひに彊し。～其の中國に陵跨し、患を生人に結ぶ者、世として寧きこと靡し。～將た天の冥數、以に是に至れるか。

【冥想】　目を閉じて黙想する。晋・支遁〔詠懐詩、五首、二〕無なり、復た何をか傷まん　萬殊一塗に歸す　道會、冥想を貴ぶ　罔象に玄珠を掇る

【冥報】　死後の冥応。唐・陳子昂〔人の為に子弟の出家を請ふ表〕啓足（死亡のとき）の日、露首を之れ慚づ。是を以て臣克く詔言を奉じ、志、冥報を期す。請ふ、當家の子弟三兩人を以て、奉じて高宗大帝の爲に、出家歸道せしめん。

【冥冥】　くらい。〔楚辞、九歌、山鬼〕杳冥冥として羌晝も晦し　東風飄りて、神靈雨ふる

【冥路】　よみじ。宋・柳永〔秋蕊香引〕詞　這の回望みは斷ゆ　永く天涯の隔たりを作せり　仙島に向へるか　冥路に歸れるか　兩ながら消息無し

↑冥衣　葬送に用いる紙衣/冥雨　大雨/冥翳　くらいかげ/冥奥　奥深い/冥加　神仏の加護/冥界　あの世/冥海　滄溟/冥晦　くらい/冥感　冥応/冥頑　頑冥/冥願　後生を祈る/冥器　冥衣の類/冥屈　冤罪/冥眩　めがくらむ/冥昏　くらい/冥索　暗中を模索する/冥賾　くらく奥深い/冥司　冥土の官/冥昭　昼夜/冥心　沈思する/冥寂　くらく静か/冥然　冥冥/冥謫　天罰/冥中　あの世/冥徵　暗々のしるし/冥土　冥界/冥途　よみじ/冥漠　冥茫/冥邈　冥漠/冥罰　冥譴/冥府　よみじ/冥福　死後の幸い/冥茫　くらく遠い/冥昧　くらい/冥迷　まよう/冥滅　寂滅/冥蒙　くらいさま/冥濛　くらいさま/冥默　くらく奥深い/冥佑　冥加/冥利　冥加

↓晦冥・頑冥・穹冥・窮冥・愚冥・空冥・玄冥・高冥・鴻冥・昏冥・混冥・清冥・蒼冥・大冥・洞冥・南冥・淼冥・北冥・幽冥・杳冥・窈冥・窅冥

【茗】 10 4460 メイ　め

篆文 

形声 声符は名。〔説文新附〕一下に「茶の芽なり」という。古くは「茗邈」のように山の高くそびえるさまを形容する語に用い、また草の名であった。唐・宋以後、茶の意に用いる。

訓義 1め、ちゃのめ。2おそ摘みの茶。3茗邈は山の高いさま。

【茗飲】　喫茶。〔洛陽伽藍記、三、正覚寺〕復た茗飲を號けて酪奴と爲す。時に給事中劉縞、（王）肅の風を慕ひ、專ら茗飲を習ふ。

【茗宴】　茶会。唐・鮑君徽〔東亭茶宴〕詩　閒朝、曉に向つて簾櫳（すだれのかかったれんじのまど）を出だし　茗宴、東亭、四望通ず

【茗園】　茶畑。唐・劉禹錫〔楊八寿州に寄す〕詩　八公山下、淸淮の水　千騎塵中、白面の人　桂嶺、雨餘、鶴迹多し　茗園、晴望、龍鱗に似たり

【茗粥】　茶がゆ。〔続談助、五〕茶は、古之れを食するを聞かず。近ごろ晉・宋以降、吳の人、其の葉を採りて煮る。是れを茗粥と爲す。（唐の）開元・天寶の閒に至りて、稍と茶有り。至德・大曆に遂に多し。

【茗椀】　一椀の茗茶。清・何紹基〔四川成都、茗椀楼〕楹聯　花箋（薛濤箋）、茗椀、香り千載　雲影、波光、活一樓

↑茗讌　茗宴/茗甌　茶釜/茗花　茶の花/茗果　茶と果物/茗柯　茶の枝/茗芽　茶の芽/茗旗　茶の若葉/茗器　茶器/茗具　茶器/茗肆　茶の店/茗酌　茗艼　大酔する/茗汁　喫茶/茗戦　お茶/茗茶　闘茶/茗茶　茶/茗粥　茶粥/茗圃　茶畑/茗坊　茶店/茗渤　茶の泡/茗鼎　茶釜/茗邈　高いさま/茗糜　茶粥

↓飲茗・塩茗・佳茗・奇茗・玉茗・好茗・試茗・嗜茗・煮茗・酌茗・酒茗・春茗・翠茗・瑞茗・啜茗・仙茗・煎茗・闘茗・嫩茗・濃茗・瀹茗・緑茗・露茗

【溟】 13 3718 メイ くらい うみ

篆文 

形声 声符は冥。冥に冥暗の意がある。〔説文〕十一上に「小雨、溟溟たるなり」と雨の降る小暗い状態をいうとする。〔玉篇〕にも「溟濛、小雨なり」という。滄溟は大海、〔荘子、逍遥遊〕の「北冥」は「北溟」。大海の果ては蒼茫として知るべからず、ゆえに晦溟の意を以て滄溟といい、大地の四辺を四海（晦）という。

訓義 1くらい、おぐらい、うすぐらい。2うみ、うなばら、おおうなばら。3北極を北溟、南極を南溟という。

古訓 〔名義抄〕滄溟 アヲウナバラ 〔篇立〕溟 ソラ・ウミ・クラシ

語系 溟・冥・瞑myengは同声。蒙（蒙）・濛・矇mong、霧miuなども声義近く、晦溟の状をいう。

【溟海】 大海。〔列子、湯問〕終髮の北に、溟海なる者有り、天池なり。魚有り、～其の名を鯤と爲す。鳥有り、其の名を鵬と爲す。～大禹行きて之れを見、伯益知りて之れに名づけ、夷堅聞きて之れを志せり。

【溟漠】 うす暗いさま。奥深いさま。宋・王安石〔欧陽文忠公（脩）を祭る文〕夫れ事は人力の致すべき有るも、猶ほ期すべからず。況んや天理の溟漠たる、又安んぞ得て推すべけんや。

【溟渤】 大海。南朝宋・鮑照〔君子有所思に代る〕詩 山を築きて、蓬壺（海中の仙山）に擬し 池を穿ちて、溟渤に類す

【溟濛】 小雨が降ってかすんでいるさま。また、うす暗いさま。宋・蘇軾〔欧陽少師（脩）、畜ふる所の石屛を賦せしむ〕詩 上に萬歳不老の孤松有り 崖崩れ澗絶えて、望むべきも到るべからず 孤煙落日、相ひ溟濛たり

↑溟瀛 大海／溟煙 暗い煙／溟澥 大海／溟州 大海中の島／溟池 北溟／溟波 海波／溟溟 うすぐらいさま／溟涬 涯がなくひろいさま／溟沐 そぼ降る雨

↓雲溟・澳溟・海溟・窮溟・巨溟・鴻溟・四溟・清溟・滄溟・大溟・南溟・北溟・杳溟

常【盟】 13 6710 〖盟〗 13 6710 ［盟］ 12 6010 メイ ちかう

篆文 

古文 

甲骨文 

金文 

会意 明（明）＋血。明は神明。その前で牲血をすすって盟約することをいう。〔説文〕七上に正字を盟に作り、「周禮に曰く、國に疑はしき有るときは、則ち盟ふ。諸侯再び相ひ與に會す。十二歳にして、一たび盟ふ。北面して天の司愼・司命に詔ぐ。盟ふときは牲を殺し、血を歃り、朱盤玉敦、以て牛耳を立つ。囧に從ひ、血に從ふ」とし、重文として篆文・古文を録する。囧は窓の象形で、月明の入るところ、神明の涖むところである。〔周礼、春官、詛祝〕に、大事を盟、小事を詛とする。近出の〔侯馬盟書〕は、いわゆる宗盟の類。欧陽脩の〔集古録〕に、秦の昭襄王が楚王に詛祝を加えた〔詛楚文〕を録している。盟書は〔左伝、僖二十六年〕「載は盟府に在り、大師之れを職る」とあって、周の盟府に納れ、他は当事国に保管した。

訓義 1ちかう、ちかい、盟約。2約束、確約する。

古訓 〔名義抄〕盟 チカフ・ムスブ・カナフ・ムカフ 〔字鏡集〕盟・盟 チカフ・ムカフ・ウケヒク・ムスブ・ナル・カナフ

【盟載】 盟約の書。載書。〔周礼、秋官、司盟〕盟載の灋（法）を掌る。〔注〕載は盟辭なり。盟は其の辭を策に書し、牲を殺し、血を取り、其の牲を坎（土穴）にし、書を上に加へて之れを埋む。之れを載書と謂ふ。

【盟主】 盟約の主持者。盟首。〔左伝、昭二十三年〕所謂盟主とは、命に違ふを討つなり。若し皆相ひ執らば、焉んぞ盟主を用ひん。

【盟書】 盟誓の書。〔礼記、曲礼下〕牲に涖むを盟と曰ふ。〔注〕坎（土穴）に牲を用ひ、臨みて其の盟書を讀む。

【盟誓】 盟約。ちかい。〔国語、魯語上〕夫れ四隣の援（助）を爲し、諸侯の信を結び、之れに重ぬるに婚姻を以てし、之れに申ぬるに盟誓を以てするは、固より國の艱急を是れ爲さむるなり。

【盟詛】 ちかい。詛は自己詛盟。〔周礼、春官、詛祝〕盟詛の載辭を作り、以て國の信用を敍し、以て邦國の劑信（約定）を質す。

【盟歃】 血を歃ってちかう。血盟。陳・徐陵〔武皇帝、相と作りし時、北斉の広陵城主に与ふる書〕若し彼の鬼神にして知る有らば、寧んぞ斯ち背くべけん。鬼神知ること無くんば、何ぞ盟歃を用ひん。

【盟府】 盟約の類を蔵する所。〔左伝、僖五年〕虢仲・虢叔は、王季の穆（子）なり。文王の卿士と爲り、勳は王室に在り、盟府に藏す。

【盟約】 盟誓。〔周礼、秋官、大司寇〕凡そ邦の大盟約は、其の盟書に涖み、之れを天府に登す。

【盟要】 盟約。〔後漢書、南蛮、板楯蛮夷伝〕乃ち石に刻して盟要す。～盟ひて曰く、秦、夷を犯すときは、黃龍一雙を輸さん。夷、秦を犯すときは、清酒一鍾を輸さんと。夷人之れに安んず。

↑盟鷗 かもめと遊ぶ／盟会 会盟／盟寒 盟約が薄らぐ／盟兄 契兄／盟契 盟約／盟言 盟辞／盟矢 ちかう／盟辞 盟約の言／盟首 盟主／盟信 約束／盟弟 義兄弟／盟文 盟辞／盟友 友情をちかった友

↓鷗盟・加盟・佳盟・会盟・改盟・棄盟・旧盟・血盟・結盟・尸盟・司盟・私盟・詩盟・主盟・守盟・首盟・修盟・尋盟・誓盟・前盟・詛盟・歃盟・訂盟・同盟・背盟・文盟・約盟・渝盟・要盟・涖盟・臨盟・連盟

【酩】 13 1766 メイ よう

篆文 

形声 声符は名。〔説文新附〕十四下に「酩酊、醉ふなり」とあり、〔晋書、山簡伝〕にその語がある。〔易林、井之師〕にも「醉客酩酊し、披髮して夜行す」という。酩は冥の音に通ずるのであろう。

訓義 1よう、よい、さまたる。2字はまた茗に作る。

古訓 〔新撰字鏡〕酩酊 恵比佐万太留（ゑひさまたる） 〔篇立〕酩 サマタレテ・エフ

語系 酩myeng、瞑myengはその声が近い。酩酊は畳韻、形況の語。瞢miuang、矇mongもその系統の語で、みな迷乱の意がある。

【酩酊】 酔いしれる。〔水経注、沔水〕時人、之れが歌を爲りて曰く、山公（簡）出でて何くにか去る 往いて高陽池に至る 日暮、倒載して歸るも 酩酊して知る所無し

【瞑】 14 6708 メイ くらい くれる

形声 声符は冥。冥は幎冒。死者の面を覆うもの。瞑は日暮幽暗、瞑色とは暮色をいう。

訓義 1くらい、くれる、ひぐれ。2かすか、ひろい。

古訓 〔名義抄〕瞑 ユフベ・クラシ・ヨル

【瞑靄】 ほの暗いもや。宋・周邦彦〔秋景、風流子〕詞 楓林、晩葉凋み 關河迥かなり 楚客、慘として將に歸らんとす 一川の瞑靄を望む 雁聲、哀怨なり 半規の涼月 人影參差たり

【瞑色】 夕ぐれの景色。南朝宋・謝霊運〔石壁精舎より湖

中を還るの作」詩 林壑、暝色を斂め 雲霞、夕霏を収む

↑暝暗 くらい／暝煙 暗雲／暝晦 くらい／暝鐘 晩鐘／暝雪 夜の雪／暝天 くらい夜空／暝途 夜道／暝帆 晩帆／暝茫 ぼんやり／暝暝 くらい

↓煙暝・晦暝・晨暝・深暝・雪暝・投暝・薄暝・夜暝

【蓂】 14 4480 メイ ベキ ミョウ(ミャウ) めいきょう

篆文

形声 声符は冥。〔説文〕一下に「析蓂、大薺なり」とあって、おおなずなをいう。〔爾雅、釈草〕にその名がみえる。〔玉篇〕に「蓂莢なり。暦、其の分度を得たるときは、則ち蓂莢階に生ず。月の一日に一莢生じ、十六日に一莢落つ」とあり、尭の時、その庭階に生じた瑞草と伝えられる。それでまた「暦莢」ともいう。

訓義 [1]めいきょう、瑞草。[2]析蓂、おおなずな。

【蓂莢】 瑞草。暦に合するという。〔十八史略、五帝、帝尭陶唐氏〕草有り、庭に生ず。十五日以前、日に一葉を生じ、以後、日に一葉を落す。月小(二十九日)盡くるときは、則ち一葉厭まりて落ちず、名づけて蓂莢と曰ふ。之れを觀て以て旬朔を知る。

↑蓂華 蓂莢の花／蓂菁 かぶら、蔓菁／蓂霊 瑞木の名／蓂暦 日暦

↓階蓂・観蓂・尭蓂・祥蓂・推蓂・砌蓂・落蓂・暦蓂

常 【銘】 14 8716 メイ しるす かきつける きざむ

篆文

金文

形声 声符は名。〔説文新附〕十四上に「記すなり」という。〔礼記、祭統〕に「銘なる者は、自ら名づくるなり」とあり、〔左伝、襄十九年〕「彝器を作り、其の功烈を銘して、以て子孫に示す」とみえる。死者のために銘旌を建て、旌にその官位・姓名をしるした。心に深くしるすことを銘記・銘心鏤骨のようにいう。

訓義 [1]しるす、かきつける、きざむ、金石にきざみしるす。[2]死者の姓名・官位をしるす。[3]古人の功歴をしるし、また自戒の語などをしるす文体の一。

古訓 〔名義抄〕銘 シルス・シルシ・マモル・ソハムク・キザス・キザム・チリバム・ミガク・アラハス

【銘肌】 膚に刻む。〔顔氏家訓、序致〕平昔の指を追思し、銘肌鏤骨、徒だ古書の誡め、目を經へ耳に過ぐるのみに非ず。故に此の二十篇を留めて、以て汝が曹の後車(の戒め)と爲すのみ。

【銘記】 銘文。墓誌の類。〔魏書、高祖紀下〕(太和十九年)洛陽に遷る。～詔して曰く、諸々舊墓有り、銘記見(現)存し、昭然として時人の知る所と爲る者は、三公～は去墓三十歩、～黄門・五校は十歩、各々墾殖するを聽さず。

【銘勲】 勲功を金石に勒する。漢・張衡〔東京の賦〕咸く用つて宗(家廟)を紀し、主(神位)を存し、饗祀輟まず、勳を彝器に銘し、世を歴へて彌いよ光けり。

【銘功】 銘勲。〔左伝、襄十九年〕且つ夫れ大、小を伐ち、其の得る所を取り、以て彝器を作り、其の功烈を銘して、以て子孫に示す。

【銘旌】 死者の姓名・官位をしるした旗。〔周礼、春官、司常〕大喪には、銘旌を共(供)す。

【銘佩】 心に銘じ、服する。梁・江淹〔建平王の為に玉環刀等を謝する啓〕敕を奉じて、玉環刀等、五種の珍器の贐を賜ふ。～垂光既に深く、銘佩更に積む。

【銘誄】 墓誌・弔辞の類。〔荀子、礼論〕祭祀は、敬しみて其の神に事ふるなり。其の銘誄繫世(譜牒)は、敬みて其の名を傳ふるなり。

【銘勒】 事迹を金石に刻る。〔後漢書、馮衍伝上〕忠臣は爭引の患を顧みず、以て萬機の變を達す。是の故に君臣兩つながら興り、功名兼ねて立つ。金石に銘勒し、令問(聞)忘まず。

↑銘意 心に深く刻みつける／銘感 感銘する／銘戒 坐右の戒／銘肝 心に銘する／銘旗 銘旌／銘誌 墓誌の類／銘書 旌表の書／銘心 銘佩／銘戴 深く謝する／銘篆 篆字の銘／銘膚 銘肌

↓刊銘・肝銘・感銘・鑑銘・几銘・記銘・器銘・鏡銘・剣銘・刻銘・残銘・書銘・鐘銘・心銘・帯銘・題銘・鼎銘・篆銘・刀銘・銅銘・盤銘・碑銘・門銘・勒銘

常 【鳴】 14 6702 メイ なく なる きこえる

篆文

甲骨文

金文

会意 口＋鳥。口は祝禱を収める器の∪。神に祈り、鳥の声などによって占う鳥占の俗を示す字。〔説文〕四上に「鳥の聲なり」とするが、おそらく唯と同じ立意の字で、唯も隹(鳥)と∪とに従い、神意を卜し、神の承諾を求める俗をいう。ゆえに唯諾の意がある。卜辞に「鳴鳥あり」というのは神の啓示を得る意であろう。〔書、君奭〕に「我は則ち鳴鳥を聞かず。矧んや曰に其れ能く(神意に)格る有らんや」という文がある。〔詩〕に鳥声の発想をとるものがあり、神の来格を示すものが多い。

訓義 [1]なく、とりがなく、とりのこえ。[2]なる、ならす、ひびく、ひびきわたる。[3]きこえる、有名となる。

古訓 〔名義抄〕鳴 ナル・ナク・イナ、ク・ホユ・イカソ・ナラス・イバユ／鳴鼓 ツ、ミヲナシテ

【鳴鳶】 行軍のときの旗。〔礼記、曲礼上〕前に塵埃有るときは、則ち鳴鳶を載つ。

【鳴珂】 珂は馬のくつわ飾り。馬の進むときその玉が鳴る。陳・徐陵〔洛陽の道、二首、二〕楽府 華軒、葆吹を翼い 飛蓋、鳴珂響く

【鳴笳】 笳を吹きならす。魏・文帝〔朝歌の令呉質に与ふる書〕時に駕して遊び、北のかた河曲に遵ふ。従者笳を鳴らして、以て路を啓く。

【鳴鶴】 声高く鳴く鶴。〔易、中孚、九二〕鳴鶴、陰に在り、其の子之れに和す。我に好爵有り、吾、爾と與に之れを靡たん。

【鳴雁】 鳴きわたる雁。宋・蘇軾〔恵州押監を送る〕詩 一聲の鳴雁、江雲を破り 萬葉の梧桐、露銀を巻く 我は自ら飄零し、覊旅足る 更に堪へんや、秋晩、行人を送るに

【鳴玉】 佩玉をならす。〔国語、楚語下〕王孫圉、晉に聘す。定公之れを饗す。趙簡子、玉を鳴らして以て相く。

【鳴琴】 琴をかきならす。魏・阮籍〔詠懐、八十二首、一〕詩 夜中、寐ぬること能はず 起坐して、鳴琴を彈ず 薄帷、明月に鑒らされ 清風、我が襟を吹く

【鳴磬】 磬をうつ。唐・王維〔秉如禅師・蕭居士の嵩丘の蘭若(寺)を過る〕詩 食は鳴磬に随つて、巣鳥下り 行は空林を踏んで、落葉聲あり

【鳴鼓】 鼓をうつ。〔論語、先進〕季氏は周公より富めり。而るに(冉)求や、之れが爲に聚斂し、之れに附益す。子曰く、吾が徒に非ざるなり。小子、鼓を鳴らして之れを攻めて可なりと。

【鳴指】 指をならす。不平不満の意。〔資治通鑑、唐紀七十〕(僖宗、中和二年)左右の小しく異議有る者も輒ち(方士、呂)用之の爲に、死に陷るも踵を旋らさず。但だ潜かに膺を撫し、指を鳴らし、口に敢て言はず。

【鳴笛】笛の音。晋・向秀〔思旧の賦〕鳴笛の慷慨するを聽く。妙聲絶えて復た尋ぐ。

【鳴鏑】なりかぶら。〔史記、匈奴伝〕冒頓乃ち鳴鏑を作爲り、其の騎射を習勒す。令して曰く、(我が)鳴鏑の射る所にして、悉く射ざる者は、之れを斬らんと。

【鳴鞭】鞭をならす。静粛にさせる。〔事物紀原、三、旗旐采章部、鳴鞭〕唐及び五代に之れ有り。周官條狼氏、執鞭の趣辟の遺法なり。然らば則ち鳴鞭は唐に始まると雖も、亦た周事に本づくなり。

【鳴鳳】鳳凰が鳴く。瑞祥。また、釆藻文雅にたとえる。〔文心雕竜、風骨〕唯だ(文)藻耀きて高翔するは、固より文筆の鳴鳳なり。

【鳴鑾】貴人の車馬の鈴が鳴る。その出行をいう。唐・王勃〔滕王閣〕詩 滕王の高閣、江渚に臨めり 珮玉鳴鑾、歌舞罷む

↑鳴鴉 啼く鳥/鳴軋 きしる/鳴冤 冤訴する/鳴嚶 鳥の鳴く声/鳴葭 あし笛/鳴管 管笛をならす/鳴球 玉磬/鳴蛩 こおろぎの声/鳴金 どらをならす/鳴禽 鳴く鳥/鳴雞 雞の声/鳴弦 つるうち/鳴絃 琴をひく/鳴号 鳴き叫ぶ/鳴悃 悃誠/鳴糸 琴瑟などの楽器/鳴瑟 琴をひく/鳴謝 深く謝する/鳴鐘 鐘の音/鳴騶 貴人の出行/鳴声 鳴き声/鳴砌 みみずの異名/鳴箭 鳴り鏑/鳴蟬 蟬の声/鳴噪 鳴きさわぐ/鳴柝 拍子木をうつ/鳴鐸 風鈴/鳴湍 急湍の音/鳴鳥 鳳/鳴珮 珮玉の音/鳴桴 ばちうち/鳴鞞 小鼓をうつ/鳴籥 笛

↓蛙鳴・哀鳴・猿鳴・嚶鳴・鴬鳴・鶴鳴・雁鳴・牛鳴・共鳴・玉鳴・雞鳴・剣鳴・狐鳴・沙鳴・山鳴・耳鳴・自鳴・小鳴・鐘鳴・泉鳴・善鳴・大鳴・虫鳴・長鳴・鳥鳴・馬鳴・佩鳴・飛鳴・悲鳴・風鳴・鳳鳴・夜鳴・雷鳴・鸞鳴・驢鳴・鹿鳴・和鳴

【瞑】 15 6708 メイ メン めつむる くらい

篆文

形声 声符は冥。冥は幎冒。死者の面を覆う面衣。〔説文〕四上に「目を翕すなり」とあり、死者の目を閉じることをいう。〔左伝、文元年〕「之れに諡して靈と曰ふ。瞑らず。成と曰ふ。乃ち瞑る」とあり、安んじて死することを瞑目という。毒薬などで目がくらむことを瞑眩といい、〔書、説命上〕「若し藥瞑眩せずんば、厥の疾瘳えず」とあり、メンの音でよむ。

訓義 ①めつむる、めをとじる、めをあわす、ねむる。②くらい、くらむ、かすむ、みだれる。

古訓 〔名義抄〕瞑 ネブル・ヨル・メヒシク・ヒシク・フサガル・ホノカ・ヒソカニ

語系 瞑 myeng は眠 myen と声義の関係がある。瞑は本来は瞑目で、死亡の意。眠は民声。民は目を刺割する象。ともに視力を失うことをいう。

【瞑坐】静坐。瞑目。〔池北偶談、五、方伯公答人詩〕方伯公、～恬に、寧靜澹泊の四字を壁に揭げ、讀書眠食の外、惟だ瞑坐調息するのみ。～一絶句に云ふ。打疊す身心、一事無し 饑ゑ來たりて飯を喫らひ、倦む時眠ると。公歿する時、年に肖ざること二十なり。

【瞑色】暮色。唐・呉融〔西陵夜居〕詩 寒潮、遠汀に落ち 瞑色、柴扃に入る

【瞑瞑】くらくて定かでないさま。〔文子、道原〕古者、民童蒙にして、東西を知らず。～行くこと蹎蹎、視ること瞑瞑、井を鑿ちて飲み、田を耕して食らふ。施を布かず、德を求めず。

↑瞑臥 眠る/瞑眴 めくらむ/瞑言 ねごと/瞑士 盲人/瞑視 注視する/瞑想 黙想する/瞑拝 瞑目し拝礼する/瞑氛 日がくれる気配/瞑瞞 心がくらむ

↓小瞑・旰瞑

【螟】 16 5718 メイ ずいむし くきむし

篆文

形声 声符は冥。〔説文〕十三上に「蟲の、穀の葉を食らふ者なり」とするが、〔爾雅、釈虫〕に「苗の心を食らふは螟なり」、〔玉篇〕に「苗の心を食らふ蟲なり」とする。〔説文〕にまた「吏、冥冥にして法を犯すときは、卽ち螟を生ず。虫に從ひ、冥に從ふ。冥は亦聲なり」と亦声説をとる。汚吏が虫害を招くとは、漢代の天人相関説で、史書中にその例が多い。螟螣の螟は禾心、螣は穀葉を食う。

訓義 ①ずいむし、くきむし、あおむし。②か・ぶとの類。

古訓 〔和名抄〕螟蛉 阿乎牟之(あをむし) 〔字鏡集〕螟 ナヘハムシ

【螟虫】ずいむし。〔後漢書、五行志四〕靈帝の熹平四年六月、弘農・三輔に螟蟲害を爲す。是の時、靈帝、中常侍曹節等の讒言を用ひて、海内清英の士を禁錮し、之れを黨人と謂ふ。

【螟螣】苗の害虫。〔詩、小雅、大田〕其の螟螣と其の蟊賊とを去れ 我が田穉を害する無かれ

【螟蛉】くわむし。じがばちがこれで幼虫をそだてる。〔詩、小雅、小宛〕螟蛉、子有り 蜾蠃(じがばち)之れを負ふ 爾の子に教誨して 式て穀く之れを似がしめよ

↑螟蝗 ずいむしといなご/螟蠹 ずいむしと木食虫/螟蟊 稲の害虫/螟蜮 螟螣

↓蝗螟・秋螟・蟊螟・焦螟・飛螟・負螟

常 【謎】 17 0963 〔謎〕 16 0963 メイ なぞ

篆文

形声 声符は迷(迷)。〔説文新附〕三上に「隱語なり」とあり、古くは「廋辭」といった。酒席などで、酒令として当坐の興によく行われたもので、文字捜しの類が多い。蘭を「門東の艸」という類である。

訓義 ①なぞ。②いいまぎわす。

古訓 〔名義抄〕謎 カクスコト・セム

語系 謎・迷・眯 myei は同声。眯は目にものが入って、みえがたい意。冥 myeng、蒙(蒙) mong、冒(冒) mu など冥蒙の意も、声義の関係がある。

【謎語】なぞ。隠しことば。〔文心雕竜、諧讔〕魏代より已來、頗る俳優(滑稽者)を非とす。而して君子隱かに化して謎語と爲る。謎なる者は、其の辭を迴互して、昏迷せしむるなり。

↑謎隠 なぞ

↓字謎・商謎

メツ

常 【滅】 13 3315 メツ ほろびる きえる うしなう

篆文 詛楚文

形声 声符は烕。烕は戉(鉞)を火に加えて、火を鎮める意の字。〔説文〕十一上に「盡くるなり」とあり、烕十上にも「滅ぶるなり」とあって、滅尽することをいう。戉を聖器として、火を鎮圧する呪儀をいい、それより滅尽・滅亡の意とする。〔詩、小雅、正月〕に「赫赫たる宗周 褒姒之れを威ぼす」、その上文に「燎の方に揚ぐるとき 寧ぞ之れを滅すこと或らんや」とあり、威を滅亡、滅を消火の意に用いる。古くその別があったのであろう。

訓義 ①火をけす、火をしずめる。②ほろびる、ほろぼす。③のぞく、きえる、うしなう、たえる。④かくす、おおう。

古訓 〔名義抄〕滅 ホロブ・イル・キユ・キエヌ・ケス/入滅 シヌ

〔字鏡集〕滅 キユ・ツクス・シタガフ・ホロブ・キエヌ・ケス・ツキヌ・シヌ・クル

語系 滅・烕 miat は同声。烕は滅亡の意のとき、許劣切ケツの音でよむ。火滅のときは滅と同声。蔑(蔑) myat、亡(亾) miuang も声義近く、滅尽の意がある。

【滅棄】すてさる。魏・曹植〔審挙を陳ぶる表〕若し合けざる有るも、乞ふ且らく之れを書府に藏し、便ち滅棄せざらんことを。臣死するの後、事思ふべき或らば、~乞ふ、之れを朝堂に出だし、~臣の表の義に合はざる者を糾さしめよ。

【滅口】口封じ。殺す。〔晋書、后妃上、宣穆張皇后伝〕宣帝、初め魏武の命を辭し、託するに風痹(中風)を以てす。嘗て暴書し、暴雨に遇ひ、覺えず自ら起ちて之れを收む。家に惟だ一婢、之れを見る有り。后乃ち事の泄れて禍ひを致さんことを恐れ、遂に之れを手殺して、以て口を滅す。

【滅国】滅亡した国。〔論語、尭曰〕權量を謹み、法度を審らかにし、廢官を修むれば、四方の政行はる。滅國を興し、絕世を繼ぎ、逸民を擧ぐれば、天下の民、心を歸す。

【滅絶】ほろぼしつくす。〔後漢書、独行、戴就伝〕幽囚考掠す。~乃ち就を覆船下に臥せしめ、馬通(馬糞)を以て之れを薫すること一夜二日、皆謂へらく、已に死せるならんと。船を發きて、之れを視る。就方に眼を張り、大いに罵りて曰く、何ぞ火を益さずして滅絕せしむると。

【滅得】すてさる。唐・杜荀鶴〔夏日、悟空上人の院に題す〕詩 安禪、必ずしも山水を須ひず 心中を滅得すれば、火も自ら涼し

【滅亡】ほろびる。〔書、五子之歌〕惟れ彼の陶唐 此の冀方を有つ 今厥の道を失ひ 其の紀綱を亂し 乃ち滅亡することを底せり

【滅没】消滅。宋・蘇軾〔潮州韓文公(愈)廟碑〕李杜を追逐して、參はりて翶翔す 汗流れて、(張)籍・(皇甫)湜、走り且つ僵る 滅沒する倒景、望むべからず

【滅裂】まとまりがない。〔捫蝨新話、上、一〕二人競ひて美闕(欠員の佳官)を得んと欲す。~蔡相曰く、~能く盧同の月蝕の詩を誦することを得んかと。內、一耆年なる者、聲に應じて朗念す。~音吐鴻暢、一坐盡く傾く。蔡喜び、遂に美除(佳官)を與ふ。~余因りて歎ず、前輩の讀書、類ね皆成誦此くの如し。今人の滅裂なるに似ず。

↑滅夷 平らぐ/滅火 消火する/滅却 すてさる/滅去 滅ぼす/滅戸 家が滅びる/滅祀 国が亡びる/滅趾 痕迹をなくする/滅澌 ほろび尽きる/滅取 ほろぼし奪う/滅除 ほろぼし除く/滅尽 たやす/滅性 身をやぶる/滅迹 滅趾/滅跡 滅迹/滅息 たえる/滅頂 溺れる/滅覆 覆滅する/滅磨 磨滅する/滅名 名を汚す/滅明 明滅する/滅門 一家全滅する/滅乱 乱亡

↓夷滅・堙滅・隠滅・翳滅・煙滅・灰滅・潰滅・壊滅・起滅・毀滅・朽滅・去滅・撃滅・幻滅・興滅・残滅・死滅・示滅・自滅・寂滅・消滅・燭滅・神滅・燼滅・生滅・衰滅・絶滅・剗滅・翦滅・殲滅・全滅・掃滅・勦滅・熄滅・族滅・誅滅・殄滅・点滅・電滅・討滅・入滅・破滅・敗滅・廃滅・糜滅・必滅・泯滅・不滅・覆滅・仏滅・撲滅・摩滅・磨滅・明滅・淪滅

メン

常

【免】 8 〔免〕 7 2741

メン ベン フ ブン
ぬぐ まぬかれる ゆるす

篆文

金文

象形 字に二系あり、一は冑を免ぐ形で、逸脫の意がある。一は分娩の象で、胯間をひらき、子の生まれる象で、娩の初文。俛焉の意がある。〔説文〕にみえず、ただ書中に多く免声の字を収めているから、説解を脱したものであろう。〔段注本〕十上に「兔逸するなり。兔に從ひ、足を見ず。會意」という説解を試みているが、兔(兎)とは関係のない字である。金文に免氏の諸器があり、その免字は免冑の象とみられる。〔国語、周語中〕「左右、冑を免ぎて下る」、〔礼記、曲礼上〕「冠を免ぐこと毋かれ」のように用いる。また分娩の免は、奐・弁・夐・㲋の字形と関係があり、奐は渙然として生子の出るさま。弁は生子をとり出す意。夐・㲋はふぐりの象を含む。分娩の免は、俛・娩・勉(勉)の系列をなしている。字形近くして一となり、一字両義の字となった。

訓義 ①ぬぐ、冠をぬぐ、のがれる、まぬかれる、とる、はなれる、ゆるす。②うむ、うみおとす、ふす、つとめる。

古訓 〔名義抄〕免 マヌガル・イキヅク・ハナツ・ヤスシ・ユルス・ノガル 〔字鏡集〕免 イキヅク・ユルス・シリゾク・マヌガル・ハナツ・トヾム・ノゾク・ユク・ヌク

声系 〔説文〕に免声として晚(晩)・冕・浼・勉・輓・挽など十字を収める。冕は免冑、浼・挽は分娩、輓はその伏すような姿勢よりしていう。

語系 免・挽・冕 mian は同声。娩 phiuan はもと挽、あるいは生娩に従う字であった。

【免冠】冠を免ぐ。免官。〔後漢書、明帝紀〕(永平十三年)冬十月壬辰晦、日之れを食する有り。三公免冠自劾す。制して曰く、冠履劾すること勿かれ。災異屢ば見はるるは、咎め、朕が躬に在り。憂懼遑遑して、未だ其の方を知らず。

【免囚】罪をゆるされ出獄した者。〔戦国策、秦五〕管仲は其れ鄙人の賈人なり。南陽の弊幽にして、魯の免囚なり。桓公之れを用ひて伯たり。

【免俗】俗気を去る。〔世説新語、任誕〕北阮は皆富み、南阮は貧し。七月七日、北阮は盛んに衣を曬す。皆紗羅錦綺なり。仲容(阮咸)、竿を以て、大布の犢鼻褌を中庭に挂く。~曰く、未だ俗を免るること能はず、聊か復た爾するのみと。

【免黜】免職する。〔後漢書、梁冀伝〕諸梁及び孫氏中外の宗親、詔獄に送られ、長少と無く皆棄市せらる。~其の它連及する所の公卿列校、刺史二千石の死する者數十人、故吏賓客の免黜せらるる者三百餘人、朝廷空と爲る。

↑免役 服役を免除する/免科 免租/免官 免職/免帰 釈放する/免強 勉強/免減 減免する/免罪 罪を赦す/免赦 罪をゆるす/免除 ゆるす/免職 罷免する/免身 分娩/免尽 勉強/免税 免租/免責 責任をまぬがれる/免租 租税を免除する/免脱 のがれ助かる/免袒 喪に服する/免冑 冑をぬぐ/免丁 免役/免乳 子を生む/免費 無料/免放 釈放する/免慮 安心

↓恩免・貨免・解免・寛免・蠲免・減免・幸免・苟免・災免・策免・自免・赦免・謝免・除免・請免・責免・雪免・祖免・黜免・停免・転免・逃免・偸免・任免・拝免・罷免・病免・閔免・放免・宥免・優免・賂免

常

【面】 9 1060

メン
おもて つら むかう

篆文

甲骨文

簡書

象形 ひら面の形。〔説文〕九上に「顏前なり。百に從ひ、人面の形に象る」という。古い字形はないが、金文の〔師遽方彝〕にみえる「⿰王面圭」の⿰王面の字形から考えると、被る面の形かと思われ、おそらく神事の際などに用いるのであろう。〔詩、小雅、何人斯〕は人を呪詛する詩で「靦たる面目有り 人を視る

に極まり罔し」とは、面でもつけたように、けろりとした恥知らずの男を罵る語である。のち顔面の意となり、面晤・面争のようにいう。

訓義 ①おもて、かお、つら。②うわべ、そと、うえ。③かた、むき、方向、方面。④むかう、むく、みる、まみえる。⑤そむく、そむける。

古訓 〔名義抄〕面 オモテ・ムカフ・アキラカニ・マツ・マノアタリ・オモムク・マヘニス・ソムク

部首 〔説文〕に靦・䩂、〔新附〕の靨など四字を属し、〔玉篇〕に䩄など二十四字を属する。これらの字のほかは、ほとんど用例のない字である。

声系 〔説文〕に偭・愐・湎・緬など六字を収める。偭は「面そむく」意に用いる。

語系 面・偭mianは同声。面に「面そむく」意があるが、偭はその義の字として作られた。

【面衣】めんい 寒さや塵埃を避けるための、外出用の被りもの。〔事物紀原、冠冕首飾部、帷帽〕又面衣有り。前後に全て紫羅を用って幅と爲し、下垂す。他の色を雜へて四帶と爲し、背に垂る。女子遠行乘馬の用と爲す。

【面会】めんかい(くわい) 対面する。梁・昭明太子〔錦帯書十二月啓、林鐘六月〕既に得意に非ず。正に忘言すべし。諸も具伸せず。應に面會を俟つべし。

【面詰】めんきつ 直接問責する。〔宋史、王景伝〕政に臨んでは、刻削を尚ばず。民に訟有るときは、必ず之れを面詰し、大過に至らずんば、卽ち諭として釋し去らしむ。胥吏の搖がす所と爲らず。

【面具】めんぐ 仮面。〔楽府雑録、駆儺〕方相四人を用ふ。戴冠及び面具す。黃金もて四目を爲し、熊裘を衣き、戈を執り、盾を揚げ、口に儺儺の聲を作し、以て除逐するなり。

【面従】めんじゅう へつらう。〔漢書、成帝紀〕(建始三年冬十二月)戊申、日蝕地震あり、朕甚だ懼る。公卿其れ各〻朕が過失を思はば、明白に之れを陳べよ。女面從し、退いて後言有ること無かれ。

【面牆】めんしょう(しやう) 牆に面する。見聞のないことをいう。〔後漢書、皇后上、和熹鄧皇后紀〕今、末世の貴戚食祿の家、溫衣美飯、堅に乘り良を驅り、而して術學には面牆し、臧否(善悪)を識らず。

【面禳】めんじょう(じやう) 四面に犠牲を供えてはらう。〔周礼、春官、雞人〕凡そ祭祀、面禳の釁(血牲)に、其の雞牲を共(供)す。

【面折】めんせつ 面前で批難する。〔史記、汲黯伝〕黯、人と爲り性倨り、禮少なく、面折して人の過ちを容るすこと能はず。

【面談】めんだん 相対して話す。〔晋書、王猛載記〕桓溫、關に入る。(王)猛、褐を被て之れに詣り、一たび面して、當世の事を談ず。蝨を捫りて言ふ。旁らに人無きが若し。溫、察して之れを異とす。

【面縛】めんばく 後ろ手にしばる。降服の儀礼。〔左伝、僖六年〕許男、面縛して璧を銜み、大夫は衰絰(喪服)し、士は櫬(棺槨)を輿ふ。~逢伯~曰く、昔武王、殷に克ちしとき、微子啓、是くの如くせり。武王親しく其の縛を釋き、其の璧を受けて之れを祓へり~と。

【面皮】めんぴ つらの皮。〔裴子語林、輯本下〕賈充、孫皓に問うて曰く、何を以てか、好んで人の面皮を剝ぐと。皓曰く、其の顏の厚きを憎めばなりと。

【面壁】めんぺき 壁に向って黙坐する。〔景徳伝灯録、三、菩提達磨〕(普通八年)洛陽に屆る。~嵩山の少林寺に寓止す。面壁して坐し、終日默然たり。

【面貌】めんぼう(ばう) 顔かたち。〔史記、田儋伝〕(田横)曰く、~陛下の我を見んと欲する所以は、一たび吾が面貌を見んと欲するに過ぎざるのみ。今、陛下洛陽に在り。今、吾が頭を斬らば~形容尙ほ未だ敗る能はず、猶ほ觀るべしと。遂に自剄す。

【面目】めんぼく・めんもく 顔。体面。〔史記、項羽紀〕縱ひ江東の父兄、憐れみて我を王とすとも、我何の面目ありて之れを見ん。~籍、獨り心に愧ぢざらんや。

【面面】めんめん 各々の面。まのあたり。宋・陸游〔登楼〕詩 江近くして、時時、白雨を吹き 樓高うして、面面、靑山を看る 歌聲哀怨にして、三峽に傳へ 行色淒涼にして百蠻を帶ぶ

【面友】めんゆう(いう) 顔知るだけで、親交のない友。面交。〔法言、学行〕朋にして、心よりせざるものは面朋なり。友にして、心よりせざるものは面友なり。

【面誉】めんよ 面前でほめる。〔荘子、盗跖〕好んで人を面譽する者は、亦た好んで背きて之れを毀る。

➡面引 面折する／面花 笑顔／面戒 面論／面汗 はじて顔に汗をかく／面諫 直接諫める／面欺 面前で欺く／面鞫 直接訊問する／面給 手渡す／面巾 死者の面をおおう幎冒／面見 直接あう／面晤 面談する／面語 面談する／面孔 かお／面紗 ベール／面坐 対坐する／面山 鼻／面子 体面／面刺 面責する／面試 口述試問／面識 顔見知り／面質 面前で訊問する／面墻 牆壁に向かって立つ、何の役にも立たぬたとえ／面上 顔／面譲 面責する／面色 顔色／面飾 面飾り／面櫬 面縛して、ひつぎを負う。降服の礼／面斥 面責する／面責 面詰する／面積 広さ／面接 会う／面前 眼前／面奏 直接奏上する／面争 面折する／面詆 面前でそしる／面帛 面巾／面般 四角い顔／面部 かお／面冪 面巾／面朋 面友／面謾 面欺／面諛 こびる／面諭 直接さとす

⬇一面・掩面・凹面・臆面・仮面・花面・画面・会面・海面・外面・革面・額面・割面・顔面・鬼面・嬌面・鏡面・局面・工面・黥面・月面・垢面・灑面・四面・刺面・紙面・字面・地面・識面・赭面・鬢面・羞面・皺面・醜面・繡面・渋面・書面・正面・粧面・墻面・牆面・上面・拭面・人面・水面・吹面・酔面・生面・西面・醒面・赤面・晳面・洗面・扇面・全面・前面・素面・側面・他面・唾面・体面・対面・苔面・黛面・断面・帳面・直面・底面・鉄面・擲面・当面・東面・韜面・凸面・内面・南面・馬面・背面・白面・反面・半面・盤面・皮面・披面・表面・覆面・文面・平面・屏面・方面・北面・磨面・満面・靦面・梨面・裏面・両面・臉面

【偭】 11 2126 メン そむく むかう

篆文 

形声 声符は面。〔説文〕八上に「鄉かふなり」とする。〔楚辞、離騒〕に「規矩に偭いて改め錯く」、また〔漢書、項籍伝〕に「馬童、之れに面そむく」とあるのは背くの意である。面は正面する意。面・偭は対待の義である。

訓義 ①そむく、うらむ。②むかう。

古訓 〔名義抄〕偭 ムカフ・フム・ソムク・シヅカナリ・ソシル・ソバ

語系 偭・面mianは同声。偭は面を動詞化した語。〔説文〕に〔礼記、少儀〕「尊壺は其の鼻を偭かしむ」の文を引く。今本に偭を面に作る。〔鄭玄注〕に「鼻は面中に在り。人に鄉はしむるを言ふなり」とあり、面の字に作るのがよい。

➡偭越 そむく／偭規 法に背く／偭背 そむく

【棉】 12 4692 〔綿〕 14 2692 メン わた きわた

篆文 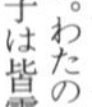

会意 木＋帛。わたの木。〔三国志、魏、東夷伝、倭〕に「男子は皆露紒(みずら)、木緜を以て頭に招く」とみえる。〔説文〕にこの字を収めていない。棉花は中国の南方でその栽培が行われ、元のころ江南に入ったという。綿はもと、きぬわたをいう字である。

訓義 ①わた、わたのき、きわた。②たるき。③綿と通じ、わた。

【古訓】〔和名抄〕棉 楊氏漢語抄に云ふ、棉椙、乃岐須介（のきすけ）〔名義抄〕棉 ノキスケ
【語系】棉・綿（緜）mian は同声。木のわたと、きぬわた、字で区別する。曼・蔓（蔓）miuan、漫 muan は声義近く、連綿として連なる意がある。
↓草棉・米棉・木棉
【棉花】木棉の花。唐・李商隠〔李衛公〕詩 今日身を致す、歌舞の地 木棉花暖かにして、鷓鴣飛ぶ
↑棉衣 綿入れ／棉襖 どてら／棉甲 棉入れの軍衣／棉紗 棉布／棉紙 棉質の紙／棉絮 棉わた／棉薄 薄い／棉布 綿織物／棉紡 つむぐ／棉薬 棉火薬

【湎】 12 3116 メン おぼれる

篆文 【形声】 声符は面。〔説文〕十一上に「酒に湛むなり」（段注本）とあり、酒に限らず、すべてものごとに心奪われることをいう。〔書、酒誥〕「敢て酒に湎むこと罔し」、〔詩、大雅、蕩〕「天、爾を湎らすに酒を以てせず」など、酒は古聖人の深く戒めるところであった。
【訓義】1おぼれる、ふける、しずむ。2心奪われる。3かわる、うつりかわる。
【古訓】〔名義抄〕湎 ノム 〔篇立〕湎 ミダル・オモニ（ネ）ル・コモル・ミツ・ノム
【湎淫】酒色に溺れる。〔史記、夏紀〕帝中康の時、羲和湎淫し、時を廢し日を亂る。胤、往きて之れを征す。胤征を作る。
【湎酒】酒におぼれる。〔詩、大雅、蕩〕文王曰く、咨 咨、女殷商 天、爾を湎らすに酒を以てせず 不義に從ひ式りたればなり
↑湎湎 流れうつるさま
↓淫湎・酣湎・耽湎・沈湎・渉湎・流湎

常【綿】 14 2692 〔緜〕 15 2229 メン きぬわた わた まとう つらなる

篆文 【会意】 正字は緜に作り、帛＋系。〔説文〕十二下に「聯らぬること微かなり。系に從ひ、帛に從ふ」という。聯緜は連なること。双声・畳韻の字を聯緜字という。いま綿の字を用いる。綿はきぬわた、棉はきわたをいう。
【訓義】1きぬわた、わた。2まとう、からむ、わたる、はびこる。3つらなる、つづく、ながくつづく、はるか。4ほそい、よわい。
【古訓】〔和名抄〕緜 和多（わた）〔名義抄〕綿 ワタ・ヌノ・ハルカナリ・トホシ・ツラナレリ 〔篇立〕緜 トホク・ヌフ・ツラナル・ハルカ・ワタマトフ・メグラス・イト
【語系】綿（緜）・棉 mian は同声。曼・蔓（蔓）miuan、漫 muan は声義近く、漫漫とうちつづく意がある。
【綿衣】木綿の衣服。〔三国志、魏、東夷伝、倭〕（正始四年）倭王復た使～八人を遣はし、生口・倭錦・絳青縑・緜衣・帛布・丹木・狛（羊に似て四耳、背に目のある獣）・短弓矢を上獻す。
【綿裙】綿の下裳。〔雞肋編、上〕（燕俗）方に南北通好し、燕席每に亦娼妓を用ふ。聞く、半ばは皆良家、色を以て選差すと。～以て恥と爲さざるなり。～凡そ娼、皆子を用て名と爲す。香子・花子の類なり。寒暑と無く必ず緜裙を繫く。
【綿蕞】竹を立て茅を束ねて、野外の儀礼の場所を設ける。〔史記、叔孫通伝〕上の左右の學を爲す者、與び其の弟子百餘人と、緜蕞を野外に爲らしめ、之れを習ふこと月餘。
【綿蛮】小鳥の声。〔詩、小雅、緜蛮〕緜蠻たる黃鳥 丘阿に止まる 道の云に遠き 我が勞、如何
【綿渺】水面はるか。清・黃景仁〔甬江の舟中、山を看るに甚だ佳なり〕詩 甬江江頭、淸曉に發す 四顧するに、我が舟の早きに如くは無し 紅樹千行、雁一聲 兩岸の秋山、綿渺に入る
【綿綿】長く続くさま。〔老子、六〕谷神死せず、是れを玄牝と謂ふ。玄牝の門、是れを天地の根と謂ふ。緜緜として存するが若く、之れを用ふるも勤きず。
【綿麗】ゆたかで美しい。〔唐書、文芸下、李華伝〕華、文辭緜麗、宏傑の氣少なし。（蕭）穎士は健爽自ら肆にす。時に、穎士に及ばずと謂ふ。
↑綿曖 悠久／綿雨 夏の雨／綿延 連なる／綿遠 はるか／綿花 棉花／綿巾 綿布／綿矩 綿くりの道具／綿劇 病が重い／綿甲 綿入れの軍衣／綿亙 連なる／綿纊 わた／綿子 まわた／綿糸 木綿糸／綿紙 棉紙／綿弱 しなやか／綿手 纖手／綿絮 わた／綿毳 きわた／綿蕝 綿蕞／綿芊 草木の茂るさま／綿代 幾世代にもわたる／綿綢 つむぎ／綿惙 病が重い／綿天 はるかに遠い天／綿纏 つきまとう／綿篤 病が重い／綿軟 やわらか／綿帛 わたと、きぬ／綿薄 不才／綿藐 はるかに遠い／綿邈 はるかに遠い／綿被 布団／綿布 木棉布／綿冪 微細なさま／綿望 遠く望む／綿蔓 連綿／綿密 行き届く／綿濛 ぼんやりとかすむ／綿野 遠い野／綿絡 連なる／綿力 力が弱い／綿劣 おとる／綿連 ながく連なる／綿聯 うちつづく／綿濾 布ごしにする
↓煙綿・海綿・絹綿・細綿・純綿・絮綿・新綿・毳綿・芊綿・綈綿・纏綿・飛綿・飄綿・眇綿・木綿・落綿・柳綿・綾綿・綸綿・連綿

【緬】 15 2196 メン ベン ほそいと はるか とおい

篆文 【形声】 声符は面。〔説文〕十三上に「微き絲なり」（段注本）とあり、〔広雅、釈詁二〕に「緬は小なり」とみえ、緬・緜は声義の近い語である。〔国語、楚語上〕に「緬然として領を引くして南望す」とあり、緬想・緬邈のように用いる。
【訓義】1ほそいと、ほそくながい。2はるか、とおい。3おもう、おもいつづける。
【古訓】〔名義抄〕緬 ハルカニ・ホソイト・アフ・ハツカニ・ホノカニ 〔字鏡集〕緬 ホソシ・ホノカニ・ホソキイト・ハツカニ・マサニ・トホシ・カルシ・ハルカニ・オモフ
【語系】緬・綿（緜）・棉 mian は同声。曼・蔓（蔓）miuan、漫 muan は声近く、漫漫とうちつづく意がある。
【緬焉】はるかにもの思うさま。晉・陶潜〔九日間居〕詩 襟を斂めて、獨り閑かに謠へば 緬焉として、深情起る
【緬然】はるかなさま。〔水経注、盧江水〕盧山の南に上霄石有り。高壁緬然として、霄漢（天）と連接す。秦の始皇三十六年、斯の岳の遠きを歎じ、遂に記して上霄と爲す。
【緬想】はるかに思う。〔宋書、隠逸、孔淳之伝〕嘗て山に游び、沙門釋法崇に遇ふ。～遂に停まること三載、法崇歎じて曰く、人外を緬想すること三十年、今乃ち茲に傾蓋す（知己にあう）。老の將に至らんとするを覺えずと。
【緬邈】はるかなさま。南朝宋・謝霊運〔江中の孤嶼に登る〕詩 崑山の姿を想像し 區中の緣に緬邈たり
↑緬憶 回想する／緬懐 はるかに想う／緬隔 遠く隔てる／緬思 はるかに想う／緬絶 遠く隔てる／緬匿 遠く身をかくす／緬渺 はるかに遠い／緬邁 遠く行く／緬緬 乱れるさま
↓迂緬・遐緬・懐緬・崇緬・想緬・超緬・冥緬・悠緬

常【麺】 16 〔麵〕 20 4124 〔麪〕 15 4122 メン むぎこ

篆文

形声 正字は麪に作り、丏声。〔説文〕五下に「麥の屑末なり」（段注本）とあって、麦粉をいう。字はまた麵に作る。うって麵類とし、麵の字を用いる。麵は俗字である。

訓義 ①むぎこ。②めん、麵類。

古訓 〔和名抄〕麵 无岐乃古（むぎのこ）〔名義抄〕麪・麵 ムギコ・カムダチ 〔字鏡集〕麪・麵 ムギノコ・モヤシ・ムギコ・カムダチ

語系 麪mianは末・糠muatと声近く、末はまた麩に作る。糠は米麦の類の屑をいう。みな穀の粉末をいう語である。

【麪杖】 めんうち棒。めん棒。〔涑水記聞、一〕太祖の姉、～面、鐵色の如し。方に廚に在り、麪杖を引きて太祖を逐ひ、之れを撃ちて曰く、大丈夫大事に臨み、可否當に自ら胸懷に決すべしと。

【麪飯】 小麦粉の食事。〔清波雜志、一〕高宗～一日宰執に語りて曰く、朕れ性婦人と久しく處るを喜ばず。早晩の食、只だ麪飯・炊餅・煎肉のみ。食し罷りて、多く殿旁の小閤に在り。簾を垂れて獨坐すと。

↑麪筋 棒状の湯葉／麪繭 饅頭／麪牀 麵のし台／麪醬 味噌の類／麪食 麵類／麪醉 下戸をののしる語／麪牲 麵製の犧牲のけもの／麪粻 あめ

↓葛麪・雞麪・乾麪・紅麪・細麪・散麪・市麪・粥麪・条麪・新麪・清麪・精麪・線麪・斗麪・薄麪・麦麪・飛麪・磨麪・米麪・蜜麪・油麪・菱麪・冷麪・老麪・和麪

モ

常 【茂】 8 4425 〘茂〙 9 4425

モ ボウ
しげる うつくしい つとめる

篆文 金文

形声 声符は戊。〔説文〕一下に「艸、豐盛なるなり」とあり、楙と声義同じ。〔詩〕に茂とあるものを、〔漢書〕にはときに引いて楙に作る。〔爾雅、釈詁〕に「勉むるなり」とあり、懋める意がある。

訓義 ①しげる、枝葉がこむ。②さかん、ゆたか、うつくしい。③すぐれる、よい。④懋と通じ、つとめる。⑤字はまた楙に作る。

古訓 〔名義抄〕茂 ツトム・ミツ・サカリニ・モシ

語系 茂・楙・萩muは同声。萩は〔説文〕に「細艸叢生するなり」とみえる。苞peu、葆puは、ともに豊盛の意があり、声義に関係がある。

【茂業】 盛んな事業。晉・陸雲〔戴季甫に与ふる書、七首、三〕季鸞・公世、相ひ係ぎて徂落（死去）す。俊德茂業、邦家の彥（俊才）、一朝にして竝びに逝く。

【茂功】 すぐれた功績。〔三国志、呉、諸葛恪伝〕中臺の近官を遣して、迎へて犒賜を致し、以て茂功を旌はし、以て劬勞を慰めしむ。

【茂行】 立派な行為。〔楚辞、離騷〕皇天、私阿し（不公平）無し 民德を覽て焉に輔けを錯く 夫れ維れ聖哲の茂行 苟に此の下土を用ふることを得たり

【茂材】 すぐれた人材。〔漢書、武帝紀〕（元封五年詔）其れ州郡をして、吏民の茂材異等有り、將相と爲り、及び絶國（絶遠の国）に使すべき者を察せしめよ。

【茂草】 しげった草。〔左伝、襄四年〕虞人の箴に曰く、芒芒たる禹迹、畫して九州と爲す。九道を經啓し、民に寢廟有り、獸に茂草有り、各く處る攸有り。德用て擾れず～と。

【茂長】 茂り育つ。〔風俗通、正失〕傳に曰く、山に猛虎有りて、草木茂長すと。故に天の生ずる所は、備物致用、以て人を傷ぶるに非ざるなり。

【茂典】 すぐれた典範。斉・王融〔永明九年、秀才を策する文、五首、三〕獄を議し死を緩くするは、大易の深規なり。法を敬っみ刑を卹ふるは、虞書の茂典なり。

【茂德】 盛大な徳。漢・揚雄〔長楊の賦〕是こを以て遐方疏俗、殊隣絶黨の域、上の仁の化せざる所、茂德の綏んぜざる所より、足を蹻げ首を抗げて、厥の珍を獻ずることを請はざるもの莫し。

↑茂薉 茂りはびこる／茂渥 優渥／茂異 茂才／茂育 茂りそだつ／茂陰 木蔭／茂鬱 こんもりと茂る／茂英 美しい花／茂苑 木の茂る苑／茂遠 立派に茂る／茂恩 厚恩／茂学 篤学／茂勲 盛んな勲功／茂才 茂材／茂士 茂才／茂姿 立派な姿／茂歯 壮年／茂質 美質／茂樹 繁茂する木／茂緒 盛業／茂昌 茂り栄える／茂松 茂った松／茂親 親厚／茂世 栄える世／茂生 茂る／茂成 茂る／茂盛 繁茂する／茂製 佳作／茂迹 偉業／茂績 すぐれた功績／茂竹 密生する竹／茂暢 繁茂する／茂年 青年／茂範 茂典／茂美 美しく茂る／茂茂 茂盛／茂密 こんもりと茂る／茂明 はげみ勉める／茂猷 鴻図／茂予 つや／茂庸 茂功／茂林 藪林／茂烈 偉業

↓偉茂・懿茂・鬱茂・栄茂・功茂・弘茂・洪茂・材茂・熾茂・滋茂・秀茂・修茂・夙茂・淑茂・俊茂・雋茂・純茂・淳茂・生茂・清茂・盛茂・碩茂・叢茂・卓茂・暢茂・哲茂・繁茂・蕃茂・豊茂・朴茂・幽茂・亮茂・林茂

【摸】 14 5403

モ ボ
さぐる とる うつす

形声 声符は莫（莫）。摹の異体字であるが、字の慣用が異なり、摸は摸索・摸捉・摸倣の意に用い、摹は摹搨・臨摹の意に用いる。

訓義 ①さぐる、なでる。②とる、つかむ、ぬすむ。③うつす、まねる。④模と通用し、のり、かた、手本。

古訓 〔名義抄〕摸 カタキ・ナヅ・タメシ・カタトル・サマ・ノリ・スル・ウトシ・ウツス・トル・カラム・ハラム・サグル 〔字鏡集〕摸 ハル・タメシ・カタドル・サマ・ヲ、キ・テル・ハラフ・カタム・ハカル・サグル・ハラフ・カタギ・ナヅ・ノリ・トル・ノトル・カラム・タツ・ウツス・ヨソホヒ

語系 摸makは撫phiua、拊phio、憮miuaと声近く、撫は手を以てなでること、拊はうち、なでること、憮は愛撫することをいう。強くものをさするような行為をいい、一系の語である。

【摸索】 手さぐりでさがす。〔隋唐嘉話、中〕許敬宗、～人を見て多く之れを忘る。或ひと其の聰ならざるを謂ふ。曰く、卿自ら記し難きのみ、若し何（遜）・劉（孝綽）・沈（約）・謝（眺）に遇はば、暗中に摸索し著するも、亦た識るべしと。

【摸拓】 碑銘などを拓本にとる。〔漢学師承記、四、武億〕嵩山・泰岱の如き、石刻有るに遇へば、苔を捫り蘚を剔り、心を盡して摸拓す。

【摸稜】 曖昧にしておく。〔旧唐書、蘇味道伝〕嘗て人に謂ひて曰く、事を處するに、決斷明白なるを欲せず。若し錯誤有らば、必ず咎譴を貽さん。但だ摸稜して以て兩端を持せば可なりと。時人是れに由りて、號して蘇摸稜と爲せり。

↑摸擬 なぞらえる／摸倣 まねしならう／摸娑 なでる／摸揣 推測する／摸写 写す／摸蘇 摸索する／摸捉 手さぐりする／摸搨 摸拓／摸倣 まねする／摸本 摸写本／摸様 かたち／摸量 推測する

↓暗摸・手摸・掏摸・描摸・捫摸・撈摸

常 【模】 14 4493 〘模〙 15 4493

モ ボ
かた のっとる もよう

篆文

形声 声符は莫（莫）ぼ。〔説文〕六上に「法なり」とあり、模範・法式とすべきものをいう。木に刻してその形や模様を定めて、範型を作ることをいう。

訓義 1かた、のり。2かたどる、のっとる。3もよう、あや。4摹と通じ、なでる。

古訓 〔新撰字鏡〕模 加太支（かたぎ）〔和名抄〕模 俗語、加太岐（かたき）〔名義抄〕模 カタギ・ウツス・タメシ・シタカタ・ノリ

語系 模・摹maは同声。手を以て撫摩するを摹といい、木によって規模を定めることを模という。模は名詞、摹は動詞として用いることが多い。

【模印】もいん 印刷。模刻。〔石林燕語、八〕唐以前、凡そ書籍は皆寫本にして、未だ模印の法有らず。人、藏書を以て貴しと爲し、～讐對に精し。故に往往皆善本有り。～其の誦讀も亦た精詳なり。

【模楷】もかい 手本。法式。〔後漢書、党錮伝序〕李膺・陳蕃・王暢と更ゝ相ひ褒重す。學中の語に曰く、天下の模楷李元禮、強禦を畏れざる陳仲擧、天下の俊秀王叔茂と。

【模擬】もぎ まねする。〔北史、魏収伝〕（邢）卲又云ふ、江南の任昉、文體本と疏なり。魏收直だ模擬するのみに非ず、亦た大いに偸竊すと。

【模糊】もこ ぼんやりする。唐・崔珏〔道林寺〕詩 遙江の大船、葉よりも小なり 遠村の雜樹、齊しきこと蔬の如し 潭州の城郭、何れの處にか在る 東邊一片、青模糊たり

【模刻】もこく 石や木に移し刻する。明・劉基〔劉商の観奕の図に題す〕右、昔人、唐の劉商の觀奕の圖を臨す。～其の描寫模刻、實に倶に妙絕なり。

【模写】もしゃ 写す。唐・元稹〔唐故工部員外郎杜君（甫）墓係銘並びに序〕時に山東の李白、亦た奇文を以て稱を取る。時人之れを李・杜と謂ふ。予れ其の壯浪縱恣、拘束を擺去し、物象を模寫する～を觀るに、誠に亦た子美に差肩す。

【模範】もはん かた。手本。漢・王逸〔楚辞章句の序〕孔丘の終りし後より以來、名儒博達の士、詞賦を著造するに、其の儀表に擬則し、其の模範に祖式せざる莫し。其の要妙を取り、其の華藻を竊む。

【模倣】もほう（はう） まねする。〔宣和書譜、一、歴代諸帝、唐太宗〕雅より王羲之の字を好み、心慕手追、～萬機の餘、模倣することを廢せず。

【模様】もよう（やう） さま。かたち。唐・玄奘〔大唐西域記、一、覩貨邏国故地〕貨は金銀等の錢を用ひ、模樣は諸國に異なり。

↑模形 かた／模型 かた／模憲 手本／模効 まねる／模傚 模効／模習 まねて習う／模状 かた／模則 手本／模拓 拓本／模鋳 まねて鋳造する／模搨 模拓／模笵 かた／模碑 碑拓／模表 手本／模仿 模倣／模倣 模仿／模本 模写本／模稜 あいまい／模勒 模刻

↓遺模・印模・楷模・軌模・規模・形模・宏模・洪模・師模・世模・聖模・宗模・徳模・範模・雄模・臨模・蠟模

モウ

常

【毛】

4 2071

篆文

金文

モウ（マウ）
け けもの わずか

象形 毛の形。〔説文〕八上に「眉髮の屬、及び獸毛なり」とあり、体毛をいう。また地表に生ずる草をもいい、〔左伝、隠三年〕「澗谿沼沚の毛」は水草。これをとって神饌とした。不作の地を不毛という。

訓義 1け、けもの、毛髪、体毛。2毛いろ、毛色をみる、けがわ。3わずか、すこし、かるい、こまかい。

古訓 〔名義抄〕毛 ケ・ケフクム・クサ

部首 〔説文〕に氈など四字、〔新附〕に毬など七字にすぎないが、〔玉篇〕に七十七字を属し、おおむね形声の字である。

声系 〔説文〕に毛声として芼・眊・袲・髦など七字を収める。袲八上は表の初文で、「古者いにしへ、衣裘は毛を以て表と爲す」という。

語系 毛・髦môは同声。髦とは毛中の長豪なるもの、髮・鬣の類をいう。また氂・旄môも同声。耄は老髪の人をいう。

【毛衣】もうい 鳥の羽。獣の毛。また、人の外貌。清・顧炎武〔路舍人、太湖東山に客居すること三十年、此れを寄せて柬に代ふ〕詩 翡翠、年深くして、伴侶稀なり 清霜、憔悴して、毛衣を減ず

【毛起】もうき 身の毛がよだつ。〔韓非子、説林下〕鱣は蛇に似、蠶は蠋に似たり。人、蛇を見ては則ち驚駭し、蠋を見ては則ち毛起つ。漁者は鱣を持ち、婦人は蠶を拾ふ。

【毛血】もうけつ 獣の毛血。また、人の毛髪・顔色。唐・韓愈〔十二郎を祭る文〕蒼蒼たる者は或いは化して白と爲り、動搖する者は或いは脫して落つ。毛血日に益ゝ衰へ、志氣日に益ゝ微なり。

【毛沢】もうたく 穀物の収穫。また、その恵み。〔穀梁伝、定元年〕秋、大いに雩す（雨乞い）するは、正に非ざるなり。～毛澤未だ盡きず、人力未だ竭きず、未だ以て雩すべからざるなり。

【毛虫】もうちゅう けむし。また、けもの。〔大戴礼、曽子天円〕毛蟲の精なる者を麟と曰ひ、羽蟲の精なる者を鳳と曰ひ、介蟲の精なる者を龜と曰ひ、鱗蟲の精なる者を龍と曰ふ。

【毛髪】もうはつ 髪の毛。極めて軽微なもの。唐・韓愈〔柳子厚（宗元）墓誌銘〕一旦小利害の、僅かに毛髮の比の如きに臨めば、反眼して相ひ識らざる若ごく、陷穽に落つとも、一たびも手を引きて救はず。反つて之れを擠おとし、又石を焉こに下す者、皆是れなり。

【毛病】もうへい 馬毛の欠点。また、欠点。くせ。〔陔余叢考、四十三、成語〕毛病、黃山公刀筆に云ふ、此の荊南人の毛病とは、習氣を謂ふなり。

↑毛羽 獣と鳥／毛雨 細かい雨／毛穎 筆の異名／毛芥 微少なもののたとえ／毛褐 毛衣／毛冠 冠毛／毛管 毛細管／毛挙 きびしく検索する／毛狗 狼／毛拳 乱拳／毛孔 毛あな／毛骨 容貌／毛細 毛の細い状態／毛索 毛を編んで作った縄／毛衫 毛皮を外にした衣／毛子 西洋人／毛刺 はりねずみ／毛詩 詩経、斉・魯・韓の三家の詩に対していう／毛筍 孟宗竹の子／毛毨 にこげ／毛聳 毛が起つ／毛食 欠食／毛褥 毛布／毛毳 にこげ／毛席 毛氈／毛扇 羽扇／毛銭 宋代の小銭／毛族 獣類／毛賊 こそ泥／毛段 毛織物／毛蠹 毛虫／毛皮 けがわ／毛筆 筆／毛布 毛織物／毛物 けもの／毛炮 獣のまる焼き／毛炰 毛炮／毛房 かわや／毛脈 毛と血脈／毛理 毛なみ／毛裏 父母の恩／毛鬣 たてがみ／毛類 けもの／毛路 小路

↓衣毛・蝟毛・一毛・羽毛・燕毛・花毛・鶡毛・鶴毛・奇毛・牛毛・軽毛・谿毛・拳毛・狐毛・紅毛・鴻毛・毫毛・豪毛・柔毛・純毛・氄毛・縟毛・吹毛・翠毛・毳毛・雪毛・旃毛・旋毛・鮮毛・纖毛・体毛・脱毛・地毛・二毛・白毛・髪毛・斑毛・披毛・鬢毛・不毛・無毛・羊毛・養毛・両毛・緑毛・翎毛

常

【妄】

6 0040 【［妄］】 6 0040

モウ（マウ） ボウ（バウ）
みだりに いつわり あやまる

篆文

金文

形声 声符は亡（亾）ぼう。〔説文〕十二下に「亂るるなり」とあり、

妄誕の意。金文の〔毛公鼎〕に「女敢て妄寧なること毋かれ」とあり、〔書〕に「荒寧」というのと同義の語であろう。亡・荒（荒）はいずれも遺棄された屍体をいう字。妄はその呪霊へのおそれを含む語と思われる。

訓義 1みだり、みだりに、むなしく。2いつわり、しいる、根拠なく。3あやまる、まどう。

古訓 〔名義抄〕妄 イツハル・ミダリガハシ・マドフ・カタマシ・シヘタグ・ミダリ

語系 妄・亡・忘（忘）miuang は同声。懣 muan は声義近く、〔説文〕十下に「忘るるなり」と訓する。望（望）・諲 miuang も同声。諲を金文の〔献殷〕に「十世まで諲れず」のように忘の意に用いる。

【妄意】もう（まう）い　臆測。宋・蘇軾〔風水洞、二首、李節推に和す。一〕詩 風轉じて、空穴鳴り 泉幽にして、石門に瀉ぐ 虚心に地籟を聞き 妄意、桃源を覓む

【妄偽】もう（まう）ぎ　いつわり。宋・陸游〔陳伯予蔵する所の楽毅論に跋す〕謂へらく、樂毅論の古本は、一海字に至りて止むと。是に於て凡ての樂毅論も亦た、海字に至りて亡し。其の餘の妄僞亂眞、大抵此の如し。

【妄挙】もう（まう）きよ　みだりに人を挙用する。〔管子、版法解〕成りて而も用ふる所を知らず、用ひて而も利害する所を知らざる。之れを妄擧と謂ふ。

【妄計】もう（まう）けい　無謀な計画。唐・王維〔胡居士、病に臥す。米を遺り、因りて贈る〕詩 四大因を了觀するに 根性、何の有る所ぞ 妄計、苟し生ぜずんば 是の身孰ぞ休咎（福と禍）有らん

【妄言】もう（まう）げん　でたらめをいう。〔荘子、斉物論〕予れ嘗みに女が爲に之れを妄言せん。女以て之れを妄聽せば、奚如。

【妄語】もう（まう）ご　でたらめ。〔小学、善行〕劉忠定公（安世）、溫公（司馬光）に見え、～以て終身行ふべき者を問ふ。曰く、其れ誠かと。～問ふ、之れを行ふに何をか先にせんと。公曰く、妄語せざるより始むと。劉公～力行七年にして、而る後成る。

【妄行】もうこう（まうかう）　みだりに行う。〔荀子、天論〕道に倍きて妄りに行はば、則ち天之れをして吉ならしむること能はず。故に水旱未だ至らずして飢ゑ、寒暑未だ薄らずして疾む。

【妄書】もう（まう）しよ　偽書。〔史記、封禅書〕（公孫）卿に札書有り。～卿、所忠に因りて之れを奏せんと欲す。所忠、其の書の不經なるを視て、其の妄書なるを疑ふ。～卿、嬖人に因りて之れを奏す。

【妄進】もう（まう）しん　分不相応の昇進を望む。〔唐書、周墀伝〕駙馬都尉韋讓、京兆爲らんことを求む。持して與へず。是れに繇りて妄進する者少しく衰ふ。～鄭顥、帝に言ひて曰く、世に謂ふ、墀は直言を以て相となり、亦た直言を以て免ぜらると。

【妄人】もう（まう）じん　でたらめな者。〔荀子、非相〕妄人なる者は、門庭の閒にも、猶ほ挾欺するなり。而るを況んや千世の上に於てをや。

【妄説】もう（まう）せつ　でたらめな説。〔史通、雑説中〕隋書の王劭・袁充の兩傳の如きは、唯だ其の詭辭妄説を錄して、遂に一篇を盈たせるのみ。

【妄誕】もう（まう）たん　でたらめ。宋・梅堯臣〔黄莘の秘校巻を読む〕詩 嵆康昔彈ず、廣陵散 商聲の高きと宮聲の緩なると～賢明は之れを以て盛衰を知り 愚昧は之れを以て妄誕と爲す

【妄誉】もう（まう）よ　みだりにほめる。〔法言、淵騫〕妄りに譽むるは仁の賊なり。妄りに毀るは義の賊なり。

↑妄冀 勝手な望み／妄議 妄説／妄苟 いい加減／妄作 不都合／妄殺 みだりに殺す／妄死 犬死に／妄執 妄念／妄賞 みだりに賞する／妄信 みだりに信じこむ／妄想 邪念／妄断 勝手な判断／妄談 妄語／妄誅 みだりに殺す／妄聴 いい加減に聞く／妄伝 デマ／妄図 みだりに希望する／妄動 軽々しく行動する／妄認 誤認する／妄批 みだりに批評する／妄評 妄批／妄弁 みだりに論ずる／妄冒 みだりにおかす／妄妖 奇怪なこと／妄庸 愚劣

↓詭妄・偽妄・疑妄・虚妄・狂妄・矯妄・譎妄・愚妄・苟妄・荒妄・詐妄・讒妄・誕妄・謬妄・誣妄・無妄・迷妄・妖妄・庸妄

【网】 6 7722 〔罔〕 8 7722 〔網〕 14 2792

モウ（マウ）
あみ

篆文　甲骨文　古文　籀文

象形 網の形で、罔・網（網）の初文。〔説文〕七下に「庖犧氏、縄を結びて以て田し、以て漁する所なり。冂に從ふ。下は网の交文に象る」（段注本）とし、重文四を列する。庖犧が網を作ったとする説は、〔易、繫辞伝下〕にみえる。字は綱から網糸を垂れる形で、境界を示す冂に従うものではない。のち声符の亡（亡）を加える。

訓義 1あみ、あみする。2罔・網の初文、あみのめ。

古訓 〔名義抄〕网 アミ・ナシ・イツハル 〔篇立〕网 ナシ・アミ・コモル・ウサギアミ

部首 〔説文〕に罪・罟・羅・罾・罷・置・罵・詈など三十三字と〔新附〕に三字、〔玉篇〕にはすべて九十二字を属する。罪の初文は辠で、鼻に加える墨刑。詈は盟誓に网を加える呪的な方法。他はおおむね網で覆う意象の字である。

声系 〔説文〕に网・罔・網を一字とし、网声として岡、また岡声として剛・綱の字を収める。岡は网（鋳型）に火を加える形で、高熱を加えて堅剛の意となる。剛は鋳型を裂く意。网とは別系の字である。

↑网蛹 罔蛹

【孟】 8 1710

入

モウ（マウ） ボウ（バウ）
はじめ としかさ

篆文　古文　金文

会意 子＋皿。生まれた子に産湯をつかわせている形。〔説文〕十四下に「長なり」とし、皿声とするが、声が異なる。古文の字形は呆に従い、保の従うところと同じで、呆は生子儀礼を示す字である。生まれてはじめての儀礼であるから、孟初の意となり、兄弟の序列に及ぼして孟長の意となる。〔方言、十二〕や〔広雅、釈親〕には「姉なり」と訓し、女子には孟、男子には伯という。金文には男子に用いることもあり、魯には孟孫・叔孫・季孫の氏を称するものがあった。

訓義 1はじめ、はじめの子。2としかさ、長女、長男。3おおきい、つよい。4黽と通じ、つとめる。

古訓 〔名義抄〕孟 マス／〈・ツトム・ハジム／孟浪 アラシ

声系 〔説文〕に孟声として猛を収める。孟と声義の関係なく、むしろ蒙（蒙）・尨に近い語であろう。

【孟月】もう（まう）げつ　四季の初月。〔周礼、地官、党正〕各々其の黨の政令教治を掌る。四時の孟月吉日に及びては、則ち民を屬して邦灋（国法）を讀みて、以て之れを糾戒す。

【孟行】もうこう（まうかう）　はげしいふるまい。〔管子、任法〕奇術技藝の人、敢て高言孟行し、以て其の情（実）に過ぎ、以て其の主を遇つ莫し。

【孟浪】もうろう（まうらう）　とりとめもない。〔荘子、斉物論〕夫子は以て孟浪の言と爲すも、我は以て妙道の行と爲すなり。吾子は（君）以て奚若と爲す。

↑孟夏 初夏／孟侯 諸侯の首／孟秋 初秋／孟春 初春／孟女 長女／孟晋 進取／孟陬 旧正月／孟青 刑杖／孟冬 初冬／孟伯 長子／孟陽 旧正月

【盲】 常 8 0060 〔盲〕 8 0060

モウ(マウ) ボウ(バウ) めしい くらい

篆文

形声 声符は亡(亡)。亡に亡失の意がある。〔説文〕四上に「目に牟子無きなり」とあり、〔淮南子、泰族訓〕に「盲者は目の形存するも、能く見ること無き者なり」という。古く瞽史の官があり、古事の諷誦のことにあたり、また楽官・巫祝など、神事の関係に失明の人が多かった。

訓義 ①めしい、盲人。②くらい、みえぬ、わからぬ、わきまえぬ。

古訓 〔和名抄〕盲 米之比(めしひ) 〔名義抄〕盲 メシヒ 〔篇立〕盲 メシヒ・クラシ

語系 盲meang、朦mongは声義近く、朦は眸があって視力がないもの。眊mô、瞀mu、瞢miuangなど、みな視ることが明らかでないことをいう。

【盲者】盲人。〔塩鉄論、能言〕大夫曰く、盲者は口に能く白黒を言ふも、目以て之れを別つこと無く、儒者は口に能く治亂を言ふも、能く以て之れを行ふこと無し。

↑盲唖 盲聾／盲瘖 盲聾／盲瞽 盲人／盲史 瞽史／盲眡 遠くを望み視る／盲従 いいなりにする／盲臣 愚臣／盲信 みだりに信じこむ／盲進 目標を定めずにつっこむ／盲湯 ぬるま湯／盲風 疾風／盲瞀 愚昧／盲昧 蒙昧／盲明 盲人をよそおう／盲冥 失明／盲目 失明／盲洋 ぼんやりとして定かでないさま／盲聾 耳目の障害

↓晦盲・群盲・雞盲・昏盲・色盲・雀盲・衆盲・心盲・青盲・偏盲・目盲・文盲・夜盲・聾盲

【罔】 8 7722 〔网〕 6 7722 〔網〕 14 2792

モウ(マウ) ム あみ おおう なし

篆文 古文 籀文

形声 声符は亡(亡)。〔説文〕七下の网字条に重文として罔・網(網)を録しており、この三字は繁簡の字。罔にまた〔詩、小雅、蓼莪〕「昊天極まり罔し」のように、有無の無に用いる。网・網は「あみ」の他に用義のない字である。

訓義 ①あみ、あみする、むすぶ。②亡・無と通じ、なし、なかれ。③盲と通じ、くらい。④誷と通じ、くらます、しいる、おおう。⑤惘と通じ、あきれる。

古訓 〔名義抄〕罔 アミ・ナシ・イツハル 〔字鏡集〕罔 ムスブ・アミ・ナシ・シフ・イツハル・ナイガシロ(ニ)ス

語系 罔・网・網miuangはもと繁簡の字。罔・亡は同声で無の義に用いる。無・毋miuaとも声近く、否定詞として通用する。

【罔罟】獣あみと、魚網。〔荀子、王制〕黿鼉・魚鼈・鰌鱣の孕別る時、罔罟毒藥、澤に入らず。其の生を夭せず、其の長を絶たざるなり。

【罔象】無象。また、水中の怪。〔国語、魯語下〕木石の怪を夔・蝄蜽と曰ひ、水の怪を龍・罔象と曰ひ、土の怪を羵羊と曰ふ。

【罔然】ぼんやりするさま。うっとりとするさま。虚脱の状。〔後漢書、黄憲伝〕同郡の戴良、才高くして倨傲なり。憲を見ては、未だ嘗て容を正さずんばあらず。歸るに及んで、罔然として失ふこと有るが若し。

【罔羅】残りなく集める。網羅。〔史記、太史公自序〕天下の放失せる舊聞を罔羅し、王迹の興る所は、始めを原ね終りを察し、盛を見、衰を觀て、之れを行事に論考す。

【罔利】利益を独占する。〔孟子、公孫丑下〕賤丈夫有り。必ず龍(壟)斷(小高い所)を求めて之れに登り、以て左右を望みて市利を罔す。

【罔両】うっすらとしたかげ。妖怪。〔左伝、宣三年〕鼎を鑄て物を象り、～民をして神姦を知らしむ。故に民、川澤山林に入るも、不若(怪物)に逢はず、螭魅罔兩も能く之れに逢ふ莫く、用つて能く上下に協ひ、以て天の休(福)を承く。

【罔惑】惑わす。〔涑水記聞、四〕劾奏す、～(琳瑀)聖人の言を師とせず、専ら邪説を挾み、上の聽を罔惑す。近侍に在らしむべからずと。詔有り、侍講より落し、歙州に通判たらしむ。

↑罔極 無極／罔欠 無欠／罔公 くも／罔罟 あみ／罔人 人をだます／罔談 とりとめもない話／罔悵 あきれいたむ／罔伏 隠す／罔辟 君を欺く／罔法 法を無視する／罔罔 罔然／罔養 ためらう

↓姦罔・欺罔・侵罔・世罔・疎罔・天罔・誣罔・文罔・蔽罔・法罔・迷罔・惑罔

【芼】 8 4471

モウ ボウ(バウ) くさ くさぬく えらぶ

篆文

形声 声符は毛。毛に草の意がある。〔説文〕一下に「艸覆ひて蔓るなり」とする。〔詩、周南、関雎〕に「參差たる荇菜、左右に之れを芼る」とあり、〔玉篇〕に「左右に之れを覒ぶ」に作るのは、〔三家詩〕による。〔礼記、昏義〕「牲に魚を用ふ。之れに芼するに蘋藻(水草の類)を以てす」とは、魚肉に水草を加える意。獣牲にその毛色をえらぶように、供薦する水草をえらびとる意である。

訓義 ①くさ、くさぬく。②えらぶ、えらびとる。③菜、あつものにあえる。④字はまた覒に作る。

古訓 〔新撰字鏡〕芼 衣良不(えらぶ)、又、加夫志(かぶし) 〔名義抄〕芼 カブシ・エラブ 〔篇立〕芼 エラブ・ムシル

語系 芼・毛môは同声。毛は〔周礼、春官、小宗伯、注〕に「毛を擇ぶなり」、〔山海経、南山経、注〕に「牲を擇ぶに其の毛色を取るを言ふ」とみえ、毛色をえらぶ意。草をえらぶには芼という。

【芼羹】肉と野菜の汁。〔斉民要術、八、羹臛法〕膾魚・蓴羹を食ふに、芼羹の菜には、蓴を第一と爲す。

↑芼実 草の実／芼集 草などをとる／芼斂 取り入れる

↓鉶芼・羹芼・地芼・烹芼・薬芼・有芼

【惘】 11 9702

モウ(マウ) ボウ(バウ) ぼんやりする あきれる

形声 声符は罔。罔に罔失の意がある。茫然として自失すること。

訓義 ①ぼんやりする。②わが国で、あきれる、おどろきあきれる意に用いる。

古訓 〔字鏡集〕惘 ウレフ・カナシブ・イタム・ホレタリ

【惘然】おどろくさま。〔唐書、宦者下、李輔国伝〕代宗立ち、～輔國に大第を外に賜ふ。中外其の失勢を聞き、擧な相ひ賀す。輔國始めて惘然として憂へ、出づる所を知らず、表して官を解かれんことを乞ふ。～帝、優辭諭遣す。

【惘惘】気をおとすさま。宋・蘇軾〔龐安常に答ふ、三首、一〕老倦甚だし。秋初決ず當に去ることを求むべし。未だ何れの日に會見するかを知らず。書に臨んで惘惘、惟だ萬萬、時を以て自愛せよ。

↑惘焉 おどろきあきれるさま／惘失 自失する／惘惑 とまどう

↓慌惘・悽惘・悖惘

常【猛】11 4721 モウ(マウ) たけし

篆文

形声 声符は孟。〔説文〕十上に「健き犬なり」とあって、猛犬をいう。〔戦国策、韓二〕に「齊の大夫諸子、犬有りて甚だ猛なり」とあり、猛犬を飼う風があった。中山王墓には、盛飾を施した犬が陪葬されていた。獳字条に「怒れる犬の皃なり」とあり、合わせて獳猛という。

訓義 1たけし、たけき犬。2たくましい、いさましい、きびしい、おそろしい、つよい。3はげしい、残酷。4にわか。

古訓 〔名義抄〕猛 タケシ・イサム 〔字鏡集〕猛 ハゲシ・サカリ・アシ・タケシ・サカシ・ニクシ・イツクシ・カサル

【猛気】(まうき) たけだけしい気性。唐・杜甫〔高都護の驄馬行〕詩 雄姿、未だ受けず、伏櫪(かいば桶)の恩 猛氣、猶ほ思ふ、戰場の利

【猛毅】(まうき) 心たけく勇猛。〔管子、参患〕凡そ人主は、猛毅なれば則ち伐たれ、懦弱なれば則ち殺さる。~此れ皆、彼此に失有り。

【猛志】(まうし) 壮心。晋・陶潜〔山海経を読む、十三首、十〕詩 刑天(天帝に首切られた怪物)、干戚(たてと、まさかり)を舞はし 猛志固より常に在り 物に同じて既に慮ること無く 化し去りて復た悔いず

【猛獣】(まうじう) 強暴な獣。〔後漢書、天文志上〕(王莽の)軍、關東に出づ。群象・虎狼・猛獸を牽從して、之れを道路に放ち、以て富強を示し、用つて山東を怖れしむ。

【猛将】(まうしやう) 勇将。〔後漢書、何進伝〕(袁)紹等、又畫策を爲し、多く四方の猛將及び諸豪傑を召し、竝びに兵を引いて京城に向はしめ、以て太后を脅かす。

【猛暴】(まうばう) たけく荒々しい。〔魏書、高祖紀上〕(太和六年)虎圏に行幸す。詔して曰く、虎狼猛暴、肉を食らひ生を殘そこふ。取捕の日、毎に傷害多し。~今より復た捕貢すること勿かれと。

【猛烈】(まう) 強烈。宋・蘇軾〔木櫪観を過ぎる〕詩 許子(邁)嘗て高遯す 行舟、迂らざるを悔ゆ 蛟(みずち)を斬りて(民害を除く)猛烈聞え 劍を提げて崎嶇を想ふ

【猛浪】(まうらう) 激浪。〔三国志、呉、呉主伝注に引く江表伝〕(谷)利、跪いて曰く、大王は萬乘の主なり。不測の淵を輕んじ、猛浪の中に戲る。船樓裝高し、顚危に邂逅せば、社稷を奈何せん。

↑猛悪 はげしくて悪い/猛威 強い勢い/猛雨 大雨/猛鋭 強く鋭い/猛火 烈火/猛悍 強悍/猛寒 厳寒/猛炬 はげしくもえる炬/猛狗 猛犬/猛勁 たけく強い/猛決 はげしく決断する/猛健 たけだけしく、つよい/猛虎 たけだけしい虎/猛忽 突然/猛士 勇猛の士/猛鷙 たけだけしいたか/猛酒 はげしく酔う酒/猛進 勢いはげしくすすむ/猛迅 はげしく迅い/猛政 苛政/猛省 深く反省する/猛勢 強い勢い/猛然 勢いのはげしいさま/猛卒 勇卒/猛鳥 猛禽/猛敵 強暴な敵/猛夫 勇猛の士/猛風 暴風/猛勇 勇猛/猛戻 たけだけしく、無道/猛厲 たけくはげしい

↓威猛・赫猛・寛猛・梟猛・驍猛・勁猛・厳猛・剛猛・慠猛・残猛・鷙猛・酒猛・粗猛・壮猛・忠猛・獰猛・武猛・勇猛・雄猛

【莽】12 4444 モウ(マウ) ボウ(バウ) くさむら おおう あらい

篆文

会意 犬+茻。犬は犬牲。茻に墓の意があり、そこに犬牲を以て葬る意の字であろう。〔説文〕一下に「南昌にて、犬の善く兔を艸中に逐ふ者を謂ひて莽と爲す」(段注本)とするが、それは南楚の方言である。金文の図象に、玄室の形である亞(亜)字形の中に、莫(莫)と犬とをそえる形のものがあり、もと墓葬をいう。墓地に草の生い茂ることから、莽蒼・草莽の意となる。〔荘子、逍遥遊〕「莽蒼に適く者は、三飡にして反る」の〔支遁注〕に「莽蒼は冢閒なり」とみえる。西周の聖都を莽京といい、その神廟を辟雍という。莽は葬と同じく、もと墓地を意味した字であろう。茻・莽は同声。〔説文〕に字を茻の亦声とする。

訓義 1くさ、くさむら、くさふかし、はかば。2おおう、ひろい、大きい、あらい。3かりいぬ。

古訓 〔名義抄〕莽 シゲシ・ユタカナリ・アクタ・シキミ・クサムラ

語系 莽 mang、冥 myeng は声義近く、茂(茂) mu、莫・墓(墓) mak もみな同系の語。草深い冥暗のところをいう。

【莽蒼】(まうさう) ひろびろとした草野。唐・柳宗元〔邕州~馬退山茅亭記〕是の山、萃然として莽蒼の中に起り、馳奔雲矗、數十百里に亘る。

【莽蕩】(まうたう) 草原の広いさま。漢・班彪〔北征の賦〕野、蕭條として以て莽蕩たり、千里に迥かにして、家無し。

【莽眇】(まうべう) かすか。深遠なさま。〔夷堅志、丙十八〕(張風子)毎日出でて賣相(売卜、人相見)す。晩に輒ち醉うて歸る。人と言ふに、初めは曉るべきが若きも、忽ち莽眇の中に墮ち、復た問ふべからず。一雞・一畫眉(鳥、ほおじろ)を養ふ。

【莽莽】(まうまう) 草木の繁茂するさま。〔楚辞、九章、懐沙〕滔滔たる孟夏 草木莽莽たり 傷懷して永く哀しみ 汩として南土に徂く

【莽鹵】(まうろ) ぞんざい。宋・王禹偁〔隣家の園中に黍を種うるを観て、嘉祐に示す〕詩 種を播くこと、甚だ莽鹵なり 苗稼、安くんぞ能く起たん

↑莽泱 広く遠いさま/莽漢 粗忽者/莽軍 雑軍/莽原 草原/莽沆 涯のないさま/莽然 莽莽/莽壮 莽鹵/莽宕 大まかで広い/莽撞 だしぬけにする/莽渺 はるかなさま/莽平 草原/莽魯 莽鹵/莽浪 でたらめ

↓泱莽・灌莽・卉莽・虚莽・衆莽・宿莽・深莽・榛莽・蓁莽・草莽・蒼莽・叢莽・蕩莽・平莽・蓬莽・野莽・林莽・鹵莽・浪莽・穢莽

入【蒙】13 4423 〔蒙〕14 4423 モウ ボウ おおう こうむる おかす くらい おろか

篆文 金文

象形 獣皮の形。〔説文〕に字を艸部一下に属し、冡声の字とする。冡は〔説文〕七下に「覆ふなり」とあり、豕を覆う形であるとするが、冡の上部に角や耳を加えた形が蒙であるから、冡・蒙は繁簡の字とみてよく、蒙は頭部をも含む獣皮の全体像である。〔説文〕に蒙を「王女なり」、すなわち女蘿とするのは、字の上部を草と誤ったものであろう。〔国語、晋語六〕「甲冑を蒙る」のように、全体を覆うて服する意。縫いぐるみのようにかぶることをいう。毛の乱れるさまを蒙戎・蒙茸という。蒙昧の意があり、人に移して童蒙という。

訓義 1おおう、こうむる、おおいこうむるもの。2おかす、かくす、くらい。3まじる、みだれる、あざむく。4おろか、おさない。5尨と通じ、おおきい、おおい。

古訓 〔名義抄〕蒙 カウフル・オホフ・オホヽル・ヲカス・カヅク・クモル・クラシ・ツヽム・アザムク・シゲシ・カタチ・モミチ

声系 冡・蒙はもと同字。〔説文〕に冡声として幏など三字、蒙声として濛・曚など五字を収める。みな覆蔽して、ものが明らかでないことをいう。

語系 蒙・冡・濛・朦・曚・幏 mong は同声。冒(冒)・帽(帽) mu、霧 miu も、覆うてくらい意がある。冥・瞑 myeng、夢

（夢）・瞢miuəngなども声義に通ずるところがあり、一系の語である。

【蒙翳】おおいかくす。宋・蘇軾〔凌虚台記〕昔者荒草野田、霜露の蒙翳する所、狐虺の竄伏する所、是の時に方りて、豈に凌虚臺有るを知らんや。廢興成毀、無窮に相ひ尋ぐ。

【蒙恩】恩をこうむる。〔後漢書、光武帝紀上〕（建武元年、即位祝文）王莽位を簒ひ、（劉）秀、憤りを發して兵を興し、～天下を平定し、海内恩を蒙る。上は天地の心に當り、下は元元（人民）の歸する所と爲る。

【蒙倛】鬼やらいの面。四眼を方相、両眼を蒙倛という。〔荀子、非相〕仲尼（孔子）の狀、面は蒙倛の如く、周公の狀、身は斷菑（枯木）の如し。

【蒙死】死をおかす。〔漢書、宣帝紀〕父子の親、夫婦の道は天性なり。患禍有りと雖も、猶ほ死を蒙して之れを存す。～今より、子、首として父母を匿し、妻、夫を匿し、孫、大父母を匿すは、皆坐（連坐）せしむること勿れ。

【蒙茸】草などの乱れるさま。宋・蘇軾〔周安孺に茶を寄す〕詩 昨日、幽歩を散じ 偶たま天峰の麓に上る 山圃正に春風 蒙茸萬旂（茶の芽、旂は一葉）簇まる

【蒙塵】塵をこうむる。天子が出奔することをいう。〔後漢書、劉虞伝〕（張岐等、虞に尊号を上る）虞～之れを叱して曰く、今天下崩亂し、主上蒙塵す。～諸君各州郡に據り、宜しく共に力を戮せ、心を王室に盡すべし～と。

【蒙蔽】おろか。〔抱朴子、勖学〕朱綠は素絲を改むる所以なり。訓誨は蒙蔽を移す所以なり。玄雲を披きて大明を揚ぐれば、則ち萬物、其の狀を隱す所無し。

【蒙蒙】たちこめるさま。漢・東方朔〔七諫、自悲〕何ぞ青雲の流瀾たる 微霜降ること蒙蒙たり

【蒙絡】おおいまとう。唐・柳宗元〔小丘の西小石潭に至る記〕水尤も清冽、全石以て底と爲す。～青樹翠蔓、蒙絡搖綴、參差として披拂す。

【蒙籠】生い茂る。また、ぼんやりして明らかでないさま。唐・白居易〔眼病、二首、一〕詩 散亂す、空中千片の雪 蒙籠たり、物上、一重の紗

↑蒙衣 かつぎ／蒙冤 冤罪を受ける／蒙化 感化される／蒙学 初学／蒙気 大気／蒙愚 愚昧／蒙垢 辱めを受ける／蒙衫 毛衣／蒙士 愚士／蒙師 童蒙の師／蒙戎 蒙茸／蒙衝 戦艦／蒙然 ぼんやりとするさま／蒙叟 荘周をいう／蒙恥 辱めを受ける／蒙稚 童蒙／蒙鈍 愚かでにぶい／蒙伐 羽飾の楯／蒙犯 おかす／蒙被 こうむる／蒙鄙 愚昧／蒙覆 おおう／蒙冪 おおう／蒙没 おおいかくす／蒙昧 愚かで道理にくらい／蒙密 草木の茂み／蒙滅 暗い／蒙面 厚顔無恥／蒙陋 愚か／蒙瓏 ぼんやりとするさま／蒙蘢 草木の茂るさま

↓阿蒙・晦蒙・愚蒙・訓蒙・群蒙・啓蒙・鴻蒙・昏蒙・塵蒙・旃蒙・顓蒙・童蒙・僮蒙・発蒙・蔽蒙・蔑蒙・便蒙・昧蒙・冥蒙・幽蒙・幼蒙・養蒙・蘿蒙

常 **【網】** 14 2792 〖網〗 14 2792 ［网］ 6 7722 ［罔］ 8 7722 モウ（マウ） ボウ（バウ） あみ とらえる

篆文

古文

籀文

形声 声符は罔。罔は網の初文。その初文は网で、網の象形。鳥獣を捕る網のほか、すべて網目のものをいう。〔老子、七十三〕「天網は恢恢、疏にして失はず」とあり、〔馬王堆帛書老子〕に「天罔」に作る。天網は自然の法網をいう。

訓義 ①あみ、あみする、むすぶ。②とらえる。③のり、世の秩序。

古訓 〔名義抄〕網 アミ・イクモイ／四不網 ノアミ 〔篇立〕網 ノリ・モトム・タチマチ・ナハ

語系 網（网・罔）miuangは同声。靡miai、末muatと声に通ずるところがあり、細靡のものをいう。綱に対して、細かい網目の意である。

【網罟】獣や魚をとるあみ。唐・李郢〔晩に松江駅に泊す〕詩 雲陰りて、故國、山川暮れ 潮落ちて、空江、網罟收む

【網疏】法網がゆるやかであること。〔史記、平準書〕此の時に當りて、網疏にして民富む。

【網羅】あみ。残りなくおさめる。〔漢書、王莽伝上〕莽、奏して明堂・辟雍・靈臺を起し、學者の爲に舍萬區を築き、～天下異能の士を網羅し、至る者前後千數なり。

【網絡】あみかがり。〔大業雜記〕乾陽殿～其の柱、大いさ二十四圍、井に倚り蓮を垂れ、之れを仰ぐ者眩曜す。南軒垂るるに朱絲網絡を以てし、下地に至らざること七尺、以て飛鳥を防ぐ。

↑網開 網を外す／網眼 あみめ／網魚 網の魚／網巾 網頭巾／網戸 あみ戸／網拘 編んでつなぐ／網糸 くもの巣／網師 漁夫／網車 糸繰り車／網城 網の城／網虫 くも／網沈 沈め網／網辟 法規／網墨 法規／網密 細かな法網／網目 網のめ／網罭 あみ

↓科網・解網・寛網・挙網・魚網・禁網・刑網・憲網・厳網・罟網・綱網・細網・繳網・祝網・峻網・触網・塵網・世網・政網・纖網・疎網・罾網・俗網・蛛網・天網・湯網・法網・密網・羅網・猟網・漏網

【蝄】 14 5712 ［魍］ 18 2721 モウ（マウ） すだま

形声 声符は罔。〔玉篇〕に「木石の精なり。小兒の如く、赤目美髮なり」とあり、字はまた魍に作る。〔国語、魯語下〕に「木石の怪を夔・蝄蜽と曰ふ」とあり、〔注〕に「蝄蜽は山の精なり。人の聲を傚ひて、人を迷惑するなり」という。また方良ともいう。罔両・方良は、もと不気味なものを示す形況の語のようである。

訓義 ①すだま、山川の精。②字はまた罔・魍に作る。

古訓 〔新撰字鏡〕虻・蝄 皆、奴可我（ぬかが）（ヌカガは蚋）〔字鏡集〕蝄 ミヅハ・スダマ

【蝄蜽】山の精。〔国語、魯語下〕木石の怪を夔・蝄蜽と曰ひ、水の怪を龍・罔象と曰ひ、土の怪を羵羊と曰ふ。

↑蝄像 海神

【漭】 15 3414 モウ（マウ） ボウ（バウ） はるか くらい

形声 声符は莽。莽は草原の茂み。〔玉篇〕に「平なり、廣なり、野なり」とあり、水が広くはるかに連なることをいう。

訓義 ①はるか、ひろい、ひろびろとしている。②うすぐらい、くらい、さだかでない。

古訓 〔篇立〕漭 ヒロシ・タヒラカナリ 〔字鏡集〕漭 タヾヨフ・オホイナリ・タヒラカナリ

↑漭沆 水面の広大なさま／漭盪 波が奔騰するさま／漭瀁 広大なさま

↓溢漭・泱漭・沆漭・洪漭・忽漭・沖漭・蕩漭・渺漭・漫漭・溟漭・瀁漭・浪漭

【幪】 17 4423 モウ おおい ひたいあて

形声 声符は蒙（蒙）。蒙は全体をおおう獣皮の象。幪は上をおおうきれ。〔広雅、釈訓〕に「幪幪は茂るなり」とあり、深くおおい茂るさまをいう。

訓義 ①おおい、おおうきれ、ふくさ。②ひたいあて、幏。③しげる、こむ。

古訓〔字鏡集〕幪 フカシ
【幪巾】ひたいあて。〔慎子、逸文〕有虞（舜）の誅するや、幪巾を以て墨に當て、草纓を以て劓に當て、菲履を以て刖に當て、艾鞸を以て宮に當て、布衣にして領無きを大辟に當つ。
↑幪幪 茂盛のさま

【濛】 17 3413 モウ くらい うすぐらい

篆文

形声 声符は蒙（蒙）。蒙は全体をおおう獣皮。おおいかくし、くらくなる意がある。〔説文〕十一上に「㵒雨の皃なり」（段注本）とあり、小雨のけぶるように降るさまをいう。〔詩、豳風、東山〕「零雨其れ濛たり」の〔伝〕に「雨ふる貌なり」とみえる。また霧のけぶるようなさまをいう。
訓義 ①くらい、うすぐらい。②小雨のふるさま、霧のかかるさま。
古訓〔名義抄〕濛 メクル・クラシ／霿（濛） アメフル 〔字鏡集〕濛 メクル・コサメ・クラシ・スグル・ホソキアメナリ
語系 濛・朦・矇 mong は同声。また冒（冐）mu、霧 miu、冥・暝 myeng も声義に通ずるところがあり、みなものにおおわれて、くらい状態をいう。
【濛雨】細かな雨。きりさめ。唐・宋之問〔温泉荘にて病に臥し、楊七炯に寄す〕詩 是の日、濛雨晴れ 返景、巖谷に入る 冪冪たり、澗畔の草 靑靑たり、山下の木
【濛汜】太陽の沈む所。漢・張衡〔西京の賦〕日月、是に於て出入す。扶桑と濛汜とに象る。
【濛濛】たちこめるさま。宋・晏殊〔踏莎行、五首、五〕詞 春風解せず、楊花を禁ずることを 濛濛として亂れ撲つ、行人の面
↑濛晦 暗くたちこめる／濛気 深いガス／濛鴻 天地の元気未分のとき／濛茸 草が茂りみだれるさま／濛滞 頭がぼんやりとする／濛漠 薄暗いさま／濛昧 雲霧がとじこめて暗い／濛霧 深い霧／濛溟 くもって暗い／濛朧 頭がぼんやりとする／濛巃 濛朧
↓陰濛・雨濛・蓊濛・空濛・洪濛・鴻濛・微濛・迷濛・冥濛・溟濛・綿濛

【蟒】 18 5414 モウ（マウ） ボウ（バウ） おろち

形声 声符は莽。〔爾雅、釈魚〕に「王蛇なり」とあり、蛇の最も大なるもの、うわばみをいう。〔方言、十一〕に「蟒、南楚の外、之れを蟅蟒と謂ふ」とあるものは、蝗の類。
訓義 ①おろち、うわばみ。②いなごの類。
古訓〔名義抄〕蟒 ヤマカヾチ
【蟒衣】竜文の衣。天子袞龍の衣に比して一爪を欠く。蕃君・貴紳に与えた。〔野獲編、列朝一、蟒衣〕龍を象するの服爲り。至尊御ふる所の袍と相ひ肖たり。但だ一爪を減ずるのみ。始め以て虜酋に賞す。弘治中、閣臣～大紅蟒衣の服を拜せり。
↑蟒玉 大礼服／蟒裙 礼服／蟒蛇 大蛇／蟒虫 おろち／蟒服 蟒衣
↓虯蟒・巨蟒・蟅蟒・毒蟒・巴蟒・蟠蟒・伏蟒

【魍】 18 2721 ［蛧］ 12 5712 モウ（マウ） すだま もののけ

篆文

形声 声符は罔。〔説文〕十三上に字を蛧に作り、「蛧蜽」、山川の精物なり。淮南王の説に、蛧蜽は狀三歳の小兒の如く、赤黑色、赤目長耳美髮なり。～國語に曰く、木石の怪、夔・蛧蜽」と〔国語、魯語下〕の文を引く。〔左伝〕には「罔兩」に作り、俗に「魍魎」に作る。〔玉篇〕に「魍魎」を水神とする。影の外影の陰微なものをも、いうことがある。〔周礼、夏官、方相氏〕に「大喪には匶（柩）に先だつ。墓に及びては壙に入り、戈を以て四隅を擊ち、方良を敺つ」とあり、方良は罔両と同声。地下にあって死人の脳を食うという。
訓義 ①すだま。②もののけ。
古訓〔篇立〕魍 スダマ
【魍魎】すだま。〔論衡、訂鬼〕顓頊氏に三子有り。生まれながらにして亡げ去りて疫鬼と爲る。一は江水に居る、是れを虐鬼と爲す。一は若水に居る、是れを魍魎鬼と爲す。一は人の宮室、區隅漚庫に居り、善く人の小兒を驚かす。
↑魍魅 すだま

【矇】 19 6403 モウ めしい おろか

篆文

形声 声符は蒙（蒙）。蒙は全体をおおう獣皮の象。おおいかくし、くらくなる意がある。〔説文〕四上に「童蒙なり。～一に曰く、明らかならざるなり」（段注本）とするが、その一曰の義が字の本義である。〔玉篇〕に〔詩、大雅、霊台〕「矇瞍（瞽史の官）公を奏す」の〔伝〕に「眸子有りて見ゆること無きを矇と曰ふ」という文を引く。転じて愚蒙・無知をいう。
訓義 ①めしい、視力がよわく、かすむ。②おろか、おろかでくらい。
古訓〔新撰字鏡〕矇 阿支自比（あきじひ）〔字鏡集〕矇 クラシ
語系 矇・蒙・濛 mong は同声。冒（冐）mu、冥・暝 myeng、盲（盲）meang、瞢 miuang は声義近く、みな一系の語。
【矇瞽】盲人。魏・嵇康〔声に哀楽無きの論〕今、矇瞽は牆に面するも悟らず、離婁（古の明視の人）は秋毫を百尋に照らかにす。
【矇矓】目がかすむさま。宋・蘇軾〔杜介、魚を送る〕詩 醉眼矇矓として、歸路を覓む 松江の煙雨、晩に疎疎たり
↑矇混 くらくて乱れる／矇然 ぼんやりするさま／矇瞍 盲人／矇朧 目がかすむ／矇瞳 ぼんやりするさま／矇頓 愚か／矇夫 愚夫／矇蔽 愚か／矇冒 愚か／矇瞀 ぼんやりとかすむ／矇昧 愚か／矇矇 矇然
↓愚矇・瞽矇・発矇

【艨】 20 2443 モウ いくさぶね

形声 声符は蒙（蒙）。艨艟は軍船。〔釈名、釈船〕に「狹くして長きを艨衝と曰ふ。以て敵船を衝突するなり」という。
訓義 ①いくさぶね、軍船、艨衝。
古訓〔名義抄〕艨艟 イクサフネ 〔字鏡集〕艨 イクサフネ
【艨艟】軍船。大きな軍船。〔明史、陳友諒伝〕是の戰ひや、太祖の舟小なりと雖も、然れども輕く駛す。友諒の軍、倶みな艨艟巨艦なるも、進退に利あらず。是を以て敗る。
↓艟艨

モク

常 【目】 5 6010 モク め みる めくばせする かなめ

篆文　古文　甲骨文　金文

象形 めの形。〔説文〕四上に「人の眼なり。象形」とし、「𥄎子（瞳）を重ぬるなり」、すなわち重瞳子であるという。〔尚書大伝〕に古の聖人舜を重瞳子とし、〔史記、項羽紀〕に項羽も重瞳子で、その苗裔であろうかという。瞳子を大きく写した字は臣、望（朢）・監の字などがその形に従う。古くは目は横長の形にしるした。目を動詞にして、目撃・目送のように用いる。また眉目は最もめだつところであるから、標目・要目のようにいう。
訓義 ①め、まなこ、めだま。②みる、みつめる、めくばせする、ながめる。③なづける、なづけいう、しる、しるす、みしる。④かなめ、くわけ、こわけ。⑤みわける、しなさだめ。

古訓 〔名義抄〕目 メ・マナコ・ミル・ナヅク・シルス・メヅカラ・モチ・アキラカ／近目 チカメ

部首 〔説文〕に眼・窅・眔・瞋など百十二字、重文八、〔新附〕に眸など六字、〔玉篇〕にはすべて三百四十字を属する。窅・眔などのほかは、おおむね形声字。眼はもと呪眼。これによって姦邪を卻けた。眔は涙の象形字。古人を懐うことを懐（懷）といい、字は褱に従う。褱は、その人の衣中に眔を垂らす形で、死者を懐うことをいう。

語系 目miukは眸miuと声近く、目の瞳子の部分を眸という。

【目翳】そこひ。宋・蘇軾〔眼医王彦若に贈る〕詩 而ち我初め知らざりき 眼を刺すこと肉を刺すが如きを 君、目と翳とを看る 是れ翳は要らず目に非ず 目翳苟し二物ならば 分け易きこと麥菽（麦と豆）の如くならん

【目撃】目でみる。〔荘子、田子方〕仲尼曰く、夫の人の若き者は、目撃して道存す。亦た以て聲を容るべからずと。

【目耕】書を読む。元・王逢〔目耕軒〕詩 身耕には百骸を勞し 目耕には兩瞳を勞す 身耕、口體常に充たず 目耕、奚ぞ止だに穀、中に在るのみならんや

【目指】めくばせして、人を使う。〔漢書、貢禹伝〕行は犬彘ていなりと雖も、家富み勢ひ足り、目もて指さし氣もて使へば、是れを賢と爲すのみ。

【目眥】まなじり。〔史記、項羽紀〕（樊）噲遂に入り、帷を披いて西嚮して立ち、目を瞋らせて項王（羽）を視る。頭髮上指し、目眥盡く裂く。

【目捷】目ざとい。目が早い。〔五雑組、人部二〕人、一目にして數行俱に下る者有り。眞に俱に下るに非ざるなり。但だ目捷きのみ。

【目睫】目とまつげ。至近。宋・司馬光〔四言銘系述〕夫れ目睫を察する者は、百歩を見ること能はず。百歩を瞻る者は、亦た目睫を見ること能はず。均しく是れ德なり。其の近小を執りて、其の遠大を遺る。

【目成】めくばせして、心が通じる。〔楚辞、九歌、少司命〕滿堂の美人 忽ごとして獨り余と目成す

【目前】目の前。直ちに。〔後漢書、方術下、左慈伝〕（曹）操曰く、一魚坐席に周からず。更に得べきかと。放（左慈、字は元放）、乃ち更に鈎に餌して之れを沈め、須臾にして復た引き出だす。～生鮮愛すべし。操、目前に之れを鱠にせしむ。

【目送】目で人のあとを追う。〔左伝、桓元年〕宋の華父督、孔父の妻を路に見る。目もて逆へて之れを送りて曰く、美にして豔なりと。

【目断】見はるかしがたい。唐・丘為〔潤州城に登る〕詩 鄕山、何れの處か是なる 目斷す、廣陵の西

【目礼】目つきで会釈する。〔漢書、叙伝上〕上、伯（班伯）の新たに起るを以て、數しば之れに目禮す。因りて顧みて、指畫して伯に問ふ。

【目録】書籍の著録。〔漢書、叙伝下〕秦人是れ滅ぼし、漢、其の缺を修む。劉向、籍を司り、九流以て別つ。爰に目錄を著はし、洪烈を略序す。

【目論】他人のことはよく判るが、自らを知らぬ議論。〔史記、越王句践世家〕今、王、晉の失計を知るも、自ら越の過ちを知らず。是れ目論なり。

↑目痾 眼病／目囲 まぶた／目意 目分量／目翫 見なれる／目眶 まぶち／目近 眼前／目禁 目でとめる／目瞼 まぶた／目驗 目で確かめる／目眩 目がくらむ／目語 目で合図する／目巧 目分量／目今 目下／目昏 目がくらむ／目使 目指／目施 目意／目眵 目やに／目眦 目眥／目識 見て心に知る／目次 見出し／目疾 眼病／目汁 涙／目笑 嘲笑する／目数 目で見て計算する／目眚 目のかげ／目睛 ひとみ／目精 目睛／目眙 みる／目的 めあて／目徹 見通す／目図 めあてとする計画／目睹 親しくみる／目覩 目睹／目挑 いろめを使う／目逃 目がまじろぐ／目動 目逃／目瞳 ひとみ／目波 眼光／目標 めあて／目品 品目／目瞑 目がくらむ／目覧 よくみる／目力 眼力

↓怡目・一目・溢目・暈目・悦目・横目・科目・過目・課目・開目・礙目・刮目・豁目・眼目・窮目・魚目・極目・寓目・群目・炫目・眩目・項目・綱目・蒿目・細目・指目・耳目・衆目・恂目・瞬目・書目・除目・条目・色目・拭目・属目・触目・嘱目・矚目・心目・深目・瞋目・数目・清目・節目・送目・総目・側目・大目・題目・奪目・著目・注目・張目・天目・怙目・怒目・頭目・瞠目・徳目・反目・万目・費目・眉目・美目・鼻目・標目・眇目・品目・瞥目・篇目・方目・満目・名目・盲目・遊目・要目・揚目・両目

【沐】 7 3419 モク あらう うるおう

篆文 

形声 声符は木。〔説文〕十一上に「髮を濯ふなり」とあり、身を洗うことを浴という。〔孟子、離婁下〕「齋戒沐浴せば、則ち以て上帝を祀るべし」とあり、祭事に従うときには沐浴をした。

訓義 ①かみあらう。②あらう、きよめる。③うるおう、めぐみをうける。④米のとぎ水、髪を洗うしろ水。

古訓 〔名義抄〕沐 カシラアラフ・ユスルアム・アム・アラフ・ユスル〔字鏡集〕沐 カシラアラフ・ス、グ・アム

語系 沐mokは形声字であるが、金文に盤に髪を洗う形の字があり、その字はのちの釁にあたるものと思われる。金文の「眉壽萬年ならんことを」を「釁壽」としるしており、その音は眉・美mieiと同じであろう。沐はその形声の字である。

【沐雨】雨にうたれる。〔荘子、天下〕昔者、禹は～腓に胈（にこ毛）無く、脛に毛無く、甚雨に沐し、疾風に櫛り、萬國を置けり。

【沐猴】さる。〔史記、項羽紀〕說者曰く、人は言ふ、楚人は沐猴にして冠するのみと。果して然りと。項王（羽）之れを聞きて、說者を亨る。

【沐日】休日。漢代、五日ごとに帰宅し、休沐した。〔漢書、孔光伝〕沐日に歸休し、兄弟妻子燕語するも、終に朝省政事に及ばず。～其の泄らさざること是の如し。

【沐洗】髪を洗い、ゆあみする。〔水経注、若水〕又溫水有り。冬夏常に熱す。其の源は雞豚を燖むべく、下湯は沐洗して、能く宿疾を治す。

【沐浴】髪を洗い、ゆあみする。身を清める。〔論語、憲問〕陳成子、（斉の）簡公を弑す。孔子、沐浴して朝す。哀公に告げて曰く、陳恆其の君を弑せり。請ふ、之れを討たんと。

↑沐恩 恩を受ける／沐浴／沐濯 からだや髪を洗う／沐髪 髪を洗う／沐露 露にぬれる

↓握沐・燠沐・雨沐・丐沐・澣沐・盥沐・帰沐・晞沐・休沐・釁沐・薫沐・膏沐・斎沐・曬沐・賜沐・櫛沐・新沐・洗沐・梳沐・澡沐・濯沐・朝沐・湯沐・潘沐・晩沐・夜沐

【嘿】 15 6603 モク ボク コク しずか だまる

形声 声符は黑（黒）。黑に默（黙）・墨（墨）の声がある。〔玉篇〕に「默と同じ」とあり、默の異文とみてよい。〔韓非子、六反〕〔晏子、諫上十二〕に、嘿を默の意に用いている。〔華厳経音義、下〕に「靜かなり」とあり、別に欺く、歎くなどの用義がある。

訓義 ①しずか。②だまる、口つむぐ。③あざむく。④しわぶく。

古訓 〔名義抄〕嘿 モダ／默・嘿 モダス・クラシ・シヅカナリ・サ

ウサシ〔篇立〕嘿 クロシ・モダス・クラシ・モダシテ・ヒソメテ・ツヽシム・ヒソカニ・モノイハズ

【嘿会】(もくかい)(くわい) 悟る。心に理会する。〔焦氏筆乗、一、希夷易説〕象卦人に示す、本も文字無し。人をして消息吉凶嘿會せしむ。(陳)希夷先生曰く、羲皇始めて八卦を畫し、～文字を立てず、天下の人をして其の象を嘿觀せしむるのみ。

【嘿然】(もくぜん) だまるさま。ものいわずひかえるさま。〔荀子、不苟〕君子至德、嘿然として喩り、未だ施さずして親しみ、怒らずして威あり。

【嘿嘿】(もくもく) 嘿然。〔楚辞、卜居〕讒人は高く張り 賢士は名無し 吁嗟あ、嘿嘿たり 誰か吾の廉貞なるを知らん

➡嘿観 静観する/嘿記 心に記す/嘿契 心のうちでたがいに諒解する/嘿而 嘿然/嘿爾 嘿然/嘿識 黙識/嘿誦 暗誦する/嘿泯 嘿然とするさま/嘿喩 嘿会

常 【黙】 15 人 〔默〕 16 6333 モク ボク だまる もだす しずか

篆文

古印璽

形声 声符は黑(黒)。黑に墨(墨)の声があり、その古音であったらしい。〔説文〕十上に「犬、暫く人を逐ふなり」とあり、〔唐本説文〕に「犬、潜かに人を逐ふなり」に作る。犬が黙って人を追うことから、その字を作るとするのは疑問とすべく、この字は喪事に犬牲を用いることを示す字であろう。〔国語、楚語上〕「三年默して以て道を思ふ」とは諒闇三年の服喪をいう。〔論語、憲問〕「高宗(殷の武丁)諒陰、三年言はず」とあり、服喪の三年間、ものいうことはタブーであった。犬牲はその修祓のために用いたものであろう。

訓義 1だまる、もだす。2しずか、かすか、くらい。3冒と通じ、おかす、むさぼる、けがす。

古訓 〔名義抄〕默 モダル 〔篇立〕默 モダシテアリ・シヅカナリ・ツヽム・モダス・モダカ

【黙記】(もくき) 暗記。〔世説新語、任誕〕襄陽の羅友～人と爲り記功有り。桓宣武(温)に從ひて蜀を平らげ、蜀の城闕觀宇を按行す。内外の道陌の廣狹、植種果竹の多少、皆之れを默記す。～遺忘する所有らば、友、皆名列し、曾て錯漏無し。

【黙契】(もくけい) ことばをこえて心が通じあう。〔中庸章句、三十二〕其の天地の化育に於ける、則ち亦た其の極誠無妄なる者、默契有り。但だ聞見して知るのみに非ざるなり。此れ皆至誠無妄、自然の功用なり。

【黙語】(もくご) ときに語り、ときに黙する。〔易、繫辞伝上〕君子の道、或いは出で、或いは處り、或いは默し、或いは語る。二人心を同じうせば、其の利、金を斷つ。同心の言は、其の臭(香しきこと)、蘭の如し。

【黙稿】(もくこう)(かう) 心中の稿。宋・蘇軾〔袁公済の劉景文の～詩に和し、復た次韻して之れに答ふ〕詩 手を袖にして、獨り言はず 默稿、已に腹に在り

【黙坐】(もくざ) 静かに坐る。沈思。宋・王禹偁〔黄岡竹楼記〕焚香默坐、世慮を消遣す。江山の外、第だ風帆沙鳥、煙雲竹樹を見るのみ。

【黙識】(もくし) 無言のうちに認識する。〔論語、述而〕子曰く、默して之れを識し、學びて厭はず、人に誨へて倦まず。何れか我に有らんや。

【黙誦】(もくしょう) 暗誦。宋・蘇軾〔孔毅父～に次韻す、五首、四〕詩 如かず、默誦すること千萬首ならんには 左に抽き右に取りて、談笑足らん

【黙存】(もくそん) 黙して心遊ぶ。宋・陸游〔病中の作〕詩 此の事明明、默存に在り 一身元有り、一乾坤

【黙知】(もくち) 黙識。唐・寒山〔寒山詩、八十二〕碧澗泉水清く 寒山、月華白し 默知、神自ら明らかに 空を觀ずれば、境逾いよ寂かなり

【黙禱】(もくとう)(たう) 無言で祈る。〔宋史、徐鹿卿伝〕江東の諸郡、飛蝗天を蔽ひ、當塗の境に入る。鹿卿、露香默禱す。忽ち飄風大いに起り、蝗悉く淮を度る。

【黙黙】(もくもく) 黙然。寂然たるさま。〔荘子、在宥〕至道の精は、窈窈(奥深くてしずか)冥冥たり、至道の極は、昏昏默默たり。

➡黙化 自然に感化する/黙会 言葉を待たずに悟る/黙諫 言葉に出さずに諌める/黙許 黙認する/黙吟 声を出さずに歌う/黙口 だまる/黙考 静かに考える/黙殺 無視する/黙思 黙考する/黙視 見るだけで発言しない/黙爾 黙然/黙写 声を出さずに書き出す/黙祝 黙禱する/黙数 暗算/黙省 静かに反省する/黙然 黙々としたまま/黙諾 黙認する/黙認 みのがす/黙念 黙考する/黙秘 事実をかくして陳述しない/黙慮 黙考する

⬇暗黙・陰黙・瘖黙・隠黙・淵黙・寡黙・箝黙・緘黙・拱黙・恭黙・虔黙・歉黙・謙黙・顕黙・玄黙・語黙・慎黙・静黙・寂黙・潜黙・退黙・沈黙・泯黙・憫黙・明黙・夜黙・窈黙

モミ

人 【籾】 9 〔籾〕 9 もみ あらしね

国字 穀皮をつけたままの米。あらしね。〔名義抄〕に、「モミ・チマキ・カシキカテ」の訓をつけ、また飣にも「カシキガテ」の訓がある。飣は雑飯をいう。その正字は丑に従う。古くは穀(穀)を「もみ」とよんだ。〔名義抄〕に「穀 モミ」とみえる。

訓義 1もみ、あらしね。2ちまき。

モン

【汶】 7 3014 モン ブン けがれ

篆文

形声 声符は文(文)。〔説文〕十一上に、泰山より発する魯の水名とする。〔楚辞、漁父〕に「汶汶」の語があり、〔注〕に「垢塵を蒙るなり」とあって、汚れるさまをいう。

訓義 1川の名。2けがれ、はずかしめ、もだえる。3くらい、みだれる。

語系 汶・紊 miuən は同声。悶 muən、懣 muən は声義近く、心の安らかでないことをいう。また憤(憤)biuən、煩 biuən も憤悶の意で、同系の語である。

【汶上】(ぶんじょう)(じやう) 汶水のほとり。〔論語、雍也〕季氏、閔子騫をして、費(邑)の宰爲らしめんとす。閔子騫曰く、善く我が爲に辭せよ。如し我に復びする者有らば、則ち吾は必ず汶の上りに在らんと(世間から退く意)。

【汶汶】(もんもん) けがれ。〔楚辞、漁父〕安くんぞ能く身の察察たるを以て 物の汶汶たる者を受けんや

常 【門】 8 7777 モン かど いえ みうち

篆文

甲骨文

金文

象形 門の形。〔説文〕十二上に「聞するなり。二戶に從ふ。象形」とする。門・聞は畳韻の訓。「戶は護なり」というのと同じく、当時の音義説による解である。〔釈名、釈宮室〕に「門は捫なり」と訓する。のち家門・門閥のように家や家族をいい、門下・門生のように徒弟をいう。

訓義 ①もん、かど、かどぐち、いりくち。②いえ、いえがら。③みうち、一族。④専門の家、専門の分野。

古訓 〔和名抄〕門 加度（かど）。門舍、加度夜（かどや）〔名義抄〕門 カド・キク 〔字鏡〕門 カド・カキヰル・マホル・キク・アラソフ・サト・トブラフ・ウラム

部首 〔説文〕に開・閉など五十六字と重文六、〔新附〕に閥・闥など五字、〔玉篇〕には百三十字を属する。

声系 〔説文〕に門声として問・誾・悶・聞・捫など七字を収めるが、誾は声異なり、会意字である。聞はト文・金文には象形に作る字があり、神意を承ける意象の字。門はもと家廟を意味する字で、問・闇（闇）・誾・閉などは、廟門の儀礼を示す字である。

語系 門・亹muənは同声。〔詩、大雅、鳧鷖〕「鳧鷖亹に在り」の〔箋〕に「亹の言たる門なり」とみえる。亹は山峡のところをいう。外に通ずる狭いところは、おおむね聖所であった。

【門蔭】父祖の功により任官する。〔晋書、儒林、范弘之伝〕（上議）（謝）石、門蔭に階藉し、屢〻崇顯に登り、百揆を總司し、三臺に翼贊す。

【門下】食客・弟子など。〔戦国策、斉四〕齊人に馮諼といふ者有り。貧乏にして自ら存きること能はず。人をして孟嘗君に屬せしめ、門下に寄食せんことを願ふ。

【門外】門の外。〔史記、汲鄭伝論賛〕始め翟公、廷尉と爲るや、賓客、門に闐つ。廢せらるるに及んで、門外、雀羅（雀とりの網）を設くべし。

【門径】入口。入門の法。〔経解入門、六、門径～〕學を爲むに、各〻門徑有り。～門徑一たび淸ならば、～汎濫無歸に至らず。

【門戸】家の門。一家。家がら。〔梁書、王茂伝〕茂、年數歲、大父深の異とする所と爲る。常に親識に謂ひて曰く、此れ吾が家の千里の駒なり。門戸を成す者は、必ず此の兒ならんと。

【門墻】門と、かき。〔論語、子張〕諸れを宮墻に譬ふれば、～夫子の墻は數仞、其の門を得て入らずんば、宗廟の美、百官の富なるを見ず。

【門神】門を守る神。〔荊楚歳時記、正月〕二神を繪がきて、戶の左右に貼る。左は神茶、右は鬱壘なり。俗に之れを門神と謂ふ。

【門人】門下の人。〔漢学師承記、二、恵周惕〕古人、親しく業を受けたる者を弟子と稱し、轉た相ひ授くる者を門人と稱す。

【門生】門下。門下生。宋・蘇軾〔子由（弟、轍）の、除夜元日、省宿致斎するに和す、三首、三〕詩 白髮の門生、幾人か在る 却つて新句を將つて兒童を調す

【門前】門の前。唐・趙嘏〔汾陽の旧宅を経ふ〕詩 門前改めず、舊山河 虜を破りて、曾つて馬伏波（援）を輕んず 今日獨り歌舞の地を經たり 古槐、疏冷にして、夕陽多し

【門庭】門と門口あたり。〔晋書、儒林、劉兆伝〕貧に安んじ道を樂しみ、心を著述に潛め、門庭を出でざること數十年。

【門徒】門下。〔後漢書、鄭玄伝〕（馬）融の門徒四百餘人、～玄、門下に在り、三年見ゆるを得ず。～融～玄の筭を善くするを聞き乃ち樓上に召見す。玄、因りて從ひて諸疑義を質し、問ひ畢りて辭し歸る。融喟然として門人に謂ひて曰く、鄭生今去る、吾が道東すと。

【門閥】家柄。〔唐書、魏玄同伝〕（上疏）今、貴戚の子弟、一に皆早仕す。弘文・崇賢・千牛・輦脚の類、程較既に淺く、技能亦た薄し。而れども門閥素有り、資望自から高し。

↑門阿 門の棟／門闈 宮門／門尹 門番の長／門衛 監門／門役 門番／門閲 家柄／門垣 門と垣／門火 送葬の火／門牙 軍門に立てた将軍の旗／門階 門と階／門閣 かんぬき／門官 監門／門閑 来客がない／門関 関門／門館 門客の館／門檻 しきい／門観 城壁の魏闕／門基 門の土台／門旗 門の旗／門客 食客／門旧 旧家／門業 家業／門禁 門の規制／門逕 門先の小道／門戟 門前の戟架／門闕 門観／門闑 門柱／門脊 親族／門限 門のしきい／門功 祖先の功績／門巷 家門と家なみ／門郊 城外／門候 門番／門構 家柄／門衡 門の横木／門閫 門のしきい／門札 門表／門士 門番／門子 嫡子／門司 門番／門刺 名刺／門資 家柄／門地 家柄／門者 門番／門首 門口／門塾 門脇の室／門状 名刺／門帖 門聯／門籍 門の出入証／門扇 門の扉／門祚 家運／門素 家柄／門族 家柄／門卒 門番／門闥 宮門／門冑 家系／門誅 梟らし首の一種／門丁 門番／門弟 門下／門亭 門番所／門第 邸宅／門派 流派／門牌 表札／門庇 門蔭／門楣 家柄／門扉 扉／門表 表札／門品 門地／門廡 門のひさし／門標 家名／門夫 門番／門風 家風／門法 家法／門包 門番への届け物／門望 家柄と人望／門僕 家僕／門鑰 門のかぎ／門閾 門のしきい／門吏 門番／門流 門派／門閭 里門／門燎 門のかがり火／門鈴 門の呼鈴／門隷 門卒／門暦 門の受付簿／門聯 門の対聯／門楼 楼門

↓倚門・一門・陰門・盈門・営門・衛門・掖門・轅門・応門・禾門・家門・過門・開門・外門・郭門・閣門・寒門・関門・気門・鬼門・貴門・及門・宮門・棘門・玉門・金門・禁門・軍門・荊門・閨門・薊門・迎門・闕門・権門・公門・孔門・叩門・肛門・後門・候門・校門・高門・黄門・閤門・衡門・闔門・国門・獄門・柴門・柵門・三門・山門・参門・四門・市門・私門・師門・寺門・沙門・守門・朱門・儒門・宗門・出門・署門・小門・松門・相門・将門・城門・晨門・寝門・聖門・石門・千門・専門・前門・禅門・素門・桑門・大門・台門・中門・通門・鉄門・天門・杜門・登門・同門・洞門・道門・南門・入門・破門・排門・表門・廟門・部門・武門・廡門・仏門・閉門・法門・砲門・蓬門・坊門・茅門・北門・名門・邑門・幽門・里門・閭門・路門・楼門

【們】 10 2722 モン ともがら

形声 声符は門。門は家、その家門に属する人をいう。〔方言、二〕「渾は盛なり」の〔注〕に「們渾」という語があって、肥満のさまをいう。劉知幾の〔史通、雑説中〕に「渠們・底個は、江左彼此の辭なり」とあって、この字を等輩の意に用いることは、唐以後にみえる。

訓義 ①こえたさま。②ともがら、ひとたち、複数の人をいうのに用いる。

↓俺們・我們

常【紋】 10 2094 〔紋〕 10 2094 モン あや しわ

形声 声符は文（文）。〔玉篇〕に「綾紋なり」とあり、織紋をいう。わが国では紋章・紋所の意に用いる。

訓義 ①あや、あやおり、かた。②しわ、すじ。③もん、紋所。

古訓 〔名義抄〕紋 アヤ 〔字鏡集〕紋 アヤ・アヤノモン

語系 紋・文・彣miuənは同声。文はもと文身、彣は文身の美をいう。文章は彣彰、もと文身の美をいう字であった。

【紋楸】碁盤。楸を以て作る。唐・杜牧〔国棋王逢を送る〕詩 玉子（玉棋子）紋楸、一路饒し 最も宜し、簷雨竹に蕭蕭たるに

↑紋銀 馬蹄銀／紋縠 あや縮緬／紋足 紋銀／紋理 文理

↓衣紋・花紋・家紋・渦紋・奇紋・綺紋・魚紋・玉紋・金紋・虎紋・縠紋・細紋・指紋・地紋・手紋・水紋・皺紋・粟紋・池紋・波紋・斑紋・風紋・鳳紋・羅紋・竜紋・綾紋

常 【問】 11 7760 モン ブン　とう たずねる たより

篆文  甲骨文  金文  古印璽 

会意 門+口。門は家廟の廟門。口は祝禱を収める器の形で𠙵。祈って神意を問う。〔説文〕二上に「訊ふなり」とあり、言部三上に「訊は問ふなり」とあるのと互訓。訊の初形は𡂝に作り、罪人や俘虜を糾問する意であるから、訊と問とは大いに字義が異なる。問は神意に諮り問う意。〔書、呂刑〕「皇帝、下民に清問す」、〔詩、大雅、緜〕「亦た厥の問を隕さず」とは、みな神意に関していう。のち問答や、人に問遺する意などに用いる。

訓義 1とう、神意をとう、神のお告げ。2たずねる、しらべる。3おとずれる、おくる、たより。4聞と通じ、きこえ、名声。

古訓 〔名義抄〕問 トフ・オクル・トブラフ/借門(問) トフ

語系 問 miuən、門 muən は声義近く、門は廟門。廟門で神意を問うことを問という。問は門の動詞的用法とみてよい。

【問遺】もんい(ゐ) 安否をたずね、物を贈る。〔楽府詩集、漢鐃歌、所思有り〕所思(思う人)有り、乃ち大海の南に在り 何を用つてか君に問遺せん 雙珠、玳瑁の簪 玉を用て之れを紹繚(巻いて飾る)せん

【問学】もんがく 学問。〔中庸、二十七〕君子は德性を尊び、問學に道より、廣大を致し、精微を盡す。

【問禁】もんきん 他国に入るとき、その禁忌を問う。〔礼記、曲礼上〕竟(境)に入りては禁を問ひ、國に入りては俗を問ひ、門に入りては諱を問ふ。

【問歳】もんさい 年の豊凶を問う。〔戦国策、斉四〕齊王、使者をして趙の威后を問はしむ。書未だ發かず、威后、使者に問うて曰く、歳(稔)も亦た恙無きや~と。

【問事】もんじ 問う。質問する。〔後漢書、賈逵伝〕兒童爲りしより、常に大學に在り。人閒の事に通ぜず。身の長け八尺二寸。諸儒之れが語を爲して曰く、事を問ふことを休めず、賈長頭と。

【問疾】もんしつ 病を見舞う。〔礼記、雑記下〕死を弔ひ疾を問ふときは、顔色戚容、必ず以て人に異なる有り。此くの如くにして、~三年の喪に服すべし。

【問津】もんしん 渡し場を問う。〔論語、微子〕長沮、桀溺、耦して耕す。孔子之れを過ぎり、子路をして津を問はしむ。長沮~曰く、是れ魯の孔丘なるかと。曰く、是れなりと。曰く是れ津を知らんと。

【問訊】もんじん 問いただす。晉・陶潛〔桃花源記〕便ち要へて家に還り、爲に酒を設け、雞を殺して食を作る。村中、此の人有るを聞き、咸な來りて問訊す。~問ふ、今は是れ何の世ぞと。

【問対】もんたい 応対。〔左伝、襄十二年〕靈王、后を齊に求む。齊侯、晏桓子に問對す。~齊侯、許昏す。

【問鼎】もんてい 鼎の軽重を問う。王の宝器を伺う意。〔左伝、宣三年〕定王、王孫滿をして、楚子を勞はしむ。楚子、鼎の大小輕重を問ふ。對へて曰く、~今周德衰ふと雖も、天命未だ改まらず。鼎の輕重、未だ問ふべからざるなりと。

【問弁】もんべん 問うて明らかにする。〔易、乾、文言伝〕君子は學以て之れを聚め、問以て之れを辨じ、寛以て之れに居り、仁以て之れを行ふ。

【問名】もんめい 婚礼のとき、女の姓氏などを問う儀礼。〔儀礼、士昏礼〕賓、鴈を執りて、問名を請ふ。

↑問安 安否を問う/問案 審問する/問官 裁判官/問諫 諫める/問擬 立件する/問業 学問/問候 問安/問罪 問責する/問状 訊問する/問寝 問安/問責 責問する/問題 事案/問頭 試問の題/問難 詰問する/問板 拷問板/問目 試問の題/問労 慰める/問話 問う

↓按問・案問・慰問・応問・音問・下問・呵問・苛問・学問・勘問・喚問・記問・寄問・譏問・疑問・鞫問・吉問・詰問・究問・糾問・凶問・験問・譴問・顧問・扣問・考問・孝問・候問・拷問・査問・策問・咨問・試問・諮問・質問・借問・卹問・恤問・詢問・審問・訊問・尋問・推問・声問・省問・清問・聖問・請問・責問・設問・善問・存問・対問・弔問・徳問・難問・発問・反問・不問・風問・聘問・訪問・卜問・労問・或問

【捫】 11 5702 モン　なでる おさえる とる ひねる

篆文 

形声 声符は門。〔説文〕十二上に「撫持するなり」とし、〔詩、大雅、抑〕「朕が舌を捫ふること莫れ」の句を引く。捫舌とは、舌を強くおさえて撫磨する意。晋のころ、世俗の礼法を無視し、捫蝨を風流のこととする俗があった。

訓義 1なでる、さする、おさえる。2さぐる、とる、つかむ、うごかす。3ひねる、ひねりとる、ひねりつぶす。

古訓 〔名義抄〕捫 トル・ヒロフ・ナヅ・ウツス・スル・ノゴフ・カク・クフ・サグル・オス

語系 捫 muən は摩(摩)・磨(磨)muai と声義近く、強く撫摩し、ひねりとるような動作を捫という。撫 phiua、模(模)ma もその系統の語である。

【捫蝨】もんしつ 人の前で蝨をひねる。放達の行為とされた。〔晋書、王猛載記〕桓溫、關に入る。(王)猛、褐を被きて之れに詣る。一面して當世の事を談じ、蝨を捫りて言ふ。旁らに人無きが若し。

【捫心】もんしん 胸をなでる。北斉・顔之推〔神仙〕詩 鏡中、相ひ識らず 心を捫へて徒だ自ら憐れむ

【捫舌】もんぜつ ものが言えない。〔芸苑巵言、八〕少年の時、神厲志凌の病へ、亦た或いは之れ有りしも、今老いたり。往事を追思するに、捫舌を爲すべし。

【捫然】もんぜん 撫でさするだけで、行動しないさま。〔新書、威不信〕舟車の至る所、志の如くならしむべきも、特だ捫然たるのみならば、數百里にして威令信びず。流涕を爲すべき者此れなり。

【捫天】もんてん 天をおす。〔後漢書、皇后上、和熹鄧皇后紀〕后嘗て夢に天を捫す。蕩蕩として正に青く、鍾乳の狀有るが若し。乃ち仰ぎて、之れを嗽飲す。以て諸れを占夢に訊ふ。言ふ、~斯れ皆聖王の前占、吉なること言ふべからずと。

【捫腹】もんぷく 腹をなでる。宋・蘇軾〔定恵院の東に寓居す。~海棠一株有り。土人貴きことを知らざるなり〕詩 先生食飽、一事無し 散歩逍遙して自ら腹を捫ふ 人家と僧舍とを問はず 杖を拄てて門を敲き、修竹を看る

【捫蘿】もんら つたにすがる。唐・宋之問〔霊隠寺〕詩 蘿を捫りて塔に登ること遠く 木を刳りて泉を取ること遙かなり

↑捫月 月をとらえる/捫循 手でさぐる/捫足 足でさぐる/捫頭 頭をなでる/捫摸 さぐる

【悶】 12 7733 モン　もだえる うれえる

篆文  古印璽 

形声 声符は門。〔説文〕十下に「懣ゆるなり」、また懣字条に「煩はしきなり」、憤(憤)字条に「懣ゆるなり」とあって、みな声義の近い字である。

訓義 1もだえる、なやむ。2うれえる、心むすぼれる、わずらう。3くらい、みだれる。

古訓 〔名義抄〕悶 ウレフ・ウラム・コヽロタユ・イキタヘ・トヽホ

ル・オボツカナシ・マドフ・イキドホル〔字鏡集〕悶 イキドホル・ミヤビタリ・コヽロマドヒ・ウラム・コヽロタヘ・オボツカナシ・ウレフ・ト（ヽ）ホル・イキタヘ・イタス・トヅ・マドフ

【語系】悶muan、懣muanは声義近く、心に憤懣を抱く意。また煩biuan、憤biuanも声義近く、みな一系の語である。

【悶絶】もんぜつ 苦しんで気を失う。〔梁書、王僧弁伝〕世祖大いに怒り、劍を按じ聲を厲まして曰く、卿、行くを憚るかと。～世祖因りて之れを斫り、其の左髀に中つ。流血地に至り、僧辯、悶絶す。久之くして方めて蘇へる。

【悶悶】もんもん 無智愚昧のさま。〔老子、二十〕俗人は昭昭たるも、我は獨り昏昏たり。俗人は察察たるも、我は獨り悶悶たり。

【悶容】もんよう 不満で苦しむようす。〔後漢書、班彪伝論〕班彪、通儒上才を以て、危亂の閒に傾側す。～文華を敷きて以て國典を緯さめ、賤薄を守りて悶容無し。～何ぞ其れ道を守り、恬淡たることの篤きや。

【悶癢】もんよう（やう） かゆくて、辛抱がならぬ。魏・嵇康〔山巨源（濤）に与へて交はりを絶つ書〕頭面、常に一月に十五日洗はず。大いに悶癢せざれば、沐すること能はざるなり。

↑悶鬱 心ふさぐ／悶懐 もだえる／悶苦 苦悶する／悶死 もだえ死ぬ／悶疾 鬱病／悶嘆 もだえ嘆く／悶著 紛争／悶吐 吐気／悶閔 もだえうれえる／悶瞀 うれえ乱れる／悶懣 もだえうらむ／悶黙 もだえだまる／悶乱 もだえ乱れる

↓鬱悶・解悶・潰悶・渇悶・苦悶・倦悶・遺悶・散悶・愁悶・滞悶・破悶・排悶・煩悶・憤悶・無悶・迷悶・憂悶

【懣】 18 3433 モン マン もだえる いきどおる

篆文 

形声 声符は滿（満）。〔説文〕十下に「煩はしきなり」とし、「心に從ひ、滿に從ふ」と会意に解する。次条に「憤は懣ゆるなり」と互訓に解し、賁声とする。また次条に「悶は懣ゆるなり」とし、門も声とするが、懣・悶は同声。賁は内なるものが外にあらわれる意であるが、憤（憤）を形声とするならば、懣も形声に解すべきであろう。滿は㒼に従い、㒼は満面繡紱の意で、充満の意となる。懣・憤は形声にして義を兼ねるもの、いわゆる亦声の字である。

【訓義】①もだえる、心にみちる。②いきどおる、おさめがたい。

【古訓】〔名義抄〕懣 コヽロマドフ・ウレフ・イキドホル・ワヅラハシ・イタム・ホン（ツ）ス〔字鏡集〕懣 コヽロマドモ（フ）・ホッス・ウレフ・イカル・ワヅラフ・イキドホル・イタム

【語系】懣muanは悶muanと声義近く、憤biuan、煩biuan、忿phiuanもその系列の語。心に憤怨するところがあって、煩懣の気を生ずる。

↑懣怨 怨みもだえる／懣然 もだえ嘆くさま／懣煩 もだえわずらう／懣憤 憤懣／懣悶 いかりもだえる／懣懣 いかりもだえるさま／懣乱 煩乱する

↓懐懣・懼懣・煩懣・愁懣・吐懣・備懣・煩懣・悲懣・忿懣・憤懣・幽懣・憂懣・惋懣

モンメ

【匁】 人 4 もんめ

国字 一貫の千分の一の分量をいう。また銭の単位で、一両の六十分の一。銀六十匁が一両にあたる。匁は文目。長さに文といい、重量に匁、また単に目ということがある。

【訓義】①もんめ、一貫の千分の一。

ヤ

【也】 人 3 4471 ヤ イ なり や か な

篆文  金文  簡書 

象形 匜とよばれる水器の形で、匜の初文。〔説文〕十二下に「女陰なり。象形」とし、重文として秦刻石の也の字をあげる。その字は秦・漢通行の字形であるが、すでにその初形を失ったものである。また語末の詞には古くは殹を用い、秦の〔新郪虎符〕に「行け殹」のようにいう。殹は呪医が矢で病気を祓うときに叫ぶ声を示し、醫（医）の初文。也を用いるのは音の仮借である。後の文章では、終助詞として用いるときに、その用義を示すため他の終助詞と組み合わせることがあり、也已・也矣・也呵・也乎・也乎哉・也哉・也邪・也耶・也与のようにいう。

【訓義】①終助詞の、なり。②疑問・詠嘆の、や・か・かな。③主語などを提示する、や。④女陰。⑤匜の初文。のち匜を用いる。⑥副詞として、また。

【古訓】〔名義抄〕也 ナリ・マタカ（マタ、カ）・ハルカナリ・スヱ（エ）〔字鏡集〕也 コトハ・ハルカナリ・コレ・ナリ・マタ・ナムチ・ヤ

【声系】〔説文〕に也声として池・施・馳・匜・弛・地・阤など十二字を録する。也の初形は蛇（巳）と近く、両者の声はもと異なるものであった。ゆえに也声の字には、その両系がある。

【也似】じゃ また似たり。宋・陸游〔周輔道中に次韻す〕詩 日は淡く、風は斜めなり、江上の路 蘆花は也た柳花の輕きに似たり

【也者】やしゃ ～なる者は。主題を提示する語法。〔論語、学而〕君子は本を務む。本立ちて道生ず。孝弟なる（也）者は、其れ仁を爲すの本か。

↑也可 元の官名で、第一の意／也乎 強めの語助詞／也哉 ならんや／也耶 詠嘆の終助詞

↓允也・今也・行也・士也・惜也・天也・展也・命也

【冶】 常 7 3316 ヤ とかす いる つくる なまめかしい

篆文 

形声 声符は台。台に怡・詒の声がある。〔説文〕十一下に「銷かすなり」とあり、鋳冶の意。字は仌（氷）部に属する字とされるが、金文の字形は、匀・金などの字形に含まれる鎔塊の形に従う。鋳冶して光彩を発するので、また艶冶の意に用いる。

【訓義】①とかす。②いる、つくる、ねる。③いかけ、いもの。また、その人。④なまめかしい、うつくしい。

【古訓】〔名義抄〕冶 ミガク・トロモス・ミヤヒカリ・ウルハシ・トグ・キタフ・クル・キル・ウツ〔字鏡集〕冶 カヂス・ミガク・ウルハシ・トロモス・ウツ・ホク・クル・イル・ウフ・キタフ・ネヤス・チユ・ミヤビヤカナリ・キル・ホト〳〵

【語系】冶jia、融jiuamは声義近く、とろける意がある。鎔jiongは金属のとける意。融は鬲中のものが腐敗して虫を生ずる意象の字であるが、合わせて鎔融という。油jiuは卣、瓠実の油化したものをいい、また同系の語である。

【冶豔】やえん あでやか。唐・鄭還古〔柳氏の妓に贈る〕詩 冶豔、神仙を出で 歌聲、管絃に勝る 詞は輕し、白紵の曲 歌は遏む、碧雲の天

【冶金】やきん 金属を精製加工する。〔荘子、大宗師〕今、大冶、金を鑄んとするに、金踊躍して、我且に必ず鏌鋣（名刀）爲らんとすと曰はば、大冶必ず以て不祥の金と爲さん。

【冶春】やしゅん なまめかしい春色。清・王士禎〔冶春絶句、十二首、六〕東風、花事、江城に至る 早に人家の賣餳（あめ売り）を喚ぶ有り 他日相ひ思うて、忘れ得ざらん 平山堂下、五清明

【冶鍛】やたん きたえる。〔唐書、魏徴伝〕帝（太宗）曰く、公獨り見ずや、金の鑛に在るとき、何ぞ貴ぶに足らんや。善く冶鍛して器を爲さば、人乃ち之れを寶とせん～と。

【冶鋳】(やちゅう) 冶金。〔史記、平準書〕冶鑄煮鹽し、財或いは萬金を累ぬるも、國家の急を佐けず。

【冶遊】(やいう) 野遊。また、色里などの遊び。宋・晏幾道〔浣渓沙、二十一首、四〕詞 白紵春衫、楊柳の鞭 碧蹄驕馬、杏花の韉 落英飛絮、冶遊の天

【冶郎】(やらう) やさ男。遊客。唐・李白〔採蓮曲〕詩 岸上、誰が家の遊冶郎ぞ 三三五五、垂楊に映ず

↑冶工 かじや／冶匠 冶工／冶態 あで姿／冶橐 ふいごう／冶服 美しい服／冶妖 妖美／冶容 冶態／冶鎔 鋳型

↓塩冶・艶冶・佳冶・姦冶・閑冶・妍冶・巧冶・姣冶・鍛冶・鉄冶・都冶・陶冶・遊冶・融冶・妖冶・容冶・姚冶・良冶・錬冶

常 【夜】 8 0024 ヤ よる よなか

篆文  金文 

【会意】大＋夕(月)。大は人影の横斜する形にかかれ、人の臥す形とみられる。〔説文〕七上に「舍るなり。天下休舍す。夕に從ひ、亦の省聲なり」とする。夜・舍(舎)の畳韻を以て訓するが、舎とは関係がない。

【訓義】①よ、よる、よなか。②くれがた、あけがた。③くらい。

【古訓】〔名義抄〕夜 ヨル・ヨハ 〔字鏡集〕夜 ヨル・ユフベ・ヨハ

【声系】〔説文〕に夜声として液・掖の二字を収める。〔玉篇〕に「腋は肘腋なり」とあり、腋に携えて誘掖することを掖という。腋の初文は亦、人の両腋を示す字である。

【語系】夜 jyak、昔 syak は声義近く、昔は昨夕をいう。夕・汐 zyak も声近く、夕潮を汐という。掖・腋(亦) jyak も同声。夜の金文に、亦の形に従うものがある。

【夜飲】(やいん) 夜、酒を飲む。〔邵氏聞見録、九〕(韓)魏公(琦)、荊公(王安石)の少年なるを見て、夜飲放逸なるを疑ふ。～曰く、君少年、書を廢すること無かれ、自棄すべからずと。荊公答へず。

【夜雨】(やう) 夜の雨。唐・李商隠〔夜雨、北(妻)に寄す〕詩 君、歸期を問ふも、未だ期有らず 巴山の夜雨、秋池に漲る

【夜猿】(やゑん) 夜のさる。唐・魏徴〔述懐〕詩 鬱紆として高岫に陟り 出没して平原を望む 古木、寒鳥鳴き 空山、夜猿啼く

【夜火】(やくわ) 夜の火。民国・斉白石〔石安の贈られし詩に次韻す〕詩 蒼茫たる夜火、新鬼を添へ 寥落たる晨星、故人を數ふ

【夜寒】(やかん) よざむ。唐・羅隠〔新安、知る所に投ず〕詩 漢殿夜寒くして、時に食せず 宋都、風急にして、命何ぞ疏なる

【夜気】(やき) 夜の大気。夜間清涼、人の気を回復するもの。〔孟子、告子上〕其の旦晝の爲す所、之れを梏亡するもの有り。之れを梏することを反覆せば、則ち其の夜氣、以て存するに足らず。

【夜吟】(やぎん) 夜、吟ずる。唐・陳陶〔続古、二十九首、二十六〕詩 雄劍、久しく濩落たり 夜吟、秋風起る

【夜景】(やけい) 夜の景色。晋・陶潜〔辛丑の歳七月、～夜、塗口を行く〕詩 涼風起りて、將に夕ならんとし 夜景、湛として虚明なり

【夜月】(やげつ) 月。月光。唐・銭起〔帰雁〕詩 瀟湘より何事ぞ、等閑に回へる 水碧、沙明、兩岸の苔 二十五絃、夜月に彈ずれば 清怨に勝へずして却つて飛び來らん

【夜語】(やご) 夜がたり。唐・盧綸〔晩に鄂州に次る〕詩 估客晝眠りて、浪の靜かなることを知り 舟人夜語りて、潮の生ずるを覺る

【夜光】(やくわう) 夜の光。唐・寒山〔寒山詩、二八一〕白雲、朝影靜かに 明月、夜光浮かぶ

【夜江】(やかう) 夜の川。唐・駱賓王〔瓜歩江を渡る〕詩 驚濤躍馬かと疑ひ 積氣、連牛に似たり 月迥かにして、寒沙淨く 風急にして、夜江秋なり

【夜行】(やかう) 夜ゆく。宋・張耒〔海州道中、二首、一〕詩 孤舟夜行すれば、秋水廣し 秋風帆に滿ちて、槳を搖がさず

【夜哭】(やこく) 夜、哭く。清・呉偉業〔悲歌、呉季子に贈る〕詩 倉頡(文字の制作者)夜哭す、良に以有り 患を受くるは、祇に讀書より始まる

【夜思】(やし) 夜の思い。唐・柳宗元〔薛存義を送る序〕蚤く作きて夜に思ひ、力を勸めて心を勞す。訟ふる者は平らかに、賦する者は均し。

【夜酒】(やしゅ) 夜飲。唐・白居易〔舟中李山人訪宿す〕詩 何を以てか宿客を延かん 夜酒と秋琴と

【夜愁】(やしう) 夜の寂しさ。夜の思い。宋・周密〔西塍、秋日即事〕詩 絡緯(くだまき)聲聲、夜愁を織る 酸風、雨を吹く、水邊の樓

【夜燭】(やしょく) 夜の灯。宋・蘇軾〔次韻、劉景文左蔵に答ふ〕詩 夜燭、詩を催ほして金燼落ち 秋芳、帽を壓して、露華滋し

【夜深】(やしん) 夜ふけ。唐・李益〔夜、受降城に上りて笛を聞く〕詩 風起りて、寒雲斷え 夜深くして、關月開く 平明、獨り惆悵す 落ち盡す、一庭の梅

【夜静】(やせい) 静夜。明・王守仁〔海に泛ぶ〕詩 夜靜かにして、海濤三萬里 月明に錫(錫杖)を飛ばして、天風に下る

【夜雪】(やせつ) 夜の雪。宋・陸游〔憤を書す〕詩 樓船、夜雪、瓜洲の渡し 鐵馬、松風、大散關

【夜中】(やちゅう) よなか。魏・阮籍〔詠懐、八十二首、一〕詩 夜、中なるも、寐ぬること能はず 起坐して、鳴琴を彈ず 薄帷、明月に鑒てらされ 清風、我が襟を吹く

【夜砧】(やちん) 夜うつ砧。唐・白居易〔夜砧を聞く〕詩 誰が家の思婦ぞ、秋、帛を擣つ 月苦え、風淒しく、砧杵悲し

【夜読】(やどく) 夜よむ。宋・蘇軾〔孟郊の詩を読む、二首、一〕詩 夜、孟郊の詩を讀めば 細字、牛毛の如し 寒燈、昏花を照らし 佳處時に一たび遭ふ

【夜泊】(やはく) 夜、舟に宿る。唐・許渾〔夜、松江の渡を過ぎり、友人に寄す〕詩 南湖の風雨、一たび相ひ失ふ 夜、横塘に泊して、心渺然たり

【夜半】(やはん) よなか。唐・張継〔楓橋夜泊〕詩 姑蘇城外、寒山寺 夜半の鐘聲、客船に到る

【夜来】(やらい) 昨夜から。唐・韋応物〔幽居〕詩 微雨、夜來過ぐ 知らず春草の生ずるを 青山、忽ち已に曙け 鳥雀、舍を繞りて鳴く

【夜涼】(やりやう) 夜のすずしさ。宋・陸游〔新秋〕詩 縱酒已に年少の夢無し 讀書仍ほ負く、夜涼の時

↑夜衣 夜着／夜陰 暗夜／夜烏 夜がらす／夜雲 夜の雲／夜永 夜長／夜営 夜の営所／夜影 夜色／夜宴 夜飲／夜課 夜の仕事／夜臥 夜寝る／夜会 夜の会合／夜海 夜の海／夜角 夜の角笛／夜覚 夢中の遊び／夜鶴 夜の鶴／夜学 夜学ぶ／夜龕 夜の塔／夜帰 夜帰る／夜輝 夜の光／夜饑 夜空腹となる／夜客 泥棒／夜炬 夜の火／夜漁 夜の漁／夜蛩 夜鳴く蟋蟀／夜驚 夜おどろき騒ぐ／夜衾 夜着／夜勤 夜間の勤務／夜禁 夜の禁令／夜禽 夜の鳥／夜軍 夜戦／夜扃 夜の戸締まり／夜渓 夜の谷あい／夜閨 ねや／夜警 夜中の警戒／夜撃 夜攻め／夜犬 夜の犬／夜絃 夜の琴の音／夜厳 夜警／夜壺 便器／夜鼓 夜の太鼓／夜工 よなべ／夜攻 夜ぜめ／夜航 夜舟／夜刻 夜の時／夜黒 暗夜／夜昏 暗夜／夜作 よなべ／夜残 よあけ／夜士 夜の

見回り／夜市　夜店／夜祠　夜祭／夜肆　夜店／夜事　夜業／夜室　墓室／夜日　夜間／夜舟　夜ぶね／夜宿　宿る／夜襲　夜討ち／夜唱　夜唱う／夜誦　夜読む／夜鐘　夜の鐘／夜觴　夜飲／夜色　夜景／夜織　夜、機織る／夜寝　夜寝る／夜水　夜の川／夜酔　夜酔う／夜晴　夜晴れる／夜汐　夜の潮／夜船　夜舟／夜戦　夜の戦い／夜禅　夜中に坐禅する／夜蟬　夜の蟬／夜台　墓穴／夜柝　夜の拍子木／夜談　夜ばなし／夜籌　夜の時刻／夜帳　夜のとばり／夜潮　夜汐／夜直　宿直／夜程　夜の道／夜笛　夜の笛／夜天　暗夜／夜店　宿／夜点　夜の時刻／夜灯　夜燭／夜投　投宿する／夜発　夜だち／夜晩　夜ふけ／夜風　夜かぜ／夜分　夜半／夜夢　夜中の夢／夜霧　夜ぎり／夜明　夜明け／夜冥　暗夜／夜鳴　夜鳴く／夜邏　夜回り／夜裏　夜のうち／夜猟　夜狩り／夜冷　夜冷え／夜郎　夜郎の人、他を知らず、自ら語るを夜郎自大という／夜漏　夜刻／夜話　夜ばなし

↓暗夜・一夜・乙夜・雨夜・永夜・夏夜・晦夜・隔夜・寒夜・閑夜・禁夜・警夜・月夜・玄夜・五夜・甲夜・行夜・後夜・今夜・昏夜・昨夜・残夜・子夜・秋夜・終夜・夙夜・宿夜・春夜・初夜・除夜・深夜・晨夜・星夜・清夜・静夜・雪夜・前夜・霜夜・逮夜・短夜・中夜・昼夜・長夜・通夜・徹夜・冬夜・当夜・独夜・日夜・半夜・白夜・不夜・丙夜・戊夜・莫夜・暮夜・明夜・幽夜・遥夜・蘭夜・良夜・涼夜・累夜・連夜

人 【耶】 9 1712 ヤ かちち

形声 もと邪（邪）から分化した字。邪は牙声、耶はその異体の字であるが、邪と別の用義の字として行われる。耶蘇のような音訳の字、また爺の略字に用いる。

訓義 ①助詞、や・か。②爺と通じ、ちち。

古訓 〔名義抄〕耶 チ、・アヤシ・イヤシ・シバラク・ユカム・アサシ〔字鏡集〕耶 ユガム・イツハル・イヤシ・チ、・ヨコサマ・アヤシ・ナ、メ・シバラク・アシ・ヌカ・アサシ

語系 耶（邪）jya、與（与）・歟jiaは声近く、疑問や反語、また詠嘆の助詞として用いる。

【耶嬢】（ぢやう） 父母。唐・杜甫〔兵車行〕詩 車轔轔、馬蕭蕭 行人の弓箭、各ゝ腰に在り 耶嬢妻子、走りて相ひ送る 塵埃に見えず、咸陽橋

↑耶許　かけ声／耶耶　祖父、父

常 【野】 11 6712 人 〔埜〕 11 4410 〔壄〕 15 4410

ヤ ショ の いなか いやしい

篆文　古文　甲骨文　金文

形声 声符は予。〔説文〕十三下に「郊外なり」とあり、古文として壄を録する。埜に予声を加えた字である。卜文に埜の字がみえ、金文の〔大克鼎〕に地名に用いる。里は田土に従って、田社の意。埜は林社、叢林の社を意味する字である。都に対して鄙野・樸野、官に対しては在野という。

訓義 ①の、のはら。②いなか、ひな、さと。③いやしい、かざらぬ、あらい。④星宿、分野。

古訓 〔和名抄〕野 能（の）〔名義抄〕野 ノ・ノラ・イヤシ・アラハ／曠野 アラノラ

【野意】 いなかの風情。唐・雍陶〔襄陽の章孝標に寄す〕詩 聞説らく、小齋、野意多し 枳花陰裏、麝香眠ると

【野営】 野中の露営。唐・杜甫〔去秋行〕詩 戰場の冤魂、毎夜哭す 空しく野營の猛士をして悲しましむ

【野煙】 野原にたちこめるもや。唐・張旭〔桃花谿〕詩 隱隱として、飛橋、野煙に隔てられ 石磯の西畔、漁船に問ふ

【野翁】（をう） 田舎おやじ。唐・白居易〔偶吟〕詩 人生の變改、故もより窮まり無し 昔は是れ朝官、今は野翁 久しく形を朱紫（宮中）の内に寄せたるも 漸く身を抽きて、蕙荷の中に入る

【野火】（くわ） のび。唐・白居易〔賦し得たり、古原の草。送別〕詩 離離たる原上の草 一歳に一たび枯榮す 野火、燒けども盡きず 春風、吹いて又生ず

【野花】（くわ） 野の花。宋・蘇軾〔宜興に帰り、竹西寺に留題す、三首、三〕詩 山寺、歸り來たつて、好語を聞く 野花、啼鳥も、亦た欣然たり

【野鶴】 野に遊ぶ鶴。〔晋書、忠義、嵆紹伝〕（嵆）紹、始めて洛に入る。或ひと王戎に謂ひて曰く、昨ふ稠人中に於て、始めて嵆紹を見たるに、昂昂然として、野鶴の鷄羣に在るが如しと。

【野橋】（けう） 野中の橋。宋・蘇軾〔江月、五首、四〕詩 幽人、我が約に赴く 坐して玉繩（星）の横たふを待つ 野橋、斷板多し 山寺、微行有り

【野禽】 野鳥。宋・趙師秀〔鮑県尉に和す〕詩 野禽、果を偸みて去り 童子、經を借りて還る

【野行】（かう） 野道をゆく。清・何紹基〔山雨〕詩 短笠團團、樹枝を避く 初秋の天氣、野行に宜し

【野航】（かう） 野中の渡し舟。唐・杜甫〔南隣〕詩 秋水纔かに深きこと四五尺 野航恰も受く、兩三人

【野合】（がふ） 婚儀を整えずに夫婦になる。〔史記、孔子世家〕（叔梁）紇、顏氏の女と野合して、孔子を生む。尼丘に禱りて、孔子を得たり。

【野坐】 野にすわる。宋・劉克荘〔北山の作〕詩 山行、路脈を忘れ 野坐、天文を認む

【野寺】 野中の寺。唐・岑参〔晩に五渡を発す〕詩 江村、片雨の外 野寺、夕陽の邊 芋葉、山徑に藏し 蘆花、渚田に雜はる

【野処】 野に住む。〔易、繫辞伝下〕上古は穴居して野處す。後世の聖人、之れに易ふるに宮室を以てし、棟を上にし宇を下にし、以て風雨を待つ。蓋し諸れを大壯に取る。

【野情】（じやう） 自然の趣。宋・梅尭臣〔魯山、山行〕詩 適ま野情と愜ふ 千山高く復た低し 好峰、隨處に改まり 幽徑、獨り行くに迷ふ

【野色】 野原の景色。唐・白居易〔冀城北原の作〕詩 野色、何ぞ莽蒼たる 秋聲、亦た蕭疏（ものさびしい）

【野心】 野獣の荒々しい心。〔左伝、昭二十八年〕是れ豺狼の聲なり。狼子野心なり。

【野水】 野を流れる川。宋・寇準〔春日楼に登りて帰るを思ふ〕詩 野水、人の渡る無し 孤舟、盡日横たふ

【野性】 粗野な性格。宋・陸游〔野性〕詩 野性、從來世と疎なり 俗塵、自ら吾が廬に到らず

【野拙】 礼儀知らず。〔宋書、趙倫之伝〕倫之、外戚貴盛なりと雖も、儉素を以て自ら處る。性、野拙にして、人情世務、解せざる所多し。

【野戦】 陣を整えずに戦ふ。斬りこみ。清・鄭燮〔画に題す。竹〕石濤の竹を畫くや、野戰を好む。略ぼ紀律無し。而れども紀律自ら其の中に在り。～功夫氣候、一點をも僭差することを得ず。

【野叟】（さう） 田舎の老人。唐・許棠〔冬杪、陵陽の別業に帰る、五首、三〕詩 雞犬、唯だ鹿に隨ひ 兒童、只だ蓑を衣る 時に因りて野叟を尋ね 狂醉復た狂歌す

【野僧】 野を旅する僧。宋・陸游〔成都歳暮、始めて微寒あり。小酌して興を遣る〕詩 身は野僧に似て、猶ほ髮有り 門は村舍の如く、強ひて官に名づく

【野店】やてん 田舎の茶店。清・石濤〔梅竹小幅、四首、四〕詩 荒涼たる野店、佳醸(美酒)無し 寂寞たる孤村、老翁を剰ます

【野渡】やと 野中の渡し場。唐・戴叔倫〔山居即事〕詩 野渡、漁子に逢ひ 同舟、月を蕩かして歸る

【野藤】やとう 野に茂る藤。宋・蘇軾〔白帝廟〕詩 荒城、秋草滿ち 古樹、野藤垂る 浩蕩として荊江遠く 凄涼として蜀客悲しむ

【野馬】やば かげろう。陽炎。〔荘子、逍遥遊〕野馬や、塵埃や、生物の、息を以て相ひ吹くなり。

【野梅】やばい 野の梅。唐・羅隠〔江邊、寄する有り〕詩 狂じて野梅を折れば、山店暖かく 酔ひて村笛を吹けば、酒樓寒し

【野夫】やふ 野人。農夫。〔礼記、郊特牲〕黄衣黄冠して祭るは、田夫を息はしむるなり。野夫は黄冠す。黄冠は草服なり。

【野老】やろう(らう) いなかの老人。宋・蘇舜欽〔滄浪亭記〕觴して浩歌し、踞して仰嘯す。野老至らず、魚鳥共に樂しむ。形骸既に適すれば、則ち神煩はされず。

↑野靄 野のもや／野委 野積み／野嫗 村の婆／野雲 野の雲／野屋 田舎の家／野華 野の花／野歌 村の歌／野雁 あひる／野卉 野草／野鬼 無縁仏／野饋 野の弁当／野客 仕官しない人／野居 野処／野狗 野犬／野垧 野外／野徑 のみち／野畦 あぜみち／野雉 雉／野犬 のら犬／野言 のらでのはなし／野諺 俚諺／野狐 なまざとりの野狐禅／野語 里ことば／野祭 野の祭／野菜 蔬菜／野蚕 山繭／野史 私史／野死 行き倒れ／野次 野宿／野事 のら仕事／野酌 地酒／野趣 野情／野樹 野中の木／野獣 野の獣／野宿 野ざらしのところでねる／野女 村娘／野乗 野史／野醸 地酒／野翠 野の緑／野井 野井戸／野生 自然に生え出たもの／野積 野積み／野川 野を流れる水／野賤 いなかの賤しいもの／野蔬 青物／野草 野の草／野葬 野草の中に棄てて葬る／野蔌 野菜／野態 田舎ぶり／野沢 野中の沢／野地 原野／野池 野中の池／野雉 野のきじ／野中 野原／野猪 猪／野調 田舎ぶり／野童 里のわらべ／野衲 田舎の僧／野飯 粗飯／野蛮 未開の俗／野鄙 いやしい／野廟 野中の廟／野蕪 草が深くしげる／野風 野の風／野伏 野宿／野魅 野の怪／野容 いきな姿／野里 いなか／野流 野川／野路 田舎路／野廬 田舎の家／野郎 男を罵る語／野陋 いやしい／野録 私撰の歴史書

↓外野・寒野・九野・窮野・愚野・原野・広野・荒野・郊野・曠野・在野・山野・四野・視野・質野・晴野・拙野・賤野・粗野・疏野・草野・蒼野・痩野・村野・中野・疇野・朝野・田野・鄙野・分野・平野・朴野・牧野・樸野・沃野・緑野・林野

囚【椰】 13 / 4792 ヤ やし

形声 声符は耶や。やし。〔嶺南雑記、下〕に「椰子は、形芋頭の如く、人首の如し。外には椶皮を包み、内に堅き殼有り。之れを解けば漿を得」とあり、その殼を椀とし、酒杯に用いる。毒に遇えば裂けるという。肉は白くして甘脆、漿は酒味を帯びて清芳、しばらくすると渾濁する。

訓義 ①やし。

古訓 〔名義抄〕椰子 カツラ 〔篇立〕椰 フサナル

【椰子】やし やし。〔本草綱目、果三、椰子〕相ひ傳ふ、林邑王、越王と怨み有り。刺客をして、其の醉に乘じて、其の首を取らしめ、樹に縣く。化して椰子と爲る。其の核に猶ほ兩眼有り。故に俗、之れを越王頭と謂ふ。而して其の漿は、猶ほ酒の如きなり。

↑椰酒 やしの汁／椰漿 やしの実／椰樹 やしの木／椰漿 やしの肉／椰油 やし油

【爺】 13 / 8012 ヤ ちち おやじ あるじ

形声 声符は耶や。〔玉篇〕に「俗に父爺の字と爲す」とあり、父母を爺嬢という。また「国姓爺」のように男子の尊称に用い、主人・上官をいう。

訓義 ①ちち、おやじ。②あるじ、天子、上官。③としより。④字はまた耶に作る。

古訓 〔字鏡集〕爺 チ、

【爺嬢】やじょう(ぢやう) 父母。〔楽府詩集、横吹曲辞五、木蘭詩、二首、一〕旦に爺嬢を辭し去り 暮に黄河の邊に宿す 爺嬢の女を喚ぶの聲を聞かず 但だ聞く、黄河の流水、鳴ること濺濺たるを

【爺爺】やや 父の尊称。〔宋史、岳飛伝〕金に籍する所の兵、相ひ謂ひて曰く、此れ岳爺爺の軍なりと。爭ひ來りて降附す。

↑爺家 皇帝／爺娘 爺嬢／爺台 長官

↓阿爺・王爺・爾爺・少爺・太爺・老爺

ヤク

常【厄】 4 / 7121 ［戹］ 5 / 3021 ヤク ガ(グヮ) くびき わざわい くるしむ

篆文

金文
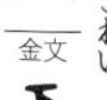

象形 車馬に用いるくびきの形。〔説文〕九上に「科厄、木節なり。卪に從ひ、厂聲」とするが、声異なり、全体が象形の字。〔説文〕にまた「賈侍中説」として、「厄は裹むなり。一に曰く、厄は蓋ふなり」とする賈逵説を引く。〔詩、大雅、韓奕〕に「鞗革金厄あり」と、馬具を歌う。災厄の意に用いるのは、戹・阸との通用義である。

訓義 ①くびき。②木のふし、木のふしくれ。③わざわい、くるしみ、くるしむ、あやうい。④つつむ、おおう。⑤扼と通じ、つなぐ、かける。

古訓 〔名義抄〕厄 アヤフシ・ワヅラヒ・アヤフミ・タシナム／戹 今の厄なり

語系 厄・戹・阨・阸・扼・搤・隘ek は同声。握eok も声義近く、すべて強くもち、くびる意がある。厄はくびきの形、嗌(益)は紐を縊る意。握はにぎりしめる。屋はせまく小さな建物、もと喪屋をいう字であった。

【厄運】やくうん 災厄の運。〔三国志、蜀、譙周伝〕今、漢厄運に遭ひ、天下三分す。雄哲の士、思望するの時なり。

【厄窮】やくきゅう 災厄に苦しむ。〔列女伝、貞順、衛の寡夫人の伝〕厄窮して閔へず、勞辱して苟しくもせず、然る後能く自ら致す。

↑厄会 厄運／厄害 災厄／厄急 危急／厄境 難境／厄困 困難／厄挫 くじける／厄菑 災難／厄日 災厄の日／厄閏 厄年／厄塞 ゆくてに困難があり、ふさがる／厄滞 厄塞／厄難 難儀／厄抑 おさえる

↓科厄・危厄・窮厄・金厄・窘厄・困厄・災厄・書厄・人厄・世厄・邅厄・逢厄・幽厄

【戹】 5 / 3021 ヤク アク せまい なやむ わざわい

篆文
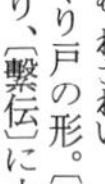

象形 戸下のくぐり戸の形。〔説文〕十二上に「隘きなり」とあり、〔繫伝〕に小門の義とし、ともに乙声とするが、その部分はくぐり戸の形。〔孟子、尽心下〕に、「君子(孔子)の陳・蔡の閒に戹しめらるるは、上下の交はり無ければなり」とあり、困厄の意に用いる。戹と声義が通ずる。狭隘の意より、困厄の意を生じた。

【訓義】①せまい、くぐり戸。②なやむ、くるしむ。③わざわい、困難。
【古訓】〔名義抄〕戹 今の厄なり 〔篇立〕戹 ミギリ
【語系】戹・厄・阨・阸・扼・搤・隘ek は同声。戹はくぐり、厄はくびき、嗌（益）は糸を縊る形。握eok は握りしめる。みな声義に通ずるところがある。
＊語彙は厄字条参照。
【戹屯】わざわいにくるしむ。〔後漢書、趙岐伝〕岐、遂に難を四方に逃れ、～自ら姓名を匿し、餅を北海市中に賣る。時に安丘の孫嵩、～常人に非ざるを察し、～迎へ入れて堂に上らしめ、～岐を複壁中に藏すこと數年、岐、戹屯歌二十三章を作る。後、～赦に因りて乃ち出づ。
↑戹運 厄運／戹禍 わざわいにくるしむ／戹窮 厄窮／戹困 困難／戹塞 厄塞／戹難 厄難
↓閼戹・火戹・鞱戹・危戹・饑戹・窮戹・窘戹・遇戹・困戹・災戹・処戹・水戹・遭戹・兵戹・逢戹・乏戹・幽戹・憂戹・離戹

常【役】 7 2724 ［役］ 6 2724
ヤク エキ
えだち いくさ やく しごと めしつかい
篆文  古文  甲骨文 
【会意】彳＋殳。〔説文〕三下に「邊を戍るなり」と戍役の意とし、古文役を録する。殳は杸で、矛の類。〔繫伝〕殳部三下、杸字条に「司馬法に曰く、羽を執るに杸を以てす」とあり、羽を呪杖の上に著けて、巡行のときに用いた。征戍・行役のときにも、それを用いたのであろう。のち役務一般のことをいう。卜文に、人に殳を加える字形があるが、役の字との関係は明らかでない。
【訓義】①呪杖をとってめぐる、みはり。②いくさ、たたかい、さきもり、まもり、えだち。③やく、しごと、つとめ、しわざ。④めしつかい、つかう、つかえる。
【古訓】〔名義抄〕役 ツカフ・ツラナル・エダスエ・イタル・イトナム・ウス・マホル・ウツカス・トゞム・スミヤカナリ
【役役】労苦するさま。〔荘子、斉物論〕終身役役として其の成功を見ず。茶然として疲役し、其の帰する所を知らず。哀しまざるべけんや。
【役使】使役する。〔管子、軽重丁〕龍、馬謂の陽・牛山の陰に闘ふ。管子入り、桓公に復して曰く、天、使者をして君の郊に臨ましむ～と。～此れ天威に乗じて天下を動かすの道なり。故に智者は鬼神を役使し、而して愚者は之れを信ず。
【役者】種々の技芸者。〔晋書、宣帝紀〕初め魏の明帝、好んで宮室を修め、制度靡麗、百姓之れに苦しむ。帝の遼東より還るや、役者猶ほ萬餘人、雕玩の物、動もすれば千を以て計ふ。是に至り、皆奏して之れを罷めしむ。
【役徒】役丁。〔左伝、襄十八年〕楚の師、鄭を伐つ。～魚齒の下を渉るとき、甚雨之れに及び、楚の師に凍多く、役徒幾ど盡きんとす。
【役夫】人夫。唐・杜甫〔兵車行〕詩 況んや復た、秦兵の苦戦に耐へたるをや 驅らるること、犬と鶏とに異ならず 長者、問ふ有りと雖も 役夫、敢て恨みを伸べん
【役民】夫役の人。宋・蘇軾〔戦守を教ふる策〕役民の盗を司る者には、授くるに撃刺の術を以てせん。
↑役作 夫役／役志 心を労する／役事 工役／役所 役作所／役召 役務に召集される／役食 人夫賃／役心 心を労する／役神 役心／役政 賦役／役属 配下としてつかえる／役卒 人夫／役調 夫役の租税／役丁 役夫／役費 戦役の費用／役賦 役務と物資の調達／役兵 徴用兵／役用 使役する／役養 役使／役慮 心を労する
↓于役・遠役・科役・苛役・課役・外役・羈役・久役・勤役・苦役・駆役・軍役・形役・劇役・現役・雇役・工役・公役・功役・行役・差役・雑役・使役・師役・斯役・主役・戍役・就役・重役・助役・省役・人役・征役・戦役・賤役・大役・退役・致役・徴役・懲役・丁役・田役・徒役・配役・夫役・賦役・服役・兵役・辺役・募役・奉役・民役・免役・傭役・徭役・力役・隷役・労役

【扼】 7 5101 ［搤］ 13 5102
ヤク
おさえる とる もつ
篆文 
【形声】声符は戹。戹は馬車のくびきの形。馬首にかけてこれを制約するもので、扼とは他の要所をおさえて、これを制約することをいう。搤は〔説文〕十二上に「把るなり」と訓し、〔集韻〕に鬲声であるとするが、声が合わない。搤・縊とも通じる字である。
【訓義】①おさえる、要所をおさえる。②とる、もつ、つかむ。
【古訓】〔名義抄〕扼 クビル・トル・モツ・カヽル・カク・ハサム・ヒク・クジク・シバム・トリヒシグ
【語系】扼・厄・戹・阨・阸・搤・縊ek は同声。厄はくびき、戹はくぐり戸、嗌（益）は糸を縊る形である。また握eok も声近く、扼は要所を強くはさみおさえることをいう。
【扼険】険要の地をおさえる。〔朝野僉載、四〕李昭徳は志大なるも器小、氣高きも智薄く、権を假り物を制し、険を扼し人を凌ぎ、剛愎餘り有りて、恭寛足らず。身を謀るの道に非ざるなり。
【扼喉】のどもとをおさえる。唐・陳子昂〔西蕃辺州安危の事を上る、三条、三〕臣、其の衝要を観、其の山川を視るに、信に是れ河西扼喉の地なり。
【扼腕】腕を強くおさえる。感情の激するさま。〔戦国策、燕三〕樊於期、偏袒扼腕して進みて曰く、此れ、臣の日夜切歯拊心するところなり。乃ち今教へを聞くことを得たりと。遂に自刎す。
↑扼撼 扼険／扼襟 扼要／扼吭 扼喉／扼殺 しめ殺す／扼死 扼殺する／扼守 要所を守る／扼制 要所を制圧する／扼要 要所をおさえる

【阨】 7 7121 ［阸］ 8 7321
ヤク アイ
けわしい せまい
篆文  籀文 
【形声】声符は戹。〔説文〕十四下に阸を正字とし、「塞ぐなり」とあり、隘字条に「陋なり」、また陋字条に「阸陝なり」（小徐本）とあり、阨・阸・隘は声義の同じ字である。いま困阨のときに阨、狭隘のときに隘を用いる。また狭阨・阨路のように、隘に阨の字を通用することがある。
【訓義】①けわしい、せまくけわしい。②せまい、ふさがる。③くるしい、なやむ。
【古訓】〔名義抄〕阨 セバシ・イヤシ・タシナム・ハザマ 〔篇立〕阨 チカシ・ケハシ・カタシ・セバシ
【語系】阨（阸）・隘・厄（戹）・搤ek は同声。握eok、咽yen、噎yet も声義に通ずるところがあり、せまい要所を扼する意がある。厄はくびき、嗌（益）は糸を締めて縊る形、咽・噎はのどがつまり、むせぶ意。みな一系の語とみてよい。
【阨窮】困窮する。〔孟子、公孫丑上〕柳下恵は汙君を羞ぢず、小官を卑しとせず。～遺佚せらるるも怨みず、阨窮するも憫へず。
【阨困】困窮する。〔史記、游俠伝序〕其の言必ず信、其の行必ず果、已に諾しては必ず誠、其の軀を愛まず、士の阨困するに赴く。
【阨塞】要害の地。〔史記、蕭相国世家〕漢王の、具さに天下の阨塞、戸口の多少、彊弱の處、民の疾苦する所を知

る所以の者は、〔蕭〕何の具に秦の圖書を得たるを以てなり。
↑阨狭　狭いところ／阨巷　陰巷／阨災　災厄／阨僻　せまくかたよったところ／阨路　狭い路／阨陋　せまくいやしいところ
↓窮阨・巨阨・凶阨・狭阨・険阨・嶮阨・困阨・災阨・衝阨・乗阨・阻阨・難阨・迫阨・嶺阨

【礿】8 3722 〔禴〕22 3822 ヤク まつり

篆文  金文 

形声 声符は勺（勺）。勺に約（約）の声がある。〔説文〕一上に「夏の祭なり」とする。〔詩、小雅、天保〕に「禴祠烝嘗」とあり、禴の字を用いる。時祭を〔毛伝〕に春祠・夏禴・秋嘗・冬烝とし、〔礼記、王制〕に春礿・夏禘・秋嘗・冬烝とし、礿には春・夏の二説がある。〔説文〕は〔毛詩〕説による。金文には、時祭の名を定めるべき適当な証例はみえない。
訓義 1まつり、はるまつり。また、なつまつり。2字はまた禴に作る。
古訓 〔名義抄〕禴・礿 マツリ
【礿禘】宗廟の四季の祭。〔礼記、王制〕天子諸侯の宗廟の祭は、春に礿と曰ひ、夏に禘と曰ひ、秋に嘗と曰ひ、冬に烝と曰ふ。

常【約】9 2792 〖約〗9 2792 ヤク ヨウ（エウ） むすぶ わりふ おおよそ

篆文 

形声 声符は勺（勺）。勺に礿の声がある。勺はものをかがませている形。〔説文〕十三上に「纏束するなり」とあり、約束とは、もと、ものを纏束することをいう。縄などを結んで、ことを約する証とするので、契約の意となる。契はわりふ、また約剤の劑（剤）は、方鼎を示す齊（斉）に、刀で銘刻して証とするもので、特に重要な盟約に用いた。
訓義 1むすぶ、たばねる、つかねる、しばる。2むすびめ、ちかい、約束、わりふ。3ちぢめる、つづまやか、はぶく。4すくない、よわい、おとろえる、なやむ。5いやしい、けち。6おおよそ、ほぼ。
古訓 〔名義抄〕約 ツラヌ・マダラナリ・ツヽム・ツヽマル・キハム・チギル・セバシ・セバ〱シ・ユヒツク・ナハ・ノゾク・マツハル・モトホル・マツ・ウスシ・ヨシ・アヤノフミ・ツラヌ・スクナシ・カギル・セム・チキル・ツク・トホシ・ヨソヘル・ツヾマヤカニ・ユハフ・コムチ 〔字鏡集〕約 ツヾマヤカニ・コムチ・ヨソヘル・ノゾク・ツヽム・マダラナリ・モトホル・ユヒツク・メグラス・カナフ・タカシ・マツフ・オイテ・カギル・ウスシ・ユハフ・トホシ・サダム・スクナシ・チギル・ウトシ・ヨル・アヤノフミ・オホムネ・セバ（シ）・ナハ・セム・マツハル・キハム・ツラヌ・セバ〱シ・スコシキ・マツ・ツラ
声系 〔説文〕五上に約声として箹を収める。箹は「小籟なり」とあり、籟は三孔の龠（ふえ）、籥の異文であろう。龠はその象形字である。
【約黄】六朝期、婦人が黄粉で額に化粧した。梁・簡文帝〔美女篇〕楽府 約黄、能く月に效ひ 裁金、巧みに星を作す
【約剤】契約の文書。〔周礼、秋官、司約〕邦國及び萬民の約劑を掌る。～凡そ大約劑は宗彝に書し、小約劑は丹圖に書す。
【約束】しばる。また、契約する。〔漢書、匈奴伝上〕文書無く、言語を以て約束を爲す。
【約略】大概。おおよそ。唐・白居易〔客の杭州を問ふに答ふ〕詩 我が爲に踟躕して酒盞を停めよ 君が與に約略、杭州を說かん
【約礼】礼によって身を慎む。〔論語、雍也〕君子は博く文を學び、之れを約するに禮を以てす。
↑約音　反切の音／約款　契約書／約簡　簡略／約期　期日を約束する／約義　要約／約契　契約／約結　結合する／約倹　倹約／約言　要約していう／約婚　婚約／約指　指輪／約辞　誓いのことば／約取　まとめる／約食　減食する／約身　倹素にする／約信　ちかって約する／約制　定める／約省　はぶく／約誓　約信／約説　要約していう／約素　飾らぬ／約損　減らす／約定　約束する／約莫　大略／約法　規定する／約盟　ちかって約する
↓依約・違約・陰約・隠約・婉約・括約・簡約・規約・期約・旧約・許約・協約・勤約・軍約・契約・倹約・検約・公約・困約・婚約・私約・指約・綽約・守約・集約・準約・処約・従約・条約・信約・尋約・成約・省約・清約・誓約・先約・前約・大約・定約・締約・纏約・縢約・特約・破約・背約・倍約・繁約・貧約・負約・変約・密約・明約・盟約・与約・予約・要約・廉約・和約

常【訳】11 〖譯〗20 0664 ヤク エキ わけ

篆文 

形声 旧字は譯に作り、睪声。〔説文〕三上に「四夷の言を傳譯する者なり」とあって、異言を通ずることをいう。〔礼記、王制〕に「東方を寄と曰ひ、南方を象と曰ひ、西方を狄鞮と曰ひ、北方を譯と曰ふ」とみえる。睪は獣屍の殬解（くずれて解ける）する象で、繹解の意がある。伝訳の官には〔国語、周語中〕に「舌人」の官があり、〔周礼、秋官、大行人〕に「象胥」の官があった。中国で、わが国の語を伝訳した辞書を「日本寄語」のようにいう。
訓義 1やく、他国語の意味を伝える、うつしていう、訳語、翻訳。2わけ、意味を解く、詳しく説く、あらわす。
古訓 〔名義抄〕譯 サヘヅル・ヲサム・ミル・ヨロコブ・トヽノフ・ツタフ・ヲサ 〔字鏡集〕譯 ツタフ・ツタフルコヱ・トヽノフ・アザケル・ヨロコブ・ヲサム・サヘヅル・ミル
語系 譯・睪・圛・驛（駅）・繹 jyak は同声。擇（択）deak も声義が近い。睪は獣屍の殬解する形。擇はそれを択びとる意。圛はめぐる、驛は駅伝、繹は糸をたぐり抽く意。みなときほぐし、長く連なる意をもつ語である。
【訳官】通訳官。〔漢書、百官公卿表上〕典客、秦の官。諸の義に歸する蠻夷を掌る。～景帝中六年、名を大行令と更む。武帝太初元年、名を大鴻臚と更む。屬官に行人・譯官～有り。
【訳使】通訳をする使者。〔漢書、地理志下〕夫甘都盧國より、船行二月可り餘にして、黄支國有り。～黄支の南に、已程不國有り。漢の譯使、此より還る。
【訳導】通訳に案内される。晉・左思〔魏都の賦〕蠻陬夷落（蛮夷の居る所の地）、譯導して通ずるは、鳥獸の氓なり。
【訳本】翻訳本。宋・黄庭堅〔翟公巽蔵する所の石刻に跋す〕遺教經は姚秦の弘始四年に譯せらる。～弘始中、譯本有りと雖も、江南に至らず。
↑訳経　仏典を翻訳する／訳語　翻訳のことば／訳刻　訳本／訳士　通訳
↓意訳・英訳・旧訳・誤訳・細訳・抄訳・象訳・宣訳・全訳・重訳・直訳・通訳・翻訳・輸訳

【軛】12 5301 〔軶〕11 5101 ヤク くびき

篆文  金文 

形声 声符は戹。戹はまた厄に作り、厄はくびきの形。〔説文〕十四上に軶を正体の字とし「轅の前なり」という。馬の首に扼して繫ける弓形の器。金文に「金厄」を車馬とともに賜う例が多い。
訓義 1くびき。2字はまた厄・軶に作る。

語系 軛（軶）・戹・阸（阨）・扼・隘・搤ekは同声。戹はくびき、嗌（益）は糸を縊くる形。要所を扼することをいう語である。

↑軛脚 くびきの両端／軛衡 くびきと横木

↓金軛・懸軛・衡軛・車軛・推軛・奉軛・両軛

【搤】 13 5801 ヤク アク アイ つかむ とらえる おさえる

篆文 

形声 声符は益（益）え。益の字源に二系あり、糸を縊くる形に作るものと、水の溢れる形に作るものとがある。搤の従うところは縊る意の益で、手で締めることを搤という。〔説文〕十二上に「捉ふるなり」とあり、強くつかむ意。縊殺することを搤殺といい、字はまた扼に作る。

訓義 ①つかむ、しめる、もつ。②とらえる、にぎる。③おさえる。

古訓 〔名義抄〕搤・扼 クビル・トル・モツ・カ丶ル・カク・ハサム・ヒク・クシク・シバム・トリヒシグ

【搤臂】 臂をしめる。心を伝える法。〔論衡、感虚〕曾子出でて野に薪す。客有り、至りて去らんと欲す。曾母～卽ち右手を以て其の左臂を搤す。曾子の左臂、立ちどころに痛む。卽ち馳せて至り、母に問ふ。～母曰く、今者客來たり、去らんと欲す。吾れ臂を搤し、以て汝を呼びしのみと。

【搤腕】 腕をつかみ意気ごむ。〔戦国策、魏一〕是の故に、天下の遊士、日夜腕を搤し、目を瞋らせ齒を切して、以て從（合従）の便なることを言ひ、以て人主に說かざるは莫し。

↑搤咽 急所をしめる／搤撃 急所をうつ／搤剣 剣をかたく握る／搤吭 搤咽／搤殺 しめ殺す

【葯】 13 4492 ヤク よろいぐさ

形声 声符は約（約）や。〔広雅、釈草〕に「白芷、其の葉、之れを葯と謂ふ」、〔玉篇〕に「白芷の葉なり」とみえる。また〔広雅、釈草〕に「葯は蒻なり」とあり、がまの芽をいう。

訓義 ①よろいぐさのは、よろいぐさ。②がまのめ。③おしべの粉袋。④約と通じ、つつむ。⑤薬（藥）の俗字。

古訓 〔名義抄〕葯 マトフ・アツマル

↓英葯・秋葯・芳葯

常【薬】 16 〔藥〕 19 4490 人〔藥〕 18 4490 ヤク くすり いやす

篆文 

形声 声符は樂（楽）が。樂に爍・鑠の声があり、藥はその声が転じたものであろう。勺（約）・釋（譯）と同様の関係が考えられる。〔説文〕一下に「病を治す艸なり」とあり、薬草をいう。治療することを𤻲といい、療の初文。古くは呪医が鈴を鳴らして邪霊を祓い、治療をしたので、𤻲は樂に従う。〔詩、陳風、衡門〕「以て飢ゑを樂（療）やすべし」は、「飢ゑを樂しむ」とよんで賢者退隠の詩とされるものであるが、飢とは飢渇、欲望の不充足をいう。この詩は密会を歌う民謡である。

訓義 ①くすり、病の薬、毒薬。②いやす、なおす、すくう、たすける。

古訓 〔新撰字鏡〕藥 豆知波利（つちはり）〔和名抄〕藥 久須利（くすり）〔名義抄〕藥 クスリ／芍藥 エビスクスリ、又、ヌミクスリ

語系 藥jiôk、愮jiô、療（𤻲）liôは声義に通ずるところがあり、愮は〔方言、十〕に「療治なり」とあり、江・湘郊会の地の語で、また𤻲ともいう。療より薬の声に転ずる関係が考えられる。愈・瘉（癒）・愈jioも治療に関する字。兪は余（手術刀）を以て舟（盤）に膿漿を輸す意象の字で、それによって治癒することを癒、心楽しむことを愈という。もと一系の語と考えられる。

【薬斉】 薬。調合薬。薬斉。〔史記、武帝紀〕是に於て天子始めて親しく竈を祠り、方士を遣はして海に入り、蓬萊の安期生の屬を求め、丹砂諸藥齊（剤）を化して、黃金と爲すを事とせしむ。

【薬市】 薬の市。〔事物紀原、八、歳時風俗部、藥市〕唐の王昌遇、～易玄子と號す。大中十三年九月九日上昇す。是れより以來、天下の藥を貨る輩、皆九月初に梓州城に集まり、八日夜、～其の齎す所の藥を貨る。川（四川）の俗、因りて之れを藥市と謂ひ、遲明にして散ず。

【薬餌】 病人の薬と栄養食。唐・白居易〔奏して情を陳ぶる狀〕臣の母、多病なり。臣の家素より貧しく、甘旨或いは虧け、以て養を爲す無し。藥餌或いは闕け、空しく其の憂ひを致す。

【薬酒】 薬入りの酒。〔塩鉄論、国病〕夫れ藥酒は口に苦きも、病に利ろし。忠言は耳に逆ふも、行ひに利し。

【薬石】 薬。漢・枚乘〔七発〕今、太子の病、藥石針刺、灸もて療すこと無かるべきのみ。要言妙道を以て、說きて去くべきのみ。

【薬草】 薬となる草。宋・陸游〔山行〕詩 水淺くして、遊魚渾て數ふべし 山深くして、藥草、半ばは名無し

【薬物】 薬品。〔北斉書、儒林、張景仁伝〕景仁、疾多し。每に徐之範等を遣はして治療せしめ、藥物・珍羞（珍しいご馳走）を給す。中使、疾を問ひ、道に相ひ望む。

【薬味】 薬の口ざわり。〔漢書、芸文志〕經方は、草石の寒溫に本づき、疾病の淺深を量り、藥味の滋を假り、氣感の宜しきに因り、五苦六辛を辯じ、水火の齊を致し、～之れを平に反す。

【薬鑪】 薬を煮る炉。清・王士禎〔悼亡詩、二十六首、二十三〕藥鑪・經巻、生涯を送る 禪榻、春風、兩鬢華し 一語君に寄す、君聽取せよ 兒女をして蘆花を衣せしむること不かれ

【薬籠】 薬入れの籠。〔旧唐書、元行沖伝〕（行沖）博學多通、尤も音律、及び詁訓の書を善くす。～仁傑笑ひて人に謂ひて曰く、此れ吾が藥籠中の物なり。何ぞ一日も無かるべけんやと。

↑薬雨 初冬の雨／薬苑 薬草園／薬園 薬苑／薬煙 阿片／薬価 薬代／薬裹 薬の包み／薬函 薬箱／薬丸 丸薬／薬気 薬臭／薬笈 薬箱／薬局 薬剤所／薬畦 薬草畑／薬研 やげん／薬言 苦言／薬材 薬種／薬殺 毒殺する／薬散 粉薬／薬笥 薬箱／薬肆 薬や／薬資 薬代／薬種 薬の材料／薬食 薬餌／薬箋 処方箋／薬銭 薬代／薬箭 毒矢／薬鼎 薬鍋／薬碾 薬研／薬湯 煎じ薬／薬囊 薬袋／薬品 薬／薬圃 薬草畑／薬舗 薬や／薬方 処方／薬法 薬方／薬用 投薬の法／薬力 薬効／薬奩 薬函／薬炉 煎薬の炉

↓医薬・瘖薬・火薬・丸薬・奇薬・救薬・狂薬・劇薬・香薬・膏薬・剛薬・坐薬・散薬・市薬・餌薬・煮薬・勺薬・灼薬・芍薬・硝薬・嘗薬・上薬・常薬・神薬・鍼薬・水薬・施薬・製薬・石薬・仙薬・煎薬・善薬・草薬・丹薬・茶薬・調薬・典薬・点薬・投薬・湯薬・擣薬・毒薬・乳薬・売薬・爆薬・秘薬・媚薬・百薬・傅薬・服薬・粉薬・方薬・麻薬・妙薬・名薬・用薬・良薬・霊薬・錬薬・和薬

【籥】 17 8022 ヤク ふえ

篆文 

甲骨文 

金文 

象形 三孔のある竹笛の形で、龠の初文。〔説文〕二下に「樂の竹管なり。三孔以て衆聲を和す」、また「品侖に從ふ。侖は理なり」と字を会意に解するが、上の三口は吹き口、下は竹管を並べて纏くった形で、その全体が象形。籥はその繁文で形声字である。もと神を降す楽器で、わが国では今も神事に用いる。〔周礼、春官、籥師〕に、祭祀・賓客・大喪のときに、また〔周礼、春

官、籥章」に、農事や祭蜡の楽舞に用いるという。

訓義 ①ふえ、三孔のふえ、神事や楽舞に用いる。②容積の単位、千二百黍。一合の二分の一とも、十分の一ともいう。十分の一ならば、一勺である。

古訓 〔字鏡集〕龠 ハカリノキ

声系 〔説文〕に龠声として籥・爚・龥など七字を収める。爚は灼と声義近く、また龥は関龥の形が龠に似ていることから、名をえたものであろう。

語系 龠・籥・龥(鑰)jiôk は同声。籥は龠の繁文。龥はまた籥に作り、〔書、金縢〕「籥を啓きて書を見る」の〔注〕に「藏を開くの管なり」とみえる。

【瀹】 20 3812 ヤク ひたす

篆文

形声 声符は龠。〔説文〕十一上に「漬すなり」という。〔字林〕に「煮るなり」とあり、水にひたして洗い、煮るという一連のことをいう語であるらしく、新菜をゆがいて供える瀹祭という祭祀があった。

訓義 ①ひたす、水につける。②あらう。③ゆでる、ゆがく、にる。④水を通す、流れる、早く流れる。⑤ついえる、堤がきれる。

古訓 〔篇立〕瀹 メグル

【瀹祭】 新菜を煮て祭る。〔漢書、郊祀志下〕杜鄴、(王)商に說きて曰く、東隣(紂)の牛を殺(して祭)るは、西隣(文王)の瀹祭するに如かずと(易、既済、九五の爻辞)。天を奉ずるの道は、誠質を以て、大いに民心を得るを貴ぶを言ふなり。

➡瀹菜 新菜で祭る/瀹茹 ゆでる/瀹疏 疏通する/瀹茶 瀹茗/瀹茗 茶をにる

⬇湮瀹・疏瀹

【爚】 21 9882 ヤク シャク ひかり かがやく やける

篆文

形声 声符は龠。〔説文〕十上に「火光なり」(段注本)とし、「一に曰く、爇くなり」とあり、〔玉篇〕に「電光なり」とあって、火花を発して光りかがやくさまをいう。班固の〔西都の賦〕に電光を「震震爚爚」と形容している。爍爚は畳韻の連語で、形況の語とみられる。

訓義 ①ひかり、いなびかり。②かがやく、ひかりかがやく。③やける、ちる、とける。

古訓 〔名義抄〕爚 ワカス・アツシ・チラス・ナラフ・カヾヤク・アキラカニス・ヒカル・コガス・トチリ・アキラカ 〔字鏡集〕爚 ヒカリ・イナビカリ

語系 爚 jiok は爍(鑠)sjiôk と声義近く、はげしく火光を発する意。また銷 siô とも通じ、熱してとけることをいう。

➡爚爚 電光のさま/爚乱 散乱

⬇熤爚・灼爚・爍爚・熠爚・融爚

常 【躍】 21 6711 〔躍〕 21 ヤク おどる はやい あがる

篆文

形声 声符は翟。翟に曜(曜)・耀(燿)の声がある。翟は鳥が羽を揚げて飛び立とうとする形で、躍はその声義を承ける。〔説文〕二下に「迅きなり」、〔広雅、釈詁一〕に「上るなり」、〔広雅、釈詁二〕に「跳ぶなり。進むなり」とあって、跳躍して上がることをいう。そのような力をうちに存する状態を躍如という。

訓義 ①おどる、とぶ、羽をあげる。②はやい、すすむ、ほとばしる。③あがる、たかまる。

古訓 〔名義抄〕躍 ヲドル・ホトバシル・ヲヅク・ヌク・ウクツク・アラハス/惑躍 ウタガヒホトバシル

語系 躍jiôk、搖(揺)・遙jiô は声義近く、遙も身を揺かして跳ぶことをいう。甬・涌・踊jiong は下からわき上がるように跳ぶこと。また跳 dyô、超 thiô、踔 theôk も声義近く、みな一系の語である。

【躍起】 とび上がる。明・高啓〔独り白蓮寺に遊び、池上に雨を看る〕詩 荷披きて魚躍起し 樹靜かにして禽鳴罷む

【躍魚】 魚が飛び上がる。瑞祥とされた。〔史記、周紀〕武王、河を渡る。中流にして、白魚躍りて王の舟中に入る。武王、俯して取りて以て祭る。

【躍如】 外に溢れでるようなさま。〔孟子、尽心上〕君子、引きて發せず、躍如たり。中道にして立つ。能くする者、之れに從ふ。

【躍然】 おどりあがって、喜ぶさま。清・邵長蘅〔夜、孤山に游ぶ記〕余、游興躍然たり。學士と偕に小艇を呼び、孤山の麓に渡る。

【躍躍】 得意になってはねるさま。唐・韓愈〔韋侍講盛山十二詩の序〕夫れ利を得ては則ち躍躍として以て喜び、利あらざれば則ち戚戚として以て泣き、生くべからざるが若き者は、豈に韋侯の謂ひなるか。

➡躍金 ひらめく/躍升 跳び上がる/躍心 心が躍る/躍身 跳躍する/躍進 突進する/躍跳 おどりあがる/躍動 勢いづく/躍波 はげしく波だつ/躍馬 跳馬/躍踊 おどりあがる/躍鱗 魚がはねる

⬇暗躍・一躍・活躍・感躍・距躍・驚躍・欣躍・雀躍・跳躍・踏躍・騰躍・飛躍・舞躍・奮躍・抃躍・勇躍・踊躍

【籥】 23 8822 ヤク ふえ ふだ かぎ ふいごう

篆文

形声 声符は龠。龠は三孔のある笛で、籥の初文。〔説文〕五上に、籥を「書僮の竹笘なり」とし、習字用の書写版とする。石板・黒板に類するもので、〔段注〕に「操觚」の觚にあたるものであるという。錠前の義は鑰の仮借。橐籥はふいごう。鑰は開閉するものであるから、橐を開閉して風を送るものを橐籥という。

訓義 ①ふえ。龠の繁文。②ふだ、てならいふだ。③鑰と通じ、かぎ、錠前。④橐籥は、ふいごう。

古訓 〔名義抄〕籥 コマブエ 〔篇立〕籥 コマブエ・カギ

語系 籥・鑰 jiôk は同声。〔書、金縢〕「籥を啓きて書を見る」の籥は、おそらく鑰の意であろう。金縢には鍵が施されていたのである。

【籥舞】 籥を吹いて舞う。文舞。〔公羊伝、宣八年〕萬舞とは何ぞ。干舞(たての舞)なり。籥とは何ぞ。籥舞なり。

➡籥口 かぎをかけるところ/籥舞 文舞

⬇葦籥・羽籥・竽籥・管籥・笙籥・橐籥・秘籥・籟籥

【鑰】 25 8812 〔闟〕 25 7722 ヤク かぎ とざし じょう

篆文

形声 声符は龠。龠は竹管の笛。その形が似ているので、また関鑰の意に用いる。〔説文〕十二上に闟を正字とし、「闟下の牡なり」という。経籍に籥に作り、のち鑰を用いる。横木を通して地に直下する木を牝牡にたとえていい、また錠前は横にさしこむので鑰匙という。鍵鑰はものを啓く鍵であるから、ことの要訣をいう。

訓義 ①かぎ。②とざし、じょう、かけがね。

古訓 〔新撰字鏡〕鑰 開鑰なり。止佐志(とざし)〔和名抄〕鑰 楊氏漢語抄に云ふ、鑰匙、門の加歧(かどのかぎ)〔名義抄〕鑰 カドノカギ・カギ/鑰匙 カドノカギ 〔篇立〕鑰 カドノカギ・カギザシ・カギ 〔字鏡集〕鑰 カドノカギ・カギ・カハ

語系 鑰(闟)・籥(龠)jiôk は同声。籥は竹笛、関鑰と形が似ており、字が通用する。

【鑰牡】 かぎ。〔宋書、恩倖、戴法興伝〕閹人華願兒(いう)、~道路の言に、法興を謂ひ眞天子と爲し、帝を贗天子と爲すと。~帝遂に怒りを發し、~死を賜ふ。~法興死に臨み、庫藏を封閉し、家人をして、謹しんで鑰牡を錄せしむ。

↑鑰匣 かぎ箱／鑰鉤 かぎ／鑰匙 かぎ
↓管鑰・関鑰・九鑰・宮鑰・魚鑰・玉鑰・金鑰・禁鑰・謹鑰・銀鑰・扃鑰・啓鑰・楗鑰・戸鑰・庫鑰・鎖鑰・重鑰・投鑰・秘鑰・牡鑰・門鑰・幽鑰・霊鑰

【龥】 26 8128 ［籲］ 32 8128 ヤク ユ よぶ やわらげる

篆文

形声 声符は龠。龠は籥、三孔のある編管の笛。頁は儀礼の際の礼容を示す字。龠は神事に用いるもので、龥は神降しの際の神事をいう字であろう。籲と通用し、〔説文〕九上に「龥は呼ぶなり」とあり、〔書、泰誓中〕に「無辜(罪なきもの)にして天を龥ぶ」と天に訴える意に用いる。〔説文〕に〔書、盤庚上〕「衆慼に率ひ龥ぐ」の文を引き、和協の意があるとする。金文の〔番生𣪘〕に「大服に⿰龠力へしむ」とある⿰龠力は、龥の初文かと思われる字であるが、力(耒の象形)を用いるに当たって、楽を奏して祓う意象の字であろう。ゆえに和協の意となる。〔周礼、春官〕の〔籥師〕〔籥章〕に、農祭に籥を用いることがみえている。鄒衍が律呂を按じて、農時の寒温を和したというのも、そのような儀礼に関するものであろう。

訓義 ①よぶ、神をよぶ。②やわらぐ、やわらげる。

古訓 〔名義抄〕龥 ヨバフ・ヤハラグ 〔字鏡集〕龥 ヤハラグ・イフク・ヨバフ

↑龥号 よぶ／龥天 天をよぶ
↓哀龥・手龥・率龥

ヤナ

【簗】 17 やな

国字 川瀬の水を狭めて、そこに竹簀をしかけて魚を捕る。やな。梁は川瀬をかち渉りするところ。それに竹籠の意を以て竹を加えた。〔和名抄〕に「魚梁 毛詩注に云ふ、梁 夜奈(やな)。魚梁なり。唐韻に云ふ、䈴。漢語抄に云ふ、夜奈須(やなす)。魚を取る箔なり」とあり、また〔名義抄〕に「梁 ウツハリ・ハシ・ヤナ」とあり、梁にその訓を与えている。

訓義 ①やな、やなす。②はし、うつばり。

ユ

常 **【由】** 5 5060 ユ ユウ(イウ) ヨウ(エウ) よる よし もちいる

象形 初形は卣。瓠の類で、実が熟して中が油化したものの形。油の初文とみてよい。〔説文〕にみえないが、〔説文〕に由声の字十九字を収めているから、字を脱したものであろう。いまの訓義はみな仮借。〔詩、小雅、小弁〕「君子易しく言を由ふること無かれ」は用・庸の仮借。〔論語、為政〕「其の由る所を観る」は繇の字義。それより由来・由縁の意となる。

訓義 ①あぶら、油の初文。②繇と通じ、よる、その由るところ、経歴する、よし。③用・庸と通じ、もちいる。④猶と通じ、「なほ～のごとし」とよむ。

古訓 〔名義抄〕由 ヨル・ヨシ・モチヰル・ナホシ・ゴトク・ユク・シタガフ・ミチ・ヰル・ホシイマ、・ヨロシ／所由 ユヱ 〔字鏡〕由 サダム・ヨロシ・ゴトシ・ムカシ・ナホシ・タガフ・イハク・シゲシ・モトム・セラル・モチヰル・ホシイマ、・ヰル・ヨル・ヨリ・ミナ・ナル・ヨシ・ユク・ミチ・ゴトク・シタガフ・ハジメテ

声系 〔説文〕に由声として迪(廸)・笛・宙・冑・岫・油・軸など十九字を収める。油は由の繁文で、その音を本音とすべく、笛・宙・軸はその転音であろう。笛・宙は中の空虚なるものの意をとり、軸はそれによって回転するものの意。みな由の声義をとる字である。

語系 由・油・繇 jiu は同声。〔段注〕十二下に繇を「以周切」とし、通用する。融 jiuəm、鎔 jiong は声義近く、融は鬲釜中のものが腐敗融解して油状となり、虫を生ずる意、鎔は金属質のものが高温で鎔解することをいう。

【由縁】 ゆかり。機縁。唐・独孤及〔東都より濠州に還る～〕詩 二華(大華・小華の二山)の舊遊、夢想の如し 他時再會するは、何の由縁ぞ

【由旬】 梵語yojanaの音訳。帝王一日の行軍里程。〔池北偶談、二十四、銅人〕南懷仁言ふ、大西洋より中國に入るは、凡そ十萬里、海船甚だ巨なり。海口に銅人有り。高さ其の幾由旬なるを知らず～と。

【由緒】 いわれ。由来。〔洛陽伽藍記、二、太康寺〕時に隱士趙逸有り、云ふ、是れ晉武の時の人なりと。～正光の初、來りて京師に至り、(杜)子休の宅を見、歎息して曰く、此の宅は中朝時の太康寺なりと。時人未だ信ぜず、遂に寺の由緒を問ふ。～子休掘りて之れを驗し、～塼數十萬を得たり。

【由由】 ゆったりする。自得するさま。〔孟子、万章下〕柳下惠は汙君を羞ぢず、小官を辭せず。～遺佚せられて怨みず、阨窮して憫へず、鄉人と與に處り、由由然として去るに忍びざるなり。

【由来】 来歴。原因。また、元来。〔易、坤、文言伝〕臣にして其の君を弑し、子にして其の父を弑するは、一朝一夕の故に非ず。其の由りて來る所の者、漸(次第)あり。

【由歴】 功歴。また、行程。〔宋書、二凶、劉濬伝〕地勢を準望し、高下を格詐し、其の川源由歴、踐校(実地調査)せざる莫く、圖畫形便、詳らかに算考を加ふ。較量する所の如きは、決ず立つべしと謂ふ。

↑由委 原委／由繹 才能を伸ばす／由衍 行くさま／由蘖 ひこばえ／由敖 遊びおごる／由獄 断獄／由趣 来歴／由状 事情／由中 まごころから出る／由迪 ただす／由裕 みちびく／由予 猶予する
↓夷由・因由・遠由・縁由・解由・経由・原由・自由・事由・準由・遵由・所由・蹤由・端由・憑由・冶由・来由・理由

常 **【油】** 8 3516 ユ ユウ(イウ) あぶら つや

篆文

形声 声符は由。由は〔説文〕に未収。卣と字源を同じくする字で、瓠形の卣の実が熟し、中の油状となったものをいう。油はその繁文。瓠の外殻は卣。古代酒器の卣の初形は、この卣から出ており、卜文にその象形字がある。植物性の油に対して、動物性のものを膏という。油状のものにはつやがあり、なかにみちあふれるさまを油油という。

訓義 ①あぶら、あぶら状のもの。②つや、つやつやしい。③油然はみちあふれ、さかんなさま。

古訓 〔和名抄〕油 阿布良(あぶら)／油瓶 阿布良賀米(あぶらかめ) 〔名義抄〕油 アブラ・ヤハラカ・サカリ・ウヤマフ・ヨロコブ

語系 油・由 jiu は同声。由が油の初文と考えられる。融 jiuəm、鎔 jiong は声義近く、融は鬲釜中のものが腐敗融解して油状となり、虫を生ずる意。鎔は金属質のものが高熱で鎔解する意。鎔解してつやを生ずることを冶 jia という。

【油衣】 油をひいた衣。雨合羽。〔隋書、煬帝紀上〕嘗て獵を觀、雨に遇ふ。左右、油衣を進む。上曰く、士卒皆霑濕するに、我獨り此れを衣んやと。乃ち持ち去らしむ。

【油雲】 油然として、盛んに起こる雲。〔孟子、梁恵王上〕七八月の閒、旱すれば則ち苗槁れん。天、油然として雲を作し、沛然として雨を下さば、則ち苗、浡然として之れに興きん。

【油煙】 すす。墨の材料。〔輟耕録、二十九、墨〕宋の熙豐の閒、張遇、御墨を供す。油煙を用って、腦麝金箔に入る。之れ

を龍香劑と謂ふ。

【油画】 油の塗料で車具などにえがく。〔晋書、礼志上〕蠶、將に生まれんとす。吉日を擇び、皇后、十二笄歩搖(髮飾り)を著け、漢・魏の故事に依り、青衣を衣、油畫雲母の安車に乘り、～公主・三夫人・九嬪・世婦・諸太妃～各〻筐鉤を載せて蠶に從ふ。

【油戟】 赤漆を塗ったほこ。儀仗前列に用いる。〔古今注、上、輿服〕殳は前驅の器なり、木を以て之れを爲る。後世滋〻僞、復た典刑無し。赤油を以て之れを韜む。亦た之れを油戟と謂ひ、亦た之れを棨戟と謂ふ。

【油繖】 油紙の傘。〔夢渓筆談、人事二〕老父曰く、～傷の其の跡を見ざるを驗するを知る。此れ辨じ易きなり。新赤油繖を以て、日中之れを覆ひ、水を以て其の屍に沃げば、其の跡必ず見はると。

【油然】 盛んなさま。また、気にとめぬさま。〔荘子、知北遊〕天下、沈浮せざる莫く、終身故ならず。～惛然として亡ぶるが若くにして存し、油然として形はれずして神なり。萬物畜はれて知らず。此れを之れ本根と謂ふ。

【油幕】 油を塗った幕。〔開元天宝遺事、天宝下、油幕〕長安貴家の子弟、春時に至る毎に遊宴し、園圃中に供帳す。行に隨ひて、載するに油幕を以てす。或いは陰雨に遇ふときは、幕を以て之れを覆ひ、歡を盡して歸る。

【油油】 盛んなさま。つやあるさま。〔史記、宋微子世家〕麥秀でて漸漸たり 禾黍油油たり 彼の狡僮(紂をさす)や 我と好からざりき

↑油幄 油幕/油印 謄写印刷/油暈 油のしみ/油帟 油幕/油盎 油壺/油花 油火/油靴 雨靴/油瓦 透明瓦/油蓋 油画の車蓋/油絹 細絹/油膠 ポマード/油榨 榨油機/油彩 油絵具/油衫 油衣/油傘 雨傘/油膩 脂/油漆 漆/油燭 蠟燭/油水 石油/油素 油絹/油単 油ひきの物/油断 心の緩み/油灯 灯火/油牌 油皿/油粉 脂粉/油壁 油壁車/油麻 胡麻/油絡 車の糸縄/油炉 石油ストーブ

↓雲油・花油・肝油・魚油・鯨油・香油・膏油・脂油・重油・獣油・松油・醬油・精油・石油・点油・灯油・桐油・濃油・潑油・麻油・沃油・緑油

【兪】 9 8022 ユ シュ いえる しかり

篆文 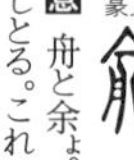
金文 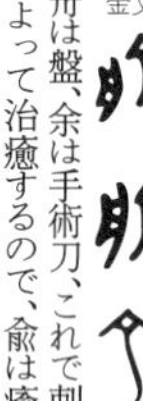

会意 舟と余。舟は盤、余は手術刀、これで刺して膿漿を盤に移しとる。これによって治癒するので、兪は癒(瘉)の初文。その痛苦が除かれて、心が愉しく愉まることを愈という。兪・愈・愉(愉)・癒は一系の字。〔説文〕八下に「空中の木もて舟と為すなり」と刳り舟の意とし、字形を「亼に従ひ、舟に従ひ、巜に従ふ。巜は水なり」とするが、巜は膿漿の象。金文の字形によって、字が膿漿を盤に移す意を示すものであることが確かめられる。ゆえに輸送の意となる。金文の〔鈴鎛〕に「兪改すること或る勿からん」とあるのは、渝改の意。心渝りすることをいう。〔書、堯典〕に「帝曰く、兪り」と肯定して答える辞に用いる。

訓義 ①いえる、愈・癒の初文。やすらか。②愈と通じ、ます、すすむ、はなはだ。③古く応答の辞に用いる、しかり。

古訓 〔名義抄〕兪 イヨ〳〵・シカルヲ・マサル・シカリ・シカナリ・タトヒ

声系 〔説文〕に兪声として逾・踰・窬・愉・渝・輸(輸)など二十五字を収める。おおむね愉悦、また此より彼に移す意をもつ字である。

語系 兪・逾・踰・諭(諭)・喩・窬jioは同声。逾・踰は此より他に移る、諭・喩は此を以て他にたとえる意。窬は他を窺って物を移す意。瀆dokも声に通ずるところがあって、他に流し去る水をいう。兪を古く然諾の意に用いるのは、唯jiuaiと声近く、唯は鳥占によって神意をトし、神の唯諾することをいう。兪はその転音とみてよい。雖siuaiも声義近く、唯の鳥占に用いる口(祝禱の器、𠙵)に蟲虫がつき、神の唯諾に支障のある意で、「雖も」という限定がついて、否定の意を含む。兪・唯・雖もまた一系の語である。

↑兪允 しかり/兪旨 勅旨/兪咨 はかりたずねる/兪然 安然/兪咈 諾否/兪脈 鍼灸に用いる穴位経脈/兪兪 楽しいさま

↓允兪・吁兪

【臾】 9 7743 ユ ひきとめる しばらく

篆文 
金文 

象形 人が腰に両手をかけている形。〔説文〕十四下に「束縛して捽抴するを臾と為す」とあり、捽は頭髪をつかむ、抴はおし倒すというほどの意である。須臾はしばらくの意であるが、〔漢書、賈山伝〕「願はくは少らく須臾して死すること毋れ」の須臾は従容の意であり、左右の手を腰にあててくつろぐ姿をいう。すなわち腴の初文とみてよい。〔説文〕に字形を「申に従ひ、乙に従ふ」とするが、申は電光の象である。臾は人と臼とに分かちうるが、その全体を象形とみてよい。

訓義 ①ゆたか、腴の初文。②腰に手をかける、ひきとめる。③須臾、しばらく。④遹と通じ、すすめる。

古訓 〔名義抄〕須臾 シバラク

声系 〔説文〕に臾声として諛・腴・庾など六字を収める。腴四下は「腹下の肥えたるものなり」、また庾は農作物を野積みすること。すべてゆたかなさまをいう。

語系 臾jio、腴jioは声義が近い。臾は腴の初文。庾oaは臾の声義を承け、積粟の豊かな状態をいう。

↑臾曳 ひく/臾導 みちびく

↓斯臾・須臾・従臾

【㼌】 10 7223 ユ ゆがむ よわい

篆文 

会意 二瓜(瓜)に従う。瓜が連なって成るときは、成熟しないものを生ずる。〔説文〕七下に「本、末に勝たず、微弱なるなり。二瓜に従ふ」とあって、苦㼌の義とする。〔玉篇〕に「勞病なり」と訓するが、器形などの整わず、役に立ちがたい状態のものをいう。〔荀子、議兵〕に「㼌楛」の語があり、多く㼌の字を用いる。

訓義 ①ゆがむ、なりぞこない。②よわい、つかれる。

古訓 〔字鏡集〕㼌 イタハル

声系 〔説文〕七下に㼌声として窳を収め「汚き窳なり」という。㼌の声義を承ける字である。

語系 㼌・窳oaは同声。瘉jioは病が愈える意で、漸く癒えて、まだ労弱の状にあることをいう。

常 【喩】 12 6802 ユ たとえる つげる さとす さとる

形声 声符は兪。兪は、把手のある手術刀で膿漿を盤(舟)に移す形で、愈・癒(瘉)の初文。兪にはものを移す意がある。他に喩えて、ことを諭すを喩という。〔説文〕に喩字を収めず、〔広雅、釈言〕に「譬は喩なり」とみえる。〔荘子、斉物論〕に「指を以て、指の指に非ざるを喩ふるは、指に非ざるを以て、指の指に非ざるを喩ふるに若かざるなり」という。〔論語、里仁〕「君子は義に喩る」は、彼に鑑みてこれを知る意である。

訓義 ①たとえる、たとえてつげる、たとえてさとす、おしえる。②

つげる、さとす、さとる。③愉と通じ、よろこぶ、やわらぐ、たのしむ。

古訓 〔名義抄〕喩 サトル・タトフ・タトヒ・サトス・ヲシフ・シカモ・トブラフ・コシラフ・イコフ・シメス

語系 喩・諭（諭）jio は同声。〔説文〕三上に「譬は諭（さと）すなり」とあって、喩・諭はもと同義の字。のち喩を譬喩、諭を諭告・諭戒の意に用いることが多い。

【喩意】ゆい ものにたとえて、その意をいう。〔淮南子、要略〕物の、以て意を喩（たと）え形を象（かたど）るべき者は、乃ち以て窘滞（くんたい）を穿通し、壅塞（ようそく）を決瀆（けっとく）す。人の意を引き、之れを繫（か）くること極まり無し。

【喩指】ゆし 言いきかせる。さとらせる。〔三国志、蜀、黄忠伝〕馬（超）・張（飛）は近きに在り、親しく其の功を見る。尙ほ喩指すべし。關（羽）遙かに之れを聞く、恐らくは必ず悅ばざらん。

↑喩勧（ゆかん） 勧める／喩教（ゆきょう） さとす／喩旨（ゆし） 喩指／喩勉（ゆべん） 励ます／喩名（ゆめい） 形容していう／喩喩（ゆゆ） 喜ぶさま

↓暗喩・慰喩・引喩・隠喩・嘔喩・解喩・諫喩・教喩・暁喩・呴喩・訓喩・告喩・善喩・直喩・比喩・譬喩・風喩・明喩・誘喩

【庾】 12 0023 ユ くら

篆文 

形声 声符は臾（ゆ）。臾は人の肥満して、腴（ゆたか）なさまをいう。〔説文〕九下に「水漕の倉なり」とするが、もと野積みする倉をいう。〔詩、小雅、楚茨〕「我が庾維（こ）れ億」の〔伝〕に「露積（ろし）を庾と曰ふ」とみえる。高く積みあげて、末広がりの状となる意である。

訓義 ①くら、野積み。②水辺のくら。③量の名、十六斗を庾という。

古訓 〔字鏡集〕庾 クラシロ・シバラク・ツム

語系 庾 oa は臾 jio、腴 jiô と同系の語。ゆったりとしたさまをいい、庾は野積みにして、もりあげることをいう。

【庾積】ゆし 野積みした穀物。〔国語、周語中〕定王、單襄公（ぜんじゃうこう）をして宋に聘（へい）せしめ、遂に道を陳に假（か）りて、以て楚に聘（へい）せしむ。～道茀（ふつ）りて行くべからず。候（人）疆（さかひ）に在らず。～野に庾積有り、場功未だ畢（を）へず。

【庾楼】ゆろう 江西九江の庾公楼。唐・元稹〔書を楽天（白居易）に寄す〕詩 傷心、最も是れ江頭の月 書を把（と）りて将（まさ）に庾樓に上らんとすること莫（なか）れ

↑庾億（ゆおく） 貯蔵米が十分にある／庾史（ゆし） 庾司／庾司（ゆし） 倉庫係／庾曹（ゆそう） 倉庫係／庾吏（ゆり） 庾司／庾廩（ゆりん） 米倉

↓盈庾・困庾・積庾・倉庾・漕庾・天庾・貧庾・満庾・廩庾

常 【愉】 12 9802 〔愉〕 12 9802 ユ トウ たのしむ よろこぶ

篆文 

形声 声符は兪（ゆ）。兪は、把手（とって）のある手術刀で膿漿を盤（舟）に移す形で、治癒の癒（癒）の初文。病苦を除いて心安らぐことを愉という。〔説文〕十下に「薄なり」と媮薄（とうはく）の意とするが、その字には媮・偸を用いる。〔論語、郷党〕に「私覿（してき）（私的に会うとき）には愉愉如たり」とあって、くつろぐたのしさをいう。〔詩、唐風、山有枢〕「他人是れ愉（たの）しまん」には、なお偸（ぬす）みとる意をも含むようである。

訓義 ①たのしむ、よろこぶ、やすらぐ、やわらぐ。②偸・媮と通じ、うすい、かりそめ、おろそか。

古訓 〔名義抄〕愉 ヨロコブ・アヤマル・タノシビ・タノシブ・ヲツ・カウ・ヤハラカナリ 〔字鏡集〕愉 カホヤハラカナリ・タクマシ・ヨロコブ・アヤマル・タノシブ

語系 愉・兪 jio は同声。兪は治癒の癒の初文。その心の安らぎを愉という。臾 jio・腴 jiô は体のゆたかなさまで、また愉悦の意に近い。悅（悦）・說（説）jiuat、豫（予）jia、懌 jyak もみな喜悦の意がある。

【愉怡】ゆい 和らぎたのしむ。宋・欧陽脩〔張子野墓誌銘〕子野、人と爲り、外、愉怡すと雖も、中（こころ）は自ら刻苦す。

【愉佚】ゆいつ 安佚し楽しむ。〔荀子、性悪〕口の味を好み、心の利を好み、骨體膚理（り）ふ、愉佚を好むが若（ごと）きは、是れ皆人の情性に生ずる者なり。

【愉悦】ゆえつ 喜び。唐・王昌齢〔華陰を過（よぎ）る〕詩 何ぞ意（おも）はん、昨來の心 物に遇へば遂に遷別す 人生、屢（しばしば）此（か）くの如し 何を以てか、愉悦を肆（ほしいまま）にせん

【愉快】ゆかい（くわい） 快い。〔史記、酷吏伝序〕老氏稱（い）ふ、～法令滋（ますます）章（あき）らかにして、盗賊多く有りと。～是の時に當りて、吏治～武健嚴酷に非ずんば、惡（いづ）くんぞ能く其の任に勝（た）へて愉快ならんや。

【愉色】ゆしょく 楽しいようす。〔礼記、祭義〕孝子の深愛有る者は、必ず和氣有り。和氣有る者は、必ず愉色有り。愉色有る者は、必ず婉容（えんよう）有り。

【愉愉】ゆゆ なごやかなさま。〔論語、郷党〕享禮（使者としての賓主の礼）には容色有り。私覿（してき）（私的に会うとき）には愉愉如たり。

↑愉易（ゆい） たのしみやすらぐ／愉慰（ゆい） 欣びなぐさめる／愉衍（ゆえん） たのしみ満足する／愉豔（ゆえん） たのしみ、なまめかしい／愉娯（ゆご） たのしみあそぶ／愉敖（ゆごう） あそぶ／愉惨（ゆさん） 憂楽／愉思（ゆし） たのしむ／愉心（ゆしん） たのしむ／愉然（ゆぜん） 愉愉／愉舞（ゆぶ） 欣舞／愉飽（ゆほう） たのしみ満足する／愉目（ゆもく） みてたのしむ

↓夷愉・怡愉・婉愉・寛愉・歓愉・欣愉・呴愉・煦愉・舒愉・心愉・恬愉・憂愉・和愉

【揄】 12 5802 ユ ヨウ（エウ） トウ ひく うごかす ぬぐ なげる

篆文 

形声 声符は兪（ゆ）。兪は、把手（とって）のある手術刀（余）で膿漿（のうしょう）を盤（舟）に移す形。愈・癒（癒）の初文で、ものを他に移す意がある。〔説文〕十二上に「引くなり」とあり、〔淮南子、主術訓〕「策（むち）を廟堂の上に揄（ひ）く」、〔荘子、漁父〕「髮を被り、袂を揄く」のように用いる。王后の服を「揄狄（ようてき）」といい、雉（きじ）の模様をつけた礼服をいう。声義ともに異なる用法である。

訓義 ①ひく、長いものをひく、ひき動かす、ひき出す、ひきずる。②うごかす、なぶる、からかう。③ぬぐ、すてる、とる。④なげる、くだく。

古訓 〔名義抄〕揄 ヒク・ヌク・トル・ナグ・カキクダク

語系 揄・兪・踰 jio は同声。兪には此れより彼に移し動かす意があり、ものを延（ひ）き動かすことを揄といい、さらに移ることを踰という。

【揄袂】ゆべい（とうべい） 袖をたれる。また、袖手。〔荘子、漁父〕孔子、弦歌し琴を鼓す。～漁父なる者有り、船を下りて來る。鬚眉（しゅび）交（こもごも）白く、被髮して袂を揄（ひ）く。～左手に膝に據り、右手に頤（い）（あご）を持して、以て聽く。～曰く、～嗚呼（ああ）、遠い哉（かな）、其の道に分るること。

【揄揚】ゆよう（やう） ほめあげる。あげ示す。漢・班固〔両都の賦の序〕或いは以て下情を抒（の）べて諷諭を通じ、或いは以て上德を宣（の）べて忠孝を盡す。雍容（ようよう）揄揚して、後嗣に著（あら）はす。抑（そもそも）いは亦た雅頌の亞（流）ならん。

↑揄棄（ゆき） すてる／揄翟（ゆてき） 揄狄／揄鋪（ゆほ） 毛織りの蓆／揄揶（ゆや） からかう

↓選揄・邪揄・揶揄

【渝】 12 3812 ユ かわる あふれる

篆文 

形声 声符は兪（ゆ）。兪は、把手（とって）のある手術刀（余）で膿漿（のうしょう）を盤（舟）に移す形。治癒の癒（癒）の初文。ものを此より彼に移す意がある。状態の推移し、変化することをいう。ゆえに渝改の意となる。〔説文〕十一上に「汙に變ずるなり」と、清水が汚濁となる意とし、また一に「渝

水」と、水名とする。〔詩、鄭風、羔裘〕に「命に舍りて渝らず」とあり、〔伝〕に「變なり」という。単に更改する意にも用い、〔左伝、隠六年〕に改め誓うことを「渝へて平らぐ」のようにいう。

訓義 ①かわる、うつる、変化する。②とける、あふれる。③俞と通じ、しかり。

古訓 〔名義抄〕渝 ミチ・アフル・カヘル・カハル・ユク・ハル・アセミヅ

語系 渝・俞・踰・揄jioは同声。俞にものを移しかえる意があり、俞声の字にその声義を承けるものが多い。

【渝移】うつりかわる。変易する。〔呂覧、下賢〕其の疑はざるに以有るを覺り、其の必ず渝移せざるに桀ち、其の陰陽と化するに循ふ。

【渝盟】違盟。〔左伝、桓元年〕公、鄭伯と越に盟ふ。祊の成(和平)を結ぶなり。盟ひて曰く、盟に渝はるときは、國を享くること無からんと。

↑渝溢 あふれる/渝言 食言する/渝節 変節する/渝替 衰える/渝薄 浅薄/渝変 かわる/渝約 違約する/渝濫 氾濫する

↓虧渝・数渝・遷渝・不渝・弗渝

【隃】 12 7822 ユ こえる とおい

篆文
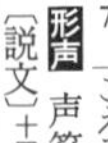

形声 声符は俞。俞に移し送る意がある。〔説文〕十四下に「北陵西隃、鴈門是れなり」とあり、西隃は山名。踰と通じ、こえる。また遙(遥)と通用する。

訓義 ①山名。西隃、雁門。②こえる、すぎる、ゆく。③はるか、とおい。④陵の名。

古訓 〔字鏡集〕隃 ヲカ

語系 隃sjioは踰jio、遙jiôと声近く、それぞれ通用する。

↑隃望 遠望/隃領 山越え

【愈】 13 8033 ユ いえる まさる いよいよ

金文

形声 声符は俞。俞は、把手のある手術刀(余)で膿漿をとり、これを盤(舟)に移す形。これによってその痛苦を治癒する意で、その安らぐ情を愈という。愉(愉)と同字異構であるが、慣用を異にするところがある。〔孟子、公孫丑下〕「今、病小しく愈えたり」のように、治癒の意に用いる。〔論語、公冶長〕「女と回(顔回)と孰れか愈れる」は比較、〔詩、小雅、小明〕「政事愈く蹙まる」は副詞、〔詩、小雅、正月〕「憂心愈愈たり」は瘉の仮借で、なお病み憂える状態をいう。

訓義 ①いえる、なおる、おさまる。②まさる、なおまさる。③次第によろし、いよいよ、ますます。④愉と通じ、たのしい、たのしむ。⑤瘉と通じ、うれえなやむ。

古訓 〔名義抄〕愈 イヨ／＼・イユ・マサル・スグル・マス／＼・カシコシ・スフ・タトヒ・コユ

語系 愈・愉・俞・踰・渝jioは同声。俞は治癒の意で、俞声の字にその声義を承けるものが多い。

【愈愚】愚をいやす。〔説苑、建本〕孟子曰く、人皆食を以て飢ゑを愈やすことを知るも、學を以て愚を愈すことを知るもの莫し。

↑愈飢 飢えをいやす/愈順 順調にはこぶ/愈甚 甚だしい/愈愈 甚だしいさま

↓安愈・快愈・小愈・治愈・病愈・瘳愈

【楡】 13 4892 ユ にれ

篆文

形声 声符は俞。〔説文〕六上に「白枌なり」とあり、次条に「枌は枌楡なり」(段注本)とあり、赤にれと白にれとの二類がある。〔荘子、逍遥遊〕に「楡枋」(にれと檀木)を小木の意に用いるが、楡は落葉喬木、その材堅く、細工物に適するという。

訓義 ①にれ、白枌。②輸に通じ、移す。

古訓 〔新撰字鏡〕楡 白枌なり。尓礼(にれ)〔和名抄〕楡 白き者を名づけて枌と曰ふ。夜邇禮(やにれ)〔篇立〕楡 ニレ

【楡火】楡から火種をとる。〔周礼、夏官、司爟〕四時、國火を變じ、以て時疾を救ふ。〔鄭子農注〕春、楡柳の火を取り、夏、棗杏の火を取り、季夏、桑柘の火を取り、秋、柞楢の火を取り、冬、槐檀の火を取る。

【楡枋】にれと、まゆみの木。〔荘子、逍遥遊〕我決起して飛び、楡枋を搶くも、時に則ち至らずして、地に控つるのみ。

【楡柳】にれと柳。晋・陶潜〔園田の居に帰る、五首、一〕詩 方宅は十餘畝 草屋は八九間 楡柳、後簷を蔭ひ 桃李、堂前に羅なる

↑楡英 にれの花/楡枷 にれの木で作ったかせ/楡莢 楡銭/楡銭 漢代の銭名/楡莢/楡皮 楡の樹皮/楡枌 にれ/楡鞭 にれの木で作った鞭

↓社楡・青楡・桑楡・長楡・白楡・飛楡・枌楡・碧楡・葉楡・老楡

【瑜】 13 1812 ユ たま

篆文

形声 声符は俞。〔説文〕一上に「瑾瑜、美玉なり」とあり、〔逸論語、問玉〕にその名がみえる。〔左伝、僖四年〕「公の羭を攘まん」とあり、〔杜預注〕に「羭は美なり」という。俞声に美の義がある。

訓義 ①たま、美しいたま、たまの光。②美しいさま。

古訓 〔字鏡集〕瑜 タマ・ヨキタマ

語系 瑜jioは冶jiaと声近く、俞声の字に美の義があるのは、おそらく冶の音と通じるからであろう。

【瑜瑕】美しい玉と、きず。美点と欠点。〔礼記、聘義〕瑕、瑜を揜はず、瑜、瑕を揜はざるは、忠なり。

↑瑜玉 美玉/瑜珥 美玉/瑜辞 好辞/瑜然 美しいさま/瑜佩 玉佩/瑜璉 礼器の名。黍稷を宗廟に供える器

↓掩瑜・瑕瑜・懐瑜・瑾瑜・佩瑜・碧瑜

【腴】 13 7723 ユ ゆたか こえる とむ

篆文

形声 声符は臾。臾は人が腰に両手をあてている形。〔説文〕四下に「腹下の肥えたるものなり」とあり、腹の肥満することをいう。脂ののった肉をいい、また地味の肥沃なことを膏腴の地という。

訓義 ①ゆたか、ゆったり。②こえる、下腹がこえる、はらがでる。③あぶらにく、こえた肉、あぶらみ。④とむ、ゆたか、さかえる。

古訓 〔和名抄〕腴 野王案ずるに、腴は魚腹の下の肥ゆるなり。豆知須利(つちすり)〔篇立〕腴 ツチスリ 〔字鏡集〕腴 アブラツク・イヲノツチスリ・コエタリ

語系 腴jiô、臾jioは同系の語。庾oaも臾声に従う。みな臾の声義を承け、ゆたかな状態のものをいう。

【腴潤】ゆたかにうるおう。梁・劉孝標〔弁命論〕道徳を修め仁義を習ひ、孝悌を敦くし忠貞を立て、禮樂の腴潤に漸り、先王の盛則を蹈む。

↑腴甘 甘美/腴健 壮健/腴厚 立派/腴膏 肥えてつやつやしい/腴産 肥えた田土/腴詞 ほめ言葉/腴辞 腴詞/腴壌 肥えた田土/腴膴 肥厚/腴沃 沃土

↓華腴・甘腴・膏腴・脂腴・精腴・鮮腴・贍腴・田腴・濃腴・肥腴・美腴・富腴・芳腴・豊腴

【逾】 13 3830 〔踰〕 16 6812 ユ こえる すぎる とおい ますます

篆文 金文

形声 声符は俞。俞は、把手のある手術刀（余）で膿漿を刺して盤（舟）に移し、病を治癒することで、ものを此より彼に移す意がある。ものを致すのを輸（輸）といい、自ら経過することを逾という。〔説文〕二下に「逃こえ進むなり」、また踰二下には「越ゆるなり」とみえる。字はまた踰に作る。〔書、禹貢〕「洛を逾ぐ」、〔書、秦誓〕「日月逾ぎ邁く」のように時処のいずれにも用いる。

訓義 1こえる、すすむ、わたる。2すぎる、まさる。3とおい、はるか。4いよいよ、ますます。

古訓 〔名義抄〕逾 コユ・イヨ〳〵・トホシ・スギタリ・ス、ム・ワタル・コ、ニ・カロシ

語系 逾・踰jioは同声。舁jia、輸sjioも声近く、みなそれぞれの方法で移送することをいう。

＊語彙は踰字条参照。

【逾越】こえる。〔東観漢記、呉祐伝〕祐（父を）諫めて曰く、今大人、五嶺を逾越し、遠く海濱に在り。其の俗、舊と珍怪多し。

【逾日】日をこえる。〔三国志、魏、武帝紀注に引く孔衍、漢魏春秋〕夫れ軍の大事は、茲の賞罰に在り。善を勸め惡を懲らすに、宜しく時を旋らさざるべし。故に司馬法に曰く、賞すること日を逾えずとは、民の速やかに善を爲すの利を覩るを欲せばなり。

【逾年】一年をこえる。〔白虎通、爵〕年を逾えて公と稱する者は、民の心は一日も君無かるべからざるに緣るなり。

↑逾逸 安逸にすごす／逾延 遠く連なる／逾過 ゆきすぎる／逾格 特別の扱い／逾紀 二十歳過ぎ／逾軌 規定をこえる／逾午 午後／逾行 越規／逾侈 身分をこえて華奢／逾時 時期をすぎる／逾処 怠けてすごす／逾甚 ひどい／逾世 超凡／逾制 過分／逾分 過分／逾夕 第二夜／逾半 過半／逾分 過分／逾方 越規／逾法 越規／逾軌／逾濫 過度／逾立 三十歳以後／逾労 ますます疲れる

↓窺逾・昏逾・升逾・窃逾・秩逾・超逾・寵逾・亡逾

【瘉】

14 0012 ［癒］ 18 0013 ユ いえる やむ

篆文

形声 声符は俞。俞は、把手のある大きな手術刀（余）で膿漿を刺し、これを盤（舟）に移しとる意で、瘉（癒）の初文。それによって痛苦が除かれ、心が安らぐのを愈・愉（愉）という。〔説文〕七下に「病瘳ゆるなり」とみえる。〔詩、小雅、正月〕に「父母我を生み 胡ぞ我をして瘉ましむる」とあって、なお憂苦のあることをいう。字はまた癒に作る。

訓義 1いえる、なおる。2やむ、なやむ、くるしむ。3愈と通じ、まさる、いえる。

古訓 〔名義抄〕瘉 ヤム・イユ〔字鏡集〕瘉 ヤマヒ・ヤム・イユ

語系 瘉（癒）・窳oaは同声。窳に病弱、不整形の意がある。

↑瘉疾 快愈

↓快瘉・全瘉・治瘉・平瘉・瘳瘉

【窬】

14 3022 ユ トウ くぐり こえる うがつ かわや

篆文

形声 声符は俞。俞に、此れより彼に移す意がある。〔説文〕七下に「木を穿ちたる戸なり」とあり、くぐり戸をいう。そこを逾えて通る。土牆などに木をはめこんで設けることがあり、それで穴（穴）に従う。

訓義 1くぐり、くぐり戸。2こえる、とおる。3うがつ、うつろ。4おまる、木槽のおまる、かわや。

古訓 〔名義抄〕牏 ツイ・ヒヂイタ・ウカ、フ・ミル・カキ〔篇立〕窬 ミル・ノゾク・ウガツ

語系 窬・牏・逾・踰jioは同声。牏は〔説文〕七上に「牆を築く短版なり」とあって、くぐり戸を設ける土墻の類。みな彼此を通ずる意のある字である。竇・瀆dokも声義の関係があり、竇とは〔説文〕に「空なり」とあり、また水竇の意。字はまた瀆に作る。水を通ずるところをいう。窬・竇・瀆はまたこの義を以て一系をなしている。

【窬木】くり舟。〔淮南子、氾論訓〕古者、大川名谷、道路を衝絕し、往來を通ぜず。乃ち窬木方版を爲りて、以て舟航を爲す。

↑窬桶 馬桶

↓楲窬・窺窬・圭窬・穿窬

【褕】

14 3822 ユ ヨウ（エウ） トウ

篆文

形声 声符は俞。〔説文〕八上に「褕翟、羽飾の衣なり」（段注本）とあり、雉の羽で飾った王后の礼服。また〔説文〕に「一に曰く、直裾之れを襜褕と謂ふ」、〔方言、四〕に「襜褕、～其の短き者、之れを短褕と謂ふ」とあり、すその短いひとえの衣。〔玉篇〕に「葉褕、短度の絹なり」とあって、短い帛をいう。

訓義 1王后の服、翟羽の飾りのある服。2すその短いひとえ、襜褕。3短い帛。4美しい帛。5はだぎ。

↑褕衣 褕翟／褕狄 褕翟

↓褘褕・翬褕・褋褕・裳褕・襜褕・短褕

【窳】

15 3023 ユ ワ ゆがむ ひくい よわる

篆文

形声 声符は㼌。㼌は成熟しない瓜で、不整形の意がある。〔説文〕七下に「汚き窬なり」とあり、窪地をいう。〔荀子、議兵〕「械用兵革、窳楛にして便利ならざる者は弱し」の〔注〕に「窳とは器の病なり」とあり、いびつの状態のものをいう。また手足の不自由な意に用いる。〔説文〕は穴（穴）部七下にまた窊を録し「汚衺、下きなり」とあり、声義ともに窳と通ずる字である。

訓義 1ゆがむ、いびつ、不整形。2くぼみ、ひくい、くぼち。3よわい、よわる、やむ、おこたる。4字はまた窪に作る。

古訓 〔名義抄〕窳 モノウシ・イシマ・ユガム・モノグサシ・ナヤマス

語系 窳・窊oaは同声。洼oeと声近く、汚・洿aも同系の語。穢・薉iuatもこの系統に属する語であろう。みな汚穢の意がある。

↑窳下 くぼみ／窳坎 落ちこみ／窳楛 いびつ／窳惰 怠る／窳窆 くぼみ／窳民 惰民／窳隆 高低／窳裂 ゆがみ裂ける

↓汙窳・勤窳・苦窳・惰窳・浮窳・病窳・幽窳・隆窳・良窳

【羭】

15 8852 ユ

篆文

形声 声符は俞。〔説文〕四上に「夏羊の牡を羭と曰ふ」とあり、〔爾雅、釈畜〕も同説であるが、〔段注本〕〔郝懿行義疏〕によって牝と改めるのがよい。美しく大事なものとされ、〔左伝、僖四年〕に「之れを専らに（専愛）せば渝り 公の羭を攘まん」という占いの辞を載せている。

訓義 1くろひつじのめす。2うつくしいもの。3山の神。

古訓 〔字鏡集〕羭 ヒツジ・ヲヒツジ

↓攘羭

【覦】

16 8621 ユ シュ ねがう のぞむ うかがう

篆文

形声 声符は俞。俞に窬・踰の声があり、空隙より中をのぞき、ものを欲する意がある。〔説文〕八下に「欲するなり」とあり、僥倖を求め、分限をこえることを覬覦という。

訓義 1ねがう、のぞむ、高のぞみする。2うかがう。

古訓 〔名義抄〕覦 ネガフ／覬覦 ネガフ 〔字鏡集〕覦 ミル・ネガフ・ノゾム・ノゾミヽル・ウカヾフ・サイハヒ・オモフ・マハル・オサフ

語系 覦・窬・踰 jio は同声。欲 jiok はその入声音。欲は〔説文〕八下に「貪欲なり」とあり、理非をこえて得ようと欲することをいう。

【覦心】 身分不相応のことを欲する心。〔左伝、襄十五年〕人を官にするは國の急なり。能く人を官にせば、則ち民に覦心無し。

↑覦視 覬覦

↓覬覦

【諛】 16 0763 ユ へつらう おもねる

篆文 

形声 声符は臾。臾は両手を腰に加える形。〔説文〕三上に「讇るなり」とあり、讇はまた諂に作る。〔荘子、漁父〕に「是非を擇ばずして言ふ、之れを諛と謂ふ」とみえる。臾は〔説文〕十四下に「束縛して捽抴するを臾と爲す」とあり、人をゆり動かす意。言を以て人意を動かそうとすることを諛という。

訓義 ①へつらう、おもねる、こびる、おもねりいう。②よろこびしたがう。

古訓 〔新撰字鏡〕諛 戸豆良不(へつらふ)、又、阿佐牟久(あざむく) 〔名義抄〕諛 ヘツラフ・アザムク・ソシル・シフ・ウタヘ・シコツ・ヲカス・ヌスム・イツハル・ハヽカル・エラブ

語系 諛 jiô、臾 jio は声義近く、言を以て人をうごかすを諛という。捽抴して人を動かすことを曳 jiat といい、抴(拽) jiat はその同声の字。引 jien も声義近く、これらは一系をなす語である。

【諛悦】 へつらい喜ばせる。〔金史、佞幸、高懐貞伝〕小人佞夫、皆其の志を知り、爭うて諛悦を進む。～海陵、近屬を以て宰相と爲り、威福の柄(権)を專らにし、遂に弑虐の計を成す。皆、懷貞輩の小人、從臾して之れを導く。

【諛言】 へつらいのことば。〔塩鉄論、国病〕林中に疾風多く、富貴に諛言多し。萬里の朝、日に唯唯を聞き、而る後諸生の愕愕を聞く。

【諛臣】 へつらう臣。〔管子、八観〕諫臣死して諛臣尊く、私情行はれて公法毀る。

【諛佞】 こびへつらう。〔宋史、隠逸下、徐中行伝〕秦檜國に當り、科場、諛佞を尙ぶ。試題に、中興の歌頌を聞く。

【諛媚】 こびへつらう。〔唐書、逆臣上、安禄山伝〕御史中丞張利貞、河北を採訪す。祿山、百計諛媚し、多く金を出して左右に諧結し、私恩を爲す。利貞入朝し、盛んに祿山の能あるを言ふ。

【諛墓】 諛辞を以て墓誌を作り、厚酬を貪ること。宋・陸游〔斎壁に題す、三首、二〕詩 碑を作りて墓に諛するは、已に筆を絶てり 史を紬りて山に藏するに、猶ほ心を苦しましむ

↑諛偽 表面へつらう／諛噱 へつらい笑う／諛行 へつらう／諛辞 諛言／諛色 こびるようす／諛人 へつらう人／諛然 へつらい順うさま／諛諂 こびへつらう

↓阿諛・近諛・讒諛・嗜諛・従諛・善諛・貪諛・佞諛・媚諛・面諛・誉諛

常

【諭】 16 0862 〔諭〕 16 0862 ユ さとす いさめる

篆文 

形声 声符は兪。兪は、大きな把手のある手術刀(余)で膿漿を刺して盤(舟)に移し、治癒する意。病を癒すように、人をことばで戒めることを諭という。〔説文〕三上に「告ぐるなり」とするが、告げ戒めて論戒することをいう。〔周礼、秋官、訝士〕に「四方の獄訟を掌り、罪刑を邦國に諭す」とあり、獄訟・罪刑のことを掌る。天子の諭告を諭旨という。

訓義 ①さとす、つげさとす、いさめる。②たとえいさめる、あきらかにする、みちびく。

古訓 〔新撰字鏡〕諭 宇太加比(うたがひ) 〔名義抄〕諭 コシラフ・ヲシフ・タトヒ・イツハル・サトル・タトフ・ホム・サトス・ツグ・カツ・ソシル・アザムク・アキラム

語系 諭・喩 jio は同声。〔広雅、釈言〕に「曉すなり」とあり、喩えを以て彼此相通ずることを理解させることをいう。みな兪の声義を承ける。

【諭意】 志を告げる。〔礼記、祭義〕孝子將に祭らんとするときは、～百物既に備はるや、夫婦齊戒し、沐浴盛服し、奉承して之れを進む。～其の志意を諭し、其の慌惚を以て、以て神明と交はり、之れを饗くる或らんことを庶ふ。

【諭教】 さとし教える。〔説苑、君道〕禹、之れ(有苗氏)を伐たんと欲す。舜、許さず。曰く、諭教猶ほ未だ竭くさずと。諭教を究めて、有苗氏服せんことを請ふ。

【諭告】 上意をさとし告げる。〔史記、蕭相国世家〕漢王、兵を引いて、東のかた三秦を定め、(蕭)何、丞相を以て、留まりて巴蜀を收め、塡(鎮)撫諭告し、軍食を給せしむ。

↑諭暁 さとす／諭旨 上旨を以てさとす／諭咨 さとしはかる／諭説 さとす／諭達 上旨を以てふれる／諭単 申達する／諭勅 勅諭／諭令 上旨による訓令

↓慰諭・陰諭・嘔諭・誨諭・諫諭・教諭・暁諭・訓諭・告諭・懇諭・旨諭・招諭・詔諭・上諭・申諭・聖諭・説諭・宣諭・勅諭・伝諭・博諭・比諭・譬諭・撫諭・風諭・諷諭・榜諭・妙諭・面諭

【踰】 16 6812 〔逾〕 13 3830 ユ ヨウ(エウ) こえる すぎる はるか

篆文 

形声 声符は兪。兪は、把手のある手術刀(余)で膿漿を刺し、これを盤(舟)に移し除く意で、此より彼に移す意がある。それで、移動して道路を度越し、他に赴くことを踰(逾)という。〔説文〕二下に「越ゆるなり」、また逾字条二下に「戉こえ進むなり」とあって、経過することをいう。

訓義 ①こえる、わたる、すぎる、とおる、ゆく。②とおい、はるか。

古訓 〔新撰字鏡〕踰 布牟(ふむ) 〔名義抄〕踰 コユ・スギタリ・フム・サトル・カロシ・ワタル・ハルカナリ

語系 踰・逾 jio は同声。踰は度越、逾は経過の意を含み、語義はいくらか分化しているが、もと同じ語であった。

【踰越】 こえる。〔左伝、成十三年〕(晋の)文公躬ら甲冑を擐き、山川を跋履し、險阻を踰越し、東の諸侯を征し、～諸これを秦に朝せしむ。則ち亦た既に舊德に報じたり。

【踰侈】 過度。おごり。〔漢書、食貨志上〕(董仲舒説)富める者は田仟伯を連ね、貧しき者は立錐の地亡し。～荒淫制を越え、踰侈以て相ひ高くす。

【踰僭】 分限を超えて僭る。〔三国志、蜀、董和伝〕和、躬ら率ゐるに儉を以てし、惡衣蔬食し、踰僭を防遏す。～所在皆風を移し、善に變ず。

【踰邁】 時がすぎる。〔論衡、自紀〕年七十に漸とし、時に懸輿(隠居)すべし。仕路隔絶し、志窮して如く無し。～髮白く齒落ち、日月踰邁す。～乃ち養性の書を作る。凡て十六篇。

↑踰佚 すぎゆく／踰逸 佚楽する／踰溢 すぎてこえる／踰曳 とび上がる／踰遠 遠く行く／踰閑 法をこえる／踰紀 年をこえる／踰月 月を越える／踰検 法をこえる／踰言 遠く言う／踰時 時を過ごす／踰渉 こえわたる／踰制 踰検／踰節 踰検／踰渡 こえわたる／踰等 出過ぎる／踰年 年をこえる／踰邈 こえてはるか／踰分 過分／踰法 法をこえる／踰封 越境／踰望 遠く望む／踰歴 経歴する

諛・諭・踰

↓窺踰・巧踰・清踰・窃踰・超踰・年踰

常【輸】16 5802 〔輸〕16 5802

ユ シュ
いたす おくる つくす まける

篆文 詛楚文
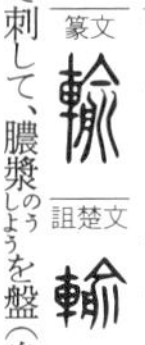

形声 声符は兪(ゆ)。兪は把手(とって)のある大きな手術刀(余)で刺して、膿漿(のうしよう)を盤(舟)に移しとって治癒する意で、此より彼にものを移す意がある。〔説文〕十四上に「委輸するなり」とみえる。〔広雅、釈詁三〕に「聚むるなり、更(か)ふるなり」、〔広雅、釈言〕に「寫(そそ)ぐなり」とするのは、みな他に移す意と関連する。

訓義 ①いたす、車ではこぶ。②おくる、とどける。③さしだす、つくす、あつめる。④まける、やぶれる、おろか。⑤のぞく、さる、かえる。

古訓 〔名義抄〕輸 イダス・ツクス・ヌク・オツ・カツ・ヲサム・スフ・マグ・ウツル・ツグノフ・ワキマフ・ヤハラカナリ・カズオフ〔字鏡集〕輸 オサム・マク・クワシ・モトム・サラニ・ウツス・ツグノフ・ウツル・イタス・クル・ツクス・ヤハラカナリ・ホドコス・モテアソブ・カズヲフ・ワキマフ・カツ・オツ・スツ・ヌク

語系 輸sjioは遞・踰jioと声が近い。また注(注)tjio、屬(属)tjiokもその系統の語で、此より他におくりとどける意がある。

【輸贏(しゆえい)】勝敗。贏は勝。唐・白居易〔放言、五首、二〕詩 信ぜず、君が奕棋(えきき)の者を看るを 輸贏は須(すべか)らく局の終頭するを待つべし

【輸作(しゆさく)】左遷。〔三国志、魏、王粲伝注に引く典略〕太子(曹丕)、嘗(かつ)て諸文學に請ひ、酒酣(たけなは)にして坐歡す。夫人甄氏(けんし)に命じ、出でて拜せしむ。坐中の衆人咸(ことごと)く伏す。而るに楨、獨り平視す。太祖(曹操)之れを聞きて乃ち楨を収め、死を減じて輸作す。

【輸情(ゆじやう)】真情をつくす。〔三国志、蜀、諸葛亮伝評〕罪に服し情を輸(いた)す者は、重しと雖も必ず釋(ゆる)し、游辭巧飾の者は、輕しと雖も必ず戮(ころ)す。

【輸誠(ゆせい)】誠心をつくす。〔三国志、蜀、先主伝〕力を盡し誠を輸(いた)し、六師を奬厲(励)し、~凶逆を撲討し、以て社稷(しやしよく)(国家)を寧んじ、以て萬分に報ぜん。

【輸入(ゆにゆう)】運び入れる。〔史記、李牧伝〕李牧は趙の北邊の良將なり。常に代の鴈門に居り、匈奴に備ふ。便宜を以て吏を置き、市の租は皆莫(幕)府に輸入し、士卒の費と爲す。

【輸来(ゆらい)】運びこむ。唐・杜牧〔阿房宮の賦〕燕・趙の收藏、韓・魏の經營、齊・楚の精英、幾世幾年、其の人を剽掠(へうりやく)し、倚疊(いでふ)すること山の如し。一旦、其の閒に輸來する能はざるもの有り。

↓輸肝(ゆかん) 誠をいたす/輸貢(ゆこう) 貢納する/輸財(ゆざい) 財を納める/輸積(ゆし) 兵糧を輸送する/輸実(ゆじつ) 誠をいたす/輸写(ゆしや) すべて明らかにする/輸将(ゆしよう) 輸送する/輸心(ゆしん) 輸実/輸税(ゆぜい) 納税する/輸租(ゆそ) 納税する/輸送(ゆそう) 物資を送る/輸卒(ゆそつ) 武器や物質を輸送する兵/輸籌(ゆちゆう) 勝負ごとに負ける/輸納(ゆのう) 納入する/輸賦(ゆふ) 納税する/輸庸(ゆよう) 役夫/輸掠(ゆりやく) 奪取する/輸糧(ゆりよう) 年貢を納める/輸力(ゆりよく) 力を尽くす

↓委輸・移輸・運輸・灌輸・給輸・均輸・空輸・歳輸・転輸・賦輸・陸輸・流輸

常【癒】18 0013 〔癒〕18 0013 〔瘉〕14 0012

ユ
いえる やむ

篆文

形声 声符は瘉(ゆ)。瘉は〔説文〕七下に「病瘳(い)ゆるなり」とあり、癒の初文。治瘉して心安らぐことを愈、愉という。〔孟子、公孫丑下〕に「今、病小(すこ)しく愈(い)えたり」とあり、愈が治癒の義の本字。いま常用字表に、癒を治愈の字として出しているが、この字は古い字書にみえず、〔集韻〕に、瘉の或る体として録するものである。わが国の古い字書にも、〔名義抄〕に瘉・愈字を録し、癒の字はみえない。愈に「すぐれる、まさる、いよいよ」などの訓があるので、癒を治愈の字と定めたものであろう。字解については兪・瘉・愈字条参照。

訓義 ①いえる、やむ。

＊語彙は瘉・愈字条参照。

【籲】32 8128

ユ ヤク
よぶ

篆文

形声 声符は籥(やく)。籥は笛。〔説文〕九上に「呼ぶなり。頁(けつ)に從ひ、籥聲。讀むこと籥と同じ」とし、「商書に曰く、衆慼(しゆうせき)に率(したが)ひ籲(やはら)ぐ」と〔書、盤庚上〕の文を引く。頁は礼貌を示す字であるから、字の本義は、笛の音で神をよび、神を和ませ、神に祈る意であろう。籲(やく)の字と、その音を以て通用する。

訓義 ①よぶ、さけぶ。②やわらげる、なごむ。③いのる、まねく。

古訓 〔名義抄〕籲 ヨバフ/籲 ヤハラグ

↓籲号(ゆごう) よび叫ぶ/籲告(ゆこく) さけび告げる/籲懇(ゆこん) 懇願する/籲俊(ゆしゆん) 賢者をよび招く/籲請(ゆせい) ねんごろに願う/籲天(ゆてん) 天をよぶ/籲禱(ゆとう) 天をよび祈る

↓率籲

ユウ

常【又】2 1740 〔又〕2 1740

ユウ(イウ)
また ふたたび たすける

篆文 甲骨文 金文

象形 右の手の形で、右の初文。〔説文〕三下に「手なり。象形。三指なる者は、手の列多きも、略して三に過ぎざるのみ」とある。左向の字は、左の初文。右は後起の字で、祝禱の器である口(さい)をもつ形。左も後起の字で、呪具である工をもつ形。又はのち副詞のまた、動詞の佑助の意に用い、左右の字には用いない。金文では又を左右の右、有無の有、保有・敷有の有、また佑助の佑、侑薦の侑に用いる。〔詩、小雅、小宛〕「天命又(ふたた)びせず」、〔儀礼、燕礼〕「又之れに命ず」は復の意、〔礼記、王制〕「王三たび又す」は宥(ゆる)す意である。

訓義 ①て、みぎのて、みぎ。②たもつ、やすんずる、ゆるす。③また、さらに、ふたたび。④たすける、やしなう。

古訓 〔名義抄〕又 マタ・サラニ・テ・アヤマル・スクル・ヲサム

部首 〔説文〕に右・父(父)・叜・曼・尹・及(及)・㪅・友など二十八字と重文十六字を属する。史(史)・支(支)・攴(攴)などの各部も、又に従う。右は祝禱、父は斧、叜(そう)は廟中の火、曼(まん)は頭布を掲げる。尹(いん)は呪杖をもつ、及は後ろより人の裾をもつ、㪅(せい)は呪獣の祟(すい)(たたり)をもって祓う、友は兄弟相佑助することをいう。

声系 〔説文〕に有(有)・疚・尤を又声とするが、有は肉をもつ形で会意、尤は呪獣の伏する形で象形字である。

語系 又・右・佑・祐(祐)・有hiuəは同声。卜文・金文において、又をまたそれぞれの字義に用いており、みな又より分化した同系の語である。

常【友】4 4004

ユウ(イウ)
とも したしむ たすける

金文 篆文 古文 甲骨文

会意 又(又)(ゆう)+又。〔説文〕三下に「同志を友と爲す。二又に從ふ。相ひ交友するなり」という。金文の字形は、双のように二

又を並べ、下に盟誓の器である曰を加えて、習の形に作ることが多い。盟誓の上に双方の手をおいて誓う形式を示す字であろう。〔説文〕古文に習の字形に作るものは、その譌形と考えられる。官友・官守友・法友のように、同僚の関係をいい、同族のものには倗習という。〔書、君陳〕「兄弟に友に」とは、倗習の間の徳をいい、友情・友誼のように用いるのは、その拡大義である。

訓義 1とも、同僚、同輩。2兄弟、同族間の兄弟輩。兄弟間の徳を友という。3したしむ、まじわる。4なかま、くみ。5又と通じ、たすける。

古訓 〔名義抄〕友 トモダチ・トモ 〔字鏡集〕叐 マジフ・トモ・ワカツ・ナラフ・ウラナシ・トモガラ・マジハル

語系 友・又・右・有(有)・佑・祐(祐)hiuə は同声。卜文の又に右・有・佑・祐の用義があり、有にまた相親しむ意がある。みな一系の語である。

【友愛】 友情。また、兄弟の愛情。〔三国志、呉、宗室、孫賁伝〕賁、早に二親を失ふ。弟輔は嬰孩、賁自ら贍育し、友愛甚だ篤し。

【友于】 兄弟の友情。〔論語、為政〕孝なるかな惟れ孝、兄弟に友に(友于)、有政に施す。

【友学】 学友。〔梁書、張率伝〕天監の初、臨川王已下に、竝びに友學を置く。率を以て、鄱陽王の友と爲す。

【友好】 友人。親交。〔後漢書、崔瑗伝〕扶風の馬融、南陽の張衡と、特り相ひ友とし好し。

【友事】 友人としてつかえる。〔孔子家語、弁政〕(宓子賤)單父を治む)曰く、不齊(子賤)の父事する所の者三人、兄事する所の者五人、友事する所の者十一人なりと。孔子曰く、～中節なり～と。

【友生】 友人。〔詩、小雅、常棣〕喪亂既に平らぎ 既に安く且つ寧し 兄弟有りと雖も 友生に如かず

【友善】 友として、親しく交わる。〔大唐新語、七、識量〕狄仁傑、内史と爲る。則天(武后)之れに謂ひて曰く、卿、汝南に在りて、甚だ善政有り。卿を譖する者を知らんと欲するかと。仁傑謝して曰く、～若し臣、譖する者を知らずんば、竝に友善を爲さん。臣請ふ、知らざらんと。則天深く歎異を加ふ。

【友邦】 友好の国。〔書、泰誓上〕王曰く、嗟我が友邦の冢君、越び我が御事・庶士、明めて誓ひを聽け。

【友朋】 朋友。晉・陸機〔挽歌、三首、一〕詩 飲餞、觴挙ぐること莫く 出宿、歸ること期無し ～周親、咸く奔湊し 友朋、遠きよりして來たる

【友穆】 兄弟の情愛が深い。〔宋書、謝弘微伝〕弘微少くして孤、兄に事ふること父の如く、兄弟友穆の至り、世を擧げて及ぶもの莫し。

【友僚】 友人。同僚。晉・潘岳〔賈謐の為に作りて、陸機に贈る〕詩 昔、余れと子と 東朝(東宮)にて繾綣(仲よし)たり 禮するに賓を以てすと雖も 情は友僚に同じ

↑友於 友于／友紀 朋友の道／友規 友人の礼／友誼 友情／友旧 友人と故旧／友軍 味方の軍／友執 友人／友昵 親しい友／友情 友人の情／友人 友だち／友弟 友生／友道 友紀

↓悪友・畏友・益友・嘉友・雅友・会友・学友・旧友・郷友・賢友・故友・交友・好友・孝友・豪友・三友・死友・師友・詩友・誌友・執友・社友・酒友・心友・親友・戦友・争友・損友・知友・忠友・悌友・同友・賓友・朋友・亡友・盟友・良友・僚友・老友

人

【尤】

4
4301

ユウ(イウ)
とが ことなる もっとも はなはだ

篆文

甲骨文

金文

象形 呪霊をもつ獣の形。その呪霊によって、人に尤禍をもたらすことができた。〔説文〕十四下に「異なるなり。乙に從ひ、又聲」とするが、祟と同じく、呪儀に用いる獣の象形。求もそのような呪獣の形で、それを毆つ共感呪術は救、その法は術(術)、また祟を毆つ字は殺(殺)で、減殺する意である。卜辞に「尤出るか」のように尤禍の意に用いる。その呪霊は畏るべきものであるから尤異の意となり、尤甚の意となる。

訓義 1とが、とがめ、わざわい、つみ。2ことなる、あやしい、かけはなれる、すぐれる。3もっとも、はなはだ、とりわけ。

古訓 〔名義抄〕尤 モトモ・ハナハダ・トガム・ケヤケシ・アヤマチ・トガ・ケシウアリ 〔字鏡集〕尤 トモ・トガ・アタ・タヅヌ・スグル・アヤマツ・ケヤケシ・コトナリ・モトモ・トガム・ハナハダ・ケシウシテ・タガフ・セム・モノホシ・コトナリ

声系 〔説文〕に尤声として訧・肬など五字を収める。訧は〔説文〕三上に「罪なり」とあり、尤の繁文とみてよい。

語系 尤 hiuə は又(又)・右・佑・祐(祐)・有(有)hiuə と同声。尤は災禍をもたらし、又はこれを救助する意で、同声にして正反両系の語があったものと思われる。郵 hiuə は尤と同声で、尤の意に用いることがあり、また憂・慢 iu も同系の語であろう。

【尤異】 特にすぐれる。また、特に珍奇なもの。〔漢書、宣帝紀〕(神爵四年)潁川の太守黃霸、治行尤異なるを以て、中二千石に秩す。

【尤悔】 過失と後悔。〔論語、為政〕子張、祿を干むるを學ぶ。子曰く、～言に尤寡なく、行に悔い寡なければ、祿、其の中に在り。

【尤諱】 もっとも忌むべきもの。死。〔資治通鑑、斉紀三〕(武帝、永明八年)魏家の故事に、尤諱の後三月にして、必ず神を西に迎へ、惡を北に禳ひ、具さに吉禮を行ふ。皇始より以來、未だ之れを改むる或らず。

【尤物】 美人。また、珍奇の物。〔晉書、江統伝〕高世の主は、尤物を尙ばず。

↑尤違 たがう／尤佚 遊びほうける／尤悪 憎しみ／尤禍 災禍／尤隙 争い／尤愆 とが／尤功 偉功／尤詬 はずかしめ／尤最 最上／尤者 すぐれてよいもの／尤著 とりわけすぐれる／尤謗 そしる／尤戾 罪責

↓怨尤・衍尤・過尤・寡尤・悔尤・釁尤・譴尤・効尤・殊尤・多尤・大尤・致尤・逢尤・無尤・羅尤

常

【右】

5
4060

ユウ(イウ) ウ
みぎ たすける

篆文

金文

会意 又(又)+口。又は右手、口は祝告の器の𠙵。右に祝禱の器である𠙵をもち、左に呪具である工を以て、神をたずね、神に接する。それで左右を重ねると、尋(尋)となり、神に接するとき、左右颯々の舞を舞う。〔説文〕口部二上に「助くるなり」、また又部三下に重出して「手口相ひ助くるなり」とあり、〔段注〕に「手もて足らず、口を以て之れを助くるなり」とするが、そのような意味の会意ではない。左右の初文は工・口に従わず、卜辞では神祐を受けることを「出又」という。「出又」は「有祐」の意。又は右・佑・祐(祐)の初文で、又をその諸義に用いた。左右は神につかえる方法であったが、のち輔佐の意となり、金文には〔猶鐘〕「先王其れ嚴として帝の左右に在り」、〔叔夷鎛〕「余れ一人を左右せよ」のように用いる。

訓義 1みぎ、のりとをささげる手、みぎて。2たすける、のりとをささげてつかえる。3侑と通じ、すすめる、したしむ。4たっとぶ、だいじにする。5さいわい、しあわせ。

古訓 〔名義抄〕右 ミギ・トル・タヒリ・ス、ニ・タスク／左右 トニカクニ・タスケ・タスク 〔篇立〕右 トル・スケ・ニモ・タヨリ・イヤメツラ・アマタ・タスク・マサニ・ヤスシ・コレ
声系 〔説文〕に祐の一字を録する。卜辞に右(又)を佑・祐の意に用いており、佑・祐は又・右の形声の字とみてよい。
語系 又・右・佑・祐 hiuə は同声。又が初文。右以下はその形声の字で、佑・祐は右の声義を承ける字。尤 hiuə と同声であるが、尤は祐の対待の義で、尤禍の意。
【右軍】 天子三軍の右軍。晋の王羲之が右軍将軍であったことから、王羲之をさす。唐・高適〔途中、徐録事に寄す(比ごろ、王の書を以て贈らる)〕詩 空しく篋中の贈りもののみ多し 長く見る、右軍の書
【右契】 契約の書を折半した、その右券。〔礼記、曲礼上〕粟を獻ずる者は、右契を執る。
【右姓】 尊族大姓。名門。〔後漢書、郭伋伝〕更始(劉玄)新たに立つ。～强宗右姓、各〻衆を擁して保營し、肯へて先附するもの莫し。
【右族】 豪門大族。〔晋書、欧陽建伝〕歐陽建、字は堅石、世〻冀方の右族爲り。雅もより理思有り。才藻美贍、名を北州に擅にす。
【右武】 武をたっとぶ。〔史記、平津侯伝〕古者いにしへ有功を賞し、有德を褒む。守成には文を尙び、遭遇(乱世)には武を右ぶ。未だ此れを易ふる者有らざるなり。
【右文】 文をたっとぶ。清・龔自珍〔説刻石〕文臣學士、書體の美、～南唐・北宋、始めて石に刻す。以爲へらく、天子右文、儒生好古、頗る是に在りと。名づけて帖と爲す。
→右援 たすける／右学 殷の大学／右鬼 鬼神をたっとぶ／右魚 魚符の右半／右券 右契／右顧 右にふりむく／右史 古の史官、天子の言を記録する／右署 高官／右職 枢要の職／右戚 勢力のある親族／右袒 右の肩はだをぬぐ／右輔 三輔の一、右扶風／右榜 挙試の合格者の掲示板／右列 先賢、前輩
↓掩右・海右・関右・貴右・居右・挙右・契右・権右・顧右・江右・攻右・豪右・左右・座右・在右・車右・戎右・尚右・将右・推右・折右・先右・陜右・薦右・尊右・祖右・端右・致右・道右・門右

【幺幺】 6 2273

ユウ(イウ) ジ
ちいさい かすか この

篆文 甲骨文 金文

会意 二幺に従う。幺は〔説文〕四下に「小なり。子の初めて生まるるの形に象る」とし、幺幺には「微かなり。二幺に從ふ」とするが、二幺を列しても微小の意とはならない。また幽字条四下に「隱るるなり」とし、山中に微かに隠れる意で、幺幺の亦声とする。幺幺を幽微の意とするが、幺幺は糸束を列べた形、幽はそれに火を加えてくすべ、幽黒の色を加える形、その山は古い字形では火の形である。幺幺は茲の初文で、金文に「絲の五夫」のように用いる。まれに「幺幺の人」「幺幺の彝」のように用いる。幺は糸たば、これに木を通して拗じることを幼といい、その動作を拗という。幽・拗と幺幺・茲と、声義に二系があるが、本来は幺は糸束の形である。
訓義 [1]ちいさい、かすか。[2]この。
古訓 〔字鏡集〕幺幺 ホソシ
部首 〔説文〕は幽・機(機)、〔玉篇〕にまた𢆶乞の一字を加える。幾(幾)は戈に呪飾として幺幺を加え、これを以て譏刺のことを行ったのであろう。𢆶乞は乞を加えて、その呪祝の意を示す。譏刺を加える意の字である。
声系 〔説文〕に幽を幺幺の亦声とする。黝は幼声であるが、幽と同声。黝も黒染の意であろう。
語系 幺幺・幽・窈・黝 yu は同声、奥(奧)uk、燠 iuk も同系の語であろう。杳 yô も幽暗をいう語である。

常 【有】 6 4022 〔有〕 6 4022

ユウ(イウ) ウ
ある もつ たもつ したしむ

篆文 甲骨文 金文

会意 又(又)+肉(肉)。肉を持って、神に侑薦する意。〔説文〕七上に「宜しく有るべからざるなり」とし、「春秋傳に曰く、日月(月の字は衍文)之れを食する有り」の文を引いて、有とは異変のある意とし、字は「月に従ひ、又聲」とするが、月に従う字ではない。卜文には有無の字に又を用い、金文に有を用いる。〔玉篇〕に「不無なり、果なり、得なり、取なり、質なり、宷なり」の訓がある。
訓義 [1]すすめる、のち侑に作る。[2]ある、存在する。[3]もつ、たもつ、おおい。[4]したしむ。
古訓 〔名義抄〕有 アリ・マシマス・アマリ・アマル・タモツ・モハラ・アルイハ・マス・カクス・イマス・ヲサム・マタ 〔篇立〕有 ウルナリ・イル・モハラ・カクス・マシマス・アルイハ・マス・アリ・アラハス・タモツ・コハシ・マジハル・アマリ・ヲサム・キハマル
部首 〔説文〕〔玉篇〕に䵋など二字を属する。䵋はまた郁に作り、或に作る。或がその本字である。
声系 有・又・友・右・佑・祐(祐)hiuə は同声。有にその諸義を含む。また侑・宥も同声、みな一系の語である。
【有為】 なす志がある。〔孟子、滕文公上〕顏淵曰く、舜何人ぞや、予何人ぞや。爲す有る者、亦た是くの若し。
【有意】 意図をもつ。宋・蘇軾〔礼は人を養ふを以て本と為す論〕三代の衰へしより、今日に至るまで、且ど數千歲、豪傑有意の主、博學多識の臣、以て勝げて數ふべからず。
【有縁】 ゆかりがある。〔三国志、魏、董昭伝〕曹(操)は今弱しと雖も、然れども實に天下の英雄なり。當に故もより之れに結ぶべし、況んや今緣有り、宜しく其の上事を通じ、幷に之れを表薦すべし。若し事成る有らば、永く深分を爲さん。
【有極】 極致。〔書、洪範〕五、皇極。皇、其の有極を建て、時(是)の五福を斂む。
【有形】 形有るもの。〔荘子、天地〕凡そ首有り趾有りて、心無く耳無き者衆し。形有る者の、無形無狀と與に して皆(偕)に存する者は、盡く無し。
【有限】 限りがある。宋・蘇軾〔玲瓏山に登る〕詩 脚力盡くる時、山更に好し 有限を將て無窮を趁ふこと莫れ
【有功】 成功する。功ありとする。〔老子、二十二〕自ら見ず、故に明なり。自ら是とせず、故に彰かなり。自ら伐らず、故に功有り。
【有志】 志す所がある。魏・王粲〔詠史詩〕人生各〻志有り 終に此れが爲に移らず～ 生きては百夫の雄と爲らん 死しては壯士の規と爲らん
【有事】 事あり。事変がある。宋・李格非〔洛陽名園記〕天下無事に當りては、則ち已む。事有れば、則ち洛陽必ず先づ兵を受く。予故に嘗て曰く、洛陽の盛衰は、天下治亂の候なりと。
【有識】 識見を備えた者。〔史記、季布伝〕夫れ陛下、一人の譽を以て臣を召し、一人の毀りを以て臣を去る。臣、天下の有識の、之れを聞きて、以て陛下を闚ふ有らんことを恐る。
【有終】 終わりを完うする。〔詩、大雅、蕩〕初め有らざ

る靡し 克く終り有るもの鮮なし

【有衆】人民。〔書、泰誓上〕商(殷)の罪、貫盈す。天、命じて之れを誅せしむ。～予れ～爾有衆を以ゐて、天の罰を底さんとす。

【有情】感情・情趣がある。喜怒哀楽がある。唐・李賀〔金銅仙人、漢を辞する歌〕詩 衰蘭、客を送る、咸陽の道 天若し情有らば、天も亦た老いん

【有数】一定の数。一定の運命。屈指の。また、自然の微妙な道理。〔荘子、天道〕輪を斲ること～徐ならず疾ならざるは、之れを手(体験)に得て、心に應じ(直観)、口言ふこと能はず、數(自然の理)の其の閒に存する有り。

【有道】道を体する人。〔論語、学而〕君子～事に敏に、言に愼しみ、有道に就きて正す。學を好むと謂ふべきのみ。

【有徳】徳ある人。〔周礼、春官、大司楽〕成均の灋(法)を掌り、以て建國の學政を治め、國の子弟を合す。凡そ有道の者、有德の者、教へしむ。死せば則ち以て樂祖と爲し、瞽宗に祭る。

【有無】存在と非存在。〔老子、二〕有無相ひ生じ、難易相ひ成り、長短相ひ形はれ、高下相ひ傾き、音聲相ひ和し、前後相ひ隨ふ。

【有名】著名。また、名だけある。〔国語、晋語八〕叔向、韓宣子を見る。宣子、貧を憂ふ。叔向之れを賀す。宣子曰く、吾れ卿の名有るも、卿の實(財)無し。以て二三子に從ふ無し。吾是こを以て憂ふ。子の我を賀するは何の故ぞと。

【有命】やさしいおことば。〔詩、唐風、揚之水〕揚れる水 白石粼粼たり(水占よろし) 我、有命を聞けり 敢て以て人に告げず

【有礼】礼儀。秩序がある。〔書、皋陶謨〕天、有禮を秩するに、我が五禮を自ふ。五つながら庸ひよや。同寅協恭して、和衷せよや。

↑有位 在位の人／有益 役立つ／有夏 中国／有害 害するところがある／有間 しばらくして／有奇 はした／有期 期限のあること／有機 生活の機能のあるもの／有旧 旧知／有窮 極限のところがある／有釁 すきまがある、あらそい／有頃 しばらくして／有慶 慶びごとがある／有隙 仲たがいする／有験 験応がある／有行 徳行／有効 効果がある／有恒 常にかわらぬ／有司 役人／有時 時に／有辞 いい分がある／有守 操守／有職 職司／有生 生物／有成 成就する／有政 政治／有声 声がする、有名／有節 節度がある／有素 旧知の間柄／有象 形としてあらわれるものがある／有徵 しるしがある／有土 領土の主である国君／有年 豊作／有能 才能ある人／有方 四方／有朋 友朋／有亡 有無／有用 役立つ／有僚 役人／有力 力量のある、勢力のある／有倫 常の徳がある／有零 はした

↓烏有・奄有・掩有・官有・含有・共有・享有・具有・希有・兼有・固有・国有・私有・所有・崇有・占有・専有・大有・特有・万有・富有・撫有・併有・保有・無有・妙有・領有

[入]

【佑】 7 2426 ユウ(イウ) たすける

金文

形声 声符は右。右は祈禱の器である𠙵を右手にもち、神に祈り、佑助を求める意。〔書、多士〕「我が有周に佑命あり」のようにいう。字は〔説文〕にみえず、〔広雅、釈詁二〕に「助くるなり」とみえる。

訓義 ①たすける、たすけ。②字はまた右に作る。

古訓 〔名義抄〕佑 タスク 〔字鏡集〕佑 タスク・スケ

語系 佑・又・右・祐(祐)hiuə は同声。神の佑助を佑・祐という。有(有)・宥 hiuə も声義同じく、供薦して祈り、佑助を得ることをいう。卜文に「有佑」を「又又」に作ることがある。

【佑啓】たすけひらく。〔孟子、滕文公下〕書に曰く、丕いに顯らかなる哉、文王の謨。丕いに承くる哉、武王の烈。我が後人を佑啓し、咸な正を以てして缺くる無しと。

【佑助】助ける。〔風俗通、十反〕楚莊曰く、災異見えずんば、寡人其れ亡びんと。今變異屢〻臻たるは、此れ天以て漢室を佑助し、國家を覺悟せしむるなり。

【佑命】天の命。〔書、泰誓中〕天乃ち成湯に佑命し、夏の命を降黜せしむ。

↑佑護 たすけ守る／佑庇 たすける

↓嘉佑・啓佑・降佑・佐佑・賛佑・神佑・天佑・庇佑・保佑・冥佑

【卣】 7 2160 ユウ(イウ) さかだる

甲骨文

金文

象形 もと瓠形の酒器。古くは瓠の殼をそのまま酒器に用いたらしく、卜文の字形は瓠の形に作る。のち彝器として青銅器で作られるに及んで、提梁をつけ、器形も安定した形となった。殷周期のものに殊に精品が多い。金文の賜与に「秬鬯一卣」という例が多く、秬鬯は祭事に用いる酒で、鬱鬯で香りを加えたものである。

訓義 ①酒器、さかだる、中尊。

語系 卣 dyu、由・油 jiu は声義近く、卣は瓠の殼の形、それを酒器に用いた。由は瓠の実が熟し、融解して油化したことを示す字。油はその油液をいう。三者みな瓠の形より出た字で、同声をとる。

【攸】 7 2824 ユウ(イウ) みそぎ ゆるやか ところ

篆文

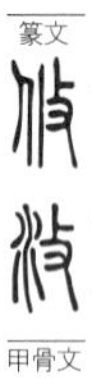

甲骨文

金文

会意 人＋水＋攴。水は水滴の形に作る。人の背後に水をかけ、これを滌う意で、身を清めること、みそぎをいう。〔説文〕三下に「行水なり」とあり、〔段注〕に、〔唐本〕に「水行くこと攸攸たり」とあるによって「行水攸攸たり」に作るべしというが、流水の意ではない。修・滌の字は攸に従い、清めて無垢の状を修、洗うものを滌で、そのとき用いる枝葉を條(条)という。悠とはその修潔の心意をいう。徐鍇の説に、秦の刻石の字形によって、水中に杖つく意とするのは臆説である。また「攸って」「攸ろ」のように用いるのは音の仮借である。

訓義 ①みそぎ、みそぎする。②ゆるやか、すがすがし。③悠と通じ、はるか、とおい、やわらぐ。④以・用と通じ、もって。⑤ところ、所と同じように用いる。

古訓 〔名義抄〕攸 トコロ 〔篇立〕攸 コ、ニ・トコロナリ・ウカタレ・タイ／〈シク

声系 〔説文〕に攸声として脩・條・修・悠など十五字を収める。條・修・悠はみな修禊に関する字、脩は條の細長い形を承ける字である。

語系 攸・悠 jiu は同声。以 jiə、用 jiong は攸と声近く、仮借して攸をその義に用いることがある。所(所)shia のようによんで、通用することもあったのであろう。

↑攸遠 はるかに遠い／攸久 はるかに久しい／攸乎 危うげ／攸爾 笑うさま／攸心 心がのんびりする／攸然 悠然／攸攸 悠悠／攸遊 ゆったりとあそぶ／攸楽 ゆったりと楽しむ

【肜】 7 7222 ［𦨶］ 9 2242 ユウ チン まつり

篆文 甲骨文 金文

会意 〔説文〕八下は正字を𦨶に作り、舟＋彡。舟は盤、彡はこれをうつ声の響きを示す字。〔説文〕に「船行くなり」とし、チンの声でよむ。しかし肜は〔書、高宗肜日〕の肜で、〔爾雅、釈天〕に「周には繹と曰ひ、商には肜と曰ひ、夏には復胙と曰ふ」とあって、肜は祭の翌日に行われる「あとの祭」、卜辞に五祀周祭の一として、肜がみえている。卜文では鼓声を示す彡を、長短四五本列した形に作る。金文の〔宗周鐘〕や〔秦公鐘〕に鼓声を「雝雝」と形容していて、肜と声近く、肜が鼓声を示す字であることからいえば、肜は鼓声を用いる祭を示す字と考えてよい。殷に五祀を順次にくりかえす祭祀の法があり、その一を肜という。「船行くなり」の形は𦨶のあやまった字形とみてよく、肜は肜繹の肜で別の字とすべきである。

訓義 ①またのまつり、まつり。②舟のゆくさま。

古訓 〔名義抄〕肜 アカシ・マツリ

【肜日】 肜祭の日。〔書、高宗肜日〕高宗の肜する日に、越に雊雉有り。

【肜肜】 和楽するさま。融融。漢・張衡〔思玄の賦〕廣樂の九奏を聆くに、展に洩洩として以て肜肜たり。

人【邑】 7 6071 ユウ(イフ) みやこ まち むら

篆文 甲骨文 金文

会意 囗＋巴。囗は都邑の外郭、巴は卩で人の跪坐する形。城中に人のある意で、城邑・都邑をいう。〔説文〕六下に「國なり。囗に従ふ。先王の制、尊卑大小有り。卩に従ふ」とあり、卩を大小の節の意とするが、卩は人の蹲踞する象。囗の下に三人相並んで立つものは衆、卜文に口下に乑をしるす。卜辞に大邑商の名がみえ、王都を大邑といった。周初の新邑は成周、のちの洛陽で、成周とは武装都市の意。〔左伝〕にみえる外交の辞に、自国のことを弊邑・小邑という。また村落をいい、金文の〔綸鎛〕に、二百九十九邑と民人都鄙とを賜与することをいう。〔左伝、荘二十八年〕に「凡そ邑に宗廟先君の主(位牌)有るを都と曰ひ、無きを邑と曰ふ」とみえる。

訓義 ①みやこ、くに。②まち、むら、さと。③行政区域の名。九夫をもって一井、四井をもって一邑とする。④悒と通じ、うれえる。

古訓 〔名義抄〕邑 ムラ・サト・クニ・ウレフ

声系 〔説文〕に邑声として裛・悒・浥など四字を収める。邑声の字に〔詩、召南、行露〕「厭浥たる行露」のように、潤う状態をいうものが多いのは、形況の語としてその音が用いられたからであろう。厭浥 iap-iəp は畳韻、形況の語である。

【邑屋】 村里の住居。〔漢書、游俠、郭解伝〕解曰く、邑屋に居りて敬せられざるは、是れ吾が徳、脩まらざればなり。彼れ何ぞ辜あらんやと。

【邑君】 地方官。また、女子の封号。〔後漢書、董卓伝〕其の子孫、髫齔(幼児)に在りと雖も、男は皆封侯となり、女は邑君と爲る。

【邑豪】 村おさ。〔後漢書、西南夷、哀牢伝〕(鄭)純、哀牢夷の人と約し、邑豪、歳ごとに布貫頭衣二領・鹽一斛を輸おりて、以て常賦と爲す。

【邑宰】 県邑の長。〔通典、三十三、県令〕縣邑の長を宰と曰ひ、尹と曰ひ、公と曰ひ、大夫と曰ふ。其の職、一なり。

【邑人】 村人。〔史記、司馬相如伝〕上、子虛の賦を讀みて之れを善しとして曰く、朕獨り此の人と時を同じうするを得ざるかと。(楊)得意曰く、臣の邑人司馬相如、自ら言ふ、此の賦を爲くれりと。上驚き、乃ち相如を召問す。

【邑落】 村里。〔三国志、魏、邴原伝注に引く邴原別伝〕原、遂に遼東に到る。遼東に虎多し。原の邑落、獨り虎の患無し。

【邑里】 村里。宋・陳師道〔茶経の序〕上は宮省より下は邑里に迨び、外は戎夷蠻狄に及ぶまで、賓祀燕享には、預め前に陳し、山澤も以て市を成す。

【邑閭】 村の入口の門。里門。〔周礼、地官、司稼〕邦野の稼を巡り、種稑の種を辨かち、其の名と其の宜しき所の地とを周知して、以て灋(法)と爲し、邑閭に縣く。

↑邑郭 城郭／邑戸 村の戸数／邑侯 県令／邑子 同郷の人／邑社 里社／邑庠 県学／邑聚 聚落／邑誦 村里の歌／邑紳 土豪／邑制 邑里制／邑中 村中／邑長 里正／邑廛 田舎店／邑土 封地／邑党 郷党／邑民 邑人／邑門 邑閭／邑野 城邑と郊野／邑邑 憂えるさま／邑吏 村役人／邑厲 無縁仏／邑憐 なげき惜しむ／邑老 村の長老

↓鬱邑・遠邑・下邑・巌邑・畿邑・虚邑・郷邑・京邑・建邑・県邑・古邑・故邑・公邑・国邑・采邑・祭邑・山邑・子邑・私邑・州邑・聚邑・小邑・城邑・食邑・新邑・陬邑・井邑・絶邑・宗邑・村邑・大邑・通邑・都邑・鄙邑・富邑・敝邑・辺邑・偏邑・奉邑・封邑・良邑

人【酉】 7 1060 ［酉］ 7 1060 ユウ(イウ) さけ とり

篆文 金文 古文 甲骨文

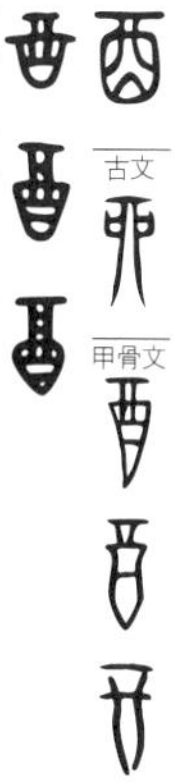

象形 酒器の形。金文では酒の字に用い、その初文。〔説文〕十四下に「就なるなり。八月、黍成る。酎酒を爲るべし。古文酉の形に象る」とし、古文丣をあげるが、その字は用例をみない。十二支のとりに用いる。

訓義 ①さけ、さけの器。②とり、十二支のとり。

古訓 〔名義抄〕酉 ヲサム 〔篇立〕酉 ツク・クスリ・アク・トリ

部首 〔説文〕に酒・釀(醸)・配・醫(医)・醬など六十六字、重文八字、〔新附〕に酪・酊など六字、〔玉篇〕にはすべて百七十字を属する。すべて酒に関する字である。

声系 〔説文〕に酉声として逎・酒など五字を収め、酒を亦声とする。逎・酒は tziu、他は酉声である。

【酉月】 八月の異名。〔史記、律書〕八月なり。律は南呂に中たる。～其の十二子に於ける、酉と爲す。酉なる者は、萬物の老なり。

【酉陽】 小酉山。多く古籍を蔵した。酉館。〔太平御覧、四十九に引く盛弘之の荊州記〕小酉山上の石穴中に、書千巻有り。相ひ傳ふ、秦人此こに於て學ぶ。因りて之れを留むと。

↑酉穴 酉陽／酉室 硯箱／酉沢 熟酒／酉仲 八月／酉牌 酉の時

人【侑】 8 2422 ［姷］ 9 4442 ユウ(イウ) すすめる たすける

篆文 甲骨文 金文

形声 声符は有(有)。有は祭肉を手にもって供える形で、侑の初文。有が多義化するに及んで、侑が派生した。〔説文〕十二下に姷を正字とし、「耦するなり」と訓し、「或いは人に従ふ」として侑を録する。〔広雅、釈詁四〕に「侑は耦するなり」とあって、同訓。匹偶の意。侑は〔周礼、天官、膳夫〕「樂を以て食を侑むる」のように用いるのが本義。古くは供薦に又を用い、のち有・

侑を用いる。姷耦はおそらく別義の字であろう。

訓義 ①すすめる、侑薦する、そなえる、ひきでもの。②たすける、ともにはたらく、ならぶ。③むくいる、かえす。

古訓 〔名義抄〕侑 ムクユ・ス、ム・アフ

【侑宴】（ゆうえん（いうえん）） 宴を催す。〔唐書、宦者上、魚朝恩伝〕六軍の將軍、悉く集る。京兆に設食す。内教坊、音樂俳倡を出して侑宴す。

【侑觴】（ゆうしょう（いうしやう）） お酌する。〔斉東野語、二十、張功甫の豪侈〕牡丹の會に、～別に名姫十輩有り、皆白を衣る。凡そ首飾衣領は皆牡丹、首に照殿紅一枝を帶ぶ。板を執り歌を奏し觴(杯)を侑む。歌罷み樂作れば、乃ち退く。

【侑食】（ゆうしょく（いうしよく）） 貴人に陪食する。〔礼記、玉藻〕凡そ侑食するときは、盡くは食せず。(対等の)人に食するときは飽かず。

↑侑飲 侑觴/侑歓 たのしみを助ける/侑饗 供えて祭る/侑祠 供えて祭る/侑赦 ゆるす/侑酒 侑觴/侑酬 献酬する/侑幣 引出物/侑報 報祭

↓勧侑・享侑・献侑・酬侑・詔侑・妥侑・登侑・独侑・拝侑・配侑・壁侑・報侑・命侑

【卣】 8 2171 ユウ（イウ） もって

篆文

甲骨文

金文

象形 敷物の上に卣をおく形。〔説文〕五上に卤に従う字として、「𠧪は气行ぐる皃なり。乃に従ひ、卤聲。讀みて攸の若くす」とあり、その声からいえば卣に従う字である。金文に以・用の義を以て用い、〔班𣪘〕「隹れ徳を敬しめば、卣て違ふこと亡し」、〔虢叔旅鐘〕「卣て天子多く旅に休(よろこび)を賜ふ」のようにいう。攸とよみかえることもできる字である。

訓義 ①もって。

参考 卣と似た字形に卤・𠧟がある。卤は〔説文〕七上に「艸木の實、垂るること卤卤然たり。象形」とあるように、栗などの実が多くついて垂れること。栗の初形はその形に従う。また𠧟は〔説文〕五上に「驚く聲なり」とあり、西声であるという。迺・廼と同字で、「すなはち」とよむ。

【呦】 8 6402 ユウ（イウ） なく

篆文

形声 声符は幼。〔説文〕三上に「鹿の鳴く聲なり」とあり、〔詩、小雅、鹿鳴〕に「呦呦たる鹿鳴 野の苹を食む」の句がある。その擬声語である。

訓義 ①なく、鹿のなくこえ、鳥のなくこえ。②むせぶ、むせぶこえ。

古訓 〔名義抄〕呦 鹿鳴なり。ナク 〔字鏡集〕呦 シカナク・シ、ノナク・ナク

【呦呦】（ゆうゆう（いういう）） 鹿のなく声。また、悲泣する声。唐・白居易〔新豊の折臂翁〕詩 且つ喜ぶ、老身の今獨り在るを 然らずんば、當時、瀘水の頭 身死し、魂孤りにして骨收められず 應に雲南望郷の鬼と作り 萬人塚上に哭くこと呦呦たるべし

↑呦咽 むせぶ/呦嚶 鹿や鳥の声

【狖】 8 4328 ［貁］ 12 2328 ユウ（イウ） ユ おながざる

形声 声符は穴（穴）。穴に鴥の声があり、また狖を貁声に従う形に作る字があり、貁声。〔楚辞、九歌、山鬼〕に「猨、啾啾として、又（さる）夜鳴く」の又（又）は狖の仮借字。尾長猿の狖に対して、手長猿を猱とよぶことからいえば、狖・猱は対待の語であろう。

訓義 ①おながざる。②くろざる。③黄狖は、いたち。

古訓 〔名義抄〕狖、黄狖 イタチ 〔字鏡集〕狖・貁 イタチ・サル

語系 狖（貁）jiue、又hiua、猱・獿njiu はみな「さる」の意に用いるもので、声義が近い。おそらくもと一系の語であったものと思われる。

常【勇】 9 〖勇〗 9 1742 ［勈］ 9 1422 ユウ ヨウ いさむ いさましい

篆文

古文

金文

形声 声符は甬。〔説文〕十三下に「气なり」とみえ、篆・古文三字はみな今の勇とは異なる字形にしるされている。金文では、斉器の〔庚壺〕に武臣の功を賞して「甬甬たり」といい、字を甬に作る。踊躍の踊などと関係のある字であろう。

訓義 ①いさむ、いさましい。②つよい、たけだけしい。③するどい、思い切りがよい。

古訓 〔名義抄〕勇 イサム・タケシ

語系 勇・踊・湧（湧）・溶jiongは同声。内に力が充溢し、外にあらわれるような状態をいう語である。

【勇鋭】（ゆうえい） 勇悍。〔後漢書、南匈奴伝〕張耽、性勇鋭にして、善く士卒を撫す。軍中皆爲に命を用ふ。

【勇悍】（ゆうかん） 勇猛。〔明史、米亮祖伝〕太祖、寧國に克ち、亮祖を擒にす。其の勇悍を喜び、金幣を賜ひ、舊官に仍らしむ。

【勇敢】（ゆうかん） 勇気があり、果断。〔戦国策、韓二〕齊人或いは言ふ、軹の深井里の聶政は、勇敢の士なり。仇を避けて屠者の閒に隱ると。

【勇気】（ゆうき） 勇ましい気性。〔史記、廉頗伝〕拜して上卿と爲す。勇氣を以て諸侯に聞ゆ。

【勇毅】（ゆうき） 勇ましく、心が強い。〔孔子家語、執轡〕草を食ふ者は、善く走りて愚、～肉を食らふ者は、勇毅にして捍、氣を食らふ者は、神明にして壽、穀を食らふ者は、知惠ありて巧、食らはざる者は死せずして神なり。

【勇決】（ゆうけつ） 勇敢。唐・杜甫〔留花門〕詩 北門、天驕の子 肉に飽きて、氣勇決なり 高秋、馬肥健 矢を挾みて、漢月を射る

【勇士】（ゆうし） 勇者。〔孟子、滕文公下〕志士は(死して)溝壑に在る(陥る)ことを忘れず、勇士は其の元(首)を喪ふことを忘れず。

【勇者】（ゆうしゃ） 勇気ある人。〔論語、子罕〕知者は惑はず、仁者は憂へず、勇者は懼れず。

【勇将】（ゆうしょう（ゆうしやう）） 勇武の将軍。〔遼史、高模翰伝〕帝、模翰を指して曰く、此れ國の勇將、朕の天下を統一せるは、斯の人の力なりと。

【勇壮】（ゆうそう（ゆうさう）） 勇武。〔後漢書、耿秉伝〕秉、性勇壯にして、事に簡易、軍行に常に自ら甲を被りて前に在り。～警有れば、軍陳(陣)立ちどころに成る。

【勇退】（ゆうたい） 潔く身をひく。宋・陸游〔先少師、宣和の初、晁公に贈る有り。～偶と晁公の文集を読み、泣きて之れに足ふ〕詩 仕へて、時に逢はざれば、勇退して耕す 門を閉し、自ら景迂生と號す

【勇武】（ゆうぶ） 勇ましく強い。〔南史、蘭欽伝〕欽、謀略有り。勇決善戰、歩行すること日に二百里。勇武人に過ぐ。

【勇猛】（ゆうもう（ゆうまう）） 勇ましくたけだけしい。〔敦煌変文集、一、張義潮変文〕漢軍勇猛にして、勢ひに乘じ、戟を曳き山を衝きて、直ちに進前す。

【勇略】（ゆうりゃく） 勇気と智略。〔史記、淮陰侯伝〕臣聞く、勇略、主を震はす者は身危く、功、天下を蓋ふ者は賞せられずと。

【勇烈】（ゆうれつ） 勇敢ではげしい。勇者。〔大唐西域記、薩他泥湿

伐羅国」人皆兵戰し、死を視ること歸するが如し。王、遂に令を下し、勇烈を招募す。兩國合戰し、積屍莽の如し。

↑勇往 勇んで直進する／勇果 勇決／勇黠 勇ましく悪がしこい／勇幹 智勇の才／勇怯 勇気と卑怯／勇俠 男だて／勇蹻 勇健／勇禽 猛禽／勇慧 智勇／勇功 勇ましく成功する／勇剛 剛勇／勇摯 勇猛／勇鷙 勇摯／勇心 勇気／勇進 猛進する／勇人 勇士／勇戦 力戦する／勇態 勇健のさま／勇胆 度胸／勇断 勇決／勇智 勇気と智恵／勇沈 沈勇／勇夫 ますらお／勇武 勇猛／勇憤 勇みいきどおる／勇謀 勇略／勇邁 勇往／勇名 勇者の評判／勇力 勇気があり、力が強い

↓姦勇・悍勇・韓勇・猘勇・毅勇・義勇・怯勇・俠勇・矜勇・彊勇・蹻勇・驍勇・勁勇・拳勇・健勇・剛勇・豪勇・才勇・鷙勇・恃勇・小勇・上勇・仁勇・壮勇・大勇・胆勇・知勇・智勇・忠勇・猪勇・沈勇・蛮勇・剽勇・武勇・憤勇・奮勇・暴勇・猛勇・余勇・養勇・廉勇

【囿】 9 6022 ユウ(イウ) かこい その にわ

篆文 籀文 甲骨文 金文 石鼓文

形声 声符は有(有)。〔説文〕六下に「苑に垣有るなり」とし、「一に曰く、禽獸には囿と曰ふ」という。籀文として、田形の中に四木を加えた形のものがある。金文の「諫𣪘」に「併せて王の宥(囿)を𤔲めしむ」とあって王室の苑囿の意。〔周礼、地官〕に囿人の職がある。

訓義 1かこい、かこいする。2その、にわ、御苑。3林や池、鳥獣放ち飼いのところ。4鳥獣を養うかこい。5かぎる、かぎった地域。

古訓 〔名義抄〕囿 ソノ 〔篇立〕囿 カキ・ソノ

語系 囿・或・域hiuəkは同声。國(国)kuəkも畳韻の字。支配の内を國といい、或は域の意。有hiuəは或と声近く通用し、有無の意では、或は限定的な意をもつ。

【囿池】 御苑。〔漢書、王吉伝〕皇帝(昭帝)仁聖、今に至るも思慕(武帝の死)未だ怠らず。宮館囿池弋獵の樂に於て、未だ幸する所有らず。

【囿游】 王宮の小苑。遊観のところ。〔周礼、地官、囿人〕囿游の獸禁を掌る。〔注〕囿の離宮、小苑觀處なり。

↑囿苑 御苑／囿台 小苑の遊観のところ

↓苑囿・淵囿・園囿・華囿・墟囿・魚囿・禁囿・広囿・郊囿・在囿・詩囿・儒囿・書囿・場囿・蔬囿・台囿・池囿・道囿・文囿・別囿・圃囿・薬囿・梁囿・林囿・霊囿・鹿囿

【宥】 人 9 3022 ユウ(イウ) ゆるす すすめる たすける

篆文 金文

形声 声符は有(有)。〔説文〕七下に「寬うするなり」とあって、宥免することをいう。〔書、舜典〕に「流もて五刑を宥す」とみえる。有は祭肉を薦める意で侑と同じく、宗廟に侑薦してその宥しを求める意である。また礼を加えることをいい、〔左伝、荘十八年〕「王、饗醴す。之れに宥(ひきでもの)を命ず」という。

訓義 1ゆるす、ゆるめる、ききとどける。2すすめる、たすける。3侑と通じ、加礼、ひきでもの。

古訓 〔名義抄〕宥 ナダム・サダム・ユルス・ユタカナリ 〔字鏡集〕宥 ヒロシ・ナダム・ナヤム・ユルス・サダム・ネタム・トガ・ミル・ユタカナリ

語系 宥・有・侑hiuəは同声。又(又)・友・右・佑・祐(祐)hiuəも同声で、ゆるし、たすける意があり、一系の語。

【宥過】 過失の罪を宥する。〔書、大禹謨〕過ちを宥すには大無く、故(意)を刑するには小無し。

【宥坐】 人君を鑑戒する。〔荀子、宥坐〕孔子曰く、吾れ聞く、宥坐の器なる者は、虛なれば則ち敧き、中なれば則ち正しく、滿つれば則ち覆へると。

↑宥愆 罪をゆるす／宥減 減刑する／宥罪 罪をゆるす／宥赦 罪をゆるす／宥釈 釈放する／宥恕 ゆるめゆるす／宥弼 輔佐する／宥密 もの静か／宥免 宥恕

↓恩宥・寛宥・緩宥・矜宥・恵宥・蠲宥・原宥・減宥・護宥・弘宥・降宥・在宥・三宥・刺宥・赦宥・恕宥・縦宥・拯宥・済宥・貸宥・特宥・罰宥・平宥・保宥・放宥

【幽】 常 9 2277 ユウ(イウ) くろ かすか ふかい くらい

篆文 甲骨文 金文

会意 𢆶+火。𢆶は糸束をつらねた形。それを火で燻べて黒色とする意であろう。〔説文〕四下に「隱るるなり」とし、字形を「山中の𢆶なるに從ふ。𢆶は亦聲なり」とする。𢆶を隠微、山中に幽居する意と解するものであるが、黝と声義近く、金文にみえる「幽衡」とは黒の色に近い佩玉をいう。人を幽暗のところに幽閉するので幽囚といい、死後は幽冥の世界であるから、幽鬼・幽明のようにいう。玄遠の趣を幽思・幽玄というが、玄もまた深い黒色の糸をいう。

訓義 1くろ、くろに染めた糸。2かすか、ほのか、ふかい。3くらい、すみ、くま、うち。4とじこめる、おしこめる、ひとや。5よみじ、冥界、死の世界。6黝と通じて用いる、くろい。

古訓 〔名義抄〕幽 カスカナリ・クロシ・フカシ・ハルカナリ・ホトリ・コボス・カスカナリ・ホノカナリ・カクス・トラフ・クラシ

語系 幽・𢆶・黝yuは同声。幼は束ねて拗じた糸。また幺・窅・杳yô、奥(奥)・澳ukも声義近く、奥深く幽遠の意がある。

【幽暗】 奥深く暗い。宋・文天祥〔正気の歌の序〕余、北庭に囚せられ、一土室に坐す。室廣八尺、深さ四尋可り。單扉低小、白閒(まど)短窄、汙下にして幽暗なり。

【幽異】 奥深くすぐれる。南朝宋・謝霊運〔石室山詩〕清旦、幽異を索め 放舟、坰郊を越ゆ

【幽陰】 奥深く静か。〔礼記、郊特牲〕昏禮の樂を用ひざるは、幽陰の義なり。

【幽韻】 奥深い音。唐・孟郊〔静女吟〕詩 君子は求聘し易く 小人は自ら從ひ難し 此の志、誰れか與に諒せん 琴弦、幽韻重し

【幽鬱】 深く茂る。唐・儲光羲〔舟中、武金壇に別る〕詩 秋荷(秋のはす)尚ほ幽鬱 暮鳥復た翩翻たり 紙筆亦た何をか爲さん 我が心中の冤を寫すに

【幽咽】 むせぶような声。〔三秦記〕(隴西関)其の上に清水有りて四注す。俗の歌に曰く、隴頭の流水 鳴聲幽咽す 遙かに秦川を望み 心肝斷絶すと。長安を去ること千里、～故郷を還望し、悲思して歌ひ、則ち絶死する者有り。

【幽煙】 奥深いもや。〔水経注、温水〕(林邑国)巢棲樹宿、負郭、山に接し、榛棘蒲薄、騰林、雲を拂ふ。幽煙冥かに緬り、生人の安んずる所に非ず。～北辰星を望むに、落ちて天際に在り。

【幽遠】 深遠。〔荘子、山木〕彼の其の道は、幽遠にして人無し。吾れ誰れと與にか隣を爲さん。

【幽花】 奥ゆかしい花。宋・蘇軾〔鄢陵王主簿画く所の折枝に書す、二首、二〕詩 瘦竹は幽人の如く 幽花は處女の如し 低昂す、枝上の雀 搖蕩す、花間の雨

【幽雅】 奥ゆかしく上品。明・張適〔山水の障子に題す。

蕭溪耕者の為に賦す〕詩 蕭溪先生は、山を樂しむ者なり 屋を結び、溪に臨んで、頗ぶる幽雅なり

【幽懐】(ゆうかい)(いうくわい) 心の深い思い。唐・韓愈〔幽懐〕詩 幽懐、寫くこと能はず 此の春江の潯を行ぐる 適ま佳節と會ひ 士女、光陰を競ふ

【幽壑】(ゆうがく)(いうがく) 深い谷。宋・蘇軾〔赤壁の賦〕客に洞簫を吹く者有り。歌に倚りて之れに和す。～餘音嫋嫋として、絶えざること縷の如し。幽壑の潛蛟を舞はしめ、孤舟の嫠婦を泣かしむ。

【幽間】(ゆうかん)(いうかん) もの静か。〔詩、周南、関雎〕窈窕たる淑女〔毛伝〕言ふこころは、后妃に關雎の德有り。是の幽閒貞專の善女、宜しく君子の好匹と爲すべきなり。

【幽居】(ゆうきょ)(いうきょ) 幽隠の居。南朝宋・謝霊運〔石門に新たに住む所を営む～〕詩 險を躋りて、幽居を築き 雲を披いて、石門に臥す

【幽興】(ゆうきょう)(いうきやう) 自然の奥深い興趣。唐・孟浩然〔峴山蕭員外の荊州に之くを送る〕詩 潤竹、幽興を生じ 林風、管弦に入る

【幽禽】(ゆうきん)(いうきん) 山の奥深くにいる鳥。宋・陸游〔西村〕詩 茂林、風は送る幽禽の語 壞壁、苔は侵す、醉墨の痕 一首の清詩、今夕に記さん 細雲新月、黄昏に耿し

【幽径】(ゆうけい)(いうけい) もの静かな小道。唐・李白〔金陵の鳳凰台に登る〕詩 呉時の花草、幽徑を埋め 晉代の衣冠、古丘を成す

【幽閨】(ゆうけい)(いうけい) 深閨。斉・王融〔南海王殿下、秋胡の妻を詠ずるに和す〕詩 佳人、忽ち千里 幽閨、積思生ず

【幽顕】(ゆうけん)(いうけん) 幽明。唐・陳子昂〔程処弼の為に放流を辞する表〕存する者は流離し、亡する者は哀痛す。辛酸幽顯、世の悲しむ所と爲る。

【幽玄】(ゆうげん)(いうげん) 深遠の境。また、老荘・禅の悟道。〔抱朴子、論仙〕況んや神仙の遠理、道德の幽玄をや。其の短淺の耳目に仗り、以て微妙の有無を斷めんこと、豈に悲しからずや。

【幽光】(ゆうこう)(いうくわう) 微光。唐・李商隠〔燕台、四首、春〕詩 今日、東風、自ら勝へず 化して幽光と作りて、西海に入る

【幽香】(ゆうこう)(いうかう) ゆかしい香り。唐・斉己〔早梅〕詩 風は幽香を遞して去き 禽は素豔を窺ひて來る

【幽篁】(ゆうこう)(いうくわう) 静かな竹やぶ。唐・王維〔輞川集、竹里館〕詩 獨り坐す、幽篁の裏 琴を彈じて、復た長嘯す 深林、人知らず 明月、來りて相ひ照らす

【幽谷】(ゆうこく)(いうこく) 奥深い谷。宋・蘇軾〔梅花、二首、一〕詩 春來、幽谷、水潺潺たり 的皪たる(あざやかな)梅花、草棘の間

【幽魂】(ゆうこん)(いうこん) 死者の霊。唐・鄭谷〔水部賈員外嵩を弔す〕詩 八韻と五字と 倶に時の先んずる所と爲る 幽魂、應に自ら慰むべし 李白、墓相ひ連なる

【幽姿】(ゆうし)(いうし) 奥深い姿。宋・蘇軾〔芙蓉〕詩 坐して看る、池蓮盡きて 獨り霜菊の槁るるを伴ふ 幽姿、強ひて一笑す 暮景迫りて摧倒するを

【幽思】(ゆうし)(いうし) 深く思う。〔史記、屈原伝〕屈平、王聽の聰ならず、讒諂の明を蔽ふことを疾む。～故に憂愁幽思して、離騷を作る。

【幽事】(ゆうじ)(いうじ) 世外の事。唐・皮日休〔魯望春日～因りて是の寄有り〕詩 野侶相ひ逢ふは、期するを待たず 半ばは幽事に縁り、半ばは詩に縁る

【幽趣】(ゆうしゅ)(いうしゅ) 奥深い趣。宋・陸游〔秋日、鏡中に泛び、千秋観に憩ふ〕詩 舊交、猶ほ青山の在る有り 幽趣、唯だ應に白鳥のみ知るべし

【幽囚】(ゆうしゅう)(いうしう) 拘禁される。〔列子、力命〕公子糾敗れ、召忽は之れに死せり。吾れは幽囚せられて辱めを受けたるも、鮑叔は我を以て恥無しと爲さず。我が小節を羞ぢずして、名の天下に顯はれざるを恥づるを知ればなり。

【幽愁】(ゆうしゅう)(いうしう) 深い憂い。唐・白居易〔琵琶行〕詩 別に幽愁と暗恨の生ずる有り 此の時聲無きは、聲有るに勝れり

【幽処】(ゆうしょ)(いうしょ) 幽棲する。〔論衡、自紀〕世書俗說、安んぜざる所多し。幽處獨居して、實虛を考論す。

【幽賞】(ゆうしょう)(いうしやう) 自然の美を観賞する。唐・李白〔春夜、桃李園に宴するの序〕幽賞未だ已まず、高談轉た清し。瓊筵を開いて以て花に坐し、羽觴(盃)を飛ばして月に醉ふ。

【幽情】(ゆうじょう)(いうじやう) 高雅な心情。晋・王羲之〔蘭亭集の序〕絲竹管絃の盛んなる無しと雖も、一觴一詠、亦た以て幽情を暢敍するに足る。

【幽深】(ゆうしん)(いうしん) 隠微にして奥深い。〔易、繫辞伝上〕其の命を受くるや響きの如く、遠近幽深有ること无く、遂に來物を知る。天下の至精に非ずんば、其れ孰か能く此れに與らん。

【幽人】(ゆうじん)(いうじん) 世を避けた人、隠者。唐・韋応物〔秋夜、丘二十二員外(丹)に寄す〕詩 山空しくして松子(松かさ)落つ 幽人應に未だ眠らざるべし

【幽尋】(ゆうじん)(いうじん) 奥深い趣を尋ねる。宋・欧陽脩〔廬山高～〕詩 幽尋遠去するも、極むべからず 便ち世を絶ちて、紛痝を遺れんと欲す

【幽邃】(ゆうすい)(いうすい) 奥深い。〔誠斉雑記、上〕洞庭に二穴有り。東南は洞に入る。幽邃なること測る無し。昔、闔閭(呉王)、威丈人をして洞を尋ねしむ。燭を秉りて晝夜にして行き、七十日を繼ぎて、窮めずして返れり。

【幽棲】(ゆうせい)(いうせい) 幽処。〔宋書、隠逸、宗炳伝〕南陽の宗炳・雁門の周續之、竝びに操を植てて幽棲し、巾褐(粗衣、無官)を悶ふる無し。辟召を下し、禮を以て之れを屈せしむべし。

【幽絶】(ゆうぜつ)(いうぜつ) 限りなく奥深い。宋・蘇軾〔王定国蔵する所の烟江畳嶂図に書す〕詩 君見ずや武昌・樊口、幽絶の處 東坡先生、留まること五年 春風江を搖がして、天漠漠 暮雲雨を卷いて、山娟娟

【幽賤】(ゆうせん)(いうせん) 世に知られず、卑賤。〔後漢書、蔡邕伝〕(上疏)昔、韓安國は徒中より起り、朱買臣は幽賤より出づ。竝びに才の宜しきを以て、還りて本邦に守たり。

【幽禅】(ゆうぜん)(いうぜん) 静かに坐禅する。宋・大観〔明教大師の塔を拜す〕詩 摩娑菴の畔、蒼苔の石 曾て幽禪に伴つて、樹陰に坐す

【幽致】(ゆうち)(いうち) 奥深い趣。唐・王勃〔広州宝荘厳寺舎利塔の碑〕青松磵戸、坐ろに幽致に諧ふ。枕石漱流の者、之れに久しうす。

【幽通】(ゆうつう)(いうつう) 神明に通じる。〔漢書、叙伝上〕子有り、固と曰ふ。弱冠にして孤となり、幽通の賦を作り、以て命を致し、志を遂ぐ。

【幽討】(ゆうとう)(いうたう) 奥深くたずねる。清・王文治〔戴東原を送別す〕詩 戴君は古の經師 束髮(幼少の時)幽討を恣にす 禮を授けては、淹中(魯の禮學)より出で 易を講じては、繫表(言外)を超ゆ

【幽独】(ゆうどく)(いうどく) 独処。〔楚辞、九章、渉江〕吾が生の樂しみ無きを哀しみ 幽獨にして山中に處る

【幽秘】(ゆうひ)(いうひ) 奥深く知りがたい。唐・崔融〔嵩山啓母廟の碑、銘の四〕天道幽祕にして、生涯糾錯たり。其の化は則ち遷り、其の靈は是れ託す。

【幽微】(ゆうび)(いうび) 深くかすか。梁・江淹〔雑体詩、三十首、阮歩兵(籍)〕精衞(神話中の鳥名)木石を銜む(東海を埋めようとする) 誰か能く幽微を測らん

【幽憤】(ゆうふん)(いうふん) 心深く憤る。〔晋書、嵇康伝〕性、言行を愼む。一旦縲紲(拘囚)せられ、乃ち幽憤の詩を作る。～康、將に

に東市に刑せられんとす。～康、日影を顧視し、琴を索めて之れを彈じて曰く、～廣陵散、今に於て絶えんと。

【幽昧】ゆう（いう）まい ほの暗い。〔楚辞、離騒〕夫の黨人の偸樂なるを惟ふ 路、幽昧にして以て險隘なり

【幽夢】ゆう（いう）む ほのかな夢。宋・蘇軾〔（僧）仲殊の雪中、西湖に遊ぶに次韻す、二首、一〕詩 夜半、幽夢覺む 稍しく聞く、竹葦の聲 起つて續ぐ、凍折の絃 爲に鼓すること、一再行

【幽明】ゆう（いう）めい 有形と無形。明と暗の世界。〔易、繫辞伝上〕仰ぎては以て天文を觀、俯しては以て地理を察す。是の故に幽明の故を知る。

【幽冥】ゆう（いう）めい くらくかすか。〔淮南子、説山訓〕之れを視るも形無く、之れを聽くも聲無し。之れを幽冥と謂ふ。幽冥なる者は、道を喩ふる所以にして、道に非ざるなり。

【幽黙】ゆう（いう）もく ひっそりと静か。今はユーモアの音訳に用いる。〔楚辞、九章、懐沙〕眴として杳杳 孔だ靜にして幽默

【幽約】ゆう（いう）やく ほのか。また、閑雅の約。元・倪瓚〔丙子の歳、十月八日、～友仁陸徴君を懐ふ有り〕詩 歸りて松逕の苔を掃ふ 君を遲ちて、幽約を踐まんとす

【幽幽】ゆうゆう（いういう） 奥深く静かなさま。宋・蘇軾〔新渡寺任仲微を送る〕詩 獨り宿す、古寺の中 荒雞、亂鳴の群 子を送るに曉角を以てす 幽幽、醒時に聞く

【幽憂】ゆうゆう（いういう） 鬱病。宋・欧陽脩〔楊寘を送る序〕予れ嘗て幽憂の疾有り。～既にして琴を友人孫道滋に學び、宮聲數引を受け、久しうして之れを樂しむ。疾の其の體に在るを知らざるなり。

【幽霊】ゆう（いう）れい 幽鬼。亡魂。南朝宋・謝恵連〔古冢を祭る文〕酒は兩壺を以てし、牲は特豚を以てす。幽靈髣髴として、我が犧樽を歆けよや。

【幽路】ゆう（いう）ろ 奥深いみち。唐・陸亀蒙〔襲美の茶具十詠に奉和す。茶人〕詩 雨後、芳を探ねて去く 雲間、幽路危し

【幽陋】ゆう（いう）ろう 卑賤の者。〔後漢書、党錮、范滂伝〕滂、職に在りて、嚴整にして惡を疾む。～異節を顯薦し、幽陋を抽拔す。

↑幽曖 うす暗い／幽穢 雑草の茂ったさびしいところ／幽靄 幽曖／幽軋 かすかにきしる／幽闇 幽暗／幽意 深い思い／幽噫 幽愁／幽蔚 草の茂った静かなところ／幽逸 幽遠／幽院 奥庭／幽隠 奥深く隠れる／幽運 運命／幽雲 暗い雲／幽蘊 鬱陶しい／幽映 微光／幽詠 静かにうたう／幽裔 もの静かな辺境／幽禜 星祭／幽液 地下水／幽娟 幽趣／幽悁 深い憂い／幽冤 無実／幽婉 奥ゆかしい／幽豔 奥ゆかしい／幽奥 幽深／幽屋 奥深い家／幽遐 幽遠／幽臥 静かに臥す／幽哦 幽吟／幽介 身分が低く、孤独なこと／幽怪 あやしい／幽界 幽冥の世／幽晦 くらい／幽寒 もの寂しい／幽款 ま心／幽閑 幽間／幽感 幽意／幽澗 幽谷／幽緘 密封／幽鑒 よく鑒定する／幽願 人知れぬ願い／幽巌 山深い巌／幽龕 静かな寺の塔／幽気 幽静／幽奇 奥深く珍しい／幽記 秘記／幽鬼 幽霊／幽期 幽隠との約束／幽暉 微かな光／幽詭 人知れずはかる／幽菊 幽香の菊／幽柩 ひつぎ／幽墟 奥深い地／幽圄 くらい牢獄／幽蛩 かすかな虫の音／幽貺 神の恵み／幽境 奥深い境／幽欣 静かに楽しむ／幽衿 幽意／幽琴 清琴／幽禁 拘囚する／幽襟 幽衿／幽吟 静かにうたう／幽愚 やつがれ／幽隅 辺地／幽窟 深い窟／幽契 冥契／幽扃 奥の室／幽迥 幽遠／幽逕 幽径／幽景 幽趣／幽敻 はるか／幽磬 静かな磬の音／幽蹊 幽径／幽闃 もの静か／幽潔 清静／幽険 陰険／幽厳 もの静かで厳しい／幽戸 奥深い戸／幽晤 もの静かにあう／幽巷 路の奥／幽荒 辺地／幽壙 墓穴／幽獄 獄中に幽閉する／幽困 軟禁する／幽昏 幽昧／幽恨 胸中の恨み／幽婚 亡霊との結婚／幽坐 独坐する／幽斎 奥座敷／幽朔 北地／幽賾 深遠な道理／幽殺 幽閉して殺す／幽散 かすかとなり絶える／幽賛 神助／幽讃 幽賛／幽子 幽人／幽旨 奥深い趣／幽死 幽閉されて死ぬ／幽沚 静かな岸／幽室 幽深の室／幽榭 静かな亭／幽酌 静酌／幽樹 幽木／幽岫 奥深い山の巌穴／幽執 幽囚／幽峻 深く険しい／幽渚 もの静かななぎさ／幽勝 幽静の境／幽色 幽趣／幽燭 かすかな火／幽心 奥深い思い／幽岑 幽山／幽真 真趣／幽櫬 柩／幽水 奥深い流れ／幽翠 深い翠／幽隧 奥深い山の風穴／幽性 静かな心／幽砌 静かな石の庭／幽静 閑静／幽夕 静かな夜／幽石 幽寂の石／幽迹 幽径／幽寂 もの静か／幽泉 幽静の泉／幽僊 秘境にすむ仙人／幽潜 奥深くひそむ／幽潺 静かな水流の音／幽然 奥深いさま／幽阻 牢獄／幽草 深草／幽窓 静かな窓／幽僧 世外の僧／幽叢 深い叢／幽藪 奥深い沢／幽蔵 深く蔵する／幽仄 奥深くかすか／幽息 息をひそめる／幽滞 市隠／幽態 静態／幽宅 墓／幽闥 奥深い門／幽単 ひっそりとひとり／幽探 静かに名勝をたずねる／幽潭 奥深い淵／幽澹 静かに水がゆれる／幽墀 幽砌／幽竹 深く茂った竹やぶ／幽縶 幽閉する／幽蟄 地中の虫／幽眺 もの静かな景／幽鳥 幽禽／幽腸 幽思／幽聴 静かに聴く／幽沈 幽静／幽亭 幽榭／幽貞 奥深くしとやか／幽庭 閑庭／幽覿 幽眺／幽店 閑店／幽塗 死出／幽蠹 蠹虫／幽灯 静かな灯／幽洞 奥深いほら穴／幽匿 深く匿れる／幽読 静かに読む／幽遯 幽逸／幽念 幽思／幽葩 幽花／幽白 ほのかに白い／幽薄 幽叢／幽漠 幽寂／幽瀑 山深い滝／幽泌 静かな流れ／幽悲 孤独の悲しみ／幽扉 幽扃／幽閟 もの静か／幽碑 草中の碑／幽美 ほのかに麗しい／幽渺 奥深い／幽稟 幽致／幽府 冥途／幽馥 幽香／幽屛 もの静かないなか／幽閉 拘禁する／幽蔽 うす暗い／幽辟 うす暗い／幽碧 深い碧／幽僻 片田舎／幽壁 静かな室／幽偏 幽僻／幽暮 うすぐらい夕暮／幽抱 幽懐／幽芳 幽花／幽峰 静かな山／幽房 幽斎／幽墨 幽黙／幽懣 幽悶／幽妙 玄妙／幽茂 深く茂る／幽蒙 かすかでくらい／幽夜 静夜／幽厄 幽閉する／幽妖 姦臣／幽陽 うす明るい光／幽蘿 深く茂ったつた／幽瀬 深い山中の早瀬／幽籟 静かな音／幽懶 静かでものうい／幽蘭 幽香の蘭／幽理 玄妙の理／幽履 隠居／幽律 もの静かな韻律／幽流 静かな流れ／幽寥 幽寂／幽林 奥深い林／幽淪 沈淪／幽霖 もの静かな雨／幽鱗 深くひそむ魚／幽涙 人知れぬ涙／幽囹 牢獄／幽嶺 幽峰／幽麗 奥深く麗しい／幽劣 微賤／幽隴 ものさびしい墓

↓意幽・巌幽・鬼幽・窮幽・顕幽・山幽・処幽・深幽・崇幽・清幽・闡幽・達幽・探幽・通幽・僻幽・昧幽・明幽・野幽・履幽・六幽・臨幽

【斿】

9
0824

ユウ（イウ）
はた ふきながし あそぶ

篆文

甲骨文

金文

会意 扒＋子。扒は旗竿と吹き流し。古くは外に旅するとき、その氏族旗を掲げて行動したもので、斿は游・遊（遊）の初文。旗には氏族霊が宿ると考えられた。〔説文〕扒部七上に斿の字がなく、「游は旌旗の流（吹き流し）なり」とあり、遊をその古文とする。その氏族霊を奉じて出行することを遊といい、游は水神が川渡りすることをいう。卜文・金文に、出行の字に斿を用いる。〔周礼、春官、巾車〕「大常（天子の旗）に十有二斿を建てて、以て祀る」とあり、斿とは吹き流しをいう。

訓義 ①はた、はたあし、吹き流し。②遊・游の初文。あそぶ。

古訓 〔篇立〕斿 ハタ

語系 斿・遊・游jiu はもと一字。道（道）・導（導）du と声義の関係がある語と考えられ、道とは首をもって道路を修祓し、聖化しながら進むことをいう。旗をもって、遊行するところを清め進むのと同じ意味である。

【斿旐】はたあし。吹き流しのある旗。旗に呪飾のものとして加えた。〔後漢書、輿服志序〕其の斿旐を建つ。尊卑上下、各〻等級有り。

↑斿車 田猟の車／斿旆 はたあし

↓華斿・画斿・九斿・建斿・高斿・三斿・神斿・翠斿・旌斿・飛斿・茅斿

【柚】 9 4596 人 ユウ（イウ） ジク（ヂク） ゆず

篆文

形声 声符は由。〔説文〕六上に「條なり。橙に似て酢し」とあり、香味の強いものである。〔書、禹貢〕に「厥の包（貢ぎ物）は橘柚」とあり、揚州の特産であった。〔呂覧、本味〕に「雲夢の柚」の名をあげている。軸の音でよむときは、杼柚をいう。

訓義 ①ゆず。②織機のたてまき。

古訓 〔和名抄〕柚 爾雅注に云ふ、柚、一名櫾なりと。由（ゆ）と訓す 〔篇立〕柚 エダサシ・ユ・エダサキ

↑柚梧 竹の名／柚子 ゆず／柚皮 ゆずの皮

↓橘柚・湘柚・楚柚・霜柚・橙柚・緑柚

【疣】 9 0011 ［肬］ 8 7321 ユウ（イウ） いぼ

形声 声符は尤。〔玉篇〕に「疣腫は結病なり」とあり、いぼをいう。〔荘子、大宗師〕に「彼は生を以て附贅縣疣と爲す」とあり、よけいのものをいう。尤に大なるものの意があり、邪魔ものの意がある。

訓義 ①いぼ、はれもの、かさ。②こぶ。

古訓 〔新撰字鏡〕疣 伊比保（いひぼ）、又、太利（たり）、又、比志比子（ひしひね）〔名義抄〕疣 フスベキズ・カサ・ヤマヒ・ムスボル・イヒボ／懸疣 サガリフサベ／創疣 キズフスベ 〔篇立〕疣 クタム・フスボル・カサヤマヒ・カサカク・フスベ・イヲススフ・キズ

【疣贅】いぼと、こぶ。無用のもの。〔法言、問道〕允に天下を治むるに、禮文と五教とを待たず。則ち吾れは黃帝・堯・舜を以て疣贅と爲す。

↑疣子 いぼ／疣瘡 いぼ／疣目 うおのめ／疣痏 きずあと

↓懸疣・贅疣・瘡疣・瘢疣

【祐】 9 3426 人 ［祐］ 10 3426 人 ユウ（イウ） たすける さいわい

篆文

甲骨文

金文

形声 声符は右。右に佑助・祐助の意があり、右はその初文。〔説文〕一上に「助くるなり」という。祐は神助の意。卜文に「又」とあるのは「有祐」、又（又）をその両義に用いている。右は祝告の器の ⊔ を奉じて祈る意で、これによって神祐を求めることをいう。

訓義 ①たすける、たすけ、神明の祐助。②さいわい。③侑と通じ、すすめる。

古訓 〔名義抄〕祐 サイハヒ・ホス・スケ・タスク 〔字鏡〕祐 マコト・サイハヒ・タスク・スケ

語系 祐・又・右・佑hiuə は同声。卜文・金文に、又をそれらの義に用いており、もと一系の語である。

＊語彙は佑字条参照。

【祐饗】神が祭祀を享け、たすける。〔晉書、楽志上〕（祠廟迎送神歌）神明、斯に降り 既に之れを祐饗す

【祐助】たすける。〔漢書、匡衡伝〕詩に曰く、我が皇祖を念ふ 廷に陟降すと。成王常に祖考の業を思ひ、鬼神其の治を祐助するを言ふなり。

↑祐護 たすけ守る／祐庇 たすけかばう／祐福 天与の福／祐命 天がたすける

↓嘉祐・休祐・去祐・眷祐・降祐・祥祐・神祐・多祐・貞祐・天祐・徳祐・福祐・保祐・命祐・冥祐・余祐・隆祐・霊祐

【羑】 9 8080 ユウ（イウ） すすめる みちびく

篆文

象形 〔説文〕四上に形声とし、声符を久とするが、声が合わず、またその字形にも疑問がある。〔説文〕に「善を進むるなり」、〔玉篇〕に「導くなり、進むるなり、善きなり」とあるのは羞の意であるらしいが、その用義例はない。殷の紂王が、周の文王を羑里に幽閉したという伝承があり、羑里は古代の囚獄の名である。古代の囚獄は、おおむね聖所に附設された。〔新撰字鏡〕に異訓を多く録している。

訓義 ①すすめる、みちびく、いざなう。②羑里、獄舎。

古訓 〔新撰字鏡〕羑 獸尊なり。牛馬を盜むなり。教ふるなり。引くなり。進むなり。善なり。和柔相ひ引道し、以て善に進むなり 〔字鏡集〕羑 誘と同じ。ミチビク・ス、ム・ヨシ・コシラフ・コシナニ・イザナフ

【羑里】殷の獄舎の名。〔淮南子、道応訓〕文王、德を砥き政を修め、三年にして天下二垂（二分）して之れに歸す。紂聞きて之れを患ひ、~屈商（紂の臣）乃ち文王を羑里に拘ふ。

【悒】 10 9601 ユウ（イフ） うれえる むせぶ

篆文

形声 声符は邑。〔説文〕十下に「安んぜざるなり」とあり、〔玉篇〕に「憂ふるなり」という。〔楚辭、離騷〕に「忳と鬱悒して余れ侘傺（失望）す」とあり、心の鬱結して楽しまないことを悒悒という。

訓義 ①うれえる、心たのしまぬ。②むすぼれる、むせぶ。

古訓 〔新撰字鏡〕悒 伊太弥奈介久（いたみなげく）〔名義抄〕悒 ナゲク・イキドホル・ツ、ム 〔字鏡集〕悒 イタク・イブカシ・ツ、ム・イキドホル・ナゲク・ウレフ

語系 悒・浥・裛iəp は同声。しめりがちな状態をいい、鬱・蔚iuət、僾ət なども声義近く、心のむすぼれるさまをいう。もと形況の語であろう。

【悒悒】心結ぼれてうれえるさま。〔大戴礼、曾子制言、中〕故に君子は貧に悒悒たること無く、賤に勿勿たること無く、不聞に憚憚たること無し。布衣完からず、蔬食飽かず、蓬戸穴牖なるも、日に孜孜として、仁を上ぶ。

↑悒紆 なやみもだえる／悒鬱 憂鬱／悒於 嗚咽する／悒快 志をえず、うれえる／悒懊 うれい悩む／悒結 憂悶する／悒如 うれえるさま／悒戚 うれえかなしむ／悒然 悒如／悒悵 いたみかなしむ／悒納 おもねる／悒憤 憂憤

↓鬱悒・悁悒・於悒・怏悒・愁悒・忿悒・労悒

【挹】 10 5601 ユウ(イフ) くむ とる おさえる

篆文

形声 声符は邑。〔説文〕十二上に「抒むなり」とあり、酌みとることをいう。〔詩、小雅、大東〕「維れ北には斗有るも 以て酒漿を挹むべからず」とみえる。

訓義 ①くむ、くみとる。②とる、ひく。③おさえる、しりぞく。④揖と通じ、こまねく。

古訓 〔新撰字鏡〕挹 水久牟(みづくむ)〔名義抄〕挹 クム・ムタリ・オボツカナシ・カシコマル・カヂ〔字鏡集〕挹 ヲス・カケ・クム・トル・タム・ヲボツカサモ

語系 挹・揖iəpは同声。吸(吸)・翕xiəp、汁tjiəpなどと声義近く、水液のものをジャプジャプとくみあつめる意の語。もと形況の語であろうと思われる。

【挹酌】くみとる。〔抱朴子、逸民〕豈に肎(肯)へて其の支體(肢体)を詰屈し、其の容儀を俯仰し、其の喜ばざる所に挹酌し、其の棄遺する所を脩索し、怡顔以て進めらるることを取り、曲躬以て退けらるることを避けんや。

【挹退】謙抑する。〔晋書、殷浩伝〕(簡文の詔に答ふる書)足下、沈識淹長、思綜通練、~若し復た深く挹退を存し、苟くも本懐を遂ぐとも、吾は天下の事、此に於て去らんことを恐る。

↑挹鬱 心むすぼれる/挹盈 謙退する/挹掬 手ですくう/挹取 くみ取る/挹損 挹退/挹注 くみ入れて注ぐ/挹慕 したう

↓敬挹・熒挹・謙挹・降挹・採挹・奨挹・推挹・損挹・籛挹

【浥】 10 3611 ユウ(イフ) うるおう

篆文

形声 声符は邑。〔説文〕十一上に「溼ふなり」とあり、「浥浥」は香気などのうるおうこと。形況の語である。

訓義 ①うるおう、しめる、ひたる。②ふち、みぞ、くぼみ。

古訓 〔名義抄〕浥 ミゾ・ミヽ(ナ)キル 〔字鏡集〕浥 ウルフ・ミゾ

【浥浥】香気のただようさま。宋・蘇軾〔普照より二庵に游ぶ〕詩 長松、風に吟じて、晩雨細やかなり 東庵は半ば掩ひ、西庵は閉づ 山行、盡日、人に逢はず 浥浥たる野梅、香、袂に入る

↑浥鬱 鬱陶しい/浥乾 乾湿/浥納 おもねりこびる/浥変 しめり腐る/浥爛 浥変/浥涙 涙でぬれる

↓酒浥・潤浥・注浥・厭浥

【㕭】 11 8328 〔誘〕 14 0262 ユウ(イウ) いざなう さそう

篆文 古文

象形 羑に厶を加えた形。厶はおそらく辮髪を垂れている形であろう。卜文の羌には、辮髪の象を加えるものがあり、▽の形にかかれている。チベット系にその遺俗がある。〔説文〕九上に「相ひ訹呼するなり。厶に従ひ、羑に従ふ」と会意に解する。厶を姦邪の義とし、姦邪を以て相誘引する義とするものであろう。重文として誘・䛻および古文羑を録している。

訓義 ①いざなう、いざないよぶ。②さそう。

古訓 〔字鏡集〕㕭 羑と同じ。誘と同じ。ミチビク・ス、ム・ヨシ・コシラフ・コシナニ・イザナフ

参考 字を訹呼・誘引の義に用いる例なく、卜文の羌を時期によって㕭あるいは系に従う形に作る。厶・系はともに辮髪の形である。

常【悠】 11 2833 ユウ(イウ) おもう うれえる はるか ゆるやか

篆文

形声 声符は攸。攸は人の背後に水をかけて滌い、身を清めること、みそぎをいう。その みそぎを終えたすがすがしい心情を悠という。〔説文〕十下に「憂ふるなり」、〔爾雅、釈詁〕に「思ふなり」とするのは、〔詩、小雅、十月之交〕「悠悠たる我が里」の〔伝〕に「悠悠は憂ふるなり」とする訓を承けるもので、字の本義ではない。攸・修・滌はみなみそぎに関する字、修は修潔、滌は洗滌、悠は悠揚の意から悠久・悠遠の意ともなる。

訓義 ①おもう、おもいのどやか、のどやか。②うれえる、いたむ、かなしむ。③はるか、ながい、とおい、ゆるやか。

古訓 〔名義抄〕悠 トホシ・ハルカナリ/悠々 ―トカスカナリ・オモフラム・カナシ・カスカナリ・オボユ・ウレシ・ヒロメク・オホキナリ・オホキナ(ル)カナ・オホキナ(ル)ホヤ

語系 悠・攸・由・油jiuは同声。この系統の語に、悠揚・油然の意がある。

【悠永】永遠。漢・禰衡〔張衡を弔ふ文〕石は堅きも朽ち、星は華なるも滅ぶ。惟だ道の興隆するや、悠永にして絶ゆること靡し。

【悠遠】遠くはるか。〔詩、小雅、漸漸之石〕山川悠遠なり 維れ其れ勞す

【悠久】はるかに久しい。〔中庸、二十六〕博厚は物を載する所以なり。高明は物を覆ふ所以なり。悠久は物を成す所以なり。博厚は地に配し、高明は天に配し、悠久は疆り無し。

【悠然】心のどかなさま。晋・陶潜〔飲酒、二十首、五〕詩 菊を東籬の下に采り 悠然として南山を見る

【悠長】はるかに遠い。漢・蘇武〔詩、四首、四〕山海、中州を隔つ 相ひ去ること、悠かにして且つ長し 嘉會、兩たびは遇ひ難し 懽樂、殊に未だ央きず

【悠邈】遠くはるか。唐・司馬貞〔史記索隠、序〕年載悠邈にして、簡册闕遺す。勤くして一家を成すは、其の勤むること至れり。

【悠繆】でたらめ。民国・魯迅〔中国小説史略、第一篇〕右録する所十五家、惟だ班固の注に據るときは、則ち諸書、大抵或いは古人に託し、或いは古事を記す。人に託する者は子に似て淺薄、事を記す者は史に近くして悠繆たる者なり。

【悠悠】憂えるさま。もの思うさま。はるかなるさま。唐・高適〔封丘県〕詩 我は本と孟諸の野に漁樵す 一生、自ら是れ悠悠たる者なり

【悠揚】のどやかにおちつく。ゆれ動きする。唐・銭起〔鍾評事の宏詞に応じ、下第して東帰するを送る〕詩 世事、悠揚たり、春夢の裏 年光、寂寞たり、旅愁の中

↑悠闇 遠く暗い/悠逸 ゆったりと世ばなれした/悠裔 辺裔/悠焉 ゆったりとしたさま/悠懐 ゆったりとした思い/悠隔 遠くへだたる/悠闊 ゆったりとひろい/悠敻 ゆったりとして遥か/悠曠 ひろびろとした/悠忽 忽ちのうちに/悠思 はるかなもの思い/悠爾 悠然/悠短 長短/悠逖 遠方/悠漫 遥か/悠緬 遥か/悠容 ゆったりとしたようす

↓鬱悠・謬悠・颸悠・幽悠

【莠】 11 4422 ユウ(イウ) はぐさ みにくい

篆文

形声 声符は秀。秀に誘の声がある。〔説文〕一下に「禾粟下に生ずるは莠なり」とあり、童粱ともいう。〔詩、小雅、大田〕「稂あらず、莠あらず」の〔毛伝〕に「苗に似たるものなり」とあり、一本数茎、よく茂り、稷(たかきび)に似て実の入らぬもの。〔孟子、尽心下〕「莠を惡むは、其の苗を亂ることを恐るればなり」という。好言に対して、莠言という語がある。

訓義 ①はぐさ、しこぐさ。②みにくい、わるい。③にがな。

古訓 〔新撰字鏡〕莠 田乃比江(たのひえ)、又、田乃美乃(たのみの)〔名義抄〕莠 ハグサ・アシ 〔字鏡集〕莠 イネ・アシ・ツク・イネウウ・エノコグサ・ヒツハクサ・ヒツ、ナ・ハクサ・タネ

【莠言】よくないことば。〔詩、小雅、正月〕好言、口よりし 莠言、口よりす

↑莠草 はぐさ／莠民 悪事をはたらく民／莠命 教命を乱す

↓禾莠・讒莠・榛莠・帯莠・蓬莠・幽莠・良莠・藜莠・稂莠

【訧】 11 0361

ユウ(イウ) とが つみ あやまち

篆文 

形声 声符は尤。尤に尤過の意がある。〔説文〕三上に「罪なり」とし、〔書、呂刑〕「報ずるに庶訧(諸刑)を以てす」の文を引く。今本は尤に作る。〔詩、邶風、緑衣〕「訧無からしむ」の〔毛伝〕に「過ちなり」とみえるが、尤の繁文とみてよい字である。郵を仮借することがある。

訓義 ①とが、つみ。②あやまち。

古訓 〔名義抄〕訧 アヤマツ 〔篇立〕訧 ハカリゴト・アヤマル

語系 訧・尤・郵hiuəは同声。ゆえに郵を通用することがある。憂iuも声義近く、同系の語である。

＊語彙は尤字条参照。

↓口訧・謗訧・無訧

【逌】 11 3130 ［卣］ 10 2171

ユウ(イウ) ゆるやか くつろぐ ところ もって

篆文 

象形 敷物の上に卣をおく形。卣は儀礼のときに用いる酒器。〔説文〕五上に「卤は气の行ぐる皃なり。乃に従ひ、卤聲。讀みて攸の若くす」とする。卤は栗の実などの形で、卣と異なる。逌は卣の酒気の、ゆるやかなることをいう。金文の〔班𣪘〕に「隹れ德を敬しめば、逌って違ふこと亡し」、〔曶鼎〕に「余れ逌って具に寇すること無し」のように、以・用と声義を以て通用する。

訓義 ①ゆるやか、くつろぐ。②攸と通じ、ところ。③以・用と通じ、もって。④由と通ずる。由と卣はもと一字であった。

古訓 〔新撰字鏡〕逌 伊佐々惠(いささゑ) 〔名義抄〕逌 トコロ 〔字鏡集〕逌 トホシ・トコロ

語系 逌・由・油・攸・悠jiuは同声。卣dyu、以jiə、用jiongは声近く、声を以て通用することがある。

【逌爾】やわらぐさま。漢・班固〔答賓戯〕主人、逌爾として笑うて曰く、賓の言の若きは、所謂～窔奥の熒燭を守りて、未だ天庭を仰ぎて白日を覩ざるものなり。

【逌然】逌爾。清・龔自珍〔張子絜大令蔵する所の玲瓏山館本華山碑跋の後に書す〕道光庚子の秋、秣陵に游ぶ。子絜の嗣君拜蓴、重ねて此の本を出だして題記を屬す。故人の法物を摩挲し、逌然燕笑するを見る時の如し。

↑逌人 漢代の宣令の官、遒人／逌覧 ゆったりと覧る

常【郵】 11 2712

ユウ(イウ) しゅくば あやまち とが

篆文 

会意 垂+邑。垂は辺陲の意。〔説文〕六下に「境上に書を行るの舍なり」とし、「垂は邊なり」という。書は伝書、辺境への通路に駅舎をおくことを置郵という。〔孟子、公孫丑上〕に「徳の流行するは、置郵して命を傳ふるよりも速やかなり」とみえる。郵を尤過の意に用いるのは、声の仮借である。

訓義 ①しゅくば、しゅくつぎ、はやうま、駅伝。②こや、さしかけ、田おさのおる所。③尤と通じ、とが、つみ、あやまち。

古訓 〔名義抄〕郵 ムマヤ

語系 郵・尤・訧hiuəは同声。〔詩、小雅、賓之初筵〕「其の郵を知らず」は尤と通用の例。憂iuも声義の近い字である。

【郵駅】駅伝の舍。〔新語、至徳〕近き者は議する所無く、遠き者は聽く所無し。郵驛に夜行の吏無く、鄉閭に夜名の征無し。

【郵書】駅伝で送る書。〔後漢書、張奐伝〕使人未だ反らざるに、復た郵書を獲たり。

【郵奏】駅使で上奏する。〔後漢書、光武帝紀下〕(中元二年、遺詔)刺史、二千石の長吏は皆城郭を離るること無かれ。吏を遣はし、及び郵に因りて奏すること無れ。

【郵亭】宿駅。旅館。明・李東陽〔楊廷和～に和す〕詩 路は郵亭を盡して、始めて京に入る 水村山郭、幾たびか經行す

【郵遞】宿場。宋・劉克荘〔二将〕詩 心を傷ましむ、郵遞の裏 日を隔てて捷書來る

【郵伝】遞送の荷物。〔宋史、王全斌伝〕十七州、竝びに師雄に隨ひて亂を爲し、郵傳通ぜざる者月餘、全斌等甚だ懼る。

↑郵運 郵送する／郵役 郵送の役務／郵官 駅丞／郵館 駅舎／郵簡 書信／郵寄 郵送する／郵騎 駅伝の馬／郵差 飛脚／郵子 駅卒／郵使 駅の役人／郵舎 駅舎／郵人 駅卒／郵箋 郵遞の書／郵籤 駅の時報／郵送 郵便／郵置 駅に歩遞と馬遞とを設ける／郵程 駅路／郵筒 手紙／郵夫 郵卒／郵符 郵遞の証明／郵甬 郵筒／郵吏 宿場の吏

↓官郵・客郵・行郵・山郵・置郵・亭郵・伝郵・督郵・辺郵

【揖】 12 5604

ユウ(イフ) シュウ(シフ) えしゃく おさめる ゆずる

篆文 

形声 声符は咠。〔説文〕十二上に「攘すなり」、また「一に曰く、手、胸に箸くるを揖ふと曰ふ」とあり、「攘す」とは、次条に「攘は推すなり」とあって、手を前に組む推手と、手を胸に著ける引手の礼、いわゆる揖譲の礼をいう。〔左伝、昭二十五年〕「簡子、揖讓周旋の禮を問ふ」とあって、賓主の礼は、礼節の重要なものとされた。

訓義 ①えしゃく、むねの前で手を組んで、お辞儀をする、こまねく。②おさめる、あわせる、さしはさむ、あつめる。③ゆずる、おす。

古訓 〔字鏡集〕揖 ユク・ヲサム・クム・ユヅル・ヲカス・ヌスム・ウヤマフ・アハス・カシコマル・アツマル

語系 揖iəpは厭iapと声義近く、〔儀礼、郷飲酒礼〕「賓、介を厭く」の〔注〕に「手を推すを揖と曰ひ、手を引くを厭と曰ふ」とみえる。撎ietは通転の字。粛拝のような拝礼のしかたである。揖にはまたtziəpの音があり、集dziəpと声近く、あつめ収める意がある。

【揖客】主人と対等の礼をする客。〔史記、汲黯伝〕大將軍(衛)青、既に益〻尊く、姊は皇后爲たり。然れども黯、與に亢禮す。人或いは黯に說ふ。～黯曰く、夫れ大將軍を以て揖客有るは、反つて重からずやと。

【揖謝】拱手して別れる。〔後漢書、种暠伝〕暠、復た留まること一年、漢陽の太守に遷る。戎夷の男女、送りて漢陽の界に至る。暠、與に相ひ揖謝す。千里、車に乘ることを得ず。

【揖讓】賓主相見の礼。〔漢書、礼楽志〕揖讓して天下治まるとは、禮樂の謂ひなり。

【揖遜】揖して讓る。〔読書鏡、三〕明道先生(程顥)、嘗て禪寺に至る。僧、方に飯す。趨進揖遜の盛んなるを見て、歎じて曰く、三代の盛儀、盡く是に在りと。

↑揖揖 虫などの多いさま／揖進 会釈して進む／揖拝 拱手／揖別 揖謝／揖礼 拱手の礼

↓一揖・拱揖・迎揖・献揖・高揖・坐揖・三揖・受揖・粛揖・進揖・対揖・端揖・長揖・答揖・拝揖・平揖

【游】 12 3814 ［遊］ 13 3830 ユウ(イウ) あそぶ およぐ ゆく

篆文 古文 金文

形声 声符は斿。斿は氏族旗を奉じて外に旅する意で、游・遊(遊)の初文。〔説文〕七上に「旌旗の流なり」とあり、遊をその古文とする。流は吹き流し。斿・游・遊三字はもと同字であるが、のち次第に慣用を生じた。〔詩、周南、漢広〕に「漢に游女有り」とは、漢水の女神。その祭祀は、女神出遊の形式をとるもので、水渡りをする。旗は神霊の宿るところであり、游・遊はもと神の出遊をいう字であったが、神を奉じてゆくことをいい、神のように自由に行動することをもいう。

訓義 ①あそぶ、出行する。②うかぶ、およぐ、水渡りする。③ゆく、まじわる、他の地へゆく。④きままにする、ほしいままにする。⑤斿と通じ、はたあし。⑥水流、川の流れ。

古訓 〔名義抄〕游 オヨグ・ウカブ・アソブ・ケガル・ユク 〔字鏡集〕游 ハナツ・オヨグ・ミナギル・ウカブ・アソブ・カケル・ユク 〔篇立〕游 ヲヨグ・ウカブ・アソブ

語系 游・斿・遊jiu は同声。もと一字。道(道)・導(導)du は相似た語で、氏族霊の宿る旗を奉じてゆくことを斿といい、異族の首を提げて、道の邪神を祓いながら進むことを道・導という。相似た習俗に発し、声義に関係がある。

＊語彙は斿・遊の条参照。語彙に文例としてあげるものには、テキストにより游また遊に作るものがあり、両者を厳密に区別することは困難である。

【游佚】あそび楽しむ。〔墨子、尚同下〕是の故に、古者天子の、三公・諸侯・卿の宰・郷長・家君を立つるは、特だ富貴游佚して、之れを擇くのみに非ざるなり。將に治亂刑政を助けしめんとするなり。

【游衍】ほしいままにあそぶ。〔詩、大雅、板〕昊天曰に旦けたり 爾と游衍せん

【游学】他郷にゆき学ぶ。〔三国志、魏、邴原伝〕原、遼東に在り。一年の中、往きて原に歸して居る者數百家。游學の士、教授の聲絶えず。

【游宦】故郷を出て仕官する。晉・陸機〔顧彦先の為に婦に贈る、二首、二〕詩 游宦、久しく歸らず 山川、脩くして且つ闊し

【游玩】なぐさめあそぶ。〔宋書、羊欣伝〕太祖之れを重んじ、以て新安太守と爲す。前後凡そ十三年、山水に游玩し、甚だ性に適することを得たり。

【游戯】あそび戯れる。〔史記、老荘申韓伝〕子、亟やかに去れ。我を汚すこと無かれ。我は寧ろ汚瀆の中に游戯して、自ら快くし、國を有つ者の羈する所と爲る無く、終身仕へず、以て吾が志を快くせん。

【游居】遊食。〔韓非子、六反〕游居厚養は食を牟ぼるの民なり。而るに世之れを尊んで、有能の士と曰ふ。

【游好】心に好む。晉・陶潛〔飲酒、二十首、十六〕詩 少年、人事罕なり 游好、六經に在り 行き行きて不惑に向なんとし 淹留して遂に成る無し

【游魂】死者の霊。唐・杜甫〔江頭に哀しむ〕詩 明眸皓齒、今何くにか在る 血汚されて、游魂歸り得ず 清渭は東流し、劍閣は深し 去住彼此、消息無し

【游士】遊客。また、遊説の人。〔史記、秦始皇紀〕呂不韋、相と爲り、十萬戸に封ぜらる。號して文信君と曰ふ、賓客游士を招致し、以て天下を幷さんと欲す。

【游処】あそぶ。遊処。〔池北偶談、六、二王好仏〕王右丞(維)兄弟、佛を好む。多く名僧と游處す。其の山川梵宇の作、往往にして精妙なり。

【游賞】景勝を遊覧する。〔晋書、謝安伝〕安、情を丘壑に放にすと雖も、然れども游賞する毎に、必ず妓女を以て從ふ。既に累りに辟さるれども就かず。

【游仙】仙境にあそぶ。また、その詩。〔詩品、中、晋の宏農太守郭璞〕翰林(李充の翰林譜)に以て詩首と爲す。但だ游仙(詩、十首)の作、詞に慷慨多く、玄宗に乖き遠ざかれり。

【游息】安らぐ。〔淮南子、要略〕道を言ひて事を言はざれば、則ち以て世と浮沈すること無く、事を言ひて道を言はざれば、則ち以て化と與に游息すること無し。

【游蕩】あそび耽る。〔三国志、魏、武帝紀注に引く曹瞞伝〕太祖、少くして飛鷹走狗(狩猟)を好み、游蕩すること度無し。

【游道】道術を楽しむ。〔漢書、楊惲伝〕(孫会宗に報ずる書)君子は道に游び、樂しみて以て憂ひを忘れ、小人は軀を全うし、說びて以て罪を忘る。竊かに自ら思念するに、過ち已に大なり。行ひ已に虧けたり。

【游猟】狩猟。〔後漢書、安帝紀〕(永初元年)二月丙午、廣成の游獵の地、及び被災郡國の公田を以て、貧民に假與す。

↑游移 ためらう／游意 心をよせてあそぶ／游逸 游佚／游溢 移動してみちる／游雲 浮かび流れる雲／游泳 およぐ／游苑 苑遊／游宴 宴遊／游園 游苑／游讌 游宴／游街 進士の合格祝いに花街であそぶ／游閑 ひま／游款 交わりしたしむ／游翫 游玩／游記 紀行文／游嬉 あそび楽しむ／游騎 游撃の騎兵／游妓 游女／游客 旅人／游旧 旧友／游興 あそぶ／游禽 遊ぶ鳥／游虞 あそび楽しむ／游詣 ぶらつく／游憩 休む／游芸 芸事を楽しむ／游屐 出歩く／游言 流言／游顧 親しむ／游幸 天子が出游する／游敖 あそぶ／游遨 游敖／游棍 無頼漢／游卒 部屋住みの子／游倅 游卒／游財 手許金／游山 山遊びをする／游散 気晴らし／游仕 游宦／游糸 かげろう／游志 游心／游徙 移る／游資 游財／游肆 気ままにあそぶ／游事 游仕／游辞 浮言／游樹 支柱／游従 従ってあそぶ／游商 商人／游将 游軍の将／游渉 出游する／游翔 飛び廻る／游矚 自由に眺める／游心 心をあそばせる／游神 游心／游塵 浮塵／游声 虚名／游精 游心／游夕 春秋に農事を補助する／游僧 雲水僧／游想 空想／游惰 あそび怠る／游談 游説／游眺 自由に眺める／游鳥 游禽／游蝶 とびまわる蝶／游偵 探偵／游程 旅程／游艇 はしけ／游騁 駆ける／游適 のんびりとくつろぐ／游田 かり／游畋 游田／游盪 うごく／游博 とばく／游泛 舟遊び／游盤 あそぶ／游費 むだ使い／游牝 つるぶ／游附 臨時の役／游兵 游撃兵／游眄 游覧する／游歩 そぞろ歩き／游牧 放ち飼い／游沫 うかぶ泡／游慢 怠る／游民 無職の人／游優 優游／游溶 ただよう／游漾 ただよう／游弋 えものを求めてぶらつく／游邏 見まわる／游楽 逸楽／游履 游屐／游離 分離する／游侶 旅の仲間／游鱗 游魚／游麗 派手な若衆／游歴 歴游する

↓佚游・逸游・泳游・宴游・下游・外游・観游・嬉游・客游・娯游・遨游・周游・出游・上游・心游・清游・溯游・遡游・惰游・汎游・浮游・慢游・優游・来游

常【猶】 12 4826 ［猶］ 12 ［猷］ 13 8363 ユウ(イウ) はかりごと なお

篆文 金文 甲骨文

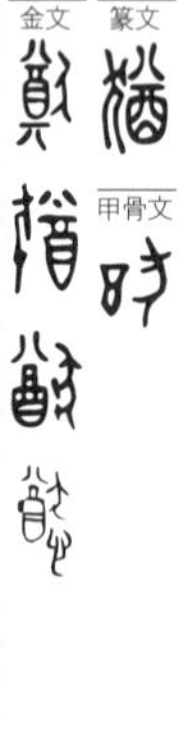

形声 声符は酋。酋に輶・蝤の声がある。〔説文〕十上に「玃の屬なり」とし、「一に曰く、隴西にて犬子を謂ひて猶と爲す」とあり、獣名とする。〔水経注、江水二〕に、猶猢は好んで巌樹に遊び「一騰百歩、或いは三百丈、順往倒返、空に乗ずること飛ぶが若し」という。この字を猶予・夷猶のように用いるのは双声の連語。謀猶のときには多く猷を用い、金文の〔毛公鼎〕に「我が邦の小大の猷」のようにいう。漢碑に「良猶」「徽猶」のように、猶を猷の義に用いる。猷は酋（繹酒）に犬牲をそえた形で、神を祀り、神意に謀る意。また犾・又（又）に通じ、さるの意に用いる。〔楚辞、九歌、山鬼〕「猨啾啾として、又夜に鳴く」の又は犾。猷の形が最も古くて、謀猷の意が本義。他の義には猶を用い、いま両字の用義を異にしているが、もと一字であった。

訓義 ①はかりごと、みち。②犬の子。③さる、また犾・又に作る。④誘と通じ、あざむく。⑤由と通じ、なお～のごとし。⑥已・以と通じ、はなはだ、すでに。⑦似と通じ、にる、おなじ、ひとし。⑧夷と通じ、ゆったり、ゆたか、ためらう。⑨訧と通じ、とが、あやまち。

古訓 〔名義抄〕猶 ナホ・ゴトシ・ゴトク・ハカル・ハカリゴト・カクノゴトク・カクノゴトキ・ヨル・ミチ・イフ／夷猶 ウラオモフ〔字鏡集〕猶 イツハル・ヨル・ナホ・ゴトシ・イマ・ミチ・ハカリゴト・サルノタグヒナリ・カクノゴトキ

語系 猶・由jiuは同声。以jiə、似ziə、用jiongは声近く、通用することがある。又・訧hiuəも、古く通用することがあったのであろう。

【猶然】平気なさま。〔荘子、逍遥遊〕宋榮子、猶然として之れを笑ふ。且つ世を擧げて之れを譽むるも勸むることを加へず、世を擧げて之れを非しるも沮むことを加へず。内外の分を定め、榮辱の竟を辯ず。斯れのみ。

【猶与】ためらう。是非が明らかでない。〔礼記、曲礼上〕卜筮なる者は、先聖王の、～民をして嫌疑を決し、猶與を定めしむる所以なり。

【猶予】ためらう。〔楚辞、離騷〕心、猶豫して狐疑す自ら適かんと欲するも、不可なり

↑猶夷 ためらう／猶疑 猶与／猶子 兄弟の子／猶若 猶然／猶父 先生

↓遠猶・王猶・嘉猶・機猶・徽猶・顕猶・弘猶・光猶・宏猶・皇猶・高猶・鴻猶・神猶・清猶・聖猶・先猶・壮猶・大猶・帝猶・謀猶・令猶

常 【裕】 12 3826 ユウ ゆたか ゆるやか ひろい

篆文 金文

形声 声符は谷。谷は容・欲の従うところでその音に近く、渓谷の谷とは異なる字である。祝禱の器である𠙵を以て祀り、その上に髣髴として神気のあらわれる状態を容といい、その神気に祈り請うことを欲という。〔説文〕八上に「衣物、饒かなるなり」とするが、衣裳の間に神気のあらわれることを裕というのであろう。〔国語、周語上〕に「享祀することに至り、布施優裕なり」のように、神事に関していう。のち、人の裕福なことをいう。

訓義 ①ゆたか、ゆるやか。②ひろい、ひらく、ひろやか。

古訓 〔名義抄〕裕 メグム・ヤスシ・ユタカナリ〔字鏡〕裕 ユタカナリ・サイハヒ・マサシ・ヤスシ・ヒラク・タスク

語系 裕jiokは容jiongと声近く、神容を容といい、その神気にたすけられることを裕という。翼（翼）jiəkも声の近い語である。

【裕如】ゆたかなさま。そのまま。〔法言、五百〕仲尼は神明なり。小は以て小を成し、大は以て大を成す。山川・丘陵・草木・鳥獸と雖も、裕如たり。如し用ひざれば、神明も亦た之れを如何ともする末きのみ。

↑裕寛 ゆるやか／裕足 ゆたかで十分／裕福 ゆたか／裕裕 ゆとりのあるさま／裕利 多くの利をむさぼる

↓安裕・威裕・盈裕・雅裕・寛裕・弘裕・成裕・恬裕・徳裕・富裕・猷裕・優裕・余裕・容裕・和裕

常 【遊】 12 3830 〔遊〕 13 3830 〔游〕 12 3814

ユウ（イウ）ユ
あそぶ ゆく まじわる

篆文 古文 金文

形声 声符は斿。斿は氏族霊の宿る旗をおし建てて、外に出行することをいう字で、游・遊の初文。字はまた游に作る。〔説文〕に遊の字を収めず、游字条七上に「旌旗の流なり」とし、古文として遊を録する。〔詩、周南、漢広〕「漢に游女有り 求むべからず」とは、漢水の女神が出遊することで、水神であるから水渡りをする。陸ならば遊ということになる。遊ぶものは神霊であるから、その神事に携わり、特に喪祝のことに従うものを、わが国では「遊部」といい、遊の初義において用いられている。すべて移動するものを遊といい、また逍遥して楽しむこと、自由な境涯をいう。

訓義 ①あそぶ、出行する。②ゆく、まじわる、他の地へゆく。③きままにする、ほしいままにする。④斿と通じ、はたあし。⑤游と通じ、およぐ、うかぶ。

古訓 〔和名抄〕遊女 楊氏漢語抄に云ふ、遊行女兒、宇加禮女（うかれめ）。一に云ふ、阿曾比（あそび）。今案ずるに、又夜發の名有り、俗に也保知（やぼち）と云ふ。本文未だ詳らかならず。但だ或いは謂ふ、白晝遊行す、之れを遊女と謂ふ。夜を待ちて其の淫奔を發す。之れを夜發と謂ふなりと〔名義抄〕遊アソブ・ウカル・ミユ・タハブル・ヲトリ・メグル・スミヤカニ／遊翰ヲトリ〔篇立〕遊 キハム・ウカベル・ミユ・タハブル・アソブ・ウカル・メグル・ヲトル・ヲヨグ／游 ヲヨグ・ウカブ・アソブ

語系 遊・斿・游jiuはもと一字。道（道）・導（導）duと声義近く、いずれも道路の呪儀に関する字。斿は氏族霊の宿る旗、道は犠牲の首を以て道路を祓う儀礼であった。

＊語彙は游字条参照。

【遊雲】空ゆく雲。〔世説新語、容止〕時人、王右軍（羲之）を目して、飄として遊雲の如く、矯として驚龍の若しとす。

【遊詠】散歩し、詩をうたう。明・方孝孺〔全楽斎記〕舜の琴を鼓する、顏子（回）の簞瓢（一簞の食し、一瓢の飲）、曾皙の遊詠、吾が心に會する者、吾が心に出づるが如し。

【遊宴】宴遊。民国・王国維〔観堂集林、太史公行年考〕武帝、後庭に遊宴し、始めて宦者を用ふ。古制に非ざるなり。

【遊園】遊歩する庭園。民国・康有為〔大同書、己部第六章〕各大學に皆遊園有り。花木・亭池・舟楫を備設す。

【遊宦】故郷を離れ、官途につく。民国・康有為〔人境廬詩草序〕公度（黄遵憲の字）嘉應州の窮壤（辺地）に生まれ、新加坡・紐約～の領事官に遊宦す。其の、故國中原の文獻と、至りて接せず。

【遊閑】ひまで遊ぶ。明・袁宏道〔龔惟長先生に与ふる書〕千金もて一舟を買ひ、舟中に鼓吹一部を置き、妓妾數人、遊閑數人、家を泛べ宅を浮べ、老の將に至らんとする

を知らず。

【遊観】ものみ。遊覧。〔韓非子、存韓〕秦王、飲食をも甘しとせず、遊觀をも樂しとせず。意は專ら趙を圖るに在り。

【遊玩】玩び遊ぶ。〔夢粱録、一、正月〕貧富を論ぜず、琳宮梵宇(寺)に遊玩して絶えず。家々飲宴、笑語喧嘩す。此れ杭城の風俗なり。

【遊戯】無心に遊ぶ。〔冷斎夜話、七〕(東坡・陶淵明の詩に和す)天下、盛んに子瞻(蘇軾)已に仙居すと傳ふ。後七年、～東坡南昌に至る。太守云ふ、世に傳ふ、端明(学士、軾)已に道山に歸せりと。今尙ほ爾く人閒に遊戯するかと。

【遊居】閑居。また、交わり暮らす。唐・顔真卿〔懐素上人草書歌序〕早歳嘗て接して遊居し、屢々激勸を蒙り、教へらるるに筆法を以てす。

【遊魚】水にあそぶ魚。〔水経注、夷水〕北溪水、經る所皆石山、略々土岸無し。其の水虛映、俯して遊魚を視るに、空に乘ずるが如し。

【遊俠】男だて。〔漢紀、武帝紀一〕氣勢を立て、威福を作し、私交を結び、以て強を世に立つる者、之れを遊俠と謂ふ。

【遊芸】技芸。清・銭謙益〔宋の徽宗の杏花村の図に題す〕詩 至尊、盤礴して、自ら遊藝す 宛も是れ、前身、畫師の製ならん
【遊娯】たのしみ。晋・張華〔何劭に答ふ、二首、二〕詩 良朋、新詩を貽る 我に示すに遊娯を以てす 穆として灑清たる風の如く 奐として春華の敷くが若し
【遊行】出遊。また、世渉り上手。〔漢紀、武帝紀一〕色もて仁を取り、以て時好に合し、黨類を連ね、虛譽を立て、以て權利を爲す者、之れを遊行と謂ふ。

【遊魂】死者の霊。〔敦煌変文集、伍子胥変文〕念ふに君が神識、波濤を逐ひ 遊魂散漫して、荊棘に隨ふならん
【遊子】旅人。〔文選、古詩十九首、一〕浮雲、白日を蔽ふ 遊子、顧反せず 君を思へば人をして老いしむ 歲月忽ち已に晚る。

【遊志】自由にふるまう心。楚・宋玉〔楚辞、九弁、十〕願はくは、不肖の軀を賜うて別離せん 遊志を、雲中に放にせん
【遊辞】いい加減ないいかた。〔世説新語、文学〕殷中軍(浩)、嘗て劉尹(惔)の所に至り、淸言すること良や久し。殷、理小しく屈し、遊辭して已まず。劉も亦た復た答へず。

【遊手】てぶら。無為。〔太平広記、三十六に引く集異記、李清〕子孫及び内外姻族、百數家に近し。皆能く遊手、利を益都に射ふ。～凡そ百餘萬を積む。

【遊女】あそびめ。清・黄宗羲〔明文案の序〕凡そ情の至る者は、其の文未だ至らざる者有らざるなり。則ち天地の閒、～遊女・田夫、波臣・戍客も、一として文人に非ざる無きなり。

【遊情】心をあそばせる。〔後漢書、賈逵伝〕陛下～朝夕恪勤し、情を六藝に遊ばしめ、機を研き微を綜せ、審覈せざる靡し。

【遊心】心を遊び楽しませる。〔荘子、徳充府〕夫れ然くの若き者は、且も耳目の宜しき所を知らずして、心を德の和に遊ばしむ。

【遊神】心を遊ばせる。〔漢魏南北朝墓誌集釈〕(北魏、叔孫協墓誌)春秋卌、神を遊ばしめ、世に放にす。

【遊人】あそぶ人。旅人。前蜀・韋荘〔菩薩蛮〕詞 人人盡く說ふ、江南好しと 遊人只だ合に江南に老ゆべし 春水は天よりも碧く 畫船に雨を聽きて眠る
【遊刃】庖丁を自在に使う。すぐれた技。〔荘子、養生主〕厚み无きを以て、閒有るに入る。恢恢乎として(余裕のあるさま)、其の刃を遊かすに、必ず餘地有らん。

【遊説】諸国に説きめぐる。〔漢紀、武帝紀一〕辯辭を飾り、詐謀を設け、天下に馳逐し、以て時勢を要むる者、之れを遊說と謂ふ。

【遊息】いこい安らぐ。〔警世通言、兪仲挙、詩を題して上皇に遇ふ〕(卓王孫の)園中に花亭一所有り、名づけて瑞仙と曰ふ。四面芳菲爛熳(漫)、眞に遊息すべし。

【遊談】遊説者の作り話。〔少室山房筆叢、乙部、史書佔畢三〕吾れ斷めて以爲へらく、(伯)夷・(叔)齊、馬を叩へ(武王を諫むる)の說は、然らば斯の語、(司馬)遷の之れを創るに非ずんば、蓋し戰國遊談の口ならん。遷之れを信ずるは、太だ果なり。

【遊民】仕事につかぬ者。〔大戴礼、千乗〕太古には遊民無し。食、節あり、事、時にして、民各々其の居に安んじ、其の宮室を樂しみ、事に服し上を信じ、上下交々信ず。

【遊目】見まわす。〔楚辞、離騒〕忽ち反顧して以て遊目す 將に往きて四荒を觀んとす
【遊冶】酒色にあそぶ。唐・李白〔採蓮曲〕詩 岸上、誰が家の遊冶郎ぞ 三三五五、垂楊に映ず
【遊予】楽しみあそぶ。〔孟子、梁恵王下〕夏の諺に曰く、吾が王遊せずんば、吾れ何を以て休せん。吾が王豫せずんば、吾れ何を以て助からんと。

【遊覧】めぐりながめる。晋・孫綽〔天台山に遊ぶの賦〕是に於て遊覽すること既に周く、體靜かにして心閑かなり。

【遊履】遊び経歴する。清・潘耒〔徐霞客游記の序〕余の若きは、遊履の至る所、必ず高きを窮め深きを極む。～徐霞客游記を讀むに及んで、而る後、如かざるを遜謝するなり。

【遊歴】諸所を遍歴する。明・高啓〔鍾山雲霽図〕詩 雲は梁僧の塔を擁し 苔は宋帝の壇を封ず 昔年遊歷の處 今畫中に向うて看る
➡遊意 遊歴したい考え／遊佚 あそび楽しむ／遊逸 遊佚／遊軼 遊佚／遊泳 水におよぐ／遊衍 游衍／遊讌 遊宴／遊化 自然のうちにあそぶ／遊舸 水上をゆく舟／遊客 権門の食客となる者／遊廓 妓楼／遊学 故郷を出て学ぶ／遊款 交わりしたしむ／遊眼 遊目／遊気 遊意／遊記 遊覧の記／遊嬉 あそびたのしむ／遊騎 隊列をはなれた騎馬／遊伎 遊戯のわざ／遊筇 杖をひいてあそぶ／遊興 酒食などに興じてあそぶ／遊禽 たのしみあそぶ鳥／遊寓 旅先で一時かり住い／遊君 妓女／遊軍 編成外の別動隊／遊憩 あそびいこう／遊撃 別動隊による攻撃／遊光 火の神、また鬼火／遊好 仲よくする／遊幸 天子の出幸／遊敖 逍遥してたのしむ／遊傲 遊敖／遊策 遊筇／遊山 山あそび／遊散 ぶらぶらしてあそぶ／遊糸 かげろう／遊肆 気ままにあそぶ／遊屣 遊屐／遊事 他国に任官する／遊車 車駕の予備の車／遊巡 遊街／遊処 外出と家屋、また、あそびの場所／遊渉 出あるく／遊賞 游賞／遊蹤 遊歴したところ／遊食 あそんでくらす／遊塵 ほこり／遊生 遊学の学生／遊仙 游仙／遊旋 あそびめぐる／遊船 遊覧船／遊僧 雲水僧／遊惰 游惰／遊眺 眺めまわす／遊鳥 あそぶ鳥／遊艇 遊船／遊適 気ままにあそぶ／遊田 狩りをする／遊畋 遊田／遊徒 あそび人／遊蕩 游蕩／遊伴 あそび仲間／遊槃 あそびたのしむ／遊鑣 騎馬でかける／遊風 風に吹かれてあそぶ／遊氛 秋の気／遊兵 遊撃兵／遊眄 遊目／遊歩 歩きあそぶ／遊方 定めたゆき場所／遊朋 あそび

友だち／遊訪 出かけてたずねる／遊蜂 飛びまわる蜂／遊牧 放牧／遊霧 流れる霧／遊優 ゆったりする／遊揚 名をひろめあげる／遊弋 ぶらつく／遊楽 あそびたのしむ／遊里 遊廓／遊旅 たび／遊猟 狩りをする／遊輪 車／遊鱗 遊魚／遊霊 さまよう霊／遊浪 さまよう

↓佚遊・淫遊・燕遊・臥遊・雅遊・会遊・回遊・外遊・宦遊・歓遊・観遊・貴遊・嬉遊・久遊・旧遊・群遊・倦遊・故遊・扈遊・交遊・好遊・行遊・敖遊・豪遊・山遊・舟遊・周遊・従遊・出遊・春遊・巡遊・心遊・水遊・西遊・清遊・仙遊・前遊・遡遊・天遊・東遊・同遊・盤遊・浮遊・歩遊・慢遊・漫遊・夢遊・冶遊・夜遊・優遊・来遊・歴遊

入【釉】12 2596 ユウ(イウ) うわぐすり つや ひかり

形声 声符は由。由は油化したものを示す字で油の初文。焼物のうわぐすりで、つやを出すのに用いる。殷代遺跡の二里岡出土の器にすでに釉化を利用した灰釉陶があり、後漢には青磁や黒褐釉磁の技法が試みられている。唐の三彩、宋の青磁・白磁に至って、その技法は高度な完成を示した。

訓義 1うわぐすり。2つや、ひかり。

↑釉灰 うわぐすり／釉薬 うわぐすり

常【雄】12 4001 ユウ おす おとこ まさる さかん

篆文 

形声 声符は厷とされているが、声が合わず、右の変化したものであろう。漢碑には右に従う字が多い。〔説文〕四上に「鳥父なり」とし、厷声とする。鳥の雌雄をいう字であるが、雄壮・雄健など、男性的な徳性をいうことが多い。

訓義 1おす、おんどり。2おとこ、おおしい。3まさる、かつ、おさ、かしら。4さかん、あざやか、立派。

古訓 〔名義抄〕雄 ヲドリ・スグル・カツ・ウルハシ・ヤドル・サキ・ヨル・ヲ 〔字鏡集〕雄 スグル・ヲドリ・ヲ、シ・マク・カツ・ウルハシ・ヲ・ヤドル・サキ・ヨシ

語系 雄hiuəngは右hiuəと声義近く、雄はもと右声の字である。また弘huəng、宏・閎hoəngとも声義の関係がある。右より厷への転化が容易であったのであろう。

【雄偉】すぐれて立派。〔晋書、慕容徳載記〕母公孫氏、日、臍中に入るを夢み、晝寢ねて徳を生む。年未だ弱冠ならざるに、身の長け八尺二寸、姿貌雄偉なり。額には日角偃月の重文有り。

【雄気】さかんな気性。〔三国志、魏、呂布臧洪伝評〕陳登・臧洪、竝びに雄氣壯節有り。～洪、兵弱く敵彊きを以て、烈志立たず。惜しい哉か。

【雄毅】雄々しく強い。〔三国志、魏、許褚伝〕長け八尺餘、腰の大いさ十圍、容貌雄毅にして、勇力人に絶す。～牛輒ち奔還す。褚、～一手に牛尾を逆曳し、行くこと百餘歩。

【雄勁】雄々しく力強い。〔図画見聞誌、呉生の設色を論ず〕呉道子の畫は、古今の一人のみ。～嘗て畫く所の牆壁卷軸を觀るに、落筆雄勁にして傅彩簡淡なり。～今に至るも、畫家の丹青を輕拂する者、之れを呉裝と謂ふ。

【雄桀】傑出の人。〔漢書、貢禹伝〕官に居りて置富する者を雄桀と爲し、姦に處りて利を得る者を壯士と爲す。～俗の壞敗、乃ち是に到る。

【雄狡】したたか者。宋・蘇軾〔司馬温公（光）神道碑〕公は麟鳳の如し。鷙せず搏たざるも、羽毛畢く朝し、雄狡率く服す。

【雄豪】豪雄の人。〔三国志、魏、武帝紀評〕漢末、天下大いに亂れ、雄豪竝び起る。～太祖籌を運らし、謀を演べ、宇内を鞭撻す。～抑いは非常の人、超世の傑と謂ふべし。

【雄渾】気力がすぐれる。宋・陸游〔宛陵先生（梅尭臣）の詩を読む〕詩 歐（陽脩）・尹（洙）に追還す 六籍の醇 先生の詩律 雄渾を擅にす

【雄才】雄武の才能。〔三国志、魏、武帝紀〕呂布、劉備を襲ひ、下邳を取る。備、來り奔る。程昱、公に說きて曰く、劉備を觀るに、雄才有りて甚だ衆心を得たり。終に人の下と爲らざらん。早く之れを圖るに如かずと。

【雄姿】雄々しい姿。唐・杜甫〔高都護の驄馬行〕詩 雄姿未だ受けず、伏櫪（かいば桶）の恩 猛氣猶ほ思ふ、戰場の利

【雄視】有力な態度で臨む。〔宋史、蘇軾伝〕軾、弟轍と、父洵を師として文を爲る。既にして之れを天に得たり。～其の體、渾涵光芒、百代に雄視す。文章有りてより以來、蓋し亦た鮮なし。

【雄俊】英俊。〔石林燕語、八〕蘇子瞻（軾）場屋に在りしより、筆力豪聘、作賦に屈折すること能はず。～人已に其の雄俊に服せざる無し。

【雄勝】形勝の地。宋・蘇舜欽〔天平山〕詩 予が才は塵中に棄つ 巖壑素より自ら許す 盤桓して雄勝を擇び此に至りて心膂を快くす 庶はくは耳目の淸きを得て終に虎に甘死せん

【雄心】壮心。魏・阮瑀〔曹公（操）の為に書を作りて孫権に与ふ〕之れに示すに禍難を以てし、之れを激するに恥辱を以てす。大丈夫の雄心、能く憤發すること無からんや。

【雄深】構想が雄大で、意味が深い。〔冷斎夜話、一、換骨奪胎法〕西漢の文章、雄深雅健なる者は、其の氣長ずるが故なり。

【雄壮】勇ましい。〔三国志、蜀、張飛伝〕飛、雄壯威猛なること、關羽に亞ぐ。魏の謀臣程昱等咸な稱ふ、羽・飛は萬人の敵なりと。

【雄爽】俊爽。〔晋書、王敦伝〕自ら言ふ、撃鼓を知ると。因りて袖を振ひて枹を揚ぐ。音節、韵に諧ひ、神氣自得す。～擧坐、其の雄爽を歎ず。

【雄図】雄大な計画。〔梁書、張纘伝〕（南征の賦）赤崖に臨んで慷愾し、雄圖を魏武に推る。

【雄藩】有力な藩侯。唐・柳宗元〔柳公綽に代りて上任を謝する表〕其の薄陋を忘れ、委するに雄藩を以てす。顧ふに綏馭の能無く、謬つて澄淸の寄を忝なうせらる。

【雄飛】大活躍する。〔後漢書、趙典伝〕（趙温）初め京兆の郡丞と爲る。歎じて曰く、大丈夫當に雄飛すべし。安くんぞ能く雌伏せんと。遂に官を棄てて去る。～家糧を散じて、以て窮餓を振ふ。

【雄文】雄健の文。宋・蘇軾〔王元之画像賛、叙〕故の翰林王公元之（禹偁）、雄文直道を以て、當世に獨立す。以て此の六君子者（汲黯・蕭望之ら）に追配するに足る。

【雄篇】大作。宋・蘇軾〔郡中同僚の雨を賀するに答ふ〕詩 城に登りて麰麥を望む 綠浪、風掀舞す 我が賢友生に愧づ 雄篇、新語を闘はす

【雄弁】雄大の弁。弁舌のすぐれていること。唐・杜甫〔飲中八仙歌〕詩 焦遂（性吃）五斗、方に卓然たり 高談雄辯、四筵を驚かす

【雄烈】雄々しくはげしい。蜀・諸葛亮〔関羽に答ふる書〕孟起は、兼ねて文武を資り、雄烈人に過ぐ。一世の傑なり。黥（布）・彭（越。ともに漢の高祖の臣）の徒、～猶ほ未だ髯（関羽の愛称）の絶倫逸群なるに及ばざるなり。

↑雄蔚 詩文などの、すぐれてさかんなさま／雄艶 雄々しく美しい／雄快 雄爽／雄捍 強捍／雄奇 なみはずれてすぐれる／雄規 雄図／雄詭 非凡／雄強

雄々しく強い／雄傑 雄々しく跨有する／雄桀／雄跨 強くて節を守る／雄驁 たけだけしく強い／雄国 雄耿 強国／雄猜 疑い深い／雄材 雄才／雄算 雄図／雄志 雄心／雄雌 雌雄／雄児 好漢／雄辞 宏辞／雄雋 雄俊／雄駿 雄俊／雄臣 有力な臣／雄声 名声／雄盛 さかん／雄節 雄耿／雄戦 勇戦／雄贍 雄々しくゆたか／雄争 覇権を争う／雄大 立派／雄胆 大胆／雄誕 大げさにいう／雄断 男らしく決断力がある／雄談 雄弁／雄長 旗頭／雄張 威勢がよい／雄鎮 雄藩／雄覇 覇者／雄抜 抜群／雄班 有力な地位／雄富 豪富／雄武 武勇／雄風 威風／雄謨 雄図／雄邁 雄々しくすぐれる／雄名 雄武の名／雄略 雄図／雄劣 優劣

↓英雄・奸雄・姦雄・鬼雄・強雄・梟雄・驍雄・群雄・豪雄・才雄・詞雄・雌雄・七雄・俊雄・文雄・両雄

人【楢】 13 4896 ユウ（イウ） なら

篆文

形声 声符は酋。酋に輶・蝤の声がある。〔説文〕六上に「柔木なり。工官以て耎輪と為す」とあり、耎輪は安車、その車輪の材となる木である。〔山海経、中山経〕の〔郭璞注〕に「楢は剛木なり。車の材に中る。音は秋」とみえ、材質が固くて安定した車がえられるのであろう。国語で「なら」とよむものに、なお柞・枹がある。

訓義 ①なら、ならの木。②つむ、あつめる。③槱と通じ、かがり火をたく。

古訓 〔新撰字鏡〕楢 波々曾之木（ははそのき）、又、奈良乃木（ならのき）〔名義抄〕楢 ナラ・ツム・ツミキニス・ナラノキ・カシハギ 〔字鏡集〕楢 ツミキニハ・カシハギ・ムロノキ・ナラ・カシノキ・イチヒ・ナラノキ

↑楢櫟 ならと、くぬぎ

↓柞楢

【猷】 13 8363 ユウ（イウ） はかりごと みち

金文

会意 酋＋犬。酋に輶・蝤の声がある。酋は〔説文〕十四下に「繹酒なり」とあって、神に供える酒。犬は犬牲。これを供えて神に諮り、その謀猷を定める。金文の〔宗周鐘〕に「朕が猷」、〔毛公鼎〕に「我が邦の小大の猷」のようにいう。〔説文〕に猷の字を収めず、猶（猶）をその字とする。漢碑に「良猶」「徽猶」のように猶を用いる例があり、猷と通用したのであろう。

訓義 ①はかる、はかりごと。②みち、したがう。③えがく、すがたをえがく、え。④猶と通用する。

古訓 〔名義抄〕猷 ミチ・ハカル・ハカリゴト・ノリ 〔字鏡集〕猷 ハカル・ワカシ・シタガフ・ヤム・タバカル・ヨシ・アヤマル・ノリ・ハカリゴト・ミチ

＊語彙は猶字条参照。

↑猷訓 正しい道をおしえる／猷詢 たずねはかる／猷績 はかりごとによる功績／猷念 心にはかり思う／猷裕 国を治める道／猷略 謀略／猷慮 はかりごと

【裛】 13 0073 ユウ（イフ） つつむ まとう うるおす

篆文

形声 声符は邑。邑に浥、うるおす意がある。ものを包んで、その気の移ることをいう。〔説文〕八上に「纏ふなり」、〔玉篇〕に「囊なり」〔段注本〕とし、〔繫伝〕に「書の囊なり」という。陶潜の〔飲酒、二十首、七〕の詩に「秋菊に佳色有り 露に裛へるに其の英を掇る」の句がある。

訓義 ①つつむ、ふくろ、ふみぶくろ。②まとう、めぐらす。③浥と通じ、うるおす。

古訓 〔名義抄〕裛 マス・カサナル・カサヌ・ツ、ム・ク、モル 〔字鏡集〕裛 マス・カサナル・フクロ・ク、モル・マツフ・カサヌ

【裛衣】 香をたきしめた衣。梁・王筠〔行路難〕楽府 已に繰る、一繭催衣の縷 復た擣つく、百和裛衣の香

↑裛裛 香気こもるさま／裛露 露にぬれる

【麀】 13 0021 ユウ（イウ） めじか

篆文 石鼓文

会意 鹿＋匕。匕は牝器の象形で牝の初文。〔説文〕十上に「牝鹿なり」という。鹿は古くから神鹿として、霊域で飼われた。〔説文〕重文の字は、幽声を加えた字である。

訓義 ①めじか。

古訓 〔名義抄〕麀 メカ・トモ

【麀聚】 獣は父子で牝をともにするをいう。聚麀。宋・朱熹〔斎居感興、二十首、七〕詩 麀聚、天倫を瀆す 牝晨、（牝雞がときをつげる）、禍凶を司る 乾綱、一に以て墜ち 天樞、遂に崇崇たり（高く遠のく）

【麀鹿】 めじか。〔詩、大雅、霊台〕王、靈囿に在れば 麀鹿攸に伏す

↑麀牡 めじかと、おじか

↓聚麀

常【熊】 14 2133 ユウ くま

篆文 詛楚文

会意 能＋火。〔詛楚文〕にその形の字がみえる。〔説文〕十上に「獸なり。豕に似て山居し、冬は蟄す。能に從ひ、炎の省聲」という。〔書、洛誥〕「火始めて燄燄たり」を〔漢書、梅福伝〕に「庸庸たり」に作り、〔淮南子、墜形訓〕「東北を炎風と曰ふ」を一に「融風」に作るなど、一応は声の関係を考えうるとしても、能の初形はむしろ嬴に近い。〔左伝、宣八年〕の「敬嬴（人名）」を〔公羊伝〕〔穀梁伝〕に「頃熊」に作り、熊・嬴の声もまた近い。〔左伝、昭七年〕に、治水に失敗した鯀は、羽山で殛され、化して黄熊となって羽淵に入ったとする神話をしている。熊を水物とすれば、嬴との関係も考えられるが、これは神話のことであるから、字形の説明には援用しがたい。

訓義 ①くま。②熊熊は、あざやかに光るさま。

古訓 〔新撰字鏡〕熊 久万（くま）〔和名抄〕熊 久万（くま）〔名義抄〕熊 クマ／熊脂 クマノアブラ

【熊挔】 熊のうずくまるように、その地を占める。漢・陳琳〔呉の将校部曲に檄する文〕董卓の亂を作してより、以て今に迄るまで、將に三十載なんなんとす。其の閒、豪桀縱横し、熊據虎跱す。

【熊虎】 猛獣。〔三国志、呉、周瑜伝〕（上疏）劉備は梟雄の姿を以て、關羽・張飛、熊虎の將有り。必ず久しく屈して人の用を爲す者に非ず。

【熊掌】 熊のてのひら。美味であるという。〔孟子、告子上〕魚は我が欲する所なり。熊掌も亦た我が欲する所なり。二者兼ぬるを得べからずんば、魚を舍てて、熊掌を取らん者なり。

【熊羆】 勇猛なるもの。〔書、康王之誥〕昔君文・武、～用て天下に昭明し、則ち亦た熊羆の士、心を二にせざるの臣有り、王家を保乂せり。

【熊熊】 光りかがやくさま。〔山海経、西山経〕（槐江の山）南のかた昆侖を望むに、其の光熊熊として、其の氣魂魂たり。

↑熊館 熊の住む窟／熊丸 くまのい／熊経 導引法／熊侯 熊の皮の的／熊席 熊の皮の席／熊胆 熊の

きもの薬/熊白 熊の脂/熊蹯 熊掌/熊皮 熊の皮/熊豹 熊と豹
↓檻熊・黄熊・蹲熊・蟄熊・伏熊・夢熊

常 **【誘】** 14 0262 ［䛻］ 11 8328

ユウ(イウ)
いざなう さそう あざむく

篆文 

形声 声符は秀。秀に莠の声がある。〔説文〕九上に䛻を正字とし、その重文として誘・誯および古文羑をあげている。誘が通用の字。〔玉篇〕に「相ひ勸めて動かすなり」とあって、誘掖・誘導の意であるが、また巧詐・誘惑の意にも用いる。

訓義 1いざなう、さそう。2みちびく、すすめる。3あざむく、まどわす、いつわる。

古訓 〔名義抄〕誘 コシラフ・ヲシフ・サソフ・ヤトフ・ス丶ム・ツ丶シム・アザムク・オコツル・スクフ・ミチビク・ミチビカヌカ・ヤトフ

【誘掖】 導き助ける。〔詩、陳風、衡門、序〕衡門は僖公を誘ふなり。愿にして志を立つる無し。故に是の詩を作り、以て其の君を誘掖するなり。

【誘騎】 敵をおびきよせるための騎兵。〔史記、李将軍伝〕馬に上りて匈奴を望むに、數千騎有り。廣を見て、以て誘騎と爲し、皆驚きて山に上りて陳(陣)す。～胡騎遂に敢て擊たず。

【誘然】 気づかぬうちになるさま。また、みごとなさま。〔荘子、駢拇〕天下誘然として皆生ずるも、其の生ずる所以を知らず。同焉として皆得るも、其の得る所以を知らず。

【誘致】 さそい出す。〔漢書、武帝紀〕(元光二年)夏六月、御史大夫韓安國を護軍將軍と爲し、衞尉李廣を驍騎將軍と爲し、～三十萬の衆を將ゐて馬邑谷中に屯し、單于を誘致し、之れを襲擊せんと欲す。單于塞に入り、之れを覺り走りて出づ。六月、軍罷む。

【誘衷】 真心をいざなう。〔左伝、僖二十八年〕晉人、衞侯を復す。甯武子、衞人と宛濮に盟ふ。曰く、天、衞國に禍ひし、君臣協はずして、以て此の憂ひに及べり。今、天其の衷を誘き、皆をして心を降して、以て相ひ從はしむ。

【誘納】 教え導く。〔三国志、蜀、許靖伝〕靖、年七十を逾ゆと雖も、人物を愛樂し、後進を誘納し、淸談して倦まず。

【誘諭】 導きさとす。〔三国志、魏、梁習伝〕習～幷州刺史を領す。時に高幹の荒亂の餘を承け、胡狄、界に在り。～更相ひ扇動し、往往にして棊跱す。習、官に到り、誘諭招納す。

↑誘引 さそいこむ/誘因 ことの起因/誘益 たすける/誘拐 かどわかす/誘誨 みちびき教える/誘勧 すすめる/誘脅 まどわしおびやかす/誘殺 さそい出して殺す/誘餌 物でさそう/誘怵 さそいおびやかす/誘進 さそい勧める/誘導 さそいみちびく/誘慕 心がひかれる/誘喩 いざないさとす/誘惑 さそい惑わす
↓慰誘・掖誘・化誘・開誘・誨誘・懐誘・外誘・勧誘・教誘・誑誘・巧誘・招誘・善誘・知誘・挑誘・導誘・敦誘・奔誘・利誘

常 **【憂】** 15 1024 ［㥑］ 13 1033

ユウ(イウ) ウ
うれえる なやむ くるしむ も

篆文  金文 

会意 㥑+夊。頁は儀礼の際の人の姿、夊はたちもとおる形、それに心を加えた形であるから、正確にいえば、𦣻+夊+心である。ただ憂の初文は㥑、〔説文〕十下に㥑を正字とし、「愁ふるなり。心頁に從ふ。㥑ひの心、顔面に形はる。故に頁に從ふ」(段注本)とするが、頁は儀礼に従うときの人の姿である。金文の字は頭に喪章の衰絰を加える形で、象形。その廟中にある形は寡で、未亡人をいう。〔説文〕はまた夊部五下に憂を録し、「和の行なり。夊に從ひ、㥑聲」とするが、和とは優字の訓である。金文の〔毛公鼎〕「先王の憂」の憂は象形。煩擾の意を示す。優・擾はみな憂に従う。

訓義 1うれえる、なやむ、おもいわずらう、くるしむ、おそれる。2も、喪中にいる。

古訓 〔名義抄〕憂 ウレフ・ウレヘ・イタハル・ウレハシキ・ユク

声系 〔説文〕に憂を㥑声とし、また憂声として優・瀀など五字を収める。擾はもと夒に従う字で、夒は手足をはげしく動かして舞う形、煩労の意がある。

語系 憂・優iuは同声。優はもと喪葬のときに、その憂愁の態をなすものであった。怮yuも同系の語。〔説文〕十下に「怮は憂ふる皃なり」とみえる。身を拗転して嘆く意であろう。呦yuは〔詩、小雅、鹿鳴〕に「呦呦たる鹿鳴」とあって、鹿の哀切な鳴き声をいう。

【憂畏】 うれえ畏れる。梁・昭明太子〔陶靖節(潜)集の序〕宜なるかな、大塊と與にして盈虛し、中和に隨って任放すること。豈に能く戚戚として憂畏に勞せられ、汲汲として人閒に役せられんや。

【憂恚】 うれえ怒る。宋・蘇軾〔小圃五詠、人參〕詩 心を開き、魂魄を定む 憂恚、何ぞ洗ふに足らん

【憂鬱】 鬱結。〔管子、内業〕思索は知を生じ、慢易は憂ひを生じ、暴傲は怨みを生じ、憂鬱は疾を生じ、疾困して乃ち死す。

【憂患】 心に深くうれえ悩む。〔易、繫辞伝下〕易の興るや、其れ中古に於けるか。易を作る者は、其れ憂患有るか。

【憂危】 うれえ危ぶむ。〔書、君牙〕心の憂危すること、虎尾を蹈み、春冰を渉るが若し。

【憂喜】 うれえと喜び。〔史記、淮陰侯伝〕貴賤は骨法に在り、憂喜は容色に在り、成敗は決斷に在り。此れを以て之れを參はるに、萬に一を失はず。

【憂愧】 うれえはじいる。晉・陸機〔平原内史を謝する表〕臣は本と吳の人、敵國より出づ。～群萃より擢んでられ、累りに榮進を蒙る。～首を俛せ膝を頓て、憂愧して厲ふが若し。

【憂勤】 うれえる。勤もうれえる。〔詩、周南、巻耳、序〕内に進賢の志有りて、險詖私謁の心無し。朝夕思念し、憂勤するに至るなり。

【憂苦】 うれえ苦しむ。晉・陸機〔擬古詩、十二首、今日良宴の会に擬す〕人生幾何くも無し 樂を爲すこと常に晏きに苦しむ～曷爲れぞ恆に憂苦して 此の貧と賤とを守る

【憂懼】 うれえ恐れる。〔抱朴子、刺驕〕天を樂しみ命を知らば、憂懼も入る能はず。

【憂国】 国をうれえる。〔戦国策、斉四〕王曰く、寡人、國を憂へ民を愛す。固より士を得て、以て之れを治めんことを願ふと。～是に於て、士五人を擧げて官に任ず。齊國大いに治まる。

【憂思】 うれえ思う。魏・阮籍〔詠懐、八十二首、一〕詩 徘徊して將た何をか見る 憂思、獨り心を傷ましむ

【憂愁】 うれえ悲しむ。〔史記、屈原伝〕屈平、王聽の聰ならず、～方正の容れられざるを疾む。故に憂愁幽思して離騷を作る。

【憂傷】 心を痛ませる。〔文選、古詩十九首、六〕同心にして離居す 憂傷して以て終に老いん

【憂色】 心配そうな顔色。〔荀子、尭問〕楚の莊王、事

を謀りて當り、群臣逮ぶもの莫し。朝より退きて憂色有り。～荘王曰く、～今、不穀(王の自称)の不肖を以てして、群臣吾に逮ぶ莫し。吾が國亡ぶるに幾きか～と。

【憂戚】うれい。憂慼。〔水滸伝、一一〇回〕詞中の意、甚だ悲哀憂戚の思ひ有り。宋江の心中、鬱鬱として樂しまず。

【憂嘆】うれえ嘆く。蜀・諸葛亮〔出師の表〕命を受けて以來、夙夜憂嘆し、託付の效あらずして、以て先帝の明を傷つけんことを恐る。

【憂憤】うれえ憤る。〔後漢書、党錮、何顒伝〕黨錮解くに及び、顒、司空府に辟さる。～董卓政を秉るに及び、～會(荀)爽薨ず。顒、它事を以て卓の繫ぐ所と爲り、憂憤して卒す。

【憂悶】うれえ悩む。〔伝習録、上、陸元静の録する所〕(陸)澄～忽ち家信至る。言ふ、兒の病危しと。澄、心甚だ憂悶し、堪ふること能はず。先生曰く、此の時に正に宜しく功を用ふべし。若し此の時に放過せば、閑時の講學は何の用ぞ～と。

【憂楽】うれえ、また楽しむ。宋・蘇軾〔喬太博和せらる。復た次韻して之れに答ふ〕詩 百年、三萬日 老病、常に半ばに居る 其の間、互ひに憂樂す 歎笑、悲歎を雜ふ

【憂慮】思いわずらう。晉・陶潛〔雑詩、十二首、五〕荏苒として、歲月頽れ 此の心、稍や已に去れり 歡に値ふも復た娛しむこと無し 毎毎、憂慮多し

【憂労】憂苦。民国・王国維〔紅楼夢評論、二〕人生苟くも數十年の生活の計を爲す、則ち其の、此の生活を維持すること、亦た易易たるのみ。曷爲れぞ其の憂勞の度、倍蓰して未だ已む有らざるや。

↑憂哀 うれえ悲しむ／憂噫 うれえ嘆く／憂慍 うれえ腹だつ／憂怨 うれえ怨む／憂悔 うれえ悔いる／憂憒 うれえて心乱れる／憂懐 心配する／憂慨 うれえ嘆く／憂艱 父母の喪／憂顔 憂色／憂危 うれえ危ぶむ／憂紀 父母の喪期／憂悸 心配する／憂咎 とが／憂凶 不幸のうれい／憂衿 うれえる心／憂舋 うれい／憂結 うれえる心のすき／憂唫 うれえ嘆く／憂虞 うれえ苦しむ／憂恨 うれえ恨む／憂嗟 うれえ嘆く／憂惨 惨苦／憂死 うれえ死ぬ／憂灼 うれえあせる／憂恤 うれえあわれむ／憂擾 うれえ悩む／憂辱 うれえと辱め／憂心 うれえる／憂人 うれいある人／憂悴 うれえやつれる／憂瘁 憂悴／憂世 時世をうれえる／憂悽 うれえ悲しむ／憂慼 憂戚／憂怛 うれえ悲しむ／憂憚 恐れる／憂愓 うれえ恐れる／憂念 憂思／憂悩 うれえ悩む／憂煩 心わずらう／憂悲 うれえ悲しむ／憂閔 うれえあわれむ／憂怖 うれえ恐れる／憂病 うれえわずらう／憂懣 憂悶／憂約 うれえ苦しむ／憂愉 憂楽／憂容 心配そうなようす／憂慄 うれえ恐れる／憂惑 うれえ惑う

↓殷憂・隠憂・鬱憂・懐憂・外憂・患憂・寛憂・歓憂・杞憂・喜憂・近憂・娯憂・後憂・困憂・紓憂・銷憂・深憂・盛憂・積憂・千憂・先憂・瘋憂・多憂・大憂・沈憂・丁憂・同憂・内憂・煩憂・忘憂・無憂・幽憂・離憂

【槱】

15 4133

篆文

ユウ(イウ)
やく かがりび にわび

形声 声符は酉(酉)。〔説文〕六上に「木を積みて之れを燎くなり」(段注本)という。〔詩、大雅、棫樸〕「之れを薪にし之れを槱にす」の〔毛伝〕に「積むなり」とあって、薪を積みあげて燎く祭儀である。〔周礼、春官、大宗伯〕に「槱燎を以て司中・司命・飌師・雨師を祀る」とあり、燎もまた積薪を焚く祭儀をいう。

訓義 ①やく、たく、木をやく。②かがりび、にわび。③天を祀る。

古訓 〔名義抄〕槱 イチヰ 〔字鏡集〕槱 ヤク・モユ

↑槱柞 燎祭の木／槱薪 燎祭の木／槱蘇 柴かりする樵蘇／槱燎 天を祭る火祭

↓柞槱・柴槱・樵槱・薪槱

【熠】

15 9786

篆文

ユウ(イフ) シュウ(シフ)
ひかり かがやく

形声 声符は習(習)。〔説文〕十上に「盛光なり」とあり、光りかがやくことをいう。

訓義 ①ひかり。②かがやく、あきらかにひかる、あざやか。③熠は、光るさま、光のゆらめくさま。④熠燿は、ほたる火。

古訓 〔新撰字鏡〕熠 氏留(てる)、又、比加留(ひかる)、又、加々也久(かかやく) 〔名義抄〕熠 ヒカル・サカリ・カ、ヤク・テル 〔篇立〕熠 ヒカリ・カ、ヤク・ワタル・テル・サカリ・ホタル・テラス

【熠燿】かがやく。光がながれる。鬼火。蛍火。晉・潘岳〔秋興の賦〕何ぞ微陽の短晷なる、涼夜の方に永きを覺ゆ。月朣朧として以て光を含み、露淒淸にして以て凝冷。熠燿、階闥に粲かり、蟋蟀、軒屛に鳴く。

↑熠煜 かがやく／熠爍 かがやく／熠然 かがやくさま／熠爚 かがやく

↓煜熠・煌熠・朱熠・宵熠・明熠・耀熠

【牖】

15 2302

篆文

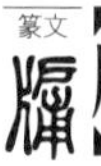

ユウ(イウ)
まど

形声 字はおそらくもと庸に従い、庸声であろう。〔説文〕七上に「壁を穿ち、木を以て交窗を爲すなり。片戸に從ひ、甫聲」(段注本)とするが、声が合わない。漢碑の〔婁寿碑〕に「棬樞甕牖」とあって、字を墉に作る。土壁の墉に木枠の窓を設けるもので、庸に従う字とすれば、その声義を解することができる。

訓義 ①まど、れんじまど、こまど。②牖里は、殷の獄名。③誘と通じ、導く。

古訓 〔和名抄〕牖 末度(まど) 〔名義抄〕牖 マド

【牖戸】まど。壁にあけたまど。〔詩、豳風、鴟鴞〕天の未だ陰雨せざるに迨んで 彼の桑土を徹り 牖戸を綢繆す 今女下民 敢て予を侮ること或らんや

↑牖下 窓の下／牖間 窓の間／牖嚮 窓／牖民 民をみちびく

↓甕牖・扃牖・啓牖・闔牖・穴牖・軒牖・戸牖・鑿牖・疎牖・窓牖・房牖・茅牖

【融】

常

16 1523

篆文

籀文

ユウ
とける やわらぐ とおる あきらか

会意 初形は鬲+蟲(虫)。のち略して融に作る。鬲は食器。烹炊に用い、またその物を貯蔵する器。器中のものが腐敗して、器の傍に虫があふれ出る形。ものの腐敗し融会する意。〔説文〕三下に「炊气上出するなり」とし、〔唐写本切韻残巻〕には「气上出するなり」とあり、いずれも烹炊の状をいうとするが、腐膩して虫がはいまわるさまを示す字である。瓠の類が熟して実が油化することを由といい、声義ともに近い字である。

訓義 ①とける、とろける、くさる、液体化する。②やわらぐ、ひろがる。③とおる、すきとおる、あきらか。④ほがらか、たのしむ。⑤ゆげがでる。

古訓 〔篇立〕融 トホル・トク・カヨフ・カヨハス・ホガラカニナラシム 〔字鏡集〕融 トク・トロム・ホガラカ・カス・トホス・カヨフ

語系 融jiuəmは鎔jiongと声義近く、ともに融解することをいう。油・由jiuは、瓠の実が熟して、中が油状になることをい

い、声義が近い。

【融化】 とけ合う。融合する。〔梅磵詩話、上〕奪胎換骨の法、詩家に之れ有り。須らく善く融化すべし。則ち踏襲の迹を見ざらん。

【融会】 融合。融化。清・馮桂芬〔重刻段氏説文解字注の序〕先生の注、形を以て經と爲し、聲を以て緯と爲し、又說解を以て經と爲し、群經傳注を以て緯と爲し、融會貫通、虛空粉碎す。

【融合】 とかす。融化。〔華陽国志、漢中志〕孱水は孱山より出づ。其の源は金銀鑛を出だす。洗ひて、火を取りて之れを融合し、金銀と爲す。

【融釈】 とける。わかる。明・唐順之〔茅鹿門(坤)知県に答ふる書、二〕鹿門の文と、鹿門の人に與へて文を論ずるの書とを熟觀するに、門庭路徑、鄙意と殊に契合する有り。中間小小異同ありと雖も、異日自ら當に融釋すべきこと、喋喋するを待たざるなり。

【融然】 心の高明なるさま。和楽するさま。〔晋書、隠逸、陶潛伝〕其の親朋好事、或いは酒肴を載せて往けば、潛も亦た辭する所無し。一醉する每に、則ち大いに適して融然たり。

【融通】 融合し貫通する。明・宋濂〔白雲稾の序〕天、言ふこと能はず、聖人之れに代る。經は乃ち聖人の定むる所、實に猶ほ天然日月星辰の昭布し、山川草木の森列するがごとし。繫らず、覆はざる莫し。皆一氣周流して、之れを融通す。

【融融】 和楽するさま。〔左伝、隠元年〕公、入りて賦すらく、大隧の中、其の樂しみや融融たりと。～遂に母子爲ること、初めの如し。

【融和】 とけこむ。おだやか。〔滹南詩話、一〕梅聖兪、嚴維の、柳塘、春水慢やかに 花塢(花の堤)、夕陽遲し、の句を愛して以爲へらく、天容時態、融和駘蕩、目前に在るが如しと。

↑融怡 やわらぎ楽しむ／融懿 心が美しい／融泄 とけこんでゆれる／融裔 声の通るさま／融液 とける／融遠 はるかに長い／融解 融釈／融顕 明らかにとおる／融悟 疑いがとけて悟る／融光 明光／融渾 すべてとけあう／融散 とけてひろがる／融雪 雪解け／融暢 和らぐ／融盪 とけあって動く／融風 東北の風／融明 明らかとなる／融冶 とけこむ

↓円融・金融・顕融・孔融・光融・渾融・祝融・春融・沖融・妙融・溶融

【輶】 16 5806

篆文 

ユウ(イウ) くるま かるい

形声 声符は酋。酋に猶(猶)の声がある。〔説文〕十四上に「輕車なり」とあり、〔詩、大雅、烝民〕「德、輶きこと毛の如し」のように用いる。周・秦のとき、歳の八月に輶軒の使者を派して方言を集めたことが、応劭の〔風俗通義の序〕にしるされており、揚雄の〔方言〕は「輶軒使者絶代語釈別国方言」というのが、その正名である。

訓義 1かるいくるま。2かるい。

古訓 〔名義抄〕輶 カロシ 〔字鏡集〕輶 カルキクルマ・カザリ・カロシ・カロ／〈シ

語系 輶は油・由jiuと同声。輶車は〔詩、秦風、駟驖〕に狩猟に用いることがみえ、車牽に油をさして疾駆することができるような車であろう。

【輶軒】 軽車。使臣の乗る車。漢・応劭〔風俗通義の序〕周・秦のとき、常に歳の八月を以て、輶軒の使を遣はして、異代の方言を求めしむ。

【輶車】 軽車。狩猟用の車。〔詩、秦風、駟驖〕北園に游ぶ 四馬既に閑ふ 輶車鸞鑣(鸞形の鈴) 獫(口の長い猟犬)と歇驕(口の短い猟犬)とを載す

【輶徳】 自然のままの徳。〔詩、大雅、烝民〕人亦た言へる有り 德の輶きこと毛の如きも 民克く之れを擧ぐる鮮なしと

↓才輶・徳輶・毛輶

常 【優】 17 2124

篆文 

ユウ(イウ)ウ わざおぎ やさしい まさる すぐれる ゆたか

形声 声符は憂。憂は喪に服して愁える人の形。未亡人のときには寡という。喪に服してかなしむ人の姿を優といい、またその所作をまねするものを優という。〔説文〕八上に「饒きなり。～一に曰く、倡ふものなり」とするが、もとは所作事を主とするものであった。〔説文〕に夏を憂、憂を優の義に解し、優には饒多の義を以て正訓とするが、もと俳優の優。死者の家人に代わって、神に対して憂え申す所作を演じたのであろう。のち山水の間に游んで神を慰め楽しませることを優游といった。〔詩、大雅、巻阿〕は山水の間に遊ぶ詩で、「爾の游を伴奐にし 爾の休(慶)を優游にせよ」のように用いる。游も神とともに遊ぶ意である。神事的な遊楽が、のち娯楽のためのこととなり、調戯のこととなって、〔左伝、襄六年〕「少くして相ひ狎れ、長じて相ひ優る」とは戯れ合う意。もとは俳優の俳が調戯、優は憂愁の姿態をなす者であったが、その初義は早く失われたようである。

訓義 1わざおぎ、喪礼のわざおぎ。2やさしい、しとやか、ものしずか、のびやか。3まさる、すぐれる、おおい、あつし、ゆたか、美好。4たわむれる、ざれる。

古訓 〔名義抄〕優 アツシ・マサレリ・メグシ・ユタカニ・ユタカナリ・ユルス・マス／〈・タハブレ・タハブル・ヤスシ・ウレフ・スグル・イウナリ

語系 優・憂iuは同声。拗ŏ、怮・呦yuと声近く、憂愁の態には身をくねらせ、声にも拗声を用いたのであろう。

【優渥】 水が足る。のち、恩沢・天恩をいう。晋・李密〔情事を陳ぶる表〕過つて拔擢を蒙り、寵命優渥なり。豈に敢て盤桓(ぐずぐずとためらう)し、希冀する所有らんや。

【優閑】 のんびり。〔顔氏家訓、渉務〕江南の朝士～未だ力田する有らず、悉く俸祿に資りて食するのみ。～安くんぞ世間の餘務を識らんや。故に官を治めては則ち了かならず、家を營みては則ち辦ぜざるは、皆優閑の過ちなり。

【優諢】 道化。〔唐書、逆臣上、史思明伝〕思明、優諢を愛し、寢食常に側に在り。

【優侏】 優と侏儒。わざおぎ。〔礼記、楽記〕優・侏儒、子女に獶雜し、父子を知らず、樂終りて以て語るべからず。以て古を道ふべからず。此れ新樂の發(あらわれ)なり。

【優柔】 おだやかなさま。ためらう。柔軟。〔能改斎漫録、十四、類対〕向に柳公權の一帖、人の惠筆を謝する狀を見るに云ふ、近ごろ寄筆を蒙り、深く遠情を荷ふ(有難し)とす。毫管(筆)は甚だ佳なりと雖も、出鋒太だ短く、勁硬に傷る。優柔を要する所なり～と。

【優恤】 恩恵。〔五雑組、人部四〕天下の僧、惟だ鳳陽の一郡のみ、飲酒・食肉・娶妻、凡民に別つ無く、而して差役の累無し。相ひ傳ふ、太祖湯沐の地なり。此れを以て之れを優恤するなりと。

【優倡】 わざおぎ。優伶。〔史記、孔子世家〕優倡侏儒、戲を爲して前む。孔子趨りて進み、歴階して登り、～曰く、匹夫にして諸侯を營惑する者は、罪、誅に當る～と。～手足、處を異にす。

【優待】 優遇。〔涑水記聞、二〕(王)禹偁、翰林學士と爲る。上之れを優待し、同列與に比する莫し。上嘗て曰く、當今の文章、惟だ王禹偁獨步するのみと。

【優寵】 殊遇。〔三国志、魏、明帝紀〕青龍三年中、壽

春の農民の妻、自ら言ふ、天神の下る所と爲ると。～人に飲ますに水を以てし、及び以て瘡を洗ふに或いは愈る者多し。是に於て館を後宮に立て、下詔して稱揚し、甚だ優寵せらる。帝の疾に及び、水を飲むも驗無し。是に於て殺さる。

【優美】すぐれる。〔後漢書、蔡邕伝〕若し器用優美ならば、宜しく之れを冗散に處くべからず。如し釁故有らば、自ら當に其の刑誅を極むべし。～皆斷絶して、以て眞僞を覈ぶべし。

【優游】ゆったりとしているさま。中国・楊樹達〔積微居小学述林、温故知新説〕夫の故きを溫ねて新しきを知ると曰ふ者は、先づ故きを溫ねて新しきを知るなり。故業の中に優游涵泳して、新知忽ち涌く。其の新、故に出づ。故に信ずべしと爲す。

【優優】やわらぎ楽しむ。〔詩、商頌、長発〕政を敷くこと優優 百祿是れ遒まる

【優容】寛容にもてなす。〔漢書、鮑宣伝〕宣～常に上書して諫爭す。其の言、文少なく實多し。～上、宣の名儒なるを以て、之れを優容す。

【優劣】高下。〔南斉書、予章文献王伝〕才に優劣有り、位に通塞有り、運に富貧有るは、此れ自然の理なり。以て相ひ陵侮するに足る無し。

↑優異 殊遇/優逸 ゆったりと安らぐ/優越 まさる/優婉 あでやか/優艶 あでやか/優恩 殊恩/優仮 優遇する/優雅 みやびやか/優間 優逸/優寛 ゆったりと寛やか/優緩 ゆるやか/優戯 芝居/優給 優遇する/優遇 好い待遇をする/優劇 俳優/優眷 厚遇する/優賢 すぐれて賢い/優顕 すぐれてめだつ/優言 ほめることば/優厚 手厚い/優洽 十分にゆきわたる/優子 俳優仲間/優旨 優命/優辞 優言/優殊 殊遇/優秀 非常にすぐれる/優叙 特進する/優升 優叙/優笑 幇間/優陞 優升/優勝 最高の勝ち/優奨 称誉する/優賞 手厚く賞する/優饒 ゆったりと、ゆたか/優深 すぐれて深い/優慎 よくつつしむ/優人 俳優/優崇 たっとぶ/優勢 勢いがまさっている/優惜 大切にする/優錫 ほめて賜わる/優僭 僭越/優遷 特別に叙任する/優贍 すぐれてゆたか/優然 安らかなさま/優貸 優待する/優秩 高給/優長 優等/優擢 抜擢する/優等 すぐれる/優答 優報/優任 優叙/優俳 役者/優博 手厚い返事/優命 恩命/優免 特にゆるされる/優与 猶与/優余 余分/優養 厚養/優賚 優賜/優楽 気楽にする/優隆 手厚く待遇してたっとぶ/優礼 優遇する/優伶 優唱/優麗 すぐれて美しい/優老 長者

↓伊優・加優・才優・最優・女優・倡優・饒優・徳優・俳優・名優・伶優・老優

【黝】 17 6432 ユウ(イウ) ヨウ(エウ) あおぐろ くろい ぬる

篆文 

形声 声符は幼。〔説文〕十上に「微しく青き黑色なり」とあり、青味のある黒色をいう。〔爾雅、釈宮〕に「地、之れを黝と曰ふ」とみえる。〔穀梁伝、荘二十三年〕「天子諸侯は、黝堊にす」とは、宮室の壁や柱を、その色に塗りこめることをいう。

訓義 ①あおぐろ、くろい。②くろつち、くろぬり。③ぬる。

古訓 〔名義抄〕黝 アヲグロ・クロシ・クラシ 〔字鏡集〕黝 カスカナリ・クラシ・アヲイロ・オホシ・アヲグロ・クロシ

語系 黝・窈・幽 yu は同声。奧(奥)uk や杳・窔 yô も同系の語とみてよく、みな幽暗・杳冥の意を含む語である。

↑黝藹 ほの暗い木かげのさま/黝堊 黒白ぬり/黝糾 連なりめぐるさま/黝漆 黒漆/黝色 黒色/黝牲 黒い色の犧牲/黝然 黒々としたさま/黝黝 うす黒色

【懮】 18 9104 ユウ(イウ) うれえる

形声 声符は憂。憂は死者を弔ってうれえかなしむ意。その心情をいう。

訓義 ①うれえる、かなしむ。②うれえかなしむさま、ゆるやかにものしずかなさま。

古訓 〔名義抄〕懮 ウク 〔字鏡〕懮 ワヅラハシ 〔字鏡集〕懮 ヲノ、ク・ヲソル

【懮受】悲しみをふくんださま。〔詩、陳風、月出〕月出でて皓たり 佼人懰たり 舒として懮受たり 勞心、慅たり

↑懮怛 悲しむ/懮懮 憂えるさま

【儵】 18 2823 ユウ(イウ) はえ はや はらご

篆文 

形声 声符は攸。〔説文〕十一下に「魚の名なり」とあり、はえをいう。〔荘子、秋水〕に、荘子と恵子との間に、この魚の楽しみについての認識論的な問答がある。

訓義 ①はえ、はや。②はらご。

【儵魚】はえ。〔荘子、秋水〕荘子、恵子と濠梁の上に遊ぶ。荘子曰く、儵魚出でて游ぶこと從容たり。是れ魚の樂しむなりと。恵子曰く、子は魚に非ず。安くんぞ魚の樂しむを知らんやと。荘子曰く、子は我に非ず。安んぞ我が魚の樂しむを知らざるを知らんやと。

【鼬】 18 7571 ユウ(イウ) いたち

篆文 

形声 声符は由。〔説文〕十上に「鼠の如くにして赤黄色、尾大きく、鼠を食らふ者なり」(段注本)とあり、鼠狼・狼貓ともいわれ、夜中に鶏を襲うことがある。その毛は筆によろしく、狼毫・鼠須として珍重される。

訓義 ①いたち。

古訓 〔和名抄〕鼬鼠 以太知(いたち)。漢語抄に云ふ、鼠狼なりと 〔名義抄〕鼬 イタチ 〔字鏡集〕鼬 ネズミノケ・イタチ

↑鼬鼯 いたちと、むささび

↓鼯鼬・鼪鼬

【櫌】 21 5194 [櫌] 19 4194 ユウ(イウ) つちよせ つちならし すき

篆文 

形声 声符は憂。〔説文〕六上に櫌を正字とし、「田を摩つ器なり」とするが、櫌が通行の字である。塊をくだいて、その土を根にかけ、また土をならすことをいう。憂はあるいは擾の意であろう。

訓義 ①つちよせ、つちならし。②すき。

古訓 〔篇立〕櫌 スキ

↑櫌鉏 すき/櫌鋤 すき

↓鋤櫌

ヨ

常 **【与】** 3 入〔與〕 14 7780 ヨ ともにする あずかる あたえる

篆文 

古文 

金文 

会意 旧字は與に作り、与を四手をもって捧げている形。更に下に手を加えると、挙(擧)げる意となり、挙げ運ぶことをいう。〔説文〕三上に「黨與なり」とし、古文一字を録する。与は象牙二本を組み合わせた形とみられ、そのように貴重なものを、共同して奉じて運ぶ意であろう。共同の作業であるから、ともにする意となり、運んで他に移すので、賜与の意となる。象は殷代には江北の地にも多く棲息しており、その蹤迹は六朝のころまで認められる。象牙は、殷墟の侯家荘遺址や婦好墓からは、それに雕飾を施した精巧な遺品が出土している。与は牙の形に近く、その一双を組み合わせた形であろう。〔説文〕十四上に「賜予なり。一勺を与と為す。此れ予と同じ」(義証)とするのは、与の字形を一勺(勺)の二字に分解して説き、一勺を以て人に与える意とするものであろうが、根拠のない説である。

訓義 1ともにする、くみ、なかま。2あずかる、したがう、したしむ。3予と通じ、あたえる、ほどこす。4虚詞として、以などと通じ、と、もって、ために。5終助詞、か、かな。

古訓 〔名義抄〕與 アタフ・クミス・トモニ・カネタリ・ト・トモナフ・アツマル・ユルス・コレト・アヅカル・マヌガル・カナ 〔字鏡集〕與 アヅカル・トモニ・マヌガル・モチヰル・アツマル・トモガラ・カネタリ・クミス・カナ・トモナフ・アタフ・ユルス・タメ・ト

声系 〔説文〕に與声として譽(誉)・旟・歟・擧(挙)など十二字を収める。擧十二上に「對擧するなり」とあり、與もその意。称挙によって名声を得ることを譽という。

語系 與・輿・舁jiaは同声。舁はかつぐ意。四手をあげて支える意である。予jiaも同声。仮借して与える意に用いる。豫(予)・預jiaも同声。同じく参与の意に用いる。みな與がその本義を存する字で、その声義を承けるものである。

【与告】よこく 休暇を与える。〔漢書、元帝紀〕(永光五年)秋、潁川の水出で、人民を流殺す。吏、官に従ひ、(その本)縣に害を被る者には與告し、士卒は遣歸せしむ。

【与国】よこく 味方の国。同盟国。〔戦国策、魏三〕(淳于髡)入りて齊王に説きて曰く、楚は齊の仇敵なり、魏は齊の與國なり。夫れ與國を伐ちて、仇敵をして其の餘敝を制せしむるは、名醜くして實危し。王の爲に取らざるなりと。

【与奪】よだつ 与えることと、奪うこと。取与。〔荀子、王制〕君臣・父子・兄弟・夫婦、始めあれば則ち終りあり、終りあれば則ち始めあり。天地と理を同じうし、萬世と久を同じうす。夫れ是れを之れ大本と謂ふ。故に喪祭・朝聘・師旅は一なり、貴賤・殺生・與奪は一なり。

【与知】よち 関知する。〔中庸、十二〕君子の道は費(明)にして隠なり。夫婦の愚も以て與り知るべし。其の至るに及んでは、聖人と雖も、亦た知らざる所有り。

【与游】よゆう(よいう) 交友。宋・蘇轍〔枢密韓太尉(琦)に上る書〕轍、生まれて十有九年なり。其の家に居りて與に游ぶ所の者は、其の隣里郷黨の人に過ぎず。見る所は、數百里の閒に過ぎず。

【与与】よよ 茂るさま。整うさま。また、ためらう。猶猶。猶与。〔淮南子、兵略訓〕善く兵を用ふる者は敵の虚を見れば、乘じて假すこと勿きなり。～其の猶猶たるを撃ち、其の與與たるを陵ぐ。

↑与期 予期する／与議 相談する／与手 自ら殺す／与取 取与／与陳 陳述する／与展 与陳／与徒 仲間／与同 味方する／与聞 あずかり聞く／与謀 与議／与慮 あらかじめかんがえる

↓猗与・嘉与・干与・関与・寄与・給与・参与・施与・賜与・借与・取与・授与・賞与・譲与・贈与・貸与・奪与・儔与・天与・投与・党与・付与・賦与・分与・猶与・容与

【予】 4 1720

ヨ あたえる たまう ゆるす われ

篆文

象形 織物の横糸を通す杼の形で、機杼の杼の初文。〔説文〕四下に「推し予ふるなり。相ひ予ふる形に象る」とするが、字形は両手相与える形とはみえず、下に長く垂れているのは糸。〔説文〕は下文に幻を録し、「相ひ詐惑するなり。反予に従ふ」とするが、幻は機杼の往来する形で、その機巧の知るべからざるを幻という。〔爾雅、釈詁〕に「賜ふなり」とあるのは、與(与)の仮借義。また〔論語、述而〕に「天、徳を予に生ず」と一人称に用いるのは、余通用の義。予の本義は、その形声字の杼のうちに残されている。天子には「予一人」、幼少ならば「予小子」という。

訓義 1ひ、機杼の杼。のちその義には杼を用いる。2与と通じ、あたえる、たまう、ゆるす。3余と通じ、われ。

古訓 〔名義抄〕予 古の余の字なり。アタフ・ワレ、又、与の字なり。ヨシ・タマフ・イタル

声系 〔説文〕に予声として舒・杼・序・豫(予)・抒・紓など十一字を収める。舒・杼・抒・紓は機杼に関する字。杼は機の緯を持つもの、舒・紓などはこれを舒緩にする意。経に径直、緯に紓緩の意がある。

語系 予・余・與jiaは同声。予・余は一人称に用い、予・與はまた賜与の意に用いる。予の原義は紓・舒sjia、抒djia、攄thiaの諸字と同じく舒緩・展抒の意、杼ziaが機杼の字である。序ziaも、緯を序列する意があろう。みな畳韻の語。

＊「かねて」「たのしむ」意の語彙は、予(豫)字条参照。

【予告】よこく 漢代、高官に与えられる休暇。〔漢書、馮野王伝〕今、有司以爲へらく、予告は歸ることを得るも、賜告は得ずと。是れ一律兩科、省刑の意を失せり。

↑予奪 与奪／予寧 親の喪で休暇を与える

常【予】 4 1720 〔豫〕 16 1723

ヨ たのしむ よろこぶ あらかじめ かねて

篆文

古文

形声 旧字は豫に作り、予声。〔説文〕九下に「象の大なる者なり。賈侍中(逵)の説に、物に害あらず」とするが、両義ともその用例はない。〔書、顧命〕に「王、豫ばず」、〔孟子、梁恵王下〕に「我が王、豫しまず」など、不予・悦予・逸予の意に用いる。心部十下に悆の字があり、「忘るるなり。嘾やかなるなり。周書に曰く、疾有りて悆しまずと。悆は喜しむなり」とあって、〔書、金縢〕の文を引き、字を悆に作る。〔敦煌唐写隷古定尚書残巻〕にも、「逸予」の字を悆に作る。「猶予」は形況の連語で、舒緩の意。力部十三下に「勬は繇、緩やかなるなり」とあって、その声に舒緩の意があるのであろう。また予定・予占の意に用いるのは、象を予占のことに用いたかと思われるが、そのことを確かめがたい。〔易〕の十翼に〔象伝〕がある。

訓義 1大きな象。2のどやか、たのしむ、よろこぶ、やすんずる。3おこたる、ためらう、いとう。4あらかじめ、もとより、かねて。5与と通じ、あずかる、かかわる。

古訓 〔名義抄〕豫 アヅカル・マジフ・マジハル・マジル・ハムベリ・ホシイマヽ・タノシビ・アラカジメ・ヨロコブ・サカユ・イトウ・ノブ・ハヤシ・ヤハラカナリ・コヽロヨシ

語系 豫jiaは悅(悦)・說(説)jiuatと声義近く、また懌jyakも悦懌の意に用いる。豫・預・與(与)jiaは同声。参与の意があり、預定の意に用いる。象ziangも声近く、豫の原義は、大象の意であろう。

【予見】よけん 事前に察知する。〔越絶書、外伝枕中〕夫れ堯舜禹湯も、皆豫見の勞有り。凶年有りと雖も、民窮せずと。越王曰く、善しと。丹を以て帛に書し、之れを枕中に置き、以て邦の寶と爲す。

【予言】よげん 事前に予見していう。〔後漢書、申屠剛伝〕夫れ

未だ至らずして豫言するは、固より常に虛と爲す。其の已に至るに及んでは、又及ぶ所無し。是を以て忠言至諫も、用を爲すを得ること希なり。誠に願はくは愚老の言を反覆せよ。

【予知】よち 前以て知る。〔漢書、王莽伝上〕司威陳崇～上書して言ふ、陛下、天の洪範を奉じ、心、寶龜に合す。元命を膺受し、豫め成敗を知り、咸く兆占に應ず。是れを配天と謂ふ。

【予定】よてい 前以て計画を定める。〔説苑、説叢〕兵、豫定せざれば、以て敵を待つ無し。計、先に慮らざれば、以て卒かに應ずる無し。

【予備】よび 事前に備える。〔三国志、呉、周瑜伝〕先に書もて曹公(操)に報じ、欺くに降らんと欲するを以てす。又豫め走舸(早船)を備へ、各〻大船の後に繫ぎ、因りて次を引きて倶に前む。曹公の軍の吏士、皆頸を延いて觀望す。

【予防】よぼう(ばう) 事前に防ぐ。〔易、既済、象伝〕君子以て患を思ひ、豫め之れを防ぐ。

↑予戒よかい あらかじめ備える／予期よき 待ちうける／予禦よぎょ 予防する／予後よご 病後の手当て／予参よさん 参与する／予借よしゃく 先借り／予習よしゅう 下稽古／予政よせい 参政／予設よせつ 予備／予怠よたい あそびふける／予付よふ 悦び服する／予聞よぶん 予参／予盟よめい 加盟する／予料よりょう 予想する

↓安予・怡予・一予・佚予・逸予・悦予・暇予・閑予・懽予・戯予・不予・游予・猶予・遊予・和予

【余】

7
8090

ヨ
われ あまり

篆文

甲骨文

金文

仮借 余は把手のある細い手術刀。これで膿漿を盤(舟)に除き取るを艅といい、俞(愈・癒)の初文とみられる。余は〔説文〕二上に「語の舒やかなるなり」とするが、静かに刀を動かすを徐という。卜文に王子中の一人に艅・余というものがあり、また我というものもあって、余・我はもと身分称号的な語であったらしいが、金文では余は一人称主語に、朕(朕)は所有格的に用いることが多い。〔左伝、僖九年〕「小白(斉の桓公の名)余」のように、その名にそえて、複称的にいうこともある。余一人・余小子のように用いる。余は手術刀、他は仮借の義である。いま餘の常用漢字として用いる。

訓義 1われ。2餘の略字。常用漢字として用いる。

古訓 〔名義抄〕余 予は古なり。アマレリ・タツ 〔字鏡集〕余 ナムヂ・アレ・ノブ・アマル・アマレリ

声系 〔説文〕に余声として荼・徐・敘(叙)・餘・賖・悆・涂・畬・斜・除など二十六字を収める。その基本は、除くことによって安徐をえて悆ぶことである。その針で膿漿を去って舟(盤)に移すことを艅といい、俞の初文。俞に愈・癒(癒)の意がある。余は手術刀という字の原義において用いることはなく、形声・会意の字によって、その初形初義を考えることができる。

語系 余・予jiaは同声。一人称代名詞に用いる。吾nga、我ngai、卬ngangも声義近く、一人称の代名詞に用いる。みな仮借の用義。余・我は主格、吾・予は所有格に用いるという傾向がある。

常

【余】

7
8090

〔餘〕

16
8879

ヨ
あまり あまる ゆたか ひま

篆文

形声 旧字は餘に作り、余声。〔説文〕五下に「饒なり」とあり、前条に「饒は飽くなり」とあって、食余をいう。すべて残余・余意の存する状態をいう。一人称の余とは別の字であるが、いま余の字を餘の常用漢字として用いる。

訓義 1あまり、あまる、のこり。2ゆたか、おおい。3ひま、ひさしい。4あと、のち、あげく、そのほか。

古訓 〔名義抄〕餘 アマル・アマリ・アマス・アマレリ・ノコル・ノコリ・ミナ・ホカ・ユタカナリ

語系 餘jiaは贏jiengと声義近く、餘贏と連用することがある。羨zianにまたjianの声があり、羨余の義とする。蕷jiaは餘と同声、藷zjiaも蕷藷、肥大するものの意であろう。

【余哀】よあい 尽きぬ悲しみ。漢・蘇武〔詩、四首、二〕請ふ、遊子の吟を爲さん 冷冷として、一に何ぞ悲しき 絲竹、清聲を厲げくす 慷慨、餘哀有り

【余韻】よいん(ゐん) 後までも残る趣。宋・欧陽脩〔峴山亭記〕風流の餘韻、藹然として江漢の閒に被る者に至りては、今に至るまで人猶ほ之れを思ふ。

【余蘊】ようん あまり。残余。〔宋史、道学伝序〕是に於て、上は帝王心を傳ふるの奧より、下は初學德に入るの門に至るまで、融會貫通、復た餘蘊無し。

【余花】よか(くわ) なごりの花。宋・唐庚〔酔眠〕詩 餘花、猶ほ酔ふべし 好鳥、眠ることを妨げず

【余霞】よか 消え残る霞。北斉・謝朓〔晩に三山に登り、還りて京邑を望む〕詩 餘霞、散じて綺と成り 澄江、靜かなること練の如し

【余寒】よかん 立春後の寒さ。残寒。唐・杜甫〔張氏の隠居に題す、二首、一〕詩 澗道、餘寒、冰雪を歴へ 石門、斜日、林邱に到る

【余歓】よかん(くわん) 尽きぬよろこび。宋・蘇軾〔白鶴山新居、井を鑿ること四十尺、～乃ち泉を得たり〕詩 我が生類ね此くの如し 何くに適くとして艱難ならざらん 一勺、亦た天賜に牛し 桑梓(西の果て)餘暉有り

【余暉】よき 残照。余光。魏・王粲〔従軍詩、五首、三〕白日西山曲肱、餘歡有り

【余興】よきょう(きやう) 興趣の余。宋・趙師秀〔鮑県尉に和す〕詩 野禽、果を偸みて去り 童子、經を借りて還る 餘興、詩句を成し 高く屋柱の閒に題す

【余響】よきょう(きやう) 余韻。遺響。宋・朱熹〔武夷精舎雑詠、鉄笛亭〕詩 何人ぞ、鐵笛を轟かす 噴薄して、兩崖開く 千載、餘響を留む 猶ほ疑ふ、笙鶴の來たるかと

【余業】よぎょう(げふ) 本業外。また、先人の遺功。〔漢書、楊惲伝〕惲、～文質底す所無し。幸ひに先人の餘業に頼り、宿衛に備はることを得たり。

【余慶】よけい 子孫にまで吉事が及ぶ。〔易、坤、文言伝〕積善の家には必ず餘慶有り、不善を積む家には必ず餘殃有り。

【余妍】よけん なごりの美しさ。宋・蘇軾〔鶴林・招隠に遊ぶ、二首、二〕詩 郊原、雨初めて霽れ 春物、餘妍有り 古寺、修竹満ち 深林、杜鵑を聞く

【余光】よこう(くわう) 残光。他に及ぶ光。宋・欧陽脩〔相州昼錦堂記〕公は相の人なり。世〻令德有り、時の名卿爲たり。～海内の士、下風を聞きて餘光を望む者、蓋し亦た年有り。

【余罪】よざい 別の罪。また、償いきれぬ罪。〔宋史、文天祥伝〕國亡びて救ふこと能はず。人臣爲たる者、死するも餘罪有り。

【余師】よし 生き残りの軍。また、別の師。〔孟子、告子下〕夫れ道は大路の若く然り。豈に知り難からんや。人求めざるを病ふるのみ。子、歸りて之れを求めば、餘師有らん。

【余事】よじ 余分の事。清・鄭燮〔画に題す〕石濤、畫を善くす。蓋し萬種有り、蘭竹は其の餘事なり。板橋(鄭燮)は專ら蘭竹を畫くこと五十餘年、他物を畫かず。彼は博きを務め、我

は専らなるを務む。安んぞ専の博に如かざるを見んや。

【余照】よしょう 夕かげ。夕照。唐・王維〔輞川集、木蘭柴〕詩 秋山、餘照を斂め 飛鳥、前侶を逐ふ 彩翠時に分明 夕嵐、處所(定所)無し

【余生】よせい 残年。老後の人生。唐・白居易〔廬山を祭る文〕儻し秩滿ちてより以來、以て自ら遂ぐることを得ば、餘生、老を終ふるまで、願はくは斯に託せん。今茸構(建築)既に成り、遊息方に始まる。

【余喘】よぜん たえだえの呼吸。〔隋書、儒林、劉炫伝〕大命將に近からんとし、故友飄零し、門徒雨散す。～殆ど餘喘に及べり。

【余談】よだん 用件外の話。宋・陸游〔趙都大に与ふる啓〕曲さに狂簡を憐れみ、自ら漂流するを致す。毎に餘談に假借して、爲に其の一飽を經營す。

【余地】よち 余分の土地・場所。余裕。〔荘子、養生主〕彼の(骨)節には間有り、刀刃には厚み無し。厚み無きを以て間有るに入る。恢恢乎として、其の刃を遊ばすに、必ず餘地有らん。

【余痴】よち 治りきらぬ痴気。宋・陸游〔病起〕詩 老病已に全し、惟だ死を缺くのみ 貪嗔斷つと雖も、尚ほ餘癡有り

【余年】よねん 残年。〔後漢書、班超伝〕(班昭の上書)妾竊かに聞く、古者十五にして兵を受け、六十にして之れを還す。亦た休息して職に任ぜざる有りと。～超の餘年を匄め、一たび生還して復た闕庭(御所)を見るを得しめよ。

【余波】よは なごり。遺風。〔晋書、陳頵高崧伝論〕郭嘉の風旨を採り、朱育の餘波を挹る。

【余芳】よほう(はう) なごりの香り。宋・黄庭堅〔嵆叔夜(康)の詩を書して、姪の榎に与ふ〕叔夜の此の詩、豪壯清麗、一點も塵俗の氣無し。～其の餘芳を攬れば、便ち面上三斗の俗塵を撲去すべし。

【余命】よめい 残年。残り少ないいのち。〔孫子、九地〕吾が士に餘財無きも、貨を惡むに非ざるなり。餘命無きも、壽を惡むに非ざるなり。

【余勇】よゆう 余分の勇気。〔左伝、成二年〕齊の高固、晉の師に入り、石を桀げて以て人に投じ、之れを禽にして、之れを車に乘せ、～以て齊の壘に徇へて曰く、勇を欲する者は、余が餘勇を賈へと。

【余裕】よゆう ゆとり。〔孟子、公孫丑下〕我に官守無く、我に言責無きなり。則ち吾が進退、豈に綽綽然として、餘裕有らざらんや。

【余力】よりょく 余分の力。〔論語、学而〕行ひて餘力有らば、則ち以て文を學べ。

【余齢】よれい 余年。残年。宋・蘇軾〔家安国教授の成都に帰るを送る〕詩 吾が儕、便ち歸老せば 亦た餘齡を慰むるに足らん

【余瀝】よれき 酒のしずく。晋・陶潜〔貧士を詠ず、七首、二〕詩 壺を傾くるも餘瀝絶え 竈を闚ふも煙を見ず 詩書、座外を塞ぐ 日昃くも研むるに遑あらず

【余烈】よれつ 先人の残した功業。遺烈。〔史記、東越伝論〕此れに由りて、越の世世公侯爲ることを知る。蓋し禹の餘烈なり。

↑余威 余烈／余意 余情／余音 余韻／余栄 非常の栄誉／余裔 末裔／余贏 余分／余炎 残暑／余怨 消えぬ怨み／余衍 余分／余煙 残煙／余華 残年／余暇 ひま／余課 課外／余悔 後悔／余閑 ひま／余間 ひま／余懽 余歓／余基 残されている基礎／余喜 尽きぬ喜び／余棄 余分を棄てる／余輝 余暉／余徽 遺された美徳／余泣 余哀／余煦 ぬくもり／余薫 余香／余醺 酔いがのこる／余景 余光／余馨 余香／余隙 ひま／余月 陰暦四月の別称／余孼 残党／余絢 余妍／余言 言い尽くしていない言葉／余絃 残る糸のひびき／余功 仕事の余暇／余巧 すぐれた巧みさ／余行 遺行／余恨 遺恨／余債 借債／余財 余分の財産／余子 衆子／余址 残基／余祉 余慶／余思 尽きぬ思い／余貲 余財／余滓 残りかす／余資 余財／余積 余分に残っている畜え／余日 余暇／余須 婢僕／余臭 残臭／余習 遺習／余衆 他の衆／余春 晩春／余餕 残飯／余胥 小者／余暑 残暑／余緒 余業／余糈 供米の残り／余賸 余り／余剰 残り／余饒 余分／余津 残り汁／余親 遠縁／余人 他の人／余塵 古人の迹／余燼 焼け残り／余数 残数／余清 あとまで清々しい／余勢 余った勢い／余責 残った債務／余跡 あと／余銭 余財／余胙 祭余の肉／余慶／余粟 残粟／余賊 残賊／余唾 ことばのかす／余帯 帯の垂れ／余沢 先人のおかげ／余蓄 余財／余丁 軍役外の役丁／余酲 宿酔／余滴 残滴／余怒 おさまらぬ怒り／余党 残党／余盗 残盗／余徳 余沢／余肉 余りの肉／余熱 残熱／余念 他念／余派 他の流派／余憊 けだるい／余白 空白の部分／余飯 残飯／余夫 部屋住みの者／余風 遺習／余福 余慶／余物 残り物／余憤 余怒／余分 あまり／余兵 生き残りの兵／余弊 遺弊／余謀 遺謀／余民 遺民／余務 本務外／余名 遺名／余明 余光／余流 支流／余糧 余分の食糧／余類 残党／余零 はした／余禄 余分の利益／余論 本論外の議論

↓遺余・雨余・紆余・盈余・暇余・閑余・窮余・刑余・月余・行余・歳余・三余・残余・詞余・詩余・自余・餕余・旬余・閏余・胥余・緒余・諸余・丈余・剰余・酔余・睡余・声余・羨余・徳余・夫余・分余・俸余・有余

【舁】 10 7744 ヨ キョ かく かつぎあげる

篆文 

会意 臼+廾。上下左右より手を加えて、ものをもちあげる形。〔説文〕三上に「共に擧ぐるなり」とあり、かついで運ぶことをいう。

訓義 ①かく、かつぎあげる。②挙と通じて用いる。

古訓 〔名義抄〕舁 アグ・カク 〔篇立〕舁 ニナフ・カク

部首 〔説文〕に䙴・與(与)・興の三字を属する。䙴は風化した屍体を遷す形で、廾に従う字。〔玉篇〕に坤の古文を加えるが、その形は漢碑にもみえないものである。

声系 〔説文〕に舁声として興を収める。與もまた舁声。譽(誉)・擧(挙)など與声の字も、舁の声義を承ける字である。

語系 舁・與・輿jiaは同声。みな四手をもってものをかつぎあげる意。また預・豫(予)jiaも同声。共同のことに参加する意をもつ語であろう。以jiaも與と通用することがある。

【畬】 12 8060 ヨ シャ あらた やきはた

篆文 

形声 声符は余。〔説文〕十三下に「二歳の治田なり」(段注本)とあり、〔爾雅、釈地〕に一歳を菑し、二歳を新田、三歳を畬とするものと異なる。〔詩、周頌、臣工〕は農事詩で、廟祭に用いる麦蒔きのことを歌い、「新畬を如何せん」の句がある。〔毛伝〕に「三歳を畬と曰ふ」とあって、〔爾雅〕は〔毛詩〕説をとる。〔礼記、坊記、注〕に引く〔説文〕に、一歳を菑、二歳を畬、三歳を新田としている。一歳・二歳は休耕の期間。新墾の田を畬田ということもあり、焼畑耕作を畬ということもある。

訓義 ①あらた。②田をひらく、土をやわらげる。③やきた、やきはた。④民族の名、猺族の一。

古訓 〔名義抄〕畬 コナタツクリ 〔字鏡〕畬 アラタ・ハタ 〔字

鏡集〕畬 アラタ・コナタツクリ
語系 畬・餘(余)・蕷jiaは同声、贏jiengも声義近く、休耕によって地味を蓄え、地力を存することをいう。
【畬田】新田。また、焼畑。〔旧唐書、南蛮、東謝蛮伝〕土は五穀に宜し。牛耕を以てせず。但だ畬田を爲り、歳毎に易ふ。
↑畬煙 草焼きの煙／畬耕 焼畑／畬菑 耕す／畬丁 農夫
↓耕畬・菑畬・秋畬・春畬・焼畬・新畬

【艅】 13 2849 ヨ ふね なおす
篆文 
形声 声符は余。〔説文新附〕八下に「艅艎、舟の名なり」とあり、〔抱朴子、博喩〕に「艅艎鷁首」とあって、呪飾をつけた舟をいう。金文の人名にもこの字がみえるが、字の初義は兪と同じで、字は余＋舟。手術刀で膿漿を盤(舟)に移す形である。艅艎とは別義。のち兪の初形であることが忘れられ、形声字の艅が作られたのであろう。
訓義 ①ふね。②初形・初義では、なおす。兪の初文。
【艅艎】美しく飾った舟。〔抱朴子、博喩〕艅艎鷁首は、川を渉るの良器なり。之れを櫂せしむるに北狄を以てせば、則ち波流に沈漂せん～と。

常【誉】 13 〔譽〕 21 7760 ヨ ほめる ほまれ
篆文 
形声 旧字は譽に作り、與(与)声。〔説文〕三上に「稱むるなり」(段注本)という。〔詩、周頌、振鷺〕「以て永く譽を終へん」の〔箋〕に「聲美なり」とあり、称誉・名声をいう。〔詩、大雅、韓奕〕の「燕譽」は「燕豫」の仮借である。
訓義 ①ほめる、ほまれ、たたえる。②よみする、ただす。③豫(予)と通じ、たのしむ。
古訓 〔新撰字鏡〕譽 ホム 〔名義抄〕譽 ホマレ・ホム・ホコル
語系 譽・與・予jiaは同声。金文の譽字に、言にかえて、下に祝告の器である𠙵を加える形のものがあり、譽はもと神から与えられるものであったのであろう。與・予にはいずれも与える意があり、また與には挙げる意がある。譽・豫(予)jiaも同声。悦(悦)jiuat、懌jyakも声近く、楽しみ悦ぶ意がある。
【誉望】名誉。声望。〔宋史、王禹偁伝〕嘉祐曰く、愚を以て之れを觀るに、相と爲らざるの善きに若かざるなり。相たらば則ち譽望損せん。
【誉諛】ほめへつらう。〔漢書、路温舒伝〕忠良切言は皆胸を鬱ぎ、譽諛の聲、日に耳に滿つ。虚美、心を熏し、實禍蔽塞す。此れ乃ち秦の天下を亡ひし所以なり。
↑誉言 称賛のことば／誉訾 毀誉／誉嘆 嘆称する／誉聞 名声がたかい／誉髦 盛名の人／誉問 名声
↓溢誉・栄誉・延誉・燕誉・華誉・過誉・嘉誉・歓誉・奇誉・毀誉・休誉・咎誉・虚誉・顕誉・広誉・高誉・至誉・時誉・取誉・終誉・称誉・章誉・賞誉・推誉・世誉・声誉・清誉・盛誉・薦誉・尊誉・嘆誉・馳誉・誹誉・美誉・浮誉・望誉・妙誉・民誉・名誉・面誉・流誉・令誉

常【預】 13 1128 ヨ あずかる たのしむ あらかじめ
篆文 
形声 声符は予。〔説文新附〕九上に「安んずるなり。～頁に從ふは未だ詳らかならず」とする。頁は儀礼の際の姿であるから、字は儀礼に参加することを意味する字であろう。古い用例がなく、豫(予)の略体かと思われる。〔蛾術編、二十七〕豫字条に、預は魏・晋の際の造字であろうという。
訓義 ①あずかる、およぶ、かかわる。②豫と通じ、たのしむ、やすんずる。③豫と通じ、あらかじめ、あらかじめする。④国語で、あずける。
古訓 〔名義抄〕預 アヅカル・アラカジメ・タノシヒ・ハベリ・ヨロコブ・イル・マイル
語系 預・豫・與(与)jiaは同声。いずれも参加する、ことにあずかる意がある。また預・豫に楽しむ意があり、あらかじめする意がある。また預声の蕷jiaは藷の意であるが、藷・薯zjiaはうちに貯蔵する意がある。あらかじめ貯蔵して備えることをいう。
＊語彙は予(豫)字条参照。
【預想】あらかじめ想像する。宋・秦観〔参寥の見別に次韻す〕詩 預め想ふ、江天、首を回らす處 雪風、横ざまに急に、雁聲長きを
【預知】前もって知る。〔史記、扁鵲伝〕(斉の)桓侯遂に死せり。聖人をして預め微を知らしめ、能く良醫をして蚤く事に從はしめば、則ち疾已ゆべく、身活くべかりしなり。
【預備】前もって備える。〔越絶書、計倪内経〕聖人早く天地の反を知りて、之れが預備を爲す。故に湯の時、七年に比びて旱するも、民饑ゑず。
↑預買 かけね／預計 前もってはかる／預参 参与する／預算 予算／預事 前もって用意する／預借 前借り／預政 参政／預筮 事前にうらなう／預度 預料／預兆 前兆／預定 予定／預報 予報／預約 予約／預慮 預料／預料 予測する
↓干預・参預・備預・不預・猶預・遊預

【飫】 13 8273 〔飫〕 17 8473 ヨ オ(ヲ) あく くらう
篆文 
形声 声符は夭。〔説文〕五下に「燕食なり」とし、飫を正体として「芺聲」とするが、声が合わない。〔爾雅、釈言〕に、「私なり」とあって、私宴の意とする。そのとき歓楽することを飫歌といい、加膳することを飫賜という。すべてゆたかに、余分のある意であろう。
訓義 ①あく、あくほどくらう。②やすんずる、たる。③たまう、おくる。
古訓 〔名義抄〕飫 アキタル・キラフ・ユタカナリ 〔篇立〕飫 キラフ・アク・イトフ・ユタカ
語系 飫iôは饇・醧ioと声近く、饇は飽くこと、また醧は〔説文〕十四下に「私に宴歓するなり」とあって、飫とほとんど同義。區(区)は嘔なる声をいい、祝禱のとき、うなるように発する声を嘔という。淤ia、厭iapも声義に通ずるところがある。
【飫歌】宴会のときの歌。〔国語、周語下〕周の詩に之れ有り、曰く、天の支ふる所は 壞るべからず～と。～昔武王、殷に克ちて此の詩を作り、以て飫歌と爲せり。之れに名づけて支と曰ふ。
【飫賜】十分に酒食を賜う。〔左伝、襄二十六年〕是こを以て、將に賞せんとしては、之れが爲に膳を加ふ。膳を加ふれば、則ち賜に飫く。
【飫聞】あきるほど聞く。〔資治通鑑、唐紀二十二〕(則天皇后、久視元年)(吉)頊、事を奏す。方に古を援き今を引く。太后怒りて曰く、卿の言ふ所は、朕れ之れを飫聞せり、多言すること無かれ。～則ち匕首を以て其の喉を斷らん～と。
↑飫宴 宴会／飫餐 飽食する／飫饒 ご馳走が多い／飫聴 飫聞
↓飲飫・厭飫・饗飫・酣飫・歓飫・歳飫・饒飫・飽飫・余飫

【蕷】 17 4428 ヨ やまのいも
形声 声符は預。字はまた蕷に作り、藷蕷ともいう。いもの名に芋(芌)・蕷・萸・藷・薯など、于大・預蓄の義をもつ声符のものが多い。

訓義 ①やまのいも、じねんじょ。
古訓 〔名義抄〕薯蕷 イモ／藷薁 ヤマツイモ・ヤマノイモ

人【輿】 17 7780 ヨ こし のせる かつぐ くるま

篆文  甲骨文  詛楚文 

会意 車＋舁よ。舁は左右上下よりもつ形。〔説文〕十四上に「車の輿なり」とあり、舁声とするが、四偶に手をかけて輦をかつぐ形。車をかつぐ人を輿人、その言うところを輿論として、民衆の声とされた。〔左伝、僖二十八年〕に「輿人の誦」という語があり、誦とは本来は呪誦をいう。
訓義 ①こし、くるまのこし、てごし、たごし。②のせる、かつぐ、のせてはこぶ。③かつぎて、輿人。④徒隷の名。士・皁・輿・隷・僚・僕・臺（台）の序がある。
古訓 〔和名抄〕輿 古志（こし）／腰輿 太古之（たごし）〔名義抄〕輿 コシ・ミコシ・コシグルマ
語系 輿・舁・與（与）jiaは同声。與は四手をもって象牙（与）を運ぶ形と思われる。車の四隅をもって運ぶのを輿という。

【輿駕】 天子の車。車駕。〔南史、儒林伝序〕武帝親しく輿駕を屈し、先師先聖に釋奠し、之れに申ぬるに讌語を以てし、之れを勞ふに束帛を以てす。濟濟焉たり、洋洋焉たり。
【輿尸】 戦死者を車に載せて還る。〔易、師、六三〕師、或いは尸を輿す。凶なり。
【輿誦】 輿人の誦、輿論。〔左伝、僖二十八年〕晉侯、曹を圍む。門せめて多く死す。曹人、諸れを城上に尸す。晉侯之れを患ふ。輿人の誦を聽くに曰く、墓に舍ると稱へよと。師（墓に）遷る。曹人兇懼す。
【輿薪】 車いっぱいの薪。多量のもののたとえ。〔孟子、梁惠王上〕曰く、王に復す者有り。曰く、吾が力は以て百鈞を擧ぐるに足るも、以て一羽を擧ぐるに足らず。明は以て秋毫の末を察するに足るも、輿薪を見ずと。則ち王之れを許さんかと。曰く、否と。
【輿櫬】 棺を車にのせる。自ら死罪につくことを示す。降服の儀礼。〔左伝、僖六年〕許男、面縛して璧を銜み、大夫は衰絰し、士は櫬を輿す。
【輿人】 車造り。車ひき。衆人をいう。〔国語、楚語上〕心に德音を類とし、德を以て國を有つ。近臣は諫め、遠臣は謗り、輿人は誦し、以て自ら詰ぐ。
【輿台】 召使い。清・鄭燮〔雍正十年、～舍弟墨に寄す〕誰れか黃帝・堯・舜の子孫の、今日に至りて、其の不幸にして臧獲（下男・下女）と爲り、婢妾と爲り、輿臺・皁隷（下僕）と爲り、窘窮迫逼、奈何ともすべき無きを知らんや。
【輿地】 大地。〔淮南子、原道訓〕大丈夫は～天を以て蓋と爲し、地を以て輿と爲し、四時を馬と爲し、陰陽を御と爲し、雲に乘り霄を陵ぎ、造化者と倶にす。
【輿服】 車輿と衣冠。また、その礼制。〔史記、平準書〕宗室有土・公卿大夫以下、奢侈を爭ひ、室廬・輿服、上に僭り、限度無し。
【輿梁】 車の通る橋。〔孟子、離婁下〕歳の十一月、徒杠（橋）成り、十二月、輿梁成る。民未だ渉ることを病へざるなり。
【輿論】 輿人の論。世論。〔晉書、王沈伝〕古より賢聖、誹謗の言を聞き、輿人の論を聽くことを樂しむ。芻蕘（草かり）にも、錄すべきの事有り。
↑輿蓋 かごと蓋／輿棺 輿櫬／輿議 輿論／輿轎 かご／輿子 かごかき／輿死 輿尸／輿師 おおぜいの軍隊／輿車 小ごし／輿衆 衆人／輿頌 賛頌／輿情 衆心／輿臣 衆臣／輿軫 乗輿／輿図 地図／輿儓 輿台／輿談 世評／輿丁 かごかき／輿徒 衆人／輿馬 かごと馬／輿夫 輿丁／輿嬖 気に入り達／輿牧 下僕／輿輪 車輪／輿隷 下僕／輿輦 天子の車
↓安輿・檻輿・玉輿・肩輿・権輿・厳輿・坤輿・坐輿・厮輿・車輿・舟輿・乗輿・神輿・仙輿・堪輿・地輿・竹輿・方輿・奉輿・鳳輿・腰輿・籃輿・鸞輿・輪輿・輦輿

【歟】 18 7788 〔與〕 14 7780 ヨ か や やすらか

篆文 

形声 声符は與（与）よ。欠はその語気を出す形。〔説文〕八下に「安らかなる气なり」とあり、ゆるい詠嘆や、かるい疑問の語気を示す。古くは與をその意に用いた。
訓義 ①終助詞、か、や。②やすらかな気。
古訓 〔名義抄〕歟 カ・ナゲク・ヒガム 〔字鏡集〕歟 カ・ナゲク・ヒガム・カヘンナキコトヲイマダイハヌナリ
語系 歟・與jiaは邪（耶）jyaと声近く、同じように用いる。邪（邪）は疑問助詞として、いくらか語気が強く、歟は詠嘆の気味がある。
↓猗歟

【礜】 19 7760 ヨ

篆文 

形声 声符は與（与）よ。砒素を含んだ石で、毒砂ともいう。〔説文〕九下に「毒石なり。漢中に出づ」とあり、これを食えば、人や鼠は死に、蚕は肥えるという。
訓義 ①石、毒石。
【礜石】 毒石の名。〔淮南子、説林訓〕人は、礜石を食へば死し、蠶は之れを食へば飢ゑず。

【旟】 20 0828 ヨ はた

篆文 

形声 声符は與（与）よ。〔説文〕七上に「革鳥を其の上に錯く。士衆を進むる所以なり。旟旟は衆なり」（段注本）とし、與に衆の意があるという。隼を画いた七旒の旗を加えた赤旗。旟旟とはその吹き流しの多いさまを形容する語である。
訓義 ①はた、隼をかいたはた。②はためき、あがるさま。
古訓 〔新撰字鏡〕旟 波太（はた）〔名義抄〕旟 ハタ
【旟旞】 隼の画の旗と、五采の羽毛を飾った旗。唐・柳宗元〔嶺南節度使饗軍堂記〕乃ち十月甲子に克く成る。公、命じて新堂に饗せしむ。幢牙・茸纛、金節析羽、旆旗旟旞、咸く下に飾る。鼓には鼖晉（陣太鼓と晉鼓）を以てし、金には鐸鐃を以てす。
【旟旐】 隼の画の旗と、亀蛇の画の旗。〔詩、小雅、出車〕彼の旟旐 胡ぞ旆旆たらざらん
↑旟旝 はた／旟旟 なびくさま
↓干旟・建旟・隼旟・鳥旟・風旟・旄旟

ヨウ

【幺】 3 2273 ヨウ（エウ） かすか ちいさい くらい

篆文  金文 

象形 糸たばを拗じて結んだ形。幼はこの糸たばに棒を通して強く拗じる形で、拗の初文。〔説文〕四下に「小なり。子の初めて生まるるの形に象る」とするが、その形ではない。〔六書故〕に〔蜀本説文〕を引いて「侌なり。ムを重ぬるを幺と爲す。幺は冒昧に象るなり。亦た子の初成の形に象る。以て正を養ふなり」とあり、李陽冰の改訂本系統のものであろう。〔説文〕は𢆶・幽・幾（幾）の説解に、幺を幽微の意を以て説くが、𢆶は

糸たばの形。金文に、幺を玄の意に用い、玄く染めた糸をいう。

【訓義】 ①小さな糸たば。②かすか、ちいさい、くらい。③おさない。

【古訓】 〔字鏡集〕幺 イトケナシ・スクナシ・ヲサナシ

【部首】 〔説文〕に幼をこの部に属し、〔新附〕に麼を加える。〔玉篇〕に別に盭など三字を補入する。また𢆶部・玄部を続けて列するが、すべて幺の系列の字である。

【語系】 幺・夭yôは同声。幼yuも同系の語。幼は拗の初文。みな拗屈の意がある。

【幺弱】 幼弱。唐・柳宗元〔童区寄伝〕越人恩少なく、男女を生まば貨を以て之れを視る。～父兄鬻賣して、以て其の利を覬ふ。足らざれば則ち他室を盗み取り、之れを束縛鉗梏す。～道に當りて相ひ賊殺して以て俗と爲す。幸ひにして壯大なるを得ば、則ち幺弱なる者を縛取す。漢官、因りて以て己の利と爲す。

【幺微】 かすか。小さい。宋・岳飛〔太尉を辞する、第三札子〕臣、一介の幺微、言語鄙淺なり。

【幺麼】 微小。つまらぬもの。〔晋書、桓玄伝論〕桓玄の幺麼の若き、豈に數ふるに足らんや。

↑幺児 末っ子／幺孺 年少／幺小 微小／幺貝 王莽の時の貨幣／幺蔑 微小／幺末 微細

↓絃幺・微幺・六幺

【夭】 4 2043

ヨウ(エウ) くねらす わかい わざわい

篆文 甲骨文 金文

【象形】 人が頭を傾け、身をくねらせて舞う形。夭屈の姿勢をいう。〔説文〕十下に「屈するなり。大に従ふ。象形」とし、〔繫伝〕に「其の頭頸を夭矯するなり」という。若い巫女が手をあげ、髪を乱して舞う形は芺で、笑の初文。その前に祝詞の器である𠙵をおく形は若(若)、ゆえに夭若の意がある。その祝詞を捧げて舞う形は呉(呉)、神を娯しませることをいう。芺・呉には笑い娯しむ意がある。もと神を娯しませる意であった。また早折を夭といい、災いを妖という。その鬱屈の象をとるものであろう。

【訓義】 ①くねらせる、くねらせて舞う、おどる。②わかい、わかい巫女、わかくしなやかなもの。③わざわい、わかじに。

【古訓】 〔字鏡〕夭 モトム・ホロボス・スサシ・ソコナフ・ナカバニシヌ 〔字鏡集〕夭 カヾマル・ノベヤハラク・シメ・ヲル・ワザハヒ・ソコナフ

【部首】 〔説文〕に喬・幸・奔(奔)の三字をこの部に属し、〔玉篇〕も同じ。幸を夭屰に従う会意とし、夭死の逆であるから幸の意であるとするが、理に拘泥した説である。幸は手械の象、それを手に加えるを執という。喬・奔の従うところは、枉屈というよりも矯首の象。夭・矢は意象の近い字である。

【声系】 〔説文〕に夭声として芺(笑)、また芺声として䄏・〓(妖)など七字を収める。夭は夭屈して舞う形、それに両手をあげた形を加えたものが芺である。若が艸に従うのと同じで、艸は両手の象。

【語系】 夭・幺・窔yôは同声。夭・幺は、拗折・拗転するものをいう。幼・幽yuは束ねた糸たば、糸たばに火を加えて熏くべて黒色とすることを幽という。窔はまた窈に作り、窔・幽はくらくかすかな意、みな声義に通ずるところがある。

【夭閼】 おしとどめる。〔荘子、逍遥遊〕鵬の南冥に徙るや、～九萬里にして、則ち風斯ち下に在り。而る後乃ち今、風に培り、背に靑天を負ひ、之れを夭閼する者莫し。

【夭疫】 若死にと疫病。〔史記、暦書〕時を明らかにし度を正せば、則ち陰陽調ひ、風雨節あり、茂氣至りて、民に夭疫無し。

【夭矯】 自在に屈伸するさま。〔游宦紀聞、三〕羅漢寺の仙巖に、篆書十有り。形體奇怪なり。～余れ嘗て碑本を見たるに、字勢夭矯、灑落奇妙、枝葉屬せずして、脈絡皆通ず。眞に是れ奇怪なり。

【夭寿】 若死にと長生き。〔漢書、王吉伝〕夫婦は人倫の大綱、夭壽の萌なり。世俗、嫁娶太だ早し、未だ人の父母爲るの道を知らずして子有り。～教化明らかならずして、民に夭多し。

【夭紹】 なよらかなさま。〔詩、陳風、月出〕月出でて照たり 佼人燎たり 舒として夭紹たり 勞心慘たり

【夭殤】 若死に。〔列子、黄帝〕故に曰く、其の民嗜欲無く、自然なるのみ。生を樂しむことを知らず、死を惡むことを知らず、故に夭殤無し。

【夭折】 若死に。〔列子、力命〕死生は自ら命なり、貧窮は自ら時なり。夭折を怨む者は、命を知らざる者なり。貧窮を怨む者は、時を知らざる者なり。死に當りて懼れず、窮に在りて戚へざるは、命を知り時に安んずればなり。

【夭厲】 疫病で夭死する。〔漢書、厳安伝〕(上書)陰陽和して、四時正しく、風雨時あり。草木暢茂し、五穀蕃孰し、六畜遂字し、民夭厲せざるは、和の至りなり。

【夭夭】 若く、しなやかなさま。〔詩、周南、桃夭〕桃の夭夭たる 灼灼たる其の華 之の子于に歸ぐ 其の室家に宜しからん

↑夭悪 夭死／夭遏 夭閼／夭隠 夭死する／夭豔 わかく美しい／夭枉 夭折する／夭横 枉屈する／夭喬 しなやかに茂る／夭撟 背のびする／夭屈 しなやかにまがる／夭昏 夭死する／夭采 桃の花／夭摧 夭死する／夭札 夭死する／夭殺 殺す／夭死 若死に／夭疾 夭厲／夭邪 よこしま／夭傷 夭殤／夭逝 夭死する／夭絶 夭殺／夭胎 年少と胎児／夭鳥 悪鳥／夭年 若年／夭没 夭死する／夭魔 魔物／夭命 短命／夭冶 なまめかしい／夭麗 美しい

↓嬰夭・横夭・遽夭・殺夭・寿夭・傷夭・色夭・殂夭・早夭・蚤夭・胎夭・夭夭・桃夭・殀夭

【孕】 5 1740

ヨウ はらむ みもち ふくむ

篆文 甲骨文

【象形】 子を孕む形。乃は人の側身形。〔説文〕十四下に「子を裹むなり。子に從ひ、乃聲」(段注本)とするが、身と同じく、人の側身形に子を加える。〔詩、大雅、大明〕「大任(文王の母)身める有り」の〔伝〕に「身は重むなり」、〔箋〕に「重むとは、懷孕するを謂ふなり」という。〔説文〕の文にいう裹は、懷孕のことである。

【訓義】 ①はらむ、みもち。②ふくむ、ふくらむ。

【古訓】 〔和名抄〕孕婦 波良女(はらめ) 〔名義抄〕孕 ハラム・カヽメシム／懷孕 ハラム 〔字鏡集〕孕 カヽメシム・ヤシナフ・ハラム・ウラム

【語系】 孕jiangは仍njiang、增(増)tzang、媵jiangと声義の通じるところがあり、みな重ねて加える意がある。

【孕育】 はらみ育てる。〔淮南子、原道訓〕春風至れば、則ち甘雨降り、萬物を生育す。羽ある者は嫗伏(卵からかえる)し、毛ある者は孕育す。

【孕婦】 妊婦。〔書、泰誓上〕今商王受(紂)、上天を敬まず、災ひを下民に降す。～以て爾萬姓を殘害し、忠良を焚炙し、孕婦を刳剔す。

↑孕毓 孕育／孕鬻 孕育／孕化 はらむ／孕孼 ふえる／孕珠 子をはらむ／孕重 はらむ／孕胎 はらむ／孕乳 子をはらみ生む／孕別 生みおとす

↓遺孕・育孕・懷孕・含孕・刳孕・産孕・字孕・慈孕・胎孕・妊孕・

蓄孕・婦孕・腹孕・包孕

常【幼】 5 2472 ヨウ(エウ) ユウ(イウ) おさない ねじる

篆文

甲骨文
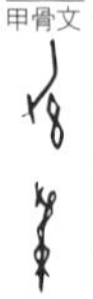

象形 糸かせに木を通して拗ねじている形で、拗の初文。幼少の意に用いるのは仮借。〔説文〕四下に「少かきなり。幺に従ひ、力に従ふ」とは、微力の意とするものであろうが、力はものを扐くする意である。

訓義 1おさない、おさなご。2わかい、いとけない。3小さい、はじめ。4くらい、ふかい、ゆかしい。5拗の初文、ねじる。

古訓 〔名義抄〕幼 ワカシ・イトケナシ・イトキナシ・カハル・マシロフ・ヲサナシ・マトフ

声系 〔説文〕に幼声として呦・拗・怮など七字を収める。〔新附〕に拗を録するが、幼がその初文。幺に拗戻・夭屈の意があり、すべてそのような状態のものをいう。

語系 幼yu は幺yô と声義近く、幺は糸たば。木を通して拗じることを幼といい、拗はその繁文。幽・窈yu、杳yô、奥(奧)uk も声近く、幽冥の意がある。

【幼艾】 若もの。美少年。美少女。〔楚辞、九歌、少司命〕長剣を竦とりて、幼艾を擁す 蓀(神霊に扮する者)獨り民の正爲たるに宜し

【幼孩】 幼児。唐・柳宗元〔種樹郭橐駝伝〕旦暮に吏來りて呼びて曰く、官命じて爾の耕を促し、爾の植を勗め、爾の穫を督せ。~而の幼孩を字ひ、而の雞豚を遂げよと。

【幼学】 十歳で学業に就く。〔礼記、曲礼上〕人生まれて十年を幼と曰ふ。學ぶ。

【幼孤】 幼い児・孤児。〔漢書、景帝紀〕老者は壽を以て終らしめよ、幼孤は長を遂ぐるを得しめよ。

【幼子】 幼児。〔書、呂刑〕伯父・伯兄・仲叔・季弟・幼子・童孫、皆朕が言を聽け。

【幼字】 幼名。あざな。〔水経注、陰溝水〕漢尚書令虞詡の碑有り。碑題に云ふ、~諱は詡、字は定安。~文字缺多く、復た尋ぬべからず。范曄の漢書を按ずるに、詡、字は升卿、~(祖嘗て曰く)吾れ于公に及ばずと雖も、子孫必ずしも九卿爲らずんばあらずと。故に詡に字して升卿と曰ふ。定安は蓋し其の幼字なり。

【幼弱】 幼少。〔礼記、明堂位〕成王幼弱なり。周公、天子の位を踐み、以て天下を治む。

【幼少】 年が若い。〔漢書、孔光伝〕(王)莽、太后に白す、帝、幼少なり、宜しく師傅を置くべしと。光を徙して帝の太傅と爲す。

【幼稚】 幼児。晋・陶潜〔帰去来の辞、序〕余、家貧しく、耕植以て自ら給するに足らず。幼稚室に盈ち、缾に儲粟無し。

【幼沖】 幼少。沖も幼い意。〔書、大誥〕弗弔(不淑)なる天、割(害)を我が家に降し、少しくも延めず。洪いに惟れ我が幼沖人、無疆の大歴服を嗣げり。

【幼童】 童児。漢・蔡邕〔人に与ふる書〕邕、薄祜にして、早く二親を喪ふ。年三十を踰ゆるも、鬢髮二色、叔父之れに親しむこと猶ほ幼童の若し。

【幼年】 幼少。〔漢書、張禹伝〕上報じて曰く、朕幼年を以て政を執る。萬機、其の中を失はんことを懼る。君、道德を以て師と爲る。故に國政を委ませたり。君何を疑ひてか數しば骸骨を乞ひ、忽ち雅素を忘れて、流言を避けんと欲するや。

【幼眇】 幽微。微妙なさま。また、奥ゆかしいさま。〔漢書、外戚上、孝武李夫人伝〕沈陰(地下、冥界)に託すること 以に壙久なり 蕃華の未だ央きざるを惜しむ 窮極の還らざるを念ひ 幼眇の相羊(逍遥)を惟ふ

【幼累】 幼少など手足まとい。唐・薛逢〔老去せり〕詩 惆悵す、人生百に滿たざるを 一事成る無くして、頭雪白し 迴りて幼累と老妻とを看るに 倶に是れ、途中遠行の客

↑幼君 幼主/幼卿 洗面盥/幼志 幼な心/幼歯 子供/幼年/幼者 子供/幼主 幼い主君/幼孺 子供/幼小 幼少/幼色 美少年/幼心 あどけない/幼賤 幼小と卑賤/幼壮 少壮/幼惰 幼弱/幼稺 幼稚/幼輩 幼いものたち/幼敏 幼くしてさとい/幼婦 幼女/幼昧 幼愚/幼名 小字/幼妙 幼眇/幼蒙 童蒙/幼老 老少/幼齢 幼年

↓孩幼・愚幼・孤幼・慈幼・恤幼・尚幼・賤幼・稚幼・沖幼・長幼・童幼・年幼・扶幼・蒙幼・老幼

常【用】 5 7722 ヨウ もちいる はたらき そなえ もって

篆文

古文

甲骨文

金文

象形 木を組んで作った柵の形。〔説文〕三下に「施行すべきなり。卜に從ひ、中に從ふ」という。字を卜と中とに分解し、卜して中あたるとき、それは施すべきものであるとするが、卜文・金文の字形は木を編んだ木柵の形。中に犧牲をおくので、犧牲とすることを「用ふ」という。〔春秋、僖十九年〕「邾人、鄫子を執へて之れを用ふ」とは、その鼻を撲って血を取り、牲血として用いる意で、古い用義法である。卜辞の占兆の辞に「玆れを用ひよ」とあるのも、古くは用牲の意であろうが、のち施行の意となったものと思われる。金文の〔曽姫無卹壺〕に「後嗣之れを甬ひよ」、また〔左伝、隠元年〕「庸ふること無かれ」のように甬・庸を用い、みな通用の義。木柵の用に、上から土を塗りこんだものが庸、用にもつ所をつけたのが甬で桶の初文である。

訓義 1かき、犧牲を入れ、犧牲として用いる。2もちいる、つかう、ほどこす。3おこなう、はたらき。4そなえ、用意、ついえ。5たから、道具、役立つもの。6以と通じ、もって、なす、よる。

古訓 〔名義抄〕用 モチヰル・モチフ・モツ・モテ・コ、ヲモテ・ツカフ/用心 コ、ロモチヒ

部首 〔説文〕に甫・庸・葡・甯の四字を屬し、〔玉篇〕になお由をこの部に加える。由は〔説文〕にみえず、おそらく卣と同字異文とみられるもので、用とは関係がない。また甯は寧の異体字。葡は箙の象形、甫は苗木の根を囲う形で、周囲に木柵を加える形。庸は用の形声の字で墉の初文。本来の部属の字は庸の一字のみである。

声系 〔説文〕に用声として甬、また甬声・庸声の字を多く収める。金文に甬を用の義に用い、庸にも用の訓がある。以・用・庸は声義近く、通用することがある。

語系 用・庸jiong は同声。〔説文〕三下に「庸は用ふるなり」とあって同訓。以jiə は声近く、通用の字である。

【用意】 心を使う。注意する。清・黄宗羲〔天岳禅師詩集の序〕詩を作るは難し。詩を知るは尤も難し。劉會孟言ふ、吾れの詩を評するは、作者の用意よりも過ぎたりと。

【用間】 スパイ。〔孫子、用間〕用間に五有り。鄉間有り、內間有り、反間有り、死間有り、生間有り。五間倶に起りて其の道を知る莫き、是れを神紀と謂ふ。人君の寶なり。

【用刑】 刑罰を施行する。〔易、旅、象伝〕君子以て明らかに愼みて刑を用ひ、獄を留めず。

【用賢】 賢者を登用する。〔後漢書、左雄伝〕臣人を寧んずるの務は、賢を用ふるより重きは莫し。賢を用ふるの道は、

必ず考黜に存す。

【用事】 祭る。また、執行する。支配する。宋・司馬光〔劉道原、十国紀事の序〕介甫(王安石)の事を用ふるに方り、呼吸して禍福を成す。凡そ施置する有れば、天下を擧ぐるも能く奪ふこと無し。

【用捨】 採否。用不用。〔旧唐書、顔真卿伝〕眞卿、皇帝に先づ五陵・九廟に謁して、而る後に宮に還らんことを請ふ。宰相元載、眞卿に謂ひて曰く、公の見る所美なりと雖も、其の事宜に合はざるを如何せんと。眞卿怒りて、前みて曰く、用捨は相公に在るのみ。言ふ者何の罪かあらん~と。

【用度】 費用。〔漢書、武帝紀〕(元狩四年)關東貧民の隴西~會稽に徙るもの、凡て七十二萬五千口。縣官の衣食振業に、用度足らず。請ふ、銀錫を收めて白金及び皮幣を造りて、以て用に足さしめん。

【用筆】 筆法。〔図画見聞誌、一〕(用筆の得失を論ず)凡そ畫の氣韻は、游心に本づき、神(采)は用筆に生ず。用筆の難きこと、斷じて識るべし。

【用兵】 兵を用いる。戰う。〔荀子、議兵〕凡そ兵を用ひて攻戰するの本は、民を壹にするに在り。

【用力】 努力する。〔甌北詩話、五〕(蘇東坡の詩)此の如きの爽勁、坡(蘇軾、東坡)は揮灑(さっと筆を振るう)を以て之れを出だす。全て用力の迹を見ず、所謂天才なり。

【用例】 前例による。〔宋史、司馬光伝〕宰相は道を以て人主を佐く。安んぞ例を用ひん。

↑用諫 諫言を納れる/用奇 奇策を用いる/用器 使用の器/用具 器具/用工 勉強/用功 用工/用舎 用捨/用処 使い道/用心 用意/用途 費用/用飯 食事/用板 詔書/用費 費用/用武 兵を用いる/用物 必要品/用務 用事/用命 命に従う

↓愛用・悪用・引用・運用・応用・活用・官用・慣用・起用・器用・逆用・虐用・挙用・共用・軍用・兼用・雇用・誤用・公用・功用・効用・国用・混用・作用・採用・財用・雑用・算用・私用・使用・施用・試用・資用・自用・時用・実用・借用・主用・受用・収用・重用・遵用・所用・商用・常用・食用・信用・世用・節用・専用・選用・善用・俗用・体用・致用・着用・長用・徴用・聴用・寵用・通用・適用・擢用・転用・土用・盗用・登用・動用・日用・入用・任用・佩用・繁用・費用・備用・不用・服用・並用・併用・聘用・宝用・妙用・無用・薬用・有用・要用・乱用・濫用・利用・流用・両用・連用・路用

常 【羊】 6 8050 ヨウ(ヤウ) ひつじ

篆文

甲骨文

金文

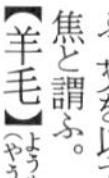

象形 羊を前からみた形で、牛と同じかきかたである。〔説文〕四上に「祥なり」と畳韻を以て訓する。漢代の鏡銘や瓦塼の類に、羊を祥(祥)の字に用いることが多いが、省文にすぎない。羊は羊神判に用い、祥・善の字は羊に従う。卜辞に羌人を犠牲とするものが多いが、かれらが牧羊族であったことと関連があるかもしれない。

訓義 ①ひつじ。②祥の省文、よい、めでたい、めでたいしるし。

古訓 〔和名抄〕羊 比都之(ひつじ)〔名義抄〕羊 ヒツジ/羊角 シロウリ

部首 〔説文〕に羔・羍・群・美・羌など二十五字を属し、〔玉篇〕になお約四十字を加える。羔・羍・美・羌などのほかは、おおむね形声字である。

声系 〔説文〕に羊声として祥・詳・翔(翔)・養(養)・羕など十三字を収める。羌を亦声とするが、象形の字である。

語系 羊を相羊のように逍遥の意に用いるのは、畳韻連語の音の仮借。羊・佯・徉 jiang は遙(遥)・搖(揺)jiô と双声、逍遥・相羊は形況の語である。

【羊角】 羊の角のようにめぐる。躍の音をきかせた語であろう。〔荘子、逍遥遊〕鳥有り、其の名を鵬と為す。~扶搖(飃風)を摶ち、羊角して上る者九萬里、~南することを圖り、且に南冥に適かんとす。

【羊裘】 羊の皮衣。〔後漢書、逸民、厳光伝〕後、齊國上言す、一男子有り、羊裘を披て澤中に釣ると。帝、其の光なるかを疑ふ。

【羊毫】 羊毛の筆。〔北戸録、二、雞毛筆〕番禺の諸郡、隴右の如き、多く靑羊毫を以て筆を爲る。韶州には、雞毛を擇んで筆を爲る。

【羊很】 乱暴な羊。〔史記、項羽紀〕(宋義)令を軍中に下して曰く、猛きこと虎の如く、很れること羊の如く、貪ること狼の如く、彊くして使しむべからざる者は、皆之れを斬らんと。

【羊腸】 曲折する路。魏・武帝〔苦寒行、二首、二〕楽府 北のかた太行山に上れば 艱い哉、何ぞ巍巍たる 羊腸、坂詰屈す 車輪之れが爲に摧く

【羊卜】 羊の骨でトう。〔夢渓筆談、技芸〕西戎、羊を用ひてトす。之れを跋焦と謂ふ。卜師、之れを斷乩と謂ふ。艾を以て羊の髀骨を灼き、其の兆を視る。之れを死跋焦と謂ふ。

【羊毛】 羊の毛。〔文房四譜、筆譜上二〕今江南の民間に使ふ者は、皆山羊毛を以ちふ。蜀中にも、亦た羊毛を用ひて筆と爲す者有り。亦た兔毫に下らざるなり。

↑羊禍 羊の疫死/羊鑊 羊鍋/羊牛 羊と牛/羊羔 子羊/羊腔 羊の肋の肉/羊羹 羊汁/羊豕 羊と豚/羊脂 羊の油/羊肆 羊肉店/羊質 羊質虎皮は、羊の中味に虎の皮/羊酒 羊の肉と酒。礼物に用いる/羊棲 羊を追いこむ柵/羊彘 羊と子豚/羊豚 羊と豚/羊乳 羊の乳/羊皮 羊の皮/羊髀 羊の脾骨でトう/羊酪 羊乳バター/羊欄 羊牢/羊牢 羊棲

↓羯羊・羵羊・犧羊・駆羊・犬羊・牽羊・羔羊・山羊・相羊・攘羊・神羊・喪羊・牴羊・羝羊・屠羊・亡羊・望羊・牧羊・綿羊・緬羊・野羊・羚羊

常 【妖】 7 4243 〔媄〕 11 4443 ヨウ(エウ) あでやか あやしい

篆文

形声 正字は媄に作り、芺声、芺は笑の初文。〔説文〕十二下に「巧なり。一に曰く、女子の笑ふ皃なり」とし、「詩に曰く、桃の媄媄たる」と〔詩、周南、桃夭〕の句を引く。今本は「夭夭」に作る。「巧なり」も「巧笑なり」の誤りであろう。芺(笑)は手をあげて舞う巫女の形。その姿態を夭という。巫が神がかりの状態にあって神託をのべることを若といい、これをまがごとすることもあって、示部一上の祅に「地、物に反するを祅と爲すなり」とあり、神怪のことをいう。字はまた訞と通用する。人の妖艶なるものも、衒媚のおそれがあるというので、また妖という。

訓義 ①あでやか、なまめかしい。②あやしい、まがごと。③もののけ、地の怪。④字はまた祅・訞に作る。

古訓 〔新撰字鏡〕妖 加美奈支(かみなぎ)〔名義抄〕妖 ウルハシ・ナマメイタリ・カホヨシ・ヨキヲムナ・ワザハヒ・ヤサシ・タブロカス・マジログ・タヲヤカニ・カミナギ・ウツ・タマ

語系 媄・夭・窔・幺 yô は同声。幼・幽 yu も声義近く、身をくねらせて舞い、幽艶の趣があることをいう。若が神明の意に随順するのに対して、妖には衒媚、呪詛的な意がある。

【妖異】 怪異。〔後漢書、欒巴伝〕郡土に山川鬼怪多し。小人常に貲產を破りて以て祈禱す。巴、素より道術有り、能く鬼神を役す。乃ち悉く房祀を毀壞し、姦巫を翦理す。

是に於て妖異自ら消え、百姓～終に皆之れに安んず。

【妖艶】ようえん（えうえん） あでやか。〔甌北詩話、九〕（呉梅村の詩）梅村の詩は、本と香奩體より入手す。故に一たび兒女閨房の事に渉るときは、輒ち千嬌百媚、妖艶（豔）人を動かす。～意有る處は、則ち情文兼ね至る。

【妖怪】ようかい（えうくわい） ばけもの。〔鶴林玉露、丙二、方士伝〕范曄、東漢の史を作り、方士の爲に傳を立つ。左慈の事の如き、妖怪特に甚だし。君子の道はざる所なるに、乃ち大書して之れを特書す。何ぞ其れ陋なるや。

【妖忌】ようき（えうき） 奇怪な禁忌の俗。〔後漢書、張奐伝〕河西、～其の俗、妖忌多し。凡そ二月・五月の產子、及び父母と同月にして生まるる者は、悉く之れを殺す。奐、示すに義方を以てし、嚴に賞罰を加へ、風俗遂に改む。

【妖僞】ようぎ（えうぎ） まどわす。〔後漢書、酷吏、陽球伝〕筆有るも牘に黜せず、辭、心に辯ぜず、手を假りて字を請ひ、妖僞百品なり。～是を以て有識も口を掩ひ、天下嗟歎す。

【妖凶】ようきょう（えうきよう） あやしくまがまがし。宋・欧陽脩〔日本刀の歌〕詩 百金もて傳へ入る、好事の手 佩服せば、以て妖凶を禳ふべし

【妖孼】ようげつ（えうげつ） 災異。〔中庸、二十四〕至誠の道、以て前知すべし。國家將に興らんとするときは、必ず禎祥有り。國家將に亡びんとするときは、必ず妖孼有り。蓍龜に見はれ、四體に動く。

【妖言】ようげん（えうげん） まがごと。〔史記、文帝紀〕今、法に誹謗妖言の罪有り。是れ衆臣をして敢て情を盡さざらしめ、上をして過失を聞くに由無からしむるなり。將た何を以て遠方の賢良を來さんや。

【妖胡】ようこ（えうこ） あやしげな胡人。〔南部新書、丙〕安祿山は肚垂るること膝を過ぐ。重さ三百五十斤、妖胡なり。

【妖蠱】ようこ（えうこ） 人をまどわすほど美しい。漢・張衡〔西京の賦〕妖蠱は夫の夏姬よりも豔にして、美聲は虞氏（魯の人虞公）よりも暢ぶ。

【妖災】ようさい（えうさい） わざわい。〔左伝、宣十五年〕天、時に反するを災ひと爲し、地、物に反するを妖と爲し、民、德に反するを亂と爲す。亂るるときは則ち妖災生ず。故に文、正に反するを乏と爲す。盡く狄に在り。

【妖術】ようじゅつ（えうじゅつ） 妖邪の術。〔元史、順帝紀五〕蘄州羅田縣の人徐貞一、名は壽輝、黃州麻城の人鄒普勝等と、妖術陰謀を以て衆を聚め、遂に兵を擧げて亂を爲し、紅巾を以て號と爲す。

【妖祥】ようしょう（えうしやう） 禍福。吉凶。〔周礼、春官、眡祲〕十煇の灋（法）を掌り、以て妖祥を觀て吉凶を辨ず。～安宅敍降（祓い移すこと）を掌る。

【妖燭】ようしょく（えうしよく） ふしぎな燭。〔開元天宝遺事、天宝上、妖燭〕寧王、聲色を好む。人の、燭百炬なるを獻ずる有り。～夜筵、賓妓閒はり坐し、酒酣にして狂を作すに至る每に、其の燭則ち昏然として物の掩ふ所あるが如し。罷めば則ち復た明らかなり。其の怪を測る莫きなり。

【妖精】ようせい（えうせい） 妖怪。明・高啓〔軍装を観る、十詠、刀〕詩 大食（国）より千金もて購ふ 妖精、太陰に泣く 燈前、匣を開きて看れば 限り無し、君に許すの心

【妖賊】ようぞく（えうぞく） 衆を惑わし乱を爲すもの。〔三国志、呉、孫堅伝〕會稽の妖賊許昌、句章に起り、自ら陽明皇帝と稱す。～衆、萬を以て數ふ。

【妖態】ようたい（えうたい） 媚態。〔後漢書、梁冀伝〕冀の妻孫壽、～色美にして善く妖態を爲す。愁眉・啼粧・墮馬髻・折腰步・齲齒笑を作し、以て媚惑を爲す。

【妖童】ようどう（えうどう） 美少年。また、男色。〔後漢書、仲長統伝〕（昌言、理乱篇）豪人の室、連棟數百、～妖童美妾、綺室に塡ち、倡謳伎樂、深堂に列す。

【妖氛】ようふん（えうふん） 妖邪の気。魏・文帝〔剣を送る書〕僕に劍一枚有り。明珠もて首に標し、藍玉もて靶を飾る。用つて左右に給し、以て妖氛を除はしむ。

【妖変】ようへん（えうへん） あやしい変異。〔論衡、感虚〕傳書に言ふ、倉頡の書を作るや、天は粟を雨ふらせ、鬼は夜哭すと。此れ文章興りて、亂漸く見はるるを言ふ。故に其の妖變、天は粟を雨ふらせ、鬼は夜哭するを致すなり。

【妖魔】ようま（えうま） 妖怪。宋・欧陽脩〔徂徠集を読む〕詩 舊藁偶ま自ら錄す 滄溟の一蠡のみ ～之れを存して後世を警む 古鑑、妖魔を照らさん

【妖妄】ようもう（えうまう） 奇怪なでたらめ。〔後漢書、方術下、劉根伝〕太守史祈、根を以て妖妄と爲し、乃ち收執して～曰く、～若し果して神有らば、一驗事を顯はすべし。爾らずんば立ろに死せんと。根～左顧して嘯す。頃らく有りて、祈の亡父祖近親數十人、皆反縛して前に在り。

【妖冶】ようや（えうや） なまめかしい。明・帰有光〔山茶〕詩 往往にして紅花を開く 偏に白雪の中に在り 富貴の姿を具ふと雖も 妖冶の容に非ず

【妖麗】ようれい（えうれい） なまめかしく美しい。また、その女。晉・陸機〔擬古詩、十二首、東城一に何ぞ高きに擬す〕京洛、妖麗多し 玉顏、瓊蕤に侔し

【妖惑】ようわく（えうわく） まどわす。〔後漢書、劉陶伝〕時に鉅鹿の張角、大道に僞託して、小民を妖惑す。

➡妖悪 まがごと／妖雲 悪雲／妖禜 邪悪な祭／妖婉 妖冶／妖訛 でたらめ／妖恠 妖怪／妖玩 美女／妖気 あやしい気配／妖姫 人をまどわす美人／妖鬼 妖怪／妖教 邪教／妖嬌 妖冶／妖釁 妖邪のきざし／妖妍 妖冶／妖愆 邪悪／妖幻 幻怪／妖狐 狐／妖媚 狐媚／妖姣 あやしくあでやか／妖倖 妖嬖／妖姿 あでな姿／妖邪 よこしま／妖寿 夭寿／妖獣 邪神／妖人 魔法使い／妖彗 ほうき星／妖声 不吉な声／妖星 ほうき星／妖眚 わざわい／妖誕 あやしくでたらめ／妖靡 妖冶／妖巫 妖術を行う巫／妖服 奇服／妖物 物の怪／妖嬖 なまめかしいお気に入りの者／妖魅 妖怪／妖夢 悪夢／妖霧 悪霧／妖沴 あやしい悪気／妖厲 あやしい悪気

➡姦妖・研妖・幻妖・災妖・詩妖・祥妖・人妖・瑞妖・草妖・服妖・物妖・氛妖・面妖・妄妖・木妖・冶妖・夜妖・幽妖・余妖・謡妖・霊妖

【甬】 7 1722 ヨウ トウ おけ

篆文 

金文 

象形 上部に繫けるところのある筩形の器、桶の初文。〔説文〕七上に「甹木の華、甬甬然たり」と花の開くさまをいうとし、「马に從ひ、用聲」とするが、全体が象形の字である。马は七上に「嘾むなり。甹木の華未だ發かず、圅然たるなり」とあって、華の咲ききらぬ意とし、甬をその開くさまをいうとするが、字形的にも马や圅と関係のある字ではない。金文の〔毛公鼎〕の車服賜与の中に「金甬」があり、車の軛端につける鈴飾りの吉陽甬をいう。甬はその小鈴の象形。〔後漢書、輿服志上〕に字を筩に作るが、甬がその初文である。

訓義 ①おけ、おけの初文。②鐘の柄、鈴形の鐘。③花の開くさま、甬々。④踊と通じ、おどる。

声系 〔説文〕に甬声として通（通）・踊・誦・桶・俑・涌・恿など十一字を録する。恿は勇（勇）の古文。上下に直通するよう

な状態のものをいう。

語系 甬・踊・涌・蛹・勇（恿）jiong は同声。甬に筒形のもの、上下に動くものの意があり、みな甬の声義を承ける。

【甬道】（ようどう） 両側にかきのある道。また、複道。〔史記、秦始皇紀〕（二十七年）極廟より道して酈山（りざん）に通じ、甘泉前殿を作る。甬道を築き、咸陽より之れを屬（つら）ぬ。

↑甬路（ようろ） かまぼこ道

【佯】 8 2825 ヨウ（ヤウ） いつわる あざむく

形声 声符は羊（よう）。〔玉篇〕に「詐（いつは）るなり」とし、〔広雅、釈詁一〕の「弱きなり」とする訓を引く。〔史記、宋世家〕に「箕子（きし）は被髪佯狂して奴と為る」とあり、表面をいつわって振る舞う意。陽・様と通じて用いる。

訓義 1いつわる、あざむく、うわべをよそおう。2佯（よう）と通じ、たちもとおる。3よわい。4字はまた詳に作る。

古訓 〔名義抄〕佯 ヨシ・イツハル・イツハリゴト

語系 佯・陽・様（樣）jiang は同声。みな表面をいつわる意がある。

【佯狂】（ようきょう）（やうきやう） 狂気をよそおう。〔荀子、尭問〕然らば則ち孫卿は将聖（将（ほと）ど聖）の心を懐き、佯狂の色を蒙（かう）り、天下に視（しめ）すに愚を以てす。

【佯愚】（ようぐ）（やうぐ） 愚者のふりをする。魏・王粲〔王商論〕身を隠し深く藏（かく）ると雖も、猶ほ免るることを得ず。是（ここ）を以て甯武子は佯りて愚となり、接輿（せつよ）は狂と為る。困の至りなり。

【佯走】（ようそう）（やうそう） 敗走をよそおう。〔史記、淮陰侯伝〕大いに戦ふこと良（や）や久し。是（ここ）に於て（韓）信・張耳、詳（いつ）（佯）りて鼓旗を弃（す）てて、水上の軍に走る。～信出だす所の奇兵二千騎、～則ち馳（は）せて趙壁に入り、皆趙の旗を抜く。

↑佯言（ようげん） うそをいう／佯死（ようし） 死んだまねをする／佯称（ようしょう） 佯言／佯睡（ようすい） 狸寝入り／佯酔（ようすい） 酔ったふり／佯遁（ようとん） 佯走／佯背（ようはい） 佯走／佯敗（ようはい） 佯走／佯病（ようびょう） 仮病／佯呆（ようほう） わからぬまねをする／佯北（ようほく） 佯走／佯眠（ようみん） 佯睡

↓倘佯・詐佯・尚佯・相佯・徜佯・倡佯・彷佯・望佯

【佚】 8 2823 ［倂］ 9 2924 ［媵］ 13 7924 ヨウ おくる つきびと

篆文 **形声** 声符は关（そう）。关に媵・賸（よう）の声がある。〔説文〕八上に正字を倂に作り、「送るなり」と訓し、弃（せん）声とする。朕（ちん）の金文の字形から考えると、字は火に従うものではなく、貝を奉ずる形とみられ、賸（おく）ることを原義とする字であろう。〔説文〕にまた「呂不韋曰く、有侁（いうしん）氏、伊尹（いいん）を以て女を佚る」と〔呂覧、本味〕篇の文を引く。いまその字を媵に作る。女子の嫁に従うものを媵という。金文の〔毛公鼎〕に「女（なんぢ）に玆（こ）の关（おくりもの）を賜ふ」とあって、关がこれらの字の初文である。

訓義 1おくる。2字はのち媵に作り、つきびと。

古訓 〔新撰字鏡〕佚 送るなり。媵の字なり 〔名義抄〕关 マウス・オクル

部首 〔説文〕に关（弃）を収めないが、关声とする字を多く収めており、おそらく脱したものであろう。〔玉篇〕には「弃は火種なり」とみえる。

声系 〔説文〕に关（弃）声として佚・送（送）、また朕声として賸（賸）・賸・騰（騰）・滕・勝（勝）など十三字を収める。关の声義を承け、移送の義をもつものが多い。

語系 佚・媵・賸 jiang は同声。关はものを奉じて人に贈る意の字。关も同声であろうと思われる。

【杳】 8 4060 ヨウ（エウ） くらい はるか ふかい

篆文 **会意** 日＋木。日が森に沈む意。〔説文〕六上に「冥（くら）きなり。日の木下に在るに従ふ」とあり、薄明の意から、遥か、遠い、深いの意となる。日が木に在るのは杲（こう）、明らかの意。東を日と木の会意とするのは誤りで、その初文は橐（ふくろ）の象形。橐は東に石（宕（とう））声を加えた字である。

訓義 1くらい、日が沈む。2はるか、とおい、ふかい、さだかでない。

古訓 〔名義抄〕杳 クラシ・フカシ・ヒロシ・トホシ・ハルカ・ハルカナリ・クロシ 〔篇立〕杳 ヒクル・ツトム・ヤミ・ウツ・クラシ・コハシ・ユフベ

語系 杳・窔 yô は同声。窈・黝・幽 yu、また奥（奧）uk は声義近く、同系の語である。

【杳靄】（ようあい）（えうあい） ふかくくらい。宋・欧陽脩〔有美堂記〕閩商（びんしやう）海賈、風帆浪舶、江濤浩渺（かうべう）、煙雲杳靄の間に出入す。

【杳乎】（ようこ）（えうこ） 深く広いさま。〔管子、内業〕是の故に民の氣は、杲乎（かうこ）として天に登るが如く、杳乎として淵に入るが如く、淖乎（てうこ）として海に在るが如く、卒乎（そつこ）として己に在るが如し。

【杳邃】（ようすい）（えうすい） おく深い。〔水経注、贛水〕西行二十里を散原山と曰ふ。疊嶂（でふしやう）四周し、杳邃にして趣有り。晉の隆安の末、沙門竺曇顯、精舎を山南に建つ。僧徒、遠きより至る者相ひ繼ぐ。

【杳然】（ようぜん）（えうぜん） はるかなさま。〔旧唐書、文苑下、元徳秀伝〕秩滿ちて、南のかた陸渾（りくこん）に遊び、佳なる山水を見て、杳然として長往の志有り。乃ち廬を山阿に結ぶ。

【杳窕】（ようちょう）（えうてう） はるかで遠いさま。唐・杜甫〔白沙渡〕詩 差池（しち）として舟楫（しうしふ）を上らせ 杳窕として雲漢（天の川）に入る

【杳漠】（ようばく）（えうばく） はるかではっきりしないさま。〔拾遺記、二、夏禹〕夫（そ）れ神迹は求め難く、幽暗は辨ずる罔（な）し。～夫（か）の茫茫たる禹跡、杳漠たる神源の若（ごと）きは、末俗の能く推辨する所に非ず。

【杳昧】（ようまい）（えうまい） はるかで暗い。〔拾遺記、五、前漢上〕帝曰く、悠なる哉（かな）、杳昧、神に通じ理に達する者に非ざれば、斯（こ）の道を語るべきこと難し。

【杳杳】（ようよう）（えうえう） はるかなさま。宋・蘇軾〔澄邁駅通潮閣、二首、二〕詩 餘生老せんと欲す、海南の村 帝、巫陽を遣はして我が魂を招かしむ 杳杳として天低（た）れ、鶻沒する處 青山一髮、是れ中原

↑杳鬱（ようう） 幽深／杳忽（ようこつ） はるかで、かすか／杳若（ようじゃく） 杳然／杳深（ようしん） 幽深／杳絶（ようぜつ） はるかに、とおい／杳微（ようび） はるかで、かすか／杳眇（ようびょう） はるかに、とおい／杳淼（ようびょう） はるかに、とおい／杳漫（ようまん） はるか／杳溟（ようめい） はるかで、くらい／杳窅（ようよう） はるかでとおいさま

↓空杳・深杳・幽杳・林杳

【殀】 8 1223 ヨウ（エウ） わかじに ころす

形声 声符は夭（よう）。夭に夭若の意がある。〔玉篇〕に「歿なり。短折を殀と曰ふ」とあり、〔孟子、尽心上〕に、殀と寿とを対称する。〔礼記、王制〕「夭を殀（ころ）さず」とは、狩りするにあたって獣の子を殺さず、その蕃育をはかることをいう。

訓義 1わかじに、はやじに。2ころす、わかきをころす。

古訓 〔篇立〕殀 キル・シヌ

【殀寿】（ようじゅ）（えうじゅ） 若死にと長生き。〔孟子、尽心上〕殀壽貳（うたが）はず、身を修めて以て之れを俟（ま）つ、命を立つる所以（ゆゑん）なり。

↑殀札（ようさつ） 夭折／殀殂（ようそ） 夭折／殀亡（ようぼう） 夭折

【俑】 9 2722 ヨウ ひとがた

篆文 **形声** 声符は甬（よう）。甬は筒形の器の形。〔説文〕八上に「痛むなり」とするが、〔孟子、梁恵王上〕「始めて俑を作る者は、其れ後（子孫）無からんか」〔礼

記、檀弓下」「俑を爲る者を謂ふ、不仁なり」のように、墓中に入れる土人形の類をいう。おそらく葬に代えて用いられたものであろう。悪例を開くことを「俑を為す」という。

訓義 ①ひとがた、木人、偶人。②いたむ。

語系 俑・甬・蛹jiongは同声。甬は筒形の器、俑・蛹は形の類似を以て名づけたものであろう。

【姚】 9 4241 ヨウ(エウ) チョウ(テウ) みめよい

篆文 

形声 声符は兆。兆に珧・銚の声がある。〔説文〕十二下に「虞舜、姚の虚に居り、因りて以て姓と爲す。女に從ひ、兆聲。或いは姚嬈と爲すなり。史篇に以て姚易と爲すなり」とあり、虞舜の姓のほかに、美しい、かるがるしいなどの意がある。

訓義 ①みめよい、うつくしい。②かるがるしい。③虞舜の姓。④あなどる、かろんずる。⑤佻と通じ、つよくはやい。

古訓 〔名義抄〕姚 ナヤマス 〔篇立〕姚 ウカラメ

語系 姚jiô、窈yu、夭yôは声義近く、みな女子のあでやかな姿態をいう。

【姚黄】ようこう(えうくわう) 牡丹。姚家の姚黄花。宋・欧陽脩〔洛陽牡丹記、花釈名〕姚黄は千葉黄花、民姚氏の家に出づ。~姚氏、白司馬坂に居る。~一歳に數朶に過ぎず。~錢思公嘗て曰く、人、牡丹を花の王なりと謂ふ。今姚黄は眞に王爲るべし~と。

↑姚易 軽佻/姚佚 労逸/姚遠 遠い/姚花 姚黄/姚似 舜と禹/姚冶 美しい/姚姚 美しく盛んなさま

↓遠姚・二姚・嫖姚

【昜】 9 6022 ヨウ(ヤウ) ひかり

篆文 甲骨文 金文 

象形 台上に玉をおき、その玉光が下方に放射する形。もと玉光をいう字である。それを魂振りの儀礼に用いたので、飛揚の意がある。〔説文〕九下に「開くなり。日と一と勿とに從ふ。一に曰く、飛揚するなり。一に曰く、長なり。一に曰く、彊き者衆き皃なり」と三義を列する。揚・長・彊はみな畳韻の字。〔繫伝〕に「日は開明なる所以なり。~會意」とするが、昜は全体を象形として解するのがよい。金文に「對揚」という語があり、恩命にこたえる意。その揚を瑒に作ることが多く、これは台上の玉を捧げる形。魂振りの呪儀を以て、恩命にこたえる意を示す。昜声の字に、その義を承けるものが多い。

訓義 ①ひかり、玉の光、玉の光を以て魂振りする。②陽の初文、陽は聖所に玉をおく意。

古訓 〔新撰字鏡〕昜 日見はるるなり。暉なり。光明なり。比乃加佐(ひのかさ)〔名義抄〕昜 古の飛なり。トブ

声系 〔説文〕に昜声として、禓・瑒・揚・場・陽・鍚(傷)および昜声を加えて二十七字を収める。禓・場はともに道上祭、墓の玄室に入る羨道で行う鎮魂の儀で、古くは玉を呪器として用いたのであろう。瑒は宗廟に祭る玉器をいう。

語系 昜・禓・揚・颺・陽jiangは同声。昜は玉を揚げて魂振りする意。昜声の字にまた多く高揚の意がある。瘍jiang、痒ziangは傷つけられた状態をいう。昜声の字は傷・慯・殤sjiangなど、みな昜を上から覆う形で、魂振りと逆の場合、それで創・愴・瘡tshiangと近い意となる。

参考 昜jiangと易jiekとは字形近く、声もまた近い。易に改易の意があり、これも玉光を示し、魂振りの意をもつ字であろうと思われる。金文に賜を易に近い形にしるすことがあるが、これは爵を以て酒を注ぐ形で、字原が異なる。

【枼】 9 4490 ヨウ(エフ) セイ ふだ よ

篆文 

会意 世+木。世は木に三本の枝を生ずる形。新しい枝を加える意。〔説文〕六上に「楄なり。枼は薄きものなり」とする。金文に世の繁文として用いる。枝上に生ずるものを葉(葉)という。

訓義 ①ふだ、うすい木、木ふだ。②世と通じ、よ、世代。③楪と通じ、まど。

声系 〔説文〕に枼声として葉・諜・牒・褋・渫など十二字を収める。薄い札状の意をもつものが多い。

語系 枼・葉jiapは同声。蹀dyapは声義近く、ひらひらするような状態のものをいう。

【枼万】せいばん 万世。〔古文苑、詛楚文〕昔、我が先君穆公及び楚の成王、盟つて曰く、~枼萬子孫、相ひに不利を爲すこと毋からんと。

常 【洋】 9 3815 ヨウ(ヤウ) ショウ(シャウ) ひろい あふれる うみ

篆文 古印璽 

形声 声符は羊。〔説文〕十一上に洋水を斉の水名とするが、〔爾雅、釈詁〕に「多きなり」とあり、水の洋洋たるをいう。洋にまた祥(祥)の音があり、「湯湯」というのと同じ。

訓義 ①ひろい、ひろやか。②おおい、あふれる、さかん。③うみ、大波、大海、大洋。④海外、外国。

古訓 〔名義抄〕洋 ワク・タ、フ・トク・オホユ・ユタカナリ/洋洋 ヤウ/\トタ゛ヨフ 〔篇立〕洋 シヅカニ・タ、フ・タ゛ヨフ・ユタカ・ト、フ・ワカセル・ワタ・ヒタ、ラス

語系 洋・揚・陽・颺jiangは同声。すべて汪洋として盛んなさまをいう。〔詩、衛風、氓〕「淇水湯湯として 車の帷裳を漸す」の湯sjiangは、洋にもまたその声があり、通用する。

【洋溢】ようい(やういつ) みちあふれ、広くひろがる。〔中庸、三十一〕言聲名中國に洋溢し、施いて蠻貊に及ぶ。

【洋煙】ようえん(やうえん) 阿片。〔輶軒語、語行〕洋煙を吸食するを戒む。世閒の人を害する物、此れより烈しきは無し。此の事は乃ち古今の奇變、常情常理を以て論ずべからざる者なり。

【洋洋】ようよう(やうやう) 広大なさま。盛大なさま。美しく立派なさま。充溢するさま。〔中庸、二十七〕大なる哉、聖人の道、洋洋乎として萬物を發育し、峻くして天に極る。

↑洋夷 西洋人/洋員 外国人の官吏/洋火 マッチ/洋貨 外国品/洋画 西洋画/洋海 大海/洋款 借款/洋気 外国風/洋行 外国店/洋紙 外国紙/洋商 洋行/洋人 外国人/洋然 茫然/洋中 海中/洋泌 盛んに流れる/洋普 普及する/洋兵 外国兵/洋務 外務/洋面 海面/洋薬 阿片/洋輪 外国船/洋蠟 洋蠟燭

↓遠洋・汪洋・海洋・開洋・外洋・洸洋・浩洋・汹洋・西洋・大洋・東洋・南洋・放洋・茫洋・望洋・滂洋・北洋・莽洋

【祅】 9 3223 ［䄏］ 13 3423 ヨウ(エウ) わざわい まがごと

篆文 

形声 正字は䄏に作り、芺声。〔説文〕一上に「地、物に反するを䄏と爲すなり」という。〔左伝、宣十五年〕「天、時に反するを災ひと爲し、地、物に反するを妖と爲す」とあるのによる。字は妖を用いることが多い。〔漢書、五行志中之上〕に、「凡そ艸木の類、之れを妖と謂ふ」と芺の字形によって説くが、芺は巫女が手をあげて舞い、夭屈して祈る形で艸に従う字ではない。虫部十三上の蠥字条に「衣服・歌謠・艸木の怪、之れを䄏と謂ふ」とあって艸木に限らず、すべて奇邪のものは妖とされた。〔楚辞、天問〕に「妖夫曳衒す」

とは、神がかりの状態となって、奇語を発することをいう。

訓義 ①わざわい、まがごと。②あやしい。

語系 祅(禖)・夭・妖yôは同声。みな夭の声義を承け、巫舞によって呪儀を行うことをいう。

＊語彙は妖字条参照。

【祅怪】ようかい(えうくわい) もののけ。変化。〔荀子、天論〕道に循ひて貣はざれば、則ち天も禍ひすること能はず。故に水旱も之れをして飢ゑしむること能はず、寒暑も之れをして疾ましむること能はず、祅怪も之れをして凶ならしむること能はず。

【祅孼】ようげつ(えうげつ) わざわい。〔漢書、鼂錯伝〕(対策)然る後、陰陽調ひ、四時節あり、日月光あり、風雨時あり、膏露降り、五穀熟し、祅孼滅し、賊氣息み、民、疾疫あらず。

【祅言】ようげん(えうげん) 人を惑わすことば。妖言。〔漢書、眭弘伝〕昭帝幼し。大將軍霍光、政を秉り、~(内官長)賜、孟(眭弘)、妄りに祅言を設け、衆を惑はし、大逆不道なり。皆誅に伏すと奏す。

【祅祥】ようしよう(えうしやう) 吉凶。〔国語、晋語六〕臚言(世上の言)を市に風聽し、祅祥を謠(歌謡)に辨じ、百事を朝に考へ、謗譽を路に問ひ、邪有らば之れを正す。

【祅変】ようへん(えうへん) 異変。〔後漢書、蔡邕伝〕天、大漢に於て殷勤(懇切な心)已まず。故に屢〻祅變を出して以て譴責に當て、人君をして感悟せしめんと欲す。

↑祅訛 わざわい/祅辞 祅言/祅祲 妖気/祅鳥 怪鳥/祅氛 妖氛/祅惑 惑わす/祅邪 邪悪/祅姫 妖姫/祅凶 邪悪/祅災 わ

常 【要】 9/1040 〖要〗 9/1040 ヨウ(エウ) こし かなめ もとめる

篆文 古文 金文

象形 女子の腰骨の形で、腰(腰)の初文。〔説文〕三上に「身の中なり。人の要に象る」という。臼の部分は腰部の骨盤の形。人体の最も枢要な部分であるから、重要の意となり、要約の意となる。邀える意は、邀との音の通用の義である。

訓義 ①こし。②かなめ、しめくくり、すべる、あつめる。③邀と通じ、もとめる、あたる、しらべる、ただす、めす、あう。④かならず、~せんとす。⑤天と通じ、くねる。

古訓 〔名義抄〕要 モトム・カナラズ・ネガフ・オヒタリ・サハラ・モハラ・チギル・ニハカニ・メス・トシ 〔字鏡集〕要 モトム・チギル・イル・カナラズ・チカフ・ヲヒタリ・ヨル・ウク・モテ・メス・ハタ・モハラ・ネガフ・ニハカニ・サハク・ヘダツ・トシ

語系 要iôは邀kyô・jiôkと声の通ずるところがあり、邀に邀撃・邀求の意がある。

【要害】ようがい(えうがい) 険要の地。漢・賈誼〔過秦論、上〕南は漢中を取り、西は巴蜀を擧げ、東は膏腴の地を割き、(北は)要害の郡を收む。諸侯恐懼し、會盟して秦を弱めんことを謀り、~合從して交はりを締び、相ひ與に一と爲る。

【要義】ようぎ(えうぎ) 要旨。宋・曽鞏〔王深甫に与ふる書〕此れ吾が徒學ぶ所の要義なり。相ひ去ること遠きを以て、故に略之れに及ぶ。

【要近】ようきん(えうきん) 権要側近の臣。梁・沈約〔孔稚珪の違制啓仮の事を奏弾す〕臣稚珪、歴りに朝班を奉じ、頻りに要近に登る。九棘(卿相)の任、理、休謁無し。~違犯の條、猶ほ合に約黜すべし。

【要結】ようけつ(えうけつ) 約束する。〔左伝、文十二年〕寡君~不腆なる先君の敝器、下臣をして諸れを執事に致し、以て瑞節と爲し、好命を要結せしむ。

【要荒】ようこう(えうくわう) 辺境の地。〔新序、雑事二〕昔者唐虞、九賢を崇擧して之れを位に布き、海内大いに康く、要荒來賓し、麟鳳郊に在り。

【要最】ようさい(えうさい) 重要事。蜀・諸葛亮〔陸遜に与ふる書〕家兄(瑾)年老い、恪(瑾の子)は性疏なり。今、糧穀を典主せしむ。糧穀は軍の要最なり。僕遠きに在りと雖も、竊かに用って安んぜず。足下、~之れを轉ずることを爲せ。

【要術】ようじゆつ(えうじゆつ) 重要な方法。〔荀子、議兵〕臨武君、對へて曰く、上は天の時を得、下は地の利を得、敵の變動を觀て、之れに後れて發し、之れに先んじて至る。此れ用兵の要術なりと。

【要衝】ようしよう(えうしよう) 交通。また、攻防の要所。宋・岳飛〔奏して鎮南軍承宣使を辞する第三状〕況んや九江は乃ち控扼の重地、武昌に連なりて襟帶の要衝なり。~周瑜の曹公(操)を赤壁に敗る所以なり。

【要人】ようじん(えうじん) 権要の人。重要な地位にいる人。〔宋書、顔延之伝〕子竣、既に貴重となり、權、一朝を傾く。~常に竣に語りて曰く、平生要人を見るを喜ばざるに、今不幸にして汝を見ると。~江左には顔・謝(霊運)と稱す。

【要道】ようどう(えうだう) 大切な道。〔孝経、開宗明義章〕先王に至徳要道有りて、以て天下に順ふ。民用って和睦し、上下怨み無し。汝之れを知るか。

【要眇】ようびよう(えうべう) あでやかで美しい。〔楚辞、九歌、湘君〕君、行らずして夷猶す 蹇、誰をか中洲に留まつ 美(神巫)、要眇として宜く修む 沛として吾れ桂舟に乗る

【要妙】ようみよう(えうめう) 美しい。また、玄妙。〔三国志、呉、劉惇伝〕惇、諸術に於て皆善くす。尤も太乙に明らかなり。皆能く其の事を推演し、要妙を窮盡す。

【要務】ようむ(えうむ) 大事な仕事。〔史記、叔孫通伝〕迺ち叔孫通を拜して太常と爲す。~皆五百斤の金を以て諸生に賜ふ。諸生迺ち皆喜んで曰く、叔孫生は誠に聖人なり。當世の要務を知ると。

【要盟】ようめい(えうめい) 無理に誓わせる。〔左伝、襄九年〕要盟は質(誠)無し。神、臨まざるなり。~明神は要盟を蠲しとせず。之れに背くとも可なり。

【要約】ようやく(えうやく) 要旨をまとめる。〔近思録、三〕伊川(程頤)曰く、學者先づ須らく(論)語・孟(子)を讀むべし。語・孟を窮め得ば、自ら要約の處有らん~と。

【要略】ようりやく(えうりやく) あらまし。〔淮南子、要略、注〕鴻烈の書二十篇を作る。略其の要を數へ、其の指す所を明らかにし、其の微妙を序し、其の大體を論ず。故に要略と曰ふ。

【要領】ようりよう(えうりやう) 腰と首。生命。また、重要な部分。要点。〔史記、大宛伝〕(張)騫、月氏より大夏に至るも、竟に月氏の要領を得ること能はず。

↑要案 要件/要会 会計/要概 概要/要帰 要旨/要貴 貴顕/要機 要旨/要求 求める/要急 急を要する/要御 迎え守る/要徼 重要な辺塞/要緊 重要/要屈 微行して身なりをやつす/要君 強引に君を犯す/要径 要路/要契 手形/要撃 迎え撃つ/要訣 重要な方法。奥の手/要険 険要/要顕 顕要/要倖 僥倖/要塞 重要なとりで/要察 吟味する/要刪 無駄をけずり要点だけとする/要斬 腰斬/要指 要旨/要事 要件/要質 誠実な約束/要遮 迎えさえぎる/要須 必要/要趣 要旨/要囚 吟味する/要処 要所/要所 要点/要壌 要地/要職 重要な職務/要枢 枢要/要誓 誓約/要請 強く求める/要切 切要/要絶 中断する/要素 必要な材質/要束 約束/要地 重要な地/要経 喪服/要典 重要な書/要途 要路/要服 五服の一/要復 伺候する/要目 必要な条目/要阨 待ち伏せする/要用 必要なこと/要路 重要な地位/要禄 禄を求める

↓会要・概要・肝要・款要・簡要・紀要・帰要・貴要・機要・久要・旧要・挙要・強要・緊要・襟要・契要・訣要・険要・権要・嶮要・顕要・功要・荒要・綱要・察要・撮要・至要・指要・事要・時要・執要・質要・主要・須要・需要・輯要・重要・所要・小要・衝要・信要・津要・枢要・崇要・政要・勢要・切要・節要・総要・大要・体要・治要・知要・提要・摘要・典要・凡要・秘要・必要・不要・兵要・辺要・法要・邦要・扼要・略要・録要

常
【容】 10 3060 ヨウ すがた かたち いれる ゆるす

篆文  古文  甲骨文  古印璽 

会意 宀+谷。宀は廟屋、谷は祝詞を収める器の㠯の上に、彷彿として神気があらわれる形。容とは神容をいう。その神容を拝することを願うを欲という。容・欲・裕・浴の従うところは、谿谷の谷とは別の字である。〔説文〕七下に「盛んなるなり。宀谷に従ふ」とするが、その会意の意を説かず、古文としてまた公(公)に従う字形をあげる。公は公廷・中廷の象で、儀礼の場所をいう。神容・容姿の意からいえば、谷に従うのがよい。

訓義 [1]すがた、神容、霊のすがた。[2]かたち、ようす、ふるまい。[3]いれる、うける、ゆるす、うべなう。[4]よろこぶ、やわらぐ、ゆとり、しずか。[5]まさに～すべし。[6]或と通じ、あるいは。

古訓 〔名義抄〕容 カホカタチ・カクル・イル・ウク・ホシイマ、・ユルス・スベシ・ユク・シヅカナル・ヒソカニ／容止 フルマヒ／阿容 オモネル／容與 ―トホシイマ、ニ／容易 タヤスシ／容皃 オベラセ

声系 〔説文〕に容声として溶・鎔など六字を収める。容は彷彿として神気のみつるさま。溶・鎔は容の声義を承け、渾然として融解する意がある。

語系 容・溶・鎔jiongは同声。融jiuəm、冶jiaは声義近く、もと一系をなす語である。裕・欲・浴jiokも声近く、俗ziokもその系列の語。

【容易】たやすい。清・銭謙益〔庚寅夏五月(順治七年)湖舫に憩ふ～、二十首、十〕詩 可に是れ承平の好時節 湖山、容易に神僊を著けん

【容隠】ゆるし、隠す。宋・唐庚〔訊囚〕功無くして國の祿を食む。竊みを去ること能く幾何ぞ。上官乃ち容隠し、曾て譴訶を加へず。

【容裔】ゆれる。うつくしい。ゆるやか。魏・曹植〔洛神の賦〕六龍、儼として其れ首を齊しうし、雲車の容裔たるに載る。

【容顔】容色。楚・宋玉〔神女の賦〕是に於て珮飾を搖かし、玉鸞を鳴らし、衣服を整へ、容顔を斂め、女師を顧みて太傅に命ず。

【容輝】美しい姿。〔文選、古詩十九首、十六〕錦衾、洛浦に遺り 同袍、我と違ふ 獨宿、長夜を累ね 夢想、容輝を見る

【容儀】礼容。たちいふるまい。〔南史、陳宣帝紀〕長ずるに及び、容儀を美くし、身の長け八尺三寸、手を垂るれば膝を過ぐ。～騎射を善くす。

【容光】光の入るすきま。また、容色。唐・劉希夷〔公子行〕詩 古來、容光、人の羨む所 況んや復た今日、遙かに相ひ見るをや

【容膝】やっと坐れる狭い室。晉・陶潛〔帰去来の辞〕南窗に倚りて以て傲を寄せ、膝を容るるの安んじ易きを審らかにす。

【容色】顔かたちが美しい。唐・沈既済〔任氏伝〕偶ま三婦人の道中に行くに値ふ。中に白衣の者有り、容色姝麗なり。

【容接】近づきになる。〔後漢書、党錮、李膺伝〕是の時朝庭日に亂れ、綱紀積陁す。膺、獨り風裁を持し、聲名を以て自ら高くす。士、其の容接を被ること有る者、名づけて登龍門と爲す。

【容忍】許してがまんする。〔漢書、王嘉伝〕(上疏)唯だ陛下、神を擇賢に留め、善を記し過ちを忘れ、臣子を容忍し、責むるに備はらんことを以てする勿れ。

【容媚】とりいり、へつらう。〔後漢書、桓譚伝〕王莽の居攝簒弒の際に當り、天下の士、競ひて德美を褒稱し、符命を作りて以て容媚を求めざる莫し。譚、獨り自ら守り、默然として言無し。

【容服】儀容や服飾。〔韓非子、五蠹〕是の故に亂國の俗、其の學者は、則ち先王の道を稱して、以て仁義を藉り、容服を盛んにして辯說を飾り、以て當世の法を疑はしめ、人主の心を貳はす。

【容貌】かおかたち。すがた。宋・蘇轍〔枢密韓太尉(琦)に上まつる書〕翰林歐陽公を見て、其の議論の宏辯なるを聽き、其の容貌の秀偉なるを觀、其の門人の賢士大夫と游び、而る後に天下の文章、此に聚まるを知るなり。

【容冶】すがたが美しい。〔顔氏家訓、文章〕屈原、才を露はし己を揚げ、君の過ちを顯暴(あらわ)にす。宋玉は體貌容冶、俳優もて遇せらる。

【容与】心のままにくつろぐ。〔書譜、下〕若し運用、精熟を盡し、規矩、胸襟に諳らんぜば、自然に容與徘徊し、意先に筆後に、蕭灑流落して、翰(筆)逸し神(心)飛ばん。

【容容】さかんに動き流れるさま。〔楚辞、九歌、山鬼〕表として獨り山の上に立てば 雲、容容として下に在り

↑容悦 こびへつらう／容仮 ゆるす／容華 美しい顔かたち／容喙 口を出す／容観 姿をととのえる／容含 抱容する／容許 推測される／容賢 賢者を用いる／容護 守る／容好 姿がよい／容姿 すがたかたち／容赦 ゆるす／容臭 におい袋／容恕 ゆるす／容状 姿／容情 情を通じる／容譲 許容する／容飾 身を飾る／容刃 切りつける／容遂 ゆったりとしたさま／容制 形式／容済 もてなす／容盛 入れる／容胥 ゆるしおく／容足 一歩の地／容貸 見逃す／容典 作法書／容諂 こびる／容刀 儀式用の刀／容頭 口出し／容匿 かくまう／容徳 容儀と行い／容納 受け入れる／容範 風采／容庇 かばう／容美 容色／容表 様子／容覆 ゆるしかばう／容物 器量が大きい／容保 保つ／容放 放置する／容裕 寛やか／容養 育てる／容留 収容する／容諒 ゆるす

↓威容・偉容・雲容・婉容・艶容・音容・温容・花容・佳容・華容・改容・海容・寛容・顔容・徽容・儀容・許容・玉容・勤容・軍容・形容・姸容・言容・山容・姿容・失容・取容・収容・秀容・秋容・修容・愁容・淑容・粛容・春容・悛容・従容・縦容・陣容・塵容・衰容・悴容・酔容・正容・声容・清容・盛容・接容・川容・先容・壮容・痩容・尊容・惰容・端容・動容・内容・美容・婦容・丰容・風容・変容・包容・乏容・冶容・雍容・理容・礼容・麗容・斂容・和容

【恙】 10 8033 ヨウ(ヤウ) つつが うれい やまい

篆文 

形声 声符は羊。〔説文〕十下に「憂ふるなり」、〔玉篇〕になお「病なり」の訓を加える。〔詩、邶風、二子乗舟〕「中心養養たり」の〔毛伝〕に「養養然け憂へて定むる所を知らず」とあり、養(養)は恙の意。〔呂覧、異用〕に、孔子が弟子を迎えるとき、「子の父母、恙っ有らざるか」と問うたという。恙虫は「けだに」の幼虫、風土病の病原体を媒介するものとしておそれられた。

訓義 1つつが、つつがむし。2うれい。3やまい。
古訓 〔名義抄〕恙 憂ふるなり。ツ、ガ・ウレフ 〔字鏡集〕恙 ウレフ・ヤマヒ・ツ、ガ
↓痾恙・疾恙・小恙・疹恙・疲恙・微恙・無恙

【朕】 10 7823 〔舭〕 12 2843 ヨウ チン おくる われ

篆文

甲骨文

金文

会意 正字は舭に作り、舟＋关。〔説文〕八下に「我なり」と訓するが、その形義については「闕」、すなわち未詳とする。また音を「直禁切」とする。天子一人の称として用いる。古く卜文・金文にも一人称として用いるが、その古音はおそらく賸送の賸の音であったかと思われる。舟は盤、关はものを両手で奉ずる形、朕に従う字は、みなこの关の声義を承ける。关は送（送）の初文である。

訓義 1おくる。2われ、古くは予・余に近い音であった。のち「チン」の音でよみ、天子一人の称とする。

古訓 〔名義抄〕朕 ワレ 〔字鏡集〕朕 ワレ・キザシ

声系 〔説文〕に朕声として幐（幐）・滕・賸・勝（勝）など十二字を収めるが、一として「直禁切」の声に従うものはない。朕は盤にものを奉じて賸送する意で、賸がその本音、幐・勝の音はその転音と考えられる。

語系 朕・关・佚・媵・賸jiəngは同声。みな送る意がある。关は〔説文〕未収の字であるが、〔説文〕八上に「佚は送るなり」とあり、「呂不韋曰く、有侁氏、伊尹を以て女を佚る」の文を引き、媵と同字とする。朕は古く余・予jiaと声近く、それで朕もまた一人称として用いられたのであろう。天子には予一人・余一人という。朕も同じ語で、のち音をかえて、天子一人の専称としたものと思われる。

＊語彙は朕字条参照。

【涌】 10 3712 〔湧〕 12 3712 ヨウ わく あふれる

篆文

形声 声符は甬。甬は筒形の器。上下に通ずる形のものをいう。〔説文〕十一上に「滕がるなり」、滕字条十一上に「水、超涌するなり」とあって、井戸水などの湧出することをいう。〔公羊伝、昭五年〕「濆泉とは何ぞ、直泉なり。直泉とは何ぞ、涌泉なり」とあり、水が涌出する意である。

訓義 1わく、水がわき出る。2ふきでる、あふれる。3たぎる。

古訓 〔名義抄〕涌・湧 ワク・タギル・アハ・アガル 〔字鏡集〕涌・湧 ワク・アガル・タギル・アワ・ノボル・ナミノアガルナリ

語系 涌・甬・踊・勇（勇）jiongは同声。筒形のもの、勢いを以て直上するような状態のものをいう。

【涌溢】 わき、溢れる。〔三国志、呉、呉主伝〕（太元元年）秋八月朔、大風あり。江海涌溢し、平地も深さ八尺、呉の高陵の松柏斯に抜け、郡城の南門、飛びて落つ。

【涌起】 わき上がる。〔後漢書、方術上、任文公伝〕時に天大いに旱す。刺史に白して曰ふ。五月一日、當に大水有るべし～と。～刺史之れを笑ふ。日將に中せんとし、天北に雲起り、須臾にして大雨あり、晡時（夕）に至り、湔水涌起すること十餘丈、廬舍を突壞し、害する所數千人。

【涌出】 わき出る。〔後漢書、安帝紀〕（元初）六年春二月乙巳、京師及び郡國四十二に地震あり。或いは坼裂し、水泉涌出す。

↑涌裔 水脈／涌煙 煙が上る／涌貴 騰起する／涌潏 水がわき出す／涌水 涌き水／涌泉 泉がわく／涌湍 激流／涌濤 大波／涌沸 水がわき出る／涌沫 泡立つ／涌瀾 大波／涌流 激流

↓溢涌・洶涌・馳涌・怒涌・淘涌・濤涌・騰涌・沸涌・坌涌・噴涌・濆涌・奮涌・奔涌・翻涌・游涌

【窅】 10 3060 ヨウ（エウ） のぞむ はるか

篆文

会意 穴（穴）＋目。〔説文〕四上に「深目なり。穴中の目に従ふ」とするが、穴中に目があるはずはなく、頭衣の下に目のあらわれる形であろう。冒と相似た意象の字である。定かに面をあらわさないので、窅然の意となる。瞀字条四上にも「目深き皃なり」とみえるが、瞀は窅の繁文とみてよい字である。

訓義 1とおくみる、のぞむ。2とおい、はるか、ふかい。3くぼんだ目、おくめ。

古訓 〔名義抄〕窅 ウヅクマル 〔篇立〕窅 フカメ 〔字鏡集〕窅 ウヅクマル・フカシ

語系 窅・杳・窔・窅yôは同声。幽・窈・黝yu、奥（奥）ukも声義近く、みな幽隠・深遠の意がある。

【窅然】 深遠のさま。清・譚嗣同〔夜泊〕詩 月暈して、山眠るが如く 霜寒くして、江流れず 窅然として萬物靜かに 我獨り何をか求む

【窅窕】 奥深いさま。唐・杜甫〔客堂〕詩 舟を舍すつれば復た深山 窅窕たり、一林麓

【窅渺】 深遠のさま。〔甌北詩話、八〕（元遺山の詩）蘇（軾）・陸（游）の古體詩には、行墨の間、尙ほ排偶多し。～遺山は則ち專ら單行を以てし、絕えて偶句無し。搆思窅渺、十歩に九折、愈いよ折れて意愈深く、味愈雋する。蘇・陸と雖も、亦た及ばざるなり。

【窅冥】 幽暗のさま。唐・元稹〔悲懐を遣る、三首、三〕詩 同穴、窅冥にして、何の望む所ぞ 他生の緣會、更に期し難し

【窅窅】 暗く遥かなさま。晉・陶潛〔自祭文〕外姻晨に來たり 良友宵に奔る 之れを中野に葬り 以て其の魂を安んず 窅窅たる我が行 蕭蕭たる墓門 奢は宋臣（宋の宰相桓魋、厚葬で知られる）に恥ぢ 儉は王孫（死して裸葬した）を笑ふ

↑窅靄 奥深いもや／窅闃 奥深く静か／窅黒 幽暗／窅爾 深遠のさま／窅深 奥深い／窅邈 くらくはるか／窅眇 窅渺／窅密 深くひそやか／窅窊 まがりくねるさま

↓陰窅・深窅・幽窅・杳窅

【窈】 10 3072 ヨウ（エウ） おくゆかしい おくぶかい あでやか

篆文

形声 声符は幼。幼は糸束を拗じる意で、ゆるくまがりくねる意がある。〔説文〕七下に「深遠なるなり」とあり、〔荘子、在宥〕に「至道の精は窈窈冥冥たり」という。〔詩、周南、関雎〕「窈窕たる淑女は 君子の好逑」の〔毛伝〕に「窈窕は幽閒なり」とみえ、婦人の妖冶の姿をいう。山中の奥深いところをも、窈窕という。

訓義 1くらい、ふかい。2おくゆかしい、おくぶかい。3あでやか、うつくしい。4窅と声義同じ、とおくはるか。

古訓 〔名義抄〕窈 トホシ・サヒシ・ヨシ・カスカナリ／窈窕 タヲヤカナリ 〔字鏡集〕窈 カスカナリ・フカクトホシ・シヅカナリ・ヨシ・トホシ・ミヤビカ・サビシ

語系 窈・黝・幽yuは同声。窅yô、奥（奥）ukも声近く、奥深く、暗い意がある。杳・窅・窔yôも暗くはるかなものをいう。

【窈糾】 しとやかなさま。しとやかに舞う。〔詩、陳風、月出〕月出でて皎たり 佼人僚たり（姿よし） 舒として（おもむろに）窈糾たり 勞心悄たり

【窈然】奥深いさま。〔列子、力命〕窈然として際無く、天道自ら會し、漠然として分無く、天道自ら運ぐる。天地も犯すこと能はず、聖智も干すこと能はず、鬼魅も欺くこと能はず。

【窈窕】あでやかなさま。また、奥深いさま。〔後漢書、列女、曹世叔の妻の伝〕(女誡、専心第五)入りては則ち髮を亂し形を壞り、出でては則ち窈窕として態を爲す。~此れを心を専らにし、色を正すこと能はずと謂ふ。

【窈冥】暗くかげるさま。〔史記、項羽紀〕是に於て、大風西北よりして起り、木を折り屋を發き、沙石を揚げ、窈冥として晝も晦く、楚軍を逢迎す。

【窈窈】奥深くはるかなさま。〔荘子、在宥〕來れ、吾れ女に至道を語げん。至道の精は、窈窈冥冥たり。至道の極は、昏昏默默たり。

↑窈靄 深遠のさま/窈蔚 茂りこむさま/窈鬱 窈蔚/窈姿 美しい姿/窈深 奥深い/窈莫 もの静か/窈眇 深遠のさま/窈渺 深遠のさま/窈昧 窈冥/窈妙 窈眇/窈悠 深遠のさま

↓清窈・悠窈・遥窈

【邕】 10 2271 ヨウ めぐる やわらぐ

篆文  籀文  金文 

会意 巛(水)+邑。水をめぐらしたところ。金文の字形は巛(水)+呂(宮室の象)+隹、すなわち雝に作り、辟雝(王室の廟所)をいう。〔説文〕十一下に「四方に水有り。自ら邕りて池を成す者是なり」(段注本)とするが、邕は辟雝の雝の初文。水辺に時を定めて飛来する鳥を、祖霊が帰来するものと考えて、そこに祀所を作って祀った。それがのちの辟雝明堂の初形と思われる。辟は璧。円形の池の中央の島に、明堂を建てた。西周の昭穆期の彝器に辟雝の名がみえ、そのころ辟雝の制が定まったのであろう。

訓義 ①みずめぐる、水がたまる、自然の池。②壅と通じ、ふさぐ。③雍と通じ、やわらぐ。

古訓 〔名義抄〕邕 ヤハラグ・ヤハラカニ 〔字鏡〕邕 ウルハシ・ユタカナリ・トヽノホル・ヤハラカナリ

声系 〔説文〕に邕声として雝を収め、また雝声の字として廱・饔・癰など六字を収める。雝腫の意をもつ字が多いのは、神殿を営むところが、もと水が壅塞して池となったような地形のところで、邕はもと壅塞の意をもつ字であろう。

語系 邕・雝・癰・壅・雍・擁iongは同声。癰腫・壅閉の意をもつ語が多い。水流がたまって池となったところに水鳥が飛来し、霊池・霊沼として、そこに祖霊を迎える神殿を作って辟雝という。雍iongも同声で通用し、和悦の意に用いる。

↑邕熙 やわらぐ/邕滞 とどこおる/邕睦 やわらぎ親しむ/邕穆 やわらぐ/邕容 おだやかなさま/邕邕 鳴き声のやわらぐさま

常【庸】 11 0022 ヨウ かき もちいる つね おろか

篆文  甲骨文  金文 

会意 庚+用。庚は午(杵)を両手でもつ形、用は木を柵のように組む形。そこに土を入れ、杵でつき固める。いわゆる版築の法に近いもので、こうして土墉を作る。ゆえに庸は墉の初文。〔説文〕三下に「用ふるなり。用に從ひ、庚に從ふ。庚は事を更むるなり」とするが、更新の意をもつ字ではない。〔詩、大雅、崧高〕「以て爾の庸と作せ」とあるのが、字の本義。城の小なるものを庸といい、諸侯の微なるものを附庸という。〔左伝、僖二十七年〕「車服、庸を以てす」は功庸、その功に応じて車服を賜与する意。また庸常・中庸の意から、凡庸の意となる。用と通用する。庸が多義化するに及んで、その原義を示す墉が作られた。

訓義 ①かき、しろ。②いさお、てがら、つとめ、ほねおり、よい。③もちいる、力を用いる。④つね、なみ、のり、おろか。⑤寧・乃と通じ、なんぞ、すなわち。

古訓 〔名義抄〕庸 オロカナリ・ツタナシ・モチヰル・ツネニ・イトナム・カハ・ハタへ・ヲサナシ・ツタフ・ツカヒビト・ツクノフ・ウルハシ・ワヅカニ・イヅクゾ・アサシ・ナンゾ・クラフ

声系 〔説文〕に庸声として傭・墉・鏞など七字を録する。墉は庸の繁文。鏞は大鐘、その形は桶に類する。用・甬・庸は、それぞれ形声相承ける字である。

語系 庸・用・甬jiongは喩母、同声。用は木柵、甬は手桶、庸は木柵に土を入れ固めて墉とする。一系の字。寧(寗)nyeng、乃nəは声近く、庸をその義に用いることがある。

【庸暗】おろか。〔続資治通鑑、宋紀〕(太宗、淳化四年)臣等聞く、李煜、國を有つの日、~每夏、則ち罪人に張紗廚(かや)を與へて、以て蚊蚋を禦がしめ、冬は則ち衾被を給與す。~冬月、罪人其の溫燠を戀ひて疏放を願はざる者有るに至ると。帝笑ひて曰く、庸暗此の如し。亡びずして何をか待たんと。

【庸医】なみの医者。宋・陸游〔春残〕詩 老いて空山の裏に墮つ 春殘、白日長し 庸醫、性命を司り 俗子、文章を議す

【庸勲】勲功の人を用いる。〔左伝、僖二十四年〕勳を庸ひ、親に親しみ、近きに暱しみ、賢を尊ぶは、德の大なる者なり。

【庸言】常々のことば。〔荀子、不苟〕庸言は必ず之れを信にし、庸行は必ず之れを愼む。~是の若くんば、則ち愨士(誠実の人)と謂ふべし。

【庸作】賃仕事。〔漢書、匡衡伝〕父、世〻農夫なり。衡に至りて好學、家貧しく、庸作して以て資用に供す。尤も精力、人に過絶す。

【庸弱】凡庸で弱い。〔唐書、宦者伝上〕開元・天寶中、宮嬪大率ね四萬に至り、宦官黃衣以上三千員、朱紫を衣る者千餘人、~肅・代(二帝)庸弱、倚りて扞衞(身の守り)を爲す。

【庸人】凡庸の人。〔戦国策、趙三〕辛垣衍、起ちて再拜して謝して曰く、始め先生(魯連)を以て庸人と爲せり。吾れ乃ち今日にして、先生の天下の士爲ることを知れり~と。

【庸賃】賃仕事をする。〔史記、范雎伝〕須賈曰く、今、叔何をか事とすると。范雎曰く、臣、人の爲に庸賃すと。須賈意に之れを哀れみ、留めて與に坐して飲食す。曰く、范叔一寒、此の如きかと。乃ち其の一綈袍を取りて、以て之れに賜ふ。

【庸夫】凡夫。〔戦国策、秦三〕夏育・太史啓は、叱呼して三軍を駭かす。然れども身は庸夫に死せり。

【庸保】傭われ人。〔漢書、司馬相如伝上〕相如、身自ら犢鼻褌(まわし)を著け、庸保と雜作し、器を市中に滌ふ。

【庸陋】おろかで、いやしい。民国・王国維〔人間詞話、下〕明季國初諸老の詞を論ずるは、大ね袁簡齋(枚)の詩を論ずるに似たり。其の失や、纖小にして輕薄なり。竹垞(朱彝尊)以降の詞を論ずる者は、大ね沈歸愚(徳潜)に似たり。其の失や、枯槁にして庸陋なり。

↑庸安 なんぞ/庸闇 庸暗/庸音 凡庸の音/庸丐 下賤/庸回 ねじけ人/庸憒 愚か/庸騃 愚か/庸器 凡器/庸客 傭人/庸虚 凡愚/庸詎 なんぞ/庸近 凡庸の近臣/庸狗 人を罵る語/庸愚 凡愚/庸君 庸主/庸蹇 おろかで役立たず/庸固 お

ろかで頑固/庸故 平常/庸功 勲功/庸行 素行/庸狡 おろかでずるい/庸才 凡才/庸材 庸才/庸士 凡人/庸廝 下賤の役/庸次 代わる代わる/庸主 暗主/庸豎 愚物/庸衆 凡人/庸孰 なんぞ/庸常 なみ/庸情 俗情/庸臣 凡庸の臣/庸績 功績/庸浅 平凡/庸俗 凡俗/庸愞 庸弱/庸懦 庸弱/庸短 愚か/庸田 下田/庸駑 やくざ/庸馬 駄馬/庸輩 凡庸な人々/庸鄙 いなかもの/庸夫 凡夫/庸蔽 愚か/庸僕 下男/庸民 凡庸な民/庸妄 愚妄/庸庸 平凡な人々/庸俚 いなかもの/庸流 平凡/庸碌 凡人

↓愚庸・勲庸・功庸・旌庸・租庸・致庸・中庸・徴庸・丁庸・登庸・附庸・保庸・凡庸・輸庸・流庸

【痒】 11 0015 ［癢］ 20 0013

ヨウ(ヤウ)
やむ できもの きず かゆい

篆文 

形声 声符は羊。〔説文〕七下に「瘍なり」とし、疥瘡の類としている。〔詩、小雅、正月〕に「癙憂(心配)して以て痒む」とあり、恙と声義が近い。また癢と通じて、かゆい意に用いる。

訓義 ①やむ、うれえる。②できもの、きず、かさ。③かゆい。

古訓 〔名義抄〕痒 カユシ・ヤム・ヤミヌ 〔字鏡集〕痒 ヤム・イタム・カユカリ・カユシ・ヤシナフ

語系 痒ziang、瘍jiangは声義近く、〔説文〕七下に「瘍は頭の創なり」とみえる。瘡tshiangも同じ系統の語であろう。

↑痒痾 かゆい病/痒疥 かゆいできもの/痒背 背がかゆい/痒麻 むずがゆい

↓頤痒・苛痒・肌痒・疾痒・搔痒・痛痒・頭痒・爬痒・疲痒・鼻痒

【訞】 11 0263 ［䜊］ 15 0463

ヨウ(エウ)
わざわい まがごと

形声 声符は夭。夭は巫女が舞って呪儀をなすことをいう。〔玉篇〕に「災なり。又、巧言の皃なり」とあり、訞言は妖言、呪詛的なことばをいう。わが国では「およずれ」という。

訓義 ①わざわい。②まがごと、およずれ。③たくみにいう、たばかる。

古訓 〔名義抄〕訞 タハゴト・オモシロシ 〔字鏡集〕訞 オモシロシ・コトナス・タハゴト・ワザハイ

語系 訞・夭・祆・妖yôは同声。幼yuは声近く、身を拗屈することをいう。夭は拗屈して巫女が舞う姿、手をあげて舞うを笑といい、笑の初文である。芺を略して、关を用いることがある。

＊語彙は妖字条参照。

【訞言】 妖言。邪説。〔漢書、文帝紀〕(二年五月詔)今、法に誹謗訞言の罪有り。是れ衆臣をして敢て情を盡さしめず。上、由りて過失を聞く無きなり。將に何を以て遠方の賢良を來さんかん。其れ之れを除け。

↑訞悪 妖悪/訞訛 でたらめ/訞怪 妖怪/訞辞 妖言/訞祥 凶兆

【䚻】 11 2760

ヨウ(エウ)
うた

篆文 

会意 肉(肉)+言。肉を供えて呪詛的に祈ることをいう。〔説文〕三上に「徒歌なり」とあり、楽を用いない歌の意とするが、呪詛的な祈りに自ら抑揚があるもの、いわゆるわざうたである。〔国語、晋語六〕に「祆祥を謠に辨ず」とあって、謠(謡)は䚻の繁文。〔説文〕には謠の字を収めていない。

訓義 ①うた、わざうた、呪詛的なうた。②謠の初文。

古訓 〔名義抄〕䚻 ソシル 〔字鏡集〕䚻 シタガフ

声系 〔説文〕に䚻声として傜・繇・邎など七字を収める。繇は䚻に呪飾の系を加えた形。占繇の意にも用いる。

語系 䚻・繇・謠・搖(揺)jiôは同声。みな䚻の声義を承け、もと呪謡に関する字である。

【傜】 12 2727

ヨウ(エウ)
よこしま

篆文 

形声 声符は䍃。䍃は缶の上に肉をおいて祈る意。〔説文〕にみえず、〔方言、六〕に「褒(よこしまなり)」とし、「山(関)よりして西、凡そ物、細大不純なる者、之れを傜と謂ふ」とあるから、純正でないことをいう。呪詛の意をもつ䍃・謠(謡)と関係のある語であろう。傜と通用する。

訓義 ①よこしま。②ゆるやか。③傜と通じ、えだち、つかい、つとめる。④字はまた繇・繇に作り、うらないみる意。

古訓 〔名義抄〕傜 ツカフ

声系 〔説文〕五下に「䍃は瓦器なり。缶に從ひ、肉に聲」とするが、䚻と同じく会意とみるべきである。また人部八上に「傜は喜ぶなり」とあるも、傜を収めず、傜・謠もまた未収。䍃声の字には瑤(瑶)・嗂・搖(揺)など八字を収め、遙(遥)は〔新附〕に加える。

語系 䍃jiu、䚻jiôは声義が近い。嗂・踰・遙・搖jiôも、みな搖動・疾遠の意がある。䍃・䚻は呪祝のことを示す字。逍遙siô-jiôは相羊siang-jiangと同じく、畳韻の形況の語である。

↑傜役 傜役/傜使 傜役/傜戍 辺境の戍り/傜賦 軍役

↓外傜・緩傜・軽傜・征傜・丁傜・備傜・賦傜・平傜

常

【揚】 12 5602

ヨウ(ヤウ)
あげる こたえる あきらか

篆文 古文 甲骨文 

金文 

形声 声符は昜。昜は台上の玉光が下方に放射する形。その光にふれることは、魂振りとしての呪能をもつものとされた。金文の字形に、玉を高く奉ずる形に作るものが多い。〔説文〕十二上に「飛擧するなり」とし、古文一を録する。その字形は、金文の字形より訛変したものとみられる。金文に「王の休に對揚す」のように、恩寵に報ずる意に用いる。わが国に「み魂を賜う」という語があるように、み魂を献ずる魂振りの儀礼があったのであろう。飛揚の意には別に颺の字があり、旌旗が風にはためくことをいう。昜の玉光を覆うことを昜といい、傷・惕・殤・瘍の字は昜に従う。

訓義 ①あげる、たかくあげる、玉をあげて祝う、ほめる。②こたえる、人の好意にこたえる。③あきらか、あらわす、たかまる、さかんになる。④暘と通じ、やわらぐ、ととのう。⑤ひたい、まゆの上。⑥おおよそ、揚搉。⑦おの、まさかり、戚揚。

古訓 〔名義抄〕揚 ヒタヒヒロニシテ・アラハス・アラハル・ヒラク・サカス・カキアグ・アグ・アガル・ウゴカス・ヤブル・トブ・アキラカニ

語系 揚・昜・颺・陽・暘jiangは同声。昜は玉光、玉光は魂振りとしての意がある。玉光を覆うことを昜といい、昜声の字にみな悲傷の意がある。

【揚搉】 大略をあげる。比較し評論する。〔漢書、叙伝下〕厥の初め生民、食貨を惟れ先とす。～古今を揚搉し、世の盈虛を監みる。

【揚言】 大言する。言いふらす。〔逸周書、官人解〕面譽する者は忠ならず、飾貌する者は靜ならず、～私多き者は義ならず、揚言する者は信寡なし。此れを之れ徳を揆かると謂ふ。

【揚光】ようこう（やうくわう） 輝く。〔淮南子、本経訓〕四時其の敍を失はず、～日月淑清にして光を揚げ、五星軌に循ひて其の行を失はず。

【揚塵】ようじん（やうぢん） 埃がたつ。また、世変の速やかなことをいう。〔太平広記、六十に引く神仙伝、麻姑〕麻姑（仙人の名）自ら說きて云ふ、接侍してより以來、已に東海の三たび桑田と爲るを見たりと。～（王）方平、笑ひて曰く、聖人皆言ふ、海中復た塵を揚ぐと。

【揚波】ようは（やうは） 波だつ。〔楚辞、九歌、少司命〕女と九河に遊ばんとすれば 衝風至つて水波を揚ぐ

【揚眉】ようび（やうび） 意気ごむ。唐・李白〔韓荊州（朝宗）に与ふる書〕人物の權衡（はかり）と爲す。一たび品題を經ば、便ち佳士と作る。而るに君侯何ぞ階前盈尺の地を惜しみて、白をして眉を揚げ氣を吐き、靑雲に激昂せしめざるや。

【揚袂】ようべい（やうべい） 舞う。魏・曹植〔酒の賦〕是に於て飲む者竝な醉ひ、縱横讙譁す。或いは袂を揚げて屢しば舞ひ、或いは劍を扣きて淸歌す。

【揚名】ようめい（やうめい） 名をあげる。〔孝経、開宗明義章〕身を立て道を行ひ、名を後世に揚げ、以て父母を顯はすは、孝の終りなり。

【揚揚】ようよう（やうやう） 得意なさま。〔史記、晏嬰伝〕晏子、齊の相と爲り、出づ。其の御の妻、門閒より其の夫を闚ふ。其の夫、相の御と爲り、大蓋を擁し、駟馬に策ち、意氣揚揚として、甚だ自得す。

【揚烈】ようれつ（やうれつ） 功烈をあらわす。〔書、立政〕其れ克く爾の戎兵を詰しみ、～以て文王の耿光を觀し、以て武王の大烈を揚げよ。

↑揚阿 楚の古曲／揚枻 舟を出す／揚歌 大声で歌う／揚較 揚搉／揚輝 輝かす／揚麾 指麾する／揚觶 杯をあげる／揚称 称揚する／揚声 大声を出す／揚旌 旗を立てる／揚善 善をほめる／揚擲 投擲する／揚播 ゆり動かす／揚帆 帆をあげる／揚旛 旗を建てる／揚美 ほめる／揚表 表彰する／揚兵 挙兵／揚鞭 鞭をあげてうつ／揚芳 芳香を発する／揚厲 発揚する／揚靈 霊をあらわす／揚露 あらわし示す

↓鷹揚・輝揚・空揚・掲揚・激揚・顕揚・昂揚・高揚・賛揚・止揚・升揚・称揚・賞揚・震揚・清揚・旌揚・戚揚・宣揚・扇揚・煽揚・闡揚・対揚・播揚・簸揚・発揚・飛揚・飄揚・浮揚・武揚・奮揚・褒揚・奔揚・明揚・悠揚・揺揚・抑揚

常【揺】12 人【搖】13 5707 ヨウ（エウ） ゆれる うごく

篆文 

形声 声符は䍃。䍃は缶の上に肉をおく形。何かを祈るときの行為であるらしい。〔説文〕十二上に「動くなり」とあり、ゆり動かすような、不安定な状態をいう。〔詩、王風、黍離〕「中心搖搖たり」の〔伝〕に「憂ふるも、愬ふる所無きなり」とみえる。〔爾雅、釈訓〕に字を「愮」に作り、「憂ふるも告ぐる無きなり」とあって、声義の通ずる字である。

訓義 [1]ゆる、ゆれる、ゆらぐ。[2]うごく、うごかす。[3]おこす、のぼる、あがる、はやい。[4]遥と通じ、はるか。

古訓 〔名義抄〕搖 ウゴク・ウゴカス・フルフ・ト、ノフ・ソコナフ・ウカブ・ウレフ・ツマヨル・スグル

語系 搖・遙（遥）jiô は同声。搖に遙疾の意がある。また掉 dyô は声義近く、〔説文〕十二上に「掉は搖かすなり」とあって、搖動する意。逍遙 siô-jiô、相羊 siang-jiang はそれぞれ畳韻、形況の語である。

【揺曳】ようえい（えうえい） ゆれる。ぶらぶらする。唐・温庭筠〔夢江南〕詞 山月知らず、心裏の事 水風、空しく落つ、眼前の花 搖曳して、碧雲斜めなり

【揺膝】ようしつ（えうしつ） 膝をゆする。〔北斉書、王昕伝〕帝、後、朝臣と酣飲す。昕、病と稱して至らず。帝、騎を遣はして之れを執へしむ。方に膝を搖がして吟詠するを見る。遂に御前に斬り、尸を漳水に投ず。

【揺掉】ようとう（えうたう） ゆすりうごかす。唐・白居易〔渭村退居、礼部崔侍郎～に寄する詩、一百韻〕尾を泥にして、搖掉することを休め 心を灰（死灰）にして、激昂することを罷む

【揺蕩】ようとう（えうたう） ゆりうごかす。〔荘子、天地〕大聖の天下を治むるや、民心を搖蕩し、之れをして教へを成し、俗を易へしむ。

【揺頭】ようとう（えうとう） 頭をゆりうごかす。唐・白居易〔酔中、上都の親友の書を得たり。～〕詩 齒を沒して蔬食を甘しとし 頭を搖かして搢紳に謝す

【揺動】ようどう（えうどう） ゆれうごく。〔淮南子、精神訓〕耳目、聲色の樂に淫するときは、則ち五藏搖動して定まらず。五藏搖動して定まらずんば、則ち血氣滔蕩して休せず。血氣滔蕩して休せざれば、則ち精神、外に馳騁して守らず。

【揺筆】ようひつ（えうひつ） 筆をうごかす。〔文心雕竜、時序〕茂先（張華）、筆を搖かせば珠を散らし、太冲（左思）、墨を動かせば錦を横たふ。

【揺揺】ようよう（えうえう） ゆれうごくさま。〔詩、王風、黍離〕行き邁くこと靡靡たり 中心搖搖たり

【揺漾】ようよう（えうやう） ただよう。唐・権徳輿〔晩に揚子江を渡る。～〕詩 返照寒流に滿ち 輕舟搖漾に任かす

【揺落】ようらく（えうらく） ゆれ散る。楚・宋玉〔楚辞、九弁、一〕悲しい哉、秋の氣爲るや 蕭瑟として、草木搖落して變衰す

【揺籃】ようらん（えうらん） ゆりかご。清・趙翼〔舟行、二首、一〕詩 笑ふ、搖籃の兒の睡りを引くことに比ぶるを 老夫の奇訣、童に還ることを得たり

【揺櫓】ようろ（えうろ） 櫓をこぐ。宋・徐鉉〔江を過ぐ〕詩 艫に登れば、程を望むこと遠く 櫓を搖かせば、江を過ぐること遲し

↑揺握 動かしもつ／揺悦 喜ぶ／揺撼 ゆりうごかす／揺挙 高くあがる／揺響 ゆるがし響かす／揺兀 ゆりうごかす／揺作 動作／揺車 ゆり車／揺手 手を振る／揺首 頭をふる／揺槳 舟をこぐ／揺鐘 釣鐘／揺心 心をうごかす／揺唇 話す／揺精 心をうごかす／揺舌 話す／揺扇 扇を使う／揺艇 舟をこぐ／揺盪 ゆりうごかす／揺櫂 舟をこぐ／揺波 波だつ／揺尾 憐れみを乞うさま／揺風 疾風／揺吻 言う／揺鞭 鞭をあげてうつ／揺溶 水の広大なさま／揺颺 吹き上げる／揺乱 ゆり乱す

↓雲揺・金揺・軽揺・傾揺・細揺・招揺・消揺・震揺・扇揺・超揺・蕩揺・動揺・飛揺・漂揺・飄揺・扶揺・歩揺・乱揺・櫓揺

常【湧】12 【湧】12 3712 〔涌〕10 3712 ヨウ ユウ わく あふれる

形声 声符は勇（勇）。勇は甬声の字で、本音は甬。のち勇に従って、勇の音でよむ慣習を生じた。涌と同字。甬は桶の象形で、桶状の掘井戸から水が湧出することをいう。勇は勇躍の意。勢いよく湧出するところから、勇に従う字が生まれたのであろう。字書には、宋の〔韻会〕、元の〔古今韻会挙要〕に至ってみえる字である。

訓義 [1]わく、水がわき出る。[2]ふきでる、あふれる。[3]たぎる。

古訓 〔名義抄〕涌・湧 ワク・タギル・アハ・アガル 〔字鏡集〕涌・湧 ワク・アガル・タギル・アワ・ノボル・ナミノアガルナリ

＊語彙は涌字条参照。

↑湧溢 水がわきあがり、あふれる／湧裔 波がわきたち、ながれくだる／湧煙 ふきあげる煙／湧泉 わき出る泉／

湧沫 わきあがる泡

常【葉】12/4490 〔葉〕13/4490 ヨウ(エフ) ショウ(セフ) は よ すえ

篆文 金文

形声 声符は枼。枼は新しい枝の出た形、その枝上のものを葉という。〔説文〕一下に「艸木の葉なり」とあり、葉のようにうすいものは、葉を以て数える。金文に百世を「百葉」としるし、〔詩、商頌、長発〕「在昔中葉」の〔伝〕に「世なり」とあり、金文に世・枼・葉をすべて世の意に用いる。

訓義 1は、木のは、くさば。2よ、世代、時代。3かみ、ふだ、平らかなもの。4すえ、わかれ、のち。5姓、ショウの音でよむ。

古訓 〔和名抄〕葉 波(は)。萬葉集の黄葉・紅葉は、讀むこと皆竝びに毛美知波(もみぢば)なり 〔名義抄〕葉 ワキバ・ヨ・ハナビラ・モミヂバ

声系 〔説文〕に葉声の二字を収める。ともに枼声に従う形もあり、枼・葉をもと同声に用いたことが知られる。

語系 葉jiap、蹀dyapは声近く、蹀は履渉、ひらひらと蹀み歩く意。蝶・喋thyapも同声。蝶はひらひらと舞い、喋はぺらぺらとしゃべる意である。

【葉散】落葉。陳・後主〔管記陸瑜と、九日馬射を観る〕詩 樓高くして鴈の下るを看 葉散じて山の涼しきを覺ゆ

【葉舟】一葉の舟。唐・張喬〔漁者〕詩 首に圓荷(蓮の葉)を戴きて、髮梳らず 葉舟を宅と爲して、水を居と爲す

【葉落】落葉。唐・劉長卿〔将に嶺外に赴かんとして、蕭寺遠公院に留題す〕詩 天香しくして、月色僧室に同じ 葉落ち猿啼き、客舟に傍ふ

↑葉栄 花と葉/葉貫 葉脈/葉拱 拱手/葉子 書冊/葉書 木の葉に書いた手紙/葉状 葉の形/葉声 葉ずれの音/葉蕩 軽薄にたとえる/葉葉 ゆらぐさま

↓一葉・奕葉・花葉・柯葉・荷葉・寒葉・季葉・杏葉・金葉・瓊葉・枯葉・梧葉・甲葉・後葉・紅葉・黄葉・根葉・細葉・冊葉・子葉・支葉・枝葉・若葉・樹葉・柔葉・蕉葉・上葉・条葉・垂葉・衰葉・翠葉・青葉・千葉・前葉・桑葉・霜葉・単葉・竹葉・中葉・墜葉・粘葉・桐葉・嫩葉・敗葉・貝葉・病葉・風葉・楓葉・歩葉・末葉・万葉・木葉・門葉・来葉・落葉・乱葉・蘭葉・柳葉・緑葉・累葉

人【遥】12 人〔遙〕14/3730 ヨウ(エウ) さまよう はるか ながい

篆文

形声 声符は䍃。䍃は缶の上に肉をおき、祈る形。揺動・遥遠の意がある。〔説文新附〕二下に「逍遙なり」とする。〔詩、鄭風、清人〕にその軍容を写して「河上に逍遙す」といい、首章には「河上に翺翔す」とみえる。末章に「中軍、好を作す」とあり、逍遥・翺翔は、その軍容を示す示威行動である。䍃は肉を供えて祈る意、呪祝の際に行うものであるらしく、その詞を謠(謡)という。

訓義 1さまよう、うろうろする。2はるか、とおい、ながい、はやい。

古訓 〔新撰字鏡〕遙 ヤウヤク 〔名義抄〕遙 ハルカ・トホシ・ヤウヤク 〔篇立〕遙 ハルカニ・ヨソ・イトマ・トホシ・ヨソナガラ

語系 逍遙siô-jiô、相羊siang-jiangは同系の語。ぶらぶらする意であるが、古くは呪的な意味をもつ行為であったと思われる。

【遥遠】はるかに遠い。唐・張籍〔離怨〕詩 山川、豈に遙遠ならんや 行人、自ら返らず

【遥看】はるかに見る。唐・李白〔廬山の瀑布を望む、二首、二〕詩 日は香爐を照らして、紫煙を生ず 遙かに看る、瀑布の長川を挂くるを

【遥深】はるかにして、深い。深遠。〔文心雕竜、明詩〕唯だ嵇(康)の志は清峻、阮(籍)の旨は遙深なり。故に能く標(出)す。

【遥然】はるかなさま。北斉・王倹〔褚淵の碑文〕議を聽政の晨に雅しくし、文を宴私の夕に披く。參ずるに酒德を以てし、閒ふるに琴心を以てす。曖として餘暉有り、遙然として想ひを留む。

【遥想】はるかに思う。唐・李徳裕〔茅山の孫錬師に寄す、又二絶、二〕詩 遙かに想ふ、春山明月の曉 玉壇清磬、歩虚して歸るを

【遥村】はるかに遠い村。唐・李中〔九江の旧居を思ふ、三首、二〕詩 遙村處處、横笛を吹き 曲岸家家、小舟を繋ぐ

【遥蕩】放蕩従容。自在の世界。〔荘子、大宗師〕夫れ堯は既已に汝に黥するに仁義を以てし、汝に劓するに是非を以てす。汝將た何を以て夫の遙蕩恣睢、轉徙の塗に遊ばんや。

【遥夜】長い夜。唐・方干〔陽亭に事を言ふ～〕詩 平明疎磬、白雲寺 遙夜孤砧、紅葉の村

【遥遥】はるばる。また、ゆれ動くさま。晉・陶潜〔帰去来の辞〕舟は遙遙として以て輕く颺り、風は飄飄として衣を吹く。征夫に問ふに前路を以てし、晨光の熹微なるを恨む。

↑遥靄 遠くかかるもや/遥曳 たなびく/遥裔 遠孫/遥役 戍役/遥衍 ただよう/遥焉 はるかなさま/遥隔 遠隔/遥紀 久遠/遥久 長久/遥穹 遠い天/遥空 遠い空/遥見 遠く看る/遥祭 遠くを望んで祭る/遥思 はるかに想う/遥指 遠く指さす/遥祠 遠くはなれた地で祭る/遥集 遠くから集まる/遥緒 末裔/遥城 遠い城/遥情 遠くはなれて思う/遥矚 遠く望む/遥岑 遠くに見える峰/遥逝 遠くゆく/遥夕 長い夜/遥絶 遠く隔たる/遥羨 遠く羨む/遥大 遠大/遥眺 遠く望む/遥汀 遠汀/遥天 はるかな空/遥念 はるかに思う/遥拝 遠くから拝する/遥芬 遺芳/遥碧 青空/遥峰 遠山/遥望 はるかに望む/遥邁 遠くに行く/遥緬 遥遠/遥目 はるかに望む/遥冶 なまめかしい/遥林 遠方の林/遥礼 遠くから拝する

↓雲遥・翺遥・賖遥・逍遥・迢遥・塗遥・夜遥・遼遥

常【陽】12/7622 ヨウ(ヤウ) ひ ひなた ひかり あたたかい いつわる

篆文 甲骨文 金文

形声 声符は昜。昜は台上の玉光が下に放射する形。玉の光は、魂振りとしての呪能があるとされた。阜はもと自に作り、神の陟降する神梯の象。その神梯の前に玉をおき、神の威光を示す字であった。〔説文〕十四下に「高明なり」という。昜を〔説文〕九下は勿部に録し、「開くなり。日と一と勿とに従ふ」とし、日光と解するが、日は玉の形。昜は陽光の象徴とされ、その力能を陽という。陰陽は古くは侌昜としるした。陽はのち陽光の意となり、〔詩、小雅、湛露〕に「陽に匪ざれば晞かず」、〔詩、豳風、七月〕「春日載ち陽かなり」のような句がある。〔七月〕「我が朱孔だ陽し」はその引伸義。佯と仮借通用する。

訓義 1ひ、太陽、ひなた、ひかり。2あたたかい、山の南、川の北。3あきらか、あらわれる、あかるい、さかん。4佯と通じ、いつわる。

古訓 〔名義抄〕陽 アキラカニ・アキラカナリ・ヒノヒカリ・アラハス・イツハル・ヒカリ・アタ、カナリ・ヒ・アザムク・ヤハラカナリ

語系 陽・昜・暘・揚・颺jiangは同声。昜は玉光を示す字。玉光は陽光の象徴とされ、魂振りの儀礼に用いた。玉光を覆う

ことを昜・傷sjiangといい、凶礼をいう。佯jiangは同声、その義に通用する。

【陽焱】よう(やう)えん かげろう。唐・白居易〔開元寺東池早春〕詩 舊遊、夢寐と成り 往事、陽焱に随ふ

【陽気】よう(やう)き 万物を生じ、育成する気。春の気。〔朱子語類、学二、為学の法を総論す〕陽氣の發する所、金石も亦た透る。精神一たび到らば、何事か成らざらん。

【陽狂】ようきょう(やうきやう) 狂気をよそおう。佯狂。〔大戴礼、保傅〕紂、王子比干を殺し、箕子、被髮陽狂す。

【陽光】ようこう(やうくわう) 太陽の光。〔後漢書、桓帝紀〕(建和三年五月乙亥詔)間者、日食毀缺し、陽光晦暗なり。朕、祗懼して思ひを潛め、啓處(安居)するに遑あらず。

【陽侯】よう(やう)こう 水波の神。〔楚辞、九章、哀郢〕陽侯の氾濫を淩ぎ 忽ち翶翔して焉くにか薄たる。

【陽識】よう(やう)し 凸文の銘識。〔洞天清録、古鐘鼎彝器弁〕三代には陰識を用ふ。之れを偃囊と謂ふ。其の字は凹入なり。漢以來、或いは陽識を用ふ。其の字は凸なり。間ごろ凹なる者有り。或いは刀を用つて刻すること、碑を鐫るが如し。

【陽春】よう(やう)しゅん 春うらら。また、名曲とされた古曲名。〔後漢書、黄瓊伝〕陽春の曲は、和する者必ず寡なく、盛名の下には、其の實副ひ難し。

【陽燧】よう(やう)すい 太陽から火をとる凹レンズ。〔淮南子、覧冥訓〕夫れ陽燧は火を日に取り、方諸(鏡)は露を月に取る。

【陽石】よう(やう)せき 男石。〔水経注、夷水〕二大石磧を得たり。竝びに穴中に立つ。相ひ去ること一丈。俗に陰陽石と名づく、陰石は常に濕り、陽石は常に燥く。水旱不調なる毎に、居民、威儀服飾を作し、往きて穴中に入り、旱なれば則ち陰石を鞭うつ。時に應じて雨ふる。

【陽道】ようどう(やうだう) 男の精力。〔雞肋編、下〕則天(武后)、臨朝す。~朱敬則諫めて曰く、~陛下内寵、已に薛懷義・張昌宗・(張)易之有り。~近ごろ聞く、~左監門衞長史侯祥云ふ、陽道壯偉、~爭うて自ら進まんと欲すと。~臣愚、職、諫諍に在り、敢て奏せずんばあらずと。

【陽陽】ようよう(やうやう) あざやかなさま。明るいさま。また、平然たるさま。唐・韓愈〔張中丞(巡)伝後叙〕巡の戮に就くの時、顔色亂れず、陽陽として平常の如し。

➡陽烏 太陽/陽炎 かげろう/陽焔 陽炎/陽夏 夏/陽芽 茶/陽雁 南に飛来する雁/陽九 災厄/陽驚 驚くふりをする/陽景 陽光/陽言 うそ/陽彩 陽光/陽死 死んだふりをする/陽字 陽識/陽疾 熱病/陽榭 高台/陽秋 春と秋/陽遂 陽燧/陽精 太陽/陽鳥 雁や鶴/陽怒 怒ったふりをする/陽波 大波/陽文 凹文/陽病 熱病/陽報 応報/陽卜 亀卜/陽眠 狸寝入り/陽明 太陽/陽林 明るい林/陽霊 天を祭る宮

⬇一陽・陰陽・炎陽・艶陽・外陽・義陽・九陽・群陽・迎陽・歳陽・山陽・残陽・斜陽・秋陽・春陽・純陽・初陽・少陽・昭陽・新陽・正陽・青陽・清陽・盛陽・精陽・夕陽・太陽・重陽・朝陽・明陽・迷陽・孟陽・落陽・麗陽

人 【傭】 13 2022 ヨウ やとう もちいる ひとしい

篆文 

形声 声符は庸。凡庸などの意がある。〔説文〕八上に「均しく直きなり」と訓する。〔詩、小雅、節南山〕「昊天傭しからず」の〔伝〕に「傭は均し」とみえる。この傭を〔韓詩〕に庸に作り、「易きなり」、また〔斉詩〕〔魯詩〕に融に作る。語例からみて庸に作り、「易きなり」の訓があたる。秦・漢以後、傭は傭耕・傭客などの意に用いる。

訓義 ①やとう、やとわれ。②もちいる、つくる。③ひとしい。

古訓 〔名義抄〕傭 ツグノフ・ヒトシ・サヅク・アタヒ・アキナフ・ナホシ

語系 傭・庸jiongは同声。用・庸は通用し、傭はその声義を承ける。童(童)・僮dongは声義近く、おそらくもと同系の語であろう。

【傭耕】ようこう(かう) 雇われて耕作する。〔史記、陳渉世家〕陳渉少き時、嘗て人と傭耕す。耕を輟めて壟上に之き、悵恨すること久之くして曰く、苟し富貴と爲るとも、相ひ忘るること無からんと。

【傭作】ようさく 傭耕。〔西京雑記、二〕邑人の大姓文不識、家富み書多し。(匡)衡乃ち其の與に傭作し、償を求めず。~願はくは主人の書を得て、遍く之れを讀まんと。主人感嘆し、資給するに書を以てす。

【傭書】ようしょ 筆耕。〔後漢書、班超伝〕家貧し、常に官の爲に傭書して、以て供養す。

➡傭員 臨時傭い/傭役 傭人/傭客 雇傭者/傭銀 賃銀/傭雇 雇傭/傭肆 奴隷市場/傭写 傭書/傭者 傭人/傭人 雇傭者/傭銭 賃銀/傭賃 賃仕事をする/傭佃 傭耕/傭奴 下僕/傭筆 傭書/傭聘 迎える/傭保 やとわれること/傭僕 下僕

⬇隠傭・家傭・客傭・雇傭・耕傭・市傭・書傭・銭傭・徒傭・飯傭・保傭・木傭・老傭

【媵】 13 7924 ヨウ おくる つきそい おくりめ

金文 

形声 声符は朕。朕の初形は灷。灷は盤(舟)中のものを奉じて人におくる意。婦人が嫁するとき、その姪娣などを伴ってゆくことをいう。〔左伝、成八年〕「凡そ諸侯、女を嫁するときは、同姓、之れに媵す」とみえる。お伴として伴うものを媵臣といい、伊尹や百里奚なども、もと媵臣であった。嫁するとき持参する器物の類を、媵器という。列国期の金文に、媵器と銘しているものが多い。

訓義 ①おくる、つきそいとしておくる、嫁入りの器としておくる。②おくりめ、おくりびと。

古訓 〔名義抄〕媵 オクル 〔字鏡集〕媵 ツカフ・オクル

語系 媵・佚・賸jiengは同声。ものを奉献するを送といい、盤中のものを献ずることを朕という。

【媵御】ようぎょ こしもと。そばめ。〔後漢書、袁術伝〕術、~天性驕肆、己を尊くし、物を陵ぐ。僞號を竊むに及んで、淫侈滋ます甚だし。媵御數百、羅紈を兼ね、粱肉に厭かざる無し。

【媵侍】ようじ 入嫁のときのつきそい。〔唐書、后妃上、文徳長孫皇后伝〕媵侍疾病あるときは、御ふる所の飲藥を輟めて、之れを資らしむ。下其の仁に懷く。

【媵妾】ようしょう(せふ) 媵侍。〔漢書、平帝紀〕皇帝~疾一たび發する毎に、氣輒ち上逆し、言語を害す。故に遺詔有るに及ばず。其れ媵妾を出だし、皆家に歸り嫁ぐを得しむること、孝文の時の故事の如くせよ。

【媵臣】ようしん 嫁女のつきそい男。〔史記、殷紀〕阿衡(伊尹)、湯を奸さん(強引に会う)と欲するも、由し無し。乃ち有莘氏の媵臣と爲る。

【媵婢】ようひ 侍女。〔唐書、李迥秀伝〕母少くして賤しかりき。妻嘗て媵婢を詈る。母聞きて樂しまず。迥秀、卽ち其の妻を出だせり。

➡媵句 句を継ぐ/媵觚 送り杯/媵觶 杯を受ける/媵爵 送り杯/媵従 媵侍/媵女 媵婢/媵人 媵侍/媵僮 腰元/媵母 母の媵婢

⬇姫媵・妓媵・妾媵・納媵・美媵・嬪媵・嬖媵・来媵

【徭】13 2727 〔傜〕13 2726 ヨウ(エウ) えだち

形声 声符は䍃(よう)。䍃は缶(ほとぎ)の上に祭肉を供えて祈る意。䍃(よう)と通用し、䍃はその祈りの語をいう。䍃に遥遠の意があり、遠く行役に従うことを徭という。〔淮南子、精神訓〕に「生は則ち徭役にして、死は乃ち休息なり」の語がある。

訓義 ①えだち、ぶやく、徭役。②字はまた徭・傜に作り、えだちをいう。

古訓 〔名義抄〕徭 タ、

語系 徭・䍃・傜・搖(揺)・謠 jiô は同声。䍃に動揺・遥遠の意があり、䍃声の字は多くその声義を承けている。

【徭役】(ようえき) えだち。魏・曹植〔遼東を伐つを諫むる表〕臣以爲(おもへ)らく、當今の務は、徭役を省き、賦斂(ふれん)を薄くし、農桑を勸むるに在り。

【徭戍】(ようじゅ) 辺境の守備。唐・李華〔古戦場を弔ふ文〕吾(われ)聞く、夫(そ)れ齊・魏の徭戍、荊・韓の召募、萬里に奔走し、連年暴露す。沙草晨(あした)に牧(まぐさか)ひ、河氷夜(よ)に渡る。

【徭賦】(ようふ) 徭役と賦貢。〔韓非子、詭使〕士卒の事を逃れ狀(蔵)匿し、有威の門に附託し、以て徭賦を避け、而して上(かみ)得ざる者萬もて數ふ。

↑徭使(ようし) 徭役に従う/徭税(ようぜい) 徭賦/徭夫(ようふ) 徭役の人

↓科徭・雑徭・戍徭・租徭・丁徭・賦徭

入【楊】13 4692 ヨウ(ヤウ) かわやなぎ

篆文 石鼓文

形声 声符は昜(よう)。〔説文〕六上に「木なり」とするが、諸書に引く文に「蒲柳なり」に作り、楊柳をいう。〔左伝、宣十二年〕に「董澤の蒲」とみえ、〔爾雅、釈木、注〕に「以て箭(や)を爲(つく)るべし」とする。〔説文〕には檉(てい)に「河柳なり」、柳に「小楊なり」とあって、みな同種の木である。

訓義 ①かわやなぎ、蒲柳。②揚と通じ、あがる。

古訓 〔名義抄〕楊 ヤナギ・アグ/楊梅 ヤマモモ、〔篇立〕楊 カハヤナギ・ヤナギ・アグ・シダレヤナギ

【楊花】(ようか(やうくわ)) 柳の花。柳絮。宋・蘇舜欽〔春睡〕詩 身は蟬蛻(せんぜい)の如し、一榻(いちたふ)の上 夢は楊花に似て、千里に飛ぶ

【楊枝】(ようじ(やうし)) つまようじ。〔隋書、南蛮、真臘伝〕毎旦澡洗し、楊枝を以て齒を淨(きよ)め、經呪を讀誦す。又澡灑して乃ち食し、食し罷(をは)りて還(ま)た楊枝を用(も)つて齒を淨め、又經呪を讀む。

【楊舟】(ようしゅう(やうしう)) 楊柳で作った舟。〔詩、小雅、青青者莪〕汎汎たる楊舟 載(すなは)ち沈み載ち浮く

【楊梅】(ようばい(やうばい)) 江南に産する酸果。やまもも。清・王士禛〔広州竹枝、六首、三〕詩 梅花已に小春に近くして開く 朱槿(しゅきん)・紅桃、次第に催す 杏子(あんず)・枇杷(びは)、都上の市 玉盤、三月、楊梅有り

【楊墨】(ようぼく(やうぼく)) 戦国期の思想家、楊朱と墨翟。〔孟子、滕文公下〕楊朱・墨翟の言、天下に盈(み)つ。天下の言、楊に歸せざれば則ち墨に歸す。楊氏は我の爲にす。是れ君を無みするなり。墨氏は兼愛す。是れ父を無みするなり。

【楊柳】(ようりゅう(やうりう)) 柳。かわやなぎ。〔詩、小雅、采薇〕昔我が往きしとき 楊柳依依(いい)たり 今我が來(きた)るとき 雨雪霏霏(ひひ)たり

↑楊禾(ようか) 高粱/楊絮(ようじょ) 柳絮

↓宮楊・枯楊・黄楊・朱楊・津楊・水楊・垂楊・青楊・赤楊・折楊・長楊・白楊・蒲楊・柳楊・緑楊

常【溶】13 3316 ヨウ ながれる ただよう とける

篆文

形声 声符は容(よう)。容は廟に祈ってその神容のあらわれる意で、みちあふれるさま、定かでないさまをいう。〔説文〕十一上に「水盛んなるなり」とあり、溶溶・溶溢、また溶解・溶冶の意がある。

訓義 ①ながれる、さかんにながれる。②ただよう、めぐる、うごく。③とける、やすらか、ゆるやか。

古訓 〔篇立〕溶 タ、フ・ウゴク・ヲドル・モリ・サカリ・ワキノボル

語系 溶・容・鎔 jiong は同声。融 jiuəm、冶 jia は声義近く、みな融解してうごく意がある。

【溶溶】(ようよう) 盛んなさま。ゆるやかなさま。宋・晏殊〔寓意〕詩 梨花院落、溶溶の月 柳絮(りうじょ)池塘、淡淡の風 幾日の寂寥、傷酒の後 一番の蕭索(せうさく)、禁煙(寒食)の中

↑溶溢(よういつ) とけて溢れる/溶液(ようえき) とけて液体化したもの/溶化(ようか) とける/溶解(ようかい) とける/溶然(ようぜん) おちつくさま/溶漾(ようよう) ただよう

↓鴻溶・紛溶・悠溶・游溶・揺溶

【煬】13 9682 ヨウ(ヤウ) あぶる さらす かしぐ

篆文

形声 声符は昜(よう)。昜は玉光を放射する形、また陽光の意がある。〔説文〕十上に「炙り燥(かわか)すなり」、〔玉篇〕に「火に對ふなり、熱するなり」とあり、火で熱することをいう。煉冶などの方法である。

訓義 ①あぶる、やく、熱する。②さらす、日にあてる、てらす。③かしぐ、たく。

古訓 〔名義抄〕煬 アブル・サラス・ヤク・テル

語系 煬・昜・陽 jiang は同声。昜は玉光、陽は陽光、煬は火の熱や光をいう。

↑煬火(ようか) 火をたく/煬旱(ようかん) 炎熱/煬者(ようしゃ) 火たき/煬没(ようぼつ) 消失する/煬煬(ようよう) 火の盛んなさま/煬燿(ようよう) 光り輝く/煬和(ようわ) 和気

↓炎煬・焚煬

【猺】13 4727 ヨウ(エウ) けもの

形声 声符は䍃(よう)。〔広韻〕に獣の名であるという。種族としては、広西平南県の東北の地を本拠とし、両広・湖南・雲南にわたって八種の猺族がある。広東蓬山にいる猺公は、性最も強悍、臂(ひじ)に肉尾をもつという。いま字を改めて瑶(瑤)族という。

訓義 ①けものの名。②今の瑶族、猺話を用いる。

入【瑶】13 〔瑤〕14 1717 ヨウ(エウ) たま

篆文

形声 声符は䍃(よう)。〔説文〕一上に「石の美なる者なり」(段注本)とあり、〔詩、衛風、木瓜〕に「之れに報ずるに瓊瑤(けいえう)を以てす」の句がある。この詩は投果の俗を歌うもので、女が木瓜を投げ、男がこれに瓊瑶を投げかえして交情を示すもので、魂振りの意味がある。

訓義 ①うつくしいたま、たま。②玉に似た石。

古訓 〔篇立〕瑤 シヅタマ・タマ 〔字鏡集〕瑤 タマ・ヨキタマ

↑瑤衣(ようい) 仙衣/瑤英(ようえい) 美しい玉/瑤楹(ようえい) 玉の柱/瑤華(ようか) 美しい玉/瑤階(ようかい) 玉階/瑤函(ようかん) 人からの手紙の敬称、貴翰/瑤緘(ようかん) 瑤函/瑤簡(ようかん) 瑤函/瑤顔(ようがん) 玉顔/瑤宮(ようきゅう) 玉宮/瑤玉(ようぎょく) 美しい玉/瑤琴(ようきん) 玉の飾りを加えた琴/瑤瑾(ようきん) 美しい玉/瑤京(ようけい) 玉台/瑤瓊(ようけい) 美しい玉/瑤闕(ようけつ) 玉で飾った美しい宮殿/瑤冊(ようさく) 瑤策/瑤策(ようさく) 瑤簡/瑤卮(ようし) 玉杯/瑤質(ようしつ) 美貌/瑤珠(ようしゅ) たま/瑤樹(ようじゅ) 玉樹/瑤漿(ようしょう) 美酒/瑤觴(ようしょう) 玉杯/瑤岑(ようしん) 美しい山/瑤席(ようせき) 美しい宴席/瑤台(ようだい) 玉台/瑤墀(ようち) 玉墀/瑤柱(ようちゅう) 琴柱/瑤枕(ようちん) 玉枕/瑤佩(ようはい) 佩玉/瑤碧(ようへき) 碧玉/瑤林(ようりん) 美林/瑤輦(ようれん) 玉輦/瑤輅(ようろ) 玉で飾った美しい車

↓英瑤・玉瑤・瓊瑤・青瑤・丹瑤・白瑤・文瑤・碧瑤

常【腰】13 7124 〔腰〕13 7124 〔要〕9 1040

ヨウ(エウ)
こし

形声 声符は要(要)。要は女子の腰骨の象形で、腰の初文。腰はその形声字。要が重要の意に専用されるに及んで、腰の字が作られた。漢碑になおみえず、六朝期に入って作られた字であろう。

訓義 ①こし。②こしにつける、こしのあたり、こしのたかさ。③要と通じ、かなめ。

古訓 〔和名抄〕腰 古之(こし) 〔名義抄〕腰 コシ

【腰間】腰のあたり。唐・王維〔裴旻将軍に贈る〕詩 腰間の寶劍、七星の文 臂上の琱弓、百戰の勳 說ふならく雲中、黠虜を擒にすと 始めて知る、天上に將軍有るを

【腰斬】胴切り。〔史記、商君伝〕民をして什伍を爲し、相ひ牧司連坐せしむ。姦を告げざる者は腰斬し、姦を告ぐる者は敵首を斬ると賞を同じうし、姦を匿す者は敵に降ると罰を同じうす。

➡腰囲 腰廻り/腰巾 腹おび/腰金 官人の服/腰頸 腰領/腰胯 腰とまた/腰鼓 細腰の鼓/腰襦 じゅばん/腰舟 浮き袋として用いる匏/腰帯 革帯/腰痛 腰いた/腰絰 喪のときおびる帯/腰纏 腰に佩びるもの/腰刀 佩剣/腰内 かくし/腰白 喪のときの白帯/腰帛 腰白/腰包 腰の袋/腰輿 手輿/腰領 要領

⬇弓腰・裾腰・細腰・山腰・小腰・折腰・楚腰・長腰・低腰・蜂腰・柳腰

人【蓉】13 4460 〔蓉〕14 4460 ヨウ ふよう もくふよう

篆文

形声 声符は容。〔説文新附〕一下に「芙蓉なり」とあり、蓮をいう。木蓮を木芙蓉という。

訓義 ①ふよう、はすのはな。②木芙蓉。

古訓 〔名義抄〕芙蓉 ハチス

⬇芙蓉

【蛹】13 5712 ヨウ さなぎ

篆文

形声 声符は甬。甬に筒形のものの意がある。〔説文〕十三上「繭蟲なり」とあり、さなぎをいう。

訓義 ①さなぎ。②土蛹、ありのこ。

【蛹臥】さなぎのようにこもる。隠者となる。宋・葉適〔陳漫翁を送る〕詩 笠澤の老龜蒙 蛹臥して、絲自ら裹む

➡蛹殻 さなぎのぬけがら/蛹虫 さなぎ

【雍】13 0021 ヨウ やわらぐ よろこぶ いだく

会意 金文の壁雝を経籍に壁雍・辟雍に作り、雝は雍の初文。雍は雝の省略形と考えられる。雍は〔説文〕未収。雝は川・邑・隹の会意。金文には川＋呂(宮室の象)＋隹の会意の形に作る。水が池・沢となるところに、渡り鳥が時節を定めてくることを、祖霊が鳥形霊となって飛来するものと考え、そこに呂(宮)を作って祀った。水が壁のように四方をめぐり、その中島に祀所を建てたものを壁雝という。ゆえに雍容・雍和の意がある。雍は應(応)と声義近く、應は廟所に祈り、隹(鳥)トいをして、神の反応があり、応諾を得ることをいう。鷹は鳥占に用い、いわゆる「うけひ狩り」をしたものであろう。

訓義 ①やわらぐ、よろこぶ、たのしむ。②擁と通じ、いだく、まもる、たすく。③壅と通じ、ふさぐ。

古訓 〔名義抄〕雍 ヤハラグ 〔字鏡集〕雍 ヤハラカ・シタガフ・タスク・サハル・フサガル・ホシイマ丶・ヤハラカナリ・ト丶コホル

声系 〔説文〕に雍声として饔・甕・擁の三字(正字はいずれも雝に従う)を収める。雍は庸と声義近く、庸に膺むの意があり、厚くふくらみ、ゆたかなさまをいう。

語系 雍・擁・壅・邕・雝・廱iongは同声、もと壅閉の意がある字。渡り鳥の飛来する池沼を聖地として、そこに神殿を営み、壁雝といった。霊沼・霊囿を設けることが多い。墉jiongは聖地に墉をつくることをいう語であろう。

【雍閼】ふさぎとめる。〔漢書、景十三王、中山靖王勝伝〕今、臣雍閼せられて聞(奏上)することを得ず。讒言の徒、蠭生す。道遼かに路遠く、曾て臣の爲に聞するもの莫し。臣竊かに自ら悲しむ。

【雍蔽】隠蔽する。〔荀子、致士〕朋黨比周の譽、君子は聽かず。～隱忌雍蔽の人、君子は近づけず。貨財禽犢の請、君子は許さず。

【雍容】温雅なさま。〔史記、司馬相如伝〕相如、臨邛に之く。車騎を従へ、雍容閒雅、甚だ都やかなり。卓氏に飲するに及んで、琴を弄す。文君、竊かに戸より之れを窺ひ、心悦びて之れを好むも、恐らくは當ることを得ざらんと。

【雍雍】和らぐさま。〔後漢書、樊準伝〕(上疏)朝する者は進みて政を思ひ、罷むる者は退いて問ひに備ふ。小大化に隨ひ、雍雍嘉みすべし。

【雍和】仲よくむつまじい。〔後漢書、魏覇伝〕覇、少くして親を喪ひ、兄弟同居す。州里、其の雍和を慕ふ。

➡雍遏 雍閼/雍害 妨げる/雍閑 雍和/雍熙 和楽する/雍爨 かまど/雍粛 なごやかでつつましい/雍人 炊事係/雍塞 ふさぐ/雍台 辟雍/雍防 防ぎとめる/雍睦 雍和/雍穆 和らぎしたしむ/雍游 優遊/雍融 なごやか/雍予 和楽する

⬇熙雍・粛雍・辟雍

【墉】14 4012 ヨウ かき

篆文

古文

形声 声符は庸。庸は用字形の木柵に土を入れ、杵を以て築き固める意の字で、墉の初文。庸が多義化して、墉によってその原義を示した。〔説文〕十三下に「城の垣なり」とあり、古文の𩫖を録する。この字は城郭の象形字。墉上に望楼のある形で、城(城)・郭の初文は𩫖に従う。〔書、梓材〕に「既に垣墉に勤む」とあり、〔釈文〕に「卑きを垣と曰ひ、高きを墉と曰ふ」とする。

訓義 ①かき、城の垣、かべ、城壁。②かきね、土塀。

古訓 〔名義抄〕墉 カキ・ヒラク 〔字鏡集〕墉 カキ・ヒラク・フカ

語系 墉・庸・用・甬jiongは同声。用は木柵の形、甬は筒形の桶。土を入れて築き固めたものを庸といい、墉はその形声字。みな用の声義を承ける一系の語である。

【墉城】神仙の居る所。〔水経注、河水一〕(東方朔の十洲記に曰く)又墉城有り、金臺玉樓、～朱霞九光、西王母の治する所、眞宮仙虛の宗とする所なり。

➡墉囲 かきで囲む/墉垣 かきね/墉屋 垣と家/墉基 築地/墉宮 墉城/墉牆 かき/墉堞 ひめがき

⬇雲墉・垣墉・金墉・高墉・厚墉・周墉・乗墉・城墉・崇墉・穿墉・頽墉・長墉

【慂】14 3733 ヨウ すすめる しいる

形声 声符は涌。〔方言、十〕に「南楚、凡そ己は喜ぶことを欲せざるに、旁人之れを説び、怒るを欲せざるに、旁人之れを怒る。之れを食閻と謂ひ、或いは之れを慫涌と謂ふ」とあり、本人の気乗りせぬことを旁らからすすめはやすことをいう。慫慂の二字は連語として用いる。

訓義 ①すすめる、しいる、うごかす、いいそす。

↓慫慂

【慵】 14 9002 ヨウ ものうい おこたる

篆文

形声 声符は庸。〔説文新附〕十下に「嬾きなり」とあり、慵嬾をいう。白居易は好んでこの字を用い、〔香炉峯下、新たに山居を卜し、草堂初めて成る。～重ねて題す、四首、三〕の詩に「日高く睡り足りて、猶ほ起きるに慵し」の句がある。陸游が懶の字を愛したのと似ている。

訓義 ①ものうい、けだるい。②おこたる、なまける。

古訓 〔名義抄〕慵 モノウシ・モノクサシ

語系 慵zjiong、容jiongは声義が近い。漢宮の飛燕は、うす紅を施すのみで「慵來粧」と称したという。慵が一種の美を意味するのは、容と声義が近いからであろう。容とは彷彿たる姿をいう。

【慵惰】 ものうく、なまける。唐・韓愈〔合江亭〕詩 淹滯、閒曠(ひま)を樂しみ 勤苦、慵惰を勸む 余が爲に塵階を掃へ 樂を命じて衆座を酔はしめん

【慵懶】 ものうく、なまける。唐・白居易〔晩春、酒醒めて(劉)夢得を尋ぬ〕詩 酔心、老を忘るるは易く 醒眼、春に別るるは難し 獨り出づること慵懶なりと雖も 相ひ逢へば定めて喜歡せん

↑慵起 おきがてにする／慵倦 ものうく、なまける／慵困 なまけ、くるしむ／慵饞 なまけて、ものうく、たべるばかり／慵疎 慵倦／慵夫 凡夫／慵眠 なまけて、ねむる

↓愚慵・耕慵・酒慵・春慵・書慵・心慵・疎慵・放慵・飽慵・幽慵・養慵・老慵

常【様】 14 人〔樣〕 15 4893 〔橡〕 16 4793 ヨウ(ヤウ) ショウ(シャウ) かた ようす くぬぎ さま

篆文

形声 旧字は樣に作り、羕声。〔説文〕六上に「栩の實なり」という。字はまた橡に作る。像とも通用するので、模様・様式の意に用いる。「さま」は国語の用法で、経過を含めた状態の意。また敬称に用いる。

訓義 ①かた、ようす。②くぬぎ。③国語で、さま敬称。

古訓 〔名義抄〕樣 栩(くぬぎ)なり／橡 ツルバミ・ツルバユ・トチ 〔篇立〕樣 タメシ・サマ

↑様稿 原稿／様子 かた／様制 形式／様勢 様子／様度 風度／様範 様式／様品 見本／様物 見本／様本 見本／様模 模範／様様 いろいろ

↓異様・一様・雲様・花様・旧様・藕様・形様・好様・字様・時様・式様・殊様・新様・図様・多様・度様・同様・別様・墨様・模様・文様・両様

【漾】 14 3813 〔瀁〕 18 3813 ヨウ(ヤウ) ただよう

篆文 古文 金文

形声 声符は羕。羕は〔説文〕十一下に「水長きなり」とあり、〔詩、周南、漢広〕「江の羕き」の句を引く。今本は永に作る。永は水脈、その水脈の長いさまをいい、漾はその声義を承ける。〔説文〕十一上に隴西の水名とするが、もと蕩漾を本義とする字。字はまた瀁に作る。

訓義 ①ただよう、ただよい流れる。②うかぶ、ゆらぐ。③水の広大なさま。④字はまた瀁に作る。

古訓 〔名義抄〕漾 タゞヨフ・ナガシ・フカシ 〔字鏡集〕漾 タゞヨフ・トラカス・キロ、ク・ミナク、リ・アソブ・ウカブ・ユク・クル・ヲヨグ・ヨソカニ・フカシ・ナガシ

【漾舟】 舟をうかべる。南朝宋・謝恵連〔西陵にて風に遇ひて、康楽(兄、謝霊運)に献ず〕詩 装を成して良辰を候ち 漾舟、嘉月を陶しまん

【漾漾】 水がゆらぐさま。ゆらぎ光るさま。唐・皇甫曽〔山下の泉〕詩 漾漾として山光を帯び 澄澄として林影を倒にす

↑漾影 水に映る／漾開 ながれ広がる／漾檝 流れに棹さす／漾馳 はやく流れる／漾泊 ただよう／漾碧 碧流／漾漭 水があふれ流れる

↓影漾・演漾・軽漾・浩漾・水漾・蕩漾・波漾・泛漾・漭漾・揺漾

常【瘍】 14 0012 ヨウ(ヤウ) できもの

篆文 古印璽

形声 声符は昜。〔説文〕七下に「頭の創なり」とあり、〔左伝、襄十九年〕「瘍を頭に生ず」とあるのによるものであるが、瘍を生ずるのは、必ずしも頭部に限らない。〔周礼、天官、瘍医〕は、すべて腫物を治すことを掌る。昜は陽光、そのために皮膚を傷つける意であろう。

訓義 ①できもの、かさ。②きず、頭のきず。③よう。④また痒に作る。

古訓 〔和名抄〕瘍 賀之良加佐(かしらかさ) 〔名義抄〕瘍 カシラカサ／痒 カユシ・ヤム 〔篇立〕瘍 カシラカサ・ヤブル

語系 瘍・昜・陽jiangは同声。瘍は、やけどしたような状態をいう。また痒ziangも声義近く、〔説文〕七下に「痒は瘍なり」とあり、同義の語とする。

【瘍疾】 はれものなど。〔水経注、夷水〕夷水又東して、温泉三水と合す。大溪の南北、岸を夾みて溫泉有り、對注す。夏は煖く冬は熱く、上に常に霧氣有り。瘍疾百病、浴する者多く愈ゆ。

↑瘍痍 きず／瘍潰 潰瘍／瘍子 かさ／瘍微 潰瘍

↓潰瘍・金瘍・腫瘍・折瘍・瘡瘍・病瘍・薬瘍・療瘍

常【踊】 14 6712 〔踴〕 16 6712 ヨウ おどる おどり

篆文

形声 声符は甬。甬は筒形の器、上下に動く意がある。〔説文〕二下に「跳ぶなり」とあり、喪礼のとき、胸をうち、足をふんで悲しむことを辟踊という。〔詩、邶風、撃鼓〕「踊躍して兵を用ふ」は勇武のさま。また義足を踊という。字はまた踴に作る。

訓義 ①おどる、とぶ、とびあがる。②あしきられ、そのはきもの。③予と通じ、あらかじめ。④国語で、おどり。

古訓 〔名義抄〕踊 アガル・ヲドル・ホトバシル・ヲヅク

【踊躍】 足をふんで悲しむ。また、勇みたつ。〔列女伝、母儀、鄒の孟軻の母の伝〕鄒の孟軻の母なり。孟母と號す。其の舍、墓に近し。孟子の少きとき、嬉遊して墓閒の事を爲し、踊躍築埋す。

↑踊移 躊躇する／踊逸 おどって跳び出す／踊溢 踊逸／踊悦 とびはねて喜ぶ／踊貴 物価が騰貴する／踊出 せり上がる／踊身 身を躍らせる／踊跳 飛び上がる／踊塔 高い塔／踊騰 物価が騰貴する／踊擗 足をはね、胸をうって、弔いいたむ礼／踊抃 とびはねて喜ぶ

↓駭踊・歓踊・喜踊・曲踊・号踊・哭踊・爵踊・拾踊・翔踊・袒踊・跳踊・騰踊・飛踊・憤踊・辟踊

【鄘】 14 0722 ヨウ かき

篆文 甲骨文 金文

形声 声符は庸。殷代の近畿の地は、殷が滅んだのち、邶・鄘・衛の三地に分治され、その地の歌謡が〔詩〕の国風として残されている。卜辞には鄘を庸(𩫖)に作る。

訓義 ①殷の鄘の地、国名。②墉と通じ、かき。

【雍】15 0011 ［鷹］24 0022 ヨウ オウ たか

篆文 籀文 金文

形声 声符は雍。〔説文〕四上に「雍鳥なり。隹に従ひ、人に従ひ、瘖の省聲」（段注本）とするが、声が合わず、瘖に従う理由もない。金文の膺・應（応）の初形である雍は、鳥占をする形かとみられ、雍はおそらくその譌形であろう。重文として鷹を録する。鷹狩りは「うけひ狩り」として行われることがあった。金文の〔毛公鼎〕「大命を雍受す」は、〔書、君陳〕「多福を膺受す」と同語。また車服の賜与にみえる「金雍」は、金膺をいう。膺はむね、應は鷹による「うけひ狩り」に、神意がこたえる意。鷹をすえるところを膺という。

訓義 ①たか。②字はまた鷹に作る。

古訓 〔字鏡〕雍 ハヤブサ・タカ

声系 〔説文〕に雍声として膺・應の二字を収める。鷹は雍の繁文、また雍も同系の字である。

語系 雍・膺・應iəngは同声。雍は「うけひ狩り」の鷹を抱く形、膺・應はその声義を受ける。臆（臆）iəkに胸臆・予測の意がある。

＊語彙は鷹字条参照。

常【窯】15 3033 ［窰］15 3077 ヨウ（エウ） かまど かま すえもの

篆文 古印璽

形声 声符は羊。〔説文〕七下に「瓦を焼く窯竈なり」（段注本）とし、羔声とするが、声が合わない。字はまた窰に作り、䍃声。陶にもその音がある。

訓義 ①かまど、かま、やきがま。②すえもの、陶器。③いま妓楼の意に用いる。

古訓 〔新撰字鏡〕窯 瓦を焼く竈なり。又、陶に作る。須恵加万（すゑがま）〔和名抄〕窯 楊氏漢語抄に云ふ、賀波良夜（かはらや）〔名義抄〕窯 カハラヤ 〔字鏡集〕窯・窰 カハラヤ・スミカマ・カハラヤクカマ

語系 窯・窰jiôは䍃jiu、陶・匋duと声近く、陶にはまたjiôの声がある。〔説文〕五下に䍃・匋を「瓦器なり」と訓し、陶竈を窯という。窰は瓦を焼く竈である。

【窯変】ようへん 陶器をやくとき、釉薬によって色彩光沢が変化し、種々の文様を生ずること。〔博物要覧、二〕（哥窰・官窰）二窰、器皿を焼出するの時、窰變して狀蝴蝶・禽鳥～等の像に類する有り。～或いは黄、或いは紫紅、肖形愛すべし。皆文明らかなり。乃ち火の幻化なり。否らずんば則ち理曉るべからず。

↑窯課／窯器／窯妓／窯戸 炭坑主／窯子 妓院／窯神 窯の神／窯竈 瓦竈／窯皮 ひやかし客

↓瓦窯・官窯・陶窯

常【養】15 8073 ［養］15 8073 ヨウ（ヤウ） やしなう そだてる

篆文 古文 甲骨文 金文

形声 声符は羊。〔説文〕五下に「供養するなり」とあり、〔広雅、釈詁一〕に「樂なり、使なり」、〔玉篇〕に「育なり、守なり、畜なり、樂なり、長なり」とあり、養育し、長養することをいう。古文の字形は、卜文・金文にもみえ、牧羊のことを示す字である。

訓義 ①やしなう、そだてる。②かう、まかなう。③たのしむ、まもる。④しもべ、めしつかい、うば。

古訓 〔名義抄〕養 オナリス・ヤシナフ・カフ・ナガシ・タクハフ・ウメリ・トル・マサル・マホル・カザル・カヘリミル

声系 瀁は瀁の古文。癢は〔説文〕未収、痒の重文として〔玉篇〕にみえる。

【養痾】ようあ 病気の療養をする。〔後漢書、文苑下、高彪伝〕（馬融に遺る書）昔、周公旦、文を父とし武を兄とし、～猶ほ揮沐吐餐、白屋（士人）に垂接す。～公、今痾を養ひて士に慠る、故より其の宜なり。

【養育】よういく やしない育てる。〔漢書、宣帝紀〕（元康二年）夏五月、詔して曰く、獄なる者は萬民の命、暴を禁じ邪を止め、群生を養育する所以なり。能く生者をして怨みず、死者をして恨みざらしめば、則ち文吏と謂ふべし。今は則ち然らず。

【養気】ようき 気をやしなう。〔列子、黄帝〕其の性を壹らにし、其の氣を養ひ、其の德を含み、以て物の造る所に通ず。夫れ是くの若き者は、其の天、全きを守り、其の神、郤無し。物奚れよりか入らん。

【養魚】ようぎょ 魚を養殖する。〔西京雑記、一〕武帝、昆明池を作り、～水戰を教習す。因りて上游に戲れに魚を養ひ、魚も て諸陵廟に給して祭祀し、餘は長安市に付して之れを賣る。

【養形】ようけい 身をやしなう。〔荀子、正名〕蔬食菜羹にして以て口を養ふべく、麤布の衣、麤紃の履にして以て體を養ふべく、屋室廬庾（草屋）、葭稾の蓐（しとね）、机筵を尚へて以て形を養ふべし。

【養雞】ようけい 雞を飼う。〔水経注、穀水〕捜神記に曰く、祝雞翁なる者、～養雞百年餘、雞、千餘頭に至る。皆名字有り。取らんと欲せば、之れが名を呼べば、則ち種別して至る。

【養護】ようご 保養する。唐・符載〔賀州刺史武府君墓誌銘〕嗚呼、南方は氣炎、春秋稍や高し。冀はくは元の土に遷りて、餘齡を養護せん。任に居ること六霜、竟に足痺に困しむ。

【養士】ようし 人物を育てる。元・許有壬〔文丞相（天祥）伝の序〕然らば則ち宋三百年、養士の功を収むる者は、公一人のみ。

【養志】ようし 志を高くする。〔荘子、譲王〕志を養ふ者は形を忘れ、形を養ふ者は利を忘れ、道を致す者は心を忘る。

【養寿】ようじゅ 寿命をやしなう。長生きを心がける。〔史記、老荘申韓伝〕蓋し老子は百有六十餘歳、或いは言ふ、二百餘歳なりと。其の道を脩めて壽を養ふを以てなり。

【養心】ようしん 心をやしなう。〔孟子、尽心下〕心を養ふは寡欲より善きは莫し。其の人と爲りや寡欲ならば、存せざる者有りと雖も、寡なし。

【養神】ようしん 精神をやしなう。〔荘子、刻意〕純粋にして雜へず、靜一にして變らず、淡にして無爲、動くに天行を以てす。此れ神を養ふの道なり。

【養真】ようしん 本来の性をやしなう。晋・陶潜〔辛丑の歳七月、～夜、塗口を行く〕詩 眞を衡茅の下に養ひ 庶はくは善を以て自ら名づけられんことを

【養正】ようせい 正大の気をやしなう。〔抱朴子、嘉遯〕朝に立つの勳、戎に即くの勞無しと雖も、然れども後生を切磋し、道を弘め正を養ひ、塗を殊にするも致を一にするは、狷介の民に非ざるなり。

【養生】ようせい・ようじょう 生命をやしなう。摂生。〔荘子、養生主〕文惠君曰く、善い哉。吾れ庖丁の言を聞きて、生を養ふことを得たりと。

【養成】ようせい 育てあげる。〔呂覧、本生〕始めて之れを生ずる者は天なり。養ひて之れを成す者は人なり。能く天の生ずる所を養ひて、之れに攖ること勿き、之れを天子と謂ふ。

【養性】ようせい 本性を育てる。〔孟子、尽心上〕其の心を盡す者は、其の性を知る。～其の心を存し、其の性を養ふは、天に事ふる所以なり。

【養精】ようせい 精神をやしなう。〔漢書、東方朔伝〕上往きて疾に臨み欲する所を問ふ。（竇太）主、辭謝して曰く、～願はくは陛下、時に萬事を忘れ、精を養ひ神を游ばしめよ～と。

【養拙】ようせつ 素朴な性を守る。守拙。晋・潘岳〔閑居の賦〕衆妙を仰ぎて思ひを絶ち、終に優遊して以て拙を養はん。

【養望】ようぼう(やうばう) 名声を求める。〔晋書、陳頵伝〕(王導に与ふる書)加ふるに莊老の俗、朝廷を傾惑する有り。養望する者を弘雅と爲し、政事する者を俗人と爲し、王職恤へず、法物墜喪す。～今宜しく改張し、明賞信罰、～然る後大業擧ぐべく、中興冀ふべきのみ。

【養命】ようめい(やう) 命をやしなう。魏・嵆康〔養生論〕神農曰く、上藥は命を養ひ、中藥は性を養ふ者なりと。誠に知る、性命の理は、輔養に因りて以て通ずるを。

【養養】ようよう(やうやう) 心おちつかぬさま。〔詩、邶風、二子乘舟〕願うて言に子を思ふ 中心養養たり

【養老】ようろう(やうらう) 老人に奉養する。〔淮南子、説林訓〕柳下惠、飴を見て曰く、以て老を養ふべしと。盜跖、飴を見て曰く、以て牡を黏っく(鍵を開ける)べしと。物を見ること同じきも、之れを用ふることは異なり。

【養禄】ようろく(やう) 扶持。〔韓非子、孤憤〕當塗の人、事要を擅らにす。則ち外內、之れが用を爲す。～學士因らずんば、則ち養祿薄く禮卑し。故に學士之れが爲に談ずるなり。

↑養毓 養育する／養恩 恩を厚くする／養晦 世にかくれ、自らの徳をやしなう／養外 体をやしなう／養艾 養老／養耆 養老／養器 人材を育成する／養給 やしない与える／養賢 賢士を育成する／養虎 後患をのこす／養口 生きる／養寇 賊に手をかす／養浩 浩然の気をやしなう／養高 志をやしなう／養済 救済する／養材 人材を育成する／養財 畜財する／養産 生み育てる／養子 義子／養使 やしない使う／養食 やしなう／養視 養育する／養飼 飼う／養耳 聞いて楽しむ／養疾 治療する／養日 夏至／養羞 食物を保存する／養身 養生／養世 長生きする／養静 心静かにくらす／養素 養性／養瘡 治療する／養息 養子／養体 養身／養地 湯沐の地／養知 学ぶ／養治 やしない治める／養長 育てる／養堂 父母の室／養徳 徳をやしなう／養内 養心／養髪 毛を生えさせる／養兵 兵卒をやしなう／養病 療養／養法 養生法／養蜂 蜜蜂を飼う／養牧 飼育する／養民 民をやしなう／養名 名望を得るようにつとめる／養夜 冬至／養鷹 鷹を飼う／養癰 手遅れとなる／養略 貧しい／養廉 廉潔にする／養労 休養する／養和 親しむようにする

↓愛養・頤養・育養・栄養・営養・恩養・外養・甘養・涵養・含養・帰養・饋養・鞠養・休養・給養・居養・教養・供養・恵養・扈養・孝養・子養・視養・飼養・廝養・字養・自養・侍養・滋養・収養・修養・終養・就養・卹養・馴養・遵養・色養・生養・静養・摂養・善養・素養・存養・致養・畜養・長養・乳養・培養・扶養・負養・撫養・保養・哺養・輔養・奉養・牧養・薬養・療養・牢養・籠養・禄養

【壅】 16 0010 ［壅］ 21 2010

ヨウ
ふさぐ さえぎる おおう

形声 声符は雍。雍の初文はおそらく雝。渡り鳥が飛来する池の中央に祠堂を作って祖霊を祀るところを、辟雝という。雝は巛(川)と邑(宮室の象)と隹(鳥)との会意字。水流が壅がれてできた沼沢を中心に辟雝が作られるので、水流の壅塞することを壅という。それで壅遏の意があり、〔穀梁伝、成五年〕に、「梁山崩れ、河を壅遏して三日流れず」という。

訓義 ①ふさぐ、さえぎる。②へだてる、おおう、とどまる。③くま。

古訓 〔名義抄〕壅 フサグ・トヾム・トヾコホル・ウヅム・ナツマシ・セク・カクス・ハルカニ 〔字鏡集〕壅・壅 セク・サク・フサグ・ウヅム・トヾム・ヘダツ・サハル・トヾコホル・カクス・ナツマシ・ハルカニ

語系 壅・雍・雝・廱・擁・邕iongは同声。邕は池水をめぐらした神殿の象で、その神殿を辟(璧)雝という。邕に壅塞の意があり、邑・邕の声の字に、その義を承けるものが多い。鼻づまりを癰iongといい、その字を鼻と邕声でしるすことがある。

【壅遏】ようあつ 路をふさぎさえぎる。〔管子、立政九敗解〕姦人上に在るときは、則ち賢者を壅遏して進めざらしむ。然らば則ち國に適患有るときは、則ち優倡侏儒、起ちて國事を議せん。

【壅隔】ようかく へだてる。魏・王粲〔登楼の賦〕舊鄉の壅隔せらるるを悲しみ、涕横墜して禁ぜず。

【壅絶】ようぜつ ふさぎとめる。楚・宋玉〔楚辞、九弁、五〕自ら往きて徑ちに遊ばんと願ふも 路、壅絶せられて通ぜず 道に遁って平驅せんと欲するも 又未だ其の從ふ所を知らず

【壅滞】ようたい 滞りとまる。〔晋書、陶侃伝〕遠近の書疏、手答せざる莫し。筆翰流るるが如く、未だ嘗て壅滯せず。疏遠をも引接し、門に停客無し。

【壅蔽】ようへい さえぎりかくす。〔韓非子、孤憤〕今、國を有つ者、地廣く人衆しと雖も、然れども人主壅蔽せられ、大臣權を專らにせば、是れ國、越と爲るなり。

↑壅閼 壅遏／壅囲 ふさぎ囲む／壅礙 ふさぎはばむ／壅格 ふさぎとめる／壅御 防ぐ／壅禦 壅御／壅腫 壅塞する／壅沮 はれる／壅人 愚人／壅水 水止め／壅積 壅ふさぎみなぎる／壅囊 防水のため土囊を積む／壅否 ふさぎはばむ／壅塞 ふさぐ／壅漲 ふさぎとめる／壅防 防ぐ／壅離 壅隔

↓淹壅・開壅・決壅・培壅・蔽壅・防壅・埋壅・流壅

常

【擁】 16 5001 ［擁］ 21 5001

ヨウ
いだく まもる とる したがえる

篆文

形声 〔説文〕十二上に字を擁に作り、雝声、「褢くなり」(段注本)と訓する。雝に壅遏・壅塞の意があり、そのような姿勢で人を抱えこむことをいう。抱持して救うこと、また擁立して守る意がある。

訓義 ①いだく、だく、かかえる、かかえもつ。②まもる、いだきまもる、とる、ささえる。③したがえる、ともなう、あつめる。④ふさぐ、つつむ、たくわえる、もつ。

古訓 〔名義抄〕擁 フサグ・オサフ・トヾム・カヾフ・タスク・オホキナリ・スベテ・モトホル・タ(ウ)ダク・サフ・ノゴフ 〔字鏡集〕擁・擁 カクム・モトホル・オサフ・ノゴフ・メグル・スベテ・タスク・サフ・トラフ・ウダク・トヾム・ムカフ・キカム・カヾフ・オホキナリ・トル・マホル・タヽル・フサグ

語系 擁・雍・壅・雝・廱iongは同声。壅閉された奥深いところを基本義とする語。そのような姿勢でものを抱持することを擁という。

【擁隔】ようかく さえぎりへだてる。唐・任華〔李白に寄す〕詩 伊これ余毎に興に乘じて往きて相ひ尋ねんと欲するも 江湖に擁隔せられて、寸心を勞す

【擁護】ようご かばって守る。〔漢書、陳湯伝〕(郅支単于)～漢の、呼韓邪(単于)を擁護して、己を助けざるを怨み、漢の使者江乃始等を困辱す。

【擁膝】ようしつ 膝をかかえる。〔三国志、魏、高柔伝注に引く魏氏春秋〕柔、既に法を處すること平允、又夙夜懈らず、膝を擁し、文書を抱きて寢ぬるに至る。太祖嘗て夜微かに出で、～柔を見て之れを哀れみ、徐ろに裘を解き、柔を覆ひて去る。

【擁社】ようしゃ 社の神体を抱く。死ぬ決意を示す。〔左伝、襄二十五年〕陳侯免(服喪)して社を擁く。

【擁腫】ようしゅ ふくれあがる。〔荘子、逍遥遊〕吾に大樹有り。人

之れを樗と謂ふ。其の大本は擁腫して縄墨に中らず、其の小枝は巻曲して規矩に中らず。塗に立つも、匠者顧みず。

【擁衆】 多数をたのみとする。〔後漢書、岑彭伝〕時に田戎、衆を夷陵に擁するも、秦豊の圍まるるを聞き、大兵の方に至るを懼れ、降らんと欲す。

【擁書】 多くの書に囲まれる。〔魏書、逸士、李謐伝〕毎に曰く、丈夫、書萬卷を擁す。何ぞ百城に南面するを假らんやと。

【擁彗】 箒をかかえもつ。〔漢書、高帝紀下〕上、櫟陽に歸る。五日に一たび太公に朝す。～上、朝す。太公、彗を擁し、門に迎へて卻行す。上大いに驚き、下りて太公を扶く。

【擁被】 夜具をまとう。宋・范成大〔十一月十二日、枕上暁に作る〕詩 日高くして猶ほ被を擁す 蓐食(寝床で食事する)、隣家に媿づ

【擁蔽】 おおってかくす。〔礼記、内則〕女子、門を出づれば、必ず其の面を擁蔽す。

【擁立】 皆の力でもり立てる。〔漢書、西域上、康居国伝〕宣帝の時、匈奴乖亂し、五單于竝び争ふ。漢、呼韓邪單于を擁立す。

【擁炉】 火鉢をかかえる。宋・陸游〔冬夜炉辺に小飲す〕詩 爐を擁しては、曲身を直ならしむべく 酒を飲みては、能く槁面に紅を回らす

↑擁遏 壅遏/擁閼 壅閼/擁毓 育てる/擁鬱 ふさぐ/擁衛 守る/擁掩 かばう/擁轅 柩車をひく/擁旗 旗をもつ/擁拠 おおい守る/擁衾 擁被/擁髻 頭をかかえて嘆く/擁後 後を守る/擁盾 盾をもつ/擁塵 苦学する/擁旌 擁旗/擁擠 雑踏する/擁絶 ふさぎとめる/擁帚 擁彗/擁塞 ふさぐ/擁帯 頼る/擁沓 雑踏する/擁鼻 鼻をつまむ/擁覆 上からおおう/擁兵 兵を率いる/擁蒙 面をおおいかくす/擁有 領有する/擁佑 まもり助ける/擁抑 囲みこむ/擁耒 耕す/擁列 とりまく

↓囲擁・環擁・夾擁・攢擁・侍擁・簇擁・担擁・扶擁・屏擁・抱擁・捧擁

【曄】 16 6405

ヨウ(エフ) かがやく あきらか さかん

篆文 

会意 日＋華(華)。〔説文〕七上に「光くなり」という。「曄曄」は、花のかがやくような美しさをいう。

訓義 ①かがやく、あきらか、ひかり。②さかん、うるわし。

古訓 〔名義抄〕曄 テル・ウルハシ・ヒカル 〔篇立〕曄 カヾヤク・サカリ・テラス 〔字鏡集〕曄 テル・ウルハシ・マシロク・カヾヤク・イナビカリ

声系 〔説文〕の火部十上に曄声の字の燁を収め「盛んなるなり」と訓する。曄も同声、声義の同じ字である。

【曄煜】 さかんなさま。唐・白居易〔夢遊春の詩に和す、一百韻〕詩 親賓、盛んにして輝赫 妓樂、紛として曄煜

【曄曄】 かがやくように美しいさま。宋・司馬光〔同舎の、菊に対して酒無しに和す〕詩 黄花、秋色に倚る 曄曄として誰が爲にか開く 更に殘榼を窺はしめ 空しく舊杯を洗はしむ

↑曄然 盛んなさま

↓暐曄・赫曄・光曄・炳曄

【燁】 16 9485

ヨウ(エフ) かがやく ひかる さかん

篆文 

会意 火＋華(華)。〔説文〕十上に「盛んなるなり」とし、「詩に曰く、燁燁たる震電」と〔詩、小雅、十月之交〕の句を引く。曄字条七上に「光くなり」とあるのと、声義同じ。曄の別体ともみられる字である。

訓義 ①かがやく、ひかる。②さかん。③曄と通用する。

古訓 〔篇立〕燁 ヒカリ・カヾヤク

声系 〔説文〕に、燁は曄声に従う字であるという。曄も曄声。みな光りかがやくさまをいう形況の語。

【燁煜】 かがやくさま。明・劉基〔杭州の鄭善止の為に、蓬萊山図に題す〕詩 鍾山の燭龍、其の北に在り 兩眼燁煜として、朝暾の如し

【燁然】 てりかがやくさま。明・劉基〔売柑者の言〕杭に果を賣る者有り、善く柑を藏す。寒暑に涉りて潰えず。之れを出だせば燁然として、玉質にして金色なり。市に置けば、賈十倍す。

【燁燁】 ひかりかがやくさま。唐・盧綸〔割飛二刀子歌〕詩 刀や刀や、何ぞ燁燁たる 魑魅も須く藏るべし、怪も須らく慴るべし 若し良工の爾の形を變ふるに非ずんば 只だ裁縫に向つて箱篋に委せん

↑燁赫 かがやく/燁爍 かがやく

↓暐燁・煒燁

常【謡】 16 人〔謠〕 17 0767

ヨウ(エウ) うた うたう そしる うわさ

形声 旧字は謠に作り、䍃声。もと䚻に作る字で、〔説文〕三上に「䚻は徒歌なり」とあり、謠字を収めない。〔詩、魏風、園有桃〕は、搾取に堪えかねて逃亡する隷農の詩で、その首章に「我歌ひ且つ謠ふ」の句がみえる。この謠は呪詛の意を含む語である。童謡の童は結髪を許されない徒隷、その労働歌は無為的な讖言として用いられた。〔左伝〕には童謡や、これと似た性質の「輿人の誦」を多く録している。「輿人の誦」はいわゆる輿論である。

訓義 ①うた、うたう、わざうた。②ひなうた、はやりうた。③そしる、うったえる。④うわさ、流言。

古訓 〔新撰字鏡〕謠 和佐宇太(わざうた) 〔篇立〕謠 ウタフ・ワザウタ・ワザゴト 〔字鏡集〕謠 ウタフ・ウタ・ヒトリウタ・ハナツ・イタヅラウタ・ヲサム・ウヤマフ

語系 謠・䍃・䚻・繇jiôは同声。みな䚻の声義を承ける。䚻は肉を供えて祈る意。みな呪祝・占繇に関する意を含む語である。

【謡言】 はやり歌。〔後漢書、劉陶伝〕光和五年、公卿に詔して、謡言を以て、刺史二千石の、民の蠹害を爲す者を擧げしむ。

【謡俗】 民謡にあらわれる土俗。晉・郭璞〔爾雅の序〕復た異聞を綴集し、舊說を會粹し、方國の語を考へ、謠俗の志を采る。

【謡諑】 流言してそしる。〔楚辞、離騒〕衆女、余が蛾眉を嫉み 謠諑して謂ふ、余れ以て善淫すと

↑謡詠 うたう/謡謳 うた/謡歌 歌謡/謡吟 詠吟/謡諺 ことわざ/謡誦 うた/謡伝 流言

↓謳謡・歌謡・吟謡・詩謡・俗謡・長謡・塗謡・童謡・風謡・諷謡・民謡・妖謡・俚謡

【繇】 17 2279 〔繇〕 18 2269 〔邎〕 22 3230

ヨウ(エウ) ユウ(イウ) チュウ(チウ) うらなう はかりごと とう したがう

篆文 

金文 

形声 正字は繇に作り、䍃声。䚻は祭肉を供えて祈る意で、その祈る語を謠(謡)という。系はそれに加える呪飾の形、その占卜の辞をまた繇という。〔説文〕十二下に「隨從するなり」とし、〔段注本〕に由と同字異文とする説がある。字形からみて占繇

の意とすべく、またその声義は由と異なり、由は瓠の実の油化した形。これを随従の意に用いるのは仮借、〔漢書〕に繇を自・由・従の意に用いることが多い。占卜によって示される神意に従う意で、字の本義から出ている。金文の〔彔伯𢦏𣪘〕に用いるのは、占卜のときの発声に由来するものであろう。また〔師寰𣪘〕に「淮夷は繇も我が貢晦の臣なり」の繇は、由来の意。〔小盂鼎〕に「嘼(酋、虜酋)に即きて厥の故を遙ふ」とは問訊の意。往いて「繇ふ」ことをいう。〔説文〕二下に「遙は行くに径に遙るなり」と因由・従の意とするが、金文の用例からいえば、遙は繇の繁文である。

訓義 ①うらなう、祭肉を供えて神意をとう、うらないのことば、うらないの書。②したがう、占兆にしたがう、よる、みちする、みち、よぎる。③猷と通じ、はかりごと。④傜と通じ、えだち、ぶえき。⑤於・于と近く、感動詞、ああ。⑥憂と近く、うれえる。⑦籀と通じ、うらかた。

古訓 〔名義抄〕繇 ヨロコブ・ヨル・コ、ニ・エタス

語系 繇(繇)・䍃(䍃)・謠jiô は同声、䍃は祭肉をそなえて祈る意。また占卜することをいう。䍃声の字はその声義をうける。また由・猷jiu、憂iu は声近く通用し、於ia、于hiua は感動の際の発声。繇を感動詞に用いることがある。籀diu も声近く、うらかたのときには、その声でよむ。

【繇役】賦役。〔史記、項羽紀〕呉中に大繇役及び喪有る毎に、項梁常に主辦を爲す。

【繇戍】辺境の守備。〔三国志、魏、文帝紀注に引く魏書〕(黄初四年三月丙午の詔)且らく力役を休め、繇戍を罷め省し、士民を畜養して、咸く安息せしめよ。

【繇俗】土地の歌謡と風俗。〔漢書、李尋伝〕山川の變動を揆り、人民の繇俗を參へ、以て法度を制し、禍福を考ふ。

↑繇使 夫役／繇条 伸びる／繇占 うらかた／繇賦 賦役と租税／繇繇 悠悠

↓応繇・吉繇・啓繇・爻繇・象繇・占繇・俗繇・大繇・発繇・問繇

【膺】 17 0022 ヨウ オウ むね あたる いだく うつ

篆文  金文 

形声 声符は雁。雁は胸に鳥を抱く形、おそらく「うけひ狩り」に用いる鷹を抱く形で、鷹狩りによって首尾をトし、神の応答を求める意である。それで「應(応)ふ」「膺る」はみな雁に従う。〔説文〕四下に「匈なり」(段注本)、また〔倉頡篇〕に「乳上の骨なり」とあり、漢碑には膺の月(肉)を骨にかえる形の字がある。〔説文〕勹部九上に「匈は膺なり」(段注本)とあって、互訓。金文の〔毛公鼎〕「大命を雁受す」は、〔書、君陳〕「多福を膺受す」と同じ語。〔詩、魯頌、閟宮〕「戎狄を是れ膺つ」のように、膺懲の意にも用いる。

訓義 ①むね、むなもと、むなさき、むなわき、むなぼね。②あたる、むねにあてる、いだく、うける。③うつ。④雍と通じ、ふさぐ。

古訓 〔新撰字鏡〕膺 宇自留(うじる) 〔名義抄〕膺 ウク・アタル・ムネ・シタシ・ムツマジ・アツマル 〔字鏡集〕膺 ムツマジ・アツカル・アタル・アタ、カ・ヨル・ウク・シタシ・アツマル・ユク・ムネ

語系 膺・雁・應iəng は同声。雁は「うけひ狩り」の鷹を抱く形。ともに胸臆の意があり、また予測して膺るという語意の上に関連がある。同系の語とみてよい。

【膺受】受ける。〔逸周書、克殷解〕武王、再拜稽首して、大命を膺受し、殷の受けられたる天の明命を革む。

【膺懲】うちこらす。〔詩、魯頌、閟宮〕戎狄是れ膺ち 荊舒是れ懲らす

【膺籙】帝王たる符命をうける。〔文心雕竜、時序〕皇齊、寶(王位)を馭するに曁び、運集りて休明なり。太祖、聖武を以て籙に膺たり、世祖、睿文を以て業を纂ぐ。

↑膺運 膺期／膺臆 胸中／膺荷 受ける／膺期 王業の時／膺選 当選／膺図 膺籙／膺肺 胸中／膺保 受ける／膺奉 奉持する／膺命 受命

↓胸膺・欽膺・鉤膺・拊膺・服膺・保膺・抱膺

【賸】 17 7928 ［𦪇］ 19 2948 ヨウ ジョウ おくる あまり そえる

篆文  金文 

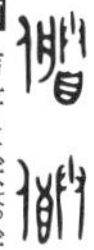

形声 声符は朕。朕は舟(盤)中にものを奉じて人におくる形。〔説文〕六下に「物相ひ增加するなり」また「一に曰く、送るなり、副ふるなり」という。夫人が嫁するとき、その女に従う姪娣を媵といい、また財幣を以て相贈ることを賸という。金文に、夫人が嫁するとき、携行するための器に「賸器」と銘することが多い。のち剰余の意となり、賸稿・賸余のようにいう。

訓義 ①おくる、おくりもの。②そえる、つけたす、ふやす。③あまり、のこり、よぶん。④ます、ふえる。⑤ままよ、まま。

古訓 〔名義抄〕賸 アマリサヘ・ユタカナリ・マス・オホシ

語系 賸・媵・灷jiəng は同声、みな灷の声義を承ける。灷は両手でものを奉ずる形で送(送)の初文。灷は〔説文〕未収の字。

【賸語】むだな語。〔邵氏聞見後録、十六〕韓忠獻公(琦)の曾祖惟古、官無し。忠獻の貴なるを以て、太保を贈らる。～李邦直、追うて神道碑を作る。三百餘言に至りて、其の文一の賸語無し。

【賸水】賸水残山、山河のみ残る。亡国をいう。唐・戴叔倫〔暮春感懐〕詩 落花飛絮、春夢を成すも 賸水殘山、昔遊に異なる

【賸酔】ひどく酔う。唐・白居易〔(劉)夢得に贈る〕詩 頭に白髮を垂れて、我退かんことを思ひ 脚に青雲を蹋んで、君忙ならんと欲す 只だ今春、相ひ伴在する有り 花前に賸醉す、兩三場

↑賸遺 残り／賸員 役無しの人／賸求 取りすぎ／賸稿 残余の稿／賸財 余財／賸馥 残りの香り／賸墨 残稿／賸味 うますぎ／賸余 残り

↓冗賸・贅賸・余賸・留賸

【邀】 17 3830 ヨウ(エウ) キョウ(ケウ) むかえる もとめる あう

形声 声符は敫。敫は祭梟(首祭)の俗を示す放の上部に頭顱を加えた形。すなわち架屍を毆ち、呪霊を刺激して、呪詛を加える呪儀をいう。その呪儀を道路において行うことを邀といい、邪霊のあるところを邀えて、邀め責める意。字はまた徼と通用する。邀は〔説文〕にみえず、〔玉篇〕に「遮るなり」とあり、敵を邀撃することをいう。

訓義 ①むかえる、まつ、まちうける。②もとめる、まねく。③あう、であう。④徼と通じ、さえぎる。

古訓 〔名義抄〕邀 サイギル・モトム・チギル・ハフク・タヅヌ・イル・ヒトシ・ヨバフ 〔字鏡集〕邀 ヨバフ・サイギル・カナラズ・オモムク・ハラフ・ハゲム・ネガフ・チギル・タヅヌ・イル・モトム・ハブク・トヾム・ヒトシ

【邀求】もとめる。〔旧唐書、鄭畋伝〕(黄巣賊を討つ檄文)屬ろ藩臣不武、戎士財を貪るを以て、徒だ討逐の名を加ふるのみにして、竟に遷延の役を作し、滋蔓せしめて、累りに邀求有らしむることを致す。

【邀撃】迎え撃つ。〔漢書、匈奴伝上〕漢復た匈奴の

降者を得たるに言ふ、烏桓嘗て先單于の冢を發く。匈奴之れを怨み、方に二萬騎を發して、烏桓を擊たんとすと。大將軍霍光、兵を發して之れを邀擊せんと欲す。

【邀功】よう(えう)こう 功績を求める。〔人物志、接識〕伎倆の人は、邀功を以て度と爲す。故に能く進趣の功を識るも、道德の化に通ぜず。

【邀名】よう(えう)めい 名声を求める。〔論衡、自然〕舜禹は堯の安きを承く。堯、天に則つて行ひ、功を作して名を邀めず。無爲の化、自ら成る。

↑邀遏 迎え止める／邀飲 招宴／邀延 ひき迎える／邀宴 招宴／邀恩 恩を求める／邀迓 迎える／邀駕 来駕を待つ／邀喝 先駆けして戒める／邀冀 迎えねがう／邀勲 功を求める／邀迎 求め迎える／邀劫 追剝ぎ／邀幸 僥倖／邀候 待ち伺う／邀索 求め捜す／邀遮 待ちさえぎる／邀集 招集する／邀招 迎え招く／邀截 待ちさえぎる／邀寵 取り入る／邀討 迎撃する／邀賓 賓客を迎える／邀伏 待ち伏せする／邀福 福を求める／邀辟 召し迎える／邀誉 名誉を求める／邀来 迎える／邀留 招き留める／邀賂 賄賂を求める

↓強邀・遮邀・招邀・攀邀・奔邀

【擪】 18 7125 〔擫〕 17 5103 ヨウ(エフ) エン おさえる

篆文 

形声 声符は猒。猒は猒(犬の肩肉)を供えて、邪気の圧服を行うこと。それで抑制、おさえる意となる。〔説文〕十二上に「一指もて按ふるなり」とあり、〔広雅、釈詁三〕に「按ふるなり」という。指をあてておさえる意。書法で親指を強く使う筆法をいう。

訓義 ①おさえる、指をあてておさえる。②圧迫する。③親指で力を加えて書く筆法。

古訓 〔名義抄〕擫 アヤツル・オサフ

【擪息】よう(えふ)そく 脈をみる。〔淮南子、泰族訓〕扁鵲(古の名医)を貴ぶ所以の者は、其の病に隨ひて藥を調するを貴ぶに非ず。其の脈血を擪息して、病の從りて生ずる所を知るを貴ぶなり。

【擪笛】よう(えふ)てき 笛を吹奏する。唐・元稹〔連昌宮祠〕詩 李謨の擪笛、宮牆に傍ふ 偸み得たり、新翻(新しく編曲した)、數般の曲

↑擪下 抑える／擪琴 弾琴／擪耳 耳をおおう／擪法 書法の一、親指の先で筆を強くおさえて書く／擪籥 笛を吹く

↓擊擪

常【曜】 18 〔曜〕 18 6701 ヨウ(エウ) ひかり かがやく あきらか

形声 声符は翟。翟に燿(燿)・耀(燿)の声がある。〔釈名、釈天〕に「曜は燿くなり。光明照燿たるなり」とあり、〔詩、檜風、羔裘〕に「日出でて曜たる有り」とみえる。

訓義 ①ひかり、かがやく。②あきらか、しめす。

古訓 〔名義抄〕曜 カヾヤク・テラス・ノボル・ヒカル

語系 曜・耀・燿 jiôk は同声。昭・照・炤 tjiô に対する語。みな光耀をいう一系の語である。

【曜霊】よう(えう)れい 太陽。〔楚辞、天問〕角宿(東方の星)未だ旦けず 曜靈安くにか藏るる

↑曜威 威光をかがやかす／曜煜 かがやき／曜奇 抜群の功をたてる／曜甲 曜威／曜質 いのち／曜象 日月星の光／曜徳 立派な徳／曜魄 北極星／曜兵 兵威／曜明 かがやき／曜曜 光りかがやくさま

↓栄曜・煥曜・晷曜・輝曜・羲曜・九曜・景曜・甄曜・顕曜・眩曜・光曜・晃曜・三曜・七曜・秋曜・照曜・晨曜・星曜・盛曜・精曜・澄曜・陽曜・霊曜

【瀁】 18 3813 ヨウ(ヤウ) あふれる ひろい ただよう

篆文  古文  金文 

形声 声符は養(養)。〔説文〕十一上に漾を隴西の水名とし、古文として瀁を録する。〔玉篇〕に「瀁瀁は涯際無きなり」と訓し、また「古文漾なり」という。同字であろうが、慣用にいくらか区別がある。

訓義 ①あふれる、ひろい、はびこる。②ただよう。

古訓 〔名義抄〕瀁 タヽフ・タヽヒアガル・タフトク・ヒロク・オホフナリ・ヒロシ・ウレフ・タヽヒカヘル 〔字鏡集〕瀁 タヽヒアガル・ミギハキシモナキウミ・ヒロシ・オホイナリ・ヒロク・ウレフ・タヽフ・タフトシ

＊語彙は漾字条参照。

【瀁瀁】ようよう(やうやう) はてしなく、ゆらめくさま。魏・阮籍〔清思の賦〕心、瀁瀁として、終薄する所無く、思ひ悠悠として、未だ半ばならず。

↑瀁漭 広大のさま

人【燿】 18 〔燿〕 18 9781 ヨウ(エウ) ひかり かがやく あきらか

篆文 

形声 声符は翟。翟に曜(曜)・耀(燿)の声がある。〔説文〕十上に「照るなり」、〔玉篇〕に「光るなり。曜と同じ」とみえる。火光を燿、日光を曜と区別したもので、燿はまた耀の正字である。

訓義 ①ひかり、かがやく、てる。②あきらか、あかるい。③くらむ、めくらむ。

古訓 〔名義抄〕燿 ヒカリ・テル／烑燿 スバル

語系 燿・耀・曜 jiôk は同声。炤・照・昭 tjiô と相対する語で、みな輝くことをいい、一系の語である。

＊語彙は耀字条参照。

【燿徳】よう(えう)とく 徳を輝かす。〔国語、周語上〕先王は德を燿かし、兵を觀めさず。

↑燿穎 すぐれる／燿暉 かがやく／燿金 金をとかす／燿日 陽光／燿燿 光りかがやくさま／燿霊 太陽

↓炎燿・眩燿・熠燿・照燿・燭燿・震燿・星燿

【鎔】 18 8316 〔熔〕 14 9386 ヨウ とける

篆文 

形声 声符は容。容におぼろげなもの、ゆるやかなものの意がある。〔説文〕十四上に「冶器の法なり」とあり、金属のものを熔かして器を作ることをいう。また鋳型の意に用いる。熔は鎔の俗字。

訓義 ①とかす、とける、いる。②いがた。③かたな。

古訓 〔名義抄〕鎔 イガタ・トロモス・イル・ゼニノハタモノ・ワク・ワカス・トモカラ・カネヤス・カネイル・ミガク・ナギナタ

【鎔鋳】ようちゅう(ちう) 鋳こむ。鋳造する。〔飲氷室詩話〕(黄遵憲)近世の詩人、能く新理想を鎔鑄して、以て舊風格に入るる者は、當に黄公度(遵憲)を推すべし。其の人境廬詩の稿本、余が家に留むる者兩月餘、余之れを讀むこと數過。

↑鎔化 とけこむ／鎔解 とける／鎔岩 噴火の岩石／鎔鑠 とかす／鎔造 鋳造する／鎔点 融点／鎔範 鋳型／鎔融 とける／鎔炉 鋳物の炉／鎔和 とけてまじる

↓范鎔・冶鎔

【雝】 18 2071 ヨウ さわ やわらぐ

篆文 

甲骨文 

金文

形声 声符は邕。金文の雝の字形は、巛(水)＋呂(宮室の象)＋隹の会意字。古く壁雝とよばれた聖所である。溢流した水が壅がれて流れず、沼沢が形成され、渡り鳥がくる。これを祖霊が時を定めて帰来するものとして、池中の島に宮を築いて神殿とした。壁はまるくめぐる。その中央に祀所を設ける。金文に「莽京辟雝」としてみえるもので、〔詩、大雅、文王有声〕に「鎬京辟廱」の名がみえる。金文にはその大池に漁して、魚鳥の類を神饌とする記述がある。〔説文〕四上に「雝渠なり」とし、水鳥の名とするが、字の本義としがたい。雍和の意があり、〔大盂鼎〕に「德經を敬雝す」、〔邾王鼎〕に「用って賓客を雝しましめん」という。金文の「壁雝」は経籍に「辟雍」「辟廱」に作る。

訓義 ①壁雝、周の聖所、祖廟、霊台霊沼。②さわ、みずうみ、霊沼。③雍と通じ、やわらぐ。④雝渠、せきれい。⑤壅と通じ、ふさがる。

古訓 〔名義抄〕雝渠 ニハクナフリ 〔字鏡集〕雝 ヤハラグ

声系 〔説文〕に雝声として饔・癰・廱など六字を収める。〔説文〕に廱を辟廱、雝を雝渠の意とするが、金文には壁雝の字を用いる。癰は癰腫、擁・壅と声義近く、雝声にその意を含むことがある。

語系 雝・邕・廱・癰・雍・擁・壅iongは同声。雝は幽閉の聖所で壅蔽の意がある。雍和の意は雍と通用の義である。

【雝雝】やわらぎ楽しむさま。また、雁の声。〔詩、邶風、匏有苦葉〕雝雝たる鳴雁 旭日始めて旦く

↑雝塞 塞ぐ/雝容 ゆったり

↓粛雝・西雝・辟雝

【颺】 18 7621 ヨウ(ヤウ) あがる

篆文

形声 声符は昜。昜は玉光の放射する形で、陽気の発する意。〔説文〕十三下に「風の飛揚する所なり」とあり、風で飛揚することをいう。またその風をいう。揚と通用する。

訓義 ①あげる、あがる、ふきあげる。②あらわれる、おこる。③あきらかにする、ほめる。

古訓 〔新撰字鏡〕颺 比呂己留(ひろごる)、又、豆牟志加世(つむじかぜ) 〔名義抄〕颺 アガル・アグ・ノブ・アキラカニ・アラハス・オコル・ヒルガヘル・ツムジカゼ 〔字鏡集〕颺 ノブ・キク・アグ・アラハス・ヒルガヘス・アキラカニ・アガル・カゼノトブ・アラムス・オコス

語系 颺・揚jiangは同声。〔書、益稷〕「皐陶拜手稽首して颺言す」を〔史記、夏紀〕に引いて「揚言」に作る。陽・暘jiangもみな同声の語である。

【颺帆】帆をあげる。唐・許渾〔客の峡中に帰るを送る〕詩 江風、帆を颺ぐること急に 山月、樓を下ること遅し

【颺颺】高くあがり、ゆらめくさま。唐・元稹〔月、花に臨む〕詩 風に臨む、颺颺たる花 影を透かす、朧朧たる月

↑颺逸 のがれる/颺栄 誇示する/颺下 投げる/颺去 鳥が飛ぶ/颺空 空にあがる/颺言 揚言する/颺声 高い声でいう/颺扇 とうみ/颺籃 さしあげ箕

↓揮颺・軽颺・激颺・高颺・震颺・声颺・霜颺・騰颺・波颺・簸颺・飛颺・飄颺・悠颺

【蝿】 19 5711 ヨウ はえ

篆文

形声 声符は黽。黽に繩(縄)の声があり、蝿はその語頭子音の脱したものであろう。〔説文〕十三下に「營營たる青蝿」と〔詩、小雅、青蝿〕の句を引き、「蟲の大腹なる者なり」とし、字を虫・黽の会意とする。黽をその象形とするものであろうが、形が似ていない。黽はその飛ぶ声を写したものであろう。

訓義 ①はえ。②はえとりぐも。③蝿蝿は、遊びあるくさま。

古訓 〔和名抄〕蝿 波倍(はへ) 〔字鏡集〕蝿 ハエ

【蝿集】はえのように群がり集まる。〔明史、閹党、崔呈秀伝〕天鑒錄を進む。皆東林(党)に附かざる者なり。〜善類為に一に空し。暮夜、憐れみを乞ふ者、呈秀に縁りて以て進まざるもの莫し。蝿集蟻附し、其の門、市の如し。

【蝿蚋】はえと、ぶよ。〔孟子、滕文公上〕蓋し上世嘗て其の親を葬らざる者有り。其の親死すれば、則ち擧げて之れを壑に委つ。他日之れを過ぐるに、狐狸之れを食らひ、蝿蚋姑之れを嘬らふ。其の顙に泚たる有り。睨して視ず。

【蝿虫】うじ虫。〔後漢書、杜喬伝〕(喬)李固と倶に、尸を城北に暴さる。〜喬の故の掾、陳留の楊匡之れを聞き、〜乃ち故赤幘を著け、託して夏門亭の吏と爲り、尸喪を守衞し、蝿蟲を驅護す。

【蝿点】はえがよごす。誹謗中傷を受けるたとえ。唐・陳子昂〔胡楚真禁の所に宴す〕詩 人生、固より命有り 天道、信に言無し 青蝿一たび相ひ點じ 白璧、遂に冤を成す

【蝿頭】極めて細かいもの。細字などにたとえる。宋・陸游〔南堂雑興、八首、四〕詩 未だ忘れず、麈尾清談の興 常に讀む、蝿頭細字の書

↑蝿営 あくせくする/蝿止 蝿のよごしたあと/蝿市 群がる蝿/蝿矢 蝿の糞/蝿声 蝿のとぶ音/蝿鼠 小人をたとえる/蝿払 蝿よけの払子/蝿糞 蝿点/蝿蝿 遊びあるくさま/蝿利 小さな利益

↓寒蝿・秋蝿・青蝿・蛆蝿・蒼蝿・飛蝿

【鏞】 19 8012 ヨウ かね つりがね

篆文

形声 声符は庸。〔説文〕十四上に「大鐘、之れを鏞と謂ふ」とあり、〔書、益稷〕に「笙鏞以て閒す」のように、奏楽の間奏に用いる。〔詩、商頌、那〕に「庸鼓、斁たる有り」と、庸の字を用いることがある。用・甬・庸は一系の字で、筒形のものをいい、車につける小鈴を金甬という。鏞は鈎鐘形式の大鐘で、春秋期の彝器に長銘のものがある。また鎛といい、字はまた鎛に作る。

訓義 ①かね、つりがね、大つりがね。②西方の楽の名。

古訓 〔字鏡集〕鏞 ツキカネ・オホカネ・サスラフ

語系 鏞・用・庸jiongは同声。鏞はその器形によって、名をえている。撞(撞)deong、鐘(鐘)・鍾tjiong、衝thjiongはつく、つく鐘で、みな声義に関係がある。

↑鏞鼓 鐘鼓

↓金鏞・笙鏞・大鏞

【饁】 19 8471 ヨウ(エフ) おくる かれいい

篆文

形声 声符は盍。饁はその語頭子音を脱したものであろう。〔説文〕五下に「田に餉するなり」とあり、耕作の人に食をはこぶことをいう。〔詩、豳風、七月〕「彼の南畝に饁す」の〔伝〕に「饋るなり」とみえる。

訓義 ①おくる、食をおくる、田の人に食をおくる。②かれいい。

古訓 〔名義抄〕饁 カレイヒオクル 〔字鏡集〕饁 オクル・カレイヒオクル

声系 饁・榼は盍声。盍は器を蓋を以て覆う形。榼は酒器。饁もその器と同じく、器蓋によって名をえたものであろう。

↑饁獣 狩猟後の郊祭

↓行饁・春饁・晨饁・農饁

【爗】 20 9685 ヨウ(エフ) かがやく

形声 声符は暴。暴は曄、曄は燁と同字。
訓義 ①かがやく。②光りかがやく、電光。
古訓 〔篇立〕爗 テル 〔字鏡集〕爗 ヒカリ
【爗爗】光りかがやくさま。電光。〔詩、小雅、十月之交〕爗爗たる震電 寧からず、令からず 百川沸騰し 山冢萃崩す 高岸は谷と爲り 深谷は陵と爲る 哀し、今の人 胡ぞ憯ち懲ること莫き
↓暐爗

【癢】 20 0013 ヨウ(ヤウ) かゆい

形声 声符は養。むずがゆい状態をいう。〔礼記、内則〕に「衣の煥寒と、疾痛苛癢とを問ひて、敬みて之れを抑搔す」とあり、父母舅姑につかえる礼であった。字は痒と通用するが、痒は瘍(できもの)を本義とする字である。
訓義 ①かゆい、むずがゆい。②痒と通用する。
古訓 〔名義抄〕癢 カユシ/痒 カユシ・ヤミヌ・ヤム
↑癢苛 病む/癢技 もどかしい/癢心 なやむ/癢痛 かゆみと、いたみ/癢癢 かゆい
↓伎癢・痛癢・疼癢

入【耀】 20 〖耀〗 20 9721 〔燿〕 18 9781 ヨウ(エウ) かがやく ひかり あきらか

形声 声符は翟。翟に曜(曜)・燿(燿)の声がある。燿が正字であるが、いま多く耀を用いる。耀は〔説文〕にみえず、北魏の碑に至ってその字がある。
訓義 ①かがやく、ひかり。②あきらか、てらす、しめす。
古訓 〔名義抄〕耀 カヾヤカス 〔篇立〕耀 ヒカル・カヾヤク・テル・テラス・カヾヤカス
＊語彙は燿字条参照。
【耀乎】輝くさま。楚・宋玉〔神女の賦〕其の始めて來るや、耀乎として、白日の初めて出でて屋梁を照らすが若く、其の少しく進むや、皎として、明月の其の光を舒ぶるが若し。
【耀武】武威を輝かす。唐・李徳裕〔唐故左神策軍劉公神道碑銘〕公、志氣方に強く、春秋甚だ富む。將に威を瀚海(ゴビ沙漠)に揚げ、武を龍廷(匈奴の王廷)に耀かさんと欲す。
↑耀映 かがやきはえる/耀穎 才華のある人/耀価 高い評価/耀煥 かがやく/耀眼 眼がかがやく/耀輝 ひかりかがやく/耀炫 かがやく/耀焜 かがやき照らす/耀示 明らかにしめす/耀雪 晴雪/耀然 かがやくさま/耀電 電光/耀徳 徳をかがやかす/耀発 かがやかす/耀映/耀兵 兵威をしめす/耀芒 光芒/耀名 名をかがやかす/耀明 明るくかがやく/耀夜 蛍/耀耀 かがやくさま/耀霊 太陽
↓煜耀・栄耀・華耀・輝耀・炫耀・眩耀・衒耀・夸耀・誇耀・功耀・光耀・晃耀・晶耀・照耀・燭耀・震耀・垂耀・星耀・清耀・精耀・鮮耀・藻耀・蔵耀・澄耀・韜耀・騰耀・発耀・炳耀・明耀・流耀・霊耀

【廱】 21 0021 ヨウ やわらぐ

篆文 

形声 声符は雝。雝は辟雝。廱はその繁文とみるべき字。〔説文〕九下に「天子、辟廱に饗飲す」とあり、辟廱の字とする。雝字条四上には「雝渠なり」とあり、水鳥・せきれいの意で、廱とは異なる字とする。金文に璧雝、経籍に辟雍・辟廱の字を用い、漢碑の類には廱の字を用いる例が多い。漢のとき、五帝を祀る五時を設け、廱太宰・廱厨などの諸職をおいた。字はまた雍に通じ、雍和の意がある。
訓義 ①へきよう。②雍と通じ、やわらぐ。③壅と通じ、ふさがる。④擁と通じ、いだく。
古訓 〔名義抄〕廱 カベ 〔篇立〕廱 アツシ 〔字鏡集〕廱 ヤハラカナリ・カベ
語系 廱・邕・雝・癰 iong は同声。雍・擁 iong も同声。両系の字義に相通ずるところがある。
↑廱偃 和らぎ従う/廱蔽 壅蔽する/廱穆 和らぎつつしむ/廱廱 和らぐさま/廱和 和らぐ
↓西廱・辟廱

【瓔】 21 1614 ヨウ(ヤウ) エイ くびかざり たま

形声 声符は嬰。嬰は女子が貝の首飾りを繫けている形。〔玉篇〕に「石の玉に似たるものなり」とあり、首飾りに用いる。〔後漢書、東夷伝〕に、馬韓の俗では、瓔珠を衣に綴じることを好むという。仏像の身辺につけてこれを荘厳するものを、瓔珞という。
訓義 ①くびかざり。②たま、たまに似た石。③玉をつらねたかざり。
古訓 〔篇立〕瓔 クビタマ・タマ・クシノタマ・ハナブサ・クシ
語系 瓔・嬰・纓 ieng は同声。嬰にまといめぐらす意がある。鞅 iang は声近く、馬の首にかける繁纓をいう。繁は髪飾りをいう字である。
【瓔珠】珠飾り。〔三国志、魏、東夷伝、韓〕瓔珠を以て財寶と爲し、或いは以て衣に綴り飾りと爲し、或いは以て頸に縣け、耳に垂る。
【瓔珞】珠の首飾り。仏像に用いる。〔南史、夷貊上、海南諸国、林邑国伝〕其の王たる者、法服を著、瓔珞を加ふること、佛像の飾りの如し。出づるときは則ち象に乗り、螺(法螺貝)を吹き鼓を撃つ。
↑瓔璣 たま
↓香瓔・珠瓔・鈿瓔・連瓔

【鷂】 21 2772 ヨウ(エウ) はしたか

篆文 

形声 声符は䍃。〔説文〕四上に「鷙鳥なり」とあり、猛禽の名。鷹の一種で、はしたか。紙鳶のことを鷂子、また長い竿の上で軽わざすることを鷂子翻身という。
訓義 ①はしたか。②いろきじ。
古訓 〔和名抄〕鷂 野王案ずるに、鷂は鷹に似て小なり。漢語抄に云ふ、波之太加(はしたか)、又、兄鷂、古能利(このり) 〔名義抄〕鷂 コタカ・ハシタカ・ス、タカ/雀鷂 スヾミタカ・ツミ
語系 鷂・搖(揺)・遙(遥) jiô は同声。〔方言、二〕に「搖は扇、疾なり」とあり、扇(扇)は横奔、自在に旋回することをいう。
↑鷂魚 あかえび/鷂坊 鷹所/鷂鷹 鳶
↓鷙鷂・海鷂・鷲鷂・俊鷂・白鷂・野鷂・鷹鷂

【饔】 22 0073 〔饕〕 27 2073 ヨウ にもの あさめし

篆文 
金文 

形声 声符は雍。正字は饕に作り、雝声。雍・雝は声義の通ずる字である。〔説文〕五下に「孰食なり」とあり、〔周礼、秋官、司儀〕「饔餼を致す」とは、煮たものと生のものとをいう。朝食を饔、夕食を飧といい、古い時代にはその二食であった。
訓義 ①にたもの、にもの、にた肉。②あさめし。③牲肉。④字はまた雍に作る。
古訓 〔名義抄〕饔 ソナフ 〔字鏡集〕饔 クラフ
【饔飧】朝食と夕食。〔孟子、滕文公上〕陳相～許行の言を道ひて曰く、～賢者は民と竝び耕して食し、饔飧して治む。
↑饔餼 犠牲の肉/饔子 料理人/饔人 料理人/饔 料理職/饔

正　割烹長／饔膳　料理
↓尸饔・受饔・授饔・餕饔・飧饔・致饔・陳饔

【鷕】 22 6032 ヨウ（エウ） なく

篆文 

形声 声符は唯。〔説文〕四上に「雌雉の鳴くなり」とみえる。〔詩、邶風、匏有苦葉〕に「鷕たる雉の鳴く有り」「雉鳴いて其の牡を求む」とあるによる。
訓義 1なく。とりがなく。2きじのこえ。
古訓 〔名義抄〕鷕 ナク 〔字鏡集〕鷕 ナク・キジノナク・キジノコヱ
↓雉鷕・呦鷕・鷕鷕

【癰】 23 0011 ヨウ できもの ふさがる

篆文・古印璽 

形声 声符は雝。雝は水をめぐらした池沼の中央に神殿を設ける意で、流れがふさぎとどめられる意がある。癰はその壅滞の意をとるものであろう。〔説文〕七下に「腫るるなり」、〔釈名、釈疾病〕に「癰は壅ぐなり」とあって、悪質の腫物をいう。
訓義 1できもの、悪性のできもの。2壅と通じ、ふさがる。3鼻がきかぬ。
古訓 〔名義抄〕癰 キズ 〔字鏡集〕癰 カサ・ハレモノ・キズ・ウミシル・イタム
語系 癰・雝・廱・雍・壅・擁・臃 iong は同声。雝・壅は声義近く、壅蔽と雍和の意とがある。
【癰腫】 悪質なはれもの。〔素問、生気通天論〕營氣從はず、肉理に逆ふときは、乃ち癰腫を生ず。
【癰疽】 悪質なできもの。〔淮南子、人間訓〕夫れ積愛は福を成し、積怨は禍を成す。癰疽の必ず潰ゆるや、浼す所の者多きが若し。
↑癰瘡　癰疽／癰嚢　膿袋
↓潰癰・患癰・決癰・疵癰・吮癰・創癰・脱癰・破癰・厲癰

【黶】 23 7160 ヨウ（エフ） えくぼ

篆文 

形声 声符は厭。〔説文新附〕九上に「姿なり。面に従ひ、厭聲」とするが、〔淮南子、説林訓〕に「黶輔頰に在るときは則ち好く、顙に在るときは則ち醜し」とあって、えくぼをいう。
訓義 1えくぼ。2ほくろ、顔のほくろ。
古訓 〔名義抄〕黶 エクボ・ハヽクソ
↑黶児　かんざしの飾り／黶笑　笑ってえくぼができる／黶飾　えくぼのあたりの飾り／黶輔　えくぼ／黶黶　あけがたの残星のさま
↓頤黶・歓黶・嬌黶・秀黶・小黶・笑黶・翠黶・青黶・星黶・双黶・団黶・鈿黶・微黶・宝黶

人【鷹】 24 0022 ［䧹］ 15 0011 ヨウ オウ たか

篆文・籀文・金文 

形声 声符は䧹。〔説文〕四上に䧹を正字とし、「䧹鳥なり。隹に従ひ、人に従ひ、瘖の省聲」（段注本）とするが、声が合わず、䧹声とすべきである。䧹は膺の初文。鷹を膺に抱いて、「誓ひ狩り」をし、神の感応を験するもので、鷹・膺・應（応）はそのような鳥占に関連する字である。
訓義 1たか。
古訓 〔和名抄〕鷹 和賀多加（わかたか）／撫鷹 加太加閇利（かたかへり）／大鷹 於保太加（おほたか）〔名義抄〕鷹 タカ・サクナキ／黄鷹 ワカタカ／撫鷹 カタカヘリ／青鷹白鷹 シラタカ・オホタカ／角鷹 クマタカ 〔字鏡〕鷹 タカ・タカカヘリ・シラタカ・ワカタカ・オホタカ
語系 鷹・膺・應 iəng は同声。膺に抱く鷹で「うけひ狩り」をし、神意の感応をみる鳥占に関する字で、字の形義も一系をなしている。
【鷹視】 たかのように、鋭くみる。〔呉越春秋、十、句践伐呉外伝〕夫れ越王の人と爲りは、長頸鳥喙、鷹視狼歩、以て患難を共にすべきも、與に樂に處るべからず。
【鷹跱】 たかが身構える姿。筆力の雄勁にたとえる。漢・蔡邕〔篆勢〕體に六篆有り、要妙、神に入る。～揚波振激、鷹跱鳥震、頸を延べ翼を脅くし、勢ひ雲を淩ぐに似たり。
【鷹隼】 たかと、はやぶさ。文章や筆力の雄健なのにたとえる。〔文心雕竜、風骨〕鷹隼は采乏しきも、翰く飛んで天に戾る。骨勁くして氣猛なり。
【鷹船】 軍船。〔聖武記、十四〕鷹船は兩頭倶に鋭し。首尾を辨ぜず。竹板密釘、窗に旁うて矢を出だす。進退飛ぶが如く、順逆使ふべし。
【鷹鸇】 たかと、はやぶさ。〔左伝、文十八年〕其の君に禮無き者を見ては、之れを誅すること、鷹鸇の鳥雀を逐ふが如きなり。
【鷹揚】 猛禽の威武あるさま。揚は鸉（おおたか）とする説がある。〔詩、大雅、大明〕維れ師尚父 時れ維れ鷹揚 彼の武王を涼け 大商を肆伐す 會朝清明なり
↑鷹架　鷹をとまらせる横木／鷹眼　鷹の鋭い目／鷹狗　鷹狩りの鷹と犬／鷹犬　鷹狗／鷹鶻　たかと、はやぶさ／鷹師　鷹匠／鷹人　鷹匠／鷹爪　鷹の鋭い爪／鷹馬　狩りに用いる鷹と馬／鷹武　武勇／鷹風　秋風／鷹坊　鷹匠の官舎／鷹房　鷹坊／鷹目　鷹視／鷹備　とりおどし／鷹鷂　たかと、はしたか。猛禽／鷹盧　鷹犬

【鸉】 24 4632 ヨウ（ヤウ） みさご おおたか

形声 声符は昜。〔爾雅、釈鳥〕「鸉は白鷢なり」の〔郭璞注〕に「鷹に似て尾上白し」とあり、鷹の一種で、みさご。〔詩、大雅、大明〕「維れ師尚父 時れ維れ鷹揚」とあるのは鷹鸉の意。師尚父、すなわち太公望呂尚の指揮する軍の勇猛なことをたとえた語である。〔後漢書、文苑下、高彪伝〕に「呂尚七十、氣は三軍に冠たり。詩人、歌を作る、鷹の如く鸇の如し」とは、〔詩〕の「鷹揚」を「鷹鸉」と解するものであろう。清の孫星衍の説である。
訓義 1みさご。2おおたか。
古訓 〔字鏡集〕鸉 ヒナ
↓鷹鸉

ヨク

【弋】 3 4300 ［隿］ 11 4001 ヨク イキ いぐるみ くい

篆文・金文 

象形 いぐるみの矢の形。その矢に紐をつけた形は弔で、繳の初文。〔説文〕十二下に「橛なり。折木の衺めに鋭く著く形に象る。厂に従ふ。物の之れに挂かるに象るなり」とあり、鋭くうちこんだ杙の形であるとするが、字は弋射の象。叔の音でよみ、金文に伯叔。また淑善の意に用いる。
訓義 1いぐるみ、かり、かりする。2くい。
古訓 〔和名抄〕弋射 以豆留（いづる）〔名義抄〕弋 イル
語系 弋・隿 jiək は同声。〔玉篇〕に「弋は～繳射なり」とあり、〔説文〕は隿字条四上に「繳もて飛鳥を射るなり」とし、両字はもと繁簡の字である。弋に糸を加えたものは繳 tjiak、弋と声義の関係がある。
【弋獲】 いぐるみでとる。清・趙翼〔消閑〕詩 忽ち新思を

得て、弋獲を矜る。偶佳句を忘れて、追逋するに費やす

【弋射】よくしゃ 鳥をとる。〔史記、貨殖伝〕弋射漁獵、晨夜を犯し、霜雪を冒し、阬谷に馳せ、猛獸の害を避けざるは、味を得んが爲なり。

【弋釣】よくちょう 鳥魚をとる。魏・嵇康〔山巨源(濤)に与へて交はりを絶つ書〕琴を抱いて行吟し、草野に弋釣せんとするも、吏卒之れを守りて、妄りに動くことを得ず。

【弋羅】よくら いぐるみと、あみ。唐・白居易〔諸少年に贈る〕詩 老いて慚づ、退馬の芻秣に霑ふを 高く喜ぶ、歸鴻の弋羅を脱するを

【弋獵】よくりょう いぐるみで狩りする。〔後漢書、烏桓伝〕俗、騎射を善くす。禽獸を弋獵するを事と爲す。水草に隨ひて放牧し、居に常處無し。

↑弋者よくしゃ 弋する人/弋繳よくしゃく いぐるみ/弋取よくしゅ いぐるみでとる/弋矰よくそう 弋繳/弋綈よくてい 黒のつむぎ/弋博よくはく 狩りする

↓漁弋・牽弋・鉤弋・出弋・矰弋・釣弋・鳥弋・綈弋・畢弋・浮弋・游弋・遊弋・羅弋

【抑】 常 7 5702 ヨク おさえる おす そもそも

篆文

会意 手＋卬。卬は印の反文の形。〔説文〕九上にその形を正字とし、「按ふるなり。反印に從ふ。俗に手に從ふ」とする。印を押捺するように、人を抑える意であるとするが、本来は、人を仰向けにし、上から手で抑える形であろう。ただ古い字形がなくて確かめがたい。

訓義 1おさえる、おす。2かがめる、まげる。3くだす、へらす、しりぞける、おとす。4噫と通じ、ああ。5或と通じ、あるいは。

古訓 〔名義抄〕抑 オサフ・ソモ〳〵・クダク・ヤム・トヾム・サラフ・シカルヒト・アヤツル 〔字鏡集〕抑 オサフ・イタス・ヲサム・ノゾク・ノゾコナントイフ・サカル・ノブ・ソム・スク・トル・ソク・クル

語系 抑iet、遏・閼atは声近く、抑止の意がある。按an、堰ian、壓(圧)eap、厭iapも、みな声義が近い。また或hiuək、意(意)・噫iəとも声が通じて、その意に用いることがある。

【抑圧】よくあつ おさえる。〔唐書、李徳裕伝〕美官の要選には、悉く其の黨を引きて之れを爲し、否らずんば則ち抑壓して以て退く。

【抑遏】よくあつ 抑制。明・帰有光〔沈敬甫に与ふる書、五首、四〕僕、性實に案吏を喜ばず。～人須らく當に性に任ずべし。何ぞ強ひて自ら抑遏して、以て人の好と道ふを求むべけんや。

【抑畏】よくい(ゐ) 慎み抑制する。〔書、無逸〕周公曰く、嗚呼、厥れ亦た惟れ我が周、大王・王季、克く自ら抑畏す。文王卑服して、康功田功に即き、～小人を懷保せり。

【抑鬱】よくうつ 心むすぼれる。〔漢書、司馬遷伝〕(任少卿(安)に報ずる書)顧だ自ら以爲へらく、身殘せられて穢に處り、動けば尤められ、益せんことを欲して、反つて損すと。是こを以て抑鬱して、誰にも語る無し。

【抑屈】よくくつ おさえしりぞける。〔論衡、自紀〕(王)充、性恬澹、～上の知る所と爲りて拔擢越次せらるるも、高官を慕はず。上の知る所と爲らずして貶黜抑屈せらるるも、下位に恚らず。

【抑志】よくし 志をおさえる。〔楚辭、離騷〕志を抑へて節を弭むるも 神高く馳すること邈邈たり

【抑制】よくせい 制止する。〔漢書、霍光伝〕徐生～乃ち上疏して言ふ。霍氏泰だ盛んにして、陛下即ち之れを愛厚す。宜しく時を以て抑制し、亡ぶるに至らしむること無かるべしと。書三たび上る。

【抑塞】よくそく ふさぎとめる。唐・杜甫〔短歌行、王郎司直に贈る〕詩 王郎、酒酣にして劍を抜き地を斫りて、莫哀を歌ふ 我能く爾が抑塞せる磊落の奇才を拔かん

【抑損】よくそん おさえる。〔漢書、谷永伝〕椒房玉堂(後宮)の盛寵を抑損し、後宮の請謁を聽くこと毋れ。掖庭の亂獄を除き、炮格の陷阱を出だせ。

【抑退】よくたい 抑損。漢・潘勗〔魏公(曹操)に九錫を冊する文〕君、國の均を秉り、色を正して中に處り、纖毫の惡も抑退せざる靡し。

【抑黜】よくちゅつ おさえしりぞける。〔漢書、董仲舒伝〕仲舒の冊(策)に對ふるに及び、孔氏(孔子)を推明し、百家を抑黜す。學校の官を立て、州郡の茂材孝廉を擧ぐるは、皆仲舒よりして之れを發す。

【抑揚】よくよう(やう) 高下。褒貶。〔西京雜記、四〕司馬遷、憤を發して史記百三十篇を作る。～其の屈原・賈誼を序するに及んで、辭旨抑揚あり。悲しみて傷らず。亦た近代の偉才なり。

↑抑噫よくあい なげく/抑閼よくあつ 抑遏/抑按よくあん おさえる/抑案よくあん 抑按/抑引よくいん みちびく/抑遠よくえん 遠ざける/抑枉よくおう おさえまげる/抑割よくかつ 抑損する/抑強よくきょう 強きをおさえる/抑耗よくこう 抑損する/抑挫よくざ おさえくじく/抑削よくさく 抑割/抑止よくし 止める/抑情よくじょう 抑制する/抑絶よくぜつ 断絶する/抑阻よくそ おさえはばむ/抑奪よくだつ おさえ奪う/抑断よくだん 抑絶/抑紬よくちゅう 抑黜/抑沈よくちん おさえ沈める/抑買よくばい むり買い/抑卑よくひ おさえいやしめる/抑逼よくひょく 強迫する/抑武よくぶ 武をおさえる/抑貶よくへん おとしめる/抑暴よくぼう 抑強/抑没よくぼつ おさえ隠す/抑末よくまつ 商業をおさえる/抑抑よくよく 慎むさま/抑留よくりゅう 留置する

↓圧抑・按抑・鬱抑・冤抑・掩抑・屈抑・謙抑・挫抑・裁抑・摧抑・擠抑・沮抑・捽抑・損抑・沈抑・低抑・忍抑・排抑・愊抑・揚抑・擁抑

【杙】 7 4394 ヨク くい

篆文 金文

形声 声符は弋。弋は杙の形。〔説文〕六上に「劉劉杙なり」とあり、〔爾雅、釈木〕にいう劉杙、ざくろの一種で、南方交趾(今のベトナム北部)に産する。また〔爾雅、釈宮〕に「樴、之れを杙と謂ふ」とあり、樴は杙と声義同じ。表木として植てる杙を樴という。

訓義 1くい。2表木。3ざくろの一種。

古訓 〔新撰字鏡〕杙 久比(くひ)、又、加止佐志(かどさし) 〔名義抄〕杙 クヒ・ウチクヒ・クヒウツ・ヒクハシ 〔篇立〕杙 クヒ・カドサシ・クヒウツ

【杙地】よくち 地に杙うつ。〔唐書、吐蕃伝下〕生獲せらるる者千餘人。～人ごとに一木を負ひ、繩三を以て之れを約し、其の髮を係ぎて之れを驅けしむ。夜は則ち地に杙し、繫ぎて仆し、蒙ふに罽(毛氈)を以てし、守る者其の上に寢ぬ。

↑杙屋よくおく 水上の家/杙歩よくほ 曳歩

【沃】 常 7 3213 〔渶〕 11 3413 ヨク そそぐ うつくしい

篆文

形声 声符は夭。正字は渶に作り、芺の声。〔説文〕十一上に「溉灌するなり」とあり、農地に水を注ぐことをいう。〔周礼、夏官、小臣〕「大祭祀には朝覲し、王に沃ぎて盥せしむ」とあって、手を洗い清める沃盥の義が、字の初義であろう。ゆえに「つややか」「ゆたか」の意がある。〔詩、衛風、氓〕「其の葉、沃若たり」とはその意。のち沃土・沃野の意に用いる。

訓義 1そそぐ、水をそそぐ、田に水を入れる。2手をあらう、あらいそそぐ。3ひたす、うるおす。4やわらか、さかん、うつくしい。5こえる、こえた地、沃土。

古訓 〔名義抄〕沃 イル・ソヽグ・ヒタシ・ウルホス・コヤス・コ

ユ・ヒタス・ウルフ・フルフ・オツ・キヨシ・アラフ 〔字鏡集〕沃 コヤス・アラフ・ソヽグ・ナガス・イル・コエタリ・キヨシ・コユ・コホリ・ウルフ・ヒタス・ツク・ヲツ

語系 沃ôkは濯(濯)diôk、灼tjiôkと声近く、清らかで明るい意がある。夭yôの声義を承けるところがある。

【沃衍】 平坦でゆたかな地。〔呂覧、愛類〕昔上古、龍門未だ開かず、呂梁未だ發かざりしとき、河は孟門に出づ。大いに溢れて逆流し、丘陵沃衍、平原高阜有ること無く、盡く皆之れを滅す。名づけて鴻水と曰ふ。

【沃盥】 水を注いで手を洗う。〔周礼、夏官、小臣〕王の燕出入(遊観)には、則ち前駆し、大祭祀には朝覲し、王に沃ぎて盥せしむ。

【沃灌】 水を注ぐ。〔漢書、王莽伝下〕(呪祝の詞)諸依りて漢火の劉を廢し、皆沃灌雪除し、殄滅して餘雜無からんと欲す。

【沃若】 つややかでみずみずしい。〔詩、衛風、氓〕桑の未だ落ちざる 其の葉、沃若たり

【沃壌】 肥沃な地。〔後漢書、西羌、東号子麻奴伝〕(虞詡の上疏)夫れ沃壌の饒かなるを弃てて、自然の財を損す。利と謂ふべからず。河山の阻(険難のところ)を離れ、無險の處を守る。以て固めを爲し難し。

【沃饒】 土地が肥沃である。物産が多い土地。宋・欧陽脩〔日本刀の歌〕詩 傳へ聞く、其の國、大島に居り 土壌沃饒にして、風俗好し

【沃土】 肥沃の地。〔国語、魯語下〕昔、聖王の民を處するや、瘠土を擇びて之れに處らしむ。其の民を勞せしめて、之れを用ふ。故に長く天下に王たり。~沃土の民の不材なるは、淫なればなり。

【沃野】 広々とした沃土。〔史記、留侯世家〕夫れ關中は、殽函を左にし、隴蜀を右にし、沃野千里、南に巴蜀の饒有り、北に胡苑の利有り。

↑沃雨 時雨/沃潤 うるおう/沃水 注水/沃瘠 肥瘠/沃雪 雪に湯をかけてとかす/沃洗 杯を洗う/沃地 沃土/沃醊 酒を地にそそいでまつる/沃田 肥沃の田/沃蕩 とけて流れ動く/沃頭 厠、汚物を頭にかけたという故事がある/沃美 沃土/沃滅 水をそそいで火を消す/沃壄 沃野/沃腴 肥沃の地/沃沃 つややかなさま/沃酹 沃醊/沃流 ゆたかにうるおう/沃淋 沃雨

↓衍沃・灌沃・澆沃・啓沃・膏沃・灑沃・酒沃・壌沃・饒沃・蕩沃・肥沃・豊沃

常 **【浴】** 10 3816 ヨク ゆあみ あびる

篆文  甲骨文  その他 

形声 声符は谷(容)。谷に容・裕・欲の声があり、谿谷の谷とは別の字。容は廟に祈って、先人の霊が彷彿としてその形容をあらわす意。口は𠙵、祝詞を収める器。八を重ねた形は、その神気を示す。そのことを祈るを欲という。浴は廟に祈るためにみそぎする意の字である。〔説文〕十一上に「身を洒ふなり」とあり、浴・欲・容は一系の字。〔国語、斉語〕に、管仲が捕らえられて、斉につれ帰されたとき「三釁三浴」したことがしるされているが、これは虜囚のけがれを祓い、一たび死し、また蘇る儀礼としてなされるもので、招魂続魄の意味がある。髪を洗うことを沐といい、沐浴はみそぎの法であった。

訓義 [1]ゆあみ、みそぎのためのゆあみ、きよめる。[2]あびる、みにかける、こうむる、うける。[3]やしなう、十分にやしなう。

古訓 〔和名抄〕浴室 俗に云ふ、由夜(ゆや)〔名義抄〕浴 ユアム・カハアム・アラフ・ミアラフ・シタガフ・ヤシナフ・アムス

語系 浴・欲jiokは同声。瀆・黷dokは相対する語で、瀆れを洗うことが浴であった。

【浴衣】 ゆあみのあとに着る衣。〔礼記、喪大記〕御者入りて浴せしむ。小臣四人、衾を抗ぐ。~浴するに絺巾(麻の巾)を用ひ、挋ふに浴衣を用ふること、它日の如し。

【浴沂】 沂水でみそぎする。〔論語、先進〕莫春には、春服既に成る。冠者五六人、童子六七人、沂に浴し、舞雩(雨乞いの祭場)に風ふかれ、詠じて歸らん。

【浴斛】 ゆぶね。〔朝野僉載、二〕北齊の南陽王、入朝す。上問ふ、何を以て樂しみと爲すと。王曰く、蠍を致すこと最も樂しと。遂に蠍を收め、~大浴斛中に置く。一人衣を脱ぎて入り、~宛轉號叫す。~帝、王と之れを看る。

【浴室】 ふろば。〔老学庵筆記、二〕胡浚明、尤も酷だ(王安石の)字說を好む。嘗て~浴室中に在りて、悟る所有り。字說の直字に云ふ、隱に在りて、十目をして視しむべき者は直なり。吾れ力學三十年、今乃ち能く此の地に造れりと。

【浴牀】 ふろの床台。唐・白居易〔香山寺石楼潭夜浴〕詩 起ちて月下に向つて行き 來りて潭中に就きて浴す 平石を浴牀と爲し 窪石を浴斛と爲す

【浴堂】 ふろば。〔洛陽伽藍記、四、光宝寺〕(隠士趙逸曰く、晉朝三十二寺、盡く皆湮滅せり。惟だ此の寺のみ獨り存すと。園中の一處を指さして曰く、此れは是れ浴堂なりと。~浴堂下に猶ほ石數十枚有り。

【浴蘭】 蘭湯に浴する。〔楚辞、九歌、雲中君〕蘭湯に浴し、芳に沐す 華采の衣は英の若し

↑浴院 浴堂/浴器 たらいの類/浴巾 手拭/浴金 鍍金/浴禽 鳥の水浴び/浴裙 浴衣/浴血 血まみれ/浴尸 死者にゆあみする/浴屍 浴尸/浴肆 ふろや/浴舎 ふろや/浴場 ふろば/浴水 游泳する/浴帨 手拭/浴川 川浴み/浴洗 入浴する/浴槽 湯舟/浴池 大浴場/浴殿 浴堂/浴徳 徳恵をうける/浴盤 たらい/浴仏 灌仏/浴盆 たらい/浴余 湯上がり

↓温浴・乾浴・盥浴・休浴・釁浴・薫浴・三浴・賜浴・洒浴・浄浴・水浴・洗浴・喪浴・澡浴・入浴・梟浴・沐浴・夜浴・裸浴・冷浴

【⿱或川】 11 5330 ヨク

篆文 

形声 声符は或。〔説文〕十一下に「水の流るる皃なり」(段注本)とあり、「⿱或川⿱或川」のように用いる、また或・𩑶と通用する。

訓義 [1]水が流れるさま。[2]或・𩑶と通じ、美しいさま、あやあるさま。

古訓 〔字鏡集〕⿱或川 ナガル

常 **【欲】** 11 8768 ヨク ほっする ねがう のぞむ ほしい

篆文  詛楚文 

形声 声符は谷。谷に容・浴・裕の声があり、容は神容、浴・欲はその神容に接する法をいう。〔説文〕八下に「貪欲なり」と訓する。〔段注〕に谷を空虚、欠は口を開いて欲する意であるとするが、そのような造字の法はない。金文に谷を欲の意に用いる。容は廟中に祈って、彷彿として神容のあらわれる意、その神容を拝するを願うを欲、その神容に接するを裕という。〔礼記、祭義〕「其の之れを薦むるや、敬にして以て欲なり」とあり、〔注〕に「欲は婉順の貌なり」という。神につかえる態度をいう語である。人の欲望には慾という。

訓義 [1]ほっする、ねがう、のぞむ。[2]このむ、めでる。[3]よく、ほしい、むさぼる、情慾。[4]しかる、~とす。

古訓 〔名義抄〕欲 オモフ・ネガフ・ネガハクハ・ホス・トス・ムサ

ボル・オモヘラク・セムトス〔字鏡集〕欲 ナム／〈トス・セントス・ムサボル・オモヘラク・ネガフ・オモフ・ホス・トス
【声系】慾は欲声に従う。〔玉篇〕に「貪るなり」と訓し、欲には「貪るなり、願ふなり、邪婬（姪）なり」とする。欲はもと神聖な語で、人欲には慾という。
【語系】欲・慾jiokは同声。覦jioは声近く、覬覦（きゆ）すること、非望のことを望むをいう。
【欲悪】（よくお（を））貪りと、にくしみ。〔荀子、富国〕欲悪物を同じうせば、欲多くして物寡（すく）なし。寡なければ則ち必ず争ふ。
【欲利】（よくり）利欲の心。〔荀子、大略〕義と利とは、人の兩（ふた）つながら有する所なり。堯・舜と雖も、民の欲利を去ること能はず。〜桀・紂と雖も、亦た民の好義を去ること能はず。
↑欲火（よくか）もえるような欲情／欲待（よくたい）つもり／欲得（よくとく）得たいとおもう／欲念（よくねん）欲心／欲望（よくぼう）得たいとおもう感情／欲慮（よくりょ）欲望
↓愛欲・意欲・淫欲・怨欲・悪欲・寡欲・我欲・禁欲・五欲・強欲・財欲・止欲・私欲・恣欲・嗜欲・肆欲・色欲・奢欲・邪欲・充欲・獣欲・情欲・食欲・人欲・制欲・性欲・節欲・羨欲・損欲・多欲・大欲・貪欲・窒欲・逞欲・肉欲・任欲・忍欲・物欲・奔欲・民欲・無欲・養欲・利欲

【淢】11 3315 ヨク イキ（ヰキ） キョク ほりわり

篆文

【形声】声符は或（わく）。〔説文〕十一上に「疾（はや）き流れなり」とする。〔詩、大雅、文王有声〕「城を築きて伊（こ）れ淢す」とは、堀割りをめぐらすことをいう。或は國（国）の初文で、城域を定め、区画する意がある。〔詩〕の淢を〔韓詩〕に洫（きょく）に作る。洫は溝洫、溝（みぞ）の意である。

【訓義】1ほりわり、みぞ。2はやい流れ、激流。3かなしみ、いたむ。

【古訓】〔名義抄〕淢 ミゾ 〔篇立〕淢 イタム 〔字鏡集〕淢 ミゾ・ハヤクナガル、カタチ
【語系】淢・閾hiuakは同声。閾（いき）は門限、また限hean、閫khuanも声近く、みな限界とするところをいう。

【淢汩】（よくこつ）流れの速いさま。漢・張衡〔南都の賦〕長く輸（そそ）ぎ遠く逝き、漻淚（りゅうるい）として淢汩たり。

↓溝淢・城淢・濠淢・惻淢・抑淢

【翊】11 0712 〔翌〕11 1710 ヨク あくるひ たすける

篆文

【形声】声符は立（りつ）。立に位（い）・翌（翌）（よく）の声がある。立は位の初文。〔説文〕四上に「飛ぶ皃なり」とし、〔繫伝〕に輔翊（ほよく）・翼戴の意とする。卜文に字を昆虫が翅（はね）を畳んだ形に作り、後期の字には声符とみられる立を加えた形とし、また翌日の意を以て日を加えた字形となる。翌日は祭名、肜（ゆう）祭の後に行われるもので、のち明日の意となる。翌の古い形。輔翼の意は、翼と通用の義である。
【訓義】1まつりのひ、あとのまつり。2あくるひ。3翼と通じ、たすける。
【古訓】〔名義抄〕翊 トブ・タスク・カザル 〔字鏡集〕翊 タスク・トブ・アガル・クハダツ・カザル・アヤカル・カサナル
＊語彙は翌字条参照。
【翊賛】（よくさん）たすける。〔三国志、蜀、呂凱伝〕（雍闓に答ふる書）今、諸葛丞相（亮）、英才挺出、深く未萌に覩（み）、遺を受け孤を託せられ、季興を翊賛し、衆と忌無く、功を錄して瑕を忘る。
↑翊衛（よくえい）輔け守る／翊日（よくじつ）翌日／翊戴（よくたい）翼戴する／翊翊（よくよく）翼翼
↓匡翊・輔翊

【翌】常 11 1710 〔翌〕11 1710 〔翊〕11 0712 ヨク あくるひ

篆文

金文
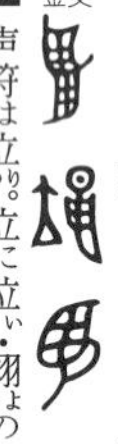
甲骨文

【形声】声符は立（りつ）。立に位（い）・翊（よく）の声がある。立は位の初文。〔説文〕にこの字を収めず、翊四上に「飛ぶ皃なり」とし、明翌の字がない。翊は卜辞に祭日の名としてみえ、五祀周祭の中の明日の祭名であるため、のち翌日の意となる。〔書、金縢〕に「王、翼日乃ち瘳（い）えたり」とあり、〔爾雅、釈言〕に「翌は明なり」とする。翊・翌は同じ字であるが、のち翌日の意には翌を用いる。

【訓義】1あくるひ、あす。2翊・翼（翼）と通じて、明日の意に用いる。

【古訓】〔篇立〕翌 タスク・ヨノアクルナリ
【語系】翌・翊・翼jiəkは同声。明日、また輔翼の意に通じて用いる。〔書〕に翌日の字にみな翼を用いる。

↑翌日（よくじつ）明日／翌夕（よくせき）明晩／翌早（よくそう）明早朝／翌朝（よくちょう）明朝／翌天（よくてん）明日／翌亮（よくりょう）翌は翼、まもり助ける

【隿】11 4001 ヨク いぐるみ

篆文

【形声】声符は弋（よく）。弋はいぐるみの象形で、隿の初文。〔説文〕四上に「繳（しゃく）もて飛鳥を射るなり」とあり、弋と声義同じ、弋に糸を加えた形は弔で、繳の初文。矢部五下に「矰（そう）は隿射する矢なり」とあり、合わせて矰繳という。
【訓義】1いぐるみ、いぐるみで射る。2弋と声義同じ。
【語系】隿・弋jiəkは同声。〔玉篇〕に弋を繳射、〔説文〕に隿を繳射とする。同字異文とみてよい。

【棫】12 4395 ヨク たら ほお

篆文

金文

【形声】声符は或（よく）。〔説文〕六上に「白桵（はくすい）なり」とあり、〔爾雅、釈木、注〕に「桵は小木叢生、刺（とげ）有り。實は耳璫（じとう）の如く、紫赤にして啖（くら）ふべし」とみえる。たら、また、ほお・くぬぎをいう。

【訓義】1木の名、たら。2ほお、くぬぎ。

【古訓】〔篇立〕棫 アシヤキ
【棫樸】（よくぼく）くぬぎと、こなら。〔詩、大雅、棫樸〕は、人材を用いることを歌う詩篇とされる。〔南史、梁武帝紀上〕（九錫策文）公、清を揚げ濁を抑へ、官方（まさ）に序有り。多士聿（ここ）に興り、棫樸流詠す。是（ここ）を用（もつ）て公に納陛して、以て登ることを錫（たま）ふ。

↓柞棫・梓棫・芃棫

【廙】14 0028 〔庂〕8 0021 ヨク イ てんまく あんざい

篆文

金文

【形声】声符は異（い）。異にヨクの声がある。〔説文〕九下に「行屋なり」とあり、〔段注〕に「王の居る所の帳なり。〜帳に梁柱有り。移徙（いし）すべきこと、今の蒙古包の類の如し」という。孫詒讓は〔墨子、備城門〕の「城上の四隅、童異（重廙）、高さ五尺」とあるものとする。金文に字を庂に作り、〔長甶盉（ちょうゆうか）〕に「隹（こ）れ三月初吉（第一週）丁亥、穆王、下淢（よく）の庂に在り。穆王、饗醴（きょうれい）す」とあって、行宮・別宮の意である。立にも翊・翌（翌）・昱（よく）の声がある。殷の金文〔后祖丁尊〕に「王、廙に在り」とあり、別宮の在る所の意であろう。
【訓義】1てんまく、幕舍。2あんざい、別宮。3翼と通じ、つつしむ、うやまう。
【古訓】〔字鏡集〕廙 ウヤマフ
【廙廙】（よくよく）慎むさま。〔晉書、楽志上〕（荀勗の食挙楽東西廂

歌)廙廙たる大君 民の曁ふ攸 信に天工を理むれば 惠康匱しからず

【蜮】14 5315 ［魊］18 2321 ヨク いさごむし まどわす

篆文

形声 声符は或。〔説文〕十三上に「短狐なり。鼈に似て三足。气を以て射て人を害す」とあり、また短狐・水弩・射工・射影などの名がある。水旁に在って人に沙水を吹きかけ、あたれば瘡を発し、死に至るという。〔詩、小雅、何人斯〕は人を呪詛する詩で、「鬼爲たり蜮爲るは 則ち得べからず」とあり、呪詛も及ばぬ変化のものとしている。〔周礼、秋官、序官、蟈氏〕の〔鄭司農注〕に「蟈は讀んで蜮と爲す。蜮は蝦蟇なり」とあり、その怒鳴は耳にかまびすしいという。蟈氏の職は、牡鞠(除虫菊)の灰を流して、水中の虫を殺すことを掌る。水中の怪に対する古代の呪儀を伝えるものであろう。

訓義 1いさごむし、短狐、射影。2まどわす。3かえる、がま。

【蜮射】よくしゃ 水の怪。射影。宋・欧陽脩〔岐江より山行して平陸駅に至る五言二十四韻〕詩 水涉には蜮射を愁へ 林行には虎猛を憂ふ

↑蜮祥 災いの兆し／蜮党 奸党

↓淫蜮・虺蜮・鬼蜮・螟蜮

【慾】15 8733 ヨク このみ

形声 声符は欲。欲は先人の遺容を拝し、その霊につかえることをねがう意の字。〔玉篇〕に「貪るなり」とあり、人の欲望を慾という。欲に対して、名詞として用いることが多い。

訓義 1このみ、このみもとめる、よく。2むさぼる。

古訓 〔名義抄〕慾 ネガフ 〔字鏡集〕慾 ムサボル・ネガフ

語系 慾・欲 jiok は同声。覦 jio は声義近く、慾にむさぼる、覦に野望の意がある。

＊語彙は欲字条参照。

↑慾火 はげしい情慾／慾海 慾望が無限であることをたとえる／慾界 人間界／慾根 情慾の源／慾情 情慾／慾心 欲心／慾念 情慾の念

↓寡慾・嗜慾・情慾・多慾・貪慾

【鋈】15 3210 ヨク ワク しろがね めっき

篆文

形声 声符は沃。沃にみずみずしい、つやあるものの意がある。〔説文〕十四上に「白金なり」とあり、鍍金することをいう。また字を浂の省声とするが、〔段注〕に〔詩〕に沃・浂を鋈の義に用いる例をあげている。前条の鐐にも「白金なり」とあり、〔段注〕に鋈を後人増添の字としているが、沃・浂は別に本義のある字で、鋈の省文であったとみてよい。

訓義 1しろがね。2めっき。3字はまた沃・浂に作る。

古訓 〔名義抄〕鋈 カザル 〔字鏡集〕鋈 シロカネ

【鋈器】よくき 金銀などのメッキをした器物。〔図画見聞誌、六、鍾馗様〕(黄筌曰く)呉道子の畫く所の鍾馗は、一身の力、氣色眼貌、倶に第二指に在りて、拇指に在らず。～臣今畫く所、古人に迨ばずと雖も、然れども一身の力、拇指に在りと。～蜀主之れを嗟賞し、仍ち錦帛鋈器を以て、其の別識を旌はす。

【鋈続】よくしょく 馬のむながいにつける白金の鐶。〔詩、秦風、小戎〕游環、脅驅 陰靷、鋈續

↑鋈銑 メッキのつや

【閾】16 7715 ヨク しきみ

篆文 古文

形声 声符は或。或にものを区画し、限定する意がある。〔説文〕十二上に「門の梱なり」という。〔論語、郷党〕に「行くに閾を履まず」とあり、閾をふむことは失礼の行為とされた。

訓義 1しきみ。2かぎる、くぎりする。

古訓 〔名義抄〕閾 一名閫。トジキミ・シキミ 〔字鏡〕閾 シキミ・トジキミ・シキミ・ヒラク・イタジキ

語系 閾 hiuək は限 hean と声義の関係がある。閫(梱) khuən も声近く、みな門限・門橛をいう語である。

↓闌閾・闈閾・戸閾・閨閾・闔閾・城閾・清閾・践閾・堂閾・藩閾・門閾・踰閾

常【翼】17 1780 ［翼］17 1780 ［𩙺］20 1280 ヨク つばさ たすける

篆文 金文

形声 〔説文〕十一下に正字を𩙺に作り、異声。「翄なり」と訓し、また羽(羽)部四上に「翄は翼なり」とあって互訓。金文に翼戴・輔翼の字をみな異に作り、「異臨」「休異」のようにいう。異は翼(翼)の初文。異は鬼形の神の象で、敬翼の意があり、また輔翼・翼敝の意がある。

訓義 1つばさ、大きなはね。2たすける、まもる、おおう。3つつしむ、ただしい、うつくしい。4すすむ、とる、なす。5翌と通じ、翌日。

古訓 〔和名抄〕翼 豆波佐(つばさ) 〔名義抄〕翼 ハネ・ナル・タスク・ツバサ・ツヽシム・カクル・ウヤマフ・タクハフ 〔篇立〕翼 ツヽシム・スチ・タスク・ハヤシ・ハネ・カクル・シタガフ・ウヤマフ・アグ・ツバサ・タケシ

語系 翼・異 jiək は同声。ともに厳翼の意があり、金文には異をその義に用いる。

【翼衛】よくえい(ゑい) まもる。〔逸周書、大明武解〕陳(陣)すること雲の布くが若く、侵すこと風の行くが若く、輕車翼衛して、戎の二方に在り。

【翼賛】よくさん 輔佐する。〔三国志、蜀、董允伝〕(蔣琬の上表)允、内侍すること歴年、王室を翼贊す。宜しく爵土を賜ひて、以て勳勞を褒むべし。

【翼如】よくじょ 鳥が羽をひろげたような形。肱を張った姿勢。〔論語、郷党〕階を沒くして趨り進むこと、翼如たり。

【翼戴】よくたい 輔翼してつかえる。〔漢書、鼂錯伝〕(文帝詔)高皇帝～豪英を建てて以て官師と爲し、諫爭を爲し、天子の闕を輔け、漢宗を翼戴せしむ。

【翼翼】よくよく さかんなさま。謹み深いさま。〔詩、大雅、大明〕維れ此の文王 小心翼翼たり

↑翼駆 疾走する／翼訓 たすけ教える／翼撃 挟撃する／翼讃 翼賛する／翼翅 はね／翼爾 翼如／翼日 明日／翼従 たすけ従う／翼助 たすける／翼奨 助成する／翼成 助成する／翼宣 明らかにする／翼然 翼如／翼扶 たすける／翼蔽 かばう／翼輔 たすける／翼奉 翼戴／翼亮 翼宣

↓一翼・引翼・右翼・羽翼・燕翼・鶴翼・挙翼・匡翼・鼓翼・左翼・賛翼・翅翼・十翼・垂翼・双翼・戴翼・比翼・布翼・扶翼・奮翼・輔翼・鵬翼・両翼・励翼

【薏】17 4433 ヨク イ はとむぎ

篆文

形声 声符は意(意)。薏苡(はとむぎ)をいう。〔説文〕一下に「薏苢なり」とあり、苢字条十四下に賈侍中(逵)説として、「苢は意苢の實なり。象形」という。苢は以の初形で、耜の象形字。鯀が有辛氏の女を娶り、その女が薏苡を呑んで子をえたという話が〔呉越春秋、

越王無余外伝〕にみえ、夏の姒（じ）姓の起源説話であるらしい。〔抱朴子、仙薬〕に、薏苡を仙薬とすることがみえている。

訓義 ①はとむぎ。②蓮の実のめ。

古訓 〔和名抄〕薏苡 兼名苑に云ふ、薏苡、一名芉珠。豆之太万（つしだま）〔名義抄〕薏苡 ツシダマ／薏苡子 ツシダマ

【薏苡】（よくい） はとむぎ。〔後漢書、馬援伝〕初め援、交阯に在りしとき、常に薏苡の實を餌らひ、用つて能く身を輕くし慾を省き、以て瘴氣に勝てり。

↑薏米（よくべい） 薏苡の実

【魊】 18 2321 ヨク いさごむし

形声 声符は或（よく）。〔玉篇〕に「短狐なり。狀、鼈の如く、沙を含みて人に噀（ふ）く」とあり、水中にうつる人影に沙を吹きつけて、疫をおこさせるという。また小鬼、風に因りて人を伺うものであるという。

訓義 ①いさごむし。②小鬼。③字は蜮（よく）と通用する。

ラ

【倮】 10 2629 〔裸〕 13 3629 〔臝〕 19 0021 ラ カ（クヮ） はだか かたぬぐ せまい

形声 声符は果（か）。果は臝（ら）の省文であろう。〔礼記、月令〕「（季夏の月）中央は土なり。～其の蟲は倮」の〔注〕に「物、露見して隱藏せざるに象る。虎豹の屬は、恆（つね）に淺毛なり」とあり、浅毛のものを倮獣とする。また薄葬を倮葬という。

訓義 ①はだか、すはだ。②かたぬぐ、衣ぬぐ。③あらわす。④せまい。⑤字はまた裸・臝に作る。

古訓 〔名義抄〕倮 アカハダカ・ハダカナリ・アラハ 〔篇立〕倮 ヤスシ・ハダカ・アカハダカ・アラハス

語系 倮・臝・裸 luai は露・落（落）lak と声近く、果は果実の象。外被のない形、外にあらわれることを露・落という。臝（ら）はやどかり。その殼より外にあらわれるものを臝（ら）という。

＊語彙は裸字条参照。

【倮身】（らしん） まるはだか。〔晋書、五行志上〕惠帝の元康中、貴游の子弟、相ひ與（とも）に散髮倮身の飲を爲し、婢妾に對弄す。之れに逆らふ者は好を傷（やぶ）り、之れを非とする者は譏（そし）りを負ふ。

【倮寝】（らしん） はだかで寝る。〔晋書、隠逸、楊軻伝〕常に土牀に臥し、覆（おほ）ふに布被を以てし、其の中に倮寝す。下に茵褥（いんじょく）（敷物）無し。

【倮葬】（らそう） 薄葬。〔説苑、反質〕楊王孫、病みて且（まさ）に死せんとす。其の子に令して曰く、我死せば、倮葬して以て吾が眞に反（かへ）らんと欲す。必ず吾が意を易（か）ふること無かれと。

【倮体】（らたい） まるはだか。〔三国志、呉、薛綜伝〕（上疏）日南郡の男女、倮體にして以て羞と爲さず。此れに由りて之れを言へば、蟲豸（ちゅうち）と謂ふべし。

【倮虫】（らちゅう） 羽毛鱗介のない生物。人などをいう。〔大戴礼、易本命〕羽有るの蟲三百六十、而して鳳皇之れが長爲（た）り。～倮の蟲三百六十、而して聖人之れが長爲り。此れ乾坤（けんこん）の美類なり。

↑倮獣（らじゅう） 浅毛の獣／倮袒（らたん） 肩はだをぬぐ／倮裎（らてい） はだか／倮露（らろ） まるはだか

【喇】 12 6200 ラ ラツ

形声 声符は剌（らつ）。喇叭（らっぱ）・喇嘛（らま）の字に用い、また大きなことをいって人を欺くことを喇虎（らっこ）という。

訓義 ①喝喇（かつら）、ものいう、早口にいう。②喇嘛。

↑喇虎（らっこ） 無頼／喇嘴（らし） ほら吹き／喇叭（らっぱ） 先端が開いた筒状の吹きならす楽器。ラッパ／喇嘛（らま） ラマ教

↓喝喇・罷喇

常【裸】 13 3629 〔臝〕 19 0021 〔蠃〕 21 0021 ラ はだか かたぬぐ

篆文

形声 〔説文〕八上に正字を臝に作り、臝（ら）声とする。字はまた裸に作り、果（か）声。果は臝（ら）の省文であろう。「袒（はだぬ）ぐなり」と訓する。〔孟子、公孫丑上〕「我が側に袒裼（たんせき）裸裎（らてい）す」とは、はだをあらわす無作法なふるまいをいう。

訓義 ①はだか、すはだ。②かたぬぐ、衣ぬぐ。③あらわす。④字はまた倮に作る。

古訓 〔名義抄〕裸 ハダカ・アカハダカナリ 〔字鏡集〕裸・倮 ハダカナリ・アカハダカナリ・アラハナリ・ヤスシ

語系 裸（臝）・倮・臝 luai は露・落（落）lak と声近く、みな外被のない状態をいう。露は暴露の意。

【裸臥】（らが（ぐわ）） はだかで臥す。〔西京雑記、六〕魏の王子且渠の冢、～牀下悉（ことごと）く是れ雲母なり。牀上の兩屍、一男一女、皆年二十許（ばか）り。倶に東首、裸臥して衣衾無し。肌膚（きふ）顏色、生人の如し。

【裸形】（らけい） はだか。〔世説新語、任誕〕劉伶恒（つね）に酒を縦（ほしいまま）にし、放達なり。或いは衣を脫（ぬ）ぎ、裸形にて屋中に在り。人見て之れを譏（そし）る。伶曰く、我は天地を以て棟宇と爲し、屋室を幝衣（こんい）と爲す。諸君、何爲（なんす）れぞ我が幝中に入ると。

【裸身】（らしん） まるはだか。〔後漢書、文苑下、禰衡伝〕衡、進みて（曹）操の前に至りて止まる。吏之れを訶して曰く、鼓史、何ぞ装を改めざる～と。衡曰く、諾と。是（ここ）に於て先づ衵衣（ぢつい）を解き、次いで餘服を釋（と）き、裸身にして立つ。

【裸跣】（らせん） はだし。〔後漢書、趙熹伝〕更始の親屬に遇（あ）ふに、皆裸跣塗炭、飢困して前（すす）むこと能はず。熹之れを見て悲感し、裝する所の縑帛（けんぱく）資糧、悉（ことごと）く以て之れに與へ、～鄉里に歸らしむ。

【裸体】（らたい） まるはだか。〔独異録、上〕王敦、駙馬（ふば）（王女の婿）と爲る。廁（かはや）に如（ゆ）くに、脫衣裸體にして廁に登り、羞愧（しゅうき）の色無し。一侍女有り、曰く、此の人必ず能く賊を作（な）さんと。其の後、果して亂を爲せり。

【裸袒】（らたん） はだか。はだぬぐ。〔後漢書、東夷、挹婁伝〕挹婁は、古の肅愼の國なり。～夏は則ち裸袒、尺布を以て其の前後を蔽（おほ）ふ。其の人臭穢（しゅうあい）不絜（ふけつ）、廁を中に作り、之れを圜（めぐ）りて居る。

【裸裎】（らてい） はだか。〔孟子、公孫丑上〕爾（なんぢ）は爾爲（た）り、我は我爲り。我が側に袒裼（たんせき）裸裎すと雖も、爾焉（いづく）んぞ能く我を浼（けが）さんや。

↑裸躬（らきゅう） はだか／裸壌（らじょう） 文身／裸葬（らそう） はだかのまま葬る／裸足（らそく） はだし／裸民（らみん） 裸俗の民

↓赤裸・全裸・袒裸・虫裸・裎裸・半裸

【臝】 14 0021 ラ らば

篆文

象形 臝（えい）の金文の字形によって考えると、臝はやどかりの形に似ている。〔説文〕四下に本訓をつけず「或いは曰く、嘼（獣）名なりと。象形。闕」とあり、その声を欠くものであろう。熊の字形も近く、臝にまた臝（えい）の声がある。

訓義 ①らば、うさぎうま。②けもののな。

声系 〔説文〕に臝声として蠃・臝・羸など六字を収め、また羸（えい）には臝（えい）の省声とする。臝にその二音があるようである。

語系 臝・臝（裸）・蠃 luai は同声。露 lak と声義通じ、外被を出でて、露出するものをいう。

【蓏】 14 4423 ラ うり

篆文

会意 艸＋胍ゅ。胍は瓜（瓜）がならんでなる形。〔説文〕一下に「木に在るを果と曰ひ、地に在るを蓏と曰ふ」（段注本）とあり、〔淮南子、墜形訓〕の〔許慎注〕には、木を樹に、艸を地に作る。〔斉民要術、一、種穀、瓜瓠果蓏〕の条に引いて「草に在るを蓏と曰ふ」とするのがよい。果蓏と連称し、また蔬菜と合わせて蓏蔬という。

訓義 ①うり、くさのみ。②核なきもの、瓤なきもの。

古訓 〔名義抄〕蓏 クサ・クダモノ・クサノミ・カツラノミ

語系 蓏・㼖・贏・嬴luai は同声。露lak は声近く、みな外皮のない状態のものをいう。

【蓏蔬】そら 草の実と野菜。〔韓非子、外儲説右下〕今、五苑の蓏蔬・棗栗りつを発せば、以て民を活かすに足るも、是れ民をして功有ると功無きと、争ひ取らしむるなり。

↓果蓏・菜蓏・蔬蓏

人 【螺】 17 5619 〔蠃〕 19 0021 ラ たにし うず

篆文

形声 声符は累るい。累に束ねて重ねる意があり、巻貝の形のものをいう。蠃はその一体の字であるが、たにしの意に用いる。また蝸牛かぎゅうなど、渦巻状の殻のあるものをいう。

訓義 ①たにし、にし、にな。②ほらがい。③かたつむり。④うず、ねじ。⑤たにしの形をしたもの、さかずき、すみ、まゆずみ、もとどり、ちぢれ髪。

古訓 〔新撰字鏡〕螺 蜂の至りて少なる者、細腰火良なり 〔名義抄〕螺 カヒ・ツヒ・クツヒ／海細螺 シタヾミ 〔字鏡集〕螺 カタツブリ・ヤクカヒ・クツヒ・ツヒ・カセ

【螺髻】らけい 巻貝状のもとどり。唐・張籍〔崑崙児〕詩 金環落ちんと欲して、曾すなはち耳を穿うがち 螺髻長く巻きて、頭を裹つつまず

【螺舟】らしゅう 巻貝状の舟。潜航する舟。〔拾遺記、四、秦始皇〕始皇、神仙の事を好む。宛渠の民有り、螺舟に乗りて至る。舟の形螺に似て、海底を沈行するも、水侵入せず。一に淪波舟と名づく。

【螺旋】らせん うずまきにまく。〔大唐西域記、一、迦畢試国〕如来にょらいの髪有り。髪の色青紺、螺旋して右に縈めぐる。引けば長さ尺餘、巻けば半寸可ばかりなり。

【螺鈿】らでん 貝殻で、漆器などに装飾を施したもの。〔建炎以来繋年要録、十二〕（建炎元年十二月）温・杭二州の上供の物、鎮江に寄留す。其の閒、椅棹に螺鈿を以て之れを爲つくれる者有り。～上うえ其の美なるを惡にくみ、亟しばしば命じて之れを通衢つうく（大通り）に砕かしむ。

【螺杯】らはい おうむ貝で作った杯。唐・張籍〔韋開州の盛山十二首に和す。流杯渠〕詩 淥酒、白螺の杯 流れに随ひて去りて復また回る 人の把處を知るに似たり 各〻面前に向つて來る

↑螺果らか 檳榔びんろう／螺殻らかく 巻き貝のから／螺糸らし ねじ／螺書らしょ 蝌蚪文／螺青らせい 絵具／螺黛らたい まゆ墨／螺甸らでん 螺鈿／螺盃らはい 螺杯／螺貝らばい ほら貝／螺蚌らぼう 巻き貝と、どぶ貝／螺文らもん 指紋

↓蝸螺・髻螺・吹螺・青螺・旋螺・黛螺・田螺・鈿螺・文螺・法螺

常 【羅】 19 6091 〔羅〕 20 7791 ラ あみ つらなる うすぎぬ

篆文 甲骨文 古印璽

会意 网もう＋維。卜文に畢あみで鳥を覆う形のものがあり、もと象形。网は網、維は鳥をつなぐ形。〔説文〕七下に「絲を以て鳥を罟あみするなり。网に従ひ、維に従ふ。古者いにしへ芒氏初めて羅を作る」と、その起原説を加えている。〔詩、小雅、鴛鴦〕に「之れを畢あみし之れを羅あみす」とあって、畢は柄のついた手網、羅はかすみ網のようにはりめぐらすものをいう。一時に多くの鳥をとることができるので、網羅という。またうすぎぬなど、織目が似ているので、綺羅・羅紈がんのようにいう。

訓義 ①あみ、とりあみ。②あみする、からめる、かかる、あう。③つらなる、しく。④きぬ、うすぎぬ、あやぎぬ、ちぢみ。

古訓 〔和名抄〕羅 此の間に良（ら）と云ふ。一名、蟬翼 〔名義抄〕羅 アミ・カヽル・カタラフ・ツラヌ・ツラナル・カブル・トリアミ・イタル・シク・アフ・ヨル・クルメク・コメテ・ウスモノ・ウレフ

声系 〔説文〕に羅声として蘿らを収める。〔新附〕に録する羅りは羅の省声。邏は羅の声義を承ける。

語系 羅lai、離liai、麗・儷lyai は声義近く同系の語。離は、鳥が黐もちにかかる意。ゆえに「かかる、あう」とよむのが原義。麗・儷は美しい角が並ぶことから、連なる意となる。

【羅衣】らい うすぎぬの衣。夏の衣。唐・杜甫〔黄草〕詩 秦中の驛吏、消息無し 蜀道の兵戈、是非有り 萬里の秋風、錦水を吹き 誰が家の別涙ぞ、羅衣を濕うるほす

【羅幃】らい（ゐ） うすぎぬのとばり。唐・盧照鄰〔長安古意〕詩 雙燕えん雙ならび飛んで、畫梁りやうを繞めぐる 羅幃の翠被すい、鬱金うこんの香

【羅枷】らか 穀物をうつ道具。からざお。連枷。〔釈名、釈用器〕枷は加なり。杖を柄頭に加へ、以て穂を撾うちて、其の穀を出だすなり。或いは羅枷と曰ふ。

【羅紈】らがん（ぐわん） 白いうすぎぬ。楚・宋玉〔神女の賦〕其の盛飾や、則ち羅紈綺繢きくわい、文章を盛んにし、極服妙采、萬方を照らす。

【羅綺】らき あやのあるうすぎぬ。漢・司馬相如〔長門の賦〕羅綺の幔帷を張り、楚組の連綱を垂る。

【羅裙】らくん うすぎぬのもすそ。梁・江淹〔別れの賦〕桃李を攀よぢて、別るるに忍びず。愛子を送りて、羅裙を霑うるほす。

【羅縠】らこく うすもののちぢみ。〔後漢書、輿服志下〕公主・貴人・妃以上、嫁娶かしゅして錦綺きん・羅縠の繒きぬを服するを得。采は十二色、重縁ちょうえんの袍はうなり。

【羅者】らしゃ 鳥網でとらえる者。漢・司馬相如〔蜀の父老を難ず〕觀る者未だ旨を覩みず、聴く者未だ音を聞かず。猶ほ鷦鵬せうほう已に寥廓れうくわくの宇に翔かけり、羅者猶ほ藪澤そうたくを視るがごとし。

【羅裳】らしょう（しゃう） うすものの裳。〔文選、古詩十九首、十二〕燕・趙、佳人多し 美なる者は顏、玉の如し 羅裳の衣を被服して 戸に當りて清曲を理をさむ

【羅拝】らはい 並んで拝する。〔三国志、魏、張遼伝〕遼の母に輿車を給し、～導従出迎す。督する所の諸軍將吏、皆道側に羅拜す。觀る者之れを榮とす。

【羅袂】らべい うすぎぬの袂。魏・曹植〔洛神の賦〕羅袂を抗あげて、以て涕なみだを掩おほふ。涙、襟えりに流るること浪浪らうらうたり。

【羅韈】らべつ うすぎぬの足袋。魏・曹植〔洛神の賦〕波を陵しのぎて微かすかに歩めば、羅韈、塵を生ず。

【羅網】らもう（まう） あみ。刑罰をいう。唐・杜甫〔李白を夢む、二首、一〕詩 故人、我が夢に入る 我が長く相ひ憶おもふを明らかにす 恐らくは平生の魂に非ざらん 路遠くして測るべからず～君、今羅網に在り 何を以てか、羽翼有る

【羅紋】らもん うすぎぬの文様。〔硯史、歙硯婺源石〕又嘗かつて一士人の家に、一金絲羅紋硯を見たり。其の紋、半金半黑、光彩常と異なり。

【羅羅】らら すっきりとしたさま。〔世説新語、賞誉〕司馬太傅（道子）、二王の目（評語）を爲つくりて曰く、孝伯（王恭）は亭亭として直上し、阿大（王忱）は羅羅として清疎なりと。

【羅綾】らりょう うすものと、あや。〔宋史、食貨志上三〕兩浙・京東、淮南、江の東西、成都・梓州・福建路に令して、羅綾紗を市かはらしむ。一千より三萬疋に至るまで、各〻差有り。

【羅列】られつ つらなりならぶ。〔宋書、楽志三〕〔古辞、雞鳴高樹

顚)鴛鴦七十二 羅列して、自ら行を成す

↑羅畏 雑沓する/羅幃 うすぎぬの帷/羅纓 うすぎぬの紐/羅我 象の背の鞍/羅騎 行列中の従騎/羅巾 うすものの巾/羅錦 うすものの錦/羅纈 しぼり染めのうすぎぬ/羅罟 あみ/羅香 乳香/羅合 茶こし/羅衫 うすぎぬのひとえ/羅繖 うすぎぬの傘/羅峙 ずらりとならぶ/羅紗 厚い織物、らしゃ/羅罝 あみ/羅雀 雀あみ/羅取 網を張ってとる/羅襦 うすものの短衣/羅織 うすぎぬのおりもの/羅筌 魚をとるうえ/羅帶 うすものの帯/羅致 捕えて連行する/羅張 羅帷/羅陳 陳列する/羅帛 うすもののきぬ/羅布 列ねてならべる/羅文 うすものの綾/羅綳 うすもののむつき/羅罔 鳥網/羅絡 からめる/羅縷 こまごまと述べる

↓雲羅・曳羅・閻羅・紈羅・綺羅・軽羅・紅羅・紗羅・釆羅・紫羅・雀羅・森羅・星羅・設羅・纖羅・捜羅・紵羅・張羅・鳥羅・爬羅・畢羅・文羅・駢羅・包羅・網羅・罹羅・綾羅・列羅

篆文

【蠃】 19 0021 ラ じかばち やどかり

形声 声符は𣎆。𣎆は、金文の蠃・嬴の字形によって考えると、やどかりの形である。〔説文〕十三上に「蜾蠃なり」(段注本)とあって、じかばちをいう。やどかりのことを蠃蚌・蠃蜆・蠃蛤のようにもいい、蠃はその象形に従う字である。

訓義 1じかばち。2にな、にし、やどかり。3なめくじ、かたつむり。

古訓 〔新撰字鏡〕蠃 螺字と同じ 〔名義抄〕蠃 虎豹の屬なり。又、桑虫なり 〔篇立〕蠃 サソリ

語系 蠃・螺・𣎆・蠃・蝸luaiは同声。窩uaiは声義が近い。じかばちの意は、地穴を作ることと関係があろう。すべて螺旋的な形状をもつものをいう語と思われる。

【蠃鬟】まき貝のような髪形。元・銭惟善〔春游曲、傅子の通韻に和す〕詩 青絲梳らず、早く起るに慵し 十二の蠃鬟、翠相ひ倚る

↑蠃髻 仏髪/蠃蛤 やどかりと蛤/蠃虫 裸虫/蠃蚌 蠃蛤/蠃蘭 喪車

↓果蠃・螺蠃・蒲蠃

篆文

【騾】 21 7639 ［驘］ 23 0021 ラ らば

形声 声符は累。驘の俗字。〔説文〕十上に「驘は驢父馬母なる者なり」(段注本)とあり、驢馬と馬との混血種。牝馬の生むものは強健、使用に堪えるという。

訓義 1らば。

古訓 〔篇立〕騾 ウサギマ

【騾綱】騾馬の隊商。〔宣和画譜、山水一、王維〕維、畫を善くす。尤も山水に精し。～自ら詩を爲りて云ふ。夙世謬りて詞客と爲る 前身は應に畫師なるべしと。～今、御府の藏する所一百二十有六、～、騾綱の圖一。

【騾子】らば。〔旧唐書、呉元済伝〕地既に馬少なし。而して廣く騾を畜ふ。之れに乘りて戰を教ふ。之れを騾子軍と謂ふ。尤も勇悍なりと稱す。

【騾驢】凡庸の者。また、獣名。四不像。〔宋瑣言、下、言詮〕宋書張暢傳に、又騾驢・駱駝、是れ北國の出だす所、～按ずるに騾驢は一獸の名、俗に之れを四不相と謂ふ。其の形狀、騾に似て騾に非ず、驢に似て驢に非ざるなり、故を以て名づくと。

↑騾軍 らばに乗った軍隊/騾戸 らばで物を輸送する業者/騾車 騾馬にひかせる車/騾駄 らばで駄送する

↓青騾・素騾・駝騾・白騾・駮騾・驢騾

【蘿】 23 4491 ラ ひかげかずら つたかずら

篆文

形声 声符は羅。羅はあみ目のように連なるものをいう。〔説文〕一下に「莪なり」とあり、つのよもぎの意とする。女蘿はひかげかずら、わが国では古くその草を「鬘」に用いた。

訓義 1ひかげかずら、つたかずら。2つのよもぎ。3蘿蔔は、だいこん。4籬と通じ、まがき。

古訓 〔和名抄〕蘿 日本紀私記に云ふ、蘿、比加介(ひかげ)。本草和名に云ふ、松蘿、一名女蘿。萬豆乃古介(まつのこけ)、佐流乎加世(さるをかせ)/蘿鬘 日本紀私記に云ふ、鬘を爲るに蘿を以てす。比加介加都良(ひかげかづら) 〔名義抄〕蘿 ヒカゲ・コケ/松蘿 マツノコケ・サガリコケ・サルヲカセ 〔字鏡集〕蘿 ヒカゲカヅラ・コケ・アサカリコケ・サルヲカセ

語系 蘿lai、蘆la、萊(萊)laはみな声近く、密生する状態のものをいう。

【蘿月】蔦蔓の間からみえる月かげ。唐・沈佺期〔少密渓に入る〕詩 相ひ留まりて且く待つ、雞黍の熟するを 夕に臥す、深山蘿月の春

↑蘿衣 こけ/蘿径 つたかずらのはう小径/蘿蔦 蘿蔓/蘿蔔 大根/蘿薜 かずら/蘿蔓 つたかずら/蘿藟 かずら

↓寒蘿・軽蘿・女蘿・松蘿・石蘿・纖蘿・疏蘿・蔦蘿・藤蘿・薜蘿・碧蘿・蔓蘿・緑蘿・茘蘿

【邏】 23 3630 ラ めぐる みまわる

篆文

形声 声符は羅。羅は鳥あみ。羅に、くまなくめぐる意がある。〔説文新附〕二下に「巡るなり」とあって、巡邏の意。〔玉篇〕に「遊兵なり」というのも、巡邏することをいう。

訓義 1めぐる、みまわる。2偵察する、しのび。3山のふもと、すそ。4さえぎる。

古訓 〔名義抄〕邏 サフ・フサグ・ユク・ヒラク・フセグ・テラス 〔字鏡集〕邏 チラス・フセグ・ヒラク・メグリ・メグル・サフ・カクム・フサグ・ユク・チマタ

【邏哨】巡邏し哨戒する。清・黄宗羲〔怪説〕北兵の南下せしより、書を懸けて(公示して)余を購ふ者二、～謀反を以て告訐する者二三。沙墠(砂地)に絶氣する者一晝夜、其の他連染(連坐)邏哨の及ぶ所、歳として之れ無きは無し。十死に瀕する者と謂ふべし。

↑邏騎 巡邏の騎兵/邏護 巡守する/邏候 巡邏/邏察 巡邏/邏士 見廻りの兵士/邏子 邏士/邏司 治安官/邏者 見廻りの役人/邏守 守衛/邏輯 論理。ロジックの音訳語/邏巡 巡査/邏所 見廻りの番所/邏人 邏者/邏刹 悪鬼/邏卒 邏士/邏偵 偵察する/邏兵 巡邏兵/邏捕 巡察し逮捕する/邏吏 邏者

↓駅邏・警邏・厳邏・候邏・守邏・戍邏・巡邏・斥邏・偵邏・夜邏・游邏

【驘】 23 0021 ［騾］ 21 7639 ラ らば

篆文

形声 声符は𣎆。〔説文〕十上に「驢父馬母なる者なり」(段注本)とあり、また馬父驢母のときもあるが、馬母なる者が馬よりも壮健であるという。

訓義 1らば。2俗に騾に作る。

古訓 〔名義抄〕驘 ウサギウマ

*語彙は騾字条参照。

【鑼】 27 8611 ラ どら

形声 声符は羅。〔雲麓漫鈔、九〕に「今人、洗を呼んで砂鑼と爲す。～軍中、鑼を以て洗と爲す。正に秦・漢、刁斗を用ひ

て、以て夜を警むべきが如し。又以て飯を炊くべし。其の便を取るのみ」とあり、どらは炊事の用を兼ねた。

訓義 ①どら。②なべ。

古訓 〔篇立〕鑼 サラヒ

↑鑼鍋 なべ／鑼鼓 どら

↓金鑼・沙鑼・銅鑼・抱鑼・鳴鑼

ライ

【耒】 6 5090 ライ すき

篆文 

会意 力＋又（又）。力はすきの象形。そのすきをもつ形。金文の図象にその形のものがあり、卜文の耤は力をふんで耕す形に作る。〔説文〕四下に「手もて耕す曲木なり」とし、「木もて丯を推すに従ふ」とするが、その曲木が耒の形である。丯は雑草、あるいは契刻の形で、耒とは関係がない。

訓義 ①すき、すく。

古訓 〔新撰字鏡〕耒 牛には耒と曰ひ、人には耜と曰ふなり 〔名義抄〕耒 カラスキ 〔篇立〕耒 ヰサク

部首 〔説文〕に耕（耕）・耦・耤・䄝（耘）・耡など六字、〔玉篇〕に耘・耨・耰・秏（耗）などを加えて五十二字を属する。みな先秦にすでにその用例のある字である。

【耒耜】 すき。耜は刃のあるすき。〔礼記、月令〕（季冬の月）農に命じて耦耕の事を計らしめ、耒耜を脩め、田器を具へしむ。

【耒臿】 すきと、くわ。〔韓非子、五蠹〕禹の天下に王たるや、身から耒臿を執り、以て民の先と爲り、股に胈（にこ毛）無く、脛に毛を生ぜず。臣虜の勞と雖も、此れより苦しからず。

【耒耨】 すきと、くわ。〔易、繫辞伝下〕包犧氏沒して、神農氏作る。木を斲りて耜と爲し、木を揉めて耒と爲し、耒耨の利、以て天下に教ふ。

↑耒耕 すき耕す／耒枱 耒耜／耒銛 耒臿／耒底 いさり

↓耕耒・執耒・釈耒・輟耒・投耒・佩耒・扶耒・秉耒・抱耒・擁耒・力耒

常 【来】 7 囚〔來〕 8 4090 ライ むぎ きたる

篆文  甲骨文  金文 

象形 麦の形に象る。〔説文〕五下に「周、受くる所の瑞麥・來麰なり。一來に二縫あり。芒朿の形に象る。天の來す所なり」とし、〔詩、周頌、思文〕の「我に來麰を詒る」の句を引く。周の始祖后稷が、その瑞麦嘉禾をえて国を興したことは〔書序〕の〔帰禾〕〔嘉禾〕にもみえる。往来・来旬、また賚賜などの用義はすでに卜辞にもみえるが、みな仮借義である。

訓義 ①むぎ、こむぎ。②きたる、くる、いたる。③きたす、まねく、もたらす。④このかた、から、より、さきざき。⑤勑と通じ、つとめる、ねぎらう。⑥哉と通じ、や、か。⑦字はまた徠に作る。

古訓 〔名義抄〕來 カヘル・ク・キタル・キタレリ・キタス・コノカタ・ツトム・マウヅ・ミタル・オハシタリ／以來 コノカタ／向來 イマシ・タヾイマ／元來 モトヨリ／去來 イザ 〔篇立〕來 ユク・キタス・ユクスエ・コノカタ・キタル・アラハル・クル

部首 〔説文〕に麰・麩・麪など十二字を属し、〔玉篇〕に麴・麵（麺）などを加え、五十二字を属する。

語系 來ləは麥（麦）muəkと声義の関係がある。來・徠・勑は同声。労勤・労来の意は、勑の通用の義である。

【来意】 申し出られたお考え。貴意。〔後漢書、方術下、公沙穆伝〕富人王仲有り、產千金を致す。穆に謂ひて曰く、方今の世、貨を以て自ら通ず。吾百萬を奉じて、子の與に資と爲さん、何如と。對へて曰く、來意厚し。夫れ富貴は天に在り、之れを得るに命有り～と。

【来賀】 来て祝う。〔詩、大雅、下武〕天の祜を受け、四方來り賀す

【来雁】 渡り鳥の雁。雁に託した手紙。宋・黃庭堅〔次韻して邢敦夫に答ふ〕詩 書を讀みて新功を得ば 來雁（鴈）に一字を寄せよ

【来帰】 帰ってくる。〔玉台新詠、古楽府、日出東南隅行〕耕す者は其の耕すことを忘れ 鋤く者は其の鋤くことを忘る 來り歸つて相ひ喜怒するは 但だ羅敷を觀ることに坐す

【来儀】 瑞祥が訪れる。鳳凰などがお祝いにくる。〔書、益稷〕笙・鏞（大鐘）以て閒すれば、鳥獸蹌蹌し、簫韶九成せば、鳳皇來儀す。

【来去】 行き来する。唐・孟浩然〔夜、鹿門山に帰る歌〕詩 巖扉松徑、長へに寂寥たり 惟だ幽人の夜來去するのみ有り

【来享】 来朝して奉献する。〔詩、商頌、殷武〕敢て來享せざる莫く 敢て來王せざる莫し

【来貺】 賜わる。また、手紙。〔後漢書、文苑下、趙壹伝〕壹、報じて曰く、～輒ち來貺を誦し、永く以て自ら慰めんと。

【来今】 以後。〔淮南子、斉俗訓〕往古來今、之れを宙と謂ひ、四方上下、之れを宇と謂ふ。

【来歳】 来年。〔周礼、春官、肆師〕嘗の日に、涖みて來歳の芟を卜し、獮の日に、涖みて來歳の戒を卜し、社の日に、涖みて來歳の稼を卜す。

【来茲】 来年。〔文選、古詩十九首、十五〕樂しみを爲すは、當に時に及ぶべし 何ぞ能く來茲を待たん

【来者】 今後。後人。〔論語、子罕〕子曰く、後生畏るべし。焉んぞ來者の今に如かざるを知らんや。四十五十にして聞ゆる無きは、斯れ亦た畏るるに足らざるのみ。

【来世】 後世。〔書、仲虺之誥〕予（殷の湯王）來世、台を以て口實と爲さんことを恐る。

【来生】 生まれ代わる世。宋・蘇軾〔予、事を以て御史台の獄に繫がる。～二詩を作り、獄卒梁成に授け、以て子由（轍）に遺らしむ、二首、二〕詩 君と今世、兄弟と爲る 又結ばん、來生未了の因

【来庭】 来朝する。入朝する。〔詩、大雅、常武〕四方既に平らぎ 徐方來庭す

【来賓】 客として訪れる。〔礼記、月令〕（季秋の月）鴻鴈來賓し、爵（雀）大水に入りて蛤と爲る。

【来復】 往来。反復。〔易、復、彖伝〕其の道を反復して、七日にして來復するは、天行なり。～復は其れ天地の心を見るか。

【来聘】 来享。また、礼を厚うして人を招く。〔史記、孔子世家〕陳・蔡の大夫謀りて曰く、～今、楚は大國なり。孔子を來聘す。孔子楚に用ひられなば、則ち陳・蔡の事を用ふる大夫、危からんと。～相ひ與に徒役を發し、孔子を野に圍む。

【来訪】 訪ねてくる。〔鶴林玉露、乙四、来蘇渡〕脩水深山の閒に小溪有り。其の渡しを來蘇と曰ふ。蓋し子由（蘇轍）、高安監酒に貶せられし時、東坡（軾）來りて之れを訪ひ、此の渡しを經過す。鄉人以て榮と爲す。故に以て來蘇と名づく。

【来歴】 由来がある。〔甌北詩話、十二〕（黃山谷の詩）劉夢得、詩を論じて謂ふ、來歷無きの字は、前輩未だ嘗て用ひずと。孫莘老も亦た謂ふ、杜（甫）詩、一字として來歷無きもの無しと。

↑来威 畏れ服する/来胤 曽孫の孫/来謁 来てまみえる/来縁 他生の縁/来轅 来駕/来往 往来/来嫁 嫁入り/来駕 お訪ね/来会 集まる/来格 いたる/来函 来簡/来翰 お手紙/来還 帰る/来簡 来翰/来期 期限/来饗 うける/来歆 来饗/来観 来庭/来迎 迎える/来月 翌月/来見 来てまみえる/来献 来貢する/来貢 朝貢する/来寇 入寇する/来札 書札/来示 来書/来旨 来示の意/来至 きたる/来事 将来の事/来日 明日/来春 明春/来書 手紙/来信 手紙/来侵 来ておかす/来訊 訪れる/来体 弓の内側/来致 招く/来朝 入朝する/来哲 後の賢人/来稟 貴書/来附 帰順する/来赴 赴告する/来婦 よめ/来服 帰服する/来牟 来麰/来奔 逃げてくる/来犇 来奔/来問 訪れる/来諭 来て諭す/来由 由来/来遊 来て遊ぶ/来莅 来臨/来臨 お出で

↓以来・雲来・遠来・往来・懐来・外来・寒来・元来・帰来・旧来・去来・近来・頃来・月来・古来・後来・今来・嗟来・再来・在来・自来・爾来・襲来・従来・出来・招来・将来・新来・生来・大来・朝来・天来・伝来・渡来・到来・日来・年来・舶来・晩来・飛来・風来・別来・本来・未来・夜来・由来・老来・労来

入【倈】11 2429 ライ きたる

形声 声符は來(来)。來は「来麦」の字で、それを仮借して往来の意に用い、その専字としてのち倈が作られた。〔玉篇〕に「就くなり、~勞ふなり」とみえる。〔漢書、武帝紀〕に「氐・羌、倈服す」とあって、來の繁文である。來は卜辞・金文以来、往来の字に用いており、倈は後起の字である。

訓義 1きたる、くる。2つく、かえる、いたる。3勑と通じ、ねぎらう、いたわる。

古訓 〔名義抄〕倈 カヘル・キタル

語系 倈・來・勑 lə は同声。勑は〔説文〕十三下に「勞ふなり」、〔爾雅、釈詁〕に「來は勤むるなり」とあり、來・倈をその義に用いるときは、勑の仮借。勑は勞(労)と同じく力に従う字である。

*語彙は来字条参照。

↑倈伏 来て伏する/倈服 来て服する

↓招倈・労倈

入【萊】11 4490 〖萊〗12 4490 ライ あかざ あれち

篆文 

形声 声符は來(来)。〔説文〕一下に「蔓華なり」、〔玉篇〕に「藜草なり」とあって、あかざをいう。〔詩、小雅、南山有台〕に「北山に萊有り」とみえ、採って食料とした。また休閑地、荒蕪の地をいう。

訓義 1あかざ。2あれ地、くさむら、郊外。3釐と通じ、くさかる、おさめる。

古訓 〔和名抄〕萊 辨色立成に云ふ、萊草、之波(しば)〔名義抄〕萊 オドロ/萊草 シバ 〔字鏡集〕萊 シバ・ヨモギ・アカザ・オドロ

語系 萊 lə は蘿 lai、藘 la と声義近く、密生するものをいう。釐 liə は声近く、萊を釐治の意に用いることがある。

↑萊蒸 粗食/萊孱 賤弱/萊草 雑草/萊藪 やぶ/萊田 荒地/萊蕪 荒地/萊畝 はたけ

↓汚萊・荊萊・荒萊・蒿萊・草萊・蓬萊

常【雷】13 1060 [靁]20 6666 [靁]23 1066 ライ かみなり いかずち

金文 

篆文 

古文 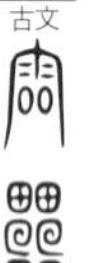

籀文 

形声 正字は靁に作り、畾声。金文に畾に作り、電光の放射する形で、もと象形字である。〔説文〕十一下に「陰陽薄動す。靁雨は物を生ずる者なり。雨畾に從ふ。回轉の形に象る」という。〔淮南子、天文訓〕に「陰陽相ひ薄まり、感じて雷と爲る」とあり、その現象は正確に理解されていた。漢の塼画に、鼓をうつ雷神の姿があり、また雷鼓という。

訓義 1かみなり、いかずち。2はげしく、はやく、おそるべきもの。3鼓うつ、たたく。

古訓 〔和名抄〕雷公 奈流加美(なるかみ)。一に云ふ、以加豆知(いかづち)〔名義抄〕雷・靁 イカヅチ・ナルカミ/雷公 イカツチ/雷同 ヒタ、ク 〔篇立〕雷 ウゴカス・キタル・イカヅチ・トナフ・ナルカミ

声系 雷声の字に蕾(蕾)があるが、〔唐韻〕にはじめてみえ、宋以後に至って用例がみえる。

語系 雷・罍(櫑)luəi は同声。罍を雷文を飾るゆえにその名を得たとする説は、他に尊・段などの青銅の器にも雷文が多く、信じがたい。礧(擂)・轠 luəi も同声。はげしく落下する石や、車を転ずる音に用いるのは、その擬声音である。

【雷雨】 雷を伴う雨。〔書、舜典〕百揆に納るれば、百揆時れ敍ぶ。四門に賓せしむれば、四門穆穆たり。大麓に納るれば、烈風雷雨にも迷はず。

【雷響】 雷の音。唐・虞世南〔獅子の賦〕鬣を奮ひ脣を舐め、倐ち來り忽ち往くに曁び、目を瞋らせば電のごとく曜かり、聲を發すれば雷のごとく響く。

【雷鼓】 雷鳴。鼓名。また、激しく鼓をうつ。〔三国志、魏、鍾会伝〕十八日、日中、(胡)烈の軍兵、烈の兒と雷鼓して門を出で、諸軍の兵、期せずして皆鼓譟して出づ。

【雷轟】 雷の音。雷響。宋・陸游〔七月十八夜、枕上に作る〕詩 電掣、光書の如く 雷轟、意未だ平らかならず

【雷師】 雷神。〔楚辞、離騒〕鸞皇、余が爲に先づ戒め 雷師、余に告ぐるに、未だ具はらざるを以てす

【雷震】 雷がなりひびく。〔後漢書、周磐伝〕母、平生、雷を畏る。亡くなりしより後、雷震有る毎に、(蔡)順、輒ち冢を圜りて泣きて曰く、順、此に在りと。

【雷声】 雷の音。明・王守仁〔夜、天池に宿し、月下に雷を聞く。~三首、二〕詩 昨夜、月明峰頂に宿す 隱隱たる雷聲、山麓に在り 曉來、却つて問ふ、山下の人 風雨、三更、茆屋を捲くと

【雷霆】 雷のとどろき。〔易、繫辞伝上〕是の故に剛柔相ひ摩し、八卦相ひ盪かし、之れを鼓するに雷霆を以てし、之れを潤すに風雨を以てし、日月運行して一寒一暑あり。

【雷電】 雷鳴して光る。〔書、金縢〕秋大いに熟し、未だ穫らざるに、天大いに雷電し以て風ふき、禾く盡く偃れ、大木斯く盡く抜け、邦人大いに恐る。

【雷同】 是非の判断なく付和する。〔礼記、曲礼上〕勦説する(他人の説をとる)こと毋かれ。雷同すること毋れ。必ず古昔に則り、先王を稱せよ。

【雷斧】 雷撃で裂けた石。天工。宋・蘇軾〔滕大夫に次韻す、三首、一、雪浪石〕詩 畫師爭ひて摹す、雪浪の勢ひ 天工見ず、雷斧の痕

【雷鳴】 雷のとどろく音。宋・陸游〔美睡〕詩 漫りに道ふ、布衾、鐵の如く冷やかなりと 未だ妨げず、鼻息の自ら雷鳴するを

↑雷音 雷鳴/雷火 落雷による火/雷芽 茶/雷駭 雷に驚かされる/雷旱 雷と旱/雷巾 進士の冠/雷撃 落雷する/雷公 雷神/雷吼 雷鳴/雷芝

蓮／雷獣 雷神／雷尊 雷文をかざった酒樽／雷動 雷震／雷発 雷がとどろく／雷奔 雷のようにはげしく奔る／雷文 回雲状の文様／雷紋 雷文／雷落 落雷／雷郎 雷神

↓殷雷・遠雷・軒雷・急雷・魚雷・驚雷・空雷・鼓雷・轟雷・地雷・疾雷・春雷・震雷・迅雷・大雷・蟄雷・霆雷・万雷・避雷・百雷・蚊雷・奔雷・落雷

【酹】 14 1264 ライ そそぐ

篆文

形声 声符は守。〔説文〕十四下に「餟祭なり」とあり、餟字条五下に「祭酹なり」とあって互訓。餟は諸神の祭坐を連ねて祀ること、酹はそこに酒をそそぐ祭儀をいう。卜文の土の字は、土主に酒をふりかける形に作る。祭祀の前に、その地の土主に酒をそそぐ祼の礼が行われた。

訓義 ①そそぐ、さけをそそぐ、さけをそそぐ祭儀。②きよめる。

古訓 〔字鏡集〕酹 サケ

語系 酹luat、餟tiuat は声近く、祭祀に酒を以てするを酹といい、食を以てするを餟という。

【酹詩】 大地に酒をそそいで、詩を祭る。〔佩文韻府、詩、酹詩に引く金門歳節〕賈島、嘗て歳除を以て、一年の得る所の詩を取り、酒を以て之れに酹ぎて曰く、吾が精神を勞せり。是こを以て之れを補ふと。

【酹酒】 祭地。また、神降しの儀。明・高啓〔張中丞（巡）廟〕詩 畫壁の塵網の裏、摩挲すれば 勇氣燁燁として虬髯張る 巫は大招を歌ひ、客は酒を酹ぐ 忠魂或いは能く故郷に來らん

【酹地】 酹酒。〔漢書、外戚下、孝元傅昭儀伝〕元帝位に即き、立てて倢伃と爲す、甚だ寵有り。人と爲り材略有り。善く人に事へ、下も宮人左右に至るまで、飯酒酹地、皆之れを祝延（長命を祈り祝う）す。

↑酹献 酒をそそぎ祭る／酹祀 酒をそそぎ祀る／酹祝 酒をそそぎ祈る／酹觴 酹酒／酹奠 酹祀

↓祭酹・清酹・禱酹・沃酹

【磊】 15 1066 ライ

篆文

会意 三石に從う。大石の重なりあう意。〔説文〕九下に「衆石の皃なり」（段注本）とあり、大石の相重なるさまをいう。また人の気宇の大きなことを形容して、磊磊・磊落という。

訓義 ①多くの石のさま、大きな石のさま。②ものの大きなさま。

古訓 〔新撰字鏡〕磊 竝石なり。己保辺留（こほへる）〔名義抄〕磥磊 コホヘル・カク・タヒラカ・サヾレイシ・コイシ・ソバタツ・オホキナリ・ウスヘ／磊砢 ―トサカナリ

語系 磊・雷・罍luəi は同声。磊の崩れる音は雷に近く、その層々として高いことは罍（酒器）に似ている。その声義に通ずるところがある。

【磊嵬】 高く険しいさま。唐・韓愈〔夢を記す〕詩 隆樓傑閣、磊嵬として高し 天風飄飄として、我を吹いて過ぐ

【磊砢】 大小の石が重なる。ごつごつとするさま。〔世説新語、賞誉〕庾子嵩（敳）、和嶠を目（評）すらく、森森として千丈の松の如し。磊砢にして節目有りと雖も、之れを大廈（大屋）に施さば、棟梁の用有らんと。

【磊落】 石の多く大きいさま。また、度量の大きいことをいう。唐・張説〔唐の故の広州都督甄公碑の銘〕積慶潜演、俊乂挺生。標格磊落、氣志清明なり。

↑磊塊 石塊／磊佹 磊嵬／磊磊 磊落／磊浪 すぐれて大きい

↓磈磊・衆磊

【賚】 15 4080 ライ たまう たまもの ねぎらう

篆文

形声 声符は來（来）。〔説文〕六下に「賜ふなり」とあり、〔書、文侯之命〕「爾に秬鬯一卣を賚ふ」の文を引く。〔論語、尭曰〕に「周に大賚有り」のように、もと神意によって与えられることをいう。金文にまた「釐ふ」の字を用いることがある。

訓義 ①たまう、たまもの。②ねぎらう、あたえる。

古訓 〔新撰字鏡〕賚 財を以て相ひ當るなり。阿支奈比波加利須（あきなひはかりす）、又、加不（かふ）〔名義抄〕賚 アタフ・タマフ・タマモノ〔字鏡集〕賚 タマモノ・タマフ・ウヤマフ・アタフ

語系 賚・來・勑la は同声。勑は労来、ねぎらう意。釐lia、頼（賴）lat、類（類）liuət も声義近く、恩頼をいう。

【賚賜】 たまう。たまわりもの。〔唐書、三宗諸子、燕王忠伝〕忠生まる。～太宗臨幸し、宮臣に詔して曰く、朕始めて孫有り、共に樂を爲さんと欲すと。酒酣にして、帝起ちて舞ひ、以て群臣に屬す。在位皆舞ひ、賚賜差有り。

【賚奨】 ほめて物を賜う。〔唐書、李徳裕伝〕凡そ號令大典册は、皆其の手を更ふ。數しば召見せられ、賚奬優かにして華やかなり。

↑賚及 たまう／賚給 たまう／賚持 いただきものをもつ／賚卹 いあわれむ／賚賞 賞賜／賚奉 たまう／賚予 与える

↓宴賚・恩賚・餼賚・眷賚・犒賚・賜賚・錫賚・殊賚・賞賚・振賚・大賚・寵賚・頒賚・賻賚・撫賚・褒賚・優賚・労賚

【頪】 15 9198 ライ にる

篆文

会意 米＋頁。頁は祭儀などのときの礼貌の姿。〔説文〕九上に「曉り難きなり。頁米に從ふ」とするが、会意とする意を説くことがない。〔段注〕に「種の繁多なること、米の如きを言ふなり。米多くして別つべからず。會意」とし、一説として「黔首（人民）の多きこと、米の如きなり」というが、みな臆説である。〔説文〕にまた「一に曰く、鮮白の皃なり。粉の省に從ふ」という。犬部十上に「類は種類相ひ似たり。唯だ犬を甚だしと爲す」とするが、示部一上に「禷は事類を以て天神を祭る」とあるのが字の初義。米と犬牲を以て天を祀ることをいう。天神は薫香を喜ぶので、犬牲を焚いて用いた。その犬牲を省いたものを頪という。種類は後起の義。類（類）liuət、倫liuən と通用して、同類同輩の意となったものであろう。〔広雅、釈詁一〕に「疾きなり」とあり、〔玉篇〕には「鮮白なり」の訓がある。

訓義 ①にる、にかよう、区別しにくい。②まっしろ。③はやい。

【蕾】 16 4460 〖蕾〗 17 4460 ライ つぼみ

人

形声 声符は雷。〔唐韻〕にはじめてみえる字で、古い用例はない。王安石の〔春日即事に次韻す〕の詩に「丹白自ら分れ、齊しく蕾を破る」の句がある。〔中華大字典〕に「蓓蕾は、始めて華さくなり。廣韻を按ずるに、蓓蕾は花の綻びざる皃なりと。略ぼ同じ」とみえる。わが国では〔新撰字鏡〕にその字あるも「つぼみ」の訓なく、〔名義抄〕には「含 ツボム」と含の字をあてている。

訓義 ①つぼみ。

古訓 〔新撰字鏡〕蕾 周翁の皃なり。又、樹の幹莖なり。枝あらざるなり

↓艶蕾・花蕾・玉蕾・金蕾・珠蕾・小蕾・痩蕾・破蕾・蓓蕾

【頼】 16 〔賴〕 16 5798 ライ さいわい たよる たのむ

常 人

篆文

形声 声符は剌。〔説文〕六下に「贏るなり」とし、余分の利益を生ずる意とする。〔左伝、

襄十四年〕「繄、伯舅に是れ頼る」は依附する意。〔孟子、告子上〕「富歳には子弟に頼多し」の〔注〕に「善なり」という。頼の字形に即していえば、剌は光烈の意であるから、もと天より受ける恩恵をいう語で、賚と声義が近い。

訓義 ①さいわい、たまもの、よい。②たよる、たのむ。③あまる、とる。④嬾と通じ、おこたる。⑤癩と通じ、らい。

古訓 〔名義抄〕頼 タノム・ヨル・トル・タヨリ・カウブル・ミタマノフユ・ココロヨシ・サイハヒ・タノシ

声系 〔説文〕に頼声として籟・獺・瀨（瀬）・嬾など六字を収める。頼の声義を存するものはなく、瀨はおそらく水の流れる擬声語。嬾はまた頼と通用することがある。

語系 頼lat は賚・勑la、類（類）liuət と声義近く、賚は神よりの恩恵としてたまうもの。勑は労来、報償の意がある。類も天より与えられる善事をいい、〔詩、大雅、既酔〕「孝子匱しからず 永く爾に類を錫ふ」は、次章の「永く祚胤を錫ふ」と同じ意。字はまた嬾lan と通じ、その意に用いることがある。恩賚に安んずることをいう。

【頼子】 無頼の徒。〔五代史、南平世家、高従誨〕俚俗の語、奪攘して苟くも得て媿恥無き者を謂ひて、頼子と為す。猶ほ無頼と言ふがごとし。

↑頼依 たよる／頼横 無頼／頼婚 婚約を後悔する／頼詞 うそ／頼天 天恵／頼庇 たよる／頼蒙 おかげ様／頼利 受益

↓安頼・依頼・委頼・倚頼・恃頼・属頼・信頼・親頼・貪頼・庇頼・附頼・無頼・亡頼・蒙頼・聊頼・寥頼

【儡】 17 2626 ライ やぶれる つかれる すたれる

篆文 

形声 声符は畾。〔説文〕八上に「相ひ敗るるなり」とあり、〔白虎通、寿命〕に「儡儡として喪家の狗の如し」とは疲弊のさまをいう。儽・累と通用する。

訓義 ①やぶれる、つかれる、すたれる。②おちぶれる。③うれえる、おちつかぬさま。④傀儡、くぐつ。

古訓 〔名義抄〕儡 ク、ツ・ヤブル／傀儡 ク、ツ・ミニクシ・タ、ハシ・ユタカナリ／傀儡師 クヾツマハシ／傀儡子 クヾツ

語系 儡luəi は累・縲・羸liuəi と声近く、うちかさなるような状態、また疲弊のさまをいう。

【儡然】 おちつかぬさま。やぶれるさま。唐・劉禹錫〔猶子蔚の越に適くの戒〕若し彝器を知るか。～其の用ふるや、冪以て潔を養ひ、其の藏するや、櫝以て光を養ふ。苟も措くこと其の所に非ず、一たび毫髪の傷有らば、儡然として破甑と伍を爲す。

【儡儡】 うらぶれたさま。〔白虎通、寿命〕或ひと子貢に謂ひて曰く、東門に一人有り。～儡儡として喪家の狗の如しと。子貢以て孔子に告ぐ。孔子～曰く、～喪家の狗の如しとは、然る哉乎、然る哉乎と。

↑儡塊 不平の気／儡身 うらぶれの身／儡亡 敗亡する

↓傀儡

【騋】 18 7439 ライ

篆文 

形声 声符は來（来）。〔説文〕十上に「馬の七尺なるを騋と爲し、八尺なるを龍と爲す」とし、「詩に曰く、騋牝驪牝」（段注本）の句を引く。〔詩、鄘風、定之方中〕に「騋牝三千あり」に作る。〔伝〕に「馬七尺以上なるを騋と曰ふ」とみえる。〔周礼、夏官、廋人〕に、六尺以上を馬、七尺以上を騋、八尺以上を竜とする文がある。

訓義 ①七尺以上の馬。

古訓 〔字鏡集〕騋 メムマ

↑騋牝 七尺以上の馬と、めうま

常 【瀬】 19 人〔瀨〕 19 3718 ライ せ はやせ

篆文 

形声 声符は頼（頼）。〔説文〕十一上に「水、沙上を流るるなり」とあり、浅瀬をいう。石の多い山川の急湍のところ。わが国では、狭い海峡を瀬門（せと）という。

訓義 ①せ、あさせ、はやせ。②国語で、わたりせ、せと。

古訓 〔和名抄〕瀨 世（せ）〔名義抄〕瀨 セ

語系 瀨lat、灘than、湍thuan は声義通じ、みなはやせをいう。また喘thjiuan、遄zjiuan もその系統の語で、遄疾なるものをいう。

【瀨下】 瀬となって流れる。〔呉越春秋、四、闔閭内伝〕同病相ひ憐れみ、同憂相ひ救ふ。驚翔の鳥は相ひ隨つて集まり、瀨下の水は因りて復た倶に流る。

↓下瀬・急瀬・驚瀬・渓瀬・激瀬・懸瀬・疾瀬・迅瀬・石瀬・衝瀬・湍瀬・灘瀬・怒瀬・奔瀬・流瀬

【礧】 20 1666 ライ

形声 声符は畾。畾は壘々たるものの形。大きな石が重なりあうさまをいう。

訓義 ①大きな石のさま、大きな石が重なりあうさま、岩山のさま。②石のころがる音、石の相うつ音。

古訓 〔名義抄〕礧 ウツ／礧硌 ツラヌ 〔篇立〕礧 カサナレリ・イシ 〔字鏡集〕礧 イハホ

【礧砢】 ごつごつする。材木多節。〔晋書、庾敳伝〕敳、～（温）嶠を目（評）して、森森として千丈の松の如く、礧砢にして多節なりと雖も、之れを大廈（大屋）に施すときは、棟梁の用有りとす。

【礧落】 錯落。はっきりする。宋・梅尭臣〔范殿丞、秦州に通判たり〕詩 志、功名の閒に尙くす 管（仲）・樂（毅）も猶ほ一時 去り去りて復た道ふこと勿からん 礧落を男兒と爲ず

↑礧碕 累積盤曲／礧擊 うつ／礧石 大石／礧礧 大石の大きいさま／礧硌 大石／礧硠 大声／礧磈 大石

【癩】 21 0018 〔癘〕 18 0012 ライ きず

篆文 

形声 声符は頼（頼）。字はまた癘に作る。〔説文〕七下に「癘は惡疾なり」という。〔左伝、昭四年〕「癘疾降らず」とあり、それは天の降すところとされた。

訓義 ①レプラ。②きず、くすりまけ。

古訓 〔名義抄〕癩 シラハダケ・シラハタ／疥癩 ハダケ

語系 癩・癘・瘌 lat は同声。厲 liat も声が近い。〔史記、刺客伝〕「豫讓、又身に漆して厲と爲る」とは、癩の意。みな一系の語である。

↑癩漢 醜男／癩子 無頼／癩癬 ひぜん／癩瘡 悪性のかさ

↓疥癩

【罍】 21 6077 〔櫑〕 19 4696 ライ ルイ さかだる

篆文 金文 籀文 

形声 声符は畾。〔説文〕六上に正字を櫑とし「龜目の酒尊なり。木に刻して雲靁の象を作す。施すこと窮まらざるに象るなり」（段注本）といい、重文として罍を録する。〔繫伝〕に「畾は亦聲なり」とし、青銅器に雷文を付するので、器名とすると解する。いま存する罍に亀目の文様なく、また雷文は殷・周の器に地文としてきわめて一般的に用いられており、罍に限るものではない。罍は広肩細頸、蓋のある壺に似た酒器で、殷・周

期にその精品が多い。〔詩、周南、巻耳〕に「我姑く彼の金罍に酌みて 維れを以て永く懐はざらん」とみえる。器は大型のものが多く、祭祀儀礼の際に用いた。

訓義 ①さかだる、大きな酒樽。②たらい。

古訓 〔名義抄〕罍 サカヅキ・モタヒ 〔篇立〕罍 ホトギ・モタヒ

語系 罍・雷luəiは同声。雷文を付するから罍と名づけたとされるが、器は壺に似て層を為し、角稜のあるものが多く、むしろ累・壘liuəiの声義と通ずるものがある。

【罍尊】 酒器。〔礼記、礼器〕廟堂の上には、罍尊、阼に在り。犧尊、西に在り。～君は西に犧象を酌み、夫人は東に罍尊を酌む。

【罍恥】 宴飲の酒が尽きる。不用意をいう。〔詩、小雅、蓼莪〕缾の小さな酒器、銚子)の罄くるは 維れ罍の恥なり

➡罍罌 酒樽／罍斝 酒樽／罍觚 酒器／罍酌 杯／罍觴 酒樽と杯／罍洗 手を洗う器

⬇雲罍・瓦罍・犧罍・金罍・酌罍・洗罍・樽罍

【籟】 22 8898 ライ ふえ ひびき

篆文 

形声 声符は賴(頼)。〔説文〕五上に「三孔の龠なり。大なる者は之れを笙と謂ひ、小なる者は之れを箹と謂ふ」とあり、竹管の楽器。〔荘子、斉物論〕に「人籟は則ち比竹是れのみ」の語がある。自然の吹き起す音を天籟といい、すぐれた楽音や、天の啓示するところをいう。松風を松籟という。

訓義 ①ふえ。②ひびき、こえ。

古訓 〔名義抄〕籟 シタク

【籟龠】 簫のふえ。魏・嵆康〔声に哀楽無しの論〕且つ口の氣を激して聲と爲すも、何ぞ籟龠の氣を納れて鳴るに異ならんや。

➡籟竽 ふえ

⬇竽籟・澗籟・虚籟・群籟・衆籟・松籟・笙籟・簫籟・真籟・人籟・吹籟・清籟・爽籟・地籟・竹籟・天籟・万籟・風籟・夜籟・幽籟・林籟

ラク

人【洛】 9 3716 ［雒］ 14 2061 ラク

篆文 

甲骨文 

金文 

形声 声符は各。各に烙・絡の声がある。〔説文〕十一上に陝西左馮翊の水名とする。金文の〔虢季子白盤〕に「玁狁(北方族の名)を洛の陽に博伐す」とあり、洛水の上流は玁狁の侵寇する地であった。いまの洛陽の字は、古くは雒に作る。もと成周といい、都の宗周に対して、軍事的な都市であり、そこに殷民を以て組織する「殷の八師」などの軍がおかれていた。

訓義 ①川の名。②のち洛陽をいう、みやこ。

古訓 〔名義抄〕洛 ミヤコ・サト・ミチ 〔字鏡集〕洛 ミヤコ・ミチ・サト・サハ・ミヅノイヅル

声系 〔説文〕に洛声として落(落)を収める。零は雨が落る意の字。もと洛声に従う字であろう。

＊語彙は雒字条参照。

【洛花】 洛陽の花。牡丹をいう。宋・欧陽脩〔洛陽牡丹記、花釈名〕洛花は、穀雨(四月廿日)を以て開候と爲す。此の花、常に一百五日に至りて、開くこと最も先なり。

【洛禊】 洛水で行うみそぎの行事。梁・劉孝威〔三日、皇太子の曲水の宴に侍す〕詩 皇儲、洛禊に遵ひ 觴を濫べて灞橋を追ふ

【洛書】 禹のとき、洛水から神亀が負って出たと伝えられる書。河図洛書。〔易、繫辞伝上〕河、圖を出だし、洛、書を出だし、聖人之れに則る。

【洛誦】 くりかえしよむ。背文・暗誦の意に用いる。〔荘子、大宗師〕副墨の子、諸れを洛誦の孫に聞く。洛誦の孫、之れを瞻明に聞く。

【洛神】 洛水の女神、宓妃。魏・曹植〔洛神の賦〕御者、對へて曰く、臣聞く、河洛の神、名づけて宓妃と曰ふと。然らば則ち君王の見る所は、廼ち是れなること無からんか～と。

➡洛学 程灝・程頤の学／洛橋 天津橋／洛城 洛陽／洛成 くしけずる／洛沢 沢の水が氷るさま／洛妃 洛水の女神／洛洛 水が滴るさま／洛霊 洛神

⬇伊洛・花洛・帰洛・京洛・上洛・入洛

【烙】 10 9786 ラク やく やきばり

篆文 

形声 声符は各。各に洛・絡の声がある。〔説文新附〕十上に「灼くなり」とあり、焼印をおすこと。什器や牛馬の類にも加えて、所有の証とした。〔明律〕によると、罪人に烙鉄を加えることがあった。

訓義 ①やく、やきつける。②やきばり。

古訓 〔字鏡集〕烙 ヤク

➡烙印 焼印／烙刑 火炙りの刑／烙鉄 焼きごて／烙鏝 烙鉄

⬇鍼烙・炮烙

【珞】 10 1716 ラク たまかざり

形声 声符は各。各に洛・絡の声がある。珞は瓔珞。嬰は女が貝の首飾りをする意。珞は絡う。仏像の全身を玉などで荘厳するものを瓔珞という。

訓義 ①たまかざり。②まとう、まとうてかざる。③珞珞は、小石の多いさま。字はまた礫に作る。

古訓 〔篇立〕珞 タマ・クビノカザリ

語系 珞・絡・𥷑lakは同声。糸をめぐらすことを絡といい、竹を編んで作るを𥷑という。

➡珞珞 小石の多いさま／珞琭 運命判断

⬇珠珞・宝珞・瓔珞

常【絡】 12 2796 ラク めぐる まつわる からむ

篆文 

形声 声符は各。各に洛・烙の声がある。〔説文〕十三上に「絮なり、一に曰く、麻の未だ漚さざるものなり」とする。前条に「絮は敝れたる緜なり」とあり、古綿をいう。いずれも絡み合い、纏いつきやすいものである。すべて巻きつけること、長く連なる状態にあるものをいう。

訓義 ①めぐる、つなぐ。②まつわる、からむ、まとわる、つらなる。③ふるわた。④つむぎ、きぎぬ、きあさ。⑤きずな、つるべなわ。⑥あみ。

古訓 〔和名抄〕絡 楊氏漢語抄に云ふ、絡垜、多々理(たたり)〔名義抄〕絡 マク・イトマク・クサリ・クサル・ヨル・ツ、ム・モトホル・ユフ・シバル・マツフ・マトフ・メグレリ・メグル／絡石 ツタ／絡垜 タ、リ

語系 絡・珞・𥷑lakは同声。玉をまくを珞といい、竹を編んで作るを𥷑という。

【絡緯】 こおろぎ。きりぎりす。〔古今注、中、魚虫〕莎雞、一名促織、一名絡緯、一名蟋蟀。促織とは、鳴く聲、織を急がすが如く、～絡緯とは、其の鳴く聲、紡績の如くなるを謂ふなり。

【絡繹】うちつづくさま。〔後漢書、光武十王、東海恭王彊伝〕(臨命上疏)皇太后陛下、臣彊を哀憐し、感動中に發し、數と使者・太醫令丞・方伎道術を遣はし、絡繹として絶えず。

【絡頭】頭にまとう。また、馬のおもがい。唐・杜甫〔高都護(仙芝)の驄馬行〕詩　青絲、頭に絡うて、君が爲に老いたり　何に由つてか卻つて出でん、横門(西域に向かう門)の道

【絡脈】血管・神経の脈絡。〔史記、倉公伝〕故に煩懣して食下らざれば、則ち絡脈に過有り。絡脈に過有れば、則ち血、上出す。血、上出する者は死す。

↑絡纓　馬のむながい／絡子　網袋／絡糸　一縷の糸／絡車　糸車／絡石　ていかかずら／絡束　しばる／絡続　絡繹／絡鞮　くつ／絡脳　おもがい／絡幕　幕をはる／絡縛　しばる／絡縫　かがる

↓緯絡・纓絡・羈絡・経絡・繫絡・交絡・珠絡・織絡・断絡・纏絡・包絡・紡絡・脈絡・網絡・羅絡・絡絡・流絡・連絡・籠絡

常【落】12 4416　〖落〗13 4416

ラク
おちる　くだる　やむ　しぬ　にわ

篆文

形声　声符は洛。〔説文〕一下に「凡そ艸には零と曰ひ、木には落と曰ふ」と零落を区別するが、零は雨露についていう字である。木葉の落ちる意から、衰落の意となる。またものを制作して、しあがるときの儀礼を落という。〔左伝、昭四年〕に鐘を鋳上げたとき「大夫を饗して以て之れを落らせん」とあり、牲血をそそいで釁の儀礼をした。また〔昭七年〕「楚子、章華の臺を成す。願はくは諸侯と之れを落せん」とは、落成の式をいう。〔詩、小雅、斯干〕は新室の室寿ぎの詩で、〔箋〕に「既に成りて之れを釁し、斯干の詩を歌うて以て之れを落す」とあり、落成にも釁礼を用いた。のち、まがきのある庭を、院落という。

訓義　①おちる、ちる。②くだる、さがる、ぬける、へる。③やむ、おわる、すたる。④やぶれる、しぬ。⑤おさまる、しあがる。⑥まがき、にわ。⑦やしき、すみか、むら。⑧落々は、おおどか、大きい。

古訓　〔名義抄〕落　オツ・オトロフ・トモガラ・フル・ソヽグ・シヌ・ツラヌ・ハジメ・ミチ／錯落　—トマジハレリ／落魄　オチブル

語系　落・零・露lakは同声。雨露には零・露という。零・霝・靈(霊)lyengも同系の語である。

【落英】落花。〔楚辞、離騒〕朝に木蘭の墜露を飲み　夕に秋菊の落英を餐らふ

【落景】夕日の光。梁・江淹〔雑体詩、三十首、謝僕射(混)〕眷然として良辰を惜しみ　徘徊して落景を踐む

【落花】散り落ちる花。唐・王維〔寒食、汜上にて作る〕詩　廣武城邊、暮春に逢ふ　汶陽の歸客、涙、巾を沾ほす　落花寂寂たり、山に啼くの鳥　楊柳靑靑たり、水を渡るの人

【落霞】夕やけ。夕日かげ。唐・王勃〔滕王閣の序〕落霞、孤鶩と齊しく飛び、秋水、長天と共に一色。

【落款】書画に記名し、雅印を押すこと。〔小山画譜、下、落款〕畫に一定落款の處有り。其の所を失ふときは、則ち畫局を傷ぶること有り。

【落雁】空から降りたつ雁。唐・孟浩然〔京に赴く途中、雪に遇ふ〕詩　落雁、沙渚に迷ひ　饑烏、野田に集る

【落暉】落日の光。唐・王維〔綦毋潛の落第して郷に還るを送る〕詩　遠樹、行客を帶び　孤城、落暉に當る

【落月】沈みゆく月。宋・蘇軾〔慈湖夾に風に阻まる、五首、五〕詩　臥して看る、落月の千丈に横たふを　起ちて清風を喚んで、半帆を得たり

【落紅】落花。紅い花片が散る。清・康有為〔桂湖村、邀へて上野鳥亭に集ふ〜四首、二〕詩　博勞に秦を椎いし、大風を起す　事に成敗無し、亦た英雄　只今東海に黃石(張良の師)に逢ふ　酒は梅花に入りて、落紅を飛ばす

【落索】ものさびしい。宋・林逋〔雪、三首、一〕詩　淸は曉林を夾んで、初めて落索たり　冷は春雨に和して、轉た飄蕭たり

【落子】碁石をうちおろす音。宋・蘇軾〔観棋〕詩　誰ぞや棋うつ者は　戶外に屨二あり　人聲を聞かず　時に落子を聞く

【落紙】落筆。唐・杜甫〔飲中八仙歌〕詩　張旭三杯、草聖傳ふ　帽を脱し頂を露はす、王公の前　毫を揮ひて紙に落せば、雲煙の如し

【落日】夕日。宋・蘇軾〔虔州八境図、八首、二〕詩　濤頭寂寞、城を打つて還る　章貢臺前、暮靄寒し　倦客登臨して、無限の思ひ　孤雲落日、是れ長安

【落職】罷免される。免職。〔涑水記聞、十五〕翰林學士御史中丞李定、(薛師正を)糾彈せざるに坐して、落職して河陽に知たり。

【落錐】筆鋒。宋・蘇軾〔子由(轍)の、李伯時蔵する所の韓幹の馬に書するに次韻す〕詩　忽ち見る、伯時、天馬を畫けるを　朔風、胡沙、落錐に生ず　天馬西來、西極よりす　勢ひは落日と分馳することを爭ふ

【落成】建造物の完成を祝う。宋・王安石〔張侍郎、東府新居の詩を示さる。因りて和酬す、二首、一〕詩　古より落成には善頌を須ちふ　東閤を掃除して、公の來るを待つ

【落籍】除籍。また、芸妓をうけ出す。〔続夷堅志、四、梁梅〕壽陽の歌伎梁梅、〜才色を以て名あり。河東の張狀元巨濟、壽陽を過ぎり引病の後孤居す。〜(梅)時に已に落籍す。私かに之れを致し、尼寺に待つ。

【落屑】雪。宋・蘇軾〔聚星堂の雪〕詩　大白を浮べて、餘賞を追はんと欲す　幸ひに回飈の落屑を驚かす有り

【落第】不合格。下第。唐・朱慶余〔張景宣の下第して東歸するを送る〕詩　歸省して、花の時に値ふ　閒かに吟ず、落第の詩

【落托】おちぶれる。磊落。また、落漠。宋・陸游〔酔道士〕詩　落托して人閒に在り　旬を經て火食せず

【落拓】磊落。落托。〔清史稿、鄭燮伝〕少かくして穎悟、書を讀みて別解多し。家貧しく、性落拓不羈、〜日に放言高談し、人物を臧否(善悪の批評)す。是を以て狂名を得たり。

【落胆】がっかり。また、驚く。肝をつぶす。宋・范成大〔灩澦堆〕詩　舟師、攲傾し、落膽して過ぐ　石孼水禍、全きこと難きを吁ふ

【落著】きまりがつく。おちつく。〔朱子語類、二十三、論語五〕當に張子(横渠)の說の如く、行ひ心に慊らざる無きを以て之れを解すべし。乃ち落著有り。

【落梅】梅の花が散る。笛曲に落梅花がある。唐・李白〔史郎中欽と黃鶴楼上に笛を吹くを聴く〕詩　黃鶴樓中、玉笛を吹く　江城五月、落梅花(梅花落の曲)

【落魄】おちぶれる。清・袁枚〔剣に枕する図。李開周の為に作る〕詩　江湖に落魄す、兩鬢の秋　男兒未だ報ぜず、是の恩仇　夢中に忘るることを怕る、英雄の事　權りに靑龍を取りて、枕頭に當つ

【落寞】もの寂しいさま。宋・謝逸〔西江月、九調の一〕詞　落寞として、寒香、院に滿つ　扶疎たる清影、門を侵せり

【落髪】尼僧となる。〔洛陽伽藍記、一、瑶光寺〕尼房五百餘閒、綺疏(窓)連亘す。〜椒房嬪御、學道の所、掖庭の美人、並びに其の中に在り。亦た名族の處女有り。性、道場を愛し、落髮して親を辭し、此の寺に來儀す。〜投心入正、一乘に歸誠す。

【落筆】筆をおろす。〔宋史、蘇舜欽伝〕草書を善くし、酣

酒落筆する毎に、爭うて人の傳ふる所と爲る。謫死するに及んで、世尤も之れを惜しむ。
【落帽】(ばう) 風で帽子を落とす。重陽の節句に、晋の孟嘉が風で帽子を失い、人の嘲りに文を以て答えたという故事がある。明・何景明〔九日独酌～〕詩 愁へ來つて轉た覺ゆ、臺に登ること懶きを 病裏誰か傳ふ、落帽の狂
【落木】 落葉。唐・杜甫〔登高〕詩 無邊の落木、蕭蕭として下り 不盡の長江、滾滾として來る
【落葉】(えふ) 木の葉がおちる。また、おちば。唐・李白〔長干行、二首、一〕詩 苔深うして掃ふこと能はず 落葉、秋風早し
【落落】 さびしいさま。志大きく、その志をえないさま。宋・文天祥〔零丁洋を過ぎる〕詩 辛苦遭逢、一經より起る 干戈落落たり、四周星
↑落意 安心する／落影 落景／落駅 まばらなさま／落下 落ちる／落華 落花／落局 詩の結局／落句 結句／落空 空しくなる／落伍 脱落する／落後 脱落する／落交 結交／落坐 坐る／落歯 脱歯／落手 偶然に入手する／落絮 柳絮がとぶ／落照 夕日／落城 城が陥落する／落場 終幕／落色 色があせる／落飾 剃髪する／落勢 落下の勢い／落生 出生する／落雪 降雪／落然 零落するさま／落想 着想する／落葬 墓に葬る／落胎 流産する／落度 不遇／落託 落托／落脱 落托／落地 出生する／落潮 潮がひく／落得 結果となる／落年 没年／落泊 落魄／落薄 落魄／落莫 落寞／落漠 落寞／落墨 落筆／落末 最後／落脈 脈絡／落涙 泣く
↓囲落・院落・栄落・花落・開落・廓落・豁落・闊落・刊落・陥落・墟落・群落・下落・瓠落・灑落・錯落・散落・種落・集落・聚落・井落・殂落・村落・堕落・頽落・拓落・謫落・脱落・断落・黜落・著落・潮落・墜落・低落・転落・顚落・踏落・那落・奈落・擺落・剝落・髪落・藩落・漂落・飄落・擯落・部落・碧落・暴落・没落・邑落・揺落・羅落・磊落・里落・籬落・流落・寥落・淪落・零落・歴落

常 **【酪】** 13 1766 ラク ちちしる こんず さけ

篆文 

形声 声符は各。各に洛・絡の声がある。〔説文新附〕十四下に「乳漿なり」とあり、乳を煮つめて飲料やチーズとしたものをいう。茶には酪奴という異名がある。
訓義 1ちちしる、こいちちしる。2チーズ、バター。3おもゆ、こんず。4さけ、あまざけ。
古訓 〔和名抄〕乳酪 邇宇能可遊(にうのかゆ) 〔名義抄〕乳酪 ニウノカユ 〔篇立〕酪 チノシル・ニウノカユ
【酪漿】(しやう) 牛や羊の乳で作った飲食物。漢・李陵〔蘇武に答ふる書〕羶肉酪漿、以て飢渴に充つ。擧目言笑、誰と與にか歡を爲さん。
【酪酥】 乳の精製品。〔本草綱目、獣一、醍醐〕(陶)弘景曰く、佛書に稱ふ、乳、酪を成し、酪、酥を成し、酥、醍醐を成す。色黄白、餅を作るに甚だ甘肥なりと。
↑酪酒 乳酒／酪粥 乳粥／酪蘇 酪酥／酪奴 茶／酪乳 煉乳
↓飲酪・塩酪・甘酪・乾酪・牛酪・羹酪・酒酪・食酪・糖酪・乳酪・馬酪・蜜酪・羊酪・醴酪

【犖】 14 9950 ラク まだらうし すぐれる

篆文 

形声 声符は勞(労)の省文。〔説文〕二上に「駁牛なり」とみえる。駁・犖は畳韻。とりわけてすぐれたものを卓犖という。卓犖も畳韻の語である。
訓義 1まだらうし。2すぐれる、まさる。3犖犖はあきらか。
古訓 〔篇立〕犖 マダラウシ・タユ・タツ・タカシ・クロシ・タユタカシ・スグル
【犖确】 大石がごろごろするさま。唐・韓愈〔山石〕詩 山石犖确として、行徑微かなり 黄昏、寺に至れば、蝙蝠飛ぶ
【犖然】 卓犖としてすぐれるさま。〔史記、李斯伝〕故に、外は傾くるに仁義烈士の行を以てすべからず、内は奪ふに諫説忿爭の辯を以てすべからず。故に能く犖然として、獨り恣睢の心を行ひ、之れに敢て逆らふもの莫し。
【犖犖】 明らかなさま。すぐれるさま。宋・曾鞏〔欧陽少師(脩)を祭る文〕維れ公、犖犖として、德義撰述、後世の法と爲り、終天沒せざらん。
↓軋犖・确犖・卓犖・逴犖・駁犖・駮犖

【雒】 14 2061 ［洛］ 9 3716 ラク みみずく かわらげ

篆文 

形声 声符は各。各に洛・絡の声がある。〔説文〕四上に「忌欺なり」(段注本)とあり、〔爾雅、釈鳥〕にいう怪鴟、みみずくをいう。伊洛の洛を、涇洛の洛と区別して雒としるすことが多い。それで雒とはいまの洛陽をいう。
訓義 1みみずく。2駱と通じ、かわらげの馬。3洛と通じ、洛陽。
＊語彙は洛字条参照。
【雒嬪】 洛水の女神、宓妃。〔楚辞、天問〕帝、夷羿を降し 孼ひを夏民に革む 胡ぞ夫の河伯を䠶て 彼の雒嬪を妻れる
↑雒陽 洛陽

【駱】 16 7736 ラク かわらげ らくだ

篆文 

金文 

形声 声符は各。各に洛・絡の声がある。〔説文〕十上に「馬の白色にして、黑鬣尾なるものなり」とあって、かわらげの馬をいう。〔詩、魯頌、駉〕の〔毛伝〕に、「白馬黑鬣を駱と曰ふ」とみえる。また駱駝をいい、〔後漢書、南匈奴伝〕に、駱駝二頭を献ずることがみえる。
訓義 1かわらげ、かわらげの馬。2らくだ。3絡と通じ、絡繹。
古訓 〔新撰字鏡〕駱 宇久豆久(うぐつく) 〔和名抄〕駱駝 良久太乃宇末(らくだのうま) 〔名義抄〕駱 馬の名。ト、ム／駱駝 ラクダノムマ 〔篇立〕駱 ト、ム・ラクダノマ・ウクック
語系 駱lakは驢lia、騾luaiと声近く、みな匈奴の奇畜とされるものの名である。
【駱駅】 うちつづくさま。駱繹。〔後漢書、南匈奴伝〕逢侯の部衆飢窮し、～歸する所無し。竄逃して塞に入る者、駱驛として絶えず。
【駱駝】 らくだ。〔後漢書、梁慬伝〕慬等～勝に乘じて進撃し、凡そ斬首萬餘級、生口數千人、駱駝・畜産數萬頭を獲たり。龜茲乃ち定まる。
【駱馬】 体白く、たてがみの黒い馬。かわらげ。〔詩、小雅、四牡〕四牡騑騑たり 嘽嘽たる(疲れてあえぐ)駱馬
↑駱漠 奔馳するさま／駱駱 馬のいななく声

ラチ

【埒】 10 4214 ラチ レツ ませがき つつみ さかい

篆文 

形声 声符は寽。〔説文〕十三下に「庳き垣なり」(小徐本)とあり、ませがきの類をいう。また馬場の柵をもいい、入場が許されることを「埒が開く」という。上賀茂神社の神事として行われる競馬の行事から出た語である。
訓義 1ませがき。2馬のかこい。3つつみ、どて、かげ。4さか

い。5ひとしい。6かたち、きざし。

古訓 〔名義抄〕埒 ラチ・ヒトシ・オナジ

声系 〔説文〕に守声として脟・埒・鋝・酹など八字を収める。守四下には「五指もて持つなり」とあり、守声の字に、その義を承けるものが多い。

↑埒垣 囲い/埒外 範囲の外/埒内 範囲の内/埒畝 うね/埒略 大略/埒類 品類

↓壝埒・界埒・形埒・塍埒・埸埒・水埒・壇埒・等埒・馬埒・不埒・放埒

ラツ

【剌】 9 5290 ラツ レツ もとる いさお

篆文

甲骨文

金文

会意 金文の字形は朿＋刀。朿はものを束ねて、中に包みこむ形。〔説文〕六下に「戾るなり」とあり、束ねたものを解いて、ばらばらとなる意とする。〔淮南子、脩務訓〕「琴或いは撥剌枉橈す」は、強い撥音を形容する擬声語。〔説文〕二上に「䟦は足剌䟦たるなり」というのと同じ。金文に字を烈の意に用い、〔班𣪘〕「克く厥の剌(烈)を競ふもの亡し」のように用いる。〔秦公𣪘〕「剌々桓々」とあるものは「烈々桓々」と同じである。

訓義 1もとる、ばらばらとなる。2よこしま、みだれる、ななめ。3烈と通じ、いさお、はげしい。

古訓 〔篇立〕剌 ミダル・アヤマル・ヒ、ラク・モトレル

声系 〔説文〕に剌声として賴(頼)・瘌など五字を収める。剌はものを解き放すときの擬声語と思われる。

語系 剌・瘌・癘lat は同声。厲・烈liat も声義近く、みな激烈の意がある。

【剌犮】 足がばらばら。〔積微居小学述林、釈歩䟦〕按ずるに、人の兩足分張して行くを剌犮と爲し、犬の足を曳いて行くを剌犮と爲す。～今長沙にて尙ほ足行の正しからざるを稱ひて剌犮と爲す。

【剌謬】 そむく。漢・司馬遷〔任少卿(安)に報ずる書〕今少卿、乃ち教ふるに賢を推し、士を進むるを以てす。乃ち僕の私心と剌謬すること無し。

【剌戾】 もとる。〔塩鉄論、刺復〕當世の工匠、其の鑿枘を調ふること能はず。～是こを以て鑿枘剌戾して合はず。

↑剌撒 ちらす/剌屍 解剖する/剌馬 ラマ/剌剌 風の声のさま

↓乖剌・跋剌・潑剌・牢剌

【捋】 10 5204 ラツ とる つまむ なでる

篆文
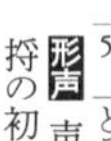

形声 声符は守。守は五指でものをとる形で、捋の初文。〔説文〕十二上に「取ること易きなり」とあり、〔詩、周南、芣苢〕「芣苢を采り采り 薄く言に之れを采る」は草をむしり取る意。「髭を捋る」とは、髭を撫して、自ら得意となるさまをいう。

訓義 1とる、つむ、つまむ、つまみとる。2なでる、ひねる。

古訓 〔篇立〕捋 モチヰル 〔字鏡集〕守 トル・ナヅ・スル

【捋鬚】 ひげを撫でる。〔三国志、呉、朱桓伝注に引く呉録〕桓～曰く、臣遠く去るに當り、願はくは一たび陛下の鬚を捋でなば、復た恨む所無しと。(孫)權、几に馮りて席を前すむ。桓、進前すみて鬚を捋でて曰く、臣今日、眞に虎鬚を捋づと謂ふべしと。

↑捋采 采る/捋乳 乳をしぼる

常
【辣】 14 0549 ラツ からい きびしい

形声 声符は朿。朿は剌の省文。〔通俗文〕に「辛甚だしきを剌と曰ふ」とあり、辛味であるので、字は辛に従う。腕ききを辣手・辣腕という。

訓義 1からい。2きびしい。

↑辣手 厳しい手段/辣腕 辣手

↓悪辣・香辣・酷辣・颯辣・臭辣・辛辣・老辣

ラン

常
【乱】 7 2261 〔亂〕 13 2221 ラン ロン おさめる みだれる

篆文

詛楚文
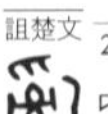

会意 旧字は亂に作り、𤔔＋乙。𤔔は糸かせの上下に手を加えている形で、もつれた糸、すなわち乱れる意。乙は骨べら。これでもつれを解くので、亂はおさめる意。「亂をさむ」とよむべき字である。〔説文〕十四下に「治むるなり。乙に從ふ。乙は之れを治むるなり」という。〔段注本〕にその文を誤りとし、𤔔乱の字であるから「治まらざるなり」と改むべしとする。字形からいえば、𤔔が乱れる、亂が治める意の字。のち亂に𤔔の訓を加え、「乱る」「治む」の両義があり、反訓の字とする説を生じたが、一つの文字が、同時に正反の二訓をもつということはない。受に授受、行に去来の二義があるのは、行為者の立場をかえての訓であるから、矛盾的に両義を生ずるのではない。〔楚辞〕形式の作品に多くみえる「亂辭」は、紛乱を解く辞の意で、一篇の結束とする。金文の〔牧𣪘〕「亂にして敬」は治政の才をいう。この𤔔・亂はそれぞれ字の本義の用法である。乱はのち多く紛乱の意に用いる。

訓義 1おさめる。2みだれる、みだす。3まがう、まよう、なやむ。4くらい、あやまる、無道。5水をよこぎる。

古訓 〔名義抄〕亂 ミダル・ヲサム・タヾス・ワタル・ミダリガハシ

語系 亂・𤔔・敽luan は同声。亂は乱れた糸を骨べらで解く意で、敽は攴を加える意。〔説文〕三下に「敽は煩はしきなり」とし、𤔔の亦声とする。

【乱鴉】 乱れ飛ぶ鳥。唐・張蠙〔万人冢を弔ふ〕詩 兵罷みて、淮邊客路通ず 亂鴉去來して、寒空に噪がし 憐れむべし、白骨孤塚に攢まるを 盡く將軍の戰功を覓むるが爲なり

【乱雲】 みだれ飛ぶ雲。宋・黄公望〔王摩詰の春渓捕魚の図に題す〕詩 歸り來たつて一笛す、杏花の風 亂雲飛び散つて、長天碧し

【乱階】 秩序の乱れのもと。〔詩、小雅、巧言〕拳無く勇無く 職として亂階を爲す

【乱紀】 法紀をみだす。〔漢、馬王堆帛書十六経、成法〕名に循ひ、一に復するときは、民に亂紀無し。

【乱逆】 叛逆。〔秦・嶧山碑〕皇帝國を立て、維これ初め昔に在り。嗣世、王と稱し、亂逆を討伐す。

【乱蛩】 乱れ鳴く虫。宋・呉文英〔斉天楽〕詞 淸尊未だ洗はず 夢も行雲を濕ほさざるに 漫りに殘淚を沾らす 惜しむべし秋宵 亂蛩疏雨の裏ち

【乱国】 乱れた国。〔荀子、君道〕亂君有りて亂國無く、治人有りて治法無し。

【乱山】 乱立する山。宋・韓琦〔故関を過ぎる〕詩 古戍に、荒堞を餘し 新耕、亂山に入る 時平らかにして、民自適し 白首、農閑を樂しむ

【乱辞】 辞賦の篇末のまとめの辞。〔国語、魯語下〕其の輯の亂。〔韋昭注〕凡そ篇章を作り、篇義既に成る。其の大要を撮るを亂辭と爲す。

【乱臣】 国をよく治める臣。また、国を乱す臣。〔孟子、滕文公下〕孔子、春秋を成り、亂臣賊子懼る。

【乱神】悖乱の鬼神のこと。〔論語、述而〕子、怪力亂神を語らず。
【乱真】真偽を乱す。〔宋史、文苑六、米芾伝〕芾～山水人物を畫き、自ら一家と名づく。尤も臨移（模写）に工みにして、眞を亂して辯ずべからざるに至る。
【乱世】乱れた世。〔公羊伝、哀十四年〕君子、曷爲れぞ春秋を爲むるや。亂世を撥め、諸れを正に反すは、春秋より近きは莫し。
【乱石】むら立つ岩。宋・蘇軾〔念奴嬌、赤壁懐古〕詞 亂石雲を崩し 驚濤岸を裂く 捲き起す千堆の雪 江山畫の如し 一時多少の豪傑ぞ
【乱颭】波だつ。唐・柳宗元〔柳州城楼に登りて漳・汀・封・連の四州（劉禹錫等の四人の刺史）に寄す〕詩 驚風亂颭す、芙蓉の水 密雨斜めに侵す、薜荔の牆
【乱俗】習俗を乱す。〔史記、荀卿伝〕荀卿、濁世の政を嫉み、～鄙儒小拘、荘周等の如き、又猾稽俗を亂すを嫉む。是に於て儒墨道德の行事興壞を推し、序列して數萬言を著して卒す。
【乱点】あちらこちらに乱れ散る。唐・韓翃〔客の鄂州に知となるを送る〕詩 江口の千家、楚雲を帶び 江花亂點し、雪紛紛たり
【乱頭】乱れ髪。〔世説新語、容止〕裴令公（楷）儁れたる容儀有り。冠冕を脫し、麤服亂頭なるも、皆好し。時人、以て玉人と爲す。
【乱髪】乱れ髪。〔後漢書、列女、曹世叔の妻の伝〕（女誡、專心第五）若し夫れ動靜輕脫、視聽陜輸し（定まらず）、入りては則ち亂髮壞形、出でては則ち窈窕として態を作す。～此れを心を專らにし、色を正すこと能はずと謂ふ。
【乱亡】乱れ滅ぶ。宋・欧陽脩〔朋党論〕能く善人の朋爲るを禁絶せしは、漢の獻帝に如くは莫く、能く清流の朋を誅戮せしは、唐の昭宗の世に如くは莫し。然れども皆其の國を亂亡せり。
【乱峰】乱れ立つ峰。宗・蘇軾〔碧落洞〕詩 槎牙として亂峰合し 晃蕩として絶壁横たふ 遙かに知る、紫翠の間 古來、仙釋幷せたり
【乱麻】風に乱れた麻。一面に乱れる。〔史記、天官書〕秦、遂に兵を以て六王を滅ぼし、中國を幷せ、外に四夷を攘ひ、死人亂麻の如し。
【乱葉】乱れ落ちる木の葉。清・厲鶚〔霊隠寺月夜〕詩 月は衆峰の頂に在り 泉は流る、亂葉の中 一燈、群動息み 孤磬、四天空し
【乱離】喪乱。唐・劉長卿〔李録事兄の襄鄧に帰るを送る〕詩 白首相ひ逢ふ、征戰の後 靑春已に過ぐ、亂離の中
【乱流】放縦。渡江。氾濫。激流。唐・韋応物〔鞏洛より舟行して黄河に入る、即事～〕詩 寒樹、依微たり、遠天の外 夕陽明滅す、亂流の中
【乱惑】乱れ惑う。〔戦国策、秦一〕文士竝び飭り、諸侯亂惑す。萬端倶に起り、勝げて理むべからず。科條既に備はり、民に僞態多し。

↑乱河 水を横ぎり渡る／乱魁 乱賊の首／乱憒 心が乱れる／乱攪 みだし騒ぐ／乱気 乱心／乱虐 乱暴虐／乱曲 乱調の歌曲／乱君 暴君／乱軍 乱戦／乱群 騒擾する群衆／乱劇 大混乱／乱孽 乱虐／乱原 乱れの原因／乱源 乱原／乱獄 不公平な裁判／乱昏 くらみ、乱れる／乱根 乱れの根源／乱竄 ばらばらに逃げる／乱次 順序を乱す／乱主 乱君／乱象 乱状／乱常 常道に反する／乱心 狂気／乱人 狂人／乱酔 泥酔する／乱阱 乱獄／乱説 根拠のない言説／乱蟬 みだれ鳴く蟬の声／乱草 くさむら／乱想 心惑い／乱賊 反乱の賊／乱治 治乱／乱帙 書物が雑然としている／乱梯 乱階／乱溺 みだれおぼれる／乱抖 はねまわる／乱闘 入りまじって戦う／乱道 妄言／乱入 踏み込む／乱媒 乱の起こるきっかけ／乱悖 そむく／乱罰 不公平な処罰／乱班 乱次／乱飛 乱れ飛ぶ／乱舞 乱れ舞う／乱風 悪風／乱兵 賊兵／乱邦 乱国／乱萌 乱民／乱謀 謀叛の計／乱本 乱原／乱余 乱後／乱吏 暴吏／乱略 叛乱の計／乱倫 不倫

↓淫乱・胡乱・禍乱・壊乱・憒乱・潰乱・駭乱・霍乱・危乱・狂乱・徼乱・交乱・寇乱・攪乱・昏乱・混乱・錯乱・散乱・首乱・酒乱・乗乱・擾乱・衰乱・酔乱・靖乱・戦乱・僭乱・沮乱・争乱・喪乱・騒乱・雑乱・賊乱・大乱・治乱・動乱・内乱・悩乱・波乱・悖乱・敗乱・撥乱・反乱・叛乱・煩乱・紊乱・不乱・払乱・紛乱・兵乱・変乱・貿乱・迷乱・理乱・凌乱・撩乱・繚乱・零乱・惑乱

常 【卵】 7 7772　ラン コン　たまご

篆文

象形 卵の対生する形。〔説文〕十三下に「凡そ物、乳すること無き者は卵生なり。象形」とあり、〔段注〕に魚卵の形であろうという。〔礼記、内則〕「卵醬」の〔注〕に「讀んで鯤と爲す。鯤は魚子なり」とあって、魚卵のときは音が異なるようである。また〔五経文字〕等に〔説文〕を引いて、卝を卵の古文とするが、卝は礦の古文でその象形。声義ともに異なる。卵は卵の相対し、相連なる形である。

訓義 ①たまご。②まるいもの、睾丸。③大きい。

古訓 〔和名抄〕卵 加比古（かひこ）〔名義抄〕卵 カヒコ 〔篇立〕卵 シケシ・カヒコ

部首 〔説文〕に一字、〔玉篇〕に四字を属する。空卵や孚化に関する字がある。

【卵育】卵を生み、育てる。唐・韓愈〔鱷魚の文〕昔先王、既に天下を有ち、民害を爲す者を以て、驅りて之れを四海の外に出だす。～鱷魚の此に涵淹卵育するは、亦た固より其の所なり。
【卵胎】卵生と胎生。〔礼記、礼運〕天、膏露を降し、地、醴泉を出だし、～其の餘、鳥獸の卵胎（巣所）、皆俯して闚ふべきなり。
【卵白】卵の白身。〔顔氏家訓、帰心〕梁の世に、人有り、常に雞の卵白を以て沐に和す。云ふ、髮をして光あらしむと。沐する每に輒ち二三十枚を破る。死するに臨んで、髮中に但だ啾啾たる數千雞雛の聲を聞く。
【卵翼】養育し、庇護する。宋・蘇轍〔呂恵卿を誅竄することを乞ふ状〕（王）安石の恵卿に於ける、卵翼の恩有り、父師の義有り。其の求進に方りては、則ち膠固して一と爲る。更に相ひ汲引して、以て朝廷を欺く。

↑卵殻 卵のから／卵危 累卵／卵硯 卵形の硯／卵醬 塩から／卵息 寄宿／卵蛋 卵／卵塔 卒塔婆／卵養 養育する

↓危卵・魚卵・雞卵・蚕卵・産卵・生卵・胎卵・探卵・鳥卵・乳卵・排卵・孵卵・翼卵・累卵

【婪】 11 4440　［惏］ 11 9409　ラン　むさぼる おしむ

篆文

形声 声符は林。〔説文〕十二下に「貪るなり」とあり、貪婪の意。また〔杜林説〕として、卜者が相詐験することをいうとする。心部十下に「惏は河内の北にて、貪を謂ひて惏と曰ふ」とあり、声義の同じ字である。

訓義 ①むさぼる、おしむ。②卜いをいつわる。③字はまた惏に作る。

古訓〔名義抄〕婪 ムサボル・ホタク・カタラフ・フクム／林 オソシ・ムサボル・カナシフ
語系 婪・惏lam は同声。同声同義であるから、惏は別体の字とみてよい。

【婪尾】 坐客に酒をつぎまわること。〔蘇氏演義、下〕今人、酒を以て巡匝するを婪尾と爲す。又云ふ、婪は貪なり。座末に處りて酒を得るを謂ひて貪婪と爲すなりと。

↑婪官 貪吏／婪酣 貪り食う／婪索 強請する／婪沓 貪る／婪婪 貪るさま
↓貪婪

常
【嵐】 12 2221 ラン あらし

篆文 

会意 山＋風。〔説文新附〕九下に「山名なり」とするが、山気をいい、山の嵐気を翠嵐のようにいう。〔玉篇〕に「大風なり」とあり、わが国では、あらしの意に用いる。

訓義 ①山気、山あいのもやなどをいう。②大風、あらし。
古訓〔和名抄〕嵐 阿良之（あらし）〔名義抄〕嵐 アラシ〔篇立〕嵐 アラシ・トキカゼ〔字鏡集〕嵐 トキカゼ・アラシ・ヲカ

【嵐陰】 青々とした山気のかげり。唐・白居易〔履道春居〕詩 低風、池面を洗ひ 斜日、花心を拆く 瞑には嵐陰を助けて重く 春には水色を添へて深し
【嵐影】 山気のようす。清・邵長蘅〔夜、孤山に遊ぶ記〕嵐影湖光、今も昔に異ならず。
【嵐気】 山気。晋・夏侯湛〔山路吟〕詩 晨朝を冒して、大谷に入れば 道、逶迤として、嵐氣淸し
【嵐光】 山気が日にかがよう。明・文徵明〔五月望日、望湖亭に登る〕詩 嵐光浮動して、千峰濕ひ 雨氣薰蒸して、五月寒し
【嵐岫】 山気のたちこめる山。〔太平広記、三十六に引く集異記、李清〕州人家家、坐して嵐岫に對す。歸雲過鳥、歷歷として盡く見ゆ。圖經を按ずるに云ふ、雲門山なりと。
【嵐翠】 緑深い山気。唐・杜牧〔除官帰京、睦州雨霽〕詩 秋半、吳天霽れ 淸凝、萬里の光 水聲、笑語を侵し 嵐翠、衣裳を撲つ
【嵐峰】 山気がたちこめて青く見える峰。嵐嶺。前蜀・韋荘〔洛北村居〕詩 巖邊の石室、低く水に臨み 雲外の嵐峰、半ば天に入る

↑嵐煙 嵐気／嵐彩 嵐光／嵐瘴 山の悪気／嵐霧 山の霧気／嵐嶺 嵐気のこもる山
↓暗嵐・陰嵐・雲嵐・煙嵐・暁嵐・凝嵐・渓嵐・湖嵐・山嵐・紫嵐・春嵐・松嵐・瘴嵐・翠嵐・青嵐・晴嵐・夕嵐・積嵐・霜嵐・朝嵐・嫩嵐・濃嵐・浮嵐・林嵐・嶺嵐

【亂】 12 2022 ラン みだれる おさめる

篆文  古文  金文 

象形 架糸の上下に手を加えている形。分解していえば、幺は糸、冂は架の形でH、その上に爪、下に又（又）、すなわち両手を加える形。四形合わせて全体象形の字である。〔説文〕四下に「治むるなり。幺子相ひ亂る。𠬪は之れを治むるなり」とあって、理治の意とする。亂に対し、骨べらの形である乙を加えた亂が、その紊れを解く形で、「治むるなり、理むるなり」と訓すべき字。亂に対して亂が対待の義となる。金文の〔牧𣪘〕に「乃ち亂るること多し」、〔琱生𣪘〕に「余れ敢て亂さず」とみえる。のち亂に亂の訓を誤り加えて、亂に正反の二義ありとし、反訓の説を生じたが、本来反訓というべきものがあるのではない。

訓義 ①みだれる。②おさめる。
語系 亂・亂・敽luan は同声。亂・敽と亂とは対待の義。理治の字に理・釐lie があり、同系の語、紊れることを婪lam という。

【敽】 16 2124 ［敽］ 16 2824 ラン わずらわしい みだれる おこたる

篆文 

会意 亂＋攴。亂は架糸のもつれを、上下に手を加えて解こうとする形で、糸のみだれる意。攴はそれを敺つ形であるから、糸のもつれはなお甚だしく、収拾しがたい状態となる。〔説文〕三下に「煩はしきなり」と訓し、亂の亦声とする。〔玉篇〕に「惰るなり、亂るるなり」とし、亂（乱）と同義とするが、亂は骨べら（乙）で亂れた糸を解き治める意である。

訓義 ①わずらわしい。②みだれる。③おこたる。
古訓〔字鏡集〕敽 ミダル
語系 敽・亂・亂luan は同声。亂は架糸のもつれ、敽はそれに攴を加えてさらに煩擾となる意。亂は骨べらで、これを解き治めることをいう。

常
【覧】 16 入［覽］ 21 7821 ラン みる ながめる

篆文 

会意 旧字は覽に作り、監＋見。監は水盥（皿）の上に顔を出して面を映す形。その映る面を見ることを覽という。〔説文〕八下に「觀るなり」と訓し「監の亦聲」とするのは、その意である。俯して臨み見ることを覽という。〔楚辞、九歌、雲中君〕は雲神の祭祀歌で、「冀州を覽るに餘有り」とは、天上より俯して下界を見る意。〔楚辞、離騒〕に「皇覽て余れを初めの度に揆る」のように、尊貴の人の行為をいう。御覧を本義とする字である。

訓義 ①みる、よくみる。②ながめる、みわたす、のぞむ。③ながめ。
古訓〔名義抄〕覽 ミル〔字鏡集〕覽 ハカル・サグル・ミル・カヽミル
声系 攬は擥の俗字。纜は後起の字である。
語系 覽lam は鑑（監）keam と同系の語。監に見母（k）、來（来）母（l）両系の声がある。

【覧観】 よくしらべ見る。〔漢書、平帝紀〕（元始四年）太僕王惲等八人を遣はし、置副假節し、天下に分行して、風俗を覽觀せしむ。
【覧揆】 みて良否をはかる。のち、誕生日の意に用いる。〔楚辞、離騒〕皇覽て余れを初めの度に揆り 肇めて余に錫ふに嘉名を以てす
【覧古】 懐古。宋・秦観〔望海潮、越州懐古、四首、二〕詞 何人ぞ覽古、眸を凝らす 朱顏の失ひ易く 翠被の留め難きを悵む
【覧勝】 勝景をながめる。宋・王安石〔平甫の舟中、九華山を望むに和す、二首、一〕詩 奇を尋ねて、後徑に出で 勝を覽て、前脩に倚る 超然として、往いて返らず 擧世、徒だ呫呫たり（自ら喜ぶさま）
【覧読】 目を通す。〔後漢書、光武十王、東平憲王蒼伝〕（帝の報書）丙寅、上る所の便宜三事、朕親自ら覽讀し、反覆すること數周、心開け目明らかに、曠然として曚を發ひけり。

↑覧閲 自ら調べる／覧究 見究める／覧見 自らみる／覧察 観察する／覧視 みる／覧示 示す／覧矚 よく眺める／覧省 視察する／覧眺 眺望する／覧聴 政事を聴く／覧聞 見聞する／覧歴 遊覧する
↓一覧・乙覧・栄覧・睿覧・叡覧・閲覧・遠覧・回覧・該覧・貫覧・観覧・記覧・貴覧・窺覧・究覧・躬覧・窮覧・供覧・玄覧・考覧・高覧・閎覧・采覧・察覧・周覧・縦覧・熟覧・巡覧・笑覧・勝覧・

照覧・詳覧・賞覧・上覧・清覧・省覧・盛覧・聖覧・躋覧・綜覧・総覧・台覧・眺覧・聴覧・通覧・天覧・展覧・登覧・統覧・内覧・博覧・披覧・備覧・畢覧・偏覧・便覧・幽覧・遊覧・要覧・留覧・劉覧・臨覧・歴覧

【㦨】 17 9801 ラン むさぼる

形声 声符は監。監に濫・襤の声がある。〔玉篇〕に「貪㦨なり」とあって、貪ること。また〔集韻〕に「健なり」とあり、たけだけしいことをいう。

訓義 ①むさぼる。②たけだけしい。

古訓 〔字鏡集〕㦨 ムサボル

↓貪㦨

常【濫】 17 3811 ラン はびこる みだりに

篆文 

形声 声符は監。監に藍(藍)・覽(覧)の声がある。〔説文〕十一上に「氾ぶなり」とあって、氾濫することをいう。〔詩、商頌、殷武〕に「僭はず、濫ず」、〔左伝、昭八年〕「民聽濫はず」は、みな節度のあることをいい、節度を失うことを濫行・濫用という。

訓義 ①はびこる、みなぎる、あふれる。②うかぶ、ひろがる、ひたす。③みだる、みだりに。

古訓 〔名義抄〕濫 ミダリガハシ・ミダル・ヌスミ・マジル・ウカブ・ヒロシ・ス、ム

語系 濫・㦨lamは同声。水には氾濫といい、ことの過差なるを㦨という。〔論語、衛霊公〕「小人窮するときは斯ち濫す」とは㦨の意。

【濫溢】 度を越す。〔漢書、刑法志〕饑寒竝び至り、窮するときは斯ち濫溢す。豪桀擅私にして、之れが囊槖(隠れ所)を爲す。姦隱るる所有れば、則ち狃れて寖く廣し。此れ刑の蕃き所以なり。

【濫雜】 乱雑。〔通典、職官、州郡下、県令〕北齊、縣を制して上中下三等と爲し、等毎に又上中下の差有り。～凡そ九等。～後魏、～人を用ふること濫雜、士流之れに居るを恥づるに至る。

【濫死】 見さかいなく殺される。濫殺。〔雞肋編、中〕冉閔、諸胡羯を誅す。死する者二十餘萬。時に高鼻多鬚にして、濫死する者有り。

【濫觴】 杯を浮かべるほどの小さな流れ。もののはじめ。〔荀子、子道〕昔者、江は岷山より出づ。其の始めて出づるや、其の源は以て觴を濫ぶべし。

【濫吹】 多数にまぎれて吹く。技量をごまかす。唐・元稹〔翰林白学士太夫人を祭る文〕愚なるも亦た喧に乘じて濫吹し、謬りて莖英(古の楽官。顓頊の楽を五莖、帝嚳の楽を六英という)に列せらる。

【濫入】 みだりに入る。〔後漢書、党錮伝序〕太僕杜密・長樂少府李膺～等百餘人、皆獄中に死す。～此れより諸と怨隙を爲す者、因りて相ひ陷害し、睚眦の忿りも、黨中に濫入す。

【濫罰】 みだりに刑罰を加える。〔後漢書、寇栄伝〕(上書)今、殘酷容媚の吏、折中處平の心無く、無辜(無罪の人)の害を顧みず、虛誣の誹りを興し、嚴朝をして必ず濫罰を加へしめんと欲す。～是を以て、～自ら山林に竄る。

↑濫悪 でたらめ/濫委 放置する/濫飲 暴飲/濫竽 濫吹/濫加 みだりに加える/濫官 無用の官/濫偽 うそ/濫給 みだりに支給する/濫挙 みだりに推挙する/濫巾 隠者ぶる/濫刑 濫罰/濫言 虚妄の言/濫獄 冤罪/濫殺 みだりに殺す/濫祀 淫祀/濫廁 雑ざる/濫漿 果汁水/濫冗 むだ/濫説 いい加減なことを言う/濫銭 悪貨/濫僧 無宿の僧/濫費 浪費する/濫誉 みだりにほめる/濫用 乱用する/濫劣 劣悪

↓淫濫・冤濫・枉濫・横濫・苛濫・乖濫・姦濫・氿濫・酷濫・冗濫・舛濫・僭濫・氾濫・汎濫・泛濫・謬濫・浮濫・放濫・暴濫・壅濫

常【藍】 17 4410 【藍】 18 4410 ラン あい

篆文 

形声 声符は監。監に濫・覽(覧)の声がある。〔説文〕一下に「靑を染むる艸なり」とあり、染料として用いる。〔詩、小雅、采綠〕に「終朝に藍を采る」の句があり、〔周礼、地官、掌染草〕の職は、春秋に藍を収めて染人に頒つことを職掌とした。〔荀子、勧学〕に「出藍」の語がある。

訓義 ①あい、あい染に使うくさ。②あいいろ。③藍縷、ぼろ。

古訓 〔新撰字鏡〕藍 阿井(あゐ)〔和名抄〕木藍 都波岐阿井(つばきあゐ)/蓼藍 多天阿井(たてあゐ)〔名義抄〕藍 アヰ・スロアヰ/紅藍 クレノアヰ/木藍 ツバキアヰ

【藍光】 鮮やかな青色のかがやき。唐・杜牧〔丹水〕詩 恨聲、夢に隨つて去り 春態、雲を逐うて來る 沈むこと定まりて、藍光徹り 喧盤、粉浪開く

【藍衫】 八品・九品の小官の服。金・王若虛〔病中、二首、一〕藍衫、幾んど棄物 絳帳(講席)亦た虛名

【藍綬】 藍色の官印の紐。唐・斉己〔司空学士の京に赴くを送る〕詩 藍綬乍ち稱す、新學士 白衫、初めて脫ぐ、舊神僊

【藍尾】 末坐にあって、三杯連飲するをいう。〔容斎四筆、九、藍尾酒〕(申屠)澄、因りて揖遜して曰く、主人翁より始めて、卽ち巡り、澄、婪尾に當ると。蓋し藍を以て婪と爲す。～最も後に在りて飲むを謂ふ。～酒律に～連飲三盃を藍尾と爲す。

【藍碧】 鮮やかな青緑色。唐・李洸〔巫山高〕詩 天心を抉き、地脈を開く 凌霄を浮動して、藍碧を拂ふ

【藍本】 手本。粉本。〔憶書、四〕吳縣の周瓚、～工みに白描の人物を書く。～其の人物を白描するや、皆出だすに心思を以てし、～然る後筆を幅上に揮ひて之れを描く。他人の、必ず舊稿を假りて藍本と爲すに似ず。

【藍縷】 ぼろ、弊衣。〔左伝、宣十二年〕篳路(竹編みの車)藍縷、以て山林を啓く。之れに箴めて曰く、民生は勤むるに在り、勤むれば則ち匱しからずと。

↑藍朱 藍と朱/藍青 藍色/藍輿 竹轎/藍蔞 藍縷

↓伽藍・甘藍・紫藍・朱藍・出藍・翠藍・染藍

【闌】 17 7790 ラン しきり さえぎる ふせぐ たけなわ

篆文 金文 

形声 声符は柬。柬に煉・練(練)の声がある。柬は、固く囊の上下を括りとめる形。〔説文〕十二上に「門の遮りなり」とあり、門にわたして、出入を遮る木をいう。建物のてすりとするものを闌干、出入の禁を犯すことを闌出・闌入という。金文の字形は閒と柬とに従う。

訓義 ①門にさしわたす木、しきり、おばしま、かまち。②さえぎる、ふせぐ、とめる。③たけなわ。④すぎる、あせる、くれる、つきる、おそい、おとろう、うしなう、まばら。⑤濫と通じ、みだりに。

古訓 〔名義抄〕闌 サフ・サハル・ウトシ・ツクス・タケナハタリ・タカシ・カタシ・シツム・シヅカ・オロソカナリ・タケヌ・ヌキタリ〔字鏡集〕闌 タケナハナリ・オロソカナリ・ツキテ・ウトシ・サワル・タチヌ・ツクス・サイキル・シヅカナリ・タカシ・シヅカ・サフ・ツルル・スギタリ

声系 〔説文〕に闌声として蘭（蘭）・讕・瀾・爛など六字を収める。攔は〔広韻〕に至ってみえ、後起の字である。

語系 闌・欄（欄）・蘭・攔lanは同声。蘭はまた牛馬の蘭圏の意に用いる。攔は闌の動詞的な字。濫lamは声近く、「みだりに」の意に通用する。

【闌干】さかんに。散乱するさま。漢・蔡琰〔胡歌十八拍、十七〕楽府 豈に知らんや、重ねて長安に入ることを得んとは 歎息して絶えんと欲して、涙闌干たり

【闌珊】尽き衰える。夜がふける。宋・唐婉〔釵頭鳳〕詞 角聲寒し 夜闌珊たり 人の尋問するを怕る 涙に咽び歡を妝ふ 瞞、瞞、瞞

【闌出】許可なく域外に出る。〔漢書、西域下、渠犂伝〕今邊塞未だ正さず、闌出禁ぜず。障候長吏、卒をして獸を獵せしむ。～後、降者來たり、若しくは生口・虜を捕へ、乃ち之れを知る。

【闌入】許可なくみだりに入る。〔唐律疏義、七、衛禁〕諸との大廟の門、及び山陵兆域の門に闌入する者は、徒（刑）二年。

【闌畔】欄辺。唐・羅隠〔柳〕詩 一簇の青煙、玉樓を鎖す 半ばは闌畔に垂れ、半ばは溝に垂る

↑闌遺 遺失物／闌垣 まがき／闌檻 手すり／闌魚 養魚／闌轎 直訴する／闌圏 おり／闌散 闌珊／闌残 衰える／闌時 春／闌暑 残暑／闌夕 深更／闌単 闌殫／闌殫 疲れはてる／闌牢 おり

↓宴闌・勾闌・更闌・歳闌・酒闌・秋闌・春闌・燭闌・星闌・夢闌・夜闌

【嬾】

篆文

19 4748 ［懶］ 19 9708 ラン おこたる なまける

形声 声符は賴（頼）。賴に嬾の声がある。〔説文〕十二下に「懈るなり。怠るなり」とし、また「一に曰く、臥するなり」とあって、嬾惰をいう。字が女に従うことについて、徐鍇は「女性に怠多し」とする。古い用例がなく、おそらく六朝後期ごろから用いられた字であろう。

訓義 ①おこたる、なまける。②字はまた懶に作る。

古訓 〔名義抄〕嬾 オコタル・オロカナリ・モノウシ・モノグサシ・イトフ／懶 オコタル・ユルナリ 〔篇立〕嬾 ヨロシ・モノグサシ・イトフ・コ、ロウシ・モノウシ・オロカ・オコタル

語系 嬾・懶lanは賴latと声が近い。〔孟子、告子上〕「富歳には子弟に賴多し」の賴を、劉宝楠の〔正義〕に阮元の説を引いて「嬾多し」の意であるとしている。

＊語彙は懶字条参照。

【嬾架】横臥して書を読む見台。〔事物紀原、八、舟車帷幄部〕陸法言の切韻に曰く、曹公、欹架を作り、臥して書を視る。今の嬾架は、卽ち其の制なり。

【嬾残】老残。宋・楊万里〔五月十六夜、病中無聊、起来たつて月に歩す〕詩 官を抛ちて放浪すること、十三年 底事ぞ、今年、病みて嬾残す

【嬾拙】無精で世渡り下手。宋・范成大〔晩に南楼に集まる〕詩 嬾拙已に成る、三昧の解 此の生還た證す、一圓の通ずるを

【嬾惰】なまける。〔宋書、袁豹伝〕勸課の令を明らかにし、糾違の官を峻しくす。則ち嬾惰は容るす所無く、力田には望む所有り。力むる者欣び、惰る者懼るれば、則ち穡人勸む。

【嬾読】読書に倦む。〔後漢書、文苑上、辺韶伝〕曾つて晝日假臥す。弟子私かに之れを謿りて曰く、邊孝先（韶の字なざ）、腹便便たり。讀書に嬾く、但だ眠らんと欲すと。韶～曰く、～寐ねて周公と夢を通ぜんと欲す～と。

【嬾慢】なまけおごる。魏・嵇康〔山巨源（濤）に与へて交はりを絶つ書〕情意傲散、簡は禮と相ひ背き、嬾は慢と相ひ成る。

↑嬾煙 ゆっくりと漂う霧／嬾几 嬾架／嬾困 疲労する／嬾散 不精／嬾情 なまけ心／嬾怠 なまけ／嬾鈍 ぐずつく／嬾版 もたれ／嬾婦 不精な女／嬾癖 なまけ癖／嬾眠 なまけて眠る

↓臥嬾・好嬾・酷嬾・困嬾・坐嬾・春嬾・少嬾・真嬾・衰嬾・惰嬾・廃嬾・貧嬾・放嬾・幽嬾・老嬾

【懶】

篆文

19 9708 ［嬾］ 19 4748 ラン おこたる ものうい

形声 声符は賴（頼）。正字は嬾に作り、〔説文〕十二下に「嬾は懈るなり、怠るなり。一に曰く、臥するなり」とあり、嬾惰をいう。懶の字を用いることも多く、同字異文とみてよい。懶婦魚の油は、遊戯場で用いると明るいが、紡績場では暗くて役に立たぬという。

訓義 ①おこたる、ものうい。②にくむ、いやがる。③正字は嬾に作る。

＊語彙は嬾字条参照。

【懶惰】なまける。晉・陶潛〔子を責む〕詩 阿舒は已に二八 懶惰なること固より匹無し

【懶慢】なまけて横着。唐・白居易〔春中、～華陽観に同居す〕詩 性情懶慢にして、好く相ひ親しむ 門巷蕭條として、隣を作すに稱ふ

【懶眠】なまけて眠る。唐・厳武〔杜拾遺（甫）の錦江の野亭に寄題す〕詩 漫りに江頭に向つて釣竿を把り 沙草に懶眠して、風の湍きを愛す

↑懶意 ものうい心／懶架 もたれ／懶倦 疲れてだるい／懶散 不精／懶残 衰残／懶情 ものうい心／懶心 懶意／懶人 なまけ者／懶性 なまけ癖／懶怠 なまけ怠る／懶夫 懶人／懶婦 不精な女／懶癖 なまけ癖／懶慵 なまけ

入【蘭】

篆文

19 ［蘭］ 21 4422 ラン ふじばかま

形声 声符は闌。〔説文〕一下に「香艸なり」とあり、春蘭は一茎一花、蕙蘭は一茎数花。香気高く、文雅の士の愛するところであった。〔詩、鄭風、溱洧〕に「士と女と 方に蕑を秉る」の〔毛伝〕に「蘭なり」とあるのは、ふじばかま、蘭にも種類が多い。

訓義 ①らん。②ふじばかま。③木蘭、もくらん。④欄と通じ、刀かけ、さえぎる、おり。⑤爛と通じ、まだら。

古訓 〔和名抄〕蘭 本草、布知波加麻（ふぢばかま）。新撰萬葉集に別に藤袴の二字有り 〔名義抄〕蘭 フヂバカマ・アラ、ギ・タケ・タク・カウバシ・ネヒル・ミダル・カ、ル・エラブ／大蘭 ナデシコ・トコナツ／野蘭 クロ・クサ・アリクサ／木蘭 モクラン／澤蘭 サハアラ、ギ・アカマグサ／莌蘭 カ゛ミ

【蘭艾】らんと、よもぎ。香草と雜草。〔宋書、礼志一〕（晉・殷茂の上言）臣聞く、舊制、國子生皆冠族華冑、皇儲に比列す。而して中なる者蘭艾を混雜し、遂に人情をして之れを恥ぢしむ。

【蘭玉】芝蘭玉樹。人材。〔世説新語、言語〕謝太傅（安）、諸子姪に問ふ、子弟亦た何ぞ人事に預からん、而れども正しくは其れをして佳ならしめんと欲するやと。諸人言ふこと有る者莫し。車騎（謝玄）答へて曰く、譬へば芝蘭玉樹の如し、其れをして階庭に生ぜしめんと欲するのみと。

【蘭言】親友の間の言。〔易、繫辞伝上〕二人心を同じうせば、其の利きこと金を斷つ。同心の言は、其の臭（香しきこと）蘭の如し。

【蘭皐】蘭の咲くおか。〔楚辞、離騒〕余が馬を蘭皐に

歩ませ 椒丘を馳せて且く焉に止息す

【蘭芝】（らんし） 蘭と霊芝。香草と霊草。高雅な君子にたとえる。宋・欧陽脩〔呂公著の贈らるるに答ふ〕詩 四時、花と竹と 罇俎、動や隨ふべし 況んや賢者と同なるをや 薫然として蘭芝を襲ぬ

【蘭省】（らんしょう） 唐の秘書省。唐・白居易〔廬山草堂夜雨独宿～〕詩 蘭省の花の時、錦帳の下 廬山の雨の夜、草庵の中

【蘭章】（らんしょう） 人の詩文をいう。唐・韋応物〔貢士黎逢に答ふ〕詩 蘭章、忽ち贈らるる有り 持用して、思ふ所を慰めん

【蘭石】（らんせき） 蘭の香気と、石の堅質。美質。〔三国志、魏、公孫淵伝注に引く魏書〕淵、生まれながらにして蘭石の姿有り。少くして愷悌の訓を含む。

【蘭藻】（らんそう） 美しい文章。南朝宋・謝霊運〔魏の太子の鄴中集の詩に擬す、八首。平原侯植〕詩 良游、晝夜に匪ず 豈に云はんや、晩と早と 衆賓、悉く精妙 清辭、蘭藻に灑ぐ

【蘭亭】（らんてい） 蘭渚に亭あり、修禊の宴が行われた。〔水経注、漸江水〕湖南に天柱山有り。湖口に亭有り、號けて蘭亭と曰ふ。～太守王羲之・謝安兄弟、數〻往きて造る。

【蘭湯】（らんとう） 蘭草を入れた湯。〔楚辞、九歌、雲中君〕蘭湯に浴し、芳に沐す 華采の衣、英の若し

↑蘭郁 蘭香／蘭英 蘭の花／蘭掖 宮掖／蘭畹 蘭の畑／蘭華 蘭花／蘭舸 蘭の舟／蘭裓 僧衣／蘭儀 蘭の美しい容儀／蘭菊 蘭と菊／蘭薫 蘭香／蘭契 金蘭の交はり／蘭畦 蘭畹／蘭閨 皇妃の室／蘭蕙 香草／蘭馨 蘭香／蘭月 陰暦七月／蘭検 詔勅／蘭交 金蘭の交はり／蘭香 蘭の香り／蘭黄 蘭花／蘭子 遊び人／蘭卮 酒杯／蘭沚 蘭渚／蘭芷 香草／蘭質 美質／蘭麝 蘭と麝香。香りの高いもの／蘭舟 木蘭の舟／蘭秋 蘭月／蘭渚 蘭の咲く渚／蘭署 蘭台／蘭訊 芳書／蘭衰 賢人の死／蘭生 美酒の名／蘭性 美質／蘭船 蘭舟／蘭蓀 菖蒲／蘭樽 美酒／蘭台 楚の宮殿の名。漢の宮中蔵書の所。唐の秘書省。また御史台の異称／蘭汀 蘭渚／蘭殿 蘭閨／蘭灯 灯籠／蘭若 寺／蘭葩 蘭花／蘭芬 蘭の香り／蘭圃 蘭畹／蘭房 婦人の部室／蘭芳 蘭香／蘭舫 蘭舟／蘭盆 盂蘭盆／蘭夜 七夕／蘭蕕 香臭

↓鬱蘭・芄蘭・玉蘭・金蘭・薫蘭・蕙蘭・香蘭・皐蘭・芝蘭・紫蘭・春蘭・椒蘭・哀蘭・石蘭・叢蘭・沢蘭・竹蘭・汀蘭・芳蘭・夢蘭・木蘭・沐蘭・野蘭・友蘭・幽蘭・浴蘭

【襤】 19 3821 ラン やぶれぎぬ ぼろ

篆文

形声 声符は監。監に濫・藍(藍)の声がある。〔説文〕八上に「裯、之れを襤褸と謂ふ。襤は縁無きの衣なり」(段注本)という。裯ははだぎの類、粗末なふだん着をいう。

訓義 ①やぶれぎぬ、ぼろ、つづれ。②へりのない衣。

↑襤衣 ぼろ衣／襤褸 ぼろ衣

【䜌】 19 2299 ラン バン みだれる おさめる

篆文

古文

金文

象形 言の両旁に糸飾りを垂れている形。言は神への誓約を収めた器。祝詞の器(𠙵)の上に自己詛盟の意味で、入墨の辛(針)をそえた形。〔説文〕三上に「亂るるなり。一に曰く、治むるなり。一に曰く、絶えざるなり」と三訓を加える。䜌に巫女の形を加えた孌は、神を楽しませる意。下に攴を加えた形は變(変)で、神への誓約を破る意。金文では鑾旂を「䜌旂」としるし、蠻(蛮)夏を「䜌夏」としるし、二音二義のある字である。䜌を〔説文〕のように亂(乱)と治の両義に訓するのは、亂と声義同じとするものであろう。

訓義 ①みだれる。②おさめる。③古くは鑾旂の鑾、蛮夏の蛮の字に用いる。

古訓 〔字鏡集〕䜌 コトハル・ミダル

声系 〔説文〕に䜌声として變・鸞・欒・巒・攣・彎・蠻・鑾など十九字を収める。䜌声の字に豊かなもの、緩くまがるものの意があるようである。

【攔】 20 5702 ラン さえぎる てすり

形声 声符は闌。闌は門のしきり。ものを遮るもので、その行為を攔という。〔玉篇〕に「遮攔するなり」という。杜甫の〔兵車行〕に「衣を牽き足を頓てて道を攔つて哭す」の句がある。

訓義 ①さえぎる。②てすり、しきり。

古訓 〔名義抄〕攔 サハル・ワダカマル 〔篇立〕攔 ホセク・サハル・フセキ・ハシラ・ヌキ

【攔街】（らんがい） 街路をさえぎる。宋・范成大〔大寧河〕詩 荊箱擾擾として、街を攔つて賣る 紅皺・黄團、店頭に滿つ

↑攔勧 仲裁する／攔障 さえぎる／攔截 さえぎり止める／攔阻 さえぎる／攔輿 直訴／攔腰 抱きとめる／攔路 攔街する

↓拘攔・排攔・兵攔・約攔

常【欄】 20 入［欄］ 21 4792 ラン てすり おばしま

篆文

形声 声符は闌。〔説文〕六上に楝を正字とするが、楝は木の名で、おうちの木。いま欄と別義の字として用いる。〔玉篇〕に「欄は木欄なり」とあって、建物のてすり。もと遮閉する垣根を意味し、また牢閑(おり)や井げたの木組みをいう。印刷の本文の部分を黒い線で囲むのを烏糸欄といい、その外の余白を欄外という。

訓義 ①てすり、おばしま。②おり、牛馬のおり。③かき、しきりのかき、いげた。④木蘭。⑤楝と通じ、おうち。

古訓 〔和名抄〕欄 辨色立成に云ふ、欄額、波之良沼岐(はしらぬき) 〔字鏡集〕欄 イヌフセギ・ハシラヌキ・マセ

語系 欄・闌・攔lanは同声。門のしきりを闌といい、建物の周囲に施すものを欄といい、遮る行為を攔という。

【欄干】（らんかん） てすり。おばしま。唐・元稹〔連昌宮詞〕詩 上皇正に望仙樓に在り 太眞同に欄干に凭りて立つ

【欄牢】（らんろう） おり。うまや。〔晏子、諫下十九〕今、公の牛馬は欄牢に老い、服するに勝へざるなり。車は巨戸(瓦石の誤り)に蠹まれ、乘るに勝へざるなり。

↑欄角 欄干の隅／欄檻 欄干／欄騎 矢来／欄厩 欄牢／欄柵 防柵／欄井 井桁／欄馬 矢来／欄畔 欄のあたり／欄辺 欄畔

↓画欄・危欄・牛欄・玉欄・空欄・勾欄・句欄・高欄・遮欄・朱欄・上欄・井欄・殿欄・馬欄・兵欄・木欄

【瀾】 20 3712 ［漣］ 14 3513 ラン なみ おおなみ

篆文

形声 声符は闌。〔説文〕十一上に「大波を瀾と為す」とあり、或体として漣をあげている。漣は〔詩、魏風、伐檀〕に「河水淸くして且つ漣つ」と歌われているように、小波をいうことが多い。〔毛伝〕に「風、水を行きて文を成すを漣と曰ふ」とみえる。瀾は慣用として大波をいう。

訓義 ①なみ、おおなみ、さざなみ。②なみたつ、なみうつ、なみうち、つらなる。③灡と通じ、米のとぎ汁。

古訓 〔名義抄〕瀾 ナミ・ナミダツ・アハ・サヽラナミ

【瀾汗】水勢の盛んなさま。清・王士禎〔五丁峡〕詩 亂水、殷峡の中 鮫蜃、瀾汗を喜ぶ

【瀾倒】(たう) 狂瀾。波が逆捲く。〔少室山房筆叢、九流緒論、中〕戰國の莊(周)・列(禦寇)・二鄒(鄒衍・鄒奭)、宇宙を縱談し、茅靡瀾倒せしより、擧世狂するが若し。漢興りて董(仲舒)・賈(誼)の諸人、漸く醇樸に趨き、一代の文章、垂く古始に復す。

【瀾翻】波たちさわぐ。水勢翻騰。〔宣和画譜、竜魚、董羽〕董羽～水を玉堂北壁に畫く。其の洶湧瀾翻、之れを望むに煙江絶島の閒に臨むが若し。咫尺と雖も、汗漫其の涯涘を知る莫し。

【瀾漫】乱れまがう。爛熳。清・沈徳潜〔説詩晬語、下〕詩人毎に瀾漫の字を用ふ。詩意を玩ふるに、乃ち淋漓酣足の狀なり。～漫を改めて慢と爲すは、何れの時に起るかを知らず。

↑瀾漪 波だつ／瀾澳 みぎわ／瀾然 涙がふりおちる／瀾濤 大波／瀾波 波うつ／瀾斑 まだらか／瀾文 小波／瀾瀾 瀾然／瀾浪 放浪する

【籃】 20 8810 ラン かご ふせご かたみ

篆文 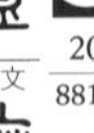 古文 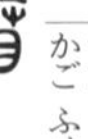

形声 声符は監。監に濫・藍の声がある。〔説文〕五上に「大きなる篝なり」とあり、〔段注〕に薫篝、ふせごであるという。上から衣をかけて、香を焚きしめるものである。〔広雅、釈器〕に「筐なり」とあり、竹で編んだ籠。肩や背にかけるものを簣という。

訓義 ①かご、竹であんだかご、大きなかご。②ふせご。③かたみ。

古訓 〔新撰字鏡〕籃 波古(はこ)〔名義抄〕籃 ハコ〔字鏡集〕籃 アシカ・コ

【籃輿】竹編みの駕籠。梁・昭明太子〔陶淵明伝〕淵明、脚疾有り。一門生、二児をして籃輿を舁かしめ、既に至るや、欣然として便ち共に飲酌す。

↑籃筐 ざる／籃子 かご

↓花籃・魚籃・筐籃・荊籃・乗籃・竹籃・篗籃・揺籃

【爛】 21 9782 ラン ただれる あきらか やく

篆文 

形声 声符は闌。〔説文〕十上に蘭(蘭)声に従う字とし、「孰するなり」とするが、〔段注〕に字を闌声とし、説解を「火孰(熟)するなり」と改めている。火を加えて熟する意。字はまた燗に作る。〔方言、七〕に「河よりして以北、趙・魏の閒、火熟を爛と曰ふ」とする。〔楚辞、九歌、雲中君〕に「爛として昭昭として未だ央きず」、〔楚辞、九章、哀時命〕に「忽ち爛漫として成る無し」など、南方でも多く用いる語である。爛熟の意より、ただれ、腐爛の意となる。

訓義 ①ただれる、やけどする。②あきらか、あざやか、かがやく、あかるい。③やく、やきあがる、熟する。④くさる、くずれる。

古訓 〔名義抄〕爛 タヾル・コガル・タヅ・ユルブ〔篇立〕爛 クサル・ユヒク・ユハカス・ニユ・カヽク・クチタリ・クツ・タヾル・ユツ・テラス・テル

【爛飲】痛飲する。元・耶律楚材〔西域、感有り〕詩 功名到底、何事をか成す 爛飲玻璃(ガラス、酒杯)、酔ふこと泥に似たり

【爛柯】斧の柄が腐る。仙界に時の推移がないたとえ。〔述異記、上〕晉の時、王質、木を伐りて至り、童子數人、棊して歌ふを見る。～俄頃くして童子謂ひて曰く、何ぞ去らざると。質起ちて斧柯を視るに爛盡し、既に歸るに復た時人無し。

【爛壊】(くわい) 朽壊。南朝宋・謝恵連〔古家を祭る文の序〕水中に甘蔗の節、及び梅李の核・瓜瓣有り。皆浮き出でたるも、甚だしくは爛壞せず。

【爛熟】成熟して時期をこえる。宋・陸游〔野人の家を過ぎり、感有り〕詩 世態十年、爛熟を看る 家山萬里、夢依稀たり

【爛然】かがやくさま。〔史記、三王世家論賛〕然れども、三王を封立し、天子恭しく譲り、群臣義を守る。文辭爛然として、甚だ觀るべし。

【爛腸】(ちやう) 強い酒などで腸をいためる。〔太平広記、七に引く神仙伝、王遠〕此の酒は～其の味醇醲、～之れを飲めば、或いは能く腸を爛らす。今當に水を以て之れを和すべし。

【爛入】(にふ) みだりに入る。清・鄭燮〔後刻詩の序〕板橋の詩刻は、此に止まる。死後如し託名翻板し、平日無聊の應酬の作を將って改竄爛入せば、吾れ必ず厲鬼と爲りて、以て其の脳を撃たん。

【爛発】華やかにあらわれる。梁・江淹〔水上神女の賦〕美目豔として起り、秀色爛として發く。

【爛漫】光りかがやく。さきみだれるさま。また、朗らかなさま。清・顧炎武〔桃花渓歌～〕詩 時に壺を携へて比隣を過る有り 笑談爛漫、皆天眞

【爛熳】爛漫。元・倪瓚〔春日〕詩 門を閉して、積雨、幽草を生ぜしむ 歎息す、櫻桃の爛熳として開くを

【爛爛】きらきらと光るさま。〔世説新語、容止〕裴令公(楷)曰くを目(評)すらく、王安豐(戎)、眼爛爛として、巖下の電の如しと。

↑爛雨 長雨／爛焉 明らかなさま／爛汚 放蕩／爛火 烈火／爛開 満開／爛解 とける／爛汗 鮮やかなさま／爛銀 月／爛兮 明らかなさま／爛紅 深紅／爛死 朽死／爛煮 よく煮る／爛灼 光り輝く／爛蒸 むしてふかす／爛酔 泥酔する／爛損 いたむ／爛肉 腐った肉／爛敗 腐敗する／爛斑 多彩なさま／爛靡 光り輝く／爛腐 腐る／爛遊 漫遊／爛燁 輝く

↓炎爛・艶爛・灰爛・潰爛・壊爛・渙爛・煥爛・毀爛・朽爛・魚爛・絢爛・光爛・粲爛・燦爛・灼爛・熟爛・昭爛・消爛・照爛・焦爛・脆爛・断爛・濃爛・糜爛・靡爛・腐爛・融爛・流爛

【巒】 22 2277 ラン やま やまなみ

篆文 

形声 声符は䜌。〔説文〕九下に「山小にして鋭し」とするが、〔爾雅、釈山〕に「山の墮きものなり」とあって、うねうねとした山なみの意とする。若く姿のよい女を孌、肉の大きな切身を臠という。いずれもふっくらとした意がある。

訓義 ①やま、みね、なだらかな山、小さな山。②やまなみ、うちつづくやま。③小さく鋭いやま。

古訓 〔名義抄〕巒 ノボル・ミネ・トガル・コヤマ〔字鏡〕巒 コヤマ・ヲカ・ヤマノタケ・ミネ・ノボル

語系 巒luan、欒・孌liuan は声近く、ゆるくもりあがり、湾曲する意がある。

【巒穴】山に掘りあけた穴。〔水経注、渭水上〕川水～僵人峡を歴ふ。路側巖上に、死人僵尸の巒穴有り。故に岫壑、取りて焉れに名づく。～。僵尸窟に倚り、枯骨猶ほ全し。唯だ膚髮無きのみ。～當に是れ數百年の骸なるべし。

【巒岫】(しう) みね。〔徐霞客游記、粤西游日記二〕西して望夫山の西麓に抵る。山崖を眺望するに、別に巖洞無し。惟だ見る、東南の一面、巒岫攢簇す(集まる)。疑ふらくは即ち云ふ所の巫山寨なる者ならん。

↑巒壑 山谷／巒丘 小山／巒巘 峰／巒阬 山坂／巒岡 峰／巒山 小山／巒渚 山島／巒嶂 峰／巒嵐 山嵐

↓煙巒・巌巒・危巒・岡巒・山巒・攢巒・翠巒・青巒・石巒・層巒・重巒・峰巒・陵巒・林巒

【襴】 22 3722 ラン ひとえ

形声 声符は闌。〔玉篇〕に「衫なり」とあり、衣裳を連ねたひとえもの。また襴衫といい、上士の服。

訓義 1ひとえもの、衣と裳とを連ねたひとえもの。2ふちどりを加えたもすそ、襴衫。3襴袍、袍。4欄と通用する。

古訓 〔名義抄〕襴 スソ 〔字鏡〕襴 スリ・ツノゴロモ・スソ・ナヲシ 〔字鏡集〕襴 モノ・ヒトヘナリ・スソ

【襴衫】 すそ飾りのある裳の服。〔劉賓客嘉話録〕大司徒杜公、維揚に在り。嘗て賓幕を召して閑語す。我致政の後、必ず一小駟の八九千なる者を買ひ、飽食し訖りて之れに跨し、一麤布の襴衫を著け、市に入りて盤鈴・傀儡を看ば足ると。

↑襴裙 腰紐／襴笏 朝衣と笏／襴帯 襴衫の革帯／襴袍 朝服／襴幞 宦者の服

↓金襴

【欒】 23 2290 ラン おうち ざぼん

篆文 金文 その他

形声 声符は䜌。〔説文〕六上に「欄に似たるものなり」とあって、「おうち」の木をいう。また「禮に、天子は松を樹ゑ、諸侯は柏、大夫は欒、士は楊」とする。緯書の〔礼緯含文嘉〕の説である。〔白虎通、崩薨〕に士は槐、庶人は楊柳を植えるという。〔説文〕にいう楊は、槐の誤りであろう。朱欒・香欒はザボン。鐘の下辺の両端を欒といい、左欒に鸞鳳を刻することが多い。

訓義 1おうち。2ザボンの類。3柱上の肱木。4鐘の両欒。5まるい。6やせる、やせたさま。

古訓 〔和名抄〕欒 漢語抄に云ふ、木欒子、无久禮邇之乃岐（むくれにしのき）〔名義抄〕欒 ムキレムシノキ／木欒子 ムクレニジノキ

【欒子】 双生児。〔韓非子、外儲右上〕薛公の、魏の昭侯に相たりしとき、左右に欒子者有り。陽胡・潘と曰ふ。其の王に甚だ重んぜらるるも、薛公の爲にせず。薛公之れを患ふ。

【欒欒】 やせ細るさま。〔詩、檜風、素冠〕庶はくは素冠を見ん 棘人（思いやつれた人、私）、欒欒たり 勞心、慱慱たり

↑欒栱 柱上の肱木と枡形／欒櫨 欒栱

↓香欒・朱欒・団欒・檀欒

【攬】 24 5801 ［擥］ 18 7850 ラン とる すべる

篆文

形声 声符は覽（覧）。擥に作り、「撮持するなり」とあり、監声。〔説文〕十二上に字を監に濫・覧の声がある。「撮持」とは、あつめて持つ意。全体を総攬することをいう。攬諸という神があり、〔後漢書、礼儀志中〕に、方相氏の行う大儺のうち、「攬諸、咎を食らひ、伯奇、夢を食らふ」という、諸凶を食う儀式がある。攬が通行の字形である。

訓義 1とる、すべる、とりすべる。2あつめてもつ、おさめてもつ。

古訓 〔名義抄〕攬 トル・カク・カ、ミル・サハク・ノゴフ・サグル・アツム・ハカル・カキメグラス・モツ・コモル・キル・フネ・ミダル

【攬結】 とり結ぶ。〔晋書、五行志中〕安帝の隆安中、百姓忽ち懊憹の歌を作る。其の曲に曰く、草生、攬結すべし 女児攬擷すべしと。尋いで桓玄位を簒ひ、義旗～之れを誅し、玄の宮女～妓妾、悉く軍賞と爲れり。

【攬持】 掌握する。唐・韓愈〔順宗実録、四〕徳宗位に在ること久しく、益自ら機柄を攬持し、親しく細事を治め、人に君たるの大體を失す。

【攬轡】 たづなをとる。〔後漢書、党錮、范滂伝〕時に冀州飢荒し、盜賊群起す。乃ち滂を以て清詔使と爲し、之れを案察せしむ。滂、車に登りて轡を攬り、慨然として天下を澄清するの志有り。

【攬筆】 筆を執る。晋・楊方〔合歓詩、五首、四〕心を撫して孤客を悼み 俯仰して還た自ら憐れむ 踟躕して、壁に向つて歎じ 筆を攬りて此の文を作る

↑攬延 引く／攬泣 袖をとって泣く／攬去 取り去る／攬袪 袖をとる／攬擷 つまみ取る／攬減 飢饉／攬載 とりのせる／攬察 明察する／攬撮 総攬する／攬取 とる／攬秀 攬勝／攬勝 景勝地を遊覧する／攬統 総攬する／攬抱 取り抱える／攬蔓 捕らえる／攬涙 涙を拭う

↓引攬・延攬・結攬・拳攬・牽攬・搴攬・収攬・招攬・総攬・捧攬

【讕】 24 0762 ［譋］ 19 0762 ラン いつわる そしる あざむく

篆文

形声 声符は闌。闌に物をさえぎる意がある。〔説文〕三上に「抵讕するなり」（段注本）とあり、〔漢書、文三王、梁懐王揖伝〕に「王、病と陽りて抵讕す」とあり、口実を設け、偽って拒絶することをいう。〔玉篇〕に「誣言もて相ひ加被するなり」とみえる。

訓義 1いつわる、かくす。2そしる。3あざむく、ごまかす。4諫と通じ、いさめる。5字はまた譋に作る。

古訓 〔字鏡集〕譋 モノガタリ・マコト

【讕言】 かりにくちばしることば。〔文心雕竜、諸子〕魏・晉に迄りて、作者間出づ。讕言も兼ねて存し、璅語（瑣細な言葉）も必ず録す。類聚して求めば、亦た箱に充ち軫（車）を照らさん。

↑讕辞 一時のいいのがれ

↓詭讕・抵讕・謾讕

【欖】 25 4891 ラン かんらん

形声 声符は覽（覧）。橄欖は果樹。南方の常緑樹、大きな果実をつける。

訓義 1橄欖は果樹、かんらん。

【欖香】 橄欖の樹脂から作った香。〔本草綱目、果三、橄欖〕其の子（実）、生食甚だ佳。～其の木脂、狀黑膠の如き者、土人采取して之れを爇くに清烈なり。之れを欖香と謂ふ。

↑欖醬 橄欖の実の細粉／欖仁 核内の実／欖糖 橄欖の樹脂。船の板間に塗る

↓橄欖

【纜】 27 2891 ラン ともづな

形声 声符は覽（覧）。攬にあつめて執りもつ意があり、纜とは舟のともづなをいう。謝霊運の〔鄰里方山に相ひ送る〕の詩「纜を解きて流潮に及ぶ」の〔李善注〕に「船を維ぐ索なり」とみえる。六朝期以後に用例がみえる。

訓義 1ともづな、もやいなわ。2たづな。

古訓 〔和名抄〕纜 度毛豆奈（ともづな）〔字鏡集〕纜 トモヅナ・タヅナ・ケモノ、ツナ 〔名義抄〕纜 トモヅナ・タヅナ

↑纜舸 ともづな／纜魚 烏賊／纜索 曳船の縄／纜車 ケーブル／纜縄 纜索

↓解纜・寄纜・緊纜・繫纜・収纜・舟纜・放纜・夜纜

【鑾】 27 2210 ラン すず

ラ行

ラン

欄・欒・攬・讕・欖・纜・鑾

篆文　金文

形声 声符は䜌。〔説文〕十四上に「人君の乘る車、四馬、鑣ごとに八鑾あり。鈴は鸞鳥の聲に象る。聲龢するときは則ち敬しむなり」（段注本）という。鑣は馬銜、くつばみをいう。四馬の各鑣に両鑾をつける。金文の賜予に「䜌旂」を賜うことが多く、旗飾にも鑾をつけた。

訓義 ①すず、天子の車馬や旌旗に用いる。②天子の車駕。

古訓 〔名義抄〕鑾 鈴下なり。クツバミ／和鑾 ノスヾ 〔字鏡〕鑾 スヾ・トリ 〔篇立〕鑾 ツルギ・スヾ

【鑾駕】らんが 天子の車駕。〔後漢書、荀彧伝〕今鑾駕、軫を旋らすも、東京（洛陽）榛蕪（荒土）なり。義士に存本の思ひ有るも、兆人、感舊の哀しみを懷く。

【鑾刀】らんとう 鑾鈴のついた刀。天子自ら犠牲を割いて供するときに用いる。漢・張衡〔東京の賦〕鑾刀を執りて以て袒割し、觴豆（酒肉）を國叟（三老）に奉ず。

【鑾輿】らんよ 鑾駕。漢・班固〔西都の賦〕是に于て鑾輿に乘り、法駕を備へ、群臣を帥ゐて、飛廉を披き、苑門に入る。

↑鑾音 鑾鈴の音／鑾旂 鑾飾の旗／鑾声 鑾音／鑾躅 行幸の道筋／鑾旆 鑾旂／鑾蹕 鹵簿／鑾鈴 車馬につける鈴／鑾路 鑾輅／鑾輅 車駕／鑾和 鑾鈴

↓華鑾・廻鑾・旂鑾・玉鑾・金鑾・瓊鑾・車鑾・清鑾・駐鑾・陪鑾・八鑾・保鑾・鳴鑾・和鑾

【鸞】 30 2232 ラン

篆文

形声 声符は䜌。〔説文〕四下に「赤神靈の精なり。赤色五采、雞の形。鳴くこと五音に中たる。頌聲作こるときは則ち至る」（段注本）とあり、盛世にあらわれる瑞鳥とされる。また「周の成王の時、氐羌、鸞鳥を獻ず」とあり、〔逸周書、王会解〕の文による。〔王会解〕には、各地から聖鳥奇禽を献ずることがしるされている。鳳の属に五あり、その青色多きものは鸞、その形状については異説が多い。〔詩、小雅、蓼蕭〕「和鸞雝雝たり」の〔伝〕に、軾にあるものを和、鑣にあるものを鸞とするが、金文に鑾旂・鑾夏の鑾・鑾（蛮）を、ともに䜌に作る。鸞はともに鑾鈴の意である。

訓義 ①らん、鳳凰の類。②鑾鈴。③鑾輿。

古訓 〔名義抄〕胡鸞 アマドリ 〔字鏡〕鸞 スヾトリ

【鸞皇】らんこう（くわう） 鳳凰の属。〔楚辞、離騒〕鸞皇、余が為に先づ戒め 雷師、余れに告ぐるに未だ具はらざるを以てす

【鸞刀】らんとう 鸞鈴のついた刀。祭祀の犠牲を割く刀。〔詩、小雅、信南山〕其の鸞刀を執り 以て其の毛を啓き 以て其の血膋を取る

【鸞鳳】らんぽう 鸞と鳳。ともに聖鳥。漢・賈誼〔屈原を弔ふ文〕嗚呼哀しい哉、時の不祥に逢へり。鸞鳳伏し竄れ、鴟梟翺翔す。

↑鸞衣 王衣／鸞鷖 名鳥／鸞音 鑾声／鸞駕 車駕／鸞閣 飛閣／鸞鶴 名鳥／鸞緘 手紙／鸞旂 鑾旗／鸞旗 鑾旗／鸞鏡 鸞鳳を刻んだ鏡／鸞吟 鸞声／鸞車 鑾輿／鸞書 手紙／鸞觴 尊い酒杯／鸞軫 鑾輿／鸞吹 鳳吹／鸞旌 鑾旂／鸞箋 蜀で作られる十色箋。花木麟鳳の姿を地模様として加える／鸞鳥 鳳凰の類／鸞幢 旗ぼこ／鸞蹕 王駕／鸞鳴 鸞音／鸞鈴 鑾鈴／鸞輅 鑾路／鸞和 鑾和

↓孤鸞・彩鸞・驂鸞・繡鸞・祥鸞・乗鸞・神鸞・翠鸞・飛鸞・舞鸞・文鸞・鳳鸞

リ

常 【吏】 6 5000 〖吏〗 6 5000 リ つかさ おさめる

篆文　甲骨文　金文

会意 屮＋𣃦の省＋又（手）。〔説文〕一上に「人を治むる者なり」とし、「一に從ひ、史に從ふ。史は亦聲なり」とするが、一は旗竿につけた旒の形。祝禱を収める器（𠙵）を木に著け、旒を加え、それを手でもつ形。その旒をつけない形は史（史）。卜辞に、史を内祭の意に用いる。旒をつけ、遠く使して祀るを使（使）といい、その人を吏という。外祭には大祭が多く、大祭を大事という。事の初形は、吏と同じ。のち遠く祀ることは祭政の方法であったので、吏治の意となる。〔書、胤征〕に「天吏に逸徳あるは、猛火よりも烈し」の語がある。

訓義 ①つかさ、役人、官吏。②軍の将校、軍人。③おさめる、地方をおさめる。④田おさ。

古訓 〔篇立〕吏 ツカサゴト・シルス 〔字鏡集〕吏 マツリゴト・ツカヒ・ワリ

声系 〔説文〕に吏声として使など二字を収める。古くは吏・使・事は同じ字形であり、金文には吏を使・事の意に用いる。

語系 吏・理liəは同声。理は玉理、その文理を、おさめてあらわすことをいう。史・吏・使・事は字形上一系に属する字で、史shiə、事・士・仕dzhiəは一の語系をなしている。

【吏隠】りいん 低い官吏の身分に隠れる。唐・白居易〔江州司馬庁記〕江州は匡・廬（山名）を左にし、江・湖を右にし、土高く氣淸く、富かに佳境有り。～苟しくも吏隠に志有る者は、此の官を捨てて何くにか求めん。

【吏才】りさい 官吏のすぐれた才能。〔後漢書、崔寔伝〕政體に明らかに、吏才餘り有り。當世の便事數十條を論ず。名づけて政論と曰ふ。

【吏事】りじ 吏治の実務。〔南斉書、倖臣、劉係宗伝〕係宗久しく朝省に在り、職事に閑ふ。明帝曰く、學士は國を治むるに堪へず。唯だ大いに書を讀むのみ。一劉係宗、此くの如きの輩五百人を持するに足ると。其の吏事を重んずること此の如し。

【吏胥】りしょ 小役人。唐・白居易〔微之（元稹）に和する詩、二十三首、除夜の作に和す〕詩 我は統ぶ、十郎官 君は領す、百吏胥

【吏卒】りそつ 小役人。魏・嵆康〔山巨源（濤）に与へて交はりを絶つ書〕琴を抱きて行吟し、草野に弋釣せんとするも、吏卒之れを守り、妄動することを得ず。二の堪へざることなり。

【吏治】りち 官吏の治めかた。漢・賈誼〔過秦論、中〕二世～繁刑嚴誅、吏治刻深、賞罰當らず、賦斂度無し。天下多事なるも、吏、紀すこと能はず。百姓困窮するも、主、收恤せず。

【吏道】りどう（だう） 官吏の治政の道。宋・陸游〔曾文清公墓誌銘〕公嘗つて疑獄を決す。徐公謝して曰く、始め徒だ君を儒者とのみ謂もひしに、乃ち吏道に精しきこと是くの如きかと。

【吏禄】りろく 官吏の俸給。〔夢渓筆談、官政二〕天下の吏人、素と常祿無し。唯だ賕を受くるを以て生を爲し、往往にして富を致す者あり。熙寧三年、始めて天下の吏祿を制し、重法を設けて、以て請託の弊を絶つ。

↑吏員 吏人／吏課 役人の功課／吏気 役人気質／吏鬼 祭祀官／吏士 役人／吏術 吏道／吏書 官庁の文書／吏職 官吏の職務／吏人 役人／吏属 役人と属官／吏秩 官吏の俸給／吏牘 時文の一種／吏遯 吏隠／吏能 吏才／吏俸 俸給／吏民 官吏と人民／吏務 吏事／吏目 官名／吏門 仕官の道／吏理 吏治

↓委吏・汙吏・下吏・苛吏・猾吏・奸吏・官吏・宦吏・姦吏・悍吏・監吏・騎吏・軍吏・計吏・警吏・賢吏・工吏・公吏・狡吏・候吏・豪吏・酷吏・獄吏・佐吏・主吏・守吏・純吏・循吏・胥吏・小吏・人吏・世吏・俗吏・属吏・濁吏・達吏・貪吏・治吏・長吏・天吏・能吏・幕吏・百吏・文吏・嬖吏・辺吏・捕吏・法吏・邏吏・嬾吏・

良吏・僚吏・廉吏・老吏・郎吏

常 **【利】** 7 2290 ［利］ 8 2792 リ するどい りえき きく

篆文 古文 甲骨文 金文 詛楚文

会意 禾+刀。禾を刈る意。〔説文〕四下に「銛きなり。刀に從ふ。和して然る後利あり。和の省に從ふ」とするが、和は軍門媾和の意で、その禾は軍門の象。利は刀を以て禾穀を刈るので鋭利の意があり、収穫を得るので利得の意がある。金文の字形は犂鋤の形で秎に作り、それが初形。鋭利の義よりして、刀に従う字となった。本来は釐・劙などと同じく、治める意の字である。

訓義 ①するどい、すばやい、よい。②かなう、なめらか、とおる。③さいわい、とみ、もうけ、むさぼる、利益。④はたらき、いきおい、かつ、まさる。⑤国語で、きく。

古訓 〔名義抄〕利 トシ・トクス・シルシ

声系 〔説文〕に利声として梨を収め、また秎声として八字を収める。秎声の字は、みな禾黍を犂く意に従う。

語系 利lietは劙liaと声義近く、犂鋤しておさめることをいう。すべて𠩺声の字に、釐治の意がある。

【利益】 利得。〔後漢書、循吏、衛颯伝〕南陽の茨充、颯に代りて桂陽と爲り、亦た其の政を善くす。民に桑柘麻紵の屬を種殖することを教へ、勸めて養蠶織屨せしめ、民、利益を得たり。

【利害】 損得。〔荘子、斉物論〕雲氣に乘じ、日月に騎り、四海の外に遊ぶ。死生も己を變ずること無し。而るを況んや利害の端をや。

【利器】 利刃の器。英才。〔後漢書、虞詡伝〕志は易きを求めず、事は難きを避けざるは、臣の職なり。槃根錯節に遇はざれば、何を以てか利器を別たんや。

【利義】 利得と道義。〔論語、里仁〕子曰く、君子は義に喩り、小人は利に喩る。

【利剣】 鋭利な剣。〔公羊伝、宣六年〕(霊公、趙盾を殺さんと欲す)靈公、盾に謂ひて曰く、吾れ聞く、子の劍は蓋し利劍なりと。子以て我に示せ。吾將に觀んとすと。趙盾起ちて、將に劍を進めんとす。祁彌明下より之れを呼ぶ。

【利権】 禄利と権力。〔左伝、襄二十三年〕子、位に在り、其の利多し。既に利權有り、又民柄(治政の権)を執る。將た何をか懼れん。

【利己】 自分だけの利益をはかる。唐・封希顔〔六芸の賦〕君は當に廣く敬すべく、臣も亦た規を盡し、物を害して以て己に利せず、毎に尊に謙して卑を守る。

【利口】 口達者。〔論語、陽貨〕子曰く、紫の朱を奪ふことを惡む。鄭聲の雅樂を亂すことを惡む。利口の邦家を覆へす者を惡む。

【利巧】 こざかしい。〔礼記、表記〕周人は禮を尊び施を尙び、鬼に事へ神を敬して之れを遠ざく。～其の民の敝(幣)は、利にして巧、文ありて慙ぢず。

【利人】 人に利を与える。〔墨子、法儀〕人を愛し人を利する者は、天必ず之れに福ひす。人を惡み人を賊ふ者は、天必ず之れに禍ひす。

【利鏃】 鋭い矢じり。唐・李華〔古戦場を弔ふ文〕利鏃骨を穿ち、驚沙面に入る。主客相ひ搏ちて、山川震眩す。

【利沢】 利益と恩沢。〔荘子、天運〕夫れ徳は、堯・舜を遺てて爲さざるなり。利澤萬世に施すも、天下知るもの莫きなり。

【利達】 名利と栄達。〔孟子、離婁下〕君子よりして之れを觀れば、則ち人の富貴利達を求むる所以の者、其の妻妾羞ぢずして相ひ泣かざる者、幾ど希なり。

【利鈍】 巧拙。賢愚。〔顔氏家訓、文章〕學問に利鈍有り、文章に巧拙有り。鈍學も功を累ぬれば、精熟することを妨げず。

【利兵】 鋭い武器。〔孟子、梁恵王上〕王如し仁政を民に施し、刑罰を省き、税斂を薄くせば、～梃を制して以て秦・楚の堅甲利兵を撻たしむべし。～故に曰く、仁者に敵無しと。

【利病】 利害。宋・欧陽脩〔惟儼文集の序〕儼、傲乎として一室に退偃すと雖も、天下の務め、當世の利病、其の言を聽きて終日厭はず。

【利民】 民に利する。〔逸周書、玉佩解〕王者の佩ぶる所は德に在り。德は民を利するに在り。

【利門】 利得の門。唐・杜荀鶴〔僧に贈る〕詩 利門、名路、兩ながら何ぞ憑まん 百歳、風前、短焰の燈

【利欲】 利得の欲望。宋・陸游〔秋思〕詩 利欲、人を驅らしむ、萬火牛 江湖、浪迹、一沙鷗

【利禄】 俸禄、また、禄を利とする。〔礼記、表記〕君に事へ、三たび違ひて竟(境)を出でざるは、則ち祿を利するなり。

↑利運 幸運／利鋭 鋭利／利舸 早舟／利械 利器／利権 独占する／利跂 孤高／利機 利得の機／利金 利兵／利交 利得のための交わり／利根 利発な性格／利索 敏捷／利子 利息／利市 もうけ／利矢 鋭い矢／利屣 舞の靴／利觜 鋭いくちばし、きびしく利を求める／利資 財用／利時 便宜の日、吉日／利辞 利口／利日 死刑執行の日／利準 早く安定する／利潤 利益／利殖 利を生む／利刃 鋭利なやいば／利水 水利／利勢 勢利／利舌 口達者／利銭 利息／利鉏 鋭いすき／利爽 敏捷／利足 疾走する／利息 利を生む／利地 良地／利通 取引で利益をうるもの。商人／利途 栄利を求める道／利刀 鋭利な剣／利導 引き寄せる／利得 利益／利敗 得失／利薄 薄利／利吻 利口／利弊 得失／利便 好都合／利用 都合よく用いる／利養 よく世話し養う／利慾 利欲

↓愛利・遺利・栄利・営利・鋭利・贏利・貨利・我利・快利・獲利・完利・奇利・去利・巨利・享利・経利・兼利・堅利・権利・賈利・公利・功利・交利・好利・厚利・倖利・高利・興利・国利・細利・犀利・財利・市利・私利・自利・失利・実利・射利・受利・重利・勝利・剰利・水利・征利・争利・多利・大利・貪利・地利・調利・薄利・美利・不利・福利・複利・便利・暴利・末利・冥利・名利・有利・余利・用利・伶利・廉利・禄利

人 **【李】** 7 4040 ［杍］ 7 4794 リ すもも

篆文 古文

会意 木+子。〔説文〕六上に「李果なり。木に從ひ、子聲」とするが、声が合わず、また〔説文〕が李の古文とする杍は、〔書、梓材〕の梓の古文である。〔詩、衛風、木瓜〕に「我に投ずるに木李を以てす」とあり、投果の俗を歌う。李は品種すこぶる多く、漢の武帝が上林苑を修めたとき、多く李の名果をうえた。古く獄官に李氏と称するものが多い。また虎を李父・李耳という。

訓義 ①すもも。②理と通じ、獄官・法官の号。③虎、李父・李耳という。

古訓 〔新撰字鏡〕李 須毛々(すもも)〔和名抄〕李子 須毛々(すもも)／麥李 漢語抄に云ふ、佐毛々(さもも)／李桃 辨色立成に云ふ、豆波岐毛々(つはきもも)〔名義抄〕李 ツバキモ、・スモ、

【李下】 李園の木の下。桃盗みの嫌疑を避けて、手を動かさない。〔楽府詩集、平調曲三、古辞、君子行〕君子は未然を防ぐ 嫌疑の閒に處らず 瓜田に履を納れず 李下に冠を正さず

【李疾】 妬忌の甚だしいことをいう。〔唐書、文芸下、李益伝〕少くして癡にして忌克、妻妾を防閑すること苛嚴なり。世に妬を謂ひて李益の疾と爲す。

↑李園 すももの畑／李耳 虎／李桃 ゆすらうめ

↓郁李・苦李・行李・朱李・桃李・梅李

常

【里】 7 6010 リ さと むら まち

篆文  金文 

会意 田＋土。土は社（社）の初文。里とは田社のあるところをいう。〔説文〕十三下に「居るなり」とあり、会意とする。〔繫伝〕に「一に曰く、土聲なり」とするが、声が合わない。〔書、酒誥〕に「越に内服に在りては百僚庶尹、惟れ亞、惟れ服、宗工と百姓里居」とあり、周初の金文〔令彝〕に「明公、朝に成周に至り、命を出だして三事の命を舍く。卿事寮と諸尹と里君と百工と諸侯」とあり、〔酒誥〕の「里居」は「里君」の誤りである。里はのち行政の単位となり、条里・里数の意となるが、字の原義は田社のあるところ、そこを主宰するものを里君といった。君は古くは巫祝王などに用いた語である。国語の「さと」も、神聖な地域を意味する語であった。

訓義 1さと、むら、田社を中心とした地。2まち。行政単位として周は二十五家、他に七十二家・百家など、時代により異なる。3ながさ。周制は三百歩の距離、のち三百六十歩。4さとに住む。5裏・悝と通用する。うち、うれい。

古訓 〔名義抄〕里 サト・ヲリ・ヰル・コトハル・イヤシ

部首 〔説文〕〔玉篇〕に釐・野の二字を属する。〔説文〕に釐を𠩺声とするが、𠩺に釐治の意があり、字は里声である。

声系 〔説文〕に里声として理・俚・裏など九字を収める。俚は聊頼。里の字義を承けるものはない。

語系 里・吏（吏）liəは同声。里は田社のあるところ。吏は使して祭ることを原義とする字であるから、両者は語源的に関係があることも考えられる。閭・廬liaは声近く、閭は里門、廬は里居をいう。理・釐liəは釐治の意、通用することがある。

【里君】 地域の長。〔管子、小匡〕内政を作して軍令を寓す。～齊の國を三分して、以て三軍と爲し、其の賢民を擇びて、里君爲らしむ。

【里諺】 世の諺。鄙諺。〔漢書、王嘉伝〕里諺に曰く、千人の指さす所は、病無きも死すと。

【里語】 世の諺。魏・文帝〔典論、論文〕里語に曰く、家に敝帚有れば、之れを千金に享すと。

【里巷】 村里。〔墨子、号令〕吏卒民、符節無くして擅に里巷官府に入り、吏三老守閭の者、苛止を失するときは、皆斷ず。

【里社】 邑里の社。〔史記、封禅書〕高祖十年春、有司請ふ、縣をして常に春二月及び臘を以て社稷を祠るに羊豕を以てし、民の里社、各〻自ら財して以て祠らしめんと。制して曰く、可なりと。

【里仁】 風俗のよい村。〔論語、里仁〕仁に里るを美と爲す。擇びて仁に處らずんば、焉んぞ知なることを得ん。

【里門】 邑里の門。〔後漢書、鮑永伝〕頃之くして、孔子の闕里、故無くして荊棘自ら除かれ、講堂よりして里門に至る。永、之れを異しむ。

【里落】 村落。〔後漢書、儒林上、孫期伝〕遠人の其の學に從ふ者、皆經を壟畔に執り、以て之れを追ひ、里落其の仁讓に化す。黃巾の賊起り、期の里陌を過るとき、相ひ約して孫先生の舍を犯さず。

【里閭】 村里の門。〔文選、古詩十九首、十四〕故の里閭に還らんことを思ふ 歸らんと欲するも、道因る無し

↑里尹 里の長／里詠 俚歌／里魁 里の長／里閈 里門／里耆 村の老人／里堠 一里塚／里宰 里尹／里司 村役人／里耳 俗耳／里室 村の家／里舍 村の家／里塾 村の塾／里所 一里ほど／里胥 村役人／里人 村人／里正 村の長／里俗 村の風俗／里中 田舎／里長 里正／里程 道里／里婦 村の女／里保 組合頭／里民 村民／里吏 里正／里路 道のり／里老 庄屋

↓一里・海里・街里・丘里・旧里・墟里・郷里・闕里・古里・故里・巷里・郊里・蒿里・三里・市里・梓里・州里・条里・井里・千里・村里・廛里・田里・道里・万里・北里・野里・邑里・遊里・閭里・隣里

【叕】 8 4444 リ レイ あきらか

篆文 

会意 二爻に従う。〔説文〕三下に「二爻なり」とあり、爻文を並べたものと解する。爾・爽の従うところは文身の象。従って叕は全体象形の字と解すべきである。その音は麗・儷・離と同系である。

訓義 1あきらか、あざやか。2文様、文身の文様のかたち。3まじわる。

古訓 〔字鏡集〕叕 マジフ

部首 〔説文〕〔玉篇〕に爾・爽の二字を属する。〔説文〕に爾を麗爾、爽を爽明と訓するが、その形義を説くところがない。みな婦人の両乳をモチーフとする文身の象。朱を以て加えるいわゆる絵身で、その美をいう。

語系 叕liei は麗lyai、離liai と声義が近い。麗は儷べるもの、離は离に隹がかかる意。麗しいという意では、陸離という双声、形況の語に用いる。

【俚】 9 2621 リ いなか いやしい

篆文 

形声 声符は里。〔説文〕八上に「聊しむなり」、〔広雅、釈言〕に「賴むなり」とあって、「聊頼（安んじてたよる）」の意とする。〔漢書、季布伝贊〕に「其の畫、俚（聊頼）無きの至りなるのみ」とあり、計画が依拠するところ無く、不確実であるとの意。聊頼は双声の連語、俚は俚俗を本義とする字である。

訓義 1いなか、ひな。2いやしい、ひなびている。3頼と通じ、たのむ。4里と通用する。

古訓 〔名義抄〕俚 イヤシ 〔篇立〕俚 エビス・イサ、カ・トホル・タチヤスラフ・アザケル・クロイ・タチマチ・イヤシ

語系 俚・里・裏liəは同声。里は田社、都に対して鄙の意となり、俗悪の意となる。

【俚歌】 里歌。唐・劉禹錫〔武陵にて懷を書す、五十韻〕詩 山を照らして畬火（野火）動き 月を踏んで俚歌喧し

【俚言】 世俗のことば、里ことば。〔唐書、韋綬伝〕太子の幼きに方り、綬數〻俚言を爲し、以て太子を悅ばす。～帝怒り、～虔州刺史に外遷す。

【俚諺】 世の諺。里諺。宋・韓琦〔昼錦堂〕詩 事は累りに方冊に載せられ 今復た俚諺に著はる

【俚語】 俚言。〔五代史、死節、王彦章伝〕彦章、武人にして書を知らず。常に俚語を爲して人に謂ひて曰く、豹は死して皮を留め、人は死して名を留むと。其の忠義に於ける、蓋し天性なり。

【俚耳】 俗耳。宋・王安石〔董伯懿の松声に次韻す〕詩 俚耳紛紛として、鄭・衞（淫穢の声）多し 直だ須らく此れを聞いて、始めて心淸なるべし

【俚人】 俗人、田舎者。宋・蘇轍〔子瞻（軾）の煎茶に和す〕詩 又見ずや、北方の俚人、茗飲有らざる無きを 鹽酪椒薑、口に滿つるを誇る

【俚俗】りぞく 野卑。〔五代史、敬翔伝〕太祖素もとより書を知らず。翔の作なす所皆俚俗の語、太祖之れを愛す。～補するに軍職を以てするも、其の好む所に非ず。乃ち以て館驛巡官と爲す。

【俚謠】りよう（えう） 俗謠。宋・王安石〔崔左蔵の広東に之ゆくを送る〕詩 今日淹留して、君、節を按じむ 當時嬉戲せしは、我われ垂髫すいてうなりき 因りて舊政を尋ねて、遺老に詢とひ 爲に新詩を作りて、俚謠を變へよ

↑俚医 やぶ医者／俚近 卑近／俚辞 俚言／俚浅 浅俗／俚鄙 鄙俗／俚婦 田舎女／俚野 野鄙

↓下俚・浅俚・鄙俚・蕪俚

入【俐】9 2220 〔悧〕10 9200 リ かしこい

形声 声符は利り。〔竜龕手鏡〕に訓を著けず、「音は利なり」とみえる。「伶俐」の字を、いま「伶悧」のようにしるすが、伶俐が初文。近世以来の語である。〔名義抄〕に「俐は俗の利の字なり」とあり、もと利発の意であろう。

訓義 1かしこい。2幼少の子の利発さをいう。

↑俐索りさく 利発／俐落りらく 爽快／俐亮りりょう 爽快

【涖】10 3011 〔莅〕11 4421 リ レイ のぞむ

形声 声符は位い。金文では立を位の字義に用いており、古く同声であった。字はまた莅に作る。〔詩、小雅、采芑さいき〕「方叔（人名）涖のぞむ 其の車三千」は、軍を以て敵に臨むこと。〔左伝〕に盟約のとき「涖みて盟ちかふ」ということが多く、親しく誓う意である。〔穀梁伝〕には莅の字を用いる。涖れいはまた水声を形容するときに用いる。

訓義 1のぞむ、その場にのぞむ、のぞみみる。2水がかれる、ほとんどつきる。3涖涖れいれいは、水の音。

古訓 〔名義抄〕涖 ノゾム〔字鏡集〕涖 ミル・ミゾノコヱ

語系 立liəp、涖liətは声義近く、立はその位置に就くこと。その位置に臨むを涖という。戾（戻）lyetを「いたる」とよむのは、涖と通用の義。戻はもと戸下に犬牲をおいて呪詛する字で、悖戾の意である。

【涖次】りじ その場に臨む。〔周礼、地官、司市〕凡そ市入には、則ち胥、鞭度べんたくを執る。～胥師・賈師は、介次（市中の候楼）に涖みて、小治小訟を聽く。

【涖政】りせい 政にのぞむ。〔詩、大雅、公劉、序〕公劉は、召康公成王を戒むるなり。成王將まさに政に涖まんとす。戒むるに民事を以てし、公劉の民に厚かりしを美ほめて、是の詩を獻ぜしなり。

【涖盟】りめい 会盟の場に赴いて盟ちかう。〔春秋、僖三年〕冬、公子友、齊に如ゆき、涖みて盟ふ。

↑涖官りかん 涖事／涖事りじ 官事に臨む／涖阼りそ 即位する／涖卜りぼく 親しく卜兆を見る／涖涖れいれい 水の流れる音のさま

入【莉】10 4492 〔莉〕11 4492 リ まつり

形声 声符は利。茉莉まつりは木犀科の常緑小低木。中国ではその花を茶に入れる。莉芘りひは荊いばらのまがきをいう。

訓義 1まつり。2莉芘、まがき。

↓茉莉

【𠩺】11 5820 リ おさめる ひらく

篆文  甲骨文  金文 

会意 未び＋攴ぼく＋厂。禾穀かこくを撃って、これを治める意とみられる。〔説文〕三下に「坼さくなり」と訓し、「攴に従ひ、厂かんに従ふ。厂の性は坼く。果孰（熟）して味有るときは、亦た坼く。故に之れを𠩺と謂ふ。未聲に従ふ」と形声に解し、許其切きの附音がある。しかし𠩺声の字は嫠・釐など、みな釐りの声である。上部は制と形が近く、禾穀を治める字が𠩺、草木などを治めることを制という。収穫は天の賜うところであるから、福釐・賚賜の意がある。嫠は又ゆう（祐助）、賚は貝（財貨）、釐は里（邑里、所領）を与えられる意であろう。金文にこれらの字のほか、孷りの字もあり、子孫の繁栄を賜う意である。𠩺の下部は金文に人に作り、年の卜文・金文の字形とひとしく、あるいは穀霊を示すものかと思われ、それならば、豊穣を祈る儀礼を示す字である。

訓義 1おさめる、農耕の儀礼。2ひらく、さく。3また氂ち（治）に作る。

古訓 〔字鏡集〕𠩺 ツラヌ

声系 〔説文〕に𠩺声として孷・嫠・釐・剺など七字を収める。金文に賚・孷の字形があり、みな福釐として与えられるものをいう。

語系 𠩺を〔説文〕に許其切とするは疑うべく、おそらく、來（来）・勑laと同じく來母らいぼの音であろう。勑らいは労勑、天の恵賜するところをまた賚laという。

常【梨】11 2290 〔棃〕12 2790 リ なし

篆文 

形声 正字は棃に従い、秎り声。〔説文〕六上に「棃果なり」（段注本）とあり、美果として愛好された。魏の文帝の詔に「甘きこと蜜の若ごとく、脆もろきこと凌りこほりの若し」という語がある。唐・宋の詩に梨花を歌うものが多い。唐の玄宗が、禁苑中の梨園の子弟三百人に伎芸を習わせたので、歌舞伎など演劇界のことを、のち梨園という。

訓義 1なし。2黎黒の意から、としより。3剺りと通じ、さく、ひらく。4黎れいと通じ、もろもろ。

古訓 〔和名抄〕梨 奈之（なし）〔名義抄〕梨子 ナシ・ワカル・ツシメム・ツシメリ・ツキ、・ハイデ

【梨園】りえん（ゑん） 演劇の人。唐・白居易〔長恨歌〕詩 梨園の弟子、白髮新たに 椒房せうばうの阿監、青娥老ゆ

【梨花】りか（くわ） 梨の花。唐・白居易〔長恨歌〕詩 玉容寂寞せきばく、涙闌干らんかん 梨花一枝、春、雨を帶ぶ

【梨渦】りか（くわ） 美人のえくぼ。〔鶴林玉露、乙六、自警詩〕胡澹庵（銓）、十年海外に貶せられ、北歸の日、湘潭しやうたんの胡氏園に飲す。詩を題して云ふ、君恩歸るを許されて、此ここに一醉す 傍らに梨頰の微渦を生ずる有りと。侍妓の黎倩れいせいを謂ふなり。

【梨雪】りせつ 梨の花。前蜀・韋荘〔浣渓沙〕詞 此の夜情有り、誰たか極めざらん 牆かきを隔てて梨雪、又玲瓏れいろうたり 玉容憔悴せうすいして、微紅を惹ひく

↑梨雲りうん 梨花が雲のよう／梨元りげん 黎元、人民／梨色りしょく 老斑／梨棗りそう 版木／梨霜りそう 梨花／梨筒りとう 花火／梨板りはん 版木／梨面りめん 面を剖く／梨来りらい 追及する

↓胡梨・黄梨・水梨・脆梨・桑梨・霜梨・凍梨・氷梨・分梨・芳梨・剖梨

常【理】11 1611 リ おさめる すじ きめ あや

篆文 

形声 声符は里り。〔説文〕一上に「玉を治むるなり」とあり、〔韓非子、和氏かし〕に「王乃ち玉人をして其の璞を理をさめしむ」とみえる。玉に文理があり、磨いてそれをあらわすことをいう。人の皮膚にも肌理があり、地にも山川の文があるので、天文に対して地理という。人情を情理といい、道理の存するところを天理という。理気二元が天地の道とされた。

訓義 1おさめる、みがく、ただす、ととのえる。2玉のあや、すじ、きめ。3みち、ことわり、わかつ、是非、さが。4獄官。

古訓 〔名義抄〕理 タヾス・タヾシ・ミチ・ノリ・ト、ノフ・ヲサム・マツリゴト・ヤム・ツクロフ・マサ・スヂ・ヨシ・ワカル・シワ・コトワル・コトハリ・アヤ・メノマ、ヨシ／料理 シツラフ

語系 理・里・吏（吏）liəは同声。里は田社のあるところで、経営的な農地。その条理の整然たるところから、玉の文あるもの

を玉理・文理という。吏は吏治。ともに治理の意において通じる。農穀を治めることを〓 lia といい、また同系の語とみられる。

【理会】(りかい)(くわい) 理解する。また、理にかなう。〔世説新語、識鑒〕時人以謂へらく、山濤は孫・吳(兵法)を學ばざれども、闇かに之れを理會すと。王夷甫(衍)も亦た歎じて云ふ、公は闇に道と合すと。

【理解】(りかい) はっきりわかる。〔宋史、儒林三、林光朝伝〕光朝~六經に通じ、百氏に貫ふ。言動必ず禮を以てし、四方の來たり學ぶ者、亡慮數百人。~然れども未だ嘗て書を著はさず、惟だ學者に口授し、之れをして心通理解せしむるのみ。

【理気】(りき) 宋学で、宇宙の本体を理、その現象を気という。〔朱子語類、一、理気上〕是の理有りて後に是の氣を生ず。~天下未だ理無きの氣有らず、亦た未だ氣無きの理有らず。

【理義】(りぎ) 道理と正義。〔孟子、告子上〕故に理義の我が心を悅ばすは、猶ほ芻豢(牛羊豚肉などの美食)の我が口を悅ばすがごとし。

【理財】(りざい) 財貨を正しく管理運用する。〔易、繫辞伝下〕財を理め、辭を正し、民の非を爲すを禁ずるを義と曰ふ。

【理事】(りじ) 事を治める。〔後漢書、卓茂伝〕初め茂、縣に到り、廢置する所有り。吏人之れを笑ふ。~河南郡、爲に守令を置く。茂、嫌と爲さず、事を理めて自若たり。數年にして教化大いに行はる。

【理勢】(りせい) 事理の自然な勢い。〔新書、階級〕高き者は攀ぢ難く、卑き者は陵ぎ易きは、理勢然るなり。故に古者聖王、制して列等を爲す。

【理致】(りち) 道理にかなう。〔晉書、王祥伝〕族孫戎、~又稱ふ、祥、正始に在りて、能言の流に在らざるも、之れと言ふに及びては、理致淸遠なり。將た德を以て其の言を掩ふに非ざるかと。

【理髮】(りはつ) 髮を整える。唐・孟郊〔長安羈旅行〕詩 十日に一たび髮を理め 梳する每に旅塵を飛ばす 三旬に九たび過飲し 每食唯だ舊貧

【理法】(りほう)(はふ) 道理。自然の条理。〔夢渓筆談、芸文二〕幽州の僧行均、佛書中の字を集めて切韻訓詁を爲る。凡そ十六萬字、四卷に分つ。龍龕手鏡と號す。燕の僧智光、之れが序を爲る。甚だ詞辯有り。~其の字の音韻次序を觀るに、皆理法有り。

【理乱】(りらん) 治まることと、乱れること。治乱。〔管子、覇言〕堯・舜の人、生まれながらにして理なるに非ざるなり。桀・紂の人、生まれながらにして亂なるに非ざるなり。故に理亂は上に在るなり。

【理論】(りろん) 論理的な立論。〔魏書、崔光韶伝〕光韶、博學強辯、尤も理論を好む。人倫名教得失の閒に至りては、推して之れを論じ、一毫を以て物に假らず。

↑理運 天理と運命/理繹 分析する/理外 道理の外/理学 宋学/理官 裁判官/理紀 経紀する/理拠 論拠/理窟 道理/理決 裁定する/理構 治乱/理国 治国/理債 債務の整理/理産 理財/理糸 糸繰り/理趣 筋道と趣/理処 処置する/理訟 裁判/理心 心を修める/理人 人を治める/理水 治水/理数 道理/理正 理を以て正す/理曹 法曹/理喪 葬儀を治める/理想 最高の目標/理対 正対/理治 治める/理知 知性/理当 当然の理/理道 理法/理能 治才/理非 曲直/理分 条理/理平 治まる/理名 治名/理命 道理と命運/理由 わけ/理要 事理の要/理路 論理の筋道

↓一理・嚴理・学理・管理・肌理・義理・究理・窮理・空理・経理・玄理・原理・公理・校理・合理・佐理・至理・事理・辞理・手理・受理・修理・順理・処理・鋤理・訟理・燮理・条理・常理・情理・心理・真理・審理・人理・推理・生理・性理・政理・整理・摂理・節理・絶理・疏理・奏理・綜理・総理・大理・代理・談理・地理・治理・調理・通理・定理・哲理・天理・統理・道理・背理・非理・膚理・物理・分理・文理・弁理・法理・脈理・妙理・無理・名理・木理・幽理・乱理・料理・倫理・連理・論理

【莅】 11 4421 ［涖］ 10 3011 ［〓］ 13 0513 リ のぞむ

篆文

会意 正字は〓に作り、立＋隶。〔説文〕十下に「臨むなり。立に從ひ、隶に從ふ」とするが、会意となる趣旨を説くところがない。隶三下に「及ぶなり」と訓し、尾を持って従う意とするが、尾を持つという行為の説明がない。隶は、隸の字形においては、左偏は呪霊のある祟りをなす獣の形。右旁はその尾をもつ形。これによってその呪詛を身に著け及ぼすので、その呪詛によって罪戻を受けたものを徒隸という。すなわち隸従の意となる。〓はおそらく儀礼の場所(立・位)において、そのような方法で、清めを受けるのであろう。ゆえにその場に臨む意となる。のち涖・莅の字が用いられ、〓の字については用例をみない。

訓義 ①のぞむ、その場にのぞむ、のぞみみる。②くらい、ろく。③字はまた涖・〓に作る。

古訓 〔名義抄〕莅 ノゾム・ムカフ・マサシ・サカユ・カナフ・タム/涖 ノゾム

語系 莅・〓・涖liet は立liəp と声義近く、立は儀礼を行うところで、人の正しく立つ形。その場所を、呪霊をもつ獣(祟)を以て清めることを〓といい、莅・涖はその形声の字である。

＊語彙は涖字条参照。

【莅決】(りけつ) その場に臨んで論決する。〔唐書、百官志三〕大理寺、~正二人、從五品下。獄を議し、科條を正すことを掌る。凡そ丞の斷罪、當らざるときは、則ち法を以て之れを正す。五品以上の論ずる者莅みて決す。

【莅修】(りしゅう)(しう) 臨み修める。〔晏子、問下二十六〕上に在りて民を治むるときは、以て君を尊くするに足り、下に在りて莅みて修むるときは、以て人を變ふるに足る。

↑莅官 任官する/莅国 国政を執る/莅颯 急速に飛ぶことを形容する/莅止 臨む/莅次 その場に臨む/莅職 就任する/莅正 莅国/莅政 執政/莅民 民を治める/莅盟 会盟に臨む/莅莅 流水の音のさま/莅臨 その場に臨む

【犂】 12 2750 ［〓］ 19 2715 リ レイ すき からすき すく まだら

篆文

形声 声符は𥝢。〔説文〕二上に正字を〓に作り、「耕すなり」と訓し、黎声とするが、𥝢はからすきの形に従う字で、それに牛を加えた形とみてよい。耕(耕)字条四下に「犂なり」とあって互訓。孔門の冉耕、字は伯牛、また司馬耕は一名犂、みな牛耕によってその名字をえている。〔戦国策、趙一〕に「秦は牛を以て田し、水もて粮(糧)を通ず」とあり、それがその富強を致す道であった。字は黎と通用する。

訓義 ①すき、からすき、牛耕に用いる。②すく、たがやす。③まだら牛、まだら。④くろい、黸・驪・黎と声義が通じる。⑤黎と声義が通じ、黎明。

古訓 〔新撰字鏡〕犂 加良須支牛(からすきうし)〔和名抄〕犂 加良須岐(からすき)〔名義抄〕犂 カラスキ・スク・ウシクハ・コロホヒ/犂牛 マダラナルウシ・タカヘスウシ〔篇立〕犂 ナラブ・ヒク・ムスブ・カラスキ・スク・ヲロス・アフル

語系 犂・黎・黧lyei は同声。梨liei も声が近い。犂は牛耕。黎・

黧と同声通用し、黧黒の意に用いる。黎民黔首とは、農民をいう。〔釈名、釈長幼〕に「九十を或いは凍梨と曰ふ。皮に斑點有ること、凍梨の色の如きなり」とみえる。驪lie、驢lia、黸laもみな色の黒いものをいう語である。

【犂牛】りぎゅう　まだら牛。〔論語、雍也〕犂牛の子、騂あかくして且つ角あらば、用ふること勿からんと欲すと雖も、山川其れ諸これを舍すてんや。

【犂耕】りこう　すきで耕す。〔後漢書、王景伝〕是れより先、百姓牛耕を知らず。～景乃ち吏民を驅率し、蕪廢を修起し、教ふるに犂耕を用てす。

【犂黒】りこく　顔色が衰える。黧黒。〔戦国策、秦一〕（蘇秦）秦王に説き、書十たび上るも、説納れられず。黒貂の裘弊やぶれ、黄金百鎰盡く。資用乏絶し、秦を去りて歸る。～形容枯槁し、面目犂黒なり。狀、愧づる色有り。

【犂老】りろう　老人。〔書、泰誓中〕今商王受（紂）、度無きを力行し、犂老を播棄し、罪人に昵比す。

↑犂轅りえん　すきの柄／犂祈れいき　豆腐／犂元れいげん　黎元、人民／犂耳りじ　鉄／犂春りしゅん　春耕／犂鋤りじょ　すきくわ、耕作／犂然りぜん　心がとけて自得する／犂旦れいたん　黎明／犂頭りとう　からすき／犂平りへい　平定／犂民れいみん　黎民／犂明れいめい　黎明／犂面りめん　面をさく

↓架犂・牛犂・耦犂・耕犂・車犂・鋤犂・徹犂・踏犂・晩犂

常【痢】12 0012　リ　くだりばら

形声　声符は利り。下痢をいう。赤・白のほか血痢・酒痢・五色痢・暴痢などの諸症があり、おおむね湿熱暑毒の致すところで、伝染性のものは最もおそれられた。〔黄帝内経〕にこれを腸澼ちょうへきという。

訓義　①くだりばら、しぶりばら、りびょう。②伝染性のもの、赤白痢。

古訓　〔和名抄〕痢　久曾比理乃夜万比（くそひりのやまひ）〔名義抄〕痢　クソヒリノヤマヒ／赤痢　チグソ／白痢　ナメ　〔字鏡集〕痢　ハラノヤマヒ・クソヒリヤマヒ

【痢疾】りしつ　下痢。唐・権徳輿〔賈相公の、退くを乞ふの表に代る〕近ごろ痢疾に染み、綿歴すること旬時、進退の狀恆ならず、寢食の理皆耗す。

【詈】12 6060　リ　ののしる

篆文

会意　网もう＋言。言は神に誓約する語。その盟誓を収めた器の上に网あみを被らせるのは、その誓約を無効とするための、呪詛的な行為である。〔説文〕七下に「罵るなり。网に從ひ、言に從ふ。辠人を网するなり」というが、盟誓にそむき、これを無効とする呪詛的行為をいう。〔詩、大雅、桑柔〕に「覆背して善く詈る」とは、違約の行為を責めるもので、単なる罵詈をいうものではない。

訓義　①ののしる、盟誓にそむく、わるくいう。②あてこする、せめる。

古訓　〔名義抄〕詈　ノル・サイナム　〔篇立〕詈　ソシル・サイナム・ノル・ハヅカシメテ

語系　詈liaiは厲liatと声義近く、厲に悪虐の意がある。戻（戾）lyetも同系の語であろう。

【詈辱】りじょく　詈り辱しめる。〔漢書、翟方進伝〕方進、年十二、三、父を失ひ孤學。太守の府に給事し、小史と爲る。號して遲頓、事に及ばずとし、數しば掾史の詈辱する所と爲る。

【詈罵】りば　ののしる。〔漢書、賈誼伝〕（上疏）夫れ嘗て已に貴寵の位に在り、天子容を改めて之れを體貌す。～今にして過有らば、帝之れを廢せしめて可なり。～司寇小吏、詈罵して之れを榜笞するは、殆ど衆庶をして見せしむる所以に非ず。

↑詈言りげん　詈る語／詈詛りそ　ののしりのろう／詈侮りぶ　ののしり、あなどる

↓怨詈・訶詈・詬詈・詛詈・怒詈・罵詈・忿詈

【𠩺】13 5824　リ　おさめる　ひく

篆文

甲骨文

金文

形声　声符は𠩺り。𠩺に穀を治める意がある。〔説文〕三下に「引くなり」と訓するが、その用義例はない。𠩺声の字にすべて釐治・賜与の意がある。釐の初文とみてよい。卜文・金文の字形は、穀を撃つ形に作る。

訓義　①おさめる。②ひく。

常【裏】13 0073　入［裡］12 3621　リ　うら　うち

篆文

金文

簡書

形声　声符は里り。〔説文〕八上に「衣の内なり」とあり、〔詩、邶風、緑衣〕に「緑衣黄裏」のようにいう。衣の裏地である。金文の車服の賜与に「虎冟熏裏」のように、虎皮に赤地の裏をつけたものを多く用いた。里をそのまま裏に用いている例もある。裡は俗字。

訓義　①うら、衣のうら。②うち、なか、奥。③はら、むね、こころ。④理と通じ、おさめる。

古訓　〔名義抄〕裏　ウラ・ウチ・フトコロ・ウダク・カハ

【裏謁】りえつ　奥向きの請託。〔唐書、后妃伝序〕禮は夫婦に本づく。～盛德の君は、帷薄嚴奥、裏謁朝を忓さず、外言閫（大奥の門）に内れず。

【裏外】りがい　内外。すべて。〔夷堅三志、壬八〕（集仙觀醮）德安府應城縣集仙觀、兵火に罹りし後、堂殿頽圮す。乾道初元、南昌の法籙吳道士、淮南より來りて觀事を領す。符水を以て人の疾を治し、～一切の椿積（たくわえ）、專ら修造に充つ。十年の閒、裏外一新す。

【裏言】りげん　心からのことば。〔左伝、荘十四年〕寡人出づるに、伯父裏言無く、入るに又寡人を念はず。寡人焉れを憾む。

↑裏衣りい　襦袢／裏棺りかん　内張りの棺／裏監りかん　拘留所／裏裘りきゅう　裏のあるかわごろも／裏肚りと　腹巻／裏表りひょう　裏外／裏辺りへん　内部／裏面りめん　内側／裏列りれつ　朝班

↓庵裏・院裏・屋裏・懐裏・客裏・宮裏・峡裏・胸裏・禁裏・閨裏・庫裏・箇裏・匣裏・山裏・這裏・手裏・袖裏・笑裏・場裏・心裏・酔裏・睡裏・内裏・竹裏・肚裏・脳裏・嚢裏・表裏・腹裏・夢裏・霧裏・夜裏

【嫠】14 5824　リ　やもめ

篆文

形声　声符は𠩺り。〔説文新附〕十二下に「夫無きなり」、〔玉篇〕に「寡婦なり」とみえる。〔左伝、昭十九年〕に「己れ嫠婦と爲る」とあり、古くから用例がみえるが、普通には寡という。寡は廟中で嘆く人の形で、夫に死別した者をいう。嫠はあるいは釐りと声義の通ずる字であろう。

訓義　①やもめ。②釐と通用し、おさめる。

古訓　〔篇立〕嫠　ヤモメ

【嫠婦】りふ　寡婦。宋・蘇軾〔赤壁の賦〕客に洞簫を吹く者有り。歌に倚りて之れに和す。其の聲嗚嗚然として、～絶えざること縷の如し。幽壑の潛蛟を舞はしめ、孤舟の嫠婦を泣かしむ。

↑嫠節りせつ　寡婦の貞操／嫠独りどく　鰥寡

↓鰥嫠・煢嫠・惸嫠・孤嫠

【貍】14 2621［狸］10 4621　リ　バイ　のねこ　たぬき　うずめる

篆文 形声 声符は里。〔説文〕九下に「伏する獸なり。貙に似たり」とあり、貙字条に「貍に似たる者なり」という。字はまた狸に作り、野猫ともいう。猫と似ているので、猫をまた狸奴という。人を迷わすという説話は中国にも多く、〔太平広記〕などにその類の話がある。

訓義 ①のねこ。②たぬき。③薶と通じ、うずめる。

古訓 〔和名抄〕狸 多奴岐（たぬき）〔名義抄〕貍 タヌキ・タ、ケ／狸 タヌキ・タ、ケ・メコマ・イタチ 〔字鏡集〕貍・狸 タ、ケ・タヌキ・イタチ・ネコマ・ネコニ、ニタリ・ヌコマ

【狸狌】野性の猫と、いたち。〔荘子、逍遥遊〕子獨り貍狌を見ずや。～東西に跳梁し、高下を辟けず。機辟（わな）に中たり、罔罟（あみ）に死す。

【狸沈】犠牲を埋め沈める。〔周礼、春官、大宗伯〕貍沈を以て、山林川澤を祭る。

【狸奴】猫の異称。宋・陸游〔猫に贈る〕詩 鹽もて裹みて迎へ得たり、小狸奴 盡く護る、山房萬卷の書

↑狸製 狸の裘／狸虫 蟄虫／狸徳 狸の技／狸物 泥亀の類

↓狐狸・虎狸・蔵狸・沈狸・文狸・霊狸

常【履】15 7724 〔履〕15 7724 リ くつ はく ふむ おこなう

篆文 古文 会意 正字は履に作り、尸＋彳＋舟＋夊。舟は履の象形。夊はこれを履く形。尸はかたしろ。葬礼のような儀礼の際に用いるものであろう。〔説文〕八下に「足の依る所なり。尸に従ひ、彳に従ひ、夊に従ふ。舟は履の形に象るなり。一に曰く、尸聲」とする。依・履は畳韻の訓であるが、尸は声が異なる。金文の〔大𣪘〕に「大（人名）の賜へる里を頫む」とあって、舟は履の形、頁は儀礼のときの姿。土地を賜わって、その地を践む践土の儀礼をいう。践土はのちの反閇にあたる。それよりして、履践・履行・履歴の意となる。

訓義 ①くつ、はきもの、儀礼用のくつ、いとぐつ、はく。②ふむ、あゆむ、めぐる。③ゆく、おこなう、おこない。ふみ、すすむ。位につく、一定の位置につく。④釐と通じ、さいわい、たまもの、たまう。

古訓 〔和名抄〕履 久豆（くつ）〔名義抄〕履 フム・クツ・ハキモノ・ウツム・ウマ・ヌグ・サイハヒ・ヲサム・ワラウヅ・オコナフ

部首 〔説文〕に屨・屩・屐など五字、〔玉篇〕に屣・屧などを加えて十字を属する。みな履の省形に従うとするものである。履は儀礼用のもので、その義を承けるものが多い。

語系 履liei は遅（遲）diei、徲 dyei と声近く、遅・徲に舒緩・遅久の意があり、儀礼の際の動作をいう。〔礼記、玉藻〕に「君子の容は舒遲なり」とみえる。

【履蹻】わらぐつを履く。〔戦国策、秦一〕（蘇秦）資用乏絶し、秦を去りて歸る。縢（脚絆）を羸ひ、蹻を履き、書を負ひ橐を擔ふ。

【履屨】くつ。〔大戴礼、武王践阼〕杖に銘を爲し、帶に銘を爲し、履屨に銘を爲し、觴豆に銘を爲す。

【履行】実行する。また、品行。〔晋書、成帝紀〕（咸康二年詔）周・漢の後、絶えて繼ぐもの莫し。～履行修明にして、以て其の祀を繼承すべき者有らば、舊典に依りて施行せよ。

【履正】正道を行う。〔三国志、魏、崔林伝〕夫れ宰相は天下の瞻效する所なり。誠に宜しく忠を秉り正を履み、義に仗よるの士、海内の師表とする所と爲るに足る者を得べし。

【履跡】あしあと。唐・李商隠〔雪を喜ぶ〕詩 寂寞として門扉掩ひ 依稀として履跡斜めなり

【履霜】霜の上を歩く。〔詩、魏風、葛屨〕糾糾たる葛屨 以て霜を履むべし

【履度】規約に従う。また、履物の寸法。〔晋書、隠逸、陶潜伝〕潜、履無し。（刺史王）弘、左右を顧みて之れが爲に履を造らしむ。左右、履の度を請ふ。潜便ち坐に於て脚を申のべ度らしむ。

【履氷】危険をおかす。細心の注意をする。〔詩、小雅、小旻〕戰戰兢兢として 深淵に臨むが如く 薄冰を履むが如し

【履歴】めぐり歩く。また、経歴。〔魏書、源子恭伝〕其の履歷清華、名位高達、其の家累を計るに、應に輕からざるに在るべし。今は歸化して、何ぞ其れ孤迥になるや。

↑履位 地位に就く／履運 時運／履栄 尊栄の地位に就く／履綦 履飾り／履義 正義を行う／履虚 歩虚／履傾 危険をおかす／履繫 くつの紐／履繋 くつ／履屐 履物／履潔 廉潔を守る／履謙 謙虚に振る舞う／履袴 履と袴／履候 適時／履痕 足迹／履歳 年を経る／履糸 絹の靴／履歯 下駄の歯／履尚 礼儀正しくする／履蹤 行跡／履信 信を守る／履真 履正／履新 新年／履声 靴音／履舄 くつ／履迹 足跡／履籍 即位する／履穿 ぼろ靴／履祚 即位する／履組 履飾り／履戴 天地／履炭 火をふむ、艱難／履長 冬至／履貞 履正／履道 正道をふみ行う／履任 着任する／履薄 薄氷をふむ／履尾 虎の尾をふむ／履襪 くつ／履方 履正／履立 正道をふみ、正しく行う

↓衣履・越履・夬履・解履・革履・冠履・躬履・剣履・行履・糸履・屣履・躧履・失履・朱履・取履・杖履・縄履・正履・舄履・穿履・践履・賤履・素履・組履・草履・操履・脱履・躔履・登履・踏履・佩履・帛履・菲履・福履・平履・敝履・弊履・歩履・忘履・芒履・木履・幽履・遊履

【氂】15 5821 リ ボウ（バウ）

篆文 形声 声符は𠩺。𠩺は犛の省文。〔説文〕二上に「犛牛の尾なり」という。また旄と通用する。

訓義 ①うしのお、からうしのお、うまのお。②け、ながいけ、ほそいけ。③けおりもの。④分量、十毫を氂という。釐。

古訓 〔篇立〕氂 ニコゲ

語系 氂・旄mô は同声。〔国語、晋語四〕「羽旄齒革」の〔注〕に「旄は旄牛の尾なり」とあり、〔周礼、春官〕に〔旄人〕の職、また〔楽師〕に「旄舞」の名がみえる。

【氂牛】からうし。やく。犛牛。〔漢書、郊祀志上〕泰一の用ふる所は、雍の一時の物の如し。～一氂牛を殺して、以て俎豆の牢具と爲す。

↑氂纓 喪冠／氂毼 微物

↓罽氂・豪氂・馬氂・毛氂

【犛】15 5825 リ ボウ（バウ） からうし やく

篆文 形声 声符は𠩺。〔説文〕二上に「西南夷の長髦牛なり」とあり、𠩺声とする。別に「莫交切」の附音がある。〔周礼、春官、楽師〕に旄舞があり、旄人がこれを供した。天子の旌旆にも犛牛の尾を飾り、大纛という。

訓義 ①からうし、やく。②旄と通用する。

古訓 〔字鏡集〕犛 ウシ

【犛牛】からうし。やく。〔山海経、中山経〕（荊山）其の中、犛牛多く、豹虎多し。

↑犛旄 氂を飾る旗

常【璃】15 1012 リ たま るり

形声 声符は离。〔漢書、西域上、罽賓国伝〕に罽賓国の特産の一として「璧流離」の名がみえ、瑠璃ともいう。梵語の音写「吠瑠璃」を略した語。仏典に多くその語がみえる。玻璃はガラスをいう。

訓義 ①たま。②るり。

↑璃灯 玻璃灯
↓玻璃・琉璃・瑠璃

【罹】16 6091 リ うれえる かかる あう

篆文

形声 声符は羅の省文。〔説文新附〕七下に「心憂ふるなり。网に従ふ。未だ詳らかならず」とするが、羅網と隹とに従って、その憂懼を示す字。災厄にあって苦しむことをいう。離と通用し、もと同義の字であった。

訓義 1うれえる、なやむ。2離と通用し、かかる、つく、あう。

古訓 〔名義抄〕罹 アフ・ウレフ・カ、ル

語系 罹・離liaiは同声。離は禽に隹がかかる意である。麗・儷lyaiは声近く、ふたつのものがならびつく意がある。

【罹被】かかる。こうむる。南朝宋・范曄〔宦者伝論〕因りて復た大いに鉤黨を考(拷治)し、～凡そ善士と稱せらるるもの、災毒に罹被せざる莫し。

↑罹苦 苦にあう／罹辜 罪にかかる／罹災 災いにあう／罹疾 病にかかる／罹罝 網にかかる／罹毒 災難にあう／罹兵 戦禍にあう／罹乱 喪乱にあう

【縭】17 2092 リチ ひざかけ つなぐ

篆文

形声 声符は离。离は虫がつながる形。〔説文〕十三上に「絲を以て履を介かざるなり」とあり、〔周礼、天官、屨人〕はそのことを掌る。また香嚢を佩びることをいう。〔詩、豳風、東山〕「親しく其の縭を結ぶ」とは、婚儀のとき、女の服の飾り紐を結ぶこと、のち「結不解」という。一種の呪飾であった。

訓義 1くつのいとかざり。2ひざかけ、おび、おびる、香嚢をおびる。3つなぐ、つける。

古訓 〔名義抄〕縭 カブリノヲ・ヒモ 〔篇立〕縭 カブリノヲ・ヲビ・カブリ

↓結縭・琛縭・風縭・紼縭

【醨】18 1062 〔漓〕14 3012 リ うすざけ

篆文

形声 声符は离。〔説文〕十四下に「薄酒なり」とし、「讀みて離の若くす」という。漓はその俗字。〔楚辞、漁父〕に「衆人皆醉はば、何ぞ其の糟を餔らひて、其の醨を歠らざる」の句がある。

訓義 1うすざけ。

古訓 〔名義抄〕醨 シル・モソロ・アハサケ・ウスラク・アハテタリ 〔字鏡集〕醨 コサケ・ウスキサケ・シル・ウスラク・アハツ・アハキサケ・アハサケ・サケ・サケシタム・モソロ・シタム・アハテタリ・サケカフ・モロミ・アク・アハシ

【醨薄】うす酒。〔旧唐書、食貨志下〕建中三年、初めて権酒す。天下悉く官釀ならしめ、斛收直三千。～州縣に委して綜領せしむ。醨薄私釀は、罪差有り。京師は王者の都なるを以て、特に其の権を免す。

↑醨酒 薄酒
↓醇醨・糟醨・啜醨・薄醨・理醨・和醨

【釐】18 5821 〔嫠〕13 5824 リ おさめる さいわい

篆文 金文

形声 声符は𠩺。𠩺は穀物をうつ形で釐治の意があり、また福釐の意がある。〔説文〕十三下に「家の福なり」という。〔詩、大雅、既醉〕「爾に女士を釐ふ」は子孫を与えられる意。収穫が天与のものであるように、すべて恩恵的に与えられるものをいう。金文に𠭯・賚などの字形があり、みな恩賚のものをいう。釐は農穀を治める意であるから、釐正・釐革の意がある。

訓義 1おさめる、ただす、あらためる。2さいわい、よい、よろこび。3まつりの肉、ひもろぎ。4来と通じ、むぎ。5嫠と通じ、やもめ。6字はまた嫠に作る。

古訓 〔名義抄〕釐 サイハヒ・コトハル・ヒボロギ・ト、ノフ・ツトム・ニコゲ・アタフ・ヲサム 〔字鏡集〕釐 ムサボル・ヲサム・タマフ・ツトム・ノギ・ト、ノフ・サイハヒ・ヒボロギ・アタフ・ヒトリ／嫠 ヒク・キノコ

【釐改】改正する。〔国語、周語下〕伯禹、前の度に非ざるを念ひて、制量を釐改し、天地に象物し、百則に比類し、之れを民に儀へ、之れを群生に度る。

【釐革】改正する。〔宋書、孔琳之伝〕凶門栢裝は、禮典に出でず。末代より起り、積習して常を生じ、遂に舊俗を成す。～固より當に先典に式遵し、後謬を釐革すべし。

【釐正】改正する。〔唐書、儒学上、顔師古伝〕帝嘗て五經、聖を去ること遠く、傳習して寖く訛れるを歎じ、師古に詔して、祕書省に於て考定せしむ。釐正する所多し。既にして成る。～誼據該明なり。～人人歎服す。

【釐婦】やもめ、嫠婦。〔孔子家語、好生〕魯人に、獨り室に處る者有り。隣の釐婦も亦た獨り一室に處る。夜、暴かに風雨至り、釐婦の室壞る。趨りて焉れに託す。魯人、戸を閉して納れず。釐婦～言ふ、子、何ぞ不仁にして我を納れざるやと。

↑釐捐 貨物の通過税／釐金 釐捐／釐好 双生児／釐降 降嫁する／釐毫 極めて少い／釐事 祭事／釐孳 双生児／釐謝 ひもろぎ／釐清 ととのえる／釐定 釐正／釐訂 修訂する／釐剔 ととのえ削る／釐麰 むぎ
↓毫釐・受釐・祝釐・福釐

【鯉】入 18 2631 リ こい

篆文 石鼓文

形声 声符は里。〔説文〕十一下に「鱣なり」、また鱣字条に「鯉なり」とあって互訓。鱣鮪の属は、鞏穴を出でて竜門を超え、竜になるという。孔子の子、名は鯉、字は伯魚。〔論語、季氏〕に、鯉が庭を過ぐるとき、孔子のおしえを受けたことがあり、それで庭訓・鯉庭などの語がある。〔古楽府〕に、双鯉魚の中に書信を託することがみえ、手紙のことを鯉書・鯉素という。

訓義 1こい、しび。2手紙。

古訓 〔和名抄〕鯉 古比(こひ) 〔名義抄〕鯉 コヒ・ナマヅ・ワニ／鯉魚 コヒ

【鯉素】手紙。〔古楽府、飲馬長城窟行〕客、遠方より來り、我に雙鯉魚を遺る 兒を呼んで鯉魚を烹しむるに 中に尺素の書有り

【鯉庭】家庭での教え。庭訓。〔論語、季氏〕嘗て獨り立てり。鯉、趨りて庭を過ぐ。曰く、詩を學びたるかと。對へて曰く、未だしと。曰く、詩を學ばずんば、以て言ふこと無しと。鯉退いて詩を學べり。

↑鯉書 手紙
↓鱠鯉・江鯉・紅鯉・黒鯉・尺鯉・赤鯉・鮮鯉・素鯉・双鯉・鱣鯉

【棃】19 5829 〔庲〕10 7129 リ ライ タイ

篆文 古文

形声 声符は𠩺。𠩺は犛の省声。〔説文〕犛部二上に「彊曲毛なり。以て衣を箸起すべきなり」とし、古文として庲を録する。犛の省に従ひ、來聲」とし、古文として庲を録する。地名のときは邰の声でよむ。

訓義 1こわい毛、剛毛。2毛の長い牛。犛に通じ、犛牛。3地名、邰と同じ、右扶風。炎帝の後、姜姓の封ぜられた地という。

常
【離】19 0041 リ かかる はなす はなれる うぐいす

篆文

形声 声符は离。〔説文〕四上に「離黄、倉庚なり。鳴くときは則ち蠶生ず」(段注本)とあり、朝鮮うぐいすをいう。〔詩、豳風、七月〕「春日載ち陽かなり 鳴ける倉庚有り」の〔伝〕に「倉庚は離黄なり」とあり、黄鸝ともいう。〔大戴礼、夏小正〕に「二月、～鳴ける倉庚有り。三月、～妾・子始めて蠶す」とあり、養蚕のはじまるときであった。離は字形からいえば隹が黐にかかる意。〔楚辞、離騷〕は「騷(慅・憂え)に離ふ」の意である。これを離去しようとするので、離去・離別の意となり、「かかる」意にはのち多く罹を用いる。うぐいすの意には、鸝がその本字である。

訓義 ①かかる、とりがとりもちにかかる。②はなす、はなれる、わかれる、そむく、さる。③麗と通じ、つく、つらなる、ならぶ、わたる。④羅と通じ、あみ。⑤罹と通じ、うれえ。⑥鸝と通じ、ちょうせんうぐいす。⑦曬と通じ、あきらか。

古訓 〔名義抄〕離 ハナル・サル・カタヽガヒ・ヒラク・ワカル・チル・ミナミ・ハナツ・カヽル・ツラヌ・ツラナル・アフ・カフ・ツク／離々 ツラナル／支離 ソヽケタリ・アツシ・ミツ・ワサス 〔字鏡集〕離 ツク・ツラナル・チル・ワカレ・カヽル・ミナミ・ノブ・ヒラク・ハナツ・カタヽガヒ・ウルハシ・カフ・ハナル・アフ・カギル・ツラヌ・アミ・ヒバリ・コトハル・アキラカ・フタツ・サル・フサナル

語系 離liai、麗・儷lyaiは声近く、通用義が多い。兩(両)liangも並ぶものをいう。離はおとりを使って黐で鳥を捕る方法であるから、これらは同系の語である。

【離異】強制離婚。〔明律、刑、犯姦〕其の和姦・刁姦する者は、男女罪を同じうす。～婦人は離異して宗に歸し、財物は官に入る。

【離筵】別離の筵。唐・宋之問〔司馬道士の天台に遊ぶを送る〕詩 羽客の笙歌、此の地に違ふ 離筵數處、白雲飛ぶ

【離懐】離別の情。清・呉昌碩〔南楼清明〕詩 離懐を寄せんと欲するも、杳として處無し 堪ふべけんや、黄鳥の牆を隔てて鳴くに

【離間】仲をさく。〔顔氏家訓、後娶〕其の後、假繼(継母)孤遺を慘虐し、骨肉を離間し、傷心斷腸する者、何ぞ勝げて數ふべけんや。之れを慎めや、之れを慎めや。

【離居】たちさる、別居。〔詩、小雅、雨無正〕正大夫離居す 我が勩しみを知るもの莫し

【離群】仲間をはなれる。また、抜群。宋・蘇軾〔表忠観碑〕天目の山、苕水出づ。～篤く異人を生じ、絶類離群、奮挺大呼すれば、從ふ者雲の如し。天を仰ぎ江に誓へば、月星晦蒙なり。

【離恨】離別の愁い。南唐・李煜〔清平楽〕詞 離恨、還た生ず 恰も春草の如し 更に行き更に遠きままに

【離魂】遊離魂。唐・韓偓〔曲江夜思〕詩 大抵世間幽獨の景 最も詩思と離魂とに關す

【離索】独居。宋・陸游〔釵頭鳳〕詞 東風惡しく 歡情薄し 一懷の愁緒 幾年の離索ぞ

【離散】家族などがばらばらになる。清・黄宗羲〔明夷待訪録、原君〕天下の骨髓を敲剝し、天下の子女を離散し、以て我一人の淫樂に奉ぜしむ。～然らば則ち天下の大害を爲す者は君のみ。

【離思】離別の情。唐・雍陶〔嘉陵駅に宿す〕詩 離思茫茫として、正に秋に値ふ 毎に風景に因りて、卻つて愁ひを生ず

【離愁】離思。唐・杜牧〔後池に舟を泛べ、王十秀才を送る〕詩 筵に當りて一たび醉ふと雖も 寧ぞ復た離愁を緩うせん

【離情】離懐。清・呉昌碩〔登高〕詩 年年頻りに落魄す 今歳更に蹉跎たり 客と作りて離情慣るるも 登高、感慨多し

【離人】旅人。また、別離した人。唐・張若虚〔春江花月夜〕詩 憐れむべし、樓上、月裴回し 應に照らすべし、離人の妝鏡の臺

【離析】分散する。〔漢書、董仲舒伝賛〕仲舒、漢の、秦の滅學の後を承け、六經の離析するに遭ひ、帷を下して發憤し、心を大業に潛め、後學の者をして統壹する所有らしめ、群儒の首と爲る。

【離俗】俗世を離れる。〔淮南子、人間訓〕單豹、世に倍き俗を離れ、巖に居り谷に飲む。

【離披】花咲く。散乱する。明・董其昌〔画に題す、二首、一〕詩 少年、狡獪多し 老筆、漸く離披 氣韻、向れよりか取る 心に讚毀無きの時

【離別】人と別れる。唐・陸亀蒙〔別離〕詩 丈夫涙無きに非ず 離別の間に灑がず 劍に仗りて尊酒に對す 游子の顔を爲すを恥づ

【離落】離散し衰える。〔国語、呉語〕夫れ越は、～吾が甲兵をして鈍弊し、民人をして離落し、日ゝ以て憔悴せしむ。然る後安くんぞ吾が燼(余り)を受けん。

【離離】ものがさかんにつらなるさま。あかるく、みだれるさまなどをいう。元・王蒙〔張僧繇の画に題す〕詩 千峯萬峯、靑突兀 前村後村、樹離離たり

↑離違 去る／離宴 離別の宴／離遠 遠ざける／離歌 別れの歌／離開 分離する／離隔 はなれる／離跂 背く／離棄 見限る／離去 去る／離襟 離思／離訣 訣別する／離垢 仏道／離合 集散／離坐 列坐する／離弍 たがう／離榭 はなれの屋敷／離酌 別離の筵／離酒 離酌／離聚 集散／離塵 脱俗／離世 世を避ける／離声 別離の歌／離絶 離別／離逖 遠ざける／離杯 別離の杯／離背 叛く／離判 分かれる／離叛 叛く／離畔 叛く／離靡 連なるさま／離夢 旅先の夢／離尤 尤めにあう／離憂 憂いにあう／離剌 離落／離立 並立する／離婁 明らか

↓違離・遠離・厭離・乖離・解離・隔離・羈離・久離・距離・睽離・合離・散離・支離・侏離・出離・遭離・剝離・披離・不離・分離・別離・遊離・乱離・陸離・流離・淋離

【黧】 20 2733 リ レイ くろい

形声 声符は𥝢。〔玉篇〕に「黑きなり」、〔一切経音義〕に「黃黑なり」とあり、老人のさえない顔色などをいう。〔墨子、兼愛中〕に、楚の霊王が細腰を好み、宮人みな食を節して「朝に黧黑の色有り」といわれた。字はまた黎と通じ、農耕で日やけした民を黎民という。

訓義 ①くろい、きぐろ、くろまだら。②くろうま。

古訓 〔名義抄〕黧 クロシ・マダラナリ

語系 黧・黎lyeiは同声。梨lieiも声が近い。〔方言、一〕に「燕・代の北鄙にては(老を)棃(梨)と曰ふ」とあり、梨も黧黑によって名をえたものであろう。

【黧老】老人。唐・柳宗元〔興州江運記〕是の年四月、中謁者をして、來りて公に命を錫はしむ。賓僚吏屬、將校卒士、黧老童孺(幼いものたち)、公門に塡溢し、舞躍歡呼し、碑を建て德を紀さんことを願ふ。

↑黧顔 黒ずんだ顔／黧黃 黃鶯／黧黑 黃色を帯びた黒色

↓垢黧

【邐】 23 3130 リ つづく つらなる

篆文

金文

形声 声符は麗。麗にならぶ、つづくの意がある。〔説文〕二下に「行くこと邐邐たるなり」と形況の語とする。邐迆・邐池のように、畳韻の連語として用いることが多く、ならびつづくことをいう。鹿の生態によって、その字をえている。
訓義 ①つづく、つらなる。②一高一下、一屈一直するさまをいう。
古訓 〔名義抄〕邐 ユク・カタチガヒ・スグ・ナゴヤカナリ 〔篇立〕邐 スグ・ナ、メナリ・ユク・カタチガヒ・ナゴヤカナリ
語系 邐lieは麗・儷lyai、離liai、兩(両)liangと声近く、いずれもならびつづく意がある。一系の語とみてよい。
【邐迆】曲折してうちつづくさま。魏・呉質〔東阿王(曹植)に答ふる書〕夫れ東嶽に登る者にして、然る後に衆山の邐迤たるを知る。
↑邐倚 邐迆/邐逶 邐迆/邐逓 邐迤

【籬】 25 8841 リ まがき
形声 声符は離。離につける、相連なる意がある。〔釈名、釈宮室〕に「籬は離なり。柴竹を以て之れを作る。疏らきこと離離然たるなり」とあり、粗いまがきをいう。
訓義 ①まがき、ませがき。
古訓 〔和名抄〕籬 末加岐(まがき)。一に云ふ、末世(ませ) 〔名義抄〕籬 マガキ・ミヅガキ・マセ・シバガキ
語系 籬・離liaiは同声。まばらに、あらく連なるような状態のものをいう。これに対して累・藟liuaiは密度高く、かさなり合う状態のものをいう。
【籬垣】まがき。〔晋書、良吏、呉隠之伝〕帰舟の日、装に餘資無し。至るに及んで、數畝の小宅、籬垣仄陋にして、内外茅屋六間、妻子を容れず。
【籬菊】まがきの菊。晋・陶潜〔飲酒、二十首、五〕詩 菊を東籬の下に采り 悠然として南山を見る 山氣、日夕に佳なり 飛鳥、相ひ與に還る
【籬牆】まがき。〔梁書、儒林、范縝伝〕人の生は、譬へば一樹花の如し。同に一枝に發き、倶に一蔕に開き、風に隨つて墮つ。自ら簾幌を拂つて茵席の上に墜つる有り、自ら籬牆に關されて糞溷の側に落つる有り。
【籬辺】まがきのほとり。唐・皎然〔陸鴻漸(羽)を尋ねて遇はず〕詩 近ごろ籬邊に菊を種ゑたるに 秋來るも、未だ花を著けず
【籬門】かきねの門。宋・陸游〔暁雨初霽〕詩 燕子聲中、寂として事無し 獨り苔徑を穿ちて、籬門を出づ
【籬落】まがき。宋・林逋〔梅花、二首、一〕詩 雪後の園林、纔かに半樹 水邊の籬落、忽ち横枝
↑籬陰 垣の陰/籬花 菊/籬外 垣の外/籬隙 垣のすきま/籬根 かきね/籬柵 かき/籬障 かき/籬前 牆の前/籬頭 籬辺/籬畔 籬のほとり/籬樊 垣の内/籬藩 籬樊
↓垣籬・棘籬・荊籬・荒籬・山籬・杉籬・雪籬・疎籬・霜籬・短籬・竹籬・東籬・樊籬・蕃籬・藩籬

【驪】 29 7131 リ くろうま
篆文 
形声 声符は麗。麗に酈・邐の声がある。〔説文〕十上に「馬の深き黒色のものなり」とあり、〔詩、魯頌、駉〕に「驪たる有り、黄たる有り」とみえ、馬の毛色をいう。
訓義 ①くろうま。②くろ、くろいろ、青黒。③麗と通じ、そえる、ならべる、二頭立ての馬車。
古訓 〔名義抄〕驪 クロシ・クロミドリノムマ/靑驪 アヲクロナリ 〔篇立〕驪 マダラナ(ウマ)・クロシ・カラスクロ 〔字鏡集〕驪 カラスマダラナルウマ・クロシ
語系 驪lieは黧・黎lyei、梨lieiと声近く、みな黒みを帯びた色をいう。
【驪歌】驪駒の歌。送別の歌。唐・李白〔灞陵行、送別〕詩 正に當る、今夕斷腸の處 驪歌愁絶、聽くに忍びず
【驪駒】くろうま。送別の歌、逸篇。〔漢書、儒林、王式伝〕(江公)心に式を嫉む。歌吹の諸生に謂ひて曰く、驪駒を歌へと。式曰く、之れを師に聞けり。客、驪駒を歌ふときは、主人、客毋庸歸(客、帰るを庸ふること毋かれ)を歌ふと。今日、諸君主人爲り。日尙ほ早し、未だ可ならざるなりと。
【驪馬】くろうま。また、駢駕の馬。〔漢書、王莽伝上〕群臣奏言す。~宰衡の位は、宜しく諸侯王の上に在るべし。賜ふに東帛加璧、大國乘車、安車各〻一、驪馬二駟を以てすと。
【驪竜】くろい竜。〔荘子、列禦寇〕夫れ千金の珠は、必ず九重の淵、驪龍の頷下に在り。
↑驪駕 馬を並べて駕する駢駕/驪翰 黒馬と白馬/驪牛 犂牛/驪黒 くろい色/驪珠 驪竜の頷下にある珠/驪色 くろい色
↓駕驪・四驪・騂驪・乘驪・青驪・鉄驪

【鸝】 30 1722 リ うぐいす
形声 声符は麗。黄鸝は朝鮮うぐいす。また黄鳥・黄離・倉庚ともいう。〔月令〕の類には倉庚といい、宋玉の〔高唐の賦〕に鸝黄の名がみえる。
訓義 ①うぐいす、ちょうせんうぐいす。②字はまた離に作る。
古訓 〔名義抄〕鸝 楚雀なり/黄鸝 ウグヒス
↑鸝黄 ちょうせんうぐいす
↓黄鸝

リク

【坴】 8 4010 リク ロク つちくれ
篆文 
象形 六を重ねた形。六は幕舎の象のようである。〔説文〕十三下に「土塊、坴坴たるなり」と土塊の相重なる象とするが、陸の金文の字形の従うところによって考えると、土塊の象とはみえない。〔説文〕に宍声とし、また「讀みて逐の若くす。一に曰く、坴梁(地名)なり」という。〔繫伝〕に「讀みて速の若くす」とあり、字形にも声義にも混乱がみられる。宍は屮部一下に「菌宍、地蕈、田中に叢生す」とあって、菌草の類。その籀文に三宍を重ねた形があり、陸の籀文の字形もその形に従う。陸は聖所の象、坴はその施設に関する字。夌字条五下に「越ゆるなり」とあって、凌遅の意があり、聖所を凌轢する意であろう。坴は陸・夌字との関連において解すべき字である。陸は聖梯の前に幕舎を連ねる意と考えられる。
訓義 ①つちくれ、大きなつちくれ。②幕舎の形、坴坴とならぶ形。
声系 〔説文〕に坴声として睦・稑・陸など四字を収める。陸は坴と声義の関係があり、𠂤は神の陟降する聖梯、宍は幕舎の形とみられ、坴は聖梯の前に幕舎を列ねる意であろう。その状を坴坴という。

常 【陸】 11 7421 リク ロク おか くが
篆文  籀文  金文 
形声 声符は坴。坴はおそらく、神を迎える幕舎の形。聖梯の前に幕舎を列ね、土主をおいて祀るところである。〔説文〕十四下に「高平の地なり」とし、坴声とする。〔左伝、昭四年〕に、日が北陸にあるとき、氷を蔵し、四月立夏、西陸にあるとき、氷を出す蔵氷の儀礼のことを規定しており、陸には日景を観測する機能があるらしい。籀文の字形は三宍に従う形である。

訓義 ①おか、くが、高平の地。②神を迎えるところ、その幕舎のあるところ。③あつい、たかい。④睦と通じ、むつむ。

古訓 〔名義抄〕陸 ムツ・ミチ・クムガ・アツシ・ヌク 〔字鏡集〕陸 ミチ・クガ・イカ・ヌク・ホシ・コマヤカナリ・アツシ・クムガ・シタル・ムツミテ

語系 陸liuk、陵liang は声義近く、隴liong、隆(隆)liuam もみな高平のところをいう。そこを聖地とするものであろう。自を〔説文〕に高阜の地とするが、それは神の陟降する神梯の象である。

【陸海】陸と海。また、物産の豊かな地。〔漢書、地理志下〕(秦地)文王、酆を作り、武王、鎬を治む。其の民、先王の遺風有り。稼穡を好み、本業に務む。～號して陸海と稱し、九州の膏腴と爲す。

【陸産】陸の産物。〔礼記、祭統〕水草の菹(漬物)、陸産の醢(ししびしお)は、小物備はるなり。三牲の俎、八簋の實は、美物備はるなり。

【陸続】絶えずにつづくさま。宋・陸游〔小児輩の行在に到るを喜ぶ〕詩 竹を截り馬と作して、走りて休まず 小車、羊を駕して、聲陸續たり

【陸沈】世俗の中に隠れる。〔荘子、則陽〕是れ自ら民に埋もれ、自ら畔に藏かる。其の聲銷え、其の志窮り無し。～方且に世と違ひて、心之れと倶にするを屑しとせず。是れ陸沈する者なり。

【陸道】陸路。〔水経注、江水二〕嶮に據りて浮橋を爲り、江に横たはりて以て水路を絶ち、營壘山に跨り、以て陸道を塞ぐ。

【陸離】入りみだれて光り輝くさま。〔楚辞、離騒〕紛として、總總として其れ離合し 斑として、陸離として其れ上下す

【陸梁】跳梁する。暴れまわる。〔三国志、魏、三少帝、高貴郷公髦紀〕(正元二年詔)朕れ寡徳を以て、式つて寇虐を遏むること能はず。乃ち蜀賊をして、邊陲に陸梁せしむ。

↑陸運 陸上輸送／陸軍 陸上の軍／陸行 陸路／陸攻 陸攻め／陸博 双六／陸阜 おか／陸陸 碌碌／陸掠 奪略する／陸路 陸上の路

↓海陸・巌陸・三陸・上陸・水陸・漸陸・双陸・大陸・博陸・阜陸・平陸・北陸・陵陸

【僇】 13 2722 リク はずかしめる ころす

篆文
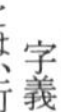

形声 声符は翏。翏に戮の声があり、僇と字義が近い。〔説文〕八上に「癡の行くこと、僇僇たるなり」とは、行動の緩慢な意であろう。また「一に曰く、且いささかなり」とするが、ともにその用義例なく、僇辱・僇殺の意に用いる。

訓義 ①はじ、はずかしめる。②戮と通じ、ころす。③ゆるやか。④いささか、しばらく。

【僇尸】屍体を辱める。〔晏子、諫下二十一〕朽ちて斂めざる、之れを僇尸と謂ふ。臭して收めざる、之れを陳胔と謂ふ。

【僇死】刑死。〔管子、君臣上〕過ち有る者は、之れを罰するに廢亡の辱、僇死の刑を以てするも、民疾まざるなり。

【僇辱】罰して辱める。〔史記、范雎伝〕魏齊大いに怒り、舍人をして雎を笞撃せしむ。雎詳りて死す。卽ち卷くに簀を以てし、廁中に置く。賓客の飲む者、醉ひて更ゝ雎に溺す。故らに僇辱して以て後を懲らし、妄言する者無からしむ。

【僇人】罪人。僇辱の人。唐・柳宗元〔始めて西山を得て宴游するの記〕余れ僇人と爲りて、是の州に居りしより、恆に惴慄す。其の隟(隙)あるや、則ち施施として行き、漫漫として游ぶ。

↑僇譴 辱め罪する／僇市 市にさらす／僇笑 笑う／僇民 罪人／僇頼 依頼する／僇僇 おそくゆるやかなさま／僇力 力をあわせる

↓笑僇・鉏僇・擯僇

【勠】 13 1422 リク あわせる

篆文

形声 声符は翏。〔説文〕十三下に「力を勠すとは、力を幷せるなり」(段注本)という。〔漢書、元帝紀〕「春に方りて、農桑興る。百姓力を勠せ、自ら盡すの時なり」とあり、力は耒の形。もと農耕に共同して作業することをいう。

訓義 ①あわせる、力をあわせる、共耕する。②字はまた戮に作る。

古訓 〔名義抄〕勠 アフ・アハス・カナフ・ハゲマス・アラハス・セム 〔字鏡集〕勠 セム・トヽノフ・ツクス・アフ・ハゲマス・アラハス・カナフ・ハゲム・アハス・イタハル

【勠力】力をあわせる。〔書、湯誥〕聿に元聖を求め、之れと力を勠せ、以て爾有衆の與めに命を請ふ。上天孚に下民を佑け、罪人黜伏す。

↓相勠・力勠

【稑】 13 2491 ［穋］ 16 2792 リク わせ

篆文

形声 声符は坴。字はまた穋に作り、翏声。翏に僇・勠の声がある。〔説文〕七上に「疾く孰するなり」とあり、わせの品種をいう。おくてを穜という。

訓義 ①わせ、後に種えて先に熟する品種の稲。

古訓 〔新撰字鏡〕穋・稑 早孰の禾なり。和世(わせ) 〔名義抄〕稑 オクテ・ワセ 〔字鏡〕稑 オクテ・ワセ／穋 ワサヨネ

↑稑穜 わせと、おくて

↓穜稑

【戮】 15 1325 リク ころす つみ はずかしめる

篆文

金文

詛楚文

形声 声符は翏。翏に僇の声がある。〔説文〕十二下に「殺すなり」とあり、罪によって殺すことをいう。〔書、甘誓〕に「命を用ひざる者は、社に戮せん」とあり、一族を殺すことを孥戮・戮没のようにいう。戮は僇・勠と通用することがある。

訓義 ①ころす、刑してころす。②さらす、屍をさらす。③つみ、刑罰。④僇と通じ、はずかしめる。⑤勠と通じ、あわせる。

古訓 〔名義抄〕戮 アハス・アラハス・コロス・サク・キル・ニハカニ・ウツ

語系 戮・僇・勠liuk は同声。それぞれの義に通用することがある。

【戮殺】ころす。〔三国志、蜀、先主伝〕今曹操、兵を阻み忍に安んじ、主后を戮殺す。天を滔り夏を泯し、天顯を顧みること罔し。

【戮笑】もの笑いとなる。〔漢書、司馬遷伝〕(任少卿(安)に報ずる書)僕、口語(言った言葉)を以て此の禍に遇遭し、重ねて鄕黨に戮笑せられ、先人を汚辱す。亦た何の面目ありて、復た父母の丘墓に上らんや。

【戮辱】刑を加えて辱しめる。〔漢書、賈誼伝〕(上疏)廉恥節禮、以て君子を治む。故に死を賜ふこと有るも、戮辱せらるること亡し。

【戮没】殺し滅ぼす。〔戦国策、燕三〕秦の、將軍を遇すること深しと謂ふべし。父母宗族、皆戮沒せらる。今聞く、將軍の首を金千斤、邑萬家に購ふと。將に奈何せんとす。

【戮民】天の刑を受ける者。民国・梁啓超〔新民説、十一節〕嗚呼、中國人の戮民爲ること久し。天之れを戮し、人之

れを戮し、暴君之れを戮し、汚吏之れを戮し、異族之れを戮す。

【戮力】 力を合わせる。勠力。〔左伝、昭二十五年〕将に盟はんとす。載書に曰く、力を戮せ心を壹にし、好惡は之れを同じうせん～と。

◆戮殃 罪禍を受ける／戮害 殺害される／戮挫 戮殺される／戮尸 屍体をさらす／戮死 戮殺する／戮屍 屍体をさらす／戮臣 死罪にあたる罪のある臣／戮人 戮民／戮撻 うち殺す／戮誅 誅戮する／戮滅 殺し滅ぼす／戮余 刑余

↓夷戮・嬰戮・枉戮・殃戮・横戮・糾戮・刑戮・顕戮・殺戮・残戮・受戮・大戮・誅戮・殄戮・屠戮・拏戮・討戮・縛戮・貶戮

リツ

常 【立】 5 0010 リツ リュウ(リフ) たつ のぞむ つくる たてる

篆文

甲骨文

金文

会意 大＋一。大は人の立つ正面形。一はその立つところの位置を示す。〔説文〕十下に「住まるなり。大に從ひ、一の上に立つなり」とあり、一定の位置に定立することをいう。金文に「中廷に立つ」、また「立(位)に卽く」のように、字を両義に用いる。〔周礼、春官、小宗伯〕「建國の神位を掌る」の〔鄭注〕に、「立は讀みて位と爲す」とあり、また〔春官、肆師〕「牲を社宗に用ひ、則ち位を爲す」の〔注〕に「故書に、位を涖と爲す」とみえ、立・位・涖は一系の字で通用することがあった。位に涖むということから、立法・立制など、すべてのものの端緒をなし、創建し、秩序を定め、基調を確立するなどの意に用いる。

訓義 1たつ、正しくたつ。2たてにする、おこす、おく。3のぞむ、位につく、その場にゆく、とどまる。4つくる、あらたにつくる、はじめる、たてる。5たちどころに。

古訓 〔名義抄〕立 ワタル・タツ・タチドコロ・サダム 〔篇立〕立 タツ・トコロ・ナル・トヾマル

部首 〔説文〕に端・竦・竢・竭・竣など十八字、〔玉篇〕に竚・竑・竜などを加えて、四十八字を属する。耑は巫祝の象で、端は端坐の意。立はおおむね儀礼の場所を示す。竜は龍の略字であるが、上部は古く辛の形に作り、神聖な鳥獣の冠飾の形。鳳の初文もそのような冠飾をもつ鳥の形であった。もと立に従う字ではない。

声系 〔説文〕に立声として翊・笠・粒・泣・颯など十字を収めるが、翊・颯などは声が異なる。

語系 立liəpは涖(莅・竦)lietと声近く、涖・竦はその場所に涖んでこれを修祓する意の字とみられる。位hiuətも同系の語であろう。

【立意】 主張。決意。また、主題。唐・杜甫〔厳中丞の西城晩眺に奉和す、十韻〕詩 政簡にして風を移すこと速やかに 詩清くして立意新たなり

【立極】 中正の道を定める。〔中庸章句、序〕蓋し上古神聖、天に繼ぎ極を立ててしより、道統の傳、自りて來たる有り。

【立憲】 憲法制定。清・黄遵憲〔病中、夢を紀す。述べて梁任父(啓超)に寄す、三首、二〕詩 孰か能く網羅を張り 盡く革命の徒を殺さん 汝が輩、立憲を主とす 寧ち愚に非ずんば、復た迂なり。

【立言】 世に益する言説を立てる。〔左伝、襄二十四年〕大上は德を立つる有り、其の次は功を立つる有り、其の次は言を立つる有り。久しと雖も廢せず。此れを之れ不朽と謂ふ。

【立号】 尊号を立てる。即位する。漢・班固〔東都の賦〕遂に大河を超え、北嶽を跨え、號を高邑に立て、都を河洛に建つ。

【立志】 志を立てる。心を振い起す。〔孟子、万章下〕伯夷の風を聞く者は、頑夫も廉に、懦夫も志を立つる有り。

【立事】 事を定める。〔書、立政〕嗚呼、孺子王よ。今より繼ぎ、我は其れ政を立て事を立てん。

【立侍】 侍立。〔水経注、泗水〕魏の黄初二年、文帝、郡國に令して、孔子の舊廟を修起し、百石吏卒を置く。廟に夫子像有り。二弟子を列す。卷を執りて立侍し、穆穆として詢仰の容有り。

【立春】 春立つ日。清・銭大昕〔丁巳人日、七十生誕漫成〕詩 人日の生朝は恰も立春 歡びは生ず、七十白頭の人

【立身】 世に出る。〔孝経、開宗明義章〕夫れ孝は德の本なり。～身を立て、道を行ひ、名を後世に揚げ、以て父母を顯はすは、孝の終りなり。

【立錐】 錐先の立つほどの狭いところ。〔後漢書、郭丹伝〕(范遷の)妻～曰く、君に四子有るも、立錐の地無し。奉祿を餘して、以て餘世の業を爲すべしと。遷曰く、吾れ位に大臣に備はりて、財を蓄へ利を求めば、何を以てか後世に示さんと。

【立談】 たち話。漢・揚雄〔解嘲〕或いは七十たび說くも遇はず、或いは立談の閒にして侯に封ぜらる。或いは千乘を陋巷に枉げ、或いは帚彗(ほうき)を擁して先驅す。

【立地】 たちどころに。〔宋史、呉時伝〕時、文を爲くるに敏なり。未だ嘗て稿を屬らず。落筆すれば已に就る。兩學之れを目けて立地書廚と曰ふ。

【立名】 名声をあげる。〔史記、伯夷伝〕閭巷の人、行を砥き名を立てんと欲する者、靑雲の士に附くに非ずんば、惡くんぞ能く後世に施さん哉。

【立命】 天命を全うする。〔孟子、尽心上〕殀壽(寿夭)貳はず、身を修めて以て之れを俟つ。命を立つる所以なり。

【立論】 議論を構成する。〔晋書、王衍伝〕魏の正始中、何晏・王弼等、老莊を祖述して論を立て、以爲へらく、天地萬物、皆な無を以て本と爲す。無なる者は、開物成務、往くとして存せざる無き者なり～と。

◆立案 案を作る／立異 異見をいう／立飲 立飲み／立垣 立て垣／立枷 首かせして、籠の中に立たせる／立家 家を起こす／立饋 くりや／立脚 根拠する／立教 明教を立てる／立勲 功を立てる／立計 計画する／立決 即時に処刑する／立券 契約する／立元 元号を定める／立戸 祀る／立後 後嗣を定める／立功 手柄を立てる／立后 皇后を冊立する／立刻 即時／立国 建国／立冊 冊立／立嗣 後嗣を定める／立時 即刻／立人 鼻の下のみぞ、人中／立断 即決／立儲 立太子／立嫡 皇太子を定める／立馬 馬をとめる／立辟 立法／立便 即時／立坊 立儲／立約 約束する

↓介立・確立・鶴立・岳立・起立・屹立・虚立・共立・凝立・玉立・群立・勁立・孑立・兼立・孤立・骨立・建立・冊立・削立・攢立・嗣立・而立・自立・侍立・峙立・樹立・豎立・竦立・新立・人立・正立・成立・設立・創立・簇立・造立・存立・対立・卓立・端立・中立・佇立・直立・挺立・鼎立・倒立・特立・独立・廃立・並立・併立・壁立・擁立・乱立・両立・林立・列立・連立・聯立

【寽】 7 2034 リツ とる

篆文
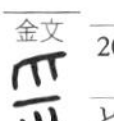
金文

会意 爪＋寸。〔説文〕に𠬪部四下に属して「五指もて持つなり。𠬪に從ひ、一聲。讀みて律の若くす」というが、爪と寸とに従い、爪先や指でつまみとることをいう。〔段注〕に「一聲は疑ふべし」とする。

訓義 1とる、つまむ。2捋と通用する。

古訓 〔字鏡集〕守 トル・ナヅ・スル
声系 〔説文〕に守声として捋・埒・酹など八字を録する。捋 十二上は「取ること易きなり」、もぎとることをいう。

常 【律】 9 2520 リツ リチ のり

篆文

甲骨文

形声 声符は聿。聿に律の声があるのは、立に位の声があるのと同じく、喩母の字と來(来)母の字との間に、そのような関係がある。〔説文〕二下に「均しく布くなり」とし、一律に公布する意とする。聿は筆をもつ形。〔爾雅、釈詁〕に「法なり」「常なり」とあり、律法をいう。〔国語、周語下〕に「律は均を立て、度を出だす所以なり」とあって、律度量衡の基本を定めることをいう。律呂のように楽調をもいい、また律詩は五言・七言八句のうち、中四句を対句とする形式の詩をいう。
訓義 1のり、おきて、さだめ、つね。2主として刑法をいう。3律呂、音調、分度を定める、ととのえる。4律詩、五言律詩、七言律詩、古詩で全篇対句を用いるものを排律という。
古訓 〔名義抄〕律 ノリ・ノブ・ツネ・ユク・ハジメ・ト、ノフ・ワカツ
声系 〔説文〕に律声として葎を収める。
語系 律liuət、位hiuət は声義近く、その位置において測定し、定点を定める意がある。
【律学】 法律学。また、その学校。〔晋書、石勒載記下〕始めて社稷を建て、宗廟を立つ。～參軍續咸・庾景を律學祭酒(教授)と爲す。
【律度】 音律尺度。計測の基本。〔左伝、文六年〕之れが釆物(衣服旌旗の類)を分ち、之れが話言(善言)を著はし、之れが律度を爲り、之れが藝極(準則)を陳ね、之れを表儀に引く。
【律律】 嶮峻のさま。〔詩、小雅、蓼莪〕南山は律律たり 飄風は弗弗たり
【律呂】 合わせて十二管、その長短によって音階を定める。〔国語、周語下〕古の神瞽、中聲を考へ、之れを量るに制を以てし、～之れを平らずに六を以てす。～律呂易らざれば、姦物無きなり。
【律令】 刑律と法令。〔史記、蕭相国世家〕諸將皆爭ひて金帛財物の府に走りて、之れを分つ。何、獨り先づ入りて、秦の丞相御史の律令圖書を收めて、之れを藏す。
【律暦】 一年の陰陽季節の法則。こよみ。〔史記、律書〕律暦は、天の五行八正の氣を通ずる所以、天の萬物を成熟する所以なり。
↑律科 規定／律格 律詩の法式／律紀 紀律／律手 韻文や律詩にすぐれた作家／律条 条文／律文 法文／律法 法律／律例 律とその条例／律歴 律暦
↓一律・韻律・鬱律・音律・科律・戒律・格律・楽律・紀律・規律・旧律・協律・曲律・軍律・刑律・憲律・詞律・詩律・自律・新律・吹律・声律・旋律・僧律・他律・大律・長律・調律・典律・度律・同律・排律・不律・文律・法律・六律・呂律・礼律

人 【栗】 10 1090 リツ くり

篆文

古文

甲骨文

石鼓文

象形 木の上に実をつけている形。卜文・金文の字形は、卣形の実三個をつけている。〔説文〕七上に「木なり。木に從ひて其の實下垂す。故に卣に從ふ」とし、古文の字形について「西に從ひ、二卣に從ふ。徐巡の説に、木、西方に至りて戰栗す」という。西はいがの形。戰栗の説は、〔論語、八佾〕に社樹のことを述べて「周人は栗を以てす。曰く、民をして戰栗せしむ」のあるのによるが、慄の仮借義である。
訓義 1くり。2慄と通じ、ふるえる。3歴と通じ、こえる。
古訓 〔新撰字鏡〕栗 久利(くり)〔和名抄〕栗 久利(くり)〔名義抄〕栗 クリ・サク・ツ、シム
声系 〔説文〕に栗声として溧・凓など三字を収める。慄は〔書、洛誥〕〔荘子、人間世〕などにもみえ、〔爾雅〕〔広雅〕にもその字を収めている。
語系 栗・溧・慄liet は同声。古くは栗を溧・慄の義にも用いた。〔詩、豳風、七月〕の「二の日栗烈」は、字をまた「慄烈」に作る。
【栗階】 一段ごとに足をそろえて階を登るを聚階、一足一段ずつ登るを曆階という。また、栗階に作る。〔儀礼、燕礼〕凡そ公辭する所は皆階を栗る。階を栗るは二等に過ぎず。
【栗栗】 おそれるさま。〔韓非子、初見秦〕且つ臣之れを聞く、曰く、戰戰栗栗として、日に一日を愼め。苟くも其の道を愼まば、天下有つべしと。
【栗烈】 寒さがきびしい。〔詩、豳風、七月〕一の日(十一月)は觱發(風激し) 二の日(十二月)は栗烈
↑栗罅 栗のいがわれ／栗駭 栗罅／栗殻 栗の皮／栗毬 栗のいが／栗黄 栗の実／栗刺 栗のいが／栗縮 畏縮する／栗如 慎むさま／栗飯 栗の飯／栗苞 栗のいが／栗房 栗のいが／栗冽 極寒
↓芋栗・罅栗・繭栗・厳栗・股栗・胡栗・縮栗・杼栗・榛栗・斉栗・戦栗・棗栗・爆栗・鷩栗・煨栗

常 【慄】 13 9109 リツ おそれる おののく ふるえる

形声 声符は栗。〔爾雅、釈詁〕に「懼るるなり」、〔広雅、釈言〕に「戰くなり」とあり、戦慄することをいう。
訓義 1おそれる。2おののく、ふるえる、すくむ。3うれえる、かなしむ。
古訓 〔名義抄〕慄 オソル・ヲノ、ク・オヅ 〔字鏡集〕慄 ワビシ・クル・ヲヅ・ワナ、ク・ツ、シミウヤマフ・ヲノ、ク・ヲソル・オコタラズ
【慄然】 恐れるさま。〔晋書、王湛伝〕(兄の子)濟、才氣抗邁、湛に於て略ぼ子姪の敬無し。既に其の言を聞き、覺えず慄然たり。心形倶に肅つむ。～乃ち歎じて曰く、家に名士有るに、三十年にして知らず、濟の罪なりと。
【慄慄】 慄然。また、寒気が厳しいさま。宋・王禹偁〔馮中允の炉辺偶作に和す〕詩 春日、雨絲(糸のような細い雨)、暖かなること融融たり 人日、雪花、寒きこと慄慄たり
【慄冽】 寒冷の気の厳しいさま。宋・欧陽脩〔秋声の賦〕蓋し夫れ秋の狀爲るや、～其の氣慄冽として、人の肌骨を砭す。
↑慄鋭 尖鋭／慄縮 きびしくて畏縮する／慄冽 慄冽
↓畏慄・駭慄・寒慄・危慄・肌慄・悸慄・愧慄・恐慄・兢慄・厳慄・股慄・惨慄・祇慄・縮慄・竦慄・振慄・震慄・惴慄・斉慄・戦慄・怖慄・幽慄・劉慄・憭慄・凛慄・懍慄

【葎】 13 4425 リツ むぐら

篆文

形声 声符は律。〔説文〕一下に「艸なり」とあり、かなむぐらをいう。葉や茎に逆の刺のある草。〔本草綱目、草七、葎草〕の李時珍の説に、「此の草、莖に細刺有り。善く人の膚を勒す。故に勒草と名づく。訛りて葎草と爲る。又訛りて來莓と爲る。皆方言なり」という。わが国では、八重葎といえば、荒廃した家のさまをいう。
訓義 1むぐら、かなむぐら。また勒草という。
古訓 〔和名抄〕葎草 毛久良(もぐら)〔名義抄〕葎草 ムグラ・モクラ・ハ、コ

リャク

人【掠】11 5009 リャク かすめる むちうつ

篆文 

形声 声符は京。京に涼・諒の声がある。〔説文新附〕十二上に「奪取するなり」とあり、〔左伝、昭二十年〕「民力を斬刈し、其の聚を輪掠す」とみえる。鞭うつことを掠笞、材木を伐ることを「林を掠ふ」、また書法で、左下へ筆を強く伸ばすことを掠という。

訓義 ①かすめる、とる、うばう。②はらいとる、きりとる。③むちうつ、笞杖を加える。④字はまた剠に作る。

古訓 〔名義抄〕掠 カスム・トル・ムバフ・ウバフ・カゾフ 〔字鏡集〕掠 ウバフ・カタム・カツム・コハシ・トル・ウツ・ノリ・トフ・ハコ・カスフ・カスム

語系 掠・略liakは同声。〔国語、斉語〕に「犧牲略せず」とあり、略もまた奪取の意に用いる。

【掠劫】強奪。〔世説新語、自新〕戴淵少かき時、遊俠にして行檢を治めず。嘗て江淮の閒に在りて、商旅を攻掠す。陸機、赴假して洛に還る。輜重甚だ盛んなり。淵、少年をして掠劫せしむ。～(機)之れに謂ひて曰く、卿の才此くの如し。亦た復た劫を作すかと。

【掠考】拷問。〔後漢書、章帝紀〕(元和元年詔)往者の大獄より已來、掠考酷なること多し。鉆鑽(肌切り)の屬、慘苦極まり無し。

【掠笞】笞撃を加える。〔後漢紀、質帝紀〕豪富大家に、被らしむるに誹謗の罪を以てし、閉獄掠笞し、錢を出だして自ら贖はしめ、意に滿たざる者は、死徙に至らしむ。

【掠鹵】掠虜。略奪する。〔史記、酷吏、楊僕伝〕盜賊滋く起り、～大群は數千人に至る。擅に自ら號し、城邑を攻め庫兵を取り、死罪を釋し～二千石を殺す。～小群盜は百を以て數へ、鄉里を掠鹵する者、勝げて數ふべからず。

↑掠殺 拷殺する／掠取 おどして奪う／掠抄 掠取／掠治 掠考／掠盜 かすめとる／掠売 人さらい／掠販 掠売／掠理 掠治／掠擄 掠鹵

↓劫掠・考掠・寇掠・拷掠・採掠・殺掠・刪掠・残掠・私掠・肆掠・抄掠・侵掠・楚掠・奪掠・笞掠・盗掠・剝掠・剽掠・榜掠・暴掠・虜掠・鹵掠・擄掠

常【略】11 6706 ［畧］11 6060 リャク いとなむ はかりごと とる ほぼ

篆文  詛楚文 

形声 声符は各。各に洛・絡の声がある。〔説文〕十三下に「土地を經略するなり」とあり、〔書、禹貢〕「嵎夷既に略す」とは、その地を服して境界を定め、経営に入ることである。〔左伝、隠五年〕「將に地を略せんとす」の〔杜預注〕に「略とは摠攝巡行するの名なり」とあって、安行定界の意とする。〔左伝、荘二十一年〕「武公の略」とは、その版図をいう。金文の〔宜侯夨毀〕「武王・成王の伐ちたる商圖を省し、出でて東國の圖を省す」のように、版図を圖、按行を省という。圖が図謀の意となるように、略も計略の意があり、転じて治略・智略・略奪などの意となる。〔詩、周頌、載芟〕「略たる耜有り」とは、耜頭の鋭いことをいい、䂮・𥐻の仮借義である。

訓義 ①いとなむ、境を定める、土地を経略する。②はかりごと、策略、智略。③掠と通じ、とる、うばう、うつ。④ほぼ、おおよそ、あらまし。⑤はぶく、簡略、簡要。⑥䂮・𥐻と通じ、するどい。

古訓 〔名義抄〕略 ホヾ・アラ〳〵・エラブ・ハカリゴト・ハブク・モトム・サカヒ・オロカニ・カナラズ・ホドコス・ミチビク・トル・ハカル・トシ・オホムネ／惣略 スベハブク／約略 スコシバカリ

語系 略・掠liakは同声。ともに奪取の意があり、おそらく同源の語であろう。各は祝詞を以て神を招き、霊の格る意で、略はこれによってその地の支配を定める意であろう。

【略解】あらましを解く。魏・武帝〔孫子兵法の序〕孫武の著はす所は深し。～相ひ誣ふべからず。但だ世人未だ之れを深く亮らかにし、訓說せず。況んや文煩富、世に行はるる者、其の旨要を失ふ。故に撰して略解を爲る。

【略取】奪いとる、掠取。〔史記、秦始皇紀〕燕人盧生～曰く、秦を亡ぼす者は胡なりと。始皇乃ち將軍蒙恬をして、兵三十萬人を發し、北のかた胡を擊ち、河南の地を略取せしむ。

【略奪】奪いとる。〔梁書、曹景宗伝〕景宗の軍士、皆桀黠無賴なり。～財物を抄掠し、子女を略奪す。景宗、禁ずること能はず。

【略定】攻略し平定する。〔史記、項羽紀〕楚軍、夜擊ちて、秦卒二十餘萬人を新安城南に阬にし、行く秦の地を略定す。函谷關に兵有りて關を守り、入ることを得ず。

↑略獲 俘獲する／略記 簡略にしるす／略挙 大略を示す／略計 概算／略言 概略をいう／略彴 丸木橋／略綽 おおむね／略述 大略をしるす／略術 はかりごと／略人 人をおどして虜とする／略省 省略する／略説 略述する／略地 地をかすめ取る／略知 ほぼ知る／略陳 略述／略伝 小伝／略同 ほぼ同じ／略読 あらまし読む／略売 人をさらって売る／略筆 文を略する／略約 あらまし／略有 領有する／略要 概要／略論 概略の論

↓隠略・英略・叡略・遠略・王略・概略・寛略・幹略・簡略・気略・奇略・規略・器略・機略・脅略・軍略・計略・経略・軽略・欠略・権略・功略・攻略・劫略・才略・策略・殺略・刪略・残略・指略・省略・将略・商略・鈔略・詳略・侵略・政略・節略・戦略・粗略・疎略・疏略・大略・脱略・奪略・胆略・知略・智略・籌略・韜略・覇略・剽略・廟略・武略・兵略・方略・暴略・謀略・没略・約略・勇略・雄略・要略・掠略・領略・擄略

【擽】18 5209 リャク ヤク うつ

形声 声符は樂(楽)。樂に轢・藥(薬)の声がある。〔広雅、釈詁三〕に「擊つなり」、〔玉篇〕に「舒ぶるなり、捎めるなり」の訓がある。

訓義 ①うつ。②のべる、かすめる、こえる。③堅い石のさま。④国語で、こそぐるの意。

古訓 〔名義鈔〕擽 カキナラス・アヤツル・ウツ・コソクル 〔篇立〕擽 カキナラス・ヲソク・コソクル 〔字鏡集〕擽 アヤツル・スル・ハラフ・コソクル・カキナラス・ノブ・ウツ

【擽然】堅固なさま。〔荀子、王覇〕一不義を行ひ、一無罪を殺して天下を得るは、仁者は爲さざるなり。擽然として心國を扶持すること、且ど是くの若く其れ固きなり。

↑擽合 集める／擽搏 うつ／擽捋 琴をかきならす

リュウ

常【柳】9 4792 リュウ(リウ) やなぎ

篆文  金文 

形声 声符は卯(丣)。丣は留の省文で、その声をとるものであろう。〔説文〕六上に「小楊なり」とあり、楊柳の小茎小葉のものをいう。枝が柔らかく、〔詩、斉風、東方未明〕に「柳を折りて圃に樊す」とみえる。〔本草綱目、木二、柳〕の李時珍の説に、「楊枝は硬くして揚起す。故に之れを楊と謂ふ。柳枝は弱くして垂流す。故に之れを柳と謂ふ」と垂流の義を以て說く。六朝期のころから、楊柳詞の類が多く作られた。

訓義 ①やなぎ、しだれやなぎ、かわやなぎ。②星座の名、鶉火、ぬりこ。③柩車の蓋。④あつまる、斉人の語。

古訓 〔和名抄〕柳 一名小楊、之太利夜奈岐（しだりやなぎ）〔名義抄〕柳 シダリヤナギ／河柳 ムロ

語系 柳・流（流）liu は同声。細く条をなす状態のものをいう。留・溜・霤liu も同声。丣は溢流して溜りとなった水。屋根から細く垂れるものは霤。みな声義に通ずるところがある。

【柳暗】りゅう（りう）あん 柳が暗く茂る。宋・陸游〔山西の村に遊ぶ〕詩 山重なり、水複にして、路無きかと疑ふ 柳は暗く、花は明らかにして、又一村

【柳陰】りゅう（りう）いん 柳の木蔭。〔劇談録、下、曲江〕夏に入りては則ち菰蒲蔥翠、柳陰四合し、碧波紅蕖（紅い蓮の花）、湛然愛すべし。～好事の者、芳辰を賞し、淸景を翫び、聯騎携觴、亹亹として絕えず。

【柳営】りゅう（りう）えい 将軍・幕府の本営。漢の周亜父が細柳に本営をおいた故事による。唐・許渾〔中秋の夕、大梁の劉尚書に寄す〕詩 柳營に號を出だしては、風、纛（旗）に生じ 蓮幕に詩を題しては、月、樓に上る

【柳花】りゅう（りう）か 柳の花。柳絮。唐・李白〔金陵の酒肆、留別〕詩 風は柳花を吹いて、滿店香し 吳姬、酒を壓して、客に勸めて嘗めしむ

【柳橋】りゅうきょう（りうけう） 柳蔭の橋。古くは送別の所であった。宋・張先〔江南柳〕詞 今古柳橋に、送別多し 人の袂を分つを見ては、亦た愁ひ生ず 何ぞ況んや、自ら情に關するをや

【柳糸】りゅう（りう）し 細い柳の枝。唐・白居易〔楊柳枝の詞、八首、八〕詩 人は言ふ、柳葉、愁眉に似たりと 更に愁腸の柳絲に似たる有り

【柳絮】りゅう（りう）じょ 柳のわた。実が綿のようになって飛ぶ。宋・蘇軾〔孔密州の五絶に和す。東欄の梨花〕詩 梨花は淡白、柳は深靑 柳絮飛ぶの時、花は城に滿つ

【柳条】りゅうじょう（りうでう） 柳の枝。唐・高適〔人日、杜二拾遺（甫）に寄す〕詩 柳條、色を弄ぶも、見るに忍びず 梅花、枝に滿つるも、空しく斷腸す

【柳色】りゅう（りう）しょく 青柳の色。唐・白居易〔杭州春望〕詩 濤聲、夜、伍員の廟に入り 柳色、春藏す、蘇小の家

【柳塘】りゅうとう（りうたう） 柳のある隄。唐・厳維〔劉員外の寄せらるるに酬ゆ〕詩 柳塘、春水漫やかに 花塢、夕陽遲し

【柳眉】りゅう（りう）び 柳の葉のような眉。美人。唐・白居易〔長恨歌〕詩 芙蓉は面の如く、柳は眉の如し 此れに對ひて如何ぞ涙垂れざらん

【柳緑】りゅう（りう）りょく 柳葉の緑。明・劉基〔春思〕詩 憶ふ昔、東風芳草に入り 柳綠花紅、看るもの總て好し

➡柳闇 柳暗／柳影 柳の木影／柳芽 柳の芽／柳眼 柳の芽／柳逕 柳の茂る小道／柳巷 花街／柳枝 柳の枝／柳質 蒲柳の質／柳車 葬車／柳樹 柳の木／柳悴 痩せ細る／柳性 放蕩の性／柳態 しなやかな姿／柳黛 柳眉／柳汀 柳のある汀／柳堤 柳塘／柳風 柳の枝にふくそよ風／柳浦 柳のある浜／柳葉 柳の葉／柳腰 細腰／柳林 柳の林／柳楼 青楼

⬇園柳・花柳・河柳・臥柳・岸柳・杞柳・御柳・橋柳・曲柳・古柳・孤柳・沙柳・細柳・新柳・素柳・長柳・亭柳・陌柳・楓柳・蒲柳・門柳・楊柳・緑柳・老柳

常

【流】10 3011 〔流〕9 3011

リュウ（リウ） ル

ながれる ゆく なかま

篆文

金文

石鼓文

会意 字の初形は、二水の間に㐬を加えた形。㐬は〔説文〕十四下に𠫓の或る体にして突出の意とするが、人の倒形で、流屍の象。のち流の字形を用いる。古代には洪水が氾濫する際に、流屍多く、氾・泛・浮（浮）・流は、みな人の浮流することをいう。〔書、舜典〕「共工を幽州に流す」とは流竄の刑であるが、古くは水に投棄する刑があり、灋（法）は羊神判の結果、その敗訴者を解廌（神羊）とともに廃棄する意象の字である。水流より流派の意となり、その流類をいう。

訓義 ①ながれる、もと流屍の象。水にうかぶ、うかび流れる。②ゆく、流れゆく、ただよう、うつる、おもむく、いたる。③とける、とろける、うつりゆく、さすらう。④わかれる、わかれながれる、すじ、ともにながれる、なかま、たぐい。⑤ながれるまま、ほしいまま、みだら、あそびほける。⑥ほろびる、ただよいうせる。⑦旒と通じ、はたあし。

古訓 〔名義抄〕流 ナガル・ナガレ・タグヒ・トモガラ・メグル・モトム・クダル・ウカブ・ユク・シク・ツタフ・アラヒ／人流 ヒトカズ／風流 オモシロシ／周流 トメグル 〔字鏡集〕流 アラシ・ウカブ・クダル・モトム・ノブ・ユク・シク・シタヽル・ナガル・タグヒ・ツカフ・ナガシ・トモガラ・メグル・フカシ・ミゾ

声系 琉（琉）・旒・硫（硫）はみな㐬に従う字で、流の省声の字である。

語系 流・留・溜・霤liu は同声。留は、水が溢流して一所に留まる意、それを溜という。また霤は雨垂れ。みな流れる意がある。

【流移】りゅう（りう）い 流浪。〔後漢書、東夷、倭伝〕會稽東冶縣の人、海に入りて行き風に遭ひて流移し、澶洲に至る者有り。在る所絕遠、往來すべからず。

【流衍】りゅう（りう）えん 広がる。末が広がる。〔独異志、上〕漢の中山靖王勝、男女一百人有り。其の後子孫、今に流衍す。之れを問ふに皆劉の裔なり。

【流鶯】りゅうおう（りうあう） 移り鳴きする鶯。清・厲鶚〔晚歩〕詩 斜景、忽ち已に暝らく 流鶯、時に一鳴す

【流霞】りゅう（りう）か たなびくもや。また、仙酒の名。〔論衡、道虚〕仙人輒ち我に飮ましむるに流霞一杯を以てす。一杯を飮む每に、數月饑ゑず。

【流寓】りゅう（りう）ぐう 他郷に身をよせる。南朝宋・謝霊運〔魏の太子の鄴中集の詩に擬す、八首、王粲の序〕王粲～亂に遭うて流寓し、自ら傷情多し。

【流刑】りゅう（りう）けい 遠地に放ち、服役させる刑。〔隋書、刑法志〕流刑、犯を論ずれば死すべきも、情を原ぬれば降すべし。鞭笞各〻一百、之れを髡にして邊裔に投じ、以て兵卒と爲すを謂ふ。

【流形】りゅう（りう）けい 万物の姿。宋・文天祥〔正気の歌〕詩 天地に正氣有り 雜然として流形に賦す 下りては則ち河嶽と爲り 上りては則ち日星と爲る

【流蛍】りゅう（りう）けい 風に流れ飛ぶ蛍。唐・杜牧〔秋夕〕詩 銀燭、秋光、畫屛に冷やかに 輕羅、小扇、流螢を撲つ

【流憩】りゅう（りう）けい 立ちどまっては休む。晋・陶潜〔帰去来の辞〕策つは老を扶けて以て流憩し、時に首を矯げて以て遐く觀る。

【流血】りゅう（りう）けつ 血が流れる。〔蒙斎筆談〕王荊公（安石）字說を作りし時、用意良だ苦しむ。石蓮百許枚を几案に置き、咀嚼して以て其の思ひを運らす。盡くるに遇ひ、未だ益すに及ばざるときは、卽ち其の指を嚙み、流血するも覺えず。

【流言】りゅう（りう）げん 人を惑わすうわさ。〔書、金縢〕武王既に喪し。管叔（周公の兄）及び其の群弟、乃ち國に流言して曰く、公、將に孺子（成王）に利あらざらんとすと。～周公、東に居ること二年、則ち罪人斯に得たり。

【流光】りゅうこう（りうくわう） 水光。また、すぎやすい時。唐・李白〔古風、五十九首、十一〕詩 黃河東溟に走り 白日西海に落つ 逝川と流光と 飄忽として相ひ待たず

【流行】りゅうこう（りうかう） 世に広くゆきわたる。〔孟子、公孫丑上〕孔子曰く、德の流行は、置郵（早馬）して命を傳ふるよりも速や

かなりと。

【流黄】りゅうこう(りうくわう) 玉。硫黄。香の名。また、もえぎ色の絹布。晋・張載〔四愁詩に擬す、四首、一〕詩 佳人我に遺る、筲中の布 何を以てか之れに贈らん、流黄の素
【流澌】りゅう(りう)し 流氷。雪解けの流れ。〔楚辞、九歌、河伯〕女と河の渚に遊ばんとすれば 流澌、紛として將に來り下らんとす
【流出】りゅうしゅつ(りう) 中から流れ出る。〔甌北詩話、五〕坡(蘇軾)の詩は、實に鍛錬を以て工と爲さず。其の妙處は、心地空明、自然に流出するに在り。

【流觴】りゅうしょう(りうしやう) 陰暦三月三日、曲水の宴。晋・王羲之〔蘭亭集の序〕清流激湍有りて、左右に映帶す。引きて以て流觴曲水を爲す。

【流人】りゅう(りう)じん・るにん 流刑の人。また、流浪の人。〔後漢書、賈逵伝〕後累遷して魯の相と爲り、德を以て教化す。百姓之れを稱し、流人の歸する者八九千戸なり。

【流水】りゅう(りう)すい 流れ。元・王蒙〔己の画ける泉石間斎の図に題す〕詩 孰か去來の影を持して 觀じて眞實と同じと作さん 去つては流水に隨つて遠く 歸つては雲と相ひ從ふ
【流歠】りゅう(りう)せつ すすって食らう。〔礼記、曲礼上〕飯を摶むること毋れ。放飯する(食いちらす)こと毋れ。流歠すること毋れ。咤食する(舌を鳴らして食う)こと毋れ。

【流涎】りゅう(りう)せん ほしがる。唐・杜甫〔飲中八仙歌〕詩 汝陽、三斗(の酒)、始めて天に朝す 道に麴車(酒を運ぶ車)に逢うて、口に涎を流す 恨むらくは、封を移して酒泉(郡)に向はざるを
【流蘇】りゅう(りう)そ 五色の糸飾り。車馬や帳幕に垂れる。唐・盧照鄰〔長安古意〕詩 龍は寶蓋を銜んで朝日を承け 鳳は流蘇を吐いて晩霞を帶ぶ
【流俗】りゅう(りう)ぞく 世俗。俗世間。漢・司馬遷〔任少卿(安)に報ずる書〕僕の先は、~文史星曆、卜祝の閒に近し。固より主上の戲弄する所、倡優もて畜ふ所、流俗の輕んずる所なり。

【流賊】りゅう(りう)ぞく 渡りあるく賊。〔明史、流賊伝〕明の亡ぶるは、流賊に亡ぶ。而れども、亡を致すの本は、流賊に在らざるなり。

【流沢】りゅう(りう)たく 恵沢を及ぼす。漢・班彪〔王命論〕帝王の祚は、必ず明聖顯懿の德、豐功厚利、積累の業有りて、然る後精誠神明に通じ、流澤生民に加はる。故に能く鬼神の福饗する所と爲る。

【流暢】りゅうちょう(りうちやう) のびやかで滞らない。〔宋書、徐湛之伝〕湛之、尺牘を善くし、音辭流暢なり。

【流通】りゅう(りう)つう 通いあう。また、物資がゆきわたる。〔塩鉄論、通有〕百工肆に居りて以て其の事を致し、農商交易して以て本末を利す。山居澤處、蓬蒿(荒蕪の地)墝埆(荒地)も財物流通し、以て之れを均しうする有り。

【流涕】りゅう(りう)てい 泣く。〔礼記、檀弓上〕孔子既に防に合葬することを得たり。~門人後る。~曰く、防の墓崩ると。~孔子泫然として涕を流して曰く、吾れ之れを聞く、古は墓を脩めずと。

【流伝】りゅう(りう)でん・るでん 広く伝わる。唐・元稹〔白氏長慶集の序〕禁省・觀寺・郵候・牆壁の上、書せざる無く、王公・妾婦・牛童・馬走の口、道はざる無し。~篇章ありてより以來、未だ此くの如き流傳の廣き者、有らざるなり。

【流宕】りゅうとう(りうたう) 遠遊。流浪。〔三国志、蜀、許靖伝〕(袁徽の尚書令荀彧に与ふる書)許文休、英才偉士、~流宕より已來、群士と相ひ隨ひ、~九族中外と、其の飢寒を同じうす。

【流蕩】りゅうとう(りうたう) 心うごく。流宕。また、放逸。〔唐国史補、下〕元和已後、文筆を爲りては則ち奇詭を韓愈に學び、~歌行は則ち流蕩を張籍に學ぶ。

【流遁】りゅう(りう)とん 世外に自由をうる。〔荘子、外物〕夫れ流遁の志、決絶の行は、噫其れ、至知厚德の任に非ざるか。

【流年】りゅう(りう)ねん 年月。宋・陸游〔病中遺懐、六首、二〕詩 山舍の老翁、事業無し 只だ閑事を將つて流年を占む
【流輩】りゅう(りう)はい なかま。唐・元稹〔周従事の望海亭に寄せらるるに酬ゆ〕詩 年老いて、流輩無し 行くこと稀にして、薜蘿(つたかずらの類)足る
【流品】りゅう(りう)ひん 百官。品等。〔宋書、王僧綽伝〕元嘉二十六年、尚書吏部郎に徙り、大選に參掌す。流品を究識し、人物を諳悉す。才を拔き能を擧ぐること、咸く其の分を得たり。

【流布】るふ ひろく世に行きわたる。〔東観漢記、明徳馬皇后伝〕太后の詔書、流布す。咸く至德と稱し、敢て禁を犯すもの莫し。

【流風】りゅう(りう)ふう 遺風。先人の残した美風。〔孟子、公孫丑上〕紂の、武丁を去ること未だ久しからず。其の故家遺俗、流風善政、猶ほ存する者有り。

【流聞】りゅう(りう)ぶん 風聞。うわさ。〔後漢書、隗囂伝〕赤眉、關に入り、三輔擾亂す。光武、河北に即位すと流聞し、囂、即ち更始に說き、政を光武~に歸さしめんとするも、~更始聽かず。

【流弊】りゅう(りう)へい 世の悪弊。〔三国志、魏、杜恕伝〕今の學者~競ひて儒家を以て、迂闊にして世用に周ねからずと爲す。此れ最も風俗の流弊なり。

【流別】りゅう(りう)べつ 分派類別。〔晋書、摯虞伝〕虞、文章志四卷を撰り、三輔決錄に注解す。又古文章を撰び、類聚區分して三十卷と爲し、名づけて流別集と曰ふ。各〻之れが論を爲し、辭理愜當にして、世の重んずる所と爲る。

【流変】りゅう(りう)へん 変遷。〔後漢書、張褒伝論〕況んや物運遷回し、情數萬化す。制則は其の流變に隨ふこと能はず、品度は未だ其の滋章を定むるに足らず。

【流芳】りゅうほう(りうはう) 芳名を世に伝え残す。〔資治通鑑、晋紀二十五〕(簡文帝、咸安元年)大司馬(桓)溫、其の材略位望を恃み、陰かに不臣(王位を伺う)の志を蓄ふ。嘗て枕を撫して歎じて曰く、男子、芳を百世に流すこと能はずんば、亦た當に臭(悪名)を萬年に遺すべしと。

【流亡】りゅうぼう(りうばう) 流浪滅亡。危亡。また、散佚。〔史記、儒林伝〕秦の時、書を焚く。伏生之れを壁藏す。其の後、兵大いに起りて流亡す。漢定まり、伏生其の書を求むるも、數十篇を亡ひ、獨り二十九篇を得たり。即ち以て齊・魯の閒に教ふ。

【流沫】りゅう(りう)まつ 泡だち流れる。〔水経注、泗水〕泗水の上に石梁有り、故に呂梁と曰ふ。~懸濤漰渀、實に泗の嶮と爲す。~又云ふ、懸水三十仞、流沫九十里と。今は則ち能はざるなり。

【流民】りゅう(りう)みん 流亡の民。清・呉昌碩〔饑ゑて天を看るの図に自ら題す〕詩 海内穀熟らず 誰れか流民の圖を繪く 天心、如し憐れまるれば 粟を三輔(京畿)の區に雨らしめよ
【流湎】りゅう(りう)めん 酒に溺れる。耽溺する。〔淮南子、泰族訓〕儀狄酒を爲り、禹飲みて之れを甘しとす。遂に儀狄を疏んじ、旨酒を絶つは、流湎の行を遏むる所以なり。

【流目】りゅう(りう)もく ながしめ。また、流覽。唐・銭起〔玉山村叟の屋壁に題す〕詩 趣に渉りて皆流目す 將に歸らんとして、林に在るを羨む
【流落】りゅう(りう)らく うらぶれる。零落。宋・蘇軾〔定恵院の東に寓居す。雜花山に滿つ。海棠一株有り。~〕詩 天涯流落、倶に念ふべし 爲に一樽を飲んで、此の曲を歌ふ
【流覧】りゅう(りう)らん 眺め廻る。魏・文帝〔折楊柳行〕楽府 四海を流覽するに 茫茫として識る所に非ず
【流離】りゅう(りう)り さすらう。〔容斎続筆、三、杜老不忘君〕前輩謂ふ、杜少陵(甫)、流離顚沛(危急)の際に當りても、一飯にも未だ嘗て君を忘れずと。

【流麗】りゅう(りう)れい なだらかで美しい。唐・元稹〔唐の故工部員外郎杜君(甫)の墓系銘序〕子美(杜甫)に至りては、~顏

（延之）・謝（靈運）の孤高を掩ひ、徐（陵）・庾（信）の流麗を雑ふ。

【流連】りゅう（りう）れん 遊びほうける。〔孟子、梁恵王下〕流れに従ひて下り、反るを忘る、之れを流と謂ふ。流れに従ひて上り、反るを忘る、之れを連と謂ふ。

【流漣】りゅう（りう）れん 涙の流れるさま。〔西京雑記、一〕高帝の戚夫人、善く瑟を鼓し、筑を撃つ。帝、常に夫人を擁して、瑟に倚りて絃歌す。畢りて泣下る毎に流漣たり。

【流浪】るろう（らう） さすらう。晋・陶潜〔従弟敬遠を祭る文〕余れ曾て學仕して、人事に纏綿し、流浪して成る無く、素志に負かんことを懼る。

↑流亜 亜流／流圧 おし流す／流溢 溢れ流れる／流淫 荒淫／流雲 行雲／流英 飛花／流盈 みちる／流裔 末孫／流易 移りゆき変わる／流越 流れ散る／流下 流れゆく／流化 感化／流火 陰暦七月／流丐 物乞い／流汗 汗をかく／流澗 渓水／流観 見渡す／流丸 流れ弾／流棄 投棄する／流暉 流光／流綺 流麗／流議 俗論／流響 流れる音／流景 晩景／流谿 渓流／流戸 流民／流伍 同輩／流語 流言／流荒 辺荒／流寇 流賊／流魂 遊魂／流沙 沙漠／流槎 いかだ／流灑 そそぐ／流罪 流刑／流散 散亡／流霰 あられ／流竄 遠流／流尸 水に流される屍／流矢 それ矢／流死 水死／流巵 流觴／流失 流される／流腫 脚気／流冗 放浪／流心 ほしいままにする／流塵 飛塵／流彗 ほうき星／流声 名声／流星 流れ星／流泄 もれる／流宣 宣布する／流羨 余分／流箭 流矢／流漸 流水／流素 月光／流霜 流れる霜／流謫 島流し／流湍 早瀬／流弾 流丸／流注 注ぐ／流黜 流罪／流潮 潮流／流転 転変／流動 変動する／流遯 さすらい遁れる／流波 流し目／流派 流儀／流播 ひろく伝わる／流杯 流觴／流配 島流し／流泊 流浪／流盼 流し目で見る／流萍 浮草／流漂 流れただよう／流普 ひろくゆき渡る／流氛 寇乱／流辟 偏る／流僻 流辟／流便 すらすら／流眄 流し目／流逋 流亡の人／流氓 流民／流邁 ゆきすぎる／流漫 乱れる／流庸 出稼ぎ／流傭 流庸／流耀 流光／流乱 乱れる／流亮 明らか／流涙 流涕／流例 しきたり／流隷 流民／流潦 雨水

↓亜流・幹流・暗流・一流・運流・横流・遠流・下流・化流・河流・雅流・回流・海流・貫流・寒流・還流・灌流・気流・逆流・九流・旧流・急流・驚流・渓流・激流・決流・涓流・畎流・源流・古流・涸流・交流・江流・鴻流・合流・才流・細流・雑流・士流・支流・緇流・駛流・自流・時流・主流・儒流・舟流・周流・習流・衆流・春流・順流・諸流・女流・湘流・勝流・上流・乗流・人流・迅流・水流・随流・西流・清流・儕流・勢流・絶流・川流・泉流・穿流・旋流・潺流・双流・俗流・他流・対流・濁流・湍流・暖流・嫡流・中流・長流・潮流・直流・枕流・東流・同流・徳流・独流・南流・年流・波流・配流・輩流・飛流・微流・漂流・飄流・風流・伏流・分流・碧流・貶流・方流・放流・芳流・傍流・北流・本流・奔流・翻流・末流・名流・門流・沃流・乱流・臨流

常

【留】 10 7760 ［畱］ 12 1060

リュウ（リウ） ル
とどまる とめる のこる ひさしい

篆文 金文 その他

会意 正字は畱に作り、丣＋田。丣は溢流した水の形。田地に用いるために、その水を溜めて停蓄することをいう。それより留滞の意となる。〔説文〕十三下に「止まるなり」と訓し、丣声とするが声が合わない。金文の字形は、田の旁に水があり、その両旁に池沼のある形。灌漑用の溜池の形で、溜の初文。留止の意より、留待・留意などの意に用いる。

訓義 1とどまる、とどこおる、ためる、とめる。2のこる、かわらぬ、うつらぬ。3ひさしい、いつまでも、ながく。4まつ、おそい、おもむろ。

古訓 〔名義抄〕留 トヾム・トヾマル・ヒサシ・ウカヾフ・ヤム

声系 〔説文〕に留声として、瘤・罶・溜・霤・⿰扌留など、十字を収める。瘤はこぶ、罶は水流のせまいところにしかける「やな」、みな溜り水を意味する留の形状より字義をえている。

語系 留・溜・霤・瘤・罶 liu は同声。留の声義を承ける。流（流）・飂 liu も同声。曲折しながら進むものをいう。漏・婁 lo、縷 lio は細くうちつづくもの。これらも同系の語であろう。

【留意】りゅう（りう）い 心をとどめる。注意。〔戦国策、秦一〕大王の賢、士民の衆、車騎の用、兵法の教へを以てせば、以て諸侯を幷せ、天下を呑み、帝と稱して治むべし。願はくは大王、少しく留意せよ。

【留守】りゅう（りう）しゅ 主の不在中、都を守る。〔史記、越王句践世家〕呉王、北のかた諸侯を黄池に會し、呉國の精兵、王に従ふ。惟だ獨り老弱と太子とのみ留守す。句践～呉を伐つ。

【留取】りゅう（りう）しゅ とどめおく。宋・文天祥〔零丁洋を過ぐる〕詩 人生古より誰か死無からん 丹心を留取して、汗青（歴史）を照らさん

【留照】りゅうしょう（りうせう） 光が残る。清・乾隆帝〔盧溝の暁月〕詩 半鉤、留照して、三秋澹く 一蝀、波を分つて、鏡を夾さんで明らかなり

【留心】りゅう（りう）しん 心をとどめる。〔水経注、湍水〕源の傍、悉く菊草を生ず。潭澗の滋液、極めて甘美を成す。～司空王暢・太傅袁隗・太尉胡廣、竝びに此の水を汲飲し、以て自ら綏養す。是こを以て君子留心し、其の臭を甘しとすること尚し。

【留滞】りゅう（りう）たい 居残る。〔史記、太史公自序〕是の歳、天子始めて漢家の封を建つ。太史公、周南に留滞し、與に事に従ふことを得ず。故に憤りを發して、且に卒せんとす。～太史公～泣きて曰く、是れ命なる夫か、命なる夫～と。

【留題】りゅう（りう）だい 記念として残した詩歌。宋・陸游〔客懐〕詩 道左、忽として逢ふ、曾て宿りし驛 壁間、閑かに看る、舊留題

【留別】りゅう（りう）べつ 離別にあたって詩文を残す。唐・杜牧〔張祜に贈る〕詩 詩韻 一たび君に逢ふ 平生聞く所に稱ふ 粉毫唯だ月を書き 瓊尺只だ雲を裁す～數篇、我に留別す 羞殺す、李將軍

【留名】りゅう（りう）めい 名声を残す。宋・欧陽脩〔王彦章画像記〕平生嘗て人に謂ひて曰く、豹は死して皮を留め、人は死して名を留むと。

【留与】りゅう（りう）よ 贈り与える。宋・蘇軾〔玉堂、花を栽う～〕詩 只だ來禽（帖）と青李帖とのみ有り 他年、留與せん、學書の人

【留恋】りゅう（りう）れん 思いが残る。宋・柳永〔雨霖鈴〕詞 方に留戀の處 蘭舟發することを催ほす 手を執りて、相ひに涙眼を看る

【留連】りゅう（りう）れん たちさりかねて、とどまる。唐・李白〔友人会宿〕詩 千古の愁ひを滌蕩し（すっかり洗ひ流して） 留連して百壺を飲まん

↑留飲 飲み続ける／留雲 とどまる雲／留影 見える物の姿／留礙 さまたげられてとどまる／留歓 客をとどめて歓宴する／留客 客をひきとめる／留級

落第／留居 滞在する／留寓 他郷に留滞する／留憩 とどまって憩う／留繋 ひきとめる／留決 保留する／留後 留守／留止 とどまる／留思 心を残す／留宿 とどまって宿る／留春 春を惜しむ／留神 留心／留精 留心／留阻 とどめ阻止する／留存 保存する／留待 待つ／留駐 とどまる／留儲 たくわえる／留犢 事務が停滞する／留屯 その地に留まって屯田する／留難 難題をもち出す／留年 延年／留賓 留客／留保 保留する／留務 留守役／留目 矚目する／留落 流落／留犂 飯のさじ／留聯 連なる

↓慰留・遺留・延留・淹留・歓留・寄留・羈留・久留・去留・居留・凝留・稽留・繋留・勾留・句留・行留・拘留・在留・残留・止留・酔留・滞留・遅留・駐留・停留・逗留・弥留・保留・抑留

常【竜】10 0071 人〔龍〕16 0121 リュウ リョウ たつ

象形 竜は龍の初文。頭に辛字形の冠飾をつけた蛇身の獣の形。龍はその繁文。〔説文〕十一下に「龍は鱗蟲の長なり。能く幽にして能く明、能く細にして能く巨、能く短にして能く長。春分にして天に登り、秋分にして淵に潜む」とし、その字は肉（肉）に従い、旁は肉飛の形、音は童（童）の省声であるという。卜文・金文の字形は、蛇身の獣の象形。霊獣とされる鳳・虎の類にも、同じような辛字形の冠飾を加えている。卜文・金文の龏は、この龍を捧げる形で、恭の初文。竜を用いるシャーマンがおり、竜を用いて呪儀を行うことがあったらしく、龏にはまた「たたり」の意がある。〔左伝、昭二十九年〕に「御龍氏」についての伝承がしるされている。〔説文〕のこの条の文は韻文。拠る所のある文であろうと思われる。語彙は国語では、リュウの音でよむことが多い。

訓義 ①たつ、りゅう。②君の位にたとえる。また、すぐれた人。③高さ八尺の馬。④あきらか、大きい。

古訓 〔和名抄〕龍 太都（たつ）〔名義抄〕龍 タツ〔字鏡集〕龍 ヤハラカ・キザス・タツ・アグ

部首 〔説文〕に龗・龕など四字、〔玉篇〕になお二字を加える。龗は雷声をいう字である。

声系 〔説文〕に龍声として瓏・龏・龔・籠（籠）・寵（寵）・龐・瀧（滝）・聾・壟・隴など十九字を収める。龏・龔・寵・龐など龍声と合わぬものは、おおむね会意字とみるべきである。

【竜隠】有徳の隠者。〔易、乾、文言伝〕潜龍なり。用ふること勿れとは、何の謂ひぞや。子曰く、龍徳ありて隠れたる者なり。世に易へず、名を成さず、世を遯れて悶ふること无く、～確乎として其れ抜くべからざるは、潜龍なり。

【竜淵】竜がすむ淵。〔淮南子、墬形訓〕清水には黄金有り、龍淵には玉英有り。

【竜駕】神仏や天子の車駕。〔楚辞、九歌、雲中君〕龍駕して帝服し 聊か翶遊して周章せん

【竜頷】竜のあぎと。〔荘子、列禦寇〕夫れ千金の珠は、必ず九重の淵にして、驪龍の頷下に在り。

【竜顔】眉骨の大きな相。天子の相。〔史記、高祖紀〕高祖、人と為り隆準（高鼻）にして龍顔、須髯（ひげ）美しく、左股に七十二の黒子有り。

【竜吟】竜がうそぶく。宋・蘇軾〔子由（轍）の千之姪を送るに次韻す〕詩 江上の松楠、深くして復た深し 滿山の風雨、龍吟を作す

【竜宮】竜王の宮殿。また、寺院。唐・駱賓王〔春日、陁山に遊ぶ〕詩 葉は暗くして、龍宮に密なり 花は明るくして、鹿苑春なり

【竜虎】竜と虎。英傑にたとえる。〔易、乾、文言伝〕雲は龍に従ひ、風は虎に従ふ。聖人作りて、萬物覩る。～各と其の類に従ふなり。

【竜興】飛竜が天に昇る。王業をいう。漢・孔安国〔尚書の序〕漢室龍興し、學校を開設し、旁く儒雅を求め、以て大猷を闡く。

【竜袞】天子の礼服。〔礼記、礼器〕禮に文を以て貴しと爲す者有り。天子は龍袞、諸侯は黼（白黒の文）、大夫は黻（黒青の文）、士は玄衣纁（赤）裳。

【竜首】竜頭。〔六韜、文韜、上賢〕夫れ王者の道は、龍首の如し。高く居りて遠く望み、深く視て審らかに聽く。其の形を示し、其の情を隱す。

【竜舟】竜頭の舟。立派な舟。大舟。〔淮南子、脩務訓〕夫れ純鈞・魚腸（名剣）は、～之れに砥礪を加へ、其の鋒鍔を磨ぐに及んでは、則ち水に龍舟を斷ち、陸に犀甲を剸る。

【竜鍾】年老いて、つかれやむ。うらぶれて、失意のさま。唐・高適〔人日、杜二拾遺（甫）に寄す〕詩 一臥東山、三十春 豈に知らんや、書劍、風塵に老いんとは 龍鍾還た忝くす二千石 愧づ、爾、東西南北の人

【竜船】端午の節句の舟。〔東京夢華録、七、駕幸臨水殿観争標錫宴〕大龍船、約長さ三四十丈、闊さ三四丈、頭尾鱗鬣、皆雕鏤す。金飾、～中に御座龍水屏風を設け、～上に層樓臺觀有り、檻曲に御座を安設す。

【竜蛇】竜と蛇。爬虫類。〔易、繋辞伝下〕尺蠖の屈するは、以て信びんことを求むるなり。龍蛇の蟄るるは、以て身を存するなり。

【竜蟠】竜の蟠居するさま。勢いを内に秘めた状態をいう。〔晋書、王羲之伝論〕其の點曳の工、裁成の妙を観るに、煙霏び露結び、狀斷ゆるが若くにして還た連なり、鳳翥び龍蟠まり、勢ひ斜めにして反つて直なるが如し。

【竜鳳】竜章鳳姿。〔唐書、太宗紀〕太宗～方めて四歳、書生有り、～太宗を見るに及んで曰く、龍鳳の姿、天日の表、其の年冠（二十歳）に幾くして、必ず能く世を濟ひ民を安んぜんと。

↑竜衣 御衣／竜逸 遺賢／竜角 竜の角／竜龕 厨子／竜旂 王旗／竜旗 王旗／竜駒 駿馬／竜光 君徳／竜骨 竜の骨／竜漦 竜の精気／竜鬚 竜のひげ／竜升 飛竜／竜昇 竜升／竜章 竜文／竜翔 竜が空を飛ぶ／竜驤 竜翔／竜神 水神／竜舌 草もち／竜潜 潜竜／竜髯 竜鬚／竜潭 深淵／竜庭 匈奴の王庭／竜頭 竜頭鷁首の舟／竜騰 竜翔／竜徳 王徳／竜馬 神馬／竜文 竜の文様／竜紋 竜文／竜門 登竜門／竜輿 竜駕

↓逸竜・雲竜・臥竜・騎竜・虬竜・魚竜・驚竜・金竜・屈竜・群竜・見竜・亢竜・交竜・降竜・黄竜・蛟竜・衮竜・山竜・升竜・昇竜・翔竜・燭竜・神竜・酔竜・青竜・赤竜・潜竜・蒼竜・地竜・螭竜・蟄竜・雕竜・天竜・土竜・登竜・白竜・八竜・攀竜・飛竜・伏竜・奔竜・躍竜・游竜・鸞竜・驪竜・六竜

人【琉】11 1011 〔琉〕10 1011 〔瑠〕14 1716 リュウ（リウ） るり

形声 声符は㐬。㐬は流（流）の省文。琉璃は玉の名。〔漢書、西域上、罽賓国伝〕に「璧流離」としるし、火斉珠をいう。

梵語の音写の語、吠瑠璃(ばいるり)を略した語である。
訓義 1るり。2字はまた瑠に作る。
古訓 〔和名抄〕瑠璃 野王按ずるに、瑠璃、青色にして玉の如き者なり。俗に云ふ、留利(るり)
【琉璃】りゅう(りう)り 玉の名。瑠璃。流離。〔後漢書、西域、大秦国伝〕土に金銀奇寶多し。夜光璧・明月珠・～珊瑚・虎魄(こはく)・琉璃・琅玕(らうかん)・朱丹・青碧有り。

人 **【笠】** 11 8810 リュウ(リフ) かさ

篆文 

形声 声符は立(りゅう)。〔説文〕五上に「簦(とう)の柄無きものなり」という。簦は簦蓋、柄のある大きな笠である。〔詩、小雅、無羊〕には牧人、〔周頌、良耜〕には農夫が、作業のときに用いることを歌っている。
訓義 1かさ、すげがさ、かぶりがさ。
古訓 〔和名抄〕笠 賀佐(かさ)〔篇立〕笠 フサク・タケノカハ〔字鏡集〕笠 フサク・カサ
【笠簷】りゅう(りふ)えん かぶりがさのひさし。唐・陸亀蒙〔晩に渡る〕詩 各様の蓮船、村に逗(とど)まりて去り 笠簷、蓑袂(さべい)、残聲有り
↑笠冠(りゅうかん) かさ/笠蓑(りゅうさ) かさみの/笠子(りゅうし) かさ
↓耘笠・円笠・蓋笠・葵笠・行笠・青笠・草笠・戴笠・台笠・短笠・負笠・蓬笠

常 **【粒】** 11 9091 リュウ(リフ) つぶ

篆文  古文 

形声 声符は立(りゅう)。〔説文〕七上に「糂(さん)なり」、また糂字条に「米を以て羹(かう)を和するなり」と、「こながき」の意とする。〔書、益稷〕「烝民乃(すなは)ち粒す」は穀食すること。〔詩、周頌、思文〕「我が烝民を立つるは 爾(なんぢ)の極に匪(あら)ざるは莫(な)し」の立を、〔箋〕に「當(まさ)に粒に作るべし」という。下句に「我に來牟(らいぼう)(麦辨)を貽(おく)る」の句があって、上下照応する語となる。
訓義 1つぶ、こめつぶ。2穀つぶ。
古訓 〔新撰字鏡〕粒 阿良本(あらもと)〔和名抄〕粒 伊奈豆比(いなつび)〔名義抄〕粒 イナツビ・ツヒ〔篇立〕粒 イナツヒ・ツヒ・アラモト・ヨネノツヒ
語系 粒liəp、拉ləpは声義近く、拉はもと、打穀して粟粒をうることをいう字であろう。
【粒食】りゅう(りふ)しょく 穀食。〔礼記、王制〕北方を狄(てき)と曰ふ。羽毛を衣(き)、穴居して粒食せざる者有り。
【粒粟】りゅう(りふ)ぞく 穀粒。唐・李紳〔農を憫(あは)れむ、二首、一〕詩 春に種(う)う一粒の粟 秋に成る萬顆(ばんくわ)の子(み) 四海、閒田無きも 農夫は猶ほ餓死す
【粒粒】りゅう(りふ)りゅう(りふ) 穀物の一粒一粒。唐・李紳〔農を憫む、二首、二〕詩 禾(くわ)を鋤(す)きて、日午(ひる)に當る 汗は滴(したた)る、禾下の土 誰か知らん、盤中の餐(さん) 粒粒、皆辛苦なることを
↑粒雪(りゅうせつ) あられ/粒米(りゅうべい) 米粒
↓遺粒・一粒・穀粒・沙粒・嘗粒・薪粒・絶粒・素粒・粟粒・麦粒・飯粒・米粒・余粒

常 **【隆】** 11 【隆】 12 7721 リュウ さかん たかい おおきい

篆文 

会意 旧字は隆に作り、自(ふ)＋夊(ち)＋土。自は神霊の陟降する神梯。その前に土主をおき、夊はそこに上から神霊の降下する象。神を迎えて祀ることをいう。〔説文〕六下に「豐大なり。生に從ひ、降(かう)聲」とするが、声が合わない。漢碑には土・丰などに従う形のものがあり、丰は夆(ほう)の従うところと同じく、神霊の降下するところをいう。隆と豊(豐)とは畳韻。〔説文〕はその畳韻を以て訓する。霊威の豊盛なることをいう。
訓義 1さかん、ゆたか。2たかい、そなわる。3大きい、ながい、たっとい。
古訓 〔名義抄〕隆 タカシ・サカリナリ・アラタム・アラハル・サカユ・ウクロモツ・ハルカナリ・オク・ミチ・イカヅチナル・サカン・イタル〔字鏡集〕隆 サカン・アラハル・ハルカナリ・ユタカナリ・イカヅチナル・ウクロモツ・サカリナリ・オホキナリ・タヒラカナリ・アラタム
声系 〔説文〕に隆声として窿・癃の二字を収める。窿は穹、癃は後起の字である。
語系 隆liuəm、陵liəngは声義に関係がある。また陸liuk、隴liongも関係のある語。陸は神梯の前に幕舎を連ね、神を迎える山上の祀所をいう。
【隆汙】りゅうを 盛衰。興廃。〔礼記、檀弓上〕子思曰く、昔者(むかし)吾が先君子(伯魚)、道を失ふ所無し。道隆んなれば則ち從ひて隆んにし、道汙なるときは則ち從ひて汙にす。
【隆貴】りゅうき 尊貴。〔史記、平準書〕御史大夫張湯、方(まさ)に隆貴にして事を用ふ。減宣・杜周～等、慘急刻深を用って九卿と爲る。
【隆洽】りゅうこう(かふ) さかんでゆきわたる。漢・王褒〔四子講徳論〕甘露滋液、嘉禾(かくわ)櫛比(しっぴ)す。大化隆洽し、男女條暢(でうちゃう)し、家ゝ給し、年ゝ豊かなり。
【隆殺】りゅうさい 増減。加減。〔荀子、礼論〕禮なる者は、財物を以て用と爲し、貴賤を以て文と爲す。多少を以て異と爲し、隆殺を以て要と爲す。文理繁(おほ)く、情用省くは、是れ禮の隆なり。文理省き、情用繁きは、是れ禮の殺なり。
【隆盛】りゅうせい 栄える。強大。〔韓非子、亡徴〕大臣隆盛にして、外、敵國に藉(か)り、～以て怨讐(ゑんしう)を攻むるに、人主誅せざる者は、亡ぶべきなり。
【隆準】りゅうせつ 鼻梁が高い。唐・杜甫〔哀王孫〕詩 高帝の子孫、盡(ことごと)く隆準 龍種自(おのづか)ら常人と殊なり
【隆替】りゅうたい 盛衰。〔晋書、王羲之伝〕(殷浩の書)足下の出處の如きに至りては、正に隆替と對す。豈に一世の存亡を以て、必ず足下從容の適に從はしめんや。～卿(けい)、時に起たずんば、復(ま)た以て美政を求むべきや不(いな)や。
↑隆愛(りゅうあい) 盛寵/隆渥(りゅうあく) 優渥/隆鬱(りゅううつ) 繁茂/隆運(りゅううん) 盛運/隆恩(りゅうおん) 厚恩/隆赫(りゅうかく) 盛大/隆寒(りゅうかん) 厳寒/隆顔(りゅうがん) 天顔/隆規(りゅうき) 手本/隆起(りゅうき) 盛り上がる/隆穹(りゅうきゅう) 穹隆/隆遇(りゅうぐう) 優遇/隆刑(りゅうけい) 厳刑/隆慶(りゅうけい) 大いにめでたい/隆眷(りゅうけん) 盛んな眷遇/隆顕(りゅうけん) 隆赫/隆興(りゅうこう) 興隆/隆思(りゅうし) 深く思う/隆師(りゅうし) 尊師/隆熾(りゅうし) 勢いがさかん/隆暑(りゅうしょ) 盛暑/隆昌(りゅうしょう) 繁栄する/隆崇(りゅうすう) 高く盛ん/隆政(りゅうせい) 美政/隆然(りゅうぜん) 盛り上がるさま/隆泰(りゅうたい) ゆたかに栄える/隆頽(りゅうたい) 高低/隆重(りゅうちょう) 立派/隆寵(りゅうちょう) 盛寵/隆冬(りゅうとう) 厳冬/隆棟(りゅうとう) 高い棟/隆薄(りゅうはく) 厚薄/隆鼻(りゅうび) 隆準/隆富(りゅうふ) 栄えてゆたか/隆眄(りゅうべん) 顧寵/隆名(りゅうめい) 盛名/隆窳(りゅうゆ) 盛衰/隆隆(りゅうりゅう) 雷の声/隆礼(りゅうれい) 盛儀/隆顱(りゅうろ) おでこ/隆窊(りゅうわ) 高低
↓夷隆・鬱隆・蘊隆・汙隆・洿隆・恩隆・煕隆・穹隆・高隆・興隆・衝隆・豊隆・窳隆・優隆

【旒】 12 0821 リュウ(リウ) はたあし たまだれ

形声 声符は㐬(りゅう)。㐬は流(㳅)の省文。〔玉篇〕に「旌旗(せいき)の垂るる者なり」とあり、はたあしをいう。旗に垂らすもの、吹き流しの類をいう。天子の旗は十二旒。〔礼記、玉藻〕に「天子の玉藻、十有二旒」とは、冠冕のたまだれである。
訓義 1はたあし、はたのたれ。2たまだれ、冕旒。
古訓 〔名義抄〕旒 ハタアシ・ハタ
語系 旒・流・瑠・霤liuは同声。いく筋にもわかれて、長くつづく状態のものをいう。
【旒纊】りゅうこう(りうくわう) 王冠の垂旒と耳あて。梁・任昉〔蕭揚州(子

顕〕の為に士を薦むる表〕伏して惟ふに、陛下、道は旒纊に隠れ、信は符璽に充ふ。

【旒旌】十二旒を加えたはた。南朝宋・顔延之〔陵廟を拝して作る〕詩 萬紀、絃吹を載せ 千載、旒旌を託せん

【旒冕】冕冠の十二旒。清・黄遵憲〔西郷星歌・隆盛既に没す。〜適ゝ彗星有り、〜国人遂に之れに名づけて隆盛星と為す〕詩 上に一人、旒冕を戴く有り 是れを日神の子、天帝の孫と爲す

↑旒扆 天子の冠飾と、御座の後の屏障、天子/旒旗 旒旆/旒縿 はたあし/旒翣 棺の覆い/旒蘇 旗の垂れ飾り/旒旐 銘旌

↓画旒・旂旒・麾旒・九旒・凝旒・玉旒・衮旒・采旒・珠旒・宸旒・垂旒・翠旒・綴旒・冕旒・旄旒・竜旒・練旒

常 【硫】 12 1061 〖硫〗 11 1061 リュウ(リウ) いおう

形声 声符は㐬。㐬は流(流)の省文。硫黄をいう。〔本草綱目、石五、石硫黄〕に黄牙・陽侯などの異名をあげ、李時珍の説として「性質通硫、色賦中黄」であるから、硫黄というとする。硫黄木は、つけ木。豚の脂を加えて、傷薬の軟膏とする。

訓義 ①いおう。②石の滑らかでないもの。

古訓 〔新撰字鏡〕硫 瘡に塗るときは即ち愈ゆ、由王(ゆわう)

↑硫末 硫黄の粉末

人 【溜】 13 3716 〔澑〕 15 3116 リュウ(リウ) たまりみず したたり はやせ ためる

篆文

形声 声符は留。留は溢流した水を溜めて、灌漑に供する意。〔説文〕十一上に川の名とするが、本義は溜り水。〔晏子、雑上七〕に「蚤歲、溜水至りて廣門に入る」とみえ、洪水の溢流するものをいう。〔左伝、宣二年〕「三たび進みて溜に及ぶ」とは霤。雨水の堕ちる軒下をいう。胃のつかえがとれることを、溜飲が下がるといい、長嘆息することをわが国では溜息をつくという。

訓義 ①たまりみず、水溜り。②したたる、したたり、あまだれ、あまだれおち、しずく。③ながれ、はやせ。④字はまた霤に作る。⑤国語で、たまる、ためる。

古訓 〔篇立〕溜 モリ・シタヽル・アマシタリ

語系 溜・留・霤・流(流)liu は同声。留は田地などの溜り水。その水を溜めるところは溜池。流れる水は流、屋霤におちるものを霤という。

【溜滴】しずくがおちる。唐・白居易〔噴玉泉に題す〕詩 溜は滴したる、三秋の雨 寒は生ず、六月の風

【溜氷】氷上をすべる。今のスケート。〔通俗編、三十一、俳優〕宋史禮志に、故事、齋宿して後苑に幸し、冰戯を作すと。按ずるに此れ即ち北方溜氷の戯、宋の時より始まるなり。

【溜溜】水が流れそそぐ音。宋・陸游〔魚池将に涸れんとす。車水もて之れに注ぐ〕詩 清波溜溜として、新渠に入る 隣曲來たり觀て、樂しみ餘り有り

↑溜雨 雨だれ/溜光 つるつるとした/溜水 溜り水/溜達 ぶらぶら歩く/溜明 明らか/溜亮 音声がよく通る。瀏亮

↓雨溜・檐溜・簷溜・屋溜・寒溜・乾溜・急溜・暁溜・決溜・軒溜・懸溜・山溜・残溜・瀉溜・蒸溜・燭溜・水溜・石溜・雪溜・泉溜・中溜・墜溜・滴溜・瀑溜・飛溜・微溜・氷溜・伏溜・碧溜・奔溜・涌溜

【榴】 14 4796 リュウ(リウ) ざくろ

形声 声符は留。石榴(ざくろ)をいう。一に丹若というように、その色は紅く、紅裙をまた榴裙という。〔博物志〕によると、石榴は張騫が西域からもち帰ったものという。

訓義 ①ざくろ。

↑榴火 榴花/榴花 石榴の花/榴裙 紅裙/榴月 五月/榴房 石榴の実

↓紅榴・柘榴・若榴・石榴

人 【劉】 15 7210 リュウ(リウ) ころす かつ めぐる

篆文

形声 声符は丣。丣は留の省文。〔説文〕十四上に字を鎦に作り、「殺すなり」と訓するが、字・形についての説解はない。〔段注本〕に「金刀に从ふ。丣聲」と補説しているが、釗と丣とに従う字と解すべきであろう。釗は〔説文〕四下に「刓るなり」と訓する字である。徐鉉は「疑ふらくは此れ即ち劉字ならん」という。〔爾雅、釈詁〕に「殺すなり、克つなり、陳ぬるなり」の訓義があり、〔方言、一〕に「殺すなり」という。〔書、盤庚上〕に「盡く劉すこと無かれ」、〔逸周書、世俘解〕に「則ち商王の紂を咸劉す」とみえる。字は釗に従って留の省声。釗は刓るとよみ、また丣に両分の意がある。〔淮南子、原道訓〕に「劉覽偏照」の句があり、〔注〕に「回観するなり。劉は讀みて留連の留とす」とみえ、留の意をも含む字である。

訓義 ①ころす。②かつ、うちかつ。③つらねる、めぐる。④刀、まさかり。

古訓 〔名義抄〕劉 コロス・キル・タノシ・タツ・ツフル・ツクロフ・ケヅル・フクル・ツ、ク・イヲノハラサク 〔篇立〕劉 ユタカ・コロス・ノブ・ツクロフ・ナヅル・ウツケタリ・ノボル・ヨル・ケヅル・ウツ・キル

声系 〔説文〕に劉声として瀏など二字を収める。瀏十一上は「流れの清き皃なり」とあり、水流のさまを形容する語。

↑劉覧 通覧

↓咸劉・虔劉・執劉

【瘤】 15 0016 リュウ(リウ) こぶ

篆文

形声 声符は留。留は溜り水の意。溢流した水が一所に留滞することをいう。〔説文〕七下に「腫れものなり」、〔釈名、釈疾病〕に「瘤は流なり。血流聚りて生ずる所の瘤腫なり」という。水には溜といい、肉塊の疾には瘤という。

訓義 ①こぶ、しいね。②肉のかたまり、はれもの。

古訓 〔和名抄〕瘤 之比禰(しひね)〔名義抄〕瘤 シヒネ 〔字鏡集〕瘤 ハレモノ・ヒルモ・シヒネ

語系 瘤・留・溜・霤 liu は同声。留は溢流した水が、一所に留滞することをいう。みな留の声義を承ける語である。

↑瘤魁 瘤形の酒樽/瘤結 こぶ/瘤腫 こぶ/瘤贅 こぶ/瘤瘡 こぶ

↓瘿瘤・宿瘤・贅瘤・肉瘤

【罶】 15 6060 リュウ(リウ) うえ うけ

篆文

形声 声符は留。留は溜り水。山川の水の落ちたまる所にしかける「うえ」をいう。〔説文〕七下に「曲梁、寡婦の笱、魚の留まる所なり。网留に從ふ。留は亦聲なり」とする。留は水たまりのようなところをいう。〔爾雅、釈器〕にこれを「嫠婦(やもめ)の笱」とよんでいる。郝懿行の〔爾雅義疏〕に、寡婦の合音は笱、嫠婦の合音を罶とするが、その音を導くために、特にこのような表記をしたとは考えがたい。笱は句曲の意をとるもので、罶の形状よりしていう。〔詩、小雅、大田〕に「彼に遺秉有り 此に滞穗有り 伊れ寡婦の利なり」とあって、落穂拾いを寡婦の権利として与えていることからいえば、山川の特定のところ

にうえをかけることも、寡婦の特権とされていたのであろう。〔詩、邶風、谷風〕〔詩、小雅、谷風〕はともに遺棄された婦人のことを歌う詩であるが、その定型的な表現として「我が梁に逝くこと毋れ　我が笱を發くこと毋れ　我が躬すら閲れられざるに　我が後を恤れむに遑あらんや」という句がある。離婚の後にも、その権利は遺留分として認められていたのであろう。字はまた罶に作る。罶は細かく編みあげたものをいう。

訓義 ①うえ、うけ、魚笱。②字はまた罶に作る。

古訓 〔名義抄〕罶　アト・ヤナ　〔字鏡集〕罶　アジロ・ヤナ・アト

↓罛罶・魚罶・布罶

【嘐】 16 6702 リュウ(リウ) やきはた

篆文 

形声 声符は翏。〔説文〕十三下に「燒きて種うるなり。漢律に曰く、田を嘐きて艸を茠る」とあり、焼畑農耕をいう。

訓義 ①草をやいて種まく、やきはた、火耕。②灌漑。

古訓 〔名義抄〕嘐　ハタ・ヤキハタ

【嘐田(りゅうでん)】やきはた。〔晋書、殷浩伝〕既にして淮南太守陳逵～を前鋒と爲し、～江西の嘐田千餘頃を開き、以て軍儲と爲す。

↓古嘐・大嘐

【癃】 17 0011 リュウ つかれる やむ

篆文 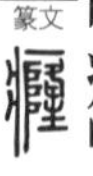 籀文 

形声 声符は隆(隆)。〔説文〕七下に「罷病なり」とあり、罷癃は背疾、腰が曲がって背が伸びぬ病をいう。隆は背が隆起する意である。

訓義 ①つかれる、やむ。②背がかがむ、腰がまがる。③病重し、尿道結石。

古訓 〔名義抄〕癃　カタハ・コシヲレ　〔篇立〕癃　シヒネ・コシヲレ・コホレ・ヤマヒ・カタハ・ナリフ

【癃疾(りゅうしつ)】腰折れ。〔漢書、賈山伝〕臣聞く、山東の吏、詔令を布くに、民、老羸癃疾と雖も、杖に扶よりて往きて之れを聽き、願はくは少く須臾も死すること毋かれ、德化の成るを見んと思ふなりと。

↑癃蹇(りゅうけん)　遅滞する／癃残(りゅうざん)　癃老／癃疝(りゅうせん)　小便不通の病／癃廃(りゅうはい)　衰弱する／癃閟(りゅうひ)　癃疝／癃病(りゅうへい)　癃疾／癃閉(りゅうへい)　癃疝／癃老(りゅうろう)　おいぼれ

↓篤癃・罷癃・老癃

【窿】 17 3021 リュウ たかい

形声 声符は隆(隆)。隆は神霊の降下する円丘のような地形のところ。穹窿はドーム形の天井。そのような天井をもつ建物で、もと神を迎え祀るところであろう。

訓義 ①ゆみなり、たかい。②天の形、天井、ドーム。

【窿穹(りゅうきゅう)】高大なさま。明・何景明〔霍山の辞〕巖巖たる霍山の窿穹、彼の脊の埜を奠む。

↑窿然(りゅうぜん)　高く弓なりに大きいさま

↓穹窿・蒼窿

【蟉】 17 5712 リュウ(リウ) リョウ(レウ) まとう

篆文 

形声 声符は翏。〔説文〕十三上に「蟉蟉なり」とあり、前条の蟉にも「蟉蟉なり」という。漢の王延寿〔魯の霊光殿の賦〕に「騰虵蟉虯として梲を遶る」というように、蟉とは、竜蛇の類がまといつくようなさまをいう。

訓義 ①まがりうねる。②まといめぐる。

古訓 〔篇立〕蟉　モコヨフ

↑蟉虯(りゅうきゅう)(りょうきゅう)　蛇形のものがまというねるさま／蟉屈(りょうくつ)　まといめぐる／蟉結(りゅうけつ)　蟉屈／蟉糅(りゅうじゅう)　まとう

↓蟠蟉

【鎏】 17 3010 リュウ(リウ)

形声 声符は流(流)。美金をいう。琉璃の琉(琉)の声義をとるものであろう。金の〔五音集韻〕に至ってみえるもので、古い用例はない。冕飾をも鎏というのは旒と通用するもので、〔説文〕一上にみえる瑬がその垂玉をいう字である。

訓義 ①うつくしいかね。

【駵】 17 7137 〔騮〕 20 7736 リュウ(リウ) くりげ

篆文 

形声 声符は丣。丣は留の省文。〔説文〕十上に「駵は赤馬、黑鬣尾なり」(段注本)とあり、〔大徐本〕に字を騮に作り、留声とするものを、〔玉篇〕等によって改めている。〔詩、秦風、小戎〕に「騏駵是れ中とす」、〔爾雅、釈畜〕に「駵馬白腹は驈(腹の白い鹿毛の馬)なり」のように、古くはみな駵に作る。

訓義 ①くりげ、鬣の黒い赤馬。②字はまた騮に作る。

古訓 〔字鏡集〕駵・騮　クロネズミムマ

【駵駒(りゅうく)】くりげの小馬。〔史記、封禅書〕西時を作りて白帝を祠る。其の牲には駵駒・黄牛・羝羊各一を用ふ。

【駵駁(りゅうばく)】まだら毛の馬。〔詩、豳風、東山〕之の子于に歸ぐ　其の馬を皇駁にす〔伝〕黄白なるを皇と曰ひ、駵白なるを駁と曰ふ。

↑駵黄(りゅうこう)　色の名、流黄

↓華駵・紫駵・騂駵

【懰】 18 9200 リュウ(リウ) うれえる うらむ

形声 声符は劉。漢の王褒の〔楚辞、九懐、昭世〕に「志、逝きしことを懷ひて、心懰慄たり」とあり、懰慄とは憂えるさまをいう。

訓義 ①うれえる。②うらむ、かなしみうらむ。

古訓 〔字鏡集〕懰　ウラム

【瀏】 18 3210 リュウ(リウ) きよい ふかい ながれる

篆文 

形声 声符は劉。〔説文〕十一上に「流れの清き皃なり」とし、〔詩、鄭風、溱洧〕「瀏として其れ清し」の句を引く。〔玉篇〕に「深き皃なり」と訓するが、清明のさまを形容する語で、翏声の字と、声義の通ずるところがある。

訓義 ①きよい、きよらか、ほがらか。②ふかい。③ながれる。④飂と通じ、風、つむじ風。

古訓 〔名義抄〕瀏　キヨシ・フカシ

語系 瀏・流(流)・留liuは同声。みな水流に関する語。また瀏亮liu-liangは双声の連語。ともに清朗の意がある。

【瀏如(りゅうじょ)】すっきりしたさま。清らかなさま。唐・柳宗元〔永州韋使君新堂記〕始め命じて其の蕪(雑草)を芟らしめ、其の塗を行かしめ、之れを積むこと丘如たり。之れを蠲くこと瀏如たり。

【瀏瀏(りゅうりゅう)】風吹くさま。速いさま。また、清らかなさま。宋・蘇軾〔子由(弟轍)と同に寒渓の西山に游ぶ〕詩　層層として、草木、西嶺に暗く　瀏瀏として、霜雪、寒溪に鳴る

【瀏亮(りゅうりょう)】清く明らかなさま。晋・陸機〔文の賦〕詩は情に縁りて綺靡(美しく)、賦は物を體して(描写して)瀏亮たり。

↑瀏覧(りゅうらん)　あらましを大観する／瀏濫(りゅうらん)　水が清らかで溢れる／瀏莅(りゅうり)　金石などのすんだ声の形容／瀏慄(りゅうりつ)　声が高く響くさま／瀏漣(りゅうれん)　さめざめと泣く

【霤】18 1060 リュウ(リウ) のきした あまだれ したたり

篆文

形声 声符は留(りゅう)。留に溜り水の意がある。〔説文〕十一下に「屋水の流るるなり」とあり、そのあまだれを承けるところを承霤という。江南では霤のことを覓(ひかけ)という。

訓義 ①のきした、雨だれのおちるところ。②あまだれ。③したたり。

古訓 〔新撰字鏡〕霤 阿米志太々流(あめしたたる)〔和名抄〕霤 阿末之太利(あましだり)〔名義抄〕霤 アマシダリ・アラレ 〔字鏡集〕霤 アマシダリ・アマダリ・アラレ

語系 霤・留・溜・流(㳅)liu は同声。留はたまりしたたるもの、流は流れさるものをいう。

【霤水】(りゅうすい) 雨垂れ水。〔淮南子、氾論訓〕霤水も以て壺榼(こかふ)を溢(みた)すに足るも、江河も漏巵(ろうし)を實(み)たすこと能はず。

【霤槽】(りゅうそう)(りうさう) 雨垂れ受けの桶。〔老学庵筆記、七〕臨江の蕭氏の祖、五代の時、～事に坐して斬に當す。其の妻と亡命す。王之れを捕ふること甚だ急なり。～人家の霤槽中に匿る。湘湖の間、霤を謂ひて覓(けん)と爲す。～人以て神物と爲し、乃ち世世奉祀し、之れを覓頭神(けんとうしん)と謂ふ。

↓屋霤・甘霤・残霤・承霤・晨霤・中霤・長霤

【鏐】19 8712 リュウ(リウ) キュウ(キウ) こがねいろ

篆文

形声 声符は翏(りょう)。〔説文〕十四上に「弩(いしゆみ)の眉(へり)なり。一に曰く、黄金の美なる者なり」という。〔爾雅、釈器〕に「黄金之れを璗(たう)と謂ふ。其の美なる者、之れを鏐と謂ふ」とみえる。〔書、禹貢〕にいう「璆鐵(きうてつ)」は「鏐鐵」で玉質に近く、紫磨金(しまきん)ともいわれ、青光りの色調をもつもので、殷の古銅器にそのような光沢をもつものがある。鏐はまた鐐ともいう。鐐は白金である。

訓義 ①こがねいろ、こがねいろのかね、美金。②いしゆみのへり。

古訓 〔名義抄〕鏐 紫磨金なり。キタヘルカネ 〔篇立〕鏐 タガネ・シマキン・ワウゴン 〔字鏡集〕鏐 キナルカネナリ

【飂】20 7721 リュウ(リウ) リョウ(レウ) かぜ つむじかぜ はやて

篆文

形声 声符は翏(りょう)。翏は鳥が高く飛ぶさまをいう。〔説文〕十三下に「高き風なり」とあり、〔淮南子、墜形訓〕に「西方を飂風と曰ふ」と方位の風とする。西方に淒涼の意があるとするものであろう。

訓義 ①かぜ、つむじかぜ、はやて、高い風。②むなしい、さびしい。③西方の風。

古訓 〔字鏡集〕飂 トシ

語系 飂・翏liu は同声。寥lyu とともに高い空を飛ぶ意がある。厲liat、涼liang、冷leng なども関連があり、同系の語と考えられる。

【飂飂】(りゅうりゅう)(れうれう) 風の吹きめぐる音。魏・阮籍〔清思の賦〕聲飂飂として以て洋洋たり。崑崙(こんろん)に登りて西海に臨み、超遙(てうえう)茫渺(ばうべう)として、其の在る所を究むること能はざるが若(ごと)し。

【飂戾】(りゅうれい)(れうれい) 風めぐるさま。晉・潘岳〔西征の賦〕清風の飂戾たるを吐き、歸雲の鬱蓊(うつをう)たるを納(い)る。

↑飂風(りゅうふう) 西風

【餾】21 8176 〔餾〕19 8776 リュウ(リウ) むす

篆文

形声 声符は畱(留)(りゅう)。〔説文〕五下に「飯気(はんき)流るるなり」〔段注本〕とあって、蒸す意。〔大徐本〕に「蒸すなり」に作るが、留・流(㳅)同声の訓とみてよい。米をむすことをいう。

訓義 ①むす、米をむす。②むれる、よくむれる。③むしめし。

古訓 〔名義抄〕餾 ニギハフ

↓蒸餾・絶餾・饙餾

リョ

【呂】常 7 6060 〔膂〕14 0822 リョ ロ かね せぼね

篆文 甲骨文 金文

象形 青銅器などを作る材質の銅塊の形。卜文・金文の字形は、上下を連ねる線がなく、銅塊の形である。〔説文〕七下に「脊骨なり。象形」とし、また「昔、太嶽は禹の心呂(しんりょ)の臣爲(た)り。故に呂侯に封ぜらる」と呂国の字とする。呂はもと甫(ほ)といい、〔詩、大雅、崧高〕に「維(こ)れ嶽、神を降し 甫と申とを生む」とみえる。金文に⿰甫夫(ほ)・⿰甫夫侯(ほこう)と記すものがそれで、「禹の心呂」とするのは後の臆説である。また金文に「厥(そ)の吉金、玄鏐(げんりう)、膚呂(ふりょ)を擇ぶ」とあって、呂はその銅塊の象とみられる。〔説文〕に呂を篆文とし、重文として膂(りょ)を録する。膂は膂力をいう字。のち呂をその義に通用する。「黄鐘大呂」のような律呂の義にも用いる。

訓義 ①かね、銅塊。②膂と通じ、せぼね。③律呂、六律六呂。呂は陰声。

古訓 〔名義抄〕呂 タヒ・ツキ・タクヒ・トモカラ・セナカノホネ・サト/膂 セナカノホネ

声系 〔説文〕に呂声として莒・筥(きょ)・閭(りょ)など四字を収める。來(来)母(らい)の字に里・悝(かい)・翏(りう)・膠(かう)のように、音の移る例がある。金文の簠(ほ)には古く古・胡を声符とするものがあり、甫との声の関係が考えられる。呂を古く甫・⿰甫夫としるすのも、古音が近かったからであろう。大呂の呂を、また鑪に作ることがあるのも、同例である。

語系 呂・膂lia は同声。呂は脊骨の象。膂は膂臂・膂力の意であるから、必ずしも呂の形声字ではないが、のち同字異文とされ、〔説文〕に膂を重文として録する。

↑呂鉅(りょきょ) 尊大

↓語呂・脊呂・大呂・南呂・背呂・六呂・律呂

【侶】常 9 2626 リョ とも ともがら

篆文

形声 声符は呂(りょ)。呂は銅塊などの象で、同質・同量のものであるから、相並ぶもの、等しいものの意がある。〔説文新附〕八上に「徒侶なり」とあり、等輩・伴侶の人をいう。

訓義 ①とも、ともがら。②ともにする、ともとする。

古訓 〔名義抄〕侶 トモ・トモガラ

語系 侶・閭・旅(㫺)lia は同声。里門を同じくするものを閭といい、氏族を同じくするものを旅という。旅は氏族旗を奉じて、一団となって行動するものをいう。

↑侶行(りょこう) 同行する/侶儔(りょちゅう) ともだち/侶伴(りょはん) みちづれの人

↓逸侶・嘉侶・鶴侶・宦侶・義侶・旧侶・群侶・結侶・行侶・詩侶・緇侶・釈侶・朱侶・勝侶・新侶・酔侶・征侶・僧侶・茶侶・儔侶・釣侶・徒侶・同侶・伴侶・遊侶・僚侶

【旅】常 10 〔㫺〕10 0823 リョ たび つらなる

篆文 古文 甲骨文 金文

会意 㫃(えん)＋从(じゅう)。㫃は旗。从は從(従)の初文で、前後相従う人。氏族旗を奉じて、一団の人が進む意で、その軍団をいい、また遠行することをいう。〔説文〕七上に「軍の五百人を旅と爲す。㫃に從ひ从に從ふ。从は倶にするなり」と軍旅の意とする。多数のときには斿(ゆう)・遊(遊)は一人が旗を奉じて出行する形。

旅という。古くは邑里の外に出るときには、氏族霊の象徴として、氏族旗を奉じて行動した。それで軍旅のことに限らず、別宮に赴いて祭ることを旅祭といい、その祭器を旅器といい、旅彝という。師旅のときには多数で行動するので、多い意となり、連なる意となる。〔詩、小雅、賓之初筵〕「殽核を維れ旅ぬ」のように陳設の意にも用いる。〔説文〕にまた古文一字を録し、「古文以て魯衛の魯と爲す」とするが、旅を魯衛の魯に用いることはない。〔段注〕に、〔左伝〕の「仲子、生まれしとき、文の其の手に在る有り。曰く、魯の夫人と爲らんと」の魯は、掌文とすればこの古文の形であろうというが、その字は旅の訛変の字である。

訓義 [1]軍団、氏族旗を奉ずる氏族軍。[2]たび、たびする。[3]つらなる、ならぶ。[4]おおい、衆人。[5]別宮の祭、旅祭、郊外の山川のまつり。[6]膂と通じ、せぼね。

古訓 〔名義抄〕旅 ノブ・タビ・ツラヌ・ツラナル・イクサ・タムロク〔字鏡集〕旅 タビ・ノブ・トモ・タムロ・ツギ・ヤドル・イクサ・ツラヌ・タワム・ト丶ノホレリ・ヨコタフ・ツラナル・モロ〳〵・アツマル

声系 金文に𦨘の字があり、「𦨘彝」のように用いる。旅に車をそえたもので、旅の繁文とみてよい。

語系 旅liaは列liat、離liai、麗lyai、羅laiと声近く、みな並列する意がある。廬lia、纑laや婁lo、縷lio系統の語も同系であろう。

【旅懐】 旅の想い。明・沈周〔友人の、城楼に登りて感有りの韻に和す〕詩 闤闠門の西、晩に舟を泊す 旅懐多くは夕陽の樓に在り

【旅館】 宿舎。宿。唐・高適〔除夜の作〕詩 旅館の寒燈、獨り眠らず 客心、何事ぞ、轉た悽然たり 故郷、今夜、千里を思ふ 霜鬢、明朝、又一年

【旅雁】 遠く旅する雁。唐・張均〔岳陽晩景〕詩 晩景、寒鴉集ひ 秋風、旅雁歸る

【旅行】 旅する。唐・耿湋〔客行、人に贈る〕詩 旅行、路を別つと雖も 日暮、各〻歸ることを思ふ

【旅魂】 旅情。唐・杜甫〔夜〕詩 露下り、天高く、秋水清し 空山、獨夜、旅魂驚く

【旅思】 旅情。斉・謝朓〔宣城郡に之かんとして、～板橋に向ふ〕詩 旅思、搖搖に倦む 孤遊、昔より已に屢〻なり

【旅舎】 旅館。旅店。〔後漢書、宦者、侯覧伝〕京兆の尹袁逢、旅舍に於て(覧の兄)參の車三百餘兩を閲したるに、皆金銀・錦帛・珍玩、勝げて數ふべからず。覽も坐して免ぜられ、旋つて復た官に復せり。

【旅愁】 旅のさびしさ。唐・王昌齢〔万歳楼〕詩 誰か登臨するに堪へん、雲煙の裏 晩に向つて茫茫として旅愁を發するに

【旅情】 旅の思い。唐・李咸用〔友に別る〕詩 北吹微微として、旅情を動かす 堪へず、手を分つこと、平明に在るに

【旅人】 旅びと。清・康有為〔箱根の頂に登り、蘆の湯に浴す、二首、二〕詩 仲尼(孔子)は本と旅人 瞿曇(釈尊の姓)は乃ち乞者 我が生、亦た何くにか之く 歷劫、更に暇多し

【旅枕】 旅寝。宋・蘇軾〔二十七日、～南山中の蟠竜寺に宿す〕詩 板閣に獨り眠りて、旅枕驚く 木魚、曉に動いて、僧に隨ひて粥す

【旅夢】 旅寝の夢。唐・李商隠〔五言、述徳抒情詩～〕詩 歸期、舊歲を過ぎ 旅夢、殘更を遶る

【旅夜】 旅の夜。唐・杜甫〔旅夜、懐を書す〕詩 細草、微風の岸 危檣、獨夜の舟

↑旅衣 旅の服装／旅逸 放浪する／旅飲 衆飲／旅宦 遊学する／旅況 旅の状況／旅寓 旅の仮住まい／旅見 衆見／旅恨 旅愁／旅次 やど／旅酬 祭後の献酬／旅宿 やど／旅食 旅暮らし／旅炊 旅食／旅装 行装／旅中 旅行中／旅亭 客舎／旅程 旅の日程／旅店 やど／旅途 旅路／旅泊 宿泊／旅伴 旅の道連れ／旅力 膂力／旅路 旅程

↓亜旅・逸旅・羈旅・客旅・彊旅・軍旅・逆旅・行旅・師旅・商旅・振旅・晨旅・征旅・儔旅・賓旅・遊旅・廬旅

常 【虜】 13 2122 人 【虜】 13 2122 リョ ロ とりこ いけどり しもべ

篆文

形声 声符は虍り。盧・慮などの従うところと同じ。〔説文〕七上に「獲たるものなり」とあって、軍獲、すなわち捕虜をいう。字形について「毌に從ひ、力に從ふ。虍声」とするが、声が合わない。力を以て捕らえ、これを貫穿して率いる意とするものであろうが、金文に盧を虜に作ることからいえば、虘声とすべきであろう。〔詩、大雅、常武〕は淮夷を伐つことを歌うもので、「仍りに醜虜を執ふ」とあり、主として外族をいう語であろう。金文には外族のことを嘼(獸の初文)といい、のちの酋虜・醜虜という語にあたる。虜の字は、文献に至ってみえる字である。

訓義 [1]とりこ、いけどり、とりこにする。[2]外族、えびす、敵人。[3]しもべ、やっこ、奴隷。[4]酋と通じ、つよい。[5]鹵と通じ、うばう。

古訓 〔名義抄〕虜 ヲロカナリ・ツカフ・(カ)タキ・カスム〔字鏡集〕虜 ヲロカナリ・カタキ・ウバフ・トリコ・ツカフ・カスム

声系 〔説文〕に虜声として鏀など三字を収める。鏀は膠を煎る器。また慮声・盧声の字も多いが、それらの間に共通義を求めがたい。

語系 虜・攎laは同声。攎は〔説文〕十二上に「挐持するなり」とあり、引くようにして収めることをいう。鹵loと声近く、鹵掠の意に用いる。

【虜営】 外夷の陣営。唐・杜甫〔厳鄭公(武)の軍城早秋に奉和す〕詩 秋風嫋嫋として、高旌を動かし 玉帳、弓を分つて、虜營を射る

【虜騎】 外夷の騎馬兵。梁・虞羲〔霍将軍の北伐を詠ず〕詩 涼秋、八九月 虜騎、幽・幷に入る 飛狐、白日晩れ 瀚海、愁雲生ず

【虜囚】 捕虜。〔史記、魏豹彭越伝論賛〕魏豹・彭越、故と賤なりと雖も、然れども已に千里を席卷し、南面して孤と稱す。～敗るるに及んで、死せずして虜囚となり、身刑戮せらるるは何ぞや。

【虜掠】 掠奪。〔後漢書、馮異伝〕天下同に王氏に苦しむ。～今、更始の諸將、從橫暴虐にして、至る所虜掠す。百姓失望し、依戴する所無し。

↑虜役 奴隷／虜獲 捕虜／虜酋 酋長／虜醜 虜酋／虜人 外族の人／虜地 外族の地／虜陣 外夷の陣／虜塵 外族の侵寇／虜奪 外族が掠奪する／虜廷 外夷の朝廷／虜庭 虜廷／虜浮 俘虜／虜民 外族の人／虜略 虜掠

↓逆虜・驕虜・胡虜・降虜・首虜・囚虜・臣虜・遷虜・敵虜・奴虜・蛮虜・俘虜・捕虜・亡虜・僕虜

【膂】 14 0822 リョ ちから せぼね

篆文

形声 声符は旅(旅)り。〔説文〕七下に字を呂の篆文とし、「呂は脊骨なり」とするが、膂力をいう。呂とは本来別義の字である。〔広雅、釈詁二〕に「力なり」、また〔釈器〕に「肉なり」とあり、膂力をいう。

訓義 [1]ちから。[2]脊、脊の肉、脊の両傍。[3]になう。[4]せぼね。

古訓 〔名義抄〕膂 セナカノホネ

語系 膂・呂liaは同声。呂は脊椎の象、膂は膂力をいう。〔説

文〕に同字とするが、もと用義の異なる字である。

【膂力】力。肩の力。腕力。唐・杜甫〔錦樹行〕詩 男を生まば地に墮として膂力を要む 一生富貴にして、家國を傾けんことを

↑膂然 頼りとするさま/膂任 になう

↓胸膂・筋膂・肱膂・心膂・脊膂・背膂・髀膂・腰膂

常

【慮】 15 2123 リョ ロ おもんぱかる うれえる こころ

篆文  金文 

形声 声符は虍。〔説文〕十下に「謀思するなり」とあり、謀三上には「難を慮るを謀と曰ふ」とする。字を虍声とするが、盧・虜(虜)などと同声。〔詩、小雅、雨無正〕に「慮らず、圖らず」とあり、金文の〔中山王方鼎〕に慮を恴に作る。虍・呂同声であることが知られる。漢碑には字を慮に作っている。

訓義 ①おもんぱかる、かんがえる、はかる。②たくらむ、くわだてる。③うれえる、おそれる、うたがう、いましめる。④こころ、おもい、はからい、きづかう。⑤おおよそ、おおむね、すべて。

古訓 〔名義抄〕慮 ハカル・オモハカリ・オモハカル・オモフ・シル・ヒロシ・ウラオモフ 〔字鏡〕慮 オボスコト・ウラモフ・オモフ・ヲソル

声系 〔説文〕に慮声として鑢など二字を収める。鑢十四上は「銅鐵を厝くなり」(段注本)とあり、磨礪を加える意。濾がよく水を濾過して清澄を得る意と同じである。

語系 慮・鑢・濾lia は同声。金質のものを磨くを鑢、水を濾過するを濾という。よく謀思することを慮という。漉lok、瀝lyekは水を濾こして澄ますことをいい、関連のある語であろう。

【慮外】意外。思いがけぬ。〔晋書、毛璩伝〕(詔)故の益州刺史璩、~勤王忠烈、事、慮外に乖く(暗殺された)。葬送日近し。益と測愴を懷く。~錢三十萬・布三百匹を給す。

【慮計】考えはかる。〔史記、南越伝〕王年少、太后は中國の人なり。~専ら内屬を欲し、~自ら一時を脱するの利を取り、趙氏の社稷を顧み、萬世の慮計を爲すの意無し。

【慮無】無形のものを警戒する。〔左伝、宣十二年〕軍行には、右(軍)は轅(将軍の乗り物)にそひ、左(軍)は蓐(宿衛設営)を追ひ、前茅(先鋒)は(敵の)無きを慮る(斥候する)。

↑慮遠 将来のことを考える/慮懷 心に思いはかる/慮患 心配する/慮後 後事を心配する/慮猜 心に疑う/慮私 私利を計る/慮思 おもんぱかる/慮事 計画する/慮周 行き届く/慮念 思案する/慮表 意外/慮免 赦免する

↓叡慮・淵慮・遠慮・過慮・寡慮・雅慮・危慮・規慮・幾慮・苦慮・愚慮・計慮・賢慮・顧慮・考慮・策慮・至慮・志慮・思慮・識慮・衆慮・熟慮・焦慮・憔慮・心慮・神慮・宸慮・深慮・慎慮・塵慮・聖慮・精慮・静慮・積慮・千慮・浅慮・前慮・俗慮・他慮・多慮・大慮・短慮・知慮・智慮・長慮・独慮・念慮・配慮・煩慮・繁慮・万慮・百慮・不慮・浮慮・防慮・謀慮・亡慮・妙慮・無慮・冥慮・雄慮・憂慮

【閭】 15 7760 リョ むら すまい

篆文  金文 

形声 声符は呂。〔説文〕十二上に「里門なり」とし、「周禮に五家を比と爲し、五比を閭と爲す。閭は侶なり。二十五家、相ひ群侶とするなり」と〔周礼、地官、大司徒〕の文を引く。〔書、武成〕に「商容の閭に式す」とあり、賢人の住む里門をよぎるとき、車上より軾によって礼し、敬意を表した。里門の意より、閭里・閭巷の意となる。秦は貧民を閭左において、その賦役を免除した。

訓義 ①むらの門、門。②むら、さと、むらざと、まち。③すまい。④ともがら。

古訓 〔和名抄〕閭閻 文選、師説、佐度之加東(さとのかど) 〔名義抄〕閭 カド・トモガラ/閭閻 ノサト・サトノカド 〔字鏡集〕閭 サト・トビラ・トモガラ・トヅ・サトノカド・カド

語系 閭・廬lia は同声。里lia は声近く、その門を閭といい、その廬舍を廬という。

【閭閻】村里の門。いなか。民間。〔史記、蘇秦伝論賛〕夫れ蘇秦は、閭閻に起り、六國を連ねて從親せしむ。此れ其の智、人に過ぐる者有り。

【閭巷】むらざと。民間。〔史記、伯夷伝〕巖穴の士、趣(趨)舍時有り。~閭巷の人、行ひを砥き名を立てんと欲する者、青雲の士に附くに非ずんば、惡くんぞ能く後世に施さんや。

【閭左】秦は里門の左に貧民をおき、賦役を免じた。〔史記、陳渉世家〕二世元年七月、閭左を發して、適きて漁陽を戍らしむ。~陳勝・呉廣、皆次もて行に當り、屯長と爲る。

【閭井】村里。〔宋書、何承天伝〕(上表)猋騎蟻聚し、輕兵鳥集し、竝びに禾稼を践み、閭井を焚爇す。邊將多略なりと雖も、未だ何を以て之れを禦ぐかを審らかにせず。

【閭里】村里。〔史記、袁盎伝〕袁盎、楚の相と爲る。~病もて免ぜられて家に居り、閭里と浮沈し、相ひ隨行し、鬭雞走狗す。

↑閭閈 里門/閭互 こまよけ/閭伍 里の人々/閭闔 閭巷/閭中 村中/閭門 里門

↓倚閭・踦閭・旧閭・窮閭・郷閭・衢閭・閣閭・闤閭・市閭・州閭・式閭・井閭・旌閭・村閭・田閭・尾閭・表閭・辟閭・坊閭・門閭・邑閭・里閭・林閭

【鑢】 23 8113 リョ ロ やすり する

篆文 

形声 声符は慮。〔説文〕十四上に「銅鐵を厝くなり」(段注本)、〔広雅、釈詁三〕に「磨くなり」とあって、すり磨くことをいう。

訓義 ①やすり。②する、みがく。③おさめる、自らおさめる。

古訓 〔名義抄〕鑢 ヤスリ/鑢子 ヤスリ 〔篇立〕鑢 ヤスシ・ヤスリ

【鑢鍚】金属や木をみがきあげるもの。〔大学、三〕切するが如く磋するが如く 琢するが如く磨するが如し〔朱注〕磋するに鑢鍚を以てし、磨するに沙石を以てす。皆物を治め、其れをして滑澤ならしむるなり。

↓磨鑢

リョウ

常

【了】 2 1720 リョウ(レウ) もつれる おわる さとる あきらか

篆文 

象形 ものをねじる形。〔説文〕十四下に「尥るなり。子の臂無きに從ふ。象形」とし、子の両臂のない形とする。尥字条十下には「行くに脛相ひ交はるなり」とし、「牛の行脚相ひ交はるを尥と爲す」という。〔段注〕にその文を後人箋注の文とし、今の俗語に「了戻」という語であるとする。了戻は繚戻、了は象形。繚がその意の形声字である。了はおそらく糸のもつれる形、ゆえに終結の意となる。終(終)の初文は夂(冬)。卜文・金文の字形では、糸の両糸の末端を結びとめた形である。了解・分明の意は憭の仮借。尞は燎火の象。衣服のだらりと下がる形は了鳥、男子の陰茎を了というのは、その形よりしていう。

訓義 ①もつれる、たれる。②おわる。③憭と通じ、あきらか、さとる、わかる。④だらりとたれる、たれたもの。

古訓 〔名義抄〕了 ヲハル・ツヒニ・アキラカナリ・サトル・ヤム

部首 〔説文〕に子の左臂、右臂を欠く字をあげるが、その字は連文にしてぼうふらをいい、その象形。〔広雅、釈虫〕「孑孒は蜎なり」の〔郭璞注〕に「井中の小蛣蟩、赤蟲なり」とあ

って、蛣蟩がその声である。子遺の義は蘖、ひこばえの義でその仮借。また孼は蠥、孼はもと子の声をとる字であろう。

語系 了・繚・憭・撩・料lyôは同声。了は糸のもつれる形。繚はその形声字。憭は尞（尞火、寮は庭燎の象形字）に従って、明慧の意。料は料理、撩と声義通じ、〔説文〕十二上に「撩は理なり」とみえる。

【了却】りょう(れう)きゃく なし終える。宋・陸游〔秋雨北榭に作る〕詩 文書を了却して早く睡りを尋ねん 檜聲偏に愛す、枕閒に聞くを

【了語】りょう(れう)ご 謎を含めた語句。句末は了と同韻の字を用いる。〔世説新語、排調〕桓南郡（玄）、殷荊州（仲堪）との語次に、因りて共に了語を作る。顧愷之曰く、火平原を燒きて遺燎無しと。桓曰く、白布棺を纏きて旒旐を竪つと。殷曰く、魚を深淵に投じ飛鳥を放つと。

【了事】りょう(れう)じ わかる。仕事にかまける。宋・陸游〔冬日〕詩 幸ひに元と是れ了事の癡無し 閑を偸みて聊か復た兒嬉を學ぶ

【了然】りょう(れう)ぜん さとりきる。唐・牟融〔報本寺に遊ぶ、二首、一〕詩 了然、塵事相ひ關せず 錫杖、時時獨り山を看る

【了了】りょうりょう(れうれう) 明白なさま。〔博物志、二〕漢末、關中大いに亂る。前漢の時の宮人の冢を發く者有り。宮人猶ほ活き たり。既に出でて、平復すること舊の如し。～漢の時の宮中の事を問ふに、之れを說くこと了了として、皆次序有り。

↑了意 さとる／了飲 哭泣飲み／了解 わかる／了完 終わる／了慧 敏し／了結 結末／了悟 さとる／了察 明察する／了承 承諾する／了脱 解脱する／了知 了解する／了鳥 だらりとしたもの／了徹 さとる／了当 処理／了得 会得する／了畢 終わる／了戻 もとる／了劣 死ぬ

↓閲了・解了・完了・議了・暁了・結了・校了・事了・修了・終了・到了・読了・飯了・分了・弁了・忘了・満了・未了・魅了・明了

常 【両】 6 【兩】 8 1022 リョウ（リャウ） ふたつ

篆文 金文

象形 車の軛の形。二頭の馬を繫ぐ軛の形であるからふたつ相並ぶ意となる。兩は輛の初文。〔説文〕七下に㒳を正形とし、「再びするなり。冂に従ふ。闕」とあって、その字形を未詳とする。また別に兩をあげて、「二十四銖を一兩と爲す。一㒳に従ふ。平分するなり。亦聲」という。金文には㒳・兩の両形あり、ともに車輛の字に用いており、もと同字である。

訓義 ①車輛、車の両輪。②ふたつ、相並ぶ、たぐえる。③ふたつながら、ふたたび。④数の単位。織物二端、一隊二十五人、重さ二十四銖、車五十乗。⑤倆と通じ、技倆、うでまえ。

古訓 〔名義抄〕兩 フタツ・フタリ・カタキアリ・カザル／両箇 フタリ

声系 〔説文〕に蜽など三字を収めるが、輛・倆など未収。兩が輛の初文である。

語系 兩・輛・倆liangは同声。麗・儷lyai、離liaiは声近く、みな並び連なる意がある。離はおとりをしかけ、その鳥もち（黐）に鳥がかかる意。また連（連）・聯lian、繚・了lyôも、声義の関係がある。

【両楹】りょう(りゃう)えい 正堂の中間。東西の柱。儀礼の所。〔礼記、檀弓上〕殷人は兩楹の閒に殯す。～丘（孔子）や殷人なり。予疇昔の夜（昨夜）、夢に兩楹の閒に坐奠せらる。～予殆ど將に死せんとすと。蓋し疾に寢ること七日にして沒せり。

【両腋】りょう(りゃう)えき 両わき。唐・盧仝〔筆を走らせて、孟諫議の新茶を寄せられしを謝す〕詩 一椀、喉吻潤ひ 兩椀、孤悶を破る～五椀、肌骨清く 六椀、仙靈に通ず 七椀は喫し得ず 唯だ覺ゆ、兩腋習習として清風の生ずるを

【両和】りょう(りゃう)か(くわ) 軍門。左右に禾形の標識を立てた。〔韓非子、外儲説左上〕李悝、其の兩和を警めて曰く、謹んで敵人を警めよ。旦暮且に至りて汝を擊たんとすと。是くの如き者再三。

【両丱】りょうかん(りゃうくわん) あげまき。総角。小童の髮。唐・李商隠〔安平公詩〕其の弟炳章、猶ほ兩丱 瑤林瓊樹、奇花を含む

【両観】りょうかん(りゃうくわん) 宮闕の両傍に設ける楼門。天子の門。〔公羊伝、昭二十五年〕昭公曰く、吾何をか僭すると。子家駒曰く、兩觀を設け、大路に乘り、朱干玉戚、以て大夏を舞はしめ、八佾以て大武を舞はしむ。此れ皆天子の禮なりと。

【両岸】りょう(りゃう)がん 川の両岸。清・王士禎〔灞橋にて内（妻）に寄す、二首、一〕詩 灞橋の兩岸、千條の柳 送り盡す、東西、水を渡るの人

【両眼】りょう(りゃう)がん 双眼。宋・梅堯臣〔哀を書す〕詩 天既に我が妻を喪はしめ 又復た我が子を喪はしむ 兩眼、未だ枯れずと雖も 片心、將に死せんとす

【両髻】りょう(りゃう)けい 髮を二分して結ぶ。〔唐書、南蛮下、驃伝〕髻は後に垂る。夫有る者は兩髻を分つ。

【両行】りょうこう(りゃうかう) りょうぎょう(りゃうぎゃう) 両列。〔晋書、束皙伝〕時に人、嵩高山下に竹簡一枚を得たり。上に兩行の科斗書あり。傳へて以て相ひ示すも、知る者有る莫し。司空張華、以て皙に問ふ。皙曰く、此れ漢の明帝の顯節陵中の策文なりと。

【両剤】りょう(りゃう)ざい 剤は契約書。原告・被告双方の提出する書証。〔周礼、秋官、大司寇〕兩劑を以て民の獄を禁ず。鈞金を入れしめて、三日にして乃ち朝に致し、然る後に之れを聽く。

【両情】りょうじょう(りゃうじゃう) 二人の間の情。宋・王安石〔君託し難し〕詩 憶ふ昔相ひ逢ひしとき、俱に少年 兩情未だ許さず、誰か最も先なりしと

【両心】りょう(りゃう)しん 両人の心。両意。民国・魯迅〔芥子園画譜に題し、許広平に贈る〕詩 聊か畫圖を借りて、倦眼を怡こばしめよ 此の中の甘苦、兩心知る

【両層】りょう(りゃう)そう 生死。清・黄宗羲〔山居雑咏、六首、二〕詩 知らず身世、今何の夕ぞ 生死緣來、兩層無し

【両造】りょうぞう(りゃうざう) 原告・被告。当事者の申し立て。〔書、呂刑〕兩造具備するときは、師（法官）五辭を聽き、五辭簡孚（信）ならば五刑に正す。

【両存】りょう(りゃう)そん ともに存する。〔顔氏家訓、文章〕古人の文は、宏材逸氣。～今世は音律諧靡。～宜しく古の製裁（作りかた）を以て本と爲し、今の辭調を末と爲すべきも、竝びに須らく兩存して、偏棄すべからず。

【両端】りょう(りゃう)たん 両はし。前後。左右。〔論語、子罕〕子曰く、吾知ること有らんや。知ること無きなり。鄙夫有りて我に問ふ。空空如たり。我、其の兩端を叩きて、焉れを竭くせり。

【両頭】りょう(りゃう)とう 二つ頭。〔後漢書、霊帝紀〕（中平四年）六月、洛陽の民、男を生む。兩頭にして身を共にす。

【両得】りょう(りゃう)とく 両方を得る。宋・蘇軾〔潮陽の呉子野の出家するを聞く〕詩 世事、子如何 禪心久しく空寂 世閒と出世閒と 此の道兩得無し

【両峰】りょう(りゃう)ほう 二つの峰。唐・杜甫〔九日、藍田の崔氏荘〕詩 藍水、遠く千澗より落ち 玉山、高く兩峰に竝んで寒し

【両忘】りょうぼう(りゃうばう) 両方とも忘れる。〔荘子、大宗師〕其の堯を譽めて桀を非らんよりは、兩つながら忘れて、其の道に化するに如かず。

【両榜】りょうぼう(りゃうばう) 甲榜・乙榜。進士。〔明史、選挙志二〕其の後宗學寖く多く、頗ぶる身を兩榜に致し、家を翰林に起す者有り。

【両雄】りょう(りゃう)ゆう 二人の有力者。〔史記、酈生伝〕且つ兩

雄倶には立たず、楚・漢(項羽・劉邦)久しく相ひ持して決せず。百姓騷動し、海内搖蕩す。
【両立】並び立つ。幷存する。蜀・諸葛亮〔後の出師の表〕先帝、漢賊の兩立せず、王業の偏安せざることを慮る。故に臣に託するに、賊を討つことを以てせり。
【両両】二つならぶ。まばら。宋・黄公望〔王摩詰(維)の春渓捕魚の図に題す〕詩 漁舟兩兩、江を渡つて去り 白頭の老漁、爭うて魚を捕る 篙を操り網を提つて相ひ兩兩 愼んで江心に向つて、輕く網を拳ぐ
【両輪】両車輪。宋・蘇軾〔月長老に贈る〕詩 天形、一笠に倚る 地水、兩輪を轉ず 五伯の運らす所は 毫端に一塵を棲ましむ
↑両意 二心/両隠 双方とも無記名/両下 双方/両可 双方ともよし/両佳 双方ともよし/両涯 両岸/両間 天地の間/両気 陰陽の二気/両岐 分岐する/両儀 陰陽の二気/両許 両可/両極 北極と南極/両君 二君/両京 両都/両瞼 両まぶた/両言 二語/両舷 左右の舷/両箇 二つ/両犀 上下の歯/両三 二三/両驂 車駕の副え馬/両涘 水の両涯/両辞 双方の主張/両手 左右の手/両親 父母/両刃 もろ刃/両截 二片/両舌 二枚舌/両全 両可/両善 双方ともよい/両曹 原告と被告/両損 双方とも損する/両堕 いい加減な心で気ままに振る舞う/両大 天地/両袒 両肩をぬぐ/両地 両所/両致 別の趣/両中 折中する/両聴 一時に両事を聞きわける/両都 二都/両度 再び/両刀 刀と脇差/両当 うちかけ/両襠 両当/両道 文武/両牘 訴訟の書類/両人 二人/両年 二年/両敗 双方とも敗北する/両半 半分にする/両班 朝鮮で文班と武班の二組に分けた家柄/両般 両様/両臂 両ひじ/両美 明君賢臣の相会うこと/両眉 左右の眉/両跗 両足/両廡 東西の廊下/両分 二分する/両便 両可/両亡 共倒れ/両旁 両側/両傍 両旁/両眸 両眼/両没 ともに亡びる/両面 二面/両目 両眼/両誉 双方をそれぞれほめる/両用 二つとも用いる/両葉 二代/両様 二通り/両曜 日と月/両翼 左右の翼/両竜 両雄/両隣 両どなり/両霊 亀と蛇
↓一両・奇両・斤両・兼両・参両・車両・銖両・千両・馬両・半両・百両・方両・罔両

【良】
常 7 3073
リョウ(リャウ)
よい すぐれる まこと やや

篆文 古文 甲骨文 金文

象形 長い嚢の上下に流し口をつけて、穀物などを入れ、それをよりわけ、糧をはかることをいう。〔説文〕五下に「善なり。畗の省に從ひ、亡聲」とするが、その録する小篆及び古文の形は、著しくその初形を失ったもので、説解もまた誤る。高鴻縉の〔中国字例〕に、卜文の字形によって、風箱留実、風を送って穀をよりわけるものとしており、おそらくその良をえらび、量を定めて、糧(粮)とするものであろう。〔釈名、釈言語〕に「良は量なり。力を量りて動き、敢て限を超えざるなり」とするのは音義説にすぎないが、量も橐の上に流し口を設けて量る意であるから、良・量はその器の形においても近く、声義も近い。〔周礼、考工記〕に〔栗氏〕の職があり、嘉量を掌る。栗は〔鄭司農注〕にまた歴(歷)に作り、歴は釜鬲の鬲であるという。鬲もまた量器に用いることがある。良は穀をえらび、量を定めるものであるから、また良善の意となり、すべて状態の良善なるものをいう。金文に「良馬乘」「良金」「良臣」などの語があり、〔詩、秦風、黄鳥〕は秦の穆公に従死する人を悼む詩で、各章に「彼の蒼なる者は天 我が良人を殲くす」の句がある。

訓義 1よい、すぐれる、うつくしい。2まこと、すなお、やすらか、おだやか。3はかる、ほどこす。4うまれつきのもの、すぐれたもの。5夫、賢人。6はなはだ、まことに、よく。7やや、少しく。

古訓 〔名義抄〕良 ヨシ・マコト・ハナハダ・ヤ、・サネ・ヤハラカナリ・フカシ/良久 ヤ、ヒサシ

声系 〔説文〕に良声として琅・莨・郎(郞)・朗(朗)・狼・浪など、十五字を収める。亮明の意をとるものがある。

語系 良・兩(両)・亮liangは同声。良は両端を執って扱う器。これによって穀の良善なるものをえらび、その秕穅を去るので、清朗の意となる。糧(粮)liangは同声。鬲・歴lyekは量器として用いることがある。

【良医】名医。宋・陸游〔枕上の作〕詩 愁ひは酒巵を得て、敵國の如く 病は書卷を須ひて、良醫と作す
【良家】よい家柄。名門。〔漢書、外戚上、孝文竇皇后伝〕景帝の母なり。呂太后の時、良家の子を以て、選ばれて宮に入る。

【良会】よいめぐりあい。魏・曹植〔洛神の賦〕良會の永く絶ゆるを悼み、一たび逝きて鄕を異にするを哀しむ。

【良驥】駿馬。魏・呉質〔東阿王に答ふる書〕今此に處りて大功を求むるは、猶ほ良驥の足を絆ぎて、責むるに千里の任を以てするがごとし。

【良金】美金。〔唐書、文芸上、駱賓王伝〕開元中、(張)説、徐堅と近世の文章を論ず。説曰く、李嶠・崔融・薛稷・宋子問の文は、良金美玉の如く、施すこと可ならざる無しと。

【良計】良策。宋・蘇軾〔病中、子由(轍)の告(暇)を得たる~を聞く、三首、一〕詩 著書、暇の多きは、眞に良計 從宦、功無く、漫に鄕を去る
【良材】よい材質のもの。また、賢才。〔国語、周語下〕夫れ周は、高山・廣川・大藪なり。故に能く是の良材を生ず。

【良策】良計。よい方便。宋・朱敦儒〔好事近、漁父の詞〕詞 蘆花の開落すること、浮生に任す 長醉すること、是れ良策
【良士】賢士。〔書、秦誓〕茲の黄髮に詢れば、則ち愆つ所罔し。番番(皤皤)たる良士、旅(膂)力既に愆ぐるも、我尚ほ之れに有たむ。仡仡たる勇夫、射御違はざるも、我尚ほ欲せず。

【良史】すぐれた史官。〔左伝、昭十二年〕左史倚相、趨りて過ぐ。王曰く、是れ良史なり。子善く之れを視よ。是れ能く三墳・五典・八索・九丘(みな古書の名)を讀むと。

【良時】よい時代。清・王闓運〔円明園の詞〕詩 (司馬)相如、徒だ上林の頌有るのみ 良時に遇はずして、空しく自ら嗟く
【良書】よい書。有益な書。〔墨子、非命上〕天下の良書は、盡く計數すべからず。

【良心】固有の善なる心。〔孟子、告子上〕人に存する者と雖も、豈に仁義の心無からんや。其の、其の良心を放つ所以の者、亦た猶ほ斧斤の木に於けるがごときなり。

【良辰】佳節。南朝宋・謝霊運〔魏の太子の鄴中集の詩に擬す、八首の序〕天下の良辰・美景・賞心・樂事、四者は幷せ難し。

【良人】良士。また、夫。唐・李白〔子夜呉歌、四首、

秋歌」詩 何れの日か、胡虜を平げて 良人、遠征を罷めん

【良知】天賦の知能。〔孟子、尽心上〕人の學ばずして能くする所の者は、其の良能なり。慮らずして知る所の者は、其の良知なり。

【良媒】適当な仲人。魏・曹植〔洛神の賦〕良媒の、以て懽を接する無し、微波に託して、辭を通ぜん。

【良朋】良友。清・厲鶚〔焦山看月～〕詩 良朋偉觀、那ぞ得易からん 天、今夕をして二者幷はせしむ 高詠す、坡公赤壁の句 一尊、月に酹いで、還た同じく傾けん

【良夜】快い夜。宋・蘇軾〔後の赤壁の賦〕月白く風清し、此の良夜を如何せん。

【良薬】よく効く薬。〔後漢書、袁譚伝〕良藥は口に苦きも、病に利よし。忠言は耳に逆らふも、行に便なり。

【良友】よい友。漢・蘇武〔詩、四首、四〕良友遠く離別し 各〻天の一方に在り 山海、中州を隔つ 相ひ去ること悠かにして且つ長し

↑良衣 褌／良逸 賢良／良姻 良縁／良醞 美酒／良掾 良吏／良縁 好縁／良貨 良質の品物／良幹 すぐれた才能／良翰 良幹／良規 善手本／良器 佳器／良騎 よい騎馬／良御 善御／良具 良器／良君 良主／良景 佳景／良剣 名刀／良言 善言／良賈 よい商人／良晤 よい会合／良工 名工／良功 婦人のしごと／良佐 良臣／良才 良材／良妻 賢妻／良宰 賢宰／良産 良財／良師 よい先生／良式 良規／良質 善良な性質／良日 吉日／良手 上手／良珠 良玉／良俊 俊秀／良駿 駿馬／良匠 良工／良相 良宰／良宵 良夜／良将 名将／良食 美食／良臣 忠良の臣／良政 善政／良賤 良民と賤民／良善 よい／良地 肥沃の地／良疇 良田／良籌 良計／良哲 賢哲／良田 美田／良図 良計／良能 天賦の能力／良農 上農／良馬 駿馬／良伴 よい伴侶／良匹 よい相手／良弼 良佐／良輔 良弼／良方 よい薬法／良宝 りっぱな宝物／良庖 よい料理人／良謀 良計／良冶 すぐれた鍛冶屋／良窳 善悪／良猷 妙計／良沃 肥沃の地／良吏 循吏／良隣 よい隣人／良話 佳話

↓温良・佳良・嘉良・改良・完良・吉良・賢良・元良・国良・才良・最良・俊良・駿良・純良・淳良・順良・辰良・精良・選良・善良・端良・忠良・不良・方良・無良・明良・優良・廉良

【夌】 8 4024 リョウ しのぐ すたれる

篆文 

会意 宍+夂。宍は聖地に神を迎える建物の形。その建物のあるところを陸という。これに夂（足）を加えるのは陵越・凌辱の意である。〔説文〕五下に「越ゆるなり。夂に從ひ、宍に從ふ。宍は高なり。一に曰く、夌偓なり」と陵遅の字とする。陵夷も同義の語。陵は神梯の前の聖屋に足をかける象で、その神聖を犯し凌ぐ意がある。

訓義 ①しのぐ、おかす。②すたれる。

古訓 〔字鏡集〕夌 陵に同じ。ユク・オナシ

声系 〔説文〕に夌声として棱・綾・陵・淩など八字を収める。みな稜角の意を含む字である。

語系 夌・菱（蔆）（淩）liangは同声。棱・稜 langは声近く、また廉（㢘）liamも声が近い。みな稜角の意があり、一系をなす。また夌・陵は同声。隆（隆）liuam、隴 liong、陸 liukも隆高の意があり、声義の関係があろう。

人【亮】 9 0021 リョウ（リャウ） まこと たすける あきらか

篆文 

会意 京の省文＋人。京に倞・涼の声がある。京観における儀礼に関する字であろう。〔六書故〕に引く〔唐本説文〕に「明らかなるなり。儿と高の省に從ふ」と高の省文とするが、声義の関係からいえば、京の省文に従う字である。京は京観といわれるもので、戦場の遺棄屍体を集め、これを塗りこんだアーチ形の軍門。亮はその前で行われる呪儀で、戦勝を祈念したものであろう。〔詩、大雅、大明〕「彼の武王を涼く」の涼は、亮の仮借。神明に祈って、その祈りの通ずることをいう語であろう。

訓義 ①まこと、まこととする。②たすける、みちびく。③あきらか。

古訓 〔名義抄〕亮 サヤケシ・サヤカナリ・サヤカニ・タスク・マコト・アキラカナリ・ノス 〔字鏡集〕亮 スケ・シリ・タスク・マコト・ノブ・サヤケシ・アキ・サカリナリ・アキラカナリ・ホガラカ

語系 亮・涼liangは同声。朗（朗）langも声義が近い。京観に祈って開明を求めることを亮というのであろう。

【亮陰】天子の服喪。〔書、無逸〕其の高宗に在りて、時れ舊しく外に勞す。～作めて其の位に卽くや、乃ち亮陰にして、三年言はざること或り。其れ惟だ言はざるも、言へば乃ち雍らぐ。

【亮察】諒察。ご推察。宋・曾鞏〔杜相公に謝する書〕一書の未だ進めざるは、顧だ其の慚、心に生じ、須臾も廢すること無ければなり。伏して惟ふに、明公終に亮察を賜はらんことを。

【亮達】道理に通達する。〔後漢書、陳蕃伝〕〔延熹〕八年、楊秉に代りて太尉と爲る。蕃、讓りて曰く、～聰明亮達、文武兼姿は、臣、弛（弛）刑の徒李膺に如かずと。帝、許さず。

【亮直】誠実で正しい。〔後漢書、循吏、劉矩伝〕矩、性亮直、貴勢に諂附すること能はず。是こを以て大將軍梁冀の意を失し、～疾を以て官を去る。

↑亮闇 亮陰／亮鑒 ご諒察／亮許 許容する／亮月 明月／亮済 通達／亮章 明らか／亮節 清節／亮然 明朗のさま／亮抜 傑出する

↓寅亮・簡亮・高亮・清亮・誠亮・忠亮・直亮・貞亮・弼亮・明亮・翼亮・劉亮

【倆】 10 2122 リョウ（リャウ） わざ たくみ

形声 声符は両（両）。両は左右対称のものをいう。〔後漢書、東夷伝〕の〔倭人〕の条に「大人は皆四五妻有り。其の餘は或いは兩、或いは三」とある。技倆の意には、〔旧唐書、文苑下、司空図伝〕に「伎倆多しと雖も、性靈惡し」とみえ、左右の手を用いる手工の意であろう。

訓義 ①わざ、たくみ、才能。②ふたり、ふたつ。③両と通用する。

語系 倆・兩・輛liangは同声。麗・儷lyai、離liaiも声義近く、相並ぶものをいう。

↑倆月 両月／倆三 二三／倆人 二人

↓伎倆

人【凌】 10 3414 〔𠗺〕 14 7928 リョウ ひむろ しのぐ

篆文 

形声 声符は夌。〔説文〕十一下に正字を𠗺に作り、「仌（冰）出づる納るる」の句を引く。仌に従ひ、朕聲」とし、〔詩、豳風、七月〕の「𠗺陰に納るる」の句を引く。

なり。仌に從ひ、朕聲」とし、〔詩、豳風、七月〕の「𠗺陰に納るる」の句を引く。朕声とするも声が合わず、朕は盤（舟）中にものを納れて奉ずる形であるから、字は氷を献ずる形。夌はおそらく陵の省文で、そこに氷室を設けたのであろう。〔左伝、昭四年〕に蔵冰の法をしるし、「古者日、北陸に在りて冰を藏す。～其の冰を藏するや、深山窮谷、固陰沍寒、是に於てか之れを取る。～其の之れを出だすや、桃弧棘矢、以て其の災を除く」とあり、深山窮谷の氷を用いた。

訓義 ①ひむろ、ひむろのこおり、こおり、あつごおり。②夌と通じ、しのぐ、こえる、おかす。③倰と通じ、おそれる、おののく。④陵と通じ、のる、のぼる、わたる。

古訓 〔名義抄〕凌 ハゲシ・コホリ 〔字鏡集〕凌 コホリ・ヒムロ・ハゲシ

語系 凌liang、涼liangは声近く、冷lengもまた同系の語。みな冷涼の意がある。

【凌陰】りょういん ひむろ。〔詩、豳風、七月〕二の日、冰を鑿つこと沖沖たり 三の日、凌陰に納る

【凌雲】りょううん 雲をしのいで、空高く飛ぶ。〔史記、司馬相如伝〕相如既に大人の頌を奏す。天子大いに說び、飄飄として凌雲の氣有り、天地の閒に游ぶの意に似たり。

【凌架】りょうか こえる。凌駕する。〔詩品、総論〕(四声の論)王元長(融)其の首を創め、謝朓・沈約其の波を揚ぐ。～是に於て士流景慕し、務めて精密を爲し、襞積(衣裳のひだ)細微、專ら相ひ凌架す。

【凌寒】りょう(りやう)かん 寒を凌ぐ。宋・王安石〔梅花〕詩 牆角、數枝の梅 寒を凌ぎて獨り自ら開く 遙かに知る、是れ雪ならず 暗香の來る有るが爲なり

【凌虛】りょうきょ 空に升る。〔徐霞客游記、游九鯉湖日記〕啼猿上下し、應答絶えず。忽ち亭突踞危の石有り、拔迴して虛を凌ぎ、與に對を爲すもの無し。亭は山の半ばに當る。

【凌江】りょうこう(かう) 江を渡る。唐・韓愈〔恵師を送る〕詩 江を凌わたりて廬嶽に詣り 浩蕩、遊巡を極む

【凌室】りょうしつ ひむろ。〔漢書、恵帝紀〕(四年)秋七月乙亥、未央宮の凌室、災あり。

【凌霄】りょうしょう(せう) 空高く上がる。宋・王安石〔孤桐〕詩 天質自ら森森 孤高、幾百尋 霄を凌ぎて、已を屈せず 地を得たるも、本と虛心

【凌辱】りょうじょく 人を辱しめる。宋・蘇轍〔宮酒を禁ずることを論ずる劄子〕今既に人の其の家に入りて捕捉することを許す。小人無知、捕酒を以て名と爲し、恣行凌辱、何の至らざる所あらん。

【凌晨】りょうしん 夜明け。唐・白居易〔西林寺に宿し、早に東林滿上人の会に赴く～〕詩 薄暮蕭條として、寺に投じて宿し 凌晨、淸淨、僧と期す

【凌遲】りょうち 衰微。また、凌遲刑。〔宋史、刑法志一〕凌遲なる者は、先づ其の支體(肢体)を斷ち、乃ち其の吭を抉ぐる。當時の極法なり。

【凌波】りょうは 波を凌ぎ渡る。〔夷堅志、乙十六、臨邛李生〕元夕に觀燈し、一游女に惑ひ、其の後に隨ふ。～乃ち手を携へて波を凌ぎて度り、徑ちに山寺中に入り、廊下の曲室に趨く。

【凌風】りょうふう 風を凌いで飛ぶ。晉・陸機〔馮文羆に贈る〕詩 翼を拊ち枝條を同にするも 翻飛すること、各と尋を異にす 苟に凌風の翮無し 徘徊して故林を守る

【凌慢】りょうまん 人をあなどる。〔貞観政要、論謙讓〕蓋し太宗英明の資、雄傑の才を以て、炫燿凌慢の失を致し易し。

【凌乱】りょうらん 入りみだれる。〔春在堂随筆、九〕展衣の色、是れ白なるか、是れ赤なるか。余謂ふに、正義之れを言ふこと詳らかなり。然れども孫毓毛義を推衍すること、未だ凌亂を免れず。

【凌厲】りょうれい 激しい勢いで登るさま。宋・蘇洞〔雨中花、劉改之を懐ふ〕詞 十載尊前に 放歌起舞す 人閒の酒戶 詩流盡く期す、君が凌厲して、高秋に羽翮するを

【凌轢】りょうれき しのぎせめぐ。〔史記、灌夫伝〕灌夫、姦猾に通じ、細民を侵し、家に巨萬を累ね、潁川に横恣し、宗室を凌轢し、骨肉を侵犯す。

➡凌夷 陵夷／凌越 越えしのぐ／凌煙 凌雲／凌駕 しのぐ／凌壞 敗壞する／凌虐 しのぎ虐げる／凌兢 ふるえて恐れる／凌曉 払暁／凌空 高く上がる／凌忽 しのぎ侮る／凌挫 しのぎ挫く／凌雜 まぜる／凌澌 氷／凌上 上をしのぐ／凌擾 しのぎみだす／凌侵 しのぎ侵す／凌誶 しのぎ罵る／凌折 くじく／凌僭 しのぎおごる／凌替 衰える／凌旦 払曉／凌天 高く空をしのぐ／凌殄 消滅する／凌濤 高波／凌突 むりに犯す／凌犯 むりに犯す／凌逼 むりにせまる／凌侮 しのぎ侮る／凌蔑 侮り軽んずる／凌躐 しのぎ越える／凌躒 凌轢する／凌冽 寒冷

➡鑿凌・侵凌・践凌・打凌・冰凌

【悢】 10 9303 リョウ(リャウ) ロウ(ラウ) いたむ かなしむ

形声 声符は良。〔広雅、釈詁三〕に「悵いたむなり」、〔玉篇〕に「懭悢、志を得ざるなり」、また「悢悢は惆悵なり」とみえる。

訓義 ①いたむ、かなしむ、いたみかなしむ。②あわれむ、いつくしむ。③思いがかなわぬ。

古訓 〔字鏡集〕悢 ヒガム

【悢然】りょう(りやう)ぜん かなしみ思うさま。晉・趙至〔嵇茂斉に与ふる書〕身、胡越と雖も、意は斷金に存す。各と爾の儀を敬しみ、敦く璞沈を履め。繁華流蕩は、君子欽ばず。書に臨みて悢然たり。復た何を云ふかを知らんや。

【悢悢】りょうりょう(りやうりやう) かなしみ憂えるさま。魏・嵇康〔山巨源(濤)に与へて交はりを絶つ書〕女は年十三、男は年八歲。未だ成人に及ばず。況んや復た多病なるをや。此れを顧へば悢悢たり。如何ぞ言ふべけん。

➡悢愴 かなしみいたむ

➡懭悢・愴悢

常 【料】 10 9490 リョウ(レウ) はかる くらべる しろ かて

篆文 

金文 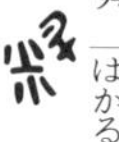

会意 米＋斗。斗は柄のついた枡。穀量をはかるもの。〔説文〕十四上に「量るなり。斗に従ふ。米其の中に在り」という。定量・料理・資料の意に用いる。

訓義 ①はかる、ますではかる。②かぞえる、くらべる、えらぶ、かんがえる。③しろ、たね、もとで。④かて、てあて。

古訓 〔名義抄〕料 コトワル・ハカル・カズ・ハカリミル・ハカラフ・カゾフ・マシマス 〔字鏡集〕料 ハカラフ・ミル・カハル・ハカル・コトハリ・ハカリ・コレサダム・ハカリミル・マシマス・カズ・カズフ・マサシ・サダム・イタク・コレ

語系 料・撩(繚)lyôは同声。〔説文〕十二上に「撩は理むるなり」とあり、字はまた繚に作る。乱れた糸を治める意。〔玉篇〕に「料は理なり」とあり、料検することをいう。了lyôも同声。療liôも声近く、みな治理の意がある。

【料簡】りょう(れう)かん はかりしらべる。漢・蔡邕〔太尉楊秉碑〕遂に三司に涉り、虛穴を沙汰し、貞實を料簡し、抽援表達、之れと蘭芳を同じうす。

【料事】りょう(れう)じ ことを考えはかる。〔史記、平原君虞卿伝論贊〕虞卿、事を料り情を揣り、趙の爲に畫策すること、何ぞ其れ工みなるや。

【料峭】りょうしょう(れうせう) 肌寒い。春風。唐・陸亀蒙〔京口〕詩 東風料峭として、客帆遠し 落葉、夕陽、天際に明らかなり

【料銭】りょう(れう)せん 俸禄と支給品。〔旧唐書、徳宗紀上〕(貞元二年九月詔)此れ誠に文武勳臣、出入轉遷の地なり。宜しく祿秩を增し、～並に宜しく料錢及び隨身糧課を加給すべし。

【料度】りょう(れう)たく はかる。〔史記、蘇秦伝〕臣、竊かに天下の地圖を以て之れを案ずるに、諸侯の地は秦に五倍し、諸侯の卒を料度するに、秦に十倍せん。

者六有り。

【料敵】 敵情をはかる。〔呉子、料敵〕凡そ敵を料るに、トせずして之れと戰ふ者八有り。～占はずして之れを避くる者六有り。

【料得】 推測できる。唐・杜甫〔杜鵑行〕詩 蒼天の變化、誰れか料り得ん 萬事反覆す、何の無き所ぞ

【料理】 処理する。世話する。〔世説新語、徳行〕母殷、郡に在り。二呉(坦之・隠之)の哭するを聞く毎に、輒ち悽惻を爲す。(韓)康伯に語りて曰く、汝若し選官と爲らば、當に好く此の人を料理すべしと。

【料量】 ますではかる。はかる。〔史記、孔子世家〕孔子、貧にして且つ賤し。長ずるに及び、嘗て季氏の史と爲る。料量すること平らかなり。

↑料揀 はかり択ぶ/料検 調べる/料校 はかる/料食 俸禄/料人 有能な人を選抜する/料然 あ当然/料袋 食物袋/料択 選択する/料擿 あばく/料覆 精査する/料俸 俸給/料民 人口調査/料戻 小孔の光

↓意料・課料・顔料・給料・計料・原料・香料・斎料・材料・史料・資料・飼料・事料・質料・詳料・食料・審料・諦料・撫料・廩料

入【峻】 11 2474 リョウ

形声 声符は夌。夌は高く険しいところ。山の高くたたなわるさまをいう。

訓義 1高くけわしい。2高く重なる。

【峻峋】 けわしくそびえる。明・李東陽〔鷹を画くに題して、羅緝煕の南帰するを送る〕詩 我が生の奇氣、空しく峻峋毫(筆)を揮ふひて此れに對して、神無くんばあらず

【峻層】 幾重にもそびえる。〔敦煌曲子詞、蘇幕遮、六首、三〕北臺に上り 嶮道を登れば 石逕峻層たり 緩歩して行くこと多少ぞ

【峻峻】 けわしくそびえるさま。やせぎす。また、人品気骨のすぐれること。〔芸圃擷余〕閩人、家ごとに能く佔畢(たどり読み)するも、甚だしくは詩に工みならず。～其の後、氣骨峻峻として、差や中原に旗鼓するに堪ふる者は、僅かに一鄭善夫のみ。

↑峻嶒 峻層

↓嶒峻

入【梁】 11 3390 リョウ(リャウ) とびいし やな はし はり

篆文  古文  金文 

形声 声符は刅。刅は梁の初文。古文の形は水に両木をわたす形。金文では刅を梁に用いる。〔説文〕六上に「水橋なり」とし、刅声とするが、声が合わない。金文の稲梁の梁を、水に従って刅に作るものと、粉米の形に従うものとがあり、水橋の象に従うものはない。〔詩、衛風、有狐〕「彼の淇(水名)の梁に在り」の〔伝〕に「石の水を絶るを梁と曰ふ」とあって、必ずしも横木に限らず、飛石をいい、またそのようなところにかける筍やなを梁というのであろう。

訓義 1とびいし、やな。2はし、こばし。3よこぎ、はり、はしら、うつばり、くしがた。4つつみ、どて。5勍と通じ、つよい。6諒と通じ、まこと。

古訓 〔新撰字鏡〕梁 宇豆波利(うつはり)〔和名抄〕梁 宇都波利(うつはり)〔名義抄〕梁 ウツハリ・ハシ・ヤナ〔篇立〕梁 ハシラ・コハシ・ヒトツハシ・ウツハリ・ハシ

声系 〔説文〕に梁を刅声、粱を梁の省声とするが、金文に刅の字形があり、梁の初文。また粉米の象に従うものがあり、それは梁の初文であろう。金文はみな梁の意に用いる。

語系 梁・粱liangは同声。もと刅から分岐した字である。

【梁闇】 天子が父母の喪に服する。〔尚書大伝、二〕書(無逸)に曰く、高宗(武丁)梁闇、三年言はずと。何をか梁闇と謂ふや。傳に曰く、高宗倚廬(喪屋)に居り、三年言はず。

【梁園】 漢代、梁の孝王が営んだ庭園。多く文人を集めて会遊した。梁苑。唐・岑参〔山房春事、二首、二〕詩 梁園、日暮れて、亂飛の鴉 極目、蕭條たり、三兩家

【梁上】 はりの上。はりのまわり。〔後漢書、陳寔伝〕盗有り。夜其の室に入り、梁上に止まる。寔、～色を正して之れ(子孫)に訓へて曰く、～不善の人、未だ必ずしも本と惡ならず、習ひて以て性成り、遂に此に至る。梁上の君子なる者、是れなりと。盗大いに驚き、自ら地に投ず。

【梁塵】 梁木上の塵。〔芸文類聚、四十三〕に引く劉向の別録〕漢興りてより以來、善く雅歌する者に魯人虞公あり。發聲清哀、梁塵を蓋動すと(絶妙の声曲をたとえる)。

【梁柱】 柱、うつばり。また、橋柱。〔荘子、盗跖〕尾生、女子と梁下に期す。女子來らず。水至るも去らず。梁柱を抱きて死せり。

【梁木】 柱。うつばり。〔礼記、檀弓上〕孔子蚤に作き、手を負ひ、杖を曳きて、門に消揺(逍遥)す。歌ひて曰く、泰山其れ頽れんか、梁木其れ壞れんか、哲人其れ萎まんかと。

↑梁埃 梁塵/梁倚 相よる/梁楹 重任の人/梁材 梁木/梁桟 かけはし/梁津 渡し場/梁端 山頂/梁棟 棟梁/梁糲 狼戻

↓雲梁・屋梁・河梁・画梁・危梁・魚梁・強梁・橋梁・高梁・山梁・桟梁・舟梁・津梁・石梁・脊梁・沢梁・柱梁・跳梁・雕梁・梯梁・提梁・棟梁・飛梁・鼻梁・浮梁・輿梁・陸梁

常【涼】 11 3019 入〔凉〕 10 3019 リョウ(リャウ) うすい すずしい さびしい

篆文 

形声 声符は京。京に倞・諒の声がある。〔説文〕十一上に「薄きなり」、次条の淡字条に「薄味なり」とあり、薄味をいう。〔周礼、天官、漿人〕の〔鄭司農注〕に「涼とは水を以て酒に和するなり」とあるから、いわゆる水割りである。清涼の意より、悲涼・荒涼の意となる。悲涼の本字は悢。ことの不善なるをいう。凉は俗字。

訓義 1うすい、うすめる、水わり。2すずしい、うすらさむい。3さびしい、かなしい、うれえる、あれる。4諒と通じ、まこと。

古訓 〔名義抄〕涼・凉 スヾシ・ヒヤ、カナリ・カナシブ・アハレブ・キヨシ・アツマル・コマカナリ・タスク・ス、ク・コホル・サム・サムシ・サガス

語系 涼・輬liangは同声。輬は柩車、窓をあけて涼をとることのできる車。客死した秦の始皇帝は、轀輬車で運ばれた。冷lengは声近く、涼・悢liangはまた同声。悢に悲涼の意がある。

【涼意】 清涼のおもむき。宋・孔平仲〔霽夜〕詩 早に秋聲の墮葉に隨ふ有り 獨り涼意を將て、流螢を伴ふ

【涼雨】 寒涼の雨。斉・謝朓〔下館を出づ〕詩 麥候、始めて淸和 涼雨、炎燠を銷す

【涼気】 涼しい気配。宋・梅堯臣〔呉長文紫微、過ぎらる〕詩 近ごろ秋雨の來るに因り 纖纖として涼氣有り 九陌、以て行くべし 輕服、以て衣るべし

【涼襟】 涼しい襟もと。宋・欧陽脩〔水谷夜行、(蘇)子美、(梅)聖兪に寄す〕詩 微風、涼襟を動かし 曉氣、餘睡を清ます

【涼月】 涼やかな月。宋・蘇舜欽〔彦猷の、晩に明月楼に宴するに和す、二首、二〕詩 綠楊、意有りて、簷前に舞

ひ、涼月、多情にして、海上より來る

【涼秋】りようしゆう(りやうしう) 涼やかな秋、寒涼の秋。唐・岑参〔胡笳の歌。顔真卿の使して河隴に赴くを送る〕涼秋八月、蕭關の道 北風吹断す、天山の草

【涼声】りよう(りやう)せい 涼しい音。明・文徴明〔冬夜〕詩 涼聲、竹を度わたつて、風、雨の如し 碎影、窓を搖うごかして、月、松に在り

【涼天】りよう(りやう)てん 涼しい秋空。唐・韋応物〔秋夜、丘二十二員外(丹)に寄す〕詩 君を懷うて、秋夜に屬す 散歩して、涼天に詠ず

【涼暴】りよう(りやう)ばく 風を通し、さらす。宋・蘇軾〔李端叔~に次韻す〕詩 家書、空しく萬軸 涼暴、舒卷じよくわんに困しむ

【涼風】りよう(りやう)ふう 涼しい風。晋・陶潜〔子儼等に与ふる疏〕常に言ふ、五六月中、北窗の下に臥し、涼風の暫しばらく至るに遇へば、自ら謂おもへらく、是れ義皇ぎくわう(上古の帝)上の人なりと。

【涼夜】りよう(りやう)や 寒涼の夜。晋・潘岳〔秋興の賦〕何ぞ微陽の短晷きたんなる、涼夜の方まさに永きを覺ゆ。

【涼涼】りようりよう(りやうりやう) 寒涼のさま。また、よそよそしく人に親しまぬさま。〔孟子、尽心下〕(夫かの猥けん、狷介の人)、行ひ何為なんすれぞ踽踽く涼涼たる。斯の世に生まるるや、斯の世(の人)を爲す。善なれば斯すなはち可なり。

【涼冷】りよう(りやう)れい 清涼。冷ややか。宋・司馬光〔夏夜〕詩 長風地を卷きて來り 涷雨、葉を濡らさず 潤物の功無しと雖も 涼冷、愜かなふ所を得たり

↑涼陰りよういん 諒闇/涼衣りようい 夏衣/涼燠りよういく 寒温/涼蔭りよういん 木かげ/涼烟りようえん 冷たい靄/涼温りようおん 温涼/涼夏りようか 涼しい夏/涼缶りようかん 釣瓶/涼轎りようきよう やまかご/涼景りようけい 秋色/涼衫りようさん 夏衣/涼傘りようさん 日傘/涼颸りようし 涼風/涼牀りようしよう 納涼台/涼夕りようせき 涼夜/涼扇りようせん うちわ/涼蟬りようせん 秋蟬/涼蟾りようせん 月/涼台りようだい 納涼台/涼亭りようてい 亭/涼簟りようてん うすべり/涼榻りようとう 涼牀/涼徳りようとく 徳恩の少ないこと/涼能りようのう 菲才/涼薄りようはく 菲才/涼菲りようひ 菲才/涼氛りようふん 涼気/涼棚りようほう すだれ/涼帽りようぼう 夏帽/涼野りようや あら野/涼落りようらく 衰落/涼露りようろ 冷露/涼和りようわ 爽涼

↓陰涼・炎涼・温涼・荷涼・寒涼・軽涼・午涼・荒涼・坐涼・秋涼・初涼・新涼・遂涼・西涼・淒涼・清涼・夕涼・早涼・爽涼・池涼・追涼・天涼・簟涼・納涼・麦涼・晩涼・悲涼・微涼・暮涼・北涼・夜涼

【淩】

11 3414 ［凌］ 10 3414

リョウ しのぐ のりこえる

篆文 

形声 声符は夌りよう。〔説文〕十一上に水名とするが、水波に乗じてこれを超えることをいう。陸には陵といい、水には淩という。

訓義 ①しのぐ、波にのる、波にのってこえる、のりこえる、わけゆく。②悽と通じ、おそれる。

古訓 〔名義抄〕淩 シノグ・シヘタク・ヲカス・オソロシ・ワタル・シリゾク・コハシ・ミサ、キ・ノボル・ハシワタス

語系 淩・夌・陵 liəng は同声。陵に隴 liong、陸 liuk の意があり、水の高まりに乗ることを淩という。

＊語彙は凌字条参照。

↑淩圧りようあつ 抑える/淩夷りようい 陵夷/淩雲りよううん 凌雲/淩烟りようえん 凌煙/淩駕りようが 凌駕/淩虚りようきよ 凌虚/淩跨りようこ しのぎ越える/淩忽りようこつ 侮慢する/淩雑りようざつ 紛乱/淩辱りようじよく 凌辱する/淩晨りようしん 早暁/淩制りようせい 控制する/淩折りようせつ 凌辱する/淩替りようたい 衰落する/淩遅りようち 凌遅/淩殄りようてん 消滅する/淩波りようは 水上を行く/淩犯りようはん 侵犯する/淩飛りようひ 空を飛ぶ/淩侮りようぶ 凌辱する/淩風りようふう 凌風/淩物りようぶつ 凌辱する/淩蔑りようべつ 侮蔑する/淩邁りようまい こえる/淩乱りようらん 紛乱/淩躐りようりよう こえる/淩厲りようれい 高飛するさま

↓鑿淩・躄淩・渉淩・凍淩・忍淩・氷淩

常

【猟】

11 ［獵］ 18 4221

リョウ(レフ) かり とらえる あさる

篆文 

金文 

形声 旧字は獵に作り、巤りよう声。巤は獣のたてがみのある形。〔説文〕十上に「放獵するなり。禽きんを逐ふなり」とする。狩猟は祭祀のために行われることも多く、〔爾雅、釈天〕に春猟を蒐しゆう、夏猟を苗びよう、秋猟を獮せん、冬猟を狩という とし、〔白虎通〕にその総名を獵(猟)というとする。古くは「うけひ狩り」などが行われたが、のちには遊猟のことがさかんになり、漢賦以来、そのことを歌うものが多い。

訓義 ①かり、かりする。②とらえる、あさる、あさりとる。③躐りようと通じ、こえる、とおる、ふむ、ふみこえる、あらそう。④猟猟は、風の音、なびくさま。

古訓 〔和名抄〕獵師 加利比止(かりひと)〔名義抄〕獵 カリ・ス・アナグル・カル・カサヌ〔字鏡集〕獵 カサヌ・カリス・カル・アナグル・タバカル・カリ・タハブル

声系 〔説文〕に巤声として獵・臘・鬣など六字を収める。巤は髪の鬣々りようりようたるさまを形容する語。巤がその初文で、毛髪の巤々たるさまをいう。

語系 獵・巤・鬣 liap は同声。踏 thap、蹀 dyap、躡 niap は、みな疾走するときのさまをいう語で動詞、巤声の字はその形容的な語である。

【猟較】りよう(れふ)かく 獲物くらべ。少なき者は多き者より譲られて祖祭にそなえる。〔孟子、万章下〕孔子の魯に仕ふるや、魯人獵較せば、孔子も亦た獵較す。

【猟騎】りよう(れふ)き 騎馬で狩りする。北周・庾信〔周大将軍崔説神道碑〕是これを用もつて函谷に連營し、黎陽に獵騎す。威は兩河に振ひ、名は三晉を陵しのぐ。

【猟碣】りよう(れふ)けつ 石鼓。〔広川書跋、二、石鼓文弁〕世に傳ふ、岐山の周篆、昔、獵碣と謂ふ。形製を以て之れを考ふるに、鼓なり。~其の制度考ふべし。~(韓)愈此れを謂ひて宣王の時と爲し、(韋)應物~以て文王の鼓と爲す。

【猟酒】りよう(れふ)しゆ 酒食をあさる。〔旧五代史、周、常思伝〕性、又鄙吝ひりん、未だ嘗かつて賓佐と酒肴の會有らず。嘗て從事の謁見を求むる者有り。思、刺を覽て怒りて曰く、彼は必ず是れ來りて獵酒するものなりと。

【猟夫】りよう(れふ)ふ かりうど。〔荘子、秋水〕夫それ水行して蛟龍を避けざるは、漁父の勇なり。陸行して兕虎じこを避けざるは、獵夫の勇なり。

【猟猟】りようりよう(れふれふ) 風の吹く音。風にはためく音。南朝宋・鮑照〔都に還る道中の作〕詩 鱗鱗として夕雲起り 獵獵として曉風遒つよし

↑猟豔りようえん 漁色/猟火りようか 狩りの野火/猟奇りようき 探奇/猟期りようき 狩猟の時期/猟戯りようぎ 遊猟/猟狗りようく 猟犬/猟戸りようこ 狩人/猟師りようし 狩人/猟者りようしや 狩人/猟手りようしゆ 狩人/猟取りようしゆ あさる/猟書りようしよ 書をあさるように読む/猟渉りようしよう 渉猟/猟場りようじよう 狩り場/猟食りようしよく 食をあさる/猟人りようじん 狩人/猟兎りようと 兎狩り/猟徒りようと 狩人/猟馬りようば 狩りに乗る馬/猟服りようふく 狩りの衣

↓囲猟・羽猟・観猟・期猟・騎猟・漁猟・禁猟・好猟・行猟・校猟・耕猟・射猟・狩猟・蒐猟・出猟・渉猟・大猟・馳猟・田猟・冬猟・武猟・伏猟・捕猟・放猟・遊猟・夜猟・弋猟

【翏】

11 1720

リョウ(レウ) リュウ(リウ) とぶ

篆文 

金文 

象形 両翼と尾羽の形。〔説文〕四上に「高く飛ぶなり。羽に従ひ、㐱しんに従ふ」と会意とするが、全体を象形としてよい。〔荘子、斉物論〕「而なんぢ獨り之れが翏翏たるを聞かざるか」の〔注〕

に「長風の聲なり」とあり、もと羽声を形容する語であった。

訓義 ①たかくとぶ、とぶ。②翏翏は、風の吹く音。

古訓 〔名義抄〕翏 トブ・ヒ、ル・ハネ 〔字鏡集〕翏 ヒ、ル・タカクトブ

声系 〔説文〕に翏声として蓼・嘐・謬・膠・瘳・僇・憀・戮・繆・勠・醪など二十五字を収め、來(来)母(l)・見母(k)・明(明)母(m)・端母(t)の音がある。來母の音は舌頭(tなど)の諸音と通じ、また來・明も隣紐で通じることがある。

語系 翏・飂・僇・流(流)liuは同声。風に抗してゆくを翏といい、高風を飂、人に僇といい、水に流という。いくらか抵抗のあるところを排してゆく意があるようである。

【翏翏】 風の音。宋・蘇軾〔新渡寺席上、次韻して～欧陽叔弼を送る～〕詩 子の詩は淸風の如し 翏翏として將旦(夜明け)に發す

【聊】 11 1712 リョウ(レウ) たのしむ ねがう いささか

篆文 

形声 声符は丣。丣は留の省文。〔説文〕十二上に「耳鳴るなり」と訓するも、その用義例がなく、聊賴・無聊・聊落などの意に用いる。〔詩、檜風、素冠〕「聊がはくは子と同に歸かん」などが、古い用例である。

訓義 ①たのしむ。②たのむ、たよる。③ねがう、いささか、しばらく、かりそめ。④耳がなる。

古訓 〔名義抄〕聊 イサ、カニ・ヤスシ・ヨル・タスク・ネガフ・ネガハクハ・シバラク・タノシ・タヤスシ 〔篇立〕聊 タヤスク・イヤシ・ヤスラカニ・ネガフ・イサ、カ・ネガハクハ・ナイガシロ・ヨル・ヤスム・ミクナル・シバラク・イコフ・カムコト・ヤスシ・タノシ・タスク

語系 聊lyu、賴(頼)latは声近く、連語として用いる。賴と声義の通ずるところがある。

【聊爾】 しばらく。かりにする。宋・楊万里〔多稼亭前の黄菊〕詩 持して以て君子に壽ぐ 聊爾、孤酙(独酌)を慰む

【聊賴】 賴り安んずる。漢・蔡琰〔悲憤詩、二首、一〕復た彊ひて視息することを爲すのみ 生くと雖も、何ぞ聊賴するところあらん

↑聊兮 恐れる／聊且 いささか／聊蕭 寂しい／聊落 衰落する／聊慮 専心／聊亮 明らか／聊浪 ほしいままにさまよう

↓蕭聊・不聊・敝聊・亡聊・無聊

人 # 【菱】 11 4424 〔蔆〕 12 4424 〔淩〕 15 4414 リョウ ひし

篆文 

形声 声符は夌。正字は蔆に作る。〔説文〕一下に「芰なり」とあり、水草のひし。三角・四角のものを芰、両角のものを菱という。菱形の文様を菱文といい、菱角のあるものを稜という。

訓義 ①ひし。②菱形の文様。

古訓 〔新撰字鏡〕菱 比志(ひし) 〔名義抄〕菱・菱子 ヒシ／菱人 ヒシノミ・ミヅフ、キノミ

語系 菱・夌liangは同声。棱・稜langも声近く、稜角のあるものをいう。廉(廉)liamもこの系統の語であろう。

【菱歌】 ひし採り歌。南朝宋・鮑照〔採菱歌、七首、二〕楽府 簫弄(簫の笛の音)、湘北に澄み 菱歌、漢南に淸む

【菱唱】 菱歌。宋・陸游〔懐を書す〕詩 盡日醉醒す、菱唱の裏 隣家來往す、竹陰の中

↑菱花 ひしの華／菱華 菱花／菱角 ひしの実／菱鑑 ひしの花形の鏡／菱芰 ひし／菱鏡 ひしの花形の鏡／菱形 ひしがた／菱黃 ひしの実／菱糸 ひしの蔓

常 # 【陵】 11 7424 リョウ みささぎ つか おか

篆文  金文 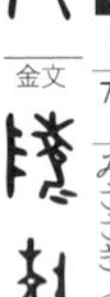

形声 声符は夌。夌は神を迎える建物である宍と、夊に従う。〔説文〕十四下に「大いなる𠂤なり」とし、𠂤を大𠂤の形とするが、𠂤は陟降の字がその形に従うように、神梯の象。金文の字形にはその前に土を加えるものが多く、土は社(社)の初文。神靈の降下を迎えて祀るところである。山腹のなだらかなところを陵夷という。そこに陵墓を営むことが多く、のち陵墓をいう。

訓義 ①みささぎ、つか。②おか、大きなおか。③ゆるむ、おとろえる。④淩と通じ、しのぐ、こえる、のりこえる。

古訓 〔新撰字鏡〕夌 陂陁たるなり。大𠂤を陵と曰ふ。乎加(をか)、又、豆夫礼(つぶれ)、又、弥佐々支(みさざき) 〔名義抄〕陵 シノグ・ミサヾキ・ソシル・ケガス・シリゾク・ツカ・コユ・ノボル・カロシ・ヲカ・ノゾク・ハヤシ・ヲカス／山陵 ミサ、キ 〔字鏡集〕陵 ケガス・シリゾク・タフス・ソシル・ヲナシ・ノゾク・ヤブル・シノグ・ハヤシ・ノボル・カロシ・ヲカス・コユ・ハシル・ツカ・ヲツ・ヲカ・ミサコ・ミサ、キ

語系 陵liang、隆(隆)liuamは声義に通ずるところがある。また隴liong、陸liukも同系の語。地の隆起して、聖地とされるようなところをいう。

【陵夷】 次第に衰える。〔漢書、成帝紀〕(鴻嘉二年詔)朕既に以て率道(導)する無し。帝王の道、日に以て陵夷す。意ふに乃ち招賢選士の路、鬱滯して通ぜざるか、將た擧ぐる者未だ其の人を得ざるか。

【陵陰】 厳寒。〔漢書、礼楽志、郊祀歌〕(玄冥)玄冥(冬の神)陵陰にして 蟄蟲蓋臧す 屮(草)木零落し 冬に抵り霜を降らす

【陵園】 御陵。〔晋書、元四王、琅邪悼王煥伝〕俄にかにして薨ず。年二歳。帝悼念して已む無し。～加ふるに成人の禮を以てし、詔して凶門柏歷(貴戚の家の喪時の門)を立て、～陵園を營起し、功役甚だ衆し。

【陵谷】 高岡も深谷となる。滄桑の変。〔晋書、杜預伝〕預、後世の名を爲すことを好む。～石に刻して二碑を爲り、其の勳績を紀し、一は萬山の下に沈め、一は峴山の上に立つ。曰く、焉んぞ此の後、陵谷と爲らざるを知らんやと。

【陵樹】 御陵の木。〔後漢書、虞延伝〕光武～詔呼引見して、園陵の事を問ふ。延、進止從容、占拜觀るべし。其の陵樹株蘖、皆其の數を諳んず。

【陵寢】 陵廟。〔史記、叔孫通伝〕高帝崩じ、孝惠位に卽く。迺ち叔孫生に謂ひて曰く、先帝の園陵寢廟、群臣能く習ふ莫しと。徙りて太常と爲り、宗廟の儀法を定む。

【陵遅】 次第にゆるやかとなる。〔荀子、宥坐〕三尺の岸も、虛車登ること能はざるなり。百仞の山も、任負の車登る。何となれば則ち陵遲の故なり。

【陵墓】 御陵。漢・張衡〔西京の賦〕往昔の松・喬(赤松子と王子喬、古の仙人)を美しとし、羨門(古の仙人)を天路に要む。～若し世を歷て長へに存せば、何ぞ遽かに陵墓を營まんや。

【陵暴】 侮り乱暴する。〔史記、仲尼弟子伝〕子路、性鄙しく、勇力を好み、志伉直なり。雄雞を冠り、豭豚(の皮の剣)を佩び、孔子を陵暴す。

【陵邑】 漢代、御陵を守るため設けた県邑。漢・班固〔西都の賦〕冠蓋雲の如く、七相五公あり。州郡の豪傑、五都の貨殖と、三選七遷して陵邑に充奉す。蓋し以て強幹弱枝、上都を隆んにして萬國に觀すなり。

【陵轢】 ふみにじる。侵す。〔後漢書、朱浮伝〕帝、浮の同

列を陵轢するを以て、毎に之れを銜む。其の功能を惜しみ、罪を加ふるに忍びず。

↑陵圧 制圧する／陵易 しのぎ侮る／陵威 威光／陵域 御陵地内／陵雨 豪雨／陵雲 凌雲／陵越 しのぎこえる／陵衍 高平の地／陵駕 凌駕する／陵陥 陥れる／陵虐 凌虐／陵丘 丘陵／陵居 高地に住む／陵虚 凌虚／陵京 高く大きい丘／陵険 険阻をこえる／陵戸 守陵の家／陵誇 しのぎ誇る／陵跨 しのぎこえる／陵忽 しのぎ侮る／陵弛 陵夷／陵霄 凌霄／陵辱 凌辱する／陵石 稜石／陵藉 しのぎ侮る／陵折 凌辱する／陵絶 しのぎこえる／陵践 陵藉／陵替 次第に衰える／陵奪 凌奪する／陵土 御陵の土／陵波 凌波／陵罵 ののしる／陵伐 しのぎおかす／陵犯 しのぎおかす／陵阜 ゆるやかな丘／陵侮 しのぎ侮る／陵風 風に乗る／陵廟 御陵／陵蔑 しのぎ侮る／陵邁 しのぎこえる／陵慢 しのぎ侮る／陵躍 しのぎこえる／陵乱 波を渡る／陵陸 山と陸／陵厲 高く飛ぶ

↓堙陵・園陵・丘陵・金陵・古陵・五陵・御陵・江陵・岡陵・高陵・山陵・寿陵・春陵・侵陵・崇陵・頽陵・長陵・憑陵

【㖼】 12 1049 リョウ(リャウ) かなしむ うすい

篆文  金文 

形声 声符は京。京に涼・諒の声がある。京は京観の象。京観は戦場の遺棄屍体を塗りこんだ凱旋門、これを軍門として設けた。旡は慨くときの姿勢を示す象形字。京観に対して嘆くのは、敗戦や戦死を悲しむ意で、凶事をいう。〔説文〕八下に「事善からざる有るを㖼と言ふなり。爾雅に、㖼は薄なり」というも、今の〔爾雅〕にその文はみえない。〔広雅、釈詁一〕に「䈇なり」というのは薄(薄)の意。また〔玉篇〕に「悲しむなり、酸楚なり」とあり、悲涼の意はこの字が本字である。〔汗簡、中二〕に字の篆体をあげ、「古爾雅に見ゆ」という。〔左伝、荘三十二年〕「虢(国名)に涼徳多し」は㖼の仮借。諒闇の諒も、㖼と同じく、京観に対する哀告の儀礼を示す字であろう。

訓義 ①かなしむ。②うすい、つまらない。

語系 㖼・涼・諒liangは同声。京声の字のうち、景・倞は高明の意。また來(来)母の字は多く悲涼の意を含むようである。

【椋】 人 12 4099 リョウ(リャウ) むくのき

篆文 

形声 声符は京。京に涼・諒の声がある。〔説文〕六上、〔爾雅、釈木〕に「即來なり」とあり、むくの木。葉は柿に似て、ものを磨くに適し、漆工に用いる。

訓義 ①むくのき。②梾椋は、ちしゃのき。

古訓 〔名義抄〕椋 一名梾。カスム・シトミ／梾 ムク 〔篇立〕椋 ムクノキ・ムク・カクス・カスム

↑椋樹 むくのき／椋鳥 むく鳥

【量】 常 12 6010 リョウ(リャウ) はかる おしはかる ますめ

篆文  古文  甲骨文  金文 

象形 流し口のある大きな橐の形。下部に土の形の錘をそえている。〔説文〕八上に「輕重を稱るなり。重の省に從ひ、曏の省聲」とするが、形も異なり、声も合わない。東は橐の初形のその象形。その上に流し口の曰を加え、下に錘の土を加えた形で全体象形の字。これによって穀量をはかる。ゆえに量計・量知の意となる。一定量を糧という。

訓義 ①はかる、ふくろではかる、分量をはかる、重さをはかる、長さをはかる。②おしはかる、かんがえる、おもう。③ますめ、はかり、かず、ほど、かぎり。④字はまた良に作る。

古訓 〔名義抄〕量 ハルカ(カル)・ソナフ・カズ・カゾフ・タケシ・ハカラフ・タカシ・サダム

声系 〔説文〕に量声として糧を収める。量(嚢)中のものを糧という。字は俗に粮に作る。

語系 量・糧(粮)liangは同声。粻tiangは声義近く、〔爾雅、釈言〕に「粻は糧なり」とみえる。

【量移】 遠流のものが恩赦によって近くの地に移される。〔旧唐書、玄宗紀上〕(開元二十年十一月)后土を脽上に祀る。天下に大赦し、左降官は近處に量移せらる。

【量己】 自分の力量を自分で考える。南朝宋・謝瞻〔安城に於て(謝)霊運に答ふ〕詩 己を量りて友朋を畏れ 勇退して敢て進まず

【量揆】 はかる。〔陳書、蔡徵伝〕初めて吏部尚書に拜せらる。後主に啓して鼓吹を借る。後主、所司に謂ひて曰く、鼓吹は軍樂、有功に乃ち授く。蔡徵自ら量揆せず、我が朝章を案ず～と。

【量計】 多少をはかる。〔晉書、張華伝〕將に大擧せんとするに及んで、華を以て度支尚書と爲し、乃ち運漕を量計して、廟算を決定す。

【量決】 情状酌量する。〔魏書、世祖紀下〕(太平真君六年)詔して、諸々の疑獄有るもの、皆中書に付し、經義を以て量決せしむ。

【量功】 仕事を見積もる。〔左伝、宣十一年〕沂に城く。～功を量り日を命じ、財用を分ち、板榦を平らかにし、畚築を稱る。

【量衡】 ますと、はかり。〔書、舜典〕肆に東后を覲る。時月を協せ、日を正し、律度量衡を同うし、五禮・五玉～を修む。

【量鑿】 大小方円の穴を合わせて柄をつける。〔楚辞、離騒〕鑿(柄を入れる穴)を量らずして枘(はめこみ部分)を正さば 固に前脩(昔の賢人たち)も以て菹醢(塩漬)にせらる

【量試】 はかりためす。〔後漢書、献帝紀〕帝～米豆を出だし、飢人の爲に糜粥を作らしむ。日を經て死する者降る無し。帝、賦卹に虚有るを疑ひ、乃ち親しく御坐の前に於て量試して糜を作らしめ、乃ち實に非ざるを知る。

【量日】 太陽を測定する。清・金祖望〔明の司天、湯若望、日晷の歌〕詩 測天量日、眞に古學 九章五曹(古算法)、遠く尋ぬべし

【量度】 はかる。〔礼記、王制〕凡そ居民、地を量りて以て邑を制し、地を度りて以て民を居らしむ。地邑民居、必ず參へて相ひ得しむ。

【量能】 才能をはかる。〔荀子、君道〕德を論じて次を定め、能を量りて官を授く。

↑量加 加算する／量概 穀物をはかるますのとかき／量器 ます／量議 討議する／量給 配給する／量刑 刑の軽重を考える／量検 検査する／量鼓 量器／量校 比較する／量才 才能をはかる／量窄 狭量／量識 識量／量実 量検／量数 分量を数える／量浅 狭量／量忖 はかる／量地 土地を測量する／量知 推測する／量中 満数／量定 裁定する／量罰 量刑／量分 己の力量をはかる／量幣 幣帛／量力 量能

↓嘉量・雅量・概量・気量・軌量・器量・技量・吉量・狭量・局量・

斤量・計量・軽量・権量・弘量・洪量・較量・差量・才量・裁量・思量・揣量・識量・質量・酌量・酒量・少量・称量・秤量・商量・丈量・斟量・推量・数量・声量・折量・浅量・測量・大量・知量・適量・斗量・度量・等量・徳量・比量・評量・分量・満量・無量・容量・力量・料量

【楞】 13 4692 ［棱］ 12 4494 リョウ かど

篆文 

形声 正字は棱に作り、夌声。〔説文〕六上に「棱は柧なり」とする字。楞は棱の別体の字として用い、また楞伽・楞厳など、仏教語に用いる。

訓義 ①かど、四角の材木。②仏典で、楞伽のような音訳に用いる。③急に起こる、あれる。

古訓 〔名義抄〕楞 ソバノ〳〵／棱 セハシ 〔字鏡集〕楞 セハシ・ソハノ〳〵

【楞伽】 印度の山名。また、仏典の名。〔大唐西域記、十一、僧伽羅国〕國東南隅に駿伽山有り。巖谷幽峻、神鬼遊舍す。在昔、如來此に於て駿伽經を說く。舊も楞伽經と曰ふは訛れるなり。

↑楞角 稜角／楞勁 あらあらしい／楞神 失神する／楞然 呆れるさま／楞木 根太

【寮】 13 4080 ［燎］ 16 9489 リョウ(レウ) ひまつり やく

篆文 
甲骨文 
金文 

象形 ト文の字形は、木を組んでこれを焚く形。字形化して寮となり、燎はその形声の字。寮の初形は寮。〔説文〕十上に「柴して天を祭るなり」。火に從ひ、昚に從ふ。昚は古文の愼の字なり。天を祭るは、愼む所以なり」とするが、字形によって附会したにすぎない。その祭事を掌る官や役所を寮といい、のち行政の各系列をいう。西周の金文に寮人・卿事寮・大史寮などの語がある。

訓義 ①ひまつり。②やく、たく、火をたく。

古訓 〔名義抄〕燎 フスブ・ヤク・トモシビ・モユ・タク 〔字鏡集〕燎 トモシビ・カハク・ヤク・フスブ・タク・ニハビ・モユ

声系 〔説文〕に寮声として遼(遼)・僚・燎・潦・繚など十九字を収める。明らかなるもの、繚るものの意を含むものが多い。

語系 寮(寮)・燎・繚 liô は同声。繚は火のめぐるように、ものにまといめぐることをいう。僚・寮も同声。遼 lyô は声近く、燎は明慧、遼は明遠、みな寮の声義を承けるところがある。

＊語彙は燎字条参照。

入 【稜】 13 2494 ［棱］ 12 4494 リョウ かど すみ

篆文 

形声 正字は棱に作り、夌声。〔説文〕六上に「柧なり」とあり、柧字条に「棱なり。～又、柧棱は殿堂上、最高の處なり」という。のち稜の字形を用い、稜角あるもの、角材などをいう。稜角には威霊を感じさせるものがあり、稜威をいう。糾察を司る御史の官は、稜官としておそれられた。

訓義 ①かど、すみ、かどあるもの。②みいつ。

古訓 〔名義抄〕稜 ソバ・カド・イナツカ・フルフ／觚稜 ―トソバノ〳〵ナリ 〔字鏡〕稜 カザル・イナツカ 〔字鏡集〕稜 イナツカ・ソハ・カト・フルフ

語系 稜(棱)lang、菱(蔆)liang は声義近く、菱の実には菱角がある。廉(廉)liam は廉直にして、稜角のある性格をいう。

【稜威】 威光。威勢。〔三国志、魏、武帝記〕(魏公に封ずる策)蘄陽の役に、橋蕤首を授け、稜威南に邁き、(袁)術以て隕潰す。

【稜角】 とがったかど。唐・韓愈〔南山詩〕晴明、稜角を出だし 縷脈碎けて繡を分つ

【稜層】 山がそびえる。やせて骨ばむ。また、気骨才気がすぐれる。清・銭謙益〔王司馬の手簡に題す〕余、閣訟を以て、罪を長安の臨邑に待つ。王公和仲、大司馬爲り。手書慰諭す。一日に數十紙に至る。～公、書法蒼老、語に稜層感激多し。

【稜稜】 寒さの厳しいさま。骨ばむ。宋・辛棄疾〔最高楼、客に棋に敗れたる者有り。代りて梅を賦す〕詞 痩稜稜地、天然に白く 冷清清地、許多の香り

↑稜鋭 高峻／稜郭 輪郭／稜岸 端厳／稜畳 層畳／稜節 高節／稜嶒 稜層／稜側 草書の法

↓衣稜・威稜・阜稜・岩稜・丘稜・觚稜・剛稜・三稜・清稜・嶒稜・眉稜・鋒稜・廉稜

【粱】 13 3390 リョウ(リャウ) あわ あおあわ

篆文 
金文 

形声 声符は汈。〔説文〕七上に「禾の米なり」(段注本)とあり、金文の粱の字形は、穀実をすきとる形に作るようである。〔説文〕七上に「禾の米なり」(段注本)とあり、穀実の意とする。金文の𥂁器の銘に「稻粱を盛る」というのが定めであった。粱肉とは美食をいう。

訓義 ①あわ、あおあわ。②しらげた禾穀の実。③食の精なるもの。

古訓 〔名義抄〕粱 ウルシネ／粱米 アハノウルシネ 〔篇立〕粱 アワノウルシネ

【粱菽】 粟と豆。魏・嵇康〔自然好学を難ずる論〕生を貪るの禽は、園池の粱菽を食らひ、安を求むるの士は、乃ち志に詭ひて以て俗に從ふ。

【粱肉】 美食。〔韓非子、五蠹〕故に糟糠にも飽かざる者は、粱肉を務めず。短褐も完からざる者は、文繡を待たず。

【粱飯】 ご飯。〔史記、滑稽伝、褚少孫論〕建章宮後閤の重櫟(欄の下部)中に物の出づる有り。其の狀麋に似たり。～能く知るもの莫し。東方朔に詔して之れを視しむ。朔曰く、臣之れを知れり。願はくは美酒・粱飯・大飧を臣に賜へ。臣乃ち言はんと。

【粱米】 粱飯。〔旧唐書、許欽明伝〕賊、欽明を將て靈州城下に至り、城中に早く降ることを說かしむ。欽明大呼して曰く、賊中都て飲食無し。城內に美醬有り、二升を乞ふと。粱米、二斗を乞ふ。墨一梃を乞ふ。～欽明此の物を乞ひ、以て城中に、～夜を候ひ掩襲するを喩らしむ。

↑粱糗 乾飯／粱饘 濃い粥／粱稻 米

↓高粱・黄粱・粳粱・膏粱・粢粱・黍粱・青粱・赤粱・稻粱・白粱・糲粱

【裲】 13 3122 リョウ(リャウ) うちかけ

形声 声符は兩(両)。〔釈名、釈衣服〕に「裲襠、其の一は胸に當り、其の一は背に當るなり」とあって、うちかけをいう。〔広雅、釈器〕に「裲襠、之れを袙腹と謂ふ」とあり、袙腹ともいう。

訓義 ①裲襠、うちかけ。②字はまた両当に作る。

古訓 〔和名抄〕裲襠 宇知加介(うちかけ) 〔名義抄〕裲襠 ウチカケ 〔字鏡集〕裲 ウチカケ

【裲襠】 うちかけ。〔睽車志、三〕一婦人有り、青衫素裲襠、日ごとに二錢を以て粥を市ふ。風雨にも渝らず。～曰く、～我は李大夫の妾なり。舟行赴官、此に至りて蓐閒に死せり。～我既に掩壙せられ、而して子、隨ひて生まる。我死して乳無し。故に日に粥を市ひて以て之れを活しふと。

常 【僚】 14 2429 リョウ(レウ) つかさ やくにん あいやく

篆文

形声 声符は尞。〔説文〕八上に「好き皃なり」とあり、〔詩、陳風、月出〕「佼人僚たり」の義によるが、その佼・僚はともに姣・嫽の義。〔史記、司馬相如伝〕の〔索隠〕、〔一切経音義、九〕に引いて、字をまさに姣・嫽に作る。嫽に繚の意があり、身をくねらせるような所作をいう。僚の初文はおそらく寮。尞は卜文・金文に交木を焚く形に作り、火を加えて寮、庭燎（かがり火）をいう。その庭燎を以て守る聖屋を寮といい、金文の〔毛公鼎〕に卿事寮・大史寮の名があり、当時の官制は行政と祭祀と、この二大系であった。その同寮の人を僚という。寮・僚は通用の字。漢碑には「遼薫」「百遼」のように遼（遼）を用いることもある。

訓義 ①つかさ、やくにん。②あいやく。③嫽と通じ、みめよし。④寮と通用する。

古訓 〔名義抄〕僚 トモ・トモガラ・オホヤケ・モテアソブ

語系 僚・寮・嫽 liô は同声。寮・燎・繚 lyô も声近く、寮（寮）は庭燎。その意よりその寮舎・官僚の意となった。

【僚佐】 補佐の人。〔南史、張融伝〕王母殷淑儀薨ず。後四月八日、建齋し、幷せて灌佛す。僚佐の儭す者、多きは一萬に至り、少なきも五千を減ぜず。融獨り注儭すること百錢。帝～曰く、融、殊に貧し。當に序するに佳祿を以てすべしと。

【僚党】 同僚。なかま。〔後漢書、儒林、魏応伝〕建武の初め、博士に詣りて業を受け、魯詩を習ふ。門を閉して誦習し、僚黨に交はらず。

【僚友】 同僚。〔礼記、曲礼上〕僚友其の弟を稱し、執友其の仁を稱し、交遊其の信を稱す。

【僚吏】 下級の官吏。〔周書、斉煬王憲伝論〕昔、張耳・陳餘の賓客斯役も、居る所皆卿相を取る。而して齊の文武僚吏も、其の後も亦た多く台牧（高官）に至る。世を異にするも、符を同じうす。賢なりと謂ふべし。

↑僚官 下僚／僚故 もとからの同僚／僚采 同僚／僚従 属官／僚職 同僚／僚壻 あいむこ／僚属 友人／僚侶 なかま／僚隷 下僕／僚列 同僚

↓下僚・官僚・旧僚・群僚・庶僚・臣僚・属僚・同僚・幕僚・儐僚

【寥】 14 3020 ［廫］ 18 0022

リョウ（レウ）
さびしい むなしい そら

篆文

形声 声符は翏。翏は鳥の高く飛ぶ形。〔説文〕九下に正字を廫に作り、「空虛なり」と訓し、膠声とするが、声も合わず、漢碑にはみな寥に作る。〔老子、二十五〕に「寂たり、寥たり」と天地以前のさまを形容する。天を寥天、その広大なさまを寥廓、星かげの稀であることを寥落、鳥の声を寥唳という。みな虛静の意を含む語である。

訓義 ①さびしい、しずか。②むなしい、ふかい。③そら、大きい、遠い。

古訓 〔名義抄〕寥 シヅカ・ムナシ・ヒロシ 〔篇立〕寥 ハカル・（ルカ）・カスカナリ・ホヒロカ・シヅカ・ムナシ・サヤカナリ

語系 寥・翏・僇・飂・流（流）liu は同声。高風に抗して飛ぶを翏、その風を飂、その空を寥、人のゆくさまを僇、水のゆくさまを流という。

【寥廓】 広大でむなしい。大空。漢・司馬相如〔蜀の父老を難ず〕觀る者未だ旨を覩ず、聽く者未だ音を聞かず。猶ほ鷦鵬（鳥名）已に寥廓の宇に翔けり、羅者（網する者）猶ほ藪澤を視るがごとし。悲しい夫。

【寥闊】 渺茫として見る所なし。また、稀。唐・杜甫〔秦州、勅目せらる。～二子と故有り。遠く遷官を喜び、兼ねて索居を述ぶ、凡て三十韻〕詩 大雅、何ぞ寥闊たる 斯の人、尚ほ典型あり

【寥落】 さびしいさま。おちぶれたさま。〔池北偶談、十二、滄溟蔡姫〕李滄溟（攀竜）先生、身後最も寥落と爲す。其の寵姫蔡、萬曆癸卯、年七十餘、濟南の西郊に在りて、胡餅を賣りて自ら給す。

【寥亮】 すみ通る音のさま。晉・向秀〔思旧の賦の序〕隣人に笛を吹く者有り。發聲寥亮たり。曩昔遊宴の好を追思し、音に感じて歎ず。

【寥寥】 さびしいさま。寂寞。唐・盧照鄰〔長安古意〕詩 寂寂寥寥たり、揚子（雄）の居 年年歲歲、一牀の書

【寥朗】 心が澄んで明朗。晉・孫綽〔天台山に遊ぶの賦〕心目の寥朗たるを恣にし、緩步の從容たるに任かす。

↑寥宇 広大な空／寥焉 さびしいさま／寥遠 むなしくはるか／寥豁 むなしく広い／寥闃 さびしく静か／寥乎 静寂なさま／寥索 さびしい／寥蕭 さびしい／寥落 寥邃 静かで奥深い／寥寂 ものさびしい／寥然 寥平／寥天 寥宇／寥寞 むなしくさびしい／寥邈 高くてはるか／寥頼 頼りとする／寥戾 寥唳／寥唳 鳥の鳴く声の清くすんださま／寥狼 かき乱す

↓鬱寥・廓寥・豁寥・蕭寥・凄寥・清寥・寂寥・碧寥・幽寥

【廖】 14 0022

リョウ（レウ）
むなしい うつろ

篆文

形声 声符は翏。〔説文新附〕九下に「人の姓なり」とし、字義を未詳とする。〔玉篇〕に字を廫と同字とし、「空虛なり」とする。廫は寥の正字である。

訓義 ①むなしい、うつろ。②寥と声義同じ。

古訓 〔字鏡集〕廖 ムナシ

↑廖廓 寥廓／廖落 寥落／廖亮 寥亮

【憀】 14 9702

リョウ（レウ）
さとる さわやか かなしむ

篆文

形声 声符は翏。〔説文〕十下に「憀然たるなり」とあって、〔段注〕に「了然」の意とする。明らかに悟る意。琴の音のすみわたることを憀亮というのは形況の語。憀慄・憀戾のように、悲哀・寂寥の情をいう。高所を飛ぶを翏、その寂寥の情を憀という。

訓義 ①さとる、あきらか。②さわやか。③かなしむ、さびしい、わびしい。

古訓 〔名義抄〕憀 イタム・ウレフ・ワビク（シ）〔字鏡集〕憀 ワビシ・モノウシ・シバラク・ウレフ・ヒロシ・イタム

語系 憀・翏・寥・飂 liu は同声。高風を飂、高飛することを翏、その空を寥、その情を憀という。

【憀慄】 かなしみいたむさま。晉・潘岳〔秋興の賦〕草木搖落して變衰し、憀慄として遠行に在り、山に登り木に臨み、將に歸らんとするを送るが若し。

【憀恨】 かなしみ、なげくさま。魏・文帝〔善哉行〕楽府 樂しみ極まりて、哀情來る 憀恨として、肝、心を摧く

↑憀然 しばらく／憀亮 琴の音のすみわたるさま／憀戾 悽愴／憀恨 うらむ

↓情憀

【漻】 14 3712

リョウ（レウ）
きよい たかい ながれる

篆文

形声 声符は翏。〔説文〕十一上に「清く深きなり」という。また寥と通用し、寂寥を寂漻、寥然を漻然という。

訓義 ①きよい、きよくふかい。②寥と通じ、たかい、さびしい。③流と通じ、ながれる。

語系 漻 lyu は寥・憀・流（流）liu と声近く、その字義に通ずるところがある。

【漻乎】 清らかにすむさま。〔荘子、天地〕夫子曰く、夫れ道は淵乎として其れ居まり、漻乎として其れ淸し～と。

【漻然】 変化するさま。〔荘子、知北遊〕人の天地の間

に生まること、白駒の郤（隙、壁のすき間）を過ぐるが若し。忽然たるのみ。注然・勃然として出でざる莫く、油然・漻然として入らざる莫し。已に化して生れ、又化して死す。

【漻漻】 清く深いさま。唐・李商隠〔楚宮〕詩 湘波、涙の如くにして、色漻漻たり 楚厲（屈原）の迷魂、恨を逐うて遙かなり

↑漻澥 小流／漻淚 はやく流れるさま

↓泬漻・浩漻・湫漻・寂漻・風漻

人 【綾】 14 2494 リョウ あや あやぎぬ りんず

篆文 

形声 声符は夌。夌に稜角あるもの、菱形の意がある。〔説文〕十三上に「東齊にて、布帛の細かきものを謂ひて綾と曰ふ」とあり、あやぎぬをいう。綾子は唐宋音の国語化したものである。

訓義 1あや、あやぎぬ。2りんず。

古訓 〔和名抄〕綾 阿夜（あや）〔名義抄〕綾 アヤ・ムナシ 〔字鏡集〕綾 アヤ・ムナシ・カトリノモンアル

語系 綾・夌・菱（蔆）liəngは同声。棱・稜ləngは声近く、みな稜角あるもの、菱形のものをいう。

【綾紈】 あやぎぬと白ぎぬ。梁・劉孝綽〔湘東王に奉和す。応令、二首、冬暁〕詩 妝（粧）に臨んで鉛黛を罷め 涙を含んで綾紈を剪る 寄語す、龍城の下 詎ぞ知らん、書信難きを

【綾錦】 あやにしき。〔三国志、魏、夏侯玄伝〕今百王の末、秦・漢の餘流を承け、世俗彌文、宜しく大いに之れを改め、以て民望を易ふべし。今～位大將軍より以上、皆綾錦・羅綺・紈素、金銀飾鏤の物を服するを得しめん。

【綾縑】 あやかとり。〔北史、馮元興伝〕齊郡の曹昂、～太學博士に除せられ、尚書郎を兼ぬ。常に徒歩上省、以て清貧を示す。忽ち盜に遇ひ、大いに綾縑を失ふ。時人、其の矯詐を鄙やしとす。

【綾羅】 うすいあやぎぬ。晉・張華〔軽薄篇〕詩 被服、纖麗を極め 肴膳、盡く柔嘉 童僕も粱肉を餘し 婢妾も綾羅を蹈む

↑綾綺 あやぎぬ／綾衾 綾被／綾絹 綾綺／綾綵 あやぎぬ／綾子 あやぎぬ。りんず／綾扇 あやぎぬの扇／綾被 絹の夜着／綾紋 綾の地紋

↓褐綾・綺綾・紅綾・綵綾・青綾・皁綾・白綾・縹綾・文綾

【膂】 14 9922 ［膫］ 16 7429 リョウ（レウ） あぶら

篆文 

形声 声符は勞（労）の省文𤇾。〔説文〕四下に「膫は牛腸の脂なり。～膂、膫は或いは勞の省聲に従ふ」とあり、膂は膫の或る体。〔詩、小雅、信南山〕「其の血膂を取る」のように、膂の字を用いることが多い。

訓義 1はらわたのあぶら、牛のはらわたのあぶら。

古訓 〔名義抄〕膂 アブラ

【膂蕭】 蕭を以て膂をやく。蕭は香蒿、その香りをつけて供える。〔漢書、礼楽志〕（郊祀歌十九章、練時日 一）時の日を練び 望有るを候つ 膂蕭を焫き 四方に延ばしむ

↑膂薌 膂と香草／膂血 脂と血／膂石 滑石

↓肝膂・啓膂・血膂・蕭膂・帯膂・焚膂・鸞膂

常 【領】 14 8138 リョウ（リャウ） レイ くび えり おさめる うける

篆文 

形声 声符は令。〔説文〕九上に「項なり」とする。〔段注〕に「頸なり」の誤りとするが、〔広雅、釈親〕に「項なり」、〔釈名、釈衣服〕には「領は頸なり」とあり、要するにえりくびをいう字である。〔詩、衛風、碩人〕に「領は蝤蠐（すくもむし）の如し」とみえる。要（腰）と領とは、人体の枢要のところであるから、最も重要なところを要領という。統領・支配の意よりして領略・領悟の意となる。衣服では領袖が大事な部分とされた。

訓義 1くび、うなじ。2えり、えりもと、ころも、そろい、かさね。3さとる、おさめる、すべる、しめくくる、とりしまる、かしら、おさ。4うける、しるす。5かなめ、要所、おもむき、意趣。

古訓 〔名義抄〕領 アヅカル・コロモノクビ・キヌノクビ・クビ・ヲサム・サヅク／領許 ウナヅク 〔字鏡集〕領 ヲサム・アツマル・コロモノクビ・アヅカル・ツカサドル・カタブク・カヘル・キヌノクビ・クビ・サヅク・カバチ・ナツク・ウナヅク

声系 〔説文新附〕九下に領声として嶺を録する。巓頂というのと同じいいかたである。

語系 領・令・嶺liengは同声。令は神の命を聴く意。その領き聴く意より、領受・支配の意となる。領悟の意は諒liangと声義の関係があろう。

【領会】 さとる。合点する。晉・向秀〔思旧の賦〕運遇を領會に託し、餘命を寸陰に寄す。

【領解】 理解する。〔元史、達禮麻識理伝〕達禮麻識理、幼にして穎敏、師に従ひて經史を授けられ、過目して輒ち領解す。

【領袖】 えりと袖。統率する者。〔晉書、魏舒伝〕文帝深く之れを器重とす。朝會の坐罷る毎に、之れを目送して曰く、魏舒堂堂として、人の領袖なりと。

【領略】 さとる。わがものとする。梁・昭明太子〔何胤に与ふる書〕物理を研尋し、清言を領略す。既に以て自ら慰め、且つ以て自ら儆む。

↑領域 領内／領海 領域の海／領鑑 鑑識／領給 授受する／領御 支配する／領巾 ひれ／領悟 さとる／領護 統治する／領国 領土／領事 外国の駐在官／領悉 承知する／領取 受け取る／領受 受領する／領職 つかさどる／領属 従える／領得 さとる／領納 受領する／領要 要領／領理 治める／領録 収録する

↓衣領・一領・引領・横領・管領・監領・旧領・裘領・竅領・襟領・挈領・頸領・兼領・交領・項領・綱領・宰領・主領・首領・受領・酋領・所領・将領・青領・占領・総領・統領・頭領・拝領・簿領・方領・捧領・本領・要領

常 【寮】 15 3090 リョウ（レウ） つかさ やくにん

篆文 

甲骨文 

金文 

形声 声符は尞。寮の初形は竂で、もと庭燎（にわび）をいう。庭燎を以て守る神聖な建物を寮といい、その職制にあるものを寮・僚という。金文の〔毛公鼎〕に「大史寮」「卿事寮」があり、当時の官制は祭祀と行政の両系をなしていた。〔令毀〕に「用って寮人に餉（食事を供する）せん」、〔令彝〕「乃の寮と乃の友事（友官）とを左右（補佐）せよ」、〔叔夷鎛〕「乃の友事と乃の敵（嫡）寮とを康んじ能めよ」のように用いる。わが国の古い官制にも、図書寮・雅楽寮のようにいう。

訓義 1つかさ、やくにん、あいやく。2まど、こまど。3字はまた僚と通用する。

古訓 〔名義抄〕寮 ツカサ・マド 〔字鏡集〕寮 マド・ツカサ・モロトモ

語系 寮lyôと尞・僚・燎liôは声が近い。寮はもと竂に作り、庭燎の象、その建物を寮、庭燎の祭儀に与るものを寮・僚という。

↑寮位 官位／寮廓 寥廓／寮佐 僚佐／寮司 長官／寮人 官員／寮属 属僚／寮棚 長屋／寮房 長屋／寮友 僚友／寮吏 属吏／寮亮 すきとおる清らかな声

➡下寮・学寮・官寮・茶寮・山寮・新寮・禅寮・茅寮・草寮・窓寮・僧寮・同寮・百寮・賓寮

【鬣】 15 2271 リョウ(レフ) たてがみ

篆文

象形 上部は馬首とそのたてがみの形。下部は馬の疾走する足と尾に象る。その全体を象形とみてよい。〔説文〕十下に字を囟部に属し、「毛鬣なり。髮の囟(頭)上に在り、及び毛髮の鬣鬣たるの形に象る。此れ籀文の子字と同意なり」(段注本)とするが、囟の部分は籀文の子とは関係がない。その毛の鬣鬣たるものを鬣という。

訓義 1たてがみ。2鼠の毛。

古訓 〔字鏡集〕鬣 ナカヾミ・ウナカミ・タテガミ・タチガミ

声系 〔説文〕に鬣声として邋・臘・鬣・獵(猟)など六字を収める。狩猟に関する字が多い。

語系 鬣liap は踏thap、蹀dyap、躡niap と畳韻の語。声義の関係をもつ語である。

【憭】 15 9409 リョウ(レウ) さとい あきらか むなしい

篆文

形声 声符は尞。尞の初形は尞で庭燎(にわび)の象形。火の瞭らかな意がある。〔説文〕十下に「慧きなり」とあり、憀と声義が近い。憀慄はまた憭慄に作り、尞声と翏声との間に声義の通ずるところがある。

訓義 1さとい、あきらか、こころよし。2むなしい、さびしい、おそれる。

古訓 〔名義抄〕憭 コ、ロヨシ・サトル・ヲノヽク・ヤブル

語系 憭・了lyô は同声。憀・翏liu は声近く、翏声の字に寂寥・明遠の意をもつものが多い。

【憭慄】りょう(れう)りつ かなしみ、いたむさま。楚・宋玉〔楚辞、九弁、一〕憭慄として、遠行に在り 山に登り水に臨み 將に歸らんとするを送るが若し

➡憭解 了解/憭栗 憭慄

【撩】 15 5409 リョウ(レウ) ロウ(ラウ) おさめる とる

篆文

形声 声符は尞。〔説文〕十二上に「理むるなり」とあり、〔一切経音義、十四〕に引く〔通俗文〕に「亂を理むる、之れを撩と謂ふ」とみえる。乱れることを繚といい、これを治めることを撩というのは、糸の乱れを亂といい、骨べらでこれを治めることを亂(乱)というのと同じ関係である。

訓義 1おさめる。2とる、とりまとめる。3からかう、いどむ。4撈と通じ、とる。5繚と通じ、みだれる。

古訓 〔名義抄〕撩 ウツ・トル・モトル 〔字鏡集〕撩 コトハル・ウツ・トル・モトル

語系 撩lyô、繚liô は声近く、繚繞の意において通じる。撩は その繚繞を釈くことを原義とする。撈lô も声近く、撩と通用することがある。

【撩乱】りょう(れう)らん 入りみだれるさま。繚乱。宋・邵雍〔安楽窩詩〕衾を擁して側臥し、未だ起きることを欲せず 簾外の落花、撩亂として飛ぶ

➡撩戟 投げ槍/撩罟 魚をとる網/撩荒 荒れはてる/撩鈎 うちかぎ/撩峭 寒さがきびしい。料峭/撩繞 めぐる/撩人 人をいざなう/撩清 洗いとる/撩戦 挑戦する/撩摘 つみとる/撩理 治める/撩零 賭博/撩弄 挑みからかう

⬇蕭撩

【敹】 15 2894 リョウ(レウ) えらぶ ととのえる つつしむ

篆文 金文

会意 𠂤+攴。〔説文〕三下に「擇ぶなり」とし、𠂤声とするが、声が合わない。また「周書に曰く、乃の甲冑を敹めよ」と〔書、費誓〕の文を引く。〔鄭注〕に敹を穿徹の意としており、〔史記、魯周公世家〕に引いて陳に作り、陳列の意とする。ただ〔孔伝〕に敹を「簡ぶなり」としており、〔説文〕と同義。金文の〔陳肪毁〕に「敹みて吉金を擇ぶ」という語がある。𠂤の上部は獣屍、釆は獣爪の形。獣爪を以て、獣屍の肉をとる意であるから、〔詩、商頌、殷武〕「𠂤く其の阻に入る」のように用いる。選択の擇(択)も睪(獣屍の象)よりとるべきものを択ぶ意。これをうちたたくことを斁(やぶる)という。敹と形義の近い字である。

訓義 1えらぶ、えらびとる。2ととのえる、おさめる。3つつしむ。4ぬいあわせる、つづる。

古訓 〔字鏡集〕敹 キラフ・エラブ

➡敹甲 甲を修理する/敹徹 つづり貫く

【獠】 15 4429 リョウ(レウ) かり

篆文

形声 声符は尞。尞に燎の意がある。〔説文〕十上に「獵なり」、〔爾雅、釈天〕に「宵、田するを獠と爲す」という。また西南夷の族の一。

訓義 1かり、かりする。2よがり、夜の猟。3西南夷、獠人。4人をののしる語。

古訓 〔新撰字鏡〕獠 止毛志須(ともす) 〔名義抄〕獠 カタル・カツノヽ 〔字鏡〕獠 止毛志須留也(ともしするなり)。カリ・エビス・カク・エビスノナ 〔字鏡集〕獠 カタル・カツノヽ・カクル・カリス・エビス・エビスノナ

【獠面】りょう(れう)めん 獠人の顔だち。罵る語。〔大唐新語、八、聡敏〕賈嘉隱年七歳、神童を以て召さる。～(司空李)勣曰く、此の小兒、獠面を作す。何ぞ此くの如く聡明なるを得んと。嘉隱、又聲に應じて曰く、胡面尙ほ宰相と爲る。獠面何ぞ聡明を廢せんと。

➡獠殺 捕殺する/獠子 獠人/獠者 猟人/獠徒 猟人/獠奴 人をののしる語/獠洞 獠人の洞穴/獠猟 かり

【蓼】 15 4420 リョウ(レウ) リク たで

篆文

形声 声符は翏。〔説文〕一下に「辛菜なり、薔虞なり」とあり、「たで」をいう。にがい葉であるが、これを好んで食う虫もあり、「蓼食う虫」の諺もある。〔詩、小雅、蓼莪〕「蓼蓼たる者は莪」とは、よく伸びた朝鮮菊、しろよもぎに似て美味であるという。

訓義 1たで。2にがい、にがくるしい、辛苦。3おおきい、多い、多くの薪。

古訓 〔新撰字鏡〕蓼 太氏(たで)、又、太良(たら) 〔和名抄〕蓼 多天(たで) 〔篇立〕蓼 タデ・カラシ

【蓼花】りょうか(れうくわ) たでの花。唐・方干〔陸処士の別業〕詩 夜深くして釣檝しふを回らし 月影、書牀を出だす 蟬噪ぎて蓼花發き 禽來たつて山果香し

【蓼莪】りくが 朝鮮菊。〔詩、小雅、蓼莪、序〕蓼莪は幽王を刺るなり。民人労苦し、孝子、終養することを得ず。

【蓼虫】りょうちゅう(れう) たで食う虫。漢・東方朔〔七諫、怨世〕桂蠹は淹留する所を知らず、蓼蟲は葵菜に徙ることを知らず。

【蓼蓼】りくりく のびて生長するさま。〔詩、小雅、蓼莪〕蓼蓼たる者は莪 莪に匪ず伊れ蒿なり 哀哀たる父母 我を生みて劬勞す

➡蓼藿 たでや、まめのは。荒草/蓼糾 まといめぐるさま/蓼菜 たで/蓼実 水蓼の実/蓼擾 のびて乱れる/蓼穂 たでの花/蓼風 秋の風/蓼藍

たであい、藍

↓葵蓼・斜蓼・紅蓼・香蓼・秋蓼・沢蓼・荼蓼・白蓼

入 **【諒】** 15 0069 リョウ（リャウ） まこと あきらか たすける

篆文

形声 声符は京。京に涼・輬の声がある。京は京観、戦場の遺棄屍体を塗りこめた凱旋門のようなアーチ状の門。そこで種々の呪儀が行われた。その感応を得ることを諒という。〔説文〕三上に「信なり」、〔方言、十二〕に「知るなり」、〔広雅、釈詁三〕に「智なり」とみえる。〔方言、一〕にまた「衆信を諒と曰ふ、周南・召南・衛の語なり」とあり、〔詩、鄘風、柏舟〕「人を諒とせず」、〔詩、小雅、何人斯〕「諒に我を知らず」などは、その方言区域の詩である。〔論語、季氏〕に「諒を友とす」の語がある。〔詩、大雅、大明〕「彼の武王を涼く」の涼は、諒の仮借字である。

訓義 ①まこと、まことする、まことに。②あきらか、しる、さとる。③たすける。④輬と通じる。諒闇。

古訓 〔名義抄〕諒 マコト・アキラカニ・タスク・ノブ・ツヽシム・ヤトフ・カスム・タヽク 〔字鏡集〕諒 ツヽシム・マコト・アフ・ノブ・イサフ・タ、ク・ヤトフ・アキラカ・ヤスム・タスク・カスム

声系 諒・涼・輬 liang は同声。輬は〔説文〕八下に「事、善からざる有るを輬と言ふなり」とあり、諒と輬とは、対待の義をなすものであろう。

【諒陰】 天子が先帝の喪に服する。亮陰・梁闇。〔論語、憲問〕書に云ふ、高宗（武丁）諒陰、三年言はずと。

【諒察】 察知。唐・韓愈〔陳商に答ふる書〕區區の心、～略～辭讓せず、遂に盡く之れを言へり。惟だ吾子、諒察せよ。愈、白す。

【諒直】 誠実で正直。唐・韓偓〔事に感ず、三十四韻〕詩 諒直尋いで口を鉗し 奸纖比肩す

↑諒闇 諒陰／諒解 了解する／諒鑒 ご推察下さい／諒恕 理解してゆるす／諒知 察知する

↓易諒・簡諒・小諒・忠諒・直諒

【輛】 15 5102 リョウ（リャウ） ならぶ

形声 声符は兩（両）。兩は両輪の形で、輛の初文。左右の車輪を輛という。兩が多義化してのち、輛を用いる。

訓義 ①くるまのわ。②ならぶ。③車の数。

語系 輛・兩 liang は同声。麗・儷 lyai、離 liai は声義近く、ともにならぶもの、連なるものをいう。離は離に隹がかかる意で、離れずつらなるものをいう。

↓一輛・起輛・車輛

【輬】 15 5009 リョウ（リャウ） ねぐるま

篆文

形声 声符は京。京に涼・諒の声がある。〔説文〕十四上に「臥車なり」とあり、また輼も同訓。〔史記、秦始皇紀〕に、悪臭を避けるため、始皇帝の屍を輼輬車に載せたことがみえる。温涼の施設をもつ柩車であるという。

訓義 ①ねぐるま。②涼車は屍体を運ぶ車。

古訓 〔字鏡集〕輬 ヒキクルマ

語系 輬・涼・颹 liang は同声。颹は北風。みな涼冷の意をもつ字。冷 leng も声義の関係がある。

↑輬車 柩車

↓轀輬・軒輬

入 **【遼】** 15 3430 **〖遼〗** 16 3430 リョウ（レウ） はるか とおい めぐる

篆文

形声 声符は尞。尞の初文は尞で庭燎（にわび）。ゆえに明るい、めぐる、遠いの意がある。〔説文〕二下に「遠きなり」と遼遠の意とする。〔公羊伝、桓十一年〕に「少しく之れを遼緩せよ」とは、ゆるくする意。

訓義 ①はるか、とおい、めぐる。②ゆるめる。

古訓 〔名義抄〕遼 ハルカニ・トホシ

語系 遼 lyô は遙（遥）jiô と声義近く、遼遥と連言することがある。また超 thiô、迢 dyô、卓・倬 teôk、逴 theôk もみな逴遠の義があり、同系の語。

【遼遠】 遠くはるか。〔左伝、襄八年〕晉君方に明らかに、四軍闕無く、八卿和睦す。必ず鄭を棄てざらん。楚の師遼遠、糧食將に盡きんとす。必ず將に速やかに歸らんとす。何ぞ焉れを患へん～と。

【遼廓】 闊大のところ。大空。寥廓。〔淮南子、俶真訓〕是の故に、～達人の學は、以て性を遼廓に通じて、寂漠に覺らんと欲するなり。

【遼闊】 遥かに遠い。広大。〔史通、六家〕史記を尋ぬるに、疆宇遼闊にして、年月遐長なり。

【遼豕】 遼東の豚。知見の狭いたとえ。〔後漢書、朱浮伝〕往時、遼東に豕有り、子を生みて白頭なり。異として之れを獻ず。行きて河東に至り、群豕を見るに、皆白し。慙んを懷きて還る。若し子の功を以て朝廷に論ぜば、則ち遼東の豕為らんと。

【遼来】 小児が啼くのをやめさせる語。れろれろ。〔三国志、魏、張遼伝〕數と戰功有り、神將軍に遷る。〔注〕江東の小兒啼くときは、之れを怖れしめて、遼來遼來と曰ふに、止まざる者無し。

【遼落】 はるかに遠い。〔世説新語、言語〕袁彦伯（宏）、謝安南（奉）の司馬と爲る。都下の諸人、送りて瀬郷に至る。將に別れんとし、既に自ら悽惘し、歎じて曰く、江山遼落、居然として萬里の勢ひ有りと。

【遼遼】 はるかに遠いさま。漢・劉向〔楚辞、九歎、憂苦〕山、脩遠にして、其れ遼遼たり 塗漫漫として、其れ時無し

↑遼越 はるかかなた／遼隔 遠く隔たる／遼緩 ゆるめる／遼空 遠い空／遼迥 はるか／遼敻 はるか／遼原 曠野／遼荒 荒遠の地／遼曠 はるかに遠い／遼絶 遼隔／遼天 遠天／遼邈 はるかに遠い／遼僻 遠い僻地／遼緬 遼遠／遼遥 はるか／遼遠／遼亮 明らか／遼朗 闊亮

↓迥遼・広遼・征遼・阻遼・博遼・幽遼

入 **【燎】** 16 9489 リョウ（レウ） にわび やく あきらか てらす

篆文

形声 声符は尞。尞の初形は寮に作り、木を組んで焚く庭燎（にわび）の形。燎はその形声字。〔説文〕十上に「尞は柴して天を祭るなり」、また別に燎を出して「火を放つなり」とするのは、燎原の意とするものであろう。〔書、盤庚上〕「火の原を燎くが若し。鄉ひ邇づくべからず」とみえる。卜文に、天を祭る祭儀として燎がみえ、用例としては最も古い。

訓義 ①天をまつるまつり。②にわび、かがりび。③やく、やける、もえる。④あきらか、てらす。

古訓 〔名義抄〕燎 フスブ・ヤク・トモシビ・モユ・タク 〔字鏡集〕燎 トモシビ・カハク・ヤク・フスブ・タク・ニハビ・モユ

語系 燎（尞・寮）liô は同声。庭燎の火は明らか、火勢はゆらぎめぐる。繚・憭・遼（遼）lyô は声義近く、繚はめぐる、憭は明慧、遼は明遠の意である。

【燎火】 かがり火。〔漢書、食貨志上〕冬、民既に入り、婦人同巷、相ひ從ひて夜績ぐ。女工一月、四十五日（夜間分を同じうして、四十五日）を得。必ず相ひ從ふ者は、燎火を費やすを省き、巧拙を同じうして、習俗を合する所以なり。

【燎炬】 かがり火。たいまつ。〔隋書、柳彧伝〕毎に正

月望夜を以て、充街塞陌、聚戲朋遊す。鳴鼓天に聒すしく、燎炬地を照らす。人、獸面を戴き、男は女服を爲し、倡優雜技、詭狀異形、穢嫚を以て歡娯を爲し、鄙褻を用つて笑樂を爲す。

【燎原】 野原をやく。〔晋書、孫恵伝〕(東海王越に致す書)明公、今~順を履み逆を討ち、正を執り邪を伐つ。是れ~猛獸の狐を呑み、泰山の卵を壓し、風に因りて原を燎くも、未だ方ぶるに足らざるなり。

【燎祭】 柴をやいて天地山川を祭る。〔三国志、魏、文帝紀〕王、壇に升りて阼(正位)に卽き、百官陪位す。事訖り、壇を降り、燎を視て禮を成して反る。延康を改めて黄初と爲す。〔注に引く献帝伝〕天地・五嶽・四瀆に燎祭するなり。

【燎髪】 髪をやく、容易なことのたとえ。〔三国志、魏、王粲伝〕(陳琳、何進を諫む)今將軍、皇威を總べ、兵要を握る。~此れを以て事を行はば、洪爐を鼓して、以て毛髮を燎くに異なる無し。

【燎獵】 山焼きして狩りする。〔易林、旅之鼎〕躬み、孔德を履んで、以て束帶を待つ。文君燎獵し、呂尚、福を獲たり。號して太師と稱し、齊國に封建す。

【燎燎】 明らかなさま。〔韓詩外伝、二〕詩の事に於けるや、昭昭乎として日月の光明あるが若く、燎燎乎として星辰の錯行するが如し。

↑燎煙 やく煙/燎煇 てらす/燎薫 犠牲をやきくゆらす/燎悟 はっきり悟る/燎光 火のあかり/燎拷 火で拷問する/燎荒 焼畑/燎炙 やく/燎灼 やく/燎壇 祭天の壇/燎徹 はっきり解る/燎燔 柴をやいて祭る/燎眉 焦眉/燎炮 火光で明るい火でやけどする/燎野 野焼き/燎朗 明るい

↓火燎・鬼燎・挙燎・原燎・郊燎・高燎・候燎・昏燎・柴燎・残燎・灼燎・守燎・松燎・晨燎・薪燎・設燎・壇燎・置燎・庭燎・燔燎・百燎・焚燎・門燎・夜燎・野燎

【瘳】 16 0012 リョウ(レウ) チュウ(チウ) いえる へる

篆文

形声 声符は翏。〔説文〕七下に「疾瘉ゆるなり」とあり、〔書、説命上〕「若し藥瞑眩せざれば、厥の疾瘳えず」とみえる。〔説文〕に「敕鳩切」と附音するが、翏声の字にその音をみない。おそらく療と声義の近い字であろう。

訓義 ①いえる、病がなおる。②へる、へらす。

古訓 〔名義抄〕瘳 イユ

語系 瘳lyuは療(藥)liôと声近く、藥(薬)jiôkとも声義の関係のある語である。

【瘳差】 病がいえる。〔大唐西域記、二、印度総述〕凡そ疾病に遭ふときは、絶粒すること七日、期限の中に、多く痊愈する有り。必ず未だ瘳差せざるとき、方めて乃ち餌藥す。

【瘳疾】 病がいえる。〔晋書、王坦之伝〕良藥は疾を瘳やすに效あるも、未だ病無きを貴しと爲すに若かざるなり。

↑瘳健 病気が回復する/瘳減 病気が軽くなる/瘳痊 病気がいえる/瘳損 病気がいえ、軽くなる/瘳愈 病気がなおる

↓夷瘳・少瘳・微瘳

常 【療】 17 0019 [藥] 20 0019 リョウ(レウ) いやす なおす

篆文

形声 声符は尞。正字は藥に作り、樂(楽)声。樂は手鈴の形。シャーマンがこれを振って、病魔をはらう呪術を行った。〔説文〕七下に「治やすなり」とし、重文として療を録する。〔詩、陳風、衡門〕「以て飢ゑを樂すべし」とは、藥す意。「飢ゑを藥す」とは、欲望を充足することをいう。

訓義 ①いやす、なおす、おさめる。②やむ、うれえる。

古訓 〔名義抄〕藥 イヤス・イユ 〔篇立〕療 イヤス・イユ・ツクロフ・ヲサム・スクフ

語系 療(藥)liôは慉jiô、藥(薬)jiôkと声近く、療・慉は療治すること、藥は鈴で病魔を祓うこと、藥は生薬を用いることをいう。

【療渇】 のどのかわきをいやす。晋・張協〔都蔗の賦〕斯の蔗を挫きて渇を療やすは、醴に嗽ぎて蜜を含むが若し。

【療飢】 飢えをいやす。漢・張衡〔思玄の賦〕王母(西王母)を銀臺に聘し、玉芝(仙草)を羞めて、以て飢ゑを療やさしむ。

【療疾】 病気の治療。〔後漢書、章帝八王、清河孝王慶伝〕後、上言す、外祖母王、年老いて憂病に遭ふ。下土に醫藥無し。願はくは洛陽に詣りて、疾を療さんと乞ふと。

↑療饑 療飢/療救 病気をいやし救う/療護 治療し看護する/療視 診療する/療愁 憂鬱の病気をなおす/療治 治療する/療妬 嫉妬をなおす/療病 治療する/療貧 貧乏を救う/療法 治療法/療憂 療愁/療養 治療し養生する/療理 治療法

↓医療・灸療・救療・攻療・診療・施療・請療・摂療・治療

常 【瞭】 17 6409 リョウ(レウ) あきらか

篆文

形声 声符は尞。尞の初文は尞で、庭燎(にわび)の形。尞に明らかの意がある。〔孟子、離婁上〕「胸中正しければ、則ち眸子(ひとみ)瞭らかなり」とみえる。

訓義 ①あきらか、あきらかにする。②眼がよくみえる。

古訓 〔新撰字鏡〕瞭 目加利宇豆(めかりうつ) 〔名義抄〕瞭 ヌタヲ・メカリ 〔字鏡集〕瞭 メアカシ

【瞭如】 明らかなさま。〔甌北詩話、十〕(査初白の詩)今、姑らく其の上乘なる者を別擇す。古體は則ち其の題を標し、近體は則ち其の句を摘む。閲する者、一覽して瞭如たるべし。

↑瞭焉 瞭如/瞭解 はっきりわかる/瞭高 眺望する/瞭哨 歩哨/瞭然 瞭焉/瞭眊 明暗/瞭望 遠く望む/瞭亮 明らか/瞭楼 望楼

↓照瞭・眊瞭・明瞭

常 【糧】 18 9691 [粮] 13 9393 リョウ(リャウ) かて

篆文

形声 声符は量。量は穀量をはかる橐の形。〔説文〕七上に「穀食なり」(段注本)とあり、〔周礼、地官、廩人〕に「凡そ邦に會同師役の事有るときは、則ち其の糧と食とを治む」とあり、〔注〕に「行道を糧と曰ひ、~止居するを食と曰ふ」とする。定量を支給するので、糧というのであろう。秦・漢の虎節や木簡に、そのことを記すものがある。字はまた粮に作る。良は風箱留実、風を送って穀をよりわける器で、また食料に関する器である。

訓義 ①かて、食糧、携帯食糧。②一定糧の穀、年貢、扶持、給与。

古訓 〔名義抄〕糧 カテ/粮 カテ・ヨハシ 〔篇立〕糧 モミ/粮 カテ

語系 糧(粮)liangは粻tiangと同義。〔説文新附〕七上に「粻は食米なり」とあり、行道に用いる。

【糧饋】 糧食。〔後漢書、堅鐔伝〕鐔、獨り孤絶す。~一年の閒、道路隔塞し、糧饋至らず。鐔、蔬菜を食らひ、士卒と勞苦を共にす。

【糧穀】 食料の穀物。蜀・諸葛亮〔陸遜に与ふる書〕家兄(瑾)年老い、恪(瑾の子)の性、疏なり。今糧穀を典主せしむ。糧穀は軍の要最なり。僕遠きに在りと雖も、竊かに用つて安んぜず。

【糧資】りよう(りやう)し 食料や物資。〔後漢書、献帝紀〕(初平四年九月詔)今耆儒、年六十を踰え、去りて本土を離れ、糧資を營求し、業を專らにすることを得ず。結童にして學に入り、白首にして空しく歸る。～朕甚だ愍れむ。

【糧餉】りようしよう(りやうしやう) 兵糧。〔史記、太史公自序〕楚・漢、鞏・洛を相ひ距つ。韓信爲に潁川を塡め、盧綰籍(項羽)の糧餉を絶つ。韓信盧綰列傳を作る。

【糧食】りようしよく(りやう) 兵糧とする。〔管子、戒〕夫れ師行きて其の民に糧食する者、之れを亡と謂ふ。

【糧粟】りようぞく(りやう) 兵糧。〔後漢書、西羌伝論〕侯王に借奉し、～糧粟鹽鐵の積を徵す。賂遺購賞、轉輸勞來する所以の費、前後數十巨萬なり。

【糧儲】りようちよ(りやう) 食糧儲蔵。〔後漢書、光武帝紀下〕(建武六年十二月詔)頃者師旅未だ解けず、用度足らず。故に什一の稅を行ふ。今軍士屯田し、糧儲差や積めり。其れ郡國をして、田租を收見すること、三十に一を稅し、舊制の如くせよ。

【糧道】りようどう(りやうだう) 兵糧の輸送路。〔史記、高祖紀〕國家を鎭し、百姓を撫し、餽饟を給し、糧道を絶たざるは、吾れは蕭何に如かず。

【糧廩】りようりん(りやう) 兵糧の儲蔵庫。〔晋書、食貨志〕饑民の爲に糜(かゆ)を作る。經日頒布するも、死する者愈いよ多し。帝是こに於て、始めて有司の其の糧廩を盜めるを疑ひ、乃ち親しく御前に於て自ら臨給を加へしむ。饑うる者、人ごとに皆泣きて曰ふ、今始めて得たるのみと。

↑糧運 食糧を輸送する／糧捐 地租／糧援 食糧を補給する／糧罌 粮器／糧餼 糧饋／糧餽 糧饋／糧戸 納税者／糧斛 糧食／糧差 徵税吏／糧冊 税の台帳／糧饟 糧餉／糧石 穀物／糧貯 糧儲／糧稲 糧穀／糧納 年貢米／糧糒 兵糧／糧賦 年貢／糧米 兵糧／糧秣 軍の人馬の糧／糧粒 糧米

↓衣糧・運糧・贏糧・裹糧・匱糧・餽糧・饋糧・給糧・糗糧・軍糧・軽糧・見糧・口糧・脊糧・粳糧・餱糧・穀糧・財糧・資糧・賜糧・酒糧・種糧・聚糧・舂糧・食糧・芻糧・齎糧・積糧・絶糧・租糧・粟糧・貯糧・転糧・斗糧・稲糧・馬糧・兵糧・米糧・路糧・禄糧

【繚】 18 2499 リョウ(レウ) まとう めぐる もとる

篆文

形声 声符は尞りよう。尞の初文は寮で庭燎(にわび)。尞に明るい、めぐる、はるかなどの意がある。〔説文〕十三上に「纏まとふなり」とあり、〔楚辞、九歌、湘夫人〕に「之れに杜衡(香草の名)を繚らす」とみえる。花のみだれ咲くことを繚乱といい、もののまとい乱れることを繚糾・繚戻のようにいう。

訓義 1まとう、まつわる。2めぐる。3もとる、むすぶ。4撩と通じ、おさめる。

古訓 〔名義抄〕繚 イトヨル・モトル・モトホル・シバル・メグル・メグラス・マツハル・ヒ、ル・ユフ 〔字鏡集〕繚 マツハル・メグル・シバル・ヒラ・ナラ・モトホル・モコヨフ・イトヨル・メグラス・マツフ・イヨ〳〵・ヌフ・モトル・トヾム

語系 繚・了lyôは同声。了はものを拗ねじる形で、了戾・了結の意がある。

【繚牆】りようしよう(れうしやう) そとがき。唐・杜牧〔華清宮、三十韻〕詩 繡嶺(宮名)明珠殿 層巒、下牆を繚らす

【繚繞】りようじよう(れうぜう) まがりめぐる。唐・盧綸〔長安春望〕詩 川原繚繞す、浮雲の外 宮闕參差したり、落照の閒

【繚乱】りようらん(れう) まつわりみだれるさま。咲きみだれるさま。宋・梅尭臣〔禽言、四首、提壺〕詩 山花繚亂として、目前に開く 爾に勸む、今朝千萬の壽

【繚悷】りようれい(れう) 心結ぼれる。楚・宋玉〔楚辞、九弁、七〕杪秋の遙夜を靚みて、心繚悷して哀しむ有り

↑繚意 ひたすらに思う／繚縈 めぐりまとう／繚垣 めぐらした牆／繚糾 まとわるさま／繚曲 曲折する／繚転 めぐりまわる／繚繚 まとうさま／繚戻 ねじける

↓縈繚・回繚・環繚・翹繚・屈繚・繞繚

【魎】 18 2121 〔蜽〕 14 5112 リョウ(リャウ) すだま みずは

篆文

形声 声符は兩(両)りよう。〔説文〕十三上に字を蜽に作り、「蛧蜽なり」とし、前条の蛧もうに「蛧蜽、山川の精物なり」という。その状は三歳の小児の如く、赤黒色にして赤目、長耳美髮であるという。のち鬼に従って魍魎に作る。

訓義 1すだま、みずは。2字はまた蜽に作る。

古訓 〔名義抄〕魍魎 ミヅハ 〔篇立〕魎 スダマ

【鯪】 19 2434 リョウ せんざんこう

形声 声符は夌りよう。魚の名、四足のある魚。穿山甲せんざんこう。〔楚辞、天問〕に「鯪魚、何いづれの所ぞ」とあり、神話的な魚。〔太平御覧、九三八に引く山海経〕に「鯪魚、舟を呑む」という語がある。

訓義 1せんざんこう。2大魚、呑舟の魚。

古訓 〔字鏡集〕鯪 サメノカハ・コヒ

【鯪鯉】りようり 穿山甲。〔水経注、沔水中〕沔水、又南して疎水と合ふ。～水中に物有り。三四歳の小兒の如く、鱗甲は鯪鯉の如く、之れを射るも入るべからず。七八月中、好んで磧中に在り、自ら曝らす。膝頭(ひざがしら)は虎に似、掌爪は常に水中に沒し、膝頭を出だす。

↓石鯪

【鐐】 20 8419 リョウ(レウ) ロウ(ラウ) しろがね あしかせ

篆文

形声 声符は尞りよう。尞の初文は寮に作り、庭燎(にわび)。明るく、めぐらすものをいう。〔説文〕十四上に「白金なり」、〔爾雅、釈器〕に「白金、之れを銀と謂ふ」とみえ、光沢のある金をいう。また刑具として用いる足の鎖をいう。鉄を連環して作るもので、それは繚繞(めぐらす)の意をとるものであろう。

訓義 1しろがね、銀色の美金。2あしかせ。

古訓 〔新撰字鏡〕鐐 比良加祢(ひらかね) 〔名義抄〕鐐 ヒラカネ・クツバミ 〔篇立〕鐐 シロカネナリ・ワニクチ・ヒラカネ

↑鐐金 白銀／鐐子 酒茶係／鐐質 鐐金

【躐】 22 6211 リョウ(レフ) ふむ こえる

形声 声符は巤りよう。〔爾雅、釈言〕に「跋は躐こゆるなり」とあり、〔礼記、学記〕に「學ぶこと等を躐こえず」とみえる。ふみこえる意である。〔楚辞、九歌、国殤〕に「余が陣を淩ぎ 余が行を躐ふむ」とみえる。

訓義 1ふむ。2こえる。3擸と通じ、手にもつ。

古訓 〔字鏡集〕躐 フム

語系 躐・巤・邋・獵(猟)liapは同声。巤はたてがみ。そのたてがみをなびかせて、走る意をもつ。踏thap、蹀dyap、躡niapはみな声義の関係があり、ふみこえることをいう。

【躐纓】りようえい(れふ) 冠の紐をもつ。躐は擸。〔後漢書、崔駰伝〕(達旨)其の無事に當りては、則ち纓を躐り襟を整へ、其の歩を規矩(正しく)にす。

【躐行】りようこう(れふかう) 葬礼のとき、道路の安全を守る行神の位をふみこえる。〔礼記、檀弓上〕中霤(室中)を掘りて浴し、～葬るに及んで、宗を毀ち行を躐み、大門より出づるは、殷の道なり。學者之れを行ふ。

【躐席】(りょうせき) 席をふんでこえる。〔礼記、玉藻〕席に登るに前よりせざるは、席を躐まんが爲なり。

【躐遷】(りょうせん) 超遷。位階をとびこえる。〔老学庵筆記、一〕汪廷俊、梁才甫の辟(召)に從ひ、〜北京の宮闕を修む。凡そ五年にして乃ち成る。歳に一再、功を奏す。輒ち數官を躐遷す。〜其の濫賞此くの如し。

【躐等】(りょうとう) 順序をこえる。〔礼記、学記〕幼者は聽くのみにして問はざるは、學ぶこと等を躐えざるなり。

↑躐居 超任/躐登 超任

↓狎躐・僭躐・超躐・離躐

【鬣】 25 7271 リョウ(レフ) たてがみ ひげ

篆文 

形声 声符は巤。巤は獣のたてがみ。馬などが、たてがみをなびかせて走るさま。鬣は巤に頭髪の意の髟を加えたもので、巤の繁文とみてよい。〔説文〕九上に「髮、鬣鬣たるなり」とは、髪のなびくさまをいう。

訓義 1たてがみ、馬のたてがみ。2ひげ、あごひげ。3かみのなびくさま。

古訓 〔新撰字鏡〕鬣 太千賀美(たちがみ) 〔名義抄〕鬣 ウナガミ・タチガミ・ハタ・ヒレ・ウマノカミ 〔字鏡集〕鬣・巤 ナカヾミ・タテカミ・タチガミ・ウナカミ

語系 鬣・巤・邋・獵(猟)liapは同声。踏thap、蹀dyap、躡niapは声義に関係があり、みな疾走してふみこえることをいう。

【鬣尾】(りょうび) たてがみと尾。〔三輔黄図、四、池沼〕池中に預章臺及び石鯨有り。石を刻みて鯨魚を爲る。長さ三丈。雷雨至る毎に、常に鳴吼し、鬣尾皆動く。

↑鬣狗 ハイエナ

↓勁鬣・剛鬣・黒鬣・朱鬣・振鬣・疏鬣・猪鬣・長鬣・張鬣・馬鬣・繁鬣・尾鬣・美鬣・奮鬣・髦鬣・鱗鬣

リョク

常【力】 2 4002 リョク リキ すき ちから つとめる はげむ

篆文  甲骨文  金文 

象形 すきの形。〔説文〕十三下に「筋なり。人の筋の形に象る。功を治むるを力と曰ふ。能く大災を禦ぐ」(段注本)とあり、筋字条四下に「肉の力なり」として、力を筋肉の力と解するが、力はすきの象形、耒は力をもつ形である。加・嘉・静(静)はみな力を清める儀礼をいう。耤の卜文は、すきを踏む形に、昔を声を加えた字。〔書、盤庚上〕に「穡に力む」、金文の〔叔夷鎛〕に「靈力あること虎の若し」とあり、農耕はことに力を要することであった。

訓義 1すき。2ちから、はたらき、能力。3つとめる、はげむ、てがら。4えだち、しもべ、つわもの。

古訓 〔名義抄〕力 チカラ・ツトム・ハナハダシ・イソグ・ヒトトナル・ネムコロナリ 〔字鏡集〕力 アハス・モノ・イソグ・ヒト、ナル・ネムコロナリ・ヲシム・ツトム・コハシ・スケ・ハナハダシ

部首 〔説文〕に勳(勲)・功・助・務・勉(勉)・勠・動・劣・勞(労)・加・勇(勇)・飭など三十九字と、〔新附〕に勢・勘など四字、〔玉篇〕にはすべて八十四字を属する。勳の初形は爵(爵)に従って軍功の意、勇には古く戈に従う字形があった。力はすきの象形であるから、本来は農耕に関する字に用いる。

声系 〔説文〕に力声として勒・肋・扐・阞・泐など八字を収める。肋は脅の骨、阞は地の理、泐は水脈。すき以外の意味では、みな細長い状態のものをいう語とみられる。

語系 力liak、扐・仂lakは声近く、扐は易筮の蓍を指にさして数えることで、細長いものを指にはさみもつ意。

【力役】(りょくえき/りきえき) 夫役。〔孟子、尽心下〕布縷の征(税)・粟米の征・力役の征有り。君子、其の一を用ふるときは、其の二を緩うす。

【力学】(りょくがく) 勉学。唐・白居易〔悲哉行〕詩 悲しい哉、儒者と爲りては 力學して疲るるを知らず 書を讀みては、眼暗からんと欲し 筆を秉りては、手に胝を生ず

【力諫】(りょくかん/りきかん) 諫争。〔呉越春秋、夫差内伝〕太宰嚭既に(伍)子胥と隙有り。因りて之れを讒して曰く、子胥強暴にして力諫を爲す。願はくは王、厚うすること少なくせよと。

【力行】(りょくこう(かう)/りきこう(かう)) 努力する。〔中庸、二十〕學を好むは知に近く、力め行ふは仁に近く、恥を知るは勇に近し。斯の三者を知らば、則ち以て身を脩むる所以を知る。

【力耕】(りょくこう(かう)/りきこう(かう)) 努力して耕す。晉・陶潜〔居を移す、二首、二〕詩 衣食、當に須らく紀むべし 力耕、吾れを欺かず

【力作】(りょくさく/りきさく) 努力する。努力して作る。宋・蘇軾〔眉州遠景楼記〕其の風俗、蓋し此くの如し。故に其の民皆聰明才智にして、本を務めて力作し、治め易くして服し難し。

【力士】(りょくし/りきし) 勇力ある人。〔史記、留侯世家〕(張)良〜東のかた倉海君に見えて力士を得、〜秦の皇帝を博浪沙中に狙撃し、誤つて副車に中つ。

【力政】(りょくせい/りきせい) 武力で治める。〔大戴礼、用兵〕朔を諸侯に告げず、玉端諸侯に行はれず。力政して、天子に朝せず。六蠻四夷、交ご中國を伐つ。

【力戦】(りきせん) 奮戦する。〔史通、六家〕縱横互ひに起り、力戰雄を争ふに曁び、秦天下を兼ねて、戰國策を著はす。

【力争】(りきそう(さう)) 力で争う。〔漢書、異姓諸侯王表序〕秦既に帝と稱し、周の敗れしを患ふ。以爲へらく、處士横議し、諸侯力争するに起ると。

【力量】(りきりょう(りやう)) 能力。器量。宋・陸游〔飲酒〕詩 陸生、道を學んで力量を缺き 胸次(胸のうち)、未だ能く和らぎて盎盎たらず 百年自ら笑い、悲歡足るを 萬事聊か須らく酣暢に付すべし

↑力稼 力田/力気 気力/力彊 勉強する/力勤 努力/力倹 勤倹/力健 力強さ/力言 主張する/力攻 攻撃/力子 努力家/力守 堅守する/力食 はたらく/力穡 力耕する/力人 有力/力正 つとめて伐つ/力制 力政/力勢 勢力/力説 強く主張する/力丁 壮丁/力田 努め耕す/力闘 奮闘する/力能 能力/力農 力田/力薄 微力/力伐 力征/力弁 力説する/力勉 努力/力来 ねぎらう/力労 努力する

↓圧力・威力・意力・引力・火力・怪力・角力・格力・学力・活力・眼力・気力・脚力・弓力・協力・強力・極力・勤力・筋力・苦力・権力・功力・抗力・効力・合力・剛力・国力・骨力・詐力・才力・材力・財力・死力・肆力・詩力・資力・自力・実力・主力・衆力・重力・出力・助力・心力・身力・神力・人力・尽力・水力・勢力・精力・絶力・戦力・速力・他力・多力・体力・大力・胆力・弾力・地力・知力・智力・通力・努力・独力・念力・能力・馬力・迫力・非力・微力・畢力・筆力・富力・武力・風力・仏力・物力・奮力・兵力・勉力・法力・暴力・魔力・万力・魅力・妙力・民力・無力・目力・有力・勇力・余力・用力・戮力・膂力・料力・量力・労力・腕力

【淥】 11 3713 ［漉］ 14 3011 リョク ロク こす すむ

篆文 

形声 声符は彔。漉と同字。〔説文〕十一上に「漉は浚ふなり。〜一に曰く、水下る皃なり。淥、漉或いは彔に從ふ」(段注本)と

し、漉の或る体の字。また醁と通用し、醁酒の意とする。

【訓義】①こす、さらえる、したたり流れる。②すむ、すんで流れる。③醁と通じ、醁酒。④鴨渌江。いま字を鴨緑江に作る。

【渌池】清らかな池。斉・孔稚珪〔北山移文〕豈に～碧嶺再び辱められ、丹崖重ねて滓がされ、游躅を蕙路に塵し、渌池を汙して以て耳を洗はしむべけんや。

【渌波】清波。清・龔自珍〔同年生徐編修斎中夜集、～巻尾に書す〕詩 崑山の翰林、詞客を召す 酒は渌波の如く、燈は雪の如し 八人忽ち共に康熙に遊び 二十二賢、顔色を照らす

↑渌蟻 酒／渌酒 美酒／渌醑 美酒／渌漿 清水／渌水 清水／渌杯 酒杯／渌醽 美酒

↓鴨渌・湖渌・深渌・張渌

【菉】12 4413 リョク ロク かりやす

篆文

【形声】声符は彔。〔説文〕一下に「王芻なり」とあり、「詩に曰く、菉竹猗猗たり」と〔詩、衛風、淇奥〕の句を引く。いま「緑竹」に作るが、菉がその本字。菉葉を黄色の染料として用いる。〔篇立〕に「荊 カリヤス」とみえ、すべて黄の染料に用いるものをいう。

【訓義】①かりやす。②録と通じ、しるす。

【語系】菉・綠（緑）liokは同声、菉は黄緑色をとる染料として用いる。

↑菉蓐 かりやす／菉竹 かりやす

常【緑】14 人【綠】14 2793 リョク みどり

篆文 簡書

【形声】旧字は綠に作り、彔声。〔説文〕十三上に「帛の青黄色なるものなり」とあり、〔詩、邶風、緑衣〕に「綠や衣や 綠衣黄裳」とあり、それが正装に用いる色である。

【訓義】①みどり。②かりやす。③きよし。

【古訓】〔名義抄〕緑 ミドリ

【緑陰】緑樹の影。宋・王安石〔初夏即事〕詩 晴日、暖風、麥氣を生ず 綠陰、幽草、花時に勝れり

【緑雲】緑の雲。また、婦人の黒髪。唐・牛嶠〔菩薩蛮〕詞 綠雲鬢上、金雀を飛ばし 愁眉、翠を斂めて、春煙薄し 香閣、芙蓉を掩ひ 書屏、山幾重ぞ

【緑煙】夕もや。唐・李白〔酒を把つて月に問ふ〕詩 人、明月を攀づること得べからず 月行、却つて人と相ひ随ふ 皎として飛鏡の丹闕に臨むが如し 綠煙滅え盡して、清輝發す

【緑眼】青い眼。胡人。唐・岑參〔胡笳の歌、顔真卿の使して河隴に赴くを送る〕詩 君聞かずや、胡笳の聲最も悲しきを 紫髯綠眼の胡人吹く

【緑綬】緑色の印綬。〔後漢書、輿服志下〕諸國の貴人相國は、皆綠綬。

【緑苔】緑の苔。唐・白居易〔王十八（全素）の山に帰るを送り、仙遊寺に寄題す〕詩 林間に酒を暖めて、紅葉を燒き 石上に詩を題して、綠苔を掃ふ

【緑黛】まゆずみ。陳・徐陵〔雑曲〕楽府 綠黛紅顏、兩ながら相ひ發し 千嬌百念、情歇む無し

【緑竹】青い竹。唐・李白〔終南山を下り、斛斯山人の宿を過ぎりて置酒す〕詩 綠竹、幽徑に入り 靑蘿、行衣を拂ふ 歡言、憩ふ所を得 美酒、聊か共に揮ふ

【緑酎】美酒。宋・楊億〔成都〕詩 五丁、力盡きて蜀山通ず 千古の成都、綠酎醲かなり

【緑波】緑色の波。唐・劉希夷〔公子行〕詩 馬聲は迴合す、青雲の外 人影は動搖す、綠波の裏

【緑髪】黒髪。唐・李白〔古風、五十九首、五〕詩 中に綠髮の翁有り 雲を披きて松雪に臥す 笑はず、亦た語らず 冥棲、巖穴に在り

【緑鬢】緑の鬢毛。唐・崔顥〔盧姫篇〕詩 盧姫少小なり、魏王の家 綠鬢紅脣、桃李の花

【緑蒲】緑のがま。唐・王維〔輞川集、白石灘〕詩 清淺なり、白石灘 綠蒲、把るに堪ふるに向なんとす 家は水の東西に住み 紗を明月の下に浣ふ

【緑茗】緑の茶。明・高啓〔周誼秀才の月に対ふを寄せらるるに次韻す〕詩 前年、月を看る、綠茗の園 賓客、筵に當りて、一時に盛んなり

【緑野】緑の野。南朝宋・謝霊運〔彭蠡湖口に入る〕詩 春晩れて、綠野秀で 巖高くして、白雲屯まる

【緑林】緑樹の林。また、緑林山の盗。盗賊。〔漢書、王莽伝下〕是の時、南郡の張霸、江夏の羊牧・王匡等、雲杜の綠林に起ち、號して下江兵と曰ふ。衆皆萬餘人なり。

【緑浪】青い波。唐・白居易〔正月三日、閒行す〕詩 綠浪、東西南北の水 紅欄、三百九十橋 鴛鴦、蕩漾す、雙雙の翅 楊柳、交ごも加ふ、萬萬の條

↑緑漪 緑の小波／緑茵 草のしとね／緑筠 緑竹／緑蔭 緑陰／緑雨 初夏の雨／緑影 緑陰／緑華 茶の名／緑芽 若芽／緑簡 上奏用の紙／緑鬟 黒いわげ／緑気 樹の色／緑蟻 美酒／緑畦 緑の畑／緑卿 竹／緑髻 黒い結髪／緑光 緑のつや／緑痕 緑苔／緑幘 緑の頭巾／緑酒 美酒／緑嶼 緑の島／緑女 若い女／緑章 緑簡／緑条 柳の枝／緑色 緑いろ／緑縟 緑茵／緑塵 抹茶／緑水 深潭／緑翠 深い緑／緑蘚 青苔／緑髯 黒いひげ／緑草 青草／緑窓 貧しい家／緑叢 草むら／緑藻 緑の藻／緑尊 酒樽／緑檡 竹の青い皮／緑潭 碧潭／緑地 草地／緑池 清池／緑疇 青田／緑汀 緑の渚／緑田 青田／緑鈿 青貝の飾り細工／緑図 河図／緑頭 鴨／緑縢 緑の弓袋／緑桐 青桐／緑瞳 緑眼／緑醅 美酒／緑苹 浮草／緑蘋 緑萍／緑蕪 茂み／緑文 符瑞／緑浦 緑汀／緑袍 下吏の袍／緑楊 青柳／緑蘿 つた／緑柳 青柳／緑醽 美酒／緑醪 美酒

↓漪緑・秧緑・鴨緑・寒緑・旧緑・空緑・紅緑・細緑・衆緑・常緑・穠緑・深緑・新緑・翠緑・青緑・萋緑・浅緑・黛緑・嫩緑・濃緑・万緑・晩緑・微緑・縹緑・碧緑・幽緑・老緑

【醁】15 1763 リョク うまざけ

【形声】声符は彔。美酒。

【訓義】①うまざけ。②渌と通用する。

【醁酒】うまざけ。宋・蘇舜欽〔秋、虎丘寺に宿し、数夕す。執中、詩を以て貺らる。因りて元韻に次す〕詩 生事、飄然として、一舟に付す 呉山の蕭寺、且らく淹留す 白雲、已に終身の約有り 醁酒、聊か驅らん、萬古の愁ひ

↑醁醽 美酒

↓春醁・新醁・芳醁・醽醁

【騄】18 7733 リョク

【形声】声符は彔。騄耳は馬の名。周の穆王の八駿の一。

【訓義】①うまの名。

【騄耳】馬の名。駿馬の名。〔今本竹書紀年、三、穆王〕八年春、北唐來賓し、一驪馬を獻ず。是れ騄耳を生む。

↑騄驥 駿馬

↓驥騄・駿騄・騑騄

【吝】7 0060 〔悋〕10 9006 〔恡〕9 9403

リン
おしむ やぶさか はじる

篆文  古文  甲骨文  古印璽 

会意 文（文）＋口。古文の字形は彣に従う。文は文身。死者の胸に通過儀礼として施すもので、彣はその文身の美をいう。口は𠙵さい、祝禱を収める器。死者について祈る意象の字であるらしく、〔説文〕二上に「恨惜こんせきするなり」とし、文ぶん声とするが、声が合わない。〔段注〕に「多く之れを文かざるに口を以てす」と口説を以て文飾する意とするが、吝嗇りんしょくの意を説きがたい。〔易、屯、六三〕の卦爻の辞に「往くときは吝なり」のように凶の意に用いる。凶事のときの儀礼に関する字と思われる。〔書、仲虺之誥〕に「過ちを改めて吝をしまず」とは憚らぬ意。のち吝嗇の意に用いる。

訓義 1おしむ、やぶさか。2ものおしみする、むさぼる。3はじる、うらむ。

古訓 〔名義抄〕恡 ヲシム・ムサボル・ヤブサガル・ヤブサガシ・ヤヤヒサシ 〔字鏡〕悋 ヲシム・キシム・ムサボル・ツタナシ・ヤウサシ・ヒサク・ヒロク・アヤシ

語系 吝lianと林・婪lam、貪thamとは声義に通ずるところがあり、みなむさぼり、おしむ意がある。

【吝嗇】りんしょく おしむ。〔三国志、魏、曹洪伝〕洪、家富めるも、性吝嗇なり。文帝少わかき時、假求する（借金を申し込む）も稱かなはず、常に之れを恨む。

↑吝愛りんあい 惜しむ／吝細りんさい けち／吝嫉りんしつ ねたむ／吝情りんじょう 吝心／吝色りんしょく 嫌な顔／吝心りんしん けちな心／吝惜りんせき 惜しむ

↓愛吝・悔吝・咎吝・驕吝・倹吝・慊吝・慳吝・惜吝・纖吝・貪吝・儉吝・鄙吝・褊吝

【侖】8 8022 リン ロン
まとまる まるい

篆文  籀文  金文 

象形 木簡などの編冊をまるく巻いた形。相次第して一連をなし、まとまるものをいう。〔説文〕五下に「思ふなり。亼しふに從ひ、冊さくに従ふ」と会意の字とするが、全体が象形。「思ふ」という訓義の用例はない。論には「思ふ」とする訓があるが、侖をその義に用いることはない。

訓義 1まとまる、まるくまとめる。2まるい。3論と通じて、おもう。4淪と通じ、しずむ。

古訓 〔字鏡集〕侖 オモフ

声系 〔説文〕に侖声として論・倫・淪・綸・輪など十一字を収める。みな順序を以てととのえ、一連をなすものをいう。

語系 侖・倫・淪・輪liuənは同声。みな侖の声義を承ける。類（類）liuətも声義近く、比倫をなすものをいう。

常【林】8 4499 リン
はやし あつまる おおい

篆文  甲骨文  金文  

会意 二木に従う。〔説文〕六上に「平土に叢木有るを林と曰ふ」とする。〔詩、小雅、車舝〕「依たる彼の平林」の〔伝〕に「平林とは、林木の平地に在る者なり」とあるのによる。〔詩、小雅、賓之初筵〕に「百禮既に至る 壬じんたる有り、林たる有り」と状態詞にも用いる。神気のたちこめるような状態をいう。〔爾雅、釈詁〕に「君なり」とする訓があり、その由るところが知られない。王念孫は、あるいは群の意であろうかという。

訓義 1はやし、平地のはやし、木の茂み。2あつまる、むらがる。3おおい、なかま。4さかん、さかえる。5きみ。

古訓 〔和名抄〕林 波夜之（はやし）〔名義抄〕林 ハヤシ・キミ 〔字鏡集〕林 キミ・ハヤシ・シゲシ・シバラク

声系 〔説文〕に林声として禁・琳・惏・霖・婪など十一字を収める。禁は神苑に呪禁を施す意で、会意の字である。

語系 林liəmは暗（暗）・闇（闇）əm、陰・蔭（蔭）iəmと同系の語。また隱（隠）iən、晻əmも声義近く、みなくらくこもる意をもつ語である。

【林靄】りんあい 林にかかるもや。唐・陸海〔竜門寺に題す〕詩 窗燈、林靄の裏うち 磬けいを聞く、水聲の中

【林影】りんえい 林樹の影。宋・黄公望〔李成の寒林の図に題す〕詩 林影に風有りて、落葉を摧くだく 澗聲、雨無くして、淸流に咽むせぶ

【林園】りんえん（ゑん） 木立や園。晋・陶潜〔辛丑の歳七月、赴仮して江陵に還らんとして、夜、塗口を行く〕詩 詩書、宿好を敦あつうし 林園、世情無し

【林壑】りんがく 林と谷。南朝宋・謝霊運〔石壁精舎より湖中を還る作〕詩 林壑、暝色めいしょく（暮色）を斂をさめ 雲霞、夕霏せきひを収む

【林間】りんかん 林の中。唐・白居易〔王十八（全素）の山に帰るを送り、仙遊寺に寄題す〕詩 林間に酒を暖めて、紅葉を焼き 石上に詩を題して、緑苔を掃ふ

【林丘】りんきゅう（きう） 木の茂る丘。南朝宋・謝恵連〔西陵にて風に遇ひ、康楽（康楽公、兄謝霊運）に献ず〕詩 屯雲、層嶺を蔽おほひ 驚風、飛流を湧わかす 零雨、墳澤ふんたくを潤うるほし 落雪、林丘に灑そそぐ

【林泉】りんせん 山林と泉石。〔旧唐書、隠逸、崔覲伝〕覲夫妻、遂に城固の南山に隠る。家事、一に問はず。～夫婦林泉相ひ對し、以て嘯詠せうえいして自ら娯たのしみ、～覲、疾と辭して起たたず。

【林叟】りんそう（さう） 林に棲む老人。唐・王維〔終南別業〕詩 行きて水の窮まる處に到り 坐して雲の起る時を看る 偶然、林叟に値あひ 談笑して還る期無し

【林藪】りんそう 山林と水沢。鳥獣の集まる所。また、物の集まる所。〔世説新語、賞誉〕裴僕射はいぼくや（頠）、時人謂ひて言談の林藪と爲す。

【林亭】りんてい 林中のあずまや。宋・陸游〔禹跡寺の南に沈氏の小園有り。四十年前、嘗かつて小闋けつ（短詩）を壁間に題せり。～之れを読んで悵然たり〕詩 林亭、舊に感じて空しく回首す 泉路、誰たれに憑よりてか、斷腸を説かん 壞壁、醉題、塵漠漠ばくばくたり 斷雲、幽夢、事茫茫たり

【林薄】りんぱく 林叢。くさむら。晋・陸機〔洛に赴く道中の作、二首、二〕詩 山澤、紛として紆餘うよ 林薄、杳えうとして阡眠せんめんたり（うす暗い）

【林霏】りんぴ 林のもや。宋・欧陽脩〔醉翁亭記〕夫かの日出でて林霏開き、雲歸りて巖穴暝くらく、晦明變化するが若ごとき者は、山間の朝暮なり。

【林表】りんぴょう（べう） 林外。斉・謝朓〔休沐して、重ねて還る丹陽道中〕詩 雲端に楚山見あらはれ 林表に呉岫ごしう微かすかなり

【林巒】りんらん 林と山。斉・孔稚珪〔北山移文〕風雲悽せいとして其れ憤りを帶び、石泉咽むせびて下に愴いたむ。林巒を望むに、失ふごとき有り。草木を顧みるに、喪うしなふが如し。

【林麓】りんろく 山林。〔礼記、王制〕古者いにしへは～林麓川澤は、時を以て入りて禁ぜず。

↑林於りんお 竹／林下りんか 林近く／林花りんか 林中の花／林外りんがい 林の外／林居りんきょ 在野／林禽りんきん 林中の鳥／林坰りんけい 野外／林皐りんこう 林谷／林篁りんこう 竹林／林谷りんこく 林と谷／林際りんさい 林近く／林産りんさん 山林の財／林趾りんし 林下／林樹りんじゅ 林木／林杪りんしょう 林のこずえ／林梢りんしょう 林杪／林鍾りんしょう 十二律の

一／林烝 君／林植 林立／林岑 けわしいさま／林森 盛んで多いさま／林棲 林中の住居／林叢 やぶ／林鳥 林禽／林庭 木立の庭／林畔 林際／林風 林を吹く風／林圃 林園／林末 林杪／林野 林と野／林囿 林園／林幽 山林が幽静／林林 多いさま／林隈 林際

↓羽林・鬱林・雲林・営林・園林・遠林・花林・嘉林・学林・寒林・翰林・祇林・橘林・丘林・旧林・杏林・喬林・玉林・空林・桂林・芸林・故林・枯林・山林・士林・史林・志林・詞林・緇林・樹林・儒林・書林・松林・笑林・植林・深林・森林・榛林・翠林・夕林・説林・石林・禅林・疎林・桑林・巣林・蒼林・叢林・造林・談林・檀林・竹林・長林・農林・梅林・評林・風林・文林・碧林・芳林・密林・茂林・野林・幽林・瑶林・栗林・緑林

常 **【厘】** 9 7121 リン リテン おさめる みせ

形声 声符は里。分の十分の一の単位をいう。もと廛(店)の略字として用いられたことがあり、また釐の略字として用いられたことがある。

訓義 ①りん、分の十分の一。②釐の略字、おさめる。③廛の略字、みせ。

古訓 〔名義抄〕厘・廛 イチグラ

*語彙は釐・廛字条参照。

常 **【倫】** 10 2822 リン なかま ともがら たぐい みち

篆文

形声 声符は侖。侖は相次第して、全体が一の秩序をなす状態のもの。〔説文〕八上に「輩なり」また「一に曰く、道なり」という。輩 十四上は「軍の車を發するときの若し。百兩を輩と爲す」とみえる。倫は人倫。等倫を超えるものを絶倫という。

訓義 ①なかま、ともがら、たぐい。②しな、ならび。③みち、すじ、きめ。

古訓 〔新撰字鏡〕倫 太久良不(たくらぶ)〔名義抄〕倫 タグヒ・モトム・トモガラ・トモ・ナラブ・タクラブ・ヒトシ・ノリ・シタフ

語系 倫・侖・輪 liuən は同声。相次序し、相対する関係のものをいう。類(類) liuət もその系統の語。〔礼記、曲礼下〕「人を儗するに、必ず其の倫に於てす」とは、その等類を失わないことをいう。

【倫紀】人倫。〔新書、服疑〕謹んで倫紀を守れば、則ち亂由りて生ずる無し。

【倫次】順序。〔甌北詩話、一〕(李青蓮の詩)古風五十九首は、一時の作に非ず。年代先後、亦た倫次無し。蓋し後人、其の無題なる者を取り、彙めて一巻と爲せるのみ。

【倫匹】なかま。比類。〔抱朴子、自叙〕世人好んで人物を論ずる者有るを見る毎に、倫匹に比方すること、未だ必ずしも當允ならず。褒貶(毀譽)與奪(是非すること)、或いは準格を失ふ。

【倫理】条理。また、人倫。〔新書、時変〕商君、禮義に違ひ、倫理を棄て、心を進取に并はす。之れを行ふこと二歳にして、秦の俗日に敗る。

【倫類】条理次第。また、なかま。唐・方干〔偶作〕詩 若し巖洞に於て倫類を求めば 今古疏愚なること、我に似たるもの多し

↑倫彝 人の道／倫貫 源流、すじ道／倫鑒 品評／倫誼 人の道／倫擬 比較／倫経 すじ道／倫好 親友／倫緒 条理／倫序 次第／倫叙 倫序／倫常 五倫／倫儕 仲間／倫徒 仲間／倫党 仲間／倫等 順序／倫輩 仲間／倫比 比倫／倫列 序列

↓異倫・彝倫・軼倫・空倫・冠倫・五倫・殊倫・人倫・絶倫・大倫・奪倫・儔倫・超倫・天倫・等倫・同倫・比倫・不倫・明倫・乱倫

【悋】 10 9006 〔恡〕 9 9403 リン やぶさか おしむ

形声 声符は吝。吝は悋の初文。恡は悋の異文。みな声義同じ。国語で、嫉妬することを悋気という。

訓義 ①やぶさか、おしむ。②ねたむ、そねむ、やく。

*古訓、語彙は吝字条参照。

↓愛悋・遺悋・慳悋・繊悋・貪悋・褊悋

【惏】 11 9409 リン ラン かなしむ むさぼる そこなう

篆文

形声 声符は林。〔説文〕十下に「河内の北にて、貪ることを謂ひて惏と曰ふ」とあって、貪惏をいう。婪と声義同じ。寒さをいうときには、林慄のように林の声でよむ。悲傷の意があり、凜・㔩と通用する。

訓義 ①かなしむ、おののく、さむい。②婪と通じ、むさぼる、そこなう、おしむ、いつわる。

古訓 〔名義抄〕惏 オソシ・ムサボル・カナシブ 〔字鏡集〕惏 ムサボル・カナシブ・ムナシ・オソシ

語系 惏・婪 lam は同声。〔説文〕十二下に「婪は貪るなり」とあって、惏と同訓。また淋・霖 liəm は同声で淋しい意。凜 liəm も同声で凜烈・悲傷の意があり、一系の語である。

↑惏刻 酷薄／惏酷 酷薄／惏残 貪残／惏索 貪求／惏慄 ふるえるさま／惏悷 悲しみ傷むさま

↓貪惏

人 **【淋】** 11 3419 リン そそぐ したたる ながあめ さびしい

篆文

形声 声符は林。〔説文〕十一上に「水を以て㳅ぐなり」とし、また「一に曰く、淋淋、山より水を下す皃なり」とあって、その流れる水の音をとる語である。その激しいさまを淋離という。

訓義 ①そそぐ、したたる、ながれる。②ながあめ、ひたす。③国語で、さびしい。

古訓 〔新撰字鏡〕淋 志太々留(しただる)、又、毛留(もる)〔名義抄〕淋 シタヽル・モル・ヒタス・アクタル・シタム・シタテ・ユハリ／淋滲 ツヾケ・フクゲ／淋病 シハユバリ 〔字鏡集〕淋 ヒタス・シタヽル・ソヽク・アク・タル・モル・アメノヒタスナリ・アクタル・シタテユバリ・シタム

【淋雨】ながあめ。霖雨。〔戦国策、趙一〕土梗と木梗(墓中の明器の人形)と闘ふ。曰く、汝は我に如かず。我は乃ち土なり。我をして疾風淋雨に逢はしむるも、壞沮して乃ち復た土に歸せん。

【淋漓】水がしたたる。勢いのあるさま。唐・韓愈〔酔後〕詩 初め喧しくして或いは忿爭し 中ごろ靜かにして嘲戲を雜ふ 淋漓たり、身上の衣 顚倒す、筆下の字

【淋鈴】雨の音。前蜀・韋荘〔蓬船に宿す〕詩 夜來の江雨、蓬船(とま舟)に宿す 臥して淋鈴を聽きて、眠るに忍びず

【淋浪】雨の音。また、乱れるさま。清・査慎行〔平越にて雷玉衡に遇ひ、口占して之れに贈る〕詩 急雨淋浪たり、茅店の外 亂山高下す、馬蹄の前

↑淋淫 ひたす／淋灰 あく漬け／淋灑 水の音／淋湿 濡れる／淋潤 うるおす／淋石 尿結石／淋尖 淋徵税のとき、穀をますにもりあげてはかること／淋踢 淋尖／淋離 淋漓／淋淋 水が流れるさま／淋瀝 水がしたたる／淋漉 淋瀝

↓雨淋・滋淋・水淋・積淋・露淋

【淪】 11 3812 リン さざなみ しずむ

篆文 金文

形声 声符は侖。侖に相次第して連なるものの意があり、淪

とは波紋をいう。〔説文〕十一上に「小波を淪と爲す」とあって、さざなみの意。〔詩、魏風、伐檀〕は美しい木樵り歌で、「坎坎として輪を伐り 之れを河の漘に寘く 河水淸くして且つ淪つ」と歌う。ものが沈むとき波紋を生ずるので、沈淪・淪没の意がある。〔書、微子〕に「今、殷は其れ淪喪せん」とは滅亡の意。淪を〔説文〕十四下に「山自ぶ、陷るなり」としており、土地の陷没をいうのは、淪の拡張義の用法である。

訓義 ①さざなみ、風で波だつ。②しずむ、いる、おちいる、ひたす。③ついで、つぐ、つらなる。

古訓 〔名義抄〕淪 シヅム・カクル・ミダル・スボム・スボル・シヅカナリ・マミル・ホロブ・ヒキヰル 〔字鏡集〕淪 マミル・スボル・ワカス・シヅム・ナシ・ウカブ・ホロブ・ツクス・ケス・シヅカナリ・カクル・ミダル・ヒキヰル

語系 淪liuənは圓(円)hiuənと畳韻。淪は波紋のまるく広がるをいう。また隕・霣・殞hiuənは上より落ちる意。水においては淪没・淪喪という。

【淪漪】小波。淪猗。猗はもと助詞。〔文心雕竜、情采〕夫れ水の性は虛にして淪漪結び、木の體は實にして花萼振ふは、文の質に附けるなり。

【淪翳】かくれる。唐・劉長卿〔薛拠の渉県に宰となるを送る〕詩 生を無みすれば、妄已に息む 妄有るも、心に制すべし 心鏡、常に虛明ならば 時人、自ら淪翳す

【淪陷】零落。淪落。唐・柳宗元〔蕭翰林俛に与ふる書〕今、天子教化を興し、邪正を定め、海内皆欣欣として怡愉す。而して僕と四五子の者とは、獨り淪陷すること此くの如し。豈に命に非ずや。命は乃ち天なり。

【淪棄】淪落して棄てられる。〔資治通鑑、唐紀四十二〕(徳宗、建中元年)(劉)晏、常に言ふ、士、贓賄に陷るときは、則ち時に淪棄せらる。名は利よりも重し。故に士に淸脩多し。

【淪喪】滅亡。〔書、微子〕今、殷は其れ淪喪せん。大水を渉るに、其の津涯無きが若し。

【淪波】水波。〔拾遺記、四、秦始皇〕始皇、神仙の事を好む。宛渠の民有り、螺舟に乗りて至る。舟の形、螺に似たり。沈みて海底を行くも、水侵入せず。一に淪波舟と名づく。

【淪没】沈む。〔史記、封禅書〕周德衰へ、宋社亡び、鼎乃ち淪沒し、伏して見はれず。

【淪滅】滅亡。〔隋書、王世積伝〕高祖、禪を受く。(世積)嘗て密かに(高)熲に謂ひて曰く、吾が輩、俱に周の臣子なり。社稷淪滅す。其れ之れを若何せんと。熲、深く其の言を拒む。

【淪落】零落。唐・白居易〔琵琶行〕詩 同じく是れ天涯淪落の人 相ひ逢ふも、何ぞ必ずしも曾て相ひ識らん

↑淪藹 草木がしぼむ/淪猗 淪漪/淪佚 淪没する/淪陰 夕やけ/淪晦 かくれる/淪屈 不遇/淪傾 しずみ傾く/淪誤 しずみ迷う/淪忽 没落する/淪澌 消失する/淪失 しずみ失う/淪辱 屈辱をうける/淪逝 死ぬ/淪寂 静か/淪塞 零落する/淪替 衰える/淪躓 失敗する/淪墜 淪落する/淪溺 沈溺する/淪匿 匿れる/淪破 没落する/淪敗 淪落/淪飄 零落/淪伏 淪匿/淪敝 敗れる/淪暮 衰え老いる/淪放 放浪する/淪歿 死ぬ/淪昧 没落する/淪漣 小波/淪惑 しずみ惑う

↓委淪・漪淪・湮淪・隱淪・蘊淪・下淪・混淪・渾淪・消淪・声淪・清淪・頽淪・沈淪・漂淪・泯淪・幽淪・鱗淪

人 【琳】 12 1419 リン たま

篆文 

形声 声符は林。〔説文〕一上に「美玉なり」とあり、〔書、禹貢〕に「球琳・琅玕」の名がみえ、雍州の貢する美玉の名。また琳琅は玉声。玉のふれて鳴る擬声語である。

訓義 ①たま、美玉の名、青色のたま。②琳琅は、たまのふれて鳴る音。

古訓 〔名義抄〕琳珉 ―ノタマ 〔篇立〕琳 タマノナ・タマ

【琳璆】玉の名。また、玉のふれあう音。水の音。金・趙秉文〔華山に遊び、元裕之に寄す〕詩 兩崖の巨壁、劍戟を插さみ 流泉、道を夾みて、鳴ること琳璆たり

【琳闕】玉で飾った宮闕。宋・欧陽脩〔集禧宮に赴き、雪を祈り、先皇の駕幸に從ひしを追憶す。~〕詩 琳闕岧嶤として、瑞煙に倚る 憶ふ、遊豫(行幸)に陪して、新年に入りしを

【琳琅】美玉。また、玉のふれあう音。〔楚辞、九歌、東皇太一〕吉日の辰良 穆として將に上皇を愉しましめんとす 長劍の玉珥を撫すれば 璆鏘として琳琅鳴る

↑琳花 仙境の花/琳館 仙宮/琳観 道観/琳球 美しい球/琳珪 美しい玉/琳瓊 美しい玉/琳札 玉函/琳篆 道書/琳珉 美しい玉/琳碧 美しい玉/琳房 道房/琳腴 玉液と瓊漿

↓華琳・球琳・璆琳・瓊琳・瑤琳・連琳

【粦】 12 9025 リン おにび ほたるび

篆文  金文 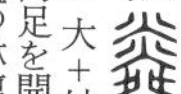

会意 大+舛。金文の字形によると、字は大と舛とに從い、人が両足を開いた形で、大の上下に小点を加える。その小点は鮮血の淋漓たる意を示すものであろう。〔説文〕十上に「兵死し、及び牛馬の血、粦と爲る。粦は鬼火なり。炎舛に從ふ」と炎舛の会意とする。鬼火のことは〔列子、天瑞〕に「馬血の轉粼と爲り、人血の野火と爲る」のは、万物みな機より出でて機に入る姿であるとし、また〔淮南子、氾論訓〕に「久血、燐と爲る」とみえる。その〔高誘注〕に「血精、地に在り。暴露すること百日ならば、則ち燐と爲る。遙かに望むに、炯炯として燃ゆる火の若し」とあって、簪は燐火も避けるという。隣(隣)は神梯の前に粦のある形で、人牲を用いて祭る聖所の意であろうと思われる。

訓義 ①おにび、ほたるび。

声系 〔説文〕に粦声として遴・瞵・鄰(隣)・憐(憐)・粼・鱗(鱗)など十一字を収める。鬼火は並んで相追うようにみえるもので、粦の声義を承けるところのある字である。

【痳】 13 0019 リン せんき りんびょう

篆文 

形声 声符は林。〔説文〕七下に「疝病なり」とあって、疝気をいう。〔玉篇〕に「小便難きなり」とあり、また女子の帯下疾をいうことがある。

訓義 ①せんき。②りんびょう、淋病。③こしけ。

古訓 〔新撰字鏡〕痳 志太々留(したたる) 〔和名抄〕痳病 之波由波利(しばゆばり) 〔字鏡〕痳 カチヤマヒ・ニヨビ 〔字鏡集〕痳 カチノヤマヒ

↑痳疾 痳病/痳毒 痳病菌の毒

↓气痳・血痳・膏痳・石痳・労痳

【粼】 14 9220 リン きよらか

篆文 

形声 声符は粦。粦に光を発するもの、相連なるものの意がある。〔説文〕十一下に「水、厓石の閒に生でて粼粼たるなり」とあり、〔詩、唐風、揚之水〕に「揚れる水 白石粼粼たり」の句によって訓する。〔揚之水〕はわが国の水占のように、谷川に柴などを流してトう民俗を歌うもので、もし「揚れる水 束薪を流さず」のときには凶、

水が流れ去って、「白石粼粼たる」さまが見えるときは、願いがかなうのである。粼粼たるものは、川底の石が光ってきらめくのであって、水のさまをいうのではない。

訓義 ①きよらか。粼粼は、水が清くて、川底の小石が光ってみえるさま。②まだらなさま。

古訓 〔字鏡集〕粼 スキトホル・キヨシ

語系 粼粼 lien-lien は陳陳・陣陣 dien-dien、田田 dyen-dyen と声義近く、みな小さなものが相並ぶさまをいう。粼粼は川底の小石が透いてみえるさまをいう。

【粼粼】白い小石の光るさま。〔詩、唐風、揚之水〕揚がれる水 白石粼粼たり 我、命有るを聞けり 敢て以て人に告げず

人【綸】 14 2892

リン カン(クヮン) つりいと くみひも なわ つつむ

篆文

形声 声符は侖。侖は次第をもって整えるもの、二者相対するものをいう。綸はより合わせた糸。〔説文〕十三上に「青絲を糾せたる綬なり」(段注本)とし、「古還切」の附音がある。魚釣りの糸、また琴瑟の絃をいう。〔礼記、緇衣〕に「王言は絲の如し、其の出づるや綸の如し」とあり、より糸の解くべからざることにたとえる。

訓義 ①つりいと、こといと。②くみひも、おびひも。③なわ。④つつむ、おさめる、まとめる、すべる。⑤倫と通じ、みち。

古訓 〔名義抄〕綸 ヲサム・ミダル・イトヲ 〔字鏡集〕綸 イト・イトヲ・ミダル・ヲサム・ヲ・クミ・シク・アマネシ・ワタリ・ツリノヲ・ヒロシ・イトハナ

語系 綸・侖・淪・輪 liuən は同声。相対するもの、次序を以て相連なる関係のものをいう。文(文)・彣・紋(紋) miuən は相交錯する関係のものをいう語である。

【綸閣】詔書を掌る中書省。内閣。清・姚鼐〔程魚門舎人を懐ふ〕詩 淮南、倒屣する(喜び迎える)は盡く嘉賓 綸閣、今に稱す、老舍人

【綸巾】青色の組紐で作った頭巾。諸葛亮が好んで用いた。宋・蘇軾〔念奴嬌、赤壁懐古〕詞 遙かに想ふ、公瑾(周瑜)當年 小喬初めて嫁し了り 雄姿英發す 羽扇綸巾、談笑の間 強虜灰のごとく飛び、煙のごとく滅ぶ

【綸言】詔書。〔晉書、儒林伝序〕喪亂弘だ多く、衣冠禮樂、地を掃うて倶に盡く。元帝～中興し、～儒を尊び學を勸め、亟しば綸言を降すと雖も、東序西膠(東西の学)未だ弦誦(教学の声)を聞かず。

【綸旨】勅旨。唐・薛廷珪〔河中節度判官温緒水部郎中に授くる制〕爾能く綸旨、來貢の書を奉じ、先王の格言を以て、我が視聴を廣めんことを欲し、聖人の行事を列し、我が怠荒を規さんことを思ふ。

【綸理】倫理。筋道。〔管子、幼官〕方用を定むるものは勝ち、綸理を定むるものは勝ち、死生を定むるものは勝ち、成敗を定むるものは勝つ。

↑綸音 綸言/綸竿 釣竿/綸翰 勅書/綸困 屈曲する/綸経 経綸/綸誥 詔令/綸冊 冊命/綸至 鄭重にすることのたとえ/綸綬 青綬/綸書 勅書/綸縄 釣糸/綸子 光沢のある絹の綾織物。りんず/綸布 昆布/綸命 勅命

↓紆綸・恩綸・経綸・縑綸・皇綸・綵綸・糸綸・修綸・垂綸・青綸・繊綸・釣綸・徽綸・沈綸・弥綸・緡綸・芬綸・粉綸・秉綸

人【凜】 15 3019 人［凛］ 15 ［凜］ 18 3019

リン さむい さびしい おそれる

篆文

形声 声符は㐭。〔説文〕十一下に正字を凜に作り、「寒きなり。仌(氷)に従ひ、㐭聲」とするが、凜が通用の字である。凜凓・凜冽は双声の連語である。

訓義 ①さむい、すさまじい。②さびしい、ひきしまる、おそれる、つつしむ。

古訓 〔名義抄〕凜 サムシ・スム・キヨシ 〔字鏡集〕凜 スヾシ・サムシ

語系 凜 liəm、冬(冬) tuəm は、その声義において関係のある語である。

【凜気】冷氣。寒気。宋・楊万里〔午睡より起きる〕詩 小風、醉面を吹き 凜氣忽ち霜の如し

【凜乎】寒さの厳しいさま。心のおそれるさま。宋・蘇軾〔後の赤壁の賦〕劃然として長嘯すれば、草木震動し、山鳴り谷應へ、風起り水涌く。予も亦た悄然として悲しみ、肅然として恐れ、凜乎として其れ久しく留まるべからざるなり。

【凜然】寒気。また、厳粛なさま。唐・劉禹錫〔蜀先主の廟〕詩 天下英雄の氣 千秋尚ほ凜然たり

【凜凜】凜然。晉・潘岳〔寡婦の賦〕夜、漫漫として以て悠悠たり、寒、凄凄として以て凜凜たり。

【凜冽】寒さがきびしい。宋・欧陽脩〔早朝〕詩 雪後の朝寒猶ほ凜冽 柳梢の春意已に丰茸(盛ん) 少年自ら結ぶ、芳菲の侶 老病、惟だ睡思を添ふること濃やかなり

↑凜畏 つつしみ怖れる/凜坎 不遇/凜寒 厳寒/凜兢 身震いする/凜挈 厳正/凜厳 厳寒/凜秋 さびしい秋/凜遵 つつしんで守る/凜如 凜然/凜承 つつしんで承る/凜森 凜然/凜冬 厳冬/凜凍 氷る/凜凓 寒冷/凜慄 身震いする/凜戻 凜凓/凜厲 凜烈/凜列 凜冽

↓坎凜・寒凜・気凜・凝凜・厳凜・惨凜・凄凜・清凜・冬凜・暮凜

常【輪】 15 5802

リン わ くるま まわり

篆文

形声 声符は侖。侖は相次第してまとまるもの、また一対となるものをいう。〔説文〕十四上に「輻有るを輪と曰ひ、輻無きを輇と曰ふ」とあり、車輪の意。輻は輪中の矢、三十本を用いる定めであった。輇は葬車に用いることが多い。車輪の意よりして輪廓・輪番のように用いる。

訓義 ①わ、くるまのわ、くるま。②まわる、めぐる、まわり、まるいもの。③かわるがわる。④輪人、車つくり。⑤まるい形のものを数える助数詞。

古訓 〔和名抄〕輪 和(わ) 〔名義抄〕輪 メグル・イタス・ワ・クルマノワ 〔字鏡集〕輪 メグル・ヒガサ・イタス・ワ・クルマノアシ・クルマノワ

語系 輪・侖・淪 liuən は同声。圓(円) hiuən は声義近く、侖声の字に、まるく輪となって相次第する意がある。その周辺をめぐることを圍(囲) hiuai、衛ることを衞(衛) hiuat という。

【輪蓋】車蓋。貴人の車。貴族。梁・劉峻〔広絶交論〕輪蓋の游ぶ所、必ず(伯)夷・(柳下)惠の室に非ず。苞苴(礼物)の入る所、實に張(安世)・霍(光、ともに漢の権臣)の家に行はる。

【輪郭】ふち。へり。ふちどり。〔三国志、魏、董卓伝〕五銖錢を壊して、更めて鑄て小錢と爲す。大いさ五分、文章無く、肉好(錢の孔)に輪郭無く、磨鑢せず。是に於て、貨輕くして物貴し。～是れより後、錢貨行はれず。

【輪奐】建物の壮大で美しいこと。〔礼記、檀弓下〕晉の文子(趙武)の室を成せるを獻ふ。晉の大夫、發(室寿ぎ)す。張老曰く、美なる哉、輪焉たり。美なる哉、奐焉たり。斯に歌ひ、斯に哭し、國族を斯に聚めんと。文子～北面して再拜稽首す。

【輪囷】高大で屈曲するさま。漢・枚乘〔七発〕龍門の桐、

高さ百尺なるも枝無く、中ごろ鬱結して輪菌たり。根は扶疏そして以て分離す。

【輪車】りんしゃ 車と輪。相互依存。〔淮南子、人間訓〕夫れ虞と虢(二国)とは、車の輪有るが若し。輪は車に依り、車も亦た輪に依る。

【輪扇】りんせん まわりうちわ。また、気候を観測する器。〔隋書、律暦志上〕(候気)又輪扇二十四を爲り、地中に埋め、以て二十四氣を測る。

【輪対】りんたい 順次を以て奏対する。〔宋史、高宗紀五〕(紹興六年)九月丙寅朔、帝、臨安を發す。～癸酉、帝、平江に次る。戊寅、職事官に命じ、日に一員輪對せしむ。～癸未、權りに神主を平江の能仁寺に奉安す。

【輪番】りんばん 順番で交替する。〔遼史、営衛志中〕(冬捺鉢)宮、契丹の兵四千人を用って、毎日輪番し、千人祇だ禁圍に直す。外に槍を卓てて寨と爲す。

【輪輿】りんよ 車輪。車体を作る。車作り。〔孟子、尽心下〕孟子曰く、梓匠(梓人と棺作り。梓人は大工)輪輿は、能く人に規矩を與ふるも、人をして巧ならしむること能はず。

↑輪運 めぐる／輪鞅 車馬／輪廓／輪郭／輪翮 補佐する／輪姦 順次に姦淫する／輪煥／輪奐／輪環 めぐる／輪輝 日。また月／輪困／輪菌／輪形 円形／輪軒 貴人の車／輪坐 車坐／輪彩 月／輪次 順次／輪旋 めぐる／輪船 汽船／輪値 順次／輪逓 順送りにする／輪蹄 車馬／輪転 めぐる／輪班 輪番／輪輻 車輪の矢／輪流 順次

↓一輪・羽輪・火輪・環輪・金輪・銀輪・九輪・月輪・後輪・轂輪・摧輪・車輪・朱輪・徐輪・夕輪・隻輪・扇輪・前輪・双輪・大輪・馳輪・蹄輪・鉄輪・転輪・投輪・日輪・年輪・伐輪・半輪・比輪・飛輪・氷輪・扶輪・覆輪・蒲輪・宝輪・法輪・輿輪

【廩】 16 0029 ［㐭］ 8 0060 リン こめぐら くら あつめる

篆文  甲骨文  金文 

形声 声符は㐭。㐭は廩倉の形である㐭と禾とに従う。〔説文〕五下に正字を㐭に作り、廩の初文で象形の字。〔説文〕に「穀の振入する所なり。宗廟の粢盛、倉黄として㐭して之れを取る。故に之れを㐭と謂ふ。入に從ひ、回に從ふ。屋の形に象る。中に戶牖有り」(段注本)とし、重文として廩を録する。宗廟の粢盛を廩に収めることは、〔周礼、地官、廩人〕〔周礼、天官、甸師〕にその規定があり、〔礼記、月令〕に「(季秋の月)帝籍の收を神倉に藏す」とあって、その神倉を御廩という。卜文・金文の字形は積禾の象、その上に雨除けの覆いを設けた形に作る。地方の穀倉を啚といい、鄙の初文。啚の所在を記した図面を圖(図)という。官吏の俸給は廩粟の現物支給であったので、古くは廩給といった。

訓義 ①こめぐら、こくもつぐら、くら。②しまう、おさめる、あつめる。③扶持としてあたえる、廩給。④すくない、まれ。

古訓 〔字鏡〕廩 クラ

【廩餼】りんき 食物の支給。〔元史、選挙志一〕百官子弟の學に就く者、常に二三百人を下らず。宜しく其の廩餼を增すべし。

【廩給】りんきゅう(きふ) 俸給。唐・権徳輿〔昭陵を拝し、咸陽の墅に過ぎる〕詩 自ら廩給の厚きを慚ぢ 諒に井税(井戸税)をして先ならしむ

【廩困】りんきん くら。方形のものを廩、円形のものを困という。〔論衡、芸増〕大旱の災に遭ひ、～其の富人の穀食饒足なる者の若きは、廩困空しからず、口腹飢ゑざれば、何の愁ひか之れ有らん。

【廩稍】りんしょう(せう) 扶持。手当。明・宋濂〔東陽の馬生を送る序〕今諸生、太學に學び、縣官日に廩稍の供有り。父母歳に裘褐の遺有り。凍餒の患無し。

【廩膳】りんぜん 食事。また、明の奨学制度で、毎月廩米六斗を給する学生を廩膳生といい、のち廩生という。〔明史、選挙志一〕先づ六等を以て諸生の優劣を試む。之れを歳考と謂ふ。一等前列の者は、廩膳生に缺有るを視て、次に依りて充補す。其の次は增廣生に補す。

【廩粟】りんぞく 府庫の穀物。〔韓非子、外儲説右上〕廩粟を發きて以て衆貧に賦ち、府の餘財を散じて以て孤寡に賜ふ。倉に陳粟無く、府に餘財無し。

【廩俸】りんぼう 俸給。〔梁書、儒林、厳植之伝〕植之、疾みてより後、便ち廩俸を受けず、妻子困乏す。既に卒し、喪、寄する所無し。生徒、市宅を爲り、乃ち喪を成すことを得たり。

【廩禄】りんろく 俸給。唐・白居易〔初めて戸曹に除せられ、喜びて志を言ふ〕詩 廩祿二百石 歳ごとに倉困を盈たすべし

↑廩厩 倉とくりや／廩銀 奨学金／廩縑 米と帛／廩庫 くら／廩賜 扶持をたまう／廩秋 さえわたる秋／廩食 廩膳／廩振 米を施給する／廩生 廩膳生／廩蓄 儲蔵米／廩米 倉の米／廩庾 くら／廩吏 倉の役人／廩料 扶持米／廩糧 扶持米／廩廩 威儀のあるさま

↓学廩・官廩・義廩・給廩・虚廩・困廩・軍廩・月廩・公廩・高廩・国廩・祠廩・資廩・振廩・倉廩・蔵廩・儲廩・斜廩・発廩・府廩・米廩・俸廩・庾廩・糧廩・牢廩・禄廩

【懍】 16 9009 リン おそれる つつしむ くるしむ

形声 声符は㐭。〔書、五子之歌〕に「懍乎として朽索の六馬を馭するが若し」、〔書、泰誓中〕「百姓懍懍として、厥の角を崩さるるが若し」など、粛然として戒懼するさまをいう。

訓義 ①おそれる、つつしむ。②あやうい、くるしむ。③凛と通じ、きびしい、あやうい、寒い。

古訓 〔名義抄〕懍 ウレフ・トモシ・ネサメ 〔字鏡集〕懍 ウレフ・アヤフシ・トモシ・アヤフミオソル・ウヤマフ

語系 懍・凜 liəm は同声。懍烈・慄烈など双声の連語が多く、形況の語として用いる。

＊語彙は凜字条参照。

【懍懍】りんりん おそれつつしむさま。晋・陸機〔文の賦〕落葉を勁秋に悲しみ、柔條を芳春に喜ぶ、心懍懍として以て霜を懷ひ、志眇眇として雲に臨む。

↑懍乎 凜乎／懍然 慄然／懍慄 恐れるさま／懍憂 憂える／懍厲 おそれあやぶむ

↓危懍・懼懍・惨懍・憯懍

【燐】 16 9985 リン おにび

形声 声符は粦。粦は金文の字形によると大＋舛、聖所に人牲として磔されている者の形。〔説文〕十上粦字条に「兵死し、及び牛馬の血、粦と爲る」とし、また〔淮南子、氾論訓〕に「久血、燐と爲る」とみえる。その〔高誘注〕に「血精、地に在り。暴露すること百日ならば、則ち燐と爲る。遙かに望むに、炯炯として燃ゆる火の若し」という。〔論衡、論死〕に「人の兵死するや、世に言ふ、其の血、燐と爲る」とあって、戦場に鬼火を見ることが多かった。熱無くして光るので、また蛍火をいう。

訓義 ①おにび。②ほたるび。

古訓 〔和名抄〕燐 於邇比(おにび) 〔名義抄〕燐 オニビ 〔字鏡集〕燐 オニビ・ホタル

【燐火】りんか(くわ) 鬼火。北周・庾信〔連珠に擬す、四十四首、十六〕蓋し聞く、營魂反らず、燐火宵に飛ぶ。時に獵夜の兵に遭ひ、或いは空亭の鬼を斃ふす。

↑燐光 燐の光／燐乱 乱れかがやく／燐爛 ひかりか

がやく／燐燐りん　ひかりかがやくさま
↓黄燐・鬼燐・青燐・赤燐・野燐

【璘】 16 1915 リン

形声 声符は粦りん。〔玉篇〕に「玉色光彩あるなり」とあり、玉光をいう。

訓義 1たまのひかり。2たまのあやあるさま。

古訓 〔名義抄〕璘　マダラナリ・マダラカニ　〔字鏡集〕璘　マダラナリ・マダラカニ・ウスシ・タマノイロ

【璘珣】りんじゅん　玉光のあざやかなさま。明・方孝孺〔河南府梅花堂の韻に次す〕詩　蠟梅、庭に盈ちて、花璀璨　銀燭、夜を炤てらして、光璘珣

↑璘藉せき　蚕箔／璘班ぱん　ひかりかがやくさま／璘斌ぴん　光彩があるさま／璘彬ぴん　ひかりかがやくさま／璘璘りん　玉光のかがやくさま
↓石璘・玢璘

【遴】 16 3930 〔僯〕 14 2925 リン ゆきなやむ あつまる

篆文

形声 声符は粦りん。粦は古くは大と舛せんとに従い、人牲を磔殺たくさつする形。〔説文〕二下に「行くこと難きなり」とし、「易に曰く、以て往くときは遴なり」と〔蒙、初六〕の爻辞を引く。吝字条二上に引いて吝に作る。吝嗇りんしょくをまた遴嗇に作ることがある。粦は人牲を以て呪禁とする意で、難はばかる意がある。字はまた隣（鄰）・粼りんと通じて、遴集の意がある。

訓義 1ゆきなやむ、はばかる。2あつまる、ならぶ。3吝と通じ、むさぼる、やぶさか。4掄りんと通じ、えらぶ。

古訓 〔名義抄〕遴　ムサボル・ハヾカル

語系 遴（僯）lien、吝lianは声近く、吝は死者を恨惜する意。粦は人牲で、声義に通ずるところがあるのであろう。また粦声の字に遴集の意がある。

【遴集】りんしゅう　集まる。〔法言、問明〕鴻は冥冥めいめいに飛ぶ、弋人よく何ぞ篡とらん。鷦明しょうめい（聖鳥の名）遴集し、其の絜きよき者（竹の実）を食ふ。

【遴選】りんせん　つまびらかに選抜する。〔世説新語、言語、陶公疾篤の注に引く王隠の晋書〕伏して願はくは、遴選して人を代へ、必ず良才を得しめよ。

↑遴愛りんあい　おしむ／遴柬りんかん　えらぶ／遴簡りんかん　おしむ／遴棄りんき　えらびすてる／遴才りんさい　人材を選抜する／遴嗇りんしょく　おしむ／遴汰りんた　えらびすてる／遴択りんたく　選抜する／遴登りんとう　選抜する／遴聘りんぺい　えらび招く／遴補りんぽ　えらび補佐する／遴用りんよう　選任する

常【隣】 16 7925 〔隣〕 15 7925 〔鄰〕 15 9722 リン となり ならぶ むら

篆文

金文

会意 金文の字形は隣に作り、𨸏ふ＋粦りん。𨸏は神の陟降する神梯、その前に人牲を用いる形。〔説文〕六下邑部に鄰を出し、「五家を鄰と爲す」と〔周礼、地官、遂人〕の文によって解する。隣は神梯の象に従い、鄰は邑里の象に従うものであるから、もと別の字とすべきであるが、中国の文献では鄰を隣の正体の字として用いる。金文に隣に作るものがあり、隣をもって正体とすべく、その字は神梯の前に人牲を以て呪禁とする象であるから、本来は聖所をいう字であろう。〔易、既済、九五〕に「東鄰の牛を殺すは、西鄰の禴やく祭するに如しかず」とあり、ともに祭祀のところをいう語である。この語は文王と紂とのことをいうとされ、東鄰とは殷の祀所、その祀所を境界の要所に設けるので、相隣する意となったのであろう。金文に「右隣」「小大右隣」を嫡官として治めることを命ずる冊命さくめいがあり、祭祀の要職とされたのであろう。近隣・邑里の意に用いるのは、後起の義である。漢碑には隣・鄰両形がみえるが、隣が初形である。

訓義 1となり、ならぶ、隣接する。2むら、さと、五家、また八家。3たぐい、とも、たすける。4燐りんと通じ、おにび。

古訓 〔名義抄〕隣　トナリ・チカシ・シキリ・ツラナル・ツキヌ・ツヾク・サト・メグル・ヲツ・ナラブ／鄰　ナラブ・ヌキツ・ウネ・ウシナフ・トナリ

語系 隣（鄰）lienに比隣・遴集の意がある。陳陳・陣陣dien-dien、田田dyen-dyenは相並ぶ意の連語で声義が近い。また、川底に白石の光るさまを粼粼lien-lienという。

【隣家】りんか　となりの家。〔戦国策、燕三〕國の封疆ほうきょう（境界）有るは、猶ほ家の垣牆えんしょう有るがごときなり。好を合し、悪を掩おほふ所以ゆゑんなり。室相ひ和すること能はずして、出でて隣家に語るは、未だ通計と爲さざるなり。

【隣居】りんきょ　となり。近所。〔列子、湯問〕渤海の東、～大壑だいがく有り。～其の中に、五山有り。～其の山、高下周旋三萬里、～山の中間、相ひ去ること七萬里、以て隣居と爲す。其の上の臺觀は皆金玉、其の上の禽獸は皆純縞、珠玕の樹皆叢生す。～居る所の人、皆仙聖の種なり。

【隣境】りんきょう　隣接の地。〔呂覧、知化〕夫それ呉と越とは、土を接し境を隣し、壤つち交はり通（路）屬なる。習俗同じく、言語通ず。我われ其の地を得ば、能く之れに處をり、其の民を得ば、能く之れを使ふ。越の我に於けるも、亦た然り。～越の呉に於ける、譬たとへば心腹の疾の若ごとし。

【隣国】りんごく　となりの国。〔孟子、告子下〕禹の水を治むるや、水の道ゆくままにす。是の故に、禹は四海を以て壑がく（水を落すところ）と爲せり。今、吾子は隣國を以て壑と爲す。～吾子、過あやまてり。

【隣人】りんじん　隣家の人。〔韓非子、説難〕宋に富人有り。天雨ふりて牆かき壞やぶる。其の子曰く、築かずんば必ず將まさに盜有らんとすと。其の隣人の父も亦た云ふ。暮にして果して大いに其の財を亡うしなふ。其の家、甚だ其の子を智とし、隣人の父を疑ふ。

【隣比】りんぴ　となり近所。〔三国志、魏、方技、管輅伝注に引く輅別伝〕輅、年八九歲、便すなはち喜んで星辰を仰ぎ視、～隣比の兒と共に土壤中に戲るるも、輒すなはち地に畫して天文及び日月星辰を作る。

【隣保】りんぽ　近隣の家。また、その人々。〔五代史、漢臣、蘇逢吉伝〕是の時、天下に盜多し。逢吉自ら詔書を草し、州縣に下す。凡そ盜の居る所の本家及び隣保、皆族誅す。

【隣里】りんり　周制では、五家を隣、五隣を里という。〔三国志、魏、王脩伝〕年七歲にして、母を喪うしなふ。母、社日を以て亡す。來歲隣里の社に、脩、母を感念し、哀かなしむこと甚だし。隣里之れを聞き、之れが爲に社を罷やめたり。

【隣隣】りんりん　衆車の音。また、相連なることをいう。〔楚辞、九歌、河伯〕子（神）、手を交へて東に行く　美人を南浦に送る　波、滔滔たうたうとして來たり迎へ　魚、隣隣として予われを媵おくる

↑隣翁りんおう　隣家の翁／隣郷りんきょう　となりの村／隣曲りんきょく　近所／隣近りんきん　近所／隣伍りんご　隣組／隣交りんこう　近所の交際／隣好りんこう　近所のつきあい／隣接りんせつ　となりに続く／隣村りんそん　となりむら／隣地りんち　となりの地／隣壁りんぺき　壁一つ／隣辺りんぺん　近辺／隣邦りんぽう　となりの国／隣睦りんぼく　隣好／隣閭りんりょ　となりの村
↓歓隣・旧隣・郷隣・近隣・交隣・四隣・車隣・善隣・村隣・貫隣・比隣・駢隣・卜隣・睦隣・両隣・良隣

【霖】 16 1099 リン ながあめ

篆文

甲骨文

形声 声符は林りん。〔説文〕十一下に「雨ふること三日已往な

るを、霖と爲す」〔段注本〕とあり、〔左伝、隠九年〕の文による。久雨で水量が増すことを、霖潦という。
訓義 ①ながあめ。②字はまた淋に作る。
古訓 〔和名抄〕霖 奈加阿女(ながあめ)。今案ずるに、一名連雨、一名苦雨〔名義抄〕霖 ナガメ・コシアメ〔篇立〕霖 ナガアメ・シグレ〔字鏡集〕霖 ナガアメ・アシアメ
語系 霖liəmは霪・淫jiəmと声義の通ずるところがある。〔説文〕十一上に「久雨を淫と爲す」とあり、霪はその繁文。〔爾雅、釈天〕に「淫、之れを霖と謂ふ」とみえる。

【霖雨】(りんう) ながあめ。〔晏子、諫上五〕景公の時、霖雨すること十有七日。公飲酒し、日夜相ひ繼ぐ。晏子、粟を民に發せんことを請ふ。～貧氓萬七千家、粟を用ふること九十七萬鍾、薪橑萬三千乘。～公、然る後内に就きて退食す。

【霖潦】(りんろう) 長雨で溢流する。〔晋書、宣帝紀〕(景初二年)會(たまたま)霖潦あり。大水、地を平らかにすること數尺。三軍恐れて營を移さんと欲す。帝、軍中に令す、敢て徙ることを言ふ者有らば斬らんと。

➡霖霪(りんいん) なが雨/霖澍(りんじゅ) なが雨/霖淖(りんどう) ぬかる/霖余(りんよ) 雨上り/霖霖(りんりん) 雨の降りつづいてやまないさま/霖瀝(りんれき) なが雨

⬇陰霖・霪霖・夏霖・甘霖・狂霖・洪霖・秋霖・愁霖・春霖・梅霖・晩霖・幽霖・沃霖・連霖

常 【臨】 17 7876 リン のぞむ みおろす てらす

篆文

金文
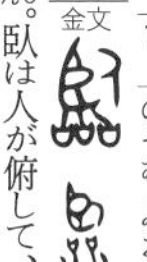
詛楚文
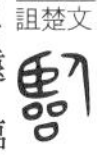

会意 臥(が)+品(ひん)。臥は人が俯して、下方を遠く臨む形。品は金文の字形によると、祝禱を収めた器の𠙵(さい)を列する形。〔説文〕八上に「監臨するなり。臥に從ひ、品(ひん)聲」とするが声が合わず、祝禱に対して上天の霊の監臨することを示す字とみられる。〔詩、大雅、大明〕「上帝、女(なんぢ)に臨む」、〔大雅、皇矣〕「下に臨むこと赫(かく)たる有り」など、みなその意。金文にも〔大盂鼎(だいうてい)〕「故に天、翼臨(よくりん)す」、〔毛公鼎〕「我が有周に臨保す」のように用いる。監は鑑(かがみ)に臥して姿をみる意。臨はそのような姿勢で下界に臨むことをいう。下界よりして高く遠く望むことを望という。
訓義 ①のぞむ、みおろす、高いところから下方をみる。②てらす、おさめる、たもつ。③ゆく、およぶ、つく、そのところにのぞむ。④まみえる、むかえる、あたる。⑤あててうつす、みてうつす、うつす。⑥とむらう。
古訓 〔名義抄〕臨 ノゾム・ムカフ・ミル・ナク・カナシブ
語系 臨liəmはおそらく監keamと、泣liətと同系の語であるらしく、みなその場にのぞんでみる意をもつ語である。

【臨機】(りんき) 機に臨んで行動する。〔五雑組、地部一〕河を治むるは、猶ほ敵を禦(ふせ)ぐがごときなり。機に臨み變に應ず。豈に限るに歳月を以てすべけんや。

【臨御】(りんぎょ) 君臨する。唐・劉禹錫〔裴相公、官を譲る、第一表〕伏して思ふに、陛下臨御の始め、宰臣四人あり。今に逮(およ)んで零落し、忽ち已(すで)に一半なり。臣も且つ、餘年幾何(いくばく)なるかを危懼(きく)す。

【臨刑】(りんけい) 処刑に臨む。処刑のとき。〔独異志、上〕謝靈運、刑に臨みて、其の鬚(ひげ)を剪(き)り、廣州の佛寺に施す。鬚の長さ三尺、今に存す。

【臨穴】(りんけつ) 自分の墓穴に臨む。〔詩、秦風、黄鳥〕維(こ)れ此の奄息(人名)は 百夫の特(秀)なり 其の穴に臨みて 惴惴(ずいずい)として其れ慄(おそ)る

【臨検】(りんけん) 現場へゆき、しらべる。〔後漢書、董卓伝〕(董卓の関に入るや)人、相ひ食啖し、白骨委積す。～帝～太倉の米豆を出だし、飢人の爲に糜(び)を作らしむ。～帝、賦卹(じゅつ)の虚有るを疑ひ、乃ち親(みづか)ら～臨検す。既にして實ならざるを知る。

【臨幸】(りんこう) 行幸する。〔世説新語、識鑒〕晉の武帝、武を宣武場に講ず。帝、武を偃(や)め文を修めんと欲し、親自(みづか)ら臨幸し、悉(ことごと)く群臣を召す。

【臨高】(りんこう) 高所から臨む。唐・白居易〔宝応台に登る〕～詩 高きに臨みて始めて人寰(じんかん)の小なるを見 遠きに對(むか)ひて方(まさ)に色界の空なるを知る

【臨事】(りんじ) ことにのぞむ。〔論語、述而〕子路曰く、子、三軍を行(や)るときは、則ち誰(たれ)と與(とも)にせんと。子曰く、～必ずや事に臨んで懼(おそ)れ、謀を好みて成さん者なりと。

【臨終】(りんじゅう) 死にぎわ。宋・梅堯臣〔寧陵に風雨に阻(はば)まれ、都下の親旧寄す〕詩 昨者(さき)に 母の疾亟(すみや)かなるとき 骨肉相ひ聚りて愁ふ 囊(ふくろ)中に一錢無し 緩急、何ぞ求むべけん 母臨終の時に當り 我に囑(しょく)す、貧羞(はづ)ること莫(な)かれ 宜に隨ひて棺斂(かんれん)を具へよ 厚貨は人の頭を壓(おさ)ふと

【臨水】(りんすい) 水に臨む。宋・寇準〔河上の亭の壁に題す〕詩 水に臨める數村、誰(た)れか畫(えが)き得ん 淺山の寒雪、未だ消えざるの時

【臨池】(りんち) 池に臨む。また、書を学ぶ。〔晋書、衛恒伝〕漢興りて、草書有り、作者の姓名を知らず。～弘農の張伯英(芝)は、因りて轉精甚だ巧なり。～池に臨みて書を學ぶ。池水盡(ことごと)く黒し。

【臨眺】(りんちょう(てう)) 高所から遠望する。唐・杜甫〔兗州の城楼に登る〕詩 孤嶂、秦碑在り 荒城、魯殿餘(のこ)る 從來古意多し 臨眺して獨り躊躇(ちゅうちょ)す

【臨風】(りんぷう) 風に向かう。〔楚辞、九歌、少司命〕美人(司命神をさす)を望めども未だ來(きた)らず 風に臨んで怳(きょう)として浩歌す

【臨摹】(りんぼ) 臨写。〔春在堂随筆、四〕(秦の会稽の刻石)筆墨黯淡(あんたん)、紙質糜爛(びらん)す。～知らず好事の者、史記に依りて戲れに之れを爲すか。抑(そもそも)いは會稽の一石、尚ほ臨摹の本、人間(じんかん)に流傳するか。

➡臨按(りんあん) 現場に臨んでしらべる/臨閲(りんえつ) 臨按/臨下(りんか) 治める/臨化(りんか) 死ぬ/臨会(りんかい) 会場に集まる/臨監(りんかん) 出向く/臨観(りんかん) その場に行って視る/臨瞰(りんかん) 臨視/臨危(りんき) 危険の地に赴く/臨馭(りんぎょ) 治める/臨極(りんきょく) 即位する/臨月(りんげつ) 産み月/臨見(りんけん) 臨視/臨検(りんけん) 臨検/臨行(りんこう) 出発のとき/臨哭(りんこく) 会葬する/臨察(りんさつ) 臨検/臨視(りんし) その場に行って見る/臨時(りんじ) 一時のこと/臨写(りんしゃ) 臨摹する/臨書(りんしょ) 臨写/臨照(りんしょう) 照臨する/臨觴(りんしょう) 別れの杯/臨帖(りんじょう) 原本について写す/臨場(りんじょう) 臨席/臨人(りんじん) 民を治める/臨制(りんせい) 支配する/臨政(りんせい) 治める/臨席(りんせき) ご出席/臨絶(りんぜつ) 臨終/臨祚(りんそ) 即位する/臨弔(りんちょう) 弔問する/臨朝(りんちょう) 臨政/臨難(りんなん) 臨危/臨年(りんねん) 老いる/臨賁(りんぴ) 光臨/臨殯(りんぴん) 会葬する/臨別(りんべつ) 別れぎわ/臨摸(りんぼ) 臨摹する/臨没(りんぼつ) 臨終/臨本(りんぽん) 臨写の本/臨明(りんめい) 夜明け/臨覧(りんらん) ご視察/臨涖(りんり) その場に臨む/臨莅(りんり) 臨涖

⬇哀臨・枉臨・下臨・監臨・瞰臨・君臨・顧臨・光臨・幸臨・降臨・高臨・昭臨・照臨・親臨・大臨・駐臨・弔臨・天臨・登臨・発臨・賁臨・俯臨・撫臨・摹臨・来臨・莅臨

【麐】 18 0060 リン きりん

篆文

甲骨文

形声 声符は吝(りん)。〔説文〕十上に「牝麒(ひんき)なり」とあり、麒麟の牝をいう。〔爾雅、釈獣〕に「麐(りん)は麕身(きんしん)、牛尾、一角」とあり、瑞獣とされる。
訓義 ①きりん、きりんのめす。②麟と同じ。③おじか。

【轔】 19 5905 リン わ とじきみ

篆文

形声 声符は粦(りん)。〔説文新附〕十四上に「車の聲なり」とあり、擬声語。〔楚辞、九歌、大司

命」「龍に乗ること轣轆たり」とあり、車声の円滑でないものは轣轆という。

訓義 ①くるまのひびき。②わ、くるまのわ。③とじきみ、かどのしきり。

古訓 〔名義抄〕轔 アト・スル・フム・サカリ・クルマ・クルマノコエ・ヒダリ

語系 轔・粼・鱗（鱗）lien は同声。小さく連なる形状のもの、また連続する音の形容語として用いる。

【轔藉】ふみにじる。〔後漢書、廉范伝〕虜、～旦を待ちて将に退かんとす。范、乃ち軍中に蓐食（早朝の食事）せしめ、晨に往きて之れに赴く。斬首數百級、虜自ら相ひ轔藉し、死する者千餘人なり。

【轔轔】車のきしる音。唐・杜甫〔兵車行〕詩 車轔轔、馬蕭蕭 行人の弓箭、各〻腰に在り 耶孃妻子、走つて相送る 塵埃に見えず、咸陽橋

↑轔轢 轔藉

↓殷轔・戸轔・蹂轔・輪轔

【藺】 20 4422 リン い いぐさ

篆文 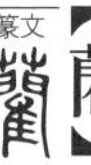

形声 声符は閵。〔説文〕一下に「莞の屬なり」、〔玉篇〕に「莞に似て細く、席と爲すべし」とあって、いむしろに作るもの。〔墨子、号令〕に、城上より落下させる「藺石」のことがみえ、重さ二十斤、機を用いて発する。〔漢書、李陵伝〕に「壘石」に作り、その仮借字であろうという。また雷石の名がある。

訓義 ①い、灯心草、いぐさ。②なげいし。③躪と通じ、ふむ。

古訓 〔新撰字鏡〕藺 己毛久佐（こもくさ）〔和名抄〕藺 辨色立成に云ふ、鷺尻刺（さぎのしりさし）〔名義抄〕藺 ヰ・ヰクサ・スル／馬藺 カキツバタ〔篇立〕藺 ヰ、ヰクサ。己毛久佐（こもくさ）

【藺席】いぐさを編んで作ったむしろ。〔金史、地理志中〕河間府中、總管府、瀛海軍～無縫綿・滄鹽・藺席・馬藺花・香附子～乾魚を產す。

↑藺草 い／藺苞 いのつと

入 【鱗】 24 2935 〔鱗〕 23 2935 リン うろこ さかな

篆文 

形声 声符は粦。粦は燐火、また点々として相連なるものの意がある。〔説文〕十一下に「魚甲なり」とあって、うろこをいう。〔呂覧、孟春紀〕「其の蟲は鱗」の〔高誘注〕に「鱗は魚の屬なり。龍、之れが長爲たり」、また〔淮南子、時則訓〕の〔高誘注〕に「鱗蟲、龍之れが長爲り」とあって、鱗虫三百六十、竜はその最も霊なるものとされた。魚貝を鱗介といい、多く列集することを鱗集、並ぶことを鱗次という。

訓義 ①うろこ。②さかな。③うろこのある動物、魚竜。④ならぶ、つらなる、かさなる、つづく。

古訓 〔和名抄〕鱗 伊路久都（いろくづ）、俗に云ふ、伊侶古（いろこ）〔名義抄〕鱗 イロクヅ、俗に云ふ、イロコ・コヒ・イルカ・マカル〔字鏡〕鱗 カザル・イロコ・ヒナ・イロクヅ・イロクヅノゴトシ

語系 鱗 lien は侖 liuən、連（連）lian、累 liuai、雷 luai と声義に通ずるところがあり、相重なり、相連なる状態をいう。

【鱗羽】魚鳥。〔南斉書、高逸、宗測伝〕（予章王に答ふる書）性、鱗羽に同じく、山壑に止まることを愛す。松筠を眷戀し、人路に輕迷す。

【鱗介】魚類と貝類。水族。〔三国志、蜀、郤正伝〕方今、朝士山積し、髦俊群を成す。猶ほ鱗介の巨海に潛み、毛羽の鄧林に集まるがごとし。

【鱗次】順に並ぶ。漢・李尤〔辟雍の賦〕王公群后、卿士具集し、攢羅（集まりつらなる）鱗次し、差池（前後みだれ）雜遝す。

【鱗集】魚鱗のように集まる。〔漢書、劉向伝〕（封事）夫れ權に乘じ勢ひを藉るの人、子弟朝に鱗集し、羽翼陰附する者衆し。

【鱗爪】竜の爪。竜の珠に対して、末物にたとえる。〔唐詩紀事、三十九、劉禹錫〕元微之（稹）・（劉）夢得・韋楚客（応物）、同に樂天の舍に會し、～各〻金陵懷古の詩を賦す。劉、滿引一盃、飲み已りて卽ち成る。～白公（居易）詩を覽て曰く、四人驪龍を探り、子先づ珠を獲たり。餘す所の鱗爪、何ぞ用ひんやと。

【鱗誅】王誅。清・趙翼（稚存（洪亮吉）万里荷戈集に題す）詩 稚存先生は今の李（陵）・蘇（武）なり 狂言應に受くべし、鱗誅に攖るを

【鱗鱗】相連なるさま。南朝宋・鮑照〔都に還る道中の作〕詩 星を侵して早路に赴き 景を畢へて前儔を逐ふ 鱗鱗として夕雲起り 獵獵として曉風遒し

↑鱗界 魚類／鱗翰 魚鳥／鱗群 魚群／鱗甲 鱗介／鱗鴻 手紙／鱗雜 まじる／鱗施 屍の玉飾／鱗紫 竜沫／鱗皴 しわ／鱗身 鱗はだ／鱗萃 集まる／鱗接 鱗次／鱗族 魚類／鱗屬 魚類／鱗簇 群がる／鱗虫 鱗介／鱗比 鱗次／鱗物 魚類／鱗片 片鱗／鱗毛 魚と獣／鱗文 うろこ文／鱗翼 竜鳳／鱗羅 鱗次／鱗淪 小波／鱗類 魚類／鱗列 並ぶ

↓隱鱗・羽鱗・介鱗・揮鱗・戲鱗・巨鱗・魚鱗・驚鱗・金鱗・錦鱗・銀鱗・逆鱗・枯鱗・細鱗・朱鱗・衆鱗・皴鱗・松鱗・清鱗・潛鱗・纖鱗・沈鱗・騰鱗・批鱗・飛鱗・伏鱗・奮鱗・文鱗・片鱗・幽鱗・遊鱗・羅鱗・竜鱗

入 【麟】 24 0925 〔麟〕 23 0925 〔麐〕 18 0060 リン きりん

篆文 

形声 声符は粦。〔説文〕十上に「大牝鹿なり」、〔繫伝〕に「大牡鹿なり」とする。〔春秋、哀十四年〕「西狩して麟を獲たり」とあり、神獣とされるものである。〔説文〕十上に「麒は仁獸なり」、また麐字条十上に「牝麒なり」とあり、麒麐をその字とする。〔詩、周南、麟之趾〕に麟を瑞獣として歌っており、麕身牛尾一角の獣であるという。聖人の世にあらわれるといわれ、後漢以後、白鹿をそれに充てて献ずる例が多くみえる。のち、きりんの字として用いる。

訓義 ①きりん。②しか。③仁獣、聖人の世にあらわれるという。

古訓 〔新撰字鏡〕麒麟 仁獸なり〔字鏡集〕麟 オホシカ

語系 麟・麐 lien は同声。〔説文〕に麐を聖獣の名とする。〔段注〕に〔説文〕の「麐は牝麒なり」を後増の文であるという。麐は〔爾雅、釈獣〕にみえるが、経籍にはみな麟を用いる。

【麟閣】麒麟閣。漢の武帝が麒麟をえてこの閣を作り、宣帝のとき功臣十一人の図像を掲げた。唐・李白〔塞下の曲、六首、三〕詩 功成りて麟閣に畫かるるは 獨り霍嫖姚（光）のみ有り

【麟趾】公子王孫をたたえる歌。〔詩、周南、麟之趾〕麟の趾 振振たる公子 于嗟、麟や

【麟筆】〔春秋〕。孔子が筆を加えたという〔春秋〕は、「哀公十四年、西狩して麟を獲たり」の文で終わる。その書をいう。唐・王勃〔梓州元武県福会寺碑〕龍圖を考へて運を括せ、麟筆を撫して、以て時を傷む。

【麟鳳】麒麟と鳳凰。聖賢の人にたとえる。〔元史、儒学一、同恕伝〕恕、京より還りて家居すること十三年、縉紳之れを望むこと景星麟鳳の若く、鄉里稱して先生と爲して姓いはず。

↑麟獲 獲麟／麟兒 麒麟兒／麟符 儀仗／麟麟

光明のさま/麟霊　麟
↓獲麟・麒麟・祥麟・神麟・蒼麟・鳳麟

【躪】27 6412　［蹸］19 6915　リン ふむ

篆文

形声　声符は藺。〔漢書、王商伝〕に「百姓奔走し、相ひ蹂躪す」とあり、〔説文〕二下に「蹸は轢くなり」とし、字を蹸に作る。田を轢き耕すことを蹸といい、蹸と字義が近く、蹸が正字であろう。

訓義　1ふむ、ふみにじる。2ひく。

古訓　〔名義抄〕躪 ニジル・フミニジル/蹂躪 ―トフミニジル〔字鏡集〕躪 ニジクル・ニジル・フム・フミニジル

語系　躪（蹸）・遴・粼・轔 lien は同声。みなごろごろとして、ふみくだいたような形の意を含む。その小なるものは落落（落落）lak-lak、大なるものは離離 liai-liai、壘壘（塁塁）liuai-liuai、また累累 liuai-liuai のようにいう。みな同系の語である。

【躪藉】ふみにじる。〔唐書、后妃上、則天武后伝〕太后自ら諸武王の天下の意に非ざるを見、〜百歳の後、唐の宗室に躪藉せられ、死所無からんことを恐る。

↑躪蹂　蹂躪する/躪蹙　躪藉/躪践　蹂躪する/躪躒　ふみにじる/躪轢　ふみくだく
↓蹂躪・藉躪・蹈躪

ル

【慺】14 9504　ル ロウ ねんごろ

形声　声符は婁。慺慺はねんごろ。鄭重懇切にあつかうことをいう。

訓義　1ねんごろ、つとめる。2よろこぶ。

古訓　〔名義抄〕慺 ツ、シム・ウヤマフ

【慺慺】ねんごろにつとめる心。〔後漢書、楊賜伝〕老臣、過つて師傅の任を受け、數龍異の恩を蒙る。豈に敢て沒するに垂とする年を愛惜して、其の慺慺の心を盡さざらんや。

↑慺誠　恭敬の心

常【瑠】14 1716　ル リュウ（リウ） るり

形声　声符は留。玉のるりをいう。字はまた琉（琉）・流（流）に作る。〔漢書、西域上、罽賓国伝〕にその名がみえ、〔顔師古注〕に引く〔魏略〕に、大秦国、古のローマの産という。狩谷棭斎の〔箋注和名類聚抄〕に「今俗の所謂鞞土呂、即ち顔氏の所謂虚脆にして貞實（堅固）ならざる者」というのは、古代のガラスをいう。〔和漢三才図会、六十〕に、布羅須古を、オランダから来た碧瑠璃色の四角の缶（とっくり）であるという。

訓義　1るり。2字はまた琉・流に作る。

古訓　〔名義抄〕瑠璃 俗に云ふ、ルリ

【瑠璃】るり。碧琉璃。〔世説新語、汰侈〕武帝常て王武子の家に降る。武子、饌を供す。竝びに瑠璃の器を用ふ。婢子百餘人、皆綾羅褲襬して、手を以て飲食を擎ぐ。

【膢】15 7524　ル ロウ まつり

篆文

形声　声符は婁。〔説文〕四下に「楚の俗、二月を以て飲食を祭るなり」とし、また「一に曰く、穀を祈りて新を食するを離膢と曰ふ」とあって、「新嘗祭名なり」の儀礼をいう。〔玄応音義〕に引く〔三蒼〕に「膢は八月の祭名なり」とあって、冀北では八月に行われた。二月と八月、二至の祭で、臘・伏と同じ性質のものである。〔韓非子、五蠹〕に「山居して谷に汲む者、膢臘にして相ひ遺るに水を以てす」と膢臘の俗を記している。〔漢書、武帝紀〕に「（太初二年）三月、河東に行幸して后土を祠り、天下をして大いに酺すること五日、膢すること五日、門戸を祠ること臘に比せしむ」とみえる。

訓義　1まつり、八月の祭、新穀の祭。2楚では二月の祭。3十二月の祭。

古訓　〔名義抄〕膢 マツル

【膢臘】八月と十二月の祭。清・朱彝尊〔甘池〕詩 河北の将軍の祠 膢臘に巫祝を走らす 何の名姓なるかを知らざるも 遺像、猶ほ屋に在り

【縷】17 2594　ル ロウ いと きぬ くる

篆文

形声　声符は婁。婁は婦人の髪をたばね重ねた形。〔説文〕十三上に「綫なり」とあり、〔孟子、尽心下〕に「布縷の征（税）」という語がみえ、布や糸などの生産品に課税した。長い糸であるから、縷言・縷述のようにいう。

訓義　1いと、いとすじ、ながいもの。2きぬ、きれ。3くる、たぐる、たぐりまく。

古訓　〔新撰字鏡〕縷 奴岐（ぬき）、又、伊止万豆不（いとまつふ）、又、奴布（ぬふ）〔名義抄〕縷 イトスヂ・クハシ・ツバビラカニ・ヨル・クル・ナガサ・ホソシ・ツブサニ

【縷綵】ぬいとりの模様。宋・徐鉉〔綵燕を賦し得たり〕詩 縷綵、飛燕を成し 迎へて和す、啓蟄の時

【縷縷】細く長くつづくさま。また、こまかく詳しくいう。〔宋史、趙逢竜伝〕宗正少卿を拜し、侍讀を兼ぬ。凡そ道德性命の蘊、禮樂刑政の事、縷縷として上の爲に開陳す。疏奏甚だ衆きも、藁（原稿）悉く焚棄す。

↑縷衣　破れ衣/縷解　こまごまと詳しく解く/縷膾　こまかく切ったなます/縷挙　こまごまと列挙する/縷金　金糸/縷言　くわしくいう/縷細　こまごまと詳細に/縷述　詳説する/縷析　詳細に分析する/縷切　こまかくきざむ/縷説　詳説する/縷陳　こまごまと述べたてる/縷綿　糸わた/縷絡　からみまとう
↓衣縷・一縷・煙縷・金縷・細縷・綵縷・糸縷・絮縷・鍼縷・千縷・線縷・繊縷・帛縷・万縷・微縷・布縷・羅縷・藍縷・襤縷・柳縷

ルイ

【厽】6 2373　ルイ かさねる つちくれ

篆文

象形　土をかさねた形。〔説文〕十四下に「坺土を絫めて牆壁と爲す」とあり、坺とは鍬で掘り起こした土。それを重ねて崩れぬように積みあげる。野外の軍壁や民家の牆壁に、この種のものが多い。垒と同義とみてよい。

訓義　1かさねる。2つちくれ、かさねたつちくれ。3古文の絫。

古訓　〔名義抄〕厽・壘 ア（カ）サナル/壘 カサナレリ・タ、ム・ソコ〔字鏡集〕厽 カサナル・ツモル

部首　〔説文〕に絫・垒の二字を属し、〔玉篇〕に絫にかえて參（参）を収める。垒は厽の繁文。參の上部は簪飾の形で、その簪飾のさまを「參差」という。下部は人と彡。厽とは形象の異なる字である。

声系　絫・垒は会意の字とされるが、また亦声。糸には絫といい、土には垒という。

語系　厽・絫・纍（累）・垒 liuai は同声。壘（塁）liuai は声義が近い。壘は軍壁、絫は大索、厽・畾は大小の別を示すものであるらしく、もと同系の語である。

参考　〔玉篇〕に「厽は尙書以て參の字と爲す」というが、參の

従うところは簪飾の玉の形。妻の初形も厽に従っており、儀礼の際の婦人の髪飾りを示す。

常 【涙】 10 〔淚〕 11 3313 ルイ なみだ なく

篆文

形声 旧字は淚に作り、戾(戻)声。古くは涕といい、その象形字は眔。涙は漢以後に用いられる字である。涙は〔説文〕にみえず、〔後漢書、南匈奴伝〕に「泣涙を飲みて、歸魂を沙漠の表に想望す」のように用いる。「淒涙」は寒涼のさま、「漻涙」は清らかな水のさま、そのような形容の語にも用いる。

訓義 ①なみだ。②なく、なみだを流してなく。③ながれる、はやくながれる。④涼の意に用いる。淒涙は淒涼の意。⑤字はまた泪に作る。

古訓 〔名義抄〕涙 ナムダ・トル／涕涙 ナミダ・ナムダ 〔篇立〕涙 ナク・ナムダ

語系 涙liuei、涕thyeiは声義の関係があり、〔広雅、釈言〕に「涕は涙なり」と見える。洟jiei、泗sietも同系の語。洟は鼻液、泗は涕泗。

【涙河】 涙が河水のように流れる。〔世説新語、言語〕顧長康(愷之)、桓宣武(温)の墓を拜す。～人之れに(その状を)問ふ。～顧曰く、～聲は震雷の山を破るが如く、涙は傾ける河の海に注ぐが如しと。

【涙眼】 涙を浮かべた目。宋・欧陽脩〔蝶恋花〕詞 涙眼、花に問ふも、花語らず 亂紅、飛びて鞦韆(ぶらんこ)を過ぎ去る

【涙痕】 涙にぬれたあと。唐・李白〔怨情〕詩 美人、珠簾を捲く 深坐して蛾眉を顰む 但だ見る、涙痕の濕ふを 知らず、心に誰をか恨むかを

【涙粧】 憂え顔の化粧。〔開元天宝遺事、天宝下、涙粧〕宮中、嬪妃の輩、素粉を兩頰に施し、相ひ號して涙粧と爲す。

【涙竹】 楚の斑竹。舜の二妃の涙で染まったという。唐・郎士元〔李敖湖南書記を送る〕詩 楚に入りて豈に忘れんや、涙竹を看るを 舟を泊めて應に自ら江楓を愛すべし

【涙点】 涙のあと。清・鄭燮〔屈翁山の詩札、石濤・石谿・八大山人の山水小幅、並びに白丁の墨菊を共にする一巻に題す〕詩 國破れ家亡び、鬢統べて皤し 一囊の詩畫、頭陀を作す 横に塗り豎に抹ぬる、千千の幅 墨點多きこと無くして、涙點多し

【涙容】 泣き顔。唐・魚玄機〔暮春感ずること有りて友人に寄す〕詩 鶯語、殘夢を驚かし 輕粧、涙容を改む

↑涙液 涙／涙花 涙／涙汗 涙と、あせ／涙珠 涙の玉／涙晶 涙珠／涙迹 涙痕／涙堕 落涙／涙涕 涙／涙滴 涙／涙天 悲痛をきわめる／涙波 涙が流れる／涙碑 堕涙の碑／涙零 涙を流す／涙漣 涙波／涙臉 泣き顔／涙蠟 蠟燭の蠟が垂れる

↓暗涙・飲涙・雨涙・掩涙・感涙・含涙・銜涙・揮涙・泣涙・嬌涙・巾涙・襟涙・苦涙・血涙・紅涙・香涙・困涙・恨涙・催涙・灑涙・残涙・慈涙・珠涙・愁涙・出涙・粧涙・拭涙・燭涙・垂涙・声涙・悽涙・淒涙・餞涙・濺涙・双涙・多涙・堕涙・涕涙・独涙・熱涙・悲涙・別涙・抆涙・夜涙・幽涙・落涙・流涙・漻涙・斂涙・老涙・蠟涙

常 【累】 11 6090 〔絫〕 12 2390 ルイ かさねる しばる わずらわす わざわい

篆文

形声 正字は絫に作り、厽声。累は畾の省声の字。〔説文〕十四下に「增すなり」(段注本)と会意に解する。厽は土塊を積み重ねる形。絫の従うところは糸たばの形とみてよく、それで絫はまた糸の単位量の名に用いる。〔孟子、梁恵王下〕「其の子弟を係累す」は縲紲の意に近く、繫縛を加えることをいう。漢碑には累・絫ともにみえ、〔漢書〕には絫を用いる。

訓義 ①かさねる、ます、くわえる、つむ。②しばる、つなぐ。③わずらわす、たのむ。④かかりあう、まきぞえ、やから、みうち。⑤わざわい、したがう、おそれる。⑥しきりに、つづいて。

古訓 〔名義抄〕累 カサヌ・シキリ・ワヅラフ・ワズラハシ・カク・ワザハヒ・ツム・モル・ホソシ・ツナ・トラフ・マツフ・ワルイ・カサナル／纍 マツハル／絫 ノル・ツカル・ミダル・サハグ・ワヅラフ・タル・カサル・アツム

語系 絫・厽・垒liuai、纍(縲)liuaiは声義近く、うちかさね、めぐりまとう意をもつ語である。

【累騎】 相乗り。尻馬。〔世説新語、任誕〕阮仲容(咸)、先に姑家の鮮卑の婢を幸す。母の喪に居るに及んで、姑、當に遠く移すべし。～既に發するや、定つに將ゐ去る。仲容、客驢を借り、重服を箸けて自ら之れを追ひ、累騎して返る。曰く、人の種は失ふべからずと。即ち遙集の母なり。

【累形】 形をわずらわす。からだをそこなう。〔荘子、譲王〕能く生を尊ぶ者は、貴富なりと雖も、養を以て身を傷はず、貧賤なりと雖も、利を以て形を累はさず。

【累月】 多くの月をかさねる。晋・左思〔蜀都の賦〕合樽して席を促し、引滿して相ひ罰す。今夕に樂飲し、一醉して月を累ぬ。

【累心】 心をわずらわす。〔韓非子、大体〕智を以て心を累はさず、私を以て己を累はさず。

【累世】 歴世。歴代。〔陔余叢考、三十九、累世同居〕宋(史)～陸九淵傳、其の家、累世義居す。李庭芝傳、其の家十二世同居す。

【累石】 積み重ねた石。〔水経注、湿余水〕(居庸関)南は則ち絶谷、累石、關址を爲す。～山岫層深、側道褊峽、林鄣邃嶮、路才かに軌(車)を容る。曉禽暮獸、寒鳴相ひ和す。羇官遊子、之れを聆く者、傷思せざる莫し。

【累積】 積み重ねる。唐・柳宗元〔始めて西山を得て宴游する記〕其の高下の勢ひ、～千里を尺寸にし、攢蹙累積して、遯隱を得る莫し。

【累紲】 なわめ。牢獄。〔論語、公冶長〕子公冶長を謂ふ、妻はすべきなり。累紲の中に在りと雖も、其の罪に非ざるなりと。其の子を以て之れに妻す。

【累遷】 累進。〔漢書、蕭望之伝〕白す所の處、奏して皆可とせらる。諫大夫・丞相司直に累遷す。歲中に三たび遷り、官二千石に至る。

【累祖】 先祖代々。また、道祖神の名。〔群砕録、祖道〕黃帝の子累祖、遠遊を好みて道に死せり。故に後人之れを祭り、以て行神と爲し、因りて享飲す。

【累代】 歴代。歴世。〔晋書、恵帝紀〕(永平五年)冬十月、武庫火あり。累代の寶を焚く。

【累土】 積み土。〔老子、六十四〕合抱の木も毫末より生じ、九層の臺も累土より起り、千里の行も足下に始まる。

【累牘】 多くの書札。累牘連篇はむだな文。〔宋史、選挙志二〕寸晷の下、唯だ務めて多きを貪るも、累牘連篇、何に由りて精妙ならん。

【累年】 積年。宋・陸游〔居室の記〕四方の書疏、略ぼ復た遣らず。～貴賤疎戚の間無く、足跡城市に至らざる者、率ね累年なり。

【累卵】 積み重ねた卵。危険な状態。〔韓非子、十過〕曹は小國なり。而して晉・楚の閒に迫らる。其の君の危きこと、猶ほ

累卵のごときなり。
【累累】重なるさま。うちつづくさま。宋・陸游〔歳晩感懐〕詩 老、冉冉として來る、誰か獨り免れん 冢累累たる處、會ず同に歸る
【累惑】積惑。〔後漢書、陳元伝〕（上疏）白黑を分明にし、左氏を建立し、先聖の積結を解釋し、學者の累惑を洮汰せん。
↑累茵 重席／累役 服役／累屋 二重屋根の家／累加 加増する／累科 累犯／累解 連累して解免する／累害 積み重なる害悪／累礙 累害／累官 累遷する／累気 息をこらす／累起 続出する／累欷 すすり泣く／累棋 棋石を高くかさねる。累卵／累及 連累／累旧 旧来／累句 むだに重ねた句／累計 総計／累繭 足まめ／累功 積功／累恨 かさなる恨み／累坐 連累する／累死 斃死する／累次 たびたび／累時 しばしば／累日 連日／累旬 数十日／累宵 毎夜／累捷 連勝する／累章 数次にわたって上奏する／累觴 しきりに飲む／累仍 重ねる／累壌 累土／累身 苦労する／累贅 厄介／累絏 累紲／累戦 連戦／累善 積善／累足 恐れる／累息 吐息／累蓄 多く積みかさねる／累重 幾重もの大きな負担／累朝 歴代／累徴 しきりに召される／累棟 累屋／累徳 善行をさまたげる悪行／累稔 多くの年／累拝 累遷／累犯 罪を重ねる／累夜 毎夜／累訳 重訳／累歴 経験が多い／累労 苦労がかさなる
↓家累・外累・羇累・係累・挐累・繫累・牽累・私累・塵累・炊累・世累・積累・争累・増累・俗累・族累・煩累・物累・蓬累・連累

常【塁】12 人〔壘〕18 6010 ルイ とりで かさねる つづく

篆文

金文

形声 旧字は壘に作り、畾声。〔説文〕十三下に、「軍壁なり」とあり、軍営の土壁をいう。〔礼記、曲礼上〕「四郊に壘多きは、此れ卿・大夫の辱なり」とみえる。出丸を塁城、その塁壁に迫ることを「壘を摩す」という。

訓義 1とりで、軍営の土壁。2かさねる、つむ、土をつむ、石をつむ。3つづく、つらなる、土壁などがつらなる。4纍と通じ、つらなる。

古訓 〔名義抄〕壘 カサナレリ・タヽム・ソコ・カサナル 〔篇立〕壘 カサヌ・ソコ・カサナル・ミゾ・タヽム・ツヽム・ツモル 〔字鏡集〕壘 ツム・カベ・ソコ・タヽム・ホリキ・ツヒヂ・カサナレリ
語系 壘・纍・縲・藟 liuəi は同声、ものをかさね、つづく意がある。累（絫）liuəi も声義が近い。

【塁垣】重なりあう垣。晉・干宝〔晉紀総論〕呉蜀の壘垣を夷り、二方の險塞を通じ、唐虞の舊域を掩ひ、正朔を八荒に班つ。

【塁和】塁はとりで、和は軍門。晉・潘岳〔西征の賦〕（周亜夫）華蓋（天子の車）を壘和に距み 乘輿の尊轡を案とむ。

【塁塊】わだかまり。つかえ。〔世説新語、任誕〕王大（忱）曰く、阮籍は胸中に壘塊あり。故に酒を須ひて之れに澆ぐ。

【塁舎】軍のとりでと兵舎。〔周礼、夏官、量人〕軍の壘舍を營み、其の市朝州涂（の道のり）、軍社の里（居）する所を量る。

【塁壁】とりで。城塞。〔墨子、備城門〕復た卒をして急に壘壁を爲り、蓋瓦を以て之れを復はしむ。瓦木の罌を用ふ。

【塁塁】うちつづくさま。晉・張載〔七哀詩、二首、一〕北芒何ぞ壘壘たる 高陵、四五有り 借問す、誰が家の墳ぞと 皆云ふ、漢の世主なりと
↑塁口 塞門／塁合 重なる／塁砦 とりで／塁柵 とりでと堀／塁塹 とりでと堀／塁嶂 うち重なる山々／塁城 城の出丸／塁培 とりで／塁門 軍門
↓鬱塁・営塁・魁塁・玉塁・軍塁・険塁・堅塁・孤塁・故塁・高塁・柵塁・残塁・峭塁・城塁・石塁・賊塁・築塁・長塁・敵塁・土塁・抜塁・壁塁・辺塁・堡塁・本塁・摩塁

【誄】13 0569 ［讄］22 0666 ルイ しのびごと いのる

篆文

形声 声符は耒。〔説文〕三上に「諡するなり」とあり、生前の事功を述べて哀悼し、諡することをいう。〔論語、述而〕に「誄に曰く、爾を上下の神祇に禱る」とあり、〔釈文〕に、〔説文〕は字を讄に作り、纍声に従う字であるという。その辞はわが国の祝詞のように、くりかえしや層累法の多い荘重な文体であったのであろう。
訓義 1しのびごと、弔いの文。2いのる。
古訓 〔篇立〕誄 アラハス 〔字鏡集〕讄 イノル・カサナル
語系 讄（誄）・纍・藟・壘（塁）liuəi は同声。厽・累（絫）・垒 liuəi は声近く、みな重累の意がある。
【誄讃】しのびごと。生前の事功をたたえる弔辞。〔後漢書、文苑下、酈炎伝〕尙書盧植、之れが誄讃を爲り、以て其の懿徳を昭らかにす。
↑誄詞 弔辞／誄諡 弔辞とあわせて、死者の衣服を贈る
↓哀誄・箴誄・制誄・伝誄・読誄・銘誄

【縲】17 2699 ［纍］21 6090 ルイ とりなわ とらえる つなぐ

形声 声符は累。累に繫留する意がある。縲紲は罪人を捕える黒縄。獄につながれることをいう。
訓義 1とりなわ、捕縄。2とらえる、つなぐ。3大なわ。
古訓 〔名義抄〕縲紲 キヅナ／纍 マツハル 〔字鏡集〕縲 キヅナ・ナハ・ヲツ
語系 縲（纍）・藟・羸 liuəi は同声。藟は蔓草。葛藟にまとわれるような状態に繫縛されることを縲という。繫縛されて弱りはてる状態を羸という。
【縲紲】罪人をとらえる黒色のなわ。とりなわ。〔史記、太史公自序〕七年にして、太史公、李陵の禍に遭ひ、縲紲に幽せらる。
↑縲囚 とらえて、つながれる／縲臣 とらえて、つながれた臣／縲絏 縲紲／縲縶 とらえて、つながれる／縲縲 めぐる

常【類】18 人〔類〕19 9148 ルイ まつり にる たぐい

篆文

会意 旧字は類に作り、米＋犬＋頁。米と犬とは神に供えるもの。頁は儀礼のときの儀容で、類とは天を祭る祭名。その字はのち禷に作る。〔説文〕十上に「種類相ひ似たり。唯だ犬を甚だしと爲す」とするが、犬は犬牲。天を祭るのには、犬を焼いて、その臭いを昇らせた。〔書、舜典〕「肆に上帝に類す」、〔詩、大雅、皇矣〕「是に類し是に禡す」など、みな天を祭ることをいう。〔皇矣〕にまた「克く明にして克く類」のように、類善の意に用いる。天意にかなうということであるらしく、〔楚辞、九章、懐沙〕「吾れ將に以て類と爲さんとす」のように、典則・規範の意ともなる。倫と声義の関係があろう。〔段注〕に類と類とを古今の字とし、「種の緐（繁）多なること、米の如きなり」とするが、当時の米がそのように多種であったとは考えがたい。類の原義は、のち形声字の禷によって示されている。
訓義 1まつり、天のまつり。2よい、のり、かたどる、すがた。3にる、たぐい、たぐえる、もろもろ。4おおむね、みな、ひとしい。

古訓 〔名義抄〕類 トモガラ・タネ・ニタリ・ゴトシ・シナ・タグヒ・ヨシ・オホムネ

語系 類 liuət、倫 liuən は声義の関係があり、比類・比倫のようにいう。〔列子、仲尼〕に「類に負き倫に反す」とする。類善の意はあるいは賚 lə、賴(頼) lat と関係のある用義であろう。

【類見】 諸侯の嗣子が葬を終え、謁見すること。〔礼記、曲礼下〕諸侯~既に葬りて天子に見ゆるを、類見と曰ふ。諡を言ふを類と曰ふ。

【類次】 分類し次序する。宋・欧陽脩〔梅聖兪詩集の序〕予れ嘗つて聖兪の詩を嗜めるも、盡く之れを得ること能はざるを患ふ。遽かにして、謝氏の能く類次するを喜ぶ。

【類聚】 部類により集まる。〔易、繫辞伝上〕方は類を以て聚まり、物は群を以て分れ、吉凶生ず。

【類従】 類を以て相従う。〔新語、術事〕事は類を以て相ひ従ひ、聲は音を以て相ひ應ず。道唱へて徳和し、仁立ちて義興る。

【類書】 分類・編集した書物。〔漢学師承記、一、叙〕元・明の際、制義を以て士を取り、古學幾ど絶ゆ。而して有明三百年、四方の秀艾、帖括(試験法)に困るしむ。講章を以て經學と爲し、類書を以て博聞と爲す。長夜悠悠、天を視ること夢夢たり(何もわからぬ)。

【類推】 類をもっておしはかる。〔淮南子、説山訓〕狸頭の鼠(傷)を愈やし、雞頭の瘻を已やし、虻の積血を散じ、斲木の齲を愈すは、此れ類の推さるる者なり。

【類同】 相類し相同じきもの。〔呂覧、応同〕成齊類同、皆合する有り。故に堯、善を爲して衆善至り、桀、非を爲して衆非來たる。

↑類縁 ゆかり/類化 同化する/類家 一族/類隔 反切の法/類型 似た型/類祭 天を祭る禷祭/類似 似る/類事 類書/類集 類をもって集める/類族 類聚/類物 類似の物/類別 分類する/類例 類似の例

↓異類・遺類・一類・引類・姻類・縁類・姦類・気類・器類・義類・魚類・凶類・群類・孼類・儕類・簒類・残類・士類・史類・事類・失類・殊類・種類・醜類・従類・出類・庶類・生類・触類・親類・人類・絶類・善類・族類・畜類・蟄類・儔類・鳥類・党類・等類・同類・禡類・抜類・万類・比類・品類・不類・部類・物類・分類・朋類・無類・毛類・与類・余類・乱類・僚類・倫類・連類

【羸】 19 0021 ルイ

やせる よわい つかれる くるしむ

篆文  詛楚文 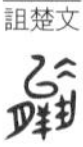

会意 𦝠+羊。𦝠に従う字は、多くは嬴・贏の声であるが、この字は声が異なる。𦝠はおそらく羸弱の意をとるもので、羸は羸弱の意。〔説文〕四上「痩せるなり」とあり、人に及ぼして羸病・老羸のようにいう。

訓義 ①やせる、よわる、よわい。②つかれる、くるしむ。③おとる、わるい、やぶれる。④纍と通じ、からむ、まとう、わずらう。

古訓 〔名義抄〕羸 ツカル・ヤス・クフヒ・カツ・アラハル・マク・ヨワシ・オトル

語系 羸・累・蘽 liuai は同声。もののうちかさなり、連なるさまをいう。羸・累につかれわずらう意がある。

【羸患】 疲れ病む。〔宋書、隠逸、戴顒伝〕顒年十六、父の憂へ(死)に遭ひ、毀滅に幾し。此れに因りて長く羸患を抱く。

【羸困】 弱り苦しむ。〔後漢書、皇后上、和熹鄧皇后紀〕(元興)二年夏、~親しく洛陽寺に幸し、冤獄を錄す。囚有り、實に人を殺さざるも、考(拷)せられて自ら誣ふ(偽の供述)。羸困して輿見す。~太后察視し、~具さに枉實を得たり。

【羸瘵】 いきたえだえ。清・顧炎武〔春雨〕詩 東京、耆舊盡き 羸瘵、餘喘(なごり)を留む 跡を江湖の間に放にし 猶ほ墳典(三墳五典)を理めんことを思ふ

【羸弱】 衰弱。〔史記、司馬穰苴伝〕身、士卒と糧食を平分し、最も其の羸弱の者に比す。三日にして而る後兵を勒す。病む者も皆行かんことを求め、爭ひ奮ひて出で、之れが爲に赴き戰ふ。

【羸瘠】 やせ衰える。〔史記、劉敬伝〕上、劉敬をして、復た往きて匈奴に使せしむ。還り報じて曰く、~今臣往くに、徒だ羸瘠・老弱を見るのみ。此れ必ず短を見めし、奇兵を伏せて、以て利を爭はんと欲するのみ。~匈奴撃つべからざるなりと。

【羸痩】 弱り痩せる。〔後漢書、趙孝伝〕天下亂るるに及び、人相ひ食ふ。孝の弟禮、餓賊の得る所と爲る。孝~即ち自ら縛して、賊に詣りて曰く、禮は久しく餓して羸痩なり。孝の肥飽なるに如かずと。賊大いに驚き、竝に之れを放てり。

【羸餒】 飢え衰える。唐・柳宗元〔李翰林建に与ふる書〕今、僕羸餒すと雖も、亦た甘きこと飴の如し。

【羸馬】 疲れた馬。唐・李昌符〔旅遊、春を傷む〕詩 鳥は思ふ、江村の路 花は殘る、野岸の嵐 十年、底事をか成す 羸馬、西東することに倦む

【羸憊】 疲弊。〔西京雑記、三〕東海の人黄公有り、少時術を爲し、能く蛇を制し虎を御す。~立ろに雲霧を興し、坐らにして山河を成す。衰老に及び氣力羸憊し、飲酒過度にして、復た其の術を行ふこと能はず。

【羸兵】 羸弱の兵。〔三国志、呉、周魴伝〕聞く、豫め科條を設け、當に新羸の兵を以て前に置き、好兵後に在り。攻城の日、云ふ、羸兵を以て塹を塡め、即時破らしむべしと。

【羸病】 疲れ病む。〔韓非子、十過〕晉陽の水を決して以て之れに灌ぎ、晉陽を圍むこと三年。城中巣居して處り、釜を懸けて炊ぎ、財食將に盡きんとし、士大夫羸病す。

【羸老】 衰えた老人。宋・欧陽脩〔吉州学記〕其の郊に行けば、少者は其の羸老を扶け、壯者は其の負荷を道路に代る。

↑羸餓 やせ、うえる/羸骸 やせおとろえる/羸癯 やせつかれる/羸形 おとろえた身/羸股 ももやせ/羸行 身をやつしてゆく/羸師 つかれ弱った兵/羸疾 つかれ病む/羸車 がた車/羸小 弱小/羸色 つかれ弱ったようす/羸身 疲れはてた身/羸悴 つかれてやつれる/羸孱 虚弱/羸卒 羸兵/羸餧 羸餒/羸頓 つかれ弱る/羸敗 羸病/羸薄 つかれ弱る/羸微 つかれて弱い/羸服 いたんだ衣服/羸弊 羸病/羸乏 つかれとぼしい/羸民 つかれた民/羸瘐 羸なえる/羸余 疲弊の後/羸劣 つかれ弱る

↓餓羸・饑羸・虚羸・形羸・孤羸・衰羸・清羸・孱羸・痩羸・疲羸・罷羸・貧羸・扶羸・老羸

【蘽】 19 4466 ルイ

かずら

篆文 

形声 声符は畾。畾にまつわり連なる意がある。〔説文〕一下に「艸なり」、〔広雅、釈草〕に「藤なり」とあり、かずら、ふじかずらをいう。〔説文〕にまた「一に曰く、秬鬯」とあり、鬱鬯(酒に香りをつける草)の酒をいう。

訓義 ①かずら、ふじかずら。②まとう、まつわる。③蕾と通じ、つぼみ。④鬯酒、くろきびに香草を和したさけ。

古訓 〔新撰字鏡〕蘽 加豆良(かづら) 〔名義抄〕蘽 カヅラ・フヂ

【蘽散】 米の名。宋・陸游〔秋日郊居、八首、三〕詩 已に炊く、蘽散眞珠の米 更に點ず、丁坑(茶の名)白雪の茶

↓縈蘽・葛蘽・攀蘽・蓬蘽・蘿蘽

【纍】 21 6090 ルイ とらえる つなぐ まつわる

篆文 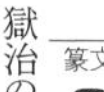

形声 声符は畾。畾にかざりまとう意がある。〔説文〕十三上に「綴りて理を得るなり」とあり、〔広雅、釈言〕に「拘なり」とあり、拘囚の意。獄治のことをいう。累・縲と通用することがある。

訓義 ①とらえる、とらえてつなぐ。②つなぐ、まつわる、つづる、およぼす。③累と通じ、わざわい。

古訓 〔篇立〕纍 ナラブ・カク・トラフ・ツラナル・ナハ・シキリ・モリサカヌ・ツナ・ワザハヒ・ツムラフ・ホソシ

語系 纍・壘(垒)・縲・藟 liuai は同声。ものをうちかさね、つづく意がある。累(絫) liuai も声義が近い。

＊語彙は累・縲字条参照。

【纍囚】 拘囚の人。捕虜。〔左伝、成三年〕(晋・楚)二國、其の社稷を圖り、其の民を紓うし、各々其の忿りを懲し、以て相ひ宥すことを求む。兩つながら(二国)、纍囚を釋して(捕虜を交換し)、以て其の好を成さん。

【纍纍】 疲れ果てて、志をえないさま。〔史記、孔子世家〕孔子獨り郭の東門に立つ。鄭人或いは子貢に謂ひて曰く、東門に人有り、～纍纍として喪家の狗の若しと。

↑纍瓦 冗舌をたとえる／纍繫 つなぎとめる／纍梏 つなぎとめる／纍臣 拘囚の臣／纍垂 弱り衰える／纍紲 縲紲／纍然 ものが重なりあったさま／纍年 累年／纍犯 累犯／纍紛 まぎれ乱れる／纍卵 累卵

↓解纍・羇纍・係纍・絶纍・族纍

【儽】 23 2629 ルイ やみつかれる おこたる

篆文 

形声 声符は纍。纍は糸のまとわり垂れるさまをいう。〔説文〕八上に「垂るる皃なり」とし、また「一に曰く、嬾解なり」とする。疲弊・病困の状をいう。〔老子、二十〕「儽儽兮として歸する所無きが若し」とは、安息をえないさま。また「纍纍乎」「羸乎」ということもあり、声義が近い。

訓義 ①つかれる、やみつかれる。②おこたる。③たれる。

古訓 〔名義抄〕儽 カサナル 〔字鏡集〕儽 モノウシ・ツカル・ヲコタル・タル

語系 儽・纍・羸・藟 liuai は同声。うちかさなり、連なり、まとう状態をいい、声義が相通ずる語である。

↑儽然 疲れるさま／儽儽 纍纍

【禷】 24 3128 ルイ まつり

篆文 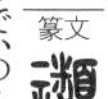

形声 声符は類(類)。類は天・上帝・社を祭る祭名で、禷の初文。類を種類の意に用いるので、のち禷の字が作られた。〔説文〕一上に「事類を以て天神を祭る」とするが、〔礼記、王制〕「天子將に出でんとするときは、上帝に類す」、〔淮南子、本経訓〕「其の社に類す」のように、天子出行のとき、社に祭る儀礼である。天子出行の儀礼として、犬を轢いて祓禳することを祓という。禷では犬を焚き、その臭いを以て天を祭った。

訓義 ①まつり、天のまつり、天子出行のときのまつり。②軍行のときの社のまつり。③類がその初文。

レイ

常【令】 5 8030 レイ リョウ(リャウ) みことのり いいつける よい せしめる たとえ

篆文  甲骨文  金文 

象形 礼冠をつけて、跪いて神意を聞く人の形。古くは令・命の二義に用いた。〔説文〕九上に「號を發するなり。亼卩に從ふ」と会意に解する。人を亼めて玉瑞の節(卩)を頒かち、政令を発する意とするが、卜文・金文の字形は、神官が目深に礼帽を著けて跪く形で、神意を承ける象とみられる。金文に「大令(命)」「天令(命)」のように命の字としても用い、西周後期に至って、祝禱の器の形をそえて命の字となる。鈴もはじめは令に従って鈴に作り、のち鈴に作る。鈴は神を降し、また神を送るときに用いる。令・命は神意に関して用いる語である。神意に従うことから令善の意となり、また命令の意から官長の名、また使役の意となる。

訓義 ①おつげ、神のおつげ。②みことのり、ふれ。③いましめ、おしえ、いう。④よい、ただしい、めでたい。⑤させる、せしめる、いいつける。⑥もし、たとえ。⑦伶と通じ、めしつかい。

古訓 〔名義抄〕令 ヨシ・オホセゴト・カナフ・セシム・ノリ・メス・ツグ・ヲシフ・ヤシナフ 〔字鏡〕令 アヅカル・ヲシフ・オホセゴト・セシム・オホス・ツカサドル・ヨシ・ノボル・シム・ツカヒ・ノブ・ツグ・ツグル

声系 〔説文〕に令声として囹・伶・領・泠・冷・零・聆・鈴など十八字を収める。伶・領・聆・鈴など神意を聞く意に関するものと、泠・冷・零など清冷の意に関するものがある。

語系 令 lieng、命 mieng は古くは令の一字で示されており、初期の金文では令をその二義に用いる。領 lieng は令と同声、神意を承けて領くことをいう。霝・零 lyeng は声近く、霝は多くの祝告を列ねて雨を祈る意。その巫を靈(霊)・孁 lyeng という。聆・鈴 lyeng も同声である。

【令儀】 立派な威儀。〔詩、小雅、賓之初筵〕賓既に醉へり 載ち號び載ち呶し～醉うて出でざるは 是れを伐徳と謂ふ 飲酒孔だ嘉し 維れ其れ令儀あらんには

【令終】 美名を保って死ぬ。〔詩、大雅、既酔〕昭明、融たる有り 高朗にして、終りを令くす

【令色】 温顔。また、うわべだけの愛想よし。〔論語、学而〕巧言令色、鮮なし仁。

【令人】 善行の人。〔詩、邶風、凱風〕凱風、南よりし 彼の棘薪を吹く 母氏は聖善なるに 我に令人無し

【令弟】 もと弟の称。のち、人の弟に対する敬称。唐・権徳輿〔唐の故の揚州兵曹参軍蕭府君墓誌銘〕初め君と令弟故司封郎中惟則、同に儒服を以て京師に游ぶ。賢士大夫、締交して義を慕ふ者、嚮きの如し。

【令徳】 立派な徳。〔詩、大雅、仮楽〕假樂の君子 顯顯たる令徳 民に宜しく、人に宜し

【令聞】 よいほまれ。令名。〔詩、大雅、江漢〕明明たる天子 令聞已まず

【令妹】 もと自分の妹をいう。のち、他人の妹をよぶ敬称。晉・左思〔離るるを悼みて妹に贈る、二首、一〕詩 峨峨たる令妹 應に挺生を期すべし 蘭の秀でたるが如く 芝の榮ゆるが如し

【令名】 名声。令聞。〔左伝、襄二十四年〕夫れ令名は徳の輿なり。德は國家の基なり。

【令問】 令聞。漢・蔡邕〔郭有道林宗(泰)の碑〕碑を樹てて墓に表し、景行を昭明し、芳烈をして百世に奮ひ、令問をして無窮に顯はれしむ。

↑令胤 令嗣／令格 規則／令岳 岳父様／令顔 美人／令規 善法／令器 よい器。よい才能／令君 知事／令兄 御兄上／令閨 令夫人／令慧 さとい／令眷 奥さま／令萱 御母堂／令厳 厳命／令士

善士／令子 令息／令姿 美しい姿／令嗣 ご子息／令児 酒令／令慈 御母堂／令辞 巧言／令室 夫人／令質 美質／令日 吉日／令淑 しとやか／令準 手本／令緒 功業／令女 令嬢／令章 酒令／令条 条例／令嬢 お嬢さま／令辰 吉日／令声 令名／令政 善政／令節 佳節／令族 名族／令孫 お孫様／令尊 御尊父／令台 令室／令丁 鈴／令典 法令／令図 善謀／令範 令規／令匹 善配／令辟 令甓／令甓 瓦塼／令母 令慈／令謨 よいはかりごと／令望 名望／令約 規定／令猷 令謨／令誉 名誉／令容 令姿／令令 鈴の鳴る音のさま

↓威令・遺令・応令・仮令・科令・家令・嘉令・戒令・格令・旧令・教令・矯令・禁令・訓令・軍令・月令・県令・憲令・厳令・号令・司令・使令・指令・時令・辞令・省令・詔令・縦令・条令・制令・政令・聖令・設令・善令・勅令・定令・伝令・発令・美令・布令・法令・命令・律令

常 **【礼】** 5 3221 人 **〔禮〕** 18 3521 レイ れいぎ うやまう

篆文

古文

甲骨文

金文

形声 旧字は禮に作り、豊声。豊は醴。その醴酒を用いて行う饗醴などの儀礼をいう。〔説文〕一上に「履なり」とし、「神に事へて福を致す所以なり」とし、豊の亦声とする。卜文・金文の字形には、豊の上部を玨の形、また二丰の形に従うものがあり、玉や禾穀の類を豆に加えて薦めた。古文として礼の字をあげており、漢碑にもその字がみえている。〔中庸、二十七〕に「禮儀三百、威儀三千」とあり、中国の古代文化は礼教的文化であった。

訓義 1れいぎ、いや、礼儀作法。2うやまう、そなえる、もてなす。3尊卑の秩序、定め、礼楽。4醴と通じ、醴酒。

古訓 〔名義抄〕礼 ウヤマフ・イノル／禮 ヲガム・ウヤマフ・タフ／礼代 ウヤシロ 〔字鏡集〕禮 タフ・ヲサム・タフトブ・イノル・マツリ・シタガフ・ウヤ・ヲガム・ウヤマフ・ユタカナリ・コトハリ

語系 禮lyeiは履lieiと声は近いが、特に声義の関係があるとはみえない。むしろ遲(遅)diei、徲dyeiなどが、その動作に近い語である。

【礼意】 礼敬の意。また、礼の精神。〔荘子、大宗師〕子貢趨り進みて曰く、敢て問ふ、尸に臨みて歌ふは禮かと。二人相ひ視て笑うて曰く、是れ惡んぞ禮の意を知らんと。

【礼楽】 礼と楽。儀礼の重要な部分。〔論語、陽貨〕禮と云ひ禮と云ふも、玉帛を云ふならんや。樂と云ひ樂と云ふも、鐘鼓を云ふならんや。

【礼義】 礼と義。〔礼記、礼運〕人は天地の心なり。五行の端なり。～五行以て質と爲し、禮義以て器と爲し、人情以て田と爲し、四靈以て畜と爲し、天地を以て本と爲す。故に物擧ぐべきなり。

【礼儀】 礼式作法。〔詩、小雅、楚茨〕禮儀既に備はり 鍾鼓既に戒む 孝孫、位に徂き 工祝致告す 神具に醉へり 皇尸載ち起つ

【礼教】 儀礼と教化。〔列子、楊朱〕端木叔は達人なり。德、其の祖(子貢)に過ぎたり。～衞の君子、多く禮教を以て自ら持するも、固より未だ以て此の人の心を得るに足らざるなり。

【礼遇】 厚く待遇する。〔後漢書、礼儀志上〕(三老五更を養ふの儀)天子親しく袒して牲を割き、醬を執りて饋り、爵を執りて酳ましむ。～明日皆闕に詣りて恩を謝す。禮遇せられ、大いに尊顯せらるるを以ての故なり。

【礼敬】 礼しうやまう。〔後漢書、樊宏伝〕(父重)性溫厚、法度有り、三世財を共にし、子孫朝夕に禮敬す。常に公家の若し。

【礼賜】 殊遇を以て賜う。〔三国志、魏、曹休伝〕吳を征す。～休、深く入り、戰ひ利あらず。～上書して罪を謝す。帝～慰諭して、禮賜すること益と隆んなり。休、此れに因り、癰、背に發して薨ず。

【礼辞】 儀礼的に、一度辞退する。〔儀礼、燕礼〕射人、賓に命ず。賓少しく進み、禮辭す。

【礼譲】 礼儀正しく、譲る。〔論語、里仁〕能く禮讓を以て國を爲めんか、何か有らん。

【礼制】 礼的な規定。〔礼記、楽記〕天高く地下く、萬物散殊にして、禮制行はる。

【礼節】 礼儀と節度。〔管子、牧民〕倉廩實ちて則ち禮節を知り、衣食足りて則ち榮辱を知る。

【礼俗】 礼儀習俗。世のしきたり。〔三国志、魏、王粲伝注に引く魏氏春秋〕(阮)籍、曠達不羈、禮俗に拘せられず。性至孝、居喪常檢に率はずと雖も、毀すること幾ど性を滅するに至る。

【礼待】 礼遇。〔池北偶談、二二(琉球入学)〕唐の貞觀中、學校を興す。新羅・百濟、倶に子を遣はして入學せしむ。～大琉球國、～王子及び陪臣の子、皆太學に入りて讀書す。禮待甚だ厚し。

【礼秩】 待遇。〔左伝、荘八年〕公孫無知、僖公に寵有り。衣服禮秩、適(嫡)の如し。

【礼典】 礼法。儀礼。〔晋書、阮籍伝〕裴楷曰く、阮籍は既に方外の士なり。故に禮典を崇ばず。我は俗中の士なり。故に軌儀を以て自ら居ると。時人歎じて、兩ながら得たりと爲せり。

【礼物】 儀礼と文物。贈答の物。晉・潘勗〔魏公に九錫を冊する文〕其の寵章を崇くし、其の禮物を備ふ。王室を蕃衞し、厥の世を左右(補佐)する所以なり。

【礼文】 礼制と文物。〔漢書、礼楽志〕周は二代に監み、禮文尤も具はる。～是に於て教化浹洽し、民用て和睦し、災害生ぜず。

【礼聘】 手厚くして招く。〔南史、隠逸下、陶弘景伝〕弘景、既に神符祕訣を得たり。～帝、飛丹を服して驗有るに及び、益と之れを敬重す。～帝手敕して之れを招き、鹿皮巾を錫ふ。後、屢と禮聘を加ふるも、竝びに出でず。

【礼法】 礼の規定。〔晋書、儒林伝序〕闕里(儒家)の典經を擯け、正始の餘論(清談)を習ひ、禮法を指して流俗と爲し、縱誕を目するに淸高を以てせざる莫し。

【礼貌】 尊敬の態度。〔孟子、告子下〕禮貌未だ衰へざるも、言行はれざれば、則ち之れを去る。

【礼容】 礼節の儀容。〔史記、孔子世家〕孔子兒爲りしとき、嬉戲するに、常に俎豆を陳ね、禮容を設く。

↑礼愛 敬愛／礼衣 礼服／礼異 殊礼／礼遺 礼物／礼顔 端正な顔／礼誼 正道／礼訓 礼の教え／礼刑 礼儀と刑罰／礼眷 厚く礼する／礼検 作法／礼賢 賢者を尊ぶ／礼憲 礼法／礼賛 賛美する／礼施 礼賜する／礼贄 礼物／礼事 儀礼の事／礼酒 賜酒／礼術 礼法／礼序 礼法／礼帖 贈り物の目録／礼縟 わずらわしい礼／礼数 礼憲／礼接 礼遇／礼則 礼法／礼徴 徴聘／礼奠 お供え／礼度 礼儀／礼拝 拝礼／礼煩 儀礼がわずらわしい／礼繁 礼煩／礼品 礼物／礼服 礼装／礼分 礼検／礼辟 厚礼を以て招く／礼防 礼を以て守る／礼酪 酒代／礼律 礼刑／礼賂 贈り物

↓盈礼・越礼・恩礼・加礼・過礼・嘉礼・回礼・学礼・冠礼・饋礼・儀礼・吉礼・客礼・旧礼・虚礼・凶礼・享礼・饗礼・曲礼・覲礼・軍礼・敬礼・欠礼・古礼・伉礼・行礼・厚礼・昏礼・婚礼・祭礼・三礼・式礼・失礼・執礼・謝礼・殊礼・酒礼・周礼・修礼・習礼・巡礼・順礼・諸礼・常礼・縟礼・正礼・成礼・制礼・盛礼・喪礼・葬礼・大礼・達礼・秩礼・頂礼・朝礼・典礼・登礼・答礼・拝礼・悖礼・敗礼・煩礼・繁礼・非礼・百礼・賓礼・無礼・復礼・聘礼・返礼・変礼・報礼・末礼・黙礼・約礼・踰礼・有礼・陽礼・立礼・隆礼

人 **【伶】** 7 2823 レイ がくじん わざおぎ こもの

篆文 金文

形声 声符は令。令は神につかえ、神意を聴く人の形。深く礼帽を被り、跪く姿勢の人である。舞楽する伶人の意とするものであろう。〔説文〕八上に「弄なり」とあり、楚囚のうちに伶人があって、よく南音を操ることをしるしている。もとは楽を以て神事に与ったものであろう。伶仃は畳韻の連語である。

訓義 ①がくじん、わざおぎ。②こもの、つかえるもの。③怜と通じ、かしこい。④伶仃は、ひとりゆくさま、孤独。

古訓 〔名義抄〕伶俜 サスラフ／伶仃 サスラフ 〔篇立〕伶 サスラフ

語系 伶仃lyeng-tyengは畳韻の連語。ひとりさすらうことをいう形況の語。伶俜・零丁も同じ意。国語のぶらぶらなどにあたる語である。

【伶官】 楽人。〔宋史、文苑一、馮吉伝〕雅より琵琶を好み、尤も其の妙に臻る。～(父)道、之れを辱めんと欲し、家の宴に因り、～賜ふに束帛を以てす。吉、肩に置き、左に琵琶を抱き、膝を按じて再拝すること、伶官の狀の如し。

【伶人】 楽人。〔晋書、隠逸、戴逵伝〕性、當世を樂しまず。常に琴書を以て自ら娛しむ。～太宰武陵王晞、其の善く琴を鼓するを聞き、人をして之れを召さしむ。逵、使者に對へ琴を破りて曰く、戴安道は王門の伶人爲らずと。

【伶仃】 志を失うさま。孤独。宋・陸游〔幽居遺懐、三首、二〕詩 斜陽孤影、伶仃を歎く 横按烏藤(籐の杖)、草亭に坐す 閑久しうして更に知る、貧に味有るを 病多きも那ぞ責めん、藥に靈無きを

【伶俜】 孤独。うらぶれる。金・元好問〔再び新衛に到る〕詩 蝗旱(いなごの虫害と、ひでり)相ひ仍りて、歳(みのり)已に荒なり 伶俜して、十口、郷に還るに値ふ

【伶優】 わざおぎ。宋・蘇軾〔周開祖長官の寄せらるるに次韻す〕詩 東西に俯仰して、數州を閲す 岐路に老ゆるも、豈に伶優ならんや

↑伶界 演劇界／伶魁 楽長／伶楽 音楽／伶工 楽人／伶使 召使い／伶侏 楽人／伶仃 伶透 かしこい／伶便 軽快にたちはたらく／伶俐 かしこい

↓歌伶・工伶・酒伶・女伶・小伶・倡伶・村伶・府伶・野伶・優伶・老伶

常 **【冷】** 7 3813 レイ つめたい ひややか さむい ひえる

篆文

形声 声符は令。〔説文〕十一下に「寒きなり」とあり、寒冷をいう。涼・凜などと声義の近い字である。

訓義 ①つめたい、ひややか。②さむい、すずしい。③ひやす、ひえる、さます。④きよい、すむ。⑤おとろえる、ひま。

古訓 〔名義抄〕冷 スヾシ・スサマジ・ヒヤ、カナリ・サムシ・サム・サヤカニ・カナフ・コホル・キヨシ

語系 冷leng、涼liang、凜・癛liəmは声義に通ずるところがあり、同系の語である。

【冷雨】 冷たい雨。清・呉昌碩〔昔感〕詩 衰老始めて知る、多事の苦しみ 亂離翻つて抱く、家有るの憂ひ 相ひ憐れむは、只だ芙蓉の在るのみ有り 冷雨殘花、小樓に傍ふ

【冷豔】 冷たく美しい。雪や白い花にたとえる。唐・丘為〔左掖の梨花〕詩 冷豔全て雪を欺き 餘香、乍ち衣に入る 春風、且らく定まること莫かれ 吹きて玉階に向つて飛ばしめよ

【冷眼】 冷静にみる。冷淡な態度でみる。宋・黄庭堅〔鷓鴣天〕詞 身健在なり 且らく加餐せよ 舞裙歌板、清歡を盡せ 黄花白髮、相ひ牽挽し 旁人の冷眼にて看るに付與す

【冷雁】 寒空の雁。清・王士禎〔戯れに元遺山の論詩絶句に倣ふ、三十六首、三十三〕詩 詩情、合に在るべし、空舲峽(湖北、秭帰) 冷雁哀猿、竹枝に和するに

【冷気】 風邪。〔梁書、孝行、褚脩伝〕脩、性至孝、父の喪に毀瘠過禮、因りて冷氣を患ふ。母の憂(死)に丁ふに及び、水漿口に入らざること二十三日、氣絶えて復た蘇へる。

【冷硯】 冷たい硯。宋・蘇軾〔泗州、除夜雪中、黄師是(寔)、酥酒を送る、二首、一〕詩 冷硯、書せんと欲して、先づ自ら凍り 孤燈何事ぞ、獨り花(灯花)を生ず

【冷香】 清香。宋・曾鞏〔越中の梅を憶ふ〕詩 浣沙亭北、小山の梅 蘭渚より移し來つて、手自ら栽う 今日舊林、冰雪の地 冷香幽艷、誰に向つてか開く

【冷語】 冷淡な語。〔類説、二十七、外史檮杌〕潘杜迎、孟蜀の時、財を以て權要に結ぶ。或ひと之れを戒む。乃ち曰く、是れ～冷語を以て、人を氷にするを欲せざるのみと。

【冷酒】 ひや酒。唐・白居易〔何れの処にか春先づ到る〕詩 何れの處にか、春先づ到る 橋東、水北の亭 凍花、開くこと未だ得ず 冷酒、酌むも醒め難し

【冷笑】 あざ笑う。〔北史、崔贍伝〕贍、別に異議を立つ。(魏)收讀み訖り、笑ひて言はず。贍、色を正して曰く、～贍の議、是くの若し。～何ぞ容に國士の議文を讀みて、直だ此に冷笑すべけんや～と。

【冷暖】 寒温。宋・蘇軾〔韓退之の孟郊墓銘、～王定国に問ひ、～来詩の下語、未だ契はず。此れを作りて之れに答ふ〕詩 吾が言、豈に多きを須ひんや 冷暖、子自ら知るべし

【冷面】 冷ややかな顔つき。〔明史、周新伝〕監察御史に改めらる。敢言し、彈劾する所多し。貴戚震懼し、目して冷面寒鐵と爲す。

【冷落】 ものさびしい。唐・白居易〔琵琶行〕詩 門前冷落して、鞍馬稀なり 老大、嫁して商人の婦と作る

【冷冷】 清冷のさま。元・王蒙〔己の画に題す〕詩 蒼崖、空翠を積み 我が曠古の心を怡しましむ 飛泉、深谷に落ち 冷冷として玉琴を彈ず

【冷露】 清冷の露。唐・王建〔十五夜、月を望み、杜郎中に寄す〕詩 中庭、地白くして 樹に鴉を棲ましめ 冷露、聲無くして、桂花を濕す

↑冷意 冷淡／冷煙 寒煙／冷汗 ひや汗／冷官 閑職／冷澗 清澗／冷宮 寒宮／冷遇 ひややかにもてなす／冷月 寒月／冷光 ひややかな光／冷酷 無慈悲／冷坐 さびしく坐る／冷絮 雪／冷峭 寒さがきびしい／冷食 寒食／冷人 心の冷たい人／冷心 冷淡／冷水 涼水／冷静 沈着／冷節 寒食の節／冷箭 流れ矢／冷然 ひややか／冷待 無愛想／冷沢 氷／冷淡 無情／冷地 寒冷の地／冷秩 微官／冷腸 冷淡／冷灯 寒灯／冷凍 氷る／冷熱 冷暖／冷罵 ひややかにののしる／冷杯 冷酒／冷飯 貧しい食事／冷痺 しびれ／冷風 寒風／冷僻 さびしい

僻地/冷蔑 軽蔑する/冷冽 清冽

↓衣冷・温冷・炎冷・瓦冷・灰冷・寒冷・眼冷・虚冷・暁冷・空冷・暄冷・厳冷・衫冷・酸冷・歯冷・酒冷・秋冷・春冷・水冷・衰冷・井冷・凄冷・清冷・泉冷・暖冷・風冷・涼冷・露冷

常 **【励】** 7 7422 〖勵〗 17 7422

レイ はげむ はげます つとめる

形声 旧字は勵に作り、厲声。厲がその初文。厲は礪で剛石。力は耒の象形。石の多い荒地を耕す意で、苦労が多く、奮励を要することをいう。〔説文〕に勵の字を収めず、力部十三下に勱を録し、「勉力なり。周書に曰く、用つて我が邦家を勱めよ」（〔書、立政〕の文）とあり、厲と同音によむという。〔段注〕に勱は邁であろうというが、厲と同音というのは、勵の意に用いるとみてよい。

訓義 ①はげむ、つとめる。②すすめる、はげます。③厲がその初文、厲と通用する。

古訓 〔名義抄〕勵 ハゲム・ス、ム 〔篇立〕勵 ハゲム・ホシイマヽ・ス、ム・ハゲマス・コハシ

語系 勵・厲liat は同声。もと同字。また勱meat は声義近く、亹miuəi、忞mian は、勱と一系をなす語である。

【励行】 徳行にはげむ。〔北史、循吏、梁彦光伝〕（焦通）性、酒に酗ひ、親に事へて禮闕く。～彥光、訓喩して之れを遣る。後、過を改めて勵行し、卒に善士と爲れり。

【励志】 心を奮って努力する。〔旧唐書、李渤伝〕渤、其の家の汚なるを恥ぢ、堅苦して仕へず。嵩山に隱れ、讀書業文を以て事と爲す。志を文學に勵まし、科擧に從はず。

【励精】 精出す。〔北史、薛端伝〕端、～志操有り。～弟裕と勵精篤學、人事に交はらず。

【励徳】 徳につとめる。〔文心雕竜、宗経〕徳を勵まして聲を樹つるに、聖を師とせざる莫し。言を建て辭を脩むるに、克く經を宗とするもの鮮し。

↑励勗 励勉する/励奨 奨励する/励世 世に勧める/励声 大声でいう/励節 節を励ます/励操 励節/励勉 はげます/励翼 励まし助ける

↓慰励・蘊励・誡励・恪励・歓励・糾励・教励・矯励・勗励・勤励・警励・激励・鼓励・克励・刻励・剋励・砕励・淬励・策励・砥励・奨励・飭励・振励・綏励・精励・率励・雕励・督励・奮励・勉励・貶励・猛励

常 **【戻】** 7 〖戾〗 8 3023

レイ もとる つみ いたる もどる

篆文

会意 旧字は戾に作り、戸（戸）＋犬。戸下に犬牲を埋めて呪禁とする意。ここを犯すことは違戾のこととされた。〔説文〕十上に「曲るなり。犬の戸下に出づるに從ふ。戾なる者は、身曲戾するなり」とするが、それでは罪戾の意を説きがたい。殷代の遺址には、しばしば戸下に牲を用いることがある。〔詩、小雅、節南山〕「此の大戾を降す」、〔左伝、文四年〕「其れ敢て大禮を干して、以て自ら戾を取らんや」など、みな重い罪戾をいう。また〔詩、小雅、雨無正〕「止戾する所靡し」、〔小雅、四月〕「翰く飛んで天に戾る」など、至戾の義も、戸下に呪禁を施すことから、その義を生じたものであろう。

訓義 ①もとる、おかす、やぶる。②つみ、むさぼる、しいたげる。③とまる、いたる、さだまる、まつ、したがう。④国語で、もどる、もどす。

古訓 〔名義抄〕戾 モドル・ツミ・イタル・トシ・スシ・マツ・タカラ・トヾム・トヾマル・メグル・マガル・サダム・トル・ミル・キタル・ソムク

声系 〔説文〕に戾声として綟など二字を収める。

語系 戾lyet、沴（莅）liet は声義に通ずるところがあり、沴は定められた位置に臨むことをいう。

【戾疫】 悪疫。〔墨子、天志中〕是を以て天の寒熱を爲すや、四時を節し、陰陽雨露を調ふ。～疾菑戾疫凶饑は則ち至らず。

【戾虐】 暴虐。〔左伝、昭二十六年〕厲王に至りて、王の心戾虐なり。萬民忍びず、王を彘に居き、諸侯、位を釋てて、以て王政に閒る。

↑戾悍 凶暴/戾気 邪気/戾行 あやまった行い/戾很 道にもとる/戾止 至る/戾手 手をひねる/戾心 悪心/戾旋 道にもとる/戾沓 多言/戾悖 道にもとる/戾謬 もとり誤る/戾夫 悪人/戾戾 風の音の急なさま

↓悪戾・違戾・怨戾・乖戾・怪戾・悔戾・攫戾・悍戾・詭戾・咎戾・凶戾・狷戾・愆戾・狡戾・降戾・獷戾・剛戾・很戾・狠戾・差戾・罪戾・錯戾・止戾・刺戾・疵戾・鷙戾・醜戾・争戾・大戾・貪戾・天戾・背戾・悖戾・反戾・叛戾・否戾・鄙戾・繆戾・謬戾・払戾・怫戾・忿戾・僻戾・暴戾・猛戾・聊戾・寥戾・狼戾

常 **【例】** 8 2220

レイ レツ ためし しきたり たとえ

篆文

形声 声符は列。列は裂骨・裂肉の意。例とは、これを以て呪禁とすることをいう。〔周礼、秋官、司隷、注〕に「厲は遮例なり」とあって、例を迾の意に用いる。〔説文〕八上に「比なり」と比例の意とするのは、その転義。のち遮迾には迾を用い、例は比例・慣例の意に用いる。

訓義 ①ためし、たぐい。②しきたり、ならわし。③おおむね、みな。④国語で、たとえる、たとえ。

古訓 〔名義抄〕例 ツネナリ・トモガラ・ナラブ・モトヨリ・イカル 〔字鏡集〕例 ツネ・トモガラ・タグヒ・ツネナリ・イカル・ウカナフ・モトヨリ・ナラブ

【例出】 旧例により、また共犯嫌疑などで地方に転出すること。唐・韓愈〔柳子厚（宗元）墓誌銘〕遇ゝ事を用ふる者罪を得、例もて出だされて刺史と爲る。未だ至らず。又例もて州司馬に貶せらる。閑に居りて、益ゝ自ら刻苦す。

↑例案 法案/例仮 規定による休日/例外 規定外/例規 規定/例禁 禁制/例言 凡例/例行 慣行/例刻 定刻/例子 慣例/例証 証明/例転 定時の役職の移動/例話 凡例

↓悪例・異例・違例・一例・引例・恩例・家例・嘉例・慣例・義例・吉例・旧例・挙例・古例・恒例・罪例・作例・事例・実例・釈例・諸例・少例・条例・常例・正例・先例・前例・大例・断例・通例・定例・適例・典例・特例・発例・凡例・判例・範例・比例・品例・不例・文例・変例・法例・用例・流例・類例

【囹】 8 6030

レイ ひとや

篆文

形声 声符は令。令は人が跪坐して神意を伺う形。〔説文〕六下に「獄なり」とあり、獄舎を囹圄・囹圉という。吾は祝禱の器（𠙵）を敔る意。幸は手械の象。いずれも呪禁や罪戾の意をもつ字である。古くは罪戾は神に対するものとされ、囹圄は聖所に附設されることが多かった。それで罪人は、多く神の徒隷とされた。

訓義 ①ひとや、ろう、ろうや。

古訓 〔名義抄〕囹 ヒトヤ/囹圄 ヒトヤ

【囹圄】 ひとや。〔礼記、月令〕（仲春の月）有司に命じて、囹圄を省き、桎梏を去り、肆掠すること毋く、獄訟を止めしむ。

【囹圉】 ひとや。〔史記、秦始皇紀論賛〕今、秦二世立つ。

~囹圄を虚しうして刑戮を免ず。

[人] **【怜】** 8 9803 レイ レン かしこい さとい あわれむ

形声 声符は令。令は人が礼冠を著け、跪いて神意を聴く形。その神意をさとることを怜という。〔玉篇〕に「心に了るなり」とみえる。初唐のころには憐（憐）と通用したらしく、〔万葉集〕には当時の用義によって「あはれ・うまし・おもしろ・うらさぶ」のように訓する。「何怜」を「あはれ」とよむのは、「可怜（憐）むべし」の意である。

訓義 [1]かしこい、さとい。[2]あわれむ、いつくしむ。[3]よし、よろし。

古訓 〔名義抄〕怜 アハレブ・カナシブ・オモシロシ・ホコル 〔字鏡集〕怜 カナシブ・ホコル・ウツクシブ・イタム・ヲシム・オモシロシ・カナシ・ス、メク・サ、メク・サトル・アハレブ

【怜悧】 かしこい。宋・朱淑真〔自ら責む、二首、二〕詩 情懐轉た蕭索たるを添じ得て 始めて知る、怜悧は癡に如かざるを

↑怜賢 賢い／怜殺 憐殺／怜質 怜悧の質

↓可怜

【沴】 8 3812 レイ テン シン そこなう わざわい

篆文

会意 水＋㐱の省文。〔説文〕十一上に「沴は水利からざるなり。水に從ひ、㐱聲。五行傳に曰く、其（六）の沴の作るが若し」と〔伏生洪範五行伝〕の文を引く。気の相傷なうを沴という。㐱にその声はないから、殄厲の意を以て、会意の字とすべきであろう。

訓義 [1]そこなう、やぶる。[2]わざわい、悪気。[3]よどむ。[4]みちる、みだれる。

古訓 〔名義抄〕沴 ミダル・ワザハヒ 〔字鏡集〕沴 ミダル・ワザハヒ・ミヅノニブキ

語系 沴liai、戾（戻）lyetは声近く、戾は疾戾の意がある。

【沴疫】 悪疫。清・曾国藩〔季弟事恒墓誌銘〕江東久しく兵に虐げられ、沴疫繁く興り、將士物故相ひ屬ぐ。弟も亦た屢く危きに瀕せり。~戰守すること四十六日、賊退けるも疾甚だしく、復た治すべからず。

【沴気】 災害不祥の気。北周・庾信〔江南を哀しむ賦〕況んや沴氣朝に浮び、妖精夜に殞つ。赤烏は則ち三朝、日を夾み、蒼雲は則ち七重、軫を圍むを以てするをや。亡呉の歳既に窮まり、入郢の年斯に盡く。

↑沴怪 異変／沴孽 災禍／沴裁 災禍／沴魃 鬼怪／沴戾 災異／沴癘 沴疫

↓陰沴・雲沴・災沴・作沴・祲沴・大沴・表沴・氛沴・妖沴・六沴

【泠】 8 3813 レイ さとす さとる

篆文

形声 声符は令。〔説文〕十一上に水名とし、「泠水は丹陽宛陵より出で、西北して江に入る」（段注本）という。令・聆・零・伶と通じ、その義に用いられる。令は礼帽を深く被って跪き、神意を聆く姿。その声義を承ける字である。

訓義 [1]さとす、おしえる。[2]きく、さとる。[3]零と通じ、ふる、おちる。[4]冷と通じ、冷々。[5]伶と通じ、楽官。[6]川の名。

古訓 〔名義抄〕泠 サムシ・キヨシ・ヨシ・スヾシ 〔篇立〕泠 ヨシ・スサマシ・サムシ・サム・キヨシ・ス（ズ）シ・ヒタス

【泠人】 楽官。伶人。〔左伝、成九年〕晉侯~鍾儀を見、~召して之れを弔す。~其の族を問ふ。對へて曰く、泠人なりと。公曰く、能く樂せんかと。對へて曰く、先父の職官なり。敢て二事有らんやと。之れに琴を與へしむ。南音を操る。

【泠然】 軽妙のさま。〔荘子、逍遥遊〕夫の列子は風に御して行く、泠然として善し。~彼、福を致す者に於て、未だ數數然たらざるなり。

↑泠官 伶人／泠汰 超脱する／泠波 清波／泠風 さわやかな風／泠毛 落毛／泠泠 さわやかな音のさま／泠洌 清冽

↓清泠・涕泠・適泠・流泠

[人] **【玲】** 9 1813 レイ ゆらめく

篆文

形声 声符は令。〔説文〕一上に「玉聲なり」とあり、玲瓏のように双声の連語として用いる。丁当などというのと同類の語である。

訓義 [1]たまのおと。[2]ゆらめく、かがやく。

古訓 〔名義抄〕玲瓏 ―トナル・―トカヾヤク・テル・ユラメク 〔字鏡集〕玲 タマノコヱ

【玲玎】 玉石の涼しく鳴る音。唐・皮日休〔太湖の詩、林屋洞に入る〕匍匐すること一百歩 稍稍策（杖）、横たふべし 忽然、白蝙蝠 來りて松炬明を撲つ 人語、澒洞に散じ 石響高く玲玎たり

【玲玲】 玉のふれあう音。〔文心雕竜、声律〕聲、吻に轉じて、玲玲として玉を振ふが如く、辭、耳に靡しくして、纍纍として珠を貫くが如し。

【玲瓏】 玉のふれあう音。また、玉のように美しいさま。唐・白居易〔長恨歌〕詩 樓閣玲瓏として、五雲起る 其の中綽約として、仙子多し 中に一人有り、字は太眞 雪膚花貌、參差として是れなり

↑玲琅 玉声

【苓】 9 4430 レイ みみなぐさ かんぞう

篆文

形声 声符は令。〔説文〕一下に「苓耳、卷耳なり」（段注本）とあり、卷耳は〔詩、周南、卷耳〕にその草摘み歌がみえる。〔詩、唐風、采苓〕に「苓を采り苓を采る」と歌うものは蘦と通じ、〔毛伝〕によると大苦、甘草であるという。また零と通じ、「苓落」のようにいうことがある。

訓義 [1]みみなぐさ。[2]かんぞう。[3]零と通じ、おちる。[4]茯苓は、ぶくりょう。菌の一種、まつほど。[5]軨と通じ、車のよこぎ、覆苓という。

古訓 〔名義抄〕茯苓 マツホド 〔篇立〕苓 マツホド

↑苓亀 茯苓／苓颯 首を伏せた姿／苓耳 みみなぐさ／苓通 猪や馬の糞／苓落 零落する／苓蘢 よく茂るさま

↓豨苓・采苓・隰苓・猪苓・伏苓・芳苓

【瓴】 10 8131 レイ かめ

篆文

形声 声符は令。〔説文〕十二下に「甖なり。缾に似たる者なり」（段注本）とあり、〔段注〕は〔史記、高祖紀〕の〔晋灼注〕に引く許慎説による。甖の耳あるものを瓴という。また牝瓦、敷き瓦をいう。

訓義 [1]かめ、両耳のあるかめ。[2]やね瓦のめ瓦。[3]しき瓦。

古訓 〔名義抄〕瓴 カメ・チ、

【瓴甓】 しきがわら。煉瓦。〔困学紀聞、考史六〕（皇覧に引く孔子冢）冢前に瓴甓を以て祠壇を爲る。方六尺、地と平らかなり。

↑瓴水 瓶水／瓴甋 磚／瓴缶 すがめ

↓甕瓴・側瓴・陶瓴・拊瓴・盆瓴

【茘】 10 4442 レイ おおにら れいし

篆文

形声 声符は劦。〔説文〕一下に「艸なり。蒲に似て小。根は刷と作すべし」とみえる。また茘枝をいう。南方蒼梧の名果として知られ、楊貴妃が好

んだという。

【訓義】①茘挺、おおにら。②茘枝、れいし。

【古訓】〔名義抄〕茘 ハヒマユミ・コケ・シベ 〔字鏡集〕茘 ハイマユミ・カツラ・コケ・シベ

【茘子】れいし 茘枝。唐・韓愈〔柳州羅池廟碑〕其の辭に曰く、茘子は丹くして、蕉は黄なり 肴蔬に雜へて、侯の堂に進む～侯を待つも來らず 我が悲しみを知らず

【茘支】れいし 茘枝。〔後漢書、和帝紀〕(元興元年)舊南海、龍眼・茘支を獻ず。十里に一置、五里に一候、阻險を奔騰し、死者路に繼ぐ。～帝詔を下して曰く、遠國の珍羞は、本と宗廟に薦奉す。苟くも傷害すること有らば、豈に愛民の本ならん。～復た獻を受くる勿かれと。是れに由りて、遂に省けり。

【茘蕉】れいしょう 茘枝と芭蕉の實。宋・蘇軾〔陶の龐參軍に答ふるに和す、六首、二〕詩 旨酒、茘蕉 甘を絶ち珍を分つ 晩接と云ふと雖も 數面して自ら親しむ

【茘奴】れいど 人を罵る語。〔晋書、劉曜載記〕(三年)關中大いに亂れ、城門晝も閉せり。(游)子遠、又獄より表して諫む。曜怒ること甚だしく、其の表を毀りて曰く、大茘奴、命の須臾に在るを憂へずして、猶ほ敢てすること此の如し～と。

↑茘枝れいし 南方の果物、れいし/茘丹れいたん 茘枝の実

↓紅茘・香茘・細茘・薜茘・大茘

【唳】 11 6303 レイ なく

篆文

形声 声符は戻(戾)れい。〔玉篇〕に「鳥鳴くなり」、〔説文新附〕二上に「鶴鳴くなり」とあり、長啼きすることをいう。晋の陸機は讒を受けて殺されるとき、「華亭の鶴唳を聞かんと欲するも、復た得べけんや」と嘆いたという。

【訓義】①なく、とりがなく、鶴がなく。②字はまた、戻・厲に作る。

【古訓】〔名義抄〕唳 ナク 〔篇立〕唳 ナク・ユク・セク 〔字鏡集〕唳 ナル・ナク

↑唳嘹れいりょう 鳴き声がとおる

↓鶴唳・寒唳・雁唳・嘒唳・潔唳・孤唳・高唳・悽唳・清唳・嘹唳

【捩】 11 5303 レイ レツ ねじる くじく ばち

形声 声符は戻(戾)れい。戾は戸下に犬牲を埋めて呪禁とする意。その呪禁をむりに破ることを捩という。この字は古い字書にみえず、戾より分化した後起の字。梁の簡文帝の〔内人の昼眠を詠ず〕の詩に「捩を插みて琵琶を擧ぐ」とは、「ばち」のことをいう。唐・宋以後に用例のみえる字である。

【訓義】①ねじる、まげる。②くじく、おる、もとる。③ばち。

【古訓】〔名義抄〕捩 モトル・バチ・クジル・クジク・ヘク 〔篇立〕捩 イカラカス・モトル・クルシ・モトロカス

【捩手】れいしゅ 手をねじる。唐・韓愈〔窮を送る文〕手を捩れば羹を覆へし、喉を轉ずれば諱(忌違)に觸る。凡そ吾が面目をして憎むべく、語言をして無味ならしめる所以の者は、皆子の志なり。其の名を智窮と曰ふ。

【捩柁】れいだ 舵をまわす。宋・厳仁〔鷓鴣天(惜別)〕詞 一曲の危絃、客腸を斷つ 津橋に柁を捩らして、牙檣を轉ず 江心の雲は、蒲帆を帶びて重く 樓上の風は、粉香を吹いて香し

↑捩眼れいがん 横目でみる/捩眥れいせい 捩眼/捩舵れいだ 捩柁/捩転れいてん まげて方向をかえる

↓揷捩・撥捩・面捩

【笭】 11 8830 レイ かご

篆文 金文

形声 声符は令れい。〔説文〕五上に「車笭なり」とあり、車の前後両旁に、塵を避けるためにとりつけるもので、竹を編んで作る。〔広雅、釈器〕に「籠なり」とあり、竹籠。また〔釈名、釈船〕に「舟中の牀、以て物を薦むる者を笭と曰ふ。但だ簀のみ有りて、笭牀の如きを言ふなり」とみえる。

【訓義】①くるまのちりよけ。②かご、たけかご、びく。③舟中にしくもの。

【古訓】〔名義抄〕舟笭 フタ(ナ)ドコ 〔篇立〕笭 カタミ 〔字鏡集〕笭 カタミ・コ

↑笭篁れいこう 簀の子/笭牀れいしょう 棺中の簀の子/笭箵れいせい 竹籠/笭突れいとつ 簀の子台

入【羚】 11 8853 〔麢〕 28 0026 レイ かもしか

篆文

形声 声符は令れい。羚羊。本字は麢に作り、鹿に従い霝れい声。〔説文〕十上に「大羊にして細角」という。字はまた羚に作る。

【訓義】①かもしか。

【古訓】〔字鏡集〕羚 ヒツジノコ/麢 ヤマシ・ヤマノヒツジ

【羚羊】れいよう(やう) かもしか。夜、角を木に繫けて眠るという。〔滄浪詩話、詩弁〕詩なる者は、情性を吟詠するなり。盛唐の諸人、惟だ興趣に在り、羚羊、角を挂け、迹の求むべき無し。故に其の妙處は、透徹玲瓏として、湊泊すべからず。

【翎】 11 8732 レイ はね

篆文

形声 声符は令れい。〔説文新附〕四上に「羽なり」とし、〔玉篇〕には「箭の羽なり」とあって、矢ばねの意とする。鳥の羽毛などをいう語である。清の官吏の礼帽上には、孔雀の羽などをつけた。

【訓義】①はね、つばさ。②羽毛。

↑翎羽れいう 鳥の羽/翎花れいか 矢の羽/翎子れいし 礼帽の飾り羽/翎枝れいし 翎子/翎隻れいせき 翎子/翎毛れいもう 羽毛

↓羽翎・雲翎・鵝翎・鶴翎・軽翎・紅翎・綵翎・翅翎・繡翎・翠翎・剪翎・素翎・双翎・霜翎・帯翎・鳥翎・雕翎・白翎・毛翎・鷺翎

【聆】 11 1813 レイ きく さとる したがう

篆文

形声 声符は令れい。令は礼帽を深く被った神官が、跪いて神意を承けている形。神意を聴くことをいう。聆は令の繁文とみてよい字である。〔説文〕十二上に「聽くなり」、〔広雅、釈詁一〕に「從ふなり」とあって、神意を聴いて悟り、従うことをいう。心に悟ることを聆聆という。

【訓義】①きく、神意をきく。②さとる。③したがう。

【古訓】〔新撰字鏡〕聆 謀を聽くなり。止弥々(とみみ)、又、弥々止志(みみとし) 〔名義抄〕聆 キク・トミミ・ミミトシ

【聆音】れいおん 音声をきく。晋・陶潜〔自祭文〕羞むるに嘉蔬を以てし、薦むるに清酌を以てす。顏を候へば已に冥く、音を聆くこと愈ゝ漠たり。嗚呼哀しい哉。

【聆風】れいふう 風の音をきく。唐・劉禹錫〔彭陽唱和集後引〕風を聆きて相ひ悦ぶ者と四十年、會面交歡する者、十九年。詩を以て投ぜらるるもの、凡そ七十九首なり。

【聆聆】れいれい 心にさとるさま。また、明らかとなるさま。〔淮南子、説山訓〕學に通ぜざる者は、迷惑して之れに告ぐるに東西南北を以てせば、居る所は聆聆なるも、背きては得ざるが若し。凡要を知らざればなり。

↑聆教れいきょう 受教/聆訓れいくん 受教/聆悉れいしつ よく承知する。拝悉/聆取れいしゅ 聞き知る/聆受れいじゅ きく/聆聴れいちょう きく

↓耳聆・静聆・側聆・竚聆・俯聆

【舲】 11 2843 レイ やかたぶね こぶね

形声 声符は令れい。〔玉篇〕に「小船屋なり」とあり、船室があって窓を設けたものをいう。〔淮南子、俶真訓〕に「越舲蜀艇も、水無くして浮くこと能はず」とみえる。

【訓義】1やかたぶね、まどのある小舟。2こぶね。
【古訓】〔名義抄〕舲 フネ〔篇立〕舲 コフネノヤ・コフネ〔字鏡集〕舲 フネ・ヤカタ・コフネノヤ
【舲船】れいせん やかたぶね。〔楚辞、九章、渉江〕舲船に乗じて、余(われ)沅を上らんとす 呉榜(ごぼう)(呉人の漕ぐ櫂)を齊(ひと)しうして、汰(なみ)を撃つ 船、容與(ようよ)として進まず 回水に淹(とど)まりて疑(凝)滞(ぎようたい)す
↓越舲・小舲

【豊】13 5510 レイ ホウ たかつき
篆文 金文

【象形】豆に禾穀を盛れる形。〔説文〕五上に「禮を行ふの器なり」とあり、禮(礼)と同声の字。大きな豆で、たかつき。その豐滿なるは豐(豊)という。いま豐の常用漢字を豊とする。
【訓義】1たかつき。2礼・醴と通用する。

常【鈴】13 8813 レイ すず りん
篆文 金文
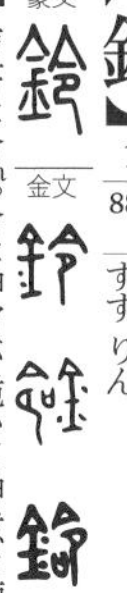
【形声】声符は令。令は神官が跪いて神意を聴く形。鈴は神をよび降し、また神を送るときに用いる楽器であった。〔周礼、春官、巾車〕に「大祭祀には、鈴を鳴らして以て雞人に應ず」とみえる。金文の鐘銘に「穌鐘鈴」というものがあり、また「鈴鐘」というものがある。みな祭器である。旗や車馬の類に鈴をつけることが多く、その音を以て邪霊を祓った。〔説文〕十四上に「令丁なり」とあり、令丁はその鳴る音の擬声語。玉声に玲というのと同じである。
【訓義】1すず、りん。2すずおと。3軨と通じ、車のれんじ。4令は鈴と通じ、令令は、鈴鈴。
【古訓】〔和名抄〕鈴 楊氏漢語抄に云ふ、鈴子。須々(すず)〔名義抄〕鈴 スヾ・カムカフ・オトヅル/鈴子 スヾ〔篇立〕鈴 ナルスヾ・オトヅル・カムカフ・アキラカ
【鈴架】れいか 鈴のついたたな。ふれると鈴が鳴り、敵襲を知らせるもの。〔資治通鑑、唐紀七十九〕(昭宗、天復二年)(九月壬子)朱全忠、蚰蜒(げじげじ)壕を穿ちて、鳳翔を圍む。犬舗(番犬小屋)・鈴架を設けて、以て內外を絶つ。
【鈴声】れいせい 鈴の音。唐・杜荀鶴〔秋、臨江駅に宿す〕詩 漁舟火影、寒くして浦に歸り 驛路鈴聲、夜、山を過ぐ
【鈴鐸】れいたく 鈴。清・王鳴盛〔蘆溝橋〕詩 人を喚ぶ、喔喔として、荒雞早く 照影、蒼蒼として、曉色寒し 沙際の閑鷗、應に我を笑ふなるべし 又鈴鐸を聴いて征鞍を送る
【鈴鈴】れいれい ゆらゆらと動く音。〔漢書、天文志〕(孝景後元五月丙戌)地大いに動くこと鈴鈴然たり。民大いに疫死し、棺貴し。秋に至りて止む。
↑鈴下 侍従/鈴閣 将軍の居所/鈴語 風鈴の音/鈴索 鈴架/鈴杵 僧の楽器/鈴釘 矛
↓駅鈴・檐鈴・金鈴・銀鈴・呼鈴・神鈴・振鈴・鐸鈴・風鈴・鳴鈴・揺鈴・鑾鈴・和鈴

常【零】13 1030 レイ ふる おちる
篆文

【形声】声符は令。〔説文〕十一下に「餘雨なり」、〔玉篇〕に「徐雨なり」とみえる。〔詩、鄘風、定之方中〕は都遷りを歌う詩で「靈雨既に零る」とあって、雨を瑞兆とする。雨が降ることから、草木の衰え散ることを零落といい、人のうらぶれることをも零落・零丁という。
【訓義】1ふる、しずかにふる。2おちる、かれおちる。3うらぶれる、おちぶれる。4あまり、はした、わずか。5ゼロ、かずの空位。
【古訓】〔名義抄〕零 オツ・ハル・スヾシ・フル〔篇立〕零 ヲツ・アフレテ・フル・シボム〔字鏡集〕零 アメノアフレテ・ヤウヤク・フル・オツ
【語系】零・霝lyengは同声。霝は靈(霊)lyengの初文。令liengに令善の意があって、その意をふくむ語である。
【零雨】れいう こさめ。〔詩、豳風、東山〕我、東より來れば 零雨其れ濛たり
【零砕】れいさい こまごまとなる。唐・白居易〔州北路傍の老柳樹に題す〕詩 雪花零砕、年を逐うて減じ 煙葉稀疏にして、分に隨ひて新たなり
【零散】れいさん 零落して散らばる。唐・白居易〔杭州の梅花を憶ひ、因りて旧遊を叙べ、蕭協律に寄す〕詩 歌伴酒徒、零散し盡し 唯だ殘す、頭白の老蕭郎
【零丁】れいてい 零落する。宋・文天祥〔零丁洋を過ぎる〕詩 皇恐灘頭、皇恐を說き 零丁洋裏、零丁を歎く 人生、古より誰か死無からん 丹心を留取して、汗青(歴史)を照らさん
【零落】れいらく うらぶれる。また、死。魏・曹植〔箜篌引〕楽府 生存しては華屋に處るも 零落しては山丘に歸す 先民、誰か死せざらん 命を知らば、復た何ぞ憂へん
【零乱】れいらん 散り乱れる。清・蔣士銓〔落葉、二首、一〕詩 零亂する霜葉、蘚痕を覆ふ 小簾、風緊くして、黄昏ならんと欲す
【零露】れいろ 露おく。〔詩、鄭風、野有蔓草〕野に蔓草有り 零露、溥たり
↑零歇 おち衰える/零細 微小なもの/零残 零落する/零悴 やつれ衰える/零替 零落する/零凋 しぼみおちる/零売 切り売り/零批 小売り/零物 端物/零余 残余/零涙 落涙
↓隕零・枯零・残零・堕零・凋零・涕零・飄零・露零

【盠】14 2710 ［蠡］21 2713 レイ ひさご
篆文 古文
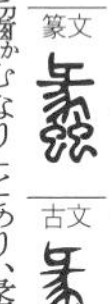
【形声】声符は彖。正字は蠡に作り、〔説文〕十三下に「蟲の木中を齧むなり」とあり、盠はその異文。字は蠡と別義。ひさごの意。
【訓義】1ひさご。2わりご。3蠡の異文。
↑盠頂 清の王宮内の室名、廂の耳房

【厲】15 7122 レイ ライ レツ はげしい はげむ わるい といし
篆文 金文
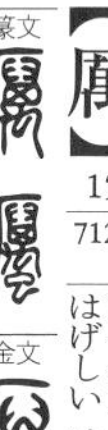
【会意】厂+萬(万)。〔説文〕九下に「旱石なり」とあり、柔石に対して剛石、すなわち砥石の意とするが、その字は礪。また「蠆の省聲」とするが、声も合わない。萬はさそりのような虫の形。厂は岩下など秘密のところ。そのような窟室で、この虫を蠱霊として呪儀を行うことを原義とするものであろう。そこで厳厲・厲悪の義を生じ、その呪詛によって生ずるものを癘という。厲にまた厲禁・遮列の意があり、厲に列の声義がある。列は断首を列して遮列とすることをいう。〔周礼、地官、山虞〕「物、之れが厲を爲す」、〔秋官、司隷〕「王宮と野舍の厲禁を守らしむ」はみな遮列の意。〔詩、大雅、公劉〕「厲を取り鍛を取る」は旱石を求める意で、その厲は礪である。
【訓義】1はげしい、はげむ、つよい、きびしい、はやい。2わるい、まがごと、なやます、悪気、鬼邪。3といし、とぐ、みがく、すりへらす、こする。4水をかち渉る。5大帯、大帯を垂れる。
【古訓】〔名義抄〕厲 アヤフシ・アヤシ・アシ・イタル・ハゲシ・アグ・アガル・ヤム・ツク・クルフ・トシ・タケシ・オソロシ・ワザハヒ〔字鏡〕厲 ムナシ・ハゲマス・トシ・ツクル・イタル・ツク・クツル・ホル・ワタル・ハゲシ・アグ・ハゲム・ハシル・カタシ・ムサシ

声系 勵(励)は〔説文〕にその字なく、礪は〔新附〕に収める。また、蠣は〔説文〕十三上に萬に従う字に作る。

語系 厲・癘 liat は同声。厲は呪儀、その呪儀によってもたらされるものを癘という。癘はまた癩ともいう。水を渉るを厲というのは、砅 liat の字義で同声。また厲帯の意に用いるのは、帶(帯) tat と声近くして通用の義である。

【厲威】 威力を鼓舞する。〔淮南子、兵略訓〕鼓鳴り旗麾さしまねけば、當る者廢滯崩阤せざる莫し。天下孰か敢て威を厲まし節を抗げて、其の前に當る者あらんや。故に人を陵ぐ者は勝ち、人を待つ者は敗れ、人の的と爲る者は死す。

【厲虐】 激しい病。〔書、金縢〕史乃ち册祝して曰く、惟れ爾の元孫某(武王)、厲虐の疾に遘ふ。若し爾三王、是に丕子の天に責めらるる有らば、旦(周公、私)を以て某の身に代へよ。

【厲禁】 呪禁を加えて守る。遮列など。〔周礼、秋官、司隷〕四翟(狄)の隷を帥ゐることを掌る。之れをして皆其の邦の服を服し、其の邦の兵を執り、王宮と野舍の厲禁とを守らしむ。

【厲行】 操行をみがく。〔呂覧、離俗〕高節厲行、獨り其の意を樂しむ。而して物、之れを害する莫し。利に漫されず、勢ひに牽かれず。

【厲疾】 はげしく速い。〔韓詩外伝、二〕國に道無きときは、則ち飄風厲疾にして、暴雨折木す。

【厲節】 節を高くする。〔漢書、奉世伝〕杜欽上疏して、奉世の前功を追訟して曰く、獨り抑厭して揚げられず、聖主の疑を塞ぎ節を厲ますの意に非ざるなり~と。

【厲俗】 世俗をはげます。明・宋濂〔故麗水葉府君墓銘〕府君は端人なり。善士なり。孝は以て親に奉ずるに足り、行は以て俗を厲ますに足る。

【厲風】 風操をはげます。また、大風。〔隷釈、八、漢の孝廉柳敏の碑〕君、清節儉約、子孫に厲風し、固窮、陋を守る。~墓に碑識無し。~(建寧)二年十月甲子、君が爲に碑を立て、~以て銘を勒して、之れを歎ず。

【厲兵】 武器を礪く。〔戦国策、秦一〕是に於て乃ち文を廢し武に任じ、厚く死士を養ひ、甲を綴り兵を厲き、勝を戰場に效さんとす。

↑厲意 心をはげます/厲疫 疫病/厲音 声をはげます/厲階 禍の端緒/厲翮 はげしく飛ぶ/厲気 悪気/厲鬼 疫病神/厲剣 剣を磨く/厲殺 虐殺する/厲矢 鋭い矢/厲志 志をはげまし奮いたたせる/厲粛 厳厲/厲祥 わざわいの祥/厲飾 武装する/厲心 心をはげしくする/厲神 祟りの神/厲人 癩の患者/厲祟 たたり/厲世 世をはげます/厲声 声をはりあげる/厲清 厳しくすがすがしい/厲精 精出す/厲誠 心からはげむ/厲石 あらど/厲然 厳しいさま/厲荘 厳厲/厲爽 傷害/厲濁 俗をはげます/厲毒 瘴癘/厲撫 慰撫し激励する/厲服 武装する/厲妖 怪異/厲翼 助ける/厲厲 にくにくしげなさま

↓炎厲・温厲・苛厲・虐厲・凶厲・矯厲・驕厲・駆厲・勁厲・激厲・狷厲・厳厲・高厲・剛厲・災厲・惨厲・疵厲・訾厲・疾厲・遮厲・醜厲・峻厲・猖厲・奨厲・瘴厲・振厲・祟厲・清厲・精厲・整厲・切厲・壮厲・操厲・大厲・踔厲・敦厲・風厲・憤厲・奮厲・勉厲・暴厲・猛厲・夭厲・揚厲・凌厲

常 【霊】 15 〔靈〕 24 1010 [䨩] 21 1010

レイ
みこ たま かみ

会意 旧字は靈に作り、霝+巫。霝は祝禱の器である𠙵を列して、雨乞いを祈る意。巫はその巫祝をいう。その雨をまた霝雨という。〔説文〕一上に字を䨩に作り、「䨩巫なり。玉を以て神に事ふ」とし、重文として靈をあげている。金文には字を霝に作り、また示を加え、心を加え、玉を加えるなどの字形がある。霝が初文、他はその繁文とみるべき字である。

訓義 [1]みこ、あまごいするみこ。[2]たま、たましい。[3]くしび、すぐれる、よい。[4]かみ、くものかみ、あめつちのかみ、みいつ、あきらか。[5]いのち、いきもの。[6]こころ、おもい。[7]さいわい、たすけ、いつくしみ。

古訓 〔和名抄〕靈 日本紀私記に云ふ、美太万(みたま)、一に云ふ、美加介(みかげ)。又、魂魄の二字を用ふ〔名義抄〕靈 ミタマ・ミカゲ・スダマ・ネガフ・アヤシ・メヅラシ・タマシヒ・アキラム・カミ/産靈 ムスビノカミ/精靈 タマシヒ/蒭靈 クサヒトカタ

語系 靈・霝・零 lyeng は同声。天より降るものをいう。天の人に命ずるところを令 lieng といい、また命 mieng という。櫺・舲・笭 lyeng も同声。櫺は窓櫺、舲は舟の窓あるもの、笭は車前の竹を織った孔笭、みな中空、すきまの意がある語である。

【霊異】 霊妙怪異。〔晉書、干宝伝〕寶の兄、嘗て病みて氣絶し、積日冷えず、後遂に悟む。云ふ、天地の間、鬼神の事を見たり。夢の覺むるが如く、自ら死せるを知らずと。寶、此れを以て遂に古今の神祇靈異、人物變化を撰集し、名づけて搜神記と爲す。

【霊雨】 慈雨。〔詩、鄘風、定之方中〕靈雨既に零つ 彼の倌人(舎人)に命じ 星みて言に夙に駕し 桑田に說る(草宿りする)

【霊気】 霊妙の気。〔管子、内業〕靈氣心に在り、一來一逝す。其の細は内無く、其の大は外無し。

【霊柩】 ひつぎ。魏・曹植〔白馬王彪に贈る、七首、五〕詩 孤魂、故城に翔けり 靈柩、京師に寄す 存する者も忽ち復た過ぐ 亡沒、身自ら衰ふ

【霊境】 神々しい霊地。梁・江淹〔雑体詩、三十首、謝臨川(霊運)〕靈境、信に淹留す 賞心、徒だに設くるに非ず

【霊光】 霊妙な力。王徳にたとえる。〔漢書、鼂錯伝〕河、圖を出だし、洛、書を出だし、神龍至り、鳳鳥翔ぶ。德澤天地に滿ち、靈光、四海に施す。此れを天地に配すと謂ふ。

【霊魂】 たましい。〔楚辞、九章、哀郢〕羌、靈魂の歸らんと欲する 何ぞ須臾も反ることを忘れんや 夏浦に背いて西に思ひ 故都の日に遠きを哀しむ

【霊犀】 心が相通ずる。唐・李商隠〔無題、二首、一〕詩 身に綵鳳の雙飛翼無きも 心に靈犀一點の通ずる有り

【霊秀】 神秀。すぐれる。民国・郭沫若〔司馬遷の墓に題す〕詩 龍門に靈秀有り 鍾毓す、人中の龍 學識、前古を空しうし 文章、百代に雄なり

【霊脩】 巫祝者が王をよぶ名。〔楚辞、離騒〕余固より謇謇の患ひ爲るを知るも 忍んで舍く能はざるなり 九天を指して以て正と爲すも 夫れ唯だ靈脩の故なり

【霊牀】 霊安の牀。〔後漢書、張奐伝〕(遺命)通塞は命なり、始終は常なり。~朝に殞ち、夕に下る。屍を靈牀に措き、幅巾するのみ。

【霊辰】 吉日。また、人日。正月七日。唐・李嶠〔人日~群臣に宴し、雪に遇ふに奉和す。応制〕詩 三陽、勝節に偏く 七日、最も靈辰

【霊台】 西周の辟雍(神宮)附設の建物。〔詩、大雅、霊台〕靈臺を經始し 之れを經し之れを營す 庶民之れを攻め

日ならずして之れを成す

【霊智】霊妙の智。晉・陶潛〔形影神、形、影に贈る〕詩 草木、常理を得て 霜露、之れを榮悴せしむ 人は最も靈智なりと謂ふも 獨り復た茲くの如くならず 適ま世の中に在りと見るも 奄ち去りて、歸る期靡し

【霊長】霊妙の徳。その徳がつづく。晉・陶潛〔山海経を読む、十三首、八〕詩 古より皆沒する有り 何人か靈長にして 死せず、復た老いず 萬歲、平常の如くなることを得ん

【霊敏】すぐれる。〔甌北詩話、六〕(陸放翁の詩)一句必ず一意有り。凡そ一草一木、一魚一鳥、裁剪して詩に入らざる無し。〜才思靈敏、功力精勤なるに非ずんば、何を以て此れを得ん。

【霊巫】みこ。〔墨子、迎敵祠〕(敵来るときは)外宅、諸名大祠を(城内に)從す。靈巫禱る或るときは、禱の牲を給す。

【霊物】瑞祥の物。〔後漢書、光武帝紀下〕是の夏、京師に醴泉涌出す。〜群臣奏言す。〜今、天下清寧、靈物仍りに降る。〜宜しく太史をして撰集せしめ、以て來世に傳ふべしと。帝、納れず。常に自ら謙して無德なりとす。

【霊氛】古の占卜者。その名。〔楚辞、離騷〕靈氛の吉占に從はんと欲するも 心猶豫して狐疑す

【霊妙】不可思議のこと。陳・江総〔摂山の棲霞寺に入る〕詩 茲の山、靈妙合す 當に天地と倶なるべし 石瀨乍ち深淺 崖煙遞ひに有無

【霊夢】霊妙の夢。〔水経注、温水〕(林邑国王、楊邁)父胡達死し、王位を襲ぐ。能く人情を得、自ら靈夢を以て國の祥慶と爲す。

【霊薬】霊妙な薬。唐・李商隱〔常娥〕詩 雲母の屛風、燭影深し 長河漸く落ちて、曉星沈む 常娥應に悔いるべし、靈藥を偸みしことを 碧海、靑天、夜夜の心

【霊囿】西周の神廟である辟雍附設の鳥獣の飼場。〔詩、大雅、霊台〕王、靈囿に在れば 麀鹿攸に伏す 麀鹿濯濯たり 白鳥翯翯たり

↑霊衣 死者の衣/霊威 霊妙の勢威/霊域 霊地/霊宇 寺/霊液 露/霊応 瑞応/霊屋 霊廟/霊哥 あらかじめ吉凶を知る人/霊怪 神経/霊覚 妙覚/霊活 心の機敏なはたらき/霊感 感応/霊漢 天の河/霊鑒 霊活な心/霊眼 銀杏/霊祇 神祇/霊鬼 ふしぎな力のある鬼/霊旗 神霊の旗/霊機 妙機/霊夔 片足の楽神/霊居 仙宮/霊墟 霊地/霊香 妙香/霊貺 めでたいおくりもの/霊禽 霊鳥/霊区 霊地/霊昫 なごやかであたたかい/霊空 そら/霊計 妙計/霊景 日光/霊慧 機慧/霊慶 めでたい感応がある/霊剣 神剣/霊験 ふしぎなご利益/霊源 心/霊語 託宣/霊骨 非凡の骨相/霊砂 仙薬/霊瑣 仙宮/霊坐 神位/霊祭 魂祭り/霊蔡 亀卜/霊算 神謀/霊賛 神助/霊山 神聖な山/霊子 みこ/霊芝 瑞草とされる聖だけ/霊祀 祀所/霊祉 すぐれた幸い/霊姿 妙姿/霊祠 神祠/霊蓍 めとぎ草/霊時 祭場/霊輀 柩車/霊車 柩車/霊舎 霊屋/霊若 海神/霊獣 神獣/霊潤 めでたい潤い/霊場 聖地/霊櫬 内棺/霊人 仙人/霊瑞 祥瑞/霊性 天賦/霊跡 聖跡/霊蹟 霊験のあったところ/霊泉 霊水/霊銭 紙銭/霊籤 おみくじ/霊前 死者の前/霊草 瑞草/霊爽 神明/霊沢 霊潤/霊丹 霊薬/霊壇 祭壇/霊地 聖地/霊知 霊智/霊輴 かりもがりの車/霊兆 筮/霊鳥 聖鳥/霊潮 潮/霊洞 ふしぎを悟る/霊徳 霊妙の徳/霊葩 名花/霊魄 みたま/霊秘 神秘/霊匹 牽牛と織女/霊表 儀表/霊廟 みたまや/霊府 心/霊符 神符/霊武 神武/霊芬 妙香/霊変 神変/霊保 みこ/霊峰 霊山/霊鳳 鳳凰/霊味 妙味/霊輿 皇輿/霊曜 日光/霊利 ふしぎなご利益

↓悪霊・威霊・遺霊・英霊・怨霊・岳霊・感霊・乾霊・群霊・交霊・光霊・皇霊・降霊・坤霊・山霊・死霊・至霊・蓍霊・受霊・秀霊・衆霊・昭霊・湘霊・照霊・心霊・神霊・芻霊・生霊・性霊・聖霊・精霊・仙霊・祖霊・尊霊・地霊・帝霊・洞霊・万霊・百霊・廟霊・亡霊・明霊・冥霊・幽霊・揚霊・陽霊・曜霊

人 【黎】 15 2713 レイ リ おおい くろい のり

篆文

形声 声符は𥝢。𥝢は禾を犂いて耕作する意。〔説文〕七上に「履の黏なり。黍に從ふ、𥝢の省聲なり」とするも、その用例はなく、字の初義としがたい。𥝢は古文利、履の黏を作るに黍米を以てすとするも、その用例はなく、字の初義としがたい。〔詩、大雅、桑柔〕「民、黎有ること靡し」、〔国語、呉語〕「黎老を播棄す」、〔孟子、梁恵王上〕「黎民、飢ゑず寒えず」は、みな民をいう。黎黒の意があり、それで農民をいう語となった。秦では黔首といった。

訓義 ①おおい、もろもろ、ひとしい、ととのう。②くろ、くろい、くろい民。③おいる、としおいる、老人の顔色。④のり、履作りに使うのり。

古訓 〔字鏡〕黎 アツム・スミヤカ・タミ・クロシ・アラシ・モロ〳〵

声系 〔説文〕に黎声として犂など六字を収める。犂に関する字が多い。

語系 黎・犂・黧lyeiは同声。梨lieiは声近く、その色は黧黄。老人のしみだらけの顔を凍梨という。

【黎庶】民衆。〔韓詩外伝、八〕國に佚士無く、皆世に用ひられ、黎庶歡樂して、方外に衍盈す。

【黎民】民衆。〔書、堯典〕百姓昭明にして、萬邦を協和す。黎民於變り、時れ雍らぐ。

【黎明】夜明け。〔史記、高祖紀〕沛公乃ち夜兵を引き、他道より還り、〜黎明、宛城を圍むこと三匝。

【黎老】老人。〔国語、呉語〕昔吾が先王、世輔弼の臣有り、〜以て大難に陥らざりき。今、王、黎老を播棄し、孩童に焉れを比謀す。

↑黎藿 粗食/黎祁 豆腐/黎献 民賢/黎元 民衆/黎玄 黎元/黎黄 鶯/黎黒 黒い/黎首 民衆/黎蒸 黎庶/黎人 黎民/黎豆 豆/黎氓 黎民/黎萌 黎民

↓遺黎・遠黎・群黎・黔黎・庶黎・蒸黎・生黎・氓黎・萌黎・民黎

【澧】 16 3511 レイ

篆文

形声 声符は豊。〔説文〕十一上に「澧水は南陽雉衡山より出で、東して汝に入る」とあり、武陵の水名。澧澧は、波の音。醴と通用する。

訓義 ①川の名。②水の流れる音。③醴と通じ、醴酒。

古訓 〔字鏡集〕澧 コマカナリ

↑澧源 醴泉/澧泉 美泉/澧沛 大雨のさま

↓澮澧・溕澧

人 【澪】 16 3113 レイ みお しずく

形声 声符は零。〔正字通〕に冷の俗字とするが、冷の義に用いた例なく、むしろ零の繁文とすべきであろう。わが国では「みお(水脈)」の意に用いる。「澪標」を「みおつくし」とよむ。

訓義 ①しずく。②国語で、みお。

常 【隷】 16 4593 [隸] 17 4593 レイ つく しもべ したがう

篆文 金文

会意 祟＋巾＋又(手)。隷はその変化した字形。祟の初形は㣇。呪霊をもつ獣の形。隶の初形は巾を手にもつ形。隷は㣇に巾を加えてその呪霊を移しとる形で、罪・禍を転移する方法である。ゆえに附着の意がある。〔説文〕三下に「附箸するなり。隶に従ひ、柰聲」とするが、声が合わない。罪禍を移されたものを隷といい、神の徒隷とした。〔左伝、成十六年〕「魯の常隷なり」、〔左伝、定四年〕「社稷の常隷なり」とはその意である。〔左伝、哀六年〕に、楚に衆赤鳥のような雲があらわれたとき、その禍殃を臣下に移すことを勧められた王が「腹心の疾を除くも、諸これを股肱に寘かば、何の益かあらん」と断ったところ、まもなくその禍殃も止んだという話がある。

訓義 1つく、身につく、附著する、禍いを転移する。2しもべ、下僕、神の徒隷。3したがう。

古訓 〔名義抄〕隷 ツク・カナフ・ヨル・ツカフ 〔篇立〕隷 ヤツコ・マカス・カナフ・ヨル・ヨシ・ツカヒビト・タグヒ・ツリイル・ツク

語系 隷・麗liaiは同声。麗にも附着する意がある。離liaiも声義が近く、離の初義は、とりもちをいう。

【隷圉】れいぎょ 徒隷や馬飼い。〔国語、周語下〕其の之れを失ふに及んでは、必ず慆淫の心、之れに閒はる有り。故に其の氏姓を亡ぼし、踣斃して振はず、後(子孫)を絶ち、(祭)主無く、隷圉に湮替す。

【隷古】れいこ 隷書と古文。漢・孔安国〔尚書の序〕伏生に聞く所の書を以て、文義を考論し、其の知るべき者を定めて、隷古定と爲し、更めて竹簡を以て之れを寫す。

【隷書】れいしょ 篆書より筆記体に転化したもの。ほぼ楷書に近い。〔漢書、芸文志〕(小学)是の時、始めて隷書を造る。官獄多事にして、苟くも省易に趨くに起る。之れを徒隷に施すなり。

【隷臣】れいしん 隷属の臣。〔国語、晋語二〕群臣其の大徳を受く。晉國其れ誰か君の群隷臣に非ざらん。

【隷体】れいたい 隷書の体。〔春在堂随筆、一〕江艮庭(声)先生、生平楷書を作らず。草草の渉筆と雖も、篆に非ざれば卽ち隷なり。〜余も生平、亦た先生の風有り。尋常の書札、率ね隷體を以て之れを書す。湘郷公(曽国藩)此の事を逃べて余を戲る。因りて之れを錄して、以て自嘲す。

➡隷役 下僕／隷御 召使い／隷戸 奴隷としての戸籍／隷字 隷書／隷事 事例／隷従 隷僕として下従する／隷人 罪人／隷属 従う／隷卒 賤卒／隷農 農奴

➡家隷・楷隷・圉隷・群隷・奚隷・古隷・罪隷・散隷・私隷・廝隷・竪隷・習隷・女隷・臣隷・秦隷・人隷・嬲隷・賤隷・皁隷・草隷・卒隷・族隷・籀隷・徒隷・奴隷・僮隷・陪隷・蛮隷・附隷・俘隷・氓隷・萌隷・僕隷・輿隷・流隷

入

【嶺】 17 2238

篆文

レイ リョウ(リャウ)
みね さか やまなみ

形声 声符は領。領は跪いて神意を聴き入る人の儀容をいい、その領をあらわす意。〔説文新附〕九下に「山道なり」とあり、〔正字通〕に「山の肩領、道路を通ずべき者」とする。峰・頂に対して、その肩領にあたる部分をいう。また連峰をなして相連なるものをいう。

訓義 1みね、やまなみ。2さか、やまみち。

古訓 〔名義抄〕嶺 ミネ・タケ・サカル 〔字鏡集〕嶺 タケ・ミネ・サカ・イタヾキ

語系 嶺・領liengは同声。嶺は山の領にあたるところをいう。

【嶺樹】れいじゅ 山上の樹木。唐・柳宗元〔柳州の城楼に登る〜〕詩 驚風亂颭す、芙蓉の水 密雨斜に侵す、薜荔の牆 嶺樹重なりて、千里の目を遮り 江流曲りて、九迴の腸に似たり

【嶺頭】れいとう 山頂。また、五嶺山頂。唐・沈佺期〔遥かに杜員外審言の嶺を過ぎるに同ず〕詩 天長く地闊くして、嶺頭分る 國を去り家を離れて、白雲を見る 洛浦の風光、何の似る所ぞ 崇山の瘴癘、聞くに堪へず

【嶺梅】れいばい 山の梅。大庾嶺の梅。〔白孔六帖、九十九、梅〕(南枝)大庾嶺上の梅、南枝落ちて、北枝開く。

【嶺畔】れいはん 山のほとり。清・王士禎〔江蘇揚卞園、聯〕楹聯 梅花嶺畔、三山の月 宵市樓頭、一草堂

➡嶺阨 嶺の嶮路／嶺陰 嶺北／嶺雲 峰の雲／嶺煙 山のもや／嶺下 山の麓／嶺岸 断崖／嶺気 山気／嶺嶠 五嶺／嶺月 山上の月／嶺湖 山上の湖／嶺岫 嶺の巌穴／嶺嶂 危嶺／嶺上 山の上／嶺色 山色／嶺岑 たかね／嶺雪 山上の雪／嶺重 幾重にもかさなる山／嶺頂 山頂／嶺瀆 山谷／嶺坂 山坂／嶺表 嶺南／嶺腹 山腹／嶺路 山頂の路

➡雪嶺・遠嶺・崖嶺・寒嶺・厳嶺・危嶺・嶠嶺・群嶺・高嶺・山嶺・秀嶺・峻嶺・霄嶺・畳嶺・翠嶺・雪嶺・葱嶺・層嶺・苔嶺・重嶺・冬嶺・半嶺・幽嶺

【霝】 17 1066

篆文

レイ
あめふる おちる

会意 雨＋三口。口は𠙵、祝詞を収める器の形。多くの祝詞を列して、雨を乞う請雨儀礼を示す。〔説文〕十一下に「雨零るなり」(段注本)とし、下の三口を雨滴の象とするが、雨滴の象はすでに雨の字形中にある。請雨の儀礼は巫の司るところであるから、㚶・靈(霊)の字が生まれ、また瑞玉を用いることがあるので、璽の字形がある。

訓義 1あめふる、おちる。2令と通じ、よい、めでたい。

古訓 〔篇立〕霝 ヲツ

声系 〔説文〕に霝声として靈(靈)・龗・㚶など十字を収める。龗は〔説文〕十一下に「龍なり」とあり、雨を司るもの。〔万葉集〕にその字を「おかみ」と訓する。竜神の意である。

語系 霝・靈(靈)・㚶lyengは同声。霝声の字はすべて霝の声義を承ける。零lyengも同声。また冷leng、涼liangも関係のある語である。

【霝冬】れいしゅう 霊終。天寿を保つ。金文〔小克鼎〕屯右(純祐)眉壽、永令(命)霝冬にして、萬年無疆ならんことを。

【霝命】れいめい 天寿。また、霊命。金文〔大宰帰父盤〕台て眉壽を、霝命老い難からんことを祈る。

➡霝雨 よい雨／霝処 神霊のある所／霝頌 神霊をほめたたえる／霝龠 めでたい笛

常

【齡】 17 〔齡〕 20 2873

篆文

レイ
とし よわい

形声 声符は令。〔説文新附〕二下に「年なり」、〔字林〕に「年齒なり」とみえる。獣畜の類は、歯をみて容易に年齢が知られるという。

訓義 1とし、よわい。2令と通じ、よい。

古訓 〔名義抄〕齡 ヨハヒ・イフ 〔字鏡集〕齡 ヨハフ・クワ・トシ

語系 齡・櫺lyengは同声。櫺は一定のすきまをもって横に連なるもので、れんじ。〔説文〕六上に「楯閒子なり」とする。歯ならびもその形に類している。

➡延齢・遐齢・鶴齢・奇齢・亀齢・久齢・月齢・高齢・弱齢・寿齢・樹齢・修齢・夙齢・衰齢・壮齢・頽齢・稚齢・長齢・椿齢・適齢・年齢・馬齢・妙齢・余齢・幼齢・老齢

【癘】 18 0012 〔疠〕 11 0012 〔癩〕 21 0018

レイ ライ
かったい えやみ

篆文 

形声 声符は厲の省文萬（万）。〔説文〕七下に「惡疾なり」とし、蠆の省声とするが、厲声としてよく、厲は悪厲を意味する字で、その声義を承ける。〔左伝、昭四年〕「癘疾降らず」のように、それは天意による神聖病とされた。〔左伝、昭元年〕「山川の神、則ち水旱癘疫の災、是に於てか之れを禜す」とあって、禜とはその災厄を以て、他に転移することをいう。その転移を受けたものは、災厄を隷けられたものとして隷といい、神の徒隷とされた。

訓義 ①悪疾、かったい。②えやみ。③厲・礪と通用する。

古訓 〔和名抄〕癘 阿止岐夜万比（あしきやまひ）〔名義抄〕癘 疫病なり。アシキヤマヒ 〔篇立〕癘 アシキヤマヒ・カブレ

語系 癘（痢・癩）lat は厲 liat と声近く、厲は蠱霊を用いる呪詛を意味する字とみられ、癘はそれによって生ずる悪疾をいう。悪瘡を生ずる難病で、病因の知られない神聖病としておそれられた。

【癘疫】えやみ。〔墨子、兼愛下〕今歳癘疫有り。萬民多く勤苦凍餒し、溝壑中に轉死する者、既已に衆し。

【癘疾】疫病。〔南史、文学、周興嗣伝〕興嗣、兩手先、風疽を患ひ、十二年、又癘疾に染み、左目盲となる。帝、其の手を撫して嗟きて曰く、斯の人にして斯の疾有ること、と。疽方（疽の治療法）を手疏して、以て之れに賜ふ。

↑癘気 癘疫の気／癘鬼 疫病神／癘瘥 疫病／癘疵 疫害／癘人 悪疾の人

↓疫癘・疥癘・寒癘・饑癘・瘧癘・禦癘・淬癘・菑癘・疵癘・疾癘・瘴癘・瘡癘・辟癘・夭癘・瘻癘

【藜】 19 4413 レイ あかざ

篆文 

形声 声符は黎。〔説文〕一下に「艸なり」とあり、あかざ。〔左伝、昭十六年〕「之れが蓬蒿藜藋を斬る」とは、雑草を切り、荒蕪を開く意。〔史記、太史公自序〕「藜藋の羹」とは粗食をいう。〔詩、小雅、南山有台〕に「北山に萊有り」の萊（萊）は、通用の字である。

訓義 ①あかざ。②萊と通じ、あかざ。③黎と通じ、くろい。

古訓 〔和名抄〕藜 阿加佐（あかざ）〔名義抄〕藜 アカザ／藜灰 アカザノハヒ

【藜灰】あかざの灰。染料とする。〔本草綱目、土、冬灰〕集解、（蘇）恭曰く、冬灰は本是れ藜灰。餘草は眞ならず。

【藜藿】あかざと豆。〔韓非子、五蠹〕堯の天下に王たるや、茅茨翦らず、采椽斲らず。糲粢の食、藜藿の羹のみ。

【藜蒿】あかざと、よもぎ。宋・蘇軾〔孫莘老に贈る、七絶、五〕詩 三年、京國に藜蒿に厭く 長く羨む、淮魚の楚糟に壓するを

【藜羹】あかざのあつもの。粗食。〔墨子、非儒下〕孔某（丘）、蔡・陳の閒に窮し、藜羹をも糂にせざること十日。子路、爲に豚を享す。孔某、肉の由來する所を問はずして食ふ。

【藜菽】あかざと豆。粗食。南朝宋・顔延之〔陶徴士（潜）の誄〕少くして貧病、居に僕妾無く、井臼（台所の用事）任へず、藜菽給せず。

【藜杖】あかざの老茎の杖。〔新序、節士〕子貢～肥馬に乘り、輕裘を衣、～往いて原憲を見る。原憲、桑葉の冠を冠し、藜杖を杖つきて門に應ず。冠を正せば則ち纓（冠のひも）絶え、襟を枉くれば則ち肘見はる。

【藜藋】あかざと、あおあかざ。〔左伝、昭十六年〕桓公、商（殷）人と皆周より出で、次を庸つて比耦（並び耕す）し、以て此の地を艾殺し、之れが蓬蒿藜藋を斬りて共に之れに處る。

【藜莠】あかざと、はぐさ。雑草。〔礼記、月令〕（孟春の月）秋令を行へば、則ち其の民大いに疫あり。猋風暴雨總て至り、藜莠蓬蒿竝び興る。

↑藜莧 あかざと、ひゆ／藜棘 雑草／藜蕨 粗食／藜光 墨の光／藜牀 あかざの床／藜蒸 粗食／藜飧 粗食／藜豆 あかざと豆／藜芦 毒草

↓荊藜・蒿藜・羹藜・糝藜・杖藜・蒸藜・青藜・蓬藜

常 【麗】 19 1121 〔丽〕 8 1122 レイ リ かかる うるわしい ならぶ

篆文 

古文 

甲骨文 

金文 

象形 字の上部の丽が、麗の初文。鹿皮を並べた形とされるが、卜文・金文の字形は、鹿角を示すものとみられる。〔説文〕十上に「旅びて行くなり」とあり、「鹿の性、食を見ること急なれば、則ち必ず旅び行く」とする。また古文として丽をあげ、「禮、麗皮もて納聘す。蓋し鹿皮なり」といい、鹿皮を以て納徴する意とする。〔詩、小雅、魚麗〕に「魚、罶に麗る」、〔周礼、秋官、大司寇〕「凡そ萬民の罪過有りて、未だ灋に麗らず、州里に害ある者」、また〔礼記、祭義〕「既に廟門に入りて、碑に麗ぐ」などが古い用法で、〔儀礼、士昏礼〕「納徴に玄纁束帛儷皮」と一対の鹿皮の意に用いるのは、後の用義である。それより夫婦を伉儷という。鹿皮も美しいが、鹿角一双もまた美しいもので、もとは鹿角の美を麗といったのであろう。

訓義 ①かかる、つく、つらなる。②うるわしい、うつくしい。③ならぶ、二つならぶ、そろう。④かず。

古訓 〔新撰字鏡〕麗 ツク 〔名義抄〕麗 カホヨシ・カズ・ヘル・アキラカニ・ウルハシ・ナラブ・メヅラシ・アラハナリ・ツグ・ツク／麗巧 ートウルハシ 〔字鏡集〕麗 アラハナリ・ヘル・カホヨシ・メヅラシ・カズ・ウルハシ・ホドコフ（ス）・カヽル・ツク・アキラカニ・ヨシ・カハ（ホ）ヨシ・ナラブ・ツラヌク

声系 〔説文〕に麗声として邐・儷・驪など十五字を収め、麗の本義を承けるものが多い。他に灑・曬系統の音をもつものがある。

語系 麗・儷 lyai は同声。離 liai は离に隹が離かる意。麗を離の意に用いる。兩（両）・輛・裲 liang は二つ相並ぶものをいう。

【麗句】美しい詩句。唐・武元衡〔安邑里中、秋懐～〕詩 物に感じて、思ふこと殷勤 賢を懷うて心躑躅す 雄詞、封禪の草 麗句、陽春の曲

【麗質】美しい生まれつき。唐・白居易〔長恨歌〕詩 天生の麗質、自ら棄て難し 一朝、選ばれて君王の側らに在り

【麗色】美人。梁・沈約〔四時白紵歌、五首、冬白紵〕楽府 寒閨、晝寢ねて、羅幌垂る 婉容、麗色、心に相ひ知る

【麗人】美人。魏・曹植〔洛神の賦〕日既に西に傾き、車殆く馬煩ふ。～楊林に容與し、洛川に流眄す。是に於て精移り神駭き、忽焉として思ひ散ず。～一麗人を巖の畔に睹たり。

【麗藻】美しい詩文。晉・陸機〔文の賦〕文章の林府に遊び、麗藻の彬彬たるを嘉す。慨として篇を投じて筆を援り、聊か之れを斯の文に宣ぶ。

【麗沢】友人と相切瑳すること。〔易、兌、象伝〕麗澤は兌なり（兌は沢、兌は兌上兌下の卦、沢がならぶ）。君子以て朋友講習す。

【麗靡】華美。〔芸文類聚、五十六に引く晉・摯虞、文章流別論〕辯言、理に過ぐるときは、則ち義と相失し、麗靡、美に過ぐるときは、則ち情と相ひ悖る。

【麗妙】美しくすぐれる。〔水経注、葉楡水〕縣に猩猩

獸有り。形、黄狗の若く、～人面、頭顏端正、善く人と言ふ。音聲麗妙、婦人好女の如し。對語交言するに、之れを聞きて酸楚せざる無し。其の肉甘美にして、以て穀を斷つべし。

↑麗逸 美しい／麗雅 雅びやか／麗閑 しとやか／麗顔 美しい顔／麗姿 美しい姿／麗女 麗人／麗飾 美しい飾り／麗矚 美しいながめ／麗続 連なる／麗都 美しくて上品／麗皮 鹿皮二枚／麗風 西北の風／麗服 美しい服／麗密 こまやか／麗容 美しい姿／麗廔 格子窓／麗妙／麗艶 美しい／麗億 数多い／麗佳

↓哀麗・偉麗・逶麗・淫麗・英麗・婉麗・艶麗・温麗・佳麗・華麗・雅麗・怪麗・瓌麗・奇麗・綺麗・暉麗・巨麗・驕麗・姸麗・顕麗・厳麗・姱麗・巧麗・弘麗・浩麗・高麗・豪麗・侈麗・奢麗・殊麗・秀麗・遒麗・淑麗・春麗・潤麗・敞麗・穠麗・縟麗・神麗・新麗・崇麗・清麗・晴麗・盛麗・精麗・夕麗・絶麗・鮮麗・壮麗・藻麗・端麗・贍麗・珍麗・典麗・美麗・靡麗・俘麗・富麗・文麗・騈麗・豊麗・妙麗・優麗・妖麗・流麗・朗麗

【雺】 20 1040 レイ みこ

篆文

会意 霝+女。霝は雨乞いの祝詞の器である⊔を列して、請雨の儀礼を示す字。女は女巫。〔説文〕十二下に「女の字なり」とするが、靈(霊)と異構同字とみるべき字である。〔楚辞、離騒〕に「靈脩」という語があり、「前修」というのと同じように、そのような巫祝をいう。中国では雺字の用例はほとんどないが、わが国では〔神代紀、上〕に「大日雺貴」の名に用いている。

訓義 [1]みこ。[2]女の字。

古訓 〔字鏡集〕雺 ヲンナ

語系 雺・霝(靈)・霝・零lyengは同声。みな請雨の儀礼に関し、その儀礼によって雨降ることを零という。天の命ずるところを令liengという。

【盭】 20 2810 レイ もとる

篆文 金文

会意 幺+卒+攴+血。幺は捕縄をかけた形で縲紲。卒は手械の形。卒に手を加えた形は執で捕執の字となる。盭は罪人に捕縄や手械を加え、これを鞭うち、血をすすって誓約させる意であるから、罪戻の戾(戻)と声義の近い字である。〔説文〕十二下に「弼戾なり(責めただす)なり。弦の省に従ひ、盭に従ふ。讀みて戾の若くす」とする。盭十下に「引撃するなり。卒文に従ふ。血を見るなり」とあり、血を見るほど撃つ意とするが、血は血盟・盟誓を示す。盭は戾と通用する字である。

訓義 [1]もとる、そむく。[2]まがる。[3]あつかわ、たこ、胝。[4]艾(よもぎ)に似た草、緑色を染めるのに用いる。

語系 盭・戾・捩・綟lyetは同声。戾声の字に拗戾の意がある。戾は戸下に犬牲を埋めて呪禁とする意。盭は盟誓して罪戾の者を問訊する意。ともに反戾の意がある。

【盭綬】 盭草で緑色に染めた組ひも。〔漢書、百官公卿表上〕諸侯王、高帝初めて置く。金璽盭綬。其の國を治むることを掌る。

↑盭気 邪気／盭草 かりやす／盭夫 悪人／盭戾 もとる

↓蹠盭

【礪】 20 1162 レイ といし あらと とぐ

篆文 金文

形声 声符は厲。厲に礪石の意がある。〔説文新附〕九下にあらとの意とする。精なるものを砥、粗なるものを礪という。〔書、費誓〕に「乃の鋒刃を礪く」とあり、〔釈器〕に「砥は礪なり」、〔広雅、釈詁三〕に「磨くなり」という。

訓義 [1]といし、あらと。[2]とぐ、みがく。[3]するどし、やく。[4]字はまた、厲に作る。

古訓 〔名義抄〕礪 トグ・ミガク・ハゲム・トイシ・ハヤク・イシハシ・アラト

語系 礪・厲・砅(濿)liatと同声。砅は石をふんで水を渉ること。厲・礪をその義に通用することがある。烈liatも同声。礪に烈しく磨礪する意がある。

【礪行】 行いをみがき修める。〔孔叢子、公儀〕魯人に公儀僭といふ者有り。節を砥ぎ行ひを礪き、道を樂しみ、古を好む。

【礪砥】 といし。目のあらいといしと、こまかいといし。〔書、禹貢〕(荊州)厥の貢は、羽毛齒革、惟れ金三品、～礪砥・砮丹(やじりとする石と、染料とする丹砂)。

【礪石】 といし。〔山海経、中山経〕又北三十五里を陰山と曰ふ。礪石・文石多し。

↑礪鍔 礪刃／礪剣 磨剣／礪淬 にらぐ／礪志 志をみがく／礪歯 歯をみがく／礪鏃 磨鏃／礪兵 兵器をとぐ

↓厳礪・淬礪・削礪・鑽礪・砥礪・勉礪・磨礪

【醴】 20 1561 レイ リ あまざけ あまい うまい

篆文 金文

形声 声符は豊。豊は醴の初文。金文には豊の字を用いることがある。〔説文〕十四下に「酒の一宿にして孰せるものなり」とあり、あまざけの類。少麴(こうじ)多米、一宿にして熟する。金文に「王、饗醴す」としるすものが多く、饗醴を以て臣下に賜う礼があった。〔礼記、喪大記〕に「始めて酒を飲む者は、先づ醴酒を飲む」とあり、喪礼にも用いる。

訓義 [1]あまざけ、ひとよざけ、かすざけ。[2]あまい、うまい。[3]醨と通じ、にごりざけ、うすざけ。

古訓 〔和名抄〕醴 古佐計(こさけ) 〔名義抄〕醴 コザケ／白醴 タムノオホミキ 〔篇立〕醴 コサケ・モロミ・アマザケ 〔字鏡集〕醴 アマザケ・コサケ・サケ

【醴醆】 うすずみの濁酒。醆は葱白色の半濁酒。〔礼記、礼運〕玄酒(お供えの水)は室に在り、醴醆は戸に在り、粢醍(紅赤色の清酒)は堂に在り、澄酒は下に在り。

【醴酒】 あま酒。〔左伝、荘十八年〕虢公、晉侯、王に朝す。王饗醴し、之れに宥を命ず。〔注〕王の群后を覲する、始めは則ち饗禮を行ひ、先づ醴酒を置く。古を忘れざるを示すなり。

【醴漿】 あま酒。〔列子、楊朱〕(鄭の子産に兄有り)公孫朝と曰ふ。～酒を好む。～朝の室には酒を聚むること千鍾、積麴封を成す。門を望むこと百歩にして、醴漿の氣、人の鼻を逆ふ。

【醴泉】 醴酒のわく泉。甘泉。〔礼記、礼運〕天、其の道を愛しまず、地、其の寶を愛まず、人、其の情を愛まず。故に天、膏露を降し、地、醴泉を出だし、山、器車を出だし、河、馬圖を出だす。

【醴酪】 あま酒と乳汁。〔礼記、礼運〕後聖作る有り、然る後に火の利を脩め、～以て炮し以て燔し、～以て醴酪を爲る。～以て鬼神上帝に事ふ。

↑醴酏 あま酒と清酒／醴液 甘泉／醴辞 冠礼のとき、賓が冠者に醴を酌むときの祝辞／醴斉 粕酒／醴醪 濁り酒

↓嘉醴・甘醴・饗醴・玄醴・賜醴・酌醴・酒醴・醇醴・觴醴・牲醴・清醴・芳醴・牢醴・醪醴

【儷】 21 2121 レイリ ならぶ たぐい つく

篆文

形声 声符は麗。麗は鹿角の形に従い、ならぶ、つくの意がある。〔説文〕八上に「棽儷なり」（段注本）とあり、棽字条六上に「木の枝條棽儷なり」とあって、木の枝の茂る意とする。儷は人の伉儷（夫妻）の意に用い、儷皮は一対の鹿皮。これを婚礼の結納に用いた。四字六字の対句を以て全体を構成する文体を駢体といい、その文を四六駢儷文という。

訓義 ①ならぶ、つれあい、つい。②たぐい、なかま。③つく、よりそう。

古訓 〔名義抄〕伉儷 モノノコノミスルナリ・トコロアラハシ、下の音は麗。ナラブ・ヒトシ・タグヒ・トモガラ・ツラヌ・ツラヌク・ヨハシ・ヨル・マナブ

語系 儷・麗lyaiは同声。麗に両の意がある。離liaiは声近く、黐に隹が離かる意。兩（両）・輛liangは相並ぶもの。声義の関係がある。

【儷句】 対句。〔甌比詩話、五〕（蘇東坡の詩）（陸）放翁（游）の古詩に好んで儷句を用ひ、以て其の絢爛を炫かす。東坡（蘇軾）は則ち行墨の閒に單行多く、對屬（対句）を屑しとせず。

【儷偶】 対偶、対句。〔唐書、文芸下、李商隠伝〕商隠初め文を爲ること瑰邁奇古、令孤楚の府に在るに及んで、楚、本と章奏に工みなり。因りて其の學を授く。商隠の儷偶長短、繁縟は之れに過ぐ。

【儷皮】 一対の鹿皮。結納に用いる。〔儀礼、士昏礼〕納徴（結納）には玄纁（赤黒の帛）・束帛・儷皮、納吉の禮の如くす。

↑儷偕 並ぶ／儷語 対偶／儷巧 巧妙な対句／儷事 駢文／儷辞 対偶の語／儷然 並ぶさま／儷体 駢儷文

↓魚儷・伉儷・失儷・淑儷・儔儷・嬪儷・駢儷・類儷

【櫺】 21 4196 レイ れんじ のき てすり

篆文

形声 声符は霝。〔説文〕六上に「楯閒子（れんじ）なり」とあり、楯は欄檻をいう。方格や横直の交わる窓孔で、れんじの意。「れんじ」は櫺子の音よみの語である。

訓義 ①れんじ、格子まど。②のき。③てすり。

古訓 〔和名抄〕櫺子 禮邇之（れにし）〔名義抄〕櫺 窓櫺車、是れなり／櫺子 和に云ふ、レニジ〔字鏡集〕櫺 マド・ナカキ

語系 櫺・舲・軨・笭lyengは同声。舲・軨はまた霝声に従う字もあり、霝・令は同声通用の義がある。

【櫺檻】 れんじの手すり。漢・張衡〔西京の賦〕櫺檻に伏して頫聽し、雷霆（鳴りひびく雷）の相ひ激するを聞く。

【櫺牀】 手すりつきの寝台。〔三国志、魏、袁術伝注〕に引く呉書〕（袁）術～留住すること三日、士衆、糧を絶つ。～時盛暑にして、蜜漿を得んと欲するも、又蜜無し。櫺牀上に坐し、歎息すること良や久し。～因りて牀下に頓伏し、血を嘔くこと斗餘にして死せり。

↑櫺軒 櫺檻／櫺子 れんじ

↓倚櫺・綺櫺・虚櫺・曲櫺・疎櫺・窓櫺・丹櫺・風櫺

【糲】 21 9192 ［糲］ 19 9492 レイ ライ くろごめ

篆文

形声 声符は厲。字はまた糲に作り、厲の省声。〔説文〕七上に糲を収め、「粟の重さ一柘を十六斗大半斗と爲す。舂きて米一斛と爲すを糲と曰ふ」とするが、糲が通行の字。十分に精米しないくろごめをいう。一斛の米をすり臼で穀皮をとり、七斗の糧となった状態のものをいう。

訓義 ①くろごめ、もみすりしたもの。②すりうすでする。

古訓 〔名義抄〕糲米 ヒラシラゲノヨネ〔字鏡〕糲 モミ／糲 ヒラシラゲノヨネ

【糲藿】 玄米と豆。粗食。〔韓詩外伝、九〕士、褐衣縕著（くずあさなどの粗服）、未だ嘗て完からず。糲藿の食し、未だ嘗て飽かず。世俗の士は、以て羞と爲すのみ。

【糲食】 玄米食。〔梁書、武帝紀下〕日に止だ一食、膳に鮮腴（新鮮な肉）無し。惟だ豆羹糲食のみ。～身には布衣を衣、木綿皁帳、一冠三載、一被二年。

【糲粢】 玄米ときび。〔韓非子、五蠹〕堯の天下に王たるや、茅茨翦らず、采椽斲らず。糲粢の食、藜藿（あかざ）の羹、～監門（門番）の服養と雖も、此れよりも虧けず。

↑糲糠 玄米／糲米 玄米／糲餐 糲食／糲飯 玄米食／糲糒 玄米／糲粱 玄米とあわ

↓粢糲・疏糲・蔬糲・麤糲・飯糲・粱糲

【蠡】 21 2713 レイ ラ むしばむ きくいむし かい

篆文 古文

会意 彖＋䖵。彖は虫くいのあとのような、めぐるさまをいう。〔説文〕十三下に「蟲の木中を齧むなり」と木食い虫の意とし、彖声とするが、声が合わない。螺のような形の貝の名に用い、〔漢書、東方朔伝〕に「蠡を以て海を測る」という語がある。〔広雅、釈魚〕に「蝸牛」の意とし、〔周礼、春官、鬯人注〕に「瓢とは瓠を謂ふ。蠡なり」とあって、その形状を以て名づける。〔爾雅、釈魚〕の蠃字条の〔郭璞注〕に、大なるものは斗の如く、酒杯に用いるという。蜾蠃は細腰大腹の土蜂。また蒲盧ともいう。蠡・蠃・盧はみな同系の語である。

訓義 ①むしばむ、むしくいのあと、はげる。②きくいむし。③かい、かたつぶり、にな、ほらがい。④ふくべ、ひさごを両分した形。

古訓 〔名義抄〕蠡 ハム〔字鏡集〕蠡 アカキカヒ・カヒ

語系 蠡lyeiとは蠃luaiと声義が近い。盧lia、劙lie、釃lyaiも声近く、蠡を両分したような形のものをいう。酒杯や水器に用いる。

【蠡酌】 ひさご半分の酌で水をくむ。北周・庾信〔三月三日華林園馬射の賦〕管を以て天を窺ひ、蠡を以て海を酌む。盛德形容、豈に梗概を陳べんや。

【蠡測】 蠡酌。〔漢書、東方朔伝〕（客難に答ふ）語に曰く、筦（管）を以て天を闚ひ、蠡を以て海を測り、莛（わら）を以て鐘を撞っくと。豈に能く其の條貫を通じ、其の文理を考へ、其の音聲を發せんや。

↑蠡殻 貝殻／蠡器 ふくべ／蠡牛 蝸牛／蠡結 螺形の髪／蠡勺 蠡酌／蠡升 ひさごの杯／蠡屏 貝飾りの屏風／蠡蠡 列なる／蠡廔 れんじまどの孔

↓曲蠡・瓠蠡

【蠣】 21 5112 ［蠇］ 19 5412 レイ かき

篆文

形声 声符は厲。厲に粗剛なるものの意がある。〔説文〕十三上に字を蠇に作り、「蚌の屬なり」とあり、海中の岩石などに附著して、層々相重なるものであるから、蠣房の名がある。

訓義 ①かき。

古訓 〔名義抄〕蠣 カキ・ハチ

↑蠣灰 蠣の殻を焼いて粉末としたもの／蠣黄 蠣肉の塩漬／蠣蛤 かき／蠣牆 蠣灰をぬりつけて作った牆／蠣奴 蟹の一種／蠣塘 蠣の養殖場／蠣粉 蠣殻の粉／蠣房 かきの殻

↓玄蠣・蛤蠣・炙蠣・牡蠣

【[麗+攴]】 23 1124 レイ かず かぞえる

篆文

形声 声符は麗。〔説文〕三下に「数なり」、次条に「數は計ふるなり」とあり、かぞえる意。〔広雅、釈詁三〕に「⿰麗攴は布くなり」とあり、麗は麗皮、それを布く意象の字であろう。

訓義 ①かず、かぞえる。②しく、ならべる。③麗と通じる。魚麗。

古訓 〔字鏡集〕⿰麗攴 カゾフ・カズ・ノブ

【鱧】 24 2531 レイ おおなまず はも

篆文

形声 声符は豊。〔説文〕十一下に「鱯なり」とあり、鱯字条には「魚の名」とする。〔爾雅、釈魚〕に「鮦なり」とみえ、〔説文〕に「鮦は魚名。～一に曰く鱺なり」、また「鱺は鮦なり」とあって、鱧・鱺・鮦の三者は同一の魚であるという。鱧には斑点があるという説もあり、やつめうなぎであるという。わが国では古訓は鯛、のち「はも」とよむ。

訓義 ①おおなまず。②やつめうなぎ。③はも。

古訓 〔新撰字鏡〕鱧 太比(たひ)〔名義抄〕鱧 ハム・ナヨシ/鱧魚 ハム

↑鱧魚 やつめうなぎ/鱧腸 烏魚の腸。薬用となるという

【龗】 33 1021 レイ リョウ りゅう おかみ

篆文

形声 声符は霝。霝は請雨の祝告を列して、降雨を祈る儀礼。竜が雨雪をふらせる神とされた。〔説文〕十一下に「龍なり」とし、霝声とする。龍(竜)と両声のある字である。〔神代紀、上〕「高龗」の訓注に「於箇美」とあり、〔万葉集〕には「於可美」、また諸所の泉に、水神として「意加美の社」というのが祀られている。

訓義 ①竜。②かみ、おかみ、雨水の神。

古訓 〔字鏡集〕龗 山神の名なり。ヨシ

レキ

【秝】 10 2299 レキ ぐんもん ならぶ まばら

篆文 甲骨文

会意 両禾を並べた形。〔説文〕七上に「稀疏、適秝なり。二禾に従ふ」(段注本)とあって、禾を植えることのまばらなるさまをいうとする。金文の図象に、両禾を並べ立てる形のものがあり、〔周礼、夏官、大司馬〕に「旌を以て左右和の門と為す」とあるように、それは軍門の象である。和はその軍門の前で誓約して、媾和のことを行うもので、禾は軍門の象。その形は、のちの華表として残されているものであろう。軍門で旌表を行うことを、金文では「蔑曆」といい、蔑(蔑)の初文も禾に従う字であった。

訓義 ①軍門。禾は軍門に立てるもので、図象では左向きと、右向きの形にしるす。②ならぶ。③適秝、あきらか、まばら。

古訓 〔字鏡集〕秝 アキラカニミル・コソクル

部首 〔説文〕に兼(兼)、〔玉篇〕に秦の籀文をこの部に加える。一禾をもつ形は秉、二禾をもつ形は兼であるが、秝および秝系の字は、両禾軍門の象をとるものであるから、軍門の儀礼に関する字が多く、秉・兼は禾黍関係で、両者は別系の字である。

声系 〔説文〕に秝声として厤、また厤声として歷(歴)および歷声の字を収めるが、曆(暦)の字を収めていない。曆は厤がその初文。もと軍の功歴を意味し、曰は功歴の書を意味した。

語系 秝・厤(暦)・歷 lyek は同声。秝声の字はもと軍功に関する字で、秝の声義を承ける。

【鬲】 10 1022 レキ カク かなえ かま

篆文 甲骨文 金文

象形 かなえの類。三足がふくらみをもつ款足(中空)の分当形の器。〔説文〕三下に「鼎の屬なり。五觳(穀)を實る。斗二升を觳と曰ふ。腹の交文と三足に象る」という。先史の土器に鬲形のものが多く、実用性の高い形状のものである。重文として瓦に従う字、また䰛のように厤声に作る字がある。䰛は漢令にみえる字である。金文に「人鬲」という語があり、また「臣十家、鬲百人」を賜う例があり、徒隷のような身分のものをいう語であった。

訓義 ①かなえ、三本の空足をもつかま、土がま。②にぎる、むせぶ。③隔と通じ、へだてる。④軛と通じ、くびき。⑤古く、人鬲のように身分の称に用いた。

部首 〔説文〕に䰜・鬴(釜)・融など十二字、〔玉篇〕になお五字を加える。融の籀文は蟲(虫)に従い、食器である鬲中のものが腐敗し融穢して、虫が器の外に溢れる形である。

声系 〔説文〕に鬲声として翮・隔(隔)など八字を収める。カク声のものが多い。來(来)・母の字に、カ行音をもつものが多い。

語系 鬲・秝 lyek は同声。ゆえに鬲をまた䰛に作る。

【鬲如】 鬲さながらの形。〔列子、天瑞〕子貢～曰く、願はくは息ふ所有らんと。仲尼曰く、生には息ふ所無し。～其の壙(墓穴)を望むに臯如たり、宰如たり、墳如たり、鬲如たり。則ち息ふ所を知らんと。

【鬲絶】 へだてる。〔史記、匈奴伝〕是の時、漢、東のかた穢貉・朝鮮を抜きて以て郡と爲し、西のかた酒泉郡を置き、以て胡と羌と通ずる路を鬲絶す。

【鬲塞】 へだてふさぐ。〔漢書、武五子、戾太子伝〕造飾姦詐、群邪錯謬す。是を以て、親戚の路鬲塞して通ぜず、太子進みては則ち上見することを得ず、退いては則ち亂臣に困しめらる。

【鬲蔽】 へだてかくす。〔新序、雑事二〕不肖は賢を嫉み、愚者は智を嫉む。是れ賢者の鬲蔽せらるる所以なり。

↑鬲并 水旱など自然の災害が多い/鬲閉 鬲蔽

↓瓦鬲・懸鬲・鼎鬲・釜鬲・宝鬲

【厤】 12 7129 レキ おさめる

篆文 甲骨文 金文

会意 厂+秝。厂は崖下の象。秝は両禾軍門の象。厤は両禾軍門を設けたところ、そこで軍律によってことを決した。〔説文〕九下に「治むるなり」とし、〔段注〕に治庁の義としているが、軍の本陣をいう字で、そこで功歴を論じた。甘部五上に曆字があり、「厤は調なり」(段注本)とするが、曆は金文に「蔑曆」というときの曆(暦)の譌形とすべく、軍門を意味する厤においてその功歴を旌表し、そのことを「曆を蔑す」といった。

訓義 ①おさめる。②軍門、軍の本陣。③曆の初文。

声系 〔説文〕に厤声として歷(歴)・曆を収め、また歴声の字三字を収める。〔説文〕に曆の字がみえないが、卜辞・金文にその字がある。

語系 厤・曆・秝・歷 lyek は同声。秝は両禾軍門の象、歴は軍歴、事功をいう。

常 【暦】 14 旧【曆】 16 7126 レキ いさおし こよみ かず

篆文 金文

常【歷】14 人〔歷〕16 7121

会意 旧字は曆に作り、厤＋曰。〔説文新附〕七上に「厤象なり。曰に從ひ、厤聲」とするが、厤がその初文。厤は厂(崖)下に両禾を立てて軍門とする象で、軍の本陣をいう。曰は盟誓を収めた器。曆とは軍の功歴に対し、これを旌表する意で、金文に「蔑曆」という語があり、「曆を蔑はす」とよむ。曆朔・曆数などの意に用いるのは、のちの転義である。

訓義 1いさおし、軍の功歴。2こよみ、ひかず。3かず、かぞえる、かぞえあげる。4よわい、とし、さだめ。

古訓 〔和名抄〕曆 古與美(こよみ)〔名義抄〕曆 コヨミ・ヨシ・カゾフ・ヤハラカナリ

語系 曆・厤・歷(歴)lyekは同声。厤は両禾軍門の象。歴は軍事において経歴するところで、功歴をいう。曆はその軍門において盟誓し、旌表することをいう。

【曆運】命運。〔漢書、哀帝紀〕(建平二年)待詔夏賀良等、赤精子の讖を言ふ。漢家の曆運、中ごろ衰ふ。當に再び命を受くべし。宜しく改元易號すべしと。詔して曰く、~其れ天下に大赦し、建平二年を以て太初元將元年と爲さん~と。

【曆元】曆法起算の時。〔後漢書、律曆志中〕陳晃言ふ、曆元正しからず。故に妖民叛きて益州に寇し、盜賊相ひ續ぎて害を爲す。曆は當に甲寅を用つて元と爲すべし~と。

【曆日】こよみ。唐・太上隱者〔人に答ふ〕詩 偶松樹の下に來り 高枕、石頭に眠る 山中、曆日無し 寒盡くるも年を知らず

【曆象】こよみ。天体運行のさま。〔書、堯典〕日月星辰を曆象し、敬んで民に時を授けしむ。

【曆数】曆法上の年数。また、めぐりあわせ。天運。宋・蘇軾〔寄韻に書す〕詩 曆數、三朝、軒冕(高官)の客 色聲、誰か是れ獨り完きの人

↑曆翁 曆法家/曆家 曆法家/曆学 曆法学/曆気 節気/曆紀 こよみ/曆算 曆術/曆始 曆元/曆紙 一年間の功過を記した紙/曆術 曆法/曆序 曆法/曆生 曆術を治めた学生/曆頭 年頭/曆道 曆学/曆年 歳月/曆尾 年末/曆法 こよみの作りかた。その法則/曆命 曆数/曆律 曆法

↓陰曆・花曆・回曆・改曆・還曆・紀曆・旧曆・考曆・歳曆・算曆・司曆・掌曆・新曆・正曆・西曆・星曆・創曆・治曆・長曆・天曆・統曆・日曆・年曆・陽曆・律曆・略曆

レキ
けみする すぎる かぞえる

篆文 甲骨文 金文

形声 旧字は歷に作り、厤声。厤は厂(崖)下に両禾を立てた軍門の象。軍行において経歴するところ、またその功歴のあることを歴という。〔説文〕二上に「過ぐるなり」、〔繫伝〕に「傳ふるなり」の訓を加える。もと功歴の意であるが、のちすべて時所を経過することをいい、歴世・歴代のようにもいう。

訓義 1けみする、軍行においてすぎる、軍の功歴とするところ。2すぎる、ときがすぎる、経験する、久しい。3かぞえる、かぞえあげる、功歴をしらべる。4えらぶ、ならべる、まじえる、みだれる。5まばら、たがいに、わかつ。6あきらか。7曆と通用する。

古訓 〔名義抄〕歴 アマネシ・ヘテ・ヘタリ・フ〔字鏡集〕歴 カゾフ・トホシ・スギタリ・ト丶ノフ・アマネシ・ヘテ・ユク・フ・ツネ・カフ・ヘダツ・ツタフ・ツク・ヒロシ・イロフ・エラブ・ヘタリ

声系 〔説文〕に歴声として櫪・瀝など三字を収める。櫪は櫪樎、指攻めの木、瀝は淅瀝のように水の音をいう。擬声的な語である。

語系 歴・曆(曆)・厤lyekは同声。もと軍行において経歴するところ。またその功歴などを称する語であった。

＊語彙は曆字条参照。

【歴階】片足ごとに一段あがる。儀礼のときは一足ずつ揃えてあがる。〔史記、孔子世家〕(夾谷の会に)優倡侏儒、戲れを爲して前む。孔子趨りて進み、歴階して登り、一等を盡さずして曰く、匹夫にして諸侯を營惑する者は、罪、誅に當る~と。

【歴観】順次にみる。みわたす。呉・韋曜〔博弈論〕古今功名の士を歴觀するに、皆積累殊異の迹有り。勞神苦體、契闊勤思す。

【歴険】険阻をわたる。〔三国志、魏、張既伝〕(文帝詔)卿、河を踰え險を歷へ、勞を以て逸を撃ち、寡を以て衆に勝つ。功は南仲に過ぎ、勤は吉甫を踰ゆ。

【歴史】過去の変遷の記録。〔三国志、呉、呉主伝注に引く呉書〕呉王、~志經略に存す。餘閒有りと雖も、書傳歷史を博覽し、奇異を藉採す。諸生の章を尋ね句を摘むのみなるに效はざるのみ。

【歴指】指攻め。〔荘子、天地〕鳩鴞の籠に在るや、亦た以て得たりと爲すべし。~則ち是れ罪人の交臂(臂攻め)歷指され、虎豹の㮈檻に在るも、亦た以て得たりと爲すべし。

【歴試】順次に試みる。〔書、舜典序〕虞舜、側微なり。堯之れが聰明なるを聞き、將に位を嗣がしめんとして、諸難に歷試す。

【歴事】代々につかえる。歴仕。〔漢書、劉向伝〕災異此の如し。而して外家(王氏)日に盛んにして、其の漸むや必ず劉氏を危くせん。吾~身は宗室の遺老爲り、三主に歷事す。~吾にして言はずんば、孰か當に言ふべき者ぞ。

【歴日】こよみ。年月。〔漢書、文帝紀〕(十四年)朕、~上帝宗廟に事ふること、今に十四年なり。歷日長きに彌るも、不敏不明を以て、久しく天下に撫臨す。朕、甚だ自ら媿づ。

【歴象】天文星象。〔後漢書、方術上、謝夷吾伝〕上は三辰をして軌を歷象に順はしめ、下は五品をして咸く嘉時に訓はしむべし。

【歴数】曆数。また、数えあげる。〔資治通鑑、唐紀四十〕(代宗、大曆元年)十二月、~周智光~因りて大臣の過失を歷數し、且つ曰く、~天子を挾さんで諸侯に令するに至りては、惟だ周智光のみ、之れを能くせんと。

【歴代】代々。漢・孔安国〔尚書の序〕夏・商・周の書に至りては、教を設くること倫しからずと雖も、雅誥奧義、其の歸、揆を一にす。是の故に歷代之れを寶とし、以て大訓と爲せり。

【歴詆】ひとつひとつそしる。宋・蘇軾〔荀卿論〕彼(李斯)は、其の師(荀卿)の天下の賢人を歷詆し、以て自ら其の愚を是とするを見て以爲へらく、古先聖王、皆法るに足る者無しと。

【歴任】前後つづいて官職に任じる。〔老学庵筆記、三〕范丞相覺民、參知政事を拜するの時、歷任すること未だ嘗て一考(成績考試の期間、三年)に滿たず。

【歴年】多年。〔孟子、万章上〕禹の舜に相たるや、年を歷ること多く、澤を民に施すこと久し。

【歴訪】次々と訪ねる。〔後漢書、独行、温序伝〕建武二年、騎都尉弓里戍、~太原に到り、英俊大人を歷訪し、問ふに策謀を以てす。戍、序を見て之れを奇とし、上疏して薦む。

【歴落】群を抜いているさま。また、磊落。清・鄭燮〔念奴嬌、金陵懐古、十二首、周瑜宅〕詞 周郎年少 正に雄姿歷落たり 江東の人傑 八十萬の軍、一炬に飛び 風は灘前

の黄葉を巻く

【歴乱】 乱れる。花が咲き乱れる。唐・賈至〔春思、二首、一〕詩 草色青青、柳色黄なり 桃花歴亂して、李花香し 東風、爲に愁ひを吹き去らず 春日、偏に能く恨みを惹くこと長し

【歴覧】 逐一に見る。〔抱朴子、漢過〕前載を歷覽して近代に逮ぶに、道微にして俗弊るること、漢末より劇しきは莫し。

【歴歴】 ひとつひとつ明らかなさま。〔文選、古詩十九首、七〕玉衡(北斗)孟冬を指し 衆星何ぞ歷歷たる 白露、野草を沾し 時節忽ち復た易はる

↑歴閲 あまねく読む/歴遠 遠くへ行く/歴官 歴任する/歴紀 歴年/歴久 長年/歴級 歴階/歴挙 いちいち数えあげる/歴稽 ひとつひとつ考える/歴忤 ことごとに反対する/歴劫 悠久の年/歴載 歴年/歴歳 歴年/歴算 暦算/歴仕 代々につかえる/歴視 ひとつひとつ観る/歴次 度々/歴時 時を経たのち/歴旬 十日過ぎ/歴巡 次々と巡る/歴渉 次々と渉りゆく/歴職 歴任/歴人 犯人を隠匿する/歴世 歴代/歴選 次々とえらばれる/歴然 明白なさま/歴抵 次々と巡る/歴物 格物/歴分 順次に区分する/歴法 暦法/歴本 暦/歴問 歴訪/歴遊 遊歴/歴葉 歴代/歴来 多年にわたって/歴刺 まばらなさま/歴練 幾たびも訓練する/歴鹿 糸車/歴録 美しいさま

↓閲歴・延歴・学歴・経歴・行歴・仕歴・周歴・巡歴・渉歴・職歴・戦歴・践歴・前歴・多歴・探歴・通歴・的歴・典歴・転歴・登歴・辟歴・霹歴・徧歴・遍歴・綿歴・捫歴・踰歴・游歴・遊歴・陽歴・来歴・履歴・累歴

【櫟】 19 4299 レキ くぬぎ こする

篆文

形声 声符は樂(楽)。〔説文〕六上に「櫟木なり」(段注本)とあって、くぬぎをいう。山野に自生し、不材の雑木とされる。

訓義 1くぬぎ、その実はどんぐり。2擽と通じ、うつ、つく、こする。

古訓 〔新撰字鏡〕櫟 一比乃木(いちひのき)〔和名抄〕櫟子 伊知比(いちひ)〔名義抄〕擽 イチヒ・シヒ/櫟梂 イチヒノカサ・クリノイガ

【櫟散】 櫟社の散木。役立たず。北魏・高允〔宗欽に答ふ、十三章、五〕詩 伊れ余れは櫟散 才朽ち質微なり 幸會に遭縁し 樞機に與かることを忝なうす

【櫟社】 くぬぎを社表とする神社。〔荘子、人間世〕匠石(名工)齊に之き、曲轅(地名)に至り、櫟社の樹を見る。其の大いさ、數千牛を蔽ふ。之れを絜るに百圍、～觀る者市の如きも、匠伯顧みず。遂に行きて輟めず。

【櫟樗】 くぬぎと、おうち。不材の木。宋・司馬光〔洛中耆英会〕詩 自ら愧づ、櫟樗にして遠器に非ざるを 誰か應に齒髮、亦た遐年(長年)なるべき

【櫟釜】 かまの底をこすり鳴らす。〔史記、楚元王世家〕始め高祖微なりし時、～賓客と巨嫂を過ぎりて食す。嫂、叔(高祖)を厭ふ。叔、客と來たれば、嫂詳りて、羹の盡くる爲まねして、釜を櫟る。賓客故を以て去る。～高祖此れに由りて其の嫂を怨めり。

↑櫟梂 どんぐり/櫟捋 爪弾き

↓朽櫟・散櫟・寿櫟・樹櫟・大櫟・苞櫟

【瀝】 19 3111 レキ こす したむ したたる そそぐ

篆文

形声 声符は歴(歷)。〔説文〕十一上に「漉すなり」(段注本)とあり、酒を漉すことをいう。「一に曰く、水下りて滴瀝たり」とは、滴る音をいう。「瀝瀝」は風の音、また水の流れる音を示す擬声語として用いる。

訓義 1こす、したむ、布でしぼる。2したたる、そそぐ、その音。3したみ酒。4風の音、水の音、淅瀝。

古訓 〔名義抄〕瀝 シタヽル・ソヽグ・タヽフ 〔篇立〕瀝 クシ・シタム・ソヽク・ウルホス・タヽフ・シタツ

語系 瀝lyek、漉lokは声近く、水をそそいで洗うことをいう。また濾liaも声近く、漉は布などでものを漉す意。

【瀝液】 しずく。漢・張衡〔思玄の賦〕飛泉の瀝液に漱ぎ、石菌の流英を咀ふ。

【瀝血】 血をそそぐ。報復をちかう。また、死骨にそそいで肉親を確かめる。〔梁書、予章王綜伝〕俗説に、生者の血を以て死者の骨に瀝ぎ、滲むときは即ち父子と爲すと聞き、綜乃ち私かに齊の東昏の墓を發きて骨を出だし、臂の血を瀝ぎて之れを試むるに、～皆驗有り。

【瀝酒】 酒をそそぐ。地にそそいで誓う。唐・王建〔歳晩自ら感ず〕詩 酒を瀝ぎて願ふ、今日より後 更に逢はん、二十度、花の開くに

【瀝青】 松脂に油を加えて塗料とする。タールのような液。〔本草綱目、木一、松〕松脂、別名松膏、～瀝靑。

【瀝瀝】 水のしたたる音。唐・寒山〔寒山詩、二十二〕幽澗、常に瀝瀝 高松、風颼颼

↑瀝款 誠意を披瀝する/瀝泣 涙をそそいで泣く/瀝懇 懇望する/瀝述 縷述する/瀝觴 杯にそそいで飲む/瀝情 瀝忱/瀝忱 誠意を披瀝する/瀝誠 瀝忱/瀝胆 瀝忱/瀝腸 瀝忱/瀝陳 誠意を披瀝して述べる/瀝滴 雫がたれる

↓残瀝・滲瀝・淅瀝・絶瀝・滴瀝・披瀝・油瀝・余瀝・淋瀝・霖瀝

【櫪】 20 4191 レキ ゆびひしぎ かいばおけ うまや

篆文

形声 声符は歴(歷)。〔説文〕六上に「櫪撕、椑指なり」とあって、指攻めに用いる刑具のゆびひしぎをいう。また馬のかいばおけの意があり、うまやをもいう。魏の武帝の楽府〔歩出夏門行、四首、四〕に「老驥櫪に伏するも 志は千里に在り」の句がある。

訓義 1ゆびひしぎ、指攻めの刑具。2かいばおけ、まぐさおけ。3うまやのねだ、うまや。4櫟と通じ、木の名、くぬぎ。

古訓 〔新撰字鏡〕櫪 馬槽。又、久奴木(くぬぎ)、又、久比是(くひぜ)〔和名抄〕櫪 之岐以太(しきいた)〔名義抄〕歴木 クヌギ/櫪 シキイタ・クヌギ

【櫪馬】 うまやにつながれた駿馬。明・劉基〔北上感懐〕詩 倦鳥、一枝を思ひ 櫪馬、志千里 營營として生心を勞す 出入、定止靡し

↑櫪驥 老驥がかいばおけで養われる/櫪廐 うまや/櫪皁 うまや

↓故櫪・皁櫪・槽櫪・馬櫪・廃櫪・伏櫪

【皪】 20 2269 レキ あきらか しろい

形声 声符は樂(楽)。左思の〔魏都の賦〕に「丹藕、波を凌ぎて的皪たり」とあり、そのような畳韻の連語として用い、また「皪犖」のような双声の語として用いる。

訓義 1あきらか、てらす、かがやく。2しろい、まだら。3玉のいろ、玉のかがやき。

【皪皪】 あきらか。宋・梅堯臣〔刑部庁の海棠、贈らる。韻に依りて永叔(欧陽脩)に答ふ、二首、一〕詩 搖搖たる牆頭の花 蒨蒨として好色有り 高枝は笑ふこと粲粲 低枝は明らかなること皪皪

↑皪犖れきらく まだら
↓玓皪・的皪

【礫】 20 1269 レキ こいし つぶて

篆文

形声 声符は樂(楽)らく。〔説文〕九下に「小石なり」とあり、つぶてをいう。つぶてを投げることを擽りゃくといい、つぶてのように轢ひき砕くことを轢れきという。

訓義 1こいし、いしころ。2つぶて、石つぶて。3石のごろごろしたさま。

古訓 〔名義抄〕礫 タフチ・ツヒタレ・タビイシ・イシ・カハラ・サヾレイシ・ツムレイシ

語系 礫・轢lyekは同声。擽lyôkは声義近く、みな礫の声義に関係のある語。濼ろく声・鹿ろく声の語とも、擬声語として通用することがある。

【礫石】れきせき つぶて石。〔韓詩外伝、三〕太山は礫石を讓らず、江海は小流を辭せず。其の大を成す所以ゆゑなり。

↑礫岩れきがん つぶてを含む岩/礫州れきしゅう かわら
↓瓦礫・澗礫・荒礫・沙礫・砂礫・珠礫・石礫・磧礫・積礫・的礫・白礫・飛礫

【轢】 22 5209 レキ ひく ふむ ふみにじる

篆文

形声 声符は樂(楽)らく。〔説文〕十四上に「車の踐ふむ所なり」とあって、車でひき通る、陵轢の意。軷ばつ字条に「牲を轢ひいて行く」とあり、軍を発するとき、犬牲を轢いて車を清めてから出発した。

訓義 1ひく、車でひく。2ふむ、ふみにじる、ふみくだく。3ないがしろにする、しのぐ、おかす。

古訓 〔名義抄〕轢 ニジル・モム・フム・スム 〔篇立〕轢 ヲク・チギル・モム・クビル

語系 轢・礫lyekは同声、擽lyôkは声義が近い。轢はふみつぶすときの擬声語。轢かれて細かく砕けた石を礫、つぶてとして投げることを擽りゃくという。濼・鹿の声の字と通用することがある。

【轢脚】れききゃく 車で足をひく。〔神仙伝、二、李阿〕三國の時、蜀の人なり。傳世、之れを見るも老いざること故もとの如し。～成都に還り、～道に人の車を錚はらするに逢ひ、阿、脚を以て車下に置く。其の骨を轢いて皆折れ、阿即死す。～須臾しゅゆにして、阿復また起たち、以て脚を抑おさふるに、復た常の如く強し。

↑轢古れきこ 古人をこえしのぐ/轢殺れきさつ ひき殺す/轢蹙れきしゅく 人をしのぎ、犯す/轢籍れきせき 欺きしのぐ
↓軋轢・刻轢・車轢・蹂轢・卓轢・凌轢・陵轢・轔轢

【酈】 22 1722 レキ リ

篆文

形声 声符は麗れい。〔説文〕六下に「南陽縣なり」とあり、〔漢書、地理志、如淳注〕に「酈の音は蹢躅てきちょくの蹢なり」とあるのによって、わが国では古くは「酈縣てきけん」とよまれていた。〔玉篇〕に「郎的の切」とし、「又音蹢なり」と、その音を存している。酈県菊水の話は後漢以来の諸書にみえ、わが国では謡曲の〔菊慈童〕〔枕慈童〕の舞台ともされている。顧祖禹の〔讀史方輿紀要、巻五十一〕に、酈県菊潭についての記述がある。

訓義 1地名、河南の南陽県にある。また、古く魯の地名。2字はまた麗に作る。

古訓 〔名義抄〕酈 魯の地なり。コホリ

【轣】 23 5101 ［轢］ 22 5209 レキ いとくりぐるま ひく ふむ

形声 声符は歷(歴)れき。轣轆れきろくは繅車さいしゃ、糸くりぐるま。〔方言、五〕に「趙・魏の閒にては、之れを轣轆車と謂ふ」とみえる。その回転する音を写した擬声語。轢れきと通用する。

訓義 1いとくりぐるま。2くるまのおと、くるまのあと。3ひく、ふむ。4いつわり。

【轣轆】れきろく 糸くり車。くるまのあと。また、車などのめぐる音。宋・陸游〔春寒復また作る〕詩 故人已に死して、夢中に見ゆ 壯志未だ忘れず、心自みづから知る 青絲玉井、聲轣轆たり 又是れ窗まど白く、鴉からす鳴くの時

【靂】 24 1021 レキ

形声 声符は歷(歴)れき。霹靂へきれきは雷霆らいていの炸裂する音を形容する擬声語。わが国では「はたたかみ」といい、その「はたた」にあたる。

訓義 1霹靂、かみなりの音。

古訓 〔新撰字鏡〕靂 雷乃不女留木(雷のふめる木) 〔名義抄〕霹靂 カミオツ・カミトキ 〔篇立〕靂 イナビカリ・ハタ、カミ・カミトキ・イカヅチ

↓霹靂

レツ

常【列】 6 1220 レツ わける つらねる ならべる

篆文

詛楚文

会意 歺れつ＋刀。歺は断首の象。頭骨になお頭髪を存する形である。〔説文〕十二下は歺を「水流るること歺歺たるなり」とし、列を歺声とするが、歺は頭部を切りとった形。断首してこれを列することを列といい、これを呪禁に用いることを「遮迾れつしゃ」という。殷墓には断首坑が多く、身首を別ち、各々別に十体ずつを一坑とし、数十坑にわたってこれを列するものがある。その遺構によって遮迾の実体が知られ、列次・序列・整列・列世のように用いる。

訓義 1わける、身首を分かつ、首切る。2つらねる、ならべる、ならべおく。3加える、中にさし加える。4次第する、序列する、ととのえる、おさめる。5ならび、くらい、くみ、なかま。6迾れつと通じ、さえぎる、呪禁、疈辜ひょくこ。

古訓 〔名義抄〕列 ツラヌ・ツラナル・ツヾケタリ・コゾル・ノブ・アマル・ツラ 〔字鏡集〕列 ワカチトク・コゾル・ツラナル・ツラヌ・ツラ・サカリ

声系 〔説文〕に列声として迾・裂・烈・洌・例など十二字を収める。列の声義を承けるものが多い。

語系 列・烈・厲liatは同声。列声・厲れい声の字に声義の通じるものが多く、断首祭梟さいきょう(首祭)の俗に関する語が多い。

【列位】れつ(ゐ) 爵位。〔商君書、錯法〕明主の貴ぶ所は、惟だ其の實に爵す。其の實に爵して、之れを榮顯す。榮ならざれば、則ち民、列位を急とせず。顯ならざれば、則ち民、爵を事とせず。

【列岳】れつがく 連なる山々。唐・高適〔河南節度使賀蘭大夫の贈らるるに酬ゆる作〕詩 鉞まさかりを秉とりて恩の重きを知り 戎じゅうに臨んで命の輕きを覺ゆ 股肱こう、列岳を瞻みる 唇齒、長城に頼る

【列観】れっかん(くわん) ならんで観る。また、列館。〔史記、平準書〕是の時、越、漢と船を用もって戰逐せんと欲す。乃ち大いに昆明池を修め、列觀もて之れを環めぐらし、樓船の高さ十餘丈なるを治め、旗幟を其の上に加ふ。甚だ壯なり。

【列侯】れっこう 国君。諸侯王。〔漢書、百官公卿表上〕徹侯は金印紫綬、武帝の諱いみを避けて通侯と曰ひ、或いは列侯と曰ふ。

【列国】れっこく 諸侯の国々。〔左伝、荘十一年〕列國に凶有るとき孤と稱するは、禮なり。

【列次】れつじ 序列。〔漢書、王吉伝〕(哀帝、王)崇に策詔して曰く、朕れ、君が累世の美有るを以て、故に列次を踰こえしむ。

在位以來、忠誠匡國、未だ繇る所を聞かず。～大逆の辜、擧措專恣なり～と。

【列宿】 衆星。星宿。〔史記、天官書論贊〕天に五星有り、地に五行有り。天には則ち列宿有り、地には則ち州域有り。三光なる者は、陰陽の精、氣は本地に在り、而して聖人之れを統理す。

【列女】 烈女。節操ある婦人。〔後漢書、皇后下、順烈梁皇后紀〕少くして女工を善くし、史書を好み、九歳能く論語を誦す。～常に列女の圖畫を以て左右に置き、以て自ら監戒とす。

【列叙】 並べしるす。晋・王羲之〔蘭亭集の序〕故に時人を列敍し、其の述ぶる所を錄す。世殊に事異なりと雖も、懷ひを興す所以は、其の致一なり。

【列星】 星。列宿。宋・蘇軾〔潮州韓文公廟碑〕其の生まるる也、自りて來たる有り。其の逝くや、爲す所有り。故に申呂（姜姓の国）、嶽（嵩嶽の嶽神伯夷）より降り、傅說は列星と爲る。古今の傳ふる所、誣ふべからざるなり。

【列聖】 歴代の皇帝。清・康有為〔礼運注叙〕天、群生を愛し、賴りて以て泯びず。列聖呵護し、幸ひに以て流傳すること、二千五百年なり。

【列席】 席を並べる。梁・沈約〔郊居の賦〕或いは席を列ねて詩を賦し、或いは觴を班ちて宴語す。

【列仙】 多くの仙人たち。明・方孝孺〔王時中に贈るの序〕古の方士の如く、近世の山林高人の如し。其の容貌簡寂にして儒者の如く、其の神氣閑定にして列僊の流の如く、能く其の術に名づくる莫し。私かに盇異とす。

【列第】 貴族たちの屋敷。宋・李格非〔洛陽名園記の後に書す〕唐の貞觀・開元の閒、公卿貴戚の東都に開館列第する者、千有餘邸と號す。

【列伝】 個人の伝記。〔史記、太史公自序〕末世利を争へるに、維だ彼のみ義に奔り、國を讓りて餓死し、天下之れを稱す。伯夷列傳を作る。

【列藩】 諸藩侯。唐・顔真卿〔李太保に与ふる帖、八首、四〕聖慈含弘、猶ほ列藩を佐く。遠からず伊れ邇し。躬を省み德を荷ひ、恩貸實に深し。兢慄の誠、物に在りて何に喩へん。

↑列営 布陣／列筵 列席／列火 烈火／列壑 連なる谷／列記 ならべ記す／列居 列坐する／列挙 ひとつひとつならべ挙げる／列卿 諸卿／列戟 儀仗／列欠 電光／列公 各位／列光 烈しい光／列坐 ならび坐る／列采 多采／列肆 店々／列寺 役所街／列侍 多く侍る／列峙 ならび立つ／列舍 列宿／列樹 並木／列周 ならびめぐる／列聚 集まり列する／列従 ならび従う／列序 次第にならぶ／列嶂 連峰／列植 ならび植えた樹／列真 列仙／列陣 布陣する／列世 歴代／列刹 多くの寺／列疏 つらなりならぶ／列代 代々／列宅 列第／列置 並べる／列陳 陳列する／列鼎 盛饌／列土 封侯／列等 等級／列排 陳列する／列判 連判／列班 班に入ってならぶ／列品 陳列品／列風 烈しい風／列辟 歴代の王／列門 列第／列墉 ひめ垣をつらねる／列羅 羅列する

↓一列・官列・環列・行列・系列・後列・坐列・錯列・参列・歯列・次列・序列・森列・成列・斉列・整列・前列・隊列・直列・陳列・堵列・等列・同列・配列・排列・班列・布列・譜列・分列・並列・編列・駢列・羅列・論列

常 【劣】 6 9042 レツ おとる わずか すくない

篆文 

会意 少＋力。〔説文〕十三下に「弱なり。力少に従ふ」（段注本）とする。力は耒の象形であるから、耕作力において劣る意であろう。農事に限らず、すべて才分の少ないこと、また鄙薄の意に用いる。

訓義 ①おとる、よわい。②わずか、すくない、いやしい、ひくい。③おろか、つたない。④わずかに、かろうじて、ようやく。

古訓 〔名義抄〕劣 オトル・ヨロ（ワ）シ・ツタナシ・オヂナシ・ワロシ

【劣弱】 能力が劣る。〔後漢書、順帝紀〕（永建元年）幽・幷・涼州の刺史に詔し、～年老いて劣弱、軍事に任へざる者は、名を上らしむ。

【劣薄】 生まれつき才がとぼしい。唐・權德輿〔趙公の為に金石凌（氷）を賜ふを謝す表〕況んや臣、劣薄にして、罪を樞衡（大臣の重職）に待つ。平施に感ずるのみなるをや。深く殊榮を荷ふも、報ずること難し。～感恩に任ふる無し。惶懼の至りなり。

↑劣貨 粗悪品／劣衿 不良学生／劣厥 頑劣／劣倦 疲労する／劣質 おろかな性質／劣情 情欲の心／劣勢 非勢／劣相 やつれたすがた／劣弟 小生／劣点 欠点／劣等 下等／劣敗 弱くて負ける／劣僕 役立たずの男

↓尫劣・寡劣・寒劣・朽劣・怯劣・愚劣・下劣・蹇劣・弱劣・勝劣・拙劣・浅劣・賤劣・懦劣・低劣・駑劣・卑劣・鄙劣・微劣・凡劣・優劣・庸劣・羸劣・陋劣

【𡿪】 6 2220 レツ くびきり

篆文 

甲骨文 

象形 頭髪の残っている頭骨の形。〔説文〕十一下に「水流るること𡿪𡿪たるなり。川に従ひ、列の省聲」とするが、水流には洌洌という。歺は残骨の象。その頭髪を存する形は𡿪。刀を加えて断首することを列といい、その首を列べることをまた列という。殷墓に断首坑があり、首十級、体十体ずつを各々一坑に埋め、これを数十坑列ねるような例もある。遮迾といわれる呪禁の法であろうと考えられる。列には裂の意と、並べる意とがある。

訓義 ①くび、くびきり、切られた首。②列の初文。その断首を列して呪禁とした。③水の流れる音、洌と同じ。

古訓 〔字鏡集〕𡿪 ナガル

声系 〔説文〕に𡿪声として列を収め、列声に迾・烈・裂など十二字を収める。𡿪の声義を承けるものが多い。

【洌】 8 3210 レツ さむい つめたい きよい

形声 声符は列。〔詩、曹風、下泉〕「洌たる彼の下泉」の〔伝〕に「寒きなり」、また〔玉篇〕に「寒氣なり」とあって、寒冷の甚だしいことをいう。水には清洌の意となる。

訓義 ①さむい、つめたい。②きよい。

古訓 〔名義抄〕洌 スム・サムシ・キヨシ・イサギヨシ・ハゲシ

語系 洌・列・烈・厲 liat は同声。列の声義を水や風に移していう字もあり、水には寒冷をいう。

【洌清】 清らか。漢・張衡〔東京の賦〕永安の離宮、脩竹（長い竹）冬青あり。陰池幽く流れ（地下の伏溝）、玄泉洌清なり。

【洌泉】 清泉。晋・応貞〔臨丹の賦〕丹源の洌泉を覽み、懸流の清波を眷みる。

【洌風】 寒風。楚・宋玉〔高唐の賦〕大絃を紬きて雅聲流れ、洌風過ぎて悲哀を增す。是に於て謳を調ふ。

【洌洌】 寒冷のさま。唐・韓愈〔崔立之評事に贈る〕詩 復た聞く、王師西のかた蜀を討つと 霜風洌洌として、朝菌

を推く 走章馳檄、賢を得るに在り 燕雀紛拏して鷹隼を要ふ
↑洌香 清洌な香り/洌厲 寒冷が厳しい
↓凝洌・激洌・厳洌・惨洌・清洌・泉洌・栗洌・凜洌・懍洌・冷洌

常
【烈】
10
1233
レツ
やく はげしい あきらか てがら

篆文 
金文 

会意 列＋火。〔説文〕十上に「火猛きなり」とし、列声とするが、字は列屍を焚く意であり、ゆえに酷烈の意となる。字を功烈のように用いるのは、刺の仮借。金文に烈祖を刺祖、烈考(父)を刺考、光刺(光烈)・刺刺(烈烈)のように、その意に刺を用いる。のち経籍には烈の字を用いる。字はまた厲と通用する。

訓義 ①やく、列屍をやく。②はげしい、きびしい、つよい、おごそか。③あきらか、あらわれる、うつくしい。④刺と通用し、てがら、大きなてがら。⑤列と通じ、つらなる。⑥厲と通じ、あらい、いたむ、そこなう、みだれる。

古訓 〔名義抄〕烈 サカユ・アマル・ツグノフ・ツラナル・カウバシ・ハゲマス・タケシ・サカンナリ・ウツクシ・ハゲシ 〔字鏡集〕烈 タケシ・ハゲシ・アツシ・アマル・ツラヌ・ヒカリ・ツラナル・ハゲマス・カウバシ・ツグノフ・ヒノタケキナリ・ハタメク・サカユ・テル

語系 烈・列・迾・厲liatは同声。歹は断首、刀を加えて列、火を加えて烈、またこれを地域に施して呪禁とすることを遮迾という。そのような呪禁をまた厲禁という。厲とは呪霊を駆使することをいう。また刺・賴(頼)latも声近く、刺は内なる力が外にあらわれる意。賴に賴贏の意があり、余烈というのと同じ。また声義に関係のある字である。

【烈火】 猛火。〔後漢書、劉陶伝〕蓋し民は百年貨無かるべきも、一朝も飢有るべからず。故に食を至急と爲すなり。～鑄錢齊貨、以て其の敝を救はんと欲するは、此れ猶ほ魚を沸鼎の中に養ひ、鳥を烈火の上に棲ますがごとし。

【烈気】 はげしい気象。〔論衡、言毒〕夫れ毒は太陽の熱氣なり。～巫咸、能く祝(祈り)を以て人の疾を延べ、人の禍を愈やす者は、江南に生まれて、烈氣を含みたればなり。

【烈考】 なき父。皇考。〔詩、周頌、雝〕既に烈考に右けられ 亦た文母に右けらる

【烈光】 かがやき。〔晋書、后妃上、左貴嬪伝〕(元楊后の誄)惟れ嶽(嵩嶽)、神を降し、茲の禎祥(福)を顯らかにす。篤く英媛を生み、休にして烈光有り。

【烈士】 気節ある人。魏・武帝〔歩出夏門行、四首、四〕楽府 老驥、櫪(かいばおけ)に伏するも 志は千里に在り 烈士暮年 壯心已まず

【烈日】 陽光。〔唐書、段秀実顔真卿伝賛〕詳らかに二子の行事を觀るに、～大節に臨むに及んで、之れを蹈んで貳ふ色無し。何ぞ耶。～嗚呼、千五百歳と雖も、其の英烈言言として、嚴霜烈日の如し。畏れて仰ぐべき哉。

【烈女】 節操ある女。〔史記、刺客、聶政伝〕政の姉(姊)榮、～乃ち大いに天を呼ぶ者三たび。卒に邑に於て悲哀して、政の旁らに死せり。～皆曰く、獨り政のみ能くするに非ず。乃ち其の姉も亦た烈女なり～と。

【烈婦】 節操ある婦人。〔六部成語解、礼部、烈婦〕夫に殉じ、或いは暴に遇ひて、屈せずして死するを、烈婦と曰ふ。

【烈風】 猛烈な風。〔書、舜典〕大麓に納るるに、烈風雷雨にも迷はず。

【烈烈】 高大・威武・猛烈・寒冷・風雨など、ことのすさまじいさまをいう。宋・文天祥〔沁園春、至元の間、燕山に留まりて作る〕詞 人生、翕欻として云に亡ぶ 好し、烈烈轟轟として、一場を做さん

↑烈焔 猛烈な焔/烈燄 烈焔/烈仮 大業/烈寒 酷しい寒さ/烈輝 はげしく光りかがやく/烈業 功業/烈欠 電光/烈行 節操のある行い/烈志 壮志/烈所 功業/烈暑 酷暑/烈心 勇猛心/烈燧 のろし/烈性 激しい気性/烈盛 はげしく盛ん/烈祖 功烈ある祖先/烈壮 壮烈/烈武 武勇/烈夫 烈士/烈文 すぐれた文徳/烈炳 明らか/烈名 高名/烈猛 猛烈

↓威烈・偉烈・遺烈・郁烈・英烈・往烈・火烈・果烈・赫烈・寒烈・義烈・休烈・俠烈・強烈・勲烈・勁烈・劇烈・激烈・厳烈・古烈・功烈・光烈・洪烈・鴻烈・剛烈・酷烈・惨烈・熾烈・俊烈・峻烈・声烈・盛烈・勢烈・誠烈・先烈・前烈・壮烈・爽烈・忠烈・痛烈・貞烈・熱烈・不烈・武烈・風烈・芳烈・猛烈・雄烈・余烈・慄烈・凜烈

【茢】
10
4422
レツ
あしのほ

篆文 

形声 声符は列。〔説文〕一下に「芀なり」、すなわち「あしのほ」の意とする。〔周礼、夏官、戎右〕にみえる桃茢は、そのあしのほで作った箒で、不祥を祓うのに用いる。〔礼記、檀弓下〕に、「君、臣の喪に臨むときは、巫祝・桃茢を以てし、戈を執る。之れを惡めばなり」とあり、これを呪具として祓う。〔左伝、襄二十九年〕「乃ち巫をして桃茢を以て、先づ祓殯(かりもがりのお祓い)せしむ」とみえる。迾・茢はみな呪具・呪儀の意をもつ語である。

訓義 ①あしのほ。②ほうき、あしのほのほうき。呪儀に用いる。苕帚・桃茢という。勃茢は草の名である。

古訓 〔新撰字鏡〕茢 排茢なり。久々(くく)〔名義抄〕茢 勃茢なり。ムシル・カル・アハカラ 〔字鏡集〕茢 アハノカラ・キザシ・カル・モツ

語系 茢・厲liatは同声。戾(戾)lyetも声義が近い。戾は戸下に犬牲を埋めて呪禁とする意。みな祓禳に関する語である。

↓桃茢・勃茢

【迾】
10
3230
レツ
さえぎる はらう さきばらい

篆文 

形声 声符は列。列は断首を列して呪禁とする意。〔説文〕二下に「遮るなり」とある。人の出入のところに施して呪禁とすることを遮迾という。〔文選、顔延年、赭白馬の賦〕の〔李善注〕に引く服虔の〔通俗文〕に「天子出づるときは、虎賁(親衛隊)非常を伺ふ。之れを遮迾と謂ふ」とみえるが、本来は人牲を以て厲禁とすることをいう。〔周礼、地官、山虞〕〔地官、沢虞〕などに「厲禁」の語がみえ、〔鄭司農注〕に「遮列して之れを守る」という。〔礼記、玉藻〕に「山澤は列して賦せず」とある列、また〔周礼、春官、墓大夫〕「其の屬を帥ゐて墓厲を巡る」とある厲も同義の語。〔鄭注〕に「厲とは塋限、遮列の處なり」とあり、古くはその塋限のところに遮迾、すなわち断首坑をめぐらしたのである。

訓義 ①さえぎる、とどめる、呪禁を施す、遮迾。②はらう、きよめる。③さきばらい、親衛。④厲と通じ、呪禁。

古訓 〔名義抄〕迾 コゾル・コフル 〔字鏡集〕迾 コソル・コフル・サイキル・タツ

語系 迾・列・烈・厲liatは同声。みな呪禁に関する語。戾(戾)lyetは声義近く、戸下に犬牲を埋めて呪禁とすることをいう。

↑迾宮 宮禁を衛る/迾卒 車駕の先払い/迾置 列置する

↓遮迾

常
【裂】
12
1273
レツ
さく やぶる きれ

篆文 

形声 声符は列。列は断首。ものを切断分裂する意がある。〔説文〕八上に「繒の餘りな

り」とあって、裁ち残りの裂の意とする。布帛を截ることをいい、〔左伝、昭元年〕「裳帛を裂きて之れを與ふ」とは、急いで裂き断つ意。はげしくものをさき破り、分裂することから、人の四肢を四馬に結んで四方に走らせる刑を車裂という。肉を削って次第に骨に至らしめるという凌遅処死の刑とともに、刑の最も厳酷なるものといえよう。

訓義 1さく、やぶる、きれをさく。2たつ、きる、したてる。3きれ、たちあまり。4わける。

古訓 〔名義抄〕裂 サク・ワル・ホコロブ・ヒハル・ツラヌ 〔字鏡〕裂 サケテ・タユ・ホロボス・ヤブル・タツ・ホコロブ・ツラヌ・サク・ホコレヒ・ヒハル・ヤル・ヒロホス・ワカツ

【裂眦】まなじりをさく。怒目。激しく怒ったさまをいう。〔淮南子、泰族訓〕荊軻、西のかた秦王を刺さんとす。高漸離・宋意、爲に筑を撃ち、易水の上に謌ふ。聞く者目を瞋らせ、眦を裂き、髮植ちて冠を穿たざる莫し。

【裂帛】帛を裂く。また、その音。唐・白居易〔琵琶行〕詩 曲終り撥を収めて、心に當たりて畫く 四絃一聲、裂帛の如し

【裂膚】寒さで、皮膚がただれ破れる。唐・李華〔古戦場を弔ふ文〕積雪脛を沒し、堅冰鬚に在り。～繒纊も溫無く、指を墮とし膚を裂く。

↑裂衣 破れ衣／裂開 裂いてひらく／裂壊 やぶれる／裂眼 裂眦／裂隙 裂けめ／裂痕 裂けめ／裂繻 裂通関券／裂壌 裂地／裂絶 裂きたつ／裂繒 裂帛／裂胆 甚だしく驚く／裂断 たち切る／裂地 地を分けて与える／裂兆 卜兆／裂土 裂地／裂破 ひき裂く／裂鼻 鼻をつく強い香り／裂腹 切腹する／裂吻 大口を開く／裂文 ひびわれ／裂弊 破れ／裂蔽 さけて破れる／裂縫 縫い目のほつれ／裂滅 とり急いでする／裂紋 ひびわれ／裂裂 笛の声

↓瓜裂・罅裂・瓦裂・割裂・亀裂・決裂・子裂・砕裂・炸裂・惨裂・酸裂・車裂・震裂・寸裂・眦裂・頽裂・拆裂・磔裂・綻裂・断裂・屠裂・凍裂・破裂・剝裂・爆裂・擘裂・披裂・副裂・分裂・擘裂・滅裂

レン

【帘】 8 3022 レン はた たれぬの

会意 穴(穴)＋巾。穴はおそらく空(空)の省文。巾は旗、たれぬの。酒店には大きな酒旗を掲げた。〔広韻〕に「靑帘、酒家の望子(旗)なり」とみえる。

訓義 1はた、さかやのはた、さかやのたれぬの。2まく。

古訓 〔字鏡集〕帘 タレヌノ

↓酒帘・青帘

常【恋】 10 0033 〖戀〗 23 2233 レン おもう こう こい したう

篆文 

形声 旧字は戀に作り、䜌声。䜌に孿の声がある。字は古くは孿の字を用いたらしく、〔易、小畜〕「孚有りて孿如たり」、〔漢書、外戚上、孝武李夫人伝〕「上、孿孿として我を顧念する所以の者」の〔師古注〕に「孿、～又讀んで戀と曰ふ」とあって、心孿かれることをいう。〔後漢書、姜肱伝〕に「兄弟相ひ戀ふ」とみえる。六朝期の民歌に、恋情を歌うものが多い。

訓義 1おもう、こころひかれる。2こう、したう、しのぶ。3こい、男女の情。4やむ、わずらう。

古訓 〔名義抄〕戀 コフ・コヒシ・コヒ・オモフ・ヤハラカニ・ナイガシロ・コロス・トヾム・イマシム・オソル・ヤム・シタフ 〔字鏡集〕戀 トヾム・イマシム・ヲソル・コヒシ・オモフ・シタガフ・ヤハラカニ・ナイガシロ・コロス

語系 戀・孿・孌・嬾 liuan は同声。〔説文〕十二下に「孌は慕ふなり」とあり、孿はその動作、戀はその心情をいうとみてよい。〔説文〕四下 嬾字条に〔詩、檜風、素冠〕「棘人(やつれ人)嬾嬾たり」の句を引き、瘠せたさまの意とするが、今本は「欒欒」に作る。

【恋旧】昔を懐かしむ。〔三国志、魏、司馬朗伝〕朗、(董)卓の必ず亡びんことを知り、留められんことを恐れ、～鄕里に歸らんことを求む。～父老、舊を戀ひ、從ふ者有ること莫し。

【恋闕】宮闕を慕う。唐・韓愈〔鄧州の界に次る〕詩 潮陽南に去つて、長沙に倍く 戀闕那ぞ堪へん、又家を憶ふに

【恋月】月を慕う。唐・白居易〔李少府曹長官舍の贈らるに酬ゆ〕詩 月を戀ひては、夜に同に宿し 山を愛しては、晴れて共に看る

【恋慕】恋いしたう。〔三国志、魏、満寵伝〕汝南の兵民戀慕し、大小相ひ率ゐ、道路に奔隨し、禁止すべからず。～詔して、寵をして親兵千人を將ゐて、自ら相ひ隨はしむ。

【恋恋】懐かしがるさま。〔史記、范雎伝〕范雎曰く、汝(須賈)の罪、三有るのみ。～然れども公の死すること無きを得たる所以の者は、綈袍(どてら)。須賈殯が范雎の貧を哀れんで与えたことがある)戀戀として、故人の意有るを以てなり～と。

↑恋愛 こい／恋意 恋心／恋恩 恩をなつきしたう／恋泣 恋いしたい泣く／恋胸 浅はか／恋眷 眷恋／恋恨 恋い恨む心／恋桟 馬がねだをしたうように、禄をほしがる／恋酒 酒をのみたがる／恋賞 ほめられたくおもう／恋色 色好み／恋職 名誉慾／恋惜 したい惜しむ／恋滞 心がのこる／恋著 深く恋慕する／恋土 故郷をなつかしくおもう／恋念 恋い思う／恋班 恋職／恋留 心がのこる／恋嫪 横恋慕する

↓愛恋・婉恋・感恋・仰恋・凝恋・繫恋・眷恋・顧恋・恨恋・思恋・慈悲・失恋・情恋・深恋・悽恋・耽恋・貪恋・嘆恋・悵恋・悲恋・離恋

常【連】 10 3530 〖連〗 11 3530 レン おいこ つらなる つれ しきりに

篆文 

古印璽 

会意 車＋辵。車は輦、背に負うて荷を運ぶのに用いる。「おいこ」の類である。〔説文〕二下に「員連なり」とあり、〔段注〕に負車の意とし、「人、車を輓いて行くに、車は後に在りて負ふが如きなり」とするが、負(負)とは負担することをいう。〔玉篇〕に「摙は運ぶなり」、〔広韻〕に「摙は擔ひて物を運ぶなり」という。〔詩、小雅、黍苗〕「我が任、我が輦」とは、負連をいう。〔詩、大雅、生民〕に「是れ任、是れ負」とあるのも同じ。〔淮南子、人間訓〕「粟を負輦して至る」のように、畚梮の類をいう。山行のときなどに、物を運ぶのに用いる木器である。連属の意は聯と通用の義であるらしく、字の本義ではない。

訓義 1おいこ、てぐるま。2聯と通じ、つらなる、つづく、つく、つれ。3ながい、およぶ、まじわる、めぐる、あう。4しきりに、うちつづき、ひさしい。

古訓 〔名義抄〕連 ツラヌ・ツラナル・トモガラ・アフ・シキリ・ツク・オヨブ・トフ・シク・メグラス・マカル／注連 シリクベナハ・シリクヘ／黄連 カクマグサ／留連 タチモトホル・タ、ズム

声系 〔説文〕に連声として蓮(蓮)など六字を収める。漣は〔説文〕十一上に瀾の別体とするが、〔詩、魏風、伐檀〕に「河水淸くして且つ漣つ」とみえ、古くから用義例のある字である。

語系 連・漣・聯 lian は同声。〔説文〕十二上に「聯は連ぬるなり」

とし、〔段注〕に「周人は聯の字を用ひ、漢人は連の字を用ふ」という。聯は戦場において敵を殪し、その耳を切り、戦功の賞としてその馘耳を綴ってもち帰ることを示す。連は負連、古くは輦といったもので、背に負うて物を運ぶときの器である。従って連を連続の意に用いるのは字の本義でなく、通用の義とすべきである。

＊語彙は聯字条参照。

【連引】かかわりあう。〔史記、淮南王安伝〕連引する所の、淮南王と謀反せし列侯二千石豪傑數千人、皆罪の輕重を以て誅を受く。

【連陰】曇り続き。宋・蘇軾〔茶を種う〕詩 旬に彌りて、連陰を得たり 晩に遂に茂るを許すに似たり 能く流轉の苦を忘れ 戢戢として鳥咮(茶の新芽)を出だす

【連飲】たてつづけに飲む。〔石林燕語、七〕王審琦、～性、飲む能はず。太祖、～審琦を顧みて曰く、天必ず汝に酒量を賜ふ。試みに飲むべしと。審琦、～已むことを得ずして飲む。輒ち大杯を連飲す。～私第に還れば、則ち初の如し。

【連雨】長雨。〔呉子、応変〕武侯問うて曰く、天久しく連雨し、馬陷り車止まり、四面敵を受け、三軍驚駭す。之れを爲すこと奈何せんと。

【連雲】雲に連なる。連なる雲。〔読史方輿紀要、陝西、漢中府、褒城県〕(雞頭関)關口に大石有り。狀、雞頭の如し。此より連雲棧に入る。最も險峻と爲す。

【連騎】騎馬を連ねる。〔史記、仲尼弟子伝〕子貢、衞に相となり、結駟連騎、藜藿を排して窮閻(狭い露地)に入り、過りて原憲に謝す。

【連及】関連する。連累。〔後漢書、史弼伝〕出でて平原の相と爲る。時に詔書下り、鉤黨を擧げしむ。郡國の奏する所、相ひ連及する者、多きは數百に至るも、唯だ弼のみ獨り上る所無し。

【連結】連ねる。〔論衡、超奇〕能く精思して文を著はし、篇章を連結する者を鴻儒と爲す。

【連月】幾月にもわたる。〔後漢書、光武帝紀上〕(王)莽の兵大いに潰え、～士卒爭ひて赴き、溺死する者萬を以て數へ、水爲に流れず。～盡く其の軍實輜重、車甲珍寶を獲たり。勝げて算ふべからず。之れを擧ぐること、連月盡きず。

【連娟】細くまがっているさま。宋・蘇軾〔白鶴峯新居成らんと欲す、～二首、一〕詩 連娟たる缺月、黃昏の後 縹緲たる新居、紫翠の閒

【連蜷】連なりまがるさま。清・沈徳潜〔黃山(黃帝遺迹)の松の歌〕詩 黃山、山高くして、霄漢に接し 古松、連蜷として、巖畔に挂かる

【連蹇】行きなやむ。不運。漢・揚雄〔解嘲〕鄒衍は頡頏を以て世資を取り、孟軻(子)は連蹇すと雖も、猶ほ萬乘の師と爲る。

【連横】戦国のとき、六国連合して秦に対抗するを合縦、六国を秦に和合させるを連横といった。〔戦国策、秦一〕蘇秦、始めて連横を將て秦の惠王に說きて曰く、大王の國、～以て諸侯を幷せ、天下を呑み、帝と稱して治むべし～と。

【連坐】他人の罪に連帯して罰する。〔史記、商君伝〕卒に變法の令を定め、民をして什伍(隣組)を爲し、相ひ牧司(監視)連坐せしむ。

【連山】夏の易。〔周礼、春官、大卜〕三易の灋(法)を掌る。一に曰く連山、二に曰く歸藏(殷の卜)、三に曰く周易。

【連枝】兄弟を同根の枝にたとえる。同胞。兄弟。漢・蘇武〔詩、四首、一〕四海皆兄弟 誰か行路の人と爲さん 況んや我は連枝の樹 子と一身を同じうす

【連署】連名。〔北斉書、文苑、顔之推伝〕崔季舒等の將に諫めんとするや、之推、急(休暇)を取りて宅に還る。故に連署せず。諫人を召集するに及び、之推も亦た喚入せらる。勘するに其の名無し。方めて禍を免るることを得たり。

【連城】連なった城。多数の城。無上の宝物。晉・張載〔四愁詩に擬す、四首、二〕詩 佳人我に遺る雲中翮 何を以てか之れに贈らん、連城の璧

【連戦】戦いつづける。〔漢書、高帝紀下〕上、晉陽より連戰し、勝に乘じて北ぐるを逐ひ、樓煩に至る。會たま大寒あり、士卒の指を墮す者什の二三。遂に平城に至り、匈奴の圍む所と爲る。

【連綴】続く。〔後漢書、董卓伝〕天子、～東澗の兵より相ひ連綴すること四十里中、方めて陝に至ることを得たり。乃ち結營して自ら守る。

【連天】天に連なる。唐・李白〔夢遊天姥吟、留別〕詩 天姥、天に連なつて、天に向つて横たはる 勢ひは五嶽を拔き、赤城を掩ふ 天台四萬八千丈 此れに對かつて倒れて、東南に傾かんと欲す

【連弩】連続して発射できる石弓。〔三国志、蜀、諸葛亮伝〕亮、性、巧思に長ず。連弩を損益し、木牛流馬は、皆其の意に出づ。兵法を推演し、八陣の圖を作る。

【連榻】長椅子。〔晋書、外戚、羊琇伝〕初め、杜預、鎭南將軍に拜せらる。朝士畢く賀す。皆連榻して坐す。琇、裴楷と後れて至る。曰く、杜元凱、乃ち復た連榻を以て客を坐せしむるかと。遂に坐せずして去る。

【連年】何年も続く。〔孔子家語、好生〕虞・芮二國、田を爭ひて訟へ、連年決せず。乃ち相ひ謂ひて曰く、西伯は仁なり。盍ぞ往きて之れに質さざると。其の境に入るに、則ち耕す者は畔を讓り、行く者は路を讓る。

【連袂】相ともに。〔抱朴子、疾謬〕傲兀無檢の者を以て大度と爲し、惜護節操の者を以て澁少と爲す。～攜手連袂、以て遨び以て集まり、他の堂室に入り、人の婦女を觀、～美醜を評論す。

【連璧】双璧。〔晋書、夏侯湛伝〕湛、幼にして盛才有り。文章宏富、善く新詞を構り、容觀を美くす。潘岳と友とし善し。行止する毎に、輿を同にし茵を接す。京都之れを連璧と謂ふ。

【連歩】一段ごとに足をそろえてのぼる。〔礼記、曲礼上〕主人先づ登り、客之れに從ふ。級(階)を拾り足を聚め、連步して以て上る。東階に上るには則ち右足を先にし、西階に上るには則ち左足を先にす。

【連峰】連山。唐・李白〔蜀道難〕詩 連峰、天を去ること尺に盈たず 枯松倒さまに挂かつて、絕壁に倚る

【連名】連署。〔漢書、霍光伝〕元平元年、昭帝崩じ、嗣亡し。～昌邑王賀を迎ふ。～即位して、行ひ淫亂なり。～光、群臣と連名して王に奏す。

【連緜】うちつづくさま。草書の書法で、数字を一筆のまましるす。〔賓退録、七〕呉傳芳(説)、己の意を出だして遊絲書を作る。世に謂ふ、前代に有ること無しと。然れども唐書文藝傳に、呂向、能く一筆もて百字を環寫し、縈髮の如く然り。世に連緜書と號すと。疑ふらくは則ち此の體ならん。

【連理】木の枝幹の連なるもの。吉祥また夫婦の愛情を示す語とされた。唐・白居易〔長恨歌〕詩 天に在りては願はくは比翼の鳥と作らん 地に在りては願はくは連理の枝と爲らん

【連類】類例を並べる。〔韓非子、難言〕多言繁稱にして、連類比物なれば、則ち見て以て虛にして用無しと爲す。

【連連】うち連なるさま。魏・陳琳〔飲馬長城窟行〕楽府 長城何ぞ連連たる 連連三千里 邊城に健少多し 内舍に寡婦多し

↑連姻 通婚する／連繹 ながく連なる／連延 ながく

続く／連枷 からさお／連貫 連続する／連環 鎖状の環／連鐶／連銜 連名で署名する／連巌 たち並ぶ巌／連気 同気のもの／連衿 相むこ／連襟／連衿／連偶 対句／連巻 つらなりまがるさま／連乾／連銭／連言 ことばを連ねる／連呼 くりかえしよぶ／連伍 五戸で連坐する制度／連語 二字連ねていう語／連交 交わる／連行 魚類が列をなしてゆくこと／連更 連夜／連衡 六国の連横策／連号 くりかえしよぶ／連婚 通婚する／連鎖 くさりのように連なる／連詞 接続詞／連子 格子／連手 手を結ぶ／連嶂 連山／連踵 続々とあとにつづく／連牆 比隣／連状 連名状／連続 つらなりめぐる／連勢 合勢／連接 連なりつづく／連然 漣然／連属 つらなりつづく／連続 連属／連体 身内／連帯 共同する／連台 輦台／連治 連坐／連著 つらなりつく／連注 つづく／連朝 毎朝／連纏 つらなりまとう／連筒 かけい／連闘 連戦する／連同 共にする／連牘 多くの書冊／連波 しきよせる波／連陌 家並み／連反 角力／連判 同職のものが連印する／連比 ずらりと並ぶさま／連鑣 騎馬をつらねる／連篇 多くの詩文の作品／連翩 ひるがえるさま／連抱 一抱え／連朋 結党／連漫 広がる／連盟 同盟／連綿 ながくつらなるさま／連夜 毎晩／連約 連合する／連絡 あい結ぶ／連流 滞留する／連霖 長雨／連累 連坐する／連恋 愛恋／連和 連合する

➡一連・雲連・貫連・関連・銜連・結連・牽連・蹇連・鉤連・鎖連・錯連・参連・接連・蟬連・属連・注連・通連・綴連・盤連・眉連・綿連・流連・留連

常【廉】13 0023 〖廉〗13 0023

レン
かたわら すみ いさぎよい やすい

篆文  **形声** 声符は兼(兼)。兼は見母の字に各(洛)・監(濫)など、來(来)母の声に転じ、声符を共有する例が多い。〔説文〕九下に「仄くなり」とあって、傾仄・偪仄の意とする。一方に偏することから廉隅の意となり、一偏を守ることから廉直の意となる。その義に、また濂を用いることがある。

訓義 ①かたわら、建物のかたわら、席のかたわら。②はし、すみ、かたよる。③かどかどしい、いさぎよい、なおし。④つづまやか、つましい、てがる、やすい。⑤するどい、たえる、たつ。⑥みきわめる、しらべる。

古訓 〔名義抄〕廉 イサギヨシ・ミル・ツ、シム・カド・キヨシ・ウツ・サハヤカナリ・ウルハシ・ミサヲナリ・ミサヲ・ソバ 〔字鏡集〕廉 ミサヲ・サダカニ・ツ、シム・ミサヲナリ・イサギヨシ・カド・ウルハシ・キヨシ・オホヤケ・アキラカ・サハヤカナリ・ミル・ウツ

声系 〔説文〕に廉声として簾など二字を収める。なお兼声の字にも、鎌(鎌)・鬑など、廉声を以てよむものがある。

語系 廉・濂 liam は同声。濂は〔説文〕十一上に「薄水なり」とみえ、字はまた廉に従う。

【廉介】 清廉で耿介。〔石林燕語、一〕(范魯公)質、性本と卞急、好んで人の過ちを面折す。然れども廉介を以て自ら居り、未だ嘗て生事(営利のこと)を營まず。四方の饋獻皆納れず。太宗、～廉節を持するを稱と爲す。

【廉悍】 心清くきびしい性格。唐・韓愈〔柳子厚(宗元)墓誌銘〕儁傑廉悍、議論今古に證據し、經史百子に出入し、踔厲風發、率ね常に其の座人を屈せしむ。名聲大いに振ふ。

【廉毅】 心清く、気性が強い。唐・柳宗元〔興州江運記〕惟だ公(厳礪)、和恆直方、廉毅信讓、敦く儒學を尙び、貴位に挹損す。

【廉潔】 心清く、欲がない。〔楚辞、招魂〕朕れ幼より、清くして以て廉潔 身、義に服すること、未だ沫まず

【廉察】 心清く、公平に調査する。〔後漢書、第五種伝〕永壽中、司徒掾清詔を以て冀州に使し、災害を廉察す。刺吏・二千石以下を舉奏し、刑免する所甚だ衆く、官を弃てて奔走する者數十人。

【廉士】 心の清らかな人。〔宋史、陳宓伝〕大臣の用ふる所、親に非ずんば卽ち故なり。～貪吏、志を得ざる靡く、廉士動もすれば怨尤を招く。

【廉譲】 心清く、ひかえめ。〔潜夫論、遏利〕世人の論ずるや、廉讓を貴びて、財利を賤しまざる靡し。其の行ふに及んでは、多く廉を釋てて利に甘んず。

【廉節】 心清く、操ある人。〔荀子、君道〕徳厚き者進みて、佞説の者止まり、貪利なる者退きて、廉節の者起る。

【廉恥】 心清く、恥を知る。〔荀子、修身〕偸儒(懦)にして事を憚り、廉恥無くして飲食を嗜むは、則ち惡少者と謂ふべし。

【廉白】 心清く潔白。〔後漢書、桓帝紀〕邪僞請託の原を杜絶し、廉白にして道を守る者をして、其の操を信ぶるを得しむ。

【廉夫】 心の清い人。〔唐書、后妃上、貞順武皇后伝〕夫それ惡木陰を垂るるも、志士は息はず。盜泉飛溢するも、廉夫は飲まず。

【廉平】 心清く公平。宋・蘇轍〔三たび邪正を分別するを論ずる劄子〕諸葛亮、蜀を治め、行法廉平なり。則ち廖立・李嚴、邊郡に流徙すと雖も、終身怨むこと無し。

【廉問】 公平に査察し訊問する。〔史記、秦始皇紀〕諸生の咸陽に在る者、吾れ人をして廉問せしむるに、或いは訞言を爲して、以て黔首(人民)を亂す。

【廉約】 心清く質素。〔世説新語、徳行〕(范)宣、潔行廉約なり。韓豫章(伯)、絹百匹を遺るも受けず。五十匹に減ずるも復た受けず。～遂に一匹に至るも、既終に受けず。

【廉吏】 心の清い吏。〔漢書、文帝紀〕(十二年詔)三老は衆民の師なり。廉吏は民の表なり。朕、甚だ此の二三大夫の行ひを嘉みす。

➡廉按 廉察／廉畏 心清く、謹む／廉価 安価／廉角 稜角／廉恪 心清く、謹む／廉覈 廉察／廉愧 廉恥／廉義 廉平／廉倨 心清く、気位が高い／廉謹 心清く、謹む／廉隅 方正／廉勁 廉毅／廉敬 廉謹／廉劌 心清く、きびしい／廉絜 廉潔／廉倹 廉約／廉公 公平／廉質 廉直／廉峭 廉勁／廉深 廉敬／廉正 廉直／廉清 清廉／廉靖 心清く、安らか／廉静 心清く、安らか／廉纖 こまかい。微雨のさま／廉善 廉良／廉忠 心清く、まめやか／廉直 心清く、正しい／廉得 調べあげる／廉訪 廉察／廉勇 廉勁／廉誉 廉潔という評判／廉利 鋭くてきびしい／廉良 清廉で善良／廉厲 鋭くてきびしい

➡苛廉・寛廉・義廉・謹廉・勁廉・潔廉・謙廉・公廉・孝廉・剛廉・刻廉・至廉・小廉・仁廉・清廉・善廉・大廉・忠廉・直廉・貞廉・方廉・養廉・稜廉

【楝】13 4599

レン
おうち

篆文  **形声** 声符は柬。柬に練(練)・煉の声がある。〔説文〕六上に「木なり」とあり、〔玉篇〕に「子は以て衣を浣ふべし」という。葉は南天に似て互生、花は淡紫色で五弁、夏開き、円い鈴のような実がなるので、金鈴

子という。[万葉集]では山上憶良や大伴家持の歌にみえる。端午の節句にその葉を腰に帯び、また門にさす習俗があった。

訓義 ①おうち。②字はまた欄(らん)に作る。

古訓 [新撰字鏡]楝 數珠の木なり [和名抄]楝 本草に云ふ、阿不知(あふち) [名義抄]楝 アフチ

【楝花】れんか(くわ) おうちの花。宋・陸游[三月二十一日の作]詩 時に及ぶの小雨、桐葉を放ち 無賴の(味気ない)餘寒、楝花を開かしむ

【溓】13 3813 [濂]16 3013 レン きよらか ひたす

篆文 金文

形声 声符は兼(兼)(けん)。兼に廉(廉)(れん)の声があり、字もまた濂に作る。[説文]十一上に「薄水なり」とあり、[繫伝]に「薄冰なり」に作る。[説文]にまた「一に曰く、中の絶えたる小水なり」とあり、また別の一義。[広雅、釈詁二]に「漬(ひた)すなり」とあり、清浅の意よりして廉潔の意となる。金文の[令鼎]に人名としてみえるが、字は涉(涉)の形に従う。

訓義 ①きよらか、すむ、しずかな水。②ひたす、ぬれる、ひやす。③うす氷。④たまり水、小さな流れ。⑤黏(でん)と通用する。

古訓 [名義抄]溓・濂 ヒタス・スム・ウスコホリ・カヽル [字鏡集]溓・濂 スム・ウスシ・ヒタス・カヽル・ウスシ・スウ(ウス)コホリ・シヅカナリ

語系 溓・瀲liamは同声。濫lam、瀨(瀨)lat、冽liatも声義の近い語であろう。水流をいう字に、來(来)母(らいぼ)の擬声語が多い。

【溓溓】れん 薄氷のはるさま。晋・潘岳[寡婦の賦]雪、霏霏(ひひ)として驟(にわ)かに落ち、風、瀏瀏(りゅうりゅう)として夙(つと)に興(おこ)る。霤(りゅう)(檐雨)冷冷として以て夜下り、水溓溓として以て微(すこ)しく凝(こ)ほる。

→溓然(れんぜん) 静かなさま

↓河溓・海溓

【煉】13 9589 レン ねる やく

入 篆文

形声 声符は柬(かん)。柬に練(練)・錬(錬)(れん)の声がある。[説文]十上に「金を鑠冶(しゃくや)するなり」とあり、銷煉のことをいう。柬は橐(ふくろ)(東)の中にものを入れる形。黒(黑)・薰(薰)などはその字形に従う。

訓義 ①ねる、とかす。②やく、やいてきたえる。③錬と通用する。

古訓 [新撰字鏡]煉 冶金なり、錬の字なり [名義抄]錬・煉 ネル・カネキタフ・カネヽル・ネヤス・カナシル・ヌク・ミカク・刀ノサキ

語系 煉・湅・練・錬lianは同声。みな水や火を以て、糸や金属類を練冶することをいう字である。

【煉石】れんせき 石を灼(や)いて煉る。天が傾き破れたとき、女媧(じょか)氏が五色の石を煉って補ったという。唐・李賀[李憑の箜篌引]詩 女媧、石を煉りて天を補ふ處 石破天驚、秋雨を逗(とど)む

【煉厲】れんれい 刀刃などをきたえみがく。[論衡、状留]干將の劍、久しく鑪炭に在り。銛鋒(せんぼう)利刃、百熟煉厲し、久しく銷(と)かして乃ち見(あら)はる。

→煉気(れんき) 道家の吐納・導引などの長生の術/煉金(れんきん) 錬金/煉句(れんく) 詩句を推敲する/煉指(れんし) 指を灼いて苦行する仏教の修法の一/煉字(れんじ) 文字の用法を推敲する/煉酒(れんしゅ) もち米で作った白酒の類/煉習(れんしゅう) 練習/煉性(れんせい) 道家で心性をきたえる術/煉丹(れんたん) 道家の仙薬を作る法/煉養(れんよう) 修煉養生の法

↓修煉・精煉・洗煉・鍛煉

【蓮】13 4430 [蓮]15 4430 レン はす はちす

入 篆文

形声 声符は連(連)(れん)。[説文]一下に「芙蕖(ふきょ)の實なり」という。實を蓮、茎を茄、葉を荷、根を藕、その華を芙蓉という。漢の楽府曲[相和曲上、江南]の「魚は戲る蓮葉の間」の蓮には、戀(恋)の声がひびかせてある。隠語に近い表現である。

訓義 ①はすのみ。②はす、はちす。

古訓 [和名抄]蓮子 波知須乃美(はちすのみ) [名義抄]蓮 ハチスノミ

【蓮花】れんか(くわ) 蓮の花。唐・孟浩然[大禹寺の義公禅房に題す]詩 看取せよ、蓮花の淨きを 應(まさ)に染まざるの心を知るべし

【蓮社】れんしゃ 白蓮社。晋の僧慧遠が僧俗十八賢を以て組織した。唐・戴叔倫[撫州に赴く～、五首、二]詩 高會す、棗樹(そうじゅ)の宅 清言す、蓮社の僧

【蓮歩】れんぽ 美人のしなやかな歩きかた。語は潘妃の故事より起こる。[南史、斉廃帝東昏侯紀]又金を鑿(うが)ちて蓮華と爲し、以て地に帖(は)り、潘妃(はんひ)をして其の上を行かしめて曰く、此れ歩歩(ほほ)蓮華を生ずと。

→蓮荷(れんか) はす/蓮華(れんげ) 蓮の花/蓮龕(れんがん) 仏龕/蓮炬(れんきょ) 蓮燭/蓮郷(れんきょう) 寺/蓮藕(れんぐう) 蓮根/蓮茎(れんけい) 蓮の茎/蓮根(れんこん) 蓮の地下茎/蓮子(れんし) 蓮の実/蓮沼(れんしょう) 蓮池/蓮唱(れんしょう) 蓮採りの歌/蓮心(れんしん) 蓮の芽/蓮池(れんち) 蓮いけ/蓮的(れんてき) 蓮の実/蓮儂(れんのう) 蓮に恋の音をひびかせて、愛人/蓮葩(れんは) 蓮の花/蓮府(れんぷ) 大臣の屋敷/蓮浦(れんぽ) 蓮池の水辺/蓮房(れんぼう) 蓮の外房/蓮臉(れんけん) 花顔

↓金蓮・紅蓮・采蓮・秋蓮・水蓮・睡蓮・青蓮・池蓮・白蓮・歩蓮・芳蓮・木蓮

【奩】14 4071 [匳]15 7171 [籢]23 8884 レン はこ くしげ

篆文

会意 大+區(区)。大はつまみのある蓋の形。區は器中に多くのもののある形。正字は籢に作り、斂声。[説文]五上に「籢は鏡籢なり」とあり、鏡を入れる匣(こはこ)とする。斂に収斂、ものを収め容れる意がある。字はまた匳に作る。鏡を収め、また、くしげ、香箱などに用いる。

訓義 ①はこ、香ばこ。②くしげ。③鏡のはこ、方底のはこ。

古訓 [名義抄]奩 鏡匳なり。ハコ・カラクシゲ

【奩具】れんぐ 嫁入道具。[癸辛雑識、別集下](銀花)余謂(おも)ふに、七十七歳の老人に服事すること凡そ十一年、～姑(しばら)く千緡(びん)を以て奩具の資と爲すも、亦た未だ過ぐると爲さず。

【奩軸】れんじく(ぢく) 軸物。[唐書、王涯伝]家書多きこと祕府と侔(ひと)しく、前世の名書畫、嘗(かつ)て厚貨を以て鉤致し、～垣を鑿(うが)ちて之れを納れ、重複祕固す。～是(ここ)に至りて人に垣を破られ、奩軸金玉を剔取(てきしゅ)せられ、其の書畫を道に棄てらる。

→奩敬(れんけい) 結婚祝い/奩甲(れんこう) 鏡箱/奩資(れんし) 嫁入費用/奩田(れんでん) 化粧田/奩幣(れんぺい) 奩資

↓印奩・経奩・鏡奩・玉奩・古奩・香奩・綵奩・漆奩・朱奩・妝奩・粧奩・内奩・筆奩・薬奩

【漣】14 3513 レン さざなみ

入

形声 声符は連(連)(れん)。連に連なるものの意がある。[詩、魏風、伐檀]は木樵り歌で、伐り出した木を川に下して流す。「坎坎(かんかん)として檀(だん)を伐ち 之れを河の干(ほとり)に寘(お)く 河水清くして且つ漣(なみ)だつ」と歌う。[詩、衛風、氓]には「泣涕(きゅうてい)漣漣たり」と、涙の下るさまとする。

訓義 ①さざなみ、なみだつ。②なく、さめざめとなく、なみだをながす。③つらなる。

古訓 [名義抄]漣 ナミ [字鏡集]漣 ナミダノヲツルカタチ

語系 漣lianは淪liuənと声義近く、漣はさざなみ、淪はその波紋をいう。水の流れを形容するものに、瀬(瀬)・浪・濫など

來(来)母の字が多い。
【漣如】(れんじょ) 涙の流れるさま。〔易、屯、上六〕馬に乗ること班如たり、泣血漣如たり。
【漣漣】(れんれん) さめざめと泣くさま。〔詩、衛風、氓〕復關(城外の出町、そこであう男)を見ず 泣涕漣漣たり 既に復關(の男)を見 載ち笑ひ載ち言ふ
↑漣猗 さざ波だつ/漣漪 さざ波/漣灩 さざ波/漣泣 さめざめと泣く/漣洳 漣漣/漣然 さめざめと泣くさま/漣波 小波/漣淪 波紋
↓漪漣・軽漣・涓漣・細漣・珠漣・清漣・微漣・風漣・碧漣・流漣・淪漣

常 【練】 14 人〔練〕 15 2599 レン ねりぎぬ ねる よなげる

篆文  その他 

形声 声符は柬。柬に煉・湅の声がある。〔説文〕十三上に「湅りたる繒なり」、また〔玉篇〕に「煮て漚ふなり」とあり、熱して糸を柔らかにすることをいう。〔周礼、考工記〕に「湅絲の法」があり、〔周礼、天官、染人〕に「暴練」のことをしるしている。それより練習・練磨など、習練の意となる。

訓義 1ねりぎぬ。2ねる、ねやす、よなげる、あらう。3きたえる、なれる。4えらぶ。5喪服の名。十三月目に服する白のねりぎぬの喪服、またその祭。

古訓 〔和名抄〕練 禰利岐沼(ねりぎぬ) 〔名義抄〕練 ネル・エラブ・ナラフ・ネリギヌ・ネリイト・ソナフ 〔字鏡集〕練 ナラフ・ネリイト・ネリギヌ・イトスヂ・エラブ・ソナフ・ツラヌ
語系 練・湅・鍊(錬)・煉lianは同声。水を以てするを湅、火を以てするを煉、糸に加えることを練、金属に加えるを錬という。柬は橐にものを入れる形である。

【練簡】(れんかん) 訓練してえらぶ。〔宋史、兵志四〕今の義勇は、~勇敢純實、天性に出づ。~若し稍しく練簡を加へば、唐の府兵と何ぞ異ならん。

【練士】(れんし) 精兵。〔管子、地図〕器械を繕へ、練士を選び、教服を爲し、什伍(編隊の組織)を連ね、偏く天下を知り、審らかに機數を御するは、此れ兵主の事なり。

【練糸】(れんし) 白い絹のねり糸。〔淮南子、説林訓〕墨子、練絲を見て之れに泣く。其の以て黃にすべく、以て黑くすべきが爲なり。

【練字】(れんじ) 詩文の文字を工夫する。〔珊瑚鉤詩話、一〕詩は意を以て主と爲す。又須らく篇中に句を練り、句中に字を練るべし。乃ち工を得るのみ。

【練習】(れんしゅう(しふ)) 稽古。また、熟練。〔晉書、胡毋輔之伝〕父原、兵馬に練習す。山濤其の才の邊任に堪ふるを稱す。擧げられて太尉長史と爲る。

【練達】(れんたつ) 熟練し通達する。〔唐書、苗晉卿伝〕晉卿寬厚、至る所恵化を以て稱せられ、魏の人、爲に生祠を營む。~小心謹畏、~事體に練達す。

【練兵】(れんぺい) 兵士を訓練する。〔北史、斉、文宣帝紀〕軍國の機策に至りては、獨り懷抱に決す。規模宏遠、人君の大略有り。又三方鼎峙するを以て、甲を繕へ兵を練る。

↑練衣 練絹の服/練鋭 精兵/練絵 絹絵/練核 精練覈/練覈 精査する/練冠 喪時の冠/練究 精しくしらべる/練行 仏法を修行する/練句 詩句を推敲する/練軍 練兵/練祭 服喪十三月目の祭/練材 練達の士/練事 老練/練悉 熟知する/練日 日を選ぶ/練実 竹の実/練手 稽古/練熟 習熟する/練祥 一周忌と二周忌の祭/練精 精出す/練石 薬/練素 白絹/練卒 練士/練択 推敲する/練衲 僧衣/練嚢 絹の袋/練波 さざ波/練帛 ねりぎぬ/練武 練兵/練服 粗衣/練要 要約
↓衣練・浣練・簡練・教練・訓練・考練・校練・皎練・皓練・細練・試練・手練・修練・習練・熟練・水練・精練・製練・洗練・選練・素練・組練・綜練・操練・繪練・達練・調練・通練・討練・白練・暴練・飛練・被練・匹練・兵練・未練・老練

【輦】 15 5550 レン てぐるま ひく になう

篆文  金文 

会意 扶+車。扶は車のくびきの形。〔説文〕十四上に「輓く車なり」とし、扶に従う意について「車前に在りて之れを引くなり」とする。扶を二夫ならぶ形と解するものであろうが、馬にくびきをつけた形。金文にはその形に作る。〔左伝、荘十二年〕「乘車を以て其の母を輦す」、〔左伝、定六年〕「公叔文子、老す。輦して公に如く」など、婦人や老人に用いるてぐるま。川を渉るときに用いるものを輦台という。かつぎあげる輿には、車の左右と下に四手を加えた形に作る。
訓義 1てぐるま、人がひくくるま。2にぐるま。3こし。4ひく、になう。
古訓 〔和名抄〕輦 天久留万(てぐるま) 〔名義抄〕輦 テグルマ・ハコブ・コシ・ヒク
【輦下】(れんか) 御輦の下。都。〔唐才子伝、霊徹上人〕貞元中、西のかた京師に游び、名、輦下に振ふ。緇流(仏教の徒)之れを疾み、遂に飛語を造る。~誣奏に因りて罪を得、汀州に徙さる。
【輦閣】(れんかく) 御輦の通る道。〔列女伝、続列女、霍夫人顯伝〕顯、(霍)光の時造塋せし所を改更して、之れを侈大にし、神道を築きて輦閣と爲し、良人奴婢を幽閉す。
【輦轂】(れんこく) 御輦。都。魏・曹植〔親親を通ずることを求むる表〕出でては華蓋に從ひ、入りては輦轂に侍し、聖問に承答し、左右に拾遺するを得ば、乃ち臣の丹情の至願、夢想にも離れざる者なり。
【輦車】(れんしゃ) てぐるま。魏・劉楨〔公讌詩〕輦車、素蓋を飛ばし 從者、路傍に盈つ
【輦前】(れんぜん) 御輦の前。唐・杜甫〔江頭に哀しむ〕詩 輦前の才人(宮女)、弓箭を帶び 白馬嚼齧す、黃金の勒
【輦道】(れんどう(だう)) 輦車の通る道。〔漢書、郊祀志下〕建章宮を作る。~神明臺・井幹樓を立つ。高さ五十丈、輦道相ひ屬す。
↑輦運 車で輸送する/輦御 乗輿/輦従 車右/輦送 車で輸送する/輦蹕 出幸する/輦夫 車夫/輦輿 みこし/輦洛 京洛/輦路 車の通る道/輦輅 乗輿
↓掖輦・華輦・回輦・御輦・輂輦・玉輦・京輦・軽輦・肩輦・扈輦・香輦・辞輦・車輦・乗輦・宸輦・翠輦・席輦・大輦・駐輦・都輦・任輦・輓輦・伏輦・歩輦・奉輦・鳳輦・遊輦・輿輦・鸞輦・留輦

人 【憐】 16 9905 〔憐〕 15 9905 レン あわれむ いつくしむ おしむ

篆文  石鼓文 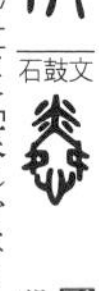

形声 声符は粦。粦は人を磔殺し、燐火を発する状態をいう。〔説文〕十下に「哀れむなり」、〔爾雅、釈詁〕に「愛するなり」とあり、国語では「愛しむ」とよむ。〔石鼓文、呉人石〕に「呉人憐亟す」とあり、〔方言、一〕に「亟・憐は愛なり」とみえる。「憐れむべし」とは風情のあることをいい、「可怜」と同じ語である。
訓義 1あわれむ、かなしむ。2いとおしむ、いつくしむ。3おしむ、なげく。
古訓 〔名義抄〕憐 アハレブ・カナシブ・ウツクシブ・ワタル・チカシ・サシヌク・サトル
語系 憐lyen、怜lyengは声義近く、通用することがある。
【憐哀】(れんあい) あわれみ悲しむ。〔後漢書、伏隆伝〕時に張歩兄弟、

各〻彊兵を擁し、齊の地を據有す。～隆、招懷綏緝し、多く來たりて降附す。～其の後、歩遂に之れを殺す。時人憐哀せざる莫し。

【憐愛】 いつくしむ。唐・王昌齢〔箜篌引〕詩 鬼神も其の由を知ることを得ず 蒼生を憐愛すること、蚍蜉(おおあり)に比す

【憐察】 あわれみ思いやる。梁・江淹〔建平王に詣りて上たてまつる書〕下官聞く、仁は恃むべからず、善は依るべからずと。謂へらく、徒だ虛語のみと。乃ち今之れを知れり。伏して願はくは、大王暫く左右を停め、少しく憐察を加へよ。

【憐愍】 あわれむ。〔漢書、武帝紀〕(元狩元年詔)朕～夫の老眊孤寡、鰥獨の、或いは衣食に匱しきを哀れみ、甚だ憐愍す。

↑憐脊 あわれみ、気にかける／憐嗟 あわれみ嘆く／憐殺 いたむ／憐恤 あわれむ／憐施 あわれみ施す／憐傷 あわれみ悼む／憐情 あわれみの心／憐惜 あわれみ惜しむ／憐悼 哀悼する／憐念 あわれみ、おもう／憐悲 あわれみ悲しむ／憐閔 憐愍／憐憫 憐愍／憐撫 愛撫する

↓哀憐・愛憐・可憐・矜憐・自憐・慈憐・取憐・偏憐・優憐・遥憐

【濂】 16 3013 ［溓］ 13 3813 レン ひさしい うすい

篆文

形声 声符は廉(廉)れん。〔説文〕にこの字なく、〔段注本〕は〔説文〕十一上の溓れん字条、「薄冰(大徐本に薄水に作る。溓溓は薄氷の貌)なり。或いは曰ふ、中の絶えたる小水なり。又曰く、淹しきなり」とし、また唐本によって「濂、或いは廉に従ふ」とする。〔玉篇〕の溓字条に「濂、同上」として濂を出しており、〔説文篆韻譜〕にもこの字を録していることからいえば、古本には溓の重文として濂を録していたのであろう。

訓義 ①濂濂は薄氷のさま。②中の絶えた小さな流れ、とぎれ川。③ひさしい、しずか。④うすい、つたない、軽薄。

古訓 〔名義抄〕溓・濂 ヒタス・スム・ウスコホリ・カ丶ル〔字鏡集〕溓・濂 スム・ウスシ・ヒタス・カ丶ル・ウスシ・スヅウ(ウス)コホリ・シヅカナリ

【濂渓】 湖南道州の渓名。宋の周敦頤の故地。のち廬山蓮峰の前に徙り、その地をまた濂渓と名づけた。〔宋史、道学一、周敦頤伝〕道州營道の人なり。～南康軍に知となり、因りて廬山蓮花峰下に家す。～營道に居る所の濂溪に取りて、以て之れに名づく。

↑濂涑 軽薄

常 【錬】 16 人 ［鍊］ 17 8519 レン ねる ねりがね

篆文

形声 声符は柬かん。柬に練(練)・湅れんの声がある。柬は橐ふくの中にものを入れて、加工する形。〔説文〕十四上に「金を治むるなり」(段注本)とあり、熱してその不純物を去り、精製することをいう。すべてものを錬成・錬磨することをいう。

訓義 ①ねる、ねりあげる、しあげる。②ねりがね。③きたえる、きたえあげる。④練と通用する。

古訓 〔新撰字鏡〕錬 祢利加祢(ねりがね)〔名義抄〕錬 ネル・カネキタフ・カネ丶ル・カナシル・ヌク・ミガク・刀ノサキ・ネヤス

語系 錬・煉・湅・練 lian は同声。水に湅、火に煉といい、糸麻や金に施すことを練・錬という。

【錬金】 精錬した金。〔韓非子、説林下〕荊王の弟、秦に在り、秦出ださざるなり。～乃ち壺丘に城き、秦公に謂ひて曰く、我が爲に荊王の弟を出だせ、吾れ城かざらんと。秦因りて之れを出だす。荊王大いに說び、錬金百鎰を以て晉に遺る。

【錬句】 詩文の句を思案推敲する。宋・陸游〔枕上〕詩 錬句未だ安からず、姑らく棄置す 明朝追記するも、尙ほ班班(不明白)たり

【錬形】 道家の身体修練の術。〔宋史、方技下、甄棲眞伝〕甄棲眞～年七十有五。人に遇ふ。～之れに語りて曰く、汝風神秀異、～尙ほ仙となるべしと。因りて錬形養元の訣を授く。～棲眞之れを行ふこと二三年、漸く童顏に反り、高きを攀ぢ危きを躡むも、輕きこと飛擧の若し。

【錬成】 ねりあげる。宋・劉克荘〔李賈県尉詩巻〕友山の詩、攻苦鍛錬して成る。詩深く語清し。

【錬丹】 道家の仙薬。〔晉書、葛洪伝〕從祖玄、呉の時に道を學びて仙を得、號して葛仙公と曰ふ。其の錬丹の祕術を以て、弟子鄭隱に授く。洪、隱に就きて學び、悉く其の法を得たり。

【錬度】 道家の救魂術。宋・陸游〔放翁家訓〕黃老の學は清淨自然に本づく。地獄天宮、何ぞ嘗つて言及せん。黃冠の輩、僧の利を獲るを見て、從つて之れに效ひ、送魂登天、～代天肆赦し、之れを錬度と謂ふ。～尤も議するに足る無し。

【錬藥】 道家の錬丹の術。唐・李白〔古風、五十九首、五〕詩 我來たつて眞人に逢ひ 長跪して寶訣を問ふ 粲然として玉齒を啓き 授くるに錬藥の說を以てす

↑錬気 長生術／錬志 志をきたえる／錬師 道士／錬鑠 とかす／錬魄 錬気／錬磨 きたえる／錬冶 鍛冶

↓研錬・攻錬・鑽錬・砥錬・修錬・熟錬・銷錬・心錬・精錬・製錬・鍛錬・鋳錬・陶錬・百錬・冶錬・養錬・鎔錬・鷿錬

【斂】 17 8884 ［殮］ 17 1828 レン おさめる いれる とる

篆文 金文

会意 僉せん＋攴ぼく。僉は二人並んで祝禱する形。おそらく斂葬するときの儀礼であろう。死者に葬衣を被せることを殮といい、棺に収めることを斂という。〔説文〕三下に「收むるなり」、〔釈名、釈喪制〕に「尸に衣せて棺するを斂と曰ふ」とみえる。そのとき遺愛のものを収斂し、副葬とする。すべて整えて収める意で、手を斂む、袂を斂むなどは、その拡大用法である。賦斂誅求のように用いるのは、字の初義ではない。

訓義 ①おさめる、あつめる、あつめていれる。②しまう、かくす、なおす、やめる。③とる、とりあげる。④おさまる、ひきしまる。

古訓 〔名義抄〕斂 アツマル・ヲサム・カキヲサム〔字鏡集〕斂 ヲサム・イク・カイツクロフ・カキヲサム・カクス・ヒソム・アツム・ツ丶ム・アツマル

語系 斂・殮 liam は同声。殮は殯殮で、かりもがりの意。斂と区別して用いるが、もと同じ語である。

【斂怨】 怨みをすてて、任用する。〔詩、大雅、蕩〕文王曰く咨あ 咨、女殷商 女、中國に炰烋(咆哮)するも 怨みを斂めて以て德と爲す

【斂衾】 屍体を蔽う衣。〔礼記、喪大記〕始めて死するや、尸を牀に遷し、幠ふに斂衾を用つてし、死衣を去る。

【斂昏】 夕暮。宋・蘇軾〔(僧)仲殊の雪中西湖に遊ぶに次韻す、二首、二〕詩 水光瀲灩として、猶ほ碧を浮かべ 山色空濛として、已に斂昏

【斂膝】 正坐。〔晉書、陶侃伝〕侃、性聰敏、吏職に勤む。恭しくして禮に近く、人倫を愛好す。終日斂膝危坐し、閫外(将軍職)多事なるも、千緒萬端、遺漏有ること罔し。遠近の書疏、手づから答へざる莫し。

【斂手】 手出しをしない。また、拱手の礼。唐・白居易〔紫閣山の北村に宿す〕詩 主人、後に退いて立ち 斂手すること反つて賓の如し

【斂跡】 はばかりかくれる。また、隠居し身をかくす。唐・岑参〔終南山双峰草堂の作〕詩 跡を斂めて山田に歸り 心を息めて時輩に謝す

【斂容】容貌を正してつつしむ。〔漢書、霍光伝〕光、朝見する毎に、上には已を虚しうして容を斂め、下に禮すること、之れ已甚だし。

↑斂瘞 葬る／斂穫 収穫する／斂官 税吏／斂気 心を静める／斂去 やめて去る／斂局 ことを終る／斂財 財を集める／斂死 死者を葬る／斂思 思いをこらす／斂実 収穫する／斂首 首を俯せる／斂戢 おさめすぼめる／斂聚 財を集める／斂衽 襟を正す／斂銭 金を集める／斂蔵 死者を葬る／斂束 おさめ束ねる／斂足 斂歩／斂殯 棺に収め、送り葬る／斂歩 足をおさめ、止まる／斂法 税法／斂霧 霧が晴れる／斂翼 羽を休める

↓畏斂・弇斂・掩斂・苛斂・科斂・箕斂・鳩斂・翕斂・公斂・厚斂・私斂・収斂・秋斂・集斂・聚斂・小斂・税斂・籍斂・大斂・徴斂・低斂・剝斂・薄斂・煩斂・眉斂・賦斂・褒斂

【殮】 17 1828 ［斂］ 17 8884 レン おさめる かりもがり

形声 声符は斂の省文僉。殮は〔説文〕にみえず、古くは斂を用いた。のち斂の用義が多くなり、その本義を存するために殮が作られた。経籍の類には多く斂を用いる。

訓義 ①おさめる、棺におさめる、かりもがり。②斂と通用する。

古訓 〔字鏡〕殮 ヲサム・ハフル

＊語彙は斂字条参照。

【聯】 17 1217 レン つらねる つづく あわせる

篆文 

会意 耳＋𢇇。𢇇（丝）は門関の形で、左右に貫くもの。〔説文〕十二上に「連ぬるなり。耳に從ふ。耳は頰に連なるものなり。絲に從ふ。絲は連なりて絶えざるなり」という。耳は馘耳。戦場で首級をえたときは、左耳をとった。〔周礼、夏官、大司馬〕に「獲たる者は左耳を取る」とあり、取もまた耳を取りもつ意。その耳を撮めて軍功を賞し、最も多きものを最という。最は多くの耳を撮めもつ意である。耳を連ねてもつので、のち聯続・聯属・聯及の意となるが、もとは馘耳をつなぐ意であった。

訓義 ①つらねる、つらなる、つづく。②あわせる、よせる。③ふたつならべる、ついにする、つい、れん。

古訓 〔新撰字鏡〕聯 太知豆良奴久（たちつらぬく）、又、太加乃阿志乎（たかのあしを）〔名義抄〕聯 ツラヌ・モトホル・ツラナル・モトホシ

語系 聯・連（連）lian は同声。聯は馘耳を貫き連ねる意。連は「おいこ」の類。連を連続の意に用いるのは聯との通用義。鍊（錬）lian も連属の意を含むとみられる。

＊語彙は連字条参照。

【聯娟】女の眉長く美しいさま。楚・宋玉〔神女の賦〕眉、聯娟として、以て蛾のごとく揚がり、朱脣的らかにして、其れ丹の若し。

【聯亘】長く連なる。明・李東陽〔西山に游ぶ記〕西山は、太行より聯亘起伏すること數百里、東して海に入る。

【聯袂】袂を連ねる。並ぶ。〔唐書、卓行、元徳秀伝〕玄宗東都に在り、～各ゝ聲樂を以て集はしむ。～徳秀惟だ樂工數十人、聯袂して于蔿于を歌はしむ。于蔿于は徳秀の爲る所の歌なり。帝聞き～歎じて曰く、賢人の言なる哉と。

【聯璧】両美並ぶ。〔文心雕竜、時序〕晉、不文と雖も、人材實に盛んなり。茂先（張華）筆を搖かせば珠を散らし、太冲（左思）墨を動かせば錦を横たふ。（潘）岳・（夏侯）湛、聯璧の華を曜かせ、（陸）機・（陸）雲、二俊の采を標はす。

【聯翩】鳥が連なり飛ぶさま。晉・陸機〔文の賦〕浮藻（美しい文章）聯翩として、翰鳥（高く飛ぶ鳥）の繳（いぐるみ）に纓りて、曾雲の峻きより墜つるが若し。

【聯綿】絶えずにつづくさま。唐・李白〔遠別離〕詩 或いは言ふ、堯は幽囚せられ、舜は野死すと 九疑（山）聯綿として、皆相ひ似たり

【聯絡】連繫。〔聴雨叢談、十二〕（馬神を祭る）今滿州の祭祀に馬祖を祭る者有り。或いは木を刻して馬と爲し、聯絡して祭所に懸く。

↑聯延 連なる／聯貫 連なる／聯関 連なる／聯環 連環する／聯騎 騎を連ねる／聯継 聯繫／聯結 結合する／聯巻 連巻／聯合 組む／聯鎖 連なったくさり／聯事 合同で処理する／聯珠 美文／聯暑 暑さがつづく／聯城 連城／聯接 連なる／聯属 連属する／聯帯 連帯／聯綴 連ね綴る／聯轡 連騎／聯歩 同行する／聯名 名を連ねる／聯盟 同盟／聯吏 同僚／聯立 連立／聯類 連類

↓姻聯・楹聯・関聯・頷聯・起聯・頸聯・結聯・牽聯・紅聯・春聯・蟬聯・属聯・対聯・柱聯・比聯・尾聯・翩聯・綿聯・門聯

【臉】 17 7828 レン ケン セン かお

形声 声符は僉。僉に斂・檢（検）の声がある。目の下、頰の上のあたり、顔の色づくところをいう。陳の後主の楽府〔紫騮馬、二首、二〕に「紅臉、桃花の色 客別、羞を重ねて看る」の句がある。

訓義 ①ほお、ほおのあたり。②かお、かおいろ。③瞼と通じ、まぶた。④臇と通じ、あつもの。

古訓 〔字鏡集〕臉 ホヽ・ツラ

↑臉霞 かおのあかみ／臉頰 かお／臉上 かお／臉色 かお色／臉臇 あつもの／臉前 目前／臉潮 かおがあかくなる／臉波 清らかな波／臉皮 つらの皮／臉面 かお

↓花臉・玉臉・醺臉・香臉・紅臉・秀臉・愁臉・笑臉・粧臉・新臉・双臉・丹臉・啼臉・半臉・媚臉・芳臉・曼臉・涙臉・蓮臉

常 【鎌】 18 8813 ［鎌］ 18 8813 レン かま

篆文 

形声 声符は兼（兼）。兼に濂・廉（廉）の声がある。兼は両禾を併せてもつ形。それを刈りとるものを鎌という。〔説文〕十四上に「鍥なり」、次条に「鍥は鎌なり」とあって互訓。〔方言、五〕に「刈鉤、關より西にては、～或いは之れを鎌と謂ふ」とみえる。芒角鎌利とは、鋭きに過ぎることをいう。

訓義 ①かま、いねかりがま。②廉と通じ、かど。

古訓 〔新撰字鏡〕鎌 加万（かま）〔和名抄〕鎌 賀末（かま）〔名義抄〕鎌 カマ 〔篇立〕鎌 モノカルカマ・カマ

語系 鎌・磏・廉 liam は同声。磏は厲石、廉に傾仄の意があり、鋭利・鋭角のものをいう語である。

【鎌利】かまのように鋭い。宋・黄庭堅〔欧率更の書に題す〕比來士大夫、此の書を學び、好んで芒角の鎌利なるを作す。

↑鎌取 刈る／鎌刃 鎌の刃

↓鉤鎌・剛鎌・短鎌・磨鎌・腰鎌・利鎌

人 【簾】 19 8823 レン すだれ

篆文 

形声 声符は廉（廉）。〔説文〕五上に「堂簾なり」とあり、すだれをいう。貴人は簾内にあり、太后・母后が帝に代わって政務をとることを垂簾という。

訓義 ①すだれ、戸のおおい。②筍の皮。

古訓 〔和名抄〕簾 須太禮（すだれ）〔名義抄〕簾 スダレ 〔篇立〕簾 スダレ・ハコ・アマハコ・ウスシ

語系 簾・幨 liam は同声。幨は帷。もと同じ語で、その用い

る材質によって区別する。溓（濂）liam も同声。水の清浅なるものをいい、同系の語である。

【簾衣】すだれを衣代わりにする。〔梁書、夏侯亶伝〕性、倹率にして、居處服用、足るを充たすのみ。華侈を事とせず、晩年頗ぶる音樂を好む。妓妾十數人有り、竝に被服姿容無し。客有る毎に、常に簾を隔てて之れを奏せしむ。時に簾を謂ひて夏侯妓の衣と爲す。

【簾帷】すだれと、とばり。唐・孫逖〔邢判官と同に竜湍観を尋ね、湖中に帰る〕詩 絲管、風を荷ひて入り 簾帷、竹氣清し

【簾影】すだれのかげ。唐・雍陶〔明月、高楼を照らす〕詩 朗月、何ぞ高高たる 樓中、簾影寒し

【簾外】すだれの外。宋・邵雍〔安楽窩〕詩 衾を擁して側臥し、未だ起きんと欲せず 簾外の落花、撩亂として飛ぶ

【簾鉤】すだれかけ。唐・杜甫〔落日〕詩 落日、簾鉤に在り 溪邊、春事幽かなり

【簾前】すだれの前。唐・岑参〔暮春、虢州東亭に李司馬を送る～〕詩 簾前の春色、應に須らく惜しむべし 世上の浮名、好し是れ閒にせよ

【簾中】すだれの内。后妃の室。〔唐書、后妃上、則天武后伝〕帝、頭眩、視ること能はず。侍醫～曰く、風、上逆す、頭血を砭さば愈やすべしと。～醫一再刺すに、帝曰く、吾が目明らかなりと。言未だ畢らざるに、后、簾中に再び拜謝す。

【簾櫳】すだれを下ろしたれんじ窓。唐・元稹〔会真詩三十韻〕詩 微月、簾櫳に透り 螢光、碧空を度る

➡簾押 すだれ止め／簾額 すだれ／簾官 試験の監官／簾幌 簾帷／簾子 すだれ／簾肆 店のかけのれん／簾政 太后が政をとる。垂簾／簾台 上段の間／簾内 簾官／簾波 すだれの揺れ／簾箔 すだれ／簾風 すだれの風／簾屏 すだれ

⬇帷簾・映簾・下簾・画簾・開簾・隔簾・宮簾・御簾・玉簾・軽簾・巻簾・降簾・高簾・朱簾・珠簾・繡簾・湘簾・上簾・織簾・侵簾・水簾・垂簾・翠簾・晴簾・疏簾・窓簾・竹簾・昼簾・重簾・荻簾・撤簾・発簾・撥簾・半簾・風簾・払簾・門簾・擁簾

【瀲】 20 3814 レン みなぎる うかぶ みぎわ

形声 声符は斂。瀲灩は水があふれ、水光りするさまをいう畳韻の語。それでなみなみと酒をつぐことを瀲灩斟、その杯を瀲灩杯という。

訓義 ①みなぎる、水があふれる。②うかぶ、ひたす。③みぎわ、なみぎわ。

古訓 〔名義抄〕瀲 ミヅ 〔字鏡集〕瀲 ヒタス・キヨシ・ウカブ・ナミ・キハム・ミヅノミチル

語系 瀲・漣 lian は同声。淪 liuən も声義近く、みな水波の相及ぶさまをいう語である。

【瀲灩】水が流れきらめくさま。宋・蘇軾〔湖上に飲み、初め晴れ、後雨ふる、二首、二〕詩 水光瀲灩として、晴方に好し 山色空濛として、雨も亦た奇なり

【瀲瀲】水の波だつさま。唐・楊夔〔鄭谷を送る〕詩 春江瀲瀲として、淸くして且つ急なり 春雨濛濛として、密にして復た疏なり

➡瀲灩 瀲灩

⬇紅瀲・翠瀲・澮瀲・微瀲・碧瀲

【鬑】 20 7233 レン

篆文

形声 声符は兼（兼）。兼に廉の声がある。〔説文〕九上に「鬋（髮垂るる）なり。一に曰く、長き皃なり」、〔玉篇〕に「髮長き皃なり」という。鬑鬑はひげの多いさま。

訓義 ①かみがたれるさま、かみが長く多いさま。②ひげが多いさま、ひげがこいさま。③鬑鬑は、束ね髮、またひげのうすいさま。

古訓 〔篇立〕鬑 モトユヒ 〔字鏡集〕鬑 カミノナガキ

【鬑鬑】鬚の多いさま。〔玉台新詠、古楽府、日出東南隅行〕東方千餘騎 夫壻上頭に居る 何を用つてか夫壻を識る 白馬、驪駒を從ふ～人と爲り潔くして白皙 鬑鬑として頗ぶる鬚有り

⬇鬑鬑

【蘞】 21 4484 ［蔹］ 17 4488 レン やぶからし かがみぐさ

篆文

形声 声符は斂。〔説文〕一下に蔹を正字とし、「白蔹なり」とあり、かがみぐさをいう。蔓性の菊科の草。五・六月頃、小さな紅緑色の五花を円錐形につける。〔詩、唐風、葛生〕は哀切な挽歌。「葛生ひて棘に蒙り 蘞域（墓域）に蔓れり」と、墓域のさまを歌う。

訓義 ①やぶからし、かがみぐさ。②つる。③からい。わが国では、えぐい。

古訓 〔名義抄〕蘞 カヾミ／白蘞 ヤマカヾミ

【孌】 22 2240 レン したう うつくしい

篆文

金文

形声 声符は䜌。〔説文〕十二下に「慕ふなり」とあり、〔段注〕に戀（恋）と古今の字であるとする。〔詩、小雅、車舝〕に「孌たる季女の逝くを思ふ」とあり、〔伝〕に「美しき貌なり」とし、また〔斉風、甫田〕の「婉たり、孌たり」の〔伝〕に「少好の貌なり」という。孌童とは近侍の美少年のことである。

訓義 ①したう、おもう、こうる。②うつくしい、すなお。③わが国で、かげま。

古訓 〔名義抄〕孌 ウルハシ 〔字鏡集〕孌 ネガフ・コヒ

語系 孌・孅 liuan は同声。〔説文〕四下に孅を「臞するなり」といい、やつれてもの思う女のさまを孌という。

【孌童】美少年。かげま。〔北斉書、廃帝〕太子～國子助教許散愁に謂ひて曰く、先生世に在り、何を以て自ら資ると。對へて曰く、散愁、少より以來、孌童の牀に登らず、季女の室に入らず。簡策を服膺して、老いの將に至らんとするを知らず。平生の素懷、斯くの若きのみと。

➡孌婉 美しい／孌兮 美しいさま

⬇婉孌・姝孌

【孿】 22 2240 レン ふたご

篆文

形声 声符は䜌。〔説文〕十四下に「一乳兩子なり」。子に從ひ、䜌聲」とする。下部の子を両子並べる形に作るものがある。〔方言、三〕に「陳・楚の閒、凡そ人嘼乳して雙産する、之れを釐孶と謂ふ。秦・晉の閒、之れを健子と謂ひ、關よりして東、趙・魏の閒、之れを孿生と謂ふ」とあって、趙・魏の語とするが、〔玉篇〕に「雙産なり」とあるから、通語であろう。〔玉篇〕にまた「孌なり」という。

訓義 ①ふたご。②つなぐ、つながる。③かわる。

古訓 〔字鏡集〕孿 ヤブル・タ(フ)タゴ

【孿子】ふたご。〔戦国策、韓三〕夫れ孿子の相ひ似たる者は、惟だ其の母之れを知るのみ。利害の相ひ似たる者は、唯だ智者之れを知るのみ。

➡孿如 連なる／孿生 双生

【攣】 23 2250 レン まげる かがむ かける ひきつる

篆文 **形声** 声符は䜌。䜌に彎曲するものの意がある。〔説文〕十二上に「係かくるなり」とあり、彎曲したものを手にかける意。ものにこだわることを攣拘という。

訓義 1まげる、まがる、かがむ。2かける、つながる。3かかわる、なずむ。4ひく、つる、ひきつる。5したう、こいしたう。

古訓 〔新撰字鏡〕攣 手奈戸(てなへ) 〔和名抄〕攣 今案ずるに一字に兩訓あり。膺に在りては阿之乎(あしを)、犬に在りては岐豆奈(きづな)なり 〔名義抄〕攣 テナヘ・ツヾル・イヌノキヅナ・ヒカフ・アシヲ 〔字鏡集〕攣 ツヾル・イヌノツナ・クツアシ・ヒカフ・アシヲ・ヒク・テナヘ・ツクアシ

語系 攣・䜌・孌liuanは同声。しなやかに、まるく彎曲するような状態のものをいう語である。

【攣踠】れんえん 手足がかがんで伸びない病。唐・柳宗元〔捕蛇者の説〕永州の野に異蛇を産す。~得て之れを腊にして以て餌(薬)と爲さば、以て大風・攣踠・瘻癘(首にできるはれもの)とらい病)を已やし、死肌(腐った皮膚)を去り、三蟲(腹中の虫。三尸)を殺すべし。

【攣拳】れんけん かがまる。宋・蘇軾〔淨因院画記〕(文)與可の竹石枯木に於ける、眞に其の理を得たる者と謂ふべし。~是くの如くにして攣拳瘠蹙(やせこけ、ちぢこまる)し、是の如くにして條達暢茂し、~各〻其の處に當る。

【攣廃】れんぱい 手足がかがまる病。〔陳書、孝行、司馬暠伝〕子延義~父に隨ひて關に入る。母の憂ひ(死)に丁あひ、~乃ち躬みづから靈櫬(柩)を負ひ、~都に至るに及んで、風冷に中たるを以て遂に攣廢を致す。數年にして方はじめて愈ゆ。

【攣攣】れんれん 恋々。〔漢書、外戚上、孝武李夫人伝〕夫人曰く、~夫れ色を以て人に事つかふる者は、色衰ふるときは愛弛む。~上うへの攣攣として我を顧念する所以の者は、乃ち平生の容貌を以てなり。

↑攣格れんかく 捕縛する/攣急れんきゅう ひきつる/攣曲れんきょく まがる/攣屈れんくつ 攣曲する/攣拘れんこう 束縛する/攣索れんさく なわをかける/攣弱れんじゃく ひ弱い/攣縮れんしゅく かがむ/攣躄れんぺき 攣廃

↓脚攣・痙攣・繋攣・拳攣・牽攣・拘攣・膝攣・攣攣・綿攣・憂攣

【臠】 25 2222 レン きりみ やせる

篆文 石鼓文 **形声** 声符は䜌。䜌に攣かがまる意がある。〔説文〕四下に「臞やするなり」とし、また「一に曰く、切肉なり」(段注本)という。〔淮南子、説林訓〕「一臠の肉を嘗なめて、一鑊くわ(鍋)の味を知る」とは、一斑を以て全豹の美を知る意。〔説文〕に〔詩、檜風、素冠〕「棘人(やつれ人)臠臠たり」と、憂懼のためにやつれることを歌う句を引く。今本はその字を「欒欒」に作る。臠はもと一臠の肉をいう字。わが国では「みそなはす」とよむが、古い訓の例はなく、近世の誤用であるという。

訓義 1きりみ、きり肉、肉片。2やせる、やつれる、かがむ。3わが国では、「みそなわす」に用いる。

古訓 〔新撰字鏡〕臠 肉奈万久佐之(にくなまぐさし) 〔名義抄〕臠 ヤス・シ、ムラ・シ、ナマス 〔篇立〕臠 シ、ムラ・ホロカシ

【臠殺】れんさつ 切りさいなむ。〔宋史、忠義四、劉鋭伝〕文州に知たり。嘉熙元年、北兵來攻す。鋭と通判趙汝鄎と、城に乘りて固守す。~汝鄎~善く射る。城破れて執とらへらる。先づ其の兩臂を斷ち、而る後之れを臠殺す。~軍民死する者數萬人。

【臠切】れんせつ こま切り。〔捜神後記、二〕尼、浴する毎に、必ず時を移すに至る。(桓)溫、疑ひて之れを窺うかがふ。尼、裸身となり、刀を揮ひ腹を破りて臓を出だし、身首を斷截し、支分臠切するを見る。~尼の浴室を出づるに至るに及んで、身形常の如し。

↑臠解れんかい 手足をばらばらに切る刑/臠膾れんかい なます/臠割れんかつ 切り割く/臠去れんきょ 切り取る/臠巻れんけん かがむ/臠蔵れんさい 切り肉/臠炙れんしゃ 焼き肉/臠壻れんせい むこ選び/臠截れんせつ 臠切/臠肉れんにく 肉の切り身/臠盤れんぱん 肉皿/臠臠れんれん やつれるさま

↓一臠・牛臠・巻臠・数臠・大臠・梯臠

ロ

【芦】 7 4427 〔芦〕 8 4427 〔蘆〕 20 4421

ロ あし よし

篆文 その他 **形声** 正字は蘆に作り、盧ろ声。〔説文〕一下に「蘆菔ふくなり」とあり、大根の意。また葦の類をいい、穂の出ないうちは蘆、穂の出たものは葦。蘆索を戸上に挂かけ、虎を門闌に画き、鬼を防ぐ民俗があった。芦は略字。

訓義 1あし、よし。2かぶら、大根、蕪菁ぶせい。その紫花なるものを蘆菔という。

古訓 〔名義抄〕蘆 アシ・アシハラ・イキクサ・ヤミヌ・ウルホヒ/蘆子 ハ、コ/漏蘆 クロクサ・アリクサ 〔字鏡集〕蘆 アシ・イホクサ・ハ、コ・アシハラ

語系 蘆laと蘿lai、萊(萊)laは声近く、また菔・蔔bəkも声に通ずるところがあり、蕪菁の類をいう。

【蘆葦】ろい あし。穂の出たものが葦。唐・賈島〔耿処士を送る〕詩 萬水千山の路 孤舟、幾月の程 川原、秋色盡き 蘆葦、晩風鳴る

【蘆花】ろか あしの花。宋・蘇軾〔潁江を出でて初めて淮山を見る〕詩 我が行、日夜、江海に向ふ 楓葉、蘆花、秋興長し 長淮忽ち迷ふ、天遠近 青山久しく船と低昂す

【蘆笳】ろか あしの葉の笛。元・王逢〔蔡琰の漢に還る図に題す〕詩 殘生既に免まぬがる氈裘の鬼となるを 哀衷盡すこと莫なし、蘆笳の曲

【蘆灰】ろかい あしを焼いた灰。〔淮南子、覧冥訓〕往古の時、四極廢すたれ、九州裂く。天は兼ね覆おほはず、地は周あまねく載のせず。~女媧、五色の石を錬りて、以て蒼天を補ひ、鼇がうの足を斷ちて、以て四極を立て、~蘆灰を積んで、以て淫水を止む。

【蘆管】ろかん あし笛。宋・蘇軾〔曾仲錫の元日寄せらるるに次韻す〕詩 愁へて聞く、塞曲の蘆管を吹くを 喜びて見る、春盤に蓼芽(たでの若芽)を得たるを

【蘆洲】ろしゅう あしの茂る中洲。宋・陸游〔客、荊渚武昌を談ず。慨然として作有り〕詩 豐城の寶劍、已に化して久し 我自ら氣を吐きて、斗牛に沖せしめん 洞庭、四萬八千頃 蟹舍かいしゃ(漁家)は正に對す、蘆花の洲

【蘆雪】ろせつ 蘆花。唐・陸亀蒙〔襲美の呉中言情、寄せらるるに奉和す、次韻〕詩 菰煙蘆雪、是れ儂わが郷 釣線身に隨ひて、坐忘を愛す

【蘆荻】ろてき あしと、おぎ。清・王士禎〔樊圻の画〕詩 蘆荻花無くして、秋水長し 澹雲微雨、瀟湘に似たり 雁聲搖ぎ落ちて、孤舟遠し 何いづれの處の青山か、是れ岳陽

↑蘆衣ろい 蘆花の衣/蘆火ろか あし火/蘆芽ろが 蘆の芽/蘆岸ろがん 蘆の茂る岸/蘆索ろさく 鬼やらいのとき、邪気祓いとして、門にかけるなわ。葦をたばねて作る。葦索/蘆子ろし 蘆刈り人/蘆筍ろじゅん 蘆かび/蘆人ろじん 蘆子/蘆錐ろすい 蘆の芽/蘆政ろせい 蘆刈りに課する税/蘆石ろせき 鍾乳石/蘆薦ろせん 蘆の席/蘆菼ろたん つばな/蘆竹ろちく よし/蘆丁ろてい 蘆人/蘆汀ろてい 蘆岸/蘆笛ろてき 蘆ぶえ/蘆田ろでん 蘆の茂った場所/蘆蕩ろとう 蘆田/蘆牌ろはい 蘆のいかだ/蘆藩ろはん 蘆の垣/蘆菔ろふく 大根/蘆簾ろれん 蘆のすだれ

↓葦蘆・葭蘆・寒蘆・岸蘆・銜蘆・胡蘆・瓠蘆・葫蘆・黄蘆・蒿蘆・残蘆・秋蘆・折蘆・橐蘆・長蘆・汀蘆・荻蘆・蒲蘆・茅蘆

常【炉】8 9380 〖爐〗20 9181 ［鑪］24 8111 ロ

いろり ひばち

形声 旧字は爐に作り、盧声。いろりは民家では重要な地位を占めるものであるが、中国では古くは竈がその地位を占めた。炉は古い文献にみえず、〔正字通〕に引く〔歳時雑記〕に「京師、十月の朔、酒を沃ぎ肉臠を爐中に炙き、圍坐して飲み啗らふ。之れを暖爐と謂ふ」とみえる。〔燕京歳時記〕に、十月に炉開きをし、いしわたを敷いた炉を設けるという。

訓義 ①いろり。②ひばち、手あぶり、足あぶり、香炉。④字はまた鑪に作る。

古訓 〔新撰字鏡〕爐 鑪の字なり、火呂。又、加々利（かがり）〔名義抄〕爐 ツカル・ヤク／薫爐 ヒトリ／火爐 ヒタキ 〔篇立〕爐 カキリ・ヤク・ホノホ・ヒタキ・カ、リシ・カ、リビナリ

語系 爐・盧・壚・黸・瀘・鸕 la は同声。盧に黒色の意があり、〔書、文侯之命〕「盧弓一」は黒い弓、金文に「玈弓」とみえるものである。

【炉煙】ろえん 香炉の煙。宋・蘇軾〔青牛嶺の高絶の処に、小寺有り。〜〕詩 暮に歸りて馬を走らす、沙河の塘 爐煙裊裊として、十里香し

【炉火】ろか（くわ） 炉の火。南唐・徐鉉〔又早春を賦して事を書す〕詩 弓聲、春氣を達し 弈思、天和を養ふ 酒を煖む、紅爐の火 舟を浮ぶ、綠水の波

【炉灰】ろかい（くわい） 炉の灰。唐・皮日休〔太湖の詩、包山祠〕詩 爐灰寂として然えず 風送りて杉桂香し

【炉香】ろこう（かう） 香炉のかおり。宋・秦観〔春日、五首、四〕詩 滿院の柳花、寒食の後 旋ち新火を鑽りて、爐香を爇やす

【炉炭】ろたん 炉の火。宋・范成大〔呉船録、下〕恭州に至る。〜恭の州爲る、乃ち一大磐石上に在り。盛夏水無くんば、土氣毒熱し、爐炭の燔灼するが如し。山水皆瘴有り、水氣尤も毒なり。

【炉辺】ろへん ろばた。前蜀・韋荘〔崔郎中の、西川の行在に往使するを送る〕詩 書を拜して玉帳を辭す 萬里、劍關長し〜戀ふること莫かれ、爐邊の醉 仙宮、侍郎を待たん

↑炉架ろか こたつのやぐら／炉気ろき 炉香／炉薫ろくん 炉香／炉燼ろじん 炉の香灰／炉竈ろそう 炉とかまど／炉台ろだい 炉のやぐら／炉篆ろてん 香煙／炉頭ろとう 炉のあたり／炉餅ろへい 焼餅／炉冶ろや ふいご／炉籠ろろう ふせご

↓鴨炉・火炉・懐炉・旧炉・金炉・紅炉・香炉・高炉・篝炉・焜炉・手炉・守炉・塼炉・足炉・丹炉・炭炉・暖炉・煖炉・地炉・茶炉・鼎炉・当炉・飯炉・風炉・焙炉・薬炉・鎔炉・擁炉

【玈】11 0873 ロ

くろい くろぬり

篆文 

形声 声符は旅（旅）よりの省文。〔説文新附〕四下に「黑色なり。玄に從ひ、旅の省聲。義、當に黸を用ふべし」とするが、金文に、「玈弓玈矢」とあり、玈が本字である。朱塗りの彤弓に対し、黒塗りの弓矢をいう。

訓義 ①くろ、くろい、くろぬり、くろぬりの弓矢。②字はまた盧・黸・旅に作る。

【玈弓】ろきゅう 黒塗りの弓。〔左伝、僖二十八年〕王、〜晉侯に策命して侯伯と爲し、之れに大輅の服、戎輅の服、彤弓一・彤矢百・玈弓十・玈矢千・秬鬯一卣・虎賁三百人を賜ふ。

↑玈矢ろし 黒塗りの矢

【鹵】11 2160 ロ

しおち あれち

篆文  金文 

象形 塩を入れる籠状の器に、塩を盛った形。〔説文〕十二上に「西方の鹹地なり。西の省に從ひ、鹽の形に象る。安定（地名）に鹵縣有り。東方にては之れを㡿と謂ひ、西方にては之れを鹵と謂ふ」とあり、〔慧琳音義、二〕に引く文になお「天生を鹵と曰ひ、人生を鹽と曰ふ」の句がある。大鹵は山西晋陽の地に在り、また河内解県の塩池にも岩塩を産し、必ずしも西方の特産でなく、字も西の省形に従うものでなく、籠の形である。西周中期の金文〔免盤〕に、鹵百箱を賜うことをしるし、春秋期の〔晉姜鼎〕に「我に嘉遺して、鹵賚千兩を賜ふ」とみえる。賚（責）は積・績の初文で租貢、塩を租徴としていたのであろう。塩分のある地は農耕に適しないので、荒地の意となり、またすべてものごとの粗笨であることをいう。

訓義 ①しお、しおち、しおつち。②あれち、やせち。③おろか、かりそめ。④櫓と通じ、たて。⑤虜と通じ、うばう、かすめる。

古訓 〔名義抄〕鹵 シホカラシ・イシハラ・シバハユシ 〔篇立〕鹵 シホカラシ・イタシ・カハラ・アカラシ・ヤセタリ・カハラシ

部首 〔説文〕に鹹など二字、〔玉篇〕にまた二十二字を加える。苦鹹・塩味に関する字が多い。

語系 鹵 la は籠（籠）long と同系の語。また簏 lok と声近く、簏も荒目の籠をいい、一系の語である。

【鹵塩】ろえん 天然の塩。〔本草綱目、石五、鹵鹹〕（李）時珍曰く、〜山西諸州の平野、〜高亢の處、秋閒皆鹵を生ず。之れを望むに水の如く、之れに近づけば積雪の如し。土人刮りて、之れを熬にて鹽と爲す。

【鹵獲】ろかく（くわく） かすめとる。虜獲。〔史記、楽毅伝〕樂毅攻めて臨菑（斉の都）に入り、盡く齊の寶財物祭器を取り、之れを燕に輸る。〜是に於て燕の昭王、齊の鹵獲を收めて以て歸る。

【鹵楯】ろじゅん 大楯。〔漢書、陳湯伝〕塹を穿ち、門戸を塞ぎ、鹵楯もて前と爲し、戟弩もて後と爲し、卬ぎて城中樓上の人を射る。

【鹵田】ろでん 塩気のあるやせ地。漢・蔡邕〔京兆の樊恵渠の頌の序〕財を豪富に取り、力を黎元に借り、〜水門を流し、谿瀆を通じ、之れを畎畝に洒ぐ。清流浸潤し、泥潦浮游し、曩の鹵田は、化して甘壤と爲る。〜農民熙怡す。

【鹵鈍】ろどん おろか。魯鈍。〔抱朴子、勖学〕粉黛至れば、則ち西施も以て麗を加へ、宿瘤も以て醜を藏くし、經術深ければ、則ち高才なる者は洞達、鹵鈍なる者も醒悟す。

【鹵簿】ろぼ 行幸の列。〔三輔黄図、六、雑録〕天子出づるとき、車駕の次第、之れを鹵簿と謂ふ。大駕有り、法駕有り、小駕有り。

【鹵莽】ろもう（まう） 粗略。宋・鄭樵〔通志、総序〕是に小學の一家、皆鹵莽を成し、經旨明らかならざるを致す。穿鑿蠭起するは、盡く此れに由る。

↑鹵确ろかく やせ地／鹵器ろき 略奪品／鹵汁ろじゅう にがり／鹵水ろすい にがり／鹵奪ろだつ うばう／鹵地ろち しおじ／鹵剽ろひょう 掠奪する／鹵部ろぶ 鹵簿／鹵味ろみ 塩味／鹵掠ろりゃく うばう

↓塩鹵・瓦鹵・鹹鹵・頑鹵・荒鹵・剛鹵・沙鹵・水鹵・斥鹵・舃鹵・瘠鹵・磧鹵・大鹵・沢鹵・地鹵・土鹵・莽鹵

常【賂】13 6786 ロ

まいない おくりもの

篆文 

形声 声符は各。各に路・輅の声がある。〔説文〕六下に「遺るなり」とあり、人に遺贈するもの。もと賄賂性のものではなく、〔左伝、荘二十八年〕「齊侯、衞を伐ちて戰ひ、衞の師を敗る。之れを數むるに王命を以てし、賂を取りて還る」とあって、軍獲をいう。また〔左伝、桓二年〕「郜の大鼎を以て公に賂す。齊・陳・鄭にも皆賂有り」のように、外交上、謝罪の意を示すために遺るものであった。もとより請託するために賂をおくることも多く、〔左伝〕にその例がみえる。

訓義 ①まいない、おくりもの。②ひそかにおくるもの、請託のためにおくるもの、わいろ。③たから。

古訓 〔名義抄〕賂 タカラ・マミナフ・マミナヒ 〔字鏡集〕賂 マイナハシ・タクハヘ・タカラ・オクル・マイナヒ・ノコル

【賂遺】ろい(ゐ) 賄賂をおくる。〔史記、文帝紀〕群臣、張武等の如き、賂遺金錢を受けて覺(あら)はる。上(しゃう)、乃ち御府の金錢を發(ひら)きて之れを賜ひ、以て其の心を愧(は)ぢしめ、吏に下さず。

【賂器】ろき 賄賂の宝器。〔左伝、桓二年〕夏四月、郜(かう)の大鼎を宋より取り、戊申、大廟に納るるは、禮に非ざるなり。臧哀伯諫めて曰く、～今滅德立違、其の賂器を大廟に寘(お)き、以て百官に明示す。百官之れに象(のっと)るも、其れ又何ぞ誅せん。～官の失德は、寵賂章(あき)らかなればなり～と。

【賂謝】ろしゃ 賄賂。〔宋史、方技下、王老志伝〕轉運の小吏と爲り、賂謝を受けず。～遂に妻子を棄て、草廬を田閒に結び、時に人の爲に休咎(きうきう)(禍福のトい)を言ふ。

↑賂賜(ろし) たまう／賂田(ろでん) まいないの田

↓貨賂・饋賂・賕賂・徼賂・行賂・厚賂・私賂・受賂・重賂・大賂・寵賂・納賂・宝賂・誘賂・礼賂・賄賂

常 【路】 13 6716 ロ みち

篆文  金文 

形声 声符は各(かく)。各に賂・輅(ろ)の声がある。各は祝禱して神をよび、神霊が降格することを示す字。夂(ち)は下降する足を示す。路とは神の降る道をいう。〔説文〕二下に「道なり」として会意とし、〔繫伝〕に各声とする。道は異族の首を携えて、道路を祓う儀礼。道路とは呪的に清められた通路をいう。路はまた天子のことに関して用い、路寢・路門・路車のようにいう。

訓義 ①みち、ゆくべきみち。②すじみち、わけ、ただしい。③たより、てづる、てだて、よるべ。④大きい、人君の居る所に用いる。

古訓 〔名義抄〕路 ミチ・オホヂ・トコロ・ヒラク・オホイ(キ)ナリ・アタル・ツマヅク／大路 オホミチ

【路岐】ろき 岐路。別れ道。宋・戴復古〔庚子、薦(しき)りに飢う、三首、二〕詩 餓(う)ゑ走りて、家舍を拋(なげう)つ 縱橫、路岐に死す 有天、粟(ぞく)を雨(ふ)らさず 地の屍(しかばね)を埋むべき無し

【路次】ろじ 道すがら。途中。〔三国志、呉、三嗣主、孫皓伝〕今、大晉龍興す。～猥(みだ)りに六軍を煩(わづら)はし、衡蓋(かうがい)(車蓋)路次、遠く江渚に臨み、擧國震惶す。

【路車】ろしゃ 諸侯・貴族の車。〔詩、秦風、渭陽〕我、舅氏を送り 曰(ここ)に渭陽に至る 何を以てか之れに贈らん 路車乘黃

【路人】ろじん 道路の人。他人。晉・陶潛〔長沙公(陶延寿)に贈る詩の序〕長沙公の余に於けるや、族(人)爲(た)り。祖は同(もと)に大司馬(陶侃)より出づ。昭穆(せうぼく)(左右の廟。その順で世代を重ねる)既に遠く、以て路人と爲る。

【路頭】ろとう みち。方向。〔滄浪詩話、詩弁〕路頭一たび差(たが)へば、愈(いよいよ)騖(は)せて愈(いよいよ)遠し。門に入ることの正しからざるに由るなり。

【路傍】ろぼう(ばう) 道ばた。宋・劉敞〔江西道中〕詩 每(つね)に嘲(あざけ)る、介甫(王安石)の新法を行ふを 常に恨む、歐公(陽脩)の書を讀まざるを 浩歎す、諸劉の今已(や)んぬるを 路傍の喬木、日に蕭疏(せうそ)なり

【路脈】ろみゃく みちすじ。宋・劉克荘〔北山の作〕詩 山行して路脈を忘れ 野坐して天文を認む

↑路引(ろいん) 旅券／路遠(ろえん) 遠路／路家(ろか) 破れ屋／路軌(ろき) みち／路弓(ろきゅう) 大弓／路衢(ろく) 街巷／路隅(ろぐう) 路の片隅／路径(ろけい) 小径／路鼓(ろこ) 四面の鼓／路梗(ろこう) 通行止め／路祭(ろさい) 葬式を見送る／路資(ろし) 旅費／路室(ろしつ) 客舍／路渋(ろじゅう) 渋滞する／路宿(ろしゅく) 野宿／路照(ろしょう) 通行証／路上(ろじょう) みち／路寢(ろしん) 正殿／路贐(ろじん) 贈別／路垂(ろすい) 路上／路世(ろせい) 衰世／路阻(ろそ) 路がふさがる／路側(ろそく) 路傍／路賊(ろぞく) 追剝ぎ／路担(ろたん) 屋台／路程(ろてい) 旅程／路奠(ろてん) 路祭／路途(ろと) 道路／路灯(ろとう) 街灯／路鼗(ろとう) 四面の鼓／路馬(ろば) 車駕／路陌(ろはく) 道路／路畔(ろはん) 路ばた／路陂(ろひ) 路傍／路費(ろひ) 旅費／路標(ろひょう) 道標／路符(ろふ) 通行証／路斃(ろへい) 行き倒れ／路旁(ろぼう) 路ばた／路輿(ろよ) 乘輿／路用(ろよう) 旅費／路糧(ろりょう) 旅の食料

↓隘路・悪路・異路・一路・迂路・運路・雲路・駅路・沿路・遠路・王路・往路・遐路・回路・海路・街路・客路・活路・坎路・旱路・官路・姦路・間路・還路・巖路・危路・岐路・帰路・逵路・義路・旧路・去路・夾路・狹路・曲路・空路・径路・経路・血路・険路・賢路・言路・古路・故路・広路・江路・行路・巷路・皇路・荒路・航路・山路・讒路・仕路・失路・邪路・取路・就路・谿路・戎路・熟路・峻路・順路・遵路・小路・捷路・衝路・樵路・針路・進路・新路・水路・世路・正路・征路・川路・仙路・先路・船路・線路・前路・走路・塞路・村路・大路・長路・鳥路・直路・通路・鉄路・天路・塗路・当路・道路・半路・坂路・販路・筆路・篳路・蔽路・別路・返路・遍路・本路・末路・迷路・冥路・野路・幽路・要路・理路・陸路・旅路・輦路

【輅】 13 5706 ロ くるま

篆文 

形声 声符は各(かく)。各に路・賂(ろ)の声がある。〔説文〕十四上に「車軨(しゃれい)前の横木なり」とあり、その横木によって車を挽(ひ)く。柩車などに用いる古式のもので、〔論語、衛霊公〕に「殷の輅」とみえる。天子の車を、また大輅という。

訓義 ①くるま、天子の車、大きい車。②軾(しょく)の下、軨の前につける横木。人が挽くときに使う。③字はまた路に作る。

古訓 〔名義抄〕輅 ハカリゴト・クルマ・ムカフ 〔字鏡集〕輅 ハカリゴト・ムカフ・オホクルマ

【輅車】ろしゃ 天子の車。大きな車。〔旧唐書、劉子玄伝〕陵廟巡謁するが如きに至りては、王公冊命(さくめい)し、則ち盛服冠履、彼の輅車に乘る。

【輅馬】ろば 天子の乘馬。〔後漢書、張湛伝〕禮、公門に下り、輅馬に軾(しょく)すと。孔子、鄕黨に於ては、恂恂如(じゅんじゅんじょ)たりと。父母の國にては、宜しく禮を盡すべき所なり。

↑輅客(ろきゃく) 使者／輅輓(ろばん) 人の挽く車／輅鑾(ろらん) 天子の車

↓殷輅・雲輅・革輅・玉輅・金輅・軒輅・車輅・戎輅・象輅・正輅・先輅・大輅・雕輅・華輅・輓輅・鑾輅・鸞輅・輦輅

【滷】 14 3116 ロ しおからい

形声 声符は鹵(ろ)。鹵は塩を籠につめた形。滷とは鹹地(かんち)。塩分を含む地をいう。〔爾雅、釈言〕に「苦なり」、また〔玉篇〕に「鹹水なり」とあって、塩分を含んだ水をいう。

訓義 ①しおからい、しおからい水、にがり。②しおからい地、塩分をふくんだ地。③塩で肉などを処理する、塩漬け。④鹵(ろ)と通用する。

古訓 〔字鏡集〕滷 シハ、ユシ・シホミヅ

↑滷菜(ろさい) 菜の煮つけ／滷子(ろし) 濃い汁／滷汁(ろじゅう) 塩鹵／滷潟(ろせき) 塩地／滷台(ろだい) 塩焼場／滷丁(ろてい) 汐汲み人夫

↓鹹滷・潟滷・雪滷

人 【魯】 15 2760 ロ おろか

篆文  甲骨文  金文 

会意 魚＋曰(えつ)。曰は祝禱を収める器。魚を薦め、祝禱する儀礼を示す字である。〔説文〕四上に字を白に従う形とし「鈍詞なり。白に従ひ、魚(ぎょ)聲」(段注本)とするが声が合わず、「鈍詞」という意も明らかでない。おそらく魯鈍の意とするものであろうが、金文には魯休・魯命・純魯・魯寿など、嘉善の意に用いる

字である。なお〔㚇段〕「拜して稽首し、天子の厥の順福を造したまへるを魯とす」、〔井編鐘〕「屯（純）を得て用つて魯ひあり」、〔士父鐘〕「余れに魯いなる、多福亡彊と〜を降す」などの用法がある。祖祭に魚を用いることは辟雍の儀礼にみえ、魯とは祖祭に関する儀礼をいう字であろう。魯鈍の意は、朴魯の義から転じたものとみられ、もとは純魯をいう字であったと考えられる。

訓義 ①よろこび、さいわい、めでたい。②おおきい。③にぶい、おろか。④鹵と通じ、たて。

古訓 〔名義抄〕魯 マブシ・ノブ・ツ、シム・カブル・オロカナリ・オコル・ミチ

声系 〔説文〕に魯声として櫓など二字を収める。いずれも樐のように鹵声をとる別体の字があり、魯・鹵は声符として通用の義をもつものであろう。

語系 魯・鹵 la は同声、文字として通用することがある。旅（旂）lia も声近く、〔説文〕に旅を魯の古文としている。

【魯魚】字形が似ているために起こる筆写の誤りをいう。〔抱朴子、遐覧〕諺に曰く、書、三たび寫さば、魚は魯と成り、虛は虎と成ると。

【魯縞（かう）】魯に産する薄いしろぎぬ。〔淮南子、説山訓〕矢の十歩に於けるは、兕甲を貫くも、三百歩に於ては、魯縞に入ること能はず。

【魯直】愚直。〔宋史、魯宗道伝〕宗道、〜論列する所多し。帝意頗ぶる其の數なるを厭ふ。〜自ら訟めて曰く、〜臣竊かに尸祿を恥づ。請ふ、罷去するを得んと。帝撫諭すること良や久し。他日殿壁に書して魯直と曰ふ。蓋し之れを思念するなり。

【魯鈍】まぬけ。愚鈍。唐・杜甫〔憶昔、二首、二〕詩 小臣魯鈍にして、能くする所無し 朝廷記識して、祿秩せらるるを蒙らしむ

【魯論】今の論語。古くは他に斉論・古論があった。〔漢書、芸文志〕魯論語を傳ふる者は、〜龔奮〜夏侯勝〜韋賢〜蕭望之〜張禹、皆名家なり。張氏最も後にして、世に行はる。

↑魯鶏 しゃも／魯酒 薄酒／魯叟 孔子／魯朴 愚直

↓頑魯・魚魯・愚魯・淳魯・椎魯・朴魯

【擄】 16 5102 ロ かすめる

形声 声符は虜（虜）。虜を動詞化した字とみてよい。擄掠する。

訓義 ①かすめる、とらえる、かすめとる。②おおう、おおいとる。③したがえる。

【擄掠】人を捕らえ財物を奪う。〔東観漢記、馮異伝〕天下同に王氏（莽）に苦しみ、漢を思ふこと久し。更始の諸將、縱橫暴虐し、至る所擄掠し、百姓望みを失ふ。

↑擄獲 かすめとり、捕獲する／擄劫 捕らえおびやかす／擄搶 擄掠する／擄奪 掠奪する

【盧】 16 2121 ロ めしびつ ひいれ くろい

篆文  籀文  甲骨文  金文 

形声 声符は盧。〔説文〕五上に「飯器なり」とし、次の凵部に「凵は凵盧なり。飯器。柳を以て之れを爲る。象形」とあって、笭盧をいう。甾部十二下に甗を大きな瓶の名とし、「讀みて盧の若くす」とあって、盧声の字は虍・盧の声をとるものとみられる。〔王子嬰次盧〕に字を膚に従う形に作り、爐の異文。その器は炒鑪であろう。〔趞曹鼎〕の「射盧」は「射廬」。盧に黒色の意がある。

訓義 ①めしびつ、ひつ。②すびつ、ひいれ。③酒盧、酒瓶をおくところ。④くろ、くろい、くろ色のもの。⑤かり犬。⑥櫨と通じ、ますがた。⑦籚と通じ、矛の柄。⑧盧胡は笑う声。

古訓 〔名義抄〕盧 クロシ・ホコル・ヰルヲリ／盧橘 ハナタチバナ／都盧 シカシナガラ・テラツ、キ・マヒ 〔字鏡集〕盧 クロシ・ホコル・サケノカス・ヰル・ハンノウツハモノ・ヲリ

声系 〔説文〕に盧声として蘆・鸕・顱・廬・驢・黸・壚・鑪など十五字を収める。鸕・黸のように、黒色の意を含むものが多い。

語系 盧・壚・黸・虘・旅 la は同声。みな黒色の意がある。黒塗りの弓矢を、金文に旅弓旅矢という。目の瞳を盧ということがある。

【盧橘】金柑。また、びわ。唐・戴叔倫〔湘南即事〕詩 盧橘花開いて、楓葉衰ふ 門を出でて、何れの處にか京師を望まん 沅湘日夜、東流し去り 愁人の爲に少時も住まらず

【盧弓】黒塗りの弓。〔書、文侯之命〕用つて爾に秬鬯一卣・彤弓（朱塗り）一・彤矢百・盧弓一・盧矢百・馬四匹を賚ふ。

【盧盧】犬をよぶ声。〔演繁露、八、朱朱盧盧〕世人、雞を呼ぶに皆朱朱と曰ひ、犬を呼ぶに皆盧盧と曰ふ。何れの地なるかを問はず、其の聲皆同じ。

↑盧医 扁鵲、古代の名医の名／盧罌 酒器／盧狗 韓の名犬の名／盧犬 黒犬／盧胡 忍び笑い／盧索 黒い縄／盧矢 黒塗りの矢／盧鴟 鵜／盧鵲 古代の名犬の名／盧舟 軽舟／盧扁 扁鵲

↓韓盧・胡盧・壺盧・瓠盧・酒盧・清盧・都盧・蒲盧・漏盧・鹿盧

〔人〕【蕗】 16 4416 〔蕗〕 17 4416 ロ ふき

形声 声符は路。茎を食用とする。〔爾雅、釈草〕に「顆凍」、〔急就篇、四〕に「款東」とみえる。また款冬・款凍ともいう。厳冬を凌いで生ずるので、その名がある。

訓義 ①ふき。②一名、甘草。

古訓 〔和名抄〕蕗 布々岐（ふふき）〔名義抄〕蕗 フフキ 〔篇立〕蕗 フ、キ・クサビラ

↑蕗草 甘草

【濾】 18 3113 ロ こす

形声 声符は慮。〔玉篇〕に「水を濾すなり」とあり、布などで水を濾過することをいう。

訓義 ①こす、水をこす。②すませる、すかしとる。③あらう。

古訓 〔名義抄〕濾 シタミ・ミヅフルヒ

↑濾過 こす／濾紙 濾過紙／濾水 水こし／濾清 こす／濾布 こす布

【壚】 19 4111 ロ くろつち

篆文 

形声 声符は盧。盧に黒色の意がある。〔説文〕十三下に「黒く剛き土なり」（段注本）とあり、黄黒色の土質をいう。この土で炉を築き、いろりを作る。

訓義 ①くろつち、くろくかたい土。②あらつち、くろくあらいつち。③鑪と通じ、いろり。

古訓 〔名義抄〕壚 カキ・クロツチ・アラシ

【壚頭】酒屋。酒屋の店先。唐・岑参〔懐州の呉別駕を送る〕詩 灞上（灞水のほとり）、柳枝黄なり 壚頭、酒正に香し 春流、去馬に飲ひ 暮雨、行装を溼す

↑壚肆 酒店／壚埴 黒土／壚邸 酒店／壚土 黒土／壚坶 ローム／壚甆 燗釜

↓開壚・官壚・紅壚・黄壚・市壚・酒壚・春壚・埴壚・赤壚・村壚・茶壚・当壚・売壚・墳壚

【廬】 19 0021 ロ かりや いおり やどる いえ

篆文

金文

形声 声符は盧。〔説文〕九下に「寄なり。秋冬には去り、春夏には居る」とあって、農耕の時に寄宿する田中の廬舎をいう。また〔段注〕に〔詩、大雅、公劉〕「時に廬旅す」、〔詩、小雅、信南山〕「中田に廬有り」などの句を引いて証とする。〔公劉〕の「廬旅」は、都作りのとき地霊を祀る「旅宿り」の儀礼であり、〔信南山〕の句はつづいて「疆場に瓜有り」とあって、廬瓜対文であるから、廬舎の意ではない。秋冬邑居のことは〔漢書、食貨志〕にみえるが、経書の解釈として記されているもので、耕作者のとる一般的な形態ではない。金文に「射廬」があり、神都の辟雍に附設された射儀を行うところ。また〔儀礼、既夕記〕に「倚廬に居る」とは、廬舎堊室、服喪するときに居るところ。そのような儀礼の場に忌み小屋として用いるのが原義。のち草廬茅屋の意となる。

訓義 1かりや、ものかりや、いみのかりや。2いおり、かりずまい。3やどる、はたご。4いえ、書斎などにいう。5とのいの間、宿直室。

古訓 〔新撰字鏡〕廬 伊保(いほ)〔和名抄〕廬 伊本(いほ)〔名義抄〕廬 イホ・イホリ

語系 廬・閭lia は同声。里lia は声義近く、田社のあるところをいう。廬もと、一般と隔離された忌殿としての屋舎をいう語であろう。

【廬下】 いおりのもと。〔後漢書、承宮伝〕郷里の徐子盛なる者、春秋經を以て諸生數百人に授く。宮、過ぎりて廬下に息ひ、其の業を樂しみ、～遂に請うて門下に留まる。諸生の爲に薪を拾ひ、執苦すること數年、學に勤めて倦まず。

【廬室】 房舎。〔漢書、蓋寬饒伝〕初めて拜せられて司馬と爲る。～大冠を冠し、長劍を帶び、躬ら士卒の廬室を案行し、其の飲食居處を視、疾病有る者は身自ら撫循し臨問し、加ふるに醫藥を致し、之れを遇すること甚だ恩有り。

【廬舎】 田中のかりや。〔漢書、食貨志上〕井、方一里、是れを九夫と爲す。八家之れを共にし、各々私田百畮を受く、公田十畮、是れを八百八十畮と爲し、餘の二十畮、以て廬舍と爲す。出入相ひ友とし、守望相ひ助く。

【廬寝】 服喪のため墓の側にたてた忌み小屋。〔後漢書、韋彪伝〕彪、孝行純至、父母卒し、哀毀すること三年、廬寢を出でず。服竟り、羸瘠骨立異形なり。醫療すること數年にして乃ち起つ。

【廬井】 古の井田制。八家一井の共同体的な組織。〔左伝、襄三十年〕子產、都鄙をして章有り、上下服有り、田に封洫有り、廬井に伍有らしむ。～輿人、之れを誦す。

【廬側】 廬寝の傍ら。〔南史、庾子輿伝〕父卒するに及び、～喪を奉じて鄉に還る。～初め蜀を發せしとき、雙鳩有り、舟中に巣ふ。至るに及んで又廬側に栖み、哭泣の聲を聞く每に、必ず簷宇に飛翔し、悲鳴すること激切なり。

【廬帳】 幕舎。〔後漢書、西域、蒲類国伝〕天山の西疏楡谷に居る。～廬帳して居り、水草を逐ひ、頗ぶる田作を知る。牛・馬・駱駝・羊畜有り。

【廬墓】 墓と服喪の廬舎。〔晋書、孝友、夏方伝〕家、疫厲に遭ひ、～死する者十三人。方、年十四、夜は則ち號哭し、晝は則ち土を負ひ、十有七載、葬送畢ることを得たり。因りて墓側に廬す。

↑廬堊 喪屋／廬庵 いおり／廬塋 喪屋／廬園 いおり／廬屋 いおり／廬居 仮住居／廬前 喪屋の前／廬冢 廬と墓／廬第 邸宅／廬廡 家／廬落 住居

↓庵廬・倚廬・園廬・屋廬・蝸廬・臥廬・学廬・旧廬・穹廬・窮廬・居廬・僑廬・寓廬・結廬・故廬・蒿廬・闔廬・室廬・草廬・僧廬・冢廬・田廬・仏廬・敝廬・蒲廬・蓬廬・茅廬・野廬・陋廬

人【櫓】 19 4796 〔樐〕 15 4196 ロ たて やぐら

篆文

形声 声符は魯。〔説文〕六上に「大きなる盾なり」とし、重文として樐を録する。〔左伝、襄十年〕「大車の輪を建て、之れに蒙ふしむるに甲を以てし、以て櫓と爲す」とあり、大きな楯をいう。天子出行の列を鹵簿といい、鹵は櫓の意。また艣と通用し、櫓櫂の意とする。

訓義 1たて、おおだて。2やぐら、ものみやぐら、やぐら車。3舟のろ。

古訓 〔和名抄〕櫓 夜具良(やぐら)〔名義抄〕櫓 ヤグラ・コシキ・カシ／樐 タテ

【櫓声】 船のろをこぐ音。唐・白居易〔河亭晴望〕詩 晴虹、橋影出で 秋雁、櫓聲來たる

↑櫓楫 櫓と、かい／櫓楯 大きな楯／櫓槳 櫓と、かじ／櫓棹 櫓と、さお

↓干櫓・楯櫓・衝櫓・矛櫓・望櫓・楼櫓

【瀘】 19 3111 ロ

篆文

金文

形声 声符は盧。〔説文新附〕十一上に「水名なり」とあり、江西・雲南・四川などにその名がある。諸葛亮の〔出師の表〕に「五月、瀘を渡り、深く不毛に入る」というものは一名若水、雲南・四川の界にあり、特に瘴気の激しいところであった。瀘定橋は四川瀘定城西の大渡橋、紅軍長征のとき、攻防の要衝であった。

訓義 1川の名。

【臚】 20 7121 ロ リョ フ つらねる はだ かわ

篆文

籀文

形声 声符は盧。〔説文〕四下に「皮なり」とし、重文として膚をあげている。臚の声義に二あり、一は旅(旅)と通じて陳の意に用い、一は膚と通じて皮膚の意に用いる。〔説文〕に盧声の字と、膚声の字と、両字があったのかも知れない。臚の籀文として膚に従う字をあげているが、あるいはもと

訓義 1つらねる、つらなる、順序にならべる、ついでる。2つたえる、つげる。3おこなう、やる。4旅と通じて、祭の名。5膚と通じて、はだ、かわ。

古訓 〔名義抄〕臚 ホヨム

語系 臚・旅lia は同声、通用の字である。

【臚唱】 名をよびあげる。進士合格者の名をよみあげて、殿上に呼び入れること。元・方回〔～湧金、城望に和す。次韻三首、三〕臚唱曾つて叨りにす、殿上に傳ふるを 末班遙かに望む、御爐の煙

【臚伝】 ことばを伝える。上の語を伝える。〔荘子、外物〕儒、詩・禮を以て冢を發く。大儒臚傳して曰く、東方作けたり。事とすること之れ何若んと。小儒曰く、未だ裙襦(下着)を解かざるに、口中に珠有り～と。

↑臚驩 よろこびをのべる／臚言 世上に伝える語／臚句 通訳の官。下に伝えるを臚、上に伝えるを句という／臚情 情をのべる／臚人 鴻臚の役人／臚岱 岱(泰山)に旅のまつりをする／臚陳 陳列する／臚布 よみあげ布告する／臚列 鴻臚に夷人がならぶことから、羅列の意とする

常【露】 21 1016 ロ つゆ うるおう あらわれる もれる

篆文

形声 声符は路。〔説文〕十一下に「潤澤なり」、〔玉篇〕に「天の津液、下りて萬物を潤ほす所なり。又、露見するなり」とあり、雨露は万物を生育するものとされた。暴露はさらされる意。かくしごとのあらわれることを露見・露呈、かくさぬことを露骨という。また、はかないものにたとえる。

訓義 ①つゆ。②うるおう、ひたす。③めぐむ、そだてる。④あらわれる、もれる、やぶれる、さらす。⑤はかない、ささやかな、わずかな、つまらぬ。

古訓 〔和名抄〕露 都由（つゆ）〔名義抄〕露 ツユ・アラハス・ヒトリ・ツカル・ウルフ

語系 露・落（落）・零lak は同声。零は〔説文〕に「雨零るなり」とあり、露もまた天より下るものである。裸・羸luai は声近く、露形をいう。露をその意に用いるのは、通用の義である。

【露営】野外に陣して宿る。〔晋書、顧栄伝〕元帝、江東に鎮す。～榮、上牋して諫めて曰く、～當今衰季の末、亂離の運に屬す。天子流播し、豺狼（貪慾な悪人）路を塞ぐ。公宜して露營野次し、星みて言に夙に駕すべし。

【露花】露にぬれた花。唐・張説〔灉湖に別る〕詩 露花、香しくして、醉はんと欲し 時鳥、囀りて音を餘す

【露華】露の光。唐・李白〔清平調詞、三首、一〕詩 雲には衣裳を想ひ、花には容を想ふ 春風檻を拂うて、露華濃かなり

【露気】露おく気配。清・鄭燮〔題画、竹〕江館清秋、晨に起きて竹を看、烟光日影、露氣皆疏枝密葉の閒に浮動す。胸中勃勃として遂に畫意有り。其の實、胸中の竹は、竝て是れ眼中の竹ならざるなり。

【露見】披いてみる。現わす。〔漢書、王嘉伝〕嘉、封じて詔書を還す。因りて封事を奏して～曰く、～臣謹んで上の詔書を封じて、敢て露見せず～と。

【露骨】あらわにする。〔文心雕竜、檄移〕文、雕飾せず、辭切にして事明らかなり。～然れども辭を抗げて釁（悪事）を書し、皦然として骨を露はす。

【露坐】戸外に坐る。〔後漢書、周挙伝〕（陽嘉三年）是の歲、河南・三輔大いに旱りし、五穀災傷す。天子親自ら德陽殿の東廂に露坐して雨を請ふ。又～河神・名山・大澤に禱祀せしむ。

【露積】野ざらしに積む。〔史記、平準書〕漢興りてより七十餘年の閒、國家事無し。～京師の錢、巨萬を累ね、貫（紐）朽ちて校るべからず。太倉の粟、陳陳相ひ因り、充溢して外に露積す。

【露次】野宿。〔後漢書、献帝紀〕（興平二年）張濟、復た反し、～東澗に戰ひ、王師敗績す。～曹陽に幸し、田中に露次す。

【露宿】野宿。〔後漢書、循吏、王渙伝〕溫の令に除せらる。縣に姦猾多し。積みて人患を爲す。渙、方略を以て討撃し、悉く之れを誅す。境内清夷にして、商人道に露宿す。

【露処】雨ざらしで暮らす。〔元史、忠義二、褚不華伝〕不華、餘兵を以て淮安に入る。～屋を撤して薪と爲す。人多く露處す。

【露台】屋根のない台。〔史記、文帝紀〕嘗て露臺を作らんと欲し、匠を召して之れを計らしむ。直百金なり。上曰く、百金は中民十家の產なり。～何ぞ臺を以てすることを爲さんと。

【露霧】露や霧。湿気。〔後漢書、皇后上、明徳馬皇后紀〕身の長七尺二寸、方口、美髮。～帝嘗て苑囿離宮に幸す。后輒ち風邪露霧を以て戒と爲す。辭意款備、多く詳擇せらる。

↑露雨 雨露／露英 露華／露洩 もれる／露穎 穎脱／露臥 野宿／露芽 茶の名／露会 野合する／露効 暴露する／露蓋 無蓋車／露寒 厳冬／露眼 出目／露葵 葵／露居 露処／露禽 鶴／露形 姿をあらわす／露紒 露頂／露髻 露紒／露瞼 涙眼／露顕 露見／露言 あけすけにいう／露紅 鮮麗な紅／露根 根が出る／露彩 露光／露察 裸にして検べる／露蚕 戸外で飼う蚕／露尸 さらされている屍体／露止 野宿する／露師 露営／露歯 そっぱ／露路 狭い路／露車 大八車／露首 露頂／露珠 露光／露醜 恥をかく／露出 むきだし／露書 無封の書、ことを明白に記した書／露牀 露坐／露章 露効／露身 裸身／露寝 野宿／露刃 抜き身／露水 露／露井 外井戸／露泄 もれる／露屑 露／露跣 素足／露体 裸体／露胆 赤心／露袒 肩を脱ぐ／露湛 置く露／露頂 帽をつけず、頭頂をあらわす／露天 屋外／露点 置く露／露田 種植えの田／露電 夢幻のようにはかないもの／露吐 白状する／露頭 露頂／露白 ばれる／露拍 脇差し／露膊 腕まくり／露版 露布／露表 披露する／露布 無封の書／露風 風にあたる／露眠 野宿する／露命 はかない身／露面 ひた面／露立 居場所がない

↓靄露・飲露・雨露・花露・荷露・華露・薤露・甘露・寒露・吸露・矜露・暁露・玉露・銀露・訐露・月露・顕露・行露・香露・皓露・膏露・細露・珠露・如露・承露・松露・祥露・情露・垂露・翠露・瑞露・青露・清露・泄露・草露・霜露・多露・暴露・発露・繁露・披露・表露・布露・風露・碧露・芳露・霧露・明露・沐露・夜露・流露・冷露・零露・漏露

【籚】 22 8821 ロ えかご

篆文

形声 声符は盧。〔説文〕五上に「積竹の矛戟の矜なり」とあり、割竹を束ねて竹刀のようにし、器物の柄とするものをいう。また竹籠。〔広雅、釈器〕に「籚は筐なり」とみえる。その小なるものを籃という。

訓義 ①え、わりだけのえ。②かご、たけかご。③櫨と通じ、ますがた。

古訓 〔名義抄〕籚 ヲキ 〔字鏡集〕籚 コ・ヲキ

↓笑籚・筐籚・象籚・扶籚

【艫】 22 2141 ロ へさき とも

篆文

形声 声符は盧。〔説文〕八下に「舳艫なり」とみえる。舟の大きさの単位として、一丈四方をいう。わが国の石に相当する。また「一に曰く、船の頭なり」とあり、へさきをいう。また、ともをいうとする説もある。

訓義 ①へ、へさき。②とも、舟のかじをさすところ。③舟の大きさ。

古訓 〔和名抄〕艫 楊氏曰く、舟の後、櫂を刻する處、和語に度毛（とも）と云ふ 〔名義抄〕艫 トモ・ヘ

↑艫枻 船首のかい／艫歌 舟うた

↓舳艫・舟艫・乗艫・征艫・千艫・船艫・登艫・浮艫・揚艫

【鑪】 24 8111 ロ いろり ひばち

篆文

金文
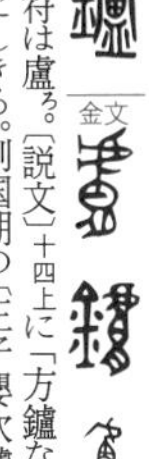

形声 声符は盧。〔説文〕十四上に「方鑪なり」とあって、炉をいう。方形にしきる。列国期の〔王子嬰次鑪〕に、その器を「炒盧」と称している。亨炊に用いたものであろう。〔史記、司馬相如伝〕に、相如が文君をして鑪に当たらしめた話がある。

訓義 ①ろ、いろり、ひどこ。②ひばち、ひあぶり、あしあぶり。③こうろ。④罏と通じ、大がめ、さかがめ。⑤ふいごう。⑥鑢と通じ、やすり。

古訓 〔新撰字鏡〕爐 鑪の字なり、火呂。又、加々利（かがり）〔名義抄〕鑪 カナカブト・スリ・カンカナ・トグ・ヤスリ・タ、ラ／鑪子 ヤスリ

＊語彙は炉字条参照。

↑鑪火 炉火／鑪榼 手炉／鑪櫜 ふいごう／鑪捶 陶鋳／鑪橐 鑪櫜／鑪炭 炉火／鑪鞴 鑪櫜

↓火鑪・金鑪・洪鑪・香鑪・大鑪・鍛鑪・重鑪・風鑪・薬鑪

囚【鷺】24 6732 ロ さぎ

篆文 

形声 声符は路ろ。〔説文〕四上に「白鷺なり」とあり、〔韓詩章句〕に「潔白の鳥なり」とする。〔詩、周頌、振鷺〕は、殷の余裔が周廟に白鷺の舞を献ずることを歌い、〔詩、陳風、宛丘〕に「其の鷺羽を値たつ」とあって、廟祭のほか、燿かがなどのときにも鷺羽をもって舞うことがあったようである。漢の旧鼓吹曲にも、朱鷺曲というものがあった。

訓義 ①さぎ、しろさぎ。

古訓 〔新撰字鏡〕鵅～鷺 十字、皆、佐支(さぎ)〔和名抄〕鷺 佐岐(さぎ)〔名義抄〕鷺 サギ・シラサギ・ミトサギ/蒼鷺 ミトサギ〔字鏡〕鷺 シロキミヅドリ・ミトサギ・サギ

【鷺羽】ろう 白鷺の羽。また、鷺舞。〔詩、陳風、宛丘〕坎かんとして其れ鼓を撃つ 宛丘の下もとに 冬と無く夏と無く 其の鷺羽を値たつ

【鷺序】ろじよ 鷺は大小の順で飛ぶ。班次にたとえる。〔禽経〕鴻儀鷺序～鷺は白鷺なり。小は大を踰こえず、飛ぶに次序有り。百官縉紳しんの象なり。

【鷺汀】ろてい さぎの飛びたつなぎさ。元・呉萊〔張子長に寄す〕詩 仙棋、閒かに日を度わたり 旅剣、占星に懶ものうし 故里、青桐の巷 雙溪さうけい、白鷺の汀

↑鷺影ろえい 鷺の姿/鷺沙ろさ 鷺汀/鷺濤ろとう 白波/鷺翿ろとう 鷺羽/鷺約ろやく 鷗と遊ぶ約

↓鴉鷺・烏鷺・鵷鷺・鷗鷺・江鷺・沙鷺・朱鷺・渚鷺・翔鷺・振鷺・睡鷺・雪鷺・汀鷺・田鷺・白鷺・飛鷺・眠鷺・幽鷺・鸞鷺・立鷺

【顱】25 2128 ロ どくろ

篆文 

形声 声符は盧ろ。〔説文〕九上に「頊顱たくろ、首の骨なり」とあり、前条に「頊は顱なり」とみえる。〔史記、春申君伝〕に「頭顱とうろ僵仆きやうふして、境に相ひ望む」と、戦場の悲惨をしるしている。古く断首祭梟さいきよう(首祭)の俗があり、殷墓には頭顱十個を一坑に入れ、数十坑にも及ぶものがある。

訓義 ①どくろ、頭の骨。②脳蓋、額骨。③字はまた盧に作る。

古訓 〔和名抄〕顱 加之良乃加波良(かしらのかはら)〔名義抄〕顱 頭顙なり。ヒタヒ・カシラノカハラ

語系 顱la、髏loは声義近く、頭骨を顱といい、また髑髏どくろという。その色を以ていうときは白といい、白はその象形字。顱はその形、髏はおそらく婁空(すきまの多いもの)の意であろう。

【顱骨】ろこつ 頭の骨。首。〔唐書、武元衡伝〕賊、～遂に元衡を害し、顱骨を批うちて持ち去る。邏司、盜、宰相を殺せりと傳譟でんさうす。～有司、以聞ぶん(上奏)す。帝震驚し、朝を罷やむ。

↓円顱・解顱・頊顱・提顱・的顱・当顱・頭顱・豊顱・隆顱

【驢】26 7131 ロ ろば

篆文 

形声 声符は盧ろ。〔説文〕十上に「馬に似て長耳」とあって、驢馬をいう。漢の武帝のとき、上林苑に入り、後漢の霊帝のとき、白驢に乗ることが一時の流行をなしたという。

訓義 ①ろば、うさぎうま。

古訓 〔名義抄〕驢 ウサギウマ・ヤシナフ・ウマサキ

語系 驢lia、騾luaiは声義近く、騾らは驢を父とし、馬を母とするものである。

【驢車】ろしや ろばにひかせる車。〔後漢書、張楷伝〕家貧にして以て業と爲す無し。常に驢車に乗り、縣に至りて藥を賣り、食に給するに足る者あれば、輒すなはち郷里に還る。～長陵の令に除せらるるも、官に至らず。弘農の山中に隱居し、學者之れに隨ひ、居る所市を成す。

【驢上】ろじよう 驢背。宋・梅堯臣〔邵不疑学士蔵する所の名書古画を観る〕詩 邵侯、奇玩多し 我を留めて特に笥しを開く 首はじめに阮(籍)と杜(甫)と 驢上に瞑目して酔ふ

【驢馬】ろば ろば。ろばと馬。〔世説新語、排調〕諸葛令(恢)・王承相(導)、共に姓族の先後を争ふ。王曰く、何ぞ葛王と言はずして、王葛と云ふやと。令曰く、譬へば驢馬と言ひて、馬驢と言はざるも、驢、寧なんぞ馬に勝らんやと。

【驢背】ろはい ろばのせなか。清・張問陶〔蘆溝〕詩 天海の詩情は、驢背に得たり 關山の秋色は、雨中に來たる

【驢鳴】ろめい ろばの鳴き声。〔世説新語、傷逝〕王仲宣(粲)、驢鳴を好む。既に葬る。文帝、其の喪に臨み、顧みて同遊に語りて曰く、王、驢鳴を好めり。各〻一聲を作なして以て之れを送るべしと。赴客皆一たび驢鳴を作せり。

【驢騾】ろら ろばと、らば。〔史記、大宛伝〕惡少年及び邊騎を發し、歲餘にして敦煌を出づる者六萬人。～牛十萬・馬三萬餘匹・驢騾橐它たくだ、萬を以て數ふ。～兵弩甚だ設け、天下騷動す。

↑驢駝ろだ ろばに乗せた荷物/驢夫ろふ 驢挽き/驢面ろめん ろばのような長い顔/驢劣ろれつ ろばのようににぶい/驢輦ろれん ろばのひく車

↓海驢・騎驢・蹇驢・跨驢・策驢・乗驢・草驢・罷驢・野驢・騾驢

【鱸】27 2131 ロ すずき

形声 声符は盧ろ。呉中松江の名産で、〔晋書、張翰伝〕に、斉王竦しようが秋風によって呉中の鱸魚の膾なますを思い、官をやめて東帰した話をのせる。わが国の島根県松江も、鱸を産するので、呉中松江の名をとったという。

訓義 ①はぜに似た魚。②わが国では、すずき。

古訓 〔新撰字鏡〕鱸 須受支(すずき)〔和名抄〕鱸 崔禹食經に云ふ、鱸、貌は鯉に似て鰓あぎと大きく開きたる者なり。須々支(すずき)〔名義抄〕鱸 スヽキ

【鱸魚】ろぎよ すずき。〔世説新語、識鑒〕張季鷹(翰)、齊王(竦)の東曹掾に辟めされて、洛に在り。秋風の起るを見、因りて呉中の菰菜こさいの羹あつもの、鱸魚の膾なますを思ひ、～遂に駕を命じて便すなはち歸る。

↑鱸膾ろかい 鱸魚のなます/鱸蓴ろじゆん 鱸魚とじゅんさいのあつもの

↓膾鱸・銀鱸・思鱸・蓴鱸・碧鱸

【鸕】27 2722 ロ う しまつどり

篆文 

形声 声符は盧ろ。盧に黒の意がある。〔説文〕四上に「鸕鷀じなり」とあり、茲じ声にもまた黒の意がある。鵜ていのとりをいう。鵜の字義はペリカン。鵜飼いに用いるものは、鸕鷀がその本名。鵜飼いは中国では長江上流の地で早くから行われていて、川鵜を用いる。わが国では海鵜を用いる。

訓義 ①う、しまつどり。②きじ。

古訓 〔和名抄〕鸕 鵜なり。辨色立成に云ふ、大なるを鸕鷀と曰ひ、小なるを鵜鶘ていこと曰ふ。日本紀私記に云ふ、志麻都止利(しまつどり)〔字鏡集〕鸕 ウ・ミヅドリ・シマツドリ

語系 鸕dzia、盧・壚・黸laは同声。みな黒の意がある。また鷀・茲・滋(滋)tziaは声近く、これも黒の意をもつ語である。

【鸕鷀】ろじ うの鳥。〔北史、倭伝〕土地膏腴かうゆなるも、水多くして陸少なし。小環を以て鸕鷀の項うなじに掛け、水に入りて魚を捕らしめ、日に百餘頭を得。

【黸】28 6131 ロ くろい

篆文 

形声 声符は盧ろ。盧に黒の意がある。〔説文〕十上に「齊にて黑きを謂ひて黸と爲す」と齊の語とするが、盧声の字に黒の意をもつものが多く、通語であろう。〔書、文侯之命〕に「盧弓一・盧矢百」、〔左伝、僖二十八

年〕に「㫉弓矢千」とあるものは、金文に「㫉弓㫉矢」というもので、古くは㫉の字を用いた。㫉は黒の漆塗りで、朱塗りのときは「彤弓彤矢」という。

訓義 ①くろ、くろい。②はなはだしく黒い。

古訓 〔字鏡集〕黸 クロシ

語系 黸・盧・鸕・壚laは同声。みな黒の意がある。金文に㫉、〔書〕には盧を用いるが、みな黒漆をいう。

➡黸矢 黒塗りの矢

ロウ

常

【老】

6

4471

ロウ(ラウ)
おいる としより なれる

篆文 金文 侯馬盟書

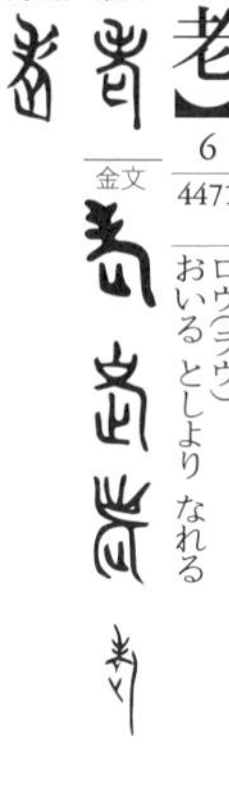

会意 耂＋七。耂(老)は長髪の人の側身形。その長髪の垂れている形。七は化(化)の初文。化は人が死して相臥す形。衰残の意を以て加える。〔説文〕八上に「考なり。七十を老と曰ふ。人毛の七するに從ふ。須(鬚)髮の白に變ずるを言ふなり」とするが、七は人の倒形である。〔左伝、隠三年〕「桓公立ちて、乃ち老す」のように、隠居することをもいう。経験が久しいので、老熟の意となる。

訓義 ①おいる、としより、おいぼれる。②いんきょ、退隠する。③なれる、すぐれる、老いさびる、ふるい。④尊称、長者をたっんでいう。⑤七十歳以上、また五十歳以上の称。

古訓 〔名義抄〕老 オユ・オイケラシ・ツカル／古老 オキナビト

部首 〔説文〕に耆・壽(寿)・考・孝など九字、〔玉篇〕に耄・者(者)などを加えて十三字を属する。者は堵垣の中に呪祝の書を加える意の字で、老に従うものではない。

語系 老lu、耄môは声義の関係がある語。耄は毛・髦môと同声。長髪が老人の特長であったらしく、長もまた長髪の人である。

【老鴉】 鳥の一種。白項。唐・李賀〔美人梳頭歌〕詩 纖手卻つて盤まらす、老鴉の色(黒髪) 翠滑らかにして、寶釵簪し得ず

【老翁】 おきな。魏・文帝〔又呉質に与ふる書〕志意、何れの時にか、復た昔日に類せん。已に老翁と成る。但だ未だ白頭ならざるのみ。

【老懐】 老人の心。宋・陸游〔小園独酌〕詩 横林搖落して、微丹を弄す 深院蕭條として、小寒を作す 秋氣已に高く、殊に喜ぶべし 老懷多感、自ら歡無し

【老格】 円熟した風格。〔図画見聞誌、紀芸下〕侯封は邠の人なり。～工みに山水寒林を畫く。始め許道寧に學びしも、其の老格を踐むこと能はず。然れども筆墨調潤、自ら一體を成せり。

【老学】 年老いて学ぶ。〔説苑、建本〕少くして學を好むは、日出の陽の如く、壯にして學を好むは、日中の光の如く、老いて學を好むは、炳燭の明の如し。炳燭の明も、昧行と孰與れぞや。

【老漢】 老人。老翁の自称。宋・劉克荘〔方楷一軒に題す〕詩 老漢暮年にして、頓まる處無し 軒中の半榻、肯へて分つや麼いなや

【老眼】 老人の視力の弱った眼。また、老練の眼識。〔春在堂随筆、一〕松田老人、年已に七十、尙ほ呉中に寓す。時に書院に來りて余と舊事を談ずること甚だ悉し。此の老眼を留めて、以て興亡を閱せしむ。造物者其れ意有るか。

【老驥】 年老いた駿馬。魏・武帝〔歩出夏門行、四首、四〕楽府 老驥、櫪に伏するも、志千里に在り 烈士暮年、壯心已まず

【老去】 年老いる。宋・蘇軾〔晁説之の考牧図の後に書す〕詩 烟蓑雨笠、長林の下 老去して、而今、空しく畫を見る

【老狂】 年老いて心狂う。清・鄭燮〔小徒崑寧・坤予二孝廉に寄す～〕詩 板橋(鄭自らいう)頭髮、已に蒼蒼たり 爾が輩、何ぞ須ひん、老狂を學ぶを

【老興】 老人の興趣。清・鄭燮〔蘭竹石に題し、調して寄す、一剪梅〕詞 畫工の老興、未だ全くは刪らず 筆や清閒、墨や斕斑たり

【老兄】 兄。同輩への尊称。また、年下への自称。唐・李嘉祐〔舍弟を送る〕詩 老兄の鄙思、儔匹し難し 令弟の清詞、比量するに堪へたり

【老潔】 老熟していて簡潔であること。〔甌北詩話、六〕(陸放翁の詩)放翁(陸游)、工夫精到、出語自然老潔なり。他人、數言にして了する能はざる者、只だ一二語を用ひて之れを了す。其の錬は句の前に在りて、句の下に在らず。觀る者、并べて其の錬の迹を見ず、乃ち眞錬の至りなり。

【老健】 年老いて健康。また、老熟して雄健な表現をいう。宋・朱熹〔(劉)病翁先生の詩に跋す〕其の晩歳に逮んで、筆力老健、衆作に出入し、自から一家を成す。

【老妻】 年老いた妻。唐・杜甫〔江村〕詩 老妻、紙に畫きて棋局と爲し 稚子、針を敲いて釣鉤を作る

【老死】 老いて死ぬ。宋・陸游〔書懐絶句〕詩 老死することに日無し 功名猶ほ自ら期す 清笳、大行の路 何れの日にか王師を出ださん

【老実】 経験がゆたかで実直。〔明史、羅復仁伝〕帝前に在りて、率意に得失を陳ぶ。～帝、顧みて其の質直を喜び、呼びて老實羅と爲して、名いはず。

【老弱】 老若。〔孟子、梁恵王下〕凶年饑歳には、君の民、老弱は溝壑に轉じ、壯者は散じて四方に之く者、幾千人ぞ。而るに君の倉廩實ち、府庫充ちたり。有司以て告ぐるもの莫し。

【老手】 老練。宋・蘇軾〔(王勝之と同に蔣山に遊ぶ)真州に至り、再び和す、二首、一〕詩 老手、王摩詰(維) 窮交、孟浩然 詩を論じて、曾て(宿)直に伴し 舊を話して、已に年を忘る

【老儒】 老学者。唐・杜甫〔行みちに昭陵に次どる〕詩 風雲、絶足(駿足)に隨ひ 日月、高衢を繼ぐ 文物多く古を師とす 朝廷、半ば老儒

【老臣】 年老いた家臣。唐・杜甫〔蜀相〕詩 三顧頻煩なり、天下の計 兩朝(先主・後主)開濟す、老臣の心

【老人】 老年。宋・蘇軾〔老人行〕詩 秋風獵獵として、行雲飛ぶ 老人の此の意、人の會する無し 目は雲の歸るに注ぎ、心に自ら知る 黄口の小兒、相ひ笑ふこと莫かれ

【老成】 老練。〔升庵詩話、三〕(庾信の詩)綺には傷質多く、豔には無骨多し。清易は薄に近く、新易は尖に近し。子山の詩は、綺にして質有り、豔にして骨有り、淸にして薄ならず、新にして尖ならず。老成と爲す所以なり。

【老荘】 老子と荘子。道家の説。〔三国志、魏、何晏伝〕晏～少くして、才秀を以て名を知らる。老莊の言を好み、道德論及び諸文賦、著述凡そ數十篇を作る。

【老叟】 老人。唐・白居易〔江南に天宝楽の叟に遇ふ〕詩 白頭の老叟、泣き且つ言ふ 祿山の未だ亂あらざりしとき、梨園に入れり 能く琵琶を彈じて法曲に和す 多く華清に在りて至尊に隨ふ

【老僧】 年老いた僧。唐・王維〔藍田山石門精舎〕詩 老僧、四五人 逍遙して松柏に蔭ふ 朝梵、林未だ曙けず 夜禪、山更に寂かなり

【老痩】ろうそう(らうそう) 年老いて痩せる。唐・杜甫〔行在所に達するを喜ぶ、三首、一〕詩 親しむ所、老痩に驚く 辛苦して、賊中より來れり

【老大】ろうだい(らうだい) 年とる。唐・賀知章〔郷に回りて偶書す、二首、一〕詩 少小より郷を離れ、老大にして回る 郷音改め難く、鬢毛衰ふ

【老饕】ろうとう(らうたう) 老いて貪欲なる者。民国・斉白石〔自嘲〕詩 眼昏きも未だ瞎ひず、手猶ほ在り 自ら笑ふ、長安に老饕と爲るを

【老衲】ろうのう(らうなふ) 老僧。清・黄遵憲〔石川鴻斎～来りて張副使に謁す。～〕詩 先生、昨者策を杖いて至る 兩三の老衲、共に聯袂せず 寛衣博袖、將た同じきこと毋からんや 只だ袈裟と念珠とを少くのみ

【老農】ろうのう(らうのう) 老農夫。清・査慎行〔雨後〕詩 我は老農に比して、還た計短し 只だ今夜の夜涼を貪つて眠る

【老筆】ろうひつ(らうひつ) 老健の筆。清・石濤〔墨梅冊、十二首、其の八〕詩 老筆縱横にして、鐵笛(鋭い響)新たに 梢を生じ秀を聳だてて、玉峰古し

【老病】ろうびょう(らうびやう)/ろうへい(らうへい) 老衰。唐・杜甫〔旅夜、懐を書す〕詩 名は豈に文章に著はれんや 官は應に老病にして休むべし

【老夫】ろうふ(らうふ) 年とった男。また、その自称。宋・陸游〔雑詠、十首、五〕詩 世間萬事、本と悠悠 古より詩人白頭なり易し 羨むこと莫かれ、老夫九十に垂んとするを 一年添ひ得たり、一年の愁ひ

【老婦】ろうふ(らうふ) 老女。また、竈の神。〔礼記、礼器〕夫れ奥(爨)は老婦の祭なり。盆に盛れ、瓶に尊す。

【老物】ろうぶつ(らうぶつ) 歳時に奔走して疲れた神々。また、人を罵る語。おいぼれ。〔晋書、后妃上、宣穆張皇后伝〕帝、嘗て疾に臥す。后往きて病を省す。帝曰く、老物憎むべし、何ぞ出づるを煩はさんと。后、慚恚して食はず、將に自殺せんとす。諸子も亦た食らはず。帝、驚きて致謝す。

【老耄】ろうぼう(らうばう) 老いぼれ。〔周礼、秋官、司刺〕三刺三宥三赦の灋(法)を掌る。～壹赦に曰く、幼弱。再赦に曰く、老耄。三赦に曰く、惷愚。

【老榜】ろうぼう(らうばう) 老年の科挙の合格者。〔唐摭言、八〕(放老)(曹)松・(王)希羽、甲子皆七十餘、(劉)象・～(柯)崇・(鄭)希顔～亦た皆年耳順(六十歳)を逾えたり。時に五老榜と稱す。

【老木】ろうぼく(らうぼく) 老樹。宋・陳与義〔岳陽楼に上る、二首、一〕詩 白頭、古を弔ふ、風霜の裏 老木、滄波、無限の悲しみ

【老幼】ろうよう(らうえう) 老若。〔礼記、楽記〕人、物に化せらるる者は、天理を滅して、人欲を窮むる者なり。～疾病養はず、老幼孤獨、其の所を得ず。

【老来】ろうらい(らうらい) 年とる。宋・陸游〔孤坐無聊、毎に江湖の適を思ふ〕詩 老來、閲し盡す、榮枯の事 萬變、惟だ應に一笑もて酬いるべし

【老涙】ろうるい(らうるい) 老人の涙。宋・蘇軾〔去歳九月～黄州に在りて子遯を生む。～今年七月～、金陵に病亡す。～二詩を作りて之れを哭す。一〕詩 薪を衣する、那ぞ俗を免れん 變滅、須臾なるのみ 歸來、懷抱空し 老涙、瀉水の如し

【老羸】ろうるい(らうるい) 老衰。〔孟子、公孫丑下〕然らば則ち子の、伍を失ふこと亦た多し。凶年饑歳には、子の民、老羸は溝壑に轉じ、壯者は散じて四方に之く者、幾千人ぞ。

→老衣 経帷子/老医 老年の医者/老嫗 老女/老屋 古家/老哥 老兄/老獪 ずるい/老艾 五十歳以上の人/老獃 老耄/老駭 老耄/老骸 老骨/老鰥 老いて妻のないもの/老気 老練/老旧 故旧/老休 退休する/老朽 朽ちる/老況 老人の状況/老境 老況/老狗 老犬/老君 老子の尊称/老契 旧友/老黠 老獪/老剣 古刀/老拳 老練の腕前/老乾 じみ/老慳 けち/老瞼 厚顔/老語 老人の話/老公 お年寄/老功 老練/老好 老実/老狡 ずるい/老高 老いぼれ/老昏 老耄/老狠 老いの一徹/老残 老耄/老師 老先生/老時 老年/老疾 老人の病人/老者 老人/老若 老少/老酒 古い酒/老寿 長寿/老樹 古木/老宿 長老/老熟 熟練する/老女 老婆/老小 老幼/老松 古松/老将 宿将/老丈 長者/老娘 産婆/老身 老軀/老親 老いた親/老衰 衰老/老生 拙老/老拙 老人の謙称/老絶 年老いたすがた/老台 尊台/老脱 洒脱/老稚 老幼/老穉 老幼/老長 高年/老耋 老耄/老天 お天道様/老斗 老優/老鴇 みみずく/老奴 老僕/老禿 禿頭翁/老悖 老いぼれ/老憊 老いぼれ/老罷 老憊/老米 古米/老圃 老農/老謀 熟計/老僕 老人の僕/老面 老顔/老爺 旦那/老雄 年老いた英雄/老辣 手厳しい/老懶 老いてなまける/老吏 老役人/老驢 おいぼれをたとえていう

↓遺老・頤老・佚老・家老・海老・閣老・帰老・耆老・旧老・休老・朽老・愚老・敬老・元老・古老・故老・孔老・黄老・告老・国老・昏老・三老・歯老・詩老・謝老・釈老・宿老・初老・称老・垂老・衰老・請老・先老・蒼老・大老・退老・長老・耋老・鄙老・罷老・筆老・父老・扶老・耄老・野老・養老・羸老・黎老

常 【労】7 【勞】12 9942

ロウ(ラウ)
つとめる つかれる ねぎらう いたわる

篆文 古文 金文

会意 熒の省略形+力。熒は庭燎、かがり火を組んだ形。力は耒の象形。熒は聖火で、これを以て耒を祓ってから、農耕がはじまる。農耕のはじめと終わりとに、農具を清める儀礼があり、それで害虫を避けうると考えられた。火で清めることを勞といい、丹青を以て清めることを靜(静)という。爭(争)は上下から力(耒)をもつ形。これによって作物がえられるので、〔詩、大雅、既醉〕に「籩豆靜嘉」という句がある。嘉も加(耒と祝詞の器の𠙵)に壴(鼓)を加え、祈りと鼓声とで耒(力)を清める儀礼をいう。〔説文〕十三下に「劇しきなり。力を用ふる者は勞す」というが、力と熒の省とに従ふ。熒火、冖を焼く。力を用ふる者は勞す」というが、会意の意が明らかでない。また重文一字を録し、𢘄に作る。近出の〔中山王方鼎〕に心に従う字があり、また斉器の〔叔夷鎛〕に裳に作る字があって、「其の政事に堇裳す」という。裳は衣裳を聖火を以て清める魂振りの儀礼を示す字であろう。労は「勞賜」「勞賚」のように、神の恩寵を受けることが原義。〔詩、大雅、旱麓〕「神の勞する所なり」の〔箋〕に「勞は勞來なり。猶ほ佑助と言ふがごとし」とあり、「勞賚」の意とする。のち転じてひろく事功・勤労の意となり、労苦・労役の意となる。

訓義 ①つとめる、はたらく、すきたがやす。②しごと、ほねおり、農具をつかう。③つかれる、くるしむ、よわる。④ねぎらう、はげます、たすける、なぐさめる、いたわる、いたわりたまわる。

古訓 〔名義抄〕勞 イタハル・イタハシ・ツカル・ヤマシ・イタヅカハシ・ネギラフ・ツカマツル 〔篇立〕勞 ハチツカイタル・イタハル・ツカル・ワヅラフ・イタハシク・ヤマヒ・タシナム・クダカシム・イタミ

声系 〔説文〕に勞声として癆など三字を収め、また犖を勞の省声とする。癆は勞の繁文とみてよく、「勞病」の意。撈は〔方言、十三〕に「取るなり」とあり、漁撈のように用いる。

語系 勞・癆lôは同声。癆は疲労。療(瘵)liôは声近く、その疲労を療やすことをいう。

【労慰】 慰労する。〔後漢書、耿純伝〕時に眞定王劉揚、～綿曼の賊と交通す。～乃ち復た純を遣はし、節を持して、赦令を幽・冀に行ひ、過ぐる所、竝びに王侯を勞慰せしむ。

【労逸】 苦労と安楽。〔書譜、下〕消息多方にして、性情一ならず。乍ち剛柔以て合體し、忽ち勞逸して分軀す。

【労勤】 骨折りつとめる。〔後漢書、循吏、王渙伝〕(詔)故の洛陽の令王渙、～盡心奉公、務むること惠民に在り。功業未だ遂げず、不幸にして早世す。～今、渙の子石を以て郎中と爲し、以て勞勤を勸めしむ。

【労苦】 苦労。苦しめる。〔韓非子、亡徵〕大臣を簡侮し、父兄に禮無く、百姓を勞苦し、不辜(罪無き者)を殺戮する者は、亡ぶべきなり。

【労形】 身体を労する。宋・欧陽脩〔秋声の賦〕人は動物爲り、惟れ物の靈なり。百憂其の心を感ぜしめ、萬事其の形を勞す。

【労倦】 うみ疲れる。〔史記、東越伝〕是の時、樓船將軍楊僕、使をして上書せしむ。願はくは便ち兵を引きて、東越を撃たんと。上曰く、士卒勞倦せりと。許さず。

【労謙】 労して誇らず、さしひかえる。〔易、謙、九三〕勞謙す、君子なり。終り有りて吉なり。

【労困】 疲れ苦しむ。〔三国志、呉、華覈伝〕今、力を中原に角ひ、以て彊弱を定むるに當り、～彼は益し我は損し、加ふるに勞困を以てす。

【労疾】 疲労しやすい病気。〔雞肋編、上〕南方、梟多し。～龍泉の人、亦た捕食す。云ふ、以て勞疾を治すべしと。漢、重五日、梟羹を以て群臣に賜ふ。其の毒無きこと驗すべきも、然れども醫方に治病の功有りと云はざるなり。

【労辱】 苦労し、辱しめられる。〔後漢書、班超伝〕人と爲り大志有り、細節を修めず。然れども內孝謹、家に居りて常に勤苦を執り、勞辱を恥ぢず。口辯有り、書傳を涉獵す。

【労心】 気苦労。〔詩、斉風、甫田〕遠人を思ふこと無かれ 勞心忉忉たり

【労動】 身を動かす。〔後漢書、方術下、華佗伝〕人體は勞動を得んと欲するも、但だ當に極めしむべからざるのみ。動搖せば、則ち穀氣銷するを得、血脈流通し、病生ずることを得ず。

【労問】 ねぎらう。〔後漢書、李固伝〕乃ち固を以て荊州刺史と爲す。固到り、吏を遣はして境內を勞問し、寇盜の前舋(罪)を赦す。

【労来】 いたわる。ねんごろにする。〔詩、小雅、鴻鴈、序〕萬民離散して、其の居に安んぜず。而して能く之れを勞來し、還定安集し、矜寡(独居老人)に至るまで、其の所を得ざる無し。

【労力】 力をつかう。〔孟子、滕文公上〕或いは心を勞し、或いは力を勞す。心を勞する者は人を治め、力を勞する者は人に治めらる。

【労労】 つかれはてるさま。唐・李賀〔帰夢に題す〕詩 家門厚重の意 我が飢腹を飽かしめんことを望む 勞勞たり、一寸の心 燈火、魚目(涙)を照らす

↑労愛 いたわる/労畏 はばかる/労遺 ねぎらい、おくる/労佚 労逸/労勩 労苦/労役 苦役/労怨 つかれ怨む/労歌 労働歌/労駕 ご苦労/労懈 つかれる/労咳 肺病/労欬 労咳/労気 病気/労疚 つかれる/労饗 慰労の宴/労極 つかれはてる/労劬 苦労する/労懼 つかれ畏れる/労勛 功績/労軍 軍を慰問する/労結 憂鬱の病/労勌 労倦/労遣 慰問する/労工 労働者/労瘵 肺病/労作 骨折り/労思 心配する/労賜 ねぎらう/労辞 慰労の辞/労者 勤労者/労酒 ねぎらいの酒/労卹 ねぎらう/労商 楚の歌曲の名/労情 労心/労擾 つかれ乱れる/労臣 功臣/労神 労心/労人 苦役の人/労悴 つかれる/労瘁 労悴/労生 苦労の身/労積 労結/労績 労功/労損 つかれ傷む/労憚 つかれなやむ/労徒 勤労者/労働 身を動かしてはたらく/労頓 つかれはてる/労農 農をいたわる/労憊 つかれる/労煩 つかれわずらう/労疲 疲労する/労罷 労憊/労病 肺病/労弊 つかれよわる/労勉 勉ます/労満 仕上がる/労務 しごと/労倈 労来/労賚 ねぎらい、褒賞する/労累 苦労する/労碌 奔走する

↓慰労・加労・過労・久労・漁労・饗労・勤労・劬労・苦労・勲労・軍労・計労・倦労・賢労・功労・郊労・耕労・稿労・告労・暫労・思労・酬労・所労・書労・焦労・心労・辛労・神労・塵労・足労・存労・大労・聴労・徒労・伯労・博労・煩労・疲労・罷労・閔労・撫労・褒労・民労・問労・憂労・来労・累労

【㔷】 7 7171 ロウ いやしい

篆文

会意 匸+丙(丙)。〔説文〕十二下に「側逃なり」とし、丙声とするが、声が合わない。「側逃」の意も明らかでなく、〔繫伝〕に「側幽なり」に作る。側陋の意であろう。また一義として「箕の屬なり」とするが、その用義例をみない。〔書、微子〕「乃ち神祇の犧牷牲用を攘竊す(盗む)」を〔史記、宋微子世家〕に「乃ち神祇の祀を陋淫す」に作り、〔徐広注〕に「一に云ふ、陋淫して神祇を侵す」とあり、「陋淫」は「攘竊」にあたる。一時隠匿することを㔷といい、丙はその穴室などの門戸の象を示すものであろう。卜辞に報乙・報丙を匸乙・㔷に作り、匸は匚とよばれる祭名。匚はまた報に作る。㔷は卜辞では報丙という祖神の廟号であるが、側㔷の㔷とは関係がなく、側㔷の㔷は陋の初文。陋は聖所を示す𠂤に従う字であるから、犧牲の攘竊・隠匿は、そのようなところで行われたのであろう。その行為を陋という。

訓義 1いやしい、陋の初文。2箕の類。3のがれる、かくす。

声系 〔説文〕十四下に㔷声として陋を録し、「阸陝なり」(小徐本)という。㔷の声義を承ける字であろう。

語系 㔷・陋loは同声。陋は㔷の繁文とみてよい。屚・漏・瘻・縷loも同声。声義の関係を考えうる語である。

常 【弄】 7 1044 ロウ もてあそぶ たわむれる このむ

篆文

金文

会意 王(玉)+廾。廾は両手。両手で玉をもつ形。〔説文〕三上に「玩ぶなり」とあって、玩弄をいう。〔詩、小雅、斯干〕は室寿ぎの歌で、男子の出生を祈って「乃ち男子を生まば 載ち之れを牀に寢ねしめ 載ち之れに裳を衣せ 載ち之れに璋を弄せしめん」と歌う。璋を弄せしめるのは魂振りのためで、玩弄とは本来そのような呪器であった。保の金文の字形は傑に作り、生子の頭に玉、すそには裳をそえた形である。裳は襲衾の意をもつ呪衣。玩弄は呪器としてつねに持たせるものであるから、玩褻・玩戯の意となる。

訓義 1もてあそぶ、まさぐる、おもうままにする。2たわむれる、あそぶ。3このむ、よろこぶ、めでる。4かなでる、かなであそぶ。5あなどる、あつかう。6ちまた、宮中のみち。

古訓 〔名義抄〕弄 モテアソブ・ヰテアソブ/弄槍 ホコトリ/弄丸 タマトリ/弄鈴 スヾトリ 〔字鏡集〕弄 モテアソブ・クハフル・ヰテアソブ

【弄花】花を楽しむ。また、手入れする。宋・陸游〔天彭牡丹譜、風俗記三〕花は清明寒食の時に盛んなり。～最も陰晴相ひ半ばする時を喜ぶ。之れを養花天と謂ふ。栽接剔治、各〻其の法有り。之れを弄花と謂ふ。～其の俗に、弄花一年、看花十日の語有り。

【弄瓦】女子誕生のときにもたせる織機の紡塼。陰の気を享けさせる。〔詩、小雅、斯干〕乃ち女子を生まば 載ち之れを地に寢ねしめ 載ち之れに裼を衣せ 載ち之れに瓦を弄せしむ

【弄翰】慰み書き。〔宣和画譜、山水三、童貫〕或いは筆墨の傍らに在るを見れば、則ち弄翰遊戲して、山林泉石を作る。意に隨ひて點綴し、興盡くれば則ち止む。人、收去する者有れば、往往復た取りて之れを壞る。

【弄機】専権。〔三国志、魏、蔣済伝〕(上疏)三官一臣に任ぜば、周公旦の忠に非ず。又管夷吾(仲)の公に非ずんば、則ち弄機敗官の弊有らん。

【弄琴】琴を弾く。〔史記、司馬相如伝〕卓氏に飲むに及んで、琴を弄ぶ。文君竊かに戶より之れを窺ひ、心に悅びて之れを好む。

【弄月】月を眺め楽しむ。陳・後主〔三婦艶詞、十一首、六〕楽府 大婦は、初めて箏を調し 中婦は、歌聲を飲む 小婦は、春妝罷り 月を弄して、宵楹に當る

【弄権】権力を濫用する。〔池北偶談、六、酈道元〕酈道元、史に嚴猛と稱す。中尉と爲る。汝南王悅の嬖人丘念、權を弄して縱恣なり。道元、收めて獄に付す。～世但だ其の文士なるを知るのみ。

【弄筆】筆にまかせて書く。宋・劉克荘〔歳晩、事を書す、十首、九〕詩 日日、書を抄して門を出づるに懶し 小窗に筆を弄して、黃昏に到る

【弄物】物を巧みに扱う。〔漢書、地理志下〕趙、中山は、～丈夫相ひ聚りて游戲し、悲歌忼慨し、起てば則ち椎剽掘冢(塚墓を盜掘)、姦巧を作し、多く物を弄し、倡優を爲す。女子は～富貴に游媚し、諸侯の後宮に偏し。

【弄兵】みだりに兵を動かす。唐・杜牧〔聖徳を詠歌し、～因りて関亭に題す。～〕詩 君王、若し治安の論に悟らば 安(禄山)・史(思明)何人ぞ、敢て兵を弄せん

➡弄音 鳥の声／弄丸 玉とり／弄玩 玩弄／弄鬼 詭計／弄器 玩具／弄戲 たわむれ／弄狗 玩犬／弄具 玩具／弄塤 噓八百／弄言 冗舌／弄絃 弄琴／弄口 ことばたくみに人を陥れる／弄巧 小細工／弄才 才に任せてふるまう／弄姿 媚態／弄瑟 弄絃／弄醜 ぶざま／弄璋 男子誕生のとき、玉をもたせる／弄簫 簫を吹く／弄色 媚態／弄臣 狎玩の臣／弄晴 晴れを喜ぶ／弄舌 冗舌／弄孫 孫のもり／弄暖 よい日あたり／弄智 弄才／弄痴 おどけ／弄潮 波遊び／弄笛 笛を吹く／弄濤 弄潮／弄童 孌童／弄馬 乗馬遊び／弄媚 媚態／弄文 舞文／弄弁 冗舌／弄法 法をもてあそぶ

⬇哀弄・愛弄・鶯弄・歌弄・雅弄・玩弄・翫弄・奇弄・揮弄・戲弄・掬弄・嬌弄・曲弄・吟弄・愚弄・傾弄・巧弄・狎弄・狡弄・傲弄・賞弄・遶弄・清弄・操弄・長弄・嘲弄・調弄・逞弄・簸弄・侮弄・撫弄・舞弄・翻弄・慢弄・妙弄・椰弄

【牢】
7
3050
ロウ(ラウ)
おり ひとや かこむ いけにえ

篆文 甲骨文

会意 宀+牛。宀は家ではなく、牢閑(おり)の象。卜文の牢閑には牢・宰に作り、柵かこいの形であるから、牢に作るのがよい。〔説文〕二上に「閑なり。牛馬を養ふ圈なり。牛と冬の省とに從ふ。其の四周市るに象る」とするが、冬の省に従う字形ではない。入口が狭く、中が広い牛圏の形である。〔墨子、天志下〕に「人の欄牢を踰え、人の牛馬を竊む」とあり、欄(欄)・闌ともいう。閑字条十二上に「闌なり」とあり、闌圏を設けたところ。その構造は堅牢、そこにおしこめるので牢籠の意となる。獄舎の意に用いて牢獄という。字を仮借して用いることが多く、牢落は遼落、牢愁・牢騒は憂愁の意。牢人とは牢騒の人、捜牢・牢灑は、騒ぎにまぎれて婦女や財物を掠め取ること、牢剌はばらばらというほどの擬声語である。

訓義 1おり、牛馬のおり。2ひとや、獄。3かこむ、こめる、かこいする。4廩の意。ふちまい、てあて、ちんぎん。5ご馳走、牢牲、いけにえ。6かたい。7かすめとる。

古訓 〔新撰字鏡〕牢 牛を捕ふるの者なり。牛乃波奈豆良(牛のはなづら)〔名義抄〕牢 カタシ・カタム・マタシ・マコト・スクナシ・シル・ハコブ・ヤシナフ・モトホル・コム

【牢具】犧牲が備わる。また、牢獄備え付けの器具。〔三国志、魏、司馬芝伝〕子、岐嗣ぐ。～梁郡に繫囚有り、連及する所多く、數歲決せず。詔書もて獄を岐の屬縣に從す。縣、豫め牢具を治めんことを請ふ。岐曰く、今囚數十有り、～已に楚毒に倦む～と。囚至るに及び、之れを詰む。皆敢て匿詐する莫し。

【牢固】堅固。〔顔氏家訓、帰心〕三世の事、信にして徵有り。家世〻歸心す。輕慢すること勿かれ。～但だ懼る、汝が曹、猶ほ未だ牢固ならず、略ぼ勸誘を重んずるのみなるを。

【牢獄】ひとや。〔漢書、酷吏、田延年伝〕幸ひに縣官我を寬うせるのみ。何の面目ありて牢獄に入らん～と。～數日、使者、延年を召して廷尉に詣らしむ。鼓聲を聞き、自ら刎死す。

【牢愁】憂愁。〔漢書、揚雄伝上〕書を作り、往往離騷の文を摭ひて之れを反し、～名づけて反離騷と曰ふ。～又惜誦より以下、懷沙に至る一卷に旁し、名づけて畔牢愁と曰ふ。

【牢落】広漠として寂しいさま。晋・陸機〔文の賦〕心牢落として偶無く、意徘徊して揥る能はず。石、玉を韞みて山輝き、水、珠を懷きて川媚し。彼の榛楛(雑木)の翦る勿きも、亦た榮を集翠(翠鳥)に蒙る。

【牢籠】包括する。また、術中に陥れる。〔唐摭言、三〕(慈恩寺題名遊賞賦詠雑紀、論)科第の設けらるるは、沿革多し。文皇帝、亂を撥めて正に反し、特に科名を盛んにするは、志は英彥を牢籠するに在り。

➡牢穩 おだやか／牢筍 監獄／牢犴 監獄／牢幹 脇腹の肉／牢監 監獄／牢檻 牢監／牢丸 だんご／牢記 銘記する／牢九 だんご／牢堅 堅牢／牢戶 牢屋／牢乎 堅固なさま／牢祭 犧牲を供えて祭る／牢棧 柵／牢子 牢番／牢死 獄死する／牢實 堅固／牢舍 獄舎／牢守 固く守る／牢羞 馳走／牢承 抗弁する／牢燭 宴会／牢牲 犧牲／牢饌 馳走する／牢壯 堅固／牢騷 牢愁／牢頭 看守／牢肉 牲肉／牢人 浪人／牢狴 獄舎／牢密 堅密／牢門 獄門／牢憂 憂え／牢絡 つなぎとめる／牢剌 ばらばら／牢利 堅鋭／牢良 良い車馬／牢廩 扶持米／牢礼 祭礼に賓に饗する

⬇圜牢・空牢・堅牢・獄牢・獣牢・出牢・小牢・少牢・生牢・牲牢・捜牢・大牢・太牢・中牢・土牢・饔牢

常
【拉】
8
5001
ロウ(ラフ) ラ
ひしぐ くじく つれさる

篆文 

形声 声符は立。〔説文〕十二上に「摧くなり」、〔左伝、桓十八年、注〕に「公の幹を拉ちて之れを殺す」とあって、つかんでひしぐことをいう。つれ去ることを拉致、軍夫などに強制徴発することを拉夫という。

訓義 ①くじく、ひしぐ、やぶる。②ひく、ひきつれる、つれさる、つれてゆく。③風の音、その擬声語。

古訓 〔名義抄〕拉 トリヒシク・トリハシル・クダク・シヒ(ヒシ)ク 〔篇立〕拉 ヒシク・トリヒシク・キル・ヒラク・クダク・ハル

語系 拉・柆lәpは同声。拉にはまた折る意があり、柆とは折木をいう。

【拉朽】 朽ちたものを摧く。容易なことをいう。〔晋書、甘卓伝〕將軍の威名は、天下の聞く所なり。此の府の精鋭は、戰勝の兵なり。強衆を擁し、威名を藉り、節に仗りて行く。～將軍の武昌を擧ぐるは、枯を摧き朽を拉くが若し。何の顧慮する所ぞ。

【拉脅】 脇骨をくじく。〔漢書、鄒陽伝〕(獄中上書)士、賢不肖と無く、朝に入りては嫉まる。～范雎、魏に脅を拉かれ、齒を折らるるも、卒に應侯と爲る。

【拉殺】 ひしぎ殺す。〔史記、斉世家〕齊の襄公、魯君と飲みて之れを醉はせ、力士彭生をして、魯君を車に抱き上らしめ、因りて魯の桓公を拉殺す。桓公、車を下りて則ち死せり。

【拉雑】 よせ集める。〔楽府詩集、漢鐃歌所思有り〕何を用て、君に問遺せん 雙珠、玳瑁の簪 玉を用て之れを紹繚せん 聞く、君に他心有りと 拉雜して之れを摧燒せん

【拉瑟】 風の音。宋・蘇軾〔偶と～歙硯を得たり。甚だ奇なり。～〕詩 午窗、睡起して、人初めて靜かなり 時に聽く、西風拉瑟の聲

↑拉過 ひきつれる／拉颯 みにくいさま／拉撮 つまみとる／拉歯 歯をうち折る／拉車 車を挽く／拉致 ひきつれる／拉答 散漫なさま／拉搭 拉答

↓敲拉・摧拉・颯拉・摺拉・捶拉・打拉・批拉

常 **【郎】** 9 3772 人 〔郎〕 10 3772 ロウ(ラウ) きみ おとこ

篆文 

形声 声符は良。〔説文〕六下に魯の地名とし、〔段注〕に「郎を以て男子の偁、及び官名と爲す者は、皆良の假借なり」とする。良は風箱留実、筒の中に風を通して、穀の良否をよりわけるもので、それより良善の意となる。〔詩、秦風、黄鳥〕「彼の蒼たる者は天 我が良人を殲くす」の良人は良士、郎は廊廡にあって事を執ることよりの称であるらしく、漢代に郎官の制が定まり、石二十以上を郎といった。のち官僚、男子の称となり、族中の排行(生年の順)によって九郎・十二郎のようにいう。

訓義 ①きみ、男の美称。②おとこ、わかもの、むすこ。③父や主人・夫をよぶ。④官名、郎・侍郎・郎中。⑤女には女郎という。

↑郎闈 郎の宿衛する官署／郎官 宿衛の官／郎君 そなた／郎子 令息／郎女 娘／郎壻 婿どの／郎当 疲れてしどけないさま／郎中 侍郎／郎伯 夫、父／郎門 回廊の門／郎吏 郎官

↓議郎・牛郎・漁郎・賢郎・散郎・児郎・侍郎・女郎・小郎・丞郎・情郎・新郎・太郎・治郎・中郎・夜郎・野郎・令郎・老郎

【陋】 9 7121 〔陋〕 10 7121 ロウ せまい いやしい ひくい

篆文 

形声 声符は㔷。〔説文〕十四下に「阸陝なり」(小徐本)とあって、狭隘のところをいう。㔷十二下に「側逃なり」というのは、隠れる意であるらしく、〔史記、宋世家〕「乃ち神祇の祀を陋淫す」とは、神への犧牲を盗んで匿す意であろう。陋は神梯の象であるものに従い、その聖域のものを盗む行為で、もっとも陋劣のこととされた。のち身分や性行に関して用い、また陋巷・陋居のようにいう。〔論語、子罕〕に「君子之れに居らば、何の陋か之れ有らん」という語がある。

訓義 ①せまい、小さい。②いやしい、ひくい。③かろんずる、いやしむ。④ものおしむ。

古訓 〔名義抄〕陋 イヤシ・イヤシム・ヒキカクス・ツタナシ・セハシ 〔字鏡集〕陋 アヤシ・ツカフ・セハシ・カクス・カタクナナリ・ヒキ・ツタナシ・ミニクシ

語系 陋・㔷・扁・漏・瘻・僂loは同声。みな弊陋の意を含み、一系の語と考えられる。

【陋宇】 狭くむさ苦しい家。梁・沈約〔郊居の賦〕時に言に陋宇に歸り、聊か暇日に以て翺翔せん。余が心を道場に歸せん。

【陋愚】 卑しく愚か。〔説苑、臣術〕公孫支～曰く、秦國、僻に處り、民陋にして以て愚、危亡の本を知る無きなり。臣自ら以て其の上に處るに足らざるを知る。請ふ、以て之れを讓らんと。

【陋巷】 うらだな。〔論語、雍也〕子曰く、賢なる哉(顔)回や、一簞の食、一瓢の飲、陋巷に在り。人は其の憂ひに堪へざるに、回や其の樂しみを改めず。賢なる哉、回や。

【陋室】 狭くきたない室。唐・劉禹錫〔陋室の銘〕絲竹の耳を亂す無く、案牘(書類)の形を勞する無し。南陽の諸葛(亮)の廬、西蜀の子雲(揚雄)の亭。孔子云ふ、何の陋か之れ有らんと。

【陋質】 天性拙し。晉・潘岳〔西征の賦〕休明の盛世に當り、菲薄の陋質を託す。

【陋儒】 見識の乏しい学者。〔荀子、勧学〕上、其の人を好むこと能はず。下、禮を隆んにすること能はず。～則ち末世窮年、陋儒爲るを免れざるのみ。

【陋邦】 いなか。宋・蘇軾〔定恵院の東に寓居す。雜花山に滿つ。海棠一株有り。土人、貴きを知らざるなり〕詩 陋邦、何れの處にか、此の花を得たる 乃ち好事の、西蜀より移すこと無からんや

【陋劣】 いやしく、つまらぬ。宋・蘇軾〔定慧欽の寄せらるるに次韻す、八首、四〕詩 根塵、各と清淨 心境、兩つながら奇絶 眞源、未だ純熟せず 習氣、陋劣を餘す

【陋廬】 陋屋。晉・束晳〔読書の賦〕志を雲表に抗げ、形を陋廬に戢む。帷帳を垂れて、以て几に隱り、紈素を被りて、書を讀む。

↑陋屋 陋宇／陋館 陋屋／陋規 賄賂とり／陋器 粗器／陋見 鄙見／陋固 頑固／陋識 低い見識／陋習 俗悪な習わし／陋醜 いやしくみにくい／陋小 卑小／陋心 愚かな心／陋身 自分の謙称／陋浅 浅はか／陋賤 みにくいやしい／陋俗 陋習／陋態 ぶざま／陋忠 鄙誠／陋薄 粗末／陋鄙 いやしい／陋目 見識が乏しい／陋閭 陋巷

↓阨陋・隘陋・闇陋・寡陋・寒陋・頑陋・虚陋・狭陋・窶陋・愚陋・妍陋・固陋・孤陋・至陋・室陋・質陋・醜陋・寝陋・褻陋・浅陋・賤陋・側陋・俗陋・短陋・薄陋・卑陋・鄙陋・微陋・貧陋・蕪陋・敝陋・僻陋・朴陋・昧陋・末陋・野陋・庸陋・矮陋

【哢】 10 6104 ロウ さえずる

形声 声符は弄。左思の〔蜀都の賦〕に「哢吭」という語がみえ、鳥のさえずり鳴くことをいう。よどみなくさえずるので、哢の字を用いたのであろう。

訓義 ①とりのこえ、さえずる。②あざけりわらう。

古訓 〔名義抄〕哢 ツミナフ・サヘヅル・アザケル 〔字鏡集〕哢

アザケル・ワラフ・サヘヅル・ツミナフ
↑呀伊 笑う声／呀禽 鳴く鳥／呀吭 鳥のさえずる声
↓間呀・奇呀・好呀・始呀・柔呀・春呀・新呀・声呀・清呀・晴呀・争呀・鳥呀・変呀・幽呀・余呀

常【朗】10 3772 人〔朗〕11 3772 〔朖〕11 7323

ロウ(ラウ)
あきらか ほがらか

篆文

形声 声符は良。良は風箱留実、風を通して穀をよりわけ塵を除くもので、よく通る意がある。〔説文〕七上に正字を朖に作り、「明なり」という。月光のよく澄徹する意である。その光の朗々たることから、朗悟の意となり、また朗読・朗吟のように、淀みない意に用いる。

訓義 1あきらか、あかるい。2ほがらか。3たかい、よくとおる。

古訓 〔名義抄〕朗 アキラカナリ・ホガラカナリ

語系 朗lang、亮liangは声義近く、ともに明朗の意がある。諸葛亮、字は孔明、名と字と対待の義による。

【朗詠】ろう(らう)えい 声高く歌う。晋・孫綽〔天台山に遊ぶの賦〕思ひを幽巖に凝らし、長川に朗詠す。

【朗吟】ろう(らう)ぎん 朗詠。宋・朱熹〔酔うて祝融峯を下るの作〕詩 濁酒三杯、豪氣發す 朗吟、飛下す祝融峰

【朗月】ろう(らう)げつ 明月。清・阮元〔浙江杭州西湖、平湖秋月〕楹聯 勝地、重ねて新たなり 紅藕花中、綠楊陰裏に在り 清遊、昔よりす 長天一色 朗月、空に當るを看る

【朗心】ろう(らう)しん 明達の心。晋・袁宏〔三国名臣序贊〕公瑾(周瑜)英達、朗心獨り見る。～卓卓たり若きの人、奇を赤壁に曜かす。

【朗然】ろう(らう)ぜん 明るいさま。〔隋書、天文志上〕月盛んなる時、重雲之れを蔽ふ有りて、月體を見ずと雖も、夕に猶ほ朗然たり。是れ月光猶ほ雲中よりして外を照らせばなり。

【朗達】ろう(らう)たつ 明達。〔晋書、孫盛伝〕時に丞相王導政を執り、(庾)亮、元舅を以て外に居る。～導・亮頗ぶる疑貳を懷く。盛、密かに亮を諫めて曰く、王公(導)神情朗達、常に世外の懷ひ有り、豈に肯へて凡人の事を爲さんや～と。

【朗暢】ろうちよう(らうちやう) 明るくのびのびする。晋・陸機〔文の賦〕頌は優遊にして以て彬蔚、論は精微にして朗暢。～區分の茲に在りと雖も、～辭達して理擧がらんことを要す。

【朗徹】ろう(らう)てつ 清く明るい。〔晋書、楽広伝〕(夏侯)玄(広の父)～方に謂ひて曰く、向きに廣を見たるに、神姿朗徹、當に名士と爲るべし。卿の家貧しと雖も、專學せしむべし。必ず能く卿の門戸を興さんと。

【朗読】ろう(らう)どく 声高によむ。唐・李商隠〔陶進士に与ふる書〕其の書を出すに、～默して之れを視、朗讀するに暇あらざる者有り。又始め朗讀して、中ごろ字を失ひ、句を壞り、本義を見ざる者有り。

【朗邁】ろう(らう)まい 明るく超脱。〔唐摭言、七〕河東の裴騰士擧は朗邁眞直、弟霸士會は峻清不雜なり。

【朗目】ろう(らう)もく すんだ清らかな目。〔梁書、処士、陶弘景伝〕身の長七尺四寸、神儀明秀、朗目疏眉、細形長耳なり。讀書萬餘卷、琴棊を善くし、草隷に工みなり。

【朗朗】ろうろう(らうらう) 声のよく通るさま。また、明るいさま。唐・張籍〔関山の月〕詩 秋月朗朗たり、關山の上 山中の行人、馬蹄響く

↑朗咏 朗詠／朗豁 快濶／朗鑒 明鏡／朗旭 朝の光／朗襟 ほがらかな心／朗言 高い声／朗悟 穎悟／朗識 明識／朗秀 清秀／朗俊 明るくすぐれる／朗儁 明敏／朗照 明るい／朗誦 朗読する／朗清 明清／朗爽 爽朗／朗旦 すがすがしい朝／朗笛 よく透る笛の音／朗天 晴れわたった空／朗抜 勝れる／朗夜 月夜／朗耀 明るくかがやく／朗麗 明るくうるわしい

↓英朗・開朗・外朗・潔朗・玄朗・高朗・皎朗・曠朗・秀朗・昭朗・清朗・晴朗・宣朗・疏朗・爽朗・聡朗・卓朗・澄朗・通朗・徹朗・天朗・明朗・融朗

常【浪】10 3313

ロウ(ラウ)
なみ みだれる

篆文

形声 声符は良。〔説文〕十一上に「滄浪の水なり。南して江に入る」とあって、漢水下流の名とする。〔詩、邶風、終風〕「謔浪笑敖」のように早くから用いられ、謔浪とは人を嘲弄することをいう。良は穀の良否をよりわける風箱留実の器の形。浪のように強く揺り動かすものであるから、風浪の意に用いる。放浪はさすらうことをいう。

訓義 1なみ、なみだつ。2おこる、うごく、ふるう。3みだりに、みだれる、たわむれる。4さすらう、さまよう、ほしいまま。

古訓 〔名義抄〕浪 ナミ・ウカブ・ウカル・ヒタ、ク・ホシイマ、・ミダリガハシ・ウゴク・ウゴカス／流浪 サスラフ

【浪花】ろうか(らうくわ) 波しぶき。宋・陸游〔雨中独坐〕詩 馬目山頭、雨脚昏く 龍津橋下、浪花翻へる 年豐かに、郡僻にして、公事無し 一炷の清香、畫、門を掩ふ

【浪語】ろう(らう)ご 妄説。むだ話。唐・李邕〔国清寺碑〕目に書傳有り、耳に浪語無し。

【浪士】ろう(らう)し 放浪する者。〔唐書、元結伝〕(自釈)後、瀼濱に家し、乃ち自ら浪士と稱す。官有るに及びて、人以爲へらく、浪者も亦た漫りに官と爲るかと。呼んで漫郎と爲す。

【浪子】ろう(らう)し 遊蕩者。〔輟耕録、二十七、唱論〕凡そ唱の忌む所、子弟は作家の歌を唱はず。浪子は唱ひて時曲に及ばず。男は豔詞を唱はず、女は雄曲を唱はず。南人は唱はず、北人は歌はず。

【浪生】ろう(らう)せい あてもなく生きる。宋・蘇軾〔戯れに書す〕詩 寄語す、悠悠たる世上の人 浪生浪死、一埃塵 墨を洗ふに池無し、筆に冢無し 聊爾に戲れを作して、我が神を悅ばしむ

【浪跡】ろう(らう)せき さまよう。韜晦する。唐・岑参〔陶銑の、挙を棄てて荊南に觀省するを送る〕詩 明時、璧を愛せず 浪跡、東南に遊ぶ 何ぞ必ずしも世人に識られん 君が五侯を輕んずるを知る

【浪説】ろう(らう)せつ いい加減な話。宋・司馬光〔道人に示す〕詩 君見ずや、太上老君、頭、雪に似たるを 世人浪りに說く、童顏を駐むと

【浪頭】ろう(らう)とう 波がしら。宋・汪元量〔湖州歌、九十八首、十〕詩 太湖の風起りて、浪頭高し 錦柁、搖搖として、坐すること牢ならず

【浪人】ろう(らう)にん 流浪の人。唐・王勃〔春思の賦〕僕は本も浪人、平生自ら淪しむ。書を懷いて洛を去り、劍を抱いて秦を辭す。

【浪莽】ろうもう(らうまう) とりとめのないさま。晋・陶潜〔園田の居に帰る、五首、四〕詩 久しく山澤の游を去る 浪莽たり、林野の娯しみ

【浪浪】ろうろう(らうらう) あふれ流れるさま。〔楚辞、離騒〕茹蕙を攬りて、以て涕を掩へば 余が襟を霑すこと浪浪たり

↑浪栧 舟をこぐ／浪翁 流浪の老人／浪鷗 波鷗／浪海 俗世の荒波／浪汗 涙の流れるさま／浪巻 逆波／浪客 浪人／浪言 浪語／浪痕 浪のあと／浪滾 流れのままに漂う／浪死 徒死する／浪志 妄念／浪信 軽々しく信じる／浪声 波の音／浪跡 浪の去った迹／浪籍 狼籍／浪舌 でたらめをいう／浪船 ただよう舟／浪伝 デマ／浪当 荒々しくあたる／浪蕩 放浪して遊びまわる／浪波 波浪／浪婆 波の神／浪廃 浪費する／浪発 滅多うち／浪費 むだ使

い／浪放 なげやり／浪漫 心の赴くままにまかせる／浪孟 浪莽／浪紋 波紋／浪遊 漫遊する

↓暗浪・鬱浪・雲浪・汪浪・回浪・寒浪・逆浪・巨浪・驚浪・銀浪・激浪・鼓浪・高浪・沙浪・夕浪・走浪・滄浪・蒼浪・濁浪・怒浪・波浪・破浪・白浪・漂浪・浮浪・風浪・碧浪・放浪・茫浪・奔浪・孟浪・杳浪・乱浪・柳浪・淩浪・聊浪・淋浪・流浪・瀲浪

入【狼】 10 4323 ロウ(ラウ) おおかみ みだれる あらい

篆文

甲骨文

形声 声符は良。〔説文〕十上に「犬に似て鋭頭白頰、高前廣後なり」という。その鳴く声は小児に似ているが、暴虐の甚だしいものとして恐れられた。〔左伝、宣四年〕「是の子や、熊虎の状、豺狼の聲なり。殺さずんば必ず若敖氏を滅ぼさん」とみえる。狼藉・狼狽はいずれも狼とは関係がなく、仮借の語。良は風箱で穀の良否をよりわける器。反覆してはげしく動かすものであるから、繆戻の意を含む語に用いることがある。狼戻は双声の連語。〔広雅、釈詁三〕に「很なり」、〔釈詁四〕に「盭なり」とあり、繆戻の意に用いる。

訓義 ①おおかみ。②みだれる、あわてる。③あらい、すさむ、もとる。④天狼。星の名。

古訓 〔名義抄〕狼狽 アハツ／豺狼 ノオホカミ。下、ミダリガハシ〔字鏡集〕狼 オホカミ・メオホカミ

【狼煙】ろう(らう)えん のろし。狼糞の煙は風に流れず、直上するという。唐・杜牧〔辺上に笳を聞く、三首、一〕詩 何れの處ぞ笳を吹く、薄暮の天 寒垣高鳥、狼煙に沒す

【狼裘】ろう(らう)きゅう(きう) 狼の皮衣。〔礼記、玉藻〕君、狐白裘を衣るときは、錦衣以て之れに裼す。君の右(側の隊)は虎裘、厥の左は狼裘す。

【狼顧】ろう(らう)こ 狼に後顧の性あり、人を恐れ気にする意。〔戦国策、斉一〕秦、深く入らんと欲すと雖も、則ち狼顧して、韓・魏の其の後を議るを恐るるなり。是の故に恫疑虚猲し、高躍して敢て進まず。

【狼毫】ろう(らう)ごう(がう) 黄鼠狼(いたち)の毛。また、その筆。〔宣和画譜、宮室、胡瓌〕胡瓌、～凡そ橐駝及び馬等を畫くに、必ず狼毫を以て筆を製り、疏染して其の生意を取る。亦た善く物を體する者なり。

【狼子】ろう(らう)し 狼の子。〔左伝、宣四年〕是の子や、熊虎の状、豺狼の聲なり。～諺に曰く、狼子は野心ありと。是れ乃ち狼なり。其れ畜ふべけんや。

【狼心】ろう(らう)しん 野心。〔後漢書、南匈奴伝論〕後、王莽陵簒し(王位を奪い)、戎夷を擾動す。續ぐに更始の亂を以てす。～是れより匈奴志を得、狼心復た生ず。

【狼藉】ろう(らう)ぜき 散らばり乱れる。〔史記、滑稽、淳于髡伝〕日暮れ酒闌に、合尊促坐し、男女同席し、履舃交錯し、杯盤(酒食の具)狼藉たり。堂上燭を滅し、主人髡を留めて客を送る。～髡、心最も歡び、能く一石を飲む。

【狼狽】ろう(らう)ばい うろたえる。剌癶(ばらばら)と似た語であろう。晋・李密〔情事を陳ぶる表〕臣、詔を奉じて奔馳せんと欲せば、則ち劉の病日に篤し。苟くも私情に順はんと欲せば、則ち告訴するも許されず。臣の進退、實に狼狽を爲す。

【狼跋】ろう(らう)ばつ 進退に苦しむ。狼狽。〔詩、豳風、狼跋〕狼、其の胡を跋み 載ち其の尾を疐む

【狼戻】ろう(らう)れい 暴戻。また、散乱する。〔孟子、滕文公上〕樂歲には粒米狼戻す。多く之れを取るも虐と爲さず。則ち寡なく之れを取る。

↑狼悪 凶暴／狼火 狼煙／狼窩 盗賊の巣／狼鬼 墓の精／狼据 たて籠る／狼虎 虎狼／狼扈 狼藉／狼伉 おてんば／狼吼 怒声／狼抗 剛情をはる／狼餐 貪り食う／狼摯 酷吏／狼疾 乱心／狼食 貪り食う／狼性 悪心／狼噬 貪り食う／狼籍 狼藉／狼貪 貪る／狼頭 突厥の旗／狼纛 狼頭旗／狼獰 凶悪／狼毒 残虐／狼憊 狼狽／狼糞 狼の糞。烽火とする／狼忙 いそぎあわてる／狼望 狼顧／狼僕 悪臣／狼奔 乱闘する／狼猛 凶暴

↓餓狼・群狼・狐狼・虎狼・豺狼・貪狼・天狼・白狼・野狼・羊狼・老狼

【婁】 11 5040 ロウ ル むなしい あらい

篆文

古文

籀文

その他

象形 婦人の髪を高く巻きあげた形。高く重ねる、すかすなどの意がある。〔説文〕十二下に「空なり。毌に從ひ、中女に從ふ。婁空の意なり」(段注本)という。婁空とは髪を軽く巻き重ねて、透かしのある意であろう。目の明らかなことを離婁といい、まどの高く明るいことを麗廔という。すべて重層のものをいい、建物には樓(楼)、裾の長い衣には「摟く」という。〔詩、唐風、山有樞〕「子に衣裳有るも 曳かず婁かず」とあるのは摟の意。糸には縷といい、婁は女の髪、これをうって乱すを「數數」という。〔繫伝〕に「一に曰く、婁務は愚なり」とあって畳韻の語であるが、用例をみない語である。

訓義 ①まきあげた髪。②すく、すきま、むなしい、あらい。③僂と通じ、かがむ、まく。④摟と通じ、ひく、かかわる、つなぐ。⑤おろか。⑥屢と通じ、しばしば。

古訓 〔字鏡集〕婁 ヒク

声系 〔説文〕に婁声として蔞・數(数)・髏・簍・樓・瘻・僂・褸・摟・縷・鏤など二十二字を収める。多くはうち重なり、かがみ、すきまのあるものの意をもつ。婁の声義を承ける字である。

語系 婁・髏・簍・樓・僂・摟・鏤lo は同声。みなすきまのあるような状態をいう。屚・漏lo も同声。もれる意がある。幾筋にもなって流れる流(流)liu もこの系統の語である。

【婁曳】るえい ながくひく。〔詩、唐風、山有樞〕子に衣裳有るも 曳かず婁かず

【婁絡】るらく まとう。唐・韓愈〔児に示す〕詩 庭内、有る所無し 高樹、八九株 藤有り、之れに婁絡す 春は華さき、夏は陰敷く

↑婁胸 かざりのある馬のむながい／婁子 なにかと問題をおこす子／婁羅 ことばがわからぬ、くだくだしい／婁婁 すきまだらけ、粗いさま

↓曳婁・巻婁・塾婁・離婁

【屚】 11 7722 ［漏］ 14 3712 ロウ もれる

篆文
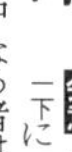

会意 尸+雨。尸は屋の檐の形。〔説文〕十一下に「屋穿たれて水下るなり。雨の尸下に在るに從ふ。尸なる者は屋なり」とあり、漏の初文である。

訓義 ①もれる、雨がもる。②漏の初文。

声系 〔説文〕十一上に屚声として漏をあげ、亦声とする。漏を漏刻の意として、屚と区別するが、もと一字である。

語系 屚・漏lo は同声。霤・溜・流(流)liu はその滴り流れることをいう。婁lo系統の字にもすきまの意があり、みな声義に関連がある。

↑屚屋 漏屋

【琅】 11 1313 ロウ(ラウ) たま

篆文

形声 声符は良。〔説文〕一上に「琅玕、珠に似たる者なり」とあり、崑崙に産する宝石。〔急就篇、三〕に琅玕を「火齊珠」とし、〔爾雅、釈地〕に「西北の美なる者」とする。琅琅は玉声、その擬声語であろう。

訓義 ①たま。崑崙に産する琅玕。

古訓 〔字鏡集〕琅 イシ

【琅函】書類函。前蜀・韋荘〔李氏小池亭十二韻〕詩 客を遲ちて高閣に登り 詩を題して翠巖を遶ぐる 家藏、何の寶とする所ぞ 清韻、琅函に滿つ

【琅当】囚人の鉄鎖。くさりでつなぐ。〔漢書、王莽伝下〕民、鑄錢を犯す。伍人相ひ坐し、沒入して官奴婢と爲す。～鐵鎖を以て其の頸を琅當し、傳(送)して鍾官に詣るもの、十萬を以て數ふ。到る者、其の夫婦を易ふ。愁苦して死する者、什の六七なり。

【琅琅】清朗の音を形容する。唐・韓愈〔柳子厚(宗元)を祭る文〕嗟嗟、子厚、今や則ち亡し。臨絶の音、一に何ぞ琅琅たる。

➡琅園 道観/琅花 白い花/琅玕 玉の名/琅簡 道家の書/琅笈 琅簡/琅璆 玉の名/琅嬛 仙境/琅書 琅簡/琅然 玉の音/琅疏 美しい窓/琅湯 ほしいままにするさま/琅璫 琅当/琅琳 玉の音、琳琅

⬇玕琅・青琅・瑲琅・白琅・琳琅・玲琅

【莨】 11 4473 ロウ(ラウ) ちからぐさ おおあわ たばこ

篆文

形声 声符は良。〔説文〕一下に「艸の名なり」とあり、司馬相如の〔子虚の賦〕に「其の埤濕には、則ち藏莨・蒹葭～を生ず」とみえるもので、莨尾草ともいう。牛馬の芻草とする。〔本草綱目、草六、毒草〕に「莨菪」という毒草のことがみえ、これを服すれば人をして狂浪放宕ならしめるという。莨はわが国では「たばこ」とよむ。

訓義 1ちからぐさ。2おおあわ。3おめきぐさ。4わが国で、たばこ。

【莨莠】たばこと、はくさ。ともに野草。邪悪なるもの。〔隋書、盧思道伝〕(労生論)礫石(小石)は變じて瑜瑾(美玉の名)と成り、莨莠は化して芝蘭(香草)と爲る。

➡莨菪 おめきぐさ/莨尾 ちからぐさ

⬇水莨・蔵莨

常【廊】 12 0022 人【廊】 13 0022 ロウ(ラウ) ひさし ろうか

篆文

形声 声符は郎(郞)。〔説文新附〕九下に「東西の序なり」とあり、廊下をいう。その廊廟はひさしのある正殿。その廊廡に侍して、政務を執る者を、郎といったのであろう。政務に与るに足る者を廊廟の器という。

訓義 1ひさし、堂の東西の室。2ろうか、ほそどの、わたどの。3いえ、堂下四周の屋。

古訓 〔和名抄〕廊 漢語抄に云ふ、保曾度能(ほそどの) 〔名義抄〕廊 ホソドノ・オホイナリ・ツイヒテ 〔篇立〕廊 ホソドノ・ヤ

【廊宇】ひさし。唐・白居易〔旅次に景空寺にて幽上人の院に宿す〕詩 月は隱る、雲樹の外 螢は飛ぶ、廊宇の間

【廊下】回廊。唐・張籍〔寒食内宴、二首、二〕詩 廊下御廚、冷食を分ち 殿前香騎、飛毬を逐ふ 千官盡く醉ふも、猶ほ坐せしめ 百戲皆呈するも、未だ放休せず

【廊餐】退朝のとき、廊下で賜う食事。〔五代会要、六、常朝〕朝退するとき廊下に于て食を賜ふ。之れを廊餐と謂ふ。百官、遂に謝食拜有り。～僖宗の蜀に幸して迴りしより、～遂に廢す。

【廊廟】朝堂。朝廷。〔史記、貨殖伝〕此れに由りて之れを觀るに、賢人深く廊廟に謀り、朝廷に論議し、信を守り節に死す。巖穴に隱居するの士、設ひ名高を爲す者も、安くに歸せんや。富厚に歸するなり。

【廊廡】表御殿の廊屋。〔史記、魏其侯竇嬰伝〕嬰を拜して大將軍と爲し、金千斤を賜ふ。～賜ふ所の金、之れを廊廡の下に陳ね、軍吏の過ぐるもの、輒ち財(裁)して取りて用を爲さしむ。

【廊門】回廊の門。〔史記、楽書〕師曠、～琴を援きて之れを鼓つ。一たび之れを奏するに、玄鶴二八有り、廊門に集る。再び之れを奏するに、頸を延べて鳴き、翼を舒るやかにして舞ふ。

➡廊閣 渡り廊下と高殿/廊湌 廊餐/廊市 ひさしのある店街/廊肆 廊市/廊廷 朝廷/廊室 側室/廊食 廊餐/廊中 わたどの/廊第 建物/廊房 廊室/廊腰 堂の周囲のわたどの壁

⬇画廊・回廊・階廊・巌廊・宮廊・軒廊・高廊・斜廊・朱廊・周廊・修廊・巡廊・廂廊・邃廊・僧廊・対廊・長廊・重廊・転廊・殿廊・内廊・廟廊・歩廊・連廊

【稂】 12 2393 ロウ(ラウ) いぬあわ

形声 声符は良。〔爾雅、釈草〕に「稂は童粱なり」とあり、いぬあわ。秀でて実らざるもの。

訓義 1いぬあわ、はくさ。2狼尾草。

古訓 〔名義抄〕稂 アナシボ・イナクサ 〔字鏡集〕稂 ミナシホ・イナクヒ・イトクサ

【稂莠】いぬあわと、はくさ。ともに雑草。〔後漢書、王符伝〕(潜夫論、述赦)夫れ稂莠を養ふ者は、禾稼を傷り、姦軌に恵む者は、良民を賊なふ。

➡稂秕 雑草

⬇莨稂

常【楼】 13 4994 【樓】 15 4594 ロウ たかどの やぐら ものみ

篆文

形声 旧字は樓に作り、婁声。婁は婦人の髪を高く巻きあげて重ね、簪でとめている形で、重層の意があり、透けてみえる意がある。〔説文〕六上に「重屋なり」という。楼台形式のものは、古くは神明を迎えるための聖屋として築かれたもので、殷器の図象には屋上に呪飾としての標識を樹てているものがある。〔東観漢記、二十三〕に、公孫述は符瑞を受けて「十層の赤楼」を作ったという話がみえている。

訓義 1たかどの、重屋。2やぐら、ものみやぐら、車上のものみ。3雲梯。

古訓 〔和名抄〕樓 辨色立成に云ふ、太賀度能(たかどの) 〔名義抄〕樓 タカドノ 〔篇立〕樓 カサナレルヤ・ウテナ・カサナレルナリ

【楼影】たかどののかげ。唐・張祜〔秋夜、潤州慈和寺上方に登る〕詩 樓影、半ば連なる、深岸の水 鐘聲、寒は徹る、遠林の煙

【楼角】たかどのの一角。唐・杜甫〔東楼〕詩 樓角、風に臨みて迥り 城陰、水を帶びて昏し

【楼閣】たかどの。〔西京雑記、四〕哀帝、董賢の為に、大第を北闕の下に起す。～樓閣臺榭、轉た相ひ連注し、山池玩好、雕麗を窮盡す。

【楼観】楼閣。〔後漢書、宦者、単超伝〕其の後四侯～皆競ひて第宅を起し、樓觀壯麗、伎巧を窮極す。～多く良人の美女を取りて、以て姬妾と爲し、皆珍飾華侈、宮人に擬則す。

【楼居】高い建物に住む。〔史記、武帝紀〕公孫卿曰く、僊人樓居を好むと。是に於て、上長安に於ては則ち蜚廉桂觀を作らしめ、甘泉には則ち益延壽觀を作らしむ。

【楼闕】楼閣のある門。唐・陳鴻〔長恨歌伝〕最高の仙山を見る。上に樓闕多し。西廂の下に洞戶有り、東嚮す。其の門を闔し、署して玉妃太眞院と曰ふ。方士、簪を抽きて扉を

叩たく。
【楼月】ろうげつ 楼上の月。唐・白居易〔新秋、涼を喜ぶ〕詩 樓月、纖纖として早く 波風、嫋嫋として新たなり
【楼鼓】ろうこ 楼上の太鼓。宋・陸游〔晩に横渓閣に登る、二首、二〕詩 樓鼓聲中、日又斜めなり 高きに憑よりて愈〻覺ゆ、天涯に在るを
【楼上】ろうじょう 楼閣の上。〔史記、平原君伝〕民家に躄者有り、槃散して行きて汲む。平原君の美人、樓上に居り、臨み見て大いに之れを笑ふ。明日、躄者～至り、請うて曰く、～願はくは臣を笑ふ者の頭を得んと。～終ひに殺さず。
【楼雪】ろうせつ 楼上の雪。唐・杜甫〔晩に左掖を出づ〕詩 退朝、花底に散じ 歸院、柳邊に迷ふ 樓雪、城を融して濕うるほひ 宮雲、殿を去りて低し
【楼船】ろうせん やぐらのある船。〔西京雑記、六〕昆明池中に戈船・樓船有り。各〻數百艘、樓船上には樓櫓を建て、戈船上には戈矛を建て、四角（四隅）に悉ことごとく幡旄を垂る。～余、少時猶ほ之れを憶見す。
【楼台】ろうだい うてな。宋・蘇軾〔春夜〕詩 歌管、樓臺、聲、細細 鞦韆、院落、夜、沈沈
【楼中】ろうちゅう 高楼の中。唐・羅隠〔九江早秋〕詩 雨過ぎて、晩涼生じ 樓中、枕簟清し
【楼櫓】ろうろ 屋根のないものみやぐら。〔後漢書、南匈奴伝〕初め帝、戰車を造る。數牛を駕すべし。上に樓櫓を作りて、塞上に置き、以て匈奴を拒ふせぐ。
↑楼陰 楼影/楼屋 高楼/楼額 楼上の額/楼館 楼屋/楼艦 楼船/楼宮 宮楼/楼航 楼船/楼子 楼屋/楼児 かごや/楼車 雲車/楼樹 楼台/楼松 笠松/楼雉 城上のひめがき/楼堞 楼雉/楼梯 高楼のはしご/楼殿 高殿/楼頭 楼上/楼板 高楼の天井板/楼堡 とりで/楼房 二階建て以上の家/楼門 やぐら門/楼櫓 楼櫓
↓煙楼・画楼・海楼・角楼・危楼・妓楼・旧楼・宮楼・玉楼・禁楼・錦楼・庫楼・鼓楼・江楼・行楼・紅楼・荒楼・候楼・高楼・市楼・朱楼・珠楼・酒楼・戍楼・書楼・倡楼・粧楼・鐘楼・城楼・岑楼・蜃楼・水楼・崇楼・青楼・仙楼・船楼・層楼・村楼・丹楼・雉楼・重楼・亭楼・登楼・白楼・飛楼・舞楼・碧楼・暮楼・舫楼・鳳楼・房楼・望楼・門楼・離楼

常【滝】13 人〔瀧〕19 3111 ロウ リョウ ソウ（サウ） はやせ たき ひたす

篆文  甲骨文 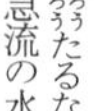
形声 旧字は瀧に作り、龍（竜）声。〔説文〕十一上に「雨瀧瀧たるなり」（小徐本）と雨の降るさまとする。〔広義校訂〕に急流の水を本義とし、わが国の〔万葉集〕ではその義に用いている。「雨零ふれば瀧つ山川」（一三〇八）のように用い、いわゆる滝は、古くは「垂水たるみ」といった。〔和名抄〕に「唐韻に云ふ、南人、湍はやせに名づけて瀧と曰ふ。和名、多岐（たき）」と両義をあげている。「滝滝」はもともと水声を形容する語である。
訓義 ①あめのおと。②はやせ。③ひたす、うるおす。④わが国で、たきをいう。
古訓 〔和名抄〕瀧 唐韻に云ふ、南人、湍せに名づけて瀧と曰ふ。和名、多岐（たき）。兼名苑に云ふ、飛泉、一に飛湍と名づく、曝（瀑）布なり〔名義抄〕瀧 雨の聲なり。タキ。
【滝滝】ろうろう 水の流れる音のさま。宋・蘇軾〔二十七日、陽平より斜谷に至り、南山中の蟠竜寺に宿す〕詩 谷中、暗水、響くこと瀧瀧たり 嶺上、疏星、明るきこと煜煜たり
↑滝舡 滝船/滝船 早瀬舟/滝涿 滴る/滝涷 うるおす/滝濤 波濤
↓急滝・驚滝・垂滝・壮滝・湍滝・怒滝・濤滝・奔滝

【塿】14 4514 ロウ つち つか
篆文 
形声 声符は婁ろう。婁は結髪のすきまのある形。〔説文〕十三下に「塺土なり」とあり、塺は塵土、あらい塵土を積みあげたもの、塚の類をいう。〔方言、十三〕に「冢、秦・晉の閒にては、之れを丘と謂ひ、小なる者、之れを墳と謂ひ、～關よりして東にては、之れを塿と謂ふ」とみえる。
訓義 ①つち、かわいたつち、かわいたつちを積む。②つか、小さなつか。③字はまた婁に作る。
古訓 〔篇立〕塿 ツムレ 〔字鏡集〕塿 ナワテ
↓培塿

【嫪】14 4742 ロウ（ラウ） したう
篆文 
形声 声符は翏りょう。〔説文〕十二下に「婟たしふなり」、婟こ字条に「嫪たしふなり」とあって互訓。恋惜して去ることあたわざるをいう。〔広雅、釈詁一〕に「妬ねたむなり」、〔玉篇〕に「難なやむなり」とあり、そのような感情を含む語である。
訓義 ①したう、こいしたう。②おしむ、ねたむ。③なやむ。④婟嫪ころうは、かくしおとこ。
古訓 〔名義抄〕嫪 コノム・ヲシム・アイス 〔篇立〕嫪 ナジム・コノム・カフサシ・アイス
【嫪毐】ろうあい 淫者を罵っていう語。もと、秦の太后の愛人。〔漢書、五行志中之下〕太后、呂不韋と嫪毐とに淫す。〔顔師古注〕許愼の説に以爲おもへらく、嫪毐は士の行無き者なりと。

【廔】14 0024 ロウ まど のき
篆文 
形声 声符は婁ろう。婁は婦人の髪を巻きあげた形で、透きのあるような状態をいう。〔説文〕九下に「屋、麗廔れいろうなるなり」とあり、麗廔は離婁りろう・玲瓏れいろうなどと同系の語。光の透るさまで、廔とは飾りのあるあかり窓をいう。囧けい字条七上に「窻牖さうゆう麗廔れいろう闓明がいめいなり」とみえる。また〔説文〕に一義として「一に曰く、穜うるなり」とする。播種はしゅの器に婁声の字があり、その通用義である。
訓義 ①まど、あかりまど。②のき、やね。③たねまき器。
古訓 〔字鏡〕廔 綺窓なり
↓麗廔

【摟】14 5504 ロウ ひく あつめる とる
篆文 
形声 声符は婁ろう。縷るのようにまきつづった糸を、引きたぐる意。〔説文〕十二上に「曳ひき聚むるなり」という。〔孟子、告子下〕に「東家の牆かきを踰こえて、其の處子を摟ひくく」とあり、ひそかにものをさぐりとることをいう。
訓義 ①ひく、ひきあつめる、あつめる。②たぐる、とる。③ひきのばす。
古訓 〔名義抄〕摟 ヒク 〔篇立〕摟 アツム・ヒク・マジフ
【摟伐】ろうばつ 他国をひき入れて、他国をうつ。〔孟子、告子下〕五霸なる者は、諸侯を摟ひきて、以て諸侯を伐つ者なり。
↑摟貨 委託販売/摟銭 取り込み/摟捜 たぐりあつめる/摟帯 まきつく/摟売 摟貨/摟攬 だきつく

常【漏】14 3712 〔屚〕11 7722 ロウ もれる うしなう とき
篆文 
形声 声符は屚ろう。屚は雨漏り。〔説文〕十一上に「銅を以て水を受け、節を刻す。晝夜百節あり」（段注本）とあって漏刻、水時計をいう。夏至には昼六十刻、夜四十刻、冬至には昼夜を反する。漏刻のことは〔周礼、夏官、挈壺氏〕にみえる。もと漏泄の意があり、その度を定めて時を計った。
訓義 ①もれる、水がもれる、にじむ。②うしなう、なくする、ぬけ

る。3とき、漏刻、水時計。4室の西北隅、屋漏。霊の訪れるところとされた。中霤の神を祀る。

古訓 〔名義抄〕漏 モル・ウス・シタヽル・ウガツ・カケタリ・ケガス

語系 漏・屚lo は同声。霤・溜・流(㳅)liu は声近く、霤は雨滴、漏洩したものが溢れ流れる。これらの語はもと一系をなすものであった。

【漏逸】ろういつ もれ失う。〔後漢書、儒林伝序〕昔、王莽、更始の際、~典文残落す。光武の中興するに及んで、經術を愛好し、未だ車を下るに及ばざるに、先づ儒雅を訪ひ、闕文を採求し、漏逸を補綴す。

【漏屋】ろうおく(をく) 陋屋。〔荀子、儒效〕勢ひ、人の上に在るときは、則ち王公の材なり。人の下に在るときは、則ち社稷の(国家)の臣、國君の寶なり。窮閻(陋巷)漏屋に隠ると雖も、人之れを貴ばざる莫きは、道の誠に存すればなり。

【漏下】ろうか 時刻。〔漢書、東方朔伝〕初め建元三年、微行して始めて出づ。~夜の漏下十刻を以て乃ち出で、常に平陽侯と稱す。旦明、山下に入りて~馳射す。~民皆號呼罵詈す。

【漏鼓】ろうこ 時刻を知らせる太鼓。〔唐書、百官志四上〕(宮門局)宮門の管籥(鍵)を掌る。凡そ夜漏盡き、漏鼓を撃ちて開き、夜漏上水一刻、漏鼓を撃ちて閉づ。歳終(大みそか)には、行りて儺(鬼やらい)す。

【漏刻】ろうこく 水時計。〔高僧伝、義解、釈道祖〕尤も巧思に長ず。山中、漏刻無し。乃ち泉水中に十二葉の芙蓉を立て、流波の轉ずるに因りて、以て十二時を定む。晷影、差無し。

【漏卮】ろうし 底のかけた酒器。〔淮南子、氾論訓〕今夫れ霤水(雨だれ)も以て壺榼(壺)を溢たすに足るも、江河も漏卮を實たすこと能はず。故に人心も猶ほ是のごときなり。

【漏失】ろうしつ もれ誤り。〔後漢書、鄭玄伝論〕異端紛紜、~家ごと數說有り。~鄭玄、大典を括囊し、衆家を網羅し、繁誣を刪裁し、漏失を刊改す。是れより學者略歸する所を知る。

【漏尽】ろうじん 昼夜の時刻が尽きる。〔独断、下〕鼓は以て衆を動かし、鍾は以て衆を止む。夜漏盡き、鼓鳴るときは則ち起き、晝漏盡き、鍾鳴るときは則ち息ふ。

【漏声】ろうせい 水時計の滴る音。宋・蘇軾〔臥病月を逾ゆ~〕詩
醉眼、花有りて、書字大となり 老人、睡り無くして、漏聲長し

【漏泄】ろうせつ 洩れる。〔左伝、襄十四年〕今、諸侯の我が寡君に事ふるは、昔者に如かず。蓋し言語の漏泄するは、則ち職として女に之れ由る。

【漏露】ろうろ 露見する。〔後漢書、蔡邕伝下〕章奏す。帝覽て歎息す。因りて起ちて衣を更ふ。曹節、後より竊かに之れを視、悉く左右に宣語す。事遂に漏露す。其の邕の裁黜する所と爲りし者、皆側目して報ぜんことを思ふ。

↑漏遺 遺漏/漏永 長い時間/漏越 声が散る/漏甕 破れがめ/漏眼 見逃す/漏窮 漏が尽きる/漏空 すかし/漏決 洩れる/漏言 他言する/漏壺 水時計/漏催 時が迫る/漏策 失策する/漏舟 水もれする舟/漏鐘 時刻を知らせる水時計の鐘/漏水 漏刻の水/漏洩 漏泄する/漏渫 漏泄する/漏船 漏舟/漏箭 水時計のつぼに立てる矢/漏籤 漏箭/漏脱 遺漏/漏奪 ぬき取る/漏底 真相/漏天 多雨/漏点 漏水/漏斗 じょうご/漏逗 粗忽/漏敗 もれ破れる/漏発 洩れ出る/漏板 時報の板木/漏費 浪費/漏分 半夜/漏崩 漏の水がもれる/漏網 法網をのがれる/漏夜 深夜/漏落 脱漏/漏理 補修する/漏略 疎略

↓遺漏・屋漏・罅漏・壊漏・晷漏・玉漏・欠漏・決漏・壺漏・刻漏・沙漏・残漏・手漏・宵漏・鐘漏・滲漏・水漏・泄漏・穿漏・疎漏・頹漏・脱漏・転漏・透漏・破漏・謬漏・補漏・夜漏・甕漏

【瑯】 14 1712 〔琅〕 11 1313 ロウ(ラウ)

篆文

形声 声符は郎(郎)。正字は琅。琅玕は玉名。瑯は地名の瑯琊に用い、〔玉篇〕に「瑯琊、郡名なり」とみえる。山東諸城県の東南に、秦の始皇二十八年、瑯琊台を作って頌徳碑を建て、清の咸(豊)・同(治)のとき、なお十二行八十六字を存したという。いまはその断石と称する一片を存するのみである。

訓義 1瑯玕、玉に似た石の名。2地名。瑯琊、琅邪。

＊語彙は琅字条参照。

【瑯嬛】ろうかん(らうくわん) 仙境の名。〔瑯嬛記、上〕大石中、忽然として門有り。(張)華を引きて入ること數歩、則ち別に是れ天地あり、宮室嵯峨たり。引きて一室中に入る。陳書、架に滿つ。~華、地名を問ふ。對へて曰く、瑯嬛福地なりと。

↑瑯玕 琅玕/瑯函 芳書

【踉】 14 6313 ロウ(ラウ) よろめく

形声 声符は良。よろめくようにゆく。踉蹌・跳踉など、形況の語。

訓義 1よろめく、よろめきゆく。2ぶらぶら、しずかにゆく。3おどる、はねおどる、不安定なさまでゆく。

古訓 〔名義抄〕踉 タメラフ・ハシル 〔字鏡〕踉 ホトハシル・クビス 〔字鏡集〕踉 タメラヒハシル

【踉蹡】ろうしょう(らうしやう) よろめきはしる。踉蹌。〔独醒雑志、九〕東安の一士人、畫を善くす。鼠一軸を作り、之れを邑令に獻ず。~軸、地に在りて猶、其の側に蹲り、軸を擧ぐるに逮んでは則ち踉蹡して之れを逐ふ。以て群貓を試みるに、然せざる者莫し。是に於て、始めて其の畫の逼眞爲るを知れり。

↑踉位 行き迷う/踉蹌 踉蹡/踉[足+旁] 急いで行く

↓跳踉

【撈】 15 5902 ロウ(ラウ) すくいあげる とる

形声 声符は勞(労)。勞は聖火を以て力(耒)を清める農耕儀礼。撈は多く漁撈の意に用いる。〔方言、十三〕に「取るなり」、〔通俗文〕に「沈みて取るを撈と曰ふ」とみえる。網などを使わず、潜水して手で取る漁法をいう。

訓義 1すくいあげる、水中に入ってとる。2とる、ひっかけてとる。

古訓 〔名義抄〕撈 取る 〔字鏡集〕撈 マウス・トル

【撈採】ろうさい(らう) 水中でとる。〔元史、食貨志二〕元貞元年、民の、楊村直沽口に撈採することを聽し、官に命じて之れを買はしむ。

↑撈起 引揚げ/撈救 救助する/撈魚 漁撈/撈捕 捕捉する/撈摸 探し求める/撈籠 囲みとる

↓漁撈

【潦】 15 3419 ロウ(ラウ) あまみず たまりみず ながあめ

篆文 甲骨文

形声 声符は尞。〔説文〕十一上に「雨水の大いなる皃なり」とあり、行潦をいう。溢流する水で「にわたずみ」の意。〔詩、召南、采蘋〕「于に以て藻を采る 彼の行潦に」は、谷川のさやかな流れをたとえていう。その水藻は〔左伝、隠三年〕に「澗谿沼沚の毛(水草)」として、神饌とした。潦倒は人のうらぶれた、しどけない姿をいう。落托と似た語である。

訓義 1あまみず、おおあめのみず。2たまりみず、小さな流れ、にわたずみ。3ながあめ。4ひたす、つかる。

古訓 〔和名抄〕潦 尓波太豆美(にはたづみ) 〔名義抄〕潦 ニハタヅミ・アマミヅ/潦倒 ホヽケタル・ユビタル 〔字鏡集〕潦

ス・グ・イタム・アマリミヅ・ウツクシビ・アマミヅ・コミノミヅ・ナミ・ニハタヅミ・ユルブ

語系 潦・澇lô は同声。澇は久雨によって水溜りなど行潦ができること。もと同じ語であろう。霤・溜・流（流）liu なども声義近く、同系の語であろう。

【潦水】ろう（らう）すい　たまり水。唐・王勃〔滕王閣の序〕潦水盡きて、寒潭清く、煙光凝つて、暮山紫なり。

【潦倒】ろうとう（らうたう）　しどけなく、うらぶれたさま。唐・杜甫〔九日、五首、四〕詩　艱難苦だ恨む、繁霜の鬢　潦倒、新たに停む、濁酒の杯

【潦潦】ろうろう（らうらう）　雨水の流れるさま。〔墨子、親士〕是の故に天地は昭昭たらず、大水は潦潦たらず、大火は燎燎たらず。

↑潦溢　溢流する／潦旱　大雨と干魃／潦災　水災／潦歳　水害の年／潦死　溺死する／潦浸　はびこる／潦草　早卒に／潦天　雨天／潦漫　洪水／潦冽　寒冽

↓淫潦・雨潦・旱潦・行潦・洪潦・黄潦・潢潦・災潦・秋潦・宿潦・水潦・積潦・大潦・庭潦・停潦・塗潦・浮潦・流潦・霖潦

【蔞】15 4440　ロウ　ル　リュウ（リウ）　よもぎ

篆文

形声 声符は婁。婁に高くぬきんでる意がある。〔説文〕一下に「艸なり。以て魚を亨るべし」とあり、〔爾雅、釈草、郭注〕に、江東では魚臭を消すのに用いるという。〔玉篇〕に芹の類とする。〔詩、周南、漢広〕に「翹翹たる錯薪　言に其の蔞を刈る」とある蔞は、馬のまぐさとするもの、〔毛伝会箋〕に蘆であろうという。

訓義 1よもぎ。2草ののびたもの。3まぐさ。4柳と通じ、喪車の飾り、蔞翣。

古訓 〔名義抄〕蘩蔞　ハコベラ　〔篇立〕蔞　ハコベラ・クサ・カラスウリ

【蔞蒿】ろうこう（かう）　しろよもぎ。宋・蘇軾〔恵崇の春江晩景、二首、一〕詩　竹外桃花、三兩枝　春江水暖かにして、鴨先づ知る　蔞蒿地に滿ちて、蘆芽短し　正に是れ河豚、上らんと欲するの時

【蔞翣】りゅうしょう（りうせふ）　棺車の飾り。彩帛を用い、または采飾する。〔礼記、檀弓下〕人死すれば、斯ち之れを惡む。～是の故に、絞衾を制し、蔞翣を設け、人をして惡むこと勿からしめんが爲なり。

↑蔞室　王后胎教の室／蔞藤　藤の一種、扶留

↓蒿蔞・蘩蔞

【閬】15 7773　ロウ（ラウ）

篆文

形声 声符は良。〔説文〕十二上に「門高きなり」とあり、閬閬とは高大のさまをいう。

訓義 1門が高大であること、高い門。2建物の高いさま。3明らかで大きい。4うつろ、からぼり。

古訓 〔名義抄〕閬　タカシ　〔字鏡〕閬　タカカド・ホカミ・マラ

【閬風】ろうふう（らう）　崑崙山頂の山名。神仙の居る所。〔海内十洲記〕崑崙、～上に三角有り、方廣萬里、形、盆を偃するに似たり。下狹く上廣し。故に名づけて崑崙山と謂ふ。三角あり、其の一角は正北、辰の輝を干す。名づけて閬風巓と曰ふ。

↑閬苑　仙境／閬宮　仙宮／閬閬　高大なさま

↓崑閬・酔閬・蓬閬

【瘻】16 0014　ロウ　るいれき

篆文

形声 声符は婁。〔説文〕七下に「頸の腫なり」とあり、るいれきをいう。また、久しく癒えぬ傷。字は瘤と通用する。

訓義 1るいれき。2久しくなおらないきず。3瘤と通じ、こぶ。4瘻痀、くぐまるやまい。

古訓 〔字鏡〕瘻　ク、マル

【瘻癘】ろうれい　るいれきと癩。唐・柳宗元〔捕蛇者の説〕永州の野に、異蛇を産す。～以て人を齧むときは、之れを禦ぐ者無し。然れども得て之れを腊（ほじし）にし、以て餌（薬餌）と爲さば、以て大風・攣踠・瘻癘を已し、死肌を去り、三蟲（腹内の三種の虫。三尸）を殺すべし。

↑瘻管　うみ穴

↓痀瘻・痔瘻

【癆】17 0012　ロウ（ラウ）　いたむ　おとろえる

篆文

形声 声符は勞（労）。勞に疲労の意がある。〔説文〕七下に「朝鮮にて、藥毒を謂ひて癆と曰ふ」とあり、薬の中毒の意とする。積労によって病むことをいい、衰えの甚だしいこと。肺結核を癆咳といい、これを伝える微生物を癆虫という。

訓義 1いたむ、薬にあたっていたむ、かぶれ。2おとろえる、やせおとろえる。3労と通用する。

古訓 〔篇立〕癆　ヒ、ラク

【癆嗽】ろうそう（らう）　せきこむ。〔閲微草堂筆記、灤陽消夏録、一〕老儒則ち石磴上に端坐し、孟子の齊桓・晉文の事の一章を講ず。～忽ち目を瞋らせて曰く、尚ほ解せざるかと。咯咯癆嗽すること、仍りにして止まず。

↑癆怯　やせおとろえる／癆瘵　肺の病／癆症　肺の病／癆傷　過労／癆虫　結核菌／癆病　結核／癆刺　不如意のさま／癆瘌　かぶれ／癆痢　悪人

↓虚癆

【簍】17 8840　ロウ　たけかご

篆文

形声 声符は婁。婁は女の髪を結いあげて、すきまのみえる形。そのように組みあげた竹籠をいう。〔説文〕五上に「竹籠なり」、〔方言、十三〕に「簍は籧となり。～籧の小なる者、南楚にては之れを簍と謂ふ」とあり、小さなまるかごをいう。〔玉篇〕に「車弓の籠なり」とは、ほろの骨組みである。

訓義 1たけかご、小さいまるい竹かご。2車のほろのほね。

古訓 〔字鏡集〕簍　クルマアクコナリ

↑簍筐　ざる／簍子　ざる／簍籔　頭にものを載せるときの、わらなどを編んだ台

↓魚簍

【耬】17 5594　ロウ

形声 声符は婁。手押し車の形で種蒔き、また耕作に用いる器。下にすき、上に種籠をのせ、推しながら操作する。

訓義 1たねまきの器、手押しの耕作の器。

古訓 〔名義抄〕耬　カラスキ

【耬犂】ろうり　種まきの器。進行につれて、漏斗状の器から種を落とす。〔晋書、食貨志〕皇甫隆、敦煌の太守と爲る。敦煌の俗、耬犂を作さず。～隆到りて、乃ち耬犂を作すことを教へ、又教へて灌漑せしむ。～穀五を加ふるを得たり。

↑耬車　耬犂／耬鋤　床つきのすき

【臈】17 7422　［臘］19 7221　ロウ（ラフ）　まつり

篆文

形声 正字は臘に作り、巤声。〔説文〕四下に「冬至後、三戌（の日）、百神を臘祭す」とあり、臈は臘の或る体の字。〔晏子、諫下四〕に「景公、兵をして摶治（摶甎）せしむ。臈・冰月（陰暦十一月）の閒に當りて寒し。民凍餒多く、功成らず」とあり、臈の字を用いる。わが国では僧位を臈を以て数え、出家受戒して一夏

九旬の安居勤行を経た者を年臈・法臈といい、のち在俗の者にも極臈・上臈という。宮女の位高きものをも上臈といい、臈の字を用いる。

訓義 ①まつりの名、冬至後に歳を送る祭。②わが国では僧の位、また宮女の高位のものをいう。

↑臈高　高年／臈祭　臘祭
↓高臈・残臈・送臈

【螻】 17 5514　ロウ　けら

篆文 

形声 声符は婁。〔説文〕十三上に「螻蛄なり」とあり、けら。螻蛄に五能あり、飛び、木に縁より、水に泳ぎ、土を掘り、走ることもできるが、みな拙にして一芸に達せず、そのような人を「螻蛄の才」という。また、悪臭を発し、螻蛄臭という。螻蟻は、けらとあり、一類のものをいう。

訓義 ①けら。②天螻はこがね虫の幼虫、すくも虫。③くさい、悪臭。④やまい。

古訓 〔名義抄〕螻蛄　ケラ／螻螻　ケラ　〔字鏡集〕螻　アリ・ケラ

【螻蟻】 けらと、あり。つまらぬもののたとえ。漢・賈誼〔屈原を弔ふ文〕江湖に横たふの鱣鯨(大魚)、固より将に螻蟻に制せられんとす。

↑螻蚓　けらと、みみず／螻螾　螻蚓／螻蛄　けら
↓地螻・天螻・土螻

【醪】 18 1762　ロウ(ラウ)　どぶろく　にごりざけ

篆文 

形声 声符は翏。〔説文〕十四下に「汁滓の酒なり」とあり、一宿熟の酒をいう。醴も一宿熟の酒であるが、薄味のものである。

訓義 ①どぶろく、にごりざけ。②さけ。

古訓 〔新撰字鏡〕醪　汁滓雑はりたる酒なり。古、一夜酒と云ふ。滓有るの酒を謂ふなり。古佐介(こさけ)〔名義抄〕醪　ニゴリザケ・モロミ・カスコメ・コク・モソロ〔字鏡集〕醪　サカホガヒ・モソロ・ニゴリザケ・コク・カスコメ・モロミ・カスザケ・サケ

【醪糒】 濁酒と乾し飯。〔宋史、孫永伝〕瀛州に知となる。～遼、兵を屯し、連營四十里に亙る。永、好く之れを諭さす。～敵の意解け、但だ醪糒を求め、師を犒ひて旋る。

【醪醴】 どぶろく。〔列子、湯問〕(壺領山)頂に口有り、～名づけて滋穴と曰ふ。水有り、湧出す。～臭は蘭椒に過ぎ、味は醪醴に過ぐ。～土氣溫適、織らず衣ず、百年にして死す。～衰老哀苦亡し。

↑醪饌　酒宴／醪膳　酒膳／醪俎　酒肉の供え／醪肉　酒肉／醪米　酒米／醪薬　酒薬
↓家醪・甘醪・饋醪・桂醪・献醪・玄醪・香醪・山醪・時醪・酒醪・秋醪・春醪・醇醪・漱醪・村醪・濁醪・澄醪・濃醪・白醪・糯醪・縹醪・芳醪

【壟】 19 0110　［壠］ 19 4111　ロウ　おか　つか

篆文 

形声 声符は龍(竜)。〔説文〕十三下に「丘壠なり」という。〔孟子、公孫丑下〕に「龍断を私する者有り」とは壟断の意。丘壟の高い所から市況をみて、利益を独占することをいう。

訓義 ①おか。②つか、はか。③うね、あぜ。④通じて隴に作る。

古訓 〔新撰字鏡〕壟　豆加(つか)、久呂(くろ)〔名義抄〕壟　ツカ・ウネ・クロ

語系 壟・隴liong、籠(篭)longは声義近く、ずんぐりとした形状のものをいう。陵liang、隆(隆)liuəm、陸liukもその系統の語。腫tjiongははれ上がったもの、重声の字とも声義に通ずるところがある。

【壟塋】 盛り土した墓。〔水経注、浿水〕交廣春秋に曰く、越王趙他、生きては奉制稱藩の節有り、死して祕奧神密の墓有り。他の葬らるるや、山に因りて墳と爲す。其の壟塋、奢大と謂ふべし。

【壟断】 壟のきり立ったところ。市利を独占することをいう。宋・葉適〔林叔和訪はる。旧を道ひて感歎す。因りて以て贈と為す〕詩　壟斷に登ることを求めず　路有り、直きこと弦の如し

【壟畝】 いなか。〔南史、隠逸上、宗彧之伝〕我は布衣草萊の人なり。少くして壟畝に長ず。何ぞ宜しく軒冕(高官)の客に枉ぐべけんや。

↑壟丘　塚／壟溝　田畑のみぞ／壟作　畑しごと／壟次　うね／壟上　うねの上／壟堆　高い塚／壟端　うねの端／壟畔　うね／壟墓　墓
↓一壟・花壟・夏壟・帰壟・丘壟・荒壟・皐壟・耕壟・高壟・山壟・秋壟・春壟・峻壟・黍壟・垂壟・先壟・頽壟・疇壟・田壟・坡壟・廃壟・麦壟・墳壟・幽壟・隈壟

【臘】 19 7221　［臈］ 17 7422　ロウ(ラフ)　まつり　くれ

篆文 

形声 声符は巤。冬至後に百神を迎えて祀る祭名。〔説文〕四下に「冬至後、三戌(の日)、百神を臘祭す」とあり、〔独断、上〕に「夏には嘉平と曰ひ、殷には清祀と曰ひ、周には大蜡と曰ひ、漢には臘と曰ふ」とみえ、年を送る祭であった。〔左伝、僖五年〕「虞には臘せず」、〔礼記、月令〕「孟冬の月、～先祖・五祀を臘す」とあって、秦・漢以前より行われていたものである。夏至三伏の祭と相対して、季節の交替を示す大祭であった。〔荊楚歳時記〕に、十二月八日を臘日とし、臘鼓を打って疫を祓うとあり、仏教では「臘八会」を釈迦成道の日とする。字はまた臈に作る。

訓義 ①まつり、冬至後に歳を送る祭。②くれ、としのくれ。③

【臘月】 陰暦十二月。唐・李頎〔司勲盧員外に寄す〕詩　流澌(流氷)臘月、河陽に下り　草色、新年、建章(宮)に發らく

【臘鼓】 臘祭の鼓。〔荊楚歳時記〕十二月八日を臘日と爲す。～諺に言ふ、臘鼓鳴りて春草生ずと。村人並に細腰鼓を撃ち、胡公頭を戴き、及び金剛力士を作り、以て疫を逐ひ、沐浴して罪障を轉除す。

【臘後】 臘祭の後。宋・范成大〔臘月村田楽府、十首、二、灯市行〕詩　呉臺今古、繁華の地　偏に愛す、元宵、燈影の戲　春前臘後、天好晴　已に街頭に向つて燈市を作る

【臘祭】 臘の祭。〔礼記、月令〕(孟冬の月)天子乃ち來年を天宗に祈り、～先祖・五祀を臘し、農を勞ひて、以て之れを休息せしむ。〔孔穎達の疏〕臘祭せんと欲するの時を以て、暫く出でて田獵し、以て禽を取る。

【臘賜】 年末の賞与。〔後漢書、何敞伝〕國恩覆載し、賞賚度を過ぐ。但だ聞く、郎官より以上、公卿王侯以下に臘賜するに、帑藏を空竭し、國資を損耗するに至ると。

【臘酒】 暮れにかもす酒。宋・蘇軾〔欧陽少師(脩)の趙少師(概)に寄するに和して次韻す〕詩　世事、如今、臘酒のごとく醲かなり　交情、古より、春雲のごとく薄し

【臘雪】 陰暦十二月の雪。宋・欧陽脩〔蝶恋花〕詞　嘗て愛す、西湖の春色早きを　臘雪方めて銷え　已に見る、桃の開くこと小やなるを

【臘八】 陰暦十二月八日。〔東京夢華録、十、十二月〕初八日、～諸大寺、浴佛會を作す。幷びに七寶五味粥を送りて、門徒に與ふ。之れを臘八粥と謂ふ。

↑臘花　臘梅／臘丸　蠟丸／臘饗　臘祭／臘候　冬の季節／臘酎　臘酒／臘腸　腸詰め／臘肉　干し肉／臘破　臘の終わり／臘梅　からうめ／臘醅　臘酒／

臘尾（ろうび） 年末／臘風（ろうふう） 年末の寒風／臘味（ろうみ） 貯蔵肉／臘麵（ろうめん） 臘八麵／臘薬（ろうやく） 冬用の薬／臘冽（ろうれつ） 厳寒

↓一臘・夏臘・改臘・客臘・寒臘・旧臘・窮臘・去臘・剣臘・蜡臘・残臘・賜臘・初臘・送臘・梅臘・伏臘・法臘・余臘・腰臘

【鏤】 19 8514 ロウ ほる ちりばめる はがね

篆文

形声 声符は婁（ろう）。婁は婦人の髪を巻きあげて、すかしのある形。すかすように彫ることをいう。〔説文〕十四上に「剛鐵なり。以て刻鏤（こくる）すべし」とあり、刻鏤を加える剛鉄の意とする。〔説文〕にまた「夏書に曰く、梁州は鏤を貢す。一に曰く、鏤は釜なり」とあり、夏書は〔書、禹貢〕、一曰の義は〔方言、五〕にみえる。文詞を作るに腐心することを、雕身鏤骨という。

訓義 1ほる、える、きざむ。2ちりばめる、かざる。3うがつ、とおす、ひらく。4はがね。5かま。6漏と通じ、あな。

古訓 〔新撰字鏡〕鏤 刻る。蓋（けだ）し金の知利波女（ちりばめ）〔名義抄〕鏤 キザム・ヌル・ホリハム・チリバム・エル・ツルギ

【鏤花（ろうか）】 花模様をほりこむ。〔北史、倭国伝〕隋に至り、其の王始めて冠を制（つく）る。錦綵（きんさい）を以て之れを爲（つく）り、金銀鏤花を以て飾りと爲す。

【鏤刻（ろうこく）】 ほり飾る。〔晏子、諫下十四〕夫（そ）れ冠は以て敬を修むるに足り、～衣は以て形を掩（おほ）ひ寒を禦（ふせ）ぐに足る。～冠に觚羸（こい）の理（あや）無く、身服雜綵（ざっさい）せず、首服鏤刻せず。

【鏤骨（ろうこつ）】 骨に刻んで記憶する。しっかり憶える。〔顔氏家訓、序致〕平昔の指を追思し、肌に銘し骨に鏤（ゑ）り、徒（ただ）古書の誡の、目を經（へ）耳を過（す）ぐるのみに非ざるなり。故に此の二十篇を留め、以て汝が曹の後車と爲すのみ。

【鏤板（ろうはん）】 版行。〔宋史、真宗紀三〕帝曰く、朕（われ）聽覽の暇、翰墨を以て自ら娯（たの）しむ。垂範するに足らずと雖も、亦た平生此に游心すと。宰臣丁謂、鏤板宣布せんことを請ふ。庚申（かうしん）、内より御製七百二十二卷を出だして、宰臣に付す。

【鏤版（ろうはん）】 鏤板。宋・欧陽脩〔集古録跋尾、四〕〔晋賢法帖〕往時、故の相劉公沆、長沙に在り、官の法帖を以て鏤版し、遂に人閒（じんかん）に布く。

【鏤氷（ろうひょう）】 氷に彫る。無益の労のたとえ。〔塩鉄論、殊路〕内に其の質無くして、外に其の文を學ぶは、賢師良友有りと雖も、脂に畫き氷（冰）に鏤（きざ）むが若（ごと）く、日を費やして功を損（そこ）なふ。

【鏤膚（ろうふ）】 いれずみ。文身。晋・左思〔魏都の賦〕或いは魋髻（たいけい）（まげ結い）にして左言（文字無し）し、或いは鏤膚して鑽髪（剪髪）す。

【鏤膺（ろうよう）】 彫飾した馬のむながい。〔詩、秦風、小戎〕蒙伐（もうばつ）（鳥の羽飾りの盾）苑（ゑん）たる有り 虎韔（こちゃう）（虎皮の弓袋）鏤膺

↑鏤檻（ろうかん） 飾り欄干／鏤句（ろうく） 彫句／鏤衢（ろうく） 鞍飾り／鏤彩（ろうさい） 彫飾／鏤章（ろうしょう） 彫文／鏤身（ろうしん） 文身／鏤人（ろうじん） 雛祭／鏤象（ろうぞう） 象牙飾り／鏤体（ろうたい） 文身

↓花鏤・金鏤・銀鏤・刻鏤・采鏤・細鏤・錯鏤・属鏤・切鏤・鐫鏤・琢鏤・丹鏤・彫鏤・雕鏤・文鏤・碧鏤・銘鏤

【隴】 19 7121 ロウ リョウ おか うね

篆文

形声 声符は龍（竜）（りょう）。龍声にもりあがるものの意がある。〔説文〕十四下に「天水（甘粛の地名）の大阪なり」とする。隴西は中国より西方に通ずるところであった。壠（ろう）と通用する。

訓義 1おか、つか。2うね。

古訓 〔名義抄〕隴 ウネ・ソコ・オホサカ

語系 隴・壟liongは同声。陵liang、隆（隆）liuəm、陸liukも声近く、みな地の隆起するところをいう。籠（籠）longのように、龍声にずんぐりとしたものの意がある。

＊語彙は壟字条参照。

【隴雲（ろううん）】 隴山の雲。宋・欧陽脩〔秦州の田元均に寄す〕詩 夢回（めぐ）りて、夜帳に、羌笛（きゃうてき）を聞き 詩就（な）りて、高樓に、隴雲に對す

【隴樹（ろうじゅ）】 墓の樹。唐・劉長卿〔魏兼遂を哭す〕詩 歳時、長（とこ）しへに寂寞 煙月、自（おの）から氛氳（ふんうん） 隴樹、人に隨つて古く 山門、日に對（むか）ひて曛（くら）る

【隴上（ろうじょう）】 隴畝のほとり。宋・蘇軾〔呉中の田婦歎〕詩 茅苫（ばうせん）一月、隴上に宿し 天晴れ、稻を穫（か）りて、車に隨ひて歸る

【隴頭（ろうとう）】 隴山のほとり。唐・高適〔隴に登る〕詩 隴頭、遠行の客 隴上、分流の水 流水、盡くる期無し 行人未だ云（ここ）に已（や）まず

【隴畝（ろうほ）】 うね。はたけ。唐・杜甫〔兵車行〕詩 縱（たと）ひ健婦の鋤犁（じょり）（すき）を把（と）る有るも 禾（くわ）は隴畝に生じて、東西無し

↑隴客（ろうかく） 鸚鵡／隴禽（ろうきん） 鸚鵡／隴種（ろうしょう） 衰敗する／隴端（ろうたん） うねの端／隴断（ろうだん） 壟断する／隴鳥（ろうちょう） 隴禽

↓臥隴・帰隴・丘隴・旧隴・空隴・荒隴・皋隴・高隴・山隴・春隴・青隴・頹隴・断隴・田隴・坡隴・麦隴・平隴

【朧】 20 7121 ロウ おぼろ

篆文

形声 声符は龍（竜）（りょう）。〔説文新附〕七上に「朦朧（もうろう）なり」とあって、月光の朧（おぼろ）なさまをいう。朦朧・曈朧（とうろう）など、いずれも畳韻の連語である。

訓義 1おぼろ、さだかでないさま。

古訓 〔篇立〕朧 クラシ・オボロ

【朧明（ろうめい）】 おぼろげなさま。唐・元稹〔嘉陵駅、二首、一〕詩 嘉陵（かりょう）驛上、空牀の客 一夜、嘉陵江水の聲 仍（な）ほ對す、牆南（しゃうなん）、滿山の樹 野花撩亂（れうらん）として、月朧明

↑朧月（ろうげつ） おぼろ月／朧光（ろうこう） おぼろ月の光／朧曈（ろうどう） 鼓の音のたたみかさなるさま／朧夜（ろうや） おぼろ月の夜／朧朧（ろうろう） うす明るいさま

↓空朧・葱朧・通朧・曈朧・朦朧

【瓏】 20 1111 ロウ リョウ たま あきらか

篆文

形声 声符は龍（竜）（りょう）。竜文を加えた玉で、雨乞いのときに用いた。〔説文〕一上に「旱（かん）を禱（いの）る玉なり。龍文を爲（つく）る」（段注本）とあり、龍の亦声とする。兵を発するときには琥（こ）を用い、各々その象をとる。〔左伝、昭二十九年〕に、水旱のときに用いる「龍輔」という玉名がみえる。玉声を玲瓏（れいろう）というのは、その擬声語。またかがやくさまをもいう。

訓義 1たま、雨乞いの玉。竜文を加える。2さやか、玉の音。3あきらか、かがやくさま。

古訓 〔名義抄〕玲瓏 ―トナル・―トカヾヤク・テル・ユラメク〔篇立〕瓏 テリ・ナル・クビタマ・カヾヤク

↑瓏璁（ろうそう） 金玉の音／瓏鬆（ろうそう） 繁茂する／瓏玲（ろうれい） 玲瓏／瓏瓏（ろうろう） 金玉のふれあう音のさま、また、車輪のひびくさま

↓鴻瓏・葱瓏・冬瓏・蒙瓏・玲瓏

【礱】 21 0160 ロウ とぐ

篆文

形声 声符は龍（竜）（りょう）。〔説文〕九下に「礦（と）ぐなり」とし、「天子の桷（たるき）は、椓（斲（き））りて之れを礱（みが）く」という。〔尚書大伝〕などの文によるものであろう。〔広雅、釈器〕に「礪（と）ぐなり」、また〔玉篇〕に「穀を磨するを礱と爲す」と、もみすりの意とする。

訓義 1とぐ、みがく。2といし、といしをかける。3もみをする。4すりうす、ひきうす、うすにかける。

古訓 〔名義抄〕磨礱 ミガク・スリウス 〔篇立〕礱 シバラク・スリウス・アカリ 〔字鏡集〕礱 ミガク・スル・スリウス

➡礱刻 磨刻する／礱習 勤苦する／礱石 墓碑／礱琢 磨く／礱斲 切り磨く／礱飯 強飯／礱磨 磨く／礱密 細密／礱厲 磨く／礱礪 礱厲／礱錬 錬磨する

⬇磋礱・芟礱・鐫礱・斲礱・磨礱

人 **【蠟】** 21 5211 ロウ(ラフ) ろう

形声 声符は巤。蠟燭の類で、蜜蠟を用いる。戦国末の洛陽金村古墓出土の燭台に、蠟燭を用いたことが知られている。晩唐の詩人に、蠟涙を歌うものが多い。

訓義 1ろう、蜜ろう。2ろうそく。3ろうをぬる。

古訓 〔名義抄〕蠟 俗に云ふ、ラフ 〔字鏡集〕蠟 コアリ

【蠟液】 蠟の流れたもの。〔唐書、柳公権伝〕文宗、復た侍書に召す。～嘗て夜子亭に召對す。燭窮まりて、語未だ盡きず。宮人、蠟液を以て帋(紙)を濡らして、之れに繼ぐ。

【蠟丸】 蠟で密封したもの。蠟書、密書。〔唐書、顔真卿伝〕肅宗已に位に靈武に卽く。眞卿數しば使を遣はし、蠟丸を以て書を裹つみ、事を陳ぶ。～復た河北招討使と爲る。

【蠟炬】 蠟燭。唐・杜甫〔府に宿す〕詩 清秋、幕府、井梧寒く 獨り江城に宿して、蠟炬殘る

【蠟屐】 蠟で光沢をつけた履物。〔世説新語、雅量〕阮遙集(孚)、屐を好む。～或ひと阮に詣る有り、自ら火を吹いて屐に蠟するを見る。

【蠟書】 蠟丸で封じた密書。宋・陸游〔西征幕中の旧事を追憶す、四首、四〕詩 關輔の遺民、意傷しむべし 蠟もて封ず、三寸絹書の黄なるを〔自注〕關中の將校、密かに事宜を報ずるに、皆蠟書を以て宣司に至らしむ。

【蠟詔】 蠟書の密詔。〔宋史、張俊伝〕中書舍人張澂、汴京より蠟詔を齎す。高宗に命じて、兵を以て副帥に付し、京に還らしむ。

【蠟燭】 ろうそく。唐・韓翃〔寒食〕詩 春城、處として飛花ならざる無し 寒食、東風、御柳斜めなり 日暮、漢宮に蠟燭を傳ふ 靑煙は散じて五侯の家に入る

【蠟茶】 建州の茶。団茶のように固め、表に蠟を塗る。〔事物紀原、九、酒醴飲食部〕楊文公談苑に云ふ、蠟茶は建州に出づ。陸羽の茶經に尙ほ未だ之れを知らず。～其の味、極めて佳なり。

【蠟梅】 からうめ。宋・趙彦衛〔雲麓漫鈔、四〕今の蠟梅は、山谷(黄庭堅)の詩後(戲れに蠟梅を詠ず、二首、後記)を按ずるに、云ふ、京洛の閒に一種の花有り。香氣梅花に似たり。亦た五出するも、晶明なる能はず、女功の蠟を撚りて成す所に類す。京洛の人、因りて蠟梅と謂ふと。

【蠟涙】 蠟燭がとけて流れたもの。涙にたとえていう。宋・陸游〔夜宴、海棠を賞して醉書す〕詩 醉ひては誇る、落紙、詩千首 歌ひては費やす、纏頭(心づけ)、錦百端 深院聞かず、夜漏を傳ふるを 忽ち驚く、蠟涙の已に盤に推きを

➡蠟円 蠟丸／蠟煙 蠟燭の煙／蠟桜 桜桃／蠟花 蠟燭の火を花にたとえていう／蠟兄 枇杷／蠟檄 蠟封の檄文／蠟光 蠟火／蠟紙 蠟引きの紙／蠟児 枇杷／蠟珠 蠟涙／蠟人 蠟人形／蠟翦 芯切り／蠟沈 沈香／蠟灯 蠟燭／蠟表 蠟書の上表／蠟蜂 蜜蜂／蠟本 蠟引の本／蠟面 蠟茶／蠟模 蠟型

⬇印蠟・花蠟・炬蠟・銀蠟・紅蠟・香蠟・黄蠟・膏蠟・刻蠟・嚼蠟・朱蠟・翦蠟・茶蠟・滴蠟・白蠟・浮蠟・封蠟・木蠟・蜜蠟・融蠟・涙蠟

【髏】 21 7524 ロウ されこうべ どくろ

篆文 

形声 声符は婁。婁は婦人が髪を巻きあげた形で、透かし彫りのような状態をいう。肉を失った頭骨はその形に似ている。〔説文〕四下に「髑髏なり」とあり、されこうべをいう。髑髏棚のような祭梟(首祭)の俗は、未開族のうちに後までも残されていたが、中国の古代にも、断首坑を以て遮迾(お祓い)とし、聖域の呪禁とすることは広汎に行われた。殷墓には数千体に及ぶ断首坑がある。

訓義 1されこうべ、どくろ。

古訓 〔名義抄〕髑髏 ヒトカシラ・ドクロ 〔篇立〕髏 シヒトノカシラ

語系 髑髏 dok-lo は頭 do より転化して、その白骨化したものをいう。また頊顱 dak-la ともいう。

⬇髑髏

常 **【籠】** 22 8821 **【籠】** 22 8821 ロウ かご こめる こもる

篆文 

形声 声符は龍(竜)。〔説文〕五上に「土を擧ぐる器なり」とあり、土かごをいう。また「一に曰く、笭なり」とはえびら。〔周礼、地官、遂師〕に「丘籠～を共(供)す」とあるのは土もっこ。また籠笭とは、矢を入れるえびらをいう。すべて中に収めこむもので、また籠統の意となり、人を思うように動かすことを籠絡という。

訓義 1かご。2もっこ。3えびら。4あわせる、かねる、すべる。5入りこめる、とじこめる。6国語で、こもる。

古訓 〔和名抄〕籠 古(こ) 〔名義抄〕籠 コ・コム・コモル・メグル・ノルナリ・オグラシ／火籠 タキモノ・クコ

語系 籠 long、笭 lyeng、簏 lok はみな声の通じるところがあり、竹かごの類で、一系の語である。

【籠鶯】 かごの鳥の鶯。唐・白居易〔孟夏、渭村の旧居を思ひて舍弟に寄す〕詩 井鮒は泉に反らんことを思ひ 籠鶯は谷を出でしを悔ゆ

【籠鵝】 あひるをかごに入れる。〔晋書、王羲之伝〕道士云ふ、爲に道德經を寫せ。當に群を擧げて相ひ贈るべきのみと。羲之、欣然として寫し畢り、鵝を籠して歸り、甚だ以て樂しみと爲す。

【籠蓋】 おおう。まるめこむ。〔世説新語、賞誉〕王太尉(衍)曰く、裴令公(楷)を見るに、精明朗然、人の上を籠蓋す。凡識に非ざるなり～と。

【籠檻】 鳥かご。おり。〔南史、范雲伝〕雲曰く、此れ政に吾が心に會せり。今羽翮未だ備はらず。籠檻に就かざるを得ず～と。城に入るに及び、～梁武、恩待すること舊の如し。

【籠禽】 かごの鳥。唐・白居易〔戊申歳暮、詠懐、三首、三〕詩 七年囚閉せられて、籠禽と作る 但だ願ふ、籠を開かれて便ち林に入ることを

【籠蛇】 かごに捕らえた蛇。宋・梅尭臣〔范饒州(希文)の坐中の客、河豚魚を食ふことを語る〕詩 退之(韓愈)の潮陽に來るや 始め籠蛇を餐らふことを憚れたり 子厚(柳宗元)の柳州に居りしとき 蝦蟆を食らふを甘しとせり 二物憎むべしと雖も 性命舛差無し

【籠中】 かごの中。清・鄭燮〔濰県署中、舍弟墨に与ふる第二書〕平生最も籠中に鳥を養ふことを喜ばず。我は悞悦を圖り、彼は囚牢に在り。何の情何の理有りて、必ず物の性を屈して、以て吾が性に適はしめんや。

【籠鳥】 かごの鳥。晉・潘岳〔秋興の賦〕官を攝り乏しきを承け、猥りに朝列に廁まはる。夙に興き晏く寢ね、寧きを底すに遑あらず。譬へば猶ほ、池魚籠鳥の、江湖山藪の思ひ有るがごとし。是に於て～慨然として賦す。

【籠統】 まとめる。とりこむ。〔梅磵詩話、中〕鄭安晩丞相、

未だ貴ならざりし時、冬瓜の詩を賦して云ふ、～生來籠統、君笑ふことを休めよ 腹内能く容る、數百の人と。宰相の器の寛なること、已に此の詩に於て之れを見る。

【籠罩】とらえる。まとめる。〔陳書、徐陵伝論〕徐孝穆、五行の秀を挺げ、天地の靈を稟け、聰明特達、今古を籠罩す。

【籠絡】からまる。他人をまるめこむ。〔宋史、儒林五、胡安国伝〕中丞許翰曰く、蔡京の政を得しより、士大夫、其の籠絡を受けざる無し。超然遠跡、汙す所と爲らざること安國の如き者は、實に鮮なし。

↑籠鶴 かごの中の鶴／籠括 まとめる／籠居 閉居する／籠籞 びく／籠巾 貂蟬冠／籠圏 かご／籠豢 かごに飼う／籠狎 かごで狎らす／籠柙 おり／籠摯 束縛する／籠字 双鉤／籠袖 ふところ手／籠燭 提灯／籠炊 蒸餅／籠臿 農具／籠叢 散漫なさま／籠脱 はやぶさ／籠致 連れ去る／籠東 敗北する／籠灯 灯籠／籠頭 おもがい／籠侗 未完の人／籠銅 鼓の音／籠媒 おとりの鳥／籠絆 とじこめしばる／籠蒙 細目／籠羅 籠絡する／籠利 利益を独占する／籠炉 暖炉

↓筠籠・魚籠・筐籠・薫籠・軽籠・香籠・鈎籠・紗籠・綵籠・参籠・珠籠・書籠・深籠・塵籠・叢籠・脱籠・智籠・竹籠・雕籠・都籠・灯籠・樊籠・尾籠・負籠・満籠・密籠・蒙籠・薬籠・牢籠

【聾】22 0140 ロウ みみしい

篆文

甲骨文
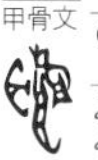
金文

形声 声符は龍(竜)。〔説文〕十二上に「聞ゆること無きなり」という。〔国語、晋語四〕に「聾聵には聽かしむべからず」とあり、聵とは生得の聾をいう。

訓義 ①みみしい。②おろか、くらい。

古訓 〔和名抄〕聾 美々之比(みみしひ)〔名義抄〕聾 ミ、シヒ

語系 聾・籠(籠)long は同声。籠に内にこもる、籠絡して外にあらわれない意があり、聾はその声義をとる。

【聾盲】耳目の不自由な人。〔荘子、逍遥遊〕瞽者は以て文章の觀に與かる无く、聾者は以て鐘鼓の聲に與る无し。豈に唯だ形骸にのみ聾盲有るならんや。夫の知にも亦た之れ有り。

↑聾啞 耳と口が不自由／聾瘖 聾啞／聾聵 聾盲／聾聵 聾／聾空 馬の声／聾瞽 聾盲／聾子 聾者／聾蔽 聾／聾昧 無智

↓瘖聾・詐聾・耳聾・心聾・痴聾・半聾・凡聾・盲聾・佯聾

ロク

【仂】4 2422 ロク リョク あまり

形声 声符は力。力は扐の省文。指にはさんで数え、その端数となるものを仂と謂う。〔礼記、王制〕「喪には三年の仂を用ふ」の〔注〕に「三歳の什の一を用ふ」とあり、三年分の年度会計の一割を、葬儀の費用に充てた。

訓義 ①あまり、端数。②十分の一、三分の一。③力と通じ、つとめる。

古訓 〔名義抄〕仂 今、力の字と爲す。ツトム〔篇立〕仂 イソグ・ツトム〔字鏡集〕仂 ツトム・カス

語系 仂・扐lak は同声。数えるとき指にはさんで扐くし、その数の余りを仂という。

常【六】4 0080 ロク リク リュウ(リウ) むつ

篆文

甲骨文

金文

仮借 小さな幕舎の形。坴・陸はその形に従い、陸は神の陟降する前にその幕舎を作り、これを迎える意。その音を仮借して数の六に用いる。〔説文〕十四下に「易の數、陰は六に變じ、八に正し。入に從ひ、八に從ふ」と易の数理によって説くが、卜文・金文の字形は幕舎の象。篆文の字形は戦国期末の竹簡にみえるが、字の初形ではない。

訓義 ①むつ、数の六。②むたび。③易の陰爻。

古訓 〔名義抄〕六 ムツ

声系 坴・陸の従うところは六を重ねた形で、幕舎の相連なるところ。陵の字形にもその形を含んでいる。

語系 六・坴・陸liuk は同声。陵liang も声義が近い。陸・陵は山の高地に設けた聖地で、神梯の前に設けて神を迎えるところ。六はその幕舎の象とみられる。

【六一】宋の欧陽脩の号。宋・欧陽脩〔六一居士伝〕吾が家、藏書一萬卷。三代以來の金石遺文を集錄すること、一千卷。琴一張有り、碁一局有り。常に酒一壺を置く。～吾が一翁を以て此の五物の閒に老す。是れ豈に六一と爲さざらんや。

【六佾】諸侯の舞楽。六列。天子は八佾。〔左伝、隠五年〕是に於て初めて六羽を獻ずとは、始めて六佾を用ふるなり。

【六気】天地間の六つの気。陰・陽・風・雨・晦・明。〔左伝、昭元年〕天に六氣有り、～分れて四時と爲り、序して五節と爲る。

【六義】詩の六義。風・雅・頌と賦・比・興。〔詩、大序〕詩に六義有り。〔疏〕風・雅・頌は詩篇の異體なり。賦・比・興は詩文の異辭のみ。

【六経】経家の六つの経典。〔荘子、天運〕孔子、老聃に謂ひて曰く、丘、詩・書・禮・樂・易・春秋の六經を治む。自ら以て久しくして其の故を熟知すと爲す～と。

【六卿】六官の長官。〔漢書、百官公卿表上〕夏・殷は聞く亡し。周官は則ち備はれり。天官冢宰(諸政)、地官司徒(民生)、春官宗伯(祭祀)、夏官司馬(軍旅)、秋官司寇(刑政)、冬官司空(土木)、是れを六卿と爲す。

【六芸】六経。また、礼・楽・射・御・書・数。〔史記、孔子世家〕孔子、詩書禮樂を以て教ふ。弟子蓋し三千。身、六藝に通ずる者七十有二人。

【六爻】易の上下二卦、合わせて六爻。〔易、乾、文言伝〕六爻發揮して、旁く情を通ず。

【六合】天地(上・下)四方(東・西・南・北)。〔荘子、斉物論〕六合の外、聖人存して論ぜず。六合の內、聖人論じて議せず。

【六書】文字の構造法。象形・指事・会意・形声・転注・仮借。宋・戴侗〔六書故の序〕書多しと雖も、其の實を總ぶるは六書のみ。六書既に通じ、參伍して以て變じ、觸類して長ず。

【六情】人の六つの感情。喜・怒・哀・楽・愛・悪。晉・陸機〔文の賦〕其の六情底滯し、志往き神留まるに及んでは、兀として枯木の若く、豁として涸流の若し。

【六親】親族関係の者。〔老子、十八〕六親和せずして、孝慈有り。國家昏亂して、忠臣有り。

【六尺】若者。〔論語、泰伯〕曾子曰く、以て六尺の孤を託すべし、以て百里の命を寄すべし。大節に臨んで奪ふべからず。君子人か、君子人なり。

【六朝】三国の呉・東晋・宋・斉・梁・陳の六王朝。みな建康(呉は建業、今の南京)に都した。南北に分裂していたので、また南北朝という。南北朝と、隋を含めていうことがある。唐・杜牧〔宣州開元寺の水閣に題す～〕詩 六朝の文物、草、空に連なる 天淡く雲閑かにして今古同じ

【六博】博奕の具。双六の類。〔戦国策、斉一〕臨淄（斉都）甚だ富みて實なり。其の民、竽を吹き瑟を鼓し、筑を撃ち琴を弾き、雞を闘はせ犬を走らせ、六博蹹鞠せざる者無し。

【六律】十二律の陽声。陰声は六呂。〔書、益稷〕予、六律五聲八音を聞きて治忽を在かにし、以て五言を出納せんと欲す。

【六礼】士の六種の礼。〔礼記、王制〕司徒、六禮を脩めて以て民の性を節す。～六禮とは、冠・昏（婚）・喪・祭・郷（飲酒）・（士）相見なり。

↑六彝 宗廟の祭器／六姻 六親／六羽 六佾の舞／六花 雪／六駕 六頭の馬に車を駕す／六街 左右六街／六骸 四肢と首・体／六学 六経／六紀 三綱（君臣・父子・夫婦）に対して、諸父・兄弟・族人・諸舅・師長・朋友をいう／六驥 馬車につけた六頭の駿馬／六極 六合／六軍 天子の軍隊／六計 官吏の功過の科／六言 六字の詩／六候 正夢・懼夢など六夢／六国 戦国期の秦を除いた韓・魏・斉・楚・燕・趙の六つの国／六根 目・耳など情欲を刺激する器官／六鑿 六根／六矢 男子出生のとき四方を祓う矢、桑弧蓬矢／六師 六軍／六詩 詩の六義／六齍 黍・稷・稲・粱・麦・苽の六穀／六耳 第三者／六時 昼夜六刻／六祝 六種の祈り、祝詞／六出 雪／六秩 六十歳／六徴 相人の術／六丁 道教の神の名／六葩 雪／六馬 六駕／六漠 天地と四方／六轡 四頭の馬につけた六本のたづな／六腑 六つの臓腑／六柄 生殺・貴賤・貧富の権、君権／六夢 六種の夢卜い／六欲 人間の六つの生来的な欲望／六竜 天子の車駕、六頭立て／六沴 六種の悪気／六和 酸・甘など六種の和味

↓一六・九六・初六・上六・丈六・蔵六・地六・二六・陽六

【扐】 5 5402 ロク リョク はさむ あまり

篆文

形声 声符は力。力は耒の形。その先端は二股に分かれ、指でものをつまむ形に似ている。〔説文〕十二上に「易筮に、再び扐して後に卦す」と易筮の法を引く。〔玉篇〕に「凡そ數の餘、之れを扐と謂ふ」とみえる。

訓義 1はさむ、指にはさむ。2あまり、はした。3しばる。

古訓 〔名義抄〕扐 オヨユビノマタ

語系 扐・仂lәkは同声。指に扐して数え、その余り分のものを仂という。もと同じ語である。

【阞】 5 7422 ロク すじ

篆文

形声 声符は力。力に筋の意がある。〔説文〕十四下に「地の理なり」とあり、地層・地脈をいう。また、扐と通用する。

訓義 1すじ、地層、地脈。2扐と通じ、数のはした、端数。

声系 〔説文〕十一上に阞声として泐を録し、「水石の理なり」という。水勢によって、地脈が剝落する意である。

【肋】 入 6 7422 ロク キン あばら

篆文

形声 声符は力。力は耒の象形。肋骨は耒の先端の二股に分かれた形に似ている。〔説文〕四下に「脅骨なり」とあり、肋骨をいう。肋骨の多いところを脅という。

訓義 1あばら、あばらぼね。2筋と通じ、キンの音でよむ。

古訓 〔名義抄〕肋 カタハラホネ 〔字鏡集〕肋 ホネ・ソジシ・ホソシ・ワキノホネ・カタハラホネ・タスケホネ

↑肋骨 あばら骨／肋肢 腋の下／肋条 肋骨／肋木 運動具の名

↓雞肋・再肋・山肋

【彔】 8 2713 ロク きり

篆文 甲骨文 金文

象形 錐状の器で木を刻み、木屑が散る形に象る。〔説文〕七上に「木を刻むこと彔彔たるなり。象形」とあり、その錐の回転する音を「彔彔」という。篆文の字形は祟をなす獣の形に作るが、卜文・金文の字形は刻鏤の形に作る。金文に「通彔永命」など、彔を祿（禄）の意に用いる。

訓義 1きり、ろくろきり。2彔彔は、きりのまわる音。3禄に通用し、幸い。

古訓 〔字鏡集〕彔 キタセムナリ

声系 〔説文〕に彔声として祿・菉・剝・綠（緑）・錄（録）など十字を収める。剝は〔説文〕四下に彔の亦声とするが、獣皮に刀を加える形で、声義ともに異なる。〔説文〕の彔の篆文は、その獣の形に作っている。

↑彔曲 屈曲する／彔彔 きりのまわる音、歴歴

【泐】 8 3412 ロク さける かける ほる

篆文

形声 声符は阞。阞は地脈。〔説文〕十四下に「阞は地の理なり」、泐字条十一上に「水石の理なり」として会意とするが、阞の声義を承ける字。脈理に沿って、石が裂けることをいう。〔周礼、考工記、総目〕に「石、時ありて泐す」とあるように、石が自然に脈理に沿って剝落することがある。勒と通用し、刻勒する意に用い、勒書を手泐、手紙を書くことを泐函という。

訓義 1さける、石がさける。2かける、石が剝落する。3ほる、ほりつける、書をしるす。

古訓 〔字鏡集〕泐 イヅミノコヱ

語系 泐・阞・扐・肋lәkは同声。力は耒の象形。その先端が細く分かれており、肋（あばら）など、その形に似た状態のものをいう。細長い形で欠落するものを泐という。

↑泐函 手紙をかく／泐失 へりが欠け、滅失する／泐蝕 へりが欠ける／泐布 かさねがさね述べる／泐覆 拝復／泐滅 けずられて消滅する

↓残泐・石泐・変泐

【勒】 11 4452 ロク おもがい くつわ

篆文 金文

形声 声符は力。〔説文〕三下に「馬頭の絡銜なり」とあり、金文に「攸勒」としてみえるもので、馬首にまとって、口にくわえさせる金具をいう。馬を制御するためのもので、転じて軍列を整えることを「兵を勒す」という。泐・錄（録）に通じて、銘刻する意にも用いる。

訓義 1おもがい、馬のおもがい。2くつわ、くつばみ。3おさえる、ととのえる、おさめる、強制する。4泐・録と通じ、きざむ、しるす。

古訓 〔新撰字鏡〕勒 轡なり。久豆和（くつわ）、又、久豆和豆良（くつわづら）〔名義抄〕勒 イダク・カキウダク・カギル・クツワ・オモヅラ・アラタム・キハム・ツカヌ・サシツヾク・サシアグ・クヽミ・カタハラ・オモガキ・クツバミ・クラホネ・シルス・ウタフ・コハシ・ツヨシ・ツトム・クツワヅラ

語系 勒・扐・阞・肋lәkは同声。細長いものでならぶものというような共通義をもつ語である。また泐lәkも同声で、細長い形で欠落することをいう。

【勒功】功績を碑銘に刻する。漢・揚雄〔劇秦美新〕般を滌ひ周を蕩ひ、仲尼（孔子）の篇籍を難き除き、自ら功業

を勒し、制度軌量を改め、咸く之れを秦紀に稽へんと欲す。是を以て耆儒碩老、其の書を抱きて遠く遜る。

【勒習】兵を訓練する。〔史記、李将軍伝〕匈奴、大いに上郡に入る。天子、中貴人をして、(李)廣に從ひて兵を勒習し、匈奴を擊たしむ。

【勒兵】治兵。〔漢書、武帝紀〕行きて雲陽より～長城に出で、北のかた單于臺に登り、朔方に至り、北河に臨む。兵を勒すること十八萬騎、旌旗千餘里に徑り、威、匈奴に震ふ。

【勒銘】事績を銘文として刻する。明・宋濂〔日本夢窗正宗普済国師碑銘〕日本に高行の僧夢窗禪師有り。其の入滅已に若干年なるも、白塔未だ勒銘有らず。其の弟子、～中華文物の懿を慕ひ、特に使者に因りて之れを求む。

↑勒索 強要する／勒死 縊死する／勒住 留める／勒成 木に刻する／勒石 石に刻する／勒卒 兵をととのえる／勒追 追徴する／勒停 罷免する／勒馬 馬をならす／勒買 むり買い／勒縛 縛りつける／勒碑 碑石に刻する／勒轡 馬をつなぐ／勒名 名を碑銘に刻する

↓鞍勒・鞅勒・誡勒・刊勒・拑勒・銜勒・羇勒・教勒・検勒・制勒・整勒・鐫勒・操勒・勑勒・特勒・班勒・部勒・封勒・摩勒・銘勒・約勒

常

【鹿】

11
0021
ロク
しか

篆文 甲骨文 金文

象形 鹿の形。〔説文〕十上に「鹿獸なり。頭角四足の形に象る。鳥鹿の足は相ひ比す。比に從ふ」(段注本)とするが、比は鹿足の形で、相比する意ではない。卜文に鹿頭刻辞があり、また彝器に鹿頭・鹿文を文様として用いるものがある。〔詩、大雅、霊台〕は周の神都辟雍のさまを歌うものであるが、神鹿の遊ぶことが歌われている。祿(禄)・麓と音が通じ、その意にも用いる。

訓義 ①しか。②帝位にたとえる。③禄と通じ、さいわい。④麓と通じ、ふもと。

古訓 〔和名抄〕鹿 賀(か) 〔名義抄〕鹿 カ 〔字鏡集〕鹿 カセキ・モロ・カノシ、・サル・サイハヒ・シカ・カ

部首 〔説文〕に麟(麐)・麒・麋・麇・麗・麀など二十五字、重文六を属し、〔玉篇〕になお二十五字を加える。

声系 〔説文〕に鹿声として漉・麓・漉など四字を収める。麓・漉はまたみな彔声の字にも作り、鹿・彔の声が通じる。これらの字に、鹿の義に用いるものがない。

語系 鹿・祿lokは同声。「鹿を逐う」とは、もと天禄を追い争う意であろう。

【鹿苑】鹿を飼う園囿。〔魏書、太祖紀〕(天興二年二月)高車の雜種三十餘部を破り、七萬餘口・馬三十餘萬匹・牛羊百四十餘萬を獲たり。～獲る所の高車の衆を以て、鹿苑を起す。～廣輪數十里、渠を鑿ち、武川の水を引いて、之れを苑中に注ぐ。

【鹿角】鹿の角。また、防禦用の柵。魏・武帝〔軍策令、二〕夏侯淵、今月賊、鹿角を燒却す。鹿角は本營を去ること十五里なり。～淵は本と能く兵を用ふる者に非ず。軍中呼んで白地將軍と爲す。

【鹿裘】鹿皮の裘。〔晏子、重而異者二十六〕晏子、景公に相となり、布衣鹿裘にして以て朝す。公曰く、夫子の家、此の若く其れ貧なるか。是れ奚ぞ衣の惡しきや。寡人知らざりしは、是れ寡人の罪なりと。

【鹿巾】鹿皮の頭巾。処士が用いる。〔南史、何点伝〕梁の武帝、點と舊有り。踐阼するに及んで、手詔して舊を論じ、賜ふに鹿皮巾等を以てし、并せて之れを召す。點、巾褐を以て、引きて華林園に入る。～帝の鬚を捋りて曰く、乃ち老子を臣にせんと欲するかと。疾と辭して起たず。

【鹿柴】鹿の飼場の柵。唐・王維〔輞川集、鹿柴〕詩 空山、人を見ず 但だ人語の響くを聞く 返景、深林に入り 復た靑苔の上を照らす

【鹿寨】鹿の円陣。〔夷堅志、支景一〕(京山鹿寨)江同祖、郢州京山を過ぎり、晩に村驛に抵る。人言ふ、鹿、前に在りて結寨すと。卽ち出でて之れを觀るに、彌望すること數里可り、巨鹿無數、四環して圍を成し、角を以て外向すること、凡そ數十重なり。～民田～悉く蹂踐に遭ふ。

【鹿幘】鹿巾。〔唐書、隠逸、朱桃椎伝〕朱桃椎、～澹泊絶俗、裘を被き索を曳く。～長史竇軌之れを見、遺るに衣服・鹿幘～を以てす。～之れを地に委てて、敢て服せず。

【鹿場】鹿の遊び場。〔詩、豳風、東山〕町畽(畑地)は鹿場となり 熠燿(蛍)は宵よ行く

【鹿皮】鹿の皮。〔管子、大匡〕諸侯の禮、齊は豹皮を以て往き、小侯は鹿皮を以て報じ、齊は馬を以て往き、小侯は犬を以て報ぜしめん。

【鹿鳴】群臣嘉賓を饗する詩篇。〔詩、小雅、鹿鳴〕呦呦として鹿鳴き 野の苹(かわらよもぎ)を食む 我に嘉賓有り 瑟を鼓し笙を吹く

【鹿櫨】滑車。轆轤。〔晉書、石季竜載記上〕咸康二年、～洛陽の鍾虡・九龍・翁仲・銅駝・飛廉を鄴に徙さしむ。鍾一、河に沒す。浮沒三百人を募りて河に入らしめ、繫くるに竹絙を以てし、牛百頭、鹿櫨もて之れを引き、乃ち出だす。

↑鹿園 鹿苑／鹿戲 道家の導引の法の一／鹿沙 さめの皮／鹿砦 鹿柴／鹿車 小さい車／鹿茸 鹿の若角／鹿中 鹿形の矢かずとりの器／鹿馬 馬鹿／鹿尾 鹿の尾の肉。珍味という／鹿布 粗い布／鹿盧 滑車／鹿鹿 凡庸なさま

↓駭鹿・困鹿・群鹿・麑鹿・山鹿・失鹿・馴鹿・神鹿・逐鹿・馬鹿・白鹿・伴鹿・麋鹿・伏鹿・奔鹿・野鹿・遊鹿・麀鹿・老鹿

人

【禄】

12

人

〔祿〕

13
3723

ロク
さいわい よろこび よい ふち

篆文 甲骨文 金文 古印璽

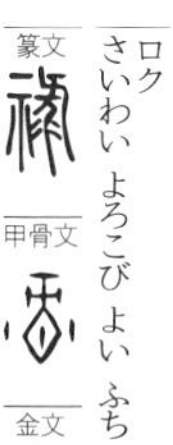

形声 声符は彔。〔説文〕一上に「福なり」、〔広雅、釈詁一〕に「善なり」とみえる。天より与えられる福善をいう。金文には彔の字を用いる。彔は錐もみ状に刻む形の字であるから、その声を仮借して、賚・釐の意に用いたものであろう。

訓義 ①さいわい、よろこび、しあわせ。②よい、めでたい。③ふち、禄位、たまわりもの。④録と通じ、しるす。

古訓 〔名義抄〕祿 タマフ・サイハヒ 〔字鏡〕祿 タマフ・サイハヒ・タマハリモノ

声系 〔説文〕に彔声として祿・菉・綠(緑)・錄(録)・剝など、十字を収める。剝は獣皮を剝ぐ象で、彔とは形も声も異なる。

語系 祿・鹿lokは同声。鹿を譬喩的にその意に用いることがある。賚la、釐lia、賴(頼)lat、魯laなど声義に通ずるところがあり、もと同系の語であったと考えられる。

【禄位】俸禄と官位。〔左伝、昭四年〕其の冰を藏するや、深山窮谷、固陰沍寒なれば、是に於てか之れを取る。其の之れを出すや、朝の祿位、賓食喪祭のとき、是に於てか之れを用ふ。

【禄仕】官に就き禄を受ける。〔後漢書、李固伝〕中常侍は日月の側らに在り、聲勢天下に振ふ。子弟の祿仕、曾て

限極無し。外、謙默に託すと雖も、～諂僞の徒、風を望んで進擧す。今爲に常禁を設くること、之れを中臣と同じうすべし。

【禄賜】俸禄と賞与。〔漢書、貢禹伝〕又拜せられて光祿大夫と爲る。秩二千石、奉錢月萬二千。祿賜愈〻多く、家日に以て益〻富み、身日に以て益〻尊し。

【禄爵】俸禄と爵位。〔礼記、祭義〕天子善有るときは、德を天に讓り、諸侯善有るときは、諸れを天子に歸し、～士庶人善有るときは、諸れを父母に本づけ、諸れを長老に存すとし、祿爵慶賞は諸れを宗廟に成す。順を示す所以なり。

【禄賞】祿賜。〔管子、権修〕將に民力を用ひんとする者は、則ち祿賞は重んぜざるべからず。祿賞、無功に加へらるるときは、卽ち民其の祿賞を輕んず。～則ち上以て民を勸むる無し。

【禄食】俸禄。唐・白居易〔唐衢を傷む、二首、二〕詩 五十にして靑衫を著 官に試みらるるも祿食無し 遺文、僅かに千首 六義、差忒無し

【禄祚】しあわせ。〔三国志、呉、呉主伝〕(劉)琬、人に語りて曰く、吾れ孫氏の兄弟を觀るに、各〻才秀で明達なりと雖も、然れども皆祿祚終へず。惟だ中弟孝廉(権)、形貌奇偉、骨體恆ならず、大貴の表有り～と。

【禄秩】俸禄。〔北史、蔡祐伝〕軍還る。諸將功を爭ふ。祐終に競ふ所無し。～性節儉、得る所の祿秩、皆宗族に散じ、身死するの日、家に餘財無し。

【禄米】米の給与。〔韓非子、外儲説右上〕七十にして祿米を受く。鬻德し、民に惠施するなり。

【禄命】天命。運。漢・禰衡〔鸚鵡の賦〕嗟、祿命の衰薄なる、奚ぞ時の險巇に遭へる。豈に言語、以て亂を階するか。將た密ならずして、以て危きを致せるか。

【禄邑】知行所。〔説苑、立節〕佛肸、中牟の縣を用つて畔く。祿邑と炊鼎とを設けて曰く、我に與する者は邑を受け、我に與せざる者は其れ亨にんと。～田基獨り後れて至り、衣を袪ひ、將に鼎に入らんとす。

【禄養】俸禄を受け、親を養う。唐・白居易〔初めて戸曹に除せられ、喜びて志を言ふ〕詩 恩に感ずるは、己が爲に非ず 祿養、吾が親に及べばなり

【禄利】扶持と利益。〔漢書、儒林伝賛〕武帝、五經博士を立て～元始に訖るまで百有餘年、業を傳ふる者寖く盛んにして、支葉蕃滋す。一經の説百餘萬言に至り、大師の衆千餘人に至る。蓋し祿利の路、然るなり。

↑禄隠 朝廷に仕えながら、市隠のようにくらす／禄運 幸運／禄勲 行賞する／禄厚 高禄／禄祉 幸運／禄次 禄位／禄餌 禄で人を誘う／禄親 禄養／禄籍 禄位／禄粟 禄米／禄蠹 禄盗人／禄等 禄次／禄入 扶持／禄薄 幸せが薄い／禄班 禄位／禄料 禄米／禄禄 平凡でめだたないさま、碌碌

↓栄禄・家禄・荷禄・回禄・干禄・官禄・貫禄・吉禄・給禄・顕禄・光禄・厚禄・苟禄・高禄・戸禄・祉禄・爵禄・受禄・重禄・小禄・賞禄・食禄・寸禄・世禄・窃禄・賤禄・大禄・秩禄・寵禄・天禄・薄禄・美禄・微禄・百禄・不禄・福禄・奉禄・封禄・俸禄・豊禄・無禄・優禄・余禄・利禄

【碌】 13 1763 ロク いしころ

篆文 

形声 声符は彔。〔説文新附〕九下に「石の皃なり」とあり、石のごろごろしたさま。彔は錐で木を刻んで、木屑の散る形で、木の切れはしのような石ころを碌という。碌碌とは凡俗をいう形況の語。〔容斎三筆、十三、碌碌七字〕に「鹿鹿」「陸陸」など、七通りの書きかたがあるという。

訓義 ①いしころ、いしころのさま、ごろごろしたさま。②つまらぬ、平凡。

古訓 〔篇立〕碌 ヲロカ〔字鏡集〕碌 イサゴ

【碌碌】平凡なさま。役立たず。〔史記、酷吏伝論賛〕九卿碌碌として、其の官を奉ずるのみ。過ちを救ふにも贍らず、何の暇ありて繩墨の外を論ぜんや。

↑碌青 緑青／碌磩 でこぼこ道／碌乱 忙乱

↓耄碌

【漉】 14 3011 〔渌〕 11 3713 ロク こす さらえる

篆文 

形声 声符は鹿。〔説文〕十一上に「浚ふなり」と訓し、別体として渌を録する。〔玉篇〕に「涸るるなり」、〔方言、十三〕に、「極くすなり」と訓し、〔礼記、月令〕(仲春の月)に「陂池を漉くすこと毋かれ」とはその義である。わが国では「紙を漉く」のように用いる。

訓義 ①こす、水をとおす。②さらえる、つくす、かれる。③わが国では、紙をすく。

古訓 〔新撰字鏡〕漉・渌 志太牟(したむ)、又、弥豆不留比(みづふるひ)、又、須久不(すくふ)、又、祢須久不(みすくふ)〔名義抄〕漉 ミヅフルヒ・シタム・キハム・スクフ・ツクス・スクヒトル〔字鏡集〕漉 キハム・ソヽク・スクフ・スク・シタム・スヽク・カハク・トル・スクヒトル・ミヅフルヒ・サカタシ・フルフ・ツクス

語系 漉lok、濾liaは声義近く、濾は〔玉篇〕に「水を濾すなり。」一に曰く、洗ふなり、澄ますなり」とあり、のち濾過のように用いる。瀝lyekは〔広雅、釈器〕に酒を漉す意とする。滴瀝とはその零の音をいう語。漏るほどの状態には漏loという。

【漉酒】酒をこす。〔宋書、隠逸、陶潜伝〕素琴一張を畜ふるも、絃無し。～貴賤の之れに造る者、酒有れば輒ち設く。～郡將、潜を候ふに、其の酒の熟するに値ひ、頭上の葛巾を取りて酒を漉し、畢りて還た復た之れを著く。

↑漉過 こす／漉魚 魚をすくって捕る／漉巾 酒をこす巾／漉血 流血／漉池 池を乾かす／漉嚢 漉巾／漉漉 たらたらと水滴のおちるさま

↓巾漉・灑漉・自漉・浸漉・滲漉・陶漉・嚢漉・流漉・練漉

常【録】 16 8713 囚〔錄〕 16 8713 ロク しるす うつす かく

篆文 

形声 声符は彔。〔説文〕十四上に「金の色なり」とするのは、綠(緑)の声義を承け、青黄の間の色と解するものである。〔荀子、性悪〕に、「桓公の蔥、大公の闕、文王の錄」とあるのは剣の名。剣の色によって名を得ている。金属性の光を録録・歴録・陸離のようにいう。彔は刻鏤の器、刻鏤して銘を勒することを錄といい、転じてひろく文籍に記録する意となる。記録の職を録事という。

訓義 ①しるす、ほりつける。②かく、かきつける、うつす。③とる、とりあげる、そなえる、ならべる、しらべる。

古訓 〔新撰字鏡〕錄 加須加比(かすがひ)〔名義抄〕錄 シルシ・シルス・ツブサニ・サビタリ〔篇立〕錄 シルス・サビタリ・ミガク・カスガヒ・ツカサドル

【録囚】囚人を調べる。〔漢書、雋不疑伝〕縣を行り、囚徒を錄して還る毎に、其の母輒ち不疑に問ふ、平反(軽減)する所有るか、幾何の人を活かすかと。即し不疑多く平反する所有れば、母喜笑す。

【録牒】名簿。〔後漢書、党錮、李膺伝〕時に侍御史蜀郡の景毅の子顧、(李)膺の門徒爲り、而れども未だ錄牒有らず。故に譴に及ばず。毅乃ち慨然として曰く、～豈に名籍を漏奪するを以て苟安すべけんやと。遂に自ら表して免歸す。

【録録】平凡無為のさま。碌碌。〔史記、平原君伝〕遂に(合)従を殿上に定む。毛遂、左手に盤血を持ち、右手に十九

人を招いて曰く、公相與に此の血を堂下に歃すれ。公等錄錄として、所謂人に因りて事を成す者なりと。

➡録案 記録を作成する／録事 記録の係／録書 謄本／録送 書類を写し送る／録続 陸続とつづく／録治 録囚／録図 予言の書／録畢 記録しおわる／録問 録囚／録用 採用する

⬇記録・鬼録・語録・再録・採録・載録・雑録・纂録・史録・私録・自録・実録・手録・収録・集録・輯録・抄録・詳録・世録・撰録・選録・総録・存録・大録・著録・追録・摘録・典録・図録・登録・謄録・日録・班録・筆録・付録・撫録・別録・簿録・褒録・漫録・目録・余録・要録

【轆】 18 5001 ロク いとぐるま ろくろ

形声 声符は鹿。いとぐるまのことを轣轆車、車井戸の釣瓶を上下するものを轆轤、陶器の形を作る回転台を轆轤台という。すべて回転するはたらきをもつもので、その回転軸のまわる音を形容する、双声の擬声語である。

訓義 1いとぐるま。2ろくろ。3車のおと、車の木、わだちみち。

古訓 〔和名抄〕轆 俗に云ふ、六路(ろくろ)〔名義抄〕轆轤 ロクロ

【轆轤】 滑車。回転軸のある器。〔斉民要術、三、種葵〕井十口を穿ち、井別に桔槹(はねつるべ)・轆轤を作る。〔自注〕井深きときは則ち轆轤を用ひ、井浅きときは則ち桔槹を用ふ。

【轆轆】 車輪の回転する音。唐・杜牧〔阿房宮の賦〕雷霆乍ち驚くは、宮車過ぐるなり。轆轆として遠く聽え、杳として其の之く所を知らず。

➡轆轕 枢車／轆軸 轂うち台

⬇轣轆

常 【麓】 19 4421 ［禁］ 16 4413 ロク ふもと やまもり

篆文  古文  甲骨文  金文 

形声 声符は鹿。〔説文〕六上に「山林を守る吏なり」とし、「一に曰く、林の山に屬くを麓と爲す」という。〔左伝、昭二十年〕「山林の木、衡鹿之れを守る」の〔杜預注〕に「衡鹿は官名」とあり、鹿は麓、苑囿をいう。木の繁茂する山麓に設ける。〔説文〕の重文に禁を録している。卜文に菉、金文に禁がみえ、ともに人名に用いる。鹿・彔同声であるから、通用するものと思われる。

訓義 1ふもと。2やまもり、苑囿の官。3大きな林。4古文は禁に作る。

古訓 〔新撰字鏡〕麓 不毛止(ふもと)〔名義抄〕麓 布毛度(ふもと)〔名義抄〕菉 フモト〔篇立〕麓 フモト・ヤマノフモト

⬇岳麓・嶽麓・岩麓・巌麓・深麓・翠麓・蒼麓・大麓・平麓・林麓

【籙】 22 8813 ロク ふみかご ふみ

形声 声符は錄(録)。張衡の〔東京の賦〕に「高祖、籙に膺り、圖を受く」とあって、天の符命をいう。籙は讖緯による予言。道教では秘文の意に用い、〔隋書、経籍志四〕「其の道を受くるの法、初に五千文の籙を受く」とは〔老子〕をいう。籙はもとふみかごの意。のち秘籙の予言をいう。

訓義 1ふみかご。2ふみ、竹簡。3道家の秘文、図籙、天神の策命。

古訓 〔名義抄〕籙 圖なり。シルス・フダ・ツブサニ・サヒタリ

語系 籙・錄liokは同声。ことを具録する意。籙は錄より別れて、特に讖緯の秘文をいう。

【籙図】 天の符命。天子受命の符。図籙。魏・李康〔運命論〕故より彼の四賢(伊尹・太公望等)は、名は籙圖に載せられ、事は天人に應ず。其れ之れを賢愚に格るべけんや。

⬇応籙・銜籙・鬼籙・金籙・玄籙・受籙・真籙・摂籙・仙籙・僧籙・帝籙・図籙・道籙・秘籙・符籙・秉籙・宝籙・法籙・名籙・膺籙・霊籙

ロン

【崙】 11 2222 ロン リン

篆文 

形声 声符は侖。〔説文新附〕九下に「崑崙なり」とあり、その山は三成重畳して、全体が円形をなすものとされ、西方の聖地として、神霊のことごとく帰するところと考えられた。古代の宗教文学である〔楚辞、離騒〕に、聖地として歌われている。

訓義 1山の名、崑崙。字はまた昆侖に作る。

古訓 〔字鏡集〕崙 アツマル

➡崙菌 険しい

⬇崑崙

【掄】 11 5802 ロン えらぶ

篆文 

形声 声符は侖。〔説文〕十二上に「擇ぶなり」、次条に「擇は柬び選ぶなり」とあり、同列の中からえらぶことをいう。また〔広雅、釈言〕に「貫くなり」という。

訓義 1えらぶ、えらびぬく。2つらぬく。

古訓 〔名義抄〕掄 エラブ

➡掄才 才能ある者をえらび出す／掄材 掄才／掄取 選び取る／掄選 選抜する／掄択 選択する

⬇選掄

常 【論】 15 0862 ロン はかる いいあらそう とく

篆文 

形声 声符は侖。侖に次序を以て全体をまとめる意がある。〔説文〕三上に「議るなり」、また言字条に「論難するを語と曰ふ」とあって、討論することをいう。討は検討。是非を定め、適否を決することをいう。

訓義 1はかる、おもう、おもんぱかる、おしはかる、たずねる。2あげつらう、いいあらそう、よしあしをさだめる。3とく、いう、つげる、ときあかす、わきまえる。4議論、見解、所見。

古訓 〔名義抄〕論 アラソフ・イフ・ヨム・エラブ・オモフ・アゲツラフ・コシラフ・ス丶ム・トク・ハカリゴト・コトワル・トモ

【論繹】 論じ推究する。〔唐書、郗士美伝〕士美、年十二、五經・史記・漢書に通じ、皆能く誦を成す。父の友、蕭穎士・顏眞卿・柳芳、與に相ひ論繹す。〜京兆の尹に遷る。天子、咨逮する所多し。

【論学】 学術を講論する。〔礼記、学記〕七年、學を論じ、友を取るを視る。之れを小成と謂ふ。九年、類を知りて通達し、強立して反らず。之れを大成と謂ふ。

【論議】 議論。〔荘子、胠篋〕天下の聖法を殫くし残ひて、民始めて與に論議すべし。

【論求】 論じ求める。〔墨子、小取〕萬物の然るを摹略し、群言の比を論求し、名を以て實を擧げ、辭を以て意を抒べ、説を以て故を出す。

【論行】 行為の是非を考える。〔呂覧、下賢〕夫れ萬乘の國に相として能く之れを遺れ、志を謀り行ひを論じ、心を以て人と相ひ索むるは、其れ唯だ子產のみなるか。

【論裁】 論定。〔韓非子、人主〕左右近習、朋黨比周して、以て疏遠を制す。則ち法術の士、奚れの時にか進用せらるるを得ん。人主奚れの時にか論裁するを得ん。〜勢ひ兩立せず。

法術の士焉んぞ危きこと無きを得ん。

【論纂】論議し編集する。宋・刑昺〔論語注疏、序疏〕當時、弟子各〻記す所有り。夫子既に卒し、門人相ひ與に輯めて論纂す。故に之れを論語と謂ふ。～此の書を以て、以て世務を經綸すべし。

【論死】死刑の裁定。〔漢書、天文志〕(元帝初元)二年～其の十二月、鉅鹿都尉謝君の男(児)、詐りて神人と爲る。死を論ぜられ、父は官を免ぜらる。

【論思】思索し論述する。漢・班固〔両都の賦の序〕言語侍從の臣、司馬相如・虞丘壽王・東方朔・枚皐・王褒・劉向の屬の若き、朝夕に論思し、日月に獻納す。

【論次】序列して論じる。〔史記、五帝紀論贊〕書缺けて閒有り、其の軼(佚文)、乃ち時時他說に見はる。～余れ幷せて論次し、其の言の尤も雅なる者を擇ぶ。故に著はして本紀の書首と爲す。

【論事】事を論じる。楚・宋玉〔風の賦〕其の清涼の雄風は、～清清泠泠として、病を愈やし醒を析き、耳目を發明し、體を寧くし人を便やすけくす。此れ所謂大王の雄風なりと。王曰く、善い哉、事を論ずること～と。

【論集】討論し編集する。漢・趙岐〔孟子題辞〕是に於て、退いて高弟弟子公孫丑・萬章の徒と、難疑答問する所を論集し、又自ら其の法度の言を撰び、書七篇～を著はす。

【論輯】論集。〔漢書、司馬遷伝贊〕孔子、魯の史記に因りて春秋を作るに及び、左丘明、其の本事を論輯して、以て之れが傳を爲る。

【論述】序列して論じる。〔史記、封禅書〕秦の繆公即位して九年、齊の桓公既に霸となり、～封禪せんと欲す。～繆公立ちて、三十九年にして卒す。其の後百有餘年にして、孔子六藝を論述す。

【論世】時代状況を考える。〔孟子、万章下〕天下の善士を友とするを以て未だ足らずと爲し、又古の人を尙論す。其の詩を頌し、其の書を讀むも、其の人を知らずして可ならんや。是を以て其の世を論ずるなり。是れ尙友なり。

【論説】議論。〔後漢書、王充伝〕充、論說を好む。始めは詭異なるが若きも、終に理實有り。以爲へらく、俗儒文を守るも、多く其の眞を失ふと。

【論譔】考定し著録する。〔礼記、祭統〕銘は其の先祖の德善功烈、勳勞慶賞聲名の、天下に列する有るを論譔し、～以て其の先祖を祀る者なり。

【論奏】事を論じて上奏する。〔唐書、劉仁軌伝〕武德の初、河南道安撫大使任瓌、上疏して論奏する所有り。仁軌其の稾を見、爲に數言を竄定す。瓌、驚異す。

【論著】著作する。〔史記、太史公自序〕太史公、遷の手を執り、泣きて曰く、～今天子、千歲の統を接ぎ、泰山に封ずるに、余れ從行するを得ず。是れ命なる夫、命なる夫。～汝、～太史と爲らば、吾が論著せんと欲する所を忘るること無かれ～と。

【論定】検討して定める。〔後漢書、楊終伝〕宣帝、博く群儒を徵し、五經を石渠閣に論定せしむ。～宜しく石渠の故事の如くすべし～と。是に於て諸儒に詔し、白虎觀に同異を論考せしむ。

【論道】道理を論じる。〔楚辞、離騒〕湯・禹、儼として祗敬し 周、道を論じて差ふこと莫し

【論難】論評し批判する。〔漢書、公孫賀等伝贊〕(桓寛)鹽鐵の議を推衍し、條目を增廣し、其の論難を極め、數萬言を著はす。

【論駁】反論する。論難する。〔三国志、魏、王粛伝〕初め肅、賈(逵)・馬(融)の學を善くし、鄭氏(玄)を好まず。同異を采會し、尙書～左氏の解を爲り、～其の論駁する所、朝廷の典制・郊祀・宗廟・喪紀・輕重、凡そ百餘篇。

【論文】文学について論ずる。唐・杜甫〔春日、李白を憶ふ〕詩 何れの時か、一樽の酒 重ねて與に細やかに文を論ぜん

【論兵】兵略を論じる。唐・杜甫〔八哀詩、秘書監江夏李公邕に贈る〕君臣、尙ほ兵を論じ 將帥、燕・薊に接す

【論弁】論じて分明にする。〔礼記、王制〕凡そ民材を官にするに、必ず先づ之れを論じ、論辨して然る後之れを使ひ、事に任へて然る後之れに爵す。

【論理】条理のある論。〔史記、李斯伝〕諫說論理の臣、側らに閒まれば、則ち流漫の志詘けらる。烈士死節の行、世に顯はるれば、則ち淫康の虞れ廢す。

【論列】列挙して論じる。漢・司馬遷〔任少卿(安)に報ずる書〕今～闒茸(卑賤)の中に在り。乃ち首を仰ぎ眉を伸べ、是非を論列せんと欲す。亦た朝廷を輕んじ、當世の士を羞しめずや。嗟乎嗟乎、僕の如き、尙ほ何をか言はんや。

↑論演 論繹／論価 評価する／論解 解明する／論劾 論難する／論誼 論議する／論詰 論難する／論決 論定する／論功 功績を論じる／論告 刑を論じる／論罪 刑罰を評定する／論策 方策を論じる／論殺 死刑を判定する／論賛 伝記の評論／論士 人物を評論する／論旨 議論の要点／論刺 論難する／論叙 論述する／論証 立証の論／論撰 論譔／論篹 論譔／論断 論定する／論篤 篤厚の論／論駮 論駁／論誹 論じそしる／論比 比較して論じる／論辟 判決する／論報 奏可／論量 比較する

↓異論・概論・各論・確論・議論・窮論・極論・愚論・空論・経論・劇論・激論・結論・言論・口論・公論・抗論・高論・鯁論・国論・細論・史論・私論・詩論・自論・持論・衆論・緒論・序論・笑論・詳論・推論・世論・正論・切論・争論・総論・俗論・卓論・談論・通論・定論・討論・讜論・篤論・難論・能論・駁論・反論・汎論・比論・謬論・評論・物論・弁論・放論・暴論・本論・無論・名論・目論・勿論・与論・余論・輿論・理論・立論

ワ

常【和】8 2690 ［龢］22 8229

ワ カ(クヮ)

やわらぐ なごむ かなう こたえる したがう

篆文 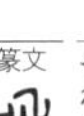

金文 

会意 禾+口。禾は軍門の象。口は𠙵、盟誓など、載書といわれる文書を収める器。軍門の前で盟約し、講和を行う意。和平を原義とする字である。〔説文〕二上に「相ひ應ふるなり」(段注本)と相和する意とするが、その義の字は龢、龠(吹管)に従って、音の和することをいう。〔周礼、夏官、大司馬〕「旌を以て左右和(禾)の門と爲す」の〔鄭注〕に「軍門を和と曰ふ。今、之れを壘門と謂ふ。兩旌を立てて以て之れを爲す」とあって、のち旌を立てたが、もとは禾形の大きな標木を立てた。のち華表といわれるものの原形をなすもので、華表はのち聖所の門に用いられる。金文の図象に、左右に両禾相背く形のものがある。〔戦国策、魏三〕「乃ち西和門を開きて、～使を魏に通ず」、〔斉一〕「交和して舍す」のようにいう。のち桓の字を用い、〔漢書、酷吏、尹賞伝〕「寺門の桓東に瘞む」の〔如淳注〕に、その制を説いて、「舊亭傳(駅)は四角の面百歩に、土を四方に築き、上に屋有り。屋上に柱の出づる有り。高さ丈餘。大板(版)有り、柱を貫きて四出す。名づけて桓表と曰ふ。縣の治する所、兩邊を夾みて各〻一桓あり。陳・宋の俗言に、桓の聲は和の如し。今猶ほ之れを和表と謂ふ」とみえ、両禾軍門の遺制を伝えるものであろう。調和の意は、龢字

の義であるが、いま和字をその義に用いる。

訓義 ①やわらぐ、講和する、友好の関係となる、むつまじい、やすらか、たのしむ、なごむ。②かなう、こたえる、あう、したがう。③声が合う、音がととのう、味がととのう、ひとしい、おなじ、あわせる。④すず、和鈴。⑤ひつぎ、棺頭のところ。⑥字はまた禾・咊に作る。

古訓 〔名義抄〕和 ヤハラグ・アマナフ・アヘモノ・カタル・ネヤス・ニコシ・ヤハシヌ・ヤハラカナリ・ヤハラカニ・シタガフ・カクル・ト・ノフ・カゾフ・ワカス・マジフ

語系 和・龢huaiは同声。諧heiは声義近く、諧和とは言の調うことをいう。龢は吹管の象に従っており、よく楽調のあうことをいう。

【和安】やすらぎ。〔史記、秦始皇紀〕(会稽刻石)天下風を承け、休經を蒙被し、皆度軌に遵ひ、和安敦勉し、令に順はざるもの莫し。

【和易】おだやかでやさしい。〔礼記、学記〕道きて牽かざれば則ち和ぎ、強めて抑へざれば則ち易く、開きて達せざれば則ち思ふ。和易にして以て思ふ、善く喩すと謂ふべし。

【和韻】他人の詩の韻によって詩を作る。〔滄浪詩話、詩評〕和韻は最も人の詩を害す。古人は酬唱して次韻せず。此の風始めて元(稹)・白(居易)・皮(日休)・陸(亀蒙)に盛んなり。本朝の諸賢、乃ち此れを以て工を鬭はせ、遂に往復八九和の者有るに至る。

【和説】なごやかに喜ぶ。〔史記、滑稽伝、褚少孫論〕武帝の時幸する所の、倡の郭舍人なる者有り。發言陳辭、大道に合はずと雖も、然れども人主をして和説せしむ。

【和会】やわらぎ集う。〔書、康誥〕惟れ三月哉生魄、周公初基めて新大邑を東國洛に作り、四方の民大いに和會す。

【和解】仲直り。〔史記、韓王信伝〕秋、匈奴の冒頓、大いに信を圍む。信數胡に使して和解を求めしむ。漢、兵を發して之れを救ふ。

【和諧】やわらぎととのう。〔左伝、襄十一年〕子、寡人～に以て諸華を正すことを教へ、八年の中、諸侯を九合す。樂の和するが如く、諧はざる所無し。請ふ、子と與に之れを樂しまん。

【和顔】やわらいだ顔つき。魏・曹植〔洛神の賦〕和顔を收めて志を靜め、禮防を申べて以て自ら持す。是に於て洛の靈、焉れに感じて、徙倚し傍徨す。神光離合し、乍いは陰く、乍いは陽らかなり。

【和気】なごやかな気分。〔礼記、祭義〕孝子の深愛有る者は必ず和氣有り。和氣有る者は必ず愉色有り。愉色有る者は必ず婉容有り。

【和議】停戦。講和。〔宋史、高宗紀六〕(紹興八年十一月)辛亥、樞密院編修官胡銓、上書直諫して和議を斥くるを以て、除名せらる。

【和恵】やわらぎ恵む。〔国語、周語上〕民の急とする所は、大事に在り。先王、大事(戦勝を祈る大祭祀)の必ず以て衆を濟ふを知る。是の故に其の心を祓除し、以て民を和惠す。

【和敬】やわらぎつつしむ。〔礼記、楽記〕是の故に、樂は宗廟の中に在りて、君臣上下、同に之れを聽くときは、則ち和敬せざること莫し。

【和光】光をつつむ。〔老子、四〕其の鋭を挫き、其の紛を解き、其の光を和らげ、其の塵に同ず。湛として存する或るに似たり。

【和厚】温厚。清・顧炎武〔広師〕文章雅に爾く、心を宅くこと和厚なるは、吾は朱錫鬯(彝尊)に如かず。學を好みて倦まず、朋友に篤きは、吾は王山史(宏撰)に如かず。

【和集】なごみ集まる。〔史記、鄭世家〕鄭の桓公友、～幽王以て司徒と爲す。周民を和集し、周民皆說ぶ。河雒の閒、人便ち之れを思ふ。

【和順】順適。宋・司馬光〔議弁、策問十道、一〕地平らかにして天成り、風雨和順なる者は、宰相の任なり。其の功烈、焉れより先なるは莫し。

【和親】親しみあう。〔三国志、蜀、諸葛亮伝〕亮、～且つ使を遣はして呉に聘し、因りて和親を結ばしめ、遂に與國と爲る。

【和声】声が合う。また、あいの手。曲後まで長く引く声。〔夢渓筆談、楽律 一〕詩の外に又和聲有り、則ち所謂曲なり。古樂府に皆聲有り、詞有り。連屬して之れを書するときは、賀賀賀・何何何と曰ふの類の如し。皆和聲なり。

【和暢】のどやか。晉・王羲之〔蘭亭集の序〕是の日や、天朗らかにして氣淸く、惠風和暢す。

【和調】調和。〔韓非子、揚権〕君、其の名を操り、臣其の形に效ふ。形名參同し、上下和調す。

【和同】集まり一体となる。〔礼記、月令〕(孟春の月)是の月や、天氣下降し、地氣上騰し、天地和同し、草木萌動す。王、命じて農事を布かしむ。

【和璧】和氏の璧。〔韓非子、和氏〕楚人和氏、玉璞を楚の山中に得、奉じて之れを厲王に獻ず。～(文)王乃ち玉人をして其の璞を理めしめて寶を得たり。遂に命けて和氏の壁と曰ふ。

【和睦】親しみあう。〔左伝、成十六年〕上下和睦し、周旋して逆らはず、求めて具はらざる無し。

【和鳴】鳥が鳴きかわす。〔詩、周頌、有瞽〕喤喤たる厥の聲 肅雝として和鳴す 先祖是れ聽き 我が客(神)戾り 永く厥の成を觀ん

【和門】軍門。〔周礼、夏官、大司馬〕遂に以て狩田す。旌を以て左右和の門と爲す。軍吏各〻其の車徒を帥ゐ、敍を以て和より出づ。

【和約】講和の条約。宋・陸游〔酔歌〕詩 劍を學ぶこと四十年 虜血、未だ鍔を染めず～戰馬は槽櫪に死し 公卿は和約を守る

【和楽】仲よく楽しむ。〔詩、小雅、常棣〕妻子好合す 瑟琴を鼓するが如し 兄弟既に翕ふ 和樂し且つ湛しむ

【和鸞】車に飾る鈴。和鑾。〔漢書、五行志上〕威儀容貌も、亦た觀るべき者なり。故に行步に佩玉の度有り。車に登るに和鸞の節有り。

↑和藹 温和／和靄 和藹／和域 静かな地域／和一 和合する／和雨 佳雨／和懌 和悦／和悦 和悦 和説／和婉 しなやか／和鉛 鉛でかく。文を作る／和応 やわらぎ応える／和雅 温雅／和愷 和楽する／和姦 合意して姦通する／和勧 仲直り／和緩 ゆるやかにする／和簡 簡素／和喜 和悦／和宜 やわらぎかなう／和協 協力／和愜 親しむ／和玉 和璧／和均 調和する／和鈞 同量／和吟 和鳴する／和煦 暖かになごむ／和景 春景／和好 親しい／和構 和睦する／和羹 塩梅／和合 むつまじくする／和雑 まぜあわす／和事 和解する／和慈 やわらぎ慈しむ／和弱 ひ弱い／和輯 和集／和春 春暖／和馴 やわらぎ馴れる／和潤 やわらぎうるおう／和舒 伸びやか／和尚 僧、上人／和章 唱和／和勝 恢復する／和上 和尚／和心 なごむ 心なごむ／和神 和粋 清らか／和清 和成 結婚する／和斉 ととのう／和清 清らか／和静 なごやか／和霽 おだやかにはれる／和旋 舞う／和善 穏和／和爽 おだやかで爽やか／和息 和解する／和遜 和順／和退 ひかえめ／和沢 つや／和弾 演奏があう／和暖 温暖／和沖 やわらぐ／和衷 うちとける／和糶 米価を調節する／和直

和正/和通　ととのう/和悌　和順/和鼎　料理する/和糴　米を買い上げる/和展　ひろげる/和擣　つきまぜる/和徳　温和/和難　和解する/和寧　やわらぎ安んずる/和売　人身売買/和買　相談して買う/和璞　和氏の玉/和比　和合する/和媚　こびる/和表　門として立てる柱、華表/和布　宣布する/和附　附和する/和傅　和従/和風　春風/和物　調和する/和平　おだやか/和宝　和璧/和墨　書く/和穆　やわらぐ/和味　調味する/和盟　友好の盟約/和薬　薬を調合する/和愉　やわらぎたのしむ/和裕　ゆとり/和融　融合する/和予　和楽/和容　おだやかな態度/和鑾　和鸞/和良　温良/和隣　善隣/和礼　礼儀正しい/和朗　なごやかで朗らか

↓安和・委和・怡和・違和・応和・温和・穏和・諧和・攬和・閑和・寛和・漢和・歓和・緩和・含和・気和・貴和・休和・共和・協和・恵和・喧和・謙和・元和・洽和・康和・媾和・講和・合和・混和・渾和・参和・慈和・修和・衆和・酬和・緝和・粛和・春和・純和・淳和・順和・舒和・倡和・浹和・唱和・燮和・親和・人和・仁和・綏和・随和・成和・清和・晴和・静和・煎和・総和・属和・太和・致和・中和・沖和・調和・通和・貞和・恬和・荅和・同和・徳和・敦和・内和・柔和・微和・不和・附和・平和・保和・飽和・民和・鳴和・融和・陽和・雍和・養和・楽和・鸞和・釐和・連和

【倭】 10 2224 ワイ(ヰ) やまと したがう

篆文

形声 声符は委。委は稲魂を被って舞う女の形で、その姿の低くしなやかなさまをいう。〔説文〕八上に「順ふ皃なり」とあり、「詩に曰く、周道倭遲たり」と〔詩、小雅、四牡〕の句を引く。〔毛伝〕に「歴遠の貌なり」とあって、倭遲は畳韻の連語。威夷・逶遲などにも作る。わが国の古名として中国の古い史書にみえ、〔漢書、地理志下〕「樂浪海中に倭人有り。分れて百餘國と爲る」の〔注〕に引く〔魏略〕に「倭は帶方東南の大海中に在り。山島に依りて國を爲す」「其の舊語を聞くに、自ら太伯(呉の始祖)の後なりと謂ふ」などの記載がある。〔後漢書、光武帝紀下〕にみえる「倭奴國」も、その古名であろう。

訓義 ①したがう、低い姿勢。②倭遲は、はるかに連なるさま。③わが国の古名。中国の史書に、倭としるす、やまと。

古訓 〔名義抄〕倭　ヤマト・イタム・オモネル・ヘツラフ・オコツル・カタム・ユヅル・タム・エラブ

語系 倭・委・萎(萎)・逶・痿 iuai は同声。委は祈年の祭に、稲魂を被って低く舞う女。男の舞う字は年。委声の字には委の声義を承けるものが多い。紆・迂 iua、宛・婉 iuan も、低い姿勢で舞う委の声義と関係がある。

【倭堕】つぶれまげ。婦女の髪型。〔玉台新詠、古楽府、日出東南隅行〕頭上には倭堕の髻　耳中には明月の珠

【倭遲】遠くめぐり連なるさま。〔詩、小雅、四牡〕四牡騑騑たり　周道倭遲たり

【倭奴】中国の史書にみえるわが国の古名。〔元史、外夷一、日本伝〕日本國は東海の東に在り。古く倭奴國と稱ふ。或いは云ふ、其の舊名を惡む。故に名を日本と改む。其の國の、日の出づる所に近きを以てなり。

↑倭夷　倭人/倭迤　めぐる/倭彝　倭夷/倭傀　醜女/倭患　倭寇/倭漢　和漢/倭寇　倭の海賊/倭国　日本の古名/倭種　倭人/倭人　日本人の古名/倭賊　倭寇/倭妥　美しいさま/倭刀　日本刀/倭名　和名

【窊】 10 3023 ワ くぼみ

篆文

形声 声符は瓜の省形。〔説文〕七下に「汙衺、下きなり」とあって、くぼみのような低いところをいう。

訓義 ①くぼみ。②ひくい土地。

古訓 〔名義抄〕窊　クボム　〔篇立〕窊　マガレリ・クボム・マガル

↑窊下　くぼみ/窊陷　くぼ地/窊黷　汚下/窊隆　高低

↓深窊・痺窊・窅窊・隆窊

【話】 13 0266 ［譮］ 20 0866 ワ カイ(クヮイ) はなす はなし

篆文

籀文

形声 声符は舌。舌の初形は舌。舌は氏(厥の初形)と口とに従う。口は𠙵、祝禱や盟誓を収める器の形。それにものを削る厥を加えるのは、その器中の祝禱や盟誓を傷つけて、効力を失わせる行為である。そのような目的でことさらにいうことを話という。〔説文〕三上に「會合して善言するなり」(段注本)とするが、〔一切経音義、七〕に「訛言なり」とあって、人を譏り呪詛するような言をいう。善悪の二義を含む語であるらしく、〔詩、大雅、抑〕「其れ維れ哲人は　之れに話言を告ぐれば　順德を之れ行ひ　其れ維れ愚人は　覆つて我を僭すと謂ふ　民各と心有り」とみえる。字形を以ていえば、人を譖譏する語であったのであろう。〔説文〕に、籀文として譮を録している。

訓義 ①はなす、ほめる、そしる。②はなし、ものがたり、作りばなし、なまりことば。③はじる。④ことわる、おさめる。

古訓 〔名義抄〕話　モノガタリ・アヤマツ・サキラ・コトワル・ウツ・カタラフ・ハヂ・ウレフ・マコト　〔篇立〕話　モノガタリ・ウツタヘ・ウレフ・コトバ・コトワル・アラソフ・カタル・タメラフ

語系 話 huat は劂 hiuat、缺(欠) khiuat と声義の関係があり、劂の声義の関係は、僞(偽) ngiuai と譌 nguai との関係に似ている。譌とは訛言をいう。話とは本来は人を譏刺する語をいうものであろう。また話と

【話旧】懐旧談。宋・陸游〔雑感、六首、一〕詩　相ひ逢うて舊を話せんと欲す　意極まりて、轉た言を忘る

【話言】善言。戒告の言。〔左伝、文六年〕古の王者、命の長からざるを知る。~之れが風聲を樹て、之れが采物を分ち、之れが話言を著はし、之れが律度を爲り、之れが藝極を陳ぶ。

【話説】語る。〔顔氏家訓、風藻〕北人何ぞ無くして、便爾として話說し、相ひ訪問するに及ぶ。此の如きの事、人に加ふべからざるなり。

【話談】談話。漢・王褒〔四子講徳論〕(微斯)文學曰く、懇誠を本朝の上に陳べ、話談を公卿の門に行へと。(虚儀)夫子曰く、介紹の道無し。安くに從りて公卿に行はんやと。

【話頭】話の緒口。〔鶴林玉露、甲二、了翁孫女〕陳了翁、日に家人と會食す。男女各と一席と爲す。食し已り、必ず一話頭を擧げ、家人をして答へしむ。

【話柄】話題。唐・李商隠〔雑纂、上、悪模様〕客と作りて人と相ひ争罵する、僧尼新たに還俗せる、人の話柄を攙奪(横取り)する、未だ語らざるに先づ笑ふ。

↑話私　野席に風除けをめぐらす、私語する場所/話次　話のついで/話別　お別れの辞/話本　講談

↓逸話・佳話・嘉話・会話・官話・款話・閑話・旧話・謹話・偶話・寓話・訓話・高話・講話・懇話・茶話・雑話・詩話・出話・小話・笑話・情話・神話・世話・清話・夕話・説話・叢話・俗話・対話・談話・痴話・通話・電話・童話・独話・白話・文話・平話・法話・民話・面話・夜話・野話・幽話・良話・例話

【窪】 14 3011 ［洼］ 9 3411 ワ アイ くぼみ ひくい

篆文

形声 声符は窐。圭に哇・絓の声がある。〔説文〕十一上に「清水なり」とあり、また「一に

曰く、窊くぼみなり」とし、〔玉篇〕に「深き皃なり」とあり、〔説文〕のいう「一曰」の義が本義である。

訓義 [1]くぼみ、ひくい。[2]たまり水、深い、ふかみ。[3]清水。[4]洼と通じ、まがる。

古訓 〔名義抄〕窪 クボム・マガレリ・イシマ 〔字鏡集〕窪 クボム・フカシ

語系 窪・窐・洼oeは同声。汚・洿a、窊・窳oaも声近く、同系の語。咼uai、穢・薉・濊iuatはくぼみゆがんで不正の意があり、この系統の語とみてよい。

【窪下】くぼみ。唐・陸亀蒙〔李賀の小伝の後に書す〕洞地窪下、積水沮洳(湿地)も、深き處には魚鼈の輩を活かすべし。

【窪隆】高低。凹凸。宋・蘇軾〔蒲永昇の画後に書す〕古今、水を畫くに、多く平遠の細皺を作す。其の美なる者も、能く波頭の起伏を爲すに過ぎず。人をして手を以て之れを捫さへ、窪隆有りと謂ふに至らしめば、以て至妙と爲す。

↑窪坳 くぼ地/窪坎 くぼ地/窪鏡 凹面鏡/窪然 くぼむさま/窪樽 凹石/窪地 くぼ地/窪池 深い池/窪田 低い田

↓石窪・低窪・蹄窪・卑窪

【龢】 22 8229 〔和〕 8 2690 ワ カ(クヮ) ととのう あう やわらぐ

篆文  甲骨文  金文 

形声 声符は禾。龠は笛。楽音のととのうことをいう。〔説文〕二下に「調ふなり」とし、「讀みて和と同じうす」という。〔一切経音義、六〕に引いて「音樂和調するなり」に作り、楽音の調和することをいう字である。和は軍門で和議を講ずることである。両者は字源を異にするが、通用することが多い。龢が禾声に従うのは、農耕に関する儀礼に、籥(笛)を用いることがあるからであろう。金文に勳の字があり、これも籥と力(耒の象形)とに従う。〔大克鼎〕に「克を王の服に勳はしむ」、〔士父鐘〕「永命に勳はしむ」のように用いる。龢・勳が禾・力に従うのは、農事が陰陽律呂にかなうことが重要視されたからで、のち戦国期の鄒衍は、陰陽五行を以て律呂を按じ、寒冷の北地にも農耕を可能にしたと伝えられる。

訓義 [1]ととのう、音律がととのう、あう、かなう。[2]やわらぐ。[3]和と通用する。

古訓 〔字鏡〕龢 マジハル

語系 龢・和huaiは同声。諧heiも声近く、皆声の字にも和協の意をもつものがある。皆とは相ともに誓うことをいう。

＊語彙は和字条参照。

↑龢囉 鳴り響く音

ワイ

【歪】 9 1010 〔竵〕 18 0112 ワイ ゆがむ ひずむ

篆文 

会意 不＋正。歪は不正の二字を合わせた俗字。〔説文〕立部十下に「竵は正しからざるなり」とあり、咼声とする。その声が転じ、のち歪が作られた。立は儀礼の場所、咼は咼れを以てものを注ぐ形の字であるが、用例がなく、その初義を考えることができない。

訓義 [1]ゆがむ、ひずむ。[2]正しくない。

古訓 〔字鏡集〕歪 ユガム・アザケル

↑歪貨 ののしる語/歪曲 ひんまげる/歪才 邪才/歪心 邪心/歪人 邪悪の人/歪変 歪曲する/歪剌 ののしる語

【淮】 11 3011 ワイ エ(ヱ) カイ(クヮイ)

篆文  甲骨文  金文 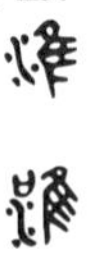

形声 声符は隹。隹に維・堆の声がある。〔説文〕十一上に、南陽より東南流して海に入る水名とする。古くその域に淮夷とよばれる夷系の族があり、下流に青蓮崗文化がさかえ、歴史時代に入っては金や織物などの物産があった。西周後期の金文〔兮甲盤〕に「淮夷は舊も我が貢畝の人なり」と、その産物を朝貢することを述べている。のち春秋期にわたってしばしば中原諸族の侵寇を受けた。〔詩、大雅、江漢〕〔詩、魯頌、泮水〕などに、淮夷を伐ち、その献捷のことを歌っている。

訓義 [1]川の名、淮水。またその地に住む淮夷。[2]匯・囲と通じ、かこむ。

古訓 〔名義抄〕淮 トマリ・ヒロシ 〔字鏡集〕淮 トマリ・アラフ・ヒロシ・ソ・グ・アツム

声系 〔説文〕に淮を「戸乖切」とし、淮声として匯十二下を録し、「胡罪切」の附音がある。それが字の本音であろう。

語系 淮はもと水の迂曲会集する意をもつ語であろう。淮・回huaiは同声。違(違)hiuaiも、もとめぐる意の語である。會(会)huat、運(運)hiuanも、声義に通ずるところがある。

【淮夷】古く淮域にいた沿海族。〔詩、魯頌、泮水〕憬かなる彼の淮夷 來りて其の琛(宝)を獻ず 元龜象齒あり 大いに南金を賂る

【淮枳】淮北では橘を枳という。〔周礼、考工記、総目〕橘、淮を踰えて北すれば枳と爲る。鸜鵒は濟(水名)を踰えず。貉(むじな)、汶(水名)を踰ゆれば則ち死す。此れ地氣の然らしむるなり。

↑淮汭 淮の河曲/淮豆 豌豆/淮瀆 淮水

【猥】 12 4623 ワイ みだりに いやしい おおい

篆文 

形声 声符は畏。〔説文〕十上に「犬の吠ゆる聲なり」とあり、犬がみだりに吠えかかる意とする。「猥りに」はもと自謙の語で、畏は畏懼する意。おそれはばかることをいう。のち猥細・猥雑・猥褻など、みだりがわしいことをいう。

訓義 [1]みだりに、いやしくも、まげて。[2]いやしい、みだれる。[3]おおい、さかん。[4]みだりがわしい、つかれよわる。

古訓 〔名義抄〕猥 ミダリガハシ・マグ・マガル・イヤシ・モロシ・アツマル・イヌノコ・ニハカニ・オソル・ヲツ

語系 猥ai、穢iuatは声義近く、猥雑の意がある。猥はまた回huai、違(違)hiuaiと声義に通じるところがある。

【猥細】みだりがわしいこと。〔夢渓筆談、故事二〕百官の儀範、著令の外、諸家の記す所にして尙ほ遺有る者、至りて猥細なりと雖も、亦た一時の儀物なり。

【猥雑】ごたまぜ。〔南斉書、礼志上〕晉初、太學生三千人、既に多く猥雜なり。惠帝の時、其の涇渭(清濁)を辯かたんと欲す。~太學と國(子)學と、斯れは是れ、晉の世、其の士庶を殊にし、其の貴賤を異にするのみ。

↑猥役 雑役/猥下 下卑/猥官 臨時のやとい/猥妓 賤妓/猥計 総計/猥巷 露路うら/猥瑣 猥細/猥砕 猥細/猥酒 雑酒/猥衆 ごたごたと大勢/猥小 いやしくつまらない/猥娼 賤妓/猥縟 ごたまぜで、わずらわしい/猥人 みだりがわしい人/猥屑 みだりがわしく、賤しい/猥褻 みだら/猥賤 卑賤/猥俗 みだりがわしい風俗/猥多 雑多/猥大 ごたごたとして大きい/猥談 猥褻な話/猥薄 いやしく軽薄/猥濫 わずらわしく、腹だたしい/猥劣 卑陋

↓淫猥・雑猥・衆猥・冗猥・積猥・貪猥・卑猥・鄙猥

入
【隈】 12 7623 ワイ くま すみ きし

篆文 

形声 声符は畏。畏に畏懼して、回避する意がある。〔説文〕十四下に「水の曲れる隩なり」、また隩字条に「水の隈厓なり」という。𠂤は神梯の象で聖域、隈とは深奥、恐懼すべきところをいう。神異のあるところであった。

訓義 1くま、水のいりこんだところ。2すみ、かげ、奥まったところ。3がけ、きし。

古訓 〔名義抄〕隈 クマ・サクル・ハラ

語系 隈uəiは回huəi、圍(囲)・違(違)hiuəiと声義近く、隈とは委曲して隠僻のところにある聖所をいう字と思われる。

【隈隩】 入りこんだ水際。南朝宋・謝霊運〔斤竹澗より嶺を越えて渓行す〕詩 巖下、雲方に合し 花上、露猶ほ泫し 逶迤として隈隩に傍ひ 苕遞として陘峴を陟る

↑隈澳 隈隩/隈曲 水の入りこんだくま/隈入 間道

↓界隈・澗隈・岸隈・巖隈・曲隈・隅隈・江隈・山隈・四隈・城隈・水隈・瀾隈・林隈

【煨】 13 9683 ワイ うずみび

篆文 

形声 声符は畏。〔説文〕十上に「盆中の火なり」、〔玉篇〕に「盆中の火爊なり」とあり、爊はうずめてあたためる意。うずみ火をいう。

訓義 1うずみ火。2うずみ火であたためる、うずみ火でやく。3火を蓄える。

古訓 〔名義抄〕煨 ハヒ・オキビ・アツハヒ・アツシ

【煨塵】 灰となる。やけつきる。〔隋書、儒林伝序〕既にして外、四夷に事あり、戎馬息まず。師徒怠散し、盗賊群起す。~凡そ有るところの經籍、此れより皆煨塵に湮沒せり。

【煨燼】 灰となる。やけつきる。唐・陸亀蒙〔襲美の二遊詩に奉和す、徐詩〕賊卓(董卓の乱)王室を亂し 君臣、轉圜の如し 洛陽且に煨燼ならんとす 載籍宜しく煙と爲れり

↑煨芋 焼いも/煨火 埋み火/煨炙 てり焼き/煨酒 酒を温める/煨熟 とろ煮/煨春 立春の爆竹/煨鍼 やきがね/煨炭 埋み火/煨肉 てり焼き/煨熱 埋め焼き/煨煤 すす/煨栗 焼栗

↓炎煨・自煨・深煨・燔煨・炮煨

【矮】 13 8244 ワイ アイ みじかい こびと

篆文 

形声 声符は委。委は稲魂を被って舞う女の姿。姿勢を低くして舞うので、低い意がある。〔説文新附〕五下に「短人なり」とあり、〔易林〕に「足矮くして便ならず」「猨高木より墮つるも、手足を矮めず」のように用いる。小男で醜いものを矮陋、貧弱な家を矮屋という。

訓義 1みじかい、ひくい。2こびと、小さい。

古訓 〔字鏡〕矮 ミジカシ

語系 矮・委・萎(萎)・逶・痿iuəiは同声。みな委の声義を承け、低くたどたどしいものの意がある。

【矮屋】 小さな家。〔開元天宝遺事、天宝上、依氷山〕張生(彖)、吏道有り、政事に勤む。~太守令尹、抑へて從はず。張生曰く、大丈夫、凌霄(大空をしのぎ)蓋世(一世をおおう)の志有るも、下位に拘せらるるは、身を矮屋中に立て、人をして擡頭し得ざらしめるが若ごとし。遂に衣を拂つて長往し、嵩山に歸遯す。

【矮奴】 小びと。唐・白居易〔道州の民〕詩 道州の民 侏儒多し 長き者も三尺餘に過ぎず 市ひて矮奴と作して、年ごとに進送す 號して道州任土(物産)の貢と爲す

↑矮軀 短軀/矮子 小びと/矮小 小さい/矮牆 低い垣/矮人 短人/矮短 短小/矮陋 短小でいやしい

常
【賄】 13 6482 ワイ カイ(クヮイ) おくる まいない たから

篆文 

形声 声符は有(有)。有は肉を手にもつ形で、「侑むる」意がある。〔説文〕六下に「財なり」とあり、〔詩、衛風、氓〕「爾の車を以て來たれ 我が賄を以て遷らん」の〔伝〕に「財なり」という。人に贈ることを本義とし、〔左伝、文十二年〕「厚く之れに賄る」のように用いる。〔左伝、襄二十八年〕「事を先にして賄を後にするは、禮なり」とあって、謝礼として贈るのはよいが、〔左伝、昭六年〕「亂獄滋ます豐く、賄賂並びに行はる」のように、請託は賄賂にして不正なるものとされた。

訓義 1おくる、謝礼としておくる、まいないとしておくる。2まいない、わいろ。3たから。

古訓 〔名義抄〕賄 オクル・タカラ 〔字鏡集〕賄 オクル・マヒナヒ・タカラ

語系 賄xuəiは有・右・宥hiuəと声義の関連がある。有は肉を以て侑める意。賄は財を以て侑めることをいう。神の心をうることを宥といい、佑助を右という。本来は神意を和らげるために、神に侑める意である。

【賄贈】 返礼として礼物を贈る。〔礼記、聘義〕賓、私に面し私に覿ゆるとき、饔餼を致し、圭璋を還す。賄贈・饗・食・燕は、賓客・君臣の義を明らかにする所以なり。

【賄賂】 まいない。財貨を以て請託する。〔南史、后妃下、(陳)張貴妃伝〕時に(陳)後主、政事に怠る。~閹宦便佞の徒、内外交結し、轉た相ひ引進す。賄賂公行し、賞罰常無く、綱紀瞀亂す。

↑賄遺 賄賂/賄貨 財物/賄交 お金の交際/賄謝 賄贈/賄囑 賄賂/賄託 請託/賄脱 賄免/賄買 買収する/賄免 贈賄によって免脱する

↓貨賄・姦賄・賕賄・行賄・厚賄・坐賄・財賄・市賄・資賄・収賄・贈賄・贓賄・貪賄・徵賄・通賄・贖賄・納賄・用賄・容賄・労賄

【碨】 14 1663 ワイ

形声 声符は畏。畏に隈の声がある。碨磊は石がごろごろしているさま。

訓義 1石のようす、石がごろごろとしているさま。2声がこもるさま。声がこもって、あふれでるさま。

古訓 〔字鏡集〕碨 サシ(レ)イシ

↑碨柍 こもり声/碨磊 石のごろごろしているさま

【薈】 17 4460 ワイ しげる おおう くらい

篆文 

形声 声符は會(会)。〔説文〕一下に「艸多き皃なり」とし、草の生い茂ることをいう。〔詩、曹風、候人〕「薈たり蔚たり 南山に朝隮あり」とあって、朝隮は虹、薈・蔚はそのたちあらわれるさまをいう。虹は陰陽の気であるから、情事を歌い起こす発想に用いた。下句に「季女斯に飢う」とあって、飢とは愛情に飢渇することをいう。

訓義 1しげる、おいしげる。2おおう、おおいしげる。3くらい、うすぐらい、かげる。4くもおこる、きりこもる。

古訓 〔名義抄〕薈 シゲル・サカリ・ウルフ

語系 薈uat、鬱iuət は声義近く、ともに茂盛の意。蔚iuət、彧・郁iuək、蘊iuən、菀iuanは、みな声義の関係がある。

【薈蔚】 雲霧がたちこめるさま。草木が生い茂る。宋・李格非〔洛陽名園記、水北胡氏園〕林木薈蔚として、煙雲掩映す。高樓曲榭、時に隱れ時に見はる。~之れに名づけて玩月

墓と曰ふ。

【薈蕞】細かいものを集める。乱雑。清・銭謙益〔右参政陳府君墓誌銘〕君、博識強記、經史を貫穿す。尤も四部中の儷事・駢語を擷摭し、比類し相ひ從はしむ。古人の所謂ゆる薈蕞技癢の者の如し。

↑薈鬱　薈蔚／薈翳　こんもりとしげる／薈粋　薈萃／薈萃　集まる

↓蔚薈・翳薈・蓊薈・榛薈・叢薈・茅薈・穢薈

【薉】

17
4425
ワイ
あれる　あれくさ

篆文

形声 声符は歳（歳）。歳に穢の声がある。〔説文〕一下に「蕪るるなり」、前条に「蕪は薉るるなり」とあって互訓。

訓義 ①あれる、あれくさ。②けがれ、けがれる、汚行。③穢と通じ、けがれる。

↑薉孽　禍害／薉薉　茂るさま

↓蓊薉・榛薉・草薉・塗薉

【穢】

18
2195
ワイ　エ（ヱ）アイ
けがす　けがれ　あれる

篆文

形声 声符は歳（歳）。歳に濊・薉の声がある。みな汚穢の意。〔詩、周頌、良耜〕の〔箋〕に「草穢既に除かれ、禾稼茂る」というように、穢とは禾間の雑草をいう。転じて醜穢・穢俗の意とする。

訓義 ①けがす、けがれ。②あれる、雑草がしげる。③わるい、わるもの。④濊と通じ、夷族の一。

古訓 〔名義抄〕穢　ケガル・ケガス・ケガラハシ・ケキタナシ

語系 穢・濊・薉 iuat は同声。汚・洿 a、洼 oe、窊 oa も声義近く、みな汚穢をいう。

【穢汚】けがれ。〔抱朴子、論仙〕富貴を以て不幸と爲し、榮華を以て穢汚と爲す。厚玩を以て塵壤と爲し、聲譽を以て朝露と爲す。

【穢気】臭気。〔癸辛雑識、続集上〕（回回送終）回回の俗、凡そ死者に專ら浴屍するの人有り。大銅瓶を以て、口より水を灌ぎ、腸胃を蕩滌し、穢氣盡さしむ。又頂より踵に至るまで淨洗す。

【穢語】野卑な語。聞くにたえぬ語。〔李義山雑纂〕（聞くに忍びず）孤館に猿啼く、市井の穢語。

【穢行】みにくい行為。〔世説新語、品藻〕孫興公（綽）・許玄度（詢）は皆一時の名流なり。或いは許の高情を重んじて、則ち孫の穢行を鄙しみ、或いは孫の才藻を愛して許に取る無し。

【穢史】不公正な歴史記述。〔魏書〕をいう。〔北史、魏収伝〕時論、既に收の著せる史の平ならざるを言ふ。～是に於て衆口諠然、號して穢史と爲し、牒（書）を投ずる者相ひ次ぐ。收以て之れに抗する無し。

【穢濁】けがれる。〔後漢書、何進伝〕（宦官張）讓等、進を詰りて曰く、天下憒憒たるは、亦た獨り我が曹の罪のみに非ざるなり。～卿は言ふ、省内穢濁なりと。公卿以下、忠清なる者を誰と爲すと。是に於て、～進を嘉德殿前に斬る。

【穢徳】悪徳。不徳。〔左伝、昭二十六年〕齊に彗星有り。齊侯之れを禳はしめんとす。晏子曰く、益無きなり。～天の彗有るは、以て穢を除かんとするなり。君に穢德無くんば、又何ぞ禳はん～と。

【穢累】けがれ。わずらわしさ。俗事。魏・嵆康〔游仙詩〕藥を鍾山の隅に採り　服食して姿容を改む　蟬蛻して穢累を棄て　交はりを結んで板桐（崑崙の山名）に家せん

【穢陋】賤しい。漢・傅毅〔迪志詩〕伊れ余れ小子　穢陋にして逮ぶ靡なし

↑穢悪　けがし賤しむ／穢貨　金銭を貪り名を汚す／穢墟　荒れはてた旧址／穢穴　便所の汲み取り口／穢言　きたないことば／穢垢　けがれ／穢荒　荒れはてる／穢溷　けがれ濁る／穢訾　潔癖／穢疾　悪疾／穢臭　悪臭／穢辱　侮辱／穢塵　けがれ／穢跡　悪事／穢賤　けがれて賤しい／穢俗　汚俗／穢談　げびた話／穢土　俗悪な現世／穢慝　けがれ／穢嚢　けがれたからだ／穢誣　けがし陥れる／穢蕪　雑草で荒れはてる／穢聞　醜聞／穢莽　穢蕪／穢乱　けがれ乱れる／穢廉　清濁／穢薈　雑草で荒れはてる

↓悪穢・耘穢・汙穢・奸穢・朽穢・去穢・凶穢・釁穢・群穢・行穢・垢穢・荒穢・溷穢・雑穢・芟穢・残穢・滓穢・邪穢・臭穢・衆穢・醜穢・浄穢・触穢・榛穢・塵穢・腥穢・賤穢・草穢・叢穢・濁穢・貪穢・滌穢・徳穢・煩穢・鄙穢・腐穢・蕪穢・祓穢・糞穢・無穢・廉穢

ワク

人
【或】

8
5310
ワク　ヨク　コク　イキ（ヰキ）
くに　あるいは　うたがう

篆文　金文

会意 口＋戈。口は城郭の象。これを戈をもって守る意で、國（国）の初文。國は或にさらに囗を加えた形。金文に或を国の意に用いる。〔説文〕十二下に「邦なり。口に從ひ、戈に從ひ、以て一を守る。一は地なり」（小徐本）とし、域を重文としてあげる。一は境界の意。或・域・國はもと一字。或がのち域と國とに分化したとみてよい。或はまた又（又）・有（有）とも声義が通用し、有が一般的にある意であるのに対して、或は限定的な有であるため「あるいは」の意となり、不特定の意となる。〔論語、為政〕「或ひと、孔子に謂ふ」は不特定の人、〔詩、豳風、鴟鴞〕「敢て予れを侮ること或らんや」は有の限定的用法である。惑と通用し、〔孟子、告子上〕「王の不智なるを或ふこと無かれ」とあり、疑惑の意に用いる。

訓義 ①くに、地域。國・域の初文。②ある、限定的にある、あるいは。③不特定のもの、あるひと、あるもの、ある場合、場合によっては。④又・有と通じ、ある、また。⑤惑と通じ、まどう、うたがう、あやしむ。

古訓 〔名義抄〕或　アリ・アルイハ・マタ・アルヒト・アルトキ・ツネニ・モシ・マドフ・ミダリガハシ・クニ／或者　モシクハ

声系 〔説文〕に或声として惑・淢・閾・聝・國・彧など十二字を収める。彧は〔説文〕十一下に「水の流るる皃なり」（段注本）とするも、𩰫（郁）七上に「文章有るなり」とするように、彧は戈に呪飾を加えた形。また彧に作る字があり、巛・彡は、ともにその呪飾の形である。

語系 或・域 hiuək は同声。國 kuək は邑の外辺に城壁を加えた形で、武装都市をいう。

【或問】問答体の書。宋・朱熹〔中庸章句の序〕（石氏の書）其の繁亂を删り、名づくるに輯略を以てし、且つ嘗て論辯取舍する所の意を記し、別に或問を爲りて、以て其の後に附す。

【或或】まどうさま。惑惑。〔史記、賈生伝〕（鵩鳥の賦）衆人は或或たり、好惡、意に積む。眞人は淡漠なり、獨り道と息ふ。

↑或疑　まどい疑う／或者　あるいは／或人　あるひと／或是　あるいはこれ／或乃　あるいは／或乱　惑乱する

常
【惑】

12
5333
ワク
まどう

篆文

金文

意がある。〔説文〕十下に「亂るるなり」とあり、惑乱することをいう。

訓義 ①まどう、うたがう、あやしむ。②みだれる、もとる、まよう。

古訓 〔篇立〕惑 ワザハヒ・マドフ・ウタガフ・マドヘル・オモミル・アヤマツ

語系 惑・或・域 hiuək は同声。意(意)・億(億) iək は推測の意。或・惑と声義に通ずるところがある。

【惑易】まどい乱れる。〔韓非子、内儲説下〕燕人に、其の妻、私かに士に通ずる有り。其の夫、早く外より來たり、士、適ま出づ。夫曰く、何の客ぞと。其の妻曰く、客無しと。左右に問ふ。~一口に出づるが如し。其の妻曰く、公、惑易せるのみと。因りて之れに浴するに狗矢(尿)を以てす。

【惑疑】まどいうたがう。〔易林、履之蠱〕齊景、惑疑し、孺子の牛と爲る。嫡庶明らかならず、賊孽患ひを爲す。

【惑誤】迷って判断を誤る。〔楚辞、九章、惜往日〕君の聰明を蔽晦し、虛りて惑誤せしめ、又以て欺く。

【惑世】世を迷わす。明・方孝孺〔鄭叔度に与ふる書、八首、三〕屈原の離騷は、~(司馬)相如・揚雄の流の、富艶を夸り、采色を眩くし、精を窮め慮を畢くして之れを爲し、以て世を惑はす者に非ず。

【惑乱】まどい乱れる。〔史記、秦始皇紀〕(李斯の上言)今諸生、今を師とせずして古を學び、以て當世を非り、黔首(人民)を惑亂す。~古を以て今を非る者は、族(滅)せん。

↑惑意 邪心/惑営 まどいなやむ/惑熒 まどう/惑眩 くらみまどう/惑蠱 まどわしのろう/惑志 心をまどわす/惑疾 錯乱する/惑主 暗君/惑衆 衆人をまどわす/惑術 妖術/惑心 疑惑/惑溺 まどい溺れる/惑媚 まどわす/惑謬 惑誤/惑蔽 心がおおわれてまどう/惑変 まどわし変化する/惑悶 まどい悩む

↓違惑・淫惑・回惑・晦惑・解惑・詭惑・偽惑・欺惑・疑惑・去惑・祛惑・恐惑・誑惑・驚惑・愚惑・傾惑・熒惑・嫌惑・幻惑・炫惑・眩惑・狐惑・蠱惑・荒惑・惶惑・困惑・昏惑・志惑・衆惑・拙惑・窃惑・爽惑・耽惑・溺惑・妬惑・当惑・煩惑・不惑・蔽惑・変惑・弁惑・魅惑・迷惑・蒙惑・誘惑・憂惑・妖惑・乱惑・論惑

【篗】16 8840 ワク わく

篆文

形声 声符は蒦。蒦に臒・矱の声がある。〔説文〕五上に「絲を収むる所以の者なり」(段注本)とあり、かせ糸を巻きとる器。国字の枠は、その音を用いてよむ。

訓義 ①かせ糸を巻きとる器。

古訓 〔新撰字鏡〕篗(籰) 和久(わく)、又、糸を纏ふ者なり。久太(くだ)〔和名抄〕篗 和久(わく)。今、俗に乎多万岐(をだまき)と呼ぶ

【臒】18 7444 ワク にしんしゃ

篆文

形声 声符は蒦。〔説文〕五下に「善丹なり」とあり、〔山海経、南山経〕に「雞山、~其の下に丹臒多し」「侖者の山、~其の下に青臒多し」とみえる。これを建造物や器具に塗って彩飾とした。保存にもよく、美観をたすけるので、聖色として、信仰の上からも貴重とされた。

訓義 ①丹、丹のつち、辰砂。②丹のいろ。

古訓 〔名義抄〕丹臒 ニヌリ・イロドル 〔篇立〕臒 フキフネ・イロドル

↓金臒・朱臒・青臒・丹臒・粉臒

【彠】26 1434 ［蒦］14 4440 ［矱］19 8444 ワク カク(クヮク) はかる のり

篆文

形声 声符は蒦。蒦は獲(獲)の初文。〔説文〕四上に「蒦は規蒦、商るなり。又の萑を持するに従ふ。一に曰く、視ること遽しき皃なり。一に曰く、蒦度するなり」とあり、字を会意とする。また重文として彠を録し、「蒦、或いは尋に従ふ。尋も亦た度るなり」とし、〔楚辞、離騷〕「矩彠(法度)の同じき所を求めよ」の句を引く。彠は今本に矱に作る。萑は冠毛のある鳥。これに又(又)を加える(手に執る)のは、鳥占の意であろう。尋は左右の字を縦に重ねた形で、左右に呪器をもち、神の所在を尋ね求める意。それで思いはかること、法度の意となる。字はまた矱に作る。

訓義 ①はかる、神にはかる。②ものさし、のり。③擭と通じ、つかむ、とる、にぎる、もつ。④矍と通じ、きょろきょろ見る。

古訓 〔名義抄〕彠 ハカル・カザル 〔字鏡集〕彠 カザル・ワタル・カタクミル・トホクミル

声系 〔説文〕に蒦声として臒・穫(穫)・獲・蠖・鑊など十二字を収める。篗も同声。「からめとる」の意をもつ字が多い。

↓規彠・矩彠

ワク

【枠】常 8 わく

国字 本字は篗。篗は〔説文〕五上に「絲を収むる所以の者なり」(段注本)とあって、かせ糸を巻きかえすもの。中心に回転する軸をつけた木の枠を設けて、糸を巻きとる。またそのような形に、方形に木を組むものをいう。「わく」は篗の字音をそのままとる。古く〔新撰字鏡〕に「篗 和久(わく)」とみえる。枠の字は、〔滑稽本東海道中膝栗毛、五下〕などにその字がみえるが、字源は明らかでない。

訓義 ①かせ糸を巻きとる道具、糸わく。②糸まきのように、細い木で周囲をかこうもの。③仕切りの線、境界のための施設。④全体を囲む線。⑤全体としての範囲・限度。

ワン

【剜】10 3220 ワン えぐる けずる

篆文

形声 声符は宛。宛は廟中に人が坐して祈る形で、ふくよか、まろやかの意がある。肉をまるくけずるように切り取ることを剜という。〔説文新附〕四下に「削るなり」とあり、底からえぐるようなとりかたをいう。上を鋭くそぐことを削るという。〔六部成語、刑部〕に「剜眼の刑」とみえる。

訓義 ①えぐる、えぐりとる。②けずる、けずりとる。

古訓 〔新撰字鏡〕剜 久自利恵留(くじりゑる) 〔篇立〕剜 ヱル・クヽル・コル・クジル・キル・ケヅル・ワル・ホフル・スル

語系 剜・盌(椀)・㼝 uan は同声。盌は木を刳って作った食器。剈 uyan は〔玉篇〕に「剜るなり」とあって、声義の近い語である。刓 nguan も削る意で、同系の語である。

↑剜剜 窪む/剜改 えぐりとって正す/剜開 くじりあける/剜眼 眼をえぐりとる/剜削 えぐってそぎとる/剜肉 肉をえぐりとる/剜補 えぐりとりなおす

↓改剜・雕剜・刀剜

【盌】10 2710 ［椀］12 4391 ［㼝］10 2771 ［鋺］16 8311 ［碗］13 1361 ワン はち

篆文

金文

その他

形声 声符は夗。夗は人が坐して、ひざをまるくしている形。そのまるくふくよかな形のものをいう。材質によって盌・椀・瓮・鋺・碗というが、みなはち形のもの。殷・周の青銅器に盂といものがあり、儀礼の際に用いるが、盂もゆるくまがるものの意で、盂は深い鉢の形。みな命名の法が似ている。

訓義 ①わん、はち。大なるを盂という。②字はまた椀・瓮に作る。

古訓 〔新撰字鏡〕椀 万利(まり)〔和名抄〕鋺 日本靈異記に云ふ、其の器は皆鋺なりと。俗に加奈万利(かなまり)と云ふ。今案ずるに、鋺の字未だ詳らかならず。古語に椀を謂ひて末利(まり)と爲す。宜しく金椀の二字を用ふべし／盌 辨色立成に云ふ、末利(まり)。俗に毛比(もひ)と云ふ〔名義抄〕盌マリ・モヒ／椀 イホテ・コロモハリ・マリ・モヒ

語形 盌・椀・瓮・剜uanは同声。剜は椀のような形に器を刳り削って作ることをいう。削uyanや、また刓nguanも、そのように削りとることをいう。削は〔段注〕四下に「抉りて之れを取るなり」とする。夗・宛iuanと于hiua、迂・紆iuaと声義近く、ゆるくめぐるようなさまをいう語である。

【盌遂】 一盌の酒をのむ。コップ酒。〔東京夢華録、四、会仙酒楼〕一人獨飲すと雖も、盌遂も亦た銀盂の類を用ふ。其の菓子菜蔬、精潔に非ざる無し。

【盌脱】 型で作った椀のように、形が酷似する。型ぬき。〔朝野僉載、四〕則天(武后)革命し、人を擧ぐるに、試みずして皆官を與ふ。起家して御史・評事・拾遺・補闕に至る者、勝げて數ふべからず。張鷟謡を爲りて曰く、補闕は車を連ねて載せ、拾遺は斗を平らして量る。把椎す(うち出す)侍御史、盌脱す校書郎と。

↑盌子 碗／盌唇 碗の口べり／盌注 古い雑技の一、玉を出没自在に扱う

↓瓦盌・玉盌・金盌・銀盌・漆盌・酒盌・茶盌・斗盌・白盌・浮盌・覆盌・茗盌

【惋】 11 9301 ワン なげく

形声 声符は宛。宛は廟中に人が坐する形。嘆き訴えるときの姿勢である。その心情を惋という。〔説文〕にこの字を収めず、魏の武帝の〔善哉行〕に「惋歎」の語がみえる。〔玉篇〕に「驚き歎ずるなり」という。怨は文字要素の同じ字であるが、その字は「慍むなり」「枉なり」「讐なり」の訓のある字で、声義ともに異なる字である。

訓義 ①なげく、おどろきなげく。②かなしむ、おとろえる。

古訓 〔名義抄〕惋 ウラム〔字鏡集〕惋 オドロキナゲク・ウラム

語系 惋uanは怨・冤iuanと声義近く、驚嘆の意から、うらみなげく意となる。

【惋愕】 驚きなげく。〔晋書、桓温伝〕(上疏)會稽王昱の書を獲たるに、說ふ、風塵紛紜、妄りに疑惑を生じ、辭旨危急、憂へ社稷(国家)に及べり。之れを省して惋愕し、由る所を解せず。

【惋傷】 なげき悲しむ。唐・杜甫〔公孫大娘の弟子、剣器を舞ふを觀る行〕詩 臨穎の美人、白帝に在り 此の曲を妙舞して、神揚揚たり 余と問答すること、既に以有り 時に感じ事を撫して、增ます惋傷す

【惋惜】 残念がる。〔世説新語、汰侈〕石崇と王愷と豪を争ふ。～武帝は愷の甥なり。毎に愷を助け、嘗て一珊瑚樹の高さ二尺許なるを以て、愷に賜ふ。～崇、視ること訖り、鐵如意を以て之れを撃ち、手に應じて砕く。愷、既に惋惜す。又己の寶を疾むと以爲ひ、聲色甚だ厲し。

【惋怛】 なげき悲しむ。〔晋書、王羲之伝〕(殷浩に遺る書)安西の敗喪を知り、公私惋怛す。須臾も懷ひを去ること能はず。～此れ熟念すべし。

【惋歎】 なげき悲しむ。宋・蘇軾〔宋漢傑に与ふる書、二首、一〕某初めて仕へ、卽ち先公を佐け、顧遇の厚きを蒙る。何れの時にか忘るべけん。流落闊遠(久しくご無沙汰)、昆仲の息耗(消息)を聞かず。毎に以て惋歎す。～三十餘年、晨しを隔つるが如きのみ。

【惋懣】 憤りなげく。〔魏書、景穆十二王下、中山王英伝〕英に詔して曰く、～必ず勝捷を期せしに、出軍淹滞し、肥梁已に陷る。之れを聞きて惋懣す。實に本圖(本来の計)に乖けり～と。

↑惋慨 なげく／惋結 心に鬱結する／惋恨 悵恨する／惋切 残念に思う／惋愴 いたみかなしむ／惋悵 いたみなげく／惋怒 なげき怒る／惋悼 なげきいたむ／惋慟 悲しみなげく／惋憤 なげきいきどおる／惋悒 いぶせくおもう

↓哀惋・駭惋・驚惋・恨惋・嗟惋・羞惋・悽惋・怛惋・嘆惋・歎惋・惆惋・悵惋・悲惋・憤惋

人【椀】 12 4391 〔盌〕 10 2710 人〔碗〕 13 1361 ワン はち

形声 声符は宛。宛は人が廟中に坐する形で、ひざのまるくふくよかな形から、そのような状態のものをいう。中国では古く盌の字を用い、わが国では多く椀を用いる。陶器のものには碗、金属製のものには鋺を用いる。盌は皿形の形状よりいい、椀は木製のものをいう。これらの字の古訓については、盌字条参照。

訓義 ①わん、木のわん。②はち、小ばち。

＊語彙は盌字条参照。

【椀花】 茶をたてて浮かぶ泡。唐・皇甫冉〔陸鴻漸(羽)の、棲霞寺に茶を採るを送る〕詩 借問す、王孫草 何れの時にか椀花を泛べん

【椀珠】 古い雑技に弄椀珠伎があり、略して椀珠という。元・呉萊〔椀珠伎〕詩 椀珠は聞く、宮掖より來たると 長竿の寶椀、手中に回る

↑椀盂 はち／椀器 椀など／椀杓 椀と杓／椀脱 盌脱／椀茗 椀の茶

↓玉椀・香椀・漆椀・汁椀・茶碗・籌椀・斗椀・灯椀・熱椀・氷椀・捧椀・鏤椀

常【湾】 12 3012 〔灣〕 25 3212 ワン いりうみ

形声 旧字は灣に作り、彎声。彎に彎曲の意があり、入江・入海のように彎曲する地勢のところをいう。六朝期の頃から用例がみえる。

訓義 ①いりうみ。②いりこむ、まがりこむ。

古訓 〔新撰字鏡〕灣 水回るなり。左加万支(さかまき)〔名義抄〕灣 セ、ラク・フカシ・ミドリ・ナミ・ミヅノホトリ・サヤカニ・ミナアヒ

語系 灣・彎oanは同声。彎は弓に矢をつがえて関く意。その弓が彎曲することをいう。關(関)koanは声義に関係のある語である。盌・剜uanもまるく刳る意があり、また声義の関係が考えられる。

【湾洄】 河水のいりこんだところ。宋・黄庭堅〔出でて使客を迎ふ～〕詩 樓閣、人家、簾幕を捲き 菰蒲、鷗鳥、灣洄に樂しむ

【湾環】 湾洄。唐・白居易〔止水を玩ぶ〕詩 廣狹、八九丈 灣環、涯涘(はて)有り 淺深三四尺 洞徹、表裏無し

【湾碕】 入江の岸べ。宋・王安石〔初夏即事〕詩 石梁、茅屋、灣碕有り 流水、濺濺として、兩陂を度る 晴日煖風、麥氣を生ず 綠陰幽草、花時に勝れり

【湾然】 水が弓なりに入りこむさま。唐・柳宗元〔永州の

崔使君に陪して、南池に遊讌するの序〕零陵の城南、環らすに群山を以てし、延ぶるに林麓を以てす。其の崖谷の委會するや、則ち泓然として池と爲り、灣然として溪と爲る。

【灣頭】　入江のほとり。唐・孟浩然〔舟子に問ふ〕詩　灣頭正に泊するに堪へたり　淮裏、風波足る

【灣灣】　灣ごとに。また、上旬の月の形容。〔水経注、沅水〕（明月池）白壁灣灣、狀半月のごとく、淸潭鏡澈、上は則ち風籟空しく傳へ、下は則ち泉響斷えず。行く者、檝を擁して嬉游し、徘徊愛玩せざる莫し。

➡灣磯　入江のいそ／灣曲　灣曲／灣直　曲直／灣入　入江／灣浦　入江の浦

⬇一灣・遠灣・回灣・寒灣・碕灣・旧灣・銀灣・渓灣・港灣・珠灣・春灣・深灣・水灣・池灣・澄灣・汀灣・濤灣・風灣・平灣・浦灣・暝灣・幽灣・緑灣

常【腕】　12　7321　［掔］　13　6750　ワン　うで

篆文 

形声　声符は宛。〔説文〕十二上に正字を掔に作り、「手の掔なり」とし、「揚雄説」として「握る」の訓を加えている。〔釈名、釈形体〕に「腕は宛なり。宛屈すべきを言ふなり」とみえる。字はなお掔を正体としていたらしく、〔玉篇〕にも掔を正字とし、宛・夗声の字を異文として録する。臤は目部四上に「目を捾るなり」とあり、掔は会意。捾は腕と同声。宛は廟中に人の坐する形で、宛然として坐して祈る姿。膝をまげて坐するふくよかな姿で婉曲の意もあり、腕はその声義をとる。掔は〔墨子、大取〕〔儀礼、士喪礼〕〔呂覧、本味〕などに用例がみえ、腕も〔墨子、大取〕にみえるが、のち腕が通用の字となった。〔段注〕に掔は手上臂下、臂は手上の部分とし、〔説文通訓定声〕に、掌より次第に上に及んで、腕・肘・肱・肩とよぶとする。

訓義　1うで、ただむき、肘と手首の間、手首。2手なみ、腕前、技倆。3わが国では、肘の屈折部を中心に、肩から手首までをいう。

古訓　〔和名抄〕腕　太々无岐（ただむき）。俗に云ふ、宇天（うで）〔名義抄〕腕　ウデ・タブサ・タヾムキ／掔　タツ・ウツ・ウデ〔字鏡集〕腕　タヾムキ・タブサ・タマキ・ウデ／掔　ヒク・トル・モツ・ユルス・アツシ・カタシ・ヌク

語系　腕・掔uan、宛・婉iuan は声近く、宛にふくよかの意がある。委iuai、紆・迂iua もゆるくめぐる意があり、同系の語とみてよい。

【腕釧】　うで輪。〔全唐詩話、一、文宗〕一日、宰臣に問ふ、古詩に曰く、輕き衫襯と跳脫と、跳脫とは是れ何物ぞと。宰臣未だ對へず。上曰く、卽ち今の腕釧なり。眞誥に、安妃に斲粟金の跳脫有りと言ふは、是れ臂飾なりと。

【腕法】　執筆法。〔翰林要訣、一、執筆法〕枕腕、左手を以て右手の腕に枕す。提腕、肘は案に著け、手腕を虛提す。懸腕、空中に懸著す（浮かす）。最も力有り。右、腕法なり。

【腕闌】　腕輪。〔元氏掖庭侈政〕元妃靜懿皇后、旦日賀を受く。六宮の嬪妃、次を以て慶禮を獻ず。時に南朝の宮人、亦た選ばれて後庭に入る者有り。～一人、柳金簡翠腕闌を獻ず。～建業景陽宮臙脂井の物なり。后悅ばず。

【腕力】　腕の力。筆力。宋・陸游〔歳首、事を書す〕詩　鬱壘（門神の像）自ら書して、腕力を誇る　屠蘇至らず、人情を歎く

➡腕頭　手首

⬇運腕・怪腕・解腕・虛腕・懸腕・皓腕・弱腕・手腕・舒腕・攘腕・雪腕・素腕・肘腕・鉄腕・把腕・敏腕・覆腕・扼腕・搤腕・辣腕・両腕・露腕

【綰】　14　2397　ワン　むすぶ　つなぐ　わな

篆文 
金文 

形声　声符は官。その語頭子音を脱落したもの。〔説文〕十三上に「惡しき絳なり」（段注本）とあり、また〔広雅、釈詁三〕に「綰むなり」、〔玉篇〕に「貫くなり」とあり、糸を引いて結ぶことをいう字であろう。金文に「綽綰」という語があり、〔蔡姞𣪘〕「用って眉壽を𢾅匃（希求）す。綽綰永命にして、厥の生を彌るまで靈終ならん」とあって、綽綰はそれをたぐり寄せ、つなぎとめる意。「𩕎を綰ぶ」「髮を綰ぶ」のように用いる。

訓義　1むすぶ、つなぐ、つらぬく。2わな、わぐ、ちぢめる、たぐる、まとめる。3わるい赤色。

古訓　〔名義抄〕綰　ツナグ・カヽル・ツラヌク〔篇立〕綰　ツラヌク・カク・ツカサドル・ワキリ・スブ・ムラサキ〔字鏡集〕綰　カヽル・ツラヌク・マツフ・ツナグ・スク・ナハ・カク

【綰結】　たばねて結ぶ。宋・黃庭堅〔雨中に岳陽楼に登り君山を望む、二首、二〕詩　滿川の風雨、獨り欄に憑る　綰結す、湘娥の十二鬟（まげ）

【綰轂】　道路の集まる要所。また、その要所を控制する。淸・魏源〔聖武紀、八〕運河は、京師より臨淸州に至る南北を綰轂し、水陸の咽喉たり。新舊二城有り。皆運河の東岸に瀕す。

➡綰髻　まげ／綰合　結ぶ／綰錯　入り交じる／綰糸　より糸／綰綬　任官する／綰摂　統べる／綰組　綰綬／綰束　しばる／綰髮　括り髮／綰臂　ひじにまく／綰約　結ぶ

⬇一綰・行綰・高綰・手綰

【彎】　22　2220　ワン　ひく　まがる

篆文 

形声　声符は䜌。〔説文〕に収める䜌声二十字のうち、彎・灣（湾）だけがこの声である。〔説文〕十二下に「弓を持して矢を關くなり」とあり、その弓勢の彎曲することをいう。

訓義　1ひく、矢をつがえてひく、弓をはる。2まがる、ゆるくまがる。

古訓　〔名義抄〕彎　ユミヒク・ハリユミ

語系　彎・灣oan は同声。彎は弓をひきしぼって、弓体が彎曲する意。灣は入海。盌・宛剜uan もまるくくりこむ意のある字である。

【彎環】　円弧のかたち。唐・李賀〔河南府試十二月楽詞、十月〕詩　金鳳の刺衣、體に著けて寒く　長眉、月に對ひて彎環を鬭はす

【彎弓】　弓をひく。〔韓詩外伝、六〕昔者楚の熊渠子、夜行き、寢石を伏虎と以爲ひ、弓を彎いて之れを射るに、金を沒し羽を飲む。下り視て、其の石爲るを知る。石、之れが爲に開く。

【彎彎】　弓なりに曲がるさま。月の形容。唐・岑参〔梁州館中に諸判官と夜集ふ〕詩　彎彎として月は出づ、桂城の頭　梁州を照らす　梁州七里、十萬家　胡人、半ば解す、琵琶を彈ずるを

➡彎蛾　弓なりの眉／彎曲　弓なりにまがる／彎屈　弓なりにかがむ／彎形　弓なり／彎月　弓張り月／彎弧　弓をひく／彎犇　猛奔する／彎路　曲がり道

⬇弓彎・虛彎・月彎・高彎

付録

平仄一覧

凡例

平仄一覧は、韻目韻字表・平仄韻字表・両韻字表からなる。〔佩文韻府〕により、必要度を考慮して取捨を加え、五十音順に配列した。

平仄韻字表は、韻目韻字表中の文字のすべてを、韻別、五十音順に配列し、検索に便した。韻目韻字表・平仄韻字表は、字の本義本音による分韻を主とした。

両韻以上の用義のある文字は、両韻字表にその用義法を掲げた。両韻字表に表示した文字については、平仄韻字表の文字の右肩に○をつけた。

韻目表

平仄	平		仄		
四声	平声 上平	平声 下平	上声	去声	入声
圏点					
一〇六韻（平水韻）	東 冬 江 支 微 魚 虞 齊 佳 灰 眞 文 元 寒 刪	先 蕭 肴 豪 歌 麻 陽 庚 青 蒸 尤 侵 覃 鹽 咸	董 腫 講 紙 尾 語 麌 薺 蟹 賄 軫 吻 阮 旱 潸 銑 篠 巧 皓 哿 馬 養 梗 迥 有 寝 感 琰 豏	送 宋 絳 寘 未 御 遇 霽 泰 卦 隊 震 問 願 翰 諫 霰 嘯 效 號 箇 禡 漾 敬 徑 宥 沁 勘 豔 陷	屋 沃 覺 質 物 月 曷 黠 屑 藥 陌 錫 職 緝 合 葉 洽

	平声	上声	去声	入声
通用	東[1] 冬[2] 江[3]	董[1] 腫[2] 講[3]	送[1] 宋[2] 絳[3]	屋[1] 沃[2] 覺[3]
通用	支[4] 微[5]	紙[4] 尾[5]	寘[4] 未[5]	
	魚[6] 虞[7]（通用）	語[6] 麌[7]	御[6] 遇[7]	
	齊[8] 佳[9] 灰[10]	薺[8] 蟹[9] 賄[10]	霽[8] 泰[9] 卦[10] 隊[11]	
通用	眞[11] 文[12] 元[13] 寒[14] 刪[15] 先[1]	軫[11] 吻[12] 阮[13] 旱[14] 潸[15] 銑[16]	震[12] 問[13] 願[14] 翰[15] 諫[16] 霰[17]	質[4] 物[5] 月[6] 曷[7] 黠[8] 屑[9]
通用	蕭[2] 肴[3] 豪[4]	篠[17] 巧[18] 皓[19]	嘯[18] 效[19] 號[20]	
通用	歌[5] 麻[6]	哿[20] 馬[21]	箇[21] 禡[22]	
	陽[7]	養[22]	漾[23]	藥[10]
通用	庚[8] 青[9] 蒸[10]	梗[23] 迥[24]	敬[24] 徑[25]	陌[11] 錫[12] 職[13]
	尤[11]	有[25]	宥[26]	
通用	侵[12] 覃[13] 鹽[14] 咸[15]	寝[26] 感[27] 琰[28] 豏[29]	沁[27] 勘[28] 豔[29] 陷[30]	緝[14] 合[15] 葉[16] 洽[17]

韻目韻字表

【上平声】

一 東（**唐韻、東**）

オウ 翁
キュウ 弓穹宮躬窮
クウ 空
コウ 工公功攻洪洚紅虹倥烘訌悾釭箜鴻
シュウ 終菘螽
ジュウ 充戎絨
ショウ 穜
スウ 崇菘嵩（崧）
ソウ 悤（怱）揔潨蔥（葱）緵總聰叢豵騣驄（騘）
チュウ 中忡沖忠种衷蟲
ツウ 通
トウ 東桐涷筒筩蝀
ドウ 同侗峒恫童衕僮銅潼曈朣瞳艟
フウ 汎風馮楓
ホウ 芃逢蓬縫篷豐灃酆
ボウ 雺夢髳瞢懵（懜）
モウ 蒙幪濛曚矇艨
ユウ 彤雄熊融
リュウ 隆癃窿
ロウ 嚨壠（壟）巃龐曨朧櫳瓏礱籠聾

二 冬（**唐韻、冬・鍾**）

キョウ 凶兇共匈邛供恟洶恭胸訩笻蛩蛬跫銎龔
ギョウ 喁顒
グウ 禺
ジュウ 重縱
ショウ 松蚣從淞舂椿惷樅衝橦鍾蹤鏦鐘
ジョウ 茸穠襛醲
ソウ 宗悰淙琮鬆
トウ 冬彤鼕
ドウ 憧
ノウ 農儂濃膿
ホウ 封峰（峯）逢烽犎葑蜂鋒縫
ボウ 丰
ヨウ 容邕庸傭溶雍墉慵榕蓉鄘壅鎔雝鏞廱饔癰
リョウ 龍蘢籠

三 江（**唐韻、江**）

〔**東・冬・江通用**〕

キョウ 跫
コウ 扛江杠（槓）矼洚缸降悾釭腔谾
ソウ 淙窗（窓、窻）摐艭雙
トウ 幢舂撞椿橦
ホウ 邦梆龐
ボウ 尨厖哤駹
ロウ 瀧

四 支（**唐韻、支・脂・之**）

イ 匜台伊圯夷迆（迤）委怡咿姨洟倭扅栘貤酏唯寅帷惟猗痍移蛇椅欹爲萎詑（訑）詒貽逶痿漪維蜲飴潙頤噫遺濰彝醫黟壝
キ 危肌岐歧其奇居祁姬祇剞耆蚑基崎掎淇規跂軝飢馗攲期棊（棋）欹琦琪萁其逵戣熙畸睢碕祺葵僖僛旗箕綦嘻墮嬉撝槻觭諆踑踦麾熹窺錡龜禧虧騎騏魌譆（嘻）騤麒嚱蘄鬐鰭夔羇羈艤
ギ 宜欺疑儀嬀義嶷戲巇曦犧
シ 尸之支氏仔卮（巵）司孜私枝肢芝咨姕姿屍思施梔（栀）玼疷耔茈差師疵砥祗祠脂茨茲虒蚩偲匙淄瓷眵絁提斯棃絲覗觜訾詞貲嗤塒嵯獅菑（葘）詩資雌榰禔緇蓍鳲廝（厮）檕澌緦蓰辭餈髭篩褷諮輜（輺）鶅鼒錙（鍿）鮨薺颸觶齍鰣齋籭（篩）纚
ジ 尼而兒怩耏持柅時栭胹茲孳嵫滋慈磁髵辭鶿（鷀）
スイ 吹垂炊隹倕衰推陲萑隋綏榱誰劑錐雖騅雖
ズイ 緌蕤隨
チ 池泜坻治知胝笞絺趍馳摛蜘墀褫踟篪遲縭螭（彲）癡魑
ツイ 追椎槌箠鎚
ヒ 比丕皮伾披邳陂卑秕紕（毗）疲秠蚍埤庳陴悲椑琵脾詖碑裨罷駓篦貔羆
ビ 眉湄郿楣獼麋縻薇瀰劘蘪蘼醾
リ 梨离犁犛蜊嫠貍（狸）氂璃黎罹褵醨蠡離麗黧蠡灕（漓）酈蘺籬釃驪鸝
ルイ 羸纍（累）

五 微（**唐韻、微**）

イ 衣依威韋圍幃違禕蝛闈
キ 圻希沂祈旂睎欷幾揮晞稀暉煇碕頎禕豨鐖翬機璣徽歸磯蟣譏鞿饑
ギ 巍
ヒ 妃肥非飛淝扉腓菲緋蜚誹霏騑
ビ 微薇

六 魚（**唐韻、魚**）

オ 淤
キョ 車 呿 居 胠 祛 袪 据
渠 琚 虛 裾 墟 歔 蕖 醵
蘧 鐻 籧
ギョ 魚 衙 漁 齬
ショ 且 疋 初 咀 岨 沮 胥
苴 書 砠 紓 蛆 湑 趄 葅
(菹) 鉏 雎 稰 諸 諝 藷
ジョ 如 洳 徐 挐 涂 茹 除
稌 舒 滁 耡 蜍 鋤 篨
ソ 且 狙 梳 疽 疏(疎) 蔬
チョ 屠 樗 豬(猪) 儲 攄
瀦 躇
ヨ 予 余 妤 於 淤 畬 與
餘 輿 歟 璵 旟 譽
リョ 慮 閭 櫚 壚 臚
ロ 廬 驢

七 虞(唐韻、虞・模)

〔魚・虞通用〕

ウ 于 吁 杅 玗 迂 盂 竽
紆 烏 雩
オ 汙(汚) 杇 於 惡 嗚
ク 句 劬 芋 呴 姁 拘 盱
枸 欨(呴) 朐 捄 痀 訏
區 絇 跔 軥 嘔 嶇 駒 軀
驅 欋 臞(癯) 衢 鸜
グ 禺 俱 娛 愚 虞 齵
グウ 喁 嵎 隅
コ 乎 刳 呱 呼 姑 孤 弧
沽 狐 枯 胡 罛 瓠 虖 蛄
壺 湖 菰 觚 辜 酤 瑚 葫
箶 糊 醐 鴣 餬 鶘
ゴ 吳 吾 娛 梧 麌 鼯 齬
シュ 殳 朱 侏 姝 洙 邾 株
殊 珠 娵 陬 須 銖 諏 騶
鬚
ジュ 需 儒 嚅 懦 濡 臑 襦
繻 蠕
スウ 芻 樞 趨 雛
ソ 伹 殂 租 酥 蒩 駔 蘇
麤(麁)
チュ 蛛 裯 跦 貙
チュウ 咮 誅 廚 幮 躕
ト 徒 荼 途 屠 稌 菟 都
塗 酴 圖 瘏 闍
ド 奴 孥 帑 砮 駑
フ 夫 巫 扶 孚 拊 泭 玞
芙 俘 枹 柎 苻 郛 桴 符
莩 趺 傅 稃 罦 跗 鈇 溥
瓿 鳧 誣 敷 膚 麩
ブ 毋 無 憮 膴 蕪
ホ 匍 哺 逋 痡 蒲 酺 鋪
餔
ボ 母 嫫 摹 模 膜 謨
ユ 俞 臾 喩 愉 揄 渝 榆
歈 牏 瑜 腴 萸 諛 逾 窬
褕 羭 蝓 覦 輸 瘉(瘉)
ル 婁 僂 摟 膢 蔞 鏤
ロ 旅 盧 壚 瀘 櫨 爐 蘆
矑 籚 艫 轤 鑪 顱 鱸 鸕

八 齊(唐韻、齊)

エイ 繄 翳 鷖 黳
ケイ 兮 卟(乩) 圭 奎 邽
奚 枅 畦 窐 袿 傒 嵆 笄
徯 携 睽 暌 閨 稽 谿
(溪) 蹊 雞(鷄) 巂 醯
攜(携) 颸 蠵 觿
ゲイ 兒 倪 猊 蜺 輗 霓 鯢
セイ 西 妻 凄 栖(棲) 悽
淒 棲 犀 萋 齊 嘶 撕 澌
懠 擠 臍 蠐 躋 齎 齏
テイ 氐 低 荑 梯 羝 啼 提
稊 罤 詆 隄(堤) 嗁 綈
禔 締 緹 蹄(蹏) 磾 蹏
鶗 鞮 題 鵜
デイ 泥
ヘイ 批 箆 椑 膍 篦 鞞 鼙
ベイ 麛
メイ 迷
レイ 梨 犂 黎 蔾 藜 黧 蠡
驪 鸝

九 佳(唐韻、佳・皆)

ア・アイ 哇 娃 蛙 唉 挨 鞋
鞵
カ 佳 媧 蝸 騧
カイ 乖 皆 荄 偕 喈 堦 湝
絓 階 楷 槐 鞋 諧 鮭 懷
ガイ 厓 啀 崖 涯 街 骸
サイ 柴 差 豺 釵 靫 儕 齋
ハイ 俳 排 牌
バイ・マイ 埋 霾
ワイ 淮

十 灰(唐韻、灰・咍)

〔文・微・齊・佳・灰 通韻〕

アイ 哀 唉 埃 欸
カイ 回(囘) 灰 迴(廻) 徊
恢 洄 虺 悝 茴 荄 豗 傀
開 鬼 詼 隗 槐 瑰 魁
ガイ 侅 咳 垓 孩 陔 剴 該
敳 皚 磑
サイ 才 材 災 哉 栽 財 偲
崔 裁 催 摧 漼 縗 顋 纔
タイ 台 邰 炱 胎 苔 堆 推
焞 蓷 隤 駘 儓 頹 鮐 擡
臺 鎚
ダイ 能 挼(捼) 臺
ハイ 坏 杯(盃) 肧 裴
バイ 枚 培 梅 莓 陪 媒 禖
醅
ライ 來 徠 萊 雷 罍
ワイ 偎 淮 隈 椳 煨

十一 眞(唐韻、眞・諄・臻)

イン 勻 因 姻 氤 茵 寅 堙
湮 歅 筠 禽 禋 奫 駰 闉
キン 巾 均 囷 矜 鈞 墐 箘
麇 麏 斷
ギン 沂 垠 狺 銀 誾 嚚
シュン 峋 春 昀 紃 郇 悛
逡 皴 竣 踆
ジュン 巡 旬 恂 洵 純 荀
淳 眴 循 詢 馴 蒓(蓴)
諄 醇 遵 錞 鶉
シン 申 臣 伸 身 辛 辰 侁
呻 侲 津 唇 娠 宸 振 甡
眕 眞 神 秦 晨 紳 脣 莘
嗔 新 溱 詵 榛 湑 甄 蓁
瞋 臻 螓 親 薪 駪
ジン 人 仁 紉 塵
チュン 屯 迍 窀
チン 珍 陳 塡 椿
ヒン 彬 貧 斌 賓 儐 濱 頻
嬪 豳 嚬 瀕 蘋 蠙 顰
ビン 忞 旻 泯 珉 罠 笢 閩
緡
ミン 民 岷
リン 倫 掄 淪 粼 綸 嶙 潾
輪 隣(鄰) 燐 璘 瞵 磷
鱗 麟

十二 文(唐韻、文・欣)

イン 殷 慇
ウン 云 沄 芸 員 紜 耘 雲
鄖 氳 熅 澐 縕 蘊
キン 斤 昕 欣 炘 芹 菫 筋
勤 慬 皸 懃 蘄
ギン 狺 鄞 誾 齗 齦

クン 君焄裙熏葷勳獯
曛臐薰纁醺
グン 軍群
フン 汾枌氛芬紛棼焚
雰賁墳幩濆蕡馩獖
鼖豶饙
ブン 分文雯聞蟁
モン 文紋聞

十三 元（唐韻、元・魂・痕）
エン 宛垣怨洹爰冤袁
援湲猨園猿榬蜿鴛
轅鵷
オン 恩溫緼轀蘊
ケン 咺軒掀喧塤犍萱
（諼）狟諠諼鞬
ゲン 元沅言阮杬原嫄
源黿騵甗
コン 沄坤昆昏垠根婚
崑惛痕渾琨溷跟髡
褌魂閽鯤鵾
ソン 存村孫飧（飱）尊
蓀罇蹲
トン 屯忳芚純豚惇敦
焞墩憞臀
ドン 吞飩
ハン 反拚袢番煩墦幡
樊燔璠繁膰旛繙翻
藩蹯礬蘩蠜
バン 蕃

ホン 奔賁噴
ボン 盆
モン 門捫
ロン 崙掄論

十四 寒（唐韻、寒・桓）
アン 安鞍（鞌）
カン 干刊奸忓汍汗完
玕官冠洹看竿倌桓
犴乾莞寒棺萑貆幹
（榦）寛翰韓鼾歡觀
讙貛驩
ガン 丸刓芄紈
サン 姍珊狻跚酸餐劗
攢欑鑽
ザン 殘餐
タン 丹單敦湍慱摶漙
端嘽歎鄲殫癉襌簞
攤
ダン 團彈壇檀灘
ナン 難
ハン 弁拌胖般潘瘢盤
磐繁磻繙蟠鞶
マン 曼漫瞞謾鏝饅鬘
鰻
ラン 闌攔瀾欄蘭巒欒
讕鑾鸞
ワン 剜眢

十五 刪（唐韻、刪・山）
アン 殷

カン 姦豻患湲菅閑閒
慳嫺憪圜寰擐蕑環
瞯艱還鍰關轘闤鰥
鬟
ガン 頑顏
サン 山刪訕孱潸潺
ハン 扳班般斑頒攀
バン 鬘蠻
マン 鬘
ラン 斕
ワン 彎灣

【下平声】

一 先（唐韻、先・仙）
エン 延沿咽員埏娟捐
淵焉莚湲圓歅煙
（烟）筵蜎蜒鉛嫣鄢
鳶緣圜燕
ケン 卷肩妍岍汧拳枅
涓虔乾堅牽研棬惓
犍蜎豣搴甄蜷儇賢
嬛縣褰鞬鬈鵑懸騫
權鐲顴
ゲン 玄弦眩絃舷
セン 千川仙仟先阡芊
戔秈宣泉穿悛扇栴
涎栓純荃專旋痊船
單孱湔竣筌煎詮遄
箋銓儃嬋潺鋋璇澶

燀甎遷錢氈禪還鮮
濺璿蟬顫擅鬋鐫饘
躚韆鱣鸇鱻
ゼン 全前堧然
テン 天塡椽滇廛瘨邅
闐纏巓躔鱣
デン 田佃畋傳鈿
ネン 年
ヘン 平扁偏胼楄篇編
翩蝙駢骿邊蠙籩
ベン 便鞭
ベン・ミン・メン 眠
メン 棉緜（綿）
レン 連零漣憐蓮聯攣

二 蕭（唐韻、蕭・宵）
キョウ 枵梟喬橋僑歊
熇嬌嶠徼憿橇蕎鴞
趫蹻轎囂驕
ギョウ 堯僥嘵嶢澆驍
ショウ 佋劭弨招昭哨
宵消釗逍椒焦硝蛸
綃翛僬韶噍憔銷霄
樵燋燒蕉蕭鍬簫瀟
譙鐎鷦
ジョウ 條嬈橈蕘饒
チョウ 刁佻怊恌挑苕
迢凋彫祧朝琱貂超
跳蜩銚潮調髫儵雕
ヒョウ 杓彪票僄剽漂

標熛瓢麃儦瀌飄飆
鑣
ビョウ 苗貓（猫）
ヨウ 幺夭妖怮祅要陶
傜喓軺搖猺腰瑤褕
遙窯繇謠鷂
リョウ 料聊僚寥憀漻
膋嘹憭撩敹獠橑燎
遼繚鐐飉

三 肴（唐韻、肴）
オウ 凹
キョウ 教
コウ 爻交艽佼肴咬姣
郊哮烋茭虓崤淆筊
蛟嗃詨鄗嘐敲墝膠
鮫
ゴウ 磝聱謷
ショウ 抄弰捎梢鈔筲
蛸鞘
ソウ 抓巢勦樔
チョウ 啁嘲
ドウ 呶譊鐃
ホウ 勹包咆庖抛泡枹
炮胞苞爮匏掊脬跑
鉋鞄麃
ボウ 茅犛
ヨウ 坳

四 豪（唐韻、豪）
オウ 鏖

コウ 尻咎羔皋(臯)高
膏蒿嗥撓槔篙薅翱
櫜餻鼛
ゴウ 敖毫號嗷豪熬獒
嚎濠螯聱囂鰲
ソウ 曹慅搔嘈漕槽遭
操艘糟繰(繅)騷
トウ 刀叨忉匋弢舠咷
挑洮桃逃淘陶萄慆
滔絛裯綢綯幬檮濤
謟騊韜鼗翿饕
ドウ 猱臑
ホウ 袍褒
ボウ 芼旄髦氂
モウ 毛
ロウ 牢勞撈醪

五 歌(唐韻、歌・戈)

ア 阿疴痾
カ 戈禾伽何囮呵和
河枷柯珂科苛茄迦
哥荷訛渦訶軻窠過
歌窩蝌鍋
ガ 俄哦娥峨峩莪蛾
鵝
サ 娑挱梭莎嵯搓瑳
蓑瘥磋蹉髿
タ 他多佗拕沱陀詑
跎酡駄駝驒
ダ 那蛇儺鼉
ハ 坡波婆番頗嶓皤
マ 麽摩磨魔
ラ 螺羅騾囉蘿邏羸
鑼
ワ 倭

六 麻(唐韻、麻)

ア 丫啞椏蛙鴉
カ 加瓜花姱枷珈茄
迦家痂笳谺媧華跏
瑕葭遐嘉瘕蝦蝸撾
樺豭霞譁騧麚驊
ガ 牙呀岈枒芽涯雅
衙駕齖
コ 夸誇
サ 叉扠些沙苴差紗
茶靫嗟楂裟槎樝髽
鬖鯊鱸
シャ 車罝(罝)斜奢畬
鉈賒遮闍
ジャ 邪蛇
タ 咤哆塗檛
ダ 拏
チャ 爹
ハ 巴杷爬芭笆琶葩
マ 痲蟆
ヤ 耶揶椰爺
ワ 汙(汚)哇娃洼窊窪

七 陽(唐韻、陽・唐)

オウ 王央汪尩怏泱殃
秧鴦
キョウ 匡狂羌姜恇香
羗強眶筐僵慶橿薑
彊繮
コウ 亢伉光行吭抗肓
岡昂杭肮洸皇桁胱
航荒凰康喤徨惶湟
隍黄煌遑頏綱潢篁
蝗璜穅鋼簧
ゴウ 剛鄉
ショウ 庄妝昌牀庠相
倡(娼)牂商將猖祥
章廂湘翔菖詳傷嘗
彰漳裳鄣障樟殤漿
璋箱緗蔣墻嬙閶償
檣牆薔醬蹌觴蹡麞
鯧
ジョウ 娘常場襄孃攘
瀼禳穰鑲驤
ソウ 妝倉桑莊滄創喪
搶滄裝槍瑲蒼瘡霜
孀鶬鷞
ゾウ 臧藏贓
チョウ 長倀張萇腸
トウ 唐堂棖棠湯塘當
瑒碭糖螗檔璫螳鐺
餹鐺
ノウ 囊
ホウ 方彷汸枋芳彭雱
磅魴
ボウ 亡忙邙坊妨忘宋
芒防房肪旁茫望傍
滂膀鎊
ヨウ 羊佯徉洋揚陽暘
楊瘍鍚颺
リョウ 良凉梁涼量粮
粱糧
ロウ 浪狼郎桹琅莨稂
廊筤蜋榔踉鋃

八 庚(唐韻、庚・耕・清)

エイ 盈英塋楹瑛榮瑩
禜嬴縈嬰營霙瀛嚶
攖嶸贏瓔纓
オウ 橫罃罌(罌)櫻鶯
鸚
キョウ 驚
ケイ 兄京勍荊莖頃卿
惸傾輕嬛頸擎檠瓊
鶊
ゲイ 迎鯨黥
コウ 行亨坑宏更阬庚
秔竑訇桁浤珩紘耕
硜喤硜閎觥賡橫衡
嶸鍠羹鏗鶊蘅黌
ゴウ 轟
ショウ 晶鏘
セイ 正生成征牲城情
旌清笙晴猩甥盛菁
睛鉦精蜻誠請聲騂
鯖
ソウ 爭傖崢琤搶槍箏
錚鎗
テイ 呈貞偵程裎楨禎
酲赬檉
トウ 丁棖撐橙
ドウ 瞠
ヒョウ 苹評
ヘイ 平兵坪并枰
ホウ 伻怦抨泙祊砰磞
烹彭萌
ボウ 氓搒榜甂甍
メイ 名明盟鳴
モウ 盲
リョウ 令

九 青(唐韻、青)

ケイ 刑形邢坰型扃涇
陘絅硎經滎熒鈃駉
螢馨
セイ 青星惺腥醒
チョウ 聽廳
テイ 丁仃汀玎廷町亭
庭釘停桯莛渟楟筳
蜓霆
ネイ 寧
ヘイ 俜娉屏萍瓶
メイ 冥螟溟瞑蓂銘暝
螟

レイ 伶囹怜泠玲苓翎聆舲軨鈴零鴒齡櫺醽靈

十 蒸(唐韻、蒸・登)

オウ 應
キョウ 矜兢興
ギョウ 凝
コウ 弘肱恆䡏緪興薨
ショウ 升承昇陞勝塍稱噌嶒騬
ジョウ 仍丞乘烝蒸繩
ソウ 曾僧層憎矰罾繒
ゾウ 增
チョウ 徵澂(澄)懲癥
トウ 登豋滕燈縢螣簦藤鐙騰
ノウ 能
ヒョウ 冰(氷)凭掤馮憑
ホウ 朋堋崩棚漰鵬
ヨウ 膺蠅鷹鷹
リョウ 夌凌崚淩陵棱菱稜綾蔆(菱)

十一 尤(唐韻、尤・侯・幽)

オウ 區嘔漚歐甌謳鷗
キュウ 仇丘休艽求邱俅咻捄毬球逑馗絿裘貅鳩摎觩賕髤樛璆銶龜蟉鵂鬮
ギュウ 牛
コウ 勾句拘侯喉猴軥溝鉤彄摳緱篝鍭餱韝
シュ 諏
シュウ 囚州收舟周泅洲秋酋修叟羞脩啾湫萩廋愁搜楸溲詶輈遒酬緅蒐噍賙鞦犨騶鰌讐
ジュウ 柔揉蹂鞣
スウ 陬鄒騶
ソウ 掫鯫
チュウ 抽偸啁惆紬稠裯綢調儔幬鍮儵嚋籌
トウ 投兜婾頭
ヒュウ 髟滮
ビュウ 繆
ヒョウ 彪
フウ 不芣枹罘浮桴罦蜉
ホウ 裒
ボウ 矛牟侔眸蛑瞀謀鍪蝥
ユウ 冘尤由卣攸呦油幽斿疣(肬)悠訧逌郵游猶猷遊麀憂櫌蝣蕕優繇嚘儵耰
リュウ 流留勠旒榴劉瞜瘤蟉瀏鏐飂騮鶹
ロウ 婁僂寠慺摟樓膢蔞簍螻髏

十二 侵(唐韻、侵)

イン 音淫陰喑愔瘖蔭霪
キン 今芩金衿衾欽琴歆禁禽嶔擒黔檎襟
ギン 吟唫崟
シン 心岑忱侵涔參深森湛琛祲斟箴蔘諶鍼駸簪鬵鐔
ジン 壬任妊紝(絍)尋燖
チン 沈砧郴椹碪
リン 林淋琳霖臨

十三 覃(唐韻、覃・談)

アン 庵菴盦諳闇
エン 湆
カン 甘函坩泔邯弇柑唅涵堪酣戡
ガン 含頷龕
サン 三參毿驂蠶
ザン 慙
タン 眈耽惔探聃貪郯酖湛覃痰儋潭擔澹餤蟫譚醰鐔
ダン 枏談
ドン 曇壜
ナン 男南楠諵
ラン 婪嵐藍襤籃

十四 鹽(唐韻、鹽・添・嚴)

エン 奄炎阽崦淹猒閹閻檐鹽
ケン 兼鈐嫌鉗箝蒹嗛獫縑黔謙鹹
ゲン 噞嚴
セン 占尖沾苫痁僉詹銛潛幨憸暹霑瞻襜鬵蟾瀸譫殲襳籤纖
ゼン 冄(冉)枏(柟)漸髯
テン 佔恬添甜覘鮎
ネン 拈黏
ヘン 砭
レン 帘廉匳濂薕鎌簾鬑蘞

十五 咸(唐韻、咸・銜・凡)

カン 函咸嵌椷監銜緘鹹
ガン 喦碞巖巗
サン 杉芟衫摻纔
ザン 儳劖巉攙讒鑱饞
ナン 喃諵
ハン 凡帆

【上声】

一 董(唐韻、董)

オウ 滃蓊
クウ 空
コウ 孔汞倥澒
ショウ 慫
ソウ 傯(偬)憁總鬷
トウ 侗桶董懂
ドウ 洞動
ホウ 琫菶
ボウ 懞懵(懜)
モウ 矇
ロウ 攏籠

二 腫(唐韻、腫)

キョウ 兇恟拱洶恐栱詾蛬蛩
シュ・ショウ 腫種
ジュウ 重
ショウ 悚茸橦竦踵聳
ジョウ 冗氄
チョウ 冢寵
ホウ 奉捧覂
ユウ 勇
ヨウ 甬俑涌(湧)蛹壅慂踊壅擁
リョウ・ロウ 壟隴

三 講(唐韻、講)

コウ 港缿項講
ボウ 蚌棒

四 紙(唐韻、紙・旨・止)

イ 已以匜矣迆(迤)委洧苡倚唯痏蒍壝

キ 几己宄氿企屺机
杞芑佹垝枳癸紀軌
剞起匭掎跂喜揆晷
毀詭跪頍綺踦錡燬
簋歸
ギ 妓技儗螘(蟻)擬艤
シ 士子巳止氏仔仕
只史市此矢弛旨死
汜仳底址抵沚豕阯
使侈兕坻姉(姊)始
泚祀茈俟咫哆姼指
枲柹(柿)玼祉耔涘
砥秭紙徙梓紫粃趾
揣視跂訾軹滓屣禔
舓(舐)駛齒諟纚躧
釃
ジ 耳似姒峙庤恃珥
畤痔爾儞邇壐
スイ 水捶箠巂
ズイ 縈蘂(蕊)髓
ゼ 是
チ 豸恥廌雉徵褫
ヒ 匕比圮否妣批卑
彼秕俾秠被婢庳痞
鄙鞞髀嚭
ビ 弭美敉靡瀰
リ 李里俚悝理裏履
鯉離邐
ルイ 絫(累)誄壘藟

五 尾(唐韻、尾)
イ 扆偉暐煒葦韙韡
キ 卉虺唏豈鬼幾豨
蟣
ギ 螘(蟻)顗
ヒ 朏匪悱斐棐菲榧
蜚誹篚
ビ 尾亹

六 語(唐韻、語)
キョ 去巨拒炬苣秬莒
許詎距鉅虡擧櫸鐻
ギョ 圄圉敔衙禦篽齬
ゴ 語
シャ 煮
ショ 所杵苴處渚湑黍
暑墅稰糈緒醑嶼癙
鱮
ジョ 女汝序抒紓茹敍
漵
ソ 咀沮阻組楚鼠礎
チョ 宁佇苧紵貯楮著
褚
ヨ 予與藇
リョ 呂侶旅梠膂

七 麌(唐韻、麌・姥)
ウ 宇羽雨禹偊瑀齲
ク 咻枸苦栩矩呴煦
詡寠蒟踽窶齲
グ 麌
コ 戸古估岵怙股虎
姱祜罟羖扈琥詁酤
雇楛賈鼓滬滸盬瞽
蠱
ゴ 五午仵伍迕俁
シュ 主取炷麈
ジュ 豎樹
シュウ 聚
スウ 數
ソ 祖組
チュウ 拄柱
ト 吐杜肚堵稌覩(睹)
睹
ド 土努弩怒砮
ニュウ 乳
フ 夫父府弣拊斧俯
莆普腑傅溥腐黼譜
ブ 侮武部嫵廡憮撫
舞膴蕪甒鵡
ホ 甫圃浦脯補輔
ユ 庾愈楰瘉(癒)窳
リョ 虜
ル 僂嶁蔞窶縷
ロ 鹵滷魯櫓艣(艪)
ロウ 窶(寠)

八 薺(唐韻、薺)
ケイ 啓徯棨綮稽
セイ 泚洒訿(訾)濟薺
タイ 醍體
テイ 弟坻底抵邸柢牴
砥娣悌涕媞詆遞緹
デイ 禰瀰
ヘイ 陛髀
ベイ 米眯
レイ 澧禮醴蠡欐鱧

九 蟹(唐韻、蟹・駭)
カイ 枴楷解夥澥獬蟹
ガイ 駭騃
サイ 灑躧
タイ 廌
ダイ 嬭
ハイ 罷擺
バイ 買
ワイ 矮

十 賄(唐韻、賄・海)
アイ 欸
カイ 改悔海匯嵬隗瘣
磈醢
ガイ 亥豈塏愷鎧
ギ 頠
サイ 采宰茝彩載漼綵
ザイ 在
タイ 待怠殆紿詒駘錞
ダイ 乃鼐餧
ハイ 琲
バイ 倍浼
マイ 毎
ライ 磥儡蕾櫑(罍)礧
ワイ 猥賄

十一 軫(唐韻、軫・準)
イン 允尹引犺紖蚓隕
靷殞螾霣
キン 囷窘菌稛箘緊
シュン 吮隼惷踳蠢
ジュン 盾純筍楯準
シン 哂眕眕袗紾賑診
軫蜃賑稹縝黰
ジン 腎盡
チン 朕眹
ニン 忍
ヒン 牝臏
ビン 泯敏閔愍簢黽憫
リン 嶙

十二 吻(唐韻、吻・隱)
イン 殷隱
ウン 惲藴(蘊)韞
キン 近巹堇槿謹
ギン 听
シン 齔
フン 刎吻扮(坌)忿粉
墳憤
ブン 抆

十三 阮(唐韻、阮・混・很)
エン 放宛苑偃婉堰琬
菀晼蜿遠鄢蝘踠鰋
鼴
オン 穏

ケン 咺烜圏揵楗綣蹇
鬈幰
ゲン 阮巘
コン 佷悃捆衮梱混棍
焜壼緄墾懇鯀
ソン 損噂撙鱒
トン 沌盾遯
ハン 反阪(坂)返飯
バン 晩
ベン 娩
ホン 本畚

十四 旱(唐韻、旱・緩)

カン 旱侃罕(罕)衎悍
笴款琯管緩澣(浣)
盌窾館
サン 散算篹繖纂酇瓚
纘
タン 但坦袒短亶蜑誕
ダン 暖煖斷
ハン 伴拌
マン 滿懣
ラン 卵嬾
ワン 盌

十五 潸(唐韻、潸・產)

カン 柬莞睅晥僩憪簡
ガン 眼
ゲン 限
サン 剗產棧琖潸醆
(盞)
セン 僝撰孱
タン 赧
ハン 版鈑
バン 矕
ワン 綰

十六 銑(唐韻、銑・獮)

エン 兗衍宴蜎演
カン 卷
ケン 犬件卷畎峴狷睍
晛筧蜆趼搴遣謇蹇
鍵羂鞬繭繾䌴顯
ゲン 泫鉉甗巘讞
セン 舛吮洗俴毨淺單
揃棧筅剸歂跣雋僤
戩銑墠幝撰翦諓踐
燀選錢獮餞鮮燹譔
鬋闡蘚癬鱓
ゼン 耎善喘碝蝡(蠕)
ダン 煗(煖)
テン 典殄展㥏腆瑑篆
靦輾轉
デン 涊趁
ナン 輭(軟)
ネン 撚
ヘン 扁匾惼褊鶣諞
ベン 沔俛眄勉冕湎黽
辨辮辯
メン 免緬
レン 璉輦孌臠

十七 篠(唐韻、篠・小)

キョウ 皎嬌撟皛矯皦
嶠蹻驕
ギョウ 曉磽
ショウ 小少佋沼昭悄
紹愀湫鈔篠
ジョウ 嫋裊嬈裹遶嬲
擾繞
チョウ 兆挑眺窕鳥旐
肇趙嬥
トウ 掉
ヒョウ 表殍慓摽標麃
縹䙬
ビョウ 杪眇秒淼渺緲
藐
ヨウ 夭杳窅窈溔鷕
リョウ 了僚憭蓼燎瞭
繚

十八 巧(唐韻、巧)

オウ 拗
コウ 巧佼姣狡筊絞鉸
皦攪
ソウ 爪炒
ドウ 撓橈
ホウ 飽鮑
ボウ 卯昴茆
ヨウ 拗

十九 皓(唐韻、皓)

オウ 夭媼𡫚燠襖
コウ 好考昊杲栲浩皓
滈鄗鰝(暠)槁暭(暤)
槀(稾)縞鎬顥灝
ソウ 早皁草埽(掃)棗
嫂璪慅澡蚤(蚤)燥
繰(繅)藻
ゾウ 造
トウ 倒套島討稻擣禱
ドウ 道
ノウ 惱腦憹
ホウ 抱保堡葆褓鴇寶
ボウ 媢
ロウ 老潦澇橑轑

二十 哿(唐韻、哿・果)

ア 閜
カ 火可坷果哿笴舸
荷軻夥禍蜾裹顆
ガ 我峩(峨)
サ 左脞瑣瑳鎖
ザ 坐
シャ 娑
タ 拕沱柁陊爹埵癉
鬌
ダ 朶(朵)妥垛娜媠惰
隋墮嫷憜橢儺
ナ 那
ハ 叵跛頗簸
バ 麼
ラ 卵砢裸蓏臝
ワ 婐

二十一 馬(唐韻、馬)

ア 啞
カ 下冎夏假斝廈賈
嘏寡瘕踝檟
ガ 瓦疋(雅)雅
サ 鮓灑
シャ 且社哆者捨寫撦
赭
ジャ 惹
ソ 姐
ニャ 若
ハ 把
マ 馬
ヤ 也冶野

二十二 養(唐韻、養・蕩)

オウ 坱往怏枉泱盎鞅
キョウ 亨享怳迋彊襁
繦獷嚮蠁響饗
ギョウ 卬仰
コウ 吭沆晃幌慌滉慷
廣
ショウ 掌敞象奬廠槳
蔣賞橡鷩饟
ジョウ 丈上仗杖奘壤
攘穰
ソウ 爽想搶蒼駔顙髒
ゾウ 像
チョウ 長昶

ド 帑
トウ 蕩盪黨儻曭讜
ドウ 曩
ホウ 仿放昉倣
ボウ 紡榜蒡
モウ 罔惘莽網漭輞蟒
魍
ヨウ 痒蛘養瀁
リョウ 兩蜽
ロウ 朗榔

二十三 **梗**（**唐韻**、**梗・耿・靜**）
エイ 永郢影穎潁癭
キョウ 杏境
ケイ 冏頃景憬璟頸綮
警
コウ 幸哽耿荇梗綆骾
獷鯁礦鑛
セイ 井省眚睛靖請靚
整靜
テイ 打逞裎騁
ヘイ 丙怲秉邴炳併屏
餅
ベイ 皿
ボウ 黽
モウ 猛
リョウ 領
レイ 冷嶺

二十四 **迥**（**唐韻**、**迥** **宋韻**、**等・拯**）
ケイ 泂剄炯迥婞脛詗
頲褧謦
コウ 肯
ジョウ 拯
セイ 醒
チョウ 町頂
テイ 酊挺梃莛艇鼎鋌
トウ 等
ネイ 濘
ヘイ 竝鞞
メイ 茗嫇溟酩

二十五 **有**（**唐韻**、**有・厚・黝**）
オウ 歐毆
キュウ 九久朽臼玖咎
糾赳韭舅糗
グウ 偶耦藕
コウ 口后扣吼狗厚垢
後枸耇苟郈笱釦
シュ 手守首酒趣
ジュ 受壽綬
シュウ 溲（溲）滫醜
ジュウ 内忸狃蹂
ソウ 走取帚叟搜溲嗾
擻藪鯫籔
チュウ 丑肘紂紐鈕
トウ 斗枓蚪黈
ヒ 否
フ 阜負婦
フウ 缶
ボ 母牡
ホウ 畝培掊瓿蔀
ボウ 拇某剖
ユウ 友右有卣酉羑呦
琇莠誘槱牖黝
リュウ 柳蟉懰瀏罶
ロウ 塿嶁簍

二十六 **寑**（**唐韻**、**寑**）
イン 飲
キン 唫噤錦
シン 沈煩寑審諗鋟瀋
ジン 甚恁荏袵（衽）稔
葚飪
チン 枕朕踸
ヒン 品稟
リン 凜廩懍

二十七 **感**（**唐韻**、**感・敢**）
アン 揞晻闇
カン 坎喊嵌敢欿菡感
撼橄轗
ガン 莟頷
サン 慘歜憯
ザン 槧塹
ジン 糂
タン 眈紞啖毯菼髧噉
憺澹黕禫膽醰黮
ラン 擥覽欖

二十八 **琰**（**唐韻**、**琰・忝・儼**）
エン 奄剡掩渰琰𧮰
（焰）黡魘黶
キョウ 陝
ケン 嗛慊隒歉儉嶮險
檢臉
ゲン 广儼
セン 染閃颭
ゼン 冄（冉）苒漸
テン 忝玷諂點簟
ヘン 貶
レン 溓獫斂瀲

二十九 **豏**（**唐韻**、**豏・檻・范**）
アン 黤黯
カン 喊歉濫豏檻艦闞
轞
ゲン 減
サン 摻瀺
ザン 斬嶄巉
タン 湛
ダン 淰
ハン 犯范笵範

【去声】

一 **送**（**唐韻**、**送**）
オウ 甕
クウ 空
コウ 哄貢控鬨鞚贛
シュウ 衆
ソウ 癹送傯（偬）糉緵
チュウ 中仲衷
ツウ 痛
トウ 凍涷棟湩
ドウ 恫洞慟
フウ 風諷
ホウ 鳳
ボウ 幏（幪）夢瞢䁅
ロウ 弄哢礱

二 **宋**（**唐韻**、**宋・用**）
キョウ 共供恐
シュ 種
ジュウ 重從縱
ショウ 訟頌誦
ソウ 宋綜
チョウ 惷
トウ 統
フウ 封
ホウ 俸葑縫
ボウ 雺
ヨウ 用雍壅（壅）

三 **絳**（**唐韻**、**絳**）
コウ 巷洚虹降絳鬨
ソウ 淙
トウ 憃戇
ドウ 幢憧撞艟

四 **寘**（**唐韻**、**寘・至・志**）
イ 异位易施恚貤𣨙
爲異萎詒意肄勩蜼
縊遺餧懿
キ 企忌其季近咥垝

洎屓敧欬蚑記寄掎
跂喟幾惎媿棄睢匱
塈誋冀器憙(喜)暨
穊蕢覬簣騎嚱歸饋
驥
ギ 芰義僞誼儗劓戲
議
シ 司四示至伺志忮
使刺始泗哆思施柴
柶食恣眥翅廁(厠)
埴笥豉啻痣嗜嗣孳
寘瑟肆試屣漬蒔誌
飼幟摯澌賜駟熾積
謚織贄觶識饎鷙釃
ジ 字寺次自事侍刵
咡珥衈餌
スイ 出吹帥祟彗術惴
萃晬睡遂粹翠誶醉
錘隧燧穗顇穟襚邃
旞
ズイ 瑞諉
チ 地治値眙致智植
置輊質穉(稚)遲鷙
躓
ツイ 槌墜縋懟
トク 德
ニ 二(弍)貳
ヒ 比妣庇帔泌畀陂
柲毖俾祕被庳詖痺
賁閟髲避譬贔轡
ビ 媚寐備鼻糒鞴
ヒツ 邲蹕
ミ 魅
リ 吏利涖莉痢裏
ルイ 涙類纍(累)

五 未(**唐韻、未**)

イ 衣畏胃尉渭彙慰
熨緯蔚罻謂
キ 旡气卉氣既欷貴
愾塈摡溉毅暨諱禨
餼
ギ 魏
ヒ 沸芾費翡蜚誹䠊
(剕)髴
ミ 未味

六 御(**唐韻、御**)

キョ 去呿胠倨詎嘘踞
據鋸遽醵鐻
ギョ 御馭
ゴ 語
ショ 怚沮庶處署翥曙
覰
ジョ 女如助洳恕茹除
絮
ソ 作狙疏詛楚
チョ 著箸
ヨ 悆淤瘀預飫與澦
豫蕷歟蕍礜譽鸒
リョ 慮鑢

七 遇(**唐韻、遇・暮**)

ウ 芋雨嫗傴
オ 汙(汚)惡
オウ 嫗
ク 句呴姁苦酗煦蒟
屨瞿驅臞
グ 具懼
グウ 寓遇
コ 固故涸庫胯瓠絝
酤雇痼錮謼(嘑)顧
ゴ 互冱忤迕娛悟捂
晤梧寤誤護
シュ 炷娶畀趣屬
ジュ 戍澍樹孺
ジュウ 住
ス 素
スウ 足數
ソ 泝(溯)阼胙厝祚措
訴塑愬醋(酢)錯
タ 姹(奼)
チュ 鉒
チュウ 注咮註駐鑄
ト 吐妒(妬)兎渡斁鍍
蠹
ド 度怒
フ 仆付布坿怖抪附
訃祔傅跗賦駙鮒賻
ブ 婺騖鶩
ホ 步哺圃捕酺鋪(舖)
餔
ボ 募墓慕
ム 務霧
ユ 諭輸籲(龥)
ユウ 裕
ル 屢
ロ 賂路輅潞璐簵露
鷺

八 霽(**唐韻、霽・祭**)

エイ 曳泄枻洩裔瘞鋭
叡殪瞖衛翳
ギ 劓(劓)
ゲ 偈
ケイ 系係契計桂恵愒
揭詣嘒禊劌慧賛憩
蕙髻薊蟪繫蹶繼鱖
ゲイ 羿堄睨甈藝囈
サイ 切妻祭細歳際濟
ザイ 劑
セイ 世制砌眥彗哲祭
逝壻(婿)掣毳貰勢
製誓齊瞭穄嚌擠鑇
隮穧霽
ゼイ 汭枘芮帨毳税筮
蜕蜹噬𣰆(橇)澨贅
タイ 滯
ダイ 杕第題
タツ 達
テイ 弟杕帝柢娣涕釱
彘替棣睇逮傺畷髢
疐(疐)禘綴遞締蔕
遰璏諦嚏薙蹛
デイ 泥
ヘイ 渒閉敝睥幣潎嬖
濞薜斃
ベイ 袂
メイ 謎
レイ 例戾沴涖荔唳捩
綟厲勵隸癘離麗盭
礪儷糲蠣欐

九 泰(**唐韻、泰**)

アイ 壒藹靄
カイ 匃(匄)愒會儈磕
噦廥澮濊獪鄶檜膾
禬襘旝繪翽
ガイ 外艾害蓋
サイ 最蕞
タ 太汰
ダ 兌
タイ 大忲(忕)汏兌殺
泰帶釱蜕
ダイ 奈柰
ハイ 沛旆茷霈
バイ 貝狽黴
マイ 昧眛
ライ 酹賴瀨藾糲籟
ワイ 濊薈

十 卦(**唐韻**、**卦・怪・夬**)
アイ 欬喝嗌隘噫餲
カ 卦挂
ガ 畫
カイ 介夬价快戒屆怪
玠芥界疥械喟絓解
詿犗薊誡魪廨懈獪
蕢薤簣繣壞瀣
サイ 眦(眥)砦殺祭債
寨嘬瘥瘵鎩曬
タイ 蠆
ハ 派
ハイ 拜敗湃粺憊韛
バイ 唄賣霾
マイ 邁
ワ 話

十一 隊(**唐韻**、**隊・代・廢**)
アイ 愛曖薆穢靉
カイ 回(囘)悔晦喙塊
誨憒潰繢瀣闠𩓥
ガイ 乂刈劾欬愾嘅慨
漑槩(概)磑儗鎧礙
サイ 再采倅栽淬晬焠
菜裁塞碎載誶綷賽
ザイ 在
タイ 岱耐退埭敦瑇貸
逮隊碓對態憝睫黛
戴鐓鐩
ダイ 內代耏鼐
ハイ 北孛佩柿肺朏背
悖茷配焙誖廢輩癈
バイ 昧痗瑁黴
ベイ 吠
マイ 妹昧
ライ 耒徠睞酹賚礌

十二 震(**唐韻**、**震・稕**)
イン 引印胤靷酳
キン 僅墐殣瑾覲饉釁
ギン 憖
シュン 峻浚畯舜雋儁
蕣餕瞬駿鬊
ジュン 徇殉閏順潤諄
シン 侲信娠振晉袗診
進愼搢蜃賑震縉親
齔櫬襯
ジン 刃汛牣迅訊訒軔
陣靭賮燼
チン 疢趁塡瑱鎭
ニン 認
ヒン 儐擯殯
ビン 鬢
リン 吝悋粦遴瞵磷藺
驎躪

十三 問(**唐韻**、**問・焮**)
イン 隱韻
ウン 員慍鄆暈運緼藴
(蘊)醞
キン 斤近靳
クン 薫
グン 郡
フン 分坋(坌)忿拚僨
奮糞
ブン 抆汶紊絻聞璺
モン 問

十四 願(**唐韻**、**願・慁・恨**)
エン 怨堰郾畹遠
カン 勸
ガン 願
ケン 劵建健圈腱綣憲
獻
ゲン 言愿
コン 艮困恨溷慁
ソン 巽遜
タイ 褪
トン 敦遁頓遯
ドン 鈍嫩
ハン 販飯
フン 坋(坌)噴
マン 曼萬蔓
モン 悶
ロン 論

十五 翰(**唐韻**、**翰・換**)
アン 按晏案
カン 扞汗旰侃矸罕冠
看衎悍涆豻貫釬閈
喚換渙逭幹(榦)祼
骭漢暵澣盥翰館灌
爟瓘觀鑵
ガン 岸玩
ゲン 喭
サン 散粲算蒜燦璨贊
攛酇讚鑽爨
ザン 竄
タン 旦彖炭椽憚歎鍛
ダン 段偄彈斷攤灘
ナン 難
ハン 半泮判拌泮叛胖
畔絆
マン 墁幔漫縵謾
ラン 亂爛爤讕
ワン 惋腕

十六 諫(**唐韻**、**諫・襇**)
アン 晏鷃
カン 丱串宦患莧閒骭
慣澗擐諫覵(瞯)轘
ガン 贗(贋)
ケン 見豢
ゲン 幻
サン 汕疝柵訕棧篡鏟
タン 綻
ハン 盼
フン 扮
ベン 辦瓣
マン 嫚慢縵謾
ワン 綰

十七 霰(**唐韻**、**霰・線**)
イン 院
エン 衍宴莚堰媛掾援
瑗緣燕嚥嬿讌(讌)
カン 卷揀(柬)
ケン 見俔眷汧倦狷睍
牽眴眷研睊硯絢罥
鄄絹蜆遣縣繾譴
ゲン 彥炫唁眩袨衒喭
硏諺甗
サン 霰
セン 先洊穿倩栫淀
(漩)茜旋釧碊剸煎
羨煽蒨綪箭線賤戰
擅線選竄薦餞濺譔
鬋顫囊
ゼン 善鄯膳禪繕
テン 淀奠塡殿瑱輾轉
囀纏
デン 佃甸傳鈿電澱
ヘン 片拚徧變
ベン 卞弁抃汴便眄沔
瞑
メン 面偭麪
レン 楝練鍊孌戀

十八 嘯(**唐韻**、**嘯・笑**)
キョウ 叫嬈嶠噭徼竅
轎
ショウ 少召劭肖邵哨
峭笑詔照僬誚嘯噍

燒鞘醮爝釂
ジョウ 繞
チョウ 弔眺釣覜蔦調
嬥藋糶
トウ 掉
ニョウ 尿
ヒョウ 俵票僄剽裱慓
摽漂驃
ビョウ 廟
ミョウ 妙
ヨウ 約要窔搖葽曜燿
耀鷂
リョウ 料嘹燎療鷯

十九 效（唐韻、效）

キョウ 校教斅
コウ 孝恔效校傚窖嗃
較敲酵膠磝
ゴウ 樂
ショウ 杪稍鈔
ソウ 笊
トウ 淖罩趠踔鬧櫂
ドウ 橈
ヒョウ 豹
ホウ 皰奅爆礮
ボウ 貌
ヨウ 拗

二十 號（唐韻、號）

オウ 奧墺懊澳隩燠
コウ 好告耗郜犒膏誥
靠縞
ゴウ 傲號鷔
ソウ 埽（掃）漕噪操譟
躁竈鑿
ゾウ 造慥
トウ 到倒悼盜蹈燾禱
翿纛
ドウ 導
ホウ 報虣
ボウ 芼冒眊旄耄媢帽
瑁暴瀑
モウ 毛眊
ロウ 勞嫪澇

二十一 箇（唐韻、箇・過）

カ 个坷貨軻過箇課
ガ 臥賀餓
サ 左些佐作磋
ザ 坐剉座挫莝
タ 癉
ダ 大唾媠惰愞（懦）馱
（駄）稬（糯）
ナ 那奈
ハ 破播簸
マ 磨
ラ 邏
ワ 和涴

二十二 禡（唐韻、禡）

ア 亞婭
カ 下化架夏胯假斝
嫁暇價稼駕樺罅
ガ 迓砑訝
コ 跨
サ 乍詐嗄蜡
シャ 卸炙舍柘借射赦
貰榭謝瀉藉麝
ショ 蔗
タ 奼咤詫
ハ 帊怕杷垻靶罷霸
灞
バ 禡罵
ヤ 也夜射

二十三 漾（唐韻、漾・宕）

オウ 王怏旺迋盎
キョウ 況（况）貺誑鄉
ギョウ 仰
コウ 亢伉向行吭抗炕
桁頏廣潢壙曠纊
ショウ 匠向尙倡（娼）唱
將嶂障餉瘴償醬
ジョウ 上仗狀釀讓鑲
ソウ 壯相挪創喪愴葬
ゾウ 藏臟
チョウ 長鬯帳張悵脹
暢漲韔
トウ 宕湯當碭蕩踼盪
儻
ホウ 放舫訪搒
ボウ 妄妨忘防望傍徬
謗
モウ 妄
ヨウ 恙煬漾樣養瀁
（漾）颺
リョウ 兩亮悢掠量諒
ロウ 浪閬

二十四 敬（唐韻、映・諍・勁）

エイ 泳映詠禜醟罌
（罌）
オウ 横
キョウ 竟鏡競
ケイ 勁詗敬輕儆慶夐
檾
ゲイ 迎
コウ 行更硬
ショウ 証
ジョウ 淨
セイ 正姓性政穽倩凊
晟盛聖請靚
ソウ 諍
テイ 偵遉鄭
ヒョウ 評
ビョウ 病
ヘイ 拼怲邴柄併娉聘
ホウ 迸
ボウ 榜
メイ 命盟鳴
モウ 孟
レイ 令

二十五 徑（唐韻、徑・證・嶝）

エイ 瑩濴
オウ 應
キョウ 興
ギョウ 凝
ケイ 徑脛經磬罄
コウ 亙
ショウ 勝稱甑賸證
ジョウ 丞乘烝剩
セイ 艶醒
ソウ 贈
チョウ 聽
テイ 廷矴（碇）定訂庭
釘飣錠
トウ 墱嶝鄧隥橙磴蹬
鐙
ネイ 佞寧
ヒョウ 凭堋
ボウ 懵（懜）
メイ 暝瞑
ヨウ 孕媵

二十六 宥（唐韻、宥・候・幼）

オウ 漚
キュウ 灸究疚柩畜救
廄舊齅（嗅）
コウ 句后扣吼厚姤後
候冓逅（遘）寇堠媾
彀瞉搆（構）詬雊構
遘覯購鍭鷇

シュ 守狩首
ジュ 呪授壽綬
シュウ 收秀岫臭袖售
宿琇就僦甃皺褎簉
繡鷲驟
ジュウ 狃粈蹂輮獸
スウ 宿皺縐
ソウ 走奏湊腠嗾漱瘦
蔟輳謏
チュウ 宙咮冑酎晝幬
繇籀
トウ 豆脰透逗餖竇讀
鬭（鬪）
ドウ 槈（耨）擩
ビュウ 繆謬
フ 仆富覆
フウ 伏
フク 副復輻鍑
ボ 戊
ホウ 踣
ボウ 姆茂袤貿楙霿瞀
鄮懋
モ 茂
ユ 油
ユウ 又右佑侑狖囿宥
柚祐猶蜼槱輶鼬
ヨウ 幼
リュウ 留（畱）廖溜（澑）
瘤霤飂鐂（鎦）鷚

ロウ 陋僂漏瘻鏤

二十七 沁（唐韻、沁）

イン 喑飲窨蔭
キン 紟禁僸噤
ギン 吟
シン 沁浸深祲滲譖讖
ジン 甚袵衽
チン 沈枕酖賃鴆闖
ニン 任妊
リン 臨

二十八 勘（唐韻、勘・闞）

アン 暗諳
カン 勘琀紺憨憾瞰闞
ガン 䈯
サン 三參
ザン 暫蹔
タン 啗淡憺擔澹餤甔
ラン 濫爁纜

二十九 豔（唐韻、豔・㮇・釅）

エン 俺掞弇厭爓（焰）
豓豔豔（艶）灩
ケン 欠傔劍獫驗
ゲン 噞
ザン 槧塹（壍）
セン 占僭潛幨贍
テン 坫店忝沾痁唸墊
ネン 念
ヘン 砭窆
ラン 爁

レン 斂殮瀲

三十 陷（唐韻、陷・鑑・梵）

エン 淹
カン 陷監闞鑑
ケン 欠劍
サン 儳蘸讒鑱
ザン 懺
タン 站賺
ハン 帆汎梵

【入声】

一 屋（唐韻、屋）

イク 育囿昱郁粥煜毓
（育）澳燠鬻
オク 屋
キク 匊掬椈菊踘鞠鞫
麴
コク 谷哭斛穀熇槲縠
榖轂轂
ジク 竺忸衄舳軸
シュク 夙叔柷俶祝倏
宿淑茜肅蔌儵蓿蹴
縮蹙蹜蹴儵巑
ジュク 孰塾熟
ショク 謖
ソク 涑速觫樕蔌蔟餗
ゾク 族簇鏃
チク 竹畜逐筑蓄築矗
トク 秃竺啄瀆櫝牘犢

ドク 獨讀髑黷讟
ニク 肉
バク 瀑
フク 伏服茯偪匐虙幅
復葍楅腹葍福箙複
蝠蝮輻覆馥鵩
ボク 卜木扑牧睦僕撲
暴樸穆濮繆鶩
モク 目沐苜
リク 陸僇勠稑戮蓼
ロク 六鹿碌祿漉簏轆
麓

二 沃（唐韻、沃・燭）

キョク 旭曲局勖蕣頊
跼
ギョク 玉
コク 告梏牿熇酷鵠嚳
ゴク 獄
ショク 蜀歜燭蠋觸贖
矚
ジョク 辱溽蓐褥縟耨
ソク 束足促
ゾク 俗粟屬續
チョク 躅
トク 督篤
ドク 毒纛
ホク 襮
ボク 僕幞
ヨク 沃浴欲慾螸

リョク 淥逯綠醁騄
ロク 錄簶

三 覺（唐韻、覺）

アク 偓喔幄握渥
カク 角珏捔（确）桷㱿
搉較嗀榷確翯轂覺
鷽
ガク 樂學嶽鷟
サク 汋捉朔浞欶斮數
鷟齪
ジャク 搦
タク 卓倬啄涿椓琢逴
斲諑踔啅擢濯櫂
ダク 濁
ハク 剝雹撲樸璞駮
バク 駁邈爆
ヤク 葯
ラク 犖樂

四 質（唐韻、質・術・櫛）

イッ 一乙聿佚汩佾泆
壹軼逸颱溢遹歖鎰
鷊
キッ 吉佶肸姞拮詰橘
シチ 七
シッ 叱失室桎疾悉桼
喞聖蛭嫉瑟漆膝蝨
質櫛礩騭鑕
ジッ 日尼衵實暱（昵）
シュッ 出茁崒蟀

ジュツ 朮戌怵恤卹述秫術
ソツ 卒帥率
チツ 帙抶咥姪秩窒紩銍
チュツ 黜
ヒツ 匹必泌畢弼筆潷飶駜罼鷝篳謐蹕韠
ビツ 沕
ミツ 密蜜
リツ 律栗慄篥

五 物（唐韻、物・迄）

ウツ 尉菀熨蔚鬱
キツ 乞仡吃屹汔迄肸訖
クツ 屈倔堀崛掘詘欻
ケツ 厥
コツ 乞
フツ 不市弗佛拂沸茀祓紱艴紼韍髴黻
ブツ 勿佛沕物

六 月（唐韻、月・沒）

エツ 曰粵越噦鉞樾謁閼
オツ 嗢
クツ 窟
ケツ 厥猲楬歇劂碣竭撅羯橛蕨闕蟩蹶鱖
ゲツ 月刖
コツ 扢扫汩忽矻紇笏骨堀惚掘淈榾齕鶻
ゴツ 兀屼扤杌軏
ソツ 卒崒捽猝
トツ 凸吶咄突梲訥腯
ハツ 發癹髮
バツ 伐筏罰閥
ベツ 韤（韈）
ホツ 誖餑
ボツ 孛沒歿勃悖浡艴渤

七 曷（唐韻、曷・末）

アツ 遏斡頞閼餲
カツ 括曷活栝适割喝愒渴猲筈聒越葛褐濊豁闊
サツ 撮薩
タツ 汏咄剟掇達撻闥
ダツ 妲怛脫奪獺
ハツ 犮軷鉢撥潑
バツ 拔茇跋魃
マツ 末抹沫秣
ラツ 剌捋辣酹糲

八 黠（唐韻、黠・鎋）

アツ 軋揠
カツ 刮戛楬滑猾犗嘎瞎頡轄黠鶻
ガツ 刖
サツ 札刷刹茁殺察
タツ 錣
ダツ 肭獺
ハチ 八
バツ 帕拔靺

九 屑（唐韻、屑・薛）

エツ 咽悅噎閱饐
キツ 頡譎
ケツ 穴血抉決玦契拮挈桀缺偈訣趹揭結絜傑楬碣竭潔頡鴂鍥闋擷齕嶡纈
ゲツ 孑臬隉蜺闑孽糱齧孼讞
セツ 切折拙泄茁屑浙晢梲紲設雪媟掣渫楔準截說節橇蕝辥薛褻歠竊
ゼツ 舌絕
テツ 凸咥垤姪迭剟哲惙掇晢絰耋蛭跌軼啜徹撤澈輟醊餮轍鐵
デツ 吶苶捏涅
ネツ 熱爇
ヘツ 批閉
ベツ 別捌烕蔑瞥鼈
メツ 滅
レツ 列劣冽洌埒烈茢捩裂

十 藥（唐韻、藥・鐸）

アク 堊惡
カク 各恪格郝涸郭嗃鄗熇閣霍謞擢穫矍藿鞹鶴鑊攫玃靃躩钁
ガク 咢崿愕鄂萼遻噩諤堮鍔鰐（鱷）
キャク 卻（却）腳（脚）噱屩蹻醵戄
ギャク 虐瘧謔
サク 乍作怍昔昨迮厝索笮斮酢錯鑿
シャク 勺汋杓芍削斫酌斮焯碏綽踖燋爵爍繳爍（療）嚼爝嚼鑠
ジャク 若弱雀嫋箬鵲
タク 拓度柝託橐澤蘀鐸籜
ダク 諾
チャク 逴著躇
ハク 泊亳粕博搏貉箔膊魄縛薄簙鎛襮髆
バク 莫寞幕摸漠膜
ヤク 礿約葯龠藥爚躍籥鑰
ラク 洛珞絡落酪樂駱躒

十一 陌（唐韻、陌・麥・昔）

リャク 掠略
ワク 臒蠖
アク 戹啞軛（軶）
エキ 亦役易奕帟疫益埸掖液腋嗌蜴嶧懌斁繹醳驛
カク 客砉革核格鬲畫隔幗摑膈赫虢翮骼嚇獲馘聝
ガク 額
ギャク 逆
ゲキ 屐郤戟綌隙劇
サク 咋柞柵窄索策嘖幘愬簀賾
サツ 册
シャク 尺借釋
セキ 夕斥石汐赤刺昔炙厝射席祏脊迹（跡）隻唶惜責腊舄摭碩耤蓆奭潟瘠踖磧積螫蹐藉蹠（跖）鼫籍
タク 宅㘜（坼）擿磔擇澤謫
テキ 翟適擲擿躑
ハク 白伯帛拍柏珀迫陌舶貊魄擘霸
バク 莫麥蘗貘驀

ヒャク 百
ヘキ 辟碧僻擗璧癖襞
甓闢霹
ミャク 脈覛霢
ヤク 阨（阸）搤譯

十二 錫（唐韻、錫）

ケキ 狊砉喫焱
ゲキ 覡激覓撃檄闃闐
鶪鷁
シャク 錫
セキ 析寂戚淅晢裼蜥
慼錫績
テキ 弔狄的迪倜俶剔
惕笛荻逖擿滴翟敵
踢蹢適躑鏑趯糴覿
デキ 惄溺滌
ヘキ 壁甓霹
ベキ 汨覔冪
レキ 鬲曆歴櫟瀝櫪皪
礫轢酈靂

十三 職（唐韻、職・徳）

オク 億憶檍臆
キョク 恤亟洫棘極殛
畵
ギョク 嶷
コク 克刻劾剋國黒
ショク 式色昃拭食栻
埴喞聖寔植殖湜嗇
軾飾稷蝕穡穑織職
識
ジョク 慝
ソク 仄則即息側喞惻
測塞熄鯽
ゾク 賊
チョク 直陟敕犆飭
トク 忒特匿得徳慝螣
ヒョク 副幅腷逼踾
フク 匐愊愎
ホク 北
ボク 冒墨踣默
ヨク 弋抑杙或翊翌棫
罭蜮閾薏翼
リョク 力仂
ロク 扐防肋泐勒
ワク 惑

十四 緝（唐韻、緝）

キュウ 及伋吸扱汲泣
急笈級給翕湆歙
シュウ 拾習執集戢溼
（濕）葺緝濈褶輯隰
襲
ジュウ 十什廿汁湁
チュウ 靨縶蟄
ニュウ 入
ユウ 邑唈悒挹浥揖裛
熠
リュウ 立笠粒

十五 合（唐韻、合・盍）

コウ 盍蛤嗑溘榼蓋
（葢）閤磕韐闔
ゴウ 合
ソウ 匝（帀）帇（卅）颯
ゾウ 雑
トウ 沓荅答嗒塔搨搭
榻遝誻踏鞳闒蹹
（蹋・踏）
ノウ 衲納
ロウ 拉臘蠟

十六 葉（唐韻、葉・帖・業）

キョウ 協俠挾笈脅梜
莢愜魥篋鋏歙頰
ショウ 妾倢浹渉婕捷
接菨楫睫慴摺箑屧
霅霎燮懾攝讋
ジョウ 捻聶疊躡
チョウ 喋堞貼輒蝶褶
ヨウ 葉裛厭爗（燁）饁
靨
リョウ 獵躐鬣

十七 洽（唐韻、洽・狎・乏）

オウ 押鴨壓
キョウ 劫夾怯峽狹
ギョウ 業鄴
コウ 甲匣呷狎恰柙洽
胛郟袷筴韐
ソウ 扱眨唼（啑）插萐
歃箑翣霎鍤
トウ 喋箚霅
ホウ 法
ボウ 乏

平仄韻字表

【ア行】

ア・アイ [佳]哇娃蛙唉挨鞋鞵

ア [歌]阿疴痾/[麻]丫啞椏蛙鴉/[哿]閜/[馬]啞/[禡]亞婭

アイ [灰]哀唉埃欸/[賄]欸/[泰]壒藹靄/[卦]欬喝嗌隘噫餲/[隊]愛曖薆穢靉

アク [覺]偓喔幄握渥/[藥]堊惡/[陌]戹啞軛(軛)

アッ [曷]遏斡頞閼餲/[黠]軋揠/[洽]壓

アン [寒]安鞍(鞌)/[刪]殷/[覃]庵菴盦諳闇/[感]揜晻闇/[豏]黤黯/[翰]按晏案/[諫]晏鷃/[勘]暗諳

イ [支]匜台伊圯夷迆(迆)委怡咿姨洟倭扅移貤酏唯寅帷惟猗痍移蛇椅欹爲萎詑(詑)詒貽逶痿漪維蜲飴潙頤噫遺濰彝醫黟壝/[微]衣依威韋圍幃違禕蝛闈/[紙]已以匜矣迆(迆)委洧苡倚唯痏蔿壝/[尾]扆偉暐煒葦韙韡/[寘]异位易施恚貤矮爲異萎詒意肄勩蜼縊遺餧懿/[未]衣畏胃尉渭彙慰熨緯蔚罻謂

イク [屋]育囿昱郁粥煜毓(育)澳燠鬻

イッ [質]一乙聿佚汩佾泆壹軼逸鳦溢遹鴥鎰鷸

イン [眞]匀因姻氤茵寅堙湮甄筠禋龠駰闉/[文]殷慇/[侵]音淫陰喑愔瘖蔭霪/[軫]允尹引狁紖蚓隕輑殞螾霣/[吻]殷隱/[寑]飲/[震]引印胤輑酳/[問]隱韻/[霰]院/[沁]喑飲窨蔭

ウ [虞]于吁杅玗迂盂竽紆烏雩/[麌]宇羽雨禹偊瑀齲/[遇]芋雨嫗傴

ウッ [物]尉菀熨蔚鬱

ウン [文]云沄芸員紜耘雲鄖氳熅澐縕蘊/[吻]惲薀(蘊)韞/[問]員慍鄆暈運縕薀(蘊)醞

エイ [齊]繄翳鷖黳/[庚]盈英瑩楹瑛榮瑩禜嬴縈嬰營霙瀛嚶攖蠑嬴瓔纓/[梗]永郢影潁穎癭/[霽]曳泄枻洩裔瘞銳叡殪瞖衛翳/[敬]泳映詠禜醫瞖(瞖)/[徑]瑩瀅

エキ [陌]亦役易奕帟疫益埸掖液腋嗌蜴嶧懌斁繹醳驛

エッ [月]曰粵越暍鉞樾謁閼/[屑]咽悅噎閱饐

エン [元]宛垣怨洹爰冤袁援湲猨園猿榬蜿鴛轅鵷/[先]延沿咽員埏娟捐淵焉莚湲圓甄煙(烟)筵蜎蜒鉛嫣鄢鳶緣圜燕/[覃]渰/[鹽]奄炎阽崦淹猒閹閻檐鹽/[阮]扷宛苑偃婉堰琬菀晼蜿遠鄢蝘踠鰋鼴/[銑]兗衍宴蜎演/[琰]奄剡掩渰琰燄(焰)厭魘黶/[願]怨堰郾晼遠/[霰]衍宴莚堰媛掾援瑗緣燕嚥嬿醼(讌)/[豔]俺掞酓厭爓(焰)饜鹽豔(豔)灩/[陷]淹

オ [魚]淤/[虞]汙(汚)杇於惡鳴/[遇]汙(汚)惡

オウ [東]翁/[肴]凹/[豪]鏖/[陽]王央汪尪怏泱殃秧鴦/[庚]横甇罌(罌)櫻鶯鸚/[蒸]應/[尤]區嘔漚歐甌謳鷗/[董]滃蓊/[巧]拗/[皓]夭媼奧燠襖/[養]坱往怏枉泱盎鞅/[有]歐毆/[送]甕/[遇]嫗/[號]奧墺懊澳隩燠/[漾]王怏旺汪盎/[敬]横/[徑]應/[宥]漚/[洽]押鴨壓

オク [屋]屋/[職]億憶檍臆

オッ [月]嗢

オン [元]恩溫縕轀蘊/[阮]穩

【カ行】

カ [佳]佳媧蝸騧/[歌]戈禾伽何囮呵和河枷柯珂科苛茄迦哥荷訛渦訶軻窠過歌窩蝌鍋/[麻]加瓜花姱枷珈茄迦家痂笳谺媧華跏瑕葭遐嘉瘕蝦蝸撾樺豭霞譁騧麚驊/[哿]火可坷果哿笴舸荷軻夥禍蜾裹顆/[馬]下冎夏假斝廈賈嘏寡瘕踝檟/[卦]卦挂/[箇]个坷貨軻過箇課/[禡]下

化架夏胯假崋嫁暇
價稼駕樺罅
ガ [歌]俄哦娥峨峩莪
蛾鵝/[麻]牙呀岈枒
芽涯雅衙駕齖/[禡]
我峩(峨)/[馬]瓦疋(雅)
雅/[卦]畫/[箇]臥賀餓/
[禡]迓砑訝
カイ [佳]乖皆荄偕喈
堦湝絓階楷槐鞋諧
鮭懷/[灰]回(囘)灰迴
(廻)佪恢洄虺悝茴
荄豗傀開鬼詼隗槐
瑰魁/[蟹]枴楷解夥
澥獬蟹/[賄]改悔海
匯鬼隗瘣磈醢/[泰]
匃(匄)愒會儈磕噲
廥澮濊獪鄶檜膾襘
禬旝繪翽/[卦]介夬
价快戒屆怪玠芥界
疥械喟絓解註犗薊
誡魪廨懈獪蕢薤簣
纗壞瀣/[隊]回(囘)悔
晦喙塊誨憒潰繢瀣
闠靧
ガイ [佳]厓啀崖涯街
骸/[灰]侅咳垓孩陔
剴該獃皚磑/[蟹]駭
騃/[賄]亥豈塏愷鎧/

[泰]外艾害蓋/[隊]乂
刈劾欬愾嘅慨溉槩
(概)磑儗鎧礙
カク [覺]角玨埆(确)桷
殼搉較愨榷確礐轂
覺鷽/[藥]各恪格郝
涸郭嗃廓熇閣霍鎬
擢穫矍藿鞹鶴鑊攫
玃靃躩钁/[陌]客砉
革核格鬲畫隔幗摑
膈赫虢翮骼嚇獲馘
覈
ガク [覺]樂學嶽鷟/[藥]
咢崿愕鄂萼遌噩諤
鶚鍔鰐(鱷)/[陌]額
カツ [曷]括曷活栝适
割喝愒渴猲筈聒越
葛褐濊豁闊/[黠]刮
戛楬滑猾牽嘎瞎頡
轄黠鶻
ガツ [黠]刖
カン [寒]干刊奸忓汍
汗完玕官冠洹看竿
倌桓豻乾莞寒棺萑
貆幹(榦)寬翰韓鼾
歡觀讙貛驩/[刪]姦
豻患湲菅閑閒慳嫺
憪圜寰擐蕑環瞯艱
還鍰關轘闤鰥鬟/

[覃]甘函坩泔邯弇
柑唅涵堪酣戡/[咸]
函咸嵌椷監銜緘
鹹/[旱]旱侃罕(䍐)衎
悍笴款琯管緩澣
(浣)盥窾館/[潸]柬莞
睅睆僩憪簡/[銑]卷/
[感]坎喊嵌敢欿菡
感撼橄轗/[豏]喊歉
濫豏檻艦闞轞/[願]
勸/[翰]扞汗旰侃矸
罕冠看衎悍涆豻貫
釬閈喚換渙逭幹
(榦)祼骭漢暵澣盥
翰館灌爟瓘觀鑵/
[諫]丱串宦患莧閞
骭慣澗擐諫覸(瞯)
轘/[霰]卷揀(柬)/[勘]勘
琀紺憨憾瞰闞/[陷]
陷監闞鑑
ガン [寒]丸刓芄紈/[刪]
頑顏/[覃]含頷龕/[咸]
喦碞巖巗/[潸]眼/[感]
菡頷/[願]願/[翰]岸玩/
[諫]贗(贋)/[勘]菡
キ [支]危肌岐歧其奇
居祁姬祇剞耆蚑基
崎掎淇規跂軝飢馗
攲期棊(棋)欹琦琪

萁逵戣熙畸睢碕祺
葵僖僛旗箕綦嘻墮
嬉撝槻觭諆踑踦麾
熹窺錡龜禧虧騎騏
魌譆(嘻)騤麒巇蘄
鬐鰭夔羇羈鸃/[微]
圻希沂祈旂晞欷幾
揮睎稀暉煇碕頎禕
豨畿翬機璣徽歸磯
禨譏鞿饑/[紙]几己
宄氿企屺机杞芑佹
垝枳癸紀軌剞起匭
掎跂喜揆晷毀詭跪
頍綺踦錡燬簋歸/
[尾]卉虺晞豈鬼幾
豨蟣/[寘]企忌其季
近咥垝洎屓攲欬蚑
記寄掎跂喟幾惎媿
棄睢匱墍誋冀器憙
(喜)暨概蕢覬簣騎
嚱歸饋驥/[未]旡气
卉氣既欷貴愾墍摡
溉毅暨諱禨餼
ギ [支]宜欺疑儀媯羲
嶷戲巇曦犧/[微]巍/
[紙]妓技儗螘(蟻)擬
艤/[尾]螘(蟻)顗/[賄]
頠/[寘]芰義僞誼儗
劓戲議/[未]魏/[霽]劓

(劓)
キク [屋]匊掬毱菊踘
鞠鞫麴
キツ [質]吉佶肸姞拮
詰橘/[物]乞仡吃屹
汔迄肸訖/[屑]頡譎
キャク [藥]卻(却)腳(脚)
噱屩蹻醵戄
ギャク [藥]虐瘧謔/[陌]逆
キュウ [東]弓穹宮躬窮/
[尤]仇丘休艽求邱
俅咻捄毬球逑馗絿
裘貅鳩摎觩賕鬏樛
璆銶龜蟉鵂鬮/[有]
九久朽臼玖咎糾赳
韭舅糗/[宥]灸究疚
柩畜救廏舊齅(嗅)/
[緝]及伋吸扱汲泣
急笈級給翕潝歙
ギュウ [尤]牛
キョ [魚]呿居車胠祛
袪据渠琚虛裾墟歔
蕖醵蘧鐻籧/[語]去
巨拒炬苣秬莒許詎
距鉅虡舉櫸鐻/[御]
去呿胠倨詎噓踞據
鋸遽醵鐻
ギョ [魚]魚衙漁齬/[語]
圄圉敔衙禦篽齬/

〔御〕御馭
キョウ 〔冬〕凶兇共匈邛供恟洶恭胸訩筇蛩莕跫銎龔/〔江〕跫/〔蕭〕枵梟喬橋僑歊熇嬌嶠徼憿橇蕎鴞趫蹻轎嚻驕/〔肴〕教/〔陽〕匡狂羌姜恇香羌強眶筐僵慶橿薑彊繮/〔庚〕驚/〔蒸〕矜兢興/〔腫〕兇恟拱洶恐栱訩莕鞏/〔篠〕皎嬌撟皛矯皦蟜蹻驕/〔養〕亨享恇迂彊襁繈獷嚮蠁饗饗/〔梗〕杏境/〔琰〕陜/〔宋〕共供恐/〔嘯〕叫嬈嶠嗷徼竅轎/〔效〕校教斆/〔漾〕況(况)貺誑鄡/〔敬〕竟鏡競/〔徑〕興/〔葉〕協俠挾笈脅梜莢愜勰篋鋏歙頰/〔洽〕劫夾怯峽狹
ギョウ 〔冬〕喁顒/〔蕭〕堯僥嶢嶢澆驍/〔蒸〕凝/〔篠〕曉磽/〔養〕卬仰/〔漾〕仰/〔徑〕凝/〔洽〕業鄴
キョク 〔沃〕旭曲局勖藿頊跼/〔職〕侐亟洫棘極殛蕀
ギョク 〔沃〕玉/〔職〕嶷
キン 〔眞〕巾均囷矜鈞墐箘麇麕齗/〔文〕斤昕欣炘芹堇筋勤懃靳懃蘄/〔侵〕今芩金衿衾欽琴嶔禁禽嶔擒黔檎襟/〔軫〕囷窘菌稛箘緊/〔吻〕近巹菫槿謹/〔寢〕唫噤錦/〔震〕僅墐殣瑾覲饉舋/〔問〕斤近靳/〔沁〕紟禁僸噤
ギン 〔眞〕沂垠狺銀誾嚚/〔文〕狺鄞誾齗齦/〔侵〕吟唫崟/〔吻〕听/〔震〕憖/〔沁〕吟
ク 〔虞〕句劬芋呴姁拘盱枸欨(呴)朐抾痀訏區絇跔軥嘔嶇駒軀驅欋臞(癯)衢鸜/〔麌〕咻枸苦栩矩咰煦詡窶蒟踽窶齲/〔遇〕句呴姁苦酗煦蒟屨瞿驅臞
グ 〔虞〕禺俱娛愚虞齵/〔麌〕麌/〔遇〕具懼
クウ 〔東〕空/〔董〕空/〔送〕空
グウ 〔冬〕禺/〔虞〕喁嵎隅/〔有〕偶耦藕/〔遇〕寓遇
クツ 〔物〕屈倔堀崛掘詘欻/〔月〕窟
クン 〔文〕君焄裙熏葷勳獯曛臐薰纁醺/〔問〕薰
グン 〔文〕軍群/〔問〕郡
ゲ 〔霽〕偈
ケイ 〔齊〕兮卟(乩)圭奎邽奚枅畦窐袿傒嵇笄徯携睽暌閨稽谿(溪)蹊雞(鷄)巂醯攜(携)鼷蠵鑴/〔庚〕兄京勍荊莖頃卿惸傾輕嬛頸擎檠瓊鶊/〔青〕刑形邢坰型扃涇陘絅硎經滎熒鈃駉螢馨/〔薺〕啓傒棨綮稽/〔梗〕冏頃景憬璟頸檠警/〔迥〕泂洞剄炯迥婞脛詗頴褧謦/〔霽〕系係契計桂恵愒揭詣嘒褉劌慧髻憩薊髻蓟蟪繫蹶繼蹶/〔敬〕勁詗敬輕儆慶敻綮/〔徑〕徑脛經磬罄
ゲイ 〔齊〕兒倪猊蜺輗霓鯢/〔庚〕迎鯨黥/〔霽〕羿堄睨軏藝囈/〔敬〕迎
ケキ 〔錫〕鶪砉喫焱
ゲキ 〔陌〕屐郤戟綌隙劇/〔錫〕覡激鵙擊檄闃鬩鶪鴃
ケツ 〔物〕厥/〔月〕厥獗楬歇蹶碣竭撅羯橛蕨闕蟩蹶鱖/〔屑〕穴血抉決玦契拮挈桀缺偈訣趹揭結絜傑楬碣竭潔頡鴂鍥闋擷齕孑纈
ゲツ 〔月〕月刖/〔屑〕孑臬隉蜺闑孽櫱齧蘗讞
ケン 〔元〕咺軒掀喧塤犍萱(蘐)狟諠諼鞬/〔先〕卷肩姸岍汧拳枅涓虔乾堅牽研棬愆犍蜎豜搴甄蜷儇賢嬛縣褰鍵鬈鵑懸騫權蠲顴/〔鹽〕兼鈐嫌鉗箝蒹嗛獫縑黚謙鹹/〔阮〕咺烜圈揵楗綣蹇鬈幰/〔銑〕犬件巻畎峴狷晛睍筧蜆趼搴遣謇蹇鍵羂鞬繭繾韉顯/〔琰〕嗛慊隒歉儉嶮險檢瞼/〔願〕劵建健圈腱綣憲獻/〔諫〕見豢/〔霰〕見俔桊汧倦狷睍牽眴眷研睊硯絢罥鄄絹蜆遣縣繾譴/〔豔〕欠兼劍獫驗/〔陷〕欠劍
ゲン 〔元〕元沅言阮杬原嫄源黿騵甗/〔先〕玄弦眩絃舷/〔鹽〕嗛嚴/〔阮〕阮巘讞/〔潸〕限/〔銑〕泫鉉甗巘讞/〔琰〕广儼/〔豏〕減/〔願〕言愿/〔翰〕喭/〔諫〕幻/〔霰〕彥炫唁眩袨衒喭趼諺甗/〔豔〕嗛
コ 〔虞〕乎刳呱呼姑孤弧沽狐枯胡罛瓠虖蛄壺湖菰觚辜酤瑚葫箶糊醐鴣餬鶘/〔麻〕夸誇/〔麌〕戶古估岵怙股虎姱祜罟羖扈琥詁酤扈楛賈鼓滬滸盬瞽蠱/〔遇〕固故涸庫胯瓠袴酤雇痼錮謼(嘑)顧/〔禡〕跨
ゴ 〔虞〕吳吾娛梧麌鼯齬/〔語〕語/〔麌〕五午仵伍迕俁/〔御〕語/〔遇〕互冱忤迕娛悟捂晤梧

付録　平仄韻字表

寤誤護
コウ [東] 工公功攻洪
洚紅虹倥烘訌悾釭
箜鴻／[江] 扛江杠(槓)
矼洚缸降悾釭腔
谾／[肴] 爻交艽佼肴
咬姣郊哮烋茭虓崤
淆筊蛟嗃詨鄗嘐敲
墝膠鮫／[豪] 尻咎羔
皋(臯)高膏蒿嘷撓
槹篙蒿翺櫜餻鼛／
[陽] 亢伉光行吭抗
肓岡昂杭肮洸皇桁
胱航荒凰康喤徨惶
湟隍黃煌遑頏綱潢
篁蝗璜穅鋼簧／[庚]
行亨坑宏更阬庚秔
竑訇桁浤珩紘耕硜
喤硜閎觥賡橫衡嶸
鍠羹鏗鶊蘅黌／[蒸]
弘肱恆軦絚興薨／
[尤] 勾句拘侯喉猴
軥溝鉤彄摳緱篝鍭
餱鞲／[董] 孔汞倥澒／
[講] 港缿項講／[巧] 巧
佼姣狡筊絞鉸皦
攪／[皓] 好考昊杲栲
浩皓滈鄗暠(皜)槁
暤(皞)槀(稿)縞鎬顥

灝／[養] 吭沆晃幌慌
滉慷廣／[梗] 幸哽耿
荇梗綆骾獷鯁礦
鑛／[迥] 肯／[有] 口后扣
吼狗厚垢後枸耇苟
郈笱釦／[送] 哄貢控
閧鞚贛／[絳] 巷洚虹
降絳閧／[效] 孝恔效
校傚窖嗃較敲酵膠
礉／[號] 好告耗郜犒
膏誥靠縞／[漾] 亢伉
向行吭抗炕桁頏廣
潢壙曠纊／[敬] 行更
硬／[徑] 亙／[宥] 句后扣
吼厚姤後候冓逅
(遘)寇堠媾彀轂搆
(構)詬雊構遘覯購
鍭彀／[合] 盍蛤嗑溘
榼蓋(葢)閤磕韐闔／
[洽] 甲匣呷狎恰柙
洽胛郟袷筴鞈
ゴウ [肴] 磝聱謷／[豪] 敖
毫號嗷豪熬獒嚎濠
螯謷囂鰲／[陽] 剛鄉／
[庚] 轟／[效] 樂／[號] 傲號
鷔／[合] 合
コク [屋] 谷哭斛穀熇
槲穀縠觳轂／[沃] 告
梏牿熇酷鵠嚳／[職]

克刻勊剋國黑
ゴク [沃] 獄
コツ [物] 乞／[月] 扢抇汩
忽矻紇笏骨堀惚掘
淈搰齕鶻
ゴツ [月] 兀屼扤杌軏
コン [元] 沄坤昆昏垠
根婚崑惛痕渾琨溷
跟髡褌魂閽鯤鶤／
[阮] 很悃捆衮梱混
棍焜壼緄墾懇鯀／
[願] 艮困恨溷慁

【サ行】

サ [歌] 娑抄梭莎嵯搓
瑳蓑痤磋蹉髿／[麻]
叉扠些沙苴差紗茶
靫嗟楂裟槎樝髽鬖
鯊鹺／[哿] 左脞瑣瑳
鎖／[馬] 鮓灑／[箇] 左些
佐作磋／[禡] 乍詐嗄
蜡
ザ [哿] 坐／[箇] 坐剉座挫
莝
サイ [佳] 柴差豺釵靫
儕齋／[灰] 才材災哉
栽財偲崔裁催摧漼
縗顋纔／[蟹] 灑躧／[賄]
采宰茝彩載漼綵／

[霽] 切妻祭細歲際
濟／[泰] 最蕞／[卦] 眦(眥)
呰殺祭債寨嘬瘥瘵
鎩曬／[隊] 再采倅栽
淬晬焠菜裁塞碎載
誶綷賽
ザイ [賄] 在／[霽] 劑／[隊] 在
サク [覺] 汋捉朔浞欶
斮數鷟齪／[藥] 乍作
怍昔昨迮厝索笮斮
酢錯鑿／[陌] 咋柞柵
窄索策嘖幘愬簀賾
サツ [曷] 撮薩／[黠] 札刷
刹茁殺察／[陌] 册
サン [寒] 姍珊狻跚酸
餐劗攢欑鑽／[刪] 山
刪訕孱潸潺／[覃] 三
參毿驂蠶／[咸] 杉芟
衫摻纔／[旱] 散算篹
繖篹酇瓚纘／[潸] 剗
產棧琖潸醆(盞)／[感]
慘歜憯／[豏] 摻毚／[翰]
散粲算蒜燦璨贊攛
酇讚鑽爨／[諫] 汕疝
柵訕棧篡鏟／[霰] 霰／
[勘] 三參／[陷] 儳蘸讒
鑱
ザン [寒] 殘餐／[覃] 慙／[咸]
儳劖巉攙讒鑱饞／

[感] 槧塹／[豏] 斬嶄巉／
[翰] 竄／[勘] 暫塹／[豔] 槧
漸(塹)／[陷] 懺
シ [支] 尸之支氏仔卮
(巵)司孜私枝肢芝
咨姼姿屍思施梔
(梔)玼疵耔茈差師
疵祇祗祠脂茨茲虒
蚩偲匙淄瓷眵絁提
斯粢絲覗觜訾詞貲
嗤塒嵯獅菑(葘)詩
資雌榰禔緇蓍鳲廝
(厮)禜澌緦蓰辝餈
髭篩褫諮輜(輺)鴟
鼒鎡(錙)鯔薺颸觶
齍鰣齋齏(齎)纚／[紙]
士子巳止氏仔仕只
史市此矢弛旨死汜
仳厎址抵沚豕阯使
侈兕坻姊(姉)始泚
祀芷俟咫哆姼指枲
柹(柿)玼祉秄涘砥
秭紙徙梓紫耜趾揣
視眥呰軹滓屣禔諟
(舐)駛歯諟纚躧釃／
[寘] 司四示至伺志
忮使刺始泗哆思施
柴栖食恣眥翅廁
(厠)埴笥豉啻痣嗜

嗣孳寘瑟肆試屣漬
蒔誌飼幟摯澌賜駟
熾積諡織贄觶識饎
鷙曬
ジ[支]尼而兒怩耏持
柅時栭胹茲孳嵫滋
慈磁髭辭鶿(鷀)/[紙]
耳似姒峙庤恃珥時
痔爾儞邇璽/[寘]字
寺次自事侍刵咡珥
衈餌
ジク[屋]竺恧衄舳軸
シチ[質]七
シツ[質]叱失室桎疾
悉桼喞堲蛭嫉瑟漆
膝蝨質櫛礩騭鑕
ジツ[質]日尼衵實暱
(昵)
シャ[麻]車罝(罝)斜奢
畬鉈賒遮闍/[語]煮/
[禡]娑/[馬]且社哆者
捨寫撦赭/[禡]卸炙
舍柘借射赦貰榭謝
瀉藉麝
ジャ[麻]邪蛇/[馬]惹
シャク[藥]勺汋杓芍削
斫酌斮焯碏綽踖燋
爵爍繳爍(療)嚼爝
皭鑠/[陌]尺借釋/[錫]

錫
ジャク[覺]搦/[藥]若弱雀
嫋箬鵲
シュ[虞]殳朱侏姝洙
邾株殊珠娵陬須銖
諏騶鬚/[尤]諏
シュ・ショウ[腫]腫種
シュ[麌]主取炷麈/[有]
手守首酒趣/[宋]種/
[遇]炷娶畀趣屬/[宥]
守狩首
ジュ[虞]需儒嚅懦濡
臑襦繻蠕/[麌]豎樹/
[有]受壽綬/[遇]戍澍
樹孺/[宥]呪授壽綬
シュウ[東]終菘螽/[尤]囚
州收舟周泅洲秋酋
修叟羞脩啾湫萩廋
愁搜楸溲詶輈遒酬
緅蒐噍賙鞦犨騶鰌
讐/[麌]聚/[有]溲(溲)滫
醜/[送]衆/[宥]收秀岫
臭袖售宿琇就僦甃
皺褎簉繡鷲驟/[緝]
拾習執集戢溼(濕)
葺緝濈褶輯隰襲
ジュウ[東]充戎絨/[冬]重
縱/[尤]柔揉蹂鞣/[腫]
重/[有]内忸狃蹂/[宋]

重從縱/[遇]住/[宥]狃
粈蹂鞣獸/[緝]十什
廿汁澁
シュク[屋]夙叔柷俶祝
倏宿淑茜肅菽儵蓿
踧縮蹙蹜蹴儵顣
ジュク[屋]孰塾熟
シュツ[質]出茁崒蟀
ジュツ[質]朮戌怵恤卹
述秫術
シュン[眞]峋春昀紃郇
悛逡皴竣踆/[軫]吮
隼惷踳蠢/[震]峻浚
畯舜雋儁蕣餕瞬駿
鬊
ジュン[眞]巡旬恂洵純
荀淳盷循詢馴蒓
(蓴)諄醇遵錞鶉/
[軫]盾純笱楯準/[震]
徇殉閏順潤諄
ショ[魚]且疋初咀岨
沮胥苴書砠紓蛆湑
趄葅(菹)鉏雎稰諸
諝藷/[語]所杵苴處
渚湑黍暑墅稰糈緒
醑嶼癙鱮/[御]怚沮
庶處署翥曙覷/[禡]
蔗
ジョ[魚]如洳徐挐涂

茹除稌舒滁耡蜍鋤
篨/[語]女汝序抒紓
茹敍漵/[御]女如助
洳恕茹除絮
ショウ[東]穜/[冬]松蚣從
淞舂椿惷樅衝橦鍾
蹤縱鏦/[蕭]佋劭弨
招昭哨宵消釗逍椒
焦硝蛸綃翛僬韶噍
憔銷霄樵燋燒蕉蕭
鍬簫瀟譙鐎鷦/[肴]
抄弰捎梢鈔筲蛸
鞘/[陽]庄妝昌牀庠
相倡(娼)牂商將猖
祥章廂湘翔菖詳傷
嘗彰漳裳鄣障樟殤
漿璋箱緗蔣墻嬙閶
償檣牆薔螿蹌鴹蹡
麞鱨/[庚]晶鏘/[蒸]升
承昇陞勝塍稱噌嶒
駷/[董]從/[腫]悚茸㮸
竦踵聳/[篠]小少佋
沼昭悄紹愀湫鈔
篠/[養]掌敞象獎廠
槳蔣賞橡鯗饟/[宋]
訟頌誦/[嘯]少召劭
肖邵哨峭笑詔照僬
誚嘯噍燒鞘醮爝
釂/[效]杪稍鈔/[漾]匠

向尙倡(娼)唱將嶂
障餉瘴償醬/[敬]証/
[徑]勝稱甑賸證/[葉]
妾倢浹涉婕捷接萐
楫睫慴摺箑屧霅霎
燮慴攝讋
ジョウ[冬]茸穠襛醲/[蕭]
條嬈橈蕘饒/[陽]娘
常場襄孃攘瀼禳穰
鑲驤/[蒸]仍丞乘烝
蒸繩/[腫]冗氄/[篠]嫋
裊嬈褭遶嬲擾繞/
[養]丈上仗杖奘壤
攘穰/[迥]拯/[嘯]繞/[漾]
上仗狀釀讓饟/[敬]
淨/[徑]丞乘烝剩/[葉]
捻聶疊躡
ショク[屋]謖/[沃]蜀歜燭
蠋觸贖矚/[職]式色
昃拭食栻埴喞堲寔
植殖湜嗇軾飾稷蝕
樴穡織職識
ジョク[沃]辱溽蓐褥縟
耨/[職]惄
シン[眞]申臣伸身辛
辰侁呻侲津唇娠宸
振甡眕眞神秦晨紳
脣莘嗔新溱詵榛溍
甄蓁瞋臻螓親薪

駪/[侵]心岑忱侵涔
參深森湛琛祲斟箴
蔘諶鍼駸簪鬵鐔/
[軫]哂眕昣袗紾賑
診軫屒賑稹縝鬒/
[吻]齔/[寢]沈頫寢審
諗鋟瀋/[震]侲信娠
振晉袗診進慎搢蜃
賑震縉親齔櫬襯/
[沁]沁浸深祲滲譖
讖
ジン[眞]人仁紉塵/[侵]
壬任妊紝(紝)尋燖/
[軫]腎盡/[寢]甚恁荏
袵(衽)稔葚飪/[感]糂
[震]刃汛牣迅訊訒
軔陣靭賮燼/[沁]甚
衽袵
ス[遇]素
スイ[支]吹垂炊隹倕
衰推陲萑隋綏榱誰
劑錐雖睢離/[紙]水
捶箠嶲/[寘]出吹帥
祟彗術惴萃睟睡遂
粹翠誶醉錘隧燧穗
穎繸襚邃旞
ズイ[支]綏蕤隨/[紙]繠
蘂(蕊)髓/[寘]瑞諉
スウ[東]崇菘嵩(崧)/[虞]

芻樞趨雛/[尤]陬鄒
騶/[麌]數/[遇]足數/[宥]
宿皺縐
ゼ[紙]是
セイ[齊]西妻凄栖(棲)
悽淒棲犀萋齊嘶撕
澌懠擠臍蠐躋齎
齏/[庚]正生成征牲
城情旌清笙晴猩甥
盛菁睛鉦精蜻誠請
聲騂鯖/[青]青星惺
腥醒/[薺]泚洒訿(呰)
濟薺/[梗]井省眚睛
靖請靚整靜/[迥]醒/
[霽]世制砌眥彗晢
祭逝壻(婿)掣毳貰
勢製誓齊際穄嚌擠
韲隮穧霽/[敬]正姓
性政穽倩凊晟盛聖
請靚/[徑]艶醒
ゼイ[霽]汭枘芮帨毳
稅筮蛻蚋噬橤(橇)
澨贅
セキ[陌]夕斥石汐赤
刺昔炙唶射席祏脊
迹(跡)隻唶惜責腊
舄摭碩耤蓆奭潟瘠
蹐磧積螫蹟藉蹠
(跖)踖籍/[錫]析寂戚

淅晳裼蜥感錫績
セツ[屑]切折拙泄茁
屑浙晢梲紲設雪媟
掣渫楔準截說節橇
蕝辥薛褻歠竊
ゼツ[屑]舌絶
セン[先]千川仙仟先
阡芊戔秈宣泉穿悛
扇栴涎栓純荃專旋
痊船單孱湔竣筌煎
詮遄箋銓僐嬋潺綖
璇澶燀甎遷錢氈禪
還鮮濺璿蟬顓擅鬋
鐫饘躚韆鱣鸇鱻/
[鹽]占尖沾苫痁僉
詹銛潛檐憸暹霑瞻
襜譫蟾殲譫孅纖籤
纖/[潸]僝撰羼/[銑]舛
吮洗俴毨淺單揃棧
筅剸歂跣雋僤戩銑
墠幝撰籑諓踐燀選
錢獮餞鮮燹譔鬋闡
薛癬鱓/[琰]染閃颭/
[霰]先洊穿倩栫淀
(漩)茜旋釧蒨剸煎
羨煽傳綪箭線賤戰
擅線選竄薦餞濺譔
鬋顫饕/[豔]占僭潛
幨贍

ゼン[先]全前堧然/[鹽]
冄(冉)枏(柟)漸髯/
[銑]耎善喘碝蝡(蠕)/
[琰]冄(冉)苒漸/[霰]善
鄯膳禪繕
ソ[魚]且狙梳疽疏
(疎)蔬/[虞]徂殂租酥
菹駔蘇麤(麁)/[語]咀
沮阻俎楚鼠礎/[麌]
祖組/[馬]姐/[御]作狙
疏詛楚/[遇]泝(溯)胙
胙厝祚措訴塑愬醋
(酢)錯
ソウ[東]悤(怱)從潨蔥
(葱)緵總聰叢豵騣
驄(騘)/[冬]宗悰淙琮
鬆/[江]淙窗(窓、窻)摐
艘雙/[肴]抓巢勦樔/
[豪]曹慅搔嘈漕槽
遭操艘糟繅(繰)騷/
[陽]妝倉桑莊滄創喪
搶滄裝槍瑲蒼瘡霜
孀鶬鷞/[庚]爭傖崢
琤搶槍箏錚鎗/[蒸]
曾僧層憎矰罾繒/
[尤]搜颼/[董]傯(偬)摠
總鬷/[巧]爪炒/[皓]早
皁草埽(掃)棗嫂璪
懆澡蚤(蚤)燥繰(繅)

藻/[養]爽想搶蒼駔
顙髒/[有]走取帚叟
掫溲嗾擻藪鯫籔/
[送]叜送傯(偬)糉緵
[宋]宋綜/[絳]淙/[效]笊
[號]埽(掃)漕噪操譟
躁竈鑿/[漾]壯相刱
創喪愴葬/[敬]諍/[徑]
贈/[宥]走奏湊腠嗾
漱瘦蔟輳謏/[合]匝
(帀)帀(卅)颯/[洽]扱
眨唼(啑)插萐歃箑
翣霎鍤
ゾウ[陽]臧藏贓/[蒸]増/
[皓]造/[養]像/[號]造慥
[漾]藏臟/[合]雜
ソク[屋]涑速觫槭蔌
蔟餗/[沃]束足促/[職]
仄則即息側唧惻測
塞熄鯽
ゾク[屋]族簇鏃/[沃]俗
粟屬續/[職]賊
ソツ[質]卒帥率/[月]卒
崒捽猝
ソン[元]存村孫飧(飱)
尊蓀罇蹲/[阮]損噂
撙鱒/[願]巽遜

【タ行】

タ [歌]他多佗拕沱陀詑跎酡駄駝驒／[麻]咤哆塗檛／[哿]拕沱柁陊爹埵癉鬌／[遇]姹(奼)／[泰]太汰／[箇]癉／[禡]奼咤詫

ダ [歌]那蛇儺鼉／[麻]拏／[哿]朶(朵)妥垛娜媠惰隋墮嫷隨橢儺／[泰]兌／[箇]大唾媠惰愞(懦)駄(駄)稬(糯)

タイ [灰]台邰炱胎苔堆摧焞蓷隤駘儓頹鮐擡薹鎚／[薺]醍體／[蟹]鳶／[賄]待怠殆紿詒駘錞／[霽]滯／[泰]大忕(忲)汏兌殺泰帶鈦蛻／[卦]蠆／[隊]岱耐退埭敦璹貸逮隊碓對態憝嚏黛戴鐓靆／[願]褪

ダイ [灰]能捼(挼)臺／[蟹]嬭／[賄]乃鼐餒／[霽]杕第題／[泰]奈柰／[隊]內代耏鼐

タク [覺]卓倬啄涿椓琢逴斲諑踔噣擢濯櫂／[藥]拓度柝託橐澤蘀鐸籜／[陌]宅垞(坼)摘磔擇澤謫

ダク [覺]濁／[藥]諾

タツ [霽]達／[曷]汏咄剟掇達撻闥／[黠]錣

ダツ [曷]妲怛脫奪獺／[黠]肭獺

タン [寒]丹單敦湍慱摶漙端嘽歎鄲殫癉禪簞攤／[覃]眈耽惔探聃貪郯酖湛覃痰儋潭擔澹餤蟫譚醰鐔／[旱]但坦袒短亶蜑誕／[潸]赧／[感]眈紞啖毯菼髧噉憺澹黮禫膽醰黮／[豏]湛／[翰]旦彖炭椽憚歎鍛／[諫]綻／[勘]啗淡憺擔澹餤甔／[陷]站賺

ダン [寒]團彈壇檀灘／[覃]枏談／[旱]暖煖斷／[銑]煗(煖)／[豏]淰／[翰]段偄彈斷攤灘

チ [支]池泜坻治知胝笞絺趍馳摛蜘墀褫踟箎遲褵螭(彲)癡魑／[紙]豸恥廌雉徵褫／[寘]地治値眙致智植置輊質稺(稚)遲鷙躓

チク [屋]竹畜逐筑蓄築矗

チツ [質]帙抶咥姪秩窒紩銍

チャ [麻]爹

チャク [藥]逴著躇

チュ [虞]蛛裯跦貙／[遇]鉒

チュウ [東]中忡沖忠种衷蟲／[虞]咮誅廚幮躕／[尤]抽偸啁惆紬稠裯綢調儔幬鍮儵疇籌／[麌]拄柱／[有]丑肘紂紐鈕／[送]中仲衷／[遇]注咮註駐鑄／[宥]宙咮冑酎晝懤繇籀／[緝]馽縶蟄

チュツ [質]黜

チュン [眞]屯迍窀

チョ [魚]屠樗豬(猪)儲攄瀦躇／[語]宁佇苧紵貯楮著褚／[御]著箸

チョウ [蕭]刁佻怊恌挑苕迢凋彫祧朝琱貂超跳蜩銚潮調髫鯈雕／[肴]啁嘲／[陽]長倀張萇腸／[靑]聽廳／[蒸]徵澂(澄)懲癥／[腫]冢寵／[篠]兆挑眺窕鳥旐肇趙嬥／[養]長昶／[迴]町頂／[宋]湩／[嘯]弔眺釣覜蔦調嬥藋糶／[漾]長鬯帳張悵脹暢漲韔／[徑]聽／[葉]喋堞貼輒蝶褶

チョク [沃]躅／[職]直陟敕犆飭

チン [眞]珍陳塡椿／[侵]沈砧郴椹碪／[軫]朕朕／[寢]枕朕踸／[震]疢趁塡瑱鎭／[沁]沈枕酖賃鴆闖

ツイ [支]追椎槌箠鎚／[寘]槌墜縋懟

ツウ [東]通／[送]痛

テイ [齊]氏低荑梯羝啼提梯罤詆隄(堤)嗁綈禔緹締蹄(蹏)磾蹏鶗鞮題鵜／[庚]呈貞偵程裎楨禎醒赬檉／[靑]丁仃汀玎廷町亭庭釘停桯莛渟楟筳蜓霆／[薺]弟坻底抵邸柢牴砥娣悌涕媞詆遞緹／[梗]打逞裎騁／[迴]酊挺梃莛艇鼎鋌／[霽]弟杕帝柢娣涕釱蝃替棣睇逮傺啜髢疐(疐)禘綴遞締蔕遰璏諦嚏薙躓／[敬]偵遉鄭／[徑]廷矴(碇)定訂庭釘飣錠

ディ [齊]泥／[薺]禰瀰／[霽]泥

テキ [陌]翟適擲擿躑／[錫]弔狄的迪倜俶剔惕笛荻逖摘滴翟敵踢踧適蹢鏑趯糴覿

デキ [錫]惄溺滌

テツ [屑]凸咥垤姪迭剟哲惙掇晢絰耋蛭跌軼啜徹撤澈輟醊餮轍鐵

デツ [屑]吶苶捏涅

テン [先]天塡椽滇廛瘨邅闐纏巓躔鱣／[鹽]佔恬添甜覘鮎／[銑]典殄展倎腆瑑篆覥輾轉／[琰]忝玷諂點簟／[霰]淀奠塡殿瑱輾轉囀纏／[豔]坫店忝沾痁唸墊

デン [先]田佃畋傳鈿／

[銑]迢趁／[霰]佃甸傳
鈿電澱
ト[虞]徒荼途屠稌菟
都塗酴圖瘏闍／[麌]
吐杜肚堵稌覩(睹)
賭／[遇]吐妒(妬)兔渡
斁鍍蠹
ド[虞]奴孥帑砮駑／[麌]
土努弩怒砮／[養]帑／
[遇]度怒
トウ[東]東桐涷筒筩
蝀／[冬]冬彤鼕／[江]幢
舂撞椿橦／[豪]刀叨
忉匋弢舠咷挑洮桃
逃淘陶萄慆滔絛裯
綢綯幬檮濤謟騊韜
饕翿饕／[陽]唐堂棖
棠湯塘當瑒碭糖螗
檔瑲螳鏜餹鐺／[庚]
丁棖撐橙／[蒸]登登
滕燈縢騰簦藤鐙
騰／[尤]投兜婾頭／[董]
侗桶董懂／[篠]掉／[皓]
倒套島討稻擣禱／
[養]蕩盪黨儻曭讜／
[迥]等／[有]斗料蚪䠷／
[送]凍涷棟湩／[宋]統／
[絳]惷戇／[嘯]掉／[效]淖
罩趠踔鬧櫂／[號]到

倒悼盜蹈燾禱翿
蠹／[漾]宕湯當碭蕩
踼盪儻／[徑]瞪嶝鄧
隥橙磴蹬鐙／[宥]豆
脰透逗餖竇讀鬭
(鬪)／[合]沓荅答嗒塔
搨搭榻遝諮踏鞜闒
蹋(蹹・踏)／[洽]喋劄霅
ドウ[東]同侗峒恫童
衕僮銅潼曈瞳曈
艟／[冬]憧／[肴]呶譊鐃／
[豪]猱臑／[庚]瞠／[董]洞
動／[巧]撓橈／[皓]道／[養]
曩／[送]恫洞慟／[絳]幢
憧撞艟／[效]橈／[號]導／
[宥]槈(耨)擩
トク[寘]德／[屋]禿竺啄
瀆櫝牘犢／[沃]督篤／
[職]忒特匿得德慝
螣
ドク[屋]獨讀髑黷讟／
[沃]毒纛
トツ[月]凸吶咄突梲
訥腯
トン[元]屯忳芚純豚
惇敦焞墩燉臀／[阮]
沌盾遯／[願]敦遁頓
遯
ドン[元]呑飩／[覃]曇壜／

[願]鈍嫩

【ナ行】

ナ[哿]那／[箇]那奈
ナン[寒]難／[覃]男南楠
諵／[咸]喃諵／[銑]輭
(軟)／[翰]難
ニ[寘]二(弍)貳
ニク[屋]肉
ニャ[馬]若
ニュウ[麌]乳／[緝]入
ニョウ[嘯]尿
ニン[軫]忍／[震]認／[沁]任
妊
ネイ[青]寧／[迥]濘／[徑]佞
寧
ネツ[屑]熱爇
ネン[先]年／[鹽]拈黏／[銑]
撚／[豔]念
ノウ[冬]農儂濃膿／[陽]
囊／[蒸]能／[皓]惱腦憹／
[合]納納

【ハ行】

ハ[歌]坡波婆番頗皤
皤／[麻]巴杷爬芭笆
琶葩／[哿]叵跛頗簸／
[馬]把／[卦]派／[箇]破播
簸／[禡]帕怕杷垻靶

罷霸灞
バ[哿]麽／[禡]禡罵
ハイ[佳]俳排牌／[灰]坏
杯(盃)胚裴／[蟹]罷擺／
[賄]琲／[泰]沛旆茷霈／
[卦]拜敗湃稗憊韛／
[隊]北孛佩柿肺朏
背悖茷配焙誖廢輩
癈
バイ・マイ[佳]埋霾
バイ[灰]枚培梅莓陪
媒禖醅／[蟹]買／[賄]倍
浼／[泰]貝狽黴／[卦]唄
賣霾／[隊]昧痗瑁黴
ハク[覺]剝雹撲樸璞
駁／[藥]泊亳粕博搏
貉箔膊魄縛薄簿鎛
襮髆／[陌]白伯帛拍
柏珀迫陌舶貊魄擘
霸
バク[屋]瀑／[覺]駁邈爆／
[藥]莫寞幕摸漠膜／
[陌]莫麥蘗貘驀
ハチ[黠]八
ハッ[月]發醱髮／[曷]犮
軷鉢撥潑
バツ[月]伐筏罰閥／[曷]
拔茇跋魃／[黠]帕拔
韎

ハン[元]反拚袢番煩
墦幡樊燔璠繁膰旛
繙翻藩蹯礬蘩蟠／
[寒]弁拌胖般潘瘢
盤磐繁磻繙蟠鞶／
[刪]扳班般斑頒攀／
[咸]凡帆／[阮]反阪(坂)
返飯／[旱]伴拌／[潸]版
鈑／[豏]犯范笵範／[願]
販飯／[翰]半泮判拌
泮叛胖畔絆／[諫]盼／
[陷]帆汎梵
バン[元]蕃／[刪]鬘蠻／[阮]
晩／[潸]彎
ヒ[支]比丕皮伾披邳
陂卑紕毗(毘)疲秠
蚍埤庳陴悲椑琵脾
詖碑裨罷駓篦貔
羆／[微]妃肥非飛淝
扉腓菲緋蜚誹霏
騑／[紙]匕比圮否妣
批卑彼秕俾秠被婢
庳痞鄙鞞髀嚭／[尾]
朏匪悱斐棐菲榧蜚
誹篚／[有]否／[寘]比妣
庇帔泌畀陂秘毖俾
祕被庳詖痺賁閟髲
避譬贔轡／[未]沸芾
費翡蜚誹跸(剕)髴

ビ [支] 眉湄郿楣獼麋
縻薇瀰劘蘪蘼醾／
[微] 微薇／[紙] 弭美敉
靡瀰／[尾] 尾亹／[寘] 媚
寐備鼻糒鞴
鷩篳謐蹕韠
泌畢弼筆潷鮅駜罼
ヒツ [寘] 邲蹕／[質] 匹必
ビツ [質] 沕
ヒャク [陌] 百
ヒュウ [尤] 髟瀌
ビュウ [尤] 繆／[宥] 繆謬
ヒョウ [蕭] 杓彯票僄剽
漂標熛瓢麃儦瀌飄
飇鑣／[庚] 苹評／[蒸] 冰
(氷) 凭掤馮憑／[尤]
彪／[篠] 表殍慓摽標
麃標縹／[嘯] 俵票僄
剽裱慓摽漂驃／[效]
豹／[敬] 評／[徑] 凭堋
ビョウ [蕭] 苗貓(猫)／[篠]
杪眇秒淼渺緲藐／
[嘯] 廟／[敬] 病
ヒョク [職] 副幅愊逼皕
ヒン [眞] 彬貧斌賓儐
濱頻嬪豳嚬瀕蘋蠙
顰／[軫] 牝臏／[寑] 品稟／
[震] 儐擯殯
ビン [眞] 忞旻泯珉罠

箟閩緡／[軫] 泯敏閔
愍暋黽憫／[震] 鬢
フ [虞] 夫巫扶孚拊泭
玞芙俘枹柎苻郛桴
符莩趺傅稃罦跗鈇
溥瓿鳧誣敷膚麩／
[麌] 夫父府弣拊斧
俯莆普腑傅溥腐黼
譜／[有] 阜負婦／[遇] 仆
付布坿怖拊附訃祔
傅跗賦駙鮒賻／[宥]
仆富覆
ブ [虞] 毋無憮膴蕪／[麌]
侮武部嫵廡憮撫舞
膴蕪甒鵡／[遇] 婺鶩
騖
フウ [東] 汎風馮楓／[尤]
不芣枹罘浮桴罦
蜉／[宥] 伏／[有] 缶／[送] 風
諷／[宋] 封
フク [宥] 副復輻鍑／[屋] 伏
服茯偪匐虙幅復菔
楅腹葍福箙複蝠蝮
輻覆馥鵩／[職] 匐愊
愎
フツ [物] 不市弗佛拂
沸茀祓紱艴紼韍髴
黻
ブツ [物] 勿佛沕物

フン [文] 汾粉氛芬紛
棼焚雰賁墳幩濆蕡
鼢羵鼖豶饙／[吻] 刎
吻坋(坌)忿粉墳憤／
[問] 分坋(坌)忿拚僨
奮糞／[願] 坋(坌)噴／[諫]
扮
ブン [文] 分文雯聞蟁／
[吻] 抆／[問] 抆汶紊絻
聞璺
ヘイ [齊] 批箆椑膍篦
鞞鼙／[庚] 平兵坪幷
枰／[青] 俜娉屏萍瓶／
[薺] 陛髀／[梗] 丙怲秉
邴炳併屏餅／[迥] 竝
鞞／[霽] 淠閉敝睥幣
潎甓濞薜斃／[敬] 幷
怲邴柄併娉聘
ベイ [齊] 麛／[薺] 米眯／[梗]
皿／[霽] 袂／[隊] 吠
ヘキ [陌] 辟碧僻擗壁
癖襞璧闢霹／[錫] 壁
躄霹
ベキ [錫] 汨覓冪
ヘツ [屑] 批閉
ベツ [月] 韈(襪)／[屑] 別捌
威蔑瞥鼈
ヘン [先] 平扁偏胼楄
篇編翩蝙駢骿邊蠙

籩／[鹽] 砭／[銑] 扁匾褊
編艑諞／[琰] 貶／[霰] 片
拚偏變／[豔] 砭窆
ベン [先] 便鞭
ベン・ミン・メン [先] 眠
ベン [阮] 娩／[銑] 沔俛眄
勉冕湎黽辨辮辯／
[諫] 辦瓣／[霰] 卞弁抃
汴便眄湎瞑
ホ [虞] 匍晡逋痡蒲酺
餔鋪／[麌] 甫圃浦脯
補輔／[遇] 歩哺圃捕
酺鋪(舖)餔
ボ [虞] 母嫫摹模膜
謨／[有] 母牡／[遇] 募墓
慕／[宥] 戊
ホウ [東] 芃逢蓬縫篷
豐灃酆／[冬] 封峰(峯)
逢烽犎葑蜂鋒縫／
[江] 邦梆龐／[肴] 勹包
咆庖抛泡枹炮胞苞
瓟匏掊脬跑鉋鞄
麃／[豪] 袍褒／[陽] 方彷
汸枋芳彭雱磅魴／
[庚] 伻怦抨泙祊砰
弸烹彭萌／[蒸] 朋堋
崩棚淜鵬／[尤] 裒／[董]
琫菶／[腫] 奉捧覂／[巧]
飽鮑／[皓] 抱保堡葆

褓鴇寶／[養] 仿放昉
倣／[有] 畝培掊瓿蔀／
[送] 鳳／[宋] 俸葑縫／[效]
皰窌爆礮／[號] 報虣／
[漾] 放舫訪搒／[敬] 迸／
[宥] 踣／[洽] 法
ボウ [東] 雺夢髳瞢懵
(懜)／[冬] 丰／[江] 尨厖哤
駹／[肴] 茅犛／[豪] 芼旄
髦氂／[陽] 亡忙邙坊
妨忘杗芒防房肪旁
茫望傍滂膀鋩／[庚]
氓搒榜甍甍／[尤] 矛
牟侔眸蛑瞀謀鍪
麰／[董] 幪懵(懜)／[講] 蚌
棒／[巧] 卯昴茆／[皓] 媢／
[養] 紡榜蒡／[梗] 黽／[有]
拇某剖／[送] 幪(幪)夢
萺瞀／[宋] 雺／[效] 貌／[號]
芼冒眊旄耄媢帽瑁
暴瀑／[漾] 妄妨忘防
望傍傍謗／[敬] 榜／[徑]
懵(懜)／[宥] 姆茂袤貿
楙霿瞀鄚懋／[洽] 乏
ホク [沃] 襮／[職] 北
ボク [屋] 卜木扑牧睦
僕撲暴樸穆濮繆
鶩／[沃] 僕幞／[職] 冒墨
踣默

ホツ [月] 誖餑
ボツ [月] 孛沒歿勃悖浡艴渤
ホン [元] 奔賁噴/[阮] 本畚
ボン [元] 盆

【マ行】

マ [歌] 麽摩磨魔/[麻] 痲蟆/[馬] 馬/[箇] 磨
マイ [賄] 每/[泰] 昧眛/[卦] 邁/[隊] 妹昧
マツ [曷] 末抹沫秣
マン [寒] 曼漫瞞謾鏝饅鬘鰻/[刪] 鬘/[旱] 滿懣/[願] 曼萬蔓/[翰] 墁幔漫縵謾/[諫] 嫚慢縵謾
ミ [寘] 魅/[未] 未味
ミツ [質] 密蜜
ミャク [陌] 脈覛霢
ミョウ [嘯] 妙
ミン [眞] 民岷
ム [遇] 務霧
メイ [齊] 迷/[庚] 名明盟鳴/[青] 冥嫇溟暝蓂銘瞑螟/[迥] 茗嫇溟酩/[霽] 謎/[敬] 命盟鳴/[徑] 暝瞑
メツ [屑] 滅
メン [先] 棉緜(綿)/[銑] 免緬/[霰] 面偭麪
モ [宥] 茂
モウ [東] 蒙幪濛曚矇艨/[豪] 毛/[庚] 盲/[董] 曚/[養] 罔惘莽網漭輞蟒魍/[梗] 猛/[號] 毛眊/[漾] 妄/[敬] 孟
モク [屋] 目沐苜
モン [文] 文紋聞/[元] 門捫/[問] 問/[願] 悶

【ヤ行】

ヤ [麻] 耶揶椰爺/[馬] 也冶野/[禡] 也夜射
ヤク [覺] 葯/[藥] 礿約葯龠藥爚躍籥鑰/[陌] 阨(阸)搤譯
ユ [虞] 俞臾喩愉揄渝楡歈牏瑜腴萸諛逾窬褕羭蝓覦輸瘉(瘉)/[麌] 庾愈楰瘉(癒)窳/[遇] 諭輸覦(顬)/[宥] 油
ユウ [東] 彤雄熊融/[尤] 尢尤由卣攸呦油幽斿疣(肬)悠訧逌郵游猶猷遊麀憂櫌蝣蕕優繇嚘儵耰/[腫] 勇/[有] 友右有卣酉羑呦琇莠誘槱牖黝/[遇] 裕/[宥] 又右佑侑狖囿宥柚祐猶蜼櫾輶鼬/[緝] 邑唈悒挹浥揖裛熠
ヨ [魚] 予余妤於淤畬與餘輿歟璵旟礜/[語] 予與藇/[御] 悆淤瘀預飫與澦豫蕷歟藇礜譽鸒
ヨウ [冬] 容邕庸傭溶雍墉慵榕蓉鄘壅鎔雝鏞廱饔癰/[蕭] 幺夭妖怮祅要陶傜喓軺搖猺腰瑤褕遙窯繇謠鷂/[肴] 坳/[陽] 羊佯徉洋揚陽暘楊瘍鍚颺/[蒸] 膺蠅膺鷹/[腫] 甬俑涌(湧)蛹雍湧踊壅擁/[篠] 夭杳窅窔溔鷕/[巧] 拗/[養] 痒蛘養瀁/[宋] 用雍壅(壅)/[嘯] 約要窔搖葽曜燿耀鷂/[效] 拗/[漾] 恙煬漾樣養瀁(漾)颺/[徑] 孕媵/[宥] 幼/[葉] 葉裛厭熀(曄)饁靨
ヨク [沃] 沃浴欲慾溪/[職] 弋抑杙或翊翌棫罭蜮閾薏翼

【ラ行】

ラ [歌] 螺羅騾囉蘿邏羸鑼/[哿] 卵砢裸蓏羸/[箇] 邏
ライ [灰] 來徠萊雷罍/[賄] 磊儡蕾櫑(罍)礌/[泰] 酹賴瀨藾癩籟/[隊] 耒徠睞酹賚礌
ラク [覺] 犖樂/[藥] 洛珞絡落酪樂駱躒
ラツ [曷] 剌捋辣酹糲
ラン [寒] 闌攔瀾欄蘭巒欒讕鑾鸞/[刪] 斕/[覃] 婪嵐藍襤籃/[旱] 卵嬾/[感] 擥覽欖/[翰] 亂瀾爛讕/[勘] 濫爁纜/[豔] 爁
リ [支] 梨离犂蔾蜊嫠貍(狸)氂璃黎罹縭醨釐離麗黧蠡灕(漓)酈蘺籬醨驪鸝/[紙] 李里俚悝理裏履鯉離邐/[寘] 吏利涖莉痢裏
リク [屋] 陸僇勠稑戮蓼
リツ [質] 律栗慄篥
リャク [藥] 掠略
リュウ [東] 隆癃窿/[尤] 流留勠旒榴劉瞜瘤螻瀏鏐飀騮鶹/[有] 柳螻懰瀏罶/[宥] 留(霤)廖溜(澑)瘤霤飀鎦(鎦)鷚/[緝] 立笠粒
リョ [魚] 廬閭櫚壚臚/[語] 呂侶旅梠膂/[麌] 膐/[御] 慮鑢
リョウ [冬] 龍蘢籠/[蕭] 料聊僚寥憀漻膋嘹燎撩敹獠橑燎遼繚鐐飂/[陽] 良涼梁涼量粮粱糧/[庚] 令/[蒸] 夌凌崚淩陵棱菱稜綾蔆(菱)
リョウ・ロウ [腫] 壟隴
リョウ [篠] 了僚憭蓼燎瞭繚/[養] 兩蜽/[梗] 領/[嘯] 料嘹燎療鷯/[漾] 兩亮悢掠量諒/[葉] 獵躐鬣
リョク [沃] 淥逯綠醁騄/[職] 力仂

リン [眞] 倫掄淪粼綸嶙潾輪隣(鄰)燐璘瞵磷轔麟/[侵]林淋琳霖臨/[軫]嶙/[寑]凜廩懍/[震]吝悋粦遴瞵磷藺驎躪/[沁]臨

ル [虞] 婁僂摟膢蔞鏤/[麌]僂嶁蔞簍縷/[遇]屢

ルイ [支] 羸纍(累)/[紙]絫(累)誄壘藟/[寘]淚類纍(累)

レイ [齊] 梨犂黎蔾藜黧蠡驪鸝/[靑]伶囹怜泠玲苓翎聆舲軨鈴零鴒齡櫺醽靈/[薺]澧禮醴蠡欐鱧/[梗]冷嶺/[霽]例戾沴涖荔唳捩綟厲勵隸(隷)癘離麗盭礪儷糲蠣欐/[敬]令

レキ [錫] 鬲曆歷櫟瀝櫪皪礫轢酈靂

レッ [屑] 列劣冽洌埒烈茢捩裂

レン [先] 連零漣憐蓮聯孿/[鹽]帘廉匳濂薕鎌簾鬑蘞/[銑]璉輦孌臠/[琰]溓獫斂瀲/[霰]楝練鍊孌戀/[豔]斂殮瀲

ロ [魚] 廬驢/[虞]旅盧壚瀘櫨爐蘆矑籚艫轤鑪顱鱸鸕/[麌]鹵滷魯櫓艣(艪)/[遇]賂路輅潞璐簵露鷺

ロウ [東] 嚨壠(壟)寵龐曨朧櫳瓏礱籠聾/[江]瀧/[豪]牢勞撈醪/[陽]浪狼郎桹琅莨粮廊筤蜋榔踉鋃/[尤]婁僂寠慺摟樓膢蔞簍螻髏/[董]攏籠/[麌]窶(寠)/[皓]老潦澇橑轑/[養]朗榔/[有]塿嶁簍/[送]弄哢礱/[號]勞嫪澇/[漾]浪閬/[宥]陋僂漏瘻鏤/[合]拉臘蠟

ロク [屋] 六鹿碌祿漉簏轆麓/[沃]錄籙/[職]扐阞肋泐勒

ロン [元] 崙掄論/[願]論

【ワ行】

ワ [歌] 倭/[麻]汙(污)哇娃洼窊窪/[哿]婐/[卦]話/[箇]和涴

ワイ [佳] 淮/[灰]偎淮隈椳煨/[蟹]矮/[賄]猥賄/[泰]濊薈

ワク [藥] 臒蠖/[職]惑

ワン [寒] 剜貿/[刪]彎灣/[旱]盌/[潸]綰/[翰]惋腕/[諫]綰

付録

平仄韻字表

両韻字表

【ア行】

ア

亞　〔禡〕(ア)つぐ　〔藥〕(アク)しろくぬる

阿　〔歌〕(ア)おか・くま・おもねる　〔哿〕(ア)やわらかい　〔覺〕(アク/ア)接頭語

啞　〔麻〕(ア)かたこと・鳥の声　〔馬〕(ア)おし　〔禡〕(ア)ああ　〔陌〕(アク)わらう

堊　〔遇〕(ア/ヲ)　〔藥〕(アク)しろつち・ぬる

蛙　〔麻〕(ア)　〔佳〕(アイ)かえる

鴉　〔麻〕(ア)　〔馬〕(ガ)からす

アイ

哇　〔佳〕(アイ)あまえ声　〔麻〕(アイ/ワ)わらう声

娃　〔佳〕(アイ)　〔麻〕(アイ/ワ)うつくしい女

唉　〔佳〕〔灰〕(アイ)ああ　〔支〕(キ)おどろきとう

挨　〔佳〕〔蟹〕(アイ)おす・ひらく・こすりつける

欸　〔支〕(アイ)なげく　〔賄〕〔灰〕(アイ)はい　〔卦〕(アイ/カイ)ああ

嗌　〔卦〕(アイ)むせぶ　〔陌〕(エキ)のど

隘　〔卦〕(アイ)せまい　〔陌〕(ヤク)ふさぐ

曖　〔隊〕〔泰〕(アイ)ほのぐらい

穢　〔隊〕〔泰〕(アイ/ワイ)　(ヱ)けがれ・けがれる

アク

惡　〔藥〕(アク)わるい・みにくい・おとる・あやまち　〔虞〕(ヲ)いずくんぞ・なんぞ・ああ　〔遇〕(ヲ)にくむ・そしる

アツ

斡　〔曷〕(アツ)杓の柄・めぐる・めぐる・つかさどる　〔旱〕(カン)

閼　〔曷〕(アツ)　〔月〕(エツ)ふさぐ　〔御〕(ヨ)ゆったり　〔先〕(エン)閼氏

壓　〔洽〕(アツ/アフ)おさえる　〔豔〕(エン)いとう

アン

晏　〔翰〕〔諫〕(アン)おそい・はやい・やすらか

晻　〔感〕〔勘〕(アン)　〔琰〕(エン)くらい

暗　〔勘〕〔感〕(アン)くらい・やみ・ひそかに

諳　〔覃〕〔勘〕(アン)そらんじる

闇　〔覃〕(アン)諒闇　〔侵〕(イン)くちつぐむ　〔感〕〔豏〕(アン)にわかに　〔勘〕(アン)くらい・おろか

黯　〔豏〕〔覃〕〔咸〕〔感〕(アン)くろい・くらい

イ

已　〔紙〕〔寘〕(イ)やむ・のみ・はなはだ

衣　〔微〕(イ)ころも・うわぎ・おおい　〔未〕(イ)きる・つける・おおう

池(迆)　〔紙〕(イ)めぐる　〔支〕(イ)　〔歌〕(タ)ゆったり

依　〔微〕(イ)よる　〔尾〕(イ)やすんずる

委　〔紙〕(ヰ)ゆだねる　〔支〕(ヰ)委蛇

洟　〔支〕(イ)　〔霽〕〔薺〕(テイ)はなみず

倚　〔紙〕〔寘〕(イ)よる　〔支〕(キ)かたよる

扆　〔尾〕〔微〕(イ)ついたて

唯　〔紙〕(ヰ/ユイ)はい・ひとり　〔支〕(ヰ/ユイ)ただ・いえども

尉　〔未〕(ヰ)のす・ひのし・官名　〔物〕(ウツ)ひのし・姓

圍　〔微〕〔未〕(ヰ)かこむ・まわり

椅　〔支〕(イ)いいぎり　〔紙〕(イ)いす

爲　〔支〕(ヰ)なす・まねする・つくる・しわざ　〔寘〕(ヰ)ために・たすける・たすける・らる

萎　〔支〕〔紙〕(ヰ)なえる　〔寘〕〔賄〕(ヰ)牛馬をかう

詒　〔寘〕〔支〕(イ)おくる・のこす　〔賄〕

貽　〔支〕〔寘〕〔賄〕(イ)おくる　(タイ)あざむく

意　〔寘〕(イ)こころ　〔支〕(イ)ああ

飴　〔支〕(イ)あめ・おくる　〔寘〕(シ)やしなう

熨　〔未〕(ヰ)おさえる　〔物〕(ウツ)のす・ひのし

噫　〔支〕(イ)ああ　〔卦〕(アイ)おくび　〔職〕(オク)そもそも

遺　〔支〕(ヰ)のこす・すてる　〔寘〕(ヰ)おくる・やる

壝　〔支〕〔紙〕(ヰ)社の壝壝

イク

澳　〔屋〕(イク/オク)くま・みぎわ　〔號〕(アウ)ふかい

燠　〔屋〕(イク)　〔皓〕〔號〕(アウ)あたたかい　〔遇〕(ウ)いたむ声

イツ

汩　〔質〕(イツ)ほとばしる・みだれる　〔月〕(コツ)なみわく・わきたつ

軼　〔質〕(イツ)すぎる・こえる・なくなる　〔屑〕(テツ)かわるがわる・わだち

イン

匀　〔眞〕(イン)ゆきわたる　〔眞〕(キン)ひとしい

引　〔軫〕〔震〕(イン)ひく・ゆみひく

咽　〔先〕〔霰〕(イン/エン)のど・のみくだす　〔屑〕(エツ)むせぶ

胤　〔震〕〔軫〕(イン)たね

員　〔先〕(ヰン/エン)かず・まるい・まわり　〔文〕(ウン)ふえる・終助詞　〔問〕(ウン)姓

殷　〔文〕(イン)さかん　〔吻〕(イン)雷声　〔刪〕(アン)あかぐろい色・血の色

院　〔阮〕〔寒〕(ヰン/クワン)　〔霰〕(エン/ヰン)かき・たてもの

寅　〔眞〕(イン)　〔支〕(イ)とら・つつしむ

陰　〔侵〕(イン)かげ・かくれる・くらい・ひそかに　〔覃〕(アン)おおう　〔沁〕(イン)かばう

喑　〔侵〕(イン)なく・おうし　〔沁〕(イン)どなる

湮　〔眞〕(イン)　〔先〕(エン)しずむ・ほろぶ

隕　〔軫〕(ヰン)おちる　〔先〕(エン)まわり

靷　〔震〕(イン)　〔軫〕(イン/チン)むながいのひも

飲　〔寢〕(イン)のむ・のみもの・しのぶ・かくす　〔沁〕(イン)のませる

夤　〔眞〕(イン)つつしむ　〔支〕(イ)うやうやしい

殞　〔軫〕(イン)　〔吻〕(ウン)しぬ

禋　〔眞〕(イン)　〔先〕(エン)まつる・まつり

隱　〔吻〕(イン)かくれる　〔問〕(イン)よる

蔭　〔侵〕(イン)かげ　〔沁〕(イン)おかげ

螾　〔軫〕〔震〕(イン)みみず

ウ

芋　〔遇〕〔麌〕(ウ)いも・さといも　〔虞〕(ク)おおう・おおきい

雨　〔遇〕(ウ)あめふらす・うるおう　〔麌〕〔語〕(ウ)あめ・あめふる

雩 虞(ウ)あまごい 遇(ウ)にじ
嫗 遇(オウ)おうな 麌(オウ)あたためる

ウツ

蔚 物(ウツ)おとこよもぎ・くもわきたつ 未(ヰ)おとこよもぎ・くさしげる

ウン

沄 文(ウン)元(ヲン)阮(コン)水たぎる
耘 文(ウン)問(ウン)くさぎる
縕 文(ウン)ふるわた 問(ウン)吻(ウン)おくふかい・みだれる・おさめる・さかん 元(ヲン)かきいろ 眞(イン)さかん
韞 吻(ウン)元(ヲン)おさめる
蘊(薀) 吻 問(ウン)つむ・むす 文(ウン)つむ 元(ヲン)ゆたか

エイ

永 梗(エイ)ながい 敬(エイ)およぐ
映 敬 養(エイ)うつる
洩 霽(エイ)のびる 屑(セツ)もれる
瑩 庚 徑(エイ)美石・みがく・あきらか
禜 庚 敬(エイ)まつり・はらい
曀 霽(エイ)屑(エツ)くもる
繄 齊(エイ)ほこぶくろ 霽(エイ)ああ
纓 庚 敬(エイ)ひも

エキ

易 陌(エキ)とかげ・かえる・うつす 寘(イ)やすい・たいらか・てがる
醳 陌(エキ)さけ 陌(セキ)とく

エツ

越 月(エツ)こえる・わたる 曷(クワツ)瑟の下部の穴
噎 屑(エツ)質(イツ)つかえる・むせぶ
謁 月 屑(エツ)こう・まみえる
饐 屑(エツ)むせぶ 寘(イ)すえる

エン

延 先(エン)のびる 霰(エン)はびこる
奄 鹽(エン)ひさしい・とどまる 琰(エン)あまねく・たちまち
宛 元(エン)草にねる・地名、大宛 阮(エン)草にねる・さながら・かがむ 物(ウツ)むすぼれる
炎 鹽 咸(エン)ほのお 豔(エン)もえる
怨 元(エン)うらむ 吻(ウン)つむ・たくわえる 願(エン)うらむ・にくむ・かなしむ・かたき
洹 元(エン)水名 寒(クワン)洹洹
衍 先 銑 霰(エン)あふれる・ゆたか・ひろい・あまり
俺 豔(エン)おおきい 旱(アン)おれ
宴 銑 霰(エン)うたげ・たのしむ
煙(烟) 先(エン)けむり・かすむ・たばこ 眞(イン)におい・まつり
淹 鹽 琰 陷(エン)ひたす・きし・しずむ
焉 先(エン)なんぞ・これ・接尾辞 元(エン)なんぞ
莚 先 霰(エン)むしろ
堰 阮 願 霰(エン)せき・いぜき・せきとめる
媛 霰 願(エン)うつくしい・ひめ 元(エン)なよびか
援 元(エン)ひく 霰(エン)たすける
猒 鹽(エン)やすらか 豔(エン)あきる 感(アン)おぼれる 葉(エフ)おさえる 洽(アフ)おさえる 緝(イフ)うるおう
苑 阮(エン/ヲン)物(ウツ)月(ゲツ)しおん 吻(ウン)つむ・あつめる
畹 阮 願(エン)はたけ・うね
厭 鹽(エン)やすらか 豔(エン)あきる 葉(エフ)洽(アフ)おさえる・はらう
嫣 先 願 銑 阮(エン)なまめかしい
蜿 元(エン)うねる 寒(ワン)みみず 阮(エン)わだかまる
遠 阮(ヱン)とおい・ながい・そえん 願(ヱン)とおざかる・うとんじる
縁 先(エン)ちなみ・えにし 霰(エン)ふち・へり
圜 先(エン)まるい 刪(クワン)めぐる
燕 先(エン)国名・しなやか 霰(エン)つばめ・さかもり・たのしむ
轅 元 霰(エン)ながえ
嚥 先 霰(エン)のむ・のみこむ
魘 琰(エン)葉(エフ)うなされる
鹽 鹽(エン)しお 豔(エン)しおづけ
黶 琰(エン)豏(アン)ほくろ・くらい

オ

汙(汚) 虞(ヲ)よごれ・まじる・けがれ・はじ 遇(ヲ)あらう 麻(ワ)ほる・ひくい
於 魚(ヨ/オ)に・を・より 虞(オ)ああ・からす
淤 魚(ヨ/オ)どろ・へどろ 御(ヨ/オ)どろ・ふさがる

オウ

王 陽(ワウ)きみ 漾(ワウ)きみとなる・さかん
凹 肴(アウ)洽(アフ)くぼみ・へこます
往 養(ワウ)ゆく 漾(ワウ)むかう
怏 陽 養 漾(ヤウ)うらむ・いたむ・ほこる
押 洽(アフ)おす・おさえる 洽(カフ)かさねて・しきりに
拗 巧(アウ)きる・たつ 效(アウ/エウ)すねる・ねじる 屋(イク)有(イウ)おさえる
泱 陽 庚(アウ)雲わく・水はやし 養 漾(アウ)水さかん・広大なさまる
迋 漾(ワウ)ゆく 養 漾 陽(キャウ)あざむく
盎 漾 養(アウ)はち・あふれる
翁 東 董(ヲウ)おきな・としより・鳥のくび毛
嘔 尤(オウ)うたう 有(オウ)はく 虞(ク)あたためる
漚 尤 宥(オウ)あわ・うたかた・ひたす
歐 尤 有(オウ)うたう・かる・はく・うつ
毆 有(オウ)うつ 虞(ク)かる
懊 號 皓(アウ)なやむ・うらむ 屋(ヰク)おしむ
横 庚(ワウ/クワウ)よこ・よこたわる 敬(ワウ/クワウ)よこしま 漾(ワウ)あふれる 陽(ワウ)楼門
澳 號(アウ)ふかい・あらう 屋(ヰク)くま・にごる
應 蒸(オウ)あたる・まさに〜べし 徑(オウ)こたえる・したがう
燠 皓(アウ)屋(ヰク)あたたかい
謳 尤(オウ)うた・うたう 虞(ク)よろこぶ・はぐくむ
罌(罃) 庚(アウ)敬(エイ)かめ・ほとぎ

オン

温 元(ヲン)あたたかい 問(ウン)つつむ

【カ行】

カ

下 禡(カ)くだる・おとる・ふる 馬

カした・しも・ひくい

化 [禡]クワ かわる・あらたまる [歌]クワ あやまり・なまり

何 [哿]カ になう [歌]カ なに

囮 [歌]クワ [尤]イウ おとり

坷 [哿][箇]カ ゆきなやむ

姱 [麻]クワ [麌]コ うつくしい

挂 [卦]クワ [齊]ケイ かける

枷 [歌][禡]カ 衣かけ [麻]カ くびかせ

茄 [麻]カ はす [歌]カ なす

迦 [麻][歌]カ 釈迦 [蟹]カイ さえぎる

夏 [禡][馬]カ なつ・中国・たかどの

家 [麻]カ いえ [虞]コ つま

假 [禡][馬]カ かす [馬]カ かりに [麻]カ はるか [陌]カク いたる

笴 [哿]カ [旱]カン やがしら

荷 [哿]カ になう [歌]カ はす

媧 [佳][麻]クワ 女媧

絓 [麻]クワ しけいと [卦][佳]クワイ かかる

華 [麻]クワ はな・うるわし [禡]クワ 山の名

軻 [歌]カ つぎ木の車輪 [哿][箇]カ くるしむ・人名

過 [箇]クワ よぎる・まさる・あやまち [歌]クワ ふる・たずねる

夥 [哿]クワ [蟹]クワイ おおい

瘕 [馬][禡]カ きずあと [麻]カ のど・腹の病

裹 [哿][箇]クワ つつむ

蝸 [佳][麻]クワ かたつむり

課 [箇]クワ わりあてる [歌]クワ わりあい

樺 [麻][禡]クワ かば

騧 [佳][麻]クワ あさぎの馬

ガ

牙 [麻][馬]ガ きば

畫 [卦]グワ え・えがく [陌]クワク かぎる・はかる

雅 [麻]ガ みやびやか・ただしい・つね [馬]ガ とうがらす

蛾 [歌]ガ が [紙]ギ あり

衙 [麻]ガ やくしょ [魚][語]ギョ みち ゆくさま

駕 [麻][禡]ガ のる・あやつる

カイ

匃(匄) [泰]カイ いのる [曷]カツ もとめる

回 [灰]クワイ めぐる・かえる・もどる・たがう・たび・よこしま [隊]クワイ まがる・さける

悔 [隊]クワイ くいる・くい [賄]クワイ とがめ・わざわい

迴(廻) [灰][隊]クワイ めぐる

悝 [灰]カイ やむ [紙]リ うれえる

荄 [佳][灰]カイ くさのね

傀 [灰]クワイ おおきい [賄]クワイ 傀儡

滙 [賄]クワイ [隊]ワイ めぐる・あつまる

嵬 [灰][賄]クワイ けわしい

楷 [蟹]カイ 檜ににた木 [佳]カイ 楷書・のり

解 [蟹]カイ とく・さとる・おこたる [卦]カイ おくる

槐 [佳][灰]クワイ えんじゅの木

磕 [泰]カイ [合]カフ [曷]カツ 石うつ音・うちつける

噦 [泰]クワイ 馬鈴の音 [月]エツ しゃっくり

濊 [泰]クワイ 水ふかし [隊]ワイ にごる [曷]カツ 濊濊、網うつ音

獪 [泰][卦]クワイ ずるい・わるがしこい・みだす

瀣 [卦][隊]カイ 夜気・海気

ガイ

乂 [隊]ガイ かる [泰]ガイ こらす

艾 [泰]ガイ よもぎ・もぐさ [隊]ガイ [霽]ケイ かる・おさめる

劾 [隊][賄]ガイ しらべる・さばく [卦]カイ ほねおる

咳 [隊]ガイ せき [灰]ガイ 幼児のわらい

害 [泰]ガイ そこなう [曷]カツ なんぞ

欬 [卦]アイ おくび [隊]ガイ [寘]キ せき

豈 [賄]ガイ 凱楽・たのしむ [尾]キ かちどき・あに

崖 [佳]ガイ [支]ギ がけ

涯 [支]ギ [佳]ガイ [麻]ガ きし・はて

剴 [灰][隊]ガイ 剴切

愾 [隊]ガイ [未]キ ためいき・いかる [泰]ガイ みちる [物]キツ いたる・およぶ

漑 [隊]ガイ [未]キ そそぐ・すすぐ

蓋 [泰]ガイ とま・かさ・ふた・おおう・けだし [合]カフ とびら・なんぞ [曷]カツ おおう

磑 [隊]グワイ ひきうす [灰]ガイ たかいさま

騃 [蟹]ガイ おろか [紙]シ 馬いさむ

鎧 [隊][賄]ガイ よろい・よろう

カク

角 [覺]カク つの・杯・すみ [屋]コク 角、きじの声

革 [陌]カク かわ [職]キョク すみやか

核 [陌]カク さね・くだもの・きびしい・しらべる [隊]カイ のき・ひさし [灰][佳]カイ はこ

格 [陌]カク いたる・きわめる・のり・おもむき [藥]ラク えだ・かきね

較 [覺]カク よこぎ・あらそう [效]カウ やや・あきらか・くらべる

熇 [藥]カク [沃]コク あつい [蕭]ケウ ほのお [肴]カウ さらす [號][晧]カウ あぶる

翯 [覺]カク [沃]コク [晧]カウ 白くつやがある

嚇 [陌]カク いかる・おどかす [禡]カ おおわらいする

轂 [屋]コク ます・おおきな杯 [覺]カク そまつ・ひからびる・きそう

穫 [藥][陌]クワク とりいれ

覈 [陌]カク [屑]ケツ [嘯]ケウ しらべる・きびしい・たね

覺 [覺]カク さとる・わかる [效]カウ さめる・さます

ガク

樂 [覺]ガク 音楽・かなでる・楽人 [藥]ラク たのしむ [效]ガウ このむ

學 [覺]ガク まなぶ [效]カウ ケウ おしえる

カツ

喝 [曷]カツ しかる・どなる [卦]アイ むせぶ・なく

愒 [曷]カツ おどす [泰]カイ むさぼる・いそぐ・すみやか [霽]ケイ [屑]ケツ いこう・やすむ

渇 [曷][屑]カツ かわく

滑 [黠]クワツ なめらか・ずるい [月]コツ みだす・でたらめ

轄 [黠]カツ くさび [曷]カツ ころがる

カン

奸 [寒]カン おかす [刪]カン よこしま

扞 [翰]カン ふせぐ [旱]カン ひきのば

す

汗 [翰]カン あせ・うるおう [寒]カン 可汗
串 [諫]クワン したしむ [霰]セン つらぬく
坎 [感]カン あな [覃]カン おろか [勘]カン 岸
旰 [翰][寒]カン くれる
旱 [旱][翰]カン ひでり
侃 [翰][旱]カン やわらぐ・たのしむ・つよい
函 [覃]カン いれる [咸]カン 書函
巻 [銑]ケン・クワン まく [霰]クワン 書巻 [先]ケン まげる・ねじれる [阮]コン 袞衣
罕(罕) [旱]カン とりあみ・まれ [翰]カン 地名
冠 [寒]クワン かんむり [翰]クワン かぶる・元服
咸 [咸]カン みる・あつめる・巫咸 [鹻]ケン へる [勘]カン みちる
看 [寒]カン みまもる [翰]カン みる
衎 [翰]カン たのしむ [旱]カン やわらぎ
悍 [翰]カン はやい・あらい [旱]カン きがせく
豻(犴) [翰]カン ひとや [寒]カン のいぬ
患 [刪]クワン わずらう [諫]クワン うれい
莞 [寒][潸][諫]クワン にっこりわらう
貫 [翰]クワン ぜにさし・つらぬく [諫]クワン なれる [刪]クワン ゆみひく
喊 [鹻][感]カン さけぶ [咸]カン くちつぐむ
嵌 [咸]カン 山ふかい・あな [陷]カン はめこむ・象嵌
揀 [旱][霰]カン えらぶ
棺 [寒]クワン ひつぎ [翰][諫]クワン 納棺
涴 [刪]クワン [元][先]エン 水のながれるさま
睅(肝) [潸][旱]カン めみはる
酣 [覃][勘]カン たけなわ
閒 [刪]カン あいだ・しばらく・しずか [諫]カン ひそかに・うかがう・そしる
狟 [寒]クワン [元]ケン むじな
幹(榦) [翰]カン みき・からだ・ただす・つよい [寒]カン いげた
監 [咸]カン かんがみる [陷]カン しらべる
暵 [翰][旱]カン ひでり・かわく
緩 [旱][阮]クワン ゆるい
擐 [刪][諫]クワン つらぬく [先]セン まくる
盥 [旱][翰]クワン あらう・たらい
翰 [翰][寒]カン はね・とぶ・ふで・しろい
諫 [諫][刪]カン いさめる
瞷 [刪]カン ながしめ [諫]カン うかがう
還 [刪]クワン かえる・ひきかえす [先]セン めぐる・すみやか
館 [旱][翰]クワン やかた・たち・やどる
鼾 [寒][翰]カン いびき
轘 [刪]クワン 山の名 [諫]クワン 車ざき
闞 [勘]カン のぞむ [鹻]カン 虎がほえる [陷]カン 犬がほえる
灌 [翰]クワン そそぐ [旱]クワン あらう
鰥 [刪]クワン やもお [元]コン 魚の名
鑑 [陷][咸][勘]カン かがみ・てらす
觀 [寒]クワン みる・かんがえ [翰]クワン ものみ・しめす [願]クワン すすめる
讙 [寒]クワン よろこぶ・やかましい [元]ケン おどろきよろこぶ

ガン

含 [覃]ガン ふくむ・こころえる [勘]ガン ふくみ玉
玩 [翰][刪]グワン もてあそぶ
眼 [潸]ガン まなこ [阮]ゴン つきでる
莟 [勘][感]ガン つぼみ・しべ
喭 [潸]ガン 微笑する [翰]ガン [霰]ゲン とむらう
頷 [覃][感]ガン あご・うなずく
巖 [咸][覃]ガン [鹽]ゲン けわしい

キ

卉 [尾][未]キ くさ・さかん
企 [紙][寘]キ くわだてる・のぞむ
机 [支][紙]キ つくえ
肌 [支][未]キ はだ
圻 [微]キ 王城の地 [眞][文]ギン さかい
其 [支]キ その・それ・句末助詞 [寘]キ 指示代名詞下の助詞
垝 [寘]キ やぶれる [紙]キ くずれる
祇 [支]キ くにつかみ [支]シ ただ・まさに
虺 [尾]キ むし [灰]クワイ 虺隤
剞 [支][紙]キ 小刀・きざむ
唏 [微][尾]キ なく
耆 [支]キ としより [紙]シ いたす
蚑 [支][寘]キ はうむし
掎 [寘][支]キ [紙]キ・シ ひく・とる・はなつ
欷 [微][未][寘]キ すすりなく・なげく
跂 [寘][紙]キ [支]ギ つまさきだつ・のぞむ
喜 [紙]キ よろこび・さいわい [寘]キ このむ [寘]シ ごちそう
喟 [寘]キ [卦]クワイ なげく
幾 [微]キ きざし・ちかい・あやうい・しらべる・ほとんど [尾]キ いくばく・まもなく・すこし [寘]キ ねがう
毀 [紙][寘]キ こぼつ・やぶる
睢 [寘][支]キ [齊]ケイ みあげる・めをみはる [支]スイ 川の名
塈 [寘][未]キ ぬる・いこう
綦 [支][寘]キ くつひも
禕 [微]キ ひざかけ [微]キ におい袋
狶 [微][尾]キ いのこ
踦 [支]キ あしなえ [寘]イ よる [紙]キ よる・すね
麾 [支][寘]キ さしまねく
曁 [未]キ およぶ [寘]キ 地名
錡 [支][紙]キ なべ
龜 [支]キ かめ [眞]キン あかぎれ
歸 [微]キ かえる・とつぐ [寘]キ おくる
禨 [微][未][寘]キ きざし・いのる
簣 [寘]キ あじか [卦]クワイ あかゆび [隊]クワイ つちくれ
騎 [支]キ のる [寘]キ 騎兵
巇 [支][寘]キ ああ
巋 [支][紙][尾]キ そびえる [寘]キ ひとりそびえる
蘄 [支][微]キ もとめる [文]キン せり

饑 [微][支](キ)うえる
驥 [寘][支](キ)駿馬

ギ

義 [寘][支](ギ)ただしい
僞 [寘](ギ)いつわり [歌](クワ)なまり
疑 [支](ギ)うたがう [紙](ギ)なぞらえる
儗 [寘](ギ)ぐずぐずする [紙](ギ)なぞらえる・うたがう・くらべる [隊](ガイ)おろか
螘(蟻) [紙][尾](ギ)あり
戲 [支](ギ)けわしい・かたむく・はた [寘](ギ)たわむれる・芝居 [虞](コ)ああ

キク

鞠 [屋](コツ・キク)まり・わかい [東](キユウ)おんなかずら

キツ

乞 [物](キツ・コツ)こう [未](キ)あたえる
肸 [質][物](キツ)おとたかし [屑](ケツ)ととのう
拮 [質](キツ)[屑](ケツ)てがつかれる [黠](カツ)せまる

キュウ

九 [有](キウ)ここのつ [尤](キウ)あつめる
扱 [緝](キフ)おさめる [洽](サフ)さしはさむ
咎 [豪](カウ)人名、咎繇 [有](キウ)とが・あやまち
捄 [尤](キウ)ほそながい [有](キウ)すくう [虞](ク)かきあつめる・もる
笈 [緝](キフ)[葉](ケフ)[洽](セフ)おい・おいばこ
給 [緝](キフ)たす・たまう [葉](ケフ)はやくちにいう
歙 [緝](キフ)すう・なごやか [葉](セフ・ケフ)地名・ちぢめる
蟉 [有][尤](キウ)[蕭](レウ)うねりくねる

キョ

去 [御](キョ)さる・すてる [語](キョ)のぞく・おさめる・ゆく・むかし [魚](キョ)めしびつ・牛馬のおり・はしる
呿 [御](キョ)ねいき [魚][歌](キョ)あくび
居 [魚](キョ)うずくまる・おる [御](キョ)[支](キ)や・か
胠 [御][語][魚](キョ)[葉](ケフ)わきのした・ひらく・さえぎる
据 [魚](キョ)はたらく [御](キョ)おごる
渠 [魚](キョ)みぞ [御](キョ)なんぞ
詎 [語][御](キョ)なんぞ・なんすれぞ
噓 [魚][御](キョ)うそぶく
踞 [御][魚](キョ)うずくまる
擧 [語][御](キョ)あげる
醵 [魚][御](キョ)[藥](キャク)わりまえ・わりかん
鐻 [御][語](キョ)かねかけ [魚](キョ)北方族の耳輪

ギョ

御 [御](ギョ)はべる・おさめる [禡](ガ)むかえる
禦 [語][御](ギョ)ふせぐ・まもる

キョウ

兇 [冬][腫](キョウ)わるもの
共 [冬](キョウ)うやうやしい・つつしむ・そなえる [宋](キョウ)ともに・みな [腫](キョウ)こまねく・むかう
亨 [養](キヤウ)ささげる [庚](ハウ・カウ)とおる [庚](ハウ)にる
享 [養](キヤウ)[庚](カウ)すすめる・うける
供 [冬][宋](キョウ)そなえる
恟 [冬][腫](キョウ)おそれる
洶 [冬][腫](キョウ)水わく・さわぐ
恐 [宋][腫](キョウ)おそれる・おそらくは
脅 [葉](ケフ)わき・おびやかす・おそれさせる [豔](ケン)さまたげる [緝](キフ)かたすぼめ
教 [肴](ケウ・カウ)おしえる・しむ [效](ケウ・カウ)おしえ・ふれ
強 [陽](キヤウ)つよい・すこやか [養](キヤウ)つとめる [漾](キヤウ)こわばる
蛬 [冬][腫](キョウ)きりぎりす
筴 [葉](ケフ)はし [陌](サク)めどぎ
跫 [冬][江](キョウ)あしおと
熇 [蕭](ケウ)ほのお [肴](カウ)さらす [藥](カク)[沃](コク)あつい [號][皓](カウ)あぶる
嬌 [蕭][篠](ケウ)なまめかしい
嶠 [蕭][嘯](ケウ)たかい
噭 [嘯](ケウ)さけぶ [錫](ケキ)するどい声
彊(強) [陽](キヤウ)つよい・かたい・すこやか [養](キヤウ)つとめる・しいて・せおい帯 [漾](キヤウ)こわばる・かたい
徼 [蕭](ケウ)めぐる・国境 [蕭](エウ)さえぎる [嘯](ケウ)もとめる・うかがう
興 [蒸](キョウ・コウ)おこす・さかんにする [徑](キョウ・コウ)たのしむ・よろこぶ
蹻 [蕭][篠](ケウ)たくましい [藥](キヤク)わらぐつ
轎 [蕭](ケウ)かご [嘯](ケウ)柩車
饗 [養][陽](キヤウ)もてなす
驕 [蕭](ケウ)たかい [篠](ケウ)おごる

ギョウ

卬 [養](ギヤウ)あおぐ・まつ [陽](ガウ)のぞむ・われ
仰 [養](ギヤウ・カウ)あおぐ・うやまう・おおせ・のむ [漾](ギヤウ・カウ)たのむ・よる [陽](カウ)たかい・はげむ
凝 [蒸](ギョウ)こる・なる・きびしい [徑](ギョウ)たまりみず
磽 [肴](カウ・ケウ)[篠](ゲウ)やせ地・石山

キョク

侐 [職](キョク)[寘](キ)しずか・きよらか
亟 [職](キョク)すみやか [寘](キ)しばしば

ギョク

嶷 [職](ギョク)そそりたつ・かしこい [支](ギ)九嶷山

キン

斤 [文](キン)おのぎる [問](キン)斤々
囷 [軫](キン)こめぐら [眞](キン)まがりくねる
芹 [文](キン)[微](キ)せり
近 [吻](キン・コン)ちかい・したしい・みうち [問](キン・コン)ちかづく [寘](キ)ほとんど
矜 [眞][文](キン)[庚](ケイ)ほこの柄 [蒸](キョウ)あわれむ [刪](クワン)やもお
紟 [侵](キン)つけひも [沁](キン)よぎ
菫 [文](キン)ねばつち [震](キン)ぬる・わずか
窘 [軫](キン)[問](クン)くるしむ
禁 [沁](キン)ものいみ・とどめる・まじない・いましめ [侵](キン)たえる・おさえる
墐 [震](キン)ねばつち・ぬる・ふさぐ [眞](キン)ねばつち
箘 [眞][軫](キン)しのだけ・やたけ

噤 寢沁(キン)つぐむ
麇 眞(キン)のろ 文(クン)むらがる 吻(クン)くくる
麏 眞(キン)文(クン)くじか

ギン

吟 侵(ギン)うめく・うたう 沁(ギン)くちつぐむ
沂 眞(ギン)きし 微(キ)川の名
垠 眞(ギン)はて・きし 願(コン)土もりあがる
狺 眞文(ギン)犬の声
唫 寢(キン)つぐむ・すう 侵(ギン)うたう
憖 震(ギン)なまじい 問(キン)わらうさま
齗 文(ギン)はぐき 軫(ギン)あらそうさま

ク

句 虞(ク)くつの飾り 遇(ク)句読・くぎり 尤(コウ)まがる 宥(コウ)あたる
呴 虞遇(ク)ふく 有宥(コウ)ほえる
姁 遇麌(ク)ばば・おうな 虞(ク)やわらぐ
枸 麌(ク)からたち 有(コウ ク)くこ 尤(コウ)まがる
苦 遇(ク)あらい・そまつ・わるい・舟よい 麌(ク)にがな・くるしい・はなはだ・ねんごろ
訏 虞(ク)ほこる・いつわる・ああ 麌寘(ク)訏訏、おおきいさま
區 虞(ク)わける 尤(オウ)四斗十六升
煦 麌遇(ク)あたためる・めぐむ
嘔 虞(ク)やしなう 尤(オウ)うたう 有(オウ)はく
寠 麌(ク)やつれる 尤(ロウ)やせ地
蒟 虞遇麌(ク)きんま・こんにゃく
瞿 遇(ク)みる・おそれる・おどろく 虞(ク)ほこ 職(キョク)姓
驅 虞遇(ク)尤(キウ)かける・はしる
臞 虞遇(ク)やつれる

グ

禺 遇(グ)おながざる 虞(グ)端緒 冬(グ)番禺
喁 虞(グ グウ)冬(ギョウ)あぎとう・よびあう
虞 虞遇(グ)おそれ

クウ

空 東(クウ)あな・むなしい・そら・むだ 送(クウ)きわめる・くるしめる 董(クウ)血脈

グウ

偶 有(グウ)たぐい 宥(グウ)たまたまあう
嵎 虞(グウ)尤(ゴウ)山のくま

クツ

堀 物(クツ)月(コツ)あな・ほる
掘 物(クツ)つきる 月(ケツ)ほる・ならす 月(コツ)ほらあな 屑(セツ)つたない
詘 物(クツ)どもる・かがむ 質(チュツ)しりぞける

クン

薰 文問(クン)かおり

ケイ

係 霽(ケイ)かかわり・つなぐ 寘(キ)しばる
契 霽(ケイ)かなう・ちぎる・わりふ 屑(ケツ セツ)契闊・殷の祖 物(キツ)契丹
枅 齊(ケイ)先(ケン)けた
絅 靑(ケイ)つよくひく 迥(ケイ)うすぎぬ
脛 徑迥敬(ケイ)すね・はぎ・くるぶし
頃 梗(ケイ)このごろ・しばらく・さきごろ 庚(ケイ)かたむく 紙(キ)かたあし
揭 霽(ケイ)曷(カツ)からげる・すそまく・ふさぐ 屑(ケツ)月(ゲツ)かかげる・しめす・あきらかにする
景 梗(ケイ)ひざし 梗(エイ)かげ
詗 迥敬(ケイ)うかがう・さぐる
徯 齊薺(ケイ)こみち・まつ
經 靑徑(ケイ)たていと・はかる・ふる・かける
熒 靑(ケイ)ともしび 迥(エイ)まどう
輕 庚(ケイ)かるい 敬(ケイ)すばやい
慶 敬(ケイ)さいわい・よろこぶ・いわう 庚(ケイ)めでたい 陽(キヤウ)ああ
稽 齊(ケイ)かんがえる・いたる 薺(ケイ)頓首・敬礼・はた・ほこ
嬛 庚(ケイ)うつくしい・煢煢 先(ケン)しなやか・かろやか
頸 梗庚(ケイ)くび
檠 庚梗(ケイ)ゆだめ・ともしび・ためる 敬(ケイ)たかつき・だい
巂 齊(ケイ)つばめ・子規 紙(スイ)地名
繫 霽齊(ケイ)つなぐ

ゲイ

迎 庚(ゲイ)まちうけ・あう 敬(ゲイ)親迎する
霓 齊(ゲイ)屑(ゲツ)錫(ゲキ)にじ

ケキ

砉 錫(ケキ)陌(クワク)皮がはがれる音

ケツ

偈 屑(ケツ)つよい・はやい 霽(ケイ ゲ)たけだけしい
厥 月(ケツ)ほる・あばく・まげる・その 物(クツ ケツ)突厥
楬 屑月(ケツ)たてふだ 黠曷(カツ)うちどめの楽器
碣 月屑(ケツ)曷黠(カツ)霽(ケイ)いしぶみ・いかるさま
竭 月屑(ケツ)つきる・かれる・ことごとく・せおう
撅 月(ケツ)ほる 霽(ケイ)かかげる
頡 屑(ケツ キツ)へずりとる 黠(カツ)くびをたてる
蹶 月(ケツ)つまずく・たおれる・ふむ 霽(ケイ)あわてる・はしる・うごく
鱖 月(ケツ)霽(ケイ)けつ魚・かわたなご

ゲツ

刖 月(ゲツ ゴツ)曷(ガツ)黠(グワツ)きる・あしきる
蜺 屑(ゲツ)齊霽(ゲイ)にじ
櫱 屑(ゲツ)曷(ガツ)ひこばえ

ケン

欠 豔陷(ケン)あくび・かける
見 霰(ケン)あらわれる・しめす・げんに 諫(ケン)みる・あう・しる・かんがえ
卷 銑(ケン クワン)まく・かがまる 先(ケン)まがる 阮(コン)袞衣 霰(クワン)まきもの
咺 阮(ケン)なく・いたむ 元(ケン)おそれる
帣 霰先(ケン)ふくろ 銑(ケン)たす

き
建 願 ケン たてる・つくる 阮 ケン くつがえす
兼 鹽 黯 ケン かねる・あわせる
狷 霰 銑 ケン きみじか・かたいじ
乾 先 寒 ケン かわく・いぬい
圏 先 元 ケン まげもの 阮 願 ケン かこい
晛 銑 霰 ケン ひざし・あかるい
牽 先 ケン ひく・つらねる 霰 ケン 舟の引き綱
研 先 ケン みがく・きわめる 霰 ケン すずり
犍 元 阮 ケン 去勢牛 元 先 ケン 郡名、犍為郡
腱 願 阮 元 ケン けん
蜆 先 銑 霰 ケン しじみ・みのむし
蜎 先 ケン 銑 エン ぼうふら 銑 ケン うつくしい
狟 元 ケン 寒 クワン むじな
搴 先 銑 ケン かかげる・ぬく
歉 琰 豏 ケン 豏 カン あきたらぬ
甄 先 ケン 眞 シン すえもの・あきらかにする
綣 阮 ケン 願 ケン クワン まげる・まく・ねんごろ
遣 霰 ケン 出棺前のまつり・おくる 銑 ケン やる・つかわす・しむ・おくりもの
剣 黯 陥 ケン つるぎ・あいくち・きる
噞 鹽 黯 ケン ゲン あぎとう
嶮 琰 鹽 ケン ゲン けわしい
獫 琰 黯 鹽 ケン 獫狁
縣 先 ケン かける・つりさげる・しめす・はかる 霰 ケン 郡県
褰 先 銑 阮 ケン かかげる
諠 元 阮 ケン かまびすしい・わすれる
黔 鹽 ケン 侵 キン くろい・くろずむ
瞼 琰 ケン まぶた 豏 レン ほお
蹇 銑 阮 ケン あしなえ・ゆきなやむ
鍵 先 阮 銑 ケン かぎ・くさび
鞬 元 ケン ゆぶくろ 銑 ケン ふいご
鬈 先 阮 ケン ちぢれ髪
獻 願 ケン 支 ギ たてまつる・いたす・あらわす 歌 サ 玉飾の豆
繾 銑 霰 ケン まとう・きびしい
騫 先 ケン かける・あやまち 銑 ケン 駑馬
蠲 先 ケン 齊 ケイ いさぎよい・あきらか・のぞく

ゲン

言 元 願 ゲン いう・ことば
阮 阮 ゲン 阮咸 元 ゲン 地名
絃 先 ゲン いと・つる 霰 ゲン あやあるさま
嚴 鹽 ゲン きびしい 咸 ガン けわしい
甗 元 銑 霰 ゲン こしき
巘 銑 阮 ゲン けわしい・みね
讞 銑 ゲン 屑 ゲツ はかる・直言

コ

呼 虞 コ よぶ 箇 カ コ ああ
姱 麻 クワ 麌 コ みめよい
胯 遇 コ 禡 麻 カ また・またぐら 蟹 カイ やわらか
瓠 遇 虞 コ ひさご・ひょうたん 藥 クワク 瓠落・からり
詁 麌 遇 コ よみ
酤 虞 遇 麌 コ ひとよざけ・さけかう・うる
雇 遇 コ やとう 麌 コ ふなしうずら
賈 麌 コ あきない・あきんど 禡 カ あたい・ねだん 馬 カ 姓
盬 麌 遇 コ しお・すする
謼(嘑) 遇 コ どなる・しかる 虞 コ さけぶ・よぶ
蠱 麌 コ まじない 馬 ヤ うつくしい

ゴ

吾 虞 ゴ われ 魚 ギョ 吾吾
迕 遇 麌 ゴ たがう・さからう
娯 遇 虞 ゴ たのしむ
梧 虞 ゴ 梧桐 遇 ゴ 魁梧
語 語 ゴ ギョ かたる・ものがたり・ことば・いましめ 御 ゴ ギョ かたる・つげる
齬 虞 ゴ 魚 ゴ ギョ くいちがう

コウ

亢 陽 カウ のど 漾 カウ たかい・棟・あがる
巧 巧 效 カウ たくみ
伉 漾 カウ たぐい 陽 カウ 剛正
后 宥 有 コウ きみ・のち・きさき
向 漾 カウ たかい・くわえる・たっとぶ・ねがわくは・ひさしい 漾 シヤウ 地名 陽 シヤウ 尚儀
好 皓 カウ みめよい・したしむ・よしみ 號 カウ このむ・ひいき・めでる
扛 江 陽 講 カウ あげる
扣 宥 コウ ひかえる・うつ 有 コウ たたく・さしひく
行 陽 カウ みち・つらなる 庚 カウ ゆく・おこなう 漾 カウ 排行 敬 カウ 行為
吭 養 漾 陽 ヤウ のむ・のど・こえ
吼 宥 有 コウ ほえる・さけぶ
抗 漾 陽 カウ ふせぐ・あげる
攻 東 冬 コウ せめる・おさめる 送 コウ せめる
更 庚 カウ あらためる・かえる・ふる 敬 カウ さらに
佼 巧 カウ うつくしい・わるがしこい 肴 カウ まじわる・ならび
拘 虞 ク コウ とどめる 尤 コウ かかえる
厚 宥 有 コウ あつい・ゆたか・おおきい・ねんごろ
姣 巧 カウ うつくしい 肴 カウ みだら
後 宥 コウ のち・あとつぎ・しり 有 コウ うしろ・あと・おくれる
洚 東 冬 江 絳 送 コウ おおみず
洸 養 陽 クワウ ふかくひろい
竑 庚 クワウ 蒸 コウ ひろい
虹 東 絳 コウ にじ 江 コウ みだれる
降 絳 コウ おりる・くだる・へらす 江 コウ 降伏・やわらぐ 冬 コウ おおみず
倥 東 董 送 コウ 倥偬
哮 肴 效 カウ たける
校 效 カウ かせ・くらべる・はかる・やらい 巧 カウ すみやか
桁 庚 カウ けた 陽 カウ うきはし・あしかせ 漾 カウ ころもかけ
皋(臯) 號 肴 カウ ああ 豪 カウ さわ・たかい
耗 號 カウ マウ へる・ついやす・つきる

〔號〕(マウ)みだれる 〔豪〕(マウ)ない

荒 〔陽〕〔漾〕(クヮウ)あれる・すさぶ・さびしい

訌 〔東〕〔送〕(コウ)せめぐ

高 〔豪〕〔號〕(カウ)たかい

悾 〔東〕〔江〕(コウ)まこと 〔董〕〔送〕(コウ)悾惚

控 〔送〕〔東〕(コウ)ひく 〔江〕〔講〕(コウ)うつ

釭 〔江〕(コウ)こしきのかりも 〔東〕(コウ)よこさん

喤 〔陽〕(クヮウ)児のなく声 〔庚〕(カウ)いかる・なく

嗃 〔效〕(カウ)大声でさけぶ 〔肴〕(カウ)いかりさけぶ 〔藥〕(カク)きびしい・よろこびたのしむ

㝅 〔宥〕(コウ)〔有〕(ドウ)はぐくむ・やしなう

彀 〔尤〕(コウ)ゆはず 〔宥〕(コウ)はる

慌 〔養〕(クヮウ)ぼんやり 〔陽〕(クヮウ)あわてる

搆(構) 〔尤〕(コウ)ひく 〔宥〕(コウ)かまえる

煌 〔陽〕〔漾〕(クヮウ)かがやく

頏 〔陽〕(カウ)鳥のとぶさま 〔漾〕(カウ)のど

慷 〔陽〕〔養〕〔漾〕(カウ)なげく・いたむ

敲 〔效〕〔肴〕(カウ)たたく・うつ

膏 〔豪〕(カウ)あぶら・こえる 〔號〕(カウ)うるおす

蒿 〔豪〕(カウ)よもぎ 〔皓〕(カウ)稲の茎

誥 〔號〕(カウ)つげる・おしえる・さとす 〔沃〕(コク)つげる

墝 〔肴〕〔效〕(カウ)あれ地

廣 〔漾〕(クヮウ)よこ・さしわたし 〔養〕(クヮウ)ひろい・おおきい

潢 〔陽〕(クヮウ)みずたまり 〔漾〕(クヮウ)表装 〔養〕(クヮウ)水ふかし

膠 〔效〕(カウ)にかわでつける 〔肴〕(カウ)にかわ・かたい・あやまる

蝗 〔陽〕〔庚〕(クヮウ)〔敬〕(カウ)いなご

縞 〔號〕〔皓〕(カウ)しろぎぬ・しろい

鬨 〔送〕〔絳〕(コウ)たたかう・さわぐ

鍭 〔尤〕〔有〕(コウ)矢・羽矢

鴻 〔東〕〔董〕〔送〕(コウ)おおとり・おおきい

獷 〔梗〕(クヮウ)わるい・あらあらしい 〔養〕(キヤウ)地名

鯁 〔梗〕〔敬〕(カウ)かたい

櫜 〔豪〕〔號〕〔皓〕(カウ)ゆみぶくろ

贛 〔送〕〔絳〕(コウ)たまう 〔絳〕(タウ)おろか

ゴウ

敖 〔豪〕(ガウ)あそぶ 〔號〕(ガウ)おごる

號 〔豪〕(ガウ)さけぶ・よぶ 〔號〕(ガウ)よびな・なづける

謷 〔豪〕(ガウ)そしる 〔肴〕(ガウ)おろか 〔號〕(ガウ)おごる

囂 〔蕭〕〔豪〕(ガウ)かまびすしい

轟 〔庚〕(ガウ・ケウ)〔敬〕(ガウ)とどろく

驁 〔豪〕〔號〕(ガウ)良馬・おごる

コク

告 〔沃〕(コク)告朔 〔號〕(カウ)つげる・さとす・とう 〔屋〕(キク)といただす

谷 〔屋〕(コク)たに・やしなう・きわまる 〔沃〕(ヨク)吐沃渾

梏 〔沃〕(コク)手かせ 〔覺〕(カク)まっすぐ

コツ

齕 〔月〕(コツ)〔屑〕(ケツ)かむ・かじる

鶻 〔月〕(コツ)〔黠〕(カツ)きじばとの類 〔月〕(コツ)はやぶさ

ゴツ

扤 〔月〕(ゴツ・ゲツ)〔曷〕(ガツ)うごかす

コン

昏 〔元〕〔願〕(コン)くれ

渾 〔元〕(コン)にごる・渾々 〔阮〕(コン)すべて

溷 〔願〕〔阮〕(コン)にごる・けがれる 〔元〕(コン)むしあつい 〔諫〕(カン)にごる

【サ行】

サ

叉 〔麻〕(サ)はさむ 〔佳〕(サイ)かんざし

左 〔箇〕〔哿〕(サ)ひだり・しも・くいちがう 〔箇〕(サ)たすける

些 〔麻〕(サ)いささか 〔歌〕〔箇〕(サ)終助詞

娑 〔歌〕(サ)舞うさま 〔箇〕(サ)拉薩 〔哿〕(シャ)宮殿の名

差 〔佳〕(サイ)つかわす 〔麻〕(サ)たがう 〔卦〕(サ)やや・いえる 〔支〕(シ)ふぞろい

靫 〔麻〕(サ)〔佳〕(サイ)〔屑〕(セツ)うつぼ・ゆき

嗟 〔麻〕〔歌〕(サ)なげく・ああ

嵯 〔歌〕(サ)たかい 〔支〕(シ)ふぞろい

槎 〔馬〕(サ)きる 〔麻〕(サ)いかだ

瑳 〔歌〕〔哿〕(サ)あざやか

蓑 〔歌〕(サ)みの 〔灰〕(サイ)しげるさま

瘥 〔歌〕(サ)〔麻〕(シャ)いえる 〔卦〕(サイ)〔禡〕(サ)いえる

磋 〔歌〕〔箇〕〔哿〕(サ)みがく・すりみがく

ザ

坐 〔箇〕〔哿〕(ザ)すわる・つみする・いながら

挫 〔箇〕〔麻〕(ザ)くじく 〔歌〕(ザ)おさえる

サイ

妻 〔齊〕(セイ・サイ)つま 〔霽〕(サイ)めあわす

采 〔賄〕(サイ)とる・風采・つかさ 〔隊〕(サイ)領地・やさい

柴 〔佳〕(サイ)しば・かれえだ 〔卦〕(サイ)まがき 〔寘〕(シ)つむ・かさねる

栽 〔灰〕(サイ)うえる・なえぎ 〔隊〕(サイ)ついじいた

裁 〔灰〕〔隊〕(サイ)たつ・わずかに・さばく・したて・はかる・へらす・おさえる

塞 〔隊〕(サイ)とりで・へだてる 〔職〕(ソク)ふさぐ・とざす

載 〔隊〕(サイ)のせる・おこなう・はじめ・こと 〔賄〕(サイ)とし・しるす・ちかいのことば

摧 〔灰〕(サイ)くだく・ほろぼす 〔箇〕(サ)まぐさかう

漼 〔灰〕(サイ)つみかさなる 〔賄〕(サイ)水がふかいさま

誶 〔隊〕(サイ)〔寘〕(スイ)せめる・いさめる・とう・つげる

蕞 〔泰〕(サイ)〔屑〕(セツ)ちいさい

濟 〔霽〕(サイ・セイ)わたる・すくう 〔薺〕(サイ・セイ)あめあがる・川の名

灑 〔蟹〕(サイ)そそぐ・あらう 〔馬〕(サ・シャ)〔寘〕〔紙〕(シ)さっぱり

曬 〔卦〕(サイ)〔支〕(チ)〔寘〕(シ)〔禡〕(サ)さらす・ほす

ザイ

在 〔隊〕〔賄〕(ザイ)ある・いきる・あきらかにする・みまう・わずか

劑 〔霽〕(ザイ・サイ)〔支〕(スイ)きる・そろえる・まぜる・くすり・てがた・わりふ

サク

乍 〔藥〕(サク)つくる 〔禡〕(サ)はじめて

作 〔藥〕(サク)つくる・はじめる・なす・はたらく 〔御〕(ソ・ショ)のろう 〔遇〕〔箇〕

サ つくる・なす
柞 [藥]サク なら・くぬぎ [陌]サク きる・かる
柵 [陌]サク/セキ [諫]サン さく・やらい・とりで
厝 [藥]サク といし [遇]ソ おく
索 [藥]サク なわなう・なわ・つきる・むなしい [陌]サク [遇]ソ もとめる・さがす
斮 [覺]サク [藥]シャク/サク きる・たつ
錯 [藥]サク まじる・といし・象嵌・みだす [遇]ソ おく・やすんじる・ほどこす
鑿 [藥]サク のみ・うがつ [號]サウ うがつ・あな [屋]ソク ちりばめる

サツ
茁 [黠][月]サツ [質]チユツ/シユツ [屑]セツ めぐむ・めばえ
殺 [黠]サツ ころす・のぞく・やぶる・そなえもの [寘]シ ころす [卦][霽]サイ/セイ そぐ・けずる・はぶく・おとろえる・そこなう
撮 [曷]サツ とる [蟹]サイ とらえる

サン
三 [覃]サン みつ・たびたび [勘]サン たびたび
剗 [潸][銑]サン/セン けずる [諫]サン おさめる
訕 [删][諫]サン そしる
參 [覃][勘]サン まじわる・みつ [咸]サン さまざま [侵]シン 星の名・参差
散 [旱][翰]サン ちる・むだ・ほしいまま [寒]サン よろめく
棧 [潸][諫]サン かけはし・たな [銑]セン やらい
摻 [咸]サン [鹽]セン ほそくしなやか [豏]サン とる・ほそい
算 [旱]サン [銑]セン かぞえる・かず [翰]サン さんぎ・はかる
潸 [删][潸]サン あふれる・涙ながれる
餐 [寒]サン たべもの [翰]サン もち [元]ソン 夕食
劗 [寒]サン [銑]セン きる・ひげきる
驂 [覃][勘]サン そえうま
攢 [寒]サン あつめる [旱]サン おる
纔 [咸][陷]サン すすめいう [灰][隊]サイ わずか
鑽 [寒]サン うがつ・ほる [翰]サン きり
爨 [翰][寒]サン かしぐ・かまど

ザン
斬 [豏]ザン きる [陷]ザン かる
嶄 [豏]ザン [琰]ゼン けわしい [咸]ザン ぬきんでる
槧 [感][豔]ザン/ゼン [鹽][琰]セン/ゼン ふだ・かきもの・版本・書物
儳 [咸]ザン さしでる・つけこむ [陷]ザン/サン みにくい・はやい
巉 [咸][豏]ザン けわしい・たかい
讒 [咸][陷]サン/ザン そしる
鑱 [咸][陷]サン/ザン はり・さす・するどい・すき

シ
子 [紙]シ こども [寘][支]シ いつくしむ
氏 [紙]シ うじ [支]シ 閼氏 [庚]セイ 地名
仔 [紙][支]シ たえる・こ
只 [紙][支]シ 助詞
司 [支]シ つかさどる・つかさ [寘]シ うかがう
弛 [紙]シ ゆるむ [紙]チ おちる [支]シ ほどこす
伺 [寘][支]シ うかがう
忮 [寘]シ そこなう [支]キ つよい
使 [寘]シ つかい・使する [紙]シ 使する・～しむ
侈 [紙]シ おごり・よこしま [支]イ ひろげる
刺 [寘]シ さす・とげ [陌]セキ そしる・はり・なふだ
始 [寘]シ はじめて・もとから [紙]シ はじめ・もと・さき
泚 [紙]シ きよい・川の名 [薺]セイ きよらか・あざやか
哆 [紙]シ [馬]シャ [麻][箇]タ ほしいまま・くちをひらく
姿 [支]シ すがた [寘]シ かざる
思 [支]シ おもう・ねがう・かなしむ [寘]シ こころ [灰]サイ ひげがおおい
施 [支]シ しく・およぼす・ゆるす [寘]イ/シ ほどこす・うつる [紙]シ ななめ
玼 [支][紙]シ 玉のきず [薺]セイ あざやか
恣 [寘]シ ほしいまま [支]シ いかり・にらむ
眥 [支][寘]シ [霽]セイ [佳]サイ まなじり [卦]サイ にらむ・うらむ
翅 [寘][支]シ/キ つばさ・ただ
偲 [支]シ かしこい [灰]サイ ひげがおおい
笥 [寘][支][紙]シ はこ
揣 [紙]シ はかる [支][寘]スイ きたえる [寒]タン まるめる
楶 [支]シ きび [薺]セイ さけ
觜 [支][紙]シ くちばし
訾 [支][紙]シ そしる・はかる [薺]セイ そしる
滓 [紙]シ おり [支]シ くろむ
菑 [支]シ あれ田 [寘]シ たちがれ [灰]サイ わざわい
屣 [紙][寘]シ くつ・つっかけ
緇 [支][紙][寘]シ くろいきぬ
澌 [支][寘]シ 流氷・つきる [齊]セイ しわがれ声
駛 [紙][寘]シ はやい
篩 [支][佳]シ ふるう・こす
鮨 [支]シ/キ うおびしお [霽]ゲイ 魚の名
觶 [支][寘]シ さかずき
饎 [寘]シ [支]キ にる・酒食
纚 [支]シ たれたさま [支]リ つな [紙]シ 髪包み [紙]リ つづく [蟹]サイ ひろがる
躧 [紙][寘]シ [蟹]サイ くつ [支]リ 舞のくつ

ジ
尼 [支]ヂ あま [質]ヂツ ちかづく・とどまる [薺]デイ さだめる
次 [寘]ジ やどり・つぎ・くらい・たび [支]シ ゆきなやむ
兒 [支]ジ こども [齊]ゲイ かよわい
玆 [支]ジ しげる・この [支]シ 亀玆
国
孳 [支]ジ しげる [寘]シ うむ
餌 [寘][紙]ジ え・えさ

シキ
識 [職]シキ/ショク しる・みとめる・みわける・かんがえ・しりあい [寘]シ しるし・はたじるし・めじるし・しるす

ジク
恧 [屋]ヂク [職]ヂョク はじる

舳 屋チク とも 宥チク へさき
シツ
瑟 質シツ 大こと・おおいさま・き
よらか 寘シ 大こと
騭 質シツ 職チョク のぼる・さだめ
る
ジツ
實 質ジツ みつ・みちる・みのる・た
ね・まこと 寘シ いたる
シャ
車 麻シャ 魚キョ くるま
炙 禡シャ 陌セキ あぶる・やく
舎 禡シャ やすむ・やど・ゆるす
馬シャ おく・やめる 陌セキ おく
射 禡シャヤ いたる・僕射 陌セキエキ あ
てる・いとう
罝(罝) 麻シャ 魚ショ あみ
瀉 馬シャ そそぐ・ながす 禡シャ
はく・くだる
藉 禡シャ しきもの・かりる・なぐ
さめる・たとい 陌セキジャク ふむ・な
わ・つなぐ
ジャ
邪 麻ジャ よこしま 麻ヤ や・か
魚ヨショ あまり・ゆるやか
闍 麻シャジャ 阿闍梨 虞ト うてな
シャク
杓 薬シャク 杓子 錫テキ 的 蕭ヘウテウ
杓の柄・ひく

借 陌シャクセキ かりる・かす 禡シャ も
し
錫 錫シャクセキ すず・たまう 寘シ あ
たえる・たまう
繳 薬シャク いぐるみ 篠ケウ まと
う 嘯ケウ もとる
爝 薬シャク 嘯セウ かがりび・たい
まつ
ジャク
若 薬ジャク なんじ・したがう・ご
とし・もし・この・助詞 馬ジャニャ ほ
しぐさ・よわい
シュ
守 宥シュ まもる・つかさどる・み
さお 宥シュ ふせぐ・地方長官・
巡狩
侏 虞シュ 侏儒 虞チュ おおきい
取 麌シュ とる・耳きる・ほろぼす・
めとる 有シュソウ 獲る
首 有シュ くび・はじめ・おさ・もと
づく 宥シュ むかう・したがう・
はじめ
畁 遇シュ 沃ショク しろあしのう
ま
種 腫シュショウ たね・たぐい・しな 宋
シュショウ うえる・たねまく 冬チョウ お
くて
諏 虞シュ 尤ソウシュ はかる・えらぶ
趣 虞シュ おもむく・むかう 遇
シュ おもむき 沃ソク すみやか
有ソウシュ 趣馬
ジュ
壽 有 宥ジュ としより・いのち・
いのちながし・ことほぐ
綬 有 宥ジュ ひも・くみひも
樹 遇ジュ たちき・くさき・へい・た
てる 麌ジュ うえる・たてる・お
く
孺 遇 虞ジュ ちのみご・おさない
シュウ
收 尤シュウ おさめる・うける 宥
シュウ みのりがおおい
岫 宥 尤シュウイウ くき・みね
臭 宥シュウ くさい 宥キウ かぐ
售 尤 宥シュウ はやる・うる
琇 宥シュウ 有イウ うつくしい石
湫 尤シュウ いけ・みずたまり・つき
る 有シュウ みぞ 篠セウ 低湿
溲 尤シュウ いばり・ひたす 有ソウシュウ
ひたす
詶 尤 宥シュウ のろう
聚 遇 麌シュウ あつまる
騶 宥シュウ 馬はしる 尤スウシュウ うまか
い 虞チュシュウ はしる
ジュウ
狃 有 宥ヂウ なれる・むさぼる
重 宋 腫ヂユウチョウ おもい・はなはだ
しい・たっとぶ 冬ヂユウチョウ かさね
る・みごもる・はばかる 東チョウ
おくて
從 冬ジュウショウ したがう・きく・たて
宋ジュウショウ おとも・ほしいままにす
る
揉 尤 有 宥ジウ もむ・ためる
縱 宋ジュウショウ はなつ・ゆるす・ほし
いまま・もし 冬ジュウショウ たて
蹂 尤 有 宥ジウ ふむ・ふみにじ
る
鞣 尤 有ジウ なめしがわ
シュク
祝 屋シュク はふり・いわう・こと
ほぐ 有シウ いのる 御チョ 薬ぬ
る
倏 屋シュク 有イウ 鳥がはやくと
ぶ 蕭セウ 鳥の羽音
蹴 屋シュク ちぢめる・せまる 錫
テキ たいらか
シュツ
出 質シュツ 寘スイ はなれる・にげ
る・のぞく・でる・あらわれる・う
む
崒 質シュツ たかい・けわしい 月
ソツ けわしい 支 寘スイ あつまる
ジュツ
術 質ジュツ みち・すべ・わざ・はか
りごと 寘スイ さと・一万二千五
百戸

シュン
吮 軫シュン 銑セン すう・なめる
悛 先シュンセン あらためる 眞シュン
悛悛
逡 眞シュン しりぞく 震シュン は
やい
竣 眞シュン 先セン とどまる・おわる
雋 震シュン すぐれる 銑セン こえ
た肉
ジュン
徇 震ジュン となえる 眞ジュン あ
まねし
盾 軫ジュン たて 阮トン 人名
殉 震 眞ジュン 殉死
純 眞ジュン 純一・まごころ 軫ジュン
へり 元トン つつむ 先セン そろ
う 支シ くろぎぬ
循 眞 震ジュン したがう
準 軫ジュン たいら・ひとしい・み
ずもり・めやす 屑セツ はなすじ
紙スイ たいらか
諄 眞ジュン ねんごろ・まこと 震
ジュン さとす・つみ 軫ジュン にくむ
錞 眞 元ジュン 錞于 賄 隊タイ い
しづき
ショ
且 魚ショソ まないた・机・句末助詞
馬シャ かつ・まさに・ほとんど
岨 魚ショ 石山 語ショ そば

苴 魚 語（ショ）つと・くつしき 麌（ソ）あらごも 麻（サ）かれくさ
處 語（ショ）おる・やどる・すむ・おさめる 御（ショ）ところ・つね
蛆 魚 御（ショ）はうむし
湑 魚 語（ショ）露あるさま
糈 魚 語（ショ）しらげよね
諝 魚 語（ショ）才智・はかりごと

ジョ

女 語（ヂョ）おんな・むすめ・なんじ 御（ヂョ）とつぐ・めあわす
如 御（ジョ）ごとし・したがう・しく 魚（ジョ）いかん・もし・助詞
洳 魚 御（ジョ）ぬかるみ
挐 魚 麻（ジョ）もつ・ひく
紓 魚（ショ）語（ジョ）ゆるい・ゆるめる
茹 魚 語 御（ジョ）くらう
除 魚（ヂョ）きざはし・のぞく・ととのえる 御（ヂョ）さる・ときがたつ

ショウ

少 篠（セウ）すくない・へる 嘯（セウ）わかい・わかもの
庄 陽（シャウ）いなか 庚（ハウ）たいらか
佋 蕭（セウ）昭穆 篠（セウ）とりつぐ
劭 蕭 嘯（セウ）つとめる・はげます
抄 肴 效（セウ）とる・うつす
肖 嘯（セウ）にる・かたどる 蕭（セウ）のっとる・おとろえる
承 蒸（ショウ）うける 徑（ソウ）おくる
杪 效（セウ）篠（ベウ）こずえ・ちいさい
昭 蕭 篠（セウ）あきらか 蕭（セウ）昭穆
相 陽（シャウ・サウ）あい・たがいに・ともに 漾（シャウ・サウ）みる・かたち・たすける
倡 陽（シャウ）わざおぎ・あそびめ 漾（シャウ）となえる
哨 蕭（セウ）口笛ふく・みはり 嘯（セウ）やかましい
悄 篠（セウ）しおれる 嘯（セウ）きびしい
將 陽（シャウ）やしなう・おこなう・ねがはくは・まさに〜す 漾（シャウ）ひきいる・将率
勝 蒸（ショウ）あげる・たえず・のこらず 徑（ショウ）かつ・まさる・すぐれる・髪飾り
椒 蕭 嘯（セウ）はじかみ
萐 葉（セフ）洽（サフ）おうぎ・瑞草
鈔 肴（セウ）とる・うつす 效（セウ）紙幣 篠（セウ）とる・すえ・杪末・かすか
蛸 蕭（セウ）あしたかぐも 肴（セウ）たこ
頌 宋（ショウ）廟歌 冬（ヨウ）すがた
僬 蕭（セウ）こびと 嘯（セウ）はしる
稱 蒸（ショウ）はかる・となえる・ほめる 徑（ショウ）はかり・かなう・衣ひとそろい
障 陽 漾（シャウ）へだて・とりで・ふせぐ・びょうぶ
噍 嘯（セウ）かみこなす 蕭（セウ）せきこむ 尤（シウ）鳥の声
舂 冬（ショウ）江 絳（タウ）宋（チョウ）おろか
蔣 陽（シャウ）まこも 養（シャウ）姓
霅 葉（セフ）洽（タフ）あめふる音 洽（サフ）ちるさま 洽（カフ）やかましい
餉 養 陽 漾（シャウ）かれいい
燋 蕭（セウ）やく・こげる・やつれる 藥（シャク）たいまつ・かがり
燒 蕭（セウ）やく・ほろぼす 嘯（セウ）ひつける・野火
霎 葉（セフ）洽（サフ）こさめ・しばらく
鞘 嘯（セウ）さや 肴（サウ・セウ）むち
償 陽 漾（シャウ）つぐなう
鏘 陽 庚（シャウ・サウ）金玉の声

ジョウ

上 漾（ジャウ・シャウ）うえ・かみ・ほとり・とうとぶ・よい 養（ジャウ・シャウ）あがる・のぼる・たてまつる・ねがう
仗 漾 養（ジャウ）兵仗・まもり・たのむ・よる
丞 迥（ジョウ）すくう 蒸（ジョウ）次官 徑（ショウ・ジョウ）地名
杖 養 漾（ヂャウ）つえ・よる
乘 蒸（ジョウ）のる・つけこむ 徑（ジョウ）馬車一乗
烝 蒸（ジョウ）むす・おおい・きみ・まつり 徑（ジョウ）むれる・むしあつい
茸 冬（ジョウ）しげる 腫（ジョウ）おす・あつまる
條 蕭（デウ）えだ・法令 錫（デキ）あらう
嫋 篠（デウ）藥 陌（ジャク）錫（デキ）たおやか・ゆれる
嬈 蕭（デウ・ゼウ）あでやか 篠（デウ・ゼウ）なやむ・なぶる 嘯（ケウ）邪慳
擾 篠（デウ）みだれる・すなお 蕭（ゼウ）すなお
繞 嘯（デウ）まとう・めぐる 篠（デウ）まがる
壤 養（ジャウ）やわつち 陽（ジャウ）つち
攘 陽（ジャウ）はらう・のぞく・ぬすむ・おかす 養（ジャウ）みだす 漾（ジャウ）ゆずる・おくる
饒 蕭 嘯（ゼウ）ゆたか・おおい
禳 陽 養（ジャウ）はらう
穰 陽 養（ジャウ）ゆたか・みのる・わら
醲 冬（ヂョウ）江（ダウ）こいさけ・こまやか
饟 養 漾（ジャウ）かれいい・おくる

ショク

食 職（ショク）くらう・のむ・たべもの・ふち・いつわる 寘（シ）やしなう・といたてる 寘（イ）人名
埴 職（ショク）寘（シ）はにつち・かたい
喞 職（ショク・ソク）質（シツ）そそぐ・すだく
堲 職（ショク）もえさし 質（シツ）やきつち
植 職（ショク）寘（チ）寘（シ）たてる・うえる・よる・そだつ・おく・はしら・くい
織 職（ショク）おる・はたおる・くみたてる 寘（シ）あやぎぬ・はたじるし・しるし

シン

侲 眞 震（シン）わらべ
信 震（シン）まこと・たより 眞（シン）のびる
娠 震 眞（シン）はらむ・みごもる
振 震（シン）ふるう・うごく・おののく・おさめる 眞（シン）振振
眕 軫 眞（シン）あぜ・いたす・つきる・ほろぶ
袗 軫 震（シン）ひとえ・へり 眞（シン）同色の衣
深 侵 沁（シン）ふかい
祲 沁 寢（シン）ひがさ・さかん 侵（シン）祲祥
診 震 軫（シン）みる・しらべる・つ

げる
蜃 [震][軫](シン)おおはまぐり・みずち・蜃灰
滲 [沁](シン)しみる [侵](シン)ひたす
賑 [震][軫](シン)にぎわう・ゆたか・すくう
瞋 [眞][震](シン)いかる
臻 [眞](シン) [先](セン)いたる
親 [眞](シン)みうち・みずから・したしむ・ちかしい [震](シン)みうち
鍼 [侵](シン)はり・さす [鹽](ケン)人名
鬵 [侵](シン) [鹽](セン)大釜
譖 [沁](シン)そしる [豔](セン)いつわる
鬒 [軫][震](シン)くろかみ

ジン

甚 [寢][沁](ジン)はなはだ
衽 [沁][寢](ジン)おくみ・えり
紝(絍) [侵][沁](ジン)はたいと・おる
葚 [寢][沁](ジン)くわのみ
燖 [侵](ジン)あたためる [鹽](セン)ゆでる

スイ

吹 [支](スイ)ふく・ふきならす [寘](スイ)ふえ・はやし
帥 [寘](スイ) [質](ソツ)てぬぐい・ひきいる・かしら
衰 [支](スイ)おとろえる [歌](サイ)みの [灰](サイ)へらす
彗 [寘](スイ) [霽](セイ)ほうき・はらう [霽](ケイ)さとい
推 [支](スイ)あげる・おしはかる [灰](スイ)おす・のける・うつる
綏 [支](スイ)たれひも [哿](タ)さげる
箠 [支](ツイ) [紙](スイ)つえ
錘 [支][寘](スイ)おもり・たれる [寘] [紙](スイ)たたき道具

ズイ

髓 [紙][寘](ズイ)ずい

スウ

數 [麌][語](スウ)かぞえる・しらべる [遇](スウ)かず・わざ・さだめ・暦法 [覺](サク)しばしば・はやい [沃](ソク)こまかい [屋](ソク)すばやい
趨 [虞](スウ)はしる [沃](ソク)すみやか
騶 [尤](シウ/スウ)うまかい・よい矢 [有](スウ)馬はしる [虞](シユ/チユ)こばしり

セイ

正 [敬](セイ)ただしい・まさしく [庚](セイ)としはじめ・まと
生 [庚][敬][梗](セイ/シヤウ)うまれる・いきる
政 [敬](セイ)まつりごと [庚](セイ)みつぎ
洒 [薺](セイ)あらう [卦](シヤ/サイ)そそぐ
穽 [敬][梗](セイ)おとしあな
倩 [敬](セイ)むこ [霰](セン)うつくしい
淒 [齊][薺](セイ)さむい・かなしい
淸 [庚][梗][敬](セイ)きよい・すむ
掣 [霽](セイ) [屑](セツ)ひく・ぬく・とどこおる
棲 [齊][霽](セイ)すむ・すみか [齊](セイ)棲棲
盛 [庚](セイ)もる・もりもの [敬](セイ)さかん・おこす
泚 [薺](セイ)きよい [紙](シ)きよい・川の名
貰 [霽](セイ) [禡](シヤ)ゆるす・おぎのる・かる
睛 [庚](セイ)ひとみ [梗](セイ)不快なめつき
靖 [梗][敬](セイ)やすんじる・しずめる
精 [庚][敬](セイ)純粋・心
齊 [齊](セイ)そろう・ひとしい・ととのう・しつけ [霽](セイ)まぜる
請 [敬](セイ)まみえる [梗](セイ)こう・まねく・とう・つげる [庚](セイ)うける
靚 [敬][梗](セイ)よそおう・めす・ものしずか
醒 [青][徑][迥](セイ)さめる・めざめる
嚌 [霽](セイ)なめる [齊](セイ)鳥声
擠 [齊][薺][霽](セイ)おす・おしだす・おとしいれる
濟 [薺][齊](セイ/サイ)あめあがる・川の名 [霽](セイ/サイ)わたる・すくう・なす
隮 [齊][霽](セイ)のぼる
薺 [薺](セイ)なずな [支][紙](シ) [霽](セイ)はなびし
鯖 [庚](セイ)まぜ肉 [庚][青](セイ)さば
蠐 [齊](セイ) [支](シ)すくもむし
齎 [齊](セイ) [支](シ)もたらす

ゼイ

毳 [霽](ゼイ/セイ)むくげ [屑](セツ)そり
蛻 [霽](ゼイ) [泰](タイ)ぬけがら・もぬけ・しぬ [屑](エツ)じがばち
橇 [霽](ゼイ) [蕭](ケウ) [屑](セツ)そり・かんじき

セキ

昔 [陌](セキ)むかし・ほしにく [藥](サク)まじわる
積 [陌][錫](セキ)つむ・あつまる [寘](シ)たくわえる・たくわえ

セツ

切 [屑](セツ)きる・さく・みがく・ふかく・きびしい・ねんごろ [霽](サイ)すべて
折 [屑](セツ)おる・まがる・さばく・へらす [齊](テイ)おりおり・あきらか
泄 [屑](セツ)もれる・あふれる・のぞく・へる・さらう [霽](エイ)ちる・さる
晢 [屑](セツ)あきらか・かしこい [霽](セイ)あかるい
梲 [屑](セツ)うだち [月](トツ) [曷](タツ)つえ・あらい [霽](エイ)するどい・とがる
說 [屑](セツ)とく・つげる [屑](エツ)よろこぶ・したがう [霽](ゼイ)ときすすめる・やどる [曷](ダツ)ゆるす

セン

占 [鹽](セン)うらなう・うかがう [豔](セン)しめる・よる
先 [先](セン)さき・まず・むかし・あらかじめ [霰](セン)さきんじる・みちびく [銑](セン)洗馬
沾 [鹽][豔](セン/テン)うるおう・ひたす [葉](デフ)沾沾、とりつくろう
染 [琰][豔](セン)そめる
洗 [銑](セン)あしすすぐ・あざやか [薺](セイ)たらい・すすぐ
穿 [先](セン)あな・うがつ [霰](セン)ほる・つらぬく
苫 [鹽][豔](セン)とま・おおう
扇 [先](セン)あおぐ・おだてる・さかん [霰](セン)とびら・おうぎ・ふきん
涎 [先](セン)よだれ [霰](エン)涎涎
痁 [鹽][豔](セン/テン)おこり・マラリヤ
旋 [先](セン)めぐる・まわる・もどる・やがて・小便 [霰](セン)旋風
淺 [銑](セン)あさい [先](セン) [寒](サン)水がながれる

付録 両韻字表

孱 〔先〕セン よわい 〔刪〕サン 孱顔
剗 〔霰〕〔銑〕セン きる 〔先〕セン ほしいまま 〔寒〕タン きる
煎 〔先〕セン いる・にる・せまる 〔銑〕セン へる 〔霰〕セン 蜂蜜漬
羨 〔霰〕セン/エン うらやむ 〔先〕エン 墓道
詹 〔鹽〕セン 多言 〔勘〕タン たる
僭 〔豔〕セン 〔侵〕シン おかす
煽 〔霰〕〔先〕セン あおる
撰 〔銑〕セン えらぶ 〔潸〕サン そろえる 〔旱〕サン かぞえる
潛 〔鹽〕〔豔〕セン ひそむ・もぐる
潺 〔先〕セン 〔刪〕サン 水のながれる音
幨 〔鹽〕〔豔〕セン とばり・ほろ
選 〔銑〕〔霰〕セン えらぶ・よる・そろえる 〔旱〕サン かぞえる
錢 〔先〕セン ぜに 〔銑〕セン すき・くわ
薦 〔霰〕セン くさ・よもぎ・すすめる・しきりに 〔霰〕シン はさむ
餞 〔銑〕〔霰〕セン はなむけ
鮮 〔先〕セン なま・あざやか 〔銑〕セン すくない・まれ
濺 〔先〕セン 流れるさま 〔霰〕セン そそぐ
瞻 〔鹽〕〔豔〕セン みる
譔 〔先〕〔銑〕〔霰〕セン あらわす・のべる・善言
鬋 〔先〕〔銑〕〔霰〕セン たれかみ・きる・のぞく
鱻 〔先〕セン 鮮肉 〔銑〕セン すくない

ゼン

冄(冉) 〔琰〕〔鹽〕ゼン よわい・すすむ
枏(柟) 〔覃〕ダン 香木 〔鹽〕〔琰〕ゼン うめ
前 〔銑〕セン そろえる 〔先〕セン/ゼン すすむ
善 〔銑〕ゼン よい・めでたい 〔霰〕ゼン よしとする・膳
漸 〔鹽〕ゼン そそぐ・うるおす 〔琰〕ゼン すすむ・ようやく 〔咸〕ザン そびえる
髯 〔鹽〕〔豔〕ゼン ひげ・ほほひげ
禪 〔先〕セン/ゼン しずか・仏禅 〔霰〕ゼン ゆずる・封禅
蠕 〔銑〕〔先〕ゼン うごめく・はう 〔虞〕ジュ はう

ソ

沮 〔御〕ソ/ショ 低湿の地 〔語〕〔魚〕ソ/ショ ふせぐ・とめる・はばむ・そしる・やぶれる
狙 〔御〕〔魚〕ソ さる・いぬ・ねらう
疏(疎) 〔魚〕ソ とおす・ひらく・わける・ゆっくり 〔御〕ソ かきわける 〔虞〕ソ あらい・そまつ
訴 〔遇〕ソ 〔陌〕セキ うったえる・そしる
詛 〔御〕〔語〕ソ そしる・のろう
楚 〔語〕ソ いばら・しもと・くるしむ・あざやか 〔御〕ソ 木の名
愬 〔遇〕ソ うったえる 〔陌〕サク むかう
駔 〔麌〕〔虞〕ソ くみひも・くむ 〔養〕サウ あらい・わるがしこい

ソウ

走 〔宥〕〔有〕ソウ はしる・ゆく・まいる・めしつかい
癹 〔東〕〔送〕ソウ 鳥とぶさま
倉 〔陽〕サウ くら 〔漾〕ヤウ かなしむ
叟 〔有〕ソウ おきな 〔尤〕シウ 〔豪〕サウ 〔蕭〕セウ 米とぐ音
傯 〔董〕〔送〕〔東〕ソウ あわただしい・倥傯
埽(掃) 〔號〕〔皓〕サウ はらう・のぞく
淙 〔絳〕ソウ そそぐ・ながれこむ 〔冬〕〔江〕ソウ 水の音
爽 〔養〕〔陽〕サウ あきらか・さわやか・たがう
窗 〔江〕サウ 〔東〕ソウ まど
傖 〔庚〕〔陽〕サウ いなかもの
創 〔陽〕サウ きずつく・玉声 〔漾〕サウ はじめる・つくる
喪 〔陽〕サウ しぬ・服喪 〔漾〕サウ うしなう・ほろびる
廋 〔尤〕シウ 〔有〕ソウ さがす・かくす
愴 〔漾〕〔陽〕サウ いたむ 〔養〕サウ がっかりする
搶 〔養〕〔陽〕サウ つく・いたる・あつまる 〔庚〕サウ みだる 〔漾〕サウ おしだす
溲 〔有〕ソウ/シウ ひたす 〔尤〕シウ いばり
嗾 〔宥〕〔有〕ソウ そそのかす・おだてる
樅 〔東〕〔腫〕〔董〕ソウ/ショウ けわしいさま
槍 〔陽〕〔庚〕サウ やり・草かり器 〔養〕シャウ 逆にさす
漕 〔號〕サウ はこぶ 〔豪〕サウ 地名
蒼 〔陽〕サウ あおい・しげる 〔養〕サウ 莽蒼
緵 〔東〕〔送〕ソウ 糸かず
操 〔豪〕サウ とる・つかう 〔號〕サウ みさお・琴曲
總 〔東〕ソウ ぬう・糸かず 〔董〕ソウ あつめる・ふさ
鎗 〔陽〕サウ やり 〔庚〕サウ なべ・酒器
繰(繅) 〔豪〕サウ 糸くる・たぐる 〔皓〕サウ 紺のいろ
顙 〔養〕〔陽〕サウ ひたい・稽顙
鬷 〔東〕〔送〕〔董〕ソウ かま・あつめる
孀 〔陽〕〔漾〕サウ やもめ・寡婦
籔 〔有〕サウ いいかき・米あらうざる 〔麌〕ス 十六斗

ゾウ

造 〔皓〕ザウ つくる・はめる 〔號〕ザウ いたる・すすむ・およぶ・まつり 〔豪〕ザウ いたる
臧 〔陽〕ザウ しもべ・よい 〔漾〕ザウ はらわた
增 〔蒸〕〔徑〕ゾウ ます・くわえる
藏 〔陽〕ザウ かくす・おさめる・盗品 〔漾〕ザウ くら・はらわた・道藏

ソク

足 〔沃〕ソク あし・ふもと・ふむ・たる・みたす 〔遇〕スウ そそる・ます・すぎる
蔌 〔屋〕ソク 〔有〕ソウ あおもの
蔟 〔屋〕ソク まぶし・蚕蓐 〔有〕ソウ 大蔟・十二律の一

ゾク

屬 〔沃〕ゾク/ショク やから・みうち・なかま・つく・したがう・たのむ 〔遇〕シュ そそぐ

ソツ

卒 〔月〕ソツ しもべ・にわか・あわてる 〔質〕ソツ/シュツ おわる・つくす・しぬ・ついに
率 〔質〕ソツ/シュツ ひきいる・みちびく・したがう 〔寘〕スイ おさ・将率 〔質〕リツ おおむね・すべて・さだめ

ソン

孫 〔元〕ソン まご 〔願〕ソン ゆずる
蹲 〔元〕ソン うずくまる 〔眞〕シュン 舞う 〔軫〕シュン ためらう

【タ行】

タ

他 歌タ ほか 哿タ かさなる
佗 箇タ おう 哿タ ひく 歌タ ほか
拕 歌 哿 箇タ ひく・うばう
咤 禡 麻タ 遇ト したうち・いかる・ほこる
爹 麻チャ 哿タ ちちおや
駄(駄) 歌 箇ダタ のせる 泰タイ つみに

ダ
兌 泰ダタ やすらか 屑エツ よろこぶ
沱 歌ダ あふれる 哿ダタ たゆとう 支チ いけ
蛇 歌ダ 麻ジャ へび 支イ うねうね
嫷 哿 箇ダ うるわしい・おこたる
惰 哿 箇ダ おこたる・あきる 歌ダ なまる
愞(懦) 箇ダ 虞ジュ 銑ゼン よわい・にぶい・やわらか
墮 哿 箇ダ おちる・やめる 支キ くずれる・やぶれる
儺 歌 哿ダ おだやか・おにやらい

タイ
台 灰タイダイ 三公 支イ よろこぶ
汰 泰タイ とぐ・よなげる・おごる 歌タ とぐ 曷タツ すぎる
退 隊タイ しりぞく 願トン 色あせる
釱 泰タイ 霽テイ あしかせ・そとかりも
逮 隊 賄タイ 霽テイ およぶ・おいつく
隊 隊 賄タイ 軍隊 寘ツイ おちる 寘スイ 深谷の道
廌 蟹タイ 紙チ 獬廌
碓 隊タイ うす 灰タイ おか
駘 灰タイ のろうま 賄タイ つかれる・にぶい

ダイ
乃 賄ダイナイ なんじ・すなわち 賄アイ ふなうた
大 泰タイダイ おおきい・ふとい・おおい・つよい 箇ダタ おおきい・さかん・はなはだ 泰タイ はなはだ
柰 泰ダイ 箇ダ あかるい・いかん・たえる
耏 隊ダイ ひげそり刑 支ジ あごのひげ
鼐 賄 隊ダイ 大鼎
題 霽ダイ みる 齊テイダイ ひたい・あたま・はし・表題・かきしるす

タク
拆 陌タク ひらく 陌セキ うつ
拓 藥タク ひらく 陌セキ ひろう
啄 覺タク 屋トク ついばむ・くちばし
逴 覺タク とおい・こえる 藥チャク 覺タク あしなえ・おどろく
踔 覺タクチャク 效タウ ふむ・とぶ・こえる
澤 陌タクセキ さわ・うるおう・とける 藥タク 妖気

ダツ
脫 曷ダツ ぬぐ・ぬけおちる 泰タイ すっきりする
獺 曷 黠ダツ かわうそ

タン
但 旱 翰 寒タン ただ
眈 覃 感タン にらむ・ねらう
袒 旱 諫タン かたぬぐ
啖 感 勘タン くらう
探 覃 勘タン さぐる
淡 感 勘タン あわい
貪 覃 勘タン むさぼる
單 寒タン ひとつ・まこと 旱タン まこと 先 銑セン めぐる 霰セン 姓、地名
湛 豏タン たたえる・ゆたか 侵チン しずむ・ふかい 鹽セン つける 覃タン たのしむ・ゆるやか 感タン 川の名
亶 旱タン ゆたか・まことに 霰セン ほしいまま
儋 覃タン になう 豔セン たす
歎 寒 翰タン なげく・かなしむ・ほめる
潭 覃タン ふち・ふかい 侵シンジン みぎわ
憺 勘 感タン やすらか・しずか・うごく・うれえる
擔 覃タン になう・うけもつ 勘タン にもつ 豔センエン かしあたえる
澹 覃タン たゆとう 感 勘タン たゆとう・うごく・やすらか 侵シン 川の名 豔セン たす
癉 翰タン 箇 哿ダ やみつかれる・おうだん 寒タン 熱病 寒 旱タン しびれ病
餤 覃タン すすむ 勘タン くらわす
蟫 覃タン 侵イン しみ・はう
醰 覃 勘 感タン さけうまし
鐔 覃タン 侵シン つば・つかがしら・小剣

ダン
偄 翰ダン 銑ゼン 箇ダ よわい
暖 旱ダン あたたか 元ケン やわらか
彈 寒ダン はじく・うつ・ひく・ただす 翰ダン たま・はじきゆみ
壇 寒ダン だん 霰セン 地をきよめる
斷 翰 旱ダン たつ・きる・やめる・とぎれ 翰ダン さだめる・さばく・かならず
攤 翰 旱ダン おさえる 寒タン ひらく・わける
灘 翰 旱 寒ダン はやせ・みぎわ

チ
豸 紙チ ながむし 蟹タイ 解豸
坻 支チ しま・なおす 薺 紙シ さか
治 寘チ おさめる・ととのう・いとなむ・ただす 支 灰チ 川の名
知 支チ しる・さとる・つかさどる 寘チ ちえ
値 寘チ 職チョク あたい・ね
雉 寘 紙チ きじ・城雉
褫 支 紙チ はぎとる・うばう
質 寘チ しち 寘シ にえ 質シツ ちかい
遲 支チ おそい・ひさしい 寘チ まちのぞむ
躓 支チ つまずく 寘チ 足のまめ

チク
畜 屋チク たくわえる 屋キク やしなう 宥キウチウ 家畜・いけにえ
矗 屋チクシュク 送チウ たかくそびえる・さかん

チュ
咮 宥 尤 虞チュチウ 遇チウ とりのく ちばし

チュウ
中 東チュウ うち・あたる・なか・ほ

どよい 〔送〕チュウ あたる・あう・あわせる・かなめ
柱 〔麌〕チュウ はしら 〔麌〕〔遇〕チュウ ささえる
衷 〔送〕チュウ あたる・かなう・ふさわしい 〔東〕チュウ はだぎ・うち・まごころ・よい
啁 〔尤〕チウ さえずる 〔肴〕タウ/テウ 鳥のなき声・あざける
裯 〔虞〕チユ 〔尤〕チユウ とばり 〔豪〕タウ はだぎ
綢 〔尤〕チウ まとう・こみあう 〔豪〕タウ つつむ 〔嘯〕テウ もつれる
馽 〔緝〕チフ ほだし 〔質〕シユツ きずな 〔合〕タフ あしつなぐ
幬 〔尤〕チウ 〔豪〕タウ とばり 〔號〕タウ おおう
鑄 〔遇〕〔宥〕チウ/シウ いる・いこむ・つくる

チュン

迍 〔眞〕チユン 〔元〕トン ゆきなやむ

チョ

著 〔語〕チョ 門の間・たくわえ 〔御〕チョ あらわれる・あきらか 〔藥〕チヤク すむ・きる・つく
躇 〔魚〕チョ ちゅうちょ 〔藥〕チヤク とびこえる

チョウ

弔 〔嘯〕テウ いたむ・とむらう 〔錫〕テキ いたる
佻 〔蕭〕テウ かるい・ぬすむ・かける 〔篠〕テウ はじめて
長 〔陽〕チヤウ ながい・ひさしい・たけ・まさる 〔養〕チヤウ としうえ・かしら・とうとぶ・くわえる 〔漾〕チヤウ あまり・むだ
挑 〔蕭〕テウ かるい・かかげる・えらぶ 〔豪〕タウ 挑達 〔篠〕テウ いどむ・はやい
朓 〔篠〕〔嘯〕〔蕭〕テウ みそかづき・つきかたむく
張 〔陽〕チヤウ はる 〔漾〕チヤウ ふくれる
眺 〔嘯〕〔篠〕テウ ながめる
窕 〔篠〕テウ おくふかい 〔蕭〕エウ なまめかしい
銚 〔蕭〕テウ すき・ほこ 〔嘯〕テウ なべ
徵 〔蒸〕チョウ しるし・めす・あきらか 〔紙〕チ 五音の一
澄 〔蒸〕〔徑〕チョウ すむ
調 〔蕭〕テウ ととのう・しらべる・ならす 〔嘯〕テウ しらべ・はかる・みつぎ 〔尤〕チウ あした
嬥 〔篠〕〔嘯〕テウ かがい 〔覺〕タク みめよし
聽 〔靑〕チヤウ こえきく・ゆるす 〔徑〕チヤウ/テイ きく・さばく・したがう

チョク

直 〔職〕チョク まっすぐ・ただしい・あたる・ただ 〔寘〕チ あたい・あたいする

チン

沈 〔侵〕チン しずむ・ふける・くだる 〔沁〕チン おぼれる・沈貍 〔寝〕シン 人の姓 〔覃〕タン おくふかい・沈沈
枕 〔寝〕チン まくら 〔沁〕チン まくらする・のぞむ 〔侵〕チン くい
朕 〔寝〕チン われ・きざし 〔軫〕チン よろいのぬいめ
酖 〔沁〕チン 鴆の毒酒 〔覃〕タン ひたる・おぼれる
趁 〔震〕チン ゆきなやむ・おもむく・つけこむ 〔眞〕チン さわぐ・ふむ 〔軫〕チン/デン おもむく 〔銑〕デン ふむ
椹 〔侵〕チン あてぎ・まと 〔寝〕ジン くわのみ
鎮 〔震〕チン おさえる・しずめる 〔先〕テン ふさぐ・うずめる

ツイ

追 〔支〕ツイ おう 〔灰〕タイ みがく
槌 〔支〕ツイ つち・ばち 〔寘〕ツイ まぶしの柱
鎚 〔支〕〔寘〕ツイ つち 〔灰〕タイ 玉をみがく

テイ

丁 〔庚〕テイ/タウ 丁丁 〔靑〕テイ/タウ ひのと・つよい・よぼろ
氐 〔薺〕テイ もと 〔齊〕テイ ひくい
廷 〔徑〕〔靑〕テイ 宮廷・にわ
弟 〔霽〕〔薺〕テイ おとうと・としした・ついで・でし・ただ
町 〔迥〕〔靑〕テイ/チヤウ あぜ・あぜみち 〔梗〕タウ 祭地
柢 〔霽〕〔薺〕〔齊〕テイ ね・もと・ねざす
訂 〔靑〕〔徑〕テイ はかる・ただす・さだめる
娣 〔霽〕〔薺〕テイ いもうと
庭 〔靑〕テイ にわ・かりば 〔徑〕テイ 径庭
涕 〔薺〕〔霽〕テイ なみだ・なく・はなみず
砥 〔齊〕〔薺〕テイ 〔紙〕〔支〕シ といし
釘 〔靑〕テイ くぎ 〔徑〕テイ くぎうつ
偵 〔庚〕〔敬〕テイ しのび・みはり
逞 〔梗〕〔庚〕テイ たくましい
媞 〔齊〕〔薺〕テイ うつくしい 〔紙〕シ つまびらか
提 〔齊〕テイ さげる 〔薺〕テイ なげうつ 〔支〕シ 鳥がむれる
詆 〔齊〕〔薺〕〔霽〕テイ そしる・しかる
裎 〔庚〕〔敬〕テイ はだか 〔梗〕テイ ひとえもの
蜓 〔靑〕テイ せみの類・とんぼ 〔銑〕テン とかげ・やもり
綴 〔霽〕テイ つづる・つなぐ 〔屑〕テツ とめる・やめる
遞 〔薺〕テイ たがいに 〔霽〕テイ めぐる
締 〔齊〕〔霽〕テイ しめる・むすぶ
緹 〔齊〕〔薺〕テイ あか
醊 〔霽〕テイ 〔屑〕テツ 酒をそそいでまつる
薙 〔霽〕テイ 〔紙〕シ かる・なぐ・そる

デイ

泥 〔齊〕デイ どろ・ぬかるみ・やわらかい 〔霽〕デイ なずむ・ぬる 〔薺〕デイ 泥泥 〔屑〕デツ くろずむ

テキ

俶 〔錫〕テキ すぐれる 〔屋〕シユク よい・はじめ
剔 〔錫〕テキ とく・えぐる 〔霽〕テイ そぐ
擿 〔錫〕テキ あばく・うごかす 〔陌〕タク つみとる・ゆびさす
翟 〔錫〕〔陌〕テキ きじ 〔覺〕タク やまどり
適 〔陌〕テキ/セキ ゆく・やすらか・まさに・かなう・ただ 〔錫〕テキ あるじ・あだ・よつぎ・あたる
擲 〔陌〕テキ なげうつ・とる 〔錫〕テキ あばく・ひらく
躑 〔陌〕テキ とどまる 〔錫〕テキ ひづめ

テツ

咥 〔屑〕テツ かむ・くわえる 〔質〕チツ 〔寘〕キ わらう
姪 〔屑〕テツ 〔質〕チツ おい・めい

剟 [屑](テツ) [曷](タツ) けずる・そぐ・うつ・さす
掇 [屑](テツ) みじかい [曷](タツ) [屑](テツ) とる・ひろう・つみとる
蛭 [屑](テツ) ありづか [質](シツ) ひる
畷 [屑](テツ) [霽](テイ) なわて・あぜみち
輟 [屑](テツ) [霽](テイ) やめる

デツ

苶 [屑](デツ・ゼツ) [葉](デフ) つかれるさま

テン

坫 [豔](テン) 杯台 [侵](チン) かりもがり
忝 [琰](テン) かたじけない [豔](テン) はずかしがる
添 [鹽] [豔](テン) そえる
奠 [霰](テン) まつる・そなえもの [青](テイ) とどまる
塡 [先] [霰](テン) うずめる・ふさぐ・みちる [銑](テン) つきる [眞](チン) ひさしい [震](チン) しずまる
瑱 [霰](テン) みみだま・まじる [震](チン) おもし・おさえ
輾 [銑](テン) めぐる・きしる [霰](テン) きしる・ひきうす
邅 [先](テン) ゆきなやむ [銑](テン) めぐる・うつる
轉 [銑](テン) うつる・めぐる・さける [霰](テン) 変化する・さえずる
纏 [霰] [先](テン) まとう・つらなる・たばねる
鱣 [先](テン) さめ [寒](タン) [銑](セン) 川へび

デン

佃 [先] [霰](デン) たがやす・かり
傳 [先](デン) おくる・ゆずる・ひろがる・かたりつぐ [霰](デン) つたえる・はたご・わりふ・はやうま
鈿 [先] [霰](デン) かんざし

ト

吐 [遇](ト) はく・もどす [麌](ト) いう・へど・ひらく
妬 [遇](ト) ねたむ [陌](セキ) うまずめ
屠 [虞](ト) はふる [魚](チョ) 匈奴の休屠王
稌 [虞] [麌](ト) もちいね [魚](ジョ) やまのいも
菟 [遇](ト) うさぎ [虞](ト) 於菟・虎
塗 [虞](ト) どろまみれ [遇](ト) みち [麻](タ) 湿地
斁 [遇](ト) やぶれる・くずれる [陌](エキ) いとう・あきる

ド

奴 [虞](ド) どれい [遇](ド) やつ
帑 [虞] [養](ド) 妻子 [養](タウ) 内帑
度 [遇](ド) ものさし・ながさ・たび・ひとがら・わたす・こえる [薬](タク) はかる・ただす・かぞえる・おしはかる・とう
怒 [遇] [麌](ド) いかる・あれる・ふるいたつ・はげしい・いきおい
砮 [麌] [虞](ド) やじり

トウ

咷 [豪](タウ) [嘯](テウ) なきさけぶ
倒 [號](タウ) さかさま・さからう [晧](タウ) たおれる・ころぶ
凍 [送] [東](トウ) こおる
套 [晧] [號](タウ) ひとそろい・おおう
掉 [嘯] [篠](テウ・タウ) [效](ダウ) [覺](ダク) ふるう・うごかす・ただす
陶 [豪](トウ) やきもの・ただす・よろこぶ [蕭](エウ) 皐陶
湯 [陽](タウ) ゆ・いでゆ・ほしいまま [陽](シャウ) 湯湯 [漾](タウ) ゆそそぐ・ほしいまま
當 [陽](タウ) あたる・担当・〜べし [漾](タウ) ただしい・しち
蝀 [東] [董] [送](トウ) にじ
撞 [江] [絳](タウ・ダウ) つく
橙 [庚](タウ) だいだい [徑](トウ) 机・腰かけ
蕩 [養](タウ) のぞく・あらう・うごかす・ほしいまま [陽](タウ) 蕩蕩 [漾](タウ) 運河の名
螣 [蒸](トウ) 飛竜 [職](トク) いなむし
盪 [漾] [陽](タウ) うごく・はやい・ほしいまま [養](タウ) あらう・きよめる
燾 [號](タウ) [尤](チウ) てらす・おおう
禱 [晧] [號](タウ) いのる・いのり
翿 [豪] [號](タウ) はたぼこ
鐙 [蒸](トウ) たかつき・ひともし [徑](トウ) あぶみ
鬪(鬭) [宥] [尤](トウ) たたかう
鐺 [陽](タウ) くさり [庚](タウ) なべ
儻 [漾] [養](タウ) すぐれる・もし・あるいは
纛 [號] [豪] [晧](タウ) [沃] [屋](ドク) はたぼこ・おおきなはた
戇 [絳](タウ) [送](コウ) おろか・愚直

ドウ

侗 [東](ドウ) おろか [送](ドウ) 誠実なさま
恫 [東](ドウ) かなしみ・うめく・いたむ [送](ドウ) おそれる・おどす
洞 [送] [董](ドウ) つらぬく・とおる・ほら・うつろ・さとる・ふかい [東](ドウ) つらなる
道 [晧](ダウ) みち [號](ダウ) みちびく
幢 [絳](ダウ) とばり・おおい [江](タウ・ダウ) はた・はたぼこ
憧 [冬](ドウ・ショウ) [絳](ダウ) おちつかぬ・おろか [東](ドウ) ぼんやり
橈 [效] [巧] [肴](ダウ) たわむ・よわる・しなやか [蕭](ゼウ) かじ・かい
瞠 [庚] [敬] [陽](ダウ) みはる
耨 [宥](ドウ) くわ・すく [沃](チョク) くさぎる
瞳 [東](ドウ) [絳](タウ) ひとみ
艟 [冬] [宋](ドウ) [絳](ダウ) いくさぶね

トク

竺 [屋] [沃](トク) あつい [屋](チク) 天竺

ドク

讀 [屋](ドク) よむ・声あげてよむ [宥](トウ) よみきりの点

トツ

凸 [月](トツ) [屑](テツ) つきでる・たかい
吶 [月](トツ) どもる・くちべた [屑](デツ) [質](チュツ) くちべた
咄 [月](トツ) [曷](タツ) したうち・しかる・なげく

トン

屯 [元](トン) たむろ [眞](チュン) なやむ
忳 [元](トン) うれえる [願](トン) [眞](ジュン) おろか
惇 [元] [眞](トン・ジュン) あつい・まこと・おか
敦 [元](トン) うつ・あつい・おおきい [阮] [願](トン) たかい [寒](タン) あつまる [灰](タイ) ただひとり [隊](タイ) 食器・古銅器の器名 [蕭](テウ) 彫刻する
遁 [願](トン) のがれる・さける [眞](シュン) しりぞく・めぐる
遯 [阮] [願](トン) のがれる・かくれる

ドン

呑 [元] [先](ドン) のむ

嫩(嫰) 願(ドン) 銑(ゼン) わかい・しなやか・うつくしい

【ナ行】

ナ
那 哿(ナ) いずれ・どこ 歌(ナダ) おおい・いかに・やすらか 箇(ナ) あの・かの・終助詞
奈 箇(ダナ) 泰(ダイナイ) からなし・いかん・なんぞ

ナイ
内 隊(ダイナイ) うち 合(ナフ) いれる

ナン
喃 咸 覃(ナン) かたる・しゃべる
難 翰(ナン) わざわい・くるしむ・はばむ 寒(ナン) かたい・むつかしい 歌(ダ) おにやらい 哿(ダ) 阿難

ニン
任 侵(ニン ジン) まかせる・になう・うける・才能 沁(ニン) になう・つとめ・ほしいままにする
妊 侵 沁(ジン ニン) はらむ
忍 軫(ニン) しのぶ 震(ニン) しなやか

ネイ
寧 青 徑(ネイ) やすらか・ねんごろ・なんぞ・むしろ
濘 徑(ネイ) どろ・ぬかるみ 迥(ネイ) わきあがる

ネン
年 先(ネン) みのる 眞(ネン) みのり

ノウ
能 蒸(ノウ) 熊の一種・能力 隊(タイ) たえる 灰(ダイ) すっぽん
儂 晧(ノウ) なやむ 豪(ノウ) 懊儂

【ハ行】

ハ
把 馬(ハ) とる 麻(ハ) かく
坡(陂) 歌(ハ) 寘(ヒ) さか・つつみ
怕 禡(ハ) おそれる 陌(ハク) やすらか
杷 麻(ハ) さらいかく・えぶり 禡 卦(ハ) つえ・つか
跛 哿(ハ) あしなえ 寘(ヒ) かたよる
頗 哿(ハ) すこぶる 歌 箇(ハ) ゆがむ・かたよる
播 箇 哿(ハ) まく
簸 哿 箇(ハ) み・ひる
霸 禡(ハ) はたがしら・すぐれる 陌(ハク) つきはじめのつき

バ
罵 禡 馬(バ) ののしる

ハイ
孛 隊(ハイ) 月(ボツ ホツ) 物(フツ) 未(ヒ) くさがのびる・むっとする
肺 隊 泰(ハイ) 肺臟
俳 佳(ハイ) わざおぎ 灰(ハイ) たちもとおる
悖 隊(ハイ) もとる・そむく・みだれる・まどう 月(ボツ) さかんなさま
茷 隊 泰(ハイ) しげる 泰(ハイ) はたあし 曷(ハツ) まがりしげる
排 佳(ハイ) おす 卦(ハイ) ふいご
琲 賄 隊(ハイ) 玉かざり・珈琲
誖 隊(ハイ) 月(ホツ) 物(フツ) 未(ヒ) もとる・みだす・まどう

バイ
倍 賄(バイ) そむく・ます 灰 隊(バイ) ます
培 灰(バイ) つちかう・のる 有(ホウ) おか・あぜ
梅 灰 賄(バイ) うめ
媒 灰(バイ) なこうど・なかだち 隊(マイ) 蒸(ボウ) くらいさま
霾 佳 卦(バイ マイ) つちふる・うめる
黴 隊(バイ) 支(ビ) かび・かさ 泰(バイ マイ) 筆をひたす

ハク
伯 陌(ハク) あに 禡(ハ) 覇者
魄 藥 陌(ハク) たましい・かたち

バク
莫 藥(バク) ない・むなしい 遇(ボ モ) くれ・ゆうぐれ 陌(バク) しずか
瀑 屋(バク) たき 覺(バク) 水わく 號(バウ) にわかあめ・しぶき
爆 覺(バク) 效(バウ) もえる・はぜる

バツ
拔 黠 曷(バツ) ぬく・うばう 泰(ハイ) しげる 月(ハツ) やぶからし
軷 曷 黠(バツ) あかね 月(バツ) たび

ハン
反 阮(ハン) かえす・そむく 元(ハン) 反切
帆 咸(ハン) ほ 陷(ハン) ほをあげる
伴 旱 翰(ハン) とも・ともなう
拌 寒 翰 旱(ハン) すてる・まぜる
拚 元(ハン) はばたく 霰(ヘン) 手をうつ 文 問(フン) はらう・のぞく
胖 寒(ハン) ゆたか 翰(ハン) かたみ
般 寒(ハン) たのしむ・めぐる 刪(ハン) かえす・まだら
頒 刪(ハン) わける・しく 文(フン) おおきな頭
飯 阮(ハン) たべる・やしなう・くわせる 願(ハン) めし
繁 元(ハン) しげし 寒(ハン) 馬の腹帯
繙 元 寒(ハン) ひもとく

バン
番 元(バン ハン) かわるがわる 歌(ハ) 番番、いさましい
蟠 寒(ハン バン) わだかまる 元(バン) わらじむし

ヒ
比 支 寘(ヒ) 質(ヒツ) ならぶ・したしむ・ちかい・したがう・やわらぐ・しきりに 紙(ヒ) くらべる・なぞらえる・ならう・ためし・わりあい
妃 微(ヒ) つれあい 隊(ハイ) つれあう 支(イ) めかけ
否 有(ヒ) いな・ない・しからず 紙(ヒ) わるい・ふさがる
妣 紙 寘(ヒ) はは
批 紙(ヒ) 齊(ヘイ) 屑(ヘツ) うつ・たたく・しめす
卑 支(ヒ) ひくい 紙(ヒ) ～しむ
陂 寘(ヒ) かたむく・ななめ 歌(ハ) 陂陀 支(ヒ) つつみ・どて・いけ・さか・ふせぐ
朏 尾(ヒ) 賄(ハイ) みかづき・ありがた
秕 紙 支(ヒ) しいな
俾 紙 寘(ヒ) こもの・ちかい 支(ヒ) 県名 霽(ヘイ) 俾倪
秠 支 紙(ヒ) くろきび
被 紙 寘(ヒ) ふすま・おおう 支(ヒ) 昌披
埤 支(ヒ) かき・ひくい 霽(ヘイ) 姫垣
庳 寘 紙(ヒ) ひくい家 支(ヒ) 低地・みじかい
菲 尾 微(ヒ) かぶ・うすい 未(ヒ) わらぐつ
誹 寘 支(ヒ) 歌(ハ) わかつ・かたよる・へつらう
費 未(ヒ) ついやす・ものいり・ついえ 寘(ヒ) 物(フツ) もとる・さからう

蜚 〔微〕ヒとぶ 〔未〕〔尾〕ヒいなむし

罷 〔支〕ヒつかれる・つきる 〔禡〕ハ 〔蟹〕〔麻〕〔紙〕ハイやすむ・ゆるす 〔職〕ヒョクわかつ・さく

誹 〔尾〕〔微〕〔未〕ヒそしる・そしり

髀 〔紙〕ヒ 〔薺〕ヘイももの肉

ビ

縻 〔支〕〔寘〕ビつなぐ・すりへらす

薇 〔微〕〔支〕ビぜんまい

靡 〔紙〕ビなびく・はなやか 〔支〕ビただれる 〔寘〕ビなびく

瀰 〔支〕〔紙〕ビみちる

劘 〔支〕ビ 〔歌〕バきる・みがく

亹 〔尾〕ビうつくしい 〔元〕ボンみぎわ

ビュウ

繆 〔宥〕ビウたがう・あやまる 〔尤〕ビウ キウむすぶ・まとう 〔屋〕ボクつつしむ・昭穆 〔篠〕レウまつわる

ヒョウ

凭 〔蒸〕〔徑〕ヘウよる

髟 〔蕭〕ヘウ 〔尤〕ヒウかみながし・ひるがえる

殍 〔篠〕ヘウ 〔虞〕フうえじに

票 〔蕭〕〔嘯〕ヘウ火がとぶ

評 〔庚〕〔敬〕ヒヤウ ヘイはかる・評論・評価

馮 〔蒸〕ヘウしのぐ・よる・たのむ 〔東〕フウ姓

慓 〔蕭〕〔嘯〕ヘウはやい・すばしこい

剽 〔嘯〕ヘウさす・おびやかす・かすめる・すばやい 〔蕭〕ヘウめじるし 〔篠〕ヘウさき

摽 〔蕭〕ヘウまねく・すてる・あがる 〔篠〕〔嘯〕ヘウなげうつ

漂 〔蕭〕ヘウただよう 〔嘯〕ヘウさらす

標 〔蕭〕〔篠〕ヘウこずえ・しるし

麃 〔蕭〕ヘウくさぎる 〔肴〕ハウ 〔篠〕ヘウ大鹿

瀌 〔蕭〕ヘウ 〔尤〕ヒウ雪ふるさま

ヒン

儐 〔震〕ヒンもてなす・みちびく・しりぞける 〔眞〕ヒンむくいる・うやまう・まゆしかめる

蠙 〔眞〕ヒン 〔先〕ヘン蠙珠

ビン

泯 〔眞〕〔軫〕ビンほろびる・みだれる 〔霰〕ベンめくらむ

暋 〔軫〕〔眞〕ビンつとめる

黽 〔軫〕ビンつとめる 〔銑〕ベン黽池 〔梗〕バウあおがえる

フ

不 〔尤〕フ フウいな 〔紙〕ヒいやしむ 〔月〕〔物〕フツず 〔虞〕フはなぶさ

仆 〔遇〕〔宥〕フ 〔職〕ホクたおす・ふす・ふむ

夫 〔虞〕フ フウおとこ・おっと 〔麌〕フそれ・かの・かな

拊 〔麌〕フうつ 〔遇〕フつける 〔虞〕フ人名

枹 〔虞〕〔尤〕フ フウばち(撥) 〔肴〕ハウならの木

柎 〔虞〕フいかだ・うてな 〔麌〕フゆづか 〔遇〕フぬりつける

桴 〔虞〕〔尤〕フ フウいかだ・ばち

傅 〔遇〕フもり 〔虞〕フしく

跗 〔遇〕〔虞〕フあしのうら・うてな

溥 〔虞〕フしく 〔麌〕フ ホあまねし

ブ

憮 〔麌〕ブいつくしむ・やすんずる 〔虞〕ブおおきい・むなしい

膴 〔麌〕ブほじし 〔虞〕ブあつい

蕪 〔虞〕ブあれる・みだれる 〔麌〕ブしげる

鶩 〔遇〕ブあひる・はやい 〔屋〕ボクあひる

フウ

封 〔宋〕〔冬〕フウ ホウさかい・もりつち・とじる・ひろい・あつくする・つか・領土

風 〔東〕フウかぜ・かぜふく・おしえ 〔送〕フウほのめかす・そらんじる

諷 〔送〕〔東〕フウそらんじる・ほのめかす

フク

伏 〔屋〕フクふせる・ねる・うかがう 〔宥〕フウ卵だく 〔職〕ホクはう

副 〔職〕〔屋〕ヒョク フクさく 〔宥〕フ フクそう・つけたり

匐 〔職〕〔屋〕ヒョク フクはらばう

幅 〔屋〕フクはば・さしわたし 〔職〕ヒョクはばき・きゃはん

復 〔屋〕フクかえる・もどる・こたえる・かさねる 〔宥〕フウまた

菔 〔屋〕フク 〔職〕ホクすずしろ・だいこん

楅 〔屋〕フク 〔職〕ヒョクつのよけ・つかねる

覆 〔屋〕フクやぶる 〔職〕ホクくつがえす 〔宥〕フ フウおおう・かくす

馥 〔屋〕フク 〔職〕ヒョクかおる・かおり高し

フツ

市 〔物〕フツひざかけ 〔曷〕ハツ 〔泰〕ハイしげる

祓 〔物〕フツ 〔泰〕〔隊〕ハイはらう

艴 〔物〕フツ 〔月〕ボツいかる・けしきばむ

韍 〔物〕フツ 〔未〕ヒひざかけ・印のひも

髴 〔物〕フツ 〔未〕ヒにる・さながら・おぼろげ

ブツ

佛 〔物〕ブツほのか・ほとけ 〔月〕ボツおこる 〔質〕ヒツたすける

沕 〔物〕〔月〕ブツかすかなさま 〔質〕ビツ ミツこもりみず・にごる

フン

坋 〔吻〕〔願〕フン 〔問〕フン ホンちり・ほこり・けがれる・あつまる

忿 〔吻〕〔問〕フンいかる・うらむ・いらだつ

賁 〔文〕フンおおきい 〔元〕ホンはしる・いかる・いきどおる 〔吻〕フンやぶれる 〔寘〕ヒあや・うつくしい・かざる

噴 〔願〕〔元〕フン ホンふく・ふきだす・いかる 〔問〕ホンふく音

墳 〔文〕フンはか・つか・おおきい 〔吻〕〔阮〕フンふくれる

ブン

分 〔文〕ブンわける 〔問〕フン ブンさだめ

文 〔文〕ブン モンあや 〔問〕ブンかざる

抆 〔吻〕〔問〕ブン モンぬぐう・ふく

聞 〔文〕ブンきく・上申する・うわさ 〔問〕ブンきこえ・ほまれ

ヘイ

平 〔庚〕ヘイたいら・たいらぐ 〔先〕ヘン ベンおさめる

拼 〔庚〕〔敬〕ヘイかねる・あわせる・ならびに

柄 〔敬〕ヘイえ・つか 〔梗〕ヘイもつ

併 〔敬〕〔梗〕〔迥〕ヘイあわせる・ならぶ・すてる

娉 〔青〕〔敬〕ヘイめとる・娉婷

屛 〔梗〕ヘイかくす・しりぞく 〔青〕

ヘイ ふせぐ・まもる 庚ヘイ 屏営、うろうろする

閉 霽ヘイ 屑ヘツ とじる・しめる・かくす・ゆだめ

鞞 迥ヘイ 紙ヒ さや 齊ヘイ 鞞鼓

ヘキ

辟 陌ヘキ 寘ヒ つみ・きみ・めす・さける 陌ヘキ ひらく・よこしま・のぞく 支ヒ へりかざり 霽ヘイ たとえる

霹 陌 錫ヘキ へきれき

ベツ

捌 屑ベツ 黠ハツ さばく・さらえる

ヘン

拚 霰ヘン 手をうつ 問 文フン はらう 元ハン はばたく

扁 先ヘン ちいさい 銑ヘン ふだ・ひらたい 元ハン 扁然

砭 鹽 豔ヘン いしばり・いましめる

窆 豔 琰ヘン 徑ホウ ほうむる

ベン

弁 霰ベン かんむり・はやい 寒ハン たのしむ

便 霰ベン てがる・やすらか・みがる・くそ・すなわち 先ベン へつらう・たより 眞シン 便利

俛 銑ベン ふす 麌フ ふせる

眄 銑 霰ベン ながしめ・にらむ

辨 銑ベン わける・わかつ・わきまえる 琰ベン おとしめる 霰ベン あまねし

辯 銑ベン わける・おさめる 霰ベン あまねし

ホ

圃 遇 麌ホ はたけ・はたけづくり・のはら・ひろの

酺 遇 麌ホ さかもり

鋪(舗) 遇ホ みせ・たな・うまつぎば 麌ホ やむ・とめる・しく・あまねし

餔 麌ホ 夕食 遇ホ やしなう・水飴湯

ボ

母 有ボ はは・うば 麌ボ かたどる・にせる

ホウ

方 陽ハウ かた・みち・まさに 養バウ 方良

仿 養ハウ ならう 陽ハウ さまよう

拋 肴 效ハウ なげうつ

奉 腫ホウ ささげる・たてまつる 宋ホウ ふち・給料

放 漾ハウ はなす・ゆるす・にげる・ほしいまま 陽ハウ 舟をならべる 養ハウ いたる・まかせる・まねる

泡 肴 效ハウ あわ・うたかた

剖 有 麌ホウ ボウ さく・わかつ・さだめる

袍 豪 號ホウ わたいれ

堋 蒸ホウ あずち・せき・ゆれる 徑ホウ ほうむる

捧 腫 冬ホウ ささげる

掊 尤 肴 有ホウ かきとる・うつ・さく 灰ハイ たおす 職ホク あう

逢 冬ホウ あう 東ホウ 逢逢

彭 陽ハウ ふくれる・大音 庚ハウ 鼓声・さかん

棚 庚ハウ 蒸ホウ たな

瓿 麌フ 有 宥ホウ かめ

裒(裦) 尤ホウ あつめる・おおい 豪ハウ ほめる

踣 宥ホウ 職ホク ボク たおれる・たおす・やぶる

縫 冬 東ホウ ぬう・つくろう 宋ホウ ぬいめ・すきま

龐 江ホウ みだれる 東ロウ みちる

ボウ

亡 陽バウ ほろぶ 虞ブ なし

妨 漾 陽バウ さまたげる

尨 江 東ボウ むくいぬ・おおきい

忘 陽 漾バウ わすれる

防 陽 漾バウ ふせぐ・まもる

冒 號バウ かぶせる・おおう・むさぼる 隊ハイ たいまい 職ボク 冒頓

昴 巧 肴バウ 尤リウ すばる

眊 號 覺バウ モウ バク くらい・おいぼれ

茆 巧 有バウ リウ ぬなわ・じゅんさい 皓ボウ しげる

旁 陽バウ かたわら 漾バウ よりそう 庚バウ 旁旁

旄 號 豪バウ はた・からうし・からうしの尾

望 陽 漾バウ もち・のぞむ・ながめ・いえがら

傍 陽バウ かたわら 漾バウ よりそう

媢 號 皓バウ ねたむ・にくむ

搒 庚 陽バウ むちうつ 漾ハウ 舟こぐ 敬

雺 東 宋 尤 宥ボウ きりたちこめる・くらい

夢 送ボウ ゆめ 東ボウ くらい

榜 庚バウ ゆだめ 漾 敬バウ かじ 養バウ むちうつ・ふだ

瞀 宥 尤ボウ くらい 屋ボク とりめ

貌 效バウ かたち・すがた 覺バク かたちどる・はるか

暴 號バウ あらい・そこなう・はやい 屋ボク 沃 藥 覺バク さらす・あばく・あきらかにする

瞢 東ボウ めくらむ 庚バウ めしい 送ボウ ゆめみる

懵(懜) 董 徑モウ 東ボウ くらい

ホク

北 職ホク きた・そむく・にげる 隊ハイ わける・そむく

ボク

僕 屋 沃ボク しもべ・ともがら・われ・したがう

撲 屋ボク 覺ハク うつ・たおす・つえ

樸 屋ボク 木がしげる 覺ハク あらき・すなお・ありのまま

ホツ

誖 月ホツ 物フツ 隊ハイ 未ヒ そむく・もとる・みだれる・まどう

ホン

奔 元 願ホン はしる・はやい

【マ行】

マ

麼 哿 歌マ バ こまかい・終助詞

摩 歌マ する・みがく 箇マ する

磨 箇マ うす・ひきうす・いしうす・ほろぶ 歌マ する・とぐ・みがく・はげむ・へる

マイ

每 賄マイ バイ つねに 隊 灰マイ バイ しげる

昧 泰 隊マイ くらい・おおいかくす 吻ブン 鳥をさきころす

昧 [隊][泰] マイ くらい

マク

膜 [藥] バク(マク) うすかわ [虞] モ(ボ) なでる

マン

曼 [寒][翰] マン はてしない [願] マン ひく・ながい・うつくしい

墁 [翰][寒] マン ぬる・ぬりこて

漫 [寒] マン ひろい・かくれる [翰] マン みちる・みだりに・はびこる

蔓 [願][翰] マン つる・ひろがる

縵 [翰][諫][寒] マン 無地の絹・ゆるやか

懣 [願][旱] マン もだえる・くるしむ

謾 [寒][翰][諫] マン あざむく

鏝 [寒][翰] マン こて

鬘 [删][寒] マン 華鬘

ム

務 [遇][虞] ム つとめ・つとめる

メイ

冥 [青][庚] メイ くらい [迥][徑] メイ 冥冥

溟 [青] メイ くらい・かすか [迥] メイ 溟溟

盟 [庚][敬] メイ ちかう・ちかい [敬] マウ 盟津

暝 [青] メイ くらい [徑] メイ くれる

鳴 [庚] メイ なく [敬] メイ なきかわす

瞑 [青][迥][徑] メイ くらい・めつぶる [先] メン ねむる [霰] ベン めくらむ

モウ

毛 [豪][號] モウ け

妄 [漾] マウ(バウ) みだりに・でたらめ [陽] マウ なかれ・ない

孟 [敬] マウ(ミヤウ) かしら・はじめ [養] [漾] マウ(マン) とりとめがない

芼 [號] モウ(バウ) [皓] モウ ぬく [豪] バウ みずくさ

莽 [陽][養] マウ(バウ) [麌] グ [有] ボウ くさ・くさむら・あらい・在野

髦 [豪] マウ(バウ) ながい毛・すぐれた人 [尤] ボウ 雲南南部の異族

漭 [漾][養] マウ(バウ) ひろびろ

幪 [東][送] モウ(ボウ) おおい・ひたいあて [董] モウ(ボウ) しげるさま

曚 [東][董] モウ(ボウ) くらい・しげるさま

艨 [東][送][宋] モウ 軍船

モン

悶 [願] モン もだえる・なやむ [元] モン ぼんやりする

【ヤ行】

ヤ

也 [馬] ヤ や・か [禡] ヤ また

野(墅・埜) [馬] ヤ の・のはら・いなか・いやしい [語] ショ いなかや

ヤク

約 [藥] ヤク しばる・つかねる・しめくくる・つづまやか [嘯] エウ かなめ・ちかう [效] アウ たばねる

葯 [藥][覺] ヤク くすり・よろいぐさ [錫] テキ まとう

ユ

兪 [虞] ユ まるきぶね・しかり・ますます [麌] ユ やわらぐ・なおす

喩 [虞] ユ こころよい [遇] ユ さとす

牏 [虞] ユ 築塀の短板 [尤] トウ はだ木

腴 [虞][麌] ユ こえる

瘉 [麌][虞][遇] ユ いえる・いよいよ・なやむ

褕 [虞] ユ はねかざり・うつくしい [蕭] エウ 褕狄・后衣

諛 [虞][遇] ユ へつらう

諭 [遇] ユ さとす・つげる・たとえ [宥] トウ さそう・いざなう

輸 [虞] シユ(ユ) おくる・いたす・やぶれる [遇] シユ(ユ) にもつ・灸のつぼ

籲(龥) [遇] ユ [藥] ヤク よぶ・やわらぐ

ユウ

右 [宥][有] イウ たすける・みぎ・うえ・とうとぶ

有 [有] イウ ある・もつ・たもつ [宥] イウ また・あるいは

佑 [有][宥] イウ たすける

卣 [尤][有] イウ 酒器

油 [尤] イウ あぶら・油然 [宥] イウ つやあるさま

囿 [宥] イウ [屋] ヰク その・にわ・かぎり

幽 [尤] イウ くらい [有] イウ くろい

柚 [宥] イウ ゆず [屋] ジク たてまき

悒 [緝] イフ [合] アフ なげく・むせぶ

揖 [緝] イフ えしゃく・ゆずる・くむ [緝] シフ あつめる [眞] イ えしゃく

猶 [尤][宥] イウ さる・なお・みち・はかる [蕭] エウ うごかす

裛 [緝] イフ [葉] エフ ふみづつみ・まとう・かおる・うるおす

槱 [有][尤][宥] イウ やく・火まつり

輶 [尤][宥] イウ かるい車・かるい

黝 [有][尤] イウ [嘯] エウ くろい・あおぐろい

儵 [尤] イウ [蕭] デウ はや

ヨ

予 [魚] ヨ われ [語] ヨ あたえる

畬 [魚] ヨ 新田 [麻] シヤ やきはた

與 [語] ヨ くすみる・ゆるす・ともに [御] ヨ あずかる [魚] ヨ 疑問助詞か

豫 [御] ヨ 大象・あらかじめ・たのしむ [魚] ヨ のびる

餘 [魚] ヨ ゆたか [麻] ヤ のこり

輿 [魚][御] ヨ こし

歟 [魚][語] ヨ 助詞か・や

譽 [魚][御] ヨ ほまれ・ほめる

ヨウ

夭 [蕭] エウ わかい・わざわい [皓] アウ わかご [篠] エウ 夭折する・かがむ

怮 [蕭] エウ [尤] イウ うれえる

要 [蕭][嘯] エウ こし・まつ・ねがう

窈 [篠] エウ おくぶかい・くらい [嘯] エウ おくぶかい

搖 [蕭][嘯] エウ ゆれる・うごく

溶 [冬][腫] ヨウ とける

煬 [陽] ヤウ とかす [漾] ヤウ あぶる・煬帝

葉 [葉] エフ は [葉] セフ 姓

雍(雝) [腫] ヨウ いだく・たすける [宋] ヨウ 雍州 [冬] ヨウ やわらぐ・ふさぐ・辟雍

様 [漾] ヤウ さま・すがた [養] ザウ(シヤウ) どんぐり

養 [養] ヤウ そだてる・やしなう・いやす [漾] ヤウ つかえる・かしずく

壅 [宋][冬][腫] ヨウ ふさぐ・へだてる・つちかう・くま

曄 [葉] エフ [緝] イフ かがやく

繇 [蕭] エウ したがう・えだち・ゆれる [尤] イウ よる [宥] チウ うらかた

膺 [蒸][徑] ヨウ(オウ) むね・うける・あたる

瀁(漾) [養] ヤウ ただよう・うかぶ [漾] ヤウ 川の名

颺 ［漾］［陽］（ヤウ）あがる・おこす・ほめる
靨 ［葉］（エフ）えくぼ ［琰］（エン）ほくろ

【ラ行】

ラ

邏 ［歌］［箇］［哿］（ラ）めぐる・みまわる

ライ

來 ［灰］（ライ）むぎ・くる・このかた ［隊］（ライ）ねぎらう
徠 ［隊］（ライ）いたわる・ねぎらう ［灰］（ライ）きたる・くる
酹 ［泰］［隊］（ライ）［曷］（ラツ）酒をそそいで地をまつる
癘 ［泰］（ライ）［霽］（レイ）えやみ
礧 ［賄］（ライ）大石 ［灰］（ライ）うつ ［隊］（ライ）転石 ［紙］（ルイ）山のさま

ラン

卵 ［旱］（ラン）［哿］（ラ）たまご ［元］（コン）はらご
惏 ［覃］（ラン）むさぼる ［侵］（リン）かなしむ
濫 ［勘］（ラン）はびこる・みだれる・うかぶ・あふれる・みだりに・あやまち ［豏］（カン・ガン）わきでる
瀾 ［寒］（ラン）なみ・さざなみ ［翰］（ラン）しろみず
讕 ［寒］［翰］（ラン）いつわる

リ

涖 ［寘］（リ）［霽］（レイ）のぞむ・ゆく
犂 ［支］（リ）［齊］（レイ）すく・すき
裏 ［寘］［紙］（リ）うら・うち・なか・こころ
罹 ［支］（リ）［歌］（ラ）かかる
蠡 ［支］（リ）おさめる ［支］（キ）さいわい・ひもろぎ ［灰］［泰］（ライ）たまう・くさかる
離 ［支］（リ）わける・たがう・はなれる・かかる・つく・へる・ちょうせんうぐいす ［紙］（リ）つらなる ［寘］（リ）さる ［霽］（レイ）つく
釃 ［支］（リ）かすざけ ［紙］［支］［寘］（シ）したむ
驪 ［支］（リ）［齊］（レイ）くろうま・そえうま
鸝 ［支］（リ）［齊］（レイ）こうらいうぐいす

リク

戮 ［屋］（リク）［尤］［宥］（リウ）［蕭］（レウ）力をあわせる

リャク

掠 ［藥］（リャク）［漾］（リャウ）かすめる

リュウ

留(畱) ［尤］（リウ）とどまる ［宥］（リウ）まつ ［有］（リウ）すばる星
溜(澑) ［宥］［尤］（リウ）したたり・しずく・あまだれ
劉 ［尤］［有］（リウ）ころす
瘤(癅) ［尤］［宥］（リウ）こぶ
瀏 ［有］［尤］（リウ）きよし・風ふく
飂 ［尤］［宥］（リウ）風ふく音 ［蕭］（レウ）飂戻

リョウ

兩 ［漾］（リャウ）くるま ［養］（リャウ）ふたつ・たぐう・ふたたび
亮 ［漾］（リャウ）たすける ［陽］（リャウ）諒闇
料 ［嘯］［蕭］（レウ）はかる・くらべる・しらべる・たね
量 ［漾］（リャウ）ますめ・かさ・おしはかる ［陽］（リャウ）はかる・かんがえる
稜 ［蒸］（リョウ・ロウ）かど ［徑］（リョウ・ロウ）あぜ
僚 ［蕭］（レウ）とも・つかさ ［篠］（レウ）うつくしい
憭 ［篠］（レウ）あきらか ［蕭］（レウ）むなしい
蓼 ［篠］（レウ）たで ［屋］（リク）草しげる
諒 ［漾］（リャウ）まこと・あきらか ［陽］（リャウ）諒闇
燎 ［嘯］［篠］［蕭］（レウ）かがりび
瞭 ［篠］［蕭］（レウ）あきらか
繚 ［篠］［蕭］（レウ）めぐる・まとう

リン

掄 ［眞］（リン）［元］（ロン）えらぶ
淪 ［眞］（リン）さざなみ ［阮］（ロン）めぐる
稟(禀) ［寢］（リン）こめぐら ［寢］（ヒン）ふちまい・うまれつき・もうす
綸 ［眞］（リン）いと・みち ［刪］（クワン）綸巾
凜 ［寢］（リン）［侵］（キン・ゴン）さむい・ひきしまる・つつしむ
嶙 ［眞］［軫］（リン）けわしい
懍 ［寢］（リン）つつしむ・おそれる ［感］（ラン）いたむ・さむい
磷 ［震］（リン）きらら・うすらぐ ［眞］（リン）おにび ［軫］（リン）うすらぐ
臨 ［侵］（リン）のぞむ・みくだす ［沁］（リン）哭礼
轔 ［眞］（リン）車の音 ［震］（リン）きしる音

ルイ

累(絫)(縲) ［寘］［支］（ルイ）しばる・つなぐ・かさねる・とらえる・つな ［紙］（ルイ）かさねる・しきりに ［寘］（ルイ）わずらわす・なやます
壘 ［紙］（ルイ）とりで ［支］（ルイ）つらなる

レイ

令 ［敬］（レイ）いいつけ・よい・のり・おさ ［庚］（レイ・リャウ）せしむ
伶 ［青］［庚］［徑］［敬］（レイ）わざおぎ
怜 ［青］（レイ）かしこい ［先］（レン）あわれむ
荔 ［霽］（レイ）［寘］（リ）荔支
捩 ［霽］（レイ）ばち(撥) ［屑］（レツ）ねじる・くじく
零 ［青］［徑］（レイ）おちる・ふる・ぜろ ［先］（レン）先零
厲 ［霽］（レイ）といし・はげしい・やむ・わざわい ［泰］（ライ）悪病
黎 ［齊］（レイ）［支］（リ）くろい
麗 ［霽］（レイ）うるわしい・つらなる・ならぶ・かず ［支］（リ）はなれる・ほどこす・かかす ［齊］（レイ・ライ）高麗
糲 ［霽］（レイ）［泰］（ライ）［曷］（ラツ）くろこめ・玄米
蠡 ［薺］（レイ）むしばむ ［霽］（レイ）わける ［齊］（レイ）ひさご

レキ

鬲 ［錫］（レキ）かなえ ［陌］（カク）へだてる

レン

漣 ［先］（レン）さざなみ ［寒］（ラン）おおなみ
斂 ［琰］［豔］（レン）おさめる・とりあげる・とりしまる
瀲 ［琰］［豔］（レン）さざなみ・なぎさ
蘞 ［鹽］［豔］（レン）やぶがらし
孌 ［銑］［霰］（レン）うつくしい・したう
攣 ［先］（レン）ひく・かける ［霰］（レン）ひきつる

ロ

輅 ［遇］（ロ）大輅 ［藥］（ラク）［陌］（カク）ながえ・しばり
壚 ［虞］（ロ）［魚］（リョ）いろり
艫 ［麌］（ロ）［魚］（リョ）とも・へさき

ロウ

浪 ［漾］（ラウ）なみだつ・さすらう・むだ・ほしいまま ［陽］（ラウ）滄浪水・

さまよう 養ラウ でたらめ

狼 陽 養ラウ おおかみ

婁 尤ロウ むなし 虞ル ひく 麌ロウ ねこぜ 遇ル しばしば

勞 豪ラウ はたらく・しごと・くるしむ・つかれる 號ラウ ねぎらう・いたわる・はげます

僂 麌ル かがむ 尤ロウ くぐせ 宥ロウ つつしむ

慺 尤ロウ 虞ル よろこぶ

榔 陽 養ラウ 檳榔樹

踉 陽ラウ おどりあがる 漾ラウ よろめく

潦 皓ラウ ながあめ・にわたずみ 號ラウ ひたす 豪ラウ 潦倒

蔞 虞 尤ロウ ルリウ 有 麌ル よもぎ 有 ル 柩車のおおい 麌ク きくらげ

簍 尤 麌 有ルロウ たけかご 麌ク 車のほろのほね

壟 東ロウ 腫リヨウ うね・つか

瀧 東ロウ 水声 江ラウ はやせ

鏤 宥ロウ はがね・ちりばめる・える 虞ル 屬鏤の剣

曨 東 董ロウ 日の出

朧 東ロウ おぼろ 董トウ 月の出

礱 東 送ロウ うす・する・みがく・とぐ

籠 東ロウ かご・こめる 董ロウ ふかいかご

ロン

論 願 元ロン あげつらう・のべる・はかる 眞リン 条理・えらぶ

【ワ行】

ワ

和(龢) 箇ワ こたえる・唱和 歌クワ やわらぐ・ほどよい

倭 歌ワ やまと 支ヰ したがう 哿ワ くずれる

話 卦クワイ 禡クワ はなし

窪 麻ワ 佳ア くぼみ・ひくい

ワイ

賄 隊 賄ワイ まいない・たから

濊 泰ワイ けがれる・水さかん 曷クワツ 網うつ音

ワン

綰 諫 潸ワン つなぐ・むすぶ

常用・人名用漢字一覧

凡例

常用漢字一覧は、平成二十二年十一月三十日の内閣告示「常用漢字表」を収載する。

本表

●漢字二一三六字に、「常用漢字表」の配列で音訓と例とを示す。また、音訓欄の体裁も「常用漢字表」に従い、特別な音訓や用法のごく狭い音訓を一字下げにする。

●「常用漢字表」が掲げたいわゆる旧字のほかに、字形上の違いも含め、本書で旧字とする文字を（ ）内に掲げた。

●［ ］内の餌・遡・遜・餅・謎は、「常用漢字表」が常用漢字の別字体として使用を許容する字である。

●「常用漢字表」の備考欄の注記の主なものについて、当該の音訓・例に番号を付し、内容を本表末にまとめた。

付表

●「常用漢字表」に従い、当て字や熟字訓などを語の形で掲げる。

人名用漢字一覧は、右の「常用漢字表」の内閣告示に伴い、法務省令により改正・公布された「戸籍法施行規則第六十条　別表第二　漢字の表」の二つの表の、あわせて八六一字を載せる。

一　常用漢字の異体字ではない六四九字

●本書に項目がない娃・檎・萄・珀・俣・椛・哩・浬も含めて、すべて「官報」に従い配列する。ただし、字形は本書の見出しによるものがある。

●「漢字の表」が同一の字種であるとする一七組の字は相互を［で結んだ。

●右記には本書で新字・旧字の関係を認める組もある。その字以外で、本書の基準に照らし、旧字とすべき字を（ ）に入れて加えた。

●「漢字の表」が掲げるのは漢字のみだが、代表的な音と訓を併記する。

二　常用漢字の旧字・異体字など二一二字

●官報に従い、（ ）に常用漢字を示す。字形は本書の見出しによるものがある。

常用漢字一覧

本表

【漢字】	【音訓】	【例】
亜(亞)	ア	亜流、亜麻、亜熱帯
哀	アイ	哀愁、哀願、悲哀
	あわれ	哀れ、哀れな話、哀れがる
	あわれむ	哀れむ、哀れみ
挨	アイ	挨拶
愛	アイ	愛情、愛読、恋愛
曖	アイ	曖昧
悪(惡)	アク	悪事、悪意、醜悪
	オ	悪寒、好悪、憎悪
	わるい	悪い、悪さ、悪者
握	アク	握手、握力、掌握
	にぎる	握る、握り、一握り
圧(壓)	アツ	圧力、圧迫、気圧
扱(扱)	あつかう	扱う、扱い、客扱い
宛	あてる	宛てる、宛先
嵐	あらし	嵐、砂嵐
安	アン	安全、安価、不安
	やすい	安い、安らかだ
案	アン	案文、案内、新案
暗(暗)	アン	暗示、暗愚、明暗
	くらい	暗い、暗がり
以	イ	以上、以内、以後
衣	イ	衣服、衣食住、作業衣
	ころも	衣、羽衣
位	イ*1	位置、第一位、各位
	くらい	位、位取り、位する
囲(圍)	イ	囲碁、包囲、範囲
	かこむ	囲む、囲み
	かこう	囲う、囲い
医(醫)	イ	医学、医療、名医
依	イ	依頼、依拠、依然
	エ	帰依
委	イ	委任、委員、委細
	ゆだねる	委ねる
威	イ	威力、威圧、示威
為(爲)	イ	為政者、行為、作為
畏	イ	畏敬、畏怖
	おそれる	畏れる、畏れ
胃	イ	胃腸、胃酸、胃弱
尉	イ	尉官、一尉、大尉
異	イ	異論、異同、奇異
	こと	異にする、異なる
移	イ	移転、移民、推移
	うつる	移る、移り変わり
	うつす	移す
萎(萎)	イ	萎縮
	なえる	萎える
偉(偉)	イ	偉大、偉人、偉観
	えらい	偉い、偉ぶる
椅	イ	椅子
彙	イ	語彙
意(意)	イ	意見、意味、決意
違(違)	イ	違反、違法、相違
	ちがう	違う、違い、間違う
	ちがえる	違える、見違える、間違える
維	イ	維持、維新、繊維
慰	イ	慰安、慰問、慰労
	なぐさめる	慰める、慰め
	なぐさむ	慰む、慰み
遺(遺)	イ	遺棄、遺産、遺失
	ユイ	遺言*2
緯(緯)	イ	緯度、北緯、経緯
域	イキ	域内、地域、区域
育(育)	イク	育児、教育、発育
	そだつ	育つ、育ち

	そだてる	育てる、育て親
	はぐくむ	育む
一	イチ	一度、一座、第一
	イツ	一般、同一、統一
	ひと	一息、一筋、一月目
	ひとつ	一つ
壱(壹)	イチ	壱万円
逸(逸)	イツ	逸話、逸品、逸する
茨(茨)	いばら	
芋(芋)	いも	芋、里芋、焼き芋
引	イン	引力、引退、索引
	ひく	引く、字引
	ひける	引ける
印	イン	印刷、印象、調印
	しるし	印、目印、矢印
因	イン	因果、原因、要因
	よる	因る、……に因る
咽	イン	咽喉
姻	イン	姻族、婚姻
員	イン	満員、定員、社員
院	イン	院内、議院、病院
淫	イン	淫行、淫乱
	みだら	淫らだ
陰	イン	陰気、陰性、光陰
	かげ	陰、日陰
	かげる	陰る、陰り
飲(飮)	イン	飲料、飲食、痛飲
	のむ	飲む、飲み水
隠(隱)	イン	隠居、隠忍、隠語
	かくす	隠す
	かくれる	隠れる、雲隠れ
韻(韻)	イン	韻律、韻文、音韻
右	ウ	右岸、右折、右派
	ユウ	左右、座右
	みぎ	右、右手
宇	ウ	宇宙、気宇、堂宇
羽(羽)	ウ	羽毛、羽化、羽翼
	は*3	白羽の矢、一羽(わ)、三羽(ば)、六羽(ぱ)
	はね	羽、羽飾り
雨	ウ	雨量、降雨、梅雨
	あめ*4	雨、大雨
	あま	雨雲、雨戸、雨具
唄	うた	小唄、長唄
鬱	ウツ	憂鬱
畝	うね	畝、畝間、畝織
浦	うら	浦、津々浦々
運(運)	ウン	運動、運命、海運
	はこぶ	運ぶ
雲	ウン	雲海、風雲、積乱雲
	くも	雲、雲隠れ
永	エイ	永続、永久、永遠
	ながい	永い、日永
泳	エイ	泳法、水泳、背泳
	およぐ	泳ぐ、泳ぎ
英(英)	エイ	英雄、英断、俊英
映	エイ	映画、上映、反映
	うつる	映る、映り
	うつす	映す
	はえる	映える、夕映え
栄(榮)	エイ	栄枯、栄養、繁栄
	さかえる	栄える、栄え
	はえ	栄えある、見栄え、出来栄え
	はえる	栄える
営(營)	エイ	営業、経営、陣営
	いとなむ	営む、営み
詠	エイ	詠嘆、詠草、朗詠
	よむ	詠む
影	エイ	影響、陰影、撮影
	かげ	影、影絵、人影
鋭(銳)	エイ	鋭利、鋭敏、精鋭
	するどい	鋭い、鋭さ
衛(衞)	エイ	衛生、護衛、守衛
易	エキ	易者、貿易、不易
	イ	容易、安易、難易
	やさしい	易しい、易しさ
疫	エキ	疫病、悪疫、防疫

漢字	音訓	例
	ヤク	疫病神
益(益)	エキ	有益、利益、益する
	ヤク	御利益
液	エキ	液体、液状、血液
駅(驛)	エキ	駅長、駅伝、貨物駅
悦(悅)	エツ	悦楽、喜悦
越	エツ	越境、超越、優越
	こす	越す、年越し
	こえる	越える、山越え
謁(謁)	エツ	謁見、拝謁、謁する
閲(閱)	エツ	閲覧、閲歴、校閲
円(圓)	エン	円卓、円熟、一円
	まるい	円い、円さ、円み
延(延)	エン	延長、延期、遅延
	のびる	延びる
	のべる	延べる、延べ
	のばす	延ばす
沿(沿)	エン	沿海、沿線、沿革
	そう	沿う、川沿い
炎	エン	炎上、炎天、火炎
	ほのお	炎
怨	エン	怨恨
	オン	怨念
宴	エン	宴会、宴席、酒宴
媛(媛)	エン	才媛
援(援)	エン	援助、応援、声援
園	エン	園芸、公園、楽園
	その	学びの園、花園
煙(煙)	エン	煙突、煙霧、喫煙
	けむる	煙る
	けむり	煙
	けむい	煙い、煙たい、煙たがる
猿	エン	野猿、類人猿、犬猿の仲
	さる	猿
遠(遠)	エン	遠近、永遠、敬遠
	オン	久遠
	とおい	遠い、遠出、遠ざかる
鉛(鉛)	エン	鉛筆、亜鉛、黒鉛
	なまり	鉛、鉛色
塩(鹽)	エン	塩分、塩酸、食塩
	しお	塩、塩辛い
演	エン	演技、演奏、講演
縁(緣)	エン*5	縁故、縁日、血縁
	ふち	縁、縁取り、額縁
艶(艷)	エン	妖艶
	つや	艶、色艶
汚	オ	汚点、汚物、汚名
	けがす	汚す
	けがれる	汚れる、汚れ
	けがらわしい	汚らわしい
	よごす	汚す、口汚し
	よごれる	汚れる、汚れ、汚れ物
	きたない	汚い、汚らしい
王	オウ*6	王子、帝王
凹	オウ	凹凸、凹面鏡、凹レンズ
央	オウ	中央
応(應)	オウ*7	応答、応用、呼応
	こたえる	応える
往(往)	オウ	往復、往来、既往症
押	オウ	押収、押印、押韻
	おす	押す、押し
	おさえる	押さえる、押さえ
旺	オウ	旺盛
欧(歐)	オウ	欧文、西欧、渡欧
殴(毆)	オウ	殴打
	なぐる	殴る
桜(櫻)	オウ	桜花、観桜
	さくら	桜、桜色、葉桜
翁(翁)	オウ	老翁
奥(奧)	オウ	奥義*8、深奥
	おく	奥、奥底、奥さん
横(横)	オウ	横断、横領、専横
	よこ	横、横顔、横たわる
岡	おか	
屋	オク	屋上、屋外、家屋

	や	屋根、花屋、楽屋
億(億)	オク	億万、一億
憶(憶)	オク	記憶、追憶
臆(臆)	オク	臆説、臆測*9、臆病
虞(虞)	おそれ	虞
乙	オツ	乙種、甲乙
俺	おれ	俺
卸(卸)	おろす	卸す
	おろし	卸、卸商
音(音)	オン*10	音楽、発音、騒音
	イン	福音、母音
	おと	音、物音
	ね	音、音色
恩	オン	恩情、恩人、謝恩
温(溫)	オン	温暖、温厚、気温
	あたたか	温かだ
	あたたかい	温かい
	あたたまる	温まる
	あたためる	温める
穏(穩)	オン*11	穏和、穏当、平穏
	おだやか	穏やかだ
下	カ	下流、下降、落下
	ゲ	下水、下車、上下
	した	下、下見
	しも	下、川下
	もと	下、足下
	さげる	下げる
	さがる	下がる
	くだる	下る、下り
	くだす	下す
	くださる	下さる
	おろす	下ろす、書き下ろす
	おりる	下りる
化(化)	カ	化石、化学、文化
	ケ	化粧、化身、権化
	ばける	化ける、お化け
	ばかす	化かす
火	カ	火災、灯火、発火
	ひ	火、火花、炭火
	ほ	火影
加	カ	加入、加減、追加
	くわえる	加える
	くわわる	加わる
可	カ	可否、可能、許可
仮(假)	カ	仮面、仮定、仮装
	ケ	仮病
	かり	仮の住まい、仮に、仮処分
何	カ	幾何学
	なに	何、何者、何事
	なん	何本、何十、何点
花(花)	カ	花弁、花壇、落花
	はな	花、花火、草花
佳	カ	佳作、佳人、絶佳
価(價)	カ	価値、価格、評価
	あたい	価
果	カ	果実、果断、結果
	はたす	果たす、果たして〔副〕
	はてる	果てる
	はて	果て
河	カ	河川、河口、運河
	かわ	河
苛(苛)	カ	苛酷、苛烈
科	カ	科学、教科、罪科
架	カ	架橋、架空、書架
	かける	架ける
	かかる	架かる
夏	カ	夏季、初夏、盛夏
	ゲ	夏至
	なつ	夏、夏服、真夏
家	カ	家屋、家庭、作家
	ケ	家来、本家、分家
	いえ	家、家柄、家元
	や	家主、借家
荷(荷)	カ	出荷、入荷
	に	荷、荷物、初荷
華(華)	カ	華美、繁華、栄華
	ケ	香華、散華

漢字	音訓	例
	はな	華やかだ、華やぐ、華々しい
菓(菓)	カ	菓子、製菓、茶菓
貨(貨)	カ	貨物、貨幣、通貨
渦	カ	渦中
	うず	渦、渦潮、渦巻く
過(過)	カ	過度、過失、通過
	すぎる	過ぎる、昼過ぎ
	すごす	過ごす
	あやまつ	過つ
	あやまち	過ち
嫁	カ	再嫁、転嫁、嫁する
	よめ	嫁、花嫁
	とつぐ	嫁ぐ、嫁ぎ先
暇	カ	余暇、休暇、寸暇
	ひま	暇、暇な時
禍(禍)	カ	禍福、禍根、災禍
靴(靴)	カ	製靴
	くつ	靴、靴下、革靴
寡	カ	寡黙、寡婦、多寡
歌	カ	歌曲、唱歌、短歌
	うた	歌
	うたう	歌う
箇	カ	箇条、箇所
稼	カ	稼業、稼働
	かせぐ	稼ぐ、稼ぎ
課	カ	課、日課、課する
蚊(蚊)	か	蚊、蚊柱、やぶ蚊
牙	ガ	牙城、歯牙
	ゲ	象牙
	きば	牙
瓦	ガ	瓦解
	かわら	瓦、瓦屋根
我	ガ	我流、彼我、自我
	われ	我、我々、我ら
	わ	我が国
画(畫)	ガ	画家、図画、映画
	カク	画期的、計画、区画
芽(芽)	ガ	発芽、麦芽、肉芽
	め	芽、芽生える、新芽
賀	ガ	賀状、祝賀、賀する
雅(雅)	ガ	雅趣、優雅、風雅
餓(餓)	ガ	餓死、餓鬼、飢餓
介	カイ	介入、紹介、介する
回	カイ	回答、転回、次回
	エ	回向
	まわる	回る、回り、回り道
	まわす	回す、手回し
灰(灰)	カイ	灰白色、石灰
	はい	灰、灰色、火山灰
会(會)	カイ	会話、会計、社会
	エ	会釈、会得、法会
	あう	会う
快	カイ	快活、快晴、明快
	こころよい	快い
戒	カイ	戒心、戒律、警戒
	いましめる	戒める、戒め
改	カイ	改造、改革、更改
	あらためる	改める、改めて〔副〕
	あらたまる	改まる
怪	カイ	怪談、怪物、奇怪
	あやしい	怪しい、怪しげだ
	あやしむ	怪しむ
拐	カイ	拐帯、誘拐
悔(悔)	カイ	悔恨、後悔
	くいる	悔いる、悔い
	くやむ	悔やむ、お悔やみ
	くやしい	悔しい、悔しがる
海(海)	カイ	海岸、海水浴、航海
	うみ	海、海鳴り
界	カイ	境界、限界、世界
皆	カイ	皆無、皆勤、皆出席
	みな	皆、皆さん
械	カイ	機械
絵(繪)	カイ	絵画
	エ	絵本、絵図、口絵
開	カイ	開始、開拓、展開
	ひらく	開く、川開き

	ひらける	開ける
	あく	開く
	あける	開ける、開けたて
階	カイ	階段、階級、地階
塊	カイ	塊状、山塊
	かたまり	塊
楷	カイ	楷書
解	カイ	解決、解禁、理解
	ゲ	解脱、解熱剤、解毒剤
	とく	解く
	とかす	解かす
	とける	解ける
潰	カイ	潰瘍
	つぶす	潰す
	つぶれる	潰れる
壊(壞)	カイ	壊滅、破壊、決壊
	こわす	壊す
	こわれる	壊れる
懐(懷)	カイ	懐中、懐古、述懐
	ふところ	懐、懐手、内懐
	なつかしい	懐かしい
	なつかしむ	懐かしむ
	なつく	懐く
	なつける	懐ける
諧	カイ	俳諧
貝	かい	貝、貝細工、ほら貝
外	ガイ	外出、海外、除外
	ゲ	外科、外題、外道
	そと	外、外囲い
	ほか	外、その外
	はずす	外す、踏み外す
	はずれる	外れる、町外れ
劾(劾)	ガイ	弾劾
害(害)	ガイ	害悪、被害、損害
崖	ガイ	断崖
	がけ	崖下
涯	ガイ	生涯
街	ガイ	街頭、市街、商店街
	カイ	街道
	まち	街、街角
慨(慨)	ガイ	慨嘆、憤慨、感慨
蓋(蓋)	ガイ	頭蓋骨
	ふた	蓋、火蓋
該(該)	ガイ	該当、該博、当該
概(概)	ガイ	概念、大概、概して
骸(骸)	ガイ	形骸化、死骸
垣	かき	垣、垣根
柿	かき	柿
各	カク	各自、各種、各位
	おのおの	各*12
角	カク	角度、三角、頭角
	かど	角、街角、四つ角
	つの	角、角笛
拡(擴)	カク	拡大、拡張、拡声器
革	カク	革新、改革、皮革
	かわ	革、革靴
格	カク	格式、規格、性格
	コウ	格子
核(核)	カク	核心、核反応、結核
殻(殼)	カク	甲殻、地殻
	から	殻、貝殻
郭	カク	城郭、外郭、輪郭
覚(覺)	カク	覚悟、知覚、発覚
	おぼえる	覚える、覚え
	さます	覚ます、目覚まし
	さめる	覚める、目覚め
較(較)	カク	比較
隔(隔)	カク	隔離、隔月、間隔
	へだてる	隔てる、隔て
	へだたる	隔たる、隔たり
閣	カク	閣議、閣僚、内閣
確	カク	確定、確認、正確
	たしか	確かだ、確かさ
	たしかめる	確かめる
獲(獲)	カク	獲得、捕獲、漁獲高
	える	獲る、獲物
嚇	カク	威嚇
穫(穫)	カク	収穫

漢字	音訓	例
学（學）	ガク	学習、科学、大学
	まなぶ	学ぶ
岳（嶽）	ガク	岳父、山岳
	たけ	○○岳
楽（樂）	ガク	楽隊、楽器、音楽
	ラク	楽園、快楽、娯楽
	たのしい	楽しい、楽しさ、楽しげだ
	たのしむ	楽しむ
額	ガク	額縁、金額、前額部
	ひたい	額
顎	ガク	顎関節
	あご	顎
掛	かける	掛ける
	かかる	掛かる
	かかり	掛
潟	かた	干潟、○○潟
括	カツ	括弧、一括、包括
活	カツ	活動、活力、生活
喝（喝）	カツ	喝破、一喝、恐喝
渇（渴）	カツ	渇望、渇水
	かわく	渇く、渇き
割（割）	カツ	割愛、割拠、分割
	わる	割る
	わり	割がいい、割合、割に、五割
	われる	割れる、ひび割れ
	さく	割く
葛（葛）	カツ	葛藤
	くず	葛、葛湯
滑	カツ	滑走、滑降、円滑
	コツ	滑稽
	すべる	滑る、滑り
	なめらか	滑らかだ
褐（褐）	カツ	褐色、茶褐色
轄（轄）	カツ	管轄、所轄、直轄
且	かつ	且つ
株	かぶ	株、株式
釜（釜）	かま	釜
鎌（鎌）	かま	鎌、鎌倉時代
刈	かる	刈る、刈り入れ
干	カン	干渉、干潮、若干
	ほす	干す、干し物
	ひる	干上がる、干物、潮干狩り
刊	カン	刊行、発刊、週刊
甘	カン	甘言、甘受、甘味料
	あまい	甘い、甘み
	あまえる	甘える
	あまやかす	甘やかす
汗	カン	汗顔、発汗
	あせ	汗、汗ばむ
缶（罐）	カン	缶、缶詰、製缶
完	カン	完全、完成、未完
肝	カン	肝臓、肝胆、肝要
	きも	肝、肝っ玉
官	カン	官庁、官能、教官
冠	カン	冠詞、王冠、栄冠
	かんむり	冠
巻（卷）	カン	巻頭、圧巻、一巻
	まく	巻く、巻き貝
	まき	巻の一
看	カン	看護、看破、看板
陥（陷）	カン	陥落、陥没、欠陥
	おちいる	陥る
	おとしいれる	陥れる
乾	カン	乾燥、乾杯、乾電池
	かわく	乾く
	かわかす	乾かす
勘	カン	勘弁、勘当
患	カン	患者、疾患
	わずらう	患う、長患い
貫	カン	貫通、縦貫、尺貫法
	つらぬく	貫く
寒（寒）	カン	寒暑、寒村、厳寒
	さむい	寒い、寒がる、寒空
喚	カン	喚問、召喚、叫喚
堪	カン	堪忍、堪能*13

漢字	音訓	例
	たえる	堪える
換	カン	換気、換算、交換
	かえる	換える
	かわる	換わる
敢	カン	敢然、果敢、勇敢
棺	カン	棺おけ、石棺、出棺
款	カン	定款、借款、落款
間(閒)	カン	間隔、中間、時間
	ケン	世間、人間
	あいだ	間、間柄
	ま	間、間違う、客間
閑	カン	閑静、閑却、繁閑
勧(勸)	カン	勧誘、勧奨、勧告
	すすめる	勧める、勧め
寛(寬)	カン	寛大、寛容、寛厳
幹	カン	幹線、幹事、根幹
	みき	幹
感	カン	感心、感覚、直感
漢(漢)	カン	漢字、漢語、門外漢
慣	カン	慣例、慣性、習慣
	なれる	慣れる、慣れ
	ならす	慣らす
管	カン	管理、管制、鉄管
	くだ	管
関(關)	カン	関節、関係、関する
	せき	関、関取、関の山
	かかわる	関わる、関わり
歓(歡)	カン	歓迎、歓声、交歓
監	カン	監視、監督、総監
緩(緩)	カン	緩和、緩慢、緩急
	ゆるい	緩い
	ゆるやか	緩やかだ
	ゆるむ	緩む、緩み
	ゆるめる	緩める
憾	カン	遺憾
還(還)	カン	還元、生還、返還
館(館)	カン	館内、旅館、図書館
	やかた	館
環(環)	カン	環状、環境、循環
簡(簡)	カン	簡単、簡易、書簡
観(觀)	カン	観察、客観、壮観
韓(韓)	カン	韓国
艦	カン	艦船、艦隊、軍艦
鑑	カン	鑑賞、鑑定、年鑑
	かんがみる	鑑みる
丸	ガン	丸薬、弾丸、砲丸
	まる	丸、丸太、丸洗い
	まるい	丸い、丸み、丸さ
	まるめる	丸める
含	ガン	含有、含蓄、包含
	ふくむ	含む、含み
	ふくめる	含める
岸	ガン	岸壁、対岸、彼岸
	きし	岸、向こう岸
岩	ガン	岩石、岩塩、火成岩
	いわ	岩、岩場
玩	ガン	玩具、愛玩
眼	ガン	眼球、眼力、主眼
	ゲン	開眼
	まなこ	眼、どんぐり眼、血眼
頑	ガン	頑強、頑健、頑固
顔(顏)	ガン	顔面、童顔、厚顔
	かお	顔、横顔、したり顔
願	ガン	願望、祈願、志願
	ねがう	願う、願い、願わしい
企	キ	企画、企図、企業
	くわだてる	企てる、企て
伎	キ	歌舞伎
危(危)	キ	危険、危害、安危
	あぶない	危ない、危ながる
	あやうい	危うい、危うく
	あやぶむ	危ぶむ
机	キ	机上、机辺
	つくえ	机
気(氣)	キ	気体、気候、元気
	ケ	気配、気色ばむ、火の
岐	キ	岐路、分岐、多岐

漢字	音訓	例
希	キ	希望、希少、希薄
忌	キ いむ いまわしい	忌避、忌中、禁忌 忌む 忌まわしい
汽	キ	汽車、汽船、汽笛
奇	キ	奇襲、奇数、珍奇
祈（祈）	キ いのる	祈願、祈念 祈る、祈り
季	キ	季節、四季、雨季
紀	キ	紀行、紀元、風紀
軌	キ	軌道、広軌、常軌
既（既）	キ すでに	既成、既婚、既往症 既に
記	キ しるす	記入、記号、伝記 記す
起（起）	キ おきる おこる おこす	起立、起源、奮起 起きる、早起き 起こる 起こす
飢（飢）	キ うえる	飢餓 飢える、飢え
鬼	キ おに	鬼神、鬼才、餓鬼 鬼、鬼ごっこ、赤鬼
帰（歸）	キ かえる かえす	帰還、帰納、復帰 帰る、帰り 帰す
基	キ もと もとい	基礎、基準、基地 基、基づく 基
寄	キ よる よせる	寄宿、寄贈、寄港 寄る、近寄る、身寄り 寄せる、人寄せ
規	キ	規則、規律、定規
亀（龜）	キ かめ	亀裂 亀
喜	キ よろこぶ	喜劇、悲喜、歓喜 喜ぶ、喜び、喜ばしい
幾（幾）	キ いく	幾何学 幾つ、幾ら、幾日
揮	キ	揮発油、指揮、発揮
期（期）	キ ゴ	期間、期待、予期 最期、この期に及んで
棋	キ	棋士、棋譜、将棋
貴	キ たっとい とうとい たっとぶ とうとぶ	貴重、貴下、騰貴 貴い 貴い 貴ぶ 貴ぶ
棄（棄）	キ	棄権、放棄、遺棄
毀	キ	毀損、毀誉
旗	キ はた	旗手、旗艦、国旗 旗、旗色、手旗
器（器）	キ うつわ	器量、器用、陶器 器
畿	キ	畿内、近畿
輝	キ かがやく	輝石、光輝 輝く、輝き、輝かしい
機（機）	キ はた	機械、機会、危機 機、機織り
騎	キ	騎士、騎馬、一騎当千
技	ギ わざ	技術、技師、特技 技
宜	ギ	適宜、便宜
偽（僞）	ギ いつわる にせ	偽名、真偽、虚偽 偽る、偽り 偽、偽物、偽札
欺	ギ あざむく	詐欺 欺く
義	ギ	義理、意義、正義
疑	ギ うたがう	疑念、疑問、容疑 疑う、疑い、疑わしい
儀	ギ	儀式、威儀、地球儀
戯（戲）	ギ たわむれる	戯曲、遊戯、児戯 戯れる、戯れ
擬	ギ	擬音、擬人法、模擬
犠（犧）	ギ	犠牲、犠打
議	ギ	議論、会議、異議
菊（菊）	キク	菊、菊花、白菊

吉	キチ	吉日*14、吉例、大吉
	キツ	吉報、不吉
喫(喫)	キツ	喫煙、満喫、喫する
詰	キツ	詰問、難詰、面詰
	つめる	詰める、詰め物
	つまる	詰まる、行き詰まる
	つむ	詰む、詰み
却	キャク	却下、退却、売却
客	キャク	客間、客車、乗客
	カク	客死、主客、旅客
脚	キャク	脚部、脚本、三脚
	キャ	脚立、行脚
	あし	脚、机の脚
逆(逆)	ギャク	逆上、逆転、順逆
	さか	逆立つ、逆さ、逆さま
	さからう	逆らう
虐(虐)	ギャク	虐待、虐殺、残虐
	しいたげる	虐げる
九	キュウ	九百、三拝九拝
	ク	九分九厘、九月
	ここの	九日、九重
	ここのつ	九つ
久	キュウ	永久、持久、耐久
	ク	久遠
	ひさしい	久しい、久々
及(及)	キュウ	及第、追及、普及
	およぶ	及ぶ、及び腰
	および	及び〔接〕
	およぼす	及ぼす
弓	キュウ	弓道、弓状、洋弓
	ゆみ	弓、弓矢
丘	キュウ	丘陵、砂丘
	おか	丘
旧(舊)	キュウ	旧道、新旧、復旧
休	キュウ	休止、休憩、定休
	やすむ	休む、休み
	やすまる	休まる
	やすめる	休める、気休め
吸(吸)	キュウ	吸収、吸入、呼吸
	すう	吸う
朽	キュウ	不朽、老朽、腐朽
	くちる	朽ちる
臼	キュウ	臼歯、脱臼
	うす	石臼
求	キュウ	求職、要求、追求
	もとめる	求める、求め
究	キュウ	究明、研究、学究
	きわめる	究める
泣	キュウ	号泣、感泣
	なく	泣く、泣き沈む
急(急)	キュウ	急速、急務、緊急
	いそぐ	急ぐ、急ぎ
級(級)	キュウ	等級、上級、階級
糾(糾)	キュウ	糾弾、紛糾
宮	キュウ	宮殿、宮廷、離宮
	グウ	宮司、神宮、東宮
	ク*15	
	みや	宮、宮様
救	キュウ	救助、救援、救急
	すくう	救う、救い
球	キュウ	球形、球技、地球
	たま	球
給	キュウ	給水、配給、月給
嗅	キュウ	嗅覚
	かぐ	嗅ぐ
窮	キュウ	窮極、窮屈、困窮
	きわめる	窮める
	きわまる	窮まる
牛	ギュウ	牛馬、牛乳、闘牛
	うし	牛
去	キョ	去年、去就、除去
	コ	過去
	さる	去る、去る○日
巨(巨)	キョ	巨大、巨匠、巨万
居	キョ	居住、居室、住居
	いる	居る、芝居
拒(拒)	キョ	拒絶、拒否
	こばむ	拒む

漢字	音訓	例
拠(據)	キョ	拠点、占拠、根拠
	コ	証拠
挙(擧)	キョ	挙手、挙国、壮挙
	あげる	挙げる、挙げて〔副〕
	あがる	挙がる
虚(虛)	キョ	虚無、虚偽、空虚
	コ	虚空、虚無僧
許	キョ	許可、許諾、特許
	ゆるす	許す、許し
距(距)	キョ	距離
魚	ギョ	魚類、金魚、鮮魚
	うお	魚、魚市場
	さかな	魚、魚屋、煮魚
御(御)	ギョ	御者、制御
	ゴ	御飯、御用、御殿
	おん	御中、御礼
漁	ギョ	漁業、漁船、漁村
	リョウ*16	漁師、大漁、不漁
凶	キョウ	凶悪、凶作、吉凶
共	キョウ	共同、共通、公共
	とも	共に、共々、共食い
叫(叫)	キョウ	叫喚、絶叫
	さけぶ	叫ぶ、叫び
狂	キョウ	狂気、狂言、熱狂
	くるう	狂う
	くるおしい	狂おしい
京	キョウ	京風、上京、帰京
	ケイ*17	
享	キョウ	享有、享受、享楽
供	キョウ	供給、提供、自供
	ク	供物、供養
	そなえる	供える、お供え
	とも	供、子供
協	キョウ	協力、協会、妥協
況	キョウ	状況、実況、概況
峡(峽)	キョウ	峡谷、地峡、海峡
挟(挾)	キョウ	挟撃
	はさむ	挟む
	はさまる	挟まる
狭(狹)	キョウ	狭量、広狭、偏狭
	せまい	狭い、狭苦しい
	せばめる	狭める
	せばまる	狭まる
恐(恐)	キョウ	恐怖、恐縮、恐慌
	おそれる	恐れる、恐れ、恐らく
	おそろしい	恐ろしい
恭	キョウ	恭賀、恭順
	うやうやしい	恭しい
胸	キョウ	胸囲、胸中、度胸
	むね	胸
	むな	胸板、胸毛、胸騒ぎ
脅	キョウ	脅迫、脅威
	おびやかす	脅かす
	おどす	脅す、脅し、脅し文句
	おどかす	脅かす
強	キョウ	強弱、強要、勉強
	ゴウ	強引、強情、強盗
	つよい	強い、強がる
	つよまる	強まる
	つよめる	強める
	しいる	強いる、無理強い
教(教)	キョウ	教育、教訓、宗教
	おしえる	教える、教え
	おそわる	教わる
郷(鄕)	キョウ	郷里、郷土、異郷
	ゴウ	郷士、近郷、在郷
境(境)	キョウ	境界、境地、逆境
	ケイ	境内
	さかい	境、境目
橋	キョウ	橋脚、鉄橋、歩道橋
	はし	橋、丸木橋
矯	キョウ	矯正、奇矯
	ためる	矯める、矯め直す
鏡(鏡)	キョウ	鏡台、望遠鏡、反射鏡
	かがみ	鏡
競	キョウ	競争、競技、競泳
	ケイ	競馬、競輪
	きそう	競う

漢字	音訓	例
	せる	競る、競り合う
響(響)	キョウ	音響、影響、交響楽
	ひびく	響く、響き
驚(驚)	キョウ	驚異、驚嘆
	おどろく	驚く、驚き
	おどろかす	驚かす
仰	ギョウ	仰視、仰天、仰角
	コウ	信仰
	あおぐ	仰ぐ
	おおせ	仰せ
暁(曉)	ギョウ	暁天、今暁、通暁
	あかつき	暁
業	ギョウ	業績、職業、卒業
	ゴウ	業病、罪業、自業自得
	わざ	業、仕業、早業
凝	ギョウ	凝固、凝結、凝視
	こる	凝る、凝り性
	こらす	凝らす
曲	キョク	曲線、曲面、名曲
	まがる	曲がる
	まげる	曲げる
局	キョク	局部、時局、結局
極	キョク	極限、終極、積極的
	ゴク	極上、極秘、至極
	きわめる	極める、極め付き、極めて〔副〕
	きわまる	極まる、極まり
	きわみ	極み
玉	ギョク	玉座、玉石、宝玉
	たま	玉、目玉
巾	キン	頭巾、雑巾
斤	キン	斤量
均	キン	均等、均一、平均
近(近)	キン	近所、近代、接近
	ちかい	近い、近づく、近道
金	キン	金属、金銭、純金
	コン	金色、金剛力、黄金
	かね	金、金持ち、針金
	かな	金物、金具、金縛り
菌(菌)	キン	細菌、殺菌、保菌者
勤(勤)	キン	勤務、勤勉、出勤
	ゴン	勤行
	つとめる	勤める、勤め
	つとまる	勤まる
琴	キン	琴線、木琴、手風琴
	こと	琴
筋	キン	筋肉、筋骨、鉄筋
	すじ	筋、筋書、大筋
僅	キン	僅差
	わずか	僅かだ
禁	キン	禁止、禁煙、厳禁
緊	キン	緊張、緊密、緊急
錦	キン	錦秋
	にしき	錦絵
謹(謹)	キン	謹慎、謹賀、謹呈
	つつしむ	謹む、謹んで〔副〕
襟	キン	襟度、開襟、胸襟
	えり	襟、襟首
吟	ギン	吟味、詩吟、苦吟
銀	ギン	銀貨、銀行、水銀
区(區)	ク	区別、区々、地区
句	ク	句集、字句、節句
苦(苦)	ク	苦心、苦労、辛苦
	くるしい	苦しい、苦しがる、見苦しい
	くるしむ	苦しむ、苦しみ
	くるしめる	苦しめる
	にがい	苦い、苦虫、苦々しい
	にがる	苦り切る
駆(驅)	ク	駆使、駆逐、先駆
	かける	駆ける、抜け駆け
	かる	駆る、駆り立てる
具(具)	グ	具体的、具備、道具
惧	グ	危惧
愚	グ	愚問、愚鈍、暗愚
	おろか	愚かだ、愚かしい
空(空)	クウ	空想、空港、上空
	そら	空、空色、青空

	あく	空く、空き巣
	あける	空ける
	から	空、空手、空手形
偶	グウ	偶然、偶数、配偶者
遇(遇)	グウ	境遇、待遇、遇する
隅	グウ	一隅
	すみ	隅、片隅
串	くし	串刺し、串焼き
屈	クツ	屈辱、屈伸、不屈、理屈
掘	クツ	掘削、発掘、採掘
	ほる	掘る
窟	クツ	巣窟、洞窟
熊	くま	熊
繰	くる	繰る、繰り返す
君	クン	君主、君臨、諸君
	きみ	君、母君
訓	クン	訓練、教訓、音訓
勲(勳)	クン	勲功、勲章、殊勲
薫(薰)	クン	薫風、薫陶
	かおる	薫る、薫り
軍	グン	軍隊、軍備、空軍
郡	グン	郡部、〇〇郡
群	グン	群居、大群、抜群
	むれる	群れる
	むれ	群れ
	むら	群すずめ、群千鳥、群がる
兄	ケイ	兄事、父兄、義兄
	キョウ	兄弟*18
	あに	兄
刑	ケイ	刑罰、刑法、処刑
形	ケイ	形態、形成、図形
	ギョウ	形相、人形
	かた	形、形見、手形
	かたち	形
系	ケイ	系統、系列、体系
径(徑)	ケイ	直径、直情径行
茎(莖)	ケイ	球茎、地下茎
	くき	茎、歯茎
係	ケイ	係累、係争、関係
	かかる	係る
	かかり	係、係員、庶務係
型	ケイ	原型、模型、典型
	かた	型、型紙、血液型
契(契)	ケイ	契約、契機、黙契
	ちぎる	契る、契り
計	ケイ	計算、計画、寒暖計
	はかる	計る
	はからう	計らう、計らい
恵(惠)	ケイ	恵贈、恵与、恩恵
	エ	恵方参り、知恵
	めぐむ	恵む、恵み
啓(啓)	ケイ	啓発、啓示、拝啓
掲(揭)	ケイ	掲示、掲載、前掲
	かかげる	掲げる
渓(溪)	ケイ	渓谷、渓流、雪渓
経(經)	ケイ	経費、経済、経験
	キョウ	経文、お経、写経
	へる	経る
蛍(螢)	ケイ	蛍光灯、蛍光塗料
	ほたる	蛍
敬(敬)	ケイ	敬意、敬服、尊敬
	うやまう	敬う
景	ケイ	景気、風景、光景
軽(輕)	ケイ	軽快、軽薄、軽率
	かるい	軽い、軽々と、手軽だ
	かろやか	軽やかだ
傾	ケイ	傾斜、傾倒、傾向
	かたむく	傾く、傾き
	かたむける	傾ける
携	ケイ	携帯、必携、提携
	たずさえる	携える
	たずさわる	携わる
継(繼)	ケイ	継続、継承、中継
	つぐ	継ぐ、継ぎ
詣	ケイ	参詣
	もうでる	詣でる、初詣

慶	ケイ	慶弔、慶祝、慶賀
憬	ケイ	憧憬
稽	ケイ	稽古、滑稽
憩	ケイ	休憩
	いこい	憩い
	いこう	憩う
警(警)	ケイ	警告、警戒、警察
鶏(鷄)	ケイ	鶏卵、鶏舎、養鶏
	にわとり	鶏
芸(藝)	ゲイ	芸術、芸能、文芸
迎(迎)	ゲイ	迎合、歓迎、送迎
	むかえる	迎える、出迎え
鯨	ゲイ	鯨油、捕鯨
	くじら	鯨
隙	ゲキ	間隙
	すき	隙間*19
劇	ゲキ	劇薬、劇場、演劇
撃(擊)	ゲキ	撃退、攻撃、打撃
	うつ	撃つ、早撃ち
激	ゲキ	激動、感激、激する
	はげしい	激しい、激しさ
桁	けた	桁違い、橋桁
欠(缺)	ケツ	欠乏、欠席、補欠
	かける	欠ける
	かく	欠く
穴(穴)	ケツ	穴居、墓穴
	あな	穴
血	ケツ	血液、血統、鮮血
	ち	血、鼻血
決	ケツ	決裂、決意、解決
	きめる	決める、取り決め
	きまる	決まる、決まり
結	ケツ	結論、結婚、連結
	むすぶ	結ぶ、結び
	ゆう	結う、元結
	ゆわえる	結わえる
傑(傑)	ケツ	傑物、傑作、豪傑
潔(潔)	ケツ	潔白、清潔、純潔
	いさぎよい	潔い
月(月)	ゲツ	月曜、明月、歳月
	ガツ	正月、九月
	つき	月、月見、三日月
犬	ケン	犬歯、愛犬、野犬
	いぬ	犬
件	ケン	件数、事件、条件
見	ケン	見学、見地、意見
	みる	見る、下見
	みえる	見える
	みせる	見せる、顔見せ
券(券)	ケン	乗車券、旅券、債券
肩(肩)	ケン	肩章、双肩、比肩
	かた	肩
建(建)	ケン	建築、建議、封建的
	コン	建立
	たてる	建てる、建物、二階建て
	たつ	建つ、一戸建ち
研(硏)	ケン	研究、研修
	とぐ	研ぐ
県(縣)	ケン	県庁、県立、○○県
倹(儉)	ケン	倹約、節倹、勤倹
兼(兼)	ケン	兼用、兼任、兼職
	かねる	兼ねる
剣(劍)	ケン	剣道、剣舞、刀剣
	つるぎ	剣
拳(拳)	ケン	拳銃、拳法
	こぶし	握り拳
軒	ケン	軒数、一軒
	のき	軒、軒先
健(健)	ケン	健康、健闘、強健
	すこやか	健やかだ
険(險)	ケン	険悪、危険、保険
	けわしい	険しい、険しさ
圏(圈)	ケン	圏内、圏外、成層圏
堅	ケン	堅固、堅実、中堅
	かたい	堅い
検(檢)	ケン	検査、検討、点検
嫌(嫌)	ケン	嫌悪、嫌疑

漢字	音訓	例
	ゲン	機嫌
	きらう	嫌う、嫌い
	いや	嫌だ、嫌がる、嫌気がさす
献(獻)	ケン	献上、献身的、文献
	コン	献立、一献
絹	ケン	絹布、人絹
	きぬ	絹、薄絹
遣(遣)	ケン	遣外、派遣、分遣
	つかう	遣う、金遣い
	つかわす	遣わす
権(權)	ケン	権利、権威、人権
	ゴン	権化、権現
憲(憲)	ケン	憲法、憲章、官憲
賢	ケン	賢人、賢明、先賢
	かしこい	賢い
謙(謙)	ケン	謙虚、謙譲
鍵(鍵)	ケン	鍵盤
	かぎ	鍵、鍵穴
繭(繭)	ケン	繭糸
	まゆ	繭、繭玉
顕(顯)	ケン	顕著、顕彰、顕微鏡
験(驗)	ケン	試験、経験、実験
	ゲン	験がある、霊験
懸	ケン	懸垂、懸賞、懸命
	ケ	懸念、懸想
	かける	懸ける、命懸け
	かかる	懸かる
元	ゲン	元素、元気、多元
	ガン	元祖、元日、元来
	もと	元、元帳、家元
幻	ゲン	幻滅、幻覚、夢幻
	まぼろし	幻
玄	ゲン	玄米、玄関、幽玄
言	ゲン	言行、言論、宣言
	ゴン	言上、伝言、無言
	いう	言う、物言い
	こと	言葉、寝言
弦	ゲン	上弦、正弦
	つる	弦
限	ゲン	限度、制限、期限
	かぎる	限る、限り
原	ゲン	原因、原理、高原
	はら	原、野原、松原
現	ゲン	現象、現在、表現
	あらわれる	現れる、現れ
	あらわす	現す
舷	ゲン	舷側、右舷
減	ゲン	減少、増減、加減
	へる	減る、目減り
	へらす	減らす、人減らし
源	ゲン	源泉、水源、資源
	みなもと	源
厳(嚴)	ゲン	厳格、厳重、威厳
	ゴン	荘厳
	おごそか	厳かだ
	きびしい	厳しい、厳しさ
己	コ	自己、利己
	キ	知己、克己
	おのれ	己
戸(戶)	コ	戸外、戸籍、下戸
	と	戸、雨戸
古	コ	古代、古典、太古
	ふるい	古い、古株、古びる
	ふるす	使い古す
呼	コ	呼吸、呼応、点呼
	よぶ	呼ぶ、呼び声
固	コ	固定、固有、堅固
	かためる	固める、固め
	かたまる	固まる、固まり
	かたい	固い、固さ
股	コ	股間、股関節
	また	内股、大股
虎	コ	虎穴、猛虎
	とら	虎
孤(孤)	コ	孤児、孤独、孤立
弧(弧)	コ	弧状、括弧、円弧
故	コ	故郷、故意、事故

漢字	音訓	例
	ゆえ	故、故に
枯	コ	枯死、枯淡、栄枯
	かれる	枯れる、枯れ木
	からす	枯らす、木枯らし
個	コ	個人、個性、一個
庫	コ	倉庫、文庫、車庫
	ク	庫裏
湖	コ	湖水、湖沼、湖畔
	みずうみ	湖
雇（雇）	コ	雇用、雇員、解雇
	やとう	雇う、日雇い
誇	コ	誇示、誇大、誇張
	ほこる	誇る、誇り、誇らしい
鼓	コ	鼓動、鼓舞、太鼓
	つづみ	鼓、小鼓
錮	コ	禁錮
顧（顧）	コ	顧慮、顧問、回顧
	かえりみる	顧みる
五	ゴ	五穀、五色、五目飯
	いつ	五日
	いつつ	五つ
互	ゴ	互角、互選、相互
	たがい	互い、互いに、互い違い
午	ゴ	午前、正午、子午線
呉（呉）	ゴ	呉服、呉越同舟
後	ゴ	後刻、前後、午後
	コウ	後続、後悔、後輩
	のち	後、後添い、後の世
	うしろ	後ろ、後ろめたい
	あと	後、後味、後回し
	おくれる	後れる、後れ毛、気後れ
娯（娯）	ゴ	娯楽
悟	ゴ	悟性、覚悟、悔悟
	さとる	悟る、悟り
碁	ゴ	碁石、碁盤、囲碁
語	ゴ	語学、新語、国語
	かたる	語る、物語
	かたらう	語らう、語らい
誤（誤）	ゴ	誤解、正誤、錯誤
	あやまる	誤る、誤り
護（護）	ゴ	護衛、救護、保護
口	コウ	口述、人口、開口
	ク	口調、口伝、異口同音
	くち	口、口絵、出口
工	コウ	工場、加工、人工
	ク	工面、細工、大工
公（公）	コウ	公平、公私、公園
	おおやけ	公
勾	コウ	勾配、勾留
孔	コウ	鼻孔、気孔
功	コウ	功名、功績、成功
	ク	功徳
巧	コウ	巧拙、巧妙、技巧
	たくみ	巧みな術
広（廣）	コウ	広大、広言、広義
	ひろい	広い、広場、広々と
	ひろまる	広まる
	ひろめる	広める
	ひろがる	広がる、広がり
	ひろげる	広げる
甲	コウ	甲乙、装甲車
	カン	甲板*20、甲高い
交（交）	コウ	交通、交番、社交
	まじわる	交わる、交わり
	まじえる	交える
	まじる	交じる
	まざる	交ざる
	まぜる	交ぜる、交ぜ織り
	かう	飛び交う
	かわす	交わす
光	コウ	光線、栄光、観光
	ひかる	光る、光り輝く
	ひかり	光、稲光
向	コウ	向上、傾向、趣向
	むく	向く、向き
	むける	向ける、顔向け

漢字	音訓	例
	むかう	向かう、向かい
	むこう	向こう、向こう側
后	コウ	皇后、皇太后
好	コウ	好意、好敵手、良好
	このむ	好む、好み、好ましい
	すく	好く、好き嫌い、好きな絵
江	コウ	江湖
	え	入り江
考	コウ	考慮、思考、参考
	かんがえる	考える、考え
行	コウ	行進、行為、旅行
	ギョウ	行列、行政、修行
	アン	行脚、行火
	いく	行く
	ゆく	行く、行く末
	おこなう	行う、行い
坑	コウ	坑道、炭坑、廃坑
孝	コウ	孝行、孝心、不孝
抗	コウ	抗争、抗議、対抗
攻	コウ	攻守、攻撃、専攻
	せめる	攻める
更（更）	コウ	更新、更迭、変更
	さら	更に、今更
	ふける	更ける、夜更け
	ふかす	更かす、夜更かし
効（效）	コウ	効果、効力、時効
	きく	効く、効き目
幸	コウ	幸福、不幸、行幸
	さいわい	幸い、幸いな事
	さち	幸
	しあわせ	幸せ、幸せな人
拘	コウ	拘束、拘留、拘置
肯	コウ	肯定、首肯
侯	コウ	諸侯、王侯
厚	コウ	厚情、厚生、濃厚
	あつい	厚い、厚み
恒（恆）	コウ	恒常、恒例、恒久
洪	コウ	洪水、洪積層
皇	コウ	皇帝、皇室、皇后
	オウ*21	法皇
紅	コウ	紅白、紅茶、紅葉
	ク	真紅、深紅
	べに	紅、口紅
	くれない	紅
荒（荒）	コウ	荒天、荒廃、荒涼
	あらい	荒い、荒波、荒々しい
	あれる	荒れる、荒れ地、大荒れ
	あらす	荒らす、倉庫荒らし
郊	コウ	郊外、近郊
香	コウ	香水、香気、線香
	キョウ	香車
	か	香、色香、移り香
	かおり	香り
	かおる	香る
候	コウ	候補、気候、測候所
	そうろう	候文、居候
校（校）	コウ	校閲、将校、学校
耕（耕）	コウ	耕作、耕地、農耕
	たがやす	耕す
航	コウ	航海、航空、就航
貢	コウ	貢献
	ク	年貢
	みつぐ	貢ぐ、貢ぎ物
降（降）	コウ	降雨、降参、下降
	おりる	降りる、乗り降り
	おろす	降ろす
	ふる	降る、大降り
高	コウ	高低、高級、最高
	たかい	高い、高台、高ぶる
	たか	高、売上高
	たかまる	高まる、高まり
	たかめる	高める
康	コウ	健康、小康
控（控）	コウ	控除、控訴
	ひかえる	控える、控え
梗（梗）	コウ	心筋梗塞、脳梗塞

黄(黃)	コウ	黄葉
	オウ	黄金、卵黄
	き	黄、黄色い、黄ばむ
	こ	黄金
喉	コウ	喉頭、咽喉
	のど	喉、喉元
慌(慌)	コウ	恐慌
	あわてる	慌てる、大慌て
	あわただしい	慌ただしい、慌ただしさ、慌ただしげだ
港(港)	コウ	港湾、漁港、出港
	みなと	港
硬(硬)	コウ	硬度、硬貨、生硬
	かたい	硬い、硬さ
絞(絞)	コウ	絞殺、絞首刑
	しぼる	絞る、絞り上げる、絞り
	しめる	絞める
	しまる	絞まる
項	コウ	項目、事項、条項
溝(溝)	コウ	下水溝、排水溝
	みぞ	溝
鉱(鑛)	コウ	鉱物、鉱山、鉄鉱
構(構)	コウ	構造、構内、結構
	かまえる	構える、構え
	かまう	構う、構わない

綱	コウ	綱紀、綱領、大綱
	つな	綱、横綱
酵	コウ	酵母
稿	コウ	草稿、原稿、投稿
興	コウ	興行、復興、振興
	キョウ	興味、興趣、余興
	おこる	興る
	おこす	興す
衡	コウ	均衡、平衡、度量衡
鋼	コウ	鋼鉄、鋼材、製鋼
	はがね	鋼
講(講)	コウ	講義、講演、聴講
購(購)	コウ	購入、購買、購読
乞	こう	乞う、命乞い
号(號)	ゴウ	号令、号外、番号
合	ゴウ	合同、合計、結合
	ガッ	合併、合宿、合点*22
	カッ	合戦
	あう	合う、落ち合う、試合
	あわす	合わす
	あわせる	合わせる、問い合わせる
拷	ゴウ	拷問
剛	ゴウ	剛健、金剛力
傲	ゴウ	傲然、傲慢
豪	ゴウ	豪遊、豪雨、文豪

克	コク	克服、克明、克己
告(告)	コク	告示、告白、報告
	つげる	告げる
谷	コク	幽谷
	たに	谷、谷川
刻(刻)	コク	彫刻、時刻、深刻
	きざむ	刻む、刻み
国(國)	コク	国際、国家、外国
	くに	国、島国
黒(黑)	コク	黒板、漆黒、暗黒
	くろ	黒、真っ黒、白黒
	くろい	黒い、黒さ、腹黒い
穀(穀)	コク	穀物、雑穀、脱穀
酷(酷)	コク	酷似、冷酷、残酷
獄	ゴク	獄舎、地獄、疑獄
骨	コツ	骨子、筋骨、老骨
	ほね	骨、骨折り
駒	こま	持ち駒
込(込)	こむ	込む
	こめる	込める、やり込める
頃	ころ	頃、日頃
今	コン	今後、今日、今朝、今年、昨今
	キン	今上
	いま	今、今し方
困	コン	困難、困窮、貧困

漢字	音訓	例
（困）	こまる	困る
昆	コン	昆虫、昆布*23
恨	コン	遺恨、痛恨、悔恨
	うらむ	恨む、恨み
	うらめしい	恨めしい
根	コン	根拠、根気、平方根
	ね	根、根強い、屋根
婚	コン	婚約、結婚、新婚
混	コン	混合、混雑、混迷
	まじる	混じる、混じり物
	まざる	混ざる
	まぜる	混ぜる、混ぜ物
	こむ	混む、混み合う、人混み*24
痕	コン	痕跡、血痕
	あと	痕、傷痕
紺	コン	紺青、紺屋*25、濃紺
魂	コン	魂胆、霊魂、商魂
	たましい	魂、負けじ魂
墾	コン	開墾
懇	コン	懇切、懇親会
	ねんごろ	懇ろだ
左	サ	左右、左翼、左遷
	ひだり	左、左利き
佐	サ	佐幕、補佐、大佐
沙	サ	沙汰
査	サ	査察、調査、巡査
砂	サ	砂丘、砂糖
	シャ	土砂
	すな	砂、砂場
唆	サ	教唆、示唆
	そそのかす	唆す
差	サ	差異、差別、誤差
	さす	差す
詐	サ	詐欺、詐取、詐称
鎖（鎖）	サ	鎖国、連鎖、封鎖
	くさり	鎖
座	ザ	座席、座談、星座
	すわる	座る、座り込み
挫	ザ	挫折、頓挫
才	サイ	才能、才覚、秀才
再	サイ	再度、再選、再出発
	サ	再来年、再来月、再来週
	ふたたび	再び
災	サイ	災害、災難、火災
	わざわい	災い
妻	サイ	妻子、夫妻、良妻
	つま	妻、人妻
采（采）	サイ	采配、喝采
砕（碎）	サイ	砕石、砕氷、粉砕
	くだく	砕く
	くだける	砕ける
宰	サイ	宰領、宰相、主宰
栽	サイ	栽培、盆栽
彩（彩）	サイ	彩色、色彩、淡彩
	いろどる	彩る、彩り
採（採）	サイ	採集、採用、採光
	とる	採る
済（濟）	サイ	返済、救済、経済
	すむ	済む、使用済み
	すます	済ます
祭	サイ	祭礼、文化祭
	まつる	祭る、祭り上げる
	まつり	祭り、秋祭り
斎（齋）	サイ	斎場、潔斎、書斎
細	サイ	細心、詳細、零細
	ほそい	細い、細腕、心細い
	ほそる	細る
	こまか	細かだ
	こまかい	細かい
菜（菜）	サイ	菜園、菜食、野菜
	な	菜、青菜
最	サイ	最大、最近、最先端
	もっとも	最も
裁	サイ	裁縫、裁判、体裁
	たつ	裁つ、裁ち物
	さばく	裁く、裁き

債	サイ	債務、負債、公債
催	サイ	催眠、開催、主催
	もよおす	催す、催し
塞	サイ	要塞
	ソク	脳梗塞、閉塞
	ふさぐ	塞ぐ
	ふさがる	塞がる
歳(歳)	サイ	歳末、歳月、二十歳
	セイ	歳暮
載	サイ	積載、掲載、記載
	のせる	載せる
	のる	載る
際	サイ	際限、交際、この際
	きわ	際、際立つ、窓際
埼	さい	
在	ザイ	在留、在宅、存在
	ある	在る、在りし日
材	ザイ	材木、材料、人材
剤(劑)	ザイ	薬剤師、錠剤、消化剤
財	ザイ	財産、私財、文化財
	サイ	財布
罪	ザイ	罪状、犯罪、謝罪
	つみ	罪
崎	さき	○○崎
作	サク	作為、著作、豊作
	サ	作業、作用、動作
	つくる	作る
削(削)	サク	削除、削減、添削
	けずる	削る
昨	サク	昨日、昨年、一昨日
柵	サク	鉄柵
索	サク	索引、思索、鉄索
策	サク	策略、政策、対策
酢	サク	酢酸
	す	酢、酢の物
搾	サク	搾取、圧搾
	しぼる	搾る
錯	サク	錯誤、錯覚、交錯
咲(咲)	さく	咲く、遅咲き
冊(册)	サツ	冊子、別冊
	サク	短冊
札	サツ	札入れ、表札、入札
	ふだ	札、名札
刷	サツ	刷新、印刷、増刷
	する	刷る
刹	サツ	古刹、名刹
	セツ	刹那
拶	サツ	挨拶
殺(殺)	サツ	殺人、殺到、黙殺
	サイ	相殺
	セツ	殺生
	ころす	殺す、殺し、見殺し
察	サツ	察知、観察、考察
撮	サツ	撮影
	とる	撮る
擦	サツ	擦過傷、摩擦
	する	擦る、擦り傷
	すれる	擦れる、靴擦れ
雑(雜)	ザツ	雑談、雑音、混雑
	ゾウ	雑炊、雑木林、雑兵
皿	さら	皿、灰皿
三	サン	三角、三流、再三
	み	三日月、三日(みっか)
	みつ	三つ指
	みっつ	三つ
山	サン	山脈、高山、登山
	やま	山
参(參)	サン	参加、参万円、降参
	まいる	参る、寺参り
桟(棧)	サン	桟、桟橋
蚕(蠶)	サン	蚕糸、蚕食、養蚕
	かいこ	蚕
惨(慘)	サン	惨劇、悲惨、陰惨
	ザン	惨死、惨殺
	みじめ	惨めだ
産(產)	サン	産業、生産、出産
	うむ	産む、産み月
	うまれる	産まれる

	うぶ	産湯、産着、産毛
傘	サン	傘下、落下傘
	かさ	傘、雨傘、日傘
散	サン	散歩、散文、解散
	ちる	散る、散り散りに
	ちらす	散らす
	ちらかす	散らかす
	ちらかる	散らかる
算	サン	算数、計算、予算
酸	サン	酸味、酸素、辛酸
	すい	酸い、酸っぱい
賛(贊)	サン	賛成、賛同、称賛
残(殘)	ザン	残留、残念、敗残
	のこる	残る、残り
	のこす	残す、食べ残し
斬	ザン	斬殺、斬新
	きる	斬る
暫	ザン	暫時、暫定
士	シ	士官、武士、紳士
子	シ	子孫、女子、帽子
	ス	金子、扇子、様子
	こ	子、親子、年子
支(支)	シ	支持、支障、支店
	ささえる	支える、支え
止	シ	止宿、静止、中止
	とまる	止まる、行き止まり
	とめる	止める、歯止め
氏	シ	氏名、姓氏、某氏
	うじ	氏、氏神
仕	シ	仕事、出仕
	ジ	給仕
	つかえる	仕える
史(史)	シ	史学、歴史、国史
司	シ	司会、司令、上司
四	シ	四角、四季、四十七士
	よ	四人、四日(よっか)、四月目
	よつ	四つ角
	よっつ	四つ
	よん	四回、四階
市	シ	市民、市況、都市
	いち	市、競り市
矢	シ	一矢を報いる
	や	矢、矢印、矢面
旨	シ	要旨、趣旨、本旨
	むね	旨
死	シ	死亡、死角、必死
	しぬ	死ぬ、死に絶える
糸(絲)	シ	綿糸、蚕糸、製糸
	いと	糸、糸目、毛糸
至	シ	至当、夏至、冬至
	いたる	至る、至って〔副〕
伺	シ	伺候
	うかがう	伺う、伺い
志	シ	志望、有志、寸志
	こころざす	志す
	こころざし	志
私	シ	私立、私腹、公私
	わたくし	私、私する
	わたし	私
使(使)	シ	使役、使者、駆使
	つかう	使う、使い
刺	シ	刺激、名刺、風刺
	さす	刺す、刺し殺す
	ささる	刺さる
始	シ	始終、年始、開始
	はじめる	始める、始め
	はじまる	始まる、始まり
姉	シ	姉妹、諸姉
	あね	姉、姉上
枝	シ	枝葉
	えだ	枝
祉(祉)	シ	福祉
肢	シ	肢体、下肢、選択肢
姿(姿)	シ	姿勢、容姿、雄姿
	すがた	姿
思	シ	思想、意思、相思
	おもう	思う、思い、思わしい

漢字	音訓	例
指	シ	指示、指導、屈指
	ゆび	指、指先
	さす	指す、指図、名指し
施	シ	施設、施政、実施
	セ	施主、施療、布施
	ほどこす	施す、施し
師	シ	師匠、教師、医師
恣	シ	恣意的
紙	シ	紙面、用紙、新聞紙
	かみ	紙、紙くず、厚紙
脂	シ	脂肪、油脂、樹脂
	あぶら	脂、脂ぎる
視（視）	シ	視覚、視力、注視
紫	シ	紫紺、紫煙、紫外線
	むらさき	紫、紫色
詞	シ	歌詞、作詞、品詞
歯（齒）	シ	歯科、乳歯、義歯
	は	歯、入れ歯
嗣	シ	嗣子、嫡嗣
試	シ	試験、試作、追試
	こころみる	試みる、試み
	ためす	試す、試し
詩	シ	詩情、詩人、詩歌*26
資（資）	シ	資本、資格、物資
飼（飼）	シ	飼育、飼料
	かう	飼う
誌	シ	誌面、日誌、雑誌
雌	シ	雌雄、雌伏
	め	雌花、雌牛、雌しべ
	めす	雌、雌犬
摯	シ	真摯
賜	シ	賜暇、下賜、恩賜
	たまわる	賜る
諮（諮）	シ	諮問
	はかる	諮る
示	ジ	示威、示談、指示
	シ	示唆
	しめす	示す、示し
字	ジ	字画、文字、活字
	あざ	字、大字
寺	ジ	寺院、社寺、末寺
	てら	寺、尼寺
次（次）	ジ	次回、次元、目次
	シ	次第
	つぐ	次ぐ、次いで〔副〕
	つぎ	次、次に、次々と
耳	ジ	耳鼻科、中耳炎
	みみ	耳、早耳
自	ジ	自分、自由、各自
	シ	自然
	みずから	自ら
似	ジ	類似、酷似、疑似
	にる	似る、似顔
児（兒）	ジ	児童、幼児、優良児
	ニ	小児科
事	ジ	事物、無事、師事
	ズ	好事家
	こと	事、仕事、出来事
侍	ジ	侍従、侍女、侍医
	さむらい	侍
治	ジ	政治、療治
	チ	治安、治水、自治
	おさめる	治める
	おさまる	治まる
	なおる	治る
	なおす	治す
持	ジ	持参、持続、支持
	もつ	持つ
時	ジ	時間、時候、当時
	とき	時、時めく、時々
滋（滋）	ジ	滋味、滋養
慈（慈）	ジ	慈愛、慈善、慈悲
	いつくしむ	慈しむ、慈しみ
辞（辭）	ジ	辞書、辞職、式辞
	やめる	辞める
磁（磁）	ジ	磁石、磁気、陶磁器
餌〔餌〕	ジ	好餌、食餌
	えさ	餌

漢字	読み	用例
	え	餌食
璽	ジ	御璽、国璽
鹿	しか	鹿
	か	鹿の子
式	シキ	式典、形式、数式
識(識)	シキ	識別、意識、知識
軸	ジク	軸、車軸、地軸
七	シチ	七五三、七福神
	なな	七月目
	ななつ	七つ
	なの	七日*27
叱	シツ	叱責
	しかる	叱る
失	シツ	失望、失敗、消失
	うしなう	失う
室	シツ	室内、皇室、居室
	むろ	室、室咲き
疾	シツ	疾患、疾走、悪疾
執	シツ	執務、執筆、確執
	シュウ	執念、執心、我執
	とる	執る
湿(濕)	シツ	湿度、湿地、多湿
	しめる	湿る、湿り
	しめす	湿す
嫉	シツ	嫉妬
漆	シツ	漆器、漆黒、乾漆
	うるし	漆
質	シツ	質問、質実、本質
	シチ	質屋、人質
	チ	言質
実(實)	ジツ	実力、充実、実に
	み	実、実入り
	みのる	実る、実り
芝(芝)	しば	芝、芝居
写(寫)	シャ	写真、描写、映写
	うつす	写す、写し
	うつる	写る、写り
社(社)	シャ	社会、会社、神社
	やしろ	社
車	シャ	車輪、車庫、電車
	くるま	車、歯車
舎(舍)	シャ	舎監、校舎、寄宿舎
者(者)	シャ	医者、前者、第三者
	もの	者、若者
射	シャ	射撃、発射、日射病
	いる	射る
捨(捨)	シャ	捨象、取捨、喜捨
	すてる	捨てる、捨て子
赦	シャ	赦免、大赦、恩赦
斜	シャ	斜面、斜線、傾斜
	ななめ	斜め
煮(煮)	シャ	煮沸
	にる	煮る、雑煮
	にえる	煮える、生煮え
	にやす	業を煮やす
遮(遮)	シャ	遮断
	さえぎる	遮る
謝	シャ	謝絶、感謝、陳謝
	あやまる	謝る、平謝り
邪(邪)	ジャ	邪悪、邪推、正邪
蛇	ジャ	蛇の目、蛇腹、大蛇
	ダ	蛇行、蛇足、長蛇
	へび	蛇
尺	シャク	尺度、尺貫法
借	シャク	借用、借金、貸借
	かりる	借りる、借り
酌(酌)	シャク	酌量、晩酌
	くむ	酌む、酌み交わす
釈(釋)	シャク	釈明、釈放、解釈
爵(爵)	シャク	爵位
若(若)	ジャク	若年、若干、自若
	ニャク	老若*28
	わかい	若い、若者、若々しい
	もしくは	若しくは
弱(弱)	ジャク	弱点、弱小、強弱
	よわい	弱い、弱虫、足弱
	よわる	弱る
	よわまる	弱まる

漢字	音訓	例
	よわめる	弱める
寂	ジャク	寂滅、静寂、閑寂
	セキ	寂然*29、寂として
	さび	寂
	さびしい	寂しい、寂しがる
	さびれる	寂れる
手	シュ	手腕、挙手、選手
	て	手、手柄、素手
	た	手綱、手繰る
主(主)	シュ	主人、主権、施主
	ス	法主*30、坊主
	ぬし	主、地主
	おも	主な人々
守	シュ	守備、保守、攻守
	ス	留守
	まもる	守る、守り
	もり	お守り、子守、灯台守
朱	シュ	朱肉、朱筆、朱塗り
取	シュ	取捨、取材、聴取
	とる	取る
狩	シュ	狩猟
	かる	狩る、狩り込み
	かり	狩り、ぶどう狩り
首	シュ	首尾、首席、自首
	くび	首、首飾り
殊	シュ	殊勝、殊勲、特殊
	こと	殊に、殊の外、殊更
珠	シュ	珠玉、珠算、真珠
酒	シュ	酒宴、飲酒、洋酒
	さけ	酒、酒好き、甘酒
	さか	酒屋、酒場、酒盛り
腫	シュ	腫瘍
	はれる	腫れる、腫れ
	はらす	腫らす
種	シュ	種類、人種、品種
	たね	種、菜種、一粒種
趣	シュ	趣向、趣味、興趣
	おもむき	趣
寿(壽)	ジュ	寿命、長寿、米寿
	ことぶき	寿
受	ジュ	受諾、受験、甘受
	うける	受ける、受付
	うかる	受かる
呪	ジュ	呪縛、呪文
	のろう	呪う
授	ジュ	授与、伝授、教授
	さずける	授ける
	さずかる	授かる
需	ジュ	需要、需給、必需品
儒	ジュ	儒学、儒教、儒者
樹	ジュ	樹木、樹立、街路樹
収(收)	シュウ	収穫、収入、回収
	おさめる	収める
	おさまる	収まる
囚	シュウ	囚人、死刑囚
州	シュウ	州議会、六大州
	す	州、中州、三角州
舟	シュウ	舟運、舟艇、舟航
	ふね	舟、小舟、渡し舟
	ふな	舟遊び、舟宿、舟歌
秀	シュウ	秀逸、秀才、優秀
	ひいでる	秀でる
周(周)	シュウ	周知、周囲、円周
	まわり	周り
宗	シュウ	宗教、宗派、改宗
	ソウ	宗家、宗匠
拾	シュウ	拾得、収拾
	ジュウ	拾万円
	ひろう	拾う、拾い物
秋	シュウ	秋季、秋分、晩秋
	あき	秋
臭(臭)	シュウ	臭気、悪臭、俗臭
	くさい	臭い、臭み、臭さ
	におう	臭う、臭い
修	シュウ	修飾、修養、改修
	シュ	修行
	おさめる	修める
	おさまる	修まる

漢字	音訓	例
袖	シュウ	領袖
	そで	袖、半袖
終（終）	シュウ	終了、終日、最終
	おわる	終わる、終わり
	おえる	終える
羞	シュウ	羞恥心
習（習）	シュウ	習得、習慣、練習
	ならう	習う、手習い
週（週）	シュウ	週刊、週末、毎週
就	シュウ	就任、就寝、去就
	ジュ	成就
	つく	就く
	つける	就ける
衆	シュウ	衆寡、民衆、聴衆
	シュ	衆生
集	シュウ	集合、集結、全集
	あつまる	集まる、集まり
	あつめる	集める、人集め
	つどう	集う、集い
愁	シュウ	愁傷、哀愁、憂愁
	うれえる	愁える
	うれい	愁い
酬	シュウ	報酬、応酬
醜	シュウ	醜悪、醜態、美醜
	みにくい	醜い、醜さ
蹴	シュウ	一蹴
	ける	蹴る、蹴散らす
襲（襲）	シュウ	襲撃、襲名、世襲
	おそう	襲う
十	ジュウ	十字架、十文字
	ジッ*31	十回
	とお	十、十日
	と	十色、十重
汁	ジュウ	果汁、墨汁
	しる	汁、汁粉
充	ジュウ	充実、充電、補充
	あてる	充てる
住（住）	ジュウ	住所、安住、衣食住
	すむ	住む
	すまう	住まう、住まい
柔	ジュウ	柔軟、柔道、懐柔
	ニュウ	柔和、柔弱
	やわらか	柔らかだ
	やわらかい	柔らかい
重	ジュウ	重量、重大、二重
	チョウ	重畳、慎重、貴重
	え	一重、八重桜
	おもい	重い、重たい
	かさねる	重ねる、重ね着
	かさなる	重なる
従（從）	ジュウ	従事、従順、服従
	ショウ	従容
	ジュ	従○位
	したがう	従う
	したがえる	従える
渋（澁）	ジュウ	渋滞、苦渋
	しぶ	渋、渋紙
	しぶい	渋い、渋さ、渋み
	しぶる	渋る
銃	ジュウ	銃砲、銃弾、小銃
獣（獸）	ジュウ	獣類、猛獣、鳥獣
	けもの	獣
縦（縱）	ジュウ	縦横、縦断、操縦
	たて	縦
叔	シュク	伯叔
祝（祝）	シュク	祝賀、祝日、慶祝
	シュウ	祝儀、祝言
	いわう	祝う
宿	シュク	宿泊、宿題、合宿
	やど	宿、宿屋
	やどる	宿る、雨宿り
	やどす	宿す
淑	シュク	淑女、貞淑、私淑
粛（肅）	シュク	粛清、静粛、自粛
縮	シュク	縮小、縮図、短縮
	ちぢむ	縮む、伸び縮み
	ちぢまる	縮まる
	ちぢめる	縮める

	ちぢれる	縮れる、縮れ毛
	ちぢらす	縮らす
塾	ジュク	塾、私塾
熟	ジュク	熟練、熟慮、成熟
	うれる	熟れる
出	シュツ	出入、出現、提出
	スイ	出納
	でる	出る、出窓、遠出
	だす	出す
述(述)	ジュツ	叙述、陳述、著述
	のべる	述べる
術(術)	ジュツ	術策、技術、芸術
俊	シュン	俊敏、俊秀、俊才
春	シュン	春季、立春、青春
	はる	春、春めく
瞬(瞬)	シュン	瞬間、瞬時、一瞬
	またたく	瞬く、瞬き
旬	ジュン	旬刊、上旬
	シュン	旬、旬の野菜
巡(巡)	ジュン	巡回、巡業、一巡
	めぐる	巡る、巡り歩く
盾	ジュン	矛盾
	たて	盾、後ろ盾
准	ジュン	准将、批准
殉	ジュン	殉死、殉職、殉難
純	ジュン	純真、純粋、不純

循	ジュン	循環、因循
順	ジュン	順序、順調、従順
準	ジュン	準備、基準、標準
潤	ジュン	潤色、潤沢、湿潤
	うるおう	潤う、潤い
	うるおす	潤す
	うるむ	潤む
遵(遵)	ジュン	遵守、遵法
処(處)	ショ	処置、処罰、処女
初	ショ	初期、初心者、最初
	はじめ	初め
	はじめて	初めて〔副〕
	はつ	初の受賞、初雪、初耳
	うい	初陣、初々しい
	そめる	書き初め、出初め式
所(所)	ショ	所得、住所、近所
	ところ	所、台所
書	ショ	書画、書籍、読書
	かく	書く
庶	ショ	庶民、庶務
暑(暑)	ショ	暑気、残暑、避暑
	あつい	暑い、暑さ
署(署)	ショ	署名、署長、警察署
緒(緒)	ショ	緒戦、由緒、端緒
	チョ	情緒*32
	お	緒、鼻緒

諸(諸)	ショ	諸君、諸国、諸般
女	ジョ	女子、女流、少女
	ニョ	女人、天女、善男善女
	ニョウ	女房
	おんな	女、女心、女らしい
	め	女神、女々しい
如	ジョ	欠如、突如、躍如
	ニョ	如実、如来、不如意
助	ジョ	助力、助監督、救助
	たすける	助ける、助け
	たすかる	助かる、大助かり
	すけ	助太刀
序	ジョ	序幕、順序、秩序
叙(敍)	ジョ	叙述、叙景、叙勲
徐	ジョ	徐行、徐々に
除	ジョ	除外、除数、解除
	ジ	掃除
	のぞく	除く
小	ショウ	小心、大小、縮小
	ちいさい	小さい、小さな
	こ	小型、小鳥、小切手
	お	小川、小暗い
升	ショウ	
	ます	升、升目
少	ショウ	少年、多少、減少
	すくない	少ない

漢字	読み	例
	すこし	少し
召	ショウ	召喚、国会の召集
	めす	召す、召し上がる
匠	ショウ	師匠、巨匠、意匠
床	ショウ	起床、病床、温床
	とこ	床、床の間、寝床
	ゆか	床、床下
抄	ショウ	抄録、抄本、抄訳
肖(肖)	ショウ	肖像、不肖
尚(尚)	ショウ	尚早、高尚
招	ショウ	招待、招致、招請
	まねく	招く、招き
承	ショウ	承知、承諾、継承
	うけたまわる	承る
昇	ショウ	昇降、昇進、上昇
	のぼる	昇る
松(松)	ショウ	松竹梅、白砂青松
	まつ	松、松原、門松
沼	ショウ	沼沢、湖沼
	ぬま	沼、沼地
昭	ショウ	昭和
宵(宵)	ショウ	徹宵
	よい	宵
将(將)	ショウ	将来、将棋、大将
消(消)	ショウ	消滅、消極的、費消
	きえる	消える、立ち消え
	けす	消す、消しゴム
症	ショウ	症状、炎症、重症
祥(祥)	ショウ	発祥、吉祥、不祥事
称(稱)	ショウ	称賛、名称、称する
笑	ショウ	笑覧、微笑、談笑
	わらう	笑う、大笑い
	えむ	ほくそ笑む、笑み
唱	ショウ	唱歌、合唱、提唱
	となえる	唱える
商(商)	ショウ	商売、商業、貿易商
	あきなう	商う、商い
渉(涉)	ショウ	渉外、干渉、交渉
章(章)	ショウ	憲章、勲章、文章
紹	ショウ	紹介
訟(訟)	ショウ	訴訟
勝(勝)	ショウ	勝敗、優勝、名勝
	かつ	勝つ、勝ち、勝手
	まさる	勝る、男勝り
掌	ショウ	掌中、職掌、車掌
晶	ショウ	結晶、水晶
焼(燒)	ショウ	焼却、燃焼、全焼
	やく	焼く、炭焼き
	やける	焼ける、夕焼け
焦	ショウ	焦土、焦慮、焦心
	こげる	焦げる、黒焦げ
	こがす	焦がす
	こがれる	焦がれる
	あせる	焦る、焦り
硝(硝)	ショウ	硝石、硝酸
粧	ショウ	化粧
詔	ショウ	詔勅、詔書
	みことのり	詔
証(證)	ショウ	証拠、証明、免許証
象	ショウ	象徴、対象、現象
	ゾウ	象眼、巨象
傷	ショウ	傷害、負傷、感傷
	きず	傷、古傷、傷つく
	いたむ	傷む
	いためる	傷める
奨(獎)	ショウ	奨励、奨学金、推奨
照	ショウ	照明、照会、対照的
	てる	照る、日照り
	てらす	照らす
	てれる	照れる
詳	ショウ	詳細、詳報、未詳
	くわしい	詳しい、詳しさ
彰(彰)	ショウ	表彰、顕彰
障(障)	ショウ	障害、障子、故障
	さわる	障る、差し障り
憧(憧)	ショウ	憧憬*33
	あこがれる	憧れる、憧れ
衝	ショウ	衝突、衝動、折衝

賞	ショウ	賞罰、賞与、懸賞
償	ショウ	償金、弁償、代償
	つぐなう	償う、償い
礁	ショウ	岩礁、暗礁、さんご礁
鐘(鐘)	ショウ	半鐘、警鐘
	かね	鐘
上	ジョウ	上旬、上昇、地上
	ショウ	上人、身上を潰す*34
	うえ	上、身の上
	うわ	上着、上積み
	かみ	上、川上
	あげる	上げる、売り上げ
	あがる	上がる、上がり
	のぼる	上る、上り
	のぼせる	上せる
	のぼす	上す
丈(丈)	ジョウ	丈六、丈夫な体
	たけ	丈、背丈
冗	ジョウ	冗談、冗長、冗費
条(條)	ジョウ	条理、条約、箇条
状(狀)	ジョウ	状態、白状、免状
乗(乘)	ジョウ	乗数、乗車、大乗的
	のる	乗る、乗り物
	のせる	乗せる
城(城)	ジョウ	城内、城下町、落城
	しろ	城、城跡
浄(淨)	ジョウ	浄化、清浄、不浄
剰(剩)	ジョウ	剰余、過剰、余剰
常	ジョウ	常備、日常、非常
	つね	常、常に、常々
	とこ	常夏
情(情)	ジョウ	情報、情熱、人情
	セイ	風情
	なさけ	情け
場	ジョウ	場内、会場、入場
	ば	場、場所、広場
畳(疊)	ジョウ	畳語、重畳
	たたむ	畳む、折り畳み
	たたみ	畳、畳表、青畳
蒸(蒸)	ジョウ	蒸気、蒸発
	むす	蒸す、蒸し暑い
	むれる	蒸れる
	むらす	蒸らす
縄(繩)	ジョウ	縄文、自縄自縛
	なわ	縄、縄張
壌(壤)	ジョウ	土壌
嬢(孃)	ジョウ	令嬢、愛嬢、お嬢さん
錠	ジョウ	錠前、錠剤、手錠
譲(讓)	ジョウ	譲渡、譲歩、謙譲
	ゆずる	譲る、親譲り
醸(釀)	ジョウ	醸造、醸成
	かもす	醸す、醸し出す
色	ショク	原色、特色、物色
	シキ	色彩、色調、色欲
	いろ	色、桜色、色づく
拭	ショク	払拭
	ふく	拭く
	ぬぐう	拭う
食(食)	ショク	食事、食料、会食
	ジキ	断食
	くう	食う、食い物
	くらう	食らう
	たべる	食べる、食べ物
植	ショク	植樹、植物、誤植
	うえる	植える、植木
	うわる	植わる
殖	ショク	生殖、利殖、学殖
	ふえる	殖える
	ふやす	殖やす
飾(飾)	ショク	装飾、修飾、服飾
	かざる	飾る、飾り
触(觸)	ショク	触媒、触発、接触
	ふれる	触れる
	さわる	触る
嘱(囑)	ショク	嘱託、委嘱
織(織)	ショク	織機、染織、紡織
	シキ	組織
	おる	織る、織物

職(職)	ショク	職業、職務、就職
辱	ジョク	恥辱、雪辱、屈辱
	はずかしめる	辱める、辱め
尻	しり	尻、尻込み、目尻
心	シン	心身、感心、中心
	こころ	心、心得る、親心
申	シン	申告、申請、内申書
	もうす	申す、申し上げる
伸	シン	伸縮、屈伸、追伸
	のびる	伸びる、背伸び
	のばす	伸ばす
	のべる	伸べる
臣	シン	臣下、君臣
	ジン	大臣
芯(芯)	シン	芯
身	シン	身体、単身、等身大
	み	身、身内、親身
辛	シン	辛苦、辛酸、香辛料
	からい	辛い、辛み、辛うじて
侵(侵)	シン	侵入、侵害、不可侵
	おかす	侵す
信	シン	信用、信頼、通信
津	シン	興味津々
	つ	津波、津々浦々
神(神)	シン	神聖、神経、精神
	ジン	神社、神宮、神通力
	かみ	神、神様、貧乏神
	かん	神主
	こう	神々しい
唇	シン	口唇
	くちびる	唇
娠	シン	妊娠
振	シン	振動、振興、不振
	ふる	振る、振り
	ふるう	振るう
	ふれる	振れる
浸(浸)	シン	浸水、浸透
	ひたす	浸す、水浸し
	ひたる	浸る
真(眞)	シン	真偽、写真、純真
	ま	真南、真新しい、真っ先、真ん中
針	シン	針路、運針、秒針
	はり	針、針金
深	シン	深山、深夜、水深
	ふかい	深い、深入り、深み
	ふかまる	深まる
	ふかめる	深める
紳	シン	紳士
進(進)	シン	進級、進言、前進
	すすむ	進む、進み
	すすめる	進める
森	シン	森林、森閑、森厳
	もり	森
診	シン	診察、診療、往診
	みる	診る
寝(寢)	シン	寝室、寝具、就寝
	ねる	寝る、寝入る、昼寝
	ねかす	寝かす
慎(愼)	シン	慎重、謹慎
	つつしむ	慎む、慎み
新	シン	新旧、新聞、革新
	あたらしい	新しい、新しさ、新しがる
	あらた	新ただ
	にい	新妻、新盆
審	シン	審判、審議、不審
震	シン	震動、震災、地震
	ふるう	震う、身震い
	ふるえる	震える、震え
薪(薪)	シン	薪炭、薪水
	たきぎ	薪
親	シン	親族、親友、肉親
	おや	親、親子、父親
	したしい	親しい、親しさ
	したしむ	親しむ
人	ジン	人道、人員、成人
	ニン	人間、人情、人形

漢字	音訓	例
	ひと	人、人手、旅人
刃(刄)	ジン	白刃、凶刃、自刃
	は	刃、刃物、両刃
仁	ジン	仁義、仁術
	ニ	仁王
尽(盡)	ジン	尽力、無尽蔵
	つくす	尽くす、心尽くし
	つきる	尽きる
	つかす	愛想を尽かす
迅(迅)	ジン	迅速、疾風迅雷
甚	ジン	甚大、激甚、幸甚
	はなはだ	甚だ
	はなはだしい	甚だしい
陣	ジン	陣頭、陣痛、円陣
尋(尋)	ジン	尋問、尋常、千尋
	たずねる	尋ねる、尋ね人
腎	ジン	腎臓、肝腎*35
須	ス	必須
図(圖)	ズ	図画、図表、地図
	ト	図書、意図、壮図
	はかる	図る
水	スイ	水分、水陸、海水
	みず	水、水色、水浴び
吹	スイ	吹奏、吹鳴、鼓吹
	ふく	吹く
垂	スイ	垂直、懸垂、胃下垂

漢字	音訓	例
	たれる	垂れる、雨垂れ
	たらす	垂らす
炊	スイ	炊事、自炊、雑炊
	たく	炊く、飯炊き
帥	スイ	統帥、元帥
粋(粹)	スイ	粋人、純粋、精粋
	いき	粋
衰(衰)	スイ	衰弱、盛衰、老衰
	おとろえる	衰える、衰え
推	スイ	推進、推薦
	おす	推す
酔(醉)	スイ	酔漢、麻酔、心酔
	よう	酔う、酔い、二日酔い
遂(遂)	スイ	遂行、未遂、完遂
	とげる	遂げる
睡	スイ	睡眠、熟睡、午睡
穂(穗)	スイ	穂状、出穂期
	ほ	穂、稲穂
随(隨)	ズイ	随行、随意、追随
髄(髓)	ズイ	骨髄、脳髄、真髄
枢(樞)	スウ	枢軸、枢要、中枢
崇	スウ	崇拝、崇高
数(數)	スウ	数字、数量、年数
	ス	人数*36
	かず	数
	かぞえる	数える、数え年

漢字	音訓	例
据	すえる	据える、据え置く
	すわる	据わる、据わり
杉	すぎ	杉、杉並木
裾	すそ	裾、裾野
寸	スン	寸法、寸暇、一寸先
瀬(瀨)	せ	瀬、浅瀬、立つ瀬
是	ゼ	是非、是認、国是
井	セイ	油井、市井
	ショウ	天井
	い	井戸
世	セイ	世紀、時世、処世
	セ	世界、世間、出世
	よ	世、世の中
正	セイ	正義、正誤、訂正
	ショウ	正直、正面、正月
	ただしい	正しい、正しさ
	ただす	正す
	まさ	正に、正夢
生	セイ	生活、発生、先生
	ショウ	生滅、一生、誕生
	いきる	生きる、長生き
	いかす	生かす
	いける	生ける、生け捕り
	うまれる	生まれる、生まれ
	うむ	生む
	おう	生い立ち、生い茂る

漢字	音訓	例
	はえる	生える、芽生える
	はやす	生やす
	き	生糸、生地、生一本
	なま	生の野菜、生水、生々しい
成（成）	セイ	成功、完成、賛成
	ジョウ	成就、成仏
	なる	成る、成り立つ
	なす	成す、成し遂げる
西	セイ	西暦、西部、北西
	サイ	西国、東西
	にし	西、西日
声（聲）	セイ	声楽、声援、名声
	ショウ	大音声
	こえ	声、呼び声、歌声
	こわ	声色
制	セイ	制度、制限、統制
姓	セイ	姓名、改姓、同姓
	ショウ	百姓
征	セイ	征服、遠征、出征
性	セイ	性質、理性、男性
	ショウ	性分、相性、根性
青（靑）	セイ	青天、青銅、青年
	ショウ	緑青、紺青、群青
	あお	青、青ざめる
	あおい	青い、青さ
斉（齊）	セイ	斉唱、一斉
政（政）	セイ	政治、行政、家政
	ショウ	摂政
	まつりごと	政
星	セイ	星座、流星、衛星
	ショウ	明星
	ほし	星、黒星
牲	セイ	犠牲
省	セイ	反省、内省、帰省
	ショウ	省略、各省
	かえりみる	省みる
	はぶく	省く
凄	セイ	凄惨、凄絶
逝（逝）	セイ	逝去、急逝、長逝
	ゆく	逝く
	いく	逝く
清（淸）	セイ	清潔、清算、粛清
	ショウ	六根清浄
	きよい	清い、清らかだ
	きよまる	清まる
	きよめる	清める
盛（盛）	セイ	盛大、隆盛、全盛
	ジョウ	繁盛
	もる	盛る、盛り上がる
	さかる	燃え盛る、盛り、花盛り
	さかん	盛んだ、盛んに
婿	セイ	女婿
	むこ	婿、花婿
晴（晴）	セイ	晴天、晴雨、快晴
	はれる	晴れる、晴れ、晴れやかだ
	はらす	晴らす、気晴らし
勢	セイ	勢力、優勢、情勢
	いきおい	勢い
聖（聖）	セイ	聖書、聖人、神聖
誠（誠）	セイ	誠実、誠意、至誠
	まこと	誠、誠に
精（精）	セイ	精米、精密、精力
	ショウ	精進、不精
製	セイ	製造、製鉄、鉄製
誓	セイ	誓約、誓詞、宣誓
	ちかう	誓う、誓い
静（靜）	セイ	静止、静穏、安静
	ジョウ	静脈
	しず	静々と、静けさ
	しずか	静かだ
	しずまる	静まる
	しずめる	静める
請（請）	セイ	請求、請願、申請
	シン	普請
	こう	請う

漢字	音訓	例
	うける	請ける、請負、下請け
整	セイ	整理、整列、調整
	ととのえる	整える
	ととのう	整う
醒	セイ	覚醒
税(稅)	ゼイ	税金、免税、関税
夕	セキ	今夕、一朝一夕
	ゆう	夕方、夕日、夕べ
斥	セキ	斥候、排斥
石	セキ	石材、岩石、宝石
	シャク	磁石
	コク	石高、千石船
	いし	石、小石
赤	セキ	赤道、赤貧、発赤
	シャク	赤銅
	あか	赤、赤字、赤ん坊
	あかい	赤い
	あからむ	赤らむ
	あからめる	赤らめる
昔	セキ	昔日、昔年、昔時
	シャク	今昔
	むかし	昔、昔話
析	セキ	析出、分析、解析
席	セキ	席上、座席、出席
脊	セキ	脊髄、脊柱
隻	セキ	隻手、数隻
惜	セキ	惜敗、痛惜、愛惜
	おしい	惜しい
	おしむ	惜しむ、負け惜しみ
戚	セキ	親戚
責	セキ	責務、責任、職責
	せめる	責める、責め
跡	セキ	追跡、旧跡、遺跡
	あと	跡、足跡、屋敷跡
積	セキ	積雪、蓄積、面積
	つむ	積む、下積み
	つもる	積もる、見積書
績	セキ	紡績、成績、業績
籍(籍)	セキ	書籍、戸籍、本籍
切	セツ	切断、親切、切に
	サイ	一切
	きる	切る
	きれる	切れる
折	セツ	折衷、折衝、屈折
	おる	折る、折り紙、折り箱
	おり	折、……する折
	おれる	折れる、名折れ
拙	セツ	拙劣、拙速、巧拙
	つたない	拙い
窃(竊)	セツ	窃盗、窃取
接	セツ	接触、接待、直接
	つぐ	接ぐ、接ぎ木、骨接ぎ
設	セツ	設立、設備、建設
	もうける	設ける
雪(雪)	セツ	雪辱、降雪、積雪
	ゆき	雪、雪解け、初雪
摂(攝)	セツ	摂取、摂生
節(節)	セツ	節約、季節、関節
	セチ	お節料理
	ふし	節、節穴
説(說)	セツ	説明、小説、演説
	ゼイ	遊説
	とく	説く
舌	ゼツ	舌端、弁舌、筆舌
	した	舌、猫舌、二枚舌
絶(絕)	ゼツ	絶妙、絶食、断絶
	たえる	絶える
	たやす	絶やす
	たつ	絶つ
千	セン	千円、千人力、千差万別
	ち	千草、千々に
川	セン	川柳、河川
	かわ	川、川岸、小川
仙	セン	仙骨、仙人、酒仙
占	セン	占拠、占星術、独占
	しめる	占める、買い占め
	うらなう	占う、占い

先	セン	先方、先生、率先
	さき	先、先立つ
宣	セン	宣言、宣誓、宣伝
専(專)	セン	専門、専属、専用
	もっぱら	専ら
泉	セン	泉水、源泉、温泉
	いずみ	泉
浅(淺)	セン	浅薄、浅学、深浅
	あさい	浅い、浅瀬、遠浅
洗	セン	洗面、洗練、洗剤
	あらう	洗う
染	セン	染色、染料、汚染
	そめる	染める、染め物
	そまる	染まる
	しみる	染みる、油染みる
	しみ	染み、染み抜き
扇(扇)	セン	扇子、扇風機、扇状地
	おうぎ	扇、舞扇
栓(栓)	セン	栓、給水栓、消火栓
旋	セン	旋回、旋律、周旋
船(船)	セン	船舶、乗船、汽船
	ふね	船、大船、親船
	ふな	船旅、船賃
戦(戰)	セン	戦争、苦戦、論戦
	いくさ	戦、勝ち戦
	たたかう	戦う、戦い
煎	セン	煎茶
	いる	煎る、煎り豆
羨	セン	羨望
	うらやむ	羨む
	うらやましい	羨ましい
腺	セン	前立腺、涙腺
詮	セン	詮索、所詮
践(踐)	セン	実践
箋	セン	処方箋、便箋
銭(錢)	セン	銭湯、金銭
	ぜに	銭、銭入れ、小銭
潜(潛)	セン	潜水、潜在的、沈潜
	ひそむ	潜む
	もぐる	潜る、潜り込む
線	セン	線路、点線、光線
遷(遷)	セン	遷延、遷都、変遷
選(選)	セン	選択、選挙、当選
	えらぶ	選ぶ
薦(薦)	セン	推薦、自薦
	すすめる	薦める
繊(纖)	セン	繊細、繊維、化繊
鮮	セン	鮮魚、鮮明、新鮮
	あざやか	鮮やかだ
全(全)	ゼン	全部、全国、完全
	まったく	全く、全うする
	すべて	全て
前(前)	ゼン	前後、以前、空前
	まえ	前、前向き、名前
善	ゼン	善悪、善処、慈善
	よい	善い
然	ゼン	当然、自然、必然
	ネン	天然
禅(禪)	ゼン	禅宗、禅寺、座禅
漸	ゼン	漸次、漸進的、東漸
膳	ゼン	膳、配膳
繕	ゼン	修繕、営繕
	つくろう	繕う、繕い
狙	ソ	狙撃
	ねらう	狙う、狙い
阻	ソ	阻止、阻害、険阻
	はばむ	阻む
祖(祖)	ソ	祖父、祖述、元祖
租	ソ	租税、公租公課
素	ソ	素材、元素、平素
	ス	素顔、素手、素性
措	ソ	措置、措辞、挙措
粗	ソ	粗密、粗野、精粗
	あらい	粗い
組	ソ	組織、組成、改組
	くむ	組む、組み込む
	くみ	組、組長、赤組
疎	ソ	疎密、疎外、親疎

漢字	音訓	例
	うとい	疎い
	うとむ	疎む、疎ましい
訴	ソ	訴訟、告訴、哀訴
	うったえる	訴える、訴え
塑（塑）	ソ	塑像、彫塑、可塑性
遡（遡）［遡］	ソ	遡及、遡上
	さかのぼる	遡る
礎	ソ	礎石、基礎、定礎
	いしずえ	礎
双（雙）	ソウ	双肩、双方、無双
	ふた	双子、双葉
壮（壯）	ソウ	壮大、壮健、強壮
早	ソウ	早期、早晩、早々に
	サッ	早速、早急
	はやい	早い、早口、素早い
	はやまる	早まる
	はやめる	早める
争（爭）	ソウ	争議、競争、紛争
	あらそう	争う、争い
走	ソウ	走行、競走、滑走
	はしる	走る、先走る
奏	ソウ	奏楽、演奏、合奏
	かなでる	奏でる
相	ソウ	相当、相談、真相
	ショウ	首相、宰相
	あい	相手、相宿
荘（莊）	ソウ	荘厳、荘重、別荘
草（草）	ソウ	草案、雑草、牧草
	くさ	草、草花、語り草
送（送）	ソウ	送別、放送、運送
	おくる	送る、見送り
倉	ソウ	倉庫、穀倉
	くら	倉、倉敷料
捜（搜）	ソウ	捜索、捜査
	さがす	捜す
挿（插）	ソウ	挿入、挿話
	さす	挿す、挿絵、挿し木
桑	ソウ	桑園
	くわ	桑、桑畑
巣（巢）	ソウ	営巣、卵巣、病巣
	す	巣、巣箱、巣立つ
掃（掃）	ソウ	掃除、清掃、一掃
	はく	掃く
曹	ソウ	法曹、法曹界、陸曹
曽（曾）	ソウ	曽祖父、曽孫
	ゾ	未曽有
爽	ソウ	爽快
	さわやか	爽やかだ
窓	ソウ	車窓、同窓、深窓
	まど	窓、窓口、出窓
創	ソウ	創造、独創、刀創
	つくる	創る
喪	ソウ	喪失
	も	喪、喪服、喪主
痩（瘦）	ソウ	痩身
	やせる	痩せる
葬（葬）	ソウ	葬儀、埋葬、会葬
	ほうむる	葬る
装（裝）	ソウ	装置、服装、変装
	ショウ	装束、衣装
	よそおう	装う、装い
僧（僧）	ソウ	僧院、高僧、尼僧
想	ソウ	想像、感想、予想
	ソ	愛想
層（層）	ソウ	層雲、高層、断層
総（總）	ソウ	総合、総意、総括
遭（遭）	ソウ	遭遇、遭難
	あう	遭う
槽	ソウ	水槽、浴槽
踪	ソウ	失踪
操	ソウ	操縦、操作、節操
	みさお	操
	あやつる	操る、操り人形
燥	ソウ	乾燥、焦燥、高燥
霜	ソウ	霜害、晩霜
	しも	霜、霜柱、初霜
騒（騷）	ソウ	騒動、騒音、物騒

漢字	音訓	例
	さわぐ	騒ぐ、騒ぎ、騒がしい
藻(藻)	ソウ	藻類、海藻、詞藻
	も	藻
造(造)	ゾウ	造船、造花、構造
	つくる	造る
像	ゾウ	肖像、現像、想像
増(增)	ゾウ	増減、増加、激増
	ます	増す、水増し
	ふえる	増える
	ふやす	増やす
憎(憎)	ゾウ	憎悪、愛憎
	にくむ	憎む
	にくい	憎い、憎さ
	にくらしい	憎らしい
	にくしみ	憎しみ
蔵(藏)	ゾウ	蔵書、貯蔵、土蔵
	くら	蔵、酒蔵
贈(贈)	ゾウ	贈与、贈呈、贈答
	ソウ	寄贈*37
	おくる	贈る、贈り物
臓(臟)	ゾウ	臓器、内臓、心臓
即(卽)	ソク	即応、即席、即興
束	ソク	束縛、結束、約束
	たば	束、花束、束ねる
足	ソク	足跡、遠足、補足
	あし	足、足音、素足
	たりる	足りる
	たる	舌足らず
	たす	足す
促	ソク	促進、促成、催促
	うながす	促す
則	ソク	法則、鉄則、変則
息	ソク	休息、消息、子息
	いき	息、息巻く、吐息
捉	ソク	捕捉
	とらえる	捉える
速(速)	ソク	速度、敏速、時速
	はやい	速い、速さ
	はやめる	速める
	はやまる	速まる
	すみやか	速やかだ
側	ソク	側面、側近、側壁
	がわ*38	側、裏側、片側
測	ソク	測量、目測、推測
	はかる	測る
俗	ゾク	俗事、風俗、民俗
族	ゾク	一族、家族、民族
属(屬)	ゾク	属性、従属、金属
賊(賊)	ゾク	賊軍、盗賊
続(續)	ゾク	続出、続行、連続
	つづく	続く、続き
	つづける	続ける
卒	ソツ	卒業、卒中、兵卒
率(率)	ソツ	率先、引率、軽率
	リツ	比率、能率、百分率
	ひきいる	率いる
存	ソン	存在、存続、既存
	ゾン	存分、保存、存じます
村	ソン	村長、村落、農村
	むら	村、村里、村芝居
孫	ソン	子孫、嫡孫
	まご	孫
尊(尊)	ソン	尊敬、尊大、本尊
	たっとい	尊い
	とうとい	尊い
	たっとぶ	尊ぶ
	とうとぶ	尊ぶ
損	ソン	損失、欠損、破損
	そこなう	損なう、見損なう
	そこねる	損ねる
遜[遜]	ソン	謙遜、不遜
他	タ	他国、自他、排他的
	ほか	他、〇〇の他
多	タ	多少、多数、雑多
	おおい	多い
汰	タ	沙汰
打	ダ	打撃、打破、乱打
	うつ	打つ

漢字	音訓	例
妥(妥)	ダ	妥当、妥結、妥協
唾	ダ	唾液、唾棄
	つば	唾*39、眉唾
堕(墮)	ダ	堕落
惰	ダ	惰眠、惰気、怠惰
駄	ダ	駄菓子、駄作、無駄
太	タイ	太陽、太鼓、皇太子
	タ	丸太
	ふとい	太い
	ふとる	太る
対(對)	タイ	対立、絶対、反対
	ツイ	対句、一対
体(體)	タイ	体格、人体、主体
	テイ	体裁、風体
	からだ	体、体つき
耐	タイ	耐久、耐火、忍耐
	たえる	耐える
待	タイ	待機、待遇、期待
	まつ	待つ、待ち遠しい
怠	タイ	怠惰、怠慢
	おこたる	怠る
	なまける	怠ける、怠け者
胎	タイ	胎児、受胎、母胎
退(退)	タイ	退却、退屈、進退
	しりぞく	退く
	しりぞける	退ける
帯(帶)	タイ	携帯、地帯、連帯
	おびる	帯びる
	おび	帯、角帯
泰	タイ	泰然、泰斗、安泰
堆	タイ	堆積
袋	タイ	風袋、郵袋
	ふくろ	袋、紙袋
逮(逮)	タイ	逮捕、逮夜
替	タイ	代替
	かえる	替える、両替
	かわる	替わる
貸	タイ	貸借、貸与、賃貸
	かす	貸す、貸し
隊(隊)	タイ	隊列、軍隊、部隊
滞(滯)	タイ	滞在、滞貨、沈滞
	とどこおる	滞る
態	タイ	態勢、形態、容態
戴	タイ	戴冠、頂戴
大	ダイ	大小、大胆、拡大
	タイ	大衆、大した、大して
	おお	大型、大通り、大水
	おおきい	大きい、大きさ、大きな
	おおいに	大いに
代	ダイ	代理、世代、現代
	タイ	代謝、交代
	かわる	代わる、代わり
	かえる	代える
	よ	代、神代
	しろ	代物、苗代
台(臺)	ダイ	台地、灯台、一台
	タイ	台風、舞台
第	ダイ	第一、第三者、及第
題	ダイ	題名、問題、出題
滝(瀧)	たき	滝、滝つぼ
宅	タク	宅地、自宅、帰宅
択(擇)	タク	選択、採択、二者択一
沢(澤)	タク	光沢、潤沢
	さわ	沢
卓	タク	卓越、卓球、食卓
拓	タク	拓本、開拓
託	タク	託宣、委託、結託
濯(濯)	タク	洗濯
諾(諾)	ダク	諾否、承諾、快諾
濁	ダク	濁流、濁音、清濁
	にごる	濁る、濁り
	にごす	濁す
但	ただし	但し、但し書き
達(達)	タツ	達人、調達、伝達
脱(脫)	ダツ	脱衣、脱出、虚脱
	ぬぐ	脱ぐ
	ぬげる	脱げる

奪	ダツ	奪回、奪取、争奪
	うばう	奪う、奪い取る
棚（棚）	たな	棚、戸棚、大陸棚
誰	だれ	誰
丹	タン	丹念、丹精
旦	タン	一旦、元旦
	ダン	旦那
担（擔）	タン	担当、担架、負担
	かつぐ	担ぐ
	になう	担う
単（單）	タン	単独、単位、簡単
炭（炭）	タン	炭鉱、木炭、石炭
	すみ	炭、炭火、消し炭
胆（膽）	タン	大胆、落胆、魂胆
探	タン	探求、探訪、探知
	さぐる	探る、探り
	さがす	探す
淡	タン	淡水、濃淡、冷淡
	あわい	淡い、淡雪
短	タン	短歌、短所、長短
	みじかい	短い
嘆（嘆）	タン	嘆息、嘆願、驚嘆
	なげく	嘆く、嘆き
	なげかわしい	嘆かわしい
端	タン	端正、末端、極端
	はし	端、片端

	は	端数、半端、軒端
	はた	端、川端、道端
綻	タン	破綻
	ほころびる	綻びる
誕（誕）	タン	誕生、生誕
鍛	タン	鍛錬
	きたえる	鍛える、鍛え方
団（團）	ダン	団結、団地、集団
	トン	布団
男	ダン	男子、男女、男性
	ナン	長男、美男、善男善女
	おとこ	男、男らしい
段	ダン	段落、階段、手段
断（斷）	ダン	断絶、断定、判断
	たつ	断つ、塩断ち
	ことわる	断る、断り
弾（彈）	ダン	弾力、弾圧、爆弾
	ひく	弾く、弾き手
	はずむ	弾む、弾み
	たま	弾
暖（暖）	ダン	暖流、暖房、温暖
	あたたか	暖かだ
	あたたかい	暖かい
	あたたまる	暖まる
	あたためる	暖める
談	ダン	談話、談判、相談

壇	ダン	壇上、花壇、文壇
	タン	土壇場
地	チ	地下、天地、境地
	ジ	地面、地震、地元
池	チ	貯水池、電池
	いけ	池、古池
知	チ	知識、知人、通知
	しる	知る、物知り
値	チ	価値、数値、絶対値
	ね	値、値段
	あたい	値、値する
恥	チ	恥辱、無恥、破廉恥
	はじる	恥じる、恥じ入る
	はじ	恥、生き恥
	はじらう	恥じらう、恥じらい
	はずかしい	恥ずかしい
致	チ	誘致、合致、風致
	いたす	致す
遅（遲）	チ	遅延、遅刻、遅速
	おくれる	遅れる、遅れ
	おくらす	遅らす
	おそい	遅い、遅咲き
痴（癡）	チ	痴情、愚痴
稚	チ	稚魚、稚拙、幼稚
置	チ	位置、放置、処置
	おく	置く

緻	チ	緻密、精緻
竹	チク	竹林、竹馬の友、爆竹
	たけ	竹、竹やぶ、さお竹
畜	チク	畜産、牧畜、家畜
逐（逐）	チク	逐次、逐一、駆逐
蓄（蓄）	チク	蓄積、蓄電池、貯蓄
	たくわえる	蓄える、蓄え
築（築）	チク	築港、建築、改築
	きずく	築く、築き上げる
秩	チツ	秩序
窒	チツ	窒息、窒素
茶（茶）	チャ	茶色、茶番劇、番茶
	サ	茶菓、茶話会、喫茶
着	チャク	着用、着手、土着
	ジャク	愛着、執着*40
	きる	着る、着物、晴れ着
	きせる	着せる、お仕着せ
	つく	着く、船着き場
	つける	着ける
嫡（嫡）	チャク	嫡子、嫡流
中	チュウ	中央、中毒、胸中
	ジュウ	○○中
	なか	中、中庭、真ん中
仲	チュウ	仲介、仲裁、伯仲
	なか	仲、仲間
虫（蟲）	チュウ	虫類、幼虫、害虫
	むし	虫、毛虫
沖	チュウ	沖積層、沖天、沖する
	おき	沖
宙	チュウ	宙返り、宇宙
忠	チュウ	忠実、忠勤、誠忠
抽	チュウ	抽出、抽象
注（注）	チュウ	注入、注意、発注
	そそぐ	注ぐ
昼（晝）	チュウ	昼夜、昼食、白昼
	ひる	昼、昼寝、真昼
柱（柱）	チュウ	支柱、円柱、電柱
	はしら	柱、帆柱、大黒柱
衷	チュウ	衷心、折衷、苦衷
酎	チュウ	焼酎
鋳（鑄）	チュウ	鋳造、鋳鉄、改鋳
	いる	鋳る、鋳物、鋳型
駐（駐）	チュウ	駐車、駐在、進駐
著（著）	チョ	著名、著作、顕著
	あらわす	著す
	いちじるしい	著しい、著しさ
貯	チョ	貯蓄、貯金、貯水池
丁	チョウ	丁数、落丁、二丁目
	テイ	丁字路、甲乙丙丁
弔	チョウ	弔問、弔辞、慶弔
	とむらう	弔う、弔い
庁（廳）	チョウ	庁舎、官庁、県庁
兆	チョウ	兆候、前兆、億兆
	きざす	兆す
	きざし	兆し
町	チョウ	町会、市町村
	まち	町、町外れ
長	チョウ	長女、長所、成長
	ながい	長い、長さ
挑	チョウ	挑戦、挑発
	いどむ	挑む
帳	チョウ	帳面、帳簿、通帳
張	チョウ	張力、拡張、主張
	はる	張る、欲張る、引っ張る
彫（彫）	チョウ	彫刻、彫塑、木彫
	ほる	彫る、木彫り
眺	チョウ	眺望
	ながめる	眺める、眺め
釣（釣）	チョウ	釣果、釣魚、釣艇
	つる	釣る、釣り、釣り合い
頂	チョウ	頂上、頂点、絶頂
	いただく	頂く、頂き物
	いただき*41	頂
鳥	チョウ	鳥類、野鳥、一石二鳥
	とり	鳥、鳥居、小鳥
朝（朝）	チョウ	朝食、早朝、今朝
	あさ	朝、朝日、毎朝

漢字	音訓	例
貼	チョウ	貼付*42
	はる	貼る
超	チョウ	超越、超過、入超
	こえる	超える
	こす	超す
腸	チョウ	腸炎、大腸、胃腸
跳	チョウ	跳躍
	はねる	跳ねる
	とぶ	跳ぶ、縄跳び
徴（徵）	チョウ	徴収、特徴、象徴
嘲	チョウ	嘲笑、自嘲
	あざける	嘲る
潮（潮）	チョウ	潮流、満潮、風潮
	しお	潮、潮風
澄	チョウ	清澄
	すむ	澄む、上澄み
	すます	澄ます、澄まし顔
調（調）	チョウ	調和、調査、好調
	しらべる	調べる、調べ
	ととのう	調う
	ととのえる	調える
聴（聽）	チョウ	聴覚、聴衆、傍聴
	きく	聴く
懲（懲）	チョウ	懲罰、懲戒、懲役
	こりる	懲りる、性懲りもなく
	こらす	懲らす
	こらしめる	懲らしめる
直	チョク	直立、直接、実直
	ジキ	直訴、直筆、正直
	ただちに	直ちに
	なおす	直す、手直し
	なおる	直る、仲直り
勅（敕）	チョク	勅語、勅使、詔勅
捗	チョク	進捗
沈	チン	沈滞、沈黙、浮沈
	しずむ	沈む、浮き沈み
	しずめる	沈める
珍	チン	珍客、珍重、珍妙
	めずらしい	珍しい、珍しさ、珍しがる
朕（朕）	チン	
陳	チン	陳列、陳謝、開陳
賃	チン	賃金、賃上げ、運賃
鎮（鎭）	チン	鎮座、鎮静、重鎮
	しずめる	鎮める
	しずまる	鎮まる
追（追）	ツイ	追跡、追放、訴追
	おう	追う
椎	ツイ	椎間板、脊椎
墜（墜）	ツイ	墜落、墜死、撃墜
通（通）	ツウ	通行、通読、普通
	ツ	通夜
	とおる	通る、通り
	とおす	通す、通し
	かよう	通う、通い
痛	ツウ	痛快、苦痛、心痛
	いたい	痛い、痛さ
	いたむ	痛む、痛み、痛ましい
	いためる	痛める
塚（塚）	つか	塚、貝塚
漬	つける	漬ける、漬物
	つかる	漬かる
坪（坪）	つぼ	坪数、建坪
爪	つめ	爪、生爪
	つま	爪先、爪弾く
鶴	つる	鶴、千羽鶴
低	テイ	低級、低気圧、高低
	ひくい	低い、低さ
	ひくめる	低める
	ひくまる	低まる
呈（呈）	テイ	呈上、進呈、贈呈
廷（廷）	テイ	宮廷、法廷、出廷
弟	テイ	弟妹、義弟、子弟
	ダイ	兄弟
	デ	弟子
	おとうと	弟
定	テイ	定価、安定、決定
	ジョウ	定石、定紋、必定

漢字	音訓	例
	さだめる	定める、定め
	さだまる	定まる
	さだか	定かだ
底	テイ	底流、海底、到底
	そこ	底、奥底
抵	テイ	抵抗、抵触、大抵
邸	テイ	邸宅、邸内、私邸
亭	テイ	亭主、料亭
貞	テイ	貞淑、貞操、貞節
帝（帝）	テイ	帝王、帝国、皇帝
訂	テイ	訂正、改訂
庭（庭）	テイ	庭園、校庭、家庭
	にわ	庭、庭先
逓（遞）	テイ	逓信、逓送、逓減
停	テイ	停止、停車、調停
偵	テイ	偵察、探偵、内偵
堤	テイ	堤防、防波堤
	つつみ	堤
提	テイ	提供、提案、前提
	さげる	提げる、手提げ
程（程）	テイ	程度、日程、過程
	ほど	程、程遠い、身の程
艇（艇）	テイ	艦艇、舟艇、競艇
締（締）	テイ	締結
	しまる	締まる、締まり
	しめる	締める、締め切る、引き締め
諦（諦）	テイ	諦観、諦念
	あきらめる	諦める
泥	デイ	泥土、雲泥、拘泥
	どろ	泥、泥沼、泥棒
的（的）	テキ	的中、目的、科学的
	まと	的、的外れ
笛	テキ	汽笛、警笛、牧笛
	ふえ	笛、口笛
摘（摘）	テキ	摘要、摘発、指摘
	つむ	摘む、摘み草
滴（滴）	テキ	水滴、点滴、一滴
	しずく	滴
	したたる	滴る、滴り
適（適）	テキ	適切、適度、快適
敵（敵）	テキ	敵、敵意、匹敵
	かたき	敵、敵役、商売敵
溺	デキ	溺愛、溺死
	おぼれる	溺れる
迭（迭）	テツ	更迭
哲	テツ	哲学、哲人、先哲
鉄（鐵）	テツ	鉄道、鉄筋、鋼鉄
徹	テツ	徹底、徹夜、貫徹
撤	てつ	撤去、撤回、撤兵
天	テン	天地、天然、雨天
	あめ	天
	あま	天の川、天下り
典	テン	典拠、古典、式典
店	テン	店舗、開店、本店
	みせ	店、夜店
点（點）	テン	点線、点火、採点
展	テン	展示、展開、発展
添（添）	テン	添加、添付、添削
	そえる	添える、添え手紙
	そう	添う、付き添う
転（轉）	テン	転出、回転、運転
	ころがる	転がる
	ころげる	転げる
	ころがす	転がす
	ころぶ	転ぶ
塡	テン	装塡、補塡
田	デン	田地、水田、油田
	た	田、田植え
伝（傳）	デン	伝言、伝統、宣伝
	つたわる	伝わる
	つたえる	伝える、言い伝え
	つたう	伝う
殿	デン	殿堂、宮殿、貴殿
	テン	殿様、殿方
	との	御殿
	どの	○○殿
電	デン	電気、電報、発電

漢字	音訓	例
斗	ト	斗酒、北斗七星
吐	ト はく	吐露、吐血、音吐朗々 吐く、吐き気
妬	ト ねたむ	嫉妬 妬む
徒	ト	徒歩、徒労、信徒
途（途）	ト	途上、帰途、前途
都（都）	ト ツ みやこ	都会、都心、首都 都合、都度 都、都落ち
渡	ト わたる わたす	渡航、渡河、譲渡 渡る、渡り 渡す、渡し
塗	ト ぬる	塗布、塗装、塗料 塗る、塗り
賭	ト かける	賭場、賭博 賭ける、賭け
土	ド ト つち	土木、国土、粘土 土地 土、赤土
奴	ド	奴隷、守銭奴
努	ド つとめる	努力 努める、努めて〔副〕
度	ド ト タク たび	度胸、制度、限度 法度 支度 度、度重なる、この度
怒	ド いかる おこる	怒号、怒気、激怒 怒る、怒り、怒り狂う 怒る
刀	トウ かたな	刀剣、短刀、名刀 刀
冬（冬）	トウ ふゆ	冬季、冬至、越冬 冬、冬枯れ
灯（燈）	トウ ひ	灯火、電灯、点灯 灯
当（當）	トウ あたる あてる	当惑、当然、妥当 当たる、当たり 当てる、当て
投	トウ なげる	投資、投下、暴投 投げる、身投げ
豆	トウ ズ まめ	豆腐、納豆 大豆 豆、豆粒、煮豆
東	トウ ひがし	東西、東国、以東 東、東側
到	トウ	到着、到底、周到
逃（逃）	トウ にげる にがす のがす のがれる	逃走、逃亡、逃避 逃げる、夜逃げ 逃がす 逃す、見逃す 逃れる、一時逃れ
倒	トウ たおれる たおす	倒産、圧倒、傾倒 倒れる、共倒れ 倒す
凍	トウ こおる こごえる	凍結、凍死、冷凍 凍る、凍り付く 凍える、凍え死に
唐（唐）	トウ から	唐本、唐突 唐織、唐草模様
島	トウ しま	島民、半島、列島 島、島国、離れ島
桃	トウ もも	桃源郷、白桃、桜桃 桃、桃色
討	トウ うつ	討伐、討論、検討 討つ、敵討ち
透（透）	トウ すく すかす すける	透写、透明、浸透 透く 透かす、透かし 透ける
党（黨）	トウ	党派、政党、徒党
悼	トウ いたむ	悼辞、哀悼、追悼 悼む
盗（盜）	トウ ぬすむ	盗難、盗用、強盗 盗む、盗み
陶	トウ	陶器、陶酔、薫陶
塔（塔）	トウ	五重の塔、石塔
搭（搭）	トウ	搭載、搭乗、搭乗券

漢字	音訓	例
棟	トウ	上棟、病棟
	むね	棟、別棟
	むな	棟木
湯	トウ	湯治、熱湯、微温湯
	ゆ	湯、湯水、煮え湯
痘	トウ	種痘、水痘、天然痘
登	トウ	登壇、登校、登記
	ト	登山、登城
	のぼる	登る、山登り
答	トウ	答弁、応答、問答
	こたえる	答える
	こたえ	答え
等	トウ	等分、等級、平等
	ひとしい	等しい
筒	トウ	封筒、水筒、円筒形
	つつ	筒、筒抜け
統	トウ	統一、統計、伝統
	すべる	統べる
稲(稻)	トウ	水稲、陸稲
	いね	稲、稲刈り
	いな	稲作、稲穂
踏	トウ	踏破、踏襲、高踏的
	ふむ	踏む、足踏み
	ふまえる	踏まえる
糖(糖)	トウ	糖分、砂糖、製糖
頭	トウ	頭部、年頭、船頭
	ズ	頭脳、頭上、頭痛
	ト	音頭
	あたま	頭、頭金、頭打ち
	かしら	頭、頭文字、旗頭
謄(謄)	トウ	謄写、謄本
藤(藤)	トウ	葛藤
	ふじ	藤、藤色
闘(鬪)	トウ	闘争、闘志、戦闘
	たたかう	闘う、闘い
騰(騰)	トウ	騰貴、暴騰、沸騰
同	ドウ	同情、異同、混同
	おなじ	同じ、同じだ、同い年
洞	ドウ	洞穴、洞察、空洞
	ほら	洞穴
胴	ドウ	胴体、双胴船
動	ドウ	動物、活動、騒動
	うごく	動く、動き
	うごかす	動かす
堂	ドウ	堂々と、殿堂、母堂
童(童)	ドウ	童話、童心、児童
	わらべ	童、童歌
道(道)	ドウ	道路、道徳、報道
	トウ	神道
	みち	道、近道
働	ドウ	労働、実働
	はたらく	働く、働き
銅	ドウ	銅器、銅像、青銅
導(導)	ドウ	導入、指導、半導体
	みちびく	導く、導き
瞳(瞳)	ドウ	瞳孔
	ひとみ	瞳
峠	とうげ	峠、峠道
匿(匿)	トク	匿名、隠匿
特	トク	特殊、特産、独特
得	トク	得意、会得、損得
	える	得る
	うる	得るところ、書き得る
督	トク	督促、督励、監督
徳(德)	トク	徳義、徳用、道徳
篤	トク	篤農、危篤、懇篤
毒	ドク	毒薬、毒舌、中毒
独(獨)	ドク	独立、独断、単独
	ひとり	独り、独り者
読(讀)	ドク	読書、音読、購読
	トク	読本
	トウ	読点、句読点
	よむ	読む、読み
栃	とち	
凸	トツ	凸版、凸レンズ、凹凸
突(突)	トツ	突然、突端、衝突
	つく	突く、一突き
届(屆)	とどける	届ける、届け

	とどく	届く、行き届く
屯	トン	駐屯、駐屯地
豚	トン	養豚
	ぶた	豚、子豚
頓	トン	頓着、整頓
貪	ドン	貪欲
	むさぼる	貪る
鈍	ドン	鈍感、鈍角、愚鈍
	にぶい	鈍い、鈍さ
	にぶる	鈍る
曇	ドン	曇天
	くもる	曇る、曇り
丼	どんぶり	丼、丼飯
	どん	牛丼、天丼
那(那)	ナ	刹那、旦那
奈	ナ	奈落
内(內)	ナイ	内外、内容、家内
	ダイ	内裏、参内
	うち	内、内側、内気
梨	なし	梨
謎[謎]	なぞ	謎
鍋	なべ	鍋、鍋料理
南	ナン	南北、南端、指南
	ナ	南無
	みなみ	南、南向き
軟	ナン	軟化、軟弱、硬軟

	やわらか	軟らかだ
	やわらかい	軟らかい
難(難)	ナン	難易、困難、非難
	かたい	許し難い、有り難い
	むずかしい*43	難しい、難しさ
二	ニ	二番目、二分、十二月
	ふた	二重まぶた
	ふたつ	二つ
尼	ニ	尼僧、修道尼
	あま	尼、尼寺
弐(貳)	ニ	弐万円
匂	におう	匂う、匂い
肉(肉)	ニク	肉類、肉薄、筋肉
虹	にじ	虹
日	ニチ	日時、日光、毎日
	ジツ	連日、平日、休日
	ひ	日、日帰り、月曜日
	か	三日、十日
入	ニュウ	入学、侵入、収入
	いる	寝入る、大入り、気に入る
	いれる	入れる、入れ物
	はいる	入る
乳(乳)	ニュウ	乳児、乳液、牛乳
	ちち	乳
	ち	乳首、乳飲み子

尿	ニョウ	尿意、尿素、夜尿症
任	ニン	任意、任務、責任
	まかせる	任せる、人任せ
	まかす	任す
妊	ニン	妊娠、懐妊、不妊
忍(忍)	ニン	忍者、忍耐、残忍
	しのぶ	忍ぶ、忍び足、忍びやかだ
	しのばせる	忍ばせる
認(認)	ニン	認識、承認、否認
	みとめる	認める
寧(寧)	ネイ	安寧、丁寧
熱	ネツ	熱病、熱湯、情熱
	あつい	熱い、熱さ
年	ネン	年代、少年、豊年
	とし	年、年子、年寄り
念	ネン	念願、信念、断念
捻	ネン	捻挫、捻出
粘	ネン	粘土、粘液、粘着
	ねばる	粘る、粘り、粘り強い
燃	ネン	燃焼、燃料、可燃性
	もえる	燃える、燃え尽きる
	もやす	燃やす
	もす	燃す
悩(惱)	ノウ	悩殺、苦悩、煩悩
	なやむ	悩む、悩み、悩ましい

漢字	音訓	例
	なやます	悩ます
納(納)	ノウ	納入、納涼、収納
	ナッ	納得、納豆
	ナ	納屋
	ナン	納戸
	トウ	出納
	おさめる	納める、御用納め
	おさまる	納まる、納まり
能	ノウ	能力、芸能、効能
脳(腦)	ノウ	脳髄、首脳、頭脳
農	ノウ	農業、農具、酪農
濃	ノウ	濃厚、濃紺、濃淡
	こい	濃い、濃さ
把	ハ*44	把握、把持、一把(ワ)、三把(バ)、十把(パ)
波	ハ	波浪、波及、電波
	なみ	波、波立つ、荒波
派(派)	ハ	派遣、派生、流派
破	ハ	破壊、破産、撃破、破棄
	やぶる	破る、型破り
	やぶれる	破れる、破れ
覇(霸)	ハ	覇権、覇者、制覇
馬	バ	馬車、競馬、乗馬
	うま	馬、馬小屋
	ま	馬子、絵馬
婆	バ	老婆、産婆役
罵	バ	罵声、罵倒
	ののしる	罵る
拝(拜)	ハイ	拝見、拝礼、崇拝
	おがむ	拝む、拝み倒す
杯	ハイ	祝杯、銀杯、一杯
	さかずき	杯
背	ハイ	背後、背景、腹背
	せ	背、背丈、背中
	せい	背、上背
	そむく	背く
	そむける	背ける
肺(肺)	ハイ	肺臓、肺炎、肺活量
俳	ハイ	俳優、俳句、俳味
配	ハイ	配分、交配、心配
	くばる	配る
排	ハイ	排斥、排気、排除
敗	ハイ	敗北、腐敗、失敗
	やぶれる	敗れる
廃(廢)	ハイ	廃止、廃物、荒廃
	すたれる	廃れる
	すたる	廃る、はやり廃り
輩	ハイ	輩出、同輩、先輩
売(賣)	バイ	売買、売品、商売
	うる	売る、売り出す
	うれる	売れる、売れ行き
倍	バイ	倍率、倍加、二倍
梅(梅)	バイ	梅園、梅雨、紅梅
	うめ	梅、梅見、梅酒
培	バイ	培養、栽培
	つちかう	培う
陪	バイ	陪席、陪食、陪審
媒	バイ	媒介、媒体、触媒
買	バイ	買収、売買、購買
	かう	買う、買い物
賠	バイ	賠償
白	ハク	白髪、紅白、明白
	ビャク	黒白
	しろ	白、白黒、真っ白
	しら	白壁、白む、白ける
	しろい	白い
伯	ハク	伯仲、画伯
拍	ハク	拍手、拍車、一拍
	ヒョウ	拍子
泊	ハク	宿泊、停泊、外泊
	とまる	泊まる、泊まり
	とめる	泊める
迫(迫)	ハク	迫害、脅迫、切迫
	せまる	迫る
剝	ハク	剝製、剝奪
	はがす	剝がす
	はぐ	剝ぐ

漢字	音訓	例
	はがれる	剝がれる
	はげる	剝げる
舶	ハク	舶来、船舶
博（博）	ハク	博識、博覧、博士号
	バク	博労、博徒
薄（薄）	ハク	薄情、薄謝、軽薄
	うすい	薄い、薄着、品薄
	うすめる	薄める
	うすまる	薄まる
	うすらぐ	薄らぐ
	うすれる	薄れる
麦（麥）	バク	麦芽、麦秋、精麦
	むぎ	麦、麦粉、小麦
漠（漠）	バク	漠然、広漠、砂漠
縛（縛）	バク	束縛、捕縛
	しばる	縛る、金縛り
爆	バク	爆発、爆弾、原爆
箱	はこ	箱、箱庭、小箱
箸	はし	箸
畑	はた	畑、畑作
	はたけ	畑、畑違い、麦畑
肌	はだ	肌、肌色、地肌
八（八）	ハチ	八月、八方
	や	八重桜
	やつ	八つ当たり
	やっつ	八つ
	よう	八日
鉢	ハチ	鉢、植木鉢
	ハツ	衣鉢
発（發）	ハツ	発明、発射、突発
	ホツ	発作、発端、発起
髪（髮）	ハツ	頭髪、白髪、整髪
	かみ	髪、髪結い、日本髪
伐	バツ	伐採、征伐、殺伐
抜（拔）	バツ	抜群、選抜
	ぬく	抜く、くぎ抜き
	ぬける	抜ける、気抜け
	ぬかす	抜かす
	ぬかる	抜かる、抜かり
罰	バツ	罰金、処罰、天罰
	バチ	罰当たり
閥	バツ	門閥、財閥、派閥
反	ハン	反映、反対、違反
	ホン	謀反
	タン	反物
	そる	反る、反り
	そらす	反らす
半（半）	ハン	半分、半面、大半
	なかば	半ば
氾	ハン	氾濫
犯	ハン	犯罪、共犯、侵犯
	おかす	犯す
帆（帆）	ハン	帆船、帆走、出帆
	ほ	帆、帆柱、帆前船
汎（汎）	ハン	汎用
伴（伴）	ハン	同伴、随伴
	バン	伴奏、伴食
	ともなう	伴う
判（判）	ハン	判定、判明、裁判
	バン	A判、大判
坂	ハン	急坂
	さか	坂、坂道、下り坂
阪	ハン	阪神、京阪
板	ハン	乾板、鉄板
	バン	黒板、掲示板
	いた	板、板前
版	ハン	版画、写真版、出版
班	ハン	班長、救護班
畔（畔）	ハン	湖畔
般	ハン	諸般、一般、先般
販	ハン	販売、販路、市販
斑	ハン	斑点
飯（飯）	ハン	御飯、炊飯、赤飯
	めし	飯、飯粒、五目飯
搬	ハン	搬入、搬出、運搬
煩	ハン	煩雑
	ボン	煩悩
	わずらう	煩う、煩い、煩わしい

	わずらわす	煩わす
頒(頒)	ハン	頒布、頒価
範	ハン	範囲、師範、模範
繁(繁)	ハン	繁栄、繁茂、繁華街
藩(藩)	ハン	藩主、廃藩
晩(晩)	バン	晩夏、今晩、早晩
番	バン	番人、番組、順番
蛮(蠻)	バン	蛮行、蛮人、野蛮
盤	バン	基盤、円盤、碁盤
比	ヒ	比較、比例、無比
	くらべる	比べる、背比べ
皮	ヒ	皮膚、皮相、樹皮
	かわ	皮、毛皮
妃	ヒ	妃殿下、王妃
否	ヒ	否定、適否、安否
	いな	否、否めない
批	ヒ	批判、批評、批准
彼	ヒ	彼我、彼岸
	かれ	彼、彼ら
	かの	彼女
披	ヒ	披見、披露、直披
肥	ヒ	肥大、肥料、施肥
	こえる	肥える
	こえ	肥、下肥
	こやす	肥やす
	こやし	肥やし
非	ヒ	非難、非常、是非
卑(卑)	ヒ	卑近、卑屈、卑下
	いやしい	卑しい、卑しさ
	いやしむ	卑しむ
	いやしめる	卑しめる
飛	ヒ	飛行、飛躍、雄飛
	とぶ	飛ぶ、飛び火
	とばす	飛ばす
疲	ヒ	疲労、疲弊
	つかれる	疲れる、疲れ
秘(祕)	ヒ	秘密、秘書、神秘
	ひめる	秘める
被	ヒ	被服、被害、被告
	こうむる	被る
悲	ヒ	悲喜、悲劇、慈悲
	かなしい	悲しい、悲しがる
	かなしむ	悲しむ、悲しみ
扉(扉)	ヒ	開扉、門扉
	とびら	扉
費	ヒ	費用、消費、旅費
	ついやす	費やす
	ついえる	費える、費え
碑(碑)	ヒ	碑銘、石碑、記念碑
罷	ヒ	罷業、罷免
避(避)	ヒ	避難、逃避、不可避
	さける	避ける
尾	ビ	尾行、首尾、末尾
	お	尾、尾頭付き、尾根
眉	ビ	眉目、焦眉
	ミ	眉間
	まゆ	眉毛
美	ビ	美醜、美術、賛美
	うつくしい	美しい、美しさ
備	ビ	備考、守備、準備
	そなえる	備える、備え
	そなわる	備わる
微(微)	ビ	微細、微笑、衰微
鼻(鼻)	ビ	鼻音、鼻孔、耳鼻科
	はな	鼻、鼻血、小鼻
膝	ひざ	膝、膝頭
肘	ひじ	肘、肘掛け
匹	ヒツ	匹敵、匹夫、馬匹
	ひき	数匹
必	ヒツ	必然、必死、必要
	かならず	必ず、必ずしも
泌	ヒツ	分泌*45
	ヒ	泌尿器
筆	ヒツ	筆力、筆記、毛筆
	ふで	筆、筆先
姫(姬)	ひめ	姫、姫松
百	ヒャク	百貨店、百科全書、数百

漢字	音訓	例
氷	ヒョウ	氷点、氷山、結氷
	こおり	氷
	ひ	氷雨
表	ヒョウ	表面、代表、発表
	おもて	表、表門、裏表
	あらわす	表す
	あらわれる	表れる
俵	ヒョウ	一俵、土俵
	たわら	俵、米俵
票	ヒョウ	票決、投票、伝票
評（評）	ヒョウ	評価、評判、定評
漂	ヒョウ	漂着、漂白、漂流
	ただよう	漂う
標	ヒョウ	標準、標本、目標
苗（苗）	ビョウ	種苗、痘苗
	なえ	苗、苗木
	なわ	苗代
秒	ビョウ	秒針、秒速、寸秒
病（病）	ビョウ	病気、病根、看病
	ヘイ	疾病
	やむ	病む、病み付き
	やまい	病
描（描）	ビョウ	描写、素描、点描
	えがく	描く、描き出す
	かく	描く、絵描き
猫（猫）	ビョウ	愛猫
	ねこ	猫
品	ヒン	品評、作品、上品
	しな	品、品物、手品
浜（濱）	ヒン	海浜
	はま	浜、浜辺、砂浜
貧（貧）	ヒン	貧富、貧弱、清貧
	ビン	貧乏
	まずしい	貧しい、貧しさ
賓（賓）	ヒン	賓客、主賓、来賓
頻（頻）	ヒン	頻度、頻発、頻繁
敏（敏）	ビン	敏速、機敏、鋭敏
瓶（瓶）	ビン	瓶、瓶詰、花瓶
不	フ	不当、不利、不賛成
	ブ	不作法、不用心
夫	フ	夫妻、農夫、凡夫
	フウ	夫婦、工夫
	おっと	夫
父（父）	フ	父母、父兄、祖父
	ちち	父、父親
付	フ	付与、交付、給付
	つける	付ける、名付け
	つく	付く、気付く
布	フ	布陣、綿布、分布
	ぬの	布、布地、布目
扶	フ	扶助、扶養、扶育
府	フ	府県、首府、政府
怖	フ	恐怖
	こわい	怖い、怖がる
阜	フ	
附	フ	附属、寄附
訃	フ	訃報
負（負）	フ	負担、負傷、勝負
	まける	負ける、負け
	まかす	負かす
	おう	負う、負い目、背負う
赴	フ	赴任
	おもむく	赴く
浮（浮）	フ	浮沈、浮力、浮薄
	うく	浮く、浮き、浮世絵
	うかれる	浮かれる
	うかぶ	浮かぶ
	うかべる	浮かべる
婦（婦）	フ	婦人、夫婦、主婦
符	フ	符号、切符、音符
富	フ	富強、富裕、貧富
	フウ	富貴*46
	とむ	富む、富み栄える
	とみ	富
普	フ	普通、普遍、普請
腐	フ	腐心、腐敗、陳腐
	くさる	腐る
	くされる	腐れ縁、ふて腐れる

漢字	音訓	例
	くさらす	腐らす
敷(敷)	フ	敷設
	しく	敷く、敷石、屋敷
膚	フ	皮膚、完膚
賦	フ	賦役、月賦、天賦
譜	フ	系譜、楽譜、年譜
侮(侮)	ブ	侮辱、軽侮
	あなどる	侮る、侮り
武	ブ	武力、武士、文武
	ム	武者人形、荒武者
部	ブ	部分、全部、本部
舞(舞)	ブ	舞踏、舞台、鼓舞
	まう	舞う、舞い上がる
	まい	舞、舞扇
封	フウ	封鎖、封書、密封
	ホウ	封建的、素封家
風	フウ	風力、風俗、強風
	フ	風情、中風
	かぜ	風、そよ風
	かざ	風上、風車
伏	フク	伏線、起伏、潜伏
	ふせる	伏せる、うつ伏せ
	ふす	伏す、伏し拝む
服(服)	フク	服装、服従、洋服
副	フク	副業、副作用、正副
幅	フク	幅員、振幅、全幅
	はば	幅、横幅
復	フク	復活、往復、報復
福(福)	フク	福祉、福徳、幸福
腹	フク	腹案、空腹、山腹
	はら	腹、腹芸、太っ腹
複	フク	複数、複雑、重複
覆(覆)	フク	覆面、転覆
	おおう	覆う、覆い
	くつがえす	覆す
	くつがえる	覆る
払(拂)	フツ	払暁、払底
	はらう	払う、払い、月払い
沸	フツ	沸騰、沸点、煮沸
	わく	沸く、沸き上がる
	わかす	沸かす、湯沸かし
仏(佛)	ブツ	仏事、仏像、念仏
	ほとけ	仏、仏様、生き仏
物	ブツ	物質、人物、動物
	モツ	食物、進物、禁物
	もの	物、物語、品物
粉(粉)	フン	粉末、粉砕、粉飾
	こ	粉、小麦粉
	こな	粉、粉雪
紛(紛)	フン	紛失、紛争、内紛
	まぎれる	紛れる、紛れ
	まぎらす	紛らす
	まぎらわす	紛らわす
	まぎらわしい	紛らわしい
雰(雰)	フン	雰囲気
噴(噴)	フン	噴火、噴出、噴水
	ふく	噴く、噴き出す
墳(墳)	フン	墳墓、古墳
憤(憤)	フン	憤慨、義憤、発憤
	いきどおる	憤る、憤り
奮	フン	奮起、奮発、興奮
	ふるう	奮う、奮い立つ、奮って〔副〕
分(分)	ブン	分解、自分、水分
	フン	分別、分銅、三十分
	ブ	一分一厘、五分
	わける	分ける、引き分け
	わかれる	分かれる
	わかる	分かる
	わかつ	分かつ、分かち合う
文(文)	ブン	文学、文化、作文
	モン	文字*47、経文、天文学
	ふみ	恋文
聞	ブン	新聞、風聞、見聞
	モン	聴聞、前代未聞
	きく	聞く、人聞き
	きこえる	聞こえる、聞こえ
丙(丙)	ヘイ	丙種、甲乙丙

平（平）	ヘイ	平面、平和、公平
	ビョウ	平等
	たいら	平らな土地、平らげる
	ひら	平手、平謝り、平たい
兵	ヘイ	兵器、兵隊、撤兵
	ヒョウ	兵糧、雑兵
併（併）	ヘイ	併合、併用、合併
	あわせる	併せる、併せて〔接〕
並（竝）	ヘイ	並行、並列、並立
	なみ	並の品、並木、足並み
	ならべる	並べる、五目並べ
	ならぶ	並ぶ、並び
	ならびに	並びに
柄（柄）	ヘイ	横柄、権柄ずく
	がら	柄、家柄、身柄
	え	柄
陛	ヘイ	陛下
閉	ヘイ	閉店、閉口、密閉
	とじる	閉じる、閉じ込める
	とざす	閉ざす
	しめる	閉める
	しまる	閉まる
塀（塀）	ヘイ	塀、板塀
幣（幣）	ヘイ	貨幣、紙幣、御幣担ぎ
弊（弊）	ヘイ	弊害、旧弊、疲弊
蔽（蔽）	ヘイ	隠蔽
餅（餅）［餠］	ヘイ	煎餅
	もち	餅屋、尻餅
米	ベイ	米作、米価、米食
	マイ	精米、新米、白米
	こめ	米、米粒
壁	ヘキ	壁面、壁画、岸壁
	かべ	壁、壁土、白壁
璧	ヘキ	完璧、双璧
癖	ヘキ	習癖、病癖、潔癖
	くせ	癖、口癖
別	ベツ	別離、区別、特別
	わかれる	別れる、別れ
蔑（蔑）	ベツ	蔑視、軽蔑
	さげすむ	蔑む
片	ヘン	紙片、破片、断片
	かた	片方、片手、片一方
辺（邊）	ヘン	辺境、周辺、その辺
	あたり	辺り
	べ	海辺、岸辺
返（返）	ヘン	返却、返事、返礼
	かえす	返す、仕返し
	かえる	返る、寝返り
変（變）	ヘン	変化、異変、大変
	かわる	変わる、変わり種
	かえる	変える
偏（偏）	ヘン	偏向、偏見、偏食
	かたよる	偏る、偏り
遍（遍）	ヘン	遍歴、普遍、一遍
編（編）	ヘン	編集、編成、長編
	あむ	編む、手編み
弁（辨）（瓣）（辯）	ベン	弁償、花弁、雄弁
便（便）	ベン	便利、便法、簡便
	ビン	便乗、郵便、定期便
	たより	便り、初便り、花便り
勉（勉）	ベン	勉強、勉学、勤勉
歩（步）	ホ	歩道、徒歩、進歩
	ブ	歩合、日歩
	フ	歩
	あるく	歩く
	あゆむ	歩む、歩み
保	ホ	保護、保存、担保
	たもつ	保つ
哺	ホ	哺乳類
捕	ホ	捕獲、捕虜、逮捕
	とらえる	捕らえる
	とらわれる	捕らわれる
	とる	捕る、捕り物
	つかまえる	捕まえる
	つかまる	捕まる

漢字	音訓	例
補	ホ おぎなう	補欠、補充、候補 補う、補い
舗(舖)	ホ	舗装、店舗
母	ボ はは	母性、父母、祖母 母、母親
募(募)	ボ つのる	募金、募集、応募 募る
墓(墓)	ボ はか	墓地、墓参、墓穴 墓、墓参り
慕(慕)	ボ したう	慕情、敬慕、思慕 慕う、慕わしい
暮(暮)	ボ くれる くらす	暮春、歳暮、薄暮 暮れる、暮れ 暮らす、暮らし
簿(簿)	ボ	簿記、名簿、帳簿
方	ホウ かた	方法、方角、地方 お乗りの方、話し方、敵方
包(包)	ホウ つつむ	包囲、包容力、内包 包む、包み、小包
芳(芳)	ホウ かんばしい	芳香、芳紀、芳志 芳しい、芳しさ
邦(邦)	ホウ	邦楽、本邦、連邦
奉	ホウ ブ たてまつる	奉納、奉仕、信奉 奉行 奉る
宝(寶)	ホウ たから	宝石、国宝、財宝 宝、宝船、子宝
抱(抱)	ホウ だく いだく かかえる	抱負、抱懐、介抱 抱く 抱く 抱える、一抱え
放	ホウ はなす はなつ はなれる ほうる	放送、放棄、追放 放す、手放す 放つ 放れる 放る
法	ホウ ハッ ホッ	法律、文法、方法 法度 法主*48
泡(泡)	ホウ あわ	気泡、水泡、発泡 泡、泡立つ
胞(胞)	ホウ	胞子、同胞、細胞
俸	ホウ	俸給、年俸、本俸
倣	ホウ ならう	模倣 倣う
峰	ホウ みね	秀峰、霊峰、連峰 峰、剣が峰
砲(砲)	ホウ	砲撃、大砲、鉄砲
崩(崩)	ホウ くずれる くずす	崩壊 崩れる、山崩れ 崩す
訪	ホウ おとずれる たずねる	訪問、来訪、探訪 訪れる、訪れ 訪ねる
報	ホウ むくいる	報酬、報告、情報 報いる、報い
蜂	ホウ はち	蜂起 蜜蜂
豊(豐)	ホウ ゆたか	豊作、豊満、豊富 豊かだ
飽(飽)	ホウ あきる あかす	飽和、飽食 飽きる、飽き、見飽きる ……に飽かして
褒(褒)	ホウ ほめる	褒章、褒美、過褒 褒める
縫(縫)	ホウ ぬう	縫合、縫製、裁縫 縫う、縫い目
亡(亡)	ボウ モウ ない*49	亡父、亡命、存亡 亡者 亡い、亡き人、亡くす、亡くなる
乏	ボウ とぼしい	欠乏、貧乏、耐乏 乏しい、乏しさ
忙(忙)	ボウ いそがしい	忙殺、多忙、繁忙 忙しい、忙しさ
坊	ボウ	坊主、朝寝坊、赤ん坊

	ボッ	坊ちゃん
妨	ボウ	妨害
	さまたげる	妨げる、妨げ
忘(忘)	ボウ	忘却、忘年会、備忘
	わすれる	忘れる、物忘れ
防	ボウ	防備、堤防、予防
	ふせぐ	防ぐ、防ぎ
房(房)	ボウ	独房、冷房、僧房
	ふさ	房、一房、乳房
肪	ボウ	脂肪
某	ボウ	某氏、某国、某所
冒(冒)	ボウ	冒険、冒頭、感冒
	おかす	冒す
剖	ボウ	解剖
紡	ボウ	紡績、混紡
	つむぐ	紡ぐ
望(望)	ボウ	望郷、希望、人望
	モウ	所望、大望*50、本望
	のぞむ	望む、望み、望ましい
傍	ボウ	傍線、傍聴、路傍
	かたわら	傍ら
帽(帽)	ボウ	帽子、脱帽、無帽
棒	ボウ	棒グラフ、棒読み、鉄棒
貿	ボウ	貿易
貌	ボウ	変貌、美貌
暴	ボウ	暴言、横暴、乱暴
	バク	暴露
	あばく	暴く、暴き出す
	あばれる	暴れる、大暴れ
膨	ボウ	膨大
	ふくらむ	膨らむ、膨らみ
	ふくれる	膨れる、青膨れ
謀	ボウ	謀略、無謀、首謀者
	ム	謀反
	はかる	謀る
頬	ほお	頬、頬張る
北	ホク	北進、北方、敗北
	きた	北、北風、北半球
木	ボク	木石、大木、土木
	モク	木造、樹木、材木
	き	木、並木、拍子木
	こ	木立、木陰
朴	ボク	純朴、素朴
牧	ボク	牧場、牧師、遊牧
	まき	牧場
睦	ボク	親睦、和睦
僕	ボク	僕、公僕
墨(墨)	ボク	筆墨、白墨、遺墨
	すみ	墨、墨絵、眉墨
撲	ボク	撲殺、撲滅、打撲
没(沒)	ボツ	没収、没交渉、出没
勃	ボツ	勃興、勃発
堀	ほり	堀、外堀、釣堀
本	ホン	本質、本来、資本
	もと	本、旗本
奔(奔)	ホン	奔走、奔放、出奔
翻(飜)	ホン	翻意、翻訳、翻刻
	ひるがえる	翻る
	ひるがえす	翻す
凡(凡)	ボン	凡人、凡百、平凡
	ハン	凡例
盆(盆)	ボン	盆栽、盆地、旧盆
麻(麻)	マ	麻薬、麻酔、亜麻
	あさ	麻
摩(摩)	マ	摩擦、摩天楼
磨(磨)	マ	研磨
	みがく	磨く、磨き粉
魔(魔)	マ	魔法、悪魔、邪魔
毎(每)	マイ	毎度、毎日、毎々
妹	マイ	姉妹、義妹、令妹
	いもうと	妹
枚	マイ	枚数、枚挙、大枚
昧	マイ	曖昧、三昧
埋	マイ	埋没、埋蔵、埋葬
	うめる	埋める、埋め立て、穴埋め
	うまる	埋まる

	うもれる	埋もれる、埋もれ木
幕(幕)	マク	幕切れ、天幕、暗幕
	バク	幕府、幕末、幕僚
膜(膜)	マク	膜質、鼓膜、粘膜
枕	まくら	枕、枕元
又(又)	また	又、又は
末	マツ	末代、本末、粉末
	バツ	末子、末弟*51
	すえ	末、末っ子、末頼もしい
抹	マツ	抹殺、抹消、一抹
万(萬)	マン	万一、万年筆、巨万
	バン	万国、万端、万全
満(滿)	マン	満月、満足、充満
	みちる	満ちる、満ち潮
	みたす	満たす
慢	マン	慢性、怠慢、自慢
漫	マン	漫画、漫歩、散漫
未	ミ	未来、未満、前代未聞
味	ミ	味覚、意味、興味
	あじ	味、味見、塩味
	あじわう	味わう、味わい
魅	ミ	魅力、魅惑、魅する
岬	みさき	岬
密	ミツ	密約、厳密、秘密
蜜	ミツ	蜜、蜜月
脈(脈)	ミャク	脈絡、動脈、山脈
妙	ミョウ	妙案、奇妙、巧妙
民	ミン	民族、民主的、国民
	たみ	民
眠	ミン	不眠、安眠、睡眠
	ねむる	眠る、眠り
	ねむい	眠い、眠たい、眠気
矛	ム	矛盾
	ほこ	矛、矛先
務	ム	事務、職務、義務
	つとめる	務める、務め
	つとまる	務まる
無	ム	無名、無理、皆無
	ブ	無事、無礼、無愛想
	ない	無い、無くす、無くなる
夢(夢)	ム	夢幻、夢中、悪夢
	ゆめ	夢、夢見る、初夢
霧	ム	霧笛、濃霧、噴霧器
	きり	霧、霧雨、朝霧
娘	むすめ	娘、娘心、小娘
名	メイ	名誉、氏名、有名
	ミョウ	名字、本名、大名
	な	名、名前
命	メイ	命令、運命、生命
	ミョウ	寿命
	いのち	命、命拾い
明(明)	メイ	明暗、説明、鮮明
	ミョウ	明日、光明、灯明
	あかり	明かり、薄明かり
	あかるい	明るい、明るさ
	あかるむ	明るむ
	あからむ	明らむ
	あきらか	明らかだ
	あける	明ける、夜明け
	あく	明く
	あくる	明くる日、明くる朝
	あかす	明かす、種明かし
迷(迷)	メイ	迷路、迷惑、低迷
	まよう	迷う、迷い
冥	メイ	冥福
	ミョウ	冥加、冥利
盟(盟)	メイ	加盟、同盟、連盟
銘	メイ	銘柄、碑銘
鳴	メイ	鳴動、悲鳴、雷鳴
	なく	鳴く、鳴き声
	なる	鳴る、耳鳴り
	ならす	鳴らす
滅	メツ	滅亡、消滅、絶滅
	ほろびる	滅びる
	ほろぼす	滅ぼす
免(免)	メン	免許、免除、放免

	まぬかれる*52	免れる
面	メン	面会、顔面、方面
	おも	川の面、面影、面長
	おもて	面、細面
	つら	面、面魂、鼻面
綿	メン	綿布、綿密、純綿
	わた	綿、真綿
麺(麵)	メン	麺類
茂(茂)	モ	繁茂
	しげる	茂る、茂み
模(模)	モ	模範、模型、模倣
	ボ	規模
毛	モウ	毛髪、毛細管、不毛
	け	毛、毛糸、抜け毛
妄(妄)	モウ	妄信、妄想、迷妄
	ボウ	妄言*53
盲(盲)	モウ	盲点、盲従、文盲
耗(耗)	モウ*54	消耗
	コウ	心神耗弱
猛	モウ	猛烈、猛獣、勇猛
網(網)	モウ	網膜、漁網、通信網
	あみ	網、網戸
目	モク	目的、目前、項目
	ボク	面目*55
	め	目、目立つ、結び目
	ま	目の当たり、目深
黙(默)	モク	黙殺、暗黙、沈黙
	だまる	黙る、黙り込む
門	モン	門戸、門下生、専門
	かど	門、門口、門松
紋(紋)	モン	紋章、指紋、波紋
問	モン	問題、問答、訪問
	とう	問う、問いただす
	とい	問い
	とん	問屋*56
冶	ヤ	冶金、陶冶
夜	ヤ	夜半、深夜、昼夜
	よ	夜が明ける、夜風、月夜
	よる	夜、夜昼
野	ヤ	野外、野性、分野
	の	野、野原、野放し
弥(彌)	や	
厄	ヤク	厄、厄年、災厄
役	ヤク	役所、役目、荷役
	エキ	役務、使役、兵役
約(約)	ヤク	約束、約半分、節約
訳(譯)	ヤク	訳文、翻訳、通訳
	わけ	訳、内訳、申し訳
薬(藥)	ヤク	薬剤、薬局、火薬
	くすり	薬、飲み薬
躍(躍)	ヤク	躍動、躍起、飛躍
	おどる	躍る、躍り上がる
闇(闇)	やみ	闇夜、暗闇
由	ユ	由来、経由
	ユウ	自由、理由、事由
	ユイ	由緒
	よし	……の由
油	ユ	油脂、油田、石油
	あぶら	油、油絵、水油
喩	ユ	比喩
愉(愉)	ユ	愉快、愉悦
諭(諭)	ユ	諭旨、教諭、説諭
	さとす	諭す、諭し
輸(輸)	ユ	輸出、輸送、運輸
癒(癒)	ユ	癒着、治癒、平癒
	いえる	癒える
	いやす	癒やす
唯	ユイ	唯一、唯物論、唯美主義
	イ	唯々諾々
友	ユウ	友好、友情、親友
	とも	友
有(有)	ユウ	有益、所有、特有
	ウ	有無、有象無象
	ある	有る、有り金
勇(勇)	ユウ	勇敢、勇気、武勇
	いさむ	勇む、勇み足、勇まし

		い
幽	ユウ	幽境、幽玄、幽霊
悠	ユウ	悠然、悠長、悠々
郵	ユウ	郵便、郵送、郵券
湧(湧)	ユウ	湧水、湧出
	わく	湧く
猶(猶)	ユウ	猶予
裕	ユウ	裕福、富裕、余裕
遊(遊)	ユウ	遊戯、遊離、交遊
	ユ	遊山
	あそぶ	遊ぶ、遊び
雄	ユウ	雄大、英雄、雌雄
	お	雄しべ、雄牛、雄々しい
	おす	雄、雄犬
誘	ユウ	誘惑、誘発、勧誘
	さそう	誘う、誘い水
憂	ユウ	憂愁、憂慮、一喜一憂
	うれえる	憂える、憂え
	うれい	憂い
	うい*57	憂い、憂き目、物憂い
融	ユウ	融解、融和、金融
優	ユウ	優越、優柔、俳優
	やさしい	優しい、優しさ
	すぐれる	優れる
与(與)	ヨ	与党、授与、関与
	あたえる	与える
予(豫)	ヨ	予定、予備、猶予
余(餘)	ヨ	余剰、余地、残余
	あまる	余る、余り
	あます	余す
誉(譽)	ヨ	名誉、栄誉
	ほまれ	誉れ
預	ヨ	預金、預託
	あずける	預ける
	あずかる	預かる、預かり
幼	ヨウ	幼児、幼虫、幼稚
	おさない	幼い、幼友達
用	ヨウ	用意、使用、費用
	もちいる	用いる
羊	ヨウ	羊毛、綿羊、牧羊
	ひつじ	羊
妖	ヨウ	妖怪、妖艶
	あやしい	妖しい
洋	ヨウ	洋楽、洋風、海洋
要(要)	ヨウ	要点、要注意、重要
	かなめ	要
	いる	要る
容	ヨウ	容易、容器、形容
庸	ヨウ	凡庸、中庸
揚	ヨウ	意気揚々、抑揚、掲揚
	あげる	揚げる、荷揚げ
	あがる	揚がる
揺(搖)	ヨウ	動揺
	ゆれる	揺れる、揺れ
	ゆる	揺り返し、揺り籠
	ゆらぐ	揺らぐ
	ゆるぐ	揺るぐ、揺るぎない
	ゆする	揺する、貧乏揺すり
	ゆさぶる	揺さぶる
	ゆすぶる	揺すぶる
葉(葉)	ヨウ	葉緑素、落葉、紅葉
	は	葉、枯れ葉、落ち葉
陽	ヨウ	陽光、陰陽、太陽
溶	ヨウ	溶解、溶液、水溶液
	とける	溶ける
	とかす	溶かす
	とく	溶く
腰(腰)	ヨウ	腰痛、腰部
	こし	腰、腰だめ、物腰
様(様)	ヨウ	様式、様子、模様
	さま	様、○○様
瘍	ヨウ	潰瘍、腫瘍
踊	ヨウ	舞踊
	おどる	踊る
	おどり	踊り
窯	ヨウ	窯業
	かま	窯

養(養)	ヨウ	養育、養子、休養
	やしなう	養う
擁	ヨウ	擁護、擁立、抱擁
謡(謠)	ヨウ	謡曲、民謡、歌謡
	うたい	謡、素謡
	うたう	謡う
曜(曜)	ヨウ	曜日、七曜表、日曜
抑	ヨク	抑圧、抑制、抑揚
	おさえる	抑える、抑え
沃	ヨク	肥沃
浴	ヨク	浴場、海水浴
	あびる	浴びる、水浴び
	あびせる	浴びせる
欲	ヨク	欲望、食欲、無欲
	ほっする	欲する
	ほしい	欲しい、欲しがる
翌(翌)	ヨク	翌春、翌年、翌々日
翼(翼)	ヨク	左翼、尾翼
	つばさ	翼
拉	ラ	拉致
裸	ラ	裸身、裸体、赤裸々
	はだか	裸、丸裸
羅	ラ	羅列、羅針盤、網羅
来(來)	ライ	来年、来歴、往来
	くる	来る、出来心
	きたる	来る○日
	きたす	来す
雷	ライ	雷雨、雷名、魚雷
	かみなり	雷
頼(賴)	ライ	依頼、信頼、無頼漢
	たのむ	頼む、頼み
	たのもしい	頼もしい
	たよる	頼る、頼り
絡	ラク	連絡、脈絡
	からむ	絡む、絡み付く
	からまる	絡まる
	からめる	絡める
落(落)	ラク	落語、落涙、集落
	おちる	落ちる、落ち着く
	おとす	落とす、力落とし
酪	ラク	酪農
辣	ラツ	辣腕、辛辣
乱(亂)	ラン	乱戦、混乱、反乱
	みだれる	乱れる、乱れ
	みだす	乱す
卵	ラン	卵黄、鶏卵、産卵
	たまご	卵
覧(覽)	ラン	観覧、展覧、一覧
濫	ラン	濫伐、濫費、濫用
藍(藍)	ラン	出藍
	あい	藍色、藍染め
欄(欄)	ラン	欄干、欄外、空欄
吏(吏)	リ	吏員、官吏、能吏
利	リ	利益、鋭利、勝利
	きく	利く、左利き、口利き
里	リ	里程、郷里、千里眼
	さと	里、里心、村里
理	リ	理科、理由、整理
痢	リ	疫痢、下痢、赤痢
裏	リ	裏面、表裏
	うら	裏、裏口
履	リ	履歴、履行、弊履
	はく	履く、履物
璃	リ	浄瑠璃
離	リ	離別、距離、分離
	はなれる	離れる、離れ、乳離れ
	はなす	離す
陸	リク	陸地、陸橋、着陸
立	リツ	立案、起立、独立
	リュウ	建立
	たつ	立つ、立場、夕立
	たてる	立てる、立て札
律	リツ	律動、規律、法律
	リチ	律儀
慄	リツ	慄然、戦慄
略	リャク	略称、計略、侵略
柳	リュウ	花柳界、川柳
	やなぎ	柳、柳腰

漢字	音訓	例
流(流)	リュウ	流行、流動、電流
	ル	流布、流転、流罪
	ながれる	流れる、流れ
	ながす	流す、流し
留	リュウ	留意、留学、保留
	ル	留守
	とめる	留める、帯留め
	とまる	留まる、歩留まり
竜(龍)	リュウ	竜、竜頭蛇尾
	たつ	竜巻
粒	リュウ	粒子、粒々辛苦
	つぶ	粒、豆粒
隆(隆)	リュウ	隆起、隆盛、興隆
硫(硫)	リュウ	硫安、硫酸、硫化銀
侶	リョ	僧侶、伴侶
旅(旅)	リョ	旅行、旅情、旅券
	たび	旅、旅先、船旅
虜(虜)	リョ	虜囚、捕虜
慮	リョ	遠慮、考慮、無慮
了	リョウ	了解、完了、校了
両(兩)	リョウ	両親、両立、千両
良	リョウ	良好、良心、優良
	よい	良い
料	リョウ	料金、料理、材料
涼	リョウ	涼味、清涼剤、納涼
	すずしい	涼しい、涼しさ
	すずむ	涼む、夕涼み
猟(獵)	リョウ	猟師、狩猟、渉猟
陵	リョウ	陵墓、丘陵
	みささぎ	陵
量	リョウ	量産、測量、度量
	はかる	量る
僚	リョウ	僚友、官僚、同僚
領	リョウ	領土、要領、大統領
寮	リョウ	寮生、寮母、独身寮
療	リョウ	療養、医療、治療
瞭	リョウ	明瞭
糧	リョウ	糧食、糧道
	ロウ	兵糧
	かて	糧
力	リョク	権力、努力、能力
	リキ	力量、力作、馬力
	ちから	力、力仕事、底力
緑(綠)	リョク	緑茶、緑陰、新緑
	ロク	緑青
	みどり	緑、薄緑
林	リン	林業、林立、山林
	はやし	林、松林
厘	リン	一分一厘
倫	リン	倫理、人倫、絶倫
輪	リン	輪番、一輪、車輪
	わ	輪、輪切り、首輪
隣(隣)	リン	隣室、隣接、近隣
	となる	隣り合う
	となり	隣、両隣
臨	リン	臨時、臨床、君臨
	のぞむ	臨む
瑠	ル	浄瑠璃
涙(淚)	ルイ	感涙、声涙、落涙
	なみだ	涙、涙ぐむ、涙ぐましい
累	ルイ	累計、累積、係累
塁(壘)	ルイ	塁審、敵塁、土塁
類(類)	ルイ	類型、種類、分類
	たぐい	類い、〇〇の類い
令	レイ	令嬢、法令、命令
礼(禮)	レイ	礼儀、謝礼、無礼
	ライ	礼賛、礼拝*58
冷	レイ	冷却、冷淡、寒冷
	つめたい	冷たい、冷たさ
	ひえる	冷える、底冷え
	ひや	冷や、冷や汗、冷ややかだ
	ひやす	冷やす
	ひやかす	冷やかす、冷やかし
	さめる	冷める
	さます	冷ます、湯冷まし
励(勵)	レイ	励行、奨励、精励

漢字	音訓	例
	はげむ	励む、励み
	はげます	励ます、励まし
戻（戾）	レイ	戻入、返戻
	もどす	戻す、差し戻し
	もどる	戻る、後戻り
例	レイ	例外、例年、用例
	たとえる	例える、例え、例えば
鈴	レイ	電鈴、振鈴、予鈴
	リン	風鈴、呼び鈴
	すず	鈴
零	レイ	零下、零細、零落
霊（靈）	レイ	霊感、霊魂、霊長類
	リョウ	悪霊、死霊
	たま	霊、霊屋
隷	レイ	隷書、隷属、奴隷
齢（齡）	レイ	樹齢、年齢、妙齢
麗	レイ	麗人、端麗、美麗
	うるわしい	麗しい、麗しさ
暦（曆）	レキ	暦年、還暦、太陽暦
	こよみ	暦、花暦
歴（歷）	レキ	歴史、歴訪、経歴
列	レツ	列外、列車、陳列
劣	レツ	劣等、卑劣、優劣
	おとる	劣る
烈	レツ	烈火、壮烈、猛烈
裂	レツ	決裂、破裂、分裂
	さく	裂く、八つ裂き
	さける	裂ける、裂け目
恋（戀）	レン	恋愛、恋慕、失恋
	こう	恋い慕う、恋い焦がれる
	こい	恋、初恋、恋する
	こいしい	恋しい、恋しがる
連（連）	レン	連合、連続、関連
	つらなる	連なる
	つらねる	連ねる
	つれる	連れる、連れ
廉（廉）	レン	廉価、清廉、破廉恥
練（練）	レン	練習、試練、熟練
	ねる	練る、練り直す
錬（鍊）	レン	錬金術、鍛錬、精錬
呂	ロ	風呂
炉（爐）	ロ	炉辺、暖炉、原子炉
賂	ロ	賄賂
路	ロ	路上、道路
	じ	家路、旅路、山路
露	ロ	露出、露店、雨露
	ロウ	披露
	つゆ	露、夜露
老	ロウ	老巧、老人、長老
	おいる	老いる、老い
	ふける	老ける、老け役
労（勞）	ロウ	労働、労力、疲労
弄	ロウ	愚弄、翻弄
	もてあそぶ	弄ぶ
郎（郞）	ロウ	新郎
朗（朗）	ロウ	朗読、朗々と、明朗
	ほがらか	朗らかだ、朗らかさ
浪	ロウ	浪費、波浪、放浪
廊（廊）	ロウ	廊下、回廊、画廊
楼（樓）	ロウ	楼閣、鐘楼、望楼
漏	ロウ	漏電、疎漏、脱漏
	もる	漏る、雨漏り
	もれる	漏れる
	もらす	漏らす
籠（籠）	ロウ	籠城
	かご	籠
	こもる	籠もる
六	ロク	六月、六法、丈六
	む	六月目
	むつ	六つ切り
	むっつ	六つ
	むい	六日
録（錄）	ロク	録音、記録、実録
麓	ロク	山麓
	ふもと	麓
論	ロン	論証、論理、議論
和	ワ	和解、和服、柔和

	オ	和尚
	やわらぐ	和らぐ
	やわらげる	和らげる
	なごむ	和む
	なごやか	和やかだ
話	ワ	話題、会話、童話
	はなす	話す、話し合い
	はなし	話、昔話、立ち話
賄	ワイ	収賄、贈賄
	まかなう	賄う、賄い
脇	わき	脇腹、両脇
惑	ワク	惑星、迷惑、誘惑
	まどう	惑う、惑い
枠	わく	枠、枠内、窓枠
湾（灣）	ワン	湾内、湾入、港湾
腕	ワン	腕章、腕力、敏腕
	うで	腕、腕前、細腕

注

＊1 「三位一体」「従三位」は「サンミイッタイ」「ジュサンミ」。
＊2 「遺言」は「イゴン」とも。
＊3 「羽（は）」は、前に来る音によって「わ」「ば」「ぱ」になる。
＊4 「春雨」「小雨」「霧雨」などは、「はるさめ」「こさめ」「きりさめ」。
＊5 「因縁」は「インネン」。
＊6 「親王」「勤王」などは、「シンノウ」「キンノウ」。
＊7 「反応」「順応」などは、「ハンノウ」「ジュンノウ」。
＊8 「奥義」は「おくギ」とも。
＊9 「臆説」「臆測」は、「憶説」「憶測」とも書く。
＊10 「観音」は「カンノン」。
＊11 「安穏」は「アンノン」。
＊12 「おのおの（各）」は「各々」とも書く。
＊13 「堪能」は「タンノウ」とも。
＊14 「吉日」は「キツジツ」とも。
＊15 「ク」は「宮内庁」などと使う。
＊16 「リョウ」は「猟」の字音の転用。
＊17 「ケイ」は「京浜」「京阪」などと使う。
＊18 「兄弟」は「ケイテイ」と読むこともある。
＊19 「隙間」は「透き間」とも書く。
＊20 「甲板」は「コウハン」とも。
＊21 「天皇」は「テンノウ」。
＊22 「合点」は「ガテン」とも。
＊23 「昆布」は「コブ」とも。
＊24 「混み合う」「人混み」は、「込み合う」「人込み」とも書く。
＊25 「紺屋」は「コウや」とも。
＊26 「詩歌」は「シイカ」とも。
＊27 「七日」は「なぬか」とも。
＊28 「老若」は「ロウジャク」とも。
＊29 「寂然」は「ジャクネン」とも。
＊30 「法主（ホッス）」は、「ホウシュ」「ホッシュ」とも。
＊31 「ジッ」は「ジュッ」とも。
＊32 「情緒」は「ジョウショ」とも。
＊33 「憧憬」は「ドウケイ」とも。
＊34 「身上」は、「シンショウ」と「シンジョウ」とで、意味が違う。
＊35 「肝腎」は「肝心」とも書く。
＊36 「人数」は「ニンズウ」とも。
＊37 「寄贈」は「キゾウ」とも。
＊38 「がわ」は「かわ」とも。
＊39 「唾」は「つばき」とも。
＊40 「愛着」「執着」は、「アイチャク」「シュウチャク」とも。
＊41 「いただき」は「山頂」の意。
＊42 「貼付」は「テンプ」とも。
＊43 「むずかしい」は「むつかしい」とも。
＊44 「把（ハ）」は、前に来る音によって「ワ」「バ」「パ」になる。
＊45 「分泌」は「ブンピ」とも。
＊46 「富貴」は「フッキ」とも。
＊47 「文字」は「モジ」とも。
＊48 「法主」は「ホウシュ」とも。
＊49 「ない」は、多く文語の「亡き」で使う。
＊50 「大望」は「タイボウ」とも。
＊51 「末子」「末弟」は、「マッシ」「マッテイ」とも。
＊52 「まぬかれる」は「まぬがれる」とも。
＊53 「妄言」は「モウゲン」とも。
＊54 「モウ」は慣用音。
＊55 「面目」は「メンモク」とも。
＊56 「問屋」は「といや」とも。
＊57 「憂（う）き」は、文語の連体形。
＊58 「礼拝」は「レイハイ」とも。

付表

あす	明日
あずき	小豆
あま	海女
	海士
いおう	硫黄
いくじ	意気地
いなか	田舎
いぶき	息吹
うなばら	海原
うば	乳母
うわき	浮気
うわつく	浮つく
えがお	笑顔
おじ	叔父
	伯父
おとな	大人
おとめ	乙女
おば	叔母
	伯母
おまわりさん	お巡りさん
おみき	お神酒
おもや	母屋
	母家
かあさん	母さん
かぐら	神楽
かし	河岸
かじ	鍛冶
かぜ	風邪
かたず	固唾
かな	仮名
かや	蚊帳
かわせ	為替
かわら	河原
	川原
きのう	昨日
きょう	今日
くだもの	果物
くろうと	玄人
けさ	今朝
けしき	景色
ここち	心地
こじ	居士
ことし	今年
さおとめ	早乙女
ざこ	雑魚
さじき	桟敷
さしつかえる	差し支える
さつき	五月
さなえ	早苗
さみだれ	五月雨
しぐれ	時雨
しっぽ	尻尾
しない	竹刀
しにせ	老舗
しばふ	芝生
しみず	清水
しゃみせん	三味線
じゃり	砂利
じゅず	数珠
じょうず	上手
しらが	白髪
しろうと	素人
しわす（「しはす」とも言う）	師走
すきや	数寄屋
	数奇屋
すもう	相撲
ぞうり	草履
だし	山車
たち	太刀
たちのく	立ち退く
たなばた	七夕
たび	足袋
ちご	稚児
ついたち	一日
つきやま	築山
つゆ	梅雨
でこぼこ	凸凹
てつだう	手伝う
てんません	伝馬船
とあみ	投網
とうさん	父さん
とえはたえ	十重二十重
どきょう	読経
とけい	時計
ともだち	友達
なこうど	仲人
なごり	名残
なだれ	雪崩
にいさん	兄さん
ねえさん	姉さん
のら	野良
のりと	祝詞
はかせ	博士
はたち	二十
	二十歳
はつか	二十日
はとば	波止場
ひとり	一人
ひより	日和
ふたり	二人
ふつか	二日
ふぶき	吹雪
へた	下手
へや	部屋
まいご	迷子
まじめ	真面目
まっか	真っ赤
まっさお	真っ青
みやげ	土産
むすこ	息子
めがね	眼鏡
もさ	猛者
もみじ	紅葉
もめん	木綿
もより	最寄り
やおちょう	八百長
やおや	八百屋
やまと	大和
やよい	弥生
ゆかた	浴衣
ゆくえ	行方
よせ	寄席
わこうど	若人

人名用漢字一覧

一

漢字	音読み	訓読み
丑	チュウ	うし
丞	ジョウ	すくう
乃	ダイ	すなわち
之	シ	ゆく
乎	コ	よぶ
也	ヤ	なり
云	ウン	くも
亘	カン	めぐる
亙	コウ	わたる
些	サ	いささか
亦	エキ	わき

漢字	音読み	訓読み
亥（亥）	ガイ	い
亨	コウ	とおる
亮	リョウ	まこと
仔	シ	たえる
伊	イ	これ
伍	ゴ	くみ
伽	カ	とぎ
佃	デン	たがやす
佑	ユウ	たすける
伶	レイ	がくじん
侃	カン	たのしむ
侑	ユウ	すすめる
俄	ガ	にわか

漢字	音読み	訓読み
俠	キョウ	おとこだて
俣		また
俐	リ	かしこい
倭	ワ	やまと
倶	グ	ともに
倦	ケン	うむ
倖	コウ	さいわい
偲	シ	しのぶ
傭	ヨウ	やとう
儲	チョ	そなえる
允	イン	まこと
兎	ト	うさぎ
兜	トウ	かぶと
其	キ	み
冴（冴）	ゴ	こおる
凌	リョウ	ひむろ
凜	リン	さむい
凛	リン	さむい
凧		たこ

漢字	音読み	訓読み
凪		なぎ
凰	オウ	おおとり
凱	ガイ	かちどき
函	カン	はこ
劉	リュウ	ころす
劫	キョウ	おびやかす
勁	ケイ	つよい
勺（勺）	シャク	ひしゃく
勿	ブツ	なかれ
匁		もんめ
匡	キョウ	ただす
廿	ジュウ	にじゅう
卜	ボク	うらなう
卯	ボウ	さく
卿（卿）	ケイ	きみ
厨	チュウ	くりや
廐（廐）	キュウ	うまや
叉（叉）	サ	はさむ
叡	エイ	あきらか

漢字	音読み	訓読み
叢	ソウ	くさむら
叶	キョウ	かなう
只	シ	ただ
吾	ゴ	まもる
吞	ドン	のむ
吻	フン	くちさき
哉	サイ	はじめる
哨	ショウ	みはり
啄（啄）	タク	ついばむ
哩		マイル
喬	キョウ	たかい
喧	ケン	やかましい
喰	サン	くらう
喋	チョウ	しゃべる
嘩（嘩）	カ	やかましい
嘉	カ	よい
嘗	ショウ	なめる
噌	ソウ	こえ
噂	ソン	うわさ

漢字	音読み	訓読み
圃	ホ	はたけ
圭	ケイ	たま
坐	ザ	すわる
尭	ギョウ	たかい
堯	ギョウ	たかい
坦	タン	たいらか
埴	ショク	はに
堰	エン	せき
堺	カイ	さかい
堵	ト	かき
塙	カク	かたい
壕	ゴウ	ほり
壬	ジン	たたきだい
夷	イ	えびす
奄	エン	おおう
奎	ケイ	またぐら
套	トウ	かさねる
娃	アイ	うつくしい
姪	テツ	めい

漢字	音	訓
姥	ボ	うば
娩	ベン	うむ
嬉	キ	たのしむ
孟	モウ	はじめ
宏	コウ	ひろい
宋	ソウ	おる
宕	トウ	ひろい
宥	ユウ	ゆるす
寅	イン	つつしむ
寓	グウ	やどる
寵（寵）	チョウ	いつくしむ
尖	セン	とがる
尤	ユウ	とが
屑	セツ	くず
峨	ガ	けわしい
峻	シュン	たかい
崚	リョウ	
嵯	サ	けわしい
嵩	スウ	たかい

漢字	音	訓
嶺	レイ	みね
巌	ガン	いわ
巖	ガン	いわ
已	イ	やむ
巳	シ	やむ
巴	ハ	とって
巷	コウ	ちまた
巽（巽）	ソン	そなえる
帖	ジョウ	かきつけ
幌	コウ	とばり
幡	ハン	のぼり
庄	ショウ	いなか
庇	ヒ	おおう
庚	コウ	きねつく
庵	アン	いおり
廟	ビョウ	みたまや
廻（廻）	カイ	まわる
弘	コウ	ひろい
弛	シ	ゆるむ

漢字	音	訓
彗	スイ	ほうき
彦（彥）	ゲン	ひこ
彪	ヒュウ	まだら
彬	ヒン	あきらか
徠	ライ	きたる
忽	コツ	たちまち
怜	レイ	かしこい
恢	カイ	おおきい
恰	コウ	あたかも
恕	ジョ	ゆるす
悌	テイ	すなお
惟	イ	おもう
惚	コツ	ほのか
悉	シツ	つくす
惇	トン	あつい
惹（惹）	ジャク	ひく
惺	セイ	さとる
惣	ソウ	すべて
慧（慧）	ケイ	さとい

漢字	音	訓
憐（憐）	レン	あわれむ
戊	ボ	ほこ
或	ワク	くに
戟	ゲキ	ほこ
托	タク	うける
按	アン	おさえる
挺（挺）	テイ	ぬく
挽	バン	ひく
掬	キク	すくう
捲	ケン	まく
捷	ショウ	すみやか
捺	ナツ	おす
捧	ホウ	ささげる
掠	リャク	かすめる
揃	セン	きる
摑	カク	うつ
摺	ショウ	する
撒	サン	まく
撰	セン	そなえる

漢字	音	訓
撞（撞）	トウ	つく
播	ハ	まく
撫	ブ	なでる
擢	テキ	ぬく
孜	シ	つとめる
敦	トン	あつい
斐（斐）	ヒ	うつくしい
斡	アツ	めぐる
斧（斧）	フ	おの
斯	シ	さく
於	オ	ああ
旭	キョク	あさひ
昂	コウ	あがる
昊	コウ	そら
昏	コン	くれ
昌	ショウ	あきらか
昴	ボウ	すばる
晏	アン	やすらか

漢字	音	訓
晃	コウ	あきらか
晄	コウ	あきらか
晒	サイ	さらす
晋（晉）	シン	や
晟（晟）	セイ	あきらか
晦	カイ	くらい
晨	シン	あさ
智	チ	ちえ
暉	キ	ひかり
暢	チョウ	のびる
曙（曙）	ショ	あけぼの
曝	バク	さらす
曳	エイ	ひく
朋（朋）	ホウ	とも
朔（朔）	サク	ついたち
杏	キョウ	あんず
杖（杖）	ジョウ	つえ
杜	ト	やまなし
李	リ	すもも

杭 コウ わたる
杵 ショ きね
杷 ハ さらい
枇 ヒ びわ
柑 カン みかん
柴 サイ しば
柘 シャ やまぐわ
柊（柊） シュウ ひいらぎ
柏 ハク かえ
柾 まさ
柚 ユウ ゆず
桧／檜 カイ ひのき
栞 カン しおり
桔 キツ はねつるべ
桂 ケイ かつら
栖 セイ すむ
桐 ドウ きり
栗 リツ くり

梧 ゴ あおぎり
梓 シ あずさ
梢（梢） ショウ こずえ
梛（梛） ダ なぎ
梯 テイ はしご
桶 トウ おけ
梶 ビ こずえ
椛（椛） もみじ
梁 リョウ はし
棲 セイ すむ
椋 リョウ むくのき
椀 ワン はち
楯 ジュン たて
楚 ソ いばら
楕 ダ こおけ
椿 チン つばき
楠 ナン くすのき
楓 フウ おかつら
椰 ヤ やし

楢 ユウ なら
楊 ヨウ やなぎ
榎 カ えのき
樺（樺） カ かば
榊 さかき
榛 シン はしばみ
槙／槇 テン こずえ
槍 ソウ やり
槌 ツイ つち
樫 かし
槻 キ つき
樟（樟） ショウ くす
樋 トウ ひ
橘 キツ たちばな
樽 ソン たる
橙 トウ だいだい
檎 キン
檀 ダン まゆみ

櫂 トウ かい
櫛（櫛） シツ くし
櫓 ロ たて
欣 キン よろこぶ
欽 キン つつしむ
歎 タン なげく
此 シ これ
殆 タイ あやうい
毅 キ つよい
毘 ヒ たすける
毬 キュウ まり
汀 テイ みぎわ
汝 ジョ なんじ
汐 セキ しお
汲 キュウ くむ
沌 トン ふさがる
沓 トウ けがす
沫 マツ あわ
洸 コウ ひろい

洲 シュウ す
洵 ジュン まこと
洛 ラク みやこ
浩（浩） コウ ひろい
浬 リ かいり
淵 エン ふち
淳 ジュン きよい
渚／渚 ショ なぎさ
淀 テン よど
淋 リン したたる
渥 アク あつい
湘 ショウ にる
湊 ソウ あつまる
湛 タン しずむ
溢 イツ あふれる
滉 コウ ひろい
溜 リュウ たまりみず
漱 ソウ すすぐ

漕 ソウ はこぶ
漣 レン さざなみ
澪 レイ みお
濡 ジュ うるおう
瀕 ヒン みぎわ
灘 タン せ
灸 キュウ やいと
灼 シャク やく
烏 ウ からす
焰 エン ほのお
焚 フン やく
煌 コウ かがやく
煤 バイ すす
煉 レン ねる
熙（熙） キ たのしむ
燕 エン つばめ
燎 リョウ にわび
燦 サン あきらか
燭 ショク ともしび

漢字	読み
燿（燿）	ヨウ かがやく
爾	ジ うつくしい
牒	チョウ ふだ
牟	ボウ
牡	ボ おす
牽	ケン ひく
犀	サイ かたい
狼	ロウ おおかみ
猪	チョ いのしし
猪	チョ いのしし
獅	シ しし
玖	キュウ
珂	カ たま
珈	カ かみかざり
珊	サン さんご
珀	ハク たま
玲	レイ ゆらめく
琢	タク みがく
琢	タク みがく
琉（琉）	リュウ るり
瑛（瑛）	エイ
琥	コ たま
琶	ハ びわ
琵	ビ びわ
琳	リン たま
瑚	コ さんご
瑞	ズイ たま
瑶（瑤）	ヨウ たま
瑳	サ あざやか
瓜（瓜）	カ うり
瓢（瓢）	ヒョウ ひさご
甥	セイ おい
甫	ホ なえぎ
畠	はたけ
畢	ヒツ あみ
疋	ショ あし
疏（疏）	ソ とおる
皐	コウ しろい
皓（皓）	コウ しろい
眸	ボウ ひとみ
瞥	ベツ みる
矩（矩）	ク さしがね
砦	サイ とりで
砥	シ といし
砧	チン きぬた
硯	ケン すずり
碓	タイ うす
碗	ワン はち
碩	セキ おおきい
碧	ヘキ みどり
磐	バン いわ
磯（磯）	キ いそ
祇	キ くにつかみ
祢	デイ みたまや
禰	デイ みたまや
祐	ユウ たすける
祐	ユウ たすける
祷	トウ いのる
禱	トウ いのる
禄	ロク さいわい
祿	ロク さいわい
禎	テイ さいわい
禎	テイ さいわい
禽	キン とらえる
禾	カ いね
秦	シン はた
秤	ショウ はかり
稀	キ まれ
稔	ネン みのる
稟	ヒン ふち
稜	リョウ かど
穣	ジョウ ゆたか
穰	ジョウ ゆたか
穹	キュウ そら
穿	セン うがつ
窄	サク せまい
窪	ワ くぼ
窺	キ うかがう
竣	シュン おわる
竪	ジュ しもべ
竺	ジク あつい
竿	カン さお
笈	キュウ おい
笹	ささ
笙	ショウ
笠	リュウ かさ
筈	カツ やはず
筑（筑）	チク きずく
箕	キ み
箔	ハク すだれ
篇	ヘン たけふだ
篠	ショウ しの
箪	タン かたみ
簾	レン すだれ
籾（籾）	もみ
粥	シュク かゆ
粟	ゾク こくもつ
糊	コ かゆ
紘	コウ ひも
紗	サ うすぎぬ
紐	チュウ ひも
絃	ゲン いと
紬	チュウ つむぎ
絆	ハン きずな
絢	ケン あや
綺	キ あやぎぬ
綜	ソウ いとかけ
綴	テイ つづる
緋	ヒ ひいろ
綾	リョウ あやぎぬ
綸	リン つりいと
縞	コウ しろぎぬ
徽	キ しるし
繋	ケイ かける

漢字	音	訓
繡	シュウ	ぬいとり
纂	サン	あつめる
纏	テン	まとめる
羚	レイ	かもしか
翔（翔）	ショウ	とぶ
翠（翠）	スイ	かわせみ
耀（耀）	ヨウ	かがやく
而	ジ	なんじ
耶	ヤ	か
耽	タン	ふける
聡（聰）	ソウ	さとい
肇（肇）	チョウ	はじめ
肋	ロク	あばら
肴	コウ	さかな
胤	イン	すえ
胡	コ	たれにく
脩	シュウ	ほじし
腔（腔）	コウ	うつろ
脹	チョウ	ふくれる
膏	コウ	あぶら
臥	ガ	ふすま
舜（舜）	シュン	ひるがお
舵	ダ	かじ
芥（芥）	カイ	からしな
芹（芹）	キン	せり
芭（芭）	ハ	はな
芙（芙）	フ	はす
芦（芦）	ロ	あし
苑（苑）	エン	その
茄（茄）	カ	はす
苔（苔）	タイ	こけ
苺（苺）	バイ	いちご
茅（茅）	ボウ	かや
茉（茉）	マツ	まつりか
茸（茸）	ジョウ	しげる
茜（茜）	セン	あかね
莞（莞）	カン	わらう
荻（荻）	テキ	おぎ
莫（莫）	バク	ひぐれ
莉（莉）	リ	まつりか
菅（菅）	カン	すげ
菫（菫）	キン	すみれ
菖（菖）	ショウ	しょうぶ
萄（萄）	トウ	
菩（菩）	ボ	ほとけぐさ
萌（萌）	ホウ	きざす
萠	ホウ	きざす
萊（萊）	ライ	あかざ
菱（菱）	リョウ	ひし
葦（葦）	イ	あし
葵（葵）	キ	あおい
萱（萱）	ケン	わすれぐさ
葺（葺）	シュウ	ふく
萩（萩）	シュウ	かわらよもぎ
董（董）	トウ	ただす
葡（葡）	ホ	
蓑（蓑）	サ	みの
蒔（蒔）	シ	うえる
蒐（蒐）	シュウ	かり
蒼（蒼）	ソウ	あお
蒲（蒲）	ホ	がま
蒙（蒙）	モウ	おおう
蓉（蓉）	ヨウ	ふよう
蓮（蓮）	レン	はす
蔭（蔭）	イン	かげ
蒋（蔣）	ショウ	まこも
蔦（蔦）	チョウ	つた
蓬（蓬）	ホウ	よもぎ
蔓（蔓）	マン	つる
蕎（蕎）	キョウ	そば
蕨（蕨）	ケツ	わらび
蕉（蕉）	ショウ	ばしょう
蕃（蕃）	バン	しげる
蕪（蕪）	ブ	あれる
薙（薙）	テイ	なぐ
蕾（蕾）	ライ	つぼみ
蕗（蕗）	ロ	ふき
藁（藁）	コウ	わら
薩（薩）	サツ	すくう
蘇（蘇）	ソ	しそ
蘭（蘭）	ラン	ふじばかま
蝦	カ	がま
蝶	チョウ	
螺	ラ	にし
蟬	セン	せみ
蟹	カイ	かに
蠟	ロウ	
衿	キン	えり
袈	ケ	けさ
袴	コ	はかま
裡	リ	うら
裟	サ	けさ
裳	ショウ	も
襖	オウ	ふすま
訊	ジン	しらべる
訣	ケツ	わすれる
註	チュウ	ときあかす
詢	ジュン	はかる
詫	タ	わびる
誼	ギ	よしみ
諏	シュ	はかる
諄	ジュン	あつい
諒	リョウ	まこと
謂	イ	いう
諺	ゲン	ことわざ
讃（讚）	サン	ほめる
豹	ヒョウ	
貰	セイ	かす
賑	シン	すくう
赳（赳）	キュウ	つよい
跨	コ	またぐ
蹄（蹄）	テイ	ひづめ
蹟	セキ	あと
輔	ホ	たすける

漢字	読み
輯	シュウ あつめる
輿	ヨ こし
轟	ゴウ とどろく
辰	シン とき
辻	つじ
迂	ウ まわる
迄	キツ およぶ
辿	テン あるく
迪（迪）	テキ みち
迦	カ さえぎる
這	シャ この
逞（逞）	テイ ほしいまま
逗	トウ とどまる
逢	ホウ あう
遥	ヨウ さまよう
遙	ヨウ さまよう
遁	トン のがれる
遼（遼）	リョウ はるか
邑	ユウ みやこ
祁	キ さかん
郁	イク うつくしい
鄭	テイ
酉（酉）	ユウ さけ
醇	ジュン さけ
醐	ゴ ちちしる
醍	ダイ さけ
醬	ショウ ししびしお
釉	ユウ うわぐすり
釘	テイ くぎ
釧	セン くしろ
銑	セン
鋒	ホウ ほこさき
鋸	キョ のこぎり
錘	スイ つむ
錐	スイ きり
錆	ショウ さび
錫	セキ すず
鍬	ショウ すき
鎧	ガイ よろい
閃	セン ひらめく
閏	ジュン うるう
閤	コウ くぐりど
阿	ア くま
陀	ダ ななめ
隈	ワイ くま
隼	シュン はやぶさ
雀	ジャク すずめ
雁	ガン かり
雛	スウ ひな
雫	ダ しずく
霞	カ かすみ
靖（靖）	セイ やすんずる
鞄	ホウ かばん
鞍	アン くら
鞘	ショウ さや
鞠	キク まり
鞭（鞭）	ベン むち
頁	ケツ かお
頌（頌）	ショウ たたえる
頗	ハ かたよる
顚	テン たおれる
颯	サツ
饗（饗）	キョウ さかもり
馨	ケイ かおる
馴	ジュン なれる
馳	チ はせる
駕	ガ のる
駿	シュン すぐれる
驍	ギョウ つよい
魁	カイ すぐれる
魯	ロ おろか
鮎	デン なまず
鯉	リ こい
鯛（鯛）	チョウ たい
鰯	いわし
鱒	ソン ます
鱗（鱗）	リン うろこ
鳩	キュウ はと
鳶	エン とび
鳳	ホウ おおとり
鴨	オウ あひる
鴻	コウ おおとり
鵜	テイ がらんちょう
鵬（鵬）	ホウ おおとり
鷗	オウ かもめ
鷲	シュウ わし
鷺	ロ さぎ
鷹	ヨウ たか
麒	キ きりん
麟（麟）	リン きりん
麿（麿）	まろ
黎	レイ おおい
黛（黛）	タイ まゆずみ
鼎	テイ かなえ

二

亞(亜) 惡(悪) 爲(為) 逸(逸) 榮(栄) 衞(衛) 謁(謁) 圓(円) 緣(縁) 薗(園) 應(応) 櫻(桜) 奧(奥) 橫(横) 溫(温)

價(価) 禍(禍) 悔(悔) 海(海) 壞(壊) 懷(懐) 樂(楽) 渴(渇) 卷(巻) 陷(陥) 寬(寛) 漢(漢) 氣(気) 祈(祈) 器(器) 僞(偽) 戲(戯)

虛(虚) 峽(峡) 狹(狭) 響(響) 曉(暁) 勤(勤) 謹(謹) 驅(駆) 勳(勲) 薰(薫) 惠(恵) 揭(掲) 鷄(鶏) 藝(芸) 擊(撃) 縣(県) 儉(倹)

劍(剣) 險(険) 圈(圏) 檢(検) 顯(顕) 驗(験) 嚴(厳) 廣(広) 恆(恒) 黃(黄) 國(国) 黑(黒) 穀(穀) 碎(砕) 雜(雑) 祉(祉) 視(視)

兒(児) 濕(湿) 實(実) 社(社) 者(者) 煮(煮) 壽(寿) 收(収) 臭(臭) 從(従) 澁(渋) 獸(獣) 縱(縦) 祝(祝) 暑(暑) 署(署) 緖(緒)

諸(諸) 敍(叙) 將(将) 祥(祥) 涉(渉) 燒(焼) 奬(奨) 條(条) 狀(状) 乘(乗) 淨(浄) 剩(剰) 疊(畳) 孃(嬢) 讓(譲) 釀(醸) 神(神)

眞(真) 寢(寝) 愼(慎) 盡(尽) 粹(粋) 醉(酔) 穗(穂) 瀨(瀬) 齊(斉) 靜(静) 攝(摂) 節(節) 專(専) 戰(戦) 纖(繊) 禪(禅) 祖(祖)

壯(壮) 爭(争) 莊(荘) 搜(捜) 巢(巣) 曾(曽) 裝(装) 僧(僧) 層(層) 瘦(痩) 騷(騒) 增(増) 憎(憎) 藏(蔵) 贈(贈) 臟(臓) 卽(即)

帶(帯) 滯(滞) 瀧(滝) 單(単) 嘆(嘆) 團(団) 彈(弾) 晝(昼) 鑄(鋳) 著(著) 廳(庁) 徵(徴) 聽(聴) 懲(懲) 鎭(鎮) 轉(転) 傳(伝)

都(都) 嶋(島) 燈(灯) 盜(盗) 稻(稲) 德(徳) 突(突) 難(難) 拜(拝) 盃(杯) 賣(売) 梅(梅) 髮(髪) 拔(抜) 繁(繁) 晚(晩) 卑(卑)

祕(秘) 碑(碑) 賓(賓) 敏(敏) 冨(富) 侮(侮) 福(福) 拂(払) 佛(仏) 勉(勉) 步(歩) 峯(峰) 墨(墨) 飜(翻) 每(毎) 萬(万) 默(黙)

埜(野) 彌(弥) 藥(薬) 與(与) 搖(揺) 樣(様) 謠(謡) 來(来) 賴(頼) 覽(覧) 欄(欄) 龍(竜) 虜(虜) 凉(涼) 綠(緑) 淚(涙) 壘(塁)

類(類) 禮(礼) 曆(暦) 歷(歴) 練(練) 鍊(錬) 郞(郎) 朗(朗) 廊(廊) 錄(録)

索引

凡例

本索引は字音索引・字訓索引・総画索引・部首索引からなる。

本索引では、本書で見出しとして掲げた親字（【　】）のほか、旧字形（〖　〗）・異体字（〔　〕）もそれぞれ●・○を付して採録した。また、常用漢字・人名用漢字にはそれぞれ▲・△を付した。

字音索引　本書で見出しとして掲げた漢字を字音の五十音順に配列した。同字音のものはまず画数順に、同画数のものは部首順に並べた。字音は親字下の第一音のみでなく、第二音以下も採った。

字訓索引　本書で見出しとして掲げた漢字を字訓の五十音順に配列した。同字訓のものはまず画数順に、同画数のものは部首順に並べた。字訓は親字下の第一訓のみでなく、第二訓以下も採った。

総画索引　本書で見出しとして掲げた漢字を総画数順に配列した。同一画数のものは部首順に並べた。画数の数え方は〔康熙字典〕に準じたが、一部変更したものもある。

部首索引　本書で見出しとして掲げた漢字を部首順に配列した。同一部首のものは画数順に並べた。部首は〔康熙字典〕に準じたが、所属部首・画数は一部変更したものもある。常用漢字・人名用漢字の新字は旧字と同じ部首に所属するようにした場合がある。末尾に部首一覧表を付した。

字音索引

17 陝 一三〇 / 燠 四三 / 竇○ 四一 / 22 譻 四三 / イチ / 1 一▲ 四三 / 4 弌○ 四三 / 7 壱▲ 四五 / 12 壹● 四五 / イツ / 1 一▲ 四三 / 乙 四四 / 乙▲ 一三一 / 4 弌○ 四三 / 6 聿 四四 / 7 佚 四四 / 壱▲ 四五 / 汩 七三一 / 8 佾 四五 / 泆 四五 / 迭▲ 一四七三 / 9 迭● 一四七三 / 10 益▲ 八三 / 益● 八三 / 11 逸▲ 四五 / 12 壹● 四五

畜 四六 / 軼 四六 / 逸△● 四五 / 鳦○ 四四 / 13 溢△ 四六 / 16 遹 四七 / 歙 四七 / 18 鎰 四七 / 23 鷁 四七 / イン / 1 乚 四七 / 3 夊 四七 / 4 允△ 四八 / 冘 四八 / 匀 四八 / 尹 四八 / 引▲ 四八 / 6 印▲ 四九 / 因▲ 五〇 / 衣▲ 一三〇 / 7 吽 六六 / 均▲ 四四七 / 8 会○ 五四 / 垔 五〇 / 9 咽▲ 五〇 / 垔 五〇

姻▲ 五一 / 胤△ 五一 / 音▲ 一三四 / 音● 一三四 / 10 員▲ 五一 / 恁 五一 / 殷 五三 / 氤 五三 / 烟○ 一〇〇 / 雩 五三 / 絪 五三 / 茵 五三 / 蚓 五三 / 院▲ 五三 / 11 婬 五三 / 寅△ 五三 / 淫▲ 五三 / 酓○ 五六 / 陰▲ 五四 / 12 喑 五五 / 堙○ 五〇 / 堙 五五 / 㝟○ 五三 / 愔 五六 / 湮 五六 / 隉○ 五〇

飲▲ 五六 / 13 煙▲ 一〇〇 / 煙● 一〇〇 / 筠 五六 / 隕 五七 / 靷 五七 / 飲● 五六 / 14 禽 五七 / 瘖 五七 / 慇 五七 / 慇 五八 / 殞 五八 / 演▲ 一〇四 / 瘖 五八 / 禋 五八 / 蔭△ 五八 / 酳 五九 / 隠▲ 五九 / 15 鞦○ 四七 / 鞦 五九 / 歙○ 五六 / 潯 一一三 / 蔭● 五八 / 16 寷○ 五三 / 醞 六〇 / 霒○ 五四

駰 六〇 / 17 檃 六〇 / 蟫○ 五三 / 蟫 六〇 / 闉 六〇 / 隱● 五九 / 18 霣 六〇 / 19 霪 六〇 / 韻▲ 六〇 / 韻● 六〇 / 20 懚○ 五七

【ウ】

ウ / 3 于 六一 / 亐○ 六一 / 5 右▲ 一九五三 / 6 吁 四六八 / 宇▲ 六一 / 玗○ 六一 / 有▲ 一九五三 / 有● 一九五三 / 汚▲ 一〇九 / 汙○ 一〇九 / 羽▲ 六一 / 羽● 六一

芋▲ 六三 / 7 杅 六三 / 杅○ 六三 / 芋● 六三 / 迂△ 六三 / 8 於△ 一一〇 / 盂○ 六三 / 盂 六三 / 旴 四六九 / 雨▲ 六三 / 9 禹 六三 / 竽 六三 / 紆 六四 / 胡△ 五九六 / 10 烏△ 六四 / 11 偊 四七一 / 雩 六四 / 12 寓○ 六五 / 13 傴 六一 / 塢 一一一 / 悪○ 一九六八 / 𥟹○ 六五 / 踽 四七三 / 隝○ 一一一 / 14 嘔 一一八 / 嫗 一一八

謳 一一八 / 15 憂▲ 一九六八 / 16 歐 一一〇 / 踽○ 四七一 / 17 優▲ 一九七〇 / 24 齲 六五 / 齵○ 四七三 / ウイ / 10 茴 六五 / ウツ / 8 宛▲ 八九 / 苑△ 九〇 / 9 苑● 九〇 / 11 尉▲ 二一七 / 12 菀 九九 / 15 慰▲ 三五 / 熨 三五 / 蔚 六五 / 28 鬱 六五 / 29 鬱▲ 六五 / ウン / 4 云△ 六六 / 云○ 六八 / 7 吽 六六 / 沄 六七 / 8 芸 六七

10 員▲ 五一 / 紜 六七 / 耘 六七 / 12 惲 六七 / 温▲ 一二五 / 運▲ 六七 / 雲▲ 六八 / 13 媼 一一八 / 慍 六九 / 暈 六九 / 溫△● 一二五 / 煇 三一八 / 筠 五六 / 運● 六七 / 隕 五七 / 14 殞 五八 / 氳 六九 / 熅 七〇 / 蕓○ 六七 / 15 榲 七〇 / 輝 三一八 / 16 縕 七〇 / 頵○ 六七 / 17 藴○ 七〇 / 轀 一二六 / 醞 七〇

18 霣 六〇 / 餫 七〇 / 19 韞 一二七 / 饂 七〇 / 20 蘊 七〇 / 鶤 七一

【エ】

エ / 6 会▲ 一六五 / 衣▲ 一三〇 / 8 依▲ 一三一 / 9 廻△ 一七一 / 廻● 一七一 / 徊○ 一六五 / 10 恵▲ 五〇二 / 迨○ 一六五 / 11 迴○ 一七一 / 卿○ 一六五 / 淮 三一三 / 12 恵△● 五〇二 / 絵▲ 一七一 / 13 會● 一六五 / 15 慧△ 五一七 / 慧● 五一七 / 16 壊▲ 一八五

18 穢 三一五 / 19 壞△● 一八五 / 繪● 一七一 / エイ / 1 丿 一八〇一 / 5 央▲ 一一三 / 永▲ 七一 / 6 兊○ 一三〇三 / 曳△ 七一 / 7 兌 一三〇三 / 医▲ 二一 / 8 咏○ 七五 / 抴○ 七三 / 泄 七三 / 泳▲ 七三 / 9 英▲ 七三 / 拽 七三 / 映▲ 七三 / 枻 七三 / 栄▲ 七三 / 洩○ 七三 / 盈 七四 / 英● 七三 / 10 栧○ 七三 / 熒 七四 / 郢 七四

11 殹 七四 / 12 㕷○ 七八 / 翳 七八 / 営▲ 七五 / 景▲ 五一〇 / 瑛△ 七五 / 詠▲ 七五 / 13 塋 七六 / 楹 七六 / 瑛● 七五 / 裔 七六 / 14 勩 七六 / 榮△● 七三 / 榮 五一五 / 熒 五一五 / 睿 七六 / 睿○ 七八 / 15 曀▲ 八六 / 影▲ 七七 / 穎 七七 / 瑩 七七 / 瘞 七七 / 縈 七八 / 鋭▲ 七八 / 鋭● 七八 / 16 叡○ 七六

叡△ 七八 / 嬴 七八 / 曀 七八 / 殪 七九 / 頴○ 七九 / 穎 七九 / 縈 七九 / 衞▲ 七九 / 衛△● 七九 / 嫈 七九 / 17 嬰 八〇 / 嶸 六八七 / 營● 七五 / 繄 八〇 / 翳 八〇 / 贏 八〇 / 18 醫○ 二一 / 醫● 二一 / 黟 三九 / 19 瀛 八〇 / 罌 一三一 / 20 攖 八〇 / 罌○ 一三一 / 罌 一三一 / 蠑 八一 / 羸 八一

顑 二七三
19 瀚 二七三
簳 二七三
緩○ 二六四
關● 二六一
顄 二七三
20 勸● 二五五
艦▲ 二七三
藼○ 五六二
轗 二七三
轘 二七三
闞 二七四
鹹 二七四
21 嚾 二七四
懽 二七四
灌 二七四
鐶 二七五
鰥 二七五
22 歡● 二六二
爟 二七五
鑑▲ 二七五
鑒○ 二七五
鬫 二七六
龕 二八六
23 囍○ 二六九
囍 二七六
鬟 二七六
24 囂 二三一
罐● 二七六
罐 二七六
罐○ 二七七
讕○ 二六六
贛 二七六
糴○ 二五二
25 爤○ 二六五
觀● 二七一
讙 二七六
貛 二七六
26 鑵 二七七
28 驩 二七七
29 鸛 二七七

ガン

3 丸▲ 二七七
4 元▲ 五七六
6 刓 二七八
犴○ 二四三
7 含▲ 二七八
忨 二七九
抏 二七九
8 岩▲ 二七九
岩○ 二八一
岸▲ 二七九
玩▲ 二七九
9 狠 七三〇
紈 二八〇
10 唁○ 五八三
豻 二四三
11 敔 二四五
眼▲ 二八〇
莟 二八一
12 睆○ 二七九
喭 五八三
嵌 二四九
嵒○ 二七九
嵒 二八一
雁△ 二八一
13 鉗 二五九
頑▲ 二八二
14 銜 二八二
15 翫 二八三
鴈○ 二八一
鴈 二八四
16 頷 二八四
17 癌 二八四
18 顔▲ 二八四
顏● 二八四
19 贗 二八四
願▲ 二八五
20 巖△ 二八五
22 贗○ 二八四
龕 二八六
23 巖△● 二八五

【キ】

キ

2 几 二八六
几○ 二九〇
3 丌 二八六
己▲ 五八六
4 支▲ 八〇八
支● 八〇八
旡 二八六
欠▲ 五三三
气 二八七
5 刉○ 二八八
宄 二八七
示▲ 八六二
6 企▲ 二八七
伎▲ 二八七
刏 二八八
卉 二八八
危▲ 二八八
危● 二八八
改 二八九
屺 二八九
弃 二八九
歧 二八九
机▲ 二九〇
気▲ 二九〇
汔○ 二九四
肌▲ 二九一
虫 二九一
虫▲ 一三八二
7 圻 二九一
妓 三三九
岐▲ 二九二
希▲ 二九二
庋 二九三
庋○ 三〇一
忌▲ 二九三
忮 八二一
技▲ 三三九
杞 二九三
歧○ 二九二
汽▲ 二九四
沂 二九四
迉 二九四
郄○ 二九二
8 亟 四四一
佹 二九四
其△ 二九四
呬 二九四
奇▲ 二九四
季▲ 二九六
昕 四四九
欽 二九七
炁 二九七
祁△ 二九七
祈▲ 二九七
芰 二九七
9 垠○ 二九一
姬▲ 二九八
姫● 二九八
屎 八二九
巸 二九八
枳 二九八
洎 二九八
癸 二九八
祈△● 二九七
祇△ 三四〇
紀▲ 二九八
虺 二九九
軌▲ 二九九
10 倚 二一六
倛 三〇〇
剞 三〇〇
唏 三〇〇
屓○ 三一八
帰▲ 三〇〇
庪○ 二九三
庪 三〇一
掎 一三〇三
旂 三〇二
既▲ 三〇二
氣△● 二九〇
狶 三〇二
缺● 五三三
耆 三〇二
蓌○ 二九七
記▲ 三〇三
豈 一九五
起▲ 三〇三
起● 三〇三
飢▲ 三〇四
鬼▲ 三〇四
11 偽▲ 三四〇
匭 三〇五
基▲ 三〇五
埼▲ 三〇六
寄▲ 三〇六
崎○ 三〇六
崎▲ 三〇七
巽 三〇七
悸 三〇七
掎 三〇七
捿○ 一三〇三
既● 三〇二
晞 三〇七
棄● 三一三
欷 三〇八
毀○ 三一二
淇 三〇八
猗 二八
規▲ 三〇八
訢 四五四
跂 三〇九
逗△ 一五二八
飢● 三〇四
馗 三〇九
亀▲ 三〇九
12 喜▲ 三一〇
喟 三一〇
堕▲ 一三〇四
嬰○ 二九八
嬰 三一〇
幃 三〇
幾▲ 三一一
幾● 三一一
惎 三一一
揆 三一一
揮▲ 三一二
敧 三一二
晷 三一三
期▲ 三一三
期● 三一三
棄▲ 三一三
棋▲ 三一四
棊○ 三一四
欹 三一
琦 三一四
琪 三一五
睎 三一五
稀△ 三一五
萁 三一五
葵△ 三一五
貴▲ 三一五
逵○ 三〇九
逵 三一六
13 媿○ 三一七
嵬 一八〇
愧 三一七
戣 三一七
旗○ 二九七
暉△ 三一七
毀▲ 三一七
煒 三三
煇 三一八
煇○ 三三七
熙● 三三二
畸 三一八
痵 三一九
睢 三一九
碕○ 三〇六
碕 三一九
碁▲ 三一九
祺 三一九
稘 三一九
綏 一一二四
葵● 三一五
菌○ 八二九
詭 三一九
臨 八五〇
跪 三三〇
隗 三三〇
隗○ 三三三
隗○ 一三〇四
頍 三三〇
頎 三三〇
14 僖 三三一
僞△● 三四〇
匱 三三一
匱○ 三三三
墍 三三一
徽 三三一
旗▲ 三三一
熙△ 三三三
瑰○ 一九一
睽 五一六
箕○ 二九四
箕△ 三三二
綦 三三三
綨○ 三三三
綺△ 三三三
禕 三二四
誒 三二四
豨 三二四
豙 三四三
跽 三二四
15 嘻 三二四
器▲ 三二四
墮● 一三〇四
嬉△ 三二五
嬀 三四三
戲▲ 三四三
撝 三二五
槻△ 三二六
毅△ 三三六
潙 三三六
畿▲ 三三六
翬 三三六
罿 八五五
觭 三三六
諆 三三六
踦 三三七
輝○ 三一八
輝▲ 三三七
麾 三三七
16 冀 三三七
器△● 三二四
憙 三三八
暨 三三八
機▲ 三三八
機● 三三八
熹 三三九
璣 三三九
窺△ 三三九
蕢 三三〇
諱 三三〇
錡 三三〇
頯 一八八
龜● 三〇九
17 嚊 一六八〇

奈▲一五七五 岱一三〇九 佁○一三一四 抬一三一〇 枱九一三 苔△一三一〇 隶一三一〇 9 帝▲一四四七 帝●一四四七 待▲一三一〇 怠▲一三一一 柰○一五七五 殆△一三一一 貣一三一一 玳一三一一 玳○一三一五 殺一三一一 耏八七二 耐▲一三一二 胎▲一三一二 苔●一三一〇 迨一三一二 退▲一三一二 追▲一四三四 10 庲○二〇三一 帯▲一三一三

復○一三一二 泰○一三〇七 泰▲一三一四 能▲一五九二 退●一三一二 追●一四三四 11 堆▲一三一四 帶△●一三一三 紿一三一四 脫▲一三三六 脫●一三三六 袋▲一三一四 逮▲一三一四 鈦一三一五 12 敦△一五七一 替▲一三一五 棣一四五六 瑇○一三一一 瑇一三一五 稅▲一一六八 稅●一一六八 等▲一五三二 菭○一三一〇 詒三一 貸▲一三一五 逮●一三一四

隊▲一三一五 隊●一三一五 13 廌一三一六 廗○一三一六 滯▲一三一六 碓△一三一六 綏一二一四 14 對●一三〇九 態▲一三一六 普○一三一五 槌△一四三六 滯△●一三一六 腿一三一七 臺●一三二四 颱一三一七 15 檠八五五 蔕一三一七 褪一三一七 隤一三一七 駘一三一七 16 儓一三一七 憝一三一八 諦▲一四六一 諦●一四六一 錞○一三三〇 頽一三一八

鮐一三一八 黛△一三一八 17 嬯一三二六 戴▲一三一九 擡一三一九 黛●一三一八 18 薹一三一九 鎚一四三七 魋一三一九 19 檠二〇三一 穨○一三一八 蘲一三一九 20 鐓一三三〇 22 臛○一三一八 23 體●一三〇八 24 靆一三三〇

ダイ

2 乃△一三三〇 3 大▲一三三〇 4 内▲一五七五 内●一五七五 太▲一三〇七 5 代▲一三三三 台一八 台▲一三三四 奶一三三四

奶○一三三五 7 弟▲一四四二 8 奈○一三三四 奈▲一五七五 9 廼○一三三四 柰一三三四 柰○一五七五 耏八七二 10 娣一四五〇 泰○一三〇七 迺一三三四 11 第▲一三三五 14 臺●一三二四 15 鼐一三三五 16 儓一三一七 醍△一三三五 餒○三八 餒一三三五 17 嬭○一三二四 嬭一三三五 嬯一三三六 餧三八 餧○一三三五 18 題▲一三三六 24 靆一三三〇

タク

3 乇一三三六 6 宅▲一三三六 托△一三三七 7 択▲一三三七 沢▲一三三七 8 侘一三〇〇 侂○一三〇〇 卓▲一三三八 坼一三三八 坼○一三三九 臭六三八 拆一三三九 拓▲一三三九 豖一三七五 9 度▲一五二一 柝一三三九 10 倬一三三九 啄△一三三九 託▲一三三九 11 啄●一三三九 涿一三三〇 琢△一三三〇 12 豥一三三〇 椓一三三〇 棹一五三〇 棹○一五四三

琢△●一三三〇 逴一三三〇 13 罩八三 罩一五三五 14 摭○一三二九 斲一三三〇 適▲一四六八 15 磔一三三一 諑一三三一 踔一三三一 適●一四六八 16 擇●一三二七 橐一三三一 澤●一三二七 濁▲一三三三 鸐○一三三〇 17 擢△一四七〇 斀一三三三 濯▲一三三三 濯●一三三三 18 擿一四七〇 櫂△一五四三 謫一三三二 20 櫜○一三二九 擇一三三二 21 鐸一三三三

22 籜一三三三 讁○一三三二

ダク

5 疒一三三三 13 搦九〇八 15 諾▲一三三三 16 濁▲一三三三 諾●一三三三

タツ

9 羍一三三四 10 挩一三三四 窋一三三四 11 捺△一五七六 敓一三三四 梲一八七 脫▲一三三六 脫●一三三六 12 稅▲一一六八 稅●一一六八 達▲一三三四 13 達●一三三四 14 靼一三三五 16 撻一三三五 撻○一三三五 21 闥一三三五 22 韃○一三三五

韃一三三五

ダツ

8 妲一三三六 怛一三三六 11 敓一三三四 脫▲一三三六 脫●一三三六 14 奪▲一三三七 說▲一一九一 說●一一九一 16 撻○一三三五 19 獺一三三七 22 韃一三三五

タン

4 丹▲一三三七 5 旦▲一三三八 7 但▲一三三九 但○一三四二 8 坦△一三三九 妲一三三六 担▲一三三九 担○一三五〇 炎▲九〇 9 単▲一三四〇 専▲一三〇一 彖一三四〇

段▲一三五六 炭▲一三四一 炭●一三四一 眈一三四一 耑一三四一 胆▲一三四一 10 站一三四一 聃一三四二 耽△一三四二 袒一三四二 袒○一三四九 11 啖一三四三 啗一三四三 專△●一三〇一 探▲一三四三 淡▲一三四四 蛋一三四四 貪▲一三四四 郯一三四五 酖一三四五 12 單△●一三四〇 堪▲二四七 媅一三四五 揣八四三 欿二五一 湍一三四五

湛△一三四五 短▲一三四六 覃一三四七 赧一三四七 13 亶一三四七 嘆▲一三四七 痰一三四八 蜒一〇二 蜑○一三四四 詹一三一一 14 嘆△●一三四七 嘆○一三五〇 摶一三四八 漙一三四八 端▲一三四八 綻▲一三四九 緣一三五〇 誕●一三五一 髧一三五〇 15 儃一三一五 儋○一三三九 儋一三五〇 噉一三五〇 墠一三一五 憚一三五〇 歎○一三四七

歎△一三五〇 潯一二一三 潭一三五一 緣▲一〇五 緣△●一〇五 緞一三五一 蕈九八一 誕▲一三五一 16 憺一三五二 擔●一三三九 擔○一三五〇 曇▲一五七四 殫一三五二 澹一三五二 燀一三二一 醓一三五三 17 檐一〇六 癉一三五三 禫一三五三 簞一三三三 膽●一三四一 膻一三五三 襌一三五三 謙▲五七一 謙●五七一 賺三五三

ダン (continued)

鍛▲ 一三五四　餤 一三五四　(18) 簞△ 一三五四　襢 一三五四　(19) 壜 一三五四　蟺 一三二六　譚 一三五四　(20) 鐔 一三五五　(21) 黵 一三五五　(22) 攤 一三五五　灘△ 一三五五　罎○ 一三五四　驒 一三〇六　(25) 鼉 一三〇七　(26) 斸○ 一三五〇

ダン　(6) 団▲ 一三五五　(7) 男▲ 一三五六　(9) 弇 九一　段▲ 一三五六　(11) 断▲ 一三五六　雫△ 一三〇四　(12) 弾▲ 一三五八　赧 一三四七　(13) 暖▲ 一三五八　暖● 一三五八

煖○ 一三五八　煖○ 一三五九　煗 一三五九　(14) 團△● 一三五五　(15) 彈△● 一三五八　談▲ 一三五九　(16) 壇▲ 一三六〇　(17) 檀△ 一三六〇　濡△ 九二五　(18) 斷● 一三五六　難▲ 一五七八　餪 一三六一　(19) 譚 一三五四　難△● 一五七八　(22) 灘△ 一三五五

【チ】

チ　(3) 夂 一三六一　(6) 地▲ 一三六一　弛△ 八一五　池▲ 一三六二　(7) 底 八二〇　希▲ 二九二　豸 一三六三　(8) 坻 一三六三

抬 一三一〇　治▲ 一三六三　直▲ 一四二五　知▲ 一三六四　(9) 庤○ 一三六七　胝 一三六五　(10) 値▲ 一三六五　埊○ 一三六一　恥▲ 一三六六　桎 八八四　眙 一三六六　耻○ 一三六六　致▲ 一三六六　蚩 八三八　(11) 偫 一三六七　离 一三六七　笞 一三六七　(12) 智△ 一三六七　植▲ 一〇六七　遅▲ 一三六八　絺 一三六九　(13) 廌 一三一六　廌○ 一三一六　虒○ 八一五　痴▲ 一三六九　稚▲ 一三六九

絺 一三七〇　置▲ 一三七〇　誃○ 三八　雉 一三七〇　(14) 馳△ 一三七一　徵▲ 一四一五　摛 一三七一　疐 一三七一　蜘 一三七二　(15) 墜○ 一三六一　墜● 一四三六　墀 一三七二　墜▲ 一四三六　徲 一三七二　徵△● 一四一五　疐○ 一三七一　稺○ 一三六九　褫 一三七二　質▲ 八八八　踟 一三七二　魅 一三七二　(16) 篪 一三七二　緻▲ 一三七三　薙△ 一四六一　遲● 一三六八　(17) 劕○ 八八八

嚔 一四六三　穉○ 一三六九　簃 三八　縭 二〇三一　薙● 一四六一　螭○ 一三六七　螭 一三七三　騃 二〇〇　(18) 嚔○ 一四六三　謻 三九　(19) 癡● 一三六九　(20) 齝 一三七三　(21) 魑 一三七三　(22) 躓 一三七三　(23) 黐 一三七四　(27) 䶵○ 一三七二

チク　(6) 竹▲ 一三七四　(8) 竺△ 八八一　豖 一三七五　(10) 畜▲ 一三七五　逐▲ 一三七六　(11) 逐● 一三七六　(12) 筑△ 一三七六　筑● 一三七六　(13) 蓄▲ 一三七六

(14) 蓄● 一三七六　(16) 築▲ 一三七七　築● 一三七七　(24) 矗 一三七七

チツ　(8) 帙 一三七七　(9) 挃 一三七七　(10) 秩▲ 一三七七　(11) 窒▲ 一三七八　(17) 蟄 一三七八　(20) 礩 八八九　䶔 一三七八　(22) 鷙 八六〇

チャ　(9) 茶▲ 一三七八　(10) 茶● 一三七八

チャク　(7) 辵 一三七九　(11) 啇 一四六六　著▲ 一三九六　(12) 着▲ 一三七九　著△○ 一三九六　(13) 筯○ 一三九七　著○ 一三七九　著● 一三九六　(14) 嫡▲ 一三七九

嫡● 一三七九　(15) 箸▲ 一三九七　(18) 擲 一四七〇　擿 一四七〇

チュ　(8) 侏 九一二　(9) 姝 九一三　邾 一三八〇　(12) 尌 九二三　蛛 一三八〇　(13) 牏 一三八〇　(19) 鼄○ 一三八〇　(22) 躕 一三九三

チュウ　(4) 丑△ 一三八〇　中▲ 一三八〇　(6) 仲▲ 一三八二　虫 二九一　虫▲ 一三八二　(7) 忡 一三八二　沖▲ 一三八二　狆 一三八三　肘▲ 一三八三　(8) 侜 一三八三　宙▲ 一三八三　忠▲ 一三八四

抽▲ 一三八五　注▲ 一三八五　注● 一三八五　(9) 冑 一三八六　昼▲ 一三八六　柱▲ 一三八七　柱● 一三八七　紂 一三八七　胄○ 一三八六　(10) 倜 一四六六　紐△ 一三八七　衷▲ 一三八八　酎▲ 一三八八　(11) 偸 一五二五　啁 一三八八　惆 一三八八　晝△● 一三八六　紬△ 一三八八　(12) 厨△ 一三八九　𠷓○ 一三九二　註△ 一三八九　鈕 一三八九　(13) 搗○ 一五四一　稠 一三八九　誅 一三九〇　輈 一三九〇

(14) 儔○ 一三九一　廚○ 一三八九　綢 一三九〇　畢 一三九〇　畢○ 一三九二　(15) 廚○ 一三八九　擂○ 一三八五　鋳▲ 一三九〇　駐▲ 一三九一　駐● 一三九一　(16) 儔 一三九一　瘳 二〇六一　(17) 幬 一三九二　擣 一五四一　盩 一三九二　縶○ 一三九〇　縶 一三九二　繇 一九九六　蟄 一三七八　鍮 一三九二　(18) 檮 一五四三　蟲● 一三八二　繇○ 一九九六　(19) 疇 一三九二　籀 一三九三　(20) 籌 一三九三

(21) 籀○ 一三九三　譸 一三九三　躊 一三九三　(22) 躕 一三九三　邎○ 一九九六　鑄△● 一三九〇

チュツ　(8) 怵 九六六　(9) 茁 一三九四　(10) 窋 一三三四　(11) 絀 一三九四　(12) 詘 四八三　(15) 誳○ 四八三　(17) 黜 一三九四

チュン　(4) 屯▲ 一五六九　(8) 迍 一三九四

チョ　(5) 宁 一三九五　(7) 佇 一三九五　(8) 杼 九九五　(9) 柠○ 一三九七　苧 一三九五　(10) 竚○ 一三九五　(11) 猪△ 一三九五　紵 一三九五

著▲ 一三九六　(12) 猪△● 一三九五　著△○ 一三九六　貯▲ 一三九六　(13) 楮 一三九七　筯○ 一三九七　著● 一三九六　(14) 摴 一三九七　緒▲ 九九〇　褚 一三九七　(15) 樗 一三九七　箸▲ 一三九七　緒△● 九九〇　(16) 豬○ 一三九五　(18) 儲△ 一三九七　攄 一三九八　(19) 瀦 一三九八　躇○ 一三九八　(20) 躇 一三九八

チョウ　(2) 丁▲ 一四三九　刁 一三九八　(4) 弔▲ 一三九八　弔○ 一四〇〇　(5) 庁▲ 一三九九　打▲ 一三〇一

(6) 兆▲ 一三九九　吊 一四〇〇　(7) 町▲ 一四〇〇　耵 一四〇〇　(8) 佻 一四〇〇　兆○ 一三九九　岧 一四〇〇　帖△ 一〇五一　長▲ 一四〇一　(9) 卣 一四〇三　姚 一九八二　挑▲ 一四〇三　祧 一四〇三　苕 一四〇三　迢 一四〇四　重▲ 九五二　(10) 倀 一四〇四　冢 一四〇四　冢○ 一四一〇　凋 一四〇五　晁 一四〇五　朓 一四〇五　啚 一四〇五　(11) 啁 一三八八　帳▲ 一四〇六　張▲ 一四〇六

弴 一五七〇　彫▲ 一四〇六　彫● 一四〇六　悵 一四〇七　掉 一五三六　淖○ 一四一八　眺▲ 一四〇七　祧 一四〇八　窕 一四〇八　笘 一三〇七　釣▲ 一四〇八　釣● 一四〇八　頂▲ 一四〇九　鳥▲ 一四〇九　12 喋△ 一四一〇　堞 一四一〇　塚▲ 一四一〇　幀 一四五五　旐 一四一〇　朝▲ 一四一〇　朝● 一四一〇　棖 一五三〇　渫 一一八九　琱 一四一二　脹△ 一四一二　蛁○ 一四一七

貂 一四一二　貼▲ 一四一二　超▲ 一四一三　13 塚○ 一四〇四　塚● 一四一〇　牒△ 一四一四　稠 一三八九　腸▲ 一四一四　覜 一四一四　誂 一四一四　跳▲ 一四一四　14 墊 一四九〇　徵▲ 一四一五　暢△ 一四一六　漲 一四一六　暘○ 一四一六　種▲ 九一八　粻 一四一七　肇△ 一四一七　肇● 一四一七　肇○ 一四一七　蔦△ 一四一七　蜩 一四一七　蜨○ 一四一九　趙 一四一七　輒 一四一八

銚 一四一八　15 嘲▲ 一四一八　徵△● 一四一五　潮▲ 一四一八　潮● 一四一八　澄▲ 一四一九　澂○ 一四一九　緟 一〇三七　膓○ 一四一四　蔦● 一四一七　蝶△ 一四一九　調▲ 一四二〇　調● 一四二〇　賬 一四二一　頫 一七四四　髫 一四二一　16 堞○ 一四一〇　褶 九四四　諜 一四二一　蹀 一四二一　雕○ 一四〇六　雕 一四二一　儵 一四二三　17 嬥 一四二三　聴▲ 一四二三　韔 一四二三

18 懲▲ 一四二三　鼂 一四二四　鼦○ 一四一二　19 寵△ 一四二四　寵● 一四二四　懲△● 一四二三　鯛△ 一四二五　鯛● 一四二五　鵰○ 一四二一　鵰 一四二五　20 鰈 一四二五　齠 一四二五　22 聽△● 一四二三　25 廳△● 一三九九　龖○ 一〇三七　糶 一四二五

チョク

3 亍 一四二五　8 直▲ 一四二五　豖 一三七五　9 勅▲ 一四二六　10 捗▲ 一四二七　陟 一四二七　11 敕● 一四二六　13 飭 一四二七　14 斲 一三三〇

16 戡○ 一三三〇　20 躅 一四二七　騭 八八九

チン

6 灯 一四四一　7 沈▲ 一四二八　彤 一九五五　8 坫 一四八三　枕▲ 一四二九　9 亭▲ 一四四六　珍▲ 一四二九　胗○ 一〇八七　彤○ 一九五五　10 朕▲ 一四三〇　朕● 一四三〇　朕 一九八五　疹 一〇八七　砧△ 一四三一　紖 五二　11 酖 一三四五　陳▲ 一四三一　12 湛△ 一三四五　琛 一四三二　舩○ 一四三〇　舩○ 一九八五　趁 一四三二

13 塡▲ 一四八九　椹 一四三三　椿△ 一四三三　賃▲ 一四三三　14 瑱 一四九〇　碪 一四三三　15 敶 一四三三　窴○ 一四八九　鴆 一四三三　18 鎭▲ 一四三三　鎭△● 一四三三　闖 一四三四

【ツ】

ツイ

7 対▲ 一三〇九　9 追▲ 一四三四　10 追● 一四三四　11 堆▲ 一三一四　12 椎▲ 一四三五　隊▲ 一三一五　隊● 一三一五　14 對● 一三〇九　槌△ 一四三六　15 墜▲ 一四三六　墜● 一四三六

16 縋 一四三六　錘△ 一一三七　18 懟 一四三七　鎚 一四三七　魋 一三一九

ツウ

10 通○ 一四三七　通▲ 一四三七　11 桶△ 一五二七　通● 一四三七　12 痛▲ 一四三八

【テ】

テイ

2 丁▲ 一四三九　4 壬 一四四〇　5 叮 一四四〇　打▲ 一三〇一　氐 一四四〇　汀△ 一四四一　6 灯 一四四一　7 体▲ 一三〇八　低▲ 一四四一　底 八二〇　呈▲ 一四四二　呈● 一四四二

廷▲ 一四四二　廷● 一四四二　弟▲ 一四四二　杕 一四四三　町▲ 一四〇〇　矴○ 一四五八　8 坻 一三六三　定▲ 一四四三　底▲ 一四四四　帟 一四四五　抵▲ 一四四五　号 一四四五　邸▲ 一四四五　9 亭▲ 一四四六　剃 一四四七　帝▲ 一四四七　帝● 一四四七　柢 一四四八　牴 一四四八　胝 一三六五　祇○ 一四六一　訂▲ 一四四九　貞▲ 一四四九　酊 一四五〇　10 剔 一四六六　娣 一四五〇

庭▲ 一四五〇　庭● 一四五〇　悌△ 一四五一　挺△ 一四五一　挺● 一四五一　涕 一四五一　砥△ 八三五　荑 一四五二　逓▲ 一四五二　釘△ 一四五二　11 停▲ 一四五二　偵▲ 一四五三　掟 一四五三　梃 一四五三　梯△ 一四五三　第▲ 一三二五　羝 一四五四　脡 一四五四　逞△ 一四五四　逞● 一四五四　釱 一三一五　12 啼 一四五四　堤▲ 一四五五　奠 一四八八　幀 一四五五　彘 一四五五

提▲ 一四五五　揥 一四五六　替▲ 一三一五　棣 一四五六　渟 一四五六　睇 一四五六　稊 一四五六　程▲ 一四五六　程● 一四五六　觝○ 一四四八　觝 一四五七　詆 一四五七　隄 一四五七　13 嗁 一四五八　楨 一四五八　滞▲ 一三一六　碇 一四五八　禎△ 一四五八　筳 一四五八　艇▲ 一四五八　艇● 一四五八　蜓 一四五九　裼 一一七八　髢 一四五九　鼎△ 一四五九　14 普○ 一三一五

滯△● 一三一六　疐 一三七一　禎△● 一四五八　禘 一四五九　綴△ 一四六〇　蝃 一四六〇　綎○ 一四六二　遞● 一四五二　酲 一四六〇　15 疐○ 一三七一　締▲ 一四六〇　締● 一四六〇　緹 一四六一　蔕 一三一七　鄭△ 一四六一　霆 一四六一　骶 一四六一　鼑○ 一四四九　16 璏 一四六一　薙△ 一四六一　諦▲ 一四六一　諦● 一四六一　赬 一四六二　蹄△ 一四六二　蹄● 一四六二　蹄○ 一四六二

踶○ 一四六二　錠▲ 一〇六〇　17 嚔 一四六二　檉 一四六二　聴▲ 一四二三　薙● 一四六一　蟶 一四六二　蹏○ 一四六二　蹏 一四六二　餟 一四六三　騁 一四六三　鬀○ 一四四七　鬀 一四六三　鵜 一四六三　18 嚔○ 一四六三　鞮 一四六三　鬄○ 一四五九　鵜△ 一四六三　22 聽△● 一四二三　23 體● 一三〇八

デイ

5 尓○ 八七七　尒○ 八七七　8 泥▲ 一四六三　9 祢△○ 一四六四　14 爾△ 八七七

【ヘ】

【ホ】

13 幎 一八〇〇　黽 一八七三　14 辡 一八一七　15 緬 一九二五　頮○ 一七三三　頮 一七四四　16 辨● 一八一四　辧 一八一八　澠 一八一八　17 [illegible] 一八一八　寡○ 一八一八　18 鞭△ 一八一八　鞭● 一八一八　駢 一八一二　骿 一八一二　19 瓣● 一八一四　20 辮 一八一八　21 辯● 一八一四

ホ
4 父▲ 一七三五　父● 一七三五　5 布▲ 一七三六　6 医○ 一八三六　7 佈 一七三七　匞○ 一八三六　歩△● 一八一九　甫△ 一八一九　8 咐 一七二九　步▲ 一八一九　9 保▲ 一八二〇　匍 一八二〇　10 哺▲ 一八二二　圃△ 一八二二　捗▲ 一四二七　捕▲ 一八二二　浦▲ 一八二一　畝▲ 一八二三　11 晡 一八二三　脯 一八二三　莆 一八二三　逋 一八二三　12 堡 一八二三　晦○ 一八二三　痡 一八二三　補▲ 一八二三　13 葆 一八二四　蒲△ 一八二四　14 蒲● 一八二四　輔△ 一八二五　酺 一八二五　15 舗▲ 一八二五　舗● 一八二五　鋪○ 一八二五　16 餔 一八二六　18 簠 一八二六　19 黼 一八二六

ボ
5 戊△ 一八二六　母▲ 一八二七　7 牡△ 一八二七　8 姆 一八二七　拇 一八二七　9 姥△ 一八二七　10 娒○ 一八二七　莫△ 一六二六　11 莫● 一六二六　莫○ 一八二八　菩△ 一八二七　12 募▲ 一八二七　菩● 一八二七　13 募● 一八二七　墓▲ 一八二七　14 墓● 一八二七　慕▲ 一八二八　摸 一九二六　暮▲ 一八二八　模▲ 一九二六　膜▲ 一八九八　15 慕● 一八二八　摹 一八二九　暮● 一八二八　模● 一九二六　膜● 一八九八　17 蟆 一六二七　18 謨 一八二九　19 簿▲ 一八二九　簿● 一八二九

ホウ
2 勹 一八三〇　匚 一八三〇　4 丰 一八三〇　乏▲ 一八五八　方▲ 一八三〇　5 包▲ 一八三一　包● 一八三一　6 仿 一八三二　仿○ 一八五三　7 亨△ 六三三　呆 一八三三　夆 一八三三　彷 一八三三　抔 一八三三　抛○ 一八三六　泛 一六三九　芃 一八三三　芳▲ 一八三三　邦▲ 一八三三　邦● 一八三三　8 咆 一八三四　奉▲ 一八三四　宝▲ 一八三五　庖 一八三五　抨 一八三六　抱▲ 一八三六　抱● 一八三六　拋 一八三六　放▲ 一八三七　㫄○ 一八六七　朋△ 一八三八　朋● 一八三八　法▲ 一八三九　泡▲ 一八四〇　泡● 一八四〇　肪▲ 一八六四　芳● 一八三三　9 保▲ 一八二〇　封▲ 一七五〇　枹 一七三三　炮 一八四〇　炮○ 一八四〇　炰○ 一八四〇　炰 一八四〇　祊 一八四〇　窆 一八〇七　胞▲ 一八四一　胞● 一八四一　苞 一八四一　10 俸▲ 一八四一　倗 一八四二　倣▲ 一八四二　剖▲ 一八六六　宲○ 一八三五　峰▲ 一八四二　峯△○ 一八四二　捊○ 一八三二　捀○ 一八四五　旁 一八六七　旁○ 一八七〇　疱 一八四二　皰 一八四三　砰 一八四三　砲▲ 一八四三　砲● 一八四三　舫 一八四三　蚌○ 一八五二　袍 一八四三　覂 一八四四　11 匏 一八四四　培▲ 一六一四　崩▲ 一八四四　崩● 一八四四　捧△ 一八四五　掊 一八四五　烹 一八四五　烽 一八四五　萌△ 一八四六　萠△○ 一八四六　裒○ 一八三六　訪▲ 一八四六　貶 一八〇九　逢△ 一八四六　部▲ 一七四七　12 傍○ 一八六七　傍▲ 一八七〇　報▲ 一八四七　彭 一八四八　棚▲ 一八四八　棚● 一八四八　焙 一八四八　琫 一八四八　琺 一八四八　萌● 一八四六　菶 一八四九　跑 一八四九　鈁 一八四九　閍○ 一八四〇　雱 一八四九　13 徬 一八四九　滂 一八七二　瓿 一八四九　葆 一八二四　葑 一八四九　蜂▲ 一八四九　裦 一八五〇　豊▲ 一八五〇　豐 二〇八三　鉋 一八五一　飽▲ 一八五一　14 絣 一八五二　繃○ 一八五六　蓬△ 一八五二　蜯 一八五二　褓 一八五二　褓○ 一八五四　鞄△ 一八五三　飽● 一八五一　駂 一八五三　髣 一八五三　鳳△ 一八五三　15 暴▲ 一八七四　澎 一八五四　逄○ 一八四五　磅 一八五四　緥○ 一八五二　緥 一八五四　蓬● 一八五二　蔀 一八五四　褒▲ 一八五四　踣 一八八〇　鋒△ 一八五五　魴 一八五五　鴇○ 一八五三　鴇 一八五五　麃 一七〇六　16 縫▲ 一八五五　膨▲ 一八七六　艕 一八五五　虣 一八五六　鮑 一八五六　17 幫 一八五六　曓○ 一八七四　櫜 一八五六　鬅○ 一八四〇　篰 一八五六　篷 一八五六　縫● 一八五五　繃 一八五六　褒● 一八五四　18 豐● 一八五〇　19 鏠○ 一八五五　鵬△ 一八五六　鵬● 一八五六　龐 一八五七　20 寶● 一八三五　[illegible]○ 一八五六　騯 一八五七　21 瀌○ 一八三九　礮○ 一八四三　酆 一八五七　23 蠭○ 一八四九

ボウ
3 亡▲ 一八五七　亡● 一八五七　4 丰 一八三〇　乏▲ 一八五八　冃 一八五九　无○ 一八五七　5 卯△ 一八五九　戊△ 一八二六　矛▲ 一九一一　6 妄▲ 一九二七　妄● 一九二七　忙▲ 一八五九　忙● 一八五九　牟△ 一八五九　网○ 一九三一　邙 一八六〇　7 坊▲ 一八六〇　妨▲ 一八六〇　尨 一八六〇　忘▲ 一八六〇　忘● 一八六〇　杗 一八六一　牡△ 一八二七　皃○ 一八七三　芒 一八六一　防▲ 一八六二　8 侔 一八六二　孟△ 一九二八　房▲ 一八六三　房● 一八六三　㫄○ 一八六七　氓 一八六三　甿○ 一八六三　甿 一八六三　盲▲ 一九二九　盲● 一九二九　罔○ 一九三　肪▲ 一八六四　茅△ 一八六四　茂▲ 一九二六　芼 一九二九　9 冒▲ 一八六四　冒● 一八六四　厖 一八六五　敄 一七四六　昴△ 一八六五　某▲ 一八六五　眊 一八六六　秏○ 六五八　茅● 一八六四　茆 一八六六　茂● 一九二六　10 剖▲ 一八六六　埅○ 一八六三　旁 一八六七　旁○ 一八七〇　旄 一八六八　畝▲ 一八二三　紡▲ 一八六八

【マ】

【ミ】

【ム】

字訓索引

【う】

まぐさ
10 秣 一八九九
茭 六五九
芻 一二三一
14 蒭○ 一二三一
鉢○ 一八九九

まぐさかう
10 秣 一八九九
芻 一二三一
14 犓 一二三三
蒭○ 一二三一
鉢○ 一八九九

まぐさきり
12 鈇 一七四〇

まぐさくら
16 廥 一八五

まくら
8 枕▲ 一四二九

まぐろ
17 鮪 三八

まぐわ
10 耙 一五九八

まぐわい
9 昏 四五二

まげ
16 髻 五二〇

まげもの
8 杯▲ 一六〇五
9 盃△○ 一六〇五
11 桮○ 一六〇五
12 棬 五六一

まける
9 負▲ 一七三三
負● 一七三三
10 破▲ 一五九八
11 敗▲ 一六〇八
16 輸▲ 一九五一
輸● 一九五一

まげる
14 誣 一七四二
23 攣 二一〇三

まご
10 孫▲ 一二九五

まごころ
8 忠▲ 一三八四
10 悃 七二〇
12 愊 一七五九
13 誠▲ 一一五九
14 愨 二〇八
誠● 一一五九
16 慤○ 二〇八

まこと
4 允△ 四七
7 孚 一七二七
忱 一〇七八
良▲ 二〇四九
8 実▲ 八八九
忠▲ 一三八四
9 亮△ 二〇五〇
信▲ 一〇八一
恂 九六八
眘○ 一〇九五
洵△ 九七六
貞▲ 一四四九
10 悃 七二〇
真▲ 一〇八七
眞△● 一〇八七
衷▲ 一三八八
11 悾 六六五
惇△ 一五七〇
12 敦△ 一五七一
款▲ 二五〇
13 亶 一三四七
慎▲ 一〇九五
愼△● 一〇九五
誠▲ 一一五九
14 實△● 八八九
端▲ 一三四八
誠● 一一五九
15 執○ 四七
執 五九
諒△ 二〇六〇
醇△ 九八二
鼎○ 一四四九
16 穆 一八八六
諴 二六七
諶 一一一三
諦▲ 一四六一
諦● 一四六一

まことに
9 苟 六五〇
12 寔 一〇六七
16 諶 一一一三

まこも
9 苽○ 六〇〇
10 茭 六五九
12 菰 六〇〇
14 蔣△ 一〇三三
15 蔣● 一〇三三

まさ
9 柾△ 一八九八

まさかり
5 戉○ 八六
6 朩 九五七
8 斧△ 一七三〇
斧● 一七三〇
11 戚▲ 一一七六
13 鉞 八六

まさきのかずら
17 薜 一七九三

まさに
4 方▲ 一八三〇
5 正▲ 一一三七
6 当▲ 一五一四
7 応▲ 一一二
10 将▲ 一〇一〇
祇 八三五
11 將△● 一〇一〇
13 當● 一五一四
14 適▲ 一四六八
15 適● 一四六八
17 應△● 一一二

まさる
6 多▲ 一二九八
12 勝▲ 一〇二〇
勝● 一〇二〇
雄▲ 一九六六
13 愈 一九四八
15 賢▲ 五六八
17 優▲ 一九七〇

まじない
23 蠱 六〇六

まじる
10 厝 七七〇
紛▲ 一七七一
紛● 一七七一
11 混▲ 七三三
12 殽 六七〇
14 雑▲ 七七九
駁 一六二三
16 駮○ 一六二三
17 襍○ 七七九
18 雜△● 七七九

まじろぐ
16 瞚○ 九七四
17 瞬● 九七四
18 瞬▲ 九七四

まじわる
4 爻 六二〇
6 交▲ 六二四
交● 六二四
伍△ 六〇九
8 佼 六三七
参▲ 七八五
11 參● 七八五
接▲ 一一八七
12 廁 八四二
游○ 一九六四
遊▲ 一九六四
13 遊● 一九六四
16 錯▲ 七七三
21 羼 一三三七

ます
4 升▲ 一〇〇〇
斗▲ 一五〇〇
8 昇○ 一〇〇〇
10 倍▲ 一六一三
益▲ 八二
益● 八二
茲 八七四
11 培▲ 一六一四
埤 一六七二
斛 七〇九
14 増▲ 一二八一
15 增△● 一二八一
23 鱒△ 一三九八

まず
6 先▲ 一一九七

ますがた
8 枓 一五一九
10 栱 四一二

まずしい
11 貧▲ 一七一四
貧● 一七一四
12 寒▲ 二四七
寒● 二四七
14 寠 四七三
16 窶○ 四七三

ますます
10 益▲ 八二
益● 八二
13 逾 一九四八
16 踰○ 一九四八

ますめ
12 量▲ 二〇五五

ませがき
10 埒 二〇一五

まぜる
8 拌 一六四〇
15 糅 九五五

また
2 又▲ 一九五一
又● 一九五一
6 亦△ 八一
7 杈 七三一
8 股▲ 五九二
10 胯 五九八
12 復▲ 一七五八

またがる
10 胯 五九八
18 騎▲ 三三三

またぐ
13 跨△ 六〇三

またぐら
9 奎△ 四九九

またたく
7 旬○ 五五八
11 眴 五五八
12 䀹○ 一〇二九
13 睫 一〇二九
16 瞚○ 九七四
17 瞬● 九七四
18 瞬▲ 九七四

まだら
11 彪△ 一六九八
12 斑▲ 一六四四
犂 二〇二八
14 駁 一六二三
16 駮○ 一六二三
18 辬○ 一六四四
19 黎○ 二〇二八

まだらうし
11 牻 一八七〇
14 犖 二〇一五

まだらうま
22 驒 一三〇六

まだらか
6 份○ 一七一五
11 彬○ 一七一五
12 斌 一七一五

まち
5 市▲ 八一三
7 坊▲ 一八六〇
町▲ 一四〇〇
邑△ 一九五五
里▲ 二〇二六
12 街▲ 一九七

まちすじ
12 衕 一五三四

まちはずれ
9 郊▲ 六五二

まつ
7 佇 一三九五
8 松▲ 一〇〇六
松● 一〇〇六
9 俟 八二七
庤○ 一三六七
待▲ 一三一〇
恃 八七一
10 候▲ 六五四
竚○ 一三九五
11 偫 一三六七
12 竢○ 八二七
等▲ 一五三三
遅▲ 一三六八
須▲ 九一八
13 徯 五一三
14 窠○ 一〇〇六
需▲ 九二三
16 遲● 一三六八
17 蹊○ 五一三

まっかつ
14 靺 一八九九

まつげ
12 䀹○ 一〇二九
13 睫 一〇二九

まっしぐら
21 驀 一六二八

まっすぐ
24 矗 一三七七

まったし
6 全▲ 一二三〇
仝● 一二三〇
7 完▲ 三三

まつやに
17 檞 一八九

まつり
5 史▲ 八一一
史● 八一一
6 衣▲ 二〇
7 叓○ 八六八
肜 一九五五
8 事▲ 八六八
祀 八二六
礿 一九四二
茉△ 一八九九
9 祉 一六六七
祊 一八四〇
彤○ 一九五五
茉● 一八九九
郊▲ 六五二
10 祠 八三五
11 莉△ 二〇二七
祭▲ 七五三
莉● 二〇二七
12 畬 八四二
閟○ 一八四〇
14 禋 五八
禘 一四五九
蜡 七三七
15 膢 二〇七三
16 禩○ 八二六

【め】

総画索引

昺 一七八五　昺○ 一七八六　昞○ 一七八五　昴△ 一八六五　昧▲ 一八九七　昜 一九八二　〔日〕曷 二三一　曹 七六九　〔月〕朏 一六六六　〔木〕枻 七三　栄▲ 七三　架▲ 一三七　枷 一三七　柯 一三八　枴 一七三　柑△ 二四〇　柬 二四〇　枳 二九八　柩 三六九　枸 四七〇　枯▲ 五九五　柙 六四六　柷○ 六五六　査▲ 七三二　柴△ 七四六　柴○ 七四八

柞 七六九　柵▲ 七六九　枲 八三三　相 八三三　柶 八三三　柿▲ 八三三　柹○ 八三三　枱○ 八四一　柅 八七二　柒○ 八八七　柘△ 八九四　柊△ 九三一　柊● 九三一　柔▲ 九五一　柷 九五八　染▲ 一三〇二　柁○ 一三〇四　柰 一三三四　柰○ 一五七五　柝 一三三九　柱▲ 一三八七　柱● 一三八七　柠○ 一三九七　柢 一四四八　栃▲ 一五六七　柏△ 一六二一

柲 一六六六　枹 一七三三　柎 一七三三　枰 一七八六　柄▲ 一七八六　柄● 一七八六　某▲ 一八六五　柾△ 一八九八　柚△ 一九六〇　枼 一九八二　柳▲ 二〇三七　〔止〕歪 二一三三　〔歹〕殃 一一六　殅 五九六　殂 一三三八　殆△ 一三三一　殄 一四八四　〔殳〕段▲ 一三五六　〔比〕毖 一六六六　毘△ 一六六六　毗○ 一六六六　〔水〕洩○ 七三　洹 九三　洿 一一〇　洄 一七三　海▲ 一七三

活▲ 三三一　洎 二九八　洶 四〇九　洫 四四一　洚 六四六　洪▲ 六四六　洸△ 六四七　洽 六四七　洒 七四六　洒○ 七六三　洙 九一三　洲△ 九三一　洵△ 九七六　浄▲ 一〇五三　津▲ 一〇八二　泉▲ 一三〇二　洊 一三〇二　洗▲ 一三〇三　浅▲ 一三〇三　洮 一五二〇　洞▲ 一五五〇　派▲ 一五九七　派● 一五九七　洦○ 一六二〇　洋▲ 一九八二　洛△ 二〇一三

洛○ 二〇一五　流● 二〇三八　洼○ 二一三三　〔火〕為▲ 二四　炬 三八三　炯 五〇〇　炫 五八〇　炸 七六九　炷 九一三　炤 一〇〇九　炤○ 一〇二九　炱 一三一一　炭▲ 一三四一　炭● 一三四一　点▲ 一四八四　炳○ 一七八五　炳 一七八六　炮 一八四〇　炮○ 一八四〇　炰○ 一八四〇　炰 一八四〇　〔爪〕爰 九三　爯 一〇〇九　〔片〕牉 一六四三　〔牛〕牭 八三三　牲▲ 一二四八

牴 一四四八　〔犬〕狟 二四〇　狟○ 二五八　狭▲ 四〇九　狡 六四七　狠 七二〇　狩▲ 九一三　独▲ 一五六六　〔玄〕玅○ 一九〇八　〔玉〕珂△ 一三八　珈△ 一三八　珊△ 七八六　玼 八三三　玳 一三二一　玳○ 一三一五　珍▲ 一四二九　玷 一四八五　玻 一五九七　珉 一七三〇　玲△ 二〇八一　〔瓦〕瓮 一一六　〔甘〕甚▲ 一二一〇　〔田〕畏▲ 二五　界▲ 一七四　畍○ 一七四　畎 五五〇

畋 一四九八　畑▲ 一六二八　畀○ 一六六三　畐 一七五六　〔疒〕疫▲ 八二　疥 一七四　疣 一九六〇　〔癶〕癸 二九八　發 一六三〇　発▲ 一六三〇　〔白〕皆▲ 一七五　皇▲ 六四八　〔皿〕盈 七四　盄○ 九六〇　盃△○ 一六〇五　盆▲ 一八九三　盆● 一八九三　〔目〕看▲ 二四〇　県 四一〇　県▲ 五五〇　盾▲ 九七六　省▲ 一二四九　相▲ 一三五三　眈 一三四一　盼 一六四二　眉▲ 一六八四

眇 一七〇九　眘 一八〇三　眄 一八一六　眊 一八六六　〔矛〕矜 四一〇　〔矢〕矦○ 六四二　矧 一〇八三　〔石〕砉 五三八　研▲ 五五一　砂▲ 七三三　砕▲ 七四六　砌 一一五〇　砒 一六六七　砭 一八〇七　〔示〕祈△● 二九七　祇△ 三四〇　祆 五五一　祉△● 八二七　祝▲ 九五八　神▲ 一〇八三　祖▲ 一三三八　祋 一三二一　祢△○ 一四六四　祕 一六六七　祊 一八四〇　祐△ 一九六〇

祅 一九八二　〔内〕禹 六三　禺 四七五　〔禾〕科▲ 一三八　秔 六四九　秔○ 六七二　秔○ 六七六　秏○ 六五八　秋▲ 九三一　秊○ 一二二六　秕 一六六七　秕○ 一六七〇　秒▲ 一七一〇　〔穴〕穽○ 一二四三　穽 一一五〇　窃▲ 一一八六　穿△ 一二〇四　突△● 一五六八　窆 一八〇七　〔竹〕竽 六三　竿△ 二四一　〔米〕粂 四八四　籾△ 一九三四　籾● 一九三四　〔糸〕紆 六四　紈 二八〇

紀▲ 二九八　糾▲ 三六九　級▲ 三七〇　紅▲ 六四九　紂○ 八五三　紃 九七六　紂 一三八七　約▲ 一九四二　約● 一九四二　〔网〕罕○ 二三三　〔羊〕羍 一三三四　美▲ 一六八四　羑 一九六〇　〔羽〕羿 五三六　[illegible]○ 一七四九　〔老〕耇 六五〇　者△● 八九三　〔而〕耏 八七二　耎 一三三三　耐▲ 一三二二　耑 一三四一　〔耒〕耔 八三三　〔耳〕耶○ 八九九　耶△ 一九三九　〔聿〕[illegible] 一〇八四　〔肉〕胃▲ 二五

胤△ 五一　胠 三八四　肩○ 五四八　胡△ 五九六　胑○ 八二七　胥 九八六　胆○ 九八九　胗○ 一〇八七　胜 一一五〇　胜○ 一一五九　胙 一三三八　胎▲ 一三一二　胆▲ 一三四一　胝 一三六五　胄○ 一三八六　背▲ 一六〇五　胚 一六〇六　肺▲ 一六〇六　胈 一六三一　胖 一六四二　胞▲ 一八四一　胞● 一八四一　脉○ 一九〇八　〔自〕臭▲ 九三三　〔臼〕臾 一九四六　〔舟〕舡 六五〇

[illegible]○ 一九五五　〔艸〕苡 二五　英● 七三　苑● 九〇　茄● 一三六　苛● 一三六　苷 二四一　苣○ 三八三　苦● 四六九　苽○ 六〇〇　苟 六五〇　荒▲ 六五〇　苗 七七六　茈 八三三　茨▲ 八三三　若● 九〇六　苴 九八六　茸△ 一〇五四　苫 一三〇四　茜△ 一三〇四　荘▲ 一三五三　草▲ 一三五三　苔● 一三一〇　茶▲ 一三七八　荒 一三九四　苧 一三九五

【十画】

【十一画】

十四画

瘠 一一八〇　瘦 △● 一三六三　瘙 一三七一　瘡 一三七一　瘨 一四九一　瘨 ○ 一四九五　瘢 一六四八　瘫 一九九四　瘫 ○ 二〇〇一　瘤 二〇四三　（白）皚 一一九九　皛 四三二　皞 ○ 六四〇　皞 六八三　（皮）皺 九四四　（皿）盤 ▲ 一六五六　（目）瞎 三二五　瞏 二六三　瞋 一一〇〇　瞍 一三七一　瞑 ○ 一九一一　瞑 一九三三　（石）磑 一一九九　確 ▲ 二一一〇　碻 ○ 二一一〇　磎 ○ 五〇五

磋 七三七　磁 ● 八七八　磔 一三三一　碾 一四九一　磐 △ 一六五六　磅 一八五四　磊 二〇一一　（示）禜 七八　禛 一一〇〇　禡 一六〇二　（禾）稼 ▲ 一五二　稽 ▲ 五一八　稿 ▲ 六八三　稾 ○ 六八三　穀 △● 七一〇　稷 一〇七〇　稹 一一〇〇　穗 ▲ 一一二六　稺 ○ 一三六九　稻 △● 一五三六　（穴）窮 ▲ 三七七　窴 ○ 一四八九　窴 一四九一　窳 一九四九　窯 ▲ 一九九四　窰 ○ 一九九四

（竹）篋 四三三　箶 六〇四　篁 六八三　箬 九〇八　箴 一一〇〇　節 ● 一一九〇　節 △○ 一一九〇　箭 一二一七　箱 ▲ 一三七一　箸 ▲ 一三九七　篆 一四九一　範 ○ 一六四四　範 ▲ 一六四八　篇 △ 一八一〇　（米）糊 △ 六〇四　糅 九五五　糈 九九一　糎 一三三五　糉 ○ 一三六八　糉 一三七一　（糸）緯 ● 三八　縁 ▲ 一〇五　緣 △● 一〇五　緘 二六三　緩 ▲ 二六四　緩 ● 二六四

緪 六八三　緦 八五五　緝 九四四　緒 △● 九九〇　緗 一〇三七　緟 一〇三七　縄 ▲ 一〇五八　線 ○ 一二一四　線 ▲ 一二一八　緞 一三五一　締 ▲ 一四六〇　締 ● 一四六〇　緹 一四六一　緡 一七三三　編 ▲ 一八一一　編 ● 一八一一　緤 ○ 一八五三　緤 一八五四　緜 ○ 一九二五　緬 一九三五　練 △● 二一〇〇　（网）罵 ▲ 一六〇二　罸 ○ 一六三四　罷 ▲ 一六七八　罶 二〇四三　（羊）羯 三三五

羭 一九四九　（羽）翫 二八三　翬 三三六　翨 八五五　翥 九九一　翦 一二一八　翩 一八一一　（耒）耦 四八一　（耳）䎽 ○ 一七八〇　（肉）膠 六八三　膝 ▲ 八八七　膓 ○ 一四一四　膚 ▲ 一七四三　膜 ● 一八九八　膢 二〇七三　（舌）舗 ▲ 一八二五　舖 ● 一八二五　（舛）舞 ▲ 一七四九　（舟）艘 一八五　（艸）蔭 ● 五八　蔚 六五　蕎 △ 四三三　蓺 ○ 五三五　蕨 △ 五四一　蔡 七六三　蕁 九八一

蔗 九九一　蔣 ● 一〇三三　蕉 △ 一〇三七　蔬 一二四五　蔥 ○ 一二六五　蔟 一三七一　蔕 一三一七　蔦 ● 一四一七　蕃 △ 一六五七　蓽 一六九六　蕪 △ 一七四九　蓱 ○ 一七八九　蓱 一七九二　蔽 ▲ 一七九二　蔑 ● 一八〇二　蔑 ○ 一八〇三　蓬 ● 一八五三　蔀 一八五四　蔓 ● 一九〇四　蔆 ○ 二〇五四　蓼 二〇五九　蓮 ● 二〇九九　蔞 二一三一　（虍）虢 二一一〇　（虫）蜎 ○ 三三　蜎 三六

蝯 ○ 九九　蝯 ○ 一〇一　蝘 一〇五　蝌 一五二　蝦 △ 一五三　蝸 一五三　蝎 三三六　蝗 六八四　蝨 八八七　蝤 九四四　蝕 一〇七〇　蝡 一三三五　蝡 ○ 一三三五　蝶 △ 一四一九　蝠 一七六〇　蝮 一七六〇　蝙 一八一二　蝥 一八七五　蝥 ○ 一八七八　蝱 一八七五　（血）衉 ○ 二〇五　（行）衝 ▲ 一〇三七　（衣）褞 七〇　褎 ○ 九三四　褥 一〇七三　褪 一三一七

褫 一三七二　褒 ▲ 一八五四　（角）觭 三三六　觱 ○ 一六九六　（言）謁 ▲ 八七　課 ▲ 一五三　諆 三三六　誼 △ 三四四　誾 四六六　誳 ○ 四八三　諐 ○ 五六三　諏 △ 九一九　諄 △ 九八一　諸 ▲ 九九一　諗 一一〇一　誰 ▲ 一一二六　誶 一一二六　請 ▲ 一一六三　請 ● 一一六三　諍 一一七二　諑 一三三一　諾 ▲ 一三三三　誕 ▲ 一三五一　談 ▲ 一三五九　調 ▲ 一四二〇　調 ● 一四二〇

諂 一四九一　誹 一六七九　諜 ○ 一九八七　諒 △ 二〇六〇　論 ▲ 二一二九　（豆）豎 ○ 九三三　（貝）賨 四一　賢 ▲ 五六八　賡 六八四　賛 ▲ 七九三　賜 ▲ 八五六　質 ▲ 八八八　賫 ○ 一〇一六　賫 ○ 一〇三八　賞 ▲ 一〇三八　賤 一二一八　賬 一四二一　賣 △● 一六一二　賠 ▲ 一六一七　賓 ▲ 一七一五　賦 ▲ 一七四三　賚 二〇一一　（走）趛 四六六　趣 ▲ 九一九　趞 一一八〇　（足）踝 一五三

踦 三三七　踞 三九〇　踡 五六八　踧 九六二　踪 ○ 一〇四四　踪 ▲ 一二七二　踖 一一八〇　踐 ● 一二一二　踔 一三三一　踟 一三七二　踏 ▲ 一五三八　踣 一八八〇　（身）躹 三四八　（車）輝 ○ 三一八　輝 ▲ 三二七　輗 五二七　輜 八五六　輟 一四七八　輩 ▲ 一六一一　輛 二〇六〇　輬 二〇六〇　輪 ▲ 二〇六八　輦 二一〇〇　（辛）辟 二一〇〇　辤 ○ 八七六　辤 八七八

辟 二一九一　（辵）遺 ▲ 三六　遨 七〇一　遮 ● 八九七　遵 ▲ 九八一　遷 ▲ 一二一九　遷 ● 一二一九　選 ▲ 一二一九　遽 ○ 一三三六　遭 ● 一三七〇　遬 ○ 一三八六　適 ● 一四六八　遯 一五七二　遼 △ 二〇六〇　（邑）鄦 三九〇　鄭 △ 一四六一　鄧 一五三八　鄱 一六〇〇　鄰 ○ 二〇七〇　（酉）醋 七七三　醇 △ 九八二　醉 △● 一一二三　醁 二〇六四　（金）鋭 ▲ 七八　銳 ● 七八　鋏 四三三

銹 九四四　鋤 九九八　銷 一〇三八　鋟 一一〇一　鋳 ▲ 一三九〇　鋪 ○ 一八二五　鋒 △ 一八五五　鋈 二〇〇五　（門）閲 ▲ 八七　閱 ● 八七　闊 七三七　閭 二〇四七　閬 二一二一　（阜）隤 一三一七　隣 ● 二〇七〇　（隶）隷 ○ 三三　隸 ○ 八四八　（雨）霄 一〇三九　震 ▲ 一一〇一　霆 一四六一　霅 一五三八　霈 一六一一　霊 ▲ 二〇八四　（青）靚 一一六三　（非）靠 六八四　（革）鞋 七

【十八画】

【二十画】

部首索引

欠

索引

部首索引

舌・舛・舟・艮・色・艸
索引
部首索引

【赤部】

【走部】

【足部】

【身部】

【車部】

【辛部】

部首一覧表

平凡社創業一〇〇周年記念出版

字通［普及版］

発行日……二〇一四年 三 月一九日 初版第一刷
二〇二四年 六 月一八日 初版第三刷
著者……白川 静
発行者……下中順平
発行所……株式会社平凡社
〒一〇一―〇〇五一 東京都千代田区神田神保町三―二九
電話〇三―三二三〇―六五七九（編集）
〇三―三二三〇―六五七三（営業）
振替〇〇一八〇―〇―二九六三九
印刷……TOPPAN株式会社
永井紙器印刷株式会社
製本……大口製本印刷株式会社
製函……永井紙器印刷株式会社

ISBN978-4-582-12815-4 NDC分類番号813 A5判（21.6cm） 総ページ2464